民法思维与司法对策

上

杨立新 著

北京大学出版社

图书在版编目(CIP)数据

民法思维与司法对策：全 2 册/杨立新著. —北京：北京大学出版社，2017.1
ISBN 978 - 7 - 301 - 27956 - 4

Ⅰ. ①民… Ⅱ. ①杨… Ⅲ. ①民法—中国—文集 Ⅳ. ①D923.04 - 53

中国版本图书馆 CIP 数据核字(2017)第 010046 号

书　　　名	民法思维与司法对策（上下） Minfa Siwei Yu Sifa Duice (Shang Xia)
著作责任者	杨立新　著
责任编辑	苏燕英　田　鹤
标准书号	ISBN 978 - 7 - 301 - 27956 - 4
出版发行	北京大学出版社
地　　　址	北京市海淀区成府路 205 号　100871
网　　　址	http://www.pup.cn　http://www.yandayuanzhao.com
电子信箱	yandayuanzhao@163.com
新浪微博	@北京大学出版社　@北大出版社燕大元照法律图书
电　　　话	邮购部 62752015　发行部 62750672　编辑部 62117788
印　刷　者	南京爱德印刷有限公司
经　销　者	新华书店
	880 毫米 × 1230 毫米　32 开本　90.875 印张　3764 千字 2017 年 1 月第 1 版　2017 年 1 月第 1 次印刷
定　　　价	498.00 元（上下）

未经许可，不得以任何方式复制或抄袭本书之部分或全部内容。
版权所有，侵权必究
举报电话：010 - 62752024　电子信箱：fd@pup.pku.edu.cn
图书如有印装质量问题，请与出版部联系，电话：010 - 62756370

作为一位著名法学家，中国人民大学的博士生导师杨立新有着比一般学者更为丰富和曲折的人生经历：他不仅下过乡，当过兵，在中级人民法院当过副院长，还在最高人民法院、最高人民检察院工作过，更有过连升七级、"两进两出"的传奇故事。可以说，杨立新见证了30年来中国的法治进程。

中国民法典的制定不仅是法学界几代人的梦想，也承载着亿万人民的期盼。对一个公民来说，衣食住行、工作娱乐、婚姻家庭等一切日常活动都离不开民法，一个企业从事的一切经营活动也都离不开民法。在西方，民法被形象地称为"社会生活的圣经"。中国能否继19世纪的《法国民法典》和20世纪的《德国民法典》之后，制定一部代表21世纪潮流和发展趋势的伟大的中国民法典，成了摆在杨立新这样的民法学者面前的历史使命。杨立新先后参与制定了《合同法》《物权法》和《侵权责任法》，这其中，《侵权责任法》他是主要起草人，他对这部法律的感情也最深。

——中央电视台2009年10月国庆六十周年法治人物专题片
《为了民法典之梦》解说词

作者经历

现任

- 教育部人文社会科学重点研究基地中国人民大学民商事法律科学研究中心主任
- 华东师范大学法学院教授
- 全国人大常委会法制工作委员会立法专家顾问
- 最高人民检察院专家咨询委员会专家咨询委员
- 最高人民法院案例指导工作专家委员会委员
- 国家卫生和计划生育委员会公共政策专家咨询委员会专家委员
- 中央"五五"普法国家中高级干部学法讲师团成员
- 中国民法学研究会副会长
- 中国婚姻法学研究会常务理事
- 世界侵权法学会亚洲区执行委员
- 东亚侵权法学会理事长
- 北京市消费者权益保护法学会会长

曾任

- 最高人民检察院检察委员会委员、民事行政检察厅厅长、检察员
- 最高人民法院民事审判庭审判员、审判组长
- 吉林省通化市中级人民法院常务副院长、副庭长、审判员
- 烟台大学法学院副教授

荣誉

- 享受国务院政府特殊津贴
- 北京市师德标兵
- 吉林省劳动模范
- 吉林省振兴中华一等功荣立者

序：跨越时代的中国民法思维与司法

我自1975年6月进入法院从事民事审判工作，1981年在《法学研究》发表第一篇侵权法论文以来，先后在法学刊物和报纸上发表了民法理论和实践的研究论文五百余篇，涉及包括消费者法领域的主要内容。2017年1月，我就六十五岁了，就要迎接退休了。我跟北京大学出版社的蒋浩先生商量，在五百余篇论文中精选一部分出来，出版一部文集，既可以展示几十年的研究成果，也便于学者、法官、检察官、律师以及法学院同学查找阅读和使用。蒋浩先生积极支持我，因而完成了本书的编选工作。

我亲身经历了中国民法四十多年理论思维和司法实践的发展历程。在近半个世纪中国民法思维和司法的发展中，跨越了废法时期、苏法时期、德法时期和融法时期四个阶段。1976年之前是废法时期，无论民法的理论还是实践，都无法可依，形成中国民法的空窗期。1985年和1987年，中国民法有了《继承法》和《民法通则》，尽管与苏联交恶已久，但苏联民法对我国的影响至深，致使民法仍然延续了1949—1966年的传统，依旧是苏法时期。之后，随着对德国民法思想的大量借鉴，特别是王泽鉴教授的德国请求权理论在大陆的广泛影响，形成尊崇德国民法思维的德法时期。至2009年《侵权责任法》出台，标志着我国大陆融合各国民法传统，初步形成了有独自风格的民法思维和司法。中国大陆这四十年的民法思维和司法的发展，跨越了世界民法发展的千年历史，最起码也是跨越了两百多年来近现代民法发展的历史时代，浓缩了民法的发展历史。因而，把四十多年中国民法思维和司法的进步称为跨越时代的发展，并不为过。

有幸的是，我作为一名民事法官和民法学者，经历了这样跨越时代的民法发展。我自己对民法思维与司法对策的研究，正是随着这一跨越时代的发展而不断深入，已经发表的文章完全可以看到这一发展的印记。从初出茅庐到学有所成，从孤陋寡闻到深入展开，从边城人民法院到最高人民法院的法官，再到最高人民检察院的检察官，最后到高等学府的教授，我见证和记录了中国大陆民法思维和司法的进步。

编选本书，我比较侧重于选择1990年之后发表的文章，此前的文章选入不多。此举不是想掩饰自己学术幼稚期的缺陷，而是不敢耽搁、浪费读者的宝贵时间和金钱。本书编选了215篇论文，突出了学术性、实践性和新颖性，能够表现我国民法思维与司法对策跨越时代的学术成果，对民法教学和学习的师生进行研究，对民事法官、检察官、律师的司法实践，都能有所裨益。

本书命名为《民法思维与司法对策》，想要表达的是四十多年来我国民法思维和司法的跨越时代的发展，我将其奉献给"中国民法典"编纂的伟大工程，迎接她的诞生。

本书的出版，我要感谢在求学、工作、教学过程中给予我知识和力量的各位师长和同仁，感谢跟我一起共同研究问题的博士研究生和硕士研究生同学，感谢支持我、帮助我的亲人，感谢几十年来一直关心我的广大读者朋友。特别要感谢北京大学出版社，感谢蒋浩先生，也感谢本书的各位责任编辑。正是他们的辛勤工作，才使本书得以问世。

杨立新
2017年1月

总目

上

第一编	民法典编纂	1
第二编	民法总则	133
第三编	人格权法	497
第四编	物 权 法	809
第五编	债与合同法	995
第六编	家 事 法	1197

下

第七编	侵权责任法	1403
第八编	消费者法	2223
第九编	民事司法解释	2439
第十编	民事判例	2625
附　录		2815
跋：有文万事足		2861

详 目

上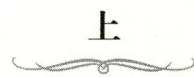

第一编　民法典编纂

编纂民法典必须肃清苏联民法的影响 3
我国"民法总则"法律行为效力规则统一论 17
"民法总则"制定与我国监护制度之完善 30
我国民事权利客体立法的检讨与展望 45
我国民法典总则编应当规定法例规则 54
对民法典规定人格权法重大争论的理性思考 62
民法典中债法总则之存废 81
世界侵权法的历史源流及融合与统一 100

第二编　民法总则

百年中的中国民法华丽转身与曲折发展
　　——中国民法一百年历史的回顾与展望 135
佟柔民法调整对象理论渊源考 171
连体人的法律人格及其权利冲突协调 185

植物人的法律人格及其权利保护 …………………………… 207
我国老年监护制度的立法突破及相关问题 ………………… 226
体外早期胚胎的法律地位与保护规则 ……………………… 242
论人格利益准共有 …………………………………………… 256
物权法规定的物权客体中统一物的概念 …………………… 265
脱离人体的器官或组织的法律属性及其支配规则 ………… 279
人体变异物的性质及其物权规则 …………………………… 291
尸体的法律属性及其处置规则 ……………………………… 308
支配尸体的权利冲突及处理规则 …………………………… 320
人体医疗废物的权利归属及其支配规则 …………………… 330
动物法律人格之否定
　　——兼论动物之法律"物格" ………………………… 340
网络虚拟财产的物权属性及其基本规则 …………………… 369
货币的权利客体属性及其法律规制
　　——以"一般等价物"理论为核心 …………………… 385
自然力的物权客体属性及其法律规则 ……………………… 397
民事权利保护的请求权体系及其内部关系 ………………… 408
抗辩与抗辩权 ………………………………………………… 424
论统一撤销权概念 …………………………………………… 438
戏谑行为及其法律后果
　　——兼论戏谑行为与悬赏广告的区别 ………………… 446
汶川大地震的应急民法思考 ………………………………… 465
地震作为民法不可抗力事由的一般影响 …………………… 479
当代中国民法学术的自闭与开放 …………………………… 489

第三编　人格权法

论人格权请求权 ……………………………………………… 499
人身权的延伸法律保护 ……………………………………… 524
抽象人格权与人格权体系之构建 …………………………… 535
论作为抽象人格权的自我决定权 …………………………… 559

论作为抽象人格权的一般人格权 ………………………………… 573
论人格标识商品化权及其民法保护 ……………………………… 584
公民身体权及其民法保护 ………………………………………… 596
安乐死合法化的民法基础 ………………………………………… 606
论名称权及其民法保护 …………………………………………… 618
侵害肖像权及其民事责任 ………………………………………… 627
自媒体自净规则保护名誉权的优势与不足 ……………………… 637
自由权之侵害及其民法救济 ……………………………………… 648
被遗忘权的中国本土化及其法律适用 …………………………… 662
"艳照门"事件的人格权法和侵权法思考 ………………………… 682
"速度与激情"事件引发的民法思考 ……………………………… 687
形象权的独立地位及其基本内容 ………………………………… 696
论声音权的独立及其民法保护 …………………………………… 708
侵害公民个人电子信息的侵权行为及其责任 …………………… 720
公民个人电子信息保护的法理基础 ……………………………… 730
性自主权及其侵害的民法救济 …………………………………… 743
构建以私权利保护为中心的性骚扰法律规制体系 ……………… 757
性骚扰行为的侵权责任形态分析 ………………………………… 779
死者人格利益的民法保护及其商业化利用问题 ………………… 786
隐性采访和人格权保护 …………………………………………… 799

第四编　物　权　法

物权法定缓和与非法定物权 ……………………………………… 811
论不动产错误登记损害赔偿责任的性质 ………………………… 816
善意取得制度研究 ………………………………………………… 827
论相邻防险关系 …………………………………………………… 835
论建筑物区分所有 ………………………………………………… 846
窗前绿地·楼顶空间·停车位
　　——《物权法》规定建筑物区分所有权必须解决的三个问题 ………… 857

不动产支撑利益及其法律规则
　　——以美国法上不动产支撑权为借鉴 ································· 869
共同共有不动产交易中的善意取得 ··· 884
我国他物权制度的重新构建 ·· 893
关于建立大一统的地上权概念和体系的设想 ···························· 930
我国土地承包经营权的缺陷及其完善
　　——兼论建立地上权和永佃权的必要性和紧迫性 ·············· 940
完善中国农村土地权利制度的几点思考 ·································· 955
解释论视野下的《物权法》第166条和第167条
　　——兼评用益物权编"不动产即土地"的定势思维 ·············· 965
后让与担保：一个正在形成的习惯法担保物权 ······················· 975
司法实践的后让与担保与法律适用 ··· 990

第五编　债与合同法

论债的保全 ··· 997
论债权人撤销权 ·· 1001
论债权人代位权 ·· 1006
对完善我国债的保全制度的构想 ·· 1010
对债权准占有人给付的效力 ·· 1018
论损益相抵 ·· 1032
债权侵权行为及其损害赔偿 ·· 1042
中国合同责任研究 ··· 1054
我国合同责任的归责原则 ·· 1085
缔约过失责任原理及其适用 ·· 1096
饭店旅店车辆管护义务及其损害赔偿 ···································· 1112
合同无效责任及其承担方式
　　——《中华人民共和国合同法》第58条评注 ····················· 1124
论悬赏广告 ·· 1137
论重大误解 ·· 1150
论情事变更原则 ·· 1160
奖券纠纷及其对策 ··· 1175

债法视角下的信用卡冒用损害责任 …………………………………… 1185

第六编 家 事 法

中国身份权研究 …………………………………………………… 1199
论身份权请求权 …………………………………………………… 1222
完善我国亲属法律制度的六个基本问题 ………………………… 1236
论婚生子女否认和非婚生子女认领及法律疏漏之补充 ………… 1251
论婚生子女否认与欺诈性抚养关系 ……………………………… 1262
论探望权及其强制执行 …………………………………………… 1273
"常回家看看"条款的亲属法基础及具体适用 …………………… 1283
关于夫妻共同财产的若干问题 …………………………………… 1296
论夫妻约定财产 …………………………………………………… 1310
论家庭共有财产 …………………………………………………… 1320
论侵害配偶权的精神损害赔偿 …………………………………… 1338
我国配偶法定继承的零顺序改革 ………………………………… 1353
关于恢复继承权宽宥制度的重新思考 …………………………… 1367
对我国继承法特留份制度的再思考 ……………………………… 1377
遗产继承归扣制度改革的中间路线 ……………………………… 1390

下

第七编 侵权责任法

第一分编 侵权行为及侵权责任法

中国侵权行为法的百年历史及其在新世纪的发展 ……………… 1406

论埃塞俄比亚侵权行为法对中国侵权行为法的借鉴意义 ………… 1428
论侵权特别法及其适用 …………………………………………… 1441
东亚地区侵权法实现一体化的基础及研究任务 ………………… 1450
中国侵权责任法大小搭配的侵权责任一般条款 ………………… 1462
侵权请求权的优先权保障 ………………………………………… 1472
如何判断《侵权责任法》保护的民事利益范围 ………………… 1481
原因力的因果关系理论基础及其具体应用 ……………………… 1490
客观与主观的变奏：原因力与过错
　　——原因力主观化与过错客观化的演变及采纳综合比较说的必然性 …… 1507
规定无过错责任应当着重解决限额赔偿问题 …………………… 1529

第二分编　多数人侵权行为及责任

多数人侵权行为及责任理论的新发展 …………………………… 1540
共同侵权行为及责任的立法抉择 ………………………………… 1554
教唆人、帮助人责任与监护人责任 ……………………………… 1573
试论共同危险行为 ………………………………………………… 1586
论分别侵权行为 …………………………………………………… 1591
论竞合侵权行为 …………………………………………………… 1609
我国《侵权责任法》中的第三人侵权行为 ……………………… 1625

第三分编　侵权损害赔偿

《侵权责任法》应对大规模侵权的举措 ………………………… 1644
论数种原因造成损害结果的赔偿数额计算 ……………………… 1658
论人身伤害的抚慰金赔偿 ………………………………………… 1668
论侵害财产权中的精神损害赔偿 ………………………………… 1677

第四分编　媒体侵权责任

我国的媒体侵权责任与媒体权利保护
　　——兼与张新宝教授"新闻（媒体）侵权否认说"商榷 ……………… 1686

新闻侵权问题的再思考 ·· 1701
论中国新闻侵权抗辩及体系与具体规则 ······························ 1715
不具名媒体报道侵权责任的认定
  ——以陆幽案为中心的考察 ·· 1744
《侵权责任法》规定的网络侵权责任的理解与解释 ············· 1753
论网络侵权责任中的通知及效果 ······································ 1763
论网络侵权责任中的反通知及效果 ··································· 1773
小说侵害名誉权的责任 ·· 1785
关于侵权小说编辑出版者的民事责任问题 ·························· 1795

第五分编　产品责任

对我国侵权责任法规定惩罚性赔偿金制裁恶意产品侵权行为的
  探讨 ·· 1804
论产品代言连带责任及法律适用规则
  ——以2009年《食品安全法》第55条为中心 ················ 1813
山寨名人代言广告是否构成侵权 ······································ 1826
有关产品责任案例的亚洲和俄罗斯比较法研究 ··················· 1833

第六分编　事　故　责　任

修正的《道路交通安全法》第76条的进展及审判对策 ········· 1858
我国道路交通事故责任的归责原则研究 ····························· 1866
机动车代驾交通事故侵权责任研究 ··································· 1878
工伤事故的责任认定和法律适用 ······································ 1893
火灾事故责任的性质及民事责任 ······································ 1915
校园欺凌行为的侵权责任研究 ··· 1929

第七分编　医疗损害责任

中国医疗损害责任制度改革 ··· 1938
医疗损害责任一般条款的理解与适用 ································ 1956

医疗损害责任概念研究 ………………………………………… 1967
《侵权责任法》规定的医疗损害责任归责原则 ………………… 1978
论医疗过失的证明及举证责任 …………………………………… 1986
论医疗过失赔偿责任的原因力规则 ……………………………… 2000
医疗损害责任的因果关系证明及举证责任 ……………………… 2012
论医疗机构违反告知义务的医疗侵权责任 ……………………… 2024
医疗管理损害责任与法律适用 …………………………………… 2037
论医疗产品损害责任 ……………………………………………… 2049
错误出生的损害赔偿责任及适当限制 …………………………… 2061
论医疗过失损害赔偿责任的适当限制规则 ……………………… 2076

第八分编　其他侵权责任类型

论违反安全保障义务侵权行为及其责任 ………………………… 2090
饲养动物损害责任一般条款的理解与适用 ……………………… 2109
对建筑物抛掷物致人损害责任的几点思考 ……………………… 2119
高速公路管理者对妨碍通行物损害的侵权责任 ………………… 2130
试论定作人指示过失的侵权责任 ………………………………… 2138
论国有公共设施设置及管理欠缺致害的行政赔偿责任 ………… 2147
论妨害经营侵权行为及其责任 …………………………………… 2157
论商业诽谤行为及其民事法律制裁 ……………………………… 2173
论违反竞业禁止的商业侵权行为 ………………………………… 2193
我国善意救助者法的立法与司法
　　——以国外好撒马利亚人法为考察 ………………………… 2206

第八编　消费者法

"王海现象"的民法思考
　　——论消费者权益保护中的惩罚性赔偿金 ………………… 2225
德国民法典规定一体化消费者概念的意义及借鉴 ……………… 2236
我国消费者行政的现状及改革 …………………………………… 2246
日本消费者法治建设经验及对中国的启示 ……………………… 2259

消费者权益保护中经营者责任的加重与适度 …………… 2269
我国消费者保护惩罚性赔偿的新发展 ………………… 2281
消费者权益小额损害的最低赔偿责任制度 …………… 2298
修订后的《消费者权益保护法》规定经营者违约责任规则 … 2311
论消费者损害赔偿请求权的法律优先保障 …………… 2319
非传统销售方式购买商品的消费者反悔权及适用 ……… 2334
经营者提供商品或者服务三包责任制度的新发展 ……… 2347
修订后的《消费者权益保护法》规定的虚假广告责任研究 … 2358
网络交易平台提供者的法律地位与民事责任 …………… 2373
网络平台提供者的附条件不真正连带责任与部分连带责任 … 2387
网络交易平台提供服务的损害赔偿责任及规则 ………… 2406
利用网络非交易平台进行交易活动的损害赔偿责任 …… 2418
商业行规与法律规范的冲突与协调 …………………… 2430

第九编　民事司法解释

对债权准占有人给付的效力 …………………………… 2441
论债权人撤销权及其适用 ……………………………… 2444
债权人代位权的原理及其适用 ………………………… 2449
混合过错与过失相抵 …………………………………… 2454
民间借贷关系法律调整新时期的法律适用尺度 ………… 2460
最高人民法院《关于确定民事侵权精神损害赔偿责任若干
　问题的解释》释评 …………………………………… 2480
适用人身损害赔偿司法解释的疑难问题及对策 ………… 2499
建筑物区分所有权和物业服务合同法律规范的新进展 … 2519
《关于审理城镇房屋租赁合同纠纷案件具体应用法律若干
　问题的解释》的理解和适用 ………………………… 2530
近亲属优先购买权及适用 ……………………………… 2544
最高人民法院《关于适用〈中华人民共和国婚姻法〉若干
　问题的解释（三）》的民法基础 ……………………… 2556

最高人民法院《关于适用〈中华人民共和国婚姻法〉若干
　　问题的解释（三）》解读 ………………………………………… 2563
最高人民法院《关于审理食品药品纠纷案件适用法律若干
　　问题的规定》释评 ……………………………………………… 2575
媒体侵权和媒体权利保护的司法界限研究
　　——由《中国媒体侵权责任案件法律适用指引》的制定探讨私域软规范
　　的概念和司法实践功能 ………………………………………… 2588
环境侵权司法解释对分别侵权行为规则的创造性发挥
　　——《最高人民法院关于审理环境侵权责任纠纷案件适用法律若干问题
　　的解释》第3条解读 …………………………………………… 2604
第三人过错造成环境污染损害的责任承担 …………………………… 2614

第十编　民事判例

法官的保守与创新 ……………………………………………………… 2627
贾国宇诉北京国际气雾剂有限公司等人身损害赔偿案释评
　　——兼论人身伤害慰抚金赔偿制度的内容及其实行 ………… 2639
论多重买卖中的侵权行为及其民事责任 ……………………………… 2654
关于服务欺诈行为惩罚性赔偿适用中的几个问题
　　——兼评丘建东起诉的两起电话费赔偿案 …………………… 2662
对綦江彩虹桥垮塌案人身损害赔偿案中几个问题的法理评析 ……… 2672
不动产善意取得及适用条件 …………………………………………… 2678
法定继承中继父母子女形成扶养关系的认定 ………………………… 2690
自书遗嘱的形式要件与法律效力 ……………………………………… 2701
人的冷冻胚胎的法律属性及其继承问题 ……………………………… 2714
一份标志人伦与情理胜诉的民事判决 ………………………………… 2726
承诺函·最高额保证·无效保证赔偿责任
　　——广东省高级人民法院（2002）粤高法民四终字第55号民事
　　判决评释 ………………………………………………………… 2741
企业法人名誉权侵权责任的界限判定 ………………………………… 2755
为同性恋者治疗的人格尊严侵权责任
　　——兼论搜索引擎为同性恋者治疗宣传的虚假广告责任 …… 2767

贾广恩诉某市有线电视台纠纷案释评
　　——论有线电视台过量插播电视广告的民事责任 …………… 2779
医疗事故鉴定的性质及其司法审查 ………………………………… 2786
推动中国人格权立法发展的十大经典案件 ………………………… 2795
推动中国侵权法发展的十大经典案件 ……………………………… 2804

附　　录

法学学术论文的选题方法 …………………………………………… 2817
关键词索引 …………………………………………………………… 2833
法律全称与简称对照表 ……………………………………………… 2857

跋：有文万事足 ……………………………………………………… 2861

第一编

民法典编纂

编纂民法典必须肃清苏联民法的影响[*]

在全面深化改革,全面依法治国中,完成编纂中国民法典的重大任务,必须有一个正确的、科学的民事立法指导思想,而且必须采纳科学的民法传统作为立法的参考依据。无论是前者还是后者,都面临着一个重要的,并且是一直都没有完成的任务,就是肃清苏联民法的影响。在当前编纂民法典的过程中,必须就此问题开展深入讨论,进行拨乱反正,彻底肃清苏联民法对我国民法的影响,保证我国民法典编纂按照正确的方向进行。本文就此展开论述,以就教于方家。

一、苏联民法对我国编纂民法典影响的典型表现

在我国几十年的民法立法中,取得的成绩是主要的,特别是制定了《合同法》《物权法》《侵权责任法》等,成就瞩目,被世人所称道。但是,也不能不看到,在民事立法中还存在一些问题,例如《民法通则》规定统一的民事责任制度,规定物权请求权与侵权请求权相互混同,对私权利地位的规定还不够科学等。存在这些问题的原因,有的是立法技术问题,有的是思想偏见问题,除此之外,还有一个特别重要的问题,就是苏联民法对我国民法的影响问题。最近几年,在研究编纂民法典的有关问题中,对于过去民事立法规定的一些不正确的规则产生的原因是什么,在百思不得其解过后最终得到的答案,都是苏联民法的影响。于是,笔者提出一个问题,就是在"文革"结束之后,各行各业大都进行了思想上的拨乱反正,但是在法学界特别是民法学界,至今没有进行过这样的思想清理。

下面列举几个主要的问题,说明苏联民法对我国民法的影响。

(一)关于"民法总则"是否规定权利客体的问题

民法典的总则部分规定权利客体制度,是德国法系民法总则的通例。原因在于,按照潘得克吞体系,民法总则是将分则的规则作出抽象并予以规定,大体按照法律关

---

[*] 本文发表于《法制与社会发展》杂志 2016 年第 2 期,为国家社科基金 2014 年重大项目(第三批)"完善以宪法为核心的中国特色社会主义法律体系研究"(课题批准号:14ZDC008)的阶段性成果。感谢张文显教授对作者写作这篇文章的鼓励和支持。

系主体、法律关系客体和法律关系内容的体系编排。权利客体也就是法律关系客体，当然要规定在民法总则之中，作为一个重要内容予以规定。

在编纂民法典起草"民法总则"中，遇到一个突出的问题，就是要不要规定权利客体制度。在学者起草的"民法总则建议稿"中，差不多都规定了权利客体，即使深受法国民法影响的徐国栋教授主持起草的《绿色民法典草案》，也在序编中专门规定"客体"一题，第一章规定一般规定，第二章规定人身权的客体，第三章规定财产权的客体。①

可是，在 2015 年 8 月 28 日《民法总则（草案）》（试拟稿）的九编内容中，就没有规定权利客体制度，仅仅在附件中附录了中国民法学研究会《民法总则建议稿》的"民事权利客体"一章。试拟稿对此采取犹豫不决态度的原因：一是 1986 年"民法总则"就没有规定权利客体；二是 2002 年全国人大常委会审议的《中华人民共和国民法（草案）》，也没有规定权利客体。

继续检索 1949 年以来的各版民法（包括民法总则）草案，才能找到我国民法为什么不规定权利客体的原因。首先，作为《民法通则》基础的前四个民法草案，即 1980 年 8 月 15 日《民法一草》、1981 年 4 月 10 日《民法二草》、1981 年 7 月 31 日《民法三草》和 1982 年 5 月 1 日《民法四草》，都没有规定权利客体。② 其次，1960 年以前的民法草案都规定有权利客体，最早的 1955 年 10 月 5 日《民法总则草稿》第三章规定权利客体，第 28 条公开申明"民事权利的客体包括物和权利"③；1955 年 10 月 24 日"民法典总则篇"仍采此例④；1956 年 12 月 17 日"总则篇"第三章规定"民事权利的客体"⑤。最后，变化发生在 60 年代之初。从 1963 年北京政法学院的《民法草案（初稿）》开始，改变了 50 年代民法总则草案的做法，不再规定权利客体，内容变得极为简单。同年 4 月中国社会科学院法学研究所的《民法（草稿）》、全国人大常委会办公厅 1963 年 7 月 9 日编写的《民法（草稿）》、1964 年 7 月 1 日的《民法草案（试拟稿）》、1964 年 11 月 1 日的《民法草案试拟稿》，也都是如此。

为什么在我国民法起草中，从 20 世纪 60 年代初，突然对权利客体的态度出现了大逆转的原因，除了反右斗争的严重影响、法律虚无思想的影响之外，最重要的原因，就是受苏联民法的影响。50 年代起草的民法草案，借鉴的是 1922 年 11 月 22 日的《苏俄民法典》，该法总则规定了权利客体（财产）。⑥ 与其相应，那时的苏联民法专著也研究民事法律关系客体。⑦ 但是，1961 年 12 月 8 日苏维埃社会主义共和国联盟最

---

① 参见徐国栋主编：《绿色民法典草案》，社会科学文献出版社 2004 年版，第 6—9 页。
② 参见何勤华主编：《新中国民法典草案总览》（下卷），法律出版社 2013 年版，第 377、436、493、560 页。
③ 何勤华主编：《新中国民法典草案总览》（上卷），法律出版社 2013 年版，第 6 页。
④ 参见何勤华主编：《新中国民法典草案总览》（上卷），法律出版社 2013 年版，第 17 页。
⑤ 何勤华主编：《新中国民法典草案总览》（上卷），法律出版社 2013 年版，第 29 页。
⑥ 参见中央人民政府法制委员会：《苏俄民法典》，王增润译，新华书店 1950 年版，第 3—23 页。
⑦ 参见〔苏〕谢·列布洛夫斯基：《苏联民法概论》，赵涵兴译，人民出版社 1951 年版，第 31 页以下。

高苏维埃决议批准的《苏联和各加盟共和国民法纲要》,第一章"一般原则"(相当于民法总则)就不再规定权利客体,随后《苏俄民法典》也就不再规定权利客体,当时的其他社会主义国家民法也均采相同立场。直至 1995 年《越南社会主义共和国民法典》和 2000 年《蒙古国民法典》的总则也不规定权利客体,可见苏联民法对其他社会主义国家立法的影响之大。这样的历史告诉我们,苏联民法对权利客体的态度转变,才是我国民法起草中对权利客体态度改变的主要原因。在苏联民法示范样本的引导下,我国 60 至 80 年代的民法草案以及《民法通则》均不规定权利客体,就是理所当然的,原因就是要彰显社会主义民法典的典型特征和与众不同。⑧

(二)关于"民法总则"应否规定法律适用方法即法例制度的问题

在我国民法历史上,《大清民律草案》《中华民国民法》的总则都规定了法例,基本内容是"民事,法律所未规定者,依习惯;无习惯者,依法理",以及法官不得拒绝审判等相关规定。⑨ 即使"伪满洲国民法"虽然没有规定法例,但也有两个条文属于法例的内容。⑩ 但是,自 1950 年起,我国民法草案都没有规定法例制度,直至 1986 年《民法通则》和 2002 年《民法(草案)》,也都没有规定。

"法例者,民法适用之通例也。""关于现代民法上之基本原则,如权利滥用之不受保护,行使权利与履行义务之应依诚实与信用方法,善意第三人之应受保护,与夫法院裁判,须一本公平观念。凡此诸端,颇有规定于法例中之必要。"⑪法例就是民法适用的通例,或者称为民法适用的一般规则。各国或地区民法典尽管对此没有明文规定称为"法例",但大多数都有关于法律适用规则的规定。在笔者检视的 21 部国家或者地区的民法典中,规定法例内容的有 15 部,没有规定的为 6 部,前者占 71.4%,后者为 28.6%。⑫

我国历史上使用过具法、刑名、法例、名例、名律等不同称谓,都是指法律适用的一般规则,最早使用"法例"者为魏律。《大清民律草案》《中华民国民法》设置"法例"章,既沿用了大陆法系的传统,又保持了我国法律的传统。对于我国这种优良的民法立法传统,却没有继承下来,被抛之于无形之中,其原因仍然是苏联民法的影响,不仅 1922 年《苏俄民法典》、1961 年《苏维埃社会主义共和国联盟及各加盟共和国民法纲要》以及 1964 年《苏俄民法典》,都没有规定法律适用的一般规则,而且直至今日之《俄罗斯联邦民法典》,也仍然没有对此加以规定。

(三)关于配偶的法定继承顺序问题

1985 年《继承法》规定的法定继承只有两个顺序:一是配偶、子女、父母;二是兄

---

⑧ 参见杨立新:《我国民事权利客体立法的检讨与展望》(本书第 45 页),载《法商研究》2015 年第 4 期。
⑨ 参见杨立新主编:《中国百年民法典汇编》,中国法制出版社 2011 年版,第 56、388 条。
⑩ 参见杨立新主编:《中国百年民法典汇编》,中国法制出版社 2011 年版,第 524 条。
⑪ 梅仲协:《民法要义》,昌明书屋 1947 年版,第 57 页。
⑫ 参见《我国民法典总则编应当规定法例规则》(本书第 54 页),载《求是学刊》2015 年第 4 期。

弟姐妹、祖父母、外祖父母。其中配偶是第一顺序继承人,并且列在第一顺位之首。⑬30 年来,几乎所有的人都认为这是天经地义的,是不可怀疑、不可动摇的继承法规则。

可是,这种立法却不是市场经济国家民法的立法惯例。目前,世界各国或地区的继承法均确认配偶互为继承人,其法定继承顺序有三种立法例:

(1)配偶固定继承顺序。依据血亲继承人与被继承人血缘关系的远近及扶养关系等因素,将所有的法定继承人分成先后不同的继承顺序,配偶被固定在第一继承顺序,应继份与其他同一顺序继承人的应继份相同。采此立法例的国家有苏联、捷克、斯洛伐克、南斯拉夫、韩国、新加坡、泰国、马来西亚、越南、蒙古、匈牙利(配偶放第二继承顺序)等。

(2)配偶非固定继承顺序。将血亲继承人和配偶继承人进行区分,依据血亲继承人与被继承人关系的亲疏远近,将所有的法定继承人分成不同的继承顺序,配偶不被列入固定的继承顺序,可与任何一个顺序在先参加继承的血亲继承人同为继承,其应继份也因其参与的血亲继承人顺序的不同而有差别。配偶的法定继承顺序虽非固定,却始终被重点优位考虑。只要存在部分与被继承人关系紧密的在先顺序的其他血亲继承人,配偶便得与其共同继承而不能独立继承遗产。这是对配偶独自继承遗产权益的适当限制,同时又从遗产份额的量上来保障配偶的利益。法国、瑞士、日本、埃塞俄比亚、保加利亚、奥地利、葡萄牙等国家以及我国香港、澳门特别行政区、台湾地区等,均采此制。

(3)配偶先取份+非固定或者固定顺序。配偶最终取得的遗产由两部分构成,一部分为配偶在参加继承之前,依法定遗产先取权,从被继承人遗产中先取得一定数量的遗产,即遗产先取份;另一部分为配偶依非固定或固定继承顺序与其他特定顺序血亲继承人就余下遗产共同继承,从中取得其应继份。前后二者的总和,构成配偶所取得的遗产。采用此立法例的国家有德国、英国、美国、希腊、以色列等。⑭

上述第一种立法例主要是非市场经济国家所采用,后两种立法例基本上是市场经济国家和地区所采用。两者的差别在于:当配偶为固定继承顺序时,如果同一顺位的其他继承人缺位时,配偶将独自继承被继承人的全部遗产,被继承人的其他血亲继承人将无法继承其遗产;当采用配偶无固定顺序或者先取份+继承顺序时,配偶参与一定范围内继承顺序的继承人一起继承被继承人的遗产,在遗产分配上更为公平,也更符合推定的被继承人分配遗产的意愿。原因是,配偶实行无固定继承顺序即零顺序,能够让配偶和有相当血缘关系的继承人,都有分得部分遗产的可能,避免遗产全部由配偶继承。

这种实例并非不存在。20 世纪 80 年代末的杨 B 等诉汪某继承案就是一个例

---

⑬ 参见《继承法》第 10 条。

⑭ 上述立法例分析,参见杨立新、何丽军:《我国配偶法定继承的零顺序改革》(本书第 1353 页),载《中州学刊》2013 年第 1 期。

证。海峡两岸关系解冻准许赴台老兵回大陆探亲后,杨B的哥哥杨A回大陆探亲,经人介绍,与汪某相识并结婚,杨A用其在台湾积攒的钱买了商品房以及家用电器等,尚余30多万元现金。婚后一年多,杨A突然患病去世,发生法定继承。其第一顺序继承人只有配偶即汪某,依照《继承法》第10条的规定,所有遗产均应由汪某继承。杨B等亲属提出,我们与亲人分离30多年,刚刚重聚就发生这种情况,其遗产应当有其份额,不能由刚刚结婚一年多的配偶独得。法院认为原告的诉讼请求是有道理的,因此判决房屋等家产由汪某继承,在遗产的现金部分,汪某分得5万元,其他由杨B等近亲属分得。⑮依照现行法,这个判决是完全违法的,但是为什么又有合理性呢?其原因,正是在于配偶法定继承固定顺序存在的弊病。如果采用配偶法定继承零顺序,就不会存在这样的问题。

我国《继承法》采用配偶法定继承固定顺序,完全是采纳苏联民法的规定。1922年《苏俄民法典》第418条第1款规定:"依法得为继承人者系子女(包括养子女)、配偶、被继承人之父母无劳动能力者,以及其他无劳动能力之人,而由被继承人于其死亡前赡养在一年以上者。"⑯1961年《苏联和各加盟共和国民法纲要》第118条第1款规定:"在法定继承的情况下,死亡人的子女(包括养子女)、配偶和父母(养父母)为第一顺序继承人,他们的继承份额相等。"⑰我国1985年制定《继承法》就是借鉴的这一立法例,甚至将配偶改变为第一顺序继承人之首。

50年代初期的我国民法草案并不重视继承法的问题,直至1958年才有了《中华人民共和国继承法(草稿)》,其中第15条第1款明确规定:"法定继承的顺序:第一顺序:配偶、子女、父母……"条文后注明:"参考:苏第418条。"⑱嗣后,《民法一草》第482条、《民法二草》第407条、《民法三草》第436条和《民法四草》第394条,都按照这样的方法规定配偶的法定继承权。⑲在对配偶法定继承顺序的规定中,为什么采取固定顺序而不采用零顺序,曾经有一个说明:"根据中国当前的实际情况,配偶应固定在一个顺序而且也只应规定在第一个顺序之内,因为配偶是被继承人家庭的重要成员,经济上的联系比其他人更为密切,假如不固定在一个顺序,易产生被继承人死亡后在没有子女、父母时,所遗留下来的财产便由配偶与被继承人经济联系不密切的兄弟姊妹共同继承,虽则也可以规定彼此间继承份额的不同,但终究不能算是合理的。"⑳这样的说法,不能说不是理由,但是,仅仅以兄弟姐妹的经济关系不密切,就须

---

⑮ 该案的详细情节,参见杨立新、何丽军:《我国配偶法定继承的零顺序改革》(本书第1353页),载《中州学刊》2013年第1期。
⑯ 中央人民政府法制委员会编:《苏俄民法典》,王增润译,新华书店1950年版,第169页。
⑰ 中国社会科学院法学研究所译:《苏联民法纲要和民事诉讼纲要》,法律出版社1963年版,第49页。
⑱ 何勤华主编:《新中国民法典草案总览》(中卷),法律出版社2013年版,第452页。
⑲ 参见何勤华等编:《新中国民法典草案总览》(下卷),法律出版社2013年版,第433、407、493、560页。
⑳《关于继承问题向彭真同志的报告》,载何勤华等编:《新中国民法典草案总览》(中卷),法律出版社2013年版,第456页。

采纳《苏俄民法典》第418条的规定,显然理由不够充分,因为法定继承应当考虑的更为重要的因素,是亲属之间的血缘关系。苏联民法的上述规定与我国立法者上述解释前后相继,只注重亲属间的财产关系,没有考虑血缘关系,显然是不正确的。

(四)关于婚姻法与民法典的关系问题

大陆法系民法典历来把亲属法作为民法的部门法,是民法分则的组成部分。但是,苏联民法认为,"婚姻家庭关系,即夫妻间、父母、子女和其他亲属间的关系是如此的特殊,以致不能把它划归为由民法所调整的财产关系和人身非财产关系。也必须注意到,家庭法权关系内还应包括因社会主义国家巩固苏维埃家庭、保护母亲及儿童的活动所产生的法权关系"[21],因而将婚姻家庭法作为独立的法律部门,直至今日之《俄罗斯联邦民法典》,仍然不规定亲属法编,固守婚姻家庭法不是民法,而是独立的法律部门的信念。我国坚守这个传统,在1950年就单独制定了《婚姻法》,使婚姻家庭法与民法"骨肉分离",一直延续到现在。尽管从改革开放至今,学界都认识到婚姻家庭法应当回归到民法大家庭中,成为民法典的组成部分,但是尚须在制定民法典中最后确定这个立法决策。我们盼望纠正在此问题上苏联民法的错误影响,实现亲属法向民法的回归。

(五)其他受苏联民法影响的有关问题

苏联民法对我国民法的影响,绝不限于上述所列四个问题。其他诸如:刻意强调国有财产神圣不可侵犯,弱化对私人所有权的保护;在诉讼时效制度上刻意缩短时效期间,客观上纵容债务人违反债务;将荣誉权规定为人格权[22],使之成为一个不伦不类的民事权利;在合同法的基本原则上,不敢强调合同自由原则,而仅仅规定合同自愿原则;在继承法上,刻意缩小法定继承人范围,减少法定继承顺序,使更多的无人继承遗产被收归国家所有;将法定继承规定在遗嘱继承之前,造成法定继承效力更高的假象;等等。

二、苏联民法对我国民法影响的形成与发展

苏联民法为什么会在中国发生如此之大的影响,是如何形成和发展的,应当进行探讨。

(一)中国民法空窗期及苏联民法的传入

从1949年开始,在我国的法制建设上存在一个民法的空窗期。其形成,是因为中共中央于1949年2月发出《关于废除国民党的六法全书与确定解放区的司法原则

---

[21] 〔苏〕C·H·布拉都西主编:《苏维埃民法》(上),中国人民大学民法教研室译,中国人民大学出版社1956年版,第7页。

[22] 参见〔苏〕C·H·布拉都西主编:《苏维埃民法》(上),中国人民大学民法教研室译,中国人民大学出版社1956年版,第7页。

的指示》,宣布彻底废除国民政府伪法统,被废除的六法全书就包括《中华民国民法》。在市民社会中,并不会因为没有民法典而不发生民事法律关系,就不会发生民事纠纷,因而在这个民事立法的空窗期,法院的民事审判工作就出现了无法可依的状态。彻底废除前朝民法的做法,基本上无先例。即使苏联十月革命胜利之后,在未制定《苏俄民法典》之前,也还是采取不废除沙俄民法典,只是停止施行与现行法治相违背部分的做法。在辛亥革命胜利之后,北洋政府将《大清民律草案》作为民国暂行民律草案予以施行,等等,这样的做法屡见不鲜。在此空窗期,全面引进苏联民法是唯一可行的办法。我国最早的《苏俄民法典》中译本,就是1950年5月出版的,印刷了1万册。同年,法律出版社出版了坚金和布拉图斯(另有译本为布拉都西)主编的《苏维埃民法》上下册㉓;1951年,中央人民政府法制委员会编译了谢·列布洛夫斯基的《苏联民法概论》,作为新法学参考丛书在人民出版社出版。㉔

可是,建立一个新的法治不可能一蹴而就,需要一个过程。在新的法院系统中,没有按照苏俄民法培训的司法人员,不得不保留旧法院的法官,他们不掌握苏联民法规则,经常在判决书的理由部分继续表达大陆法系民法的规则和学理。在法律院校,则聘请苏联法律专家进行系统授课,翻译苏联民法教材和专著,培养师资,进行传播。因此,在思想上、组织上和理论上,都为全盘继受苏联民法做好了充分的准备。

(二)我国民法唯苏联民法是瞻的盲目崇拜和照搬

为了更好更全面接受苏联民法,并在司法实践中全盘对民事审判进行指导,1952年下半年,在全国范围内进行了一场目前很少有人知道的"司法改革运动",其重点有两项任务:一是清理所谓的旧法人员;二是清理所谓的旧法思想,在组织上和思想上彻底清除了大陆法系民法传统的影响,保障苏联民法的全盘照搬。同时,在全国范围内,进行政法院系调整工作,调整、改造了旧有的政法院系,建立了工人阶级的政法教育基地。因而"在彻底摧毁资产阶级法统的基础上,我国民法科学有了重大进展"。㉕

所谓"民法科学有了重大进展"的实质,就是在全国建立了唯苏联民法是瞻的盲目崇拜,苏联民法成为我国民事立法和司法的教条,是民法理论研究的唯一参照系,确认"社会主义民法,首先是苏维埃民法,是人类有史以来第一次能够处理人民内部矛盾的民法",而"建立在这个根本利害冲突的基础上而又表现了反动统治阶级意志的一切反动民法,只能是压迫和剥削劳动人民的工具,只能是反动统治阶级内部钩心斗角、实行兼并的工具,根本不可能维护广大劳动人民的利益"。㉖

㉓ 参见[苏]坚金、布拉图斯主编:《苏维埃民法》,中国人民大学民法教研室译,法律出版社1950年版。
㉔ 参见[苏]谢·列布洛夫斯基:《苏联民法概论》,赵涵兴译,人民出版社1951年版。
㉕ 中央政法干部学校民法教研室编著:《中华人民共和国民法基本问题》,法律出版社1958年版,第64页。
㉖ 中央政法干部学校民法教研室编著:《中华人民共和国民法基本问题》,法律出版社1958年版,第6页。

那时候,中国人民大学法律系成了接受和传播苏联民法思想和传统的"工作母机"。赵中孚教授经常回忆说,20世纪50年代中国人民大学法律系上课,讲台前面有一个苏联专家主讲,俄语翻译进行现场翻译,还有一个中国教授根据翻译的内容进行评论,指导学生,然后整理讲义,供其他法律院系使用。这时的法律授课,只能全部讲苏联民法,其他任何法系的法理都作为反面教材予以批判。中国人民大学民法教研室翻译的《苏维埃民法》"译者的话"说明:"现在,我国正处在逐步向社会主义社会过渡的时期,加强革命法制以进一步巩固人民民主专政,保障国家的经济建设,是一项重要的任务。因此,本书的出版将有助于我们学习苏联的先进的民法科学,有助于我国正规革命法制的建设。"[27]

直至1958年,法律出版社出版了《中华人民共和国民法基本问题》[28],才完成了借鉴苏联民法、适当结合我国特点的统一民法教科书,成为全国法律院系的权威教材,也是民事审判的权威参考书。中央政法干校民法教研室柴发邦教授是这部民法讲义的主编,他原来是西北地区法院的法官,后来调到中央政法干校任教。他跟笔者多次讲过这本讲义的写作过程。当接受中央交给他们的这个任务后,他带领民法教研室的教师,基本上参照苏联民法理论,结合我国的实际情况,在授课讲义的基础上修改而成,并被批准正式出版。该书的基本体例和体系都以苏维埃民法教科书为范例设计完成,因而建立了"自己的革命法统,从来就不承认任何反动阶级的反动法统",我国社会主义民法体系,是在十几年的革命斗争中,特别是在新中国建立以来的革命和建设实践中建立、发展和逐步完备起来的[29],在苏联民法的影响下,终于建立了我国50年代完成的、具有浓厚苏联民法印记的中国民法理论体系。

特别值得强调的是,照搬苏联民法建立起来的中国民法及理论体系,即使在1964年中苏关系破裂后,甚至到"文革"时期形成敌我对立关系的时期,也没有因此受到破坏,甚至仍然作为正统的民法思想,仍然在指导着我国民法的立法、司法实践以及理论研究,直到1973年恢复法院建制之后,《中华人民共和国民法基本问题》仍然在指导法院的民事审判工作,其影响不可谓不深,其基础不可谓不牢。

(三)改革开放以来我国民法思想领域没有进行过拨乱反正

应当特别强调的是,在"文革"结束,"四人帮"统治完结后的改革开放中,全国各行各业都进行了思想上的拨乱反正,但是在法学界从来没有进行过一次真正意义上的拨乱反正,没有检讨过民法思想、民法传统、民法制度上的正确与失误,哪些是受到苏联民法的危害,哪些是应当继续坚持的传统,就一直这样延续下来,苏联民法的那些与市场经济规律相悖的痼弊,没有真正被清算。随着我国民法对更广泛的民法传

---

[27] 〔苏〕C·H·布拉都西主编:《苏维埃民法》(上),中国人民大学民法教研室译,中国人民大学出版社1956年版,"译者的话"第1页。
[28] 参见中央政法干部学校民法教研室编著:《中华人民共和国民法基本问题》,法律出版社1958年版。
[29] 参见中央政法干部学校民法教研室编著:《中华人民共和国民法基本问题》,法律出版社1958年版,第3页。

统的借鉴,形成泥沙俱下,混杂在一起的局面,良莠不分,缺少辨别民法是非的科学界限。

(四)长期固守苏联民法传统,形成了落后的民法思维定势

由于在20世纪50至70年代这30年我国民法对苏联民法的盲目崇拜和照搬,将苏联民法当成我国民法立法、司法和理论研究的最高经典,在改革开放后的30多年来,又没有对其进行彻底清算,因而在长达60多年里,人们已经把相沿成习的中国民法中苏联的民法思想、传统和规则,当成了确定不移的民法范例,至今仍然不对其提出质疑和清算,甚至认为反对者是恶意否定中国民法传统。

(五)小结

综上所述,苏联民法对我国民法的影响,不论是在民法理论、民法立法和民法司法中,都长期存在着,所起的作用绝不能低估。更为可怕的是,对苏联民法经过60多年的借鉴和沿用,已经根深蒂固,成为我国固守的思维定势。2015年7月,笔者在教育部社会科学委员会法学学部工作会议暨人文社会科学法学重点研究基地主任联席会议上,结合编纂民法典的实际,提出了应当肃清苏联民法思想和传统影响的意见,受到与会专家的重视,就说明了这个道理。

三、我国编纂民法典必须正本清源肃清苏联民法的影响

中国大陆编纂民法典,已经经历了60多年的风风雨雨,直至今天方进入最后的冲刺阶段。制定一个什么样的民法典,关系中国市民社会的百年基础建设问题,必须有正确的立法指导思想,其中之一,就是要肃清苏联民法的影响。

(一)为什么必须肃清苏联民法的影响并与其划清界限

1.苏联民法的社会经济基础与我国社会经济基础完全不同

苏联民法与大陆法系民法之间的重大区别,典型地表现在经济基础问题上。苏联民法的社会经济基础是计划经济而不是市场经济,市民社会民法的经济基础必定是市场经济而不是计划经济。民法是植根于市场经济基础之上,调整市民社会经济关系和人身关系的基本法。当年,佟柔教授提出著名的"民法就是调整商品经济的法"的意见[30],既是大胆的观念,也有概括不周的问题,原因在于,民法毕竟有很多调整人身关系的内容。认为民法是植根于市民社会市场经济的基本法,不仅是说民法调整市民社会市场经济的财产关系,也调整市民社会市场经济的人身关系。近现代民法以及当代民法莫不如此。因此,一个以僵化的计划经济为基础的民法,不能适应我国当前社会的市场经济基础对民法的需求。例如,基于身份关系发生的遗产继承,从计划经济的角度来看,配偶法定继承的第一顺序似乎并不是大问题,但是按照市场

---

[30] 参见佟柔:《发扬民主精神,建立商品经济新秩序》,载《法学研究》1988年第6期。

经济的社会基础考虑,配偶法定继承无固定顺序,更能够反映市场经济的本质,更应考虑遗产在血亲中进行分配的均衡性。又如,在人格利益的商品化上,也会涉及财产问题,不仅某些人格利益应用于市场经济会发生精神利益到财产利益的转变,变为实际的财产利益,而且侵害这样的人格利益也会造成权利人的财产利益损失,需要精神损害赔偿和财产利益损失赔偿的救济。苏联民法强烈反对人格商品化,反对精神损害赔偿,认为"在资产阶级国家里,对于人身受到侵害有所谓的精神上损失的赔偿,这和资产阶级要使人与人之间的关系成为冷酷无情的'现金交易'关系是直接联系着的。只有资产阶级才认为感情上的痛苦可以用金钱医治,可以像商品一样换取货币"。㉛ 这样的观念,完全来源于苏联民法。在今天,公开权在世界范围内获得确认,不仅认可精神损害可以用金钱赔偿,而且对某些人格利益的侵害亦须以财产损害赔偿进行救济。苏联民法的上述两个影响,后一个已经被彻底废除,《中华人民共和国侵权责任法》第 20 条和第 22 条确认上述侵权损害赔偿制度;但前一个影响仍然根深蒂固,不可动摇。

2. 苏联民法的政治偏见与我国民法完全不相容

苏联民法存在政治方面的偏见,是不言而喻的。例如,苏联民法认为,"苏维埃社会主义民法和基于对生产工具及生产资料的资本主义私有制并基于私有而为人剥削人的资产阶级民法有原则上的区别"㉜;我国民法教科书就认为,社会主义民法科学"具有彻底的革命性和战斗性,他是在不断批判和战胜一切反动民法的观点中发展起来的","一切反动民法学,则具有反动剥削阶级的阶级性和党性。他们是彻底反动的民法学,是一小撮反动统治者及其帮凶用来敌视和压迫劳动人民的民法学"。㉝ 在这种政治偏见的指导下,不可能制定一部科学的民法典,也不能借鉴传统民法的优势制定一部具有中国特色的民法典。又如,在所有的市场经济国家的民法中,都宣布私权神圣;而苏俄民法首先强调的是公有财产神圣不可侵犯,而且以此与一切资产阶级民法划清界限。在理论上,认为"生产工具和生产资料的公有制是社会存在的不可动摇和不可侵犯的基础,再从社会主义逐渐过渡到共产主义的过程中,随着社会生产的不断增长,并且由于这种增长,上述生产工具和生产资料公有制的意义也在逐日增加着";而"劳动者的个人财产是和生产工具与生产资料的社会主义公有制密切联系的,是从公有制派生出来的"。㉞ 这种将所有权分为三六九等,分别加以不同保护的观念,就是政治偏见。受其影响,我国 20 世纪 50 至 70 年代对私有财产的歧视和剥夺,与苏联的做法没有区别,甚至有过之而无不及。直至 1986 年制定《民法通则》,仍然

㉛ 中央政法干部学校民法教研室编著:《中华人民共和国民法基本问题》,法律出版社 1958 年版,第 339 页。
㉜ 〔苏〕谢·列布洛夫斯基:《苏联民法概论》,赵涵兴译,人民出版社 1951 年版,第 4 页。
㉝ 中央政法干部学校民法教研室编著:《中华人民共和国民法基本问题》,法律出版社 1958 年版,第 16 页。
㉞ 〔苏〕维涅吉克托夫:《苏联民法对社会主义财产的保护》,谢怀栻、李为译,法律出版社 1957 年版,第 4—5 页。

在第 73 条规定了"国家财产神圣不可侵犯"原则,却没有宣布私有财产的平等保护。带来的问题就是,国家财产神圣不可侵犯,那么其他财产包括私有财产是否就不神圣、就可以侵犯呢？这个问题,直到制定《物权法》时,才在所有民法学者的坚持下,终于规定了所有权平等保护原则,在这个问题上肃清了苏联民法的影响。事实上,《物权法》第 4 条关于"国家、集体、私人的物权和其他权利人的物权受法律保护,任何单位和个人不得侵犯"的规定,仍然与《民法通则》的上述规定相悖。可见,苏联民法的政治偏见,与今天我国的国情完全不相容。我国实行实事求是的思想路线,即坚持中国特色,也广泛借鉴各国民法的优良传统,与苏联民法的政治偏见完全不相容。不过,我国在民事权利保护的立场上,苏联的民法政治偏见的影响仍然没有完全肃清,仍需做大量的工作。编纂民法典必须确立私权神圣的原则,才能使民法典成为一部真正意义上的民法典。

3. 苏联民法落后的学说基础,使其无法成为借鉴的样本

编纂民法典必须肃清苏联民法的影响,还有一个重要原因,就是苏联民法落后的学术学说基础。中国大陆的民法传统和台湾地区的民法传统,采纳的是两条不同的路线,但在实际上,这两条路线推溯到最后其实是相交的,只是中间有差别。台湾地区的民法就是民国民法,民国民法是从德国民法、法国民法和日本民法传承过来的,它的根源是大陆法系民法。中国大陆的民法,在《民法通则》及其之前,主要来源于苏联民法,但苏联民法也是成文法,其传统也是大陆法系,不管它是借鉴原来的沙俄民法典还是自己建立起来的苏俄民法典。可见,两岸民法的共同基础都是大陆法系民法传统。不过,苏联民法背叛了大陆法系的民法传统,并且将其他民法作为敌对民法,推测"这些人身自由、平等和契约自由的原则对于帝国主义时代的资产阶级民法已经是不中用了",在政治偏见的基础上,创立自己的民法学术理论和依据,创造自己的民法规则,因而成为大陆法系民法体系中的一部学术基础不当、理论根据扭曲、政治偏见浓厚的畸形的民法典。中国大陆民法却以此为样本,模范遵守其规则,直至今天仍然不能全面肃清其影响。例如,苏联民法认为,"契约自由在资产阶级的民法里,说是允许当事人能够以互相同意决定自己的经济关系,国家政权是不干预的,这样的自由正是反映资本主义经济的无政府状态,事实上只是赋予在经济上较为有力的,对于在经济上较为弱小的,强行他的意志的可能而已"[35],因而社会主义民法并不实行契约自由原则。苏联民法这种学术思想和理论基础,仍然在发生影响,即使 1999 年我国制定的《合同法》也只敢说"合同自愿"原则[36],而不敢直接规定合同自由原则。苏联民法落后的理论基础,使其民法不能作为我国民法的典范,民法思想领域进行彻底的拨乱反正,肃清其影响,才是最重要的。

---

[35] 〔苏〕谢·列布洛夫斯基:《苏联民法概论》,赵涵兴译,人民出版社 1951 年版,第 5 页。
[36] 《合同法》第 5 条规定:"当事人依法享有自愿订立合同的权利,任何单位和个人不得非法干预。"条文中使用的"自愿"这个词,表达的就是合同自由原则。参见杨立新:《合同法》,北京大学出版社 2013 年版,第 13 页。

4. 小结

应当看到的是,苏联民法对中国民法影响的实质,就是一个"左"字。在我国民法领域,如果不清除"左"的影响,苏联民法的影响就会继续兴风作浪。事实上,苏联民法思想与"左"的思想在实质上是一致的,几乎可以画等号。肃清苏联民法影响,实际上就是肃清"左"的思想。"左"的思想无论在民事立法、司法和理论研究中表现出何种新花样,几乎都无法回避其苏联民法的印记。例如,在 2015 年出现的人格权在民法典中单独成编的立法,会引发"颜色革命"等具有强烈政治色彩的评论[37],违背正常的学术批评原则,是"左"的思想在民法领域的表现,其根源,亦是苏联民法意识形态化立场的影响。对此,必须保持高度警惕。

(二)编纂民法典应当坚持走具有中国特色的道路

研究我国大陆编纂民法典所要坚持的道路,应当首先借鉴清末民事立法的指导原则以及"国民政府"制定民法的经验。制定《大清民律草案》的立法指导原则是:注重世界最普通之法则,原本后出最精确之法理,求最适于中国民情之法则,期于改进上最有利益之法则。"国民政府"制定民法的重要经验,一是采世界的普遍法则作为立法原则;二是采取适合现代思潮的立法形式和体例;三是改革我国固有的封建恶习仍注重我国的国情;四是条文词句简洁通俗。[38]中国历史上编纂民法典的这些经验,都值得我们重视。

应当看到,中国正在编纂的民法典是 21 世纪的民法典,应当具有 21 世纪民法的风采和特点。笔者的看法是:

(1)应当特别强调中国民法典的中国特色,适合中国国情。今天,立法机关更强调的不是人民群众生活的民事习惯,而是刻意强调民事规则的统一。这表现为立法思想的僵化和保守,以及"左"的思想并没有在中国社会彻底肃清。对此,立法还要进一步解放思想,肃清"左"的思想影响,民法并非具有强烈的阶级性和党性,也不具有强烈的意识形态色彩。只有依照国情需要,根据实际需要确定民法典的具体内容和规则,才能把 21 世纪中国民法典制定得更加有中国特色,更适合我国国情和民族习惯。

(2)我国民法典应当发挥立法的后发优势,广泛借鉴各国民事立法的经验,不仅要借鉴德国法、法国法的经验,还要借鉴英美法的经验,以及国际通行的交易规则和习惯,博采精华。应当看到的是,在世界范围内,不存在与社会主义民法科学相对立的敌对民法,并非存在两个对立的民法阵营,除了在物权和亲属方面各国民法固有性比较强之外,其他的民法规则都属于市民社会的共同生活、交易规则。因此,借鉴十

---

[37] 参见梁慧星:《中国民法典编纂中的最大争论和我的态度——在四川大学法学院的讲座》,载法制宣传网,2015 年 11 月 27 日访问。

[38] 参见杨立新:《百年中的中国民法华丽转身与曲折发展——中国民法一百年历史的回顾与展望》(本书第 135 页),载《河南省政法管理干部学院学报》2011 年第 3 期。

分重要。应当着重借鉴德国民法,因为《大清民律草案》《民国民律草案》和民国民法"采德国立法例者,十之六七"。㊴ 在今天,这些经验仍然没有过时。对德国民法传统,既要在理论基础上敢于借鉴,也要敢于自己定取舍。㊵

(3)我国民法典不应当拘泥于某一种民法的立法体例,而是根据具体的民法实际内容科学编纂。我国在制定《合同法》《侵权责任法》中采取的这种开放性立法形式,不仅在国内民法学界得到普遍认可,而且在国外民法学界也得到了充分肯定。

(4)民法典的内容应当更具开放性和创新性,吸纳当代社会存在的更多内容,体现时代性。21世纪的基本特点是科技创新、技术发展、文化不断进步。面对这样的情况,民法典必须不断更新观念,对新型的民事活动进行深入研究,将各国具有创新性的民法规则结合我国实际情况尽可能吸收进来,成为我国的民法规则,使民法典与时俱进,不断发展。

(三)编纂民法典,肃清苏联民法影响,应着重解决的几个问题

1. 在学理上划清与苏联民法的界限

在学理上划清我国民法与苏联民法的界限,是民法学术界不可推脱的重任。目前,我国民法学者很少专门研究苏联民法对我国民法影响的问题,因而存在是非不分的现实。这是不行的。首先,肃清苏联民法的影响,必须进行思想和理论上的拨乱反正,在思想上和理论上与苏联民法划清界限,与"左"的思想影响划清界限。其次,应当将苏联民法中与当代民法传统与创新相悖的问题一一整理出来,列出清单,广而告之,给立法机关、司法机关划出红线,避免重蹈覆辙。再次,在学术研究中遇到传统和借鉴的疑难问题,应当思考究竟属于我国民法的优良传统,还是苏联民法的影响问题,真正在思想上划清界限。最后,把学者研究问题时发现的苏联民法的影响集中起来,进行整理,最终彻底清除。

2. 立法机关应当着意划清我国民法与苏联民法的界限

在立法上划清苏联民法思想和传统的界限,肃清"左"的思想影响,显然是更为重要的任务。立法机关把握我国立法的大权,代表人民行使立法权,具有更为重要的职责,对此,负起责任,防止苏联民法和"左"的思想干扰立法。在编纂民法典的过程中,由于苏联民法的影响已经延续了几十年,那种自觉不自觉地坚守苏联民法立场的情形经常存在,并且依此对抗优秀民法传统。那种"一说到典权,就想起地主剥削农民"的"左"的思想,致使我国传统物权即典权被排除在《物权法》规定的法定物权之外的历史教训,必须牢牢汲取,防止重演。

3. 司法机关和司法人员应当谨防苏联民法的干扰

目前,我国司法实践受到苏联民法的影响还比较小。一方面是因为大量的民事纠纷案件诉到法院,法官多来不及思考过多;另一方面,近年来法官队伍年轻化、知识

㊴ 梅仲协:《民法要义》初版序,中国政法大学出版社1998年版,第1页。
㊵ 参见谢怀栻:《谢怀栻法学文选》,中国法制出版社2002年版,第374页。

化建设越来越好,较少受苏联民法的影响,而固守苏联民法的老法官及领导基本上已经离开了审判一线。尽管如此,这方面的任务也仍然存在,要对现行法律中受苏联民法影响的规定,有能力、有办法进行识别,正确适用法律。

4. 肃清苏联民法的影响,需要做更加深入细致的宣传工作

对于扎根于社会大众中的苏联民法思想和传统,必须进行深入细致的宣传教育工作,分清是非,肃清"左"的影响。不如此,不能改变已经根深蒂固地受苏联民法影响形成的习惯和观念。

如果立法机关和民法学者在编纂民法典过程中,能够有意识地用正确的民法传统,清除苏联民法对中国民法的影响,中国民法典是能够有一个健康的身躯的,不会有太多的"左"的东西。这就是我们在这几年中要努力做的事情。

我国"民法总则"法律行为效力规则统一论[*]

2015年1月28日,出席全国人大常委会法工委召开的"民法典编纂工作座谈会"的法律专家一致认为,要完成《中共中央关于全面推进依法治国若干重大问题的决定》提出的"编纂民法典"的任务,须先制定"中华人民共和国民法总则"(以下简称"民法总则");3月31日,全国人大常委会法工委召开"民法总则框架与主要问题"研讨会,专题讨论"民法总则"的设计方案。而后,学者陆续提出相关的立法建议,"民法总则"的草案正在形成之中。本文探讨未来我国"民法总则"的制定,该如何应对《民法通则》与《合同法》均规定法律行为(合同)效力规则的双轨制矛盾问题,以及借鉴国外民法典的立法经验,在未来我国"民法总则"中规定统一的法律行为效力规则的问题。

一、法律行为与合同效力规则双轨制存在的立法矛盾

(一)《民法通则》与《合同法》分别规定法律行为(合同)效力规则的现状

1986年通过的《民法通则》第58条和第59条分别规定了无效民事行为和可撤销、可变更的民事行为,前者包括无民事行为能力人实施的行为,限制民事行为能力人依法不能独立实施的行为,一方以欺诈、胁迫的手段或者乘人之危,使对方在违背真实意思的情况下所为的行为,恶意串通,损害国家、集体或者第三人利益的行为,违反法律或者社会公共利益的行为,以及以合法形式掩盖非法目的的行为,均为绝对无效行为;后者包括重大误解和显失公平行为,为相对无效行为。

时隔13年之后,于1999年通过的《合同法》,规定了合同无效(第52条),合同的可撤销、可变更(第54条),以及合同效力待定三种合同效力规则。合同无效情形包括:一方以欺诈、胁迫的手段订立合同,损害国家利益;恶意串通,损害国家、集体或者第三人利益;以合法形式掩盖非法目的;损害社会公共利益;违反法律、行政法规的强制性规定。可变更、可撤销的合同包括:因重大误解订立的合同;显失公平的合同;一

---

[*] 本文发表在《法学》2015年第5期,为国家社科基金2014年重大项目(第三批)"完善以宪法为核心的中国特色社会主义法律体系研究"(课题批准号:14ZDC008)的阶段性成果。

方以欺诈、胁迫的手段或者乘人之危,使对方在违背真实意思的情况下订立的合同。效力待定的合同包括:限制民事行为能力人订立的合同(第47条)、无权代理订立的合同(第48条)、越权代理订立的合同(第50条)和无权处分订立的合同(第51条)。

我国上述两部民事法律分别规定了法律行为效力规则和合同效力规则,由此形成了我国法律行为(合同)效力规则的双轨制。两种效力规则的区别在于:

(1)《民法通则》规定的是法律行为效力规则,《合同法》规定的是合同效力规则,合同应当是法律行为之一种,但其未包含在《民法通则》中。

(2)《民法通则》规定的民事行为效力包括绝对无效和相对无效,《合同法》规定的合同效力规则包括绝对无效、相对无效和效力待定,增加了效力待定的合同效力状态。①

(3)《合同法》对合同效力规则作了较大调整,缩小了合同绝对无效的范围,增加了相对无效和效力待定的具体事由。例如,只有损害国家利益的欺诈和胁迫才作为合同绝对无效的事由,其他的欺诈和胁迫为相对无效。②

(4)《民法通则》第58条第1款第(一)项规定了无民事行为能力人实施的无效民事行为,《合同法》没有作出规定。

(二)法律行为(合同)效力规则双轨制的成因与影响

比较《民法通则》和《合同法》的上述规定可以看出,有关法律行为(合同)效力规则的大部分内容是重复的,有的甚至是相矛盾的。在这两部仍在实施且分别属于总则性和分则性的基本民事法律中,在法律行为(合同)效力规则上出现大量重复甚至矛盾的双轨制规定的现象,究竟是何原因?为什么这种状况存在至今达16年之久仍未发生改变?

应该说,形成这种立法双轨制的现象有其特定的历史原因和立法技术原因。

(1)在20世纪80年代,我国《民法通则》开创性地规定了法律行为效力规则之后,至20世纪90年代《合同法》制定之时,立法机关认为《民法通则》关于法律行为效力的规则存在部分不当,应当在制定《合同法》时予以修改,因而在《合同法》中重新规定了合同效力规则。

(2)在立法目标上,《合同法》追求的是"大而全"的做法,因而不仅重新规定了合同效力原则,而且将债法总则的内容也基本上纳入了《合同法》总则,以致形成了所谓的"大合同法"格局。③

(3)由于立法技术原因,《合同法》在规定合同效力规则时,不能对《民法通则》有关法律行为效力的规则及时进行修订,以致形成了两法并存所导致的立法矛盾。

---

① 梁慧星教授认为,我国《合同法》"除了参考借鉴其他国家和地区的制度外,我们也有创制,比如法定代表人越权行为的效力认定,就是我们自己发明创造出来的"。参见梁慧星:《合同法的成功与不足》(上),载《中外法学》1999年第6期。
② 参见梁慧星:《关于中国统一合同法草案第三稿》,载《法学》1997年第2期。
③ 参见王胜明:《关于合同法的立法背景、指导思想及适用范围》,载《人大工作通讯》1999年第8期。

但总体而言,《民法通则》与《合同法》有关法律行为(合同)效力规则的立法双轨制现象所导致的法律规范矛盾并未对司法产生负面影响,无论是司法界还是学术界,对其都能从正面理解。但是从理论上说,立法的双轨制仍然存在以下诸多需要探讨的重大问题:

(1)在法律适用上,按照"新法优于旧法"和"特别法优于普通法"原则,在合同效力规则上应当优先适用《合同法》。例如,对于欺诈和胁迫,《合同法》规定为绝对无效和相对无效,应当优先适用,而合同以外的法律行为存在欺诈和胁迫情形的,则一律为绝对无效。但这样的理解是否正确?

(2)对于《合同法》没有规定的规则,是否均应当适用《民法通则》的规定?例如,《民法通则》第58条规定无民事行为能力人实施的民事行为无效,但是《合同法》并没有将其规定为合同无效的事由,而是仅规定了限制民事行为能力人订立的合同为效力待定的合同。因此,对无民事行为能力人实施的民事行为似应适用《民法通则》的规定。问题是《合同法》对此为何不予规定?

(3)对于《合同法》所规定的效力待定合同,能否适用于《民法通则》规定的合同以外的其他法律行为?

尽管《民法通则》与《合同法》的上述矛盾规定并未对司法实践产生较大的负面影响,但立法机关应认真反思,并在编纂民法典和制定"民法总则"时,全面整合法律行为效力规则,以对上述问题作出回答,避免再出现双轨制的立法矛盾。

二、"民法总则"应当规定统一的法律行为效力规则

在民法典编纂中,法律行为效力规则抑或合同效力规则究竟应规定在"民法总则"中还是应规定在《合同法》中,是一个必须确定的基本问题,这涉及民法典的形式和内容是否完整和统一的重大问题。对此,试从以下几个方面进行讨论。

(一)国外民法典关于法律行为效力规则的立法比较

在下列所述的21部国外民法典中,关于法律行为(合同)效力规则,主要有三种立法体例和方法:

1. 在"总则"编规定法律行为效力规则或者意思表示瑕疵

德国法系传统民法典对此的做法均比较一致,即都是在"总则"编规定意思表示瑕疵的效果或者法律行为效力规则。其中,在"总则"的意思表示部分规定意思表示瑕疵效果的有4部民法典,具体为:

(1)《德国民法典》在"总则"的"法律行为"部分规定意思表示瑕疵。[④]

(2)《日本民法典》与德国法一致,在"总则"的"法律行为"部分规定意思表示瑕

---

④ 参见《德国民法典》,陈卫佐译,法律出版社2006年版,第36页以下。

疵,包括心里保留、虚伪表示、错误、欺诈和胁迫。⑤

(3)最新《韩国民法典》与《日本民法典》的规定基本相同。⑥

(4)《葡萄牙民法典》在"总则"的"法律事务"部分规定意思之欠缺及瑕疵。⑦

在"总则"中规定法律行为效力规则的有5部民法典,具体为:

(1)《俄罗斯联邦民法典》在"总则"第四分编第九章"法律行为"的第二节中规定了"法律行为的无效",所有违反法律的行为、以违反道德为目的的行为、虚构与伪装的行为、行为能力欠缺的人实施的行为、误解、欺诈、威胁、恶意串通、迫不得已,均为无效法律行为。⑧

(2)新《巴西民法典》在"总则"第三编"法律事实"中规定了法律行为的瑕疵。⑨

(3)《越南社会主义共和国民法典》在"总则"第五章"民事交易"中规定,违法或者违反社会道德的交易、假装的民事交易、形式无效、无民事行为能力或者限制行为能力人的交易、误解、诈欺或胁迫、不能认识自己的行为的交易,为无效的民事交易。⑩

(4)《蒙古国民法典》在"总则"第三章"法律行为"中第43条规定了无效的法律行为,第44条规定了可撤销的法律行为。⑪

(5)《朝鲜民法典》在"普通制度(总则)"第三章"民事法律行为"中规定:"违反国家法律和社会主义生活规范的行为、明知有害国家和社会而实施的行为、虚伪行为、无民事行为能力的公民实施的行为不具有法律效力。"⑫

2. 在"合同法"编规定同意、合意瑕疵或者行为效力规则

在"合同法"编规定同意、合意瑕疵或者行为效力规则的,共有7部民法典,具体为:

(1)《法国民法典》在"取得财产的各种方法"第三编"契约或约定之债的一般规定"之第二章"契约有效成立的要件"之第二节"同意"中,规定错误、胁迫、欺诈为无效,规定显失公平为可撤销。⑬

(2)最新《路易斯安那民法典》在第四编"约定之债或合同"之"合意的瑕疵"一章中,规定了错误、欺诈、胁迫三种合同无效的事由,在"约因"一章中规定不法约因将产生法律禁止或违反公共政策的结果,并将导致合同无效。⑭

---

⑤ 参见《最新日本民法》,渠涛编译,法律出版社2006年版,第25页以下。
⑥ 参见《韩国最新民法典》,崔吉子译,北京大学出版社2010年版,第148页以下。
⑦ 参见《葡萄牙民法典》,唐晓晴等译,北京大学出版社2009年版,第44页以下。
⑧ 参见《俄罗斯联邦民法典》,黄道秀译,北京大学出版社2007年版,第98页以下。
⑨ 参见《巴西新民法典》,齐云译,徐国栋审校,中国法制出版社2009年版,第24页以下。
⑩ 参见《越南社会主义共和国民法典》,吴尚芝译,卢ణ秋校,中国法制出版社、金桥文化出版(香港)有限公司2002年版,第41页以下。
⑪ 参见《蒙古国民法典》,海棠、吴振平译,中国法制出版社、金桥文化出版(香港)有限公司2002年版,第20页以下。
⑫ 《朝鲜民法典》第26条。《韩国民法典朝鲜民法》,金玉珍译,北京大学出版社2009年版,第199页。
⑬ 参见《法国民法典》,罗结珍译,中国法制出版社1999年版,第283页以下。
⑭ 参见《最新路易斯安那民法典》,徐婧译注,法律出版社2007年版,第246页以下。

(3)《意大利民法典》在"契约总论"中规定虚假行为、与强制性规范相抵触的行为无效,具体情形包括缺乏要件、原因不法、动机不法、标的要件欠缺等。⑮

(4)《埃塞俄比亚民法典》在"债"编第一章"合同的成立"中规定"同意的缺陷",包括因错误、欺诈和胁迫的同意无效,不合理的合同(显失公平)无效。⑯

(5)《魁北克民法典》在"债"编178页、第二章"合同"中规定"同意的品质和瑕疵",包括错误、胁迫或显失公平、欺诈、滥用权利。⑰

(6)《纽约州民法典草案》在"债"编第二题"合同"中规定,非自由或非相互之合意的行为可撤销,因胁迫、威胁、欺诈、不当影响、错误、意外事件而达成的表面合意,为无效。⑱

(7)《加利福尼亚民法典》在第三编"债"中规定了合同无效的情形。⑲

3. 在"债法总则"中规定法律行为效力规则

以下5部民法典在"债法总则"中规定了法律行为效力规则:

(1)最新《阿根廷共和国民法典》在第二卷"民事关系中的对人权"的第二题"法律行为"和第六题"法律行为无效"中,规定错误、胁迫、恫吓、伪装、乘人之危、显失公平,为法律行为无效。⑳

(2)《智利共和国民法典》在第四编"债的通则和各类合同"第二题"行为和意思表示"中规定,合意的瑕疵包括错误、胁迫、诈欺、不法原因。㉑

(3)《荷兰民法典》在"财产法总则"第二章"法律行为"中规定,违反法定形式、违反善良风俗或者公共秩序、胁迫、欺诈或者不当影响等,为无效。㉒

(4)《奥地利普通民法典》在"财产法"第二分编"对人的财产权"之"合同和法律行为的一般规则"一章规定,因虚假行为、欺诈、错误、胁迫、违反法律的禁止性规定或善良风俗订立的合同,为无效。㉓

(5)《瑞士债法典》在"债法总则"中规定不能履行、违反法律、违反公序良俗和合同无效,同时规定不公平之合同、因重大错误而订立的合同,因错误传递、欺诈、胁迫等而订立的合同的效力状况。㉔

---

⑮ 参见《意大利民法典》,费安玲、丁枚译,中国政法大学出版社1997年版,第375页以下。
⑯ 参见《埃塞俄比亚民法典》,薛军译,中国法制出版社、金桥文化出版(香港)有限公司2002年版,第316页以下。
⑰ 参见《魁北克民法典》,孙建江、郭站红、朱亚芬译,中国人民大学出版社2005年版,第178页以下。
⑱ 参见《纽约州民法典草案》,田甜译、王莹莹校、徐国栋审订,中国大百科全书出版社2007年版,第118页以下。
⑲ See CALIFAMILY. CODE § 1688 – 1693.
⑳ 参见《最新阿根廷共和国民法典》,徐涤宇译注,法律出版社2007年版,第236、258页以下。
㉑ 参见《智利共和国民法典》,徐涤宇译,北京大学出版社2014年版,第224页以下。
㉒ 参见《荷兰民法典》(第三、五、六编),王卫国等译,中国政法大学出版社2006年版,第19页以下。
㉓ 参见《奥地利普通民法典》,周友军、杨垠红译,周友军校,清华大学出版社2013年版,第139页以下。
㉔ 参见《瑞士债法典》,吴兆祥、石佳友、孙淑妍译,法律出版社2002年版,第4页以下。

在上述21部民法典中，在"总则"中规定法律行为效力规则的有9部，在"合同法"编和"债法总则"中规定法律行为效力规则的有12部，各占42.9%和57.1%，后者略占优势。而在"合同法"编和"债法总则"中规定法律行为效力规则的12部民法典中，在"合同法"编规定的有7部，在"债法总则"中规定的有5部，各占58.3%和41.7%。

从上述比较法的角度观察，属于德国法系的民法典基本上都是在总则中规定意思表示瑕疵或者法律行为效力规则，在上述9部民法典中有4部规定意思表示瑕疵，有5部规定法律行为效力，后者占优。而这5部规定法律行为效力的民法典，基本上都是受到了俄罗斯民法的立法传统影响，例如俄罗斯、越南、朝鲜、蒙古，只有巴西例外。而在上述12部受法国立法传统影响的民法典中，有7部民法典在"债法总则"中规定意思表示瑕疵或者法律行为效力（其中规定意思表示瑕疵的有5部，规定法律行为效力的有两部），另外5部民法典在"合同法"部分规定意思表示瑕疵或者法律行为效力（其中规定意思表示瑕疵的有两部，规定法律行为效力的有3部）。

（1）德国法系民法典的做法比较统一，都是在"总则"中规定法律行为效力或者意思表示瑕疵，其中前者占优，后者稍弱。这与我国《民法通则》的规定比较吻合。

（2）在法国法系的12部民法典中，尽管存在"债法总则"或者"合同法"中规定的不同，但其中规定意思表示瑕疵的有8部民法典，规定法律行为效力的有4部民法典，前者占优。

（3）综合起来，在21部民法典中，规定意思表示瑕疵的有11部民法典，规定法律行为效力的有10部民法典，二者相差并不大。我国《民法通则》没有规定意思表示，而是直接在法律行为中规定法律行为效力，有相应的立法例支持。

（二）我国近代民法规定法律行为（合同）效力规则的立法传统

自清末西法东渐、变律为法以来，《大清民律草案》在总则"法律行为"一章中规定了"意思表示"，并明确了法律行为无效的诸种情形，在债权编的"契约"一节规定合同无效的情形。《民国民律草案》在"债法总则"之"法律行为"的"行为能力"一节规定了相对无效的契约，并在"意思表示"中规定意思表示瑕疵引发的法律行为无效。1929—1931年制定的《中华民国民法》集中在"总则"第四章"法律行为"中规定法律行为效力规则，在第一节"通则"中规定违法、悖俗、违反法定方式、显失公平为无效，在第二节"行为能力"中规定无行为能力人的意思表示无效，限制行为能力人未获法定代理人允许实施的行为无效，在第三节"意思表示"中规定意思表示瑕疵无效。"伪满洲国民法典"在其"总则"中的"法律行为"一章规定违法、悖俗的行为无效，同时规定了意思表示瑕疵的诸种情形。[25]

---

[25] 参见杨立新主编：《中国百年民法典汇编》，中国法制出版社2011年版，第72—73、106、230—232、395—397、534—535页。

(三)我国民法典学者建议稿及2002年《中华人民共和国民法(草案)》〔以下简称2002年《民法(草案)》〕的相关规定比较

1. 梁慧星教授建议稿

梁慧星教授在其《中国民法典草案建议稿》中对法律行为效力规则进行了整合,分为两部分:

(1)在"总则"第五章"法律行为"中专门规定第三节"意思表示的无效和撤销",规定了真意保留、虚伪表示、隐藏行为、戏谑行为、欺诈、胁迫、显失公平、重大误解。其中,真意保留时若相对人明知则该行为无效,虚伪表示的表意人与相对人通谋的行为无效,隐藏行为不符合法律规定条件的无效,戏谑行为无效,因欺诈、胁迫、显失公平、重大误解所为的行为可予撤销。

(2)在第四编"合同"第二十九章"合同的效力"中规定,违反法律、行政法规禁止性规定的合同,违反公共秩序或者善良风俗的合同,为无效合同。[26]

2. 王利明教授建议稿

王利明教授建议稿中对法律行为效力规则也分为两部分予以规定:

(1)在"总则"第六章"法律行为"中设立第三节"法律行为的效力",规定无民事行为能力人实施的法律行为无效,间歇性精神病人在其发病期间所实施的法律行为无效,限制民事行为能力人实施的行为可予以撤销,违法的民事行为无效,违反公序良俗的行为无效;此外,还规定了真意保留、虚伪表示、欺诈、胁迫、乘人之危的行为。

(2)在第七编"合同"第三章规定了效力待定的无权代表合同、无权处分合同。[27]

3. 徐国栋教授建议稿[28]

徐国栋教授在其建议稿之"续编"第四题规定了"法律事实与法律行为",第三章是"意思和法律行为的缺陷",规定了错误、诈欺、胁迫、虚假表示、显失公平和诈害等六种行为。[29] 这种做法类似于在总则部分规定法律行为效力规则。

4. 2002年《中华人民共和国民法(草案)》的规定

2002年《中华人民共和国民法(草案)》规定了四类民事行为效力规则:

(1)第66条规定了虚伪行为。

(2)第67条规定了无效的民事行为,包括无民事行为能力人实施的行为,限制民事行为能力人依法不能独立实施的行为,一方以欺诈、胁迫手段,使对方在违背真实意思的情况下所为并损害国家利益的行为,恶意串通,损害国家、集体或者第三人利益的行为,违反法律强制性规定或者社会公共利益的,以合法形式掩盖非法目的的

---

[26] 参见梁慧星主编:《中国民法典草案建议稿》,法律出版社2003年版,第22—26、171页。
[27] 参见王利明主编:《中国民法典学者建议稿及立法理由·总则编》,法律出版社2005年版,第286页以下;王利明主编:《中国民法典学者建议稿及立法理由·债法总则编·合同编》,法律出版社2005年版,第237页以下。
[28] 是指徐国栋主编的《绿色民法典草案》(社会科学文献出版社2004年版)。
[29] 参见徐国栋主编:《绿色民法典草案》,社会科学文献出版社2004年版,第12页以下。

行为。

(3)第 68 条规定了限制民事行为能力人依法不能独立实施的民事行为,为效力待定行为。

(4)第 69 条规定,重大误解的行为和显失公平的行为,以及一方以欺诈、胁迫的手段或者乘人之危实施的行为,为可撤销、可变更的民事行为。不过,该草案第三编"合同法"中仍然完全保留了现行《合同法》关于合同效力的规定,一字未改,延续了法律行为(合同)效力规则的立法双轨制的不恰当做法。

就上述学者的民法典建议稿和 2002 年《民法(草案)》的内容而言,未来我国民法典解决法律行为效力问题有三种方案:

(1)梁慧星教授建议稿的方案,在"总则"中规定意思表示瑕疵,在"合同法"部分规定违法和悖俗的合同无效。

(2)王利明教授建议稿的方案,统一在"总则"中规定法律行为效力规则,但在"合同法"部分规定效力待定的合同。徐国栋教授建议稿的意见与此相近。

(3)2002 年《民法(草案)》的方案,仍然采取双轨制的矛盾做法。

比较而言,笔者得出的结论是:

(1)如果只在意思表示中规定意思表示瑕疵,无法涵盖某些法律行为效力的规则,例如违法、悖俗以及效力待定的诸种情形。

(2)如果在"合同法"部分规定合同效力规则,因其不能涵盖合同之外的其他法律行为,因而对设立物权的法律行为、婚姻行为、收养行为、遗嘱行为等,均须另立规则。

(3)如果分别在"总则"和"合同法"或者"债法总则"中规定意思表示瑕疵或者法律行为效力及合同效力规则,则在法律适用上又存在立法分散、实务中较难掌握的问题。

(四)"民法总则"应当在"法律行为"中统一规定法律行为效力规则

当前,我国制定"民法总则"的任务在即,要解决的问题之一就是如何规定法律行为的效力规则。根据上述比较研究和分析,笔者认为,我国民法典规定法律行为效力规则应当采纳的方案如下:

1. 应当在"民法总则"中统一规定法律行为效力规则

对于法律行为普遍适用的法律行为效力规则,应当在未来的"民法总则"中予以统一规定。未来我国"民法总则"的制定中必然要对法律行为进行统一规定,继而也应在法律行为中规定法律行为的效力规则,这样安排的理由在于:

(1)坚持了《民法通则》的传统,且与我国民法现代化以来的做法相衔接。

(2)符合德国法系民法的立法传统,不论《大清民律草案》《民国民律草案》还是《中华民国民法》,基本上都沿袭了德国法系的传统,即便是在很大程度上受到苏联民法影响的《民法通则》,由于苏联民法也属于德国法系传统,因而该立法传统应当继续继承。

(3)《合同法》关于合同效力的规定,是在当时立法机构不便对《民法通则》立即进行相应修改而采取的应急措施,而并非是民法典必须在合同法部分规定合同无效制度。

(4)法律行为无效与合同无效概念之间的区别很大,含义相差甚远,合同无效概念难以涵盖合同以外的法律行为的效力问题。基于这些理由,"民法总则"在"法律行为"部分统一规定法律行为的效力规则,完全顺理成章。

2. 合同效力待定规则应当在法律行为效力待定规则中予以统一规定

从原则上说,合同效力待定主要是合同法的合同效力规则,在其他法律行为领域并不经常运用,因而有的学者建议稿将其放在合同法中规定,而不是统一放在法律行为效力规则中规定[30],如王利明教授的建议稿。例如,无论是无民事行为能力还是限制民事行为能力的未成年人,都不具有婚姻能力,不得结婚,无法自己主动决定是否被收养,也不能依其意志设定遗嘱,唯有在订立合同场合可能产生效力待定的合同问题。不过,既然可以在"民法总则"的法律行为部分统一规定法律行为的效力规则,由于合同行为属法律行为之一种,因此也完全可以将效力待定作为法律行为效力规则之一并予以统一规定,这也并不会使民法典的逻辑体系发生混乱。因此,"民法总则"在法律行为效力的规定中,不仅要规定法律行为无效规则,而且可以同时规定法律行为效力待定规则,形成统一的法律行为效力规则体系。

3. 应当区分法律行为效力与意思表示瑕疵及其后果

我国现行的《民法通则》和《合同法》,都没有专门规定意思表示的内容,而是将意思表示瑕疵的内容放在无效的民事行为或者无效合同中予以规定。未来我国的"民法总则"中必须规定法律行为的一般规则,而意思表示是法律行为的核心要素,必须予以统一规定。而法律行为效力规则应包括法律行为效力的一般性规则,以及意思表示瑕疵及其后果的规则,二者形成完善的、统一的法律行为制度。其中,在法律行为效力的一般性规则中,应当规定法律行为的生效要件、无效状态以及效力待定状态;在意思表示规则中,专门规定意思表示瑕疵及其后果,其中须对意思表示瑕疵的各种情形分别予以规定。这样构建起来的统一的法律行为效力规则,与大陆法系尤其是德国法系民法典的传统是相一致的。

三、未来我国"民法总则"规定法律行为效力规则的具体做法

未来我国"民法总则"的起草应当按照上述思路,规定统一的法律行为效力规则,实现民法典形式与内容的和谐有序和一体化。

---

[30] 参见王利明主编:《中国民法典学者建议稿及立法理由·债法总则编·合同编》,法律出版社2005年版,第237页以下。

(一)"民法总则"设置"法律行为"章规定法律行为无效规则

未来我国"民法总则",应当设立"法律行为"专章,改变《民法通则》中"民事法律行为"一章的内容过于简略的做法,以便有充足的空间规定法律行为效力规则,进而完善法律行为制度。首先,将"法律行为"一章分为四节:一是"一般规定";二是"意思表示";三是"法律行为解释"(取代合同法的合同解释部分);四是"附条件和附期限的法律行为"。其次,在"一般规定"中,应当规定法律行为的一般性规则,同时规定合同绝对无效的事由及后果。最后,在"意思表示"中,除了对意思表示的概念予以界定之外,主要规定意思表示瑕疵的种类及其法律后果。

(二)规定法律行为绝对无效的规则

在法律行为的"一般规定"中,应规定两类导致法律行为绝对无效的事由:一是规定违法的法律行为无效,此处的违法包括违反法律、行政法规的强制性规定或禁止性规定,但法律并不视其为无效的除外;二是规定悖俗的法律行为无效,即损害社会公共秩序、违背善良风俗的法律行为无效。这两个绝对无效规则,在现行《民法通则》第58条和《合同法》第52条中均有规定,且经过司法实践的检验也是正确的,也与多数民法典的立法规定相一致。但是《民法通则》和《合同法》规定的其他几种绝对无效事由,却不应继续保留,具体如下。

(1)因欺诈、胁迫实施的行为,《民法通则》将其规定为绝对无效,而《合同法》将其分解为欺诈、胁迫损害国家利益的,为绝对无效,一般的欺诈、胁迫都属于相对无效。但将损害国家利益的欺诈、胁迫规定为绝对无效并不适当,因为不仅国家利益难以界定,而且在交易中如何对国家利益予以特殊保护也未予明确,事实上,依民法上的公序良俗原则足以解决。因此,应当将欺诈、胁迫都归属于意思表示瑕疵的范畴予以统一对待和处理。

(2)恶意串通,损害国家、集体或者第三人利益,是否继续规定为绝对无效?所谓恶意串通,实际上构成民法上的所谓虚伪表示,即表意人与相对人通谋而为之虚假的意思表示行为。这种法律行为属于故意的意思与表示不一致,并非必须规定为绝对无效,应当在意思表示瑕疵中予以统一规定。[31]

(3)以合法形式掩盖非法目的的行为,《民法通则》和《合同法》都规定为绝对无效。实际上,这种行为是双方的隐藏行为,即隐藏于虚伪表示中依其真意所欲发生的法律行为。隐藏行为是否有效,应适用关于该行为的规定。[32] 这也是故意的意思与表示不一致的法律行为,不应当强制地规定为绝对无效,而应当放在意思表示瑕疵中规定。

因此,关于绝对无效的法律行为,只规定违法和悖俗两种即可。

---

[31] 参见梁慧星:《民法总论》,法律出版社2008年版,第175页。
[32] 参见梁慧星:《民法总论》,法律出版社2008年版,第175页。

(三) 在法律行为部分规定法律行为效力待定的情形

未来的"民法总则"在"法律行为"部分规定法律行为绝对无效之后,应当规定法律行为效力待定规则。对此,应当借鉴《合同法》的相关规定,确定以下三种情形均为效力待定的法律行为:

(1) 限制民事行为能力人实施的法律行为。

(2) 行为人没有代理权、超越代理权或者代理权终止后以被代理人名义实施的法律行为。

(3) 法人或者其他组织的法定代表人、负责人超越权限实施的法律行为。

(四) 规定法律行为的意思表示瑕疵及法律效果

在意思表示瑕疵中,应当规定以下内容。

1. 真意保留

真意保留是单独虚伪行为,也称心里保留、秘密保留,是行为人故意隐瞒其真意,而表示其他意思的意思表示。换言之,真意保留是表意人将其意欲发生法律效果的真意保留于内心,没有表示出来,而表示出来的意思又非其真实的意思。[33] 2002年《民法(草案)》没有对此进行规定,但是在意思表示瑕疵中规定真意保留,却是所有学者建议稿的一致意见,且绝大多数国家和地区的民法典都对这种意思表示瑕疵行为作出了规定。未来的我国"民法总则"应当规定真意保留,其效力原则是,行为人虽然并无受其意思表示拘束的真意但为意思表示的,该意思表示仍然有效;但是如果相对人明知该情形而为之的,则为无效。[34]

2. 虚伪表示

虚伪表示是指行为人与相对人通谋而为虚假的意思表示,又称为伪装表示。虚伪表示与真意保留不同,真意保留的表意人在为不真实的意思表示时,并未与相对人通谋,即使相对人知道表意人保留了真意,也非出于表意人与相对人的串通;而虚伪表示则是表意人与相对人串通为不真实的意思表示[35]双方具有意思表示虚伪的共同性。因而,双方当事人存在串通的意思表示不真实就是虚伪表示。未来"民法总则"应当规定虚伪表示,并对其效力作出如下规定:

(1) 行为人与相对人通谋而为虚伪意思表示的,其意思表示无效。

(2) 虚伪表示不得以其无效而对抗善意第三人,如果表意人与相对人串通的合意,相对于第三人且第三人不知情的,不得以该行为无效而予以对抗。

(3) 行为人在其虚假的意思表示中隐藏有其他法律行为的,适用该法律行为的规定。

---

[33] 参见王利明主编:《中国民法典学者建议稿及立法理由·总则编》,法律出版社2005年版,第296页。
[34] 参见胡元义:《民法总则》,四川大学出版社1943年版,第234页。
[35] 参见王利明主编:《中国民法典学者建议稿及立法理由·总则编》,法律出版社2005年版,第296页。

3. 戏谑行为

戏谑行为就是戏言,是指表意人基于游戏目的而作出表示,并预期他人可以认识其表示欠缺诚意。㊱ 典型的戏谑行为有娱乐性言谈、吹嘘或出于礼貌的不严肃承诺。德国法称为"非诚意表示",即当表意人预期他人可以认识其表示欠缺诚意时,其意思表示无效。㊲ 戏谑行为在社会生活中多有存在,法院裁判中有实际案例。被告邢良坤在中央电视台《乡约》节目中表示,如果有人能完成五层吊球陶器制作,即可获得邢良坤艺术中心的三层房产及楼内所有财产,据此被告上法庭㊳,就是戏谑行为。未来的"民法总则"应当规定戏谑行为无效,其规则是,行为人基于游戏目的,并预期他人可以认识其表示欠缺诚意而作出的意思表示无效。

4. 错误

错误是指表意人因误认或者不知而使其表示与意思不一致,或言之,是指表意人不知其表示之内容与内部之意思表示不一致。㊴ 我国《民法通则》和《合同法》一直规定重大误解而非错误是相对无效的事由。事实上,重大误解与错误存在很大区别。错误是指表意人非故意表示与意思不一致,误解是指相对人对意思表示内容了解的错误。㊵ 错误包括对当事人本身的错误、对标的物本身的错误、对当事人资格的错误、对标的物性质的错误、对法律行为性质的错误、价格数量错误、动机错误等,范围比误解更为宽泛。因此,"民法总则"应当放弃重大误解的概念,规定错误及其后果。其规则是:

(1) 行为人因不知或误认而进行的意思表示的内容存在错误的,行为人可以予以撤销。

(2) 当事人的资格或物的性质,若属于交易上被认为重要的要素,其错误视为意思表示内容的错误。

5. 误传

误传是指传达人或者传达机关的错误致使表示与意思不符。误传系因传达人或者因传达机关传达错误所致,与表意人自己所造成的错误不同,但传达人或者传达机关在法律上相当于表意人的"喉舌",因此误传的效力与错误相同。㊶ 故"民法总则"应当规定,传达人或传达机关所造成的传达不实,致使表意人的表示与其真意不符的,表意人可以参照有关错误的规定予以撤销。

6. 欺诈与胁迫

欺诈与胁迫都是意思与表示不一致,应当统一规定为相对无效。欺诈是一方当事

㊱ 参见〔德〕迪特尔·梅迪库斯:《德国民法总论》,邵建东译,法律出版社 2000 年版,第 447 页。
㊲ 参见黄立:《民法总则》,台北元照出版有限公司 2005 年版,第 278 页。
㊳ 参见杨立新、朱巍:《戏谑行为及其法律后果——兼论戏谑行为与悬赏广告的区别》(本书第 446 页),载《现代法学》2008 年第 3 期。
㊴ 参见吴学义:《中国民法总论》,世界书局 1944 年版,第 103 页。
㊵ 参见梁慧星:《民法总论》,法律出版社 2008 年版,第 177 页。
㊶ 参见杨立新:《民法总则》,法律出版社 2013 年版,第 272 页。

人故意用捏造虚假情况，或者歪曲、掩盖真实情况的欺诈手段，致使另一方当事人陷于错误认识而实施的法律行为。胁迫是胁迫人以现实的危害行为相威胁，或者以将要实施危害行为相要挟，造成受胁迫者陷于恐惧，并作出违背真实意思的意思表示。"民法总则"对欺诈与胁迫应当规定的规则是：因被欺诈或者被胁迫而为意思表示的，表意人可以撤销其意思表示。但欺诈是由第三人作出的，仅于相对人明知其事实或可得而知时，才可以撤销。被欺诈作出的意思表示，其撤销不得对抗善意第三人。

7. 乘人之危

乘人之危是指行为人利用他人的危难处境或紧迫需要，强迫对方接受某种明显不公平的条件，并作出违背其真实意思的表示。[42]《民法通则》规定乘人之危为绝对无效，《合同法》将其改为相对无效。未来的"民法总则"应否规定乘人之危，有学者认为，当显失公平是由乘人之危引起时，应按乘人之危的规定予以救济。如果乘人之危没有引起合同权利义务显失公平，法律救济就是多余的。[43] 梁慧星教授建议稿采用这个意见，王利明教授建议稿仍然规定乘人之危为相对无效。笔者认为，乘人之危仍有保留的必要，《德国民法典》第38条、《俄罗斯民法典》第179条（迫不得已）规定此制，均可借鉴，进而不规定显失公平，更强调当事人意思自治。未来我国"民法总则"应当规定，利用他人的危难处境或紧迫需要，强迫其接受某种明显不公平的条件，并作出违背其真实的意思表示的，受害人可以撤销其意思表示。

（五）规定法律行为无效的法律后果

1. 规定绝对无效的后果

规定法律行为绝对无效，应当采用《民法通则》第58条第2款和第60条的方法，首先规定无效的法律行为，从行为开始时起就没有法律约束力；其次规定法律行为部分无效的，除去该部分仍可成立的，则其他部分仍然有效。

2. 关于效力待定的后果

对于效力待定的法律行为，应当规定，相对人可以催告法定代理人在1个月内予以追认。法定代理人未作表示的，视为拒绝追认。法律行为被追认之前，善意相对人有撤销的权利。撤销应当以通知的方式作出。

3. 相对无效的后果

关于相对无效的后果，应当坚持《合同法》的规定，规定撤销权的除斥期间为1年，撤销权人自知道或者应当知道撤销事由之日起1年内行使该权利，超过除斥期间未行使撤销权的，撤销权消灭。

---

[42] 参见王利明：《合同法研究》（第1卷），中国人民大学出版社2011年版，第711页。
[43] 参见李永军：《合同法》，法律出版社2010年版，第315页。

"民法总则"制定与我国监护制度之完善*

全国人大常委会法工委为了贯彻落实《中共中央关于全面推进依法治国若干重大问题的决定》,加快编纂民法典的进程,于 2015 年 1 月 28 日召开了"民法典编纂工作座谈会",3 月 31 日召开了"民法总则框架与主要问题座谈会",决定启动制定"中华人民共和国民法总则"(以下简称"民法总则")的立法工作。制定"民法总则"应当解决的重要问题之一,是以《民法通则》关于监护制度的规定为基础,借鉴各国或地区民法关于监护制度的立法经验,跟上世界成年监护制度改革潮流,完善我国的监护制度。本文分析总结我国《民法通则》及其他法律关于监护制度规定存在的问题,提出"民法总则"完善我国监护制度的意见,作为制定"民法总则"完善监护责任的立法建议。

一、《民法通则》及我国其他法律规定监护制度的现状与缺陷

(一)我国现行监护制度的立法现状

我国现行的监护制度,是由 1986 年《民法通则》第 16 条至第 19 条规定的,经过 2006 年《未成年人保护法》第 10 条至第 16 条和 2013 年《老年人权益保障法》第 26 条的补充,形成了我国自然人的监护制度体系。这个体系主要由以下内容构成:

1. 对未成年人的监护

依照《民法通则》第 16 条的规定,我国对未成年人的监护因自然人的出生而开始,不必另有原因。未成年人的监护人包括:

(1)父母,养父母对被收养的未成年人自收养之日起为监护人,非婚生子女之父母自认领之日起为该未成年子女的监护人。①

(2)如果父母已经死亡或者没有监护能力的,由有监护能力的祖父母、外祖父母、兄、姐,以及关系密切的其他亲属、朋友愿意承担监护责任,经未成年人的父、母的所

---

* 本文发表在《法学家》2016 年第 1 期,为国家社科基金 2014 年重大项目(第三批)"完善以宪法为核心的中国特色社会主义法律体系研究"(课题批号为 14ZDC008)的中期研究成果。感谢首都经济贸易大学法学院陶盈博士提供日文资料翻译,感谢杜泽夏同学提供英文资料翻译。

① 参见梁慧星:《民法总论》,法律出版社 2007 年第 3 版,第 106 页及注释 17。

在单位或者未成年人住所地的居民委员会、村民委员会同意的,按照顺序担任监护人。

(3)没有前述第(1)、(2)项规定的监护人的,由未成年人的父、母的所在单位或者未成年人住所地的居民委员会、村民委员会或者民政部门担任监护人。《未成年人保护法》对未成年人监护没有突破性的规定,延续的是《民法通则》的上述规定。

2. 对丧失或者部分丧失民事行为能力的精神病人的监护

依照《民法通则》第17条的规定,丧失或者部分丧失民事行为能力的精神病人,为无民事行为能力人或者限制民事行为能力人,其监护人是:

(1)由配偶,父母,成年子女,其他近亲属,以及关系密切的其他亲属、朋友愿意承担监护责任,经精神病人的所在单位或者住所地的居民委员会、村民委员会同意的人,按照顺序担任。

(2)没有前述第(1)项规定的监护人的,由精神病人的所在单位或者住所地的居民委员会、村民委员会或者民政部门担任监护人。

3. 对丧失或者部分丧失民事行为能力的老年人的监护

依照《老年人权益保障法》第26条的规定,老年人丧失或者部分丧失民事行为能力,为无民事行为能力人或者限制民事行为能力人,应当设置监护。方法是,具备完全民事行为能力的老年人,可以在近亲属或者其他与自己关系密切、愿意承担监护责任的个人、组织中协商确定自己的监护人。监护人在老年人丧失或者部分丧失民事行为能力时,依法承担监护责任。如果老年人未事先按照意定监护确定监护人的,其丧失或者部分丧失民事行为能力时,依照有关法律的规定确定监护人。[②]

4. 监护的种类

《民法通则》规定的监护种类包括法定监护和指定监护:(1)依照该法第16条第1款和第2款以及第17条第1款规定担任监护人的,都是法定监护。(2)该法第16条第3款规定,因对担任监护人有争议的,由未成年人的父、母的所在单位或者未成年人住所地的居民委员会、村民委员会在近亲属中,指定监护。该法第17条第2款规定,对精神病人的监护人有争议的,由精神病人的所在单位或者住所地的居民委员会、村民委员会在近亲属中指定监护。对上述指定监护不服起诉的,由人民法院裁决确定监护人。

《老年人权益保障法》第26条补充了意定监护制度,即具有完全民事行为能力的老年人,通过签订监护协议的方法意定监护人。学说认为,意定监护也叫做委托监护,包括:一是合同委托,例如最高人民法院《关于贯彻执行〈中华人民共和国民法通则〉若干问题的意见(试行)》第22条规定的"监护人可以将监护职责部分或者全部

[②] 参见杨立新:《我国老年监护制度的立法突破及相关问题》(本书第226页),载《法学研究》2013年第2期。

委托给他人",二是遗嘱监护。③

法定监护、指定监护和意定监护三种监护种类,构成我国现行监护制度的种类体系,在形式上是完整的,尽管其实质内容并不完善。

5. 监护人的职责

依照《民法通则》第 18 条的规定,监护人应当履行的监护职责是,保护被监护人的人身、财产及其他合法权益,除为被监护人的利益外,不得处理被监护人的财产;监护人依法履行监护的权利受法律保护,任何人不得侵害监护人的监护权;监护人不履行监护职责或者侵害被监护人的合法权益的,应当承担责任;给被监护人造成财产损失的,应当赔偿损失。人民法院可以根据有关人员或者有关单位的申请,撤销监护人的资格。

(二)我国现行监护制度存在的缺陷

我国现行监护制度已经实施了近 30 年,大体上保障了未成年人和精神病人的权益,丧失或者部分丧失民事行为能力的老年人的监护也在实行中,但存在较多问题。有学者认为,我国监护制度的主要缺陷是,未形成完整的监护制度,且理念陈旧,操作性差,与我国国情及当今监护立法发展趋势有所不符。④ 对我国现行监护制度作这样的评论尚属中肯,但仍不够充分。只有全面揭示我国现行监护制度的缺陷,才能突出问题意识,针对问题提出解决方法,在制定"民法总则"中设置完善的监护制度。

我国现行监护制度的主要缺陷是:

1. 混淆监护与亲权的关系

我国现行未成年人监护制度存在的最大问题,是混淆亲权与监护权的界限,以监护权代替亲权。⑤

对未成年人的行为能力补正究竟适用亲权还是监护权,大陆法系与英美法系做法不同。英美法系不存在亲权概念,父母对未成年子女直接用监护权补正其行为能力,但大陆法系国家的民法规定,未成年子女一经出生,其父母就是其亲权人,负有身份照护义务和财产照护义务,以亲权补正未成年人的行为能力;只有亲权人均已死亡或者丧失亲权或者被剥夺亲权,才须为未成年人指定监护,以监护权补正未成年人的行为能力。⑥ 我国在制定《民法通则》时,对英美法系和大陆法系的亲权和监护制度未加区分,第 16 条规定"未成年人的父母是未成年人的监护人",在本来是大陆法系

---

③ 参见李永军:《民法总论》,中国政法大学出版社 2008 年版,第 94—95 页。
④ 参见梁慧星:《民法总论》,法律出版社 2008 年第 3 版,第 105—106 页。
⑤ 参见裴桦:《亲权与监护立法之比较》,载《甘肃政法学院学报》2004 年第 5 期;王利明:《民法总则研究》,中国人民大学出版社 2012 年第 2 版,第 251—252 页。
⑥ 《德国民法典》第 1773 条规定:"未成年人不在父母照顾之下或父母在有关未成年人的事务中和在有关未成年人的财产的事务中都无权代理该未成年人的,该未成年人获得监护人。"《日本民法典》第 838 条规定:"监护于下列情况下开始:一、未成年人没有对其行使亲权的人,或行使亲权的人没有管理权……"

传统的中国民法中,不适当地使用了英美法系的监护制度⑦,近30年来将错就错,一直坚持下来,以至于在有关亲属法和未成年人保护法等法律中,都将这一错误进行到底,没有予以纠正。⑧ 监护制度在民法中的地位不明确,会造成民法体系的混乱。

2. 对被监护人的范围规定不完全

监护制度最重要的目的是保护被监护人的合法权益,维护社会秩序的稳定⑨,同时保护与被监护人进行交易的相对人的权益。故监护制度的最重要内容,是要规定完全的被监护人范围,使所有应当受到监护制度保护的人都能够受到保护。

《民法通则》规定的被监护人,只有未成年人和精神病人。经过《老年人权益保障法》的补充,丧失或者部分丧失民事行为能力的老年人(60岁以上),可以通过意定监护、法定监护和指定监护进行保护。

问题是,除了上述被监护人之外,还有其他人也存在丧失或者部分丧失民事行为能力的可能。按照现行规定,18周岁至未满60周岁且不是精神病人的成年人,即使丧失或者部分丧失民事行为能力,也不在被监护人范围中,不能获得监护而无法保障其合法权益。例如,18周岁至未满60周岁、处于持续植物状态的人(以下简称植物人),根本没有民事行为能力,但在现行监护制度下,却仍然是完全民事行为能力人,无法获得监护制度的保护。⑩ 而实际上,伴随医疗水平的提高和急救技术的发展,脑损害者的存活率得到了提升,植物人的数量大幅增长。植物人具备民事权利主体资格却因失去意识能力⑪,亟须监护制度保护。不能识别自己行为的丧失或者部分丧失民事行为能力的18周岁至未满60周岁之间的人,也不能得到监护制度的保护。被监护人的范围不完全,是我国现行监护制度存在的主要问题,无法对丧失或者部分丧失民事行为能力的成年人进行法律保护,后果很严重。

3. 监护种类不完善

《民法通则》和《老年人权益保障法》规定,我国的监护种类包括法定监护、指定监护和意定监护,形式上似乎完整,但具体内容过于简单,不能适应社会生活的需要。⑫ 第一,现行意定监护局限在60周岁以上的老年人才可以适用,没有规定18周岁至不满60周岁的人可以适用意定监护,立法空白过大。这个缺陷在修法时就知道,囿于该法的性质先作如此规定,以应急需,其他成年人的监护问题待制定"民法总

---

⑦ 不过,这种做法也有立法例支持,《俄罗斯民法典》第32条第1款规定:"对幼年人和因精神病而被法院确认为无行为能力的人应设立监护。"第33条第1款规定:"对年满14周岁不满18周岁的未成年人以及因酗酒或吸毒而被法院限制行为能力的公民应当设立监护。"

⑧ 《未成年人保护法》第二章"家庭保护"第10条至第16条规定的未成年人保护,贯彻的就是《民法通则》的上述规定。

⑨ 参见杨立新、王利明:《民法总则研究》,中国人民大学出版社2012年第2版,第249页。

⑩ 参见杨立、张莉:《植物人的法律人格及其权利保护》(本书第207页),载《法律适用》2006年第8期。

⑪ 参见赵磊:《我国植物人监护制度研究》,载《鸡西大学学报》2014年第9期。

⑫ 参见黄卫东:《论我国监护制度的缺陷及其完善》,载《江汉大学学报》(人文科学版)2005年第4期。

则"时再进行补充。[13] 第二,遗嘱监护具有意定监护的性质,即后死亡的父或者母通过遗嘱为未成年子女指定监护人[14]是必要的,但现行法律对此没有规定。第三,最高人民法院《关于贯彻执行〈中华人民共和国民法通则〉若干问题的意见(试行)》第22条规定的"监护人可以将监护职责部分或者全部委托给他人",是监护人将监护职责委托予他人,即监护权委托,是必要的。

4. 欠缺监护监督制度

我国现行监护制度规定了部分监护监督的内容,例如《民法通则》第18条第3款前段规定:"监护人不履行监护职责或者侵害被监护人的合法权益的,应当承担责任。"这确实是监护监督,但究竟谁是监护监督人,怎样进行监护监督,都没有规定,制度残缺。[15] 具体表现在:一是没有规定被监护人的所在单位、住所地的居民委员会、村民委员会对监护人有监督权;二是没有将国家的监护监督人地位和监督权授予任何行政部门,国家机关监护监督制度权力欠缺;三是对于特别需要进行监督的意定监护人,没有规定意定监护监督制度,存在立法漏洞,会使监护制度流于形式,被监护人的利益受到损害而无法进行救济。[16]

5. 欠缺监护人报酬和清算制度等财产监护规则

我国现行监护制度对监护的财产性内容基本上没有规定,除了《民法通则》第18条规定了监护人不履行监护职责或者侵害被监护人合法权益的应当承担责任,以及给被监护人造成财产损失的应当赔偿损失之外,没有其他规定。监护行为包括人身和财产两个方面,监护人在为被监护人行使财产监护职责时,必然与财产发生关系,没有财产性规则的监护制度是不健全的监护制度。

(1)现行监护制度没有规定监护人履行监护职责可以在被监护人的财产中请求适当报酬的权利,是不正确的。[17]

(2)没有规定财产监护的具体规则,监护开始时没有被监护财产的清单和签署制度,监护终止时没有规定监护人应当对被监护人的财产进行清算,并将财产移交给被监护人、新的监护人或者被监护人的继承人,使被监护的财产无账可查,给监护人侵吞被监护人财产提供了可乘之机,是监护制度的重大漏洞。

6. 欠缺对身心障碍人的照管制度

各国监护法的监护制度通常与辅佐、保佐、照管等制度相伴存在,以弥补对尚未达到丧失或者部分丧失民事行为能力的身心障碍人进行法律保护。我国没有类似制度,对身心障碍人的权益缺乏必要的保护措施,在其合法权益受到侵害时,无法得到

---

[13] 参见杨立新:《我国老年监护制度的立法突破及相关问题》(本书第226页),载《法学研究》2013年第2期。

[14] 参见李永军:《民法总论》,中国政法大学出版社2008年版,第95页。

[15] 参见隋亮:《论我国未成年人监护制度的缺陷与完善》,载《江西青年职业学院学报》2009年第2期。

[16] 在《老年人权益保障法》修订稿初稿中,设计了完善的老年人意定监护制度,但在立法过程中大部分被删掉了,十分可惜。

[17] 参见黄卫东:《论我国监护制度的缺陷及其完善》,载《江汉大学学报》(人文科学版)2005年第4期。

必要的保护。

因此,在制定我国"民法总则"中完善我国的监护制度,是一个非常重要、也非常艰巨的立法任务。

二、"民法总则"完善监护制度应当明确的理论问题

我国"民法总则"规定完善的监护制度,必须先解决三个基础理论问题。

(一)确定监护制度的主体法或者身份法的民法定位

编纂民法典,究竟应当将监护制度作为主体法还是身份法,是一个重要的民法理论问题,即对监护制度进行民法定位。

1. 对各国监护制度的民法定位调查

对各国(包括地区,下同)监护制度的民法定位,笔者选择了 21 部民法典(包括草案)进行比较法调查[18],结果是:

(1)将监护规定为身份法的立法。将监护制度规定为身份法的有 15 部民法典。《法国民法典》在人法中的亲属法规定亲权和监护权。[19] 新《巴西民法典》将亲权、监护和保佐规定在家庭权一编。[20]《意大利民法典》在人与家庭法编中规定监护法。[21]最新《路易斯安那民法典》在人法编中规定未成年人和禁治产人的监护制度。[22] 最新《阿根廷共和国民法典》在人法编"家庭关系中的对人权"中规定亲权、监护和保佐制度。[23]《智利共和国民法典》在人法第 19 题规定"监护和保佐的一般规定",并在以下至第 32 题中规定监护和保佐制度。[24]《瑞士民法典》的人法编专门规定第三部分即监护,分别规定监护、辅佐和司法保护。[25]《荷兰民法典》在"自然人和家庭法"编中,规定未成年人的亲权以及成年监护权。[26]《德国民法典》将监护制度规定在亲属法中。[27]《葡萄牙民法典》将监护制度规定在亲属法中。[28] 最新《日本民法典》在亲属法

---

[18] 其实还有一部民法典即《阿尔及利亚民法典》,该法典没有规定亲属法和继承法,但在现有内容中没有规定监护规则,可以推测其监护法属于身份法,但由于没有看到该国亲属法,不敢作此断言,因而不在比较之列。

[19] 参见《法国民法典》,罗结珍译,中国法制出版社 1999 年版,第 125 页以下。

[20] 参见《巴西新民法典》,齐云译,徐国栋审校,中国法制出版社 2009 年版,第 270 页以下。

[21] 参见《意大利民法典》,费安玲、丁玫译,中国政法大学出版社 1997 年版,第 99 页以下。

[22] 参见《最新路易斯安那民法典》,徐婧译注,法律出版社 2007 年版,第 40 页以下。

[23] 参见《最新阿根廷共和国民法典》,徐涤宇译注,法律出版社 2007 年版,第 69 页以下。

[24] 参见《智利共和国民法典》,徐涤宇译,北京大学出版社 2014 年版,第 53 页以下。

[25] 参见《瑞士民法典》,殷生根、王燕译,中国政法大学出版社 1999 年版,第 100 页以下。

[26] 参见《荷兰民法典》第十三章规定了"未成年人",包括侵权和对未成年人的监护;第十六章规定了成年人监护。根据中国人民大学高圣平教授提供的中文译本。

[27] 参见《德国民法典》,陈卫佐译注,法律出版社 2006 年版,第 538 页以下。

[28] 参见《葡萄牙民法典》,唐晓晴等译,北京大学出版社 2009 年版,第 345 页以下。

中规定亲权、监护以及保佐和辅助。㉙ 最新《韩国民法典》在婚姻编设立监护一章规定监护制度。㉚《奥地利普通民法典》在人法的亲属法中规定受托照顾人的照顾,即为监护法。㉛《加利福尼亚州家事法典》规定监护制度,采身份法模式。㉜《纽约州民法典草案》将监护规定在了亲属法中。㉝

（2）将监护规定为主体法的立法。将监护制度作为主体法规定在总则中的,有6部民法典。《俄罗斯联邦民法典》在总则自然人部分规定了监护、保护制度。㉞《蒙古国民法典》在总则"公民和法人"一章中规定了监护人和保佐人。㉟《越南社会主义共和国民法典》将监护规定在总则编的"个人"一章。㊱《朝鲜民法典》在总则性的"普通制度"中第21条规定了"未满16岁者须经监护人实施民事法律行为"的内容,将监护作为主体法规定。《埃塞俄比亚民法典》将监护和保佐规定在"人法"中,作为主体法。㊲ 加拿大《魁北克民法典》将监护规定在人的行为能力中,用"未成年人的监护"和"对成年人的保护性监管"两章规定了监护制度。㊳

监护立法调查的结果是:将监护规定为身份法和主体法的,各占71.4%和28.6%,前者显然具有优势,后者处于弱势。在6部将监护制度规定为主体法的民法典中,有4部属于原社会主义阵营;但在新兴的民法典(俗称新民法典)即《埃塞俄比亚民法典》、加拿大《魁北克民法典》和《荷兰民法典》中,有两部对监护采用主体法模式,颇值得重视。可见,将监护制度作为身份法尽管是立法主流,但将监护制度作为主体制度规定并非没有道理,且在新兴民法典中具有优势。

2. 中国民法对监护制度定位的转变

我国古代没有监护制度,顾命制度与监护制度相似㊴,并非民法制度。20世纪初"西法东渐"后,《大清民律草案》《民国民律草案》都将监护制度作为身份法,规定在亲属编中,《中华民国民法》如此,"伪满洲国民法典"仍采此制。㊵

㉙ 参见《最新日本民法典》,渠涛编译,法律出版社2006年版,第174页以下。
㉚ 参见《韩国最新民法典》,崔吉子译,北京大学出版社2010年版,第250页以下。
㉛ 参见《奥地利普通民法典》,周友军、杨垠红译,周友军校,清华大学出版社2013年版,第31页以下。
㉜ See CAL. FAMILY. CODE §3040－3043.
㉝ 参见《纽约州民法典草案》,田甜译、王莹莹校、徐国栋审订,中国大百科全书出版社2007年版,第25页以下。
㉞ 参见《俄罗斯联邦民法典》,黄道秀译,北京大学出版社2007年版,第46页以下。
㉟ 参见《蒙古国民法典》,海棠、吴振平译,中国法制出版社、金桥文化出版(香港)有限公司2002年版,第7页以下。
㊱ 参见《越南社会主义共和国民法典》,吴尚芝译,卢蔚秋校,中国法制出版社、金桥文化出版(香港)有限公司2002年版,第21页以下。
㊲ 参见《埃塞俄比亚民法典》,薛军译,中国法制出版社、金桥文化出版(香港)有限公司2002年版,第64页以下。
㊳ 参见《魁北克民法典》,孙建江、郭站红、朱亚芬译,中国人民大学出版社2005年版,第24页以下。
㊴ "顾命"见《周书·顾命》:周成王将崩,命召公、毕公率诸侯相康王,作《顾命》。因而临终之命曰顾命。依据顾命而对未成年帝王进行辅佐,有监护之意。
㊵ 以上引文参见杨立新主编:《中国百年民法典汇编》,中国法制出版社2011年版,第200、352、506页。"伪满洲国民法典"沿用民国时期亲属法和继承法,该书没有收录。

1949年以来,我国民法立法一改民国时期民法的传统,将监护规定为主体法,在总则部分规定。最早可见1955年10月5日《中华人民共和国民法总则(草案)》,虽然没有直接规定"监护"字样,但第12条规定了"无行为能力的人由其法定代理人代为法律行为"的内容。[41] 1978年以后在四部民法草案都继续采取这种体例规定监护制度[42],《民法通则》确定采用主体法方式规定监护制度,2002年《民法(草案)》仍采主体法。

目前的民法典草案学者建议稿对监护制度的民法定位有不同看法。王利明主编的《中国民法典学者建议稿及立法理由》(以下简称王稿)将监护制度置于总则编,明确其主体法地位。[43] 梁慧星一直坚持"不采民法通则在自然人一章规定监护制度的模式,而将监护制度作为亲属法的内容,规定为亲属编的一章"的意见[44],在其主编的《中国民法典草案建议稿》(以下简称梁稿)中,将监护规定在第四编"亲属编"。[45] 徐国栋主编的《绿色民法典草案》(以下简称徐稿),将监护作为人法的内容,放在民法的"人身关系法"编中,在"自然人的行为能力"一章规定"不能自理者,应受监护或保佐",采用主体法模式。[46] 笔者主持编写的《中华人民共和国民法总则草案建议稿》(以下简称杨稿)采主体法模式,将监护规定在主体制度中。[47]

可见,我国清末民初的监护制度立法采用德、日模式,将监护制度规定为身份法。至1949年起接受苏联的立法模式,将监护制度规定为主体法。在起草民法典的学者建议稿中,多数坚持主体法模式,少数采用身份法模式。

3. 分析意见

将监护制度规定为身份法还是主体法,各有利弊。将监护制度规定为身份法,是因为监护人主要还是由亲属担任,亲属之外的其他人作为监护人的毕竟是少数。但是,监护制度终究不是完全的亲属法内容,更多的是具有主体制度一般规则的性质,因此,将监护放在亲属法中作为身份法规定,存在明显的缺点。反之,将监护制度作为主体法在"民法总则"中规定,作为自然人行为能力欠缺的补正,更具有逻辑性。更重要的是,监护制度并非只适用于亲属之间,而是民法共用的规则。按照"提取公因式"的民法总则立法方法,将监护制度规定为主体法放在总则中规定,具有更大的优势。尽管我国现行监护制度作为主体法定位的做法源于苏联立法模式,但并非没有道理,且这一制度已经实行了30年,社会已经接受,没有必要对其进行改变。制定

---

[41] 参见何勤华等:《新中国民法典草案总览》(上卷),法律出版社2003年版,第5页。
[42] 参见何勤华等:《新中国民法典草案总览》(下卷),法律出版社2003年版,第373、439、497、563页。
[43] 参见王利明主编:《中国民法典学者建议稿及立法理由·总则编》,法律出版社2005年版,第52页以下。
[44] 参见梁慧星主编:《民法总论》,法律出版社2009年第3版,第106页。
[45] 参见梁慧星主编:《中国民法典草案建议稿》,法律出版社2003年版,第364—368页。
[46] 参见徐国栋主编:《绿色民法典草案》,社会科学文献出版社2004年版,第48页。
[47] 参见杨立新主编:《民法总则重大疑难问题研究》,中国法制出版社2011年版,第618—619页。该建议稿经过修改,发表在《河南省财经政法大学学报》2015年第2期。

"民法总则",应当继续坚持在主体制度自然人部分规定监护制度的做法,不应动摇。

(二)抛弃采用英美法系对未成年人设置监护权的做法

在我国现行监护制度中,最明显的缺陷是将大陆法系的亲权制度体系改为英美法系的未成年人监护制度。

美国和英国都不区分亲权和监护,而是采用"大监护"概念,对未成年人设置监护权进行监护。美国的未成年人监护法主要包括两方面的内容:父母对未成年子女的监护和国家在监护中的职责。例如美国加利福尼亚州的监护制度规定在其家事法典(California family code)和遗嘱法典(California probate code)中。前者主要规定未成年人的监护制度,父母是未成年人的监护人,是监护权的第一顺位人[48],后者规定了监护制度的程序性问题,同时专章规定了在缺少监护人资格申请的情况下适用公共监护人(public guardian)的相关规则。[49] 英国法有关监护制度的规定主要在 1971 年和 1973 年《未成年人监护法》《1989 年儿童法》和《1991 年儿童抚养法》中,父母对未成年人进行监护,国家设有未成年人保护法院和公设监护人。[50]

但是,几乎所有的大陆法系民法对未成年人的监护都是以亲权形式进行的。法国的亲权承袭自罗马法,实质内容主要表现为父母对未成年子女的照顾、保护。德国法原来使用亲权概念,1980 年 1 月 1 日通过《关于父母照顾权的修订法案》后,用"父母照顾权"取代亲权概念,这仅为纯粹工具,其存在的意义在于实现子女之福利。[51]

在未成年人的监护问题上,究竟采用大陆法系的亲权制度,还是采用英美法系的父母监护人制度,应当进行比较。

第一种选择,统一适用监护制度,这是我国现行监护立法的做法,即无论是成年人还是未成年人,统一适用监护制度,优势在于统一监护制度,规定在主体法中,简洁、明确、结构清晰,问题在于反大陆法系的立法传统。

第二种选择,统一适用亲权等身份法。对未成年人的保护适用亲权制度,对父母丧失或者被剥夺亲权的,以及其他丧失或者部分丧失民事行为能力的成年人,适用监护制度,都规定在亲属法中。这种方法的优势也是简洁、明确、体例统一,结构清晰。问题在于,这将本来属于民法一般规则的监护法作为亲属法的内容,违反总则性规定和分则性规定分野的传统。

第三种选择,分别适用亲权制度和监护制度。大陆法系大多数民法典都分别规定了亲权制度和监护制度,坚持亲权与监护权的界限,且将亲权规定为亲子法的内容,另设其他监护制度对被监护人进行监护。例外的是《俄罗斯民法典》《蒙古国民法典》和《越南社会主义共和国民法典》,将监护统一规定在民法总则中作为主体法,

---

[48] See CAL. FAMILY. CODE § 3040 – 3043.
[49] See CAL. PROB. CODE § 1500 – 1520.
[50] 参见林艳琴:《论我国未成年人监护监督制度》,载《学术交流》2008 年第 8 期。
[51] 参见薛宁兰:《我国亲子关系立法的体例与构造》,载《法学杂志》2014 年第 11 期。

原因之一,是他们的婚姻家庭法脱离民法典作为单独法律部门,不能采取亲权制度和监护制度分立。

笔者主张,在制定"民法总则"规定监护制度时,应当坚持以下原则:

(1)既然我国坚持大陆法系的成文法传统,就应当坚持到底,在监护制度上也应如此。不能否认,大陆法系与英美法系的融合是世界法律发展的趋势,例如我国的《侵权责任法》,就是融合了大陆法系和英美法系侵权法的优势而为之,成为一部比较优秀的法律。[52] 不过,如果单独适用大陆法系的立法经验,就能够规定完善的监护制度,还是应当坚持法律体系的纯正,不应部分借鉴英美法系的经验而混杂两个法系的内容。

(2)对未成年子女的保护,基本上是亲属法的内容,是父母对未成年子女的当然权利,更是义务,具有维护家庭共同生活秩序之功能,与监护完全不同[53],因而属于身份法而不属于主体法,只有丧失亲权保护的未成年人才有获得监护人监护的必要。民法应当区分监护权和亲权,其规则分别属于民法的一般性规则和亲属法的具体规则,"民法总则"规定监护权,亲属法规定亲权,是正当的和必须的。

(3)事实上,我国现行未成年人监护制度存在的上述问题,与我国亲属法不健全密切相关。我国受苏联民事立法影响,长期将亲属法独立于民法之外,甚至不肯承认亲权、配偶权以及亲属权等身份权,割裂了亲属法与民法必然的内在联系。承认未成年人的亲权照顾,对于完善我国的亲属法和亲属制度,编纂统一的民法典,也具有重要意义。

所以,完善我国的监护制度,应当摒弃现行以监护权替代亲权的做法,建立完善的未成年人"亲权+监护"的立法模式。

(三)完善成年监护的理论和立法

完善我国的监护制度,最为重要者,是要在"民法总则"中规定完善的成年监护制度。

人类步入20世纪,各国或地区相继步入高龄社会,人口老化带来了前所未有的社会问题,同时随着国际社会对身心障碍者人权保护理论与实践的深入研究,也引发了各国或地区广为接受的新理念。近几十年来,根据共同认识,两大法系的成年监护制度改革此起彼伏,遥相呼应,各自修改其成年监护制度以适应其国情。两大法系诸国从法国(1968年)、德国(1992年)、瑞士(1989年)、奥地利(1990年)、加拿大魁北克(1994年)、日本(2000年)到英国、美国、加拿大、澳大利亚、新西兰,各国修法运动绵延相接,并影响到蒙古、越南及我国台湾地区(1996—2006年)[54],在世界范围内基本上完成了成年监护制度改革,建立了以丧失或者部分丧失民事行为能力的成年人

---

[52] 参见杨立新:《我国侵权责任法草案对国外立法经验的借鉴》,载《中国法学》2009年第5期。
[53] 参见裴桦:《亲权与监护立法之比较》,载《甘肃政法学院学报》2004年第5期。
[54] 参见李霞:《民法典成年保护制度》,山东大学出版社2007年版,第65、66页。

以及障碍者的自立与自我决定为中心的当代成年监护制度。㊾

直到2012年之前,在这场轰轰烈烈的世界性修法运动中,我国民法一直处身世外,没有任何反应,即使2002年《民法(草案)》也仅仅规定了未成年人监护和精神病人监护,没有包括其他成年监护制度。不仅立法是这样,学者的民法典建议稿也基本如此。除了杨稿外,王稿仍然局限于对未成年人和精神病人的监护,对于当代成年人监护重点问题没有反应。梁稿规定了成年监护制度,但对于最能够体现当代成年监护制度改革的意定监护制度,也没有作出规定。徐稿强调未成年人监护和精神病人监护,对精神耗弱者和准禁治产人的保护采保佐形式。除了部分学者著文主张成年监护制度改革之外,民法立法和主流民法学说对于成年监护制度改革几乎不闻不问。

2012年底,全国人大常委会完成了《老年人权益保障法》的修法任务,在第26条规定了"具备完全民事行为能力的老年人,可以在近亲属或者其他与自己关系密切、愿意承担监护责任的个人、组织中协商确定自己的监护人。监护人在老年人丧失或者部分丧失民事行为能力时,依法承担监护责任""老年人未事先确定监护人的,其丧失或者部分丧失民事行为能力时,依照有关法律的规定确定监护人"的内容,尽管这一规定不完善之处甚多,但总算跟上了世界性成年监护制度改革的步伐,使这项法律有了重大进展。㊿

但是,《老年人权益保障法》的修法完成,并不能说明我国成年监护制度改革的完成,而仅仅是开始。真正实现我国成年监护制度的完善,必须在"民法总则"中规定完整的成年监护制度。该制度最重要的内容是:

(1)改变成年监护只保护精神病人的旧做法,也不是仅仅增加丧失或者部分丧失民事行为能力的老年人的监护,而是要包括所有的丧失或者部分丧失民事行为能力的成年人,例如植物人以及其他类似情况的人。

(2)由于成年监护制度的核心问题是保障人的自立和对自我决定权的尊重,因而必须增加完善的意定监护制度,将《老年人权益保障法》规定的老年人意定监护制度扩展至全体成年人,使意定监护不仅成为我国监护体系中的一个类型,而且要将其作为成年监护的重要制度内容,使全体成年人都有权设定意定监护,在其丧失或者部分丧失民事行为能力时获得意定监护人的监护。

(3)应当特别强调的是,我国的成年监护制度改革,应当弱化被监护人的身份特征,即不必再强调精神病人、老年人等,而直接规定丧失或者部分丧失民事行为能力的成年人是成年监护的被监护人。

(4)强化监护监督,规定监护监督机构,准许成年人通过协议确定对意定监护人

㊾ 参见〔日〕细川瑞子:《知的障害者の成年後見の原理——〈自己決定と保護〉から新たな関係の構築へ》(第2版),信山社2010年版,第33—34页。

㊿ 参见杨立新:《我国老年监护制度的立法突破及相关问题》(本书第226页),载《法学研究》2013年第2期。笔者在该文章前言中讲到:"作为积极倡导并一直参加该法修订、参与设计这一制度的学者,对此既有成就感,又有诸多遗憾。"

的监护监督人,监护监督人和监护监督机构应当对监护人的监护行为进行监督,并且能够有效地纠正侵害被监护人合法权益的监护行为,撤销侵害被监护人权益的监护人的监护资格,补偿被监护人因此造成的损失。只有将这些问题都解决好,作出明确、系统的规定,才能认为我国完成了成年监护制度的改革。

(5)应当对未达到丧失或者部分丧失民事行为能力程度的身心障碍人设立照管制度,将其纳入法律照管范围中,避免其合法权益受到侵害。

编纂民法典首先制定"民法总则",为实现我国成年监护制度改革提供了机会。对此,立法者和学者务必统一认识,完善我国成年监护立法,跟上世界立法的改革潮流,为我国的成年人权益保护作出贡献。

三、"民法总则"完善我国监护制度的主要内容

"民法总则"完善监护制度,应当规定以下内容:

(一)建立亲权、监护和照管三位一体的广义监护制度

监护制度有广、狭义之分。一般认为,英美法系的监护是广义的监护即"大监护",狭义的监护是大陆法系对不在亲权保护下的未成年人、精神病人等无民事行为能力和限制民事行为能力人,以及民事行为能力不充分的精神耗弱人,为其人身权利、财产权利的照护而设置的民事法律制度。[57] 这样的界定不够准确。笔者使用广义的监护制度概念,是将亲权、监护、照管三个制度统一在一起的,对于未成年人、丧失或者部分丧失民事行为能力的成年人以及民事行为能力有欠缺的身心障碍人,进行民事行为能力补正,保护其合法权益,并且保护与其发生法律行为的相对人的合法权益,构成"亲权+监护+照管"三位一体的监护制度体系。对此,"民法总则"应当规定:

(1)改变将父母作为未成年人的监护人的做法,在监护法中只一般性规定亲权概念,确定亲权人是对未成年子女承担人身照护权和财产照护权的权利人,将对未成年子女的监护改为亲权人照护。在将来把《婚姻法》和《收养法》修订为民法典的亲属编时,详细规定亲权的内容。

(2)规定狭义的监护制度:一是规定未成年人在其父母死亡,或者其父母丧失亲权或被剥夺亲权时,应对其指定监护人,或者由后死亡的父或者母遗嘱指定监护人。未成年人的监护人由其祖父母、外祖父母,兄、姐,以及与其关系密切的其他亲属、朋友愿意承担监护责任,经未成年人的父、母的所在单位或者未成年人住所地的居民委员会、村民委员会同意的人,按照顺序担任监护人。二是改变成年监护制度只监护精神病人和丧失或者部分丧失民事行为能力的老年人的做法,规定完善的成年监护制度。应当规定,精神病人、持续性植物状态人以及其他丧失或者部分丧失民事行为能

---

[57] 参见官玉琴:《亲属身份权理论与实务》,厦门大学出版社2007年版,第261页。

力的成年人,由其配偶,父母,成年子女,其他近亲属,以及其他亲属,朋友愿意承担监护责任,经精神病人、持续性植物状态人以及其他丧失或者部分丧失民事行为能力的成年人的所在单位或者其住所地的居民委员会、村民委员会同意的人,按照顺序担任监护人。应当特别规定意定监护制度,即成年人可以依照自己的意思选择监护人,并与其签订委托监护合同,将本人的人身、财产监护权,全部或者部分授予意定监护人,约定该合同在本人丧失或者部分丧失民事行为能力的事实发生后,开始进行监护。

(3)改变对民事行为能力欠缺的身心障碍人的放任状况,综合准禁治产、保佐、辅助等制度的精髓,规定照管制度。成年人因心理疾患或者身体上、精神上或者心灵上的障碍而不能处理其事务的,法院根据该成年人或其近亲属的申请,或者依照职权,为其选任照管人。成年人因身体上的残疾而不能处理其事务的,可以申请选任照管人,但不能准确表达其意思的除外。照管人仅在必要范围内处理被照管人事务,照管人处理被照管人事务应当尊重被照管人的意愿,以符合被照管人最佳利益的方式进行,照管人在照管事务范围内代理被照管人进行法律行为。

这样的三位一体的监护制度,对未成年人的监护由亲权和监护权进行保护,对丧失或者部分丧失民事行为能力的成年人的保护适用成年监护制度,对民事行为能力欠缺的身心障碍人适用照管制度保护。这样,就构建了我国完整的"亲权+监护+照管"的广义的监护制度体系,既简明扼要,又保护周到,是稳妥的立法方法。

(二)扩大被监护人的范围

规定未成年人为被监护人从无异议,关键是怎样对成年被监护人作出规定。目前,《民法通则》和《民法(草案)》的做法是分别规定未成年人和精神病人为被监护人,是不正确的。王稿仍然采用这样的方法规定,梁稿虽然规定"其他无民事行为能力人、限制民事行为能力人"为被监护人[58],具有较大的弹性,比较适当,但表述尚须斟酌。

笔者采取这样的表述更为稳妥,即:"精神病人、持续性植物状态人以及其他丧失或者部分丧失民事行为能力的成年人",适用成年监护制度。[59] 这样表述的好处是:

(1)成年人监护不能使用"其他无民事行为能力人、限制民事行为能力人"[60]的概念,因为自然人除了未成年人之外,都是成年人,而被监护的成年人只在成年人的概念之中,不必使用"其他"的表述,进而突出成年监护制度。使用"丧失或者部分丧失民事行为能力的成年人"的概念,是最准确的,与未成年人相对应,包括所有的被监护人。

---

[58] 参见梁慧星主编:《中国民法典草案建议稿》,法律出版社 2003 年版,第 364 页。该意见为第 1812 条:"依法受他人监护的人,为被监护人。被监护人包括:(一)未成年人;(二)其他无民事行为能力人、限制民事行为能力人。"

[59] 参见杨立新等:《〈中华人民共和国民法总则(草案)〉建议稿》(第 43 条),载《河南财经政法大学学报》2015 年第 2 期。

[60] 梁慧星主编:《中国民法典草案建议稿》,法律出版社 2003 年版,第 364 页。

(2)突出强调精神病人、植物人,进行不完全列举,有助于更好地保护精神病人和植物人的合法权益,也与以前的立法相衔接。

(3)对于丧失或者部分丧失民事行为能力的老年人,没有必要特别强调,包括在"其他丧失或者部分丧失民事行为能力的成年人"之中即可,能够与《老年人权益保障法》第26条相衔接。

(三)建立完善的监护类型体系

应当改变《民法通则》只规定法定监护和指定监护两种监护类型的立法,增加意定监护制度,构成法定监护、指定监护和意定监护完整的监护类型体系。

在意定监护中,除了成年人的协议监护之外,还应当规定:

(1)委托监护,即未成年人的父母不能履行亲权职责时,可以为其设立委托监护人[61],改变《未成年人保护法》第16条关于"父母因外出务工或者其他原因不能履行对未成年人监护职责的,应当委托有监护能力的其他成年人代为监护"规定中的"不能履行对未成年人监护职责"为"不能履行亲权职责"。

(2)后死亡的父母一方可以通过遗嘱为未成年人设定监护人,也属于意定监护。

(四)加强监护监督

面对我国现行监护制度欠缺监护监督的现状,"民法总则"必须完善监护监督制度。应规定的内容主要有以下两项:

1.规定成年人的意定监护监督人制度

成年人可以依照自己的意思选任监护监督人,并与其签订委托监护监督合同。该监护监督合同在委托监护合同生效的同时生效。监护监督合同生效后,受委托的监护监督人有权监督意定监护人的监护行为。意定监护人不履行监护职责,或者不当履行监护职责,侵害被监护人合法权益的,监护监督人有权进行纠正,并向法院起诉,责令监护人适当履行监护义务,或者撤销意定监护人,依照监护顺序另行确定监护人,或者依照法定程序指定监护人。在紧急情况下,监护监督人有权作出必要的处分行为。

2.完善监护监督机构

监护监督机构由两个层次构成:

(1)被监护人的所在单位、居民委员会、村民委员会为监护监督机构,对于监护人履行监护职责的状况进行监督。

(2)行政监护监督机构,由各级政府的民政主管部门作为国家的监护监督机构,行使监护监督的行政权力,负责监督监护人的监护行为,保护被监护人的合法权益。有了这两方面的监护监督制度,就能够有效地监督监护人履行监护职责,及时纠正违法的监护行为,保障被监护人的合法权益。

---

[61] 参见梁慧星主编:《中国民法典草案建议稿》(第1819条),法律出版社2003年版,第365页。

(五)建立完善的具体监护规则

完善具体的监护规则,包括以下内容:

1. 对成年人丧失或者部分丧失民事行为能力的宣告

"民法总则"应当规定,精神病人、持续性植物状态人以及其他丧失或者部分丧失民事行为能力的成年人的利害关系人,可以向人民法院申请宣告精神病人、持续性植物状态人以及其他丧失或者部分丧失民事行为能力的成年人,为无民事行为能力人或者限制民事行为能力人。还应当规定,被人民法院宣告为无民事行为能力人或者限制民事行为能力人的成年人,可以根据他健康恢复的情况,经本人或者利害关系人申请,人民法院可以宣告他为限制民事行为能力人或者完全民事行为能力人。

2. 规定监护人的资格及职责

"民法总则"应当规定,未成年人以及精神病人、持续性植物状态人或者其他丧失或者部分丧失民事行为能力的成年人,不得作为监护人。监护人没有履行监护职责的,被监护人或监护监督机关可以申请法院变更监护人。监护人应当依照法律规定,照顾和保护被监护人的人身权益和财产权益,代理被监护人行使民事权利、履行民事义务、实施法律行为。应当特别规定,监护人不得受让被监护人的财产。

3. 规定监护人的报酬取得权和损害赔偿责任

"民法总则"应当规定,监护人履行监护职责,可以在被监护人的财产中请求适当报酬[62],但亲权人不享有这个权利。监护人因执行财产上的监护职责的过失所致损害,对被监护人负有损害赔偿责任。

4. 规定制作、签署监护财产清单和监护财产清算、移交的制度

"民法总则"规定监护制度,应当特别规定被监护人的财产关系。在监护开始时,应当对被监护人的财产制作和签署清单,明确监护人监护财产的职责。在监护终止时,监护人应当对被监护人的财产进行清算,并将财产移交给被监护人、新的监护人或者被监护人的继承人。监护人死亡的,清算由监护人的继承人依法进行,监护监督人和监护监督机构有权进行监督。

---

[62] 参见王晓玫:《谈我国监护制度的缺陷与完善》,载《中央政法管理干部学院学报》2000年第2期。

我国民事权利客体立法的检讨与展望*

在"中华人民共和国民法总则"(以下简称"民法总则")的总体框架设计上,有一个重要问题,就是应否规定权利客体制度,以及怎样规定权利客体制度。这关系到"民法总则"框架结构的理论基础,也关系到"民法总则"规定民法一般性规则的基本内容,必须予以重视。本文探讨我国在民法起草中对待权利客体态度变化的成因,同时就"民法总则"规定权利客体制度的应然对策,提出自己的看法。

一、我国起草"民法总则"对权利客体的态度变化与真实原因

(一)50多年来我国起草"民法总则"对权利客体的态度变化

之所以要研究"民法总则"是否要规定权利客体制度的问题,原因是1986年《民法通则》没有规定权利客体规则,而2002年全国人大常委会审议的《中华人民共和国民法(草案)》〔以下简称2002年《民法(草案)》〕也没有规定权利客体制度。

《民法通则》尽管称为"通则",原因在于其规定的内容超过了民法总则的范围,包括了部分具体的民法规则,但其主要内容仍然是民法总则的规则。在结构设计上,《民法通则》从权利主体即自然人和法人的规定,直接过渡到民事法律行为、民事权利、民事责任和诉讼时效等有关民事法律关系内容,即权利义务关系的规则,中间缺少了一个重要部分,即权利客体部分。

检视作为《民法通则》基础的前四个民法草案,似乎还不能找到为何如此规定的答案。1980年8月15日,"民法一草"在规定了公民、法人之后,直接规定了"法律行为",没有规定权利客体。[1] 1981年4月10日,"民法二草"同样是在公民、法人之后规定法律行为[2];1981年7月31日"民法三草"和1982年5月1日"民法四草"更为特殊,第二编规定民事主体,在公民、法人之后还规定了作为民事主体的国家,接下来的却是"代理"。[3] 这似乎成了我国民法草案的一个传统,就是不规定权利客体,原因

---

* 本文发表在《法商研究》2015年第4期,为国家社科基金2014年重大项目(第三批)"完善以宪法为核心的中国特色社会主义法律体系研究"(课题批准号:14ZDC008)的阶段性成果。

[1] 参见何勤华主编:《新中国民法典草案总览》(下卷),法律出版社2013年版,第377页。
[2] 参见何勤华主编:《新中国民法典草案总览》(下卷),法律出版社2013年版,第436页。
[3] 参见何勤华主编:《新中国民法典草案总览》(下卷),法律出版社2013年版,第493、560页。

不得而知。

再进一步检视较早的民法总则草案,会发现一点端倪。目前看到最早的1955年10月5日的"民法总则草稿",第一章规定基本原则,第二章规定权利主体,第三章规定的就是权利客体,第28条公开申明"民事权利的客体包括物和权利"④,继而再规定法律行为等内容。1955年10月24日"民法典总则篇"仍采此例,第三章规定物和权利,申明"另案为民事权利的客体"。⑤ 1956年12月17日"总则篇"第三章规定了"民事权利的客体"。⑥ 这说明,在20世纪50年代,我国民法并未采用民法总则不规定权利客体的做法。

变化发生在20世纪60年代初。从1963年北京政法学院的"民法草案(初稿)"开始,改变了20世纪50年代民法总则草案的做法,民法草案变得极为简单。该民法草案的总则只有20条,没有权利客体的容身之处。同年4月,中国社会科学院法学研究所的"民法(草稿)",尽管比前一部初稿的内容详细,但也没有规定权利客体。从此之后,所有的民法草案都不再有权利客体的影子,即使全国人大常委会办公厅1963年7月9日编写的《民法(草稿)》、1964年7月1日的《民法草案(试拟稿)》、1964年11月1日的《民法草案(试拟稿)》,也都是如此。

这种状态一直延续下来,《民法通则》没有规定权利客体,2002年《民法(草案)》总则编也没有规定权利客体。这期间究竟发生了什么促使立法者作出了这样大的改变,特别值得探索。

(二)我国民法总则草案及《民法通则》对权利客体态度发生改变的原因

世界各国的民法总则几乎没有不规定权利客体的。为什么在我国民法起草中,对权利客体的态度却出现了从规定到不规定的大逆转,没有一个权威的解释。根据笔者的研究发现,这个立法思想的重大转变有以下几个原因:

(1)反右斗争的严重思想影响。

分析民法总则草案是否规定权利客体之间的时间界限,恰好是1956年12月至1963年。在这6年间,发生的最大的政治运动就是反右斗争。其间,法学研究、教学机构和司法、立法机关都属于重灾区,无数法学教授、研究员、法官、检察官、律师以及立法工作人员都被打成右派,而且绝大多数法学界、司法界、立法界的人员,都是强调法治理念,主张实行法治、反对人治的"吹鼓手"。抓住了这些人,就遏制了反对人治的思想传播。这样的政治运动必然影响到民事立法思想。其实,这个时间界限还可以缩短,在1958年出版的、当时最权威的《中华人民共和国民法基本问题》教科书中,就已经没有"权利客体"的内容了。⑦ 这与1956年12月17日仅仅相距两年时间,更

---

④ 何勤华主编:《新中国民法典草案总览》(上卷),法律出版社2013年版,第6页。
⑤ 何勤华主编:《新中国民法典草案总览》(上卷),法律出版社2013年版,第17页。
⑥ 何勤华主编:《新中国民法典草案总览》(上卷),法律出版社2013年版,第29页。
⑦ 参见中央政法干校民法教研室:《中华人民共和国民法基本问题》,法律出版社1958年版,目录第1页。

进一步说明,反右斗争扼杀了民法总则权利客体的"生命"。

(2)人治和法律虚无思想的严重影响。

在20世纪50年代的民事立法高潮中出现的几部民法草案,尽管计划经济色彩浓厚,但仍可以看出当时学者、专家的高度热情。⑧ 1956年之前,公民可公开表达对民主、法治的意见,因而在民法起草中,尽管也在尽量仿照《苏俄民法典》,但仍有较为完整的民法体系。但经过反右斗争之后,主要领导人关于"主要靠决议、开会,一年搞四次,实际靠人,不靠民法、刑法来维持秩序"和"到底是法治还是人治,实际靠人,法律只能作为办事的参考"的讲话⑨,加剧了民法立法的严峻形势,在这样的环境和形势下,西方民法典以物为代表的权利客体规则,在中国的民法中不具有法律地位,就是可以理解的了。

(3)受苏联民事立法传统的极端影响。

在以苏联为尊的时期,我国民事立法和司法以及民法研究均以苏联民事立法为典范,起草民法无不如此。在20世纪50年代的民法草案起草中,借鉴的是1922年11月22日的《苏俄民法典》。该法总则规定了五章:一是基本原则;二是权利主体(人);三是权利客体(财产);四是法律行为;五是起诉时效。⑩ 与其相应,那时的苏联民法专著也研究民事法律关系客体。⑪ 但是,1961年12月8日苏维埃社会主义共和国联盟最高苏维埃决议批准的《苏联和各加盟共和国民法纲要》,第一章"一般原则"(相当于民法总则)在规定了公民、法人(第8条至第13条)之后,直接规定了法律行为(第14条),不再规定权利客体。随后《苏俄民法典》也就不再规定权利客体,其他社会主义阵营国家的民法也都不再规定权利客体制度。不仅如此,1995年的《越南社会主义共和国民法典》和2000年的《蒙古国民法典》的总则也不规定权利客体。可见苏联的法律对其他社会主义国家立法的影响极为严重,即使在中苏全面对立时期也是如此。这样的发展历史告诉我们,苏联民事立法对权利客体的转变,才是我国民法起草中对权利客体态度改变的主要原因。在这样的民法示范样本的作用下,我国60至80年代的民法草案以及《民法通则》均不规定权利客体,就是理所当然的,原因就是要彰显社会主义民法典的典型特征和与众不同。

二、对于"民法总则"是否规定权利客体的不同意见

但是,并未因为历史已经进入21世纪并经历了改革开放,民法总则是否规定权利客体的争论就已经得到彻底解决。最典型的表现,就是2002年《民法(草案)》仍

---

⑧ 参见杨立新:《百年中的中国民法华丽转身与曲折发展——中国民法一百年历史的回顾与展望》(本书第135页),载《河南政法管理学院学报》2011年第3期。
⑨ 参见项淳一:《党的领导与法制建设》,载《中国法学》1991年第4期。
⑩ 参见中央人民政府法制委员会:《苏俄民法典》,新华书店1950年版,第3—23页。
⑪ 参见〔苏〕谢列布洛夫斯基:《苏联民法概论》,赵涵兴译,人民出版社1951年版,第31页以下。

然采用《民法通则》的体例,不规定权利客体制度,直接从民事主体过渡到民事法律行为。

与此相反,从21世纪开始的我国民法典编纂,学者提出的民法典草案建议稿都在总则编规定了权利客体。例如,王利明教授主编的《中国民法典学者建议稿》总则编第五章规定"民事权利客体"[12];梁慧星教授主编的《中国民法典草案建议稿》总则编第四章规定"权利客体"[13];徐国栋教授主编的《绿色民法典草案》序编的第三题规定"客体"[14];笔者主编的《〈中华人民共和国民法总则(草案)〉建议稿》在第五章设"民事法律关系客体"。[15]

至此,似乎"民法总则"应当规定"权利客体"或者"法律关系客体"的问题已经形成通说,不再有疑问了。

但是,对这个问题并没有最后的结论,因为立法机关还没有拿出"民法总则"草案,目前能够看到、能够代表立法机关立场的,仍然是2002年《民法(草案)》。也有学者认为,民法总则不应当规定民事权利客体,理由是,民事权利客体在民法总则中规定,主要是规定物的规则,而我国《物权法》已经规定了物的规则;而民法上的权利多种多样,各种权利客体并不相同,且相互之间基本上不具有共性,故无法归纳、抽象出权利客体的一般规则。所以,权利客体应当依照其类别,分别纳入相关权利的规范中进行规定,不宜在民法典总则编中规定其一般准则。[16]

尽管这种意见并非多数,但由于立法机关的立场具有较大影响,因而还应当对"民法总则"规定权利客体的正当性理由予以说明。

笔者认为,2002年《民法(草案)》总则编不设权利客体章,与上述学者意见的根据并不相同。该《民法(草案)》主要是受苏联的民事立法传统影响;而前述学者的意见则代表了受法国民法思想影响的学者的意见。

(1)直至21世纪的今天,中国民事立法仍然坚持苏联民事立法的模式,在民法的总则中不规定权利客体,是不适当的。苏联民法尽管脱胎于德国法系的传统,但增加或者改变了大陆法系传统民法的很多规则和内容,形成了所谓的社会主义民法传统,例如将亲属法脱离民法而为独立的法律部门。苏联民法总则不规定权利客体的做法,不仅在60年代被其他社会主义国家民法所继受,直至今天仍被越南民法、蒙古民法、朝鲜民法所承继。遗憾的是,在苏联已经解体,1994年10月21日《俄罗斯联邦民法典》已经改变传统之后,上述三个国家以及我国2002年《民法(草案)》却仍然坚持苏联民法不规定民事权利客体的传统,是令人费解的。因而可以说,2002年《民法

---

[12] 王利明主编:《中国民法典学者建议稿及立法理由·总则编》,法律出版社2005年版,第241页以下。
[13] 梁慧星主编:《中国民法典草案建议稿》,法律出版社2003年版,第19页以下。
[14] 徐国栋主编:《绿色民法典草案》,社会科学文献出版社2004年版,第6页以下。
[15] 杨立新等:《中华人民共和国民法总则(草案)建议稿》,载《河南财经政法大学学报》2015年第2期。
[16] 参见尹田:《论中国民法典总则的内容结构》,载《比较法研究》2007年第2期。

(草案)》总编不规定权利客体的做法,不能代表我国对"民法总则"体例结构的见解,"民法总则"也不能再继续这样的做法。

(2)尽管有的学者在提出民法总则不应规定权利客体的意见,其基础在于法国法传统的影响。诚然,《法国民法典》确实没有规定权利客体制度,那是因为立法传统的问题,而且由于《法国民法典》遵循人法、财产法和取得财产的各种方法的三编制,不设置民法总则,因而在简短的序编中无法规定权利客体。尽管《绿色民法典草案》的体例结构倾向于法国法传统,但它扩展序编的容量,概括的基本上是民法总则的内容,其中也设置了"客体"部分。这似乎可以说明,即使按照法国法的传统制定民法典,时至今日也应当考虑规定民法总则(尽管叫做序编),并在其中规定权利客体规则。

(3)民事权利客体的内容确实复杂,但并不是没有基本规则可言。其一,民事权利客体最主要的是规定权利客体的内容,这是可以明确规定的。其二,民事权利客体可以规定高度抽象的规则,在目前各学者的民法典草案建议稿中,都归纳了简明的权利客体的一般性规则,并不存在特别的困难。其三,如果将各种不同的民事权利的客体分别放在物权、债权、人格权、身份权、继承权以及知识产权编中规定,例如像我国《物权法》规定物的概念那样,将会造成民法逻辑体系的混乱,且我国《物权法》仅仅规定了物的概念,并没有规定物的一般性规则,因而必定要规定在民法总则中。

(4)最为重要的,就是"民法总则"规定的是法律关系的抽象规则,是按照民事法律关系三要素即主体、客体和内容进行编排的。[17] 对此,学者有共识。如果"民法总则"不规定权利客体规则,"民法总则"的逻辑结构就少了一个独立的部分,造成民事权利客体的规则缺失,使民事主体行使民事权利和履行民事义务失去了对象,"民法总则"就变成了残缺的法律关系一般性规则。这正是"民法总则"规定权利客体的逻辑正当性和基础理论全面性之所在。

三、我国"民法总则"的"权利客体"章应当规定哪些内容

(一)境外民法典总则编规定的权利客体内容

研究我国"民法总则"的"权利客体"章应当规定哪些内容的问题,应当首先比较境外民法典总则编在规定权利客体时规定了哪些内容。

境外民法典总则编规定民事权利客体,经典的做法是规定物。《德国民法典》总则编第二章原本规定的是"物",经过1990年8月20日修订,改为"物和动物",仍然是物的规则[18],因而内容比较简单。《葡萄牙民法典》《日本民法典》《韩国民法典》及我国台湾地区"民法"等都采此制,在总则编规定"物"的规则。

特别值得重视的是《俄罗斯联邦民法典》。该法总则编一改大陆法系的德国法传

---

[17] 参见杨立新:《民法总则》,法律出版社2013年版,第36页。
[18] 参见《德国民法典》,陈卫佐译注,法律出版社2006年第2版,第28页及注3。

统,在第三分编规定"民事权利客体",分为三章,分别规定一般规定、有价证券和非物质利益及其保护。其中第 128 条规定民事权利客体的种类:"民事权利的客体包括:物,其中包括金钱和有价证券;其他财产,其中包括财产权利;工作和服务;信息;智力活动成果,其中包括智力活动成果的专属权(知识产权),非物质利益。"这个条文对民事权利客体归纳得很完备。其中关于非物质利益,规定生命、健康、个人尊严、人身、人格与名誉、商业信誉、私生活不受侵犯、个人秘密和家庭秘密、自由往来、选择居住和住所、姓名、著作权、其他人身非财产权利和其他非物质利益,以及死者的人身非财产和其他非物质利益,都受到保护,都是民事权利的客体。这样的规定,是当代俄罗斯民法对 20 世纪 60 年代苏联民事立法传统的背叛,同时也是对大陆法系民法总则规定民事权利客体传统的回归和发展。

面对当代俄罗斯民法典的上述做法,反思我国民事立法盲目跟随苏联立法跑的行为,似乎应该汗颜。而今天理性的中国,在编纂民法典的大好形势下,再追随《俄罗斯联邦民法典》关于民事权利客体的新体例,创建我国"民法总则"的权利客体制度,却不是盲目,而是有理智、有思想的选择。

(二)有关民法总则建议稿规定民事权利客体的主要内容

王利明建议稿规定的民事权利客体主要是物、有价证券和其他民事权利客体。后者主要概括了人身利益,包括人格利益和身份利益、智力成果、信息等,还规定了客体的范围及流通性限制的规则。[19]

梁慧星建议稿第 94 条规定:"民事权利的客体包括物、行为、人格利益、智力成果。""民事权利也可以成为民事权利的客体。""自然人的器官、血液、骨髓、组织、精子、卵子等,以不违背公共秩序与善良风俗为限,可以成为民事权利的客体。"[20]但该条没有规定身份利益为权利客体,因而将身份权的客体排除在外。

没有总则而只有"序编"的《绿色民法典草案》专门规定"客体"一题,第一章规定一般规定;第二章规定人身权的客体;第三章规定财产权的客体,内容更为细致。第一章主要规定的是"客体是民事权利支配的对象";第二章分别规定人格的客体、人格权的客体和身份权的客体;第三章规定财产权的客体,分别规定物权的客体、知识产权的客体、债权的客体和继承权的客体。[21]

笔者主持编写的《中华人民共和国民法总则(草案)建议稿》,第五章规定了"民事客体",分为五节规定,分别是:第一节人格利益和身份利益;第二节财产利益;第三节物;第四节行为;第五节其他财产利益。[22] 其中规定行为一节,主要针对债权的客体,因为有些债权并不具有财产性,支配的只是行为。

---

[19] 参见王利明主编:《中国民法典学者建议稿及立法理由·总则编》,法律出版社 2005 年版,第257 页。
[20] 梁慧星主编:《中国民法典草案建议稿》,法律出版社 2003 年版,第 19 页。
[21] 参见徐国栋主编:《绿色民法典草案》,社会科学文献出版社 2004 年版,第 6—9 页。
[22] 参见杨立新等:《〈中华人民共和国民法总则(草案)〉建议稿》,载《河南财经政法大学学报》2015 年第 2 期。

(三)我国民法总则规定权利客体应当解决的主要内容

综合上述建议稿的意见以及有关学者论述的观点,笔者认为,"民法总则"权利客体一章应当规定的主要内容和应当解决的主要问题是:

1. "民法总则"规定本章的标题怎样设置。

学者对此意见不同,有权利客体、民事权利客体、民事客体以及客体的不同表达。笔者使用的是民事客体,指称的是民事法律关系客体,但有反对意见,认为民事权利客体与法律关系客体不同。[23] 为避免争论起见,笔者同意徐国栋的意见,就称之为"客体",在民法典中,环境特定,语境特定,含义特定,不需添设其他定语,足以说明问题。

2. 是否要有一个民事权利客体的一般性规定。

徐国栋建议稿有一章是一般性规定;王利明建议稿的最后一节最后一条是一般性规定;梁慧星建议稿第94条是一般性规定;笔者的建议稿没有设置一般性规定,理由是,民法总则规定民事权利客体,主要是界定民事权利义务所指向的对象的范围,一一列出即可,没有必要规定一般性规定。但是大多数学者都认为应当规定一般性规定,因而予以规定也不妨。

3. 是否应当规定身份利益。

"民法总则"是否规定身份利益为权利客体,在于亲属法是否回归民法典。梁慧星建议稿将亲属法作为民法典的一编,在总则中又不规定身份利益,欠妥。目前,亲属法回归民法典已成共识,当然应当规定身份利益为权利客体。

4. 是否规定知识产权的客体。

同样道理,是否将知识产权作为权利客体予以规定,关键在于知识产权法是否归属于民法。毫无疑问,知识产权是民事权利,因而知识产权的客体即智力成果当然是民事权利客体。由于知识产权篇幅过大,民法典无法全部容纳,因而可以在"民法总则"中规定知识产权的客体为智力成果,就能把知识产权法作为民法典的特别法,确认知识产权在民法中的地位,使知识产权与民法之间建立起"血缘"关系。

5. 是否规定"行为"是民事权利客体。

很多人都认为,民事法律关系的客体体现为一种行为(包括作为和不作为),行为的客体才是物或者其他利益。[24] 尽管这种意见存在较大争论,但行为作为债权的客体是成立的。因此,"民法总则"在关于民事权利客体的规定中,应当包括"行为"。将债权的客体解释为可转让的权利[25],不够完整。

(四)我国"民法总则""客体"一章应当规定的内容

1. 有关客体的一般规定

"民法总则""客体"一章可以单设一节,规定有关客体的一般规定:

---

[23] 参见田野:《民事法律关系客体的抽象性探讨》,载《北方工业大学学报》2008年第2期。
[24] 参见孙宪忠主编:《民法总论》,社会科学文献出版社2004年版,第71页。
[25] 参见徐国栋主编:《绿色民法典草案》,社会科学文献出版社2004年版,第9页。

（1）规定客体是民事权利和义务共同指向的对象，包括人身利益和财产利益，但不以本法规定的范围为限。

（2）规定民事权利的客体，非依法律的强制性规定，不得禁止或者限制其流通，法律对民事权利客体流通的禁止或者限制，应当符合公共秩序和善良风俗的要求。

（3）人身权利的客体禁止流通，但法律有特别规定的除外，例如名称利益及权利的转让，以及姓名、肖像、隐私等人格利益可以行使公开权而部分转让其使用权。

（4）财产权利原则上可以流通，除非违反公共秩序和善良风俗的要求。

2．人格利益与身份利益

"民法总则"应当把人身权利的客体规定在客体部分的最前面，而不是像大多数建议稿那样规定在最后或者中间。对于人格利益，应当规定"自然人对其人格必要组成部分所享有受法律保护的利益，为人格利益。人格利益不得转让，但法律规定可以有限转让或者转让的除外"。对于死者人格利益的保护，不应当规定在权利客体部分，而应当在人格权法中规定。对于身份利益，应当规定"自然人就其身份，包括特定亲属之间的地位所享有的受到法律保护的利益，为身份利益"，将其作为身份权即配偶权、亲权、亲属权的客体。

3．物

物是财产权利特别是物权的客体，"民法总则"应当作出特别规定。

（1）规定物的概念及范围。应当规定，本法所称的物，是指能够为人力所控制并具有经济价值的有体物。能够为人力所控制的能量和自然力，以及空间、网络、无线电频谱等，视为物。物因其性质、添附或其代表的品质而属于动产或不动产。

（2）规定不动产和动产的概念和范围。关于不动产，首先规定依其自然性质不能移动的物，是不动产；依照自然方法或者人的行为而成为不动产组成部分的物，亦为不动产。其次规定，与不动产配套使用的、增益不动产价值的动产，可以视为不动产。关于动产，应当规定不动产之外的其他物是动产；规定货币、有价证券为特殊的动产。

（3）应当规定人体变异物。自然人脱离人体的器官、血液、骨髓、组织、精子、卵子、受精胚胎等人体变异物㉖，以不违背公共秩序与善良风俗为限，为民事权利的客体。

（4）应当对网络虚拟财产特别作出规定，规定网络及其具有财产价值的内容，视为物。为虚拟不动产、虚拟动产。

（5）对物的属性等作出规定。

①应当规定重要成分，规定物的重要成分是指对物的整体性质和效能的发挥具有决定作用的组成部分。物的重要成分不得脱离该物的整体，而独立成为权利的标的。

②规定主物和从物。能够独立发挥效用的物，是主物。不是主物的组成部分，但是与主物具有一定的空间联系，辅助主物发挥其效用的物，是从物。对主物的处分及于从物，但有特别约定的除外。对于临时性附着于某物而辅助其功能发挥的物，非该

㉖ 参见杨立新、陶盈：《人体变异物的性质及其物权规则》（本书第291页），载《学海》2013年第1期。

物的从物。

③规定集合物，不同的物按共同使用目的构成一个统一整体的，为集合物。

④规定可分物、种类物与消耗物。可分物是指经分割不改变其性质或者影响其用途的物，不可分物是指经分割会改变其性质或者影响其用途的物；种类物是指在交易中按习惯能够以数量、容量和重量加以确定的动产，特定物是指依法律规定或者当事人的意思具体特定的物；消耗物是指经一次使用就归于消灭或者改变形态和性质的物，非消耗物是指可以反复使用而不改变原有形态和性质的物。

⑤规定孳息。依自然属性而产生的出产物、收获物为天然孳息，自脱离原物时起，由享有取得权利的人取得。物依法律关系而产生的收益为法定孳息，由享有取得权利的人按法定方式、约定方式或者交易习惯取得。

⑥规定添附。不同所有人的物因不同原因结合在一起而不能分离的，成为新物。新物的归属，有约定的依照其约定，没有约定的依照法律规定，没有法律规定的依照充分发挥物的效用以及保护无过错的当事人的原则确定。因一方当事人的过错或者物的归属给另一方当事人造成损失的，应当给予赔偿。

⑦规定具有伦理价值的物，包括尸体和动物。对尸体的利用，不得违背公共秩序和善良风俗。对于动物的使用，应当遵守关于动物保护的规定和善良风俗观念，法律没有规定时，适用关于物的有关规定。

4. 行为

行为作为债权的客体，包括给付行为和人身性行为。债权的客体可以是有目的增益对方财产的行为。依据债权的性质，人身性行为可以作为债权的客体，但对于这类行为不得强制执行。

5. 其他财产利益

其他财产利益包括智力成果、信息、有价证券等。

智力成果是知识产权的客体，应当特别规定。目前规定知识产权客体的建议稿，有繁、简两种版本，应以简本为妥，例如规定"民事主体的智力成果依法可以成为知识产权的客体"。[27]

在其他财产利益中，应当特别规定的是信息。很多学者主张将信息权规定为一个独立的权利[28]，特别是经营信息。信息分为两个部分：一是有关人格利益的信息；二是经营信息，后者具有财产利益，均应予以规定，受法律保护。

作为物的特殊形式的有价证券，应当特别规定。能够证明持券人有权取得一定财产权利的书面凭证为有价证券，除法律另有规定外，有价证券适用动产的一般规则。对于有价证券的无纸化，应当探索总结规律，作出规定。

---

[27] 杨立新等：《〈中华人民共和国民法总则（草案）〉建议稿》，载《河南财经政法大学学报》2015年第2期。

[28] 参见王利明：《论个人信息权的法律保护——以个人信息权与隐私权的界分为中心》，载《现代法学》2013年第4期。

我国民法典总则编应当规定法例规则

在我国近代民事立法中,有一个对照鲜明的现象,即1949年之前的民法典或者草案大多规定法例规则,而1949年之后,不论是历次民法草案还是《民法通则》以及2002年《民法(草案)》,都没有规定法例规则。在制定民法典总则编时应当进一步讨论这个问题,确定是否应当规定法例规则。本文对此采肯定意见。

一、法例的概念及民法总则规定法例的作用

在我国民法百年发展史上,《中华民国民法》第一章规定了法例。其第1条规定:"民事,法律所未规定者,依习惯;无习惯者,依法理。"第2条规定:"民事所适用之习惯,以不背于公共秩序或者善良风俗者为限。"向前推展,《民国民律草案》没有规定法例,是从"人"的规定开始的;再之前的《大清民律草案》则规定了法例,主要内容是3条:第1条规定:"民事本律所未规定者,依习惯法;无习惯法者,依条理。"第2条规定:"行使权利,履行义务,应依诚实及信用方法。"第3条规定:"关于权利效力之善意,以无恶意之反证者为限,推定其为善意。"向后推展,"伪满洲国民法"没有规定法例,关于通则的规定中有两个条文属于法例:第1条规定:"关于民事,法令无规定之事项,依习惯法;无习惯法者,依条理。"第2条规定:"权利之行使及义务之履行,须以诚实且从信义为之。"再向后,即现行《民法通则》没有规定法例,2002年《民法(草案)》也没有对此作出规定。

在各国或地区民法典中,尽管没有明文规定称之为"法例",但大多数民法典都有关于法例即法律适用规则的内容。在笔者检视的20部境外民法典中,明确规定法例内容的有10部,即法国、瑞士、韩国、意大利、阿根廷、葡萄牙、日本、奥地利、智利以及纽约州民法典草案;规定有相关内容的4部,即《路易斯安那民法典》,俄罗斯联邦、越南和蒙古国的民法典;完全没有规定的有6部,即朝鲜、埃塞俄比亚、巴西、加拿大魁北克、德国和荷兰的民法典。再加上我国澳门特别行政区民法典对此作了规定,在21部民法典(包括草案)中,规定法例内容的有15部,没有规定的有6部,前者占71.4%,后者占28.6%。

---

* 本文发表在《求是学刊》2015年第4期,为国家社科基金2014年重大项目(第三批)"完善以宪法为核心的中国特色社会主义法律体系研究"(课题批准号:14ZDC008)的阶段性成果。

什么叫法例？梅仲协教授在他的《民法要义》一书中说："法例者,民法适用之通例也。现行民法法例章,计五条,不特于全部民法,可以适用,甚民法法典以外之各种民事特别法规,亦应受其支配。""关于现代民法上之基本原则,如权利滥用之不受保护,行使权利与履行义务之应依诚实与信用方法,善意第三人之应受保护,与夫法院裁判,须一本公平观念。凡此诸端,颇有规定于法例中之必要。"①所谓通例,一是指一般的情况,常规,惯例;二是指较普遍的规律。② 因而法例即民法适用的通例,或者称为民法适用的一般规则。

民法总则规定民法适用的一般规则,是大多数民法典总则编的编纂通例,其价值是在司法实践中用以指导民法的具体适用。

为什么我国第一部民律草案和第一部民法典,在规定法律适用规则时使用境外没有使用过的"法例"概念呢？梅仲协教授指出："法例一语,由来旧矣。李悝法经,称为具法,魏因汉律,改具律为刑名第一。晋贾充等增损汉魏律,于魏刑名律中,分为法例律。宋齐梁及后魏,因而不改。爰至北齐,并刑名法例为名例,后周复为刑名,隋因北齐,更为名律,唐因于隋,相承不改。"③上述具法、刑名、法例、名例、名律等不同称谓,都是指法律适用的一般规则,最早使用法例者为魏律,及于后世五代律令。可见,我国第一部民律和第一部民法设置"法例"章,源于我国法律的传统,实在是我国民法的特色,是源于中国、发展于中国的典型中国特色。

但是,100多年来我国民事立法的这一中国特色,被1949年以后的民事立法所中断。不仅在1950年《婚姻法》中没有规定法例,即使在1986年《民法通则》以及2002年《民法(草案)》中,也都没有规定法例。其后果是,直至今天的民事司法,绝大多数民事法官不敢引用习惯或者法理作为补充民事立法不足的法源作出判决,经常出现法院对没有法律明文规定的民事纠纷案件推出门了事的情形。这样的现象不能再继续下去了。

至于我国《民法通则》和2002年《民法(草案)》为什么不规定法例,没有看到明确说明。依照笔者的推测,应当主要是受《苏俄民法典》的影响,不仅1922年《苏俄民法典》、1961年《苏维埃社会主义共和国联盟及各加盟共和国民法立法纲要》以及1964年《苏俄民法典》没有规定法律适用一般规则,而且在1994年《俄罗斯联邦民法典》也没有规定系统的法律适用一般规则。这可能是我国《民法通则》以及2002年《民法(草案)》没有规定法例的主要原因。

---

① 梅仲协:《民法要义》,昌明书屋1947年版,第57页。
② 参见中国社会科学院语言研究所词典编辑室:《现代汉语词典》,商务印书馆2005年第5版,第1364页。
③ 梅仲协:《民法要义》,昌明书屋1947年版,第57页,注1。

二、民法典总则编规定法例究竟应当规定哪些内容

与我国民法立法和民法草案对法例的做法不同,在目前所有看到的民法典草案建议稿中,例如梁慧星教授主持起草的《中国民法典草案建议稿》④、王利明教授主持起草的《中国民法典学者建议稿》⑤、徐国栋教授主持起草的《绿色民法典草案》⑥,以及笔者主持起草的2.0版的《民法典·总则编》建议稿⑦,都规定了与法例相关的内容,其中梁慧星教授稿是在第一章"基本原则"中规定,王利明教授稿是在第一章第一节中规定为"民事法律规范的适用",徐国栋教授稿规定在"预备性规定"的"基本原则"中。在笔者的建议稿中,直接规定了"法例"一节,恢复了我国民法典历史的中国特色。

民法总则规定法例,究竟应当规定哪些内容,先作一些比较法的研究。

(一)其他国家民法典的规定

(1)《法国民法典》关于法律适用规则的规定比较简明。第4条规定:"法官借口法律无规定、规定不明确或不完备而拒绝审判者,得以拒绝审判罪追诉之。"第5条规定:"禁止法官对其审理的案件以一般规则性笼统条款进行判决。"第6条规定:"任何人不得以特别约定违反有关公共秩序和善良风俗之法律。"

(2)《瑞士民法典》在引言部分,第1条规定:"(一)凡依本法文字或释义有相应规定的任何法律问题,一律适用本法。(二)无法从本法得出相应规定时,法官应依据习惯法裁判;如无习惯法时,依据自己如作为立法者应提出的规则裁判。(三)在前一款的情况下,法官应依据公认的学理和惯例。"第2条规定了诚实信用,滥用权利不受保护;第3条规定了善意推定;第4条规定了法官自由裁量权。

(3)《韩国民法典》第1条规定法律适用规则,即无法律规定依习惯法,如无习惯法依法理;第2条规定信义诚实原则,权利不得滥用。

(4)《意大利民法典》第一章"法源"规定,法律、条例、行业规则、惯例,均为法源;第二章"法律适用"的内容,规定了法律的效力、法律解释以及禁止类推原则。

(5)《阿根廷民法典》在"各序题"的第15条规定:"法官不得借口法律未作规定、不明确或者不完备而拒绝裁判。"之后规定法律解释,规定习俗和惯例的适用规则。

(6)《纽约州民法典草案》第1条规定一般性规定和结构;第2条规定法律是州主权机关制定的财产与行为规则;第4条规定习惯法是法源。

(7)《葡萄牙民法典》第一编"法律、法律之解释及适用"。第1条规定法律是法

---

④ 参见梁慧星主编:《中国民法典草案建议稿》,法律出版社2003年版。
⑤ 参见王利明主编:《中国民法典学者建议稿及立法理由·总则编》,法律出版社2005年版。
⑥ 参见徐国栋主编:《绿色民法典草案》,中国社会科学文献出版社2004年版。
⑦ 参见杨立新:《2.0版〈中华人民共和国民法总则(草案)〉建议稿》,载法制网,2015年5月12日访问。

之直接渊源;第 2 条规定判例;第 3 条规定习惯;第 4 条规定衡平原则。第二章"法律之生效、解释及适用",第 8 条规定法院不得拒绝审判,不得借口排除法律的适用;第 9 条规定法律解释;第 10 条规定法律漏洞。

(8)《日本民法典》第一章"通则"第 1 条规定基本原则,私权必须适合公共福祉,权利行使及义务履行必须遵守信义,以诚实为之,权利不得滥用;第 2 条规定本法须以个人的尊严及男女两性平等为宗旨解释。

(9)《奥地利普通民法典》序编第 6 条及以下规定法律解释,第 9 条规定法律保持其效力,法律规范的其他形式;第 10 条规定习惯;第 11 条规定省的法规;第 12 条规定法院判决。

(10)《智利共和国民法典》"序题"第一节"法律",第 1 条规定法律的界定;第 2 条规定习惯仅在被法律承认的情况下构成法律;第 3 条规定法律的解释原则;第 4 条规定特别法规定优先于本法典而适用;第 5 条规定法院应当向总统汇报法律漏洞。

(11)《路易斯安那民法典》首编第一章"总则",规定法律渊源是立法和习惯,规定了法律的溯及力、效力;第二章规定法律解释;第三章规定法律冲突。

(12)《俄罗斯联邦民法典》总则编第 3 条规定民事立法和含有民法规范的其他文件即特别法;第 5 条规定交易习惯的效力;第 6 条规定民事立法的类推适用。

(13)《越南民法典》第 14 条规定:"在法律无规定且当事人各方未约定的情形,可适用习惯或类似的法律规定,但不得违反本法典规定的原则。"

(14)《蒙古国民法典》第 2 条规定"民事法律规范",第 1 款规定民事法律规范的范围;第 2 款规定法院不得适用违反宪法、本法典的基本原则的其他法律;第 4 款规定民事立法无溯及力。

(二)我国历史上的民法及草案的规定

在我国历史上的民法草案以及民法典中,规定法例的情况是:《大清民律草案》第一章"法例",第 1 条规定:民事本律所未规定者,依习惯法;无习惯法者,依条理。第 2 条规定:行使权利,履行义务,应依诚实及信用方法。第 3 条规定:关于权利效力之善意,以无恶意之反证者为限,推定其为善意。《中华民国民法》第一章"法例",第 1 条规定:民事,法律所未规定者,依习惯;无习惯者,依法理。第 2 条规定:民事所适用习惯,以不背于公共秩序或者善良风俗者为限。"伪满洲国民法"第一章总则第 1 条规定:关于民事,法令无规定之事项,依习惯法;无习惯法者,依条理。第 2 条规定:权利之行使及义务之履行,须以诚实且从信义为之。我国澳门特别行政区现行《澳门民法典》对此规定的内容较多,包括法源、习惯之法律价值、衡平原则之价值等。

(三)我国学者编纂的民法典草案建议稿有关法例的规定

梁慧星教授主持编纂的《中国民法典草案建议稿》,第 8 条规定了禁止权利滥用原则;第 9 条规定了法律适用规则:"民事关系,本法和其他法律都有规定的,应当优先适用其他法律的规定;本法和其他法律都没有规定的,可以适用习惯;既没有法律规定也没有习惯的,可以适用公认的法理。"

王利明教授主持起草的《中国民法典学者建议稿》总则编第一章"一般规定"第二节规定"民事法律规范的适用",相当于法例。第 9 条规定:"对于民事纠纷案件,人民法院不得以法律没有规定为由拒绝受理或者裁判。"第 10 条规定:"对同一法律关系,法律中的新的规定与旧的规定不一致的,适用新的规定。但法律事实发生之时旧法尚不失效,且更有利于保护当事人权利的,仍从其规定。"第 11 条规定:"对同一法律关系,本法和同位阶的其他特别法律都有特别规定的,应当优先适用其他特别法律的规定;本法的特别规定与一般规定不一致的,适用特别规定。"第 12 条规定:"本法和其他法律都没有规定的,应当依据习惯;没有习惯的,依据本法确定的基本原则参照法理处理。""前款所称习惯,不得违背法律、行政法规的强行性规定以及公序良俗原则的要求。""依据本法确定的基本原则参照法理作出裁判时,人民法院或者仲裁机关应当在裁判文书中就所依据的原则、所参照的法理以及裁判理由进行详细的论证和说明。"

徐国栋主持起草的《绿色民法典草案》第一题"预备性规定"第二章规定了"基本原则",第 12 条规定了法律补充原则:"法官审理民事案件,有法律的适用法律,无法律的,依次适用如下法律补充渊源:1. 习惯;2. 事理之性质;3. 法理;4. 同法族的外国法。

(四)比较法研究结论

综合比较起来,在民法总则中有关法例的规定,有以下几点特别值得重视:

(1)在大多数民法典中,都规定了法例或者法律适用规则。事实上,这是民法总则必须规定的内容,用以指导法院在司法实践中具体适用民法以及其他民法特别法,对案件进行裁判。而法例的称谓为我国民法所特有,继受中国古代法律的概念,具有中国特色。我国学者建议稿虽然不都称之为法例,但都规定了相应的内容,意见是一致的。

(2)在法例的具体规则中,最为重要的是关于法源的规定,即规定民法的表现形式,特别是要规定数种法源适用的先后顺序,即有法律依法律、无法律依习惯、无习惯依法理。这是说,民法之渊源为二:一是制定法;二是非制定法。后者包括习惯法和法理。[⑧] 目前在我国的民事立法中,最为缺少的法例就是这个规则。对此,各部民法典建议稿的意见也是一致的。

(3)法例规定对法官自由裁量的限制,明确法官不得借口法律未作规定,不明确或者不完备而拒绝裁判。更为甚者,《法国民法典》第 4 条还把拒绝审判规定为犯罪行为,对拒绝审判的法官予以刑事追诉。法国最高法院第三民事庭 1970 年 4 月 16 日认为,两人各自主张对一宗不动产享有所有权,法官在承认该财产必定属于其中一人的情况下,不得借口任何一方当事人都不能证明其权利的占先地位,并且鉴定资

[⑧] 参见余棨昌:《民法要论》,朝阳学院 1931 年版,第 25 页。

料也不能证明将证书适用于该土地,进而一并驳回双方当事人的诉讼请求,属于拒绝审判。⑨ 对此,我国民法建议稿多数意见一致。

(4)有些民法典规定了其他一些民法适用规则,例如公序良俗原则、法律冲突的法律适用、法律解释规则等。对此,应当根据我国的立法习惯,在民法总则中分别规定于法律原则或者法律解释部分之中。

三、我国民法典总则编应当规定法例及规定的主要内容

(一)我国民法典总则编应当在"一般规定"中规定法例规则

法例,为全部法则的总括规定,为适用于民法全部的法则,应规定于第一编的编首。民法若无法例的规定,而以应规定的法则分列于民法各编中,组织上固不完备,即有总括的规定,其位置不列于第一编的编首,系统上亦有欠缺。⑩ 这一论述十分精当,表达了民法总则编应当规定法例,且应当规定在总则编"编首"的必要性和确定性。

反观1949年以后的我国民法,无论是草案还是《民法通则》,都没有规定法例,将我国西法东渐以来确立的、具有中国特色的民法法例制度弃之如敝屣,十分可惜。正是由于立法没有规定法例,使我国民事司法无视于法律适用的基本原则,绝大多数法官不敢适用习惯法,更不敢适用法理以补充立法之不足,却敢于以法律无明文规定而拒绝审判。如果我国《民法通则》规定了民法的法源及适用顺序,规定了法官不得拒绝审判的原则,就不会出现目前大量存在的"告状难"问题。同时,关于民法规范在发生冲突时的法律适用规则,在法官中一般是口口相传,并无法律依据,如果明确规定了法律冲突适用规则,也不会出现较多的法律适用错误。

因此,笔者强烈建议,我国民法典总则编必须在第一章"一般规定"中规定法例,将民法适用的一般性规则公之于众,既便于法官适用法律,也便于当事人依法行使权利,对抗法院的拒绝审判行为,还便于人民群众监督法院依法裁判。

(二)我国民法典总则编在法例部分应当规定的主要内容

1.法源及适用顺序

法源指法的渊源,是指法的存在形式。⑪ 民法的法源,主要是指民法典以及其他民事特别法。但是,市民社会的民事生活极其广泛,即使制定了再复杂的民法典,也无法囊括所有的民事现象,故必须对民法规范不足部分补充其他法源,以适应市民社会的实际生活需要。因此,民法法源就不仅指制定法,也包括习惯法和法理即非制定法。只有这样,才能够保障当事人的民事权利得到充分而必要的保护,不至于被置之

---

⑨ 参见《法国民法典》(上册),罗结珍译,法律出版社2004年版,第32页。
⑩ 参见周新民:《民法总论》,华通书局1934年版,第79页。
⑪ 参见王泽鉴:《民法总则》,台北三民书局2008年修订版,第47页。

于法院的大门之外。民法典总则编规定法例,首先就要规定法源及适用顺序:"人民法院审理民事案件,应当依照本法以及依据本法制定的其他法律中的民事法律规范进行;法律没有规定的,依照习惯;没有习惯的,依照法理。"

民法典总则编作出这样的规定并不存在大的障碍,因为《物权法》就规定了相邻关系应当适用习惯法填补法律空白的规则[12],《合同法》规定了交易习惯可以作为裁判依据。[13] 在司法实践中,引用习惯法和法理作为裁判依据者,并不鲜见。最为典型的,就是江苏省法院在裁判人体冷冻胚胎权属争议案中,一审判决和二审判决对人体冷冻胚胎的法律属性,都适用了法理予以确定。[14]

2. 法院不得拒绝裁判

法官不得拒绝裁判民事案件,是各国民法典规定法例的一般性规则,具有重要意义。自《法国民法典》于1804年规定了这个法律适用原则之后,受到普遍重视,为多数国家的民法典所采纳。法国法院认为,拒绝审判不仅是指拒绝"回答"(由当事人提出的)诉讼请求,或者怠于审理已经达到审理状态(审判阶段)的案件,而且从更广泛意义上说,还统指国家没有尽到司法保护个人(权利)之责任的所有情形。[15] 这样理解,法官不得拒绝裁判原则的含义显然更为宽泛。

法官不得拒绝裁判原则的法律基础,在于民法已经确认了民法的法源及适用顺序。既然如此,法官就没有拒绝当事人要求法院裁判的理由,必须作出裁判,否则就是法官或者法院违反职责。

这样的法律适用原则,对于我国司法实践具有更为重要的意义,因为我国法院的拒绝审判行为时有出现,很需要这样的规则予以规范。由于我国是法院独立审判,因而不应当称为法官不得拒绝裁判,而应称为法院不得拒绝裁判。故我国民法典总则编应当规定:"对于民事案件,人民法院不得以法律没有明文规定为由,拒绝受理或者裁判。"

3. 法律适用方法

规定民事法律的适用方法涉及两个问题:一是出现法律冲突时的法律适用方法;二是总则性规定的适用方法。对此,民法典总则编应当分别规定法律适用方法。

首先应当规定,当出现新法与旧法规定不一致、特别法与一般法规定不一致的法律冲突时,必须明确法律适用规则,否则就会出现法律适用的混乱。民法典总则编应当规定,对于同一法律关系,新法与旧法的规定不一致的,应当适用新法的规定;同位

---

[12] 《物权法》第85条规定:"法律、法规对处理相邻关系有规定的,依照其规定;法律、法规没有规定的,可以按照当地习惯。"

[13] 《合同法》第61条规定:"合同生效后,当事人就质量、价款或者报酬、履行地点等内容没有约定或者约定不明确的,可以协议补充;不能达成补充协议的,按照合同有关条款或者交易习惯确定。"

[14] 参见杨立新两篇文章的评论:《人的冷冻胚胎的法律属性及其继承问题》(本书第2714页),载《人民司法》2014年第13期;《一份标志人伦与情理胜诉的民事判决》(本书第2726页),载《法律适用》2014年第11期。

[15] 参见《法国民法典》(上册),罗结珍译,法律出版社2004年版,第32页。

阶的特别法与一般法不一致的,应当适用特别法的规定。这就是所谓的新法优于旧法、特别法优于一般法的法律适用规则。

其次应当规定,在民法分则以及其他民事法律规范中具体规定阙如时的法律适用方法,即民事法律规范有具体规定的应当适用具体规定,没有具体规定的,应当适用民法总则的一般规定。例如,对于被继承人遗留的人体冷冻胚胎,如果继承法编没有明文规定其为遗产,就应当适用民法总则编关于人体变异物属于特殊物的规则,确认其为遗产,其继承人有权继承。[16]

4. 法律不溯及既往

法律不溯及既往,一般认为属于民法的时间效力问题,但其更重要的含义是法律适用原则。即使一部法律没有规定时间效力,也不能违反法律不溯及既往的一般性规则。因此,法律的时间效力是具体规定,而法律不溯及既往是法律适用的一般规则,显然后者的价值更高,具有更大的法律适用指导意义。因此,我国民法典总则编在法例中应当规定这个原则,即"民事法律的效力不溯及既往,但法律另有规定的除外。由法律规定的溯及力,不得损害宪法保障的权利"。

---

[16] 对此可以参见梁慧星主编:《中国民法典学者草案建议稿》,法律出版社 2003 年版,第 19 页;杨立新:《中华人民共和国民法总则(草案)建议稿》,载《河南财经政法大学学报》2015 年第 2 期。

对民法典规定人格权法重大争论的理性思考[*]

1986年4月12日通过、1987年1月1日施行的《民法通则》首次规定了我国人格权制度,至今已近三十年。在此期间,我国的人格权保护和人格权法的理论研究,都在迅猛发展。在贯彻中央加强依法治国决定中,如何在编纂民法典时进一步加强人格权法立法,继续加强对人格权的保护,具有重要意义。随之而来,民法学界对于民法典应当怎样规定人格权法引发了重大理论争论,甚至有的学者提出了人格权法单独成编将会引发政治风险的论断[①],在社会上发生了较大影响。对此,如果不把道理讲清楚,致使公众偏听偏信,就会相信人格权法单独成编可能引发政治风险的言说,造成危言耸听的后果,对民法典的编纂将会发生重大影响。因此,笔者在本文中对这些问题作出澄清,说明道理,指出前述论断的错误,提出解决这个问题的看法。

一、我国人格权立法重大争论问题的焦点及其背景

(一)关于人格权立法重大问题的争论焦点

在民法典编纂之前,即在党的十八届四中全会作出加强依法治国、编纂民法典的决定之前,就存在人格权法立法的争论。在开始编纂民法典之后,有关民法典中怎样规定人格权法的争论更加激烈起来。争论的主要问题是,人格权法在民法典中,究竟是作为单独一编,还是放到总则的"自然人"部分,或者放到《侵权责任法》中,也有将人格权放到《宪法》中规定的意见。在这些意见中,笔者和王利明教授是最为坚定不移地将人格权法在民法典中独立成编的倡导者。对此,持不同学术见解的学者针对我们的意见,提出了不同看法,原本都是在学术和立法的层面进行讨论,没有逾越学术范围。但是,2015年9月以后,争论的性质发生了变化,出现了人格权法独立成编具有政治风险的意见,以此对抗人格权法独立成编的学术见解,引发了人格权法立法

---

[*] 本文发表在《中国法律评论》2016年第1期,为国家社科基金2014年重大项目(第三批)"完善以宪法为核心的中国特色社会主义法律体系研究"(课题批准号:14ZDC008)的阶段性成果。

[①] 参见梁慧星:《中国民法典编纂中的最大争论和我的态度——在四川大学法学院的讲座》,载法制宣传网(http://www.chinalaw124.com/lilunyanjiu/20151024/12866.html),2015年11月27日访问。本文以下引用不注明出处者,均引自该文。

政治风险的重大争论。这正是需要讨论的问题的焦点。

（二）我国人格权立法讨论发生重大争论的背景

我国对于编纂民法典应当怎样制定人格权法的争论，有以下背景：

1.《民法通则》强化人格权立法的背景

1986年4月12日，我国立法机关通过了《民法通则》，并于1987年1月1日正式实施。这部法律虽然仅仅只有156个条文，但却把民法的基本内容都作了概括，适应了我国社会发展对民法制度的急需。《民法通则》特别重要的内容是关于人格权的规定，尽管在其题目中写的是"人身权"，但它写的其实是人格权。② 人身权包括人格权和身份权，我国的身份权规定在《婚姻法》中，《民法通则》在这一节规定的是人格权，包括生命健康权、姓名权、肖像权、名誉权、荣誉权、婚姻自主权等。这是一个特别重要的、具有历史意义和现实价值的规定。

为什么在一部156个条文的《民法通则》中，拿出8个条文的篇幅规定人格权，并且单独作为一节来规定，是因为在改革开放之前的十年动乱中，发生了大量侵害人格权的历史悲剧，造成了严重的人格权的损害后果。在改革开放之后制定《民法通则》，民法学家与其他在"文革"中人格权遭受严重侵害的人一样，痛定思痛，认为法律必须加强对人格权的保护，因而在《民法通则》中对人格权作了比较全面的规定，对重要的人格权基本都作了规定。③

《民法通则》加强人格权立法，与历史结合起来观察，与"二战"以后欧洲以及其他国家加强对人格权保护的立法运动具有同样的原因。由于在"二战"中，法西斯主义者严重践踏其他国家人民的人格权，造成了严重后果，因而"二战"之后，世界各国普遍在立法上重视、加强对人格权的立法和保护。不仅是战胜国重视人格权的立法，即使战败国也吸取教训，制定了加强人格权法的立法。当时的《联邦德国基本法》《日本宪法》都增加了保护人格尊严、人类尊严的原则条款。④ 这是痛定思痛后所采取的立法措施，也是战败国对造成历史悲剧的反思。把我国改革开放以来加强人格权立法的做法与"二战"以后世界范围内的加强人格权法立法的情形相比较，就会发现，二者的理由或者原因是相同的，都是在纠正历史上的错误，因而才要采取立法措施，强化对人格权的保护。

2. 我国司法加强人格权保护的背景

1987年1月1日《民法通则》实施以后，全国司法机关依据《民法通则》的规定，为加强对人格权的司法保护，作出了巨大努力。从那时起，中国人的人格权意识陡然增强起来，继而发生了大量的向法院起诉寻求人格权保护的案件。笔者亲身经历了

---

② 在这方面，梁慧星教授的意见是不正确的，他认为，《民法通则》规定的人身权，就是人格权，显然没有注意到人身权的内涵的范围。

③ 参见杨立新：《人身权法论》，人民法院出版社2002年修订版，第6页。

④ 参见《德国基本法》第1条规定："人类尊严不得侵犯。尊重并保护人类尊严，系所有国家权力的义务。"《日本宪法》第13条规定："凡国民之人格，均受尊重。"

这段汹涌潮流,深有感触。法院最先遇到的诉讼高潮是"告记者热",对媒体侵害人格权的诉讼案大批起诉到法院里来,受害人主张维护自己的名誉权。第二个高潮是"告作家热",起诉作家在文学作品中侵害人格权,主张权利保护。法院在人格权保护的司法实践中不断积累司法经验,形成了最高人民法院的关于名誉权保护的两个司法解释,后来又在2001年出台了关于精神损害赔偿的司法解释,在精神性人格权的保护上作了全面的总结,把对人格权的保护特别是对精神性人格权的保护提到了一个前所未有的高度。⑤ 在关于人格权法立法的重大争论中,最高人民法院之所以赞同人格权法独立成编,就是因为全国法院积累了大量的保护人格权的司法实践经验,都憋在"心"里,如果专门制定人格权法编,就会给人格权立法提供更大的空间,把这些司法实践经验写进去,丰富民事立法。试想,仅仅对于名誉权的保护,最高人民法院就出台了两个司法解释,可见司法经验之丰富。如果将多种人格权的司法保护经验都总结出来,写进民法典,就会有一部既丰满、又实用,且特别具有中国特色的人格权法编。

3. 我国人格权法的理论不断发展的背景

在《民法通则》规定人格权时,我国民法关于人格权的理论准备并不充分。我国人格权法的理论准备是在有了人格权的立法以后,才根据实践的发展逐步完善,一直发展到今天的水平。1987年以后,最早发生的理论讨论,是关于死者人格权保护的问题⑥,随后经过不断积累,逐渐出现了很多关于人格权研究的文章和专著。到1993年,笔者和王利明教授第一次合著出版了《人格权法新论》⑦,这是最早的人格权理论专著,随后又出版了《人格权与新闻侵权》。⑧ 继而,王利明出版《人格权法研究》⑨,笔者出版了《人格权法专论》⑩和《人格权法》⑪,姚辉出版《人格权法》⑫,张红出版了《人格权总论》。⑬ 至目前,我国已经形成了比较丰满的人格权法理论体系,突出了中国大陆的人格权法特色,与王泽鉴教授《人格权法》⑭专著在理论价值上等量齐观。我国人格权法的理论发展和研究深度,在国际上具有优势,并不落后于他国和其他

---

⑤ 最高人民法院的三个司法解释分别是:《关于审理名誉权案件若干问题的解答》(1993年8月7日)、《关于审理名誉权案件若干问题的解释》(1998年7月14日)和《关于确定民事侵权精神损害赔偿责任若干问题的解释》(2001年3月8日)。

⑥ 典型的案件是"荷花女案",案情参见杨立新:《人身权法论》,人民法院出版社2002年修订版,第337—338页。

⑦ 参见王利明、杨立新:《人格权法新论》,吉林人民出版社1993年版。

⑧ 参见王利明主编:《人格权与新闻侵权》,(方正出版社出版两个版本,一是1998年版;二是2010年版)。

⑨ 参见王利明:《人格权法研究》,中国人民大学出版社2005年版。

⑩ 参见杨立新:《人格权法专论》,高等教育出版社2005年版。

⑪ 笔者的两本同名书,一是《人格权法》专著,法律出版社2011年版;二是《人格权法》教材,法律出版社2015年版。

⑫ 参见姚辉:《人格权法论》,中国人民大学出版社2011年版。

⑬ 参见张红:《人格权总论》,北京大学出版社2012年版。

⑭ 参见王泽鉴:《人格权法》,台北三民书局2012年版。

地区。

经过 30 年的积累，我国的人格权法积累了丰富的立法经验、司法经验以及比较充分、完善的理论准备，在今天编纂民法典制定人格权法，有了扎实的理论和实践基础，但随之而来的是，也出现了不同意见的重大争论。

（三）我国人格权法立法重大争论的发展过程

我国人格权法立法的争论，经历了学术观点之争、立法技术之争以及政治风险之争的发展过程。

初期的人格权法的立法争论，纯粹是学术观点之争。学者都认为人格权的立法是非常重要的，但在立法上应当怎样表达，则有强烈的对立意见。随后，这种争论发展到了立法技术之争，焦点是对我国的人格权保护经验、理论、成果，用何种方法才能更好地反映到民法典中去，体现中国人格权法的特色。概括起来，主要的观点有：

（1）人格权法单独成编，即在中国民法典中单独规定人格权法编，且放在分则第一编。⑮

（2）在民法总则主体的"自然人"部分规定人格权法，因为人格权就是自然人的权利。⑯

（3）在《侵权责任法》中规定人格权法，采《德国民法典》的立法体例。

（4）在《宪法》中规定人格权法，对人格权予以更高规格的保护。⑰

这些主张，都是对人格权法的立法技术争论，焦点在于把人格权法放到民法典的哪个部分规定效果会更好。笔者和王利明最早提出来人格权法应该单独成编的意见和做法，理由是人格权也是民事权利，为什么一定要写在总则中，而不能像其他民事权利那样写到民法分则中呢？我们的这种主张，与徐国栋教授的民法"人文主义"立法主张⑱有相似之处，有一些逻辑的共同点。

随着改革开放的不断深入，我国人格权法在民法中的独立地位，在理论研究和立法上不断加强。

（1）国家组织出版九五规划法学统编教材，就提出了人格权法要作为一个单独民法学科的意见，作为单独的一部民法系列教材，纳入出版计划，继而法律出版社出版了《人格权法》这部教材⑲，是笔者和王利明、姚辉合著的。

（2）2001 年，全国人大常委会决定抓紧制定民法典，成立了民法典起草领导小组，经过讨论，人格权法和侵权责任法都作为民法典的组成部分，分别成编，并委托专

---

⑮ 参见王利明：《论民法总则不宜全面规定人格权制度——兼论人格权独立成编》，载《当代法学》2015 年第 3 期。

⑯ 参见梁慧星主编：《中国民法典草案建议稿》，法律出版社 2003 年版，第 9 页。

⑰ 参见尹田：《论人格权及其在我国民法典中的应有地位》，载《人民法院报》2003 年 7 月 11 日，第 3 版。

⑱ 参见徐国栋：《两种民法典起草思路：新人文主义对物文主义》，载梁慧星主编：《民商法论丛》（第 21 卷），金桥文化出版（香港）有限公司 2001 年版。

⑲ 参见王利明等：《人格权法》，法律出版社 1997 年版。

家先起草民法典各编的草案,王利明和笔者分到的是《侵权责任法》和"人格权法"专家建议稿的起草。这两部分建议稿于2002年年初完成,是以中国人民大学民商事法律科学研究中心的名义,报送到全国人大常委会的。全国人大常委会法工委于2002年4月在全国人民代表大会会议中心对这两个建议稿进行了讨论。

(3)2002年12月,全国人大常委会讨论《中华人民共和国民法(草案)》,该草案把人格权法编规定为第四编,为"人格权法编",单独成编。在此,立法机关的立法意图已经很明显,就是将人格权法单独成编。在该次对民法草案讨论之后,民法典的立法还是走回了分别立法的路线,继而完成了《物权法》《侵权责任法》等立法工作,民法典的大部分内容已经制定完成。

接下来应该制定的就是"人格权法"。由于民法学界对人格权法立法设想的意见不一致,因而这部分工作没有继续进行,转向修订《继承法》。时任法工委副主任的王胜明曾经委托笔者设计人格权法编的具体内容,在《民法(草案)》人格权法编的基础上进行充实,使之更具有说服力,笔者按照要求做了这项工作。

在2015年依照中央加强依法治国的决定开始编纂民法典之后,对人格权法立法的学术观点之争和立法技术之争却演变成了政治风险之争。有的学者为了反对人格权法独立成编,把人权和革命等政治问题搬到人格权法单独成编的讨论中,使人格权法立法的学术观点之争和立法技术之争发展成了政治风险之争。

有关人格权法立法的政治风险之争,集中反映在已经开始制定的"民法总则"的立法工作中。

制定"民法总则"有一个必然要解决的问题,即"民法总则"要不要规定人格权。"民法总则"如果规定了人格权,就没有必要再去单独制定人格权法;"民法总则"如果不规定人格权,将来就一定要专门制定"人格权法"或者人格权法编。所以,王利明写文章主张"民法总则"不应当规定人格权。[20] 他的这个观点笔者是赞成的,还有一些学者也赞成。当然也有学者写文章继续进行学术讨论,反对单独制定人格权法并作为民法典的独立一编。

2015年9月,关于人格权法立法的争论出现了政治风险之争。在全国人大常委会法工委于2015年9月14日至16日召开的第一次讨论《民法总则(草案)》的专家研讨会议上,学者发生了激烈争论。首先,争论的是,认为人格权法单独成编会把中国的人权保护提高到前所未有的高度,做这样一个结论的基础是什么;中国民法典如果规定人格权法编,是否为世界民法史上的第一次。其次,争论的问题开始升级,认为世界上第一个在民法典中对人格权法独立成编的是乌克兰,而乌克兰民法的人格权法独立成编后,就引发了两次颜色革命,因而人格权法独立成编存在巨大的政治风险。再次,认为将人格权法独立成编的原因是因为《侵权责任法》不能很好地保护人

---

[20] 参见王利明:《论民法总则不宜全面规定人格权制度——兼论人格权独立成编》,载《当代法学》2015年第3期。

格权,因而要不惜彻底贬损和肢解《侵权责任法》而达到人格权法独立成编的目的。在这次立法研讨会上,很多学者都认为,不应该把民法立法的学术问题引到政治领域去,尤其不能用政治风险的"大帽子"打压不同的学术意见,这不是一个正常的学术讨论态度。

立法研讨会上讨论的问题应当限制在会议的范围之内,但随后,关于人格权法独立成编引发政治风险的讨论又引到学校,继而发表在互联网上,进一步扩大了这种意见的影响,甚至提出"认为只要民法典单独设置人格权编,就可以将人权保护提到前所未有的高度,不是欺骗,就是无知",以及人格权法单独成编可能是发生颜色革命的重要原因之一的观点。用这种方法和态度讨论人格权法的立法问题,就把人格权法立法从学术观点之争、立法技术之争,引向了政治风险之争。对此种观点,应当有一个明确的回应。

二、人格权法立法学术观点之争与立法技术之争的要点

(一)我国民法典应当加强人格权立法是学界的基本共识

至今为止,我国民法学者没有人反对加强人格权立法,意见都是一致的,而且在立法界、司法界和学术界以及整个社会都是如此,都强调要加强人格权的立法,加强人格权的保护。这是社会的共识,也是学界的共识。这不仅是基于我国《民法通则》及其30年来的人格权立法和司法经验积累所达成的共识,而且21世纪的民法应该以人格权的发展作为重要标志。这是因为,民法理论的成熟、民事立法的完备,都达到了相当的程度,唯有在人格权法方面,仍然存在继续发展的空间;且随着社会的进步和科技的发展,会越来越多地发现需要用人格权的方法进行保护的人格利益要素,有必要上升为具体人格权。在今天,没有人反对民法典应当加强人格权保护的意见。这值得欣慰,也是国人和社会的福音。

(二)我国人格权立法学术观点之争的主要内容

讨论人格权立法的学术观点,主要集中在人格权法是否独立成编,争论的焦点是以下几个问题:

1."基于人格权与人格的本质联系而不能独立成编"及质疑

反对人格权法独立成编的学者认为,作为人格权客体的自然人的生命、身体、健康、自由、姓名、肖像、名誉、隐私等,是人格的载体,因此,人格权与人格相始终,不可须臾分离,人格不消灭,人格权不消灭。这是将人格权规定在自然人一章的法理根据。

这种意见既有正确的一面,也有不正确的一面。人格权与人格相始终,是正确的,但是,人格的正确解读,应当是民事权利能力,它不是人格权的客体。人格权的客体是人格利益,而不是抽象的人格,即不是民事权利能力。人格权确实与人格相始终,但是,人格权和人格权的客体即具体的人格利益之间,并不完全相始终。有的人

格利益与人格相始终,例如人的生命、健康和身体等,但是有的人格利益却不是这样,而是会发生一定程度的分离。最典型的是肖像权,肖像权的客体即肖像,来源于自然人面部的形象,是具体的人格利益;但是肖像一经形成,就成为自然人的面部形象的再现,总要依附一个物质载体而存在,并且要脱离人格本身,甚至可以流通。[21] 肖像的可流通性,形成了肖像权的易受侵犯性,因而对肖像权的侵害就变得非常频繁和容易,成为多发的精神性人格权的侵害客体。姓名权和姓名也是这样,《德国民法典》特别重视姓名权及其保护,重要原因之一,就是因为姓名权和人格为一体,但是姓名和主体可以分离,能够被他人所使用,因而也极容易被他人所侵害,构成侵权行为。隐私权也有这样的性质。这些人格权与身体权、健康权、生命权是不一样的。身体存在,有生命,有健康;生命没有了,健康就没有了,身体也就变成遗体,人格也就不存在了。不过,自然人死亡后,他的很多人格利益仍然存在,仍然需要继续保护,正是因为这个原因,姓名权、肖像权、隐私权等人格权所保护的人格要素,是可以与人格本身部分分离的。正因为如此,人格权法理论的研究发现了这个问题,继而在美国出现人格商品化权或者公开权,我国也在《侵权责任法》第 20 条规定了人身权益受到损害造成财产利益损失的赔偿规则。如王军霞肖像权案,学者一方面坚持说人格权与人格的本质联系,不可分离,但另一方面又认为侵害王军霞的肖像应当赔偿其财产利益的损失,认可该判决承认了人格权具有财产价值并解决了财产损失额的计算问题。该案判决确立的规则,被立法机关上升为法律条文,规定在现行《侵权责任法》第 20 条。这样前后矛盾的表述,不知因何而生?当是学者不应犯的逻辑错误。一并应当指出的是,《侵权责任法》第 20 条并非仅依据王军霞案件判决上升为法律条文,这仅仅是所依据的经验之一,德国法学说"承认人格权具有财产价值"、美国法的"商品化权""公开权",以及日本法的"商业形象权"等,与王军霞案等无数案件积累的司法经验和我国公开权的理论研究成果均为同一法理,都是《侵权责任法》第 20 条所依据的法理。[22] 立法借鉴外国法理,结合中国理论研究成果和司法实践经验,是立法必采的方法,清末变法修律遵循的"注重世界最普通之法则,原本后出最精确之法理,求最适于中国民情之法则,期于改进上最有利益之法则"[23],为立法借鉴的经典之论,不存在"外国的月亮总是比中国圆"的偏见问题。

主张人格权法不能独立成编,因而应当规定在自然人部分,这似乎是一个结论。不过,人格权不仅自然人享有,法人也享有,例如法人享有名称权和名誉权等,《民法通则》对此已经作了规定,是成功的。如果仅仅将人格权规定在自然人部分,在法人部分不规定又不行,要规定只能再另行规定在法人部分,必然形成民法典人格权法立法的叠床架屋。

---

[21] 参见杨立新:《侵害肖像权及其民事责任》(本书第 627 页),载《法学研究》1994 年第 1 期。
[22] 参见杨立新:《人格权法》,法律出版社 2011 年版,第 324—328 页。
[23] 俞廉三、刘若曾:《民律前三编草案告成奏折》。

2. "基于人格权与其他民事权利的本质区别而不能独立成编"及质疑

反对人格权法独立成编的主张,还认为基于人格权与其他民事权利的本质区别,人格权的客体是存在于自然人自身的生命、身体、健康、自由、姓名、肖像、隐私等人格利益。因此,人格权是存在于主体自身的权利,不是存在于人与人之间的关系上的权利。人格权就像权利能力、行为能力、出生、死亡一样,属于主体自身的事项,因此,民法无所谓"人格权"法律关系。只在人格权受侵害时才涉及与他人的关系,因此,人格权不能作为民法典的分则,与物权编、债权编、亲属编、继承编并立。

这样的认识也是不正确的。人格权属于民事权利,而构成民事权利,必然就有民事义务相伴,因而构成人格权法律关系,怎么能说无所谓"人格权"法律关系呢?人格权的权利主体是特定的自然人、法人,而该自然人、法人之外的其他任何人,都是这个法律关系的义务主体,双方之间构成人格权的绝对性法律关系,就支配自己的人格利益而言,是绝对权、支配权,任何其他人都负有不可侵犯的法定义务。正如王泽鉴教授所言:"人格权人得直接享受其人格利益(支配性),并禁止他人的侵害(排他性),就此点而言,人格权类似于物权。""人格权与物权同具有绝对排他性的结构",因而"人格权是一种具支配性的绝对权"。[21] 人格权法律关系是绝对性法律关系,当人格权受到侵害时,构成侵权的法律关系,性质属于债权这种相对性法律关系。这两个法律关系的性质不同,但都是客观存在的。因此,人格权也是民事权利,尽管与其他民事权利有一定的区别,但并没有本质区别,特别是没有人格权不能构成法律关系的这种所谓的本质区别。

3. "基于人格权不能依权利人的意思、行为而取得或处分,不适用总则编关于法律行为、代理、时效和期日期间的规定而不能独立成编"及质疑

有学者还认为,人格权因自然人的出生而当然取得,因权利人的死亡而当然消灭,其取得与人的意思、行为无关,原则上不能处分,不能转让,不能赠与,不能抵消,不能抛弃。因此,民法总则的法律行为、代理、时效、期日和期间等制度,对于其他民事权利均有适用的余地,而唯独不能适用于人格权。因此,人格权不能规定在分则与物权、债权、亲属、继承并列,割裂人格权与人格的本质联系,混淆了人格权与其他民事权利的区别,而且破坏了民法典内部的逻辑关系。

这个意见听起来似乎有道理,但实际上是不对的。原因在于,尽管人格权的性质确实属于固有权利,不因人的行为而取得,但是,这并不能说明人格权的客体即人格利益不能适用法律行为等民法制度。很多人格权的客体即人格利益是可以通过法律行为而处分、转移、赠与甚至抛弃的。例如,转移肖像权的使用权,法律是允许的;法人处分自己的名称权,部分转让甚至全部转让,也为法律所允许。即使自然人对自己的身体组成部分,即器官、组织以及自己的遗体,也是可以处分、转移、赠与的,将自己的器官或者组织部分捐赠给他人,治病救人,不仅可行,而且是值得赞许的高尚行为。

---

[21] 王泽鉴:《人格权法》,台北三民书局2012年版,第52页。

如果这些权利主体处分自己的人格利益没有法律行为等规则的适用,如何能够实现呢？同时,人格权人处分自己的部分人格利益,也可以适用代理制度,未成年人处分自己的身体组成部分,必须由法定代理人代理,即使成年人处分自己的人格利益,也可以适用委托代理制度。所以,说人格权不是支配权,只是一种确认权,是说不通的,人格权当然具有支配权的属性。当然,人格权确实有不适用法律行为等制度的部分,但是,只要有一部分人格权的行使适用法律行为、代理等制度,就不能作出"唯独不能适用于人格权"这样的错误结论。可见,反对人格权法独立成编的这个依据,在逻辑上就不成立,以此论证"人格权法单独设编,就违反了民法典'总则与分则'的逻辑关系"的论点,更不能成立。

4. "法人不享有人格权,因此人格权必须规定在自然人之中"及质疑

有学者认为,人格权是自然人的权利,和法人没有关系,不是所有的民事主体都享受这个权利。这种说法也是不正确的。

应当说,自然人享有的人格权是完整的,因为自然人有人格,需要对其人格利益进行全面保护。但法人也是民事主体,也有拟制的人格。尽管法人的人格和自然人的人格不一样,但是《民法通则》也确认法人享有人格权,法人的名誉权、名称权须依法保护。王泽鉴教授认为,法人得为人格权的主体,但受有两种限制:一为法令上的限制;二为性质上的限制。关于法令上的限制多见于法人享有财产权,现行法上并无限制法人人格权的规定。性质上的限制,指法人不得享有专属于自然人的人格权,如生命、身体、健康、自由、肖像。其非专属于自然人的,则得享有,例如姓名、名誉(商誉)、信用、隐私(商业秘密等)。[25] 最近上海法院审理了一件法人名誉权保护的典型案例,判决侵权人对受到名誉权侵害的企业法人赔偿 150 万元的损失。[26] 这是目前判决侵害名誉权案件赔偿数额最高的典型案件,非常有说服力。[27] 企业法人的名誉权必须保护,认为法人没有名誉权等人格权,进而将其作为反对人格权独立成编的一个理由,在逻辑上也不成立。

5. 小结

以上反对民法典人格权法独立成编的学术观点,都存在逻辑上的缺陷和事实上的缺陷,不是充分的论证依据,不足以论证其观点的成立。相反,王利明、刘士国等对人格权法单独成编的论证更为充分,更有说服力。王利明认为,人格权与主体制度存在明显区别,人格权规定的具体性和民法总则规定的抽象性并不兼容,人格权的发展趋势表明其无法为民法总则所完全涵盖,人格权置于总则之中将影响人格权的充分

---

[25] 参见王泽鉴:《人格权法》,台北三民书局 2012 年版,第 65 页。
[26] 本案的案情参见严耿斌:《新闻媒体的侮辱性评论构成侵犯名誉权》,载《人民司法》2015 年第 16 期,第 4 页。
[27] 参见杨立新:《企业法人名誉权侵权责任的界限判定》(本书第 2755 页),载《人民司法》2015 年第 16 期;杨立新:《依法保护企业法人名誉权的典型判决》,载《企业与法》2015 年第 4 期,第 11 页。

保护和利用。㉘ 刘士国认为,人格尊严关系是人格权编独立成编的基础。㉙ 这些意见是正确的。可见,否定人格权法独立成编的论述,无法推翻肯定说的学术根据。

这些问题其实都是民法的学术争论问题。学术界存在这样的争论是正常的,不同的学术见解都可以进行争论,"理直而声婉"才最有说服力,最后自有判断学术是非的标准;"理直气壮"地宣称他人的意见都是错误的,只有自己的观点是正确的,都不作数;"理屈而色厉"更为不妥。正常的学术争论是有益的,能够推动学术进步和立法、司法进步,应当继续争论下去。

(三)我国人格权法立法技术之争的主要意见

民法典如何规定人格权法的立法技术之争,实际上是学术观点之争在立法行使上的表现。在立法技术上,有关民法典如何规定人格权法的主要争论意见是:

1. 民法典应当在总则"自然人"部分规定人格权法

有学者主张民法典在总则民事主体的"自然人"部分规定人格权。这种意见的基础主要是自然人才享有人格权,法人没有人格权;其他的依据如前所述。这种立法主张存在的最大问题是,如果在总则的自然人部分规定人格权,就没有办法规定法人的人格权;若规定法人的人格权,须在"法人"的规定中再规定法人的人格权。这种做法在立法上重复,有叠床架屋之弊,不符合立法的精简原则,还不如《民法通则》规定人格权的体例好。

2. 人格权法应当规定在侵权责任法编

把人格权规定到侵权责任法,是有些学者的意见。㉚ 这种意见比较落伍,因为这是《德国民法典》1896 年的立法模式。《德国民法典》第 823 条仅仅规定了生命、身体、健康、自由等人格权,第 824 条规定了信用权,第 825 条规定了性自主权,在总则第 12 条规定了姓名权,人格权种类规定较少。应当看到,《德国民法典》是"二战"之前产生的法律,当时对人格权的立法和保护远远没有"二战"以后那样重视。在当时的情况下,用侵权法保护人格权,是可以理解的。但是在 21 世纪的今天,再采取这样的做法,是不现实的。应当特别强调的是,中国的《侵权责任法》是权利保护法,是权利受到损害的救济法,而不是赋权性的法律,无法规定人格权的体系、种类和具体内容。实际上,《德国民法典》规定人格权,其实也是权利救济法,并不是赋权的规定,主要内容仍然是权利受到侵害的救济规则。在当代社会用侵权责任法来规定人格权,有重大困难。如果采用《德国民法典》规定人格权法的模式,我国《侵权责任法》已经把人格权规定得够多了,比《德国民法典》的规定要好得多,因为该法第 2 条第 2 款中已经列举了诸多具体人格权,应当认为我国的人格权立法已经完善了。人格权法主

㉘ 参见王利明:《论民法总则不宜全面规定人格权制度——兼论人格权独立成编》,载《当代法学》2015 年第 3 期。

㉙ 这个观点是刘士国教授 2015 年 10 月 25 日在中国民法学研究会 2015 年会主题报告中提出的。

㉚ 这是尹田教授的新看法,参见刘续威、高建民:《编纂民法典应当制定一部什么样的人格权法——中国民法学研究会 2015 年会侧记》,载《企业与法》2015 年第 6 期。高建民是笔者的笔名。

要是赋权的规定,应该规定抽象人格权和具体人格权的种类和具体内容,在《侵权责任法》中规定人格权法的做法不应当采用。

3. 应当在《宪法》中规定人格权

主张在《宪法》中规定人格权法是较早的意见,主要理由是在《宪法》中规定人格权,使人格权具有更高的地位,能够得到更好的保护。但问题是,如果把人格权规定在《宪法》中,就使人格权这个私权利变成了公权利,改变了人格权的性质,将会使人格权的义务主体从不特定的其他人变成了国家。因为《宪法》规定的权利是公权利,权利主体是公民,义务主体为国家,国家必须予以保护。而人格权的性质是私权,在民法中规定人格权,就是要用民法的手段予以保护。如果民法中没有规定人格权,而要用《宪法》作为保护人格权的法律基础,就会面临法院不能适用《宪法》规范作出民事判决的障碍。最高人民法院关于以侵害姓名权的手段侵害受教育权案件的批复作出后㉛,受到广泛批评,已经被撤销,理由就是违反了上述规则。笔者尽管不赞成这个看法,认为宪法权利如果具有私权利的性质,可以适用宪法规范作出民事判决,且德国引用宪法保护一般人格权的司法模式就是最好的说明,但在我国,这样的做法面临巨大的困难和障碍,因为主流立场是不得在民事判决中适用宪法规范。因此,将人格权写在《宪法》中不是好方法。

4. 在民法总则的"民事权利"部分规定人格权法

还有一种解决人格权法立法的方法,是把人格权法规定到民法总则的"民事权利及客体"部分。㉜ 这其实就是《民法通则》的立法模式。这一部分,笔者将在后文详细说明。

5. 人格权法在民法典中单独成编

人格权是民事权利,尽管与其他民事权利存在一些区别,但基本权利性质是相同的,因此,应当在分则中专门规定人格权法编,并且放在分则的第一编,充分体现民法典的人文性。笔者和王利明都认为,把人格权法单独成编,规定在民法分则中的第一编,是最完美的人格权法的立法选择,最能够把人格权的体系规定完整,把具体人格权的内容规定充分,使人的地位和人格受到更好的尊重,为《侵权责任法》的人格权保护规定好权利基础。但遗憾的是,尽管赞同这种意见的学者越来越多,但确实还没有形成共识。

三、关于我国人格权法单独成编的政治风险之争的主要观点

关于民法典人格权法单独成编的政治风险之争,主要有以下四个观点。

㉛ 即最高人民法院《关于以侵犯姓名权的手段侵犯宪法保护的公民受教育的基本权利是否应承担民事责任的批复》,该司法解释已经宣布失效。

㉜ 参见刘续威、高建民:《编纂民法典应当制定一部什么样的人格权法——中国民法学研究会 2015 年年会侧记》,载《企业与法》2015 年第 6 期。

（一）关于民法典单独设置人格权法编能否提高我国的人权保护高度

否定所谓"民法典要把人权保护提到前所未有的高度"的意见，是提出民法典人格权法单独成编将面临政治风险的主要依据之一。"在民法典与人权保护的关系，这个问题在过去没有受到足够的注意"，"将百度点开输入民法典、人权保护这两个关键词，马上会出来一个口号,民法典要把人权保护提到前所未有的高度"，这是主张人格权法独立成编的基本依据，正是这个主张存在政治风险。对人权的保护和对人的保护这两种不同的说法，虽然有公法和私法的区别，且政治敏锐性不同，但并没有本质的区别，都是我国法律所致力要达到的目的。

对于下面的这些分析，笔者认为需要特别加以评论。

（1）认为这个口号将引起思想混乱，引发歧义。虽然不能说民法典与人权没有关系，但是民法教科书上什么时候说过人权保护是民法的目的，民法的功能呢？应当明确指出，人格权是人权的重要组成部分，因此，民法典与人权是有关系的。民法典加强了对人格权的保护，势必提高对人权的保护，这是不言而喻的逻辑。但这不是说人权就是民法的保护对象，保护人权是民法的功能。民法是通过对人格权的保护，间接地提高人权的保护高度。如果民法典在人格权法单独成编上做出了更大的努力，确实能够提高人格权保护的水准，"民法典要把人权保护提到前所未有的高度"的判断，并不存在政治问题。因为我国《宪法》第 33 条第 3 款规定了"国家尊重和保障人权"的宪法原则，尊重和保障人权是所有法律部门的职责，民法也肩负同样的职责。这样的意见并没有错。

（2）"民法典要把人权保护提到前所未有的高度"这个口号，隐含我国当下人权保护的状况"很糟糕"的意思。这种推测并不成立。"前所未有的高度"的基础，是已经有了很高的"高度"，在此基础上才存在"提到前所未有的高度"。如果以"很糟糕"作为提高的基础，应当是提高到"较高"的高度或者"不很糟糕"的高度。这样的推测，犯了逻辑上的"推不出"错误。对"民法典要把人权保护提到前所未有的高度"这句话的正确理解是，我国现在的人权保护已经达到了相当高的高度，民法典进一步强化人格权的保护，就能够把我国的人权保护提到"前所未有"的高度。这完全符合我国《宪法》尊重和保障人权的要求和保护人权的实际情况，没有丝毫否定我国人权保护现状的含义。

（3）人格权究竟是不是人权的内容。1977 年联合国 32/120 号决议即《关于人权新概念的决议案》，明文规定了 12 类基本人权，其中确实没有直接规定人格权的内容。但这不是否定人格权是人权的内容的依据。人权是一个相当大的概念，是作为人因其为人而应享有的权利，因而把有关人的权利都概括在其中。加强人权保护，是基本国策，党的十八届四中全会关于加强依法治国的决定通篇所说的，都是要加强对人的保护，对人格权的保护，对人权的保护。编纂民法典要加强人格权保护，进而进一步提高我国人权保护水平，是正确的命题，不会引起思想混乱，也不存在任何政治风险，且不违反联合国决议的内容。

（二）关于人格权法单独成编能否引发颜色革命的政治风险

民法典将人格权单独成编可能会引发颜色革命，是反对人格权法单独成编的政治命题。提出这个政治命题的内容是：现在我们主张学习乌克兰民法，《乌克兰民法典》正式生效至今十多年过去了，乌克兰是不是变得更加富强，实际情况是《乌克兰民法典》颁布实行之后，乌克兰国家并没有变得更加富强，而恰好相反。乌克兰2004年发生了颜色革命，2013年再次发生颜色革命，长期陷于社会动荡、经济崩溃、秩序混乱、民族分裂。《乌克兰民法典》人格权成编与乌克兰的长期动乱究竟有没有关系，是不是导致乌克兰长期动乱不止的诸多原因中的一个原因呢？不难看出乌克兰两次颜色革命陷入长期动乱，与《乌克兰民法典》，特别是乌克兰人格权法编之间有某种因果联系。虽不能说是主要原因，起码是重要原因中的一个原因。这个问题显然特别重要，必须进行认真分析讨论，得出正确的结论，即民法典人格权法单独成编是否存在颜色革命的政治风险。

1. 乌克兰的社会制度变革发生在1991年

乌克兰是苏联15个加盟共和国之一，在1991年苏联解体后独立，不再实行社会主义制度，实行三权分立的政治原则，为主权、独立、民主的法治国家，实行共和制。所谓颜色革命（Color revolution），又称花朵革命，是指20世纪末期开始的一系列发生在中亚、东欧独联体国家的以颜色命名，以和平和非暴力方式进行的政权变更运动，参与者通过非暴力手段来抵制控制着他们国家的现政权。目前颜色革命已经在格鲁吉亚、乌克兰和吉尔吉斯斯坦等几个国家取得成功，推翻了原来的政权，建立了民选政府。③ 从这个意义上说，乌克兰政治制度的根本性变革发生在1991年，那时乌克兰还没有制定新民法典，更没有人格权法独立成编的问题。其后2004年和2013年发生的颜色革命，仍然是在其现有政治制度上的变革。

2. 《乌克兰民法典》第二编"自然人的非财产性权利"规定了非人格权的权利

《乌克兰民法典》第二编规定的是"自然人的非财产性权利"，共三章46条。第二十章规定的是"自然人的非财产性权利的一般规定"，从第270条至第280条，规定了自然人非财产性权利的类型、自然人非财产性权利的实质、自然人非财产性权利的行使、自然人非财产性权利的限制、自然人非财产性权利的保护、受侵害的自然人非财产性权利的救济、证明虚假信息不实、禁止传播违反自然人非财产权的信息、不履行法院关于保护自然人非财产权利判决的法律后果和被侵权人要求赔偿的权利。第二十一章"自然人非财产权关于自然人其自然存在的权利"，从第281条至第293条，分别规定了生命权、消除对生命及健康威胁的权利、身体健康保护权、医疗救助权、健康信息知情权、健康信息保密权、住院治疗的自然人的权利、自由权、人身豁免权、捐赠身体组织器官权、家庭权、获得监护或抚养权、获得安全环境权。第二十二章"自然人非财产权关于其社会生活的规定"，第294条至第315条规定了姓名权、更改姓名

---

③ 参见百度百科（http://baike.baidu.com/view/27567.htm）"颜色革命"条，2015年10月29日访问。

权、使用姓名权、尊严及名誉受尊重的权利、对死者的尊重、商誉不受侵犯权、个性权、个人隐私及秘密权、信息权、私人文件权、私人文件处分权、获知被转移到图书馆档案馆的私人文件内容的权利、通信隐私权、被摄像被摄影被电视播映或者被录像的自然人的利益保护、摄影及其他艺术制品表现人的利益保护、文学艺术科学技术创作权、居所权、住宅不受侵犯权、自由选择职业权、迁徙自由权、结社自由权和集会自由权。㉞

从《乌克兰民法典》第二编的上述内容观察,无论是标题还是具体内容,都不是仅仅规定人格权。

(1) 上述标题已经说得明白,并非规定的是人格权法,而是自然人的非财产性权利。

(2) 在该编的具体内容中,并非规定的都是人格权,还包括若干身份权和政治性权利即公权利,前者为第291条家庭权、第292条获得监护或抚养权;后者包括第309条规定的文学艺术科学技术创作权、第310条规定的居住权、第313条规定的自由选择职业权、第314条规定的结社自由权和第315条规定的集会自由权。这些内容,起码在我国立法环境下,不属于人格权,特别是自由选择职业权、结社自由权和集会自由权,不具有人格权的性质。

3. 人格权法独立成编与发生颜色革命没有关系

在明确了《乌克兰民法典》第二编的上述内容之后,应当特别强调指出:

(1) 如果说《乌克兰民法典》有关人格权的规定与其两次颜色革命有联系,是发生颜色革命的重要原因之一,也就是第314—315条规定的结社自由权和集会自由权,而有些学者正是这样认为的。但是,这两个权利根本就不是人格权。在我国学者包括我们起草的任何一部民法典建议稿或者民法总则建议稿,以及人格权法建议稿中,都没有规定这两个权利。如果按照这个逻辑推论,没有规定这两个权利的人格权法,就应当不会有发生颜色革命的政治风险。

(2) 更重要的是,我国《宪法》第35条明确规定:"中华人民共和国公民有言论、出版、集会、结社、游行、示威的自由。"这是早就规定了的宪法原则,具有比民法典更高的效力,是权利的最高法律效力保障。如果这个逻辑推论成立,我国《宪法》的规定也有引发颜色革命的政治风险,但事实显然不是这样的。

(3) 如果人格权法单独成编存在颜色革命的政治风险,放在民法的任何部分予以规定,风险都会存在。民法典的人格权法单独成编并不是政治问题,而是立法技术问题。如果说人格权法立法单独成编就是引发颜色革命政治风险的"重要原因之一",就不在于其是否单独成编,而是放在民法总则、分则以及侵权责任法中的后果都是一样的。如果人格权法单独成编会存在政治风险,放在民法总则的"自然人"部分,为什么就不会有政治风险呢?这个意见在逻辑上是根本说不通的。

㉞ 全面介绍了《乌克兰民法典》第二编"自然人的非财产性权利"的全部内容,一是因为该法对我国读者较为生疏;二是论证该编的内容并非完全是人格权,并不是"人格权法"独立成编的成例。

(4)中亚、东欧以及其他发生颜色革命的国家并没有人格权法独立成编的问题。如果以《乌克兰民法典》人格权法独立成编后发生了两次颜色革命,因而推导出前者是后者的重要原因之一,但是其他中亚、东欧国家如格鲁吉亚、吉尔吉斯斯坦、埃及等,并没有将人格权法单独成编,为什么也会发生颜色革命呢?这样的事实说明,人格权法单独成编与颜色革命没有关系,这种说法即使不是无中生有,也是牵强附会。

这些事实足以得出结论,认为民法典人格权法独立成编是发生颜色革命的"重要原因之一",是没有逻辑根据和事实依据的,完全是主观臆断。如前所述,我国《民法通则》的突出特色之一,就是专门规定了人格权一节,加强人格权的保护。30年来的经验告诉我们,立法、司法加强对人格权立法和保护,大大推进了我国的社会进步,促进了经济发展,提高了人的地位,体现了人的尊严,加强了权利意识,提高了人权保护的程度。这说明,《民法通则》强化对人格权的立法和保护是正确的。民法以人为中心,民法就是人法。只要我们沿着《民法通则》开创的人格权保护的方向继续前进,我国社会就会继续发展,人权保护就会继续提高,人民就会有更加幸福的生活。

(三)大规模侵害人格权的事件多发生在公法和公权力领域,是否定人格权法单独成编的理由吗?

"大规模侵害人格权多发生在公法和公权力领域。它跟人格权没有关系"?因而人格权法没有必要独立成编,也是否定人格权法独立成编的一个理由。确实,发生大规模侵害人格权基本上都是发生在公法或者公权力领域,这个结论是对的。例如我国的"文化大革命",苏联的大清洗,东德的斯塔西秘密警察的行为,都是发生在公法和公权力领域。但是要看到,这些大规模的公权力行为侵害的权利都是人格权。苏联的大清洗把一个个无辜的人都吊在绞刑架上,侵害的是他们的生命权,是对人的尊严的践踏。民法典加强对人格权的立法,加大保护的力度,就能够有效地阻止公权力对人的私权利的侵害。主张人格权法独立成编,正是采取的对抗非法公权力行为的措施。领导者的英明,就在于及时纠正了"文革"的悲剧,制定了《民法通则》,加强了对人格权的立法和保护,人民才有了今天的地位和尊严。这是应当庆幸的。加强人格权法立法甚至独立成编,目的就是要阻止历史再回到那样一个公权力大规模侵害私权利特别是人格权的时代。

(四)人格权法单独成编是否就是贬损、肢解我国《侵权责任法》

有学者认为,"现今主张人格权单独设编的学者,当年极力主张和强调侵权责任法作为民事权利保护法的性质及其重要性,建议民法单设侵权责任法编,立法机关采纳了此项建议","今天为了达到人格权单独设编的目的,却又提出所谓侵权责任法不足以保护人格权,并在关于人格权单独设编的言说中,毫不吝惜地贬损现行侵权责任法、肢解现行侵权责任法,不惜以今日之我,否定昨日之我"。

前一项说法是真实的,我们在当年确实是极力主张和强调侵权责任法单独规定的,直至2009年12月26日立法机关通过了该法,诞生了世界上第一部以侵权法命名的成文的《侵权责任法》。这一直是我们的骄傲。

但是后一项说法不是真实的。直至今天,王利明和笔者都没有对我国的《侵权责任法》进行贬损和肢解。一直以我国《侵权责任法》为骄傲的我们,在《侵权责任法》通过之后,发起建立了东亚侵权法学会和世界侵权法学会,向国外介绍我国《侵权责任法》的立法经验和理论研究成果,使更多的人了解我国《侵权责任法》。指责贬损和肢解我国《侵权责任法》的依据,就是王利明在他的人格权法立法的论文中提到的,《侵权责任法》对于保护人格权有一定的局限,因为《侵权责任法》没有更加细致地规定人格权。⑤ 这是客观事实。指出这个事实,既不存在贬损,也不存在肢解《侵权责任法》的问题。

《侵权责任法》关于保护人格权的直接规定主要是:

(1)第2条第2款规定了生命权、健康权、姓名权、名誉权、肖像权、隐私权和婚姻自主权,只有七个,还有身体权、形象权、信用权、性自主权等人格权都没有规定,不能说这里列举的人格权是完善的。

(2)第6条第1款关于过错责任的规定,是包括侵害精神性人格权在内的侵权过错责任的一般条款,是侵害精神性人格权损害赔偿责任的请求权基础;当然也是侵害生命权、健康权、身体权以及其他权利的一般侵权行为的请求权基础,但侵害物质性人格权的损害赔偿还适用过错推定原则和无过错责任原则,这些规定很明确,但是需要解释,还做不到让不熟悉法律的人一目了然。

(3)第22条关于精神损害赔偿的规定,因为侵害精神性人格权的损害赔偿主要是精神损害赔偿。

(4)第20条规定的侵害人格权益造成财产损失的损害赔偿规则,实际上就是关于公开权的规定。上述这些规定是明确的,也是比较完善的。但是,这些都是关于人格权保护的一般性规定、救济性规定,而不是赋权性的法律规范。每一个民事主体究竟享有哪些人格权,具体人格权都有哪些内容,应当保护哪些方面,《侵权责任法》依照其功能和性质,是不能规定的。这与《德国民法典》在侵权法中规定人格权的缺陷是相同的。对此,王利明的意见并没有错,并没有贬损《侵权责任法》,也没有肢解《侵权责任法》,而只是说了一个客观事实。尽管《侵权责任法》是我们用心血浇灌的一朵法律之花,是我们自己亲手培育出来的,但对于该法存在的缺点,也不能护短,有缺点就是有缺点,只有正视立法存在的缺点,才有可能纠正这些缺点,让她更加美好。批评一下立法缺点,就说成是贬损法律、肢解法律,是言过其实,没有法学家应有的心胸。笔者和王利明完全没有这种意图和想法,更没有这样的说法。到今天,我们仍然相信,我国《侵权责任法》仍然是当前世界侵权法领域中不能说最好但也是很好的、很优秀的法律。《侵权责任法》在赋权方面,对于人格权的规定确实无能为力,那是法律

---

⑤ 参见王利明:《论民法总则不宜全面规定人格权制度——兼论人格权独立成编》,载《当代法学》2015年第3期。

的性质所致。如果有了单独的人格权法,对人格权的张扬会有更好的效果,对正确适用《侵权责任法》也更有助力。这样的想法并没有错。

四、编纂民法典应当怎样规定人格权法才会更稳妥

面对当前的形势,编纂民法典究竟应当怎样规定人格权法,特别值得研究。对此,笔者作以下分析。

(一)编纂民法典实现对人格权法单独成编设想面对的困难

如前所述,我国编纂民法典一直在贯彻人格权法独立成编的路线。具体表现,不仅在编写统编教材的人格权法教科书方面,更重要的是全国人大常委会民法典起草小组决定编写人格权法草案建议稿,并且在 2002 年《民法(草案)》第四编规定了"人格权法编"。可以看出,立法机关对此的态度是明确的。但是就目前情况看,编纂民法典人格权法独立成编遇到了较大的困难,主要表现在以下四个方面:

(1)人格权法独立成编存在政治风险说法的可能影响。目前,这个说法可能已经造成了实际影响。尽管我们反复强调人格权法独立成编不存在政治风险,但是这种说法是否会潜移默化,影响到立法者的决策,亦未可知。有可能会影响很多人的判断,目前就有人表示赞同。这个困难,目前是人格权法独立成编的主要障碍。政治风险的这个说法尽管荒唐,但有可能对人格权法独立成编的主张造成伤害,影响立法进程。

(2)民法学界没有对人格权法单独成编的意见形成共识。笔者在开始起草民法典时就特别强调,民法典立法和民法的学术讨论完全不是一回事,学者应该尽量统一思想,放弃自己的一己学术之见,保证立法的顺利进行,争取把民法典写得更好。但是相反,在立法中,每一个学者都在极力表达自己的观点,没有办法形成共识。民法学界没有统一的意见,使立法者难以抉择。事实上,学者在实际立法中所起的作用并不是那么大,民法学界拿出统一意见都不一定被采纳,何况没有统一意见呢?

(3)主导人格权法单独成编的学者也主张这是技术问题,可以选择其他方法规定人格权法。学术之争是可以妥协的,也不一定将一个主张坚持始终就好。为了统一立法的认识,适当的妥协是必要的,但是,某种政治风险说法的影响有限,尽管有压力,但并不大,况且世人自有公正评价,应当经得住考验。

(4)立法者对此态度还不明确。在 2002 年制定《民法(草案)》时,立法机关的态度是积极、坚定的,因此就有了草案的第四编"人格权法编"。本次讨论的《民法总则(草案)》在自然人部分没有规定人格权法,也可以看出比较确定的立法意图。就目前来看,立法机关尽管对此没有表态,但似乎没有 2002 年起草《民法(草案)》时那样坚定。

(二)编纂民法典规定人格权法的两种选择

事实上,学者争论可能永远都不会有统一的意见,如何制定人格权法同样如此。

立法机关应当认真斟酌，当机立断，在编纂民法典中，对人格权法立法应当采取的立场作出最后的抉择。在此，最佳方案是坚持人格权法在民法分则中独立设编，次佳方案是在民法总则的"民事权利及客体"一章规定人格权。

1. 最佳方案仍然是将人格权法规定在民法分则中独立设编

尽管实现人格权法单独立法的主张存在上述困难，但并非不能实现。特别是在最近，很多老一代民法学家支持人格权法在民法典中独立设编的主张，产生了重大的影响。江平教授和魏振瀛教授在2015年11月14日举行的第五届（2015年）两岸民商法前沿论坛"民法典编纂与创制发展"会议上，仗义执言，指出人格权法在民法典中独立成编的可行性和可能性，特别是江平教授认为，在21世纪初，民法典起草小组就已经明确人格权法在民法典中单独作为一编规定的意见，并体现在2002年的《民法（草案）》中，应当继续坚持这样的做法。立法中的困难都能够克服，人格权法在民法典中单独成编的设想是可以实现的。笔者在会场听到老一代民法学家的上述意见时，为他们的坚定立场感动得热泪盈眶。

因此，编纂民法典制定人格权法，最佳方案仍然是在分则中专门规定人格权法编，并且不放在第四编，而是放在第二编，突出人的地位，突出人格权在民事权利体系中的重要地位和价值，表现出21世纪民法典的突出特色。对此，国内已经有了几个版本的人格权法立法草案建议稿，借鉴其中的主要意见，对2002年《民法（草案）》第四编人格权法编的内容进行充实，使其更加丰满，制定一部具有中国特色、具有21世纪民法风采的人格权法编。

2. 次佳方案是将人格权法规定在民法总则的"民事权利及客体"部分

除了人格权法单独成编的选择之外，其余的选择还有三种：

（1）人格权放到自然人的规定中，最大的弊病是无法解决法人人格权的问题，会出现叠床架屋的后果。

（2）放到《侵权责任法》中规定人格权，由于《侵权责任法》是救济法而不是权利法，性质和功能都会出现问题，显然不是好办法。

（3）把人格权法放到"民事权利及客体"部分规定，可能是除了人格权法单独成编之外的次佳选择了。

目前，法工委民法室起草的《民法总则（草案）》（试拟稿），关于民事权利和民事客体这个部分没有写进正文，而是放在附录中，作为两个方案可以进行选择。一个方案是规定"民事权利"，附录的是2002年《民法（草案）》的"民事权利"章；另一个方案是采纳中国法学会建议稿的"民事权利客体"的做法，专门规定民事权利客体。对此，还没有最后决定应当怎样写。笔者认为，最好的办法是规定"民事权利及客体"一章。

如果采用这样的办法，把人格权法放到这一部分中规定，效果会更好。具体做法是：第一节，简单规定人格利益作为人格权的客体，具体规定人格权的类型、内容和规则，可以细致规定；第二节，简单规定物权，但着重规定物权的客体，即物的概念及其类型；第三节，规定债权，特别是把不单独规定债法总则而无法规定的不当得利、无因管理和单方允诺之债写进去;第四节,规定知识产权,特别是给知识产权的单行法留出与民法典的接口;第五节,适当规定身份权和继承权及其客体。这样,可以把人格权的部分做大,规定三十几个条文,对生命权、健康权、身体权、姓名权、名称权、肖像权、名誉权、隐私权、人身自由权等,都作出具体规定。多数学者主张不规定荣誉权,将其概括在名誉权中作为特别规定,笔者赞成这个意见。

采用在"民事权利和客体"这一章中规定人格权的上述做法,实际是坚持了《民法通则》的立法传统和模式。《民法通则》实施30年的经验告诉我们,这种人格权的写法具有优势。继续采用《民法通则》这种人格权的立法模式,既有《民法通则》的基础,又有新的立法创新,且学者容易达成共识,避免发生争议,应当是可以选择的次佳方案。

(三)编纂民法典制定人格权法应当注意的问题

(1)人格权立法不管放到民法典的哪个部分规定,都必须内容简明,不能太烦琐。目前,中国民法学研究会提出的《中华人民共和国民法典·人格权法编专家建议稿(征求意见稿)》有105个条文[36],是不适当的,是把很多侵权法的规则都写进去了。笔者的看法是,民法典规定人格权法以40个条文左右为佳,太多了不一定就好。能够简洁地规定人格权的具体内容,更能够被大多数学者所接受,也更容易被立法机关所接受。

(2)人格权法的性质是权利法,不是救济法,应当规定的是民事主体享有哪些人格权,这些人格权的内容是什么,突出保护的是什么,应当限制的是什么。如果具体规定人格权受到损害怎样进行救济,就变成了侵权法规范。笔者从2001年开始写人格权法草案到今天,把握的一条基本原则,就是要区分权利法和救济法。只有这样,才能把人格权法和侵权法的界限划清。[37]

(3)要特别明确,自然人享有人格权,法人也享有人格权。不能认为只有自然人才享有人格权,法人不享有人格权。如上海法院保护企业法人名誉权的判决判得非常好。一个报纸用了几个版的篇幅,对于一个企业进行无中生有的诽谤和侮辱,又在网站上全部转载,对于一个企业法人的名誉权是极大的打击,是严重的侵权行为。《民法通则》实施30年的经验告诉我们,《民法通则》规定法人也享有人格权是正确的,是必须坚持的。

---

[36] 这个文本提交给中国民法学研究会2015年年会讨论,没有公开发表。
[37] 参见杨立新:《中华人民共和国人格权法建议稿4.0版》,载中国法学创新网 http://www.lawinnovation.com/html/xjdt/15502.shtml,2016年2月29日访问。

民法典中债法总则之存废*

《中共中央关于全面推进依法治国若干重大问题的决定》将"编纂民法典"作为依法治国的重大任务,是一个特别重要的立法决策。笔者作为一位民法专家,自当投身民法典的编纂之中,与其他民法学家一起完成这一历史重任。在民法典的编纂中,债法总则当属其必要内容之一,但存在存废之争,尽管肯定说占主流,然而尚未取得完全一致的意见。在本文中,笔者对债法总则存废之争的观点进行整理,并就编纂民法典中债法总则的制定问题提出意见,就教于各位方家。

一、对编纂民法典是否应当制定债法总则的不同意见

我国民法学界就编纂民法典是否要制定债法总则的问题进行的存废之争,始自2002年12月全国人大常委会讨论《中华人民共和国民法(草案)》〔以下简称《民法(草案)》〕,因为该草案没有规定债法总则,只规定了合同法,并将不当得利和无因管理之债规定在民法总则中。自此,民法学界开始了十多年的论争。

(一)赞成说

在讨论民法典是否应当包括债法总则的问题上,赞成说是主流观点,民法学界的主要学者都持赞成态度。

梁慧星教授认为,没有债法总则,我们可以勉勉强强像美国人一样将合同上的权利称为合同权——合同所产生的权利;但将侵权行为所产生的权利叫做"侵权行为权",将不当得利和无因管理称为"不当得利权"和"无因管理权"都是不合理的。没有债法总则,就会导致"债权"概念的消失,没有了"债权"的概念,就会导致极大的困难。[①]他介绍说,在1998年4月19日的会议上,王家福教授、江平教授、魏振瀛教授、王利明教授以及他本人都表示赞同制定债法总则,严格按照合同和侵权行为、不当得利、无因管理的共同规则作为债法总则的内容。[②]

王利明教授坚定不移地坚持民法典设置债法总则的观点。他认为,无论制定什

---

* 本文发表在《清华法学》2014年第6期。
① 参见梁慧星:《我国民法典制定中的几个问题》,载公丕祥主编:《法制现代化研究》(第九卷),南京师范大学出版社2004年版,第359页。
② 参见梁慧星:《我国民法典制定中的几个问题》,载公丕祥主编:《法制现代化研究》(第九卷),南京师范大学出版社2004年版,第356页。

么样的民法典,债法总则都是必要的。在我国未来的民法典中,也应作出此种选择。这是为实现民法典的体系的完整性,协调债权总则与合同法的关系,规范债法的共通性原则,对债法各论部分进行拾遗补阙,促进民法规则和商法规则的融合,保持债法体系的开放性。③ 将债法总则独立成编之后,在合同法总则与分则分立的前提下,未来民法典是否应当取消合同法总则,如果债法总则不能取代合同法总则,则二者是何关系,哪些内容应规定在债法总则中,哪些应规定在合同法总则中?④ 都特别值得研究。

崔建远教授也是债法总则制定的积极倡导者。他认为,假若我国民法采取的是普通法的风格,债法总则可以不设,但事实是我国民法继受了大陆法系的风格。因此,在我们可以预见的将来,我国民法不会抛弃抽象概括式的法律体裁。这就是债法总则存在的理论基础之一。⑤

柳经纬教授不赞成立法机关在民法典草案不设立债法总则的方案。他认为,我国民法典应当维护传统债法体系的完整性,设立债法总则,以统帅合同、侵权行为、不当得利以及无因管理等具体债。从法典编纂技术角度看,设立债法总则,就是在各种具体的债之上,将各种债的规范加以抽象和提升,形成能够适用于所有具体债的一般性规范。这种适用于各种债的一般规范体系就是债法总则,从这一点来看,应当说设立债法总则是法典编纂必须进行的作业。⑥

陈华彬教授认为,在当代,我国自清继受以德国为代表的大陆法系民法概念,迄今已有百余年的实践,德国民法的基本概念如债权、物权概念都已根深蒂固地在我国扎下根来,我们制定民法典时就不应当将它们抛弃,而是应当保留它们,并以这些概念为基础建立我国的民法概念体系。而债法总则是这些制度⑦的本源和大本营。民法典如果没有债法总则,这些制度就将成为无本之木、无源之水,失去其存在的基础和本源。⑧

李开国教授认为,《民法(草案)》未设"债"之专编,是在体系结构上存在的一个严重问题。尽管合同、不当得利、无因管理、侵权行为及其他债因的法律事实构成不同,其相关法律制度的社会作用各异,但它们有一点是共同的、统一的,这就是:它们的法律效果相同,都能引起债权债务关系的发生,都是债发生的根据。于是,也就要求民法用一个统一的法律制度对合同、不当得利、无因管理、侵权行为及其他债因所引起的共同法律后果——债,作出统一的法律规定,包括对债的主体、债的客体、债的内容、债的履行、债的救济、债的保全、债的担保、债的转移、债的消灭、债的分类等问

---

③ 参见王利明:《债法总则在我国民法典中的地位及其体系》,载《社会科学战线》2009年第7期。
④ 参见王利明:《论债法总则与合同法总则的关系》,载《广东社会科学》2014年第5期。
⑤ 参见崔建远:《债法总则与中国民法典的制定——兼论赔礼道歉、恢复名誉、消除影响的定位》,载《清华大学学报》(哲学社会科学版)2003年第4期。
⑥ 参见柳经纬:《我国民法典设立债法总则的几个问题》,载《中国法学》2007年第4期。
⑦ 学者说的"这些制度",是指合同、侵权行为、不当得利、无因管理和单方允诺。
⑧ 参见陈华彬:《中国制定民法典的若干问题》,载《法律科学》2003年第5期。

题的规定。为保证这一制度的各种规定能普遍适用于由合同、不当得利、无因管理、侵权行为及其他债因引起的各种债,这一制度在体系位置上就不能置于合同法、不当得利、无因管理法、侵权行为法或规定其他债因的法律之中,而只能置于这些法律之上。⑨

在上述意见中,主张在民法典中规定债法总则,反对《民法(草案)》不规定债法总则的做法,学者的态度十分明确,理由也十分充分。

(二)反对说

与上述意见相反,认为民法典不应当规定债法总则的意见是存在的,但在数量上占少数,并非主流意见,由于立法机关的官员持这种主张,在民法典起草中处于主导地位,因而尽管是少数,但起到的作用非常重要。

在反对说中,最主要的观点出自时任全国人大常委会法工委主管民事立法的王胜明副主任。他把他的这种意见贯彻在《民法(草案)》中,形成了《民法(草案)》现在的体系结构。在该法律草案在人大常委会讨论之后,王胜明副主任在多篇文章中都阐释了他的观点。他认为,对是否单搞一编债法总则,有两种意见:第一种是应当单搞一编;第二种意见是不单搞,两种意见抽象地看,难分优劣。他举例说,譬如盖房子,是盖别墅还是盖高楼,高楼的优点是占地少,但结构复杂;别墅的优点是关系简单,但占地多。进而他认为,债法总则是否单搞,需要研究两个问题:第一是债的发生原因,除合同、侵权、无因管理、不当得利以外,还有什么? 如果还有,而且不少,就应当搞债法总则,搞了效益比较好。第二是侵权、无因管理和不当得利,在哪些方面会适用债法总则,特别是侵权部分,适用的比重如何。毫无疑问,适用面宽,适用量大,搞债法总则的意义大,作用也大,反之,则意义有限。他援引德国拉伦茨教授关于"《德国民法典》虽然因此省去了许多重复性或援引性的规定,但在其他地方却多出了不少限制性和细分性的规定。法律适用并未因此而容易多少"的评论,进而认为,拉伦茨教授是针对民法总则说的,在设计是否单搞债法总则时,难道不值得我们深思吗?⑩

在另一篇文章中,王胜明副主任进一步阐释他的在《民法(草案)》中不设立债法总则的理由。他认为,什么是债、债权、债务、债的发生原因、债的效力等,这些债的最基本概念、原理应当有。如果搞债法总则,最大的问题是债法总则的内容有相当部分和合同法的一般规定重复。草案有合同法的一般规定,有侵权责任法的一般规定,以后再进一步完善有关无因管理、不当得利的规定。这样,债的有关问题基本上就解决了。这次没有把债法总则独立成编,但是债的最基本规定,包括债的发生原

---

⑨ 参见李开国:《评〈民法草案〉的体系结构》,载《现代法学》2004年第4期。
⑩ 参见王胜明:《制定民法典需要研究的部分问题》,载《法学家》2003年第4期。

因、债的效力,先写在民法总则的民事权利一章中。⑪

马俊驹教授主张民法典不设立债法总则,但要设立财产法总则。他认为,物权法、合同法和知识产权法都是财产法,因此民法典应当设置大的财产法,规定财产法总则。⑫

其他学者主张不设立债法总则的意见是:

许中缘教授认为,基于现有合同法对合同概念的界定以及侵权责任法独立成编的现实,在未来的民法典体系中,应该取消债法总则的设立,理由主要是:第一,债法总则设立不具有体系的融洽性;第二,那种倡导债法总则的废弃将导致物权与债权二元区分的体系建立的理由并不成立;第三,债法总则统帅各种债的共同性的基点理由并不充分。

相反,取消债法总则,对民法典体系的构建更具有体系的逻辑性与制度的融洽性:第一,为侵权责任法的独立成编提供更为完美的理论基础;第二,节约法律条文;第三,降低法典的抽象性。⑬

覃有土、麻昌华教授认为,就债法总则的历史起源、债法总则的内容及效用、合同总则与债法总则的关系而言,我国民法典不宜设立债法总则,应当对债法内容进行重新整合。仅将其中的债法编拆分,其他各编不变,设立债法总则编,必将破坏民法典结构在编的层次上的逻辑性,引起法典新的混乱。⑭

薛军教授认为,在合同法总则比较完美的情况下,倾向于以合同法总则取代债法总则。⑮

(三)小结

在上述关于民法典是否设立债法总则,包括对《民法(草案)》不设立债法总则做法的存废两种观点中,可以看到:第一,主张设立债法总则的是多数意见,主张不设立债法总则的意见是少数;第二,主张设立债法总则的学者基本上是主流学者或者资深教授,主张不设立债法总则的学者多为青年学者,但立法专家的意见分量较重;第三,主张设立债法总则的理由相对充分,主张不设立债法总则的理由相比之下有所欠缺。对此,本文将在下面的内容中进一步作出评论。

二、债法总则与民法典的关系与各国立法例比较

研究民法典是否应当制定债法总则,应当用历史的方法和比较的方法进行,不能

---

⑪ 参见王胜明:《法治国家的必由之路——编纂〈中华人民共和国民法(草案)〉的几个问题》,载《政法论坛》2003年第1期。

⑫ 参见马俊驹、曹治国:《守成与创新:对我国制定民法典的几点看法》,载《法律科学》2003年第5期。

⑬ 参见许中缘:《合同的概念与我国债法总则的存废——兼论我国民法典的体系》,载《清华法学》2010年第1期。

⑭ 参见覃有土、麻昌华:《我国民法典中债法总则的存废》,载《法学》2003年第5期。

⑮ 参见薛军:《论未来中国民法典债法编的结构设计》,载《法商研究》2001年第2期。

仅仅局限在对我国现行民法制度的考察。

(一) 各国民法典规定债法总则的基本方法

从立法例上考察,各国处理民法典与债法总则的关系有以下三种立法例:

1. 大陆法系之德国法系

1898年制定、1900年施行的《德国民法典》,是最为典型的潘得克吞体系的成文民法典,严格遵循民法总则、债务关系法、物权法、亲属法和继承法的五编制。其中第二编"债务关系法"中尽管没有明确规定债法总则,但从第一章就规定了债务关系内容,并按照顺序规定了通过一般交易条款来形成法律行为上的债务关系、基于合同发生的债务关系、债务关系的消灭、债权的转让、债务的承担、多数债务人和债权人等内容,规定了完整的债法总则的内容。在此之下,再规定各种具体的债。

在后世,更多国家的民法典采纳《德国民法典》的上述体例,甚至更加明确地在债法编中直接规定债法总则。1898年施行的《日本民法典》,就完全采纳了这种体例,并且在第三编"债权"的第一章直接规定债法"总则"。1956年《韩国民法典》也在第三编"债权"的第一章规定债法的"一般规定",形成具有严密体系的债法总则。《俄罗斯民法典》第三编"债法总则"还分为两个分编,即"关于债的一般规定"和"关于合同的一般规定"。[16] 即使是内容比较简单的1962年《蒙古国民法典》,也在第三编设置"债的通则"。再法典化的《荷兰民法典》,也在第六编设置"债法总则"。除此之外,设有债法总则的现行民法典还包括:1926年《土耳其民法典》、1942年《意大利民法典》、1946年《希腊民法典》、1950年《菲律宾民法典》、1967年《葡萄牙民法典》、1984年《秘鲁民法典》等。[17]

在我国,1911年《大清民律草案》第二编"债权"第一章设置"通则";1925年《中华民国民律草案》第二编"债编"第一章设置"通则";1930年《中华民国民法》第二编"债"的第一章设置"通则",都规定了完整的债法总则。伪"满洲国民法"第三编"债权"的第一章直接设置"总则"。[18] 在起草民法典过程中,我国学者起草的民法典草案建议稿中的梁稿[19]和王稿[20],都规定了债权总则。

2. 大陆法系之法国法系

比《德国民法典》早大约一百年的《法国民法典》,遵循三编制的体例,规定人法、财产法和取得财产的各种方式。法国法系的民法典通常像《法国民法典》一样,并不明确设立债法总则,没有德国法系那种债法总则和分则的编制体例,但从《法国民法典》关于债的内容的安排可以看出,该法典实际上暗含着一个债法总则和债法分则的

---

⑯ 柳经纬:《我国民法典设立债法总则的几个问题》,载《中国法学》2007年第4期。
⑰ 参见哈斯巴根、周烨:《试论设立债法总则的途径及其现实性》,载《宁夏社会科学》2013年第2期。
⑱ 上述内容,参见杨立新主编:《中国百年民法典汇编》,中国法制出版社2011年版。
⑲ 参见梁慧星主编:《中国民法典草案建议稿》,法律出版社2003年版,第129—161页。
⑳ 参见王利明主编:《中国民法典学者建议稿及立法理由·债法总则编·合同编》,法律出版社2005年版,第1—195页。

债法体系。《法国民法典》第三编有关债的规定共有11章,第三章"契约或合意之债的一般规定",规定了合同以及债的效果;第四章"非因合意而发生的债",规定了准契约、侵权行为;第六章至第十四章,规定了各种具体的债。由此可见,《法国民法典》规定的债的内容,已经具备了较为完整的规范体系,合同、无因管理、不当得利和侵权行为四种债的类型都被纳入法典的第三编,并且第三编第三章的大部分内容属于债法的一般性规范,第四章和第六章至第十四章属于具体债的关系的规定。这样的安排,其实与《德国民法典》的债编极其相似。[21]

值得重视的是属于法国法系的加拿大《魁北克民法典》和《埃塞俄比亚民法典》对债法总则的立法。加拿大魁北克省是法国法系传统,实行成文法。1977年在《加拿大民法典》的基础上,制定了加拿大《魁北克民法典》,改变了法国法系的传统,编制了九编制的民法典体系,其中第五编是"债",共1239条,第一题是"债的一般规定",相当于债法总则,采用的是德国法系的做法。作为原属法国殖民地的埃塞俄比亚,1960年制定的《埃塞俄比亚民法典》,是由法国民法学家勒内·达维德起草的,并未完全遵循《法国民法典》的传统,规定了第四编"债",首先规定第十二题"合同的一般规定",其实是债法的一般规定,之后规定第十三题"非契约责任与不当得利",第十四题规定"代理"。第五编规定的是"合同分则"。尽管《埃塞俄比亚民法典》第四编"债"的第一部分"合同的一般规定"以合同命名,但其内容的相当部分规定的是债法的一般规范。因此,《埃塞俄比亚民法典》关于债法的安排"很接近《德国民法典》的结构"。[22]这种做法的理论基础,就是勒内·达维德所主张的"债法可以视为民法的中心部分"。[23]《埃塞俄比亚民法典》的这种立法例,就是这种主张的现实表现。这两个民法典不仅规定了一般的债的规则,而且明确规定就是"债的一般规定"或者"合同的一般规定",实际上都是债的一般规定。这样的做法值得深思。

3. 英美法系

英美法系民法没有完整的成文法表现形式,采取财产法、合同法、侵权行为法、家庭法等部门划分,不存在债法的一般规则,而且合同法和侵权行为法也不属于同一个体系。但在合同法承认合同产生的权利是债权,负担的义务是债务。就此而言,英美法的合同法也有债的内容。

(二)民法典规定债法总则的不同立法例比较

在比较民法典关于债法总则的立法中,英美法系的经验对我国编纂民法典并不重要,只是由于我国采取《侵权责任法》单独立法的方式,接近于英美法的做法,对民法典是否规定债法总则也有一定的比较法价值。最应当比较研究的,则是德国法系

---

[21] 参见柳经纬:《设立债法总则的必要性和可行性》,载柳经纬主编:《厦门大学法律评论》(第7辑),厦门大学出版社2004年版。

[22] 徐国栋:《埃塞俄比亚民法典:两个改革热情碰撞的结晶》,载《埃塞俄比亚民法典》,薛军译,中国法制出版社、金桥文化出版(香港)有限公司2002年版,前言第10页。

[23] 〔法〕勒内·达维德:《当代主要法律体系》,漆竹生译,上海译文出版社1984年版,第79页。

和法国法系的立法。

在德国法和法国法之间,在民法典是否设立债法总则的问题上,其实有区别的只是形式,即《德国民法典》规定了债法总则,《法国民法典》没有明确规定债法总则。但是即使如此,也不能否定在《法国民法典》中暗含着一个隐蔽的债法总则,即在有关债的规定中,规定了诸多债法的一般性规则,并且形成了一个体系。而在现代编纂的法国法系的民法典中,则多数直接规定了债的一般规定,使债法总则走向前台,进行公开的表演,展现了与传统法国法系民法典的不同。这样的做法特别值得借鉴。

正如柳经纬教授所言,尽管法国式和德国式的民法典在总体编纂体例上存在着区别,但是在债法的安排上却存在着共同点。从债的类型和内容来看,各国或地区的民法典所构建的债法体系具有内容上的同一性,都把合同、无因管理、不当得利和侵权行为纳入债法的体系,确立了四种基本的债的类型。从规范构成来看,各国或地区的民法典都规定了有关债的发生、债的效力、债的移转、多数人之债、债的消灭等属于债法总则的一般规范,以及各种具体类型债和具体合同的规范,由此构建了一个内容大体相同的债法规范体系。在这个规范体系中,存在着适用于各种具体债的一般规范,这个规范体系在多数德国式或法国式的民法典中都被命名为"债法总则"。[24] 笔者完全赞同柳经纬教授的意见。

至于英美法系民法没有债法总则的问题,并不因为我国已经单独制定了《侵权责任法》而使我国国法脱离了大陆法系成文法的传统,接受了英美法系的立法方式。对此,崔建远教授在他的文章中说得非常清楚,即侵权行为法独立成编并非是其脱离了债法体系,也不影响民法典单独规定债法总则的必要性和可行性。[25] 不能因为已经制定了《侵权责任法》并且在民法典中将会独立成编,就使债法总则失去了必要性。这样的结论是正确的。

三、对编纂民法典不设立债法总则主张的反驳意见

笔者一直坚持编纂民法典应当制定债法总则的意见,甚至提出,即使将来立法机关在民法典中不规定债法总则,学者也应当坚持债法总则在民法理论体系中的地位,讲授和研究这个问题。[26] 笔者还专门编写了《债法总则》的教科书,强调债法总则是民法的重要组成部分,提供给高等院校法律专业的师生使用。[27]

(一)主张编纂民法典不设立债法总则的主要理由

分析比较部分学者主张民法典不设立债法总则的意见,归纳起来,其主要理由有

---

[24] 参见柳经纬:《我国民法典应设立债法总则的几个问题》,载《中国法学》2007年第4期。
[25] 参见崔建远:《债法总则与中国民法典的制定——兼论赔礼道歉、恢复名誉、消除影响的定位》,载《清华大学学报》(哲学社会科学版)2003年第4期。
[26] 参见杨立新:《债与合同法》,法律出版社2012年版,第16页。
[27] 参见杨立新:《债法总则》,法律出版社2011年版。

以下几点：

(1)在《民法(草案)》中，有合同法的一般规定，有侵权责任法的一般规定，以后再进一步完善有关无因管理、不当得利的规定，债法的有关规定基本上就解决了，因此没有必要再规定债法总则。㉘

(2)设立债法总则会与合同法总则大量重复。设立债法总则，内容无疑包括债的效力、类型、履行、担保和保全等，但这些内容不能取代合同法总则的存在。规定债法总则之后，又要规定合同法总则，债法总则的这些内容势必与合同法的有关内容造成重复，导致法律条文的重复。㉙

(3)设立债法总则具有不适宜性。认为总则的实质意义在于将具有普遍性、一般性和原则性的规则从具体制度中抽象出来，避免重复规定。债法总则应该是为合同、无因管理、不当得利、侵权行为法提供共同适用的规则的。但在侵权行为、无因管理和不当得利上，债的履行、担保、移转等一般性规定，并未曾见过发生，因而不得不对债法总则作为总则具有多大的实际效用产生怀疑。而没有任何实际效用的规定，其在法典中的存在价值就值得深思。㉚

(4)取消债法总则对民法典体系的构建更具有体系的逻辑性和制度的融洽性，可以为侵权责任法的独立成编提供更为完美的理论基础，节约法律条文，降低法典的抽象性。㉛

(5)合同法和侵权责任法单独立法，将民法典的债法编拆分，其他各编不变，再设立债法总则编，必将破坏民法典结构在编的层次上的逻辑性，引起法典新的混乱。㉜

(二)对上述民法典不必设立债法总则意见的分析和批评

1. 侵权责任法在民法典中独立成编是否影响债法总则的设立

笔者认为，侵权责任法独立立法，将来在民法典中成为独立的一编，并不是民法典不规定债法总则的理由。立法专家关于《民法(草案)》有合同法的一般规定，有侵权责任法的一般规定，进一步完善有关无因管理、不当得利的规定，债法的有关规定基本上就解决了，因而不必规定债法总则的意见，是不正确的。

(1)侵权责任法独立成编，并非否定侵权责任的债的性质，只是更多地强调其责任的性质而已。我国民事立法将侵权责任法认定为民事权利保护法，将其与债法分离，置于各项民事权利的规定之后，具有更为重要的意义。侵权责任法大量的一般性规则都是在其第一章至第三章规定的，形成了《侵权责任法》的总则性规定，比较完

㉘ 参见王胜明：《法治国家的必由之路——编纂〈中华人民共和国民法(草案)〉的几个问题》，载《政法论坛》2003年第1期。

㉙ 参见许中缘：《合同的概念与我国债法总则的存废——兼论我国民法典的体系》，载《清华法学》2010年第1期。

㉚ 参见覃有土、麻昌华：《我国民法典中债法总则的存废》，载《法学》2003年第5期。

㉛ 参见许中缘：《合同的概念与我国债法总则的存废——兼论我国民法典的体系》，载《清华法学》2010年第1期。

㉜ 参见覃有土、麻昌华：《我国民法典中债法总则的存废》，载《法学》2003年第5期。

整,因而对债法一般规则的需求已经大大降低。尽管如此,在《侵权责任法》适用中,对于更为细致的规则,需要依靠债法一般规则的指导。例如《侵权责任法》第三章关于侵权责任的规定中,并没有规定不真正连带责任的规则,需要债法多数人之债的规则的具体指导。正如学者所言,侵权责任成立,不论其所含救济方式仅为损害赔偿,还是包括赔礼道歉、恢复名誉、消除影响,它们都被涵摄入债的关系中,均为侵权之债的内容,一点也未遗漏。二者不过是站在不同角度观察事物而出现的不同命名,是不同层面的分别描述。简言之,侵权责任关系与侵权之债之间具有质的统一性。它们之间正好遵循了债的同一性原理。㉝

(2)虽说将来可以进一步完善不当得利和无因管理的立法,但是由于民法典没有设置债法总则,分则又只有合同法和侵权责任法,因而不当得利和无因管理就没有存在的空间,只能将其放在民法总则中的民事权利部分。但是,民法总则规定民事权利只是规定民事权利的一般规则,从中突兀地冒出两个具体的非合同之债的规定,不能不让人感到不解甚至惊讶,且绝对没有任何法律逻辑的支持。因此,日本民法学者对此感到非常吃惊㉞,绝非夸张,是完全可以理解的,并且是正确的。至于那种认为不当得利不是债的类型,仍然是物权请求权的返还问题,将其作为债的内容不一定科学㉟,并将其作为不规定债法总则的理由的意见,则完全否定了不当得利之债的性质,违反民法的基本立场。

(3)其实债的类型并非只有合同之债、侵权之债、无因管理之债和不当得利之债,还有单方允诺之债等。《民法(草案)》将无因管理和不当得利之债放在民法总则之中,但总不能将单方允诺之债也放在民法总则之中,那样的做法将会使人更惊讶。悬赏广告是最为典型的单方允诺,但是由于我国民法没有规定债法总则,没有规定债的发生根据,因而没有规定单方允诺之债,导致必须将单方允诺之债以及悬赏广告解释为合同,进而改变合同的一般规则,而对其适用法律。㊱ 这样的做法岂不是更为麻烦?

(4)关于合同法已经有债的一般性规定的问题,并不妨碍设立债法总则。对此,下文还要专门进行说明。

因此,《侵权责任法》单独立法,1999年10月1日施行的《合同法》也有一般性规定,将来可以进一步完善无因管理和不当得利的规定,并不是不设立债法总则的根据。

2.设立合同法总则是否使债法总则成为不必要

在民法典中,就其功能而言,法典的"总则"实际上就是实现法律规范体系化的一

㉝ 参见崔建远:《债法总则与中国民法典的制定——兼论赔礼道歉、恢复名誉、消除影响的定位》,载《清华大学学报》(哲学社会科学版)2003年第4期。
㉞ 参见梁慧星:《我国民法典制定中的几个问题》,载公丕祥主编:《法制现代化研究》(第九卷),南京师范大学出版社2004年版,第358页。
㉟ 参见许中缘:《合同的概念与我国债法总则的存废——兼论我民法典的体系》,载《清华法学》2010年第1期。
㊱ 参见王利明:《论债法总则与合同总则的关系》,载《广东社会科学》2014年第5期。

种技术处理。[37] 债法总则的理论基础在于从各种具体的债中抽象出债的一般概念,进而提出一些对债的概念的整个适用范围均有效力的一般规则。[38] 因而,债法总则和合同法总则都是必要的。问题在于,我国在制定《合同法》时没有债法总则,也没有较为详细的债的一般规则,因而立法机关决定在合同法总则中将债法总则的内容尽量写进去,以应司法的急需,将来编纂民法典的时候再作适当调整。因而合同法总则将债的效力、债的履行、债的变更和转让、债的消灭、债的保全等,通通都规定为合同的效力、合同的履行、合同的变更和转让、合同的权利义务终止和合同债权保全,因而使合同法总则实际上变成了我国的债法总则。在《合同法》立法之时采取这种做法是有其原因的,但在编纂《民法(草案)》即编纂民法典的时候,对此不作调整,反而将债法总则予以否定,是很难让人理解的。对此,李开国教授认为,《民法(草案)》将这一制度中的规范规定于《合同法》中,意味着这些规定只能适用于合同之债,不能适用于不当得利之债、无因管理之债、侵权行为之债及其他债因引起的债;如要适用这些债,则需法律作出类推适用的规定,或法官做出类推适用的解释。本可以通过设立债之专编就能解决的法律适用问题,而硬不设立债之专编,这不是给(跟)法律适用过不去,找麻烦吗?[39] 这样的做法,不能反映民法典编纂的理论依据和规律性,应当予以改变。王利明教授认为,合同法总则不能代替债法总则,债法总则也不能代替合同法总则[40],这个意见是完全正确的。

3. 认为债法总则在民法典中具有不适宜性的原因是目前的民法体例不适当

学者认为债法总则在民法典中具有不适宜性意见的最主要理由,是债法总则作为债的一般规则缺少实际效用,因而没有任何实际效用的规定,在法典中的存在价值就值得深思。[41] 这样的意见是不正确的。

由于我国目前没有债法总则,因此,债的一般规则被放在《合同法》中规定。事实上,《合同法》关于合同效力、合同的履行、合同的变更和转移、合同的消灭和合同保全的规则,都是债的一般规则,都适用于侵权之债、合同之债、无因管理之债、不当得利之债以及单方允诺之债等。将这些债法的一般规则规定在债法总则中,所有类型的债都予以适用,怎么能说债法总则的规定没有实际效用呢?即使《侵权责任法》单独规定独立成编,也不能否认侵权责任的法律适用,也会采用债法的一般规则,例如债的消灭、债的变更和转移等。在成文民法典中,德国法系的民法基本上都设置了债法总则,法国法系也存在暗含着的债法总则,难道目前他们的立法都存在债法总则在民法典体系中具有不适宜性吗?如果是这样,现代民法典如《埃塞俄比亚民法典》《魁北克民法典》以及《荷兰民法典》,为什么都增设了债法总则呢?这说明这种说法的

---

[37] 参见刘长秋:《论我国民法典中债法总则的设立与安排》,载《天津法学》2012年第3期。
[38] 参见陆青:《债法总则的功能演变——从共同规范到整体整合》,载《当代法学》2014年第4期。
[39] 参见李开国:《评〈民法草案〉的体系结构》,载《现代法学》2004年第4期。
[40] 参见王利明:《论债法总则与合同法总则的关系》,载《广东社会科学》2014年第5期。
[41] 参见覃有土、麻昌华:《我国民法典中债法总则的存废》,载《法学》2003年第5期。

理由不充分,并且是武断的,不具有说服力。柳经纬教授认为,关于债法总则设立的问题,需要考虑的是其对包括合同在内的各种债的关系的可适用性,然而债法总则只是为各种债提供一套备用的规范体系,我们不宜苛求债法总则的所有规范对各种债都完全适用,即便是合同之债,债法总则的许多规范也不是完全适用的。以债法总则对合同以外的债不完全适用为由而否定其实际效用和存在价值,理由是不能成立的,态度也是不可取的。[42]

笔者认为,有的学者之所以认为债法总则在民法典中具有不适宜性,是因为目前《民法(草案)》的体系不适当。《民法(草案)》的体系为九编制,即(1)总则;(2)物权法;(3)合同法;(4)人格权法;(5)婚姻法;(6)收养法;(7)继承法;(8)侵权责任法;(9)涉外民事关系法律适用法。这样设计民法典体系,本身就具有不适宜性。特别是其中关于婚姻法和收养法的规定,完全是不应当出现的问题,因为收养是亲权发生的一种事实根据,收养法应当而且可以整合到家庭法中去,只能作为婚姻家庭法中的一个组成部分而存在,而不能游离于婚姻家庭法之外,成为与婚姻家庭法并列的法律。[43]仅此一点,即可说明《民法(草案)》编制的粗陋和对现行民事法律的简单拼凑,这是为了争取在该届人大最后一次会议上审议,而临时抢时间拼凑起来的,它不能代表我国编纂民法典的基本目标。如果以这样粗糙、毫不讲章法的《民法(草案)》的体系结构为依据,去研究债法总则的取舍、存废问题,不足为凭。以此作为基础认为民法典设置债法总则将会出现不适宜性,并无说服力。

4. 取消债法总则不会使民法典更具有体系逻辑性和制度融洽性

我不知道学者为什么会提出"取消债法总则对民法典体系的构建更具有体系的逻辑性和制度的融洽性"[44]这样的结论。基于该文所说的三点理由,笔者提出以下意见:

(1)取消债法总则不会给侵权责任法独立成编提供更为完美的理论基础。我国将侵权行为之债规定为侵权责任,这个重要选择更多地参照了英美侵权法的体例,同时也结合了我国立法和司法实践的经验。由此,我国民法典实际上构成了一个"总—分—总"的独特结构,即民法总则是一个"总",物权法、债法、人格权法、婚姻家庭法以及继承法为"分",而侵权责任法作为所有民事权利的保护法,构成另一个"总"。即使如此,完全否定侵权行为法律后果的债的性质,也是不正确的。基于侵权人与被侵权人之间的侵权责任法律关系,不可避免地具有请求权的相对性,因而侵权法律后果既有责任的性质,又有债的性质,是具有双重属性的法律后果,具有相容性。认为侵权行为责任转化为债的观念已与现代发展了的多种民事责任形式相抵触,是没有

---

[42] 参见柳经纬:《关于如何看待债法总则对各种具体债的适用问题》,载《河南省政法管理干部学院学报》2007年第5期。
[43] 参见李开国:《评〈民法草案〉的体系结构》,载《现代法学》2004年第4期。
[44] 许中缘:《合同的概念与我国债法总则的存废——兼论我国民法典的体系》,载《清华法学》2010年第1期。

根据的,因为侵权法律后果并非责任与债的性质非此即彼的选择,具有兼容性,仍然具有千丝万缕的联系,断然否定侵权法律后果的债的性质是做不到的。认为既然我们已经将侵权责任法定性为与债不同的内容,取消债的概念,使得这一分离在民法典体系的构件上更具有理论的说服性[45],是没有依据的。

(2)取消债法总则不会发生节约法律条文的后果。在法典的编纂中,设置总则的基本目的,在于将相同的规范规定在一起,避免相同的规范在不同的法律关系中各自都作规定。因而设置总则的后果,必然是减少条文,节约条文。认为取消债法总则会发生节约条文的后果,是将合同法总则与债法总则的设置对立起来,因而会出现"规定了债法总则之后,又要规定合同法总则,债法总则的这些内容势必与合同法的有关内容造成重复,导致法律条文的重复"[46]。在编纂民法典处理债法总则和合同法总则关系的时候,必须进行协调,将重复的部分按照"债法的共同规则放在债法总则,合同的一般规则放在合同法总则"的原则,不会形成重复,只能减少条文而不会增加条文。故认为取消债法总则会节约法律条文的意见,好像对此并不理解,因而其依据也不正确。

(3)降低法典的抽象性。我国民法继受了大陆法系的风格,采取了抽象概括式的法律体裁,使用抽象化的概念,对概念进行严格的界定。[47] 可以确认,制定债法总则,确实会使民法典的条文具有抽象性。但是,法律条文的抽象性并非是否定债法总则设立的理由。将民法总则、债法总则和合同法总则对立起来,认为减少其中一个层次即取消债法总则,就会缓解法典的抽象性,并不是正确的意见,也不是一个好主意。学者认为,编纂法典最为基本的目的也是最基本的要求是,将现实生活中各种具体的法律关系,按照一定的编制体例和标准进行分门别类,从中抽象出同类法律关系的一般性规范,并按照一般规范和特殊规范的阶次划分法律规范,构建起具有内在联系的相对自足的完整的法律规范体系。而民法典没有规定债的一般规范,仅规定合同、侵权行为等规范,是难以构建起债法体系的。未能构建起债法体系的民法典,充其量只能是法律的汇编而非真正的法典。[48] 这样的意见是有充分根据的。

综合起来可以认为,在民法发展历史上,债法总则的出现是民法理论的进步,它使民法理论更具体系性。[49] 民法典只有设置债法总则,才能够保障民法典更具有体系的逻辑性和制度的融洽性,而不会得出"取消债法总则会使民法典更具有体系逻辑性

---

[45] 参见许中缘:《合同的概念与我国债法总则的存废——兼论我国民法典的体系》,载《清华法学》2010年第1期。

[46] 许中缘:《合同的概念与我国债法总则的存废——兼论我国民法典的体系》,载《清华法学》2010年第1期。

[47] 参见崔建远:《债法总则与中国民法典的制定——兼论赔礼道歉、恢复名誉、消除影响的定位》,载《清华大学学报》(哲学社会科学版)2003年第4期。

[48] 参见柳经纬:《设立债法总则的必要性和可行性》,载柳经纬主编:《厦门大学法律评论》(第7辑),厦门大学出版社2004年版,第200页。

[49] 参见傅静坤:《我国民法典起草论证述评》,载《深圳大学学报》(人文社会科学版)2004年第4期。

和制度融洽性"的结论。

5.《合同法》与《侵权责任法》规定在此处的目的

我国民事立法单独规定《合同法》和《侵权责任法》,只是将《侵权责任法》作为权利保护法与债法分离,并未拆分债法的其他部分,债法仍然有合同之债、无因管理之债、不当得利之债和单方允诺之债,设立债法总则刚好与合同之债相对应,并没有破坏民法典的结构在编的层次上的逻辑性,不会引起法典逻辑关系上的混乱。

(三)编纂民法典必须设置债法总则

综合以上意见,笔者认为,在21世纪编纂中国民法典,应当遵循大陆法系多数国家的立法例,规定债法总则,保持大陆法系民法典风格的一致性、逻辑的严密性、体系的科学性、制度的融洽性以及条文设置的合理性,体现21世纪民法典的形象,使中国民法由此走向世界,引导世界民法典编纂的方向,进而改变中国民法输入国的形象,以新的民法大国的形象,挺立于世界民法之林。

四、对制定我国民法典之债法总则的基本设想

(一)民法典规定一个大的债法总则还是一个小的债法总则

在民法典中规定债法总则,究竟应当规定一个大的债法总则还是一个小的债法总则,也是一个有争论的问题,应当有一个确定的意见。学者的主要意见是规定一个大的债法总则,将债的一般性规定都规定在债法总则当中。也有学者主张民法典应当规定小的债法总则,认为我国已经制定了《合同法》,其内容和体系都相当完备,而且充分估计了现代合同法的发展趋势。因此,债法总则的制定不应当影响合同法体系的完整性,而合同法总则也不能代替债法总则,将本应属于合同法总则的内容回归《合同法》,将仅适用于侵权法的内容回归《侵权责任法》。未来民法典的债法总则主要是对现有合同法总则的适用起一种指导、协调和补充的作用,这样,民法典债法总则主要应当规定债的共通性规则,同时补充合同法总则和侵权责任法总则的不足。[50] 因此,债权总则内容具有更高的抽象性,缩小传统债权总则的内容。[51] 也有学者认为,应该采取小而简的债法总则内容和模式,规定债的四种主要发生原因和民事责任竞合规则;以连带责任取代连带债务,并规定统一的分摊请求权与追偿请求权;集中列举非损害赔偿责任方式;不规定债的优先性规则。[52] 不过,在王利明教授主编的《中国民法典学者建议稿及立法理由·债法总则》中,条文从1148条至第1273条,总共126条,从条文的数量观察,不能算做小的债法总则。《德国民法典》的债法总则有

---

[50] 参见王利明:《论债法总则与合同法总则的关系》,载《广东社会科学》2014年第5期。
[51] 参见王利明等:《我国民法典体系问题研究》,经济科学出版社2009年版,第395页。
[52] 参见王竹:《民法典起草实用主义思路下的"债法总则"立法模式研究》,载《四川大学学报》(哲学社会科学版)2012年第3期。

192 条,1930 年《中华民国民法》的债法总则也是 192 条,《日本民法典》的债法总则为 122 条。梁慧星主编的《中国民法典学者建议稿》债法总则的条文为 192 条。相比之下,王稿的债法总则并不属于小的债法总则。

即使如此,笔者也不同意设立一个小的债法总则的意见。其理由是:

(1)债法总则的大小,并非由人的主观意志任意而为,而以应当规定的债法总则的内容和民法典条文的写作风格来决定。从上述民法典的债法总则以及我国民法典建议稿中债法总则的条文数量观察,应当规定的条文数量在 120 条至 190 条,最长的民法典即《阿根廷民法典》的债法总则,共有 401 个条文,是例外现象。在我国的立法中,民法典的债法总则应当规定的内容较多,其数量应当与德国和日本的数量相似。因此,我国债法总则的规模应当在 100 条之上不超过 150 条为适宜,而不能随意压缩条文数量,故意制定一个小的债法总则。

(2)认为制定一个小的债法总则的最主要理由,是我国《合同法》的内容和体系已经相当完备,不能破坏现有的《合同法》总则的结构而加重债法总则的内容和体系。如果因为设立债权总则,则要对《合同法》进行大幅度修改,将导致法律普及和法律适用的成本大大增加,而且也不利于法律的稳定性和培养法律的权威性。[53] 这种意见并不正确。我国《合同法》在制定过程中,因为无法预期制定债法总则的时间,因此,将债法总则的内容大部分都加在了《合同法》总则之中,形成了这样一个庞大的《合同法》总则。如果将《合同法》总则中关于债法总则的一般性规则剔除,写进债法总则之中,《合同法》总则就不会这样庞大,债法总则的内容就会相应扩展,形成债法总则应有的规模,那就不会是一个小的债法总则,而是一个比较大的债法总则。

(3)在编纂民法典的时候,不存在不能改变《合同法》现有内容和体系的理由,否则还制定债法总则干什么呢?并不是所有存在的就是合理的,这正是进行改革的依据。编纂民法典,其实就是要对现行民法进行改革,应当根据实际需要,该怎样做就怎样做,不能被现行民法立法束缚住手脚。就像《民法(草案)》将婚姻法和收养法原封不动地收录其中受到广泛的谴责一样。如果将就《合同法》的现有立法,而将《合同法》总则中的债法总则内容仍然原封不动地复制下来,编制一个小的债法总则,仍然还会受到公众和社会的广泛批评,也会使我国民法典的国际形象受损。

因此,编纂民法典制定债法总则,就是要根据民法典编纂的规律进行,不能任意改变。确定债法总则应当规定的内容,根据其内容设计债法总则的体系和结构,该写多少就写多少,才是正确的态度。

(二)规定大的债法总则应当怎样处理《合同法》总则

编纂民法典要制定一个适当规模债法总则,直接面临的就是怎样处理《合同法》总则的问题。在明确了上述第一个问题之后,实际上这个问题已经解决了,那就是该写在债法总则中的应当写在债法总则之中,该写在《合同法》总则中的保留在

---

[53] 参见王利明:《债权总则在我国民法典中的地位及其体系》,载《社会科学战线》2009 年第 7 期。

《合同法》总则之中。

现在的问题是,能否对《合同法》总则进行较大的"手术"呢?现行《合同法》确实比较完美,不仅在我国的司法实际应用中发挥了实际作用,而且在国际上也受到了广泛好评。但是,这些都不是在编纂民法典时不能对其进行"手术"的理由。制定一个完美的合同法总则和同时制定一个完美的债法总则,都是必要的,而且也是必须的。如果只保护《合同法》总则的完美而不对其进行"手术",债法总则就将会是不完美的。在两个完美和一个完美一个不完美的取舍中,应当选择的结果至为明确。

事实上,在任何一个国家的民法典中,合同法总则都不是一个庞大的总则,规模比债法总则要小得多,甚至根本就没有合同法总则。《日本民法典》的契约法总则从521条至第548条,只有28条,规定的是契约的成立、契约的效力和契约的解除。《韩国民法典》的契约法总则为36条,也不算多。我国目前的《合同法》总则共有129条,是比较庞大的合同法总则。如果剔除了债法总则的内容,其仅属于合同法总则的内容不会太多,就是一个精干的、完美的合同法总则。

经过上述比较研究,可以得出一个结论,即在民法典中,规定一个适度规模的债法总则,势必精简合同法总则的内容,设置一个小的合同法总则。同时也应当保证,凡是合同法能够适用的债法的一般规则,规定在债法总则中以后,合同法总则就没有必要对此再作出规定,适用债法总则的一般规则。例如,在债法总则规定了债的保全之后,合同法总则没有必要再规定债的保全,合同之债的保全直接适用债的保全制度。这样,就能够处理好债法总则与合同法总则的关系,避免出现民法典叠床架屋的现象。

(三)合同法作为债法分则应当怎样设计其体例

按照前述的设计,与债法总则相对应的应当是债法分则。由于非合同之债需要放在债法总则中,债法分则就是关于合同之债的规定,可以称为合同法编。

1. 主要国家民法典的合同法设计

(1)将合同法总则放在债法总则之中。《德国民法典》的合同法总则放在债法总则之中,作为"基于合同而发生的债务关系"一章。内容分为成立、内容与终止,双务合同,向第三人履行给付的约定,定金,违约金,解除,在消费者合同的情况下的撤回权和退还权。有名合同放在非合同之债之前,并列之。《魁北克民法典》的债法总则中专门规定第二章"合同",实际就是合同法总则,其中有一般规定、合同性质和某些分类、合同的订立、合同的解释、合同的效力五节。债法的第二题是合同法分则。再法典化的《荷兰民法典》的合同总则放在第六编"债法总则"的第五章,内容有一般规定、合同的订立、一般条款和条件、合同的法律效力以及双务合同;第七编为有名合同。

(2)专设合同法总则和合同法分则,但并不明确分为总则和分则。《日本民法典》契约法部分的结构简单,内容比较简洁,第一节是总则,只规定了契约的成立、契约的效力和契约的解除三款。之后的第二节至第十四节规定的是有名合同。《韩国民法典》第三编"债权"第二章是契约,第一节规定的是合同法总则即"一般规定",包括契约的成立、契约的效力、契约的终止解除三个小节,之后是有名合同的规定。

(3)债法总则与合同法总则"混搭"在一起。《埃塞俄比亚民法典》第四编是债法总则,第十二题名为"合同的一般规定",好像是合同法总则,但其实是债法总则,是将债法总则和合同法总则规定在一起的"混搭"方式。

(4)干脆不设置合同法分则。1930年《中华民国民法》的债法只有两章,第一章为通则,第二章为各种之债,根本就没有合同法总则。其合同的一般规则都适用债法总则的规定,结构更为简单、明了。

2. 我国民法典专家建议稿对合同法总则的设计

梁慧星教授主编的《中国民法典草案建议稿》的合同编,采用的是平列式。合同编从第二十七章至三十二章,分别规定的是通则、合同的订立、合同的效力、合同的解除与终止、合同的履行,以及违约责任,共六章。之后第三十三章至第六十二章分别规定的是各种有名合同。

王利明教授主编的《中国民法典学者建议稿》采用的是总分式,总则部分是合同法总则,规定了一般规定、合同的订立、合同的效力、合同的履行、合同的变更和解除、违约责任,以及其他规定,共七章。合同法分则规定的是有名合同。

比较上述两种民法典建议稿关于合同法的体例结构,结论是各有特点:总分式结构比较醒目,但层次较多;平列式结构不够醒目,但熟悉法律的人都能够理解和掌握。比较两种民法典建议稿合同法总则的内容,王稿的内容比较复杂,掺杂了一些债法总则的内容,而且既有一般规定,又有其他规定,需要精简。梁稿内容则比较简要。

3. 笔者在《债与合同法》一书中对合同法总则内容的设计

笔者参加过王稿的写作,没有自己的特别建议。不过,笔者写作《债与合同法》一书时是这样设计的:合同法部分分为四编:一是合同法概述;二是合同流转;三是合同责任;四是有名合同。㊹ 从结构上看,属于平列式。从内容上看,主要的是合同总则部分为一般规定、合同订立、合同效力、合同履行以及合同责任。与梁稿相比较,少了合同的解除和终止。

4. 合同法总则的结构与基本内容

通过以上比较,笔者认为,设计合同法的体系结构以及具体内容,应当把握以下三点:

(1)合同法的结构和内容应当从简,不应当太过复杂,避免出现债法总则与合同法总则的重复。把握的原则是,凡是债法总则有规定的,合同法总则就一定不要再规定。因此,合同法总则一定是一个小的总则,而不是一个大的总则。这与王利明教授的意见刚好相反。"小的债法总则+大的合同法总则"模式的最大好处,是保持现行《合同法》的稳定性,但违反债法编纂的规律;"大的债法总则+小的合同法总则"尽

㊹ 参见杨立新:《债与合同法》,法律出版社2012年版,第287页以下。

管打破了现行《合同法》总则的体系,但却顺应了债法编纂的规律,更具有可行性。

(2)合同法的体系不一定要分为总则和分则,但要在逻辑上一定能够看清楚"总—分"的两层结构。依笔者所见,如果将债法作为一编,则分为两章,第一章一般规定;第二章有名合同。这是最为简洁的结构,只是第二章的内容太多而已。

(3)在合同法总则的内容中,应当规定的是通则、合同的订立、合同的效力、合同的履行、合同的解除和违约责任,其他的内容都放在债法总则中,适用债法总则的一般性规定。

(四)其他非合同之债应当放在债法总则还是放在债法分则?

在设计债法总则体系结构的时候,必须解决的一个问题是如何处理不当得利、无因管理和单方允诺等非合同之债的地位问题。由于我国《侵权责任法》已经单独立法,将来在民法典中独立成编,这个问题已经不必讨论。

在处理非合同之债的地位问题上,各国民法典的做法主要有以下几种:第一是德国式,将非合同之债置于债法分则即"各种债务关系"之中,放在各种合同之债的后面,规定不当得利和侵权行为。第二是日本式,将无因管理、不当得利和侵权行为作为非合同之债,与契约之债相并列,各以章的结构并列,作为债法分则的组成部分。第三是民国式,《中华民国民法》的债法分则只收录合同之债的内容,将代理权之授予、无因管理、不当得利和侵权行为作为债的发生原因,规定在"债之发生"一节,处理得极为精巧。这一做法自《民国民律草案》始,创设了一个新的立法体例。

上述三种立法例都各有道理。按照债法总则和债法分则的体例,德国式和日本式都是正确的,因为非合同之债就是债法分则的内容,应当放在债法分则之中。但是,非合同之债与合同之债的内容和规模相差悬殊,不能相提并论,即使像日本法那样处理,虽然都是设置一章,但合同之债的篇幅和无因管理、不当得利以及侵权行为之债的篇幅不可同日而语,条文数量有不够协调的缺陷。《民国民律草案》和《中华民国民法》将非合同之债放在债法总则的"债的发生"一节,立法技术精巧,但在立法逻辑上存在问题,因为将债法分则的内容放在了债法总则之中。

相比较而言,民国式对非合同之债的处理还是具有优势的,那就是节省篇幅,债法分则实际上就只剩下合同之债,无论在结构上还是在具体适用上,都比较方便。有学者认为,在我国,可以考虑将不当得利和无因管理等债的发生原因规定至债权总则部分,原因是,一方面,侵权责任法从债法分则中分离出去以后,在债法中没有必要仅仅为无因管理、不当得利设置一个债法分则;另一方面,不当得利适用范围比较宽泛,无因管理放在总则之中也是可以的。㊹ 正因为如此,在我国的民法典专家建议稿中,不论是梁稿还是王稿,都采用了民国式的体例。梁慧星主编的《中国民法典草案建议稿》在"债的原因"一章,除了规定一般规定之外,就规定了不当得利、无因管理和单

㊹ 参见王利明:《债权总则在我国民法典中的地位及其体系》,载《社会科学战线》2009年第7期。

方允诺三种非合同之债。㊱ 王利明主编的《中国民法典学者建议稿》在"债的发生"一章，除了规定一般规定之外，规定了无因管理、不当得利、悬赏广告和缔约过失行为，均为债因。相比较而言，缔约过失责任还是放在合同法总则之中，采用目前我国《合同法》的做法，似乎更好。

按照民国式的非合同之债的处理方法，编纂我国民法典的债法总则，是有深厚基础的。这不仅在我国的民法典学者建议稿中采用了这一体例，而且有着民国时期民事立法的传统。因此，编纂民法典制定债法总则，应当借鉴梁稿和王稿的做法，将非合同之债置于债法总则的"债的发生"之中，在债的发生原因中，将不当得利、无因管理和单方允诺作为债因加以规定，简洁、明确，应当是一个很好的选择。

（五）我国民法典债法总则的应然体系结构和主要内容

依照以上分析意见，笔者认为，我国债法总则的体系结构和主要内容应当按照以下方法设计：

1. 我国民法典债法总则的体系结构

我国民法典债法总则的体系结构应当采取以下方法：第一章为通则；第二章为债的发生原因；第三章为债的种类；第四章为债的标的；第五章为债的变更和转移；第六章为债的消灭；第七章为债的保障。

2. 我国民法典的债法总则的主要内容

按照我国民法典债法总则的体系结构，应当安排的具体内容是：

第一章通则的内容，主要规定债的概念、债的相对性原则、债的效力范围，以及履行债的诚信原则。

第二章债的发生原因，主要规定不当得利、无因管理、单方允诺（包括悬赏广告），规定详细的非合同之债的具体规则。同时规定《侵权责任法》有关未尽的规则，应当适用债法总则的规定。㊲

第三章债的种类，参照梁稿和王稿的内容，斟酌实际需要，应当规定法定之债与意定之债，主债与从债，种类之债与特定之债，货币之债与利息之债，简单之债与选择之债，可分之债与不可分之债，单独之债与多数人之债，多数人之债中包括连带之债、不真正连带之债与按份之债。特别是连带之债、不真正连带之债和按份之债的规则，应当详细规定。

第四章债的标的，规定受领和给付，对受领和给付作出详细规定。特别是对给付，我国债法研究并不予以特别的重视，应当详细规定给付的概念、有效条件、给付形态、给付的种类等。

第五章债的变更和转移，规定债的变更、债权转让、债务转移以及债权债务概括

㊱ 参见梁慧星主编：《中国民法典草案建议稿》，法律出版社2003年版，第130—135页。
㊲ 参见魏振瀛：《侵权责任法在我国民法中的地位及其与民法其他部分的关系——兼与传统民法相关问题比较》，载《中国法学》2010年第2期。

转移。这个部分应当从合同法总则中完全转移过来,成为各种债共同适用的规则。

第六章债的消灭,规定清偿、解除、抵消、提存、免除、混同等债的消灭原因即具体规则。合同法总则要规定的比较特殊的合同解除,也放在这部分规定,减轻合同法总则的负担。

第七章债的保障,一是规定债的保全,规定债权人代位权和债权人撤销权,把《合同法》总则的规定完全转移过来;二是规定担保物权之外的担保,规定保证、定金。对于目前我国《物权法》没有规定的非典型担保,如优先权、所有权保留以及让与担保,编纂民法典时,可以规定在《物权法》担保物权一编,也可以编在本节之中。三是规定违反债的责任,只规定一般的规则就可以,违约责任放在合同法总则中详细规定。

世界侵权法的历史源流及融合与统一*

当今世界,随着经济一体化的不断进展,法律的融合与统一成为世界性的潮流,侵权法同样处于这个潮流之中。作为侵权法研究的一个大国①,以及这个侵权法研究大国中的一个侵权法研究专家,应当对世界侵权法融合与统一的历史源流与发展趋势作出准确的概括和评估,为推动世界侵权法的统一作出应有的贡献。这也是笔者与奥地利侵权法专家库齐奥教授、英国侵权法专家奥利芬特教授和美国侵权法专家格林教授组建世界侵权法学会②的心愿。本文从探讨世界侵权法的历史源流开始,进而考察其融合与统一的规律和发展前景。

一、世界侵权法的五大历史源流

初民社会没有法律,人们的生活自动地受习惯的统治。③ 随着原始社会进化为阶级社会,法律开始出现,并且不断发展。同样,初民社会也不存在侵权法,作为保障社会成员的财产和人身的法律曾经是"法律程序的原始形态"④,最早的"侵权法"以受害人及其血亲对加害人进行同态复仇的方式进行"救济",主要表现为私人复仇制度,借以解决部族成员之间的矛盾和冲突。⑤

随着国家和阶级的出现,侵权法出现于世界舞台,并且形成了世界侵权法主要的五大历史源流。这就是罗马法系侵权法、英吉利法系侵权法、中华法系侵权法、印度

---

* 本文发表在《福建论坛》(人文社会科学版)2014年第6期,也作为《世界侵权法学会报告(1):产品责任》一书的代前言,人民法院出版社2015年版,前言。

① 作出这个评估的依据是,据中国人民大学民商事法律科学研究中心统计,仅在全国141份CSSCI核心期刊发表的侵权法论文,2012年为150篇、2011年为158篇、2010年为188篇,3年合计为496篇,平均每年为165篇,在这3年全国发表的民法论文2224篇中占22.3%。中国侵权法论文的产量在世界各国中应当是相当高的。

② 世界侵权法学会于2011年8月开始筹建,2013年9月在中国哈尔滨举行了成立大会暨第一届学术研讨会,专题研究产品责任。筹建过程参见杨立新:《世界侵权法统一运动的进程》,载《法制日报》2013年9月4日,第12版。

③ 参见〔美〕西格林:《法律探求》第2章,转引自〔美〕E.A.霍贝尔:《初民的法律》,周勇译、罗致平校,中国社会科学出版社1993年版,第22页。

④ 转引自王利明等:《民法·侵权行为法》,中国人民大学出版社1993年版,第59页。

⑤ 参见杨立新:《侵权法论》,人民法院出版社2013年第5版,第85页。

法系侵权法和伊斯兰法系侵权法。⑥

（一）罗马法系侵权法

罗马法是由东罗马皇帝优士丁尼于公元6世纪编纂的罗马法律和学说,包括《学说汇纂》《法学阶梯》（法学总论）、《优士丁尼法典》和《新律》。从中世纪到文艺复兴时期,由于波伦亚学派法学家的活动以及大量历史原因和社会原因的影响,优士丁尼的罗马法逐渐变成了所有拉丁民族和日耳曼民族的共同法,直到18世纪中叶开始,它才让位于一些民法典,并且在这些民法典的制定中发挥了重要作用,并于《德国民法典》1896年颁布、1900年生效时退出了最后一块显要的领地。⑦ 强大的罗马法在欧洲大陆统治了一千多年,其中强大的私法特别是侵权法,成为《法国民法典》和《德国民法典》制定侵权之债的蓝本,发挥了重要作用,至今在解释新法典的方面仍具有重要意义,为研究法律沿革的历史规律提供了最佳基础和方法。

罗马法对世界侵权法的最大贡献,在于其规定了完整的私犯制度。罗马法将犯罪分为公犯和私犯。对于公犯,刑法具有公共特点,即由国家科处刑罚;而私犯,则是相对于个人而接受刑罚,这种刑罚导致以钱赎罪。⑧ 私犯在罗马法的历史文献中,先后出现过三种不同的意义:一是在盖尤斯的《十二表法》中,私犯被定位为犯罪行为之一,并没有从债的发生原因的角度看这些不法行为;二是在《法学阶梯》中,把私犯作为债的发生原因之一,并将其纳入私法即债法的领域,构建了契约之债与私犯之债的两分法;三是在优士丁尼《法学阶梯》中提出了准私犯的概念,并且对以前的所有准私犯进行了选择与归纳。⑨

优士丁尼制定罗马法典时,把债的发生主要分为两种:一种是由双方当事人签订契约所生之债;另一种是侵权所生之债,即契约之债和私犯,并将私犯按照各种具体侵权行为的性质分为私犯和准私犯,相应规定在法典的债法部分。所谓私犯,包括对身私犯、对物私犯、窃盗和强盗,是指对他人财产或人身造成损害的行为,是与犯罪行为相对的概念。同时,罗马法还规定了赔偿金额和计算标准。虽然罗马法没有对侵权行为明确规定实行过错责任原则,但存在着事实上的过错归责,对于私犯的概念和后果来说,过错越来越受到重视⑩,为《法国民法典》建立过错责任原则奠定了基础。所谓准私犯,是指类似私犯而未列入私犯的侵权行为,是与私犯并列的特殊侵权行为类型。《法学阶梯》概括的准私犯包括:(1)承审官加于人之损害（法官误判）;(2)自

---

⑥ 对于其他国家的侵权法历史源流,例如俄罗斯法,由于并不突出或者资料不够,本文不进行专门研究。

⑦ 参见[意]彼德罗·彭梵得:《罗马法教科书》(修订版),黄风译,中国政法大学出版社2005年版,第1—3页。

⑧ 参见[意]彼德罗·彭梵得:《罗马法教科书》(修订版),黄风译,中国政法大学出版社2005年版,第307页。

⑨ 参见费安玲主编:《罗马私法学》,中国政法大学出版社2009年版,第373页。

⑩ 参见[意]彼德罗·彭梵得:《罗马法教科书》(修订版),黄风译,中国政法大学出版社2005年版,第310页。

屋内向外投掷物体对他人之损害;(3)于大路旁堆放或在阳台、屋檐处悬挂物体对他人之损害;(4)船舶、旅店和马厩的服务人员对旅客的损害。⑪

私犯的法律后果,在阿奎利亚法原本为罚金之诉,也存在复仇制度。到最高裁判官法,确定对人身伤害一律实行金钱赔偿制度。最高裁判官法确认赔偿金额由法官依据被害人的身份、地位、伤害的部位及侵权行为发生的场所来计算并加以确定。

在世界的侵权法源流中,罗马法系侵权法出现最早,也最为完善,适应了自然经济条件下的简单的商品经济发展的需要,确立了私权本位主义和较完备的私权保护体系,对侵权行为作了详细规定,尤其是罗马法在事实上实行过错归责,区分私犯和准私犯的界限等基本制度,对后世侵权法立法关于一般侵权行为与特殊侵权行为的分类、一般化的立法方法等,奠定了坚实的理论基础。同时,罗马法关于侵权法在法典中的编排位置,关于侵权损害赔偿责任规则等方面,对现代侵权法的理论和立法都有重大影响。

(二)英吉利法系侵权法

英吉利法系侵权法也是世界侵权法的一个重要源流。

英吉利法系与罗马法系不同。欧洲人的习惯由于偶然的原因,分为两次演化为理性的法律制度,并且至今仍在影响着世界大多数地区的法律。这两种制度的发展可能经历了类似的历史阶段,但他们在时间上却大约相差了 1500 年。⑫ 这就是罗马法与英吉利法之间的区别。英格兰最早的法律是地方的各种非专门化的惯例和习惯。征服者威廉当时承认先前的人们所留下的各种法律,而这些法律最初来自更早的征服者。这些做法在基督教的影响下,为适应行政管理和处理偶发事件的需要,不断地进行着修改和完善。当公元 11 世纪诺曼人来到英伦岛的时候,这些就已经成为统治英格兰人的法律了。⑬ 诺曼人通过国王委派的法官巡回审判,把原来的地方习惯法有选择地通过判例的形式加以提炼,成为通行于全国的普通法,随着商品经济的发展,于 14 世纪又形成了与普通法并列的衡平法,都采取判例的形式,实行遵循先例的原则。⑭

格兰威尔在 12 世纪后期,将诉讼分为民事诉讼和刑事诉讼两类,区分这两类诉讼的标准与今天不同。民事诉讼是指那些与土地有关的诉讼和古老的对人的诉讼,而所有有关过错行为的诉讼,就都是刑事诉讼,这可能是因为过错行为对社会以及受害人都是一种犯罪,因此刑事制裁即随之而来,当然,刑事诉讼并不排除对受害人的赔偿。如果受害人向过错行为人提出了指控,不仅过错行为人要受到惩罚,还可以收

---

⑪ 参见〔英〕巴里·尼古拉斯:《罗马法概论》,黄风译,法律出版社 2010 年版,第207 页。
⑫ 参见〔英〕S.F.C 密尔松:《普通法的历史基础》,李显冬等译,中国大百科全书出版社 1999 年版,第1 页。
⑬ 参见〔英〕S.F.C 密尔松:《普通法的历史基础》,李显冬等译,中国大百科全书出版社 1999 年版,第3 页。
⑭ 参见何勤华主编:《英国法律发达史》,法律出版社 1999 年版,第 41—42 页。

回自己被抢走的财产或者得到其他补偿。⑮

　　13世纪英国主要采取令状制度,在根据国王的令状提起诉讼的过程中,出现了"直接侵害诉讼"的形式,在以暴力和直接侵害,对人身、动产和不动产的侵害予以刑罚的时候,对受害人给予附带的损害赔偿;13世纪后期,产生了"间接侵害诉讼",这是一种对非暴力的间接侵害的诉讼形式,是对直接侵害诉讼的一种补充。1285年的一项法令规定,将侵害行为之诉扩大适用于令状中说明案情的诉讼,授权法院大法官的书记官在遇到类似案件时,根据现行的救济方法起草新的令状。⑯ 不同的令状表现的就是不同类型案件的基本要求和规则。英格兰法的侵权法就是这些令状累积而成的判例法,而不是成文法。

　　1852年,英国颁布了《普通法诉讼程序条例》,废除了诉讼形式,在直接侵害和间接侵害的基础上,产生了一系列新的侵权行为,采取"无限多重原则",使英国侵权法成为由各种具体侵权行为责任的规定和大量具体侵权诉讼的法院判例构成的法律汇编。普通的法律教科书把英国法中的侵权行为分为7种:

（1）对人身安全和自由的侵权行为;
（2）对个人名誉的侵权行为;
（3）对财产的侵权行为;
（4）干涉家庭关系、合同关系和商业关系的侵权行为;
（5）欺骗行为;
（6）过失行为;
（7）对法律程序的滥用。

　　英吉利法系侵权法是一项古老、分类精细、内容广泛的侵权法律制度,与大陆法系把侵权行为视为债的一种发生行为即侵权行为之债的做法完全不同,缺少对统贯全部侵权法的一般原则的理论归纳,有的只是对各种各样的特定侵权行为的规定,放弃了集各种侵权行为为一体的任务。⑰ 说到底,是一种类型化的侵权法,没有一般性的概括性规定。属于非成文化的判例法、没有一般性规则的类型化侵权法,这是英吉利法系侵权法的基本特点。

(三)中华法系侵权法

　　中华法系也称之为东亚法系或者律令法系。⑱ 依中国学者的见解,中华法系是指以中国法为母法发展起来的东亚法律体系,包括古代的中国法、朝鲜法、日本法、琉球

---

⑮ 参见〔英〕S.F.C密尔松:《普通法的历史基础》,李显冬等译,中国大百科全书出版社1999年版,第319页。
⑯ 参见〔英〕S.F.C密尔松:《普通法的历史基础》,李显冬等译,中国大百科全书出版社1999年版,第318页。
⑰ 参见何勤华主编:《英国法律发达史》,法律出版社1999年版,第272页。
⑱ 参见张中秋编:《中华法系国际学术研讨会文集》,中国政法大学出版社2007年版,第118—119页。

法、安南法、暹罗法等。[19] 中华法系侵权法主要是中国古代的侵权法,日本和韩国的古代侵权法受到中华法系侵权法的影响,属于中华法系侵权法的主要组成部分。

1. 中华本土侵权法

中国古代侵权法源于先秦,延续至清末。中华法系侵权法不断发展变化,形成了丰富多采的侵权法律制度,其主干和体系十分稳定,没有特别明显的变化。

中国古代侵权法以唐代作为中心,可以划分为三个时期:

(1)由唐上溯至魏晋南北朝、两汉、秦朝,这个时期的中国古代侵权法远没有唐代侵权法律制度那样完备,但秦代吸收了中国奴隶制社会侵权法立法的遗产和战国时期封建社会初期侵权法立法的思想和实践,创立了初步的中华法系侵权法体系。

(2)唐代侵权法标志着中华法系侵权法的完善。《唐律》所包括的侵权法规范是相当先进的,某些规则达到了领先世界的水平。证据是,《唐律》(《永徽律》)颁发于公元651年,罗马法的《查士丁尼法典》和《国法大全》颁行于公元534年,《新律》于公元565年颁布实施,属于同一时期的法律。当时的罗马法"确认私犯是债发生的原因之一,但却从未专门规定过因这种违法行为而引起的损害赔偿责任的一般原则"。[20] 而《唐律》中的财物损害"备偿"制度、畜产损害的"偿所减价"制度、过失杀伤人的"赎铜入伤杀人之家"制度和"保辜"制度,比罗马法的"私犯、准私犯"的有关具体侵权责任的规定,抽象性更强,更为先进。[21]

(3)宋、元、明、清朝的侵权制度经过不断修改,越来越丰富,越来越完善,向着日益完善的方向发展。清朝《大清律例》删除了不合理的惩罚性赔偿制度,确认损害赔偿的基本功能是填补损失,而不是以行为人的主观过错轻重来确定赔偿范围,概括了中国古代侵权法的全部精华,达到了中华法系侵权法的最高峰。

中国古代侵权法共有三大类15种基本责任制度:

(1)侵害人身的损害赔偿,包括赎铜入杀伤人之家、断付财产养赡(将罪犯的财产按份分给受害人)、追埋葬银、保辜。其中保辜制度是最具有特色的人身损害赔偿制度,即殴人致伤,区分不同情况,立一辜限,限内由侵害人即罪犯支付医疗费用治疗,辜限内治好,可以减轻处罚,辜限内医治无效致死、致残,各依律科断刑罚。保辜制中的保人之伤,正所以保己之罪,因可以调动加害人医治伤害的积极性,而对受害人有利,使受害人的伤害得到及时平复,是一种有效的侵权责任制度。

(2)侵害财产的损害赔偿,包括备偿(全部赔偿)、偿所减价(赔偿实际损失)、偿减价之半(赔偿实际损失的一半)、倍备(双倍赔偿)、折剉赔偿(放火烧人财产,将放火人家的全部财产折份赔给受害人家)、追雇赁钱(赔偿使用费)、着落均赔还官(职务过失而造成官府损失的赔偿)、还官主(返还原物)。

---

[19] 参见张友渔主编:《中国大百科全书·法学卷》"中华法系"条,中国大百科全书出版社1984年版,第764页。

[20] 周枏:《罗马法》,群众出版社1983年版,第253页。

[21] 参见杨立新:《侵权损害赔偿》,吉林人民出版社1990年版,第59—60页。

(3)其他形式的侵权责任,如复旧(恢复原状)、修立(建筑物恢复原状)、责寻(丢失财物责令寻找)。[22]

中华法系侵权法仍然是成文法的类型化侵权法,与罗马法侵权法相似,但其类型化不仅包括侵权行为的类型化,而且包括责任方式的类型化,不同的责任方式适用于不同的侵权行为。这种侵权责任的类型化,既不像英吉利法系侵权法那样是侵权行为的类型化,也不像罗马法侵权法把侵权行为类型概括为私犯和准私犯。这样的侵权法独具特色,具有中华法系侵权法的特点。在侵权责任功能上,侵权损害赔偿的性质以补偿损失为主,但也有惩罚性赔偿责任,如唐、宋的"倍备"制度,汉律中的"加责"制度,明律中的"倍追"制度,都具有明显的惩罚性赔偿性质,这样的规定与英美法系侵权法18世纪产生的惩罚性赔偿[23]相似,但产生的年代早于英美法系侵权法惩罚性赔偿一千多年。不过到了清代,这种惩罚性赔偿责任都被废止了。[24]

2. 日本侵权法

日本古代法律分为上世法、中世法和近世法。

上世时期,日本从中国继受了从近江令到养老律令的一系列法典,逐步作为基本法典而施行。律令中对相当于现代侵权行为的规定是从惩肃的立场出发,主要规定在"律"中,犯罪与侵权行为并没有明确的区分。与中国古代侵权法一样,将损害赔偿称为备偿、征偿或者偿。对过失伤人造成损害征收赎铜,并在某种条件具备时,归被害人家庭所有。[25]同样,侵害财物,名例律规定了盗窃(窃盗、强盗)他人之物的人应当双倍赔偿,以水火造成他人之物损毁的,如果是故意则应赔偿,如果是过失则免予赔偿。对于家畜造成的损害,由畜主赔偿该损害,畜产抵人的截去双角,踏人的捆住,咬人的截去双耳,对狂犬任何人皆可杀之。犬类所有人非因故意造成他人畜产被杀伤时,由所有人赔偿所减价,其余畜产同样相互杀伤时,赔偿减价之半。[26]

中世时期,日本施行了律令系统的侵权法。镰仓、室町两幕府法中,关于不法行为的民事责任,例如提起更改旧境引发土地诉讼的人,如果毫无依据地提起诉讼,要从自己的领地割出相当于希望通过该诉讼得到的土地面积交付给被告。[27]口出恶言之人争夺的土地归其他当事人所有。[28]盗窃案中有赃物价格在三百文以下的,盗窃者双倍赔偿。放牧的牛马造成他人农作物损害的负有赔偿义务,不予赔偿时被害人可

---

[22] 参见杨立新:《侵权法论》,人民法院出版社2013年第5版,第65—76页。
[23] 参见[奥]赫尔穆特·考茨欧、瓦内萨·威尔科克斯主编:《惩罚性赔偿金:普通法与大陆法的视角》,窦海洋译,中国法制出版社2012年版,第1—2页。
[24] 参见杨立新:《侵权法论》,人民法院出版社2013年第5版,第68页。
[25] 此时的赎金可以看做损害赔偿,其金额不取决于伤害的程度,而取决于罪行的轻重,因此其带有刑罚的性质。
[26] 参见[日]石井良助:《日本法制史概说》,创文社1967年第2版,第174页。
[27] 即"打越土地",御成败式目第36条。
[28] 口出恶言之人若无理由取得此争议土地的,没收此人的其他领地。

以取得此牛马。㉙

近世时期,日本战国时代的分国法规定了土地所有人可以扣押加害其作物的家畜以请求损害赔偿㉚,江户时代在板仓氏新式目中可以看到同样的规定。御定书下卷第 71 条中有关于伤害的、第 77 条中有关于酒醉加害的赔偿责任。根据前者的规定,伤人的町人百姓不论伤口多少,应当交付被害人治疗费用一枚银元。根据后者的规定,酒醉伤人者应当支付平愈伤害的治疗费用,其金额不论伤口多少,町人百姓银元一枚,身份低于町人百姓的也以此为准。㉛ 酒醉后打人又难以承担治疗费的,取其各种用具交付被害人。㉜ 酒醉损坏各种用具的,负有赔偿责任。㉝

从日本学者介绍的上述日本侵权法的情形观察,日本侵权法源于中国唐代侵权法,中世与后世时期增加了本国的基本内容,仍然属于中华法系侵权法。

3. 韩国侵权法

历史上,韩国的法制以其固有习惯法为基础,深受中华法系影响,逐渐发展起来。古代时期接受了中国唐律、中世纪接受了宋朝和元朝的法律,朝鲜时代接受了明律。㉞ 韩国将侵权行为称为不法行为。古朝鲜的《八条法》作为古朝鲜社会的基本法,又称"八条法禁"或"犯禁八条",以杀人、伤害、窃盗为基础,现在记录仅存有三个条文:一是相杀,以当时偿杀(杀人者,即时处以死刑);二是相伤,以谷偿(伤害他人身体者,以谷物补偿);三是相盗,男没入为其家奴,女子为婢,欲自赎者人五十万。㉟ "昔武王封箕子于朝鲜,箕子教以礼义田蚕,又制八条之教。其人终不相盗,无门户之闭。妇人贞信。"㊱高丽时代的《高丽律》,内容深受中国唐律的影响,朝鲜时期的《经国大典》借鉴大明律的规定,侵权法的内容与中国唐代和明代的规定之相似,只是在奴婢、身份等问题上,具有民族的固有性。㊲

(四)印度法系侵权法

在古代历史中,印度传统宗教包含着"法"(达摩)的观念和制度。以《摩奴法典》为代表的教法统一的典籍,早在公元前就被引证为社会诸律法的权威。

印度法系侵权法的传统集中在《摩奴法典》中。《摩奴法典》是古印度奴隶社会

㉙ 这种制度相当于损害投役。参见〔日〕石井良助:《日本法制史概说》,创文社 1967 年第 2 版,第 330 页。

㉚ 尘芥集将这种损害赔偿称为"错钱",如果被害人切割或者宰杀畜类的话,则反之应由其交纳"过钱"(畜类被宰杀时的价格)。元亲百条中规定畜类所有人应当向被害作物所有人(作主)交纳百文。

㉛ 御定书中过去最早在享保七年(1722 年)条文中规定了难以交纳治疗费的人将腰刀交付被害人,此条后来被删除,在幕末的御定书正本中看不到此规定。

㉜ 没有应当交付的各种用具的人要被流放。酒醉毁坏各种用具,但无力赔偿的也一样。

㉝ 参见〔日〕石井良助:《日本法制史概说》,创文社 1967 年第 2 版,564 页。

㉞ 参见〔韩〕李镐秀:《论中国古代法对韩国法制史之影响》,载《法制与社会》2010 年第 28 期。

㉟ 参见韩国 naver 网站(http://terms.naver.com/entry.nhn? cid = 200000000&docId = 1157373&mobile&categoryId = 200000259),"八条法"知识百科,2013 年 5 月 24 日访问。

㊱ 〔韩〕延正悦:《韩国法制史》,学文社 1996 年版,第 13 页。

㊲ 参见〔韩〕李镐秀:《论中国古代法对韩国法制史之影响》,载《法制与社会》2010 年第 28 期。

有关宗教、哲学和法律的汇编之一,全文十二卷㊳,侵权法主要规定在第七卷至第十卷中。根据笔者的整理,《摩奴法典》规定的印度法系侵权法的基本体系是:

遵循的基本原则是正义。《摩奴法典》第七卷第 2 条规定:"刹帝利按照规定接受入门式后,应致力于以正义来保护属于他能力范围内的一切。"㊴第 51 条规定:"要始终将打人、骂人和侵犯他人财产的行为视为愤怒所产生的恶德系列中最有危害的三事。"㊵从这样的规定可以看出,《摩奴法典》奉正义为其基本原则,也是侵权法的基本原则,确认打人、骂人、侵犯他人财产的行为都是侵权行为,都是法典所极力谴责的恶行,应当受到法律责任的制裁。

具体侵权行为类型包括 4 种:

(1)损坏财产的侵权行为。《摩奴法典》特别重视对财产权利的保护。第八卷第 144 条规定损坏抵押物,应当赔偿物主损失㊶;第 285 条、第 288 条和第 289 条都规定了损坏他人财产的赔偿责任。㊷

(2)伤害他人侵权行为。法典对保护生命权和健康权的规定比较周到,主要适用刑罚手段进行保护,但也规定了若干民事手段的保护,例如第八卷第 287 条规定:"打坏肢体造成创伤或出血时,肇事人应该交付治愈费用;或者,如果他拒不缴付,应处以缴付费用并罚金。"㊸

(3)辱骂他人的侵权行为。法典对于精神性人格权的保护比较突出。其中关于辱骂他人的规定,诸如第八卷第 267 条至第 271 条、第 274 条和第 275 条等。㊹ 对于性权利和夫权等的保护也比较鲜明。第八卷第 352 以下多个条文规定了这样的规则。例如,第 367 条规定:"男子由于傲慢不逊,一起手指接触、强污一青年女子时,可立即断其二指,另处二百钵那罚金。"

(4)其他特殊侵权行为。《摩奴法典》规定了多种特殊侵权行为。包括动物损害责任、交通事故责任(车辆和船舶)、违反职责造成损害以及欺诈行为。例如第九卷第 286 条规定:"混淆劣质商品与优质商品,凿坏宝石、珍珠钻孔拙劣,应处以一等罚金并赔偿损失。"㊺

法典规定了多种侵权责任方式以救济不同的损害:

(1)赔偿损失。最为典型的是第 287 条规定:"打坏肢体造成创伤或出血时,肇事人应该交付治愈费用。"第八卷第 288 条规定:"损坏人家财产者,无论有意无意,应该

㊳ 参见陈盛清主编:《外国法制史》,北京大学出版社 1982 年版,第 19—20 页。
㊴ 马香雪转译:《摩奴法典》,商务印书馆 1995 年版,第 144 页。
㊵ 马香雪转译:《摩奴法典》,商务印书馆 1995 年版,第 150 页。
㊶ 马香雪转译:《摩奴法典》,商务印书馆 1995 年版,第 183 页。
㊷ 参见马香雪转译:《摩奴法典》,商务印书馆 1995 年版,第 197—198 页。
㊸ 马香雪转译:《摩奴法典》,商务印书馆 1995 年版,第 197 页。
㊹ 参见马香雪转译:《摩奴法典》,商务印书馆 1995 年版,第 195—196 页。
㊺ 马香雪转译:《摩奴法典》,商务印书馆 1995 年版,第 139 页。

赔偿,并向国王交付与损害相等的罚金。"㊻

(2)返还财产。

(3)恢复原状。

(4)规定了一些具有惩罚性的赔偿责任。

印度《摩奴法典》规定的侵权行为法规范具有鲜明的印度法系的特点,与罗马法系和英吉利法系侵权法并不相同,与中华法系侵权法也不相同。但在基于权利损害而造成损失的赔偿责任,以及坚持过错责任、正当防卫和紧急避险予以免责方面,则都采取了基本相同的立场。

(五)伊斯兰法系侵权法

伊斯兰教是世界三大宗教之一,作为伊斯兰教组成部分的伊斯兰法,是世界主要法律制度之一,不仅源远流长,而且至今仍然具有广泛影响。㊼伊斯兰教法以教义学为基础,基本上是属于宗教伦理性质的,它以神的意志的形式,规定了一个穆斯林持身律己的根本行为准则,因此常常被称为"私法"。㊽《古兰经》是穆罕默德在 23 年的布道和社会活动过程中,以安拉之名陆续降示的一部宗教典籍㊾,是伊斯兰法的成文法。伊斯兰法中有关侵权行为的规定,就是伊斯兰法系的侵权法。

伊斯兰法系侵权法,在《古兰经》之前为习惯法,实行的是以报私仇为基本观念的私人司法制度。损失一个部落成员,要以犯罪者所在部落的相应损失作为报仇手段,该部落则要为其成员的行为集体承担责任。《古兰经》以"以命偿命,以眼还眼"的格言为正当报复的标准,从根本上改变了杀人的法律后果,从此以后,需要为被害者偿命的,只是一条人命,即凶手本人的命,血亲复仇被正当报复所代替。杀人仍然属于民事伤害而不属于公法领域的侵权行为,被害者的亲属有权要求报仇,接受赔偿金或给予宽恕。它尽管仍然是私人司法,但是这项司法需要以公正和准确的赔偿所蒙受的损失的道德标准为尺度。"以眼还眼"的箴言,源自在真主的眼里一切穆斯林皆平等这一更加广泛的宗教原则。而杀人罪是被当做违反私法而不是违反公法的犯罪来对待的。㊿伊斯兰法侵权法认为过失造成他人死亡,也应当承担赔偿责任。例如 3 个孩子正在玩骑马游戏,孩子甲捏了扮演马的孩子乙,骑在孩子乙身上的丙被摔死了,判决认为,游戏的 3 个参加者各承担 1/3 的赔偿金或血金。这样的早期判例已经成为沙里亚法的有机组成部分。[51]

㊻ 马香雪转译:《摩奴法典》,商务印书馆 1995 年版,第 197 页。
㊼ 参见高鸿钧:《伊斯兰法:传统与现代化》,社会科学文献出版社 1996 年版,前言第 1 页。
㊽ 参见[英]诺·库尔森:《伊斯兰教法律史》,吴云贵译,中国社会科学出版社 1986 年版,序言第 1,3 页。
㊾ 参见吴云贵:《伊斯兰教法概略》,中国社会科学出版社 1993 年版,第 9 页。
㊿ 参见[英]诺·库尔森:《伊斯兰教法律史》,吴云贵译,中国社会科学出版社 1986 年版,第 9、101 页。
[51] 参见[英]诺·库尔森:《伊斯兰教法律史》,吴云贵译,中国社会科学出版社 1986 年版,第 107 页。

二、世界侵权法融合与统一的三次浪潮

(一)融合与统一的序幕:世界侵权法两大法系的初步形成

世界侵权法的上述传统渊源是十分清晰的,界限十分清楚,具有鲜明的特点和规则。随着经济的发展和文明的进步,世界侵权法初步形成了两大法系,即普通法系侵权法和大陆法系侵权法。

普通法系的侵权法是英吉利法系侵权法。从13世纪到16世纪,普通法逐渐走向成熟,各种制度都是围绕着高等民事法院的裁判形成的。[52] 侵权法同样如此,将侵害行为之诉扩大适用于令状中说明案情的诉讼,法院的判例不断积累,形成了比较完备的侵权法体系。普通法系侵权法的基本特点就是侵权行为类型化,根据不同的侵权行为的类型,适用不同的规则确定侵权责任。

大陆法系侵权法的形成不像普通法系侵权法那样简单。在罗马法形成的过程中,日耳曼法兴盛起来,并且与罗马法系并存。由于罗马法和日耳曼法都是成文法,都以各种法典的制定为特点,经过文艺复兴运动的洗礼,逐渐融合,最终在1804年《法国民法典》诞生之时,形成了强大的大陆法系。其中的侵权法借鉴罗马法的私犯和准私犯的规则,浓缩为一般侵权行为与准侵权行为(特殊侵权行为),构成了大陆法系侵权法的一般化立法的经典模式,形成了大陆法系侵权法的最基本特色。

在两大法系侵权法初步形成之后,世界侵权法融合与统一的步伐就开始了。

(二)融合与统一的第一次浪潮:两大法系侵权法征服世界主要地区

世界侵权法融合与统一的第一次浪潮,就是大陆法系侵权法和普通法系侵权法对其他国家和地区进行扩张和入侵,使这些国家和地区的侵权法被征服,分别放弃自己的传统,采纳了两大不同法系的侵权法。这一次世界侵权法融合与统一浪潮的最基本特点是强制输出,主题词是"征服"。

世界侵权法融合与统一的第一次浪潮的发展脉络是:

1. 普通法系侵权法借助殖民统治征服广大英国殖民地国家和地区

英国原始积累时期的殖民始于16世纪,在商业资本家的推动下,英国向世界扩张,进行殖民统治。按照现在的国名,曾经是英国殖民地的国家就有56个,以及两个地区。

随着英国殖民地的扩展,英国将其普通法延伸到这些殖民地国家和地区,成为这些殖民国家和地区的法律。普通法系侵权法成为印度、澳大利亚、加拿大、新西兰等国家和我国香港特别行政区的侵权法,其特点都是类型化的判例法。在澳大利亚、新西兰、加拿大等国以及我国香港特别行政区,实行的完全是英国式的侵权法,而印度

---

[52] 参见[英]S.F.C.密尔松:《普通法的历史基础》,中国大百科全书出版社1999年版,第33页。

在1950年《宪法》公布之时,第44条规定国家“将致力于对全印度领土范围内的所有公民实施统一民法”,半个多世纪之后,这一承诺并没有实现,仍然实行的主要是判例法。(53)

2. 普通法系侵权法移植于移民形成的美国并发扬光大

1607年以来,许多英国殖民者定居于北美沿岸地区,在18世纪中叶形成了13个英国殖民地。经过1754年开始的独立运动,1776年美国签订《独立宣言》,成为独立的国家,最终于1787年在费城举行联邦会议,实行立法、行政、司法三权分立。经过第二次独立战争和南北战争,美国恢复统一。

美国在殖民地时期,北美各地被英、法、荷、西等国分割,法律并不统一。英国战胜其他殖民国家后,各地相继适用英国普通法。至18世纪中期,随着殖民地各地普遍设立法庭,学习英国法律风行一时,英国的普通法遂在北美殖民地占据优势。独立战争胜利初期,美国举国上下敌视英国,一度反对普通法,但是胜利了的美国资产阶级为了发展资本主义,维护统治,调整日益复杂的社会关系,基于历史上存在的法律渊源关系,统治者仍然以英国的法律为基础创制新法律,沿用英国的法律术语,条文法的实施仍然按照英国的标准解释,英国的衡平法被作为正规法律,适用于美国的一般法院。可见,以英国法为基础的美国法律,基本上是从英国移植过来的,两者共成一个法系,成为英美法系。(54)

美国的侵权法移植于英国侵权法,但因地制宜,通过判例法,使普通法侵权法适应美国社会经济发展的需要,具有明显的封建性的那些法律规则被排斥掉。同时,由于宪法规定联邦和州都有立法权,侵权法主要是各州普通法的调整范围,不同的法域在侵权法的许多重要方面都有不同规定(55),因而各州的侵权法并不统一,存在某些差异。美国侵权法认为,侵权法所调整的是造成他人人身伤害和财产损害而应当承担的责任,由于人们所进行的每一项活动都可能成为他人请求伤害赔偿或财产损害赔偿的依据,侵权行为囊括了人类的全部活动。因此,没有一项规则或一组规则能够调整如此广泛的领域(56)

可以说,普通法系侵权法通过殖民扩张和美国的法律移植,形成了一个强大的侵权法的判例法体系,即英美法系侵权法,在世界上影响着大量国家和地区的社会生活,调整着这些国家和地区的侵权行为责任。

3. 大陆法系侵权法西法东渐完全替代了中华法系

以法国法系和德国法系为代表的大陆法系,成功征服了亚洲大陆以及其他地区,

---

(53) 参见邱永辉:《印度宗教与统一民法问题》,载《世界宗教研究》2005年第3期。

(54) 参见陈盛清:《外国法制史》,北京大学出版社1982年版,第198页。

(55) 参见〔美〕文森特·R. 约翰逊:《美国侵权法》,赵秀文等译,中国人民大学出版社2004年版,第3页。

(56) 参见〔美〕文森特·R. 约翰逊:《美国侵权法》,赵秀文等译,中国人民大学出版社2004年版,第2页。

成为征服世界众多国家或地区的成文法体系。与此同时,大陆法系侵权法随着大陆法系的东渐,完全替代了东方的侵权法,成为绝大多数成文法国家或地区侵权法的母本。

(1)日本通过明治维新采纳大陆法系侵权法体系。在东亚地区,最早接受大陆法系侵权法的是日本。日本在1868年开始明治维新,从封建社会进入资本主义社会。为了适应社会政治改革和发展资本主义的需要,同时也是为了能够修改与欧洲列强签订的不平等条约,不得已实现列强提出的在日本实行"泰西主义"为前提的立法条件,明治政府从19世纪60年代到70年代初,加紧法制建设,着手组织法律起草委员会,聘请西方法学家为顾问,按照欧陆国家法律的模式拟定各种法典,并予以颁布实施。1890年,日本公布了委托法国人保阿索纳特起草的民法典(史称旧民法),共计1800余条,原定于1893年1月1日实施,但由于过于法国化而遭到各方反对,被宣布延期实施。1893年又成立民法典调查会,依据《德国民法典》兼采《法国民法典》的法理,重新制定民法,于1896年和1898年两次公布,于1899年7月16日实施。

《日本民法典》的侵权法完全抛弃原有传统,采纳《德国民法典》关于侵权法立法的体例,将其规定在第三编的债编中作为第五章,从709条至第724条共16个条文,把侵权行为作为债的一个类型,对侵权法作了全面规定。受中华法系侵权法影响的日本固有侵权法完全退出了历史舞台,成为历史的遗迹,而大陆法系侵权法堂而皇之地成为日本的法律,已经使用了一百多年。

(2)中国清末变律为法完全接受大陆法系侵权法统治。20世纪初的中国清政府同样遇到十多年之前日本政府遇到的同一个问题。这就是,曾经辉煌过的清朝统治走向衰落。特别是甲午战争战败后,中国陷入被帝国主义列强瓜分的绝境。继而英法联军侵略中国,八国联军攻占北京,清朝政府走向崩溃。1900年后,清廷决定实行新政改革,参酌外国法律,改订律例,开始了变律为法,哀婉告别中华法系民法传统,走上了继受欧陆民法的不归路。(57) 其原因,一是中国传统民法制度不能适应新兴资产阶级变革社会的要求,而欧陆民法是适应商品经济社会经济结构和市场经济发展需求的民法;二是清朝政府由于政治上的腐败,造成了社会内部的矛盾重重,资本主义列强加紧向东方扩张,中国成为他们侵略和掠夺的首要目标,致使清朝统治急速衰落,社会发生了巨大变化;三是创造撤销领事裁判权的条件,受列强迫使,不得不改变"天不变,道亦不变"的固有观念。(58)

清末民初制定《大清民律草案》《民国民律草案》和《中华民国民法》,受到日本民法典的影响,是在日本学者参加下,全盘借鉴了大陆法系侵权法的基本规则,废除了中华法系侵权法体系,代表欧陆侵权法思想的现代侵权法规则落户于中国大地,成为

(57) 参见杨立新:《百年中的中国民法华丽转身与曲折发展——中国民法一百年历史的回顾与展望》(本书第135页),载《河南省政法管理干部学院学报》2011年第3期。

(58) 参见张晋藩:《清代民法综论》,中国政法大学出版社1998年版,第241页。

继受外国侵权法的中国侵权法的新体制。

（3）韩国的法律改革。韩国放弃中华法系侵权法传统，也是在日本的经验指导下进行的。在日本殖民时期，朝鲜总督府分别于1910年、1912年、1913年发行了针对朝鲜固有民间习惯的《惯习调查报告书》，当时除了《朝鲜民事令》[59]，主要是依用日本民法，只有在有关能力、亲族、继承的规定适用本土习惯法。[60] 直至1958年2月22日韩国制定统一民法典，建立了现代意义上的侵权行为法，欧陆侵权法在韩国落地生根。

（4）征服南美等其他国家和地区的侵权法。大陆法系国家中的资本主义列强在向世界扩张中，输出大陆法系成文法，使其殖民统治国家和地区接受大陆法系，同时接受了大陆法系侵权法。例如南美诸国、非洲诸国以及其他国家，甚至在英美法系国家的部分地区例如加拿大的魁北克省、美国的路易斯安那州等，都以大陆法系侵权法替代了传统的侵权法，成为大陆法系侵权法的组成部分。

4. 伊斯兰法侵权法

19世纪以来，伊斯兰教文明同欧洲文明之间出现了越来越密切的接触，从此法律的发展几乎完全取决于伊斯兰教所接受的新的影响。由于伊斯兰法在民事交易法中的先天缺陷，不能完全适应现代商业经济的发展需要，因而逐步接受欧洲的相关法律制度。这个过程是从奥斯曼帝国以及埃及等国家开始的，随之，源自欧洲的法律今天已经成为大多数中东国家法律制度的一个重要的有机组成部分。[61] 在中东地区以外，西方法律向伊斯兰世界的渗入是同殖民主义占领国的政策紧密相关的。由于不同国家的殖民占领国不同，例如英国、法国、荷兰等国家不同，殖民地国家所接受的欧洲国家法律传统也不相同。例如在印度次大陆，自19世纪下半叶，伊斯兰教法律仅限于家庭法领域，其他都适用英国法。不过，在很多伊斯兰国家，尽管有法国等殖民者的法律传统影响，但法律长时间还是伊斯兰性质的。[62] 在这种法律体制下的伊斯兰法侵权法，既有欧洲大陆法系和英美法系侵权法传统的影响，也保留了伊斯兰法侵权法的特点。因此有人将受到欧洲传统民法影响的伊斯兰法律，称之为"盎格鲁—穆罕默德法"[63]，似乎很有道理。

（三）融合与统一的第二次浪潮：两大法系侵权法的融合

从20世纪60年代开始，世界侵权法开始了以两大法系侵权法融合与统一的第二次浪潮。这一次浪潮始于《埃塞俄比亚民法典》编纂，至中国《侵权责任法》的制定

---

[59] 1912年颁布的《朝鲜民事令》是日本殖民统治时期的民事基本法令。
[60] 参见崔吉子译：《韩国最新民法典·韩国民法典的发展历程简介》，北京大学出版社2010年版，第1页。
[61] 参见〔英〕诺·库尔森：《伊斯兰教法律史》，吴云贵译，中国社会科学出版社1986年版，第123、125页。
[62] 参见〔英〕诺·库尔森：《伊斯兰教法律史》，吴云贵译，中国社会科学出版社1986年版，第129页。
[63] 〔英〕诺·库尔森：《伊斯兰教法律史》，吴云贵译，中国社会科学出版社1986年版，第135页。

完成。第二次浪潮的基本特点,是融合大陆法系侵权法和英美法系侵权法特点的成文法不断产生,主题词是"融合"。

1. 20世纪60年代的埃塞俄比亚民法典的侵权法

世界侵权法融合与统一的第二次浪潮,始于非洲国家埃塞俄比亚。在历史上,埃塞俄比亚并不是一个具有民法传统的国家。但它在1960年制定的《埃塞俄比亚民法典》却具有不同的风格和价值,被学者誉为"两股改革热情碰撞的结晶"。[64] 促使《埃塞俄比亚民法典》诞生的这两股改革热情,一是1936年5月9日,意大利入侵埃塞俄比亚,年轻的海尔·塞拉西皇帝流亡国外。埃塞俄比亚光复之后,1941年5月5日,塞拉西皇帝回国,立意改革,特别是进行法律改革,成立法典编纂委员会,着手编纂民法典等六部法典。二是塞拉西皇帝委托法国著名的比较法学家勒内·达维德为埃塞俄比亚起草民法典。达维德将法国人对由于《法国民法典》无法进行全面大修而积攒的全部热情,集中在这部民法典中,将法国法、瑞士法、葡萄牙法、南斯拉夫法、英国法甚至希腊和埃及民法典中的优良因素,都规定在《埃塞俄比亚民法典》之中[65],代表了法国民法学家对民法典的全部期望。这两股改革的热情碰撞在一起的结果,就是完成了对全世界具有重要价值的一部优秀的民法典。

在侵权法部分,《埃塞俄比亚民法典》采用了不同于大陆法系国家侵权行为一般化立法的方法,而是在大陆法系侵权法一般化立法的基础上,融合英美法系侵权法侵权行为类型化的立法模式,将二者紧密结合起来,既规定了侵权行为一般条款,又规定了复杂多样的侵权行为类型,成为独树一帜的立法模式。这个模式是:在侵权行为一般条款即第2027条的统帅下,将侵权行为划分为三种基本类型,即因过犯所生的责任、过犯阙如的责任和为他人行为承担责任,再加上其他侵权行为,对具体的侵权行为法律适用规则作出详细规定,共用了135个条文规定了39种具体侵权行为,融合了大陆法系和英美法系侵权法的基本特点,实现了侵权法立法的一般化和类型化结合。[66]

《埃塞俄比亚民法典》将大陆法系侵权法的侵权行为一般化与英美法系侵权法侵权行为类型化的立法模式相互融合,成为最具有代表性的侵权法的成文法,是很成功的。这种侵权法的立法方式完全不同于大陆法系侵权法的立法方法,而是将一般化的立法方式与类型化的立法方式有机地结合在一起,最大限度地融合大陆法系和英美法系侵权法的优势,成为当代侵权法融合的典范,开启了世界侵权法融合与统一第二次浪潮的最早浪花,在侵权法的历史上具有特别重要的意义。尽管其中还存在一些问题,例如侵权行为类型化的划分过于复杂,条理也不够清晰等,但其规定的侵权行为的基本类型以及侵权行为一般条款和类型化结合的立法方式,是特别值得肯定

---

[64] 徐国栋主编:《埃塞俄比亚民法典》,中国法制出版社、金钱文化出版(香港)有限公司2002年版,第4页。

[65] 上海社会科学院法学研究所编译室:《世界各国宪政制度和民商法要览·非洲分册》,法律出版社1987年版,第42—43页。

[66] 参见杨立新:《侵权法论》,人民法院出版社2013年第5版,第395—400页。

的,代表了世界侵权法融合与统一的方向。

2. 再法典化的荷兰民法典的侵权法

荷兰第一部民法典颁布于1808年,与1804年《法国民法典》的内容大部分相同。该法典于1811年荷兰并入法国之后被《法国民法典》所替代。1813年荷兰重获独立之后,致力于制定自己的民法典,并于1838年完成并颁布实施。"二战"结束后,从1947年开始,荷兰实行民法的再法典化,1970年完成了前两编即人法和家庭法,1976年完成了法人部分。而财产法总则、物权法和债法总则于1992年1月1日起正式实施。[67] 目前,《荷兰民法典》已经全部完成立法程序,形成了统一的新法典。

再法典化的《荷兰民法典》的侵权行为法规定在第六编第三章,章名是"侵权行为"。该章共分五节,第一节是一般规定,第二节至第五节都是对具体侵权行为的规定,包括对人和对物的责任、产品责任、误导和比较广告以及关于追索权的暂行规则。其中第二节"对人和对物的责任"的内容丰富,规定了监护人责任、雇主责任、转包人责任、代表人责任、特殊危险动产责任、建筑物或者构筑物的责任、危险经营的责任、垃圾场责任、采矿责任、动物和占有人责任等11种特殊侵权行为类型。对于具体侵权行为类型作出这样具体细致的规定,远远超出了大陆法系侵权法立法的传统,借鉴的是英美侵权法侵权行为类型化的做法,大大增加了侵权行为类型化的程度,体现了大陆法系侵权法和英美法系侵权法的融合。此外,荷兰侵权法也发生了大量有趣的变化,与国际趋势一致,严格责任现象明显增加,例如将未成年子女、雇员、转包人、代表人、瑕疵动产、建筑物、危险物质、垃圾场、采矿、动物、产品和机动车辆造成的损害都规定承担严格责任[68],也体现了世界侵权法融合的特点。不过,《荷兰民法典》侵权法对于大陆法系侵权法和英美侵权法的融合程度,显然不及埃塞俄比亚侵权法,仍然是以大陆法系侵权法的立法模式为主。

3. 魁北克民法典侵权法

《魁北克民法典》是加拿大10个省之一的魁北克省的民法典,与其他9个省实行的判例法不同,它独采成文法立法。其原因是英国殖民加拿大的时候,为怀柔曾经是法国殖民地并有法国法传统的魁北克省的法语居民,允许该省保留大陆法传统,并产生了1866年的《下加拿大民法典》。1994年该省重新修订民法典,改称为《魁北克民法典》,也属于民法典的再法典化。

《魁北克民法典》反映的是一个混合的世界。罗马法通过法国法曾对魁北克的法律发挥了支配性的影响,其民法典具有浓厚的法国法传统。但由于地缘政治的关系以及国内和国际的统一法运动,魁北克的法律开始受到加拿大其他省的法律、美国的法律、国内统一法以及包括《国际商事合同通则》在内的国际统一立法成果的影响,埃塞俄比亚法、瑞士法、德国法、斯堪的纳维亚法的好的规定都写进魁北克民法典。从

---

[67] 参见王卫国主译:《荷兰民法典》,中国政法大学出版社2006年版,译序第1—2页。
[68] 参见王卫国主译:《荷兰民法典》,中国政法大学出版社2006年版,导论第34—35页。

1970年到1990年,法国法的影响衰落,变成第二位,而其他来源的影响开始占据第一位。[69] 外来法尤其是英美法系的法律影响,变得如此强大,形成了大陆法系与英美法系融合的立法。

《魁北克民法典》的侵权行为法,规定在第五编"债"第一题"债的一般规定"中的第三章"民事责任"中。从总体上观察,魁北克侵权法基本上还是遵循大陆法系特别是法国法系侵权法的传统,仍然坚守侵权行为一般化的立法模式,在第一目规定责任的条件,只有两个条文,作为侵权行为一般条款。其后,规定了为他人行为或过错负责的侵权行为类型,以及物件行为,对于具体侵权行为类型,较少借鉴英美法系侵权法的规定。特别值得重视的是其第三节的规定,即关于"责任分担"的规定,这是典型的英美法系侵权法的术语,其规定的内容为共同侵权的连带责任、受害人未避免损害的减轻责任、数人共同参与了导致损害的过错行为或分别犯有可以导致损害的过错的连带责任,以及损害是由数人引起,其中一人根据法令免除责任的份额由其他责任人平均承担的规定,完全是美国侵权法和英国侵权法的基本内容。这一部分两大法系侵权法的融合是显而易见的。

4. 2009年制定的中国《侵权责任法》

在世界侵权法融合与统一的第二次浪潮中,中国《侵权责任法》的制定具有特别重要的意义。

在制定《侵权责任法》之初,笔者提出了一个鲜明的口号,就是把"以大陆法系为体、英美法系为用,广泛吸纳本土立法司法经验"[70]作为立法的基本指导思想,保障中国的《侵权责任法》能够广泛吸收各国侵权法的立法经验,特别是将大陆法系侵权法与英美法系侵权法的优势结合在一起,加上中国的立法、司法实践经验,使中国《侵权责任法》在世界侵权法之中保持一种最为前卫的姿态,实现大陆法系侵权法与英美法系侵权法在中国侵权法上的融合。

中国《侵权责任法》的立法实践正是这样做的,主要表现在以下四个方面:

(1)在立法形式上,坚持大陆法系的成文法传统,借鉴英美法系侵权法独立的形式,单独制定《侵权责任法》,改变了大陆法系侵权法都规定在民法债编之中的传统做法,也改变了《民法通则》将民事责任统一规定的做法,实现了《侵权责任法》单独立法,在大陆法系侵权法中独树一帜,成为世界各国第一部侵权法成文法。

(2)在立法模式上,融合大陆法系和英美法系侵权法立法方式的优势。坚持大陆法系侵权法一般化的立法传统,制定能够概括全部侵权行为的侵权行为一般条款,以及概括一般侵权行为的一般条款,即第2条第1款和第6条第1款。[71] 在这两个一般条款的指导下,借鉴英美法系侵权法类型化的立法模式,在第四章至第十一章用了60

---

[69] 参见徐国栋主编:《魁北克民法典》,中国人民大学出版社2005年版,导读第35页。
[70] 杨立新:《侵权法论》,人民法院出版社2005年版,第309页。
[71] 参见杨立新:《中国侵权责任法大小搭配的侵权责任一般条款》(本书第1462页),载《法学杂志》2010年第3期。

个条文规定了 13 种基本侵权行为类型,并且对这些侵权行为作出细致的类型划分,实现了不完全的侵权行为类型化的规定。对比大陆法系侵权法只对特殊侵权行为作出简单规定的做法,中国《侵权责任法》的这种做法具有更加意味深长的意义。

(3)在立法结构上,建立以大陆法系侵权法基本内容为特点的侵权责任法总则性规定,改变了大陆法系侵权法没有总则、分则规定的做法,也区别于英美法系侵权法没有总则的传统,在总则的指导下,规定以英美法系侵权法类型化为特点的规定具体侵权行为规则的侵权责任法的分则性规定,形成别具一格的《侵权责任法》的总、分结构,既有大陆法系的特点,又有英美法系的优势。

(4)广泛借鉴大陆法系和英美法系侵权法立法的成功规则,使我国《侵权责任法》的具体规定更加鲜明、更具可操作性。例如,美国侵权法的责任分担规则、惩罚性赔偿金规则、各种侵权责任详细规定具体规则;埃塞俄比亚侵权法的做法、德国法和法国法的做法都在借鉴之中。由于广泛借鉴,又有中国自己的立法、司法实践经验,因而使中国《侵权责任法》规定的侵权责任规则具体、明确,更具可操作性。

由于大胆地融合大陆法系侵权法和英美法系侵权法的优势,再加上本国的立法、司法经验,中国《侵权责任法》成为融合大陆法系侵权法和英美法系侵权法的典范,是一个成功的立法之作。尽管中国《侵权责任法》的条文还不够多,远远没有达到《埃塞俄比亚民法典》侵权法的条文数量,对具体侵权行为类型的规定也没有实现完全的类型化,但是作为一部独立的立法而言,具有更为重要的意义。至目前为止,世界侵权法融合与统一的第二次浪潮仍在进行过程中,相信在即将进行的各国民法典修法和再法典化中,以及在制定新的民法的国家,将会有更好地融合大陆法系侵权法与英美法系侵权法优势的立法的发生,将这个融合的趋势不断地进行下去。

(四)融合与统一的第三次浪潮:世界侵权法统一运动

在世界侵权法融合与统一的两次浪潮的基础上,世界侵权法融合与统一出现了更为令人振奋的潮流,这就是世界侵权法统一运动。可以说,美国侵权法重述的努力已经持续了 90 年,尤其是最近几十年的重述,对于统一美国的侵权法以及对世界侵权法的影响,都是巨大的。欧洲侵权法的统一,随着欧洲一体化的进程,已经完成了两部欧洲统一侵权法示范法。亚洲的侵权法统一工作也在进行,东亚侵权法学会经过 4 年的努力,东亚侵权法示范法已现雏形。目前,第三次浪潮与第二次浪潮并行发展,其主题词是"统一"。

1. 美国侵权法重述

美国法律协会(也称为美国法律研究院、美国法学会)成立于 1923 年,由美国的一些杰出法官、法学教授和执业律师组成,近年来,也曾选举其他国家的杰出法律学者加入。[72] 该协会成立的目的在于统一各州的法律规则,"促进法律的明晰化和简明

---

[72] 参见美国法律协会:《美国侵权法重述第二版:条文部分》,许传玺等译,法律出版社 2012 年版,序言第 1 页。

化以及——或许最重要的是——法律对社会的需求的适应及对争议系统的更佳管理的适应"。[73] 该协会最著名的系列出版物为《法律重述》,还通过出版《法律原则》、组织"法典化项目""专题研究"和"专题项目"等方式,推动法律进步。相比成文立法和判例法,"法律重述"属于次级法源,法院裁判优先适用立法和判例法,但各类重述已经累计被美国联邦和各州法院引用10万余次,其中《侵权法重述》具有最大的影响力,累计被引用6万余次,这也是《侵权法重述》在美国和全世界范围内产生巨大影响的原因。

《美国侵权法重述·第一次》开始于1923年,完成于1939年,目的是希望对已经被绝大多数法域认可的法律规则进行整理,实现侵权法律规则的统一化。《美国侵权法重述:第二次》开始于1955年,于1979年完成,改变了第一次重述的模式,报告人更注重采纳了一些他们认为是更好的规则,甚至这些规则并未被大多数法域所采纳。《美国侵权法重述·第三次》开始于1991年,采取分编式方法进行,目前正在进行中。1998年完成"产品责任编",2000年完成"责任分担编",2012年完成"物质和精神损害责任编","经济损害责任编"目前正在进行中,"对人身的故意侵权"从2012开始,也在进行中。《美国侵权法重述·第三次》的探索属性更强一些,更注重对更好的规则的使用,尤其是产品责任重述,其规则更为新颖,但大多数法域并未接受这些规则,而仍然适用《美国侵权法重述·第二次》第402A条关于侵权责任的规则。这恰恰说明,在《美国侵权法重述·第二次》颁布时作为尚未被采纳的"更好的规则",符合社会发展的需要。

2. 欧洲侵权法的统一

欧洲一体化之后,欧洲议会分别于1989年和1994年通过两个关于制定《欧洲民法典》的决议,这是欧洲一体化不断深入的后果之一。欧盟经济、政治一体化的进程也必然要求法制的一体化,而民法典是这一进程中的重要环节。尽管在20世纪以来,各种反民法典的声音此起彼伏,但民法典还是通过各种形式实现再法典化。欧盟议会的决定表明,在大陆法系国家,民法典的地位不仅没有动摇,反而凤凰涅槃,浴火重生。

欧洲议会的这个决定,大大推动了欧洲民法的统一进程。早在1982年,丹麦兰多教授就创立了欧洲合同法委员会,起草了《欧洲合同法通则》。意大利帕维亚大学甘多芬教授主持起草了《欧洲合同法典》。欧洲侵权法的统一也不落后。1992年,奥地利学者库齐奥(奥地利科学院欧洲侵权法研究所)成立了"欧洲侵权行为法小组",成员主要来自欧盟各国,也邀请了美国和南非的侵权法专家。该小组自2001年起举办"欧洲侵权法年会",每年出版年报,出版"欧洲侵权法的统一"丛书,特别是拟定了《欧洲侵权法原则》(以下简称《原则》),2005年正式出版。1998年,德国奥斯纳布吕

---

[73] 美国法律协会:《美国侵权法重述第二版:条文部分》,许传玺等译,法律出版社2012年版,序言第1页。

克大学冯·巴尔教授成立"欧洲民法典研究小组",下设"契约外债务工作小组",2006年11月公布了《造成他人损害的契约外责任(草案)》(以下简称《草案》)。

海尔穆特·库齐奥和冯·巴尔的两个小组在对如何起草欧洲侵权法的最关键问题上采取一致立场,即欧洲未来的统一侵权法不是法律"重述",因为欧洲不存在"重述"的坚实基础,而只能在国别比较的基础上,尽量提取各国法律的"公因式",提交认为最好的方案。但在如何实现这一目的上,两个小组的做法却不同[74]:《原则》试图解决的是侵权法立法中的永恒矛盾,即抽象还是具体,采取了奥地利法学家瓦尔特·威尔伯格提出的弹性制度,对两种立法模式兴利除弊,要点是明确规则的价值基础,为欧洲侵权立法的协调提供一个共同的、基本的框架,所以条文的原则性较强,法官在个案中应考虑的各种因素,在个案中可以权衡各个因素的不同影响。《草案》的目的是作为未来《欧洲民法典》的一部分,其条文具体,内容全面。

《原则》认为,欧洲侵权法的一体化只能是在各国差异基础上的一体化,法概念、法方法既要具有欧洲共同传统的特色,又不能以任何一国的制度为背景。在各国侵权制度基础上的融合与统一将产生两方面的效果:一是规定事项的一般性,越抽象的规定越容易获得共识。对特殊问题不仅难以达成共识,而且会增加协调成本,减缓一体化进程。所以,统一的只能是侵权法最一般的规则。二是规则必须富于弹性,既要照顾各国现行法规定的共同重要因素,又要避免解释空间过大。如因各国规定的严格责任种类差别较大,《原则》仅仅规定了一种严格责任:异常危险的活动,同时授权国内法规定严格责任的种类。对各国共同点较多的内容,《原则》作了具体规定,如有关多数人侵权的责任等。

3. 东亚侵权法示范法的制定

中国台湾地区、香港特别行政区学者和日本、韩国的侵权法学者于2010年7月2日在中国黑龙江省伊春市召开会议,宣布成立东亚侵权法学会,后来中国澳门特别行政区的学者也参加其中。学会的宗旨是研究东亚侵权法的统一问题,开始选择了10个问题,进行法域的法律报告,并研究这些问题的法律规则的统一,最终目标是提出"东亚侵权法示范法"。[75] 4年来,该学会召开了3次工作会议,开展了以下工作:

(1)对会议提出的东亚侵权责任法示范法要规定的10个问题,分别做出本法域的法律报告,进行比较分析,提出各法域对10个问题的相同点和不同点,并据此进行下一步工作。

(2)提出东亚侵权法示范法的编写大纲,经过讨论,确定以这10个问题为基本内容,作为东亚侵权法示范法的编写大纲。

(3)提出了东亚侵权法示范法的试拟稿,于2013年4月在韩国首尔举行的第三

---

[74] 参见谢鸿飞:《侵权法的统一——总译序》,载〔德〕U. 玛格努斯主编:《侵权法的统一·损害与损害赔偿》,谢鸿飞译,法律出版社2009年版,总译序第4页。

[75] 杨立新:《东亚地区侵权法实现一体化的基础及研究任务》(本书第1450页),载《台湾法学》2011年第6期。

届年会上进行逐条讨论,决定增加 3 个问题,将示范法的基本内容分为 13 个问题,并根据会议提出来的修改意见,全面起草东亚侵权法示范法的条文,并提交第四届年会进行深入讨论。

"东亚侵权法示范法"确定为 13 章,就 13 个问题进行编写,内容是:
(1)侵权法的保护范围;
(2)侵权责任的归责原因体系及调整范围;
(3)行为与违法性;
(4)损害;
(5)因果关系;
(6)故意与过失;
(7)共同侵权行为;
(8)侵权责任形态;
(9)损害赔偿;
(10)抗辩事由与消灭时效;
(11)产品责任;
(12)环境污染责任;
(13)网络侵权责任。

目前的东亚侵权法统一工作还在起步阶段,正在进一步进行之中。与欧洲统一侵权法的进程相比,尽管起步时间较晚,但目标比较明确,就是要起草一部为东亚各国和地区的侵权法提供一个示范法,并且最终成为各法域立法和司法的参考法案。

4. 世界侵权法学会的成立及研究

2011 年 8 月,笔者在第二届国际民法论坛参会之余,邀请奥地利皇家科学院欧洲侵权法研究中心主任奥立芬特教授,美国法学会《侵权法重述·第三次》总协调人兼"物质和精神损害责任编"报告人之一、美国南方卫理公会大学(SMU)法学院普莱尔教授,英国牛津大学伍斯特学院诺兰教授,澳大利亚新英格兰大学法学院伦尼教授和中国人民大学法学院姚辉教授等聚谈,并提出建立一个世界性的侵权法研究团体的建议,以更好地推动世界侵权法的统一。这个提议得到了参加聚谈的所有同仁的赞同,共同推举《欧洲统一侵权法原则》的主持人库齐奥教授作为学会主席,并成立由笔者和奥立芬特教授,美国法律协会《侵权法重述·第三次》"责任分担编"和"物质和精神损害责任编"报告人之一、美国维克森林大学法学院格林教授组成的执行委员会,领导世界侵权法学会的工作。[76]

世界侵权法学会每两年举行一次年会,选择一个主题,以案例研究为主,通过设定虚拟的典型案例,由各国和地区的专家根据本法域侵权法的规则,提出各法域的专

---

[76] 参见杨立新:《世界侵权法学会丛书总序》,载《侵权法论》(上卷),人民法院出版社 2013 年第 5 版,序言第 1 页。

门报告,在会议上进行讨论,归纳各法域对同一问题的侵权法规则的相同点和差异,进行比较研究,协调各法域侵权法的立场,提出统一的法律适用意见,推动世界侵权法的统一。该学会的第一届会议于2013年9月在中国哈尔滨举行,讨论了有关产品责任的3个典型案例[77],作出各国别或地区的法律报告[78],进行比较分析,寻找就同一个问题各国或地区法律的异同点。会议取得圆满成功。世界侵权法学会执委会希望通过这样的工作方式,使该学会能够成为世界各国和地区侵权法研究专家的交流中心,进行世界范围内的侵权法统一研究的学术中心,推动世界侵权法的融合与统一的浪潮,为世界和平和发展贡献力量。

三、世界侵权法融合与统一的历史原因、基本规律与前景展望

(一)世界侵权法融合与统一的基本特点和历史原因

研究世界侵权法融合与统一浪潮的基本特点与历史原因,应当根据三次浪潮的不同情形分别考察。

1. 世界侵权法融合与统一第一次浪潮的基本特点与历史原因

在以"征服"为特点,始于16世纪,终结于20世纪50年代的世界侵权法融合与统一的第一次浪潮中,被大陆法系与英美法系侵权法征服的各国和地区并非没有改革的内部动力和需求,但其外部的欧洲列强的强制扩张与强制是更主要的动因,通过殖民或者不平等条约,迫使对方不得不接受欧洲的法制包括侵权法。通过"征"而使其他国家和地区"服",大陆法系侵权法和英美法系侵权法就堂而皇之地取代了殖民地半殖民地的固有侵权法,而使这些国家和地区的固有侵权法死亡或者被改造,在世界范围内形成了侵权法的两大体系即英美法系侵权法和大陆法系侵权法的统治地位。即使那些还能够保持自己侵权法体系的国家和地区,例如伊斯兰法系侵权法,也都不同程度地接受了英美法系侵权法或者大陆法系侵权法的内容;在此期间制定的社会主义的《苏俄民法典》,其侵权法也无法脱离大陆法系侵权法的传统。可以说,经过融合与统一的第一次浪潮洗礼的世界侵权法,已经统治了世界的绝大部分地区,成为强大的两个侵权法体系,其他即使暂存的传统侵权法也不能主导侵权法的主流。

形成世界侵权法融合与统一第一次浪潮的历史原因主要有以下三点:

(1)欧洲两大法系侵权法的优势明显。欧洲侵权法经过不断发展,在罗马法、日耳曼法和英吉利法的传统上形成的两大法系,不论是成文法还是判例法,不论是抽象的一般化立法,还是具体的类型化立法,规则科学,体系合理,制度先进,形成了天然

---

[77] 参见〔英〕肯·奥利芬特:《三个产品责任案例》,载《法制日报》2013年9月4日,第12版。
[78] 例如中国大陆的报告,载杨立新、杨震:《有关产品责任案例的中国法适用——世界侵权法学会成立大会暨第一届学术研讨会的中国法报告》,载《北方法学》2013年第5期。

的法律优势。在成文法的大陆法系侵权法,法国和德国先后借鉴罗马法和日耳曼法的传统,制定了《法国民法典》和《德国民法典》,尽管两部法律的立法时间相差百年,在立法内容上也存在一定的差别,但采用债的类型的方式规定侵权行为,并且采取侵权行为一般条款的一般化立法方法规定侵权法,则是完全一致的。运用抽象的一般化立法方法,着重于规定侵权行为一般条款和一般性规则,因此使大陆法系侵权法立法简明、规则简化、普遍适用等立法优势极为明显。而英美法系侵权法基于英吉利法的立法传统,采取法官造法的形式,积累大量判例构成了判例法的侵权法,尽管表现复杂,但经过学者整理,特别是美国侵权法重述的努力,其侵权行为类型明了,具体规则明确,便于法官适用,也具有天然的优势,优势也非常明显。

(2)欧洲两大法系侵权法随着欧洲列强的殖民政策和殖民扩张而入侵到其殖民地、半殖民地国家和地区。具有天然优势的欧洲侵权法,随着欧洲殖民扩张而随之侵入被殖民统治的各国和地区。不管是英国人的殖民扩张,还是美国人独立移植英国法律;不管是法、德、意、西等列强对东方的殖民扩张,还是通过治外法权对半殖民地国家强制要挟,英美法系侵权法和大陆法系侵权法都不断地输入欧洲列强的殖民地或者半殖民地国家和地区。日本和中国的西法东渐、变律为法,实行大陆法系侵权法,都不是主动引进,而是被列强强制输入。因此,其他国家在世界侵权法融合与统一的第一次浪潮中,与其说是对英美法系侵权法和大陆法系侵权法的借鉴,毋宁说是大陆法系侵权法和英美法系侵权法对殖民地、半殖民地国家和地区的法律入侵。没有这样的强制性的法律入侵,这些国家和地区的传统法律不会轻而易举地就被抛弃,成为已经死亡的法律体系。

(3)社会制度的改变,为欧洲两大法系侵权法的扩张和落地生根提供了社会基础。

在大多数国家和地区,两大法系侵权法直接取代了自己的侵权法传统,这些国家和地区的经济发展和社会制度的变革,是其必要的社会基础条件。无论是中国还是日本,不论是美国还是加拿大,在接受大陆法系和英美法系侵权法制度的时候,都不是单一的外来力量的强制,其社会经济、文化以及社会制度的发展,都不能固守其传统法制,而须采取与其变化了的社会现状相适应的法律制度包括侵权法制度。以中国为例,中华法系在日渐衰落的封建统治和日渐发展的资本主义经济的发展中,日渐不适应,代之以符合资本主义经济发展和资产阶级政治体制需求的大陆法系和英美法系的法制融入,成为清末民初中国社会的法制体系。如果单纯地以侵权法而言,中华法系侵权法并非不能完全发挥作用,但侵权法在法制体系中并非独立存在,由于整个法制体系的不适应,才会出现侵权法制度的更替,才会消灭中华法系侵权法,采纳大陆法系侵权法制度。如果不是本国和地区的社会实际需要,外来的侵权法制度一定会出现水土不服而不能落地生根,侵权法的融合与统一也就不会出现汹涌的第一次浪潮。

2. 世界侵权法融合与统一第二次浪潮的基本特点与历史原因

以"融合"为基本特点,发生在20世纪60年代至今的世界侵权法的融合与统一的第二次浪潮,是一些大陆法系国家或者地区在制定民法典或者再法典化中,在成文法侵权法中大量地借鉴英美法系侵权法的立法经验,从立法模式的类型化,到具体侵权行为类型和责任分担规则,甚至单独规定侵权责任法的立法方法,都有特别鲜明的体现。同样,在英美法系国家和地区中,也有大量借鉴大陆法系立法经验制定成文法的做法,例如《魁北克民法典》、美国《加州民法典》等,都在成文法的民法典中规定了侵权法,而不使用判例法的立法方式。两大法系侵权法的这种融合,代表了世界侵权法立法的趋势,越来越多地影响了当代侵权法的立法。世界性的侵权法融合与统一,已经成为世界侵权法发展的主流。

世界侵权法融合与统一第二次浪潮的历史原因主要有以下几点:

(1)大陆法系侵权法的立法优势在于一般化的立法模式,但是,正是侵权法立法的一般化模式,也形成了成文侵权法的弱点,这就是一般性规定是大陆法系侵权法立法的主体,缺陷在于规定具体侵权行为的类型化不够。最为典型的是《法国民法典》的侵权法规定,原来只有5个条文,其中第1382条和第1383条这两个条文是一般条款的规定,其他3个条文是具体侵权行为的规定,这样简单的立法,需要司法实践的补充,需要法官的智慧和才华。同样,即使《德国民法典》的侵权行为类型化有所加强,条文增加到31条,但其仍然存在只规定了有限的几种具体的侵权行为类型,存在立法的类型化不够,可操作性不强的弱点。这样的立法,需要完善、丰满的侵权法理论作为支撑,需要高水平的法官执法,否则难以完全按照侵权法的一般性规定,应对千姿百态、纷繁复杂的具体侵权行为的法律适用问题。这样的立法缺陷,传统的大陆法系侵权法自身难以克服。

(2)英美法系侵权法的立法是判例法,尽管存在表现形式复杂、需要专业化极强的律师队伍辅助当事人理解法律、代理当事人诉讼的弱点,但是,经过学者的整理,其类型化、具有可操作性的具体侵权行为类型的规定,对于不同类型的侵权行为适用不同的具体规则,类似于刑法分则的规定,可以对号入座,对于法律适用具有更大的便利性。这样的立法模式,对于以一般化立法为特点的大陆法系成文侵权法具有更大的诱惑力。尤其是美国侵权法在发展具体侵权行为类型方面,例如产品责任、隐私权保护、严格责任、责任分担等具体规则,具有鲜明的先进性和科学性,对于维护私权具有重要的意义。以《法国民法典》为例,其全部侵权责任的规定原来只有5个条文,但是,借鉴美国侵权法增补产品责任的规则,就规定了18个条文,将产品责任规则规定得非常具体和具有可操作性。[79] 笔者相信,法国人如果在今天对民法典再法典化,其侵权法绝对不会仍然是5个条文,一定会借鉴英美法系侵权法的类型化做法,使其更具可操作性。可见,改进大陆法系的侵权法,以适应社会的发展和实际生活的需要,没

---

[79] 这一部分是《法国民法典》根据1998年5月19日第98-389号法律进行的修正,增加了第四编(二)"有缺陷的产品引起的损害",第1386-1条至第1386-18条。参见罗结珍译:《法国民法典》(下册),法律出版社2005年版,第1116—1118页。

有实现具体化、类型化的侵权法是没有生命力的,因此,借鉴和融合英美法系侵权法就成为客观的实际需要。

(3)正因为如此,由于大陆法系侵权法存在的缺点,在大陆法系侵权法的立法趋势上,正在形成侵权行为一般化和类型化相结合的立法方式,形成了立法的新潮流。这就是,在大陆法系侵权行为的一般化立法中,吸收英美法系侵权行为类型化的方法,将侵权行为一般条款规范的一般侵权行为,转变为概括全部侵权行为,然后再规定各种侵权行为的具体类型,作出详细的规定。这实际上改变了大陆法系侵权法的传统立法方法,转而向类型化的立法方式发展,但是并没有摒弃大陆法系侵权法的一般化立法方法,而是将一般化和类型化的方法紧密地结合起来,创造了一种新的侵权法的立法模式。《埃塞俄比亚民法典》侵权行为法和中国《侵权责任法》的制定,就是这种发展潮流的典型代表,形成了世界侵权法融合与统一第二次浪潮的主流。

3. 世界侵权法融合与统一第三次浪潮的基本特点与历史原因

世界侵权法融合与统一的第三次浪潮的基本特点是"统一"。《美国侵权法重述》的着眼点是对美国各州侵权法的不同规则,采取重述的方式进行统一。尽管《美国侵权法重述》仅仅解决的是美国侵权法的统一,但其观念和方法却具有重要的、世界性的借鉴意义。已经进行了 20 余年的欧洲侵权法的统一工作,是基于欧洲政治、经济一体化的需求而进行的侵权法统一,让统一的欧洲侵权法在欧盟中发挥更大的作用。而出于学者热情的东亚侵权法示范法的制定,更是着眼于东亚具有较大的文化、经济、历史相似之处的国家和地区侵权法的统一,让统一的东亚侵权法示范法,在协调东亚各国和地区侵权法规则方面,在保护私权上发挥更重要的作用。世界侵权法学会的工作刚刚开始,但其目标明确,就是促进世界侵权法的统一。

世界侵权法融合与统一第三次浪潮的历史原因,是真正的社会发展需要和学者的追求,因而与第一次和第二次浪潮都不相同。与其说第一次浪潮出于列强的强势、强制和强迫,第二次浪潮是政府立法主导,毋宁说第三次浪潮的历史原因是社会发展的需要和学者的热情追求。在第三次浪潮中的侵权法统一,除了欧洲统一侵权法具有部分欧盟的背景之外,美国的侵权法重述、东亚侵权法的统一和世界侵权法学会的努力,无不是学者的热情。随着世界经济一体化、交易全球化的进展,世界将越来越成为一个统一体,保障私权利的侵权法如果过于分散、差异过大,特别是立法方式的不统一,必然影响这个进程,使全世界人民的权利受到损害。因此,侵权法存在统一的必然要求。在这种形势下,世界侵权法学家走到一起,研究和推动世界侵权法的统一,是必然的、必须的。不论是局部地区的侵权法统一,还是世界范围内的侵权法统一,都将推进全球化、一体化的进展,造福于全世界人民。

(二)世界侵权法融合统一的基本规律

就世界性的侵权法融合与统一的历史进行观察,可以看到,在世界侵权法融合与统一的第一次浪潮中,侵权法历史源流的各法系侵权法的融合与统一的基本方式是征服与被征服,结果是强大的侵权法源流对其他侵权法源流的取而代之。第二次浪潮的基础是融合与借鉴，体现的是立法者的理性选择。在第三次浪潮中，美国侵权法的统一是国内各州侵权法的统一，不具有国际性，但其做法却给世界侵权法的统一带来了启示和希望，提供了借鉴作用。欧洲侵权法的统一具有深刻的历史、政治和经济的原因，最直接的原因就在于欧洲的统一，促使侵权法不得不统一，因而欧洲侵权法的统一尽管也是学者在进行，但具有强大的政府背景和政治背景，因而两个小组的工作扎扎实实且卓有成效，具有重要的借鉴意义和价值。东亚侵权法的统一也有东亚各国和地区的政治和经济原因，但更重要的是学者的热情，不具政府的官方背景。至于在其他各洲，侵权法统一问题并未提上日程。纵观世界侵权法融合统一的历史，可以发现世界侵权法融合与统一有以下几个基本规律：

1. 侵权法的普世价值与同质性：世界侵权法融合统一的基础

世界各国和地区的侵权法尽管存在较多的差异，不论是作为侵权法历史源流的5个法域的侵权法，还是今天仍然存在的英美法系和大陆法系的侵权法，都是如此，甚至差异悬殊。但是，不同法系侵权法有两个最重要的根本点是相同的，那就是通过赔偿的方法救济侵权行为造成的损害，使受到损害的私权利得到法律保护。其中救济权利损害是侵权法的普世价值，用赔偿的方法进行救济是侵权法的同质性。侵权法在这两个根本点上所具有普世价值和同质性，是世界侵权法能够融合并且可以统一的基础。世界侵权法融合与统一的三次浪潮的发生和发展，其基础都是如此。如果侵权法不具有这个赔偿方法的同质性和救济权利损害的普世价值，远在欧洲的侵权法何以能够征服其他国家和地区的侵权法，得以在异域生根开花呢？况且中华法系侵权法根深蒂固，绝不会轻而易举地退出历史舞台，主动让位给大陆法系的侵权法。同理，《埃塞俄比亚民法典》的侵权法和《中华人民共和国侵权责任法》之所以能够结合本国实践，把大陆法系侵权法和英美法系侵权法的优势集合在一起，成为代表当代侵权法立法的主流趋势，同样基于这样的基础。推而论之，作为世界侵权法融合与统一第三次浪潮的世界侵权法统一运动，代表了世界侵权法发展的基本方向，同样是基于侵权法的普世价值和同质性，从保护权利和救济权利的立场出发，保证世界侵权法的基本观念和基本原则的统一。

2. 从"丛林法则"到择优借鉴：世界侵权法融合统一的路径

几千年来，世界侵权法从五大历史源流发展到两大侵权法法系，再到世界性的侵权法统一运动，走过的是一条艰难曲折的道路。在早期的侵权法融合中，强大的大陆法系侵权法征服了中华法系等法域的侵权法，英国的普通法系侵权法通过殖民政策征服了殖民地国家和地区，形成了大陆法系和英美法系两大侵权法体系，发展的路径类似"丛林法则"，其方法近乎"弱肉强食"，中华法系侵权法等侵权法源流在大陆法系侵权法和英美法系侵权法的强大攻势面前自行消亡，不得不退出历史舞台，使两大法系侵权法称霸于世，形成了世界侵权法的基本格局。

继而，在两大法系侵权法的基础上再进一步融合与统一，体现"丛林法则"的侵权法征服，不再是世界侵权法融合与统一的主要路径，而是择优借鉴，即在两大法系侵权法中择取精华,进行整合,形成侵权法的新格局。由于侵权法存在的普世价值与同质性,传统侵权法的固有性并不是侵权法的主流。不可否认,世界各国和地区的侵权法都有自己的特点和固有规则,即便都是继受大陆法系和英美法系的各国或地区侵权法,也都结合了自己国家和地区的具体情况,规定了切合自己实际的具体规则。但这些都不是侵权法的本质和主流问题。从大的方面说,大陆法系和英美法系侵权法的基本差异,是成文法和判例法的区别,是规则的抽象性和具体性的区别。但是,在以过错责任原则为基本原则、以无过错责任原则(即严格责任)为辅助性归责原则上,在损害赔偿的基本方法上,以及其他主要的规则方面,则是完全一致的。特别是随着社会的进步,英美法系的具体化立法具有更大的吸引力,成文法国家对英美法系侵权法类型化立法方法的广泛借鉴,更说明了具体规则的借鉴具有更为重要的意义。21世纪以来,无论是侵权法的立法还是修法,无不围绕着侵权责任的具体规则在进行择优借鉴,从而使侵权法更具统一性,使侵权法的统一更具现实性。同样,大陆法系侵权法的抽象性的一般化立法,在英美法系侵权法中也有借鉴,风行于美国等英美法系侵权法的责任分担理论和规则,是侵权法的抽象规则,具有一般性的意义,并非美国等英美法系侵权法的传统做法,但《美国侵权法重述·第三次》最早列入计划并最先出版的"责任分担编",受到广泛的重视,就说明侵权法一般化的成文法传统对于从来就感觉良好的英美法系侵权法所具有的重要影响。而《美国侵权法重述·第三次》对责任分担规则的概括,也对《欧洲侵权法原则》等欧洲侵权法统一发生了影响。[80] 可以看到的是,侵权法的国家和地区的传统,或者说各国和地区侵权法的固有性,更容易被侵权法的同质性和普世价值所同化、克服,择优借鉴的路径使世界侵权法的统一更具有了现实性。

在新的、正在进行中的世界侵权法融合统一的第三次浪潮中,择优借鉴更是发展的唯一路径,这体现的正是世界侵权法融合与统一的坚定不移的理性。

3. 一般化立法与类型化立法的结合:世界侵权法统一的基本形式

在讨论世界侵权法统一的发展规律的时候,不得不总结世界侵权法统一的基本形式问题。这就是,统一的世界侵权法究竟是采取一般化的立法还是类型化的立法。

在历史上存在的世界侵权法五大历史源流中,除了英吉利法系侵权法是判例法之外,其他的都是成文法。在随后形成的大陆法系和英美法系两大侵权法体系中,成文法的大陆法系侵权法以德国法和法国法为代表,形成了鲜明的一般化立法方式,即在成文法中配置侵权行为一般条款,以此调整大部分侵权责任的归属。而英美法系侵权法作为判例法,没有成文的法律形式,也没有一般化立法的典型方法即侵权行为一般条款,而是采用类型化的立法方法构成自己的侵权法形式,按照不同的侵权行为类型分别适用不同的规则。在欧洲侵权法统一的过程中,曾经讨论过统一的欧洲侵

---

[80] 参见王竹:《侵权责任分担论——侵权损害赔偿责任数人分担的一般理论》,中国人民大学出版社2009年版,第56页。

权法究竟采用英美侵权法的"重述"的类型化模式,还是大陆法系的"原则"的一般化模式。其基本结论是,既不能是单一的英美法系的类型化,也不能是完全实行大陆法系的一般化。

对此,《埃塞俄比亚民法典》和《中华人民共和国侵权责任法》的立法对此作出了回答,世界侵权法的统一,必须采取一般化立法与类型化立法相结合的形式进行,否则是没有出路的。原因在于,完全的一般化缺少个性,法官适用难度较大;完全的类型化缺少基本规则,难以应对不断出现的新的侵权行为类型[81],且新的侵权行为类型定将不断出现。因此,未来世界侵权法统一的立法方式,必定是一般化立法与类型化立法的有机结合,集中两大法系侵权法的智慧和方法,使两大法系侵权法的优势实现"强强联合"。

4. 从强制输出到规则统一的最大化:世界侵权法统一的目标

在早期的世界侵权法融合统一中,融合与统一的目标是强制输出。以中国为例,清廷实行变律为法,实行西法东渐,除了国家的政治、经济原因之外,帝国主义列强强迫中国废除治外法权的条件,就是接受西法。民国以后,能够在短时间内完成《民国民律草案》和《中华民国民法》(包括其中的侵权法),"现在所缔结中比、中丹、中西、中意各商约,以十九年一月一日或是日以前颁布民商法为撤销其领事裁判权之条件"是其主要原因。[82] 这样的融合统一的目标,并非接受国所自愿,而是强制输出的结果。

从第二次浪潮开始,世界侵权法的融合统一不再追求强制输出的目标,而是以规则统一的最大化为目标。库齐奥教授在领导《欧洲统一侵权法原则》制定中,特别强调"侵权法的一体化只能是在各国差异基础上的一体化,法概念、法方法既要具有欧洲共同传统的特色,又不能以任何一国的制度为背景。统一的只能是侵权法最一般的规则,而且规则必须富于弹性"的意见[83],是完全正确的。世界侵权法的统一,可以从宏观、中观和微观的三个层次进行讨论。首先,在侵权法的宏观问题上,一定能够统一也是必须统一的。侵权法的宏观问题,主要是过错原则、严格责任和损害救济原则。在这样的问题上,侵权法的统一不存在问题。其次,在中观问题上,各国或地区差异较大,其主要的问题在于,大陆法系侵权法规定的具体侵权行为类型通常比较简单,数量比较小,规则比较粗放;而英美法系侵权法规定的具体侵权行为类型比较全面,数量较多,规则更为细致。最后,在法律适用上,成文法的侵权责任类型有规定的,与英美法系的规则并不存在基本原则的不同;但在成文法侵权责任类型没有规定的,在法律适用中只能依照一般条款的规定裁判,而不同的法官会对法律有不同的理

---

[81] 对此的分析,参见杨立新:《论侵权行为一般化和类型化及其我国侵权行为法立法模式选择》,载《河南省政法管理干部学院学报》2003 年第 1 期。

[82] 民国政府立法院第三次全国代表大会工作报告。参见杨立新:《百年中的中国民法华丽转身与曲折发展——中国民法一百年历史的回顾与展望》(本书第 135 页),载《河南省政法管理干部学院学报》2011 年第 3 期。

[83] 参见〔德〕U. 马格努斯主编:《侵权法的统一·损害与损害赔偿》,谢鸿飞译,法律出版社 2009 年版,总译序第 6 页。

解,因而形成不同的判决,缺少统一的法律适用标准。事实上,在侵权法的统一上,最为重要的恰恰是侵权法的中观性规则的统一,即在各种不同的侵权行为类型的法律适用规则上的统一。按照中国《侵权责任法》的立法经验,对于机动车交通事故责任、环境污染损害责任、医疗损害责任等具体侵权行为需要有统一的规则,而这些侵权责任类型在大陆法系侵权法中,通常是适用侵权行为的一般规定,缺少具体规定。至于侵权法规则的微观性问题,各国或地区多有不同的规则,能够统一的当然更好,不能统一的,应当允许存在一定差异,并非主要问题。在2013年9月召开的世界侵权法学会成立大会暨第一届研讨会上,我们选择的是规则最为相近的产品责任进行讨论,但将各国或地区的产品责任规则进行比较,其细节的分歧比比皆是[34],难以取得完全一致的见解。据此就可以说明,世界侵权法统一的目标,更重要的是在宏观规则和中观规则上寻求一致,达至统一。对于微观的细节规则则不必强求统一。求同存异,实现规则统一的最大化,就是世界侵权法统一的基本目标。

5. 从政府推动为主到学者主导为主:世界侵权法融合统一的基本动因

世界侵权法融合统一的历史一直在进行中,但其基本动因并不相同。世界侵权法融合统一的第一次浪潮的基本动因,在于政府为主导的推动,而不是以学者的热情为主导。不可否认的是,如果没有帝国主义列强的侵略和征服,中华法系侵权法绝不会自动退出历史舞台,而让大陆法系侵权法轻而易举地征服和取代,即使出现经济、政治以及法律上的改革和发展,也不会完全灭亡。风雨飘摇中的清廷在帝国主义的压力下,不得不放弃中华法系侵权法,从而走上变法的不归路。在这个变法的过程中,学者的作用必不可少,但它并非西法东渐的主要动因。自世界侵权法融合统一的第二次浪潮以来,基本动因不再是政府主导,而是由学者主导。从美国侵权法重述,到欧洲侵权法统一,以至东亚侵权法示范法的制定,无一不是学者在起主导作用。美国侵权法重述完全是美国学者所为。欧洲侵权法统一尽管有官方的背景,但基本力量在于海尔穆特·库齐奥教授和冯·巴尔教授领导的两个小组。即使在中国,立法机关制定了将大陆法系侵权法和英美法系侵权法比较完美结合的《侵权责任法》,也是在学者提出的"大陆法系为体,英美法系为用,广泛吸纳中国立法司法经验"[35]的立法指导思想的影响下进行的。东亚侵权法学会和世界侵权法学会正在进行的世界侵权法统一运动,则完全是学者推动的学术运动。可以说,在世界侵权法融合统一的第一次浪潮中,征服与被征服的过程中充满"暴力"和被动性,但在第二次和第三次浪潮中,理性是主导,是全部的动因。正因为如此,世界侵权法统一运动必须是学者的运动、学术的运动,学者的理性是其基本动因,并且最终要使学者的理性推动政府,实现世界侵权法的统一。

---

[34] 参见杨立新:《有关产品责任案例的亚洲和俄罗斯比较法研究》(本书第1833页),载《求是学刊》2014年第2期。这篇文章中着重比较了亚洲和俄罗斯法域侵权法的产品责任规则的不同。

[35] 杨立新:《中华人民共和国侵权责任法草案建议稿及说明》,法律出版社2007年版,第2—4页。

(三)世界侵权法融合统一的前景展望

根据世界侵权法融合统一的基本规律,结合当前世界侵权法统一运动的基本情况,可以推测,世界侵权法统一运动的发展前景是:

1. 世界侵权法统一是侵权法发展不可逆转的大趋势

世界侵权法发展的历史告诉我们,走向统一是世界侵权法发展的不可逆转的大趋势。之所以作出这样的预测,不仅是以世界侵权法融合统一的第一次和第二次浪潮的具体情形作为基础,更是从第三次浪潮的实际情况作出的预测。近100年来,从美国侵权法的统一,到欧洲侵权法的统一和东亚侵权法示范法的制定,都是基于侵权法的普世价值和同质性这一基础,不仅有统一的可能,更有统一的现实需要。同时,这也是基于全球经济一体化的迅猛发展,世界性的政治、经济等交往越来越广泛,亟须对民事主体的权利实行统一的保护制度的需要而作出的历史选择。在几千年来的世界侵权法的融合发展中,一百年之前的融合与统一是不自觉的,是历史发展的推动。但在今天,由于人们已经认识到了世界侵权法统一的历史规律,完全是采取理性的态度,自觉引导世界侵权法的统一。因此,世界侵权法的统一是侵权法发展的大趋势,更是历史发展的必然。这样的预测并不是主观臆断,而是实事求是地根据历史发展规律作出的科学判断。

2. 学者和学术研究在侵权法统一中发挥决定作用

以世界侵权法融合统一历史动因的发展规律为判断的基础,可以看出,在今后的世界侵权法统一运动中,学者的推动和学术研究的发展必定成为基本动因,发挥决定性的作用。不论是美国侵权法重述报告,还是欧洲侵权法的统一和东亚侵权法示范法的起草,无一不是在侵权法学者的努力下开展起来、不断进展的。世界侵权法学会的建立和努力,更是由近三十个国家和地区的侵权法专家自发组织起来,并把世界侵权法的统一作为己任,为此而孜孜不倦地努力工作。不仅如此,由于在世界侵权法统一的过程中,在官方的国际组织和机构中,并没有一个类似WTO之类的具有权威性的、由各国政府作为成员参加的机构进行推动,不可能出现以官方作为背景的更强大的发展动因。正像笔者在"世界侵权法学会成立大会暨第一次学术研讨会的闭幕辞"中说的那样:"在世界侵权法融合与统一运动中,世界侵权法学会将是最重要的推动者和组织者。"⑧笔者相信,在今后世界侵权法统一运动中,侵权法学专家和侵权法学会等学术组织将会是绝对的主力,是推动世界侵权法统一的基本力量。世界侵权法学会应当团结更多的国家和地区的侵权法学专家学者,共同为这一目标而努力奋斗。

3. 世界侵权法统一运动须更多寻求政府支持

在世界侵权法统一运动中,从欧洲侵权法统一的两个工作小组的工作和东亚侵权法学会的工作情况相比较,显然欧洲的两个工作小组的努力更有成效,效果更为明

---

⑧ 杨立新:"世界侵权法学会成立大会暨第一届学术研讨会闭幕致辞",后收入杨立新主编的《世界侵权法学会报告(1)产品责任》一书作为后记,人民法院出版社2015年版,第406页。

显。其基本原因在于,欧洲侵权法统一运动不仅有学者的热情,更重要的是有欧洲一体化的社会背景和欧盟的支持和资助,因而其成果显著。而东亚侵权法学会起草东亚侵权法示范法的努力,则没有官方的背景,更没有政府的资助,完全是学者的热情和自筹经费,尽管也有基本的成果,但显然还与欧洲侵权法统一的进展有一定的差距。《埃塞俄比亚民法典》(包括其中的具有重要价值的侵权法部分)的制定,就是埃塞俄比亚政府立法的改革热情和作为起草人法国比较法专家达维德对制定一部完善的民法典的热情,是这两股热情碰撞的结晶。[87] 这样的经验说明,侵权法学专家和学者的努力,固然是世界侵权法统一的基本动因,但缺少官方的支持和资助,会有更多的困难,前进的步伐也不会很快。只有将学者的积极性和官方的积极性结合起来,才能够推动世界侵权法统一运动健康、顺利、大踏步地前进。

4. 世界侵权法统一的过程将是长期的

世界侵权法统一运动发展的大趋势必须肯定,但还须明确地看到,世界侵权法统一运动的前进步伐将是艰难的,过程是长期的。这主要不在于学者的热情、干劲和政府的官方的支持,而在于侵权法规则的细节的千差万别。从笔者组织世界侵权法学会第一届学术研讨会的经验观察,在设计之初,笔者就选择了在侵权法中规则最为接近的产品责任进行讨论,但是在执委会确定的3个虚拟的典型案例的讨论中,展现了不同法域对产品责任规定了千差万别的细节规则,不仅在将来的立法层面很难统一,即使在目前的理论研究中也很难找到统一的见解。因此可以预见,世界侵权法统一运动的过程将是长期的,需要通过几代人的努力才能够实现预期目标。世界各国或地区侵权法专家和学者应当坚定信心,长期坚持下去,为这个共同的目标不断努力。

四、中国侵权法在世界侵权法统一中的地位与经验

(一)中国侵权法在世界侵权法融合与统一中的地位

回顾数千年的世界侵权法的发达史,可以看出,在古代历史中,中华法系侵权法作为世界侵权法的历史源流之一,曾经具有自己应有的地位。自16世纪以来五百余年的历史中,世界侵权法发生了融合与统一的三次浪潮,直至今天仍在继续发展之中。中国侵权法在这样的历史潮流中的地位,特别值得研究和总结,借以激励中国侵权法的继续发展。

作为世界侵权法主要源流之一的中华法系侵权法,本来有着自己的规则体系和语言体系,并且在中国古代社会适用了几千年,成功调整了古代中国社会中的权利保护法律关系,具有独立的地位和价值,成为与罗马法系侵权法、英吉利法系侵权法、印度法系侵权法和伊斯兰法系侵权法并行的几千年历史中世界侵权法的有机组成部

---

[87] 参见徐国栋:《埃塞俄比亚民法典:两个改革热情碰撞的结果》,载《埃塞俄比亚民法典》,薛军译,中国法制出版社、金桥文化出版(香港)有限公司2002年版,前言第4页。

分,具有重要地位,并对周边国家或地区产生了重要影响。

在世界侵权法融合与统一的第一次浪潮中,中华法系侵权法处于被征服、被消灭的地位。由于国力的衰微、没落,曾经强势的、被他国借鉴的中华法系包括侵权法,随着西法东渐、变律为法的步伐,因《大清民律草案》《民国民律草案》和《中华民国民法》的问世而被取代,成为历史的遗迹。在世界侵权法第一次融合与统一的浪潮中,中国侵权法的这种历史地位与中国当时所处的殖民地半殖民地的社会地位相适应。

在近几十年中,尽管《中华人民共和国民法通则》规定的侵权法带有苏联侵权法的影子,但在司法实践中不断丰富和补充,积累了丰富的司法实践经验,逐渐丰满,直至2009年制定了独具特色的《侵权责任法》,成为融合大陆法系侵权法和英美法系侵权法优势、结合中国国情的新型侵权法,成为世界侵权法第二次融合与统一浪潮中的热点和亮点,为世界侵权法两大法系的融合增添了新的经验,因而《中华人民共和国侵权责任法》在世界侵权法中取得了重要地位,其他国家侵权法开始重视中国侵权法的立法经验和实际作用,并使中国侵权法与中国的政治大国、人口大国的地位相一致,具有重要影响。美国宾夕法尼亚大学法学院戴杰教授(Jacque deLisle)指出:"我们常常误认为,中国侵权法主要来源于对域外侵权法的学习,但事实并非如此。大量中国侵权法律制度体现了中国自身的国家政策、国家调控和立法实证研究。"⑧

在世界侵权法第三次融合与统一的浪潮中,基于中国《侵权责任法》制定的成功经验和良好的国际影响,中国学者举起《侵权责任法》的大旗,积极参与世界侵权法统一行动中来。可以说,美国侵权法重述的努力是美国侵权法的统一运动,但也开启了世界侵权法统一的序幕。而欧洲统一侵权法《原则》和《草案》的完成,才是世界侵权法统一的主流、浪潮的高峰。中国侵权法奋起直追,迎头赶上,不仅创建了东亚侵权法学会,研究起草东亚侵权法示范法,还积极倡导和组织世界侵权法学会,在其中发挥主要作用,促进世界侵权法统一运动的发展,将世界侵权法统一运动从局部发展到全球。在世界侵权法融合与统一的第三次浪潮中,中国侵权法成为浪潮中的弄潮儿,发挥的作用更为显著。由此可见,中国侵权法以及中国民法正在走向世界的征途中,并已取得了重大进展。

(二)中国侵权法在世界侵权法融合与统一中取得的重要经验

纵观一百年来中国侵权法在世界侵权法融合与统一三次浪潮中的表现,认真总结,有以下经验值得特别重视。

1. 只有勇于进行法律改革,才能够接受先进的法律制度

中国清末之所以变法图强,引进欧陆民法以代替中华法系民法,是因为封闭、保守的中华法系民法无法适应中国近代快速发展的社会政治、经济、文化的需要。而欧

---

⑧ Jacque deLisle, *A Common Law-like Civil Law and a Public Face for Private Law: China's Tort Law in Comparative Perspective*, in TOWARDS A CHINESE CIVIL CODE: COMPARATIVE AND HISTORICAL PERSPECTIVES 353, 353 (Martinus Nijhoff 2012).

陆民法恰好是适应商品经济社会结构和市场经济发展需求的民法,能够推动社会经济的发展。鸦片战争之后,清廷腐败,社会矛盾重重,西方资本主义列强加紧向东方扩张,使中国成为侵略和掠夺的首要目标,使中国社会的经济基础、阶级结构和文化观念发生了巨大变化。事实上,中国在参与世界侵权法融合与统一的第一次浪潮接受外来的侵权法律制度中,并非没有痛苦,是在伴随着丧失中华法系侵权法的痛苦中忍痛割爱,为的是适应社会发展的现实需求,并且在外部列强的压力之下,最终勇于接受欧陆民法包括侵权法,实现了"世有万古不变之常经,无一成罔变之治法","法令不更,锢习不破,欲求振作,须议更张"的变律为法的目的。[89] 如果没有勇于改革的决心和信心,即使存在社会需求和列强扩张的现实,也不会在短时间内快速完成立法的改变,将欧陆侵权法引进成为自己的法律。社会发展、经济转型、政治进步,是推动法律改革的基本动力。即使在今天,世界侵权法的统一如果没有改革的勇气,也绝非能够轻易实现。

2. 只有把本国侵权法做大做强,才能跟上世界侵权法统一的浪潮

应当看到的是,在世界侵权法融合与统一的第一次浪潮中,大陆法系侵权法和英美法系侵权法之所以能够征服世界大多数国家和地区,其本身的法律优势是重要原因之一。同样,当代中国侵权法能够跟上世界侵权法融合与统一浪潮发展的基础,就是自己必须做大、做强。只有这样,中国侵权法才有能力、有资格顺势而为,跟上世界侵权法统一的历史潮流,变被征服、被消灭而为主动参与、积极发挥作用。清末民初中国参与世界侵权法融合与统一的第一次浪潮,被迫接受大陆法系侵权法,虽然有了实现大陆法系与英美法系侵权法统一的基础,但如果仍然没有更强的实力,也不能主动参与世界侵权法融合与统一的第二次浪潮。1986 年中国《民法通则》规定了侵权法,立法并非先进,理论未臻成熟,仍与世界侵权法的发展有一定距离,不具备积极参与世界侵权法融合与统一的实力。直至《民法通则》规定了侵权法之后,中国的侵权法理论奋起直追,侵权法司法不断积累经验,终于在 21 世纪开始的时候,能够站在世界侵权法融合与统一的前列,进行大陆法系侵权法与英美法系侵权法融合的伟大尝试,推出了融合大陆法系与英美法系侵权法特点的《中华人民共和国侵权责任法》,以至于目前正在进行侵权法修订的国家和地区,都不能不借鉴中国侵权法的立法经验和中国侵权法的理论精华。

3. 只有站在世界侵权法融合与统一的浪潮之巅,才能够引领世界侵权法的统一

一百多年以来,中国民法包括侵权法都是输入国的形象。在相当长的时间里,中国的侵权法立法和理论研究,都是以德、法为师,唯以德、法、日的侵权法为尊。1949 年以来,仿效苏联的民法和侵权法,苏联侵权法作为模板,为苏联为尊,以至于 1986 年制定《民法通则》规定的侵权法,苏联法的影响仍然巨大,立法并不先进。在改革开放之后,中国侵权法的眼界不断扩展,勇于摒弃苏联侵权法的传统,根据中国国情,大

---

[89] 参见张晋藩:《清代民法综论》,中国政法大学出版社 1998 年版,第 241 页。

胆吸收大陆法系侵权法和英美法系侵权法的精华,并且与中国的立法和司法实践相结合,融合两大法系侵权法的优势,制定出具有中国特色的《侵权责任法》,站在了世界侵权法融合与统一的浪潮之巅,使中国侵权法的立法和理论立于世界侵权法之林,成为其中的优秀者。正是在这个基础上,中国侵权法的立法经验成为世界侵权法融合的代表作。正因为有了这样的实力,中国侵权法以及中国侵权法学者才能在世界侵权法统一的第三次浪潮中传播中国侵权法的经验和成果,实现中国民法从输入国向输出国的转变,参与和引领世界侵权法的统一运动。如果没有中国侵权法立法的经验和理论研究的丰硕成果,中国侵权法何以能够在东亚侵权法统一和世界侵权法统一的潮流中取得更大的话语权呢?这就是中国侵权法引以为骄傲的资本。

五、本文小结

世界侵权法的融合与统一历经三次浪潮的发展而不衰,证明其符合历史发展的要求。当前,世界侵权法统一的着眼点,应当是实现大陆法系与英美法系的融合,进而使世界各国或地区侵权法实行共同性的规则,实现统一。这是一个长期的、复杂的、艰巨的任务,它就摆在各国或地区人民面前,摆在各国和地区的侵权法学家面前。在不会在短时间内就能够实现的这个世界侵权法统一的大目标面前,各国或地区侵权法学家需要一代接一代地继续努力下去,每一个人都要作出自己的努力。我们愿意为实现这个目标而不懈努力。

第二编

民法总则

百年中的中国民法华丽转身与曲折发展[*]
——中国民法一百年历史的回顾与展望

1911年10月26日,也就是清朝最后一年的宣统三年九月初五日(辛亥年九月初五日),《大清民律草案》编纂完成,至今刚好一百年。在纪念中国民法百年的时候,回顾一百年的中国民法发展史,展望中国民法的未来发展,具有重要的意义。为此,中国人民大学民商事法律科学研究中心将隆重举行纪念大会,讨论中国民法百年的历史经验和教训,给中国当代民法的发展提供科学的借鉴。笔者为此专作此文,作为引玉之砖,也借此告慰一百年来为中国民法作出贡献的民法学家。

一、1911年中国民法华丽转身的法律基础

(一)与中国古代民法的哀婉告别

清朝作为中国封建统治的最后一个朝代,曾经辉煌过。但是在近代,清朝政府统治走向衰落。甲午战争战败,中国陷入被帝国主义列强瓜分的绝境。继而,英法联军侵略中国,八国联军攻占北京,中华帝国逐渐走向崩溃。在此民族危机面前,有识之士为救国救民于水火,提出各种救国方案,均未奏效。维新派人士借鉴日本的经验,积极建议变法维新,继受外国法律,西学东渐,维新图强。终于在1900年及其后,清廷决定实行新政改革,参酌外国法律,改订律例。自此,开始了中国的变律为法,哀婉告别中华法系民法传统,走上了继受欧陆民法的不归路。

(二)中国古代究竟有没有民法

对于上述历史,没有人提出异议。但是,在变律为法的中国古代的"律"中,究竟是否存在中国固有民法,亦即中国古代是否有民法传统,则有不同见解。

一派见解认为,中国古代有民法,学者以梅仲协、张晋藩等为代表。梅仲协认为:"我国春秋之世,礼与刑相对立。刑为镇服庶民之工具,礼则为贵族生活之规范。礼所规定之人事与亲属二者,周详备至,远非粗陋之罗马十二表法所敢望其项背者。依

---

[*] 本文发表在《河南政法干部管理学院学报》2011年第3期,作为《中国百年民法典汇编》一书的代前言,参见中国法制出版社2011年版,第1—53页。

余所信,礼为世界最古最完备之民事法规也。"①张晋藩认为:"中国古代的法律文献中虽无民法一词,但有关债、田土、户婚等民事法律规范,或规定于历代法典当中,或自成律令条例,经历了从无到有、由简到繁的发展过程。"②孔庆明认为:"根据社会发展的客观规律,凡是有财产流转和商品交换的地方,必然有民事法律制度,只是这种法律制度的存在形式和发展程度不同而已。""中国春秋时期就有争财之讼的法律概念,到了南宋有了明确的民讼的概念,这是中国民法概念的肇始,同时民事法律关系中的物权、债、契约、主体客体概念也都齐备无疑。可以断言,说中国古代没有民法是不符合事实的。"③这种说法十分肯定。

一派见解认为,中国古代没有民法,学者以梁启超、谢怀栻、梁慧星为代表。谢怀栻先生认为:"中国几千年来不存在什么'私法'或'民法'。像婚姻、买卖这些现在认为属于私法范围的事,也是一部分归之于刑律之中,一部分归之于'礼'。"④因而谢先生断言:"中国自古没有民法。"⑤梁慧星认为:"中国历代封建统治者虽重视法典编纂,产生过唐律、明律、清律等杰出的法典,均属于刑事法律。其中涉及民事生活关系的条文,如户、婚、钱债等,不符合近现代民法的主体平等、意思自治、权利义务结构和民事责任等特征,实质上仍属于刑法规范。至于一般民事生活关系,则有类似习惯法的'礼'调整,因此应当肯定中国历史上不存在民法。"⑥这种说法也十分肯定。

一派见解认为,中国古代有实质民法而无形式民法,李宜琛、胡长清等学者如是说。李宜琛认为:"我国古代,因儒家思想之影响,重礼制而轻法治。""虽名为礼制,实亦为我国固有私法重要法源,为吾人所不能忽视。抑有进者,我国古代仅有实质民法,而无形式民法。"⑦胡长清认为:"谓我国自古无形式的民法则可,谓无实质的民法则厚诬矣。"⑧这种说法看来比较客观。

(三)中国古代有实质民法而无形式民法

以上三种见解,前两种均颇值斟酌,因为断言中国古代就有民法和断言中国古代没有民法,都不符合客观现实,唯有第三种学说客观、准确、妥当。理由是:

1."根据社会发展的客观规律,凡是有财产流转和商品交换的地方,必然有民事法律制度"⑨的论断是正确的。

说得更准确一些,凡是有亲属关系、有财产流转、有商品交换关系存在,就必然存

---

① 梅仲协:《民法要义》,中国政法大学出版社1998年版,第14—15页。
② 张晋藩:《从〈大清律例〉到〈民国民法典〉的转型》序,载李显冬:《从〈大清律例〉到〈民国民法典〉的转型》,中国人民公安大学出版社2003年版,第5页。
③ 孔庆明等:《中国民法史》,吉林人民出版社1996年版,第1、2页。
④ 谢怀栻:《谢怀栻法学文选》,中国法制出版社2002年版,第369页。
⑤ 谢怀栻:《大陆法国家民法典研究》,中国法制出版社2004年版,第106页。
⑥ 梁慧星:《中国民事立法评说》,法律出版社2010年版,第30页。
⑦ 李宜琛:《民法总则》,中国方正出版社2004年版,第14页。
⑧ 胡长清:《中国民法总论》,中国政法大学出版社1997年版,第16页。
⑨ 孔庆明等:《中国民法史》,吉林人民出版社1996年版,第1、2页。

在民事法律制度。进入奴隶社会以后的任何一种社会形态,都存在亲属关系,都存在财产流转和商品交换的形式,都必须由民事法律作出调整。中国社会从商朝开始进入奴隶社会后出现了法律,调整亲属关系、财产所有关系、财产交易关系、遗产继承关系的法律就必然是民事法律,也就是民法,只是那时不叫做"民法"而已。在中国古代,田宅法就是不动产法,钱债法就是债权法,户婚法就是亲属法,继承也有继承法,即使是侵权行为法这样极为西洋的概念,在中国古代法律中也十分发达[10],无论如何不能将这些民法制度归属于刑法。特别是在汉墓出土的砖石买地券"民有私约如律令"的记载[11],与《法国民法典》第 1134 条第 1 款关于"依法订立的契约,对于缔约当事人双方具有相当于法律的效力"的规定,完全如出一辙,与近代欧陆民法思想完全一致。因此,中国古代有民法的观点有客观现实基础。

2. 应当承认,中国古代传统民法与欧陆民法的形式和内容都不相同。

欧陆民法主要源于罗马法和日耳曼法,特别是罗马法的强大力量征服了近代社会的立法者,建立了以罗马法为基础的近代民法典,形成了完备的民法传统,进而主要分为法国法系和德国法系。而中国古代民法是附着于强大的刑事立法之中,诸法合一,刑民不分,重刑轻民,使民法附属于刑法,缺少独立的民法形式。同时,中国古代民法的具体内容较为松散,分散在统一律典的各个部分,如户婚、田宅、借贷、杂律之中。特别是中国古代的侵权法,更是分散在律典的各个部分之中,但却有着比较稳定的体系和内容。[12] 可以说,除了没有完整的民法典形式之外,中国古代律令中的民法体系是完善的、独特的,可以称之为中华法系民法。应当承认,中国古代民法当然没有主体平等、意思自治、权利义务平等这样欧陆近代民法的概念,但这并不是否认中国古代民法的根据,只能说明中国古代民法不同于欧陆民法。况且这些民法概念也不是古代欧陆法律所发明,也是近代法典化以来民法昌明、社会进步的产物。

3. 应当确认,中国古代民法是实质民法而不是形式民法。

所谓实质民法,就是有民法之实而无近现代民法之形。说中国古代民法与近现代民法完全一样,具有近现代法典形式的民法,那是不正确也是不客观的,因为中国古代民法确实不具有近现代民法的外在表现形式。因此,胡长清所说"谓我国自古无形式的民法则可,谓无实质的民法则厚诬矣",是完全有道理的,是十分切合实际的表述。在中国古代律令中包含着的强大的、完整的民事法律制度,虽然不存在单独法典的形式,但却有着严密、系统的民法体系。这是一个科学的、符合实际情况的结论。

中国社会不可能在毫无民法的基础之上继受欧陆近现代民法,欧陆民法也不可能在一个毫无民法传统的亚洲国家落地生根。事实上,中国古代民法体系完整而严密。正如张晋藩所云:"《尚书·序》说:'咎单做明居。'咎单,是商汤的司空官,马融

---

[10] 参见杨立新:《侵权法论》,人民法院出版社 2006 年第 3 版,第 73—95 页。
[11] 参见李显冬:《〈大清律例〉到〈民国民法典〉的转型》,中国人民公安大学出版社 2003 年版,第 44 页。
[12] 参见杨立新:《侵权法论》,人民法院出版社 2006 年第 3 版,第 82—95 页。

解释,明居即'明居民之法也'。居民之法,实际上就是民事法律规范。这说明,商朝已经出现民事法规。"⑬自此之后,中国古代民法不断发展,形成了独具特色的中华法系民法体系。由于中国古代专制制度下重公权而轻私权,使得刑事法律相对发达,刑事调整手段逐渐泛化,以致挤压了民事法律的生存空间,加深了民刑不分的印象,由此而产生了"中国古代只有刑法,没有民法"的误解。这是不符合中国法律历史的实际的,是混淆了法律体系与法典体例的区别而导致的结果。⑭对此,清廷民政部在光绪三十三年(1907年)五月的奏章中就说:"中国律例,民刑不分……历代律文户婚诸条,实近民法。"⑮因此,张晋藩得出的结论是:"诸法合体、民刑不分是中国古代法典的体例,就法律体系而言,是诸法并存,民刑有分。"⑯如果中国古代社会不存在民法,中国在一百年之前就根本无法全面接受欧陆民法传统,况且一个泱泱大国如果没有深厚的民法传统,也无法维持政权的稳固,无法保证民事流转的正常发展的,亲属关系也无法维系。因此,断言中国古代没有民法,只是在清末变法才出现民法,是不符合客观历史现实的,也是违反辩证唯物主义的认识论的。

在中国古代,各朝各代的立法一直民刑不分,实行诸法合体,法典的主体内容是刑法法规,但其中包含着丰富的民法内容,尤其是在物权法、契约法、侵权法和婚姻家庭法等方面,都有完善的内容,适应当时社会的经济发展需要。只是由于我国古代社会自给自足的自然经济占统治地位,商品经济很不发达,因而没有形成法典式的民法。⑰

(四)清末开始中国民法的华丽转身

"民法准则只是以法律形式表现了社会经济生活条件"⑱,"民法不过是所有制发展到一定阶段即生产发展到一定阶段的表现,是纯粹私有制占统治的社会的生活条件冲突的十分典型的法律表现"。⑲中国几千年的奴隶社会、封建社会的经济生活条件不可能不存在民法及民法规则。正是在这样社会经济生活条件下产生的民法制度,不符合近现代社会发展的基本需要,因此,经济基础的变革呼唤属于上层建筑内容之一的民法进行"变法",才能够顺理成章地打破自己固有的民法体系而继受欧陆先进的、代表了社会发展方向的民法制度,因此才有了清末的西学东渐,才有了变法图强,才有了《大清民律草案》。如果否认中国古代社会没有民法,中国社会怎么就会凭空地继受欧陆民法呢?

依笔者所见,中国清末之所以变法图强,引进欧陆民法思想和民法制度以代替中

---

⑬ 薛梅卿、叶峰:《中国法制史稿》,高等教育出版社1990年版,第17页。
⑭ 参见张晋藩:《中国民法通史》,福建人民出版社2003年版,第2页。
⑮ 《光绪朝东华录·三十三年五月辛丑》,中华书局1958年版。
⑯ 张晋藩:《中国民法通史》,福建人民出版社2003年版,第3页。
⑰ 参见马原主编:《中国民法教程》,人民法院出版社1989年版,第2页。
⑱ 《马克思恩格斯选集》(第4卷),人民出版社1972年版,第248—249页。
⑲ 《马克思恩格斯选集》(第21卷),人民出版社1979年版,第454页。

华法系民法,是因为中国传统的民法思想和民法制度已经不能适应当时社会生活条件的变革,封闭、保守的中华法系民法无法适应中国近代快速发展的社会政治、经济、生活需要。而恰好欧陆民法是适应商品经济社会经济结构和市场经济发展需求的民法,能够推动社会经济的发展。从鸦片战争开始,清朝政府由于政治上的腐败,造成了社会内部的矛盾重重,整个国家处于危机四伏的状态,西方资本主义列强加紧向东方扩张,中国成为他们侵略和掠夺的首要目标,既加重了中国人民的苦难,也给清朝统治者以沉重的打击,致使曾经经历了百年盛世的清朝统治急速衰落,社会的经济基础、阶级结构和文化观念都发生了巨大的变化。在这样的形势下,清朝统治者放弃"祖宗之法"不可变、"天不变,道亦不变"的固有观念,发出"世有万古不易之常经,无一成不变之治法","法令不更,锢习不破,欲求振作,须议更张"的上谕,由此揭开了变法修律的序幕[20],开始了中国民法的华丽转身。

二、中国民法华丽转身中的两次"民草"

(一)清末改律变法,制定《大清民律草案》

1840年鸦片战争之后,中国的社会经济关系、阶级结构、政治法律制度以及国际地位都发生了前所未有的重大变化,百年盛世的清朝急遽衰落,国家处于"岌岌乎皆不可以支月日"的境地。进入20世纪之后,清朝已经无法照旧统治下去,清廷决定实行新政和修律,期望借此延续其国祚和收回治外法权。[21] 一些开明的官僚和士大夫揭露清朝法律的落后与刑狱的黑暗,要求因时更法。光绪二十八年(1902年),清廷派沈家本、伍廷芳将一切现行律例,按照交涉情形,参酌各国法律,细心考订,妥为拟议,务期中外通行,有裨治理。光绪三十三年(1907年)四月,民政部奏请速定民律,陈述了公法私法之分野,民法的作用,中国民法传统的欠缺等诸条理由,提出"推行民政,澈究本源,犹必速定民律,而后良法美意,乃得以挈领提纲,不至无所措手"。"斟酌中土人情政俗,参照各国政法,厘定民律,会同臣部奏准颁行,实为图治之要。"官员主张,凡民法赏罚修订,皆当广为调查各省民情风俗所习为故常,而于法律不相违背,且为法律所许者,此则编纂法典之要义也。[22] 随后,沈家本、俞廉三、英瑞作为修订法律大臣,参考各国成法,体察中国礼教民情,会通参酌,妥慎修订,奏明办理。光绪三十四年(1908年)十月,沈家本奏请批准,聘用日本法学博士,制定包括《大清民律草案》在内的各部法律。

修订法律馆在起草民律草案之前进行了两项工作:一是聘请法律学堂教习、日本大审院判事、法学士松冈义正协同调查;二是遴选馆员分赴各地采访民俗习惯[23],使修

---

[20] 参见张晋藩:《清代民法综论》,中国政法大学出版社1998年版,第241页。
[21] 参见张晋藩主编:《中国民法通史》,福建人民出版社2003年版,第1104页。
[22] 参见《沈家本年谱长编》,台北成文出版社1992年版,第253页。
[23] 参见张国福:《中华民国法制简史》,北京大学出版社1986年版,第29页。

律者们对地方风俗习惯"洞彻无遗",并依据调查资料,参照各国民事立法的成例,斟酌各省报告的表册,进行充分的准备。

准备工作就绪之后,制定民律草案的工作正式开始。其中,《大清民律草案》的总则、物权、债权三编,由松冈义正负责起草,亲属编和继承编由于关涉礼教,则由修订法律馆会同礼学馆起草,章宗元、朱献文起草亲属编,高种、陈箓起草继承编。㉔

民律草案初稿于宣统二年(1910年)十二月草成。再反复详为核阅,逐条添附按语,说明立法理由,历时八月完成,于宣统三年(1911年)也就是清朝最后一年的九月初五日编纂完成,由俞廉三、刘若曾等复核上奏。草案凡五编1569条,是中国民法史上第一部按照欧陆民法原则和理念起草的民法典。这就是史称为"第一次民草"的《大清民律草案》。

这部法律尽管由于清廷的迅速覆灭而未及正式施行,但是它第一次打破了中华法系民法的传统,引进了西方民法典的立法理念和编纂方法,将欧陆民法规则与中国社会实际结合起来,形成了完整的民法体系和民法规则,使中国民法在中华法系民法的基础上开始了一个华丽转身,出现了划时代的进步。

(二)北洋政府制定《民国民律草案》

民国开国之初,尚未及考虑民法的制定,司法部颁行《民国暂行民律草案》,其实就是《大清民律草案》。现在北京图书馆分馆馆藏的民国元年即1911年刊行的两部《民国暂行民律草案》,其基本体例和条文与《大清民律草案》没有区别。民国开国不久,民国的政权即为北洋军阀政府所篡夺。

北洋政府执政以后,虽然军阀混战,政局动荡,但清末以来开启的法律现代化事业并没有中断,北洋政府将清末的各项法典以及法典草案进一步完善。在法律适用上,开始虽然宣称援用清末的民商事法规,但是没有讲清适用的是清现行刑律中的民法部分,还是《大清民律草案》,因此形成适用法律上的混乱。后来,明确"前清现行律关于民事各条,除与国体及嗣后颁行成文法相抵触之部分外,仍应认为继续有效"㉕,废弃了《大清民律草案》,规定继续援用大清现行刑律中民商事部分,作为民事基本法,由司法机关加以援用。同时大理院通过发布民事判例、解释例创制新的法律规则,被下级审判机关及民间所遵守,具有民事法律效力,弥补了民事制定法不足的缺陷,并为后来制定民国民律草案准备了丰富的材料,也促进了民事法律实质内容的发展。

在立法上,北洋政府认为,《大清民律草案》存在三个缺漏:一是《大清民律草案》仿自德日,偏重个人利益,现在社会情况变迁,非更进一步,以社会为本,不足以应时势之需求;二是《大清民律草案》多继受外国法,于本国固有法源,未及措意,此等法典之得失,于社会经济,消长盈虚,影响极巨,未可置之不顾;三是亲属、继承之规定,与

㉔ 参见张晋藩:《清代民法综论》,中国政法大学出版社1998年版,第249页。
㉕ 1915年10月30日司法部《司法公报》第三次临时增刊。

社会情形悬隔天地,适用极感困难,法曹类能言之,欲存旧制,适成恶法,改弦更张,又滋纷纠,何去何从,非斟酌尽善,不能遽断。㉖ 因此,决定修订新的民律草案。

1914年,北洋政府法律编查会开始修订民律草案,至1915年编成《民律亲属编草案》七章。1918年,法律编查会改为修订法律馆,对民律继续进行修订。该馆参详前清民律草案,调查各省民商事习惯,并参照各国立法,进行修订。具体的分工,总则由余棨昌负责,债编由应时、梁敬镦负责,物权编由黄右昌负责,亲属和继承两编由高种负责。㉗ 迫于收回领事裁判权的政治压力,至1925年,北洋政府修订法律馆迅速起草完成了《民国民律草案》的总则编、债编和物权编,1926年完成了亲属编和继承编,《民国民律草案》全部完成,凡五编1522条。这就是史称为中国"第二次民草"的《民国民律草案》。㉘

《民国民律草案》完成之时,正值北洋政府发生北京政变,囚禁了曹锟,解散了伪国会,因而该法律草案未予公布。1926年11月18日,《民律案总则编债编准暂行参酌采用令》规定,总则编和债编由司法部正式参酌采用,而物权编、亲属编和继承编则由各级法院作为条理予以采用。1927年8月12日南京国民政府规定《民国民律草案》仍作为条理适用,直至民法典生效时才停止适用。可见,尽管《民国民律草案》没有正式实施,但在1926年之后曾作为条理被各级审判机关所援用,并对后来南京国民政府民法典的起草产生了深远的影响,具有重要的历史价值。㉙

《民国民律草案》与《大清民律草案》相比较,主要变化有以下几点:一是在总则编削弱个人主义色彩,弱化私权观念,同时增加对外国法人的规定,以适应各国通商的需要;二是将债权编改为债编,更强调保护债权关系双方的利益,而非只保护债权人的利益;三是在物权编中删除仿照德国制定的土地债务,重新规定中国固有的典权制度;四是在亲属编中改变了《大清民律草案》已经有了的进步规定,更多地因袭了封建礼教的内容,扩大家长权,强化封建包办婚姻的制度,在继承编中也增加了宗祧继承等封建制度。相比较而言,《民国民律草案》在亲属和继承方面的规定在《大清民律草案》基础上有所倒退。

(三)清末民初两次"民草"的历史意义

在中国历史上出现的这两次民律草案,都是产生于中国半殖民地半封建社会历史时期的民法草案,都带有浓厚的半殖民地半封建社会的政治、文化和法制的历史背景和色彩,在一些制度上体现的是落后的、封建的法制思想。同时,这两部民律草案

㉖ 北洋政府修订法律馆总裁江庸:《五十年来中国之法制》,转引自张国福:《中华民国法制简史》,北京大学出版社1986年版,第161页。
㉗ 参见潘维和:《中国近代民法史》,台北汉林出版社1982年版,第86—87页。
㉘ 在历史上,对此有不同说法。"第一次民草"指《大清民律草案》没有争议。关于"第二次民草",一说指1915年制定的"民律亲属编",而将《民国民律草案》称之为"第三次民草";另一说则指《民国民律草案》。这里采通说,将《民国民律草案》称之为"第二次民草",因为"民律亲属编"不是完整的民法草案。
㉙ 参张晋藩主编:《中国民法通史》,福建人民出版社2003年版,第1147页。

也不能不说在某些条文上存在着的抄袭嫌疑和生搬硬套之弊。但是,历史唯物主义者和辩证唯物主义者对任何历史现象都不应当而且也都不会采用形而上学的方法进行观察和研究,而是历史、辩证地对任何历史现象进行科学的观察和研究,揭示其重要的历史意义,以便参考和借鉴。

依据这样的立场,我们可以看到,《大清民律草案》和《民国民律草案》这样两部民法典草案,产生于具有浓厚封建传统的半封建半殖民地的中国近代社会,实现立法的华丽转身,无疑具有非常积极和非常重要的进步意义,划清了中华法系民法与中国近现代民法的界限,具有划时代的意义。在改革开放之前的法制史研究中,对这两部民法草案所持的态度基本上是批判者居多,欣赏者鲜见,否定者居多,肯定者鲜见。近年来,特别是在制定当代中国民法典的过程中,人们认真研究《大清民律草案》和《民国民律草案》,发现全面否定两部民律草案的意见是不公正、不公平的。两部民律草案的历史光辉是不能否定的。甚至可以看到,今天的立法者和研究者有些还不具有两部民律草案起草者那样的先进思想以及敢于创新的勇气。对此,我们应当采用实事求是的态度,对这两部民法草案的历史意义作出公正的评价,还其历史的真实面目。

《大清民律草案》和《民国民律草案》[30]具有以下重要的历史意义[31]:

1. 两部民律草案脱胎于中国社会的封建传统,采用了先进的西方民事制度和民法典编纂方法,实现了中国民法发展史上划时代的历史转变

数千年来,中国实行的是闭关锁国的奴隶制度和封建制度。鸦片战争之始,帝国主义列强用武力打开中国国门,侵入中国,虽然破坏了中国的固有体制,但只是以半殖民地半封建的制度代替了封建制度。千百年来相沿成习的中华法系民法,在内容上主要是以封建礼教为基础,在形式上是"诸法合体、民刑不分",但实际上是"诸法并存,民刑有分"[32]的中华法系律令集成式的大一统法律。中华法系的民法即服制、名例、户役、田宅、婚姻、犯奸、斗殴、钱债、户口等制度,没有受到欧陆民法发展的影响,自成体系,一统天下。这样封闭的、封建的民事法律制度不适应当时社会的发展,尤其不适应半殖民地半封建社会的政治、经济、文化发展的实际需要,必须进行改革。

在维新变法的思想指导之下,在有识之士的鼓吹之下,清廷本着治乱图强、根除弊端的宗旨,洞察中国固有民法"民刑不分""历代律文户婚诸条,实近民法,然皆缺焉不完"之弊端,阐明"东西各国法律,有公法私法之分。公法者定国家与人民之关系,私法者定人民与人民之关系,二者相因,不可偏废。各国民法编制各殊,而要旨闳

---

[30] 在这里,我们仍然更侧重的是《大清民律草案》,因为这部"民草"的历史意义和价值较之于《民国民律草案》,更为鲜明。

[31] 这一部分内容是笔者在编辑《大清民律草案·民国民律草案》一书时写作的点校,说明《中国两次民律草案的编修及其历史意义》中的主要观点,在此作了适当修改。参见该书,吉林人民出版社 2002 年版,第 7—16 页。

[32] 张晋藩:《清代民法综论》,中国政法大学出版社 1998 年版,第 317 页。

纲,大略相似";举其物权法、债权法、亲族法、继承法等,"靡不缕析条分,著为定律。临事有率由之准,判决无疑似之文,政通民和,职由于此"。③ 因此断然决定采用欧陆民事制度和民法典编制方法,编修民律草案,并一举成功,实现了中华法系民法向现代民法的划时代的历史转变,开始了中国民法的华丽转身。

在今天看来,中国民法在这样的时代发生这样巨大的转变,内政外交形势的进逼当然是其重要原因,但是,如果没有痛下决绝之决心,断然不能实现这种脱胎换骨的转变。有识之士的鼓吹和当局的当机立断,是值得赞美的。因此,两部民律草案尤其是《大清民律草案》这种划时代的历史功绩,是不能抹杀,也是不容抹杀的。

2. 两部民律草案断然摒弃了中国民事法律的封建礼教核心,采用了公平、正义的先进民法观念,实现了中国民法思想的革命性变革

中国古代民事法律的核心是封建礼教思想。体现在立法上,中华法系民法的私权观念淡漠,强调以官府、集团、家庭、宗族等为本位。民事法律所反映的是闭关锁国的自然经济形态,等级特权性的社会构成,以及君君臣臣、父父子子的专制宗法观念。对于产生于海上贸易与开放的社会环境、自由交换的商品经济社会、强调人人平等的平权思想基础的欧陆近现代民法制度,无法在古代的中国封建社会中产生出来。

而欧陆近代民法思想以平权、自由、公平、正义为核心,创立私权神圣、契约自由和过错责任三大基本原则,反映了新生的资产阶级强烈的权利要求,反映了市场经济迅猛发展的需要,反映了人人平等的社会结构的历史变化,因而代表了人类社会发展对民法变革的要求,也反映了我国半殖民地半封建社会政治、经济、文化发展的要求。

在清末民初,虽然中国社会还没有全面出现资产阶级革命这样的社会变革,但是这样的变革无疑是在潜移默化并渐次发生着,并且越来越强烈。在变法维新中,立法者看到了欧陆民法观念对社会发展所起的重要作用,特别是适应资产阶级革命和工业化建设的社会发展需要,试图通过制定民律,厘定良法美意,实现推行民政、政通民和的目的,因而决心采纳欧陆民法观念,制定体现平等、自由、公平、正义的民法制度。在两部民律草案中,尽管还存在一些中国封建传统的残余,尤以《民国民律草案》为甚,但是其中闪现的近现代民法思想的光辉,是中国民法历史的财富,对此绝对不能否认。

3. 两部民律草案采用了明确的编修指导思想,注重社会调查,体现了立足本土、中西融合的立法思想

清末制定《大清民律草案》,确立了明确的指导思想。在修订法律大臣俞廉三、刘若曾关于《民律前三编草案告成奏折》中,完整地表述了编修民律的指导思想,这就是:"注重世界最普通之法则,原本后出最精确之法理,求最适于中国民情之法则,期于改进上最有利益之法则。"

---

③ 《光绪朝东华录》(五),总第 5682 页,转引自张晋藩:《清代民法综论》,中国政法大学出版社 1998 年版,第 247 页。

确立"注重世界最普通之法则",是斟酌瀛海交通,于今为盛。凡都邑巨阜,无一非商战之场。华侨在国外发生争端,要适用本国法。一旦构成讼争,彼执大同之成规,我守拘墟之旧习,利害相去,不可以道里计。因而凡能力之差异、买卖之规定,以及利率、时效等项,悉采用普通之制,以均彼我而保公平。

确立"原本后出最精确之法理",概因学术之精进,由于学说者半,由于经验者半,推之法律,亦何不然? 所以各国法律逾后出者逾精,亦最为世人注目。因此,采用世界最精确之法理,义取规随,自殊剽袭,可以使民律草案获得科学基础,既原于精确之法理,自无凿枘之虞。

确定"求最适于中国民情之法则",则因各国民情民俗不同,人事法缘于民情风俗而生,不能强行规抚,削趾就履,因而民律草案凡亲属、婚姻、继承等事,除与立宪相背,酌量变通之外,其余或本诸经义,或参诸道德,或取诸现行法制,务期整饬风纪,以维持数千年民彝于不敝。

确立"期于改进上最有利益之法则",则为立足于变法新政,匡时救弊,贵在转移,拘古牵文,无裨治理。中国法制历史大抵袭稗贩陈编,创制盖寡,即以私法而论,验之社交非无事例,征之条教,反失定衡,改进无从,遑论统一? 故注意选择适合于改进社会,改进政治与法制的最有利益的法则,民律草案特设债权、物权详细之区别,庶几循序渐进,冀收一道同风之益。㉞

至于《民国民律草案》修订的指导思想,多在于改变《大清民律草案》的激进态度,坚持固守封建立场,除了坚持欧陆法例之外,在较多具体民法制度上从《大清民律草案》的立场上后退。北洋时期对《大清民律草案》的批评意见是:其一,《大清民律草案》的总则和财产法部分多继受于德、日民法典,采个人主义立法本位,对中国传统法律的精华未予采纳。其二,该草案亲属法及身份继承制度基本因袭中国传统宗法礼制,又与中国社会的发展不相适应;《大清民律草案》的财产法部分在形式、内容方面与身份法迥然相异,只是通过法典化的形式将二者机械地统合在一起。㉟ 这个意见体现了《民国民律草案》改变立场的原因。

尽管两部民律草案制定的指导思想有所变化,但应当充分肯定两部民律草案的立法指导思想是积极的、进步的,明确了改变封闭的中华法系民法,借鉴国外先进民事立法,结合中国国情民风,通过民法制度的改进来推动国家的昌盛和进步的基本目的。可以说,如果将制定《大清民律草案》的指导思想除去上述具体的解释,而以其抽象的文字表述作为基础,难道不可以作为今天制定民法典的借鉴吗?

在制定两部民律草案时还有一个特别值得肯定的做法,就是重视民事习惯调查。在编修两部民律草案的时候,立法者都组织了大量的人力物力进行民事习惯调查,分

㉞ 以上关于《大清民律草案》制定指导思想的表述,参见张晋藩:《清代民法综论》,中国政法大学出版社 1998 年版,第 251—252 页;潘维和:《中国近代民法史》,台北汉林出版社 1982 年版,第 114—115 页。

㉟ 以上是清末法学家江庸的意见,参见张晋藩:《中国民法通史》,福建人民出版社 2003 年版,第 1148—1149 页。

门别类,进行整理,作为制定法律的重要参考。清光绪三十三年(1907年)五月开始,专门制定《调查民事习惯章程十条》调查要项进行指导。㊱ 在组织上,修订法律馆总其事,各省则成立调查局,各府县设调查法制科。在形式上,凡各省习惯及各国成例,得分别派员或咨请出使大臣调查;由修订法律馆拟定调查问题,颁发各省调查局及各县,各县调查人员依据拟定的问题搜集各地习惯,将答复清册报送修订法律馆汇总。清末的民事调查规模极大、范围极广,内容包括民情风俗、地方绅士办事习惯、民事习惯、商事习惯、诉讼习惯五大类。民国时期的民商事习惯调查亦为广泛。1917年,奉天省高等审判厅厅长建议进行民商事习惯调查,1918年北洋政府司法部发布训令,发送各省区,民商事习惯调查自此全面开始。㊲ 除少数民族和边远地区外,各省、区均建立了民商事习惯调查会,将调查所得资料详细整理、编纂,最后出版了《民商事习惯调查报告录》,为修订民事法律起到了重要作用。这种做法,对于今天正在进行的起草民法典的工作,具有重要的参考意义。

4. 两部民律草案广泛吸纳欧陆民法的先进制度,为中国民法的近代化和现代化奠定了坚实、可靠的基础

《大清民律草案》和《民国民律草案》大量吸纳欧陆近代民法的先进制度,使中国民法与世界民法的距离迅速缩短,并且在国民政府正式制定民法典的时候,使中国民法跟上了世界先进民事立法的进程。仅举数例说明:

(1)在中国固有民事制度中并没有法人制度,而法人制度是适应商品经济发展的必要制度。两部民律草案均借鉴欧陆民法设置法人制度,并详加规定,适应了商品经济社会对民事主体制度的需要。

(2)在物权制度上,除了坚持中国固有的物权制度之外,两部民律草案借鉴近代欧陆民法的物权制度,创设了完善的用益物权和担保物权制度。

(3)在债权制度中,详细规定了债法的基本规则,同时增加无因管理、不当得利、侵权行为的完整规范,在债的保全、双务合同的抗辩权、债的清偿、债的效力等方面都有完整的规定。

(4)在民事责任制度上,除了有完整的规范之外,还采纳了侵害名誉权等人格权的精神损害抚慰金制度。

(5)在亲属法上规定了亲等、亲系等制度,完善了亲属制度。

总之,在两部民律草案中,将欧陆先进的民事制度几乎全部涵括进去,使中国实现了划时代的改变,一步跨进世界民法之林,成为当时优秀的民法典草案。

㊱ 参见郭建、王志强:《关于中国近代民事习惯调查的成果》,《中国民事习惯大全》出版说明,上海书店出版社2002年版,第5页。

㊲ 参见胡旭晟等点校:《民事习惯调查报告录》(上册)序,中国政法大学出版社2000年版,第2页以下。

三、完成中国民法现代化华丽转身的《中华民国民法》

(一)国民政府制定民国民法的经过

北洋政府被推翻之后,南京国民政府成立之初,一方面,决定处理民事案件继续沿用北洋政府的民事法规、判例,也沿用民间习惯;另一方面,设立法制局,负责草拟及修订法律,开始着手制定民法典。当时认为,民法总则、债权、物权各编,再加上民间习惯及历年法院判例,暂时尚可维持民事审判活动,而关于亲属、继承的习惯及判例却因其沿袭几千年来宗法社会的传统,与当时国民革命政纲激烈冲突,也与当时世界发展的潮流背道而驰,因此决定立即先行起草民法的亲属和继承两编。随之,1928年10月完成了新民国民律草案的亲属编和继承编,呈送国民政府核议。[38] 也有的将其称为"民国民律三草"。

1928年12月立法院成立。立法院院长胡汉民于当月即呈请中央政治会议制定民法。1929年1月29日,立法院设立民法起草委员会,指定傅秉常、焦易堂、史尚宽、林彬和郑毓秀为委员,聘请王宠惠、戴传贤及法国人宝道为顾问,开始民法的起草工作。[39] 当时国民政府尽速起草民法,除了要适应社会民事生活需要之外,还有一个重要的原因就是创造撤销领事裁判权的条件。立法院在第三次全国代表大会上的工作报告关于立法计划中明确提道:"现在所缔结中比、中丹、中西、中意各商约,以十九年一月一日或是日以前颁布民商法为撤销领事裁判权之条件,为撤销不平等条约计,民法之起草尤不容缓也。"[40]

制定民法典,由国民党中央政治会议分别制定立法原则,分编草拟,分期公布。历时三年,民法五编相继完成立法程序:总则编于1929年5月23日公布,10月10日施行;债编于1929年11月22日公布,1930年5月5日施行;物权编于1929年11月30日公布,1930年5月5日施行;亲属编和继承编同于1930年12月26日公布,于1931年5月5日施行。民法典共有条文1225条。各编都有施行法,与各编同时公布施行。民国民法典工程浩大,但完成时间仅有3年而已。期间,立法院对各编都进行了详尽的讨论,召开会议250余次(总则编30余次、物权编40余次、债编150余次、亲属编和继承编30余次)。[41] 可见立法所下工夫之大。

民国民法典各编的起草,以大陆法系各国民法为主要参考,主要参照《德国民法》《瑞士民法典》中的多项制度和条文,也参考了法国、日本及苏俄的民法规定,另外,还吸收了南京临时政府、北洋政府法制建设的成果和经验,其中包括对中国固有法律中

---

[38] 参见李显冬:《从〈大清律例〉到〈民国民法典〉的转型》,中国人民公安大学出版社2003年版,第204页。
[39] 参见胡长清:《中国民法总论》,中国政法大学出版社1997年版,第17—18页。
[40] 俞江:《近代中国民法学中的私权理论》,北京大学出版社2003年版,第3页脚注2。
[41] 参见谢怀栻:《大陆法系国家民法典研究》,中国法制出版社2004年版,第109页。

美俗传统的保留。㊷形成了完整的民法典体系和内容。在当时世界各国民法典中,民国民法典撷取各国民法精华,注重中国民事习惯,独树一帜,"采德国立法例者,十之六七,瑞士立法例者,十之三四,而法、日、苏联之成规,亦尝撷取一二,集现代各国民法之精英,而弃其糟粕,诚巨制也",㊸"不可谓非我国立法史上一大可纪念之事业也"。㊹

(二)民国民法典制定的成功经验

总结国民政府制定民国民法典的成功经验,即"此庄严伟大之民法法典,先后两年,全部完成"㊺的经验是什么,颇值得探讨。对此,多有学者进行总结,笔者撷其要者,提出以下看法:

1. 社会经济生活的现实需要和民主政治发展的需要,为民国民法典的制定提供了历史动力。

鸦片战争以来,中国社会经济逐渐融入国际社会,形成了近代经济的生产点和增长点,在一定程度上带动了近代经济在城镇的迅速发展,产生了许多新的社会民事关系,对民事法律规则提出了新的要求,新的民事生活需要新的民事法律规则加以调整,城镇经济流转速度加快则要求改变固有民事关系的性质和调整方法。这不仅为民法典的诞生提供了动力,同时也设定了民法制定的时间限度。在政治上,中华民国为当时亚洲的第一个民主共和国,人民主权原则要求在人民享有的权利中不仅有政治权利,更需要有民事权利。没有民法,则无法确认和享有民事权利。因此,为适应社会经济生活的迅速改变和民主宪政的要求,必须尽快制定民法典。正是因为这个原因的推动,国民政府能够在短时间里制定出一部高质量的民法典。㊻

2. 帝国主义逼迫中国进行民事立法的客观要求。

清政府于 1902 年就与英国、美国、日本、葡萄牙等国续订商约,英国允诺"中国深欲整顿本国律例,以期与各西国律例改同一律,英国允愿尽力协助以成此举。一俟查悉中国律例情形及其审断办法及一切相关事宜,皆臻妥善,英国即允弃其治外法权"。㊼因此,方有《大清民律草案》的诞生。1921 年 10 月在华盛顿召开的会议上,中国代表再次提出撤废领事裁判权,西方列强会商决定,调查中国司法状况之后再作决定,故有《民国民律草案》的迅速完成。南京政府成立之后,围绕收回领事裁判权与各国进行谈判,其中外国提出的基本条件之一是民商事法律制度皆臻完善。这种情形有点像我国加入 WTO 时提出修订相关法律的条件的情形。因此,国民政府决定尽快完成民事立法。立法院在第三次全国代表大会上的工作报告中明确提道:"且近世交

㊷ 参见朱勇主编:《中国法制通史》(第 9 卷),法律出版社 1999 年版,第 639 页。
㊸ 梅仲协:《民法要义》,中国政法大学出版社 1998 年版,初版序第 1 页
㊹ 胡长清:《中国民法总论》,中国政法大学出版社 1997 年版,第 19 页
㊺ 胡长清:《中国民法总论》,中国政法大学出版社 1997 年版,第 19 页。
㊻ 参见张生:《民国初期民法的近代化》,中国政法大学出版社 2002 年版,第 15—17 页。
㊼ 转引自张晋藩:《中国民法通史》,福建人民出版社 2004 年版,第 1106 页。

通频繁,国内社会生活俨成国际的社会生活,不有完善之法规,无以撤销不平等条约之准备。现在所缔结中比、中丹、中西、中意各商约,以十九年一月一日或是日以前颁布民商法为撤销领事裁判权之条件,为撤销不平等条约计,民法之起草尤不容缓也。"因此,由于在与各国条约中规定领事裁判权的撤废以1930年1月1日以前颁布民商法为条件,所以民国民法典得以迅速出台。[48] 这是国民政府能够在短时间里制定出一部高质量的民法典的一个主要原因。

3. 有《大清民律草案》和《民国民律草案》制定的丰厚基础。

自20世纪初,中国即开始了变律为法的进程,广泛继受西洋民法传统。从《大清民律草案》至民国民法典,实际上是一个完整的过程。尽管民国民法典的很多内容与《大清民律草案》和《民国民律草案》的内容不同,但总体上是一个前后相续、相互衔接的整体。如果没有《大清民律草案》和《民国民律草案》的基础,相信国民政府再有能力也不可能在短短的两三年时间里完成一部如此"庄严伟大"的民法典。同时,在起草《大清民律草案》和《民国民律草案》的过程中,积累了丰富的民法理论基础,造就了一大批前后相接的三代民法专家[49]进行广泛的民事习惯调查,为民法的顺利制定提供了良好的思想基础、骨干基础和社会基础。因此说当时民法典的起草工作有一定基础[50],其实并不够,而是有相当好的基础。

4. 有科学的立法程序保证。

在制定民国民法典的过程中,按照国民政府制定重要法律的办法,首先制定立法原则,再定具体条文,继之讨论通过。立法原则也称之为"先决问题",都是"立法主义上最有争议"[51]之点,将一编中的重大原则问题先行定出,并报中央政治会议批准,然后立法院根据立法原则拟定条文;至于细节则可在起草条文时讨论决定通过。谢怀栻认为,这样做的好处是把原则问题和具体条文问题分开,避免就同一问题在各种层次的会议上反复争论,影响整部法律的立法进展,可以节省讨论时间,以免原则问题定不下来,条文也就无法草拟。[52]

(三)民国民法典的优势

1. 采世界的普遍法则作为立法原则

国民政府制定民法典,继承了自沈家本修律以来所确定的基本指导方针,以西方先进之法改造中国固有法。采世界的普遍法则在南京国民政府制定民法典中表现最为突出的,就是社会本位主义法律思想的吸收及其对民法的重大影响。[53] 19世纪初期的欧陆民事立法侧重个人主义思想,至19世纪后期开始转变,强调社会本位主义

---

[48] 俞江:《近代中国民法学中的私权理论》,北京大学出版社2003年版,第3页脚注2。
[49] 参见俞江:《近代中国民法学中的私权理论》,北京大学出版社2003年版,第16—18页。
[50] 参见谢怀栻:《大陆法系国家民法典研究》,中国法制出版社2004年版,第109页。
[51] 谢振民:《中华民国立法史》(下册),中国政法大学出版社2000年版,第779页。
[52] 参见谢怀栻:《大陆法系国家民法典研究》,中国法制出版社2004年版,第111页。
[53] 参见张晋藩:《中国民法通史》,福建人民出版社2003年版,第1204、1205页。

法律思想。民国民法典深受这种思想的影响,注重在维护民事权利的同时,增进社会公益,维护公共秩序和善良风俗,开始脱离纯个人本位的立法模式,不完全从个人利益考虑问题。其表现在于,对近代民法中的绝对意思主义、契约自由、所有权绝对、过失责任诸点多有限制;在法律行为上不采取绝对意思主义,兼采表示主义;设置多处无过失主义原则;本着革命精神,推翻男性独占的继承制度,认为男女有均等的财产继承权等。

2. 采取适合现代思潮的立法形式和体例

南京国民政府制定民法典,就立法形式而论,是直接学习欧陆民法,力图摆脱传统法律的束缚。主要表现是:

(1)确定使用"民法"称谓,采用日本对民法的称谓作为民事法典的名称,而不是叫做"民律";

(2)划清公法和私法之间的界限,确认民法是私法;

(3)确立了实体法和程序法的区分,确定民法是实体法而非程序法;

(4)完全采纳潘德克吞体系,制定五编制民法,分为总则、债、物权、亲属和继承,与《德国民法典》体例一致。因此,中国历史上的第一部民法就与世界成文法国家民法同一体例,实现了"与各西国律例改同一律",达到西方列强允诺撤废领事裁判权条件的标准。

3. 改革我国固有封建恶习,仍注重我国国情

民国民法典大刀阔斧地改革了我国固有的封建恶习,特别是在亲属编和继承编中表现显著。例如实行男女在人格上的平等,使已婚妇女的民事权利能力和行为能力完全与男子居于同等地位,扫除了中国古代数千年的男尊女卑、三从四德的封建陋习;废除纳妾制度,强调一夫一妻制;废除了数千年的嫡子、庶子、嗣子及私生子的称谓,建立平等的亲属制度,采用罗马法的亲等计算法;废除宗祧继承制度,建立男女平等的财产继承制度;废除大家族制度,不设族长,削弱家长的权利,仅规定家制和家庭会议制度等。在这些方面,立法者是有很大勇气的。[54]

但是,民国民法典也并不盲从,根据国情民风,一些在中国沿用已久,能够很容易地为中国社会所接受的内容予以保留。最为典型的是保留了典权制度,国民党中央政治会议第 202 次会议决议"民法·物权编立法原则"指出:"我国习惯无不动产质,而有典","二者比较,典之习惯实远胜于不动产质。因(一)出典人多为经济上之弱者,使其于典物价格低减时抛弃其回赎权,即免负担;于典物价格高涨时有找贴之权利,诚我国道德济弱观念之优点。(二)拍卖手续既繁,而典权人既经多年占有典物,予以找贴即取得所有权,亦系最便利之方法"。[55] 因此专设典权一章。

4. 条文词句简洁通俗

梅仲协认为,《民国民法典》条文辞句,简洁通俗,且避去翻译式之语气,为纯粹之

---

[54] 参见谢怀栻:《大陆法系国家民法典研究》,中国法制出版社 2004 年版,第 112 页。
[55] 转引自张晋藩:《中国民法通史》,福建人民出版社 2003 年版,第 1209 页。

国语。词句典雅,用词极为考究,颇具《瑞士民法典》之长处,且避去前次各民律草案之日本语口气,足征立法者之惨淡经营,独具只眼,诚为立法技术上之一大进步也。[56] 这个评价也非常贴切。

四、中国民法华丽转身中的伪"满洲国民法"

伪"满洲国政府"在1932年3月宣布成立之后,曾经宣布暂时沿用从前的法令,即民国民法典只要与伪"满洲国"建国宗旨不相矛盾的部分都可以援用,被称之为"旧民法"。随后,1932年8月成立司法部法令审议委员会,开始由司法大臣冯涵清负责,后来由日本法官古田正武任司法部总务司长负责。在日本帝国主义势力的协助下,伪"满洲国政府"开始起草各种法律,其中包括民法。当时确立的立法基本原则是,一是顺应建国的本义;二是顺应国情;三是彰显大义、遵循条理;四是努力维护并发展自古以来的淳风美俗;五是努力汲取先进国家的长处。[57]

1934年,伪"满洲国"开始起草民法草案。参加起草伪"满洲国民法"的基本上是日本民法学者,负责民法总则和物权法部分内容的是原日本大阪地方法院法官万岁规钜楼,负责债权部分起草的是原日本大阪地方法院法官川喜多正时,负责物权编部分内容的是原日本东京法院法官兼原达郎。穗积重远、我妻荣担任审核员。起草亲属、继承两编的是原东京地方法院法官千种达夫和中国人朱广文。

伪"满洲国民法"包括两个部分,一部分是只有总则编、物权编和债权编的伪"满洲国民法",另一部分是伪"满洲国亲属继承法"。伪"满洲国民法"于康德四年(1937年)5月31日内阁会议通过,6月15日参议府御前会议通过,予以公布,自同年12月1日施行,包括总则、物权、债权三编,共745条,再加上民法总则编施行法、民法物权编施行法、民法债权编施行法。伪"满洲国亲属继承法"制定的时间较长,颁布于1945年7月1日,包括亲属、继承两编,共287条,亲属继承法施行法19条。到1945年8月15日伪满洲国解散,这部法律只维持了一个多月就失效了。两个部分的全部内容(不含各编的施行法)共计1032条。

伪"满洲国民法"诞生于"七七事变"前夕,消亡于抗日战争胜利,是一部短命的民法典。这部民法典一方面表现了殖民主义对中国的侵略特别是法律的侵略,另一方面则凝聚了法律起草者特别是日本民法学家怀着对民法现代化的理想,将其作为制定现代民法的"一大实验场所",是日本民法学者和实务家理想中的民法在伪"满洲国"的付诸现实。[58] 因此,其存在价值以及对后世的影响不容忽视。有学者概括其特点是:

---

[56] 参见梅仲协:《民法要义》,中国政法大学出版社1998年版,第19页。
[57] 参见孟详沛:《伪满洲国民法典若干问题研究》,载《社会科学》2008年第12期。
[58] 参见孟详沛:《伪满洲国民法典若干问题研究》,载《社会科学》2008年第12期。

(1)确认资本主义现代民法三原则；

(2)明确规定了诚实信用原则并将之贯彻于分则各编；

(3)吸收了日本明治民法典制定以来日本民法学者发展的最新成果；

(4)编纂审议过程细致、有序；

(5)法典既体现了日本帝国主义势力殖民满洲的企图，也隐含了一批日本法学者制定一部先进的民法典的孜孜以求的精神。(59)

有学者认为，伪“满洲国民法”为我们开拓了一个新的研究领域：殖民法研究。这一研究至少有东北三省和台湾地区可以提供土壤，或许其他当过殖民地的省市也能如此。伪“满洲国民法”还为后来的民法典留下了些许智慧。因此，研究伪“满洲国民法”，对于研究东亚民法思想史的变迁，当有一定的意义。(60)

五、当代中国民法继续进步的艰难努力

(一)当代中国民法建设的经历

自1949年10月1日以来，中华人民共和国(以下简称新中国)共制定了12部民事法律，分别是《婚姻法》(1950年4月13日通过实施，1980年9月10日重新制定通过，2001年4月28日修正)、《经济合同法》(1981年12月13日通过，1982年7月1日生效)、《涉外经济合同法》(1985年3月21日通过，7月1日生效)、《继承法》(1985年4月10日通过，1985年10月1日生效)、《民法通则》(1986年4月12日通过，1987年1月1日生效)、《技术合同法》(1987年6月23日通过，11月1日生效)、《收养法》(1991年12月29日通过，1998年11月4日修正)、《担保法》(1995年6月30日通过，1995年10月1日生效)、《合同法》(1999年3月15日通过，1999年10月1日生效)、《物权法》(2007年3月16日通过，2007年10月1日生效)、《侵权责任法》(2009年12月26日通过，2010年7月1日生效)和《涉外民事关系法律适用法》(2010年10月28日通过，2011年4月1日生效)。其中《经济合同法》《涉外经济合同法》和《技术合同法》，于《合同法》生效后全部废止。至目前为止，现有的民事法律合在一起共有9部。如果从严格的意义上考察，当代中国民法还需要制定一部“民法总则”和一部“人格权法”，也还需要制定一部“债法总则”，《担保法》的内容需要修订。如果能够把《民法通则》作为民法总则看待的话，从形式上看，中国民法的总则和分则已经基本齐备。

从以上民法立法的情形来看，作为一个民主法治的社会主义共和国，用了60多年时间还没有制定出一部统一、完备的民法典，只有了一个较为松散的、内容还不十

---

(59) 参见孟详沛：《伪满洲国民法典若干问题研究》，载《社会科学》2008年第12期。

(60) 参见徐国栋：《伪满洲国民法典基本情况》，载罗马法教研室网站(http://www.romanlaw.cn/subcivil-177.htm)，2011年1月11日访问。

分完备的民法,不能不说令人遗憾。苏联在1917年革命成功之后到1922年制定《苏俄民法典》,用了5年时间。辛亥革命成功是1911年,到1930年制定了统一的民国民法典,用了19年。就此比较,可见当代中国的民事立法是极其迟缓的。

学者曾经设问,是中国的立法者没有法律素养吗?是中国的立法者没有敬业精神吗?回答是:"中国立法工作者的智慧之花迟迟未能结成法典之果,主要原因就在于这50多年时间内新中国的成长过程中所遇到的种种经济和政治方面的动荡和变革。"[61]

事实上,在长时间里,当代中国并非没有将民法典的起草列入日程,而是一个断断续续的立法过程,其中有三次民法立法高潮:

1. 第一次民法立法高潮

第一次民事立法高潮是1954年至1958年。在这一段时间里,立法机关对民法立法做了大量工作,起草的草案及有关研究资料累积约950万字。[62] 在此期间起草的民法草案涉及总则、分则的各个部分,应当说内容是完整的。这些内容尽管多仿效于《苏俄民法典》,计划经济色彩极浓,但仍可以看出当时制定民法典的高度热情。可惜的是,这样的立法热情被随之而来的大跃进以及人治思想的最高决策而扼杀。关于"主要靠决议、开会,一年搞四次,实际靠人,不靠民法、刑法来维持秩序"和"到底是法治还是人治,实际靠人,法律只能作为办事的参考"[63]的领导讲话,就是阻断民法立法进程的原因。在从此之后长达5年的时间里,民法制定完全停止。

2. 第二次民法立法高潮

第二次民事立法高潮是1962年至1966年。随着中国三年自然灾害的影响逐渐消除,毛泽东同志提出不仅刑法要制定,民法也需要制定。[64] 立法机关重新启动民事立法工作。从1963年北京政法学院和中国社会科学院等起草民法典草案开始,到1964年7月1日全国人大常委会办公厅草拟的262个条文的《中华人民共和国民法草案试拟稿》,已经有了民法典的雏形。1964年11月1日,全国人大常委会办公厅提出了283个条文的《中华人民共和国民法草案试拟稿》,草案拟就后未经付印,未经正式讨论,就因参加社会主义教育运动而停止。在"文革"运动开始之后,更没有民法立法活动的开展理由了。第二次民事立法高潮真正是"无疾而终",是由于社会主义教育运动和"文化大革命"运动的兴起而没有办法继续进行。

3. 第三次民法立法高潮

第三次民事立法高潮是1979年开始改革开放至今。改革开放之后,中央决定加强法制建设,尽快完成民法立法。这次立法高潮分为前后两期:

前期是从1979年开始。邓小平同志提出,应该集中力量制定刑法、民法、诉讼法

---

[61] 何勤华:《新中国民法典草案总览》序,法律出版社2003年版,第1页。
[62] 根据何勤华主编的《新中国民法典草案总览》上卷和下卷的内容统计。
[63] 项淳一:《党的领导与法制建设》,载《中国法学》1991年第4期。
[64] 参见顾昂然:《新中国民事法律概述》,法律出版社2000年版,第3页。

和其他各种必要的法律。(65) 1980年8月15日的《中华人民共和国民法草案(征求意见稿)》(即民法一稿)拟就,共501条,内容很全面。民法二稿于1980年4月10日完稿,共426条。民法三稿于1981年7月31日完成,共510条。民法四稿是1982年5月1日完稿,共465条。由于各方面的原因,立法机关决定民法制定由"批发"改为"零售"(66),决定先制定《民法通则》,于1986年4月12日制定完成了《民法通则》。这是新中国第一部具有民法总则性质的民法基本法,具有极为重要的意义。

后期是立法机关在20世纪90年代决定制定完整的民法典开始。1998年全国人大常委会决定恢复民法典起草(67),成立了9人组成的民法起草小组,负责民法典的起草工作,先于1999年制定完成了《中华人民共和国合同法》,"三法合一"(《经济合同法》《涉外经济合同法》和《技术合同法》统一为《合同法》),统一了合同法律制度。2002年年初,李鹏同志决定加快民法典起草工作,随后于2002年12月第一次审议了《中华人民共和国民法(草案)》。2004年6月,十届全国人大常委会变更立法计划,决定搁置民法典草案的起草工作,恢复《物权法(草案)》的修改和审议,仍然按照"零售"模式,排除了重重阻力,于2007年3月制定完成了《中华人民共和国物权法》。(68) 2009年12月,顺利完成《中华人民共和国侵权责任法》的制定工作,于2010年7月1日实施。2010年10月28日通过了《中华人民共和国涉外民事关系法律适用法》,自2011年4月1日起生效施行。有学者认为,《涉外民事关系法律适用法》是国际私法,并不是民法,但立法计划是放在民法典中的,应当将其作为民法典的组成部分。

目前,当代中国民法的基本状况是:《民法通则》有156个条文,《婚姻法》有51个条文,《收养法》有34个条文,《继承法》有37个条文,《物权法》有247个条文,《合同法》有428个条文,《担保法》有96个条文,《侵权责任法》有92个条文,《涉外民事关系法律适用法》有52个条文,总计1193个条文。这些法律条文构成了我国民法的基本框架和内容。

经过漫长的曲折之路,当代中国民法的主要部分目前已经制定完成,基本形成了松散型的民法典体系。

(二)当代中国民法建设经验

回顾60多年的当代中国民法建设历史,笔者认为有以下经验值得重视:

1. 必须坚持法治,反对人治,实现依法治国

研究新中国60多年的民法发展历史,可以看出一个鲜明的经验,那就是只有实行依法治国的方略,才有民法立法的发展。纵观60年新中国的发展,前30年几乎不讲法治,实行的是人治。彭真同志曾经说过:"我们现在的法律还很不完备,大家全说

(65) 参见顾昂然:《新中国民事法律概述》,法律出版社2000年版,第3页。
(66) 参见顾昂然:《新中国民事法律概述》,法律出版社2000年版,第9页。
(67) 参见顾昂然:《新中国民事法律概述》,法律出版社2000年版,第81页。
(68) 参见梁慧星:《中国民事立法评说》,法律出版社2010年版,第48—49页。

无完备的法律很麻烦,但也有便利之处。我们办案时,只要站稳阶级立场,根据政策,按照阶级利益来办事就可以了。”(69)刘少奇同志讲道:“到底是法治还是人治,实际靠人,法律只能作为办事的参考。”(70)在这样的人治思想指导之下,国家不可能实行法治,当然也就不会有对民法的重视,民法的起草工作当然无法正常进行。1978 年改革开放之后,国家强调依法治国,强调用民事法律调整商品经济关系,维护市场经济秩序,促进市场经济繁荣,推进现代化建设,立法机关特别强调民法还是要搞;1997 年,党的十五大把依法治国正式确立为党领导人民治国理政的基本治国方略,实行中国特色社会主义民主法治的发展道路,因此就有了民法繁荣的今天,使当代中国民法典建设初步完成。如果没有依法治国治国方略的确立,当代中国民法仍然不会有今天的发展形势,再拖上几十年也是有可能的。因此,强调人治而忽视法治,民法研究就不会繁荣,民法立法就不会发展。

2. 需要真正认识民法的本质价值,突出民法的地位和作用

有学者认为,清末继受外国民法和国民政府制定民法典,其直接动因是为了废除领事裁判权;而新中国成立后因意识形态和经济政治的原因而继受苏联民法,直到 1978 年后在民法经济法论争中将民法理解为商品经济法,以及为了适应改革开放和发展社会主义市场经济的需要而制定统一的《合同法》和《物权法》,充分体现了中国民法一直为某种政治目的所左右。(71) 笔者认为这个评论非常准确。直至今天,或许我们还没有真正认识清楚民法的基本社会价值。将民法的价值定位在经济方面当然没有错误,但要看到的是,这并不是民法的本质价值。认识民法,更重要的是要看到民法对人的价值的承认、对人的地位的尊重和对人的权利的保护。因此,民法更是人法,即使是关于财产的法律,也是关于人的财产法。罗马法的《法律大全》标榜民法就是人法,是调整市民社会中市民关系的法。《拿破仑民法典》第一卷就是人法,公然表明人的价值,表明人的地位。在 21 世纪的今天,如果看不到民法就是人法这个民法的本质,仅仅着眼于民法的调整市场经济的价值,民法就仍然得不到应有的重视,制定民法典也必然受到功利主义所左右。只有将民法的价值定位为人法,是赋予民事主体以民事权利、规定民事主体行使民事权利的规则、保护民事主体的民事权利的基本法(72),才能够真正认识民法的本质价值,摆正民法的地位,充分发挥民法的作用。

3. 坚持借鉴和本土化相结合,突出中国特色

借鉴和本土化是法律移植中的重大问题。只讲借鉴不讲本土化,外国的立法经验不与本国的社会实际相结合,制定出来的法律结果必定会脱离实际,确定的法律规则必定会“水土不服”,无法解决本国的社会实际问题。在清末和民国初期,在民律草案和民法典的制定中,也非常注重考虑本国的民事习惯,但主要的部分还是借鉴。在

---

(69) 1956 年 3 月 31 日彭真同志在第三次全国检察工作会议上的报告。

(70) 项淳一:《党的领导与法制建设》,载《中国法学》1991 年第 4 期。

(71) 参见梁慧星:《中国民事立法评说》,法律出版社 2010 年版,第 46 页。

(72) 这些意见可以参见杨立新:《民法总论》,高等教育出版社 2007 年版,第 5 页。

新中国第三次民法立法高潮中诞生的民事法律,由于有了几十年的积累,在制定民法时更多考虑的是民法的本土化,注重中国元素,而不是盲目遵从某一个或者某几个国家的立法经验。1986年制定的只有156个条文的《民法通则》虽然篇幅短小,也存在较多的缺点,但在中国社会所发挥的作用却是无与伦比的,其社会价值是无论怎样估价也不会过分的,原因就在于适合中国国情。如果没有《民法通则》,今天的中国人就不能有今天这种强烈的人权观念、人格权观念,以及对自己的价值、地位和权利的重视。《物权法》体现的更多的是本土化的经验,而不是对外国立法的借鉴。有人批评中国的《物权法》是抄袭之作,是完全没有根据的。中国的土地物权制度无论是好还是不好,都是中国独有的,无处可以抄袭,仅此一点足以证明"抄袭论"说法的荒谬。更有特点的是《侵权责任法》,融合了大陆法系和英美法系侵权法的精华,但都加以改造,突出中国处理侵权赔偿责任的司法经验,创造了新型的具有21世纪特点的侵权法,是完全本土化的侵权法。在民事立法中只有将借鉴和本土化结合起来,才能够使民法具有生命力,发挥其社会调整作用。

4. 必须有一个强有力的民法学术理论骨干队伍,实行专家立法

加强民事立法,制定民法典,没有强大的民法学术队伍骨干,没有充分的理论准备和经验准备,是不能完成这个重任的。在清末民初民事立法中,如果没有董康[73]、江庸[74]、余棨昌[75]、王宠惠[76]、陈篆[77]、郁华[78]、张知本[79]、张一鹏、陈时夏、陈瑾昆[80]、戴修

---

[73] 字授经,号涌芬室主人,江苏武进人。1889年考中举人,入清朝刑部工作,1902年任修订法律馆编修、总纂等,是沈家本的得力助手。
[74] 字翊云,晚号澹翁,福建长汀人。近代法学家、社会活动家、文化名人。
[75] 北京大学法律系教授,参加民国民法总则的起草工作。
[76] 王宠惠(1881年10月10日—1958年3月15日),字亮畴,广东东莞人。近现代中国法学的奠基者之一。
[77] 清末法学家,翻译《法国民法典》,起草《大清民律草案》继承编。
[78] 字曼陀,又字庆云,小名莲生,浙江富阳县人。1905年考取浙江省首批官费留学日本,先后毕业于早稻田大学师范科、法政大学法科,获法学士学位,1912年考取法官,任京师高等审判厅推事,兼司法储才馆及朝阳大学刑法教授。1929年调任大理院东北分院推事,司法部科长,最高法院东北分院刑庭庭长。
[79] (1881年—1976年),号怀九,汉族,湖北省江陵县张公挡人。1904年以公费赴日本留学,初入宏文书院,后转入法政大学攻读法律。1905年由时功久介绍加入同盟会,1907年学成回国,历任广济中学堂堂长、武昌公立法政学堂监督、武昌私立法政学堂及法官养成所教习、荆州府中学堂堂长。
[80] 字克生,汉族,中共党员,清光绪十三年(1887年)生,原常德县月亮山人。中国当代著名法学家。

瓛[81]、朱学曾[82]、刘志敭[83]、欧宗祐、欧阳蹊、钟洪声[84]、李祖荫[85]、楼桐荪、阮毅成[86]、吴学义、周新民[87]、郁嶷、李宜琛[88]、史尚宽[89]、胡长清、王去非、李谟、曾杰、郑国楠等,就不会有《大清民律草案》《民国民律草案》和民国民法典的问世。在当代,如果没有佟柔、江平、王家福、谢怀栻、魏振瀛、张佩霖等一代民法学家的努力,就不会有《民法通则》的出台。从开始制定《合同法》开始,立法机关开始重视立法中法学专家的作用,预先委托江平、梁慧星、王利明、郭明瑞、崔建远和张广兴六位专家和李凡、何忻两位法官讨论拟定中国合同法立法方案,随后组织北京大学、中国人民大学、吉林大学、中国政法大学、武汉大学、烟台大学、中南财经政法大学、中国社会科学院法学研究所等12个单位的民法专家分头起草《合同法》草案的建议稿。随后,在《合同法》草案专家建议稿的基础上,制定完成了《中华人民共和国合同法》,创造了专家立法的先河。此后,《物权法》和《侵权责任法》也是如此,都是先由专家起草法律草案的建议稿,在此基础上起草法律草案,保证了法律的质量。《合同法》《侵权责任法》等在正式通过之后,都受到各国专家的好评,究其原因,民法理论的准备和专家的重要作用至为关键。

(三)《民法通则》的历史意义

在研究当代中国民法的时候,必须认真研究《民法通则》的历史意义。《民法通则》作为当代中国民法的基本法,尽管比较简陋、条文比较少,确实是在一时难以制定

---

[81] 常德县人,字君亮,日本中央大学毕业,著名法学教授。历任国立北京法政大学教务长、京师地方检察厅检察长、河南司法厅长、国民政府最高法院首席检察官、上海法学院法律系主任、中国公学法律系主任。

[82] 民国政要,法学家,贵州平越人,早年留学日本,回国后曾任清政府内阁中书。民国成立后,历任京师高等审判厅推事、庭长,法律编修馆总纂等。后曾任北京政法大学等校教授。1924年11月病逝。

[83] 字报愿,江苏武进县人。日本东京帝国大学法科毕业,1923年任大理院推事,南京国民政府最高法院首席推事,后任北京大学法律系、朝阳大学法律系教授等职,著有《民法物权》。

[84] 曾任浙江省高等法院民庭庭长、复旦大学法律系教授。

[85] 字麇寿,民法学家,湖南祁阳文明铺人。1927年北平朝阳大学法律系毕业后东渡日本,就读于明治大学法律系专攻科,于1930年回国,历任北京大学(专任)讲师、副教授,同时兼任朝阳大学教授、名誉教授及《法律评论》总编辑,1936年起专任北大教授。

[86] 余姚临山人,1927年毕业于中国公学大学部政治经济系,1931年毕业于法国巴黎大学,获法学硕士学位,回国历任国立中央大学法学院教授、中央政治学校教授兼法律系主任,《时代公论》主编。1937年任浙江省第四行政督察专员。抗日战争初期任浙江省政府委员兼民政厅长,英士大学教授、行政专修科主任等职。抗战胜利后任国立浙江大学法学院院长,1946年任"制宪"国民大会代表。

[87] 原名周骏,别名振飞,安徽省庐江县人。早年在家乡兴办兢存小学(后为县立陡岗小学),后到外地工作,一直关心学校的建设与教学,常寄图书、教具资助该校,暮年常以书信询问办学情况,曾任中国社会科学院法学研究所副所长。

[88] 字子珍,福建闽侯人。日本早稻田大学毕业,曾任广西大学、中央干校教授,1944年后曾兼任朝阳大学教授,著有《日耳曼法概说》,编著《民法要论总则》《民法总则》《现行物权法论》《现行亲属法论》《现行继承法论》等。

[89] 字旦生,安徽枞阳人。15岁留学日本,由京都第三高等学校而东京帝大法律系,获法学士学位。1922年秋赴德国人柏林大学研究法律,两年后转法国巴黎大学研究政治经济。1927年返国历任中山、中央及政治大学教授,"立法委员""立法院法制委员会委员长""考试秘书长""国民大会代表""总统府国策顾问""考选部部长""司法院大法官""司法行政部司法官训练所所长"等职。曾参加民法起草工作,先后出版民法专著14种、论文数百篇。

出完整的民法典的情况下,不得已才制定出来的一部"迷你型"的民法基本法,但它在当代中国民法建设中所具有的历史意义极为重要。这些意义可以概括为以下几个方面:

1. 新中国第一次规定了全面的民法基本法

在新中国建立后至改革开放之前的几十年中,除了在1950年制定了《婚姻法》之外,几乎没有制定其他民事法律,更不要说全面、完善的民法典。1986年颁布的《民法通则》尽管只有156个条文,从条文上看是一个"小法",但它概括的却是全面的民法基本法。它不但规定了自然人、法人、民事法律行为、代理、民事责任、诉讼时效等民法总则的基本内容,还规定了物权、债权、知识产权和人身权[30]等基本民事权利制度和侵权责任制度,几乎概括了民法的全部内容。因此,《民法通则》尽管简单,但却是一部全面的民法基本法。在一时无法制定民法典的情况下,为适应社会生活急需而制定这样一部小型的民法基本法,是没有办法的办法。然而,正是有了这样一部小型的民法基本法,使民法的基本思想和基本规则贯彻在二十几年的社会生活中,调整各种民事法律关系,发挥了难以想象的重大作用。在调整民事法律关系方面,一方面是它本身提供了基本的民法规则,另一方面最高人民法院依据这些民法的基本规则创设出丰富的司法解释进行补充,保障了我国在改革开放中社会主义市场经济建设的有序进行,保证了民事主体民事生活的和谐和稳定。

2. 第一次全面规定民事主体、客体和权利义务等基本民事制度,起到了民法总则的作用

《民法通则》的基本内容是规定民法总则的基本规则,规定了民事主体制度,确立了公民(自然人)和法人的基本制度;规定了民事法律行为和代理制度,使取得、变动和消灭民事法律关系的民事流转有法可依;规定了民事责任制度,保障民事活动依法进行,使民事权利保护有了强制性的保证;规定了诉讼时效制度,能够促使民事主体及时行使权利,稳定社会生活。这些基本的民事制度都是民法总则的基本内容。因此,在二十几年的社会生活中,《民法通则》发挥了民法总则的作用,在调整民事法律关系的依据方面提供了基本的法律规则和保障。

3. 第一次概括地规定了民事权利体系,设定了民法分则的基本框架

如果仅仅认为《民法通则》就是一部民法总则,也是不正确的。《民法通则》一个非常重要的规定,就是第五章"民事权利"的规定。这一章分为四节,概括地规定了物权、债权、知识产权和人身权四个部分内容,而这四个部分内容正是除《婚姻法》《继承法》以外的民法分则所应当规定的物权法、债权法(包括合同法)、知识产权法和人格权法。如果将这四个部分展开,再加上婚姻家庭法和继承法,就构成了民法分则的全部完整内容。因此可以说,立法者在《民法通则》中规定第五章,体现的是民法分则

---

[30] 《民法通则》第五章第四节规定了"人身权",其内容实际只规定了人格权,并没有身份权的内容。中国民法关于身份权是由《婚姻法》规定的。

的宏大规划,是一个高瞻远瞩的立法蓝图。例如,在"人身权"一节,实际上规定的是人格权法的内容,采取单独设立一节的方法,使人格权与物权、债权、知识产权相并列,具有同等的法律地位。这在世界各国民法典中都是没有先例的做法,是一个具有远见卓识的立法举措,体现了当代中国民法对人格权的高度重视。在今天,当很多学者还在为民法典中人格权法是否要单独成编问题提出反对意见的时候,其实立法者早在二十几年前就已经预见到了人格权法的重要地位和单独立法的必要性和必然性,并且作出了中国式的选择。可以说,《民法通则》规定各项民事权利的内容尽管简单,但其高瞻远瞩的预见性和极为简洁的概括性,使它成为一个极为重要的法律,并且在二十几年的司法实践中发挥了非常重要的作用。

4. 第一次全面规定了侵权责任制度

《民法通则》本来是一部总则性的民法基本法,但它在第六章"民事责任"中却详细地规定了侵权责任法,凸显了立法者对侵权责任法重要性的重视。[91] 在该章中,立法者不仅规定了侵权责任的过错责任原则和无过错责任原则这样一般性规则,而且规定了诸如侵权行为种类、侵权责任方式、侵权责任的适用以及特殊侵权责任类型这样的具体内容。因此,在《民法通则》总体上的概要性规定中,对于侵权责任的规定却是具体的、详细的,几乎规定了侵权责任法的全部内容,确立的侵权责任制度具有重要的历史意义和价值,成为我国现行民法制度中的重要组成部分。例如,在那种"左"的思想还普遍存在的政治形势下,立法者毅然规定了精神损害赔偿责任制度,尽管还不完善,但却给日后发展打下了坚实基础,提供了广阔的空间,以至于在今天精神损害赔偿已经成为我国救济民事权利损害广泛适用的一般性权利损害的救济方法。如果没有《民法通则》关于侵权责任制度的规定,我国就不会有今天完善的民事权利保障制度,不会有和谐的市民社会秩序,更不会有今天民事立法的大好形势。

(四)当代中国民法建设值得重视的问题

应当看到,当代中国民法建设已经取得了重大成就,具有 21 世纪鲜明特色的中国民法典呼之欲出,彰显了新中国民法建设所取得的成果。但是,经过 60 多年的建设,至今中国还没有完成一部完备的民法典的立法工作,不能不说是一个巨大的遗憾。归纳起来,在当代中国民法建设上,有以下几个问题特别值得重视:

1. 在立法上不应当否定民法的重要地位和重要作用

应当说,当代中国并不是完全否定民法在建设社会主义事业中的地位和作用,中共中央在新中国成立之前就决定要搞刑法和民法。但是,在长时间的人治思想和法治思想的博弈中,前者始终占统治地位。在 1958 年 8 月北戴河中央政治局扩大会议上,毛泽东同志就提出:"法律这个东西没有也不行,但我们有我们的一套。""大跃进以来,都搞生产,大鸣大放大字报,就没有时间犯法了。对付盗窃犯不靠群众不行。不能靠法制治多数人。……民法、刑法那样多的条文谁记得住?宪法是我参加制定

---

[91] 参见王泽鉴:《王泽鉴法学全集》(第 6 卷),中国政法大学出版社 2003 年版,第 341—342 页。

的,我也记不得。""我们每个决议都是法,开会也是法,治安条例也要养成了习惯才能遵守。""主要靠决议、开会,一年搞四次,实际靠人,不靠民法、刑法来维持秩序。"[92]毛泽东同志发表这个讲话之后,以彭真同志为组长的中央政法小组很快写了一个《关于人民公社化后政法工作一些问题向主席、中央的报告》,明确提出"刑法、民法、诉讼法已经没有必要制定",遂使从1954年开始的法制建设进程骤然中断,民法起草工作断然停止。我国改革开放之前的民法起草工作几起几落,原因就在于此。

2. 在对待历史上不应当完全废除民国民法典

在1949年内战即将结束时,由于国共和平谈判破裂,毛泽东同志毅然提出彻底废除国民党伪法统,其中宣布彻底废除的六法全书中就包括民国民法典。历史的经验告诉我们,一个新的政权在建立之初,不可能立即制定出一部民法典,尤其是在革命胜利之后建立的新政权,更是这样。列宁领导十月革命成功,建立了苏维埃政权,首先宣布废除沙俄的宪法,但有保留地继续援用沙俄民法典,只有与苏维埃政权的政策相违背的才不予以适用。即使是我国,在辛亥革命成功,推翻"满清"统治之后,司法部即将《大清民律草案》作为《民国暂行民律草案》颁行;在南京政府成立之初没有民法典,也是继续沿用北洋政府的民事法规、判例。[93] 这是因为任何一个新建立的政权面对市民社会,不能没有民法的调整,换言之,民法调整民事法律关系不能出现空白期。在沿用前政权的民事法规基础上,抓紧制定民法典,才是正确的选择。因此,苏联在1922年制定了《苏俄民法典》,国民政府在1930年完成了民国民法典。新中国刚刚建立之初,特别需要民法调整民事关系,建立稳定的市民社会秩序,却宣布彻底废除民国民法,又在几十年之中没有制定出民法,不仅使中国大陆在长时间里的民法调整成为空白,而且也使人治思想更加恣意,完全失去了法治观念。尤其是1956年开始的司法改革,更是清除了所谓的"旧法思想"和"旧法人员",不仅使中国古代民法的传统丢失殆尽,也使清末以来变法图强的民事立法成果付之一炬。在当代中国民法建设上的任意性,恰好反映了法律虚无主义和人治思想的强大,同时也造成了割断历史的治国思想的泛滥。

3. 在立法借鉴上不应当完全照搬苏联民法

就是在强调民法的重要性的时候,由于已经将中华法系民法和清末民初建立的现代民法秩序完全破坏,为了填补空白,当代中国民法建设的初期完全转向苏联,把苏联民法立法和民法理论奉为经典。岂不知,苏联民法的传统其实也是德国民法,且苏联民法在具体内容上,有很多都是意识形态和片面维护公有制的偏见和讹误。将这样的民法思想和民法规则奉为经典,本身就是一个严重的错误。20世纪50年代对苏联民法和苏联民法学的"一边倒",大规模翻译苏联民事法律和民法学著作,邀请苏联专家来华介绍苏联民事立法经验,派遣留学生到苏联学习民法。这种"一边倒"的

---

[92] 项淳一:《党的领导与法制建设》,载《中国法学》1991年第4期。
[93] 参见张晋藩:《中国民法通史》,福建人民出版社2003年版,第1199页。

民事立法借鉴,最终还是取决于国家领导人对苏联的态度,取决于中苏两党和两国的关系。一旦中苏两党关系恶化,这种立法和理论的继受就会立即中断。[54] 民事立法借鉴大陆法系,并不是借鉴一个国家的立法。这样的法律继受思想,即使不是国家领导人废之,也将是短命的,无法指导当代中国民法建设的正常进行。

4. 在全面制定民法时不应当采取零售制

近现代的大陆法系民法典是一个严密的体系,要么是德国法体例,要么是法国法体例。之所以德国民法典受到更多国家或地区的青睐,就是因为潘德克吞体系的魅力使然。潘得克吞式编纂体例对近现代各国或地区民法典的编纂产生了极为深远的影响。大陆法系中德意志法系国家都采取了这一体例。东方的日本、韩国、中国台湾地区、越南,西方的土耳其、希腊、瑞士、奥地利、荷兰等也均采该体例。一般认为,潘得克吞编纂体例的优点有四:其一,设立总则编,并把它作为全部民事关系、商事关系共通适用的规则;其二,将财产权区分为债权和物权,并使二者各为一编,即物权编和债权编;其三,将人格与能力的事项规定于总则编,亲属独立成编,使财产法和身份法区别开来;其四,设专编规定继承。当代中国60年来的民事立法采用的是实用主义立场,最先制定的是《婚姻法》,在改革开放之后制定了《继承法》和《民法通则》。之后,在正式启动民法典制定程序之后,仍然按照这个思路进行,制定了《合同法》《物权法》和《侵权责任法》。特别应当指出的是,就在立法机关审议了《中华人民共和国民法(草案)》之后,仍然打破完整的民法立法计划,分别制定了《物权法》等法律。这样的做法显然割裂了民法典的严密逻辑体系,使民法各个部门法的内容不相衔接,出现各种矛盾。学者之所以呼吁制定完整的统一民法典而不要松散型的民法典,其意义就在这里。[55] 正像学者所言,要在我国把民法的旗帜高举起来,使民法深入到人民的生活中,使民法思想、民法精神在我国不仅树立起来,而且要牢固地发扬下去,只有一部分散的民法是不够的,也是做不到的。[56]

六、21世纪中国民法的发展展望

21世纪已经过去了10年。在这10年中,当代中国民法的发展迅猛,前景一片辉煌。很多外国民法专家都把21世纪当代中国民法典的制定作为世界民法发展的重大事件,寄托极大的希望,盼望21世纪中国民法能够给世界各国民法作出一个灿烂的引导。随着国家政治的开明和学术思想的自由状况越来越好,国际环境越来越有利于国家的发展。在这样的环境中,展望21世纪中国民法的发展,应当充满信心,但也需要不断努力克服各种阻力,实现21世纪中国民法的健康发展,为共和国人民

---

[54] 参见梁慧星:《中国民事立法评说》,法律出版社2010年版,第36页。
[55] 参见梁慧星:《当前民法典编纂的三条思路》,载徐国栋主编:《中国民法典起草思路论战》,中国政法大学出版社2001年版,第11页。
[56] 参见谢怀栻:《谢怀栻法学文选》,中国法制出版社2002年版,第370页。

造福。

(一)应当制定一部统一的"中华人民共和国民法典"

制定一部新的中国民法典,已经是应然的问题,不再存在悬念,估计也不会再出现反复,因为民法典的基本部分已经完成。但是,中国制定的这部民法典究竟是什么样的形式,仍然未见分晓。在起草民法典之初,就存在松散型还是统一型的争论。[97] 在当前,就目前已经看到的民法的立法形式当然是松散型;问题在于,当民法的全部内容都完成立法程序之后,按照先松散后法典的计划,是进行统一编纂,还是继续保持松散现状,还是一个未知数。对此,有人认为,随着民法典基本内容完成之后,会立即着手编纂统一民法典;也有人认为,松散型的民法典可能会继续存在较长时间,这不仅是因为民法典的规模庞大,内容复杂,很难在短时间里完成统一工作,而且就我国立法的功利主义思想而言,似乎也不会在较短时间里改变松散的民法形式。笔者的估计比较倾向于后者,因此并不十分乐观。

当然,立法机关早在 2002 年就在现有民事法律和《物权法(草案)》的基础上形成了民法草案。民法草案分为九编:第一编总则;第二编物权法;第三编合同法;第四编人格权法;第五编婚姻法;第六编收养法;第七编继承法;第八编侵权责任法;第九编涉外民事关系法律适用法。这已经表现了立法机关对于编纂统一民法典的决心。但是,全国人大常委会决定对民法草案仍坚持分编审议、分编通过,因此形成了现在的局面,这并不能说明分编通过之后立法机关就会立即进行统一编纂工作。

谢怀栻曾经说过,之所以要编纂一部民法典,不仅因为相对于刑法典、诉讼法典甚至宪法法典而言,民法典更足以代表一个民族的文明高度,而且唯有一部科学、进步、完善的中国民法典,才能表明中华民族已经攀上历史的高峰。[98] 这个论断是完全正确的。我们不能不看到我国民事立法的功利主义立法思想,而且立法就是为了应用,功利主义立法思想当然也无可厚非;但是,仅有一个松散的民法典,并不能证明中华民族的民法立法和民法理论已经达到历史的高峰,只有编纂出一部先进的、科学的、完善的统一民法典,才能够证明中华民族民法的强盛,证明中华民族国家的强盛。这就像跑步健身一样,一个人身体健康,已经跑得很快了,为什么还要跑得更快,一定要获得奥运会冠军呢?其实就是要证明中华民族的实力。中国政府能够拿出那么大的财力和人力,帮助刘翔在跨栏项目中获得世界冠军、奥运冠军,就是要证明中国人的实力,中华民族的实力;我们在中国民法事业上也应当有这样的雄心,付出更大的努力,让中国民法在 21 世纪中走出国门,冲出亚洲,走向世界,领先于世界民法之林,让世界各国人民看到中国民法的强盛,看到中华民族的强盛。能够作为世界民法的"奥运冠军"当然更好,但起码不能太落后,让各国人民认为 21 世纪的中国连一部统

---

[97] 参见梁慧星:《当前民法典编纂的三条思路》,载徐国栋主编:《中国民法典起草思路论战》,中国政法大学出版社 2001 年版,第 11 页。

[98] 参见谢怀栻:《谢怀栻法学文选》,中国法制出版社 2002 年版,第 382 页。

一的民法典都无法制定出来,愧对先人百年民法强盛之梦。

应当看到的是,编纂一部统一中国民法典并非轻而易举、一蹴而就的事情,即使是将来制定完成了"民法总则""人格权法",要将分编通过的民法全部内容编纂成为统一民法典,任务也是极为艰巨的。问题就在于分编通过的民法各部分内容相互重叠、交叉、冲突之处较多,就像一部巨大的机器,各个零部件都可以了,但组装在一起并不合牙,需要调整和磨合。因此,立法机关在制定完成"民法总则"和"人格权法"之后,应当立即组织民法编纂委员会,着手编纂统一民法典,尽早完成这个历史性的艰巨任务,把从100年前即20世纪之初开启的中国民法立法事业推向一个高潮,创造21世纪的民法辉煌。

(二)统一的中国民法典应当具有21世纪的民法特点

具有21世纪特点的统一中国民法典应当是一个什么样子?这是一个非常值得探讨的问题。北川善太郎教授多次强调,21世纪的民法典应当是开放型的民法典,而非拘泥于某一种民法体例,特别是潘德克吞体系。[99] 一部开放的民法典又是什么样子,更值得深入探讨。王胜明在阐释2002年民法草案的时候说,"民法总则"规定民法的基本原则以及一些共同规则,普遍适用于各种民事行为。草案的其他各编由单行法律组成,这样便于今后修改,更能适应经济社会不断发展变化的要求。[100] 这似乎说到了民法典的开放性,但这只是形式上的开放而非内容上的开放,且这样的开放性更像是在说一部松散型民法典。笔者的看法是:

(1)开放性的民法典不应当拘泥于某一种民法的立法体例,而是根据具体的民法实际内容科学编排。未来的中国民法典在形式上应当既不是德国体例也不是法国体例,而是独具特色、有别于潘德克吞体例的民法典。我国《侵权责任法》的立法实践已经证明了这一点,《侵权责任法》既不是德国式、法国式,也不是埃塞俄比亚式,而是将侵权法脱离债法,成为独立的民事权利保护法,放在民法典的最后一编,在立法模式上像英美法、立法内容上广泛吸收各国侵权法优势且具鲜明中国特色的一种崭新形式。这样的开放性立法形式,不仅在国内民法学界会得到普遍认可,而且在国外民法学界也会得到充分肯定。

(2)在立法的传统上应当广泛借鉴,但更多是继受德国民法传统。21世纪的中国民法应当发挥立法的后发优势,广泛借鉴各国民事立法经验,不仅要借鉴德国法、法国法的经验,还要借鉴英美法的经验,以及国际通行的交易规则和习惯,做到海纳百川,博采精华。在借鉴中,应当看到德国民法传统更适合我国国情。在《大清民律草案》和《民国民律草案》以及民国民法典中,之所以"采德国立法例者,十之六七"[101],

---

[99] 2008年5月8日至9日,在全国人大常委会法工委召开的"民法典体系国际研讨会"上,北川善太郎在讲话中多次提到这个观点。

[100] 《权威人士阐释民法典编纂六大热点》,载中国新闻网,2010年1月13日访问。

[101] 参见梅仲协:《民法要义》初版序,中国政法大学出版社1998年版,第1页。

就是因为这个原因。即使是新中国建立以来着力借鉴的苏联民法,其实也源于德国法传统。中国统一民法典在全方位研究和借鉴各国民法经验的同时,在总体上应当保持德国民法的传统,在术语上、理论基础上更多地借鉴德国法。当然,对德国法的规定也要敢于怀疑,敢于自己来定取舍[102],要完全自觉地借鉴,完全自主地建立自己的理论和规则。应当注意的是,在借鉴中更多地继受德国法,但不能将德国民法作为偶像和模板,一切都不能违背潘德克吞体系的要求,一有不同做法,就斥之为违反德国法传统,就认为是错误的。我们是在制定中国民法典而不是德国民法典,因此没有必要德国人怎么做,我们就必须怎么做。

(3)在民法典的内容上,应当更具开放性和创新性,吸纳当代社会存在的更多内容,体现时代性。21世纪的基本特点是科技创新、技术发展、文化不断进步。面对这样的情况,民法典必须不断更新观念,对新型的民事活动进行深入研究,把新的规则写进民法典,使民法典与时俱进,不断发展。在《合同法》的规则中写进电子商务的内容,在《侵权责任法》中写进网络侵权责任的规则,都体现了与时俱进的时代性。应当将各国具有创新性的民法规则结合我国实际情况尽可能都吸收进来,成为我国的民法规则,进而使21世纪中国民法典成为世界最先进的民法典。

(4)应当特别强调中国民法典的中国特色,适合中国国情。清末民初制定民法典都进行了大规模的民事习惯调查,将其作为制定民法典体现国情和民俗的根据。今天在制定21世纪的中国民法典的时候,却基本上没有进行过广泛的民事习惯调查,更多的是在对照外国法,想当然地推测中国实际民事活动规则。当然,在清末民初改律为法,不进行民事习惯调查很难决定我国民法规则的制定。在今天,立法机关更强调的不是人民群众生活的民事习惯,而是刻意强调民事规则的统一。仅以《物权法》只规定物权法定原则而不规定物权法定缓和规则,就可以明显看出立法机关苛求民法规则统一而不认同变化和多样性;《物权法》不规定最有中国特色的典权制度,而认为那不过是地主剥削农民的封建制度,同样看得出立法机关立法思路的缺陷。从中可以看出思想的僵化和保守,以及"左"的思想并没有在中国社会中彻底肃清。对此,立法还是要进一步解放思想,肃清"左"的思想影响,把21世纪中国民法典制定得更加有中国特色,更适合我国国情和民族习惯。

(三)制定统一的"民法总则"

制定民法典必须有"民法总则"。现行《民法通则》的主要部分是民法总则的内容,但内容较为粗疏,需要补充和完善,内容不足以承担"民法总则"的重任,已经完成了它的历史使命,应当尽快将《民法通则》改为"民法总则"。

事实上,《民法通则》的很多内容已经被新法所代替,《合同法》关于合同责任的规定和《侵权责任法》的规定已经替代了《民法通则》第六章"民事责任"的主要规定;《涉外民事关系法律适用法》已经取代了《民法通则》第八章"涉外民事关系法律适

---

[102] 参见谢怀栻:《谢怀栻法学文选》,中国法制出版社2002年版,第374页。

用"的规定。即使《民法通则》第五章"民事权利"的一般性规定,多数部分也被《物权法》《合同法》的有关规定所替代。人格权和知识产权部分虽然还有效力,也需要补充和修改。事实上,《民法通则》只有第一章至第四章以及第七章的规定还在继续发挥作用。

2002年《民法(草案)》的总则共有117条,内容比较丰富,是在《民法通则》的基础上,主要对无民事行为能力人的年龄以及诉讼时效期间等作出修改补充,将10周岁以上的未成年人是限制民事行为能力人修改为7周岁,将两年的诉讼时效修改为3年。借鉴国外的立法例,适当修改诉讼时效的起算时间,同时规定了取得时效。关于法人以及其他组织的民事主体地位,由于意见分歧较大,没有作出新的规定。关于民事权利的规定,不仅规定了物权、债权、知识产权,还规定了人格权和身份权。[103] 在关于民事责任的规则中也有很多好的规定。

但是,《民法总则(草案)》中也存在较多问题,需要进一步完善。例如,在20世纪90年代各国民事立法已经修法完成的监护制度改革,都增加了成年监护制度(特别是老年人监护),并且增加委托监护规则。[104]《民法总则(草案)》对此毫无反映,立法的敏感度显得过于迟钝。在民事法律行为中规定意思表示是完全正确的,但规定的内容过于简陋,不能把意思表示的各项规则完全规定清楚。诸如此类,都需要明确规定。

制定"民法总则"必须解决以下问题:

1. 规定民事法律关系为民法的基本方法

民事法律关系方法是民法的基本方法。[105] 应当将民事法律关系方法体现在民法总则的逻辑结构上,在规定了民法的基本原则之后,应当按照民事法律关系主体、民事法律关系客体和民事法律关系内容的顺序,规定民法的各项基本制度,如自然人、法人、非法人团体,民事利益和物,民事法律行为和代理,民事权利和民事义务,民事义务违反的民事责任,变动民事权利的时效制度等。

2. 关注特殊人群的法律保护,完善民事主体和监护制度

在民事法律关系主体方面最为重要的,是完善我国民法的监护制度,在现有监护制度的基础上,设立成年监护制度,构成对未成年人、精神病人、老年人以及心智丧失的其他特殊自然人的完善的民事监护制度。将这些特殊人群纳入民法的特殊保护之中,对他们的权利作出最好的保护,避免受到不法侵害。对于合伙,应当改变现在不认可其法律地位的方法,规定它们在符合条件时作为第三类民事主体,享有民事主体应当享有的民事权利,负担应当负担的民事义务,在市场经济活动中更好地发挥作用;同时,应当规定非法人团体的民法地位。

---

[103] 《民法(草案)》第91条关于"自然人因婚姻、家庭关系产生的人身权利受到法律保护"中的人身权利,就是身份权。

[104] 参见李霞:《民法典成年保护制度》,山东大学出版社2007年版,第65页以下。

[105] 参见杨立新:《民法总则》,高等教育出版社2007年版,第23页。

3. 明确规定民事法律关系客体特别规定物的类型化

在民法总则中应当对民事法律关系客体专门作出规定。应当改变民事法律关系客体只规定物的做法,应当规定民事法律关系客体为民事利益。规定民事利益,应当明确规定民事利益是民事主体之间为满足自己的生存和发展而产生的对一定对象需求的人身利害关系和财产利害关系。民事利益可以表现为物、行为、智力成果以及人格利益和身份利益。[106]

应当特别完善对物的规定。应当根据当代科学技术发展对物的认识,将物进行类型化的规定,规定伦理物、特殊物和一般物三种基本类型,分别规定不同的物的法律地位,规定支配不同的物的法律规则,规定不同的物的法律保护方法,其中特别保护好具有人格利益或者伦理的人体变异物、动物以及珍稀野生植物。[107] 对于动物的保护,应当顺应环境保护的要求,对其规定特殊的法律保护措施,重视保护动物福利。

4. 完善民事权利和民事义务的各项制度

在民事法律关系内容方面,应当完善各种基本制度:

(1)对于作为民法基本方法的请求权制度作出明确规定。对于各种类型的请求权要分别作出规定,并且与民法分则中规定的人格权请求权、身份权请求权、继承权请求权、物权请求权等的规定相衔接、相协调,构成完整的请求保护的法律体系。

(2)对于抗辩权、形成权、支配权等民事权利应当作出明确的规定,规定行使规则,充分发挥这些权利在民事权利行使中的重要作用。

(3)对民事法律行为要完善基本制度,进行类型化。对意思表示的规定要更加系统和明确,建立全面的民事法律行为制度。对于戏谑行为、施惠行为等民事行为,法律应当特别加以规定,以便在司法实践中能够正确运用。

(4)对时效制度应当统一规定,设计出完善的规则。针对《物权法》没有规定取得时效的现状,应当肯定取得时效制度是取得所有权的重要方式;将诉讼时效改称为消灭时效,体现出时效制度在取得权利和消灭权利方面的作用。

(5)应当明确规定民事义务的类型。在民事责任方面,规定民事责任是违反民事义务的法律后果,强调民事责任的强制性,对民事责任的一般规则作出规定。

(四)制定独具特色的"人格权法"

值得注意的是,2002 年《民法(草案)》专门将人格权法规定于第四章,尽管内容不十分丰满,但这样的立法体例已经足以引起民法学者的争论。王胜明在回答记者的问题时说:"人格权的争论在于,人格权的内容是放在总则中,在讲民事主体的时候一并规定,还是独立于民法总则单编规定。国内外有关人格权的保护近几十年来发展较快,变化较大,有的人格权已经赋予新的内容,一些新的人格权如隐私权、信用权等应运而生。这次《民法(草案)》对人格权单编作出规定。当然,这一做法科学性如

---

[106] 参见杨立新:《民法总则》,高等教育出版社 2007 年版,第 35 页。
[107] 参见杨立新等:《民法物格制度研究》,法律出版社 2008 年版,第 42—47 页。

何,还可以进一步研究。"⑱

赞成"人格权法"单独立法的意见主要是,人格权也是民事权利,而且是最重要的民事权利,人格权法单独立法符合保护人权的要求,并且突出民法以人为本的立法思想。⑲ 反对"人格权法"单独立法的意见主要是,人格权为民事主体资格应有的内容,具有与民事主体不可分离的性质,不宜单独设编,建议在总则编自然人一章规定人格权。⑳

应当看到的是,我国通过《民法通则》等法律确立人格权立法的"中国模式"㉑,是独特的立法例,在世界各国的人格权法立法中具有重大意义,具体表现在:

1. 突出了"人格权法"在民法中的地位

民法是一部民事权利法。民法规定的各项民事权利都是重要的,但人格权具有更为重要的地位,是当代人权的主要内容。各国民法典对人格权没有给予特别的重视,并非是因为人格权与民事主体的资格相联系,而是在制定民法典时的人格权法及其理论还不够发达。我国《民法通则》将人格权法规定在可以作为民法分则对待的第五章中,占有相对独立的重要地位,表达了人格权在民法中具有最重要地位的思想。我国制定民法典具有后发优势,应当将"人格权法"单独规定。

2. 突出了人格权在保护人和人格中的重要作用

长期以来,我国并没有对人格权给予特别重视,因此出现了 1966 年至 1976 年"文革"大规模践踏、凌辱人格的历史惨剧。《民法通则》特别重视人格权的立法和保护,就是用法律的形式肯定这个反思的结果。这与"二战"之后各国人民在惨遭屠杀和蹂躏的悲剧之后掀起波澜壮阔的人权和人格权运动是一样的。《民法通则》将人格权单独规定,表明了中国民法保护人格权的决心,体现了人格权的重要作用。

3. 表达了人格权与物权、债权、身份权、知识产权和继承权之间具有平等地位的正当诉求

民法规定的六种基本民事权利,在其他各国民法典中多数都在分则中作出了专门规定,只有人格权被规定在债权法的侵权法中,或者被规定在民法总则中,没有独立的民事权利地位。《民法通则》将人格权规定在第五章中,与物权、债权、知识产权并列在一起,确立了人格权与这些权利的平等地位,具有世界领先的意义。

我国民法典"人格权法"应当首先规定一般人格权,主要是要规定好人格独立、人格自由和人格尊严三个基本内容,同时规定人格权的基本功能,以及公开权和自我决定权,把公开权、自我决定权和一般人格权作为抽象人格权的内容,并且与具体人格

---

⑱ 《权威人士阐释民法典编纂六大热点》,载中国新闻网,2010 年 1 月 13 日访问。
⑲ 参见王利明:《论中国民法典的体系》,载徐国栋编:《中国民法典起草思路论战》,中国政法大学出版社 2001 年版,第 118 页以下。
⑳ 参见梁慧星:《民法总论》,法律出版社 2001 年版,第 17—18 页。
㉑ 参见杨立新:《制定我国人格权法应当着重解决的三个问题》,《检察官学院学报》2008 年第 3 期。

权体系相对应。⑫ 其次应当规定好各种具体人格权。对于那些已经成熟、可以规定为具体人格权的权利，"人格权法"应当作出明确规定，以防止对应当保护的人格权由于没有具体规定而将其作为一般人格利益或者其他人格利益保护，出现"向一般条款逃逸"现象的大量出现。应当规定的具体人格权是：

(1) 生命权、健康权、身体权、休息权；
(2) 姓名权、名称权、肖像权、形象权、声音权；
(3) 名誉权、信用权、荣誉权；
(4) 人身自由权、隐私权、性自主权、知情权。

(五) 规定"债法总则"并调整好与《合同法》的关系

在民法典中是否规定"债法总则"，始终存在争论。"人格权法"的争论发生在学者之间，而对债法总则的争论发生在学者与立法机关之间。学者主张规定债法总则，立法机关不同意。在学者起草的民法典建议稿中都有债法总则的规定，而2002年民法草案将债法总则的部分内容规定在民法总则中，而债法总则的主要部分则适用《合同法》总则的规定。王胜明认为，如果搞"债法总则"，最大的问题就是"债法总则"的内容有相当部分和《合同法》的一般规定重复，因而没有把"债法总则"独立成编，但是债的最基本规定包括债的发生原因、债的效力，已写入《民法总则》的民事权利一章。⑬

这种做法并不妥当，基本问题有二：

(1) 混淆了《合同法》总则与"债法总则"的区别，在制定《合同法》的当时还没有考虑制定民法典，也没有考虑制定"债法总则"，因而在《合同法》总则中规定了大量"债法总则"的规则，因而使《合同法》总则暂时发挥"债法总则"的作用。但是由于这个原因而认为在民法典中对"债法总则"不作规定，仅在《民法总则》中规定无因管理和不当得利之债的规则即可⑭，是不正确的。无论如何，不宜将《合同法》总则升格为"债法总则"，也不能以"债法总则"替代合同法总则。⑮

(2) "民法总则"规定的规则是民法分则共同适用的规则，是采取"提取公因式"的方法归纳的一般规则，而不当得利、无因管理等是具体债的类型，无论如何也不应当规定在"民法总则"之中。⑯ 这样的做法违反制定"民法总则"的一般要求。

债法总则与《合同法》的关系是一般与个别的关系，是抽象与具体的关系。债法总则规定的是债法的一般规则，具有概括性。而合同之债是具体之债，是在"债法总

---

⑫ 参见杨立新、刘召成：《论抽象人格权的体系》，《法学研究》2011年第1期。
⑬ 参见《权威人士阐释民法典编纂六大热点》，载中国新闻网，2010年1月13日访问。
⑭ 参见全国人大常委会2002年12月审议的《中华人民共和国民法(草案)》。
⑮ 参见王利明等：《我国民法典体系问题研究》，经济科学出版社2009年版，第405页。
⑯ 2002年民法草案将其规定在第87条："没有法定的或者约定的义务，为他人管理事务的，有权请求本人偿还由此而支付的必要费用。"第88条："没有合法根据，取得不当利益，造成他人损失的，应当将取得的不当利益返还受损失的人。"

则"指导、约束下的具体之债。因此,《合同法》应当接受"债法总则"的一般性指导和约束,"债法总则"规则对《合同法》规则具有一般性的指导作用。"债法总则"比《合同法》总则更抽象,能概括各种债,为各种以行使请求权和受领给付为内容的法律关系提供一般性规则。而债法总则的基本规则对《合同法》都是适用的。例如,债的保全、移转、终止比合同的保全、移转、终止的适用范围更为宽泛,更具有抽象性和概括性。尽管这些规定目前都规定在《合同法》总则中,但这些规则都是债法总则的规则,应当将这些规则剥离出来作为债法总则的一般规则,规定在债法总则之中。因此建议,民法典应当单独制定债法总则,规定债的发生原因、债的标的、债的种类、债的变更和转移、债的消灭以及债的保全和债的担保。

此外,《合同法》对某些重要的合同制度没有规定,例如情事变更原则、对债权准占有人给付效力规则、受领规则等,都具有重要作用,应当作出规定。另外,《合同法》分则只规定了 15 种有名合同,远远不适应社会生活的实际需要,大量的已经成熟的无名合同没有应当遵循的具体规则,而须适用《合同法》总则的一般规定,并且参照最相类似的有名合同的具体规则确定权利义务和合同责任,给法律适用造成困难和麻烦。对此,《合同法》也应当适当增添。

(六)其他应当解决的问题

1.《物权法》应当补充内容

从整体上看,《物权法》确实是一部好的法律,主要表现是:确立所有权平等保护原则,全面保护物权,特别是保护私人所有权;完善物权体系,完成了我国物权制度的基础建设;绝大多数的规定都是从保护人民的物权出发,体现了民生、民权的原则;一些制度规定得很好,例如善意取得制度、悬赏广告制度、所有权登记制度等。

但是,《物权法》对于各类物权的规定并不十分完备,换言之,《物权法》对各种物权的规定没有做到一步到位,在规定物权种类和物权规则中也还存在较多不完善的问题:

(1)规定的物权种类欠缺,应当规定的物权没有规定,例如典权、居住权、让与担保、所有权保留和优先权等[112],并且没有规定物权法定缓和规则,形成较大的漏洞。

(2)对物权的具体规则规定不足。立法仍然采取"宜粗不宜细"的原则,对物权的具体规则规定较少,物权规则的内容比较简陋,具体规则比较缺乏。

(3)对权利内容基本没有规定,有规定的也比较抽象不够具体。对物权的权利义务内容缺少明确的规定,规定的物权规则更多的关注设立物权的合同规则。

(4)对有争议的问题没有给出答案,如物权请求权究竟是否受诉讼时效的限制,与侵权请求权是何种关系等,给司法留下了难题。

物权法存在这些问题的主要原因:

---

[112] 对这些没有规定的物权的分析,参见杨立新:《物权法》,高等教育出版社 2007 年版,第 221 页以下、第 316 页以下。

(1)政治因素的影响,主要是起草中的重大争论,尤其是在如何对待改革开放胜利成果的态度上的争论,造成敏感,导致涉及重要问题的规定都被删除了。

(2)"左"的思想的影响,在起草中,"左"的思想对于如何规定物权规则,规定哪些物权,都有重要的影响。

(3)学术争论的影响,如物权请求权的诉讼时效问题,物权请求权与侵权请求权之间的关系问题,物权优先债权的规则问题,都因学术见解不同而没有规定。

(4)立法思想局限性的影响,"宜粗不宜细"的立法思想仍然在严重影响立法的质量,物权规则的具体内容立法过于忽视,往往推托给司法机关解决,例如添附制度没有规定完全是立法思想不当造成的。

因此,《物权法》规定的若干物权制度急需配套法律、法规完善:一是尽快制定国有资产管理和保护的法律;二是尽快制定不动产物权统一登记法;三是尽快修改或者制定不动产征收拆迁法律法规;四是尽快制定建设用地使用权续期的行政法规。同时,对于《物权法》在规定物权种类和物权规则不够完善的问题,急需司法解释进行补充,在编纂民法典的时候,补充物权类型规定的不足,例如典权、居住权、所有权保留、优先权、让与担保等应当认定为物权。同时还应当补充具体的物权规则,例如添附制度、建筑物区分所有权成员权、相邻关系中的越界枝丫根系果实等。

2. 统一"亲属法"

现行《婚姻法》及其他亲属法规范存在较多的缺陷和不足,主要表现在以下几个方面:一是名不副实,婚姻法无法概括亲属法的全部内容;二是自立门户,将亲属法独立于民法之外;三是以偏概全,将结婚和离婚作为亲属法的基本内容;四是简陋粗疏,缺乏亲属法的详细规则。在立法形式上将《收养法》分离于《婚姻法》,是极不明智的做法。

编纂民法典,应当规定统一的亲属法。

(1)应当明确规定亲属制度,将我国亲属分为配偶、血亲和姻亲三个种类,应当明确规定亲系,明确规定亲等。

(2)亲属法应当承认并明确规定身份权:规定配偶权,建立完善的配偶之间的权利义务;规定亲权,明确规定父母与未成年子女之间的权利和义务关系,建立完善的亲权制度;规定亲属权,确定其他近亲属之间的权利义务关系,建立完备的亲属权的权利义务体系。

(3)规定取得和消灭身份权的亲属法律行为。

(4)规定完善的亲属法律制度,特别要解决的是:承认准婚姻关系;采取相对承认主义确认事实婚姻关系;承认同性恋婚姻关系;婚生子女关系和非婚生子女关系。

(5)规定与《物权法》相适应的亲属财产制度,《婚姻法》规定夫妻财产关系原则上是好的,但与《物权法》的规定需要进行协调和完善。

3. 修改《继承法》

我国《继承法》实施时间较长,存在较多问题,主要是制度不完善:

(1)在继承权和遗产范围的制度上,对继承权丧失规定的事由不够具体,对继承权采取当然继承主义,对继承恢复请求权没有明确规定,并且对遗产范围规定不足。特别是对继承权采取当然继承主义,凡是在继承开始时继承人没有明确意思表示的,一律视为接受继承,造成了较为普遍的共同继承遗产的后果,需要改进。

(2)在遗嘱继承和法定继承的基本制度上,对共同遗嘱没有明确规定,对遗嘱执行人制度没有确认,对法定继承人的范围规定较窄,对法定继承顺序之规定两个顺序不能适应社会生活的实际需要。

(3)在遗赠和遗赠扶养协议制度中,没有建立确定的遗托制度,仅仅规定了附条件的继承,没有建立特留份制度。

(4)在遗产处置制度上,不承认归扣制度,没有建立遗产管理人制度,社会生活中普遍存在的共同继承问题根本没有规定。

完善继承法的建议是:

(1)继承权和遗产范围应当完善的内容,完善继承权丧失制度,规定明确的继承权承认和放弃制度,规定继承权恢复请求权,明确规定遗产范围。

(2)遗嘱继承和法定继承应当完善的内容是:明确规定共同遗嘱制度,规定遗嘱执行人制度,改革法定继承人的范围,规定更为合理的继承顺序。

(3)完善遗赠和遗赠扶养协议的规范:应当明确规定遗托制度,建立明确的特留份制度。

(4)遗产处置应当完善的制度:明确规定归扣制度,建立遗产管理人制度,规定共同继承规则。

佟柔民法调整对象理论渊源考*

一、引言

佟柔先生商品经济的民法调整对象理论,在新中国民法学历史上占有重要的地位,对当时的民法学研究和民事立法均产生了深刻的影响。在 20 世纪 70 年代末 80 年代初持续达 7 年之久的民法经济法大论战中,该理论在当时的环境下对于捍卫民法的应有地位和尊严,发挥了决定性的作用,1986 年 4 月通过的《民法通则》也深受这一理论的影响,"那一时期对民法与商品市场经济关系的论述就是后来《民法通则》的立法基础"。① 对于今天的中国民法理论和实践而言,该理论仍然如空谷回音般绵延不绝。在当时的环境下,能够并且敢于首先大张旗鼓地提出这一观点,即使在今天,也不得不令人由衷地佩服佟柔先生的学术见地和政治勇气。

佟柔先生的民法调整对象理论,总体而言,是新中国成立后全盘继受苏联民法理论和立法实践的产物。对于该理论的渊源,早就有一些民法学者的文章直接或间接地涉及,但都缺乏全面详细的考证,本文就是在有关论述的基础上,力图对该理论的渊源进行全面、详细的梳理和考证。

二、佟柔民法调整对象理论的形成过程和具体观点

(一) 形成过程

佟柔先生作为新中国第一代民法学者,成长于 20 世纪 50 年代中国大陆全盘移植苏联法律制度时期。在处处以苏联为榜样的时代,佟柔先生也毫无例外地接受了包括民法调整对象理论在内的苏联民法理论。

佟柔先生与郭寿康教授发表于《政法研究》1956 年第 3 期上的名为《关于民法的调整对象——财产关系的几个问题》论文中就认为:《苏维埃国家与法》杂志社的编辑部在 1955 年第 5 期发表的《关于苏维埃民法对象的讨论总结》一文,已经对苏维埃民法所调整的财产关系的范围加以了正确解决。文中指出,苏维埃民法的调整对象

---

* 本文发表在《法学家》2004 年第 6 期,本文的合作者是国际关系学院孙沛成博士。
① 江平:《新中国民法的发展与佟柔先生》,载《佟柔文集》编辑委员会编:《佟柔文集》,中国政法大学出版社 1996 年版,第398 页。

就是"社会主义社会中基于该社会中存在的所有制形式以及与价值规律及按劳分配规律之作用有关的财产关系"。关于价值规律,《关于苏维埃民法对象的讨论总结》一文指出:"价值规律虽然在社会主义制度下受到很大的限制,然而也还是起着作用。这一规律的作用是决定于工农业之间商品流转的存在,而商品流转则是由于社会主义所有制两种形式之间,即工人阶级与集体农庄农民之间的区别而产生的","大多数参加讨论的人都十分正确地认为,民法与价值经济规律在一定范围内对社会主义经济的作用是有着联系的。正如阿·维·维尼吉克托夫曾经指出的,在确定苏维埃民法的对象时,我们的任务是要指出这一规律在民事法律关系中的特殊表现形式。在讨论过程中,曾经指出了价值规律在民事法律关系中的下列表现形式:财产关系的等价性(有偿性);参加此种关系之人乃是流通中独立财产权利之主体;参加此种关系的人在经济业务上的独立性。德·莫·根肯和阿·维·维尼吉克托夫所指出的价值规律在民事法律关系中最重要的特殊表现形式就是:价值规律的作用决定民事法律关系当事人的平权地位"。文章还指出:"当此种条件不存在时②,国营企业间产品的计划分配还是采取商品等价有偿流通的外表形式","在国民经济国营生产部门与合作社集体农庄部门之间、合作社组织之间,以及社会主义组织与公民之间的真正商品流通中,也实现着这种以价值规律与按劳分配规律作用的卢布监督"。③ 由此可见,受苏联民法理论的影响,佟柔先生早在 20 世纪 50 年代就初步树立起了商品经济的民法观。

从 20 世纪 50 年代末到 70 年代末佟柔先生正式提出其理论之前,佟柔先生没有发表过论文,笔者也没有其他资料可以考证在此期间佟柔先生关于民法调整对象理论观点的变化情况,但根据佟柔先生的弟子张新宝教授的回忆:"50 年代教苏联民法,讲'两个一定'的民法调整对象,佟老师就不满意这种对民法调整对象的描绘性而非本质性逻辑揭示的表述方式。在其后的近 20 年时间里,这个问题一直困扰着他,催促着他去不停思考。到了'文革'结束和改革开放的初期,老师终于将自己几十年的思考进行提炼和升华……提出了著名的'商品关系说'。"④根据王利明教授的回忆,对该理论,"在粉碎'四人帮'以前,我(指佟柔先生——作者注)已经有了这个想法,粉碎'四人帮'后逐渐完善了这个想法"。⑤ 两位教授均为佟柔先生的入室弟子,上述说法应为可信。由此可见,在 1976 年之前,佟柔先生已经形成了其商品经济的民法调整对象理论。

1979 年,在社科院召开的民法和经济法座谈会上,发生了中国民法史上著名的

---

② 这里是指在共产主义建成之前。
③ 《政法译丛》创刊号,第 24—27 页,法律出版社 1956 年版。
④ 张新宝:《怀念佟柔老师:课外二三事》,载《佟柔文集》编辑委员会编:《佟柔文集》,中国政法大学出版社 1996 年版,第 453 页。
⑤ 王利明:《新中国民法学的奠基人——纪念佟柔教授诞辰 75 周年》,《佟柔文集》,中国政法大学出版社 1996 年版,第 457—458 页。

民法和经济法的论战,由此揭开了民法和经济法7年大论争的序幕。根据目前笔者掌握的资料,就在这次会议上,佟柔先生首次正式提出了商品经济的民法调整对象理论。

(二)具体观点

根据1979年座谈会的讨论内容,当时的《法学研究》杂志社将若干学者的观点在《法学研究》上刊载出来,其中包括佟柔先生的名为"民法的对象及民法与经济法规的关系"的发言。在发言中,关于民法的调整对象,佟柔先生认为,民法,"尽管它们的内容包罗甚广,但在本质上是调整当时社会中商品关系的",罗马法、拿破仑法典和苏俄民法典分别是调整简单商品关系、资本主义商品关系和社会主义社会商品关系的。关于民法典的体系,佟柔先生认为应包括民法总则、所有权、债和合同、损害赔偿等,继承法应规定在婚姻家庭法中,著作权和发明权应规定在劳动法中。⑥

在此之后,佟柔先生在很多文章和教科书中进一步丰富其观点。仅从《佟柔文集》收录的作品看,涉及民法调整对象理论的就有《我国民法科学在新时期的历史任务》《我国民法调整对象问题研究》《论我国民法的调整对象及与经济法的关系》等文章,可以这样说,民法和商品经济的关系是贯穿其作品的红线,几乎所有的文章都与此有关。

将佟柔先生的民法调整对象理论进行高度概括,可以归结为如下两个基本点:

(1)民法的产生和发展,是与商品关系紧密联系在一起的,民法的本质特征和主导作用是为商品关系服务的,无论是罗马法、法国民法典还是苏俄民法典,都是调整商品关系的法律。

(2)民法在发展过程中,其内部也经历了一个由诸法合一向诸法分立的过程,不属于商品关系范畴的部分不断被分离出去,如婚姻法和继承法⑦;因此,民法的体系应有权利主体、所有权(物权)、债和合同,另外还包括物、法律行为、代理和时效,智力成果权、继承法、劳动法都和婚姻法一样不属于民法。⑧

三、民法学界对佟柔先生民法调整对象理论渊源的若干论述

对于佟柔先生民法调整对象理论的渊源,民法学界早就有若干直接或间接的论述,比较有代表性的有:

梁慧星教授在《佟柔先生与民法经济法论争》一文中认为:"佟柔先生的这一理论是继承了苏联著名学者坚金教授的观点。四五十年代苏联关于民法调整对象发生

---

⑥ 参见法学研究杂志社:《关于民法、经济法的学术座谈》,载《法学研究》1979年第4期,第16页。
⑦ 参见佟柔:《论我国民法的调整对象及与经济法的关系》,载《佟柔文集》编辑委员会编:《佟柔文集》,中国政法大学出版社1996年版,第87—100页。
⑧ 参见《佟柔文集》编辑委员会编:《佟柔文集》,中国政法大学出版社1996年版,第128—130页。

过争论,坚金教授提出民法的调整对象是商品经济关系,其理论随《民法对象论文集》一书的翻译被介绍到了中国。正是这一学术见解,在中国改革开放的历史条件下,经过佟柔先生的改造、阐发、论述和宣传,最后成了决定中国民法和民法学在危急关头转危为安、化险为夷、获得胜利的利器。"⑨这种观点的合理之处在于佟柔先生的民法调整对象理论来源于苏联,由于坚金教授的观点被介绍到了中国,作为民法学者的佟柔,肯定阅读过坚金教授的此篇文章,所以,应该说,佟柔先生受到其理论的影响也是合情合理的。但是,该种观点的片面性也是很明显的,如后所述,佟柔先生关于民法调整对象理论的形成因素是比较复杂的,在没有确凿证据的情况下,仅仅因为二者理论相同就认定后者的理论来源于前者,并且是唯一的渊源,显然失之于片面和武断。

佟柔先生的众多弟子对其民法调整对象理论的渊源也多有论述,其中,以王利明和史际春教授的论述最为具体和直接。

王利明教授认为,佟柔先生是从如下三个方面系统论证民法的调整对象的:

(1) 从民法的内在要求出发考察商品经济对民法的调整要求。佟柔先生在仔细研究马克思的《资本论》等著作过程中,逐渐发现了商品关系的内在要求。他经常引证马克思在论证商品交换过程中的一段名言:"商品自己不能到市场去,不能自己交换。因此,我们必须寻找它的监护人,商品所有者。为了使这些物作为商品彼此发生关系,商品的监护人必须与作为有自己的意志体现在这些物中的人发生关系,因此,只有符合另一方的意志,就是说每一方只有通过双方共同一致的意志行为,才能让渡自己的商品,占有别人的商品,可见,他们必须承认对方是私有者。"因此,佟柔先生认为,适应商品关系的内在要求,形成了由民事主体制度、所有权制度组成的具有内在联系的民法体系。

(2) 从民法的产生和发展历史看,在本质上是为一定社会的商品经济服务的。佟柔教授认为,罗马法、《法国民法典》和《苏俄民法典》分别反映的是简单商品生产关系、资本主义商品关系和社会主义商品关系。

(3) 从民法的内容看,佟柔先生认为:"几乎整个民法的规范对于由它所调整的社会关系都反映了价值规律所要求的平等和等价的方法。不仅民法的三项基本制度(民事主体、所有权、债和合同)都是为商品关系服务的,而且各项配套制度,如法律行为、代理、时效、损害赔偿以及合同、公司、保险、破产、票据、证券、合伙和海商等制度都深深地植根于商品经济的土壤,并且是规范商品交易关系的基本规则。"⑩

史际春教授认为,佟柔先生的民法调整对象理论的产生背景有如下几个方面:第一,改革开放后制定民法典和各项民事单行立法的要求;第二,对全盘照搬苏联模式的反思,力图对外国法律文化和学术成果加以扬弃;第三,解决与经济法的关系;第四,借鉴苏联法学界20世纪50年代中期关于民法调整对象的讨论中,由 Л. M. 根金

---

⑨ 《佟柔文集》编辑委员会编:《佟柔文集》,中国政法大学出版社1996年版,第415页。
⑩ 《佟柔文集》编辑委员会编:《佟柔文集》,中国政法大学出版社1996年版,第459—461页。

(疑应为尤金的不同译法——作者)、A. B. 维涅吉克托夫和 C. C. 阿列克谢耶夫等人提出的关于民事法律关系与价值规律相联系,民法的平等原则系由价值规律所决定等观点,提出了关于民法与商品经济关系的完整理论。[11] 这也佐证了梁慧星教授关于佟柔先生的民法调整对象理论仅仅来源于尤金教授的观点是不成立的,尤金教授只是众多对佟柔先生民法调整对象理论的形成产生影响的学者之一。

两位教授皆为佟柔先生的入室弟子,因为亲炙其言,更能窥其堂奥。其中,王利明教授直接从佟柔先生关于民法调整对象的理论内容入手,史际春教授从该理论的产生背景入手探讨其渊源,两位教授的观点是考证佟柔先生民法调整对象理论渊源的重要线索。但是,两位教授的文章不是专门的考证文章,有的仅涉及某些特定的方面,尚不能说明佟柔先生民法调整对象理论形成的全部渊源。

徐国栋教授在《商品经济的民法观源流考》[12]一文中,较为全面地考证了商品经济民法观的历史流变。他指出,黑格尔把家庭从市民社会排除,强化了把市民社会理解为单纯的财产关系的趋势(这导致苏联学者和俄罗斯学者遵循黑格尔的这一观点,把家庭法排除在民法之外)。在此基础上,马克思和恩格斯进一步发挥,形成了历史唯物主义思想,在法的问题上,马克思和恩格斯首次把民法与经济关系联系起来,开启了民法的财产法转向。苏联将为马克思主义的上述思想贯彻在其民法理论和立法实践中,中国在 20 世纪 50 年代全盘苏化后,在民法理论和实践中亦追随苏联的做法,佟柔先生当然也不例外。徐国栋教授的考证廓清了商品经济民法观的渊源流变,起到了正本清源的作用,对本文的写作也具有启发意义。

四、本文的考证

在上述学者论述的基础上,我们认为,佟柔先生的民法调整对象理论源于以下几个方面:

(一)苏联民法理论和实践以及马克思主义法律观特别是民法观的影响

一个人所处的时代背景和其自身的知识结构决定了其学术进路和具体观点,佟柔先生同样如此。佟柔先生 1946 年进入东北大学学习法律,1948 年毕业。1949 年进入华北大学,华北大学停办后,分配到中国人民大学法律外交教研室,参加研究生学习。1950 年 9 月调到中国人民大学民法教研室,任中国民法和婚姻法教员。[13] 当时,旧的政权崩溃,新的政权登场,"另起炉灶""一边倒",在马克思主义的旗帜下,新的指导思想包括民法理论和学说以及新体制均"以俄为师"。佟柔先生所在的这所中

---

[11] 参见史际春:《治学 育人 情系社稷——缅怀、追记佟柔先生生平二三事》,载《佟柔文集》编辑委员会编:《佟柔文集》,中国政法大学出版社 1996 年版,第 442—423 页。
[12] 参见《法学》2001 年第 10 期,第 53—61 页。
[13] 参见常风:《民法学家佟柔传略》,载《佟柔文集》编辑委员会编:《佟柔文集》,中国政法大学出版社 1996 年版,第 469 页。

国人民大学,是新中国成立后中国共产党建立的第一所大学,为新中国的样板学校。中国人民大学在 1950 年成立后就设有法律系,按照"教学与实际联系,苏联先进经验与中国具体情况相结合"的教育方针与目标进行教学和研究,在苏联专家的帮助下,全盘继受苏联的法律理论。[14] 佟柔先生就是在此背景下由新中国培养出来的第一代民法学者。虽然在东北大学所学的民法理论是国民政府时期的民法理论,但对于一个少年时期"颠沛流离,深受国破家亡之苦,饱经战乱灾荒之患","目睹了帝国主义在中国的累累罪行,对于腐败无能的国民党政府深为不满"、沐浴在新中国阳光之下的佟柔来说,在当时的背景下,必然会与同时代的人一样,虔诚地接受苏联的模式和做法:在华北大学和中国人民大学,佟柔先生"如饥似渴地学习马列主义,尤其是马克思、恩格斯和列宁关于经济和法律的经典著作"。[15]

关于马克思主义的法律观特别是民法观,由于徐国栋教授已经具体论述,此处不再赘述。受其影响,在苏联,由于主流的观点认为民法的对象主要是财产关系,而且将婚姻法放在民法典的做法,是将婚姻家庭关系从属于金钱,把婚姻作为交易而子女被看做是家长权力客体的资产阶级的做法,这样,婚姻法就被排除出了民法典。[16] 同时,无论在立法还是理论上,在坚持计划经济的同时,认为民法也调整商品关系。1922 年制定的《苏俄民法典》,是在列宁号召"按商业原则管理经济"的背景下,并在他的亲自指导下制定的。该法典虽然没有明确规定民法的调整对象,但从结构上看,由总则、物权、债和继承构成,该法的第 3 条并规定"土地关系、由雇佣劳动所产生的关系、家庭关系,都由专门法典调整"[17],《苏俄民法典》实为商品关系性质的民法典的肇始。1962 年的《苏联和各加盟共和国民事立法纲要》的绪言明确写道,"在共产主义建设中,要按照商品货币关系在社会主义计划经济中具有的新内容,充分利用这种关系,并利用经济核算、货币、价格……等发展经济的重要手段";"苏维埃民事立法,调整在共产主义建设中由于利用商品货币形式而引起的财产关系,以及与财产关系有关的人身非财产关系"。[18]

在苏联民法学界,同样也认为民法调整商品货币关系。我国在 20 世纪 50 年代翻译过两本苏联民法教科书,分别是布拉图斯的《苏维埃民法》[19]和坚金、布拉图斯主编的《苏维埃民法》[20],二者都是依据 1922 年的《苏俄民法典》为依据编写的。另外还有一本由当时的北京政法学院根据苏联民法专家玛·克依里洛娃 1955 年到 1957 年在北京政法学院授课材料整理出版的《苏维埃民法》。三者均将民法的调整对象限定

---

[14] 参见何勤华、李秀清:《外国法与中国法——20 世纪中国移植外国法反思》,中国政法大学出版社 2003 年版,第 195—196 页。
[15] 《佟柔文集》编辑委员会编:《佟柔文集》,中国政法大学出版社 1996 年版,第 473 页。
[16] 参见《佟柔文集》编辑委员会编:《佟柔文集》,中国政法大学出版社 1996 年版,第 275—277 页。
[17] 《苏俄民法典》,法律出版社 1956 年版。
[18] 《苏联和各加盟共和国立法纲要汇编》,中国人民大学苏联东欧研究所编译,法律出版社 1982 年版。
[19] 参见中国人民大学民法教研室译,中国人民大学出版社 1954 年版。
[20] 参见中国人民大学民法教研室译,法律出版社 1956 年版。

为主要是调整社会主义财产关系。其中,由坚金和布拉图西主编的教科书的序言还记载了苏联20世纪50年代民法学界关于民法调整对象争论的结果:"近年来,在苏维埃民法学家所讨论的问题中,应当指出在《苏维埃国家和法》杂志里对苏维埃民法对象问题所进行的讨论。……在总结讨论经过所写的文章里,关于苏维埃民法对象的定义写到:'以社会主义社会中存在的所有制形式为依据并与价值规律及按劳分配有关的社会主义社会财产关系就是苏维埃民法的对象'。"[21]如前所述,佟柔先生在《政法研究》上发表的第一篇文章中,完全赞同上述观点。

在华北大学和中国人民大学,佟柔先生就"如饥似渴地学习马列主义,尤其是马克思、恩格斯和列宁关于经济和法律的经典著作",王利明教授也证实,佟柔先生在仔细研究马克思的《资本论》等著作过程中,逐渐发现了商品关系的内在要求。郭锋副教授在《导师永远活在我的心中》一文中写道:"导师以一个学者的敏锐,以其长期研读资本论而积累的思考,站在历史的角度和时代的前沿,开拓性地提出了民法就其主导方面是调整商品关系的观点。"[22]据张新宝教授回忆,佟柔先生十分强调马克思主义哲学和政治经济学对指导民法学研究的极端重要性,他的民法研究生,必须与经济学方面的研究生一起修满一年的《资本论》的原著课程。[23] 马克思主义对佟柔先生影响之大,可见一斑!

(二)中国对苏联民法的改造和发展

苏联的民事立法和民法理论虽然将民法的调整对象界定为主要是财产关系,但并没有排除调整人身关系,该种观点在中国也被学者所接受。1958年由中央政法干部学校民法教研室编著、法律出版社出版的《中华人民共和国民法基本问题》一书就追随苏联的做法,认为民法的调整对象是一定范围的财产关系和人身非财产关系,该种观点在《民法通则》颁布前一直是民法学界的主流观点。[24] 但是,从20世纪50年代到60年代的各种民法典(总则)草稿(案)来看,可以说是已经完全抛弃了这种理论。1955年的《民法总则(草稿)》第2条明确规定民法的调整对象为"财产关系";1955年10月24日的《民法典(第二次草稿)》除了财产关系外,又增加了与财产关系密切联系的人身关系;1956年12月17日的第三次草稿"总则篇"中的主流意见为财产关系,也有人认为也包括与财产关系密切的人身关系;1963年由北京政法学院民法教研室完成的《民法(草案)》(初稿)虽然没有明确规定调整对象,但从总则的规定看,将民法调整的对象局限于经济关系,结构上也只有总则、所有制和分配关系两编组成;1963年4月中国科学院法学所的《民法(草稿)》规定为"各种财产关系";1963年7月9日的《民法(草稿)》规定为"财产所有和流转关系";1964年3月的《民

㉑ 〔苏〕坚金、布拉图斯:《苏维埃民法》,法律出版社1956年版,第11页。
㉒ 《佟柔文集》编辑委员会编:《佟柔文集》,中国政法大学出版社1996年版,第429页。
㉓ 参见《佟柔文集》编辑委员会编:《佟柔文集》,中国政法大学出版社1996年版,第454页。
㉔ 参见佟柔主编:《民法概论》,中国人民大学出版社1982年版,第2页;佟柔主编:《民法原理》,法律出版社1983年版,第11页;佟柔主编:《民法原理》,法律出版社1986年版,第12页。

(草稿)》《修改稿)》规定为"财产所有、财产分配和流转为内容的经济关系";1964年7月1日和11月1日全国人大常委会办公厅的《民法草案(试拟稿)》均为"经济关系"。㉕ 这种理论和实践的鲜明对立,一方面说明当时的中国民法在理论上仍然受苏联影响极深,另一方面也说明在实践中并不拘泥于苏联模式,而是在苏联民法理论的基础上继续发展、纯化,将人身关系全部排除出民法,只保留纯经济的内容。这和佟柔先生的民法理论和思想是一致的,可以说,佟柔先生的观点在很大程度上是在苏联民法基础上进一步发展的新中国民法思想和实践的集中反映。

(三)苏联和中国社会主义经济实践和理论的影响

按照马克思主义的设想和理论,社会主义社会应该是废除商品货币关系的社会,但有趣的是社会主义的民法——无论是苏联还是中国的民法——在坚持计划经济原则的同时,都非常强调民法调整因商品货币关系形成的财产关系。不是冤家不碰头,一对不共戴天的仇敌竟然如此紧密和谐地在一起"同居"起来,如此滑稽的现象不得不使人们将目光投向商品货币关系在苏联和1978年以前中国经济建设和经济理论中的状况。

十月革命胜利后,在战时共产主义年代,由于特殊战争环境的逼迫,加上受到马克思主义关于社会主义经济不存在商品关系的影响,俄国经济关系实物化,在全国范围内用有计划、有组织的产品分配来代替贸易。当时普遍认为社会主义是实物经济,不需要货币,俄共也拟定了措施,准备消灭货币,进行产品的直接分配。

战时共产主义实施的结果,使经济陷入崩溃的境地,灵活的列宁立刻推行了新经济政策,按照商业原则管理经济。经济学理论也基本克服了俄国经济具有实物性质的观念,大多数经济学家得出的结论是:苏维埃经济作为一种经济体系是商品经济。虽然从20世纪20年代末到50年代上半期对商品货币关系和价值规律又经历了一次反复,但30年代下半期,特别是废除了配给制以后,商品货币关系有了新的发展。在联共(布)第17次代表大会上对战胜商品关系和取消货币的思想提出了尖锐的批评。1952年,斯大林的《苏联社会主义经济问题》一书出版,斯大林指出,由于存在生产资料的全民所有制和集体所有制两种形式,商品生产和流通仍然存在。之后,商品货币关系在苏联得到继续发展。在苏共二十大的影响下,苏联经济理论界在商品关系方面突破斯大林理论框架的束缚,并对价值规律进行讨论。㉖ 由此可见,虽然苏联经济以计划经济为特征,但仍然无法消灭商品货币关系,商品货币关系仍然顽强地和计划经济缠绕在一起,强硬的政治和意识形态也不得不承认其合法地位。

苏联在商品关系问题上的观点和实践,必然极大地影响照搬苏联经济模式的中

㉕ 以上《民法(草稿)》,参见何勤华、李秀清、陈颐主编:《新中国民法典草案总揽》(上、下卷),法律出版社2003年版。

㉖ 参见陆南泉、高中毅等编著:《苏联经济建设和经济改革理论的发展》,中国社会科学出版社1988年版,第106—132页。

国大陆。1952年,斯大林的《苏联社会主义经济问题》由人民出版社翻译出版,成为经济理论和建设的权威准则和依据。例如,社会主义改造以前的1953年,经济学家薛暮桥就在《学习》杂志上发表了名为《价值规律在中国的作用》[27]的文章,充分肯定价值规律在经济建设中的重要作用,批评否认价值规律的错误观点,提出要认真学习斯大林的《苏联社会主义经济问题》。1956年社会主义改造完成,由此引起了关于商品经济的讨论,当时的积极倾向是肯定社会主义经济中商品生产和价值规律的存在,有的文章还突破了斯大林的全民和集体两种公有制并存决定商品生产的观点。历经1957年的反右派运动、1958年的"共产风"和"大跃进",企图废除商品货币关系,妄图"跑步进入共产主义"的盲目幼稚的经济思想和实践,使中国经济倒退到1949年前,饥饿导致大量人口非正常死亡,现实的逼迫,中央不得不调整政策,向商品货币关系后退,相应的,经济理论界又掀起了商品经济问题的讨论,这次讨论的特点是强调商品生产和商品交换不是很快就要消亡的,而是在相当长时期内还要大力发展。1978年,十一届三中全会作出了经济体制改革的决议,在其鼓舞下,1979年理论界又掀起了商品经济的大讨论,并取得了突破性的进展。[28]

与商品经济密切相联系的在经济建设中价值规律的地位和作用问题,也是经济学界讨论最为热烈、争议最大、发表文章最多的问题之一。在三大改造完成前后的1956年到1957年,在公有制经济迅速跃居支配地位,经济关系发生重大变化的时期,薛暮桥于1956年10月28日在《人民日报》发表《计划经济和价值规律》一文,揭开了第一次大讨论的序幕。这次讨论,局限于斯大林在《苏联社会主义经济问题》一书中的观点,认为随着社会主义公有制的确立,国民经济有计划按比例发展规律就取代了价值规律而成为生产的调节者。但是,当时也出现了少数文章,突破了传统经济理论的框架,一个是孙冶方在1956年提出了把计划放在价值规律的基础上的观点;顾准在1957年发表的一篇论文中提出社会主义经济是计划经济与经济核算的矛盾统一体,价值规律是通过经济核算制度调节社会生产的。1957年后,发动了"大跃进"和人民公社化运动,陈伯达带头否定价值规律,使"左倾"错误严重泛滥,严重损害了国民经济。1958年年底,八届六中全会批判了否定商品生产和价值规律的观点,明确指出,继续发展商品生产和继续保持按劳分配的原则,对于发展社会主义经济是两个重大的原则问题,必须在全党统一认识。在有些人企图过早地"进入共产主义"的同时,企图过早地取消商品生产和商品交换,过早地否定商品、价值、货币、价格的积极作用,这种想法对于发展社会主义建设是不利的,因而是不正确的。1959年3月,针对"一平二调"的"共产风",毛泽东同志指出,价值法则"是一个伟大的学校,只有利用它,才有可能建设我们的社会主义和共产主义,否则一切都不可能"。1959年4月

---

[27] 参见薛暮桥:《社会主义经济理论问题》,人民出版社1984年版,第12—19页。
[28] 参见《经济研究》编辑部:《中国社会主义经济理论的回顾与展望》,经济日报出版社1986年版,第20页。

在上海举行了以价值规律作用为重要议题的首次全国经济理论研讨会,使这一讨论达到高潮。经过讨论,达成了如下共识:社会主义各种交换关系中,都要承认和尊重价值规律,坚持等价交换;价值规律是个伟大的学校;必须充分利用价值规律的作用,为社会主义计划经济服务;价值规律和国民经济有计划按比例并不是互相排斥、此消彼长、一兴一灭的,国家在组织经济活动包括制订计划时,既要充分考虑有计划规律的作用,也要充分考虑价值规律的作用;价值规律无所谓积极作用和消极作用;不能把价值规律同资本主义联系在一起。1961 年,为了克服违反经济规律所造成的严重困难,出台了调整、巩固、充实、提高的政策,纠正过激的经济政策,强调经济核算和经济效益。经济学界也开展了经济核算和经济效果问题的大讨论,体现了价值规律研究的深化和延伸。1976 年粉碎"四人帮"后,经济开始重新恢复,经济学界先是批判了"四人帮"的价值规律"可用可不用论"。十一届三中全会正式作出了战略重心转移到现代化建设的决策,并同时决定进行经济改革。价值规律问题在此背景下重新引发了热烈讨论。1979 年 4 月在无锡举行了全国性的关于社会主义经济中价值规律作用的讨论会,是本次讨论的高潮。㉙

由此可见,商品经济的民法调整对象理论和做法,是直接呼应和服务于社会主义国家的经济实践的。无产阶级在夺取国家政权后,无法完全按照马克思主义的设想废除商品货币关系,在坚持计划原则的同时,不得不向现实低头,承认商品货币关系的存在,民法成为调整社会主义经济建设的重要工具。如果在经济建设完全按照计划原则进行的基础上,是万万不可能出现商品经济的民事立法和民法思想的。身处那个时代的佟柔先生,其民法思想必然受到苏联和中国经济理论和实践的强烈影响。

(四)经济法对民法的侵扰和二者论争的影响

在社会主义法学界,一个特别的现象是经济法学的出现和对民法调整范围的侵扰,无论在苏联还是中国,都出现了经济法和民法争夺地盘的激烈辩论和争斗,还一度曾经有经济法取代民法之势,所以,经济法和民法的冲突对民法调整对象理论的影响也是不可忽视的。

苏联的经济法思想几乎与《苏俄民法典》同时产生,当时一些有影响的法学家或者把民法看成是经济法的同义语,或者把民法包括在经济法之内。在 20 世纪 20 年代,斯图契卡就将民法和经济法等量齐观。到 20 年代末,随着社会主义经济的巩固,新经济政策也到了穷途末路,基于新经济政策制定的《苏俄民法典》的前途无疑引起了人们的关注。此时,斯图契卡提出了众所周知的"两成分法",认为民法是调整以自由竞争和无政府性为特征的私有经济关系,经济行政性(经济法)调整以计划性为特征的共有经济关系,在社会主义经济下,随着经济行政法的出现,民法将逐步消亡。经济法学派力图吞并、废除民法的观点在 1937 年遭到了维辛斯基等苏联法学家的严厉批判,并在政治上被宣判了死刑。50 年代后,随着苏共二十大的召开,经济改革提

㉙ 参见《佟柔文集》编辑委员会编:《佟柔文集》,中国政法大学出版社 1996 年版,第 180—193 页。

上日程,开始大规模更新立法,经济法又卷土重来。其中,以拉普捷夫、马穆托夫为代表的经济法学界提出了著名的"纵横统一论",主张经济法既调整纵向的经济管理关系,也调整横向的交换关系,而坚金、布拉图斯等法学家则反对这种观点,认为民法应统一调整建立在平等原则基础上的财产关系,不管这种财产关系发生在何种主体之间。[30]

20世纪70年代末,发生在苏联的争论又在中国上演。以拉普捷夫、马穆托夫"纵横统一论"作为武器的经济法学界和以佟柔、王家福先生为首的民法学界展开了历时达7年之久的大论战。由于经济体制改革的方向未定,经济法学派的武器又是从苏联进口,"当时经济法主张曾经一度很占优势,民法学派似乎有几次很难招架"。[31] 社会主义及其计划经济体制的确立,列宁对私法的否定,迫使民法学家思考民法的调整对象问题,社会主义经济法的产生更使传统的民法面临"亡国灭种"的危险,因此必须在新体制下为自己的存在寻找理由和立足之地。由此可见,经济法的产生及其对民法的冲击,对民法调整对象理论的影响是深远的,特别是佟柔先生又是参加争论的民法学界的主帅的情况下,该争论对其民法调整对象理论的影响就更是不可忽略、更加深远的了。

(五)从佟柔本人的论述看其理论渊源

作为一代著名的民法学家,1979年以后,佟柔先生在很多文章中对其民法调整对象理论作了大量的阐述,因此,直接对其理论进行分析来寻找其渊源不仅重要而且必要。

《佟柔文集》中直接论述民法调整对象理论的文章主要有三篇:《我国民法科学在新时期的历史任务》《我国民法调整对象问题研究》和《论我国民法的调整对象及与经济法的关系》。下面分别分析:

在《我国民法科学在新时期的历史任务》一文中,佟柔先生首先认为罗马法最早、最明确确立了所有权概念和权利主体概念,最早、最完备规定了合同自由,这三项权利正是商品关系在法律上的要求和反映,并引用恩格斯的话:"罗马法是简单商品生产即资本主义前的商品生产的完善的立法","在没落时期,罗马帝国法学家所完成的完美的体系,不是封建法,而是罗马法,即商品生产社会的法律"。接着评论《法国民法典》,同样是引用恩格斯的话:"把商品生产者社会的第一个世界性法律即罗马法以及它对简单商品所有者的一切本质的法律关系(如买主和卖主、债权人和债务人、契约、债务等等)所作的无比明确的规定作为基础。……创造了像法兰西民法典这样典型的资产阶级的法典。"最后,分析《苏俄民法典》,指出,该法典是在列宁号召"按商业原则管理经济"的背景下,在其指导下制定的,并把土地关系、劳动关系和婚姻关系

---

[30] 参见陈汉章:《苏联经济法学派和民法学派五十年的争论及其经验教训》,载《政法译丛》1958年第2、3期。

[31] 《佟柔文集》编辑委员会编:《佟柔文集》,中国政法大学出版社1996年版,第413页。

从民法中排除,仍是以调整社会主义的商品关系为中心任务的。由此可见,佟柔先生的论证是采用历史的考察方法,分别考察了罗马法、法国民法典和苏俄民法。但是,值得注意的是,在考察罗马法和法国民法典时,其依据在于恩格斯的话,除此之外没有具体的分析,所以,其渊源应是马克思主义的民法观和苏俄的民事立法,其对罗马法和法国民法典的论证是根据恩格斯的观点加以论证的。[32]

在《我国民法调整对象问题研究》一文中,主要采用的论证方法仍然是对罗马法、法国民法典和苏俄民法典的考察,对罗马法和法国民法典的考察仍然采用恩格斯的话。同时,作者对苏俄民法典抛弃公法和私法的区分,把土地、劳动和婚姻关系排除出民法典表示赞赏,认为根据不同的社会关系分别列入不同法律部门进行调整的原则,"符合对于不同性质的矛盾必须采取不同的方式方法处理的原理,在民事立法上是具有科学和实践意义的"。最后,作者认为著作权和发明权在我国应由劳动法加以调整,继承法由于和婚姻家庭法有紧密的联系,应由婚姻家庭法调整。[33]

《论我国民法的调整对象及与经济法的关系》一文的阐述和前两篇文章的论述基本相同。

所以,从佟柔先生本人的直接阐述看,马克思主义的民法观和苏联民法理论与实践是其理论的主要渊源,在此基础上,佟柔先生还有一些自己的心得,例如,知识产权归属劳动法,继承部分归属婚姻法,在苏联民法的基础上继续前行,将民法完全"商品化"。

五、对佟柔民法调整对象理论的简要评析

本文的写作目的,在于对佟柔先生的民法调整对象理论渊源进行考证,说到此,本文的论述任务已经完成,似乎并无继续进行阐释的必要。但是,如果对佟柔先生的这一学说不进行一些评价,大概缺乏一些现实的价值。因此,笔者斗胆对一代宗师的学说进行简要的评析和说明,以就教于方家。

马克思和恩格斯在19世纪从理论上对资本主义进行了最严厉和最深刻的批判,20世纪的社会主义国家在实践中摸索超越资本主义的制度模式,对全新民法的探求和建构是上述种种努力中一个不可忽视的部分。在建构这个制度的过程中,首先面对的就是新民法的调整对象问题,这直接关系到新旧民法的区别和新民法的体系结构,所以,无论在苏联还是在中国,民法调整对象问题都是制定民法典和建设民法理论的最重要、最基本的问题。虽然这种努力在20世纪末期发生了很多的变化,但其建构新民法的理论勇气和探索精神是极为可贵的。必须指出的是,在众多探索者中,借其商品经济的民法调整对象理论,佟柔先生无疑属于为数很少的最成功的探索者

---

[32] 参见《佟柔文集》编辑委员会编:《佟柔文集》,中国政法大学出版社1996年版,第5—8页。
[33] 参见《佟柔文集》编辑委员会编:《佟柔文集》,中国政法大学出版社1996年版,第57—62页。

之一。

借助马克思主义对民法的经典分析,佟柔先生揭示了这样的事实:无论是从其主要内容还是其精神气质方面而言,民法调整的主要对象是商品货币关系。在今天看来,这是一个很简单的不是问题的问题,但在当时的形势下,指出这样一个基本事实本身就具有颠覆性:否定当时社会主义国家奉为圭臬的计划经济体制。该理论首先揭示的是中国经济和社会发展模式问题,这需要巨大的理论和政治勇气,其意义远远超出民法理论和学科构建的范畴。对此,不应当有任何怀疑。

佟柔先生民法调整对象理论的最直接作用,就是催生了中国《民法通则》。这主要表现在:

(1)佟柔先生的民法调整对象理论作为最直接的理论根据,廓清了中国民法理论研究的迷雾,奠定了《民法通则》的理论基础和思想基础,在《民法通则》的孕育过程中,击败了对中国民法理论研究和建设的所有竞争者和挑战者。

(2)佟柔先生民法调整对象理论确定了《民法通则》的基本框架和主要内容,直接确定了《民法通则》第2条,并在其指导下,创造了中国《民法通则》独特的体例和内容。

(3)在民法与经济法论争中,佟柔先生民法调整对象理论捍卫了民法的阵地和尊严,保障了《民法通则》的顺利诞生,并在近20年的中国社会中发挥了巨大的作用。可以说,没有佟柔先生的民法调整对象理论,就不会有《民法通则》的诞生。

当我们回顾这段历史,在考证佟柔先生的民法调整对象理论渊源的过程中,我们总是为佟柔先生睿智的思维、勇敢的探索以及为民法的发展不息努力的坚韧精神而感动!佟柔先生商品经济的民法观,由于借助了马克思主义对民法的分析,蕴含在其创新外表之下的,是向传统民法的回归。正因为如此,直到今天,在他的手中诞生的《民法通则》仍然充满活力,其民法基本法的地位仍无法动摇。即使是现在正在制定的大一统的民法典,《民法通则》也依然是其制度的基本构架和灵魂。因此,佟柔先生民法调整对象理论作为中国民法理论建设的基石,对于在20世纪末期以及在21世纪中国民法的发展,铺垫了极好的前进道路,具有极为重要的意义,为在21世纪初期的中国民法典的诞生奠定了重要的基础。

当然,任何一种伟大的思想都会有其历史的局限,都不可避免地会打上时代的烙印。因此,佟柔先生民法调整对象理论在今天看来,当然也存在一定的局限性。例如,民法调整的对象当然包括商品经济关系,但是民法所调整的对象必然包括人格关系和身份关系,而不能仅仅调整商品经济关系。民法就是人法,就是权利法,就是权利保护法。如果民法仅仅是一部调整商品经济关系的法律,民法的基本法律地位就会受到削弱,民法的完整性就会受到破坏。佟柔先生当然注意到了这一点,因此他提出的民法调整对象界定为主要是商品经济关系,《民法通则》所确定的,也是"中华人民共和国民法调整平等主体的公民之间、法人之间、公民和法人之间的财产关系和人身关系"。㉞ 按照我们今天的认识,民法所调整的法律关系,应当是人身关系和财产关系,与佟柔先生的民法调整对象理论和《民法通则》规定的差别,仅仅是对两种法律关系的顺序不同的强调。大概这也是民法典"人文主义"和"物文主义"之争的基本问题。在中国民法学界,21世纪所研究的问题,在20世纪80年代的学者大概不会预见,因此对佟柔先生民法调整对象理论和《民法通则》的规定不应苛求。同时,对于佟柔先生提出的婚姻家庭法、继承法、知识产权法都不属于民法,将民法局限于调整商品关系的总则、物权法、债权法等的观点,在那个时代研究民法理论问题是很难避免的。不过,撰写这些学说和观点,对于今天也都不无警示意义。例如,佟柔先生提出的"民法在发展过程中,其内部也经历了一个由诸法合一向诸法分立的过程"的观点,对正在进行的民法典编撰工作也具有警示意义:自罗马法以来,以公、私法为基准的民法典结构是否真的就完全正确,亲属、继承、人格权和契约、物权和侵权等各种不同的人法和物法庞杂地堆积在一起,是否真的就具有完全的合理性?因而提出制定一个松散型"邦联主义"的民法的主张,大概也有自己的道理。

㉞ 《民法通则》第2条。

连体人的法律人格及其权利冲突协调*

在民事主体中,连体人在所有的自然人当中为数极少,但他们却是独立地存在着。对于他们的法律人格问题,民法理论较少关注,缺少必要的研究,更缺少立法的规范。这样的状况,对于他们的人格保护和权利保护都是不利的。本文以连体人的法律人格为研究对象,试图通过对连体人主体资格的分析,探索连体人的法律人格以及相关问题,从而构建连体人个体的人格、权利的全面保护规则。

一、连体人法律人格研究的现实性和迫切性

(一)连体人存在的客观现实性

近年来,有关连体人的报道频频见诸新闻媒体。连体人源于一种极为罕见的、由单独的一个受精卵分裂而成的妊娠现象。出生的连体婴儿是一种罕见的先天畸形。据医学估计,每4万至10万例新生儿中约有1例连体婴儿,但每20万例存活的新生儿中只有1例。[①] 因此,大多数连体胎儿在胚胎期就死亡了,只有一些顽强的连体婴儿顺利诞生,成为连体人并生活着。

世界上最早一对较为出名的连体人,是1100年诞生在英国的一对臂部、肩部相连的小姐妹,名叫舒科斯。姐妹俩共同生活了34年,一起告别了这个世界。世界上最著名的连体人是1811年5月11日出生在暹罗(今泰国)的一对连体双胞胎兄弟昌和恩,据说英语"连体婴"(Conjoined Twins)一词最早就是用来称呼他们的。他们分别娶了美国北卡罗来纳州的一对姐妹,生育了21个孩子。他们以在巴纳姆和贝利马戏团"吸引观众"为生,享年63岁。[②]

在今天,尽管连体人为数不多,但他们确实在现实中与其他人共同生活着,成为市民社会中的一个或者两个民事主体。事实上,哪怕就只有一个连体人在市民社会中存在,都会引起民法上的相关问题。为此,民法研究民事主体,就必须研究连体人的法律人格问题。否则,无法界定连体人的人格地位和权利的享有。

---

* 本文发表在《法学研究》2005年第5期,研究的合作者是福建师范大学法学院张莉教授。
① 参见刘墨非:《解读连体婴儿》,载 http://www.edu.cn,2002年9月2日访问。
② 参见郭振海:《连体人之谜》,载 http://www.cmn.com.cn,2002年9月2日访问。

(二)研究连体人法律人格所面临的困难

连体人由于身体相连,法律对其法律人格没有准确的界定,导致他们之间发生的冲突和纠纷缺乏解决的具体规则,法律往往陷于无能为力的尴尬境地。下面四则案例,典型地说明了这种法律的尴尬:

早在1724年出版的H.索瓦尔《巴黎城古代文物的历史及研究》第二卷中,就摘录过这样一个案例:连体兄弟中的一个人用刀杀死了一个人,人们对他起诉,法律判他死刑,但却无法执行,因为他的连体兄弟与这桩杀人案没有任何关系,如果处死一个,另一个也会死掉;如果让那个无辜的兄弟活着,也必须让另一个即杀人的罪犯也活着。法律面临的困惑是究竟对连体人的一个个体还是对两个个体执行死刑呢?③

尼日利亚曾有一对双头连体妇女,26岁时怀孕了,一个头想堕胎,另一个头则要把孩子生下来,两个头都分别请了律师。代表堕胎方的律师说:"另一个头自作主张地使用了两个头共有的身躯与胎儿的父亲发生性行为时,她(堕胎的一方)并不愿意也不同意,她是被强奸的。"而代表分娩方的律师抗辩说:"任何女性均有权与她喜爱的男性相爱,并生儿育女。这两个头的意愿分歧,是天生悲剧,不应祸及无辜的胎儿。"两方律师各执一词,纠缠不清,法庭竟然无法定案。④

2000年,英国曼彻斯特的圣·玛丽娅医院为一对来自地中海的连体姐妹朱迪和玛丽施行分离手术,由于手术必然导致其中一人死亡,而不手术则导致两人一起死亡,因而引发了医学界、社会学、伦理学、宗教学、法律学界之间的一场生与死、对与错的观念大战。一派观点认为,承认科学和医疗事实才能挽救生命,才能算得上是真正尊重生命;另一派观点却认为,不管是健康的姐姐还是不健康的妹妹都是人世间平等的两条生命,任何人没有理由靠谋杀一条生命来换另一条生命的生存。⑤

2004年,伊朗连体姐妹拉丹和拉蕾在连体生活了29年之后,自愿选择了成功率极低的分离手术。而分离手术失败的结果使全世界成千上万的人陷入悲伤。据说,连体姐妹的父母甚至要起诉医生。⑥

这些案例引发的问题是,连体人是否有权利选择分离,是否有权处置自己的生命,医生进行高风险手术的依据在哪里? 连体人的生命、人格、自由、分离等法律问题,在上述案例中都提了出来,尤其是通过拉丹和拉蕾连体姐妹的这次手术,再次成为人们思考的焦点。

(三)解决连体人诸多纠纷的关键在于确定连体人的法律人格

法律人格在概念上有三种不同的内涵:一是指独立法律地位的民事主体;二是指作为民事主体所必须具备的资格;三是指人格权的客体,即民事主体在人格关系上所

---

③ 参见[法]米歇尔·福柯:《不正常的人》,钱翰译,上海人民出版社2003年版,第68页。
④ 参见江上鸿:《连体人的麻烦》,载《江南时报》2003年10月24日。
⑤ 参见徐冰川:《连体姐妹生死抉择》,载《北京青年报》2000年9月27日。
⑥ 参见子曰:《今夜我们都是"连体人"》,载http://www.sina.com.cn,2003年7月10日。

体现的与其自身不可分离,受法律保护的利益。⑦ 三种含义相互区别,又相互联系,共同构筑法律人格在民法中的重要地位。研究连体人法律人格,是用上述第二层含义,即作为民事主体所必须具备的资格;有时候也包含第一层含义,即民事主体的地位。"法律人格的有无,决定了人在民法上的资格的有无,法律人格的完善程度,反映了人在民法中地位的高低;法律人格的内涵发展也扩展了人在民法中的权利。"⑧法律人格的不同状态,显现了人在民法中的存在方式,从而也决定了民法对人的关注程度。

研究连体人法律人格正面临着这样的极端重要问题:一方面是关系到连体人的主体资格的有无;另一方面则是关系到连体人主体资格的完善程度。因此,民法关注连体人的命运,制定解决连体人权利纠纷的规则,就必须首先解决连体人的法律人格问题,诸如连体人究竟是拥有一个主体资格还是拥有两个主体资格？法律对此的基本立场是什么？解决了这个基本问题,对于连体人如何行使权利,以及如何解决连体人个体之间的权利冲突,就都会有明确的处理规则。

二、连体人个体的法律人格定位

(一)对连体人法律人格定位的不同观点

研究连体人的法律地位和权利,首先要解决的就是连体人究竟具有几个人格。换言之,即连体人是一个人还是两个人。对于这个问题,民法学界研究得很少,综合各种不同学界的学说,主要有以下四种观点:即"非人说""一人说""两人说"和"混合人说"。

1. 非人说

对连体人的关注始于16世纪末,在16世纪末和17世纪初的文学、法律、医学和宗教问题中,连体兄弟成为一个常见的主题。那时候,连体人不具有"人"的资格。他们往往被尊为神或被贬为怪物。如连体兄弟昌和恩在出生时,没有一个接生婆敢接触他们,因为害怕被诅咒。国王听到这个消息后,命令将他们处死。他们的母亲偷偷将他们藏起来,他们才得以生存。但是,他们长期以来被当成怪物,在马戏团里供人取乐。"连体人不是人"的观点还可以从希腊和古罗马神话中看出。如神塞纳思有两张脸,一张年轻,一张年老;森陶尔斯是人马结合体,被一对有四只脚的寄生双胞胎所驾驭。不仅如此,就连当时的医学界也认定连体双胞胎的诞生是违背天意和自然秩序的,是厄运和上帝惩罚的预兆。⑨ 16世纪,法国外科医生阿蒙布诺依斯·帕尔致力于研究连体双胞胎的成因,他认为:连体双胞胎的形成是由于上帝发怒,恶魔的魔法,上帝想显示自己的力量,妊娠妇女看见过的东西显示在胎儿身上,等等。这些早期的

---

⑦ 参见杨立新:《人身权法论》,人民法院出版社2002年修订版,第81页。
⑧ 马俊驹、刘卉:《论法律人格内涵的变迁和人格权的发展》,载《法学评论》2002年第1期。
⑨ See Kathleen Minutaglio:Surgical separation of Conjoined Twin:Jodie and Mary,载http://www.molloy.edu/academic/philosophy/Sophia/ethics/bioforum/twins.htm.

理论影响医学科学长达两个多世纪。⑩"非人说"的反动性是明显的,即使是连体人,他(或她)也是人,否定连体人的法律人格是当时科技和宗教落后的表现。

2. 一人说

在 16 世纪末及 17 世纪初关于连体人的分析中,总是将一个只有一个脑袋和两个身体或一个身体两个脑袋的人看成是王国的形象或是分为两个宗教共同体的基督教的形象。因而,当一个接受了洗礼,而另一个在人们可以对他施洗之前就死了的情况下,教士往往认为另一个之所以死,因为他是异教徒。因此,法国就有了这样的景象,连体人中的一个人因洗礼而得到拯救,另一个往往被罚入地狱和堕落。⑪ 这种现象表明,对连体人只承认为一个人,连体人的法律人格是一个。

3. 二人说

到了 19 世纪,随着医学界对连体双胞胎成因的进一步探索,人们逐渐明白了连体双胞胎形成的真正原因,是由于将要形成两个双胞胎的胚胎细胞忽然半路停止分裂,这些未完全分裂的受精卵继续发育形成的。连体双胞胎非"神",非"怪物",而是"人"。但连体双胞胎究竟是一个人还是两个人? F. E. 康基亚米拉在他的《神圣胚胎学概论或论教师、医生和其他人对母腹中婴儿的永恒拯救的义务》中提道:人们不断地提出这样的问题:"为了给一个畸形进行洗礼,什么时候才能够认为他有一个理性的灵魂呢?""在什么情况下他只有一个灵魂,或者有两个灵魂,以使人们应当只进行一次洗礼或两次? 当一个有两个身体或有两个脑袋的畸胎出生的时候,是应当给他洗一次礼,还是两次呢? 是应当认为他有一个孩子,还是应当认为他有两个孩子呢?"他提出这个问题之后,进一步认为,对于连体人法律人格判断的标准在于身体和四肢:"如果一个畸胎有两个身体,即使是合在一起,如果每个身体都有各自分开的四肢……就应当分别进行两次洗礼,因为肯定有两个人和两个灵魂;在畸胎压缩得更加紧密的情况下,人们只能用一种复数的表达方式:'我给你们洗礼'。"⑫很显然,依这种判断标准,如果连体人共用一个身体和四肢,就会被认定为一个人。而连体人分别具有不同的身体和四肢,则被认定为两个人。且不论这种判断标准是否正确,但仅就不同的情况确定连体人的法律人格,符合某种标准就应当认定为两个人格的意见,是非常正确的。

4. 混合人说

也有理论认为,连体人不是一个人,也不是两个人,是一种"混合人"。连体的形态就如性别一样,是与生俱来、无须改变的,正如在这个世界上作为男性和作为女性同样快乐生活一样,连体人和独体人也一样享受生活的快乐。

(二)连体人法律人格对民法的挑战

如果说关于连体人法律人格属性的探讨在 19 世纪还仅仅停留在宗教、伦理学领

---

⑩ 参见李爱东:《连体人之谜》,载《大自然探索》2003 年第 3 期。
⑪ 参见〔法〕米歇尔·福柯:《不正常的人》,钱翰译,上海人民出版社 2003 年版,第 70 页。
⑫ 〔法〕米歇尔·福柯:《不正常的人》,钱翰译,上海人民出版社 2003 年版,第 81 页。

域,到了21世纪的今天,它已经一次又一次地向法律提出拷问,连体人在法律上究竟是拥有一个法律人格,还是各个个体各自拥有独立的法律人格?或者拥有混合的法律人格?这正是民法所面临的挑战性问题。不回答这个问题,就无法解决连体人的权利及其行使的规则问题。

让我们比较一下各种不同学说的后果:

在前文提到的朱迪和玛丽连体姐妹案中,究竟能不能对她们施行分离手术?如果持"一人说",法律就应当允许为挽救朱迪的生命而牺牲玛丽,因为玛丽被当成是寄生于朱迪的一个附属物,她没有法律人格,没有主体资格,因而也就不享有生命的权利。如果持"二人说",法律就应当允许对她们实施分离手术,还她们各自以独立的生命,哪怕这种分离最终要导致一人或两人的死亡。而如果持"混合人说"的立场,法律根本不允许对连体人实施任何分离手术,因为"混合人"就像独体人一样,也是法律主体的形态之一。

在前文提到的尼日利亚双头妇女案中,如何解决她们之间的怀孕及其侵权纠纷?如果持"一人说",就必然支持要生孩子的这个"头",因为她既然能怀孕就有权生孩子,这是作为一个人的最起码的权利,法律只能支持作为强者的这个人的权利。如果持"两人说",连体人的一方行为给他方造成损害,就要承担法律责任。如果持"混合人"说,未经协商一致的行为均不能行使。

由此可见,连体人法律人格定位至关重要,直接关涉到连体人以及其个体法律纠纷解决的基本规则问题。

(三)连体人法律人格的基础研究

法律人格是人在法律上的资格和根本地位,何人有人格,何人无人格,表达了立法者对人的一种基本看法。在罗马法上,生物学意义上的人称为"homo",具有主体资格的人称为"caput"。只有当"homo"具有"caput"时,才是法律意义上的"人",即"Persona"[13]在罗马时代,法律上的"人"即具有法律人格者,除了是人这个基本条件以外,还需具备其他基本条件:是自由的,而且还应当是市民。[14] 可见,罗马法上的人与人格的分离,从根本上反映了古代罗马社会人与人之间的不平等。自权人、他权人以及奴隶的区别,正是这种观念的法律表现形式。

在近代,民法对于自然人的法律人格予以无条件的普遍承认。1804年《法国民法典》第8条宣称:"所有法国人均享有民事权利。"因而,"法律对人的行为或社会关系的规范,离不开权利与义务。而在一定的社会物质生活条件下的一定权利与一定义务的综合,则体现了整个社会在秩序和正义间寻求平衡的价值追求。法律上的人,并非指具体的人,与其说是一个蕴藏着无限内容,具有某种细微差别的个性的具体的

---

[13] 参见朱慈蕴:《公司法律人格否认法理研究》,法律出版社1998年版,第2页。
[14] 参见[意]彼德罗·彭梵得:《罗马法教科书》,黄风译,中国政法大学出版1992年版,第29页。

人,不如说是从社会法律生活的秩序这张布裁下的一小块布而已。"⑮也就是说,有关人格的法律价值取向决定于一定社会的政治、经济、道德乃至于宗教等基本观点,取决于一定社会人们所处的文化空间和公正思想。⑯ 笔者认为,连体人是一个人还是两个人的法律人格定位问题,民法理论可以从探究生物学、心理学、社会学关于"人"的概念和属性中得到启示。

1. 连体人法律人格的生物学基础

从生物学层面而言,"人"是指具有完全直立的姿势,解放了双手,复杂而有音节的语言和特别发达、善于思维的大脑,并有制造工具、能动地改造自然的本领的高级动物,要具有独特的人类基因组或独特的人类基因结构。⑰ 也就是说,人类基因组、人体和人脑构成"人"的生物学特质,即"人"是从独特的人类基因组发育出独特的人体和人脑并将身体作为一个整体整合起来,使体内及与其环境维持动态平衡的实体。人类基因组是"人"生物学层面的特质之一,但仅仅具有这个条件还不够充分。例如具有所有人类基因组的一个受精卵或一个胎儿就不是一个"人",因为受精卵和胎儿没有发育出一个人体和人脑;人体也是"人"的必要条件之一,因为人脑是无法在人体外存活的。但也不能将"人"归结为仅仅是人体。人体只是"人"的载体而已。一个已经不可逆昏迷的人,或者脑死亡人,或者处于永久性植物状态的人,他们也具有所有人类基因组,并且有一个人体,但也可能不是"人",因为他们的脑已经死亡或脑的主要部分已经死亡。因而相对来说,在人的构成的三个条件中,人脑是最为重要的条件,人脑是使人体能够将自身组织起来加以调节的器官,是支持"人"的具有理性、具有自我意识的生命的器官。Nagel 提出"人"的本质就是他的脑。他说:"如果我的脑被破坏,我的任何物理上独特的复制品都不会是我,甚至与我具有心理连续性的复制品也不会是我。"⑱人脑必定是人的必要且充分的条件。

由此可以推断出,人脑是判断某一实体为"人"的生物学层面的最重要标准。对于连体人而言,首先,连体人具有大脑,他就是人。其次,连体人虽然连体,但是如果只有一个大脑,他就只享有一个人格。再次,如果连体人的个体各自拥有独立的大脑,这个连体人就可以定位为两个人,但由于他们共同使用某一人体组织,共同依附于某一生命载体,因此是两个人的结合体。2005 年 5 月 21 日新加坡鹰阁医院成功分离的印尼小姐妹安琪和安琪丽,分离前臀部和腹部相连,体内共用一些器官,大小肠连在一起,共用一个肛门。⑲ 但是她们各自有自己独立的大脑,因此,即使是在分离前,也应当认为她们是两个人。

---

⑮ 〔日〕田中耕太郎:《作为法律学中"经济人"的商人》,载《田中耕太郎文集》(第 7 卷),春秋社 1964 年版,第 327 页。转引自马骏驹、文卉:《论法律人格内涵的变迁和人格权的发展》,载《法学评论》2002 年第 1 期。

⑯ 参见尹田:《民事主体理论与立法研究》,法律出版社 2003 年版,第 6 页。

⑰ 参见《辞海》,上海辞书出版社 1999 年版,第 866 页。

⑱ Derek Parfit, Reasons and Persons, New York: Oxford University Press, 1987, p.274.

⑲ 参见张永兴:《印尼连体女婴分体手术成功》,载《新京报》2005 年 5 月 22 日,A16 版。

2. 连体人法律人格的心理学基础

从心理学层面而言,古代和现代哲学家列出了一系列标准作为"人"的心理学特质。柏拉图和亚里士多德强调理性为"人"的标准。孟子说"不忍之心"是"人"与"非人"的根本区别。[20] 洛克认为,"人"不是一种肉体的存在,而是"一种能思维的智能存在,具有理性和反思,能够将自己看做自我"的实体。[21] 一些当代的心理学家和生命伦理学家也提出了界定"人"的多重标准。如哲学家 Daniel Dennett 列出 6 条"人"的标准:合理性、意识、自我意识、立场、交互性和言语交往能力[22];而生命伦理学家 Joseph Fletchor 则列出了 10 条标准,其中包括好奇心、癖性、在理智与感情之间的平衡等。[23] 很显然,这些标准都是以人的自我意识为前提,或者说都可以某种方式归纳为自我意识。而正由于自我意识是"人"所独有的,具有自我意识能力的实体才有资格成为人。由于不同个体的意志、意识都是各自的大脑对客观世界的反映,因而人必然是独立的、自主的,任何个体的意志都无法直接支配其他个体的意志。

综观世界上的连体人,绝大多数连体人个体尽管身体相连,但他们各自拥有独立的意志。正因为如此,他们渴望自由和独立,渴望属于自己的空间。这是将连体人定位为两个法律人格的心理学基础。

3. 连体人法律人格的社会学基础

从社会学层面而言,马克思认为:"人是类存在物,不仅因为人在实践上和理论上都把类——自身的类以及其他物的类——当做自己的对象;而且因为——这只是同一事情的另一种说法——人把自身当做现有的,有生命的类来对待,当做普通的因而也是自由存在物来对待。"[24]这实际上指出,人在本质上是类存在物,是一切社会关系的总和。因此,对人的社会层面的考察有两种进路:一是个体论的进路,它视"人"为独立、自主的个体,像原子那样,因而将这种进路称为"人"的原子模型。二是整体论进路,视"人"为社群的一个不可分离的部分,像水滴那样,因而将这种进路称为"人"的水滴模型。[25] 也就是说,一方面,每个"人"是独特的、不可复制的和不可重复的;另一方面,每一个"人"必然与其他人相联系,这种相互关系和相互依赖是十分密切的。因此,如果一个人具有人体和人脑以及自我意识的能力,同时又生活在社会中,能够与他人发生互动,他的自我意识就会不断发育完善,他就拥有人的地位。

连体人个体一方面拥有各自独立的意志,另一方面也必然与他人发生联系。这种人的社会联系是作为人的必备的社会性基础,对于连体人而言,各个个体如果各自扮演不同的社会角色,与社会发生自己的(各自的)联系,就应当判定其为独立的人

---

[20] 参见《孟子·滕文公上》。
[21] 参见 John Locke, An Essay Concerning Human Understanding, II. XXVII; p. 26. Oxford: OUP, 1975.
[22] 参见邱仁宗:《论人的概念——生命伦理学的视角》,载《哲学研究》1998 年第 9 期。
[23] 参见邱仁宗:《论人的概念——生命伦理学的视角》,载《哲学研究》1998 年第 9 期。
[24] 《马克思恩格斯全集》(第 42 卷),人民出版社 1995 年版,第 95 页。
[25] 参见邱仁宗:《论人的概念——生命伦理学的视角》,载《哲学研究》1998 年第 9 期。

格;反之,则只能认定有一个人格。

(三)对连体人法律人格的基本定位

对连体人法律人格基本定位的标准,必须综合"人"的生物学、心理学以及社会学的基本特性,即判断连体人法律人格的基本要素是:健全的人脑;独立的意志;能够充当一定的社会角色。因此,当连体人的个体具备这三个条件的时候,应当由连体人的各个个体独立享有法律人格。

(1)连体人的个体各自拥有独立的人脑。无论连体人的身体、肢体是何种表现形式,他们的身体连接得如何不同,只要连体人的个体各自拥有独立的大脑,能够独立进行思维,就可以将连体人的个体定位为独立的人格。那种着重在物质表现形式上确定连体人独立地位的方法,即以连体人个体的身体独立、四肢独立作为独立人格的判断标准,显然是形式主义的,是不适当的。

(2)连体人的个体各自具有独立的意志。无论连体人个体之间的身体如何相连,只要他们各自拥有独立的意志,能够对事务作出自己的判断,他们就有各自独立的法律人格。如果连体人个体没有自己的独立意志,不能认为具有独立的法律人格。

(3)连体人的个体各自充当一定的社会角色。连体人的个体必须有独立的社会角色,只要他们在各自独立意志的支配下,以独立的社会角色与他人发生联系,具有作为人的必备的社会性基础,他们就具有独立的法律人格。反之,则具有一个人格。

事实上,这三个条件的基础在于第一个条件。只要连体人个体有独立的、正常的人脑,他们的独立意志以及独立的社会角色就不难实现。因此,连体人的个体尽管身体相连、独立行为受限,但其只要具备了独立的、正常的人脑,以及具有独立的意志和扮演独立的社会角色,他就应当具有独立的法律人格,这是人的生物学、心理学、社会学关于"人"的特质的界定的必然结果,是不可剥夺的。反之,如果连体人尽管身体、四肢分开为个体,却共同拥有一个人脑,只有一个意志,只扮演一个社会角色,他就不能享有两个法律人格,而只能有一个法律人格。尼日利亚怀孕的双头连体妇女,尽管只有一个身体,但是确有两个人脑,有不同的意志,即使是在性爱上都在扮演不同的角色,她们理所当然是两个人,具有两个法律人格。

三、连体人个体的民事权利能力和民事行为能力

对于只享有一个法律人格的连体人,他的民事权利能力和民事行为能力都属于连体人个人,只需要对连体人设置监护人以补正其民事行为能力即可。而对于享有两个法律人格的连体人,由于他们各个个体拥有各自独立的民事权利能力和民事行为能力,需要各个设置监护人补正其民事行为能力。

(一)具有独立法律人格的连体人个体拥有各自平等、独立的民事权利能力

民事权利能力是自然人具有法律人格的标志,是人类社会自由、平等观念在民法

上的体现。各国民法均规定,自然人的民事权利能力始于出生,终于死亡。自然人终身具有民事权利能力,既不可能放弃、转让,也不可以限制、剥夺。连体人作为两个法律人格的结合体,各个个体拥有各自独立、平等的民事权利能力。这种权利能力始于连体人的出生,终于连体人的死亡。

连体人的出生,仍应适用"全部产出说",即以胎儿全部脱离母体的时间为其出生时间。确定连体人的出生,目的也在于确认其民事主体资格的取得。近代各国民法所规定的自然人出生要件多以新生儿具有生理上的独立生存能力为要件(即脱离母体为活体)。因此,连体人一旦与母体完全分离,且分离时为活体,就具备了出生的要件,就取得了民事权利能力。应当研究的是,连体人的各个个体,究竟是共同出生还是分别出生?笔者认为,由于连体人的个体是相连的,尽管其各个个体可能在离开母体时有先后之分,但是作为完全脱离母体的最后时间却只有一个。所以,应当确定连体人的各个个体为同时出生,同时获民事权利能力,但这并不妨碍先产出的为兄、姐,后产出的为弟、妹的身份确定。

关于连体人个体的死亡,应当适用通常的以"心跳及呼吸同时停止"为判断标准。㉖ 由于连体人各个个体的心跳和呼吸的停止有可能并非同时停止,并且有的连体人一个个体死亡后另一个个体仍然可以继续生存,因此,连体人个体的死亡应以各自的心跳及呼吸同时停止作为标准,不应一律视为同时死亡。同样,连体人各个个体的民事权利能力因各自的死亡而分别消灭。连体人个体各自拥有独立的法律人格,因此一方个体的死亡只能导致其本人民事权利能力的消灭,并不影响另一方个体的民事权利能力的继续享有,未死亡的一方仍然具有民事权利能力,可以依据自己的意志行使民事权利,履行民事义务。

(二)连体人个体的民事行为能力状态

法律赋予自然人以民事权利能力,其作用仅在确定其法律地位,使其法律人格得以具体表现,但民事权利的行使则须依赖个人的民事行为能力。法律设立民事行为能力制度的目的,在于使主体得以自己的意志追求和实现自身利益。

对于自然人民事行为能力的状态,各国均以年龄和精神状态作为划分标准,以成年和精神健全作为具有完全民事行为能力的基本条件。但其具体做法有所不同,大体可分为两种:一种是"二分法",仅将自然人的民事行为能力分为"有民事行为能力"与"无民事行为能力"两种。如法国、日本。其特点是,将意思能力的完全者与不完全者相区别,对于不完全意思能力者,均称为"无民事行为能力人",但并不认为其绝对无民事行为能力。另一种是"三分法",将民事行为能力分为"完全民事行为能力""限制民事行为能力"及"无民事行为能力"三种。如德国、瑞士和我国。其特点是,无民事行为能力人绝对无民事行为能力,限制民事行为能力人有限定的行为能

㉖ 在这里不探讨脑死亡的问题。如果医学和法律采纳了脑死亡的标准,连体人的死亡当然适用该标准。

力,对其行为的效力设有差异。对无民事行为能力人、限制民事行为能力人的行为能力缺陷以监护制度来补正。

照此标准,未成年连体人及其个体被纳入无民事行为能力人和限制民事行为能力人的范围,由其法定监护人监护,显然没有问题,但如果将已成年又无心智缺陷的连体人及其个体纳入完全民事行为能力人范围,似乎也有不妥,因为连体人个体尽管成年,尽管有完全的意思能力,但由于在身体上与对方个体紧密相连,各自无法完全依自己的意思支配自己的民事行为。据此,笔者认为,应当将连体人个体的民事行为能力状态进行区分,按照我国对民事行为能力状态区分的三分法,在完全民事行为能力人中增设欠缺民事行为能力人,将连体人的民事行为能力分成三种不同状态:

1. 无民事行为能力人

不满10周岁的未成年连体人及其个体为无民事行为能力人。他们由于不具有意思能力,无法正确表达自己的意志,因此作为无民事行为能力人,由其法定代理人或者监护人监护,其民事行为由其法定代理人或者监护人代理。具有严重心智缺陷的连体人以及其个体,也应当认定其为无民事行为能力人。

2. 限制民事行为能力人

已满10周岁不满18周岁的未成年连体人及其个体为限制民事行为能力人,他们有部分意思能力,能够在一定程度上表达自己的意志,从事与自己的行为能力相适应的民事行为,但仍然需要设置法定监护人,由其法定代理人或者监护人代理其实施部分民事行为。心智部分缺陷的连体人以及其个体,有部分意思能力,应当认定其为限制民事行为能力人。

3. 欠缺民事行为能力人

已经成年的连体人及其个体具有完全的意思能力,能够表达自己的意志,但是由于其身体的限制,无法独立实施民事行为,行使民事权利,履行民事义务,因此属于欠缺民事行为能力人。对此,应当以现代成年人行为能力欠缺的监护制度来补正。

应当看到,民事行为能力欠缺者不同于无民事行为能力人和限制民事行为能力人。无民事行为能力和限制民事行为能力以年龄和精神状态作为判定的标准。而民事行为能力欠缺是以无法独立行使民事权利为判定标准,这种无法独立行使民事权利的因素或因为精神状态,或因为身体状态,如聋人、哑人、残疾人、老年人,或因为其他状态,如因"浪费""酗酒""吸毒"等而被宣布为禁治产人和准禁治产人等。未成年的连体人个体由于已经有无民事行为能力人和限制民事行为能力人的制度进行规范,无须另行设计新的制度。而成年的连体人个体作为两个人的结合体,注定由于身体上的障碍各自无法独立行使民事权利,正属于有完全民事行为能力但又有所欠缺的人,因而将其归属于欠缺民事行为能力人,是一个极好的选择。这样设计连体人个体的民事行为能力状况,是较为适宜的,理由是:第一,将不满10周岁的和不满18周岁的未成年连体人个体规定为无民事行为能力人和限制民事行为能力人,顺应了我国民事行为能力状态的现实制度,无须进行大的改动即可适应连体人个体民事行为能力补正的要求。第二,仅仅将成年的连体人个体确定为欠缺民事行为能力人,既考虑了连体人已经成年的现实,又解决了成年连体人个体的行为能力需要补正的问题,且符合各国民法纷纷设立成年监护制度的潮流,可谓一举三得。

(三)欠缺民事行为能力人的成年监护制度符合成年连体人民事行为能力补正的要求

成年的连体人个体归属于欠缺民事行为能力人,应当借助现代成年监护制度对他们的民事行为能力进行补正。

欠缺民事行为能力人的监护制度不同于传统民法的监护制度。传统民法的监护制度是为保护无民事行为能力人和限制民事行为能力人而设定,保护对象包括未成年人、精神病人等。现代民法的监护制度所监护的对象扩大为各种障碍者,除了上述规定的因年龄或精神状态因素造成的障碍以外,还考虑到了身体上的障碍。对于前者,沿用传统的监护制度;对于后者,则创设成年监护制度。例如,德国于1992年1月1日颁布的《关于成年监护及保护的修正法案》,对《德国民法典》的监护规定作了根本的修订,废除禁治产宣告制度,将旧法的精神障碍者的监护与身体障碍者的辅佐合二为一。修订后的《德国民法典》第1896条第1款规定,如果成年人由于心理疾病或身体上、精神上或心灵上的残障而完全或部分不能处理其事务,则由监护法院经其申请或依职权为其任命一名照管人。如果成年人由于身体上的残障不能处理其事务,只有经该成年人申请才得任命照管人,但如果该成年人无法表明其意愿,则除外。照管人的任务,限于必要范围,在该范围内于法庭内外代理被照管人。而本人在照管人范围内,只要其不处于无意识的精神错乱时,仍可为有效的法律行为。[27] 1998年6月25日《修改照管法及其他规定的法律》则明确规定对受照管的成年人并不概括为无行为能力人,以更多地考虑当事人,尤其是其行为能力并非因精神或智力因素而受限制的成年人的意愿。[28] 日本国会则于1999年12月1日通过了系列有关成年监护制度的法律,于2000年4月1日起施行,废除了民法总则编中的"禁治产、准禁治产宣告制度",刷新了亲属编中的成年监护制度,另外新设"意定监护制度"和"监护登记制度"。新制度由法定监护和意定监护两部分构成。法定监护是指对于现在处于判断能力不足状态的人,基于法律规定限制其行为能力,由家庭法院依职权为其选任保护人,赋予保护人法定权限,以补正被监护人的行为能力的制度。意定监护制度是指本人在具有完全的判断能力时,对意定监护人赋予本人丧失判断能力之后的有关自己监护事务的全部或一部分的代理权的委托合同。意定监护制度的设立,是日本新监护制度的又一立法突破。[29]

传统的监护制度是以他治式的法定监护为主,忽视被监护人的意志,简单化地对

---

[27] 参见陈卫佐译:《德国民法典》,法律出版社2004年版,第489页。
[28] 参见郑冲、贾红美译:《德国民法典》"译者的话",法律出版社1997年版,第4页。
[29] 参见李霞:《成年后见制度的日本法观察》,载《法学论坛》2003年第5期。

待被监护人的需求,过分强调监护的职能和监护人的职权,监护方式是他治式的监管方式,原则上是监护人的意思优先,被监护人的意志不在法律考虑的范围内。监护人实际上是为避免被监护人的不能自负责任而拘束其行为的监管人。而现代成年监护制度在于追求"尊重本人自己决定权""维持本人生活正常化"以及"保护障碍者本人"的基本理念,以自治式的意定监护为主,理念先进、制度优化。这些理念和规则,恰好是保护具有独立法律人格但又在行为能力上有所欠缺的连体人个体所急需的。

"自我决定权",指保障欠缺民事行为能力的老年人(人)对于一定的个人事项,不受公权力干涉,而可以自行决定的权利。其理论根据主要在于人格自律及对幸福的追求,认为自我决定权是人格自律上不可或缺的权利,目的在于维护人的尊严,尊重被监护人的自主意志。连体人个体虽然欠缺一定的行为能力,但是他们有独立的意志,尊重他们的自主决定权就表现为对他们做出的行为的尊重,对他们的人格尊严的尊重,保障在决定个人事项的时候,不受公权力的干涉,也不受他人的非法干涉而自行决定。

"本人生活正常化",指不应该将身心障碍者与社会隔离,而应该将他们融入一般的社会中,与普通人一样,一起生活、参与交易活动。同样,连体人个体也是社会中的一分子,整个社会应创造环境和条件,让他们全方位地参与社会,让他们作为人过正常的生活、参加正常人的活动,使他们成为社会的正常成员,实现本人生活正常化。

"保护障碍者本人",是指由旧监护制度的消极的、他治式的保护转变为积极的、自治式的保护,即由被动、消极保护转向主动、积极照护。㉚ 对于连体人个体的监护也必须体现保障障碍者本人的理念,实现对他们监护的自治性,就能够更好地保障他们本人的权利。

同样,在国际层面,也已经通过了一系列的人权公约以宣示并保证欠缺民事行为能力人的人权。如联合国《精神耗弱者权利宣言》(1971 年)、《障碍者的权利宣言》(1975 年)、《世界人权宣言》(1948 年)和《国际人权规约》(1996 年)。主要理念都是提倡尊重自我决定权,并助其不受歧视,平等、正常地参与社会生活。连体人由于身体残障或者精神残障,应当属于上述联合国宣言、规约所保护的对象。体现上述宣言、规约精神的成年人监护制度,完全可以适用于连体人个体的民事行为能力补正。

(四)连体人监护制度的构想与设计

1. 所有的连体人均应设置监护人

所有的连体人,包括具有单一法律人格的连体人、具有各个法律人格的连体人个体,也包括无民事行为能力的连体人、限制民事行为能力的连体人以及成年连体人,都应当置于监护制度的监护之下,真正使他们的民事行为能力得到补正,而不使其权利受到损害。

㉚ 参见李霞:《民法典成年监护制度》,载《民法法典化与反法典化国际研讨会论文汇编》,华东政法学院 2005 年会议文集。

2. 根据连体人的不同身心障碍设置两种不同的监护制度

对于年龄(未成年人)和精神障碍的连体人,不管是单一人格的连体人,还是具有独立人格的连体人个体,都应当归于法定监护制度的监护之下,以法定代理人作为其监护人。对于身体障碍以及既有身体障碍又有精神障碍的连体人,应当归于成年监护制度的监护之下,选择指定代理或者意定代理进行监护。

3. 成年连体人对监护人的选择

具有单一法律人格的连体人,设置单一的法定代理人监护,或者选择指定监护或意定监护。对于具有各个法律人格的连体人个体,未成年的,由其法定代理人进行监护;对于已经成年的,双方可以通过协议选择自己共同的监护人,可以各自单独选择自己的监护人,也可以指定监护人。连体人对监护人作出的选任或不选任的意思表示,在不与其自身利益相违背的情况下,应当予以尊重。当连体人没有选择监护人时,他们的法定监护人任监护人,但法定监护人在执行监护事务时,应当与连体人协商,充分考虑连体人的主观愿望和利益。

4. 成年连体人的监护范围

连体人个体可以与监护人约定监护的内容或范围,对于没有约定的事项,只有在确有设立监护必要的前提下,方予以设立。如果连体人个体经协商一致有能力处理自己的事务,没有设立监护的必要性,或者其中的若干事务连体人个体有能力独立处理,则只对其中必要监护的事项设立监护,而将其他事务留给连体人个体自己处理。这样的监护方法可以充分尊重连体人个体现有的判断能力,有利于最大限度地保障其参与正常的社会生活,不至于由于监护而使其与外界社会产生隔离。

5. 连体人的监护机关

对连体人的监护具有特殊性,更应当发挥监护机关的作用。

连体人的监护权力机关是被监护人的所在单位、被监护人住所地的居民委员会、村民委员会、人民法院。在对连体人担任监护人的事项发生争议时,所在单位、居民委员会、村民委员会有权在被监护人的近亲属中指定监护人。如果有人对上述指定不服,法院有权进行裁决;法院对监护人的撤换等有权作出判决。

对连体人的监护尤其是对成年连体人的监护,应当对被监护人的所在单位、居民委员会、村民委员会的监护职责予以扩大,增加监督监护人的职能,如果发现监护人不胜任或者有违反监护职责的行为,有权予以纠正,或者向法院请求,由法院撤销其监护人的资格。

如果连体人的父母所在单位、连体人的住所地的居民委员会或者村民委员会、民政部门担任监护人的,它们自己就是监护执行机关。

在连体人作为被监护人无财产或者财产不足,又没有对其负有扶养义务的亲属时,监护保障机关应当负责被监护人的生活费用并支付监护人的报酬。

四、连体人个体法律人格的权利冲突及其协调规则

(一)连体人个体法律人格发生权利冲突的成因

法律承认连体人个体的法律人格,就不可避免地会发生涉及连体人个体法律人格的权利冲突。其原因是:

(1)从权利主体的角度而言,人是一种社会性动物,利益的追求和满足是人存在于社会的纽带。"人们奋斗所争取的一切,都同他们的利益有关。"[31]但人所追求的利益同时又是他人所追求的,由于利益资源的有限性,利益的冲突必然产生;另一方面,由于人是类存在物,是一种以个体方式而组成的存在物,因而在认识上存在差异,这种差异也将直接导致价值需求的冲突,因此权利的冲突实质上是利益追求与价值追求的冲突。法律承认连体人个体的法律人格,连体人个体享有独立的人格,连体人个体与个体之间,以及个体与社会之间,基于社会的属性和利益的不同,不同的连体人个体必然存在不同的利益追求与价值追求,权利冲突也就是不可避免的。

(2)从权利本身而言,由于权利本身具有自因性、涉他性、排他性以及权利边界的模糊性而存在冲突。[32] 毫无疑问,连体人个体在行使权利的时候,当然存在这些因素,因而个体与个体之间也存在发生冲突的可能性。

(3)从连体人本身而言,由于连体人个体一方面因身体紧密相连,各自无法独立行使自己的权利;另一方面由于不同的个体各自具有独立的法律人格,是独立的民事主体,具有自我的利益选择,因此,相互之间也会不可避免地发生权利冲突。作为拥有独立意志,拥有独立法律人格地位的两个人的结合,他们的权利会有更多的、更复杂的碰撞,这种碰撞一方面存在于他们之间,另一方面存在于他们与其他人和社会之间。

(二)涉及连体人个体法律人格权利冲突的主要表现

研究连体人法律人格的权利冲突,更重要、也是更紧要的,是研究他们在涉及自身法律人格、地位问题上的权利冲突。这些权利冲突集中表现在以下几个方面:

---

[31] 《马克思恩格斯全集》(第1卷),人民出版社1995年版,第82页。

[32] 参见王克金:《权利冲突论:一个法律实证主义的分析》,载《法制与社会发展》2004年第2期。该文作者认为,自因性本是一个哲学上的概念,指最高实体的一种性质,即最高实体以自身为原因,而且有外在的原因,也就是指自我决定,通过自己而被认识无须他物说明,自己说明自己,自己成立自己,自己认识自己。权利的自因性,即某种行为权利主体因自己为某种行为或者不为某种行为,要求他人为或不为某种行为时,仅以自己享有法律上的权利即可自足,而无须寻找其他法律以外的根据。权利的涉他性,是指权利在实现自己的过程中,又不是自足的,仅依靠自己无法实现自己,必须有他者的协助。权利的排他性,是指权利在实现自己的过程中,为了实现自己总要排除外在的阻碍这样一种性质。权利边界的模糊性,则指由于人类存在方式的有限性,认识能力的有限性、法律本身的概括性、抽象性以及表现法律的语言的自身模糊性,导致人类关于法律边界和权利的认识与界定总是不完全的、有缺陷的。

1. 连体胎儿出生权的冲突

在现代医学技术之下，在胎儿时期判断胎儿是否为连体，并非难事。而一旦确定胎儿为连体，他们是否享有出生权？如果享有出生权，究竟应当由谁行使，应当怎样行使？如果他们不享有出生权，难道他们就只有面对牺牲而丧失自己的人格吗？

英国《世界新闻报》2004年9月26日报道，英国白金汉郡一名19岁女子卡莉莎·斯普林索普怀上一对连体胎儿。医生警告，由于这对连体胎儿是心脏相连，即使将来生下来做分体手术，也注定只有一个能存活。医生建议这名孕妇做流产手术。但她和她的男友盖里在经过痛苦的考虑后，选择了不流产。她对记者说："我想让他们自然发展，我不想扮演上帝的角色。他们不是玩具娃娃，可以退回到商店中。他们是在我体内的小生命，我们不愿意现在就决定他们的生或死。是生是死，我想将命运交到他们自己手中。"[33]但对于连体胎儿来说，他们出生后或许不能完全支配自己的肢体，他们没有属于自己的空间；他们有自己的意志但却不能按照自己的意志行动。更为悲哀的是他们可能身体质量低下，带有各种残疾；他们可能不愿成为世上的连体人，他们可能选择自己不出生。如此，谁来尊重他们的选择权呢？

法国最高法院于2001年11月28日曾作过一个判决，判决患有唐氏综合症的孩子享有不被生下来的权利。判决明确指出：如果孕妇明知自己所怀的胎儿有智力缺陷或者身体残疾，就应当立即采取堕胎措施，不把孩子生下来，以免他们降临到世上受苦受难，同时给家庭和社会造成沉重的经济负担。而作为胎期检查的医生应当有义务及时警告孕妇把这些残疾胎儿打掉，如果知情不报，帮助孕妇生下那个有问题的孩子，就将承担法律和经济赔偿的责任。法院的这一裁决立即引起法国国内有关残疾儿有无出生权的激烈争论。一个争取残疾儿童生存权组织的发言人泽维尔·米拉贝尔医生说："一些法官仍旧抱着那种观念不放，宁可扼杀幼小的生命也不要让其成为残疾人。"法国的罗马天主教会也称这一次判决是对所有残疾儿童家庭的污辱。法国主教区的家庭委员会主席安德尔·温特·特罗伊斯大主教说："我怀着极大的悲伤想到了那些用爱心沐浴患有唐氏综合征孩子们的家庭。那份裁决就等于宣布这样的爱根本不值得。"法国残疾人团体和全国道德委员会也都批评法院的这项决定是极不人道的。但是，也有不少人赞同法院的判决，认为这样做不仅减少父母和社会的负担，而且能够优化人口结构，提高人口素质，还可减轻当事人来到这个世上的痛苦。这并非扼杀无辜生命，而是优生学角度的一种合理的选择。[34]

笔者认为，连体胎儿究竟享有"出生权"还是"不出生权"，这是连体人在尚未出生时就面临的第一次权利冲突，这是涉及自己的人格地位的最初选择。不过，这个权利冲突不是连体人个体之间的权利冲突，而是连体人个体与他人以及社会权利或者利益的冲突。

---

[33] 《英国准妈妈怀上连体婴儿》，载 http://news.jschina.com.cn，2004年9月27日访问。
[34] 参见《傻孩子有没有出生权》，载 http://www.sina.com.cn，2001年12月20日访问。

2. 连体婴儿个体之间的生命权冲突

在连体人个体之间,有时候会发生生命权的冲突。表现是,如果牺牲其中一个个体,就会使另一个个体较好地生存下去;而不牺牲其中一个个体,则两个相连的个体都会死亡。针对连体人个体的生命权冲突,应该作出怎样的决定? 究竟是由谁作出这个决定? 这无疑是一个极为严峻的选择。

在朱迪与玛丽连体姐妹案中,面临的就是这样的权利冲突。朱迪和玛丽的身体腹部相连,脑袋各朝一边,脚、腿各享一半。姐姐朱迪身体内有一套健全、健康的心、肝和肺,而妹妹玛丽却没有这些器官,甚至连大脑都没有发育完全,完全依赖姐姐的器官维持生命。医学专家的看法是,妹妹完全是"寄生"在姐姐的生命上。圣·玛丽娅医院的专家会同来自英国其他医院的医学权威对这对连体姐妹进行全面的检查后,得出残酷的结论:如果不实施分体手术的话,这对小生命最多只能活 3-6 个月。就算奇迹发生的话,也就是几年时间,绝对不可能长大成人;如果立即实施分体手术牺牲妹妹的生命,姐姐就能健康地长大成人。尽管实施连体婴儿分体手术的技术如今已经相当成熟,但一般的连体婴儿往往各有一套心脏器官,所以分体后两条生命都能成活,而这对"连体"姐妹分离后却只能存活其中一个。这意味着实施分体手术的医院和医生不得不扮演杀害另一个连体人个体的"刽子手"角色!

对于如此残酷的事实,许多医生在感情上无法接受。当连体姐妹的命运被英国媒体曝光后,英国民众对这对姐妹生死抉择的命运分成了两派鲜明的观点:支持对连体姐妹立即实施分体手术的民众和民间团体认为,承认科学和医疗事实才能挽救生命,才能算得上是真正尊重生命;反对对连体姐妹实施分体手术的民众和人权团体则认为,不管健康的姐姐还是不健康的妹妹都是人世间平等的两条生命,任何人没有理由靠谋杀一条生命来换取另一条生命。如果医生胆敢强行实施分体手术的话,这些民众和人权团体"肯定饶不过他"!⑤

对于上述关于生命权的冲突和选择,法律究竟应当采取何种立场,究竟应当怎样选择,无疑是必须作出回答的问题。

3. 连体人个体的分离权冲突

连体人的各个个体必须共同生活,这对任何一方都存在严重的困难。在有可能的条件下,分离各个个体,还自由、独立于各个个体,当然是最好的选择和结果。可是,任何医学手术都存在风险,连体人的分离手术同样存在风险。在这样的情况下,连体人个体享有分离权,但是这个分离权究竟应当怎样行使,无疑也是一个重大问题。

(1)成年连体人个体决定分离法律是否可以干预。2003 年 7 月 8 日,伊朗连体姐妹拉丹和拉蕾为追求自由而献出了生命。全世界的人在那一夜都陷入了悲痛,痛悼这对勇敢、坚强的姐妹对连体生命所作的一次宣告:"我们来的时候是连体一起,希

---

⑤ 参见徐冰川:《连体姐妹生死抉择》,载《北京青年报》2000 年 9 月 27 日。

望回家的时候有全新的感觉。"㊱的确,法律人格的独立存在,其基本价值乃是实现和维护主体的独立人格,而人格的实现不仅是指维持个人的生命的存续,以使个人作为个体存在,而且具有更为丰富、更为重要的内涵:一方面,实现人格,要尊重个人的尊严和价值,促进个人的自主性人格的释放,实现个人必要的自由,这就是马斯洛所说的人所具有的"高级需要"在法律上的表现;另一方面,实现人格,要培养和实现个人独立的人格意识,不断焕发出主体活力。㊲拉丹和拉蕾有权利追求自由,有权利希望"来的时候是连体一起,回家的时候有全新的感觉"。因为她们是成年人,是智力正常的人,所以只要她们共同同意,就有权作分离的选择。但拉丹和拉蕾选择分离的最后结果是牺牲了她们自己。面对这样的残酷结果,人们一方面为她们的选择而自豪,但另一方面也对她们的选择是否正确产生怀疑。对法律提出的问题是,她们的选择固然符合法律的要求,但是,如果一项分离的选择确实存在巨大风险的话,法律是否可以干预呢?

(2)谁来决定未成年连体人的分离手术。对于那些刚刚离开母体的婴儿,由谁来决定他们是否该分离,特别是分离可能就意味着要牺牲一个个体,或者两个都有可能牺牲的时候? 正如朱迪和玛丽案中,当分离意味着要夺取妹妹的生命,而不分离将意味着要失去两姐妹生命的时候,是分离还是不分离,不可避免会引发医学、宗教、伦理、法律的碰撞。医生认为,如果分离可能救活朱迪,而不分离就必然导致有可能生存的朱迪最终死亡。"如果一个医生对小孩做出不施行手术的决定将使孩子死亡,医生就会遭到谋杀的控告,也会被认为是犯罪,因为医生的行为会被认为是死因。""医生有义务救孩子,若没有行动去救孩子会被认为是失职。"因此曼彻斯特健康中心认为,进行手术,对连体婴儿进行分离是合法的。但"医生不经允许就不能对病人动手术,否则会遭抨击和引起民事诉讼甚至刑事诉讼。在孩子还没有民事能力的情况下,一般由父母同意"。但孩子的父母却认为,两个孩子应该得到同等的对待,因此反对牺牲一个孩子让另一个活下去的做法。他们说:"我不会接受一个孩子死一个孩子活这样的现实,这是违背上帝旨意的。""这样,我们的心会碎的,我们不想把其中一个女儿扔在医院里,我们想把她们都带回家。"由此,圣·玛丽娅医院和医生们只好把这起奇特的案件交给了英国的最高法院。

4. 连体人个体行使各自权利的冲突

连体人个体各个为独立的法律人格,就各自享有和有权行使自己的权利。在行使自己的权利时,由于他们的身体相连,当然会发生行使权利的冲突。尼日利亚双头连体妇女双方在怀孕、分娩中发生的纠纷,无疑是这种行使权利发生冲突的典型表现。作为一个具有独立法律人格的女性,当然有权恋爱、与异性交往,甚至发生性行为、怀孕、分娩,但是她们只有一个身体,在一个个体行使权利时,就可能违背对方个

㊱ 子曰:《今夜我们都是"连体人"》,载 http://www.sina.com.cn,2003 年 7 月 10 日访问。
㊲ 参见王利明主编:《人格权法新论》,吉林人民出版社 1996 年版,序言,第 1 页。

体的意愿,形成冲突。在该案中,虽然最终表现的是双方行使生育权的冲突,但却是连体人个体行使权利发生冲突的缩影。在连体人个体行使其他权利,实施其他民事行为时,同样会发生类似的冲突。

5. 连体人实施违法行为负担法律后果的冲突

同样,连体人个体各个为独立的法律人格,就可以依法实施各种民事行为,即使是在自己的行为能力有所欠缺的情况下,也可以由他人代理进行民事活动。当连体人个体实施民事行为违反法律,造成损害后果,而另一方却没有实施这个行为,是否应当由双方承担后果责任呢? 正如 H. 索瓦尔所摘录的案例那样,连体兄弟中的一个个体杀了人,如果处死一个个体,另一个个体也会死掉,犯罪的这一个个体要不要承担法律责任? 承担了责任,对另一个个体是冤屈的;但是不承担责任,则对受害人以及社会是不公平的。同样,如果连体人的一个个体实施侵权行为造成了他人的损害,甚至是一个个体侵害了另一个个体的权利造成了损害,如果实施行为的个体受到法律的追究,是不是另一个也同样会受到惩罚? 法律应当如何处理这样的矛盾?

(三) 连体人个体法律人格发生冲突的协调原则

上述这些问题,都是涉及连体人个体独立法律人格的权利问题而引发的冲突。权利冲突的避免和消除是法学家永恒的追求和困惑。当抽象的权利冲突显现为某种具体的权利冲突时,就为法律提供了解决它的条件。笔者认为,有关连体人个体法律人格权利冲突的协调,可以遵循以下几个原则:

1. 利益最大化原则

权利冲突的实质是利益冲突,正是因为利益冲突的存在才使权利冲突得以发生。因此,解决权利冲突、重新确定和明晰权利边界,就是法律寻求冲突的权利之间的利益最大化的选择。

利益最大化,就是法律选择保护那些在不同的利益之间,体现了决策者最大的利益追求和价值追求,体现了决策者最大的价值观念的利益进行保护。拉伦茨认为:"权利一旦冲突发生(发生冲突),为重建法律和平状态,或者一种权利必须向另一种权利(或有关的利益)让步,或者两者在某一程度上必须各自让步。于此,司法裁判根据它在具体情况下赋予各该法益的'重要性'来从事权利或法益的'衡量'。"[38] "'个案中之法益衡量'是法的续造的一种方法,它有助于答复一些——法律未明定其解决规则之——规范冲突的问题,对适用范围重叠的规范划定其各自的适用空间,借此使保护范围尚不明确的权利(诸如一般人格权)得以具体化。"[39]

既然解决权利冲突不可避免地要进行利益衡量和价值衡量,依我们的基本信念,在连体人个体的权利冲突的利益选择中,就要使这种衡量和选择尽量避免主观任意化而应使之具有符合客观现实情况的品格,达到选择的利益最大化。拉伦茨认为:

---

[38] 〔德〕拉伦茨:《法学方法论》,陈爱娥译,商务印书馆 2003 年版,第 279 页。
[39] 〔德〕拉伦茨:《法学方法论》,陈爱娥译,商务印书馆 2003 年版,第 286 页。

"法益衡量需考虑下述原则:第一,一种法益较他种法益是否有明显的价值优越性。如相较于其他法益(尤其是财产性的利益),人的生命或人性尊严有较高的位阶。因为言论自由权及资讯自由权对于民主社会具有'结构性的意义'。第二,涉及位阶相同的权利间的冲突,或者正因涉及的权利如此歧异,因此根本无从作抽象的比较时,一方面取决于应受保护法益被影响的程度(例如,公众知悉此事务以及国家对此事务保密的利益程度如何);另一方面取决于:假使某种利益须让步时,其受害程度如何。第三,尚须适用比例原则、最轻微侵害手段或尽可能微小限制的原则,即为保护某种较为优越的法价值须侵及一种法益时,不得逾达此目的所必要的程度。"⑩这种意见是正确的,应当遵循。

在连体人出生权、生命权、分离权以及行使权利和承担责任的问题上,冲突的实质都是利益的冲突,选择的依据就是利益的衡量。朱迪和玛丽的分离权,表现的就是她们作为各个个体的生存价值。我们说玛丽的生命权应当受到尊重,但是,在朱迪和玛丽的生命权的根本利益冲突中,不难看出,维护朱迪的生命权,牺牲玛丽的生命权,在社会价值和个人价值上无疑更为重要。从利益最大化原则的要求观察,选择分离是符合这一原则的,因此也就符合社会的和个人的最大利益。所以,法律支持分离的要求无可厚非,即使是人权团体"饶不过他",却也只能这样办。笔者认为,在所有连体人的出生、分离、牺牲以及权利行使的选择上,都应当遵循这样的原则。它是一个普遍的规则。

2."自主决定+协商一致"原则

自主决定,即当事人有权按照自己的自由意愿形成合理的预期,作出自由选择,去设定自己的权利和义务,行使权利和实施民事行为。意思自治不仅意味着当事人有为自己创设权利义务、行使权利、实施民事行为的自由,也意味着当事人有不为自己创设权利义务、行使权利、实施民事行为的自由。对于具有完全意思能力的连体人个体,在是否行使分离权以及行使其他权利的问题上,除了利益最大化原则之外,更重要的是尊重连体人个体的自主选择。已经成年、具有完全民事行为能力的连体人个体具有独立的法律人格,有健全的意思表达能力,有健全的事物判断能力。尽管他们在行使民事权利时,行为能力有所欠缺,甚至需要设置监护人进行监护,但是他们有能力决定有关自己的法律人格地位的重大事项。况且这样事关重大的问题必须由他们自己作出决定,而不能由其他人对此作出决定。

但是,毫无疑问,在连体人个体决定是否进行分离的时候,涉及的是两个独立个体的命运问题。对此,不同的个体可能会有不同的选择。如果各个连体人个体不能就分离或者不分离协商一致,就不能进行分离,其他任何人也不能在他们自己没有协商一致的情况下,决定对他们进行手术分离。因此,确定具有完全民事行为能力的连体人个体是否行使分离权问题上,除了自主决定之外,还必须加上"协商一致"的要

---

⑩ 〔德〕拉伦茨:《法学方法论》,陈爱娥译,商务印书馆2003年版,第286页。

求。连体人的各个个体必须作出进行分离的一致选择,才能够进行手术分离,实现个人的独立和自由。其他任何人在连体人个体之间没有达成一致意见的时候,不能代替他们作出分离的决定,而应当视为选择的是不分离。

3."权利优先＋监护人意志"原则

在连体人的两个个体都主张权利或者都坚持行使权利的情况下,应当在利益最大化原则的基础上,遵守"权利优先＋监护人意志"原则。

权利优先,是指当遇到两个权利相互冲突的情况时,应当比较这两个权利的性质,看某一权利是否有被优先考虑的性质,也就是说一个权利在性质上是否优先于另一个权利,以及应该考虑如果确定一个权利优先于另一个权利会带来什么样的后果。当一个权利优先于另一个权利时,应当考虑选择优先的权利,并且予以保障。

如何确定一个权利优先于另一个权利,取决于下面几种必须考虑的情况:第一,对相对的权利的损害程度,一个权利优先于另一个权利不能超出可容忍的限度。第二,是否存在替代机会的可能性。假如后一个非优先的权利存在可替代的机会,这种假定就是合理的。但如果后一个非优先的权利没有合理的可替代的机会,而前一个假定优先的权利存在可替代的机会,这种假定就是不合理的。第三,对相关法益的损害程度。

在朱迪与玛丽之间的生命权冲突中,就存在权利优先的选择问题。连体姐妹二人各有独立的生命权,而妹妹的生命权事实上是不完整的,她要全部依赖姐姐的器官维持自己的生命。[41] 因此,是否可以认为,有的连体人个体尽管拥有生命权,但其生命质量极其低下,"弱智得可怕,可能由于肺萎缩,连哭都不会"。因此,这些有严重缺陷的、生命力极其微弱的或经治疗仍勉强延续生命的连体婴儿个体的生命权明显低于那些健全的个体的生命权,他们的存活不仅对社会和他人无法承担义务,而且将给他人、家庭和社会增加负担,是无价值甚至负价值的生命。医务人员对其加以处置,结束其扭曲、畸形、痛苦的生命,是人道主义的体现,也是对社会和整个人类负责的表现。

在连体人个体行使权利的冲突中,同样应当坚持权利优先的原则。尼日利亚双头连体妇女的生育权纠纷涉及的就是这样的问题。作为两个独立人格的主体,当然都享有生育权。一方主张行使生育权,另一方反对行使生育权,认为对方行使生育权就是对自己的生育权的侵犯。如此的冲突,也有权利优先的选择。如果一方已经怀孕,另一方坚持堕胎,应当认为主张生育权的一方权利优先,对方应当容忍这种权利的"侵害"。

但是,对于未成年的以及缺乏判断能力的连体人个体行使权利,包括是否作出分离的决定,只有权利优先的原则还不行,还必须规定究竟由谁来决定他们的分离还是不分离。按照法定监护的规则,对被监护人的人格利益处分必须由监护人作出决定,

---

㊶ 参见郝铁川:《权利冲突是个伪问题》,载《法制日报》2004 年 8 月 16 日。

而不是由医生或者医院以及其他社会组织作出决定。在这种情况下,监护人必须作出明确的意思表示,确定如何行使分离权。当监护人的意见不一致时,应当由顺序在先的监护人作出决定。在这种情况下,法律要审查的是,监护人的意志是不是符合利益最大化原则和权利优先原则。郭连盛、郭连京于2005年4月21日在辽宁省凌源县出生,二人胸腹相连,共用一个心包,肝叶相连,有各自独立的胆道系统。经过医生诊断,作出可以进行分离手术的意见。其父母决定请中国医科大学附属二院进行分离手术,获得成功,渡过术后生命危险期,于5月20日出院。[42] 这种没有争议且危险性不大的连体人分离手术,分离符合利益最大化原则,父母作为其监护人,有权作出分离的决定。分离之后,连体人个体就变成了独立的个人,各自独立享有法律人格。

4. "责任自负 + 必要豁免"原则

在连体人个体法律责任负担问题上,应当遵循的原则是"责任自负 + 必要豁免"。责任自负,是说连体人个体实施违法行为,应当由自己承担责任。即使他们是连体人,对于应当承担的法律责任也应当承担,不能因为他们是连体人而逃避责任。这不仅是因为他们各自具有独立的法律人格,同时也因为个人的责任只能由个人负担。如果连体人个体违法行为需要承担的是财产责任,而不是人身性质的责任,就应当由实施违法行为的一方个体承担责任;如果其为无民事行为能力人或者限制民事行为能力人,则由其法定代理人或者监护人承担责任。但是,由于连体人个体的身体相连,如果需要承担的责任是人身性质的法律责任,诸如自由刑、身体刑、生命刑等法律责任,为了维护无辜的另一方个体的利益,不因一方个体承担责任而殃及无辜的另一方个体,应当予以豁免,对违法的一方个体转用其他的制裁形式予以制裁。

五、余论

在讨论了连体人法律人格以及权利冲突的上述基本规则之后,还有以下几点作为余论:

1. 对于连体人的法律人格必须予以尊重和保障

无论是具有单一法律人格的连体人,还是具有两个法律人格的连体人,对于他们的人格都应当一视同仁地予以保障。任何歧视、损害连体人人格的行为,都是对他们的最大伤害,都是违法行为,都要承担相应的法律责任。特别是对于连体人个体的独立法律人格要予以特别的尊重和保障,防止侵害任何一方个体的法律人格,即使是在处理连体人个体的权利冲突的时候,也要尽最大努力实现对其法律人格的尊重和保障。既要防止对连体人法律人格的否定,也要防止出现类似昌和恩连体兄弟人格被歧视的悲剧重演。对此,民法典总则应当对连体人的法律人格及其保障应当规定明确的条文,使之成为确定的法律制度。

---

[42] 参见葛素红:《出生12日连体女婴平安分离》,载《新京报》2005年5月21日,A4版。

2. 法律对于连体人法律人格权利冲突的协调必须有所作为

法律是社会共同生活的规范,尤其是民法,是市民社会一切活动的规范。对于连体人的法律人格及其权利冲突的协调,法律尤其是民法当然有权作出规范,并由市民社会成员包括连体人自己遵守。否则,任由连体人个体的法律人格的权利冲突发生、发展,而法律无所作为,必将形成秩序的混乱,伤害连体人的合法权益。通过民法典或者制定单行法,对连体人法律人格及其权利冲突的规则作出规定,使连体人的法律人格和权利行使得到法律的保障。例如,对于连体人进行分离手术,意味着要牺牲其中一人的生命,法律如果确信牺牲一个残缺的生命而能够保全一个健全的生命,相较于牺牲两个生命的后果,无论是对于社会,还是对于个人,都是有利的,符合利益最大化和权利优先的选择原则,法律应当站在同意分离手术的立场上,规定适当的规则。又如,对于谁有权决定连体人分离手术的问题,法律应当确定:当连体人具有完全意志能力的时候,可以由他们自主决定,但这种自主决定必须建立在连体人个体之间协商一致的基础上。如果连体人个体之间对分离不能达成一致意见,则不能分离。当连体人未成年或缺乏判断能力的时候,应当由他们的法定代理人即父母决定。

3. 任何涉及连体人个体法律人格冲突纠纷,最终的裁决权在法院和法官

涉及连体人个体法律人格的权利冲突,都是民事权利的冲突,即使是涉及法律责任的承担可能涉及刑事法律规范或者行政法律规范,但也都是适用法律问题,最终的裁决权当然属于法院和法官。不论存在多大的道德压力以及社会压力,法院和法官都不能够回避自己的职责,应当依照法律和职权,遵照法律规范,或者依照习惯或法理,作出裁决。例如,对于一项连体人实行分离的选择存在巨大风险,发生争议诉至法院(的争议),法官的审查,首先应当确定他们选择分离是否合法,是否出自他们的自主意志且协商一致。其次关于分离手术的医疗风险,应当对医生作出的结论进行审查判断,如果风险小于成功,可以确认连体人个体的选择是正确的;如果风险大于成功,则可以判决不准作这样的选择。又例如,对于未成年的连体人个体的分离手术,如果父母作出的决定不利于孩子,法院和法官也有权推翻父母的决定。[43] 应当明确的是,即使是当事人决定、医生同意、法官确定进行分离手术,手术风险也应当由连体人个体自己承担,除非是医疗过失所致,医生以及法官不承担医疗风险的后果。

---

[43] See The Lesser of Two Evils: A Contextual View of the Case of the Conjoined Twins, http://www.uel.ac.uk/law/research/sl-rps.htm.

植物人的法律人格及其权利保护*

在 2005 年的一段时间里,美国人夏沃·特丽的命运成了全世界关注的焦点,这位 41 岁的女植物人在 15 年前被确诊为"永久性植物人",并被认定无任何康复可能。从那时起,特丽只能依靠人工进食管维持生命。1998 年,特丽的丈夫迈克尔向佛罗里达州法院提出申请,要求拔去特丽身上的进食管,对其实行安乐死。而特丽的父母则强烈反对迈克尔的做法。从此,特丽的丈夫和父母就为她的生死展开了长达 7 年的法庭抗争。不同的法院作出不同的判决,特丽的进食管几经拔除和插上。2005 年 2 月 25 日,佛罗里达州最高法院作出判决,同意于 3 月 18 日拔去维持特丽生命的进食管,终止对她的救治。特丽的命运又一次牵动着全世界民众的神经,并引发了一场触及医学、政治、道德、法律等各种命题的关于植物人的争议。目前,美国像特丽这样活着的植物人有 1 万人以上;在我国,粗略估计有 10 万人左右。①

正是由于这个问题的严重程度和数字的巨大,因此不能不引起民法的关注。而民法关注植物人问题的关键之处,就是植物人的法律人格及其补正的问题。同时,植物人完全失去了对自身及周围环境的认知,有睡眠—醒觉周期,丘脑下部及脑干的自主功能完全或部分保存。此种状态可以是短暂的,是急性或慢性严重脑损伤恢复过程中的一个阶段,也可以是永久性的。由于植物人特殊的生命状态和行为能力,他们在行使民事权利以及在权利保护方面可能陷入法律的困境。这些问题诸如:是否可以对植物人终止救治;植物人是否可以请求离婚或被诉离婚;植物人是否可以允许生育;等等。本文也围绕这些问题展开讨论,试图探求植物人民事权利行使和保护的特殊规则。

一、关于植物人的民事主体地位问题

(一)植物人涉及民法问题的焦点和核心

从民法的视角观察植物人的问题时,主要涉及以下几个方面:

---

* 本文以《论植物人的法律人格及补正》和《论植物人的权利行使及保护》为题,分为两篇文章,发表在《法律适用》2006 年第 8 期和第 9 期,因主题相同,故合为一篇文章编入本书,合作研究者为福建师范大学法学院张莉教授。

① 参见周欣宇:《中国目前约有 10 万植物人 生与死的尴尬选择》,载 2005 年 4 月 28 日《中国青年报》。http://news.xinhuanet.com。

第一,植物人是否为人,是否具备民事主体地位?

自近代以来,民法将法律主体资格赋予所有的人。但是,人是什么?考察生物学、心理学、社会学关于人的概念可以看出,作为人的最基本判断标准是健全的人脑、自主的意识和一定的社会角色及互动能力。② 而植物人并不具备或者并不完全具备这些要素,那么,他们的法律主体地位如何确定?

第二,植物人的民事行为能力如何定性、如何补正?对于自然人民事行为能力的确定,各国均以年龄和精神状态作为划分标准,以成年和精神健全作为具有完全民事行为能力的基本条件。由于植物人与精神病人在医学上不能等同,因此难以将其纳入以年龄和精神状态作为界定标准的无民事行为能力人,能否采用传统监护制度来补正植物人的法律人格,却是一个亟待解决的问题。

第三,植物人的法律人格何时终结?正常的自然人的法律人格终结于心脏、呼吸的停止,而植物人在进入永久性植物状态时,意识恢复几乎不可能,如果脑死亡,则无论如何也不能恢复意识,这时可否推定其自然死亡,或者适用传统的宣告死亡制度,或者重新界定死亡的标准?

分析植物人法律人格的这些问题,尽管处在现行法律的真空地带,但是并非不能解决。笔者认为,解决这个问题的核心和焦点问题在于确定植物人的法律人格。也就是说,植物人的民事主体地位关涉植物人在法律上是"人"还是"非人",是"活人"还是"死人",是"具有人格"还是"丧失人格",由此将直接导致民法规则的适用。

在我国民间,有人称植物人为"活死人";基督教徒则认为,植物人"不再具有上帝的影子",被看成是在"神学意义上死亡了"。罗马天主教学者认为,"植物人已经失去了人格,不能组织他自己的生活。他不再是一个自由的人","从社会的角度看他已经死去了"。耶稣会的伦理学家 Kevin Wildes 认为,从植物人大脑受损伤的范围看,"似乎不能认为灵魂和身体的实质性的结合还存在,或者维持生命的义务还存在"。③ 为此,在法律上,植物人到底是否具有民事主体地位?

(二)民事主体的内在本质

笔者认为,要确定植物人的民事主体地位,首先要分析法律上民事主体的内在本质。

民事主体是民法基本范畴。它"代表法律的目的和最基本价值来源;然后是权利和能力,是用来确定主体性内容的法律形式的,再依次往后是其他概念,如义务、责任、赔偿、制裁、豁免和起诉,等等。权利主体性是法律概念的根本所在,法律是权利

---

② 参见杨立新、张莉:《连体人的法律人格及其权利冲突协调》(本书第185页),载《法学研究》2005年第5期。

③ See Donal P. O Mathuna, Ph. D, Responding to Patients in the Persistent Vegetative State, 载 http://www.xenos.org/ministries/crossroads/donal/pvs.htm.

的法,但首先是主体的法"。④

自然人的主体制度,不仅保障了"人之为人"的理念的实现,而且保障了自然人与各种民事法律关系中权利、义务的最终实现。但一个人能否取得民事主体地位,完全是立法者选择的结果,自然人的主体资格也是法律所赋予的资格。凯尔森教授在《国家与法律一般理论》中指出:在法律上,自然人与法人一样,都是"法"人,都是法律规定的人,都不是真正的人。⑤

这种法律上的人究竟是怎样的人呢?它的主体地位的标准又是什么呢?对民事主体制度研究的历史告诉我们,意志自由是法律主体的第一标准,从古代希腊的英雄意志论,到中古时代的神本主义的意志论;从笛卡尔的"我思故我在"的纯思维的主体论,到洛克的"自由意志论",再到康德的"意志决定论",都一脉相承地将意志自由作为主体的内在要求。特别是康德首次将自由意志的规律确立为人自身的规律。⑥康德在他的《法的形而上学原理》中,将人界定为主体,而主体则以意志自由为其本质特征。"人,是主体,他有能力承担加于他的行为。因此,道德的人格不是别的,他是受道德法则约束的一个有理性的人的自由。"⑦他在《人类学》一书中又指出:"人是一个具有实践理性能力的存在者,一个意识到他的选择是自由的存在者。"康德的主体理论影响之大,使整个新的法哲学和法律教义学都处在他的影响下,乃至最终也决定了法律对主体属性的界定。正如罗马法学家所言:"人之为权利主体,是因为他所有的规定性是合乎他自己的,因为他有意志。"⑧可见,意志自由是主体最本质的特征。

(三)植物人的意志能力

没有意志自由的植物人是否具有主体的价值呢?

植物人在国际医学界通行的定义是处于"持续性植物状态"的人,简称 PVS。这是 1972 年杰内特和他的同事普拉姆在著名的《柳叶刀》杂志上合作发表的一篇题为《脑损伤后持续性植物状态:一个有待命名的综合症》的文章中第一次提出的。由于这个概念准确描述了脑损伤的病人在病情恢复的过程中,从昏迷到进入一种"觉醒而没有意识"的状态,所以很快就被医学界广泛接受并应用在临床诊断中。1994 年,美国多学科 PVS 研究组织提出"植物状态"的新概念是:"患者完全失去对自身及周围环境的认知,有睡眠—醒觉周期,丘脑下部及脑干的自主功能完全或部分保存。"此种状态可以是短暂的,是急性或慢性严重脑损伤恢复过程中的一个阶段,也可以是永久性的。

---

④ 龙卫球:《法律主体预定理论之实证分析》(修订版),载法律思想网(http://law-thinker.com/show.asp? id = 629),2005 年 10 月 5 日访问。
⑤ 参见李永军:《民事主体的法律属性》,载 http://www.cnlawschool.com,2005 年 10 月 5 日访问。
⑥ 参见邓南海、曾欢:《康德自由观的历史来源与逻辑进程》,载《现代哲学》1994 年第 4 期。
⑦ 〔德〕康德:《法的形而上学原理——权利的科学》,沈叔平译,商务印书馆 1997 年版,第 26 页。
⑧ 〔德〕布洛赫:《自然法与人的尊严》,MII Press,1988.217。转引自〔美〕科斯塔斯·杜兹纳:《人权的终结》,郭春发译,江苏人民出版社 2002 年版,第 251 页。

关于植物人临床诊断标准,世界各国各不一样。美国神经病学学院(AAN)提出确定植物状态时要满足所有的四个标准和条件:①没有按吩咐动作的证据;②没有可以被理解的言语反应;③没有可辨别的言语和手语来打算交谈和沟通的表示;④没有任何定位或自主的运动反应的迹象。

1996年及2001年南京PVS会议明确了我国对植物人诊断的标准如下:①认知功能丧失,无意识活动,不能接受指令;②保持自主呼吸和血压;③有睡眠—醒觉周期;④不能理解和表达语言;⑤能自动睁眼或在刺激下睁眼;⑥可有无目的性眼球跟踪运动;⑦丘脑下部及脑干功能基本保存。以上状态持续1个月以上者,即为PVS。

根据植物状态持续的时间,国际上有人将其分为三个类型:①植物状态:1个月以内就称为植物状态;②持续性植物状态:持续1个月至1年时间的植物状态称为"持续性植物状态"(我国、美国和英国认为1个月以上就可以诊断为PVS,日本等国则定为3个月)。③永久植物状态:超过1年的,称为永久植物状态。

由此可见,植物人实际上是指植物状态的人,最大的特点是脑受到损伤从而丧失意志能力。既然意志能力是法律主体的内在本质,这种丧失意志能力的植物人的主体地位究竟应当如何确立呢?

(四)植物人的民事主体地位

意志能力是法律主体的内在本质,但用意志自由建构起来的主体,并不是建构主体制度本身的目的。建构的真正目的是为了让法律主体获得为自己主张利益的最终地位,成为价值的主体。意志自由仅仅是价值上主体最本质,同时也是最抽象的特征,但它并不是唯一的特征。除了意志自由标准以外,还有人的形体结构、人的肉体苦乐、自利自保本性等标准都能体现人的价值。⑨ 笔者认为,植物人的主体地位至少可以从以下几方面得到确证:

1. 植物人至少是生物学意义上的人

他具有人的外形和基本构造。特别是他仍拥有大脑,尽管是残损的人脑,但也是脑,而且"植物状态"和"持续性植物状态"的植物人的脑具有恢复的可能。他们不同脑死亡,脑死亡包括脑干功能在内的全脑功能不可逆丧失,无法保持自主呼吸和血压。而植物状态的脑干功能基本保存。他们也不同于死人。他有活动着的心脏、肺等足以维持生命的器官;"植物状态"和"持续性植物状态"的植物人往往还能够自主呼吸。他们还有鲜活的肉体,只要有充足的营养输入体内,机体就能消化吸收,肌肤能保持红润。

2. 植物人的社会意义仍然存在

他们仍然能给他们的近亲属一种精神上的期望和抚慰,能够满足其亲属、朋友情感上的需要。人是有感情的动物,情感是人类关系维持的重要纽带。血缘关系的存在使植物人与其亲属之间的关系非常紧密,他只要不发生真正意义上的死亡,并存在

---

⑨ 参见高利红:《动物的法律地位研究》,中国政法大学出版社2005年版,166—175页。

恢复的可能性,即使是毫无反应,也能给其亲友带来精神上的莫大安慰。许多处于植物状态的病人可以有正常的睡眠—觉醒周期,病人能够睁眼、眨眼,眼球也可以随眼前的物体或者周围的声响而轻微地转动,他们还会哭和笑。总之,他们的许多行为看起来的确像是有意识的,所以很多植物人的家属会觉得,病人能够对外界的刺激产生反应,或者能认出周围的亲人,因此会不惜代价地为其尝试各种医疗手段和方法。

3. 任何法律人格的不完整都可以通过民法制度来补正

民法正是通过对具体人的法律人格的关注来体现对人的"慈母般的关怀"。植物人法律人格的不完整,并不意味着其抽象意义上法律人格的不完整,因为在抽象意义上,法律人格等同于权利能力,是一律平等的。

应当引起注意的是,那种"植物人没有意识"的观点正受到质疑。许多研究表明,感应性昏迷患者还存在某种意识。Howsepian 指出:"植物人没有意识、不能感知自己和周围的环境的论断是建立在模糊的临床数据上的。更准确地说,我们必须承认我们还不能令人信服地断言植物人是否没有意识存在。事实上,有重要的证据表明他们还有某种意识存在。"荷兰医学伦理学家 Paul Schotsmans 引用法国神经学专家、植物人康复专家、护士和伦理学家们撰写的一本书,说明对于"植物人是否能感受到痛苦"。对此,医学界存在明显的分歧。他也认为"处于植物人状态的痛苦比停止喂食所体验到的痛苦持续的时间更长、痛苦更难以承受"。[⑩] 如果植物人果真能体验到疼痛,这是与植物人没有意识的结论相反的重要证据。我们至少应当认真地考虑我们的反应影响他们痛苦和疼痛的可能。

由此,我们得出这样的结论:尽管植物人丧失自我意志能力以及与社会互动能力,丧失了作为社会的人的基本条件,但他们仍然是生物学层面上的人,仍然具有社会价值和社会意义,所以他们应该具有比一般的生命物质更高的道德和法律地位。我们不能将他们视为"活死人",是一堆生物的"行尸走肉",或者是个空的"躯壳"生命,不能像处理死者一样去处理和操纵植物人,必须确定他们的主体地位,并给予他们特殊的法律规则来补正他们作为民事主体的缺陷。

二、植物人的民事行为能力及补正模式

植物人尽管拥有抽象的法律人格,即民事主体资格,但由于他丧失意志能力,无法以自己的行为去享受权利、承担义务,因而欠缺具体法律人格,必须借助民法的民事行为能力制度予以补正。对于行为能力有欠缺的成年人,传统大陆法系国家一般建立成年人禁治产和准禁治产宣告制度,通过法院进行司法拟制,宣告其为无行为能力人或限制行为能力人,然后对其进行监护或保护等,以补充其行为能力。中国沿袭

---

⑩ See Donal P. O Mathuna, Ph. D, Responding to Patients in the Persistent Vegetative State, http://www.xenos.org/ministries/crossroads/donal/pvs.htm.

苏联民法典通过法院特别程序将精神病患者宣告为无民事行为能力人或限制民事行为能力人,并以监护制度来补充其能力。这些方法显然不能解决对植物人的人格补正问题。

(一)现行植物人民事行为能力的补正模式

我国现行立法虽然没有对植物人的行为能力及补正作出具体明确的规定,但司法实践中往往将植物人认定为无民事行为能力人,并以对无民事行为能力人的监护补正植物人的民事行为能力。学理普遍认为,《民法通则》第13条第1款规定和《关于贯彻执行〈中华人民共和国民法通则〉若干问题的意见(试行)》第8条规定,可以作为将植物人认定为无民事行为能力人的法律依据。原因在于:

(1)无民事行为能力人的本质特征在于"不能辨别自己的行为"。植物人丧失意识能力,肯定不能辨别自己的行为,与精神病患者属于同种范畴。因此,植物人符合我国无民事行为能力人的本质特征的立法本意。

(2)植物人的无民事行为能力通过法院的特别程序审理后作出宣告,符合植物人"处于植物状态"的特征。也就是说,植物人非当然的无民事行为能力人,如果植物人苏醒或治愈,可以通过法律的撤销,恢复其完全民事行为能力。

(二)现行植物人民事行为能力补正模式之不足

植物人民事行为能力的补正不仅关系到植物人个人合法权益的维护,还关系到社会关系的稳定,社会秩序的维持。因此,思考植物人民事行为能力的补正是十分必要的,而现行的植物人民事行为能力补正模式不足以保护植物人的权益。其理由是:

(1)将植物人宣告为无民事行为能力人,在法律上缺乏明确具体的依据。我国《民法通则》和《关于贯彻执行〈中华人民共和国民法通则〉若干问题的意见(试行)》仅规定了宣告精神病人和痴呆人为无民事行为能力人的情形,对因其他疾病而完全丧失民事行为能力的自然人能否宣告为无民事行为能力人,立法上并没有明确规定。

(2)植物人和精神病人在医学上不能等同。精神病人的精神状态尽管有缺陷,但并未完全丧失意识能力,而植物人则完全丧失意识能力,两者不属于同种范畴。同时,精神病人的精神缺陷属于常态症状,而植物人的植物状态和持续性植物状态只属于患病状态,只要治疗未终结,他仍属于被接受治疗的病人,法律上将一个正在接受治疗的人直接宣告为无民事行为能力人,是值得质疑的。

(3)将植物人宣告为无民事行为能力人或禁治产人,不足以完全保护植物人的利益。首先,植物人处于植物状态或许是短暂性的,或者是永久性的,无论其处于何种状态,与无民事行为能力人不同的是,他始终处于被治疗状态,完全依赖他人或社会的供养和扶持,而且生命维持所需的开销非常庞大,并且是植物人监护的最核心内容。这一方面造成了植物人的监护人要长年累月地进行照料,因而付出巨大的体力负担;另一方面又要承受高昂医疗费的经济压力。这与对普通无民事行为能力人的监护具有极大的不同。其次,现行无民事行为能力人监护制度的监护内容往往侧重于对被监护人的财产管理、抚养、教育等;而植物人的监护则侧重于对植物人的健康护理,特别是要为植物人的医疗救治、保留或拔除生命维持器等事关植物人生死大权的事务代作决定。若以现行无民事行为能力人的监护制度来补正,不仅不利于保护植物人的利益,也会给植物人的监护人的利益带来极大损害。

(4)植物人的预先指示得不到执行。植物人的案例提醒我们,在没有当事人预先遗嘱的情况下,作出关于当事人人格权利的某种决定是相当困难和缓慢的。因为在这种情况下,当事人自己不能作出决定,人们却无论如何必须作出决定。资源的短缺、急救站的花费、患者的最佳利益、其他价值观念的问题等,都可能被提出来,不同的人有不同的观点,但所有文化和传统都认同对待个人不应违反其意愿,亦即应取得其个人的同意。因此,预先遗嘱是最权威、最方便的做法。欧洲理事会于1999年通过了以下建议:议会全体大会"建议部长委员会鼓励欧洲理事会的成员国在各方面尊重并维护末期病人或垂危病人的尊严","方法是在保障末期病人或垂危病人的自决权利的同时,亦采取必要步骤","确保一名现时是无行为能力的末期病人或垂危病人所作出的拒绝接受某种医治的预前指示或生前预嘱得获执行"。[11] 但我国现有法律却没有给预先指示以法律效力,按照我国无民事行为能力人的监护制度,无民事行为能力人的一切事务由监护人决定。这就使得涉及植物人健康护理的重大事项无法顺利定夺。

(三)以现代成年人监护制度构建植物人民事行为能力补正制度

现代成年人监护制度能够修正传统监护制度的各项不足,在对植物人民事行为能力补正上可以发挥更大的优势。我国民法应以现代成年人监护制度的理念和具体措施,来构建植物人民事行为能力补正制度。对此,特别需要强调的是以下几点:

1.将植物人直接纳入监护对象

植物人由于脑机能受损,无任何意识活动,缺乏知觉、思维、情感以及无有目的运动的症状,无法表达自己的意愿,无力照顾自己的生活和保护好自己的财产,合法权益容易受到侵害,属于民事行为能力障碍人,应当被列入被监护人范围。但从我国现行的《民法通则》第16条和第17条规定可以看出,未成年人以及无民事行为能力或者限制民事行为能力的精神病人是被监护人,至于何为"被监护人",立法并没有给出科学、明确的定义。随着社会的发展、人类文明的进步和人文关怀的增强,诸如植物人、连体人、聋哑人、盲人以及老年人等是否需要监护的问题凸现出来,现行法律规定的被监护人范围显然过于狭窄。另外,申请宣告往往需要花费一定的费用,这些往往是植物人家庭无力承担或不愿承担的,许多家属或利害关系人往往置其不顾,由此也损害了植物人的利益。因此,民法应进一步扩大被监护人的范围,除保留精神病人

---

[11] 建议1418:"维护末期病人及垂危病人的人权和尊严"(Protection of the human rights and dignity of the terminally ill and the dying),载http://assembly.coe.int/documents/adoptedtext/ta99/erec1418.htm,2005年10月5日访问。

外,还应增设民事行为障碍人,包括老龄者、植物人、连体人等身心残障者为被监护人。也就是说,只要自然人在医学上被诊断为植物人,就成为民事行为能力障碍人,可以自动纳入成年人监护的对象,无须经过法律程序的宣告。由此,既可避免植物人民事行为能力是否可宣告为无民事行为能力人的争议,又可杜绝自然人进入植物状态后,其民事行为能力在宣告之前的不确定状态,还可以防止因为无人申请而导致的植物人民事行为能力的不真实的不稳定状态。

2. 引进意定监护制度

引进意定监护,赋予预先指示法律效力,极大可能地维护植物人进入植物状态前的意愿。意定监护制度是指本人在具有完全的判断能力时,对意定监护人赋予本人丧失判断能力之后的有关自己监护事务的全部或一部分代理权的委托合同。意定委托书即预先指示。意定委托人在预先指示时,须具有完全民事行为能力,须以书面形式作出,注明日期,并由个人及一名见证人签署。但见证人不得为意定委托人的配偶。预先指示可以委托代理人或称健康护理代表。委托代理人在意定委托人无行为能力时,即可代他作出健康护理决定。在代作决定时,应遵守以下原则:

(1)代理人须按意定委托人所作出的明确相关指示行事。

(2)若没有明确指示,则找出意定委托人若有行为能力会作出决定的证据已推定他有可能作出的决定,这些推定要立足于其本身意愿、信念及价值观等本会作出的决定。

(3)假如无以上相关证据,则根据病人最大利益原则代他作出决定。植物人尽管进入植物状态,从而丧失意志能力,无法对自己的未来行使权利,但他的意愿应尽可能地得到实现。这正是民法尊重个人意志,维护本人权利的理念所在。

意定监护主要的适用范围是老年人的监护,因为人毕竟会老,因此可以事先作出意定监护的预先指示。对于植物人而言,可能很少有人会事先预料到自己会发生植物状态的后果,因此仅就自己植物状态的意定监护作出预先指示,并不客观。但是,如果自然人对自己有一个概括的意定监护的预先指示,则在其发生植物人状态的时候,就会按照预先指示进行意定监护,因此也是解决植物人法律人格补正的一个办法。

3. 强化监护的监督

强化监护监督机制,切实保障植物人的利益,在植物人的保护中具有重要意义。这是因为,植物人由于意志能力的丧失,完全不能表达自己的喜怒哀乐,是弱者中的弱者,因此更需要借助监督机制来保证他们的监护得以切实贯彻。另外,植物人的监护任务重、耗财大,监护人的怠慢、歧视、侵害等行为较易发生。因此极需要借助监督机制来监督。监护监督人是对监护人的监护行为进行监督的人或机构。大陆法系的一些国家,如德国、法国、日本等在法律上均设有监护监督人。我国目前没有设立专门的监护监督机构。学界多主张由民政部门担任监护监督人。如果由民政部门担任国家监护人,则可以考虑通过上级民政部门和审计部门进行监督。

4. 允许监护人有适当的报酬请求权

我国现行法律未规定监护人是否有报酬请求权,这样会造成监护关系中权利义务失衡,不利于调动监护人履行职责的积极性。特别是对于植物人的监护,往往历时长,耗财大,任务重,设立监护人报酬请求权制度是必要的。监护人获得报酬的来源有两条途径:一是被监护人有财产或有抚养义务人的,由被监护人或抚养义务人支付;二是被监护人无财产的,监护人的报酬可由国家民政部门和社会保障机构适当负担。只有使监护人在履行监护义务的同时享有获得相应报酬的权利,才有利于充分调动其履行义务的积极性,更好地保护植物人的合法权益。

三、植物人法律人格终结的确定

(一)确定植物人法律人格终结的基础

自然人的法律人格终结于人的死亡。这里所说的法律人格,是指抽象意义上的法律人格,是民事主体的资格。现代医学确定的死亡标准有全身死亡和脑死亡。全身死亡是传统上对死亡的理解,指心肺功能不可逆地终止。脑死亡是指作为整体的大脑功能的不可逆终止。

植物人法律人格终结于人的全身死亡,是毫无问题的。应当研究的是,植物人的脑死亡以及在一定条件下的永久性植物状态,也是其法律人格终结的原因。其理论基础在于:

1. 医学的基础

现代医学表明,人脑是决定生命本质的器官,脑部死亡或永久性植物状态下的脑的主要部分死亡,其他器官功能也将不可逆转地相继丧失;脑死亡不但不可逆转,而且不能使用替代疗法。迄今为止的脑组织移植,只是治疗帕金森氏综合症、小脑萎缩等非中枢神经系统疾病,大脑和全脑的移植尚缺少足够的技术支持。尽管美国有人声称在 1999 年内解决"换头术"的问题,但至今未见有任何成功的迹象。而且,大脑移植的伦理认同更为困难,多数医学专家都已明确表示反对人脑移植的临床研究和应用。

2. 心理学的基础

心智上的刺激与反应是一种双向沟通,使人成为有灵性的动物。陷入昏迷的脑死病人,即使周围充满心智刺激,也无法再作出反应的表示。从精神文明角度而论,一个人如果永远失去知觉,其实他就已经死亡。虽然其心脏仍可跳动,呼吸不止,血液继续流通,但决定生命本质的力量——心智力量却已丧失。[12] 植物人的脑死亡或者永久性植物状态,在心理学上已经丧失了人的基本特征,因此可以认定其已经死亡。

---

[12] 参见〔南非〕克里斯坦·巴纳德:《安乐生安乐死》,阳京等译,中国工人出版社 1990 版,第 13 页。

3. 伦理学的基础

现代人在今天越来越重视生命的质量,强调生存的质量和生命的体验。当生存没有意义或者已经成为一种负担的时候,结束生命比活得长久更有意义。有时候,在疾病中延长生命,其实是延长一种痛苦的体验,而非生命的快感,也就是通常所说的生不如死。植物人脑死亡或者永久性植物状态,脑已经丧失其功能,从伦理学上说,继续延长他的生命,真的是在继续折磨他。

4. 社会学的基础

根据传统的死亡标准,在新的技术条件下,采用先进的维持生命系统,固然可以使死亡一再拖延,有时候可以拖上数星期,甚至数月。但病人的生存质量很差,没有康复的希望。在临床实践中,医生还必须使用大量昂贵的药物,以减轻垂死病人身上可能发生的痛苦症状。这种无节制的延长死亡的过程,导致了卫生资源的不合理浪费。据计算,15年来,特丽的医疗费用累计已达100万美元左右。目前美国约1万名植物人的治疗费用,每年大约在10亿到70亿美元之间。有资料表明,我国一个植物人每年所需的医疗费用为人民币10万元以上,平均每天花费300元至500元,并且时间越长花费越多。因此有人认为,强调生命的权利应该有一个限度,如果维持一个人的生命与整个社会医药资源发生冲突,对其他人是不公正的。因此,减少对植物人所耗费的物力护理,可以照顾更多的病人。

5. 法律的基础

目前,在联合国191个成员国中,已有80个国家承认了脑死亡的标准,发达国家几乎无一例外地确认了脑死亡是判断死亡的标准,美国、日本等14个国家已正式通过了《脑死亡法》。1996年英国皇家医学会公布的植物人诊断新规则,要求医生在患者头部受伤后持续1年以上、脑出血后持续6个月以上成"植物人"状态时,才能诊断患者进入了永久性植物状态。患者处于永久性植物状态,医生可以要求英国高等法院裁定中止维持患者生命的辅助系统的工作。[13]

(二)确定植物人法律人格终结的意义

确认植物人因脑死亡以及永久性植物状态的法律人格终结,具有以下法律意义:

(1)可以结束对已经终结法律人格的植物人的治疗过程,确认其死亡。正如前文所说,这既是对个人生命质量的负责任,也是对社会医疗资源的节省,同时,也能够让已经丧失法律人格的植物人的近亲属解脱沉重的负担。因此,具有重要的社会意义。

(2)在植物人因脑死亡或者永久性植物状态而终结法律人格的时候,就可以确认其已经死亡。因此,在法律上可以确认,对已经死亡的植物人终结治疗过程,不构成杀人罪,也不构成对他人生命权的侵害。

(3)对植物人因脑死亡或者永久性植物状态而确认其法律人格终结,对其放弃治疗,也不适用安乐死的规定。这就是,植物人已经确认为死亡,因此,结束对已经死亡

---

[13] 参见吴翠丹:《浅谈植物人的生命权利》,载《中国医学伦理学》2002年第3期。

的人的治疗,并不是典型意义的安乐死。况且,在我国并没有法律确认安乐死合法化,如果认为对已经终结法律人格的植物人放弃治疗构成安乐死,将会遇到极大的法律障碍。确认植物人的这种法律人格终结,就会使一切问题迎刃而解。

因此,当植物人被确定为脑死亡或者永久性植物状态的时候,应当认定其已经丧失了法律人格,不再作为人对待。

四、对植物人的终止救治

现代医学为人类带来了福音,但也使人们面对极为艰难的伦理选择。特别是对植物人,他们没有意识,也没有沟通能力,他们的所有需要都依赖于他人,由此带来了社会的沉重经济负担。但如果提供足够的营养和水分,他们又可以生存更久。看到一个人,特别是自己所爱的人,处于这样几乎没有希望康复的状况下生命慢慢衰微,是令许多人痛苦的事。基于这样的理由,允许植物人死去似乎是十分仁慈的。但也由此产生了"法律是否允许拔去植物人的进食管,终止对他们的救治,让他们死去?什么条件下以及什么人有这样的决定权?"等问题。

笔者认为,当植物人已经脑死亡,也就没有是否继续救治的问题,因为他的法律人格已经终止,不再具有人的主体资格,因此不存在这个问题。当植物人进入永久性植物状态的时候,法律应当认为其法律人格已经终止,法律也就应当允许他自己根据自己的预先指示或者其意定监护人或其法定监护人决定,是否终止救治,但是这种决定必须满足一定的条件和程序。

(一)对植物人终止救治的伦理依据和法理依据

对于永久性植物状态的植物人终止救治,即使是法律不承认其已经丧失民事主体资格,在伦理上和法理上也都存在充分的依据。

1. 伦理上的依据

患者有权对自己的身体终止治疗。"任何人都是其身体的主人。所有的人都有义务尊重他人的人类尊严以及自由、生命、人格的统一;根据人类自律性原则,患者对于自己的肉体将被如何处置当然有着不受限制的自己决定权。"[14]事实上,当一个"身患绝症"者在精神上和肉体上都遭受沉重打击和折磨时,仍然以人工方式毫无医学意义地延长其存活时间,实际上是延长其受折磨的时间。而对这样的病人所实施的所谓"治疗",实际上已失去治疗的目的,而是对病人痛苦的延长,对其躯体的持续的侮辱,是无谓消耗卫生资源。[15] 一个垂死的或已知"身患绝症"的病人对自己生命的质量和意义有最深的了解,对死亡这一事件有最终的决定权。因此,病人基于自决权,

---

[14] Dieter Giesen., International Medical Malpractice[M]. 1988,260. 转引自戴庆康:《病人及病人家属放弃治疗的法律问题》,载《医学与哲学》2002年第3期。

[15] 参见戴庆康:《医生主动放弃治疗的法律问题》,载《医学与哲学》2000年6期。

对其所患之病有权决定是否放弃治疗,即使放弃治疗会导致其死亡,而且这种权利是绝对的。

从植物人的生命质量来看,植物性生命是低质量、低价值的生命,且进入永久性植物状态后,恢复的概率近乎零,若耗费大量人力、物力去维持这种生命,不仅会增加他人、家庭、医学和社会的沉重负担,对植物人本身而言,也没有任何意义。因此,对植物人放弃救治,在伦理上是可以得到有力辩护的。

2. 法理上的依据

病人放弃治疗或拒绝治疗权在许多国家的立法中都有明确的规定,如1988年澳大利亚维多利亚州的《医事法》(The Medical Treatment Act)等。美国医院协会也于1973年1月通过了《患者权利宣言》,其中第4条规定,"患者在法律准许的范围内,具有拒绝治疗的权利,并拥有被告知他的拒绝行为的医学后果的权利",即承认了患者具有拒绝治疗的权利,但必须是在法律允许的范畴内履行。[16] 尽管在我国现行立法上还没有这种明确的规定,但是,依据我国的法理以及实践,也都是有充分依据的。例如,对于陷入绝症的癌症患者放弃治疗,实行消极安乐死,法律也没有予以禁止。例如,王明成因对其为身患绝症的母亲请求实施了安乐死,而被检察机关以故意杀人罪提起公诉,后被法院宣告无罪释放。2000年11月,王明成也被查出患有胃癌并做了手术,2002年11月,癌细胞扩散到身体其他部位,2003年1月7日再次住院治疗,6月7日要求给自己实施安乐死,但没有任何医生敢为其实施安乐死,于是,他在绝望中于7月4日出院回家,拒绝治疗,于8月3日凌晨在痛苦中离开人世。[17] 这一案例是对安乐死制度的悲壮的呼唤,也是对患者拒绝救治权利的认可,因为没有任何法律规定患者不得拒绝治疗。

(二)植物人终止救治的条件和程序

对植物人终止救治必须满足一定的法律要件。对于放弃治疗的形式要件,各国一般规定较为宽松,口头、书面均可。对于实质要件,法律上要求必须是成年人并且心智健全的人,在没有欺诈、胁迫、不当影响的情形下,才能作出有效的放弃治疗。植物人由于丧失意志能力,因此,法律面临的主要问题是,植物人可以终止治疗吗?在何种情况下可以?谁有权作这样的决定?

笔者认为,植物人终止救治必须满足以下条件和程序。

1. 医生出具永久性植物状态诊断

必须是对医生运用现代医学知识和技术对病人病情作出准确的"永久性植物状态"诊断的植物人,才可以终止治疗。处于永久性植物状态的人,他们虽具有所有的人类基因组,并且有一个人体,但他们的脑的主要部分已经死亡,他们没有或者业已

---

[16] 参见李燕:《国外的患者自己决定权研究(节选)》,载 http://www.med8th.com/humed/2/20031121gwdhzzjjdqyj.htm,2005年10月5日访问。

[17] 该案例参见杨立新:《人身权法论》,人民法院出版社2006年第3版,第394页。

不可逆地丧失了意识经验能力,丧失了与社会互动的能力。更重要的是,他们的意识恢复率极低,大约只有1%~6%。而对于"植物状态"和"持续性植物状态"的植物人患者,由于其苏醒的可能性较大,康复率达11%~41%,因此,应给予其充分的时间予以积极治疗,而不可轻易终止其治疗。

2. 必须有本人的预先指示或者监护人的决定

必须经永久性植物状态患者本人预先指示或其意定监护人或法定监护人的同意。具体的情形是:

(1)如果永久性植物人对自己的健康护理和终止救治有明确的预先指示,则其监护人和医生应尊重他的意愿。在预先指示中所作出的指示比一般的委托书具有优先性,预先指示不因指示人变为无行为能力人或者已经丧失了法律人格而被撤销。但预先指示的内容如果是拒绝治疗,则不适用于以下情况:即拒绝因危害该人的生命而危害胎儿的生命。也就是说,如果植物人处于怀孕状态,则不能对植物人终止治疗,主要是为了保护胎儿的健康成长。

(2)如果永久性植物人对自己的健康护理和终止救治没有预先指示,则其法定监护人或意定监护人有"代作决定权",但这种代作决定权须具备一定的条件。美国法律规定,对无望治愈的临终病人最后是否放弃治疗,首先必须以病人本人的意志为依据,医生必须忠实地执行病人本人的意志。在病人无法表达意志的情况下,可由监护人代替病人表达意愿。可以代表病人表达意志的次序是:病人的配偶,病人的子女、父母,病人生前信任的亲朋好友,病人的律师等。但监护人的意见和决定必须以医生或监护监督机关的意见为基础,医生要充分介绍医学的进展现状及病情现状,并作出准确、客观、符合病人实际病情、最大利益的医学建议,监护监督机关本着保护患者最大利益的立场,协助作出有关植物人权利处分的伦理意见。需要强调的是,法定监护人或意定监护人不得对以下事项作出决定:①绝育;②从植物人身上切除组织;③为进行研究为目的的医治。加拿大《健康护理指示法令》第14条对此作出了明确的规定,可以借鉴。

3. 法院的最终决定权

如果对植物人是否终止救治,监护人、监护监督机关、医生意见不一致的,则最终应由法院判决。

法院作出决定的依据是:

(1)医学基础。主要涉及以下问题:这种条件能够治疗吗?它能够得到处置吗?它可以逆转吗?这位患者能够从医疗中获得好处吗?

(2)最佳利益标准。法院的判决要从整体上体现患者的最佳、最大利益。这种利益的考量既包括医疗因素,也包括社会经济问题、患者的潜在发展、可以得到的长期护理资源,以及患者可能具有的那种未来的评估。

(3)替代性的判断标准,即作出决定的人试图把自己置于患者的地位,进而考虑如果患者懂得决定者所知的事情,患者将会作出的决定。

五、植物人婚姻权利的行使与保护

（一）植物人离婚的法理依据与争议

每个人都享有婚姻的自由，包括结婚自由和离婚自由。婚姻权是一种自主权，是须由本人亲自行使的权利。但一方若是植物人，他的婚姻权又应如何行使呢？在现实中不乏植物人离婚的案件，但不管法院判离还是判不离，都会招致众多的质疑和指责，因为关于植物人的离婚问题一向存在针锋相对的两种观点。一种观点认为：一方成为植物人后，双方无法沟通、交流，难以在一起共同生活和相互履行夫妻义务，夫妻关系名存实亡，夫妻感情已经破裂，根据《婚姻法》第32条的规定，应准予离婚。而另一种观点认为：依据《婚姻法》第20条的规定，夫妻有相互扶养的义务，一方成为植物人，另一方不能提出离婚。前者如陈某，系宝鸡某医院职工，1986年11月与桑某结婚。1998年2月，桑某因手术时出现麻醉意外，成为植物人。陈某于2001年向法院递交了离婚起诉书。法院受理后认为，原被告双方虽共同生活多年并生有子女，但被告因患病成植物人，难以尽到妻子的义务，夫妻关系名存实亡。鉴于桑某的生活、医疗问题目前已妥善安置，遂准予两人离婚。离婚后桑某由其父亲（法定代理人）承担监护职责，孩子由陈某抚养。陈某付给桑某经济帮助5万元。[18]后者如，海南省儋州市一位女教师王某，因医疗事故变成了植物人。数年后，其丈夫林某以夫妻关系名存实亡、感情破裂为由提出离婚。基层法院判决双方"准予离婚"，但是，二审法院即海南中级人民法院撤销该判决，并驳回了原告的离婚请求，"承担护理义务"是离婚判决的"绊脚石"。[19]另外，根据《婚姻法》第32条、《民法通则》第63条第3款、《关于贯彻执行〈中华人民共和国民法通则〉若干问题的意见（试行）》第70条等规定，离婚是涉及身份关系的诉讼，他人不得代理。

植物人到底能否离婚，植物人的婚姻权利究竟应当如何行使？这是研究植物人法律问题所面临的一个难题。

（二）植物人离婚的条件

笔者认为，植物人呈植物状态两年以上或被认定为永久性植物人的情况下，应准予离婚。理由是：

（1）从婚姻的性质来看，感情是婚姻的基础，责任仅仅是婚姻的内容，没有感情，就无法构建婚姻的大厦，也就无法实现责任。植物人的离婚大多源于一方无法忍受没有情爱体验的婚姻。没有情爱体验的婚姻，显然是没有感情的婚姻，是不道德的婚

---

[18] 参见《陕西罕见离婚案宣判 丈夫与"植物人"妻子离婚》，载http://www.qingdaonews.com/content/2002-06/23/content_742514.htm，2005年10月5日访问。

[19] 参见纪惊鸿等：《能否与植物人妻子离婚》，载http://eladies.sina.com.cn/2004-10-14/116758.html，2005年10月5日访问。

姻,是无法实现责任、义务的婚姻。对这样的婚姻关系依法宣告其死亡,是合情合理的。

(2)从立法规定来看,早在19世纪《普鲁士民法典》就以精神病和难治性交不能之病症为离婚理由,尽管也遭到了"抛弃无罪病人"的非难,但此后许多国家的立法都采纳了这样的规定,如《联邦德国婚姻法》第46条、《日本民法典》第770条等。我国《婚姻法》第32条也规定,因其而导致夫妻感情破裂的情形,调解无效,应准予离婚。在感情破裂的情形中虽然明确规定婚后一方成为植物人的情形,但可以确定,植物人由于不能再过正常的夫妻生活,也不可能和另一方进行感情上的交流,所以推定其为感情破裂而准予离婚,是合乎法律规定的。

(3)从当事人的利益和权利来看,不能为了维护一方的利益而损害另一方的利益。如果因为一方是植物人就不允许另一方行使离婚的权利,不仅会损害另一方的权利和自由,造成另一方的痛苦,而且不符合法律的精神和主流的道德要求。而反对植物人离婚主张的本意并非在于维护植物人的感情,而是在于拴住植物人的监护人和扶养人。因此,只要安排好植物人一方的监护和扶养,就是法律对植物人最大的保护了。

(4)从人性的角度来看,只有人性最基本的欲望得到满足,人才会追求更高一级的满足。性、爱等最基本的欲望得到满足,即使是离婚了,也能更好地促进他的道德追求,可能有利于他对离异的植物人配偶的扶养。

(5)从经历的时间来看,植物状态持续1年以上,康复的可能性较小,持续两年以上,相当于法律规定满足离婚条件的分居时间,因此,两年可作为离婚的时间限制。

(三)植物人离婚权由其意定监护人或配偶以外的法定监护人依次代理

植物人作为无民事行为能力人,在离婚诉讼中的法律地位有两种:或为原告;或为被告。

1. 植物人作为原告

如果植物人以原告的身份出现,通常认为,由于植物人不能亲自作出离婚的意思表示,其不能作为原告提起离婚诉讼,植物人的代理人若以植物人的名义提起离婚诉讼,原则上应予驳回。但笔者认为,依照法律规定,结婚与离婚确实应由当事人自主决定并亲自为之,他人不得代理,但实现此规定的前提是,双方当事人均有完全行为能力。如果一方当事人婚后丧失行为能力成为植物人,另一方出于某种不正当目的不愿解除婚姻关系,植物人就有可能长期陷于婚姻枷锁,其利益受损也就无以救济了。法律的精神在于平等地给予每一个人权利和机会,对能力受到限制者提供救济。代理即为救济方式之一种。另外,当植物人的配偶对植物人有遗弃、虐待或者加害行为时,植物人的近亲属依法也可以申请人民法院剥夺配偶的监护权的方式,变更自己为监护人;然后再以监护人的身份依法出于对被监护人的人身、财产保护的职能提起解除婚姻关系的诉讼。例如,原告与被告婚后,被告热衷打麻将经常彻夜不归,后又离家出走。1999年8月12日下午,原告在单位被电流击中,成为植物人,双方的夫妻关系已名存实亡,原告的法定代理人以原告的名义起诉。上海市长宁区人民法院认为,应认定为原、被告的夫妻感情确已破裂,原告要求与被告离婚,准许原告与被告离婚。[20] 因此,只要植物人的婚姻出现离婚的理由,植物人的法定监护人(这里的法定监护人是指植物人配偶以外的法定监护人。因为在离婚诉讼中,因其当事人身份而与本案产生利害关系。此时,依照法律精神,宜剥夺配偶在离婚关系中的监护人资格,归由配偶以外的其他法定监护人代理离婚诉讼)或意定监护人可以代理植物人提出离婚诉讼。

2. 植物人作为被告

如果植物人是作为被告而被提出离婚诉讼,由于当事人一方为植物人,是无民事行为能力人,根据我国《民事诉讼法》第 57 条和《关于适用〈中华人民共和国民事诉讼法〉若干问题的意见》第 94 条的规定,必须要有法定监护人或意定监护人代理诉讼;如果法定监护人之间互相推诿代理责任,依法可由法院指定其中一人代为诉讼。

事实上,这种法定代理或指定代理并不意味着法定代理或指定代理人有权代替无民事行为能力的被告作出离婚的意思表示,仅意味着他们是为了维护植物人的婚姻权、财产权和其他权益而代为进行诉讼。他们仍无权代替植物人作出是否离婚的实体法意义上的意思表示。从根本上讲,他们的代理是诉讼程序上的代理,而不是实体法上的代理。当事人之间的婚姻关系是否解除,是由人民法院根据当事人的婚姻状况和有关法律规定,作出是否离婚的裁判。因此法定代理人或者指定代理人不存在侵犯或干涉被代理人的婚姻自主权的问题。

(四)植物人离婚后的监护

植物人离婚后的监护原则上由其法定监护人承担、原配偶负有一定的扶养义务。一般人离婚后,其与原配偶的人身关系依法解除,原则上相互不再负有监护、扶养义务,但植物人离婚有其特殊性,因此,原配偶应当负有一定的扶养义务。原因在于:

(1)植物人往往在无过错的情况下,因为我国婚姻法的绝对感情破裂的离婚标准而被解除婚姻关系的。绝对感情破裂的离婚标准虽然有利于保障婚姻自由的实现,维护婚姻的自然属性,但却在一定程度上伤害了植物人的婚姻权利,法律必须为其所受的伤害寻求婚姻权以外的其他的补救,而最好的补救就是原配偶经济上的救济。

(2)根据我国现行《婚姻法》第 42 条,2001 年《关于适用〈中华人民共和国婚姻法〉若干问题的解释(一)》第 27 条第 1 款,以及 1984 年《关于适用民法法律政策若干问题的意见》第 10 条,我国也确立了离婚后扶养制度。离婚后扶养制度是指夫妻一方在离婚后将陷入经济困难而他方又有能力提供援助的情况下,后者对前者所承担的援助义务。近现代各国立法都有相似的制度规定,如 1973 年的英国《婚姻诉讼法》第 23 条第 1 款、《德国民法典》第 1572 条、《日本民法典》第 768 条、《法国民法

---

[20] 参见《首例植物人离婚案》,载 http://www.365ez.net/bbs/dispbbs.asp?boardid=8&id=1321&page=1,2005 年 10 月 5 日访问。

典》第 238 条等。离婚后扶养制度符合婚姻是终生的、永久的结合之要求。尽管婚姻关系可以通过离婚终止,但并不等于当事人在结婚时或再婚时已经不再认为婚姻是以永久共同生活为目的的结合。

(3)应该将个人自由权利的保障和弱者利益的维护有机地统一起来。配偶一方成为植物人,另一方最基本的婚姻权利应该得到保证,而作为植物人,其最大利益是有人监护,他(她)此时需要的是一个能真心待他(她)的人,不一定是爱人。因此,保护植物人的最大利益就是让他(她)得到最为充分的扶养。很显然,原配偶对植物人一方负担扶养义务,有利于保护作为弱者的植物人的利益。

六、植物人的生育权利

(一)植物人生育的伦理争议

如果植物人的心跳和脉搏等一切正常,那她腹中胎儿的存活就不会受到太大影响;如果生产成功,婴儿健康生存的可能性很大。我国曾有多例这样的病例,在母亲成为植物人完全失去知觉的情况下,生出的婴儿依然健康、正常。根据美国康涅狄格大学医学中心的调查,自 1997 年以来,美国至少有 9 例处于昏迷状态的妇女生下小孩。在我国大陆,2000 年 4 月 16 日,深圳一女子被人勒颈昏迷百日后,在植物人状态下顺利产下一个健康男婴;2002 年,浙江一位 23 岁的女性植物人,在脑死亡 7 个月后,产下一个 1 700 克的男婴;我国台湾地区,台中一女子在发生车祸后,成为植物人,后顺利产下一健康女婴。㉑ 但是,由此也导致了植物人生育权的诸多争议。如美国的苏珊案件,丈夫为了保住他们爱的结晶,历尽艰辛要维持妻子的生命,让妻子的妊娠持续下去,直至产出婴儿。但成千上万的美国市民通过网络和电话讨论苏珊该不该生下胎儿。一种观点认为:女性不是生育机器,让一位毫无意识的母亲生育子女,无论对大人还是将来出世的孩子都是十分残忍、不负责任的做法。另外,如果维持她的生命仅仅是为了生育孩子,对于女性来讲,则毫无人性道德可言。因此,美国女权主义者首先掷出振聋发聩的反对意见。但也有观点认为:孩子是母亲生命的延续,作为自愿怀孕的母亲,毫无疑问希望孩子诞生,因此,母亲虽然成为植物人,但她的愿望应当最大限度地得到实现。又如我国 2001 年浙江"植物人产婴事件",女友因车祸变为植物人,对于其腹中的胎儿,男友主张引产,而女方的父母则坚持要让女儿产下婴儿,由此也引发了一场尴尬的官司。

(二)植物人生育的立法缺失

植物人该不该生育孩子,植物人是否享有生育权,是植物人法律问题面临的又一个难题。通常,植物人生育纠纷有以下情形:

㉑ 参见《植物人妈妈该不该生孩子》,载 2005 年 8 月 2 日《华商网—华商晨报》。

（1）婚后怀孕，一方成为植物人，植物人一方的父母与另一方关于胎儿出生的争议。

（2）未婚先孕，一方成为植物人，植物人一方的父母与另一方关于胎儿出生的争议。我国现行法律对此没有明确的规定，立法规范尚属空白。辽宁中联律师事务所律师崔扬提出："植物人生育问题，可以参照《婚姻法》关于禁止近亲结婚的有关规定进行立法。"他分析说，呈现植物人状态大体由于外力刺激以及遗传疾病两种原因，对于由于外力刺激出现植物人状态的病患来说，不应一味剥夺她的生育权，但由于抢救治疗过程中的用药以及营养供给不足等原因容易造成胎儿畸形，家属应冷静考虑是否生育；对于由于遗传疾病导致出现植物人状态的病患来说，根据我国优生优育的国策，应如同"禁止近亲结婚"一样纳入立法层面。[22]

（三）植物人生育的原则

笔者认为，依据《民法通则》，无民事行为能力人由其监护人代为行使权利。但由于生育涉及的不仅仅是被监护人本人的利益，还关涉胎儿的利益，胎儿父亲或母亲的利益，关涉的不仅仅是出生的问题，还关系抚养、继承等关系。因此对于这些诸如生育等具有人身关系的事务，监护人须有特别授权才能作出决定，而且作出的决定要与一定身份关系的人的意思一致。具体而言就是：解决植物人的生育纠纷首先应遵循"不出生权优先原则"，同时还要考虑以下因素：

1. 医学的条件

从医学角度而言，植物人的人体生理环境跟正常人相比，有着极大的差异。怀孕的植物人仅靠注射流质食物摄取营养，虽然保证了她和胎儿基本生存所需的能量、水、电解质，但不能保证胎儿对蛋白质、维生素、矿物质等的需求，胎儿生活在这样的母体环境内，整体营养发育比生活在正常母体内要差得多，易患营养性疾病及免疫功能低下。因此，若无充分的医学保证，植物人腹中的胎儿以不出生为优先原则。

2. 利害关系人的合意

如果医学证据表明植物人腹中的胎儿能够健康出生并成长，则其利害关系人的意思表示要一致。即植物人一方的监护人和另一方要取得一致意见，若有一方不同意胎儿出生，则植物人腹中的胎儿也不应该出生。如果一方强行让胎儿出生，则另一方不承担抚养义务。在美国的苏珊案中，由于苏珊的丈夫是其监护人，是否生育，其丈夫有决定权。但浙江"植物人产婴事件"中，由于是未婚先孕，植物人的父母为其监护人，对于女儿是否要生育，他们没有决定权，因为生育权是一种人格权，它的行使以双方的合意为基础，即基于两个有独立人格的人的合意，当双方的生育的条件发生根本性变化时，法律不能强迫和要求任何一方生育或不生育。因此，以不出生为优先原则。

---

[22] 参见《植物人妈妈该不该生孩子》，载 2005 年 8 月 2 日《华商网—华商晨报》。

3. 胎儿的利益

如果有足够的把握让胎儿顺利出生,且当事人意思一致,还要考虑胎儿出生后的健康及成长环境等,如果不能符合胎儿的最大利益,则植物人腹中的胎儿也以不出生为优先原则。学者 Onora O. Neill 指出,"一个人的生育权应在乎是否有为将来出生的孩子的养育作出妥善的安排,没有养育孩子的计划,个人的生育选择就可能成为他人的负担"。㉓

总之,植物人尽管享有民事权利能力,具有民事主体地位,但基于其特殊的生命状态和民事行为能力,其不可能与正常的自然人享有同等的民事权利。法律应立足于保护当事人最大利益,维护植物人自主决定权,遵从医学的判断,按照一定的法律程序来行使和保护植物人的民事权利。

㉓ 许志伟:《自由!自主!生育权与处境论》,载《医学与哲学》2000 年第 3 期。

我国老年监护制度的立法突破及相关问题[*]

2012年12月28日,第十一届全国人民代表大会常务委员会第三十次会议修订了《老年人权益保障法》,于2013年7月1日生效实施。该法增设的第26条(以下简称"第26条")规定了我国的老年监护制度,实现了我国成年监护制度立法的突破,具有重要意义。作为积极倡导并一直参加该法修订、参与设计这一制度的专家,对此既有成就感,又有诸多遗憾。本文对第26条进行释评,并对引发的相关民法问题进行探讨。

一、第26条确立我国老年监护制度的背景和具体内容

(一)第26条规定老年监护制度的立法背景

自罗马法出现监护制度以来,至《法国民法典》和《德国民法典》问世,近代监护制度已经基本完善。尽管各国或地区对监护制度规定的内容不同,但主要是对未成年人和精神病人等设置监护,保护交易安全和被监护人的权益。

20世纪中后期,近代监护制度迎来了一场重大改革,改革的动因是老龄化社会的到来与国际人权保护的不断发展。当代社会,人的寿命普遍延长,高龄人口越来越多,他们的意思能力和身体体能的衰退导致其民事行为能力下降,以致无法独立生活,使近代成年监护制度无法因应保护年龄增大而判断能力衰退的老年人的需求。随着国际人权保护运动的发展,尊重并保障身心障碍者人权的思想获得普世承认,出现了一系列有关身心障碍者的人权公约。近代成年监护制度的侧重点是维护交易安全,忽视社会对残障者利益保护的主题,不利于成年特别是老年身心障碍者融入社会,偏离国际人权保障的发展要求。

面对上述形势和近代监护制度存在的缺陷,世界各国或地区从20世纪中后期开始,纷纷对成年监护制度进行改革,创设出各具特色的新制度,出现了改革成年监护制度的高潮,此起彼伏,遥相呼应。法国率先在1968年修订监护法,瑞典于1974年和1989年两次修改监护法,加拿大于1978年、美国于1979年、奥地利于1983年、英

---

[*] 本文发表在《法学研究》2013年第2期。

国于 1986 年、德国于 1990 年、日本于 2000 年分别完成了成年监护制度改革,并影响到蒙古、越南等国家以及我国台湾地区。① 至 21 世纪初,各国和地区已经基本完成了这一修法运动。

各国和地区进行成年监护制度改革的重点,是创设老年监护制度,核心是尊重人的自我决定权。无论是法国的司法保护制度、德国的照管制度,还是日本的任意监护制度、我国台湾地区的监护和辅助制度,都体现了同样的主题。下文仅举德国、日本和我国台湾地区成年监护制度改革的情况加以说明。

德国国会于 1990 年 9 月 12 日公布了《对成年人监护及保佐照顾法律的改革法》,自 1992 年 1 月 1 日开始生效,根据这一法律规定,原来的禁治产宣告制度被废除,成年监护制度的保护由二元结构的"监护、辅佐"合并为一元化的富有弹性的"照管"制度,其保护对象为精神障碍者、智力障碍者、身体障碍者以及老龄人,依其个别具体情形在必要范围内为其选任"照管"人。这一改革主要涉及民法总则编和亲属编,同时牵涉德国《非讼事件法》《民事诉讼法》及《民事施行法》等 50 种相关法规的变动。②

日本于 2000 年 4 月 1 日施行了一系列关于成年监护的法律,包括《关于修改民法的一部分的法律》《关于任意监护契约的法律》《关于监护登记等的法律》和《关于伴随施行〈关于修改民法的一部分的法律〉修改有关法律的法律》,并由此修正了 300 多项法律、法规。日本对监护制度改革的基本内容是:彻底废除禁治产和准禁治产制度,成年行为能力欠缺者仅有"限制"行为能力一种;成年监护制度由任意监护和法定监护③组成,任意监护的目的在于保护高龄者,本人在有判断能力时,可以预先委任监护人,作为自己判断能力丧失后的监护人,双方订立委托监护契约,将自己监护事务的全部或部分权限授予委托监护人。该委托契约须经公证,并须进行登记,当本人判断能力衰退的事实发生,监护监督人被选任时该委托监护契约生效,约定的监护监督人开始监督,或者经过申请法院选定监护监督人之后,任意监护开始,委托监护人成为任意监护人。④ 法定监护扩大保护对象,包括精神障碍者、高龄者和智力障碍者(但不包括身体障碍者)。新的监护监督体系更加严密,除有司法权的法院通过选任监护人进行直接监督外,对三类监护人皆设监督人,以加强监护监督,更加细密地保护被监护人。⑤

我国台湾地区于 2008 年 5 月 23 日修订"民法"总则编和亲属编的部分条文,废止禁治产制度,创设成年监护和辅助制度,建立了完全的成年监护制度:

---

① 参见李霞:《民法典成年保护制度》,山东大学出版社 2007 年版,第 65—66 页。
② 参见杨立新主编:《民法总则重大疑难问题研究》,中国法制出版社 2011 年版,第 63 页。
③ 与我国的指定监护相近,本节下同。
④ 参见渠涛:《最新日本民法》,法律出版社 2006 年版,第 433 页。
⑤ 参见[日]山本敬三:《民法讲义》,北京大学出版社 2004 年版,第 36—57 页;[日]宇田川幸则:《浅论日本关于成年人监护制度的修改》,载渠涛主编:《中日民商法研究》(第 1 卷),法律出版社 2003 年版,第 383—396 页。

（1）监护宣告。对于因精神障碍或其他心智缺陷，致不能为意思表示或受意思表示，或不能辨识其意思表示效果的，法院得因本人、配偶、四亲等内的亲属、最近一年有同居事实的其他亲属、检察官、主管机关或社会福利机构的申请，为监护宣告。待受监护的原因消灭时，法院应以前述规定的申请权人的申请，撤销该监护宣告。

（2）辅助宣告。法院对监护的申请，认为未达应当宣告监护的程度，但因精神障碍或其他心智缺陷，致其为意思表示或受意思表示，或辨识其意思表示的效果的能力显有不足者，可以对其进行辅助宣告；受监护宣告的原因消灭，但仍有辅助必要的，应当变更为辅助宣告。受辅助宣告者，实施一般民事行为须经辅助人同意，但纯获法律上利益，或依其年龄及身份、日常生活所必需的，不受这一限制。⑥

遗憾的是，在这样一个世界性的修法运动中，我国民事立法似乎处于"世外桃源"，没有受到任何影响。直到2000年日本监护制度立法改革前后，我国学者才有若干研究和介绍⑦，但立法仍然无动于衷。在当代，阿尔兹海默症（老年痴呆症）已经成为威胁人类最严重的疾病之一。⑧ 作为一种智力上的障碍，它直接影响人的判断能力，致使意思能力完全消逝，必须设置监护对其予以保护。中国目前的高龄人口约1.3亿多人，阿尔兹海默症病人约有10万人，并且还在增加。⑨ 尽管在实务上以及理论中，有关于"已经成年或具有完全民事行为能力，后因精神病或其他疾病，全部或者部分丧失了民事行为能力"的人，可以通过认定公民无民事行为能力或者限制民事行为能力的宣告程序进行宣告，为其设定监护人的做法和主张⑩，并无实体法上的依据。我国老年监护制度立法确实迫在眉睫。

（二）成年监护制度改革运动的理论背景

半个世纪以来，成年监护制度改革的修法运动经久不衰，形成世界潮流，具有深刻的理论基础和背景。

1. 老年社会迅速扩大是成年监护制度改革的现实需求

按照联合国的有关规定，特定国家65岁以上的老年人在总人口中所占比例超过7%，或60岁以上的人口超过10%，即可称为"老年型"国家。目前大约有190个国家和地区达到了"老年型"国家的标准。联合国预测，目前全世界有6亿老年人，到2050年将会达到20亿。随着人的寿命普遍延长，老年人口的规模巨大且增长迅速，阿尔兹海默症人数剧增，使老年人的人身、财产权利保护问题日益突出。在近代民法典制定时，起草者不可能预测到这种高龄化社会的发生，因此近代成年监护制度不可

---

⑥ 参见王泽鉴：《民法总则》，台北三民书局2008年版，第134页以下；林诚二：《民法总则》（上册），台北瑞星图书股份有限公司2007年版，第185页以下。

⑦ 参见白绿铉：《日本修改成年人监护法律制度动态》，载《法学杂志》1999年第3期；李霞：《成年后见制度的日本法观察——兼及我国的立法》，载《法学论坛》2003年第5期，第89页。

⑧ 参见邝穗雄：《老年痴呆症患者：渴望阳光关爱》，载《羊城晚报》2002年5月27日。

⑨ 参见李霞：《民法典成年保护制度》，山东大学出版社2007年版，第156页。

⑩ 参见江伟主编：《民事诉讼法》，中国人民大学出版社2008年第4版，第378页。

能包括对因年龄增大而判断能力衰退的无民事行为能力的老年人的保护,无法调整这些问题。

1982年,维也纳召开联合国第一次老龄问题世界大会,大会批准了《国际老龄问题行动计划》,1991年联合国大会通过《联合国老年人原则》,确立了关于老年人地位五个方面的普遍性标准,即自立、参与、照料、自我实现、尊严。1992年联合国大会通过了《老龄问题宣言》,指明进一步执行行动计划的方向。2002年在马德里召开的第二次老龄问题世界大会,面对21世纪的老龄问题,发起了有关老龄问题的新的国际行动计划,要求各成员国务必在以下三个领域努力实现:①老年人与发展;②关注老人健康与福利;③为老人创造良好环境。从联合国的这些会议和决议可以发现,近年来国际社会在制定老龄政策的基本理念上,出现了两个不可逆转的发展趋势:一个是"从需要到权利";另一个是"从保障到福利"。[11] 从关注老年人的"基本需要"向注重老年人所享有的"福利权利"转变;从关注老年人"权利保障"向注重老年人"社会福利"转变。法律政策最终要达到不仅要与"老年人需要"相适应,而且要在人道主义方面和发展方面,实现老年人"自立、参与、照料、自我实现、尊严","建立不分年龄人人共享的社会"。这是当代成年监护制度改革的社会背景和现实需求。

2. 平常化是老年人监护制度改革的正当诉求

现代社会随着人权观念的进一步深化,国际人权组织提出了"维持本人生活平常化""充分发挥本人的残余能力"等全新的人权理念,尊重并保障身心障碍者人权的思想得到发展。"平常化"(normalization,也称为常人化)概念,是1959年丹麦的一个智力障碍者的父母对此类人等在社会中活动提出的理念,认为不应当将精神障碍者看做特别的群体,不让他们在与世隔绝的社会里生活,而应当将他们置身于一般的社会中,与普通人一起生活、活动,过普通的生活,参加常人的活动。[12] 身心正常的成年人或者老年人,不存在人权保护的"平常化"问题,但老年人一旦丧失必要的行为能力,就无法正常参加社会生活,无法维持本人的正常生活,甚至与社会隔绝,成为被封闭者,平常化就是丧失必要民事行为能力的老年人的正当诉求。因此,对于老年人更应当予以特别保护,对他们设置监护人,使之能在正常的社会环境和条件下全方位地参加社会活动。如今,"平常化"理念已通行于国际社会,成为当代成年监护制度改革的基本理论依据。

3. 尊重自我决定权是成年监护制度改革的核心理念

自我决定权是最近10年来出现的抽象人格权,受到世界各国或地区的普遍重视,应用于广泛的领域之中,以维护自然人的意志自由。这个权利是自然人享有的意志以发展人格为目的,对于生命、身体、健康、姓名等具体外在人格要素的控制与塑造

---

[11] 参见邬沧萍等:《中国特色的人口老龄化过程、前景和对策》,载《人口研究》2004年第1期。

[12] 参见渠涛:《最新日本民法》,法律出版社2006年版,第427页。

有权自行决定的抽象人格权,以保护权利人的意志人格为目的。⑬ 体现在老年监护中,就是要尊重老年人的自我决定,准许其自己选择自己的监护人。问题是,存在认知障碍的成年人的自我决定,并不是简单地给予其自我决定权就能解决,还必须给他们提供容易认知的信息并加以说明,能使本人理解这些信息的援助技术,对其在取得信息、加以理解直至形成意思决定的过程中存在的困难提供援助。正是这种支援自我决定的认识,成为对认知障碍者有必要进行成年监护的理由。⑭ 在此基础上,尊重老年人的自我决定权,"突破传统大陆法国家关于为判断能力不充分的人提供的禁治产宣告制度,而是根据本人现有的判断能力",⑮"让其借监护人之手,依本人的意思融入普通人的正常社会,对本人基本生活有自主决定权。这种决定权的效力还应及于本人对其将来在丧失判断能力之后(如患阿尔兹海默症)的事务的决定权"⑯,使其在具备完全的判断能力时对自己将来丧失判断能力之后的事情事先作出决定。⑰ 这正是成年监护制度改革为什么要以意定监护为核心的根本所在。

4. 传统的民事行为能力理论和规则不适应保护老年人的需要

按照老年社会的需求和对老年人人权保护的要求进行衡量,近代成年监护制度的缺陷极为明显。这不仅表现在成年监护实际上主要针对精神病人的监护,而且表现在对那些确实需要保护的成年认知残障者须通过民事行为能力宣告制度,剥夺其全部或部分行为能力后,再为其设立监护人,对其财产和人身进行监护,代理其进行各种法律行为。这种成年监护制度的目的,更侧重于对交易安全的维护,对于其以"常人化"的状态自主参与民事活动的条件创造,使行为能力欠缺者参与正常人的民事生活明显不足⑱,不能尊重老年人在需要监护时设置监护人依照自己意愿进行自我决定。当代成年监护制度以意定监护为核心,就是为了使成年人在自己尚具备完全行为能力时,对自己将来丧失判断能力之后的事情事先作出决定,能够更好地保障老年人的合法权益。成年监护制度的本质是代理。一个人在有判断能力时须尊重其自我决定,在其没有判断能力时,就是代理,意定监护是在现实中无法确认本人的意思时,为实现认知障碍者的最大利益,有必要由他人进行适当的代理。根据成年监护制度接受宣告,本人的行为能力虽然受范围宽窄的限制,但监护人代理其进行交易行为,据此形成生活关系正常化,追求的正是本人的利益。⑲ 正是基于这样的认识,各国或地区才纷纷修改成年监护制度,确立常人化、尊重自我决定的成年监护制度,以适

---

⑬ 参见杨立新:《人格权法》,法律出版社2011年版,第312、316页。
⑭ 参见〔日〕细川瑞子:《认知障碍者的成年监护的原理》,信山社2010年第2版,第3、6页。
⑮ 〔日〕宇田川幸则:《浅论日本关于成年监护制度的修改》,载渠涛主编:《中日民商法研究》(第1卷),法律出版社2003年版,第387页。
⑯ 李霞:《成年监护制度的日本法观察》,载《法学论坛》2003年第5期。
⑰ 参见渠涛:《最新日本民法》,法律出版社2006年版,第428页。
⑱ 参见李霞:《成年监护制度的日本法观察——兼及我国制度的反思》,载《法学论坛》2003年第5期。
⑲ 参见〔日〕细川瑞子:《认知障碍者的成年监护的原理》,信山社2010年第2版,第5—6页。

应新的情况。[20]

(三)第26条的产生经过及基本内容

1. 立法建议的提出

制定完善的成年监护制度的最佳时机,应当是在制定"民法总则"之时,在有关监护制度中实现成年监护制度的全面改革。然而,修正《老年人权益保障法》给成年监护制度改革提供了一个良机,可以借助该法的修订,率先制定老年监护制度,进行先导性突破,成功的机会较大。因此,笔者建议在《老年人权益保障法》修正案中规定老年人监护制度。在国家老龄委讨论修法建议时,我们就提出了立法建议,并且写进了建议稿中。[21] 2012年3月2日全国人大内司委举行专家会议,出席会议的有关民法、行政法以及老年法等专家一致认为,《老年人权益保障法(修正草案)》(以下简称《修正草案》)提出的老年监护制度设计,切实可行,是本次修法的一个亮点。随后,笔者又于2012年3月7日参加了全国人大内司委召开的专门会议,逐字逐句研究斟酌老年监护的条文。《修法草案》在全国范围内征求意见中,设置老年监护制度的意见得到充分肯定,直至立法修正案顺利通过。

2. 修法中的不同意见

在《老年人权益保障法》的修法过程中,规定老年监护制度是共识,但究竟应当怎样规定,存在不同意见:

(1)借此机会全面建立我国的成年监护制度,完成成年监护制度的全面立法。

(2)由于修订的法律是《老年人权益保障法》,不宜在这部法律中规定完整的成年监护制度,而应只规定老年监护制度,使老年监护制度完善化。

(3)由于《老年人权益保障法》是一部综合性法律,无法完整规定老年监护制度,适宜规定老年监护中的主要制度即老年意定监护、指定监护和监护监督制度,其他的部分可以不作规定。

(4)鉴于《老年人权益保障法》的特殊性和成年监护制度的复杂性,只规定最为特殊的老年监护制度即意定监护和指定监护,其他内容都不规定,使立法更为简洁。

上述第一种意见没有被采纳,理由是,规定完整的成年监护制度不是《老年人权益保障法》的任务,而是"民法总则"的任务,应当在将来制定"民法总则"时在该法中作出这样的规定;《老年人权益保障法》是保护老年人的法律,只规定老年人监护制度顺理成章。这个意见得到各方的支持。

在这个意见的指导下,可以选择的方案有后三种修法意见,其中第三种意见即规

---

[20] 参见渠涛编译:《最新日本民法》,法律出版社2006年版,第428页。
[21] 参见杨立新主编:《民法总则重大一般问题研究》,中国法制出版社2011年版,第619页。该建议稿第43条规定:"成年人可以依照自己的意愿,选择监护人,并与其签订委托监护合同,将本人的监护事务诸如生活照料、疗养看护和财产管理等事务,全部或者部分代理权授予监护人,约定该合同和代理的授权在本人因年老或者精神障碍或者丧失判断能力的事实发生后生效。"第44条规定:"被监护人或被照管人所在单位、居民委员会、村民委员会为监督机关,对于监护人或照管人履行义务情况进行监督。"

定老年人的意定监护、指定监护和监护监督制度的设想比较现实。理由是，意定监护是老年监护的核心制度，是特别必要的；《民法通则》有指定监护的现成规则，确定对老年人可以适用就可以了；监护监督制度特别针对的是意定监护制度的安全，没有监护监督制度，意定监护就有可能出现损害被监护人利益的危险。因此，直至提交给法律委员会的《修正草案》，都是按照这种意见设计的，即《修正草案》第 24 条规定："具备完全民事行为能力的老年人，可以在近亲属或者其他与自己关系密切、愿意承担监护责任的个人、组织中协商确定自己的监护人和监护监督人。""无民事行为能力或者限制民事行为能力的老年人没有监护人的，参照有关法律的规定为其确定监护人。""监护人自老年人丧失或者部分丧失民事行为能力时，依法承担监护责任。""监护人不履行监护职责或者侵害老年人权益的，监护监督人有权要求有关部门处理，或者依法向人民法院提起诉讼。"其中第 1 款规定的是老年人的意定监护和监护监督；第 2 款规定的是老年人的指定监护；第 3 款规定的是老年人监护的开始；第 4 款规定的是老年人监护监督的程序。如果按照这种意见立法，将会是一个比较完美的老年监护制度。可惜的是，在立法的最后关头，第四种意见占了上风，主张采用最简单的方法规定老年人监护制度，因而形成了第 26 条。笔者作为修法的亲历者，对于第 26 条规定的老年监护制度，既有欣喜，又有遗憾。

3. 第 26 条规定的老年监护制度的主要内容

与《修正草案》规定的老年监护制度的条文相比较，第 26 条的内容比较简单，与完善的成年监护制度的差距较大。尽管如此，立法规定了老年监护制度，老年监护制度的主要部分已经完成，实现了成年监护制度改革的重大突破，大大缩短了我国成年监护制度与世界各国成年监护制度改革的距离，为我国老年人的权益保护提供了一个重要的法律措施，也是民事立法的一大重要成果，与世界性的成年监护制度改革运动共成一体，成为这个运动的组成部分。

第 26 条规定的我国老年监护制度主要包括两部分内容：

（1）老年意定监护。意定监护也叫做任意监护（任意后见）。[22] 依照第 26 条第 1 款的规定，意定监护是指成年人在其具有完全民事行为能力时，根据自己的意志，在自己的近亲属或者其他与自己关系密切、愿意承担监护责任的个人、组织中，通过监护协议确定自己的监护人，待其丧失或者部分丧失民事行为能力时，由其确定的监护人承担监护责任的监护方式。具备完全民事行为能力的老年人，可以在近亲属或者其他与自己关系密切、愿意承担监护责任的个人、组织中协商，通过签订监护协议确定自己的监护人。当签订了监护协议的老年人在丧失或者部分丧失民事行为能力时，意定监护人依照监护协议，承担监护责任，对被监护人实施监护。我国已有的监护方式只有法定监护和指定监护，不存在意定监护。第 26 条规定的意定监护具有普遍保护老年人的重大意义，体现了对老年人自我决定权的尊重，可以使丧失或者部分

---

[22] 参见〔日〕平井一雄：《民法 1·总则》，青林书院 2002 年版，第 49 页。

丧失民事行为能力的老年人融入正常社会,参与普通生活,使之常人化、平常化。

(2)老年指定监护。第26条第2款规定的是老年指定监护。如果老年人未通过意定监护事先确定自己的监护人,当他在丧失或者部分丧失民事行为能力时,也应当对其进行监护,保护其合法权益。这一规定打破了成年监护只保护精神病人的局限,引进了老年指定监护制度,也是对传统监护制度的一大改革,具有重要意义。对丧失或者部分丧失民事行为能力的老年人进行指定监护,应当"依照有关法律的规定确定监护人"。

意定监护制度以自我决定权的理念作为基础,是法律对自然人的自我决定权的尊重。因此,意定监护优先于指定监护。第26条将意定监护放在指定监护之前规定,体现的就是这个意思。

二、我国现行监护制度的缺陷与第26条的重要立法意义

(一)我国《民法通则》规定的监护制度的缺陷

我国《民法通则》在1986年制定监护制度时,正值欧洲民法监护制度改革的高潮,但由于立法准备的不足,特别是对国外民法的发展了解不够,规定的监护制度存在以下先天不足:

(1)监护制度中的被监护人只有未成年人和精神病人,不包括对其他成年人的监护。即使与其他国家或地区传统上规定监护(或者禁治产)和保佐(或者准禁治产)等维其他精神耗弱等成年人的监护制度相比,保护范围狭小,不能包含其他成年人的监护。老年人以及其他成年人不具有被监护人的资格,不存在监护的问题。这样,不仅使老年人丧失或者部分丧失行为能力时不能得到监护制度的保护,就连成年的植物人等也都永远是完全民事行为能力人,他们的权益无法得到全面保障。

(2)监护制度中的监护方式欠缺。我国原来的监护制度只有法定监护与指定监护,不存在意定监护。在老年人监护制度中,如果不设立意定监护,就不能体现对自我决定权的尊重,也无从体现私法意思自治原则,任何人都不可能通过个人意志,自我决定自己的监护人。没有当代监护制度核心的监护方式即意定监护,就会使整个监护制度先天地存在缺陷,不能因应成年监护特别是老年人监护的需要。面对老年社会的迫切需求,传统的监护制度只能望洋兴叹,无力解决。

(3)缺少监护监督制度。对于监护人不履行监护职责或者侵害被监护人的合法权益的,《民法通则》只规定了行为人"应当承担责任"。不能否认其中包含监护监督的意思,但什么人可以对监护人的上述行为提出承担责任的请求,依据何种权利、何种程序向法院提出上述请求,都不得而知。这种缺乏监督的监护制度,不仅不能应对意定监护特别需要进行监督的现实,而且面对法定监护和指定监护出现的被监护人的权益受到的侵害,也无法得到有效、及时的救济。所有的监护方式都需要切实的监

督制度予以保障㉓,《民法通则》的规定自然是力不胜任。

(4)对于成年人的无民事行为能力或者限制民事行为能力宣告只限于精神病人,不包括其他成年人,当然也不包括老年人。对于已经被宣告为无民事行为能力或限制民事行为能力的人,如果恢复健康,需要宣告为限制民事行为能力人或者完全民事行为能力人,由于宣告无民事行为能力或者限制民事行为能力的只能是精神病人,无法包括其他成年人特别是老年人。

我国现行的监护制度存在如此多的缺陷,不能应对老年社会对监护制度提出的迫切要求。

(二)第26条规定老年监护制度在我国民事立法上的意义

第26条规定老年人监护制度在立法意义上,最重要的就是加入了成年监护制度改革的潮流,对老年监护制度作出了具体规定,填补了对丧失或者部分丧失民事行为能力的老年人的意定监护和指定监护制度立法空白,适应了老年社会的迫切需求。在具体内容上,第26条对于我国民事立法具有以下意义:

1. 补充《民法通则》规定的被监护人类型的不足

在法定监护、指定监护的基础上增设意定监护,迎合了老年人对监护制度发展的迫切需要,尊重老年人的自我决定权,授权老年人可以根据自己的意愿决定自己的监护人,因而适应了老年社会的现实需求。更重要的是,第26条为将来制定"民法总则"建立全面的成年监护制度打开了大门,使"民法总则"不得不面对这个问题,实现监护制度改革。

2. 促使建立监护登记制度

成年监护登记制度作为一种公示制度,其作用在于将意定监护协议进行公示,取得合法性,并纳入政府的监管范围。我国目前没有这样的制度,但却是必要的。第26条规定促使立法机关在制定"民法总则"时,规定意定监护登记制度,保障被监护人的权益。

3. 扩展指定监护的适用范围

对没有设定意定监护的丧失或者部分丧失民事行为能力的老年人对指定监护制度的需求,规定在老年人丧失或者部分丧失民事行为能力时,可以依据《民法通则》第19条的规定,通过指定监护,为其确定监护人,保护其合法权益,扩展了指定监护方式的适用范围。

4. 明确老年人指定监护的适用程序

在程序上,第26条第2款规定"老年人未事先确定监护人的,其丧失或者部分丧失民事行为能力时,依照有关法律的规定确定监护人",其中依照有关法律的规定确定监护人,明确引申至《民事诉讼法》的具体规定。在《民事诉讼法》第十五章第四节规定的"认定公民无民事行为能力、限制民事行为能力案件"第187条至第190条中,

---

㉓ 参见渠涛:《最新日本民法》,法律出版社2006年版,第432页。

没有限定只适用于精神病人,而是适用于"公民"。尽管该条原本是针对《民法通则》第19条规定的对精神病人指定监护的程序性规定,但因"公民"概念的弹性,给老年指定监护提供了基础,使之能够与第26条规定的老年指定监护制度相互衔接,提供老年指定监护的提出申请、行为能力鉴定、审理及判决以及公民无民事行为能力或者限制民事行为能力的原因已经消除的原判决的撤销所适用的具体程序。

5. 推动完善监护监督制度

《民法通则》并非未规定监护监督制度,但不明确且不完善。第18条第3款规定:"监护人不履行监护职责或者侵害被监护人的合法权益的,应当承担责任;给被监护人造成财产损失的,应当赔偿损失。"这一规定明确的是监护人失责的后果,监护监督是在这之前对监护人这种行为的监督职责和行为。这并不是一个完善的监护监督,更不能适应意定监护监督的需要。第26条尽管没有规定监护监督制度,但由于有明确的制度疏漏,对于制定"民法总则"规定完善的监护监督制度,无疑具有现实的推动作用。

6. 扩大《侵权责任法》第32条规定的监护人责任的范围

在设计《侵权责任法》第32条有关"无民事行为能力人、限制民事行为能力人造成他人损害的,由监护人承担侵权责任。监护人尽到监护责任的,可以减轻其侵权责任"规定的当时,其中无民事行为能力人和限制民事行为能力人的范围,依照《民法通则》的规定,并不包括丧失或者部分丧失民事行为能力的老年人,只包括未成年人和成年精神病人。不过,我们在设计这一条文时,确实考虑到将来补充规定成年监护或者老年监护制度后,使其能够包括成年被监护人造成他人损害的监护人责任。㉔ 至2013年7月1日第26条正式实施之后,对于丧失或者部分丧失民事行为能力的老年人实施侵权行为造成他人损害的,可以直接适用《侵权责任法》第32条的规定,由监护人承担监护责任。

7. 对其他民事诉讼制度发生的影响

(1)扩大了无民事诉讼行为能力人的范围。诉讼能力也称诉讼行为能力,是指能够以自己的行为实现诉讼权利和履行诉讼义务的能力。㉕ 在第26条尚未生效之前,未成年人、精神病人没有诉讼行为能力,他们作为当事人参加民事诉讼,《民事诉讼法》第57条规定"由他的监护人作为法定代理人代为诉讼",并不包括丧失或者部分丧失民事行为能力的老年人进行民事诉讼的法定代理。第26条生效后,丧失或者部分丧失民事行为能力的老年人作为当事人参加民事诉讼的,也由他的监护人作为法定代理人代为诉讼。

(2)在《民事诉讼法》第187条规定的"认定公民无民事行为能力、限制民事行为能力案件"中,将"公民"概念所包含的精神病人扩大到了丧失或者部分丧失民事行

㉔ 参见杨立新:《侵权责任法条文背后的故事与难题》,法律出版社2011年版,第117—118页。
㉕ 参见江伟主编:《民事诉讼法》,中国人民大学出版社2008年第4版,第132页。

为能力的老年人，可以通过这个特别程序，作出上述认定，指定监护人。同时，根据《民事诉讼法》第188条、第189条和第190条的规定，对申请宣告为无民事行为能力或者限制民事行为能力的老年人，在必要时进行鉴定；在申请宣告的诉讼中，为被宣告人设定代理人；在被宣告人丧失或者部分丧失民事行为能力的原因已经消除的，应当作出新的判决，并撤销原判决，恢复老年人的民事行为能力。

（三）第26条规定的老年监护制度仍然存在的问题

尽管第26条抓住了世界性成年监护制度改革高潮的尾巴，规定了老年意定监护和老年指定监护，但距离老年社会对老年人以及成年人监护制度的需要，还存在以下问题：

（1）第26条只规定了老年人的意定监护和指定监护，没有规定精神病人以外的其他成年人的监护制度。这样，除了精神病人和年满60周岁的老年人之外，18周岁以上至不满60周岁的成年人，尽管丧失或者部分丧失了民事行为能力，也不存在获得监护保护的问题，因为现在所有的监护立法都不包括这一部分成年人，只能面对他们的民事行为能力丧失或者部分丧失、权利得不到保护的情形而无奈。

（2）只规定了意定监护而没有规定意定监护的具体实施方法。意定监护是通过意定监护协议确立意定监护关系的，意定监护关系的性质属于附条件的民事法律行为，所附条件就是设定意定监护协议的本人丧失或者部分丧失民事行为能力，当该条件成就时，监护协议立即生效，监护人开始执行监护职责。这是关乎被监护的老年人民事权益的重大事项，立法既没有规定意定监护的协议方法、方式，也没有规定意定监护协议的登记、公证程序，缺乏必要的严肃性和程序上的保障性。

（3）没有规定监护监督的实体制度和具体程序。由于意定监护的特殊性，在规定意定监护实体制度的同时，必须规定配套的监护监督程序，意定监护协议一旦生效，被监护人已经丧失或者部分丧失民事行为能力，不能再对自己选任的监护人的行为进行评价和监督。如果没有设立监护监督人，监护人的行为就会失去控制，对于出现《民法通则》第18条规定的监护人不履行监护职责或者侵害被监护人的合法权益的情形，无法进行监视、评判，也无法提出撤销监护人的诉讼。

（4）对老年监护制度的各项程序问题规定不足。第26条除了对指定监护作出了"依照有关法律的规定确定监护人"的规定之外，其他程序问题概无规定。

三、老年监护制度尚须补充的配套规则和引发的其他民事法律问题

（一）第26条规定老年监护制度尚须补充的配套规则

按照各国或地区成年监护制度改革的修法经验，这一改革牵一发而动全身，会引起相当多的法律规则的变动。相比之下，我国修法仅设此一条，规定的仅仅是老年监护制度的一个框架，没有规定具体的可操作性规则，且其他法律未作相应变动，是不

完善的,必须进行补充,才能成为完整的、具有可操作性的具体制度。下面是老年监护制度必须补充的相应规则。

1. 补充意定监护的具体程序和规则

对于第 26 条第 1 款规定的老年意定监护应当补充和完善的问题是:

(1)第 26 条规定"具有完全民事行为能力的老年人"可以设定意定监护,其实并非如此,未进入老年的其他成年人通过监护协议,约定自己进入老年丧失或者部分丧失民事行为能力时由意定监护人进行监护,当然可以。

(2)按照第 26 条的规定,是"通过协商"确定意定监护人,但如何协商并不明确。笔者认为,意定监护的协商是由本人与选定的监护人进行协商,达成合意后,通过签订监护协议确定意定监护法律关系。监护协议的内容是托付监护事务的处理、授予意定监护人代理权、约定意定监护协议生效的条件。监护协议应当以书面形式为主,且须由本人和意定监护人共同签署。

(3)关于意定监护人的资格,凡是"近亲属或者其他与自己关系密切、愿意承担监护责任的个人、组织",均可被选定为意定监护人。按照日本的经验,配偶不一定是当然的监护人,因为多数老年人的配偶也是老年人,不太适合担任监护人。选定的意定监护人是否只能有一个,日本经验认为有选任多名意定监护人的可能性。[26] 台湾地区则明定可以选任多人为成年监护人。[27] 对此,大陆可以借鉴。

(4)监护协议应当经过登记、公证。意定监护对被监护人的权利保护意义重大,日本经验认为应当进行公证,并须经过登记。我国的身份登记只包括婚姻登记和收养登记,不存在监护登记,也不存在监护登记的制度和程序,"民法总则"应当予以补充规定。在没有规定意定监护登记的程序之前,应当采取公证方法,要求意定监护协议须经过公证方为有效。只有这样,才能更好地保护被监护的老年人的权益。

(5)意定监护须有监督。被监护人选定意定监护人时具有判断能力,但其民事行为能力丧失或者部分丧失开始进行监护时,其识别能力不完善,无法判断意定监护人是否尽职尽责,如果监护人滥用职权、侵害本人的权益,将无法进行救济。意定监护的监护监督人可以由监护人在签订监护协议的同时,与监护监督人订立监护监督协议,指定监护监督人;未指定监护监督人的,法院应依法律规定之人的请求,为其选任监护监督人,监护协议由此生效。[28] 意定监护监督人监督监护人的监护行为,对于违反监护协议,侵害被监护人权益的,有权提起解除监护协议之诉。对此,我国法律应当进行补充规定,以保证意定监护制度发挥应有的作用,防止被监护的老年人权益受到侵害。

2. 补充老年指定监护的程序和实体问题

在老年指定监护中,应当补充和完善的问题是:

---

[26] 参见〔日〕山本敬三:《民法讲义 1·总则》,解亘译,北京大学出版社 2012 年版,第 43 页。
[27] 参见王泽鉴:《民法总则》,台北三民书局 2008 年版,第 134—135 页。
[28] 参见〔日〕山本敬三:《民法讲义 1·总则》,解亘译,北京大学出版社 2012 年第 3 版,第 61 页。

(1)提起老年人丧失或者部分丧失民事行为能力宣告的申请人。对申请人提起老年人丧失或者部分丧失民事行为能力宣告的程序,应当依照《民法通则》第19条和《民事诉讼法》第187条的规定,申请人应当是老年人的近亲属或者其他利害关系人。至于何谓利害关系人,可以参酌我国台湾地区关于"本人、配偶、四亲等之内之亲属、最近一年有同居事实之其他亲属、检察官、主管机关或社会福利机构"的做法。㉙ 有学者认为,其他利害关系人是指与被申请宣告人具有直接的人身关系与财产关系的人,范围限于自然人的配偶、父母、成年子女、兄弟姐妹、祖父母、外祖父母等近亲属,以及其他有利害关系的人。㉚ 其他利害关系人是被认定无民事行为能力或者限制民事行为能力的人的债权人、债务人等。㉛ 这个意见大体可行,但在成年监护中,被宣告人既已老年,其父母、祖父母、外祖父母作为申请人的可能性均不大,其子女和兄弟姐妹的可能性最大,且应适当扩展至成年的孙子女、外孙子女等卑亲属为妥。

(2)监护人的监护顺序。在指定监护中须有监护顺序,以确定顺序在先的监护人为监护人。第26条第2款规定了老年人指定监护,没有规定监护顺序,仅规定"依照有关法律的规定确定监护人"。对此,应当参照现行法律规定进行。《民法通则》规定监护顺序分为两种:一是未成年人的监护顺序;二是精神病人的监护顺序。老年监护属于成年监护,不宜适用未成年人的监护顺序,应当适用《民法通则》第17条关于精神病人监护顺序的规定确定老年人的监护顺序。

3. 如何确认老年人丧失或者部分丧失民事行为能力

无论是老年人的意定监护还是指定监护,监护发生的条件是"老年人丧失或者部分丧失民事行为能力"。如何确定老年人丧失或者部分丧失民事行为能力,第26条没有规定具体标准,现行法律也没有经验,既不能像未成年人那样纯粹以年龄作为标准,也不能像精神病人那样须以精神病法医鉴定作为标准。参酌我国台湾地区的经验,丧失民事行为能力的,为因精神障碍或其他心智缺陷,致不能为意思表示或受意思表示,或不能辨识其意思表示的效果㉜;部分丧失民事行为能力的,为因精神障碍或其他心智缺陷,致其为意思表示或受意思表示,或辨识其意思表示的效果的能力显有不足。是否达成此标准,应当由监护人或者老年人的近亲属诉请,因涉及专业医学之判断,为求慎重,应参酌医疗机构的报告㉝,由法院判定。我们可以借鉴这个经验,如果具有上述情形,即"认知的障害者"㉞,而不是"体的障害者"(肢体残障者),法院认为有必要时,依照《民事诉讼法》第188条的规定,进行鉴定,或者申请人提供鉴定意见,据此认定老年人丧失或者部分丧失民事行为能力。

㉙ 参见黄阳寿:《民法总则》,台北新学林出版股份有限责任公司2009年版,第77页。
㉚ 参见刘凯湘:《民法总论》,北京大学出版社2006年版,第113页。
㉛ 参见奚晓明主编:《〈中华人民共和国民事诉讼法〉修改条文理解与适用》,人民法院出版社2012年版,第382页。
㉜ 参见施启扬:《民法总则》,中国法制出版社2010年修订第8版,第94页。
㉝ 参见林诚二:《民法总则》(上册),台北瑞星图书有限责任公司2007年版,第189页。
㉞ 参见〔日〕细川瑞子:《认知障害者的成年监护的原理》,信山社2010年第2版,第7页。

4.被监护的老年人恢复民事行为能力的撤销宣告

设置了监护的丧失或者部分丧失民事行为能力的老年人如果恢复了民事行为能力,应当撤销民事能力宣告,恢复被监护人的民事行为能力。撤销宣告的条件,第26条没有规定,应当依照《民法通则》第19条第2款和《民事诉讼法》第190条的规定,被人民法院宣告丧失或者部分丧失民事行为能力的老年人,根据他健康恢复的状况,经本人或者利害关系人、监护人的申请,证明属实的,人民法院可以宣告他为限制民事行为能力人或者完全民事行为能力人,同时撤销原判决。关于健康恢复状况的解释,日本学者认为"因精神上的障碍而欠缺辨识事理的能力"不再处于常态。㉟ 这个标准可作为参考。如果老年人部分恢复民事行为能力,但仍为限制民事行为能力的,应当变更为限制民事行为能力人,仍受监护保护。

(二)建立老年监护制度后引发的其他民事法律问题

第26条规定了老年监护制度,随之引发的一系列民事法律问题都需要解决。

1.意定监护适用范围的扩展

意定监护制度并非只适用于老年人,应当适用于全部成年人。本条只是囿于立法的性质的限制,不得不规定为老年意定监护。因此,任意监护制度的适用范围应当扩展,以下方面均可适用:

(1)未达60岁的成年人都可以设立意定监护。年满18岁以上的成年人,如果认为有必要,都可以设立意定监护。当其丧失或者部分丧失民事行为能力时,意定监护协议生效,监护人实施监护职责。例如,成年人设定意定监护之后,发生事故成为植物人㊱,或者患阿尔兹海默症以及其他事由,丧失或者部分丧失民事行为能力的,监护协议即行生效,意定监护人开始执行监护职责。

(2)患有较轻的精神、智力障碍者,或者连体人等行为能力欠缺者㊲,可以设立意定监护,通过监护协议,约定意定监护人。

(3)父母为未成年子女设立意定监护。父母为亲权人,对未成年子女进行法定监护。父母唯恐自己失去行为能力而影响未成年子女的监护的,可以设定意定监护人,与他人签订监护协议,在父母双方均丧失或者部分丧失民事行为能力时,作为未成年子女的意定监护人,对未成年子女进行监护。

可以推出的结论是,既然老年人可以设立意定监护,其他成年人当然也可以设立意定监护。故应当将意定监护作为一种新的监护方式,确定其适用范围包括所有的成年人。最高人民法院应当对此作出司法解释,甚或不作出司法解释也可以这样处理。

㉟ 参见[日]山本敬三:《民法讲义1·总则》,解亘译,北京大学出版社2012年第3版,第48页。
㊱ 参见杨立新、张莉:《论植物人的权利行使和保护》,载《法律适用》2006年第9期。
㊲ 参见杨立新、张莉:《连体人的法律人格及其权利冲突协调》(本书第185页),载《法学研究》2005年第5期。

2. 建立配套的意定监护协议登记制度

鉴于意定监护事关老年人权益的保护,在制定"民法总则"时,应当同时规定意定监护协议的登记制度,民政部门在登记婚姻关系和收养关系的同时,还应当负起意定监护协议的登记责任。参照日本的经验,意定监护人对本人丧失判断能力之后的生活、疗养看护、财产管理等事务的全部或者部分进行监护的代理权的委托契约,该契约内容中还要附加契约效力发生的条件的特别约定,为了保证这种契约的合法性、有效性,监护协议必须由公证人进行公证,并须在登记机关登记。[38]

3. 设立完善的监护监督制度

我国现行监护制度中缺少监护监督机制,是明显缺点。原来在设计老年监护制度条文时,同时设计了监护监督制度,就是为了实现对意定监护的监督,保障老年人的权益。将这些内容全部删掉,特别可惜。对这一立法缺陷必须进行弥补,建议最高人民法院在适当时候进行司法解释,规定监护监督制度,将来在"民法总则"中作出全面规定。内容分为以下两部分:

(1)监护监督人。监护监督人是指由本人选择的,监督意定监护人和其他监护人的监护行为的人。监护监督人通常选择律师,当然也可以选择被监护人的近亲属和其他人,但容易出现利益冲突。确定监护监督人的法律依据,可以解释《民法通则》第18条第2款关于"有关人员"的规定,将监护监督人概括在"有关人员"的概念之中,使之依法有据。

监护监督人的职责是:一是监督监护人的事务;二是在监护人缺位时,及时请求法院选任监护人;三是存在紧迫事由的情形,作必要的处分行为;四是对于监护人实施与被监护人利益相反的行为,代表被监护人作出否认。

监护监督人发现成年监护人有违反监护职责,侵害被监护人权益的,有权向法院提出诉讼,解除监护协议(意定监护),或者撤销监护人的资格(指定监护),并且按照《民法通则》第18条第2款的规定,请求法院确定监护人承担民事责任,补偿被监护人的损害。

(2)监护监督机关。监护监督机关是负责对监护人的监护活动进行监督,以确保被监护人的利益的机关。《民法通则》没有规定监护监督机关,应当对被监护人的所在单位、居民委员会、村民委员会的监护职责予以扩大,增加监督监护人的职能,在其发现监护人不胜任或者有违反监护职责的行为时,有权予以纠正,或者向法院请求,由法院撤销监护人的资格。[39]

4. 丧失或者部分丧失民事行为能力的成年人造成他人损害的侵权责任

被确认为丧失或者部分丧失民事行为能力的成年人(包括老年人)造成他人损害,其监护人应当承担侵权责任。无民事行为能力或者限制民事行为能力的成年人

---

[38] 参见渠涛:《日本最新民法》,法律出版社2006年版,第433页。
[39] 参见杨立新:《亲属法专论》,高等教育出版社2005年版,第301页。

也是监护人责任中的行为人㊵,监护人应当依照《侵权责任法》第 32 条的规定承担侵权责任;监护人尽到监护职责的,可以减轻其侵权责任。如果丧失或者部分丧失民事行为能力的成年人自己有财产的,应当从自己的财产中支付赔偿费用,不足部分,由监护人赔偿。

5. 丧失或者部分丧失民事行为能力的成年人在民事诉讼中的地位

按照《民事诉讼法》第 57 条的规定,未成年人、精神病人的民事权利受到侵害的,不具有亲自进行诉讼活动的能力,应当由法定代理人进行诉讼代理。㊶ 同样,丧失或者部分丧失民事行为能力的成年人(包括老年人),也是民事诉讼中无诉讼行为能力人,同样应当由他的监护人(包括意定监护人和指定监护人)作为法定代理人代为诉讼。因此,《民事诉讼法》第 57 条的上述规定,也是本条第 2 款规定应当"依照有关法律的规定",作为成年被监护人在诉讼中为法定代理的法律依据。

㊵ 参见杨立新:《侵权责任法》,法律出版社 2011 年版,第 226 页。
㊶ 参见王胜明主编:《中华人民共和国民事诉讼法释义》,法律出版社 2012 年版,第 124 页。

体外早期胚胎的法律地位与保护规则[*]

生命科学的发展正在深刻地促进着人类的文明和进步,改变着社会的进程和面貌,同时使人对未来充满了疑虑。从第一个试管婴儿路易斯·布朗出生以来,人工辅助生殖技术有了突飞猛进的发展,但是人工体外受精后未植入母体前的早期胚胎[①]的法律地位问题依然没有解决。克隆技术和胚胎干细胞研究的兴起,更为体外早期胚胎的使用与保护增添了复杂的伦理和法律困惑。受精卵(也称为早期胚胎)在生物学而言,具有发展成为独立人类所需全部基因物质的生命,能继续生长成婴儿,而其法律上的定性,在理论、实务上引起了许多争议,随之而来的相关问题也给各界带来无限困惑。体外受精—胚胎移植很难一次成功,因此往往会把部分已发育的早期胚胎冷冻起来备用,而冷冻胚胎能否无限地冷冻保存、成功受孕后剩余的胚胎如何处置等一系列问题,都迫使医学、伦理学和法学学者们开始思考体外早期胚胎的民法属性及其相关保护规则,以求尽速确定体外早期胚胎的法律地位,使其受到应有的尊重与保护。

一、体外早期胚胎属性的民法学说

体外早期胚胎是生物个体生命初始的细胞形态,经由不断分化、成熟,而发育成为继续接棒传递遗传物质的新生物个体,使物种不断传延下去。可是,人的生命究竟从何时开始,对于很多自然科学家来说,是一个无法回答的问题,因为没有一个特殊时刻可以说是生命的真正开始,生命是一个持续不断的发展过程。[②] 因此,尽管德国联邦宪法法院曾宣示:"人类的生命存在何处,人性尊严就在何处。"[③]但是,体外早期胚胎是否具有人类的生命,并因此拥有人性尊严,依然是一个难题。

实际上,体外早期胚胎的法律属性及其保护规则,不是一个科学问题,不是说一

---

[*] 本文发表在《判解研究》2011 年第 1 辑,合作者是中国社会科学院法学研究所博士后研究人员王丽莎博士。

① 根据我国医学教材中的定义,受精或克隆后的阶段为前胚胎期,因此,通常称之为早期胚胎。德国《胚胎保护法》中对胚胎的定义则为:本法所称胚胎,首先第一须已受精,具有育成能力,为核融合时点以后的人类卵细胞,而且更须满足为了细胞分裂之必要的前提条件,有育成个体的可能性,从该胚胎可采取万能细胞者,始该当之。但是,我们是按照我国医学常识对受精卵植入前的阶段称为"早期胚胎"。

② 参见张弛编译:《试管婴儿的伦理问题》,光启出版社 1987 年版,第 13 页。

③ 蔡维音:《德国基本法第一条"人性尊严"规定之探讨》,载《宪政时代》第 88 卷第 1 期,第 43 页。

旦在科学上确立人类的生命始于精子与卵子的细胞核结合之时,便可以同时确立受精卵的基本权利主体地位。以新康德主义为代表的方法二元论的基本立场是,不可能由事实推论出规范,由存在推论出当为。④ 因而,胚胎的地位问题,并非单纯的自然科学问题,而是一个道德与法律问题。如果我们接受方法二元论,则正确的提问应该是"早期胚胎(受精卵)发展到什么阶段才具有道德或法律的意义"?⑤ 这样的问题固然不能背离自然科学的认知,但并无法单纯由自然科学来决定,然后从天赋人权推论到"天赋胚胎权"。

体外受精卵的法律地位,在理论上存在多种认识,借鉴我国台湾地区学者王富仙教授对此作的总结⑥,典型的观点有:

(1)人格说。日本学者北川善太郎认为,将冷冻受精卵视为物并不妥当,应当将生物体作为新的权利主体在法律上进行确认,使之在性质上区别于物。⑦ 美国的一些反对人工妊娠的团体以及英国天主教主教团等团体也持这一观点。如美国路易斯安那州1986年修正法第126条规定,体外受精卵为生物体上的人(biological human being),既非受理手术的医疗机构也非精卵提供者的财产。如果体外受精的病人出示其身份,依照该州民法典的规定,其父母的身份将被保留,无法证明其身份者,医疗机构为胚胎的暂时监护人,直到胚胎植入子宫时为止,该机构应对胚胎尽善良管理人的注意义务。依上述规定,可以认为胚胎在该州具有法律上的人格(juridicaial personhood)。⑧

(2)物格说。美国不孕协会主张,虽然早期胚胎较人类的细胞组织更值得加以尊重,但不得视之为人(actual person)。因为胚胎固然有成为真正的人的潜力,但在没有发育成为具有人类特征的独立个体之前,仍只能视为具有生物学上之物。我国台湾地区学者持此观点者颇多。

(3)具有人的生命,但尚非有个体生命的人格说。美国伦理助言委员会采取中庸见解,即受精卵虽拥有人的生命,但没有具有个人生命的人格。

(4)介于人物之间的权利主体或客体的中间说。这种观点认为,德国民法典关于动物不是物的规定开启了一个介于人与物之间的中间概念,胚胎或受精卵可以纳入此类概念之中。美国高等法院在 Davis v. Davis 一案中,就采用了美国生育协会伦理委员会(Ethics Committee of the American Fertility Society)所持的中间说,认为胚胎具有特殊的地位,此地位居于人与财产之间。

---

④ See A. Kaufmann / W. Hassermer (Hrsg.),Einfuhrung in Rechtsphilosophie und Rechtstheorie der Gegenwart,6. Aufl., Heidelberg 1994, S. 233. 转引自陈英钤:《人类胚胎干细胞研究的法问题——胚胎的基本权利地位》,载《律师杂志》2003年第285期,第19页。
⑤ See Mary Warnock, Making babies,34 (Oxford 2002).
⑥ 参见王富仙:《受精卵的法律地位研究》,载《法学丛刊》2001年第3期,第10—12页。
⑦ 参见〔日〕北川善太郎:《关于最近之未来的法律模型》,载梁慧星主编:《民商法论丛》(第6卷),法律出版社1997年版,第296页。
⑧ 参见陈美伶:《人工生殖之立法规范》,台北政治大学法律学研究所1998年博士论文,第227页。

(5)潜在的人格说。此种观点为法国生命和健康科学伦理咨询委员会所支持,认为胚胎自受精时起就存在潜在的人格。

(6)道德主体说。这种观点认为,胚胎不是物,也不是社会的人,但为生物的人,具有发展为社会的人的潜力,因此,应当具有比一般生命物质更高的道德地位,因此应受法律保护。1981年欧洲理事会各委员会均认为,即使胚胎不具有法律主体地位,也应给予法律保护。

关于第一种观点,认为受精卵具有人格属性,显然与现行法律相违背。体外受精卵不能作为民法上的"人"加以保护,从历史悠久的人工流产技术,或是为了新生儿健康为目的所实施的产前检查,以及曾引发高度争议但现已被普遍接受的人工辅助生殖技术中,都可以得出这一结论。对于母亲堕胎权利的确立可知,在胎儿未出生前,胚胎或胎儿存活的利益与母亲利益冲突时,原则上应以母亲为优先;除非已发展出脱离母体后具有独立存活的能力,或给予特殊理由而法律介入对母亲的堕胎权利加以限制。所以,即使在英美关于堕胎争议不断的情形下,从相关案例关于人工流产的规范中可以推断出,胚胎并不完全具有法律所保护的权利主体性。

另外,即使根据对胚胎研究持最保守态度的德国联邦宪法法院宣示的"人类的生命存在何处,人性尊严就在何处"[9],人的生命起始于何时,应当考虑当代科技水准并观察社会通常的观念,不能仅仅由法律学者以哲学上的思想或法学哲理抽象推理而得。正如在 Roe v. Wade 一案中,美国联邦最高法院认为:"本院无须在此解决'生命究竟始于何时'的难题。因为就人类目前知识发展的阶段来说,当医学、哲学、神学等各界有识之士,都无从达成共识的时候,司法部门也不应该主观臆断此问题的答案。"[10]现有医学上的观察,受精卵的着床率只有30%~40%[11],着床后的胚胎活产率则为70%左右[12],只有经过自然选择成功着床于子宫内膜的受精卵才有继续发育成为人的相当可能性,而且,通常所谓"受精后14天前"的时点设定,也是因为通常情况下,早期胚胎在受精后14天才完成着床并发育出神经管及其他器官。因此,植入母体前的体外早期胚胎不能视为人生命的开始,也不能拥有人性的尊严。

关于第四种观点,根据德国民法典"动物不是物"的观点认为,此规定开启了一个介于人与物之间的中间概念,受精卵可以纳入此类概念之中。但是,从德国民法典有关动物内容的逻辑体系上看,动物依然处于法律物格地位。该条规定于总则编第二章"物、动物"中,实际上同第一章有关"人""法人"的规定形成照应,构成主、客体的架构。而且第90a条虽规定"动物不是物",但第903条"所有权人的权限"中新增的后段仍然规定,"动物的所有权人在行使其权利时,应注意有关保护动物的特别规

---

[9] 蔡维音:《德国基本法第一条"人性尊严"规定之探讨》,载《宪政时代》第88卷第1期,第43页。
[10] Roe v. Wade, 410 U. S. 113 (1973).
[11] 参见陈素霞:《体外受精与胚胎移植》,载《助产杂志》总第25期,第63页。
[12] Anne-Marie N. Andersen, Jan Wohlfahrt, Peter Christens, et al., Maternal Age and Fetal Loss: Population Based Register Linkage Study, 320 B. M. J. 1708 (2002).

定",既称"动物所有权人",当然是将动物作为所有权的客体对待的。对此,有学者认为"德国民法典否认动物是物,但并未否认动物是物权的客体。故一般说物权的客体是物时,还应明确物权的客体还有动物"。[13] 因此,民法体系中并没有在主体、客体的二元结构外开启第三类的中间概念,此观点所依之基础理论值得商榷。该观点则更无法使人信服。

徐国栋教授也有相似的观点,他将体外胚胎的法律属性学说归纳为"客体说""主体说"和"中介说",并对"中介说"极力推崇。[14]"中介说"认为,受精胚胎是介于人与物之间的过渡存在,因此应处在既不属于人,也不属于物的"受特别尊敬"的地位。之所以只授予人类胚胎而不授予任何其他人类组织这种地位,乃因为前者具有成长为新生儿的能力。[15] 笔者认为,这种观点是值得商榷的。从自然属性上说,自然社会中的所有的物理形态的物,在市民社会只能分为两种类别,一种是人,一种是物。人是权利主体,物是权利客体。权利主体对权利客体的关系,是支配与被支配的关系,权利主体永远支配权利客体,而不能是权利客体支配权利主体。所以,人永远支配物,而不能由物支配人。某种物虽然特殊,但是民法也不能使其成为支配者,不能成为权利主体,也不能成为权利主体和权利客体之间的一种中间状态。

第三、五、六种观点主要是从伦理学的角度,认为受精卵虽然不是人,但是应当受到特殊的保护。其实,从受精卵的法律属性来说,他们的观点也暗含了对于受精卵不具有法律主体资格的认可。但是,受精卵在伦理上应当受到特殊保护,具有特殊的权利,该权利与法律上的权利不同。权利有法定权利与道德权利之分,我们通常所讲的权利大多是法定权利,也称为法律权利,指的是法律所允许的权利人为了满足自己的利益而采取的、由其他人的法律义务所保证的法律手段。因此,法定权利是与义务相对应的特定概念,是基于法律、法规或规章的规定而产生的权利。而"'道德权利'一词可以用来表达所有这样的权利:它们是先于或独立于任何法规或规章而存在的权利。它们之间除了不(必然)是法定的或规定的这一点以外很少有共同之处",可初步区分为习惯的权利、理想的权利、凭良心的权利及履行的权利。[16] 显然,伦理学者主张的受精卵得到特别保护的"权利",更多的是从道德角度所作的论述,仅具有道德意义。而道德与法律的关系虽然紧密,但两者存在根本的不同,法律规范通过或能够通过国家强制来保障,而道德规范旨在洞察行为者的内心自由。"法的实质合法性既不得与道德效力混为一谈,亦不应将法律与道德决然割裂。法律最好被理解为对于

---

[13] 孙宪忠:《德国当代物权法》,法律出版社1998年版,第6页。
[14] 参见徐国栋:《体外受精胚胎的法律地位研究》,载《法律与社会发展》2005年第5期,第56—67页。
[15] Jeremy L. Fetty. A "Fertile" Question: Are Contracts Regarding the Disposition of Frozen Preembryos Worth the Paper upon Which They are Written? [J]. L. Rev. M. S. U. – D. C. L., 2001. 转引自徐国栋:《体外受精胚胎的法律地位研究》,载《法律与社会发展》2005年第5期,第62页。
[16] 参见〔美〕J. 范伯格:《自由、权利和社会正义》,王守君、戴栩译,贵州人民出版社1998年版,第122页。

弱势之后传统道德的一种有效补充与配合(com-plement)。"⑰

二、体外早期胚胎物的属性

体外早期胚胎有物的属性,它们具有民法中物的特征,即独立于人体之外,能为人所感知与支配,并且具有一定的价值,能够满足人们社会生活的某种需要。因而,它应属于物的一种,可以成为民事法律关系的客体。

人胚胎在母体子宫中的发育经历38周(约266天),可分为三个时期:从受精卵形成到第2周末胚层胚盘出现为胚前期(pre-embryonic period);从第3周至第8周末为胚期(embryonic period)。在此二期,受精卵由单个细胞经过迅速而复杂的增殖分化,历经胚(embryo)的不同阶段,发育为各器官、系统与外形都初具雏形的胎儿(fetus);从第9周至出生为胎期(fetal period),此期胎儿逐渐长大,各器官、系统继续发育,多数器官出现不同程度的功能活动。胚前期和胚期质变剧烈,胚期量变显著。⑱在目前医学科学发展的情况下,可以产生体外早期胚胎的技术包括体外受精—胚胎移植和克隆两大技术。体外受精—胚胎移植技术产生的精子和卵子结合,发育成为早期胚胎后,移植入母体子宫;而克隆技术是应用体细胞的细胞核与卵细胞的细胞质结合,在一定条件下,令其发育成为早期胚胎,这一早期胚胎不是受精的卵细胞,因此,本文采用"早期胚胎"的概念涵盖人工生殖技术和克隆技术产生的两种体外早期胚胎。⑲

人工辅助生殖技术包括人工授精(Artificial Insemination,AI)和体外受精—胚胎移植(In Vitro Fertilization and Embryo Transfer,IVF-ET)及其衍生术两大类。后者是目前应用最为广泛的技术,主要包括体外受精—胚胎移植、卵母细胞浆内单精子注射术(Intra Cytoplasmic Sperm Injection,ICSI)、冻融胚胎移植(Frozen-thawed Embryo Transfer,FET)等。体外受精—胚胎移植技术是控制性促排卵后经阴道超引导下抽取卵子,将处理过的精子和卵子放置于培养液中,让精子与卵子自然结合。在一定的温度、湿度、气体、PH值和培养液中维持胚胎发育。⑳受精卵形成后不断分裂成较小的细胞,这个过程称为卵裂(cleavage)。卵裂是在基因控制下进行得十分精确的过程。卵裂的速度很快,卵裂产生的细胞称为囊胚细胞或卵裂球(blastomere),卵裂球只是数量增多,每个卵裂球没有生长,卵裂球紧挨在一起,总体没有增大。从产生8个卵裂球开始,卵裂球开始重新排列,可以有两种类型:一是形成中空的球状体,称为囊胚

---

⑰ [德]哈贝马斯:《法的合法性——〈事实与规则〉要义》,许章润译,载郑永流主编:《法哲学与法社会学论丛》(2001年卷),中国政法大学出版社2001年版。

⑱ 参见邹仲之主编:《组织学与胚胎学》,人民卫生出版社2001年版,第221页。

⑲ 本文虽然旨在以"早期胚胎"指代受精卵和克隆产生的早期胚胎,不过,学者们在研究体外早期胚胎时使用的名称不尽相同,因此,文中早期胚胎和受精卵混同使用。

⑳ 参见耿瑶:《辅助生殖技术后妊娠并发症及分娩结局的回顾性分析》,中南大学2008年硕士论文,第5页。

(blastura);另一种是形成双层扁平结构,称为盘状囊胚(discoblastura)。哺乳动物外胚层细胞形成中空的球状体及胚泡(blastocyst),胚胎本身则是从胚泡的内细胞团(inner cell mass)逐渐形成盘状囊胚。胚泡中的其他细胞则分化成为滋养层细胞。胚胎发育至囊胚期时,都是卵裂过程。[21] 体外受精的卵细胞,一般在受精后16—20小时为原核,24—26小时为两个细胞,44—48小时为4个细胞,48—72小时为6—8个细胞。[22] 实际操作中,通常是在受精48—72小时,受精卵卵裂成2—8个细胞的胚胎时,挑选评分较高者进行胚胎移植的。[23]

动物克隆技术是指将一个双倍体的细胞核(当然也包含一些核周围的细胞质)与一个已经去掉(或灭活)了自己那个单倍体细胞核的卵子(生殖细胞)的细胞质重组在一起后,在一定条件下,它也能够像受精卵一样启动发育并形成胚胎、幼体或成体,又称为细胞核移植。它是利用非有性生殖的方式完成繁殖和发育的过程。[24] 这里并没有用无性繁殖这个名词,这是因为作为受体的细胞,仍然是性细胞。根据供体核的来源,可将其分为胚胎细胞克隆和体细胞克隆。胚胎细胞克隆的研究历史较长,1952年,Briggs 和 King 将囊胚期的细胞核移入去核的成熟卵内获得了发育正常的蝌蚪和幼蛙。[25] 然而,体细胞的克隆并没有那么顺利,以后相当长的一段时间内都滞留在胚胎细胞的克隆阶段,以致胚胎学家认为体细胞的核不具有全能性。直到利用乳腺细胞克隆成功的"多莉"羊的出生,才真正动摇了这一传统的认识。尽管关于克隆人的问题,各国伦理、法律上争议不断,但是,美国《科学》杂志2004年就有报道称,韩国和美国科学家第一次成功克隆出了人类早期胚胎,并从中提取出胚胎干细胞。科学家们从卵丘细胞内提取出细胞核,然后将其植入同一位妇女去除了细胞核的卵细胞内,并采用化学手段刺激卵细胞分裂,共有30个克隆细胞经过约7天的时间发育到至少几十个细胞组成的、被称为囊胚的早期胚胎阶段。[26]

在8个卵裂球期,每个卵裂球在生化、形态和发育潜能上都没有差别,也就是在发育上是全能的。可是当卵裂球成团结合时,细胞处在外层还是内层,会使以后生成的卵裂球出现不同的生物学功能。处在外层的细胞生成滋养层,而处在内层的细胞

---

[21] 参见赵寿元、乔守怡主编:《现代遗传学》,高等教育出版社2001年版,第202—203页。

[22] 参见韩向阳、王卓然、韩燕燕:《体外受精与胚胎移植》,载《实用妇产科杂志》1998年第4期,第178页。

[23] 参见庄光伦、周灿权、张秀俊等:《人类体外受精与胚胎移植》,载《中山医科大学学报》1991年第4期,第300页;韩向阳、王卓然、韩燕燕:《体外受精与胚胎移植》,载《实用妇产科杂志》1998年第4期,第178页。

[24] 参见严绍颐:《鱼类细胞核移植的历史回顾与讨论》,载《生物工程学报》2000年第16期,第541页。

[25] See Briggs RS and King Tj. Transplantation of living nuclei from blastula cells into enucleatd frog's eggs, Proc Nat Acad Sci USA,1952,38:455. 转引自于政权、李宁:《动物克隆的机理与研究进展》,载《生物技术通讯》2001年第4期,第324页。

[26] 参见《科学家首次利用克隆技术获得人类胚胎干细胞》,载《世界科技研究与发展》2004年第2期,第104页。文中的表述为"共有30个克隆细胞经过约7天的时间发育到至少几十个细胞组成的、被称为胚囊的早期胚胎阶段",实际上,胚囊是被子植物由胚乳和颈卵器构成的单倍的配子体。哺乳动物早期胚胎的发育阶段为囊胚。引文中此处应该是笔误,笔者在引用时已改正。

则生成内细胞团而产生胚胎。受精后的第6—7天,囊胚逐渐长大,透明带变薄而消失,囊胚得以与子宫内膜接触,开始着床。第12—14天,着床完成,胚胎开始增大,局部细胞快速而大量增殖,并出现细胞迁移等复杂过程,进入了原肠胚形成期(gastrulation)。此时,出现了三种原始胚层(germ layer)的分化,形成外胚层(ectoderm)、中胚层(mesoderm)和内胚层(endoderm)。在神经胚形成期(neurulation),胚胎有了原始的原肠胚和神经管,并形成了基本的躯干规划(basic body plan)。三种胚层经过细胞分化生成各种器官的原基(rudiment),如肢、眼、心等原基,这是器官发生(organogenesis)。原基先是生成微小而精确的结构,然后逐渐长大,在生物体的各个正确部位长成各种器官和组织,这是形态建成(morphogenesis)。

在这样的一个受精卵分裂的过程中,不同阶段的细胞具有不同的功能。卵裂球是一种全能干细胞,能够产生各种细胞直到发育成为一个个体。内细胞团的一些细胞则发育命运已经定向,如将发育成内胚层、外胚层或中胚层等不同胚层,它们被称为多能干细胞,可以产生定向为某一胚层的各种类型的细胞,但不能产生其他胚层来源的细胞。还有一类细胞只能产生具有专一功能的,叫做多效干细胞。不过,1968年John Gordon 和他的同事用爪蟾(Xenopus)作核移膜试验,证明已分化的细胞的细胞核有的仍能保持全能性。也就是说,在一定条件下,已经分化的细胞的细胞核可以实现重新编程(reprogramming)的过程获得全能发育的特性。30年后,在哺乳动物个体的体细胞克隆实验中也得到了证明。㉗

培育体外早期胚胎的目的,不管体外受精卵发育的早期胚胎还是克隆技术产生的早期胚胎,当前不外乎两个:一是应对不孕不育症状,进行人工生殖。在植入母体前其实质都还是卵裂细胞组成的囊胚,具有发育的全能性,不具有"人"的任何组织、器官和结构特征。二是为了进行胚胎干细胞的研究。德国《干细胞法》对于胚胎干细胞的定义为,在体外作成,非供妊娠使用之胚胎,或者是在子宫着床完了前取出的胚胎中所采取的全能性干细胞。㉘ 即处于囊胚阶段的早期胚胎中取出的干细胞,依然不具有"人"的任何组织、器官和结构特征。

在自然人作为主体存在于市民社会的时候,按照市民社会的基本理念和逻辑,人与物是对立物,构成市民社会的两大物质表现形式。尽管人的本身也是自然界的物质存在方式之一,但他是市民社会的主体,而不是像物那样只能作为市民社会的权利客体。它的基本逻辑和观念,就在于人的身体是人格的载体,而不是物的表现形式。㉙ 没有人的生命的体外早期胚胎不能成为人格的载体,即体外早期胚胎具有物的属性。承认体外早期胚胎的物的属性,是符合客观事实的,并不违背人类的尊严和对自身表现形式的尊重。

㉗ 参见赵寿元、乔守怡主编:《现代遗传学》,高等教育出版社2001年版,第202—206页。
㉘ 参见曾淑瑜:《人类胚胎在法律上之地位及其保护》,载《法令月刊》2003年第6期,第16页。
㉙ 参见杨立新:《人身权法论》,人民法院出版社2005年版。

三、体外早期胚胎物的适用规则

在一个多元化的社会里,只有通过制度化的沟通所建立起来的共识,才可能成为共同行为规范的坚强基础。诉诸康德道德哲学,其实只是一种停止论证与质疑的方式而已,其实便是假借自然法的名义,将社会演化的方向决定权,交给一群掌握社会论述的精英或是司法院大法官,透过基本权利的释义学限制政治行动或立法的可能性。诚如 Habermas 所言,现代基因科技已经将康德时代属于自然界的"必然领域"转换成"偶然领域",也就是说,基因科技改变了人力所不能及的自然基础,以及人力所能处置的自由领域。㉚ 现在的问题是,我们的道德意识要如何转换,法律制度要如何演化,才能适应基因革命的时代。

体外早期胚胎的特殊性,决定了其不同于一般的物。依据民法物格的理论,民法客体的物有三个物格:第一格是生命物格,是具有生命的物的法律物格,是民法物格中的最高格,例如动物尤其是野生动物和宠物、植物尤其是珍稀植物,具有最高的物格地位,任何人对它行使支配权时,都要受到严格的规则限制。第二格是抽象物格,像网络、货币、有价证券等都是抽象的物,用特别的规则进行规范。第三个格是一般物格,其他一般的物概括在这个物格当中。设立物格制度的基本意义,就是区分不同的物的类型,确定不同物格的物在市民社会中的不同地位,明确人对其的不同支配力,以及进行支配的具体规则。㉛ 在这个分类中,最高物格是生命物格,虽然体外早期胚胎没有人的生命,但作为将来的生命体,具有生物学意义上的生命,应归入这一物格中。体外早期胚胎具有最高的物格地位,就使得对其保护力度也不同于一般的物,在对其保管、利用、处置与保护时就有特殊规制的要求,这样才能够体现对体外早期胚胎的尊重,满足社会伦理、道德的要求,维护社会的文明秩序。

(一)物权原则及其保护

1. 早期胚胎所有权的产生和归属

人工体外受精的精子和卵子,可以分为四种情况:

(1)精子和卵子来自夫妻双方,除当事人另有约定外,受精产生的早期胚胎应当由精子和卵子的所有人,即夫妻双方共同共有早期胚胎的所有权。

夫妻离婚的,美国曾有过两个相似的案例,却得到了不同的判决。1990 年田纳西州 *Davis v. Davis* 案中,巡回法院认为受精卵是一种可以称为生命的财产,为了子女利益考虑,应当允许 Davis 太太有机会将受精卵植入体内使之怀孕,将早期胚胎的监

㉚ See Jurgen Habermas, Die Zukunft der menschlichen Natur-Auf dem Weg zu einer liberalen Eugenik? Frankfurt am Main 2001, S. 56ff, insbesondere 60. 转引自陈英钤:《人类胚胎干细胞研究的法问题——胚胎的基本权利地位》,载《律师杂志》2003 年第 285 期,第 22 页。

㉛ 参见杨立新、朱呈义:《动物法律人格之否定——兼论动物之法律"物格"》(本书第 340 页),载《法学研究》2004 年第 5 期。

护权暂时判归妻子。上诉法院和最高法院则认为,夫妻当共同管理。[32] 在另一个纽约州 Kass v. Kass 案中,法院则认为妻子有排他性地享有受精卵之处置权。[33] 可是,共同管理的,如果双方对受精卵的处置达不成一致,又该如何处理呢?妻子享有处置权的,如果妻子将受精卵植入体内并生成婴儿,前夫是否应承担孩子的抚养费?这些问题仍然难以解决。日本产科妇女学会1988年拟定的《人类胚胎及卵子冻结保存和移植见解》规定,冻结保存时间,须为接受体外受精夫妻婚姻关系存续期间,且不能超过母体生殖年龄。[34] 这为夫妻离婚时,体外早期胚胎的归属提供了一个比较好的解决办法。但是,夫妻离婚的,早期胚胎不得继续保存,应如何处理呢?笔者认为,夫妻双方能够协商一致处理方式的,按照双方协商的方式;夫妻双方不能协商一致的,任何一方不得将早期胚胎植入任何人的子宫使之孕育出生。如此一来,早期胚胎就剩下销毁、捐赠给其他不孕夫妇或捐赠做研究使用三种处置方式,笔者认为应适用下列原则:首先,任何一方不同意捐赠做研究使用的,早期胚胎不得做研究。其次,任何一方不同意销毁的,早期胚胎也不得被销毁。这都是对夫妻对可能成为自己子女的早期胚胎的感情的尊重。即一方同意捐赠给其他夫妻,另一方拟采取销毁或捐赠做研究使用的,应当尊重捐赠给其他夫妻的决定。这毕竟是使得早期胚胎得以实现其产生目的的最佳途径,同时,也可以满足其他不孕夫妻为人父母的愿望,是对人类情感及人类尊严最好的尊重。

夫妻一方或双方死亡的,英国瓦诺克委员会曾建议:夫妻一方死亡时,受精卵的使用、处分权移转至生存的一方;双方死亡时,上述权利移转给保存机构。[35] 而台湾学者则建议宜明定不论系捐赠还是配偶间所冷冻保存的精子、卵子和受精卵,一旦捐赠者或受术夫妻之一方或双方死亡时,除法律另有规定外,应予以提供医疗研究或销毁。[36] 笔者认为,夫妻一方死亡即将早期胚胎供医疗研究或销毁的,不符合民法共同共有的精神。一般夫妻共有的财产,夫妻一方死亡的,另一方除了享有自己那部分所有权外,对于死亡一方的部分还享有继承权,根据财产分割的一般原理,不易分割或分割后失去使用价值的,可由共同共有一方折价给其他继承人。一般财产尚且如此,夫妻共同共有的早期胚胎,怎么能在夫妻一方死亡时即无视存活一方的意愿强行用作医学研究或销毁?因此,夫妻一方死亡的,早期胚胎的所有权应由存活一方享有,夫妻一方死亡前有约定的,依约定。双方都死亡的,死亡前有约定的,依约定;没有约定的,可以由保存机构代为行使所有权,予以科学研究或销毁。

(2)精子是丈夫的,卵子来源于他人捐赠。在夫妻关系存续期间,夫妻双方依然

---

[32] 参见陈美伶:《人工生殖之立法规范》,台北政治大学法律学研究所1994年博士论文,第226—227页。

[33] 参见王富仙:《受精卵法律地位之探索》,载《法学丛刊》2001年第3期,第7页。

[34] 参见王富仙:《受精卵法律地位之探索》,载《法学丛刊》2001年第3期,第7页。

[35] 参见王富仙:《受精卵法律地位之探索》,载《法学丛刊》2001年第3期,第7页。

[36] 参见王富仙:《受精卵法律地位之探索》,载《法学丛刊》2001年第3期,第7页;陈美伶:《人工生殖之立法规范》,台北政治大学法律学研究所1994年博士论文,第336页。

共同共有该早期胚胎。夫妻离婚时,早期胚胎与妻子没有任何生物学上的联系,应当由丈夫享有所有权。夫妻一方或双方死亡的,不管夫或妻哪一方死亡,均不考虑生存方与早期胚胎的生物学联系,而适用精卵来源夫妻双方的规则。

(3)卵子是妻子的,精子来源于他人捐赠。夫妻关系存续期间,夫妻双方共同共有该早期胚胎。夫妻离婚时,早期胚胎应当由妻子享有所有权。夫妻一方或双方死亡的,不管夫或妻哪一方死亡,均不考虑生存方与早期胚胎的生物学联系,而适用精卵来源夫妻双方的规则。

(4)精子和卵子均来源于他人捐赠。夫妻关系存续期间,夫妻双方共同共有早期胚胎。离婚时,应当与精子和卵子来自夫妻双方的处理原则一样。尽管夫妻和早期胚胎都没有生物学上的联系,但是,该早期胚胎的产生是夫妻双方共同决定的结果,他们享有对早期胚胎同样的权利。夫妻一方或双方死亡的,所有权的移转规则也与精子和卵子来源于夫妻双方的相同。

需要说明的是,在允许专门为了医学研究而制造胚胎的情况下[37],医疗机构制造的早期胚胎由该医疗机构享有所有权。

2. 对早期胚胎所有权的限制

不论是夫妻双方或一方或者医疗机构享有对早期胚胎的所有权,他们的所有权都应当受到一定的限制。这一限制来自应当对早期胚胎有成为人类可能性的尊重与保护。各国(或地区)、区域联盟或国际组织对胚胎研究作管理或限制的理由,多基于"人性尊严"的概念,我国台湾地区有学者提出人性尊严的另一个面向——"人类尊严",作为解决体外早期胚胎保护的法学思维方法。[38] 该学者认为,吾人素来所熟悉之人性尊严保护内容,系建构于以"个人"为权利主体性之思考,唯以个人主体性之人性尊严提供体外胚胎保护时,将面临体外胚胎是否具有生命的伦理困境。而人类尊严,是人类集体共同的尊严,乃是尊重人类之有别于动物,其内涵偏重于人类整体所共同具有之性质。其所关心的,是人类所表现出的整体人类的性质。"人类尊严"的具体实践意义在于,整体人类的生活必须要活的具有人类应有的相貌,因此人类在有生命之时,其生存方式必须是符合人类本质的方式,因为这样的生存方式,可以让身为人类的每一分子感觉到具有身为人类的尊严。[39]

这种"人类尊严"不是要全面禁止人工生殖或胚胎研究,而是限制人类对体外早期胚胎的物的处分规则。借鉴英国 1990 年《人类受孕与胚胎法案》(the Human Fertilisation and Embryology Act 1990)的规定:第一,人类的胚胎具有特殊的地位,但该地

---

[37] 本文只讨论各种情形下产生的早期胚胎的法律属性及处理规则,而不过多讨论产生早期胚胎的方式是否合乎伦理或法律的规定。

[38] 参见邱玟惠:《"人类尊严"法学思维初探——从人类体外胚胎谈人性尊严之另一面向》,载《台北大学法学论丛》2008 年第 69 期,第 49 页。

[39] 参见邱玟惠:《"人类尊严"法学思维初探——从人类体外胚胎谈人性尊严之另一面向》,载《台北大学法学论丛》2008 年第 69 期,第 69—71 页。

位与成人或小孩不同;第二,对人类胚胎的尊重程度应优于对其他物种胚胎的尊重;第三,对人类胚胎的尊重不是绝对的,他可以和预计研究所可能产生的利益相互衡量;第四,人类胚胎应该受到某种法律的保护。[40]

因此,对于早期胚胎的使用和研究,应当在尊重"人类尊严"的基础上,体外早期胚胎的所有人不得将其作为一般的物随意处理、任意买卖。

(二)具体适用规则

1. 体外早期胚胎可否用于试验

胚胎干细胞的研究,为人类疾病的治疗带来了新的曙光,具有重要的价值和研究前景:

(1)可以促进再生医疗的发展。通过刺激胚胎干细胞形成各种特化细胞,以提供新的细胞及组织或器官,治疗各种疾病,如帕金森病、阿尔兹海默病、心脏病、糖尿病、退化性关节炎及风湿性关节炎等。[41]

(2)有助于了解疾病发展的因果关系。以癌症为例,癌细胞就是细胞不正常的持续分裂增殖,造成正常细胞癌化的分子机制,绝大多数原因是细胞内所谓的致癌基因不正常的活化、或肿瘤抑制基因功能丧失导致的[42],通过研究胚胎干细胞的发育与分化,有助于了解这些基因在胚胎干细胞分化时所扮演的角色,进而能针对癌症发生的原因加以控制。

(3)有助于药物的研发。利用胚胎干细胞能分化成特定细胞或组织的特性,可应用于药物研发,以开发对分化具有诱导或阻碍效果的医疗药物。[43] 还可以通过胚胎干细胞予以筛选药物,只有测试显示安全且有效的药品,才需要进一步采取人体试验。[44]

然而,目前没有适当的"动物模型"加以替代,直接以受精卵为研究对象,事实上不可能完全避免。[45] 而且,在人工生殖过程中,为了提高受孕成功率,医师通常将数个受精卵植入妇女子宫,因而多胞胎的几率随之增加。但是人类若怀三胞胎以上,很容易引起妊娠毒血症、妊娠糖尿病等,三胞胎的周产期死亡率也比双胞胎的死亡率要高得多,且产下多胞胎容易造成胎儿生长迟滞、体重过轻。因此,医师通常会对多胞胎实施减胎手术。尽管要求医师实施手术前应据实告知怀孕夫妻实施减胎手术的理由及其危险性,并告知没有得到双亲的同意不能实施该手术。[46] 但是,何时可以做减胎手术?到底哪个胚胎有权利出生,哪个没有呢?这些问题都是难以回答的,很显然,

---

[40] See Department of Health, Review of the Human Fertilisation and Embryology Act, Proposals for Revised Legislation (Including Establishment of the Regulatory Authority for Tissue and Embryos), (2006)13.
[41] See Maria Teresa Mitjavila-Garcia, etal. , Embryonic stem cells: meeting the needs for cell therapy. Adv Drug Deliv Rev. 2005 Dec 12; 57(13):1935 – 43.
[42] 参见黄孝民:《干细胞之研究与应用》,载《国家卫生研究院简讯》2001年第6卷第4期,第12页。
[43] 参见黄孝民:《干细胞之研究与应用》,载《国家卫生研究院简讯》2001年第6卷第4期,第12页。
[44] Mayhall EA,etal. ,The clinical potential of stem cells. Curr Opin Cell Biol. 2004 Dec;16(6):716.
[45] 参见陆振翻:《人之初——试管婴儿的探索》,载《联合月刊》总第56期,第62页。
[46] 参见王富仙:《受精卵法律地位之探索》,载《法学丛刊》2003年第3期,第2页。

现行的法律允许医生扮演上帝,决定某些胚胎必须为其他胚胎的生存而牺牲。当"过剩的受精卵"可以被用来研究为人类造福时,应该得到法律的许可。

但是,对于可能的"过剩受精卵"的捐赠者,在捐赠受精卵前,应该被适时告知所有相关的信息,以利于对其"过剩受精卵"的处置作出自愿性的抉择,但是这样的抉择应该分为两个阶段,第一阶段仅要求潜在的捐赠人表示,对"过剩受精卵"将加以冷藏、捐赠给其他受术妇女,或打算加以销毁,只有当该捐赠人表示加以毁弃后,才可以进入第二阶段,询问其是否愿意将其捐出供研究之用。㊼

2. 体外早期胚胎可否捐赠给其他不孕夫妻

基于鼓励善行和尊重生命,1984 年美国不孕学会的《体外受精实施基准》中明确表示:只要不公开姓名,在伦理上容许将受精卵提供给其他不孕夫妇。法国则需经过法院的非诉裁判,提供受精卵者应提交放弃胚胎的书面同意,而接受者应提交接受受精卵的书面同意后,或者在确认受领者的家庭基础后作出判断。这类似对于受精卵的养子女的收养,即"出生前养子女的收养"。㊽ 而德国多数学者认为,允许受精卵捐赠给其他不孕夫妻,会增加身份关系的混乱,在以子女的权益为最高指导原则的考量下,主张应以立法加以禁止。㊾ 我国台湾地区学者也多认可德国的态度。㊿ 笔者认为,这种保守态度是值得商榷的。民法收养制度允许人们将自己已出生的孩子送给他人收养,却并未增加身份关系的混乱,而且,已出生的孩子具有民法的主体地位,尚且可"无偿"送给他人,不具有主体资格的体外早期胚胎当然也可以被捐赠给其他不孕夫妇。但是,接受捐赠的不孕夫妇只能将此胚胎用于自己的人工生殖,不得销毁、转赠其他不孕夫妇或赠与科学研究。

3. 体外早期胚胎继承权的有无

继承建立在财产私有的观念之上,因为被继承人死亡而开始,继承人应在继承开始时生存,即所谓的"同时存在原则"。为了保护胎儿的利益,我国《继承法》第 28 条[51]对胎儿进行了例外规定,但胎儿必须在被继承人死亡时已经受胎并出生时为活体。尽管美国加利福尼亚州《遗产法》规定,只要受精于被继承人死亡之前,出生于其死亡后,只要遗嘱未明示关于其继承的相反规定,即可继承。该州实务也认为,精卵只要在被继承人死亡前受精,即使数年或十年后才出生,也可以继承。[52] 然而,如果允许溯及受精时即拥有继承权,将使继承关系处于不确定状态,不符合法律的安定性,且影响其他继承人的权益。因为,加入体外早期胚胎享有继承权,在体外冷冻保存的

㊼ See Ethical Issue in Human Stem Cell Research Vol. I (Rochville,Maryland:September 1999),vi – ix.

㊽ 〔日〕北村一郎:《法国生命伦理立法之概要》,李银英译,载《"中央警察大学"学报》总第 35 期,第 46—47 页。

㊾ 参见王海南:《由法律观点谈人工生殖技术》,载《法律评论》第 54 卷第 6 期,第 133 页。

㊿ 参见王富仙:《受精卵法律地位之探索》,载《法学丛刊》2001 年第 3 期,第 2 页。

[51] 《继承法》第 28 条规定:"遗产分割时,应当保留胎儿的继承份额。胎儿出生时是死体的,保留的份额按照法定继承办理。"

[52] See Lori B. Andrews. The Legal Status of the Embryo,Loyola Law Review 1986 32(2),pp. 393 – 394.

备用胚胎不止一个时，在预留财产份额时，每一个早期胚胎都应预留一份吗？可是，根据人工生殖的目的，接受人工生殖的夫妻并没有要把全部胚胎都孕育成人的计划，如果为体外早期胚胎预留遗产份额，应该为哪一个胚胎预留呢？这些问题都是认可体外早期胚胎享有继承权所产生的难题，而且，基于前文的分析，体外早期胚胎是一种特殊的物，不享有民事主体地位，因此，不享有继承权。

（三）侵害体外早期胚胎的法律责任

冷冻保存精子、卵子、早期胚胎技术的发展，使得早期胚胎可以长期保存，有的甚至可以保存13年之久。(53) 在保存期间内，如果有人故意或过失将体外胚胎毁损、破坏的，行为人应当承担侵权损害赔偿责任。

对于侵害体外早期胚胎的侵权责任，不同国家或地区的做法有所不同。1973年美国哥伦比亚大学基督教医院为Doris及John Del Zio夫妇因不孕而实施体外受精，在受精卵正在顺利培养的过程中，由于执行医生未向医院提出报告，医院负责人就以该程序有违道德要求为由，在未通知当事人夫妇与执行医生的情况下，将受精卵进行销毁。1年后，Doris及John Del Zio夫妇以胚胎财产权受侵害导致精神受损害为由提起诉讼，法院虽然无法接受受精卵为财产的观念，也不认为胚胎为人（personhood），仍判决被告赔偿原告精神损害赔偿50万美元。(54) 我国台湾地区学者也多认为，体外早期胚胎受到侵害的，精、卵提供人有侵权行为之损害赔偿请求权，但少有明确指出其请求权基础。(55) 王富仙教授主张，当事人冷冻保存受精卵的目的，是期望孕育自己的子嗣，如今却遭受他人故意或过失的损害，不论是否有多余受精卵，或有无生殖能力，均是对其生育权的侵害，符合台湾地区“民法”第195条的规定，即不法侵害其他人格法益而情节重大者，被害人虽非财产上的损害，也可以请求相当的金额。若损害试验研究的受精卵，则该受精卵与生育权无关，不存在精神损害抚慰金的请求权。(56)

笔者赞同上述观点中关于体外胚胎受到侵害的，所有人享有损害赔偿请求权的主张。不过，对于该请求权的基础有不同的意见。笔者认为，体外早期胚胎受到侵害的，应根据胚胎生成的目的分别加以保护：

（1）体外早期胚胎基于人工辅助生殖目的产生。此类体外早期胚胎凝结了所有人为人父母的渴望和对孩子的期待，尽管不具有人的主体地位，但是承载了人类繁衍子孙的美好感情。某种意义上，也可以说它是具有人格象征意义的特定物。侵害具有人格象征意义的特定纪念物品，对被侵权人造成严重精神损害的，应当准许被侵权人请求精神损害抚慰金赔偿。对此，《关于确定民事侵权精神损害赔偿责任若干问题

---

(53) 参见《13年前人工受精 美国三胞胎相隔13年老三出生》，载http://news.cn.yahoo.com/050707/932/2dfdg.html，2010年9月1日访问。

(54) 参见陈美伶：《人工生殖之立法规范》，台北政治大学法律学研究所1994年博士论文，第216页。

(55) 参见陈美伶：《人工生殖之立法规范》，台北政治大学法律学研究所1994年博士论文，第224页；陈明伟：《人工协助生殖法律问题之研究》，辅仁大学法律学研究所1998年硕士论文，第147页。

(56) 参见王富仙：《受精卵法律地位之探索》，载《法学丛刊》2001年第3期，第5—6页。

的解释》已经作出了很好的规定,对于保护权利人的人格利益具有重要意义,应当继续贯彻。[57]

（2）体外早期胚胎基于医学实验目的产生。精子和卵子不允许买卖,这类体外胚胎是由精、卵细胞所有人捐赠给医疗研究机构进行体外培养生成的,产生的体外胚胎也不得进行自由买卖。而作为特殊的不可流通的物,受到他人故意或过失的毁损、伤害的,医疗机构不能请求精神损害赔偿,只能请求财产损害赔偿。但财产损害的数额如何确定,是一个难以解决的问题。笔者认为,体外早期胚胎本身是无价的,对其进行破坏或毁损,除了对胚胎的伤害外,更主要的是给以此胚胎为对象开展的科学研究带来了损害。因此,可以参考因胚胎受到损害,而带来的科研工作上的财产损害的价值,以此确定此类体外胚胎受到侵害可请求的损害赔偿数额。

---

[57] 参见杨立新:《〈中华人民共和国侵权责任法〉精解》,知识产权出版社 2010 年版,第 91 页。

论人格利益准共有[*]

准共有原本是物权法的概念,但是,在人格权法领域,也存在人格利益准共有关系。人格利益准共有,是指两个或两个以上的民事主体对同一项特定的人格利益共同享有权利的共有形式。在人格利益中,相关隐私、集体照相、共同荣誉、家庭名誉、合伙信用、"两户"信用等,都可能形成准共有关系。对人格利益准共有关系的法律调整,既要遵循共有的一般规则,又要遵循自己的特有规则。

一、人格利益准共有概念的提出

共有,是物权法所有权的概念;准共有则有所扩大,扩大到所有权以外的财产权领域,不仅包括物权法的他物权,还扩大到债权和知识产权领域,因此谓之"准共有者,乃数人分别共有或公同共有所有权以外之财产权之谓"[①];或者"对所有权以外财产权的共有(分别共有)或公同共有,学说上称为准共有"[②];或者准共有是"所有权以外财产权的共有"。[③] 笔者在《共有权研究》一书中将其界定为"准共有是指两个或两个以上民事主体对所有权以外的财产权共同享有权利的共有"。[④] 因此,准共有是财产权法(包括物权、债权和知识产权)的概念,是学界的共识,是不可否认的。

但是,有一个现象,超出了学界共识的这个范围。这就是,准共有的现象也存在于人格利益的场合。笔者在《共有权研究》一书中,描述了荣誉权准共有的现实,认为荣誉权存在共有的情形,不仅荣誉所属的财产利益有共有的现象,而且就在荣誉本身,也存在共有的情形。[⑤] 在肖像利益中,集体照相的当事人对于该照相中的肖像利益的支配,也存在共有的问题。[⑥] 在《民法该如何保护"相关隐私"》一文中,笔者又提出了在隐私利益中也存在共有的现象,即相关隐私,也就是共有的隐私利益。所谓的"相关隐私",是指涉及两个以上的自然人的隐私。在很多场合下,一个人的隐私与他

---

[*] 本文发表在《法学杂志》2004年第6期。
[①] 谢在全:《民法物权论》(上册),中国政法大学出版社2001年版,第342页。
[②] 王泽鉴:《民法物权(1)通则·所有权》,中国政法大学出版社2001年版,第389页。
[③] 〔日〕我妻荣:《新版新法律学辞典》(中文版),中国政法大学出版社1991年版,第468页。
[④] 杨立新:《共有权研究》,高等教育出版社2003年版,第310页。
[⑤] 参见杨立新:《共有权研究》,高等教育出版社2003年版,第343页以下。
[⑥] 参见杨立新:《使用合影当心侵权》,载《检察日报》2004年3月1日,第6版。

人的隐私是相关联的,例如所谓婚姻关系的"第三者"的隐私,就一定会涉及具有合法婚姻关系的"第一者"和"第二者"的隐私。"第三者"讲述自己的隐私故事,必然会涉及相关的另外两个关系人的隐私。这样的隐私,就是相关隐私。⑦ 例如,2001 年某日,某文摘报刊登了一篇题为《音乐家某某与李某38年婚外婚内情》的文章。文章披露了在该音乐家及其前妻婚姻关系存续期间,李某与该音乐家的婚外恋情,以及该音乐家与其前妻之间的部分婚姻生活内容。同时也披露了该音乐家与其前妻离婚,与李某结婚的若干事实。该音乐家的前妻认为,该文对她与该音乐家的婚姻与感情生活加以歪曲和捏造,文中有大量对原告及其家庭进行侮辱和诽谤的文字,严重损害了自己及家人的名誉权和隐私权,因而将出版社告上法庭,请求赔偿精神损害抚慰金10万元。⑧ 我们不去谈这个案件的具体处理,仅就案件事实而论,这确实涉及几个人共有的隐私利益的问题,相关隐私的一个当事人没有经过其他当事人的同意而将相关隐私予以公布,显然是侵害了其他相关隐私当事人的隐私权。

相关隐私、集体照相和共同荣誉等这些概念都反映出,在人格利益中确实存在准共有的现象,也应当适用准共有的基本规则进行规制。因此,准共有的概念不应当仅仅局限在财产权领域,还应当进一步扩大,在部分人格利益中,也应当使用准共有的概念,准共有也是人格权法的概念,人格权法也应当很好地研究人格利益准共有及其规则。在制定民法典的过程中,应当对人格利益的准共有问题进行深入的探讨,研究人格利益准共有运动的基本规律,确定调整人格利益准共有关系的基本规则。

二、人格利益准共有的概念和法律特征

笔者提出的人格利益准共有这个概念,目前还没有学者对其作出界定。笔者认为,人格利益准共有是指两个或两个以上的民事主体对同一项特定的人格利益共同享有权利的共有形式。

之所以这样界定人格利益准共有的概念,主要是基于以下考虑:

(1)人格利益准共有概括的是人格利益的共有形式,它超出了财产权的共有,延伸到人格利益的共有关系。共有是物权法的概念,是所有权的一种形式。而准共有则扩大了共有的范围,扩大到了所有权以外的他物权,以及债权、知识产权的共有关系。因此,准共有指两个或者两个以上民事主体,共同享有所有权以外的财产权的共有。⑨ 而"准共有之标的物,以财产权为限,人格权、身份权固不在其范围"。⑩ 但是,人格利益的准共有的现实存在,是不容否认的,因此,人格利益准共有就是人格利益共有的形式。准共有不仅存在财产权领域,而且也存在人格权领域。

---

⑦ 参见杨立新:《民法该如何保护"相关隐私"》,载《检察日报》2004年4月1日,第3版。
⑧ 参见《名人官司:刘某前妻柳某状告作家出版社索赔10万》,载《北京青年报》2003年5月30日。
⑨ 参见王利明:《物权法论》,中国政法大学出版社1998年版,第350页。
⑩ 谢在全:《民法物权论》,中国政法大学出版社2001年版,第342页。

（2）人格利益准共有只存在部分人格利益当中,准共有并不是人格利益都存在的普遍现象。在财产权领域,准共有差不多是普遍存在的,但是在人格权领域,人格利益准共有并不是普遍存在,只存在部分人格利益当中,例如荣誉利益的准共有、隐私利益的准共有、肖像利益的准共有等,在其他人格利益方面不存在共有的现象。因此,人格利益准共有只是部分人格利益存在的现象。

（3）人格利益准共有是利益的共有,而不是权利的共有。在准共有中,财产权的准共有是权利的共有,是数人对某一个权利的共同享有,例如债权准共有、知识产权准共有等。但是在人格利益准共有中,共有的不是权利,或者说基本上共有的不是权利⑪,而是人格利益。人格权的基本属性是固有性、专属性和必备性⑫,是民事主体与生俱来的专属权利⑬,因此,人格权就是特定的民事主体的自己的权利,不会发生共有的问题。例如,隐私权就是个人的权利,不会几个人享有一个隐私权。但是,某些人格利益却可以共有,例如集体照相,对集合在一起的数个民事主体的肖像,数个民事主体基于自己的肖像权,都对集体照相享有支配的权利,构成了肖像利益的共有关系。这就是人格利益的准共有,而不是肖像权的准共有,因为肖像权还是自己的权利,而仅仅是基于自己的肖像权而对该肖像利益享有支配的权利。

（4）人格利益准共有的基本规则仍然是准共有的基本规则,共同共有的人格利益按照共同共有规则处置,按份共有的人格利益按照按份共有的规则处置。但是,由于共有的是人格利益而不是财产权,因此人格利益准共有必然有自己的运动规律,研究人格利益准共有就必须研究它所独有的法律规则。

三、人格利益准共有的范围

并不是所有的人格利益都能形成准共有。下列人格利益可以形成准共有:

（一）共有的隐私利益——相关隐私

人格利益准共有的典型表现,就是相关隐私,它是自然人的隐私利益的重要组成部分。任何人生活在现实社会中,都要与人进行交往,在交往中,就会发生在一起交往的人共同享有的相关隐私的事实。相关隐私既包含着本人的隐私,也包含着其他相关的人的隐私。这种相关隐私涉及相关联的每一个人的隐私及其权利。法律保护自然人的隐私及其权利,就要保护相关隐私,使相关隐私不被相关隐私的当事人侵害。如果对相关隐私不予重视或者保护,就可能损害范围极为广泛的人的隐私权。

相关隐私不是"家庭隐私权"。有人认为,"第三者"讲述涉及合法婚姻关系的当

---

⑪ 之所以说"基本上",是说在荣誉利益的共有上,有一点权利共有的意思,但是我们还是从荣誉利益共有的角度进行分析和研究。

⑫ 参见杨立新:《人身权法论》,中国检察出版社 1996 年版,第 38 页以下。

⑬ 参见王利明等:《人格权法》,法律出版社 1997 年版,第 13 页。

事人的隐私,是侵害家庭隐私权。家庭隐私权的概念是不存在的,因为它不是法律上的概念。一个家庭可能会有自己的"集体隐私",但是,由于家庭不是民事主体,不具有民事权利能力,所以家庭不会享有隐私权。就是一个集体,也不会存在"集体隐私权",理由同样是集体不是一个权利主体,无法享有隐私权。而相关隐私,是民事主体之间有着共同内容的隐私。所谓的集体隐私或者家庭隐私,不过都是相关隐私。对于这种隐私,不是由一个由几个人享有的隐私权来保护的,而是由相关联的各个人自己所享有的隐私权来保护。对于涉及自己的那一部分隐私,基于自己的隐私权,都有权进行支配和保护。因此,即使是相关隐私,也不产生相关隐私权这样的概念,而仅仅是隐私利益的准共有。

(二)共有的荣誉利益——共同荣誉

荣誉权不是一个纯粹的人格权,具有人格权和身份权的双重性质[14];同时,荣誉权不仅包括精神上的人格利益,而且还存在财产利益,这就是附随于荣誉称号的奖金、奖品等财产利益。因而,精神性荣誉利益和财产性荣誉利益都可以形成准共有。

荣誉利益可以形成准共有,来源于三个原因:

(1)荣誉称号可以为数个民事主体所享有。在共同创造的成绩面前,有关机关、部门或者团体等可能会授予共同创造人一个共同的荣誉。最典型的就是共同共有的著作获得奖励,荣誉是奖励给所有的作者而不是授予其中的一个人或者几个人,精神性的荣誉利益归属于共同创造人共有,奖金则为数人共同共有或者按份共有。因此,荣誉利益能够为数人分享,成为准共有的客体。

(2)荣誉权多数包含财产性的人格利益。荣誉权不仅仅是一个精神性的权利,也包含财产利益,这就是附随于精神性荣誉利益的财产性荣誉利益,例如随同荣誉评价而颁发的奖金、奖品、奖牌、奖杯等物质性的表彰内容。获得荣誉的主体在享有精神性的正式评价、肯定性评价、褒扬性评价之外,还享有获得奖励的财产的权利。对于这些财产利益,权利人享有获得权和支配权,具有完整的所有权。[15] 正是因为这个权利中的这种财产权利,才使其具有了形成共有的基础。

(3)荣誉利益可以分割。正因为荣誉利益可以由数人共有,因此,荣誉利益也可分割,特别是其中的财产利益。既然荣誉的财产利益可以分割,就和其他财产权利的分割没有原则的区别,因此,荣誉权就可以形成准共有。

---

[14] 关于荣誉权的性质,有不同的主张。有的认为其为身份权;有的认为其为人格权;也有的认为其具有双重性质,既有身份权的性质,又有人格权的性质。在制定民法典过程中,在讨论人身权法编的时候,多数专家学者认为,一方面荣誉权确实具有人格权的性质,另一方面在身份权中都是指的亲属法上的权利,只有一个荣誉权作为亲属法外的身份权,在立法上不容易处理,况且《民法通则》也是将荣誉权放在人格权当中规定的,因此维持《民法通则》的做法,还是认其为人格权。故笔者采用荣誉权的"双重属性说",兼具人格权和身份权的性质。

[15] 参见杨立新:《人身权法论》,中国检察出版社1996年版,第826—827页。

(三)共有的肖像利益——集体照相

集体照相就是两个以上的人一起摄影所形成的照相,推而广之,将数人肖像集合在一起而制作的雕塑、录像、电影、画像等,也属于集体照相。

肖像权不能共有,但是对于集体照相却存在不同的权利主体对它的支配关系。通常认为,产生于 1887 年法国判例的集体照相的主体之一不得对集体肖像主张肖像权,说的是对集体照相的一般使用,例如照相馆将自己拍摄的集体照相作陈列,个人不得主张侵害其肖像权。⑯ 但这只是一个方面。对于集体照相,集体照相的主体之一,独自对集体照相进行商业化利用,或者集体照相的主体之外的人对集体照相进行商业化使用,无疑会对集体照相当事人的权益构成损害。因此,集体照相的当事人对集体照相的利益,应当有支配权。这样,集体照相的当事人就会形成内部关系和外部关系。内部关系,是集体照相的全体成员一起对该照相的肖像利益行使权利、负担义务;而外部关系,则是其他任何第三人对该集体照相当事人的权利所负有的不可侵义务。因此,集体照相所体现的,就是肖像利益的准共有关系。

(四)共有的名誉利益——家庭名誉

名誉利益一般不会形成准共有关系。但是,有的学者提出家庭名誉的概念,似乎家庭也会存在共有的名誉利益。学者提出家庭名誉概念的用意,在于确定死者名誉受到侵害的实质在于对家庭名誉的侵害,因此家庭成员在成员之一死亡之后有权向法院起诉请求保护家庭名誉。⑰ 这种观点值得商榷的,是对死者的名誉利益保护已经得到了法律的确认,无须再绕到家庭名誉的概念上来解决问题,因此这种观点不值得肯定,笔者曾经提出过批评意见。⑱ 但是,一个家庭确实存在共同的声誉,家庭成员对于共同的名誉利益如何支配,受到侵害之后如何进行保护,也会涉及准共有规则的适用问题。因此,对于家庭名誉,也有一个准共有的问题。在这个意义上使用家庭名誉的概念,是有道理的。

(五)共有的信用利益——合伙信用和"两户"信用

合伙有不同形式。那些不具有主体资格,不能成为其他组织的合伙,就是公民的组合。这种合伙,也有自己的信用利益,由于它不可能成为民事主体,也不能成为其他组织,因此无法享有信用权,因此对于其信用利益,只能按照共有的形式集体占有和支配。因此,合伙信用就是信用利益的准共有。

同样,个体工商户和承包经营户也都不具有民事主体资格,尽管《民法通则》中对"两户"作出了规定⑲,但他们都没有主体资格,也是家庭成员的公民组合。他们也都在进行经营活动,因此其家庭成员即"户"的成员也都共同占有和支配着共同的信

---

⑯ 参见龙显铭:《私法上人格权之保护》,中华书局 1948 年版,第 93 页。
⑰ 参见陈爽:《浅论死者名誉和家庭名誉》,载《法学研究生》1991 年第 9 期。
⑱ 参见杨立新:《人身损害赔偿》,中国检察出版社 1996 年版,第 279 页。
⑲ 参见《民法通则》第 26—29 条规定。

用利益。"两户"信用实际上也是信用利益的准共有形式。

(六) 不能形成准共有的人格利益

从以上的分析可以看出,能够形成准共有关系的人格利益,是那些精神性的人格利益。因此,物质性的人格利益不能形成准共有关系,例如,生命利益、健康利益和身体利益。如果说连体婴儿等可能形成生命利益、健康利益和身体利益的共有关系,但是这种极为特殊的民事主体在资格上,究竟是一个主体还是两个主体,在法律上还无法界定,因此,可以排除在本文讨论的范围之外。即使是在精神性的人格利益中,有些人格利益也不能形成准共有的关系。例如,姓名利益只能由个人单独享有,不能为数人共同享有;名称利益、人身自由利益、性利益等也不能为数人共同享有。

四、对人格利益准共有关系的法律调整

(一) 人格利益准共有关系的建立

人格利益准共有关系的建立,与其他准共有关系的建立有所不同,主要基于以下原因而建立:

1. 基于共同实施某种行为而建立

数人共同实施某种行为,可能产生人格利益准共有关系。集体照相,就是数人共同实施照相的行为,使数人的肖像集合在一起,构成一个共同的形象,因此,每一个集体照相的人的形象都在一个肖像中结合在一起,不能分割,因此而建立了对集体照相这种人格利益的准共有关系。

2. 基于相关事件而建立

数人参加到某一件相关的事件中,而且这种事件对每一个人的人格利益相关,因而产生了该种人格利益的共有关系。典型表现的就是相关隐私。数人交往,在一个和数个相关事件中,都存在隐私的利益,对于该事件产生的隐私利益,就构成相关隐私,相关的民事主体对该隐私都具有利害关系,建立隐私利益的准共有关系。

3. 基于共同获得荣誉而取得

在荣誉利益的准共有中,都是基于共同获得荣誉而享有共有利益。对数人共同颁发一个荣誉称号,这个荣誉利益就归该数人共有。其中包含的财产利益,当然更是准共有关系。

4. 基于共同关系而取得

在家庭(户)和合伙中,都存在共同关系。例如在共同共有关系中,存在共同关系也是产生共同共有的事实基础。在以他们为主体的人格利益准共有中,同样是基于家庭(户)或者合伙的共同关系,产生共有的名誉利益和信用利益。

(二) 人格利益准共有的类型

人格利益准共有的类型也分为共同共有和按份共有。在现实生活中,共同共有

的人格利益准共有是基本类型,而按份共有的准共有关系不是典型的形态。

1. 共同共有的人格利益准共有

相关隐私、集体照相、家庭名誉、合伙信用和"两户"信用的共有关系,都是共同共有关系,所有的共有人对共有的人格利益都享有同等的权利。在荣誉利益的准共有中,也存在共同共有关系。例如,不具有法人资格的集体获得的荣誉称号,应当是共同共有的准共有;数人共同获得的荣誉,不能划分份额的,也是共同共有的准共有。共同创作的著作获得荣誉,如果成果不能划分份额,只能共同共有,其财产利益进行分割的,应当按照等份的份额进行分割。

2. 按份共有的人格利益准共有

荣誉利益存在按份共有关系。一方面,在授予的荣誉称号中,本身就存在按份共有的形式。例如,对集体写作,各个著作人写作部分划分清楚的,对著作权是按份共有的,如果该著作获得荣誉,荣誉利益也应当是按份共有的,其中包括财产利益,例如奖金、奖品等,存在按份共有的关系。行使权利,应当共同行使;分割荣誉的财产利益,应当按照按份共有的规则处理,按照确定的份额,决定各自所得的利益。

(三)人格利益准共有的基本规则

在对人格利益准共有进行民法保护的时候,应当确立民法保护的基本立场。笔者认为,对于人格利益准共有的法律保护,应当纳入人格权的统一保护制度当中。其实,人格利益准共有本来就是人格权的一个具体内容,本来就在人格权的保护范围之内。加强对人格利益准共有的保护,就是强调这种人格利益在运用人格权保护的时候,应当重点予以保护,并且确定在保护中的特殊规则。

在这个基本思想的指导下,对于人格利益准共有的民法保护应当遵守以下规则:

1. 共同支配权

共同支配权,是指人格利益准共有的当事人共同享有、共同支配准共有的人格利益。

人格利益准共有,就是相关人对同一项特定的人格利益的共同享有,包括共同共有和按份共有。在确立人格利益准共有的民法规则的时候,应当参考物权法共有关系的规则,确立其基本立场。这就是,对于人格利益准共有应当由相关当事人共同享有,人格利益准共有关系的当事人在支配准共有的人格利益时,应当实行"协商一致"的原则,即在原则上,人格利益准共有的关系人对该人格利益的支配应当一致同意,方能行使对准共有的人格利益行使支配权。当然,人格利益准共有不是权利的共有,不是一个独立、共有的人格权,而是各个人格权人对自己的那一份隐私利益享有的支配权。对于准共有的人格利益的支配,当事人应当协商一致,共同支配,保障任何与该项准共有的人格利益有关联的当事人的人格利益不受其他相关人支配该人格利益的行为的侵害。这一规则,应当是人格利益准共有内部关系中的基本点。

2. 保护注意义务

保护注意义务是指人格利益准共有的当事人对其他相关当事人负有的保护注意

义务。

在人格利益准共有关系的内部,应当确立人格利益准共有关系当事人对其他相关当事人的保护注意义务,以保护相关当事人的人格权。这种对人格利益准共有当事人的保护义务,人格利益准共有关系当事人履行这一保护注意义务,应当以最高的注意程度——善良管理人的注意义务——谨慎行事。其判断标准应当是客观标准,即人格利益准共有关系当事人之一,在支配准共有的人格利益时,只要对其他当事人的相关人格利益有所侵害,即为违反该义务,构成对相关当事人的人格权的侵害。

3. 承诺权

承诺权是指人格利益准共有关系当事人对共有人格利益承诺其他相关当事人单独支配的权利。其他相关当事人单独支配共有的人格利益,应当征得相关当事人的同意。

凡是实施支配自己的人格利益涉及相关隐私、集体照相、共同荣誉、家庭名誉、合伙信用和"两户"信用等人格利益的法律行为时,行为人必须征求其他人格利益准共有关系当事人的同意,以取得对准共有的人格利益进行支配的权利。未经其他当事人的同意而实施这样的行为,即为违反对其他当事人的保护注意义务。例如,以别人写给自己的书信为依据写的回忆录,双方对此都愿意公开,当一方写作回忆录说到这些信中涉及的隐私问题时,就不会造成侵权的结果。如果对方不同意公开,该方却硬要写出来,那就是对其他当事人享有的隐私权的侵害,构成侵权。如果这封信或者这些信还涉及第三人的隐私,那就不仅仅要征求对方的意见,还要征求涉及的第三人对相关隐私的同意。如果不征求对方和第三人的意见也行,那就要处理好,凡是涉及对方和第三人的隐私问题都要妥善处理,不能泄露他人的隐私。同样,对于集体照相,其中一人将该照相进行商业开发,没有经过其他集体照相当事人的同意,也侵害了集体照相的其他当事人的肖像权,构成侵权。违反人格利益准共有关系内部的保护注意义务,造成相关当事人的人格权损害的,都构成侵权。

涉及支配死者的人格利益时,如果该项人格利益为准共有关系,亦应当征得死者人格利益保护人的同意。死者的人格利益也受到法律的保护。在涉及已经去世的死者的准共有的人格利益时,其他相关当事人支配该人格利益,也应当注意保护死者的人格利益,不得非法侵害。死者的人格利益被非法支配,未经死者的保护人即近亲属的同意,造成死者的人格利益受到侵害的,其近亲属作为保护人,有权进行保护,提出追究侵权行为人侵权责任的请求。

4. 拒绝权

拒绝权是指人格利益准共有关系当事人有权拒绝其他相关当事人对准共有的人格利益进行支配的权利。该拒绝权一经行使,即生效力。如果人格利益准共有关系的当事人明确表示行使该权利,其他相关当事人不得支配该项人格利益。例如,相关隐私、集体照相、共同荣誉、合伙信用等当事人明确不得支配该人格利益的,其他当事人不得就这样的隐私、肖像、荣誉、信用、名誉的利益进行支配,更不得强制支配。如果对涉及自己的人格利益部分进行支配,也必须隐去相关当事人的人格利益,只能支配涉及自己的而不涉及他人的人格利益,否则构成侵权。

5.财产权

在准共有的人格利益中包含财产利益的,其对财产利益的支配,应当严格按照共有的规则进行。因为这时的财产权的准共有,实际上已经形成了财产的共有。首先,对财产利益的支配,如果是共同共有的,应当按照共同共有的规则处理,如果是按份共有的,应当按照按份共有的规则处理。其次,分割共有的财产利益的,应当按照分割共有财产的规则进行。

6.对外关系

人格利益准共有的对外关系,最主要的就是解决准共有的人格利益受到侵害的时候,各个相关的当事人如何保护该项人格利益,进而保护自己的人格权。

(1)人格利益准共有关系的当事人都有权利保护该人格利益。准共有的人格利益受到侵害,实际上侵害的是相关当事人的人格权,每个人当然都有权提出保护的请求。至于共同行使权利还是集体行使权利,在所不论。

(2)保护准共有的人格利益所取得的利益,应当归属于全体当事人。即使是单个的个人起诉的保护请求,如果取得的利益涉及的是相关当事人全体的利益,应当归属于所有当事人享有,不得个人享有;其维护准共有的人格利益的费用,也应当由全体享有利益的当事人承担。如果是财产利益需要分割的,则按照共有财产分割的原则进行。

物权法规定的物权客体中统一物的概念

《物权法》第2条第2款规定了物,即:"本法所称物,包括不动产和动产。法律规定权利作为物权客体的,依照其规定。"究竟应当如何理解物的概念,如何理解物权客体的概念,是正确理解和适用《物权法》的基础性前提。对此,笔者提出抛弃"物必有体"学说,重新构建统一物的概念,进行以下分析和论证。

一、民法中物的概念的发展及面临的新课题

(一)罗马法中物的概念

现代民法意义上的物的概念并非直接源于罗马法,而是大陆法系特别是德国法上具有特定含义的重要概念。根据学者考证,在古罗马时期,人、动物和自然界在宇宙平等共居,人对自然和万物的君临一切的主体态度,尚未建立起来。① 奴隶不属于人,属于物。直到1537年罗马教皇保罗三世才宣告,印度人、黑人,或新大陆的土著居民也是"真正的人类"②,法律才确认只有自然人具有法律上的人格③,成为法律上的主体,其他非人类的客观存在为法律上的"客体"。只有确立了人与物的两分法,物才可能成为权利的客体。

罗马人用"这个东西是属于我的"或"这个东西是我的",再加上"根据罗马人的法"表示真正完整的市民法所有权。④ 罗马法中关于物的概念学说主要可以归结为"泛物说"和"金钱说"两种。"泛物说"认为,物(res)是除自由人外,凡存在于自然界者都称为物。"金钱说"认为,物(bona)指的是,凡是具有经济价值并可用金钱衡定的事物,包括权利、利益及权利之客体,包括财产权利而不包括身份权。⑤"泛物说"将客体和客体之上的权利统称为物,是市民社会中"自由人"概念的对立面,主要强调对

---

* 本文发表在《法学家》2008年第5期,合作者为四川大学法学院王竹教授。
① 参见赵晓力:《民法传统经典文本中"人"的观念》,载强世功、李光昱主编:《北大法律评论》(第1卷第1辑),法律出版社1998年版。
② 参见薛军:《"物"的概念的反思与中国民法典的编纂》,载《法商研究》2002年第5期。
③ 参见常鹏翱:《"物"在民法中的隐喻及其困境》,载郑少华主编:《华东法律评论》(2003年第2卷),法律出版社2003年版。
④ 参见〔意〕彼德罗·彭梵得:《罗马法教科书》,黄风译,中国政法大学出版社1992年版,第196页。
⑤ 参见谢邦宇主编:《罗马法》,北京大学出版社1990年版,第164页。

物的支配性;而"金钱说"注重"可用金钱衡定",主要强调其财产性。现代民法的物的概念正是"金钱说"和"泛物说"的结合,民法上的物既是广义的物,也具有财产属性,是二者的交集。

(二)大陆法系物的概念

学者一般认为,大陆法系关于物主要有三种立法例:第一种是兼指有体物和无体物(权利),以《法国民法典》为代表;第二种是只承认有体物,不承认无体物,以《德国民法典》和《日本民法典》为代表;第三种是例外承认"自然力"是物,以《瑞士民法典》为代表。[6] 通过对自然力的研究[7],笔者认为后两种立法例在实质上并无本质区别,只是代表了不同时代的科技水平及其对民法的影响。以下分别对法国法和德国法及日本法的物的概念进行简要分析。

尽管《法国民法典》第二编中没有使用物权的概念,但学说上并不否认物和物权概念。法国民法的表述更注重从物的客体角度阐述物权,"以物为客体的权利就是物权"[8],认为财产(bien)可以定义为服务于人的物(les chose),是有体物,亦即可以通过感觉尤其是通过手的触摸而感知其存在的客体。[9] 法国法的物的概念,主要承袭了罗马法上的"金钱说",只要能够成为财产的一部分,并且能被占为己有的财富即为物,如对物的所有权,以及与物的有关的各种权利(用益权、地役权)或与物无关的其他权利(作品的著作权),等等。[10] 在立法上,《法国民法典》第二编没有使用"物权"的概念,而是以"财产及对于所有权的各种变更"为标题。在第一编财产标题下各章节标题之上,第516条规定:"一切财产,或为动产,或为不动产。"在以下各章分别规定了不动产和动产制度。《法国民法典》规定的不动产主要包括地产与建筑物(第517条)以及庄稼和尚未摘取的果实(第520条),动产主要是指能够移动的物体,包括各种牲畜和无生命的物体。法国法系的另一典范《埃塞俄比亚民法典》将无记名有价证券(第1128条)和自然力(第1129条)归入动产,扩展了物的范围。

传统德国民法理论强调"物必有体",将物限定在有体物范围内。《德国民事诉讼法》第264条把物扩展到了有体物、无体物和权利。[11] 现代德国物权法理论认为,"从人体分离出来并且已经独立化的人体部分可以是所有权客体之物",并已经有判例支持了因对为避免丧失生育能力而专门存放起来的精子造成损害的赔偿请求。[12]

---

[6] 参见刘得宽:《民法总则》(增订四版),中国政法大学出版社2006年版,第135—136页。陈华彬先生采同样见解,参见陈华彬:《物权法原理》,国家行政学院出版社1998年版第50页。

[7] 杨立新、王竹:《自然力的物权客体属性及其法律规则》(本书第397页),载《法学家》2007年第6期。

[8] 〔法〕雅克·盖斯旦等:《法国民法总论》,陈鹏等译,法律出版社2004年版,第167页。

[9] 参见尹田:《法国物权法》,法律出版社1998年版,第13页。

[10] 参见法国《拉鲁斯百科全书》(第3卷),第1689页。转引自钱明星:《我国物权法的调整范围、内容特点及物权体系》,载《中外法学》1997年第2期。

[11] 参见梅夏英:《财产权构造的基础分析》,人民法院出版社2002年版,第95页。

[12] 参见〔德〕M.沃尔夫:《物权法》,吴越、李大雪译,法律出版社2004年版,第7—8页。

这些立法和判例，表现出了德国法"物"的概念的扩展。《日本民法典》第85条的规定，直接承袭了《德国民法典》的"物必有体"说，甚至至今仍有日本学者还坚持认为可以承认对电等物的支配权，但不能承认其物权的成立，以维护绝对的"物必有体"的理论。[13] 不过通说已经有所突破，认为已经分离出来的人体组成部分构成物权法上的"物"，其所有权归属于第一次分离前所属的人。[14] 对于尸体，传统学说认为其不是物，不能作为所有权的客体。[15] 但在晚近的研究中，通说确认尸体是物，但其所有权受到限制，公民死亡后的尸体所有权理应由其继承人继承。他人损害以及非法利用该尸体，即侵害了继承人的尸体所有权。[16] 依日本判例，"遗骨为物，为所有权之目的，归继承人所有，然其所有权限于埋葬及祭祀之权能，不许放弃"。[17] 日本民法学界已经认识到"物必有体说"与现今社会的经济生活不相适应的状况，并提出了两种主张：一种主张认为，可通过对民法关于物的概念的扩张解释，使无体物能够被承认为所有权的客体。另一种主张认为，不需要对民法中物的概念作扩张解释，可通过立法，使无体物成为特别法中的权利客体。[18] 这两种主张，均体现出物的范围的扩展。

（三）我国民法学说中物的概念

传统德国民法理论强调的"物必有体说"，为部分旧中国传统民法学者所赞同，如胡长清先生认为，物是"在吾人可能支配之范围内，除去人类之身体，而能独立为一体之有体物"。[19] 在我国现代民法学说中也有少数支持者，如认为，物"须为有体"[20]"物以有体物为限"[21]等。《大清民律草案》第166条也规定："称物者，谓有体物。"[22]较具有代表性的是梅仲协先生的观点："物者，环绕人类之一切具有确定限界之有体物（即固体液体及气体）也。"[23]对1930年《民国民法典》没有承袭这种规定的做法，梅先生的解释是："物则以有体物为限。""关于物之范围，尚乏明文规定……我民法学者，亦从之。"[24]

随着科技的进步，特别是空间和自然力纳入物权法的调整范围，我国大陆和台湾地区学者虽大多借鉴德国民法学说，但对于绝对意义上的"有体物说"，大多不予全盘

---

[13] 参见〔日〕田山辉明：《物权法》（增订本），陆庆胜译，法律出版社2001年版，第10页。
[14] 参见〔日〕岩志和一郎：《器官移植的比较法研究——民事法的视点（1）》，载《比较法研究》46号，第104页。转引自杨立新、曹艳春：《论脱离人体的器官及组织的法律属性及其规则》，载《中国法学》2005年第5期。
[15] 参见〔德〕迪特尔·梅迪库斯：《德国民法总论》，邵建东译，法律出版社2000年版，第876页。
[16] 参见龙显铭：《私法上人格权的保护》，中华书局1948年版，第59页。
[17] 史尚宽：《民法总论》，中国政法大学出版社2000年版，第289页。
[18] 参见邓曾甲：《日本民法概论》，法律出版社1995年版，第46页。
[19] 胡长清：《中国民法总论》，中国政法大学出版社1997年版，第152页。
[20] 梁慧星：《民法总论》，法律出版社2001年版，第98页。
[21] 魏振瀛主编：《民法》，北京大学出版社2000年版，第119页。
[22] 杨立新点校：《大清民律草案·民国民律草案》，吉林人民出版社2002年版，第21页。
[23] 梅仲协：《民法要义》，中国政法大学出版社1998年版，第78页。
[24] 梅仲协：《民法要义》，中国政法大学出版社1998年版，第79页注解1。

接受,而以"有体物"作为物的主体部分,利用"视为物"的定义方法,将空间、自然力等纳入物的范畴。大部分学者列举了自然力,如:"物者,除人体外,谓有体物及物质上能受法律支配之天然力。"[25]"物者,人体之外,人力所能支配,并能满足人类生活需要之有体物及自然力也。"[26]"依通说,法律上的物,是指存在于人身之外可以满足人们的社会生活需要并且能够被人们所实际控制或支配的物质实体和自然力。"[27]这种模式始于史尚宽先生:"物者,谓有体物及法律上俱能支配之自然力。"[28]可以说是对"有体物说"的最初改造模式,是对绝对"有体物说"的突破,学者多有借鉴,是一种意在维系物的概念的有体物固有属性的改良模式。另有部分学者认识到,除了自然力,空间也应该被纳入物的范畴,如孙宪忠教授认为,物是指能够为人力控制并具有价值的有体物;能够为人力控制并具有价值的特定空间视为物;人力控制之下的电气,亦视为物;鉴于科学技术的发展及高层建筑和地下建筑的出现,特定空间可以成为物权客体,因此空间被视为物。[29] 随着虚拟财产进入到物权法的调整范围,有些学者也把虚拟财产作为物的列举范围,进一步扩展了物的外延。

(四)抛弃"物必有体说"带来的统一物的概念缺位的新课题

从民法物的概念的发展脉络来看,整体的趋势是以有体物为核心构建了物权法制度,然后在社会发展和科技进步过程中逐步否定绝对的"物必有体说",在有体物之外例外承认自然力、空间、尸体、人体分离物和虚拟财产等也可以视为物。对这种渐进式的列举模式,我们称之为"1+X"模式。所谓的"1",便是指"有体物","X"是指各种理论模式列举的在有体物之外而为物的概念所包含的范围不等的其他种类的物。

《物权法》第 2 条第 1 款规定:"因物的归属和利用而产生的民事关系,适用本法。"因此,某一权利客体是否可以归属为物,是能否适用《物权法》的先决条件。与大多数国家或地区的民事立法一样,我国《物权法》没有对物直接定义。在理论抛弃了"物必有体说"之后,代之以"1+X"模式的物的概念定义方法,在满足了民法发展的需求的同时,却出现了方法上的局限性,即缺乏统一物的概念。"物必有体"学说建立的根源,并非是当时的民法学者视 19 世纪末科技发展的成果于不顾,而是为了维护整个物权法体系的一贯性,即通过统一物的概念的内涵和外延的抽象限定性来确保物权法的适用范围和规则的普遍适用性。"1+X"模式概念先行地将有体物作为物的主体部分,比照有体物的特点构建物的概念内涵,造成了有体物之外的物必须依

---

[25] 黄右昌:《民法总则诠解》,第 187 页。转引自王泽鉴:《民法总则》,中国政法大学出版社 2001 年版,第 207 页。
[26] 杨与龄:《民法概要》,中国政法大学出版社 2002 年版,第 45 页。
[27] 柳经纬主编:《民法总论》,厦门大学出版社 2000 年版,第 155 页。
[28] 史尚宽:《民法总论》,中国政法大学出版社 2000 年版,第 249 页。
[29] 参见孙宪忠:《物权法总则建议稿》,第 11 条及其说明,载孙宪忠:《争议与思考——物权立法笔记》,中国人民大学出版社 2006 年版,第 38—39 页。

靠"视为物"的方式勉强进入到物的范畴的尴尬境地,"X"因列举大小而不同,显得过于模糊,无法明确统一物的概念的外延,进而导致《物权法》适用范围上的不确定性。同时,我们处于一个权利膨胀的时代,而作为财产法基本法的《物权法》,自然首当其冲地被期望能够调整这些财产的权属问题。部分新出现的财产其实完全可以纳入《物权法》规范的范畴,只是囿于物的概念缺乏统一的内涵,因此不能抽象出统一的标准来进行判断而处于性质未定且无法直接适用《物权法》的尴尬境地。因此,必须在积极应对社会经济和科学技术发展需要的基础上,重新构建统一物的概念。

二、近代以来民法物的范围的不断扩大

学界普遍的认识是,凡是存在于人身之外的,能够满足人们一定的社会需要而又能为人所控制和支配的自然物及人类创造物,都能成为民法上的物。从这个意义上讲,民法上物的范围将随着人类征服自然的能力不断扩大而呈扩大趋势。[30] 为了能够重构统一的物的概念,我们需要先研究影响民法物的范围的扩大化因素。经过研究,我们发现,以 20 世纪初为界,物的概念在此之前主要受到物理学发展的影响,在此后,则受到现代社会观念和科学技术等多方面的综合影响,因而,物的概念和物的范围才有了极大的扩展。

(一)20 世纪之前民法物的概念对物理学的不断借鉴

在传统民法时代,民法自身的发展是伴随着人类改造自然的实践而发展的,民法物的概念主要受到物理学的影响,我们先来简要回顾一下物理学的发展简史。物理学按照具有里程碑意义的研究成果,可以大致划分为如下四个阶段:

(1)古典物理学阶段。在亚里士多德发表《物理学》和《论天》以后的很长一段时间里,人们对客观世界的认识长期处于原始阶段,仅限于五官感知对固体、液体和气体的区分。

(2)近代物理学阶段。1665 年牛顿提出了万有引力定律,随后是综合运动三定律,在 1687 年出版了《自然哲学之数学原理》,标志着近代物理学的崛起。

(3)经典物理学阶段。19 世纪下半叶到 20 世纪初,随着热力学三大定律和法拉第关于电磁统一学说的提出,经典物理学体系逐步形成。

(4)现代物理学阶段。20 世纪初爱因斯坦"相对论"和波尔量子"互补原理"的提出,标志着天体物理学和量子物理学在宏观和微观两个不同的层面对物进行了更加深入的阐释,物理学进入到现代阶段。[31]

尽管当今物理学在各个领域飞速发展,但由于未出现新的跨时代的理论,基本上还未突破现代物理学阶段,因此,可以将以上四个发展阶段简单地作为民法学对物理

---

[30] 参见魏振瀛主编:《民法》,北京大学出版社 2000 年版,第 118 页。
[31] 参见潘永祥、李慎:《自然科学发展史纲要》,首都师范大学出版社 1996 年版。

学物的概念借鉴的基本时代背景。

从阶段上讲,民法产生时,物理学还处于古典物理学阶段。罗马法上有体物(有形物)的概念是以五官感觉所能涉及的范围对物这一抽象概念朴素的经验总结,是指"存在于自然界中可以触知的实体物,如桌椅、奴隶、谷仓、土地"。㉜ 随着物理学的不断发展,民法理论也对此进行了吸收和借鉴,学理上对有体物逐渐采扩大解释,认为有体物不必具有一定形状或固定的体积,不论固体、液体或气体,均为有体物。在经典物理学背景下,人们认识到了各种自然资源,特别是各种能源,如天然气、电能等,并把这些新的物纳入到物的概念中来,并命名为"自然力",如史尚宽先生就认为:"物者,谓有体物及法律上俱能支配之自然力。"㉝《瑞士民法典》第713条规定:"性质上可移动的有体物以及法律上可支配的不属于土地的自然力,为动产所有权的标的物。"从时间上看,正是在经典物理学阶段的末期即19世纪末20世纪初,世界各国或地区民事立法和学说中物的概念开始逐步吸收自然力要素,放弃"物必有体说"。㉞这也是现代民法物的概念研究的起点。

应该指出的是,民法理论对物理学借鉴也具有有限性。学者以为,"法律概念不应拘泥,凡物理上之物,即使人力尚不能支配,亦无妨承认为法律上所谓物"。㉟ 这种无限制的扩展理论,值得斟酌。"能够成为民事法律关系客体的物与物理学意义上的物是既有联系,又有区别的,它不仅具有物质属性,而且具有法律属性。"㊱作为市民社会规则的民法,不可能也没有必要将"现代物理学阶段"的微观粒子和天体纳入物的范畴,因此民法上的物的概念的扩张,也不是没有限度的。"民法学上之所谓物,系依其能否为物权之客体决之,既不纳为物权之客体,即不能谓其为物之故也。"㊲笔者认为,至少在现阶段,以下三种物理上的物应该予以排除:

(1)宏观的物,如海洋、大气、日月星辰,例如罗马法也认为在交易中不可及的东西,如太阳、月亮、星星不是法律意义上的物。㊳

(2)微观的物,如分子、电子等。

(3)无法保存或者一经接触就会毁坏的物,如水滴、雪片、灰尘。㊴

尽管上述三种物理上的物不作为民法物的内容,但这些物理上的物的部分能够被人力所支配,同样可以成为物。例如从海洋中取出的海水,太空坠落的陨石,从月球上取出的岩石,采集的雨水、雪、冰等,都是民法物的概念的范畴,是物的具体表现

㉜ 江平、米健:《罗马法基础》,中国政法大学出版社2004年版,第178页。
㉝ 史尚宽:《民法总论》,中国政法大学出版社2000年版,第249页。
㉞ 参见杨立新、王竹:《自然力的物权客体属性及其法律规则》(本书第397页),载《法学家》2007年第6期。
㉟ 梁慧星:《民法总论》,法律出版社1996年版,第82页。
㊱ 王利明:《民法总则研究》,中国人民大学出版社2003年版,第191页。
㊲ 胡长清:《中国民法总论》,中国政法大学出版社1997年版,第155页。
㊳ 参见江平、米健:《罗马法基础》,中国政法大学出版社2004年版,第177页。
㊴ 参见[德]卡尔·拉伦茨:《德国民法通论》(上册),王晓晔等译,法律出版社2003年版,第381页。

形态。

(二) 20 世纪以来社会变迁、商业活动和技术发展对民法物概念的影响

民法物的概念对物理学研究成果的借鉴,在 20 世纪初期止步于经典物理学阶段之后,又受到了来自现代社会变迁、商业活动和技术发展等各方面的新冲击,主要包括如下七个方面:

(1) 医学科学技术的快速发展。从 1954 年成功完成第一例肾脏移植手术以来,随着医学科学的不断发展,现代医学对人的器官、组织的利用技术不断提高。史尚宽先生早就指出:"人身之一部分,自然地由身体分离之时,其部分已非人身,成为外界之物,当然为法律上之物。"[40]"随着科学技术的发展,活人的身体不属于物的概念受到挑战。"[41]特别是随着输血和器官移植行为越来越普遍,"现在必须承认献出的血以及取出的、可用于移植的器官为物"。[42] 在民法上就表现为脱离人体的器官及组织[43]、死胎[44]、尸体[45]、人体医疗废物[46]和胎盘[47]等,以不违背公共秩序与善良风俗为限,在特定情况下成为物权客体。这些学说为顺利实施器官移植、死后人体组织、尸体捐赠和相关立法,提供了理论上充分的依据。

(2) 生态时代的逐步到来。生物是指自然界中由活质构成,并具有生长发育、繁殖等能力的物体。生物能通过新陈代谢作用跟周围环境进行物质交换。动物、植物、微生物都是生物。[48] 从生物学上讲,人也属于特殊的动物,不过由于人在民法中处于主体地位,因此民法的生物不包括人。传统民法一直把生物等作为普通的物,纵观各国民法对野生动、植物的规定,大多任由先占取得和处分。随着社会发展对自然世界的破坏和对生物圈研究的深入,人类已经充分认识到其他生物对人类社会具有的重要意义,非人生命的特殊生命伦理价值逐渐受到重视。在 20 世纪 70 年代以来兴起的生态伦理学和当代环保主义学说的影响下,对于动物的保护为社会各界所重视,并最终体现在立法上。1990 年《德国民法典》增加第 90a 条,规定:"动物不是物。它们由特别法加以保护。除另有其他规定外,对动物准用有关物的规定。"尽管德国权威学者如迪特尔·梅迪库斯和科勒等人均认为民法此项规定乃"概念美容"[49],但也的

---

[40] 史尚宽:《民法总论》,中国政法大学出版社 2000 年版,第 250 页。
[41] 王利明主编:《民法》,中国人民大学出版社 2000 年版,第 90 页。
[42] 〔德〕迪特尔·梅迪库斯:《德国民法总论》,邵建东译,法律出版社 2000 年版,第 876—877 页。
[43] 参见杨立新、曹艳春:《论脱离人体的器官及组织的法律属性及其规则》,载《中国法学》2005 年第 5 期。
[44] 参见杨立新:《死胎的法律性质及其民法保护》,载《人民法院报》2005 年 6 月 8 日。
[45] 参见杨立新:《尸体的物权属性及其物权规则》,载《法学家》2005 年第 4 期。
[46] 参见杨立新、曹艳春:《人体医疗废物的权利归属及其支配规则》(本书第 330 页),载《政治与法律》2006 年第 1 期。
[47] 参见曹艳春:《论胎盘的法律属性及其规制》,载《河北法学》2006 年第 3 期。
[48] 参见《现代汉语词典》,商务印书馆 1983 年版,第 1027 页。
[49] 参见〔德〕迪特尔·梅迪库斯:《德国民法总论》,邵建东译,法律出版社 2000 年版,第 877 页;王泽鉴:《民法总则》,中国政法大学出版社 2001 年增订版,第 209 页。

确是民法理论对动物地位反思和激烈讨论结果的集中体现。而且即使在民法范围内几乎没有什么对动物的特别规定,但动物保护思想也可以纳入价值评判问题。[50] 对此,笔者也曾经提出了通过设立伦理物格的思路来对生物进行特殊保护。[51]

(3)海域现代化商业利用的深入发展。随着人口的激增和经济的发展,陆上资源的紧缺甚至枯竭,世界各国都不约而同地将资源现代化商业开发利用目光投向了海洋。早在新石器时代,人类就开始用石沪捕鱼[52],直到20世纪80年代才开始进行大规模海水养殖。1850年英法之间的多佛尔海峡成功铺设了用于发送电报的海底电缆,但直到20世纪后半叶,人类对海底的现代化商业利用才进入实质阶段,标志性事件包括1942年日本在下关和门司之间修筑的长6.3公里的海底隧道和1947年美国在墨西哥湾发现的第一个近海油田,而国际海底光缆则最早于1985年在加那利群岛两个岛屿之间铺设。我国对海域的现代化商业利用始于20世纪60年代对渤海湾浅海石油的勘探和开采。2001年,我国《海域使用管理法》第一次在实体法上规定了海域使用权,《物权法》第122条规定:"依法取得的海域使用权受法律保护。"明确了海域使用权的权利属性为用益物权。这些都为我国海域的商业化利用提供了法律依据。

(4)空间成为独立利用的对象。现代社会经济发展,土地资源紧张,土地利用向立体化方向发展,在建筑物之上加盖和建设地下工作物的情形比比皆是,还出现了各种高架桥和空中走廊。空间已经成为独立的利用对象,并得到了建筑技术进步的保证。在城市建设较为发达的国家,已经出现了数十年的地上空间建筑实践,如坐落在芝加哥的"美国中西部行政大厦",有40层是建在"伊利诺斯火车站"上;波士顿的"马萨诸塞大道"穿过52层的行政大楼;纽约59层的"泛美航空公司大楼"占据"中心火车站"的上空。[53] 美国最高法院1946年通过判决确立了空间的独立地位,为实务上空间权的设立和交易提供了基本规则。日本为了保证因公共利益需要而使用地下深层空间的需求,专门制定了《地下深层空间使用法》。[54] 我国《物权法》第136条规定:"建设用地使用权可以在土地的地表、地上或者地下分别设立。新设立的建设用地使用权,不得损害已设立的用益物权。"其中在地上或者地下设立的建设用地使用权,就是以独立空间为客体的分层建设用地使用权。

---

[50] 参见〔德〕施瓦布:《民法导论》,郑冲译,法律出版社2006年版,第227页。

[51] 参见杨立新、朱呈义:《动物法律人格之否定——兼论动物之法律"物格"》(本书第340页),载《法学研究》2004年第5期。

[52] 石沪捕鱼是一种最早可以追溯到新石器时代的古老捕鱼方式。当时的海岛居民还不能制造复杂的捕鱼工具,通过在海岸建筑石坝,涨潮时进入石坝的鱼虾在退潮时被石坝过滤掉海水而留在石坝内,达到捕鱼的目的。参见徐琼信、庄庆达、陈哲聪:《人类最古老的诱鱼、捕鱼设计:石沪渔业》,载《渔业推广月刊》第201期。

[53] 参见戴银萍:《美国的不动产概念及其物质组成》,载《中国土地科学》1998年第4期。

[54] 参见〔日〕平松弘光:《日本地下深层空间利用的法律问题》,陆庆胜译,载《政治与法律》2003年第2期。

(5)虚拟财产的大量出现。世界上第一台计算机“ENIAC”于1946年在美国诞生,人类进入数字化时代。1969年美国国防部建立ARPANet,到1986年世界进入Internet时代。此后以网站、电子邮箱、即时通讯、网络游戏以及搜索引擎为里程碑的互联网服务将人类带入了网络时代,同时产生了大量的虚拟财产。笔者认为,网络虚拟财产大体上可以分为以下两大类型:一是虚拟网络本身;二是存在于网络上的虚拟财产。

虚拟网络本身是一种重要的虚拟财产。网络上的虚拟财产又可以分为以下三种形式:第一种为网络游戏中的网络虚拟财产。这包括网络游戏中的账号(ID)及积累的“货币”“装备”“宠物”等“财产”。第二种为虚拟社区中的网络虚拟财产。这包括网络虚拟社区中的账号、货币、积分、用户级别等。第三种为其他存于网络的虚拟财产。这包括OICQ号码、电子信箱及其他网络虚拟财产等。第三类是一个包容性、兜底类型,只要非虚拟网络本身,也不属于上述两种形式的虚拟财产以外的网络虚拟财产,均可以归属于第三类。(55)

(6)对无线电的广泛利用是对自然力应用的新发展。1894年,意大利工程师马可尼完成了电磁波的发送和接收实验,并在1901年第一次实现了横跨大西洋的无线电发报。1902年,美国人巴纳特·史特波斐德进行了第一次无线电广播,从此人类社会进入了无线电通信和广播时代。1963年第一颗地球同步卫星发射入轨,实现了人类使用卫星传送信息的梦想。20世纪80年代以来,欧洲首先推出了GSM数字移动通信系统,现代通讯业正在数字化通讯领域高速发展。各国对无线电的利用均通过立法来规制,我国1993年颁布的《中华人民共和国无线电管理条例》第4条规定的“无线电频谱资源属于国家所有”,为《物权法》第50条所确认,这为我国电讯行业的发展创造了良好的法律环境。

(7)货币电子化与证券电子化。除了上述虚拟财产类型,电子商务的快速发展还催生了货币电子化现象,分为虚拟货币和电子货币两大类型。所谓虚拟货币,一般是由非金融公司,如门户网站或即时通讯工具服务商发行的以“币”命名的某种服务。用户购买虚拟货币的基本用途是交换该网站提供的服务,实际上起到的是为网站特定服务进行计量的功能。所谓电子货币,一般是由金融公司发行,代表法定货币进行商业支付的服务。(56) 另外,20世纪末,世界各国的证券市场都开始积极利用计算机网络技术,逐步进入证券电子化时代。证券不再以纸质凭证为依托,而以电子化的方式发行、交易、登记、分类、存储,借助计算机读取形式记载和表彰民事权利。

---

(55) 参见杨立新、王中合:《网络虚拟财产的物权属性及其基本规则》(本书第369页),载《国家检察官学院学报》2004年第6期。

(56) 参见杨立新、王竹:《货币的权利客体属性及其法律规制——以“一般等价物”理论为核心》(本书第385页),载《中州学刊》2008年第4期。

三、物权法规定的统一物的概念的重新界定

民法物的范围的极大扩张,在民法理论上直接引起的问题,就是对物的概念的重新界定。要解决的最主要的问题,就是在原来的物的概念中,究竟是不是能够涵盖现在多极化的物。因此,我们首先要讨论的,就是要对物的概念进行重新界定。

(一)两种物权客体与权利客体的两种含义

民法物的概念在20世纪初否定了"物必有体说"之后,一个世纪以来又不断受到来自自然科学和其他社会科学的影响,构建统一的物的概念在法律技术上就显得更为困难。不过,我国《物权法》第2条第2款关于"本法所称物,包括不动产和动产。法律规定权利作为物权客体的,依照其规定"的规定,则清晰地表明,我国《物权法》的物权客体包括物和法律规定的权利两大类,这对于重新构建统一物的概念提供了机遇和法律依据,即以物权客体为上位概念进行构建;同时也提出了挑战,即如何界定和划分物和权利这两类物权客体,是需要进一步研究的核心问题。因此,这是重构物权客体中统一物的概念的基础,即物权客体的模式为"1+1"模式,两个"1",分别是物和法律规定的权利。

传统学说认为物权的客体是物,并认为这是无可争辩的。[57]但近年来出现了关于物是否确为"物权的客体"的争论。关于这一问题的争论,最早源于温德夏特和奥斯丁关于私权的客体到底是物还是行为的争论,在我国学术界主要是在对德国法上"物权—债权"制度对立体制进行反思时提出的,具有代表性的意见认为"客体是相对法律关系而使用,标的则是相对于法律行为而使用。物、智力成果等实际上是主体行为的客体,行为才是法律关系的客体"。[58]有学者对此进行了分析和论证,提出了"权利关系的双重客体结构"。[59]这类观点严格区分了标的和客体,有一定的合理性,但并非问题的全部。史尚宽先生认为:"权利以有形或无形之社会利益为其内容或目的,例如物权以直接排他之支配一定之物为其内容或目的,债权以要求特定人之一定行为为其内容或目的,此内容或目的之成立所必要之一定对象,为权利之客体,即物权之客体为一定之物,债权之客体为特定之人,人格权之客体为人之本身,亲属权之客体为立于一定亲属关系之他人,无体财产权之客体为精神之产物,故私权之客体,依各种权利而有不同。"[60]从理论构建上让所有的权利对应一个客体(行为),然后由这个唯一的客体去对应多种标的,在分析权利客体范围问题上,和所有的权利分别对应各自的客体没有本质差别,却使得分析问题的叙述变得更为复杂。

---

[57] 参见温世扬:《物权法要论》,武汉大学出版社1997年版,第35页。
[58] 梅夏英:《财产权构造的基础分析》,人民法院出版社2002年版,第95页。
[59] 王涌:《私权的分析与建构》,中国政法大学1999年博士论文,第88页。
[60] 史尚宽:《民法总论》,中国政法大学出版社2000年版,第248页。

相比之下,德国法区分权利客体的两种意义更为科学。[61] 权利客体的第一种意义是指支配权或利用权的标的,这是狭义的权利客体,被称为第一顺位的权利客体;第二种意义是指权利主体可以通过法律行为予以处分的标的,被称为第二顺位的权利客体。[62] 按照王泽鉴先生的解释,权利得以物、精神上创造或权利为其支配的客体,是为第一阶层客体。权利本身则得作为权利处分的对象,乃第二阶层的权利客体。此项得为处分之客体者,除物权、物体财产权(智慧财产权)及债权外,尚包含一定的法律关系。[63] 笔者认为,关于权利与客体之间的关系,应作如下理解:第一,"权利,为法律赋予特定人享受特定利益之力量,此特定之利益,即权利之客体"。[64] 权利客体就是权利之指向。第二,在大陆法系的权利体系中,"私权之客体,依各种权利而有不同"[65],各权利直接指向于对应客体。第三,各种权利与权利客体的对应性关系是具体的而非抽象的,"财产系由各种具有金钱价值的权利所构成的,在财产上并无一种独立的权利存在"。[66] 可见,物权客体的"1+1"模式是有其理论依据的。

对"1+1"模式中所包含的两种物权客体不同含义的区分,意义重大:第一,物权客体包括物和权利两类,但物属于物权的第一顺位客体,而法律规定的权利属于物权的第二顺位客体。第二,权利不可能成为第一顺位的物权客体,这就解释了为什么不存在"所有权的所有权"之悖论。第三,"物为权利的客体,处分的客体则为物之所有权"。[67] 一般文字叙述中的对物的处分,实质上是对作为第二顺位物权客体的物的所有权的处分。在这样的语境下,为了叙述的方便,我们没有必要对这种不确切地把物及对物的所有权相等同,或相提并论的说法报以失望的态度,因为,很明显,即一个处分行为的客体必须是权利或其他,而不可能是支配权或使用权客体意义上的权利客体。[68]

(二)自然属性是物的共性及其与权利的差异性

物作为支配权的客体,不依赖自己本身是否也是权利客体。相反,作为处分法律行为客体的权利,则不能脱离法律制度的规定,也即在法律制度之外是无法想象的,只能是作为法律的"客体"。[69] 因此,物首先就必须具有法律规定之外的事实存在性。

《物权法》第2条第3款规定:"本法所称物权,是指权利人依法对特定的物享有

---

[61] 理论上还可能构建出第三顺位的权利,即一个人所有的全部权利可以被认为是一个统一的处分行为的客体,但事实上在逻辑上是没有必要的,因为财产的处分都是分别进行的。参见〔德〕卡尔·拉伦茨:《德国民法通论》(上册),王晓晔等译,法律出版社2003年版,第413—414页。
[62] 参见〔德〕卡尔·拉伦茨:《德国民法通论》(上册),王晓晔等译,法律出版社2003年版,第377页。
[63] 参见王泽鉴:《民法总则》,中国政法大学出版社2001年版,第205页。
[64] 杨与龄:《民法概要》,中国政法大学出版社2002年版,第45页。
[65] 史尚宽:《民法总论》,中国政法大学出版社2000年版,第248页。
[66] 王泽鉴:《民法总则》,中国政法大学出版社2001年版,第235页。
[67] 王泽鉴:《民法总则》,中国政法大学出版社2001年版,第205页注解3。
[68] 参见〔德〕卡尔·拉伦茨:《德国民法通论》(上册),王晓晔等译,法律出版社2003年版,第403页。
[69] 参见〔德〕卡尔·拉伦茨:《德国民法通论》(上册),王晓晔等译,法律出版社2003年版,第404页。

直接支配和排他的权利,包括所有权、用益物权和担保物权。"可见,《物权法》对物提出了两个基本要求:第一,直接支配性要求,即权利人无须他人同意,可以根据自己的意志直接依法支配物。第二,排他性要求,即任何人非经权利人同意,不得侵害或加以干涉,权利人可以排除他人干涉,对抗第三人。

因此,物所具有的共性就是一种能够满足直接支配性和排他性的事实存在的基本属性。对此学者也进行了有益的探索,认为"民法上的物都具有物理属性"[70];或者认为,物是指人体以外,有物理可测性、对人体有用或者稀缺的,并能为人支配的客体。[71] 值得注意的是,20 世纪初民法物的概念尽管否定了"物必有体说",但增加列举的自然力等仍然是基于对物理学新发现的借鉴,因此,形成了物的概念的"1 + X"模式。而 20 世纪以来的新影响因素,如基于医学的人体组织和器官等变异物、基于生物学的各种生物、基于建筑学的空间、基于数学和信息科学的虚拟财产以及货币电子化、证券电子化,都已经突破了物理学的范围,需要用新的理论范畴来对这些新物的事实存在基础进行概括。

笔者认为,这些基于各种自然科学事实基础存在的新物,应该用自然属性的范畴来概括。自然属性即是指物的产生、存在、发展和消灭,依赖于自然世界的事实存在而非人类社会。自然包括但不仅限于物理属性,如苏联民法便认为物是"作为自然界的对象的权利客体(不论这一自然界对象是处在自然状态中,或者是被人们用来满足自己的需要)"。[72] 我国也有学者在讨论物的特点时得出了民法上的物具有自然属性的结论[73],而且"民法上物的范围将随着人类征服自然的能力不断扩大而呈扩大趋势"。[74]

哲学上认为,社会同自然是对立统一的关系,在物权客体上,也必然存在这种社会属性与自然属性的对立。物权客体的社会属性,即物权客体的产生、存在、发展和消灭,依赖人类社会,具体来说就是法律的规定,因此也可以被称为法律属性。法律是人类社会发展到了一定历史阶段的产物,物权客体的法律属性是法律赋予的,因此,所有的物权客体,都具有法律属性。客观存在的物,只有在作为物权客体时,才是法律意义上的物。显然,并不是所有的物权客体都具有自然属性,权利便是法律的拟制,不具有自然属性,但这并不影响其成为物权客体。可见,自然属性并非所有物权客体的通性,而这恰恰是物与权利的区别。基于这样的认识,我们对物权法视角下的物的概念的统一,就有了基本的事实基础和理论依据。

(三)物是具有自然属性的物权客体

综上所述,物权客体的"1 + 1"模式是根据其是否具有自然属性而划分为两类,即

---

[70] 张俊浩主编:《民法学原理》,中国政法大学出版社 1997 年版,第 299 页。
[71] 参见杨遂全:《中国之路与中国民法典》,法律出版社 2005 年版,第 197 页。
[72] 〔苏〕库德利雅夫采夫主编:《苏联法律词典》(第一分册),法律出版社 1957 年版,第 102 页。
[73] 参见马俊驹、余延满:《民法原论》(上),法律出版社 1998 年版,第 89 页。
[74] 魏振瀛主编:《民法》,北京大学出版 2000 年版,第 118 页。

兼具自然属性与社会属性的物权客体(物)和仅具法律属性的物权客体(法律规定的权利)。在此基础上,笔者认为,民法的统一物的概念,可以通过物权客体进行概括,即是指那些具有自然属性的物权客体。这种以自然属性为共性的物的概念,是对传统民法上有体物的发展,是传统物权法物的概念吸收自然科学进步成果和社会发展新理念的自然延伸,精确地表达了随着人类认识和改造自然能力的提高,是人类认识自然、认识社会的能力不断提高的必然结果。应当说,物权法视角下的统一物的概念的模式,就应当是"1"的模式。相应的,不具有自然属性而仅具有法律属性的物权客体,即法律规定的作为物权客体的权利,准确地概括了在物权制度和证券制度迅速发展的情况下,准用物权法的财产权利范围。这就是另外一个"1"。

物是具有自然属性的物权客体这一界定,能够确保物权客体的范围具有合理的开放性和限制性,能够比较准确地适应物权法适用范围适当扩大的需要。在物方面,物的存在基础源于其自然属性,即物的存在产生于民法产生之前,民法不过是赋予了其法律属性而已。只要法不禁止,具有自然属性的客观存在都可以作为物权客体,这是法律对于既存事实的认定,具有开放性。因此,物的范围的扩展是物权客体范围扩展的主要动力。在权利方面,法无明文规定时,权利不能作为物权客体,这是法律对权利成为物权客体的外在限制性。更重要的是,权利只有具备了类似物的可排他支配性时,才可能成为物权的客体,否则即使具有极高的经济价值,也先天地不可能成为物权客体,这是权利自身对其成为物权客体的内在限制性。内在限制性可以通过法律制度的设计,不断进行突破,最显著的例子就是权利的证券化,但外在限制性是对内在限制性的最大范围限制,必须通过立法对这种突破和发展予以确认,因此权利作为物权客体,始终处于两种限制性之间相互作用的过程中,体现出具有拓展性的限制性。

如果我们仅仅界定物权法视角下统一物的概念是"1",就会存在一个问题,即统一物的概念只要下一个定义就可以了;但是在原来的"1+X"的物的模式下,对于那些特殊物的界定还注意了它们的不同特点,并且针对不同的特点确立不同的物权法规则。如果在构建一个统一物的概念的时候,就仅存统一的"1",而不能表彰具有不同自然属性的物的各自特点,这样的学说可能不利于概念基本含义的揭示,并且也不利于制定相应的物权规则。所以,我们在确定"物是具有自然属性的物权客体"这一概念的内涵之后,还必须对统一物进行外延的确定,因此,我们确定的物权法视角下的统一物的概念的模式,应当是"1→类型化"模式,在对统一物的概念的内涵进行界定之后,还应当进一步确定物的基本类型,建立相应的法律规则,这就是我们所强调的法律物格问题。因此,笔者建议,将物分为伦理物格的物、特殊物格的物和一般物格的物。伦理物格的物包括人体变异物、动物尤其是野生动物和宠物、植物尤其是珍稀植物等。特殊物格的物包括传统民法的特殊无体物,例如自然力、网络虚拟物、无线电等;适用特殊规则的有体物,例如海域、空间、货币和有价证券等。一般物格的物,包括传统的不动产和动产。⑦⑤

构建物权法视角下的统一物的概念的"1→类型化"模式,运用了类型化的基本方法,能够明确统一物的概念和范围,选取适当的分类标准进行物的类型化,并且使分类标准之间的关系协调一致,能够构建物的体系结构,并且实现其外延的开放性,适应随着科学技术不断发展而发生的物的范围的不断扩展。其在民法上的意义在于:第一,在统一物的概念的基础之上,确立作为权利客体的具有不同自然属性的物的不同法律地位;第二,确定权利主体在统一物的概念的基础上对具有不同自然属性的物所具有的不同的支配力;第三,确定民法对具有不同自然属性的物作出不同的法律保护。因此,尽管物的范围随着自然科学、社会观念、商业活动和科学技术等多方面的综合影响而不断扩展,统一物的概念的内涵仍然具有稳定性,而其外延则保持了开放性。

---

⑦⑤ 参见杨立新、朱呈义:《动物法律人格之否定——兼论动物之法律"物格"》,载《法学研究》2004 年第 5 期。

脱离人体的器官或组织的法律属性及其支配规则[*]

生命科学的不断发展,推动了人体器官及组织的移植和利用。究竟应当如何认识这种社会现象,应当制定何种规则进行规制,都涉及民法的问题。从民法的立场观察,脱离人体的器官及组织具有物权属性,对于它的支配产生物权法上的所有权及其规则。

一、民法研究脱离人体的器官及组织的必要性

(一)对脱离人体的器官及组织研究的现实意义和价值

随着世界范围内的新技术革命的不断进步,推动了生命科学的深入发展,而人体器官移植技术正是20世纪现代生物医学发展的一个代表性领域,器官移植给无数患者和家人带来了希望和福音。1954年,美国Murry医生为一同卵双生姐妹进行肾移植获得成功。1967年在南非开普敦的舒尔格鲁特医院里,克里斯蒂安·巴纳德大夫成功地进行了心脏移植手术。以后伴随着新世纪的来临,器官移植也进入了一个蓬勃发展的新时期。过去器官不能用于移植,脱离人体的器官不具有任何价值,随着器官移植技术的发达,人体器官成为稀缺资源,对于器官接受者而言,是非常珍贵的。同时,由于器官的不可再生性和对人的健康的重要性和依赖性,人们不愿意轻易捐献器官。即使是死后,又有传统的"全尸"观念,本人生前及家人均不愿意捐献尸体的器官。因此,人体器官的供体远远小于需求,这就给一些不法行为人以可乘之机,非法交易人体器官,甚至残害生命摘取器官。在世界范围内,人体器官的来源总的来说都是缺乏的。

在我国,器官移植尚属于较新的事物,人们对人体器官的重要性的认识往往是片面的。有的医生甚至认为自己偷摘死者器官是为了治病救人,完全出于一片好心,又没有收病人的钱,没有不对的地方,从而引发官司。如1999年北京某医院的眼科医生为救治病人,未经死者和家属同意擅自摘取病患尸体的眼球,给两位患者带来光

---

[*] 本文发表在《中国法学》2006年第1期,合作者为上海海事大学法学院曹艳春教授。

明,引起纠纷。① 由于人体器官的来源不足,加之对人体器官的性质缺乏正确的认识,尤其是在民法的角度对人体器官缺乏深入的研究,因此无法对其进行必要的规制,造成较多的纠纷,又由于缺少必要的民法调整规则,纠纷难以处理。

同样,脱离人体的组织也具有这样的问题。脱离人体的血液、精液、脊髓液、皮肤、卵子等组织,都存在正当取得和正当使用的问题,同样需要进行民法的规制。而规制的基础需要民法的基本理论的支持,就是脱离人体的器官和组织究竟是什么?能否适用民法的所有权的一般规则加以处置? 只有这些问题搞清楚了,才能正确有序地规范器官移植,构建和谐、文明社会。

(二)民法对脱离人体的器官及组织进行规制的现状

为了保障和促进人体器官移植和组织利用的有序进行,世界各国普遍重视人体器官移植的立法,用法律手段保证器官移植工作的广泛开展。日本于1958年制定了《角膜移植法》,1979年又将其修改为《角膜肾脏移植法》;丹麦于1967年制定了《人体组织摘取法》;美国于1968年制定了《统一尸体提供法》;挪威于1973年制定了《器官移植法》;法国于1976年制定了《器官摘取法》;新加坡于1987年通过了《人体器官移植法案》。这些器官移植法的内容涉及了尸体器官捐献的立法,供者死亡标准立法,以及活体器官移植立法等,对供体和受体的合法权益给予了充分的保护。

我国目前尚未统一立法来规范人体器官及组织的合法利用,因此,人体器官移植和组织利用尚处于法律上的无序状态。我国器官移植技术的开展较国外晚10年左右,但近年来进展较快,目前已开展了10多种器官移植,其中部分达到国际水平;人体组织的利用则历史较久。然而,在立法领域,我国却远远落后于其他国家,有关的法律至今尚未制定,甚至尚未引起有关部门的重视,使器官移植因无法可依而不能很好地开展,阻碍了临床救治工作的开展和医学科学技术的发展。

国(境)外众多国家和地区的器官移植立法为我们制定法律条款提供了可以借鉴的经验。上海市于2001年率先实施了《上海市遗体捐献条例》、深圳市也在2003年通过了《深圳经济特区人体器官移植条例》,已作了有益的探索。后者已于2003年10月1日起施行,规定了人体器官移转的原则,人体器官只能以捐献的方式且实行自愿、无偿原则,禁止以任何方式买卖人体器官。这些都为我国规范人体器官移转立法铺垫了基础,积累了经验。

人体器官移植的发展还有赖于死亡的医学判断标准的确定,传统的死亡标准是心肺功能的衰竭,即心跳、呼吸停止。而新的死亡标准是"脑死亡",即人的不可逆性昏迷,但其心脏还在跳动,肺脏还在呼吸,脑已经死亡。脑死亡的人是器官移植的最理想的供体,其各种器官仍然存活一定时间,是器官移植的最佳时机。可我国目前没有脑死亡立法,人们的心理上还是接受传统的死亡标准,当患者的心脏还在跳动,呼吸还未停止,医生就要摘取亲人的心脏等器官,其亲属难以接受并反对。承认和接受

---

① 参见杨立新:《简明类型侵权法讲座》,高等教育出版社2003年11月版,第140页。

脑死亡,将脑死亡者的"活的"心脏等器官移植到有生命意义的人身上是有价值的,也不违背伦理道德。因此,完善器官移植的相关立法,加快脑死亡立法,是最基本的需要。

(三)民法研究脱离人体的器官及组织的必要性

人体器官移植和人体组织的利用关系着无数人的生命及健康,涉及社会伦理及道德问题,国家立法尤其是民法必须进行立法规制。从民法的角度,最重要的,就是要解决对脱离人体的器官和组织的法律属性的认识,只有在这个基础上,才能够进一步研究如何对其进行民法的规制,确立民法对人体器官移植和人体组织利用的基本规则,发生纠纷的调处规则。只有这样,人体器官移植和人体组织利用才能够有序进行,为人民创造福利。但是,目前我国学术界,无论是法学界、医学界还是社会学界,对脱离人体器官及组织的法律属性都未作最基本的研究,更不用说深入的认识了。基本理论上的空白,导致器官移植立法缺乏根基,这严重影响了我国器官移植立法的进程和质量。因此,对脱离人体的器官及组织的法律属性及其规则的研究是迫在眉睫,它直接影响着我国器官移植事业的健康发展、影响着社会的和谐与稳定。

二、研究脱离人体的人体器官及组织法律属性的基础

(一)生理学基础

人体器官和人体组织是组成人体生理基础的基本元素,不同的人体器官和人体组织在身体中发挥着不同的功能,来共同完成人体的新陈代谢,实现生命的维系和健康的维持。

《辞海》对器官的解释:多细胞生物体内由多种不同组织构成的结构单位,具有一定形态特征,能行使一定生理功能。[②] 而对组织的解释:分化相同的细胞及其产生物(细胞间质)共同组成的集合体(群体)称为组织。[③] 多细胞生物体内,由许多相似的细胞核细胞间质组合而成的基本结构,有一定的形态、结构和生理功能。不同的组织有机地结合形成特殊器官。[④] 按照人体解剖学的定义,器官是几种不同的组织结合成具有一定形态和功能的结构,如心脏、肾、肺等。而组织则是由许多形态和功能相似的细胞间质,按一定方式组成具有一定功能的结构。人体四种基本组织,即上皮组织、结缔组织、肌肉组织和神经组织。[⑤] 人体器官是一群特殊的细胞和组织,其结合在一起完成人体的特定功能。例如心脏是器官,它是由组织和细胞组成,其结合在一起

---

② 参见夏征农主编:《辞海》(缩印本),上海辞书出版社1990年12月版,第851页。
③ 参见〔德〕W.巴尔格曼著:《人体组织学和显微解剖学》,何凯宜译,人民卫生出版社1965年版,第55页。
④ 参见夏征农主编:《辞海》,上海辞书出版社1990年12月版,第1305—1306页。
⑤ 参见刘方主编:《人体解剖学》,人民卫生出版社1998年9月第3版,第3页。

通过人体完成泵血功能。完成特定功能的人体的任何一部分就是一个器官,因此,眼睛是器官,因为它的功能是看;肾是器官,因为它的功能是去除血液中的废物。[⑥] 人体是由各种不同的器官和组织构成的,器官和组织是人身体的物质组成部分。

研究脱离人体的器官及组织的法律属性,其生理学基础不在于器官及组织的一般生理属性,而是他们的可利用性,这就是,在现代医学技术条件下,可以将人体器官及组织为他人进行移植和利用,也可以将其暂时脱离人体进行储存,以备将来之用。这样,人体器官及组织就可以脱离人体,以独立的形态而存在。在医学上,这时的人体器官及组织仍然称之为人体器官和人体组织,但它们毕竟已经脱离了人体,成了独立的形态,不依附于人的存在而存在,同时,还具有生理活性和生命力。这才是研究本问题的生理学基础。人体器官及组织虽然脱离了人体,但是已经丧失生命力,也就丧失了它们作为人体器官及组织的价值和意义。

(二)伦理学基础

从伦理学的层面研究这个问题,表现为两个方面。一方面,传统的伦理道德观念在一定程度上影响着器官捐献,尤其在儒家思想的影响下更是如此。如《孝经》:"身体发肤,受之父母,不敢毁伤,孝之始也。"如果是决定捐献父母的遗体或器官,则为"大不孝",起码是对死者的不敬。在我国的一些农村地区忌讳谈论身后之事,视为非常不吉利的事情。另外,还有"人死后在七七四十九天内灵魂不死"的迷信说法,在此期间,亲属要祭奠、供奉死者亡灵。因此,对亲人刚刚死去就捐献遗体或器官,死者家属难以接受。中国的传统思想,死后要留有全尸的观念深深地影响着遗体和器官及组织的捐献。中国家族思想的影响也根深蒂固,亲属间的亲情比较浓厚,虽然人们在心里上能够认识到用已经死去的亲人的遗体或某个器官去救活另一个人的生命是一种高尚行为,但面对自己的亲人刚刚死去,内心十分悲痛,亲人尸骨未寒,就将其尸体"千刀万剐",在情感上是难以接受的。认为这是对亲人尊严的亵渎和损害,是大逆不道的。由于这些因素的影响,我国人体器官及组织的捐献者与世界其他国家相比少的可怜。例如,北京同仁医院眼库每年收到的角膜少得可怜,且连年下降。在美国,一年可做 37000 例角膜移植手术;而有近 13 亿人口的中国一年只能做上千例,中国甚至还要接受斯里兰卡眼库捐赠的角膜。[⑦] 另一方面,也要看到很多人的反伦理的观念和行为,他们对于经营人体器官及组织可以获得巨大的利益抱有极大的兴趣,因此觊觎经营商机,不惜铤而走险。当然也有基于高尚的医疗热情而不顾权利人的权利的情形出现,造成侵权的后果。

社会伦理上的这些观念冲突,进一步加剧了人体器官及组织移植和利用的矛盾,更需要法律作出合乎社会伦理和道德要求,又能够保障其正常进行的法律秩序。

---

⑥ See Ethics of Organ Transplantation, Center for Bioethics, February 2004. http://www.bioethics.umn.edu/publications/organ.pdf.

⑦ 参见高崇明、张爱琴著:《生物伦理学十五讲》,北京大学出版社 2004 年 4 月版,第 197 页。

(三)社会学基础

由于自愿捐献的人体器官很少,而等待接受器官移植的人又比较多,患者为了生存,不惜倾家荡产得到需移植的器官,这更刺激了人体器官买卖市场的滋生。同样,对于社会已经接受的人体组织的利用,由于社会需求和社会伦理观念的巨大差异,也存在严重的问题,血库库存血液经常告急,就是明显的例证。

更为严重的是,允许人体器官自由买卖导致严重的社会问题,由于历史上确实出现过德国法西斯利用医学科学技术作为杀人手段和"买卖器官"的不道德现象,现在西方有些国家出现了"器官市场"、"眼银行"、"肾银行"等。出现买卖儿童残害生命,摘取器官的不人道现象,甚至某些发达国家的商人为了赚钱,拿患者的钱到第三世界国家收买器官。而有些贫困者,由于生活所迫,为钱而出卖自己的器官。穷人成为富人的器官供体,导致社会的不平等。另外,双方都看重了钱,就会忽视器官的质量,从而会影响器官移植的质量及供体和受体的生命安全,影响着器官移植的健康发展。

所有这些都说明了一个问题,就是要研究脱离人体的器官及组织的法律属性,确定具体的法律规则,完善人体器官和组织的法律规制体系,确保正常的医疗秩序。

三、脱离人体的器官及组织的法律属性及法律地位

(一)脱离人体的器官及组织的物的属性

民法认为,人体具有特殊的属性,是人格的载体,不能将其视为物,它是民法世界中与物相对立的物质形式,是民事主体的物质形式。因而,活体的人体器官与组织在没有与人体发生分离之前,是与人的人格相联系的,是民事主体的物质性人格的构成要素。

问题是,当人体器官和组织脱离了人体,用于移植的人体器官和用于利用的人体组织,它们究竟属于人的范畴,还是属于物的范畴,涉及民法对于人体器官和人体组织认识的基本立场问题。从学说上观察,有不同的观点。

1. 物的范畴说

我国台湾学者史尚宽认为,活人之身体,不得为法律之物,法律以人为权利主体,若以其构成部分既身体之全部或一部为权利之标的,有反于承认人格之根本观念。人身之一部分,自然地由身体分离之时,其部分已非人身,成为外界之物,当然为法律上之物,而得为权利的标的。然其部分最初所有权,属于分离以前所属之人,可依照权利人的意思进行处分。让与尚未分离之身体一部分之契约,如约于分离时交付之,则契约为有效。若约为得请求强制其部分之分离,则反于善良之风俗,应为无效。故为输血之血液买卖契约,以任意给付时始生效力。[8]

---

[8] 史尚宽:《民法总论》,中国政法大学出版社2000年3月版,第250页。

日本通说认为,与生存中的人身不同,已经分离出来的人身组成部分构成物权法上的"物",其所有权归属于第一次分离前所属的人,故对该身体部分的让渡以及其他处分是可能的。⑨

德国学者梅迪库斯认为,随着输血和器官移植行为越来越重要,现在必须承认献出的血以及取出的、可用于移植的器官为物。这些东西可以成为所有权的客体,而且首先是提供这些东西的活人的所有物。对于这些东西的所有权移转,只能适用有关动产所有权移转的规则(第929条及以下条款)。当然,一旦这些东西被转植到他人的身体中去,他们就重新丧失了物的性质。⑩ 根据梅迪库斯的观点,可用于移植的人体器官是物,是其活人的所有物,同动产一样,具有物的可流通性,即器官可以进行买卖。

我国学者认为:随着科学技术的发展,活人的身体不属于物的概念受到挑战。如器官移植、器官捐赠等,均以活人的器官作为合同的标的物。但对于这一类合同,债权人无权请求强制执行。⑪ 王利明主持的中国民法典草案建议稿第128条第2款规定:自然人的器官、血液、骨髓、组织、精子、卵子等,以不违背公共秩序与善良风俗为限,可以作为物。⑫ 梁慧星认为,人的身体非物,不得为权利之客体。身体之一部,一旦与人身分离,应视为物。⑬ 梁慧星主持的中国民法典草案建议稿第94条第三款规定:自然人的器官、血液、骨髓、组织、精子、卵子等,以不违背公共秩序与善良风俗为限,可以成为民事权利的客体。⑭ 这进一步说明脱离人体的人体组织和器官属于物的范畴。

2. 器官权说

脱离人体的器官和组织的性质不属于物的属性,该权利为器官权,为身体权的类权利,跨越人身权与物权两大领域,兼有完整的人格权与绝对的所有权双重属性。未与躯体分离的器官权在活体是人身权,在尸体是物权;已与躯体分离的器官权在活体、尸体均为物权。⑮ 也就是对未与人体脱离的器官所享有的权利为器官权,对脱离后的器官则享有物权。

3. 限定的人的范畴说

这种主张认为,为了对人的身体的完整性保护,在一定条件下,活体的脱落器官

---

⑨ 参见岩志和一郎:《器官移植的比较法研究——民事法的视点(1)》,载《比较法研究》46号第104页。
⑩ 参见〔德〕迪特尔·梅迪库斯:《德国民法总论》,邵建东译,法律出版社2000年11月版,第876—877页。
⑪ 王利明主编:《民法》,中国人民大学出版社2000年9月版,第90页。
⑫ 王利明主编:《中国民法典草案建议稿及说明》,中国法制出版社2004年11月版,第21页。
⑬ 梁慧星:《民法总论》,法律出版社2001年5月版,第100页。
⑭ 梁慧星:《中国民法典草案建议稿》,法律出版社2003年5月版,第19页。
⑮ 唐雪梅:《器官移植法律研究》,载《民商法论丛》(第20卷),法律出版社2001年9月版,第155 - 165页。

仍视为人的身体,如果侵犯这些分离的部分,亦构成对人的身体完整性的侵犯,必须对受害人承担象侵犯他人手足四肢一样的过错侵权责任。认为随着现代医学的发展和科学技术的进步,人的身体的许多部分在脱离人体以后,仍可通过医生的努力而使之与人的身体相结合。此种医学的进步表现在多个领域,诸如断指、断肢再造、肌肤移植、卵细胞的提取以及血液的提取等。如果这些身体的组成部分与人的身体相分离,其目的在于事后根据享有身体权人的意图再将它们与身体连为一体,以实现身体正常机能的保护目的,在他人实施过错侵权行为并导致这些脱离权利人身体的部分损坏时,权利人的此种目的即得不到实现,其人身的完整性也得不到保障。因此,应根据侵害他人身体完整性的权利责令侵害人承担损害赔偿责任。[16]

4. 我们的主张

我们赞成前述第一种主张,认为脱离人体的器官和组织为物的属性具有合理性,理由是人体器官一旦脱离了人格的物质载体,那么也就与民事主体的人格脱离了关系,也就不再具有人格的因素了,不再是人格的载体,具有了物的属性。所以,在这个意义上,可以把能够与人体发生分离的器官和组织定位为物。但是,这种物是否就与普通动产一样,可以自由支配、自由流通,则值得研究。

至于第二种观点,把人对人体器官享有的权利视为器官权,是身体权的类权利,则没有必要,一是权利种类不可滥设,二是所谓的器官权仍是在活体之上对器官的权利,说的是可否对器官进行捐献,不能涵盖脱离人体后的器官的权利,并没有解决实质性问题。没有太大的价值。第三种观点,为了保护身体的完整性,而在一定条件下把活体的脱落器官仍视为人的身体,这是对人身权保护的不适当扩张。把人身权保护扩张到已脱离人体的器官和组织,这打破了传统的人身权概念及体系,会引起权利范围及界限的混乱。

(二)脱离人体的器官及组织作为物的特殊性

脱离人体的人体器官和组织,是指从人体分离后,在植入新的人体之前的人体器官和组织。在没有脱离人体之前,人体器官和组织属于人体;在输入或者植入新的人体之后,又成为人体的组成部分,具有了人格。在此期间存在的人体器官和人体组织,是物的形态。

脱离人体的器官和组织具有物的一般特征,都是存在于人身之外,能够为人力所支配和控制,能够满足人们某种需要的财产。例如,如心脏、肾、肺、血液、骨髓等,都是单一物,都占有一定的空间,人可以感觉、感知的有形体,都是有体物。同时,它们也都具有有用性和稀缺性,脱离活体、尸体的组织和器官十分稀缺,据统计,全球有超过15万登记在册的病人急切等待器官移植,需求量以每年12%的速度递增,平均每天有17人在等待移植中死亡。[17] 我国需要进行心脏移植的患者至少在5万以上,而

---

[16] 参见张民安、龚赛红:《因侵犯他人人身完整性而承担的侵权责任》,载《中外法学》2002年第2期。
[17] 金永红、林秀珍:《器官移植尚需法律保障》,载2002年11月1日《健康报》。

目前只做了 82 例;我国每年因慢性肾衰竭而死亡的患者在 14 万左右,且多为青壮年,有几十万人等着肾移植,而目前所做的肾移植总数为 6.2 万例;我国有 300 万角膜患者,而每年只有 300 个角膜供体。我国是肝病大国,仅慢性乙型肝炎患者就有 3 000 万,其中 20% 可能发展为肝硬化,1%~5% 可能发展为肝癌,仅这类晚期肝病患者最少有 630 万,但肝脏移植到 2000 年底总共才做了 484 例。⑱ 这些都证明了可利用的人体的组织和器官的有用和珍稀。

除此之外,脱离人体的器官和组织作为一种特殊的物,还具有以下特征:

1. 普遍的生命性

脱离人体的组织和器官必须具有生命力,必须是存活的,只有如此,它们才能够移植或者利用到另一个活着的人体上,成为新的人体的组成部分,变成为民事主体人格的组成部分,继续发挥其生理的功能。如果脱离人体的器官及组织丧失了生命力,不具有活性,那么不论其多么新鲜,也不能成为这种形态的物,而只能成为一般的物,不再具有人体器官及组织的物的价值。

2. 限定的独立性

脱离人体的器官及组织在其脱离人体后,到移植或者利用到新的人体之前,必须是独立存在的,这一点是与物的一般属性是一致的。但是,人体器官及组织的独立性是限定的,一是独立存在的时间是限定的,即只存在于特定的时间段,此前和此后均不属于物的属性;二是由于其存在生命性的特征,其独立存在必须是具有活性的存在,因此,其储存、移植、利用都必须遵守必要的规程,以保持其生命活性。

3. 可利用性和价值性

人体器官和人体组织的可利用性表现在挽救人的生命和健康方面,通过人体器官移植和人体组织,使需要移植器官和使用人体组织的病患得到救治。因此,人体器官和人体组织在人类病体的治疗中呈现巨大的价值。据全球移植中心名录统计,全球已有 70 余万名身患不治之症者通过器官移植获得第二次生命,其中肾移植存活最长者已达 37 年,肝移植最长者也达 30 年。

4. 不可再生性和易损性

尽管人体中有些组织可以再生,如骨髓、血液、皮肤等,但是,人体器官和人体组织一旦脱离人体,按照现在的科学技术水平,就绝对的不可再生。同时,人体器官和人体组织都是由细胞组织组成,脱离活体不能长期存活,缺乏适当的条件都会使其坏死、腐败,丧失其本质的功能和作用。因此与其他物相比,具有更多的不同。

(三)脱离人体的器官及组织的法律物格地位

我们曾经提出,为了对物进行类型化,以便确定对不同类型的物进行不同的法律规制,因此建立法律物格制度,把民法客体的物分为不同的物格,明确对不同物格的物确定不同的支配规则,明确民事主体对它们的不同支配力,对它们进行不同的保

---

⑱ 丁岩:《器官如何不再成奇货》,载《南方周末》2001 年 11 月 29 日。

护。因此设想,把物格制度分为三个格。第一格是生命物格,是具有生命的物的法律物格,是民法物格中的最高格,例如动物尤其是野生动物和宠物、植物尤其是珍稀植物,就具有最高的物格地位,任何人对它行使支配权时,都要受到严格的规则限制。第二格是抽象物格,像网络、货币、有价证券等,都是抽象的物,有特别的规则进行规范。第三个格是一般物格,即一般的财产等。物格制度的基本意义,就是区分不同的物的类型,确定不同物格的物在民法社会中的不同地位,明确人的不同的支配力,以及进行支配的具体规则。[19]

脱离人体的人体组织和器官既然是物,又具有生命力和活性,因此是特殊的物的形态,是有生命的物,因此应当置于法律物格中的最高格即生命物格。人体器官即人体组织具有最高的物格地位,就使得脱离人体的器官和组织不同于一般的物,对其保护力度不同于一般物,其移转时有特殊规制的要求,这样才能既满足医学上抢救病患的急需,又能够符合社会伦理、道德要求,维护文明社会秩序,是创设脱离人体的器官及组织民法规则的基础。

四、脱离人体的器官及组织的物权规则及其权利保护

(一)身体权的基础作用——分离、捐献人体器官及组织的决定权

人体器官及组织,在没有脱离人体之前,是身体的组成部分,关系着人的生命与健康,与所拥有者的自身利益密切相关。因此,是否实行器官、组织与自身分离,以及予以捐献,应当由人体器官及组织的民事主体决定,即由身体权人享有分离、捐献人体器官及组织的决定权。

应当看到的是,分离、捐献器官及组织的决定权并不是人体器官及组织的物权规则范畴,但是,如果不研究这个问题,人体器官及组织就无法脱离人体,也不能是人体器官及组织成为物,从而也就没有对其进行规制的物权规则。

该决定权属于身体权的内容。在进行器官移植和组织分离和捐献时,只有权利人可以作出决定,医疗部门必须尊重身体权人的权利,不得强制进行。例如献血,当然属于高尚的行为,但是并不能强制每一个人都必须献血。为了保障权利人的权利,尊重其决定权,医疗部门有义务告知人体器官及组织捐献者摘取其器官及组织后所带来的风险与不利,医生必须向器官捐献者提供有关器官捐献和组织分离可能给身体健康造成的损害基本知识,提供对接受者的风险与利益信息,以保证人体器官及组织捐献者的自愿选择,最终行使决定权。由于脱离人体的器官与组织不同于普通的动产,因此其可以随时撤回其已作出的决定。例如,甲住院手术,需要输血,因其血型特殊,此医院目前无此种血型的血液,甲与乙协议,由乙捐献血液给甲,临近手术之

---

[19] 参见杨立新、朱呈义:《动物法律人格之否定——兼论动物之法律"物格"》(本书第340页),载《法学研究》2004年第5期。

前,乙拒绝捐献。此时,甲也无权根据协议要求乙履行约定义务,或者承担违约损害赔偿的责任,也不能要求法院强制执行。

能够行使决定权的必须是具有完全民事行为能力的人。对器官摘除或者组织捐献后的风险及后果应当具有认知能力,并且具有独立判断能力的人,才具有是否摘取其器官的决定权。无行为能力人或限制行为能力人均没有决定权,其法定代理人一般也不具有代理决定权。其他国家对具有决定权的年龄限制,如日本法律对活体器官提供人的年龄限制在 15 岁以上。[20] 1968 年美国国家委员会在统一州法律中通过的特别委员会《统一组织捐献法》中规定:任何超过 18 岁的个人可以捐献他尸体的全部或一部分,用于教学、研究、治疗和移植。我国立法应限制在 18 周岁以上,这符合我国的现实情况,也符合《民法通则》规定的民事行为能力的标准。不满 18 周岁的未成年人,具有精神障碍的无民事行为能力人、限制民事行为能力人,以及民事行为能力不充分的障碍人,都不享有决定权,他们作出的捐献器官和组织的决定无效。

(二)脱离人体的器官及组织的物权规则

1. 捐赠的人体器官及组织的所有权及其主体

决定捐献并且已经捐献的人体器官及组织,成为法律物格中最高格的物。对于这种特殊物,其基本的物权规则是物权的所有权规则,捐献出来的人体器官及组织为捐献人享有所有权,由他行使所有权,并且最终决定将其享有的所有权转移给何人,即由谁接受捐赠。

接受捐赠人体器官及组织的主体,分为两种情况:第一种情况,是捐赠给负担医疗职责以及相关的机构,例如血库、眼库、脊髓库、精子银行、卵子银行以及医院等。这种主体可以称作受捐赠单位。第二种情况,是直接捐献给接受器官及组织的受体,即接受移植和捐献的病患。这种主体可以称作受捐赠个人。无论捐献给何种主体,接受捐献了人体器官及组织,该主体就取得了该人体器官及组织的所有权,而捐献者则丧失了所有权。

2. 受捐赠主体对受捐赠人体器官及组织的支配力

既然受捐赠主体已经接受捐赠,成为人体器官及组织的所有权人,因此就取得了该人体器官及组织的管领力,由其行使支配权,他人不得对其行使支配权,更不能对他人未脱离人身器官进行支配。

王泽鉴先生认为,人的身体虽不是物,但人体的一部如已分离,不问其分离原因如何,均成为物(动产),由其人当然取得所有权,而适用物权法的一般规定(得为抛弃或让与)。[21] 这样说是有道理的,但是后一句值得研究,这就是脱离人体的器官及组织虽然是物的形式,但它不是普通物,而是有生命力和生理活性、且与人的本身密切相关的物,属于最高物格的特殊物。因此,尽管受捐赠主体取得了对人体器官及组

---

[20] 《日本首例脑死判定及脏器移植》,载《医学与哲学》1999 年第 8 期。
[21] 王泽鉴:《民法总则》,中国政法大学出版社 2001 年 7 月版,第 217 页。

织的所有权,具有支配力,但是这种支配力是受到限制的,而不是完全的所有权的支配力。这就是,对人体器官及组织的支配,必须符合人权保护和公序良俗的要求,不允许对人体器官及组织任意进行买卖,必须按照法律所规定的办法进行。因此,即使是器官的所有权人,也不得任意处置器官。这也是现代法律尊重人格、保护人的尊严的体现。

受捐赠主体享有所有权,那么从民事权利的角度看,他可以对其接受捐赠的人体器官及组织享有占有、使用、收益和处分的权利。受捐赠主体可以进行处分,但是这种处分权受到严格的限制,不能像普通动产那样任意进行买卖。法律禁止人体器官作为商品进入交易市场,即使是拥有所有权的人也不能基于商业目的而为处分。如果放开人体器官的交易市场,准许人体器官及组织进行自由交易,那么由于利益的驱动,将会出现为了获得器官及组织而摧残生命或对人体健康造成破坏的行为。例如,据报道,在印度就出现了专门绑架人口,然后割下被绑架者脏器出售的匪帮。在巴西等南美国家,拐卖儿童集团或潜入医院偷走婴儿,或拐骗在街头玩耍的儿童,然后再将这些孩子卖到国外挖取脏器。一些儿童被以收养名义拐卖到欧洲,实则惨遭杀害,从其尸体上摘取的用以移植的角膜、肾脏等器官每只卖价在 4 千至 1 万美元。[22] 有的是被欧美医学研究机构买去做实验品,有的被有钱人买去供器官移植手术之用。英国卫生当局在其一份文件中推测,英国医用人体器官中约有 1/3 来源"并不干净"。[23] 世界卫生组织明确宣布,人体器官交易不符合人类的基本价值观,违反了世界人权宣言和该组织的最高准则。对贩卖人体器官的行为均应作犯罪论处。因此,对人体器官及组织的处分应只限于无偿捐赠,绝对不允许自由买卖。

细分起来,不同的受捐赠主体对接受捐赠的人体器官及组织的支配力并不相同。受捐赠单位因为都是负有医疗职责或者社会福利职责的机构,它并不是受捐赠的人体器官及组织的最终使用者,因此它享有更充分的支配权。它可以依照高尚的医疗目的而对受捐赠的人体器官及组织进行支配,决定将其所有权交给受器官移植者或者人体组织接受者,植入或者输入接受者,使之获得健康。例如血库,将库存血液交给医院,有医院决定输入需要救治的病患。而受捐赠个人,就是接受捐赠接受移植或者使用的病患,一般说来,他只有决定自己接受移植或者使用的权利,一般不得再进行支配,即不能再继续转让他人,除非具有救助他人的高尚目的。

3. 储存的人体器官及组织的所有权及其主体

脱离人体的器官及组织除了为救治他人的目的而捐赠之外,还有为了自己的目的而进行人体器官及组织的储存而进行分离的。例如,有的人现在并不想生育但是想将来生育,因而将自己的精子或者卵子进行冷冻储存。澳大利亚一对夫妇将自己的受精卵进行冷冻,但后来由于飞机失事同时死亡,法律委员会决定将冷冻的受精卵

---

[22] 姚晓明等著:《眼库》,广东科技出版社 1997 年 1 月版,第 125 页。
[23] 甄芳洁:《日益猖獗的私贩器官》,载《三联生活周刊》2001 第 6 期。

植入代孕母亲体内孕育,将来出生后继承他们的遗产,就是一个典型的事例。此外,储存脐带血、储存其他器官或者组织,以备自己的不时之需,都有存在。这种储存的人体器官及组织的所有权,即使是将器官及组织交付医疗机构,也不转移所有权,仍然由原来的权利人享有所有权,由权利人自己进行支配。如果保管的医疗机构保管不善,使人体器官及组织丧失生理活性,造成损害,构成对权利人所有权的侵权行为。如果第三人侵害该人体器官及组织,也构成侵权行为。

4. 人体器官及组织所有权的消灭

人体器官及组织的所有权依据一定的法律事实而消灭。按照一般的所有权消灭原因,大致可以适用于人体器官及组织的所有权消灭,但是,以下两种所有权消灭的事由具有特殊的意义:

一是因使用而消灭。人体器官及组织植入或者输入病患身体,或者自己的身体,已经成为接受者或者自己的身体的一部分,因而人体器官及组织一经使用,其所有权即行消灭,不复存在,其归依于人体,成为人格的组成部分。

二是因丧失生理活性而消灭。一般物可因灭失而消灭所有权,但是,人体器官及组织有的可能并没有在物质形式上而灭失,而仅仅是丧失了生命力即生理的活性,因此作为人体器官及组织的物的形式已经不复存在,所有权已经消灭。但是,这种所有权消灭的形式,并不是该物的真正灭失,而是物的物格降低,即由生命物格降低为一般物格,随之而来的,所有权内容的变更,人体器官及组织不再是第一物格的物,而变为一般物,由物权的特殊规则规制,改为受一般物的物权规则规制。

(三)脱离人体的器官及组织的物权保护

民法保护人体器官及组织的所有权,仍然需要两个方面的保护。一方面,是物权请求权的保护方法,侵害人体器官及组织的所有权,所有权人产生物权请求权,可以依法行使。另一方面,是侵权请求权的保护方法,依据侵权行为法的规则,受害人取得侵权损害赔偿请求权,依法请求损害赔偿。

侵害人体器官及组织的所有权的行为,主要的是侵占和损坏。侵占或者损坏人体器官及组织的,应当承担返还原物或者损害赔偿的责任。当器官及组织的所有权人将人体器官及组织在使用前委托给医疗机构管理时,医疗机构应当尽"善良管理人的注意",不得使其灭失或者丧失生理活性。否则,医院及医生要承担较重的损害赔偿责任。

附带要说明的是,强迫他人捐献人体器官及组织,造成损害的,构成侵权行为,应当承担侵权责任。不过,这不是侵害物权的侵权行为,而是侵害身体权或者健康权的侵权行为。

人体变异物的性质及其物权规则[*]

随着医学和医疗技术的发展以及商品社会的进步,对人体组成部分的利用已经从传统的医疗、艺术等相关领域拓展到商业领域,人体器官、组织及尸体、死胎、胎盘等因其巨大的医疗价值等,越来越被应用于救助他人或医学研究,在器官移植、疾病治疗、医药制造、药物试验以及医学实验、科研教育等现代科学领域,为人类健康和发展提供了巨大帮助,但随之出现的法律、伦理问题日益突出。对于这一类人体变异物的性质和法律规制,越来越急迫地摆在当代民法的面前,不但涉及传统民法物权问题,而且关系到人的自我决定权以及人格尊严,具有重大意义。对于具体的人体变异物,笔者曾经撰文进行过具体分析[①],但没有对其进行过抽象研究。本文力图从民法的角度,明确人体变异物的概念与特征,研究其物权客体的地位和性质,阐释人体变异物的所有权的取得、转移、消灭与保护的相关规则。

一、人体变异物的概念和特征

(一)人体变异物的概念称谓

对人体变异物这个概念究竟应当怎样称谓,有不同看法。

《法国民法典》对此称做"人体所生之物"或者"出自人体之物"。第 16 - 1 条第 3 款规定:"人体、人体各组成部分及人体所生之物,不得作为财产权利之标的。"第 1386 - 12 条规定:"如果损害是由于人体之部分或出自人体之物所造成,生产者不得主张第 1386 - 11 条第 4 项的免除责任之规定。"

日本民法使用"人体由来材料"的概念[②],包括取自活体、尸体的器官、组织等。1960 年日本公布的《药事法》规定了"生物由来制品",主要是"以来自人体及其他生物(不包括植物)的东西为原料或者材料制造(包括细分)的医药品、准药品、化妆品或医疗器械"。2003 年日本颁布《生物由来原料基准》,第三章"人体由来制品原料总则"规定了取自活体以及尸体的细胞、组织等的利用规则。

---

[*] 本文发表在《学海》2013 年第 1 期,合作者为首都经济贸易大学法学院助理教授陶盈博士。
[①] 这些文章是:《脱离人体的器官或组织的法律属性及其支配规则》(本书第 279 页),载《中国法学》2005 年第 5 期;《尸体的法律属性及其处置规则》(本书第 308 页),载《法学家》2005 年第 4 期;《人体医疗废物的权利归属及其支配规则》(本书第 330 页),载《政治与法律》2006 年第 1 期。
[②] 参见"ヒト由来材料",该"人体"既包括活体也包括尸体。

我国台湾地区的相关立法用"生物检体"③"人体检体"④的概念,指代人体(包括胎儿及尸体)之器官、组织、细胞、体液或经实验操作产生之衍生物质。但"检体"的概念只适用进行实验的相关物质,并不能涵盖商品化过程中的其他一些人体变异物。在台湾地区的一些相关法律、法规⑤和研究成果⑥中使用了"人体组织及其衍生物"或者"人体衍化物"的概念。

我国大陆学者曾经使用人格物的概念。⑦ 不过,人格物是一个物的种类的概念,其中包括人体器官、基因和遗体、遗骨、骨灰等⑧,这些基于人体变异而来的物,作者没有提出概念。

概括起来,对于这种物的称谓,主要有人体衍化物、人体衍生物、人体由来材料、出自人体之物。衍化者,谓之发展变化。⑨ 衍生物,谓之较简单的化合物中的原子或原子团被其他原子或原子团所取代而生成的化合物⑩,主要是指经过化学反应所产生的化合物。这些概念不能概括人体器官、组织、人体医疗废物、尸体等与人体相关的物。人体由来材料、出自人体之物的称谓过于直白,不够严谨。上述这些概念在指代人体变异物上,都有不妥。

我们采用人体变异物的概念⑪,用以指代这种物,标志着这种物的来源是人体,由人体衍变而异化为物。由于人体变异物中的人体既包括活体也包括尸体,变异物的概念既包括脱离人体的器官、组织等,也包括人体废弃物和尸体,较之其他概念更为凝练和周延,因此,人体变异物的概念更为妥当。

(二)人体变异物的概念界定及法律特征

人体变异物是指从人的人体衍变、异化而来的具有物的形态,包含人格利益因素的特殊物。

人体变异物的范围主要包括:

(1)脱离人体的器官、组织,是指从人体分离后,在植入新的人体之前的人体器官或组织,用途上分可以包括用于捐赠的和用于储存的人体的器官或组织两种。

(2)人体医疗废物,是指由于医疗活动而脱离人体的无生命价值或者生理活性的器官、组织以及人体孳生物,包括由于医疗活动而脱离人体的无生命价值或者生理活性的器官,如胎盘等;由于医疗活动而脱离人体的无生命价值或者生理活性的组织,

---

③ 参见台湾地区"人体生物资料库管理条例"第 3 条第 1 款。
④ 参见台湾地区"人体研究法"第 4 条第 2 款。
⑤ 参见台湾地区"人体生物资料库管理条例"第 15 条。
⑥ 参见邱玫惠:《两岸物权法制对人体组织及其衍生物规定之评析》,载《月旦民商法杂志》2008 年第 9 期,第 129—147 页。
⑦ 参见冷传莉:《论民法中的人格物》,法律出版社 2011 年版,第 11 页。
⑧ 参见冷传莉:《论民法中的人格物》,法律出版社 2011 年版,第 128 页以下。
⑨ 参见《现代汉语词典》,商务印书馆 2005 年第 5 版,第 1568 页。
⑩ 参见《现代汉语词典》,商务印书馆 2005 年第 5 版,第 1568 页。
⑪ 参见杨立新:《物权法》,中国人民大学出版社 2007 年第 2 版,第 81 页。

如体液、血液等;由于医疗活动而脱离人体的无生命价值或者生理活性的孳生物,如肿块、肉瘤、结石、葡萄胎等。[12]

(3)尸体以及遗骨、骨灰。

人体变异物具有以下法律特征:

1. 人体变异物由人的身体变异而来

人体变异物源自自然人的身体,是从自然人的身体变异而来的物。其变异有两种形式:一种是从人体分离出来,例如脱离人体的器官和组织、人体医疗废物等,人体变异物原本是人体的组成部分,脱离人体之后,变异而成为物;另一种是自然人丧失生命,人体变成尸体,变异而成为物。

2. 人体变异物脱离人体或者人体变为尸体之后具有物的属性,为动产

人体不是物。传统观念认为,人体脱离的部分以及尸体不是物,因为将其作为物来对待,将会损害人的地位和价值,有违伦理。但是,人体变异物在客观上是存在的,如果不将其作为物,将作为什么呢?一个既不是人,又不是物,使其游离于民法两个基本范畴之外的实体,不仅在民法上难以理解,而且будет使其丧失民法地位。在人和物的基本范畴归属中,人体变异物不再是人,必然的选择就一定是物。人体变异物具有物的属性,是动产应当确定其物的民法地位,确定对人体变异物的物权保护方法。

3. 人体变异物始终带有其本体的人格利益

人体变异物既是物,又与传统的物有着明显差别。这是因为,它从人体变异而来,在自身性质转变成为物的那个时候起,就带着它的本体所具有的人格属性,这种属性包含在人体变异物中,衍化为人格利益,并且始终跟随着这个物。只有当某种人体变异物的所有权归属于另一个人,并且成为另一个人的身体组成部分的时候,这种物中包含的人格属性才消灭,成为新的人体的组成部分,不再具有物的属性了。

4. 人体变异物能够设立所有权,是所有权的客体

人体变异物在其具有物的属性开始到其物的属性消灭期间,能够设立所有权,并且始终归属于特定的所有权人所有。

(三)人体变异物的类型

从人体变异物与原权利人的人体之间的关系观察,人体变异物可以分为两种类型:

1. 部分变异物

部分变异物是指人体变异物是从人体的组成部分变异而来的物。脱离人体的器官组织和人体医疗废物都不是人体的整体变异为物,仅仅是身体的组成部分变异而为物,都是部分变异的人体变异物。

2. 整体变异的人体变异物

整体变异物是指人体全部变异而成的物。这种人体变异物只有尸体。自然人生

---

[12] 参见杨立新:《民法物格制度研究》,法律出版社2008年版,第70—73页。

存期间,身体是其人格的物质载体,是人格的物质要素,不是物。当人死亡后,自然人的身体不再是身体,不再是人格的载体,整个身体都随着死者的死亡而成为物。

二、人体变异物的法律属性

(一)对人体变异物法律属性的不同意见

长期以来,在民法研究中围绕"人体是否是物""人体是否成立所有权"的回答一直存有争议。

1. 德国学说

德国通说对于尸体的权利规则采用死者"人格残存说"[13],其法律基础是《德国基本法》确定的一般人格权(第1条确立的人格尊严和第2条确立的人格发展自由)。基于该学说,对尸体的权利是源自活着的人对自己身体享有的权利,即消极的不受侵害的权利和积极进行处分的权利。死者近亲属享有习惯上的权利,即"死者保护权",在对埋葬的场所和方法的选择上,可以按照死者的意思执行或者在死者意思不明时由自己决定。[14]

除通说外,德国亦有观点认为尸体是物,但对于尸体为何种物看法存在分歧。有人认为尸体是无法成立所有权的无主物,即作为专属于近亲属的绝对权——死者保护权的对象,只允许进行以埋葬为中心的处分行为。[15] 也有人认为,尸体是所有权的对象[16],虽然关于所有权的取得原因又再分为基于继承和先占的不同观点,但对于继承人或先占人对尸体的处分自由都承认其受到一定限制,即优先死者本人的意思,若继承人或先占人的处分意思与死者生前意思相左,则由于违反习俗而被视为无效。[17]

梅迪库斯教授认为,由于现代社会中输血和器官移植行为的增多,必须承认捐献的血液及取出的、可用于移植的器官为物,可以成为所有权的客体,并且首先是活着的提供者的所有物。对此类物的所有权移转,只能适用有关动产所有权移转的规则(第929条及以下条款)。当然,一旦其被植入他人体内,即丧失物的性质。据此,可用于移植的人体器官是物,是其活人的所有物,与动产一样具有物的可流通性,可以买卖。而有关尸体的所有权,不由死者亲属享有,他们只具有一项不同于所有权的死者照管权利及义务,并且这一法律地位涉及死者的安葬为限。[18]

---

[13] See Lange-Kuchinke, Lehrbuch des Erbrecht, 2 aufl. S.72; Kipp-Coing, Erbrecht. S. 527; Forkel, Verfügungen über Teile des menschlichen Körper, JZ 1974 S. 593.

[14] See RG Urt. v. 26 ll. 1954 BGHZ 15·249; BGH Urt v. 20. 30. 1968 BGHZ 50·113. Forkel, S.598.

[15] See Blume, Fragen des Totenrcht, Archiv f. CP. 112. S. 379.

[16] See Oertmann, Aneigung von Bestandteilen einer Leiche, LZ 1925 Sp. 514; Brunner, Theorie und Praxis im Leichenrecht, NJW 1953 S. 1173.

[17] See Eichholz, Die Transplantation von Leichenteilen ans Zivilrechtlicher Sicht, NJW 1968 S. 2275.

[18] 参见[德]迪特尔·梅迪库斯:《德国民法总论》,邵建东译,法律出版社2000年版,第876页。

2. 日本学说

日本通说不承认活人体是所有权的客体,但分离的部分为物。论及这个问题的判例是大审院大正10年(1921年)7月25日判决,认为活人体不成立所有权,生存者的身体是人格之构成要素,此人格虽无对自己之身体主张所有权之功用,但当身体的一部分由身体分离后,成为有体物,并且可以成为所有权的客体时,与其归属于先占者,不如归属于其分离之前为身体一部分时所归属之人更为合适,对此虽无任何之法律规定,但其依精神上应作如是判断。[19] 日本通说认为,已经分离出来的人身组成部分构成物权法上的"物",其所有权归属于第一次分离前所属的人,故对该身体部分的让渡以及其他处分是可能的,[20]但对于其物权性质及归属存在分歧。一般认为该身体部分从属于其分离前所归属的主体的所有权,如我妻荣[21]、几代通[22]、松阪佐一[23]、四宫和夫[24]等皆为此种主张。松元保三承认脱离人体的器官组织的所有权,指出如果承认人对自己的身体有支配权的话,则原本存在于人体之人体组织的支配权,在人体组织自身体分离后,将以普通所有权的形式继续存在于分离的人体组织上,因此原来存在于自己人体的人格权,因为分离当然转变为所有权。[25]

日本学说多将"非人格性"作为法律上之物的要件,因此很多学者否定了脱离人体的器官组织等具有人格权属性,但也有很多学者强调,脱离人体的器官组织等得以为物,应以不违反公序良俗等为限制条件。如田中整尔认为,成为权利主体的基础的组成部分作为分离的物成为权利客体时,不应该像无主物先占的客体那样被认为是与社会上任何人皆无关系的物,而应该作为基础的组成部分归属于权利主体。[26] 内田贵也认为,"只要人活着,其身体就不能成为所有权的客体(脱离人体的牙齿、头发和尸体可以成立所有权)。为体现这一点,物被认为必须是'外界的一部分',需具备'非人格性'。但是,通过买卖合同进行输血和器官移植,这在理论上也是可能的,只要确保其具有排他的支配可能性(对人体的排他性支配在宪法上不被允许),则可以认为活体的一部分也可能是'物'。只不过该交易和处分是受限制的"。[27]

---

[19] 判决文内容是:"抑モ生存者ノ身体ハ人格者ヲ構成スルモノナルヲ以テ人格者ノ身体其自体ヲ所有権ノ目的トヲスコトヲ得サレトモ身体ノ一部ヲ成セルモノモ身体ト分離シタルトキハ有体物トシテ所有権ノ目的トヲスコトヲ得ヘク其所有権ハ先占者ニ属スト為サンヨリハ其分前之ヲ其身体ノ一部トヲセシ者ノ所有ニ属スト為スヲ以テ寧ロ条理ニ適スルモノト為スヘキモノニシテ法律上何等ノ明文ナケレトモ其精神亦ニアリト解スルヲ相当トス。"参见日本大审院判决大正10.7.25·大正10年(ヲ)第212号"遺骨引渡請求ノ件"(大审院民事判决录第27辑,第1408—1412页)。

[20] 参见〔日〕岩志和一郎:《器官移植的比较法研究——民事法的视点(1)》,载《比较法研究》第46号,第104页。

[21] 参见〔日〕我妻荣:《新订民法总则》,岩波书店1965年版,第202页。

[22] 参见〔日〕几代通:《民法总则(现代法律学全集5)》,青林书院新社1969年版,第157页。

[23] 参见〔日〕松阪佐一:《民法提要总则(第三版)》,有斐阁1974年版,第163页。

[24] 参见〔日〕四宫和夫:《民法总则(第三版)》,弘文堂1986年版,第133页。

[25] 参见〔日〕松元保三:《民法讲义Ⅰ》,嵯峨野书院1978年版,第91页。

[26] 参见〔日〕田中整尔:《新版注释民法(2)总则(2)》,有斐阁1991年版,第605页。

[27] 〔日〕内田贵:《民法Ⅰ总则·物权总论》,东京大学出版会2000年版,第358页。

对于尸体的性质，日本的多数意见认为主体死亡后丧失人格性，人的身体只是转化为物，成为所有权的客体[28]，而像德国一样采用死者人格权残存说的属于少数。日本于1921年7月25日的大审院判决认为遗骨为物，为所有权之目的，归继承人所有，然其所有权限于埋葬及祭祀之权能，不许放弃，承认了尸体所有权的成立，确认所有权的归属主体为继承人，但并未特别涉及该所有权的内容及性质。[29]《日本民法典》第987条就明确了尸体是所有权的对象，其不同于普通的财产，是"埋葬、管理及祭祀供养的客体"，因此所有权的实质是为达成此目的的管理权。新的《日本民法典》第897条又规定，尸体应由应为死者祭祀者继承尸体之所有权。据此，日本学者认为，尸体由其继承人继承，其继承人享有所有权。[30] 只是在采用所有权构成说的情况下，对于所有权人是谁，有不同的意见。其中，认为属于埋葬权人（丧主）的看法为多数说，继承人说也较有说服力。[31]

3. 法国学说

法国民法一方面确认"出自人体之物"的概念，另一方面又加以严格限制，如第16－5条规定："任何赋予人体、人体之各部分以及人体所生之物以财产价值的协议，均无效。"第1386－12条规定，"如果损害是由于人体之部分或出自人体之物所造成，生产者不得主张第1386－11条第4项的免除责任之规定"，即不能以"在其产品投入流通时，现有的科学与技术知识并不能够发现缺陷的存在"条款作为免责事由。显然又对其物的属性有所怀疑。

1976年至2000年，法国制定了《器官采集法》等一系列"生命伦理法"。为进一步促进和鼓励器官的捐献，规范器官的管理、分配和利用，2004年法国制定了法国《生物伦理法》，根据器官捐献须遵守"匿名、无偿、自愿"的原则，器官捐献是一种无偿行为，任何形式的补偿和买卖都会受到《生物伦理法》的严厉处罚。[32] 此外，法国与英美国家一样，不承认尸体是所有权的对象，认为人死后对其尸体享有的权利是本人生前权利的残存。

4. 英美学说

从总体上看，美国、英国、加拿大三国为代表的英美法系，同受基督教教义的影响，基于固有的普通法传统，一直坚持人体组织的非财产化，也不承认尸体成立所有权。在这些国家，与人体有关的器官、组织等的移植、研究、商业化利用受到严格限制，受精卵的买卖受到刑法的禁止，尸体不被视为死者的遗产，不承认其基于遗赠的权利转移，对于尸体的处分权受宗教法和教会规则的约束。但随着人体商业化利用

---

[28] 参见〔日〕田中整尔：《新版注释民法（2）总则（2）》，有斐阁1991年版，第604页。

[29] 参见〔日〕粟屋刚：《"现代的人体所有权"研究序说》，大审院判决1921年7月25日"遗骨引渡请求ノ件"〔大正10年（ヲ）第212号〕，引自 http://homepage1.nifty.com/awaya/hp/ronbun/r007.pdf.

[30] 参见龙显铭：《私法上人格权的保护》，中华书局1948年版，第59页。

[31] 参见〔日〕岩志和一郎：《ヒト由来物质をめぐる法の课题——わが国の议论》，载《季刊 企业と法创造》（特集・金融危机）（通卷第二十号），2010年2月刊。

[32] See http://news.jznews.com.cn/system/2012/03/20/010360506.shtml.

的扩大以及医学科研价值的提高,这些国家也出现了向承认人体组织财产化及尸体为所有权对象的方向发展的趋势。

尽管美国立法禁止器官的买卖和商品化(《全美器官移植法》第301条,新《统一尸体提供法》第10条),但其国内器官商品化的呼声很高,一部分医生和法学家甚至呼吁创设"公共移植用器官市场",以解决器官供应不足的局面。除了器官,人体的组织、细胞、遗传基因都在被日益商品化。美国有很多组织库,将从尸体及脑死亡者身上取出的骨骼、软骨、皮肤、筋膜、硬膜、心膜、心脏瓣、肌腱、韧带、血管等,经过检查、杀菌等处理进行保存,再根据需要交付医院,并收取"处理费"。这些机构中有股份公司,也就是人体组织加工贩卖公司,从事的是合法的商品化交易行为。此外,头发、血液等早已成为真正的商品,甚至连胎盘制剂等也已经作为滋补强身剂而进行销售了。

关于尸体,多数美国法院在19世纪中叶仍不承认尸体成立所有权,但承认遗属享有对以埋葬为目的的尸体的占有权。但到了1905年美国法院判决用于科学研究的尸体是所有权的对象。[33] 英国1998年的 *R v. Kelly and another* 案中,法院判决取走医学院用于医学教育的膝关节等解剖标本的艺术家构成盗窃罪,从而更明确了尸体的财产权属性。[34] 英国法院认为,尸体非所有权客体这一原则存在两种限制:一是指定遗嘱执行人或遗产管理人或其他负责埋葬事务的人在尸体被埋葬之前,有权保护和占有该尸体;二是当一个人的尸体经历了某种处理或施加了人的技能(human skill)时,比如填充或涂敷防腐药物以保存尸体,可以成为通常意义上的财产的客体。这便是"技能处理"例外。[35]

5. 其他学说

我国台湾地区学者多认为,脱离人体的器官、组织等为物。王泽鉴教授认为,人的身体,虽不是物,但人体的一部分如已分离,不问其分离原因如何,均成为物(动产),由其人当然取得其所有权,而适用物权法的一般规定(得为抛弃或让与)。史尚宽教授认为,人身之一部分,自然地由身体分离之时,其部分已非人身,成为外界之物,当然为法律上之物,而得为权利的标的。[36]

有些苏联和东欧地区的学者认为,人死后其尸体应归属于国家或社会,所有权和处置权适当分离,个人作为社会的一员,应承担一种公共性、社会性的义务,所以其尸体是社会资源,对尸体的处分权应归属于社会。这种观点显然不当。

(二)人体变异物的法律属性是伦理物

我国传统民法对于人体变异物性质的认识,存在物与人格之争。传统民法认为人体不是物,是人格利益的物质载体,是人的物质表现形式,因此,不能将人体作为物

---

[33] See Long v. Chicago, R.I. and P. Railway Co. [(1905), 86 p.289 (Oklahoma Sup Ct.)].

[34] See R. v. Kelly, [1998]3 All E.R. 741.

[35] 参见赵西巨:《医学研究中对人体组织提供者的保护模式之选择:人格保护还是财产保护?》,载http://www.civillaw.com.cn/Article/default.asp? id=38065。

[36] 参见史尚宽:《民法总论》,中国政法大学出版社2000年版,第250页。

来对待,也不能将脱离人体的部分认为是物。有学者主张现代法认为具备人格的"人"没有支配他人的权利,若认可具有人格的"人"有支配他人的权利,即意味着人可以对他人身体拥有所有权,而所有权的权能又是以自由使用、受益、处分为内涵,这不符合现代文明社会的理念。因此活人身体或其一部分(即器官、组织、细胞等)都不能视为"物"。㊲

　　虽然传统民法不认为人体变异物为法律上的物,但随着科学技术的发展以及民法物的范围的扩展,越来越多的学者支持人体变异物为法律上的物。人体的组成部分一旦从人体脱离,或者从人体衍生、变异出来,或者就是由人体本身变异的尸体,它们都具有物的形态和物的属性,因此,法律应当将其作为物来对待,赋予其物的地位,是更为实事求是的态度,而非亵渎人类和人格。王利明教授主持起草的《中国民法典草案建议稿》第128条第2款规定:自然人的器官、血液、骨髓、组织、精子、卵子等,以不违背公共秩序与善良风俗为限,可以作为物。㊳而梁慧星教授主持起草的《中国民法典草案建议稿》第94条第3款中也有类似规定:自然人的器官、血液、骨髓、组织、精子、卵子等,以不违背公共秩序与善良风俗为限,可以成为民事权利的客体。㊴梁慧星认为,人的身体非物,不得为权利之客体。身体之一部分,一旦与人身分离,应视作物。㊵

　　从上述对人体变异物的不同主张可以看出,近代以来,确认人体变异物的物的法律属性,越来越成为主流观点,目前已经成为各国学说的通说。我们积极赞同这样的主张,但同时主张,人体变异物不是一般物,而是具有人格利益因素的伦理物。所谓的伦理物,是附着在人格利益与人格尊严上的物。伦理物从人格利益的物质载体变异而来,仍然包含着生命或者具有人格利益或人格利益因素,并不是普通的物,是具有生命等人格利益的物。赋予它们以伦理物的法律地位,限制人对其支配力,对其加以最高规格的保护,是十分必要的。理由是:第一,脱离人体的器官、组织等,在输入或者植入新的人体之前属于原本的自然人所有;在输入或者植入新的人体之后,又成为新的自然人的人格组成部分。在此期间存在的人体器官和人体组织,包含强烈的人格利益因素。第二,对于死胎、胎盘等人体医疗废物,在未脱离之前属于人身的组成部分,脱离之后属于脱离之前的自然人,由于人体医疗废物从人体脱离变异而来,残留着人格要素,带有人格利益。第三,尸体是人死后的躯体,是有体、有形的物的形式,包含了人类尊严和对人格利益的尊重,也包含了亲人祭奠与悼念的情感因素,是包含人格利益的物,具有社会伦理道德内容的物,是物的属性与精神利益的结合。

　　综上,人体变异物属于法律上的物,具有物的形态,同时又是一种特殊类型的物即伦理物。由于伦理物是具有生命或者人格利益的物,在民法的物中具有最高地位,

---

㊲　参见黄丁全:《医疗法律与生命伦理》,法律出版社2007年修订版,第265页。
㊳　参见王利明主编:《中国民法典草案建议稿及说明》,中国法制出版社2004年版,第21页。
㊴　参见梁慧星:《中国民法典草案建议稿》,法律出版社2003年版,第19页。
㊵　参见梁慧星:《民法总论》,法律出版社2001年版,第100页。

故其所有权受到最为严格的限制,也应受到法律的特殊保护。人体变异物的权利保护关系到人们的生命健康以及社会的伦理道德,涉及多个法律部门的调整范围。确立人体变异物的伦理物属性,规制对其利用和研究,完善相关立法是面临的重要问题。只有积极借鉴其他国家的先进经验,探索出符合中国国情的方式方法,建立健全相关法律法规,才能更好地维护人的权利。

三、人体变异物的物权规则

(一)人体变异物的所有权取得

1. 人体变异物所有权取得的主体

人体变异物的所有权取得的主体,分为两种情形:

(1)身体权人为部分变异物的所有权人。在脱离人体的器官、组织,身体权人决定将其捐献给他人的时候,当该器官、组织产生所有权之时,当然由身体权人作为权利主体,享有该所有权。在人体医疗废物,经过身体权人同意,医生通过手术将其切割脱离身体权人时,该人体医疗废物的所有权一经产生,权利人当然也是身体权人。有疑问的是,在死胎的情形,死胎是丈夫的精子和妻子的卵子结合的产物,死胎分娩出母体,产生的所有权,是共有还是妻子所有,值得研究。笔者认为,精子进入女方身体,与卵子结合,即成为女方身体的组成部分,直至妻子分娩。婴儿出生,则成为一个新的自然人,不发生所有权的问题;胎儿死亡成为死胎娩出,则为物,发生所有权。对死胎的所有权,有两种方法可以选择:一是认为,由于胎儿属于母体的组成部分,因此,娩出的死胎所有权归属于妻子,而不为夫妻双方共有,妻子是所有权人,丈夫不是所有权人;二是认为,按照我国《婚姻法》的规定,如果没有特别约定,配偶在婚后取得的财产属于共有财产,成立共有权,妻子和丈夫都享有所有权,死胎应当归属于夫妻共有。笔者认为,后一种意见更为稳妥,且以《婚姻法》为依据,能够为夫妻双方行使权利提供依据,应当采纳。

(2)死者近亲属为整体变异物的所有权人。尸体是整体变异物,其所有权主体是死者的近亲属。究竟死者的哪些近亲属是所有权人,应当依照近亲属的范围和顺序确定。有配偶、父母、子女的,配偶、父母、子女为所有权人;没有配偶、父母、子女的,其祖父母、外祖父母、孙子女、外孙子女和兄弟姐妹为所有权人。同一顺位的近亲属为数人的,为共有权人,同一顺位只有一个近亲属的,则单独所有。

关于尸体的权利取得规则,有的学者认为,尸体非物而是死者人格权的残存,不得为继承人所继承,应依习俗或法律以决定其处置[41];也有学者认为,尸体应归死者亲属经继承而取得所有权,亲属拥有支配、埋葬及排除侵害的权利。只是尸体所有权和其他财产所有权不同,只能以尸体的埋葬、管理、祭祀、供奉为目的,不能自由使用、收

---

[41] 参见王泽鉴:《民法实例研习》,台北自版1993年版,第166页。

益及处分。㊷ 笔者认为,既然尸体是一种物,按照民法理论及实践,是需要民法的规范和保护的,理应成为民事法律关系的客体,应当设置所有权。在身体变为尸体时,其作为物的形态出现,所有权由其近亲属取得。

2. 人体变异物所有权取得的原因

人体变异物的所有权取得原因,有两种情形,即部分变异物依据行为取得所有权,整体变异物依据事件取得所有权。

依据行为取得人体变异物的所有权物,是脱离人体的器官组织和人体医疗废物,即部分变异物。身体权人依据自己的意志,决定将自己的器官或者组织捐献给他人,或者将自己患病的肌体部分切除以解除病痛,实现这个目的的行为就是取得人体变异物所有权的行为。其中,医生的行为并不是取得人体变异物所有权的行为,因为医生的行为只是执行身体权人的意志的行为,是接受身体权人的委托而为的医疗行为,这个行为的后果是由身体权人承受,因而仍然是身体权人的行为的内容。该行为一旦完成,所有权即发生,身体权人取得部分变异物的所有权。

依据事件取得人体变异物的所有权的物是尸体,即整体变异物。自然人死亡,是事件,死亡的事件一经发生,尸体即产生所有权,死者的近亲属依据死者死亡的事件取得尸体的所有权。

3. 人体变异物所有权取得的时间

部分变异物的所有权取得时间,是身体组成部分与身体相分离之时。脱离人体的器官组织和人体医疗废物,成为物的时间,就是其与身体分离的时间。不论是脱离人体的器官组织,还是人体医疗废物,只要还没有与身体权人的身体相分离,就都是权利人的身体组成部分,即使母体中的死胎由于没有娩出,还在母体中,就仍然是母亲的身体组成部分。只有在"断带"的那一刹那,死胎才成为物,母亲取得从自己身体分离出去的死胎的所有权。

整体变异物的所有权取得时间是自然人的死亡时间。由于目前对人类死亡时间的判断标准存在争议,因此,死者近亲属取得尸体所有权的时间也存在争议。自然人死亡时间的认定标准有"呼吸停止说""心跳停止说""脉搏停止说"以及"脑死说"或"脑干死说"等标准。在日本,相关的判例及通说认为,基于对旧日本《民法典》第 987 条和对新《民法典》第 897 条的解释,尸体的所有权归祭祀主宰者所有㊸,取得时间采用"脑死亡"标准。为此,日本厚生省对于脑死后器官提供的规则曾经出台过很多指导性手册,如 1998 年 7 月的《关于采集脑死体多种器官的研究》报告书㊹,同年还颁布了《关于提供脑死者身体器官的标准程序》,2010 年 9 月再次公布《关于进行脑死后

㊷ 参见王泽鉴:《民法物权》(第 1 册),台北自版 1992 年版,第 167 页。

㊸ 参见〔日〕辰井聪子:《死体由来试料の研究利用——死体损坏罪、死体解剖保存法、死体の所有权》,载明治学院大学《法学研究》91 号(2011 年 8 月)より。

㊹ 1998 年度厚生省科学研究费补助金免疫・アレルギー等研究事业(脏器移植部门):《脑死体からの多脏器の摘出に関する研究》研究班报告书より。

器官采集的程序手册》。㊺《韩国器官移植法》(1999年)对于脑死亡标准的态度较为暧昧,第3条第4项规定,"'活人'是指人当中排除脑死者的人"。一方面承认了"脑死者"是"人",故非"尸体";另一方面又强调了"脑死者"非"活人",将脑死状态下的器官摘除行为合法化。我国2007年颁布的《人体器官移植条例》回避了对脑死亡情形下的器官移植问题的讨论,使得目前很多实务中的脑死亡者器官移植问题存在争议。现行实践标准仍然是心脏死或者呼吸死标准,并没有采纳脑死亡标准,笔者主张应当尽快采纳脑死亡标准,以脑死亡作为尸体所有权取得的时间标准。

4. 人体变异物所有权取得的性质

人体变异物的所有权取得的性质,不论是部分变异物还是整体变异物,都不是继受取得,而是原始取得。㊻ 这是因为人体变异物是从人体变异而来,初次产生所有权。身体权人或者死者的近亲属取得初次产生的人体变异物的所有权,不是以他人已经存在的所有权为根据,而是直接依据法律的规定而取得,构成最初取得,符合原始取得的基本特征。不论脱离人体的器官组织,还是人体医疗废物以及尸体,其所有权取得均为原始取得。

5. 人体变异物所有权取得中身体权的作用

在人体变异物的所有权取得中起决定作用的,不是别的权利,而是作为权利人的自然人的身体权的行使。

身体权是自然人维护其身体完整并支配其肢体、器官和其他组织的具体人格权。身体权的最主要权能是保护身体完整性和支配其身体利益。㊼ 身体权的保护身体完整性权能和支配身体利益的权能,完全体现在自我决定权上。在人体变异物方面,身体权人行使的是对自己身体组成部分的自我决定权,依照自己的意志,决定支配其身体利益。

凡是支配身体利益者,是身体权人根据自己的意志,破坏自己的身体组成部分的完整性,将身体的某些部分与自己的身体分离,决定让它成为物。没有身体权人的自由意志所决定,也就是自我决定权的行使,任何人都不得分离自然人的身体,分离者即构成侵权。

身体权人行使对自己身体支配的自我决定权,决定将自己的身体部分分离,或者将自己的遗体捐献,必须明示,一般应当以书面形式表示,不得以默示方法或者推定方法认定权利人作出了处分的决定。同时,身体权人行使自我决定权后又反悔的,不得强制其履行,仅仅可以承担违约责任对损失予以救济。

应当看到的是,身体权人处分身体权的行为实施后,身体权人必须首先取得人体变异物的所有权,之后,再基于其所有权,才能够将自己的器官组织等捐赠给被捐赠

㊺ 日本国立循环器病研究センター 脏器・组织提供对策室:《脑死后の脏器提供の施行に関する手顺书》,2010年版 ver. 2.2,载 http://www.ncvc.go.jp/transplant/simulation/pdf/manual_public.pdf.
㊻ 参见杨立新:《物权法》,中国人民大学出版社2007年第2版,第81页。
㊼ 参见杨立新:《人格权法》,法律出版社2011年版,第391、396页。

的人,捐赠器官组织其实不是身体权行使的效果,而是所有权的行使效果。从表面上看,行为人作出捐赠的意思表示好像是行使身体权的行为,但实际上,身体权行使的结果是将器官或者组织脱离自己的身体;捐赠的是物,必须是所有权的行使结果。同样,被捐赠人接受捐赠,是取得所有权,在其取得该人体变异物的所有权后,再根据身体权,自己决定将取得所有权的人体器官组织植入自己的身体,使之成为自己身体的组成部分,这才是身体权的功能。

尸体的问题具有特殊性。对于尸体的权利,来源于两个方面:

(1)死者生前处分自己尸体的权利是身体权,权利人依据自己的身体权,作出处分自己死后尸体的决定,应当按照其意思表示确定身体变异为尸体时的权利归属,例如死者生前的遗嘱确定将其尸体交给医学研究机构的,尸体产生的所有权直接归属于医学研究机构。这样认识更为简洁,比死者瞬间取得所有权,再将其所有权赠与研究机构的观点更为简便易行。这种行为是一种死因行为,在权利人死亡后发生效力。

(2)死者生前对自己的尸体没有处分意愿的,在身体变异为尸体时,其近亲属原始取得尸体的所有权。

死者生前具有民事权利能力和民事行为能力的,对其身体享有包括支配权在内的权利,可以对身体进行处分。死者亲属在其死后行使尸体所有权时不得与本人遗嘱相冲突。关于器官采集中死者与其近亲属意思竞合时的处理规则,目前欧洲近半数国家,如丹麦、德国、爱尔兰、冰岛、马耳他、荷兰、罗马尼亚及英国等,仍然采用同意表明主义。据此,仅在死者生前表明同意捐献,或者其本人既未表示同意又未表示反对,而其近亲属同意提供的情况下可以摘除死者器官。其他很多欧洲国家则采用推定同意主义,仅在死者生前没有表示反对意思的情况下可以摘除死者器官。如塞浦路斯、列支敦士登、立陶宛、挪威、瑞士等一些国家,还对推定同意作了一些限制,在可能提供器官或者多器官移植(因移植可能而摘除可能利用的所有器官)的情况下,必须询问并告知近亲属相关信息。笔者倾向于采取前一种意见,能够更好地尊重死者的生前意见,且后果并无显著差别。

(二)人体变异物的权利支配

人体变异物是伦理物,其所有权人在行使权利,对人体变异物进行支配时,与支配普通物有所区别,应当受到适当限制,并且人体变异物的类型不同,支配受到限制的程度也不相同。

1.人体变异物的占有

权利人对人体变异物的占有,在一般情况下与普通物的占有相同,均可以自己占有,也可以转移他人占有。对于脱离人体的器官和组织,通常并非由权利人占有,因为权利人不具有占有并且保证该种人体变异物活性的条件,而应当由医疗机构等占有,应当视为权利人委托占有人占有。对于人体医疗废物的占有,除了具有社会危险性的人体医疗废物之外,都可以由权利人依法占有,也可以转移占有,并不受到限制。

对于涉及公序良俗的特殊的人体变异物的占有,应当受到限制。对于尸体的占有,应当按照公序良俗的要求,在短时间内是准许的,但是不准许对尸体进行长期占有;对于需要长期占有,且符合公序良俗要求的,例如医学研究机构和教学机构等,长期占有尸体是合法的。对于尸体变异的遗骨、骨灰,则应当依照公序良俗的要求进行占有。将遗骨、骨灰交由殡仪馆保管的,是依据保管合同将占有转移给殡仪馆,权利人并不实际占有,但权利仍然归属于所有权人。对于具有社会危险性的人体医疗废物,依照公序良俗的要求,不准许权利人予以占有,而应当由国家指定的机构占有或者销毁,防止对社会和他人造成损害。

2. 人体变异物的使用

对于人体变异物的使用,应当分别不同情况予以不同的限制。

限制最为宽松的,应当是不具有社会危险性的人体医疗废物。对这些人体医疗废物,权利人可以根据自己的意志使用,例如有价值而无害的人体医疗废物,权利人可以自己使用,也可以准许他人使用,实现自己对人体医疗废物的使用权能。

受到适当限制的是脱离人体的器官组织,必须依照权利人支配该人体器官组织的善良目的进行使用,例如权利人自体移植的组织,脱离自己的人体之后,交给医疗机构保管,当自己需要移植的时候,决定将其移植予自己的身体。这种使用,既是使用也是处分。超出善良目的,对脱离人体器官组织进行使用,是不合法的,特别是违背公序良俗的使用,法律予以禁止。

受到最为严格限制的是尸体以及具有社会危险性的人体医疗废物。尸体的近亲属为所有权人的,原则上不得进行使用,只有医学研究机构和教学机构作为所有权人等,对于其所有的尸体才有权进行使用,也不得违反公序良俗的要求。对具有社会危险性的人体医疗废物,禁止权利人使用。

3. 人体变异物的收益

从民法的公序良俗原则出发,除了具有利用价值和再生价值的人体医疗废物可以由权利人予以收益之外,对其他的人体变异物都不准许进行收益,也不得交由他人利用人体变异物进行收益。对于具有利用价值和再生价值的人体医疗废物的收益,也必须符合公序良俗的要求,不得超出合理范围进行收益。

4. 人体变异物的处分

人体变异物的处分权,应当归属于人体变异物的所有权人。

对于脱离人体的器官组织,处分权归属于权利人,权利人可以决定将该人体变异物处分给他人,也可以作为自用,均源自自己将器官组织脱离人体的善良目的,应当依照该善良目的进行处分。超出其善良目的的处分,不属于合法的处分行为,不具有处分的效力。

对于人体医疗废物,处分权属于权利人。可以决定对人体医疗废物进行处分,包括法律处分和事实处分。对于没有利用价值的一般人体医疗废物,鉴于其无社会危害性、危险性,应当尊重患者及其近亲属的意志进行处分。对于具有社会危险性的人体医疗废物,权利人也有处分权,但只能将该人体医疗废物交由医疗机构占有,并且由医疗机构进行事实处分。

对尸体的处分,除与所有人的利益相关外,还与社会利益密切相关,因此应当受公权力约束。

(1)本人生前有权对身后尸体进行处分。应当最大限度地尊重本人在生前作出的处分其尸体的意思表示,对于尸体器官移植多采用自愿捐赠原则。

(2)当本人生前无意思表示或意思表示不明,或是因欠缺行为能力而不能作出意思表示的,应当承认其近亲属在不违反公序良俗的情况下享有对尸体的处分权。

(3)近亲属对尸体行使处分权,必须依照祭祀、管理的目的进行,医学研究机构等对尸体的处分,必须遵守公序良俗,禁止进行其他处分。

(三)人体变异物的权利转移

民法上的标的物所有权转移一般是指买卖合同的标的物自出卖人转移归买受人所有。由于人体变异物的特殊性,其权利转移问题既应受到物权法的规范,又应兼顾对人格尊严及人格利益的保护。研究人体变异物的权利转移,需要区分人体变异物的不同种类进行讨论。

1. 我国目前人体医疗废物权利转移的规则

(1)关于脱离人体的器官组织等的权利转移。目前立法不承认人体器官组织买卖合同的效力,但是对于人体器官组织的赠与合同,只要不违反公序良俗,基于双方意思自治达成合意,法律一般不加以限制。在人体器官组织的捐献中,脱离人体的器官、组织的权利归属于身体权人,所有权人作出有效的处分决定之后,该所有权转移给作为受体的自然人享有。具体情形是:①若受捐赠者特定,可按捐赠合同的所有权转移规则进行规范;此时,医疗机构与供体和受体之间皆存在医疗合同关系,同时三者又皆存在于器官捐献关系中,医疗机构可以被视为供体或者受体的受托人。当器官、组织与供体脱离时,便处于医疗机构的占有之下,权利转移时,属于指示交付或观念交付,医疗机构按照受体的意志将其占有的人体器官组织输入或者植入受体的人体,所有权消灭。②不特定的人体器官组织捐赠,所有权归属于受赠的医疗机构,例如角膜、精子、卵子、血液等的捐赠,权利归属于设立眼库、精子库、卵子库或者血站的机构。需要输入、植入的,该所有权转移给作为受体的自然人,再由受体自然人决定消灭其所有权,成为自己的人格组成部分。

用于自体移植的脱离人体的器官或者冷冻保存日后自用的精子、卵子等,其所有权人并无处分权利的意思,并不转移所有权,只是期待日后用于自身,故仍应视为自然人身体的一部分予以人格权保护。例如德国联邦最高法院曾认为,某人为避免失去生育能力而在手术前将他的精子存放起来,由于他人的疏忽这些精子被毁坏了,此种情况属于侵犯人身权而非侵犯所有权。如果该器官与人身脱离的目的是为了投入交易,则供体权利人自器官与其身体相脱离时,即失去了对该部分的决定权,这时的人体部分就成了物权的对象,所有权规则将对该器官优先适用,直到该器官被植入受体。[48] 这种人体器官组织仍与人格保持密切联系,没有阻断,尽管也脱离了人体,但不作为物对待。一旦身体权人将其改变用途,决定捐赠他人,则其性质即刻转变为物,可以转移所有权。

(2)人体废弃物的权利转移。人体医疗废物的所有权可以转移。权利人可以将人体医疗废物的所有权转移给医疗机构,由医疗机构享有所有权,依法进行支配。权利从交付之时转移,交付的形式原则上是简易交付,因为人体医疗废物原本就在医疗机构处占有,标的物的交付当然就是简易交付。人体医疗废物的权利人放弃所有权的,自放弃权利时起,人体医疗废物成为无主物,医疗机构因先占而取得所有权。对于其他无害的人体医疗废物,权利人转移所有权的,应当按照动产所有权转移的一般规则进行。

(3)尸体所有权的权利转移。尸体的所有权也可以转移,主要是死者的近亲属将尸体转让给有关医学机构,发生所有权转移的后果。该权利的转移自交付之时转移。具体的交付形式,可以是简易交付,也可以是指示交付。如果是权利人自己占有的,则为现实交付。禁止近亲属将尸体做出其他转移。医学研究机构等对自己享有的尸体所有权,可以进行转移,但不得违反公序良俗。

死者近亲属对已经取得所有权的尸体,可以捐赠有关器官。这是将死者的尸体的部分予以分割,发生死者的器官组织的所有权,捐赠该器官组织,发生所有权转移的后果。

2. 人体变异物转让的有偿化探讨

处分人体变异物是否必须以无偿为原则?人体变异物的商品化规则为何?对这一问题的研究,美国议会咨询机构美国国会技术评价办公室(OTA,即 Office of Technology Assessment, U. S. Congress)、欧盟新兴科技伦理小组(EGE,即 The European Group on Ethics in Science and New Technology)的规定具有一定的借鉴意义。美国议会咨询机构 OTA 在 1988 年的报告书中,基于①脱离人体的器官、组织等虽然具有物质属性,但与人类尊严密不可分,因此对活体器官买卖和尸体的处理应当极为谨慎;②只要不阻碍生命机能的发挥即可进行买卖。这是两种对立的观点。报告书认为应当公平考虑分配提供者的负担和利益;提倡自发无偿的转让;区分未经加工的和经科学家研究培育的人体材料;在法无明文规定的情况下,利用与贩卖人体材料,只要不会显著威胁和伤害个人及公共卫生,一般可被允许,法官有自由裁量权。欧盟新兴科技伦理小组 EGE(1998)的报告书对于伦理原则归纳为以下内容:尊敬人体(尸体);尊重提供者的自发性;保护弱者;尊重私生活及遵守医学保密事项;对移植方法及使用目的有事前知情权;提供者对研究成果有平等无差别的取得权。对此,笔者持肯定态度,在我国目前情况下,可以适当转变人体器官和组织以及尸体禁止有偿转让、只

---

[48] 参见〔德〕曼弗雷德·沃尔夫:《物权》,吴越、李大雪译,法律出版社 2000 年版,第 8 页。

能进行捐赠的做法,准许进行有偿转让,在人体变异物商品化现象日益普遍的今天,过分遏制人体变异物的有偿交易,会刺激地下交易,通过立法规范和引导交易行为向科学合理的方向发展,是更为现实的选择。对此,应当进行试验,在取得经验之后,统一实行。

(四)人体变异物的权利消灭

1. 人体变异物权利消灭的一般规则

人体变异物的所有权依据一定的法律事实而消灭。一般所有权的消灭原因大致可以适用于人体变异物的所有权消灭,可以分为绝对消灭和相对消灭。

人体变异物的绝对消灭,是指人体变异物所有权的标的因一定的法律事实或自然原因而不复存在。例如人体变异物因自然灾害等原因而毁灭,造成所有权的绝对消灭。

人体变异物的相对消灭,是指因一定的法律行为或法律事实的发生,而导致原所有权人丧失所有权。如人体变异物的抛弃、人体变异物的合法转让情形,都形成人体变异物所有权的相对消灭。由于人体变异物的特殊性,对其进行抛弃、转让等行为必须符合法律的相关规定及公序良俗原则的要求。人体变异物的权利主体消灭,同样引起所有权的消灭,这种所有权的消灭亦属于相对消灭,因为人体变异物还存在,只是由于继承而产生新的所有权而已。

2. 两种特别的人体变异物所有权消灭事由

(1) 因使用而消灭。如人体器官或组织植入或者输入病患身体,已经成为受体的一部分,因而人体器官或组织一经使用,其所有权即行消灭,成为人格权的保护对象。

对于植入人体的器官及组织的法律属性和地位,境内外学者的观点基本上一致:不认为其为物,而认为是身体权的客体、人格权的物质形式。如被捐赠的器官及组织在植入受体的体内后,成为受体身体的一部分,成为受体身体权保护的对象,从而消灭了其物权的属性。它"和其他人体组织与受移植人成为一体的,即成功的移植,应为受移植人身体的组成部分,他人不能再主张这些器官、组织的身体权"。[49] 包括捐献人及任何人不得以任何理由对已经脱离自身而成为他人身体组成部分的组织器官主张所有权。这一点在民法类似于植入人体的义齿、假肢等,人身并不以生理上所生成之部分为限,即义手、义齿等,一旦成为人身之一部分,即不得再以物视之。[50] 它们也同样消失其物的属性,而成为人体的一部分,受人格权的保护。

(2) 因丧失生理活性而消灭。一般物可因灭失而使所有权消灭,但是,有的人体器官或组织可能并没有在物质形式上灭失,而仅仅是丧失了生命力即生理的活性,因此作为人体器官或组织的物的形式已经不复存在,所有权已经消灭。器官及组织在

---

[49] 杨立新、朱呈义:《动物法律人格之否定——兼论动物之法律"物格"》(本书第340页),载《法学研究》2004年第5期。

[50] 参见郑玉波:《民法总则》,台北三民书局1995年版,第193页。

脱离人体后多具有不可再生性和易损性,由于器官及组织都是由细胞组成,脱离人体后不能长期存活,保存条件不合适或者保存方法不得当就会使其坏死、腐败,而丧失其原有的功能和作用。当器官及组织等丧失了生理活性,即宣告其所有权的消灭。但是,这种所有权消灭的形式,并不是该物的真正灭失,而是物的物格降格,由生命物降低为一般物,随之而来的是所有权内容的变更,由物权的特殊规则规制改为受一般物的物权规则规制。

(五)对人体变异物的保护

对于人体变异物的民法保护,依照物权的一般保护规则进行,即物权请求权的保护方法和侵权请求权的保护方法。

物权请求权的保护方法,即当人体变异物受到侵害或可能遭受侵害时,所有权人有权请求恢复所有权的圆满状态或防止侵害的权利,主要有返还原物、排除妨害、恢复原状、停止侵害和消除危险请求权。侵害人体变异物的所有权,主要是指侵占和损坏人体变异物。权利人产生物权请求权。

侵权请求权的保护方法,是依据《侵权责任法》第3条规定的规则,受害人取得侵权损害赔偿请求权,依法请求损害赔偿。其法律适用,不是该法的第16条和第17条关于人身损害赔偿的规定,而是第19条关于财产损害赔偿的规定。应当特别注意的是,强迫他人捐献人体器官及组织造成损害的,构成对身体权或健康权的侵害,也应当承担侵权责任,但这不是对人体变异物的保护,而是对人身权的保护。

尸体的法律属性及其处置规则[*]

在现实生活中,经常发生有关尸体的纠纷,最高人民法院也在《关于确定民事侵权精神损害赔偿责任若干问题的解释》第 3 条规定了"非法利用、损害遗体、遗骨,或者以违反社会公共利益、社会公德的其他方式侵害遗体、遗骨",死者的近亲属"遭受精神痛苦,向人民法院起诉请求赔偿精神损害的,人民法院应当依法予以受理"的内容。但是,关于尸体的法律属性究竟是什么?在实践中究竟应当怎样进行保护?适用何种规则处理这种纠纷,不无疑问。笔者曾经在文章中认为对于尸体的保护是对身体权的延伸保护,并不是对物的保护。但是细究起来,延伸保护只是一种保护的方式,它只是对尸体保护现象进行了一个方面的说明,对尸体另一方面的法律属性还是没有作出结论,而这个问题在法律上是一个绕不过去的"坎",需要进行解答。2004 年 4 月 8 日,"人体世界"展览在北京开幕,展品都是塑化的人体标本,[①]既引起了社会各界的普遍关注,也引发了一些伦理道德的争议,再次引起了民法学界对尸体法律属性的反思。本文试图对尸体的法律属性进行确切的界定,同时阐释对尸体进行法律保护的具体规则。

一、对尸体法律属性学说的梳理

尸体以及尸体的变化物的法律属性究竟是什么?是不是法律意义上的物?在这一问题上,境内外学者一直存在不同的认识。综合起来,有以下不同的观点。

(一)非物说

梅迪库斯认为,无论如何,有关物的一般规则不适用于尸体,除非尸体已经变成"非人格化"的木乃伊或骨骸。因此,死者家属对尸体不享有所有权,而只具有一项不同于所有权的死者照管权利(及义务)。以这一法律地位涉及死者安葬为限。[②] 按照他的观点,木乃伊或骨骸才算是物,尸体仍具有人格因素,不能成为物。德国在 1934

---

[*] 本文发表在《法学家》2005 年第 4 期。

[①] 参见《北京晚报:北京市民平静面对"人尸展览"(图)》,载 http://tech.sina.com.cn/other/2004 - 04 - 08/1904346277.shtml。

[②] 参见[德]迪特尔·梅迪库斯:《德国民法总论》,邵建东译,法律出版社 2000 年版,第 876 页。

年 5 月 15 日制定了《火葬法》,也采取了这种立场,作了相应的规定。③ 我国台湾地区也有学者认为,对尸体丧主无所有权,唯有依习惯法为管理及葬仪之权利及义务。④ 因此,尸体非物,不得为继承人所继承,应以法律或习惯以定其处置。⑤ 这种观点不承认尸体为物,如果把尸体作为权利客体,作为物,则继承人可以使用、收益并可以抛弃,是与法律和道德相违背的。

(二)可继承物说

日本一些学者认为,身体权本身就是公民对自己身体的所有权。公民死亡后,由其所有的身体变为尸体,其所有权理应由其继承人继承,进而由其继承人所有。他人损害以及非法利用该尸体,即侵害了继承人的尸体所有权。⑥ 按照《日本民法典》第 897 条的规定,应由死者的祭祀者继承尸体之所有权。依日本判例,"遗骨为物,为所有权之目的,归继承人所有,然其所有权限于埋葬及祭祀之权能,不许放弃"。⑦ 台湾地区民法通说认为,尸体是物,构成遗产,属于继承人的公同共有。⑧ 然尸体究与其他之物不同,应以尸体之埋葬、管理、祭祀及供养为目的,不得自由使用、收益及处分。⑨ 这种观点认为尸体是物,且是继承的标的,继承人享有所有权,只不过这种所有权受到一定的限制,因为这种所有权的客体即尸体毕竟是特殊之物,而不是一般的物。

(三)非所有权客体说

有的学者认为,尸体虽然是物,但它是一种特殊的物,它不能作为所有权客体。如果将尸体处分权确定为所有权会导致尸体商品化,因为传统的所有权观念经过长期潜移默化已为社会大众普遍了解和接受,对于自己拥有所有权的物品可以依法进行流通(包括买卖、抵押、租赁等)已成为一种常识,将尸体处分权确认为所有权会产生错误的观念导向,使人们误认为尸体和他们所拥有的其他物品一样可以自由流通,这必将引发许多违法犯罪行为,如盗窃尸体摘取器官用于谋利。因此,不能将尸体处分权当成所有权,若一定要给尸体处分权定性,尸体处分权只能是民法上的一种新型的、特殊的不完全物权,在尸体处分中最多包含对尸体的占有、使用、处分权。⑩ 这种观点与上述第二种观点一样,都认为尸体是物,不同的是认为尸体不能成为所有权的客体,否则有可能导致尸体商品化。

---

③ 参见《帝国法律公报》(第 1 卷),第 380 页。转引自〔德〕迪特尔·梅迪库斯:《德国民法总论》,邵建东译,法律出版社 2000 年版,第 876 页。
④ 参见史尚宽:《民法总论》,中国政法大学出版社 2000 年版,第 288 页。
⑤ 参见施启扬:《民法总则》,第 177 页。转引自王泽鉴:《民法总则》,中国政法大学出版社 2001 年版,第 217 页。
⑥ 参见龙显铭:《私法上人格权的保护》,中华书局 1948 年版,第 59 页。
⑦ 日本 1930 年 5 月 27 日大判。转引自史尚宽:《民法总论》,中国政法大学出版社 2000 年版,第 289 页。
⑧ 参见我国台湾地区"民法"第 1151 条。
⑨ 转引自王泽鉴:《民法总则》,中国政法大学出版社 2001 年版,第 217 页。
⑩ 参见《医院处理尸体构成侵权行为》,载 http://www.windrug.com/pic/45/26/11/14/096.htm。

(四)准财产权说

美国宾夕法尼亚州法院判例认为,尸体是财产权的标的,尸体可以被认为在某种程度上具有准财产的性质。在 Larson v. Chase 一案的判决中,法官阐述了一个人拥有一具尸体的权利,这是他在最广义上的财产权和财产权的最普通意义。[11] 在 Bogert v. City of Indianapolis 一案中,判决阐述,提出建议死者的尸体属于其活着的亲属,作为财产继承。[12] 一般认为,这种观点实际上是把传统习俗置之度外。美国宾夕法尼亚州法院的做法实际是表达美国人的实际意图和描述法庭关于这个问题的趋势。美国通过法院的判例认为,遗体的埋葬义务是作为的法律义务。[13] 但是除了义务之外也有权利,这已获得明确的和广泛的认知,死者的遗体处置应属于亲属(在没有遗嘱处分的情况下),在如此的范围上是属于活着的丈夫或妻子所有的。这个权利是源于对死者的情感和感情,基于宗教信仰上是未来生命的形式。因此,这已是较早地由教会法庭认知的问题。但是,因为有感情与宗教情感,不久便被当做一个严格的法律权利,然而亲属不具有完全财产意义上的拥有死者的尸体,而是有尸体保护的财产权和尸体被侵犯时有权获得赔偿金的权利。因此涉及的权利是尸体被损害将要获得赔偿。[14] 不是在一般意义上被认可的在财产上的直接财产权,对尸体予以埋葬是人类的情感利益归属,标的远远大于实际财产。有普遍人类意义的情感是管理尸体,是一种义务(也可以说是权利),是保护尸体不受侵犯,因此可以认为是准财产权。[15]

(五)延伸保护的人格利益说

我们在研究自然人尸体的法律保护时,提出了一个新的观点,认为尸体作为丧失生命的人体物质形态,其本质在民法上表现为身体权客体在权利主体死亡后的延续法益,简称为身体的延续利益。法律对其进行保护,是保护身体权的延续利益。[16] 最高人民法院《关于确定民事侵权精神损害赔偿责任若干问题的解释》规定了对遗体、遗骨的法律保护,是将其放在人格权保护的条文中规定的,采纳的就是这种观点。但是,这种延伸保护的理论和司法解释说明的都是如何保护的理论基础,而对尸体以及遗体、遗骨的法律属性并没有作出回答。因此,从更深刻的理论层面观察,还需要进行更为深入的研究,延伸保护的人格利益的主张对于研究尸体的法律属性来说,还不理想。

---

[11] 参见 47 Minn. 307;50 N. W. 238,载 http://www.imminst.org/forum/index.php?act=ST&f=153&t=3301&s=。

[12] 参见 13 Ind. 134,138;41 N. E. 396. 载 http://www.imminst.org/forum/index.php?act=ST&f=153&t=3301&s=。

[13] 参见 Pen. Code, sec. 292. 载 http://www.imminst.org/forum/index.php?act=ST&f=153&t=3301&s=。

[14] 参见 Smiley v. Bartlett, 6 Ohio C. C. 234. 载 http://www.imminst.org/forum/index.php?act=ST&f=153&t=3301&s=。

[15] 参见 http://www.imminst.org/forum/index.php?act=ST&f=153&t=3301&s=。

[16] 参见杨立新:《人身权法论》,中国检察出版社 1996 年版,第 357、358 页。

二、尸体的本质法律属性及法律特征
（一）尸体的本质法律属性
把上述关于尸体法律属性的不同观点概括起来，实际上就是两种立场，"物"性说与"非物"性说。

承认尸体的"物"性，是客观观察、实事求是地界定尸体的法律属性，尽管尸体包含着人格利益，也包含着自然人对自己的身体的尊重和人格的尊重，人们不愿意用"物"的范畴来界定它。但是，它却实实在在地表现为物的形式。在自然人作为主体存在于市民社会的时候，按照市民社会的基本理念和逻辑，人与物是对立物，构成市民社会的两大物质表现形式。尽管人的本身也是自然界的物质存在方式之一，但他是市民社会的主体，而不是像物那样只能作为市民社会的权利客体。其基本逻辑和观念，就在于人的身体是人格的载体，而不是物的表现形式。在人的生命消失之后，身体已经不再是自然人的人格载体，因为人格已经脱离了身体，因此，尸体即使存在人格利益，也已经由身体物化为尸体，完全没有作为人格载体的身体那么重要了。因此，将尸体界定为物的属性，是符合客观事实的，也并不违背人类的尊严和对自身表现形式的尊重。

否定尸体的"物"性，主张"非物"性，并非看不到尸体的物质属性，而是人不愿意看到把曾经是自己的人格载体的身体在主体资格消灭之后变成了尸体，就让它离开了人的范畴而进入了物的范畴成为物。同时，将尸体的法律属性界定为"物"，就要设立所有权，而更进一步的顾虑是，民法将人的尸体作为所有权的客体，大概就会给梁山好汉母夜叉孙二娘、菜园子张青之流做人肉馒头提供了最好的法律根据！梅迪库斯所说的有关物的一般规则不适用于尸体的主张，其忧虑无不在此。就是我们提出的延伸保护的人格利益的主张，事实上也是这个因素在起主导作用，那就是人不能所有自己，同时，也就不能所有自己身体物化的表现形式——尸体。

笔者的意见是，物权的法律属性是"物与非物结合说"。笔者认为，任何事物的定性都不应当只具有"是"与"不是"两种极端表现，尸体事实上也不是只能表现为"物"与"非物"的两种极端选择，而没有第三条路径。有两种法律现象可供参考：第一，包含人格利益因素的特定纪念物品受到侵害，可以适用人格权法律保护方法即精神损害赔偿进行保护，说明物中可以包含人格利益，特定纪念物品就是特殊物，保护方法与一般的物有所不同；第二，脱离人体的器官和组织尽管是人体的组成部分，并且具有生命活性，但也不认为它们是身体的本身，而应认为是物的属性，说明人的组成部分一旦脱离人体，也认为它不再是人格的载体。这其实是市民社会中两种基本物质表现形式的相互融合和渗透，表明市民社会的"人"与"物"两大基本范畴并非具有截然不可逾越的鸿沟。固守人的尊严和道德，否认尸体的物的属性，其出发点和归属是可以理解的；但是它不能说明尸体的本质法律属性，是没有实事求是地反映尸体的客观事实。人类首先应当有勇气、有胆量承认自己丧失了生命的物质表现形式的物的属性，才能够正确解释涉及尸体的各种法律现象的本质；同时又要实事求是地看到尸体中所包含的道德的、伦理的、心理的因素，以及它所包含的人格利益，看到它与一般物的不同。只有把"物说"与"非物说"结合起来，才能够正确认识自己的身体的死后变化物，才能够制定完善的关于尸体的民法规则。

因此，我们在尸体的本质法律属性问题上走的是第三条路径。第一，承认尸体为物的形式，身体已经物化为尸体，就不再属于人的范畴。尸体就是人死后的躯体，是人死后身体的转化物，是有体、有形的物的形式。第二，尸体作为物的表现形式，具有特殊性，因此不是一般的物。其特殊之处，就在于尸体包含了人格利益，包含了人对自己尊严的尊重，对自己的后世人格利益的尊重。同时，尸体也包含了更多的情感因素，成为亲人祭奠与悼念的对象，包含了巨大的精神利益。不强调这一点，而仅仅认为"否认尸体的物质性是荒谬的"本身，也是荒谬的。可以说尸体是人格利益的延伸，包含巨大的人格利益。物的属性与人格利益结合在一起，就是尸体的基本属性。因此，调整尸体的民法规则，仍然要适用物的规则，但是必须按照体现人类尊严、有利于保护人格利益、采用合乎社会伦理道德要求的方式，对尸体进行法律规范。用这样的立场确定尸体的物的法律属性，既符合客观实际，又能够反映社会的观念和习惯，是较为可取的主张。

(二) 尸体作为物的法律特征

身体物化为尸体，成为无生命的物质形态，进入物的范畴。尸体作为物，具有其独特的法律特征。

1. **尸体是包含确定的人格利益的物**

任何人在其生前都已形成自己的姓名、性别、独特的容貌特征、名誉、荣誉以及个人隐私的人格利益，这些人格利益负载于身体的物质表现形式之中。在其死后，这种人格因素不会随着人的生命丧失而丧失，而是仍然存在，包含在尸体的物质表现形式之中，并且长期存在。因此，所有的尸体不仅都包含确定的人格利益，而且其本身就是特定的人格利益。尸体包含的这种人格利益因素，不仅属于尸体的本人，并且会对其近亲属的利益以及社会利益产生影响。因此，尸体虽然是一种物的形式，但它不是一般的物，而是具有特殊性质的物，是负载人格利益的特殊物，因而与其他物相区别。对尸体的侮辱与毁坏，既是对死者人格的亵渎，也是对人类尊严的毁损，因此，社会以及死者的亲人都是不能容忍的。世界各国民法都对人死后的人格利益给予保护，更重要的不是保护尸体的这种物的本身，而是要保护尸体所包含的人格利益。在具体的保护上，尸体所包含的姓名、肖像、名誉、荣誉以及隐私的人格利益，有特别的规则；而对尸体的毁损和侵害，单独确定为一种侵权行为类型，以保护尸体本身的人格利益。

2. **尸体是具有社会伦理道德内容的物**

尸体作为一种特殊物，也表现在它负载着社会的伦理和道德因素。我国古代称自己的身体为父母的"遗体"。《礼记·祭义》记载:"身也者,父母之遗体也。"⑰《孝经》记载:"身体发肤,受之父母,不敢毁伤,孝之始也。"即使是在今天,亲人逝世,对亲人的遗体举行祭奠仪式,以示对亲人不幸的悲痛与缅怀,甚至还要祭奠、供奉死者亡灵。几千年的社会伦理使人们对尸体有一种崇敬的感情,亲属对亲人的尸体格外尊重,体现了家庭和家族的伦理观念。在社会上,对尸体的尊重体现了对死去的人的人格尊重,不得亵渎、猥亵尸体,亵渎、猥亵尸体,视为对本人的侵害,也是对死者近亲属精神上的折磨与侵害。对于侵害他人尸体的人,为社会舆论所不齿。正因为尸体负载了这样的伦理因素和道德因素,而使其与其他一般物相区别,具有特殊的属性。当对这种物设置所有权的时候,就一定要设置特别的限制,而不能与一般物的所有权相同。

3. 尸体是具有特殊的可利用性与有价值性的物

尸体的可利用性和有价值性的特殊性体现在两个方面。一是尸体的医学利用价值,尸体可以制作标本,可以进行生理解剖实验等,为医学科学的发展作出贡献,造福于人民。二是随着器官移植技术的发展,使刚刚死去的人的尸体上的器官或者组织可以移植给他人,救助病患,重新使器官或者组织在新的人体上发挥功能,使病患重获新生。后一个价值大大扩展了尸体的利用价值,以至于经常发生盗窃尸体、窃取尸体器官的案件。这样,尸体的有用性更为突出,更表现了尸体的物的属性,体现了它作为物的特殊价值。

(三)尸体的物化进程

研究尸体的物的法律属性,还必须研究尸体的物化进程,因为尸体的物化进程不同,尸体的人格利益因素也不同,其作为物的价值也不同,必须采取不同的规则进行规制。

尸体的物化过程分为五个阶段。其中前四个阶段保持的是尸体的形态,后一个阶段不再是尸体的形态。

(1)尸体的初始物化。身体与尸体的基本界限,就是尸体的初始物化。从身体物化为尸体,是一个本质的转变,必须准确界定。如果身体没有变为尸体,权利主体就享有身体权,他人无权支配,例如植物人,其几乎没有意识,但他是人,其躯体就是身体。而身体一旦变为尸体,就成为物,就发生所有权问题。这就是研究尸体物化初始阶段的意义。尸体的初始物化界限在于人的生命丧失。具体标准,目前应当仍然使用医学的"心跳及呼吸停止说"。自然人的心跳和呼吸一经停止,身体就变为尸体,成为物。

(2)具有生理活性的尸体。尸体刚刚物化,其生理活性尚未丧失,有的器官及组织还能够移植予他人,为他人带来健康和幸福。在自然人死亡后的一定时间之内,它的器官、组织还可以进行医学上的利用。在这一阶段,尸体具有最大的价值,它不仅

---

⑰ 夏征农主编:《辞海》,上海辞书出版社1990年版,第119页。

包含尸体的一切价值,更重要的是其医用的价值。过了这个期间,尸体的这种价值就会完全丧失,变成一般的尸体,其存在的就是一般尸体的价值。

(3)丧失生理活性的尸体。尸体经过适当的时间,其生理活性就会丧失,变为普通意义上的尸体。在这个阶段的尸体,尽管丧失了器官和组织移植予他人的医用价值,但是还存在较大的利用价值。例如制作人体标本、进行医学解剖、组织医学教学研究等。权利主体捐献自己的或者亲人的尸体于这些事业,都是造福于人类的善举,社会应予以赞许。

(4)尸体的转化形式。尸体不会永远保持原状,即使是装入水晶棺,采用长期的防腐措施,其尸体也不可能永世流传。尸体的转化物,是骨灰、骨骼、木乃伊等。这时候,尸体已经彻底物化,成为纯粹的物的形式,但是其中仍然存在人格利益,还不能作为一般物对待。即使是无主的骨灰、骨骼、木乃伊,也包含人类的尊严,应当妥善安置处理,不可以违背善良风俗。

(5)尸体分解为其他物质形式。在尸体分解为其他物质形式,丧失了尸体以及骨灰、骨骼、木乃伊的形式之后,尸体的原始形态就彻底消灭了,成为了一般的物,不再具有尸体的价值了。

(四)尸体的法律物格地位

笔者曾经提出,为了对物进行类型化,以便确定对不同类型的物进行不同的法律规制,因此建立法律物格制度,把民法客体的物分为不同的物格,明确对不同物格的物确定不同的支配规则,明确民事主体对它们的不同支配力,对它们进行不同的保护。因此设想,把物格分为三个格:第一格是生命物格,是具有生命的物的法律物格,是民法物格中的最高格,例如动物尤其是野生动物和宠物、植物尤其是珍稀植物,具有最高的物格地位,任何人对它行使支配权时,都要受到严格的规则限制。第二格是抽象物格,像网络、货币、有价证券等都是抽象的物,用特别的规则进行规范。第三格是一般物格,其他一般的物概括在这个物格当中。设立物格制度的基本意义,就是区分不同的物的类型,确定不同物格的物在市民社会中的不同地位,明确人对其的不同支配力,以及进行支配的具体规则。[18]

尸体的特殊性决定了其不同于一般的物。在我们的分类中,最高物格虽是生命物格,但尸体这一特殊物也应归入这一物格中,因为尸体具有人格因素,曾经是负载生命权的物质表现形式,并且尸体在一定的时期里还保留生命特征,具有生理活性,可以移植予人体而再生。虽然随着时间的推移,尸体的生命性逐渐消失,但其强烈的人格性仍然将其与其他物严格区分开来,使其物的规则与规范更近似于生命物格中的物,因此,将其归为生命物格是最为合适的。

尸体具有最高的物格地位,就使得尸体不同于一般的物,对其保护力度也不同于

---

[18] 参见杨立新、朱呈义:《动物法律人格之否定——兼论动物之法律"物格"》(本书第340页),载《法学研究》2004年第5期。

一般物,在对其保管、利用、处置与保护时就有特殊规制的要求,这样才能够维护尸体中的人格利益因素,并且满足社会伦理、道德的要求,维护社会的文明秩序。

三、尸体的物权规则及权利保护

(一)尸体的所有权的产生和归属

如前所述,身体初始物化为尸体,就发生所有权。而谁对尸体享有所有权?是死者本人,还是死者近亲属,抑或是国家?对此,学界有不同的认识。按照梅迪库斯的观点,死者亲属对尸体不享有所有权,只具有一项不同于所有权的死者照管权利(及义务),并以这一法律地位涉及死者的安葬为限。[19] 日本学者认为,尸体由其继承人继承,其继承人享有所有权。[20] 有些苏联和东欧地区的学者认为,人死后其尸体应归属于国家或社会,所有权和处置权适当分离,个人作为社会的一员,应承担一种公共性、社会性的义务,所以其尸体是社会资源,对尸体的处分权应归属于社会。

(1)既然尸体是一种物,且按照民法理论及实践,是需要民法的规范和保护的,理应成为民事法律关系的客体,应当设置所有权。否则,尸体无法设立所有权,就会成为无主物。

(2)确认尸体的所有权归属,有所有权就必须有所有权的主体,没有所有人的所有权是不存在的。

(3)尸体的所有权不能归属于死者。认为尸体仍由死者所有是荒谬的,因为自然人作为民事主体,其具有的民事权利能力和民事行为能力是享有民事权利和承担民事义务的前提,自然人死亡时,其民事权利能力和民事行为能力即消灭,不可能再享有所有权,也不可能行使和实现其所有权;尸体的所有权也不能归属于社会或者国家,认为尸体应作为一种社会资源,对其应充分利用以促进社会的发展,由国家所有,是不顾及社会传统文化、伦理道德及现实情况,人们的心理不可能接受这样的意见。

(4)基于亲属与死者之间的特殊关系及情感,尸体的所有权由死者的亲属享有是最为合适的,这就是,在近亲属死亡之时,其身体物化为尸体,其近亲属取得该尸体的所有权。至于是依何种方式取得,笔者认为不是继承,也不是其他方式,而是在身体变为尸体之时,由其近亲属原始取得,是在尸体作为物的形态出现时,第一次由其近亲属作为所有人取得所有权。这种原始取得不是一般的由生产、取得原物的孳息、强制、先占、添附、时效取得和善意取得等方式而取得,而是一种特殊的原始取得、特定的原始取得,就是近亲属取得死者的尸体的所有权。

(二)尸体的处分权主体

从所有权的角度出发,尸体的处分权应当是其所有权的权能。但是,由于自然人

---

[19] 参见〔德〕迪特尔·梅迪库斯:《德国民法总论》,邵建东译,法律出版社2000年版,第876页。
[20] 参见龙显铭:《私法上人格权的保护》,中华书局1948年版,第59页。

生前可以处分自己的尸体,因此,尸体的处分权包括两种不同的情形。

1. 死者生前的处分权来自身体权的支配力

尸体的基本处分权来自死者本人,自然人对自己死后的尸体有权作出处分,可以通过协议或者遗嘱,处分自己死后的尸体。例如,很多人生前公开声明,或以遗嘱、契约的形式,将自己的尸体或者器官捐献给科研、医疗、教学单位或者他人,这是自然人行使身体权的处分权的表现。目前,绝大多数国家认为本人生前有权对身后尸体进行处分,美国、德国、智利、比利时、法国、波兰等国都通过器官移植立法,对本人基于自己决定权而在生前作出的处分尸体的意思表示予以最大的尊重。美国的法院和学者在涉及死者生前处分自己的遗体的问题上,都认为应尊重死者的意愿,认可个人在其身体上有充分的财产利益,在他死后可以形成有效的以遗嘱方式约束处置遗体,法院通过认证遗嘱,断定是否是在死者生前自己意愿下的处分,如果是,应按其意愿执行。[21]

应当研究的是,自然人为什么有权处分自己的尸体。笔者认为,自然人享有身体权,对其身体享有适度的支配权。当自然人死亡之后,身体物化为尸体,变为物的形式,且自然人已经死亡,当然不具有权利能力,也就没有支配权。但是,尸体是身体的物化形态,自然人对自己的身体的支配力自然延伸于其死后的尸体,就像自己可以支配自己的遗产一样,身体权的支配力可以延伸到自己的身体的变化物,可以支配自己的尸体。正因为如此,自然人可以通过生前行为确定自己尸体的处分,可以通过声明、遗嘱或者协议等方式,作出对自己尸体的处分。他人和社会应当尊重这种处分行为,确认其效力。

应当看到,这样的处分行为,不是自然人对自己尸体的物权处分行为,因为这时候自然人的主体资格存在,其身体也不是所有权的客体,且身体也没有变为尸体;而是对自己的身体及其利益的处分行为,是属于处分身体利益的人格权处分行为,与死者近亲属对尸体处分行为的性质是完全不一样的。

2. 死者近亲属基于尸体所有权的处分权及其效力

死者近亲属基于与死者的特殊身份关系,取得对尸体的所有权。死者对尸体的处分权,就是来自对尸体的所有权。权利人可以在法律规定的范围内,对尸体进行处分。但是这种所有权的处分权不能对抗死者生前对其死后尸体的处分决定。如果死者生前以声明、协议或者遗嘱的形式处分了自己的尸体,其近亲属就不再享有对该尸体的处分权,不能违背本人生前的意志而作出新的处分决定。因为死者本人对自己的尸体的处分权属于人格利益的处分行为,是依据身体权对自己的人格利益所作的处分,因此应当优先于他的近亲属在其死后对尸体的处分权。另外,从尊重人权、尊重死者遗愿的角度来看,也不允许死者近亲属违背死者生前的意志而任意处置死者的尸体。

---

[21] 参见 http://www.imminst.org/forum/index.php? act = ST&f = 153&t = 3301&s = 。

(三)尸体所有权的主体范围

尸体所有权的权利主体是死者的近亲属,其范围包括第一顺序的准所有权人即配偶、父母和子女,第二顺序的准所有权人是其他近亲属,即祖父母、外祖父母、孙子女、外孙子女、兄弟姐妹。第一顺序的准所有权人有权处置尸体、有权起诉,保护死者的尸体利益。如果第一顺序的保护人不在,或者存在行使保护权利的障碍,则由第二顺序的准所有权人行使处分、保护的权利。

由于在同一顺序上的近亲属有时候是单一的,有时候是多数,因此,尸体的所有权存在两种不同的所有权形式。一是单一所有权,就是近亲属是一个人享有尸体的所有权的,应当适用单独所有权的规则。二是共有,在同一顺序上有两个以上的近亲属,对尸体的所有权就是共有。按照前述台湾地区学者的说法,应当是共同共有(公同共有),笔者赞同这种说法。

(四)对尸体所有权的限制

尸体近亲属对死者的尸体所享有的所有权并不是完全的所有权,而是受到限制的所有权。死者近亲属取得的这种所有权,更多的是对死者的身份关系的承继和对死者感情的保留,因此体现的是身份利益。这种所有权不能像亲属继承死者的遗产那样享有完全的所有权,它不具有充分的所有权权能,而只具有所有权的部分权能,不能用以收益、抛弃、长期占有尸体而不埋葬等为其内容。

这种所有权的内容是:第一,对尸体享有管理、保护和埋葬等形式的权利;第二,对尸体享有部分处分权,仅限于不违背善良风俗的尸体捐献与尸体的部分器官、组织的捐献;第三,对于捐献尸体或者器官给予补偿的收取权;第四,保护尸体的权利,当其所有的尸体受到侵害时,享有防止侵害、除去损害的请求权以及损害赔偿的请求权。

值得研究的是,死者近亲属对死者的祭奠、吊唁的权利性质问题。笔者认为,祭奠权不是尸体所有权的内容,而是身份权的内容,基于近亲属与死者的身份地位关系而发生的权利,不能认为是对尸体所有权而发生的权利。

同时,尸体所有权人负有对尸体不得抛弃、不得用于非法收益、不得进行非法利用(不违背善良风俗的捐献除外)、不能长期占有而不做安葬的义务。河北理工学院教师谢某与妻子的尸体同床8年,一直不予埋葬,就是尸体所有人没有尽及时安葬的义务,有违社会风俗。

(五)对权利人行使尸体所有权争议的处置

如前所述,尸体所有权有的是单独所有权,有的是共同共有。如果是单一的近亲属享有所有权,一个人依照自己的意志行使权利,履行义务,就不会发生争议,除非行使权利的行为引发公共利益的损害而发生争议。

如果构成数个近亲属享有尸体的共有权,就会在行使权利时发生争执。例如,对于尸体究竟由谁占有,由谁行使保护的权利,都会发生争议。父子之间为保管妻子及

母亲的骨灰、儿子和女儿为处置尸体等,都有发生争议的案例,需要有处置的规则。笔者认为,对于这种争议,应当遵守以下规则:

(1)协商一致原则。凡是所有权有数人的,在行使尸体所有权时,应当进行协商,依据一致的协商意见确定。

(2)少数服从多数原则。享有所有权的数人意见不一致,进行协商又不能达成一致意见,能够形成多数意见的,应当按照多数人的意见作出决定,按此办理。

(3)最亲近关系的亲属决定原则,如果享有所有权的多人不能协商一致,又不能形成多数意见,应当由与死者关系最亲近的亲属作决定。例如,在第一顺序的近亲属发生争执的时候,配偶、父母和子女的排列是法律的排列,应当视为体现了亲属关系的亲近程度。因此,有配偶的由配偶决定,没有配偶或者配偶不愿意决定的,由父母决定,配偶、父母都不在或者不愿意作决定的,由子女决定。如果子女有数人,无法决定,则应由长子或者长女决定。在没有第一顺序的近亲属的情况下,第二顺序的近亲属才可以作出决定。

(4)法官裁决原则。在最终无法处理争议,或者争议无法用上述三种规则处理,或者对决定提出异议的,可以请求法院审判,由法官决定权利应当怎样行使。

(六)对尸体的民法保护

1. 对尸体民法保护的必要性

尸体这种特殊的物蕴含着精神利益、伦理道德和社会利益,对死者的尸体的尊重和保护是死者亲属的精神需求和道德要求,否则,死者亲属的内心无法安宁。在中国的传统文化里,后人对死者的态度是孝顺或忤逆的表现,也构成了社会公众对其进行评价的重要方面。对尸体的尊重和保护也是社会公众的精神需求和伦理道德要求,因为这样可使人们更加尊敬他人,更加尊重生命,体现了人的价值,可以发扬光大传统的伦理道德精神,维护和促进社会文明的发展。其实无论人们如何对待死者,死者都不可能感受到,也不会有任何的精神损害和财产的利益损失。但对其近亲属来讲,却承受着巨大的精神的折磨和道义上的责难。因此善待死者实为善待生者,死者的遗体所蕴含的利益的主体,实际上是死者的近亲属,即活着的人。正是因为尸体与一定的社会关系联系紧密,因此,对尸体的保护尤为重要,更具有社会价值。

2. 对尸体的民法保护方法

对于尸体的民法保护方式,与其他财产所有权的保护一样,需要建立两套请求权的体系。

第一套请求权体系,是所有权的物权请求权体系。尸体是物,权利人享有所有权,既然如此,就当然存在物权请求权。因此,当尸体受到侵害或有侵害之虞时,权利人可以依据该请求权,请求损害之除去和障碍之排除以及原状之恢复。

第二套请求权体系,是侵权请求权体系,按照侵权行为法的规定,尸体受到侵害,权利人取得侵权请求权,可以依据侵权行为法的规定,受害人请求损害赔偿,包括财产利益的损害赔偿、精神利益的损害赔偿等,同时还可以请求侵权人承担其他侵权责任。

3. *侵害尸体的行为形式*

在现实生活中,侵害尸体的行为主要有:

(1)非法损害尸体。这种行为以故意为要件,其侵害的目的可能有多种形式,如有的是为泄愤报复,有的是满足某些欲望等。

(2)非法利用尸体,即未经本人同意,或者死者死后未经其近亲属同意,对尸体进行非法利用,侵害了死者人格利益及近亲属的利益的行为。例如摘除死者脏器、骨架制作标本,摘除死者器官进行移植等,都构成对死者人格利益的侵权行为。

(3)非法陈列尸体。这种行为违背善良风俗,是对人格尊严的侵害,也是对死者的不敬和对其近亲属精神利益的损害。

(4)医院和殡仪馆对尸体的不法处理,如错误火化他人的尸体、造成尸体丢失,等等,都是侵害尸体的行为,构成侵权行为。

(5)对死者骨灰的侵害。骨灰是尸体的变形、延伸,具有与尸体相似的人格利益和精神寄托。侵害骨灰、墓地的行为既是对死者人格利益的侵害,也是对死者近亲属管理权的侵害。这种侵害有外部的侵害,也有内部的侵害,如亲属之间一方不经他方同意擅自处理死者的骨灰。

4. *侵害尸体的侵权责任方式*

侵害死者尸体的侵权责任方式,当然适用传统的侵权责任方式如停止侵害、恢复原状、赔礼道歉等。但因为尸体这种凝结着人类感情的特殊物,对尸体的损害不仅是对死者的不尊重,更多是造成了对其近亲属的情感及精神的伤害,因此,侵害死者尸体的侵权责任主要是精神损害赔偿的方法,即责令侵害死者尸体的行为人承担精神损害赔偿责任。对于因尸体被非法利用或者救济损害而造成的财产上的损失,也应当予以赔偿。非法利用死者尸体的侵权行为人,也应当承担停止侵害、赔礼道歉等侵权责任。

支配尸体的权利冲突及处理规则[*]

尸体是人类身体物化的表现形式,属于物的范畴,是包含确定的人格利益、具有社会伦理道德内容、具有特殊可利用性与有价值性的特殊物。[①] 尸体既然是物,就必定发生所有权的问题。基于尸体的上述法律特征,在权利人对其进行支配时往往会产生权利冲突。因此,本文采取类型化的思路,对尸体支配中的权利冲突类型进行梳理并逐一分析其性质,并根据尸体所具有的生命伦理价值[②],具有最高的物格地位,任何人对它行使支配权都要受到严格限制的法律要求[③],笔者在充分考虑其特殊性的基础上,对尸体支配的权利冲突提出相应的解决规则。

一、对尸体的支配类型及其性质

(一)死者生前对自己尸体的支配

死者生前对自己尸体[④]的支配,源于自然人的身体权。身体权是公民维护其身体完全并支配其肢体、器官和其他组织的人格权[⑤],具有对身体利益的支配力。当自然人死亡之后,身体物化为尸体,变为物的形式,且自然人已经死亡,当然不具有权利能力,也就没有支配权。但是,尸体是自然人身体的物化形态,自然人对自己的身体的支配力自然延伸于其死后的尸体,就像自己的所有权可以支配自己的遗产一样,身体权的支配力可以延伸到自己的身体的变化物,可以支配自己的尸体。[⑥] 纵观各国或地区法律,死者生前对自己尸体的支配一般采取遗嘱、书面捐赠协议、驾驶执照以及捐献卡等方式。在我国实践中,死者生前支配自己的尸体的方式,主要有以下几种类型:

---

[*] 本文发表在《判解研究》2009年第4辑,合作者为中国民航科学技术研究院张秋婷博士。
[①] 参见杨立新、曹艳春:《尸体的法律属性及其处置规则》(本书第308页),载《法学家》2005年第4期。
[②] 参见杨立新:《民法物格制度研究》,法律出版社2008年版,第41页。
[③] 参见杨立新、曹艳春:《尸体的法律属性及其处置规则》(本书第308页),载《法学家》2005年第4期。
[④] 本文中所用"尸体"的概念包括尸体的全部或者部分组织。
[⑤] 参见杨立新:《人身权法论》,人民法院出版社2006年第2版,第436页。
[⑥] 参见杨立新、曹艳春:《尸体的法律属性及其处置规则》(本书第308页),载《法学家》2005年第4期。

1. 以遗嘱方式支配

遗嘱,是指因遗嘱人的死亡始发生效力的独立无相对人的单独行为。⑦ 本文中所述的"遗嘱",是广义的遗嘱,是遗嘱人生前在法律允许的范围内,按照法律规定的方式处分其个人财产或者处理其他事务,并在其死亡时发生效力的单方法律行为⑧,而我国《继承法》调整的是以处分个人财产为内容的遗嘱。⑨ 因此,以尸体的支配为内容的遗嘱能否适用我国《继承法》,尚须进行探讨。笔者认为,虽然自然人生前能够对自己的尸体进行支配是基于身体权的支配力,而非对个人财产的处分,但由于此遗嘱所指向的对象是尸体,且尸体在法律属性上属于物,因此以支配自己尸体为内容的遗嘱,也应当适用《继承法》的相关规定。此外,尸体属于伦理物的一种,故在适用《继承法》时,会有所限制。

2. 以办理捐献登记的方式支配

(1)需明确死者生前办理的捐赠登记的性质。根据我国现有的上海、山东、贵州等地颁行的地方性法规的规定,捐赠登记是指自愿于死亡后捐献遗体用于医学研究的自然人前往捐赠登记站(或捐赠登记站的工作人员前往捐赠申请人住处),申领并填写一份捐献申请表的行为。捐赠登记是民事法律行为。民事法律行为是公民或者法人设立、变更、终止民事权利和民事义务的合法行为。遗体捐赠登记是自然人生前自愿作出的,在其死亡后捐献其遗体用于医学研究的行为。红十字会与接受遗体的单位间是委托法律关系,即各接受单位受红十字会委托并按照其制定的工作规范的要求开展遗体捐献的接受工作。⑩ 法律明确规定红十字会为接受捐赠尸体的主体,是社团法人,属于我国《民法通则》规定的其他组织的一种,故此登记行为为民事法律行为。此外,捐赠登记是法律对于捐献遗体特别规定的形式要件。"遗体捐献行为从性质上属于单方法律行为,为慎重起见,遗体捐献应当采取书面形式,履行登记手续,但登记不是申请,也无须批准,只是遗体捐献这一单方法律行为的表现形式之一。"⑪

(2)需明确死者近亲属在捐献登记中的法律地位。根据我国现有的地方性法规,捐献人可以委托捐献执行人,捐献执行人可以是其近亲属,也可以是其近亲属以外的其他自然人,或者是其生前工作单位、居住地的居(村)民委员会、养老机构及其他组织。生前表示捐献意愿的自然人死亡后,捐献其遗体的近亲属即为捐献执行人。⑫ 捐献申请表应载明捐献执行人的姓名、联系方式以及同意执行的意见。由此可见,我国并未将近亲属的同意作为捐献的特殊成立要件,只有在近亲属被委托为捐献执行人时,才参与到捐献登记中来。对于执行人的同意执行意见也应作正确的理解,即通过

---

⑦ 参见史尚宽:《继承法论》,中国政法大学出版社2000年第1版,第397页。
⑧ 参见《遗嘱公证细则》第2条。
⑨ 参见《继承法》第16条。
⑩ 参见杨钧仪:《遗体捐献有法可依——介绍〈上海市遗体捐献条例〉》,载《上海人大月刊》2001年第1期。
⑪ 张红兵、赵峰:《论遗体捐献的法律问题》,载《重庆大学学报》(社会科学版)2004年第3期。
⑫ 参见《山东省遗体捐献条例》第13条。

在登记表中载明的方式,使得在捐献登记生效前执行人就已明确作出了同意担任执行人的意思表示,从而在捐献人与捐献执行人之间成立委托关系。这与《继承法》中规定的指定遗嘱执行人制度的最大区别,在于指定遗嘱执行人是单方法律行为,被指定的执行人在继承开始后有接受或拒绝的选择权。这样的做法,能够有效避免在捐献登记生效后出现捐献执行人拒绝担任的情况,有利于保障遗体捐献的顺利实现。

(3)捐献登记的法律效果是使受遗赠人取得了受遗赠权。捐献登记是捐献人的单方意思表示,相当于遗赠,遗赠的生效并没有产生债权效力,只是使受遗赠人取得受遗赠权,即受遗赠人享有接受或放弃遗赠的选择权。捐献登记在捐献人死亡后相当于一不可撤销的"要约",受遗赠人所获得的仅是"承诺"的地位。

3. 以签订遗体捐赠协议的方式支配

当死者生前是以签订遗体捐赠协议的方式支配自己的尸体时,该捐赠协议具有与遗嘱或办理捐赠登记明显不同的法律性质。具体分析如下:

(1)需要明确死者生前与接受捐赠机构签订的捐赠协议的性质。该捐赠协议是死者生前与具备接受遗体资格的机构订立的以捐赠自然人的尸体为标的的赠与合同,并且该合同以自然人的死亡为生效要件。死者生前与具备接受遗体资格的机构订立契约的行为是双方法律行为。此捐赠协议是无偿、单务契约,只产生一个请求权,即具备接受遗体资格的机构有请求捐赠协议的"执行人"交付尸体的权利。

(2)需要明确死者生前签订的捐赠协议与遗赠的区别。此捐赠协议在学理上称为死因赠与[13],为契约的一种,而遗赠为单方法律行为,这是二者最根本的区别。各国或地区立法例上对死因赠与与遗赠的关系的规范有所不同,主要有以下几种观点:第一,将死因赠与与遗赠独立,如德国普通法,于遗赠契约之外,认有死因赠与制度。[14] 第二,死因契约适用法律关于遗赠的规定,如在普鲁士法,与遗赠为同一待遇。《日本民法典》第554条规定:"因赠与人之死亡应发生效力之赠与,依关于遗赠之规定。"[15] 第三,以赠与人与被赠与人的死亡先后以及效力为标准,区别规范死因赠与和遗赠,如罗马法、法国法以及德国法。[16] 第四,死因契约适用赠与合同的规范。史尚宽先生认为,赠与人自觉死期将迫而为赠与,此种赠与本身与普通赠与并无不同,应解为生前行为。[17] 笔者同意史尚宽先生的观点,即该捐赠协议与普通赠与合同并无根本不同,应适用《合同法》的规范。但由于尸体为伦理物的特殊性,此合同不具有强制执行性。

(二)死者近亲属对尸体的支配

死者近亲属基于其与死者特殊的身份关系,在死者死亡时,原始取得对尸体的所

---

[13] 参见史尚宽:《继承法论》,中国政法大学出版社2000年版,第399—405页。
[14] 参见史尚宽:《继承法论》,中国政法大学出版社2000年版,第399页。
[15] 史尚宽:《继承法论》,中国政法大学出版社2000年版,第401页。
[16] 参见史尚宽:《继承法论》,中国政法大学出版社2000年版,第401页。
[17] 参见史尚宽:《继承法论》,中国政法大学出版社2000年版,第399—405页。

有权,因此死者近亲属对尸体的支配源于对物的所有权。但死者近亲属对死者的尸体所享有的所有权并不是完全的所有权,而是受到限制的所有权。⑬ 一方面,此所有权受到公序良俗的限制,即近亲属只能以丧葬、祭祀或者捐献用于医学研究为目的对尸体进行积极支配;另一方面,此所有权还受到死者生前对自己尸体支配的限制,即近亲属应在尊重死者本人意愿的前提下对尸体进行支配。

(三)接受捐赠机构对尸体的支配

接受捐赠的机构基于死者生前的意思表示取得尸体的所有权后,可以对尸体进行以医学研究或教学为目的的支配。当死者生前选择以遗嘱的方式支配遗体时,接受捐赠机构取得遗体的基础是受遗赠权;当死者以办理捐献登记的方式支配遗体时,接受捐献的单位取得遗体的基础是单方法律行为取得的受遗赠权;当死者生前以与接受捐赠机构签订捐赠协议的方式支配遗体时,接受捐赠的机构取得遗体的基础是依合同取得的债权。

二、尸体支配的权利冲突类型及表现形式

如前文所述,死者本人、死者近亲属以及接受捐赠的机构三方主体都有权对尸体进行支配,因此,会分别产生死者本人与其近亲属间的冲突,近亲属为多人时,近亲属之间的冲突,以及死者近亲属与接受捐赠机构间的冲突。这是尸体支配权利冲突的三种基本类型。

(一)死者与近亲属间的冲突

尸体是自然人的身体在其死亡后的物化表现形式,自然人生前对其所做的任何支配都不可能通过自己的行为实现,必须经由其近亲属或者遗嘱执行人的行为使其实现。因此,在自然人死亡后,对其尸体进行支配时,有可能产生死者的意愿与近亲属的权利之间的冲突。在我国,死者与近亲属间的支配冲突一般表现为近亲属不遵守死者的遗嘱、遗赠或者承诺的协议,拒绝将死者遗体交付给接受捐赠的机构。

(二)近亲属之间的冲突

在死者的近亲属为数人时,有可能发生近亲属内部的冲突。在死者生前已明确表示捐献尸体的情况下,可能表现为部分近亲属支持死者的遗嘱而其他近亲属予以反对。这种冲突的实质,仍是死者与近亲属间的冲突。在死者生前未明确表示反对捐献的情况下,表现为部分近亲属决定捐献遗体而其他近亲属反对捐献,如王甲诉王乙侵犯亲属权、知情权及祭奠权案。哥哥王甲在得知父亲去世的消息后赶往医院见父亲最后一面,赶到时却被告知父亲遗体已被弟弟王乙捐献。王甲遂以侵犯亲属权、

---

⑬ 参见杨立新、曹艳春:《尸体的法律属性及其处置规则》(本书第 308 页),载《法学家》2005 年第 4 期。

知情权及祭奠权为由将王乙诉上法庭,请求法院责令王乙向其出示父亲的死亡证明、生前遗嘱和志愿捐献遗体申请表的原件,并且判令王乙赔偿其精神损害3万元。王乙则向法庭提交了父亲的死亡证明、生前亲笔书写的遗体捐献事宜和志愿捐献遗体申请表、纪念证,用以证明无偿捐献遗体是父亲生前的遗愿,1999年父亲便领了申请表。当日由于苦等多时王甲一直没有赶来,又无法联系上,所以他们夫妻俩与二哥、姐姐及姐夫共同拍板决定捐献。法院未当庭宣判。[19]

需要特别指出的是,遗嘱支配尸体中有一种特殊情况,即共同遗嘱。共同遗嘱,又称联合遗嘱,或合立遗嘱、共立遗嘱,是指两个或两个以上的遗嘱人共同订立同一份遗嘱的行为,多数情况下发生在夫妻之间。在这种情形下,会产生共同遗嘱人与其他近亲属之间的冲突,并有可能产生损害赔偿责任。

(三)死者近亲属与接受捐赠机构间的冲突

这种冲突的表现方式取决于死者支配自己遗体的方式,即死者与接受捐赠机构间的法律关系。

在我国,当死者生前采办理捐献登记的方式支配自己的尸体时,捐献者实施的是单方法律行为,性质上属于遗赠,以其死亡为生效要件。因此,近亲属与受遗赠人(即接受捐赠的机构)之间可能产生积极的冲突与消极的冲突。积极的冲突是指受遗赠人及时作出了接受遗赠的意思表示后,遗赠人与受遗赠人之间因意思合致而发生债权效力,受遗赠人取得请求给付遗体的权利,而死者近亲属拒绝将死者遗体交给受遗赠人;由于未经受遗赠人作出选择,死者近亲属不得处分遗赠标的,在受遗赠人不及时作出是否接受遗赠的意思表示时,会产生消极的冲突。在我国实践中,消极冲突鲜有发生。在死者近亲属与接受捐赠机构间的积极冲突中,由于捐献登记仅使受遗赠人获得了受遗赠权,其效力尚不如普通债权,更不及物权,因此经常出现近亲属在遗赠生效后,拒绝将死者遗体交付接受遗赠机构的情形。

当死者生前以与接受捐赠的机构签订协议的方式支配自己的尸体时,由于赠与人死亡时合同生效,受赠人即时取得请求死者近亲属交付尸体的权利,而无须再作出是否接受赠与的意思表示,这样就可有效地避免消极冲突,但仍有可能产生积极冲突。如在实践中,有些医学院就遇到过这样的情况:捐献者与接收单位签订了捐献协议,并进行了公证,但捐献者去世后,其直系亲属拒绝履行交付尸体的义务。由于没有相应的法律规定,此类问题处理起来非常棘手[20],医院往往只能不了了之。因此,下文中对死者近亲属与接受捐赠机构间冲突的讨论仅限于积极冲突的情形。

---

[19] 参见曹静:《哥哥告弟弟擅捐老父遗体侵犯亲属权及祭奠权》,载中国法院网,2009年5月6日访问。
[20] 参见柯荔宁:《遗体捐献障碍分析及改进对策》,载《福建医科大学学报》(社会科学版)2007年第1期。

三、尸体支配冲突的实质和具体解决办法

(一)外国尸体支配法律规范的主要模式及经验

研究尸体支配冲突的实质和具体解决办法,应当首先借鉴外国的经验。在这方面,外国法律规范的主要模式分为以下三种:

1. 自愿同意模式(Voluntary Consent Systems)

英国、澳大利亚、加拿大以及美国,这些强调私人权利和财产权规范概念的盎格鲁-撒克逊国家,一般是通过宣传游说活动来鼓励人们捐献器官或遗体,引导人们成为"利他主义者"。捐献一般通过签署捐献卡,如澳大利亚和英国,或者签注驾驶执照,如美国的一些州。[21] 在这些国家,在死者生前没有对自己的尸体作出处分的情况下,死者遗体的支配权属于近亲属。因此,在这种模式下,当死者生前未对遗体作出支配时,不会产生死者与近亲属间的支配冲突。

在实践中,这种模式下的支配冲突一般有两种。第一,当亲属们不了解死者的意愿时,不愿意捐献。第二,表现为其近亲属不遵守死者生前对自己尸体的支配决定。产生这个问题的根本原因是法律对"捐献义务"规定的不明确。签署捐献卡、签注驾驶执照或其他表明有捐献意图的方式,只是表示出一种捐献的意思,而不能产生一种捐献的法律义务。正如O'Neill 指出:"这样做没有成立合法契约,而且在合同法术语中,作出这样的一种意思表示只能被称为'要约邀请'。这就使得在'自愿同意模式'下,接受遗体的机构几乎不可能仅仅依据捐献卡或驾驶执照取得遗体或是器官,而实践中的做法一般是通过寻求近亲属的同意而取得遗体。"

2. 推定同意模式(Presumed Consent Systems)

在这种模式下,公民被推定为同意捐献遗体或器官,公民在生前明确作出了相反表示的除外。也就是说,当公民不愿意捐献遗体时,其须负担表示拒绝参与推定同意模式的义务。

一般而言,采推定同意模式的国家都有着强有力的国家干预或是独裁统治的历史。这些国家的公民已经习惯于国家对社会生活的干预和规制。因此,也更倾向于接受国家通过法律规定其死后捐献遗体。现在推定同意模式国家的普遍做法是建立登记制度,由拒绝捐献遗体者登记备案。

在几个采推定同意模式的欧洲国家,当死者的意思不明确时,死者近亲属被赋予了决定权,即是否捐献遗体取决于近亲属的意愿。如比利时、意大利、挪威、芬兰、瑞典赋予了死者近亲属遗体或器官捐献的否决权。大部分国家的法律明确规定近亲属应当在捐献程序启动前被告知其享有捐献的否决权。但是,有极少数国家遵循严格推定同意模式,这些国家不考虑近亲属的意见。然而,在大多数国家,法律是较为灵

---

[21] See NORA MACHADO, Using the bodies of the dead, Dartmouth Publishing Company Limited, p. 44.

活的。在不同的情况下,医生倾向于接纳反对的意见,在实践中医生一般会询问亲属对捐献的意见。㉒

在这种模式下,实际上是以法律规范(即公权力)限制公民对自己尸体的自主决定权,将对尸体的一般支配方式法定为捐献。此模式将整体社会医学水平的提高这一价值诉求置于公民私权利之上,给予优先保护。在推定同意模式下,近亲属的决定是对死者支配意思欠缺的补正,一般不会产生死者与近亲属的支配冲突。尤其是在严格推定同意模式下,近亲属不享有对尸体的支配权,不会产生死者与近亲属的支配冲突。

3. 禁止推定同意模式(Non-presumed Consent Systems)

禁止推定同意模式的典型代表国家为日本。日本法上有所谓"契约内的确认"及"契约外的不采用"。契约内的确认是指死者在死亡之前提出了可以捐献遗体的书面材料,并且得知该情形的家属也同意可以捐献或者没有家属时,才能够接受遗体;契约外的不采用是指死者生前没有表明有该意思,但其家属出具了可以捐献的书面材料时,也不能接受捐献。因为日本法认为,死者家属推测死者生前有该意思而允许捐献的这种暧昧标准,是不妥当的。㉓

禁止推定同意模式赋予近亲属与本人同等的支配决定权,在一定程度上侵害了公民的自主决定权,且过于保守,不利于遗体捐献率的提高。在这种模式下,冲突一般表现为本人生前欲捐遗体而近亲属反对。

(二)尸体支配冲突的实质

在我国,对于尸体支配采取何种立场,并无明确规定,可以借鉴和参考的是《人体器官移植条例》规定的相关内容。该条例第 7 条规定:"人体器官捐献应当遵循自愿、无偿的原则。公民享有捐献或者不捐献其人体器官的权利;任何组织或者个人不得强迫、欺骗或者利诱他人捐献人体器官。"第 8 条规定:"捐献人体器官的公民应当具有完全民事行为能力。公民捐献其人体器官应当有书面形式的捐献意愿,对已经表示捐献其人体器官的意愿,有权予以撤销。公民生前表示不同意捐献其人体器官的,任何组织或者个人不得捐献、摘取该公民的人体器官;公民生前未表示不同意捐献其人体器官的,该公民死亡后,其配偶、成年子女、父母可以以书面形式共同表示同意捐献该公民人体器官的意愿。"这些规定尽管并不是针对遗体捐献所定,但对死者捐献尸体具有重要的借鉴意义,甚至包括在其中;对于死者近亲属的捐献行为,由于没有明确规定,也应当类推适用。

因此,可以确定我国对尸体捐献的立场是兼采自愿同意和禁止推定同意模式,表现在:第一,基于人类健康和发展的特别需要,以及有利于医学进步,国家积极鼓励尸体捐献;第二,死者生前对尸体的捐献必须出于自愿,不得强制推定死者同意捐献尸

㉒ See NORA MACHADO, Using the bodies of the dead, Dartmouth Publishing Company Limited, pp. 45 – 46.
㉓ 参见〔日〕植木哲:《医疗法律学》,冷罗生、陶芸、江涛等译,法律出版社 2006 年版,第 306—307 页。

体;第三,死者生前没有表示捐献尸体的意愿,死者的近亲属基于对尸体的所有权,有权作出捐献的意思表示;第四,在自愿同意下,接受捐赠机构无论是基于遗嘱、登记还是协议,都取得或者经过接受的意思表示而取得接受捐赠尸体的债权,有权请求交付尸体,取得捐赠尸体的所有权。

正因为如此,对于自然人尸体的支配存在三种不同的权利,即死者生前对尸体支配的身体权,死者近亲属对尸体支配的有限制的物权即对尸体的所有权,以及接受捐赠机构对尸体支配的债权。[24] 从表面上看,对尸体支配的各种冲突是对尸体处理的冲突,但尸体支配冲突的实质,是权利冲突,即身体权、所有权以及债权之间的冲突。死者与近亲属之间的冲突,是死者的身体权与近亲属的所有权的冲突;近亲属之间的冲突是所有权与所有权的冲突;死者近亲属与接受捐赠机构间的冲突为近亲属的所有权与接受捐赠机构的债权的冲突。

值得一提的是,在共同遗嘱中,近亲属之间的冲突不是单纯的所有权与所有权的冲突,而是共同遗嘱人的身份利益[25]与其他近亲属的所有权的冲突。

(三)支配冲突的基本规则

如何处理尸体支配冲突,笔者认为应当确立以下基本原则:

1. 权利顺位

在对尸体支配的权利冲突中,首先应当确立的就是权利顺位规则,即权利优先则支配优先。

(1)身体权与其他权利的顺位。在对尸体支配的权利产生冲突中,身体权作为人身权的一种,在权利顺位上具有最优先的地位,应优先于物权和债权得到保护,即物权与债权都应让位于身体权。

(2)物权与债权的顺位。依传统民法理论,物权具有优先于债权的效力。但是,以尸体为标的物的物权与债权具有其独特之处。接受捐赠机构对尸体所享有的债权,是与死者生前的身体权紧密相连的,是基于死者生前依身体权支配尸体作出的意思表示而产生的。并且产生这一债权的合同或登记均以捐赠人的死亡为生效要件,即接受捐赠机构在捐赠人去世时方取得债权。因此,这一债权实质上是在捐赠人去世后对其生前的身体权的保护。而近亲属基于有限制的物权对尸体作出的支配,是基于近亲属的意思自治,不包含死者的意志。当物权人遵循了基于身体权的支配时,物权与债权处于同一立场,因而不会产生身体权、物权与债权三者间的冲突,这实质上体现了身体权的最优先性。但是,当物权人不遵守身体权的支配,而是按照自己的意思支配尸体时,就会产生身体权、物权与债权的冲突,突出表现为物权与债权的冲

---

[24] 虽然在办理捐赠登记的方式下,接受捐赠机构取得的是受遗赠权而非债权,但当接收捐赠的机构作出接受的意思表示时,受遗赠权即转化为债权。并且,只有在受遗赠权已转化为债权时,才可能产生死者近亲属与接受捐赠机构间的积极冲突。因此,应将办理捐赠登记方式纳入债权的范畴探讨。

[25] 共同遗嘱人基于其特殊的身份对捐赠能否实现产生了精神利益,因此共同遗嘱人与其他近亲属间的冲突,实质上为其基于共同遗嘱取得的身份利益与其他近亲属的物权之间的冲突。

突。由于以尸体为标的物的债权实质上是对身体权的保护,所以此时债权应取得优先于物权的效力,即二者冲突时物权应让位于债权,这实质上仍是身体权优先性的体现。

(3)物权之间的顺位。由于尸体是物,近亲属基于特定的身份关系原始取得了尸体的所有权,因此近亲属间物权与物权的冲突实质上是共同共有权人就共同共有物的支配产生的冲突。所以,物权之间处于平等地位。

2. 权利救济原则

当权利冲突发生时,处于优先顺位的权利有可能受到侵害,具体而言,即处于优先地位的债权因物权人的反对而不能实现。对这一债权如何救济,应依物权人在这一债权债务关系中法律地位的不同而分别讨论。

如前所述,产生这一债权的合同是捐赠人生前与接受捐赠机构订立的,因此,合同的当事人为捐赠人以及接受捐赠的机构。捐献人委托的执行人在此捐赠协议上的同意及签字,使其也被纳入合同关系中,成为债务承担人,即在捐献人死亡合同生效时,由其取代捐献人而承受其债务,使捐献人完全脱离债务关系。这样,当执行人(尤其是执行人为近亲属时)拒绝履行时,受赠人可依《合同法》主张违约责任。由于在实践中,医疗机构或医学院校所需尸体主要仍是通过有偿取得,因此,此捐赠的不履行即意味着受赠人将为此另支付费用,即构成了预期利益的损失。所以,受赠人可主张物权人以赔偿损失的方式承担违约责任。

除上述方式外,物权人均不能取得这一债权债务关系当事人的地位,并且物权人拒绝交出尸体的行为主观上定为故意,因此均可以构成侵害债权,受赠人可主张物权人承担损害赔偿责任。需明确指出的是,当物权人为数人时,数个物权人的意见可能并不一致,应当由明确反对执行死者生前意愿的物权人承担此损害赔偿责任。

(四)具体办法

参照《人体器官移植条例》第 8 条的规定,在我国现行法体制下,对于尸体支配冲突的具体解决办法如下:

(1)在死者生前已明确表示捐献的情况下,部分近亲属支持死者的意愿而其他近亲属反对时,第一,应遵循最密切原则,即准用《继承法》第 10 条规定的法定继承的顺位,在尊重死者遗愿的前提下,赋予最密切近亲属以决定权。如,已经办理了捐赠登记的自然人死亡后,其配偶同意捐赠,而其祖父母不同意的情况下,接受捐赠的机构应按照捐赠登记办理相关手续。第二,在同一顺位的近亲属意见不一致时,可考虑适用多数决原则。这样的做法可以最大限度保障死者生前基于身体权对自己尸体所作的支配,并且提高遗体捐献的成功率,促进医学的发展。在依上述方法最终决定不执行死者对自己尸体的支配时,会产生接受捐赠机构的债权不能实现的后果。此时,如死者生前是以签订捐赠协议的方式支配尸体时,明确反对交付尸体的近亲属应依《合同法》的规定承担赔偿损失的违约责任;其他情形下,明确反对的近亲属应承担侵权责任。

（2）在死者生前未明确表示反对捐献的情况下，部分近亲属决定捐献遗体而其他近亲属反对捐献时，近亲属作为尸体的共同共有人，应遵循《物权法》中共同共有的相关规则，即处分共有的物应当经全体共同共有人同意。但由于尸体是特殊的具有伦理价值的物，因此我国《人体器官移植条例》排除了《物权法》中"共有人间另有约定"的适用，即只有近亲属全体一致同意时，才能支配死者的遗体。共同共有人未经全体共有人同意擅自支配遗体的，由于遗体捐献行为的无偿性，即使接受捐赠的机构是善意的，亦不能构成善意取得，应返还死者遗体。接受捐赠的机构因此而产生的损失，由擅自支配尸体的共同共有人承担。

（3）关于共同遗嘱问题，我国法律虽未明文规定，但实践中已有发生。共同遗嘱人基于其特殊的身份对捐赠能否实现产生了精神利益，因此共同遗嘱人与其他近亲属间的冲突，实质上为其基于共同遗嘱取得的身份利益与其他近亲属的物权之间的冲突。法院应优先保护共同遗嘱人的精神利益，而非物权利益。对于这种冲突所造成的精神损害，采取赔礼道歉的责任方式比较适宜。

人体医疗废物的权利归属及其支配规则[*]

从我国第一例人体胎盘纠纷即浙江省嘉兴市市民冷某追讨妻子5年前的胎盘,到现在许多产妇追究自己胎盘的下落,向民法提出了一个严峻的问题,这就是对既是"医疗废弃物"又是民间"圣药"的人体胎盘的权利是何种属性,究竟应当归属于谁?意见的分歧在于,医疗部门认为人体胎盘属于医疗废物,处置的权利归属于医院;而主张权利的产妇则认为从自己身上脱离的人体胎盘,理所当然地应当归属于自己。诸如此类的争论还有新生儿脐带血的采集及脐带血的权利归属等问题。笔者认为,由于医疗而产生的人体脱落物、切除物中,尽管目前都认其为医疗废物,但是其中具有性质的差别,有些具有很高的使用价值,有些没有任何价值,甚至有些具有相当的危害性。如何确认这些"医疗废物"的权利归属以及支配规则,充分尊重患者的权利,保证患者及家属的知情权、处置权,都是民法应当解决的问题。为此,本文探讨人体医疗废物的权利归属及其支配规则,为保护权利,减少纠纷,为解决关于医疗废物的医患纠纷提供学理基础和裁判规则。

一、医疗废物及人体医疗废物的界定

(一)界定人体医疗废物概念的必要性

现实中,我国界定医疗废物概念的法律依据是《医疗废物管理条例》中对医疗废物的定义。这个定义是:医疗废物是指医疗卫生机构在医疗、预防、保健以及其他相关活动中产生的具有直接或者间接的感染性、毒性以及其他危害性的废物。按照医学的分类,医疗废物可以分为以下几类:

(1)感染性废物,携带病原微生物具有引发感染性疾病传播危险的医疗废物。

(2)病理性废物,诊疗过程中产生的人体医疗废物和医学实验动物尸体等。

(3)损伤性废物,能够刺伤或者割伤人体的废弃的医用锐器。

(4)药物性废物,过期、淘汰、变质或者被污染的废弃的药品。

(5)化学性废物,具有毒性、腐蚀性、易燃易爆性的废弃的化学物品。其中病理性废物,主要包括手术及其他诊疗过程中产生的废弃的人体组织、器官等;医学实验动

---

[*] 本文发表在《政治与法律》2006年第1期,合作者为上海海事大学法学院教授曹艳春博士。

物的组织、尸体;病理切片后废弃的人体组织、病理腊块等。①

在这些规定中,可以看出人体医疗废物主要是属于病理性废物的范畴,但《医疗废物管理条例》没有进一步区分哪些废弃的人体组织、器官属于医疗废物,哪些不应属于医疗废物,因此混淆了有价值的、无价值的甚至有危害性的医疗废物的区别。正是由于这样的规定,造成了许多医院和医生与产妇争夺人体胎盘的事件,甚至愈演愈烈,一方认为人体胎盘属于医疗废物,无须征求产妇和其家属的意见,可以任由医院随意处置;另一方则主张自己的权利,保护自己的权利。

最为典型的表现,是下面这个案例。原告焦某怀孕之后,由于患感冒,在一个无照经营的诊所治疗过,随后其胎儿的胎动逐渐减少,到医院治疗时,胎儿已经没有胎动,诊断为胎儿死亡,如果进行阴道分娩,可能会对焦某的生命造成威胁,因此,焦某转院到北京某医院进行剖宫产手术。2005 年 3 月 4 日凌晨 2 时 10 分,焦某在该医院进行剖宫产,产下一 8 斤重的死胎。焦某及其夫向警方举报无照经营诊所非法行医,需要对死胎进行尸检以作为证据,但是,焦某等在找到该医院的医生要求领回死胎的时候,医院告知他们,该死胎已经作为医疗废物被处理掉了。其理由是,法律意义上的尸体是"始于出生,终于死亡",而死胎在母体中就已经死亡,没有经历出生的过程,因而不是尸体,而是应当像胎盘等一样按照医疗废物对待,院方有权自行处置。如果患者需要保存,则应当事先声明并交纳保存费用。焦某向法院起诉,请求医院赔偿精神损害赔偿等损失 4.5 万元。

这一案件的争议焦点,正是在于对死胎这类"医疗废物"的法律属性的确认。如果不能够正确界定医疗废物的概念,就无法解决所谓医疗废物的权属以及支配的规则。因此,给医疗废物下一个明确的概念界定是极为必要的。

(二) 界定医疗废物概念的借鉴和比较

目前,各国对医疗机构产生的医疗废物概念没有统一的概念界定。世界卫生组织曾经定义卫生保健废物,认为这种废物是指卫生保健机构、研究机构和实验室产生的所有废及各个分散点(如家庭卫生保健所)产生的废物。他们认为,可以将卫生保健废物分为一般性废物和危险性废物,其中将危险性废物分类为:感染性废物、病理性废物(组织、体液)、锋利物、药物性废物、遗传毒性废物、化学性废物、含重金属的废物、高压容器、放射性废物。②

在美国及欧洲,使用医疗废物的概念,是指在诊断、治疗、预防接种等过程中产生的废物,研究机构产生的废物管理也等同于医疗废物管理。医疗机构产生的废物,包括生物学毒性的物质、有感染性的物质、化学物质、医药品、药物、锐利物质、放射性物

---

① 参见卫生部、国家环境保护总局文件卫医发〔2003〕287 号《医疗废物分类目录》,2003 年 10 月 10 日发布。
② 参见世界卫生组织:《卫生保健废物的安全处理》,人民卫生出版社 2000 年版。

质等,如人及动物的组织、血液、体液、粪便、尿、药物、绷带、锐利物等。③

在日本,感染性废物在法律上是指医院、诊所、动物医院、研究机构等医疗机构产生的含有或可能含有病原体的废物。感染性废物指血液、手术产生的病理废物、残留血液的锐利物等,及病原微生物实验用培养物、器具、残留血液的手套等。④

这些概念的界定,都没有直接给出人体医疗废物概念的定义,但是关于卫生保健废物、医疗废物、感染性废物以及危险性医疗废物的概念界定,对我们界定人体医疗废物概念,具有有益的启发。

(三)人体医疗废物概念的正确界定

在界定人体医疗废物概念之前,应当明确两个问题:

(1)解决类似的民事权益争议,不应当泛泛地研究医疗废物的概念,而应当集中在人体医疗废物的概念上。理由是,除了人体医疗废物之外,其他的医疗废物不会发生权属争议。即使是病患排出的排泄物等,一般也不会发生权属的争议。

(2)在界定人体医疗废物概念时,对其价值性不作区分,不强调其有价值、无价值、有危害性的不同性质,而是统一使用一个概念,以避免出现概念的繁琐,在概念界定之后,再从种类上处理这个问题。这样做,会使我们的研究更为简洁。

正因为如此,人体医疗废物是指由于医疗活动而脱离人体的无生命价值或者生理活性的器官、组织以及人体孳生物。人体医疗废物包括三部分,一是由于医疗活动而脱离人体的无生命价值或者生理活性的器官,胎盘即是;二是由于医疗活动而脱离人体的无生命价值或者生理活性的组织,如体液、血液等;三是由于医疗活动而脱离人体的无生命价值或者生理活性的孳生物,如肿块、肉瘤、结石、葡萄胎等。

人体医疗废物的法律特征是:

(1)人体医疗废物原本是人体的组成部分。无论是表现为器官、组织形态的医疗废物,还是表现为人体孳生物形态的医疗废物,其原本的形态都属于人体的组成部分,是自然人人格载体的组成部分。

(2)人体医疗废物是从人体上产生的脱落物、脱离物。任何人体器官、组织,甚至是毫无用处以至于成为人体病变的孳生物,在没有脱离人体之前,都是人体的组成部分,不能称之为"物",更不是医疗废物。只有它们脱离了人体,离开了自然人的人格依托,才能够称为物,成为医疗废物。

(3)人体医疗废物是由于人体发生病变或其他医疗需要因医疗活动而产生的人体脱落物、脱离物。人体器官或者组织可能会因为别的原因而脱离人体,例如基于捐献的高尚目的而为之。作为医疗废物必须是为了救治病变、进行医疗的需要,因医疗

---

③ 参见 Edward Krisiunas:《医疗废物处理国际研讨会——欧洲医疗废物处理现状》,载《医疗废物研究》1999 年第 11 期。

④ 参见[日]山口淳一:《医疗废物处理国际研讨会——日本感染性废物处理现状》,载《医疗废物研究》1999 年第 11 期。

活动而使人体组织、器官以及孳生物脱离人体,成为独立物。

(4)人体医疗废物应当是无生命价值或者生理活性,不具有生理的和再生的利用价值的人体脱落物、脱离物。作为人体医疗废物,必须是丧失了生命价值,或者丧失了生理活性,正因为如此,人体医疗废物对于人来说,不再具有生理的利用价值,也不再具有再生的利用价值,因而成为"废物"。但是,这种"废物"并非毫无价值,而仅仅是丧失的生理的或者再生的价值,对于其他价值,有些是存在的,有的甚至具有很高的价值。例如人体胎盘,就具有很高的药用价值和滋补价值。

(四)人体医疗废物的种类

人体医疗废物可以作不同的划分。

以人体医疗废物是否存在价值为标准,可以将医疗废物分为:有价值的人体医疗废物,如人体胎盘、脐带血、可用于医学研究的病变体;无价值的人体医疗废物,如截下的肢体、切除的肿块、肉瘤、葡萄胎、死胎等。

以人体医疗废物有无病菌及传染性为标准,可以将人体医疗废物分为:有病菌及传染性的人体医疗废物,它们具有社会危险性或者危害性,如肝炎患者被切下的已病变的肝脏;无病菌不传染的人体医疗废物,它们不具有危害性和危险性,如取出的结石、神经已坏死截下的肢体、健康的胎盘及脐带血等。

二、人体医疗废物的物权属性及其权利归属

(一)人体医疗废物的物的属性

人体医疗废物的法律性质如何?民法认为,人体具有特殊的属性,是人格的载体,不能将其视为物,它是民法世界中与物相对立的物质形式,是民事主体的物质形式。因而,人体器官、组织或者是其他的人身孳生物在没有与人体发生分离之前,是与人的人格相联系的,是民事主体的物质性人格的构成要素,不论它是有用、无用或者是具有毒害作用,都是人体的组成部分。即使是恶性肿瘤,也是癌症患者的人格组成部分。但是,当人体器官和组织或者其他孳生物脱离了人体,不再具有生理活性和生理利用价值后,它们就不再属于人的范畴,而是属于物的范畴,从权利主体的范畴转变为权利客体的范畴。因此,人体医疗废物的法律属性,属于权利的客体,属于物。

我国台湾学者史尚宽认为,活人之身体,不得为法律之物,法律以人为权利主体,若以其构成部分即身体之全部或一部分权利之标的,有反于承认人格之根本观念。人身之一部分,自然地由身体分离之时,其部分已非人身,成为外界之物,当然为法律上之物,而得为权利的标的。⑤ 日本通说认为,与生存中的人身不同,已经分离出来的人身组成部分构成物权法上的"物",其所有权归属于第一次分离前所属的人,故对该

---

⑤ 参见史尚宽:《民法总论》,中国政法大学出版社 2000 年版,第 250 页。

身体部分的让渡以及其他处分是可能的。⑥ 人的身体,虽不是物,但身体的一部分如已分离,不问分离原因如何,均成为物(动产),由其人当然取得所有权,而适用物权法的一般规定(得为抛弃或让与)。⑦ 这些学者都认为在人身上的任何组成部分都构成人身体的一部分,不论是有用的器官和组织,还是无用的肿块和肉瘤,共同组成了某一人身的完整整体。

我国学者也赞成人体的脱落器官为物,如王利明主持的《中国民法典草案建议稿》第128条第2款规定:自然人的器官、血液、骨髓、组织、精子、卵子等,以不违背公共秩序与善良风俗为限,可以作为物。⑧ 梁慧星也认为,人的身体非物,不得为权利之客体。身体之一部分,一旦与人身分离,应视为物。⑨ 他主持的《中国民法典草案建议稿》第94条第3款规定:自然人的器官、血液、骨髓、组织、精子、卵子等,以不违背公共秩序与善良风俗为限,可以成为民事权利的客体。⑩ 虽然他们在民法典草案建议稿中未列举出不像器官和组织那样有价值的身体的附随物,但像无价值的人体肉瘤、丧失功能的肢体等这种人体脱落物、脱离物,也应该是包括其中的,只不过是不具有生理活性和利用价值的人体医疗废物不能构成法律上的特殊物而已,但它仍然为一般物。

笔者主张人体医疗废物属于物的属性,理由在于:

(1)人体医疗废物已经脱离了人格的物质载体,也就与民事主体的人格脱离了关系,不再具有人格因素,不再是人格的载体,脱离了人的范畴,而具有了物的基本属性。

(2)脱离人体的人体医疗废物是有形、有体、具有一定的细胞组织构成的物质实体,是实实在在的物质,因而必然是物。

(3)它能为人所实际控制或支配,人体医疗废物在不违背善良风俗的情况下,可以进行利用和使用,能够满足人们一定的社会需要,因此也具有物的有用性。社会需要可以分为社会物质生活需要和社会精神生活需要。具有经济价值和用途的物,能够满足人们的物质生活需要,可以成为民法上的物。同样,具有精神价值,如文化价值、情感价值等的物,能够满足人们的精神生活的需要,也可以成为民法上的物。⑪ 例如人体胎盘具有药用价值,可以制成中药及保健品,有实用效益性。脐带血可以提取造血干细胞,替代原有的造血细胞,恢复患者的正常造血功能,脐带血是目前根治血液病的唯一途径,因而也具有极大的价值。对于人体其他的病变组织或丧失功能的肢体,虽说不具有实用价值,但它们毕竟是人体之物,具有一定的情感价值,比如有的

---

⑥ 参见[日]岩志和一郎:《器官移植的比较法研究——民事法的视点(1)》,载《比较法研究》46号,第104页。
⑦ 参见王泽鉴:《民法总则》,中国政法大学出版社2001年版,第217页。
⑧ 参见王利明主编:《中国民法典草案建议稿及说明》,中国法制出版社2004年版,第21页。
⑨ 参见梁慧星:《民法总论》,法律出版社2001年版,第100页。
⑩ 参见梁慧星:《中国民法典草案建议稿》,法律出版社2003年版,第19页。
⑪ 参见魏振瀛:《民法》,北京大学出版社、高等教育出版社2000年版,第119页。

患者就将摘除的胆结石拿回家保留起来,这说明从人身体中拿出来的胆结石就与普通的石头具有不同的意义。

综上所述,可以认为人体医疗废物具有典型的民法上物的属性,它具有一般物的属性,其特殊性在于其与人体有关,曾经是人体的一部分。

(二)人体医疗废物的所有权归属

既然人体医疗废物是物,就一定存在人体医疗废物的所有权归属问题。

在医学界,之所以将这些人体脱离物、脱落物界定为医疗废物,其意在确定医疗机构或者研究机构的权属,既然是医疗废物,废物的权利就不属于曾经拥有这些废物的人格的权利人,而属于医疗机构和研究机构,因此,他们有权处理这些医疗废物。

笔者认为,这是一种简单化的做法,是一种不尊重人权的做法,它剥夺的是权利人的权利,是对人体医疗废物所有权人的所有权的剥夺。理由在于,人体医疗废物的所有权归属于曾经拥有它们并将它们作为自己人格组成部分、基于医疗的因素而使它们与自己相脱离的自然人,只有他们才是人体医疗废物的所有权人。

这种观点的理论支持在于:史尚宽先生认为,人身之一部分,与身体分离之时,当然为法律上之物,而得为权利的标的。然其部分最初所有权,属于分离以前所属之人,可依照权利人的意思进行处分。[12] 王泽鉴先生也认为,与人体脱离之一部分,由其人当然取得所有权。[13] 日本民法通说认为,分离出来的人身组成部分构成物权法上的"物",其所有权归属于第一次分离前所属的人。[14]

(1)人体医疗废物未脱离之前属于人身的一部分,脱离之后理应属于脱离之前的人,当然由患者所有,对由自己身上脱离的人体医疗废物享有所有权,其应有权按照法律规定的方式处置。

(2)人体医疗废物不能由医院取得所有权,医院没有任何法律依据取得这些属于患者所享有的所有权,医院既不能基于医疗合同取得人体医疗废物的所有权,也不能依据其他的理由取得人体医疗废物的所有权。主张医疗机构以及研究机构对人体医疗废物享有所有权,没有任何法理基础和事实根据。

(3)人体医疗废物的所有权取得属于原始取得。原始取得是指根据法律规定,最初取得民事权利或不依赖原权利人的意志而取得某项民事权利。[15] 在物权法领域,原始取得的根据主要包括:劳动生产、天然孳息和法定孳息、添附、没收、无主财产收归国有等。患者取得由于医疗活动而产生的人体医疗废物并不属于其中的任何一种原始取得方式。最相似的好像是天然孳息,但天然孳息是指依照物的自然性质而产生

---

[12] 参见史尚宽:《民法总论》,中国政法大学出版社 2000 年版,第 250 页。
[13] 参见王泽鉴:《民法总则》,中国政法大学出版社 2001 年版,第 217 页。
[14] 参见[日]岩志和一郎:《器官移植的比较法研究——民事法的视点(1)》,载《比较法研究》46 号,第 104 页。
[15] 参见王利明:《民法总则研究》,中国人民大学出版社 2003 年版,第 235 页。

的收益物,如果树结出的果子,动物之产物如鸡蛋、羊毛、鹿茸等。[16] 显然不能说曾经作为人体一部分的人体医疗废物属于天然孳息。笔者认为,人体医疗废物不是传统的物,在传统的原始取得方式中没有适合的方式界定,没有包括人体脱落物的这种特殊物的取得方式是必然的,有自己的历史原因。只有在人体医疗废物的有用性被发现后,并且被有效地利用之后,人们才开始重视它,利用它,因此才发生权利归属的争议问题。例如,人体胎盘的价值没有被人们普遍意识到之前,也不可能有技术将其制成有价值的药品,因此胎盘也就不具有价值。在今天,传统学说和传统意识认为属于废物的人体医疗废物,有可能成为"新型的""特殊的物",其取得方式在民法中属于空白,似乎需要进行补充。但事实上,界定这个问题非常简单,即人体医疗废物的所有权取得方式,是所有权原始取得方式中的"其他方式"。

三、人体医疗废物的支配规则

如上所述,人体医疗废物的所有权属于患者本人,医疗机构和研究机构并不存在所有权,因此,对人体医疗废物的支配权也属于患者本人。但是,由于人体医疗废物存在不同的价值,并且有些存在危险性和危害性,不同于一般的物,因此,在对人体医疗废物的支配中,必须确定具体的规则。

(一)支配人体医疗废物的基本规则

支配人体医疗废物的基本规则是,尊重权利,保护健康,防免危害发生。人体医疗废物并不是统一体,在对其进行支配的时候,不能将其一视同仁,而应区别对待,只要在不违背公共秩序和善良风俗,能够保护健康,防免人体医疗废物造成社会危害和人的健康危险的情况下,应当充分尊重权利人的意见。

1. 保障患者行使权利的自主意志

患者是人体医疗废物的所有权人,享有对人体医疗废物的支配权。因此,医疗机构和研究机构必须尊重患者的自主意志,自主决定对人体医疗废物行使自己的权利,不得干涉和非法强制。即使是对于不能交给患者及其近亲属自行处置的人体医疗废物,也必须告知患者或者其近亲属,告诉他们必须按照国家法律的强制性规定,处理人体医疗废物,遵守国家的强制性规定,以保障公共安全和公共健康。任何未经患者及其近亲属决定,甚至采取欺诈方式骗取患者作出违背其意志的决定的行为,都是对患者权利的侵害行为,构成侵权行为,应当承担侵权责任。

2. 保证患者的知情权

患者知情权,是指与医院建立了医患法律关系的就医患者对于自身的疾病、该疾病的治疗方法、治疗效果、不良反应等相关事宜所享有的知悉真实情况的权利。[17] 同

---

[16] 参见魏振瀛主编:《民法》,北京大学出版社、高等教育出版社2000年版,第125页。
[17] 参见曹艳春:《知情权之私法保护》,载《政治与法律》2005年第4期。

样,对于人体医疗废物的具体情况,患者也享有知情权。该知情权是患者及家属行使人体医疗废物的所有权、支配人体医疗废物的同意权、选择权的前提和基础。早在1914年,美国纽约州地方法院法官卡多佐(Cardozo)就提出"任何人有权决定如何处理其身体的理论"[18],肯定了医疗行为必须征得患者的同意。人体医疗废物在没有与人体分离之前,受身体权的保护,权利属于自然人本人。人体医疗废物脱离人身,成为人体的医疗废物,受物权保护。权利人作为人体医疗废物的所有权人,对于脱离自己身体的医疗废物的价值、无价值或者危害性、危险性有权知悉。但是,权利人即患者并不是专业人员,并不知道人体医疗废物的具体情况,因此,医疗机构或者研究机构必须对患者善尽告知义务,以满足权利人的知情权,使权利人能够基于医疗专业知识,作出自己行使权利的决定。

医疗机构和研究机构在分离人体医疗废物的过程中,或者分离后,应将形成的人体医疗废物的种类、质量、数量、性质、价值以及应当遵守的处置方法,告知患者或者其近亲属。违反这样的告知义务,就是侵害了患者的知情权,应当承担相应的法律责任。

3. 维护公共卫生安全,防免危害发生

患者处置人体医疗废物必须符合维护公共卫生安全的要求。对于含有有毒、有害或传染性病菌的没有任何利用价值的人体医疗废物,必须进行统一处理,禁止交给患者自行处置。在巴塞尔国际公约中,医疗废物被划入有害废物类。这些医疗废物作为一种危险废物,对人体存在直接和间接的危害,包括致癌、生殖系统损害、呼吸系统损害、中枢神经系统损害及其他许多传染疾病的损害。不正确的医疗废物处置方法已逐步发展成为威胁环境和人体健康的隐患。[19] 如果不加以限制而允许患者及其近亲属自行处理,就会造成传播疾病、污染环境、危及人体健康的严重后果。因此,对有毒有害的人体医疗废物必须进行严格管理,在让患者知情的情况下,禁止患者自我处置,由医院统一消毒焚毁,以保障社会公共卫生安全,保障公众的身体健康,防免危害发生。

(二)权利人对人体医疗废物的支配规则

根据以上的基本规则,在支配人体医疗废物的时候,应当遵守以下具体规则:

1. 对于具有利用价值或者再生价值的人体医疗废物的支配规则

对于那些具有利用价值或者再生价值的人体医疗废物,患者享有完全的支配权,有权决定自己如何进行利用和处分,医疗机构和研究机构无权进行处置。例如,对于人体胎盘,在产妇娩出之后,医疗机构应当为产妇妥为保管,尽快告知产妇或者其近亲属,由他们决定如何处置,不能由医疗机构擅自处理。擅自处理者,采取欺诈手段

---

[18] See Schlondorff v. Society of NY Hospital, 211 NY125, 129–130, N. E. 92–93(1914).

[19] See Mato A M, Kaseva M E. Critical review of industria and medical waste practice sin Dar es Salaam City. Elsevier Science.

致使患者放弃权利者,以及未尽妥善保管责任致使毁损者,都应当承担侵权责任。即使是那些没有医学上的利用价值而存在其他利用价值的人体医疗废物,医疗机构和研究机构也不得擅自处理,就像本文前述擅自处理死胎案例那样,造成了无法追究非法行医者的法律责任后果的,医疗机构也应当承担侵权责任。

2. 对于没有利用价值的一般人体医疗废物的支配规则

对于那些没有利用价值但也没有社会危害性、危险性的一般人体医疗废物,由于所有权属于患者,因此,如何进行支配,也应当尊重患者及其近亲属的意志,由他们决定如何处置。例如对于身体中摘除的骨质部分,以及没有危害性、传染性的结石,摘除的牙齿等,患者愿意保留作为纪念的,应当交给患者及其近亲属保留以资纪念。

3. 对于具有危害性、危险性以及有违善良风俗的人体医疗废物的支配规则

对于那些具有危害性、危险性以及有违善良风俗的人体医疗废物,尽管所有权属于患者,但是应当遵守公共秩序原则,保护公共卫生安全,不得自行处置,必须按照国家法律的统一规定,由医疗机构或者研究机构统一处理。据调查,我国目前还没有实现医疗废物的统一、集中、专门处理,各医疗机构对其产生的医疗废物基本上是自行分散处理,部分医院的废物交由环卫部门有偿清运,大部分医院除了手术脏器、残肢、死婴等交由其他单位(如火葬场、焚化厂等)集中处理外,其余的一般由本单位自行进行简单的焚烧处理,有些则未经任何消毒处理,直接混入生活垃圾中经垃圾转运站进入垃圾填埋场进行填埋。以深圳为例,据调查,深圳在医疗垃圾的处理上存在着如下问题[20]:

(1)无去向。深圳市各医院及医疗机构、诊所对其产生的医疗废物基本上是自行分散处置。深圳市现有53家医院和众多的小诊所产生的医疗废物都是仅在简易消毒后或根本不经任何消毒便随生活垃圾排放。1999年26家医院的焚烧炉总共焚烧397吨医疗废物,仅占产生量的10%,即有90%的医疗废物随生活垃圾处理处置。

(2)设备差,二次污染严重。全市26家医院的焚烧炉,据调查,按《医疗废弃物焚烧设备技术要求》(CJT3083-1999)和《危险废物焚烧污染控制标准》(GWKB2-1999)来衡量,深圳市目前尚无符合要求和标准的医疗废物焚烧设备。

(3)难管理。深圳市只有约10%的医院对医疗废物的管理工作较为重视,有医疗废物的管理制度和较详细的记录资料,并配有专人负责医疗废物的管理、收集、统计、焚烧处置工作。大部分医院的医疗废物管理工作混乱,医疗废物的收集、暂存、运输及处置都极不规范。现行的分散处置使得各医院在设施上难以达到国家要求,在医疗废物的收集、分类、暂存、运输、焚烧操作上难以规范化、专业化,不利于管理,不利于达到防治污染的目的。

(4)市民反对。由于各医院的焚烧设备差,无法配套有效的烟尘净化装置,在自

---

[20] 关于深圳在医疗垃圾处理上存在着的四个问题,主要参见李俞瑾、黎晓涛、卢旭阳等:《论集中焚烧处置深圳市医疗废物》,载《环境科学动态》2000年第4期。

行分散处置时产生的二次污染,常常导致市民的强烈投诉。激烈的投诉使得部分医院少开,甚至长时间不开焚烧炉,致使医疗废物得不到有效的处置。而国外对医疗废物的管理有完善的制度,如英国对医疗垃圾是采取货单管理方式对医疗废物实施从产生到最终处置各个环节全面跟踪。[21] 从20世纪60年代开始,欧美发达国家的卫生环保专家即开始了对医疗废物无害化处置的研究,经过数十年的实践与跟踪调查,西方国家医疗废物无害化处置已经形成了一套完整的方法、标准和规范。在这些国家,为了有效控制污染物,医疗废物要求不得混入市政垃圾中焚烧或填埋,必须专门集中焚烧处置。医院产生的医疗废物根据不同的危害程度进行分类,采用不同颜色的包装袋包装,以便于运输和处置时的识别。医疗废物由专业公司的特种车辆沿指定路线运输,以尽量减少运输风险。[22]

因此,就我国目前的现状看,在全国范围内对医疗废物进行严格管理和处理处置势在必行,在地区内实行医疗垃圾的统一管理、集中焚毁,以保障公共卫生安全。

4.医疗机构、研究机构处理人体医疗废物的费用承担规则

对于人体医疗废物,不论是有利用价值的,或者无利用价值但是没有危害性和危险性的,如果患者需要自己支配,都存在一个医疗机构或者研究机构的保管问题。如果需要医疗机构和研究机构予以保管适当时间的,应当提供方便,但是患者应当承担必要费用。对此,应当按照保管合同的规则处理。患者作为权利人,不得拒绝承担费用。

对于必须由医疗机构或者研究机构统一处理的有危害性、危险性或者有违善良风俗的人体医疗废物,医疗机构和研究机构在处理时,因为是出于社会公共利益的考虑,因此不得对患者收取费用,该费用应当由国家公共经费开支。

---

[21] 参见曹志宏:《英国的医疗废物管理》,载《环境导报》1994年第2期。根据英国管理制度的规定,只有当废物处置部门确认某用户的废物确实焚烧处置完毕,方允许向用户收取废物收集费用和处置费用。英国环境保护部门认为,要做好医疗的管理工作,不仅废物的收集、运输、处置部门应建立一整套完善的管理制度,同时所有涉及医疗废物的机构都应该指定专门人员负责该项工作。

[22] 参见李俞瑾、黎晓涛、卢旭阳等:《论集中焚烧处置深圳市医疗废物》,载《环境科学动态》2000年第4期。

动物法律人格之否定
——兼论动物之法律"物格"*

随着环境伦理学的发展,有关动物成为权利主体的主张渐次增多,而且有些已不再止于言论,而是已付诸所谓的"动物解放运动",更要求在法律层面实现动物的权利。对此,法律人有不同的取向,有的也加入了为动物的权利鼓与呼的行列,仿佛法学界面临着一次颠覆式变革。对于动物权利的种种主张,归根结底还在于动物是否具有法律人格。若动物在法律中只处于物格地位,动物取得权利尤其是人格权的种种主张就必然不会实现。

一、动物法律人格之肇始

法律人格问题是私法中的一个最基本问题,"法律人格的有无,决定了人在民法上的资格的有无;法律人格的完善程度,反映了人在民法中地位的高低;法律人格的内涵的发展也扩展了人在民法中的权利。可以说,法律人格的不同状态,显现了人在民法中的存在方式,从而也决定了民法对人的关注程度"。[①]

据考证,法律人格一词来源于拉丁语 persona,原指戏剧中的假面具,意味着扮演剧中角色的演员。根据罗马法,persona 广义上指所有具有血肉之躯的人;在狭义上仅指自由人,即最起码拥有自由权的人。正是由于近现代私法意义上的"法律人格"(平等人格)仅对应于罗马法中含有市民权的自由人地位,persona 才经过演化,转变为 personality——法律人格。但在罗马法上,生物学意义上的人称为"homo",具有主体资格的人称为"caput"("caput"原指"头颅"或书籍的一章),只有当"homo"具有"caput"时,才是法律意义上的"人"(persona)。这种人在法律上的地位称为"personalita"(人格)。根据罗马法的规定,并非一切人均为权利主体。在罗马时代,作为权利主体的人除了是人以外,还需具备其他条件:首先,其须为"自由民"(status libertatis),即享有在法定限度内按照自己的意愿处置其人身和行动的自由权。其次,就民

---

* 本文发表在《法学研究》2004 年第 5 期,合作者为国务院机关事务管理局朱呈义博士。
[①] 马骏驹、刘卉:《论法律人格内涵的变迁和人格权的发展——从民法中的人出发》,载《法学评论》2002 年第 1 期。

法关系而言,其还应当是"市民"(status civitas)。② 后世的发展,法律人格的范畴不断扩张,不仅全部自然人具有法律人格,而且一些团体也取得了法律人格,形成了抽象的平等法律人格。私法上的法律人格的概念,就是民事权利能力的同义语,具有等值性,即人作为权利、义务承受者的属性,在一定意义上,"法律人格"描述了一个拥有法律权利的实体。对此,在民法学界并无太大争议。

值得注意的是,persona 一语也有其哲学上的意义,来源于斯多噶哲学的"具备理性的独立实体"。这种建立在人的伦理性之上的人的法律人格的出现,是法律人格正式确立的哲学基点。它决定了法律人格在其后的发展中,将意思存在和意思自治作为法律人格独立、平等的表现。也正是基于此点,不具有意识能力的动物在普通法——事实上在整个西方法律中——一直作为客体,这已经成为范例。考虑到与"法律人格"概念的对称问题,笔者拟将动物在法律中的客体地位称为"法律物格"。"法律物格"描述了一个不拥有法律权利资格的实体,该实体被作为法律上的人对其建立权利义务关系的财产来对待。动物的法律物格起源于已知的最早的法律制度,历经希腊、罗马、中世纪教会的法律制度,直至近现代的无论普通法系还是大陆法系的诸国,莫不将动物放在法律物格的地位。

时至今天,受制于公众保护环境与动物意识的觉醒、权利意识的增强等因素,动物权利的呼声日渐高涨,并且对社会生活的诸多方面产生了影响。这种影响次第及于法学界,考察现时法学界有关动物法律人格的主张,归结起来不外乎三种,一为动物完全法律人格论;二为动物限制法律人格论;三为动物无法律人格论。

动物完全法律人格论,即主张动物在法律上具有完全的权利主体资格,享有同人一样的权利。有的主张"扩大法律主体人格范畴,动物和自然物也有生命权、健康权,也有生存和存在的权利,这是动物的具体人格权。在一般人格权中,动物和自然物也应有人格自由、人格平等、人格尊严的权利"。③ 更有甚者,有的提出生态法学"将一切生命体作为法律关系的主体,而自然人在生态法律关系中是作为被约束和被限制的对象而存在的",以及"人不仅是权利的主体,还是自然界的权利的客体"。④ 就目前情形而言,主张动物具有完全法律人格的观点,在我国主要表现在环境法学界,他们主张环境资源法不仅调整人与人的关系,还调整人与自然的关系。⑤ 对于法律是否调整人与包括动物在内的自然的关系,进而主张包括动物在内的自然物的权利的主张,笔者认为值得商榷,这实际上是"见物不见人"的观念在作祟。确实,环境资源法具有自身的特殊性,但在本质上,所谓的人与自然之间的种种关系还是人与人之间关系的映射,动物、植物、岩石等只能是被法律规范的客体,在法律上处于物格地位。

动物完全法律人格的观点似乎不那么容易令人接受,因而认为"若为保护生态和

---

② 参见[意]彼德罗·彭梵得:《罗马法教科书》,黄风译,中国政法大学出版社1992年版,第32页。
③ 王紫零:《非人类存在物法律主体资格初探》,载《广西政法管理干部学院学报》2003年第5期。
④ 刘文燕、刘滨:《生态法学的基本结构》,载《现代法学》1998年第6期。
⑤ 参见蔡守秋:《人与自然关系中的环境资源法》,载《现代法学》2002年第3期。

自然环境,一下子给予他们完全的法律人格,那也无益于束手自杀。这意味着,虽然赋予生态、环境、自然以法律人格,也只能是准主体资格或限制的法律人格"。⑥ 对诸如此类的主张,笔者称之为"动物限制法律人格论",即动物是权利主体,具有法律人格,但享有权利的动物主体范围存在有限性,只有野生动物与宠物可以成为法律关系的主体,其他的动物依然处于法律物格地位,如具有法律人格的"动物将不包括农场里的动物或专为人类提供肉、蛋、乳的动物。它们不同于家养的宠物和野生动物"。⑦ 而且在主体权利的范围上也存在有限性,动物只享有某些种类的权利,如生存权、生命权等,而选举权、被选举权则专属于人类。不过,持有动物限制法律人格论主张的也未形成统一,也只是处于探索阶段。"在主张动物权利的同时,我们也必须考虑,动物的权利必须有限度吗?正如任何权利都必须有限度一样。不同主体之间权利与权利之间的平衡,是我们下一步应思考的问题。"⑧

针对"动物法律人格论"的标新立异,有的学者保持了清醒与警惕,坚决反对将动物作为权利主体对待,我们将这种主张概括为"动物无法律人格论"。动物无法律人格论,简而言之就是反对赋予动物法律人格,认为动物不可能是人类道德和法律的主体,应当注重代际利益的兼顾和平衡,将动物作为特殊的物对待,实现对动物的更全面保护。⑨ 这可能是我国民法学界对动物法律人格问题讨论中为数不多的声音之一,但民法学界对动物法律人格的沉默并不代表着对其认可,笔者认为,这或许是民法学界认为环境法领域对动物法律人格的积极呼吁不值一驳,说明了大多数民法学者坚持动物的法律物格立场。

笔者坚持最后一种主张,即坚决反对动物法律人格化,反对动物享有人格和人格权。为使动物法律人格问题得以明晰,笔者拟从动物法律人格论者所持的理论基础、权利主体的扩张及对大陆法系民法典中动物法律地位的规定的正确解读等方面进行分析,这些方面是否如动物法律人格论者所论述的那样充分、严谨,相信受众自有判断。当然,笔者反对动物法律人格并非漠视对动物的保护,基于当前我国的现状,笔者将提出民法对动物保护的因应浅见。

二、环境伦理与动物法律人格

动物法律人格的主要理论基础,是环境伦理学(Environmental Ethics)或生态伦理学(Ecoethics)。环境伦理学是随着社会的发展而出现的一种新兴的伦理学,它与既

---

⑥ 江山:《法律革命:从传统到现代——兼谈环境资源法的法理问题》,载《比较法研究》2000年第1期。
⑦ 李东慧:《试论当代民法的环境伦理观》,载梁慧星主编:《民商法论丛》(第20卷),金桥文化出版(香港)有限公司2001年版,第319页。
⑧ 徐昕:《论动物法律主体资格的确立——人类中心主义法理念及其消解》,载《北京科技大学学报》(社会科学版)2002年第3期。
⑨ 参见陈本寒、周平:《动物法律地位之探讨——兼析我国民事立法对动物的应有定位》,载《中国法学》2002年第6期。

往伦理学的一个明显区别是,它既要求人际平等、代际公平,又试图扩展伦理的范畴,把人之外的自然存在物纳入伦理关怀的范围,用道德来调节人与自然的关系。环境伦理学历经数十年的发展,已经形成主张有异的各种不同学派,主要分为人类中心主义与非人类中心主义两个基本流派。

(一) 环境伦理学主张动物法律人格的主要学说

1. 人类中心主义的主张

人类中心主义又有传统人类中心主义与开明人类中心主义之分。传统人类中心主义把人看成是凌驾于自然之上的主宰者,认为人类可以无限制地改造和开发大自然,人只对人负有直接的道德义务,人对环境的义务只是对人的义务的外在表现。[⑩]而开明的人类中心主义认为,地球环境是所有人(包括现代人和后代人)的共同财富,任何国家、地区或任何一代人都不可为了局部的小团体利益而置生态系统的稳定和平衡于不顾,人类需要在不同的国家和民族之间实现资源的公平分配,建立与环境保护相适应的更加合理的国际秩序,也要给后代留下一个良好的生存空间,当代人不能为了满足其所有需要而透支后代的环境资源。

2. 非人类中心主义的主张

在对人类中心主义伦理观反思的基础上,兴起了非人类中心主义环境伦理观,也被称做生态中心主义,其中比较重要的有"动物解放/权利论""生物平等主义"与"生态整体主义"。

(1) 动物解放论和动物权利论。以辛格(P. Singer)为代表的动物解放论认为,我们应当把"平等的关心所有当事人的利益"这一伦理原则扩展应用到动物身上去,我们有义务停止那些给动物带来痛苦的行为[⑪];而以雷根(T. Regan)为代表的动物权利论认为,我们之所以要保护动物,是由于动物和人一样,拥有不可侵犯的权利,动物也拥有值得我们予以尊重的天赋价值,这种价值赋予了它们一种道德权利,即获得尊重的权利,这种权利决定了我们不能把动物仅仅当做促进我们的福利的工具来对待,就像我们不能以这种方式来对待其他人那样,并认为动物权利运动"力图实现的一系列目标,包括:①完全废除把动物应用于科学研究〔的传统习俗〕;②完全取消商业性的动物饲养业;③完全禁止商业性的和娱乐性的打猎和捕兽行为"。[⑫]

(2) 生物平等主义。生物平等主义主张将道德关怀的范围扩充至所有的生命,代表性的思想有泰勒(P. Taylor)的"尊重大自然"观点和施韦泽(A. Schweitzer)的"敬畏生命"观点。

泰勒把生态系统描绘成一个"由植物和动物组成的、联系密切相互合作的联邦"。

[⑩] 参见〔美〕阿奎那:《理性造物和其他造物的区别》,载 S. Armstrong. R. . G. Botzler 编,*Environmental Ethics:Divergence and Convergence*,纽约,1993。

[⑪] 参见〔英〕辛格:《动物解放》,孟祥森、钱永祥译,光明日报出版社 1999 年版。

[⑫] 〔美〕T. Regan:《关于动物权利的激进的平等主义观点》,杨通进译,载《哲学译丛》1999 年第 4 期。

所谓尊重大自然,就是把所有的生命都视为拥有同等的天赋价值和相同道德地位的实体,它们都有权获得同等关心和照顾。

而敬畏生命的基本要求是:像敬畏自己的生命意志那样敬畏所有的生命意志,满怀同情地对待生存于自己之外的所有生命意志。一个人,只有当他把所有的生命都视为神圣的,把植物和动物视为他的同胞,并尽其所能去帮助所有需要帮助的生命的时候,他才是道德的。认为在生活的过程中,一个人确实偶尔地会杀死其他生命,但是,这样做必须是为了挽救另一个生命,并且要对"被牺牲的生命怀着一种责任感和怜悯心"。

(3)生态整体主义。生态整体主义认为,一种恰当的环境伦理学必须从道德上关心无生命的生态系统、自然过程以及其他自然存在物。环境伦理学必须是整体主义的,即它不仅要承认存在于自然客体之间的关系,而且要把物种和生态系统这类生态"整体"视为拥有直接的道德地位的道德顾客。属于这种思想的主要有利奥波德(A. Leopold)的"大地伦理学"、纳斯(A. Naess)的"深层生态学"及罗尔斯顿(H. Rolston)的"自然价值论"。⑬

大地伦理学宗旨是要"扩展'道德'共同体的界线,使之包括土壤、水、植物和动物,或由它们组成的整体:大地"。并把"人的角色从大地共同体的征服者改变成大地共同体的普通成员与普通公民。这意味着,人不仅要尊重共同体中的其他伙伴,而且要尊重共同体本身"。

而深层生态学则主张每一种生命形式都拥有生存和发展的权利:若无充足理由,我们没有任何权利毁灭其他生命。随着人们的成熟,他们将能够与其他生命同甘共苦。

自然价值论则把人们对大自然所负有的道德义务建立在大自然所具有的客观价值的基础之上。由于生态系统本身也具有价值——一种超越了工具价值和内在价值的系统价值,因而,我们既对生态系统中的个体、也对生态系统本身负有道德义务。

(二)以环境伦理作为赋予动物法律人格理论基础的谬误

通过上述对环境伦理学关于动物权利主张的简略梳理可知,环境伦理学者对包括动物在内的自然界提出了许多异于传统的"创见",这既是对社会发展的因应,又是对环保运动的指导。然而,令人迷惑的是,即使是在环境伦理学界也尚未形成通说且相互之间存在矛盾的一些观点,法律界许多学者却"如获至宝",认为"环境伦理学与法律的关系,不仅在于直接作为环境保护法、自然资源保护法及野生动物保护法的理论基础,而且在于对民法基本原理和基本制度的影响"。⑭ 其中影响表现之一即为根据环境伦理一些赋予动物权利主体资格的主张,进而推进到法律领域,赋予动物法律

---

⑬ 对生态整体主义的具体内容,可以参见〔美〕纳什所著的《大自然的权利》一书中的有关内容。
⑭ 李东慧:《试论当代民法的环境伦理观》,载梁慧星主编:《民商法论丛》(第20卷),金桥文化出版(香港)有限公司2001年版,第310页。

人格,使动物成为法律上的权利主体。对此,笔者认为以环境伦理作为赋予动物法律人格理论基础的主张是根本不能成立的。

1. 环境伦理学与法律中的"权利"具有不同的意蕴

权利有法定权利与道德权利之分,我们通常所讲的权利大多是法定权利,也称为法律权利,指的是法律所允许的权利人为了满足自己的利益而采取的、由其他人的法律义务所保证的法律手段。因此,法定权利是与义务相对应的特定概念,是基于法律、法规或规章的规定而产生的权利。而"'道德权利'一词可以用来表达所有这样的权利:它们是先于或独立于任何法规或规章而存在的权利。这种意义下的道德权利形成一大类,并且进而可分成各种不同的权利类型,它们之间除了不(必然)是法定的或规定的这一点以外很少有共同之处"。而且还可初步区分为习惯的权利、理想的权利、凭良心的权利及履行的权利这四种具有特定意义的"道德权利"。[15] 环境伦理学者主张的"权利",更多的是从道德角度所作的论述,仅具有道德的意义。如环境伦理学者纳什在其《大自然的权利》一书中开宗明义地指明:"对'权利'一词的使用带来了大量的混乱。现在,我们只需知道,有些人是在哲学或法律的特定意义上使用这个词的,有的人则用它意指大自然或其中的一部分所具有的人类应予尊重的内在价值。"[16] 显然,基于法定权利与道德权利的不同,我们不能将环境伦理学主张的道德权利与法律权利画等号。细究起来,有些法律学者根据环境伦理学赋予动物权利的主张即认为动物法律人格的存在,其实是从根本上未对法律的"权利"概念予以准确把握。

2. 道德与法律的关系虽然紧密,但两者存在根本不同

"任何人类共同体都会形成特定规范和价值观,以调整人们对他人或对自己的行为。它们可能建立在文化经验、宗教信念、哲学命题的基础上,或者建立在伪宗教对历史进行的超验论解释的基础上。人们习惯上将这种调整体系称为'道德'或者常常与其含义相同的'伦理',而其内容则变动不居。在现代研究中,人们将风俗规范及其价值评价体系称为'道德',对道德的研究则称之为'伦理'。"[17] 虽然法律规范与道德规范都是建立在共同的价值观基础之上,但法和道德在其规范的约束力和强制性上有所区别,法律规范通过或能够通过国家强制来保障,而道德规范旨在洞察行为者的内心自由。对法律与道德两者之间的关系,哈贝马斯指出"法的实质合法性既不得与道德效力混为一谈,亦不应将法律与道德决然割裂。法律最好被理解为对于弱势之后传统道德的一种有效补充与配合(Complement)"。[18] 现阶段"西方伦理学尤其是

---

⑮ 参见〔美〕J. 范伯格:《自由、权利和社会正义》,王守君、戴栩译,贵州人民出版社1998年版,第122—123页。
⑯ 〔美〕纳什:《大自然的权利》,杨通进译,梁治平校,青岛出版社1999年版,第3页。
⑰ 〔德〕伯恩·魏德士:《法理学》,丁小春、吴越译,法律出版社2003年版,第183页。
⑱ 〔德〕于尔根·哈贝马斯:《法的合法性——〈事实与规则〉要义》,许章润译,载郑永流主编:《法哲学与法社会学论丛》(2001年卷),中国政法大学出版社2001年版,第4—5页。

非人类中心的伦理学在目前仍应将其视为环境道德的高级伦理,它所追求的高超理想,实际上很难转化为现实,只能表现为一种软弱无力的善良愿望。虽然它对于提高人们的环境道德水平,减少环保政策在执行过程中遇到的阻力起到一定的作用"。[19]但毕竟法律与道德在产生的社会条件、表现形式、体系和结构、作用范围、义务特点、制裁方式等诸多方面存在差异,环境伦理学的主张不能等同于法律主张。因此,环境伦理学所涉层面主要为道德,不能根据环境伦理中关于动物权利主体的主张,就认同在法律中确定动物的法律人格。

3. 在动物法律人格的进路中存在不现实性

从法学史来看,实在法的产生通常要经历两个阶段,一个是道德化的过程,另一个则是合法化的过程。道德化是对原初的利益关系进行基于道德的调整而形成的一种应然的权利和义务,而合法化则是在此基础上所作的再次调整,从而将应然权利和义务转换为法定的权利和义务。[20] 动物的法律人格问题的法律化,从范式考察亦应当经过由道德化而法律化的进路。但即使在道德上,动物的主体性虽有环境伦理的支撑,但其合理性与实现的可能性尚存疑问,且环境伦理学者对此问题也莫衷一是;在法律维度,即使有少数拾人牙慧的学者主张动物法律人格,但他们自己也对动物法律人格缺乏充分的论证,对其具体实现也缺乏可行的措施,更不用说他们在法的价值基础层面的冲突、法律形式表达的制约、传统法律思维的局限等问题面前束手无策。可见,动物法律人格的进路是一个大问题,主张动物法律人格论的环境伦理学者与法律学者都未能对此问题予以解决。

可见,动物法律人格在法律上并未获得认可,也无法获得法律的认可,依然是一种道德论述。反之,有关动物权的主张,则似乎有些不同,要求人与动物(物种上)平等,并且通过等同于人权的动物权的设定,而使动物与人都能够以主体的形态参与秩序的形成和运转。这应该是尚未得到共识的道德论述而已,而不是道德规范,当然更不是一个具有强制力的法律规范。[21] "也就是说,即使是道德上得到充分论证的规范,他们也只有在这种情况下才可期待具有效力:用这些规范来指导实践的那些人,也可以期待所有其他人也合乎规范的行动。因为只有在实际上普遍遵守规则的条件下,才可以导致对这些规范辩护的那些理由是算数的。既然从道德洞见中无法一般地期望一种有实践效果的约束力,从责任伦理的角度来说,对相应规范之遵守,只有当它获得法律约束性的时候,才是可合理期待的。"[22] 在时下,动物具有权利主体资格,即使在环境伦理学中也并非那么令人信服,以此作为理论基础遑论动物法律人

---

[19] 李艳芳:《对"人与自然关系法律调整"的质疑——兼论环境法调整对象》,载武汉大学环境法研究所网站(http://www.riel.whu.edu.cn/show.asp? ID=607)。

[20] 参见曹刚:《法律的道德批判》,江西人民出版社2001年版,第49页。

[21] 参见李茂生:《动物权的概念与我国动物保护法的文化意义》,载《月旦法学》2003年第3期,第159页。

[22] 〔德〕哈贝马斯:《在事实与规范之间》,童世骏译,生活·读书·新知三联书店2003年版,第583页。

格,就缺乏坚实的理论根基,更无法形成合理期待性,无法作为一种规范运作。

三、法律人格不能扩充到动物

持动物完全法律人格论或动物限制法律人格论的言论中,莫不以权利主体的扩张作为其主要论据之一,而且无论在环境伦理学界,还是在法学界,都将此视为必然进行的历史进程,认为动物法律人格是权利主体扩张的下一个阶段。笔者认为这样的主张是不正确的,法律人格不能扩充到动物。

(一)法律人格的扩充不是一个无限的过程

针对这一权利主体的扩张过程,有的学者质疑"奴隶成为主体,子女成了主体,妇女成了主体,一切的人都成为生而平等的主体,现在还有什么需要成为主体的呢?"他的回答就是:下一步动物需要成为权利主体。[23] 甚至有的还主张,法律人格从自然人、法人拓展至非人类的生命体。[24] 针对这类持动物法律人格论者的主张,我们不禁要问:法律人格真的存在一个永恒的无限扩充过程吗? 对此,应当从法律人格的基本理论上予以分析。

在康德创立的伦理人格主义哲学中,伦理学上的人的概念的内涵是,人依其本质属性,有能力在给定的各种可能性的范围内,自主和负责地决定他的存在和关系,为自己设定目标并对自己的行为加以限制。这一概念在《德国民法典》制定之时被加以移植,极大地影响了《德国民法典》的权利主体等基本概念。康德曾说道:"没有理性的东西只具有一种相对的价值,只能作为手段,因此叫做物;而有理性的生灵才叫做'人',因为人依其本质即为目的本身,而不能仅仅作为手段来使用。"[25]这种"人"与"物"两分的思想体现到《德国民法典》中,就是将"人"作为权利主体,具有法律人格,而"物"只能作为权利的客体。在《德国民法典》中使用的"人",是一个形式上人的概念,只要具有权利能力即可,这样就使"人"的概念不仅包括自然人,而且将法人这类形式物包括在其中。但是,这并不影响在法律人格的判断中,将意志能力作为一个最基本的标准(其实这也是受康德"理性"思想的影响)。自然人的意志能力容易被人理解,法人的意志能力在一定意义上可以归结到由自然人构成的法人机关的意志,实际上根源还在于自然人。因此,具备法律人格,成为权利主体,意志能力的有无是一个基本的标准。所以,法律将动物作为权利客体对待,使其处于法律物格地位,而人则是权利的主体,处于法律人格的地位,这也是容易令人理解的。

但是,在动物法律人格论者的眼中,意志能力的区分标准不再重要,何种实体、何

---

[23] 参见徐昕:《论动物法律主体资格的确立——人类中心主义法理念及其消解》,载《北京科技大学学报》(社会科学版)2002 年第 3 期。

[24] 参见郑少华:《生态主义法学》,法律出版社 2002 年版,第 100 页。

[25] 转引自〔德〕卡尔·拉伦茨:《德国民法通论》(上册),王晓晔等译,法律出版社 2003 版,第 46 页。

种生命应成为法律主体,是一个历史的且伴随法律未来的法律命题,进而形而上地根据法律人格的扩张过程,来断定动物必将取得法律人格。

笔者认为,诚然,从历史进程的角度来看法律人格的范畴,的确存在一个不断扩充的过程,这一法律人格扩充的过程是从两个向度进行的:一是在自然人范围内扩充,即从最初只有家父才是严格意义上的权利主体,享有完全的法律人格,到逐渐赋予家子、外乡人及奴隶以法律人格,直至近世的民法典无一例外地赋予自然人以形式的、抽象的平等法律人格;二是向社会组织扩充,即从最初只有自然人才可以成为权利主体,到后来一些如法人、合伙、国家等社会团体也逐渐取得了主体资格,具有了法律人格。然而,这种扩充是没有任何限度的,还将无限扩充下去吗?如果认可权利主体或法律人格的无限扩充,就像环境伦理学者所说的那样,"鸟、花、池、野生生物、岩石、原始森林、田园的清洁空气"都具有法定权利,那么什么还会是权利客体呢?权利又要如何落实呢?从自然科学的角度而言,任何进程都有一个临界点,不存在无限的可能,法律人格的扩充亦是如此,只能是在人类属于同一物种这一科学事实前提下,法律人格只能在所有人类范围内进行扩充。现时各国的权利主体,都没有超越临界点,依然属于具有意志能力的主体范畴之内。

(二)动物的特征决定其不能具有法律人格

对动物特征的考察,首先必须搞清楚它所隶属的门、纲、目、科、属和种,但由于动物种类的繁多及巨大差异,对动物的整体作出特征考察,有些勉为其难。由于猿类跟人在外表与体内构造方面都很相似,我们试对猿类的特征进行分析,并同人的特征进行比较。这种选择有一个最大的好处,就是如果能够得出猿类不能具有法律人格的结论,与人类最相类似的猿类都不能具有法律人格,其他动物就更不能具有法律人格了。

猿类的本质特性是动物的生物性,猿类不具有自觉能动性,缺乏自我意识,猿类从属于生物演化的基本规律——遗传与适应的交互作用,促使物种变化,推动生物界的进化。在与自然界的关系方面:猿类仅仅本能地利用自然界,通过躯体本身的变化以适应环境条件。而相比之下,人的本质特性是人的社会性,人类具有自觉的能动性,有自我意识。其从属于社会发展的基本规律——生产力与生产关系的矛盾运动,推动新旧社会的代谢。与自然界的关系:人能有意识地支配自然界,利用工具进行劳动生产,为自己创造新的生存条件。由此对比可见,动物仅仅利用外面的自然界并且只是由于自己在场才使自然界中有变化,而人则以自己所作出的改变迫使自然界服务于他自己的目的,支配着自然界。恩格斯曾在《劳动在从猿到人转变过程中的作用》一文中指出:一切动物都不能在自然界打下它们意志的印记,而唯人能之。由此可见,猿类虽然与人相类似,但是它毕竟是动物,不能享有法律人格。人与动物不是一个物种,而且人与动物存在本质上的差异,这从生物学上也说明了动物无法具有法律人格,成为权利主体。

许多持动物法律人格论者认为,在民法上,没有行为能力的自然人,如幼儿、智力低下者、植物人和精神病人,仍然享有法律人格,仍然是权利主体,而在与人沟通方面,某些动物的表现不逊于以上自然人,他们认为没有意志能力与行为能力不应该成为动物享有权利的障碍,如"从民事行为能力上来说,尽管其(动物)不具有意思表示能力和承担义务、责任的行为能力,但也不能绝对地说没有民事行为能力就不能成为民事主体"。因而认为赋予动物民事主体资格"不能说是完全没有道理的"。㉖ 笔者认为,人类社会的法律是由人制定的,也是为人制定的,而动物无法理解人类的法律。即使是幼儿、智力低下者、植物人和精神病人,他依然属于人的范畴,虽然他们在意思能力上有所欠缺,但是其他人对他们的利益总体上是可以理解的,而且幼儿终归会长大并取得完全行为能力,精神病人也可能会被治愈而恢复行为能力,植物人也可能醒来成为正常人。而即使是多么聪明的动物,它们也不能明白人类的法律,当然无法赋予动物法律权利,更无法要求动物承担法律义务。在一定意义上,将动物与幼儿、智力低下者、植物人和精神病人等人类的一部分进行等同对比,也是不严肃的,即使是行为能力有欠缺的人,也不可能与动物处于同一地位,相信即使持动物法律人格论者也不会认为自己幼儿时期如同动物一样。

持动物法律人格论者对动物缺乏意志能力与行为能力的障碍依然不死心,进而主张可以像为无行为能力人设立监护人那样,为动物设立监护人或者代理人。持此主张者甚众,无法一一枚举,但他们的这种主张并非说明他们的高明,只说明他们对民法上的监护与代理的功能还没有真正认识。监护是对不能得到亲权保护的未成年人以及精神病人,设定专人以保护其利益的法律制度;而代理是指代理人以本人(被代理人)的名义实施法律行为,而其法律效果直接对本人发生的法律制度。监护与代理,原则上应当可以理解为基础,人与动物之间不存在真正意义的理解,即使是为动物设立了监护人或者代理人,也无法代表被监护人和被代理人的利益。而且从监护与代理的产生、主体、法律要件、行使等方面而言,为动物设定监护人或代理人都存在无法解决的问题,缺乏可操作性。

值得注意的是《瑞士民法典》在最近的修正中,在继承法编第482条下新增第4款规定:"以死者名义给动物以赠与的,按相应的附要求处分处理,以适合动物的方式照料该动物。"这一修正由于是2002年12月4日通过,2003年4月1日生效的,更重要的可能还由于语言不通的问题,使得持动物法律人格论者尚未认识到这一新动向,否则他们早已将这作为"法宝"而大肆渲染了。但是实际上,该"赠与"的操作仍然只是按照《瑞士民法典》原有的附要求遗嘱来处理,动物本身并未取得遗产的财产权,可见《瑞士民法典》的这一修正,并未赋予动物受赠主体的资格,这也佐证了动物不具有法律人格的结论。

此外,在主张赋予动物法律人格的论述中,只抓住赋予动物权利不放,而无视权

㉖ 马骏驹、舒广:《环境问题对民法的冲击与21世纪民法的回应》,载中国民商法网"学者论坛"(http://www.civillaw.com.cn/weizhang/default.asp?id=7880)。

利与义务的统一性,从不讨论动物是否承担法律义务。根据法理学对权利义务关系的论述,不存在纯粹的权利和义务,任何主体在享有权利的同时,必然承担义务。假若动物享有法律权利,也必然应承担法律义务,但动物的法律义务应当是什么?动物伤人,在刑法上是否应当承担刑事责任,在民法上是否应当进行损害赔偿?再进一步,如何承担责任呢?我们力所不逮,对此无法作出回答,希望听到持动物法律人格论者的详解。

其实,自然人和其他的被造物明确区分开,而且在法律上明确只有自然人才具有法律上的人格,这一点早在15世纪至16世纪时就已经肯定下来。[27] 在法律上,一个不可改变的事实是,动物永远受人的支配,永远也不会与人平起平坐,成为世界的支配者。在今天,无视动物与人的根本区别,主张动物成为法律上的权利主体,赋予其法律人格,这种无视历史与科学的论调,必遭抛弃。

(三)有关动物在一些诉讼中出现的评述

在美国,出现了一些动物作为诉讼主体的古怪案件。其一,美国马萨诸塞州一位84岁的老妇人西达·戴顿死后,其尸体被其所喂养的猫吃掉了,法官最后判了这只猫的死刑。其二,美国普林斯顿市有一条叫"波"的狗,常欺负别的家犬,导致数位居民联名起诉到法院,经过陪审团两天的审判,裁决"波"无罪释放。这也是凡是主张动物法律人格论者都予以引据的经典案例,认为这是在司法实践上承认了动物的法律上的主体资格,赋予了动物法律人格。真的是如此吗?

其实,动物在诉讼中出现并非现代现象,不必为此大惊小怪。早在整个中世纪及其后,在全欧洲大陆,不管是在世俗的还是教会的法院,动物都可以成为诉讼的对象,经常受到宣判。审判记录和习惯法所记载的最早的世俗司法活动发生在1266年的Fonteny-Aux-Roses。然而,对于动物的世俗诉讼可能早于1266年,而且可能传播更广。这一程序传播到巴黎周围地区,接着扩展到整个法国以及低地国家,如德国、瑞士和意大利,它可能已经传播到更远的范围,不过已找到的证据主要限于上述国家。[28] 但是,当时针对动物的诉讼程序与普通的诉讼程序是不一样的,与今天的诉讼程序更是有着天壤之别,"精心设计的程序与世俗程序相似,但不是真正的司法程序。这些程序被用于针对那些是教会法院的诉讼对象的害虫和害兽,因为据信害虫和害兽是上帝送来用于惩罚人类罪行的。即使在世俗法院,驯化动物致人死亡的案件也根本没有审判。那些案件中的司法程序包括:至多有一个基本事实的简单陈述和一个陪审团明确宣布将动物处死的表态"。[29] 即使如此,这在当时也遭到了许多学者的批判,认为动物不可能达到人类犯罪或道德上的罪过所要求的智力水平,早期对动物的

---

[27] 参见〔德〕汉斯·哈腾鲍尔:《民法上的人》,孙宪忠译,载《环球法律评论》2001年冬季号。
[28] 参见〔美〕斯蒂文·M.怀斯:《动物法律物格》,郭晓彤译,载陈小君主编:《私法研究》(第3卷),中国政法大学出版社2003年版,第389—435页。
[29] 转引自〔美〕斯蒂文·M.怀斯:《动物法律物格》,郭晓彤译,载陈小君主编:《私法研究》(第3卷),中国政法大学出版社2003年版,第389—435页。

诉讼是思想荒谬的产物。

人类社会发展到今天,这种把动物作为诉讼主体追究动物的刑事责任的做法,已为现代社会所摒弃,文明的法律只处罚有认知能力和控制能力的法律主体。而且即使是人,若其为没有认知能力和控制能力的幼儿或精神病人,法律也不对其科以刑事责任,何况是对完全不可理解人类法律规则的动物呢?我们看到,动物法律人格论者所引经据典的案例都是美国的案例,众所周知,英美国家实行判例法,法官具有极大的自由裁量权,这也导致了在实际审判中法官的超常发挥,"创造"了一些稀奇古怪的判例。例如,前一段时间有一位英国的法官希望能够好好教训一下经常偷看女子脱衣洗澡场面的犯罪嫌疑人威拉德·伯顿,于是就在法庭上判决:判处伯顿连续12个小时不间断地"欣赏"一大群年老体衰、体型早就走了样的男性裸体。我们能依据几个英美国家的怪诞判决就认定"动物与人平等司法待遇的实现",认定动物具有法律人格成为权利主体了吗?我们认为这不可能,尤其是在成文法传统的大陆法系国家更不可能。

退一步讲,即使动物参加到诉讼中,其诉讼权利如何行使?"从近年来美国和日本有关自然的权利诉讼案看,其主要形态有如下几种类型:

(1)代理人(监护人)模式,即以环境保护团体或个人作为自然物的代理人为原告,具有无行为能力人的监护人的地位和作用;

(2)信托人模式,即作为自然物的受托人,由团体或个人为原告;

(3)自然物及其受托人作为共同原告模式;

(4)准无权利能力财团的模式,即管理人保护团体作为代表人。"[30]

笔者认为,这些美国式的诉讼类型,在诉讼理论上无法解释,在操作上缺乏可行性,不宜作为典范予以推广。

(1)代理人或监护人模式在前述论证中已论及其缺乏基础,兹不赘述。

(2)信托人模式中谁为委托人?动物法律人格论者主张团体或个人以受托人的身份作为原告,委托人的委托意思是什么?诸如此类的基础法律问题,信托人模式依然行不通。

(3)在共同原告的模式中,动物作为原告更显得荒诞,难道人类能够让老虎或狮子坐在原告席上吗?不知道审理这种案件的法官有没有这份勇气。

(4)准无权利能力财团的模式,看似可行,实际上这依然是一种将人类自己的意志强加于动物身上的行为,与其动物具有法律人格的主张本身就相矛盾。可见,赋予动物法律人格,在动物行使权利直至实现权利方面,存在着不可逾越的困难,这也说明动物法律人格论的不现实性。

---

[30] 汪劲:《伦理观念的嬗变对现代法律及其实践的影响》,载《现代法学》2002年第2期。

四、对大陆法系民法典中动物法律地位规定的正确解读

无论是持动物完全法律人格论者,或是持动物限制法律人格论者,在论证上无一例外地援引了《德国民法典》的修改作为主要的论据。具体言之,德国于1990年8月20日以名为《关于在民事法律中改善动物的法律地位的法律修正案》,在民法典中增加了3个条文,尤其是新增的第90a条"动物"规定:"动物不是物。它们由特别法加以保护。除另有其他规定外,对动物准用有关物的规定。"这一修改,被一些学者认为是动物由权利客体上升为权利主体的立法实例而加以引证,并认为这代表着最新的立法动态,代表着人类对动物态度的转变在法律上的体现。[31] 对《德国民法典》的这一变化,笔者认为应当厘清其脉络,真正把握其意义所在。

国内有学者是从《德国民法典》注意到"动物不是物"之类理论研究的动向的,但最先展开这场变革的却是《奥地利民法典》,对此不可不察。1988年3月10日,奥地利国民会议通过一部关于动物法律地位的联邦法律,专门对《奥地利民法典》作出修正,涉及该民法典的第285条和第1332条。原第285条"物的定义"规定:"一切与人相区别且供人使用者,在法律意义上称为物。"该条修正新增的第285a条规定:"动物不是物。它们受到特别法的保护。关于物的规定仅于无特别规定的情形适用于动物。"[32]此外,该法第1332条原为:"由于轻微程度的失误或疏忽造成的损害,依损坏事物所具有的一般价值赔偿。"其下新增的第1332a条规定:"动物受伤害的,救治或者试图救治该动物所实际发生的费用超过其价值也是应该的,只要在这种损害情形下一个明智的动物饲养人也会支出如此费用。"该修正早在1988年7月1日即已生效,比德国法的修正早两年多。可见,《奥地利民法典》的修正才是动物在民法典中发生变局的肇始,实际上可以说其第285a条是《德国民法典》第90a条的蓝本,第1332a条是《德国民法典》第251条第2款新增后段的蓝本。

《德国民法典》步《奥地利民法典》修正的后尘,1990年新增了第90a条、第251条"不规定期限以金钱损害赔偿"第2款新增后段及第903条"所有权人的权限"新增后段。第90a条内容如前述,第251条第2款新增后段规定:"因救治动物而产生的费用,并不因其大大超过动物本身的价值视为是不相当的。"第903条"所有权人的权限"新增后段是《奥地利民法典》修正时所没有的,是《德国民法典》的首创,本段规定:"动物的所有权人在行使其权利时,应注意有关保护动物的特别规定。"点明了"保护动物的特别规定"可以对传统的所有权构成新的限制。

---

[31] 参见高利红:《动物不是物,是什么?》,载梁慧星主编:《民商法论丛》(第20卷),金桥文化出版(香港)有限公司2001年版,第287—303页;徐昕:《论动物法律主体资格的确立——人类中心主义法理念及其消解》,载《北京科技大学学报》(社会科学版)2002年第2期。

[32] 〔德〕克雷斯蒂安·冯·巴尔:《欧洲比较侵权行为法》(上),张新宝译,法律出版社2001年版,第269页。注解(1210)。

其后,俄罗斯在制定民法典时对动物亦作了规定,该法典第137条"动物"第1款规定:"对动物适用关于财产的一般规则,但以法律和其他法律文件没有不同规定为限。"第2款规定:"在行使权利时,不允许以违背人道主义的态度残酷地对待动物。"《俄罗斯民法典》还创设了受虐动物赎买制度,以及对"无人照管的动物"的特殊规定。

2002年12月4日,瑞士通过了一个对民法典、债法、刑法及联邦债与破产法进行修正的《动物基本条款》。其中涉及民法的9个条文中,第641a条规定:"(1)动物不是物。(2)对于动物,只要不存在特别规定,适用可适用于物的规定。"该次修正还针对家养且非为财产或收益目的而拥有的动物在共有关系终止时共有财产的分割、拾得遗失物的处理以及占有时效作了相关修正。该法所修正的各条已于2003年4月1日开始生效。㉝

笔者对包括《德国民法典》在内的有关动物的修正的简略介绍,是否能据此认定动物由于"动物不是物"的规定,因而已经在法律中成为有限的或完全的权利主体,已经人格化、主体化,具有了动物法律人格呢?

笔者认为,这几个国家民法典的修正或制定,并不能充分论证动物已经具有了法律人格,脱离了法律物格的地位。

1. 从这次民法典变局的特定背景来看,并不意味着修正民法典赋予动物法律人格

近些年来,随着环境保护运动、动物保护运动势力的不断壮大,对包括法律在内的整个社会产生了重大影响,而且有的绿色势力组建政党掌握了一定的政治权力。基于动物保护的需要,伴随着强大的动物保护呼声和压力,许多国家在法律上采取了必要的回应措施,"动物不是物"之类的规定进入民法典,其实正是民法受动物保护运动影响的显著标志。在德国民法学界,著名民法学家科拉(Kolher)就曾直言不讳道:"德国动物保护法已设有保护动物的规定,民法此项规定乃'概念美容'。"㉞

2. 从《德国民法典》有关动物内容的逻辑体系上看,动物也不处于法律人格地位,依然处于法律物格地位

该条是在总则编第二章"物、动物"中规定的,这种规定实际上同第一章有关"人""法人"的规定形成照应,构成主、客体的架构。而且第90a条虽规定"动物不是物",但第903条"所有权人的权限"中新增的后段规定:"动物的所有权人在行使其权利时,应注意有关保护动物的特别规定。"既称"动物所有权人",当然是将动物作为所有权的客体对待的,对此,有学者认为,"因为《德国民法典》否认动物是物,但并未否认动物是物权的客体。故一般说物权的客体是物时,还应明确物权的客体还有

㉝ 前述对大陆法系国家民法典中有关动物法律地位规定的变化的简略介绍,参考了中国人民大学法学院王海燕的2003年硕士论文《民法上的动物——民事立法如何对待动物保护》,在此表示极大的感谢。

㉞ 转引自王泽鉴:《民法总则》,中国政法大学出版社2001年增订版,第209页。

动物"。⑤ 可见,依据《德国民法典》第90a条的内容认为动物取得有限法律主体地位的观点,是不能成立的。

3."动物不是物"的规定,在语言学上不会出现逻辑上的矛盾,不必大呼"动物不是物,是什么?"

在立法规定"动物不是物"的国家,奥地利和德国以德语为官方语言,瑞士则通用德语、法语和意大利语三种语言。在德语中,动物为 Tier,复数为 Tiere;物为 Sache,复数为 Sachen。Tier 和 Sache 在字面上毫无关联。所以,民法典规定"Tiere sind keine Sachen"(即"动物不是物"),起码在语言上容易让人接受。在瑞士法中,德语同前述,相应的法语为"Les animaux ne sont pas des choses",animaux 为动物的复数,choses 为物的复数;相应的意大利语表达为"Gli animali non sono cose",animali 为动物的复数,cose 为物的复数。像在德语中一样,"动物不是物"的规定,在法语和意大利语中也一样没有字面上的矛盾。"动物不是物"的规定,在英语中的译法为"Animals are not things","动物"与"物"用的依然是字面上不相干的两个词。而反观在汉语语境中,"物"与"动物",明显是属种关系,以"动"的标准将"物"进行限定,便有一部分物成为"动物",而其他物则不是动物,可见汉语中说"动物不是物",存在逻辑矛盾。㊱

即使德国民法学者迪特尔•梅迪库斯也不认为第90a条有什么积极意义,并认为将动物当做权利主体看待的看法是荒谬的。㊲ 我国台湾地区学者也明确指出,《德国民法典》第90a条的修正结果"并不是将动物人格化,或当成权利主体,而是动物的所有人不能任意对待动物"。㊳ 这些都说明,类似"动物不是物"的民法典内容修正,立法意旨不是赋予动物法律人格,只是对作为法律物格地位的动物加强保护而已。对于此一明证的事实,诸多环境伦理学者与环境法学者(甚至还有民法学者)奉为经典,遑论动物法律人格,让人有种"只见树木,不见森林"的感觉。

值得注意的是,作为《德国民法典》等实定法母法的《德意志联邦共和国基本法》(以下简称《德国基本法》),在动物的法律地位方面也有变化。2000年4月,德国执政联盟曾经向国会提出修宪的法案,企图在第20a条"对于自然的生活基础的国家保护责任"之后,新设第20b条,其内容为:作为同样是被创造物的动物,应该受到尊重,国家应该保护动物,使其不被以违背其物种习性的方法而饲养,或受到并非不可避免的痛苦,其生存领域应该受到保护。即使为了求得在野党的支持,他们曾经一度放弃这一草案,改成只修改《德国基本法》第20a条的方式,即在"自然的生活基础"一语之后加上"动物保护",并将两者视为国家的责任,但最终仍旧失败。不过,2002年5月,德国联邦议院将第20a条修改为"国家有责任为后代保护天然的生命基础和动物"。增加了"和动物"字样,并于6月获得参议院通过。对此,有的认为德国成为欧

㉟ 孙宪忠:《德国当代物权法》,法律出版社1998年版,第6页。
㊱ 参见王海燕:《民法上的动物——民事立法如何对待动物保护》,中国人民大学2003年硕士论文。
㊲ 参见〔德〕迪特尔•梅迪库斯:《德国民法总论》,邵建东译,法律出版社2000年版,第877—878页。
㊳ 黄立:《民法总则》,中国政法大学出版社2002年版,第165页。

盟中第一个赋予动物以宪法权利的国家。但在此次修法过程中,修正议论中的论述刻意规避了动物"权"的字眼,也是基于动物"权"并非真正的法律权利的考虑。可见,这次《德国基本法》的修正不足以论证动物法律人格,其内容反而是加强对动物的保护,强化了动物的法律物格地位。

经过这样的分析和论述,对于大陆法系民法典关于动物的新规定的真实含义,是不是已经有了正确的解读了呢?笔者认为是这样的。

五、中国民法对动物及其法律保护的应然定位

动物不具有法律人格,不是法律上权利的主体,但这并不意味着我们在法律上反对对动物进行特殊保护。其实,随着经济的发展和社会的进步,人们越来越关注动物的法律保护问题,动物保护的观念在全世界已经深入人心,而且对社会生活的诸多方面已经产生了巨大的影响。大陆法系国家民法典的修正因应动物保护,显见动物保护已经影响到民法,我国民法也应当发挥自己的作用,对动物的法律保护作出贡献。

(一)我国国内民法学界的反应

对于动物在民法中的定位,许多民法学者进行了探索,提出了自己的卓见。特别应当指出的是,在制定中国民法典的过程中,不仅在几部学者起草的物权法草案和民法典草案的建议稿中,对动物的法律地位及其保护作了规定,而且在立法机关起草的物权法草案和民法典草案中对涉及动物的有关内容也作了规定。为此,笔者将众多观点划分为肯定说和否定说两个界域进行分析。

1. 肯定说

肯定说,就是主张改变动物的传统法律地位,赋予其有限的法律主体地位。在肯定说的主张中,既有在普通意义上的学术探讨,也有在民法典建议稿中的探索。

在学术讨论中,有学者对传统民法中"物"的概念进行反思,主张给予某些传统概念中的"物"或"财产"以有限的法律主体地位[39];也有学者认为,森林、动物等生态环境在社会生活中的地位日益突出,能否将其纳入民事主体的范围,的确值得研究,尽管它可能打破现有民法的理论体系,而且也认为动物能不能接受继承也是值得研究的问题。[40] 这些学者的论述,都是基于社会发展寻求对动物的因应对策,他们的基点在于赋予动物有限的法律主体地位。

徐国栋教授在起草他的《绿色民法典草案》建议稿时,将自己对动物的观点贯彻其中,并认为这是达成生态主义的民法典的客体的途径。在其"绿色民法典"序编的

---

[39] 参见薛军:《"物"的概念的反思与中国民法典的编纂——一个评论性的脚注》,载罗马法教研室网(http://www.law-xmu.net/romanlaw/sub2-38.htm)。

[40] 参见马骏驹、舒广:《环境问题对民法的冲击与21世纪民法的回应》,载中国民商法网"民事法学"学者论坛(http://www.civillaw.com.cn/weizhang/default.asp?id=7880)。

第三题"物"第21条"定义"中规定:"严格意义上的物是作为人的活动对象的无机物、植物和蓄养的食用动物。"第24条"动物的法律地位"又规定:"动物要么在蓄养的食用动物的范畴之内,要么在这一范畴之外。非蓄养和食用的动物是处于人与物之间的生灵,享有一定的由动物保护机构代为行使的权利。民事主体负有仁慈对待上述两类动物的义务。"此外,在第四分编关于"对动物所作的遗嘱处分"的第166条,承认了以动物为受益"人"的遗嘱处分的有效性,向动物的主体化迈进了一小步。[41] 这种主张比较大胆,但在实际上他认为,动物中只有蓄养的食用动物才是物,对于其他的动物似乎应认为是权利主体,具有法律人格,只不过其权利的行使由一定的动物保护机构代为行使而已,按照徐国栋教授的观点,这种动物具有"准主体"的法律地位。

动物法律人格肯定说在实际上是主张动物具有法律人格,应当成为权利主体,但这只能是一种设想,其理论性与操作性都存在问题。即使徐国栋教授所提出的动物保护机构代为动物行使其权利,也是疑问多多,这些机构如何行使所谓的动物的权利?它们具有作为动物代言人的特异功能吗?等等,都是如此。笔者在前文的论证中已经对动物法律人格论的谬误作出了充分说明,兹不赘述。

2. 否定说

否定说主张有两种不同的意见:一是反对赋予动物法律人格,将其作为权利主体对待,认为对动物无须有特别的改变,依原有的法律就可以解决动物保护问题;二是认为民法应当对动物的法律保护作出反应,但是无须赋予动物法律人格,应当将动物作为特殊物对待,实施特殊的保护。

有的学者认为:"关于野生动物保护的问题,在法律上早有办法,在民法上,野生动物叫做无主物。在其被捕获时就要适用先占制度。我们只要对先占制度加以限制规定就可以了,如规定保护区……,就可达到保护野生动物的目的。"[42]这种观点认为,对动物尤其是野生动物的保护,利用原有的先占制度就可以解决,无须在法律上加以改动。

至于在民法典中对动物的保护如何进行表述,孙宪忠教授在其起草的《中国物权法总则建议稿》第10条"动物"规定:"对动物,尤其是野生动物的处分,必须服从自然资源法和动物保护法的规定。"他认为:"以民法强化对动物的保护,可以有两种方式:一是把动物排除在物的范围之外,不许可人们用处分物的方式处分动物,也不得用先占无主物的方式取得野生动物的所有权。这是德国在1990年8月20日通过的民法修正案中规定的动物保护方式。但是,对于可以由人取得所有权的动物,毕竟也有物权存在,这是一个矛盾。本条采纳的是另一种方式,即直接依民法否定对动物尤

---

[41] 参见徐国栋:《认真透析〈绿色民法典草案〉中的"绿"》,载《法商研究》2003年第6期。针对徐国栋教授的这一小步,笔者在前面评述《瑞士民法典》继承法编第482条修订时已作说明,兹不赘述。

[42] 梁慧星:《关于物权法草案》,该文是作者在西南政法大学五十周年学术讲座系列中的首场讲座,载http://www.1488.com/china/Intolaws/LawPoint/Default.asp?ProgramID=22&pkNo=1055.

其是对野生动物的任意处分,但并不否定对法律许可的对动物取得所有权的行为。"这实际上是将动物作为一种特殊物对待的。

笔者认为,否定说中对动物无须进行特别规定的观点,并未充分认识到民法对动物保护的重要性,有失偏颇。动物具有生命,是与人类关系最为密切的、有生命的财产,它们也会生老病死,如果保护得不好,会造成某些物种的灭绝,破坏整个生态系统的平衡,人类应当尽自己的最大能力来保护它们。同时,这种观点也未认识到对动物保护的特殊性,由于动物具有生命,与其他财产具有本质的不同,在对它们行使权利的时候,应当尊重它们的生命,保护它们的健康,使它们能够更好地生存、繁衍。因此对动物的法律地位应当有特殊规定,以实现对动物的完善保护。

至于否定说中把动物作为特殊物对待的观点,笔者认为具有合理性。把动物视为特殊物就会使动物在法律上区别于一般的物,在法律的适用上也有自身的特殊性,可以实现法律对动物的保护功能。但是究竟应当在法律上怎样落实这个设想,还应当寻求科学、可行的方法。这就是下面的论题,即动物法律物格的确立。

(二)动物法律物格的确立

动物的属性是物,是民事法律关系的客体,显然不具有法律人格,在民法中对动物进行规制,不能改变这一基本性质。但动物不是一种一般的物,民法规制动物应在此基础上探求新的视角和定位。笔者认为,以物的客体地位作为基点,与人的法律人格对应,建立一种多层次的"法律物格"制度,使动物具有高层次的法律物格的资格,相应的在法律上设置特别规则,或许更能体现动物在法律上的特别属性以及法律对其所应采取的特殊保护措施。

1. 法律物格的概念

人格、物格之"格",应当是规格、格式、品质、风度。[43] 在古代汉语中,《说文解字》谓之"格",为木长儿,木长言长之美也[44];《辞源》解"格",含有风格、度量之义,《芜城赋》记载:"格高五岳,衺广三坟";含有法式、标准之义,"言有物而行有格也"。[45] 可见,格,就是讲的规格、标准和品质。在古汉语的早期,格并没有明显的这个含义,但是"长之美"可以引申出品质的不同、规格的不同,逐渐确定风格、度量、标准、品质的含义,直至今天的规格、格式等含义。

物格,即物之格,即物的资格、规格或者标准。法律物格,则是指物作为权利客体的资格、规格或者格式,是相对于法律人格而言的概念,是表明物的不同类别在法律上所特有的物理性状或者特征,作为权利客体所具有的资格、规格或者格式。"法律物格"描述了一个不拥有法律权利的资格的实体,该实体被作为法律上的人对其享有权利和对该权利承担相应的义务的财产来对待。

---

[43] 参见《现代汉语词典》(修订本),商务印书馆1996年版,第424页。
[44] 参见(汉)许慎撰,(清)段玉裁注:《说文解字注》,上海古籍出版社1981年版,第251页。
[45] 《辞源》(修订本第2册),商务印书馆1984年版,第1566页。

2. 法律物格的法律特征

与法律人格相比,法律物格具有以下法律特征:

(1)法律物格是权利客体的资格、规格,而不是权利主体的资格规格。从自然属性上说,自然社会中所有的物理形态的物,在市民社会只能分为两种类别,一种是人,一种是物。人是权利主体,物是权利客体。权利主体对权利客体的关系,是支配与被支配的关系,权利主体永远支配权利客体,而不能是权利客体支配权利主体。所以,人永远支配物,而不能由物支配人。某种物虽然特殊,但是民法也不能使其成为支配者,不能成为权利主体,也不能成为权利主体和权利客体之间的一种中间状态。这就是,人有人格,物有物格。人的法律人格是权利主体的资格,物的法律物格就是权利客体的资格或者规格。人具有法律人格,才能够成其为权利主体,享有权利、负担义务,成为市民社会的支配者。物具有物格,就使其成为权利客体,既不能享有权利,也不可能负担义务,因此也只能被人所支配,既不能支配权利主体,也不能成为权利主体。难以想象,在人格与物格之间,能够存在一个既有人格又有物格,既没有完整人格又没有完整物格的一个不伦不类的主体。

(2)法律物格不是平等的资格或者规格,而法律人格则是一律平等的资格或者规格。在市民社会,人与人是一律平等的,人在作为权利主体的资格上没有任何差别,是完全相同的。在罗马法时期,存在人格减等制度,根据不同的法律事由,分为丧失自由民资格的为人格大减等、丧失市民权的为人格中减等,以及丧失家族权的为人格小减等。人格减等之后,人的人格就不再平等。至于奴隶,则根本不具有人格,不成其为人。在中国古代,虽然没有明确的人格减等制度,但是人的地位不同,人格也不同,例如奴婢就没有人格或者人格不健全。近代社会以来,法律主张人格平等,任何人都具有平等的人格,享有完全平等的权利,不存在人格的差异。所以人格是一律平等的资格。但是,物的法律物格不是平等的。这主要是因为物的物理属性和基本特征的不同。一般的物与动物相比,动物具有生命,而一般的物不具有生命。即使是动物之间,也存在物格的不同,野生动物、宠物等动物,与人之间的关系最为密切,具有最高的物格,而饲养起来就是为了给人类提供食品的动物,其物格显然要比野生动物和宠物的物格要低。在其他物中,植物的物格,应当比一般的物的物格要高,因为植物也是具有生命的物。在其他物中,货币和有价证券,具有不同的法律特征,应当与一般物的物格有所区别。所以,法律物格不是一个平等的资格、平等的能力,而是不平等的资格和能力。法律物格的这一特征,与法律人格完全不同。

(3)不同的物所具有的不同法律物格,表明不同的物在法律上的不同地位,其保护的程度和方法亦不相同。既然物的法律物格是不平等的,物的法律地位就一定存在差异和不同,保护程度和方法也完全不同。对于法律物格最高的野生动物和宠物,具有最高的法律地位,尽管它不能具有法律人格,不能成为权利主体,但是它受到民法的除了人之外的最高的法律保护,任何人都要尊重它的生存,尊重它的健康和生命,不得任意剥夺。而处于最低法律物格的一般的物,则法律地位最低,权利主体可以任意进行支配。因此,法律物格和法律人格所表明的内容完全不同:人格平等表明所有人的法律地位相同,没有任何差别,进行同等的法律保护。而法律物格所表明的,正是物的不同法律地位,并且基于其法律地位的不同,而进行不同的法律保护。

3. 确立法律物格制度的意义

笔者认为,确立民法上的物的法律物格制度的意义,就在于对物要根据物的法律物格的不同,规定权利主体对其行使权利的不同的规则,主要表现在以下三点:

(1)确立法律物格制度,能够确定作为权利客体的物的不同法律地位。为什么要区别不同的法律物格?就是为了表明不同的物在法律上的不同地位。在市民社会,对所有的客观存在的物质形式只分为人和物,但是不同的物质形式的类别,却有不同的内容和形式的差别。作为权利主体的人,其实是一种同样的物质形式,具有相同的物质属性和心理特征,因此具有相同的法律人格。然而作为同一种类的物,却必然具有不同的物理属性和特征。其中最重要的区分,就是有的物有生命形式,有的物没有生命形式。即使是在有生命形式的物中,也存在是否能够自主运动的区别,动物就可以自主运动,而植物则不能自主运动。物的这种物理属性和特征体现在法律上,就是物的不同的法律地位。具有不同的物理属性的物,就应当具有不同的法律地位。确立法律物格制度,就是为了区分物的不同法律地位。

(2)确立法律物格制度,能够确定权利主体对具有不同物格的物所具有的不同的支配力。民法将市民社会的物质形式分为权利主体和权利客体,分为人和物,确定人对物的支配力。应当说,任何民事主体也就是任何人,对于作为权利客体的物,都具有支配力,对其行使权利,决定物的法律命运。但是,既然物所具有的法律物格不同,所处的法律地位不同,法律就赋予人对不同法律物格的物以不同的支配力。对于一般的物,也就是法律物格最低的物,权利主体完全可以自主地支配其命运,不加以任何限制。而对于法律物格最高的物,即野生动物和宠物,对权利主体的支配力则作出了较多的限制,不得任意剥夺其生命,不得危害其健康,"对动物、尤其是野生动物的处分,不得违反自然资源法和动物保护法的规定"。⑯

(3)确立法律物格制度,有利于对具有不同法律物格的物作出不同的保护。确定权利主体对不同法律物格的物享有的不同的支配力的目的,就是要对不同法律物格的物进行不同程度的法律保护,其中要突出的就是对动物的保护。必须加以突出保护的,是有生命的物,其中就包括动物和植物。即使是对动物的保护,也要区分动物种类的不同,而要对其进行不同的保护。野生动物和宠物,前者因其稀少性,不加以特别的保护将面临物种灭绝的可怕后果。而宠物,则是与人类关系最密切、最亲近的动物。对于这样的动物,应当进行最密切、最完善的保护。对于以对人类提供肉、奶、皮、毛等为目的,以及为人类役使的动物,应当与其他植物的保护处于相当的地位,进行同样的保护。对于这些物,应当尊重它们的生命,不得随意处分。即使是需要它们

---

⑯ 梁慧星:《中国民法典草案建议稿》,法律出版社2003年版,第21页。

死亡的时候,也不要以残酷的方式进行。不得虐待动物,应当成为一个对动物进行保护的基本规则。

(三)不同物的法律物格区分

根据物的物理属性和特征,笔者认为,可以分为以下三个法律物格:

1. 第一类法律物格:生命物格

生命物格所涵括的物包括人体组织和器官、动物尤其是野生动物和宠物、植物尤其是珍惜植物。

(1)人体组织和器官。脱离人体的人体组织和器官,其性质究竟是什么,是有争议的。有学者认为,随着输血和器官移植行为越来越重要,"现在必须承认献出的血以及取出的、可用于移植的器官为物。这些东西可以成为所有权的客体,而且首先是提供这些东西的活人的所有物。对于这些东西的所有权转移,只能适用有关动产所有权移转的规则。当然,一旦这些东西被转植到他人的身体中去,他们就重新丧失了物的性质"。[47] 可以说,脱离人体的人体组织和器官从其实质而言,具有物的属性,但是在输入或者植入新的人体之后,又丧失物的属性。在此期间存在的形态,应当是物的形态。但是,它是特殊的物的形态,是有生命的物,因此置于物格中的最高格即生命物格。

(2)动物尤其是野生动物和宠物。野生动物(wildlife)在国际上的定义是:所有非经人工饲养而生活于自然环境下的各种动物。不过,在狭义上,野生动物仅指脊椎动物,非脊椎动物不在这一范围之内。按照我国台湾地区"野生动物保育法"第3条的规定,野生动物系指一般状况下,应生存于栖息环境下之哺乳类、鸟类、爬虫类、两栖类、鱼类、昆虫及其他种类之动物。我国法律对野生动物没有定义,这也导致了在实务中的一些问题。[48] 由于野生动物在动物谱系中的特殊重要地位,其生存状况关系到整个生态系统的平衡,关系到人类的生存和发展,必须对其加以特殊保护。这应当体现到法律当中,赋予其处于法律物格的最高地位,即最高的法律物格地位,使对野生动物的保护比对其他动物的保护程度更高、更完善。对野生动物的特殊保护,除了禁止滥捕、滥杀、维持野生动物种群的稳定等原则之外,还应当建立一些特殊的保护区,采取特殊的保护措施,对有关野生动物进行保护。

宠物在法律上也是物,具有法律物格,处于权利客体地位。宠物的定义是指猫、狗以及其他供玩赏、陪伴、领养、饲养的动物,又称作同伴动物。宠物与人类关系最为

---

[47] 〔德〕迪特尔·梅迪库斯:《德国民法总论》,邵建东译,法律出版社2000年版,第876—877页。

[48] 比如,因"非典"的肆虐,国家林业局和国家工商总局曾于2003年4月29日联合发出《立即停止野生动物市场经营活动的紧急通知》,要求除科学研究需要外,全国范围内暂停一切猎捕、出售、收购、运输、进出口和在市场上摆卖野生动物的活动。该通知中就存在对野生动物界定不清的问题,导致在贯彻中无限扩大,将一些养殖的动物作为野生动物对待,损害了许多养殖户的合法权益。笔者认为,对野生动物的保护并不是绝对排斥对动物的合理利用,人作为权利主体,对处于法律物格地位的野生动物依然有权利用,而且在医药、食品、服装等领域对野生动物还有较大的需求,只不过为了维持生态平衡、代际公平等,人类对野生动物应可持续利用,不得掠夺式、灭绝式的利用。

密切,能够给饲养人带来精神上的愉悦和慰藉,其在法律上也处于最高的法律物格地位。笔者认为,应当对宠物加以特殊保护,对其予以福利对待,不得虐待。还可以在民法典中借鉴《俄罗斯民法典》的规定,对受虐宠物实行赎买制度,在宠物所有人违反法定规则或道德准则对待宠物时,任何人可以向法院提出请求向所有人赎买。还可以对遗失的宠物实行无人照管制度,即由抓获者返还失主或交至有关机关,并在此期间良好地饲养遗失宠物。

在动物中,除了野生动物和宠物之外,还有大量的其他动物,有的是为皮毛、肉用、乳用、役用或其他经济目的而饲养或管领的动物,有的是为教学训练、科学试验、制造生物制剂、试验商品、药物、毒物及移植器官等目的所进行的应用行为而饲养或管领的实验动物,还有许多低等的动物,如细菌、微生物等。在法律上,这些动物具有法律物格地位,但不同于一般物的法律物格,它们是有生命的物,还是可以自主运动的物,在法律规范和适用规则上应当体现自己的特殊性。对普通动物不能随意处置,应当基于环境保护考虑,进行合理的利用,保持人类生存环境的优良品质,实现人类社会的可持续发展。

(3)植物尤其是珍稀植物。植物是能进行光合作用,将无机物转化为有机物,独立生活的一类自养型生物。毫无疑问,植物在法律中也只能处于权利客体地位。但是植物是人类生态系统中的重要一员,能够通过光合作用吸收二氧化碳,释放氧气,对人类的生存和发展具有极为关键的意义,必须予以法律上的保护。由于植物也是有生命力的,同一般物是不同的,所以在法律上的地位也应当具有特殊性。而珍稀植物的价值在于物种的稀缺,应当加以特别的保护。

2.第二类法律物格:抽象物格

抽象物格所涵括的物,包括网络空间等虚拟财产及货币和有价证券等具有抽象意义的物。

(1)网络空间等虚拟财产。2003年年底,北京市朝阳区法院审理的首例"网财"失窃案件[49],引起了各界对虚拟空间及其利益的关注。"网财"又被称为"网络虚拟财产",一般是指网民、游戏玩家在网络游戏中的账号及积累的"货币""装备""宠物"等。笔者认为,所谓的"网财",不仅仅是指网络上的财产,例如网络货币等,而应当是网络空间及其衍生的利益,在法律上应当为一种物,处于法律物格地位,也应当受到法律调整,在受到侵害时也有权请求救济。但是这种物不同于现实的一般物,不能按照一般物的规则处理,应当具有自身的特殊规则,法律也应当对此专设规定。该案的

---

[49] 该案的具体案情为:23岁的河北网络游戏玩家李某在"红月"中从新手逐步成为级别最高的玩家之一。在这半年里,他投入了几千个小时和上万元现金,积累和购买了几十种虚拟生化武器,这些装备使他一度在虚拟世界所向披靡。2003年2月17日,当他再次登录"红月"时,发现库里的装备不翼而飞,他马上与北极冰公司联系,得到答复:"你的装备在另一个虚拟ID上。"李某当即要求公司查封盗号者账号,并向其提供盗号者的真实资料。但北极冰公司拒绝提供。2003年8月,李某以游戏运营商侵犯其私人财产为由,将北极冰公司告上法庭。法院判决北极冰公司返还李某的虚拟武器装备——10件宠物装备、1件战神甲、两个毒药和两个生命水。

审理法院认为,被告所丢失的虚拟设备虽然并不现实存在,但仍然可以认定为一种无形财产,具有价值含量,但由于其购买价值并不等同于虚拟装备价值,所以责令被告在游戏中恢复原告丢失的虚拟装备,而不需要赔偿原告的购买费用。这种认识虽然有一定道理,但是也非只此一种方法救济,完全可以考虑其财产的损失,予以合理的赔偿,不然何苦将其认定为有财产价值呢?

不仅如此,就是虚拟空间本身以及它的利益,都是有价值的,不仅网络空间的占有者享有网络空间就具有了财产上的价值,而且侵入网络空间,就是侵入他人的财产。对此,法律上应当进行规范。笔者认为,可以把虚拟空间及其利益作为第二类法律物格,确立特殊的法律规则和规范进行调整。

(2)货币和有价证券。货币和有价证券在法律上都属于物的一种,但具有自身的特殊性。货币是一种高度替代性的物,是商品交易中的一种标表,同一般物具有很大差异,对货币的占有等同于对货币的所有。而有价证券则具有更大的差异,其在本质上是对所记载的权利的凭证,根据有价证券种类的不同,具体的权利也不同。基于货币和有价证券的特殊性,虽然两者在法律上处于权利客体地位,但其法律物格应当高于一般的物,需要一些特殊的规范,所以法律对两者作了一些不同于一般物的规定。为此,我们把货币和有价证券也作为第二类法律物格的物。

3. 第三类法律物格:一般物格

一般物是传统法律意义上的物,按照学者的界定,须为有体,须为人力所支配,须独立为一体,须能满足人们生活的需要的物。[50] 由于学界对一般物的论述不存在什么根本分歧,而且已经形成了比较完善的理论和法律规则,毋庸赘述。基于一般物在法律上也处于权利客体地位,为便于同前述四类物的法律物格予以区分,我们将一般物作为第五类法律物格。

按照以上对物格的划分,在未来的民法典中,应当确认动物的法律物格地位是最高的或者次最高的,规定对动物的特殊保护措施,尊重它们的生存、生命、健康,使它们成为在这个世界上除了人类之外的最重要的生灵,实现对动物的完善和良好的保护。

六、动物法律物格的确认及其民法保护的立法对策

(一)对策之一——动物的法律物格及其相应的特殊物地位

我们讲动物的法律物格,是从学理上根据物的多样性特征,界定作为权利客体的物所具有的不同的法律地位,借以突出动物的法律地位,明晰对不同种类的动物在法律上的不同保护。但是,由于人的法律人格和物的法律物格(包括动物的法律物格)都不是立法表述的语言,无法容纳于立法的具体规范中。为寻求在民法典规范中对

---

[50] 参见梁慧星、陈华彬:《物权法》,法律出版社 2003 年第 2 版,第 23—24 页。

动物的法律物格予以对应表达,应当在现有的民法典总则关于物的体系中,借鉴民法的特殊物的规定予以界定。

在物的体系中,除了动产与不动产、主物与从物、原物和孳息等分类之外,还有一种一般物与特殊物的划分。这种划分,是以物是否具有特殊性为标准,具有特殊性的物为特殊物,不具有特殊性的物为一般物。至于特殊性的界定,应当从不同的视角考察,可以视有生命的物为特殊物,无生命的物为一般物;也可以视无形的物为特殊物,有形的物为一般物;还可以视具有交易特殊性的物为特殊物,不具有特殊性的物为一般物。总之,物是可以划分为一般物和特殊物的,而且这一划分应当是周延的。

特殊物制度并非空穴来风,在民法制度中早已存在,自罗马法以降,普通物与特殊物、可交易物与不可交易物的划分就已存在。[51] 特殊物是指由于其性质、作用的特殊性,或者由于人们观念上的特殊原因,在法律上具有特殊意义或地位的物。还有,在我国民法理论中,"货币是一种特殊的动产,其特殊性表现在:货币是一种特殊的种类物,在交易上可以互相替换"。[52] 有学者认为,货币、证券、外币等,都是特殊物。[53]

针对前述我们对物的法律物格的划分,笔者认为,可以把法律物格第一格至第四格的物作为特殊物,它们在某个或某些方面具有自身的特殊性,而第五格的物为一般物。应当特别加以强调的是,特殊物并不是一个等级、一个层次的物,而是具有多层次、多种物格的物的组合。同时,随着社会的发展和人们观念的变迁,特殊物作为一个开放的体系,还会逐步扩张,除了前述四个法律物格的特殊物之外,可能还会出现一些新的特殊物,使特殊物的范围不断扩大、层次不断丰富。

值得称道的是,我国一部分学者在对动物在民法中的地位表述中已经表达了正确的意见。有学者正确分析了《德国民法典》修改后的规定,认为:"我国民法典应当借鉴《德国民法典》的做法,即我国民法典应当把物分为普通的物和动物,并明确规定,对于动物,则应适用关于保护动物(包括普通动物)的特别法,这样规定可以体现出生态时代的绿色主义精神,有利于协调人与自然之间的关系,有利于维护生态系统之平衡,有利于尊重和保护动物的权利。"[54]这体现了将动物与普通的物予以区分、不同对待的思想。有学者更进一步认为:"同样道理,动物作为物的一种,也有其特殊性,不同于普通物,立法如果将其作为特殊物看待,对人类支配动物的行为加以严格限制,并制定特别的规则(如"动物保护法")对动物加以特殊的保护,人与自然的和谐就能够达到。"[55]

---

[51] 参见周枏:《罗马法原论》,商务印书馆1996年版,第277—281页。
[52] 王利明:《物权法研究》,中国人民大学出版社2002年版,第34页。
[53] 参见张俊浩:《民法学原理》(上册),中国政法大学出版社修订第3版,第377—381页。
[54] 曹明德、徐以祥:《中国民法法典化与生态保护》,载《现代法学》2003年第4期。
[55] 陈本寒、周平:《动物法律地位之探讨——兼析我国民事立法对动物的应有定位》,载《中国法学》2002年第6期。

(二)对策之二——对动物概念的一般规定

虽然我们分析了动物的法律物格地位,也认为动物在民法典中应当作为一类特别的特殊物予以规范。但是民法典对动物的规制,还应当对动物的概念有一个明确的界定,作出一个一般规定。对此,不能将生物学意义上的动物概念等同于法律意义上的动物概念,有些低级的动物可能不具有予以法律特别规范的价值。

对这一问题的解决,可以借鉴国外立法例,结合我国的国情,以概括与分类列举并举的方式对民法中的动物概念作出界定。例如,《智利民法典》第608条规定:“天然自由并独立于人类而生存的动物为野生或未驯化的动物,如野兽和鱼;通常依赖人类生存的动物为家养动物,如鸡、绵羊;其天性为野生但已习惯于被养殖之生活,并已识别人类之特定控制方式的动物,为驯化动物。驯化动物如保持受人类保护或照料的习惯,适用关于家养动物的规定,失去这一习惯时,重新归于野生动物。”[56]

当然,今天我们对动物的规定应当有所创新与超越,建议在民法典民事权利的客体部分,在对普通物的规定之后,专设“动物”条,规定:“本法所称动物,是指野生动物、宠物以及其他经济动物、实验动物等人为饲养或管领的脊椎动物。野生动物指一般状况下,应生存于栖息环境下的哺乳类、鸟类、爬虫类、两栖类、鱼类、昆虫及其他种类的动物。宠物指犬、猫及其他供玩赏、伴侣之目的而饲养或管领的动物。经济动物指为皮毛、肉用、乳用、役用或其他经济目的而饲养或管领的动物。实验动物指为教学训练、科学试验、制造生物制剂、试验商品、药物、毒物及移植器官等目的所进行的应用行为而饲养或管领的动物。”这样的规定,能够较好地界定动物的内涵和外延。

这样表述还有一个作用,就是表达动物所处的两种不同的物格。一是野生动物和宠物;二是其他动物。二者分别居于法律物格的第一格和第二格,在权利客体中居于特殊的地位。

(三)对策之三——规定对权利主体对动物行使的权利

将动物作为民事权利的客体,使其处于法律物格的最高和次最高的地位,这是民法对动物保护的基本立场。但基于动物是特殊物,权利主体在对动物行使权利的时候,应当异于在法律物格上低于动物物格的普通物。结合国外立法例,应当在民法典的“动物”条之后,设“对动物的权利行使”条,规定以下内容:“动物是一类特殊的物,对动物行使权利时适用本法关于物的规定,但本法有特殊规定或另有法律、法规规定的除外。民事主体在对动物行使权利时,应当尊重动物的生存、生命、健康,不得以违背人道主义的态度残酷地对待动物。”特殊规定是指民法典在相关部分涉及动物时所作的规定,如应当规定在共有关系终止时共有财产中有动物的,应当在分割时作为单一财产判给能给该动物提供更好条件的一方,以及其他诸如此类有利于动物保护的规定;另外的法律、法规,是指《野生动物保护法》、即将修改的《实验动物管理条例》

---

[56] 徐涤宇译:《智利民法典》,金桥文化出版(香港)有限公司2002年版。

等有关动物保护的法律法规。

(四)对策之四——规定动物保护人制度

由于动物具有不同于一般物的法律物格,所以不仅在对动物的权利行使上具有特殊性,而且动物的保护主体也具有特殊性。因此,应当建立动物保护人制度。

对于一般物,所有人就是保护人,其他人负有不得侵害的绝对义务。而对于动物,除了一些所有人作为保护人外,动物的保护人更加宽泛,一些不是所有人的主体也可以作为保护人。具体而言,对于动物保护人可以作以下区分:

1. 所有人或法定义务人的保护

对于野生动物,应当由国家有关部门或先占取得人作为保护人。对野生动物应当作进一步划分。第一类为我国《野生动物保护法》规定的野生动物,即"珍贵、濒危的陆生、水生野生动物和有益的或者有重要经济、科学研究价值的陆生野生动物",对于这类动物,需要特别加以保护,关系到物种的存续,关系到人类的生存环境。根据《野生动物保护法》第 3 条第 1 款"野生动物资源属于国家所有"的规定,以及第 7 条的规定,可以确定各级林业、渔业行政管理部门为这类野生动物的保护人。第二类为除此之外的普通野生动物,如野生的山兔、野鸡、蝎子、蜜蜂等,对此应当允许先占取得。野生动物的先占早在罗马法中就已存在,盖尤斯《论日常事务》第二卷中认为:"因此,在地上、海上及天空被猎获的所有动物,即野兽、鸟和鱼,为猎获者所有。""不属于任何人之物,根据自然理性归先占者所有。"[57]后世法、德、瑞士、意大利等国都承认对野生动物的先占取得。我国现行法律未规定对这类野生动物的先占取得。许多学者已经注意到了这一问题,中国人民大学民商事法律科学研究中心的《〈中华人民共和国民法典〉草案学者建议稿》物权法编第 82 条"野生动植物的先占"规定:"在不违反有关野生动物保护和环境资源保护的法律、法规的前提下,野生动植物可依法先占取得。"笔者认为,未来民法典应当吸收这一规定,对普通野生动物实行先占取得,由先占人为其保护人。

对于宠物,由其所有人或者管理人为保护人,全面负责对宠物进行保护。宠物是人类的同伴,与人类是朋友关系,同人类具有密切的关系。宠物的主人对宠物进行照顾,负责宠物的饲养、管理等事务,既是权利,也是义务。宠物的主人在宠物受到外来侵害时,有权基于自身的保护人权利请求救济。当然,宠物的主人也不得随意虐待宠物,不得随意遗弃宠物。

对于普通动物,则设立所有人的"关照"的法定义务,规定不得虐待动物等法定义务。普通动物一般属于所有权人的权利范围之内,可以自己基于自己的意志对自己所有的普通动物行使占有、使用、收益和处分的权利,与他人无涉。但是,所有人在行使权利时,应当负有一定的义务,比如不得虐待、残酷杀害动物,在需要杀害普通动物时,也应当采取适当的方式。

---

[57] 〔意〕桑德罗·斯契巴尼选编:《物与物权》,范怀俊译,中国政法大学出版社 1999 年版,第 31 页。

2. 非所有人或非法定义务人的保护

动物处于最高的和次高的法律物格地位,虽然动物所有人或法定义务人的保护可以在一定程度上实现对动物的保护,但是在动物被虐待、残害等情形时,赋予非所有人或非法定义务人保护权利,能更好地实现对动物的保护。对此,可以从自然人和团体两个层面分析研究。

自然人不仅对自己所有或关照下的动物具有权利,而且在某些情形还应当对非属于自己所有或关照的动物也有一种利益,在这种利益受到侵害时,有权利请求保护。随着人们对生存环境的重视以及生态意识的提高,笔者认为,在对自然人权利的保护上,也存在一个生活环境的保护问题,对此可以吸收我们过去提出过的"人身权的延伸保护理论"。[58] 人身权延伸保护,强调的是对自然人权利的纵的维度进行保护,延伸至出生前和死亡后。除此之外,还可以对自然人的权利进行一种横的维度的延伸保护,即自然人对所生存的外部环境也具有一种权利,环境资源对于人获得主体资格是至关重要的或者说是不可或缺的。有学者提出对人格概念进行扩展,确立环境人格权,将环境利益纳入人格权法的保护范围是十分必要的。[59] 这是具有积极意义的。根据这种横的人格权延伸理论,自然人应当有要求阻止破坏环境和恢复环境及排除侵害的权利,以及要求采取保护良好环境的措施预防破坏环境的权利,以及自然人有向法院提出诉讼要求保障的权利。与此相应,自然人对作为生态环境中的重要一员的动物,也应当享有阻止侵害动物、排除侵害动物、提出诉讼要求保护动物的权利。

除了非所有人的自然人作为动物保护人之外,还可以考虑某些不具有所有权和法定义务的团体作为动物保护人,比如建立动物基金会形式,即对旨在为动物保护目的筹集的专项资金进行管理的民间非营利机构,性质上为财团法人。现在动物基金会非常多,其中比较有影响的是国际爱护动物基金会、亚洲动物基金等。这些动物基金会实施了许多有影响的活动,比如 1993 年以来,国际爱护动物基金会成功地劝说菲律宾政府禁止出售野生猴子;1996 年,在国际爱护动物基金的倡导下,中国有关部门撤走了所有国际机场货架上的熊胆制品;亚洲动物基金发起的"拯救黑熊"行动;等等。这对改善动物的生存环境,保护濒临灭绝的种群,杜绝对动物的残暴虐待,倡导对所有生命的尊重和爱护,发挥了积极的作用。笔者认为,应当支持动物基金会为了人类利益所进行的活动,比如基于动物保护而进行的诉讼,对这类诉讼应当作为公益诉讼处理。

需要注意的是,虽然我们也主张非所有人的自然人和动物基金会等团体作为动物的保护人,但这同动物法律人格论者的主张有本质上的差异。动物法律人格论者,是把动物作为权利主体对待的,我们是在动物法律物格的基础上阐述的,依然把动物

---

[58] 杨立新:《人身权法论》,人民法院出版社 2002 年修订版,第 295—310 页。
[59] 参见吕忠梅:《绿色民法典:环境问题的应对之路》,载《法商研究》2003 年第 6 期。

作为权利客体对待。这些保护从根本上是从人类利益出发,绝非什么代为行使动物的权利。即使允许某些自然人或团体进行诉讼权利保护动物,也不是为保护动物权利来考虑,而是为惩治残害动物行为,保护人的权利,维护人类生存环境和人类整体利益的根本目的。

(五)对策之五——对为动物福利设立基金的规定

进行动物保护,还应当解决的一个问题就是,当有人为特定的动物捐助、赠与财产,为该动物提供福利的时候,民法究竟应当怎样进行规制。

持动物人格权论者主张,动物具有法律人格,当然可以享有财产所有权,这样的财产当然归动物所有。这种主张不能为民法所接受,已如前述。对这种情况应当如何处理呢?

动物不能享有权利,当然也就不能享有财产所有权。但是,可以为特定的动物设立基金,而该基金作为权利主体,享有民事权利能力和民事行为能力,为该动物的福利而行使财产权利。这样做的意义,还是为了保护动物,保护与人类最亲密的朋友,最终的目的仍然是保护人的生存环境,保护人的根本利益。因此,民法典应当设立"为动物捐助、赠与财产"条,规定,对动物捐助、赠与财产的,可以为动物的福利设立基金,并依法实施法律行为。

(六)对策之六——对动物致人损害的侵权责任的规定

动物致人损害的侵权责任问题,是大陆法系成文法国家的成熟规定,即确定动物致人损害责任是侵权责任,由动物的所有人或者管理人承担责任。面对判令动物本身承担责任——例如处死动物——等判例,有必要重申动物侵权责任的规定,就是动物的占有人承担责任,而不能由动物自己承担责任。如果认为应当让犯了"错误"的或者犯了"罪行"的动物承担法律责任,而动物又是没有识别能力的生物,那与残害动物、虐待动物有什么区别?

动物侵权是一类特殊的侵权行为,自罗马法以降,各国都对此作了规定。"在大陆法较早的规定中,对动物承担责任的人是所有者;近来,立法已经将这一责任规定于保有者。"⑩我国《民法通则》在第 127 条规定:"饲养的动物造成他人损害的,动物饲养人或者管理人应当承担民事责任;由于受害人的过错造成损害的,动物饲养人或者管理人不承担民事责任;由于第三人的过错造成损害的,第三人应当承担民事责任。"可见,我国原则上也是规定动物保有者承担责任,这是可取的。但是这一条文对动物侵权的规定尚显不足,应当予以细化。

笔者认为,动物在生存方式上具有多样性,有的是野生,有的是饲养,还有的是驯养,等等。因此,不同生存方式的动物侵权也具有多样性,应当根据具体情形分别予以规定,方为合理。结合《民法通则》第 127 条及《〈中华人民共和国民法典〉草案学

---

⑩ 〔德〕克雷斯蒂安·冯·巴尔:《欧洲比较侵权行为法》(上),张新宝译,法律出版社 2001 年版,第 438 页。

者建议稿》的有关规定,笔者认为应当规定:第一,规定"饲养的动物致人损害"条:"饲养的动物造成他人损害的,动物饲养人或者管理人应当承担侵权责任。受害人对损害的发生也有过错的,应当减轻动物饲养人或者管理人的民事责任。依习惯散养的动物,因争斗造成动物伤害或死亡,双方保有者均无过错的,由双方分担损害。但当地另有习惯的依其习惯。"第二,规定"受国家保护的野生动物致人损害"条:"受到国家保护的野生动物致人损害的,由国家主管机关承担民事责任。"第三,规定"抛弃、遗失、逃逸动物致人损害"条:"被抛弃的动物致人损害的,由其原所有人承担民事责任。被抛弃的动物已经被他人占有的,由其占有人承担民事责任。遗失、逃逸的动物致人损害的,由动物的所有人承担侵权责任。"第四,规定"驯养的野生动物回归自然后致害"条:"驯养的野生动物脱离驯养人,回归自然后致人损害的,驯养动物的人不承担损害民事责任。"如此,就可以达致对动物侵权的完整规定,实现对动物侵权的科学规范。

网络虚拟财产的物权属性及其基本规则[*]

网络虚拟财产是指存在于与现实具有隔离性的网络空间中、能够用现有的度量标准度量其价值的数字化的新型财产。虽然网络虚拟财产具有不同于传统类型财产的特点,但它仍然是一种特殊的物,接受物权法对它的规制。在网络虚拟财产的权利分配上,亦应确定归属于特定的所有者占有、使用、收益和处分。作为一种新兴的财产,我国法律目前还没有对这种财产作出具体规定,为了建立和完善网络虚拟财产及其权利的保护,我国应当在《物权法》中规定网络虚拟财产为物权客体,具有物的属性,并制定相应的物权规则。

一、网络游戏中"武器装备"侵权纠纷引发的思考

(一)国内首例虚拟财产纠纷案

2003年9月8日,北京市朝阳区人民法院公开审理了国内首例有关虚拟财产争议的案件。该案的原告是游戏玩家李某,被告是网络游戏运营商北京北极冰科技发展有限公司。从2001年开始,李某花费了几千个小时的精力和上万元的现金,在一个名叫"红月"的游戏里积累和购买了各种虚拟"生化武器"几十种,这些装备使他一度在虚拟世界里所向披靡。但在2003年2月的一天,当他再次进入游戏时,却发现自己库里的所有武器装备都不翼而飞了,其中包括自己最心爱的3个头盔、1个战甲和两个毒药等物品。后经查证,在2月17日12时55分左右,这些装备莫名其妙地被一个叫SHUILIU0011的玩家盗走了,李某找游戏运营商交涉,但该公司却拒绝将盗号者的真实资料交给李某,于是李某以游戏运营商侵犯了他的私人财产为由,将其告上了法庭,要求被告赔礼道歉、赔偿他丢失的各种装备,并赔偿精神损失费1万元。

对于本案,学者有不同的看法:

(1)关于网络游戏中的虚拟财产是否具有财产属性的问题,一种观点认为,网络游戏中的"武器装备"是财产,因为这些"武器装备"是用货币买来的,包括从网络运营商处直接购买和通过购买卡在游戏中积累而间接购买;另一种观点认为,网络游戏中的"武器装备"就是一堆数据,不是财产。

---

[*] 本文发表在《国家检察官学院学报》2004年第6期,合作者是王中合。

(2)关于虚拟财产的属性问题,一种观点认为,虚拟财产是一种动产,属于物权客体的范畴;另一种观点认为,虚拟财产是一种新型的知识产权客体类型。

(3)关于虚拟财产的归属问题也有很大的分歧,一种观点认为,游戏中的"武器装备"不具有独立性,作为网络游戏的一部分,网络游戏运营商拥有对"武器装备"的所有权;另一种观点认为,网络游戏中的"武器装备"是游戏玩家通过付出真金白银而得到的,游戏玩家应当拥有对"武器装备"的所有权。

(二)网络虚拟财产性质对民法提出的挑战

本案的争论无不涉及一个重要的问题,这就是网络虚拟财产的根本属性问题,而这就直接对传统民法构成了挑战。网络中的武器装备决不就是简单的一堆数字,它确实包含着社会必要劳动时间,也就是包含着价值和使用价值,因而它就具有物的属性。同样,网络本身也具有价值和使用价值,也必然具有物的属性。网络虚拟财产在民法上究竟应当怎样界定它的性质?无疑是一个新的挑战。如果说网络游戏中的武器装备具有物的属性,盗窃这些武器装备就应当构成侵害财产权。盗窃网络货币,是不是也构成侵害财产权?还有黑客攻击网站,是不是就应当认定为侵害财产或者侵入他人财产,承担侵权责任?这些问题都涉及一个根本性的问题,这就是如何界定网络虚拟财产的民法属性。不解决这个根本性的问题,这一系列的问题就无法解决。

二、网络虚拟财产的物的属性

(一)网络虚拟财产的法律规制比较

对网络虚拟财产的性质,世界各国和地区无论是在立法还是判例上都有不同的做法,有的即使在同一国家或地区内,法律也有不同的认定。

1. 美国

早在 1998 年 11 月 24 日,美国加州高等法院发布禁令,禁止三个 Intel 的离职员工发送抨击 Intel 的邮件。被告是 Intel 的离职员工,在遭到解雇后,从 1996 年 12 月到 1998 年 9 月先后 5—7 次发大量邮件给 Intel 的数万员工,抗议 Intel 对员工的不公正待遇和剥削。案件引起了激烈的辩论。被告宣称其拥有宪法所保障的权利,可以接触 Intel 的电子邮件系统,他寄发邮件的行为属于劳动争端中的合法行为;而原告则认为,被告的行为结果是不请自来的大量邮件 Spam。法官审理认为,Intel 职工的电子邮件地址并没有对外公开,Intel 的电子邮件系统也并非公共论坛,因此被告不具有宪法赋予的接触权利。虽然邮件内容属于劳动争端,但是寄送方式已构成非法侵入他人动产的侵权行为,因此颁发了禁令。① 可见,在 Intel 诉其离职员工案中,法官是把 Intel 员工电子信箱和 Intel 电子邮件系统当做动产加以保护的,可见,网络系统

---

① 参见张平:《网络知识产权及相关法律问题透析》,广州出版社 2000 年版,第 202—203 页。

本身也构成财产,侵入该网络系统,就构成非法侵入动产。

美国另外一个判例则有所不同。在美国有"垃圾邮件大王"之称的华莱士(Wallace)是一家促销公司的所有人。他主持开发了电子邮件快速发送软件,并向很多 ISP 的用户散发过商业广告性质的电子邮件,而且有时盗用 ISP 的名义(通过改变回邮地址即可),造成用户抱怨不已。美国大脚公司(Bigfoot Partners Ltd.)和大地连线公司(Earth-link Network Inc.)分别在纽约联邦法院和加州洛杉矶高等法院对华莱士提起诉讼。法院审理后,纽约联邦法院作出裁决,要求华莱士将大脚公司及其客户的电子邮件地址从他的网络中清除,如果华莱士或其代理人再向大脚公司的用户散发垃圾电子邮件或盗用该公司的名义发出这类邮件,华莱士及其代理人每天将要缴纳 1 万美元的罚金;同时,洛杉矶高等法院也作出了判决,禁止华莱士向大地连线公司的用户发送任何垃圾邮件,华莱士向受害用户书面道歉,保证如再有类似行为发生,将会被判罚 100 万美元。② 而洛杉矶高等法院的判决根据是有关禁止非法穿越私人领地的法律,也就是说,洛杉矶高等法院把电子信箱和电子邮件系统当做了私人领地来保护。

从上面两个判例可以看出,无论是将网络虚拟财产认定为动产还是私人领地,美国法院都是把电子信箱及电子邮件系统作为传统的"物"来保护的。这样的做法是在现有的法律没有作出规定的情况下,由法官通过解释相关法律的办法,以扩展现有法律适用范围的办法解决问题。

2. 韩国

韩国的网络游戏发展比较早,也比较快。在韩国,法律明确规定,网络游戏中的虚拟角色和虚拟物品独立于服务商而具有财产价值,网络财物的性质与银行账号中的钱财并无本质的区别。可见,韩国把网络虚拟财产等同于一种"电子货币",当然具有物的属性。

3. 我国台湾地区

在我国台湾地区,虽然民法学界对网络虚拟财产的性质还有很大的争议,但是刑事立法的成功做法却可以提供借鉴。从台湾地区最近一次"刑法"修正来看,在刑事立法上对网络虚拟财产性质的认定,经历过一个变化的过程。台湾地区"刑法"在 2002 年年底最新修订,但是无论修订前后的"刑法",都在第 220 条第 3 项中规定:"称电磁记录,指以电子、磁性或其他无法以人之知觉直接认识之方式所制成之记录,而供电脑处理之用者。"根据台湾地区"刑法"的规定,电磁记录属于"以文书论"的范畴,具有某种物的属性。因此,网络游戏中的虚拟"宝物"、电子信箱、OICQ 号码等都是电磁记录。③ 也就是说,不论用户所看到的是"宝剑""盔甲"或是电子储备箱(包括

---

② 参见宗煜:《国际互联网络发展所面临的法律问题及其对策初探》,载 http://lawsky.org/detail.asp?id = 1939.

③ 参见许华伟:《别当夺宝奇兵!》,载台湾地区电脑犯罪防治网(2002 年 11 月 11 日)。

收件箱、发件箱、垃圾箱、草稿箱等),法律上把它们全部都定位为电磁记录,而非实际上看到的或得到的财产。所以,关于网络虚拟财产的性质问题就转为对电磁记录的性质的认定上。

关于电磁记录的性质问题,2002年年底我国台湾地区通过的刑法修正案中,将原来的第323条修正为:"电能、热能及其他能量,关于本章之罪,以动产论。"④而原来的条文(实际上也是被修正过的条文,此次修正属于将该条文改回原来的规定)的内容是:"电能、热能及其他能量或电磁记录,关于本章之犯罪,以动产论。"从台湾地区的"刑法修正案"可以看出,台湾地区的立法对电磁记录的态度经历了三个阶段:非动产—动产—非动产,最后的落脚点仍然是"非动产"。所以,现在台湾地区"刑法"并不是把电磁记录认定为动产,而是增订了电磁记录的单独保护罪名。台湾地区"刑法修正案"增订的第359条规定:"无故取得、删除或变更他人电脑或其相关设备置电磁记录,致生损害于公众或他人者,处五年以下有期徒刑、拘役或科或并科20万元以下罚金。"台湾地区学者普遍认为,这一条规定的"电磁记录",包括所有虚拟世界的账号、点数等网络虚拟财产。

4. 我国香港特别行政区

在网络虚拟财产的性质认定和立法保护上,香港特别行政区较为落后,在理论界和实务界都存在两种不同的看法:一种看法认为,网络虚拟财产是一种权益,对网络游戏中的武器及金钱利益的使用可视为一种权益。⑤ 另一种看法认为,香港缺乏对网络虚拟财产的法律保护机制。网络虚拟财产是电子数据,按照香港法例的规定不算是财产,即便是在用户眼中,这些网络虚拟财产很值钱,在法律上却很难对其加以保护。⑥

(二)网络虚拟财产的属性

我国民法也没有对网络虚拟财产的民法属性作出规定。在理论界,对这个问题的看法颇有争议。笔者认为,网络虚拟财产在民法属性上的理论构建,有以下三种选择:第一种是在现有财产法体系内,通过拓宽现财产体系的空间,为网络虚拟财产找到一个落脚点,把网络虚拟财产作为知识产权客体⑦,并对其采取知识产权的保护方式⑧;第二种是在现有财产法体系内,把网络虚拟财产作为物权客体⑨,并对其采取知

---

④ 根据该条规定,台北地方法院日前审结了台湾地区首宗网络游戏的虚拟宝物失窃案,认定网络联机游戏"天堂"内的虚拟宝物,属于有价之动产,应受法律保护。参见《自由时报》2002年6月4日,第7版。
⑤ 参见《国际刑警严查网上盗宝》,载香港《星岛日报》2003年2月4日。
⑥ 参见《国际刑警严查网上盗宝》,载香港《星岛日报》2003年2月4日。
⑦ 河南省安阳新大地律师事务所律师孙万军在由《北京晚报》与中法网、搜狐网合办的关于"洪月"案的论坛中就是这样认为的。参见2003年11月12日《北京晚报》。
⑧ 中国人民大学王宗玉副教授认为,虚拟财产从内容中讲,它是一种智力成果,接近于知识产权。参见《网络游戏红红火火》,载 http://www.chinacourt.org/public/detail.php?id=103349.
⑨ 河南省安阳新大地律师事务所律师孙万军在由《北京晚报》与中法网、搜狐网合办的关于"洪月"案的论坛中就是这样认为的。参见2003年11月12日《北京晚报》。

识产权⑩的保护方式;第三种是突破现有财产法体系,把网络虚拟财产定义为一种新型的财产类型,按照物权法的规则对其加以规制。

笔者认为,界定网络虚拟财产的法律属性,应当针对全部的网络虚拟财产,而不仅仅是研究网络游戏的武器、电子邮箱等个别的网络内容。对此,笔者提出以下意见:

1. 网络虚拟财产不是知识产权客体

笔者认为,认定网络虚拟财产是知识产权客体的观点并不正确。把网络虚拟财产作为一种知识产权客体的主要理论依据,就是网络虚拟财产和知识产权对象的"知识"都具有无形性。知识产权是一种民事权利,是基于创造性智力成果和工商业标记依法产生的权利的统称⑪,主要包括著作权、专利权和商标权。首先,很显然,网络虚拟财产不是一种工商业标记,不属于商标权的范畴。其次,如果说网络虚拟财产是一种知识产权的对象,它只能属于一种创造性智力成果。在这样的前提下,面临两种选择:一是网络虚拟财产属于著作权和专利权的范畴;二是网络虚拟财产是一种新型的创造性智力成果。

一方面,通过把网络虚拟财产与作品和专利相对比,就会发现,网络虚拟财产既非作品也非专利。⑫ 作品是在文学、艺术和科学领域内,具有独创性并能以某种有形形式复制的智力创造成果⑬,是思想和情感的表现,而无论是 OICQ 号码、电子信箱还是网络游戏中的武器以及网络本身,都不是思想和情感的表现,也不体现用户(玩家)、网络所有人的独创性。如网络游戏中的"武器",它首先是被游戏开发商创造出来的,玩家只是在游戏过程中通过一定的方式获取并使用的,其他玩家也都有获取的可能性,当然不是玩家的作品。又如电子信箱,虽然电子邮件可以认定是用户的私人信函,并且有时信件内容也可能涉及作品,但是,电子邮件并不等于电子信箱,电子信箱本身并不是用户的作品。另一方面,网络虚拟财产更不是专利,从特征上看,专利具有技术性和垄断性,专利本身是一种技术信息,通过法律的形式来保护其在一定期间内的垄断权,但是网络虚拟财产并不是一种具有商业性质的技术信息,网络游戏中的网络虚拟财产不能为玩家所垄断,电子信箱、OICQ 号码更不能为某个用户所垄断,所以网络虚拟财产不是专利权的对象。再次,网络虚拟财产是不是一种不同于专利和作品之外的创造性智力成果呢?答案也应该是否定的。上文已经介绍过,网络虚

---

⑩ 参见王宗玉副教授的前述观点。参见《网络游戏红红火火》,载 http://www.chinacourt.org/public/detail.php? id = 103349.

⑪ 参见刘春田主编:《知识产权法》,中国人民大学出版社 2000 年版,第 3 页。

⑫ 当然,笔者认为,游戏开发商对整个游戏是享有知识产权的,因为根据我国《著作权法》的规定,著作权保护的对象包括计算机软件。

⑬ 我国《著作权法实施条例》第 2 条作了如此表述。《伯尔尼公约》第 2 条第 1 款则表述为:"文学和艺术作品一词包括科学和文学、艺术领域内的一切作品,不论其表现形式或方式如何。"

拟财产并不能体现出用户(玩家)以及网络所有人的创造性[14],当然也就不是什么"创造性"智力成果。所以,网络虚拟财产的属性是知识产权客体的说法是不恰当的。

2. 不宜把网络虚拟财产作为一种新的财产类型

把网络虚拟财产认定为一种新型的财产类型也不恰当,原因如下:首先,这种说法夸大了网络虚拟财产的独特性。因为虽然网络虚拟财产具有与现实财产不同的特征,这种不同并没有达到与现实之间割裂的程度,网络虚拟财产既具有同知识产权客体在"无形性"上的相似性,又具有同传统的物在保护方式上的趋同性。其次,这种说法增加了在技术上对网络虚拟财产进行保护的难度。因为要确立网络虚拟财产为一种新型的财产类型,在理论和立法上都需要制定一套完整而周全的保护机制,这样会增加网络虚拟财产相关立法的难度。

3. 网络虚拟财产的性质应当是一种特殊的物

笔者认为,把网络虚拟财产确认为一种特殊的物是最为准确的。在法律上,对网络虚拟财产享有的权利应当是一种物权,因此网络虚拟财产的性质就是特殊物。虽然传统的物权理论认为物权的客体应占有一定的空间并有形存在,应当具有有形性和独立性的特征,但是随着社会经济和现代科学技术的发展,物的范围早已不限制在有形、有体的范围内,只要具有法律上的排他支配可能性或管理的可能性,都可以认定为物。现代各国的立法确认空间为物,便是物的概念扩张的结果。由此可见,物的概念的扩张是社会经济和科技发展的产物,是一个不断变动的过程,只要不危及物权体系和物的体系的基本理念,对其中的个别部分的修补都是在允许的范围之内。所以,只要具有法律上的排他支配或管理的可能性及独立的经济性,就可以被认定为法律上的"物"。

网络虚拟财产是否具有上述属性呢?笔者的意见是肯定的。

(1)网络虚拟财产在法律上具有排他支配和管理的可能性。无论是虚拟的网络,还是存在于网络的其他虚拟财产,我们都可以对其进行排他性的支配和管理,如网络运营商可以限定对象、限定时间地开放网络,可以对网络上的行为进行管理,另外,对网络服务商服务器上的电子数据,可以凭借现有的计算机技术通过各种方式对其增加、修改、删除,同时网络高手也可以凭借自己的"黑客"技术来修改网络运营商服务器上的电子数据。从另外一个角度来看,网络用户可以通过对自己的账号设置密码防止他人对自己的资料进行修改、增删,也可以通过一定的程序具体操作网络虚拟财产,比如可以对 OICQ 号码进行买卖、使用、消费,等等。

(2)网络虚拟财产与物都具有独立的经济价值。网络虚拟财产主要是网络运营商通过金钱和劳动的付出取得的,如网络运营商投资开发网络、提供电子邮件系统服务、游戏商开发游戏等,都需要付出大量的金钱和劳动,这些金钱的支付和劳动的付

---

[14] 如果说体现创造性的话,也是体现 OICQ 等计算机软件的创造性,但是本文讨论的网络虚拟财产和计算机软件并不是同一客体。

出,使网络虚拟财产具有财产性,当网络虚拟财产同现实中的货币价值挂上钩时,经济价值就凸显了出来,所以从网络虚拟财产的获得方式上看,网络虚拟财产确实具有独立的经济价值。

(3)网络虚拟财产的存在需要一定的空间,这是与传统的物在存在方式上的相似性。传统的物一般指的是有体物,需要一定的空间。网络虚拟财产的存在虽然不如传统的动产和不动产那样需要现实的空间,但是其存在也需要另外一种形式的空间。从物理上来说,网络虚拟财产作为电子数据需要一定的磁盘空间,这些空间是实实在在的空间;从表现形式上来看,需要一定的网络虚拟空间,如电子信箱需要一定的存放空间、网络游戏的人物需要活动空间、武器装备需要存放空间等,这些空间虽然不同于现实的空间,但是在某些程度上也具有相似性。这些相似性为网络虚拟财产和现实中的物在使用方式和保护方式上的共性奠定了基础。

(三)基本结论

通过上述考察,笔者发现网络虚拟财产与民法的物之间在基本属性上是相同的,所以,在法理上认识网络虚拟财产,应当把网络虚拟财产作为一种特殊物,适用现有法律对物权的有关规定,同时综合采用其他保护方式,对虚拟财产进行法律保护。

三、网络虚拟财产的概念及其类型

(一)网络虚拟财产的概念

1. 网络虚拟财产的词源意义

在汉语词典中,"虚拟"一词有两种含义:一是"不符合或不一定符合事实的、假设的";二是"虚构"。所以,按照汉语词典的理解,"虚拟"的东西,只存在于人类的假设或假想中(即思想中,或语言、文字的含义中),而在客观的物质世界中是不存在的,网络虚拟财产也就可以理解为"虚构的、不是实际存在的财产"。

在翻译中,很多人常常把"虚拟"对应英语中的"virtual"。实际上,根据 *The Oxford Dictionary* 的解释,"virtual"有两层意思:其一,虽然不是真的;其二,因表现或效果如同真的而可视为(或可充当)真的。前一层是从属的(衬托),后一层才是主要的(结论)。以前译作"虚",是仅仅译出从属的意思(不是真的),却丢掉了这个单词的主要意义(即表现如同真的)。[15] 所以,译文可以把网络虚拟财产理解为"非真,但如同真的财产"。

2. 网络虚拟财产的概念剖析

对于网络虚拟财产,不应当仅仅从对"虚拟"一词的某一个方面的理解出发去确定它的具体含义,而应当在结合和借鉴"虚拟"一词多个方面含义的基础上,对网络虚

---

[15] 参见《virtual 在科技中的含义和译法》,载 http://www.stormloader.com/whq/translation.htm。

拟财产的含义作出符合时代意义的阐释。笔者认为,对网络虚拟财产的概念可以从以下几个方面来理解:

(1)网络虚拟财产是虚拟的网络本身以及存在于网络上的具有财产性的电磁记录。[16] 计算机、计算机之间传递数据的各种连线以及运营于网络的各种软件共同营造了一个虚拟的网络世界,这个虚拟的网络本身就是一种虚拟财产,如黑客对网站的攻击造成网站的访问障碍,就是对权利人虚拟财产权的一种侵害。从外延上来讲,虚拟财产包含虚拟网络,又不限于虚拟网络,也包括存在于虚拟网络上的具有财产性的电磁记录。电子信箱、OICQ 号码网络游戏中的"武器装备"等,都是一种以电磁记录的形式存在于网络的虚拟财产,它们以网络为载体,存在于网络上,但又不同于网络本身,从类型上来看,它们是一种区别于网络本身的虚拟财产。

(2)网络虚拟财产是现实世界中人类劳动和财富的异化,这种异化主要特征是数字化。虚拟财产的一个本质特征就是数字化,无论是网络本身,还是网络游戏中的高级"武器装备""稀世珍宝",还是一些论坛上的分值[17]很高的高级账户,它们在本质上都是存在于服务器上的由 0 和 1 组成的二进制数据。但是这些数据并不仅仅是单纯的数据,在它们身上凝聚着网络运营商和网络用户的劳动,消耗着网络运营商和网络用户的金钱。比如说在北大"一塌糊涂"论坛[18]上拥有一个很高生命力值的账号,一般都要花费很多的时间在论坛上挂着,并且要发大量的回复率很高的帖子。在论坛上挂着就要支付相当的电话费或上网费,发帖同样也是一种劳动,尤其是发表一些原创性的帖子更是一种艰辛的劳动过程;对于网络游戏而言,不但游戏开发商研发网络游戏中的"武器装备"需要消耗大量的人力、物力和财力,而且游戏玩家要想使用这些"武器装备",也要经过不断的斗智斗勇的拼杀或者直接购买。登录、利用网络更是如此,无论通过何种方式,都需要缴付一定的金钱,网络本身作为一种虚拟财产,如果利用它,就必须付出对价。可见,虽然虚拟财产在本质上是存在于服务器上的二进制数据,但是运营商和用户的劳动和金钱的付出,毋庸置疑赋予了它们以财产的属性。

(3)网络虚拟财产在价值上能够用现有的度量标准来衡量。网络虚拟财产虽然在使用上与现实世界具有一定的隔离性,即只能在虚拟世界中才能够体现其使用价值,但是,由于网络虚拟财产体现了人类劳动和金钱的付出,所以其价值也可以用现有的度量标准来衡量。比如,网站作为一种信息平台,有自己的价值,但是对网站的估价中,除了要对存于其中的知识产权等估价,自然还包含对存于其中的虚拟财产的价值进行衡量。再如,现在的很多电子信箱都是收费信箱,特别是提供的服务比较好的信箱更是如此,如 Sina(新浪)的电子邮箱就分了几种收费标准,不同的收费标准提

---

[16] 关于网络虚拟财产是否具有财产性,无论是学术界还是司法界都有争议,但是,承认网络虚拟财产的财产性是一种必然的趋势,美国、我国大陆及我国台湾地区的判例也都承认网络虚拟财产的财产性。

[17] 根据不同的论坛而有所不同,如有的是生命力分值很高,有的是信誉度很高,如著名的个人商品交易网站易趣(http://www.eachnet.com/cooperate.htm)对用户按照信用度的高低进行分级。

[18] 网址为 http://ytht.org/.

供了不同内容和水平的服务。在这些服务商的系统上注册的信箱需要用户通过支付金钱购买后才可以使用,而这些信箱的价值显然就包含用户购买信箱所支付的金钱,当然又不限于支付的金钱数额,因为,用户使用其所注册的电子信箱,还需要支付上网费等其他费用,否则便不可能使用其信箱。如果他人向这些信箱发送垃圾邮件妨碍了用户的使用,垃圾邮件发送者应当赔偿因其发送垃圾邮件而给用户造成的损失,具体赔偿数额在网络发展比较早的国家已经有所规定。如美国弗吉尼亚州通过的《电脑刑法》修正案,对不经允许向他人发送垃圾邮件的行为作出了如下惩罚规定:因为大量电子邮件的传输而遭受损害的电子信箱用户和 ISP,可以在律师费和实际损失、每封邮件 10 美元或每天 2.5 万美元三者择其一而请求赔偿。

综上所述,网络虚拟财产是指虚拟的网络本身以及存在于网络上的具有财产性的电磁记录,是一种能够用现有的度量标准度量其价值的数字化的新型财产。

(二)网络虚拟财产的权利客体地位

民法上,有两种不同的存在形式,其一是人;其二是物。人是权利的主体,支配着除了人以外的其他任何物。对于人,法律赋予其人格,构建了人格权法制度,以保护人的作人的资格。对于物,则是以物权制度为基础,保障人对物的支配权利,同时限制人对有生命的物的支配权的滥用。

但是,网络虚拟财产作为一种新兴的财产,具有不同于现有的财产类型的不同特点,这就向民法学界提出了一个难题:网络虚拟财产应当如何定位?

在对动物的法律保护的讨论中,我们借鉴人格概念的发展轨迹,首次提出了物格的概念,并把网络虚拟财产归入了物格中的抽象物格。[19] 笔者认为,就像人有人格一样,物也有物格。法律规定物分为不同的物格,根据物的不同物格来确定其在法律上的不同地位,确定人对其不同的支配力,从而确定不同的法律保护方法。建立物格制度,就是将所有的民法上的物,分为三个格:生命物格,包括人体器官、组织,动物尤其是野生动物和宠物,植物尤其是珍稀植物,为第一格;抽象物格,包括网络空间和货币、有价证券、航道、频道等,为第二格;一般物格,包括其他一般物,为第三格。[20]

把网络虚拟财产和有价证券、航道、频道等特殊物都归入物格的第二格即抽象物格,这样一种新型的物的分类方法,较好地解决了网络虚拟财产的权利客体定位,具有以下意义:

1. 把网络虚拟财产归入物格的抽象物格,顺应了物权法的发展趋势

传统意义上的物,主要是指有体物,而无体物一般不能作为物权的客体,但是,随着经济和科技的发展,出现了很多新兴的财产,这些新兴的财产由于没有法律的保护规定而成为法律的"弃儿",而抽象物格概念的提出,解决了这个问题,抽象物格扩充

---

[19] 参见杨立新、朱呈义:《动物法律人格之否定——兼论动物之法律"物格"》(本书第 340 页),载《法学研究》2004 年第 5 期。

[20] 参见杨立新:《对动物该给人格还是物格》,载《中国检察日报》2004 年 7 月 20 日。

了传统的物的外延,把网络虚拟财产名正言顺地纳入了物的范畴,解决了对网络虚拟财产予以物权法保护这个症结。

2.抽象物格准确反映出了网络虚拟财产的特性,是对网络虚拟财产的客观界定和准确描述

在抽象物格的概念没有出现之前,学界用语中经常提到"无形财产"的概念,但是,关于"无形财产"的概念,由于学界对"无形"的理解不同,其内涵很模糊,外延也不确定。

根据学者的总结,"无形财产"在实际运用中常代表三种不同的含义:

(1)无形财产指不具备一定形状,但占有一定空间或能为人们所支配的物。这主要是基于物理学上的物质存在形式而言,如随着科学技术的进步和发展,电、热、声、光等能源以及空间等,在当代已具备了独立的经济价值,并能为人们进行排他性的支配,因而也成为所有权的客体。

(2)无形财产特指知识产权,这主要是基于知识产品的非物质性而作出的界定。另外,通常基于知识产品的无形性,在习惯上学术界将知识产品本身也视为"无形物"或"无形财产"。如德国在不承认传统的"无形物"前提下,将知识产品从客体角度视为"狭义的无形物"。

(3)无形财产沿袭罗马法的定义和模式,将有形物的所有权之外的任何权利都称之为"无形财产",知识产权仅是其中一种"无形财产"。[21]

在上述第(一)、(二)种含义下,网络虚拟财产当然不同于无形财产,因为,无论是电、热、光等无形物还是知识产权等权利,虽然在存在上是无形的,但是,形态上的"无形"并不等于"虚拟",无形的电、光、热和无形的权利却是实实在在存在着的,并不具有"虚拟性"和与现实世界的隔离性。仅仅在第(三)种意义下,可以把网络虚拟财产归入无形财产的范畴。[22] 这样做,显得比较混乱,也容易引起误解,而采用抽象物格的提法,把网络虚拟财产归入抽象物格,不但用语准确,而且可以避免相互之间的混淆。

(三)网络虚拟财产的类型

有人认为,网络虚拟财产仅仅存在于网络游戏中,认为网络虚拟财产是网民、游戏玩家在网络游戏中的账号(ID)及积累的"货币""装备""宠物"等"财产"。[23] 笔者认为,这种看法限制了网络虚拟财产概念的外延,很多存在于网络游戏之外的"财产"便被排挤出了网络虚拟财产的行列,如 OICQ 号码等就不能归入网络虚拟财产的范畴,其结果也就不利于对网络虚拟财产的全面保护。所以,网络虚拟财产包括网络游

---

[21] 参见马俊驹、梅夏英:《无形财产的理论和立法问题》,载《中国法学》2001年第2期。
[22] 朝阳区人民法院的判决就认为,存在于特殊的网络游戏环境中的"虚拟装备"是无形的,可以作为无形财产。
[23] 参见于国富《虚拟财产:徘徊在现实与虚拟间的利益诉求》,载 http://news.enet.com.cn/enews/inforcenter/A20040329298325.html.

戏中的"财产",又不限于网络游戏中的财产。

笔者认为,网络虚拟财产可以分为以下两大类型:其一是虚拟网络本身,其二是存在于网络上的虚拟财产。虚拟网络本身是一种重要的虚拟财产。第二种类型的虚拟财产又可以分为以下三种形式:第一种为网络游戏中的网络虚拟财产。这包括网络游戏中的账号(ID)及积累的"货币""装备""宠物"等"财产"。第二种为网络社区中的网络虚拟财产。这包括网络虚拟社区中的账号、货币、积分、用户级别等。第三种为其他存于网络的虚拟财产。这包括 OICQ 号码、电子信箱及其他网络虚拟财产等,第三类是一个包容性、兜底类型,只要非虚拟网络本身,也不属于上述两种形式的虚拟财产以外的网络虚拟财产,均可以归属于第三类。

需要特别强调的是,网络虚拟财产并不等同于网络中的财产。网络中的财产类型有很多,如网页中的著作权、商标权等,而网络虚拟财产如上所述,包含两种类型,第二种类型的虚拟财产属于网络中的财产,而第一种类型的虚拟财产——网络本身则不同于网络中的财产,所以,网络中的财产和网络虚拟财产既有重合之处,又有所不同。

当然,网络虚拟财产是一个开放的、不断发展的概念,随着网络技术的发展,网络虚拟财产的外延会不断丰富和增加。

四、网络虚拟财产的物权法规则

随着网络世界的发展,网络虚拟财产的法律确认和法律保护等问题越来越突显出来,关于网络虚拟财产的争议非常之多,单就网络游戏中的网络虚拟财产案件,据不完全统计,从 2002 年 1 月到 2004 年 3 月,全国有案可查的就有 300 多起。

从世界范围看,在立法和司法上承认网络虚拟财产已经成为一种必然。例如,网络发达的韩国在立法和司法方面均明确承认网络虚拟财产的价值,我国台湾、香港等地区均已出台了相关法律,并且已经出现了侵犯网络虚拟财产刑事判决的先例。

我国目前正在制定物权法,应当借此机会,完成网络虚拟财产的立法。尽管根据我国《民法通则》第 75 条的规定,我国法律对公民、法人财产的规定包括有形财产和无形财产[24],网络虚拟财产应当包含在上述财产的范围之内,但是,法律还缺少对网络虚拟财产的具体规定。在网络虚拟财产的物权法立法规定中,应当着重解决以下三个方面的问题。

(一)网络虚拟财产的归属规则

在网络虚拟财产的归属权上,无论是学术界还是实务界意见分歧都很大,总结起

---

[24] 王宗玉认为,《民法通则》规定的财产,实际上既包括有形财产,也包括这种无形财产,虚拟财产应是法律规定的无形财产的一种。参见《网络玩家追讨"生化武器"首例虚拟财产失窃案起争议》,载 http://www.gameking.com.cn/gk/pl/03/12/29/142340405.htm。

来,主要有两种观点,一种观点认为,网络虚拟财产应当归用户所有,如 OICQ 号码应当归用户所有,网络游戏中的"武器装备"等应当归玩家(用户)所有。韩国已经有了相关立法明确规定网络游戏中的虚拟角色和虚拟物品独立于服务商而具有财产价值。㉕ 服务商只是为玩家的这些私有财产提供一个存放的场所,而无权对其作肆意的修改或删除,这种网财的性质与银行账号中的钱财并无本质的区别。另一种观点认为,网络虚拟财产应当归属于网络服务运营商,即无论是网络游戏中的"武器装备"还是电子信箱、OICQ 号码等,都归网络服务提供商(ICP)所有,而玩家(用户)仅仅享有对网络虚拟财产的使用权。㉖

笔者赞同后一种观点,认为把网络虚拟财产归属于网络运营服务商(ICP)较为合适,这样可以更加有利于平衡用户和网络服务运营商之间的利益。原因如下:

1. 从用户和网络服务运营商之间的关系来看,他们之间是一种双方自愿的合同关系

双方的行为受电子合同的约束,网络服务运营商的义务就是按照合同的约定提供网络服务,如电子信箱服务、网络游戏服务等,而用户在享受服务的同时,按照合同的约定遵守相关的义务。无论是虚拟网络本身,还是电子信箱、OICQ 号码等网络虚拟财产都归网络运营商所有,客户拥有的不是所有权,而是使用权,相对于网络运营商的是一种服务的义务,运营商利用这些网络虚拟财产向用户提供服务,用户使用这些网络虚拟财产的过程,也是运营商提供服务的过程。用户的电子信箱因为网络运营商的原因被盗后请求恢复,或者网络游戏中的网络虚拟财产丢失后请求运营商返还等,其实质上是用户要求运营商继续提供同等"程度"或"级别"的服务,并不是在行使自己的所有权。

2. 网络虚拟财产是网络运营商提供的服务内容的一部分,是运营商提供服务的一种工具和手段

用户仅仅是按照合同的约定享受运营商提供的服务,并在享受这种服务的过程中使用这些网络虚拟财产,并不拥有对网络虚拟财产的所有权。就第一类虚拟财产——虚拟网络本身来说,这种表现尤为明显,因为虚拟的网络不可能归一个个分散的网络用户所有,而只能归网络运营商所有。另外一个争议比较大的例子是网络游戏中的虚拟财产,网络游戏中的网络虚拟财产是由玩家在游戏中取得的,但是其取得的方式和状态由游戏的规则所确定,属于游戏内容的一部分,所以,网络游戏中的"武器装备"等网络虚拟财产作为网络游戏不可分割的一部分,当然归网络游戏运营商所有。用户所拥有的仅仅是对"武器装备"等网络虚拟财产的使用权。我国台湾地区为

㉕ 参见《央视聚焦:虚拟财产正名谁偷了屠龙刀》,载 http://game.dayoo.com/content.php?id=17278。
㉖ 如亚联游戏的总经理邱治平认为,"虚拟物品不是玩家享有的财产,而是一种使用权,对于厂商而言则是一种服务义务,受运营商和玩家之间的电子合同约束。玩家玩游戏的行为只是一种享受服务的行为,玩家请求返还虚拟物品的实质也是要求运营商提供继续服务的要求"。参见《虚拟财产保护成热点 四道关卡阻碍其立法》,载 http://news.enet.com.cn/enews/inforcenter/A20040317295181.html。

了解决游戏运营中虚拟财产的问题,已经有人拟定了"线上游戏服务定型化契约模板草案"作为游戏服务商的参考文本。该文本对游戏中的网络虚拟财产作了规定:在本游戏中所有的电磁记录均属服务商所有,但游戏服务商需保障玩家相关游戏历程电磁记录完整不受他人侵害,并负有在一定期间内保存相关游戏电磁记录的义务,且于玩家因游戏与第三人涉讼时,向司法机关提供诉讼所需之电磁记录。但是,该文本对相关电磁记录的内容和保管期限以及游戏管理规则并没有规定,笔者认为应由各游戏运营商根据游戏运营特点和玩家的要求,平等协商后制定。

即便是通过离线交易所获得的网络虚拟财产,或者通过购买点数所获得的网络虚拟财产,以及新近出现的随时可以兑换为现实财产的网络虚拟财产,玩家所交易的客体也仅仅是网络虚拟财产的使用权,其所有权仍归游戏服务提供者。

3. 用户付出的金钱或劳动并不能成为其拥有网络虚拟财产所有权的充分理由

认为用户对网络虚拟财产拥有所有权的一个重要理由就是用户付出了金钱或劳动,金钱和劳动的付出是用户取得网络虚拟财产所有权的一个正当理由。笔者认为这种看法并不恰当:

(1)用户金钱的付出换取的仅仅是网络虚拟财产在一定期限内的使用权,或者理解为用户租用运营商网络虚拟财产的租金。一个很容易理解的例子就是虚拟的网络本身,并不能因为用户登录网络,浏览网站就获得其中的虚拟财产,用户付出的金钱仅仅是使用网络运营商所拥有的虚拟财产的对价,付出的劳动也是享受服务、使用虚拟财产的必要手段,如在虚拟社区中通过发帖子、抓盗贼获得较高级别的账号等,这也正是网络用户的乐趣所在。很多电子信箱也是如此,现在很多电子信箱的获得都需要用户交纳一定的费用。也就是说,用户交纳一定数量的金钱所得到的是电子邮箱的使用权。在付费的此期间里,用户并未取得邮箱的所有权,也没有取得被动存储区的所有权,用户换取的仅仅是网络公司的网络服务和一定的被动储存空间的使用权,而所有权仍由运营商保留。

(2)运营商与用户之间是服务的提供者与接受者的关系,用户在网络运营商所创造的虚拟世界中的行为就是享受服务的过程。如网络用户登录网络,在网上冲浪就是网络用户在享受网络服务的过程,玩家在网络游戏中厮杀滚打、斗智斗勇本身就是享受游戏服务商提供的游戏服务的过程,这个过程虽然也有脑力和体力的付出,但是,正如在篮球运动中也需要脑力和体力的付出一样,这些付出是享受游戏的乐趣所必需的,所以,这些付出本身并不算劳动。有人把玩家在网络游戏中享受的这个过程说成是"游戏劳动",这种说法本身就是不恰当的。有一点需要说明的是,这些脑力和体力的付出并不是没有任何意义,就拿网络游戏来说,游戏玩家通过这些付出可以得到更多的"武器装备"、更高的生命力值,而这些恰恰是玩家享受更好更高层次的游戏服务所必需的。另外,玩家所在乎的是在使用这些"武器装备"过程中的快感和乐趣,也就是享受游戏服务的快感和乐趣,只要运营商能够继续提供服务并不阻碍玩家用自己所使用的网络虚拟财产进行交易,让玩家拥有网络虚拟财产的所有权并没有什么意义。

4. 确认所有权归网络运营商而不是归用户,能够更好地平衡用户和网络运营服务商之间的利益

就第一种虚拟财产——虚拟的网络本身——来说,其所有权归网络运营商的观点,学界几乎没有争议,争议较大的是第二类网络虚拟财产的权利归属。这一类网络虚拟财产在本质上仅仅是存储在网络运营商服务器上的电子数据,如果网络游戏运营停止,这些以电子数据形式存在的网络虚拟财产对用户来说也就没有了任何意义,如果这些网络虚拟财产归用户所有,网络运营商就可能采取以下两种措施来处理存储在自己服务器上的网络虚拟财产:一是把这些(数据)虚拟财产原封不动地保存在自己的服务器上;二是服务商不再保存这些数据,而是让玩家把这些数据(虚拟财产)复制到玩家自己的介质(如电脑硬盘)上。但是,无论采用何种处理方式,对双方都没有任何现实意义。相反,如果网络运营商对数据(虚拟财产)拥有所有权,而网络用户可以根据合同的约定拥有使用权,约定的使用权优先于网络游戏服务商的所有权,游戏服务商负有保证玩家能够正常使用其在虚拟世界中的各种虚拟财产的义务。只要网络运营商妨碍了网络玩家对其在虚拟世界中虚拟财产的使用,网络用户就可以要求网络运营商承担责任,赔偿损失。这种做法也有利于保护玩家的利益。

5. 如果将网络虚拟财产归属于网络用户所有,则会产生一系列的复杂问题

(1)对于虚拟的网络本身来说,如果把其所有权归属于网络用户,网络运营商所投入的开发和运营费用将不能得到回报,网络运营商的利益将会得不到保护,同时,在目前的条件下,虚拟网络的运营又不能靠所有网络用户共同投资、共同管理,这种做法带来的不仅是投资上的混乱,更多的是管理上的混乱,必然会对新型的网络业以毁灭性的打击。

(2)对于网络游戏而言,一旦游戏投入市场,则游戏服务商就不能停止该游戏的运行。因为一旦游戏投入市场,就会有玩家参与游戏,也就会有网络虚拟财产的产生。但是,由于这些网络虚拟财产是归玩家所有,所以,只要网络游戏运营商停止运营游戏,即使是正常的终止游戏,也必须保存这些毫无意义的网络虚拟财产,否则,就会造成对玩家利益的侵害。

(3)对电子信箱而言,若电子信箱的所有权归用户所有,相应的,网络运营商的硬盘上用来存储用户邮件和其他信息的被动存储区㉗也就归用户所有,如此一来,纵然用户长期甚至是永久不用这个邮箱,该邮箱账号与被动存储区也都归用户所有,运营商不能冻结、删除用户的账号㉘,也不能收回供用户使用的被动存储区,这样就会造成

㉗ 被动存储区是电子邮件系统服务提供商向用户提供的用来存储用户邮件信息的网络空间。不同邮件系统的存储区空间大小有所不同,现在号称最大的免费邮件是网易提供的 126.com 邮件,存储空间是 260M。一般来说,免费邮件的存储区空间较小,收费邮件的则较大。

㉘ 很多电子邮件系统服务商的服务条款都有关于冻结、删除电子信箱账号的规定。如网易公司《免费电子邮箱服务条款》第 19 条规定:用户如果连续 90 天内没有登录邮箱,邮箱将被冻结;邮箱的冻结期为 30 天,被冻结的邮箱将不能正常收发邮件;在 30 天的冻结期内,如果用户没有将邮箱解冻,则冻结期后,邮箱账号、用户信息及相关的邮件将被全部删除,且不可恢复。

资源的极大浪费。同时,还造成另外一个滑稽的结果:运营商所有的磁盘被所有用户按份共有,这会造成很多问题,显然也是不符合实际的。

(二)网络虚拟财产的利用规则

网络虚拟财产虽然有自己的特殊性,但是,作为一种物,其所有权也分为占有、使用、收益和处分的权能。对网络虚拟财产的利用的特殊性,主要体现在以下几个方面。

1. 网络虚拟财产占有的双重性

这是因为,除了虚拟的网络本身完全由网络运营商占有控制以外,无论是 OICQ 号码、电子信箱,还是网络游戏中的武器装备,它们都存在于网络运营商搭建的平台中,运营商控制和管理着这些财产,同时,用户又可以通过自己的账号和密码去实际操作和控制这些网络虚拟财产,所以说,网络虚拟财产的占有既有网络运营商的占有,又有网络用户的占有,具有双重性。

2. 网络用户可以根据合同的约定,享有网络虚拟财产的使用权

网络虚拟财产的所有权虽然归属于运营商,但是用户可以根据合同的约定拥有对网络虚拟财产的使用权,如网络用户缴纳一定的费用就可以登录网络,游戏玩家通过自己的账号和密码可以进入网络游戏,具体支配游戏中的网络虚拟财产,从而获得乐趣和快感;对于电子信箱,用户可以通过电子信箱来发送和接受电子邮件,另外通过 OICQ 号码来聊天和传送文件等。

3. 用户不拥有对网络虚拟财产的处分权,但是却可以处分自己对虚拟财产的使用权

用户转让其根据合同约定所享有的服务,如用户可以在市场上买卖网络游戏中的"武器装备"、OICQ 号码等。这种交易行为不是所有权的交易,而是对虚拟财产使用权的交易,在性质上是对其所享受的合同权利义务的转让。

4. 由于用户和网络运营商之间是服务合同关系

用户对网络虚拟财产的使用必须符合合同的约定,不能对网络虚拟财产进行合同禁止的利用,如网络游戏中不能使用外挂、私服;不能利用电子信箱和 OICQ 传播病毒等。

(三)网络虚拟财产的权利保护规则

网络虚拟财产的权利保护,就是明确网络运营商和用户之间的权利义务,以及违反这些义务时的责任,同时,对第三人侵害网络虚拟财产的责任作出规定。应当解决的问题有以下几点:

1. 网络运营商和用户之间的义务分配

运营商拥有对网络虚拟财产的所有权,用户可以根据合同的约定享有网络虚拟财产的使用权,即享受各种网络服务。运营商和用户之间是服务合同关系,对网络虚拟财产的保护,最根本的也就是对用户的使用权的保护,使用户的使用权不受侵害。

所以,这就要求运营商认真履行合同义务,保证用户的合法权益不受侵害,当由于网络运营商的原因而使用户的利益遭受损失时,运营商应当对用户的损失给予补偿。例如,当因为运营商的过失而使用户账号中的数据被修改,用户有权要求运营商恢复原状,赔偿损失。

2. 第三人侵害网络虚拟财产的责任

第三方对网络虚拟财产的侵害主要表现在对用户使用权的妨碍,由于网络虚拟财产的双重占有性,第三人对网络虚拟财产的使用权的侵害也是对用户占有权的侵害。如非法袭击网站使用户无法登录、窃取用户的电子信箱的密码使之无法使用其邮箱,盗窃 OICQ 用户的 OICQ 号码使之无法登录,非法登录他人的游戏账号,对他人账号中的数据进行非法修改,等等,这些行为既侵害了用户对网络虚拟财产的使用权,也侵害了用户对网络虚拟财产的占有。由于合同的相对性和运营商一方相对于用户处于绝对优势的地位,所以,当出现这些情况时,只要用户能够证明自己的利益受损,运营商就应当对用户的损失进行补偿,如恢复用户的游戏数据,归还用户的邮箱密码和 OICQ 密码等。为了公平保护运营商的利益,如果因为第三人的侵害而使损失发生,运营商享有对该第三人的追偿权。

货币的权利客体属性及其法律规制[*]
——以"一般等价物"理论为核心

货币是作为法定支付手段的一般等价物,具有法定唯一性、国家信用性和高度流通性三大特点。货币电子化并未产生新的法定货币形式。《物权法》颁布后应该对货币的"占有即所有"规则进行全面审视。货币不能直接适用绝大多数动产物权制度,在物的分类中也表现出极强的特殊性,建议将货币作为一般等价物,从传统民法对一般物的分类中抽离出来,适用特殊物格的法律规则。

一、货币的概念与特征

(一)经济学上货币理论及其民法学意义

货币首先是一个经济学概念,几乎现代社会进行的所有市场交易都涉及货币,因此货币与语言并称为人类最伟大的发明。不同的经济学分支对货币的研究有不同的视角,但对于产生具有历史必然性的认识是相同的。在西方经济学上,货币是一种直接起到交换手段或支付媒介作用的东西。[①] 货币产生的最初和最基本的动机是经济方面的考虑,因为通过一般等价物能够有效克服"需求的双重巧合"和"时间的双重巧合",降低交易成本。[②] 而且根据雷德福(Radford)1945年对一个德国战俘营的研究,即使人为地在一定范围内消灭一种货币,也会创造出某种形式的货币。[③] 政治经济学有关货币的基本理论中,对于法学研究带来最大启示的莫过于对一般等价物的深入思考。马克思在《资本论》中曾经详细论述过货币作为一般等价物的产生过程,其主要观点是,商品的价值形式是简单的和共同的,因而是一般的。[④] 在某一社会中,通过不断的商品交换,逐渐酝酿出了一般等价物。而当等价形式同某种特殊商品的

---

[*] 本文发表在《中州学刊》2008年第4期,合作者为四川大学法学院教授王竹博士。
[①] 参见〔加〕杰格迪什·汉达:《货币经济学》,郭庆旺等译,中国人民大学出版社2005年版,第5—6页。
[②] 参见李锦彰:《货币的力量》,商务印书馆2004年版,序言。
[③] 参见〔加〕杰格迪什·汉达:《货币经济学》,郭庆旺等译,中国人民大学出版社2005年版,第4、24页。
[④] 参见马克思:《资本论》(第1卷),人民出版社1975年版,第81页。

自然形式社会地结合在一起,这种特殊商品便成了货币商品,或者执行货币的职能。在商品世界一般等价物的作用就成了它特有的社会职能,从而成了它的社会独占权。⑤ 于是,货币便产生了。人类社会历史上出现过的货币种类很多,只不过"金银天然不是货币,但货币天然是金银"⑥,早期货币以贵金属为主,后来逐渐为纸币所取代,近年来又出现了货币电子化现象,但"货币是交换和商品生产发展的最高产物"⑦这一判断,仍然具有重要的启示。

民法上适用于货币的法律规则,实际上是经济学上货币理论的法律化,因此应该从货币的职能中去探求其应有的内涵。货币的职能是指货币在经济生活中所起的作用,主要是价值尺度、流通手段、贮藏手段、支付手段和世界货币五大职能。由于事实上世界货币和执行贮藏手段只有黄金或白银才能承担,因此不是以纸币和非足值铸币为代表的现代货币的职能。价值尺度和流通手段是货币的基本职能,其中价值尺度职能实际上就是货币以自己为尺度来表现和衡量其他一切商品的价值,而不是真正用商品与货币相交换,即马克思所说的"货币在它的价值尺度功能上,本来也只是作为观念的或想象的货币"。⑧ 流通手段即是货币充当商品交换的媒介,由物物交换过渡到商品流通,纸币也是从货币作为流通手段的职能中产生的。在民法上,价值尺度和流通手段功能相辅相成,成就了货币的一般等价物特点。支付手段在民法上体现为货币的所有权移转和货币债权债务关系的发生与消灭。

(二)货币的法学概念及其特征

我国民法学界对货币的一般等价物本质认识一直较为清晰⑨,应该坚持从这个角度对货币进行定义。笔者认为,货币是作为法定支付手段的一般等价物,具有以下法律特征:

1. 法定唯一性,包括唯一性和法定性两个方面,是货币的基本特征

所谓唯一性,正如马克思所指出的,随着商品交换的频繁出现,社会对于一般等价物的要求逐步趋同,最终必然会出现唯一的一般等价物,这是货币的社会特征。即使出现了某些地域性的、临时性的一般等价物,并与货币保持稳定的兑换比例,由于其价值仍然依赖与货币的挂钩,两者是评价与被评价的关系,货币仍然是唯一的一般等价物。所谓的法定性,即货币种类的确定并不必然决定于社会的自发形成而依赖法律的规定,这是货币的法律特征。我国《中国人民银行法》(区别于《商业银行法》)第16条前段规定"中华人民共和国的法定货币是人民币"。即使货币贬值或者极端不稳定,并因此出现了新的具有一定交换功能的社会性等价物,如我国民国时期的大米,货币仍然是唯一的法定一般等价物。法律可以规定用新的货币取代旧的货币,如

---

⑤ 参见马克思:《资本论》(第1卷),人民出版社1975年版,第85页。
⑥ 《马克思恩格斯全集》(第13卷),人民出版社1975年版,第145页。
⑦ 《列宁选集》(第2卷),人民出版社1960年版,第590页。
⑧ 马克思:《资本论》(第1卷),人民出版社1975年版,第74页。
⑨ 参见佟柔:《中国民法》,法律出版社1990年版,第57页。

我国 1955 年中国人民银行发行新人民币,同时以 1∶10000 的新旧币兑换率回收旧人民币。法律也可以规定特定版别的人民币的停止流通,并按照《人民币管理条例》第 21 条的规定办理收兑手续。从理论上讲,法律可以规定两种甚至两种以上的货币同时作为一般等价物,并明确二者之间的比例关系,如我国古代的金银与铸币之间的关系,但从法定货币的社会属性和金融稳定性需要出发,现代各国一般都只规定一种法定货币。因此在现代社会,贵重金属尽管具有较为稳定的价值,但不是法定货币。

2. 国家信用性

货币是信用价值理性与工具理性的统一体。货币作为一般等价物,体现的是其工具理性的一面。而货币的信用价值理性,体现的是其价值性的一面。货币的工具性特征是实现价值职能的前提所在。⑩ 货币一般由国家授权中央银行发行,如我国《中国人民银行法》第 18 条第 1 款规定:"人民币由中国人民银行统一印制、发行。"也有部分国家和地区授权商业银行发行和直接由政府发行,较为独特的是我国香港特别行政区,纸币由渣打银行、汇丰银行和中国银行三家银行发行,而硬币由香港特别行政区政府发行。货币的发行权由国家授予,并可以按照法律的规定终止授权。可见,货币之购买力,并非基于作为货币之物质素材的价值,实因国家的强制通用力及社会信赖。⑪ 因此,货币的信用性不同于股票的公司信用性,具有国家属性,是国家信用性,具有法律强制性。

3. 高度流通性

《中国人民银行法》第 16 条后段规定:"以人民币支付中华人民共和国境内的一切公共的和私人的债务,任何单位和个人不得拒收。"这是对货币高度流通性的法律规定。德国著名古典社会学家西美尔在其《货币哲学》一书中对此有深刻认识:"再没有比货币更明确地象征世界绝对的动态特征的记号了。货币的意义就在于被花掉;当货币静止不动时,根据其特有的价值与意义,就不再成其为货币了。……货币可以说是纯粹的行动,它的存在就是不断使自我摆脱任一既定的地点,因此货币构成了所有独立存在的对等物,以及对其的直接否定。"⑫ 无怪乎各国劳动法,如我国《劳动法》第 50 条,规定工资应当以货币形式按月支付给劳动者本人,这恰恰是通过保证劳动者所得的高度流通性来保护劳动者的利益,避免实物工资给劳动者带来的利益损失。

二、货币电子化的法律属性

电子商务的快速发展催生了货币电子化现象,其法律性质成为理论上的争议点。

---

⑩ 参见李锦彰:《货币的力量》,商务印书馆 2004 年版,第 14 页。
⑪ 参见陈华彬:《物权法原理》,国家行政学院出版社 1998 年版,第 467 页。
⑫ 〔德〕西美尔:《货币哲学》,陈戎女等译,华夏出版社 2002 年版,第 419 页。

笔者认为，这些货币电子化现象总体来说可以分为虚拟货币和电子货币两大类型。所谓虚拟货币，一般是由非金融公司，如门户网站或即时通讯工具服务商发行的以"币"命名的某种服务。用户购买虚拟货币的基本用途是交换该网站提供的服务，实际上起到的是为网站特定服务进行计量的功能。我国目前出现的虚拟货币种类主要有Q币、泡币、U币、百度币等。耐人寻味的是，手机充值卡中的金额同样可以用于支付各种电信增值服务，但因为未以"币"命名，便未引起巨大争议。由此可见，引起争议的不是货币电子化的形式，而是因为商家为便于用户理解、促销服务而选用"币"来命名。可以说，除电子化的形式外，虚拟货币与食堂的饭票没有本质区别。所谓电子货币，一般是由金融公司发行，代表法定货币进行商业支付的服务。该类服务实质上是通过电子数据交换（IDE）调用银行账户资金进行购买，并实际发生了资金的转移交付，国际上较为常见的电子货币种类包括Paypal、E-gold等。

（一）虚拟货币的法律属性

虚拟货币之所以近年来引起关注，主要是网络游戏和互联网增值服务的兴起。虚拟货币交易出现的前提是网络服务系统为这种交易提供了机制上的可能。部分游戏内部出现了用户对某些特定服务的需求，如增强用户在游戏中的表现性能、增加游戏功能等。用户可以通过向服务商支付一定数量法定货币获得一定数量的虚拟货币，进而用虚拟货币换取特定服务功能，这种模式为虚拟货币的存在提供了可能。换言之，如果用户向服务商支付法定货币后是直接获得某种特定服务，就不可能存在所谓的虚拟货币，虚拟货币充当游戏内部服务的计量单位功能十分清晰，而由于系统支持用户之间通过某种方式相互支付虚拟货币，这才为虚拟货币的交易提供了可能。质言之，如果系统不支持任何意义上的虚拟货币交易，只允许用户向网络服务商购买虚拟货币，用户之间的交易也就成了空谈。例如中国移动的用户之间不可能移转话费，也就不会出现这样的问题。而个人之间可以买卖邮票，因此出现了邮票交易。可见，虚拟货币交易发展出了如此巨大的市场，则显然是网络服务经营者在模式上提供了可能，即用户可能通过支付法定货币购买之外的方式从游戏中获得虚拟货币，如所谓的"打金币"。否则，用户之间都是通过支付相同比例的法定货币而获得相同数量的虚拟货币，根本不可能出现利润差，也就不会出现所谓的市场了。综上所述，出现虚拟货币与法定货币的兑换市场，从本质上是网络服务商在机制上提供了一种可能，而提供这种机制上可能的原因当然是经济利益的驱动。

当前全球虚拟货币产业发展迅速，并出现了大量的专业服务公司，如美国的GameUSD、GE.com、韩国的itembay公司和我国的我有有网和5173.com，等等，其主要业务就是提供游戏币与货币兑换业务并从中获利。近年来我国内地银行更是涉足虚拟世界的商品支付市场，如兴业银行广州分行与腾讯公司达成合作，推出了国内首张"虚实合一"的信用卡——QQ秀信用卡，将面向腾讯QQ秀一族提供包括虚拟卡支付、财付通还款、在线申请、电子账单通知、即时消息提醒等多种网络服务。[13] 国内搜索引擎公司百度更希望通过百度币来统一各种不同的虚拟货币,实现进一步的流通。但 2007 年 2 月 25 日,文化部、公安部、信息产业部等 14 部委联合印发的《关于进一步加强网吧及网络游戏管理工作的通知》规定,无异于对中国互联网虚拟货币交易进行了定性:"中国人民银行要加强对网络游戏中的虚拟货币的规范和管理,严格限制网络游戏经营单位发行虚拟货币的总量以及单个网络游戏消费者的购买额;严格区分虚拟交易和电子商务的实物交易,网络游戏经营单位发行的虚拟货币不能用于购买实物产品,只能用于购买自身提供的网络游戏等虚拟产品和服务;消费者如需将虚拟货币赎回为法定货币,其金额不得超过原购买金额;严禁倒卖虚拟货币。违反以上规定的,由中国人民银行按照《中国人民银行法》相关规定予以处罚。"这也迅速引起学术界和产业界的激烈争论。

笔者认为,以普通公司信用为基础发行各种虚拟货币,即使这些被称作"币"的虚拟货币与人民币形成了一定的比例,仍然不是货币,其本质是无记名债权关系。[14]《中国人民银行法》第 20 条规定:"任何单位和个人不得印制、发售代币票券,以代替人民币在市场上流通。" 第 45 条规定:"印制、发售代币票券,以代替人民币在市场上流通的,中国人民银行应当责令停止违法行为,并处二十万元以下罚款。"如果虚拟货币在市场上代替人民币流通,其本质就是一种扰乱金融秩序的行为,应该承担相应的法律责任,这同时也是对货币法定性的一种维护。目前几乎所有推出网络虚拟货币的运营商都不提供网络虚拟货币兑回现金的服务,因此虚拟货币的流通过程具有单向性,因此也无法形成金融交易闭环,缺乏官方退出机制。[15] 极端的法律风险是,发行虚拟货币的公司破产,导致虚拟货币不能兑换服务,更不可兑现货币。质言之,使用虚拟货币进行的所谓"购买"行为,包括跨平台的虚拟货币支付,不过是复杂的债权互易而已。

(二)电子货币的法律属性

与虚拟货币不同,电子货币的兴起源于电子商务的发展对小额支付的需求,是一种金融服务,并具有一定的国际性。对于电子货币的前景,有学者认为,电子货币是货币,是一种支付工具,继前货币阶段、物权货币阶段和债权货币阶段后的第四个发展阶段。[16] 甚至有学者预测,随着电子银行的建立,电子货币将取代有形的货币。[17] 对此笔者持谨慎态度。国内已经有学者对电子货币进行了分类研究后认为,储值型、信用卡型、电子支票型和智能卡型的电子货币都要借助一定的终端设备,不能循环使

---

[13] 参见《"虚拟"信用卡问世首次涉足 Q 币支付》,载商务部网站(http://www.mofcom.gov.cn/aarticle/difang/jiangsu/200612/20061203955919.html)。
[14] 关于无记名债权关系,在现代社会大量存在,如各种充值卡、服务卡等,笔者将另行撰文说明。
[15] 参见骞磊:《网络虚拟货币的法律属性及风险研究》,载《法制与社会》2007 年第 6 期。
[16] 参见唐应茂:《电子货币的产生及其法律问题》,载《科技与法律》1998 年第 4 期。
[17] 参见高富平:《物权法原论》(中),中国法制出版社 2001 年版,第 449 页。

用以实现个人与个人的支付,不能真正构成货币形态的一种,只有数字现金型电子货币符合货币的法律概念,才是真正的电子货币。[18] 鉴于本文的篇幅,笔者将不重复相关探讨,举重以明轻,仅针对数字现金型电子货币的运行模式进行分析,以确定电子货币是否一种法律意义上的货币。

数字现金型电子货币的应用过程实际上是《电子签名法》所规定的电子签名与加密技术的结合,大致分为以下几个步骤:

(1)兑换,买方在数字现金发布银行开设账号并申请开通电子货币服务;

(2)存储,使用电脑终端软件从发布银行系统复制一定数量代表货币的电子记录存入硬盘;

(3)付款,买方使用卖方的公钥加密电子货币后传送给卖方;

(4)收款,卖方收到加密的电子货币后用对应的私钥解密,获得该电子货币;

(5)兑换,通过获得的电子货币向银行申请资金移转。

笔者是为了展现交易的法律意义将上述过程分为五个步骤,实际运用是通过电脑上的专门程序与银行联网即时完成的。数字现金型电子货币之所以较之其他种类的电子货币更具有类似法定货币的特点,是因为其能够实现人与人之间的支付。这种功能实现的关键是使用了"非对称加密技术"。该技术于1976年由美国学者Dime和Henman为解决信息公开传送和密钥管理问题,在《密码学新方向》一文中提出的,能够保证用户在不安全的公开渠道上传输各方交换信息。加密的基本原理是将被加密的数据与一串特殊字符,通过一定的数学计算方法结合成一个理论上讲不可破解的新数据。其中用来加密的数学计算方法就叫做算法,用来对数据进行编码和解码的特殊的字符串就叫做"密钥"。由于密码体系都是建立在专门设定的算法基础上的,所以在电子商务的安全保密中,主要关注的是密钥的生成及管理机制。"非对称加密技术"的算法需要两个密钥:公钥(public key)和私钥(private key)。公钥与私钥是唯一对应的,用公钥进行加密的数据,只有私钥可以解密。一对密钥产生后,公钥在互联网上公开的提供下载,私钥由所有人保存。因此,买方从银行下载的代表了一定金额的电子货币,用卖方的公钥加密后进行传输,如果非卖方的第三人获取了该数据,由于无对应的私钥,无法解密。卖方成功获得买方传输的数据后,用自己的公钥进行解密,获得了代表相应金额的电子货币,并可以即时向银行兑换。这样的交易避免了第三人取得买方支付给卖方的电子货币,保证了交易安全。[19]

从上述分析可以看出,尽管数字现金型电子货币可以通过计算机和网络表现出来,货币所有人对该数字现金的控制是体现在对包含有该货币数量的信息的密码控

---

[18] 参见刘颖:《货币发展形态的法律分析——兼论电子货币对法律制度的影响》,载《中国法学》2002年第1期。

[19] 详细技术实现模式可以参考笔者撰写的技术分析,参见杨立新主编:《电子商务侵权法》,知识产权出版社2005年版,第311—322页。

制上[20],但其本身并不能单独作为货币使用,仍然需要配合银行系统完成相应支付,并非法定的直接支付方式。电子货币的信息流与现金流分离,充其量只是起到了与货币类似的支付功能,不过是模拟了人对人的支付而已,并不具有高度流通性。这种支付最终必须依赖电子货币的发行银行进行结算,不过是为了传递既有的货币而使用的新方法[21],不具有国家信用性。事实上,电子货币只是勉强能够完成支付手段,本身不能实现价值尺度和流通手段,因此不但不是法学意义上的货币,也不是经济学意义上的货币。电子货币本质是一种特殊债权,只不过代表着电子货币的持有者要求电子货币发行者兑换对等现金的一种请求权。[22] 所不同的仅仅是实现了支付方式的变化,加快了资金在付款人和收款人账户流通的速度而已。

(三)货币电子化的法律属性

综上所述,无论是虚拟货币还是电子货币,均未也不可能创造出新的法定货币,只是通过电子化的手段和精巧的合同设计,实现了互联网领域基于IDE的债权债务关系电子化。《人民币管理条例》第2条第1款规定:"本条例所称人民币,是指中国人民银行依法发行的货币,包括纸币和硬币。"因此从理论上讲,在技术上可能和安全的前提下,法律授权的法定货币发行单位,如中国人民银行,发行某种形式的电子化货币,才可能称为真正意义上的法定货币。而这只是一种理论上的假设,现在尚无任何国家的法定货币发行机构发行任何意义上的法定电子货币。在这种情况实际出现之前,任何意义上的货币电子化都不应认定为法定货币的新形式。

三、《物权法》视野下的货币"占有即所有"规则

学者论及的货币物权法规则主要是"占有即所有"规则,也有学者称为"所有与占有一致原则",是指货币在占有与所有关系上,货币的所有者与占有者一致。[23] 货币"占有即所有"规则的重大意义在于将经济学上的一般等价物理论转化为民法规则,最大限度地促进流通,是世界各国民法的通例。该规则在大陆法系源于法谚"货币属于其占有者",而英美法的"货币占有与所有相一致原则"的确立,最早体现在英国1884年Foley v. Hill一案。[24] 该规则同样适用于无记名证券[25],只不过两者所表彰的权利不同而已。按照通说,民法之所以确定该原则,主要基于以下三个方面的原因:

---

[20] 参见刘颖:《货币发展形态的法律分析——兼论电子货币对法律制度的影响》,载《中国法学》2002年第1期。
[21] 参见赵家敏:《电子货币》,广东经济出版社1999年版,第24页。
[22] 参见张庆麟:《电子货币的法律性质初探》,载《武汉大学学报》(社会科学版)2001年第5期。
[23] 参见陈华彬:《物权法原理》,国家行政学院出版社1998年版,第467页。
[24] 参见刘保玉:《论货币所有权及其流转规则》,载王保树主编:《中国商法年刊》(第3卷),西南财经大学出版社2004年版。
[25] 参见梁慧星主编:《物权法研究》(上),法律出版社1998年版,第62页。

(1)货币作为高度替代性的流通物,在流通过程中,完全湮灭其个性,根本无法辨别。

(2)货币的购买力,并非基于作为货币的物质素材的价值,而是因国家的强制力以及社会的信赖,因而无论货币取得原因如何,均认为其为货币价值之归属。

(3)如果货币占有与所有可以分离,则交易者在接受货币之际,势必逐一调查交付货币之人(占有人)是否具有所有权,如此人人惮于接受货币,货币的流通机能将丧失殆尽,严重损害交易安全。[26]

《物权法》并未直接对货币所有权及其法律规则进行具体规定,因此需要对作为一种理论的货币"占有即所有"规则与《物权法》的相关规定进行对照分析,确定具体的制度取舍。《物权法》上与货币"占有即所有"规则相关的法律制度主要体现在以下四个方面:

(一)货币"占有即所有"规则与物的特定化

《物权法》第2条第3款规定:"本法所称物权,是指权利人依法对特定的物享有直接支配和排他的权利,包括所有权、用益物权和担保物权。"这对物的特定化提出了要求。货币是一种种类物,但可以特定化,只不过货币"占有即所有"规则在货币特定化的情况下排除适用。货币特定化有两个特点:

(1)当事人双方有一致的特定化意思表示,约定货币特定化以排除货币"占有即所有"规则的适用。

(2)该特定化的意思表示具有一定的公示性,因此在货币没有混同的情况下,具有一定的对抗性。货币特定化具体表现形式包括特户(如银行结算账户)、信托财产权[27]、封金、专款(如土地补偿费)和其他特殊商事关系(如委托、代理、行纪等业务)等。[28] 货币特定化之所以能够排除"占有即所有"规则的适用,有学者解释是法律只承认直接占有者具有所有权,而不承认间接占有者对货币拥有所有权。[29] 笔者认为,这并非问题的实质,也不符合现行《物权法》的规定。其根本原因应该是此时的货币已经失去了作为一般等价物的意义,并因此可适用返还原物请求权。

(二)货币"占有即所有"规则与所有权权能的混同与变异

《物权法》第39条规定:"所有权人对自己的不动产或者动产,依法享有占有、使用、收益和处分的权利。"延续了《民法通则》第71条对所有权权能的规定,而货币"占有即所有"规则的直接效果便是引起货币所有权四大权能的混同与变异。普通物所有权人享有占有、使用、收益和处分四大权能,其中使用以占有为前提,收益为使用之结果,处分导致物权变动。而对于货币的所有人来说,货币所有权权能发生了混同

---

[26] 参见郑玉波:《民法物权》,台北三民书局1995年版,第418—419页。
[27] 参见周显志、张健:《论货币所有权》,载《河北法学》2005年第9期。
[28] 参见王利明:《物权法研究》,中国人民大学出版社2002年版,第39页。
[29] 参见陈华彬:《物权法原理》,国家行政学院出版社1998年版,第468页。

和变异,体现在以下方面:

(1)使用权能和处分权能出现了一定程度的混同。作为典型消耗物的货币,使用并不导致实体意义上的消灭,而体现为货币所有权的处分。一次性的使用直接导致所有权的变动,这是货币不同于其他消耗物的最大特点。

(2)产生了占有权能与使用权能的对立。普通物的占有权能是使用权能的前提,占有权能在物权变动中让位于处分权能,使用权能与处分权能的混同导致了占有权能与使用权能的对立。而普通消耗物的使用导致物的消灭,无法形成权能的共存对立。

(3)导致了收益权能的衰退。从某种意义上讲,货币所有权是最不具有收益功能的所有权,同时,货币又是收益功能最强的物。货币的占有并不直接导致收益,所有人必需将货币的所有权通过交易流通的方式转化为债权,例如存入银行,或者借贷他人,获得法定孳息。可见,法定孳息之获得,并非货币所有权的收益功能之体现,恰恰是货币所有权转化为货币债权的收益。

(三)货币"占有即所有"规则与占有制度

学说上对占有的成立要件向来存在主观说和客观说的争议,事实上的管领(体素)已成为共识,争议的核心在于是否还需要有占有的意思(心素)为成立要件,至今尚无定论。主观说源于罗马法,又分为萨维尼的所有意思说、温德夏特的支配意思说和邓伯格的自己意思说。客观说19世纪末由耶林提出,认为体素是心素之实现,占有与持有,并无本质差别。另外还有以贝克为代表的纯客观说,认为占有依纯客观之事实支配状态而成立,占有意思全无必要。[30] 罗马法的占有制度强调体素与心素的统一,即传统的主观说,而这实质上构成了货币"占有即所有"规则的理论前提。反言之,如果对占有构成要件持客观说,则无法直接推导出该规则,因此需要对该原则的具体适用效力进行重新审视。《物权法》第245条第2款规定:"占有人返还原物的请求权,自侵占发生之日起一年内未行使的,该请求权消灭。"侵占只可能是一种事实而不依赖占有人的主观意识,否则占有人返还原物请求权的起算点便无法确定,因此我国《物权法》采纳的是"客观说"。"客观说"打破了持有与占有之间的界限,却使得货币"占有即所有"规则的构建面临选择。"占有即所有"要求"客观说"按照"占有"的特征进行构建。如果"客观说"按照"持有"进行构建,则只能推导出占有货币的人是货币的所有人。[31] 这恰恰揭示了在"客观说"理论框架下对货币"占有即所有"规则进行重新审视之必要,这又涉及了《物权法》的物权变动模式问题。

(四)货币"占有即所有"规则与物权变动区分原则

我国《物权法》尽管没有承认物权行为,但在物权变动上采纳了区分原则,因此货币"占有即所有"规则的效力,也应该区分为物权效力和债权效力。所谓物权效力,即

---

[30] 参见谢在全:《民法物权论》(下),中国政法大学出版社1999年版,第931页注释1。
[31] 参见申卫星、傅穹、李建华:《物权法》,吉林大学出版社1999年版,第52页。

货币的占有在物权法上对货币的所有权归属的意义。传统民法学说的货币占有规则,主要关注物权效力,并于民法总则"物"章,或者物权法所有权编进行阐述,对于债权效力较为忽视,合同法理论仅关注金钱债务之产生消灭,不关注履行之过程。而作为结果的物权效力的形成,必然以作为过程的债权效力为前提,不可不查。

货币"占有即所有"规则的物权效力,应该区分为对人效力和对世效力,而传统民法关注的,实质上是对人效力,即在相对人之间,无论是双方合意还是非合意的移转,都有心素的参与,应认定为同时具备心素与体素,占有人以占有事实对抗原所有人,原所有人仅享有债权性的返还请求权。因此,在货币特定化情况下,则不具有占有的心素,因而不能适用"占有即所有"规则。这同时也印证了,"占有即所有"规则是建立在占有构成要件"主观说"基础上的。在对世效力上,为保证社会秩序的稳定,应该不考虑占有之心素,仅以表面证据显示并非为他人占有而持有即可,但允许以相反证据予以推翻。因此,该规则在对世效力上,应表述为"持有推定占有"。

货币占有的债权效力,应归纳为"货币交付即给付"。所谓交付,仅指货币现实上的移转;所谓给付,乃是货币法律上的移转。只有货币现实上的移转导致法律上的移转,才能实现上述货币占有的物权效力,而我国《物权法》第25—27条规定的观念交付,在货币的交付上不产生给付的效力。货币的现实交付乃一事实行为而非法律行为[32],因此即使接受无民事行为能力人交付的货币,货币所有权也会发生移转。[33] 同样,无民事行为能力人接受他人交付的货币,即使非纯粹受益情形,货币所有权也会发生移转。

四、货币特殊性及其物权客体属性

(一)货币作为动产的特殊性

动产与不动产的区分是对物最基本的分类,学说上普遍认为,货币是一种特殊不动产,但对于这种特殊性的程度并未进行深入探讨。所谓特殊,应该是指动产物权制度并不完全适用于货币。占有制度与动产移转制度的特殊性如前文所述,笔者将通过逐一检验动产物权法的方式来评价货币的特殊性程度。在动产原始取得制度上,货币不可能通过劳动所得,所谓的法定孳息制度如前所述,实际上并非用益收益。拾得遗失物、漂流物、发现埋藏物或者隐藏物相关规则均不适用于货币。有学者认为,货币所有权特殊性的一种表现是适用于善意取得制度,且没有限制。[34] 这是对"善意取得"制度的误解。事实上,无论货币取得人是善意或者恶意,都不影响其取得所有权,原因在于前述的货币占有即所有规则,从所有人处取得,不生善意取得问题。[35] 货

---

[32] 参见高富平:《物权法原论》(中),中国法制出版社2001年版,第449页。
[33] 参见陈华彬:《物权法原理》,国家行政学院出版社1998年版,第468页。
[34] 参见张庆麟:《论货币的物权特征》,载《法学评论》2004年第5期。
[35] 参见陈华彬:《物权法原理》,国家行政学院出版社1998年版,第468页。

币的混合与普通物的混合不同,实质是货币"占有即所有"规则的适用。同样的道理,货币也不适用时效取得的规定,而是及时取得。货币本身实际上不存在担保物权适用上的可能与必要,而作为定金和押金的担保方式,实质上又排除了其他物适用的可能,可以说,这两种制度是专为货币设计的。货币所有权的保护制度也具有特殊性。货币在发生占有移转之后,只能请求返还一定数额的钱款,不能根据物权请求权要求占有人返还原物,也不能要求恢复原状。[36]

货币的特殊性并不仅仅体现在作为特殊动产,以物的分类作为研究工具,我们会发现货币的更多特殊性。货币被作为公认的种类物为传统民法所举例,但对于其特殊性缺乏探讨。货币作为种类物的特殊性体现在数量和质量两个方面:

(1)货币的数量是指货币的名义值数量,而普通的种类物的计量是按照实际数量来计算的。货币的数量按照计算方式的不同分为名义值和实际值,名义值是将货币本身作为计量单位,实际值是按照其购买力计量。[37] 历史上贵金属作为货币时期,曾经确实存在过按照货币的实际值,即贵金属的重量作为货币的数量[38],但我国民法意义上的作为种类物的货币的数量,按照《人民币管理条例》第4条第2款规定的"人民币依其面额支付",是按照名义值而非实际值计算。

(2)货币的价值与货币作为物的质量无关,而普通的种类物往往要求质量相同。《人民币管理条例》第39条规定:"人民币有下列情形之一的,不得流通:(一)不能兑换的残缺、污损的人民币;(二)停止流通的人民币。"总而言之,货币的残破程度只要不超过法律规定的限度,其价值就与新币没有差别;半张残破货币可以换取半数等额新币,应视为另半张残破货币消灭或者丢失;借新币还旧币不构成瑕疵给付,借旧币还新币,债权人也不会产生不当得利。

种类物往往是可替代物,货币也是典型的可替代物,其特殊性亦然。不同货币纸张数量但代表价值相同的货币可以相互替代,不同版次的货币在法定有效期内具有同样价值,这在替代物中是独一无二的。在其他分类中,如货币作为可分物,是货币本身不可分,而是货币的价值可分;货币作为消耗物,并非如食品、能源等,消耗后即消灭。货币的消耗体现在货币所有权的移转,其物质上并未消灭。普通流通物的流通方式一般以货币作为流通对象,而作为最为典型流通物的货币本身与其他货币之间的等额流通,除货币持有形式上发生变化,并不具有实际意义。

可见,货币之特殊性,已经特殊到了几乎无法直接适用任何动产物权制度的程度。法律用语设计上以"特殊"修饰,一般是指该概念与作为典型之概念具有较大的相似性。货币的性质及其权属变动规则与其他动产具有如此大的差异,仍将其作为

---

[36] 参见王利明:《物权法研究》,中国人民大学出版社2002年版,第35页。
[37] 参见[加]杰格迪什·汉达:《货币经济学》,郭庆旺等译,中国人民大学出版社2005年版,第7页。
[38] 参见[英]约翰·F.乔恩:《货币史》,李广乾译,商务印书馆2002年版,第18页。

动产或"特殊动产"来认识,是否妥当,值得检讨。[39]

(二)民法法律物格视野下的货币物权客体属性

有学者区分经济学和法学角度,从经济上看,货币是一般的等价物,是具有强制流通性的铸币或者纸币。从法律上看,货币是一种特殊的动产。[40] 而事实上,经济学上一般等价物已经通过制度设计具有法律意义。传统民法将货币作为"物"的一种类型,称为"金钱"。物有动产与不动产之分,货币依其性质,为一种特殊的动产。[41] 这种分类的逻辑论证方式是"非不动产即动产",其本身就排除了货币作为一种单独分类的可能。货币在物权制度与物的分类中体现出的特殊性,使得货币继续被称为特殊动产实在显得过于勉强,这显示了货币是一种只具有交换价值而不具有使用价值的特殊物。有学者曾提出设想,将货币(或者加上与其性质近似的有价证券)作为单独的一类物来对待,从而使所有权的类型因而有不动产所有权、动产所有权和货币所有权之三分。[42] 这种考虑实质上已经将货币作为商品的对立面,而不动产和动产的分类恰恰以商品为上位概念。因此,将货币纳入该分类本身就存在逻辑层次的混乱。

西美尔在《货币哲学》一书中认为:"我们将首先考虑货币而不涉及以物质形式表现货币的材料,而作为货币,它是与商品截然对立的。乍一看来,货币好比说是组成了一个部分,而货币所购买的商品的总体构成了另一部分,只要考虑到它的纯粹的本质,它就必须被径直理解为货币,必须与所有那些次要的,把它跟相对立的那方的联系的性质毫无瓜葛。"[43] 笔者认为,应该沿着该思路,将货币作为一种具有独一无二特殊性的物,从一般物的各种分类中抽离出来,作为单独的类型,不再被归入特殊动产。这种分类的理论工具,就是我们曾经提出的民法法律物格制度。[44] 在第一层次上,我们将物分为生命物格、特殊物格和一般物格,后者即传统民法上的物。这种分类方式不但能够明确主体对不同物格的物不同的支配规则和支配力,对不同物格的物进行不同的保护,同时,也将传统民法上对于物的各种分类方式,限制在一般物中,不强制对生命物格和特殊物格适用这些分类方式,以避免不必要的理论争议,达到醇化和体系化物制度本身的目的。

---

[39] 许多学者已经对此提出了质疑,参见刘保玉:《论货币所有权及其流转规则》,载王保树主编:《中国商法年刊》(第3卷),西南财经大学出版社2004年版。
[40] 参见王利明:《物权法研究》,中国人民大学出版社2002年版,第34页。
[41] 参见陈华彬:《物权法原理》,国家行政学院出版社1998年版,第466页。
[42] 参见刘保玉:《论货币所有权及其流转规则》,载王保树主编:《中国商法年刊》(第三卷),西南财经大学出版社2004年版。
[43] 〔德〕西美尔:《货币哲学》,陈戎女等译,华夏出版社2002年版,第56页。
[44] 参见杨立新、朱呈义:《动物法律人格之否定——兼论动物之法律"物格"》(本书第340页),载《法学研究》2004年第5期。

自然力的物权客体属性及其法律规则[*]

民法自身的发展是伴随着人类改造自然的实践发展的,自然力的概念见证了自然科学对民法的影响过程。我国民法学对于"物"的概念的探讨已经涉及自然力,但尚缺乏深入的研究,本文试图作初步的探讨。

一、我国民法研究自然力的必要性

电力是最常见的自然力。改革开放以来,我国电力工业发展迅速,发电装机容量和年发电量均已跃居世界第二位。我国电力行业从2002年开始了"厂网分开""竞价上网"的电力体制改革,国务院专门设立了国家电力监管委员会(以下简称"电监会"),负责制定电力市场运行规则,监管市场运行。[①] 冬季采暖是我国北方地区城镇居民的基本生活需求,自2003年建设部等八部委《关于城镇供热体制改革试点工作的指导意见》出台后,各地开始逐步推进供热商品化、货币化改革。[②] 按照计划,要在2010年基本实现供热计量收费。

电力、热力等自然力的交易合同必须以电力、热力所有权和数量的确定为前提。对于合法用户的供电、供暖纠纷,可以按照合同纠纷处理,但如果不确认自然力的所有权,则在偷电、偷热等侵权诉讼中面临侵害何种财产权的理论困境。实践中的自发电、自采暖用户的权益也无法通过现行法律来保障。我国《物权法》第2条第1款规定:"因物的归属和利用而产生的民事关系,适用本法。"由于未明确自然力是物,自然力是否能够纳入《物权法》的规范之中,尚待理论上确认。随着能源在社会经济生活中的重要性逐渐增强,我国能源法的立法工作已经于2006年初正式起步[③],近年来的"两会"也有许多代表提议恢复能源部。行政部门对能源市场的监管必须以自然力所有权的明确为前提,也需要对自然力的属性及其法律规则进行深入研究。可见,不解决这个问题,很多问题将很难进行。

---

[*] 本文发表在《法学家》2007年第6期,合作者为四川大学法学院教授王竹博士。
[①] 参见国务院《关于印发电力体制改革方案的通知》(国发〔2002〕5号)。
[②] 参见建设部《关于进一步推进城镇供热体制改革的意见》(建城〔2005〕220号)。
[③] 参见陈默:《〈能源法〉草案拟将市场竞争引入资源开发环节》,载《21世纪经济报道》2007年5月11日。

二、自然力概念的缘起与发展

早期人类社会生产以人力和畜力为主,随着科技的发展,逐步产生了对自然力的利用,主要形式是水力,如水车、水磨等。在缺乏水力但风力富足的地方,如荷兰,引进并开发了风车技术。18世纪60年代,英国人瓦特改良蒸汽机,蒸汽机迅速取代水力驱动,工业革命借此展开。尽管早在1831年,英国科学家法拉第便发现了电磁感应定律,构建了现代发电技术的理论基础,但直至美国科学家爱迪生对灯泡的研究成功才推动了电力在人们生活中的运用。1882年9月4日,纽约珍珠街上的发电站启动,电能才真正进入人们的生活。早期地热主要用于取暖,直到1975年冰岛大规模使用地热资源发电后,才进入能源市场。④ 可见,自然力要进入人类生活,最为关键的是转化为方便传输和使用的形式,摆脱地理位置的局限,否则便无法获得实际利用。

根据笔者的考察,对自然力的系统研究始于康德。作为哲学家和天文学家,他最早探讨了"基本力"向其他种类力转化的哲学思想。而以谢林为首的德国自然哲学学派提出了关于自然力的统一思想,最终促成了1820年奥斯特发现电流磁效应,为统一的自然力哲学思想找到了重要的自然科学基础。自然力(Odic Force,简称"Od")概念的提出者是德国博物学家宝龙·卡尔·瑞生巴贺(Baron Karl von Reichenbach)。自然力是与超自然力相对应的概念,简单说,自然力就是科学可以解释的力量,而超自然力就是超越科学解释的力量,这是科学和神学的分界点。现代物理学认为,自然力包括引力、电磁力、弱力和强力四种基本类别。尽管关于自然力的完全统一尚无自然科学的最终证明,仍然停留在哲学理论上,但这并不妨碍其作为民法上自然力研究的自然科学基础。

政治经济学上的"自然力",包括自然界和社会两种来源,是指具有能够无偿利用于生产过程,并带来额外收益的生产要素。⑤ 这种论述显然与民法上的自然力概念有较大的差别,包括所谓的"来自社会的自然力",即技术方法、科学进步、劳动协作以及工人劳动经验的积累等,但仍不乏可借鉴之处。例如,自然力本身是一种无偿性的生产力,马克思在1861年《〈机器·自然力和科学的应用〉手稿》中,精辟地论述了是资本主义生产方式"第一次使自然科学为直接的生产过程服务"⑥,还提出"自然力的这种大规模的利用是随着大工业的发展才出现的"。⑦ 这些都是理解自然力成为商品交易对象的关键。

从上文对历史上与自然力相关的科技、哲学、博物学和政治经济学的简单回顾可以大致看出,自然力成为法律调整的对象,乃是人类对自然资源的开发利用达到一定

---

④ 参见刘仲华:《冰岛巧用地热资源》,载《人民日报》2004年8月5日,第7版。
⑤ 参见李成勋:《马克思的自然力理论及其启迪》,载《经济研究》1998年第7期。
⑥ 《马克思恩格斯全集》(第47卷),人民出版社1979年版,第570页。
⑦ 《马克思恩格斯全集》(第26卷),人民出版社1972年版,第123页。

阶段的必然结果。由于自然力具有高度的商业价值,在政治经济学上无价值的自然力,经过现代财产法的运作,成为能源产业的开发对象。因此,自然力首先是通过商品化,从交易制度中进入法律体系,其后才产生了权属的确认问题,这便是合同法和物权法对自然力研究的起始点,也是公共权力对自然力的大规模运用进行管理的政治经济学基础。

三、对法学上自然力研究的回顾

(一)民法研究自然力的比较法回顾

罗马法和19世纪大陆法系民法典均没有对自然力作出规定。罗马法上有体物的概念是以五官感觉所能涉及的范围对物这一抽象概念朴素的经验总结,是指"存在于自然界中可以触知的实体物,如桌椅、奴隶、谷仓、土地等"。[8] 尽管1804年《法国民法典》的立法者已经注意到了闪电[9],但囿于科技和社会发展水平,不可能对电的利用作出规定。承袭了《法国民法典》思想和体例的1855年《智利民法典》,也同样没有涉及自然力的内容。19世纪末制定的《德国民法典》第90条规定:"本法所称的物为有体物。"这种"物必有体"的界定,将物权客体限定在"有体物"范围内,自然就排除了将当时已经进入社会生活的电力。现代德国民法的一般观点仍然认为,自然力不属于有形的客体,比如电、光波和声波、各种类型的射线,但人类可以控制的能量则属于民法意义上的无体的权利的客体。[10] 1896年《日本民法典》第85条的规定,直接承袭了《德国民法典》的学说。早期学说认为,物以占有一定空间而有形存在为限,至今有学者还坚持认为可以承认对电等物的支配权,但不能承认其物权的成立[11],以维护绝对的"物必有体"理论。由于社会经济和科学技术的发展,法律扩张物的概念,电、热、声、光等自然力,亦被称为物,而不拘于"有形",如我妻荣教授便认为,物为"法律上之排他的支配之可能者"[12],故电气磁气不失为物。一般认为,当自然力被置于能够为人力所控制的状态下时,则按物处理。[13]

20世纪以来颁布的大陆法系民法典对自然力作为物权客体普遍予以承认。1907年《瑞士民法典》第713条率先规定:"性质上可移动的有体物以及法律上可支配的不属于土地的自然力,为动产所有权的标的物。"确立了自然力的物权客体属性,且从当时世界的科技水平来看,应该包含了"电能"。1942年《意大利民法典》第814条规

---

[8] 江平、米健:《罗马法基础》,中国政法大学出版社2004年版,第178页。
[9] 《法国民法典》第1773条第1款规定:"前条契约规定应仅限于通常的意外事故,如霰雹、闪电、霜或早熟等。"
[10] 参见〔德〕卡尔·拉伦茨:《德国民法通论》(上册),王晓晔等译,法律出版社2003年版,第381页。
[11] 参见〔日〕田山辉明:《物权法》,陆庆胜译,法律出版社2001年增订版,第10页。
[12] 〔日〕我妻荣:《民法总则》(《民法讲义》I),第315页,转引自史尚宽:《民法总论》,中国政法大学出版社2000年版,第250页。
[13] 参见梁慧星:《民法总论》,法律出版社2004年第2版,第88—89页。

定:"具有经济价值的自然资源视为动产。"1960年《韩国民法典》第98条规定,"此法律称物件者,谓有体物与电气及其他管理可能之自然力",强调了包括电气在内的自然力的可支配性。部分20世纪后半叶颁布的民法典,更是直接将自然力纳入有体物范畴,如1960年《埃塞俄比亚民法典》第1129条规定:"除非法律另有规定,电力之类的具有经济价值的自然力,当它们被人控制并投入利用时,视为有体动产。"1994年《魁北克民法典》第906条规定:"为人控制和利用的波或能,不论其来源于动产或者不动产,均视为有体动产。"制定于1869年的《阿根廷民法典》,经过修改的第2311条第2款规定"有关物的规定,准用于能被控制的能量和自然力"。[14]承认了自然力的物权客体属性。

值得关注的是,20世纪颁布的苏联、东欧及其他社会主义国家的民法典,均未对自然力的物权客体属性予以明确,如1922年《苏维埃民法典》、1950年《捷克斯洛伐克共和国民法典》、1964年《苏俄民法典》、1975年《阿尔及利亚民法典》、1994年《俄罗斯民法典》和1995年《越南民法典》等。笔者认为,这些国家的能源供应体制高度国有化,缺乏商品化意识,没有权利确认的社会需要,因此自然力的物权客体属性也不受重视。我国《物权法》的态度亦然,显然不适应加入WTO和能源市场化的社会现实,应该尽快加强相关研究。

(二)欧美产品质量法对电的产品属性的确认

1985年的《欧共体产品责任指令》第2条关于"产品"的定义明确规定,"产品包括电力",各成员国也纷纷通过国内法落实这一规定。部分国家通过在产品责任立法中作出规定,如1987年英国《消费者保护法》第1条规定:"任何物品或电力,同时包括组成另一产品的产品,无论此产品是否是以零配件或原材料或其他的形式构成前者。"1989年《联邦德国产品责任法》第2条规定:"本法所指的产品是指一切动产,包括构成另一动产和不动产之一部分的物以及电力。"也有部分国家通过修改民法典予以落实,如根据1998年5月19日第98-389号法律《法国民法典》新增第1386-3条规定:"一切动产物品,即使已与某一不动产结合成一体,其中包括土地的产品、畜产品、猎获物与水产品,都是产品;电,视为产品。"[15]为了与欧共体的《产品责任指令》保持一致[16],根据2000年12月4日生效法律的最新修订,《荷兰民法典》第六编债法总则第三节产品责任第6:187条第1款规定:"1.为本节的目的,'产品'指动产,即使其已经与其他动产或者不动产相结合,以及电力。"

美国法学会《侵权法重述(第三次)·产品责任》第19条产品的定义规定,"(a)产品是经过商业性销售以供使用或消费的有形动产。其他项目如不动产和电,当它们的销售及适用与有形动产的销售及使用足够类似时,也是产品,适用本重述所述规

---

[14] 徐涤宇译:《最新阿根廷共和国民法典》,法律出版社2007年版,第493页。
[15] 罗结珍译:《法国民法典》(下),法律出版社2005年版,第1116页。
[16] 参见王卫国主译:《荷兰民法典》(第三、五、六编),中国政法大学出版社2006年版,译序第11页。

则是适当的。"⑰这一规定明确了电的产品属性。

(三)各国刑法普遍规定窃电犯罪

各国刑法普遍对窃电犯罪进行了规定,主要分为两种立法形式⑱:一是增设新罪,例如《德国刑法典》第248条c对"盗用电力"作出的规定。另外,《瑞士联邦刑法典》第142条第1款对"非法盗用能源"的规定:"从利用自然力的设施,尤其是从电力设施中非法盗用能源的,处监禁刑或罚金。此罪告诉乃论。"二是扩大解释立法,把电规定在财物的范围之内,视窃电为盗窃财物,例如《日本刑法典》第245条规定:"有关本章之罪,电气视为财物。"《加拿大刑事法典》第326条(1)规定:"以欺骗手段蓄意的或者是未经授权实施下列行为构成盗窃罪:a. 窃取、消费或者使用电力或煤气或者造成其浪费或转化。"

我国《刑法》未对窃电行为作明确规定,但《电力法》第71条规定,盗窃电能构成犯罪的,依照《刑法》盗窃罪相关条文规定追究刑事责任。1997年11月4日最高人民法院颁布的《关于审理盗窃案件具体应用法律若干问题的解释》第1条第(三)项规定,"盗窃的公私财物,包括电力、煤气、天然气等"。该解释第一次明确将电能作为盗窃罪的犯罪对象。

基于"罪刑法定"的基本原理,大多数国家的刑法对其他自然力的盗窃案件,都未直接采纳自然力的概念,而是主要集中于对"窃电"的规定。《瑞士联邦刑法典》特别列举了电力,但同时使用了"自然力"的上位概念乃为特例,显然与《瑞士民法典》对自然力的概括性规定具有对应性。

各国刑法对作为现代犯罪类型的窃电犯罪普遍采取了纳入盗窃犯罪的立法模式,这就对民法上确立电的权利客体地位提出了需求。

(四)我国民法上的自然力研究回顾

自然力是否为物,旧中国传统民法学观点在三次民法典起草过程中经历了逐渐变化的过程。1911年《大清民律草案》前三编由日本学者志田钾太郎、松冈义正起草,第166条规定:"称物者,谓有体物。"⑲直接承袭了德国学说,其法理自不待言。但1925《民国民律草案》物权编起草人黄右昌先生认为:"物者,除人体外,谓有体物及物质上能受法律支配之天然力。"⑳这一意见在该草案第95条第2款得到体现:"受法律支配之天然力,视为有体物。"㉑这里的"天然力"的特殊用语便是最好例证。

1929年《中华民国民法》起草时,部分学者仍然坚持"物必有体"说,如梅仲协

---

⑰ 肖永平等译:《侵权法重述第三版:产品责任》,法律出版社2006年版,第380页。
⑱ 参见杨永志:《惩治窃电有关刑事法律问题研究》,载《河北法学》2004年第1期。
⑲ 杨立新点校:《大清民律草案、民国民律草案》,吉林人民出版社2002年版,第21页。
⑳ 黄右昌:《民法总则诠解》,第187页。转引自王泽鉴:《民法总则》,中国政法大学出版社2001年版,第207页。
㉑ 杨立新点校:《大清民律草案、民国民律草案》,吉林人民出版社2002年版,第214页。

先生便认为,"物者,环绕人类之一切具有确定限界之有体物(即固体液体及气体)也"。㉒ 主流学说对自然力的物的属性持肯定意见,如该民法典起草人之一的史尚宽先生就认为:"物者,谓有体物及法律上俱能支配之自然力。"㉓担任该民法典纂修的胡长清先生解释:"吾人之可能支配与否,常因时代之变迁而不同,昔日不能支配者,今则因人类智识进步之结果,可能支配之。如天然力中之电气,即其一例。故电气就可能支配之以言,固不失为民法学上之所谓物者也。"㉔从"采德国立法例者,十之六七,瑞士立法例者,十之三四,而法日苏联之成规,亦尝撷取一二"㉕的评论来看,该民法典的起草显然受到了各国学说的综合影响,最终没有明文对自然力作出规定,学者对此的解释是"现行民法不为规定,盖以电气因现实物理学研究之结果,已证明其为一种物质,即占有一定之空间,且吾人可能支配者,其为民法学上之物,盖属当然故也"。㉖

我国台湾地区民法学界主流学说对于承认自然力是一种有体物之外的特殊物几无异议。杨与龄先生认为:"物者,人体之外,人力所能支配,并能满足人类生活需要之有体物及自然力也。"㉗郑玉波先生认为:"科学发达,物之范围扩张,如自然力(水力、电力),亦应列入物的范畴。"㉘洪逊欣先生所谓的"无体物",更是非指"权利",专指"电、光、热,凡人类能予以支配之自然力,虽无一定形体,亦与有体物通,皆属法律上之物"。㉙ 根据王泽鉴先生对各家学说的总结,"物者,指除人之身体之外,凡能为人力支配,独立满足人类生活需要的有体物及自然力而言"。㉚ 另外我国台湾地区"刑法"第 323 条明确规定,"电能、热能及其他能量或电磁记录,关于本章之罪,以动产论",也是佐证。

在我国大陆民法学说中,佟柔教授主编的《中国民法》一书认为,物必须具备一定的物理或化学的自然属性,并且这种属性能够被现代技术测试出来,如电能用电流、电压来测试㉛,最早权威认定了电的物权客体属性。《合同法》颁布之前,就有学者认为供电合同以电力为合同标的物,可以证明我国民法上所称物,不以有体物为限,包括电、磁、声、光、热等自然力。㉜《合同法》颁布后,主流学说延续了这种认识,认为作为特殊商品的"电",由于具有客观物质性并能为人们所使用,因而属于民法上"物"

㉒ 梅仲协:《民法要义》,中国政法大学出版社 1998 年版,第 78 页。
㉓ 史尚宽:《民法总论》,中国政法大学出版社 2000 年版,第 249 页。
㉔ 胡长清:《中国民法总论》,中国政法大学出版社 1997 年版,第 153 页注释 1。
㉕ 梅仲协:《民法要义》,中国政法大学出版社 1998 年版,初版序。
㉖ 胡长清:《中国民法总论》,中国政法大学出版社 1997 年版,第 153 页注释 1。
㉗ 杨与龄:《民法概要》,中国政法大学出版社 2002 年版,第 45 页。
㉘ 郑玉波:《民法总则》,中国政法大学出版社 2003 年版,第 265 页。
㉙ 王泽鉴:《民法总则》,中国政法大学出版社 2001 年版,第 208 页。
㉚ 王泽鉴:《民法总则》,中国政法大学出版社 2001 年版,第 208 页。
㉛ 参见佟柔:《中国民法》,法律出版社 1990 年版,第 52 页。
㉜ 参见梁慧星:《民法》,四川人民出版社 1988 年版,第 63 页。

的一种。[33] 我国当代民法学者在自然力是物的问题上已经达成了初步共识："在技术上已经能加以控制,工商业及日常生活中已经普遍采用,为民法上的物。"[34]但学者的用语显得较为混乱,部分学者采用概括性的自然力用语[35],部分学者同时采纳自然力和能的概念[36],还有学者使用能量的概念。[37] 遗憾的是,尽管有学者撰文对世界各国产品质量立法对电等自然力进行的规定立法例进行了介绍和论证,我国 2000 年修订《产品质量法》时,并没有明确将"电"作为产品类型进行规定。

主持《物权法》起草的权威学者没有明确采纳自然力而仍然采纳"无形物"的概念,认为电、天然气和空间等在物理上表现为无形状态的物,仍然属于有体物的范畴,且能够为人们所支配,从交易观念出发,可以作为物对待。[38] 学者的建议稿也无一例外未使用自然力概念,只是对"电、气"等进行了列举,如王利明教授主持的《中国物权法草案建议稿》第 8 条对物的定义为:"本法所称的物,是指人身之外能够为人力所控制并具有经济价值的有体物。但下列财产视为物:……(三)人力控制之下的电、气。"[39]梁慧星教授主持的《中国民法典草案建议稿》第 96 条第 2 款后段规定:"人力控制之下的电气,亦视为物。"[40]孙宪忠教授的《中国物权法总则建议稿》尽管将物限定为有体物,但认为电、气等也是有体物。[41] 在没有专门的"民法总则"规定"物"章的情形下,《物权法》第 2 条第 2 款只是对物进行了简单的规定:"本法所称物,包括不动产和动产。法律规定权利作为物权客体的,依照其规定。"最终导致自然力是否为物仍然是一个学理问题,未得到立法的直接肯定。

笔者认为,自然力的外延随着科技的不断进步而扩大,因此不能停留在对电、热的列举上,而应该引进《瑞士民法典》和《瑞士联邦刑法典》协调规定的先进立法模式,在整个法律体系中确认统一、开放的自然力概念,保证法律体系跟上社会的发展节奏,保持立法的前瞻性。

四、自然力的概念与物权客体属性

(一)自然力的本质

能源是指能够转化为能量的资源,实际上是能量的载体。地球上的能源虽然有很多种,但能源的初始来源只有四类:与太阳有关的能源、与地球内部的热能有关的

---

[33] 参见胡康生主编:《中华人民共和国合同法释义》,法律出版社 1999 年版,第 262 页。
[34] 魏振瀛主编:《民法》,北京大学出版社 2000 年版,第 119 页。
[35] 参见柳经纬主编:《民法总论》,厦门大学出版社 2000 年版,第 155 页。
[36] 参见李双元主编:《比较民法学》,武汉大学出版社 1998 年版,第 247 页。
[37] 参见高富平:《物权法原论》(中卷),中国法制出版社 2001 年版,第 420—421 页。
[38] 参见王利明:《物权法论》,中国政法大学出版社 2003 年修订版,第 32 页。
[39] 王利明主编:《中国物权法草案建议稿及说明》,中国法制出版社 2001 年版,第 4 页。
[40] 梁慧星主编:《中国民法典草案建议稿附理由·总则编》,法律出版社 2004 年版,第 124 页。
[41] 参见孙宪忠:《争议与思考——物权立法笔记》,中国人民大学出版社 2006 年版,第 36 页。

能源、与原子核反应有关的能源和与地球—月球—太阳相互联系有关的能源。能量是对物质做功的能力的普遍性描述,因此,不同能源蕴含的能量本身具有同质性,这是能源转换的自然科学基础。自然力既不是指"能源",也不是指"能源"中蕴含的各种存在形式的"能量",而是指"能量的表现形式"。矿物燃料、核燃料等蕴含了大量化学能、核能,是能源而非自然力。水力发电是将水的势能转化为电能,势能的载体是一定相对高度的水,电能在电线中以电磁场的形式存在,电能和势能都体现了做功的能力,是能量,而自然力仅仅指"电力"这种能量的表现形式。热能的能量表现形式是热力,热能的载体是分子运动。

(二)自然力的概念与特征

民法上的自然力具有以下特征:

1. 自然力是人工转化得到的二次能源的能量表现形式

能源的转换是人类利用各种自然能源的基本方式,因此尽管根据不同的标准,能源可以进行各种分类,与民法最为相关的分类方式是根据能源是否经过人工转换,将能源分为一次能源与二次能源。前者是指从自然界取得的未经任何改变或转换的能源,如原油、原煤、天然气等。一次能源经过加工或转换得到的能源是二次能源,如煤气、汽油、煤油、电力、管道热力等。因此,作为一次能源能量表现形式的自然风力、水能、太阳能等不是自然力,电力、管道热力才是典型的自然力。

2. 自然力是高度"商品化"的产品

自然力必须从服务中独立出来,才可能成为单独的支配对象。在美国法上,关于电的传输,多数法院认为,电只有当其通过了顾客的计量器进入其房屋时才成为产品。在那之前,高压输电系统提供的不是产品而是服务,主要理由是此时电还没有进入商业流通领域。也有法院认定高压电力是"产品",但在其通过顾客的电表之前尚未被"销售"。㊷ 尽管这两种观点都是从限制严格责任适用的不同角度考虑,但却向我们揭示了是否"商品化"是判断电是否为独立的被支配对象和合同标的的基本标准。笔者认为第二种意见是正确的,理由是,服务不可能成为"盗窃"等直接侵害方式的对象,只有独立的产品才可能成为侵害的对象,既然如此,难道从没有进入顾客的电网中窃电,就不是盗窃吗?

3. 自然力具有高度的动态性

自然力具有动态存在、动态支配、难以大规模储存的特点,如闪电、飓风、地热、洪水,尽管蕴藏了大量的能量,但以现在的科技水平,无法大规模储存其中的能量。电池中的电能、暖手袋中的热能,都不是民法意义上的自然力,而电线中的电流、管道中流动的热水、热气,蕴含的才是自然力。

4. 自然力具有可直接利用性,无须再次转化

自然力作为一种能量的表现形式,具有能量基本的"做功"属性。现代社会以电

㊷ 参见肖永平等译:《侵权法重述第三版:产品责任》,法律出版社 2006 年版,第 383、399 页。

能为最常见的能源形式,其他能源往往转化为电能以方便传输和使用,所以关于自然力的法律规范往往以电力作为调整对象,例如我国《合同法》第184条规定:"供用水、供用气、供用热力合同,参照供用电合同的有关规定。"

5. 自然力具有可排他支配性

不同自然力的传输具有各自的特点,如只要存在电压差就会有电流,只要存在温差就会有热传导,只要存在振动就可能出现声波传输,只要存在电磁场就能够迅速产生电磁感应。因此,自然力在整个生产、传输和使用过程中,都必须处于严密的供给系统中。通过供给系统的技术控制,可以对自然力进行排他性的支配。

6. 自然力具有可确定性,表现在数量和质量两个方面

所谓数量上的可确定性,即是指能量的可计量性。电力一般用"度"(千瓦·小时)来表示,热力用"吉焦"(GJ)表示,即10的9次方焦耳。《电力法》第31条第1款后段规定:"用户使用的电力电量,以计量检定机构依法认可的用电计量装置的记录为准。"所谓质量上的可确定性,是指自然力的物理指标描述。根据《供电营业规则》,电力的质量通过供电频率(赫兹)、电压(伏特)来描述,电监会颁布的《供电服务监管办法》第6条还对供电可靠率进行了规定。我国制定了《城市供热规划技术要求》和《城市热力网设计规范》等技术标准来规范热力质量。

综合以上分析,笔者认为,自然力是指以动态方式存在的可直接利用的商品化二次能源的能量表现形式。这是一个开放性的概念,随着科技的进步,自然力的概念必然将包括电力、热力以外的其他类型。

(三) 自然力的物权客体属性

从上文可以看到,直到19世纪末以电为代表的自然力才真正进入人类社会,而上文对各国民法和产品责任法的研究,不但印证了这一时间上的吻合性,并且揭示了正是严格的"物必有体"说妨碍了德国法系民法典对自然力物属性的确认,即使在自然力进入社会生活之后,在逻辑上尤为显得艰难。无怪乎德国法[43]和日本法[44]上作出窃电乃是对物权的侵害的判例,会成为比较法上值得关注的事件。我国《物权法》没有坚持,也不应该坚持"物必有体"的理论。尽管自然力的存在具有高度动态性而难以直接纳入传统有体物和无体物的分类,但基于可直接利用性、可排他支配性和可确定性特征,应该明确承认自然力的物权客体属性,并在未来"民法总则"的权利客体章予以明确。

---

[43] 德国法上较早引起关注的是1887年发生在莱比锡裁判所的一起因盗窃他人电被提起诉讼的案例,法院认为电既不是气体,也不是液体,而只是一种状态,从物理状态来看,它并不是一种物,不能作为所有权的客体。但从公平正义的观念来看,盗窃他人电力会对他人造成损害,因此也应当受到惩罚。1901年4月9日德国专门颁布法律规定,规定窃电应视为盗窃。参见王利明:《物权法论》,中国政法大学出版社1998年版,第38页。

[44] 日本法上较早引起关注的是大审法院于1937年6月29日作出的判决,"电气"被准用《日本民法典》第173条第1项中的"产物"进行处理,参见尹田:《我国物权法的中国特色与时代精神——关于制定我国物权法的探讨》,载《法商研究》2002年第5期。

承认自然力的物权客体属性,有利于我国法律体系相关概念和规则的整合。根据《物权法》第 2 条第 1 款将自然力的权利归属和利用纳入物权法调整范围,为相关法律纠纷构建权属基础,如侵权法可以更好地处理侵害自然力所有权和与供电相关的高度危险行为案例,《产品质量法》可以进一步明确电力的产品属性,《消费者权益保护法》可以按照商品对消费者进行更好的保护,《合同法》关于自然力的交易制度,刑法上的盗窃、侵占自然力,以及行政法上与自然力相关的监管制度也将得到完善。

五、自然力的特别物权法律规则

(一)自然力是特殊物

自然力是特殊物,主要体现在以下三个方面:

(1)自然力是具有高度可替代性的种类物。同样质量的自然力,是蕴含了同种能量的自然力表现形式,具有高度的可替代性。

(2)自然力是具有不可返还性的消耗物。与货币的消耗性不同,自然力的消耗性是单向灭失性的,因此不能向货币的消耗那样通过返还同样数量的货币来填补损害。

(3)自然力是危险物。能量的本质就是做功的能力,自然力在使用过程中具有一定的危险性,1 千伏及以上的高压电在侵权法上作为高度危险行为进行规范,我国电监会还专门颁布了《电力安全生产监管办法》,对电力生产进行规范。

(二)自然力的特别物权法律规则

作为特殊物的自然力,除适用《物权法》的一般规则外,以电力为例,还适用如下特别物权法律规则:

1. 自然力的产生与占有规则

自然力所有权的产生源于自然力的生产,即能源经过技术手段转化成为可直接利用的特定能量表现形式,如常见的电力、热力等。自然力以动态方式存在,自产生之时起,就处于传输线路内的运动之中。实践中自然力通过传输线路和自然力利用设备来占有和使用,尽管在每一段传输线路中存在的时间一般较短,但占有是客观存在的,并具有重要意义,如因高压电造成人身损害的案件,便是由电力设施产权人承担民事责任。自然力的占有是以传输线路为分界点,一般是以自然力计量仪器来区分的。

2. 自然力所有权的变动规则

不同主体之间的自然力所有权变动适用不同规则。由于电力供应的特殊性,我国同大多数国家一样,均采取供电专营制度。电力供应商与用户之间的电力所有权变动,适用我国《合同法》第十章"供用电、水、气、热力合同"的规定。实践中存在转供电关系,一般是因为电力用户地理位置较为偏远,无法由电力企业直接供电,只能由某些电力用户代为转供。尽管电力传输是通过其他电力用户转供,但在法律关系上仍然是电力公司与转供电用电户之间的用电合同关系。此类合同属于实践合同,通过计量装置确定自然力的数量,按照合同约定的技术指标进行交付。实务中自然力供应有的先使用后收费,有的是预付费后使用,特殊情况下无法确定实际使用数额时采用估算的方式确定数额,这些都属于自然力供应商和用户之间关于数额确定的特殊约定,都不影响其实践合同属性。而根据电监会的规定,大型电厂并网运行签订购售电合同适用《购售电合同》(示范文本),而发电企业向大用户和配电网直接供电合同也有特殊规范。[45] 这些特殊合同属于诺成合同。

既然自然力是动产,其所有权变动的公示方式为交付。在后计费模式中,交付在于进入用户的使用计量器具,所有权发生变动。在先计费模式,购买特定数量的自然力之后,究竟应当如何确定交付,可以选择确定的量之后,也可以选择进入用户计量器具,笔者倾向于后者。不论采用何种模式,自然力的供应单位都必须保证供应,没有保证供应而断电、断热等,就是没有完成交付行为,构成违约行为。

3. 自然力所有权的消灭规则

一旦自然力所蕴含的能量用于做功或者转化为其他形式的能量表现形式,自然力就消灭了。不同自然力由于传输方式不同而传输速度也不同,但为了避免蕴含能量的损耗,自然力生产后传输到用户的时间间隔一般都比较短。用户取得自然力后,一般也无法进行储存,立刻就进行使用,自然力的所有权即告消灭,可谓即时取得、即时使用、即时消灭。

4. 自然力所有权的保护规则

根据用电合同使用自然力而未按照约定支付相关费用的,自然力供应商可以请求用户承担违约责任。由于自然力的高度消耗性,此类合同终止之时,其效力仅能向将来发生,而不能溯及过去。[46] 自然力作为商品,一般由专业公司向用户提供。只有专业公司有能力生产自然力,且自然力几乎无法大量保存,不可能通过返还原物来弥补损失,因此,在侵害自然力所有权的案件中,主要是停止侵害和损害赔偿的救济方式。构成刑事犯罪的,应该追究刑事责任。

---

[45] 《合同法》第 176 条规定,供用电合同是供电人向用电人供电,用电人支付电费的合同。
[46] 参见崔建远主编:《合同法》,法律出版社 2003 年第 3 版,第 353 页。

民事权利保护的请求权体系及其内部关系[*]

民事权利保护的请求权体系是民法请求权体系中的一个组成部分,其作用在于保护民事权利不受侵害,以及对受到的侵害的及时救济。民事权利保护的请求权体系由原权请求权和次生请求权两个系统组成。它们之间的关系是部分竞合关系。确定这样的体系,厘清它们之间的关系,对于加强民事主体的权利保护,具有极为重要的意义。

一、民事权利保护请求权体系的基本构成

(一)请求权与民事权利保护请求权

"请求权"(Anspruch)的概念是德国法学家温德沙伊德(Windscheid,有的译为温德赛)提出来的,为的是在这个概念的帮助下使 Actio,即罗马法和旧的普通法中的诉权,从程序的角度来看是可能的,并在私法上的实体法上加以规定。[①] 这种认为于诉权(公权)之外,尚有实体法上的请求权(私权),为法学上的一项重大贡献[②],解决了诉之前的民事实体权利遭受侵害的状态,沟通和划分了实体法与程序法。因而,请求权已成为《德国民法典》的权利结构的基础,成为民事权利保护的核心内容。笔者认为,我国民法对民事权利的保护,也必须借助请求权的思想方法,结构完整的民事权利保护的请求权体系,建筑详细的规则,对于加强民法基础理论的建设,制定完善的民法典,全面保护民事主体的民事权利,具有尤其重要的意义。

事实上,请求权在民事权利中包含两个系统。一个系统是民事权利的请求权;另一个系统是民事权利保护的请求权系统。前一个系统是指具有请求权性质的民事权利,如债权以及其他民事权利中所包括的请求权内容,如身份权中诸如扶养请求权等对外、对内的请求权[③],可以称为"本权请求权"。这是民事权利的本身,并不是本文

---

[*] 本文发表在《河南省政法管理干部学院学报》2005年第4期,合作者为上海海事大学法学院教授曹艳春博士。
[①] 参见〔德〕卡尔·拉伦茨:《德国民法通论》,王晓晔等译,法律出版社2003年版,第323页。
[②] 参见王泽鉴:《民法总则》,中国政法大学出版社2001年版,第92页。
[③] 参见杨立新:《侵权行为法专论》,高等教育出版社2005年版,第132页。

所要研究的对象。后一个系统是对民事权利进行保护的请求权系统,包括原权利的保护请求权和侵权请求权。前一个民事权利保护请求权是民事权利所固有的保护请求权;后一个民事权利保护请求权是基于权利被侵害依照侵权行为法的规定而产生的权利保护请求权。基于侵权行为法所产生的请求权,都是侵权请求权。

在法理上,就民事权利保护的请求权而言,前一个系统的保护请求权,是民事权利本身固有的保护请求权,随着原权利的产生而产生,原权利的消灭而消灭,因此也称为原权利的保护请求权,简称"原权请求权"。后一个系统的权利保护请求权,是基于权利被侵害而发生的权利保护请求权,不是原权利本身的权利内容,而是基于侵权行为法的规定而产生的新的请求权,是基于原权利的损害而新生的权利,因此也称为次生的权利保护请求权,简称"次生请求权"。其关系是,以权利相互之间的关系为标准,民事权利可分为原权(又称原权利)与救济权。因权利之侵害而生之原状恢复请求权及损害填补之请求权谓之救济权;与救济权相对之原来之权利则谓原权。④"救济权系因原权之侵害而发生,以原权之缺损为前提,故救济权每为原权之变形,且多为请求权焉。"⑤这里所说的救济权的请求权,就是次生请求权。

原权请求权在所有的民事权利中都存在。例如,在物权法中,规定物权请求权,是各国物权立法的通例,我国《物权法(草案)》也规定了物权请求权。在人格权中,也存在权利保护的请求权,对此,笔者专门进行过探讨,并且得到了学界的肯定,在民法典专家建议稿中设计了专门的条文。⑥ 知识产权也存在保护请求权,专家学者进行过专门的讨论。⑦ 身份权属于亲属权,不仅它自己存在请求权,同时也存在保护其权利的原权请求权。⑧ 即使是债权本身就是请求权,其请求权是其基本内容,但是也包括在自己的权利受到侵害时所产生的请求权,即债权的二次发生的请求权,即债务人不履行债务时债权人请求债务人承担违约责任的请求权。这就是债权的权利保护请求权,是原权利的保护请求权。

次生请求权是专门为了救济民事权利受到侵害后果而设立的请求权系统,是侵权行为法的基本手段。当民事权利受到侵权行为的侵害时,侵权行为法以赋予受害人侵权请求权的手段,在民事权利和诉讼权利之间发生请求权,使受害人即权利人可以依据侵权请求权,依法行使诉权,向法院起诉,寻求法律保护。

可见,现代民法的民事权利保护的请求权系统是十分完备的,其构造分为两个部分:一是原权请求权;二是次生请求权。两个请求权结合在一起,构成了严密的民事权利保护系统,共同担负着民事权利的保护职责。这两个系统缺一不可,必须同时共

---

④ 参见李宜琛:《民法总则》,台北正中书局 1952 年版,第 51 页。
⑤ 李宜琛:《民法总则》,台北正中书局 1952 年版,第 51—52 页。
⑥ 参见杨立新、袁雪石:《论人格权请求权》,载《法学研究》2003 年第 5 期;王利明主编:《中国民法典草案建议稿及说明》,中国法制出版社 2004 年版,第 43 页。
⑦ 参见蒋志培:《论我国立法和司法确认的知识产权请求权》,载 http://www.chinaiprlaw.com/fgrt/fgrt21.htm。
⑧ 参见杨立新:《侵权行为法专论》,高等教育出版社 2005 年版,第 132 页。

存,才能够担负起保护民事权利的重任。

(二)次生请求权作用及其保护民事权利的单一性

次生请求权是侵权行为法规定的权利。侵权行为法作为权利保护法,当侵权行为造成了民事权利人的权利损害,为了保护权利人的权利,救济损害,法律赋予受害人以次生请求权,行使这个请求权,受害人可以向加害人请求侵权损害赔偿等救济,使自己受到损害的权利得到恢复。

在以往的民法理论中,对于权利的保护更注重次生请求权的作用。理由就是侵权法就是权利保护法,对于民事权利受到的损害,理所当然地由侵权法进行救济,也就是基本方法就是次生请求权的保护方法。这是正确的。侵权行为法的基本功能就是补偿损害,救济侵权后果,保护权利。这也正是侵权行为法作为民事权利保护法的基本功能所在。即使是侵权行为法所具有的惩罚性,也是通过对侵权行为的惩罚,使侵权行为的非难性为世人所认识,其最终的目的和意义还是为了预防,还是为了保护权利。这是不容否认的。

但是,我们从整体的民事权利保护的系统性、完善性、完备性方面考量,次生请求权对于保护民事权利而言,还是具有单一性,对民事权利保护有其不足与缺憾。这主要表现在:

(1)次生请求权一般以过错为原则,构成较为严格,有时使权利人难以保护自己的权利。次生请求权的主体是侵权损害赔偿请求权,对此,各国立法采取过错责任原则立场,仅仅在有法律规定的特殊情形适用无过错责任原则。按照过错责任原则的要求,请求侵权损害赔偿须以侵权人有主观过错、有损失为必要条件,对于没有过错造成的权利损害,或者虽然侵害了权利但是没有造成财产损失的,都不能产生侵权请求权,无法救济自己的权利损害。我国现行法律也规定,除了法定的特殊侵权行为以外,一般侵权行为的受害人要行使侵权行为的请求权,必须适用过错责任原则,受害人必须举证证明加害人具有过错、自己有损失,如不能证明加害人具有过错、自己没有损失,则加害人不负侵权责任。⑨ 而举证证明侵权人的主观过错,有时对受害人来讲是极为困难的。

(2)设置次生请求权的目的着眼于权利受到损害的事后赔偿,救济时机比较晚,对于民事权利的保护不利。次生请求权的主要内容是补偿功能,这样,以次生请求权进行保护,必须待行为人实施侵权行为并致他人损害以后,权利人才可以向侵权人请求损害赔偿,以补偿受害人所受的损失。⑩ 在权利受到侵害之前,权利人没有任何方法依据次生请求权请求对权利的保护。因此,次生请求权是一个消极的权利,依据这个消极的权利保护自己的权利,其结果也较为消极,缺少积极的救济办法。

(3)次生请求权必须接受诉讼时效的限制,因此,其保护期限比较短。大陆法系

---

⑨ 参见王利明、杨立新编著:《侵权行为法》,法律出版社1996年版,第99页。
⑩ 参见王利明、杨立新编著:《侵权行为法》,法律出版社1996年版,第23页。

国家对侵权请求权都对诉讼时效期间加以规定。我国适用了较短的诉讼时效,《民法通则》第 135 条对诉讼时效的规定,普通诉讼时效期间为 2 年,最长诉讼时效为 20 年。第 136 条对一些请求权规定的时效期间更短,仅有 1 年的保护期间。因此,适用次生请求权来保护权利人的权利,诉讼时效期间限制过严,对受害人的权利保护是非常不利的。

(4)次生请求权具有平等性,不具有优先性,无法特别保护权利人的权利。次生请求权也是债权,是债的内容[11],债权均以平等性为原则,如果没有附加担保或者附加优先权的保障,则无优先性。如果次生请求权与其他债权处于同一清偿的场合,则只能为平等债权,毫无优先可言。如果次生请求权与具有物权性质的权利居于一体,则无法对抗物权的优先性,在债务人无更多财产可供清偿的场合,往往自然消灭,无法获得清偿。可见,仅仅是次生请求权保护民事权利,其地位无法得到保障。

单一的次生请求权保护民事权利,显然是力不胜任的。

(三)确立原权请求权保护民事权利的极端必要性

在民事权利保护的请求权体系中,原权请求权的重要作用极为突出和必要。

民法规定基本权利也称为原权利、初始权利和基础权利,都含有自己的权利保护系统,即原权利的请求权系统。原权请求权系因基础权利而发生,依其所发生基础权利的不同即绝对权和相对权,分为绝对权的原权请求权和相对权的原权请求权。绝对权具有自己的请求权系统,如物权请求权、人格权请求权、身份权请求权和知识产权请求权,初始的相对权即债权也有自己的请求权,除了其基本性质就是请求权,也存在保护权利的请求权。

在民法理论的研究中,对于原权请求权的研究,突出对物权请求权的研究,而忽视乃至于放弃对其他原权请求权的研究。最典型的事例就是,绝大多数国家的民法典只规定物权请求权,并未规定其他绝对权的请求权。存在这个问题的原因在于:

(1)在历史上的民法典更多注意的是财产权法规则,因此在物权法的保护中,发现了次生请求权对于物权保护的不足,因此强调物权的请求权作用,突出物权请求权的地位。

(2)历史上的民法典忽视对人格权的保护,多数国家立法并未过多地规定人格权及其保护,而是在判例法中确定对人格权的保护,但是在理论上没有更多地区分人格权请求权与侵权请求权的区别。同样,对于身份权请求权的研究也存在这样的问题。

(3)至于知识产权的请求权,由于其独立于民法典之外,且其具有相当的特殊性,民法学者忽略对其请求权的研究。

应当看到的是,原权请求权对保护民事权利的意义重大。可以说,它的最大价值,就在于弥补次生请求权保护民事权利的缺憾和不足,因而使民事权利的保护系统更为完善和完备。具体表现在以下几个方面:

---

[11] 参见王利明:《物权法研究》,中国人民大学出版社 2002 年版,第 108 页。

(1)原权请求权的行使不以过错为构成要件,只要原权利受到侵害,就可以行使,这有利于保护权利人的权利完满状态。在侵犯原权利的行为发生或可能发生时,停止侵害请求权、排除妨碍请求权、消除危险请求权、物的返还请求权、恢复原状请求权等原权请求权的行使,不以相对人在主观上具有过错为条件,不需要证明对方是否具有过错,也不以确定的损害后果为前提。针对原权利的行为,只要侵害、妨害或危险存在,权利人即可行使原权请求权,要求制止上述不法行为。而不像次生请求权,只有符合侵权行为构成要件,并且有损害的情况下,才能获得保护。因此,原权请求权具有次生请求权不可替代的保护功能,其目的在于排除原权利受侵害的事实和可能,恢复和保障原权利的圆满状态。

(2)原权请求权对原权利保护的期限长、力度大,有利于对民事权利的长期保护。原权请求权不受时效的限制,是民法学界的共识。理由是,如果这些原权请求权也受时效的约束,也就是说当人格权遭侵害,物权或者知识产权受到侵害,只是由于时间的经过,就任凭该人侵害权利人的生命、健康、身体、自由、名誉、隐私等权利,侵权人就可以永续地侵害他人的物权、知识产权,那还有什么公平、正义、秩序可言呢?因此,原权请求权不应该适用诉讼时效,任何时候,权利人都有权依照其原权请求权请求行为人停止侵害物权、人格权或者知识产权,有权请求行为人返还财产、排除妨碍、消除危险等。把停止侵害请求权、排除妨碍请求权、消除危险请求权等,作为绝对权请求权,与物权、人格权、知识产权密切联系在一起,它们的法律地位由物权、人格权、知识产权的法律地位决定,作为权利的救济方式,有优先的效力,更有利于对民事权利的保护。

(3)原权请求权也是请求权体系中的重要内容之一,缺乏其存在,请求权体系将不完整。原权请求权是以绝对权(物权、人格权、身份权、知识产权)存在为前提的,在绝对权受到侵害时产生请求权。在民事立法中,责令返还原物、停止侵害等固然是侵权人依法所必须承担的民事责任,但请求返还原物、停止侵害等也是权利人依法所享有的救济权利。民事责任与救济权利是相应的法律概念,这是一个问题的两个方面,民事责任是从义务人的角度讲的,原权请求权是从权利人保护权利的角度讲的。在民事法律关系中,原来的权利人因其权利受到侵害而取得救济权,而原来的义务人因其违反义务而依法承担民事责任。原权请求权有助于权利人明确自己享有哪些救济权,如何通过原权之诉取得保护。权利应当成为一个完整的体系,对权利的补救请求权也应当成为一个完整的体系。不仅规定侵权请求权,同时也要规定原权请求权,才能使民法的请求权体系达到完整、和谐、统一。

(4)侵权损害赔偿之请求权的局限性,要求原权请求权予以弥补,更好地保护受害人的利益。在侵权法领域,损害赔偿作为救济损害的基本责任形式并不是万能的,德国民法学家耶林在《为权利而斗争》中就曾猛烈抨击罗马法中广泛采用赔偿制度所存在的不合理性,他说:"罗马法官使用的金钱判决制度是正确评价权利侵害的理念上利益的充分手段。这一制度给我们的近代证据理论带来灾难,变成司法为防止不法而曾使用过的手段之中尤为绝望的一个。"[12]耶林的上述观点充分表明了损害赔偿并不是对侵权行为的受害人提供保护的唯一方法。应当看到,损害赔偿责任是针对侵害财产权而产生的责任形式,然而现代民法的权利体系已经非常宏大,不仅包括各种财产权,还包括形式多样的人格权以及人格权与财产权的结合形态——知识产权。而侵权行为法的保障范围也相应发展:从主要保护财产权向对人格权、知识产权等不断扩张发展。[13]原权请求权正是从完满保护物权、人格权和知识产权的角度出发,对任何种类的损害给予保护。

事实上,我国民法理论以及法律上已有原权请求权的基础。我国民法的教科书大都说明,物权受到侵害时,有物权的保护方法和债权的保护方法。物权的保护方法有停止侵害、排除妨碍、消除危险等。债权的保护方法有损害赔偿、不当得利返还等。尽管《民法通则》是在第 117 条规定侵害财产所有权的民事责任采用返还财产、恢复原状等侵权责任方式,但是这并不妨害物权法规定物权请求权。在我国民法中,对知识产权和人身权侵害的保护采取的是停止侵害、排除妨碍等责任形式,显然这些形式与原权请求权的内容相似。尽管知识产权法与人身权法对原权请求权未作规定,但是有的学者主张可以考虑以物权请求权准用于侵害知识产权和人身权的场合[14],是有道理的。根据《民法通则》第 118 条的规定,侵害知识产权的权利人可以要求停止侵害,消除影响,赔偿损失。《民法通则》第 120 条规定,公民的姓名权、肖像权、名誉权、荣誉权受到侵害的,法人的名称权、名誉权、荣誉权受到侵害的,有权要求停止侵害,恢复名誉,消除影响,赔礼道歉,并可以要求赔偿损失,其中多数责任形式可以是人格权请求权的内容。可见,我国民法采取了多种办法对知识产权、人格权进行保护,其中就包含知识产权请求权、人格权请求权,只是法律上没有明确说明而已。我国《著作权法》第 45 条规定,侵犯著作权的行为应当根据情况承担停止侵害、消除影响和公开赔礼道歉、赔偿损失等民事责任。这也包含了著作权请求权,属于知识产权请求权之一。在这样的基础上,建立我国民法的原权请求权体系,并不困难。

(四)结论

笔者认为,在对民事权利的保护中,次生请求权保护的目的,主要集中在要求加害人履行损害赔偿之上,其目的是为了填补权利人无法通过行使原权请求权来恢复的损失,是以金钱的方式填补被损害的权利。而原权请求权保护的目的,主要集中在对权利的防范和预防,以及造成损害的权利恢复方面。尽管两种请求权保护的内容可能会有所交叉,但是其中的分野还是能够区分的。因此,原权请求权与次生请求权是两种不同的权利保护方法,是从不同的角度对权利损害予以不同的救济,两者可以

---

[12] 〔德〕耶林:《为权利而斗争》,载梁慧星主编:《民商法论丛》(第 2 卷),法律出版社 1994 年版,第 53 页。

[13] 参见王利明:《关于我国民法典的体系的再思考》,载 http://www.feilan.com/showarticle.asp?id=79&sort=民法研究。

[14] 参见王利明:《物权法研究》,中国人民大学出版社 2002 年版,第 103 页。

独立适用也可以结合适用。但是只有两者同时并存的立法模式才是对民事权利的最完善的保护机制，缺少任何一个都是不完备的。

二、民事权利请求权保护体系的基本内容和基本作用

(一)请求权保护体系的基本内容

原权请求权与次生请求权具有不同的性质，因此具有不同的内容。

1. 原权请求权的基本内容

原权请求权的产生是以存在的绝对权或相对权为基础，其存在的目的是为实现和保护绝对权或相对权的完满状态、绝对权不被破坏的完好状态，相对权得以顺利实现。

原权请求权体系包括人格权请求权、身份权请求权、继承权请求权、物权请求权、知识产权和债权二次请求权。

原权请求权的内容基于不同的权利而有不同。基于物权产生的物上请求权，具体内容包括：返还原物请求权、停止侵害请求权、收益返还请求权、占有请求权（返还占有请求权和排除占有妨害请求权）等；家庭法上的身份权请求权，包括抚养请求权、扶养请求权、赡养请求权、配偶权请求权等；继承法上有继承权请求权；人格权请求权，包括排除妨害请求权、停止妨害请求权、恢复名誉请求权、赔礼道歉请求权等；知识产权请求权则存在消除影响请求权、排除妨碍请求权，停止侵害请求权、恢复名誉请求权等。在债权中，债务人不履行债务的债权人产生的二次请求权等。

2. 次生请求权的基本内容

次生请求权与原权请求权的性质是不同的。次生请求权是基于他人违反民事义务或侵害民事权利而产生的权利，其实质是权利人请求相对人承担民事责任。次生请求权主要表现为侵权请求权，是基于权利被侵害而生的权利保护的请求权，因而其基本性质虽然也是请求权，但它是次生的请求权。

在侵权法中，侵权请求权主要包括以下请求权：停止侵害请求权、排除妨碍请求权、消除危险请求权、返还财产请求权、恢复原状请求权、赔偿损失请求权、消除影响请求权、恢复名誉请求权、赔礼道歉请求权、侵权行为禁令请求权。

在侵权行为法领域，在这些次生请求权中，最主要的请求权是侵权损害赔偿请求权。对于其他的侵权请求权，一是其作用并不特别重要；二是存在整合的问题，究竟是将其放在侵权请求权当中，还是归并于原权请求权中，仍是一个值得研究的问题。

(二)民事权利请求权保护的基本作用

正是由于原权请求权与次生请求权的上述性质和作用，它们对保护民事权利的重要作用主要表现在以下几个方面：

1. 使实体权利的保护具体化，能够让民事实体权利人明确权利保护的具体途径

民事权利的保护必须有具体的方法和途径，而请求权就是支持一方当事人向他

方当事人有所主张的方法和途径,请求权基础也就是指可以支持一方当事人向他方当事人有所主张的法律规范。[15] 因此,请求权基础的寻找,是保护民事权利的核心工作。在某种意义上,甚至可以说,寻求民事权利的保护,就在于寻找请求权的基础。请求权基础是每一个学习法律的人必须彻底了解,确实掌握的基本概念及思考方法。[16] 如所有人的商标权遭受侵害的情况下,所有人可以根据知识产权请求权,要求立即停止侵害,这种请求权不是债的请求权,而是独立的实体权利。由于债权主要是请求权,而其他的各项权利在受到侵害以后也都转化为请求权;权利人行使请求权,将使义务人履行义务,反过来说,要使某人在民法上的义务得以履行,必须赋予权利人以相应的请求权,所以,请求权的产生,保障了权利的行使和义务的履行。[17] 这样,也就使民事权利人明确,要保护自己的权利,也就必须通过请求权的方法才能够实现。

2. 明确民事权利保护的起点,填补诉讼之前权利请求的空白状态

(1)请求权成为权利保护的起点。民事权利自身不会保护自己,而民事权利在其与诉讼权利之间,必须以请求权作为权利保护的起点,将民事实体权利与诉讼权利结合起来。如果没有请求权的保护方法,就会造成误解,认为权利的保护起点是诉权。如果确实是这样的话,即没有请求权的保护方法存在,就不存在民事权利的保护,民事权利的保护就无法进入诉讼阶段,无法得到保护。正因为如此,请求权乃要求特定人为特定行为(作为、不作为)的权利,在权利体系中居于枢纽地位,因为任何权利,无论是相对权或绝对权,为发挥其功能,或恢复不受侵害的圆满状态,均须借助请求权的行使。可见,请求权保护方法的发明,使权利人的权利实现更为周延。

(2)请求权沟通和划分了实体法与程序法的界限。在诉讼理论中,虽然有关诉讼标的的研究就诉讼标的或诉讼对象提出不同的观点,但其核心都涉及实体性的请求权。[18] 从程序法的角度来看,请求权构成了民事诉讼的前提和中心。

(3)请求权联系现实权利。请求权是一项独立的实体权利。它不依赖在它之前就已存在的、它为之服务的权利,而单独存在。它具有独立的经济价值,本身就属于一种权利,因此权利人可以转让、抵消和免除。如侵害物权而产生的损害赔偿请求权,该请求权并不是为了实现所有权,而是就不可改变的侵害后果加以补偿,具有独立的债权意义,请求权界定了权利遭到侵害而产生诉讼之前的实体形态,把实体权利与现实权利联系起来了。

3. 扩张了民法典的内在功能,使民法典中基于债的规定可以应用到权利保护请求权之上

---

[15] 参见王泽鉴:《法律思维与民法实例》,中国政法大学出版社2001年版,第56页。
[16] 参见王泽鉴:《法律思维与民法实例》,中国政法大学出版社2001年版,第50页。
[17] 参见王利明:《民法总则研究》,中国人民大学出版社2004年版,第214页。
[18] 参见朱岩:《论请求权》,载王利明主编:《判解研究》(2003年第4辑),人民法院出版社2004年版,第75页。

请求权作为一种民事权利,广泛存在于民法的各个领域,如人格权法、亲属法、债权法、物权法、知识产权法和继承领域。在民法上规定请求权,只要规定其种类等基本问题即可,不必再规定其具体的规则,因为请求权的具体规则实质上就是债权法的规则。同时,请求权的提出也加强了民法的完整体系,通过请求权的体系连接,使民法成为逻辑更为严密的有机整体。请求权体系理念的发展,为从整体上把握民法,从体系的角度为运用民法奠定了基础。[19] 民法典中各部分请求权的规定,可以使人们对自己的权利遭受侵害后的救济权有清楚的认识,可以根据不同情况选择对自己有利的救济办法,从而最大限度地保护权利人的合法权益。通过清晰的请求权体系的规定,也为法官审理案件准确适用法律提供了基础。

4. 整合权利与诉讼时效的关系,使不同的权利保护请求权与诉讼时效建立不同的关系

请求权确定了诉讼时效制度的适用范围,只有次生请求权才可以使用诉讼时效,而原权请求权并不与诉讼时效相联系。在德国法中,诉讼时效的适用对象仅限于部分请求权(《德国民法典》第 194 条第 1 款)。[20] 在我国,《民法通则》尽管规定了特殊诉讼时效的适用范围,但对普通诉讼时效的范围规定得并不明确。学者认为,原则上诉讼时效的适用范围限于请求权。[21] 并且认为,适用诉讼时效的请求权的类型包括债权请求权、继承请求权。不适用诉讼时效的请求权包括基于人格关系发生的不作为请求权,基于身份关系发生的请求权,物权请求权,未授权给公民、法人经营、管理的国家财产受到侵害的不受诉讼时效期间的限制和基于投资关系和储蓄关系的请求权。请求权体系的建立和划分,明晰了权利与诉讼时效之间的关系,促使权利人及时行使权利。

三、原权请求权与次生请求权的关系调整

民事权利保护请求权中的原权请求权与次生请求权之间关系的调整,主要是指两种请求权体系之间的竞合关系如何协调。此外,在这里也要顺便研究次生请求权中是不是要规定侵权禁令请求权的问题。

(一)关于原权请求权与次生请求权的竞合

同一种生活事实或者大体一致的生活事实可以构成不同的请求权发生的规范的要件,因而构成竞合。问题是,在对这种事实适用法律时,是只适用一种规范,还是适用两种规范;在后一种情况下,是发生多个请求权,或者,在内容相同时,只发生一个

---

[19] 参见王利明:《民法总则研究》,中国人民大学出版社 2004 年版,第 214 页。
[20] 参见〔德〕迪特尔·梅迪库斯:《德国民法总论》,邵建东译,法律出版社 2000 年版,第 90 页。
[21] 参见王利明:《民法总则研究》,中国人民大学出版社 2004 年版,第 715 页。

请求权,而这个请求权在法律中是基于多种原因形成的。[22] 在法律上,竞合是指因某种法律事实的出现,而导致两种或两种以上的权利产生、各项权利相互发生冲突的现象。[23] 依同一法律事实,于同一当事人间具备两个以上的法律要件,成立有同一目的的两个以上之请求权状态,谓之请求权并存或竞合。[24] 请求权竞合是指基于一个法律事实产生数个请求权,该数个请求权的救济目的相同,但是数个请求权的内容相互冲突,只能选择其中一个请求权行使的请求权并和现象。

在原权请求权与次生请求权两个权利之中,就存在这样的状态。基于一个法律事实,既发生原权请求权,又发生次生请求权,两种请求权的目的都是为了保护同一个民事权利,救济的目的和范围都相同,但其内容相互冲突,这就构成了请求权竞合。现在所要研究的是,原权请求权与次生请求权之间竞合的后果应当怎样处理?这是解决两个请求权之间关系协调的关键问题。对此,应当从根本上进行分析,作出最有利的判断。

在请求权竞合问题的处理上,传统学理有两种观点:一是法律竞合论;二是请求权竞合论。此外,在传统请求权竞合理论之后,学理又提出了请求权规范竞合论的学说。

1. 法律竞合论(法条竞合论)

法律竞合论最初是由赫尔维格将刑法上的法条竞合论引入民法领域而形成。这一理论以刑法上的法条竞合论为基础,认为一个法律构成要件在发生的时候,如果导致多个不同的请求权同时存在,而这些请求权的目的只有一个时,实际上是一种法律竞合的现象,竞合的是法条,而不是请求权,真正的请求权只有一个。在这种情况下,解决问题的方法,仅仅是如何正确适用法律的问题。根据法律竞合论的观点,在法律竞合的情况下,各竞合的法条之间,或者存在特别法与一般法的关系,或者存在补充规定与法条吸收的关系。法院在适用法条时,应当审查所涉及的数个法条之间的关系,适用其中最适当的法条,而排除其他法条的适用。[25] 在法律竞合的情况下,实际上最终只涉及一个请求权,法律竞合论有时会使受害人丧失有利的请求权,牺牲的是权利人的权利。这种选择显然对权利人不利。

2. 请求权竞合论

请求权竞合论又分为请求权自由竞合论和请求权相互影响论。

请求权自由竞合论认为,在因为同一个事实关系而发生复数的请求权,并且这些请求权的给付目的为同一时,各个请求权可以同时并存。在成立要件、举证责任、赔偿范围、时效以及抵消等方面,各个请求权相互独立。对这些竞合的请求权,当事人可以选择其中一个请求权进行主张,也可以就所有请求权同时主张,还可以就不同的

---

[22] 参见〔德〕卡尔·拉伦茨:《德国民法通论》,王晓晔等译,法律出版社2003年版,第348页。
[23] 参见王利明、杨立新编:《侵权行为法》,法律出版社1996年版,第111页。
[24] 参见史尚宽:《债法总论》,中国政法大学出版社2000年版,第227页。
[25] 参见段厚省:《请求权竞合研究》,载http://www.jcrb.com/zyw/n275/ca259284.htm。

请求权先后主张。权利人还可以将其中一个请求权让与他人,自己保留其他的请求权,或者将请求权让与不同的他人。也就是说,权利人可以自由处分各个竞合的请求权。当其中一个请求权遇到目的之外的障碍无法行使时,其他的请求权可以继续行使;当一个请求权因为罹于时效而消灭时,其他未过时效的请求权继续存在。当事人行使其中一个请求权未获满足,可以继续行使其他的请求权。但是,如果其中一个请求权获得满足,其他的请求权即随之消灭。[26] 这样处理请求权竞合的结果,由于是请求权出于自由的状态,因此既不容易处理各请求权之间的关系,也和程序法规定相违背。不容易处理,因为这样做会导致以下可能,即一个请求权被让与,另一个没有被让与出去,从而使只负一种给付的债务人要面对几个不同的债权人。而债权人就自己不同的请求权分别起诉,这在今天的诉讼法中是不可以的。[27] 这也显然违背了公平的原则,与法律的目的不符。因此,德国学理和判例又发展出请求权相互影响说。

请求权相互影响说,是主张在请求权竞合的情形,当事人只可主张一个请求权,不得重复或同时主张复数的请求权。但是,为克服不同请求权在管辖法院、诉讼时效、证明负担、证明标准、赔偿范围等方面的差异给原告带来的不便和不公,允许不同的请求权之间可以相互影响。在主张契约上的请求权时,可以适用侵权法上的有关规定;在主张侵权法上的请求权时,也可以适用契约法上的有关规定。以损害赔偿的范围为例,在伤害身体健康的情形,权利人在侵权法上享有广泛的赔偿范围,在主张基于契约的请求权时,可以同样适用。[28]

3. 请求权规范竞合论

该学说为德国学者拉伦茨提出。拉伦茨认为,在同一事实符合侵权责任和债务不履行责任的规定时,被害人实体上的请求权只有一个。相互竞合的并不是请求权,而是请求权的基础。拉伦茨同时指出,法律竞合论所说的一般义务(不得侵害他人利益的义务)与特别的契约义务的区别是错误的。在法律规定的背后,只有一个义务的存在,只是因为学理上的需要,这个义务才被作了不同的安排。因此只要违反了义务,实际上只有一个违反义务的状况,所以其法律效果也只有一个。这样,以同一给付为目的,而有数个规范作为基础的请求权,权利人只能请求一次,债务人也只须履行一次。该请求权经裁判后,权利人不得对同一事实以其他的法律观点再行提起新的诉讼。德国另一学者 Esser 在处理侵权责任与违约责任时也采这一观点,认为是请求权基础的竞合,而不是请求权的竞合。他认为,因为同一事实可以适用多个相异的法条时,从权利保护的目的来观察,请求权仅有一个,但是请求权的基础却有多个。因此,除非各法条之间有特别法与一般法的关系外,无论法律效果的发生是适用物权法或者是债权法所致,其法律效果都是相同的,请求权也只有一个。[29]

---

[26] 参见段厚省:《请求权竞合研究》,载 http://www.jcrb.com/zyw/n275/ca259284.htm。
[27] 参见[德]卡尔·拉伦茨:《德国民法通论》,王晓晔等译,法律出版社 2003 年版,第 352 页。
[28] 参见段厚省:《请求权竞合研究》,载 http://www.jcrb.com/zyw/n275/ca259284.htm。
[29] 参见段厚省:《请求权竞合研究》,载 http://www.jcrb.com/zyw/n275/ca259284.htm。

我国大陆学者并没有如德国、日本或者我国台湾地区学者那样，对请求权竞合问题进行深入研究，因为我国过去研究竞合都是从民事责任竞合的角度出发的，且我国立法并没有明确绝对权请求权的存在，主要是对侵权责任与违约责任、返还不当得利与侵权责任的竞合的研究，从请求权的角度研究竞合还比较少。从学者们的观点来看，我国学理有的采请求权竞合论[30]，并对其进行适当限制，对法律竞合论和请求权规范竞合论基本上没有涉及。

原权请求权和次生请求权之间的竞合，应当竞合到什么程度呢？我国学者有几种意见[31]：

第一种意见认为，规定原权请求权和次生请求权"绝对分开"，不让它们发生竞合。按照这种意见，原权请求权只规定损害除去请求权和损害停止请求权，而次生请求权则规定为损害赔偿请求权。这样，两种请求权就不会发生竞合，也就不存在选择的问题。如果请求损害赔偿，只能行使次生请求权；如果请求损害除去或者损害停止，则只能行使原权请求权。

第二种意见认为，规定原权请求权和次生请求权"完全竞合"，也就是原权请求权和次生请求权的内容规定的完全一样，在诉讼时效之内，可以行使次生请求权，在诉讼时效完成之后，则只能行使原权请求权。

第三种意见认为，规定次生请求权和原权请求权"部分竞合"。例如，原权请求权规定损害除去请求权、损害停止请求权、财产损害赔偿请求权，而次生请求权除了规定这三种请求权之外，还规定精神损害赔偿请求权。这样，次生请求权的内容较之于原权请求权就存在区别，如果在诉讼时效期间之内行使次生请求权，可以获得较多的赔偿，而超过了诉讼时效期间，行使原权请求权则不能获得精神损害赔偿。这样规定，可以鼓励权利人及时行使权利，保护自己的权利。

第四种意见认为，将原权请求权和次生请求权"分别规定"，将绝对请求权的保护方法称为请求权，而将次生请求权称为侵权责任，这样，就能够区分两者之间的关系了，也不至于在竞合规则上大费脑筋和大做文章了。

我国学者比较一致的意见是：第一，规定原权请求权和次生请求权不发生竞合，不符合客观事实，是做不到的。第二，如果将两种请求权规定为完全竞合，这样做倒是简单，但是，这样规定也就没有任何意义了，完全可以只规定一个原权请求权就可以了。第三，将两种请求权一种规定为请求权，一种规定为责任，虽然简单明了，但即使是如此，责任的基础还是请求权问题，还是要发生竞合。因此这种意见也不宜采取。因此，采取第三种意见即部分竞合的意见，是最好的选择。具体内容，还可以继续研究，但是基本的原则就应当这样确定。

---

[30] 参见王利明主编：《民法·侵权行为法》，中国人民大学出版社1993年版，第211—234页；邹海林：《不当得利请求权与其他请求权的竞合》，载《法商研究》2000年第1期。

[31] 参见杨立新：《制定民法典侵权行为法编争论的若干理论问题——中国民法典制定研讨会讨论问题辑要及评论》，载《河南省政法管理干部学院学报》2005年第1期。

按照这种意见,笔者认为,原权请求权与次生请求权的关系,就是部分竞合的关系。按照这样的思路协调两种请求权的关系,既有实际意义,也在理论上划清了两种请求权的界限,是最可取的。在全国人大常委会法工委的《物权法(草案)》关于物权请求权的规定,以及在民法典专家建议稿关于人格权请求权的规定中,对此规定的都是完全竞合。㉜ 这样设计的后果,就使次生请求权即侵权请求权没有必要存在。

(二)侵权禁令的规则

在制定侵权行为法过程中,很多学者提出应当规定侵权行为禁令。侵权行为发生后,如果确有必要,受害人可以向法院请求发布禁令,由法院发布侵权行为禁令,禁止侵权行为人实施某种侵权行为。我国学者对此有两种意见。第一种意见持肯定态度,认为禁令能够更好地保护权利人的权利。第二种意见持否定态度,认为既然《侵权行为法》已经规定了较为详细、完备的侵权请求权,禁令就没有必要存在了。对此,持肯定态度的学者为多数,认为侵权请求权和侵权行为禁令不是一回事,各自适用的范围和保护的方面并不相同,有各自存在的必要。因此,在规定了侵权请求权的同时,侵权行为法也应当规定侵权行为禁令。对此,笔者表示积极赞同,侵权行为禁令有自身的优势,是侵权请求权不可替代的。

禁令,也称为禁制令,是指为制止侵权行为,使权利免受侵害和侵害危险的一种措施。它类似我国《民法通则》第134条规定的停止侵权和在诉讼中的对停止侵权先予执行的裁定。㉝ 侵权禁令就是法院根据当事人的申请发布的令侵权人停止正在实施或即将实施的某种侵权行为,从而使权利人免受侵害或侵害危险的一种强制性措施,其目的在于保护权利人免受继续发生或将要发生的侵害,预防难以弥补损害的发生。最早的侵权禁令,是英美法系国家在知识产权诉讼中常见的一种行之有效的救济手段。

英、美知识产权法都赋予知识产权的权利人提起禁止侵权行为的禁令救济措施的请求权。如《英国专利法》规定了相当于知识产权请求权的请求禁令救济的条款。美国联邦法院法官和知识产权权利人对知识产权的侵权禁令更是情有独钟。根据美国专利法律的规定,美国对专利权保护的民事诉讼救济措施主要为禁令和损失赔偿。禁令是制止专利侵权行为使专利权免受侵害和侵害危险的一种有效措施。美国指定的几个联邦法院享有对专利侵权行为发出禁令的职权。采取禁令的范围和程度,要与保证专利权的安全相适应,由受诉法院在认为合理的范围、程度内决定。在《德国著作权法》中对涉及著作权的侵权行为,权利人享有不作为请求权和排除请求权的权利。日本《专利法》《著作权法》和《商标法》均规定有禁止侵权行为的请求权。㉞

在美国,对禁令规定了三种类型,包括临时禁令、预备禁令和长期禁令。临时禁

㉜ 参见王利明:《中国民法典草案建议稿及说明》,中国法制出版社2004年版,第43页。
㉝ 参见蒋志培:《美国对专利侵权的法律救济》,载 http://www.szip.org.cn/llyjzl06.html。
㉞ 参见《论我国立法和司法确认的知识产权请求权》,载 http://hskj.3322.net/newpage85004.htm。

令,是一个临时限制命令可以在通知或不通知对方当事人的情况下作出,但必须满足严格要求,并且申请人在申请时必须提供担保,以防申请不当而造成对方当事人的损失。临时禁令主要是为了应付这样一种紧急情况,即公司雇员当天就要携带商业秘密投入其竞争对手。预备性禁令,是为了在当事人收集证据与法院审理期间使一切维持现状,也是作为案件正式听审之前的应急措施。长期禁令是法院对案件的最后裁决,近似我国的停止侵害判决。[35]

规定侵权禁令的优点主要有以下几点:

(1)可以扩大权利人请求权的范围,可以更好地保护民事主体的物权、人身权、知识产权等权利。

(2)可以简化请求权的形式,使受害人基于侵权行为即可提出请求或诉讼,不必有充足的证据,可以有效地保护受害人的利益。因为申请人要交纳一定的担保金,不会妨碍对所有人、占有人利益的保护。如果法院最终裁定被告侵权,禁令执行期间的损失则当然由侵权者承担;若法院最终裁定被告不构成侵权,则禁令造成的损失将由原告的担保金作赔。

(3)可以有效地保护权利人的利益。法院发布侵权禁令,不需要确定申请人一定胜诉,只要有胜诉的可能即可。因此,禁令的请求权比损害赔偿请求权的实现要及时、迅速,省去了实现损害赔偿请求权的漫长诉讼阶段,可以及时保护受害人的利益,防止损害的扩大。

在我国司法解释中,对侵权行为禁令有所体现。如1988年4月2日施行的最高人民法院《关于贯彻执行〈中华人民共和国民法通则〉若干问题的意见(试行)》第162条规定:"在诉讼中遇有需要停止侵害、排除妨碍、消除危险的情况时,人民法院可以根据当事人的申请或者以职权先行作出裁定。"该司法解释,明确规定了人民法院对当事人所提停止侵害等请求的处理,这说明权利人的合法请求权不但可以获得最终、永久性的裁判支持,也可以在诉讼中获得先行裁定的支持。

世界贸易组织的TRIPs协议对侵权行为禁令作了明确规定。TRIPs第41条规定,世界贸易组织对其成员在知识产权执法上,提出的最低要求是全方位的,即:防止、制止和阻止。制止侵权是对已经发生的侵权活动采取的执法措施,例如下达临时禁令等属于这类救济。阻止进一步侵权是针对将来可能继续发展的侵权活动所采取的措施,如下达永久禁令。[36]为适应入世的需要,我国新修定的《专利法》《商标法》《著作权法》都规定了这项强制措施。同时,最高人民法院制定的《关于对诉前停止侵犯专利权行为适用法律问题的若干规定》《关于诉前停止侵犯注册商标专用权行为和保全证据适用法律问题的解释》两项司法解释,都对诉前临时禁令的适用作了专门规定。"临时禁令"的规定,成为司法界主动面对世贸规则的一个重要标志。

---

[35] 参见周文:《商业秘密保护的法律完善》,载http://www.yfzs.gov.cn/ 2003-09-18 10:54:26。

[36] 参见郑成思:《知识产权论》,法律出版社2001年版,第618页。

笔者认为,完善我国民法的请求权体系,与世界通行的规则接轨,有必要规定侵权行为禁令,它不仅可以适用于知识产权侵权领域,也可以适用于物权、人格权、身份权等受到侵害的权利保护领域,全方位保护权利人的合法权益。

在规定侵权行为禁令时,应明确规定发布侵权行为禁令时主要考虑的因素,应从以下方面考虑:一是原告获得胜诉的可能性;二是原告请求采取该措施的紧迫性,如可能蒙受难以弥补的损失等;三是采取该措施给予被申请人或其他利害关系人带来难以弥补的损害;四是所采取措施对社会公众利益的影响等。

侵权行为禁令具备的条件应考虑为:一是由利害关系人提出申请。法院原则上不主动启动侵权行为禁令,申请人根据需要在诉前或诉讼中提出请求,由法院根据情况决定。二是具有立即停止侵害、排除妨碍、消除危险的紧迫性。如不立即停止侵害、排除妨碍、消除危险将会给权利人带来难以弥补的损害。三是申请人提供担保。对于诉前的申请,涉及有巨大经济价值的侵权行为,申请人应提供担保。对于法院要求提供担保的,申请人应提供担保。

关于侵权禁令的种类,可以采用美国的方法分为三种,即临时禁令、预备禁令和长期禁令。立法应当根据不同的禁令,规定不同的适用条件。

四、民事权利保护请求权与本权请求权的关系

在研究了民事权利保护请求权之间的关系之后,还应当顺便研究一下本权请求权与民事权利保护请求权之间的关系问题。

本权请求权,是民事权利本身的请求权,是权利本身的内容。主要有两种:一是权利本身就是请求权,如债权;二是权利本身虽然是绝对权,但其具有请求权的内容,如身份权中的请求权。

在权利保护请求权体系中的原权请求权,也是民事权利本身的权利,但是这种请求权的性质并不是实现该权利的必要内容,而是保护该权利的请求权。一方面,有的权利本身不具有本权请求权,只是在权利受到侵害或者有侵害之虞时,有原权请求权的存在;另一方面,即使是民事权利本身就是请求权或者就具有请求权的内容,但是原权请求权的存在,是为了保护本权请求权不受到侵害,或者受到侵害之后,能够迅速得到救济,得到恢复。因此,本权请求权与原权请求权并不是一种权利,本权请求权是权利本身的内容,而原权请求权则是本权保护的请求权。

在权利保护请求权体系中的次生请求权,不是民事权利本身的权利,而是基于权利受到侵害的事实而发生的新权利,是保护民事权利的侵权请求权。这种请求权,与本权请求权是有本质区别的,纯粹是为了保护本权而设置的请求权。因此,本权请求权与权利保护请求权之间的关系,是并存关系,各个独立存在于民法的权利体系当中,并不互相排斥。

为了表述得更为清楚,笔者设计了以下表格,说明民法请求权体系,同时借以说

明民事权利保护请求权在请求权体系中的地位和相互关系。

附表：

民法请求权体系

	分类	权利内容		适用范围	关系
民事权利	权利内容	无本权请求权的绝对权	权利内容	人格权 物权 知识产权	并存关系
		有本权请求权的绝对权	权利内容	身份权 继承权 物权中的共有权	
			本权请求权		
		相对权	本权请求权	债权	
	原权请求权	人格权请求权 身份权请求权 继承权请求权 物权请求权 知识产权请求权 债权二次请求权		所有民事权利	
权利保护请求权		损害除去请求权 损害防止请求权 违约责任(不履行义务责任)请求权 其他请求权		所有民事权利	部分竞合关系
	次生请求权	损害赔偿请求权 其他民事责任请求权 侵权禁令请求权		所有民事权利 (包括侵害债权的请求权)	

说明：本表中的原权请求权是一个请求权，从体系上说归属于两个部分：从民事权利的角度出发，是民事权利的组成部分；从民事权利保护的角度出发，是权利保护请求权体系的一个组成部分。

抗辩与抗辩权[*]

抗辩和抗辩权,是民法上极为重要的概念。但是对这两个相关概念的不同含义及其类型,学界的认识较为模糊。例如,在我国学者中,大多认为广义的抗辩权包括抗辩的概念[①],即广义上的抗辩权包括狭义的抗辩权和诉讼上的抗辩。这种认识不符合抗辩权概念的历史发展,颠倒了两个概念之间的种属关系。本文将试图对抗辩与抗辩权、抗辩与民事诉讼中的否认及反诉作出较为清晰的阐释。

一、抗辩

在诉讼上,当事人对于原告请求主张的事实,反映态度不外有以下四种:即陈述(无该事实—否认)、不知或不记得有该事实、承认该事实(自认或先行自认的承认)或不为任何陈述(不争执)。而对自认往往伴有附带陈述而主张其他事实或权利来对原告的请求进行对抗,这就是抗辩。所以,在民事诉讼中,所谓抗辩,是针对请求权提出的一种防御方法,是指当事人通过主张与对方的主张事实所不同的事实或法律关系,以排斥对方所主张的事实的行为。

我国有学者认为,抗辩可分为三类[②]:

(1)权利障碍的抗辩,即主张原告之请求权,基于特定的事由而自始不发生。例如法律行为的当事人无行为能力;限制行为能力人所订立的合同未得法定代理人追认;合同内容违反法律强制性规定;合同内容违反社会公共秩序与善良风俗;无权代理未得本人追认;合同不成立和自始客观给付不能。

(2)权利毁灭(或消灭)的抗辩,即主张原告的请求权虽一度发生,但其后因特定事由已归于消灭。例如,已清偿及代物清偿、免除、混同、给付不能和提存。有人认为,抵消和撤销权的行使也属于权利毁灭的抗辩。[③] 对此,笔者将在后文中进行分析。

(3)抗辩权,即被告对于原告之请求,有拒绝给付之权利。

---

[*] 本文发表在《河北法学》2004年第10期,合作者是国防科技大学教授刘宗胜博士。
[①] 参见林诚二:《民法总则编讲义》(上),台北瑞兴图书股份有限公司1996年修订版,第76页。
[②] 参见梁慧星:《民法总论》,法律出版社2001年版,第82页。
[③] 参见王泽鉴:《法律思维与民法实例——请求权基础理论体系》,中国政法大学出版社2001年版,第174页。

上述前两类抗辩,学说上称为诉讼上的抗辩。后者称为实体法上的抗辩权。④ 在德国,诉讼上的抗辩被称为不需要主张的抗辩,实体法上的抗辩权被称为需要主张的抗辩。⑤ 无须主张的抗辩,在民法上主要表现为否定性抗辩,即否认请求权形成或存续合理性的抗辩,具体分为阻止权利效力发生的抗辩和消灭权利效力发生的抗辩。需要主张的抗辩,是一般不排除请求权本体,只暂时或永久性阻碍其行使效力的抗辩。学理上对这些抗辩又分为延迟性抗辩权和排除性抗辩。⑥

笔者认为,学者们把权利障碍的抗辩和权利毁灭(或消灭)的抗辩称为诉讼上的抗辩,并不科学,在逻辑上不够清楚。因为作为实体法的抗辩权也主要在诉讼中提出,抗辩权的行使必须在诉讼中主张或至少必须以各种方式将其抗辩权导入到诉讼程序中去。⑦ 实体法上的抗辩权为什么不能称为诉讼上的抗辩呢? 我们必须注意到,在民事诉讼上,使用的抗辩概念的含义很广,包括实体法上的抗辩,还包括程序法上的特有的抗辩。

应当说,依实体法上抗辩权所为的诉讼上抗辩和依权利毁灭的抗辩及权利障碍的抗辩所为的诉讼上的抗辩,均为以实体法为基础的抗辩,应均称为实体法上的抗辩。程序法上特有的抗辩,是指当事人主张与实体法上的事项没有关系的事实或事项以排斥相对方的请求。它完全与实体法上的抗辩无关,属于程序法上的法律强制形式,是程序性行动的合理根据。程序法上特有的抗辩有妨诉抗辩和证据抗辩两类。⑧ 前者指被告举证证明本诉不合法或诉讼要件欠缺,拒绝对原告的请求进行辩论。通常系被告作为向法院声明以裁定驳回原告之诉的理由而主张。有人认为,诉讼要件的存否,原则上属于法院的职权调查事项,不以被告的主张为必要。因此,此时被告的主张,不过具有促使法院发动职权的意义,不适于给予抗辩之名。⑨ 后者指当事人举证证明相对方提供的证据不合法、不真实或缺乏证明力,要求不予采纳。但证据方法的调查或不调查属于法院的职权,同时证据力的有无亦委之法院的自由心证,证据抗辩仅为当事人陈述证据上的意见的一种法律上的陈述而已,并非真正的抗辩。⑩ 笔者认为,诉讼要件不存在或被告提出证据抗辩理由,也是对原告请求权的一种防御方法,所以将其称之为抗辩也未尝不可。对这一点,德国学者也认为,民诉法中也使用"抗辩权"一词。在偶然的情况下,这个词代表与民法中的抗辩权一样的意思(《德国民事诉讼法》第 305 条),一般情况下则是指另一个概念。从《德国民事诉讼法》第 274 条"诉讼阻却"可以清楚地看出这一点。这一概念产生于第 283 条"举证抗辩"和第 278 条、第 146 条"防御方法"的抗辩,据此看来,民诉法中的抗辩(本文

---

④ 参见王泽鉴:《民法实例研习丛书(一):基础理论》,作者自版,第 90 页。
⑤ 参见[德]迪特尔·梅迪库斯:《德国民法总论》,邵建东译,法律出版社 2000 年版,第 82—84 页。
⑥ 参见龙卫球:《民法总论》,中国法制出版社 2001 年版,第 146—147 页。
⑦ 参见[德]迪特尔·梅迪库斯:《德国民法总论》,邵建东译,法律出版社 2000 年版,第 87 页。
⑧ 参见陈刚:《证明责任法研究》,中国人民大学出版社 2000 年版,第 237 页。
⑨ 参见骆永家:《否认与抗辩》,载《民事法研究》(二),台北三民书局 1986 年版,第 5 页。
⑩ 参见骆永家:《民事诉讼法》,台北三民书局 1988 年版,第 218 页注 1。

中所指的程序法上特有的抗辩)是一种用以阻却原告的防御方法,而与被告是否具有民法中的抗辩权无关。⑪

据此,笔者认为,抗辩应作如下分类:抗辩分为实体法上的抗辩和程序法上的抗辩。实体法上的抗辩又分为权利障碍的抗辩、权利毁灭的抗辩和抗辩权。前两类抗辩基于一定的事实,可称事实抗辩,而事实抗辩是指债务人基于某种特殊事实而主张从来没有出现请求权或者先前出现的请求重新消灭。债务人基于某种特殊事实而主张从来没有出现请求权的抗辩被称为权利障碍抗辩,债务人基于某种特殊事实而主张先前出现的请求重新消灭的抗辩被称为权利毁灭抗辩;权利障碍抗辩表现在诉讼效果上即是可以从该事实中得出:"由原告陈述所推出的法律后果自始起不能发生,其存在受到阻碍。"⑫权利毁灭抗辩表现在诉讼上的后果为:"从当时起或从现在起原告已存在的权利已经消灭。"⑬后一类抗辩则是基于法定的权利,可称为权利抗辩,其表现在诉讼上的效果是:原告的请求权虽存在,但其效力被永久或一时地排除了。程序法上的抗辩则分为妨诉抗辩与证据抗辩。

综上所述,抗辩的分类如图所示:

抗辩	程序法上的抗辩	妨诉抗辩	
		证据抗辩	
	实体法上的抗辩	权利障碍抗辩	事实抗辩
		权利毁灭抗辩	
		抗辩权——权利抗辩	

有的学者认为:"反驳对方诉讼请求有两种方式,即主张对方的权利因妨碍因素而未能发生,或主张对方的权利已经消灭。"⑭这里的意思就是说,把民事诉讼上的反驳等同于事实抗辩。这一主张颇有值得商榷之处。笔者认为,反驳是指一方当事人提出于己有利的事实和理由,为反对当事人的主张所进行的辩论。根据被告所提出的事实和理由的不同,被告的反驳可以分为程序上的反驳和实体上的反驳。⑮ 程序上的反驳,是指被告根据民事诉讼法的规定说明原告的诉讼请求是违背法律规定的。如被告提出原告不是本案符合条件的当事人、此案件不属于人民法院管辖范围等。实体上的反驳,是指被告以实体法律为根据,说明原告的实体权利请求是不合法的。如被告用事实证明原告的权利根本就不存在或已经实现,也可以证明原告提出的作

---

⑪ 参见 Jahr:《民法典中的抗辩权》,载《法学教育》1964 年,第 135 页。
⑫ 〔德〕奥特马·尧厄尼希:《民事诉讼法》(第 27 版),周翠译,法律出版社 2003 年版,第 232 页。
⑬ 〔德〕奥特马·尧厄尼希:《民事诉讼法》(第 27 版),周翠译,法律出版社 2003 年版,第 233 页。
⑭ 江伟主编:《民事诉讼法学》,复旦大学出版社 2002 年版,第 294 页。
⑮ 参见章武生主编:《民事诉讼法学》,河南大学出版社 1991 年版,第 171 页。

为诉的理由的事实,根本就没有发生过或与事实真相不符,等等。

从以上分析我们可以得出结论:即民事诉讼上的反驳包括事实抗辩和程序法上的抗辩,但不包括权利抗辩,即不包括抗辩权。所以,从民事诉讼的意义而言,抗辩包括反驳和抗辩权。

二、抗辩权

(一)抗辩权的概念

对于抗辩权的概念,说法不一,学者们对其大致有下面几种定义:

(1)认为"抗辩权是对抗请求权或否定对方权利的权利"。[16]

(2)认为"抗辩权者,妨碍相对人行使权利之对抗权也"。[17]

(3)认为"抗辩权指权利人用以对抗他人之请求权之权利"。[18]

(4)认为"抗辩权者,系得妨碍他人行使其权利,尤其拒绝请求权人行使其请求权的对抗权。抗辩权须经行使,始对原法律关系予以影响,故可谓为以妨碍他人行使权利,尤其拒绝他人之请求为其内容之一种特殊形成权"。[19]

(5)认为"因请求权人行使权利,义务人有可以拒绝其应为给付之权利者,此项权利,谓之抗辩权"。[20]

(6)认为抗辩权属于广义形成权之一,乃对抗请求权之权利。其作用在于防御,而不在于攻击,因而必待他人之请求,始得对之抗辩。又抗辩权主要虽在对抗请求,但并不以此为限,对于其他权利之行使,亦得抗辩,如对于抵消权行使之抗辩及对抗辩权之抗辩,均不失为抗辩权(学者则称前者为准抗辩,后者为再抗辩,两者可合称为反对权)。[21]

从上述六种对抗辩权的定义看,第一种观点没有把握实体法中抗辩权的本质,如前所述,抗辩权在诉讼上所产生的效果是承认对方请求权的有效存在。所以抗辩权不是否认权,不是一种否认对方权利的权利。第二种观点与第四种观点基本上是一致的,是从广义上理解抗辩权的,认为抗辩权是对抗一切权利的对抗权,只不过第四种观点强调了主要对抗请求权,而且认为抗辩权属于形成权的一种。第三、第五、第六种观点也基本一致,但它们是从狭义上理解抗辩权,把抗辩权对抗的对象限定为请求权,但第六种观点还指出了抗辩权的性质,即是一种防御性的权利。

---

[16] 马俊驹、余延满:《民法原论》(上册),法律出版社1998年版,第83页;佟柔主编:《中国民法》,法律出版社1990年版,第39页;王利明主编:《民法》,中国人民大学出版社2000年版,第46页。

[17] 史尚宽:《民法总论》,中国政法大学出版社2000年版,第28页。

[18] 梁慧星:《民法总论》,法律出版社2001年版,第81页。

[19] 洪逊欣:《中国民法总则》,自版1993年修订版,第57页。

[20] 梅仲协:《民法要义》,中国政法大学出版社1998年版,第31页。

[21] 参见郑玉波:《民法总则》,台北三民书局1984年版,第51页。

由上述对抗辩权的定义可以看出,抗辩权有广义和狭义之分。广义的抗辩权是妨碍他人行使其权利的对抗权。至于他人行使的权利是否为请求权,在所不问。从逻辑上言,无请求即无抗辩,无请求权即无抗辩权存在的必要。如果将请求权比做矛,抗辩权就是盾。所以,民法上的抗辩权应仅指狭义的抗辩权。狭义的抗辩权乃专指对抗他人请求权行使的权利,也就是拒绝相对人请求给付的拒绝给付权。

(二)抗辩权的特征

抗辩权相对应的是请求权和形成权。与请求权和形成权相比较,抗辩权具有如下几个基本特征:

1. 抗辩权具有永久性

关于抗辩权是否有一定的期限限制问题,有学者认为,抗辩权大都应有期限限制。因为请求权是有时效限制的,因而作为其反面的抗辩权,原则上也应当有期限限制,否则会使已经形成的法律关系处于不确定状态。该期限可能是法定的,也可能法律没有规定;而且同时履行抗辩权也应在履行期限内提出。[22] 但另有学者认为,权利若表现为攻击的形态,即要求对方变更现状的形态,表现于诉讼上,自会产生权利行使期间限制(消灭时效)的问题;反之,以防御的形态即以抗辩权的形态,对他方的变更现状请求主张消极的现状维持,表现于诉讼上时,则不应受到权利行使期间的限制,即抗辩权具有"永久性"的特征。简言之,即消灭时效只能在请求权里存在,反之,在抗辩权里则不受此限制。[23] 笔者认为,特别应注意的是,这里所说的"永久性"与前述抗辩权分类中的永久抗辩权的"永久"不可混为一谈。永久抗辩权的"永久",是就其效力可永久排除对方的请求而言,而"永久性"的永久,则指抗辩权不单纯因时间之经过而消灭而言。故不但永久抗辩权具有永久性,而延缓的抗辩权亦具有永久性。[24] 例如同时履行抗辩权,虽为延缓的抗辩权,虽然应在履行期限内提出,然而如果对方永久不为对待给付而向此方请求,则此方即可以永久行使抗辩权,不能单纯因时间的经过而使抗辩权消灭。

2. 抗辩权具有无被侵害的可能性

凡是权利,无论是绝对权还是相对权,虽然其权利内容不一,但均有不被侵害的效力,任何人都负有不得侵害的消极义务,这已成为权利的共同属性。但是抗辩权却例外,它没有被侵害的可能,不能成为侵权行为的对象。因为抗辩权在行使前,对原法律关系不产生任何影响,但一经行使,具体的权利义务关系随即发生一定的变化,他人没有干预的机会。抗辩权在行使的过程中也没有被侵害的可能,因为抗辩权的行使行为是一种单方法律行为,权利人只要将其意思通知送达于对方就可以立即产生法律后果,无须他人行为的介入,因而也就没有被侵害的可能。

---

[22] 参见王利明:《民法总则研究》,中国人民大学出版社 2003 年版,第 221 页。
[23] 参见刘得宽:《民法新问题与新展望》,中国政法大学出版社 2002 年版,第 539 页。
[24] 参见郑玉波:《论抗辩权》,载郑玉波:《民商法问题研究》(四),台北三民书局 1991 年版,第 45 页。

3. 抗辩权具有不可单独让与性

抗辩权是否可以单独转让,目前为止学界仍有疑义,但学者对于抗辩权可否单独转让也没有进行比较深入的讨论,通常认为须附随其所附的基本权利义务一起让与方可。可是,如果权利人或义务人把抗辩权单独让与,受让人是否可以取得抗辩权?笔者认为,抗辩权为附属一定法律关系上的权能,其实质是权利的作用,抗辩权与所依附的基本权利义务的关系至为密切,而权利的作用须依附在基本权利义务的法律关系下才能够发挥其效能,因此,抗辩权的行使具有专属性。抗辩权一旦与基本权利义务的法律关系分离,则作用本身无法单独存在,也将无行使的可能,故具有不可单独转让的特征。

4. 抗辩权具有无相对义务观念性

所谓无相对义务观念性,是指"无须相对人介入"。[25] 也就是说,因抗辩权不需相对人的协力,因而抗辩权无相对义务观念而存在。相比较,请求权作为一种相对权,在其法律关系中,一方当事人享有权利,相对方当事人总要负有某种义务,权利人权利的实现是建立在义务人履行作为或不作为义务的基础上的,即必须介入相对人的行为才可以实现其权利。由于抗辩权具有无相对义务观念性,因此在抗辩权法律关系中,只要权利人将抗辩的意思表达予对方,即可产生法律规定的效果,既不需要相对人的作为或者不作为,也不需要相对人对该意思通知表示同意或不同意,也就是说相对人不负任何义务。

(三)抗辩权的类型

从上文的分析可以看出,实体法上的抗辩又分为权利障碍的抗辩、权利毁灭的抗辩和抗辩权。事实抗辩和权利抗辩正是前两类抗辩和后一类抗辩的概括。抗辩权以区别标准之不同可作如下分类:

1. 独立抗辩权与从属抗辩权

抗辩权以其是否从属于主债权为区别标准,可分为独立抗辩权与从属抗辩权。

独立抗辩权的权利人,自己不必有主债权存在,仅对于他方债权的行使,可以进行抗辩。此时对方的债权称为附有抗辩权的债权,其效力是不完整的。例如时效完成抗辩权、先诉抗辩权均为独立的抗辩权。

从属抗辩权的权利人,自己须有请求对待给付的债权,其抗辩权即从属于该债权而存在,提供担保作用。因而,该债权一旦消减,则其抗辩权亦随之消减。例如,同时履行抗辩权就是从属抗辩权。应注意的是,所谓的从属抗辩权的从属性,指从属于有抗辩权一方的债权而言的,但对其相对人的债权而言,则并非具有从属性,只能说相对人债权是附有抗辩权的债权,其效力不完整而已,两者不可混为一谈。

---

[25] 林诚二:《论形成权》,载杨与龄主编:《民法总则争议问题研究》,台北五南图书出版社1999年版,第77页。

2. 永久性抗辩权、延缓性抗辩权和限制性抗辩权

抗辩权以其效力强弱的不同为区别标准,可分为永久性抗辩权、延缓性抗辩权和限制性抗辩权。

永久性抗辩权是指该抗辩权的行使可使请求权行使的效力被永久排除,其在诉讼上的效果为,可使原告的诉讼请求得到驳回的裁判,例如时效完成的抗辩权。有人认为,在德国法上,对不法行为取得的债权的抗辩(《德国民法典》[26]第 853 条)、请求履行的债务,是没有法律上的原因而承担的抗辩(《德国民法典》第 821 条),也是一种永久抗辩权。[27] 但笔者认为,这两种"抗辩权"所对抗的请求权,均无合法的权源,双方之间的法律关系建立在无效的法律行为基础之上,其权利的存在或存续本身就没有合法的基础,因此,对抗方是否认其请求权本身,应属于事实抗辩,而不是我们所说的抗辩权。还有人认为,债的消灭如清偿、混同也属于永久抗辩权。[28] 这种观点并不正确,如前所述,抗辩权是以对方请求的有效存在为基础的,而事实抗辩则是以否认对方请求权为前提。债的消灭的抗辩是以对方请求权已经消灭为由,因此,它也应当属于事实抗辩而不是抗辩权。

延缓性抗辩权是指仅能使对方请求权于一定期间内不能行使或暂时地排除其请求权的效力,故也称为一时的抗辩权。[29] 延缓性抗辩权主要有同时履行抗辩权、不安抗辩权、先诉抗辩权和穷困抗辩权。

限制性抗辩权的效力表现在:义务人承认存在请求权,主张此种限制性抗辩权既不能永久,也不能暂时地阻止权利人请求权的效力,只能够令权利人有限地行使其请求权。如《德国民法典》第 2014 条、第 2015 条所规定的继承人仅以遗产为限承担被继承人债务的有限责任继承抗辩权。我国《继承法》第 33 条第 1 款也规定,继承遗产应当清偿继承人依法应当缴纳的税款和债务,缴纳税款和清偿债务以他的遗产实际价值为限。这条规定就是限制性抗辩权。

三、抗辩与抗辩权及与否认的区别

(一)抗辩与抗辩权的区别

抗辩(事实抗辩)和抗辩权(权利抗辩)尽管在民事诉讼中都表现为实体法上的抗辩,但这两者之间还有以下区别:

(1)实体上的抗辩权为一种权利的作用,它以请求权的有效存在为前提,它表现为一种对抗权。而抗辩则为一种被告用以防御方法之主张,这种主张表现为否认请求权形成或存续的合理性,不是以原告权利之存在及有效为前提。

---

[26] 指 2002 年 1 月 1 日《德国债法现代化法》施行后,重新颁布的《德国民法典》。
[27] 参见〔德〕拉伦茨:《德国民法通论》(上册),王晓晔等译,法律出版社 2003 年版,第 330 页。
[28] 参见林诚二:《民法总则编讲义》(上),台北瑞兴图书股份有限公司 1996 年修订版,第 77 页。
[29] 参见郑玉波:《民商法问题研究》(四),台北三民书局 1991 年版,第 43 页。

（2）实体法上之抗辩权，须法律条文中有明文规定，它是一种法定的权利。而事实抗辩为诉讼权之行使，只要有可以防御原告主张的事实存在，就可以主张。正如有人指出的那样："《民事诉讼法》中的抗辩是指所有的'事实上的主张'（不是:权利），它们或者提出些诉讼的前提条件，或者是对于原告的实体法权利提出问题。"[30]

（3）实体法上的抗辩权与事实抗辩（权利障碍之抗辩、权利毁灭之抗辩）的区别还体现在证明责任的分配上，即是否必须由当事人主张，法院才加以审查上。

抗辩权（如前所述，德国法上称为不需主张的抗辩）既然为一种权利，其效力不过对已存在的请求发生一种对抗的权利而已。而作为权利而言，义务人是否主张有其自由，当事人是可以放弃的。所以在诉讼中，义务人放弃抗辩之权利时，法院不得审究，须经当事人主张，法院方可加以斟酌。而事实抗辩（德国法上称为需要主张的抗辩）则为一种事实，这种事实的存在与否直接决定着原告请求权的有效存在与否，足以使原告请求权归于消灭。故在诉讼进行中，当事人纵未提出抗辩，法院有时也应查明案件事实，如果认为有抗辩事由的存在，为当事人的利益，须依职权予以有利之裁判。在诉讼中，当事人即使提出了事实抗辩和抗辩权，也会产生不同的后果。在当事人提出了事实抗辩的情况下，法官也应当依职权注意当事人所主张的事实抗辩，因为这总是或者涉及合法性问题，或者涉及权利争议整体问题，或者涉及法律救济问题，等等，这里法院原则上不受双方当事人行为的拘束，特别是不受自认的拘束，并且应当自己主动审查事实。而在当事人一方提出了抗辩权的情况下，法院要受到双方当事人行为，特别是自认的拘束。

依罗森贝克的观点，当事人针对相对方请求权主张行使抵消权的，同样视为权利限制规范（即抗辩权）的内容。[31] 中国学者也同样将这类权利的行使视为主张抗辩权。[32] 对此笔者无法赞同。

抵消权在民法上属于形成权，抵消权作为形成权，可以消灭权利，而且该权利的行使不以他人先行请求权为前提。抗辩权的作用在于防御，而不在攻击，抗辩权不导致权利的消灭，它是独立于请求权之外的权利。[33] 与此类似，撤销权、解除权都是形成权。如果当事人在诉讼之前即有抵消、撤销、解除事实的存在，则当事人可以证明该事实存在作为权利消灭抗辩，而不是行使抗辩权。

（二）抗辩与否认的区别

1. 否认及其分类

根据语言学的解释，否认就是不承认。[34] 在民事诉讼中，否认是指一方当事人认

---

[30] 〔德〕拉伦茨:《德国民法通论》（上册），王晓晔等译，法律出版社2003年版，第333页。
[31] 参见〔德〕莱奥·罗森贝克:《证明责任论》，庄敬华译，中国法制出版社2002年版，第106页。
[32] 参见高圣平:《担保法新问题与判例》，人民法院出版社2001年版，第284页。
[33] 参见史尚宽:《民法总论》，中国政法大学出版社2000年版，第29页。
[34] 参见中国社会科学院语言研究所:《现代汉语词典》，商务印书馆1978年版，第382页。

为对方当事人所主张的事实为不真实或不存在的事实上的陈述。[35] 有学者把权利消灭抗辩视为一种否认,进而认为这是一种否认权。[36] 这其实是对概念的混淆,因为否认是一种诉讼行为,不一定具有实体法上的事由。但权利消灭抗辩却是根据实体法上的事由而提出的。

对于否认的分类,有人认为,根据是否提供证据支持自己的否认主张,可以分为言辞否认与举证否认。言辞否认仅仅是提出否认的理由,举证否认则是当事人提出相反的证据,证明与相反方的主张相反的事实,从而作出否认。[37] 笔者认为,这一分类在逻辑上不妥,因为按照举证责任分配的一般理论,否认者对被否认的事实不承担举证责任,而抗辩者则须对抗辩事实承担举证责任,怎么还会存在举证否认呢?所以只能存在言辞否认,而不存在举证否认。举证否认在实质上是一种抗辩,否认者此时提出的证据就是证据学中的反证。

反证与本证相对应,本证是指对待证事实负有证明责任的当事人所提出的证据材料,不仅原告证明其主张的事实存在的证据是本证,被告证明其抗辩的事实存在的证据也是本证。如甲起诉要求乙偿还借款 500 元,被告提出所借 500 元已偿还,并提出还款收据为证,这里被告提出的证据也是本证。反证则是指对待证事实不负证明责任的一方当事人,以证据证明相反事实存在的证据材料。[38] 在证明责任的含义未解决之前,有的学者对本证与反证的区分并非十分清楚。当对某一要件事实的证明责任仅存在于一方当事人这一原则得到确认之后,这种区分就可以明晰起来。

通常反证是在本证之后提出,因为当负有证明责任的一方当事人提出本证后,并使事实认定发生不利于对方当事人的变化,法官即将或已经形成认定事实的临时心证,对方当事人才有提出反证的必要。但不排除先行提出反证的可能,尤其是当证明责任分配不甚明确之时,提前出示反证可在诉讼中赢得主动。

言辞否认是指否认者在未提供证据的情况下,仅仅以言辞陈述的方式对相对方的主张予以否定。言辞否认包括以下几种[39]:

(1)单纯否认,又称直接否认,指当事人主张相对方主张的事实为不真实,对相对方主张的事实直接予以否定。例如,在返还借贷诉讼中,被请求人针对请求人的主张金钱借贷关系事实提出"我从来没有向你借过钱"的主张,就是单纯否认。

(2)推论否认,指当事人以不知道、不清楚或不记得相对方的主张事实为由,对相对方的主张事实予以否定。例如,被请求人针对请求人主张的金钱借贷关系,提出"我不知道有借过你的钱这回事"的主张,就是推论否认。

(3)积极否认,这种否认又称间接否认或附理由的否认,即当事人主张与对方主

---

[35] 参见陈刚:《抗辩与否认在证明责任法学领域中的意义》,载《政法论坛》2001 年第 3 期。
[36] 参见魏振瀛主编:《民法》,北京大学出版社 2002 年版,第 39 页。
[37] 参见徐巍:《民事诉讼中的抗辩与否认》,载中国法院网,2003 年 3 月 12 日访问。
[38] 参见常怡主编:《民事诉讼法学》,中国政法大学出版社 2001 年第 3 版,第 179—180 页。
[39] 参见陈刚:《证明责任法研究》,中国人民大学出版社 2000 年版,第 236—237 页。

张的事实势不两立的别个事实,以否认对方主张的事实。[40] 也有人认为,积极否认是指当事人承认相对方主张的要件事实存在,但否认其主张的效果事实[41];要件事实指法律规范规定、可以引起法律关系产生、变更或消灭的事实;效果事实则指法律关系本身产生、变更或消灭的事实;依法律要件分类说,就是权利所产生、妨碍、消灭或限制的效果。例如,被请求人针对请求人主张的金钱借贷关系事实,提出"这笔钱是你赠送给我的"主张,就是积极否认。由于赠与关系与借贷关系属于不同的法律关系,因此,被请求人的主张属于否认而不是抗辩,进而请求人仍应对借贷关系成立要件事实(权利成立要件事实)承担证明责任。

单纯否认和推论否定是针对相对方的要件事实,而积极性否认只能针对相对方的效果事实作出。

言辞否认虽然不以事实为依据,但在诉讼中仍有存在的价值。言辞否认的本质在于要求法官判断对方证据是否达到证明标准,以免轻易形成内心确认的心证。

2. 抗辩与否认的区别

区分抗辩和否认的意义主要在于证明责任的分配上。在诉讼中,法官按一定标准,将事实真伪不明的风险,在双方当事人之间进行分配。尽管证明责任由哪方当事人承担是实体法预置的,但仍然有必要设置一定原则作为分配证明责任的标准,以便法官在法无明确规定时,正确地在当事人之间分配证明责任。

近代关于证明责任的分配学说,主要是德国的三大学说[42]:

(1)"法规分类说"。该说认为,实体法条文中通常有原则规定和例外规定,凡要求适用原则规定的人,只就原则规定要件事实的存在负证明责任,而例外规定的要件事实由对方当事人证明。

(2)"待证事实分类说"。该说依区分标准又可分为消极事实说、外界事实说、推定事实说。其中消极事实说影响最大,消极事实说把待证事实分为积极事实和消极事实,认为主张积极事实的人应承担证明责任,主张消极事实的人不承担证明责任。消极事实说的缺点在于:一是对同样一个事实,有时无法按表述方式区别是消极事实还是积极事实,如"某人属于未成年人"可以表述为"某人不属于成年人";二是有时证明消极事实比证明积极事实更容易,或者至少难易相当。如证明某人"在场"与证明某人"不在场"的难易程度是没有差别的。[43]

(3)"法律要件分类说"。该说依据实体法规定的法律要件事实的不同类别分配证明责任,其中最有影响的是罗森贝克教授的规范说。他把所有与权利相关的法律规范分为彼此对立的两大类:一类是能够产生权利的规范,称为"基本规范"或"权利发生规范",另一类是与产生权利规范相对立的"对立规范",这类规范又可分为:一

---

[40] 参见骆永家:《否认与抗辩》,载《民事法研究》(二),台北三民书局1986年版,第3页。
[41] 参见徐魏:《民事诉讼中的抗辩与否认》,载中国法院网,2003年3月12日访问。
[42] 参见卞建林主编:《证据法学》,中国政法大学出版社2000年版,第334—336页。
[43] 参见陈刚:《证明责任法研究》,中国人民大学出版社2000年版,第177页。

是权利障碍规范,指权利发生之初,对权利发生效果进行妨碍,使权利不能发生的规范,如无行为能力人;二是权利消灭规范,指权利发生之后,能使已存在权利归于消灭的规范,如债务的履行;三是权利限制规范,指权利发生之后准备行使之际,能对抗权利进行遏制、排除的规范,如诉讼时效规定。㊹ 于是,主张法律关系存在的当事人应对基本规范规定的要件事实承担证明责任,主张法律关系不存在的当事人应对对立规范规定的要件事实承担证明责任。

罗森贝克规范说的一个致命弱点是有关权利发生规范与权利障碍规范的划分。因为一种法律效果的要件有时通过不同的表述方法,既可能是权利成立事实,也可能是权利妨碍事实。例如,关于民事行为能力,虽然可以将有民事行为能力(成年人)作为合同成立的根据,将无民事行为能力(未成年人)作为妨碍合同效力发生的依据,但成年和未成年实际属于一种对立的事实,相对实体法而言,是将成年人作为权利发生规定还是将未成年人作为权利妨碍规定,其意义是完全相同的。㊺

规范说的反对者以此对规范说进行了有力的攻击,以致罗氏学派不得不放弃"权利障碍规定"的概念,国内也有学者提出放弃规范说,回到罗森贝克之前另一位学者莱昂哈特的两分法(即只区分权利规范和权利消灭规范)。㊻ 但是即使如此,如何在当事人之间分配证明责任的问题还是没有得到解决。㊼ 因为法官在具体案件中仍然会面临把某一要件事实的证明责任以何标准分配给哪一方当事人的问题。

权利发生事实与权利障碍事实之间的模糊不清,必然会引起对抗辩和否认区别的困难。例如,原告作为请求人提出诉讼要求判决被告履行合同义务,被告则主张附停止条件,且条件尚未成就,对此原告则主张条件已经成就。如果认为停止条件未成就作为权利妨碍规定,则被告主张为抗辩,并对此承担证明责任;如果认为停止条件成就作为权利发生规定,被告主张未成就是否认,相应应由原告对条件成就承担证明责任。史尚宽先生便认为此处被告的主张是否认。㊽

法律要件分类说自创立以来,对世界各国的证明理论研究产生了重大影响,并被许多国家立法或判例承认。我国《关于民事诉讼证据的若干规定》第5条的规定,便是法律要件分类说的体现。上述对实体法上抗辩的划分,与罗森贝克规范说中对立规范的划分是完全一致的。抗辩与否认的关键区别在于证明责任承担不同。在诉讼中,往往会出现双方当事人对某一事实提出正反不同的主张,双方的主张均未被充分证明或均无法足以推翻对方的主张时,识别哪方主张为抗辩,哪方主张为否认,从而正确分配证明责任,将决定案件的裁判结果。

按照举证责任分配的一般理论,否认者对被否认的事实不承担举证责任,而抗辩

㊹ 参见[德]莱奥·罗森贝克:《证明责任论》,庄敬华译,中国法制出版社2002年版,第104—107页。
㊺ 参见陈刚:《证明责任法研究》,中国人民大学出版社2000年版,第191页。
㊻ 参见毕玉谦:《民事证据法判例实务》(修订版),法律出版社2001年版,第508页。
㊼ 参见柴发邦主编:《民事诉讼法学》(修订本),北京大学出版社1992年版,第155页。
㊽ 参见史尚宽:《民法总论》,中国政法大学出版社2000年版,第501页。

者则须对抗辩事实承担举证责任。这一理论最早来源于罗马法。在罗马法时期,法学家们提出了举证责任分配的两条原则:第一,原告负有举证的义务。原告未尽举证责任时,就应作出被告胜诉的判决;原告尽到举证责任时,被告就应以反证推翻原告所提出的证据,特别是在被告提出抗辩时,应对其抗辩提供证据。第二,肯定者有证明的义务,否定者没有证明义务。

罗马法的这两条原则为后世关于举证责任分配规则的研究奠定了基础。在后来的罗马法注释法学家时期和德国普通法时期,有的学者以第一个原则为主线来论证举证责任的分配,认为原告应当对其诉求进行举证,被告则应当对其抗辩进行举证,如果原告或被告提出了再抗辩或再再抗辩,则应当分别对其再抗辩或再再抗辩举证。有的学者则以第二个原则为主线论证举证责任的分配,认为对消极的(否定的)事实的举证是很难的,不应要求否定者进行举证。这些原则逐渐演化为大陆法系国家近代举证责任分配的学说,其中最具代表性的学说是待证事实分类说和法律要件分类说。

待证事实分类说与上述第二个原则具有紧密联系。法律要件分类说则与上述第一个原则具有重要关联,是对"原告应对诉的原因举证,被告应对抗辩事实举证"这一原则的重要发展。

在当代,尽管待证事实分类说因为存在很多缺陷而基本已被人们所抛弃,但是对"否定者不承担举证责任"这一从罗马法时代流传至今的举证责任的分配原则,各国民事诉讼理论和实务则普遍予以承认和坚持。至于法律要件分类说虽然也受到了不少质疑,尽管该学说有不少缺点,受到不少新说的攻击,但因其统一性、稳定性、可预测性和易操作性,仍应作为我国证明责任分配的基本标准[49],仍然是理论界和司法实务部门关于举证责任分配的通说,为实现当事人之间的平等和攻防手段的平衡,抗辩者对其抗辩事实进行举证被认为是理所当然的要求。因此,正确区分抗辩和否认,实为诉讼证明中重要的一环。

(1)抗辩与积极否认。在实务中,权利障碍抗辩与积极否认很容易混淆,有人认为,它们的相同之处在于[50]:第一,两者都承认相对方主张的要件事实成立;第二,两者都排除相对方主张的效果事实。

两者之间的区别在于:权利障碍抗辩是在承认双方当事人之间的法律关系的前提下,通过证明其他事实的存在而排除相对方的效果事实。而积极否认则是通过主张当事人之间是另一种法律关系从而否认对方当事人的请求。认为相对方主张的效果事实没有因为相对方主张的要件事实成立而成立,换言之,积极否认者认为相对方所主张的要件事实尚无法足以证明效果事实的成立。例如,被请求人针对请求人主张的金钱借贷关系事实提出"这笔钱是你赠送给我的"主张,由于赠与关系与借贷关

---

[49] 参见陈刚:《证明责任法研究》,中国人民大学出版社2000年版,第272页。
[50] 参见徐巍:《民事诉讼中的抗辩与否认》,载中国法院网,2003年3月12日访问。

系属于不同的法律关系,从而否定了原告的要求,因此,被请求人的主张属于否认而不是抗辩。如果被请求人承认当事人之间确实存在着借贷关系,但提出了其他事实而排除了原告的请求,这就属于抗辩。

(2)抗辩与单纯否认。抗辩,不论是权利障碍抗辩还是权利毁灭抗辩,当事人都承认双方之间存在过一定的法律关系,只是因为抗辩事由的出现,原告所主张的法律后果不能发生或者原告的权利已经消灭。而单纯否认则是否认方从根本上不承认双方当事人之间存在过任何法律关系。

(3)抗辩与推论否认。在推论否认中,尽管当事人是以不知道、不清楚或不记得相对方的主张事实为由,对相对方的主张事实予以否定,但否认方也是从根本上不承认双方当事人之间存在过任何法律关系。我国《关于民事诉讼证据的若干规定》第8条第2款似乎不承认推论否认的效力,应引起高度重视。[51] 实务中应慎用推论否认,以免导致拟制的自认。所谓拟制的自认,是指对一方当事人主张的对于自己不利的事实,对方当事人并不明确争辩,而以单纯的沉默行为或者回避式地表示"不知道""不了解"作出承认。

3. 抗辩与反诉的区别

反诉,在英国和美国称为反请求,是指在已经开始的诉讼程序中,被告向本诉的原告提出的一种独立的反请求。抗辩和反诉的区别体现在:第一,二者的法律关系不同。反诉是一个独立的诉讼请求,其目的在于达到与本诉债权抵消、并吞,使原告的权利全部或者部分失去。反诉与本诉可以合并审理,也可以不合并审理而另行起诉,具有独立性。而抗辩中的债务人只能在债权人提起的诉讼程序中进行,不能单独进行。而且无论如何抗辩,都不能产生新的诉讼请求。第二,二者的法律地位不同。本诉被告因反诉理由成立而与本诉原告处于同等的诉讼地位,成为本诉原告,即使本诉的撤回也不能影响其反诉部分的审理,与本诉的原告享有同等的权利和义务。法院必须从程序上或实体上对反诉作出明确的裁判。而在抗辩中,抗辩者不可能改变其在诉讼中的法律地位,无论如何抗辩,其始终是被告。第三,二者提起的时间不同。反诉只能在一审法庭辩论结束前提起,而抗辩意见则可以在一审、二审、重审、再审的任何时候提出。当然,抗辩者应对其提出的抗辩负举证责任,这也涉及了举证时限的问题。

4. 证明责任倒置后的抗辩与否认

证明责任倒置,是指将依法律要件分类说应当由主张权利的一方当事人承担的证明责任,改由另一方当事人就法律要件事实的不存在承担证明责任。[52] 证明责任倒置与举证责任的转换是不同的,它们之间的区别表现为:第一,证明责任倒置是提出

---

[51] 参见李国光主编:《最高人民法院〈关于民事诉讼证据若干规定〉的理解与适用》,中国法制出版社2002年版,第122—123页。

[52] 参见李浩:《民事诉讼中的证明》,载陈桂明、宁英辉主编:《2001年全国律师资格考试指定用书·诉讼法与律师制度》,法律出版社2001年版,第186页。

主张的一方不负担举证责任,而由反对的一方负担举证责任。证明责任的转换则是指谁提出主张和抗辩,谁就应当对此加以证明,它并没有免除任何一方的举证责任。第二,证明责任倒置应当由反对的一方反证证明某种事实的存在或不存在,否则就可能承担败诉的法律后果,这样的证明责任倒置往往和严格责任、过错推定和因果关系推定联系在一起。而证明责任的转换通常和这些问题无关。

证明责任倒置的直接结果就是使否认的主张成为抗辩。[53] 原本对要件事实不存在的主张属于否认,但现在却成为承担证明责任的抗辩,而主张要件事实存在者却成为对抗辩的否认。因此,否认者完全有可能主张某一积极事实的存在。罗森贝克教授对此作了如下说明:"主张是相对于适用的法律规范的事实要件存在的陈述,即使它以否认的形式出现,也同样是主张;否认是指对法定的事实要件视为不存在的陈述,即使它是以主张的形式出现,也同样是否认。"[54]

---

[53] 参见徐巍:《民事诉讼中的抗辩与否认》,载中国法院网,2003 年 3 月 12 日访问。
[54] 〔德〕莱奥·罗森贝克:《证明责任论》,庄敬华译,中国法制出版社 2002 年版,第 79 页。

论统一撤销权概念[*]

"撤销"一词,在民法上时常运用,且有不同的含义。法人的撤销、监护人的撤销等,均系使某种法律资格归于消灭;失踪宣告的撤销、死亡宣告的撤销,系指取消某种决定。这两类场合的撤销,均归授予法律资格或者作出决定的国家机关,属于司法权力或行政权力的活动。与此不同,民法上民事行为的撤销,是指民事主体通过行使撤销权,使民事行为的法律效力溯及既往地归于消灭。此处的撤销权系一种归属于具体民事主体的民事"权利",而非"权力"。[①] 本文所论撤销权仅指后者,为了明确区分,可以表述为私法性质的撤销权。以下所论皆在此种意义上使用撤销权的概念。

现有的民法学研究常见对某种具体情形的撤销权作出探讨,特别是对债权人的撤销权和意思表示瑕疵方的撤销权论述较多,偶见对二者作比较的也主要是从二者的区别而言。[②] 将民法中散见之撤销权加以归纳并为撤销权概括一个统一的定义,依笔者短浅视野所及未得一见。事实上,经过梳理,我们即可发现,撤销权是体现了民法几大基本原则的一个重要概念。关于撤销权的性质可谓众说纷纭,诸多著述主要围绕其性质探讨,而鲜有论及其体现的民法价值以及各具体撤销权间的共性。本文不求对其性质作出探讨,而希冀从另外的视角,即试图挖掘撤销权中蕴含的价值并对撤销权进行统一的界定。

一、撤销权的源起

撤销权制度源于古罗马法撤销之诉(actio Pauliana,德语所谓 Anfechtungsklage,法语所谓 Actionrevocatoire,由法语译为"废罢诉权"),此诉讼系罗马五大法学家之一保罗(Paulus)所创,故以其名命之。今之德语 Paulianischeklage、法语 actionPaulienne 即由拉丁语 actio Pauliana 转化而来。这种诉权,最初系为破产而设,后来非破产程序

---

[*] 本文发表在《兰州大学学报》(社会科学版)2007 年第 1 期,合作者是中国法学会法律信息部副主任王伟国博士。

[①] 参见韩世远:《合同法总论》,法律出版社 2004 年版,第 205 页。

[②] 梅仲协称:"民法债编及破产法上所谓债权人之撤销,与民法总则上之撤销,全异其趣。"参见梅仲协:《民法要义》,中国政法大学出版社 1998 年版,第 146 页。王利明认为,债的撤销权与可撤销合同中一方享有的撤销权在性质上有着根本区别。参见王利明:《民法总则研究》,中国政法大学出版社 2003 年版,第 160—161 页。

中也予以了适用。③

罗马撤销之诉存在三种形式(或曰经历了三个发展阶段)。首先是旧式破产程序之撤销之诉。指债权人扣押债务人的一切财产而拍卖，由买主以拍卖时应出的价格视为各债权人的债权额、按比例给付各债权人。扣押为破产程序。债务人于行使此程序之先，以害债权人的意思将自己的财产为第三人所有的行为，债权人可以撤销。但须有两种证明：一是证明第三人所处分的财产为债务人之所有物。二是证明第三人明知债务人有害债权人的意思。但因证明所有物极其困难，后发展为能证明债务人的占有物也可撤销。其次是新式破产程序之撤销之诉。为 praetor 所赋予，称为 interdictum fraudatorium，即诈害行为之撤销诉权。行此程序时，praetor 委托财人 curator 处分破产财团的财产，将卖得金履行对各债权人的义务，破产人于破产前如有诈害债权人的行为，管财人得撤销之，管财人的此种职权系基于 praetor 的命令。最后是优士丁尼时代的撤销之诉。优士丁尼编纂法典将新旧两式并而为一，总认为一个诉权，称为 actio Pauliana。④

罗马法时代的债权人撤销权具有集团性和刑事性；另外，在对债务人的诈害意思的把握上采主观主义。到了中世纪的意大利法，由于商业的兴隆以及信用交易的增多，出于保护债权人的目的，改采"客观主义"，对保罗诉权予以扩张。自此之后，被扩张部分的保罗诉权，在欧洲各国即表现为破产法上的否认权；主观主义的保罗诉讼，即成为破产外的债权人撤销权。⑤

废罢诉权制度对后世民法产生了重大影响，许多大陆法系国家或地区的民法采纳这一制度。一些大陆法系国家或地区的法律通常将撤销权制度分为两部分：一是破产法上的撤销权；二是破产法外的撤销权，通常规定在民法或债法中。⑥

其中，债权人的撤销权也肇始于罗马法的 actio Pauliana，经法国民法继受。德国就分破产上之撤销权与破产外之撤销权，分别规定于破产法及撤销权法中。我国台湾地区"民法"与日本民法相同，皆仿自法国民法，与代位权并列为"保全"，专设规定于民法中。⑦

---

③ 参见黄右昌：《罗马法与现代》，京华印书局 1930 年版，第 474 页。
④ 参见黄右昌：《罗马法与现代》，京华印书局 1930 年版，第 475—477 页。
⑤ 参见韩世远：《后世私法对罗马法 Actio Pauliana 的继承及中国法上债权人撤销权的构成》，载〔意〕桑德罗·斯奇巴尼主编：《罗马法·中国法与民法法典化——物权和债权之研究》，中国政法大学出版社 2001 年版，第 64 页。
⑥ 参见王利明：《民法总则研究》，中国人民大学出版社 2003 年版，第 56 页。
⑦ 参见孙森焱：《民法债编总论》，台北文太印刷企业有限公司 1982 年版，第 457 页。

二、撤销权在我国法律中的体现

我国 1999 年 10 月 1 日起施行的《合同法》也正式确立了债权人撤销权制度。⑧它突破了合同的相对性,使特定当事人之间的合同效力延伸至其他非合同关系人,对受到侵害的债权利益,权利人可以通过法院诉讼行使撤销权的方式保全自己的利益。

我国民法的撤销权制度,除了债权人的撤销权外,还有其他方面的撤销权,散见于相关民事法律规范之中,主要可归纳如下:

1. 意思表示瑕疵方的撤销权,指因欺诈、胁迫以及重大误解、显失公平、乘人之危导致的受害方的撤销权

《民法通则》第 59 条规定:"下列民事行为,一方有权请求人民法院或者仲裁机关予以变更或者撤销:(一)行为人对行为内容有重大误解的;(二)显失公平的。被撤销的民事行为从行为开始起无效。"《合同法》第 54 条规定:"下列合同,当事人一方有权请求人民法院或者仲裁机构变更或者撤销:(一)因重大误解订立的;(二)在订立合同时显失公平的。一方以欺诈、胁迫的手段或者乘人之危,使对方在违背真实意思的情况下订立的合同,受损害方有权请求人民法院或者仲裁机构变更或者撤销。当事人请求变更的,人民法院或者仲裁机构不得撤销。"

从立法原意上理解,"重大误解"是指权利人(或表意人)主观上的过失造成的,因此表意人享有撤销的权利,反之权利人若出于故意,则可能构成欺诈,使相对方可享有撤销权,表意人则不能主张重大误解。而"显失公平"侧重要求民事行为的内容不公平,至于其原因则在所不问。一般情况下,显失公平是由于权利人没有经验或者情况紧迫所致。最高人民法院《关于贯彻执行〈中华人民共和国民法通则〉若干问题的意见(试行)》第 72 条规定:"一方当事人利用优势或者对方没有经验,致使双方的权利与义务明显违反公平、等价有偿原则的,可以认定为显失公平。"

需要注意的是,对于欺诈、胁迫以及乘人之危的行为,《民法通则》将其规定为无效的民事行为,而《合同法》将其规定为除损害国家利益的外,为可撤销的民事行为。权利人即受害方有选择的权利,既可以保持其继续有效,也可以请求人民法院或者仲裁机构变更或者撤销该民事行为而使之归于无效,这体现了契约自由原则,是民法的私法自治(意思自治,下同)原则在合同法中的具体体现。

2. 善意相对人的撤销权,是指效力待定合同的权利人即善意相对人的撤销权利

《合同法》第 47 条规定:"限制民事行为能力人订立的合同,经法定代理人追认后,该合同有效,但纯获利益的合同或者与其年龄、智力、精神健康状况相适应而订立

---

⑧ 《合同法》第 74 条规定:"因债务人放弃其到期债权或者无偿转让财产,对债权人造成损害的,债权人可以请求人民法院撤销债务人的行为。债务人以明显不合理的低价转让财产,对债权人造成损害,并且受让人知道该情形的,债权人也可以请求人民法院撤销债务人的行为。"

的合同,不必经法定代理人追认。相对人可以催告法定代理人在一个月内予以追认。法定代理人未作表示的,视为拒绝追认。合同被追认之前,善意相对人有撤销的权利。撤销应当以通知的方式作出。"第 48 条规定:"行为人没有代理权、超越代理权或者代理权终止后以被代理人名义订立的合同,未经被代理人追认,对被代理人不发生效力,由行为人承担责任。相对人可以催告被代理人在一个月内予以追认。被代理人未作表示的,视为拒绝追认。合同被追认之前,善意相对人有撤销的权利。撤销应当以通知的方式作出。"效力待定的合同是合同效力取决于第三人同意的合同,这类合同已经成立,但因其不完全符合有关合同生效要件的规定,因此其效力能否发生,尚未确定,一般须经有权人表示承认才能生效。在合同被追认之前,权利人将已经成立的合同的效力归于消灭的权利,亦即撤销权。

3. 赠与人或赠与人的继承人的撤销权,是指在赠与法律关系中赠与人或其继承人的撤销权利

《合同法》第 186 条规定:"赠与人在赠与财产的权利转移之前可以撤销赠与。具有救灾、扶贫等社会公益、道德义务性质的赠与合同或者经过公证的赠与合同,不适用前款规定。"第 192 条规定:"受赠人有下列情形之一的,赠与人可以撤销赠与:(一)严重侵害赠与人或者赠与人的近亲属;(二)对赠与人有扶养义务而不履行;(三)不履行赠与合同约定的义务。赠与人的撤销权,自知道或者应当知道撤销原因之日起一年内行使。"第 193 条规定:"因受赠人的违法行为致使赠与人死亡或者丧失民事行为能力的,赠与人的继承人或者法定代理人可以撤销赠与。赠与人的继承人或者法定代理人的撤销权,自知道或者应当知道撤销原因之日起六个月内行使。"第 194 条规定:"撤销权人撤销赠与的,可以向受赠人要求返还赠与的财产。"

对于一般情况的赠与,法律赋予赠与人在财产移转前可无条件撤销的权利;对于基于受赠人的严重过错,赠与人或其继承人也有撤销权。这些规定表明,法律充分考虑到赠与作为单务法律行为的特点,注意从道义和法律上平衡赠与人的合法权益。

4. 破产撤销权,是指在破产程序开始后,权利人即清算组请求人民法院对破产债务人在破产程序开始前、法律规定的期限内实施的、有害于债权人利益的行为予以撤销,并将该行为产生的财产利益回归到破产财产的权利

各国破产法均规定了破产撤销权制度,对债权人给予救济。我国破产法采取列举式的立法模式,对撤销权适用的情形作了规定。《中华人民共和国企业破产法(试行)》第 35 条规定:"人民法院受理破产案件前六个月至破产宣告之日的期间内,破产企业的下列行为无效:(一)隐匿、私分或者无偿转让财产;(二)非正常压价出售财产;(三)对原来没有财产担保的债务提供财产担保;(四)对未到期的债务提前清偿;(五)放弃自己的债权。破产企业有前款所列行为的,清算组有权向人民法院申请追回财产。追回的财产,并入破产财产。"

5. 婚姻受胁迫方的撤销权,是指在身份关系范畴内,权利人即婚姻受胁迫方的撤销权利

《婚姻法》第 11 条规定:"因胁迫结婚的,受胁迫的一方可以向婚姻登记机关或人民法院请求撤销该婚姻。受胁迫的一方撤销婚姻的请求,应当自结婚登记之日起一年内提出。被非法限制人身自由的当事人请求撤销婚姻的,应当自恢复人身自由之日起一年内提出。"

撤销权制度从财产关系范畴进而引入身份关系范畴,表明了撤销权体现民法基本原则较强的一个特点。赋予婚姻受胁迫方的撤销权利,也体现了以人为本、保护弱者权益的精神。

6. 遗嘱人的撤销权,指遗嘱人对自己所立遗嘱的撤销权

《继承法》第 20 条规定:"遗嘱人可以撤销、变更自己所立遗嘱。……自书、代书、录音、口头遗嘱,不得撤销、变更公证遗嘱。"该种撤销权与赠与中的撤销权实际上有异曲同工之处。

7. 合同订立中要约方的撤销权

《合同法》第 18 条规定:"要约可以撤销。撤销要约的通知应当在受要约人发出承诺通知之前到达受要约人。"第 19 条规定:"有下列情形之一的,要约不得撤销:(一)要约人确定了承诺期限或者以其他形式明示要约不可撤销;(二)受要约人有理由认为要约是不可撤销的,并已经为履行合同作了准备工作。"

赋予要约方以撤销权,使其意思表示有进一步修正的机会,同时又作出一定的限制以维护受要约方的利益,可以说,这一权利体现了私法自治与公平原则。

三、统一撤销权概念的意义及其界定

以上浅论已可足见,各种具体的撤销权充分体现了民法的基本原则,乃民法中的一项重要制度。"名者,实之宾也。"[9]构建统一的撤销权概念不仅对各种散见的撤销权有更全面的把握,而且对民法基本原则和相关制度亦有助于深刻理解。

法律概念不是毫无目的诞生的,也不是毫无目的地被凑合在一起的。在法律概念的构成上必须考虑到拟借助该法律概念达到的目的,或实现的价值。[10]概念的构成及其拼装式的运用(konstruktive Verwendung),曾经是合理化复杂之法律规范的一条途径。换言之,它是导向体系思维的路(Der Weg zum Systemdenken)。[11] 概念的作用在于特定价值之承认、共识、储藏,从而使之构成特定文化的一部分,产生减轻后来者为实现该特定价值所必须之思维以及说服的工作负担。除非常技术者外,经价值共认的过程而相约成俗的法律用语在其价值共识的过程中,把价值负荷上去,且必须完成这个阶段,符号才有负载价值消息的能力。当法律负载了价值,便可应用法律概念来传递消息,并利

---

⑨ 《老子·庄子》,傅云龙、陆钦校注,华夏出版社 2000 年版。
⑩ 参见黄茂荣:《法学方法与现代民法》,中国政法大学出版社 2001 年版,第 45—46 页。
⑪ See Esser. Vorverstandnis and Methodenwabl in der Rechtsfindung[M]. 1970: 87.

用逻辑的运作减轻思维的负担,盖将法律所肯定的价值概念化后,可把很多复杂的考虑隐藏在法律所运用的用语里头,使得后来者不必再重复考虑这些情事。⑫

如果我们认识到,概念是司法推理的有价值的工具——没有概念,司法活动就不能得到准确的实施;又如果我们与此同时避免犯这样的错误,即把绝对、永恒且与任何社会目的——建构这些概念的目的很可能是服务于这些社会目的的——无关的实在性视为这些概念的属性,当我们努力对这些概念工具在司法中的效用进行评价时,我们便能获得一个妥适的视角。⑬ 所以,对撤销权概念进行统一界定,不只是为了理论上的完整与精细。因为,通过探究其内含价值,还可以指导司法实践,使司法者在深刻理解和全面把握的基础上更好地实现私法自治与国家强制之间的和谐。

为此,对统一撤销权的概念,笔者尝试作如此界定:撤销权,是法律基于意思自治、公平等民法基本原则,赋予一方当事人为补救其意思表示瑕疵或避免其遭受显失公平之不利益,而径直或通过诉讼(或仲裁等)程序使已经成立或生效的自身或他方之民事行为效力归于消灭的权利。

现代民法中的撤销权,已经成为民事权利体系中的一项重要制度,其具有许多鲜明的特点。具体而言,可概括为:

1. 撤销权制度集中体现了民法的几项重要基本原则

关于民法基本原则的确认,理论界存在一定分歧,但以下四种原则是不存在多大争议的,即私法自治原则、公平原则、诚实信用原则和公序良俗原则。这些基本原则的关系可表述为,平等原则是私法自治原则的逻辑前提。公平原则,意在谋求当事人之间的利益衡平。在民法上,只有违背私法自治原则的不公平的利益安排,才会成为民法通过公平原则予以纠正的对象。因此公平原则是对私法自治原则的有益补充。诚实信用原则,将最低限度的道德要求上升为法律要求,以谋求个人利益与社会公共利益的和谐。公序良俗原则,包括公共秩序和善良风俗两项内容,对个人利益与国家利益以及个人利益与社会公共利益之间的矛盾和冲突发挥双重调整功能。诚实信用原则和公序良俗原则是对私法自治原则的必要限制,力图谋求不同民事主体之间自由的和谐共存。可见,就诸民法基本原则的关系而言,私法自治原则是处于核心地位的民法基本原则。⑭ 撤销权就突出地体现了私法自治这一核心原则,以及作为该核心原则有益补充的公平原则和作为必要限制的诚实信用原则,同时间接地体现了公序良俗原则。

首先,体现了私法自治原则。比如给意思瑕疵方以救济,赋予其对已经作出的意思表示撤销的权利。这样的权利可行使或不行使,当然限定在一定时间内。其次,体现了公平原则,比如对于侵害债权或赠与(遗赠)人合法权益的情形,纵然民事行为

---

⑫ 参见黄茂荣:《法学方法与现代民法》,中国政法大学出版社2001年版,第52—54页。

⑬ 参见[美]E.博登海默:《法理学:法律哲学与法律方法》,邓正来译,中国政法大学出版社1999年版,第489—490页。

⑭ 参见王轶:《民法价值判断问题的实体性论证规则——以中国民法学的学术实践为背景》,载《中国社会科学》2004年第6期。

已经成立甚至生效,仍然赋予权利人(或其继承人)以撤销的权利。再次,还体现了诚实信用原则。这在债权人撤销权和破产撤销权中有较为明确的体现。正是因为权利人的相对人无偿或以明显低价转移财产,违背了诚实信用原则,致权利人的利益于危险境地。法律对此,不惜以牺牲债之相对性原则赋予权利人以撤销权,从而达到公平合理之状态。此种情形,除了体现公平原则外,也体现了诚实信用原则。最后,还间接体现了公序良俗原则。法律对违背公序良俗的民事行为认定为当然无效,而对不违背公序良俗的民事行为则赋予相对人可变更、可撤销的权利,可以说,撤销权也间接体现了公序良俗原则。

2. 撤销权的行使有一定的限制

权利的行使都是有条件的,而不是无限制的。对于一方消灭既存法律关系的一项救济性权利,撤销权更需要加以必要限制。否则,法律关系易处于随时变动状态,严重影响交易安全或社会秩序。撤销权的行使有一定的条件限制,这也体现了利益衡量原则。首先有时间限制,如不按期行使,则产生正当民事法律后果,撤销权不得再次行使。如意思表示瑕疵的撤销权、债权人的撤销权应在当事人自知道或者应当知道撤销事由之日起1年内行使。受胁迫一方撤销婚姻的请求,应当自结婚登记之日起1年内提出;被非法限制人身自由的当事人请求撤销婚姻的,应当自恢复人身自由之日起1年内提出。要约的撤销必须在受要约人发出承诺前到达受要约人,并在某些情况下不得行使撤销权。赠与财产转移后的撤销要以受赠人发生的过错行为为条件。这些限制表明,法律在尊重权利人意思自由的前提下,也注意到维护交易安全和社会稳定。

3. 撤销权无须基于对方的意思表示,而可单方面或通过诉讼(仲裁等)程序消灭既存的法律关系

在大多数情况下,权利对应着义务。但撤销权的行使不需要对方或他方的协助义务,或者说对应义务具有消极性,相对人有不作为或容忍义务,尊重权利人的单方变动行为并接受其作用后果。[15] 对于不经诉讼(仲裁等)程序的撤销权,这种理解当无疑义。对于经诉讼(仲裁等)程序的撤销权,即使撤销权人提出撤销以后,如果法院(仲裁机构等)不予确认,仍然不能发生撤销的后果,权利人不能完全依据自己的单方意愿而撤销、变更法律关系。因此,存在一定争议。对于这一问题,卡尔·拉伦茨(Karl Larenz)认为,在这种情况下,法院的参与具有这样的意义:因为很难介入另一方的法律地位,或者基于一个比较清楚的和比较容易确认的法律地位的公共利益,这种形成只有通过法院根据法律所要求的前提条件进行的审查才有可能成立。[16] 史尚宽认为:"撤销之意思表示,于诉讼上亦得为之。此时撤销权非以诉讼行之,乃以诉讼为机会而行使,从而其撤销不失私法上意思表示之性质,故其效力不因诉讼关系如何

---

[15] 参见龙卫球:《民法总论》,中国法制出版社2002年版,第125页。
[16] 参见〔德〕卡尔·拉伦茨:《德国民法通论》(上册),王晓华等译,法律出版社2003年版,第292页。

而受影响,于准备言词辩论之书状,为撤销之意思表示时,以该书状送达予相对人,而生撤销之效力。"⑰上述两位学者皆不认为诉讼程序会改变权利人单方面意思即可撤销的性质,这实际上与他们主张撤销权是形成权的性质分不开。⑱ 为了自圆其说,必然要做这样一种扩大的解释。但是,我们不能否认这样一个事实:在非诉讼(仲裁等)程序下,撤销权人单方面的意思表示即可消灭既存法律关系;而在诉讼(仲裁等)程序下,法院(仲裁机构等)参与其间(当然不是取代了对方当事人而作出意思表示),并对撤销权主张成立与否进行实质审查判断。这与单方面意思表示即可消灭既存法律关系是不同的。而且,我们的诉讼也绝对不是像史尚宽先生所称"于准备言词辩论之书状,为撤销之意思表示时,以该书状送达予相对人,而生撤销之效力"。

上述我国法律中存在的八种具体的撤销权(债权人的撤销权与七种另外的撤销权)有两种涉及第三人行为,即债权人的撤销权和破产撤销权。另外六种涉及撤销权人自己的行为或意思表示。有四种不经诉讼(或仲裁等)程序即可行使(赠与、善意相对人追认、遗嘱、要约),另外四种要经过诉讼(或仲裁等)程序。根据撤销权行使的不同情况,统一撤销权统辖几种具体类型的撤销权,总括起来主要有以下三种类型:

第一种系行为成立但因存在意思瑕疵而使民事行为效力消灭,如意思表示瑕疵方的撤销权与婚姻受胁迫方的撤销权,该种类型的撤销权体现了私法自治原则。私法自治旨在使每个人都能按照其意志构建其法律关系。因此,如果构建法律关系的行为不是以无瑕疵的意志为基础的,则可以视为不成功的构建行为,特别是可以将一项基于某种瑕疵的意思表示视为无效。但是,这样一种单方面以意志为判断标准的方案,还应考虑到下列事实:个人因意思自治而享有自由,同时也负有责任,以作为享有这种自由的平衡。每一种法律制度都必须在自由与责任的两种极端中找到一个平衡点。因此,法律一方面赋予权利人撤销的权利,另一方面也对权利的行使作了一定限制。比如,对上述两种撤销权,法律规定了1年内行使权利的期限。

第二种系行为成立、效力未定而由善意相对方使民事行为效力消灭,如善意相对人的撤销权。效力待定合同的效力取决于第三人的同意,这类合同已经成立,但因与善意相对人缔约的当事人缺少独立意思表示能力或权利,因此形成的民事行为效力难以确定,须经有权承认才能生效。为平衡此中利益,一方面赋予有权承认人以追认权,另一方面赋予善意方以撤销权。此种类型撤销权体现了私法自治和公平原则。

第三种系行为本身有效成立或生效但基于某种原因而使其效力消灭。分两种情况,一是针对自己(或被继承人)的行为,如赠与人或其继承人的撤销权、遗嘱人的撤销权、要约方的撤销权。这种情况体现了私法自治与公平原则。另一种是针对他方的行为,如债权人的撤销权与破产撤销权。这种情况体现了公平和诚实信用原则。

---

⑰ 〔德〕史尚宽:《民法总论》,中国政法大学出版社2000年版,第590页。
⑱ 参见〔德〕卡尔·拉伦茨:《德国民法通论》,王晓华等译,法律出版社2003年版,第663页;史尚宽:《民法总论》,中国政法大学出版社2000年版,第585页。

戏谑行为及其法律后果[*]
——兼论戏谑行为与悬赏广告的区别

中国现有的民事法律缺少关于戏谑行为的立法,《民法通则》和《合同法》也只是以重大误解、显失公平来概括意思表示的不真实。这种立法模式既不同于德国单独规制戏谑行为,又不同于日本将戏谑行为划归真意保留,在司法实践中很容易与悬赏广告相混淆。针对上述难题,本文从分析戏谑行为入手,然后分析其与悬赏广告之间的区别,进而提出司法实践的建议。

一、涉及戏谑行为的典型案例的案件简介

2006 年 4 月 1 日,被誉为"世界陶王"的被告刑某某在中央电视台《乡约》节目中表示,如果有人能完成五层吊球陶器制作,即可获得刑良坤艺术中心三层房产及楼内所有财产。原告孙某决定破解这个"世界之谜",经过 1 年的研究,完成了五层吊球陶器。被告以"内层吊球旋转不灵活""没见到作品为理由",不予认可。之后,原告继续努力完成一件各方面均出色的作品,并且拍摄了作品照片和 DV 短片,于是向被告发出律师函,并寄去照片和光盘,但始终没有得到答复。原告于 2007 年 6 月 8 日向法院提交诉状,请求法院判决确认自己和被告之间的悬赏广告成立并且生效。被告及律师称,该访谈节目不是广告活动,而且对原告的作品提出制作的结构和初衷不相符,外观虽然一致,但"两者不是一回事"。

法院审理认为,被告在央视访谈节目中,对社会公开的悬赏表示,内容具体、确定,是真实的意思表示并且未违反法律禁止性规定,从而构成要约。原告收看该节目后,按照要求完成作品,以其行为进行承诺,因此,双方意思表示真实、合法、有效,并且符合要约要件,悬赏广告合同依法成立。因此,判决被告履行悬赏的内容,将该艺术中心房产及楼内财产交给原告所有。审判长认为,该案是要约承诺的一种形式,是按照契约自治和诚实信用原则,只要不违反法律强制性规定和公序良俗,合同即为有效。

---

[*] 本文系教育部人文社会科学重点研究基地项目"民法总则研究"的前期研究成果,发表在《当代法学》2008 年第 3 期,合作者为中国政法大学传媒学院副教授朱巍博士。

对此，笔者曾经在《检察日报》发表过评论，认为本案不构成悬赏广告，其性质应当是戏言。① 对此，有人支持，有人反对。② 反对的意见主要是在公共场合公开宣言应当认定为悬赏广告，戏言并非为法律概念，对被告的行为做一个非法律概念的定性，似乎不利于看清民事行为的法律真实。

本案涉及被告的行为究竟是悬赏广告还是戏谑行为，戏谑行为的概念和性质究竟应当如何界定，以及戏谑行为的构成和法律后果究竟如何等一系列问题，需要进行深入研究。尤其是我国《民法通则》没有规定戏谑行为，司法实践对戏谑行为缺少必要的审判经验，以上反对将被告的行为界定为戏言的意见则更进一步说明，我国理论界和实务界对戏谑行为研究的欠缺。因此，在理论上对这些问题的探讨就显得更为必要和紧迫。

二、戏谑行为的概念和特征应当如何表述

（一）戏谑行为的概念

法律之所以赋予意思表示以法律效果，主要是因为表示乃是将意思做无误的表达。③ 如果意思表示有瑕疵，将必然影响到法律行为的有效性。按照德国法来看，这种发生在意思和表示连接上的瑕疵，对意思表示来说可以是致命的。这是因为法律对意思表示效力的评价是以意思与表示一致为前提的。按照《德国民法典》将意思表示瑕疵类型化分析，应当区分出真意保留、戏谑行为、虚伪表示和表示错误四种表示和意思不一致的情形。

戏谑行为（per jocum scherzerklaerung），就是戏言，是指表意人基于游戏目的而作出表示，并预期他人可以认识其表示欠缺诚意。④ 这种概念界定是正确的。典型的戏谑行为有娱乐性言谈、吹嘘，或出于礼貌的不严肃承诺。德国法称之为"非诚意表示"，换言之，即当表意人预期他人可以认识其表示欠缺诚意时，其意思表示无效。⑤ 史尚宽先生称其为"谓预期他人不为其所误解而佯为之意思表示"⑥，并指出，"按其时表意人之容态及周围情事，表意人明无受法律的约束之意思"，与其他意思表示瑕疵（尤其是真意保留）相区别，他又将戏谑行为分为"恶谑"与"善谑"，前者是谓表示人期待他人以其表示为真意时，而为之表示；后者谓表意人预期他人认识其表示之非真意时，而为之表示。显而易见，"恶谑"属于真意保留之范围，发生真意保留之效果，

---

① 参见杨立新：《口头形式，不宜视作悬赏广告》，载《检察日报》2007年8月9日"法治评论"版。
② 参见《检察日报》2007年9月5日"法治评论"版发表的3篇短文，作者分别是罗美、周玉文和苏亚江。
③ 参见黄立：《民法总则》，台北元照出版公司2005年版，第275页。
④ 参见〔德〕梅迪库斯：《德国民法总论》，邵建东译，法律出版社2000年版，第447页。
⑤ 参见黄立：《民法总则》，台北元照出版公司2005年版，第278页。
⑥ 史尚宽：《民法总论》，中国政法大学出版社2000年版，第379页。

即法律评价有效。⑦ 我们的分析是针对一般意义上的戏谑行为——"善谑"。德国法将戏谑行为和真意保留加以区分,并列至于《德国民法典》的第 118 条和第 116 条。⑧ 我国民法沿袭了这种意思表示瑕疵类型化的传统,但却没有对"戏谑行为""真意保留"等作出相应的规范,而仅在《民法通则》第 59 条笼统使用"重大误解"概念去统领意思表示在各个阶段所出现的瑕疵,导致在实践中产生了很多混乱和矛盾。

(二)戏谑行为的特征

1. 戏谑行为系表意人故意为之,即意思与表示不一致是戏谑行为人故意造成的

此特征与其他偶然造成之意思表示瑕疵,比如错误等相区别。此种故意体现在意思表示上具体表现为:动机和表示的一致性;真实意思和表示的不一致性。分别来说:

(1)动机是戏谑行为人欲对受领人表示非真实之意思的企图,也就是说对受领人表示戏谑行为是行为人故意的,符合本身动机之初衷。

(2)戏谑行为人表达意思与内心真实意思不符也是故意的,并期望受领人可以认识到此系非诚意表示。

2. 戏谑行为系意思与表示发生的不一致

不一致,指的是内在真实意思与表达意思的不一致。如果表意人所要表达的意思符合内心真实意思,就不是一个有瑕疵的意思表示,法律就不需要介入,因为私法内核是意思自治。只有发生表示与意思分离,才会产生法律评价的问题。此种不一致是发生在意思引导表示之时,对于意思表示来说"是致命的",是法律给予其评价的前提。

3. 戏谑行为系善意

如果没有像德国法那样严格区分戏谑行为和真意保留,戏谑行为是否为善意好像就没有那么关键。但是,正是由于戏谑行为的善意性考虑,德国民法将其与相对恶意的真意保留相分离。善意,指的是行为人动机上的善意,进一步说,就是体现在意思表示构成要素上目的意思的善意,所以,法律采取"意思主义"解释法律行为的有效性,去保护戏谑行为人的利益。现在有人批评《德国民法典》第 118 条对戏谑行为的评价,认为这样会削弱对相对人信赖利益的保护,所以,德国法理和实务开始加强了对相对人信赖利益的保护。但是《德国民法典》第 118 条的立法基础,即保护善良表意人的立场却永远不会改变。

4. 戏谑行为系外观可以被相对人识破的行为

此特点使戏谑行为区别于欺诈行为。外观可被识破的程度也大大高于并区别于真意保留。法律豁免戏谑行为的法律后果,一个很重要的原因就是表示行为的可识破性。如果这种可识破性可以用"度"来衡量的话,应该建立在一个理性人客观的衡

---

⑦ 参见《德国民法典》第 116 条、《日本民法典》第 96 条。
⑧ 参见龙卫球:《民法总论》,中国法制出版社 2002 年版,第 485 页。

量之上。超过了理性人所识别的范围之外,就是超过了这个"度",将被法律所排斥。戏谑行为的"度",完全是由表示行为体现出来的,并受表示的场合、习惯和诚信原则的约束。

5.戏谑行为系无效行为

无效指的是法律对其的评价,是从法效的角度讲的。如果从行为的动机上讲,戏谑行为至少满足了行为人一定的需要,比如客气、修辞、虚荣心满足、礼貌,等等。虽然日本等国对戏谑行为的规定与德国不同,没有直接排除戏谑行为的法律效果⑨,但是他们对真意保留强制有效的同时,都在后面的但书中对意思受领人明知的情况下,给予表意人豁免。例如《日本民法典》第93条后半款但书规定:"相对人已知或可知表意人真意时,该意思表示无效。"从这个角度说,这些国家和德国对戏谑行为效果的评价差别并不大,因为但书对真意保留例外的规定,其实就是对戏谑行为的承认。

三、戏谑行为的构成

笔者认为,戏谑行为的构成须具备以下要件:

(一)行为人的目的意思能够为受领人识破

行为人的目的意思能够为受领人识破,即行为人的行为具有善意。目的意思是法律行为具体内容的基础,是效果意思的必经之路。目的意思来源于动机,单独存在并不能产生法效。只有具备效果意思,才能发生法律关系之设立、变更和消灭,发生表意人所期待的法律后果。单纯目的意思对于法律行为的法效来说是没有意义的。

戏谑行为的目的意思,主要作性质上分析,即是否为"善意"。戏谑行为区别于其他行为最主要的特点,就是其目的意思只有一个——被受领人识破。虽然戏谑行为人做出戏谑行为的动机多种多样(捉弄、玩笑或者出于礼貌),动机所影响的表达也千差万别,但是行为人表达之目的意思却只有"被受领人识破",或者说是不被受领人误解真意。虽然戏谑行为是非诚意表示,但是这里的"非诚意"是表意人希望相对人所认识到其内心建立在善良之上的缺乏法效之意愿。简言之,戏谑行为人预见相对人并不认为他有缔结法效的意图。戏谑行为与真意保留的区别,就在于缺乏欺骗意图(Taeuschungsabsicht),至多只是想作弄(捉弄)相对人。⑩ 在英语中善意的谎言被称为 white lie——苍白的谎言,这种谎言在宗教中是被上帝所原谅的。苍白的谎言没有说服力并可以被随时识破,所以与其说戏谑行为人欺骗受领人,倒不如说是开了一个玩笑,这是因为与其说是谎言,倒不如说是一种语言上的修辞手法——类似于夸张。正是由于戏谑行为人目的意思的善意,使得戏谑行为成为脱离真意保留的天梯,表意人从而得到法律上的豁免——归于无效。

---

⑨ 日本等国立法将戏谑行为归于真意保留,一并给予规制。
⑩ 参见黄立:《民法总则》,台北元照出版公司2005年版,第279页。

戏谑行为人目的意思的善意可以从动机善意上进行考察。动机是推动一个人进行活动的内部动力,它指引、激励着个体的活动。在心理学中,动机是人活动产生目的之前的存在:"当动机转化成目的之后,人才能使自己的活动得到满足。"[11]动机产生目的意思,目的意思的善意性必然要求动机的善意性,反过来说,只有善意动机才能产生善意目的。虽然法律不把动机作为意思表示因素,这主要是出于法律是实践性的,而动机完全是心理成分,很难进行客观考虑。正如拉伦茨所言,每个人都必须原则上承担其期待不能成为现实的风险,承担其对于有关重要情形想法不符合现实的风险。[12]法官在判断一个行为是否为戏谑行为时,会结合表面的目的意思以及其他相关因素(比如动机)来考虑。例如,A、B两人,A为著名高尔夫球运动员,B为普通人。两人都夸口如果有人能在一定杆数内完成高尔夫比赛就可以得到他的全部财产,结果真有人完成了比赛。法官在审理此案过程中,认为A作为著名运动员夸口的动机有炒作之可能,故其动机的善良程度受到了怀疑,也就是目的意思的善良程度遭到质疑,结果就使相对人对A产生的信赖度要大于B,从而对一个善意相对人来说,A恐怕要赔偿他更多基于信赖而产生的损失。值得一提的是,目的意思产生的表示意识是目的意思的自然延伸,在要素构成中被目的意思所涵盖。没有表示意识也有可能产生相应的法律后果,在特定场合有可能产生法效。如1991年德国最高法院的一项判例指出:"如果表意人一旦具备了民事交往应有的注意谨慎就应该或者能够认识到,他的表达根据诚信原则和交易习惯可以被理解成为意思表示,而受领人亦实际如此理解时,即使欠缺表示意识,该意思表示依然能够成立。"虽然表意人没有特定目的意思,但是如果他的行为在特定场合下已经造成了一个可以信赖的事实,则表意人需对受领人形成的信赖利益损害予以赔偿。有人认为,缺乏表示目的之表意人承担的是无过错责任。[13]这是错误的。因为正是由于表意人没有尽到"应该注意的谨慎",才使受领人基于此产生了信赖。换句话说,正是诚信原则和交易习惯迫使表意人对自己的过失负责,从而使受领人对这些外形上成立但实质缺乏目的意思的法律行为产生了信赖。如果表意人没有过失,比如戏谑行为人尽到了合理的谨慎,该意思表示将不会产生法效,也就不会产生相对的信赖利益。信赖是以对方责任作为基础的,从这个意义上讲,是一种过错责任。

(二)行为人的行为不具有效果意思

行为人的行为不具有效果意思,也就是其行为不受表示行为效果约束。效果意思是行为人追求法律效果产生的意思,即行为人欲依其表示发生特定法律效果的意思。[14]缺少效果意思的意思表示应该是无效的,至少是有瑕疵的。《德国民法典》第

---

[11] 张述祖、沈德立:《基础心理学》,科学教育出版社1987年版,第191页。
[12] 参见[德]拉伦茨:《德国民法通论》,王晓晔等译,法律出版社2003年版,第503页。
[13] 参见张晓东:《论意思表示的构建》,载《吉林公安高等专科学校学报》2006年第4期。
[14] 参见王泽鉴:《民法总则》,中国政法大学出版社2001年版,第337页。

133条规定,在解释意思表示时,应该探求当事人的真实意思,而不拘泥于意思表示的词语。这里所说的"真实意思"就是效果意思。但是,在社会本位下,为了维护交易安全和效率,法律会在特定环境下给予善意相对人信赖利益保护。虽然这样做有时会违背私法主体所追求的真实内心意愿,但是法律本身却不是目的,评价的天平会倾向"法律自以为合理的制度形式"。[15] 所以,《德国民法典》第157条又规定,解释合同,应遵循诚实信用原则,并考虑交易习惯。从中我们可以这样理解,法律程序和规范是社会工具而不是私法个体工具。从这个意义上讲,在效果意思有瑕疵的情形下,就会与法律评价产生矛盾。解决这个矛盾有三个方面:

(1)法律肯定通过真实效果意思表达而形成的法律行为,而正是通过这种真实的效果意思表示才使自己受到了约束,因此"意思表示作为某种有法律效力的行为,与一项法律或者判决并没有不同"。[16]

(2)在效果意思模糊时,因为我们不能断言表意人就一定没有效果意思,所以遵循"与其无效,不如使其有效"的法谚肯定其效力,这也符合交易安全的习惯,比如《德国民法典》第180条关于单方法律行为代理的规定,同时,赋予选择权进行平衡和补充。

(3)在戏谑行为中,由于表意人没有效果意思,而且根据理性人常识也不会产生法律所要保护的信赖利益,所以缺乏效果意思的行为会被归于无效。[17] 可见,效果意思是戏谑行为区分于意思表示错误之分水岭。

在罗马法中,意思表示错误被称为"意思瑕疵"[18],类似物有瑕疵,物有瑕疵不能否认物之存在,意思表示错误亦不可否认意思之成立。[19] 表示错误是可以修正的,故法律给予表示人以撤销权,这是因为,表示人在意思表示的时候有成立法律行为的意思存在。根据法谚"与其无效,不如使其有效",对表示错误给予修正,法律赋予表意人以撤销权。然而在戏谑行为中,表意人根本没有形成法效之意愿,若法律非要成就其为法律行为,就会产生法官为当事人创立合同的局面,这样做是对私法自治的亵渎。比如,A与B要缔结关于收购大米的合同,由于口误,A将100吨大米说成100万吨,由于表示错误,法律给予A撤销权,因为他有效果意思,符合A本身缔结合同的意愿。但是如果A并不是要订立合同,而是开玩笑地对B表示,如果你要100万吨大米,就卖给你,由于A根本就没有效果意思在里面,这就是一个典型的戏谑行为,法律就应给予无效的评价。值得说明的是,判断是否有效果意思,需要结合当时的语境和场合,而且当事人身份乃至日常语言习惯都会成为重要的评价因素。

---

[15] 〔德〕艾伦·沃森:《民法法系的演变及形成》,李静冰译,中国政法大学出版社1997年版,第33页。
[16] 〔德〕拉伦茨:《德国民法原理》(总则),王晓晔等译,法律出版社2003年版,第301页。
[17] 参见龙卫球:《民法总论》,中国法制出版社2002年版,第451页。
[18] 参见〔意〕彼得罗·彭梵德:《罗马法教科书》,黄风译,中国政法大学出版社1992年版,第69页。
[19] 参见高在敏:《意思表示真实的法哲学价值》,载《法学评论》2002年第3期。

(三)行为人的表示行为并不反映其真意

表示行为是指行为人将内在意思以一定方式表现于外部,并足以为外界所客观理解的行为要素。[20] 这种表现方式可以是作为或不作为,举手投足或者特定场合下的沉默都可以成为表示行为。但是这种行为须有意思左右,而不是反射行动,所以如果身体的动作,非依自身的意思决定,自非意思表示。[21]

表示行为作为对外唯一的宣誓行为,在意思表示构成中可谓是一枝独秀。不管是"表示主义"[22]所坚持的把这种对外表示当做构成意思表示的唯一要素;还是"意思主义"[23]所强调的表示意识;或者晚近时候的"折中主义"[24]所提倡的"致力于公平的均衡",无不把表示行为作为意思表示的核心构成要素。对于戏谑行为来说,缺少目的意思的表示行为不是戏谑行为。因为,不管戏谑行为人用何种方式表达,其根本目的就是使受领人产生不相信为"真意"的效果。可见,虽然戏谑行为没有承载任何效果意思,但是其目的意思还是比较明显的——即预期自己的行为可以使受领人认识到此非真意。所以没有表示意识的行为不能构成戏谑行为。正如萨维尼所言,因为意思是内心的,所以我们才需要借助一个信号使第三人能看到,显示意思所使用的信号就是表示。就其本质而言,"表示主义"和"意思主义"的分歧就是如何评价表示行为。同样,各国对戏谑行为不同立法的根本区别也在于此。

有些学者认为所有的意思表示都是一种社会行为,是一种效力宣誓,否认内在意思作为要件衡量要素。[25] 笔者认为是值得商榷的。如果按照此中逻辑,在戏谑行为中,为对方所认知的情况下,如果法律依然强制其有效,不仅会否认表意人的真实意思,而且也会否认私法的本质精神。正如霍姆斯所说"法律是经验而不是逻辑"。对于戏谑行为来说,表示行为并不是反映真意的表示,这是因为戏谑行为的表意人是缺乏真意的,这种缺乏并不是掩盖真意,而是没有产生法效真意。所以戏谑行为中表示行为承担着不被受领人误解的功能,此为其最大特点。相反,在真意保留中,表示行为所要对外表达的是被掩藏的"真意",大多数情形下表意人作出真意保留表示是为了欺骗相对人,并使之相信其表示的就是真意,所以,行为人对相对人的欺骗是积极追求的。然而从内心意思上看,戏谑行为人作出缺乏真意的表示是善意的,并且期待相对人随时会识破,所以行为人对相对人被欺骗是排斥的。故戏谑行为人的表示行为不管采取什么形式,都必须完全避免相对人误认为真。如果戏谑行为被受领人误以为真,戏谑行为人必须及时予以说明,否则法律就会倾向于对善意相对人的保

---

[20] 参见董安生:《民事法律行为》,中国人民大学出版社2002年版,第169页。
[21] 参见黄立:《民法总则》,台北元照出版公司2005年版,第232页。
[22] 该说主要从保护第三人的信赖和交易安全的角度去设计法律的。任何表达行为都会含有相应的外观意思,因此都会产生对相对人的信赖问题。
[23] 该说认为,"一切脱离意思表示自由主义的态度都是贬低法律行为的价值的"(恩那彻鲁斯:《法律行为论》,1889年版),此说完全是建立在表意人的内心意思之上,强调意思的真实性。
[24] 该说是以意思表示为主或以表示主义为主,兼顾其他,体现了一定程度上的公平。
[25] 参见黄立:《民法总则》,中国政法大学出版社2002年版,第232页。

护——即发生和真意保留相同的效果。㉖

（四）行为人的表示行为不超过自己应负的谨慎义务

构成戏谑行为，行为人的表示行为必须不得超过自己应负的谨慎义务。这是因为，法律否认戏谑行为的法律效果，虽然保护了表意人的利益，但很可能会侵犯到相对人的信赖利益，所以，对戏谑行为应给予更为严格的标准。

戏谑行为人谨慎义务的具体内容是：

1. 场合的注意

当行为人身处按照诚信原则和交易习惯需要尽到足够谨慎义务的场合时，戏谑行为就不会得到法律的承认，而会被按照"表示主义"被强制有效。前述德国1991年的那项判例指出，表意人应具有民事交往的注意谨慎义务，他的表达根据诚信原则和交易习惯可以被理解成意思表示，而在受领人也实际如此理解时，意思表示成立。正如庞德所言，法律实现自行为、关系与环境而生的合理期望。㉗ 比如，在一个拍卖会，A试图与朋友开玩笑，随便高喊出超高的价格，结果法律责令其行为有效，虽然A事后可以主张行使撤销权，但是仍需对受领人赔偿信赖利益。这是因为，"个人因私法自治而享有自由，同时个人也负有责任，作为享有这种自由的平衡"。㉘ 私法给予戏谑行为以无效来保护意思表示之自由，同时也给予戏谑行为人相应谨慎义务去平衡这种自由。基于拍卖会这样一个特定的场所，根据诚信原则和交易习惯，理性人都应具备相应的谨慎义务。如果违反了这种应有谨慎，行为人就不能使其行为表达完成使相对人知晓为戏谑行为的功能。善意受领人在戏谑行为人未尽谨慎义务的情况下，对所谓戏谑行为缺乏认识，而受领人根据交易习惯和行为人外观表达，以理性人的思维去相信这样一个事实，他的信赖利益就是值得保护的。

2. 适度的注意

戏谑行为人出于善意的夸张、礼貌或者欺骗，表达时所渴望和期待的是受领人会随时识破真意，私法将以一个理性人的认知水平去衡量戏谑行为人的表示行为。这种理性人的衡量水平就是私法上的"度"。如果戏谑行为超出了作为一个正常理性人的理解范围，受领人对这种行为所产生的后果就会与行为人预期的判断产生偏差，此时的法效就会变得微妙起来：要么，转化成真意保留；要么，转化成欺诈。正如梅迪库斯所言，谁知道并且愿意其意思表示应被他人作无保留解释，谁就必须承认其意思表示对自己产生效力。㉙ 适度的注意表现在具体表示行为上，有以下几种：

（1）反复行为的谨慎义务。俗语道，三人成虎。如果戏谑行为反复地针对同一标的实施于相同受领人，相对人对此产生之信赖和戏谑行为人的可责性会逐渐升高，最

㉖ 参见〔德〕拉伦茨:《德国民法通论》,王晓晔等译,法律出版社2003年版,第497页。
㉗ 参见〔美〕本杰明·卡多佐:《法律的成长——法律科学的悖论》,董炯、彭冰译,中国法制出版社2002年版,第57页。
㉘ 〔德〕梅迪库斯:《德国民法总论》,邵建东译,法律出版社2000年版,第564页。
㉙ 参见〔德〕梅迪库斯:《德国民法总论》,邵建东译,法律出版社2000年版,第444页。

后法律评价也会发生转化。

(2)及时之注意。戏谑行为人一旦发现受领人有相信其行为时,应及时加以解释,否则,行为人善良本意将遭到怀疑。行为人及时说明的义务,应属于诚信的范畴。

(3)习惯之注意。戏谑行为行使手段,必须与正常手段加以区别,比如,在经过剪辑娱乐节目中的夸口可以被认为是戏谑行为,但在现场直播新闻类节目中的夸口,就有可能增加受领人相信程度,可能会导致本意的迷失。又如,语言表达比书信更能使受领人相信这是一个戏谑行为。

四、戏谑行为的法律效果

(一)戏谑行为法律效果的三种不同立法例

法律对戏谑行为的评价,根据是以意思作为重点还是以表示作为重点,分为三种:德国式、日本式和瑞士式。

1. 德国式

《德国民法典》将戏谑行为称为缺乏真意,与真意保留加以区分。《德国民法典》第118条规定,预期对真意缺乏不致误认而进行非真意表示的,意思表示无效。此规定显然是倾向于"意思主义",着重对真意进行探究。德国法将戏谑行为与真意保留分开规定,首先否认戏谑行为效力以保护戏谑行为人的利益,然后善意受领人对于有过失的戏谑行为可以要求信赖利益损害赔偿,以平衡双方当事人之间的利益。《德国民法典》第122条第1款规定,意思表示依第118条无效时,应赔偿因信赖而产生的损失,但不得超过该行为有效时可得利益的数额。此规定明显修正了极端的"意思主义"评价标准,用信赖利益的赔偿来均衡当事人之间的利益矛盾。该条第2款又进一步将恶意受领人(明知或应知无效的受领人)剔除信赖利益的保护,从而完美地解决了戏谑行为的法律评价问题。

我国澳门特别行政区《民法典》的戏谑行为立法模式和德国同出一辙,但是在关于信赖利益赔偿方面却没有类似《德国民法典》第122条第1款关于"不得超过该行为有效时可得利益的数额"的规定。可见,我国澳门特别行政区法对于信赖利益的赔偿力度可能要大于德国法。

2. 日本式

日本立法与奥地利和中国台湾地区等类似,将戏谑行为纳入到"真意保留"概念中,如《日本民法典》第93条规定,意思表示不因真意人明知其出于非真意所为而妨碍其效力,但相对人明知或可知表意时,其意思表示无效。这种立法模式显然是从外观行为上去考察的,明显倾向于"表示主义"。将戏谑行为归类到真意保留之中,作为意思表示故意之瑕疵的一部分。首先肯定真意保留行为的效力,然后区分相对人:对于善意相对人(不知有保留者),继续肯定效力;对于恶意者(明知有保留者),否认其效力,并否认信赖利益损害的赔偿请求权。如我国台湾地区"民法"第86条和第91

条的规定等。

3. 瑞士式

瑞士立法很有独到之处,法典没有对戏谑行为作出具体规定,但是根据《瑞士民法典》第3条[30],按照信赖主义原则从相对人的客观角度考虑,是否戏谑行为非严肃性达到了可以被理性第三人认知的程度来结合法理进行判断:如果受领人应该可以认明为戏谑行为,则应该绝对无效,并且不能请求损害赔偿;否则戏谑行为应该受到拘束。

(二)采纳德国式立法例的理由

法律通过解释意思表示内容来确定法律行为,进一步对其效果进行评价。在解释意思表示内容时,是以意思作为重点,或是以表示为重点,主要分为"意思主义""表示主义"和"折中主义"。"意思主义"认为,"表示自然只起着一种从属性的作用……表示仅仅是为了使内部的意志让第三者知道"[31],这种理解削弱了表示行为,导致对真意的过分追求,而这种近似苛刻的真意探究反过来会妨害私法上的自由与效率。所以近代以来,《德国民法典》在坚持"意思主义"为主的同时,充分考虑到表示行为所产生的信赖利益,因此,从某种意义上说,《德国民法典》至少是修正了的"意思主义"。而"表示主义"认为,"有外部表示之意思足以成立意思表示"[32],这就是将法律行为成立的全部要素都集中在表示行为上,如同"一叶障目不见泰山",如此极端保护信赖利益,反而会伤害到私法的精神。正如德国立法理由书中所说:"合理的规范,应该是既不单方考虑表示人的需要,也不考虑相对人,而是致力于公平的均衡"。这在最大限度内既避免了对真意的过度追求,又避免了"契约的死亡",[33]从而使表示行为得到合理的解释,即认为意思表示的法律后果不单纯取决于意思,也不单纯取决于表示,而是它们共同作用的结果。正如萨维尼曾经指出的,从本质上看,"应该将意思和表示联系起来思考"。[34]《德国民法典》对戏谑行为的解释,从探求行为人真意入手,根据私法精神去否认戏谑行为的法律效果,这是德国式立法与日本式立法的根本区别,即是否承认戏谑行为的法律效果。日本式立法首先承认戏谑行为的法律效果,然后在但书中予以区别,即相对人明知或可知此系非诚意表示时无效。笔者认为,德国式立法以"意思主义"为出发点,充分尊重当事人的真实意愿,并进一步规定信赖利益的赔偿去均衡善意受领人的利益,是非常理性和客观的做法。而日本式立法混淆了真意保留的主观恶意和戏谑行为主观善意的区别,对两类不同的意思表示一并规

---

[30] 《瑞士民法典》第3条规定:"(1)法律效果系属于当事人的善意时,应推定该善意存在。(2)凭具体情势所要求的注意判断不构成善意的,当事人无权援引善意。"
[31] 〔澳〕瑞安:《民法导论》,转引自董安生:《民事法律行为》,中国人民大学出版社2002年版,第172页。
[32] 史尚宽:《民法总论》,中国政法大学出版社2000年版,第316页。
[33] 参见〔美〕格兰特·吉尔默:《契约的死亡》,载梁慧星主编:《民商法论丛》(第3卷),法律出版社1999年版。
[34] 〔德〕弗卢梅:《法律交易论》,Springer-verlag 1992年版,第58页。

制，是不可取的。

由于《德国民法典》更倾向于贯彻意思自治原则，对法律行为解释更加探求当事人真实意愿而并不拘泥于意思表示词语㉟，反映在《德国民法典》中，对戏谑行为法律效果的评价，保护的不仅是意思受领人的信赖利益，而且在某种程度上侧重保护了表意人。《德国民法典》第118条规定，预期对真意缺乏不致误认而进行非真意表示的，意思表示无效；又在第122条规定，表意人应向相对人赔偿因其信赖而产生的损害，但不得超过该他人在意思表示有效时所具有的利益数额；而如果受害人明知无效或可撤销的原因，或因过失而不知（应知）的，不发生损害赔偿义务。显而易见，据第118条规定，戏谑行为没有法效，但据第122条第1款，善意受领人㊱可以得到信赖利益的赔偿。此时受领人得到赔偿的性质有所争论：拉伦茨认为是因产生之信赖利益所获的赔偿；而魏斯勒（Koziol-Welser）认为此时表意人需受其表示拘束，因为此时相对人值得保护，但是由于表意人主张因错误而撤销之，相对人的损害是由此而产生的赔偿。㊲笔者认为，此时产生的赔偿是基于受领人对戏谑行为人产生的信赖，将此信赖付诸实践而产生的信赖利益之损失。《德国民法典》第122条第2款但书又进一步区分了善意和恶意受领人，对于那些"明知无效或由于过失而不知其无效的，不发生赔偿义务"。这就进一步侧重保护了戏谑行为人，但是在实践上却对相对受领人产生了更加不利的后果。有人说，这样的立法是因为德国法深受萨维尼"意思主义"解释影响。稍加分析就能看到这样理解是不对的，如果那样就不能解释《德国民法典》第116条对真意保留的评价，因为对真意保留德国法立场很鲜明——完全采取的是"表示主义"，即"并不因为表意人的保留着其内心的意愿而无效"，"意思主义"只作为例外在第2款"应向他人进行表示，并且他人明知保留的，表示无效"。其实这样做的立法理念就是保护善意表意人——戏谑行为人。因为从戏谑行为本身来看，动机和目的之善意性是本质特征，这也是区别于真意保留的根本所在。简言之，表意人之动机与目的意思是否为善意乃是区别戏谑行为和真意保留的分水岭，这也是不能将戏谑行为包含于真意保留的根本原因。法是善良和公正的艺术㊳，从这个意义上说，对法律行为的立法后果既要符合法律善良和公正之要求，同时也要符合行为人的期待。民法评价立足点不是去干涉私法，相反，它的大部分功能应该是消极的。在私法世界中，评价一个法律行为效果的第一个要件不是正义㊴，更不是效率㊵，而是善良。在戏谑行为人、相对人之间，德国法偏向保护了戏谑行为人的正确性，正是由于戏谑行为本身之特性所致。

㉟ 参见《德国民法典》第133条。
㊱ 善意受领人，即不知表意人为戏谑行为人之人。
㊲ 参见黄立：《民法总则》，台北元照出版公司2005年版，第279页。
㊳ 参见〔意〕桑德罗·斯奇巴尼选编：《正义与法》，黄风译，中国政法大学出版社1992年版，第34页。
㊴ 在公法领域却是正义。
㊵ 虽然效率是私法的价值之一，但这不是首要的。

瑞士式立法虽很有灵活性,首先以第三人的理解去判断戏谑行为是否为合理的理解,然后再援引善意条款去给予豁免。显而易见,在司法实践中,这样的做法缺乏实际操作性,因为举证上很难作出一个让双方都满意的客观第三人的评价标准。援引解释过于抽象的善意条款又过分地依赖法官的主观判断性,这样做不仅琐碎,而且在实践中缺乏可操作性。

(三) 笔者的立场

基于以上分析,可以确定我国民法对戏谑行为的法律效果的立场是:

1. 戏谑行为无效

对于戏谑行为,基于行为人目的意思的善意性和表示行为的可分辨性,法律应对其作出无效的评价。不能因为戏谑行为外观上类似某些单方法律行为(比如悬赏行为)而强迫其有效,因为我们对法律行为的评价和解释是建立在对表意人真意的探究之上的。我们应采纳德国法的立场,对戏谑行为首先明确法律效果的无效性,然后将对善意受领人的保护作为例外加以规定,最后规制戏谑行为人应对自己行为的谨慎义务,并以信赖利益作为均衡双方当事人利益的砝码。

戏谑行为无效,就是戏谑行为不发生行为人戏言所宣称的法律后果,不具有法律上的效力。因此,凡是具备戏谑行为构成要件的,一律无效,不得强制戏谑行为人承担民事责任。

2. 违反谨慎义务应当赔偿信赖利益损失

戏谑行为人违反戏谑行为人的谨慎义务,给受领人造成信赖利益损失的,应当承担赔偿责任。

我国民法确认对信赖利益予以保护。保护信赖(如对意思表示的表见信赖)往往只是一种旨在提高法律行为的交易稳定性法律技术手段。[41] 法律对戏谑行为的豁免必然要求行为人需尽到相对谨慎的义务,如果没有做到相对谨慎,必然要对受领人产生的信赖利益予以赔偿。

法律行为的本质是法律上可期待的信用。[42] 尤其是对单方法律行为来说,对这种时空分离意思表示必然会产生一种使其具有约束力的法律关系——信赖关系。而法律上在使用信赖一词时,强调的往往是因信而依靠,以至于有所行为,其中依靠的强度,已大到了足以产生行为的程度。[43] 库克分析信赖的内涵时,指出它包含两个方面:内在方面和外在方面,心理方面和实践方面,具体是指内心的相信,以及因相信而导致的行为。[44] 这是因为法律是实践的,如果仅仅有信赖而无因信赖而产生的行为时,一般不涉及实质性利益变动,法律尚不介入。一旦因为表意人行为产生信赖,并将此

㊵ 参见〔德〕卡尔·拉伦茨:《德国民法通论》(上),王晓晔等译,法律出版社 2003 年版,第 59 页。
㊷ 参见董安生:《民事法律行为》,中国人民大学出版社 2002 年版,第 4 页。
㊸ 参见叶金强:《信赖原理的私法结构》,台北元照出版公司 2006 年版,第 12 页。
㊹ See Elizabeth Cooke, The Modern Law Of Estoppel, p. 89.

信赖作为自己行动基础时,信赖关系就会产生,信赖利益也就随即产生。如同富勒所言,信赖是作为对方责任之基础而存在,而不是作为损失计算方法而存在的。所以,信赖关系是信赖利益产生的基础,而行为人过错责任则是信赖利益发生的前提。

在戏谑行为中,由于戏谑行为人根本没有效果意思,表示行为只承载着目的意思,而目的意思就是期待受领人认识到其表达的非诚意性,所以受领人认识戏谑行为具有非诚意性是可以预知的。作为一个理性受领人是不会对此产生信赖的,更不会基于此而付诸行动,所以戏谑行为人与受领人之间信赖关系是不存在的,没有信赖关系也就不会有信赖利益产生。如果受领人作为理性人基于戏谑行为而产生了"信赖",会有两种可能:第一种,受领人是恶意。这种情况法律予以否认,比如德国、日本、我国台湾地区等民法典对"相对人明知其无效而为之"的规定,都不发生赔偿责任。可见,信赖保护制度的设计理念就在于保护善意受领人,以维护社会公平和效率,所以法律对"明知故犯"的恶意受领人是不予保护的。第二种,受领人的"轻信"。正如康德所说,"最严格的权利是最大的错误或不公正"[45],对信赖利益的保护虽然在很大程度上克服了个人极端主义的弊端,维护了交易的安全,但是却毫无疑问使一些不应该保护的"轻信"也受到保护,这违背私法自治精神,就信赖者而言,若想获得法律保护,其信赖本身应当是没有瑕疵的。[46]"轻信"向来被法律所排斥,比如:善意取得制度中第三人得非因过失不知物之真相;表见代理制度中相对人需要"有理由"相信行为人有代理的权利等。同样,在戏谑行为制度中,行为人只要尽到了谨慎之义务,而以一个理性人之观点也不会去相信时,即使受领人产生了信任,也只是"轻信",是不发生法律效力的。我们在解释《德国民法典》第 122 条第 2 款[47]时,其实就是对"轻信"的排斥。所以这种"轻信"因其不具有合理性,后果也只能由信赖者承担。

戏谑行为中有两种信赖关系,第一种是戏谑行为人对受领人的信赖,即行为人在做出戏言行为的同时,相信受领人不会将其当真;第二种是受领人对戏谑行为人的信赖,即误认为戏谑行为人所做出的戏谑行为是有效的法律行为。这两种信赖其实是对立统一的。对立统一在戏谑行为人做出的表示行为上,法律为了平衡戏谑行为人和受领人之间的利益关系,对戏谑行为人的表示行为要求更加谨慎化。在戏谑行为中,表意人在缺乏表示意识的情形下做出表示行为,所期待的是相对人会意识到本人表示的不严肃性。所以说大部分情况下表意人都会以夸大或调侃的表达方式表示出来。这种表意内容和表达方式的戏谑性很难使一个"理性人"以正常逻辑去相信。问题就是法律对此进行评价,重点是要分清各自信赖程度的大小。所谓"理性人",他通

---

[45] 康德:《法的形而上学原理——权力的科学》,商务印书馆 1991 年版,第 46 页。
[46] 参见叶金强:《信赖原理的私法结构》,台北元照出版公司 2006 年版,第 137 页。
[47] 参见《德国民法典》第 122 条规定:受害人明知无效或可撤销的原因或因过失而不知的,不发生损害赔偿义务。

常被说成是一个普通的、小心的、谨慎的人,是普通市民的标准[48],并非意味着完美的人。[49] 所以"理性之人"标准展现在常人基础之上,就个案进行适当调整。[50] 基于前面已经分析过的戏谑行为之构成要素来看,一个"理性人"对于相信戏谑行为是非诚意的信赖要远远大于其他信赖。我们不难得出结论,戏谑行为人对受领人信赖度要高,从这个方面来说,轻信戏言是不产生信赖利益的。但是,如果戏谑行为人违反了谨慎义务,使一个理性的受领人都信以为真,建立了信赖关系,按照戏言的要求实施行为,结果行为人的行为是戏谑行为而无效,因此而造成受领人信赖利益的损害,行为人尽管不必按照其戏言中"许诺"的结果而必须履行,但必须承担信赖利益的赔偿责任。

信赖原理对信赖的保护,是以责任者的不利益为代价的。[51] 这种对信赖赔偿应有两个限度:第一,只对善意受领人赔偿,即对明知或应知此行为是戏谑行为的受领人不予赔偿。换言之,对于"轻信"不予赔偿。第二,赔偿的额度应以不超过该意思表示有效时所具有利益的数额。但这只是赔偿责任的最高限额,而在实践中,须以实际的信赖利益损失为标准。信赖利益损失的界定标准应当是,法律行为未成立、无效或者可撤销,相对人信赖其为成立或有效,却因为未成立或者无效、被撤销的结果所蒙受的利益损失。信赖利益赔偿的标准,是如同法律行为未曾发生一样,但是其最高赔偿额不得超过预期利益。

五、戏谑行为与悬赏广告的区别

在本案中,法院把被告的行为认定为悬赏广告,而认定悬赏广告的性质是合同。笔者认为,悬赏广告的性质认定,仍应以单方法律行为为宜。[52]

单方法律行为是指只需一项意思表示就可以成立的法律行为[53],也就是说,由一个人即可单独有效地从事完成之行为。[54] 悬赏广告作为单方法律行为的一种[55],指广告人以公开广告的形式允诺对完成指定行为给予一定报酬,行为人完成该行为后,有权获得该报酬的单方法律行为。[56]

从表面上看,悬赏广告与戏谑行为多有相似之处:

---

[48] See B. S. Markesinis&S. F. Deakin, Tort Law, p. 155.
[49] See Henry T. Tery, "Negligence," Harv. L. Rev. VOL. 29 (1915), P. 40, In Lawrence C. Levine, Julie A, Davies, Edward J. kionka, eds. A Torts Anthology, p. 36.
[50] 参见叶金强:《信赖原理的私法结构》,台北元照出版公司 2006 年版,第 144 页。
[51] 参见叶金强:《信赖原理的私法结构》,台北元照出版公司 2006 年版,第 94 页。
[52] 参见杨立新:《债法总则研究》,中国人民大学出版社 2007 年版,第 37 页。
[53] 参见〔德〕迪特尔·梅迪库斯:《德国民法总论》,邵建东译,法律出版社 2000 年版,第 165 页。
[54] 参见〔德〕卡尔·拉伦茨:《德国民法通论》(下册),王晓晔等译,法律出版社 2003 年版,第 423 页。
[55] 通说认为,悬赏广告性质为单方法律行为:如《德国民法典》657 条之规定,并且判例和学说都保持一致。另有国家和地区将悬赏广告列入债法编,但是王泽鉴教授认为其实质仍然是单独行为,因为从其立法目的和该地区通说来看,单独行为更加符合法理本意,比如瑞士债务法和中国台湾地区债法对此之规定。
[56] 参见杨立新:《债法总则研究》,中国人民大学出版社 2007 年版,第 39 页。

(1)都属于广义单方行为的范畴。戏谑行为是单方面的表意行为,否则,双方之合意行为将会导致性质的变化,会转化成合同或者其他法律行为。悬赏广告是针对不特定人做出的,虽说相对人在做出悬赏行为之前是不能被确认的,但是法律承认悬赏广告之约束力是在广告人做出悬赏广告行为之时,因此悬赏广告和戏谑行为都属于一种广义单方行为。

(2)某些戏谑行为的表示行为和悬赏广告非常类似。从外观上看,如果按照"表示说",不去追求真意的话,很难区分二者的对外表达。

(3)悬赏广告和戏谑行为之间很可能发生转化。超出实际可能的悬赏广告其实就是戏谑行为,比如悬赏能登上太阳之人等;而变质的戏谑行为很可能转化成悬赏广告,前文中所提到表达过程中"度"的影响,就是发生转化的关键性因素。比如反反复复对同一受领人进行戏谑行为,或者在受领人信以为真时戏谑行为人没有及时说明等。

悬赏广告与戏谑行为的区别也是显而易见的,下面着重从意思表示构成方面进行探讨:

(一)目的意思的区别

动机作为目的意思的基础,悬赏广告与戏谑行为是不同的:悬赏广告人的动机是满足广告人某种需求,并且此种需求一般具有一定急迫性,对此类需求法律没有特别规定,但须是合法行为,违反法律和公共秩序以及违背善良风俗的行为,不得作为悬赏行为。[57] 戏谑行为的动机很简单,追求的并不是急迫的利益,而是某种心理满足的需求,比如"大言"以满足虚荣心,"戏言"以达到某种语言表达效果等。对于戏谑行为内容的合法性问题,法律一般不予干预,因为既然并非出自本意,也没有人会信其为真,民法就没有介入的必要。

悬赏广告之目的意思来源于广告人的动机,不同动机产生具体的目的意思;而戏谑行为之目的意思围绕着戏谑的不严肃性,并且预期受领人会随时识破其表达,因此戏谑行为的目的意思仅仅是这种"随时被识破性"。这就使戏谑行为与悬赏广告在成立基础上产生了质的区别。

(二)效果意思的区别

悬赏广告的效果意思极其明显,就是广告人欲以法律约束自己来换取悬赏行为的实现,从而满足自己需求的行为。因为悬赏行为有急迫性和稀缺性,广告人需借助法律公信力来吸引受领人完成行为;同时广告人希望悬赏行为产生法律后果,在悬赏行为完成后,行为人需将这一行为成果交付给悬赏广告人以满足其需求,所以悬赏行为产生法律上的效果完全符合广告人的期望。戏谑行为是没有效果意思的,因为行为人追求后果并不是法律上而是心理上的。戏谑行为产生法律后果之无效是符合行

---

[57] 参见杨立新:《债法总则研究》,中国人民大学出版社,2007年版,第40页。

为人期望的,这也是由于戏谑行为目的意思的不严肃性所决定的。因此效果意思的有无决定了悬赏广告与戏谑行为的本质差别,这种差别将会大大体现出二者表示行为的异同。

(三)表示行为的区别

以上是从法律行为的主观要素进行分析,虽然私法所追求的本质就是"真实意思之实在"[58],但是民法对法律行为外观的评价却日益提升,越来越多地考虑到意思受领人对表意人行为的信赖,连德国这样向来是以萨维尼为代表的意思主义民法,也在很大程度上"至少是受到限制的意思说"。[59] 因此,我们在讨论法律行为时对表示行为要格外注意。

正是因为戏谑行为与悬赏广告内在意思的本质差别,决定了其外在表示行为具有很强的差别性:

(1)严肃性的差别。悬赏广告人对于悬赏行为结果的渴望决定其对严肃性的追求;而戏谑行为的动机和目的意思决定了其对行为严肃性的排斥,这是二者在表示行为上最为本质的差别。

(2)行为方式的差别。悬赏广告人以严肃性为态度基础,渴望追求悬赏结果发生,因而在行为方式上会以正式、要式方式做出,比如正规报纸上的广告、新闻类节目的播放、权威部门的宣誓等。戏谑行为人以不严肃为态度基础,在行为方式上多以非正规方式做出,比如在娱乐节目中、酒后或者谈笑间等。

(3)"赏"的对价的差别。不可否认对某些悬赏人的急切渴望,悬赏广告的"赏"会畸重,比如对于寻找亲人之悬赏等,虽然不可用民法显失公平原则来衡量,但是这种畸重的"赏"是建立在悬赏广告人对悬赏行为异常渴望的基础上的。而戏谑行为中存在的"赏",很可能是违背常理的,是没有戏谑行为人"异常"渴望作为基础的。所以这也是被民法所排斥的。

(4)语境、场合的差别。悬赏广告的发布为要式行为,因为撤销的法定形式,必然要求广告人的谨慎注意。而戏谑行为谨慎注意就是避免受领人信以为真,所以戏谑行为发生场合必然为非正式性的。理解这种非正式性,不可以一概而论,首先必须结合其语境来考虑,其次要结合实际场景。比如在脱口秀节目中,就很难让受领人信以为真,但是在新闻播报节目中就会使相对人产生信赖。

六、对本案例的评释

综上所述,本案一审判决是错误的。被告在中央电视台《乡约》节目中的表示,实际上是典型的戏谑行为,对此产生的相信实际上属于"轻信"范畴内,也不会产生信赖

---

[58] 〔德〕萨维尼:《当代罗马法体系》(第3卷),柏林1840年版,第237页。
[59] 〔德〕弗卢姆:《法律交易论》(Werner Flume, Das Rechtsgeschaft),Springer-Verlag,1992年版,第56页。

利益。因为我国民法没有对意思表示瑕疵进行分类,仅以"重大误解"去概括类似"戏谑行为""真意保留""虚假行为"等。因此在理论和实务界造成许多认识偏差,有些偏差甚至达到大相径庭的地步(如本案的判决)。虽然戏谑行为没有现行法律依据,但是"法不禁止即自由",不能因为没有法条所依就去否认自由,更不能机械、呆板地去套用法律,否则将会对私法造成粗暴干预,从而给当事人和私法都形成"硬伤"。

(一)被告的行为是戏谑行为

笔者认定被告的行为是戏谑行为的依据是:

1. 目的意思

这是区别悬赏广告和戏谑行为的根本特征。悬赏广告作为单方法律行为,目的性明显和急迫性是其主要特征。而戏谑行为,不存在真正意义上的目的意思,如果有,也只是单一的——就是期待受领人知晓戏谑行为为非诚意行为。相比之下,悬赏广告之目的性和急迫性是戏谑行为所不具有的。我们可以试想一下,站在一个理性人的角度,如果被告真是在做一个悬赏广告,他会选择《乡约》这样一个经过剪辑的谈话节目来做媒介吗?因为谈话节目本身的非正式性,会使其目的性变模糊,急迫性变缓慢,答案是当然不会。被告之所以那么做,完全是对自己陶艺的一种夸口,可以被理解成是作为语言艺术的一种修辞。

2. 效果意思

站在"理性人"的角度,我们很容易得出结论,除非被告疯了,才会去拿所有财产做一项对自己不具有渴望、急迫的重大利益的广告,而且希望这个广告产生这样的法律效果。对于一个理性人来说,被告在意思表达中存在效果意思是根本不可能存在的。

3. 表示行为

此案表示行为与悬赏广告外形相似,比如,都有类似悬赏表达、都是针对不特定人发出的、行为有赏性等。但是,稍加分析就会发现本案属于戏谑行为而非悬赏广告:

(1)场合的选择。《乡约》属于谈话节目,并非现场直播和新闻类节目,其中播放的内容都是经过事先剪辑、编导的。因此,主题的非严肃性是众所周知的,并不是所有的"在公共场合讲的话,并且是向数以亿计的全国电视观众讲的话"[60],就是悬赏广告。在此场所下,既没有交易习惯可以遵守,又无诚信原则所体现,所以就像我们不必把好莱坞电影中的外星人入侵当真一样,我们自不必把被告戏谑行为当真。

(2)语言表达。被告在表达过程中充满了激情,说到"悬赏"事件的时候,欲拿出自己所有财产去换别人的模仿。正如前文所提到的,与其说这是个夸口,倒不如说这是个彰显性格的修辞手法。因为在那样一个不正式的场合、那样一个要求彰显个性的节目,戏谑行为是完全可以理解的,也不至于被误解。被告在语言表述上,符合预

---

[60] 周玉文:《公共场合公开宣言应当认定为悬赏广告》,载《检察日报》2007年9月5日"法治评论"版。

期使受领人认识到非诚意表示的条件。因为被告所言"悬赏"价值与被悬赏之条件差距悬殊,任何一个理性人都会认识到,这是一个不能当真的"戏言"。

(3)适度之注意。首先,被告除了在节目中夸口外,没有再以同一主题反复主张;其次,在谈话节目的场合下,并无交易习惯可遵循,被告的言谈也未产生公信力;最后,有所争议的是,被告是否未尽到及时通知之注意。在原告第一次完成作品通知被告时,被告没有及时告知此乃戏言,而是以"吊球旋转不灵活,没见到作品为理由"不予认可。所以,会有人主张,从此刻起,戏谑行为之性质就会发生转化。其实不然,原因是:由于时隔一年,被告对于一个"戏言"未必记得清楚,况且当时原告并未把作品呈现,也没有提出进一步要求。所以被告没有必要事先作出解释。同是陶器爱好者,在关于作品水平方面,被告称"吊球旋转不灵活"等言语,完全是来源于专业探讨之精神,并不是一审法官想当然认为的是对悬赏成果之检验。以逻辑的观点分析,被告做出戏谑行为后,他预期受领人会识破此乃非诚意表示,也就是说,出发点是原告不会当真,所以,在原告正式提出要求前,自然没有解释的必要。否则,就可能产生类似悬赏广告撤回的法律后果——对原告信赖利益给予赔偿。

(二)从悬赏广告契约说角度分析,被告行为也不属于要约

本案的一审判决的依据是《合同法》关于要约和承诺的规定。法院认为,在悬赏广告中广告人发出悬赏之广告实际上是向社会不特定的人发出的一种特殊要约。这种要约发出以后,如果某人一旦完成了悬赏广告中的指定行为,则是对广告的有效承诺,双方就形成了债权债务关系。但是要约作为一种意思表示发生法律效力需要符合若干条件。

(1)要约人须具有订立合同的目的意思。从前面分析我们可以看出被告是缺乏真意的——没有缔结合同的效果意思,而目的意思也与要约中订立合同的目的大相径庭。被告行为的目的意思只是善意性的戏言,并根据客观第三人判断,是不可能产生误解的。将戏言和要约目的意思相混淆是本案错判的主要原因。

(2)根据《合同法》第14条的规定,要约的内容须具体、确定,而且要表明经受要约人承诺,要约人即受意思表示约束。此两项条件中,内容具体的理解应包括未来合同主要条款,显然是针对意思表示中目的意思的要求;而"表明经受要约人承诺,要约人即受该意思表示约束"则为对效果意思的要求。[61] 本案中被告提出的制作标准、时间性、包括工艺使用标准都不是建立在目的意思和效果意思之上的。因为被告做出的所谓"要约",没有承载任何效果意思和目的意思,一审法院判决的理由却将被告行为外观化,从而僵化了对真实意思表示的理解,完全按照行为人表示行为加以判断,这样就忽视了表示行为其实是"表意人将效果意思表现于外部之行为"[62],因此造成

---

[61] 参见王利明:《中国民法典学者建议稿及立法理由》(总则篇),法律出版社2005年版,第280页。
[62] 郑玉波:《民法总则》,台北三民书局1959年版,第244页;刘清波:《民法概论》,台北开明印书馆1979年版,第99页。

形而上的错误判决。依笔者所见,对于用几千万元的资产去悬赏一个行为"承诺",是不公平的,法律也不应当支持。

(三)戏谑行为的法律适用

由于我国现行法律没有规定戏谑行为,所以法律适用只能依靠对现有法条扩张解释来完成。从《民法通则》到《合同法》,立法者将欺诈、胁迫、乘人之危和重大误解、显失公平一起作为导致民事法律行为意思表示不真实的原因,归入撤销权制度的管辖合同效力中。这反映出立法者逐渐将合同效力决定权的主体由国家下放到当事人的思路,虽然不能体现出对当事人意思表示真实的保护,但是至少当事人可以通过行使撤销权来避免损失。按照《民法通则》第59条和《合同法》第54条重大误解的规定,戏谑行为人在受领人主张该行为有效时,可以通过法院行使撤销权来保护自己的利益。如果该行为符合戏谑行为的构成要件,并遵守了相应的谨慎义务,将不产生信赖利益的赔偿责任,否则应参照缔约过失责任的信赖利益损失的确定方法予以确定赔偿数额。

因此,本案中被告的行为完全符合戏谑行为的构成要件,即是戏谑行为。在原告要求其履行所谓的义务时,被告可以反诉行使撤销权,或者法院直接判决不构成悬赏广告,又因被告不存在违反谨慎义务的行为,所以对原告因"轻信"而产生的"信赖利益"损失不予赔偿,据此驳回原告的诉讼请求。

汶川大地震的应急民法思考[*]

"5·12"汶川大地震发生以来,全国人民众志成城,抗震救灾。笔者除了关注救灾进展以及进行捐助之外,还从民法的角度进行观察,对本次地震引起的一系列民事法律后果进行研究,对地震的应急民法思考提出一些初步意见。应当看到的是,本次地震所带来的这些民法问题都相当复杂、疑难,不可能一蹴而就,因此提出的这些意见都是探讨性的一家之言,需要认真讨论研究才能确定。

一、对本次地震引起的民事法律后果的概括评估

地震引起的民事法律后果,主要的是不可抗力免除民事责任。除此之外,还可以引起其他民事法律后果。

(一)地震为不可抗力以及因地震适用不可抗力规则的范围问题

《民法通则》第107条规定:"因不可抗力不能履行合同或者造成他人损害的,不承担民事责任,法律另有规定的除外。"这是我国民法对不可抗力所作的基本规定。

对于不可抗力的学理解释,认为不可抗力是指人力所不可抗拒的力量,独立于人的行为之外,并且不受当事人的意志所支配的现象。它是各国民法通行的抗辩事由,包括自然原因如地震、台风、洪水、海啸等和社会原因如战争等。[①]

本次地震构成不可抗力,具备不可抗力所有的特征。这就是:第一,不可预见,本次地震确实为不可预见,直至发生地震之后才知道地震发生,事先地震局没有预报。第二,不可避免并且不可克服。本次地震的震级之高、烈度之大,都是罕见的,属于不可避免并且不可克服。第三,独立于人的意志之外,确实属于人的意志以外的客观情况。地震是否具备上述要件,应当由原告举证证明,法官作出裁断。如果不在地震灾区仅仅是受到地震影响的当事人也主张自己因地震而免责,法官根据实际情况,可以判决不免除责任。

地震是不可抗力是没有争议的,但是,究竟在多大范围内可以适用地震为不可抗力规则,法律并没有明确规定。究竟是震中地区,还是地震灾区,或是地震影响地区,

---

[*] 本文发表在《光明日报》2008年6月23日、30日,在《检察日报》连载,被《新华文摘》2008年第19期转载。

[①] 参见王利明等:《民法学》,法律出版社2008年第2版,第763页。

可以适用不可抗力规则,必须予以明确。首先,不能把有震感或者有一定影响的地区作为这个范围。本次地震范围影响极大,在北京、陕西、甘肃、上海、重庆、河南、江苏、广西、山西等地都有强烈震感,也都造成了一定程度的损害;即使是境外的一些地区也都有明显震感。不能将所有受到地震影响的地区都界定为适用不可抗力规则的范围。其次,如果仅仅将震中造成特别严重损害的地区界定为适用不可抗力规则的范围,也是不正确的,因为范围过小,无法保护灾区人民的合法权益。笔者认为,国家应当尽快确定本次地震的灾区范围,以国家界定的灾区范围作为适用民法不可抗力的范围,在该范围内,适用地震不可抗力规则。

将国家规定的灾区范围作为适用不可抗力规则的一般标准,将当事人证明作为适用不可抗力规则的特别情况,基本上可以准确确定不可抗力规则的适用范围。

(二)地震引起的基本民事法律后果是不可抗力的抗辩

地震作为不可抗力的抗辩事由,发生的直接法律后果,就是免除违约和侵权的民事责任。依照《民法通则》的上述规定,具体的法律后果是:

(1)地震引起的法律后果,首先是免除责任,不论是债务不履行或者迟延履行,还是造成他人损害,都要免除行为人的民事责任。

(2)当地震与其他原因结合而造成损害,或者债务不履行或者不完全履行时,应当根据地震和其他原因各自的原因力,确定免除责任的比例。

(3)在法律有特别规定时,不可抗力不作为抗辩事由,不免除行为人的民事责任。例如,《邮政法》第34条规定,汇款和保价邮件的损失,即使是由不可抗力造成的,邮政企业也不得免除赔偿责任。

(三)地震引起其他的民事法律后果

在《民法通则》没有规定的其他方面,地震也能够引起民事法律后果。例如,在物权法方面,涉及由于地震造成的物权客体意外灭失的风险负担问题,即交易中的不动产或者动产,由于地震造成毁损灭失,应当由谁承担意外风险责任。在债权法方面,主要是地震能否构成情事变更原则适用的条件,是否发生情事变更请求权,以及相关的很多问题。在民事主体、亲属法和继承法方面,会引起诉讼时效、监护、收养、继承等一系列问题。对于这些问题,都要根据民法的基本规则,确定具体的调整规则,以调整地震所带来的各种民事法律后果,保障社会的正常民事秩序,加速抗震救灾重建家园的步伐。

二、地震引起的民法总则以及亲属法和继承法方面的法律后果

在民法总则以及亲属法和继承法方面,地震引起的主要民事法律后果是:

(一)关于民事主体制度上的问题

在民事主体制度上,首先需要解决的问题,是地震造成的孤儿和孤寡老人的监

护,以及宣告失踪和宣告死亡问题。

对于地震中的孤儿,民政部门作为国家职能部门,负有监护责任,所有事关孤儿的身份和财产问题,首先要由民政部门作为监护人,行使监护职责。在孤儿被他人收养之后,收养人与被收养的孤儿形成收养关系,形成父母子女关系,适用《婚姻法》关于父母子女关系的所有规定。此时,民政部门的监护责任消灭,孤儿的收养人成为被收养孤儿的监护人,履行对被收养孤儿的身份照护义务和财产照护义务。

对地震中的孤寡老人,民政部门有责任进行救助。对于那些不具有民事行为能力的孤寡老人,例如果傻、痴呆的孤寡老人,应当进行成年监护。我国目前还没有规定成年监护制度,因此,在"民法总则"关于成年监护制度出台之前,对地震中不具有民事行为能力的孤寡老人,应当由民政部门担任监护人,在有条件的情况下,应当由有关部门指定监护人,使其能够行使民事权利负担民事义务。

地震后,会出现大量失踪人员。对此,可能有较多请求宣告失踪和宣告死亡的案件。由于大量的遇害者被压在废墟之中,无法确定其生死状况,因此,需要宣告失踪或者宣告死亡。对此,应当按照《民法通则》第二章第三节的规定进行。在具体问题上需要解决的是,《民法通则》第20条规定:战争期间下落不明的,下落不明的时间从战争结束之日起计算宣告失踪的期限。第23条规定宣告死亡的期限,因意外事故下落不明,从事故发生之日起满2年的。对地震的宣告失踪和宣告死亡应当适用哪个规定?笔者认为,关于宣告失踪的期限计算,不应当适用战争的特别规定,而适用意外事故的规定,从事故发生之日起计算;关于宣告死亡,则应当适用因意外事故的规则,从地震发生之日起计算期限,期限应当为2年。

(二)关于民法规定的时效和期间问题

民法规定的诉讼时效和除斥期间的期间,由于地震的发生,存在是否中止和延长的问题。

(1)诉讼时效期间计算,地震期间应当适用诉讼时效中止的规定,即在诉讼时效期间的最后6个月内发生地震不能行使民事权利的,诉讼时效中止,待地震作为影响权利行使的原因消除后,诉讼时效期间继续计算。

(2)除斥期间的期间是不变期间,是否因地震影响而将期间中止,法律没有规定,学说有不同意见。笔者倾向于可以适用中止的规定,以更好地保护权利人的利益。例如,在除斥期间的最后6个月内,对某个民事行为享有撤销权尚未行使的,发生地震,如果不允许除斥期间中止,则有悖于公平原则。

(3)关于20年最长诉讼时效期间可否因为地震而延长,笔者认为可以适用诉讼时效期间延长的规定。

(三)关于地震引起的亲属法问题

地震引起的亲属法律后果,主要问题是孤儿收养关系。地震遇难者遗留的孤儿,绝大多数需要其他家庭收养,因此必须认真对待。现在有很多家庭准备收养孤儿,但在思想上又没有充分的法律准备,而仅仅是根据爱心和热情。应当看到的是,收养孤儿并不是一般的慈善行为,而是将他人的子女收养为自己的子女,在自己和被收养人之间形成法律上的父母子女关系的法律行为。收养关系成立的法律后果,是在收养人和被收养孤儿之间产生拟制的血缘关系,就跟自己的亲生子女没有区别,相互承担法定义务。收养人对于被收养人必须善尽抚养义务,如果未尽抚养义务,侵害被收养人的合法权益的,可以构成民事责任,严重的还可能构成刑事犯罪。对此,收养人在收养之前,必须做好充分的心理准备。如果仅仅是出于善心和爱心而予以资助的,则不要办理收养关系,建立助养关系较为妥当。

关于收养,《收养法》规定了严格的条件和程序,应当按照法定的条件和程序进行。例如,机关团体不能作为收养人,外国人收养须有必要的条件等,都必须遵守。

(四)关于遗产继承问题

由于震区出现大量遇难者,因此,遗产继承问题会大量出现。地震遇难者死亡,即发生遗产继承关系,继承人可以继承遗产。如果遇难者没有遗嘱,应当按照法定继承进行,由法定继承人继承遗产。如果地震遇难者没有法定继承人,其遗产无人继承的,应当根据《继承法》第 32 条的规定,收归国家所有或者集体组织所有。在遗嘱继承问题上,遇难者在紧急情况下留有口头遗嘱,无法进行公证或者符合法律规定的见证人见证,其遗嘱是否有效?笔者认为,在地震的紧急情况下,遇难者有口头遗嘱,如果有人证明属实的,应当承认该遗嘱的效力,应当按照遗嘱实行遗嘱继承。在相互有继承关系的数个亲属在地震中死亡的,如果不能确定死亡的先后时间的,推定没有继承人的人先死亡;死亡人各自都有继承人的,如几个死亡人辈分不同,推定长辈先死亡;几个死亡人辈分相同,推定同时死亡,彼此不发生继承,由他们各自的继承人继承其遗产。

在本次地震中,死难者较多,且相互有继承关系的死难者居多,因此,可能会有很多遗产无人继承。这种情况正好说明了我国《继承法》存在的两个问题,一是继承人范围过窄;二是继承顺序过少。这些缺陷可能造成更多的遗产成为无人继承遗产,而使其他有血缘关系但没有规定在继承人范围内的人丧失继承机会,因此导致这些遗产将会收归国家所有或者集体所有。这是不符合《继承法》基本原则的。因此,可以借此次地震,提出修改《继承法》的意见:

(1)应当增列四亲等以内的亲属为第三顺序法定继承人,被继承人的曾祖父母、外曾祖父母、伯父、叔父、舅父、姑母、姨母、堂兄弟姐妹、表兄弟姐妹、侄甥子女、侄孙甥孙子女等。

(2)原定的法定继承第一顺序和第二顺序不变,第三顺序中的继承人较多,可以实行"亲等近者优先"的原则,即只有在前一亲等的继承人死亡、丧失继承权或放弃继承权时,后一亲等的继承人才得以继承被继承人的遗产。笔者的意见是,在本次地震中,如果第一顺序和第二顺序的继承人缺位,可以尝试由第三顺序的继承人继承遗产,以便为修改立法积累经验。

三、地震引起的物权法上的法律后果

在物权法方面,地震涉及的最主要问题,是物权标的物的意外灭失风险负担责任,多数问题都是围绕这个基本问题展开的,判断的基本标准是民法关于物权标的物意外灭失风险负担规则。主要涉及的问题是:

(一)物权标的物的意外灭失风险负担规则

在物权标的物意外灭失风险责任负担问题上,主要规则是,意外灭失标的物的所有权在谁手里,谁就应当承担风险责任。对此,《合同法》第142条规定的基本规则是以交付为标准,交付之前由出卖人承担风险责任,在交付之后由买受人承担风险责任。这一规则在动产交易中没有问题,但在不动产交易的范围内,这一规则似乎存在问题。因此,笔者倾向于应当按照权利人承担风险的原则较为妥当。具体问题是:

1. 在地震中灭失的房屋,买卖的房屋已经交付,所有权已经过户或者没有过户的,究竟应当由谁承担风险责任?

按照上述规则,如果房屋已经交付,但业主并没有取得所有权,即没有进行过户登记取得房产所有权证书,其房屋的所有权尚在开发商手中的,应当由开发商承担物权标的物意外灭失风险责任,开发商不能将房产所有权过户,应当承担民事责任。如果房屋的所有权已经办理了过户登记,业主取得了房屋所有权和土地使用权,则意外灭失风险责任应当由业主负担,承受物权标的物意外灭失风险责任。如果房地产的权属证书已经取得,即房屋所有权和土地使用权均已过户登记,但所有权和使用权在贷款银行手中抵押的,则所有权仍然在房屋所有权人即业主手中,抵押的房屋所有权客体意外灭失,应当由所有权即业主负担意外灭失的风险责任。有人认为,房屋已经没有了,业主已经承担了意外灭失风险责任,还要按月交纳月供吗?如果还要交付月供是否有违公平责任?笔者认为,房屋虽然已经灭失,业主丧失了房屋的所有权,但其向银行的付款义务并没有消灭,因为业主还享有土地使用权,业主还可以在土地上建造新的住房,还可以取得所有权,因此,除非国家免除部分债务,否则业主应当继续清偿贷款债务。

2. 在建工程的风险负担问题

在建工程在地震中意外灭失,按照物权标的物意外灭失风险负担规则,应当由在建工程的所有人承担风险责任,即开发商自己负责损失。在建筑商方面,存在的问题是,无法按期竣工所要承担的合同责任问题,应当按照《民法通则》关于不可抗力的规则,由于地震而无法按期履行合同,可以不可抗力原因而免除违约责任。开发商已经签订了商品房买卖合同,收取了房款,开发商因地震致在建工程意外灭失,无法按期交付房屋的,应当按照合同继续履行,扣除地震影响的期间,完成交付义务,不能交付的,应当承担违约责任。

3. 商品房交付过户后在地震中损坏,开发商是否承担维修义务?

笔者认为,在地震中房屋发生损害(不是灭失),并不是在开发商保修范围内的责任。因此,不论是在保修期之内发生地震,还是在保修期之外,发生地震造成损坏,开发商有责任进行维修,但维修费用不应当由开发商负担,而应当在业主的共同维修资金中支付。如果房屋所有权没有过户,地震造成损害的,应当由开发商承担维修责任。

4. 征收征用的不动产在地震中灭失是否应继续给付补偿金?

按照物权标的物意外灭失风险负担规则,如果被征收征用的不动产已经转移所有权或者使用权的,应当由取得所有权或者使用权的国家或者单位负担意外灭失风险,即使标的物已经在地震中灭失,但如果国家尚没有支付或者没有全部支付补偿费的,应当对被征收征用人继续支付补偿费。理由是,所有权或者使用权已经过户,就应当由所有权或者使用权人承担风险责任,没有理由对原来的所有权人或者使用权人拒付补偿费。

(二)建设用地使用权的权属问题

在地震引起的建设用地使用权的权属问题上,也存在较多问题,主要问题是:

1. 城市毁损土地灭失,已经取得的建设用地使用权是否还存在?

例如,北川县县城已经成为废墟,据说县城将整体搬迁到异地重建。如果这一说法确实,在县城内原来已经取得的建设用地使用权,包括开发商取得的建设用地使用权和业主建筑物依附的建设用地使用权是否仍然存在? 土地已经灭失,国家作为所有权人已经消灭了所有权,既然如此,"皮之不存,毛将焉附",建设用地使用权当然也就不复存在了。建设用地使用权消灭的法律后果将由使用权人负担。如果将来国家另建新城,是否采取无偿拨付土地交给失去土地使用权人继续使用,应当由国家决定。如果确实采取这样的办法,则应当通过划拨手段,由原来的土地使用权人重新取得新的土地使用权,而不是原来的土地使用权的延续,另行办理土地使用权取得手续。如果县城还在原址重建,也应当重新划拨建设用地使用权,使原来的土地使用权人能够重新取得使用权。

2. 分期付款的商品房问题

对于分期付款的商品房买卖,业主将其房地产权属抵押给贷款银行的,在地震中,房屋灭失消灭了房屋所有权的,其房屋所有权抵押关系已经消灭,不再存在抵押关系,但土地使用权一并抵押的,其土地使用权仍然是抵押物,还发生抵押作用,仍然在担保贷款债权。

3. 墓地的损坏

无论是公墓还是农村墓地,都存在土地使用权。墓地损坏的,应当由墓地的所有权人自己负担风险责任。如果土地已经灭失的,应当消灭土地使用权。在公墓中购买的墓地,墓地损坏的,墓地管理人应当负责维修、管理,保持墓地的正常状态。

(三)灾后农村土地承包经营权、集体土地问题

地震灾害中,关于农村土地权利的问题,应当看到,首先是土地所有权,其次是土地承包经营权。有三个问题需要研究:第一,土地是否存在;第二,权利人是否存在;第三,权利是否存在。三个问题的关系是,前两个问题决定后一个问题,因此,必须以前两个方面的事实,来确定权利是否存在。

1. 土地是否存在

这个问题是土地作为物是否存在。地震后,土地现状会有三种,一是灭失;二是改变;三是不变。土地灭失,其权利也就消灭了,不仅所有权消灭,承包经营权也消灭了。这种情况是存在的,例如土地经过地震后变为湖泊,或者两个山靠在一起,原来的"川"没有了,或者耕地变为荒地、废墟。土地改变,可能从大的范围内土地现状不变,所有权也不会改变,但具体的个人承包经营权可能会发生变化。

2. 权利人是否存在

权利人不存在了,权利也会消灭。作为一个村集体,如果全体村民都在地震中遇难,则这个集体不存在了,这个集体的所有权当然也就消灭了,这个土地上的集体所有权也都不存在了,土地可能会变为国家所有。同样,承包经营权也都不存在了。绝大多数的村集体在震后仍然存在,只是个别村民在地震中遇难了,便涉及权利问题,要看到我国的土地承包经营权是以户为单位,是以户作为权利人的,这个农户的部分成员遇难了,并不消灭承包经营权,承包经营权并不因为家庭个别成员遇难而消灭,原则上也不能因为这个农户的人口发生了变化,而减少其承包的土地。

3. 权利的问题

农村土地权利会因为土地状况和权利人的变化而发生变化。作为集体所有权,可能会全部消灭,也可能部分消灭,也可能没有变化,只是土地的性质发生变化,如耕地变为荒地或者非耕地。土地承包经营权可能消灭,可能变更,也可能没有改变。如果一个农户的成员全部遇难,则承包经营权消灭,土地可以另行进行调整。

如果集体土地所有权发生全部消灭而村民集体还存在,国家应当对村集体的土地进行调整,或者调配新的土地归村集体所有,或者集体安置农民进入城镇。如果是部分消灭,则应当根据村集体的土地和人口的实际情况,对土地承包经营权进行适当调整。例如土地灭失较多,不调整承包经营权无法使其他灭失土地的农户享有土地承包经营权,则应当进行适当调整。

(四)担保物权的担保物因地震意外灭失的风险负担问题

在担保物权中,担保物因地震而意外灭失,存在以下两个问题需要解决:

1. 留置、质押和抵押的标的物灭失,风险由谁负担?

不论是抵押物、质物还是留置物,在地震中灭失,其意外灭失风险都由标的物的占有人负担;所有权人自己占有的,自己负担风险责任;担保物权人占有的,消灭担保物权;如果债务人已经履行债务清偿义务的,担保物所有权人享有返还原物请求权和

损害赔偿请求权,但因地震损害无法返还的,免除返还和赔偿责任。

2. 担保物意外灭失后,政府给予遇害人的补贴是否为担保物权的代位权标的?

按照《物权法》的规定,在担保物毁损、灭失或者被征收征用等,担保物权人可以就获得的保险金、赔偿金、补偿金等优先受偿,这些财产均为担保物的代位物,担保物权人继续享有该代位物的担保物权。在地震中,如果遇害者的担保物例如房屋、土地使用权、汽车以及其他动产等意外灭失,如果政府对灾民给付"补偿费",担保物权人对此能够继续行使担保物权吗?笔者认为,政府给灾民发放的"补助费",实际上具有抚恤性质,属于救济金,具有严格的人身性质,并不是担保物的代位物,担保物权人无权行使优先受偿权。如果遇害者获得的是保险金、赔偿金或者补偿金,则担保物权人有权取得优先受偿权。

(五)所有权的取得和消灭问题

在所有权的取得和消灭上,在地震中存在以下问题:

1. 拾得遗失物

在地震中拾得遗失物,拾得人能否取得所有权?按照《物权法》第 109 条的规定,拾得人不能取得遗失物的所有权,拾得人应当将拾得物交还失主,或者交给公安机关。如果已经确认拾得物是无主物,由于我国《物权法》没有规定先占取得制度,笔者的意见是不适用先占取得规则,拾得人不能取得所有权。

2. 拾得漂流物、发现埋藏物或者隐藏物

对此,《物权法》第 114 条已经有明确规定,应当参照拾得遗失物的规则处理,能够交还权利人的,返还权利人,不能返还的,送交公安机关。但文物保护法等法律另有规定的,则依照其规定处理。

3. 无主物应通过哪些程序确认权属。

地震灾害后,会形成大量的无主物。但是并非所有一时找不到主人的物都是无主物,因为有些是遗产。笔者的看法是,应当一般不认定为无主物,而让物归其主。

(1)如果是遇难者遗留的遗产,则应当由他的继承人继承,由其继承人继承遗产,取得所有权。

(2)即使是遇难者遗留的遗产为无人继承的遗产,也应按照继承法的规定,收归国家所有,或者收归集体所有,一般不会形成无主财产。在农村,所有的农户废墟中的物,即使无人认领,也都是本村集体农民的遗产,无人继承,也都由村集体取得所有权,不会成为无主物。

(3)地震后,只有那些无法确定究竟是谁的物,也无人认领的物,才可能会成为无主物。无主物的归属问题,我国物权法没有规定无主物的先占取得,无法因为先占而取得所有权。同时,我国法律也没有规定无主物一律归国家所有。在选择上,可以选择先占取得,即先占者取得所有权,但容易造成争抢。也可以选择国家取得所有权,但实际上并没有意义,因为国家不容易行使这个权利。这个还需要继续研究,有待作出具体规定。

四、地震引起的债权法上的法律后果

(一) 合同之债违约责任的免责问题

地震可能会引起大量的合同违约,对此,应当按照《民法通则》第107条的规定,符合该条规定条件的,应当免除违约一方的违约责任。在司法实践中,应当根据案件的具体情况处理。

1. 迟延履行的责任

合同一方因地震而无法履行或者无法全面履行,构成不可抗力原因的,应当免除违约一方的责任。但是,如果在地震发生之前就已经违约的,则地震不能免除其全部违约责任,应当按照原因力的比例,免除因地震引起违约的那一部分责任,对于地震之前已经违约的部分,违约一方应当承担违约责任。

2. 因地震可否债务免除

对于因地震造成合同标的物灭失,债务人已经无法履行债务的,能否免除债务,值得研究。例如,已经签订商品房买卖合同的,由于未交付的房屋在地震中灭失,开发商无法交付的,或者开发商已经交付房屋,买房人已经交付房款,并且将房屋抵押给银行,办理了房屋贷款分期偿还合同的,因房屋已经灭失,买房人无法按期支付月供的,是否应当免除债务人的债务呢?如果对这些问题分开,而仅仅就买房人的债务免除问题进行讨论,则有可能提出无法履行就应当免除债务的意见。将这两个相似的问题一并进行研究,更容易确定应当采用的规则。笔者认为,对此应当适当免除部分债务或者暂缓履行债务期限,待有条件履行时,再重新履行的办法,比较可行,而不是一律免除债务。应当看到的是,在买房人的房屋损坏后,即使是灭失,也仍然保留着土地使用权,仍然可以利用该土地重建建筑物供自己使用。因此,免除全部债务是不合理的。

3. 租房合同约定地震不免除责任条款是否有效

在租赁房屋合同中,有很多直接约定地震并不免除一方责任的条款。例如,约定因地震造成租赁房屋损坏,承租人应承担损害赔偿责任;约定因地震而造成损害,承租人不免除交付租金的义务。对于这样的约定是否有效,有不同意见。有的人认为意思自治是《合同法》的基本原则,尽管不可抗力是法定免责事由,但当事人完全可以自行约定合同条款予以排除,因此,约定不免除地震责任是完全合法的,应当承认其效力。有的人认为,不论如何,因地震造成的损害,仍不免除承租人的债务是没有道理的,因为地震的发生并不是经常的,当事人不能预料到在其承租期间内会发生地震,且出租人在提供出租合同样本时,往往对此已经作出了"约定",承租人不接受该条件就不签订合同。笔者赞同后一种意见,对于大地震已经造成了出租房屋毁损的,如果依约让承租人承担赔偿责任,或者不免除支付租金债务,都是不合理的,应当适用《民法通则》第107条的规定,免除债务人的上述约定责任。

4. 在地震中电信企业不应因用户欠费而停机

在电信服务合同履行中,如果用户欠费,服务商可以停机。但是,在地震中,由于地震的原因而欠费是普遍存在的,也是不可抗力。对此,服务商应当增强自己的社会责任,不能在地震中由于用户欠费而停机,以免使用户无法对外联络而造成新的损害。如果电信服务商在地震期间因用户欠费而停机,应当承担相应的民事责任。

5. 地震中的赠与具有不可撤销性

《合同法》第188条规定:"具有救灾、扶贫等社会公益、道德义务性质的赠与合同或者经过公证的赠与合同,赠与人不交付赠与的财产的,受赠人可以要求交付。"据此,在地震中实施的捐赠行为与一般赠与不同。一般赠与是实践性合同,赠与物已经交付给受赠人时合同方生效。在地震中的公益捐赠属于不可撤销的赠与,赠与人已经作出赠与的意思表示,受赠人即产生赠与请求权,在赠与人没有交付赠与物时,可依法行使该赠与请求权,请求赠与人交付赠与物。赠与人拒不交付赠与物的,受赠人可以起诉,法院应当强制赠与人履行赠与债务。

6. 哄抬物价

在地震中哄抬物价,在一般情况下属于道德问题,应当在舆论上进行谴责。如果构成乘人之危或者显失公平,则可以依照《合同法》第54条的规定,构成相对无效的合同,相对人享有撤销权,可以请求变更或者撤销该合同。

(二)地震可以适用情事变更原则

由于地震原因致使合同不能履行或者应当变更,尽管《合同法》没有规定情事变更原则,但依照司法实践的做法,可以适用情事变更原则。情事变更原则,是指合同依法成立后,因不可归责于双方当事人的原因发生了不可预见的情事变更,致使合同的基础丧失或者动摇,若继续维持合同的原有效力则会产生显失公平的后果,因而允许变更或者解除合同的原则。适用情事变更原则的条件是:

(1)须有情事变更的事实。情事,是指作为合同成立基础或环境的客观情况。变更,是指上述客观情况发生了异常变动。

(2)情事变更须发生在合同成立之后至合同履行完毕之前。

(3)须情事变更的发生不可归责于当事人。

(4)须情事变更为当事人所不可预见。

(5)须情事变更使履行原合同显失公平。

本次地震具备以上要求,应当构成情事变更。

情事变更原则的效果是:

(1)再交涉义务,即受不利益的当事人一方可以要求对方就合同内容重新协商。

(2)变更合同,使合同公平合理,可以增减合同标的的数额、延期或者分期履行、拒绝先为履行、变更标的物等。

(3)解除合同。如果变更合同仍不能消除显失公平的结果,就允许解除合同。

适用情事变更原则的程序:第一,采取当事人主义,在当事人提出适用情事变更原则请求之后,由法官根据情事变更的情况予以公平裁量,确定合同义务的增减或合同解除。第二,适用情事变更原则的判决,是形成判决,即以裁判变更原来的合同关系。

(三) 意外伤害保险的责任问题

在有些保险公司订立的意外伤害保险合同中,有的明确约定对于地震造成的伤害保险公司不承担保险责任。对此,有人主张这一约定违反法律规定,属于格式条款中免除提供格式条款一方责任的,应当属于无效。有人主张该意外伤害保险就是对除了地震之外的意外伤害提供的保险,因此,排除地震造成伤害的保险责任是合法的。笔者的倾向性意见是,对此应当适用《合同法》第40条的规定,属于提供格式条款一方免除其责任的情形,应当确认该条款无效,保险公司应当对地震造成的意外伤害承担保险责任。

(四) 关于债权法的适用问题

在地震中,对他人的事务进行管理,构成无因管理之债的法律后果。例如,在对遇害者的财产以及其他事务进行管理,对于管理的必要费用,如果管理人主张给付的,应当按照《民法通则》第93条的规定,受益人有义务予以清偿。但是在现实中,在地震中管理他人事务的人多数是救援人员,包括救援的自愿者,一般不会主张管理事务的费用债权。

在地震中,也会发生不当得利之债。例如,自己的鱼塘由于地震混进了他人鱼塘里的鱼,构成不当得利。如果受损害的人主张返还不当得利,得利人应当按照《民法通则》第92条的规定,承担返还不当得利的债务,将不当得利返还给受损失的人。

在地震中,如果遇害者对做出某种行为的人允诺给予报酬的,构成悬赏广告或者单方允诺行为,对此,应当发生单方允诺的后果,发生债的关系。当他人完成允诺行为的,可以参照《物权法》第112条的规定,承诺人应当依据自己的允诺,履行相应的允诺债务。

五、地震引起的侵权法的法律后果

在地震中,引起的侵权法法律后果的问题较多。主要问题是:

(一) 地震中伤亡的人员是否享受工伤保险待遇问题

在地震中伤亡的人很多,性质并不相同,有的可以按照工伤保险规定享有工伤保险待遇,有的不能按照工伤事故处理。

1. 参加抢险救灾的救援人员在工作中因地震原因或者其他原因遭受伤亡的

因工作被指派到震区参加抢险救灾的解放军指战员、医护人员、救灾工程人员以及其他救援人员,在救灾中因地震或者因其他工作原因造成伤亡后果的,应当一律按照工伤事故处理,享受《工伤保险条例》规定的工伤保险待遇。在抢险救灾中,自愿参加救援的自愿者,并非受到工作指派,而是自觉参加抢险救灾的,是高尚行为,在救援工作中因地震或者其他救援的原因遭受伤亡的,不能因为他们的工作性质类似于帮工,或者没有建立劳动关系,因而得不到工伤保险救济。对此,应当比照《工伤保险条例》的规定,予以工伤保险待遇。

2. 在抢险救灾途中因地震原因或者交通事故原因造成伤亡的

因工作指派或者自愿参加抢险救灾的救援人员在出发的途中,以及在完成任务返回的途中,遭受地震损害,或者因其他交通事故原因造成损害的,应当按照《工伤保险条例》的规定,作为工伤事故,享受工伤保险待遇。

3. 在地震中造成伤亡的其他人

在地震中造成伤亡的,应当根据工作原因和非工作原因而有所区别。

地震受害人因工作原因而遭受伤亡的,一种意见认为,应当符合《工伤保险条例》第14条关于职工认定工伤条件第3项关于"在工作时间和工作场所内,因履行工作职责受到暴力等意外伤害的",应当享受工伤保险待遇。另一种意见认为,意外伤害并不包括不可抗力,不可抗力是法定免责条件,可以不享受工伤保险待遇。笔者认为,对于法律的解释,一般应当向有利于劳动者的方面解释,因此,按照第一种意见,将地震伤害解释为意外伤害,受害的劳动者应当享有工伤保险待遇。对于非因工作原因在地震中造成伤亡的劳动者,以及其他没有劳动关系在地震中遭受损害的人,则按照不可抗力的一般规则,自负其责,不存在赔偿问题,但可以得到国家法定的抚恤和救济。

(二)抗震救灾中抢救遇害者的医疗事故责任问题

地震属于紧急事件,对于抢救遇害者,医疗机构负有救死扶伤的义务。这种义务为法定义务,不得以任何理由(例如治疗费用、医疗条件等)对遇害者拒绝救治。医疗机构不履行该义务,构成不作为的侵权责任。在抗震救灾以来,医疗机构和医护人员的表现是杰出的,基本上不存在这样的问题。

在抢险救灾中,抢险救灾医疗队以及其他担负救治地震灾害遇害者责任的医疗机构,由于处于异常紧急情形,且在医疗设施等不齐全的情况下施救,因而应当降低医疗机构的责任要求,医疗队以及医疗机构只有在故意或者重大过失原因造成遇害者人身损害的才应当承担医疗事故责任,除此之外,对于其他过失造成的损害,不应按照医疗事故承担责任。

在救灾中,因紧急情况对遇害者需要进行截肢等紧急处置的,一般应当征得遇害者的同意,遇害者同意进行截肢等紧急处置的,不论是否由医疗机构具体实施,医疗机构都不承担医疗事故责任。在特别紧急情况下,例如受害人昏迷、神志不清,不能正确表达意思的,如果需要进行紧急处置措施的,又没有遇害者的近亲属在场,主治医生可以在其他人员证明的情况下,立即进行手术采取紧急处置措施,因意外发生的损害后果,医疗机构不承担民事责任。

(三)违反安全保障义务的侵权行为问题

在地震中,关于违反安全保障义务的侵权行为,应当掌握的基本判断标准是,负有安全保障义务的人是否尽到安全保障义务,是否具有履行安全保障义务的能力?如果已经知道将要发生地震,并且有能力通知或者组织、协助被保护的人逃生的,没有尽到应尽的义务,没有保障被保护人的安全,造成损害的,应当承担侵权责任。反之,则不构成侵权责任。具体问题是:

在地震中,有的学校教师在大地震发生前的第一次震动中,曾经组织学生逃生,但由于没有接到停课通知,又组织学生回到教室继续上课,结果在地震中造成严重损害后果。有人认为,对此学校应当承担侵权责任。笔者认为,由于学校并不确切地知道即将发生大地震,且没有接到地震预报,按照一般的社会知识经验也无法预料即将发生大地震,因此学校不构成违反安全保障义务的侵权行为,不应当承担侵权责任。

在区分所有建筑物的小区中,物业服务企业是否尽到安全保障义务,亦应按照这样的标准确定。在没有接到地震预报,按照一般的社会知识经验也无法判断即将发生地震的,无理由通知、组织、协助业主逃生。如果物业服务企业已经接到地震预报,由于疏于职守,应当通知、组织、协助而不作为的,构成侵权责任。

监狱、劳改场所、看守所、拘役所以及其他关押在押人犯的羁押场所,管理者对在押人犯负有安全保障义务。是否构成违反安全保障义务,标准亦如上述。如果在地震中由于管理者未尽职守,造成在押人犯伤亡的,应当就其过失程度造成的损害,承担侵权责任。

(四)地震中发生的侵权行为的责任

在汶川大地震中,发生了一些侵权行为。对这些侵权行为的法律适用,应当按照侵权法的相关规定确定侵权责任。

1. 建筑物质量不合格造成房屋倒塌致人损害的责任

在地震中,大量倒塌的房屋造成了遇害者严重的人身损害后果,其中有些是人力可以避免的,有些是人力所不可避免的。如果构成不可抗力,则损失没有承担民事责任的主体,损害由遇害者自己承担。但对于那些没有满足防震设计要求的建筑物因此而倒塌造成损害的,应当构成侵权责任。路透社记者曾经在记者会上提出,在地震当中倒塌的一些学校和医院,如果一旦在这些建筑当中发现了设计方面的问题,会不会对这些承建或者设计单位进行惩罚? 会是什么样的惩罚呢? 对此问题,国务院国有资产监督管理委员会主任李荣融回答说:如果发现这些建筑中有中央企业所建,我们将会做出严肃的处理。这个态度是正确的。例如,在震区大量的学校建筑物倒塌造成大量学生死亡或者伤害的同时,那所在地震中屹立不倒的希望小学,就是由于建筑质量好而避免了学生的人身损害。鲜明的事例极有说服力。对此确定责任的标准,应当是设计的防震抗震标准。例如,设计标准是抗震八级以上,但在没有达到这样震级的地震中建筑物倒塌的,建造者或者设计者应当承担侵权责任,并不能因为地震是不可抗力而免除责任。

2. 地震造成环境污染的责任

在地震中,有些企业造成氨气等有害物质泄漏污染环境,加重了地震的损害。对此是否应当承担环境污染责任或者免责?不能一概而论。应当确定的是,污染企业对于造成有害物质的泄漏是否尽到了高度注意。如果企业对在地震中有害物质的泄漏是无法防范和无法避免的,应当按照不可抗力的规定,免除企业的侵权责任。但如果污染企业没有尽到相应的高度注意义务,例如装载有害物质的仓库等不能防范应当防范的地震震级要求,因此发生有害物质泄漏造成损害的,应当承担侵权责任。

3. 地震中动物致害责任

在地震中动物致害他人,如果动物是因地震的异常原因而惊恐引起的,对于造成的损害,动物的所有人和饲养人因不可抗力应当免除责任。与此相关的问题是,如果为了防止疫情发生或者扩散而决定宰杀动物,是为了公共利益的需要,为不违反法律。

4. 在地震中实施的故意侵权行为

在抗击余震中,部分地区出现少数人仇视有车家庭,因而在马路、公路上撒钉子,以扎破有车家庭的汽车轮子,故意造成损害。这是破坏抗震救灾的行为,是故意侵权行为。如果经查属实的,可以确认其构成故意侵权,应当承担侵权责任。

(五)地震与其他原因共同造成损害的赔偿责任问题

地震与其他原因共同造成一个损害,地震是造成损害的共同原因,或者是助成原因,或者是扩大原因,都存在一定的因果关系。对此,应当确定的规则是:由于地震原因造成的损害,免除责任;非为地震原因造成的损害部分,构成侵权责任的,应当按照原因力的比例承担侵权责任。具体的情况是:

1. 违法行为与地震共同作用构成共同原因

例如,修建建筑物不符合防震抗震要求,由于地震原因与建筑质量不合格的共同作用,造成损害的,违法行为人应当按照原因力的比例承担侵权责任,地震原因造成的损害部分则免除责任。

2. 违法行为为地震损害的助成原因构成共同原因

地震作为损害的主要原因,违法行为只是形成了推进损害发生,或者是造成地震损害后果扩大的,也构成侵权损害后果的共同原因。对于违法行为所起到的助成作用,应当根据原因力的比例,由违法行为人承担次要责任。

3. 违法行为造成损害后,地震构成扩大损害的原因

在地震之前,已经发生侵权损害后果,由于地震又扩大了损害结果的,对于违法行为人造成的损害赔偿责任,不因地震又造成了损害后果的扩大而免除违法行为人应负的侵权责任。例如,某违法行为已经造成某房屋部分损害,应当承担侵权责任;在地震中,该房屋因地震而造成灭失,则违法行为人对其违法行为造成的房屋损害后果,自应承担侵权责任,只是由于地震造成的房屋灭失的损害后果,不应由行为人承担而已,不能免除其原来应当承担的侵权责任。

地震作为民法不可抗力事由的一般影响

震惊世界也震惊了我们心灵的1976年唐山大地震,已经离开我们30多年了,那时候我国还没有健全的民事法律制度,处于计划经济时期,社会经济远远没有达到现在这样的发达程度,因此,抗震救灾不需要研究地震等灾难事件在民法上的因应对策。但30多年后的今天,面对"5·12"突然发生的汶川大地震,面对数百万人无家可归、几万人死亡、几万人失踪、几十万人受伤,房倒屋塌,大地断裂的巨大灾难,已经基本健全的民法制度应当如何应对,以前没有很好地考虑过。作为应急对策,我们必须面对现实,深入研究这些问题,以保障地震灾区人民的合法民事权益,让他们能够做好灾后重建工作,过上与全国人民一样的幸福和谐生活。笔者仅就地震作为不可抗力免责事由的一般性问题以及在民法总则方面的法律后果,进行探讨,提出自己的意见。

一、地震是最重要的不可抗力免责事由

(一)各国或地区民法规定地震为不可抗力的一般规则

各国或地区对于不可抗力的规定,通常规定在债的不履行效果当中,主要有以下几种立法例:

1. 法国等国家民法典的规定

《法国民法典》明确规定不可抗力或者不测事变作为债务不履行免除损害赔偿责任。该法第1148条规定:"如债务人因不可抗力或不测事变,不能履行其承担的给付或作为之债务,或者违约进行对其禁止之事项,不引起任何损害赔偿责任。"法国实务界认为,不可抗力情况,是指致使债务不可能履行的各种事件,而不是指"仅仅使债务履行需要更大代价"的事件。[①]《阿根廷共和国民法典》对有关地震的规定,是第888条:"构成债之客体的给付在物理上或法律上成为不可能,且债务人无过失时,债务消灭。"《美国纽约民法典草案》对此也有规定,其第649条规定:"债务人因下列原因履行受阻的,债消灭:(一)债权人阻碍债务人履行;(二)法律的规定;(三)不可避免的

---

* 本文发表在《政治与法律》2008年第8期。
① 参见罗结珍译:《法国民法典》,法律出版社2005年版,第873页。

事故。"②

2. 德国等国家及我国台湾地区民法典的规定

《德国民法典》并没有专门规定不可抗力,而是在债务不履行的后果规定不可归责于债务人的原因而免责。《德国民法典》第275条规定:"债的关系成立后产生不可归责于债务人的事由,致使给付不能的,债务人免除其给付义务。债务人事后发生的无给付能力,与债的关系成立后发生的给付不能相同。"我国台湾地区"民法"第225条规定:"因不可归责于债务人之事由,致给付不能者,债务人免给付义务。"第231条规定:"前项债务人,在迟延中,对于因不可抗力而生之损害,亦应负责,但债务人证明纵不迟延给付,而仍不免发生损害者,不在此限。"解释认为,所谓事变,乃指非由于故意或者过失而生之事故,此等事故,有为单纯之外界事件者,如地震、台风、洪水是。③

3. 其他有特色的民法典的规定

对地震以及不可抗力的规定有特色的,有以下民法典的规定。

(1)《埃塞俄比亚民法典》,将不可抗力规定在合同的不履行一节,有两个条文,说得最为明确。第1792条规定:"不可抗力产生于债务人通常不能预见,并且绝对阻碍其履行义务的事件。如果该事件债务人通常能预见,或者该事件只是使债务人履行其义务变得更困难,不存在不可抗力。"第1973条规定:"根据情况,下列事件可构成不可抗力的情形:(一)债务人对之不负责任的第三人的不可预见的行为;或者(二)阻止履行债务的官方禁令;或者(三)地震、雷击或洪水之类的自然灾害;或者(四)国际战争或内战;或者(五)债务人死亡或遭遇严重事故或出乎意料的重病。"这一规定明确规定地震属于不可抗力。但同时也规定了"如果该事件债务人通常能预见,或者该事件只是使债务人履行其义务变得更困难,不存在不可抗力",对于如何界定不可抗力的范围,具有重要意义。这一规定,显然来自法国民法实务的意见,具有一脉相承的关系。

(2)《意大利民法典》,第1256条规定:"当由于不可归责于债务人的原因致使给付变为不能时,债务消灭。"第1463条规定:"在附有对应给付的契约中,因突然发生的应为给付不能而被解除责任的一方,不得要求相对应的给付,并应当根据返还不当得利的规定,返还其应得到的给付。"后一条规定,对于债务人因不可归责于债务人的原因而免除债务后,对于债务人对债权人的请求权的消灭,以及对不可抗力之前取得的债权人的给付返还义务,规定得十分清楚。

(3)加拿大《魁北克民法典》,第1470条规定:"如证明损害因不可抗力引起,可以免除某人造成他人损害的责任,但他已承诺赔偿此等损害的,不在此限。"这一规定

---

② 〔美〕戴维·达德利·菲尔德:《纽约州民法典草案》,田甜译,中国大百科全书出版社2007年版,第134页。

③ 参见刘春堂:《民法债编通则(一)·契约法总论》,台北三民书局有限公司2006年版,第268页。

不仅包含债务不履行,而且也明确规定了因不可抗力而造成损害的免责问题,是更为明确的规定。

上述民法典(或者草案)有关涉及地震为不可抗力及其后果的规定,主要特点是:

(1)明确规定地震是不可抗力的主要形式。各国或地区民法在条文中不论是否明确规定地震,但都规定了不可抗力或者不可归责于债务人的原因,在解释上,都认为地震是不可抗力或者不可归责于债务人原因的主要形式。在各国或地区司法实务上,很少看到关于地震免除责任的具体适用,主要是各国或地区关于地震需要适用法定免除责任的机会不多。

(2)并不是所有的地震都是不可抗力,都必须免除责任。应当重视的是《埃塞俄比亚民法典》的规定,该法第1792条专门规定的"如果该事件债务人通常能预见,或者该事件只是使债务人履行其义务变得更困难,不存在不可抗力"内容,明确规定即使是地震,也不一定一律认定为不可抗力,而是要达到具体的要求,才可以认定为不可抗力。这一立法例,应当是来源于法国民法司法实务中关于"仅仅使债务履行需要更大代价"的事件不为不可抗力的解释。这种经验值得我们特别重视。

(3)地震作为不可抗力在民法上的后果,主要债的不履行或者迟延履行的债务免除或者消灭的后果。各国或地区在规定不可抗力的时候,一般都认为是不可归责于债务人原因的履行不能或者履行迟延,其后果都是债务的全部免除或者部分免除,很少在其他方面规定。

(4)地震作为不可抗力的法律后果,既包括合同债务的不履行,也包括其他债务例如侵权债务的不履行。这是因为在这些国家或地区的民法中,侵权损害赔偿责任同样也是债,都适用债的规则。仅仅是《魁北克民法典》明确规定了不可抗力造成损害的,也应当免除责任。这一点,与我国《民法通则》第107条的规定有所不同,但内容是一样的。

(5)地震作为不可抗力,在免除或者消灭债务时,对应的给付亦应消灭,并应当根据不当得利的规定返还其应得到的给付。对此,应当特别注意《意大利民法典》第1463条规定的内容,完全符合公平原则的要求。

(二)我国关于地震为不可抗力及因地震适用不可抗力规则的规定和学理

我国民法对不可抗力的规定,原本规定在《民法通则》中,采取合同和侵权一体规定的方法。《民法通则》第107条规定:"因不可抗力不能履行合同或者造成他人损害的,不承担民事责任,法律另有规定的除外。"在制定《合同法》时,对合同不履行和迟延履行中的不可抗力作了专门规定,因此,在即将制定的《侵权责任法》中还要作出规定。《合同法》第117条规定:"因不可抗力不能履行合同的,根据不可抗力的影响,部分或者全部免除责任,但法律另有规定的除外。当事人迟延履行后发生不可抗力的,不能免除责任。""本条所称不可抗力,是指不能预见、不能避免并不能克服的客观情况。"第118条规定:"当事人一方因不可抗力不能履行合同的,应当及时通知对方,以减轻可能给对方造成的损失,并应当在合理期限内提供证明。"

对此，在梁慧星教授主持起草的《中国民法典草案建议稿》、王利明教授主持起草的《中国民法典草案建议稿》以及笔者主持起草的《中国侵权责任法草案建议稿》中，都作了不可抗力的条文设计。例如王稿第1854条规定："因不能预见、不能避免并且不能克服的客观现象造成损害的，行为人不承担民事责任。但法律另有规定的除外。"④笔者起草的建议稿第32条规定："因不可抗力造成损害的，行为人不承担侵权责任，但法律另有规定的除外。"⑤

对于不可抗力的学理解释，认为不可抗力是指人力所不可抗拒的力量，独立于人的行为之外，并且不受当事人的意志所支配的现象。它是各国或地区民法通行的抗辩事由，包括自然原因如地震、台风、洪水、海啸等和社会原因如战争等。⑥ 对此，几乎没有不同的意见。

（三）如何界定"5·12"地震是否为不可抗力

不可抗力是免责的抗辩事由，但是，根据各国或地区的经验，并不是所有的地震都是不可抗力。我国《合同法》第117条规定的"根据不可抗力的影响"，实际上就是说的这个意思。确定"5·12"地震的不可抗力，应当研究以下问题：

1. 是否所有的地震都是不可抗力？

是不是所有的地震都是不可抗力呢？有的网友在网上说，凡是地震就是不可抗力，因此不存在几级地震才可以构成不可抗力的问题。⑦ 这种看法不对。对于那些没有破坏力的无感地震，或者有感但破坏力不大的地震，不能认定为不可抗力。对此，应当借鉴的是《埃塞俄比亚民法典》的规定，即"如果该事件债务人通常能够预见，或者该事件只是使债务人履行其义务变得更困难，不存在不可抗力"。笔者的看法是，地震作为不可抗力，必须具有较大的破坏力，并且已经造成了债务履行不能，或者不可避免的损害，否则，即使是发生了地震，也不能作为不可抗力。因此，地震的震级并不是确定不可抗力的要素，而应根据地震的烈度以及其他具体情况确定。

"5·12"汶川地震构成不可抗力，具备不可抗力所有特征。这就是：

（1）不可预见。确实为不可预见，直至发生地震之后人们才知道地震发生，事先地震局没有预报。

（2）不可避免并且不可克服。"5·12"地震的震级之高、烈度之大，都是罕见的，属于不可避免并且不可克服。不可避免并不可克服，是指对于地震造成的损害，达到了相当的程度，对于这种达到相当程度的损害，是不可避免并不可克服。损害达到相当程度的标准，应当致使债务履行不能，而不是履行困难。⑧ 仅仅是债务履行困难，不能适用不可抗力的免除责任的规则。因此，应当注意的是，地震的震级，是某一次地

---

④ 王利明主编：《中国民法典草案建议稿及说明》，中国法制出版社2004年版，第240页。
⑤ 杨立新等主编：《中华人民共和国侵权责任法草案建议稿及说明》，法律出版社2007年版，第94页。
⑥ 参见王利明：《民法学》，法律出版社2008年第2版，第763页。
⑦ 参见 http://zhidao.baidu.com/question/29917963.html,2007年7月23日访问。
⑧ 地震损害致使履行不能是不可抗力的标准，而致使履行困难则是情事变更原则适用的标准。

震破坏的基本程度,一次地震只有唯一的一个震级。地震烈度,则是地震造成不同损害的程度,从震中向外逐渐衰减,分为不同的烈度。因此,地震的烈度,是判断地震损害程度的基本参数。本次地震的震中烈度为11度,当然是不可避免并且不可克服。但其他震区的烈度并不相同,因此,有些烈度很轻的地区,尽管也有地震,但不构成不可抗力。

(3)独立于人的意志之外。地震确实属于人的意志以外的客观情况。

2. 地震适用不可抗力规则的范围界定

地震是不可抗力是没有争议的,但是,究竟在多大的范围内可以适用地震为不可抗力规则,法律并没有明确规定。究竟是震中地区,还是地震灾区,或是地震影响地区,才可以适用不可抗力规则,必须予以明确。

(1)不能一概把有震感或者有一定影响的地区作为适用不可抗力规则的范围。本次地震范围影响极大,在北京、陕西、甘肃、上海、重庆、河南、江苏、广西、山西等地都有强烈震感,也造成了一定程度的损害;即使是境外的一些地区也都有明显震感。不能将所有受到地震影响的地区都界定为适用不可抗力规则的范围。

(2)如果仅仅将震中造成特别严重损害的地区界定为适用不可抗力规则的范围,也是不正确的,因为范围过小,无法保护灾区人民的合法权益。笔者认为,国家应当根据地震损害的具体情况确定本次地震的灾区范围,以国家界定的灾区范围作为适用民法不可抗力规则的基本范围,在该范围内,根据实际情况,适用地震不可抗力规则。目前,中国国家减灾中心根据各国卫星拍摄的遥感图片以及四川当地汇集的灾情进行初步评估,结果是:①极重灾区:房屋倒塌在60%以上,受灾人口在80%以上,包括四川都江堰市、彭州市、安县、理县、什邡市、汶川县、北川县、青川县、江油市、绵竹市等14个县市。②重灾区:房屋倒塌30%~60%,受灾人口在50%~80%,包括四川省温县、陕西宁强县、甘肃文县等18个县市区。③中度灾区:房屋倒塌在10%~30%,受灾人口在30%~50%,包括成都市锦江区、九寨沟县等。④轻度灾区:房屋倒塌在10%以下,受灾人口在30%以下,包括四川阿坝县、甘肃天水等69个县市区。⑨ 在极重灾区、重度灾区,都可以直接适用不可抗力规则,而在中度灾区和轻度灾区,适用不可抗力规则,则需要证明地震损害是不可抗力。其他地震影响地区,一般不应当适用不可抗力规则,如果需要适用,则必须证明损害是不可避免并不可克服。

3. 地震构成不可抗力主张免责的举证责任

地震是否具备上述要件,应当由原告举证证明,法官作出裁断。在上述各国或地区的立法例中,只有《魁北克民法典》对此规定得最为明确。该法第1470条规定的"如证明损害因不可抗力引起",是谁证明?当然是原告证明。这种规定,符合"谁主张,谁举证"的举证责任规则,我国民事诉讼法的规则同样如此。对此,我国《合同

---

⑨ 参见《汶川灾情初步评估结果公布》,载《新京报》2008年6月1日,第2版。

法》第118条也有明确规定。当然，在那些破坏严重的地震灾区，烈度由国家确认，地震损害程度明显，属于事实自证，原告不必举证。如果不在地震灾区仅仅是受到地震影响的当事人，主张自己因地震而免责，法官根据实际情况，证明确实达到不可抗力程度的，也可以判决免责，不能证明的，应当判决不免除责任。

4. 结论

根据以上分析，依笔者所见，法官确定地震是否构成不可抗力适用免责规则，应当有以下三个标准：

（1）将国家规定的地震灾区范围作为适用不可抗力规则的一般标准；

（2）将特定地区的地震烈度及造成损害后果的确认作为损害程度的具体标准；

（3）将当事人证明自己的地震损害应当适用不可抗力规则的要件作为适用不可抗力规则的证据标准。据此，法官基本上可以准确确定不可抗力规则的适用范围。

二、地震作为不可抗力引起的民事法律后果

（一）地震作为不可抗力引起的基本民事法律后果

如前所述，在上述各国或地区民法典中，地震作为不可抗力的法律后果的规定，主要是债务履行不能或者履行迟延的免责。我国《民法通则》和《合同法》规定地震作为不可抗力的抗辩事由，其发生的直接法律后果，是免除违约和侵权的民事责任。比较而言，仅仅将不可抗力作为债务履行不能或者履行迟延的法律后果，尽管能够满足合同之债以及侵权之债等情形，但对于因不可抗力造成他人损害的，需要根据过错责任原则的规定，对不可归责于行为人的原因而造成他人损害的，可以免除责任，显得不那么明确。因此，我国《民法通则》直接规定不可抗力造成他人损害的，可以免除责任，更容易被法官和人民群众所掌握。

依照《民法通则》的上述规定，地震作为不可抗力，其引起的基本法律后果是：

1. 免除违约或者侵权责任

地震作为不可抗力所引起的法律后果，首先是免除责任，不论是债务不履行还是造成他人损害，都要免除行为人的民事责任。在免责的程度上，则应当有所区别。因地震引起他人损害的，只要是加害人没有过失，损害原因完全是因地震原因引起的，应当全部免除责任。在债务履行不能中，《合同法》规定的是部分或者全部免除，因此，应当根据在债务履行不能中，地震所具有的原因力来确定，地震是债务履行不能的全部原因的，免除全部责任；地震是损害发生的原因之一的，则应当部分免除责任。应当适用的规则是：当地震与其他原因结合而造成损害，或者引发债务不履行或不完全履行时，应当根据地震和其他原因各自的原因力，确定免除责任的比例。[10]

---

[10] 关于原因力的问题，参见杨立新主编：《侵权行为法》，复旦大学出版社2005年版，第113页。

2. 免除责任一方的通知义务和证明责任

如果在地震中因不可抗力而致履行合同债务不能,则应当依照《合同法》第118条关于"当事人一方因不可抗力不能履行合同的,应当及时通知对方,以减轻可能给对方造成的损失,并应当在合理期限内提供证明"的规定,必须及时通知对方当事人,同时,也应当在合理期限内向对方提供地震造成履行不能的证明。参照这一规则,因地震造成他人损害主张免除责任,尽管不需及时通知对方,但在受害人主张索赔时,加害人也应当提供造成损失为不可避免及不可克服的证据。

3. 迟延履行应当如何免责

对于合同债务人的迟延履行,应当区分情况,作出不同的处理:

(1)因地震直接引起的履行迟延,债务人不承担履行迟延的违约责任,应当免责。

(2)合同当事人迟延履行在先,之后发生不可抗力的,不能免除债务人的责任。合同债务人已经迟延履行,在迟延履行之后,发生地震,造成债务履行不能的,债务履行不能实际上是因为事先的履行迟延造成的,因此,不能免除债务人的违约责任。

(3)即使因先迟延履行而后不可抗力不免除责任的,在地震造成债务人的严重损害而破产,致使履行不能的,也应当根据实际情况适当考虑免除责任。

4. 对待给付义务的免除和返还责任

地震作为不可抗力而免除债务后,对于原债权债务关系中的对待给付义务以及返还义务,可以借鉴《意大利民法典》第1463条关于"在附有对应给付的契约中,因突然发生的应为给付不能而被解除责任的一方,不得要求相对应的给付,并应当根据返还不当得利的规定,返还其应得到的给付"的规定,一是免除债务的一方不得要求相对应的给付,即同时免除对方的给付义务;二是债务人从债权人那里已经得到的利益,应当根据不当得利的规定予以返还。

5. 地震不免除责任的特殊规定

在法律有特别规定时,不可抗力不作为抗辩事由,不免除行为人的民事责任。例如,《邮政法》第34条规定,汇款和保价邮件的损失,即使是由不可抗力造成的,邮政企业也不得免除赔偿责任,应当按照汇款数额和保价数额给付或赔偿。

(二)地震引起的其他民事法律后果

地震作为不可抗力,不仅在合同法和侵权法方面能够引起民事法律后果,在其他方面也能够引起民事法律后果。这些民事法律后果主要是:

(1)在民法总则方面,地震会引起民事主体的监护问题、宣告失踪和宣告死亡问题,以及诉讼时效和除斥期间的期间计算问题。例如,地震遇难者为儿童,其监护人死亡的,应当由国家民政部门作为监护机关,并且应当指定监护人。宣告失踪和宣告死亡的,也会不在少数。诉讼时效期间应当适用中止的规定,但除斥期间是否可以中止,则没有法律规定,笔者倾向于可以中止,以保护债权人。

(2)在物权法方面,涉及由于地震造成的变动中的物权客体意外灭失的风险负担问题,即交易中的不动产或者动产,由于地震造成毁损灭失,应当由谁承担标的物意外灭失的风险责任。原则上应当由权利人承担风险责任。⑪ 例如,建造的期房,没有建成交付,房屋因地震而灭失,商品房买受方不承担意外灭失风险,并且如果开发商在今后无法交付房屋的,应当借鉴《意大利民法典》第 1463 条关于"在附有对应给付的契约中,因突然发生的应为给付的不能而被解除责任的一方,不得要求相对应的给付,并应当根据返还不当得利的规定,返还其应得到的给付"的规定,返还买受方的价金。又例如,租赁房屋因地震造成毁损,当然是房主承担标的物风险责任。

(3)在债权法方面,主要是地震能否构成情事变更原则适用的条件,是否发生情事变更请求权,以及相关的其他问题。笔者认为,因地震而造成债务履行的特别困难,应当适用情事变更原则,赋予当事人以变更或者撤销合同的请求权,准许变更或者撤销合同。

(4)在亲属法方面发生的主要法律后果,就是收养问题。地震遇难者遗留的孤儿绝大多数需要其他家庭收养。有很多人准备收养孤儿,但在思想上没有充分准备。收养地震孤儿并不是一般的慈善行为,收养关系成立的法律后果,是在收养人和被收养孤儿之间产生拟制的血缘关系,跟自己的亲生子女没有区别,相互承担法定义务。如果仅仅是出于善心和爱心而予以资助的,则不需要办理收养关系,建立助养关系较为妥当。

(5)在继承法方面,地震灾区的遗产继承问题会大量出现。遇难者有遗嘱的,应当按照遗嘱进行;如果遇难者没有遗嘱,应当按照法定继承进行,由法定继承人继承遗产。如果地震遇难者没有法定继承人,其遗产无人继承的,应当根据《继承法》第 32 条的规定,收归国家所有或者集体组织所有。

对于这些问题,都要根据民法的基本规则,确定具体的调整规则,以调整地震所带来的各种民事法律后果,保障地震灾区的正常民事秩序,加速抗震救灾重建家园的步伐。

三、地震引起的民事主体和时效期间制度上的法律后果

(一)地震引起的民事主体制度的法律后果

在民事主体制度上,急需解决的问题是地震造成的孤儿和孤寡老人的监护,以及宣告失踪和宣告死亡问题。

1. 对地震孤儿的监护

地震孤儿必须进行监护,否则无法保护他们的合法民事权益。

(1)对于地震中的孤儿,各级政府的民政部门作为国家职能部门,负有监护责任,

---

⑪ 对此,《合同法》第 142 条规定的基本规则是以交付为标准,交付之前由出卖人承担风险责任,在交付之后由买受人承担风险责任。但是,在不动产范围内,这一规则存在问题,是否应当按照权利人承担风险的原则较为妥当。

所有事关孤儿的身份和财产问题,都必须由民政部门作为监护人,行使监护职责。

(2)民政部门应当利用现有的孤儿院,适当新建孤儿院或者地震孤儿庇护所,鼓励新建更多的 SOS 儿童村,尽可能地将地震孤儿予以收留,善尽对孤儿的照护、管理、教育之责。

(3)鼓励符合条件的个人收养孤儿。在孤儿被他人收养之后,收养人与被收养的孤儿之间发生父母子女关系,适用《婚姻法》关于父母子女关系的所有规定。此时,民政部门的监护责任消灭,孤儿的收养人成为被收养孤儿的监护人,履行对被收养孤儿的身份照护义务和财产照护义务。

2. 对地震孤寡老人的监护

对地震中的孤寡老人,民政部门有责任进行救助。对于那些不具有民事行为能力的孤寡老人,例如呆傻、痴呆的孤寡老人,应当进行成年监护。[12] 我国目前还没有规定成年监护制度,因此,笔者提出两个建议:

(1)在制定"民法总则"或者修订《老年人权益保障法》时,应当规定成年人监护制度,改变原来只规定未成年人和精神病人为无民事行为能力人或者限制民事行为能力人的规定,将民事行为能力不充分的老年人纳入监护范围。

(2)在"民法总则"关于成年人监护制度出台之前,特别是对地震中民事行为能力不充分的孤寡老人,应当由民政部门担任监护人,在有条件的情况下,应当由有关部门指定监护人,使其能够在监护人的监护下,行使民事权利,承担民事义务。

3. 宣告失踪和宣告死亡

在地震后,会出现大量失踪人员。对此,可能有较多请求宣告失踪和宣告死亡的案件。由于大量的遇害者被压在废墟之中,无法确定其生死,因此,需要宣告失踪或者宣告死亡,以尽快了结现存的那些不稳定的涉及人身的和财产的民事法律关系。对此,应当按照《民法通则》第二章第三节的规定进行,严格把握宣告失踪和宣告死亡的要件,按照法律规定的程序进行。当宣告死亡的人出现后,处理好撤销死亡宣告的善后工作。

在宣告失踪和宣告死亡上需要解决的具体问题主要是:《民法通则》第 20 条规定,战争期间下落不明的,下落不明的时间从战争结束之日起计算宣告失踪的期限;第 23 条规定宣告死亡的期限,因意外事故下落不明,从事故发生之日起满 2 年的。对于因地震引起的宣告失踪和宣告死亡应当适用哪个规定?笔者认为,地震不是战争,不应当适用关于战争的规定;同时,地震符合意外事故的特征,其属性应当是意外事故,适用关于意外事故的规则。

(1)关于宣告失踪的期限计算,期限应当是两年,但不应当适用战争的特别规定,而适用意外事故的规定,从事故发生之日起开始计算。

(2)关于宣告死亡,也应当适用因意外事故的规则,从地震发生之日起计算期限,

---

[12] 参见杨立新:《人身权法论》,人民法院出版社 2006 年第 3 版,第 843 页。

期限应当为 2 年,而不是适用一般宣告死亡的 4 年期限。

(3)地震中的失踪人员,无论是宣告失踪还是宣告死亡,其失踪的时间期限都是两年,因此形成竞合。当失踪人失踪时间达到两年,究竟是宣告失踪还是宣告死亡,应当由申请人根据自己的利益选择。

(二)地震作为不可抗力事由引起的时效和期间问题

民法规定的诉讼时效和除斥期间的期间,由于地震的发生,存在是否中止和延长的问题。

1.地震作为诉讼时效期间的中止延长事由

诉讼时效期间计算,地震期间应当适用诉讼时效中止的规定,即在诉讼时效期间的最后 6 个月内发生地震不能行使民事权利的,诉讼时效中止,待地震作为影响权利行使的原因消除后,诉讼时效期间继续计算。[13]

关于 20 年最长诉讼时效的期间可否因为地震而延长,取决于诉讼时效延长适用于何种诉讼时效制度。有的人认为,诉讼时效期间延长可以适用于各种诉讼时效制度,有的人认为只适用于最长诉讼时效制度,有的人认为只适用于特殊诉讼时效制度。[14] 笔者认为,对于一般诉讼时效期间和特殊诉讼时效期间,有中止和中断制度,完全可以解决其延长的问题,没有必要适用于诉讼时效期间的延长,只有 20 年的最长诉讼时效才有必要延长。一般认为,诉讼时效期间的延长并不是可以任意适用的制度,最高人民法院认为只有在关于海峡两岸的民事关系中可以适用诉讼时效期间延长的制度,除此之外不应当适用。笔者不同意这种观点。如果一般诉讼时效和特殊诉讼时效期间没有开始计算,最长诉讼时效期间接近终止的时候,发生地震等不可抗力,为了保护权利人的权利,完全应当适用诉讼时效期间延长的规定,适当延长 20 年的诉讼时效期间。[15]

2.地震可否作为除斥期间的中止事由

除斥期间的期间是不变期间,原则上是不存在中止或者中断的。在现实中,由于地震影响权利人行使权利,能否将除斥期间的期间中止,法律没有规定,学说有不同意见。笔者认为,地震作为不可抗力,确实是障碍权利人行使权利(即使是形成权)的具体原因,如果不承认地震作为不可抗力能够适用除斥期间中止的事由,有失公平,对保护权利人的权利不利。因此,笔者倾向于地震可以适用除斥期间中止的规定,以更好地保护权利人的利益。例如,在除斥期间的最后 6 个月内,对某个民事行为享有撤销权尚未行使的,发生地震,如果不准许除斥期间中止,有悖于公平原则,应当从地震影响权利行使障碍原因消灭之后,继续计算除斥期间。

---

[13] 参见王利明等:《民法学》,法律出版社 2008 年第 2 版,第 155 页。
[14] 参见王利明等:《民法学》,法律出版社 2008 年第 2 版,第 155 页。
[15] 对此,也可以考虑适用最长诉讼时效期间的中止。不过,笔者倾向采取诉讼时效延长的意见。

当代中国民法学术的自闭与开放[*]

《法学研究》杂志社和中南财经政法大学共同召开"中国法学研究之转型——法律学术与法治实践"理论研讨会,邀请笔者参加并发言,笔者感到非常荣幸。会议主办方希望笔者就"学术交流与争鸣"作一个发言,笔者就选择了这个题目,就我国民法学术的交流与争鸣提出一点自己的看法,就教于与会各位专家。

一、中国民法学术的崛起与对"民法帝国主义"的批评

众所周知,当代中国的民法学术发展,应当从1978年开始算起。因为在十年动乱期间没有学术,只有学术批判和学术扼杀;即使在1949年至1966年之间,中国民法学术从严格的意义上说也不能称其为学术,因为那个时候通行的就是苏俄民法,将其他民法学说都视为异端邪说。在这样的环境下,中国当然不会有民法,也就不会有民法学术。

当代中国民法学术是借助制定《民法通则》的机遇发展起来的。特别是《民法通则》通过、实施以后,立法带动司法、立法和司法促进学术发展,中国民法学术才有了迅猛发展。

当代中国民法学术的发展基础,是中国近现代以及我国台湾地区的民法学术,基本上是依靠借鉴台湾地区民法学术著作发展起来的。在20世纪80年代中后期,外文书店大量借鉴印刷台湾地区法学学术著作销售,名为"仅供学术批判使用"[①],实际上是在广泛进行借鉴。那时候,写作民法学术论文,最简便的方法就是在民法的立法和司法中发现题目,在台湾地区民法著作中找资料和找观点,不用翻译,仅仅是能够应用好繁体字就好了。这种盗版侵权行为,却使中国民法学术深深受益,打下了坚实的根基。难怪王泽鉴教授、刘德宽教授面对侵权津津乐道。到了90年代就不同了,随着对世界各国或地区民法学术的引进和吸收,当代中国民法学术广泛借鉴各国或地区(包括大陆法系和英美法系)的民法学术思想和观念,迅速建立起了当代中国民法学术的体系,形成了当代中国民法学术思想,对中国的民事立法和民事司法都起到了极为重要的作用。在90年代中后期开始的中国民法典制定的10多年中,伴随着

---

[*] 本文部分内容发表在《法学研究》2011年第6期。
[①] 这是当时外文书店在盗版书版权页上标明的文字。

《合同法》《物权法》《侵权责任法》以及修订《婚姻法》的立法过程,当代中国民法学术已经形成了自己的体系和风格,崛起于世界的东方。如果说,在 80 年代制定《民法通则》的时候,大陆民法学术水平与台湾地区民法学术水平相比有 50 年差距的话,在今天,大陆民法学术水平与台湾地区民法学术水平已经大体持平,在某些研究领域,例如侵权法和人格权法甚至略有优势。当代中国民法学术目前已经从输入开始向输出逐渐转向,具有中国特色的民法学术新思想、新观点开始向境外民法学界传播。这是当代中国民法学术的一个重大变化。

当代中国民法学术经过了 20 年到 30 年的时间走完了通常需要 50 年左右的时间才能够走完的发展道路,确实是当代中国民法学术的骄傲。但随之而来的,是当代中国民法学术出现了孤芳自赏、故步自封、自说自话的自闭表现。有学者评论认为,中国的民法学家意识到作为国家基本法律的民法,对于我们这样一个深受公权力控制的国度所可能具有的巨大意义。他们宣称民法不应被定义为"调整老百姓之间琐碎生活纠纷的法律",因为"在众多法律部门中,是民法使人成为人"。②为了把民法构筑成法治的坚实根基,他们强调公私法划分对于中国的重要意义,并认为"公私法划分的实质在于它划定了一个政治国家不能插手的市民社会领域,从而为市民社会构筑了一道防御外来侵犯的坚固屏障"。③一种"民法至上"和"民法帝国主义"倾向似乎已呼之欲出。④ 据说,"民法帝国主义"这个命题,最初是由徐国栋教授于 2003 年 11 月在中南财经政法大学做的一场题为"民法帝国主义——民法到底是什么?"的讲座中提出来的。⑤ 在他使用这个概念的时候,并不是批评,而是自褒。2006 年 12 月,林来梵教授在南京大学法学院参加了"公法与私法的对话研讨会"后,在自己的博客上贴出一篇题为《"民法学帝国主义"已经出现?》的博文,再次引起了大家对这个问题的关注。随后,"民法帝国主义"就成为一个常用语,存在于当代中国民法学术之中。这个时候使用这个概念,更多的是公法学者对民法学术的批评。

"民法帝国主义"究竟是一个褒扬还是一个批评,含义并不一样。笔者在 2006 年纪念《民法通则》颁布 20 周年纪念会上曾经说过:"我们当然知道,在其他学者说'民法帝国'这个词的时候,除了表示对民法地位的尊重、民法理论的尊重之外,还有对民法所谓'帝王法律'的嘲讽以及对民法学家'民法自恋'情结的讽刺。不过,笔者还是认为,'民法帝国'这个词即使存在这样的含义,它也确实包含了我们几代民法工作者萦绕心头的美好梦想。"⑥如果当代中国能够建立一个权力至上的"民法帝国",那总

---

② 申卫星:《中国民法典的品性》,载《法学研究》2006 年第 3 期。笔者赞成这样的主张,因为民法本来就不是"调整老百姓之间琐碎生活纠纷的法律"。这种说法实际上是一种误解。
③ 赵万一:《从民法与宪法关系的视角谈我国民法典制定的基本理念与基本结构》,载《中国法学》2006 年第 1 期。
④ 参见苗连营、程雪阳:《"民法帝国主义"的虚幻与宪法学的迷思》,载 http://www.exam8.com/lunwen/faxue/guojiafa/200803/1051544.html,2011 年 8 月 8 日访问。
⑤ http://wenku.baidu.com/view/422e02254b35eefdc8d333fa.html,2011 年 8 月 8 日访问。
⑥ 杨立新:《从契约到身份的回归》,法律出版社 2007 年版,第 3 页。

比建立一个"强权帝国"要好得多。不过,不论当代中国民法学术是否已经出现"民法帝国主义",可以实事求是地说,"民法帝国主义"在其他学科的法学家的文章中使用,归根结底还是一种批评,是对中国民法学术所谓"帝王法律"和"民法自恋"的自闭进行的批评。尽管笔者对"民法帝国"有自己的解释(即"民法帝国"就是"权利帝国"),但是,民法学者面对这样的批评,应当进行反思和自省。

二、当代中国民法学术自闭的表现

依笔者所见,当代中国民法学术的发展,在20世纪80年代起步,90年代逐渐形成体系,进入21世纪前10年达到高潮,目前应当是最好的时期。而中国民法学术的自闭就是在90年代后期和进入21世纪之后形成的。笔者把这种自闭表现概括为"孤芳自赏、故步自封、自说自话":孤芳自赏是对民法学术自我欣赏、自我陶醉;故步自封是与其他学科绝缘,民法就是帝王法律;自说自话则是前两种思想的外在表现。恰好,对"民法帝国主义"的批评也就是在这个时候提出来的。

当代中国民法学术自闭的典型表现,具体表现为以下四个方面:

(一)自闭于法以及宪法等其他公法学科

1949年以来,中国忽视公法与私法的划分,因而忽视民法的地位和作用。但是,在当代中国民法学术逐步成熟之后,又自闭于自己的私法体系之中,拒绝与公法学科与法理学科的交流与争鸣。有的宪法学者认为,早在20世纪90年代前期,中国的民法学家就已经不再对法学教科书上关于"宪法是国家根本大法"和"宪法是母法"的论断深信不疑。一些"具有深沉意识的民法学家"(林来梵教授语)试图重新探讨和架构"宪法与民法"的关系,并创造性地提出了"宪法、民法关系同位论"和"私法优位"等观点和论说⑦,进而发展成为"民法帝国主义"倾向。这种批评意见在《物权法(草案)》是否违宪的讨论中达到高潮,私法学者和公法学者不断在公法与私法的对话中发生交锋,各持己见。这种批评实际上是对当代中国民法学术故步自封表现的善意批评,其实质并非否认民法的地位和作用。不仅如此,民法对于行政法学、刑法学、诉讼法学(特别是与自己有亲缘关系的民事诉讼法学)的交流与对话,也是少之又少,难见有深入的探讨与研究。

诚然,民法有自己宽泛的调整领域,民法有自己的独特传统和体系,民法有自己的专门学说和概念,同时也有民法为"万法之源""万法之母"的说法。⑧ 但这都不是民法自闭的理由。然而,当代中国民法学术陶醉在"民法帝国主义"圈子里自得其乐,

---

⑦ 参见苗连营、程雪阳:《"民法帝国主义"的虚幻与宪法学的迷思》,载 http://www.exam8.com/lunwen/faxue/guojiafa/200803/1051544.html,2011年8月8日访问。

⑧ 正如学者所言:"从实证主义的法律效率层面,确立'宪法为万法之母'自然不在话下,但从更深层次的人——社会这种复杂的关系角度上看,确立民法为万法之母的地位是令很多智者痛苦,但却是冷峻的洞见。"参见刘超:《你的诞生已然诞生,你的死亡还将不死》,载环境法研究网,2011年8月9日访问。

面对法理学、宪法学以及其他公法学科对民法学术的批评,经常以"你不懂民法!"而予应对。

(二)自闭于法学家的个人学说

法学学术的繁荣来自法学学派的形成。没有不同学派的交流与争鸣,法学学术难以兴旺、繁荣。因此,中国民法学术必须有不同的学派,有不同的学术风格和传统,形成不同的学说。在学术争鸣中,法学家坚持自己的学说,形成自己的学派,本是好事,应当坚持和鼓励。但问题在于,一方面,当代中国民法学术还难说就已经形成了各种不同学派;另一方面,中国民法学术的各位学者过于专注自己的研究、自己的观点和自己的风格,缺少交流和争鸣,缺少借鉴和吸收,自闭于自己的个人学说体系,很难接受他人的观点和批评。有的学者醉心于自己的学术体系,对其他民法学者的不同意见都一言以蔽之:"这是错误的!"也有学者的研究"只见树木不见森林",缺少必要的学术基础,随意发表不成熟的意见。当然,重复研究、拾人牙慧之论更是多见。特别是在评聘职称、毕业答辩增加学术论文的考核要求之后,促成了很多学术刊物的"市场经济"(版面费),更推进了学术垃圾的大量产生。对此,中国民法学术当然不能幸免。孤芳自赏是学术自闭的典型表现。

(三)自闭于法学家自身的法学"血统"

改革开放以来,很多法学家从外国留学归来,把外国的民法学术思想和学说体系介绍到中国,使外国民法学术思想和学说体系与中国民法学术相融合,大大推动了当代中国民法学术的发展,提高了中国民法学术的研究水平,同时,留学归来的学者也成为中国民法学术的精英和骨干,对我国的民法研究起到了重要的作用。但是,不同法学"血统"的外国学成归来的民法学家,有的拘泥于该国的学术传统和学说思想,硬要把中国的问题纳入外国的民法学术传统和思想之中,不能越雷池一步,稍有违反,就斥之为"违反某国民法传统"。殊不知,中国民法学术更应当重视中国的社会问题、重视中国自己已经形成的民法传统,重视中国的民法元素。例如,法国"血统"的学者主张人格权为宪法权利;德国"血统"的学者强调物权行为至高无上;美国"血统"的学者批评中国侵权法"美化"不够;英国"血统"的学者倡导"过错死亡"。即使像笔者这种"山药蛋派"的中国学者,也坚持中国的"血统"和中国实践,多少也是自闭的表现。不过,应当有一个坚定不移的立场,那就是中国的事情必须按照中国的规则办。各种不同的学说体系、学术思想、立法经验都应该是拿来为我所用,绝不能在中国民法中建立一个法国的人格权法,或者一个德国的物权法,或者一个美国的侵权法。自闭于自己的学术"血统"而不考虑或者很少考虑中国实际,也是孤芳自赏、故步自封,也是学术自闭的表现。

(四)缺乏真正意义上的学术评论特别是学术批评

当代中国民法学术的自闭还有一个表现,就是缺乏真正意义上的学术评论特别是缺乏学术批评。可以说,中国的民法教授每个人在课堂上都在评论其他民法学家的学

术,但真正在学术上展开评论则鲜见其例。目前中国民法学术批评的现实表现是:

(1)评论就是说好话,最常见的就是书评。按理说,书评是客观评论一部新著的优劣成败,但中国的民法书评基本上都是为了书评而书评,目的要么是评奖,要么是评职称,当然都是评功摆好,都是说好话,真正意义上的书评比较罕见。

(2)没有真正意义上的民法学术批评。中国民法学术的评论基本上是在自己的文章和专著中介绍观点时对他人的观点进行评说,较少看到对他人民法学术观点进行中肯的评论,特别是中肯而尖锐的学术批评。甚至有的法学院禁止在课堂上对本校教授的观点进行批评。

(3)没有专门的民法评论家。这也是我国法学学术的一个共同问题,没有专门进行法学评论的学者。如果像文学和艺术界那样,一个新作品问世,就有专门的评论家进行评论,该褒扬的褒扬,该批评的批评,就会不断推进学术进步,发表新著也会更加谨慎,显然有利于推出学术精品,减少学术垃圾。

三、当代中国民法学术若要持续发展不断繁荣必须坚持开放

就中国民法学术的目前发展水平而言,还远远不到故步自封、孤芳自赏的"民法帝国主义"的地步,仍然需要持续发展、不断繁荣,以使我国民法学术发展符合我国社会发展的实际需要。尤其是我国民法典立法任务还远未完成,任何孤芳自赏、故步自封的思想都是不正确的。要坚持中国民法学术持续发展、不断繁荣,就必须在以下几个方面全面努力:

1. 摆正民法与宪法的正确关系,提出制定民法典的方案不能违宪

关于"民法帝国主义"的批评主要出现在《物权法(草案)》讨论的过程中,由于《物权法(草案)》没有写明宪法权源,且所有权平等保护原则与现行《宪法》规定的公有财产神圣不可侵犯原则不符,而民法学家对此没有给出科学的解释,反而比较强硬地坚持自己的意见,引起宪法学者的反对。此外,"同位论"和"优位论"的说法,也有对宪法与民法关系处理不正确的嫌疑。笔者曾经提出一个观点,在法律位阶上,宪法永远是根本大法,民法应当服从于宪法;在学科上,宪法学与民法学则是平等的法学学科,不存在谁大谁小的问题。在制订民法典的方案上,民法学家应当在宪法的原则下提出意见,不能违反宪法的规定。事实上,《物权法》关于所有权平等保护的规定,确实与现行《宪法》的规定存在冲突,存在形式违宪问题,原本应该先修改宪法再通过《物权法》。不过,这些都已经成为现实了。在今后的立法中应当接受这样的教训,避免制定民法典出现违宪的做法。

2. 广泛进行公法与私法的对话,更多地借鉴公法学科特别是法理学科的学术营养

尽管公法与私法是不同的法律和法学学科,但在法学基础理论上是一致的。民

法学者不可能关在自己的圈子里自说自话,应当更多地与公法学科以及法理学科的学者进行广泛的对话,与宪法、行政法、刑法、诉讼法等学科进行更多的交流,特别是吸收法理学学术研究成果,丰富民法学术思想,使民法学术更多地接受其他法学部门的学术营养。在 2011 年中国民法学会年会的开幕式上,教育部人文社会科学重点研究基地吉林大学法理学研究中心主任和吉林省高级人民法院院长张文显教授在开幕式上的致辞,受到与会学者的赞誉。他说:"近代西方法治文明起源于罗马法的复兴,当代中国的法治文明起源于民法的振兴,所以,民法在中国法治文明体系当中应当具有更大的结构性、建构性的地位,民法学在中国特色法学理论体系当中同样应当具有更大的结构性和建构性的地位和作用,所以,我们有理由呼吁全社会更加重视民法,重视民法在中国特色社会主义法律体系中的作用,重视民法学在中国特色社会主义法学理论体系中的作用,重视民法学在中国特色社会主义法治实践当中的地位和作用。"⑨ 可见,其他学科的专家学者对民法和民法学地位的认识,要比民法学专家学者的认识还要高,比自诩"民法帝国主义"的说法更有说服力。广泛进行公法与私法的对话,就会让民法学术在不同学科学术交流中更多地借鉴和吸收,让民法学术更快地发展,更好地振兴中国的法治文明。

3. 加强民法学术争鸣,不同学派共同发展

学术需要争鸣。通过百花齐放、百家争鸣,使当代中国民法学术形成不同的学派,在争鸣中相互借鉴,相互促进,共同推进中国民法学术繁荣,推动中国民法学术不断发展。有学者指出,当代中国民法学术学派,在中国大陆大体形成了"佟柔—王利明""王家福—梁慧星""陈国柱—崔建远"三个鲜明的学派。⑩ 当然,这只是一家之说,中国民法学术还应当有更多不同的学派。民法学者应当在学术研究中,突出自己的研究领域和研究特色,形成自己的风格;同时,也应当更多地进行交流,而不是自说自话,孤芳自赏,更不是坚持自己的意见而拒绝学术批评。

4. 借鉴外国与立足本国相结合,建设独具特色的当代中国民法学术

对于中国而言,民法确实是舶来品,在一百年来的中国民法学术发展史上,中国民法学术总是输入国,是在借鉴为主的基础上,构建了自己的民法学术体系和学术思想。但是,当代中国民法并非固守成规,也在不断发展变化,以适应中国社会的发展。民法言必称罗马,是必要的;研究中国民法制度总要借鉴外国的经验,也是必要的。但是,中国民法已经有一百年的历史了,即使改革开放后的中国民法学术发展也有 30 多年的历史了。有中国特色的社会主义民法体系已经基本建立起来,中国特色的民法学术体系也已经建立起来,当代中国民法学术已经基本成熟,当代中国民法学术的健康成长和研究成果是显而易见的。因此,当代中国民法学术更重要的是立足本国

---

⑨ 中国民法学研究会:《中国法学会民法学研究会 2011 年年会暨学术研讨会会议简报》第 2 期,2011 年 7 月 26 日。

⑩ 参见张志坡:《民法学者、民法繁荣与民法发展》,载《"法律与发展的中国经验"国际学术会议论文集 II》,北京 2008 年 5 月,第 509 页。

经验,突出本国元素,在广泛借鉴各国立法经验和学术研究成果的基础上,不断发展,更加繁荣。应当特别强调的是,中国民法学术就是中国的,而不是外国的,外国的经验和成果永远是被借鉴而不是照抄照搬的。要坚持形成中国民法学术的中国"血统"。在这样的基础上,应把中国民法学术中的中国元素推向世界,为当代中国民法学术的对外输出贡献力量。

5. 广泛开展民法学术评论,敢于开展大胆的民法学术批评

没有真正的学术评论,就没有真正的学术发展。中国民法学术的进步,必须依赖严肃、认真的民法学术批评。对此笔者有几个建议:

(1)民法学者应当敢于进行学术批评,敢于指出他人以及自己的学术缺点,展开真正意义上的学术争鸣,而不是评功摆好,真正能够让不同的学术观点在交锋中不断发展,推陈出新。

(2)应当建设一个敢于批评的学术评论家队伍,在民法学界以及法学学界中,应当有人专门从事法学学术批评工作,对于新的学说、新的著作敢于说三道四、评头品足,褒扬成功,批评缺点,就像一部新剧公演或者一部新小说出版就有剧评家和文学评论家进行评论一样。而不是像现在这样,一部法学著作出版,一篇新的论文发表,作者就算功德圆满,没有社会的评价,没有社会的检验,没有恰如其分的评论。这样会使新文、新著石沉大海,无声无息,不能更好地发挥学术作用。客观、公平的学术评论还会帮助读者对海量的法学学术信息进行筛选,有利于发挥学术引导作用;同时也会使低劣的作品受到批评。

(3)建议法学刊物、法律报纸及法律网站专门开设法学评论专栏,登载民法学术批评的文章,公开讨论有关的学术思想、学术观点,甚至评论学派、学者的成功与失败;被批评者应当勇于面对批评,当然也有权利进行反批评,真正活跃民法学术气氛以及法学学术气氛。如果有了上述三个方面的学术批评,学说创立者和学术评论家有决心、有勇气并且有针对性地开展民法学术批评,笔者相信当代中国民法学术乃至中国法学学术就会更加蓬勃发展,不愧于时代对中国民法学术以及中国法学学术的期望和赋予的重任。

第三编

人格权法

论人格权请求权[*]

近年来,在制定物权法的过程中,我国学者对物权请求权有相当的研究,无论是在学者起草的物权法草案建议稿中,还是在人大常委会起草的民法草案物权法编,都规定了物权请求权。但是,在学术界却很少有人研究人格权请求权以及相关的问题,甚至人格权请求权的提法都很少有人提到。在一些提到人格权请求权的著述中,多数是主张其没有独立的必要,完全可以由侵权请求权来替代。少数人主张将人格权请求权作为人格权独立的权利内容。笔者认为,既然人格权是绝对权,它就必然存在保护自己不受侵害的人格权请求权。本文围绕这个主题,详细阐释基于人格权产生的请求权——即人格权请求权的基本问题。

一、人格权请求权存在论

大陆法系的一个根本特点是具有严格的概念体系,注重抽象的概念体系的作用,请求权就是其重要的私法思考工具之一。

在请求权的体系中,物权请求权在《德国民法典》中首次得到确立,该法第985条和第1004条规定了返还请求权、排除妨害请求权与侵害停止请求权。一百多年以来,物权请求权的概念被私法理念所认可,发挥了巨大的作用。现在的一个疑问就是,性质同样是绝对权的人格权是不是也能够衍生出人格权请求权呢?笔者认为,人格权请求权也应该在民法理论和实践中得到确认。

笔者依据的推论是:首先,物权具有物权请求权和侵权请求权两种不同的保护手段,而物权请求权产生的基础是物权的绝对性、排他性和直接支配性。其次,人格权与物权在权利属性上具有可类比性——人格权也是绝对权、专属权,也具有直接支配性。通过推理可以直接得出结论——人格权也应当基于其自身的绝对性、专属性和直接支配性而具有人格权请求权[1],在它受到侵害的时候,需要人格权请求权和侵权

---

* 本文发表在《法学研究》2003年第6期,合作者为国务院法制工作办公室副处长袁雪石博士。
[1] 有学者认为,如果已确认的相同的属性和推出属性之间的联系达到了必然性的程度,则类比推理就可以转化为一种演绎推理。参见黄伟力:《法律逻辑学新论》,上海交通大学出版社2000年版,第183—186页。据此,本文正文的推理,事实上可以构成演绎推理。理由如下:人格权和物权的相同属性是绝对性、专属排他性和直接支配性。在一般意义上,绝对性、专属排他性和直接支配性是权利产生请求权的基础。因而,人格权可以具有人格权请求权的结论是一个演绎推理。

请求权这两种不同的保护方法体系进行保护。因此可以得出一个结论:人格权也应该具有人格权请求权和侵权请求权两种不同的保护手段,人格权请求权的存在是客观的,必然的。

(一)人格权请求权客观存在的立法考察

事实上,人格权请求权客观存在的最主要依据,就是各国民法典对人格权请求权的确认。各国规定人格权请求权的基本做法分为以下几种:

1. 规定个别具体人格权的请求权

比较一致的做法是,很多国家的民法典都在总则中直接规定姓名权的请求权。例如《德国民法典》第12条,《意大利民法典》第7条、第8条,《泰国民法典》第42条,《埃塞俄比亚民法典》第46条,以及我国《大清民律草案》第55条,《民国民律草案》第19条、第20条,我国台湾"民法"第19条等,都规定了姓名权请求权,且大多包括姓名权的停止妨害请求权和姓名权的排除妨害请求权。

《日本民法典》没有人格权请求权。但是,日本通过判例的形式确认了人格权请求权。"北方杂志案"是日本最高法院就存在名誉侵害之嫌的表达行为可否事先停止侵害而表明立场的第一个判例。日本最高裁判所1986年6月11日的判决认为,名誉遭受违法侵害者,除可要求损害赔偿及恢复名誉外,对作为人格权的名誉权,出于排除现实进行的侵害行为或预防将来会发生的侵害的目的,应解释为还可以要求加害者停止侵害。②

2. 规定人格权的某种请求权

在有些民法典或者草案中,就人格权的某一种请求权作出了规定。例如,《埃塞俄比亚民法典》第10条、我国《大清民律草案》第51条、《民国民律草案》第18条,都规定了人格权的停止妨害请求权。我国台湾地区"民法"第18条规定了人格权的停止妨害请求权和排除妨害请求权。《俄罗斯民法典》第1065条规定了人格权的排除妨害请求权。

3. 全面规定人格权请求权

《越南民法典》是全面规定人格权请求权的立法。该法第27条规定:"当公民的人身权受到侵犯时,该公民有权:(一)要求侵权行为人或请求人民法院强制侵权行为人终止侵权行为、公开赔礼道歉、改正;(二)自行在大众通讯媒介上更改;(三)要求侵权行为人或请求人民法院强制侵权行为人赔偿物质、精神损失。"这一规定涉及了人格权请求权的所有方面,是一个关于人格权请求权的全面、完整的规定。

《阿尔及利亚民法典》也是全面规定人格权请求权的立法。该法第47条规定:"当事人基于人格享有的固有权利遭受不法侵害时,得请求停止侵害和损害赔偿。"这个条文虽然简单,但是其内容非常全面,是规定的最为完整的人格权请求权。

---

② 参见姚辉:《民法上的"停止侵害请求权"——从两个日本判例看人格权保护》,载2002年6月25日《检察日报》;于敏:《日本侵权行为法》,法律出版社1998年版,第336页。

《瑞士民法典》是在立法史上第一次规定一般人格权和专章规定人格权的民法典。在这部民法典中,也第一次完整地确立了人格权请求权,几经修改,不仅将原来的第 28 条作了修改使之完善,并且增加了第 28 条 a 至第 28 条 l 共 12 个条文进行完善,建立了全面的人格权请求权,包括请求禁止即将面临的妨害、请求除去已经发生的妨害和请求消除影响,同时它也确立了人格权请求权的其他相关规定。

《瑞士民法典》关于人格权请求权的规定的最主要的内容是:

(1)规定人格权请求权,这就是第 28 条规定:"(一)人格受到不法侵害时,为了寻求保护,可以向法官起诉任何加害人。"

(2)规定人格权请求权的具体权利内容,即第 28 条 a 规定:"(一)原告可以向法官申请:①禁止即将面临的侵害行为;②除去已发生的侵害行为;③如果侵害仍然存在的话,确认其不法性。(二)原告尤其可以请求消除影响或将判决通知第三人或公开。(三)赔偿金和慰抚金之诉以及依照无因管理规定返还利得之诉,不受此限。"

(3)规定人格权请求权中的采取预防措施的要件。第 28 条 c 规定:"(一)凡经初步证明,其人格已受到不法侵害,或有理由担心该侵害会发生且因此可能对其造成不易补救之损害的,可申请有关预防措施的责令。(二)法官尤其可以:①出于预防目的禁止或除去侵害;②出于保全证据目的采取必要措施。(三)侵害行为会导致非常严重的损害,其显然无支持理由,且采取的措施又并非不合理时,仅在此条件下,出于预防目的,法官可以禁止或除去通过周期性出版媒介施加的侵害。"

(4)与其他大陆法系民法典的规定一样,《瑞士民法典》也单独规定了姓名权的请求权。该法第 29 条第 2 款规定的是姓名权请求权的内容:"因他人冒用姓名而受到侵害的人,可诉请禁止冒用;如冒用有过失的,并可诉请损害赔偿;如就侵害的种类侵害人应当给付一定数额的慰抚金时,亦可提出此项诉请。"[3]

值得一提的是,在 20 世纪 70 年代和 90 年代,法国改变了《拿破仑法典》没有规定人格权请求权的状况。《法国民法典》第 9 条(1970 年修正)规定了法官有权采取阻止或者抑制妨害私生活隐私的任何措施;第 16—2 条(1994 年修正)规定了法官有权采取阻止或者抑制对人体非法侵害的任何措施。

通过以上的考察说明,各国民法典尽管所规定的人格权请求权的立法例并不相同,但是多数国家的民法典是确认人格权请求权的。在这些立法中,《瑞士民法典》的规定最为详尽、具体、全面,建立了完善的人格权请求权制度。在《埃塞俄比亚民法典》和我国台湾地区"民法"中,也规定了人格权请求权,不过其范围和完善程度不如瑞士立法。在德国等民法中,只规定了姓名权请求权,而没有规定其他人格权请求权,究其原因,就是这些国家和地区的民法采用的是将人格权的主要部分规定在侵权法当中,而在总则中仅仅规定姓名权,这样就有了姓名权的请求权保护和其他人格权的债法保护方法的区别。不过,不论怎样,民法单独规定人格权请求权的基本做法,

---

[3] 殷生根、王燕译:《瑞士民法典》,中国政法大学出版社 1999 年版,第 9 页。

反映了人格权请求权客观存在的现实。因此,人格权请求权应当作为一项法律制度独立存在。人格权请求权的内容包括排除妨害请求权和停止妨害请求权,侵权请求权的内容为恢复原状请求权和金钱赔偿请求权。

(二)人格权请求权客观存在的学理考察

1. 德国学说

德国学者拉伦茨认为,人格权请求权具有独立性,是一项独立的权利。他指出,在人格权有受到侵害之虞,司法实践准许提起侵害之诉,在继续受到侵害时,准许请求停止侵害。④ 德国学者沃尔夫认为,从德国的民法典和单行法律当中可以得出德国的先进法律的一个基本的原则,即每一个绝对权都与《德国民法典》的第1004条的适用相应,通过不作为请求权和排除妨害请求权而得到保护。因此,无论是《德国民法典》第823条第1款的权利还是违反一般的人格权(判决 BGH NJW 1984,1886),无论是违反对公司企业的会员权或者股权还是违反经营权,都可以类推适用第1004条而主张不作为或者排除妨害。⑤

2. 法国学说

《拿破仑法典》没有确认人格权,当然也就更不必说人格权请求权了。根据萨瓦第埃的研究,当时的立宪委员会从未想过要就人格权提出什么宣言。实际上,法国一直是通过判例保护各种人格利益不受侵犯的。直到20世纪初,法国才借助德国的学说在人格权领域有了基本的共识,并进一步区分人格权请求权和侵权请求权。后来,《法国民法典》修正委员会吸收了这一研究成果,在《民法典草案》的第165条规定:"对人格权施加的不法侵害,被害人有中止侵害请求权。这并不妨碍加害者应承担的损害赔偿责任。"⑥类似的条文在1970年和1994年分别被通过,正式成为《法国民法典》的组成部分。

3. 日本学说

在日本,关于侵权行为的效果,是否应该认可能够请求停止、排除侵害行为的停止行为请求权,存在着对立的意见。有学者认为,在构成侵权行为的侵害行为仍在继续的场合下,只承认对已经发生的损害的赔偿请求权,作为对受害者的救济是不充分的,这种见解是认可停止行为请求权立场的根据。但是,对在立法论上主张停止行为请求权应该如何评价的问题另说,仅就解释论而言,通说对现行法上作为侵权行为的效果,是否应该认可停止行为请求权的问题是持否定态度的。关于停止行为请求的法律依据,也同样存在着"权利说"和"侵权行为说"的对立,"权利说"包含物权性请

---

④ 参见〔德〕卡尔·拉伦茨:《德国民法通论》(上册),王晓晔、邵建东、程建英、徐国建、谢怀栻译,谢怀栻校,法律出版社2003年版,第169—170页。

⑤ 参见〔德〕曼弗雷德·沃尔夫:《物权法》,吴越、李大雪译,法律出版社2002年版,第161页。作者所称的不作为请求权,即本文所称的停止妨害请求权。

⑥ 〔日〕星野英一:《私法中的人》,王闯译,载梁慧星主编:《为权利而斗争》,中国法制出版社、金桥文化出版(香港)有限公司2000年版,第355—358页。

求权说、人格权说和环境权说。"侵权行为说"包含纯粹侵权行为说、违法侵害说和新忍受限度论。⑦

总的来讲,日本的学说总体上倾向于支持本国法院的判例,承认人格权请求权的独立性,否认侵权请求权包括停止行为请求权。

4. 我国台湾学说

我国台湾学者大多根据台湾地区"民法"第 18 条、第 19 条、第 184 条、第 194 条和第 195 条的规定阐释人格权保护的理论。他们在实质上承认了人格权请求权,但是,我国台湾学者很少用人格权请求权这一提法,他们大多用"不作为请求权""除去侵害请求权"和"保护(保全)请求权"等提法。⑧ 略举数例以说明:

(1) 史尚宽先生认为,不法侵害人格权,可以请求除去其侵害。人格权因其为绝对权,有被侵害之虞者,亦得请求防止之(参照"民法"第 767 条)。⑨ 史先生的这一论断,阐明了人格权请求权的两个主要方面。

(2) 王伯琦先生认为,(人格权)的保护方法有二:一是除去侵害请求权。"民法"第 18 条规定,人格权受侵害时,得请求法院除去侵害。所谓除去其侵害,系使侵害之行为或状态终止之意。被侵害人为此项请求时,不必证明自己之损害,及行为人之故意过失,一有侵害行为虽未发生损害,行为人虽无过失,即得请求除去。此与第 767 条对所有权之保护相仿佛。人格权得受与财产权同一之保护,乃近代法律之进步也。二是损害赔偿请求权。上述之除去侵害请求权,仅属消极的保护,仅使不再有侵害行为,或使侵害状态不能再继续存在而已。如其已受损害自应予以赔偿。故第 18 条第 2 项规定,人格权被侵害的请求损害赔偿或慰抚金者,有第 11 条之姓名权,有第 194 条之生命权,第 195 条之身体、健康、名誉、自由。⑩ 王先生关于人格权的保护应当与所有权的保护相一致,人格权得受与财产权同一之保护的观点,是极为鲜明的。

(3) 李宜琛先生的观点与王先生的意见大致相同,只不过其又指出,"然于具体侵害之际,欲为排除侵害之请求,自须就各种特定的人格利益而为考察。盖非此不足以明确其侵害之有无及损害之程度也"。⑪

(4) 陈猷龙先生认为,人格权受损害救济方法有三:请求除去侵害;请求防止侵害;请求损害赔偿或抚慰金。⑫ 这个说法,言简意赅,明确指出了人格权请求权的基本

---

⑦ 参见于敏:《日本侵权行为法》,法律出版社 1998 年版,第 334—335 页;邓曾甲:《日本民法概论》,法律出版社 1995 年版,第 126 页。

⑧ 参见梅仲协:《民法要义》,中国政法大学出版社 1998 年版,第 61 页;胡长清:《中国民法总论》,中国政法大学出版社 1997 年版,第 86 页;曾世雄:《损害赔偿法原理》,中国政法大学出版社 2001 年 10 月版,第 6—8 页;曾世雄:《民法总则之现在与未来》,中国政法大学出版社 2001 年 10 月版,第 234—235 页;郑玉波:《民法总则》,台北三民书局 1979 年版,第 97—99 页。

⑨ 参见史尚宽:《民法总论》,中国政法大学出版社 2000 年版,第 127 页。

⑩ 参见王伯琦:《民法总则》,台北正中书局 1979 年版,第 57—58 页。

⑪ 李宜琛:《民法总则》,台北正中书局 1977 年版,第 403 页。

⑫ 参见陈猷龙:《人格权之保护》,载《首届海峡两岸民商法学研讨会成果报告》,台湾辅仁大学 2000 年刊印,第 105—106 页。

方法。

(5)王泽鉴教授认为,五编制是民法之形式结构,贯穿其间而作为其核心概念的,系权利及法律行为。权利可以分为人格权、财产权(物权、债权)、身份权。此等权利,为满足其利益,或为维护其圆满之状态,均具有或可发生一定的请求权,得请求他人为一定的行为。如:人格权受侵害时,得请求法院除去其侵害,并得依法律之规定,请求损害赔偿或慰抚金。[13] 人格权的保护分为不作为请求权、损害赔偿请求权和不当得利请求权。其中,不作为请求权包括侵害除去请求权和侵害防止请求权(须侵害行为具有不法性,有无故意或过失在所不同)。[14] 王先生的这个主张,客观地描述了人格权请求权的基本含义和意义,是对现实存在的人格权请求权的准确表述。

以上关于人格权请求权的学说主张并不全面,但是通过这些学者的论述,可以说明人格权请求权的客观存在是被学者所确认的。人格权请求权作为私法的重要思考工具,其在制度设计上是围绕人格权考虑的,其功能就是预防和保全人格权不受损害,避免更严重的侵权行为发生,它作为独立的请求权类型,客观存在着,立法必须正视它的存在。

(三)确认人格权请求权为独立请求权的意义

既然人格权请求权是一个现实的存在,是一个对人格权保护的不可或缺的法律制度,在民事立法上就应当依法确认它,使它发挥应有的作用。笔者认为,确认人格权请求权为独立的请求权制度,具有以下意义:

1. 确认人格权请求权为独立请求权,是对人格权保护制度的完善,对"民法是人法"精神的进一步弘扬

人格的弘扬乃人类社会的根本,人是世界上最宝贵的东西。梁启超先生曾言:"凡人之所以为人者有二大要件:一曰生命;二曰权利。二者缺一,时乃非人。"尽管我国有"仁者爱人"这样的古老传统,但是,令人遗憾的是,长期的战争和政治运动破坏了我们对传统文化继承的连续性。同时,苏联的计划经济和高度国家主义的影响依然存在,社会主义初级阶段的市场经济利益主体和意识形态日益多元化。这一切都会进一步加剧人们对人格权的漠视。在这样的背景下,我国法律有必要加大人人格权的保护力度。

加大对人格权的保护力度,仅仅有侵权请求权并不完全和完善,还必须有人格权请求权对自己的保护。侵权请求权主要的是在权利已经造成了损害的情况下适用,如果人格权并没有受到实际的损害,而是有受到损害的危险,仅仅依靠侵权请求权的保护就无法实现。只有建立了完善的人格权请求权制度,人格权才能够得到应有的保护。

2. 确认人格权请求权为独立的请求权,是对私法请求权思考方法的完善

---

[13] 参见王泽鉴:《法律思维与民法实例》,中国政法大学出版社 2001 年版,第 63—64 页。
[14] 参见王泽鉴:《民法总则》,中国政法大学出版社 2001 年版,第 128—130 页。

请求权是私法的基本思考方法之一。德国学者梅蒂库斯认为,当今流行最广的案例分析方法,是根据请求权进行操作的。实体法上的请求权对未经严格训练的初学者来说,是其分析案例的一种不可缺少的思维手段。用请求权及抗辩权思维,可以使对法律关系内的问题的分析,集中在一些重要的问题上;解决了这些问题,案例中提出的问题也就迎刃而解了。[15] 这是关于请求权基础的思考方式的精辟论述。王泽鉴教授专门论述了请求权方法比照历史方法处理案例的优越性。[16] 他还强调了请求权基础的检查次序的重要性,认为请求权基础的寻找原则上应该依照上述次序,通盘检讨,其优点有三:可以借此养成邃密深刻的思考;可以避免遗漏;可以切实维护当事人的利益。

　　但是,上述请求权的思考方法是围绕财产权展开的,传统意义上请求权基础的思考方法没有给人格权请求权以一席之地。王泽鉴教授认为,各种请求权基础包括:契约上的请求权,类似契约请求权(包括无权代理人损害赔偿责任等),无因管理上之请求权,物上请求权,不当得利请求权,侵权行为损害赔偿请求权,其他请求权。[17] 此外,王泽鉴教授对人格权请求权的称谓很不固定,按照其理论,他所说的保护请求权、不作为请求权、人格权上的请求权,实际上指代同一内容,即人格权的停止妨害请求权和排除妨害请求权。[18] 事实上,名称上的不确定性,反映了理论上的混乱或者不清晰。

　　笔者认为,人格权请求权没有取得合理的理论地位,是与其母体权利——人格权的发展状况密切联系的。财产法观念的膨胀,使作为私法工具的请求权基础理论体系集中在物权和债权等财产权的请求权上面。[19] 事实上,学者们并不是拒绝吸收人格权请求权的概念和理论,而是认为人格权的保护自有其办法,不一定非要建立人格权请求权和债权请求权两套办法。这其实是对人格权及其保护的忽视。在一个庞大的民法典体系中,对一个庞大的人格权的内容仅仅将其放在债权法的角落当中,偶尔一提而过,不能不说是《德国民法典》等对人格权的忽视。在这样的情况下,不规定或者仅仅规定某种具体人格权请求权,不是很能说明问题吗?现实的问题是,如果过分强调民法的财产法属性,则人格权请求权很难进入请求权基础的思考体系。反之,如果

---

[15] 〔德〕迪特尔·梅蒂库斯:《德国民法总论》,邵建东译,法律出版社2001年版,第70—72页。
[16] 参见王泽鉴:《法律思维与民法实例》,中国政法大学出版社2001年版,第40—46页。
[17] 参见王泽鉴:《法律思维与民法实例》,中国政法大学出版社2001年版,第77页以下。王泽鉴先生没有明确指出其他请求权包括人格权请求权。
[18] 在《侵权行为法》一书中,王泽鉴教授将人格权请求权称为不作为请求权、保护请求权。参见王泽鉴:《侵权行为法》,中国政法大学出版社2001年版,第104页。在《民法总则》中,王泽鉴教授曾经直接用了"人格权上的请求权"(第18条)的提法。参见王泽鉴:《民法总则》,中国政法大学出版社2001年版,第92页。
[19] 关于传统民法注重保护财产权的论述很多。兹举一例:我国台湾学者施启扬认为,各国民法在传统上偏重对财产权的保障,而忽略人格权的价值与对人权的保护。此乃因为19世纪到20世纪初叶,欧洲几部重要民法典制定时的法律思潮,将个人意思的自由以及个人尊严的价值,表现在个人对财产权的支配方面(所有权神圣不可侵犯,所有权绝对原则),对于人格权本身的保护反而未加注意。参见施启扬:《民法总则》,台北三民书局1996年第7版,第97页。

我们强调民法是人法,并且首先是人法,我们就可以理所当然地确认人格权请求权为请求权基础思考方法的内容之一。说到底,对于民法本质属性的认识,决定了请求权思考方法对人格权请求权的取舍。

完善的私法请求权制度,应当包括两个方面:第一方面,是绝对权请求权,包括物权请求权、知识产权请求权、人格权请求权和身份权请求权。第二方面,是相对权请求权,就是债权的请求权,包括合同请求权、侵权请求权、不当得利请求权和无因管理请求权。这既是私法的请求权思考方法,也是私法的权利保护体系。在这样一个严密的体系当中,如果缺少人格权请求权,那就是残缺的思考方法,也是残缺的请求权制度。

3. 确认人格权请求权为独立请求权,有利于厘清侵权法体系上的混乱

如前所述,人格权请求权和侵权请求权是两种不同的请求权。由于人格权请求权和侵权请求权的个性大于共性,如果将排除妨害和停止妨害的人格权请求权纳入侵权法的体系,将会使以过错为基础的侵权法进一步消解[20],不利于侵权法的内部协调,会发生体系混乱的问题,而我们现行的做法正是这样操作的。例如,我国现行的《侵权行为法》立法和理论所构筑的归责原则和责任构成体系,实际上都是为侵权损害赔偿请求权所构建的,对于排除妨害和停止侵害等侵害人格权的救济基本上不适用。因此,区别人格权请求权和侵权请求权对侵权法而言,有如下意义:

(1)重新界定侵权法上的损害。有学者认为,因侵权行为导致的损害,主要有侵占、损害、伤害、妨碍等几种情形。[21] 人格权请求权的独立使我们能够区分损害与妨害,把妨害行为与损害结果相区别。

(2)侵权法归责原则的协调。人格权请求权和侵权请求权的混同在一定程度上造成了侵权法归责原则的混乱。事实上,人格权请求权的归责,就是客观归责,凡是非法妨害,尽管没有造成损害,也应当认为构成请求权的要件,可以依法行使。我国台湾曾经有学者主张侵害姓名权适用无过失责任,对于姓名权成立侵权行为而发生之损害赔偿,不以侵害人有故意或者过失为要件。[22] 这也说明了在这个问题上的侵权法的混乱。

(3)纯化侵权责任构成内涵。我国现行侵权行为法关于侵权请求权是同责任规定在一起,是从责任的角度作出规定的,因此讲到侵权请求权的时候,就是讲侵权责任;讲到侵权责任的方式,包括8种之多。但是在规定侵权责任构成时,所强调的则是侵权损害赔偿责任的构成,因而,或者将排除妨害或者停止侵害等人格权请求权

---

[20] 曾世雄认为,民事责任之基础并非单一,而系复数。惟复数之责任基础中,仍以过失为其主干。亦即民事责任原则上仍建立在过失之要求上,例外之情形建立在危险、社会安全或保险之上。参见曾世雄:《损害赔偿法原理》,中国政法大学出版社2001年版,第7页。

[21] 参见宁金成、田土城:《民法上之损害研究》,载《中国法学》2002年第2期。

[22] 参见王泽鉴:《人格权之保护与非财产损害赔偿》,载《民法学说与判例研究》(一),中国政法大学出版社1998年版,第51页。

的构成等同于侵权损害赔偿请求权,在责任构成上同等要求,或者讲的是一套,做的是另一套,形成理论和实践的"两层皮"。将人格权请求权独立出去,对人格权的保护会更加完善,也使侵权法的责任构成学说和规定更为单纯和精确。

二、人格权请求权本体论

如前所述,人格权请求权在传统的大陆法中的确存在,并且有着自己存在的必要性。我们究竟应该如何确定有关人格权请求权的最基本的规则呢?在这一部分,笔者将始终围绕这一问题逐层展开论述。

(一)人格权请求权的概念与特征

人格权请求权应当作为正式的称谓。虽然将其称作人格权损害之除去请求权、人格权妨害排除请求权和侵害防止请求权等,但是这些不同的称谓,都没有人格请求权更为准确和周延。理由是,这些称谓实际上都是人格权请求权的具体内容,只有人格权请求权才是能够涵盖它们的唯一概念。另外,在物权请求权中,还可以称为物上请求权,学者认为统一称为物权请求权更为准确。[23] 在人格权请求权,不存在这样的称谓,更容易统一。

关于人格权请求权的概念界定,笔者认为,人格权请求权是指民事主体在其人格权的圆满状态受到妨害或者有妨害之虞时,得向加害人或者人民法院请求加害人为一定行为或者不为一定行为,以恢复人格权的圆满状态或者防止妨害的权利。

人格权请求权具有如下特征:

1. 人格权请求权是基于人格权而产生的权利,但是它不是人格权的本身,而是一种手段性权利

它的功能是预防、保全母体权利即人格权不受非法妨害。正如德国学者拉伦茨指出的,人格权请求权实际上具有服务的功能,这种请求权的实质和目的仅仅是恢复人格权的圆满状态,在请求对方不作为的情况下,则是保持人格权的圆满状态。请求权使人格权主体能够反对特定的人,即非法干扰者,从而使人格权相应的状态重新恢复。[24]

2. 行使人格权请求权的前提是民事主体的人格权受到妨害

笔者认为,这里需要区分妨害、损害和侵害三个概念。妨害和损害适用于不同的救济制度,妨害是行使人格权请求权的要件,损害是提起侵权损害赔偿之诉的要件。从人格权请求权的角度出发,可以概括为,妨害是没有构成损害的侵害。而侵害一词可以涵盖妨害和损害的内容,侵害是二者的上位概念。学者运用语义分析得出结论:

---

[23] 参见王利明:《物权法研究》,中国人民大学出版社2002年版,第101页。
[24] 参见〔德〕卡尔·拉伦茨:《德国民法通论》上册,王晓晔、邵建东、程建英、徐国建、谢怀栻译,谢怀栻校,法律出版社2003年版,第326—328页。

认为侵害行为(infringement)是侵权行为(tort)的上位概念。在一般意义上,侵权行为(tort)的范围要稍窄一些,它只覆盖了负有损害赔偿责任的侵权行为。而侵害行为(infringement)的覆盖面就较宽。它除了把侵权行为(tort)涵盖在内,还涵盖了一切侵犯他人权利或利益的行为。从字面上看,你只要"进入"(in)了他人的"圈"(fringe),即只要有了侵入事实,侵害行为(infringement)即可确定。这里绝不再以什么主观状态、实施损害等为前提。至于进一步探究侵害行为(infringement)之下包含的侵权行为(tort)是否能构成侵权,则要符合过失、实际损害等要件。㉕ 这种分析是正确的。据此,我们可以得出这样的结论,当人格权受到侵害但并没有达到构成侵权行为的时候,也可以行使人格权请求权,因为只要具备了对人格权妨害的条件,就可以行使人格权请求权了。当然还有必要指出的是,当人格权受到侵害已经构成侵权行为的时候,当事人仍然可以行使人格权请求权,这种情况下发生的是人格权请求权和侵权请求权的聚合,"举轻以明重"说的就是这个道理。我国侵权法的理论和实践一直认为侵权行为的效力包括排除妨害和停止妨害等人格权请求权内容,就是因为人格权请求权属于侵权请求权救济的前一阶段,这一点与刑法中的"既遂吸收未遂"理论有某些相似之处。

3. 人格权请求权的基本性质是请求权,是对相对应的民事主体的请求为一定行为或者不为一定行为的请求权

所谓相对应的民事主体,不是相对权的意思,而是指的人格权请求权的义务人。义务人对特定的人格权人实施妨害行为,或者有妨害行为之虞,这个义务主体即确定,与权利人从绝对的关系变为相对应的关系,因而产生了请求权。义务人的义务也就特定了,从绝对的义务转变为相对的义务,需要对权利人承担为一定行为或者不为一定行为的义务。当然,这并不意味着所有的民事主体都享有同样的人格权请求权,实践中需要对不同的人格利益进行具体分析,进而确定不同人格权请求权的具体内容。"盖非此不足以明确其侵害之有无及损害之程度也。"㉖

4. 权利人可以向加害人直接行使,也可以向人民法院起诉

请求权是一种实体权利,人格权请求权的权利人可以向加害人提出请求,加害人不履行义务的,权利人可以直接向人民法院提出请求。

(二)人格权请求权的基本内容

1. 人格权请求权的来源和性质

不言而喻,人格权请求权的来源是人格权。人格权是民事主体生而固有的权利,是必备的权利,人格权请求权也是附随于人格权的发生而产生的权利。一方面,人格权作为一类民事权利,这种人格权就具有请求权的内容。当我们从总体上研究人格

㉕ 参见郑成思:《中国侵权法理论的误区与进步》,载《中国专利与商标》2000 年第 4 期;郑成思:《WTO 知识产权协议逐条讲解》,中国方正出版社 2001 年版,第 159 页。

㉖ 李宜琛:《民法总则》,台北正中书局 1977 年版,第 403 页。

权请求权的时候,人格权请求权是人格权所具有的请求权权利。另一方面,我们在研究具体人格权的请求权的时候,人格权请求权就是具体人格权的请求权。不论从哪方面观察,人格权请求权都是人格权的具体权利,是随着人格权或者具体人格权的产生而产生的。因此,人格权请求权也具有固有性、必备性的特点。

　　正因为有着这样的来源,人格权请求权的性质应该属于非独立性请求权。德国学者拉伦茨认为,请求权有独立请求权和非独立性请求权之分,独立请求权自身具有一定的意义。它具有独立的经济价值,本身就属于一种权利。这些独立的请求权有:债权、亲属法中的抚养请求权。非独立请求权则是为实现它的权利服务的,这些权利是绝对权、人格权、人身亲属权、支配权或无体财产权。[27] 易言之,人格权请求权是基于人格权而产生的保护人格权的权利,是一种手段性权利。它是非独立请求权、防卫性请求权。人格权请求权本身兼具绝对权和相对权的效力,它是人格权和债权的混血儿。[28] 而侵权请求权是债权请求权、独立请求权、进取性请求权、索取性请求权,具有完全不同的性质。

2. 人格权请求权的功能和目的

　　人格权请求权的功能和目的,就是通过人格权行使过程中的排除妨害和停止妨害,起到预防和保全权利人的人格利益的作用。德国学者拉伦茨认为,人格权请求权具有这样的意义,即它能够使一个针对某人的、和一个绝对权相应的状态得以实现[29],人格权请求权是服务于人格权的。人格权请求权主要基于人格权的支配性、排他性、绝对性而产生的,其为人格权权利本身作用的结果。[30] 在可能存在妨害的情况下,权利人可以行使排除妨害请求权;在存在妨害的情况下,权利人可以行使停止妨害请求权。因为如果等到损害真的发生了,也就只能够要求损害赔偿了,这对于保护人格权是极为不利的。有学者主张:"人格利益是难以事后救济的。与财产利益的侵害不同,人格利益一旦遭受侵害就覆水难收,事实上无法再通过金钱对损害予以填补。生命、身体、名誉、隐私等人格利益被侵害后的治愈是极端困难甚至不可能的。正因为

---

　　[27] 参见〔德〕卡尔·拉伦茨:《德国民法通论》(上册),王晓晔、邵建东、程建英、徐国建、谢怀栻译,谢怀栻校,法律出版社2003年版,第325页。这里,作者将支配权、绝对权同人格权、人身亲属权和无体财产权并列,这种做法和我国传统民法理论是相悖的,存在逻辑上的矛盾,是我国在继受民法的过程中出现了某些错误,还是翻译上存在的错误,我们暂且存疑于此。

　　[28] 人格权请求权和物权请求权同为绝对权请求权和非独立请求权,具有可类比性。在我国台湾地区的物权请求权学说中,也存在物权作用说,认为物权请求权乃物权之作用(效用),并非独立之权利;还有准债权之特殊请求权、纯债权说、非纯粹债权说、物权效力所生请求权说、物权派生之请求权说、所有权的现象说等。参见谢在全:《民法物权论》,第38—39页。

　　[29] 参见〔德〕卡尔·拉伦茨:《德国民法通论》(上册),王晓晔、邵建东、程建英、徐国建、谢怀栻译,谢怀栻校,法律出版社2003年版,第326—328页。

　　[30] 此种论断较多地参考物权请求权成立的解释。有学者认为,物权请求权是一种典型的从物权的排他性、绝对性衍生而来的防卫性的请求权。参见梁慧星主编:《中国物权法草案建议稿》,社会科学文献出版社2000年版,第197页。也有学者认为,物权请求权系直接来自物权之直接支配性。参见谢在全:《民法物权论》(上册),中国政法大学出版社1999年版,第37页。

如此,针对盖然性较高的侵害事先采取措施防患于未然就显得极为必要。"㉛也正是在这一层面上,确立人格权请求权独立性的意义较之确立物权请求权的独立性具有更大的意义。可以说,人格权请求权的独立对于弘扬"民法是人法"的精神具有基础性的意义。

在这一点上,作为侵权请求权的恢复原状和金钱赔偿主要发挥的是补偿的功能,其目的是为了使"被害人能够再处于如同损害行为未曾发生之情况"。㉜ 简言之,人格权请求权——防患未然;侵权请求权——亡羊补牢。

3. 人格权请求权的基本类型

人格权请求权的基本类型,按照人格权请求权的方式划分,可以分为停止妨害请求权和排除妨害请求权。

人格权请求权所针对的对象,是存在妨害行为或者极有可能存在妨害行为,而不是权利损害的结果。对于可能发生的妨害,权利人可以通过排除妨害请求权请求救济㉝;对于已经存在的妨害,权利人可以通过停止妨害请求权请求救济。排除妨害和停止妨害这两种请求权都直接指向妨害,其目的也只是积极预防或者保全权利人的人格权不受损害。侵权请求权直接指向的是一定程度的损害,包括财产损害、人身损害和精神损害。具体到人格权,其成立的基础就是人身损害和精神损害。侵权请求权针对的主要是行为所导致的结果——损害。㉞ 无论是恢复原状,还是金钱赔偿,都以既存的一定损害为前提。没有损害,侵权请求权就失去了存在的基础。西方法谚——无损害,无赔偿——从一定意义上说,讲的就是这个道理。

在研究这个问题的时候,还有以下几个问题需要解决:

(1)恢复名誉、消除影响、赔礼道歉是否要纳入人格权请求权范围,作为人格权请求权的一个种类。笔者认为不应该把恢复名誉、消除影响、赔礼道歉规定为人格权请求权的内容。

首先,恢复原状与金钱赔偿㉟同属于侵权行为的法律效果即损害赔偿。当侵权行为所侵害的标的物是可替代物的时候,可以适用恢复原状;当侵权行为所侵害的标的物是不可替代物的时候,可以适用金钱赔偿。实际上,请求恢复原状和请求金钱赔偿

㉛ 姚辉:《民法上的"停止侵害请求权"——从两个日本判例看人格权保护》,载《检察日报》2002 年 6 月 25 日。

㉜ 曾世雄:《损害赔偿法原理》,中国政法大学出版社 2001 年 10 月版,第 15 页。

㉝ 王泽鉴教授指出,在台湾法上,若无损害,虽然不成立侵权行为,但无碍于主张不作为请求权("民法"第 767 条)。参见王泽鉴:《侵权行为法》,第 182 页。我国台湾地区"民法"第 767 条规定的是物权请求权。

㉞ 该损害例外地存在以预期性利益为赔偿客体。参见曾世雄:《损害赔偿法原理》,中国政法大学出版社 2001 年版,第 50 页。

㉟ 传统理论认为,侵权损害赔偿包括恢复原状和金钱赔偿,但是究竟哪一个为原则,哪一个为例外,各国规定不一。以恢复原状主义为原则的有:《德国民法典》第 249 条至第 251 条,《奥地利民法典》第 1322 条;以金钱赔偿主义为原则的有:罗马法、法国法、日本民法。参见张龙文:《民法债编实务研究》,台北汉林出版社 1977 年版,第 78 页。

的目的是一致的,其根本目的都是为了使权利人的权利恢复到未受损害的状态。关于两者的关系,请求恢复原状和请求金钱赔偿为选择之债,金钱赔偿与恢复原状,应属于请求权竞合的关系。㊱

其次,恢复名誉、消除影响、赔礼道歉是恢复原状的措施。恢复名誉、消除影响、赔礼道歉针对的是损害结果而非妨害行为,是事后的救济措施而非事前的预防措施,因此,其本质上是恢复原状的措施。尽管人格权本身一旦受到损害就不可能恢复原状,但是,我们仍然可以认定恢复名誉、消除影响、赔礼道歉是法律明知不可为而为之的一种无奈的立法技术考虑。

综上所述,不应该把恢复名誉、消除影响、赔礼道歉规定为人格权请求权的内容。

(2)侵害人格权的人身损害赔偿请求权是否需要纳入人格权请求权。笔者认为,在已经构成妨害的情况下,可以考虑将侵害人格权的人身损害赔偿请求权纳入人格权请求权。原因如下:

首先,有必要规定侵害人格权的人身损害赔偿请求权不适用诉讼时效。在现有的债法框架之内,侵权损害赔偿适用诉讼时效的规定,因此,当人格权侵权损害赔偿请求权已经过了诉讼时效时,受害人就不能够获得赔偿。这种情况和人格权在法律乃至整个社会运行中的最基本地位是不相符的。我们知道,中国目前还有为数众多的法律意识不是很高的中低层收入者,如果他们做人的最基本的人格权受到侵害而没有得到法律的保护,就会影响人类所追求的正义的实现,甚至会为社会制造不安定因素,因此,有必要在侵害人格权的人身损害赔偿请求权方面开一个小口,允许其在已经过了诉讼时效的情况下适用人格权请求权获得赔偿。

其次,该例外应该规定在人格权请求权当中,而不应该在侵权请求权当中。笔者认为,制定民法典应当将侵权责任部分独立成编。侵权责任编的总则有必要抽象出较多的通用规则。基于此,已过诉讼时效的侵害人格权的人身损害赔偿请求权应该规定在同样具有人身属性的人格权请求权当中。同时,还应该对其作出严格规定,例如不允许其单独转让等。

(3)精神损害赔偿是否要纳入人格权请求权,作为人格权请求权的一个类型。笔者认为,精神损害赔偿不应该作为人格权请求权的内容规定。理由如下:

首先,人格权请求权本质上是预防保全措施,而不是赔偿措施,针对的是妨害行为,而不是损害结果。而精神损害赔偿本身是相对精神损害这种结果的一种赔偿措施,针对的是损害后果,而不是妨害行为本身。因此,精神损害赔偿不符合人格权请求权的预防保全功能的本质,不应该作为人格权请求权的内容。

其次,精神损害赔偿制度在性质上更符合侵权法的本质。侵权法本质上是赔偿

㊱ 参见邱聪智:《民法研究》(一),中国人民大学出版社2002年版,第377页。

法律制度,赔偿制度是侵权法构成的核心要素。㉝ 而精神损害赔偿制度恰恰是符合侵权法这一本质属性的㉞,因此,精神损害赔偿应该作为侵权法的重要内容规定,而不应该作为人格权请求权的内容规定。没有精神损害赔偿制度,侵权法就不能构成一个完整的赔偿体系。

4. 人格权请求权的举证责任

主张人格权请求权时,权利人只需要证明妨害行为的违法性、妨害行为可能发生或者正在进行和因果关系为已足,不必像行使侵权损害赔偿请求权那样,权利人必须证明构成侵权责任的全部要件,依据通说,即要证明违法行为、损害事实、因果关系和主观过错。事实上,主张侵权请求权的权利人举证责任还是很重的,权利人必须证明损害的程度、损害的范围、行为的违法性、责任成立的因果关系、责任范围的因果关系,以及加害人的主观可归责状态。在这里,是否要求加害人具有过错,是区分两种请求权的一个重要标准。众所周知,侵权法的责任基础主要是过错,诚如法学大儒耶林所言,不是损害而是过错造成了责任。简而言之,就像化学家所断言的那样,燃烧的不是光亮,而是空气中所含的氧气。㉟

5. 人格权请求权的诉讼时效

依据传统理论,人格权请求权不适用诉讼时效,而侵权请求权则适用诉讼时效。这个意见是应当充分肯定的。

从理论上讲,人格权请求权不适用诉讼时效的原因如下:

(1)如果对于人格权请求权也适用诉讼时效的规定,将不利于对权利人的保护。停止妨害请求权所指向的,或者是持续的妨害行为,或者是持续的妨害状态。而对于排除妨害请求权而言,所针对的是可能发生而又没有发生的妨害,更加难以适用诉讼时效制度。总之,诉讼时效在人格权请求权起算点上的难以确定性,决定了诉讼时效不能够适用人格权请求权制度。

(2)人格权请求权与诉讼时效的设立目的相冲突。旧中国民法的"立法理由"认为,规定请求权若干年不行使而消灭,盖期确保交易之安全,维持社会秩序耳。盖以请求权永远存在,足以有碍社会经济之发展。㊵ 可见,诉讼时效本质上是交易的制度,是财产上的制度。而相对于人格权请求权而言,人格权请求权具有人身性,其主要行

㉝ 参见〔德〕克雷斯蒂安·冯·巴尔:《欧洲比较侵权行为法》(上卷),张新宝译,法律出版社2001年版,第1页。

㉞ 除了传统的民法典,这方面新的证据是2002年新修订的《魁北克民法典》,其明确规定了民事损害包括财产损害、人身损害和精神损害。例如,其具有侵权行为法一般条款性质的第1457条规定:"Ⅰ.每个人都有义务遵守依据具体情况、习惯、法律设定约束自己的行为规则,并不得对他人实施加害行为。Ⅱ.具有识别能力而没有尽到其义务,造成他人损害的,不论该损害在性质上是人身的、精神的,还是财产的,均应承担损害赔偿责任。Ⅲ.在一定条件下,一个人也有责任赔偿由于他人的行为或者过错或者其监护下的物件造成的损害。"

㉟ 参见〔德〕克雷斯蒂安·冯·巴尔:《欧洲比较侵权行为法》(下卷),焦美华译,张新宝校,法律出版社2001年版,第143页。

㊵ 参见王泽鉴:《民法总则》,中国政法大学出版社2001年版,第516页。

使方式——停止妨害和排除妨害,都是非财产性的法律措施。人格权请求权救济措施的非财产性,决定了其不能够适用诉讼时效制度。

人格权请求权不适用诉讼时效,还可以在侵权损害赔偿请求权不能保护人格权的时候发挥作用。这就是,人格权受到妨害或者侵害,依据诉讼时效制度,侵权损害赔偿请求权已经丧失胜诉权的时候,权利人仍然可以依据人格权请求权请求义务人排除妨害或者停止妨害。

(三) 人格权请求权的基本权利

1. 排除妨害请求权

排除妨害请求权是人格权请求权的基本权利,是指民事主体的人格权有受到不法妨害之虞时,得向加害人或者人民法院请求加害人为或者不为一定行为以防止妨害的权利。

排除妨害请求权的构成要件,应当具备:

(1) 民事主体的人格权有受到妨害之虞。
(2) 加害人的妨害行为具有违法性。
(3) 加害人的违法行为和妨害事实之间具有因果关系。

其抗辩事由是:

(1) 妨害情节轻微。权利人应该忍受适当的不舒适的感觉,轻微的损害不能够获得司法的救济。[41] 人类共同生活在这个绿色的星球上,人与人之间不可能没有摩擦,如果法律允许民事主体动辄为鸡毛蒜皮的小事诉诸法庭,有限的司法资源就不能发挥其对整个社会的调控作用。[42]

(2) 受害人自己有不当行为。例如,如果有证据证明受害人行窃,商场就可以在一定条件下对受害人的人身自由进行限制。

(3) 受害人允诺。

(4) 与公共利益相冲突。当民事主体的人格权请求权的行使有碍于公共利益时,法律不允许其人格权请求权的行使。

(5) 人民法院的裁决不具有可操作性。

(6) 其他依据法律规定可以提供的正当事由。

如果存在第四种和第五种抗辩事由的话,就发生了人格权请求权之诉向侵权请求权之诉的转化,依据国外的习惯,该民事主体可以获得侵权法意义上的替代性赔偿。

---

[41] 参见〔德〕克雷斯蒂安·冯·巴尔:《欧洲比较侵权行为法》(下卷),焦美华译,张新宝校,法律出版社2001年版,第84页;曾世雄:《损害赔偿法原理》,中国政法大学出版社2001年版,第6—8页。

[42] 从这个意义上讲,《美国宪法修正案》第7条规定小额诉讼的最低限额是有其道理的。《美国宪法修正案》第7条规定:"在普通法上之诉讼,关于价额超过20元的诉讼,有受陪审团审判的权利;由陪审团审理的事实,非依普通法上之规定,于合众国任何法院不得再理。"参见李龙:《宪法基础理论》,武汉大学出版社1999年版,第339页。

排除妨害请求权的效力在于：当权利人依据法律规定向加害人请求排除妨害时，加害人应该采取相关预防措施。当权利人依据法律规定向人民法院请求排除妨害时，符合条件的，由法院作出裁决，加害人应该履行妨害排除的义务。排除妨害的费用由被告自己负担。如果被告不履行裁决，原告可以请求人民法院强制执行。在英美法上，被告不执行法院的排除妨害禁制令的时候，被告的行为就构成蔑视法院。对于蔑视法院的行为可以针对不同情况处以监禁、查封财产、罚金的处罚。凡是禁制令禁止做一项事情，就是绝对的禁止，与当事人的意思没有关系。第三人知情地帮助或者煽动违反禁制令，同样构成蔑视法院行为。但是，如果需要的话，应该给予被告一定时间的宽限期，以免利益过多地向原告倾斜。[43] 笔者认为，英美法的上述制度值得借鉴。

由于排除妨害请求权得到法院支持的后果是被告的行为受到拘束，因此法律应该在授予原告排除妨害请求权的同时给予一定的限制。

首先，原告向法院提起人格权请求权之诉必须提供一定的证据，必须有初步的证据证明有正当理由认为原告的人格权可能受到不法妨害。

其次，如果排除妨害措施会给被告造成一定的损害，则原告应该提供一定的担保。

再次，排除妨害请求得到法院的支持以后，原告必须在一定期间内主动通过和解、调解、仲裁或者起诉等方式解决纠纷。如果原告没有在该期间内主动解决纠纷，排除妨害措施因时间期满而自动失效。

最后，如果原告过错行使人格权请求权，原告应该赔偿因其所造成的损害，当然无过错或者轻微过错的可以不赔或者少赔。

2. 停止妨害请求权

停止妨害请求权也是人格权请求权的基本权利，是指民事主体的人格权受到不法妨害时，得向加害人或者人民法院请求加害人为或者不为一定行为以恢复人格权的圆满状态的权利。

停止妨害请求权的构成要件是：

（1）民事主体的人格权受到不法妨害，该不法妨害可以是持续行为，也可以是可能重复发生的行为。

（2）加害人的妨害行为具有违法性。

---

[43] 参见沈达明：《衡平法初论》，对外经济贸易出版社1997年版，第295页。在英美法上，对于人格权已经受到妨害或者有妨害之虞的情况，一般采取禁令的保护方法。禁令是一种和损害赔偿（damage）、自力救济（self—help）相对应的救济方法。英美法上的禁令或者禁制令或者禁止令或者禁止命令都是 injunction，学者认为，禁制命令是禁止实行或持续违法作为的法院命令。目前不仅衡平法院，而且高等法院的所有庭都可以给予救济。禁令的分类包括，中间禁令和终局禁令；禁止的禁令和强制的禁令；预防的禁止命令等。参见〔日〕望月礼二郎：《英美法》，台北五南图书出版公司1997年版，第255页、第262页以下。实际上禁令制度发挥了大陆法系请求权制度的功能。此外，世界贸易组织的《与贸易有关的知识产权协议》第44条也是有关禁令的规定。

（3）加害人的违法行为和妨害事实之间具有因果关系。

停止妨害请求权的抗辩事由与排除妨害请求权的抗辩事由基本相同。

停止妨害请求权效力的基本表现是，符合停止妨害请求权的构成要件的，加害人应该停止妨害以恢复权利人人格权圆满状态。如果停止妨害会产生一定的费用，加害人应该自己承担。当加害人的行为不能够使人格权恢复圆满状态的时候，受害人可以再次请求加害人采取措施恢复其人格权的圆满状态。加害人拒绝或者故意拖延的，受害人可以请求人民法院强制执行。

此外，加害行为同时构成侵权的，受害人可以一并请求损害赔偿。

3. 侵害人格权的人身损害赔偿请求权

笔者认为，该请求权原则上仍然适用人格权请求权的构成要件和抗辩事由等一般规定。其具体内容可以参见本文停止妨害请求权的部分论述。

但是这些不能够改变其作为一个例外规定的事实，笔者认为可以作出以下限定：

（1）适用的前提必须是在已经过了诉讼时效的情况。对于没有过诉讼时效的，能够适用不当得利请求权的，可以适用不当得利请求权；能够适用侵权请求权的，可以适用侵权请求权。

（2）在举证责任上，其构成要件是否包含过错，由法官参照侵权责任的归责原则予以确定。

（3）该请求权不可以转让。

（4）必须事实清楚，证据充分。

三、人格权请求权关系论

（一）人格权请求权与人格权侵权请求权的关系

有学者认为，包括物权请求权、人格权请求权和知识产权请求权在内的绝对权请求权应该和侵权请求权合并在一起规定。绝对权请求权没有独立的必要性。[44] 其中代表性的观点认为，物权请求权可以被侵权请求权所容纳的原因如下：

（1）各种观点均承认物上请求权为请求权，而不是支配权，这一点从根本上将它与物权区分开。

（2）物上请求权与物权关系密切，不能成为它不是债权的理由。

（3）在市场经济条件下，区分物上请求权（物权保护方法）与侵权请求权（债权保护方法）意义不大。

（4）物上请求权与侵权请求权的共性多于个性，且有物上请求权向侵权请求权转化的情形。

---

[44] 参见李大平、张大伟：《也谈物上请求权——质疑物上请求权独立于侵权行为法的必要性》，载《前沿》2002年第5期；王明锁：《物上请求权与物权的民法保护机制》，载《中国法学》2003年第1期。

该文还认为,侵权请求权应当是指侵害民商主体的人身权、物权和知识产权后所产生的请求权。人身权、物权、知识产权均属于静态型权利,如果分别规定保护措施,就会使类似条文太多,显得法典臃肿繁复。而将侵犯这三类权利的法律后果统一于侵权行为之债,则整齐划一、简洁明晰。⑤

该文通过论证物权请求权可以为侵权请求权所容纳,进而得出物权请求权、人格权请求权和知识产权请求权等绝对权请求权能够被侵权请求权所容纳的观点,笔者认为该观点没有真正认清两类请求权的关系,是值得商榷的。这种意见的缺陷在于:

(1)承认人格权请求权等绝对权请求权的请求权性质并不意味着人格权请求权等绝对权请求权可以被侵权请求权所容纳。因为侵权请求权和请求权并不能够画等号,请求权还有独立请求权和非独立请求权之分。其中,侵权请求权属于独立请求权,而人格权请求权属于非独立请求权。

(2)没有认识到人格权请求权与侵权请求权在本质上的差别。人格权请求权和侵权请求权在来源、性质、功能、构成要件、举证责任方面的区别是其本质差别,这些差别决定了人格权请求权不能够被侵权请求权所吸纳。

(3)没有认识到确认人格权请求权为独立请求权具有极为重大的理论和现实意义,这一点本文前面已经作了详细的论述,不再赘述。

笔者认为,尽管人格权请求权和人格权侵权请求权同为请求权,但是两者的个性大于共性。在前面的讨论中,我们已经谈到了人格权请求权与人格权侵权请求权在来源、性质、功能、目的、举证责任、诉讼时效等方面的区别。其实,人格权请求权和人格权侵权请求权的差异还有很多:

(1)人格权请求权的主体范围与侵权请求权的主体范围有差异。人格权请求权的主体只包括加害人和受害人。侵权请求权的基本主体为加害人和受害人,此外,在加害人之外还存在替代责任者,在受害人之外还存在间接受害人、受害人的法定继承人、父母、配偶、子女和为被害人支付丧葬费之人。⑥ 由此,我们可以看出,与人格权侵权请求权相比,人格权请求权的封闭性、相对性更强一点,这是和人格权请求权的预防保全功能相一致的。

(2)程序的救济要求有所不同。人格权请求权要求比较简化的裁定程序,人格权侵权请求权经过的程序相对冗长,需要人民法院作出判决。如前所述,主张人格权请求权时,权利人的举证责任较为轻微。相对侵权之诉而言,对于事实认定和法律适用的要求都比较低,加害人一般也很难进行抗辩。如果把人格权请求权之诉纳入侵权之诉当中,所造成的结果只能是损害当事人的利益,混淆不同的构成要件和法律效果。由于侵权之诉的审理时间相对较长,法院的判决就会与加害行为的发生时间间隔较长,或者使本来不应该发生的损害发生,或者使已经发生的损害继续扩大。

---

⑤ 参见王明锁:《物上请求权与物权的民法保护机制》,载《中国法学》2003年第1期。
⑥ 参见曾世雄:《损害赔偿法原理》,中国政法大学出版社2001年版,第33页。

(3)两种请求权的适用阶段不同。人格权请求权适用于诉讼前后的一切阶段,其中,排除妨害请求权是事前措施;停止妨害请求权可以是事前、事中、事后措施。不同的是,人格权侵权请求权本质上是赔偿措施,是事后措施。换句话说,成立侵权未必适用停止妨害、排除妨害,反之,在适用停止妨害、排除妨害的时候,也不一定成立侵权。两者之间的关系既不是充分条件也不是必要条件。例如,直接将他人伤害,在受害人起诉到法院时,妨害已经停止,在不存在持续妨害时,只能够请求损害赔偿。[47]

(4)人格权请求权的内容包括排除妨害和停止妨害,其具有人身性,而人格权侵权请求权的内容包括恢复原状和金钱赔偿,其体现了财产性。

(5)在侵权请求权已经超过诉讼时效期间,侵权损害赔偿的侵权请求权丧失了胜诉权时,由人格权请求权发挥作用,可以行使这个请求权,以保护妨害的排除和停止,恢复权利的圆满状态。如果没有人格权请求权,则人格权受到妨害的状态就只能永远存在下去。

(二)人格权请求权和其他请求权的竞合问题

传统理论认为,因同一原因事实而发生两个以上的请求权,若其内容不同时,得为并存(请求权聚合)。其内容同一时,则发生请求权竞合,由权利人选择行使之。[48]据此,笔者认为,人格权请求权和侵权请求权之间的关系是责任聚合,而不是责任竞合;人格权请求权和物权请求权与知识产权请求权的关系是责任竞合,而不是责任聚合。

1.人格权请求权和侵权请求权能否竞合

有学者认为,停止侵害、消除危险、排除妨害等民事责任方式尽管与物上请求权等存在理论上的竞合,但是为了发挥侵权行为法的积极功能,仍需吸收《民法通则》的成功经验,对这些民事责任方式继续加以规定。[49] 笔者认为,上述看法有一定的道理。正如前文所述,如果构成妨害的情况下能够适用停止侵害、消除危险、排除妨害,"举轻以明重",构成损害的情况下当然也能够适用以上几种责任方式。但是依据本文的论述,上述责任方式可以作为物权请求权、人格权请求权以及知识产权请求权的固有内容。

这样,我们在处理人格权请求权和侵权请求权能否竞合的问题上可以有两种选择:其一是认为两者是请求权竞合。该主张认为,侵权请求权包含了人格权请求权的全部内容,因此当事人在进行诉讼的时候只能够择一而诉。其二是认为两者是请求权聚合。其主张的前提是人格权请求权包括停止妨害、排除妨害等,在这样的情况下,由于请求的内容不同,就只存在责任聚合,而不是责任竞合问题,从而也避免了责

---

[47] 参见李宜琛:《民法总则》,台北正中书局1977年版,第404—405页。
[48] 参见王泽鉴:《民法总则》,中国政法大学出版社2001年版,第93页。
[49] 参见张新宝:《〈中国民法典·侵权行为法编草案建议稿〉理由概说》(五),载 www.civillaw.com.cn/法界动态/立法聚焦,2016年3月10日访问。

任竞合时择一而诉造成的不完全救济的制度缺陷。具体到程序法上，对于请求权的聚合可以用"客观的诉合并"或者"请求的合并"来解决。对此，《德国民事诉讼法》第260条有类似的规定可以参考。[50]

总的来讲，人格权请求权和侵权请求权能否竞合，实际上是一个立法选择问题，而不是一个逻辑判断问题。我们采用责任聚合的意见。

2. 人格权请求权和物权请求权、知识产权请求权能否竞合

由于人格权请求权和物权请求权、知识产权请求权都具有排除妨害和停止妨害的内容，因此，当上述三种请求权发生竞合时，依据一般的原理，权利人只能择一行使。下面各举一例进行分析：

人格权请求权和物权请求权的竞合。例如，甲在乙的房屋周围修建高楼，造成乙房屋常年见不到太阳，这样就发生了人格权请求权和物权请求权的竞合问题。依据请求权竞合的原理，乙只能够选择物权请求权或者人格权请求权其中之一提起诉讼。如果造成损害的，乙可以依据侵权法向甲请求损害赔偿，因为无论是人格权请求权还是物权请求权，和侵权请求权的内容都不同，可以和侵权请求权发生聚合，而不会发生竞合。

人格权请求权和知识产权请求权的竞合。例如，乙自导自演了一部电影，甲未经乙的许可，将包含乙自己肖像的剧照用于自己产品的广告当中，这样就发生了人格权请求权和知识产权请求权的竞合问题。乙只能够选择知识产权请求权或者人格权请求权其中之一提起诉讼。当然，如果造成损害的，乙也可以依据侵权法向甲请求损害赔偿。

（三）人格权请求权与实体法和程序法

请求权是德国学者温特沙伊德依据诉权制度创立的[51]，可以说从诞生的那天开始，请求权就是一个连接实体法和程序法的桥梁，人格权请求权也不例外。在具体的诉讼过程中，各国一般都是通过保护令状、预防措施或者禁止令状，而不是通过普通审判程序来实现人格权请求权的运作。

事实上，我国目前几乎没有和人格权请求权相协调的程序法规定，立法上存在着较大缺陷。

1. 我国《民事诉讼法》用先予执行替代禁止令状的做法存在局限

目前我国法律和司法解释中规定的"停止侵害"和"先予执行"的作用与"禁止令状"的作用相似。《民事诉讼法》第97条规定，对因情况紧急需要先予执行的案件，法院可以根据当事人的申请裁定先予执行。最高人民法院《关于适用〈中华人民共和

---

[50] 参见〔德〕卡尔·拉伦茨：《德国民法通论》（上册），王晓晔、邵建东、程建英、徐国建、谢怀栻译，谢怀栻校，法律出版社2003年版，第350页。

[51] 参见〔德〕卡尔·拉伦茨：《德国民法通论》（上册），王晓晔、邵建东、程建英、徐国建、谢怀栻译，谢怀栻校，法律出版社2003年版，第323页。

国民事诉讼法〉若干问题的意见》第 107 条对紧急情况作了解释,其中包括立即停止侵害、排除妨碍以及立即制止某项行为的情形。最高人民法院《关于贯彻执行〈中华人民共和国民法通则〉若干问题的意见(试行)》第 162 条规定:"在诉讼中遇有需要停止侵害、排除妨碍、消除危险的情况时,人民法院可以根据当事人的申请或者依职权先行作出裁定。"但是,先予执行和禁止令状是不能够相互代替的。因为先予执行是法院在诉讼过程中采取的措施,禁止令状则是法院经过审理后在诉讼过程中或诉讼结束时作出的。先予执行措施不能完全起到禁令的作用。[52]

2. 没有规定被告不执行禁止令状,而人民法院仍有可能无法强制执行的相应措施

我国《民事诉讼法》第 231 条规定:"对判决、裁定和其他法律文书指定的行为,被执行人未按执行通知履行的,人民法院可以强制执行或者委托有关单位或者其他人完成,费用由被执行人承担。"但是,存在的问题是:充当强制执行的客体仅仅是作为,而不包括不作为,在作为中仅指可替代的行为,而不包括不可替代的作为。这样一来,即使人民法院作出了命令或者禁止的裁定,被申请人不履行裁定时,人民法院仍然有可能无法强制执行。[53]

3. 没有考虑到应该对不执行禁止令状的自然人和法人不同的处理措施

在比较法上,《瑞士民法典》的相关规定最为完善,该法第 28 条 c 规定:"(一)凡经初步证明,其人格已受到不法侵害,或有理由担心该侵害会发生且因此可能对其造成不易补救之损害的,可申请有关预防措施的责令。"第 28 条 e 规定:"预防措施的责令,像判决一样,在任何州都可强制执行。(二)在法官规定的期限内,最迟须在 30 天内,申请人未提起诉讼的,在讼诉发生拘束之日前责令采取的预防措施失效。"[54]

基于国内现有诉讼程序制度的缺陷、国外的立法经验以及人格权请求权本身的内在要求,笔者认为,我们应该创设排除妨害禁止令和停止妨害禁止令,具体建议如下:

1. 保留先予执行制度,另外创设排除妨害禁止令和停止妨害禁止令

(1)原告可以基于人格权请求权向人民法院请求发布排除妨害禁止令或者停止妨害禁止令。

(2)将排除妨害禁止令作为行为保全制度。排除妨害禁止令发布以后,原告必须在法官规定的期间内,最迟必须在 30 日内,主动通过和解、调解、仲裁或者起诉等方式解决纠纷。如果原告没有主动解决纠纷,排除妨害禁止令因期限届满而自动失效。

(3)将停止妨害禁止令作为民事特别程序,规定停止妨害禁止令不因期限届满而自动失效,使法官的判决具有既判力,区别于保全制度。

---

[52] 参见江伟、王景琦:《WTO 协议与中国民事司法制度的完善》,载《中国法学》2001 年第 1 期。
[53] 参见江伟、肖建国:《民事诉讼中的行为保全初探》,载《政法论坛》1994 年第 3 期。
[54] 《瑞士民法典》:殷生根、王燕译,中国政法大学出版社 1999 年版,第 11 页。

（4）如果排除妨害禁止令或者停止妨害禁止令会给被告造成一定损害的，原告应该提供一定的担保。

（5）情况需要的，应该给予被告一定时间的执行宽限期。

（6）过错行使人格权请求权的，原告应该赔偿因禁止令所造成的损害，但是原告无过错或者有轻微过错的，可以不赔或者少赔。

2. 创设排除妨害禁止令和停止妨害禁止令的强制执行制度

（1）针对被告不履行禁止令，人民法院仍然有可能无法强制执行的情况，可以规定对被告处以罚金、拘留、查封财产等处罚。

（2）对于不执行禁止令状的自然人和法人采取不同的处理措施。自然人不履行禁止令的，原告可以请求人民法院强制执行。除了要求执行禁止令以外，法院还可以加害人蔑视法院为由对加害人处以罚金、拘留、查封财产等处罚。对于法人不履行禁止令的，除了要求执行禁止令以外，法院还可以其蔑视法院为由对该法人处以罚金、查封财产，对于法人的主管人员或者直接责任者处以拘留。

四、对我国立法以及立法草案和建议稿的评述与建议

（一）我国现行立法存在的问题

我国《民法通则》关于人格权的规定在第98条至第105条。在这些条文中，只规定了人格权的禁止性条款，没有规定人格权请求权的内容。

在"侵权的民事责任"一节中，第119条规定："侵害公民身体造成伤害的，应当赔偿医疗费、因误工减少的收入、残疾者生活补助费等费用；造成死亡的，并应当支付丧葬费、死者生前扶养的人必要的生活费等费用。"第120条规定，公民的姓名权、肖像权、名誉权、荣誉权受到侵害的，有权要求停止侵害，恢复名誉，消除影响，赔礼道歉，并可以要求赔偿损失；法人的名称权、名誉权、荣誉权受到侵害的，适用前款规定。这里规定的是侵权请求权。在"承担侵权民事责任的方式"一节中，《民法通则》第134条再次对侵权请求权的内容进行了确认，认为其包括：（1）停止侵害；（2）排除妨害；（3）消除危险；（4）返还财产；（5）恢复原状；（6）修理、重作、更换；（7）赔偿损失；（8）支付违约金；（9）消除影响、恢复名誉；（10）赔礼道歉。

由此可见，我国先行立法没有区分人格权请求权和人格权侵权请求权。《民法通

则》这样规定的根本原因,在于立法者不是从权利的角度而是从责任的角度⑤确定不同民事违法行为的不同责任方式,试图将所有民事责任一网打尽,统统规定在"民事责任"一章,忽略了人格权这样的绝对权还有自己的保护方式。立法者这样做的直接后果就是,《民法通则》没有对人格权请求权、物权请求权和知识产权请求权进行规定,没有形成完整的绝对权保护体系。

(二)对民法典草案及其建议稿中相关规定的评述

中国人民大学《中国民法典·侵权行为法编(草案建议稿)》(以下简称《侵权法草案建议稿》)的第 10 条(侵权责任的方式)规定:"受害人根据遭受损害的实际情况,可以请求侵权人承担下列一种侵权责任方式,也可以请求侵权人承担数种侵权责任方式:(一)停止侵害;(二)排除妨碍;(三)消除危险;(四)返还财产;(五)恢复原状;(六)赔偿损失;(七)消除影响、恢复名誉;(八)赔礼道歉。"其起草说明指出,关于侵权责任的方式,这一部分规定的内容主要是:第一,责任的方式分为八种,即:停止侵害,排除妨碍,消除危险,返还财产,恢复原状,赔偿损失,消除影响、恢复名誉,赔礼道歉。第二,受害人可以根据自己所遭受损害的实际情况,请求侵权人承担其中一种侵权责任方式,也可以请求侵权人承担数种侵权责任方式。第三,对于尚未造成现实损害的,只是存在现实威胁的时候,规定损害尚未发生,但已经使他人人身、财产受到现实威胁的,受到威胁的人可以请求行为人停止侵害、消除危险。

中国社会科学院《侵权法(草案)》的第 83 条(侵权的民事责任方式)规定:"承担侵权的民事责任的方式主要有:(1)赔偿损失;(2)停止侵害;(3)消除危险、排除妨害;(4)返还财产、恢复原状;(5)赔礼道歉、消除影响、恢复名誉;""以上承担民事责任的方式,可以单独适用,也可以合并适用。"其起草说明指出,这些民事责任方式(指《民法通则》的十种责任方式),有的仅适用于侵权案件,如停止侵害、排除妨害、消除危险、消除影响、恢复名誉以及赔礼道歉。考虑到有些侵权行为造成的损害需要用两种或者两种以上的民事责任方式予以救济,因此有必要规定法院得根据案件的具体情况判决加害人或者对损害负有赔偿等义务的人承担两种或者两种以上的民事责任(继受了《民法通则》第 134 条第 2 款的规定)。为了保持法律的包容性同时给未来

---

⑤ 从责任出发的做法,违背了我国学术和立法的传统。众所周知,我国民法属于德国法系,将民事责任单独规定为一章的做法,有违德国民法以权利作为立法出发点的指导思想。德国民法的基本思路是以权利为逻辑出发点,以法律行为为主体。与之相对应的是,对于人格权等绝对权利的保护通过绝对权请求权和侵权请求权来实现。对于民事责任的立法规定我国学者多有评论,王利明教授认为,一方面,从立法技术上来看,穷尽各种民事法定义务与约定义务在技术上是不可行的。完整的体系要求在各编中规定不同的义务,然后再规定相应的民事责任。侵权法先明确侵权法保护的权利范围,明确是违反义务的行为,然后才对侵权责任加以规定。只有这样才符合逻辑体系。另一方面,责任不只局限于违约责任与侵权责任之间,责任是多元的,如不当得利的返还请求权、基于无因管理的报酬请求权、缔约过失责任、物上请求权等。把这些责任归纳在一起写入民法典,将使民事责任一编变得十分庞杂,无所不包;而如果只把部分民事责任形式归纳于该编,则会使人产生其他的民事责任形式不属于民事责任的误解。参见王利明:《中国民法典的体系》,载《现代法学》2001 年第 4 期。

的发展留出空间,侵权行为法建议稿只对侵权的主要民事责任方式作出了以上规定,将来也可能通过最高人民法院的司法解释确定其他辅助的侵权的民事责任方式。⑤

笔者看到,上述草案、建议稿都延续了《民法通则》的规定,没有对人格权请求权和侵权请求权进行区分。中国人民大学的《侵权法草案建议稿》中的八种责任方式和社科院《侵权法草案建议稿》的五种责任方式,在内容上是完全相同的,都继受了《民法通则》的第134条,只不过在继受的同时都扬弃了明显与侵权责任不相适应的第6款(修理、重作、更换)和第8款(支付违约金)。所以,此处不再对这两个草案建议稿进行评论。

值得注意的是,社会科学院《民法典总则编条文建议稿》第48条(人格权的保护)规定:"人格权遭受不法侵害时,受害人有权请求人民法院责令加害人停止侵害、消除影响、赔礼道歉,并赔偿所造成的财产损失和精神损害。"㊼全国人大常委会审议的《民法典草案侵权责任法编》第四编(人格权法)第5条规定:"侵害自然人、法人人格权的,应当承担停止侵害,恢复名誉,消除影响,赔礼道歉,赔偿损失,支付精神赔偿金等民事责任。"㊽

显而易见,这些都是关于人格权请求权的规定。上述规定具有非常积极的意义,其摆脱了《民法通则》现成制度的约束,将人格权请求权的内容界定为停止侵害、消除影响、赔礼道歉、请求精神赔偿金等。最终从整体上完善了人格权的民法保护机制——人格权请求权的保护方法和侵权请求权的保护方法。但是,其规定还是有一些不足。首先,上述规定漏掉了排除妨害请求权,造成了人格权请求权制度的预防功能的缺失,排除妨害请求权应该补充进来。其次,上述规定把恢复名誉、消除影响、赔礼道歉、请求精神赔偿金等界定为人格权请求权的内容,混淆了人格权请求权和侵权请求权的不同功能,不值得提倡。

(三)我国民法典应当采取的立场

综上所述,笔者认为,我国的民事立法应该在人格权部分直接规定人格权请求权的内容,包括排除妨害、停止妨害和人身损害赔偿。与此同时,在侵权民事责任部分只规定恢复原状和金钱赔偿两种责任方式。具体而言:

㊶ 参见张新宝:《〈中国民法典·侵权行为法编草案建议稿〉理由概说》(五),载 www.civillaw.com.cn/法界动态/立法聚焦,2016年3月10日访问。

㊼ 这一部分规定是其主要起草人梁慧星研究成果的贯彻。梁慧星教授认为,人格权的保护方法包括除去侵害请求权和损害赔偿请求权,而且除去侵害请求权是首要的救济方法。参见梁慧星:《民法总论》,法律出版社2001年版,第137页。但是,梁慧星教授只是部分继受台湾民法的研究成果,没有将排除妨碍纳入人格权请求权的里面。而且,将"赔偿所造成的财产损失和精神损害"与人格权请求权的内容在一个条款里面规定也值得商榷。

㊽ 《民法典草案侵权责任法编》第4条规定:"Ⅰ.承担侵权责任的方式主要有:(一)停止侵害;(二)排除妨碍;(三)消除危险;(四)返还财产;(五)恢复原状;(六)修理、重作、更换;(七)赔偿损失;(八)消除影响、恢复名誉;(九)赔礼道歉。Ⅱ.以上承担侵权责任的方式,可以单独适用,也可以合并适用。"据此,我们可以看到,该草案没有清楚地界定人格权请求权和侵权请求权之间的关系,重复的规定表明立法机关观点的模糊。

1. 规定人格权请求权的基本条文

应当规定:人格权受妨害时,得请求加害人停止妨害;有受妨害之虞时,得请求加害人排除妨害。

加害人不履行前款规定的义务时,得请求人民法院发布排除妨害禁止令或者停止妨害禁止令。情况需要的,应该给予加害人一定时间的执行宽限期。

不履行禁止令的,原告可以请求人民法院强制执行。加害人是自然人的,法院可以加害人蔑视法院为由对其处以罚金、拘留、查封财产等处罚。加害人是法人的,法院可以加害人蔑视法院为由对法人处以罚金、查封财产,对于该法人的主管人员或者直接责任者处以拘留。

排除妨害或者停止妨害产生的费用由加害人承担。

2. 应当规定排除妨害禁止令和停止妨害禁止令在时间上的差别

应明确规定:人民法院可以出于预防目的,也可以出于保全证据目的发布排除妨害禁止令。

排除妨害禁止令发布以后,原告必须在法官规定的期间内,最迟必须在 30 日内,主动通过和解、调解、仲裁或者起诉等方式解决纠纷。如果原告没有主动解决纠纷,排除妨害禁止令因期限届满而自动失效。

停止妨害禁止令不因期限届满而自动失效,法院的判决具有既判力。

3. 明确规定过错行使排除妨害禁止令、停止妨害禁制令的损害赔偿问题

规定排除妨害禁止令或者停止妨害禁止令会给被告造成一定损害的,原告应该提供一定的担保。

过错行使人格权请求权的,原告应该赔偿因禁止令所造成的损害,但是原告无过错或者有轻微过错的,可以不赔或者少赔。

4. 限定赔偿人身损害的情况

应明确限定:适用的前提必须是在已经过了诉讼时效的情况;在举证责任上,其构成要件是否包含过错,由法官参照侵权责任的归责原则予以确定;该请求权不可以转让;必须事实清楚,证据充分。

5. 规定侵权的民事责任方式

承担侵权的民事责任的方式有恢复原状和金钱赔偿。侵害他人人格权的,受害人可以请求消除影响,恢复名誉,赔礼道歉。

人身权的延伸法律保护*

关于对死者名誉的法律保护,经过数年的讨论,学术界与实务界均已有定论。但是,这一问题讨论的终结,却引起人们对人身权法律保护的更为广泛、更为深刻的思考,其中最为重要,也是最有意义的问题,就是借此举一反三,对死者和未出生的胎儿的其他人身权的延伸法律保护,作出新的理论概括,探索其中规律性的东西,以丰富学理,指导实践。在《关于确定民事侵权精神损害赔偿责任若干问题的解释》这部司法解释中,参考了人身权延伸法律保护的理论,特别是在死者的姓名、肖像、名誉、荣誉、隐私以及遗体、遗骨的保护中,体现的就是这样法律思想。因此,掌握这个理论,对于正确适用法律和司法解释,也具有重要意义。为此,笔者就此作如下研究和说明。

一、人身权延伸保护的沿革、概念及特征

(一)人身权延伸保护的历史沿革

民事主体人身权的延伸保护,非自今日始,有一个产生、发展和形成的过程。

人身权的延伸保护最早源于古代的血亲复仇。血亲复仇是世界上不同地区、不同种族的原始人普遍遵行的一种社会习俗。在人类社会进入习惯法和早期成文法时期的法律中,血亲复仇仍具重要的法律地位。当受害人被杀害后,其血亲所享有的复仇权利,对死者而言,无疑具有人身权延伸保护的意义。但这只是人身权延伸保护的萌芽,而不是真正意义上的对人身权的延伸法律保护。

在罗马法中,民事主体人身权的延伸保护受到了重视。这种延伸保护,一是向前延伸,至民事主体诞生之前,认为胎儿或即将出生的婴儿被视为已出生儿,其意义是对于某些法律后果来说,还溯及出生前的一段时间,考虑尚未出生但已怀于母体中的人。胎儿从现实角度上讲还不是人,但由于它是一个潜在的人,人们为保存并维护自出生之时起即归其所有的那些权利,而且为对其有利,权利能力自受孕之时起而不是从出生之时起计算。二是向民事主体消灭之后延伸,认为随着主体的死亡,某一主体

---

* 本文发表在《法学研究》1995 年第 2 期。

的权利及诉权转移到其他主体身上,一般来说,转移到其继承人身上。①

在近现代民事立法中,大陆法系一般规定公民民事权利能力始于出生,终于死亡,但对其人身权的法律保护仍作延伸保护的规定。如1804年《法国民法典》第312条规定:"子女于婚姻关系中怀孕者,夫即取得父的资格。"父的资格的取得,乃为亲权的取得,可见胎儿在尚未出生之时,即已成为亲权的主体。该法第725条规定,必须于继承开始时生存之人,始能继承,但尚未受胎者除外。这意味着继承开始时已受胎者,就享有了继承的权利。《德国民法典》一方面在第844条"因侵害致死时第三人的赔偿请求权"中规定,"第三人在被害人被侵害当时虽为尚未出生的胎儿者,亦同",对人身权保护向公民出生前延伸;另一方面在第1条仅规定公民权利能力始于出生的完成,却不规定权利能力的终期,为对人身权的保护向主体死亡后延伸,留下了广阔的余地。正如学者所指出的那样,法律既不设权利能力终于死亡之规定,则死者受侮辱或诽谤时,亦有受法律保护之必要。②《日本民法典》采德国立法例,不规定权利能力的终期,同时在第721条规定:"胎儿,就损害赔偿请求权,视为已出生。"《瑞士民法典》第31条规定:"权利能力自出生开始,死亡终止。""胎儿,只要其出生时尚生存,出生前即具有权利能力的条件。"

在英美法系,加拿大最高法院法官拉蒙特在1933年对"蒙特利尔电车公司诉列维利案"的判词中指出:"如果认为一个婴儿在出生之后没有任何因出生之前的伤害提起诉讼的权利,就会使他遭受不可弥补的错误伤害。""正是出于自然公平的缘故,活着出生并且能够存活下来的婴儿,应当有权对处于母亲子宫中时,由于错误行为给他造成的伤害起诉。"英国法律委员会在《关于未出生胎儿人身伤害问题的工作报告》中,引用了拉蒙特的这段判词,并在报告中肯定了这种观点。③ 在美国,判例法确立了侵权行为的过失责任、严格责任和不问过错责任,将所有的人、所有的权利都置于严密的法律保护之下,从而使"每个人都被保护,不受侵权性行为之害,包括胎儿在内"。④

在东欧一些国家中,民事立法对公民死亡后人身权的延伸保护,设有明文规定。《捷克民法典》第15条规定:"公民死亡后,请求保护他的人身权利属于配偶和子女。没有配偶和子女的,属于父母。"《匈牙利民法典》第86条规定:"死者名誉受到侵犯时,可由死者的亲属和死者遗嘱受益人提起诉讼。"

(二)人身权延伸保护的概念及特征

虽然民事主体人身权的延伸保护非自今日始,但在理论上提出这一概念,用以概

---

① 参见〔意〕彼德罗·彭梵得:《罗马法教科书》,黄风译,中国政法大学出版社1992年版,第30—31、109页。
② 参见姚瑞光:《论人格权》,载台北《法令月刊》第43卷,第5期。
③ 参见〔美〕彼得·斯坦:《西方社会的法律价值》,王献平译,中国公安大学出版社1990年版,第204页。
④ 〔美〕彼得·哈伊:《美国法概论》,沈宗灵译,北京大学出版社1983年版,第91页。

括法律对民事主体诞生前和消灭后的人身法益进行保护的客观现象,却鲜见其例。因此,应当对这一法律概念进行准确、科学的界定。

笔者认为,民事主体人身权延伸保护,是指法律在依法保护民事主体人身权的同时,对于其在诞生前或消灭后所依法享有的人身法益,所给予的延伸至其诞生前和消灭后的民法保护。这个概念的法律特征是:

1. 人身权延伸保护的民事主体包括公民和法人,但以公民为主

从历史上看,人身权延伸保护的主体,是公民。这是因为,公民作为民事主体,其享有的人身权极为广泛,因而在其出生前和死亡后,这些人身权所体现的法益,很多是先期存在和延续存在的。对于公民在出生前和死亡后先期存在和延续存在的人身法益不予以法律保护,必然会招致损害,因而极有保护的必要。在现代社会,法律确认法人为拟制的法律人格,亦享有人身权,虽然在其成立前不像胎儿那样存在先期法益,但在其消灭后,却存在某些延续的法益,如荣誉、名称、名誉等。对此,法律亦给予适当的延伸保护。如《日本商法》第 30 条规定:"已登记商号者,无正当理由而于二年内不使用其商号者,视为废除该商号。"这意味着营业主体消灭后不使用该商号者,对其给予两年的延伸保护。

2. 人身权延伸保护的客体是人身法益,而非权利本身

所谓法益,是指应受法律保护的利益。人身法益,实际上是指法律所保护的人格利益和身份利益。当民事主体享有民事权利能力时,这种人格利益和身份利益通过人身权而享有、维护、支配;当民事主体还未诞生以及消灭以后,作为权利主体是不存在的,但由于其已具备若干生命条件,或者刚刚失去主体资格,围绕人身权而存在的先期人身利益和延续人身利益是客观存在于世的。立法者不承认其为权利,但承认其为合法利益,并予以法律保护,因而成为法律保护的客体。诚如学者所言,对某种利益规定为权利抑或为法益,取决于立法者的意志。我国民事立法既确认公民的民事权利能力始于出生终于死亡,自为不承认延伸保护的是权利,但同时又依法予以保护,这种保护的对象,当然是法益。

3. 人身权延伸保护的界限为民事主体民事权利能力取得和终止后

所谓延伸保护,并非指对权利本身的保护,因为对人身权本身的保护为权利本身应有之意,无须再作画蛇添足之举。延伸保护的延伸,是在权利取得之前或权利消灭之后,将法律对该种权利所体现的先期和延续法益的保护,向前延伸和向后延伸,在一个适当的期间,禁止他人侵害。向前延伸的保护,仅为自然人出生前,向后延伸的保护,为公民死亡后和法人消灭后;其界限均以民事权利能力取得前和终止后为准。

4. 人身权延伸保护与人身权保护相互衔接,构成协调的统一整体

人身权延伸保护与人身权保护的目的相同,是一个统一的整体,只是在时间界限上互相衔接,互相配合,形成对人身权及人身权法益的严密而完备的保护体系。

二、人身权延伸保护的理论依据

（一）早期的理论依据

关于民事主体人身权延伸保护，在学说上有肯定说与否定说之争。就否定说而言，学者并非否认人身权延伸保护的合理性，而是基于立法的规定，以无具体规定而予否定。我国台湾地区的学者认为，外国学者所云死者某种人格权，亦有受法律保护之必要。实为我国旧说，而非最新理论。现依我国台湾"民法"第6条后段，既明定人之权利能力终于死亡，则人已死亡，人格即告终了，人格权无所附依，任何外国新理论，在现行法规定之下，均不能用以解释现行"民法"。⑤

事实上，关于民事主体人身权延伸保护的学说，并非新理论。早在罗马法时期，法学家保罗就指出："当涉及胎儿利益时，母体中的胎儿像活人一样被对待，尽管在他出生以前这对他毫无裨益。"⑥康德在18世纪末出版的《法的形而上学原理》一书中，也已经提出了"一位好名声的人死后继续存在的权利"的学说。他认为："一个人死了，从法律的角度看，他不再存在的时候，认为他还能够占有任何东西是荒谬的，如果这里所讲的东西是指有形物的话。但是，好名声却是天生的和外在的占有（虽然这仅仅是精神方面的占有），它不可分离地依附在这个人身上。""我们看待人仅仅是根据他们的人性以及把他们看做是有理性的生命。因此，任何企图把一个人的声誉或好名声在他死后加以诽谤或诬蔑，始终是可以追究的。"其理由是，"抽象就是撇开一切存在于空间和时间的那些有些具体的条件，于是，考虑人时，就逻辑地把他和附属于人体的那些物质因素分开"，"在这种情况下，他们有可能确实受到中伤者对他们的伤害"。⑦

（二）我国学术界的不同看法

在我国，关于人身权延伸保护问题的探讨，主要围绕着名誉权延伸保护的问题进行。有些学者也提到了姓名权、肖像权、隐私权的延伸保护问题；有的还提到了死者身体权的延伸保护。⑧ 在这些讨论中，关于人身权延伸保护的主要观点是：

1. 权利保护说

这种学说认为，人身权之所以能延伸保护，就是因为死者仍是人格权的主体，仍享有权利，因而延伸保护的仍然是民事主体的人身权。例如有学者认为，尽管立法规定公民权利能力始于出生终于死亡，但从历史上看，民事权利能力并不总和人的出生

---

⑤ 参见姚瑞光：《论人格权》，载台北《法令月刊》第43卷第5期。
⑥ 转引自〔意〕彼德罗·彭梵得：《罗马法教科书》，黄风译，中国政法大学出版社1992年版，第30—31页。
⑦ 〔德〕康德：《法的形而上学原理》，沈叔平译，商务印书馆1991年版，第119—121页。
⑧ 参见杨立新：《公民身体权及其民法保护》（本书第596页），载《法律科学》1994年第6期。

死亡相始终,从外国和我国有关法律规定看,民事权利能力始于出生终于死亡的观念已被突破,并且有加剧的趋势,因此,死者可以成为名誉权的主体,应当受到法律的保护。[9]

2. 近亲属利益保护说

这种学说主张,人身权延伸保护的实质与作用,是保护死者近亲属的利益。学者认为,保护死者名誉的实质与作用,是保护死者的配偶、子女和父母的利益。在我国现阶段,根据公民通常的观念,死者的名誉好坏,往往影响到对其近亲属的评价;其近亲属也会因而产生荣誉感或压抑感等感受。与其说对死者名誉需要民法保护,不如说是对死者近亲属的利益或人身权的民法保护。[10] 也有学者认为对死者名誉的损害,实际上侵害的是其遗属的名誉权。[11]

3. 家庭利益保护说

这种主张认为,死者的名誉遭到侵害时,其遗属的名誉也往往会遭到侵害,这两者之间的联结点就是家庭名誉。家庭名誉是冠于一个家庭之上的,对于一个家庭的信誉、声誉等的社会评价。个人名誉是家庭名誉的组成部分,家庭名誉是对家庭成员名誉的一种抽象。家庭名誉并不因为家庭个别成员的死亡而消灭。因而在对死亡人的名誉加以侵害时,家庭名誉也就必然遭到侵害。[12] 这种观点的实质,是认为在个人的人身利益之上,还有一个家庭的整体利益。对死者人身利益的延伸保护,实际上是对家庭抽象人身利益的保护。

4. 法益保护说

这种学说认为,就我国现行法律规定而言,死者不能成为民事权利的主体,更不享有权利。对死者,法律所保护的是法益。法律不仅仅保护权利,而且还保护超出权利范围的合法权益,保护死者的法益,这不仅仅是死者自身利益的需要,而且是社会利益的需要。因此,死者名誉应该作为一种合法利益而存在,并受到法律的切实保护。[13]

5. 延伸保护说

这种学说认为,死者利益的保护实际上是对其生前享有权利的保护在其死亡后再延续一段时间,转由死亡公民的近亲属行使之。例如,对于身体权的保护,在主体死亡后,对遗体的保护,就是这样延续的保护。[14]

在关于对人身权延伸保护的上述学说中,前三种主张尽管有可取之处,但从总的方面说,是不正确的。

---

[9] 参见郭林等:《试论我国民法对死者名誉权的保护》,载《上海法学研究》1991年第6期。
[10] 参见魏振瀛:《侵害名誉权的认定》,载《中外法学》1990年第1期。
[11] 参见史浩明:《关于名誉权法律保护的几个理论与实践问题》,载《学术论坛》1990年第3期。
[12] 参见陈爽:《试论死者名誉与家庭名誉》,载《法学研究生》1991年第9期。
[13] 王利明等:《人格权法新论》,吉林人民出版社1994年版,第444—445页。
[14] 参见杨立新:《公民身体权及其民法保护》(本书第596页),载《法律科学》1994年第6期。

（1）延伸保护的是否为权利,应依法律的规定,法律规定死者不具民事权利能力,当其死后自然就不再享有权利。因而,认为延伸保护的是死者人格权的主张,是不能成立的。

（2）称保护死者名誉实质是保护其近亲属的名誉,有悖于名誉是对特定人的社会评价,以及权利主体与权利客体相统一的原理,将权利主体与权利客体相分割,将死者的名誉改变成其近亲属权利的客体,也是不适当的。

（3）创设家庭名誉的概念,反复推理,得出侵害死者名誉实际上侵害的是家庭名誉的结论,不但在逻辑上是繁琐的,而且其大前提,即存在家庭名誉的命题本身在民法上就不成立。民事主体只有公民和法人,扩大一步说有合伙、联营这种准主体,无论如何也难以得出有家庭这种民事主体的结论来。这种观点的错误之处至为明显。

（三）人身权延伸保护的理论要点

民事主体人身权延伸保护理论的立法根据,是在现代人权思想指导下,以维护民事主体统一、完整的人身利益为基本目的,追求创造、保护社会利益与个人利益的和谐、统一。其理论要点是：

1. 民事主体在其诞生前和消灭后存在着与人身权利相互区别的先期法益和延续法益

现代人权理论认为,现代人权本身具有鲜明的时代特点,这种新的时代的人权观,基于它所反映的社会关系、国际关系日益复杂的特点,形成了丰富的要素结构,其中最基本的要素,就是人身权利。因为如果没有一个有生命的人类个体的存在,所谓人权的问题,是没有任何意义的。[⑮] 法律规定,民事主体之所以享有人身权利,是因为其具有民事权利能力。但是,就客观事实而论,民事主体在其取得民事权利能力之前和终止民事权利之后,就已经或者继续存在某些人身利益,而且这些人身利益都与该主体在作为主体期间的人身利益相联系。这些存在于主体享有民事权利能力之前和之后已经存在的先期利益和延续利益,对于维护该主体的法律人格具有重要意义,当其受到侵害,将会使其事后取得和已经终止的法律人格造成严重的损害。法律确认这种先期利益和延续利益,使其成为民事主体的先期法益和延续法益,同样予以法律的严密保护。民事主体所享有的这种先期和延续的人身法益,与人身权不同。其根本区别在于,人身权利为民事权利能力的主体所享有,人身法益是在主体的权利能力取得前和终止后已经存在和继续存在一定期间。

2. 人身法益与人身权利互相衔接统一构成民事主体完整的人身利益

民事主体的人身法益由两个部分即先期法益和延续法益构成。在先期法益与延续法益之间,与这两种法益前后紧密相衔接的,就是人身权利。先期法益、人身权利、延续法益之所以能够紧密、有机地衔接在一起,原因在于它们具有共同的基础,即它们的客体都是人身利益。民事主体有关人身的先期利益和延续利益作为先期法益和

[⑮] 参见宋惠昌：《现代人权论》,人民出版社1993年版,第65—66页。

延续法益的客体，在其享有主体资格期间的人身本体利益作为人身权利的客体，在客观上是一脉相承、先后相序的一个整体；先期人身利益作为先导，引发和转变为人身本体利益；本体人身利益作为基础和中心，在其终止后，转变为延续人身利益，并使其继续存在。在这样一个前后相接、完整有序的人身利益的链锁之中，先期人身利益、本体人身利益和延续人身利益都是其不可或缺的一环，缺少任何一个环节，都会使这一链锁出现残缺，从而导致民事主体人身利益的不完整，也必然导致民事主体人格的损害。民事主体人身利益的统一性和完整性，决定了先期人身法益、人身权利和延续人身法益也构成一个统一、完整的系统。

3. 法律对民事主体的人身保护必须以人身权利的保护为基础向前延伸和向后延伸

民事主体人身利益的完整性和人身法益与人身权利的系统性，决定了法律对民事主体的人身保护必须以人身权利的保护为基础，向前延伸和向后延伸。民事主体人身利益的法律保护，必须是也必然是以人身权利的保护为中心，这也正是现代人权观念最基本要素的体现。没有这种法律保护，民事主体的人身权利就不复存在或者任意受到侵犯，民事主体就丧失了最基本的人权，丧失了法律人格或者造成法律人格的残损，人就无异成为了动物。如果法律仅仅保护民事主体的人身权利，也是不够的，必然使其先期人身利益和延续人身利益缺少必要的法律保护，使之成为自然的利益，无法抵御外来的侵害，进而损害人身权利本身。法律确认民事主体的先期人身利益和延续人身利益为法益，就确切表明，法律以对民事主体人身权利的保护为基础，向前延伸以保护民事主体的先期人身利益，向后延伸以保护民事主体的延续人身利益。这种双向的人身利益延伸保护，以人身权利的法律保护作为基础和中心，在时间顺序上与之相衔接，构成了对民事主体人身利益法律保护的完整链锁，确保民事主体的人身权利、人身法益不受任何侵犯。这种完备、统一的人身利益法律保护，不仅是维护民事主体个体利益的需要，同时也是维护社会利益的需要。通过对个体人身利益的完备保护，确立社会统一的价值观、荣辱观、道德观，引导人们珍视自己的人身利益，尊重他人的人格和尊严，创造和睦、友善、利人的良好社会风范，并且通过制裁侵害他人人身权利和法益的违法行为，维护整个社会的利益。

三、人身权延伸保护的基本内容

(一) 人身权延伸保护的范围

对民事主体人身权的延伸保护，并非对民事主体所有人身权利都予以延伸保护，而且对同一种人身权利的延伸也不都包括向前、向后两种延伸保护；同时因民事主体的性质不同，人身权利延伸保护的权利范围也不相同。对此，必须分别说明人身权延伸保护的范围。

1. 先期人身法益延伸保护范围

先期人身法益的延伸保护范围主要是亲属法上的身份利益,包括亲权利益和亲属权利益,监护权利益基于亲属法部分的内容,也应包括在内。这种身份利益,存在于胎儿受孕之始,当其成功地怀于母体之中时起,事实上就已存在了该胎儿与其父母及其他亲属之间的身份关系。正如《法国民法典》第 312 条规定的那样:"子女于婚姻关系中怀孕者,夫即取得父的资格。"同理,妻亦即取得母的资格,夫与妻的直系亲属也当然取得与该子女的亲属资格。这种自子女于怀孕时即在父母及父母的亲属中产生的身份关系,就是胎儿在其未出生前存在的基本的先期身份利益。法律确认这种先期身份法益,并予以法律保护。

法律对胎儿先期身份利益的延伸保护,主要是确认这种身份关系,以切实保护胎儿的为子女、为亲属的法益。同时,着重保护的还有继承遗产的法益和享受扶养请求的法益。《继承法》关于胎儿特留份的规定,保护的是继承的法益,侵权法关于致人死亡或丧失劳动能力之时,受害人的已受孕的胎儿享有对加害人的扶养损害赔偿潜在权利的规定,保护的是胎儿请求扶养的法益。当以特定的身份关系为条件而赠与胎儿财产时,胎儿即享有接受该财产的法益,法律予以保护。当胎儿不以特定身份关系接受财产赠与或遗赠时,亦为法律所延伸保护的先期法益,虽为财产法上的法益,但仍以其人格的先期法益为基础。

胎儿应享有先期身体法益。胎儿怀于母体,为母体之一部分。但其形体具有先期身体法益,应予保护。当其成活出生,成为身体权的客体。如在母体中因致伤而堕胎,是对胎儿身体法益的侵害。流产的胎儿死体,应按善良风俗处理,非法利用者,为侵害其先期身体法益,应追究民事责任。

胎儿享有先期健康法益。当胎儿成功孕育于母体之中时起,即存在先期健康利益,法律确认这种先期健康利益为法益,依法予以保护。对此,美国、加拿大、英国、德国均有成功的判例法,日本等国民事立法也有包括这种延伸保护的成文法。对于胎儿先期健康法益的延伸法律保护,其期间为胎儿成功孕育于母体之中时起,至胎儿出生之前止。在此期间,胎儿先期健康利益受损,均可予以延伸保护。延伸保护的请求,应于婴儿出生以后,其健康损害有显迹时,始得为之,并从此时计算诉讼时效。

胎儿还享有先期生命法益。胎儿具有某种生命形式,是一个客观事实。前引澳大利亚保护胚胎生命利益的判例,给保护胎儿先期生命法益提供了有益的思考和有力的例证。当致伤孕妇造成妊娠终止而流产者,不仅侵害了孕妇的健康权,而且也侵害了胎儿的先期生命法益,应当承担民事责任。如果终止妊娠为胎儿之父母所同意或依照法律进行时,应认为有阻却违法事由,不为违法行为。

胎儿是否享有先期名誉法益,尚未见成说。如诅咒某胎儿为"杂种",虽使其父母名誉权受损害,但对该胎儿的先期名誉利益不无影响。但此种利益在保护上殊为困难,确认胎儿享有先期名誉法益,尚无把握。

对于其他人身利益,对胎儿无法予以延伸保护。

法人在成立之前,虽然会有围绕其成立的活动,但这时的活动并不以法人名义进行,故难说其有先期人身利益,以不认其有人身先期法益为妥。

2. 延续人身法益的延伸保护范围

延续人身法益的延伸保护范围远比先期人身法益的延伸保护范围为宽,包括以下内容:

(1)延续名誉法益。死者名誉的延伸保护,已成民法上的通说,国外多以立法确认之,我国则以司法解释形式予以肯定。对此,无须赘言。关于法人是否有延续名誉法益需延伸保护,讨论还不够深入,笔者倾向采肯定态度。

(2)延续肖像法益。关于公民死亡后的肖像延伸保护,有肯定说与否定说之争。《德国美术作品著作权法》规定:肖像人死亡时,死亡后如未经过10年,公布或者公然展览其肖像,须征得死者亲属的同意。学者主张,作为权利主体人格标识的肖像体现了权利主体的人格尊严,也可能与他人的人格尊严,甚至国家的、民族的尊严发生关联,因此保护死者肖像上的精神利益具有重要意义。⑯笔者赞成这种主张。

(3)延续身体法益。关于死者遗体的法律保护,近年来学者主张肯定态度。但对保护的理论依据,又有不同看法。一说认为遗体为特殊物,应以物权保护方法予以保护。⑰笔者不赞同此观点。身体作为身体权的客体,在主体死亡后,身体变为尸体,为延续身体法益的客体,对此,以身体权的延伸保护予以解释,更为恰当,且符合一般社会观念。侵害尸体、非法利用尸体,均应追究民事责任。

(4)延续隐私法益。死者隐私利益应否予以延伸保护,尚不见专论,有学者提出肯定的主张。⑱对此,笔者持赞同态度。隐私是与公共利益、群体利益无关的,当事人不愿他人知悉或他人不便知悉的个人秘密。公民享有隐私权,法律保护这种隐私利益。当公民死亡之后,这种隐私利益继续存在,法律应以延续隐私法益予以延伸保护。

(5)延续姓名法益和延续名称法益。公民死亡后,其姓名权转变为延续姓名法益,得以延伸保护。关于法人名称权的延伸保护,日本法关于商号权的延伸保护,已如上文所引《日本商法》第30条之规定,可以借鉴。所应注意者是《民法通则》第99条第2款还赋予了个体工商户和个人合伙以名称权,对此,亦应予以延伸保护。

(6)延续荣誉法益。荣誉权是一种身份权,一旦取得,终生享有。公民死亡、法人消灭后,其荣誉法益继续存续,法律予以延伸保护。即使是公民死后所追认的烈士称号,也应受到此种法律保护,不准他人侵害。

(7)延续亲属法益。公民死亡后,其与血亲亲属间的身份关系,并不因死亡而消灭,仍继续存续。法律确认这种延续的亲属关系为法益,但其与先期亲属法益相比,

---

⑯ 参见王利明主编:《人格权法新论》,吉林人民出版社1994年版,第391页。
⑰ 参见张良:《浅谈对尸体的法律保护》,载《中外法学》1994年第3期。
⑱ 参见王利明主编:《人格权法新论》,吉林人民出版社1994年版,第442页。

内容较为狭窄，不再具有扶养、接受赠与等内容。

关于著作人身权的法律延伸保护，与上述各种人身权的延伸保护不同。首先，著作人身权延伸保护的不是法益，而是法律直接规定的权利；其次，著作人身权延伸保护的期限由法律明确规定，且期限不同。著作人身权的延伸保护是人身权延伸保护中的一个特殊问题。

（二）人身权延伸保护的方法

人身权延伸保护的方法，是指法律通过何种身份的人提出诉讼请求。因为人身权利属于私权，其除自力救济外，公力救济必须由权利人或有权起诉的人提出，法院才能予以救济。否则，法律无力保护。

对于先期人身法益的法律保护，法律主要采取时间延长，待享有先期人身法益的胎儿出生，由其直接取得权利后，作为权利主体提出请求的办法，实现其权利。对于出生时为死体的，涉及财产利益因素的法益，自然消灭；涉及精神利益方面的法益，如胎儿形体的非法利用等，由对其享有身份法益的人行使法律保护的请求权。

对于延续人身利益的延伸保护，各国采取的办法，均由死亡人亲属和遗嘱受益人提起诉讼。但近亲属范围的确定有不同做法，有的规定为配偶和子女，有的规定为配偶、子女和父母，也有的只规定为亲属。对此，《民法通则》没有规定。最高人民法院《关于审理名誉权案件若干问题的解答》第5条规定："死者名誉受到损害的，其近亲属有权向人民法院起诉。近亲属包括：配偶、父母、子女、兄弟姐妹、祖父母、外祖父母、孙子女、外孙子女。"这一司法解释，虽仅为延续名誉法益的延伸保护而规定，但可扩张适用于人身权延伸保护的一般场合。

应当指出的是，上述近亲属所享有的权利，不是该法益的享有人，而是对该法益延伸保护的请求权人，因而，这种权利的性质，应为诉权。在此，必须划清人身权延伸保护与侵权行为既侵害了死者名誉又侵害了其近亲属的名誉的界限。前者是单一的诉讼法律关系，后者在诉讼中是两个平行的诉讼法律关系。死者没有近亲属的，以及法人撤销后，其延伸保护请求权应由谁来行使呢？笔者认为，可以由人民检察院作为主体，提起诉讼，保护死者和已撤销的法人的延续人身法益。对此，国外有立法例可援。如《匈牙利民法典》第86条规定："如果损害死者（或者已撤销的法人）声誉的行为同时也损害社会利益，则检察长也有权提起诉讼。"在我国，人民检察院是国家的法律监督机关，既有权对民事审判活动进行监督，又有权向人民法院提起抗诉。对于死亡人没有近亲属以及已撤销的法人，其人身权应当受到延伸保护的，检察机关有权直接向人民法院起诉，以维护社会公共利益。

（三）人身权延伸保护的期限

国外对于人身权延伸保护的期限有不同的规定。就我国现状而言，人身权延伸保护的期限分为以下几种：

（1）先期人身法益延伸保护的期限，自胎儿出生之时，溯及其母成功受孕之时。

这一点,各国有关立法是一致的。

(2)延续人身法益的延伸保护为永久期限的。这种保护期限没有止期,永久存在。在著作人身权中的署名权、修改权、保护作品完整权,《著作权法》第20条规定其保护期限不受限制。

(3)延续人身法益延期保护为确定期限的。这种情况只有著作人身权中的发表权,《著作权法》第21条规定其保护期为作者终生及其死亡后50年。其他主体作品及其他作品的保护期限亦有明确规定。

(4)以死亡人近亲属可以提起诉讼的办法,限定人身权延伸保护期限。这是国外立法的通例。前述最高人民法院《关于审理名誉权案件若干问题的解答》第5条采取的就是这种办法。与国外相关规定比较,我国关于近亲属的范围稍宽,估算起来,保护期限大约在50年左右,应属适当。

(5)人民检察院为人身权延伸保护提起诉讼的,不受期限的限制,可以在任何时间提起诉讼。

抽象人格权与人格权体系之构建*

人格权经历了一百余年的发展之后,在人格权理论体系中,一般人格权、具体人格权以及各种新型人格权之间存在巨大的基本逻辑结构矛盾,形成亟待破解的人格权发展之谜,需要对人格权体系进行改革和重新构建。笔者发现,破解这个人格权发展之谜的方法,就是确立抽象人格权的概念和体系,并使之与具体人格权相对应,形成科学的人格权法的逻辑框架和基本体系。在下文中,笔者将逐步展开对其理由和设想的论述。

一、亟待破解的人格权发展之谜的形成

(一)外国人格权发展带来的难解之谜

人格权自其产生之日起就处于不断发展之中。自从19世纪末期创建了一般人格权的概念之后,经过了一百多年的发展,不仅在具体人格权体系中增加了隐私权、肖像权、知情权等一系列具体权利,而且在非具体人格权领域也发生了极大的变化,产生了公开权、自我决定权等非具体人格权,因而出现了一般人格权作为非具体人格权不再一家独大的现象。但是具体人格权与非具体人格权之间是何种逻辑关系,人格权的概念和体系需要进行怎样的整理和重构,成为人格权发展之谜。

1. 一般人格权的创立和发展

(1)在德国创设了一般人格权的理论。早在19世纪末期,一般人格权理论已经通过德国学者 Regelsberger 和 Gierke 的努力得到系统构建。[①] 但是当时的主流意见认为,人格权保护主要是刑法的任务,民法对此应当予以保留[②],而且立法者关于人格权能否作为主观权利还不存在明确的认识,《德国民法典》第一草案立法理由书认为,基于故意或过失通过违法行为侵犯生命、身体、健康、自由和名誉等法益,对此应承担损害赔偿义务。这并不表明草案认可了对于人本身的权利,关于这一问题,还是交由

---

* 本文发表在《法学研究》2011年第1期,合作者为首都师范大学法学院副教授刘召成博士。

① Leuze, Die Entwicklung des Persönlichkeitsrechts im 19. Jahrhundert, Verlag Ernst und Werner Gieserking, Bielefeld 1962, S. 111, 112.

② Scheying, Zur Geschichte des Persönlichkeitsrechtes im 19. Jahrhundert, AcP 158, 507.

法学界探讨后决定。③ 因而《德国民法典》仅在第 823 条第 1 款对生命、身体、健康以及自由四种重要法益进行了规定,确立了个别列举具体人格权的立法例。值得注意的是,对其损害提供救济而不是在总则人法部分进行规定的模式,表现出了《德国民法典》立法者对于人格权作为一种权利的迟疑态度。

一般人格权的立法实践由《瑞士民法典》完成。瑞士私法对于教义学的兴趣要比德国和法国小得多,私法秩序构建的必要性是依据伦理规范被承认的④,因而伦理学和自然法上的一般人格概念就容易被立法所接受。受这种观念的影响,1881 年的《瑞士债务法》在"不法行为"部分第 55 条规定了对一般人格关系侵害的非财产损失的赔偿:任何人的人格关系被其他人的不法行为严重侵害的,即使没有财产损害的证据,法官也可以承认适当的金钱赔偿。⑤ 在学说上,德国学者 Gierke 的一般人格权理论对于瑞士私法产生了积极影响,更有瑞士学者 Bluntschli 以有效的方法对一般人格权理论进行了清楚的阐释,而且 Eugen Huber 作为《瑞士民法典》的制定者认为一般人格权具有非常重要的意义,因而一般人格权被作为瑞士私法的重要部分予以构建。⑥ 作为对伦理和自然法上的一般人格以及一般人格权理论的确认和保护,《瑞士民法典》在标题"人格的保护"之下首先确立了在人格的内部关系上个人不得放弃其人格的规定,也就是《瑞士民法典》第 27 条:任何人不得全部或者部分放弃自己的权利能力和行为能力。任何人不得放弃自己的自由或者在违反法律或者道德的程度上对自由予以限制。继而在上述 1881 年《瑞士债务法》第 55 条规定的基础上,构建了一般条款意义上的保护人格的外部关系不受他人不法行为侵害的条文,也就是《瑞士民法典》第 28 条:任何人在其人格关系受到未经许可的侵害时,都可以提起排除妨害之诉。损害赔偿和金钱赔偿之诉只有在法律规定的情况下才可以提起。⑦ 通过这样的规定,一般人格权首次在立法上得到确立,创造了对于人格的全部而非个别方面予以保护的立法例。这种抽象的框架式立法模式确立的一般人格权制度需要进一步的具体化,对于这一制度的解释和具体化,属于司法判决的任务。⑧

德国战后通过解释基本法的人格尊严条款将一般人格权引进立法和司法领域。"二战"后,人格尊严和人格价值被作为社会最重要的价值对待,《德国民法典》关于人格个别方面的列举式保护,已经不能满足司法实践的需要,德国联邦最高法院通过

---

③ Motive zu dem Entwurfe eines Bürgerlichen Gesetzbuches für das Deutsche Reich, Amtliche Ausgabe, Berlin Guttentag, 1888, Bd. Ⅰ, S. 274.

④ Bürgi, Wesen und Entwicklung der Persönlichkeitsrechte nach Schweizerischem Privaterecht, ZSR, Band 66, 1947, S. 4 f.

⑤ Richard Frank, Der Schutz der Persönlichkeit in der Zivilrechtsordnung der Schweiz, AcP 172, 61.

⑥ Bürgi, Wesen und Entwicklung der Persönlichkeitsrechte nach Schweizerischem Privaterecht, ZSR, Band 66, 1947, S. 6 f.

⑦ 值得注意的是,关于损害赔偿和金钱赔偿的限制性条款现在已经被删除,并被 1985 年生效的 28 条 a 替代。

⑧ Bucher, Natürliche Personen und Persönlichkeitsschutz, 1986, S. 132.

解读《德国基本法》第1条第1款的人格尊严和第2条第1款的人格发展,首先在"读者来信"案中创造了一般人格权⑨,并通过后继的一系列判决对它进行了系统的构建。⑩ 一般人格权被作为《德国民法典》第823条第1款意义上的其他权利纳入了民法典体系⑪,这种作为框架性权利的一般人格权制度,并非是对于作为一般人格的核心的人格尊严、人格发展等抽象价值的保护,而是对被具体化了的一般人格的各个具体方面的保护,至于这些具体人格方面的范围则需要法院通过判例予以确认,表现为书信、肖像、姓名、谈话等固定了人格个性的存在。⑫ 一般人格权制度弥补了具体人格权的不足,极大地扩大了德国民法对人格的保护范围和程度。

至此,人们已经普遍接受了"一般人格权→具体人格权"的人格权的逻辑结构和体系模式。在瑞士,通过司法机关的具体解释,实现了从立法上的一般人格权到司法上的相对具体的人格权,在德国,虽然一般人格权是司法机关的创造,但是得到宪法法院的确认,因而通说认为,一般人格权构成了具体人格权的基础,具体人格权可以被视为是一般人格权的分裂物。⑬

2. 非具体人格权的不断发展引来的困惑

美国在20世纪50年代承认了公开权。随着社会的发展,人格中的财产价值逐渐要求得到法律的承认,美国在1953年通过公开权对人格中的商业价值进行保护,法院将公开权定义为对自己的姓名、肖像和角色拥有、保护和商业利用的权利。⑭ 在该案发生后的第二年,学者Nimmer发表了《公开权》的著名论文,对于公开权进行了全面论述⑮,奠定了公开权在美国法上的地位。之后公开权得到美国大部分州的广泛承认,成为美国法上与隐私权并存的重要制度,隐私权着重于对人格的精神层面予以保护,公开权则强调对人格的财产层面予以保护。

美国的公开权对德国法产生了一定的影响,德国对于人格的商业价值也逐渐予以承认。虽然在1968年的"Mephisto"案中法院已经间接提及人格权中的财产部分⑯,但是真正明确承认人格财产价值的案件是1999年的"Marlene Dietrich"案。在该案中法院认为:"受到《民法典》第823条第1款保护的一般人格权以及姓名、肖像等它的特殊表现形式不仅服务于人格的精神保护,而且也服务于人格的财产价值。""一般人格权及其特殊表现形式首先服务于精神利益,尤其是人格的价值和尊重的请求权的保护。""与此对应,一般人格权及其特殊表现形式还保护人的财产利益。照

---

⑨ BGH, Urteil vom 25. 5. 1954, NJW 1954, 1405.
⑩ "秘密录音"案, vgl. BGHZ 27, 284, "人参"案, vgl. BGHZ 35, 363.
⑪ Münchener Kommentar, Bürgerliches Gesetzbuch, Band 1, Verlag C. H. Beck, München 2001, S. 225.
⑫ 在这一点上,德国法对一般人格权的利用,有些像美国的隐私权,后世也正是基于这样的思路,解释一般人格权。
⑬ Larenz /Wolf, Allgemeiner Teil des Bürgerlichen Rechts, Verlag C. H. Beck , München 2004, S. 128.
⑭ See Haelan Laboratories V. Topps Chewing Gum, 202 F2d 866(2nd Cir 1953).
⑮ See Nimmer, The Right of Publicity, 19 Law & Contemporary Problems 203, 1954.
⑯ BGHZ 50, 133.

片、姓名以及其他的人格标志就像声音一样能够带来可观的经济价值。"[17]通过承认人格权中的财产价值,德国法的人格权形成了与美国法相似的结构,同样包括精神和财产两个方面。虽然人格的财产价值得到了法院的承认,但是它在人格权体系中的地位却难以确定。这种人格商业利用权显然不是具体人格权,按照德国联邦法院的观点,它与早已被承认的一般人格权也存在区别。法院认为:"人格权就其服务于人的精神价值的保护方面,属于宪法所保护的人格发展(《基本法》第1条和第2条第1款)的核心,而通过判例发展的对于人格财产部分的保护的基础在于市民法。"[18]众所周知,德国的一般人格权制度是通过《基本法》第1条和第2条第1款发展起来的,因而对于人格的财产部分予以保护的人格商业利用权显然不同于一般人格权。这样,人格商业利用权与具体人格权以及一般人格权之间的关系就变得非常复杂,也对于"一般人格权→具体人格权"的模式提出了质疑。

更为复杂的问题产生在日本创设自我决定权之后。日本在战后通过判例发展人格权以补充《民法典》第710条关于具体人格权规定的不足,将宪法关于人格尊严的价值通过判例具体化为各种具体人格利益,以个别增加的方式扩展人格权制度。[19]特别是日本最高裁判所于2000年通过判例发展出的对于身体的自我决定权,法院认为,患者认为输血会违反自己宗教信念而明确拒绝伴有输血的医疗行为的意思时,该意思决定权应为人格权的内容,医院对此意思决定权应予尊重。在本案的上述事实下,手术时除输血以外别无其他救命方法,但在入院时,医生应对患者说明在医疗过程中必要情况下,还是要输血。是否要接受该医院的手术,应该属于患者的自我决定权。本案被告怠于履行上述告知义务,因此可以认为其已经侵害了患者的意思决定权,即被告已经侵害了患者的人格权。因此,被告应该就受害人所受的精神痛苦,负担慰抚金损害赔偿责任。[20]这一判决确立的自我决定权对日本人格权的发展具有重大意义,它保护的不是患者的身体的形式完整性以及实质完整性,而是对身体进行自我决定的自由。但是同样面临的问题是,自我决定权肯定不是具体人格权,自我决定权在人格权体系中如何定位?它与一般人格权和人格商业利用权之间又是什么关系呢?

3. 非具体人格权的发展对传统人格权逻辑结构和体系模式的质疑

到目前为止,在比较法上,人格权呈现出来的这种复杂状态,使人们对传统人格权的逻辑结构和体系模式产生了强烈的疑问:一是对于具体人格要素予以保护的具体人格权;二是对广泛的人格的精神价值予以保护的一般人格权,以及新产生的将人格的财产价值部分与精神价值部分相独立构建的人格商业利用权,还有对于人格要

---

[17] BGH, NJW 2000, 2197.
[18] BGH, NJW 2008, 3783.
[19] 参见邓曾甲:《日本民法概论》,法律出版社1995年版,第116页。
[20] 本案为日本最高裁判所2000年(H12)2月29日第三小法庭所作判决。载日本最高裁判所网站http://www.courts.go.jp/hanrei/pdf/js_20100319120604218580.pdf. 2010年9月11日访问。

素进行自我决定的自我决定权,它们之间究竟是怎样的关系? 随着人格权的发展,还会出现其他的非具体人格权,它们面临的共同问题都是如何与既有的人格权制度相协调并纳入人格权体系,这是人格权发展必须解决的问题。对于这个充满疑惑的人格权发展之谜,目前尚无权威的、具有说服力的解释或者说明予以破解。或许大陆法系各国民法理论和实践都在期待着一个具有严密逻辑结构和科学合理的体系模式来破解这个人格权发展之谜。

(二)我国人格权理论和实践的发展同样遇到上述之谜

1. 我国人格权的发展概况

在我国,《民法通则》大体上采用了德国法的模式规定了具体人格权。在20世纪90年代,我们又通过继受德国法的一般人格权理论构建了我国的一般人格权学说和实践做法,创建了一般人格权的理论学说[21],并在其后成功地将其引进到司法实践领域。[22] 尽管我国民法学界关于具体人格权和一般人格权关系有重大争议,有的学者认为,一般人格权是各种具体人格权的概括[23];也有学者认为,一般人格权并不包括具体人格权,是对具体人格权之外的其他人格利益的保护,[24]但我国民法确立了一般人格权,是没有人否认的。被广泛接受的基本逻辑结构和体系模式,仍然是"一般人格权→具体人格权"。

但是应当看到的是,我国的一般人格权仅仅继受了德国法一般人格权的精神保护部分,关于人格的财产价值保护并不属于一般人格权的内容。[25] 关于人格的财产价值保护,学说上既存在对德国法上的人格商业利用权的继受,也存在对美国的公开权制度的继受,并在具体名称和内容上进行了适当改造,也就是说对于人格的财产部分应当予以保护是没有疑问的,只是保护的方法不同而已。但是关于它在人格权体系中的地位,则不存在具有说服力的观点,有的学者认为它是一个独立的人格商品化权[26];也有的学者则认为它不过是一般人格权的一个组成部分。[27] 因而它在人格权体系中的地位至今仍是一个疑难问题,它的产生也对我国的"一般人格权→具体人格权"模式提出了质疑。

---

[21] 参见杨立新、尹艳:《论一般人格权及其民法保护》,载《河北法学》1995年第2期;姚辉:《论一般人格权》,载《法学家》1995年第5期。

[22] 参见2001年1月10日最高人民法院《关于确定民事侵权精神损害赔偿责任适用法律若干问题的解释》关于人格尊严和其他人格利益的保护的规定。

[23] 参见王利明:《人格权法研究》,中国人民大学出版社2005年版,第177页。

[24] 参见熊谱龙:《权利,抑或法益?——一般人格权本质再探讨》,载《比较法研究》2005年第2期。尹田也持类似观点,参见尹田:《论人格权独立成编的理论漏洞》,载《法学杂志》2007年第5期。

[25] 一般认为,我国的一般人格权是对公民和法人享有的人格利益的抽象概括,包括人格独立、人格自由、人格平等或人格尊严。参见王利明:《人格权法研究》,中国人民大学出版社2005年版,第160页;姚辉:《论一般人格权》,载《法学家》1995年第5期。

[26] 参见王利明:《人格权法研究》,中国人民大学出版社2005年版,第284页。

[27] 参见杨立新:《人身权法论》,人民法院出版社2006年版,第370页以下。该意见把人格标识的商品化权放在一般人格权一章进行说明,也体现了作者对一般人格权与公开权关系的疑惑。

近年来,日本法的自我决定权研究在我国的医疗侵权领域得到充分的重视[28],有学者提出意见,认为自我决定权应当作为一种人格权予以认真研究。[29] 但是,这些意见都没有说清楚自我决定权究竟属于何种人格权,其在人格权体系中的地位何在,仍然需要我们努力去研究解决。

2. 我国人格权发展的基本矛盾

我国民法人格权制度中的具体人格权、一般人格权、人格商业利用权以及自我决定权都是我国民法对比较法上的人格权制度继受的产物。这样的对于国外法律制度和法学理论的继受,虽然有利于我国利用后发优势,选择最佳的制度构建我国的人格权体系,但是由于国外这些制度本身并非按照一定的标准对于人格权的体系化构建的产物,而是对于具体人格权补充性发展的结果,在体系上存在难以破解之谜。而且我国在继受一般人格权概念之时,根据我国实际情况使其具有更高的抽象性,是对于抽象的人格独立、人格自由、人格平等和人格尊严的保护,不能被具体化[30],因而人格商业利用权和自我决定权不能归属于一般人格权。而且在继受人格商业利用权以及自我决定权这些人格权的时候,对于其既不能被一般人格权所容纳,又非具体人格权的法律地位也没有提出合理的解决方法。这样,在我国,具体人格权与一般人格权、人格商业利用权、自我决定权之间的关系处理,以及将它们构建为一个逻辑融洽的人格权体系,相比其他国家就存在更加难以解决的困难。

笔者认为,我国的具体人格权和一般人格权构成的人格权体系存在如下矛盾:

(1) 我国现有具体人格权和一般人格权的划分并非是对于人格权的完整二分法,人格权中除了具体人格权和一般人格权之外还存在人格商业利用权以及新近出现的自我决定权。这些人格权属于具体人格权抑或一般人格权并不存在广泛接受的学说,无论是将其归入具体人格权还是现有的一般人格权都存在概念和体系上的巨大困难。

(2) 我国现有的具体人格权和一般人格权的划分并非是逻辑对应的,具体人格权是对各种具体人格要素的保护,存在明确的权利客体;一般人格权并非这种意义上的权利,它是对更加抽象的一般人格的保护,包括人格独立、人格平等和人格自由。纵观大陆法系立法例,对于人格的保护,或者采用将各种具体人格要素予以列举,形成不断发展丰富的具体人格权体系,奥地利采此立法例[31];或者采用整体人格的观念,设

---

[28] 参见杨立新、袁雪石:《论医疗机构违反告知义务的医疗侵权责任》(本书第 2024 页),载《河北法学》2006 年第 12 期。

[29] 参见王利明:《人格权法》,中国人民大学出版社 2009 年版,第 96 页。作者在文中使用的是自主决定权的表述。

[30] 我国的这种抽象一般人格权制度是非常奇怪的,不同于瑞士法和德国法上的一般人格权。瑞士法通过立法确立了一般人格权的抽象概念,但是需要司法机关对其具体化;德国法上的一般人格权更是司法机关通过判例确立的,表现为相对具体的人格层面。

[31] 奥地利的司法实践只承认具体人格权而不承认一般人格权。OGH, 14. 03. 2000, Geschäftszahl 4Ob64/00s.

立以完整人格为客体的一般人格权,对人格的各个层面的权利进行全面保护,瑞士采此立法例,由于《瑞士民法典》第 28 条对人格进行了一般性规定,为所有人提供了对其实质性品质、生物性品质以及精神性品质的全面保护[32],所以法律有意识地排除了对人格利益的列举性规定。[33] 这两种思路所产生的具体人格权和一般人格权在某种程度上存在逻辑上的对立,如果将两者归入同一体系,必须进行妥当的处理,否则可能会产生混乱,因为一种人格要素既属于具体人格权的客体又属于一般人格权的客体是无法想象的,德国法上关于一般人格权与具体人格权关系的争吵说明了这一问题的复杂性。[34]

(3)我国现有的具体人格权和一般人格权在概念上也存在着矛盾。如果一般人格权是对所有人格要素的抽象概括保护,具体人格权应当是一般人格权的一种权能,作为一种权能的具体人格权独立存在的价值则存在疑问;如果一般人格权是对具体人格权之外的其他人格利益的保护,我国现有的一般人格权的结构显然是过于宽泛了。

(4)我国的一般人格权概念与人格权概念存在矛盾。一方面,我国的一般人格权被界定为是对于全部人格利益的抽象概括保护,一般人格权与作为对主体的全部人格利益予以保护的人格权存在混淆的可能,因为两者都是以人的全部人格利益为保护对象的。另一方面,由于一般人格权包括各种具体的人格权,因而一般人格权是具体人格权的上位概念,人格权的体系就是垂直结构,即从人格权到一般人格权再到具体人格权这样的递进结构,而非学界所公认的人格权,包括一般人格权和具体人格权这样的树形结构。

(三)我国民法同样面临的人格权发展之谜期待破解

上述矛盾说明,我国现有的人格权制度存在严重不足,尤其是一般人格权制度本身具有缺陷,无法实现预定的功能。而这些问题产生的主要原因是欠缺一种科学的分类标准来构建我国的人格权体系,造成人格权内容的庞杂和无序,新产生的人格权也无法予以归类,处于游离状态。比较典型的是人格商业利用权和自我决定权的情形:关于人格商业利用权与具体人格权的关系以及在人格权体系中的定位,难以形成具有说服力的学说;关于自我决定权的概念以及自我决定权和具体人格权的关系的研究,也由于人格权体系的欠缺而无法获得实质性的进展。而且随着人权意识以及人格保护程度的提升,会逐渐产生一些新的人格权,这些权利的界定及其与既有人格权的关系,受到其在人格权体系中的地位的影响,只有将这些权利置于人格权体系之

---

[32] Max Gutzwiller, Schweizerisches Privatrecht, Band 2, Einleitung und Personenrecht, Verlag von Helbing und Lichtenhahn, 1967, S. 355.

[33] Heiz Hauscheer/ Regina E. Aebi- Müller, Das Personenrecht des Schweizerischen Zivilgesetzbuches, 2. Auflag, 2008, S. 118.

[34] 德国法上存在具体人格权是一般人格权的片段的学说,Larenz /Wolf, Allgemeiner Teil des Bürgerlichen Rechts, Verlag C. H. Beck ,2004, S. 128. 还有具体人格权是与一般人格权并列的学说,Baston-Vogt, Der sachliche Schutzbereich des zivilrechtlichen allgemeinen Persönlichkeitsrechts, 1997, S. 111.

中,才能够对这些人格权产生准确的认识。从某种程度上说,人格权体系的欠缺已经成为制约人格权发展的重要因素,科学的人格权体系亟待建立。

由此可见,在我国,人格权体系在"一般人格权→具体人格权"的模式之上,在又继受了人格商业利用权和自我决定权这些新兴的人格权之后,无法处理它们与一般人格权和具体人格权之间的关系,不知道这些新型的人格权在"一般人格权→具体人格权"的逻辑和体系中,究竟属于哪个位置。因此,我国民法对人格权的逻辑结构和体系模式,同样面临着20世纪以来的人格权发展之谜,亟待破解。

二、破解人格权发展之谜的人格逻辑基础

笔者认为,破解人格权发展之谜的关键之处,在于确定一般人格权、人格商业利用权和自我决定权这些非具体人格权在人格权法中的地位。而如何确定这三个权利的人格权地位,关键在于厘清人格的基本逻辑结构,以及人格基本逻辑结构与不同的人格权之间的关联关系。

在各种权利的分类标准中,权利客体是近代民法优先选用的标准,学者按照外在于意志的对象来构建私权体系。按照萨维尼的理解,意志支配的对象的种类有三个:首先是原初的自身,与此对应的是原权;其次是在家庭中扩展的自身,这种支配只部分属于法律领域,与此对应的是家庭法;最后是外部世界,与此对应的是财产法,它又可以区分为物法和债法。㉟ 因此,作为人格权客体的人格是人格权分类的最佳标准,人格权体系的构建有赖于对人格要素的分类,关于人格的逻辑结构的研究对于人格权的逻辑结构和体系化具有重要意义,人格逻辑结构的分类作为人格权体系化的前提,因而成为破解上述人格权发展之谜的基础。

(一)人格的逻辑层次

人格存在三个层次,首先处于核心的人的意志;其次是人的内在自我;最后是人的诸种外部存在。三个层次的人格分述如下:

意志,也就是意志人格,是一个自主的、活跃的自我,它不断通过决定去影响人的其他存在层面,是人所具有的按照对规律的认识行为的能力。意志一直为法学所重视,称之为"理性",但是法学所认识的理性是"强有力的、有见识的、朝向目的的自由意思"。㊱ 将意志简化为"理性",没有认识到意志的全部,意志的决定过程其实是一个复杂的内部过程,这一过程包含了人的个性特征,是人格的重要部分。意志的本质在于自由,这种自由是一种积极地对自己人格发展的自由,是人格发展的动力。在人格的整个构造中,意志的自我决定自由是一种独立的人格要素。

㉟ 转引自朱虎:《萨维尼法律关系理论研究——以私法体系方法作为观察重点》,中国政法大学2008年博士学位论文,第93页。

㊱ 转引自〔日〕星野英一:《私法中的人》,王闯译,中国法制出版社2004年版,第37—38页。

内在自我就是内在人格,其作为人的内部存在,具有丰富的构成因素,包括关于哲学的、宗教的、社会的、人生的等观念,由这些相对稳定的观念构成了一个内在的主观人格,属于人的精神性存在。这一层次的人格是一个比较丰富的存在,相对于人的外部存在而言,更能体现人的本质特征。每个人因其不同的经历和教育状况形成不同的内在观念,由这些观念塑造了人的独特的内在特质和个性,人有权保有此独特的内在个性,并对其进行发展。

第三个层次的人格是可以为感官感知的人的外部性存在,即外在人格,主要是人的物理性存在,还有因人类共同生活所产生的可以为他人感知或识别的社会性存在。外在人格为传统人格权所关注,包括生命、身体、健康、姓名、肖像、名誉等人的存在,其中生命、身体和健康属于人的物理性存在,姓名、肖像和名誉等属于社会性存在。

在人格的三个层次中,意志处于枢纽地位,是人格中最为活跃的因素。意志对于内在人格具有控制权,不断地通过决定(decision)去形塑和发展内在人格。对于这两个人格层次,必须有正确的认识,它们二者之间存在紧密的联系,人们通过意志形成自己的思想和情感,这些思想和情感作为前在理解又参与意志的决定过程。[37] 质言之,一方面,内在人格决定了意志的选择,内在人格的特点基本上确定了意志决定的内容;另一方面,意志也对内在人格具有重要影响,正是通过人们针对自身的自我选择、意志塑造,发展和强化了内在人格,实现了人格的发展和完满。

内在人格作为人的精神性存在,体现了人的本质,外在人格是人的外部性存在,是人格最外层的表现,包括人的各种可以被感知的存在,主要是人的生物性存在以及社会性存在。内在人格与外在人格的划分不同于我国学界通行的物质性人格与精神性人格的划分,外在人格的范畴要比物质性人格更加宽泛,物质性人格主要是生命、身体和健康要素,姓名、肖像和名誉等被作为精神性人格要素。笔者认为,由于姓名、肖像和名誉已经采用客观化的标准,成为外在有形的存在,因此应当被认为属于外在化精神性要素,属于外在人格。有学者持相似观点,精神性人格权的客体均为无形的人格价值因素,在客观上没有实在的外在表象,而标表性人格权则指向一些外在于主体的将自己与他人区别开来的标志符号。[38] 对于法律和法学来说,调整无形客体和有形客体的法律技术是不同的,因此以是否具有外在可感知的形态作为人格要素划分的标准具有科学性。以此标准,内在人格主要是他人无法感知的人的内在的观念和精神性存在,外在人格主要是他人可以感知的人的外部性存在,对于它们分别适用不同的法律规则。

(二)传统人格权仅限于部分人格逻辑结构的保护

1. 对于外在人格的保护

大陆法系主要国家大多对于外在人格进行了列举性的保护,1804 年的《法国民

---

[37] See Steven J. Heyman, Righting the Balance: an Inquiry into the Foundations and Limits of Freedom of Expression, 78 B. U. L. Rev. 1275, 1325(1998).

[38] 参见马俊驹:《人格和人格权理论讲稿》,法律出版社 2009 年版,第 204 页。

法典》虽然没有明确关于人格保护的规定,但是法国通过判例保护生命、身体、名誉、贞操、姓名、肖像、信用等多种人格利益。㊴ 1896 年的《德国民法典》第 12 条对姓名权进行保护,第 823 条通过侵权责任一般条款对生命、身体、健康、自由这些人格权进行保护,第 847 条对妇女的贞操权进行保护,1907 年的《德国艺术著作权法》对肖像权进行保护。《日本民法典》通过第 709 条、第 710 条以及第 711 条对生命、身体、自由、名誉进行保护。

这些大陆法系主要国家深受罗马法的影响,认为只有获得外在表现的可以被人们感官接触的那些人格特征才能得到法律的保护,例如人的生命、健康、身体、自由等。这些获得保护的人格权被认为是可以感知的,因为它们涉及的主要是人的物理性方面。㊵

虽然法学与法典深受哲学思想的影响,人格的确立主要在于伦理人格,而且法学对于人格特征保护的正当性也源于人格特征与伦理人格的紧密联系,由于人的姓名是人格的代表,人的生命是人格存在的前提,人的身体是人格的容器,这些外在的可识别的与人格具有紧密联系的领域成为抽象人格的载体,应当获得法律的保护。其中关于人格与身体的关系,法学学说论述最为充分,人格与身体是一个自然的整体,人格只能通过身体存在,因此对身体的侵害就构成对人格的侵害;而且人格通过身体进行感知,对于身体的伤害会造成人格的痛苦。从这样的人格与身体一体的角度看,"他人加于我的身体的暴力就是加于我的暴力"。㊶

但是在这种立法体系中,获得保护的仅是人的外部存在,即在社会生活中可以为人们感官所感知的人格特征。法律所保护的所有人格权都是外在的,生命、身体、健康这些可感知的外在存在满足了这一条件自不待言,名誉要获得法律的保护也必须具有外在形式,名誉关注的不是自我的内在方面,而是它的外在方面。㊷ 法学学说认为,广义上的名誉具有两层含义,第一层含义是指他人对特定人(包括法人)的属性所给予的社会评价,即外部名誉,为狭义的名誉;第二层含义是指人对其内在价值的感受,即内部的名誉,亦谓名誉感。㊸ 对于个人的主观的名誉感,法律不予保护,名誉权所保护的是客观的社会公众的评价。㊹

2. 对于内在人格的保护

随着社会的发展,法律仅对外在人格提供保障已远远不能满足社会的需要了。随着文明的发展,人们逐渐认识到他们的幸福不仅仅在于物质,更在于深层次的智力

㊴ 参见〔日〕星野英一:《私法中的人》,王闯译,中国法制出版社 2004 年版,第 54 页。
㊵ See Eric H. Reiter, Personality and Patrimony: Comparative Perspectives on the Right to One's Image, 76 Tul. L. Rev. 673, 688(2002).
㊶ 〔德〕黑格尔:《法哲学原理》,范扬、张企泰译,商务印书馆 1961 年版,第 57 页。
㊷ See Steven J. Heyman, Righting the Balance: an Inquiry into the Foundations and Limits of Freedom of Expression, 78 B. U. L. Rev. 1275, 1340(1998).
㊸ 参见王利明主编:《人格权法新论》,吉林人民出版社 1994 年版,第 401 页。
㊹ 参见王利明:《人格权法研究》,中国人民大学出版社 2005 年版,第 478 页。

和感情生活,生活中仅有一部分痛苦、快乐和利益是有形的,思想、情感和直觉等无形的利益更需要法律的保护⁴⁵,这些保护来源于人的不可侵犯的人格。⁴⁶ 在这一转变过程中,法律的视角进行了调整,人格的外在存在的重要性逐渐减弱,内在存在的重要性逐渐增强,对于内在人格的救济成为法律关注的重点。在美国侵权法从伤害性殴打(harmful battery)到冒犯性殴打(offensive battery)乃至恐吓(assault)的发展过程中,人格的内在方面逐渐替代外在方面成为保护的核心。⁴⁷

人格权法对于内在人格的保护包括两个方面,第一是对内在人格形式完整性的保护,即排除外在世界对内在人格的接触;第二是对内在人格实质完整性的保护,也就是对人的内在精神的纯正与完全的保护。

(1)对于内在人格的形式完整性的保护。对于内在人格的形式完整性的保护在法律上主要是通过隐私权进行的。学者认为,隐私权是公民享有的私生活安宁与私人信息依法受到保护,不被他人非法侵扰、知悉、搜集、利用和公开等的一种人格权。⁴⁸ 隐私权为权利人设置了一个保护屏障,在此屏障内,权利人可以排除外界的干扰。这一屏障是对内在人格的形式性的保护,使得内在的思想、观念等免予外界的冒犯,人格从外部世界退回自身,追求自身的完整。王泽鉴教授认为,隐私权的价值在于个人自由和尊严的本质,体现于个人自主,不受他人的操纵及支配。对个人内心领域的侵入构成对其自我存在的严重危害。⁴⁹ 此种屏障式的保护对于内在人格是必要的,人的内在人格在强大的社会面前是很脆弱的,如果内在人格完全暴露于社会的道德以及舆论之下,人将会被社会完全同化吸收,人的个性以及多样性亦不复存在,人最终会变成虽然外貌各异但是内在世界完全一致的"机器人"。在"文革"中逼迫人人进行"斗私批修""狠斗私字一闪念",其反动性就在于同化人格,消除人的个性和多样性。隐私权不但对内在人格的形式完整性具有意义,而且对内在人格功能完整性的保护也提供了必要的前提,通过内在人格与外部世界的分离,内在人格获得了自我发展的能力,可以形成自己的价值、观念、情感,并进而可以按照这样的人格特性进行自我决定。⁵⁰

(2)对于内在人格的实质完整性的保护。隐私权保护的是内在人格不被知悉接触的权利,是对内在人格形式完整性的保护,类似身体权中对于身体形式完整性的保护,即保护身体不被他人接触,即使这种接触没有造成损害。身体的形式完整性之外还存在实质完整性,在于对身体实质组成部分的完整保护,破坏身体内外部之有形组

---

⑤ See Samuel D. Warren & Louis Brandies, the Right to Privacy, 4 Harv. L. Rev. 193,195 (1890).
⑥ See Samuel D. Warren & Louis Brandies, the Right to Privacy, 4 Harv. L. Rev. 193,205 (1890).
⑦ See Steven J. Heyman, Righting the Balance: an Inquiry into the Foundations and Limits of Freedom of Expression, 78 B. U. L. Rev. 1275, 1325 (1998).
⑧ 参见王利明:《人格权法研究》,中国人民大学出版社 2005 年版,第 567 页。
⑨ 参见王泽鉴:《人格权的具体化及其保护范围·隐私权篇(上)》,载《比较法研究》2008 年第 6 期。
⑩ See Steven J. Heyman, Righting the Balance: an Inquiry into the Foundations and Limits of Freedom of Expression, 78 B. U. L. Rev. 1275, 1334(1998).

织,属于对身体实质完整性的侵害。[51] 与身体的实质完整性相似,内在人格也存在实质完整性,即内在人格不受侵扰地保持其消极自由的权利,旨在保护人的内在的观念、价值以及情感的纯正与完全,保护人的内在个性。主要包括观念生活之纯正以及感情生活的完整,对于前者的侵害,例如妨害学者之思索或妨害人之安眠休息;对于后者的侵害,例如二人对坐辱骂可造成名誉感的侵害,构成侮辱。[52] 还有故意愚弄他人使得他人陷入精神的痛苦,在他人进行宗教膜拜之时故意播放色情音乐[53],以及对于未成年人传输色情观念,妨害其精神纯正等[54],均属侵害他人精神消极自由,干扰他人内在人格的实质完整,是对他人内在人格实质完整性的侵害。

(三)传统人格权的缺陷在于未对意志人格予以保护

传统民法确立的人格权仅仅是对于人的人格的不全面保护,对于人格构成中更重要的意志人格,立法者认为通过财产的和平享有与法律范围内的人格自主,已经得到很好的保护了。[55] 法学认为,人的理性是强有力的,可以支配一切,将内在的人格构建成可以对外部实现完全支配的智者形象,它是"强有力的、有见识的、朝向目的的自由意思"。[56] 法学将人的内在世界简约为一个理性的意志,自由意志成为法学对于"外在于我的"权利体系进行构建的重要手段,法学甚至以自由意志为核心发展了意思表示理论,意志因而获得了对于外部世界的完满的支配力,但是意志对于人自身的发展、对于人格的塑造和提升的能力却未得到传统法学和法律的肯认。

在此种体系框架中,传统民法所规定的具体人格权属于静态人格权,即对于外在人格和内在人格特征进行消极的保护,仅仅保护和维持外在人格和内在人格的既有状态,使其免受外在干扰,人格自决在人格权中没有得到体现,人发展并实现其最高人格本质的价值没有得到贯彻,意志对于人格的塑造和发展的能力没有获得承认。正是意识到传统民法的这种保护上的缺陷,大陆法系各国均通过一定方法对其进行续造,以寻求对于人格权的全面保护,因此在现代民法中出现了一般人格权、人格商业利用权和公开权这些权利类型。但是由于传统人格权体系的局限性,因而它们难以融入传统人格权的框架体系中。人格商业利用权和自我决定权这些非具体人格权在人格权体系中的恰当位置难以确定,即使是一般人格权,它作为非具体人格权,也同样存在这样的问题。这不能不说是传统人格权框架的一个致命弱点。

---

[51] 参见史尚宽:《债法总论》,中国政法大学出版社 2000 年版,第 148 页。
[52] 参见史尚宽:《债法总论》,中国政法大学出版社 2000 年版,第 157 页以下。
[53] 参见王泽鉴:《侵权行为法》(第 1 册),中国政法大学出版社 2001 年版,第 139 页。
[54] 参见张俊浩主编:《民法学原理》,中国政法大学出版社 2000 年版,第 157 页。
[55] See Hannes Rosler, Harmonizing the German Civil Code of the Nineteenth Century with a Modern Constitution-The Luth Revolution 50 Years Ago in Comparative Perspective, 23 Tul. Eur. & Civ. L. F. 1, 26(2008).
[56] 转引自〔日〕星野英一:《私法中的人——以民法财产法为中心》,王闯译,载梁慧星主编:《民商法论丛》(第 8 卷),法律出版社 1997 年版,第 170 页。

三、抽象人格权概念的发现是破解人格权发展之谜的逻辑必然

笔者发现,一般人格权、人格商业利用权和自我决定权具有相同的属性,它们都不是具体人格权,都不保护具体的人格利益,而是对具体人格利益的抽象支配。因此,抽象人格权的概念,是破解人格权发展之谜的答案。用其概括一般人格权、人格商业利用权和自我决定权这三个人格权,可以形成抽象人格权的逻辑结构和体系,用以保护意志人格,并与具体人格权对内在和外在人格的保护相对应,形成人格权的基本逻辑关系,构成人格权的完整体系。在这样的人格权体系中,具体人格权、一般人格权、人格商业利用权和自我决定权都具有明确的保护对象,对应不同的人格逻辑层次,这样的"抽象人格权→具体人格权"体系构造,理顺了这些人格权之间的逻辑关系。

(一)抽象人格权的构建源于意志人格保护的必要性

在人格的构造中,意志的自我决定和选择处于核心地位。对一个人来说,活着不仅仅是保全自身,还意味着施展本领,满足自身愿望,简单说也就是活动,而且要自主活动,因为人是理性的生物。[57] 伦理学和社会学关于人的论述有一点是非常明确的,即人是有理性的,并且能够按照自己的理性作出决定。人的自我决定的能力直接形成了人的特点,决定了人格的构建,并不断发展其人格特质,使得人格逐渐成熟,因而应当获得人格权的保护。

1. 意志人格作为伦理学中人的核心

近代以降,哲学家均认为人的主体地位的确立在于其意志,笛卡儿认为,一切存在都是不确定的,唯一确定存在的是人的思维和理性,并提出了"我思故我在"的命题。康德乃西方伦理哲学集大成者,构建了完整的人格哲学,认为人格的核心在于人的意志的自我选择。康德认为,自然界的万物只能依照因果律被动地运动,唯独有理性的东西有能力按照对规律的认识,也就是按照原则而行动,这种能力就是意志。

意志具有自律性,这是意志由之成为自身规律的属性,而不管意志对象的属性是什么。它是这样的一种规则,即在同一意愿中,除非所选择的准则同时也被理解为普遍规律,就不要做出选择。自律性规则是一种命令性规则,任何有理性的东西的意志都必然受其约束。[58] 这种理性存在物所具有的作为道德律令最高原则的自由意志的自律性,使得所有的理性存在物成为神圣的道德律令的主体。[59] 所以包括人在内的理性存在物自在地具有绝对的价值,它作为目的能自在地成为确定规律的根据,它不能被当做实现目的的手段,任何时候都必须被当做目的,是一个受尊重的对象。

---

[57] 参见〔法〕雅克·盖斯旦等:《法国民法总论》,陈鹏等译,法律出版社2004年版,第172页注[1]。
[58] 参见〔德〕康德:《道德形而上学原理》,苗力田译,上海人民出版社2002年版,第60页。
[59] 参见〔德〕康德:《实践理性批判》,邓晓芒译,人民出版社2003年版,第119页。

以康德伦理学为主的哲学文化和价值确立了一种能够按照理性自主行为的自我负责的人的形象,在这种伦理学中,理性和意志居于非常重要的地位。正是人的理性认识到了道德律令,并按照道德律去行为,才成为值得尊重的存在。对于这样的人来说,最重要的莫过于人的自我决定。人正是通过其理性的自我决定,不断地形成和发展自己的人格。不断地完善自己的人格,如果没有意志通过决定对于人的特质的发展,人的人格将处于停滞状态。

2. 意志的自我决定作为社会学中人的本质

社会学关于人的论述最重要之处莫过于人的自我呈现或自我决定,正是人的有意识的自我决定与自我设计,通过不同角色的扮演,并通过对这些角色的自我认同,人格才得以形成。人格不是什么抽象和虚无的东西,人格恰恰是通过自我决定予以展现的,人格的产生和变化完全取决于自我决定。从某种意义上说,如果这种角色扮演的面具代表了我们已经形成的自我概念——我们不断努力去表现的角色——这种面具就是我们更加真实的自我,也就是我们想要成为的自我。最终,关于我们角色的概念就成为了我们的第二天性,成为我们人格中不可分割的一部分。我们作为个体来到这个世界上,经过努力而获得了性格,并成为了人。⑩ 对于社会学来说,一个先验的人格是不存在的,人格恰恰是一个过程,是人的多种角色的综合。我们所能观察到的只是人的不同的角色活动,在这种人格展现或者叫做实现的过程中,人的意志担当了重要作用,正是希望向外界展示什么样的形象的意志通过决定扮演什么样的角色,从而最终塑造了不同的人格,也正是人的意志的决定,实现了人格的最高本质。

3. 意志的自我决定作为宪法确定的人的形象

随着社会的发展,权利人发展其人格的自由逐渐得到法律的认可。人人具有发展其人格的权利被作为宪法上的权利得以确认。但是法律为人格权划定的自由领域不同于财产权的自由领域,财产权利人可以按照其意志处分其财产,只要不侵害他人以及社会公共利益。但是人格权权利人的自由是另外一种自由,它不是对于人格要素的随意处分,而是按照人的本性发展与丰富其人格的自由,其中自我决定居于核心地位。正如有学者所言,"人格的发展"一词比"一般行为自由"用得更多,它清楚地显示,保护行动自由本身并非为实现个人自身的意愿,而是为了使人们尽可能发展天赋的能力。⑪

人格发展的哲学价值获得宪法上的确认,1949年《德国基本法》第2条第1款规定:"人人有自由发展其人格之权利,但以不侵害他人之权利、不违反宪政秩序或道德规范者为限。"《日本宪法》第13条规定:"对于生命、自由和追求幸福的国民权利,只要不违反公共福利,在立法及其他国政上都必须受到最大限度的尊重。"我国《宪法》

---

⑩ 参见〔美〕罗伯特·E.帕克:《种族与文化》,伊利诺伊州格伦科自由出版社,第249页。转引自〔美〕欧文·戈夫曼:《日常生活中的自我呈现》,冯钢译,北京大学出版社2008年版,第17页。

⑪ 参见林来梵、骆正言:《宪法上的人格权》,载《法学家》2008年第5期。

虽然没有明确规定人格发展的权利,但是在第33条第3款规定:"国家尊重和保障人权。"人格发展作为一项重要的人权,自然也受到我国宪法的保护。

(二)抽象人格权的构建是意志人格保护的现实要求

进入现代社会后,文明的进步带来了日益强烈的智力和情感生活以及更加敏锐的感官[62],相对于人的生命、身体等外在性存在,更重要的是对于人的个性的培养,对于人格的自我决定与发展的保护。在这种情况下,法律仅对于外在性和内在性人格的完整性保障,远不能满足社会的需要,人需要更高程度的人格自决,意志要求对于人格要素的塑造、发展和使用的控制能力。

学者逐渐认识到,人格的保护包括两个方面:一是对作为人的那些特征的静态保护;二是对人的自我发展、自我决定的动态保护。[63] 个体为了其生活利益的缘故被赋予法律上的力,以发现、保护和发展对于他的人格具有特别意义的利益,它使人格不像其他自然的人格利益一样只能获得消极静态的完整性保护。[64] 因应这种变化,法律对人格权的保护方法必须进行调整。在德国,人格权的发展和完善主要是在民法典制定之后通过一般人格权开始的,在1900年生效的民法典中,德国哲学传统中的人格观念没有包含在内。[65]

意志人格作为人格的本质与核心,必须得到人格权的保护。由于意志人格的本质在于意志的决定自由,因此对意志人格的保护不同于对外在和内在人格要素的完整性的保护,主要表现为对意志针对内在和外在人格要素的决定自由的保护,因而需要采用特殊的法律技术。只有构建抽象人格权制度,对于意志针对外在和内在人格要素的塑造、发展和使用的自由予以保护,才能够实现对于意志人格的保护。

(三)抽象人格权的构建是克服一般人格权的缺陷理顺人格权体系的必然要求

一般人格权制度的功能是为了弥补具体人格权的不足,实现对人格的全面保护,因而一般人格权的内容应当以具体人格权制度为基础进行构建。

人格权观念在《德国民法典》制定之时并未被广泛接受,因此,德国法上的具体人格权不但类型非常有限,而且具体人格权的内容也仅局限于法律所列举的人格要素的完整性,并不承认权利人对于人格要素的任何权能。在这种情况下,为了弥补极度萎缩的具体人格权制度对人格保护的严重不足,德国的一般人格权制度被设计为对人格尊严和人格发展予以全面保护的制度。这样产生的问题就是,对立法所确定的具体人格要素的完整性的保护属于具体人格权的内容,而对这种人格要素的其他方

---

[62] See Samuel D. Warren & Louis Brandies, the Right to Privacy, 4 Harv. L. Rev. 193, 195(1890).

[63] Jürgen Gleichauf, Das postmortale Persönlichkeitsrecht im internationalen Privatrecht, 1999, S.68.

[64] Marion Baston-Vogt, Der sachliche Schutzbereich des zivilrechtlichen allgemeinen Persönlichkeitsrechts, Mohr Siebeck, 1997, S.87.

[65] See James Q. Whitman, the Two Western Cultures of Privacy: Dignity versus Liberty, 113 Yale L. J. 1151, 1187 (2004).

面的保护,则是一般人格权的内容,这与传统的关于权利的客体加权能的认识方式产生了重大冲突。产生这一现象的根本原因是:对人格的立法并未采用权利的模式,而只是采用个别人格要素完整性保护的模式,因而在不能通过立法对这种模式进行改进的情况下,出现了法律体系的不协调。

而我国的《民法通则》制定于20世纪80年代,此时比较法上的一般人格权理论已经发展到了成熟阶段,我国的具体人格权制度对于这一成果进行了充分的吸收,将通过一般人格权发展出的新的人格利益具体化为各种具体人格权,并且将各种具体人格权的权能进行了全面的扩充,因而能够容纳针对该具体人格要素产生的各种权能。也就是说,我国的具体人格权制度采用了客体加权能的传统权利的立法方法,人格权的绝对权利地位得以确立。在这样的具体人格权的基础上,如果仍然采用德国法式的宽泛的一般人格权制度,一方面,不能满足人格权的体系融洽性要求,产生人格权体系内部的矛盾;另一方面也是对既有具体人格权发展成果的否定。

因此,我国一般人格权的构建应当以我国的具体人格权为基础,将一般人格权的保护对象限定于基于目前的立法技术尚无法与人格明确分离的非典型的人格要素,而权利人针对那些已经通过立法确立的具体人格要素的发展和利用的自由,由于已经成为具体人格权的权能,因而不应当属于一般人格权的内容。

然而我国现有的一般人格权制度并未尊重我国具体人格权的现实,完全继受了德国法的做法,确立了涵盖所有人格内容的宽泛制度,正是这种做法,使得我国人格权体系的矛盾更加复杂,因而必须对于我国一般人格权的内容进行适当限制,对于具体人格权的权能予以独立构建,并结合我国关于人格商业利用权的研究成果,对人格权体系予以理顺,使一般人格权、自我决定权和商业利用权分别具有界限分明的权利边界,它们与具体人格权一起构成逻辑融洽的人格权体系,从而克服现代民法中由于多种非具体人格权的出现造成的体系和逻辑的矛盾。

综上,在民法中构建抽象人格权的概念和体系,将一般人格权、自我决定权和人格商业利用权在该体系内予以适当整理,构成"抽象人格权→具体人格权的"逻辑结构,就是破解人格权发展之谜的钥匙。用这种思路理顺人格权体系的内部关系,构建人格权的逻辑结构和体系模式,是摆在当代民法面前,摆在当代民法学家面前的重大问题。

四、抽象人格权的概念界定、体系构成以及在人格权体系中的地位

笔者发现,在所有的这些非具体人格权之上,存在一个上位的概念,这就是抽象人格权。抽象人格权概括自我决定权、一般人格权和人格商业利用权,与具体人格权的概念相对应,构成完备的人格权体系的逻辑结构。笔者将抽象人格权的概念、体系以及在人格权体系中的地位,作如下表述。

(一)抽象人格权的概念

为了促进人格的发展,实现人的最高人格存在,必须构建抽象人格权对于意志人格的决定自由予以保护。但是值得注意的是,作为人格权的意志决定自由,应当局限于人格的构成要素,人与物的二分,以及民法典和民法学中根深蒂固的人格权与财产权的区分,决定了对于作为人格核心的意志的决定自由在进行人格权法上的保护时不得涉及财产性的要素。作为一种人格权的意志的决定应当局限于与人的外部人格存在紧密联系的领域,如果不加限制地将这种自我决定扩张于财产领域,将造成人格权与财产权区分的混乱,以及整个民法体系的崩塌。

我国台湾地区"最高法院"1992年台上字第2462号判决将意思决定自由不加限制地作为应受人格权保护的自由,认为"惟查所谓侵害他人之自由,并不以剥夺他人之行动或限制其行动自由为限,即以强暴、胁迫之方法,影响他人之意思决定,或对其身心加以威胁,使生危害亦包括在内"。此项判决将自由扩张于意思决定自由,采用了扩张解释的方法对意思决定自由进行保护,对于强化人格权保护具有意义,但是由于其对意思决定自由不加限制,故广受学者诟病。有学者认为,如果对于意思决定自由不予限制,那么所有的加害行为均属于对意思决定自由的侵害⑥,人格权与财产权将产生混淆。

因此,抽象人格权所保护的意志决定自由限于意志对于外在和内在人格要素的决定,主要表现为两方面:其一,意志通过决定去控制、塑造各种外在和内在人格要素,以形成个人独特的人格特质,实现人格发展;其二,意志还可以在法律和道德的限度内对人格要素予以使用,以实现人格要素的财产价值。

对意志人格予以保护的人格权是对意志针对外在和内在人格要素的决定与控制的保护,其不同于对内在和外在人格要素的完整性予以保护的具体人格权,具有抽象性,是抽象人格权。笔者提出抽象人格权的界定意见:抽象人格权是意志以发展人格为目的,对各种外在的和内在的人格要素进行支配,予以塑造和使用的自由。

(二)抽象人格权的特征

抽象人格权保护的对象是意志决定的自由,因而表现出比较特殊的特征,主要体现在如下方面:

(1)抽象人格权虽然针对一定的人格要素,具有外在表现形态,但它并非是对于这些人格要素的完整性的保护,而是针对意志对这些人格要素的决定自由的保护,体现的是人格的自我决定和自我发展的价值。

(2)作为抽象人格权客体的外在和内在人格要素,必须通过一定方式成为可以为人们所识别的人格表征。法律与道德的重要区别在于,法律并不能调整完全主观的东西,纯粹的观念和情感必须通过一定的方法得以表现,才能够成为法律保护的客

---

⑥ 参见王泽鉴:《侵权行为法》(第1册),中国政法大学出版社2001年版,第120页。

体。外在人格要素作为人们可以感知的物理性和社会性存在,满足了这一要求,自不待言;内在人格要素却需要通过一定的方式,获得外在的表现形态,这种表现或者是日记,或者是书信,或者是通过录音形式得以记录的人的内在情感等。

（3）抽象人格权的权利内容是意志对外在和内在人格要素的各种决定,具体到不同的人格要素,又表现为不同的形态,或者是对人格要素的塑造和发展,或者是对人格要素的商业价值予以使用。针对某一人格要素,是发展塑造,还是商业利用,抑或两者兼备,则要以人格发展目的兼顾宪法价值标准予以判断。

（4）抽象人格权的权利外观并不能通过权利客体予以确定,这一点与具体人格权存在明显区别。具体人格权的权利内容完全局限于其所保护的人格要素。当权利内容与权利客体达到了相互融合和指代的程度时,权利客体的界限就是权利内容的限度,权利客体成为权利的外观,对具体人格权的侵害一定表现为对具体人格要素的侵害,反之亦然。然而抽象人格权的权利内容为按照权利人的意志对人格要素予以塑造和使用的自由。这样的权利内容并不能为权利客体所涵盖,因而权利外观并不能通过权利客体予以清楚界定。

(三)抽象人格权的体系构成

各种外在和内在人格要素通过一定的方式成为人们可以识别的人格表征,这些人格表征可以区分为:社会公认的典型的人格表征、非典型的人格表征以及能够与主体相分离并获得独立地位、可以予以商业利用的人格表征。

社会公认的典型人格表征存在时间较长,已经获得比较成熟的认识,并被法典作为具体人格权的客体,包括生命、身体、健康、姓名、名誉等,这类人格表征大部分是外在人格要素;非典型人格表征则是随着新技术的发展,通过特定技术得以表现的能够体现人的人格个性的存在,例如,通过录音或书信的方式得到固定的人的特定言论,通过基因技术得到展现的特定基因类型等,其类型和内容处于不断增长中,这种人格表征大部分是内在人格要素的表现。之所以将典型人格表征与非典型人格表征进行区分,是因为对这两类人格表征予以法律保护需要的技术不同,典型人格表征已经获得法律的认可,成为具体人格权的客体,意志针对它们的决定自由应当获得保护是没有疑问的,我国的人格权立法应将这种意志决定自由作为具体人格权的权能。但是非典型的人格表征是否应当获得法律保护以及其保护的程度都需要具体的个案衡量,在法律技术上不同于典型人格表征。

能够与主体相分离并获得独立地位的可以予以商业利用的人格表征,是指通过一定方法可以获得的与人自身相分离的地位并能够予以商业利用的人格特征,包括姓名、肖像、声音、形象等人格要素。对于这种人格表征独立规定的必要性在于,对人格表征的商业利用是一种独立的价值,其不同于人的人格个性的发展,在比较法上具有相对独立的地位。⑥⑦ 而具体到我国的法学理论和实践,一直以来也是将人格的商业化利用作为一种独立的制度予以构建的,因此,获得独立地位可以予以商业利用的人格表征具有独立的地位,应当予以独立规定。

针对这三种人格表征,相应地构成了三种抽象人格权,分别是自我决定权、一般人格权和人格商业利用权。

1. 自我决定权

自我决定权是意志以发展人格为目的,对生命、身体、健康、姓名等典型的人格表征的控制与塑造的抽象人格权。传统学说对于各种典型的外在人格特征的保护局限于既存的现有状态,仅提供防止他人侵害的侵权法上的保护,并不承认主体对于它们具有决定的权能。例如,对于生命权,一般不认为权利人对生命具有支配性,仅在于对生命的维护以及对他人侵害行为的正当防卫等方面具有有限的支配性。⑥⑧ 对于身体权,传统学说认为,是自然人保持其身体的完整的权利。⑥⑨ 诚然,人的外在人格特征作为人格的表现,其上蕴含着人的伦理性以及人性,不能随意处分,但是按照人格发展的理论,生命、身体、健康、姓名以及名誉等人格存在是为了人格的尊严与人格的发展,这些存在之所以具有重要的价值,就在于它们是维持人的尊严以及人格发展的必要前提,如果权利人对于它们的控制与塑造能够促进与实现人格的发展,那么法律应当承认权利人对于这些特征的自我决定的能力。而且现代社会将人格的动态方面,也就是人格的自我发展作为社会的重要价值,人不但要求人格的完整存在,更要求对自己人格特征的自我决定与塑造的能力,以寻求人格的发展与完满。因此,意志在人格领域的决定自由获得承认,并成为整个法律体系要积极实现的重要价值。在这种情况下,突破传统民法的局限,赋予权利人针对其典型人格表征以人格发展为目的的自我决定的权能,是一种必要。而且我国《民法通则》关于具体人格权的规定吸收比较法上对于人格发展价值予以保护的经验,确立了针对具体人格要素自我决定的权能,例如姓名权的内容不但包括了防止他人对姓名予以歪曲和不当使用的完整性保护,而且包括广泛的决定、使用和改变姓名的权能。⑦⓪ 因而自我决定权应当予以确认。

自我决定权保护的不是这些具体人格特征的形式完整性与实质完整性,而是意志为了实现人格的最高本质对于它们的自我决定,例如,为了科学的真理、祖国的安全或者更多人的幸福,权利人应当具有终结其生命的自我决定权。同样,个人选择安乐死,体现的也是人对自己生命终结的合理自我决定。⑦① 为了实现自己的人格追求,可以对自己的姓名进行自我决定。再如,日本的"X 教徒输血案",该判例保护的不是

---

⑥⑦ 在美国法中,它是作为不同于隐私权的公开权获得保护的;在德国法中,德国联邦最高法院确认了一般人格权包含人格的财产价值,但是却认为其并非源于"宪法"第 1 条和第 2 条,而是源于民法。因此,在德国法中人格的商业化利用与一般人格权还是存在一定的差异的。

⑥⑧ 参见王利明:《人格权法研究》,中国人民大学出版社 2005 年版,第 303—309 页。

⑥⑨ 参见史尚宽:《债法总论》,中国政法大学出版社 2000 年版,第 148 页。

⑦⓪ 参见我国《民法通则》第 99 条的规定。

⑦① 参见杨立新:《人身权法论》,人民法院出版社 2006 年版,第 392—396 页。

患者的身体的形式完整性以及实质完整性,而是根据自己的个性对身体进行自我决定的自由。[72]

自我决定权作为权利人对自己典型人格表征在人格发展方向上自我控制与塑造的权利,是权利人针对自己典型人格表征的自由,属于人格权的权能。这种自我决定的权能使得权利人能够决定自己的人格个性,实现自己最高的人格本质。实践中对自我决定权的侵害,主要是对权利人针对自己典型人格表征自由的侵害,主要表现为通过欺诈、胁迫以及未履行告知义务,从而侵害权利人的决定自由,救济方法包括人格权请求权和侵权请求权。关于自我决定权的全面的内容,笔者另文详述。

2. 一般人格权

人格个性的流露和表达,并非仅限于典型的外在人格要素,足以表征人格个性的人的外部表征有很多,虽然某些外部表征没有公认的传统人格要素那么典型。尽管没有准确的概念对其进行界定,但是在其上体现了更多的人格特性,它们更能够彰显人的存在与个性,而意志对于这些外部表征的自我决定应当得到保护。例如对言论完整性的保护,任何一次言论都是对某一思维内容的固定,都是言论者的人格的流露,都是言论者在向公众展示的其内在人格特性,言论者有权选择适当的内容与表达方式去展现真实的内在自我,未经同意就对言论的改动,可能会呈现出一个错误的人格形象。[73] 更为广泛的是对人的同一性的保护,个人有权按照其内在人格个性去决定向公众展示的人格形象,并根据人格的发展去改变这种形象。对于这种同一性的保护,要求即使没有损害个人名誉,也不允许歪曲一个人的人格形象,并对此加以传播。[74]

但是由于这些外在人格表征的非典型性,在意志针对它们的自我决定的保护过程中,存在着其是否属于应受法律保护的人格要素的判断的难题,以及个人人格发展的价值与其他社会价值的冲突与衡量的问题,这些都需要法院根据实际情况进行个案衡量。因此需要一个不同于自我决定权的制度,一般人格权制度可以实现此项功能。

在一般人格权的构造中,意志的自我支配处于核心地位,一般人格权是意志对于人的某种外在客观存在的支配。德国联邦宪法法院在其典型案例中,成功地揭示了自身人格领域"自由的意思"的某些方面,对这些方面而言,自主支配人格的意思获得了一个坚实的、他人可以识别的基础,亦即获得了某种他人应予以尊重的"客观载体"。[75] 分别在"读者来信"案、"骑士"案、"录音"案中确立了意志对于信件、私人领

---

[72] 参见夏芸:《医疗事故赔偿法——来自日本法的启示》,法律出版社 2007 年版,第 535 页。
[73] 参见〔德〕马克西米利安·福克斯:《侵权行为法》,齐晓琨译,法律出版社 2006 年版,第 52 页。
[74] 参见〔德〕克雷斯蒂安·冯·巴尔:《欧洲比较侵权行为法》(下卷),焦美华译,法律出版社 2004 年版,第 115 页。
[75] 参见〔德〕霍尔斯特·埃曼:《德国民法中的一般人格权制度——论从非道德行为到侵权行为的转变》,邵建东等译,载梁慧星主编:《民商法论丛》(第 23 卷),金桥文化出版(香港)有限公司 2002 年版,第 429 页。

域以及话语的支配。质言之,一般人格权所保护的不是人格的某种"客观载体",而是意志对这一"载体"的支配,是对宪法所确认的人格发展自由的价值在私法领域的实现。

德国的一般人格权是一个对于各种外在人格表现的自我决定予以保护的框架性权利。这个权利从其产生之日起就具有重大争议,而且它与具体人格权的关系难以理清,更重要的是我国的具体人格权制度已经具有了部分传统一般人格权的内容,因此我们这里的一般人格权舍弃了我国传统的一般人格权关于抽象的整体人格予以保护的观点,进行了限缩,限制于意志对具体人格权客体之外的其他非典型人格表征的决定的权利,履行着对于尚未得到具体人格权保护的非典型的人格利益进行保护的功能。虽然这一做法与我国关于一般人格权的传统认识不同,但是这种缩限却是人格权体系构建的要求,形成了人格权体系上的融洽。

3. 人格商业利用权

人格商业利用权,也叫做公开权、人格商品化权。人格以意志人格为核心,包括内在人格要素以及外在人格要素,但是在人格的边缘地带,人格要素与财产利益的界限难以划清,关于财产的主要理论也说明了这一问题。对于人如何能够获得财产,有并入理论和投射理论两种理论,前者主张外部物通过进入身体成为财产,后者主张把人体现在外部物中而使之成为财产。[76] 但是并入理论已逐渐不被人们认可,投射理论仍然具有正当性。[77] 洛克的财产理论以劳动来论证财产权的正当性,外在物因为添加了人的劳动而成为他的财产。[78] 这种财产理论建立了人格与物的沟通与联系,从人对于自己身体和思想的狭义的自己所有权,推导出对于财产的广义的自己所有权。[79] 黑格尔的财产理论也认为,人作为一种意志的存在是自由的,但必须有外部世界,只有在与外部的某件东西发生财产关系时才成为真正的自我,财产是个人人格的延伸的最初一部分。[80] 也就是说,当人格的某部分特征与人格相对分离并以某种方式获得外部存在时,它即获得了一定的财产属性。在这一方面,知识产权表现得最为明晰,知识本为人脑中的一些观念和想法,属于内在人格的范畴,但是它们一旦通过某种方式获得外在化的存在形式,就能够作为一种财产权。由于其与人格的联系,一般认为,知识产权中还存在人格因素,主要是著作权中作者的精神性权利。当姓名、肖像、声音、形象等人格要素获得相对于人的独立地位时,它们便具有了一定的财产属性,当事人可以对其进行商业化的利用,表现为人格商业利用权。人格商业利用权是指个人将其姓名、肖像、声音、形象等可以获得相对独立地位的人格表征,用于商业目的,并禁止他人未经授权进行商业利用的权利。

---

[76] 参见〔美〕斯蒂芬·芒泽:《财产理论》,彭诚信译,北京大学出版社2006年版,第53页。
[77] 参见〔美〕斯蒂芬·芒泽:《财产理论》,彭诚信译,北京大学出版社2006年版,第55页以下。
[78] 参见〔英〕洛克:《政府论》(下),叶启芳、瞿菊农译,商务印书馆1964年版,第18页以下。
[79] 参见易继明:《评财产权劳动学说》,载《法学研究》2000年第3期。
[80] 参见〔德〕黑格尔:《法哲学原理》,范扬、张企泰译,商务印书馆1961年版,第50页。

对于人格商业利用权的正当性,学界存在争议,有自然权利说、诱因说、禁止不当得利说、经济效率说以及保护消费者说等学说。[81] 笔者认为,人格商业利用权的正当性源于意志对于获得相对独立地位的要素的自我决定。在传统社会,人格要素与人相分离获得相对独立的存在形式几乎不可能,但是现代高科技的发展,尤其是传媒技术的进步,使得人的人格特征的固定化成为可能,人的容貌特征、人的整个身体形象、声音甚至个人隐私等都可以通过多媒体技术以影像资料的形式获得独立的存在。当人的某些特征通过这种方式予以固定化,从而获得对于人的相对的独立地位时,其与人的人格联系不是那么紧密,于是便在某种程度上获得了财产的属性。人的姓名、肖像等外在人格特征获得相对独立地位后,便在商业活动中获得了财产价值,权利人对此财产价值具有支配权能,便可以自己使用也可以允许他人使用。这种支配和使用源于人格发展理论,权利人为了发展自己的人格,有对自己的人格特征进行自我决定的权利,对自己的人格特征所体现的财产价值当然也可以进行自我决定。因此人格商业利用权不同于传统人格权的对人格特征既有状态的保护,是对意志的自我决定的保护,对人格商业利用权的侵害表现为对权利人按照自己意志使用其人格特征的自由的侵害。权利人对自己的姓名、肖像、声音、形象等外在人格表征具有进行商业利用的支配权能,不妨碍这些特征作为人格权客体的地位,因为这些特征从本质上说是人格存在的表现,仅仅因为这些人格特征通过现代技术物化以后具有了财产的价值,权利人对这些具有财产价值的人格要素的决定产生了人格商业利用权。

(四) 抽象人格权在人格权法中的地位

1. 抽象人格权是具体人格权权能的抽象概括

民法作为关涉价值的规则[82],要受到哲学和宪法所确立的理念和价值的影响和指导,并以实现和促进这些价值为目的。民法应当通过一定的法律技术对意志人格进行保护,以实现哲学和宪法确立的人格发展的价值,抽象人格权的构建就是这一产物。抽象人格权表现为对外在和内在的人格要素的决定、发展和使用,是权利人针对自己人格要素的自由,属于对具体人格权的权能的抽象概括。这种自我支配的权能使得权利人作为自己的主人,能够决定自己的人格个性,发挥人格要素的价值,实现自己最高的人格本质。

抽象人格权对于具体人格权权能的抽象概括,针对不同的人格要素,会有不同的表现形态。自我决定权是针对典型人格表征予以塑造和发展的能力;一般人格权是对非典型人格表征予以控制的能力;人格商业利用权是对于姓名、肖像、声音、形象等具有相对独立性的人格表征予以商业化利用的能力。由于一般人格权作为具体人格

---

[81] 关于该权利正当性的各种学说,参见王泽鉴:《人格权保护的课题与展望》,载《人大法律评论》2009年卷,第61—62页。

[82] 德国法学家拉德布鲁赫将所有科学分为无关价值的、超越价值的、评价价值的和关涉价值的。参见〔德〕G. 拉德布鲁赫:《法哲学》,王朴译,法律出版社2005年版,第2页。

权权能的观点与学界关于一般人格权的性质的认识存在较大差异,因而需要特别说明。一般人格权与具体人格权存在显著不同,一般人格权不存在明确的权利客体,所保护的是权利人的意志决定自由,外在的人格要素仅仅使得这种自由获得他人可以识别的外部表征,因此一般人格权的本质是对客体的决定与控制,属于具体人格权的权能。一般人格权之所以被认为是一种权利,主要是由于对于权利人针对人格表征的决定自由的保护,使得权利人获得了一定的利益,具备了权利的外观。

2. 抽象人格权是一种相对独立的权利

权利与权能之间并不存在实质性的区别,如果以学界公认的"法力说"作为判断标准,权能被认定为权利不存在任何障碍。权利与权能的差别也仅仅在于重要性和独立性的不同,具有独立地位和重要性的权能可以上升为权利。笔者认为,抽象人格权虽然是人格权的权能,但同时也是一种相对独立的权利,理由如下:

(1)抽象人格权所保护的是权利人针对人格要素的意志决定自由,这种自由是权利人塑造与发展其人格要素、发挥人格要素的价值、实现权利人最高人格本质的重要能力,具有特别的重要性,在一定程度上其重要性甚至超过了外在和内在人格要素的完整性,作为一种权能不足以显示其重要性。

(2)抽象人格权具有相对独立的保护对象,以保护权利人的意志人格为目的。由于对意志人格的保护主要表现为对意志针对人格表征的决定自由的保护,而非人格要素完整性的保护,因而抽象人格权表现为不同于具体人格权的权利形态,表现出其独立性。

(3)法律具有很强的历史延续和继承性,制度和体系的构建必须在既有的基础上进行。侵权法对于权利的保护,区分为对客体完整性的保护以及其他方面的保护,例如侵权法对所有权的救济区分为两种情况,即对于物的损坏,以及造成财产损失的其他形式。界定是否存在物的损坏,主要还是依赖于行为人是否侵犯了物的实体。[83] 在传统人格权法中,侵权法对于具体人格权的保护主要是对于客体完整性的保护,只要对于具体人格要素造成损害即可认定行为不法。抽象人格权的内容主要是对人格要素塑造和利用的自由,这种自由并不能为人格要素所吸收。侵权法对其的保护,属于对客体完整性之外的其他保护,需要特殊的侵权法保护方法,特殊情况下违法性的认定还需要进行利益衡量。因此,抽象人格权具有相对独立的地位。

3. 抽象人格权促进具体人格权的发展并与具体人格权共同构成完整的人格权体系

人格权可以分为两大类,具体人格权和抽象人格权。具体人格权对于外在人格要素和内在人格要素的完整性提供保护;抽象人格权对于意志人格,针对外在和内在人格要素的决定自由进行保护,两者相结合对于人格的三个逻辑层次进行了全面完

---

[83] 参见〔德〕克雷斯蒂安·冯·巴尔:《欧洲比较侵权行为法》(下卷),焦美华译,张新宝审校,法律出版社2004年版,第37—38页。

备的保护。

传统人格权由于受侵权法的限制,仅对具体人格要素的完整性予以保护,人格权的权能极度萎缩。抽象人格权扩充了权利人针对自己的外在和内在人格要素的决定自由,充实了人格权的内容。自我决定权使得权利主体具有了发展自己人格、实现个性的能力;人格商业利用权使得权利主体具有对自己特定人格特征予以商业化利用的权利,实现了自身的价值;一般人格权更是具有发掘人的自主性、保护人格发展、促进新的具体人格权产生的功能。随着社会以及科学技术的发展,人的人格会获得更多的表现形式,在法学对这种人格表现充分研究、精确界定之前,首先应通过一般人格权保护主体对于这些表现形式的自主控制与决定的能力,促进人格的发展;当学界做好充足的理论准备之后,这些人格表现形式可以上升为具体人格权,得到法律更加充分的保护,这种从一般人格权向具体人格权的转变,是必要的并值得期待的发展。[84]

由具体人格权和抽象人格权构成的人格权体系在逻辑上是封闭的,在内容上却是开放的,具有高度的容纳性,可以对新出现的人格利益予以保护,具体表现为以下两方面:

(1)具体人格权是不断发展的。随着对于人的保护程度的提升,会有更多的人格要素通过一般人格权发展为具体人格权,形成不断增多的具体人格权。隐私权即是典型代表,隐私起初被作为一种利益予以保护,在一定时期被放在名誉权中予以寄生保护,但是随着社会的发展以及对其认识程度的提高,隐私权逐渐发展成为一种具体的人格权,获得独立的法律地位。

(2)抽象人格权具有高度的概括性,对意志针对外在和内在人格要素的决定自由进行了高度抽象,能够包括各种类型的塑造、发展和利用自由,可以适应因社会发展而出现的各种意志针对人格的决定自由。

由具体人格权和抽象人格权构成的人格权体系逻辑严密、内容开放,各种抽象人格权和具体人格权具有各自不同的保护客体,它们之间的关系清晰明确、相互结合,共同对人格进行全面的保护,这样的人格权体系是一种科学合理的人格权体系。用抽象人格权来破解人格权发展之谜,各种新产生的人格权都可以纳入由抽象人格权和具体人格权构成的人格权体系,人格权发展之谜不再存在,这就是我们的研究结论。

---

[84] Deutsch/Ahrens, Deliktsrecht, 4. Auflage, 2002, S. 103.

论作为抽象人格权的自我决定权*

一、引言

日本的 X 教派教徒手术输血侵权案,突破了传统人格权法的保护范畴,确立了针对患者对自己人格特征予以自我决定的权利进行保护的先例,在促进人格权的发展方面具有重要意义。

X 教派的忠实教徒 A 罹患肝脏肿瘤,就诊于东京大学医科学研究所附属医院,患者 A 在就诊时明确表示因输血违背自己的宗教信念而拒绝接受伴有输血的医疗行为,但是在接受肝脏肿瘤摘除手术的时候,医生对她实行了伴有输血的医疗行为,手术成功。该患者后来得知自己在医疗过程中被输血的消息后,精神极度痛苦,遂对医院及医生提起损害赔偿之诉。后来,该患者在诉讼中死亡,由其继承人继承诉讼。日本东京地方法院 1997 年 3 月 12 日第一审判决认为,为救他人的生命而进行的输血行为,乃属于社会上的正当行为,以无违法性为由驳回原告的诉讼请求。第二审法院认为,因医师违反说明义务,以致患者的自我决定权受到侵害,因此被告的行为构成侵权行为,判令被告赔偿原告 55 万日元。

第三审法院即最高裁判所第三小法庭认为,患者认为输血会违反自己的宗教信念而明确拒绝伴有输血的医疗行为的意思时,该意思决定权应为人格权之内容,医院对此意思决定权应予以尊重。在本案的上述事实下,手术时除输血以外别无其他救命方法。但在入院时,医生应对患者说明在医疗过程中必要情况下,还是要输血。是否要接受该医院的手术,应该属于患者的自我决定权。本案被告怠于履行上述告知义务,因此可以认为其已经侵害了患者的意思决定权,即被告已经侵害了患者的人格权。因此,被告应该就受害人所受的精神痛苦负担慰抚金损害赔偿责任。①

在本案中,输血行为很难被认为是对患者身体权的侵害。传统民法中的身体权是身体完整不受侵害的权利,是对人的外部存在的既有状态的保护。患者对手术的同意,意味着对身体完整性侵入的承诺。本案中患者所遭受的主要损害也并非身体上的伤害,而是精神上的痛苦,如果拘泥于传统人格权理论,患者的损害很难得到救

---

* 本文发表在《学海》2010 年第 5 期,合作者为首都师范大学法学院副教授刘召成博士。
① 本案为日本最高裁判所 2000 年(H12)2 月 29 日第三小法庭判决。本案的素材系由日本东海大学法学部刘得宽教授提供。

济。可见,传统侵权法对人格的保护是存在缺陷的,保护的范围仅局限于人的外部存在特征,人对于自己身体的发展和塑造的能力没有获得承认。本案判决对人格权的发展具有重大意义,首次明确提出了患者对自己身体的自我决定权,在对身体的完整性进行保护之外,人对身体的自我控制与发展的能力也获得了人格权的保护。虽然自我决定权在医疗中获得高度重视,针对自我决定权也出现了一些判决,但是,这些案例都没有明确阐述患者的自我决定权到底是什么[②],而且在法解释上也还没有充分明确的论述出现。因此,自我决定权存在深入研究的价值。

二、自我决定权的理论基础

(一)哲学与宪法上的人格理念

自我决定权的产生与哲学和法学观念的变革存在莫大的关联。传统人格权对人的人格要素仅提供保护性的规定,法律所保护的是它们当前的既有状态,不承认主体对于它们自我决定背后的哲学基础是古典伦理学的框架。古典伦理学认为,人的最高本质在于其自由的意志,能够按照道德律去对自己进行约束的意志是人格的本质。此种出自实践理性的自我约束,是实践中至高无上的价值表现,因此,人作为实践者,也被赋予最高的道德价值,进而得出如下结论:人的存在本身即是目的,应当受到尊重。[③] 但是人作为一种存在,除了意志之外必须具有其他存在形态,生命、身体、健康等生物性存在是人格存在的前提,并且在一定程度上成为人格的定在,体现了人格的特质。因此,对于作为人格定在的生命、身体、健康等外部性存在予以尊重,进而对于在社会交往中作为人格表现形态的姓名、肖像、名誉等社会性存在予以尊重,是对于人的人格予以尊重的必然要求。这些外部人格存在被赋予了道德价值,对此价值只能予以尊重而不能随意进行处分,表现在私法中就是,人格权不同于其他的权利,与物权等其他财产权利相比,人格权的权利主体具有非常有限的自主性,人格权只是对人格予以尊重的权利[④],权利人对这些人格特征没有进行自主决定的权利,仅仅受到侵权法的保护。

近来哲学观念获得重大发展,人的自主性逐渐提升,人格发展的价值得以确立。意志对于人的存在的自我决定自由成为社会的最高价值,人不但要求人格的完整存在,更要求对于自己人格特征的自我决定与塑造的能力,以寻求人格的发展与完满。因此,意志在人格领域的决定自由获得承认,并成为整个法律体系要积极实现的重要价值。1949 年《德国基本法》第 2 条第 1 款规定:"人人有自由发展其人格之权利,但以不侵害他人之权利、不违反宪政秩序或道德规范者为限。"《日本宪法》第 13 条规

---

② 参见[日]植木哲:《医疗法律学》,冷罗生、陶芸、江涛等译,法律出版社 2006 年版,第 328 页。
③ 参见[德]康德:《实践理性批判》,邓晓芒译,人民出版社 2003 年版,第 119 页。
④ 参见[德]卡尔·拉伦茨:《德国民法通论》(上册),邵建东等译,法律出版社 2003 年版,第 282 页。

定:"对于生命、自由和追求幸福的国民权利,只要不违反公共福利,在立法及其他国政上都必须受到最大限度的尊重。"我国《宪法》虽然没有明确规定人格发展的权利,但是在第33条第3款规定:"国家尊重和保障人权。"人格发展作为一项重要的人权,自然也受到我国宪法的保护。

(二)意志决定自由的价值

受罗马法影响,法学对有形利益进行全面保护,不但有形的财产毫无例外地得到两大法系的保护,对于有形的人格利益进行保护在两大法系也已经形成共识,但是对某种无形利益能否进行保护却尚未达成共识,仍在探索之中。在财产法领域,纯粹经济损失因与权利人有形的人身与财产损害无关,因而被认为是"纯粹的",只能在某些特定条件下获得保护。在人格权领域,有形的生命、身体和健康无例外地获得两大法系的保护,但是对此之外的其他人格利益能否获得人格权和侵权法的保护,往往需要更加审慎的判断,很难达成一致意见。由此造成了对意志决定自由提供法律保护的困难。

虽然意志自由作为人格的本质早已为康德等哲学大儒所论证,并成为哲学、心理学等社会科学公认的常识,但是由于它的无形性,无法为人的感官所感知,因而作为法律上受保护的人格利益尚未得到广泛承认。传统人格权法只是对作为人格的表现和载体的生命、身体、姓名、名誉等外部人格形态予以保护,这种保护主要是对人格既存状态的完整性的保护,属于对人格的初级保护。

人格的本质在于意志的自由,也就是人所具有的按照对于规律的认识去行为的能力,虽然人的存在离不开生命、健康、身体等外部人格要素,但是意志的自我决定和选择自由处于人格的核心地位,生命、身体、健康等人的存在因为人的自我决定的自主性而获得价值。对一个人来说,活着不仅仅是保全自身;它还意味着施展本领,满足自身愿望,简单说也就是活动,而且要自主地活动,因为人是理性的生物。[5] 人的发展以及人的个性的形成依赖于意志作出的决定,意志不断地通过决定去影响人的其他存在层面。正是意志人格的自我决定和选择形成了人格的结构,促进了人格的发展,意志人格的发展与成长是人实现其最高人格本质的重要条件,对于意志人格的自我决定自由的保护,是对于人格的最本质的保护。

三、自我决定权的概念

严格来说,自我决定原本是哲学和宪法中的概念,即一个人在自己生活范围内具有的自我决定的自由,该种自由尊重的是人的自主性。民法作为关涉价值的规则[6],

---

[5] 参见〔法〕雅克·盖斯旦等:《法国民法总论》,陈鹏等译,法律出版社2004年版,第172页注1。
[6] 德国法学家拉德布鲁赫将所有科学分为无关价值的、超越价值的、评价价值的和关涉价值的。参见〔德〕G.拉德布鲁赫:《法哲学》,王朴译,法律出版社2005年版,第2页。

要受到哲学和宪法所确立的理念和价值的影响和指导,并以实现和促进这些价值为目的。但是民法对于这些价值的实现,必须经过稳定的民法专门技术进行转介,通过其独特的法律主体、法律客体和权利等技术,将哲学与宪法的基本价值融汇于原理、原则和具体制度之中,成为具有操作性的法律规则。

作为民法中的人格权,必须经过法律技术进行概念构建,形成民法学上可明确把握的法律制度。虽然自我决定权是对意志自由的保护,但是要作为民法中的一种权利,自我决定权还不能仅仅停留在意志的自由决定的阶段,意志的自我决定必须获得其定在,也就是得到一个他人可以识别的,并应予以尊重的客观载体。

(1) 作为自我决定权的意志的决定自由,应当局限于人格发展的范畴内。质言之,意志决定所针对的必须是人格的构成要素,以实现人格发展为目的。人与物的二分,以及民法典和民法学中根深蒂固的人格权与财产权的区分,决定了对作为人格核心的意志的决定自由进行人格权法上的保护时应当限于人格要素。作为一种人格权的意志的决定,应当局限于与人的外部人格存在紧密联系的领域,如果不加限制地将这种自我决定扩张于财产领域,那么对于财产使用以及契约缔结的妨害,也将构成对人格权的侵害,将会造成人格权与财产权区分的混乱,以及整个民法体系的崩塌。

(2) 自我决定权的意志的决定自由,应当更进一步限定于部分具体人格要素之上。人格要素的概念有其清晰的核心,但是在其边缘地带是模糊不清的,因此,在人格要素的判断上仍然存在重大障碍,在到底"人是什么"这一存在哲学问题上,还存在着在人的诸属性中"民法应该保护的内容、部分是哪些"这个民法的守备范围的问题。⑦ 生命、身体、健康、姓名、名誉、肖像这些具体人格要素作为人格不可分离的部分,得到学界的一致公认,但是其他能够彰显人格个性的人的存在是否属于人格要素,还需要更多的论证与审慎的价值判断,并需要特殊的法律技术对其进行处理,这就决定了针对具体人格要素与非具体人格要素的自我决定,需要不同的制度构建。自我决定权是意志针对具体人格要素的自我决定自由,而且自我决定权针对的具体外在人格要素,也并非所有的传统民法所确认的具体人格要素,自我决定权的决定自由,应当更进一步地限定在部分具体人格要素之上,这些人格要素必须是主体现实地能够予以决定的。

(3) 自我决定权并非对于各种外部人格要素的完整性的保护,自我决定权保护的是意志针对这些要素的自我决定的自由,是意志人格对于这些外部存在的决定、塑造和发展的能力。因此,自我决定权是对人格的动态保护,通过对意志人格的保护,实现促进人格发展的目的。

因此,笔者提出对自我决定权概念的界定意见,即:自我决定权是意志以发展人格为目的对生命、身体、健康、姓名等具体外在人格要素的控制与塑造的抽象人格权。

---

⑦ 参见[日]星野英一:《私法中的人》,王闯译,载梁慧星主编:《为权利而斗争》,中国法制出版社2000年版,第374页。

值得研究的是,自我决定权的意志决定自由与自由权的关系。我国传统学说对自由权采广义理解,认为自由权不仅包括身体自由也包括精神自由[⑧],笔者以前也持这种观点。[⑨] 随着人格权研究的深入,笔者认为,精神自由应当区分为消极的自由和积极的自由,精神的消极自由是指精神不受干扰地保持其完整与纯正的自由;积极自由是指意志积极地作出决定并表现于外的自由。对于精神的消极自由的保护,是对权利人内在人格实质完整性的保护;意志的积极的决定自由,则应当属于自我决定权的范畴。在此体系内,自由权将采狭义理解,也就是说,自由权仅包括身体自由而不包括精神自由,而且精神自由与身体自由的不同表现形态,决定了对精神自由与身体自由的保护将采用不同的法律技术,将精神自由与身体自由作为一种共同的自由权存在不协调的现象。

四、自我决定权的性质和法律地位

(一)自我决定权是人格权权能的抽象概括

从人格权的发展历史来看,人格权一直受到侵权法的影响和限制这一论断并非武断,在德国法中,人格权被作为侵权行为一般条款中应受保护的权利予以规定,即便是一般人格权理论的构建也是在侵权法的框架内进行的。我国受德国民法传统影响,针对人格权展开的研究也无法摆脱侵权法这只看不见的手,学者经常会不自觉地以侵权法的理念禁锢人格权的权利内容。一直以来,由于受到侵权法保护的只是作为生命权、身体权和健康权的客体的生命、身体以及健康机能的完整,从而产生了人格权的权利内容仅限于客体完整性的定势思维。侵权法对于人格权权能保护的欠缺,导致了人格权权能的萎缩。以至于有学者认为,生命权的意义在于保护人们的安全和生存,而绝对不在鼓励或者保护人们的"献身"。[⑩]

但是,应当指出的一个非常重要的问题是,受法律技术的限制,同时兼顾社会公众的行为自由,侵权法往往只对权利提供有限的保护,因而权利本身的内容会比侵权法所保护的内容更加丰富。非常典型的例子是侵权法对于物权的保护,学界一般认为所有权包括占有、使用、收益、处分的权能,但是侵权法并未对所有权的这些所有权能都提供保护。侵权法对所有权的救济区分为两种情况,即对于物的损坏,以及造成财产损失的其他形式。界定是否存在物的损坏主要还是依赖于行为人是否侵犯了物的实体。[⑪] 涉及物本身的物理完整性侵害的,侵权法提供完备的保护,但是对于与物本身的损坏无关的物权权能的侵害,尤其是妨害对于物的使用功能的保护尚未达成

---

⑧ 参见何孝元:《损害赔偿之研究》,台北商务印书馆1982年版,第141—142页。
⑨ 参见杨立新:《侵害自由权及其民法救济》,载《法学研究》1994年第4期。
⑩ 尹田:《论人格权独立成编的理论漏洞》,载《法学杂志》2007年第5期。
⑪ 参见〔德〕克雷斯蒂安·冯·巴尔:《欧洲比较侵权行为法》(下卷),焦美华译,张新宝审校,法律出版社2004年版,第37—38页。

一致意见,其中纯粹经济损失即为著例。[12]

正是由于侵权法长久以来仅对人格权客体的完整性提供保护,造成了人们对人格权认识的偏差。学界长时间不当地认为生命权、身体权、健康权的权利内容仅限于权利人对于生命、身体和健康的完整性的享有,对于权利人在这些权利上的自由视而不见。相反,姓名权由于并未局限于侵权法条款而是获得法典独立的规定,因而学界对于姓名权的认识要全面得多,姓名权并不局限于姓名完整不受歪曲的权能,而具有更多的改变、使用等其他权能。这也正说明自我决定权作为人格权权能的合理性与正当性。

自我决定权作为权利人对自己具体人格要素在人格发展方向上自我控制与塑造的权利,是权利人针对自己人格要素的自由,属于具体人格权的权能。这种自我决定的权能使得权利人作为自己的主人,能够决定自己的人格个性,实现自己最高的人格本质。将自我决定权与物权的权能进行比较,有助于对自我决定的权能的正确理解。人格权与物权作为两种不同的权利分别实现不同的价值、物权提供经济利益,满足主体的物质需求,因而物权的权能以充分发挥物的经济价值为目的,表现为对物的使用收益等内容;人格权以维护人的尊严,促进人格发展为目的,人格权的权能并非对人格要素的收益乃至处分,而是对其予以维护和发展。自我决定权作为人格权权能的抽象,是一种一般性的概括,针对不同的具体人格要素,自我决定权会表现为不同的形态。

我国学者突破传统观念的束缚,扩大人格权的权能,认为人格权具有支配性。[13]人格权的支配性与自我决定权之间是何种关系呢?笔者认为,支配权是与请求权相对应的概念,表示权利的行使不需要他人积极协助的状态,是一种形式性的表述,并未表明权利的内容。虽然同为支配权,由于保护价值的不同,不同的权利会表现出大相径庭的支配状态。自我决定权是对人格权内容的实质性表述,表明权利人针对客体的行为自由主要表现为对人格要素的控制与塑造,是由人格权所要实现的价值决定的。因此支配权与自我决定权都是对人格权权能的概括,前者侧重形式,后者侧重实质内容。应当注意的是,人格权的支配性与物权的支配性存在显著区别,不可将人格权的支配性类比物权的支配性。人格权的支配性表现为通过决定对于人格要素的发展与塑造。物权的支配性表现为占有、使用、收益和处分。

(二)自我决定权是一种相对独立的权利

学界虽然对于权利和权能有明确的区分,但是严格说来,两者并非泾渭分明,从

---

[12] 参见〔德〕克雷斯蒂安·冯·巴尔:《欧洲比较侵权行为法》(下卷),焦美华译,张新宝审校,法律出版社2004年版,第45—48页。当然德国法院也采取扩大所有权保护范畴的方法,逐渐将对所有权的保护扩及于物的使用功能,以解决对纯粹经济损失的保护问题。参见王泽鉴:《侵权行为法》(第1册),中国政法大学出版社2001年版,第101页。

[13] 参见王利明:《人格权法研究》,中国人民大学出版社2005年版,第35页;马俊驹、张翔:《人格权的理论基础及其立法体例》,载《法学研究》2004年第6期。

权能到权利往往只是一线之隔。民法中的权利概念是从法律关系中抽离出来的，我们不是把法律关系所包含的每一种实施某种行为的权能都作为"权利"，而是把某种具有相对独立意义的权能称为权利。[14] 可知，权利与权能并不存在本质的区别，具有独立地位并且比较重要的权能被作为权利。有学者认为，权利与权能的区分并不是绝对的，要看它的独立转让性以及或多或少依它的重要性来决定。[15] 笔者认为，能否独立转让并非权利和权能划分的标准，人身权虽然不能转让但不妨碍其作为一种权利，人格权由于与主体人格的紧密联系更是不能转让，但是其作为民事权利体系中的一项重要权利早已为学界所承认。因此，具有相对独立的地位和重要性是权利与权能的区分标准，以此为标准，自我决定权应当是一种权利，理由如下：

（1）自我决定权所强调的是权利人针对具体人格要素的意志决定自由，这种自由是权利人塑造与发展其人格，实现权利人最高人格本质的重要能力，具有特别的重要性。作为一种权能，不足以显示其重要性。

（2）自我决定权具有相对独立的保护对象，以保护权利人的意志人格为目的。而且由于侵权法对自我决定权的保护采用比较特殊的法律技术，使得对于自我决定权的保护成为一个相对独立的问题。

(三) 结论

据此，笔者认为，自我决定权与公开权以及一般人格权作为人格权权能的抽象，都是抽象人格权的范畴，并且由它们作为抽象人格权的权利体系而与具体人格权的权利体系相对应，构成完整的人格权体系构架，这就是自我决定权的性质和法律地位。

五、自我决定权的具体内容

(一) 对于生命的自我决定

传统学说认为，生命权是以自然人的生命安全利益为内容的人格权。一般不认为权利人对生命具有支配性，仅在于对生命的维护以及对他人侵害行为的正当防卫等方面具有有限的支配性。[16] 的确，基于传统哲学观念，生命具有深厚的伦理价值，生命不属于个人，个人要对生命中的人性与伦理价值负责，不能随意处分其生命，如果人可以为了逃避痛苦随意结束生命，就是将人格视为工具，有违将人作为目的的基本伦理价值。[17] 但是世界上仍有比生命更重要的事物，就是人的自主性和人的尊严，因

---

[14] 参见〔德〕卡尔·拉伦茨：《德国民法通论》，王小晔等译，法律出版社 2003 年版，第 263 页。
[15] 参见〔德〕卡尔·拉伦茨：《德国民法通论》（上），王晓晔等译，法律出版社 2003 年版，第 201 页。
[16] 参见王利明：《人格权法研究》，中国人民大学出版社 2005 年版，第 303—309 页。
[17] 康德的名言，你要这样行动，永远都把你的人格中的人性以及每个他人的人格中的人性同时用做目的，而绝不只是用做手段。参见康德：《道德形而上学原理》，苗力田译，上海人民出版社 2002 年版，第 47 页。

为生命的意义并不必然在于继续活下去,在生命持续时,名誉的生存是必要的,如果一个人是为了避免不名誉地活着而死去,他就是勇敢的。[13] 如果一个人对生命的决定是建立在超乎个体的普遍利益和普遍道德准则的意志自律的基础上,那么就是勇敢的。[14] 按照人格发展的理论,生命的存在是为了人格的充分发展,生命的高贵在于其是人格发展的最根本的基础,如果生命的舍弃能够使人格得以升华,或者是为了实现被社会所尊崇的价值,例如为了科学的真理、祖国的安全或者更多人的幸福,权利人应当具有终结其生命的自我决定权。又如果生命的存在已不能促进人格的发展,反而有损人格尊严时,有尊严的死亡是对人的最大关怀,权利人终结其生命的自我决定就是正当的。对于安乐死,笔者认为,如果病患的生命的继续存续只会给他带来痛苦和毫无尊严的生存,他可以要求终止自己的生命,但是医生实施安乐死要符合一定的条件。

(二)对于身体的自我决定

传统学说认为,身体权是自然人保持其身体的完整的权利。[20] 毫无疑问,身体的完整是权利人人格发展的必要条件,但这只是最低层次的条件,身体对于人格的发展不仅仅在于其完整性,身体作为人格的重要载体,体现了人格的诸多特点,是人格的最明显的表现;身体在某种程度上成为一个人人格的表征,为了人格的发展,为了更好地发展天赋的能力,权利人按照其人格的追求去对身体形态的适当改变应当认为是权利人的正当的自我决定。例如,进行抽取脂肪的瘦身手术,以及根据爱好对于发型的选择等。另外,人的容貌形态作为人的身体的重要部分,权利人为发展其人格,展现其人格个性,可以利用现代医学手段进行适当改变。例如,艺术的天赋需要外在形象的彰显,众多影视明星为了发展其天赋的表演能力,为了使自己具有更大的人格魅力,事业获得更佳发展,往往进行整容以及美体手术。可见,整容现在已被一般公众认为是权利人的正当的自我决定。

在医疗活动中,为了治疗疾病,不得不对身体的某些部分以及特征进行改变,而这些改变在通常情况下是不可能的,因而在医疗活动中,自我决定权得到最为广泛的体现,法学界对其研究也相应地比较深入,并形成了一些共识。我们通过对医疗活动中知情同意理论发展进程的简要梳理,就能够发现人格权的保护从外在人格到意志人格的发展趋势,以及自我决定权的重要意义。

起初,按照传统学说与理论,医疗活动是对于身体的侵袭,以患者的同意为阻却违法事由,未经患者同意的医疗活动,或者超出患者同意范围的医疗活动被认为是对于身体权的侵犯,英美法上为 battery 之诉,此时法律所保障的是身体的物理完整性,

---

[13] 参见康德:《实用人类学》,邓晓芒译,上海人民出版社 2002 年版,第 164 页。
[14] 参见康德:《实用人类学》,邓晓芒译,上海人民出版社 2002 年版,第 168 页。
[20] 史尚宽:《债法总论》,中国政法大学出版社 2000 年版,第 148 页。

而非患者的自我决定权。[21] 学者多认为,同意仅仅被视作侵权法上的免责事由,此时同意与自我决定尚未建立起联系。[22] 传统身体权仅仅保护权利人身体的物理完整性,权利人的自主性是非常有限的,法律不承认权利人对自己身体的自我决定,对身体的医疗行为并非出于患者对自己身体的自我决定,而是为了祛除疾病,重获健康。而此时的同意并非身体权所包含之权能,其作为对身体侵袭的阻却违法事由,更多的是侵权法上的意义,即获得同意的医疗行为并非侵权法意义上的违法行为。

随着医学的发展,医疗活动逐渐复杂,医疗方案也有多种选择,与每种医疗方案相伴随的是不同的风险,人们逐渐认识到医疗活动在为患者祛除病痛的同时,也对患者的人格特征产生重大影响,不同的医疗方案会造成患者大相径庭的人格特征改变。针对自己的身体采取何种医疗措施,从而形成何种身体特征,直接体现了患者对自己的人生安排、价值、道德观念以及内在的个性,从而直接影响患者未来的生活以及人格特质,对于患者的人格发展具有重大意义。对这种重大事项,只能由患者本人决定,患者是自己身体的决定权人,对于采用何种医疗方案具有自我决定权,权利人可以按照其内在人格特质决定自己的身体特征,质言之,权利人可以按照其内在的情感、哲学、宗教以及人生观等构成其内在人格的重要观念,去对自己的身体特征进行自我决定,从而实现其人格发展。

对于这种重大价值,法律必须予以保护。对此,传统身体权理论无能为力,传统身体权理论只是保护身体的物理完整性,在得到患者概括同意的情况下,如果医生只是对手术风险、手术效果以及其他方案未予以告知,患者没有作出适当的医疗方案的选择,而进行了非出于患者内在个性真实意愿的身体特征改变,这种情况很难说是侵害了身体的形式完整性。判例与学说发展了基于过失的侵权之诉(negligence),根据该理论,医务人员负有向患者公开有关治疗的重要事项、治疗本身所伴有的风险等足以影响患者作出决定的重要信息的法定义务,医务人员由于过失没有履行这一义务,给患者造成损害的,患者可以提起 negligence 诉讼。[23] 于是法律通过法定的告知义务间接确认了患者的决定权利,并对由于医生过失未履行告知义务,造成患者作出不真实决定而产生的损害予以救济。可见,美国法上对患者自我决定的权利没有直接予以确认,而主要是通过侵权法上的救济来进行间接保护,对侵权法所救济的是何种权利未予明确闸述,体现了英美法与大陆法法律思维的不同。

日本作为大陆法系国家,经过多年对源于美国法的知情同意原则的继受与发展,在大陆法的体系框架内对于知情同意理论进行了变革,在司法判例中确立了对身体

---

[21] See R. Jason Richards, How We Got Where We Are: A Look at Informed Consent in Colorado-Past, Present, and Future, 26 N. Ill. U. L. Rev. 69, 76(2005). See Ken Marcus Gatter, Protecting Patient-Doctor Discourse: Informed Consent and Deliberative Autonomy, 78 Or. L. Rev. 941, 948(1999).

[22] See Ken Marcus Gatter, Protecting Patient-Doctor Discourse: Informed Consent and Deliberative Autonomy, 78 Or. L. Rev. 941, 948(1999).

[23] See R. Jason Richards, How We Got Where We Are: A Look at Informed Consent in Colorado-Past, Present, and Future, 26 N. Ill. U. L. Rev. 69, 82–83(2005).

的自我决定权㉔,对大陆法系人格权的发展具有重大意义。自我决定权保护的不是患者的身体的形式完整性以及实质完整性,而是根据自己的人格追求对身体进行自我决定的自由,是对意志人格的保护。

本文文首的案例是典型的侵害患者自我决定权,造成患者自我决定机会丧失的情形。日本另一则案例则属于典型的侵害患者自我决定权,造成患者实际损害的情形。1971年5月19日,东京地方法院裁判的一个案件。原告的右乳房发现恶性肿瘤,在得到其同意的情况下实施了乳房切除手术。但在切除了右乳房后又对其左乳房作了病理切片检查,发现左乳房属于乳腺症,医师在没有得到本人的同意下,将其左乳房也切除了。判决认为,全部切除女性乳房内部组织对于患者来说从生理机能到外观上都是具有非常重大后果的手术,为此,被告在切除原告左乳房手术时,必须重新取得患者的同意,在获得患者同意前,作为前提,医师有必要就症状、手术的必要性作出说明,像本案件这样手术有无必要,存在不同见解的场合,患者是否接受手术的意思更有必要尊重。因此认为,医师应当把上述情况向患者作出充分说明并取得同意后才能进行手术。医师在没有取得患者同意的情况下切除患者左乳房手术的行为,属于违法行为,命令其支付损害赔偿金。㉕ 这种侵权行为是典型的未经同意而采取积极的医疗行为,所侵害的是患者的自我决定权,这种侵权行为构成了事实因果关系,给患者造成了实际损害。

(三)对于健康的自我决定

传统学说认为,健康权指以保持身体机能为内容的权利,很少论及权利人在健康方面的自由。应当认为,健康是一个人非常重要的人格要素,一个人的健康状况一定程度上表现了他的人格特质,林黛玉欠佳的健康状况与其忧郁的性格构成了她非常突出的人格特质。权利人针对自己的健康状况具有自我决定权,可以通过各种体育活动提高健康水平,在生理机能、功能出现不正常状况,即健康状况下降的时候,有请求医疗、接受医治的权利,使健康状况达到完好的状态或者恢复到原有状态。只不过由于这种决定自由很少受到侵害,不为侵权法所重视,因此为学界所忽视。

(四)对于姓名的自我决定

关于姓名权,存在不同的界定,例如,姓名权为使用自己姓名的权利㉖;或者是自然人决定其姓名、使用其姓名、变更其姓名,并要求他人尊重自己姓名的一种权利。㉗ 由此可见,学界大多承认权利人有使用或改变自己姓名的自由,但是对该权利,学者未作深入分析。众所周知,姓名由姓和名组成,姓是一定血缘遗传关系的记号,标示

㉔ 参见夏芸:《医疗事故赔偿法——来自日本法的启示》,法律出版社2007年版,第535页。
㉕ 转引自段匡、何湘渝:《医师的告知义务和患者的承诺》,载梁慧星主编:《民商法论丛》(第12卷),法律出版社1999年版,第159—160页。
㉖ 参见王泽鉴:《侵权行为法》(第1册),中国政法大学出版社2001年版,第120页。
㉗ 参见王利明:《人格权法研究》,中国人民大学出版社2005年版,第406页。

着血缘宗族的延续,一般情况下或者随父姓或者随母姓,但也有学者提出第三姓的问题。[28] 作为姓名组成部分的单字具有其自身的意义。中国的汉字具有几千年的历史,每一个汉字都有其丰富的哲学以及文化蕴含,姓名作为汉字的组合具有其特定意义。每一个人的名字的意义都体现了本人对世界的认识,体现了对自己想要成为什么样的人的期许与追求,体现了其人生哲学、价值理想以及期待愿望。我国景颇族经常以"扎""迪"作为名,"扎""迪"具有"饱满""结实"的含义,体现了希望自己成为健壮、勇敢的人的追求。[29] 而且,人名具有心理暗示作用,对人名持有者本人来说,意义尤为明显,人的一生中姓名之暗示力,因其不断的潜移默化、诱导催生,自会影响人名持有者本人。[30]

所以,姓名体现了一个人对自我的认知,以及对人生的规划和追求,体现了人的哲学、价值等观念,是人格的流露,人对自己姓名的自我决定的意志,直接决定了权利人的人格追求,形成了权利人独特的人格特质,是权利人实现其最高人格本质的重要方面,权利人可以按照关于自我的认识与期待去对姓名进行自我决定。

具体来说,姓名权人可以对自己的姓名予以改变,以更加符合本人的人生追求;为了彰显本人的人格特质和人生追求,权利人还可以不使用本名,而使用笔名或艺名,这些都是姓名权人针对自己姓名的自我决定权的具体表现。

(五)自我决定内容呈现不断扩展的趋势

自我决定权的内容在某种程度上受到科学技术水平发展的影响。在现代医学发展之前,人们很难想象针对自己身体的自我决定。现代科学技术的发展为人们针对自己人格要素进行决定提供了越来越多的可能,甚至提供了人们针对自身基因进行决定的可能,虽然现在人们对自己人格要素的自我决定的能力还受到很多的限制,但在不久的将来,对人格要素的自我决定会有更多的可能,自我决定权的内容将会越来越丰富。

六、自我决定权的民法保护

(一)人格权请求权

自我决定权作为人格权,其重要的保护方法是人格权请求权。人格权请求权是自我决定权本身固有的一种请求权,只要存在权利被妨害或妨害的可能,就可予以主张,不必要求侵害人存在过错,也不必造成现实的损害,而直接针对妨害行为产生于损害发生之前,具有重要的功能。自我决定权所具有的人格权请求权分为排除妨害

---

[28] 参见马桦、袁雪石:《"第三姓"的法律承认及规范》,载《法商研究》2007年第1期。
[29] 参见陈桥妹:《景颇族姓名的文化解读》,载《保山师专学报》2008年第1期。
[30] 参见杨卫东、戴卫平:《中国人姓名文化特色》,载《作家杂志》2008年第8期。

请求权和停止妨害请求权。㉛ 前者是指民事主体的自我决定权有受到不法妨害之虞时,得向加害人或者人民法院请求加害人为或者不为一定行为以防止妨害的权利,例如,当医生对医疗措施的所有风险未告知时,患者可以请求医生进行全面告知,以作出适当的自我决定。后者是指民事主体的自我决定权受到不法妨害时,得向加害人或者人民法院请求加害人为或者不为一定行为,以停止妨害,恢复人格权的圆满状态的权利,例如,如果权利人改变自己姓名的决定遭到妨害的,权利人可以请求妨害人停止妨害行为。

(二)侵权请求权

侵权法的主要任务在于如何构建法益保护与行为自由之间的矛盾关系。㉜ 侵权法的具体制度构造很大程度上是两者平衡的产物。有形客体的明确外观给他人提供了行为界限,因此对客体完整性的保护不会过度限制一般公众的行为自由,除此之外的权利的其他内容,由于并不存在明确的外观,对于它们的保护存在过度限制公众行为自由的可能,因而需要进行利益衡量。从这个层面来说,侵权法对于自我决定权与人格要素完整性的保护必定会分别采用不同的法律技术。具体人格要素的存在具有一种外部的客观存在,相对于物权所要求的客观性,这种客观存在的表现形式更加多样,除了物理性存在之外,获得社会观念认可的稳定的存在也能够满足外在客观性的要求,比如作为名誉权客体的名誉,虽然不具有物理的客观性,但是通过社会公众的客观性评价予以转介,也能够作为一种外在的客观存在。因而对具体人格权客体完整性的保护,可以采用一般条款予以解决,不需要特殊的法律技术。

由于自我决定权保护的并非具体人格要素的完整性,而是意志针对它们的自我决定自由,这种自我决定的自由并非权利客体所能吸收,不具有明确的权利外观,因此需要不同于对人格要素完整性保护的特殊法律技术。对自我决定权的侵害主要表现为对权利人予以欺诈或胁迫,或者相对人未履行告知义务,救济方法主要是损害赔偿。

1. 欺诈或胁迫

我国传统学说将欺诈和胁迫认定为是对自由权的侵害。㉝ 这种学说对自由权采广义理解,认为自由权不仅包括身体自由也包括精神自由,笔者以前也持这种观点。㉞

侵害自我决定权的欺诈是指故意以虚假的事实告知权利人,使权利人在虚假事实的基础上针对人格要素作出与其真实意志不相符合的决定。胁迫是指故意以给他人造成损害为目的进行要挟,使他人产生恐惧,从而针对人格要素作出与其真意不相符合的决定。以欺诈或胁迫的方法侵害他人自我决定权,属于故意侵权,在这种情况

㉛ 参见杨立新、袁雪石:《论人格权请求权》(本书第 499 页),载《法学研究》2003 年第 6 期。
㉜ 转引自〔德〕马克西米利安·福克斯:《侵权行为法》,齐晓琨译,法律出版社 2006 年版,第 4 页。
㉝ 参见何孝元:《损害赔偿之研究》,台北商务印书馆 1982 年版,第 141—142 页。
㉞ 参见杨立新:《侵害自由权及其民法救济》,载《法学研究》1994 年第 4 期。

下,受害人作出的决定一般都并非其真实的决定,也就是说,受害人若了解真实情况会作出不同的决定,对此种实际损害要进行完全赔偿。

2. 未履行告知义务

除了受欺诈或胁迫之外,普遍存在的自我决定权受侵害的情况表现为行为人未履行告知义务。这种侵权行为发生在侵权人与权利人之间存在某种法律关系的情况,通常是合同关系。在这种关系中,行为人的行为对权利人的人格特质将产生重大影响,如果行为人未将相关情况告知权利人,权利人针对自身人格要素自我决定的机会被剥夺,自我决定权将受到侵害。此类侵权行为主要发生在医疗领域。

随着医学的发展,医疗活动的风险也随之增强,不同的医疗措施的选择会对患者的人格特质产生重大影响,对此只有患者本人享有决定权。在医疗法中,自我决定权的保护是通过知情同意规则具体实现的,知情同意规则是实现患者自我决定权的前提条件[35],换句话说,知情同意规则是患者自我决定权的具体化程序保障,是患者实现自我决定权的表现形式。在医疗活动中,医生要针对向患者提出的医疗处置方案,就其风险以及其他可以考虑采取的措施等作出详细的说明,是否接受医疗处置或者采用何种医疗处置方案应当由患者自己决定。因此,医生的告知义务就是一种必要的法定义务,只有在医生充分告知的基础上,患者才能够作出符合其真意的自我决定。笔者曾经从侵权法的角度对医生的告知义务进行了研究,并认为医生告知义务来源于知情同意规则[36],这种认识仍是从侵权法的角度,并非从人格权的角度考虑的。

informed consent(知情同意规则)来源于美国法,是对医疗过程中医患双方当事人之间权利义务关系的概括。它主要是从侵权法的角度解决患者权利保护的问题,强调医生应当履行告知的义务,并得到患者的同意,在法律层面没有涉及保护的是患者的何种人格权。美国法由于没有完善的权利体系,可以仅从侵权法的角度通过过失侵权(negligence)之诉对受害人提供救济,而不必考虑受害人受到侵害的到底是何种权利,而在大陆法系国家,则要研究受到侵害的是患者的何种人格权或人格利益。医生的告知义务、患者的知情以及最终针对某种医疗处置方案的决定权都是前置性的程序条件,其最终要实现的是患者针对自己人格要素的自我决定的权利,保护的是患者的人格权。[37]

未履行告知义务对于患者自我决定权造成的损害可区分为两种情况:

(1)如果未告知行为影响了患者的决定,也就是说,如果履行了充分告知义务,患者将会作出不同的决定。此时构成意思决定事实因果关系。在此情况下,要计算出

---

[35] 参见翁玉荣:《从法律观点谈病患之自己决定权及医师之说明义务》,载《法律评论》第66卷第1—3期合刊,第4页。

[36] 参见杨立新、袁雪石:《论医疗机构违反告知义务的医疗侵权责任》(本书第2024页),载《河北法学》2006年第12期。

[37] 自我决定权受侵害说已被日本和我国台湾地区学者所接受。参见〔日〕植木哲:《医疗法律学》,冷罗生、陶芸、江涛等译,法律出版社2006年版,第327页;侯英泠:《从德国法论医师之契约上告知义务》,载《月旦法学杂志》第112期,第12—13页。

充分告知与未告知两种情况下患者不同的决定之间的利益差,并对此损害进行赔偿。

这种损害主要包括:其一,人身损害。比如,医生在剖宫产手术过程中认定再次怀孕将威胁病人的安全,于是在手术过程中根本未征求病人同意就当即进行了绝育手术。[38] 其二,精神损害。主要是未充分告知的医疗行为给患者造成的精神上的痛苦。其三,财产损害。包括直接财产损失和间接财产损失。就直接财产损失而言,违反告知义务切除患者肢体,造成患者残疾所必须支出的费用等。间接损害,主要是指患者因医疗行为造成丧失劳动能力、工资收入的损失。其四,丧失治疗最佳时机(包括存活机会)、最佳治疗方案的损害。医疗机构没有履行转诊等告知义务,会使患者丧失确诊的最佳时机,比如,患者的病情已经由早期发展到晚期。

(2)如果未告知并未影响患者的决定,也就是说,即使在充分告知的情况下,患者仍然会作此决定,则不存在实际损害,只需要对患者自我决定机会的丧失的精神损害进行象征性赔偿即可。

---

[38] 〔德〕冯·巴尔:《欧洲比较侵权行为法》(下卷),焦美华译,张新宝校,法律出版社2001年版,第390页。

论作为抽象人格权的一般人格权*

我国现有的一般人格权制度与具体人格权存在矛盾,与人格权概念存在矛盾,与人格商业利用权关系复杂。所有这些一般人格权与人格权体系的矛盾都是由于我国的一般人格权制度尚停留在作为宪法价值在民法中适用的转介条款的阶段,没有实现民法制度化造成的。德国的一般人格权虽然也是对抽象的宪法价值的实现,但是由于已经被构造为民法中的制度,因此不存在上述矛盾。由于我国的具体人格权制度已经吸收了比较法上一般人格权具体化的成果,因此我国的一般人格权制度应当以此为基础予以适当限缩。我国的一般人格权应当是对具体人格权未予规定的意志针对其他非典型人格要素的决定自由予以保护的抽象人格权,它在人格权体系中具有补充具体人格权不足并促进形成新的具体人格权的功能。

一、我国现有的一般人格权制度与人格权体系不兼容

(一)我国一般人格权制度的发展与现状

我国的一般人格权制度主要是通过学说和司法实践的共同努力发展起来的。《民法通则》除了对生命权、健康权、姓名权、肖像权、名誉权等具体人格权进行明确规定之外,也在第101条对人格尊严的保护进行了规定,通过这种方法对具体人格权以及具体人格权之外的其他涉及人格尊严的利益进行了保护。然而随着社会的发展,《民法通则》的上述体例表现出了极大的局限性,无法对新出现的不属于具体人格权和人格尊严的人格价值提供保护依据。学者借鉴德国、日本以及我国台湾地区的一般人格权制度,并结合我国立法关于具体人格权之外的其他人格利益的保护的规定以及我国《宪法》对人格尊严保护的规定,发展出我国的一般人格权制度。[①] 一般人格权保护的是高度概括的全面的人格利益,包括人格独立、人格自由、人格平等和人格尊严,这种一般人格权的认识已逐渐获得学界的广泛认可。在司法实践领域,司法机关在借鉴上述学说,并总结司法实践经验的基础上,也逐渐接受了一般人格权的思

---

* 本文发表在《广东社会科学》2010年第6期,合作者为首都师范大学法学院副教授刘召成博士。
① 参见杨立新、尹艳:《论一般人格权及其民法保护》,载《河北法学》1995年第2期;姚辉:《论一般人格权》,载《法学家》1995年第5期。

想,并在有关精神损害赔偿的司法解释中对其予以了确认。② 这样就基本形成了我国的一般人格权制度,对人格利益提供广泛的保护,以补充具体人格权保护的不足。

一般人格权已经成为我国人格权体系中的一项重要制度,与具体人格权一起共同对民事主体提供全面的人格保护。一般认为,一般人格权是对公民和法人享有的人格利益的抽象概括,包括人格独立、人格自由、人格平等和人格尊严③,其在人格权体系中具有解释、创造和补充的功能④,能够补充具体人格权对人格保护的不足。

一般人格权是为了弥补具体人格权对于人格保护的不足而产生的。其源于人格作为人的本质的最高价值,这些价值在现代民主法治社会已经得到宪法的确认,并通过宪法影响部门法。但是民法对人的价值的保护必须通过特定的法律技术转变为民法上可以操作适用的具体制度,也就是说,民法作为一门科学,必须通过自身的制度去实现宪法上对人的价值的保护。一般人格权作为一项民法制度,必须纳入民法的框架,这是一般人格权的宿命,也是民法学者的使命。德国的一般人格权虽然源于《德国基本法》,是对该法第1条第1款人格尊严以及第2条第1款人格发展的价值的实现,但是自其产生之日起,学界就一直努力将其纳入民法体系,寻找其请求权基础,认为一般人格权作为一种框架权利属于《德国民法典》第823条第1款的其他权利,从而通过该条获得了请求权基础。⑤ 与此同时,学界还通过多种方式具体化一般人格权,以获得法律适用的确定性。⑥

与此不同的是,我国的一般人格权制度尚处于概念与性质的抽象界定阶段,学界缺少将一般人格权纳入民法体系的努力,造成了我国一般人格权制度停滞不前的状态。关于一般人格权的性质,我国学界大概有三种观点:有学者认为它是一种权利⑦,有学者认为它是一种法益⑧,有学者认为它并非权利或法益,而是法律对人格予以保护的框架性条款。⑨ 笔者认为,对我国一般人格权性质的讨论,必须以学界关于一般人格权的共识为基础,这就是,一般人格权是对抽象的人格利益的保护,也就是对人格独立、人格自由、人格平等和人格尊严的保护。按照传统民法的权利观念,权利的内容必须是明确的、可以划定的,无论是物权、债权还是具体人格权,都至少具有权利

---

② 最高人民法院《关于确定民事侵权精神损害赔偿责任若干问题的解释》第1条对作为一般人格权核心的人格尊严和人格自由进行了规定。

③ 参见王利明:《人格权法研究》,中国人民大学出版社2005年版,第160页;杨立新、尹艳:《论一般人格权及其民法保护》,载《河北法学》1995年第2期;姚辉:《论一般人格权》,载《法学家》1995年第5期。

④ 参见杨立新、尹艳:《论一般人格权及其民法保护》,载《河北法学》1995年第2期;尹田:《论一般人格权》,载《法律科学》2002年第4期。

⑤ Deutsch/Ahrens, Deliktsrecht, 4. Auflage, 2002, S103. Kötz/Wagner, Deliktsrecht, 10 Auflage, Luchterhand Verlag 2006, S. 67.

⑥ Jürgen Gleichauf, Das postmortale Persönlichkeitsrecht im internationalen Privatrecht, Peter Lang Europäischer Verlag der Wissenschaften 1999, S. 67 – 71.

⑦ 参见王利明、杨立新、姚辉:《人格权法》,法律出版社1997年版,第26页。

⑧ 参见熊谞龙:《权利,抑或法益?——一般人格权本质再探讨》,载《比较法研究》2005年第2期。

⑨ 参见马俊驹:《人格和人格权理论讲稿》,法律出版社2009年版,第200页。

客体的可确定性,一般人格权并非这种意义上的权利,对于人格独立、人格自由、人格平等和人格尊严无法予以具体界定并划定范围,因此我国的一般人格权并非权利。⑩

在德国法中,一般人格权被视为一种不同于传统权利的框架性权利。⑪ 而我国的一般人格权是否属于框架性权利,需要慎重考察。笔者认为,我国的一般人格权制度与德国的一般人格权制度存在较大差异,不能简单移植框架权利的概念。虽然德国的一般人格权制度和我国的一般人格权制度都是对源于宪法的人格价值的保护,但是作为民法上的一项制度,德国的一般人格权并非以抽象的人格作为保护的客体,联邦最高法院一直是将人格在特定领域的表现形式而非抽象的人格作为一般人格权的保护对象,这种人格的表现形式或者是客观化了的人的表达,或者是私人领域,或者是得到固定的话语,等等。⑫ 而且随着判决的增加,这些人格的表现形式在不断增加,所有这些都是一般人格权的保护对象。与此形成对照的是我国的一般人格权的保护客体,无论是学界还是司法实务,都不存在将人格在特定领域的表现形式作为一般人格权客体的尝试。主流观点认为,一般人格权是对抽象的人格独立、人格自由、人格平等和人格尊严的保护,也就是对整个抽象人格的保护,因为无论是从哲学还是社会学的角度考察,人格独立、人格自由、人格平等和人格尊严都是人格的代名词,是对人格的全面概括。

虽然我国一般人格权关于对人格独立、人格自由和人格平等保护的论断与德国法上关于一般人格权源于宪法,是对《德国基本法》第1条和第2条确定的关于人格尊严和人格发展的保护的论断相似,但是相似也仅止于此。不管是有意还是无意,我国的一般人格权不存在通过人格的具体化进行权利构建的尝试,而是采用了与德国法不同的做法,通过一般人格权确立了一个转介条款,宪法上关于人格保护的价值通过该条款获得了民法上的效力,侵害人格独立、人格自由、人格平等和人格尊严的行为,可以获得侵权法的救济。因此我国现有一般人格权是一个高度抽象的概念,人格独立、人格自由、人格平等和人格尊严在民法中的具体表现及其范围尚有待确定,尤其是人格自由作为整个民法制度的基础价值,特别表现为民事行为能力与合同自由。在这种民法框架内,作为一般人格权保护内容的抽象的人格自由到底能扩展到何种程度,恐怕是一个不可回避的问题。不管学者的态度如何,民法的各种法律制度必须是具体的,抽象的概念只能作为民法的原则而不能成为制度。在德国,通过学者的努力,一般人格权已经发展为一种中等抽象的概念,我国的一般人格权如何从宪法价值的转介条款具体化为一种民事权利,是需要学界认真对待的问题。

(二)现有的一般人格权制度与具体人格权存在矛盾

我国现有一般人格权与具体人格权的关系可以说是"剪不断、理还乱",其复杂程

---

⑩ 更加详细的关于一般人格权并非权利的讨论,参见熊谞龙:《权利,抑或法益?——一般人格权本质再探讨》,载《比较法研究》2005年第2期。

⑪ Münchener Kommentar, Bürgerliches Gesetzbuch, Band 1, Verlag C. H. Beck 2001, S. 225.

⑫ 这三种人格的客观表现是德国联邦最高法院分别在"读者来信"案、"骑士"案、"录音"案中确立的。

度远甚于德国法上一般人格权与具体人格权的关系。一方面，大多数学者认为，一般人格权是各种具体人格权的概括，也是各种具体人格权产生的基础。[13] 但是，另一方面又认为，已经为法律确认的具体人格权的利益，不应当包括在一般人格权中。[14] 笔者认为，由于我国一般人格权制度的特殊构造，造成了一般人格权与具体人格权的矛盾关系，主要表现为：

1. 我国现有一般人格权的高度抽象性，使得具体人格权丧失了独立性

一般人格权的保护客体具有高度的抽象性，是抽象的人格独立、人格自由、人格平等和人格尊严，而具体人格权的客体是各种具体的人格要素，正是这种抽象与具体的关系形成了一般人格权与具体人格权的区分。但是问题并非如此简单，如果人格独立、人格自由、人格平等和人格尊严是对民事主体全部人格利益的抽象概括，而具体人格要素又是民事主体人格利益的表现，那么具体人格要素自然被人格独立、人格自由和人格平等所吸收，具体人格权将成为一般人格权的权能，并丧失作为独立权利的资格。如果要坚持具体人格权的独立性，从而认为一般人格权不包括具体人格权的人格利益，那么又会造成与一般人格权是对主体的人格利益予以全面保护的界定的冲突，进而产生逻辑上的矛盾。

2. 在一般人格权对具体人格权的解释与补充功能上，两者也存在着矛盾

例如我国《民法通则》第100条规定的侵害肖像权的行为仅限于以营利为目的，显然不利于权利人人格的保护，应当通过一般人格权对此进行补充，由此，以非营利方式使用肖像的行为应当属于对一般人格权的侵害。但是由于我国的一般人格权所保护的是抽象的人格独立、人格自由、人格平等，并非具体的人格要素，而这里所针对的是作为具体人格要素的肖像，因而又不能归属于一般人格权。这就造成了既要通过一般人格权进行保护，而按照一般人格权的概念又无法保护的困境，这说明我国的一般人格权概念本身存在缺陷。在德国，由于一般人格权是以人格在特定领域的表现为保护对象的，这样的一般人格权已经获得了具体化，因而不会产生这样的问题。例如对姓名的保护，《德国民法典》第12条对作为具体人格权的姓名权仅规定了排除他人争夺和无权使用的情况，这里主要是防止姓名归属上的混乱。通过其他方式使用姓名的行为不属于该条规定的对姓名权的侵害，而属于一般人格权的保护范围，德国联邦最高法院在其判决中对在广告中单纯提及某人姓名的情况，通过一般人格权予以救济（这里并非是使用他人姓名进行广告，而仅仅是在广告中提及该姓名）。[15]

(三) 现有的一般人格权制度与人格商业利用权关系复杂

人格中的财产价值应当予以保护，这一认识已经成为两大法系主要国家的共识，

---

[13] 参见王利明：《人格权法研究》，中国人民大学出版社2005年版，第177页；魏振瀛：《民法学》，北京大学出版社2000年版，第638页。
[14] 参见王利明：《人格权法研究》，中国人民大学出版社2005年版，第160页。
[15] BGHZ 30, 7.

由于法律传统以及法律体系的不同,表现为不同的制度构造。美国法是通过公开权制度进行保护的[16],德国法是通过一般人格权进行保护的。[17] 我国学者对人格中的财产价值应予保护也已经形成了共识,但是如何将其纳入我国的人格权体系中则存在障碍。在笔者所著的《人身权法论》一书的第3版中,将人格商业利用权(人格商品化权)放在一般人格权一章中论述,表现的就是这种障碍以及对此的困惑。[18] 按照我国的人格权体系,具体人格权是对各种得到法律承认的具体人格要素的保护,一般人格权则是对具体人格权保护不足的补充,由于所有具体人格权未规定而确有保护必要的人格利益都应当通过一般人格权来保护,因而人格商业利用权应当作为一般人格权的一部分。但是由于我国的一般人格权被构建为对抽象的人格独立、人格自由和人格平等的保护,而人格商业利用权则表现为对具体的人格要素的财产价值的利用,因而不能被一般人格权的概念所容纳。这样人格商业利用权就成为一种游离于具体人格权和一般人格权之外的制度,从而破坏了学界公认的由一般人格权和具体人格权构成的人格权体系。而且由于一般人格权的高度抽象性,随着社会发展产生的新的需要保护的具体的人格利益也不能纳入其中,这样会不断产生游离于体系之外的权利,使人格权体系杂乱无章,丧失逻辑性。

(四)现有的一般人格权制度与人格权概念存在矛盾

我国现有的一般人格权概念与人格权概念也存在重大矛盾。一方面,我国的一般人格权被界定为是对全部人格利益的抽象概括的保护,因此一般人格权与作为对主体的全部人格利益予以保护的人格权存在混淆的可能,因为两者都是以人的全部人格利益为保护对象的。另一方面,由于一般人格权包括各种具体人格权,因而一般人格权是具体人格权的上位概念,因而人格权的体系就是垂直结构,即从人格权到一般人格权再到具体人格权这样的递进结构,而非学界所公认的人格权包括一般人格权和具体人格权这样的树形结构。

(五)我国的一般人格权制度与人格权体系矛盾的根源

之所以会产生一般人格权与人格权体系的上述矛盾,最根本的原因是我国现有的一般人格权未经法律技术处理转变为民法上的制度。德国法上的一般人格权经过学界和法院的共同努力,从抽象的概念转变为中等抽象的概念,从而作为框架性权利成为民法中的制度,因此不存在上述矛盾。我国的一般人格权制度不能停留在宪法价值在民法中适用的转介条款的阶段,它必须以此为基础完成其民法化进程。一般人格权的概念停留在对于人格独立、人格自由、人格平等和人格尊严保护这样的层面是远远不够的,这样的界定损害了一般人格权本来应当具有的功能,因为在社会生活

---

[16] Nimmer, The Right of Publicity, 19 Law &Contemp. Prob. 203, 216(1954).
[17] Gerhard Wagner, Neue Perspektiven im Schadensersatzrecht—Kommerzialisierung, Strafschadensersatz, Kollektivschaden, C. H. Beck Verlag 2006, S. 37.
[18] 参见杨立新:《人身权法论》,人民法院出版社2006年版,第370页以下。

中出现的需要得到保护的人格利益总是具体而非抽象的,不仅如此,这样的一般人格权构造还进而造成了人格权体系的混乱。我国的一般人格权制度必须完成其痛苦的蜕变过程,真正成为一项民法制度,与其他人格权制度相配合,构成逻辑融洽、功能完整的人格权体系。

二、以具体人格权为基础构建一般人格权

(一)德国法中一般人格权具体化的借鉴

人格权的观念在《德国民法典》制定之时并未被广泛接受。立法者认为,人格利益不应归属于主体性权利,不要试图超越刑法的规范去保护它们。[19]《德国民法典》第一草案立法理由书认为,虽然基于故意或过失通过违法行为侵犯生命、身体、健康、自由和名誉等法益,对此应承担损害赔偿义务,但这并不表明认可了对于人本身的权利。关于这一问题,还是交由法学界探讨后决定。[20] 而且对此的保护,部分原因是出于与刑法协调的需要。[21] 一般人格权产生之后,司法机关通过一般人格权对人的人格尊严和人格发展进行全面保护,人格权观念也得到了学界的广泛支持,人格权才真正得到了确立。但是通过一般人格权理论对人格的保护能够扩张到何种程度,尚存在疑问。对于通过司法实践发展起来的一般人格权,理论界不能放弃对其体系化的努力,并应尝试将其纳入民法典体系。这种体系化和具体化的努力是通过对既有判决关于人格保护的具体化与明确化,形成相对具体化的具体人格权实现的。从一般人格权向具体人格权的转变是必要的并值得期待的发展,只有通过具体人格权的构建,该特别领域的人格才能获得具有法律确定性的保护。[22] 尼佩戴教授更加鲜明地指出,一般人格权必须通过从它本身流淌出来的得到限定的具体明确的具体人格权得到保护。[23] 针对这种具体化,有学者提出了领域说,一般人格权可以具体化为个性领域、私人领域以及私密领域。[24] 个性领域是指在社会环境中表现出来的人的特征;私人领域是指家庭、住宅以及其他私人生活领域;私密领域是指人的内在思想、主观感受,以及它们的外在表现,例如私密信件和日记,除此之外还有健康状况和性生活的记录。[25] 通过这种努力,具体人格权逐渐形成,虽然在到底具有哪些具体类型上还存在不同的看法,但是对一些主要的具体人格权类型已经基本形成了共识,主要包括姓名权、对

---

[19] Enneccerus-Nipperdey, Allgemeiner Teil des Bürgerlichen Rechts, 15. Aufl. 1959, S. 841.
[20] Motive zu dem Entwurfe eines Bürgerlichen Gesetzbuches für das Deutsche Reich, Amtliche Ausgabe, Berlin Guttentag, 1888, Bd. Ⅰ, S.274.
[21] Nehlsen-v. Stryk Karin,Schmerzensgeld ohne Genugtuung,JZ1987, 124.
[22] Deutsch/ Ahrens, Deliktsrecht, 4. Auflage, 2002, S. 103.
[23] Nipperdey, Das allgemeine Persönlichkeitsrecht, UFITA 1960, 8.
[24] Heinrich Hubmann, das Persönlichkeitsrecht, 2 Auflage, Böhlau Verlag 1967, S.175ff. und 268ff.
[25] Jürgen Gleichauf, Das postmortale Persönlichkeitsrecht im internationalen Privatrecht, Peter Lang Europäischer Verlag der Wissenschaften 1999, S. 68.

肖像的权利、对名誉的权利、对私人领域的权利。㉖ 其他的具体人格权仍在逐渐形成之中。一般人格权具体化的主要困难在于部分人格特征不够典型与明确,以至于无法形成与人格明确分离的客体,具体人格权的形成与发展需要法学发展出将这些人格领域予以明确界定的法律技术。

可见,德国一般人格权的体系化是通过具体化一般人格权的保护领域,形成新的具体人格权实现的。由一般人格权向具体人格权的发展,有利于实现法律的确定性与安定性。在这种框架下,一般人格权并非最终的目的,司法机关通过一般人格权不断积累对新的人格领域保护的经验,待其成熟之后再通过具体人格权予以固定。一般人格权源于法典关于具体人格权的规定对人格保护的不足,并最终促进新的具体人格权不断形成。

(二)应当以我国具体人格权制度为基础构造一般人格权

法律的安定性以及一般人格权功能的实现都要求一般人格权的具体化,并进而形成具体人格权,我国的抽象的一般人格权制度已经不能适应人格保护的需要。至于我国应当建立什么样的一般人格权,必须从一般人格权的功能出发。由于一般人格权是对具体人格权关于人格保护不足的补充,因此具体人格权的结构是一般人格权构造的基础,应当以我国具体人格权为基础构造一般人格权。

由于我国《民法通则》制定于20世纪80年代,且在此后不断发展,在比较法上的一般人格权理论已经发展到了成熟阶段,通过我国台湾地区以及日本、德国学者的著作,我们对人格权的认识远远超越了德国民法典制定之时,我国的具体人格权制度已经部分吸收了一般人格权的发展成果,尤其是一般人格权具体化的成果,不但具体人格权的类型,甚至具体人格权的内容都比《德国民法典》规定的具体人格权丰富。

在具体人格权的类型上,《德国民法典》明确规定的具体人格权只有姓名权,而德国《肖像艺术和摄影作品著作权法》对肖像权进行了规定。生命、身体、健康和自由虽然被视为权利予以保护,但对于它们是否属于人格权,法典有意予以回避。㉗ 而在我国的《民法通则》中,得到明确规定的人格权有生命权、健康权、姓名权和名称权、肖像权以及名誉权。身体权和人身自由权虽然未被《民法通则》所规定,但是经过学者的努力,也已经成为重要的人格权,在新近颁布的《侵权责任法》中,又增加了隐私权。因此,在权利类型上,至少肖像权、隐私权和名誉权作为具体人格权,吸收了德国一般人格权具体化的成果,尤其是关于名誉权的规定,表现出了比较高明的立法技术。名誉权在德国没有作为一种人格权予以规定的原因,除了将名誉视为生命通过决斗予以维护的民族传统之外,名誉作为一种客体予以明确界定也存在一定的困难。而我

㉖ Nipperdey, Das allgemeine Persönlichkeitsrecht, UFITA 1960, 5. Kötz/Wagner, Deliktsrecht, 10 Auflage, Luchterhand Verlag 2006, S. 147 – 155.

㉗ Motive zu dem Entwurfe eines bürgerlichen Gesetzbuches für das Deutsche Reich, amtlicheAusgabe, Berlin Guttentag, 1888, Bd. I, S. 274.

国通过自清末以来的长期的学说发展,将名誉通过社会评价这一方法予以客观化,为名誉权作为一种具体人格权提供了重要的理论前提。

在具体人格权的内容上,《德国民法典》规定的姓名权仅包括排除他人争夺和无权使用的情况,对姓名的其他自我决定和利用的能力是通过一般人格权保护的。而我国《民法通则》关于姓名权的规定,不但包括排除他人争夺和无权使用的情况(干涉和假冒),而且包括广泛的决定、使用和改变姓名的权能,而且有学者认为,《民法通则》关于姓名的盗用包括了德国通过一般人格权发展出的在广告中对姓名自我决定的内容。[28] 由此,我国《民法通则》对姓名权规定了颇为广泛的权能,将德国法中通过一般人格权对姓名的保护也纳入到了姓名权中。另外,《德国肖像艺术和摄影作品著作权法》对肖像权仅规定了肖像的传播和公开展览需要得到肖像权人的同意,对肖像的制作的同意则是通过一般人格权予以保护的。而我国的肖像权则全面包括了肖像的制作、使用和传播。学者认为,肖像权是指自然人对自己的肖像享有再现、使用或许可他人使用的权利,包括形象再现权、肖像使用权以及不作为请求权。[29]

由此可见,我国的人格权立法以及理论研究利用后发优势,通过具体人格权理论继受了比较法上尤其是德国法关于一般人格权的发展成果,将通过一般人格权发展出的新的人格利益具体化为各种具体人格权,并且将各种具体人格权的权能进行了全面概括,能够容纳针对该具体人格要素产生的新的利用权能。这种人格权发展的思路也符合德国法上一般人格权具体化的发展趋势,因此,我国的一般人格权制度的构建应当秉承这一传统,并在此基础上进行。

我国的具体人格权已经通过类型增加和权能扩充,部分实现了一般人格权的功能,因而我国的一般人格权完全不需要再是一个内容非常广泛的制度,这是不必要的,也是无意义的。而且完全抽象的对于人格予以全面概括的一般人格权,也根本无法予以法律适用,这一点不但可以从本文关于我国一般人格权与人格权体系的矛盾予以证明,而且也可以从德国法一般人格权的具体化得到证实,因为对人格的保护,必须落实为各种至少是相对具体的人格要素类型,对抽象的人格的保护在违法性、损害以及因果关系的判断上都存在巨大困难。

因此,我国一般人格权的构建,应当以我国的具体人格权为基础,将一般人格权的保护对象限定于基于目前的立法技术尚无法与人格明确分离的非典型的人格要素,主要表现为我国具体人格权尚未规定的人格要素的保护,这些非典型人格要素基于人格尊严和人格发展而成为人格的必要组成部分,应该得到一般人格权较具弹性的保护,由司法机关在实践中根据案件的具体情况进行利益衡量及构成要件的判断。

---

[28] 参见陈龙江:《德国民法对姓名上利益的保护及其借鉴》,载《法商研究》2008年第3期。
[29] 参见马俊驹、余延满:《民法原论》,法律出版社2005年版,第108页。

三、一般人格权作为一种抽象人格权

（一）一般人格权的概念和性质

按照上述思路构建的一般人格权，是指权利人对基于人格尊严和人格发展作为人格的必要组成部分但无法与人格明确分离的非典型人格要素的自主决定的权利。一般人格权的保护对象是未得到我国具体人格权规定的不确定的人格组成部分。由于这些组成部分基于目前的认识和立法技术尚无法与人格予以明确分离，因此具有很强的主观性，主要表现为意志对人格的自主决定。因此一般人格权保护的不是人的外在表现形态，该外在形态只是使一般人格权获得可以识别的标志，其核心价值是对意志的自我决定的保护。这种意志的自我决定，是人格尊严和人格发展的核心，使人能够成为自己人格发展的主宰，自己决定自己人格的发展方向，形成自己独特的人格个性。因此一般人格权属于抽象人格权，作为一种抽象人格权，一般人格权不是一种主观权利，不具有独立的权利地位。它是一种权能，但是具有一定的独立性。

（二）一般人格权保护的价值

科学技术的发展，为人格发展提供了更多的选择与可能性，很多以前不可能展现在公众面前的人格个性获得了为人们识别的可能，比如人的肖像、声音以及基因构成等，而且随着科技的创新，会有更多展现人格的可能性。在这种情况下，这些人格个性是否要向社会公众展现，或者其中的哪些要向社会展现，以什么样的方式展现，在何种范围内展现，都关涉一个人的人格个性和人格发展，因此，主体对这些方面的自主决定成为人格尊严和发展的关键，也是人格权发展的动力。在这种情况下，人的物理性的静态存在丧失了其在人格中的主导地位，意志针对自己人格的自我决定成为人格的核心。因为人格个性的大多数方面以及人格的发展是由意志的自我决定表现与控制的，而且对于人格的侵害并不局限于对人格的物理性存在的损害，更多表现为违反主体的意志对其人格予以展现，或者歪曲地展现了其人格个性。个人的哪些人格个性要向社会展示、在多大范围内展示，以及是否展示，也都是一个人人格的本质，应当由每个人自己决定。比如有的人人格个性比较张扬，希望向公众展示自己多方面的人格特性，而有些人则比较内敛，希望将自己的大部分人格个性控制在一个亲密的朋友圈内，而不愿意将其向公众展示，对此法律必须予以尊重，并向其提供法律上的工具实现其意志。

一般人格权作为一种法律工具，保护的是以意志决定自由为核心的人格的自我发展，通过对人针对其人格的意志决定自由的保护，为人格的表现和发展提供了更加周到与细致的保护，也为人格的多层次表现创造了可能。比如，权利人可以仅将自己对某一问题的看法在某个亲密小范围内予以表达，其他人不得非法知悉；或者将自己的某种人格特性在某一范围内表现，而将另种人格特性在另一领域表现，从而实现人格的层级式表达，极大地解放了人的个性，促进了人格的发展。

(三) 一般人格权在抽象人格权体系中的地位

抽象人格权是针对人对其人格表征的意志决定自由予以全面保护的工具,一般人格权只是抽象人格权体系中的一种权利,除此之外,还有自我决定权与人格商业利用权。

法律对抽象的人格没有能力进行保护。只有获得表现的人格特性才能够得到法律的保护。随着社会的发展,新的科学技术提供了增加这种表现的工具,从而实现更多的人格特性与人格分离的可能,这也是现代社会人格权发展的根本原因。比如在基因技术产生之前,基因信息是无法与人格相分离成为人格表征从而获得人格权保护的。但是人的人格表征的范围与人格的范围一样难以界定,笔者可以大概地将人格表征作如下分类,具体分为社会公认的典型的人格表征、非典型的人格表征以及能够与主体相分离并获得独立地位可以予以商业利用的人格表征。

社会公认的典型人格表征存在的时间较长,已经获得比较成熟的认识,并被法典作为具体人格权的客体;非典型人格表征则是随着新技术的发展出现的,而且对于它们是否属于人格表征并应当予以保护尚需要判断,而判断又往往涉及社会的传统、习俗以及价值观念。之所以对两者进行区分,是因为对这两类人格表征予以法律保护需要的技术不同,典型人格表征已经获得法律的认可,成为具体人格权的客体,意志针对它们的决定自由应当获得保护是没有疑问的,我国的人格权立法将这种意志决定自由作为具体人格权的权能。但是非典型的人格表征是否应当获得法律保护以及保护的程度都需要具体的个案衡量,在法律技术上不同于典型的人格特征。因此我们将意志针对非典型人格表征的决定自由构建为一般人格权,而意志针对典型人格表征的决定自由构建为自我决定权。

将能够与主体相分离并获得独立地位可以予以商业利用的人格表征予以独立的必要性在于,对人格表征的商业利用是一种独立的价值,其不同于人的人格个性的发展,在比较法上具有相对独立的地位。例如在美国法中,它是作为不同于隐私权的公开权获得保护的;在德国法中,对人格的商业化利用是否属于一般人格权尚存在争议,有学者认为,一般人格权是对人的尊严和个性的保护,并不包含财产价值[30],因而人格的商业化利用与一般人格权是两种并列的制度。虽然德国联邦最高法院确认了一般人格权包含人格的财产价值,但是却认为其并非源于《德国基本法》第1条和第2条,而是源于民法。[31] 因此,在德国法中人格的商业化利用与一般人格权还是存在一定差异的。而具体到我国的法学理论和实践,一直以来也是将人格的商业化利用作为一种独立的制度构建的,因此,获得独立地位可以予以商业利用的人格表征具有独立的地位,应当予以独立规定,从而作为抽象人格权的一种,为人格商业利用权。

但是需要注意的是,一般人格权的独立只是基于法律技术以及我国具体人格权

---

[30] Heinrich Hubman, Das Perönlichkeitsrecht, 2 Auflage, Böhlau Verlag 1967, S.134.
[31] BGH,WRP 2008, 1527 – 1530.

现状的需要,随着对非典型人格表征的研究的深入以及社会观念的认可,尤其是法律技术的提升,当某些非典型的人格表征能够获得比较明确的界定,获得与人格相分离的独立地位时,则应当作为典型人格表征对其进行规定,以获得明确的可预期的法律地位及法律效果,这样就实现了从一般人格权到具体人格权的转变。

四、一般人格权在人格权体系中的功能

当新出现的人格表征无法与人格相分离获得独立地位,因而不能得到法律的明确规定作为一种具体人格权予以保护,但却存在保护的必要之时,需要一种法律制度对其进行具有弹性的保护。这种保护是不确定的,要根据个案的具体情况进行判断,一般人格权就是这样的制度。由于不具有明确的权利客体,一般人格权所保护的人格利益主要表现为意志对人格表征的决定自由,对这种人格利益的侵害,也主要表现为违背权利人的决定自由而对人格表征予以使用。这里的"使用"采用了广义的概念,包括违背权利人意志针对人格表征的各种行为,包括对其制作、公开以及各种目的的使用。通过对这种意志的决定自由的保护,司法实践以及理论界都在积累经验,并采用各种方法将这种人格表征予以具体化与明确化,以获得法律适用的可预见性与确定性,并最终将其作为一种具体人格权予以规定。因此,一般人格权是在为具体人格权做准备,在针对某种人格要素的具体人格权产生之前先提供部分保护,而这种保护最终会被纳入到具体人格权之中作为其权能。从这一角度来说,一般人格权是未来的具体人格权的内容,因此,为了体系的融洽,笔者将一般人格权也作为具体人格权的一种权能。

在这样的人格权体系中,具体人格权是根本,对人的人格要素的保护主要是通过具体人格权进行的。这种做法之所以可能,是因为我国的具体人格权已经吸收了比较法上一般人格权发展的最新成果,在权利类型及权利内容上都具有高度的完善性。这种人格权体系具有高度的人格保护的可预见性,是学界所努力追求的目标,德国一般人格权具体化的努力正是致力于人格保护的明确性与可预见性。在这种体系中,一般人格权具有补充性,一般人格权对新出现并具有保护必要的人格要素提供个案的保护,以弥补具体人格权作为立法的滞后性,通过判决的积累以及学界的努力,最终促进新的具体人格权的产生。这样的人格权体系是结合了我国的具体情况对德国法上的一般人格权进行了具体化,是德国法上具体化一般人格权思路的一种选择。为了实现法律的安定性,将德国法上的一般人格权的大部分内容具体化为具体人格权,将暂时无法具体化的人格利益纳入一般人格权予以保护,经过如此构造的一般人格权,既保持了德国法上一般人格权对于人格保护的创造性与概括性,能够对于新出现的人格利益进行及时保护,又能够最大限度地实现法律的安定性和可预见性,是在我国目前的人格权成果的基础上符合我国具体实际的一种构建。

论人格标识商品化权及其民法保护[*]

近年来,讨论商品化权的文章不断发表,引起了民法学界和民事司法的重视,体现了民法顺应时代的发展、确认人格标识商品化权及其法律地位、适应民事主体人格标识在商品化形势面前保护的需要。但是,对于商品化权究竟应当如何界定,其与一般人格权及具体人格权究竟是什么关系,如何进行协调等? 都还存在诸多的疑难问题。对此,笔者试图进行探讨并提出自己的意见。

一、商品化权概念的发展和我国目前的实际状况

(一) 商品化权概念的提出与发展

人格标识是民事主体标表其个性特征的人身识别因素,如自然人的肖像、姓名、形象、声音,法人或其他组织的名称等。20世纪后期,社会进入大众消费时代,市场经济快速发展,大众传媒极端普及,商业推广不断创新。在这样具有极端需求的大市场中,一些知名人物或组织的人格标识所具有的鲜明特征以及特别的影响力、号召力和亲和力,吸引了商人的目光,使他们瞪大了眼睛,紧紧盯住同样吸引消费者的这些人格标识,力图从中获得巨大的商业利益。因此,某些人格标识的商品化利用就成为当代市场经济中的必然现象,也是市场经济发展的一个必然趋势。

这样的形势显然对民事主体的权利保护不利。人格标识是民事主体的人格利益,归属于民事主体自己所享有。而商人从市场价值和市场需求出发,为谋求商业利益,而对属于他人的人格标识擅自进行开发,却将最终的利益自己独占,或者仅仅给权利人微小的利益,自己取得绝大部分利益,显然是对权利主体所享有的权利的侵害。民法面对这样的侵权行为,当然不会坐视不管,必须作出自己的反应。

美国法律率先对此作出了反应,并以其犀利的判决,向这种非法利用民事主体人格标识的侵权行为开了第一枪。Midler v. Ford Motor Co. 一案代表了声音这一人格标识的商品化利用,原告 Bette Midler 是美国著名歌手,曾获得过 Grammy 奖和1979年奥斯卡最佳女演员提名,受到民众的广泛喜爱。被告福特汽车公司的一家广告代理商在请原告演唱一首名为"Do You Want to Dance"(原告为此歌的原唱者)的歌曲为

---

[*] 本文发表在《福建师范大学学报》(哲学社会科学版)2006年第1期,合作者为福建师范大学法学院院长、教授林旭霞博士。

福特公司作广告时,遭到原告的拒绝,广告代理商便找到 Ula Hedwig,让她去模仿原告的声音演唱了此歌。此广告播出后,熟悉原告歌声的人都以为是原告在演唱。为此,原告要求对其声音予以保护,诉至加州联邦地区法院,被驳回起诉后,原告不服又上诉至第九巡回上诉法院。第九巡回上诉法院认为,"声音如同面孔一样,具有可区别性与个性。人类的声音是表明身份的最易感受的方式",而原告主张的是被告不适当地盗用了她的声音的价值,是对原告的"对其身份所享有的财产性利益"的侵犯,因此,第九巡回上诉法院推翻了原审法院的判决,认定被告行为构成侵权。①

在理论上,这个权利被美国法中表述为 the right of publicity(公开权)。② 在 1953 年 HaelenLaboratoties,Inc. v. Topps Chrming Cam 案中,Frank 法官明确提出了这个概念,并就其含义进行论证:"我们除了独立享有隐私权,每个人还就其肖像的形象价值享有权利。这就是允许他人独占性使用自己肖像的权利。这种权利可以称为'肖像权'。"正是在这里,Frank 法官突破了传统的隐私权观念,不再将商业性地使用他人的身份局限在精神痛苦的范围之内,而是直接涉及人的人格标识的商业化开发中的财产利益问题,这就是公开权即商品化权的核心。美国知识产权学家尼莫教授也认为,名人需要的不是对隐私的保护而是对自己身份的商业价值的保护。"尽管名人不愿意将自己隐藏在隐私的盾牌之后,但他们也绝不愿意让他人未经自己的许可或者未向自己支付报酬而使用、公开自己的姓名、肖像或形象。在法官和学者的共同推动下,美国公开化权从传统的隐私权中独立出来,形成一种新的权利类型。到目前为止,美国已有 24 个州在成文法或判例中承认这一权利类型。③ 在这些立法或判例中,公开权被界定为一种仅仅与真实的自然人相关的财产权。例如,《加利福尼亚州民法典》第 3344 条规定,保护自然人的姓名、肖像、声音和签名等,不受非法侵害。《纽约州民权法》第 50 条规定,保护"任何活着的人"的权利,"禁止未经许可使用他人的姓名和肖像"。纽约州的法院还一致裁定:任何法人不得依据上述规定主张权利,只有真实的自然人才可以依据上述规定主张自己的权利。

在日本,对某些商品上使用著名人物的形象或姓名,以及虚构人物或动物的形象或名称,来吸引顾客增强商品购买力的活动,称为"商品化",将与此相应的权利称为"商业形象权"。日本从 20 世纪 70 年代开始引进商业形象权的概念,最早的判例将其定义为:名人对其姓名、形象及其他对顾客有吸引力、有识别性的经济利益或价值进行排他性支配的权利。对商业形象权的界定,判例与学说存在两种倾向:一种是广义的商业形象权,是指除自然人以外,漫画或动画中的人物、甚至动物、其他的物品,

---

① 参见李明德:《美国形象权法研究》,载《环球法律评论》2003 年冬季号,第 482 页。
② 如李明德在《美国形象权法研究》(载《环球法律评论》2003 年冬季号,第 474 页以下)一文中,所称的"形象权",其含义即为商品化权或公开权。笔者认为,形象权概念中的形象系与肖像、声音、姓名等逻辑上属于统一层次的人格特征,而形象权则应为与肖像权、声音权、姓名权等相并列的具体人格权的一种,形象权应区别于商品化权或公开化权,为避免混淆,以下统称"公开权"。
③ 参见李明德:《美国形象权法研究》,载《环球法律评论》2003 年冬季号,第 475 页。

只要对顾客有吸引力,也能成为商业形象权的对象;另一种是狭义的商业形象权,是基于隐私权、肖像权、名人的形象所具有的经济价值而产生的权利。④

目前,认可人格标识的商品化权(或者称之为公开权)并且予以完善的保护,已经成为世界范围内的趋势,被越来越多的国家民事立法所采纳。

(二)我国人格标识侵权猖獗而立法、司法滞后的现实状况

在我国同样存在这样的问题和保护的现实需要。模仿美国前总统克林顿的形象出现在中国商品的广告上,在中国的电视画面中谈笑风生,推销中国的商品;在某些风景名胜区,有人模仿毛泽东、蒋介石的形象,招徕生意,获取报酬⑤;与著名笑星赵本山名字谐音的"赵本衫"商标已被北京一家公司注册成功,并以1 000万元人民币的价格叫卖;与赵本山同命运的还有歌星谢霆锋、刘德华、彭丽媛,与他们的名字谐音的"泻停封""流得滑""膨立圆"分别被注册为止泻药、涂改液、丰乳霜的商标。⑥除此之外,更多的诸如,模仿"唐老鸭"配音演员李昂的声音作广告、模仿喜剧演员赵丽蓉的声音进行商业宣传等,屡见不鲜。不但自然人的人格标识被广为应用于商业领域,一些享有声誉和知名度的法人或组织也未能幸免,某大学的人文环境已成为相邻的房地产开发商的楼盘宣传的重要内容。⑦

可是,面对我国广泛存在的非法使用民事主体人格标识的侵权行为的现实,至今未见形成可资借鉴的司法判例,立法更是没有发出应有的声音。在理论上,一些学者尽管在努力探讨这个问题,但声音弱小,没有引起更多的注意。

立法和司法的滞后,更助长了非法的人格标识商业化开发。特别是当代科学技术的迅猛发展,社会需求的极端需要,都促使商人加大力度,以侵权为手段,获取更大的利益和价值。前者如当代声音克隆技术已大大发展,科学家正在进行声音克隆软件的开发。声音可以通过一定的程序分解,再和别人的声音嫁接。银幕上可能会出现与真人声音完全相同的虚拟人物,或真人声音与别人形象结合的新的银幕形象,因而作为人格标识的声音的非法利用更为便捷和卓有成效。后者如铺天盖地的"模仿秀""真人秀",就是公然攫取他人人格标识中的财产价值,几乎相当于在进行公开的劫掠。

问题出在哪里? 分析以上事例,我们可以清楚地发现,当代社会的人格识别利益在商业化开发利用中,民事主体产生的权利要求,并没有受到立法者和司法机关的重视,立法和司法还拘泥于传统的人格权和人格利益保护的旧的立法司法传统。而人格标识利益的商品化开发利用,恰恰不是传统的民事权利体系中的人格权或财产权所能涵盖得了的权利要求,因而使我国民法的人格权保护出现了盲区。

---

④ 参见[日]萩原有里:《日本法律对商业形象权的保护》,载《知识产权》2003年第5期,第62页。
⑤ 参见杨立新、林旭霞:《形象权的独立地位及其基本内容》(本书696页),载《吉林大学社会科学学报》2006年第2期。
⑥ news.sina.com.cn/2005-5-26。
⑦ 参见杨立新、林旭霞:《形象权的独立地位及其基本内容》(本书696页),载《吉林大学社会科学学报》2006年第2期。

以模仿名人形象特征为例,这些模仿行为擅自使用他人的形象为自己创造商业利益,肯定没有侵害被模仿人的肖像权。事实上,某人长得与某个名人相似,并通过不同的形式再现自己的形象,显然并没有侵害名人的肖像权。因为他再现的毕竟是自己的肖像,哪怕某人长得和名人一点不像,而是通过化妆、整容后,以酷似名人的形象再现,他也没有侵犯名人的肖像权。同时,模仿行为也没有贬损名人的名誉或披露名人的隐私。而用明星姓名的谐音注册商标,显然也是利用了姓名权、商标权保护的空白点。商标申请人没有直接使用明星的姓名,以这些姓名的谐音注册,也不违反商标法的禁止性规定。某大学的外观形象被任意使用也具有这样的性质和后果。该房地产公司显然没有侵犯某大学的名誉权,该大学的社会评价不会因房地产公司的广告而降低;其行为也不属于侵犯商标权,无论该大学是否注册商标,房地产公司都没有商标侵权的行为表现;此外,由于某大学与房地产公司并非同行业,因此不正当竞争也难以成立。在现有法律框架内该大学可以行使的最相近的权利是名称权,但实际上房地产公司用于吸引消费者并为其带来利益的并非该大学的名称,而是该大学经历史沉淀而形成的浓厚文化氛围和优雅的环境,即大学的整体形象。

同样,即使是美国法官判决的模仿歌星的声音一案而言,被告也未侵犯其著作权,因为被告已就使用歌词与歌曲获得了其著作权人(并非原告)的许可,而其声音则不受著作权法保护;被告行为也不构成不正当竞争,因为 Midler 与被告并无直接竞争关系的存在。同时,被告也未使用原告的姓名、肖像、签名或者声音等,使用的只是另一歌手 Ula Hedwig 的声音。

以上事例中,被商品化利用的对象,无一不是民事主体的人格识别因素或人格特征,但由此产生的权利,又不仅仅是指向人的精神利益、人的价值的权利。更重要的是,人格标识商品化之后,人格利益的变化所导致的权利配置问题,是传统人格权体系中的姓名权、肖像权、名誉权、隐私权等具体人格权所无能为力的。对人格特征因商业利用而产生的财产权益,是否适用财产权规则、在何种程度上适用财产权规则,现行的财产法同样无法作出回答。于是,当基于表现民事主体人格特征的人格利益被无关的他人占有、支配、开发、利用,创造出相当的经济利益,并且从中获利时,权利人痛苦万分,侵权人沾沾自喜、自得其乐,而法律面对权利的侵害却显得苍白无力。因此,对人格特征商品化过程中产生的权利义务关系,亟须商品化权进行调整和保护。

二、商品化权的基本问题

(一)商品化权的概念界定问题

界定我国的商品化权的概念,应当重点研究以下两个问题:

1. 对商品化权的概念应当怎样表述

对于这个概念的表述,主要有如下几种:商品化权、公开权、商业形象权、商事人格权。

对于上述不同的概念表述,究竟应当采用哪一个,笔者颇费斟酌。分析起来,最贴切的应当是美国法中的公开权。但是,使用公开权的概念,似乎看不出其民事权利的性质、看不出人格权的性质,容易望文生义,认为是一个政治权利。特别是 20 世纪 90 年代出现了公开化运动,更容易使人感到这个概念的政治属性。因此,公开权的称谓不大适合我国民法的表述习惯。而商业形象权的概念,概括力看似不够,形象权容易与具体人格权中的形象权发生混淆;商事人格权的概念虽然突出了商事的特征,又强调了人格权的特征,但过于概括,不够具体。相比较而言,还是商品化权的称谓较为实际,又能够概括人格标识利益的商品化开发的权利内容和其属性,因此,可以使用这个概念的表述。

2. 对商品化权概念应当怎样界定

我国学者对商品化权有不同的表述,如将此权利定义为,"对自己的姓名、肖像和角色拥有保护和进行商业利用的权利"⑧,或"将能够产生商品信誉的知名人物姓名、肖像等形象因素进行商业化使用的无形财产权"⑨等。

分析以上立法或学说,对商品化权的界定基本可以分为广义说与狭义说。广义说是将商品化权的保护对象扩展到一切可以商品化的对象。包括真实人物、虚构角色以及其他可商品化的标记、符号、物品等。狭义说是将商品化权的保护对象局限于真实人物的形象特征,即"形象"是指与生命特征相联系的人的个性特征。笔者认为,广义说将保护范围扩及一切可以商品化的对象,其保护范围失之过宽。虚构或创作中的角色更接近著作权的保护对象,应由《著作权法》调整。而标记、符号、动物、物品等,与真实人物的人格标识不具有相同的法律特征,不应属于同一种权利保护的对象。而狭义说局限于保护具有生命特征的人格标识,其保护范围又失之过窄。在现实生活中,法人、组织的标志性特征同样有被商品化利用的可能,因此,就如同法人、组织享有名称权、名誉权、信用权等人格权一样,它们也应享有商品化权。

因此,笔者认为,应当采用较为适中的概念界定,即商品化权是指民事主体包括自然人、法人和其他组织对其具有一定声誉或吸引力的人格标识利益进行商品化利用,并享有利益的权利。

(二)商品化权的保护对象问题

按照上面的概念界定,商品化权所保护的人格标识利益包括自然人的肖像、形象⑩、姓名、声音,法人或其他组织的名称、标志性建筑、地理特征以及以上"可指示性要素"综合而成的整体形象。

---

⑧ 王利明等主编:《人格权与新闻侵权》,中国方正出版社 1995 年版,第 427—431 页。
⑨ 刘妙春等:《知名人物的商品化权及其法律保护——鲁迅姓名、肖像商业使用引发的思考》,载 www.tianhlaw.com. 2016 年 3 月 10 日访问。
⑩ 这里的"形象"是指自然人面部之外的身体形象。

1. 肖像

肖像是以自然人的正面或侧面的面部(即五官)为中心的外貌在物质载体上再现的视觉形象。对肖像(包括面貌酷似名人的肖像)进行商品化利用,属于商品化权保护的范围。

2. 形象

形象是指自然人面部之外的身体形象。包括人的形体特征、侧影、背影等。如媒体上出现"手形广告"中的手形,"内衣广告"中的形体都应属于商品化权的保护范围。

3. 姓名

姓名包括真实姓名、笔名、别名、绰号,姓名是标表主体身份的重要标识,也是商品化利用的主要对象。⑪

4. 声音

声音是自然人人格标识之一,具有唯一性、稳定性的特征。一个人独特的声音或声音风格,如演唱者独特的演唱声音、朗诵声音也可以指示该演唱者或朗诵者的身份,因此,声音也应成为商品化权的保护对象。

5. 名称

法人或其他组织的名称是一定主体的标识,具有将被标识的对象从同类中区别出来和宣传该被标识对象的作用。名称以文字组成。但名称所表达的信息,远远多于所组成名称的文字本身所包含的信息,而往往包含了主体的信用、信誉以及一个法人或组织的整体形象,因此也应成为商品化权的保护对象。

6. 各种形象因素的综合

在某些情况下,一些可以指示特定身份的因素,如富有特色的装扮、特有的道具等,综合起来,可明确指向某一特定的人,或者能让公众意识到某一特定的人。这些综合因素就是主体的人格标识并可加以商品化利用。⑫ 同样的道理,特定的地理特征、建筑、历史传统等因素,综合起来,明确指向某一具有影响力、号召力的法人或组织时,这些因素的综合,也可能成为商品化的对象。

(三) 商品化权的基本属性问题

对商品化权的基本属性,学说上认识颇不一致。主要的观点是:

---

⑪ 但是,在重名的情况下,原告必须证明被告所使用的就是他的姓名或者被告所用的姓名是指向自己,否则就不能证明被告使用了自己的人格标识。

⑫ 1992年,美国的"怀特"一案,是将各种因素综合起来判定是否侵犯他人身份特征的典型判例。原告怀特是著名的电视娱乐节目"幸运之轮"(Wheel of Fortune)的女主持人,收看该节目的电视观众非常广泛。被告三星电子公司为新上市的盒式磁带制作了一则广告,画面为一个拟人的机器人形象,头戴金色假发,身着晚礼服,佩戴珍珠项链。这是广告设计者刻意模仿怀特穿着的结果。除此之外,这个类似机器人的形象还站立在一块竞赛牌子(牌子上写有各种英文字母)的旁边,就像怀特主持"幸运之轮"节目时所做的那样。第九巡回上诉法院认为,如果将广告中的各个要素分开来看,不能说被告侵犯了原告的权利。但如果将其中的各个要素综合起来,毫无疑问,广告所描绘的就是原告。因此,被告显然使用了原告的身份。

1. 财产权说

由于商品化权广泛存在于社会各个领域,特别是存在于经济领域,其主要功能是保障、促进人格利益的商品化利用,保护民事主体的权利的自我享有并获得其中的利益,因此,许多学者将其定位于财产权。认为"该权利所保护的是自然人身份中的商业价值或财产权益,事实上,形象权本身就是因为保护这种财产权益而发展起来的"。[13]

2. 特殊知识产权说

这种主张以《世界知识产权公约》对知识产权范围的界定为依据,认为商品化权属于第7项"制止不正当竞争,以及在工业、科学、文学或艺术领域,由于智力活动而产生的一切其他权利"的范围。该观点认为,商品化权具有无形性、专有性、地域性、时间性这些知识产权的特性。[14]

3. 无形财产权说

这种主张认为,诸如姓名、肖像、形体、名誉等人格因素,在商业化过程中已由传统人格利益演变成商业人格利益,即非物质化的新型财产权益,与商誉权、信用权、特许经营权一样,都是一种非物质属性但又不能归类于知识产权范畴的无形财产权。[15]

4. 边缘权利说

与上述观点不同,有学者认为,商品化权在传统人格权和知识产权的边缘地带产生,但这并不表明可以将其简单地纳入人身权或知识产权的任一范畴。商品化权的特殊权利性质,决定了由反不正当竞争法予以保护更为妥当。

笔者认为,上述这些观点未能正确反映商品化权的真实的法律属性。

首先,商品化权并不具备知识产权区别于其他民事权利的突出特征,即智力成果的创造性。

作为商品化权保护对象的人格标识,如肖像、姓名等,是主体所固有的人格利益而不是知识产品。同时,它也不具有知识产权的地域性特征。就知识产权而言,按一国法律授予的知识产权只能在该国受到保护,除签有国际公约或双边互惠协定以外,知识产权没有域外效力。而商品化权无须特定机关授予,也不会因为地域限制而失去保护。因此,将商品化权归类为知识产权的理由难以成立。

第二,"无形财产权说",强调了人格因素在商品化过程中所产生的商业利益、财产价值,但忽略了商品化权旨在保护主体的"人格标识"或"人的确定因素"的价值,它的产生以人格特质为前提,以人的情感、声誉、地位为基础,这是区别于任何财产权利的本质特征。同时,习惯上将无形财产权指代于知识产权,使用无形财产权的称

---

[13] 李明德:《美国形象权法研究》,载《环球法律评论》2003年冬季号,第477页。

[14] 参见刘春霖:《商品化权论》,载《河北大学学报》1999年第4期;相同观点有朱妙春等:《知名人物的商品化权及其法律保护——鲁迅姓名、肖像商业使用引发的法律思考》,载 www.tianhlaw.com,2016年3月16日访问。

[15] 参见吴汉东:《形象的商品化与商品化的形象权》,载《法学》2004年第10期,第80页。

谓,也还容易混淆商品化权与知识产权之间的界限。

第三,"特殊权利说"和"边缘权利说"未能明确商品化权的法律地位,进而言之,该观点突破了传统民法的权利分类,强调了权利的保护方法,但忽略了权利类型的体系化思考的功能、示范的功能和认知价值,其结果不仅仅是带来法律推理的困难,而且还带来了利益分配、权利规则制定的困难。

笔者认为,商品化权属于人格权体系的范畴,在逻辑上,它是与具体人格权、一般人格权相并列的一种权利。

1. 商品化权所保护是能够被商业化开发的人格利益,属于人格利益中的一类

民事主体对自己的姓名、名称、肖像、声音、形体等人格标识进行支配、利用,是以主体的人格的独立性、完整性与不可侵犯性为基础的,同时也为了使自身的价值得到充分的发挥。对人物的姓名、肖像等人格标识利益的商业化使用的保护,最初正是衍生于对人格利益的保护。正如 Jerome Frank 法官在前述 Haeleu Laboratories, Inc. v. Topps Chewing Gum 案中指出的那样,某些原告因其姓名或肖像被用于推销玉米片或洗发水而感到窘迫和羞辱,而另一些原告则因他们的姓名或肖像被投入商业使用但未得到任何报酬而感到愤怒。因此,Frank 法官才将一个人控制其姓名或肖像的商业化利用的权利称之为"right of puhlicity"。⑯ 同时,被商品化利用的人格标识与人格的社会评价密不可分。例如知名人物的声音、形体、习惯性动作等,之所以可能成为商品化的对象,并非基于上述形象因素本身的艺术美感,而是利用了消费者对依附于其上的知名人物的社会影响力所产生的信赖。从这个意义上讲,普通人的人格标识的商品化只是一种可能,而知名人物的人格特征转化为商业利益则具有保护的更为现实的必要。

2. 人格权非财产性的理念已被现代民法所突破

传统意义上,人格权都不包含财产因素,进而不能进行积极地利用、转让和继承,甚至把限制人格利益的商品化作为民法的宗旨之一。这极大地限制了"人作为终极目的"在法律上的实现。现代科学技术的发展、市场经济的深化、新闻媒体的发达,使人格利益转化为商业价值成为现实,而民事主体面对自己的人格利益中存在的商业价值,一方面,不会无动于衷;另一方面,也应当对这种利益进行严密的保护,使其归属于自己。现代民法不得不面对人格利益中物质利益因素凸显的现实,进而加快人格权体系扩张的进程,创设更多的人格权,对人格利益包括其中的财产价值进行更完善的保护。姓名、肖像、声音、名称等人格要素所包含的财产利益保护以及商业信誉权、信用权的保护,就是其典型表现。

3. 基于同一人格要素,可以同时存在不同的权利并实现不同的功能

肖像、姓名等人格要素之上可以在存在肖像权、姓名权等具体人格权的同时,存在商品化权。具体人格权的功能重在维护人格独立及人的自由发展的精神利益,同

---

⑯ 参见董炳和:《论形象权》,载《法律科学》1998 年第 4 期。

时也保障人格利益中的财产性利益。而商品化权是允许他人使用、开发自己的人格利益并获得报酬的权利,其主要功能是保障、促进人格利益的商业化利用,既促进市场的经济发展,又使民事主体在其中获益。商品化权可能与具体人格权产生竞合,例如,未经许可将在世的名人的姓名、肖像付诸商业使用,无疑是侵害肖像权、姓名权的行为,同时也是侵害商品化权的行为。又如,未经许可将他人的姓名、肖像用于宣传或推销质量低劣的产品,一方面,他会因劣质产品而受奚落使名誉权受损;另一方面,又会因未经许可商业性地使用他人的人格利益,造成人格权的损害。尽管如此,商品化权仍不能为具体人格权所取代。如前所述,肖像权、姓名权等具体人格权不能解决模仿名人肖像、形象进行商业宣传的问题,同时也不能回答人格利益的放弃、转让、继承等问题,而商品化权可以弥补具体人格权无法涉及的范畴。

4. 商品化权与一般人格权亦有不同的作用

一般人格权虽有对具体人格权的补充、释明的功能,但由于一般人格权的内容主要是人格独立、人格自由与人格尊严,与一般人格利益具有趋同性,因而一般人格权对人格利益的保护主要表现为以禁止性方式对侵害人格利益的行为进行救济;而商品化权不仅包含消极权利,还包含授予他人利用自己的人格标识的积极权利。因此,商品化权不能为一般人格权所吸纳、所涵盖,只作为一种独立的人格权而存在。

综上,笔者认为,商品化权与具体人格权、一般人格权共同构成人格权体系,从不同的角度、以不同的方式对人格利益进行全面保护。

四、商品化权的基本范畴及救济手段

(一)商品化权与相关具体人格权调整范围的整合

毫无疑问,商品化权与相关的具体人格权有重合之处。姓名权、名称权、肖像权、声音权、形象权等,都是独立的具体人格权,而商品化权也恰恰是在保护这些权利在商业化开发中存在的财产利益。把商品化权作为一个独立的人格权,究竟应当如何处理这个权利与相关的具体人格权的调整范围,确实是一个重要问题。

事实上,美国的具体人格权保护与商品化权的保护也存在同样的问题。例如,美国的肖像权受到隐私权的保护,侵害肖像权的侵权行为直接依照隐私权保护的法律处理。例如,《美国侵权行为法重述》第 2 版第 652C 条规定:"为自己适用或利益而窃用他人之姓名或肖像者应就侵害其隐私权而负责任。"[17]如果涉及肖像利益的商业化利用,需要以公开权保护的,则引用公开权的判例法,进行判决。

结合我国立法和司法的实际情况,我们可以采取下述办法进行整合和适用法律:

1. 明确分工

如前所述,凡是涉及相关具体人格权保护的一般保护的,适用具体人格权保护的

---

[17] 美国法律学会:《美国法律整编·侵权行为法》,刘兴善译,台北《司法周刊》1985 年版,第 544 页。

保护方法进行保护;凡是涉及人格标识利益进行商业化开发利用的特殊保护的,适用商品化权的保护方法进行保护。

2. 对难以区分问题的解决办法

对于无法区分是具体人格权还是商品化权的问题,其实也不一定就要截然分开,由于商品化权所保护的与相关的具体人格权所保护的目标并无原则的差别,适用哪种权利进行保护,并没有实质性的区别,都是可以的。即使应当适用商品化权进行保护,而采取了具体人格权保护的保护方法进行保护,也不是错误。

3. 法律适用

在法律适用上,姓名权、名称权和肖像权已经有了明确的立法,对这些权利的救济直接适用这些法律规定确定责任和救济方法。对于形象权、声音权等具体人格权的救济,由于法律没有明确的规定,可以适用最高人民法院《关于确定民事侵权精神损害赔偿责任若干问题的解释》有关其他人格利益保护的规定,予以保护。对于商品化权,现行法律当然没有规定,也可以适用《关于确定民事侵权精神损害赔偿责任若干问题的解释》有关其他人格利益保护的规定,予以保护。

(二)商品化权的主体、客体和内容

商品化权的主体包括拥有人格标识的自然人、法人或其他组织,以及商品化权的受让人、被许可人。

商品化权的客体是主体对人格标识所享有的人格利益,主要表现为商业利益。

商品化权的内容包括两个方面:一是消极权利,即人格标识的禁用权,权利人享有排除他人擅自将自己的各类人格标识进行商业化利用的权利。禁用权的行使以他人故意进行商业化使用为前提,换言之,合理使用应受法律保护。如果是利用他人的人格标识和特征,并足以误导社会公众,权利人有权禁止。二是积极权利,即人格标识的利用权,是指权利人对各类人格标识进行商品化利用的权利。权利人既可以自己将各种人格标识使用于商业领域之中,依靠人格特质对公众的吸引力而在商品经营中直接获取利益;也可以转让、许可他人将自己的人格标识用于相关商品和商业活动中,从而收取转让费或许可费。

授权他人使用是商品化权实现的主要途径。授权使用应对一些重要问题作出约定,如,使用人格标识的商品或服务的范围、具体方式、地域、时间、范围以及专有使用或非专有使用。

(三)商品化权的期限

知名人物的人格特征往往永久存在于公众心目中,但人格利益是否应无期限地受到保护?对于商品化权保护期限及于权利人终身,一般不存异议。但是,在权利人死后,商品化权是否受保护?保护的法理根据是什么?在理论上和实践中存在不同见解。

有观点认为,人格权的消灭并非等同于人格权具体表现形式(如姓名、肖像)的本身不受法律保护,保护死者的姓名、肖像的目的是保护其上的精神利益,与死者关系密切的近亲属或其他个人、团体,作为该精神利益的承受者,以大致与姓名权、肖像权相同的保护方式加以保护。[18]

相反,从前述商品化权属于"财产权"的观点出发,不少学者认为,商品化权属于具有可转让性和继承性的"财产价值权"。商品化在权利人死后"由其继承人继承"。[19]

在美国司法判例中,对权利人死后公开权保护及其根据也有不同的范例。例如,加州一高等法院在 Lugosi v. Universal Pictures 一案中认为,因电影 Dracula 而闻名的已故演员 Bela lugosi 亲属对他的肖像使用享有经济上的权益,Lugosid 的亲属已经继承了因电影中 Count Dracula 角色而衍生而来的名誉和肖像的商业使用权。但上诉法院随后又推翻了关于继承性的判决。1979 年 12 月,加州最高法院确认了改判。在驳回公开权可继承这一判决的同时,加州法院也注意到,应该对"艺术家对自己劳动成果应有的权利严重缺乏支持"这种观念有所制止。通过将公开权与现有版权法关于艺术作品保护作类比,大法官建议,可以采用公众人物死后 50 年享有公开权的财产利益。[20] 这一建议可以看成是在公开权的继承与公众利益之间寻求平衡。

笔者认为,商品化权保护期限的界定,应与权利人的人身权益相联系。学界关于"民事主体在其诞生前和消灭后,存在着与人身权益相区别的先期法益和延续法益"[21]的观点,对阐明民事主体死后的人格利益保护问题,提供了理论基础。该观点认为,民事主体在取得民事权利能力之前和终止民事权利能力之后,就已经或继续存在某些人身利益,这些人身利益都与该主体在作为主体期间的人身利益相联系。这些先期利益和延续利益,对维护主体的法律人格具有重要意义;人身法益与人身权利互相衔接,统一构成民事主体完整的人身利益;民事主体人身利益的完整性和人身法益与人身权利的系统性,决定了法律对民事主体人身保护必须以人身权利的保护为基础,向前和向后延伸。基于上述理论,笔者认为,对形象利益的保护应在权利人死后延伸。具体的保护期限,应参照最高人民法院关于保护死者姓名、肖像、名誉、荣誉、隐私利益的方法,由死者的近亲属作为保护人,并界定保护的期限。如果死者没有近亲属的,就不再予以保护。这种做法与规定具体期限的做法相差不多,并且已经有司法解释作为依据,可以采用。

(四)商品化权的法律救济手段

由于商品化权的功能体现为民事主体对自己的人格标识的使用及其财产价值的控制权,对商品化权的侵害直接导致权利人财产利益的减损。因此,对商品化权的救

---

[18] 参见刘妙春等:《知名人物的商品化权及其法律保护——鲁迅姓名、肖像使用引发的法律思考》,载 www.tianhlaw.com,2016 年 3 月 10 日访问。

[19] 熊进光:《商事人格权及其法律保护》,载《江西财经大学学报》2001 年第 5 期,第 65 页。

[20] See The Descendibility of the Right of Publicity: Memphis Development Foundation v. Factors Etc, Inc, Heinon line-14 Ga. L. Rev. 831.

[21] 杨立新:《人身权法论》,中国检察出版社 1996 年版,第 284—285 页。

济应采用财产权保护的规则,即禁令和损害赔偿。

1. 禁令

禁令,也称禁制令,是指为制止侵权行为,从而使权利免受侵害和侵害危险的一种措施。它类似我国《民法通则》第134条规定的停止侵权和在诉讼中的对停止侵权先予执行的裁定。[22] 侵权禁令就是法院根据当事人的申请发布的令侵权人停止正在实施或即将实施的某种侵权行为,从而使权利人免受侵害或侵害危险的一种强制性措施,其目的在于保护权利人免受继续发生或将要发生的侵害,预防难以弥补损害的发生。在商品化权的领域,对于那些损害数额不大的情况,禁令是一种有效的救济方法,应当更多地采用,制止侵权行为,保护当事人的权利。

2. 损害赔偿

损害赔偿是侵害商品化权主要的救济手段。首先,请求损害赔偿应有损害事实发生,凡未经授权商业性使用权利人的肖像、姓名、形体、声音等人格标识,即构成侵权。包括商业性使用面貌酷似名人的肖像、模仿名人的形象、声音,以及商业性使用知名人物、组织姓名、名称的谐音,只要有相当数量的一般社会公众,能够辨别出使用的是权利人的人格标识,即构成侵权。但法律有限制的除外。其次,应有财产利益的损失。财产利益的损失应为权利人对其人格标识所享有的商业利益的损失,包括权利人因侵权行为丧失的市场价值和侵权人所得的非法利润。损害赔偿以过错责任为归责原则,以填补权利人损害、恢复至未损害前的状态为原则。在市场均难以确定的情况下,采用法定赔偿金制度,即由法院根据法律规定的赔偿数额的范围,考虑侵权行为的社会影响、侵权手段与情节,作出相应的裁判。

---

[22] 参见蒋志培:《美国对专利侵权的法律救济》,http://www.szip.org.cn/llyjzl06.html. 2016年2月20日访问。

公民身体权及其民法保护*

一、身体权是否为公民独立的民事权利

在我国民法理论和实务中,对于身体权是否为公民的一项独立的民事权利,通说持否定态度,只承认公民享有生命权、健康权,不认为身体权为独立的民事权利。少数人认为,身体权是一项独立的民事权利,为公民所享有,并与公民的生命权、健康权相区别,各自为独立的民事权利。[①]

由于通说不认为身体权为公民的独立民事权利,实务中侵害公民生命权和健康权的行为,均可以侵权行为予以民事法律制裁,对公民的生命权和健康权予以民法保护;对侵害身体权的行为,如果造成了伤害后果的,则依照侵害健康权的行为处理,如果造成了死亡后果,则属于侵害生命权的行为;如果既没有造成伤害后果,又没有造成死亡后果,在实务中则没有办法进行民法保护。然而,侵害身体权的行为在现实生活中大量存在,缺少必要的民法保护手段,就使公民的这项民事权利时时受到威胁、侵害,而无民法救济方法。

例如:吴姓公民因偷开汽车被公安机关收容审查,12天后因病取保候审,后住院治疗,第4天死亡。其父向省市公安机关要求尸检,查明死因。公安局约省医学院派员共同在该院进行尸检。尸检时,由医学院主刀教师主持,并组织近百名学生到场观摩。尸体监护人见状,予以制止,并反复强调只可进行尸检,不得进行教学活动,要求保持尸体组织完整。公安机关组织者并未加以制止,主刀教师边解剖边向学生讲解尸检的意义及本例脏器变化,提取检材整个大脑、喉头、一叶肝、一叶肺及心、肾、脾、食道。所取脏器,部分交给公安机关,部分由医学院作了教学标本。尸检鉴定结论确认,该公民系大叶性肺炎、感染性休克死亡。该公民的父母等亲属得知尸检中的情况,受到严重刺激,身体上和经济上都受到很严重的损害,故向人民法院起诉,要求省医学院承担侵权责任。

对这一案件应如何处理,有两种不同的看法。一种看法认为,公民死亡,就不再具有权利能力,生命权、健康权均已消灭,此案不构成侵权。另一种意见主张,公民享有身体权,在其死亡后,该身体权类似名誉权的保护,由其继承人对该身体享有保护

---

* 本文发表在《法律科学》1994年第6期。
① 参见张俊浩主编:《民法学原理》,中国政法大学出版社1997年版,第143—145页。

的支配权,侵害死者尸体,同样构成侵害身体权,故应以侵权追究省医学院的民事责任。经过反复讨论,终以立法没有规定公民身体权而判决原告败诉。

正确审理该案的关键,就是对法律有否规定公民身体权这一问题的理解。我国立法是否承认公民身体权是一项独立的民事权利呢?

主张我国法律不承认身体权为一项独立的民事权利的依据,是《民法通则》没有在"人身权"一节中明文规定身体权,只是规定了"生命健康权",因而不能认为身体权为一项独立的民事权利。

笔者认为,上述意见是不正确的。

1. 我国法律对身体权是有规定的

一是我国《宪法》第37条第2款末段规定:"禁止非法搜查公民身体。"二是《民法通则》第119条规定:"侵害公民身体造成伤害的,应承担民事责任。"三是最高人民法院在《关于贯彻执行〈中华人民共和国民法通则〉若干问题的意见》第146条和第147条中两次提到"侵害他人身体"的情形。从宪法到民法,直到司法解释,均明文提到"公民身体",给确认公民身体权为独立的民事权利,提供了直接的法律依据。

2. 认为法律没有明确规定"身体"是一种民事权利,就不能认为其为民事权利的论点,不足以成立

应当说,我国《民法通则》是一个民事权利的宣言,它只规定了民法的一些基本问题,还有很多民事权利没有规定进去。《民法通则》没有规定的民事权利就不成其为民事权利的论点,不具有说服力。例如,《民法通则》没有规定隐私权,但隐私权作为一种基本的民事权利,已为公众所承认。何况我国立法对公民身体已有上述法律规定呢?

3. 确认公民身体权,并非我国独创

早在《德国民法典》问世之时,就宣告了身体权是公民的基本民事权利。在我国封建社会末期,清朝统治者编修《大清民律草案》时,在其第958条、第960条等明确身体权为公民的民事权利。

综上,在我国,身体权是公民的一项独立的民事权利,既有法律依据,又有客观依据,是不容怀疑的。在最高人民法院2001年2月26日发布的《关于确定民事侵权精神损害赔偿责任若干问题的解释》第1条中,也正式确认了身体权是独立的人格权,从而为这样的讨论画上了句号。

二、身体权的基本问题

对于身体权,大陆民法学者将其定义为是"自然人对其肢体、器官和其他组织的支配权"。[②] 我国台湾地区民法学者将其定义为"不为他人妨害,而就身体之安全,享

---

② 张俊浩主编:《民法学原理》,中国政法大学出版社1997年版,第144页。

受利益之权利"③,或者"以保持身体之完全为内容之权利"。④ 认真分析起来,这些定义尚不够完善。

笔者认为,对身体权下一个完整的定义,应该是:身体权是公民维护其身体组成部分的完整并支配其肢体、器官和其他组织的人格权。

(1)身体权以公民的身体为客体。身体,指"一个人或一个动物的生理组织的整体"⑤,即"人和动物的躯体"。⑥ 公民身体则是自然人的生理组织的整体即躯体。换言之,公民身体(body)不是精神的而是肉体的,是肉体的整个构造或附属于身体的所有部分。⑦ 身体虽然由肢体、器官和其他组织所构成,但它是一个整体。公民身体权以身体为客体,最重要的就是保持其身体整体的完全性、完整性。任何人破坏公民身体的完整性,就构成对公民身体权的侵害。

(2)身体权不仅表现为对自己身体的完全性、完整性的维护权,还表现为对自己身体组成部分的肢体、器官和其他组织的支配权。传统理论并不认为身体权中包含公民对自己肢体、器官和其他组织的支配权,只承认身体完整性不得破坏,不得将身体的组成部分予以转让。但是随着科学技术的发展和现代法律伦理的进化,允许公民将属于自己身体组成部分的血液、皮肤甚至个别器官转让给他人。这种转让,正是体现公民对其身体组成部分的器官、组织的支配权。它表明,对于公民身体的上述器官和组织,只有公民本人才享有支配的权利,任何人都无权决定其转让。如果他人违背公民自己的意志,强行索取、使用公民身体的组成部分,就是侵害了公民对其身体组成部分的支配权。

(3)身体权是公民的基本人格权。身体权是基本人格权之一,属于物质性人格权,表现为自然人对物质性人格要素的不转让性支配权。⑧ 它是人格权,而不是所有权。身体权和所有权同为支配权,但其支配的并非同一种客体。所有权支配的是物,身体权支配的却是自身的物质性人格要素,它的客体,仍然是公民的人格。

公民的身体权与其他物质性人格权,如生命权、健康权怎样区别呢？生命权,为不受他人之妨害,而对于生命之安全,享受利益之权利。⑨ 它的客体是公民的生命。生命依附于身体而存在,身体依赖生命的存活而存活。尽管如此,生命权与身体权在法律意义上是十分容易区分的。比较难以区分的是身体权和健康权。健康权是自然人以其器官乃至整体的功能利益为内容的人格权,它的客体是人体器官及系统,乃至身心整体的安全运作,以及功能的正常发挥。⑩

---

③ 何孝元:《损害赔偿之研究》,台北商务印书馆1982年版,第134页。
④ 史尚宽:《债法总论》,台北荣泰印书馆1978年版,第142页。
⑤ 《现代汉语词典》"身体"条,第1008页。
⑥ 《辞海》"身"条,第1973页。
⑦ 参见《Black's Law Dictionary》,with Pronunciations. Fifth Edition. p. 159。
⑧ 参见张俊浩:《民法学原理》,中国政法大学出版社1997年版,第142页。
⑨ 参见何孝元:《损害赔偿之债》,台北商务印书馆1982年版,第124页。
⑩ 参见张俊浩主编:《民法学原理》,中国政法大学出版社1997年版,第144—145页。

二者的区别是：

(1) 身体权的客体是身体，健康权的客体是健康；

(2) 身体权体现的利益是公民身体组织的完全性，健康权体现的利益是公民肌体功能的完善性；

(3) 身体权是公民对自己身体组成部分的支配权，健康权则没有明显的支配权性质。

对于自然人身体的保护，是自法律出现以来就存在的制度，不过并不详加区分生命权、身体权、健康权的不同保护。在罗马法时期，私法极其繁荣，但亦只在私犯中规定对人私犯，称之为侵辱行为[11]或侵辱[12]，并未区分生命权、身体权和健康权的不同。这一点，我国古代立法与其相似。《德国民法典》第823条率先规定身体权，并与生命权、健康权等并列："因故意或过失不法侵害他人的生命、身体、健康、自由、所有权或其他权利者，对被害人负损害赔偿义务。"此后，《瑞士债务法》第46条、《奥地利民法典》第1325条、《日本民法典》第710条，以及我国历史上的民国两次民律草案和正式颁行的民法，都正式确认公民身体权为独立的民事权利，并对侵害身体权的行为规定予以民事法律制裁，对公民身体权予以严格的民法保护。《民国民法》第18条规定："人格权受侵害时，得请求法院除去其侵害；有受侵害之虞者，得请求防止之。""前项情形，以法律有特别规定者为限，得请求损害赔偿或慰抚金。"据该条立法理由称，这里的人格权包括身体权在内。该法第193条规定："不法侵害他人身体或健康者，对于被害人因此丧失或减少劳动能力，或增加生活上之需要时，应负损害赔偿责任。""前项损害赔偿，法院得因当事人之声请，定为支付定期金。但须命加害人提出担保。"第195条第1款前段规定："不法侵害他人之身体、健康、名誉或自由者，被害人虽非财产上之损害，亦得请求赔偿相当之金额。"这3个条文，从总则到分则，从财产损害赔偿到非财产损害赔偿，规定得十分完整，构成了对身体权的完整保护。

国外民法学家有认为身体权为所有权的主张。例如，日本学者就有这种主张。他们认为：第一，在法律上，人格乃无形之法律的观念，而与身体为全然个别之观念，故身体属于其以身体本身为基础的人格所有，在观念上毫无矛盾，此与财团法人之捐助财产恰相类似。第二，自己之身体，固不得如其他财产而任意处分，不得与一般财产权同视，但此点仅系因身体之特质而生之当然结果，自不足因之否认其为所有权。第三，且人死后之尸体，当然归于继承人所有，在睡眠中或其他无意识之间被切取身体之一部分，当然归于其人所有，如不认为身体权为一种所有权，则凡此皆完全无由说明。[13]

---

[11] 参见〔罗马〕查士丁尼：《法学总论——法学阶梯》，张企泰译，商务印书馆1989年版，第201—203页。

[12] 参见〔意〕彼得罗·彭梵得：《罗马法教科书》，黄风译，中国政法大学出版社1992年版，第404—405页。

[13] 参见转引自龙显铭：《私法上人格权之保护》，中华书局1948年版，第59页。

对于这样的观点,笔者是不能同意的。正如有学者指出的那样:"人格权乃以与人之存在及活动有不可分离关系之利益即所谓人的利益为内容,而身体为最有此种关系之利益,故应解身体权为人格权之一种,且如解其为一种所有权,则系以自己身体为物界之一部分,亦甚反于一般社会观念。"[14]

笔者认为,自然人的身体,是公民人格权的基础,是人的最重要的人格权之一。离开了身体,公民的任何人格权都不复存在。人的身体与动物的身体不同。动物虽然有身体、有生命,但它在社会中不具有权利主体的资格,只具有权利客体的资格,是物的一种,受公民财产所有权的支配。人的身体是人的物质形态,而人是权利主体,不能以自己的物质形态作为所有权的客体。如前所述,身体权具有支配权的性质,但这种支配权是人支配自身,却不是支配物;行使的是人格权,而不是所有权。

三、侵害身体权行为的方式

侵害身体权行为,是以身体权为侵害客体的侵权行为。在其侵权行为构成的责任能力、主观心态、违法行为、损害事实、因果关系诸要件中,作为一般的要求,与侵害健康权、生命权的行为的构成都是一致的、相同的,所不同的在于侵害客体的不同。

侵害身体,即损伤身体内部或外部之组织,这种损害身体组织,不以被害人感受肉体上之痛苦为必要。[15] 其具体表现方式是:

1. 非法搜查公民身体

身体的完全性、完整性,包括形式上的完全、完整和实质上的完全、完整,《宪法》第 37 条规定禁止非法搜查公民的身体,其中一个重要意义,就是维护公民身体的形式完整。身体的形式完整,体现在公民对自己身体支配的观念上。公民是否接受对自己身体的检查,原则上由公民自己的意志所支配。这种对自己身体支配的观念,体现了公民对自己身体形式完整的追求。依法搜查,是职务授权行为,具有阻却违法的效力,不构成侵害身体权。

非法搜查身体,是指无权搜查或者有权搜查的机关或者个人,违反法律程序,擅自对公民身体进行搜查的行为。非法搜查的主体,可能是公、检、法机关,也可能是其他机关或者个人。政法机关有权搜查,但如未履行法定手续而擅自搜查他人身体,构成非法搜查行为。没有搜查权的机关或者个人,只要对他人身体进行搜查,就构成非法搜查身体。例如,超级市场工作人员因怀疑顾客偷窃商品而擅自对公民身体进行搜查,即为此种侵权行为。非法搜查公民身体,故意、过失均可构成,一般以故意居多。非法搜查公民身体,可以构成刑事犯罪,这是刑法、民法两大基本法的法规竞合,应按照《民法通则》第 110 条规定的原则处理。

---

[14] 龙显铭:《私法上人格权之保护》,中华书局 1948 年版,第 59 页。
[15] 参见何孝元:《损害赔偿之研究》,台北商务印书馆 1982 年版,第 135 页。

目前在司法实务中,往往将非法搜查公民身体作为侵害名誉权案件处理,也有的人认为是侵害一般人格权。笔者认为,这种行为侵害的客体不是名誉权,因为非法搜查并不影响到公民的社会评价,主要伤害的是公民的名誉感,但名誉感并不是名誉权的客体。这种行为侵害的是身体权,但同时也侵害了公民一般人格权客体的人格尊严,属于一个行为侵害了两种客体,但其基本特征仍是侵害身体权。

2. 非法侵扰公民身体

英美法中的 assault,通常译作侵犯他人身体、企图伤害、侮辱或凌辱,就是指非法侵扰公民身体。当损害他人的故意或威胁与实施该行为的明显的现实能力相结合,且其暴力展示行为足够给予受害人理由以恐惧或预料到即时的身体损害时,就构成了非法侵扰身体行为。这种行为并不要求具备对他人实际的触摸、打击或身体伤害。assault 偶尔用来描述一种特定的殴打。在侵扰罪中,如果被告的外在行为构成威胁且其具有伤害的企图,受害人无须因恐惧而担忧,即使在此种侵权行为中,受害人的主观状态是必须具备的,制造人身攻击是一种非法企图。在某些判例中,还将其划分为一级侵扰、二级侵扰甚至三级侵扰。[⑯]

笔者认为,非法侵扰身体,是行为人对公民身体以外力进行非法干扰,是对公民维护自己身体安全以及支配权利的侵害。这种行为往往有威胁、恐吓的内容,但并未对身体造成实际伤害。例如,面唾他人、当头浇粪,等等。[⑰] 通过一种相当于企图殴打和威胁的行为,行为人使他人处于遭受直接殴打的恐惧或忧虑之中,这种行为就是可以诉讼的胁迫。这种胁迫,通常也认作非法侵扰身体行为。

这种行为,在我国民法理论中,一般称为侮辱行为,习惯上认作侵害名誉权。其来源是我国刑法理论的看法。由于我国刑法设有非法侵扰罪,因而将这类犯罪行为归入侮辱罪的范围。在侵权法研究中,沿袭了这一做法,也将其认作侮辱行为而构成对名誉权的侵害。细究起来,这种行为直接侵害的并不是公民的名誉权,而是身体权;是对公民身体的直接侵害,因而以侵害身体权处理,更符合行为本身的特征。这种行为是可以造成受害人名誉的损害的,但这不是该种行为的基本法律特征,而是侵害身体权行为的一个加重情节。

3. 对身体组织之不疼痛的破坏

法律保护公民的身体不受破坏,不受侵害,任何人侵害他人身体,使其身体组织遭受破坏的行为,都是违法行为。一般认为,对身体组织的破坏,只要不造成严重的痛楚,不认为是对健康权的侵害,而认其为对身体权的侵害。根据这种标准,构成对身体权侵害的行为,一般应当是针对人体没有痛觉神经的身体组织而实施的行为,例如头发、眉毛、体毛、指甲、趾甲等。眉毛是人的面部的重要组织,强行剃除他人眉毛,尽管不会造成痛楚,也不影响健康,但对一个人身体外观所造成的影响,则是十分严

[⑯] See "Black's Law Dictionary", with ponunciations, Fifth Edition. p. 105.
[⑰] 参见史尚宽:《债法总论》,台北荣泰印书馆 1978 年版,第 142 页。

重的。另如一头秀发、漂亮的指甲,都是自然人尤其是女性公民精心修饰的对象,对这些身体组织的侵害,都构成侵害身体权。另外,对有痛觉神经的身体组织进行破坏,只要不是造成严重的痛楚,不破坏身体的健康,也认作是对身体权的侵害。例如,没有碰到牙神经的牙齿损伤,强行抽取他人适量的血液等,也是对身体权的侵害。

4. 不破坏身体组织的殴打

殴打既是侵害身体权的行为,也是侵害健康权的行为。"相争为斗,相击为殴"[18],殴打是侵害身体权、健康权的最重要的行为之一。既然如此,对这两种行为的区分,应以后果加以区别,其标准就是是否破坏身体组织功能的完善。当殴打致受害人的身体组织功能不能完善发挥的时候,就是侵害健康权;当殴打已经进行,但尚未造成上述后果的时候,就是侵害身体权。在实务中,最常见的区分方法是行为是否造成伤害。在我国古代,有"见血为伤"[19]的说法;在现代,则有区别重伤、轻伤、轻微伤的鉴定标准。我国目前实行的重伤鉴定标准、轻伤鉴定标准,主要是适用于刑事法律领域的确定重伤害罪、轻伤害罪的鉴定标准,对确定是否破坏身体健康,不甚适用。有关部门曾经草拟人体轻微伤标准,但没有正式颁布施行。

笔者认为,轻伤标准,是确定殴打行为刑民界限的重要标准。不够轻伤标准的殴打,应以侵害身体权、健康权来处理,而后两种行为性质的区分,就是是否构成轻微伤。构成轻微伤的,作为侵害健康权处理;不构成轻微伤的,作为侵害身体权处理。至于轻微伤的标准,在没有正式的鉴定标准之前,可以按照习惯掌握。沙尔曼德将殴打定义为:"无法律根据对他人施用暴力就是非法殴打他人。"这种侵权行为导致损害赔偿义务的产生,无须其他条件,甚至不需要伤害的存在。应当注意的是,殴打本身就是侵害身体权,并非要求具备青肿、淤血的条件才构成。

5. 因违反义务之不作为所生之侵害身体

我国台湾地区学者认为,道路管理人怠于修缮,因而使人负伤;电灯公司就现代技术上系属可能之防止漏电,怠于为设施,因而发火,使人负伤;医师施手术后,于适当时间,怠于除去绷带,因而使化脓等,均为此种侵害身体权行为。[20] 这种看法不无道理。所应注意的是,侵害身体权或健康权,从行为的外观上,都是作用于公民的身体,区分时仍要以是否破坏公民肌体组织功能完善作为标准,而非只是上述违反义务的不作为所生的身体侵害,均为侵害身体,还是要以行为的后果论,没有造成伤害后果的,为侵害身体权,造成伤害后果的,为侵害健康权。

6. 不当之外科手术

医师施行手术,依现时通说认为,手术系为保全生命或身体之重要部分而为较小之牺牲,其目的正当,故欠缺违法性;医师之手术,得患者或其法定代理人之同意而行

---

[18] 《宋刑统·斗讼律》"斗殴故殴故杀"条。
[19] 《宋刑统·斗讼律》"斗殴故殴故杀"条。
[20] 参见龙显铭:《私法上人格权之保护》,中华书局1948年版,第60页;何孝元:《损害赔偿之研究》,台北商务印书馆1982年版,第135页。

之者固无论,即未同意者亦然。若医师因不合于手术之方法或治疗之目的及施行过度,致侵害患者之身体者,仍属身体之侵害,而为损害赔偿之原因。[21] 例如,对女性公民施行阑尾切除术而伤及生殖系统,造成一定的损伤但未丧失生殖机能,为身体权的侵害。所应注意者,这种侵害身体权的行为,行为人的主观方面应当是过失。如果是借用手术机会故意进行伤害,如利用切除阑尾的机会摘除其卵巢,则为故意伤害罪。[22]

7. 损害尸体

自然人死亡后,民事权利丧失,其所遗尸体仍应依法予以保护,为一致意见。但是,依据何种理由进行法律保护,意见分歧。一种意见认为,身体权为一种所有权,公民死亡以后,由其所有的尸体,理应由其继承人依法继承,他人损害以及非法利用该尸体,即为侵权。[23] 另种意见认为,公民死亡以后,其生命即离开了身体,身体即变为尸体。无生命的尸体为物,而该物归其近亲属所有,非法损害、利用他人尸体,侵害的是近亲属的尸体所有权。[24] 但各种主张都难以正确解释非法损害、利用尸体这种行为的实质。

笔者认为,非法损害、利用尸体,仍然是侵害身体权的行为,其依据是:身体是一种特殊的物质,是构成人的生命、人格的物质性生命体,与任何物都不同。如果认为生命一旦丧失,身体就变成物质,为其近亲属所有,就混淆了人与自然界的界限。反之,认为身体权为所有权,人死亡后该所有权由其继承人继承,又反于人们正常的社会观念。然而,身体权的实质是公民对其身体的支配权。这种支配权不因公民的死亡而立即丧失,就像著作权、名誉权、肖像权等人身权一样,为了保护公民及其近亲属的利益,对于死亡公民的这些权利的保护再延续一段时间,并将对这些权利的保护,转由死亡公民的近亲属进行,即其近亲属取得这种支配权。这样来认识对公民尸体的保护,既合于正常的社会观念,亦合于法理,且与著作权、名誉权、肖像权的保护方法相一致,是合理的。

这类行为主要表现为:一是故意损害尸体。如吉林省浑江市某宫姓公民先后两次切割女性尸体的乳房、生殖器,以满足变态的性欲。二是非法利用尸体。如本文前述案例,省医学院利用公安机关委托其解剖尸体进行鉴定的机会,进行教学、摘取内脏制作教学标本。三是其他类似行为,如非法陈列尸体等。

四、对公民身体权的民法保护

民法对公民身体权的保护,仍采认其为侵权行为,使加害人对受害人承担损害赔偿责任的方式为之。

---

[21] 参见何孝元:《损害赔偿之研究》,台北商务印书馆1982年版,第135页。
[22] 参见杨立新:《侵权损害赔偿》,吉林人民出版社1990年版,第86—87页。
[23] 这种观点为日本学者的观点,转引自龙显铭:《私法上人格权之保护》,中华书局1948年版,第59页。
[24] 在我国司法实务上,有人主张这种观点。

对公民身体权的具体保护方法，国外民事立法通常采取对公民健康权相同的方法，不加具体区分，即造成财产损失的，赔偿财产损失；对其非财产损害，亦采赔偿方式。如《德国民法典》第823条规定了前者："因故意或过失不法侵害他人的生命、身体、健康、自由、所有权或其他权利者，对被害人负赔偿损害的义务。"第847条规定了后者："不法侵害他人的身体或健康，或侵害他人自由者，被害人所受侵害虽非财产上的损失，亦得因受损害，请求赔偿相应的金额。"这两种赔偿方式，构成对身体权的完整保护，缺少任何一种，都将使身体权民法保护的系统不完整。

在我国，对公民身体权的民法保护恰恰面临着这种不完整的保护问题。我国《民法通则》第119条规定了对身体权的侵害："……造成伤害的，应当赔偿医疗费、因误工减少的收入"等费用，这是人身损害赔偿的一般方法；第120条规定了对公民姓名权等精神性人格权侵害的赔偿方法，即通常所说的精神损害赔偿，但不适用于身体权侵害的场合。这两条规定，前者规定赔偿的前提条件是造成伤害，而侵害身体权往往不必要造成伤害，因为造成伤害往往构成侵害健康权，因而对没造成伤害的侵害身体权行为就不适用，或者不完全适用。后者则明确排除侵害身体权的适用，因为我国的精神损害赔偿制度是对姓名权等精神性人格权的法律保护手段。这样一来，对于身体权的民法保护手段，就成为残缺不全的系统，难以全面地保护这一民事权利，同时，对侵害身体权的民事违法行为也难以进行有力的制裁。

笔者认为，解决对公民身体权民法保护不完整的问题，应当采取以下办法：

（1）坚持财产损失全部赔偿的原则，对造成财产损失的侵害身体权行为，责令加害人予以赔偿。对于这种损害，依照《民法通则》第119条的规定，对造成医疗费、误工费损失以及其他费用损失的，应予全部赔偿。对此，与侵害健康权的赔偿办法是相同的。

（2）对难以确定损失价值的身体损害，应当参照相应的标准，确定适当的赔偿标准。例如损害、利用尸体而未经死亡公民近亲属同意的，可以比照正常使用尸体的标准，适当提高标准，予以赔偿。对于侵害公民身体权，没有造成伤害后果的，例如，殴打未致伤害，非法搜查身体、非法侵扰身体等行为，也应当比照相应的标准，制定赔偿的方法和范围。例如，是否可以适用精神损害赔偿的赔偿标准，制定略高于这一标准的侵害身体权的赔偿标准。

（3）对《民法通则》第120条进行扩大解释，准许侵害身体权适用慰抚金制度。从原则上说，我国《民法通则》第120条规定的并不是精神损害的慰抚金制度，它与《德国民法典》第847条、《日本民法典》第710条、我国台湾地区现行"民法"第195条是不完全相同的，它只是对名誉权等精神性人格权的保护制度。因此，对于侵害身体权造成的痛苦，没有适用本条的理由。对此，笔者认为可以通过立法解释的方法，对第120条进行扩张解释，规定侵害公民身体、健康、生命权造成非财产损害的，可以适用之，这样就可以解决对身体权民法保护体系不完备的问题。对此，已有学者作过相当程度的探讨，意见是中肯的。另外，司法实务已有将该条扩大适用范围的趋向。

例如,某高级人民法院召开的审判业务讨论会认为:"受害人的死亡必然给其亲属造成生活上的种种困难和精神上的极大创伤,在经济上不给适当的抚慰有悖情理。……因此,为了抚慰受害人的遗属,应当区别情况给予一定的经济补偿。"这种意见,相当于《日本民法典》第711条关于"害他人生命者,对于受害人的父母、配偶及子女,虽未害及其财产权,亦应赔偿损害"的规定以及我国台湾地区"民法"第194条的类似规定,即对侵害生命权的间接受害人给予精神慰抚金制度。此种情况,已经超出了《民法通则》第120条规定的范围。这种做法是否适当,本文不去讨论,只就这种尝试而言,可以启发思路,且将第120条通过法定程序扩大解释,并非毫无基础和可能。

(4)民法应当就身体权的保护制定完备的措施,最重要的,就是就身体权保护的慰抚金制度作出相应的规定,使之保护系统完善化。在修改《民法通则》或者制定民法典的时候,应当制定相当于《德国民法典》第847条、《日本民法典》第710条和我国台湾地区"民法"第195条内容的条文,使其与现在的《民法通则》第119条相呼应,构成完整的公民身体权保护系统。在当前,司法实务界也可以进行试验性的、开拓性的尝试,取得审判实践经验,在有了基础的时候,作出相应的司法解释,为将来的立法打下基础。

安乐死合法化的民法基础*

关于安乐死问题,是一个涉及哲学、伦理学、医学、宗教学、法学等多学科的复杂问题。目前法学界对此问题的讨论集中在刑法学界,而民法学界从民法的角度探讨安乐死问题的鲜见高论。本文从民法生命权的基础出发,对安乐死问题从民法的视角进行研究,揭示安乐死的民法基础,这就是生命的性质、生命权的适当支配权、生命的本质和被实施安乐死者的最大利益四个方面。

一、民法研究安乐死问题的提出

安乐死是一个世界性的问题。无论是在国外,还是在国内,法学界研究安乐死几乎是刑法的"专利",在民法学界几乎无人问津。然而,我们在研究民法的人格权法的过程中,却得出了一个极为重要的结论,这就是,安乐死研究的最基础理论,在于民法、在于民法的人格权法、在于民法人格权法规定的生命权。如果不是从民法的人格权法、生命权的基础去研究安乐死,则研究安乐死的法律问题就缺乏最起码的基础,可以说是无本之木、无源之水。因此,笔者主张,站在民法的立场上研究安乐死,才是研究安乐死的本源、研究安乐死的基础,这就是要在民法的基础上,揭示安乐死的基本问题。

对于这个问题,我国发生的典型的安乐死案例,即有关王明成安乐死的两个案例,是最有启发意义的。前者是王明成作为死者的近亲属提出的为其母夏素文实施安乐死案件,后者是王明成为自己请求实施安乐死的案件。前者涉及的是刑法的安乐死问题,后者涉及的是安乐死的民法基础问题。

王明成,终年49岁,汉中市人,陕西第三印染厂职工。他曾经请求医生为其身患绝症的母亲实施了安乐死,成为我国首例安乐死案的主要当事人之一。最后,自己也身患绝症,请求实施安乐死,却被拒绝。

1984年10月,王明成的母亲夏素文患肝硬化腹水,1986年6月23日病危,王明成与其姐妹将其母送往汉中市传染病医院治疗。入院当日,医院就发了病危通知书,其母仍感到疼痛难忍,喊叫想死。6月25日,王明成和其姐妹在确认其母无希望治好的情况下,找到主治医生蒲连升要求实施安乐死,并表示愿意承担一切责任。蒲连升

---

* 本文发表在《云南大学学报》(法学版)2005年第4期,合作者为国防科技大学教授刘宗胜博士。

给夏素文开了 100 毫克复方冬眠灵处方一张,在处方上注明"家属要求安乐死",王明成在处方上签了名。注射后,夏素文在 6 月 29 日凌晨 5 时死去。因此,王明成与蒲连升被检察机关以故意杀人罪提起公诉,先后被关押了 1 年零 3 个月。1992 年被法院宣告无罪释放。

2000 年 11 月,王明成也被查出患有胃癌并做了手术,2002 年 11 月,癌细胞扩散到他身体其他部位,2003 年 1 月 7 日再次住院治疗,6 月 7 日他要求给自己实施安乐死。前车之鉴,没有任何医生敢为其实施安乐死,于是,他在绝望中,7 月 4 日出院回家,拒绝治疗,于 8 月 3 日凌晨在痛苦中离开人世。

在同一个人身上,发生了两起安乐死的案例,都是悲剧的结局,我们不禁要为人的尊严而呼吁安乐死的立法。除此之外,我们要深入研究的,就是安乐死的合法性问题。

我们可以看到,在王明成为其母请求实施安乐死的案例中,涉及的问题是,在现有法律环境之下,也就是没有进行安乐死立法的情况下,实施安乐死是否构成犯罪?这是刑法研究的问题,也是法学界最为关注安乐死的领域。但是,我们从第二个案例,即王明成自己要求实施安乐死没有被准许的案例,却清清楚楚地看到,研究安乐死的民法基础的极端重要性。如果这个问题不解决,不仅安乐死是否能够得到法律的确认得不到解决,而且在刑法上安乐死是不是构成犯罪的问题,也无法解决。因此,研究和解决安乐死的民法基础问题,是解决安乐死问题的关键和核心,是必须解决的问题。

二、安乐死的民法基础——生命的性质

生命原本是生物学的概念。在自然界中,由物质构成并具有生长、发育、繁殖等能力的物体,是生物。生物能通过新陈代谢作用,跟周围环境进行物质交换而维持其生命。新陈代谢一停止,生命就停止。从生物学的角度上看,生命是"生物体所具有的活动能力"①,或者是"由高分子的核酸蛋白体和其他物质组成的生物体所具有的特有现象"。② 更详细一点说,生命是生物体所具有的利用外界的物质形成自己的身体和繁殖后代,按照遗传的特点生长、发育、运动,在环境变化时能够适应环境的活动能力。生命的本质,实质上是蛋白质存在的一种形式。其基本特征是,蛋白质通过新陈代谢不断地与周围环境进行物质交换,保持其活力。新陈代谢停止了,蛋白质即失去其活力而分解,生命亦不复存在。

民法研究生命的性质,首先是生命利益。民法研究生命并不是研究生物学上的意义,是研究生命利益。人的生命是人体维持其生存的基本的物质活动能力,人的生

---

① 《现代汉语词典》,商务印书馆 1979 年版,第 1016 页。
② 《辞海》,上海辞书出版社 1979 年版缩印本,第 1727 页。

命所体现的人格利益,就是生命利益。而生命利益就是民法所保护的人格利益中的最重要的人格利益。也就是生命在法律上的性质。

人的生命是人的最高人格利益,具有至高无上的人格价值,是人的第一尊严。中国古代学者云:"人之所宝,莫宝于生命。"③黑格尔则认为:"生命是无价之宝。"④这些言论无不道出生命之于人的最高价值。

在法律学的意义上看,生命之于人的最高价值在于:

(1)生命是人具有民事权利能力的基础,人之所以具有民事权利能力,就是其具有生命,因而法律规定,自然人的民事权利能力始于出生终于死亡,即在其具有生命形式时,才具有民事权利能力。人不具有生命,即不成其为民事权利主体,亦不具有民事权利能力。

(2)生命具有不可替代性,世界上"没有类似生命的东西,也不能在生命之间进行比较",因而人的生命"没有什么法律的替换品或代替物"。⑤ 人的生命一旦丧失,就不可逆转地消灭,没有任何办法予以挽回。

(3)生命不仅对人的本身具有价值,而且对整个社会具有价值,人之所以能够制造工具改造自然,创造物质财富和精神财富,系以其具有生命为前提。人享有生命而创造财富,对他人、对社会均具重要意义。

民法研究生命的性质,更重要的是要研究对生命利益的保护。民法不是从生物学的角度研究生命的维持和延长,而是研究如何保护生命,保护自然人的生命不受意外的侵害而发生人为的终止。这就是说,生命及其利益无论之于人是多么的宝贵,但是,生命毕竟是一个过程,所有的自然人都有一个生死的过程。民法确认这个过程的合法性,就一般意义而言,任何人都不能人为地终止这个过程;但是在特殊的意义上,什么人以及在什么样的情况下,能够终结这个过程,是值得研究的。我们不能否认,生命可以有条件地进行人为终止,例如,依照法律剥夺犯罪人的生命——尽管从生命权的角度出发,要得出这个结论是比较艰难的,但它是一个事实;又例如,为了正义而慷慨赴死,奉献生命,被视为人生的壮举。自然人是不是也能够为了自己的尊严和不再承受非人能忍受的痛苦,放弃生命利益,人为地终结生命过程,而采取安乐死呢?这当然是民法的问题——自然人放弃生命人格利益,就是安乐死的本质所在。

三、安乐死的民法基础——生命最佳利益选择

上面谈到安乐死合法化的基础为生命的自主权,这是对于意识尚清晰、还能作出意思表示的身患绝症的病人而言的。对于那些在意识清晰时没有作出实施安乐死的

---

③ 《北史·源贺传》。
④ 参见[德]黑格尔:《法哲学原理》,商务印书馆1982年版,第106页。
⑤ [德]康德:《法的形而上学原理》,商务印书馆1991年版,第166页。

意思表示,就已经陷入深度昏迷的"植物人"而言,其家属代他作出实施安乐死的民法基础又何在呢? 我们必须对"非自发性安乐死"的民法基础作出解答。

在"非自发性安乐死"的情况下,我们无法了解病患者的意见,但从最佳利益的角度,笔者认为,其家属可以代其作出实施安乐死的决定。这就涉及利益衡量问题,"当一种利益与另一种利益相互冲突又不能使两者同时得到满足的时侯,应当如何安排它们的秩序与确定它们的重要性? 在对这种利益的先后次序进行安排时,人们必须作出一些价值判断,即'利益估价'问题。这是法律必须认真对待和处理的关键问题。"⑥对植物人而言,其生命的价值几乎等于零,而同时该病人的生命价值与他人的价值发生了冲突。在这种情况下,从社会角度而言,植物人往往需要大量的珍贵稀缺药品和众多的医疗人员,而在医疗资源十分紧缺的现阶段,允许植物人的家属代其作出安乐死的决定,可大幅度地节省人力、物力、财力资源,引导资源优化配置。从病人家庭角度而言,病患者的病情会牵动其亲人的心,徒劳的治疗和无恢复希望的痛苦延续不但折磨本人,同时也会给病人亲属造成巨大的精神痛苦,影响其正常的工作和生活。虽然植物人安乐死后,会给其家属造成一定的精神创伤,但总胜过在长期绝望的煎熬中无助地等待所造成的身心摧残。

除此之外,对植物人实施安乐死,还涉及生命的实质和尊严问题。

四、安乐死的民法基础——生命的实质和尊严

所谓生命权,不仅指肉体方面的权利,而且还包括与肉体不可分离的精神方面的权利。肉体只是生命的现象,而精神才是生命的实质核心。⑦ 西方也有学者认为:"生命是情感、关系、经验的生物载体,正是由于这些因素,人的生存才有尊严和意义。"⑧所以,"不仅要从生理上理解生命,还要从道义和精神上理解生命"。⑨ 对安乐死持肯定见解的澳大利亚学者也认为,安乐死中的"求死权",实质上是生命权的延伸,他认为,生命权是指权利主体对外力侵害的维护,而其权利维护的内容有两个方面:一个是人格;另一个是躯体。躯体乃个人之外在形体,人格者,乃个人在世之精神表征,或称自我之形象。人格与躯体两者乃一体之两面,缺一不可,否则生命权将失所依附。所以,个人生命权若因疾病或其他事故,导致人格之丧失(如植物人之情形),该个体之生命权实已遭受侵害,单纯躯体之保存并无意义。所以安乐死之行使,乃在于求人格与躯体权益的完整性。⑩ 也就是说,"求死权"所维护的,乃是完整的生

---

⑥ 张文显:《法理学》,高等教育出版社、北京大学出版社1999年版,第218页。

⑦ 参见周莉华:《安乐死的法律思考》,载《安徽大学学报》(哲学社会科学版)1996年第1期。

⑧ 〔美〕彼得·斯坦、约翰·香德:《西方社会的法律价值》,王献平译,中国公安大学出版社1990年版,第65页。

⑨ A. B. Downing and Barbara Smoker , "voluntary euthanasia—experts debate the right to die". peter owen Publishers, 1986.

⑩ Mark Sayers, "Euthanasia: at the intersection of Jurisprudence and the Criminal Law", op. cit. ,15, at 84.

命权。

所谓"尊严",是指人们有权不受到侮辱,也就是说,人们有权不受到在他们所属的文化或是社群中被视为不敬的举动。尊严是个人的本质属性和基本需求。在人道主义者看来,人的尊严在于对动物式盲目生活的超越,在于能自觉地追求真善美、追求自由、创造价值,树立主体意识,确立人格思想。[11] 一个植物人,身上到处插着输液管,失去了与人交流的能力,身体严重变形,完全失去了自理能力,需要依托别人的料理和照顾,可被视为失去了尊严。因此,尊严的终极含义在于能够按照自己的价值观念,主宰自己的命运而受到尊重。[12] 对一般人而言,谁都不愿让人看到自己处于这种失去尊严的状态中。对于植物人而言,其人格尊严已经急剧下降,其生命乐趣也已经荡然无存,只留下一个毫无安全保障的生命躯体。在这种情况下,允许其家属代为作出安乐死的决定是可以接受的,因为利用这种办法在消灭病人痛苦的同时,也保持了人的尊严,维护了病人的隐私。而从美国近年来的有关安乐死的案例可得知,在英美法的传统观念中,对于安乐死适法性的争论,多系导源于隐私权而来。[13] 因此,人的尊严具有最高价值,尊严使人有选择的自由,包括结束自己生命的自由。这样,在一定程度上就回归到了安乐死的最初含义(最早源于希腊文 euthanasia),"尊严死亡"。[14]

五、安乐死的民法基础——生命权及其适当支配权

安乐死民法基础的核心,在于自然人享有生命权。有人认为,安乐死权是一种独立的权利,作为权利的一项内容同人的生命权、生存权、名誉权、人格尊严权等并列为第一个档次上。[15] 但大多数学者认为,选择安乐死的权利是属于生命权中的一项内容。[16]

为什么说安乐死权不是一个独立的权利?如上所述,安乐死是一种行为,是自然人适当支配自己的生命利益、终结自己的生命过程的行为。它本身不是权利。支配实施这个行为的,是人的权利,也就是自然人是不是有权利实施安乐死的问题。既然安乐死是自然人终结自己的生命过程、支配自己的生命利益的行为,而支配这个行为的权利,必然就是生命权。只有享有生命权的权利人,才存在是否可以支配自己的生命利益,终结自己生命过程的问题。

任何自然人都享有生命权,这是一个没有争议的问题。但是,对于生命权中是不是包含生命利益的支配权,存在不同的意见。反对者认为,生命权是自然人以其性命

---

[11] 参见陈刚:《人的哲学》,南京大学出版社 1992 版,第 179 页。
[12] 参见许国平:《西方关于安乐死法律地位争议的思考》,载《中国医学伦理学》1996 年第 6 期。
[13] 参见邝承华:《澳大利亚安乐死法律之探讨》,载《台大法学论丛》第 27 卷第 4 期。
[14] 楚东平:《安乐死》,上海人民出版社 1988 年版,第 21 页。
[15] 参见王家福、刘海年:《中国人权百科全书》,中国大百科全书出版社 1998 年版,目录部分,第 35 页。
[16] 参见杨立新:《人格权法专论》,高等教育出版社 2005 年版,第 144 页。

维持和安全利益为内容的人格权[17]，或者认为生命权的内容包括自卫权和请求权[18]，但是都认为不存在对生命利益的自主支配权。赞成者认为，生命权的内容包括生命利益支配权[19]，尽管这种生命利益的支配权是适度的、适当的，但是它毕竟也是支配权，因此生命权的支配权是有限的支配权。[20]

不承认生命权中包括生命利益支配权的观点主要有两个论据：

（1）认为支配权是一种无须他人同意即可自主支配，并排斥一切他人干涉的权利，如果承认献身是行使生命支配权，难道说那些在战场上阻止战士无谓牺牲的人是侵犯了战士的生命权吗？笔者认为，承认自然人的生命支配权，并不意味着对阻止战士作无谓的牺牲就是侵犯了战士的生命权，因为对于人们正当行使权利的行为，他人也可以根据自己对此行为是否符合该行为人利益的角度，对该行为人行使权利的行为进行劝阻。

（2）认为对现实生活中的自杀等对生命支配的行为，我们根本无法在民法上予以救济，所以对生命的支配不能形成民事权利。如果承认生命利益的支配权，就等于鼓励自杀。这种理解也是不正确的，因为我们所说的救济，是针对权利受他人侵害而言的。自己对自己所有权利的抛弃，法律上并无救济的必要。就如权利人抛弃自己的财产，法律也无法救济，难道说"抛弃"不是一种对财产权的支配吗？

笔者认为，首先，应当承认生命权的支配权是客观存在的，是不应当否认的；其次，生命权的支配权不是绝对的，而是相对的、适度的、适当的。笔者的这个观点有以下三层含义：

（1）生命权的支配权是客观存在的，表明的是对人的权利的尊重。既然生命是人的人格利益，没有理由否定权利人对自己的人格利益不能够支配。

（2）生命权的支配权并不是绝对的，如果认为生命权的支配权是绝对的，面对自杀，法律将毫无办法，等于是在鼓励自然人自杀。尽管现代社会对于自杀行为并不予以特别的谴责，在美国、英国，以及大部分的西方国家里，自杀也不再被视为犯罪[21]，也没有哪些国家公开宣称自杀是非法的。但是，如果一个社会鼓励自杀，则将会对人的尊严、价值采取否定性的立场。

（3）界定生命权的支配权的有限性，就在于赋予安乐死以及为正义而献身的行为以合法性，尊重自然人在这种情况下的立场和选择。生命权的有限支配权，就是安乐死的最基本的民法基础。

---

[17] 参见张俊浩：《民法学原理》，中国政法大学出版社1997年版，第8页。
[18] 参见徐显明：《公民权利义务通论》，群众出版社1991年版，第24页。
[19] 参见杨立新：《人身权法论》，人民法院出版社2002年修订版，第468页。
[20] 参见陈仲：《关于生命权的几个问题》，载《达县师范高等专科学校学报》（社会科学版）2002年第3期。
[21] 参见〔美〕朗诺·德沃金：《生命的自主权》，郭贞玲、陈雅汝译，台北城邦文化事业公司2002年版，第206页。

对于身患绝症并处于晚期而极度痛苦的病人而言,安乐死是其生命自主权的体现。[22] 所谓自主权,是指决定者得以作出关乎自己生命的重大决定的权利,其实就是对生命利益的支配权。英国哲学家洛克认为:"人有权决定其行动和处理财产和人身的天然权利,无须得到任何人许可或听命于任何人的意志。"[23]英国另一位哲学家休谟也认为,如果人类可以设法延长生命,人类也可以缩短生命。换言之,生与死都是人的权利。[24] 近年来,美国的案例,法院之见解多以为"求死权"之内容,若就个人对于其身体之支配方面考虑,此一权利应有免受侵扰的自由。[25]

根据美国学者范伯格的整理,现代社会对私人事务进行干涉和强制的根据,主要包括以下方面[26]:

(1)损害原则,即为了防止个人自由损害他人或对公众利益造成损害;
(2)冒犯原则,即为了防止个人对他人的冒犯;
(3)统治原则,即为了防止个人自由对自己造成损害或为了使自己受益;
(4)合法的道德原则,即为了防止或惩罚罪恶;
(5)福利原则,即为了使他人受益。

从第一个原则来看,安乐死是基于病患者同意的基础之上的,这种同意是一种基于已经保障了病患者知情权的前提之下的,而且病患者身患绝症并处于晚期且极度痛苦,对病患者实施安乐死也并不侵犯社会公众的利益。

从第二个原则来看,"冒犯是这样一种行为,由于它的作用能引起别人极大的精神状态混乱",这种精神混乱主要是指"无损害但令人厌恶"的情感。判断是否构成冒犯的标准有两个[27]:一个是普遍性标准,即不管地区、宗教派别、种族或性别如何,随便从全国选一个人都会作出一种厌恶的反应;其二是合理回避的标准,"人们只要作出合理的努力或者并无什么不便就能有效地避开这些经验,那么人们就无权要求国家的保护"。[28]很显然,安乐死并没有冒犯普遍性标准,对于医生而言,也可以合理回避,选择不去实施安乐死。

从第三个原则来看,统治原则的一个限制是,当受害者完全自愿从事自我伤害行为时,国家不应当去干涉。所谓完全自愿是指这样一种情形:如果一个人自我伤害是在明白一切有关事实和可能偶发的事件的情况下进行的,并且没有任何强制性的压力或强迫,那么他就是完全自愿地去从事自我伤害。对于身患绝症并处于晚期而极度痛苦的病人而言,他还有着充分的意识,而且已经保障了病患者知情权,因此,国家也不得干涉病患者选择安乐死。

---

[22] Magnusson, "The Future of the Euthanasia Debate in Australia ," op. cit. , note5 , at 1109 , 1112 & 1127.
[23] 〔英〕洛克:《政府论》(下篇),商务印书馆1964年版,第6页。
[24] 冯泽永:《生命迷案》,重庆出版社1999年版,第188页。
[25] 参见邝承华:《澳大利亚安乐死法律之探讨》,载《台大法学论丛》第27卷第4期。
[26] 参见范伯格:《自由、权利和社会正义》,贵州人民出版社1998年版,第45—46页。
[27] 参见刘三木:《安乐死的合法性问题初探》,载《法学评论》2003年第2期。
[28] 范伯格:《自由、权利和社会正义》,贵州人民出版社1998年版,第46页。

从第四个原则来看,合理的道德主义是主张对人们的不道德行为进行限制。安乐死是在病患者身患绝症忍受着巨大痛苦的情形下实施的,对于这样的患者,其生命的实质意义已不存在。在这种情况下,对病患者实施安乐死是合乎人道的。㉙

从第五个原则看,限制自由的最后一个原则是福利原则,即为了公众利益而限制自由。该原则更有利于安乐死的合法化,而不是禁止安乐死。为了一个无意义的生命而占有、消耗相对短缺的社会经济、医疗资源是不值得的,应将这些有限的社会资源节约下来,用于急需的有意义的人,这对家庭、对社会都是有意义的。㉚

生命权的支配权除了意味着可以在濒临死亡且意识清晰之时作出申请安乐死的决定之外,还意味着自然人可以在身体尚健康之时,为了以后可能会出现的身患绝症且又面临极度痛苦时,授权其家属作出是否为其实施安乐死的决定。对此,澳大利亚的南澳洲在1983年就通过了《自然死亡法》,该法律允许有意识能力的成年人可以在另外两人的见证下,签署一份预先放弃医疗的同意书,说明如果自己以后身患绝症,可以选择不愿意依赖医疗维生仪器的功能作为存活的方式。此一放弃医疗同意书,告之将来的诊断医生,依据当事人的自愿,放为其施用维生仪器的医疗。㉛ 这一放弃医疗同意书亦称为"存活遗嘱",1990年澳大利亚的维多利亚州也通过了《医疗(代理)法修正案》,该法案允许病患者预先指定代理人,在该病患者无意识能力时,可以代理其决定是否拒绝接受医疗。如今,美国所有的州,不是承认了"生前预嘱"的效力,就是承认了"预立医疗委任代理人委托书"的效力。㉜ 我国台湾地区的"安宁缓和医疗条例",也确认了"预立医疗委任代理人委托书"制度。

现有安乐死立法例的国家中,多以认可自发性安乐死为主,就其施用方式而言,绝大多数立法仅允许不作为安乐死的情形。1995年,澳大利亚北领议会通过了《北领地末期病患权利法》,允许主动性(作为)安乐死的实施,但在1997年被澳大利亚联邦议会废除。目前,只有荷兰和日本没有禁止"主动(作为)安乐死"。其实,只要安乐死的实施是充分尊重了病患者的自主权,不管是以作为方式还是不作为方式实施安乐死,均应允许。就如一澳大利亚学者指出的那样:"若主动、自发性安乐死之可责性,仅在于医生按病患者之意愿,以积极之作为方式,结束病患者之生命。那么,为作为、自发性安乐死,其宗旨显然为认可医生得以放弃医疗之不作为方式,达成病患者之求死意愿。两者的主要差异,只在医生之作为或不作为医疗方式而已,而两者的结果与目的则同一,若后者不作为方式能为立法者所接受,则前者作为之可责性为何?"㉝

㉙ 参见仲崇玉、刘惠娟:《安乐死的人格权解读》,载《东方论坛》2003年第4期。
㉚ 参见念九州:《价值冲突:安乐死合法化的根本障碍》,载《西北民族学院学报》(哲学社会科学版)2000年第1期。
㉛ Anne Riches, op. cit., note 1, at 126—27。
㉜ 参见[美]朗诺·德沃金:《生命的自主权》,郭贞玲、陈雅汝译,台北城邦文化事业公司2002年版,第212页。
㉝ Mark Sayers, "Euthanasia: at the intersection of Jurisprudence and the Criminal Law", op. cit., 15, at 83.

六、从民法的角度界定安乐死——安乐死的应然定义

安乐死的法律定义到底是什么,始终没有一个明确和统一的答案。对安乐死的理论研究和立法必须首先明确和统一安乐死的法律定义,一个明确和恰当的安乐死的定义,对法律研究和立法将有着直接和极为重要的意义,并将使有关讨论能够在同一标准、同一前提下进行。㉞ 目前,学术界对安乐死主要有如下定义:

(1)安乐死是指身患绝症并处于晚期的病人因无法忍受病痛折磨而请求医生用人道的方法在无痛苦的状态中结束自己生命的行为。㉟

(2)安乐死是指患不治之症的病人在危重濒死状态时,由于精神和躯体的极端痛苦,在病人或家属的要求下,经过医生的认可用人为的方法使病人在无痛苦状态下度过死亡阶段而终结生命的全过程。㊱

(3)安乐死是指身患绝症濒临死亡的病人,为解除其极度的痛苦,由病人本人或家属要求,经医生鉴定和有关司法部门认可,用医学方法提前终止其生命的过程。㊲

(4)安乐死一般是指对于患不治之病症,且遭受无法忍受痛苦之患者,按病患者的最佳利益考量下,并依其要求,以积极或消极的作为,以最少痛苦的方式,结束该病患生命的行为。㊳

(5)世界医药协会对安乐死的定义为:安乐死者,乃系指主动终结病患生命之作为。㊴

(6)台湾大学哲学系孙效智先生、香港善宁会以及美国学者丽塔·L.马克将安乐死定义为:为了消除或减轻超出自身所能承受的痛苦而有的作为或不作为,意图导致死亡,或作为、不作为本身导致死亡。㊵

为了统一安乐死的定义,有必要统一安乐死的实施对象、行为实施者、行为方式和有权申请实施安乐死的主体。

(一)安乐死的实施对象

上述安乐死的概念,前面四种定义虽然表述文字不一,但是它们在不同程度上具有一定的相同之处,即:

(1)为患者实施安乐死的行为人的动机必须出于"善"或者人道主义同情;

(2)安乐死中的患者所患之病在当代医学看来必须是不治之症,并且病人痛苦的

㉞ 参见李惠:《安乐死法律定义之思考》,载《甘肃政法学院学报》2002年第4期。
㉟ 参见黄新春:《我国实施"安乐死"的可行性探讨》,载《浙江公安高等专科学校学报》2001年第5期。
㊱ 参见吴海梁:《安乐死合法化的法律探讨》,载《行政与法》2004年第3期。
㊲ 参见张玉堂:《我们有死的权利吗——对安乐死争论的法理学思考》,载《法学》2001年第10期。
㊳ D. Humphry & A. Wickett, The Right to Die, op. cit., note 2, at 3.
㊴ 参见邝承华:《澳大利亚安乐死法律之探讨》,载《台大法学论丛》第27卷第4期。
㊵ 参见楼兰主人:《安乐死立法研究》,载古国网,2003年6月7日访问。

程度到了不堪忍受的地步；

(3)安乐死行为的实施者为医生；

(4)实施的对象为身绝症的濒临死亡的病人。

但是，除了这几种定义外，对安乐死的对象，也有人提出了不同的观点。有人认为，安乐死的对象主要有三类：植物人、脑死亡者、身患绝症濒临死亡而又极度痛苦者。[41] 也有人主张安乐死的对象主要是两种病人：一是身患绝症并处于晚期而极度痛苦的病人；二是有严重残疾，生命质量和生命价值极其低下或已丧失的病人，如为不可逆的植物人状态或已发生脑死亡者，严重畸形且医学上无法治疗的胎儿、新生儿等。[42] 第五种和第六种定义，对于安乐死的实施对象并没有限制。

对于安乐死的实施对象的分歧，主要是因为纳粹德国历史上曾经实施过所谓的"安乐死"计划，给人类造成了深重的灾难，因此，对于现实条件下提出合法化要求的安乐死，是否与纳粹德国历史上曾经实施过所谓的"安乐死"的对象一致，我们有必要对纳粹德国的"安乐死"进行一下回顾。

1853—1855年，法国人戈宾陆续出版了他的四卷本代表作《论人类种族的不平等》，竭力鼓吹"人类天生不平等"的理念，上述思想逐渐被德国精英阶层所接受。经历了魏玛共和国时期的战败以及激烈的社会动荡后，德国的精英阶层变得更为激进。1920年，宾丁(Binding)和侯贺(Hooch)鼓吹"毁灭不具生命价值的生命"。在他们合著的《授权毁灭不值生存的生命》一书中写道："一条生命是否值得活，不仅取决于该生命对个人的价值，而且取决于该生命对社会的价值。"上述思想与纳粹的种族主义同流合污后被全面制度化。希特勒借此主张将以残废人、犹太人和吉普赛人为对象的优生型"安乐死"计划全面启动。[43] 由此，可以看出，纳粹德国所实施的"安乐死"，最值得我们警惕的就是它是由国家强制执行的，丝毫没有考虑到被实施者的权利和意愿。直到1958年，L. Loeffler才将"安乐死"的意义出离于为纳粹所滥用的意义。[44] 在现代社会，人们一般认为，为了防止历史的悲剧重演，对于残废人和严重的痴呆患者以及严重畸形且医学上无法治疗的胎儿、新生儿等，不能实施安乐死。所以，安乐死的实施对象应限制为身患绝症并处于晚期而极度痛苦的病人和植物人。

(二)安乐死的行为实施者

关于安乐死的行为实施者，前四种定义都认为必须由医生实施，后两种概念则对此问题没有界定。笔者认为，从安乐死的对象来分析，安乐死的行为实施者应当必须由医生进行。因为安乐死的对象要么是意识尚为清晰但已经丧失了行动能力，要么是已经没有意识的植物人，必须要借助外力的帮助才能达到"死亡"的目的。所以第

---

[41] 参见徐宗良：《大学生人文素养讲座：当代生命伦理的困惑》，上海交通大学出版社2000年版，第45页。
[42] 参见陈霆宇：《安乐死几个相关问题探析》，载《政法论坛》1998年第2期。
[43] 参见[德]康德：《法的形而上学原理——权利的科学》，商务印书馆1991年版，第49页。
[44] 参见孙效智：《安乐死的伦理反思》，载《台湾大学文史哲学学报》第45期。

五种定义中的"主动终结"和第六种定义中的"作为或不作为",都应当是指医生的"主动"和"作为或不作为"。

(三)申请安乐死的主体

对于有权申请实施安乐死的主体,第一种和第四种的定义认为,只有病人本人才能申请实施安乐死。第二种和第三种的定义认为,病人和其家属均有权申请实施安乐死。而第五种和第六种定义对此则没有论及。对于有权申请的主体,笔者认为,必须在对目前学者们对安乐死的分类进行分析的基础上,才能得出一个正确的结论。

对于安乐死的分类,有人认为,若从适用安乐死之主体观之,按其性质则可分为:

(1)自发性安乐死,或称本意性安乐死,是指在病患者有意识能力,且充分知晓其病情而自愿为之,自发性同意以安乐死结束其生命。

(2)非自发性安乐死,是指无法了解获得病患之意愿,而由其他人决定对其实施安乐死的情形。

(3)非本意性安乐死,是指病患者有意识能力,但未为安乐死之表示,而在违反其意愿的情况下,或是未为征询其意愿之情况下,径予结束其生命之情形。㊺

按当事人对"安乐死"之接受与否,我国有学者把安乐死分为"自愿安乐死"与"非自愿安乐死"。㊻

(1)"自愿"即安乐死意愿之表达有两种可能性:一是病危时为之。这必须以病人意识清楚,能自己决定为前提;另一则是事前表明。

(2)"非自愿安乐死"包含两种情形:一是当事人没有表示或无法表示意愿的"无意愿安乐死";一是违反当事人意愿之安乐死。

也就是说,第二种分类中的"自愿安乐死"包括了第一种分类中的"自发性安乐死",但它还包括了第一分类中所没有的通过"预留医疗指示""生存意愿遗嘱"或"预立代理人"等形式,事先表明将在某种情况下实施安乐死的情况。第二种分类中的"非自愿安乐死",包括了第一种分类中的"非自发性安乐死"和"非本意性安乐死"。

上述分类中,非本意安乐死,即违反当事人意愿的安乐死,是指违反病患者的意愿,或是能够征询病患者意愿的情况下,未征询而强制对病患实施安乐死。不论在道德上或者法律上,均应予非难,而且与《世界人权公约》有违㊼,自然不在合法化考虑的范围之列。

从以上分析可以看出,无论是把安乐死分为"自愿安乐死""非自愿安乐死",还是把安乐死分为"自发性安乐死""非自发性安乐死"和"非本意性安乐死"学者都认为,除了病人本人以外,"其他人"或其"家属",也有权申请实施安乐死。

㊺ 参见邝承华:《澳大利亚安乐死法律之探讨》,载《台大法学论丛》第27卷第4期。

㊻ 楼兰主人:《安乐死立法研究》,载古国网,2003年6月7日访问。

㊼ 参见《世界人权公约》第6条第1项:"Every human being has the inherent right to life. This right shall be protected by law. No one shall be arbitrarily deprived of his life."

(四)安乐死的实施方式

对安乐死的行为方式,第五种定义只承认"主动"方式,第四种和第六种定义为"作为或不作为"都可以,其他几种定义对此则未有涉及。有学者认为,从实施安乐死的方式来看,安乐死可分为:主动性安乐死和被动性安乐死两种。[48] 前者系指以积极或主动性的介入行为,达到病患者缩短生命的结果。后者则指消极或被动性的不作为而使病患因为其疾病而产生自然死亡的结果。对这种分类,我国大陆学者也多有赞同者。[49] 但是,这种分类却存在不妥之处:

(1)所谓"被动安乐死",是指用中断医疗或中断基本照顾等不作为的方式,让病人自然死亡。但有人认为,末期病患者应有权选择不接受无效的、无意义的、只为延长性命的治疗。不为末期病人提供无用的治疗手段,是为了让其自然死去,而非刻意延长他们的生命,因此并非采用"安乐死"手段,因此应避免把不为病患者提供无效的治疗称为"被动安乐死"。[50]

(2)无论是主动性安乐死还是被动性安乐死,其选择权均应在患者一方而绝不在医生一方,患者的安乐死既可用主动方式进行,也可以被动方式进行,医生根据患者的这种选择权采取主动或被动方式来为他实施安乐死。因此,严格来说,现实中的所有安乐死行为都属于主动的安乐死行为,而不存在被动的安乐死。因为患者提出自愿安乐死的要求是医生实施行为的前提和基础,只有在患者或其家属的要求提出后,医生才能"采取措施"或"中止措施",从而达到患者死亡的目的。[51]

(3)"一项性质消极的行为也可以用积极方式来表述,例如,不给或忘记给一定状况中的某人提供食物,同'使挨饿'这个积极的词是一个意思。"[52]

因此,根据行为方式的不同,我们应当把安乐死分为作为的安乐死和不作为的安乐死,而不能把它称为"主动安乐死"或"被动安乐死"。

根据以上对安乐死的实施对象、行为实施者、行为方式和有权申请实施安乐死的主体所进行的分析,我们可以把安乐死定义为:身患绝症并处于晚期而极度痛苦的病人和植物人,在病人本人或其家属的要求下,由医生用人道的作为或不作为方式,结束患者生命的生命权处分行为。

---

[48] 参见邝承华:《澳大利亚安乐死法律之探讨》,载《台大法学论丛》第27卷第4期。
[49] 参见欧阳涛:《安乐死的现状与立法》,载《法制与社会发展》1996年第5期。
[50] 香港善宁会的安乐死立场,参见 http://www.hospicecare.org.hk.
[51] 参见王晓慧:《安乐死问题研究》,吉林大学2002届博士学位论文,第33页。
[52] 边沁:《道德与立法原理导论》,时殷弘译,商务印书馆2000年版,第124页。

论名称权及其民法保护[*]

一、名称的基本含义和范围

名称权是法人、个体工商户和个人合伙的一项重要的人身权[①]，其客体是法人、个体工商户和个人合伙的名称。对名称的基本含义是什么，有不同的解释。

从语义学的角度考察，一般认为名称为"事物的名目或称号"[②]，或者是指"用以识别某一个体或一群体(人或事物)的专门称呼"。[③] 这样的解释没有原则的分歧。在英语中，名称与姓名同用一词，即 name，既指自然人的姓名，也指法人组织等非自然人的名称。在汉语中，名称是与姓名有原则区别的，不能混同。

从法律学的角度考察，学者对名称权有不同的认识。有的认为，名称是社会组织相互区别的标志，是使该组织特定化的符号，它起着与自然人的姓名同样的作用。[④] 有的认为，名称是指非自然人的权利主体在社会活动中用以表现自己并区别于他人的标志。[⑤] 还有的认为，名称又称字号，是法人、个体工商户、个人合伙等民事主体之间相互区别的特定标志，是它们享有独立人格的基础。[⑥] 这些定义，都从不同的角度揭示了名称这一概念的内涵，说明名称在法律学上与语义学上的不同，均有可取之处，但也有其不足。前两个定义对名称的主体界定不够准确，后一个定义对名称特征的表述略显不足。

笔者认为，名称是指法人及特殊的自然人组合等主体在社会活动中，用以确定和代表自身，并区别于他人的文字符号和标记。名称并不是自然人的文字符号和标记，而是法人或特殊的自然人组合的文字符号和标记。特殊的自然人组合者，是指个体工商户、个人合伙等不享有法人资格，但又不是自然人个体的其他组织，增加其弹性容量，以涵括个体工商户、个人合伙以及其他非法人组织，如不具有法人资格的私营企业等。名称的基本作用，在于使上述主体在社会活动中，确定自身的称呼，以其代

---

[*] 本文发表在《江苏社会科学》1995年第1期，合作者为最高人民法院法官吴兆祥博士。
[①] 参见《中华人民共和国民法通则》第99条第2款。
[②] 《大辞典》，台北三民书局1985年版，第482页。
[③] 王同忆主编：《语言大典》，三环出版社1990年版，第2404页。
[④] 参见王利明主编：《民法·侵权行为法》，中国人民大学出版社1993年版，第280页。
[⑤] 参见关今华等：《精神损害赔偿实务》，人民法院出版社1992年版，第227页。
[⑥] 参见王冠：《论人格权》，载《政法论坛》1991年第3期。

表自身,并区别于其他公民、法人和其他组织。名称是一种文字符号和标记,不是图形,也不是形象,这一点是与姓名相同的。

1. 名称与字号、商号

字号,在中国古代有两种含义:一是指以文字作为编次符号;二是指商店名称,旧时商店标牌,皆称字号,开设商店,亦云开设字号。⑦ 现代语义学称字号为商店的名称⑧,已不再使用原第一种含义。现代字号,不仅局限于商店的名称,还扩展到个体工商户、个人合伙所使用的名称;此外,字号往往具有"厂店合一"的特点,往往采取前店后厂的形式,店、厂使用同一字号。

商号,亦称商业名称,是商业主体依商法申请登记,用以表示自己营业之名称,亦即商业主体在营业上所使用的名称。⑨ 它的特征是商业主体享有,依法登记,在营业上使用。在英国商法,区分商行名称和营业名称,相互之间结成合伙关系的多个人的集合称为商行,而商行名称则是指明全体合伙人姓名的简称。而营业名称是独资商、合伙或公司以其真实名字以外的名称从事经营,称之为商号。⑩ 这种立法值得借鉴,明确了商号是商业主体在营业时使用的名称这一法律特征。

字号和商号均为名称之一种,并不是名称的全部。名称除字号和商号以外,还包括非商业主体法人的名称,如机关法人、事业法人以及其他社团法人等。

2. 字号与商号的差别:

(1)主体种类有所不同。字号的主体不包括法人,一般是指个体工商户、个人合伙等特殊的自然人组合;商号事实上是由企业法人在营业时使用,主体是从事商业活动的企业法人。但是这一区别并不是绝对的。历史沿用下来的老字号,经工商登记,仍然使用,既是字号,又是商号。

(2)确立形式不同。确立字号,采取自由主义,可以登记,也可以不登记;确立商号,则非经登记不能取得。

(3)使用范围不同。字号既可以称其个体工商户或个人合伙的自身,也可用于商业、营业;商号则仅指商业主体在营业时使用的名称。

由此可见,名称概念的外延包括字号、商号和非商业主体法人的名称三个部分。

二、名称权及其内容

(一)名称权的历史沿革

名称的起源,晚于姓名,但确认其为权利,却与姓名权几乎同时。名称起源于合伙,作为合伙的字号而广泛使用。但这只是一个事实,在法律上并不认其为权利,亦

---

⑦ 参见《辞源》,商务印书馆1991年合订版,第423页。
⑧ 参见《现代汉语词典》,商务印书馆1978年版,第1518页。
⑨ 参见刘清波:《商事法》,台北商务印书馆1986年版,第31页。
⑩ 参见董安生编译:《英国商法》,法律出版社1991年版,第211、212页。

不受私法的保护。纵观古代罗马法和日耳曼法,对合伙认其为契约,并无名称的规定。至中世纪,公司在意大利沿海都市兴起,并在后半叶迅速发展,公司的商号广泛应用,但仍未作为私法上的权利予以法律保护。

在近代民事立法中,各国法律开始对商号权予以重视,并采取私法方法对其进行法律保护。采取民商分立的国家,率先在商法中确认商号权。1890 年公布、1894 年施行的《日本商法》设专章规定商号,认商号权是指商人对其商号所具有的权利,包括不妨碍他人使用商号的权利,即商号使用权和他人以不正当的目的冒用其商号时,可以请求制止使用的损失赔偿权利即商号专用权。⑪ 采取民商合一立法例的,则将商号权概括在姓名权中,一并加以保护。在我国,国民政府制定的民法典,采民商合一制,对姓名权扩大了解释,将商号权概括在姓名权中,采取同一的法律保护。司法解释确认他人冒用或故用类似他人已经注册之商号,比照民法关于姓名权保护的规定,受害人得呈请禁止其使用。⑫ 在英美法国家,名称与姓名为同一概念,确认姓名权,即确认了名称权。

在我国立法者看来,名称与姓名是两个概念,名称权与姓名权不能混同;商号仅是名称的一种;不能概括名称的全部内涵,不能用商号权替代名称权。故在制定《民法通则》的时候,在第 99 条第 1 款规定了公民的姓名权以后,第 99 条第 2 款规定:"法人、个体工商户、个人合伙享有名称权。企业法人、个体工商户、个人合伙有权使用、依法转让自己的名称。"这一立法例,开创了认名称权为民事权利的先河,将字号、商号权的范围予以扩大,包含了更多、更广泛的内容。

(二) 名称权的概念和特征

关于名称权概念的界定,我国民法学界的研究不够深入。有代表性的定义,如认为"名称权是法人、个体工商户、个人合伙依法享有的决定、使用、改变自己的名称,并排除他人干涉、盗用、冒用名称的权利"⑬;"名称权是社会组织依法对自己名称享有的专用权"⑭;"名称权是指企业法人、个体工商户、个人合伙依法决定、使用和改变自己名称的权利,是它们重要的人格权"⑮;"法人、个体工商户和个人合伙的'姓名权'称为'名称权'"。⑯

上述定义,均有不当之处。在主体上,仅包括企业法人和个体工商户、个人合伙显系不当;在权利客体上称名称权是法人等主体的姓名权,更为不妥;在权利的内容上,没有容纳名称权的转让权,则为重大疏漏。

笔者认为,名称权是指法人及特殊的自然人组合依法享有的决定、使用、改变自

---

⑪ 参见〔日〕《新版新法律学辞典》,中国政法大学出版社 1991 年版,第 482 页。
⑫ 参见黄宗乐监修:《六法全书·民法》,台北保成文化事业出版公司 1991 年版,第 16 页。
⑬ 王冠:《论人格权》,载《政法论坛》1991 年第 3 期。
⑭ 王利明主编:《民法·侵权行为法》,中国人民大学出版社 1993 年版,第 280 页。
⑮ 马原主编:《中国民法教程》,人民法院出版社 1989 年版,第 490 页。
⑯ 孟玉:《人身权的民法保护》,北京出版社 1988 年版,第 8 页。

己的名称,依照法律规定转让名称,并排除他人非法干涉、盗用或冒用的人格权。它具有以下法律特征:

1. 名称权的性质是人格权,具有人格权的一切基本属性。

名称权是绝对权、专属权、固有权、必备权。概言之,名称权是法人、个人合伙、个体工商户等之所以为主体的基本权利之一,不享有名称权,民事主体不能成立。

2. 名称权的主体是法人和个体工商户、个人合伙等特殊的自然人组合

法人应包括企业法人和其他非企业法人。个体工商户、个人合伙均是特殊的自然人组合,也包括不具有法人资格的私营企业及其他类似的组织。

3. 名称权的客体具有间接的财产利益因素

人格权以不具有直接的财产因素或不具有财产因素为基本特征,名称权属于前者。这主要表现在商业名称上,老字号、老商号、名牌企业效益好、信誉高,必然带来高利润,因而使商业名称具有较高的使用价值。基于此,名称权具有可转让性这一显著特征,区别于其他人格权,也区别于姓名权。

(三) 名称权的具体内容

关于名称权的具体内容,有些学者依据《民法通则》第 99 条规定,认为只包括名称使用权和名称转让权。这是不完整的。笔者认为,名称权包括以下 4 种具体权利:

1. 名称设定权

法人及特殊自然人组合享有名称权的最基本内容,就是为自己设定名称的权利,他人不得强制干预。对于名称的设定,各国采取不同做法,一是采自由主义,法律不加限制,可以自行选定自己的名称;二是采限制主义,法律规定商号、法人的名称应当表明其经营种类、组织形式,非经登记,不发生效力,甚至规定对未设定名称的,"法院因利害关系人或检察官的请求,应予以规定"。⑰ 对此,我国立法采折中主义,即法人尤其是企业法人,必须设定名称,并且依照法律的规定设定,非经依法登记,不发生效力,不取得名称权。对于个体工商户、个人合伙等自然人组合,依其自愿,可以设定名称,也可以不设定名称。

2. 名称使用权

名称权主体对其名称享有独占使用的权利,排除他人非法干涉和非法使用。名称经依法登记,即产生名称权主体的独占使用效力,法律予以保护,在登记的地区内,他人不得再予登记经营同一营业性质的该名称;未经登记而使用者,为侵害名称权。在同一地区内,数个单位曾使用同一名称,其中一方经登记后,其他单位不得再使用该名称,否则亦为侵权。名称使用的范围,应以其登记核准的范围为限,限于在本省、本市、本县以至本镇内使用,在核准使用的范围内,该名称独占使用。国家级企业的名称,在全国范围内使用。名称的独占使用,限于同一行业,不排除不同行业使用,但使用时必须标明行业的性质,如东海商厦与东海制药厂等。

---

⑰ 《日本民法》第 40 条。

3. 名称变更权

名称权主体在使用其名称的过程中,可以依法变更自己登记使用的名称。名称变更,可以部分变更,也可以全部变更。变更名称必须依法进行变更登记,其程序与设定名称相同。名称一经变更登记后,原登记的名称视为撤销,不得继续使用,应当使用新登记的名称进行经营活动。名称变更应依主体意志而为,他人不得强制干涉。

4. 名称转让权

依《民法通则》的规定,企业法人、个人合伙、个体工商户有权转让其名称,非企业法人的名称不得转让。名称转让可以是部分转让,即将名称使用权转让予他人使用;也可以是全部转让,即将名称权全部转让予他人享有。部分转让者,名称权人仍享有名称权,仍得自行使用其名称,但名称使用人依其使用权的转让,而依约定使用该名称。全部转让者,原名称权人丧失名称权,不得继续使用;受让人成为该名称的权利人,享有专有使用权及名称权的一切权利。

三、名称权的转让

各国立法均承认商号等名称权的转让行为为合法行为,准许名称权主体依一定程序全部或部分转让其名称权。我国民法通则亦认企业法人、个体工商户、个人合伙享有名称转让权。名称权的转让,包括名称使用权部分转让、名称权让与和名称权继承。

(一) 名称使用权部分转让

双方当事人依名称使用达成协议,准许名称权受让人部分使用该名称,即成立名称使用权部分让与行为,对双方当事人发生法律拘束力。

名称使用权部分转让行为的性质是什么? 国外学者一般称其为商号借贷契约。如日本学者认为,允许他人使用自己的姓名或商号进行营业的契约,为姓名商号借贷契约,也称为名义借贷契约或字号借贷契约。其内容是,有信用的人准许他人使用自己的姓名,取得营业许可者把名义借贷给无许可者等而使用。⑱ 其性质至为明显。

依据我国民事立法,称名称使用权部分转让的行为为名称借贷契约或合同,不甚恰当。其理由:一是部分转让名称使用权行为与借贷主旨不同。依我国民法理论,可资借贷者,为物,名称转让权属于人格权,非借贷之标的。二是部分转让名称使用权,不仅包括将名称准予无营业名称之人使用,也包括准予有其他名义之人使用该名称。前者如无工商登记的合伙等"挂靠"有名称权的经营单位而营业;后者如同类企业使用同类知名企业名称为联合生产同类产品者。这两种情况,依借贷合同,无法包容完备。

笔者认为,部分转让名称使用权行为的性质,为名称使用合同。首先,该种行为的性质是合同,因其符合双方意思表示一致,设立、变更或消灭民事法律关系在平等、

---

⑱ 参见〔日〕《新版新法律学辞典》,中国政法大学出版社1991年版,第743页。

自愿基础上进行,约定对双方均具有法律拘束力等合同的基本特征。其次,该种行为的内容是使用名称,而非借贷。名称使用,可以有偿使用,亦可无偿使用,依当事人约定。称其使用更贴切,且符合我国法律用语的习惯。再次,能够确定双方当事人的权利义务关系,均依合同约定行事,发生纠纷,亦可依约定和合同法的原则处理。

名称使用合同的主体只能是名称权人和名称使用人,其他人不能成为该合同的主体。就使用第三人的名称而达成协议,不成立名称使用合同。名称使用合同的客体是对名称的使用,名称权人把自己的名称使用权部分地转让给使用人,使用人在约定的范围内使用该名称。此种约定,须采明示方式,默示不发生效力。名称使用合同的内容依双方约定,有偿的名称使用合同,为双务合同,双方就名称权的使用及报酬进行约定,互享权利,互负义务;无偿的名称使用合同为单务合同,使用人享有使用名称的权利,名称权人负有准许使用人部分使用名称的义务,使用人违反约定,名称权人享有合同解除权。名称使用合同是诺成性的要式合同,双方意思表示一致,采书面形式,并经登记而发生合同效力。所应强调的是,名称使用合同具有人身权让与使用的性质,承诺使用人使用自己名称的名称权人,对于误认使用人为名称权人而为交易者,就交易产生的债务,名称权人与名称使用人负连带清偿责任。

(二)名称权让与

名称权让与是名称权人将其享有的权利全部让与受让人,其效力是受让人成为该名称权的主体,出让人丧失名称权。

名称权让与,历来有两种学说:一是绝对转让主义,认为名称转让应当连同营业同时转让,或者在营业终止时转让;名称转让以后,转让人不再享有名称权,受让人独占该名称权。各国商法典一般采此学说。二是相对转让主义,又称自由转让主义,即名称转让可以与营业分离而单独转让,并可以由多个营业同时使用同一名称,名称转让以后,转让人仍享有名称权,受让人亦取得名称权。笔者认为,绝对转让主义更符合名称权让与的本质,有利于维护商业秩序和民事流转秩序,有利于保护当事人的合法权益,故应采纳之。相对转让主义容易造成名称使用、管理的混乱,不宜采纳,如仅系名称使用权转让,则应依名称使用合同确立名称使用权部分转让的法律关系。

名称权让与为名称权的绝对转让,因而,名称权人在转让其名称时,只能将名称与其营业一起转让,或者在其终止营业时将名称权转让。在民间,个体字号连同营业一并转让,常称之"兑",即为前者。后者则是营业主体在停业清算后,仅将名称转让给受让人,营业并不转让。

名称权让与后,出让人丧失该名称权,在该名称登记的地区,出让人不得再使用该名称,也不得再重新登记该名称,使用者为侵权行为。至于名称权与营业一起转让者,是否可以在同一地区再经营同一营业,日本商法为防止不正当竞争,规定当事人如无另外意思表示,则转让人在20年内不得于同一市镇村内或相邻市镇村内经营同一营业;转让人有不经营同一营业特约时,该特约只在同一省县内及相邻府县内,在不超过30年的范围内有效。目前我国立法对此没有限制,似应参照日本立法,作出适当规定,但不应限制过严,期限也不宜过长。

名称权受让人承受名称权后,得继续使用该名称,并成为名称权人。受让人承受该名称权时,应就原来营业的债权、债务关系如何处理,与原名称权人协商处理办法,有明确约定的,依约定处理。没有约定或约定不明确无法执行的,营业与名称一并受让的受让人,对于转让人因营业而产生的债务,负清偿责任;转让人的债权人就转让人因营业而产生的债权向受让人实行清偿时,以清偿人系善意且无重大过失情形为限,其清偿为有效;受让人清偿债务和受领清偿之后,可以将其后果转移给转让人。

(三)名称权继承

名称权可否继承,计有两说。肯定说认为,名称权虽为人格权,但因其具有无体财产性质,可以发生继承,但限制于个体工商户和个人合伙,法人不发生名称权继承问题。[19] 否定说认为,名称权为人格权,不是无体财产权,不能发生继承问题。

笔者认为,名称权是人格权,虽然不是无体财产权,但却具有某些无体财产权的性质,其可转让性,就是其特征之一。同时对于非公有制的企业法人,以及特殊的自然人组合的营业实体,是以自然人及其团体为其特征,当营业实体的自然人死亡后,其财产应当由其继承人继承。当继承人继承该营业时,当然发生名称权的继承问题。笔者赞同肯定说的主张,但对于继承的主体范围,则应适当扩大,不应只局限于个体工商户和个人合伙,还应包括私营企业等以自然人身份开办的各种营业实体。对于公有制企业法人,因其公有性质,不具有亲属法上的身份权,因而不发生继承名称权问题。当一企业撤销而另一企业承受该名称时,其性质是名称权的让与,而非名称权继承。

名称权继承,一般应连同营业一并继承,也可以在营业终止时继承。在营业终止后的一定时期内,继承人未声明继承并进行继承登记的,视为放弃名称权的继承,该名称应停止使用。名称权继承以后,在一定期间内,继承人不再继续营业或未转让他人使用的,则丧失该名称权。

名称权继承应当进行继承登记。商业主体死亡后,由继承人依法继承营业时,应依其继承事由,申请继承登记。商业继承登记,不仅为商业之继承登记,而且包括商业名称之继承登记在内。[20] 经过登记,继承人便取得该名称权。名称权主体在终止后,其字号、商号等商业名称只有其继承人有权使用,他人未经继承人同意而使用该名称的,构成对名称权的侵权行为。

四、名称权的民法保护

(一)具体的侵害名称权行为

确认侵害名称权的行为为侵权行为,并对侵权人责令承担侵权损害赔偿等民事

---

[19] 参见王利明主编:《民法·侵权行为法》,中国人民大学出版社1993年版,第282页。
[20] 参见刘清波:《商事法》,台北商务印书馆1986年版,第38页。

责任,是民法保护名称权的基本方法。确定侵害名称权损害赔偿责任的构成,仍须具备侵权民事责任的一般构成要件,即具备侵害名称权的违法行为,名称权受到损害的客观事实,该违法行为与损害结果有因果关系,主观上有过错这四个要件。以下侵害名称权的行为,构成侵权损害赔偿责任:

1. 干涉名称权的行为

这是指对他人名称权的行使进行非法干预的行为。非法干预,包括对名称设定、专有使用、依法变更和依法转让的干预,具备其中之一,即为非法干涉。干涉名称权的行为大都为故意的行为,如强制法人或其他组织使用或不使用某一名称,阻挠名称的转让、变更的行为。非法宣布撤销他人的名称,也属于干涉名称权的行为。[21]

2. 非法使用他人名称的行为

这是指未经他人许可,冒用或盗用他人登记的名称。盗用名称是未经名称权人同意,擅自以他人的名称进行活动。冒用名称是冒充他人的名称,以为自己的目的而行为,即冒名顶替。盗用和冒用他人名称,即为非法使用,各国立法均认其为侵权行为。在名称登记范围内,同行业的营业不得以不正当竞争目的而使用与登记名称相似易于为人误认的名称。此种行为为名称的混同,也是非法使用他人名称的侵权行为。

3. 不使用他人名称的行为

应当使用他人名称而不使用或改用他人的名称,同样构成对名称权的侵害。如甲商店出售乙厂的产品,却标表为丙厂的名称,甲对乙名称的不使用,构成对乙厂名称权的侵害。

(二)侵害名称权的民事责任方式

构成侵害名称权,应承担的民事责任的最主要形式,是赔偿损失。根据侵害名称权行为的特点,其赔偿损失的基本方法包括以下几种,可以根据具体情况选择使用:

1. 以受害人在名称权受到侵害期间财产利益损失为标准确定赔偿数额

名称权受到侵害所受到的直接损失,其最基本的表现形式,就是受害人在侵权期间所受到的财产不利益,即受到的损失。当这种损失很明显,具有可计算的因素时,采用这种方法计算受害人的财产利益损失并予以赔偿,是最准确的赔偿数额。其计算公式是:

$$W = (P - C) \times (A_1 - A_2)$$

其中 W 是损失数额,P 是单位产品(或服务)的价格,C 是单位产品(或服务)的成本,A1 是指在侵权期间受害人应销售的产品量(或提供的服务量),A2 是在侵权期间实际产品销售量(或服务量)。依此公式,即可计算出受害人在侵权期间应得的财产利益和实得的财产利益之间的差额,即为财产损失数额,或赔偿的数额。

---

[21] 参见王利明主编:《民法·侵权行为法》,中国人民大学出版社1993年版,第282页。

2. 以侵权人在侵权期间因侵权而获得的财产利益数额为标准确定赔偿数额

侵权人因侵权行为所获得的利益,是不法所得,是通过侵害他人名称权,使他人财产利益受到损害而获得的。如果受害人损失的财产利益无法计算或不易计算,以侵权人在侵权期间所获利益推定为受害人所受到的损失,至为公平、合理。其计算公式是:

$$W = A \times (P - C)$$

W 是所获利益额,A 是侵权人在侵权期间销售的产品量(或提供的服务量),P 为单位产品(或服务)的价格,C 是单位产品(或服务)的成本。依此公式,即可计算出侵权人在侵权期间所获的不法利益,推定其为受害人的财产利益损失额,依此确定赔偿数额。

3. 在受害人财产利益实际损失或侵权人侵权期间所获财产利益均无法计算或不易计算时,可采综合评估方法确定赔偿数额

这就要根据侵害名称权的具体因素综合评估,推算合适的损害赔偿数额。考虑的因素包括:侵权行为的程度和情节、侵权期间的长短、损害后果的轻重、给受害人造成的经济困难程度,以及侵权人的实际经济状况。将这些因素综合考虑,确定一个适当的数额,作为赔偿的数额。应当注意的是,适用这种方法计算赔偿数额,一般不应超过最高限度,该限度即为该名称使用权转让费的数额。此种方法,主要适用于非法干涉名称权和不使用他人名称等场合。

对侵害名称权的行为人确定民事责任,还包括除去侵害的方法。侵害他人名称权,首先应负有停止侵害的责任,使正在进行的侵害行为彻底终止。同时,对侵权行为所造成的影响应予以消除,权利人要求赔礼道歉的,还应当赔礼道歉。除去侵害是侵害人身权的必要的责任形式,对于保护受害人的合法权益,具有重要意义,是不可忽视的。

侵害肖像权及其民事责任

一、典型案例及最高人民法院对该案的复函

朱某幼年患"重症肌无力症",于1967年去上海市眼病防治中心防治所诊治。应经治医生请求,朱的家长提供了朱患病症状的照片。后陈某接受了朱的治疗资料,接手为朱治疗,基本治愈。朱的家长又提供朱治愈后的照片一张,交陈某作为医学资料保存。1983年,陈总结自己几十年的治疗经验,撰写了《重症肌无力症的中医诊治和调养》一书,自费出版。1986年,陈在该防治所开设业余专家门诊,专治此症,陈收取挂号费的50%。1989年,陈撰写稿件,由上海某报社的编辑加工修改,在该报公开发表,介绍该病症的症状及陈的治疗效果,介绍陈的坐诊时间和著作,并擅自配发了朱治疗前后的两张照片,朱认为陈与上海某报社发表该文时使用其肖像,未经自己同意,具有营利目的,侵害了其肖像权,故向法院起诉,请求精神损害赔偿。①

对于上述案例,最高人民法院(1990)民他字第28号复函指出,上海某报社、陈某未经朱某同意,在上海某报载文介绍陈某对"重症肌无力症"的治疗经验时,使用了朱某患病时和治愈后的两幅照片,其目的是为了宣传医疗经验,对社会是有益的,且该行为并未造成严重不良后果,尚构不成侵害肖像权。但在处理时,应向上海某报社和陈某指出,今后未经肖像权人同意,不得再使用其肖像。

最高人民法院这一复函(以下简称"本复函"),涉及侵害肖像权民事责任的若干方面的问题。分析研究这些问题,对于学术界有关侵害肖像权责任的一些理论问题的争论、实务界的某些不当做法、促进立法上的改进,都是有益的。

二、肖像使用行为的性质

在弄清肖像使用行为的性质之前,首先应当弄清肖像在法律上的性质,这是一个前提。

大陆民法学者研究肖像,多从文字学的角度出发,推导其法律学上的概念及性

---

* 本文发表在《法学研究》1994年第1期。
① 本案涉及公民的隐私权侵害问题,但不在本文论述范围,因此不予讨论。

质,认为"肖像是公民人身真实形象及特征的再现"②,我国台湾地区民法学者将肖像界定为:"肖像者,人之容姿之摹写也,分绘画、照相、雕刻等类。"③笔者认为,这些定义不能说它不正确,但是从更严格的法律意义上观察,则忽略了肖像的物质意义上的属性,而这恰恰是正确分析肖像法律意义上的性质的关键。

把肖像定义为:肖像是通过绘画、照相、雕刻、录像、电影等艺术形式使公民外貌在物质载体上再现的视觉形象。这一定义与上述界定的不同之处,是强调肖像这种视觉形象是固定在特质载体之上,使之区别于其他人格权的客体所具有的独特的法律性质。肖像作为肖像权的客体,与其他人格权不同,具有某些物的特殊属性。从这一角度出发,有助于打破在侵害肖像权财产救济手段研究上的迷雾。

法律上的物的特征,学者表述不尽相同。有谓须为人类身体以外之有体物、须为人力所能支配、须独立成为一体者④;有谓能够为人们所支配、具有一定的经济价值、可以构成人们财产的一部分者⑤,等等。

总而言之,法律上的物,必须以物质形态独立体现于世,为人力所能支配,具有财产价值并且可以为人所使用。并不否定肖像是公民外貌形象的再现这种作为人格权抽象客体的性质,笔者只是说肖像作为公民外貌形象体现在物质载体之上的这一特点,就使它既具有人格权抽象客体的性质,又具有物的某些基本特征的实在客体的性质,后者主要体现在:

(1)肖像固定在物质载体之上,即与肖像人在客观上相脱离,独立于世。公民的外貌形象,是其客观存在的外界感知,它与公民本身是不可分离的客观的视觉形象。肖像作为公民外貌形象的复制、模写,必须固定在物质载体上,成为公民再现的视觉形象。一旦公民的形象固定在物质载体上,成为肖像,就立即脱离了肖像所模写的公民。尽管它模写的就是该公民的外貌形象,但它已经有了独立存在的形式,可以不依赖肖像人而存在,成为既与肖像人相联系,又独立于肖像人的客观视觉形象。

(2)肖像固定在物质载体上,能够为人力所支配。肖像既然与肖像人相脱离而独立于世,就可以受人的意志所支配,可以处分,可以使用。在这一点上,肖像与名誉,贞操、自由等人格权的客体不同。名誉、贞操、自由等不能固定在物质载体上,因而不能受人力的支配。人的外貌特征只有固定在物质载体之上,才有这种属性。如果人的形象再现在水面或镜面之上,由于不能固定之,因而不是法律意义上的肖像,因而也不能受人力所支配。人身为人格所附立,有人格之自然人,当不许无故为他人所支配,当人之身体外貌特征被摹写为肖像之后,独立于人体之外,可为人支配却成了客观的属性。

(3)肖像固定在物质载体之上,具有一定的财产价值。肖像既独立于人的身体之

---

② 佟柔主编:《中国民法》,法律出版社 1990 年版,第 485 页。
③ 龙显铭:《私法上人格权之保护》,中华书局 1948 年版,第 93 页。
④ 参见刘清波:《民法概论》,台北开明印书馆 1979 年版,第 69 页。
⑤ 参见马原主编:《中国民法教程》,人民法院出版社 1989 年版,第 102 页。

外,被人力所支配,那么,肖像就可以被使用,而在使用中,就可以产生一定的财产利益。当然,这种财产利益并非为人的外貌形象本身所产生的,而是其精神利益在商品经济社会中转化的派生利益。

既然肖像具有如上物的属性,并且可以在社会生活中使用,我们便可以得出这样的结论,即:合法的肖像使用行为,除去其具有阻却违法事由的肖像使用之外,其性质是肖像使用合同。这种肖像使用合同,具有合同的一般特征:

1. 是双方或多方意思表示一致的民事法律行为

肖像使用行为,是肖像权人就其肖像的转让使用,与肖像使用人就该肖像的承受使用,具有一致的意思表示,其间,须有肖像使用的要约和承诺,否则,不能达成一致。

2. 是双方当事人就他们之间设立以致变更、消灭肖像使用关系的协议

合法的肖像使用,必须由双方当事人就双方的权利义务关系,即肖像使用的范围、方式、报酬等具体内容作出明确的约定。当肖像使用关系要变更或消灭时,亦应有相应的约定。这些约定,就是肖像使用的协议。

3. 是当事人在平等、自愿的基础上进行的民事法律行为

合同的当事人地位必须平等,意思表示自主自愿。因而肖像使用关系中,肖像权人和肖像使用人地位完全平等,意志自由,并非是一方将其意志强加给另一方的强迫使用。

4. 约定对双方当事人均具有法律拘束力

肖像使用的约定一经成立,双方必须遵守,不得违反,非经对方同意,任何一方不得擅自变更或解除,亦不得超出约定使用范围使用或限制在约定使用范围内的使用。这与合同的法律效力的特征相同。

肖像使用合同作为具体合同,具有自己的法律特征。

(1)合同的主体只能是肖像权人和肖像使用人,其他人不能成为该合同的主体。就使用他人的肖像达成协议,不能成立肖像使用合同。

(2)合同的客体是对肖像的使用,即肖像权人把自己肖像的使用权部分地转让给使用人,使用人在约定的范围内使用肖像权人的肖像。肖像使用范围,依合同约定。肖像使用权的转让,只能是部分、有限的转让,不可能是全部、无限的转让,因此,肖像使用范围应在合同中采取明示的方式约定。

(3)合同的内容和形式在于双方约定。有偿的肖像使用合同是双方的合同,肖像权人享有收取报酬的权利,承担按约定范围准许使用人使用肖像的义务;使用人享有按约定范围使用肖像的权利,承担支付报酬的义务。

(4)肖像使用合同是诺成性合同,一经成立,即发生法律效力。

(5)多数肖像使用合同具有隐蔽性。在实践中,肖像使用合同为两种形式:一是单纯的肖像使用合同,即就肖像使用本身签订合同;二是包含在其他合同之中的肖像使用合同,属于从合同,隐蔽在主合同之中,从属于主合同。在后一种情形下,有时并不明确约定肖像使用问题,但在条文中包含了这一内容。在这种情况下,肖像使用范

围应与主合同约定的范围相一致。

三、侵害肖像使用权责任的构成

研究侵害肖像权民事责任构成的最重要意义,在于对公民肖像权保护程度的掌握。近年来,我国民法学界对这个问题的争论,集中表现为宽派和严派的争论。主张宽派的学者主要为理论工作者,主张严派的多数为实务工作者。争论的焦点,在于侵害肖像权责任的构成是否应以营利为目的为必要条件,争论的实质则是对公民肖像权保护程度的宽窄。

(一)对肖像权的保护应当从宽掌握

研究侵害肖像权责任构成的意义,在于确定对公民肖像权的保护程度,在研究其责任构成之前,应研究肖像权法律保护所及的如下方面:

1. 肖像权保护的内容

肖像权法律保护的内容,是肖像权所体现的精神利益和物质利益。对此,学者基本上持这种观点。[6]

(1)肖像权作为公民的具体人格权,体现的基本利益是精神利益。法律保护公民的肖像权,最主要的是保护肖像权所体现的这种精神利益。这种保护,保护的是人之所以作为人而存在的人格。肖像权的精神利益所体现的,正是公民的人格。对肖像权精神利益的保护,包含公民对自己形象享有维护其完整的权利,有权禁止他人非法毁损、恶意玷污之。歪曲、毁损、玷污公民肖像,都会对公民的人格尊严构成侵害。

(2)与公民的名誉权等人格权不同。肖像权所具有的物质利益,是肖像权所体现的一项重要内容。从原则上说,人格权不是财产权,一般不具有财产的内容。但是,肖像权由于具有物的某些属性,因而,与其他人格权相比,具有明显的物质利益。公民的肖像是一种视觉艺术结晶,具有美学价值,在商品经济条件下,这种美学价值能够转化为财产上的利益,享有肖像权,就可以获得财产上的利益。当然,这种物质利益并不是肖像权的主要内容,而是由肖像权的精神利益所派生、所转化的利益。这种物质利益,也是法律所要保护的内容。

(3)法律对这两种利益应当全面保护,既要保护其精神利益,又要保护其物质利益,二者不得偏废。如果只强调保护其精神利益而不保护其物质利益,将不能全面保护肖像权人的权利,使其财产利益受到损害;而只强调保护其物质利益而不保护其精神利益,将使肖像权变成财产权,会将肖像权的保护引入人格权财产化的歧途。

2. 肖像权保护的对象

肖像权保护的对象,主要是肖像权人所享有的权益,这是设置肖像权法律制度的

---

[6] 参见龙显铭:《私法上人格权之保护》,中华书局 1948 年版,第 100—101 页;何孝元:《损害赔偿之研究》,台北商务印书馆 1982 年版,第 159—158 页。

主要目的。但是,肖像权保护的对象也包括合法使用肖像的使用人的权益。合法的肖像使用人,包括有合同的合法使用人和无合同的肖像使用人。

基于以上的考虑,笔者认为,在我国,对于肖像权的保护,应当采取全面保护原则,在侵害肖像权责任的构成上,采取宽派的主张,以更好地保护公民的人格尊严。

(二)侵害肖像权的构成要件

侵害肖像权责任构成,须具备以下三个要件:

1. 须有肖像使用行为

侵害肖像权责任构成的首要条件,是肖像使用。从严格意义上讲,肖像为肖像权人所专有,他人不得私自制作其肖像。但是,只是制作肖像而不予以使用,尚不足以构成侵害肖像权。对此,曾有两种不同的学说:一种认为,未受嘱托或经同意,而就他人之肖像摄影、写生、公布、陈列或复制者,皆属肖像之侵害;另一种认为,侵害肖像权的范围,以未经同意而就他人之肖像为公布、陈列或复制者为限。多数学者采用后一种主张。[7] 侵害肖像权中使用的肖像,包括一切再现公民形象的视觉艺术作品及其复制品。这种使用,并非仅仅包括商业上的利用,而是包括一切对肖像的公布、陈列、复制等使用行为。商业上的使用和非商业上的使用,都可以是公布、陈列或复制。

2. 须未经肖像权人同意而使用

肖像权是公民专有权,肖像的使用应以合同约定之,未经同意而使用,会破坏肖像权的专有性,具有违法性。同时,未经肖像权人同意而使用其肖像,在主观上具有过错。在一般情况下,侵害肖像权行为人的主观形态表现为故意,这是因为肖像使用行为是行为人的有意识的行为,通常不会因为不注意的心理状态而误用他人肖像。当然也并不排除过失侵害肖像权的可能性。例如,认为某幅肖像是虚构的人物画而擅自使用,同样构成侵权。

3. 须无阻却违法事由而使用

虽然未经本人同意而使用他人肖像,但如果有阻却违法事由,则该使用行为为合法。肖像权使用行为的阻却违法事由,主要包括:

(1)为维护社会利益的需要,如对先进人物照片的展览,公民实施不文明行为而拍摄、公布予以善意批评,通缉逃犯而印制照片等,均为合法使用。

(2)为维护公民本人利益的需要。如刊登寻人启事而使用的照片,为合法使用。

(3)为了时事新闻报道的需要而使用。凡参加可以引起公众兴趣的集会、行列、仪式的人,因其肖像权湮没在集会、行列、仪式之中,而不得主张肖像权。集体照相中的个人,不得主张该照片的肖像权。

(4)现代史上著名人物肖像的善意使用,亦为阻却违法。

侵害肖像权责任的构成以具备以上3个要件为已足,无须强加其他要件。这样,既能完整地保护肖像权所体现的精神利益和物质利益,又能妥善地保护肖像权人和

---

[7] 参见何孝元:《损害赔偿之研究》,台北商务印书馆1982年版,第160页。

合法肖像使用人各自的权益。如再强加其他要件,是画蛇添足,可能造成对肖像权保护不利的结果。

(三)营利目的不是侵害肖像权的构成要件

主张营利目的为侵害肖像权责任构成必备要件的大有人在。这种意见的不当之处在于:

(1)坚持把以营利目的作为侵害肖像权责任的构成要件,将难以制止非以营利目的的其他非法使用肖像的行为。坚持以营利目的为侵权要件的必然结果,是承认非以营利目的使用他人肖像行为全部合法化。在非以营利目的使用他人肖像的行为中,只有具有阻却违法事由的行为才是合法行为。而其他不具有阻却违法事由的非以营利目的的使用肖像行为却是大量的,诸如侮辱性使用行为等。目前,在司法实务中存在的无法对侮辱性使用肖像行为予以制裁的问题,正是坚持以营利目的为侵权要件所造成的后果之一。

(2)坚持以营利目的作为侵害肖像权责任的构成要件,将难以保护肖像权人的人格尊严。在肖像权所包含的精神利益和物质利益当中,精神利益是作为人的人格尊严的基本内容,法律应当着重予以保护。但是,坚持以营利目的为侵权要件,肖像使用人在主观上只要没有营利目的,虽然未经肖像权人同意而使用,亦不构成侵害肖像权责任,这样一来,着意保护公民肖像权的精神利益的立法意图还有什么意义?全面保护公民人格尊严的立法意图如何能够实现?

(3)坚持以营利目的为侵害肖像权责任的构成要件,将把肖像权保护引入人格商品化的歧途。肖像不是纯粹意义上的物,它的财产内容也不是其基本的内容,而是附属的、派生的内容。坚持以营利目的为侵权要件,就等于只对侵害其财产利益的肖像使用行为才依法追究,对非侵害其财产利益的肖像使用行为则一律不予追究,其必然的结果,不正是确立精神损害赔偿制度的立法之初所要极力避免的人格商品化的结果吗?

四、我国肖像权保护的立法、司法局限

(一)立法的局限

我国民事立法对肖像权保护的规定,集中在《民法通则》第100条、第120条之中,其中第100条的局限性最大。笔者认为,该条文的局限在于立法含意不明确,而不是像有的学者所认为的那样,为规定侵害肖像权责任构成不准确。

(1)该条文是一个授权性的法律规范,而不是规定侵害肖像权责任的构成。其内容是:"公民享有肖像权,未经本人同意,不得以营利为目的使用公民的肖像。"按照《民法通则》的编排体例,民事权利与民事责任分章编制,该条文规定在民事权利一章之中,并不是规定在民事责任一章之中。从立法逻辑上看,难以说这一条规定的是侵权构成,而称它为授权性规范,则是毫无疑义的。从语言学角度分析,也可以看出立

法者的意图在于授权而非规定侵权构成。条文中的第一个分句"公民享有肖像权",并无歧义。第二个分句"未经本人同意不得以营利为目的使用公民的肖像",按照双重否定句式,可以改为"经本人同意,得以营利为目的使用公民的肖像",这一句式,按照否定之否定的规律,是与前一双重否定句式的意义相等。它的基本含义在于,以营利为目的使用他人肖像,必须经本人同意,这样,该条文的后一分句的真实含义在于规定肖像权的合法使用,把这一条文作为授权性法律规范来理解,一切问题就会迎刃而解。

(2)这一条文的规定并非成功的立法。原因为:一是不能准确地表达立法者的本意。从立体体例上看,《民法通则》采民事权利与民事责任分列方式,但在民事权利一章中又规定了部分带有责任构成性质的禁止性规范。这样,对《民法通则》第100条的规定,虽然文字上有所区别,但其混杂在前述这样的条文之中,不会让人清楚地感受到立法者的意图。二是"未经本人同意,不得以营利为目的使用公民的肖像"的立法文字,确实可以让人得出诸如"未经本人同意,得以非营利目的使用公民的肖像"等分歧的理解,尽管这种理解是违背语言规律的。从以上分析也可以看出,我国民事立法采用民事责任单独分列的办法,也不是一个成功的尝试。

(3)该条文的立法局限是有其原因的。一是关于肖像权保护的立法,在各国民法中难以找到非常成功的立法例,从借鉴上看,可参考的资料较匮乏。二是新中国建立以来未有完整的民事立法,更没有精神损害赔偿的立法,且在理论上历来将其作为反面典型予以批判。因此,在制定《民法通则》时,在如何保护公民肖像权问题上,既没有充分的认识,更没有经验,只能根据当时所反映出来的在广告、挂历、橱窗等商业行为中使用他人肖像的情况,归纳出营利的共性,制定了现在的条文。对此,立法机关并不隐讳。

(二)司法的局限

对于肖像权的法律保护,司法的局限比立法的局限更为严重。这首先表现在最高人民法院《关于贯彻执行〈中华人民共和国民法通则〉若干问题的意见(试行)》(以下简称《民通意见》)第139条的法律解释,其次表现在地方人民法院的审判经验总结以至司法实务均将营利目的作为侵害肖像权责任构成的必备要件之一。

《民通意见》第139条规定:"以营利为目的,未经公民同意利用其肖像做广告、商标、装饰橱窗等,应当认定为侵犯公民肖像权的行为。"该条司法解释从文字上分析,并非是规定侵害肖像权责任的一般构成,而是就该种行为应当认定为侵权行为而作出的具体的司法解释。但是,将《民通意见》第139条至第141条的规定作为一个整体来看,可以给人以规定一般构成要件的印象。这正是《民通意见》的不成功之处。依据对该司法解释的错误理解,在司法实务中将营利目的作为了侵害肖像权责任构成的绝对一般要件。对于这一局限,最高审判机关并非没有发现,但终囿于"立法有明文规定"而不能予以改正。

另一方面,《民法通则》实施以来,一些高、中级人民法院陆续总结规范性的审判经验,用以指导本辖区的审判实务。在对肖像权的保护上,这些审判经验更加明确地将营利目的规定为侵害肖像权的一般构成要件,这就完全背离了立法的本意。例如 H 省高级人民法院总结:依据《民法通则》第 100 条规定的精神,构成侵害肖像权必须同时具备两个条件:(1)使用肖像未经本人同意。使用无民事行为能力人或限制民事行为能力人肖像,没征得其监护人的同意。(2)使用肖像是以营利为目的。这样的规定,就使营利目的成为侵害肖像权责任构成的一般的必备条件,既违背了立法的本意,又远远背离了肖像权保护法律制度的根本目的。据了解,地方各级人民法院在审判实务中,绝大多数是这样掌握的。也有少数法院试图改变这种局面,但要面对重重阻力,并且难以作出成功的判决。

五、对"本复函"的理论研讨

本复函是指就朱某诉上海某报、陈某侵害肖像权纠纷案所作的司法解释。该案在审理过程中曾有数种不同的意见,在学术界也引起了很大的争论。作为一个具体的案件,二审法院依据本复函作了终审判决,已经完结。但是作为理论上的争论,并不会就此结束。在理论的研究上,本复函可以给人们以很多有益的思考。

(1)本复函认为该案两被告的肖像使用行为"尚构不成侵害肖像权",其原因不是缺乏营利目的的要件,而是:其一,"其目的是为了宣传医疗经验,对社会是有益的";其二,"该行为并未造成严重不良后果"。尽管我们并不同意本复函所持的这种理由,但复函所体现的基本精神,并非认为本案缺乏营利目的的要件而不构成侵权。这一点,在理论上有重大的意义。对于本案,二审法院及上海市高级法院主导的意见,是认为缺乏营利目的的"要件",因而不符合《民法通则》第 100 条规定的"侵权构成要件",故不构成侵权。然而,仔细分析《民法通则》第 100 条和最高人民法院《民通意见》第 139 条的立法和司法解释的条文,任何一条都没有说没有营利目的就不构成侵权。正如上文所分析的那样,前者的立法本意在于授权,后者只规定某些侵害肖像权的具体构成,而不是规定的一般构成。本复函不以营利目的的缺乏而否定本案的侵权性质,应当说,体现了《民法通则》第 100 条的立法本意,与《民通意见》第 139 条的司法解释精神是相通的。笔者认为,本案两被告的肖像使用行为并非无营利目的。在商品经济社会中,医院行医、报社办报,无不具有经济目的,离开这一目的,医院和报社都将难以生存。被告使用肖像所要证明的文章,既有坐诊时间、地点、内容,又有书籍出版的情况。文章发表之后,陈与报社都会得到经济上的收益。因而,营利的内容是无可否认的。但是,营利目的并非侵害肖像权的必备要件,有无营利目的,对构成侵权并无影响。本复函的基本精神否定了本案缺乏营利目的而不构成侵权的主张,也就等于否定了以营利目的为侵害肖像权责任构成的必备要件的主张。

(2)本复函在最后明确,在处理时,应向上海某报社和陈某指出,今后未经肖像权人同意,不得再使用其肖像。这一意见,具有重要的意义。笔者认为,这一意见最重要的理论意义在于,确认肖像属于肖像权人所有,处分肖像使用权是肖像权人自己的权利,他人使用肖像权人的肖像,必须由肖像权人与肖像使用人作出共同的意思表示。由此,可以推导出这样的结论,即肖像确实具有物的某些特征,可以进行处分和使用,因而证明笔者对肖像使用行为是肖像使用合同的结论是正确的。在理论上确认肖像使用合同的性质,对在实践中的肖像权法律保护具有现实意义:在排除阻却违法事由之后,依照有效的肖像使用合同的约定使用肖像权人的肖像,为合法行为,法律予以保护;没有有效的肖像使用合同作为依据而使用肖像权人的肖像,或者超出肖像使用合同约定范围使用肖像权人的肖像,必然是违法行为,构成侵权责任。在本案终审判决原告败诉之后,一些学者、记者和专家发表文章,认为本案两被告的行为既然不构成侵权,为了科研、医疗等目的就可以理直气壮地未经本人同意而使用其肖像。这些意见等于置肖像权人的权利于不顾,违背国家立法的基本精神。本复函的上述意见,等于是对这些意见的一种有力的驳斥。

(3) 本复函对肖像权的法律保护问题,仍有较大的局限性。这些局限主要表现在本复函所持不构成侵权的结论和理由上面。理由之一,"其目的是为了宣传医疗经验,对社会是有益的",对违法使用肖像和阻却违法事由的界限有所混淆。在肖像使用上,为社会利益的需要而使用,为阻却违法事由。原则上说,为维护社会利益的需要是指出于公共的立场,为维护国家的、社会公众的利益所必须,其中主要是应体现国家的意志和公众的意志,而非个人的意志和利益。如果凡是"对社会有益的"肖像使用行为就可以阻却违法,任何人都可以用这一借口而使用他人的肖像,公民的肖像权还怎么去保护呢? 因而,"为了宣传医疗成果,对社会是有益的"并非为阻却违法事由。事实上,本复函结尾时使用的"今后未经肖像权人同意,不得再使用其肖像"的用语,就证明了这一点。这一理由既然不是阻却违法事由,就不是本案不构成侵权责任的理由,这种论证没有说服力,不能支持其论点。理由之二,"该行为并未造成严重不良后果"不是本案不构成侵权的依据。在侵权行为中,侵害肖像权行为比较特殊,非法使用即为侵权,无需具备客观的损害事实。对此,学者的意见基本上是一致的,我国台湾地区的学者史尚宽先生、何孝元先生认为,以未经同意而就他人之肖像为公布、陈列或复制者,为肖像之侵害。⑧ 龙显铭先生认为,肖像权系以自己之形象为客体之绝对的私权,而属于人格权范围,故肖像权有排他独专之性质,无论何人,如未得原像人同意,不得滥用、复制或公布,违者应负侵害权利之责。⑨ 大陆学者也主张:"侵犯肖像权的行为主要表现为,未经本人同意非法使用他人的肖像"⑩,亦不强调其客观的损害事实。肖像权的侵害,与著作权、商标权的侵害相似,并非以客观的现实的损害事实作为必要条件。本复函以"并未造成严重不良后果"作为理由,显然是忽

---

⑧ 参见史尚宽:《债法总论》,台北荣泰印书馆 1978 年版,第 150 页;何孝元:《损害赔偿之研究》,台北商务印书馆 1982 年版,第 160 页。
⑨ 参见龙显铭:《私法上人格权之保护》,中华书局 1948 年版,第 95 页。
⑩ 王利明等:《民法新论》(上册),中国政法大学出版社 1991 年版,第 523 页。

略了侵害肖像权构成的这一特点。

正是由于本复函认定本案不构成侵权的两点理由不成立，因此，对本案所下的不构成侵权的结论是不正确的，本案两被告未经本人同意，非法使用朱某的两幅照片，又不具有阻却违法事由，因而构成侵害肖像权责任，应当支持原告的诉讼请求，判决其胜诉。本复函虽然在营利目的非为构成要件上前进了一大步，但却依据两条似是而非的理由认为不构成侵权，致使原告败诉，终属遗憾。

自媒体自净规则保护名誉权的优势与不足[*]

一、自媒体自净规则出现的原因及特点

自媒体从最初的互联网新鲜应用一跃成为当今互联网用户最为重要的应用,用户数量的绝对值屡创新高,其活跃度和使用率也颇为可观。自媒体已经参与并改变了人们的生活和行为方式,媒体本身具有的政治属性和社会属性被自媒体的裂变链式传播放大后,又数倍地对社会和参与其中的人产生影响,甚至出现不关注微博一日就脱离了人们的话语系统的现象产生。因此,宣称当今世界已经进入自媒体时代,当属不谬。

自媒体的出现,给侵害他人名誉权的侵权行为提供了一个新的平台,且实施侵害名誉权的侵权行为更为方便和简单,瞬间就可以实施完毕。自媒体平台也给被侵权人的答辩和反驳提供了方便、简捷的方式,并且给其他网络用户寻求真相提供了便捷的机会。因此,自媒体的自净规则应运而生。

自媒体的自净规则产生的原因与自媒体的特点是分不开的。以下是自媒体自净规则发生的原因:

1. 自媒体传播主体的自组织性、开放性和平等性,使自媒体的传播与以往的传播模式有很大的区别

传统的传播模式具有自上而下、由点及面、以少对多的特点。这种传播模式带来了传播机会的落差,当媒体侵害名誉权时,更加剧了这种落差。诉诸司法是弥补传统媒体发布信息机会落差的重要手段。在自媒体时代,自媒体平台的内容几乎全由用户自行创造和编纂,甚至自媒体平台的结构和信息获取方式都由用户自己决定。由于每个用户生产创造内容的机会都是平等的,交互传播和回应的机会也是平等的,因而使每个人都能发表自己的意见,同时也能回馈别人的意见。对于侵害自己名誉权的言论,能够及时加以纠正。自媒体的这种特点,给自净规则的产生提供了必要的条件。

---

[*] 本文是国家社会科学基金项目"媒体侵权与媒体权利保护的司法界限研究"的中期研究成果之一,课题批准号为12BFX082,发表在《甘肃社会科学》2013年第1期,合作者为刘欢博士。

2. 自媒体传播的即时性,给被侵权人及时答辩和辩驳创造了机会

自媒体的即时性特点,导致侵权信息或侵权言论被即时发表,发表后难以收回,因而使停止侵权的责任方式在自媒体平台几乎无法实现,转载、互链使侵权言论的散播不由侵权当事人双方所控制,自媒体平台也无删除所有转载人言论的能力。恢复名誉、赔礼道歉和消除影响的责任方式也仅仅是让侵权人在自媒体平台公开道歉。因而传统的救济名誉权损害的方式在自媒体侵害名誉权的场合,发挥效能受到限制。而在自媒体平台,即时性传播给被侵权人的答辩和反驳提供了最好的条件,被侵权人可以利用自媒体对侵权言论和行为进行反批评,予以申辩和反驳,进行反击。传统的救济名誉损害后果的方式作用不显,即时答辩和反驳确有意想不到的效果,因此,自净规则就能够受到被侵权人的青睐,因而快速成长。

3. 自媒体传播内容的复杂性导致在众多的信息中,每一条新闻和事件都能得到相对充分的讨论

总是在充分讨论中不断地提出新证据,表达新观点,有附和者,有反驳者,事实真相能够逐渐浮出水面。因此,一番言论是否属于诽谤,在自媒体的众声喧哗中会得到澄清。即使言论被认定为侵害他人名誉权,受害人总能得到数量众多的支持,对于侵权者的声讨和谴责往往比使其承担民事责任能够更好地救济受害人的名誉权。这一特点使自净规则多数能够取得消除侵权影响的效果,因而使自净规则被广泛利用,并发挥作用。

自媒体的特点以及自媒体自净规则的利用,使名誉权的保护在利用传统的司法手段之外,又开辟了新的途径,提出了新的挑战。我国现行法律规范对名誉权的保护比较周延。自媒体也属于网络媒体,我国《侵权责任法》第 36 条规定的网络媒体侵权责任的规则,都适用于自媒体侵害名誉权的侵权责任。加之最高人民法院关于保护名誉权和确定精神损害赔偿的三个司法解释的规定,对通过诉讼程序解决网络侵权责任认定,有比较完善的规则,对制裁违法行为,保护公民权利,防止被侵权人损害的发生和扩大,能够发挥较好的调整作用,也能够维护互联网的秩序,平衡了保护表达自由、信息产业的发展和民事主体人格权保护之间的利益关系。① 基于自媒体的上述特点,现有的《侵权责任法》第 36 条对法律调整自媒体侵害名誉权的责任存在不足。而自净规则的运用,导致发生在自媒体平台的很多侵权纠纷无需通过诉讼手段,多半能够通过自媒体的平台就能得到解决。况且自媒体的主体很少愿意将发生在他们之间的争议诉诸法律,在纠纷并未扩大到需要国家司法机关介入裁判时,通过自媒体平台本身的自净解决问题,不失为一种较好的纠纷解决方式。换言之,在《侵权责任法》第 36 条的框架下,通过自媒体自净规则的纠纷解决方式,就有了充足的生存和发展空间。当事人不必仅仅依靠司法的诉讼途径救济自己的权利损害,也不会动辄得咎。

---

① 参见杨立新:《侵权责任法》,法律出版社 2010 年版,第 258 页。

二、自媒体自净规则的优势及运行

自媒体自净规则一经出现,其保护自媒体主体名誉权的优势就引起了各界的关注。从总体观察,对于自媒体自净规则的研究并不深入,且主要是在媒体学界进行讨论,缺少法律研究层面的深度。对此,笔者就自媒体自净规则的概念、性质、优势和运行规则提出以下分析意见。

(一)自净规则的概念及性质

自媒体的自净规则也叫做自清规则[②],学界对于这一概念并没有统一的表述。由于自媒体属于新兴事物,且仍然处于不断的发展中,对自净规则的探讨也是如此。

对自媒体自净规则概念的内涵和外延,目前学者没有统一的认识,基本还处于事实陈述的阶段。陈力丹教授认为,微博是个多元的舆论场,它在发展过程中本身具有"自净化"功能。在一些不好的微博现象出现的同时,通常会伴随着各种批评性的其他意见。这种经过多方讨论后存在的多元意见平台是最安全的和谐状态。他同时建议,对于微博上出现的"不实流言"[③],在前期并不宜由行政和司法介入解决,而应该使之在流言的传播方和辟谣方论争之后呈现出事实状态。这就是微博的自净规则。[④] 韩国光云大学文祥贤教授认为,由于互联网具有以网民为导向的媒体特点,因此,从全球趋势看,法律管制并不是网络的发展方向,而应该积极促进网络的自我净化运动。[⑤] 庆熙大学闵庆培教授认为,恶意诽谤等网络不良现象的根本性解决方案,应由网络用户自组织寻找,尽量避免国家权力的介入。国家权力不该把少数现象即"恶意留言者"问题渲染为整个互联网中普遍存在的现象,而破坏网络空间的本质即开放性、自律性及自由沟通。[⑥]

这些都是新闻传媒界关于网络自净规则的讨论,而法学界几乎没有学者和实务工作人员对此加以探寻。可见,法律往往滞后于现实,自媒体的迅猛发展使法律几乎追赶不上其脚步。这种状况必须转变。

笔者认为,自媒体的自净规则是指基于自媒体的自组织性、交互性、多元性、开放性等特性,而导致网络用户能够平等发表意见、对新闻事件进行充分讨论,并且由于这种充分讨论而使虚假信息被快速揭露和匡正,将事实真相最终呈现出来,从而达到对被侵权人的权利进行保护和救济效果的侵权救济规则。

[②] 自净规则和自清规则属于同义表达,没有差别,学界更多地称为自净规则,本文也将其表述为自媒体的自净规则。

[③] 言论在没有经过证实或者证伪之前,并不能确定其为真实或不实言论。任何一个具有较强倾向的判断都会影响最终结果的得出,特别是微博中加V认证的博主或者粉丝人数较多的名人之言论。只有经过微博中平等主体不同方意见充分讨论才能澄清事实,这也是自净规则的价值。

[④] 参见陈力丹:《微博的自律与自净机制》,载《网络传播》2011年第20期。

[⑤] 参见《避免恶意网络伤害:靠惩戒还是靠自净》,载2008年10月10日《中国青年报》。

[⑥] 参见《避免恶意网络伤害:靠惩戒还是靠自净》,载2008年10月10日《中国青年报》。

讨论自净规则的性质应当在两个层面上进行：

(1) 自净规则既是自媒体运转的管理规范，也是对自媒体主体产生约束的行为规范。自净规则对自媒体中的社会关系加以调整，并对涉及的各方利益进行调整和维护，进而使自媒体的秩序得到保障，自媒体可以通过自净规则达到自身的稳定。

(2) 自净规则从社会控制的角度来看，是一种私力救济的纠纷解决方式。私力救济对社会纠纷的解决和社会秩序的维护可以起到很大的促进作用，在较少外部规则的介入下，妥善解决网络用户之间发生的侵害名誉权纠纷。法律研究自净规则，正是以自净规则的后一种性质作为基础，将其作为网络媒体侵权责任法研究的组成部分。

(二) 自媒体自净规则保护名誉权的优势

自媒体自净规则在保护自媒体主体的名誉权方面，具有相当的优势。这种优势来源于自媒体自净规则的特点。

1. 自媒体自净规则自发进行，节省司法资源

自媒体的运行方式是自发进行，其自净规则的实施同样也是自发进行。当侵权人在自媒体实施侵害名誉权的侵权行为，被侵权人发现后，即时就可以进行澄清或者反驳，进行自我救济，无需必要程序。这与传统媒体是完全不同的。在传统媒体，都有编辑对稿件的审查，即使存在答辩和反驳的程序和权利，但实施起来时日久远，需要由编辑部进行，不存在即时性，也不存在自发性。而自媒体不必进行诉讼，不必浪费司法资源。因此，自媒体自净规则的适用，对于救济被侵权人的名誉权具有先天的优势。这是自净规则的基本性质决定的，正因为其性质是自力救济，才能够在救济名誉权损害上具有这样的优势。

2. 自媒体自净规则由双方当事人参与，可以展开直接的言词辩论

通过诉讼保护名誉权的一个重要职能，就是通过诉讼中的双方当事人举证和言词辩论，查清事实、明辨是非。在自媒体，侵害名誉权的行为实施之后，双方当事人都可以利用自媒体平台，举出自己主张所依据的证据，进行最直接的言词辩论，以此明辨是非。即使相互之间进行对骂，也是最直接的言词辩论，双方武器平等，都有平等的权利，没有任何限制，最能够使双方充分表达意见，自由表达意见。事实上，很多争议只要充分表达了各自的意见，分辨了是非，当事人之间的争议就此解决。况且自媒体更新速度极快，一条新闻或一个话题不可能在自媒体平台上面逗留很久。相反，如果通过诉讼解决争议，当通过司法手段被认定为侵权而须承担责任时，关于此言论话题的讨论已经过时，道歉信息的传播的覆盖范围较之侵权言论必然会小很多。⑦ 这样的优势，传统媒体保护和救济名誉权侵害是无法做到的。

3. 自净规则有广泛的网络用户参与，是非分明

自媒体自净规则中没有裁判者，但是，全体参与的网络用户又都是裁判者。在自

---

⑦ 例如，认证信息为"盛大文学华文天下图书公司出版总监马志明"的微博用户，曾发出一条质疑杨澜"私吞"中国大陆青少年基金会希望工程项目20万元作为工作经费的微博，短时间内转发量就突破万次。随后马志明删除原文并向杨澜致歉。然而，这条致歉微博的转发量却仅有174次。

媒体上发生的具体侵害名誉权案件,都会有网络用户的广泛参加。参与讨论的网友或者站在某一方,或者立场居中进行自主判断。方舟子与韩寒之间的论战,各不相让,各路粉丝浩浩荡荡,但是更多的参与者态度居中,根据各自的分析作出自己的判断。双方论战的后果,清者自清、浊者自浊,网络用户自有公断,不用法官作出裁判,争论自然熄灭。自媒体的这种自净规则,明辨是非,搁置争论,有利于团结,是解决纠纷的最好方式之一。

(三)自媒体自净规则的具体运作

正因为自媒体的自净规则是基于自媒体的特性而产生的自主管理规则,也是基于自媒体的特性而对自媒体主体的权利进行保护的权利救济规则,从而自媒体的自净规则有自己的独特运作方式。

1. 自净规则运转的基础

自媒体能够通过自净规则实现自我管理、自我规制从而保护权利人名誉权的基础,在于自媒体的自组织性。自媒体平台在没有外界(国家、网站、专业采编人员等非网站用户)特定干预的情况下,通过用户的创造和用户之间、用户与系统之间的信息交互,自行组织、创生、演化,自主建立一定的群体,形成一定的自组织形式。自媒体平台仅在少量外部规则的引入下形成了一套生态系统,这套系统中所有内容的存废、变更都是自由的。相对于现实社会中的社会管理规则,维护自媒体生态系统的管理规则,可以保证自媒体主体在遵循现实社会的法律规范、交际规则、伦理规范和自媒体网站既有的简要规则下,匡正虚假消息,消除诽谤言论,辟斥谣言,保护当事人名誉权,最终达到生态系统的平衡状态。

2. 自净规则运转的主体

自媒体的主体是作为个体的网络用户。每一个个体用户处于相对平等的地位,在自媒体平台相互讨论,基础就在于自媒体平台的交互性和开放性。自媒体的交互性,在于自媒体平台内容的自生产和自消费的主体都是网络用户个体,传播者本身也作为消费者,消费其他信息内容,消费者所消费的信息内容都来自于其他主体的生产创造。自媒体平台是开放的,其给所有意欲表达自己想法的公众以渠道,令其能够对公共领域⑧的事件发布自己的评论。自媒体平台的开放性是针对所有人的,门槛低、入门易,也导致自媒体平台拥有几乎所有人群的样本,相当于现实世界的镜面反射。话语权由媒体权威下放至所有普通个体,个体的意见都能够得到表达,得以充分讨论。这种广泛参与的公众讨论,能够保证几乎所有的人都发表自己的意见,讨论的成果充分包容了全部不同观点。讨论越充分,参与人数越多,得到的结果越容易获得更

---

⑧ 如哈贝马斯所说:"公共领域,首先是指像公共意见这种事物能够形成的一个社会生活领域。进入这个领域的通道原则上是向所有公民敞开的……他们可以自由地集会和组合,并有自由地表达和公布他们的意见的状态下处理普遍利益问题时,他们是作为一个公众来行动的。"参见哈贝马斯:《公共领域》,载汪晖等主编:《文化与公共性》,三联书店 1998 年版,第 125 页。

多人的接受,这种为大多数人接受的结果也就越接近事实真相。⑨

3. 自净规则运转的效率

自媒体的自净规则的运转非常有效率。虚假信息在短时间内得到迅速传播,但又在短时间内得以澄清。这都源于自媒体传播的即时性。在互联网和无线通讯技术的支持下,自媒体的信息传播几乎是同步的。相关事件一发生,就会立即被自媒体所报道和转载。自媒体本身对传播速度和发布即时性的要求,也使自媒体平台的搭建设计本身就利于信息实时传播。因此,信息发布的各方都能即时地发表并传播信息,并能即时地对己方观点予以支持,对他方观点予以反驳。在这种基本相当于面对面的瞬间交流和充分讨论之后,虚假信息能够被有效清除。

4. 自净规则运转的效果

自媒体内容的复杂性也是自媒体的特性之一。自媒体由于传播主体的多元性,准入门槛低,导致信息内容数量庞大,种类繁杂。这种复杂性构成了自净规则得以运行的量的基础。各种内容、观点争鸣最终使大家在取得共识的基础上又保留了自己的意见。自媒体内容的复杂性也导致自媒体信息内容的良莠不齐。大多数传播主体发布信息内容时,并不会对自己发布的内容进行过多的核实和审查,自媒体平台的机器审查方式也使得其仅仅过滤了违反强制性法律法规的"黄赌毒"等内容,对于信息的真实性和来源并不加以审查,使流言、谬论、虚假信息能够在自媒体平台上横行。这些信息和具有较高知识含量的信息同在,流言和匡正流言的言论并行,以及各自的支持者及其言论便构成了自媒体生态系统中不可或缺的营养成分,共同哺育自由表达。允许各种言论的发表,同时用具有平等机会的自媒体主体的共同讨论使这些言论接近共同规范意义上的"客观知识",最终达致自净后的生态平衡状态。这是对表达自由价值的极大彰显。

三、自媒体自净规则存在的不足及司法补充

(一)自净规则保护自媒体主体名誉权的不足之处

自净规则对自媒体主体名誉权的保护起到了十分重要的作用,但作为对侵权行为的私力救济,存在固有的缺陷和不足。

1. 自净规则解决不了的问题,可能会激化冲突,引发暴力

我国《侵权责任法》没有规定私力救济,因而缺少必要的规则,自媒体的自净规则

---

⑨ 言论应当分为事实陈述与意见表达,事实陈述是客观的,意见是主观的。客观事实有真假之分,如果行为人捏造事实、虚构事实发布诽谤言论,则构成侵权。而主观意见只有公正与否之分,而无缘辨其真假,公正的意见和评论能够作为侵权的抗辩事由,而不公正的评论如果造成了被侵权人社会评价的降低,同样构成侵害名誉权。因此,此处所表达的事实真相包括以上两类,对事实真相的接近意即对客观事实真假的评判和主观意见公正与否的评判。参见王泽鉴:《人格权法》,台北三民书局2012年版,第182—184页;张红:《事实陈述、意见表达与公益性言论保护——最高法院1993年〈名誉权问题解答〉第8条之探讨》,载《法律科学》2010年第3期。

亦是如此。当事人澄清事实所发表的言论以及围观者的转发和评论,可能导致相互攻击的网络暴力。由名誉权侵权纠纷引起的网络论战,有可能演变为人身攻击的闹剧,这样的案例比较常见。自说自话有时候无助于争议的解决,而双方各自的支持者对对方的攻击和围观者的推波助澜,也会导致冲突激化、矛盾升级。不愿意遵守自净规则的用户,自净规则无法解决侵害名誉权的争议,就是自净规则的缺陷。

2. 自净规则追求的是实质正义,不具有形式正义

公力救济主要是司法救济,遵循既定的程序和完善的规则。不管司法多么受到人们的诟病,当事人寻求司法救济时起码有着可以知悉的程序,并且得到相对公平的对待。在实质正义无法得到实现时,程序正义起码可以看得到的形式守护着司法公正。但自净规则的私力救济并不具有程序性,既没有既定的程序和规则可以遵守,当事人双方也不可能是完全平等的。当事人寻求私力救济无非是由于种种原因无法实现公正的结果,从而寻求替代性的纠纷解决方式以保护自己的权利,恢复受损的利益。结果的实现才是私力救济存在的价值,带来的就是实质正义。自媒体自净规则没有必要的程序可以依循,当事人无从寻求规范的操作和真正公平的对待。在这个层面上,自净规则只是对结果的概括,是从结果向原因反推的一个概念。自净规则的运转使名誉得到了恢复,名誉权得到了保护的结果并非是既定程序和规则运作的结果,只是无规则状态下对实质正义的追求。这并不是说自净规则或者私力救济没用,而是在与公力救济相比较的情况下,私力救济仅仅只能导向个案公正,而不能成为广泛遵循的规则,甚至会失范而走向规则的反面。

3. 自净规则的结果不具有权威性

公力救济以国家暴力为后盾,使得司法裁判的结果具有可以强制执行的效力。这也是法律作为调整社会关系的主要规则的合理性和正当性基础。私力救济的结果并不具有权威性和强制力。私力救济能够起到保护当事人权利的效果主要是源于其中理性力量的说服力,是脱离了法言法语之后朴素而深入人心的道理。欠债还钱乃天经地义,就是自净规则的基本规则。其不但正义而且深入人心,人们一旦权益受损,首先想到的便是报偿。问题在于,没有国家强制力作为后盾的私力救济,私人对于纠纷的解决并没有强制执行的效力,权利能否得到保护,取决于私人力量的强大与否。自媒体自净规则运作的结果也并非能够取信于所有人,也不具有权威性的解释力和说服力。而能使当事人名誉得以恢复的主要原因还是在于事实澄清之后真相的呈现,以及人们对朴素道理和规则的内心确信。

(二) 自净规则需要司法救济作为必要补充

自净规则的这些不足之处,必须通过司法救济手段予以补充。

1. 司法救济手段对于自净规则能够发挥引导和限制作用

指引作用,表现在:司法裁判的结果是一种指引性事前激励规范,它引导人们谨慎的对待侵权言论,理性的对抗对方,引导人们避免过激行为,否则会有相应的惩罚措施,或者在存在过激行为时上升至司法手段。司法裁判还能利用自净规则引导微

博的言论自由功能的发挥,让人们最大化地行使表达自由而避免侵害他人人格权。限制作用表现在:自净规则容易失范,引发网络暴力并有可能影响社会稳定。应当通过对司法手段进行规范和限制以将自净规则控制在一定量的范围之内,减少其负面效应而发挥其积极作用。

2. 自净规则得以发挥作用的基础在于法律责任的保障

只有将严重侵害名誉权的行为最终上升至司法层面,才能保证自净规则的有效运转和对名誉权的快速救济。自媒体自净规则对保护名誉权能够发挥较好的保护作用,原因在于名誉权保护的最后一道防线即法律责任的存在。自净规则与诉讼必然要有衔接与配合,才能全面保护自媒体主体的名誉权。将自净规则与司法手段衔接起来,既可以规范自净规则的相关内容,使其不至于失控,并给予价值上的引导,使自媒体能够有一个良好稳定的秩序;同时还能细化操作规程,减少法官在自媒体时代的自由裁量,衔接自媒体的私力救济和公力救济手段,给予网络用户的名誉权以全方位的保护。

3. 自净规则需要司法救济手段的补充

自净规则有其运作流程,当名誉权纠纷双方通过反复讨论和回应对纠纷之事实能够达成基本一致,通过不断举证能够将真相呈现并最终使当事人的名誉权得以保护。不过,这种直接通过自净规则的运作达到平衡状态的纠纷只是一部分而已。还有很多自媒体名誉权纠纷通过自净规则不能得到解决。在双方反复的讨论和回应中,不但事实难以澄清,真相难以呈现,甚至矛盾愈演愈烈,纠纷逐渐升级。当事人权利不但得不到一定的救济,还被反反复复进一步侵害。在自净规则失效的时候,当事人只能诉诸司法程序。

4. 从自媒体自身的角度考虑,基于自媒体特性的自净规则是自媒体运转的管理规范

借助较少的外部约束,自净规则即能规范数量庞大的自媒体主体。而自净规则就像一架天平,在天平的平衡下,侵害名誉权的虚假信息和诽谤言论可以得以匡正,事实真相得以澄清,受害人的名誉权得到保护,受损的名誉利益得到恢复和救济。而如果天平失去平衡,则必须加以外部的砝码才能够使其重新平衡。这个砝码就是外部约束,也就是司法救济手段。

可见,自净规则与司法救济手段的关系是,一方面,从社会控制的大框架下考虑,在纠纷尚未达到争议阶段需要公力手段予以介入时,自净规则作为一种私力救济的方式,在一定量的外部约束的制约下对自媒体平台名誉权纠纷的解决是完全可行的,是行之有效的。当事人的名誉权因此可以维护,纠纷得以消解,自媒体平台也在自净规则的调整下达致净化和平衡状态。而如果纠纷到达争议阶段而自净规则无法起作用时,只能进入诉讼才能最终化解纠纷。另一方面,司法手段对权利保障和纠纷解决的有效性同时也有赖于自净规则的运作。由于司法手段解决纠纷的有限性和执行难的问题,诉诸司法也同样不能完全有效解决自媒体名誉权纠纷。如上所述,虽然法院

会判决侵权人赔偿损失、删除相关信息并在自媒体发布赔礼道歉的言论,但是此言论会迅速湮没在自媒体信息的汪洋大海中。而对于判决结果和赔礼道歉信息的讨论,却会引发新一轮的言论热潮。不仅相关讨论会加速信息的传播,致使当事人的名誉得到更快恢复,而且在判决基础上的讨论会更具理性,更能对当事人名誉权起到较好的保护作用。

只有作为私力救济的自净规则和作为公力救济的司法手段相互衔接,相互配合,才能给予自媒体的名誉权较为完整的保护。当事人在名誉权受到侵害时也会有更多的选择。即使自净规则下的论辩不能保护自己的名誉权,还有司法作为最后一道防线。

(三)涉及自净规则的自媒体侵害名誉权案件的法律适用

1. 司法裁判的量度

经过自净规则论辩的侵害名誉权纠纷,未能平息争议,进而与司法救济手段衔接,存在对这类案件的法律适用的基本考量。对于自媒体侵害名誉权纠纷的处置,将公力救济与私力救济很好地结合起来,在适用法律上必须结合实际确定法律责任,最终解决双方当事人的争议,保护主体的名誉权。

对此,法官在诉讼中审理涉及自净规则的自媒体侵害名誉权案件,在对《侵权责任法》第36条进行解释时需要遵循以下原则:

(1)平衡自媒体名誉权保护和网络表达自由。自媒体时代最重要的价值就是表达自由,言论自由促进一个国家、社会和国民开始理性思考[10],自媒体尤其能促进言论自由价值的发挥。言论自由的边界就是不侵害他人的人格权,在自媒体时代最重要的就是名誉权。在自媒体时代,言论自由的充分实现能够救济名誉权的侵权,而言论自由过限则会侵害名誉权。如何平衡言论自由与名誉权保护,成为立法规制自净规则的最为重要的意义。一方面,应当充分发挥言论自由的价值来保护自媒体时代的名誉权;另一方面,应当立法限制言论自由过限造成新的名誉权侵权。在涉及自媒体名誉权侵权的案件中,如果没有具体规定,应当以这一原则进行裁判。

(2)程度相当。在自净规则适用中,被侵权人对侵害自己名誉权言论的回应,应当与侵权言论的侵害程度相当。具言之,当自媒体网络用户的名誉权受到侵害时,可以在第一时间选择回应以保护自己的名誉权。被侵权人的回应如果对于侵权人的权利施加了侵害,那这种侵害至多与侵权人的侵害程度相当才属于自净规则的范围。而且,侵权人还可以对被侵权人的回应进行再回应,再回应也应该与之前的侵权言论和回应程度相当。只有这样,侵权双方的争辩引发的自净才能在规则的控制范围内进行。程度相当原则可以有效避免自净规则的失范,避免导致双方的争辩升格为人身攻击的骂战。手段相当还指能够以澄清事实的手段保护自己名誉权的,就无需采取其他方式;如果不足而需以指出对方缺点和谬误之处的方式才能保护自己名誉权

---

[10] 参见王泽鉴:《人格权法》,台北三民书局2012年版,第362—363页。

的,则这种指摘的手段应当与对方发表名誉权言论的手段相仿,程度相当。

(3)不损害社会秩序和公共利益。私权的行使应与公共利益结合,受社会秩序与公共利益要求的约束或限制。⑪ 社会公共利益要求法律和社会秩序具有和平性和稳定性。因此,自净规则的运作不能危及社会秩序和公共利益。本条原则还具有兜底的作用,对前两项原则不能容纳却又显然不合理的行为,可以由此条原则进行解释。

2. 自媒体名誉权侵权的过错标准

网络侵权责任是过错责任,确定适用自净规则的侵害名誉权争议的责任承担,最主要的是确定当事人是否存在过错。这是认定自媒体名誉权侵权责任的关键。对此,应当根据自媒体名誉权的纠纷主体的不同类型,适用不同的判断标准。笔者根据争议人物是否为公众人物为标准⑫,把侵权人和被侵权人之间的纠纷区分为:①普通人物对公众人物;②普通人物对普通人物;③公众人物对公众人物;④公众人物对普通人物。

(1)普通人侵害公众人物的名誉权时,普通人物的言论自由程度较高,被侵权人即公众人物的容忍度也应较高,认定侵权过错的标准应为实际恶意。"实际恶意"原则来源于英美法。被侵权人必须要证明侵权人具有实际恶意,才能使侵权人承担侵权责任。实际恶意原则意在保护公民的言论自由,因此对公众人物的权利有所限制。公众人物作为被侵权人时的过错标准为实际恶意,是因为公众人物对于言论应该有更高的容忍度,其本身自愿曝光于公众生活中,而且对话语渠道有更高的掌控权,因此应当对其权利保护加以限制,反过来就是应该让网络用户在针对公众人物的言论中拥有更多的自由。

(2)普通人侵害普通人的名誉权时,侵权人的言论自由程度一般,被侵权人的容忍度也一般,侵权人承担侵权责任的过错程度应为重大过失。普通人应该比公众人物享有更多的名誉权保护。因为即使在自媒体时代,普通人相对于公众人物的影响力更弱,利用自媒体救济名誉权的效力也更弱。而且普通人并非自愿涉入纠纷事件或者愿意影响公众,其名誉权受到侵害时更应当得到救济。而普通人也应当享有最为广泛的言论自由,而不应受到过多的限制和干涉。因此,普通人在自媒体发表言论时仅需承担普通人的注意义务即可,违反此注意义务就是重大过失。

(3)公众人物侵害公众人物名誉权时,侵权人的言论自由程度一般,被侵权人的容忍度也一般,侵权人承担侵权责任的过错程度应为具体轻过失。由于作为侵权一方的公众人物和作为被侵权人一方的公众人物二者的利益需要权衡。一方需要尽到谨慎发言的义务,一方需要尽到承受过激言论的义务,以与处理自己事务为同一注意

---

⑪ 参见龙卫球:《民法总论》,中国法制出版社 2002 年版,第 59 页。
⑫ 在自媒体时代,由于施体和受体与传统媒体有很大的区别,而且很多情况下两者是可以互相转换的。没有能够长期霸占话语权威的主体,任何人都有权利成为公共话语权的享有者。如果其言论能够吸引并影响到较多的关注者,就应该算是公众人物。因此,笔者认为,言论能够影响到足够多的人并进而有影响到社会事务的能力,且可以充分利用自媒体工具以澄清不实报道的网络用户,应该被认做公众人物。

义务的过错标准,能够平衡双方的利益,也就是说,作为侵权人的公众人物,只有在违反与处理自己事务为同一注意义务的情况下才需承担对另一方公众人物的侵权责任。在被侵权人对侵权言论进行回应时,同样应当遵守此规则。

(4)公众人物侵害普通人名誉权时,公众人物的言论自由程度较低,被侵权人即普通人的容忍度也较低,侵权人承担侵权责任的过错程度应为抽象轻过失。公众人物在作为言论的发表主体时,应该认识到其言论足以影响到数量庞大的群体,因此应该承担善良管理人的注意义务,其言论自由的程度也应有所降低。作为公众人物,一言一行足以很大程度地影响到其所身处的社会,特别是对其信任的群体。

具体轻过失和抽象轻过失并非一般过失或者轻微过失,而是轻于重大过失但重于一般过失的过失,是需要承担责任的过失。[13]

这种类型化是侵权责任认定时需要考虑的操作规范,同时,此种做法可以对自媒体网络用户起到一定的指引作用。通过界定何为公众人物和承担侵权责任的过错程度,可以使网络用户的言论得以规范化和去暴力化,并使自媒体时代的言论自由和名誉权保护得以平衡。

从自媒体名誉权侵权案件的判决中可以看出此类案件的审理并没有统一的司法适用尺度,法官价值判断的差异也会产生对案件的不同理解,进而导致裁判结果相差甚大。原因在于:

(1)在《侵权责任法》没有具体规定自媒体侵权案件法律适用的情况下,法官没有解释法律的原则和标准。在没有相应原则和标准的情况下,法官的特定价值判断趋向于多元性,因此并不一定符合立法者的意图。[14] 在这种情况下,一定的原则和标准有助于形成法官价值立场的一致性,从而平衡法的安定性与妥当性。[15]

(2)自媒体名誉权侵权案件往往涉及公众人物。公众人物的言论自由程度及对侵害名誉权行为的容忍度与普通人应当有所区别。而且对自媒体上的公众人物也应有不同于以往的认定标准。在这种情况下,定义自媒体上的公众人物以及将涉及公众人物的自媒体名誉权侵权责任的过错标准类型化就显得很有必要。

因此,在司法实践中,厘清自媒体名誉权侵权案件中法律适用的原则和标准,以及类型化过错标准是统一司法尺度的有效方式,也是将司法救济手段与自净规则衔接以完整保护自媒体名誉权的法律适用基础。

---

[13] 参见杨立新:《侵权责任法》,法律出版社2010年版,第88页。
[14] 参见王利明:《法律解释学导论——以民法为视角》,法律出版社2009年版,第37页。
[15] 参见王利明:《法律解释学导论——以民法为视角》,法律出版社2009年版,第40页。

自由权之侵害及其民法救济[*]

一、引论

自由和自由权,为国家法的概念抑或民法的概念,侵害自由权能否构成民事侵权行为,以及自由权被侵害能否得到民法上的救济?这一系列问题,在国内除少数学者偶尔论及外[①],民法理论界尚未进行深入的讨论。在民法实务界,尽管尚未引起足够的重视和研究,但已经接触到一些这类案例。只是由于理论上和经验上的局限,尤其是受到民事立法没有对自由权作明确规定的限制,审判机关没有作出成功的判例和明确的司法解释。最高人民法院在适用《民法通则》的司法解释中,曾经就以诈欺方法侵害公民精神自由权的问题提出过意见,但在具体解释中也没有肯定侵害自由权行为的性质。

在我国目前的社会生活中,是没有实际的自由权侵权行为的案件需要进行民法救济吗?或者是在理论上和实务上没有就此进行研究的必要吗?下面这两个真实的案例可以给人们一个正确的答案。

案例1:某矿务局第三矿工医院医生张某莉在工作中经常发表一些与人见解不同的意见,该院领导认为其精神不正常,依据精神病院个别医生出具为精神分裂症的"门诊印象"和"初步诊断",经研究决定不允许张某莉上班工作。1987年4月,张某莉坚持恢复上班工作,该院下发文件,认定张不具备自主行为能力,并为其指定监护人。张某莉不服,该院在未经张某莉本人及其家属同意的情况下,派人强行将张用汽车送到淮南市精神病医院,强制住院治疗38天。医院的结论为:"病员自住本院一月余,未发现明显精神病状,故未给予抗精神病药物治疗。"[②]

案例2:浙江省某县公民杨某兴于1990年5月收到一封电报,该电报是从黑龙江省呼某县发来,收报人是杨某兴的父母。电报称:杨某兴在呼某县工作的哥哥被汽车撞成重伤,正在呼某县医院抢救。杨的父母得悉此情,悲痛万分,立即从浙江乘车赶到呼某县,结果见杨的哥哥安然无恙,并未被车撞伤。经了解,弄清杨的哥哥的一个

---

[*] 本文发表在《法学研究》1994年第4期,于1995年获《法学研究》一百期之优秀论文奖。
[①] 参见张俊浩主编:《民法学原理》,中国政法大学出版社1991年版,第152—153页;游先德:《民事侵权与损害赔偿》,中国经济出版社1990年版,第58—60、81页。
[②] 1988年5月28日《安徽法制报》。

同事因与杨的哥哥发生口角,以此诈欺方法愚弄杨的父母,进行报复。③

上述两则案例,前者是对公民身体自由权的侵害,后者是对公民精神自由权的侵害,均属侵害公民自由权的侵权行为。我们先不去论述这类案件应当怎样处理,而是要先从这些案件中得出一些有益的启发,这就是,保护公民自由权,尤其是以民法的方法去保护公民自由权的问题,已经是一个迫切需要解决的问题。民法理论界和实务界都不能因《民法通则》没有对自由权加以规定,而回避这个问题。正是从这样的启发出发,本文拟就文前提出的一系列问题,进行探讨,权作引玉之砖。

二、自由和自由权

自由和自由权这两个概念,在学理上往往不加以区分,认为自由本身就是一种权利,在英美法,也都用 liberty 这一个概念来表示。笔者认为,自由和自由权还是有区别的。

(一) 自由

自由,源出拉丁语 libertas,原意是从被束缚中解放出来。在英美法的两部重要的法律辞典中,《牛津法律大辞典》(《The Oxford companion To Law》)将自由解释为"即不受约束,控制或限制","国家或团体应当把每一个理智健全的人当作自由人,让其能按照自己的利益进行思维和行动,按自己的方式发展自身的能力,行使和享受作为这种发展之条件的其他各项权利"。④《布莱克法律辞典》(《Black's law Dictionary》)则释为"免于外来的控制,免于所有除由法律正当施加以外的约束","是免于任意专断的约束,而非对由团体共同利益施加的合理规章和禁令的免除"。⑤ 从这些定义来看,英美法中的自由和自由权虽然用同一个词,但概念并不相同。自由的本义是不受限制、不受约束。

在自由这一概念的使用历史上,确有不同的含义,在大多数的场合,自由讲的是一种权利。在罗马法,一个自然人要作为权利主体,必须具备人格(Caput),即后世民法的权利能力。作为这种人格即权利能力骨干的、首先的,也是基本的,就是自由。《法学阶梯》对自由的定义是:"做一切想做之事的自然权利,以受法律禁止或强力阻碍为限。"⑥没有自由就没有人格,奴隶被认为是物,没有自由,因而不具有法律上的人格。罗马法上的自由,实质上指的是一种自然的权利。在反对封建专制的斗争中,资产阶级启蒙思想家提出了自由是天赋的不可剥夺的权利,并且在资产阶级革命胜利后,第一次把自由确立在资产阶级国家的立法上,法国的 1789 年《人权宣言》庄严

---

③ 参见 1990 年 10 月 23 日《人民日报》,第 5 版。
④ 《牛津法律大辞典》中文版,光明日报出版社 1988 年版,第 555 页。
⑤ West Publishing Co. 1979 Fifth Edition. p. 827.
⑥ 〔意〕彼得罗·彭梵得:《罗马法教科书》,黄风译,中国政法大学出版社 1992 年版,第 31—32 页。

宣告："人们生来是而且始终是自由平等的。"在社会主义国家，法律把自由规定为公民的最基本的权利之一。列宁领导的苏联在刚刚建立之后，就在宪法上庄严地确认自由是公民的基本权利。在我国，《宪法》确认公民享有广泛的自由，国家为公民行使自由权利提供强有力的保障。在上述这些场合使用自由一词，其基本的含义，是指自由权。

自由权作为一种公民的基本权利，必有其客体。自由权的客体，就是自由，就像名誉权的客体就是名誉一样。既然如此，严格意义上的自由，就不是自由权的本身。

自由作为严格的法律概念，是指在法律规定的范围内，公民按照自己的意志和利益进行行动和思维，不受约束、不受控制、不受妨碍的状态。正像英美法学者对自由所诠释的那样：只要不违反任何法律禁令，不侵犯其他人的合法权利，任何人都可以说想说的任何话，做想做的任何事。⑦

自由具有以下特征：

1. 自由是一种人的状态

自由的本身，不是权利，而是权利的客体。自由为自然人所享有，是自然人思维、行动不受约束、不受限制、不受妨碍的状态。这种状态免于外来的控制，免于任意专断的拘束，而由人依自己的意志和利益所决定。

2. 自由体现国家的意志

自由是人思维、行动不受约束、限制、妨碍的状态，但是，这种状态受到国家法律的调整。国家按照统治阶级的意志，规范自由的内容。因而，超越法律的自由是不存在的，违反法律的自由是不允许的。

3. 自由总是要受到一定的限制

在社会生活中，每个公民的自由都必须以社会的利益和他人的自由为前提。只有当他的思维和行动与他人的类似的自由和社会公共利益相协调的时候，个人的自由才能存在。因此，自由总是受到一定的约束和遏制的。

4. 自由以法律为保障

没有法律保障的自由，是不可能实现的。任何人的思维、行动不受约束、限制或妨碍的状态受到破坏的时候，法律依法予以保护。

（二）自由权

关于自由权的概念，并没有一个统一的界定。英美法对自由权的定义以《布莱克法律辞典》为代表，为"遵从个人的自由选择，指导个人外在行为不受他人约束、强迫、控制的意志的权利"。⑧ 我国台湾地区法学家继承大陆法系的传统认为："自由权者，

---

⑦ 参见《牛津法律大辞典》中文版，光明日报出版社1988年版，第554页。
⑧ West Publishing Co. 1979 Fifth Edition, p. 827.

谓人就其活动,不受不当之拘束或妨碍之权利也。"⑨我国大陆学者对自由权的概念,多作陈述性的说明,在一些重要的辞典和教科书中,尚缺少严谨、简明的定义。

自由权是指公民在法律规定的范围内,按照自己的意志和利益进行行动和思维,不受约束、控制或妨碍的权利。自由权包括两部分:一是政治自由权,由国家宪法加以规定,属于国家法的范畴,主要由刑法、行政法予以保障,诸如言论自由、出版自由、结社自由、集会游行示威自由、宗教信仰自由等;二是民事自由权,由国家宪法作出原则规定,由民法作具体规定,属于民法的范畴,并主要以民法予以保障,诸如婚姻自由、契约自由、人身自由(包括身体自由和精神自由)等。西方民商法将自由权划分为公法上的自由权和私法上的自由权,与上述划分相比较,并无原则的差异。

在研究自由权能否成为侵权行为的客体的时候,遇到的最大一个问题,就是自由权是否为我国公民的一项民事权利。有人认为,在我国,自由权是国家法的概念,是公民的政治权利,并非民事权利,不能由侵权法来调整。其依据是,我国公民享有的自由权,是由宪法予以规定的,其保障的任务盖由刑法、行政法承担;《民法通则》作为国家民事立法的总纲,在"人身权"一节中,没有对自由权加以规定,因而,很难说自由权是公民的民事权利,保障自由权的任务,也不应由民法承担。这种观点是不正确的。其理由是:

(1)从国外立法传统看,公民的民事自由权作为人格权的基本组成部分,民法都予以规定。早在罗马法时期,作为权利能力骨干的,首先是自由权,罗马法将自由权作为公民最基本的民事权利加以规定。《法国民法典》虽未明文规定自由权,但该法第8条关于"一切法国人均享有民事权利"的规定,包含公民享有作为民事基本权利之一的自由权。《德国民法典》将生命、身体、健康、自由作为公民四大生活利益,在第823条第1款明文规定,侵害自由权者,构成民事侵权行为。作为现代民法集大成者的《瑞士民法典》在其第27条第2款明文规定:"任何人不得让与其自由。对其自由的限制不得损害法律及善良习惯。"《日本民法典》第710条规定:"不问是侵害他人身体、自由或名誉情形,还是侵害他人财产权情形,依前条规定应负赔偿责任者,对财产以外的损害,亦应赔偿。"从以上这些规定可以看出,各国民法将自由权作为公民的基本民事权利之一,都在民法中加以规定,并以侵权民事责任的形式作为法律的保障。自由权作为公民的基本民事权利之一,并无异议。

(2)从我国近代立法传统上看,自由权亦规定为公民的基本民事权利之一。中国古代立法刑民合一,刑法是律典的主体内容,民法规范杂糅其中,没有自由权的基本概念。在中国的近代立法中,自由权已经有了明确的概念,并规定在民法草案和民法典当中。清朝末年,沈家本主持起草《大清民律》,依照"注重世界最普通法则,原本后出最精之法理,求最适合中国民情之法则和期于改进上最有利益之法则"的拟定民

---

⑨ 何孝元:《损害赔偿之研究》,台北商务印书馆1982年版,第139页;龙显铭:《私法上人格权之保护》,中华书局1948年版,第77页;曾隆兴:《现代损害赔偿法论》,台北三民书局1996年版,第272页。

草的宗旨[⑩]，于1911年9月5日拟定该法律草案。其中第50条规定："自由不得抛弃。""不得违背公共秩序或善良风俗而限制自由。"第960条规定："害他人之身体、自由或名誉者，被害人于不属财产之损害，亦得请求赔偿相当之金额。"[⑪]在1925年制定，并经民国司法部通令各级法院作为条理适用的《民国民律草案》，在第17条规定："凡人不得抛弃其自由或至违反法律或有伤风化之程度而自行限制其自由。"关于自由权侵害救济的内容，与《大清民律草案》第960条的内容基本相同，但规定在第267条。至民国政府正式制定民法典，在总则编和债法编分别规定了第17条和第195条，其内容是："自由不得抛弃。自由之限制，以不背于公共秩序或善良风俗者为限。""不法侵害他人之身体、健康、名誉或自由者，被害人虽非财产上之损害，亦得请求赔偿相当之金额。"可以说，中国近现代民事立法，不但把自由权作为公民的基本民事权利之一加以规定，而且规定得相当完备。

（3）我国现行立法并未否定自由权为公民的民事权利。我国《民法通则》没有明文规定自由权为公民的民事权利，但是，《民法通则》没有明文规定的民事权利，不等于我国公民不享有该项民事权利。例如隐私权，《民法通则》也没有明文规定，甚至《宪法》也没有对它加以明文规定，但我国公民享有隐私权却为人所共知，而且最高人民法院还通过司法解释的方式，采取类推适用的方法，对公民的隐私权加以法律保护。[⑫] 我国《宪法》第37条规定了人享有人身自由权，这是公民的民事自由权的核心部分，第49条还规定了公民的婚姻自由权，等等。《宪法》在赋予公民以人身自由权的同时，在第59条规定："中华人民共和国公民在行使自由和权利的时候，不得损害国家的、社会的、集体的利益和其他公民的合法的自由和权利。"《宪法》的这些规定，完整地概括了公民民事权利中的人身自由权，为保护公民的人身自由权提供了最高效力的宪法原则。在实务上，最高审判机关目前虽无保护公民身体自由权的司法解释，但对以诈欺、胁迫方法侵害公民精神自由权的法律保护，已经作出了关于"盗用、假冒他人名义，以函、电等方式进行欺骗或者愚弄他人，并使其财产、名誉受到侵害的，侵权人应当承担民事责任"[⑬]的司法解释。

综上所述，可以得出结论，自由权作为我国公民的基本民事权利之一，为我国法律所确认。尽管《民法通则》还没有对此作出明文规定，但这属于立法的疏漏，而非否定公民的这项基本民事权利。确认和保护公民的这一基本民事权利，恰恰是我国民法的基本任务之一。

---

⑩ 张国福：《中华民国法制简史》，北京大学出版社1986年第1版，第29—30页。
⑪ 上述条文原文无标点，现有标点为作者所加。
⑫ 参见最高人民法院《关于贯彻执行〈中华人民共和国民法通则〉若干问题的意见（试行）》第146条。
⑬ 最高人民法院《关于贯彻执行〈中华人民共和国民法通则〉若干问题的意见（试行）》第149条。

三、侵害自由权侵权责任的构成

民法保护公民人身自由权,最主要的途径,是通过对侵害人身自由权的行为确认为侵权行为,并为侵害人身自由权的行为人确定侵权民事责任来实现的。对此,《德国民法典》除在第 823 条规定侵害自由权为侵权行为,对被害人负赔偿损害的义务外,于第 847 条又规定:"不法侵害他人的身体或健康,或侵夺他人自由者,被害人所受侵害虽非财产上的损失,亦得因受损害,请求赔偿相当的金额。"另外,《瑞士债法》第 49 条、《日本民法典》第 710 条,以及我国台湾地区"民法"第 194 条,都有类似规定。因此,研究对侵害自由权的民法救济,必须先研究侵害自由权侵权民事责任的构成。

侵害人身自由权侵权责任的构成,具有以下特点:

(一)侵害人身自由权行为的侵害客体

侵权行为的客体,即侵权行为所侵害的法律的依法保护的民事权利。侵害自由权行为所侵害的客体,即作为公民人格权的核心的人身自由权。

民法保护公民人身自由权,并非对所有的民事自由权都以侵权法予以承担。例如,婚姻自由权,是由婚姻法、刑法来承担。侵权法所保护的自由权,是公民的人身自由权。对此,我国台湾地区民法学者认为,作为侵害自由权行为所侵害的客体,是指公民的人身自由权,包括公民的身体自由权和精神自由权。这无疑是正确的。但他们又认为,信教自由、言论自由,投票自由、契约订立自由以及通信自由等,均可构成侵害自由权行为所侵害的客体。[14] 这种看法,对侵害自由权行为侵害客体的确定,似乎失之过宽。笔者认为,诸如宗教自由权、言论自由权、投票自由权,为国家法上的政治权利,不应由民法予以保护;契约自由、婚姻自由等民事自由权,应由债法和婚姻法予以保护。这些自由权不能构成侵权行为的侵害客体。

侵害自由权所侵害的客体,为人身自由权,包括公民身体自由权和公民精神自由权。我国《宪法》第 37 条规定:"中华人民共和国公民的人身自由不受侵犯。"这里规定的人身自由权,即包含这两种具体的自由权。

(1)身体自由权也称作运动的自由权,是指公民按照自己的意志和利益,在法律规定的范围内作为和不作为的权利。身体自由权所包含的是公民自由支配自己外在身体运动的权利。非法限制或剥夺公民的身体自由,即为侵权行为。如本文第一节所提案例 1,就是法人以非法强制治疗的方法,限制受害人的身体自由。这是因为身体自由为公民的基本民事权利,一经非法剥夺和限制,即属侵害他人行动的自由,自应负侵权责任。

---

[14] 参见史尚宽:《债法总论》,中国政法大学出版社 2000 年版,第 143 页;龙显铭《私法上人格权之保护》,中华书局 1948 年版,第 79—81 页。

（2）精神自由权也称作决定意思的自由。在现代社会，公民按照自己的意志和利益从事正当的思维活动，观察社会现象，是进行正确的民事活动的前提，法律应当予以保障。因而，精神自由权是公民按照自己的意志和利益，在法律规定的范围内，自主思维的权利，是公民自由支配自己内在思维活动的权利。非法限制、妨碍公民的精神自由，即为侵权行为。如本文第一节所举案例2，杨中某之父母对杨之兄在黑龙江省呼某县的生活、工作均认为正常，无任何担忧之事。侵权人虚构事实，使其陷入其子身负重伤的错误思维之中，不仅损失财产，精神上也造成了巨大的痛苦，其精神自由权受到了侵害。

（二）侵害自由权的损害事实

侵害自由权的损害事实，表现为行为人的行为侵害了公民的人身自由权，包括身体自由权和精神自由权所造成的客观表现和最终结果。

1. 侵害自由权损害事实的客观表现

损害事实的客观表现，是公民按照自己意志和利益进行思维和行动状态的改变。前文已经论述，单纯的自由，是公民行为和思维不受约束、不受限制的状态。当侵权行为作用于受害人，使受害人的行为、思维的不受拘束或限制的状态受到改变的时候，就使公民保持自己身体和精神自由状态的权利受到了侵害。例如，当他人通过他的行为的力量，使公民的身体遭受非法限制或控制而不能自由行动的时候，就改变了公民身体不受拘束、不受妨碍的状态，形成了侵害身体自由权的客观事实。又如，通过他人行为的力量，使公民的思维和观念受到强制，去想非由他自己的意志所决定去想的事情，亦改变了他的思维不受干涉和强制的状态，亦属侵害精神自由权的客观事实。侵权责任构成的客观事实，必须在现实中具体地表现出来。身体自由的改变，要表现在时间上的延续和空间上的变化。即使是纯粹主观上的精神自由的改变，也必须有思维状况改变的外在表现形式。

2. 侵害自由权损害事实的最终结果

损害事实的最终结果，是侵权受害人精神利益和财产利益的损害。侵害自由权的行为改变受害人的身体自由状态和精神自由状态，其最终的结果，是损害受害人的合法利益。自由权是公民人格权的骨干，包含公民的精神利益和财产利益。非法改变公民的自由状态，导致的最终结果必然是公民精神利益的损害，造成精神上的痛苦和创伤，不能按照自己的意志做想做的事和说想说的话。同时，也会使公民丧失相关的财产利益，造成财产的损失。这种精神利益和财产利益的丧失，是侵权损害事实的最终结果。

侵害自由权的损害事实应当是一个完整的链条结构，即：行为作用于受害人的自由权，使其自主的行为、思维状态受到改变，造成其精神利益和财产利益的损害。只有构成这样完整的链条，方构成损害的客观事实这一要件。

（三）侵害自由权行为的违法性

侵害自由权的行为必须具有违法性，这种行为的违法，必须以违背现行法律关于保护自由权的规定为标准,即以行为的不法为必要。

依据我国现行立法,侵害自由权的不法行为,须违反《宪法》所规定的关于公民人身自由权的保护、禁止拘禁限制公民人身自由的禁令以及行使自由和权利不得损害其他公民合法自由和权利的限制。目前,我国《民法通则》没有作出公民自由权的明文规定,而一般观念认为,宪法条文为国家立法原则,在具体适用法律时不得援用。在一般情况下,这种观念是正确的。但是,宪法规定了的公民基本权利,即为公民所享有,并由各部门法提供保障。宪法已有原则规定的权利,各部门法没有规定,实为立法的疏漏,而不能认为公民没有享有这项权利,自应研究适用法律的对策。在适用法律时,当然不得在判决书中直接援引宪法条文,但依据宪法的原则,论证行为的违法性,当不是错误。

1. 侵害身体自由权行为的具体表现

侵害自由权行为的具体表现,因侵害身体自由权和侵害精神自由权而不同。

侵害身体自由权,一般认为包括以下 4 种:

(1)非法限制、拘禁公民身体。公民的身体自由不受限制。非法限制公民身体自由,以至于非法拘禁,均为违法,此为各国立法通例。对此,公民不仅可以向国家主张,也可以在公民之间主张,还可以向法人主张。

(2)利用被害人自身的羞耻、恐怖的观念,妨害其行动。利用被害人自身的羞耻、恐怖的观念,妨害其行动,也为侵害自由权的违法行为。我国台湾地区的民法学者认为,夺去入浴妇女的衣服,使其无法行动,构成侵害自由权。[15]

(3)妨害公路通行。对于公路的一般使用,为一种自由,不法加以妨害,即属对自由的侵害,为非法行为,对私路有相邻权、地役权等通行权人,妨害其通行者,也认为构成侵害自由权的违法行为。[16] 日本判例认为:"公路之共同使用权,虽由于公法上之关系而发生,然为各国人生活上所必须,且为行使各种权利之重要手段,各个人当然有之,则在私法上亦当然加以保护,故妨害他人之共同使用时,非仅系妨害关于公用物之公益,且因侵害他人之自由,而成立民法上之侵权行为。"[17]

(4)侵害通信自由。通信为公民传达意思的手段,系公民身体自由即行为自由的范畴。"故侵害书信或通讯之秘密,系侵害自由权。"[18]

2. 侵害精神自由权的违法行为

侵害精神自由权,大体包括以下两种违法行为:

(1)诈欺胁迫。诈欺是故意以使他人陷入错误为目的的行为;胁迫是故意以不正当的目的和手段预告凶险而使人产生恐怖的行为。撒克逊民法认为诈欺为侵权行为,法国民法、瑞士民法以及普通法和德国现行法,均认为诈欺为侵权行为。我国台

---

[15] 参见何孝元:《损害赔偿之研究》,台北商务印书馆1982年版,第140页。
[16] 参见曾隆兴:《现代损害赔偿法论》,台北三民书局1996年版,第273页。
[17] 转引自龙显铭:《私法上人格权之保护》,中华书局1948年版,第86页。
[18] 龙显铭:《私法上人格权之保护》,中华书局1948年版,第78页。

湾地区民法在解释上,也认为诈欺与胁迫为侵害自由权。笔者认为,诈欺和胁迫,均是为妨碍、干涉、限制公民正当的思维,使其陷入错误的观念,应为侵害自由权的违法行为。如前述杨中某案。杨中某的父母思维自由由于侵权人的诈欺电报而受到愚弄,陷入其子身负重伤的错误认识之中,精神利益、财产利益都受到了损害。

（2）虚伪报告及恶意推荐。在一般情况下,对于因劝告、通知、介绍等所发生的损害,不能认为是侵害自由权的违法行为。但是,如果故意使人陷入错误而进行虚伪报告或恶意推荐者,是对精神自由权的侵害,为违法行为。

侵害自由权的行为可否由不作为构成,我国台湾学者采肯定主张,认为"自由权,不独依作为亦得依不作为侵害之。例如,对于在坑底的矿工不将其引出矿坑"⑲,构成对自由权的侵害。这种意见是正确的。

(四)侵害自由权行为人的主观过错

确定侵害自由权行为的侵权责任,适用过错责任原则。因此,侵害自由权的行为人必须在主观上具有归责性的意思状态,即需具备主观过错的要件,侵权责任才能构成。对此,不适用无过失责任原则和公平责任原则。行为人无过错,即不承担民事责任。

对故意构成侵害自由权的主观归责要件,是没有疑问的。行为人故意限制、干涉、妨碍他人人身自由,构成侵权行为。但是,行为人故意内容中的希望或者放任自由权损害的事实发生,究竟是指自由权损害事实中的客观表现,还是利益损失的最终结果？笔者认为,这种希望或者放任发生的结果,一般是指前者,即放任或希望受害人自由状态改变的客观表现。然而,也不排除希望或放任的是精神利益和财产利益损失的最终结果。前述张某莉案,行为人追求的是对张的强制治疗,是对身体自由状态的改变;杨中某案,行为人追求的结果,却是精神利益、财产利益受损害的最终结果。因而,侵害自由权行为人的故意,既可以是希望或放任自由状态改变的事实,也可以是希望或放任受害人利益损失的最终结果,当然,也可以是二者兼备。

侵害自由权民事责任可否由过失构成,原则上说是没有问题的。侵害自由权中的主观过失,是对保护他人自由权义务的违反。自由权是公民的绝对权、对世权,任何人对他人的自由权都有不得侵害的义务,即使在公民行使自己依法享有的自由和权利的时候,也不得损害其他公民的自由权。过失侵害他人自由权,行为人在主观上不会有希望或者放任侵权后果发生的意思状态,但是,因其疏于注意,不履行或未能履行保护他人自由权的义务,而造成侵害他人自由权损害后果的,即为过失。

当侵害自由权的行为是由不作为构成的时候,必须注意区分行为人的主观意态是故意还是过失。行为人故意以不作为的方式侵害他人自由,比较容易判断。如果过失的不作为侵害他人的自由权,则必须严格考察行为人是否具有作为的义务。只有违反特定的法律义务的时候,才可以确认其是有过失。

---

⑲ 史尚宽:《债法总论》,中国政法大学出版社 2000 年版,第 143 页。

(五)侵害自由权责任构成的因果关系

因果关系也是侵害自由权民事责任构成的必备要件之一。确定侵害自由权民事责任构成中的因果关系,与侵权责任中的因果关系构成相比,并无特殊的要求。当行为人的行为与受害人的自由权受到损害的客观事实具有因果关系的时候,即成立该要件。

比较而言,侵害自由权中的因果关系不像侵害名誉权那样复杂,因为侵害名誉权的损害事实比较虚化,名誉这种社会评价的降低,不容易用客观标准加以衡量,确定因果关系也比较麻烦。自由权损害的客观事实和最终结果,是公民身体自由和思维自由状态的改变,发生变化即可在外在形态上表现出来,因而考察行为与损害结果之间的因果关系,总是比较明显的。

侵害自由权的因果关系,在一般情况下,为直接因果关系,行为实施以后,受害人的自由状态即发生改变。然而也不排除个别间接因果关系,也可以构成侵权。因此,在考察侵害自由权因果关系的时候,也要适用相当因果关系的理论,不能仅仅局限于传统的"必然因果关系"理论,致使对侵害自由权因果关系的判断发生失误。

(六)否定侵害自由权责任构成的抗辩事由

当一个具体的案件具备上述构成要件时,已然构成侵害自由权的侵权民事责任。但是,当具有法定的抗辩事由成立时,则否定该责任的构成。

在侵权法中,抗辩事由是针对承担侵权民事责任的请求而提出,证明受害人的请求不成立的事实。它总是针对侵权责任的构成要件提出来,破坏侵权责任构成的完整环节,使受害人的请求归于失败。这是抗辩事由的针对性。行为人提出抗辩事由的目的,在于证明自己不负有侵权责任,因此,抗辩事由必须具有对抗性和客观性的属性。侵害自由权的抗辩事由同样须具备这三个属性。对抗侵害自由权侵权责任构成的抗辩事由是:

1. 限制公民人身自由的行为系依法进行

包括:①国家机关及其工作人员,依法限制或剥夺公民人身自由,如依法逮捕、拘留、劳动教养等;②公民依法自动维护公共利益和公共秩序的行为,如制止犯罪、扭送人犯;③因执行职务而强制他人非按他自己的意志而行动,如在灾害事故中强制他人离开灾区,因爆破而临时禁止在公路上通行。

2. 正当防卫

当公共利益、他人或本人的人身或其他利益受到不法侵害时,对非法侵害人以限制人身自由的方法进行防卫时,为合法行为。

3. 紧急避险

紧急避险的危险来源,既可能来自自然力,也可能来自人的行为。如果采取临时限制或控制他人的自由的方法就可以避免危险,为合法行为。

4. 自助行为

当权利人为保护自己的权利,在情事紧迫而又不能及时请求国家予以救助的情况下,对他人的自由加以适当限制,不为侵害自由权;但此种限制自由必须适当,超出适当范围,即为侵权。如对在餐馆用餐后不付款而欲逃走的客人,餐馆有权将其送交有关部门处理。

值得注意的是,受害人同意是侵权法的一般抗辩事由,但于侵害自由权的场合,却不能成立。这是因为,自由是公民的一项基本民事权利,不得自由抛弃。行为人如果以受害人放弃人身自由,同意对其予以限制自由为抗辩事由时,不能否定侵权责任的成立。

四、人身自由权受到侵害的民法救济

(一)法律依据

人身自由权受到侵害的民法救济方法,就是依照法律确定侵害自由权的行为人以承担民事责任的方法,为自由权受到侵害的受害人恢复自由,并补偿其受到损害的利益。目前,对自由权受到损害的受害人施以民法救济,最大的困难是《民法通则》没有相应的明确条文。然而,任何立法都是原则地规范人们的行为和社会现象,不可能穷尽所有的情况。司法的艺术就在于,在立法的原则性规定之下,依据法理,运用法律的原则规定,正确地解决现实生活中纷繁复杂的生活现象。在民事司法中,这种要求更为明显,诚如《瑞士民法典》第1条第1款所规定的那样:"如本法无相应规定时,法官应依据惯例;如果无惯例时,依据自己作为立法人所提出的规则裁判。"在我国,"有法律依法律,无法律依政策,无法律、政策则依法理和习惯"是适用法律的重要原则。在目前立法已有自由权保护的原则规定的情况下,解决自由权受到侵害的民法救济问题,已经不是一个难题。

1. 《宪法》和《民法通则》关于侵权行为一般条款的规定

我国《宪法》第37条的规定和《民法通则》第106条的规定,为人身自由权受到侵害的民法救济,提供了基本的法律依据。《宪法》第37条关于保护公民人身自由权的规定,从根本大法的高度,赋予了公民以人身自由权,严格禁止所有的侵害公民人身自由权的行为,为侵害自由权的民法救济,提供了宪法原则。《民法通则》第106条第2款关于"公民、法人由于过错侵害国家的、集体的财产,侵害他人财产、人身的,应当承担民事责任"的规定,是适用于一切侵权行为确定民事责任的过错责任原则,其中的"人身的"一词,应当包括人身权中的所有权利,自由权自应包括在内,确定侵害自由权的民事责任,应当适用本条规定,自无疑义。

2. 类推适用《民法通则》第120条

对自由权受到侵害的具体民法救济方式,应当比照《民法通则》第120条规定类推适用。该条规定的是侵害姓名权(名称权)、肖像权、名誉权、荣誉权的民法救济方法,广而言之,就是对人格权受到侵害的救济方法。关于本条立法所确定的保护范围过窄,已为学者所充分论证。为了解决立法上的这种局限,理论上多主张以其为保护人格权的基本立法原则,扩大适用范围;在实务上,最高人民法院对此亦采扩大解释的办法,扩大其适用范围,如对隐私权保护的司法解释。笔者认为,现行的类推适用该条的司法解释不无局限性,但它确为解决当前民事立法不完备的问题提供了一条补救的方法。对于自由权受到侵害的民法救济,目前可以采取直接的类推适用方法,直接确定侵害自由权的民事责任,而非仅以名誉受到损害为限,以名誉权受到损害的方法予以救济,自由权受到侵害的受害人,"有权要求停止侵害,恢复名誉,消除影响,赔礼道歉,并可以要求赔偿损失"。

3. 适用民法司法解释相关规定

对于以胁迫、诈欺方法侵害公民精神自由权的行为,直接适用有关司法解释予以民事救济。最高人民法院《关于贯彻执行〈中华人民共和国民法通则〉若干问题的意见(试行)》(以下简称《民通意见》)第149条规定:"盗用、假冒他人名义,以函、电等方式进行欺骗或者愚弄他人,并使其财产、名誉受到损害的,侵权人应当承担民事责任。"该条司法解释包含保护受害人财产以及名誉的观念,但依法理分析,条文提供的却是对以诈欺方法侵害公民精神自由权的行为,依财产损害、名誉损害适用法律的方法,是对精神自由权受到诈欺损害的民法救济。条文中的"欺骗"和"愚弄"他人的表述,实为受害人精神自由受到限制、妨碍的表现形式;而"财产、名誉受到损害",则为损害事实的最终结果,即为财产利益和精神利益的损失。其中对于"名誉"的用法,与《民通意见》第150条关于隐私权的侵害类推适用侵害名誉权损害的解释异曲同工。对于诈欺侵害公民精神自由权的行为,适用本条司法解释是正确的。

不过,现在关于人身自由权受到侵害的法律救济依据,已经有了《消费者权益保护法》《国家赔偿法》和《妇女权益保护法》以及最高人民法院《关于确定民事侵权精神损害赔偿责任若干问题的解释》的规定,因此,已经不再成为问题。现在应当期待的,是"中华人民共和国人格权法"关于人身自由权的规定。

(二)救济方法

侵害自由权的民法救济方法,分为非财产性救济方法和财产性救济方法。西方民商法对自由权乃至人格权损害的救济,以损害赔偿为基本方法,受害人得请求财产损害赔偿和慰抚金赔偿。《民法通则》第120条的规定,具有进步意义。

非财产性的救济方法,包括停止侵害、恢复名誉、消除影响和赔礼道歉。在侵害自由权的民法救济中,如果限制、妨碍自由权的行为为继续状态的,应当停止侵害。如果侵权行为造成了受害人名誉损害的,自得请求恢复名誉。给受害人造成不良影响的,得请求消除影响。所有自由权受到侵害的公民,均可请求赔礼道歉。

值得研究的是前文涉及的一个问题,即侵害自由权的行为同时造成受害人名誉权损害后果的,是依侵害自由权确定责任,还是依侵害名誉权为之? 按照现行司法解释的基本精神,以侵害名誉权确定民事责任,较为切实可行。然而这样类推适用的方法,难以涵盖侵害自由权行为的全部内涵,以致造成适用法律的混乱。因此,我们主张仍以侵权行为的基本特征为准,以侵害自由权确定侵权责任为妥当。

财产救济方法,主要是赔偿损失,也包括恢复原状。

不法侵害他人人身自由权,造成受害人财产上的损失的,可以依一般侵权行为的规则,受害人可以请求赔偿损失。侵害自由权造成经济损失,包括直接损失和间接损失。前者如以诈欺方法诱骗受害人从甲地到乙地,其往返费用的损失。后者如非法拘禁、限制人身自由,造成受害人工资、报酬的减少。侵害自由权造成的财产损失,无论是直接损失还是间接损失,均应由侵害人予以赔偿。

我国台湾地区民法学者还主张在下述情况下,亦适用财产救济方法:

第一,因诈欺或胁迫而对于被害人取得债权者,被害人得要求加害人废止该债权,以恢复被害人损害发生前之原状。第二,表意人因诈欺或胁迫而为一定之给付,如无诈欺或胁迫之情事,即不至于为此意思表示者,加害人应恢复表意人为意思表示前之财产状态,赔偿受害人信赖利益的损失。第三,表意人因诈欺或胁迫之情事亦将为意思表示,惟不至于不利之情形时为之者,表意人得不撤销其意思表示,而请求无诈欺或胁迫时所为之意思之实现,若有损害,并得请求赔偿。[20] 这些财产利益损失的赔偿的恢复原状的办法,可以借鉴。

对于精神利益损害的财产救济方法,即称为精神损害赔偿。我国现行民事立法准予在侵害人格权的场合适用精神损害赔偿的救济方法,侵害自由权的场合当不例外。

对自由权受侵害的精神损害赔偿,国外立法主要以给付慰抚金的方法为之。这个办法可溯源于16世纪的撒克逊法的规定,近世法国判例和德、瑞、日民法均予认同。我国《民法通则》第120条中的赔偿损失,包括精神损害赔偿制度,但并非慰抚金制度,而是兼具补偿损失、进行抚慰、制裁违法的三重性质。当侵害自由权给公民造成精神损害时,可以参照《民通意见》第150条的规定:"人民法院可以根据侵权人的过错程度、侵权行为的具体情节、后果和影响确定赔偿责任。"具体的赔偿方法,与人格权遭受损害的精神损害赔偿方法相同,可以参照适用。

五、结论

通过以上论述,可以得出以下结论性意见:

(1)自由和自由权,既为国家法的概念,也为民法的概念。宪法赋予公民的人身自由权,是公民的基本民事权利之一,为侵权行为的侵害客体;侵害公民人身自由权,构成民法上的侵权行为,由侵权法予以调整,适用民法关于财产的和非财产的救济方法予以救济,赋予受害人以停止侵害、恢复名誉、消除影响、赔礼道歉和赔偿损失、恢复原状的请求权,由加害人承担上述责任。

(2)文前讲到的案例,前者为法人以"强制医疗"的非法方法,限制公民的身体自

---

[20] 参见何孝元:《损害赔偿之研究》,台北商务印书馆1982年版,第143页。

由，同时造成受害人财产的和精神利益的损害，构成侵害公民自由权的侵权责任。后者为公民以诈欺方法侵害其他公民的精神自由权，造成受害人精神利益和财产利益的损害，加害人亦应承担侵权的民事责任。

(3)确立我国完备的自由权民法保护制度，尚待作出艰苦的努力。其中最重要的工作，是在民事立法上对公民的人身自由权和侵害公民人身自由权的民事责任加以明确的规定。在目前，最急迫的工作，乃是在司法实务中运用现有法律，作出切实可行的立法解释和司法解释。各级人民法院应当解放思想，清除各种错误思想，尤其是"左"的思想干扰，在实践中大胆探索，创造审理此类案件的丰富经验，促进立法和司法的进步，更好地保护公民的自由权。

被遗忘权的中国本土化及其法律适用

"谷歌诉冈萨雷斯被遗忘权案"在欧盟法院的败诉,使一直处于争议中的被遗忘权成为一个正式的法律概念,被应用在网络侵权之内,以实现保护个人信息的功能。被遗忘权是一个怎样的权利,有怎样的内涵,能否在中国实现本土化,在司法实践中应当怎样具体适用法律?是人格权法和侵权法理论研究和实务操作都特别重视的问题。目前国内对被遗忘权的研究有部分论文发表,但并未进行深入讨论。本文针对这些问题,对被遗忘权展开深入研究,将被遗忘权实现中国本土化,并对该权利的具体法律适用问题,提出笔者的意见。

一、欧美被遗忘权的发展及比较

被遗忘权在欧洲法律理论研究中,已经讨论了数年,有关的法律草案也都有所体现,在美国有"橡皮擦法案"的具体应用,但并未全面化,直至谷歌诉冈萨雷斯案,才使被遗忘权成为欧洲统一的法律概念。

(一)欧盟法院判例中的被遗忘权及其发展

1. 富有争议和民法学理价值的典型案例

1998年,西班牙报纸《先锋报》(La Vanguardia)发表了西班牙将举行财产强制拍卖活动的公告,在所提到的遭到强制拍卖的财产中,有一件属于马里奥·科斯特加·冈萨雷斯(Mario Costeja Gonzále),他的名字也出现在公告中。2009年11月,冈萨雷斯与该报纸取得了联系,投诉称公告中登出的名字被谷歌搜索引擎(Google search engine)收录了,他希望能在网上删除这些与他有关的信息,并且称该强制拍卖活动在几年前就已经结束,而且这些数据信息也已经失效,如果任由这些信息继续存在,则会对其声誉造成持续的伤害。《先锋报》回复称,由于该公告的授权方是西班牙劳动与社会事务部,因此有关冈萨雷斯的个人数据无法删除。冈萨雷斯于2010年2月与谷歌西班牙分部取得了联系,请求他们删除该公告的链接,后者遂将该请求转交给了美国加利福尼亚的谷歌总部。随后,冈萨雷斯向西班牙数据保护局(Agencia Española de Protección de Datos,AEPD)提交了投诉,要求《先锋报》必须按要求删除

---

* 本文发表在《法律适用》2015年第2期,合作者为中国人民大学法学院博士研究生韩煦。

数据信息、谷歌西班牙分部或谷歌公司则必须按要求删除数据链接。2010年7月30日，西班牙数据保护局驳回了他针对报纸提交的诉求，但支持他对谷歌西班牙分部和谷歌公司的诉求，并要求谷歌公司删除链接并保证通过搜索引擎无法打开该信息。

谷歌西班牙分部和谷歌公司随后分别向西班牙国立高等法院（Audiencia Nacional）提出了单独诉讼。西班牙国立高等法院在将两个诉讼合并后，将该案提交给了欧盟法院。欧盟法院依据《欧洲数据保护指令》，对诉讼中的一些问题进行初步裁决，其中有一条涉及是否需要制定"被遗忘权"（the right to be forgotten）的问题。欧盟法院在广泛听取各方意见后，于2014年5月13日宣布了最终裁决，认为谷歌作为搜索引擎运营商，应被视为《欧洲数据保护指令》适用范围内的数据控制者，对其处理的第三方发布的带有个人数据的网页信息负有责任，并有义务将其消除。而对是否制定所谓的"被遗忘权"这一问题，虽然谷歌西班牙分部、谷歌公司以及欧洲委员会等在这一点上都持否定态度，但是欧盟法院认为，有关数据主体的"不好的、不相关的、过分的"（inadequate, irrelevant, excessive）信息也应当从搜索结果中删除。据此，欧盟法院最终裁决谷歌西班牙分部、谷歌公司败诉，其应按冈萨雷斯的请求对相关链接进行删除。

自此，欧洲通过欧盟法院的这一判决，确立了被遗忘权的概念，并且使之成为信息主体的一项民事权利。

2. 被遗忘权在该判决前的欧洲的发展

追本溯源，被遗忘权曾是法国赋予已被定罪量刑的罪犯在刑满释放后可以反对公开其罪行以及监禁情况的权利。①

20世纪90年代，互联网作为新兴产业飞速发展，与此相应的，加强个人信息保护也日益频繁地触动着各国政府的神经，欧盟、德国、英国相继在其个人信息保护立法中规定，信息主体在一定条件下有权要求信息控制者删除其个人信息。② 例如，1995年，欧盟在其《欧洲数据保护指令》中的关于"有关公民可以在其个人数据不再需要时提出删除要求，以保护个人数据信息"的规定，可以认为是被遗忘权的最初形态。

进入21世纪以来，互联网产业持续飞速发展，以Facebook为代表的社交网站和以Twitter为代表的自媒体异军突起，那些本欲隐藏起来、不足为外人所道的个人生活场景日益频繁地呈现在公众面前。相较之前，保护公民个人数据信息的要求更加迫切。

2009年，法国议员提出的关于被遗忘权立法的议案指出，网络用户可以向网站发出删除其涉及个人信息的请求。同时，为了阻止网络用户滥用该权利，还进一步明确，该项删除请求必须以挂号信的形式向网站发出。③ 2011年4月，西班牙数据保护

---

① See Jeffrey Rosen, "The Right to Be Forgotten", 64 Stan. L. Rev. Online 88(2012), p.88.
② 参见彭支援：《被遗忘权初探》，载《中北大学学报》（社会科学版）2014年第1期。
③ 参见蔡雄山：《法国互联网个人数据保护对我国的启示》，载http://tech.sina.com.cn/i/2011-07-22/14565822519.shtml, 2014年11月24日访问。

当局以被遗忘权为由,下令谷歌在1个月内删除关于90名原告在互联网上的相关链接。④ 2012年6月,在英国第41届议会第一次会议上,哥伦比亚省信息和隐私专员伊丽莎白·德纳姆(Elizabeth Denham)提出:被遗忘的权利是基本的隐私原则,所以在我们的法律中,组织在按照他们的需要保存信息时只能是出于公事目的,当该目的已达成或不具备时,对相关信息就必须进行删除。⑤

在此形势下,欧盟委员会司法专员维维亚娜·雷丁(Viviane Reding)公开宣布,欧盟将增设一项新的权利以加强对个人信息的保护。据此,2012年11月出台的《一般数据保护条例》(GDPR),在第17条正式增设了"被遗忘和删除的权利"(Right to be forgotten and to erasure),规定"信息主体有权要求信息控制者删除与其个人相关的资料信息,特别是当信息主体是不满18周岁的未成年人时"。2014年3月,《一般数据保护条例》再次修正,将原第17条"被遗忘和删除的权利"精简为"删除权",并删除了对"当信息主体是未成年人"的着重强调,转而对"信息主体有权要求任何已知的第三方删除针对上述信息的所有复制和链接"的规定进行了明确。虽然该法案还需要在欧洲议会全体会议上表决通过才能够正式实施,但仍标志着被遗忘权在欧洲已有了长足的发展。

正是在这些丰沃的土壤中,孕育、产生了欧洲的被遗忘权的概念,并成为信息主体的一项民事权利。

(二)美国"橡皮擦法案"中的"被遗忘权"

不同于被遗忘权在欧洲发展的蓬勃局面,该权利在互联网大国的美国却举步维艰。究其原因,欧洲普遍认为,个人信息控制是基本人权,增设被遗忘权恰好是加强个人信息保护的有效手段。但在美国,被遗忘权通过法律手段赋予公民(信息主体)可要求搜索引擎运营商在搜索结果中对涉及自身的"不好的、不相关的、过分的"链接予以删除的权利,却被认为是与《美国宪法第一修正案》第1条关于"国会不得制定剥夺言论自由或出版自由的法律"的规定相违背的。同时,美国最高法院也认为,只要某一信息是合法取得的,国家就不能通过法律限制媒体传播该信息,即使该信息的传播会造成所涉及对象尴尬的后果⑥,否则便是对言论自由与新闻自由的严重践踏。

对于被遗忘权在美国的前景,美国学者罗伯特·柯克沃克(Robert Kirk Walker)认为,"只有'被限制的被遗忘权',即用户仅仅可以要求删除自己发布的个人信息的权利,才是符合美国宪法精神的"。⑦

有鉴于此,2013年美国加利福尼亚州州长杰瑞·布朗(Jerry Brown)签署了加州

---

④ 参见伍艳:《论网络信息时代的"被遗忘权"——以欧盟个人数据保护改革为视角》,载《图书馆理论与实践》2013年第11期。

⑤ 参见何治乐、黄道丽:《大数据环境下我国被遗忘权之立法构建——欧盟〈一般数据保护条例〉被遗忘权之借鉴》,载《网络安全技术与应用》2014年5月。

⑥ See Jeffrey Rosen, "The Right to Be Forgotten", 64 Stan. L. Rev. Online 88(2012), p.91.

⑦ See Robert Kirk Walker, "The Right to Be Forgotten", Hastings Law Journal. Vol.64, p.257.

参议院第 568 号法案,即"橡皮擦法案"。该法案要求包括 Facebook、Twitter 在内的社交网站巨头应允许未成年人擦除自己的上网痕迹⑧,以避免因年少无知缺乏网络防范意识而不得不在今后面临遗留的网络痕迹带来的诸多困扰。该份法案于 2015 年 1 月 1 日正式生效,虽然该法案仅适用于加利福尼亚州境内的未成年人,也明确只有未成年人自行发布在社交网站上的内容可以被删除,对于其他人发布的有关自己的文字、图片信息则没有要求删除的权利。但即便如此,该法案仍是个人信息保护与言论自由博弈的一次显著胜利,进步意义不可小觑。

与此同时,似为响应日益高涨的增设美国本土的被遗忘权的呼声,2014 年 9 月,Facebook 已在测试"允许用户定时删除自己已发布状态"的新功能。通过该功能,Facebook 的用户可在发布状态时选择状态信息在网站上的存续时间,一旦设定的时间到期,网站将自动对用户所发布的状态进行删除,免除用户担心遗留网络痕迹的后顾之忧。⑨

无论是加州的"橡皮擦法案",还是社交网站巨头 Facebook 推出的定时删除已发布状态的新功能,都可视为美国对欧洲被遗忘权规定的致敬,是美国在个人信息保护的浪潮下对制定既符合美国宪法精神,又能有效保护信息主体个人信息、适用于美国本土的被遗忘权所做的努力,值得充分肯定。

(三)欧美法中的被遗忘权的比较

"谷歌诉冈萨雷斯被遗忘权案"的败诉,使被遗忘权在欧洲正式被公众所熟知,美国加州通过制定"橡皮擦法案",也使被遗忘权在美国初露端倪。欧美法中的被遗忘权都适用于网络信息领域,并共同致力于大数据时代的个人信息保护,但细究起来仍有诸多不同。

1. 权利主体不同

欧盟法院判例中被遗忘权的权利主体为欧洲普通公民,除公众人物之外的所有普通公民都无差别地享有可以要求信息控制者删除包含"不好的、不相关的、过分的"信息链接的权利;而美国的"橡皮擦法案"的权利主体仅为加州境内的未成年人,其他各州公民包括未成年人在内还都不享有该项权利。

2. 义务主体不同

欧盟法院在"谷歌诉冈萨雷斯被遗忘权案"中,以谷歌公司是对第三方发布的带有个人信息的网页负有责任的信息控制者为由,将包括谷歌在内的搜索引擎运营商确定为被遗忘权的义务主体;而美国在其"橡皮擦法案"中针对未成年人在 Facebook、Twitter 等社交网站上发布各种可能会对其未来成长造成困扰的信息这一现象,规定 Facebook、Twitter 等社交网站应允许未成年人擦除自己的上网痕迹,使社交网站成为这一权利的义务主体。

---

⑧ 参见《美国推"橡皮擦"法案,抹掉未成年人的网络过失》,载《法律与生活》2014 年第 1 期。
⑨ 参见:《Facebook 推定时删功能,可设置状态的消失时间》,载搜狐网,2014 年 12 月 2 日访问。

3. 行使条件不同

欧盟法院对被遗忘权的内容进行了诸多限制，其权利主体只能针对互联网上目前存在的、可以通过搜索引擎搜索到的、针对自身的"不好的、不相关的、过分的"个人信息提出删除要求，并需要承担何为"不好的、不相关的、过分的"个人信息的举证责任。如果出于保护言论自由、维护公共健康领域的公共利益的需要或出于历史、统计和科学研究的目的，保留该互联网上的信息是必需的，则不能行使被遗忘权。而受美国学者"受限制的被遗忘权"观点的影响，相较于欧盟法院判例中的被遗忘权，"橡皮擦法案"确立的该项权利在行使条件上更加苛刻，虽然未对可删除的个人信息内容进行明确规定，但权利主体可通过行使该权利要求义务主体删除的信息，却仅限于前者亲自发布在社交网站上的信息，对其他人转发的或其他人发布的有关权利主体的文字、图片信息等，则不能行使该项权利。

二、被遗忘权的现实意义及被遗忘权中国本土化的可行性

（一）欧盟法院有关被遗忘权判例的意义及影响

2014年5月前，在欧洲部分国家以及欧盟未生效的法律中，虽有被遗忘权的相关做法和规定，但都过于笼统、模糊，未明确信息主体与信息控制者的范围，也未对可通过被遗忘权进行删除的信息内容进行具体规定。同时，按照欧洲惯例，法案中确立的权利在通过议会表决通过后，其具体适用仍需要通过相关法院判例对其进行进一步解读，以明确该项权利的具体适用规则。因此，被遗忘权在欧洲最终确立仍是2014年5月欧盟法院有关"谷歌诉冈萨雷斯被遗忘权案"的判决。该判决是欧盟法院通过判例对法案中已有的被遗忘权规定的解读和界定，将谷歌等大型搜索引擎运营商界定为信息控制者，明确可通过被遗忘权予以删除的信息为已在互联网上公开的、有关信息主体（欧洲公民）的"不好的、不相关的、过分的"信息。毫不夸张地说，被遗忘权在欧洲几经沉浮，最终因该判例才得以成为一项在司法实务中具有可操作性的个人民事权利。

欧盟法院这一判例，肯定了被遗忘权在欧洲的确立，美国的"橡皮擦法案"也使该权利在美国初露端倪。欧美法相继肯定了被遗忘权的存在，对于大数据时代个人信息的保护具有巨大的现实意义。众所周知，互联网的发展及各种自媒体的广泛运用，使个人信息越来越多地通过数字化形式进行记载、储存、传播和利用，信息主体自己遗留在网络上的或是其他第三方发布的有关信息主体的相关信息，都会事无巨细地在网络上得以储存，成为信息主体永远无法被遗忘的过去。被遗忘权的出现，正在打破这种局面，信息主体通过行使被遗忘权，对搜索结果中包含信息主体"不好的、不相关的、过分的"信息的链接或社交网站上未成年人发布的各种年少轻狂、不负责任的文字或图片进行删除，能够有效杜绝遗留在网络上的各种已经成为"过去时"的信息对信息主体目前生活的侵扰，可以保障信息主体私人生活的安宁，尤其是对一些会导

致信息主体社会评价降低的信息的删除,可以有效地减少其对信息主体名誉、信息、隐私等权利的持续侵害。同时,美国"橡皮擦法案"所强调的可通过行使被遗忘权对未成年人发布的相关个人信息进行删除,可以有效补救未成年人因炫耀心态或不成熟心智而公开私人信息所造成的窘迫局面,有利于未成年人的健康成长,同时也为网络个人信息的保护提供了有效途径。

(二)中国目前与被遗忘权相关的法律规范和研究意见

毫无疑问,被遗忘权是欧美法律的产物,而非中国民事权利的"产品",中国现行立法并无被遗忘权的法律规定。究竟被遗忘权能否在中国实现本土化,确实有反对的意见,例如认为,在考察欧盟的经验时,我们不一定要亦步亦趋地追随被遗忘权这样的具体做法,中国目前还没有践行被遗忘权的环境。⑩

这种意见是不适当的。事实上,因为受到欧美被遗忘权讨论的影响,在我国的法律建议稿和具体网站的做法中,有被遗忘权的痕迹;在我国相关的法律中,也有可以使被遗忘权与中国法相对接的法律规定。在这样的基础上,完全可以实现被遗忘权的中国本土化。

2005年6月的《中华人民共和国个人信息保护法示范法草案学者建议稿》(以下简称《建议稿》)最早将"删除"上升为一项权利,规定在个人信息被非法储存以及当信息处理主体执行职责中已无知悉该个人信息的必要时,该个人信息应当被删除。同时,该《建议稿》还明确了"删除"的含义,即"消除已储存的个人信息,使其不能重现"。⑪ 应当肯定,该建议稿在个人信息保护方面具有前瞻性,不仅将"删除"确定为保护个人信息的一项有效手段,还进一步对可删除的信息的范围进行了列举。但不能否认,该《建议稿》对可运用删除权的情形规定过窄,且仅为学者意见,虽具有参考价值,但却无法律效力,不具有实务操作性。

2011年1月,工信部就个人信息保护颁发《信息安全技术公共及商用服务信息系统个人信息保护指南》(以下简称《指南》),该《指南》第5.1部分将个人信息的处理过程分为收集、加工、转移和删除四个环节,并将"删除"认定为"使个人信息在信息系统中不再可用",当个人信息主体有正当理由要求删除其个人信息时,个人信息处理者应及时对相关个人信息进行删除。⑫《指南》于2013年2月1日正式实施,距今1年有余,其对有关个人信息删除权的规定,是目前我国相关法律、法规、规章中最系统、最全面的,也是最接近欧盟被遗忘权的规定。

我国《侵权责任法》第36条有关网络侵权责任的规定,首次明确了针对网络用户利用网络服务实施的侵权行为,被侵权人有权通知网络服务提供者采取删除、屏蔽、

---

⑩ 参见刘淄川:《透过"被遗忘权"看网络隐私》,载 http://www.eeo.com.cn/2014/0722/263775.shtml,2014年11月24日访问。

⑪ 齐爱民:《中华人民共和国个人信息保护法示范法草案学者建议稿》,载《河北法学》2005年第6期。

⑫ 参见百度百科:《信息安全技术公共及商用服务信息系统个人信息保护指南》,载 http://baike.baidu.com/view/9995442.htm,2014年11月24日访问。

断开链接等必要措施,即赋予了被侵权人对网络上针对自身的侵权信息予以删除的权利。该处的"删除权"尽管不是被遗忘权所确认的删除权,可以删除的仅针对侵权信息,权利主体也仅限于已受到侵害的被侵权人,未能涵盖被遗忘权的删除,但对被遗忘权的保护,有被改造成为被遗忘权保护的接口的可能性。

应当看到的是,《侵权责任法》第 36 条的规定,尽管还没有直接适用于被遗忘权保护的功能,但是,该法第 6 条第 1 款关于过错责任原则和侵权责任一般条款的规定,却是保护被遗忘权的有效法律。网络服务提供者拒不接受信息主体行使被遗忘权请求删除有关信息,具有过错的,符合侵权责任的一般要求,构成侵权责任的,应当承担侵权责任。这是研究被遗忘权中国本土化的最为直接的法律。

(三)被遗忘权中国本土化的可行性

正是在上述法律和研究意见的基础上,被遗忘权实现中国本土化的可行性表现在以下几个方面:

1. 个人信息公开的文化与网络无法遗忘之间的矛盾,强烈要求确立被遗忘权

公开个人信息的社交方式已经深深嵌入了全球青年的文化中,曾经作为未成年人专利的在网络上(如 QQ 空间)上传自己各种信息的行为,如今已蔓延至广大的成年人群体。在微博、微信朋友圈中,随处可见轻狂的张扬文字、宣示爱情缠绵的照片,"炫"的主题无处不在。而网络在收集和存储信息方面的无限空间性与永久性,又使得任何上传至网络上的信息都被毫无遗漏地保存在网络空间中。"炫"的后果是,那些本以为早已远去、会被忘却的过去,搜索一下就会纷至沓来。由于互联网与数字技术的全球化发展,过去正如刺青一般深深地刻在数字的皮肤上[13],成为个人无法摆脱的印记。在此种形势下,我国借鉴欧美法经验,将被遗忘权本土化,在中国的法律中确立被遗忘权,并通过该权利的行使,对遗留在网络上的相关信息进行删除,可以有效地保护网络用户的合法权益,改变目前面临的此种困局。

2. 信息主体有确立被遗忘权的现实要求

2011 年,我国演员刘某的丈夫王某因欠缴信用卡 260 万余元还款,由广发银行北京分行向北京市东城区人民法院提起诉讼,一时间舆论哗然。虽当事人事后及时清缴欠款,并发文澄清了事件始末,但时至今日该信息仍可见于网络之中。可见,由于网络的留痕特性,使得任何发布在网络上的信息,都可以在未来的任何时间内被任何人重新翻出以作为谴责的依据。信息主体无论如何积极、及时地解决问题、诚恳地纠正错误,不光彩的过去、曾经的批评与指责仍不可擦除,仍完整地保存在网络之中,等待下一次被重新翻炒。因此,在网络信息不断膨胀的今天,信息主体对清除这些负面信息并消除其对自身声誉的影响的需求,是广泛而迫切的。同时,在信息主体完成了自己应尽的义务后,该种诉求也显然是合理并应当受到法律支持的。

3. 我国目前有些网络服务提供者的做法已暗合被遗忘权

---

[13] 参见维克托·迈尔—舍恩伯格:《删除》,浙江人民出版社 2012 年版,第 4—5 页。

百度公司作为我国最大的搜索引擎运营商,目前推出了针对网页搜索相关问题接受网络用户投诉的专门服务。该线上服务页面包括"快照删除与更新"与"隐私问题反馈"两项内容,在满足搜索结果网页内容侵犯用户隐私或其他利益的情况下,将按照用户请求提供删除服务;而用户则只需要按照网页要求填写百度快照地址以及自己的联系邮箱并详细说明遇到的问题及申请原因。据悉,在网络用户提交删除请求并通过百度专门工作人员审核后,相关的网页链接将会在24小时内被删除。可见,百度公司推出的这项服务虽无被遗忘权之名,但却与欧盟法院判例中的被遗忘权相通。由此断定,在我国的网络操作实务中已经存在被遗忘权的规则。现在需要的是在法律上确立被遗忘权,给互联网企业以及其他自媒体网络运营商履行这种义务以法律依据,以更好地借鉴欧美法经验,将被遗忘权本土化,保护好信息主体的权利。

4. 我国现行立法为被遗忘权的确立留下了空间

《侵权责任法》第36条有关网络侵权"通知—取下"规则的规定,尽管并没有涵括被遗忘权的删除,但与欧美法上被遗忘权的删除比较接近,只要改变其适用删除规则的前提的规定,就能够保护好被遗忘权。同样,2014年10月10日生效的最高人民法院《关于审理利用信息网络侵害人身权益民事纠纷案件适用法律若干问题的规定》第12条第1款第(4)、(5)项关于"自然人自行在网络上公开的信息或者其他已合法公开的个人信息"以及"以合法渠道获取的个人信息"如被公开在网络上,即使造成了不良影响,但只要公开该信息的行为并未违反社会公共利益、社会公德或未侵害信息主体值得保护的重大利益,信息主体就不能以被侵权为由请求人民法院予以救济的规定,尽管对网络上目前已经存在的、与权利人有关的虽未达到侵害隐私权或名誉权程度的,但其存在又确实会导致所涉对象社会评价降低后果的信息,不能适用该条款予以救济,但只要改造这些规定的适用前提条件,都可以成为保护信息主体被遗忘权的法律规范和司法依据。换言之,我国目前立法为被遗忘权制度的确立还是预留了空间。同时,由于《侵权责任法》第6条第1款侵权责任一般条款适用的普遍性,即使在目前,救济被遗忘权的损害仍然是有法可依的,并非是法律空白。

三、中国本土化的被遗忘权的概念界定与法律地位

被遗忘权的中国本土化,最应当借鉴的是欧盟的做法,可以适当借鉴美国加州的"橡皮擦法案"的规定。对此,应当解决的是以下几个问题:

(一)本土化的被遗忘权概念的界定

1. 对被遗忘权概念的不同定义

欧盟法院在"谷歌诉冈萨雷斯被遗忘权"案的判决中,将被遗忘权界定为信息主体有权要求搜索引擎运营商对网络上存在的包含涉及自身的不好的、不相关的、过分

的信息的链接予以删除的权利。⑭ 在该判决发布前,欧盟《一般数据保护条例》(GDPR)第17条将被遗忘权规定为,信息主体有权要求信息控制者删除与其个人相关的资料信息,并有权要求任何已知的第三方删除针对上述信息的所有复制和链接的权利。⑮ 受美国学者"受限制的被遗忘权"观点的影响,美国"橡皮擦法案"将被遗忘权认定为未成年人对自己上传的信息,有权要求社交网站予以删除的权利。⑯韩国法虽未有权利被冠以被遗忘权之名,但1993年实施2013年修订的《个人信息保护法》第4条、第22条的规定已暗含被遗忘权之义,即信息主体拥有个人信息的删除请求权,同时在信息持有期限届满、个人信息处理的目的已经达成、个人信息已不再需要进行继续处理之时,个人信息控制者应当毫无迟延地主动废止该信息。⑰

我国学界目前对被遗忘权的研究,已有相关论文发表。对被遗忘权的概念,有学者将其定义为:"个人信息的拥有主体基于隐私自主而拥有向个人信息收集者、发布者、索引者等,随时要求删除遗留在网络当中的各种有关个人的数字痕迹,从而使其被其他人所忘记的权利。"⑱也有学者将其界定为"数据主体有权要求数据控制者永久删除有关数据主体的个人数据,以使该数据被互联网所遗忘的权利"。⑲

应该肯定,上述有关对被遗忘权概念的界定,都突出了该权利最核心的内容,即对个人信息的删除。但除了欧盟法院的判例对可通过行使被遗忘权删除的信息内容进行明确外,其他有关被遗忘权概念的界定都没有提及这一点。同时,对于被遗忘权的义务主体,到底仅限于搜索引擎运营商以及社交网站,还是应包括所有的信息控制者,都没有形成统一的认识。此外,在界定被遗忘权的概念时,是否应对无法适用该权利的情形进行明确,都值得进一步探讨。

2. 中国法对被遗忘权的概念界定

将被遗忘权中国本土化,在界定这个概念时应着重把握以下几点:

(1)被遗忘权仅适用于网络信息领域,即任何出现在纸质媒体上的与信息主体有关的个人信息,都不能通过该权利予以删除。同时,通过行使被遗忘权进行删除的信息必须为已在网络上发布、公开存在并为公众可见的信息。对于将要发布、但尚未发布的网络信息,或已经发布在网络上但仅为特定人可见的信息,则无适用该权利予以保护的可能。

(2)被遗忘权仅针对已发布在网络上的特定信息。网络上的信息浩若烟海,但这些信息并非都能通过适用被遗忘权而进行删除。如欧盟法院在判例中所明确的,仅

---

⑭ See Google Spain v AEPD and Mario Costeja González, http://en.wikipedia.org/wiki/Google_Spain_v_AEPD_and_Mario_Costeja_González, 2014年11月24日访问。

⑮ See General Data Protection Regulation Article 17.

⑯ 参见管燕飞、张百玲:《美国加州首推"橡皮擦法案",允许未成年人擦除网络痕迹》,载 http://www.cnii.com.cn/internation/2013-10/16/content_1236999.htm. 2014年11月24日访问。

⑰ 参见韩国《个人信息保护法》,2013年最后一次修正。

⑱ 陈昶屹:《"被遗忘权"背后的法律博弈》,载《北京日报》,2014年5月21日,第14版。

⑲ 彭支援:《被遗忘权初探》,载《中北大学学报》(社会科学版)2014年第1期。

那些已经被发布在网络上,并可通过搜索引擎检索到的不好的、不相关的、过分的信息可通过被遗忘权的行使而予以删除。而且即便是这些负面信息,也并非都有被遗忘权适用的空间,典型的如有关犯罪记录是否可以删除的问题。美国对有性侵前科的人建立了人人都可检索的数据库,性犯罪者无论迁往何处,都必须在当地社区登记报备自己的行踪、住址、体貌特征等。警方会将这些性犯罪者的相关个人信息上传至互联网上以供公众查阅。对于这些信息,按照美国法律规定是须伴随性犯罪者终生的,没有适用被遗忘权请求删除的机会。[20]

(3)被遗忘权的权利、义务主体是特定的。对于被遗忘权的权利、义务主体,应界定为信息主体与信息控制者,对此,将在下文继续进行详细论述。

综合以上几点,应当将被遗忘权的概念定义为:被遗忘权是指信息主体对已被发布在网络上的、有关自身的不恰当的、过时的、继续保留会导致其社会评价降低的信息,要求信息控制者予以删除的权利。

(二)怎样界定被遗忘权的性质与地位

将被遗忘权本土化,究竟应当怎样认识其性质和地位,也特别值得研究。目前在我国的有关论文中,还没有较为成熟的意见。这涉及被遗忘权究竟是什么样的民事权利,是一个权利还是权利的内容等问题,都必须认真解决。

1. 被遗忘权属于人格权的范畴

毫无疑问,被遗忘权是一个民事权利。但被遗忘权究竟是财产权还是人格权,必须界定准确。不可否认,被遗忘权的客体所涉及的个人信息中的确可能会具有财产的因素——个人信息资料中或多或少会包含一定的价值才会在网络环境下被加以贮存、利用。但是,被遗忘权的主要特征并非是其财产属性,而应当是其人格属性。理由如下:

(1)被遗忘权的客体所涉及的信息具有可识别性,能够体现权利主体的人格特征。被遗忘权的客体所涉及的信息中,大部分都能够直接指向权利主体本身。某些信息虽然不能直接指向权利主体,但其与其他相关信息结合后,也具有了可指向权利主体本身的可能,因此这类信息才具有被删除的必要性。

(2)尽管个人数据具有一定的财产属性[21],但若是将被遗忘权作为一项财产权来看待,需要被删除的客体信息并没有确切的价值参照,当权利受到侵害时,很难依靠财产价值准确计算实际的损害赔偿数额。每个人都是一个独一无二的个体,在社会中的地位、职业、收入都不相同,其要求被删除的信息价值也难以统一衡量,并不具有财产权的特性。

(3)传统的财产权一般区分为债权和物权,单从这点来看,被遗忘权无法被归入

---

[20] 参见商群:《美国"梅根法":性罪犯数据库,人人都可检索》,载 http://www.infzm.com/content/76756,2014年11月24日访问。

[21] 参见王利明:《隐私权的新发展》,载《人大法律评论》2009年第1期。

传统的财产权体系之中,因为其既非债权,亦非物权。即使用无形财产权对其进行统摄,也十分牵强,不利于对其进行保护。

因此,本土化的被遗忘权,其性质应当是人格性的权利,是人格权的范畴。

2. 被遗忘权是一项具体人格权还是既有权利的权利内容

作为人格权范畴的被遗忘权,究竟是一项独立的具体人格权,还是已有的具体人格权的权利内容,不无疑问。

一般认为,具体人格权是法律就人的具体人格利益分别进行保护而设置的权利,具体人格权概括的是生命权、健康权、身体权、名誉权等具体的、单独的人格权。[22] 就被遗忘权而言,在人格利益的保护上,就是对可以识别人格特征的部分个人信息予以删除的权利。这样的权利所保护的人格利益,不具有相对的独立性,不能成为一个具体的、具有类型化的人格利益,而只是某一种具有独立性的人格利益的组成部分。对于这样的人格利益,显然不能作为一个具体人格权来保护,即使将来制定"人格权法",也不能将被遗忘权作为一个具体人格权来确认。因此,本文的结论是,被遗忘权不属于一个独立的人格权,而只能依附某种具体人格权,依法予以保护。

3. 被遗忘权属于隐私权还是属于个人信息权

受美国法影响,我国目前对被遗忘权进行研究的学者多认为,该权利应当归入隐私权的范畴,但也有人主张该权利属于个人信息权的内容。对此,笔者认为,界定被遗忘权的性质,应当分为两个不同的方面进行研究:

(1)认定被遗忘权为个人信息权的内容。从理论上,应当将被遗忘权认定为个人信息权,进而寻求在个人信息保护法的立法中予以确认。

应当看到,被遗忘权确实与隐私权存在密切关联。一方面,被遗忘权所针对的不恰当的、过时的、会导致信息主体社会评价降低的信息,可能确有一定程度上的私密性,如由第三方发布在网络上的有关信息主体的各种性感照片、个人因求职或征友而发布在求职网站或婚恋网站上的个人信息等,确与隐私权的内容有部分重合,但仍不宜将被遗忘权划入隐私权的范畴。原因在于:

第一,权利客体不同。隐私权的客体是私密性信息,该私密性信息强调非公开性,即该信息如已被公开则不属于隐私的范畴或者对其保护就会受到一定的限制。[23] 而被遗忘权的客体为网络上目前已经存在的有关信息主体的不恰当的、过时的、会导致信息主体社会评价降低的信息。该信息有一显著特性,即其必须是已经被公开,并可为任何人所查看、查询的。因此,仅就权利客体这一点,就很难将被遗忘权归入隐私权的范畴。

第二,权利内容不同。有关隐私权的内容,目前我国学界比较流行的观点是其包括私人生活安宁与私人生活秘密,而将个人信息独立出来作为个人信息权的客体。

---

[22] 参见杨立新:《人格权法》,法律出版社2011年版,第70页。
[23] 参见王利明:《人格权法研究》,中国人民大学出版社2012年第2版,第619—620页。

相较于隐私权,被遗忘权主要体现了对相关信息是否进行删除的决定权。即,从内容上看,隐私权制度的重心在于防范个人的生活秘密不被披露,而被遗忘权则着重强调对已经被公开、披露的个人信息进行后续补救。

第三,权能不同。隐私权作为一项具体的人格权,具有主动性权能的一面,如决定是否利用自己的隐私谋取利益等,但更多则表现为一种被动的防御性权利,即通常只有在遭受侵害时,才能由权利人主张。而被遗忘权则是一项主动性的权利,其权利主体可自主决定是否行使该项权利对网络上已经被公开的有关个人信息进行删除。

因此,个人信息权与隐私权是两种不同的权利,个人信息权是指信息主体对自己的个人信息所享有的进行支配并排除他人非法利用的权利[24],它是一种积极性的人格权,强调对个人信息的支配、利用、决定和保护。该权利权能的一个重要方面,就是决定是否删除个人信息。同时,从比较法的经验看,在"谷歌诉冈萨雷斯被遗忘权案"明确提出被遗忘权这一概念之前,德国、韩国的类似案例都是以保护个人信息为由进行了判决。因此,被遗忘权应归入个人信息权的范畴,是个人信息权的权利内容。同时,考虑到被遗忘权的诞生与网络发展与自媒体的扩张不无关系,应当将被遗忘权界定为个人信息权在网络中的特殊表现形式。其理由,一方面,被遗忘权的权利内涵可以被个人信息权所涵盖。个人信息权作为一项具体人格权,法律禁止任何机构非法利用、控制他人个人信息。对个人信息权的保护突出表现在对个人控制其信息资料的充分尊重。而这种控制表现在对信息的搜集、使用、处理等各方面,对信息的删除也包含其中。被遗忘权的权利内涵是对已经存在的过往不利信息进行删除的权利,属于"信息自我决定权"的权利内容,理应涵盖于个人信息权的权利内容之中。另一方面,被遗忘权的客体不具有特殊性,可以被个人信息权所概括。个人信息权的客体非常丰富,包括了可以直接表明个人身份的信息,如个人的姓名、性别、民族、籍贯、肖像等,也包括虽然不能直接表明个人身份,但与其他信息相结合后可以确定主体身份的信息,这个范畴更加宽泛。而被遗忘权的客体为网络上目前已经存在的有关信息主体的不恰当的、过时的、会导致信息主体社会评价降低的信息,显然可以涵盖在个人信息权客体的范畴内,不必作为一项独立的具体人格权进行规定。

(2)认定被遗忘权为隐私权的内容。在现行的司法保护中,可以将被遗忘权作为隐私权的内容,依据现行法的规定,予以法律保护。其理由是:

第一,在界定隐私权的内容时,通常认为隐私权保护的范围是私人信息、私人活动和私人空间[25];或者私人信息、私生活安宁以及私人事务的自主决定和控制。[26] 2002年《民法(草案)》也将隐私权的范围界定为私人信息、私人活动和私人空间,以及生

---

[24] 参见王利明:《隐私权概念的再界定》,载《法学家》2012年第1期。
[25] 参见杨立新:《人格权法》,法律出版社2011年版,第598页;王利明等:《人格权法新论》,吉林人民出版社1994年版,第480—482页。
[26] 参见马特等:《人格权法教程》,中国人民大学出版社2007年版,第285页。

活安宁。[21] 因而,将与个人信息有关的被遗忘权作为隐私权的内容,顺理成章。

第二,隐私权是我国法律确认的具体人格权。在《侵权责任法》第2条第2款中,已经将隐私权确认为具体人格权,受侵权责任法的保护。

第三,在当前我国司法实践中,将被遗忘权本土化,认可其为隐私权的内容,不必采取立法措施,就可以将其纳入隐私权的保护范围,受到《侵权责任法》的直接保护,在法律适用上是最为便捷的。法院受理了这样的案件,就可以依据《侵权责任法》第2条第2款关于隐私权保护的规定,确认被遗忘权的权利属性,并且作出判决。

(三)现实的与将来的斟酌

依照上述比较实用主义的做法,在理论上,应当将被遗忘权作为个人信息权的内容,以为将来的人格权立法或者个人信息保护法的立法做好理论准备;在司法实务上,目前宜将被遗忘权作为隐私权的内容,依据现有法律,以保护隐私权的法律规定对其进行保护。这是一个两全其美的选择。

在将来的立法上,被遗忘权作为个人信息权的一项权利内容,我国法律有必要对其作出专门规定,主要原因在于确认和保护被遗忘权有利于维护人格尊严、促进人格平等。在人格权制度发展的早期,人们更注重保护物质性人格权,如生命权、身体权、健康权,但随着社会的发展,人权意识的逐渐增强,人格权制度的研究重心逐步发展到有更多社会属性的精神性人格权方面。被遗忘权作为个人信息权的具体内容性的权利,就是人格权新类型样态丰富的重要体现。同时,被遗忘权也充分彰显了人格尊严。在一个高速发展的信息社会,负面信息的存在、流转,会使权利人的人格尊严受到贬损,甚至会给权利人带来严重的纷扰。因此,在编撰民法典时,在人格权法中,全面确认个人信息权,并规定被遗忘权是其权利内容,是对权利人进行全面保护、提供有效救济的最有效途径。而目前在司法实务中认为被遗忘权是隐私权的内容,不过是保护被遗忘权的权宜之计。

四、被遗忘权的具体内容及法律适用规则

(一)被遗忘权的主体

1.权利主体

被遗忘权的权利主体是信息主体,是指产生个人信息且能通过直接或间接手段被识别身份的自然人。对于身份的界定可被识别的自然人,2012年欧盟《一般数据保护条例》(GDPR)与2014年修订后的该条例,均有规定。前者第4条(1)将其规定为"信息控制者、其他自然人或法人通过合理手段,特别是通过身份证号码、定位信息、网络标识符、一个或多个与其身体、生理、心理、遗传特征、经济、文化、社会身份有

---

[21] 《中华人民共和国民法(草案)》第四编"人格权法"第25条:"自然人享有隐私权。隐私权的范围包括私人信息、私人活动和私人空间。"第27条:"自然人的住宅不受侵扰。自然人的生活安宁受法律保护。"

关的特征等能够准确确定的自然人"[28];修订后的该条款在可以确定信息主体身份的要素中,新增加了"姓名"和"性别"两项,并将原"网络标识符"修订为"唯一标识符"[29],以便更准确地定位该信息主体。这种修订顺应了目前互联网技术发展的趋势,尤其"姓名"这一可识别身份要素的添加,更是反映了目前普遍存在的、通过在搜索引擎搜索栏中输入姓名以便检索相关个人信息的现象。同时,该信息主体仅限于自然人,不包括法人在内。这是因为被遗忘权的人格权属性且隶属于个人信息权的特性决定了该权利仅能为自然人所享有,法人的信息资料在受到侵害时,可通过知识产权法或反不正当竞争法予以保护[30],并无适用被遗忘权的空间。

  信息主体作为被遗忘权的权利主体,是仅指普通公民还是应包括公众人物在内,笔者认为,普通公民享有被遗忘权没有争议。对于公众人物是否与普通公民一样享有无差别的被遗忘权,则因涉及公众人物的权利保护问题而争议颇多。自范志毅案[31]起,公众人物的概念便已为我国司法实践所接受。国内有学者认为,赋予公众人物以被遗忘权,无异于打开了潘多拉的盒子,公众人物为维持其积极正面的形象,一旦发现网络上存在有关自己的负面新闻,便会马上以享有被遗忘权为由要求删除。如此一来,普通民众的知情权便会化为乌有。因此,出于维护社会公共利益、满足公众兴趣和保障公众知情权的考虑[32],不应赋予公众人物以被遗忘权。笔者认为,公众人物社会地位的超然性,决定了其更容易成为媒体与普通民众关注的焦点,其一举一动也往往会成为大众竞相追逐、模仿的对象,进而导致其个人信息更容易被暴露在公众视野中。但公众人物,尤其是娱乐明星,从事职业的特殊性也决定了其必须保持一定的曝光度、维持一定的话题性,才能够保证自身被普通民众所熟知、所关注。因而为搏头条、拼版面,主动曝光自己的个人信息,任由媒体跟踪、偷拍自己的行踪,甚至与媒体联合起来"炒"绯闻的做法,都屡见不鲜。这些行为在增加公众人物曝光率、提高其知名度的同时,也为其日后被种种"过去"困扰埋下了祸根。基于此,在某种意义上来说,公众人物比普通民众更需要被遗忘权。但同时,如赋予公众人物与普通民众毫无差别的被遗忘权,也是不公平的。因此,为平衡公众人物权利保护与公众知情权的关系,应赋予公众人物以被遗忘权,但应对其进行适当限制——这种限制应体现在相关信息的存储期限上,即那些与公众人物相关的不恰当的、过时的、会导致其社会评价降低的负面信息,是可以通过行使被遗忘权而被删除的,但应保证这些相关信息在网络上的存储期限,即只有在这些信息从最初出现在网络上到被删除前经过了一定时间后,才能够通过被遗忘权予以删除。

---

[28] See General Data Protection Regulation Article 4(1),2012.
[29] See General Data Protection Regulation Article 4(2),2014.
[30] 参见王利明:《论个人信息权的法律保护——以个人信息权与隐私权的界分为中心》,载《现代法学》2013年第4期。
[31] 2002年12月,上海市静安区人民法院在"范志毅诉上海文汇新闻联合报业集团名誉权纠纷案"中首次使用了"公众人物"的概念。参见上海市静安区人民法院(2002)静民一(民)初字第1776号民判决书。
[32] 参见王利明:《公众人物人格权的限制和保护》,载《中州学刊》2005年第2期。

2. 义务主体

被遗忘权的义务主体，是应信息主体要求负有信息删除义务的人。欧盟法院将包括谷歌在内的大型搜索引擎运营商认定为被遗忘权的义务主体，而美国的"橡皮擦法案"则基于保护未成年人权益的目的，将Facebook、Twitter之类的社交网站确定为负有信息删除义务的主体。

法律赋予信息主体以被遗忘权的最终目的，在于满足其寄希望于该权利的行使，隐藏自己不光彩的过去，从而不给自己目前的工作、生活造成困扰的愿望。而如果仅将搜索引擎运营商或社交网站确定为被遗忘权的义务主体，则范围过于狭窄，可能导致信息主体的这一愿望落空，而使被遗忘权无法充分发挥作用。因此，不妨笼统地将被遗忘权的义务主体概括为个人信息控制者，即单独或联合起来决定个人信息处理目的和方式的，是除信息主体之外的自然人、法人以及公共权力机构。

（二）被遗忘权的内容

被遗忘权的内容，是信息主体享有的权利及个人信息控制者所负有的义务。对于信息主体所享有的权利，可以概括为请求个人信息控制者对已经发布在网络上不恰当的、过时的、会导致其社会评价降低的信息进行删除的权利。

对于该项请求权的行使，应采用书面通知的形式，即当信息主体发现有损其声誉的负面信息需要删除时，应将需要删除的信息链接、删除的理由以及个人的联系方式等通知信息控制者，请求其在一定时间内进行删除。

相对应的，个人信息的控制者作为义务主体，在接到信息主体的书面通知后，负有对所涉及信息的删除义务。同时，为防止信息主体滥用被遗忘权，信息控制者对该请求要求予以删除的信息负有必要的审查义务，如建立相关信息的人工审查、评估机制，组织专门的专家对信息主体提交的请求进行评估，对满足被遗忘权删除要求的信息应尽快删除。

对于删除的时间要求，为防止该负面信息对信息主体声誉的持续损害，个人信息的控制者应在24小时内对相关信息进行删除。

（三）被遗忘权的适用范围

1. 可行使被遗忘权予以删除的信息范围

被遗忘权作为仅适用于网络信息领域的一项权利，其针对的也仅为已发布在网络上的、可为一般人可见的特定信息。该特定信息应概括为不恰当的、过时的、会导致信息主体社会评价降低的信息。

不恰当的信息，是指目前仍存在于网络上的，对于信息主体状态的描述是不正确的信息。这种不恰当，可以是在公布之时就不恰当，也可以是公布当时恰当、后来不恰当的信息。例如，在公布当时为准确，但在当前为不精确的信息，就是不恰当的信息。

过时的信息，是指目前仍存在于网络上的信息，对于所涉及的对象来说，虽然可能曾经是真实的,但随着时间流逝,该信息对所涉及对象状态的反映已非"现在时",已经成为"明日黄花"。换言之,过时的信息是那些网络上的文字或图片信息所反映的事件已处于非持续状态。如欧盟法院判例中,冈萨雷斯因不能按期偿还银行贷款而遭法院强制拍卖房屋的报道,在拍卖已结束几余年后该信息仍可见于网络,就是过时的信息。

会导致信息主体社会评价降低的信息,是指在网络上的持续存在会导致相关信息主体社会评价的持续降低的负面信息。对正面的、不会导致信息主体社会评价降低的信息,不作为被遗忘权的适用范围。

2. 不能适用被遗忘权的情形

网络上的信息浩若星海,并非任何信息都能通过被遗忘权进行删除。以下信息属于适用被遗忘权的例外情形:其一,出于保护言论自由的需要,该网络信息应被保留;其二,为了维护公共秩序和公共利益的需要,该信息不能被删除;其三,出于历史、统计和科学研究的目的,保留该网络信息是必须的。㉝

对于已经被上传至互联网上的有关行为人的犯罪记录,是否可通过行使被遗忘权予以删除,从被遗忘权被提出之后就争议不断。从比较法的经验看,美国先后制定了《梅根法案》《杰西卡法案》《萨拉法案》等性犯罪者资讯公开法,并依法建立了面向全社会公开的性犯罪者数据库。警方会将性犯罪者的照片、体貌特征、住址等个人信息正式建档,并上传至互联网以供公众查阅;韩国目前对性犯罪者也有类似的规定,对于这些性犯罪记录按照法律规定需伴随性犯罪者终生,绝无删除的机会。

我国最高人民法院《关于审理利用信息网络侵害人身权益民事纠纷案件适用法律若干问题的规定》第 12 条规定:网络用户或者网络服务提供者利用网络公开自然人犯罪记录,造成他人损害,被侵权人请求其承担侵权责任的,人民法院应予支持。但国家机关行使职权公开个人信息的,不适用本条规定。在我国目前的法律框架内,就犯罪记录能否适用被遗忘权予以删除,应当分情况探讨:当犯罪记录的公开者是网络用户或网络服务提供者等除国家机关之外的主体时,对该犯罪记录能够行使被遗忘权进行删除;当犯罪记录的公开者是国家机关时,该犯罪记录属于适用被遗忘权的例外。

(四)侵害被遗忘权的侵权责任

1. 被遗忘权请求权的行使

在司法实践中,确定侵害被遗忘权的侵权责任,首先须被遗忘权人主张行使被遗忘权请求权,追究被侵权人的侵权责任。

必须肯定,被遗忘权无论归属于隐私权还是个人信息权,其性质属于人格权,都是绝对权。但是,被遗忘权的权利属性属于包含有请求权的绝对权,是具有相对性的

㉝ 该内容将在下文"侵害信息主体被遗忘权的免责事由"部分详细论述。

绝对权。㉞ 这是因为，被遗忘权的基本权利内容是删除不利于自己的不当信息，由于权利人不是信息控制者，自己无法删除，因而只能请求信息控制者予以删除，只能以向信息控制者请求删除的方式行使权利，因而与一般的绝对权的支配权不同。

被遗忘权请求权是本权请求权。当该权利受到侵害的时候，权利人向法院行使的请求权，如果仅仅是请求信息控制者继续履行删除义务的，属于原权请求权即权利保护请求权；当被遗忘权人向法院主张信息控制者既承担删除义务，又承担损害赔偿等侵权责任的，行使的是侵权请求权。㉟ 对此，法官应当有明确的认识和判断。

确定适格的信息主体即被遗忘权人，应当适用"身份可被识别的自然人"的标准（这种标准的内容请见前文所述）。应当注意的是，身份的"可被识别"，包括一般的可被识别和特别的可被识别。前者是指通过一般的信息内容就可以识别信息主体。后者是指须通过相应的手段即数字分析方法，才能够识别信息主体。只有符合身份可被识别的自然人标准要求的人，才是能够行使被遗忘权请求信息控制者予以删除的适格主体。

法院在审理被遗忘权纠纷案件中，应当特别注意保护未成年的被遗忘权人的权利。这是因为，未成年人由于其心智不成熟，会放任自己在网络上的行为，留下的不当信息对其健康成长具有重大影响。未成年人向法院起诉行使被遗忘权，或者已经成年的被遗忘权人主张删除未成年时遗留的网络信息，法院应当参酌美国"橡皮擦法案"的做法，进行更为妥当的保护。

2. 侵害被遗忘权的归责原则

侵害信息主体被遗忘权，应当适用《侵权责任法》第6条第1款规定的过错责任原则。对于这一问题，国内有学者认为，信息控制者与信息主体双方间的巨大实力差距，导致如让信息主体举证证明信息控制者主观上存在过错，将会使权利救济沦为空谈，因此应适用过错推定责任，由信息控制者来证明自己没有过错。㊱ 笔者不同意这种意见。对于侵害信息主体被遗忘权的行为，目前应当界定为侵害隐私权的行为，应当适用过错责任原则，原因在于：首先，《侵权责任法》第6条第2款规定："根据法律规定推定行为人有过错，行为人不能证明自己没有过错的，应当承担侵权责任。"过错推定责任不能依据个人意愿而适用，必须依据法律明文规定。其次，被遗忘权无论是作为个人信息权的内容，还是作为隐私权的内容，侵害该权利的侵权行为的性质属于一般侵权行为，不属于特殊侵权行为，因而应当适用《侵权责任法》第36条第1款规定，而不能适用该条第2款。

3. 侵害被遗忘权的责任构成要件

依照《侵权责任法》第6条第1款的规定，侵害信息主体被遗忘权侵权责任的构

㉞ 参见杨立新：《民法总则》，法律出版社2013年版，第425页。

㉟ 关于本权请求权、原权请求权和侵权请求权的问题，请参见杨立新等：《论民事权利保护的请求权体系及其内部关系》，载《河南省政法干部管理学院学报》2005年第4期。

㊱ 参见彭支援：《被遗忘权初探》，载《中北大学学报》（社会科学版）2014年第1期。

成要件为:

(1)信息控制者的违法行为。首先,侵害被遗忘权的行为人是信息控制者。对此应当依照前文论述的信息控制者的资格要求进行判断。其次,侵害信息主体被遗忘权的违法行为表现为不作为方式,即负有信息删除义务的信息控制者在信息权利主体行使被遗忘权提出删除请求,且该信息确实满足应被删除的条件应当予以删除时,仍对相关负面信息进行保存,拒绝履行删除的义务。这种行为的特点是依法应当作为而不作为,构成不作为的行为方式。再次,行为的违法性在于违反了保护被遗忘权的作为义务,不履行绝对权义务人负有的应当作为的义务。这样的义务违反,与亲权关系中的抚养、赡养、扶养的强制性作为义务的违反方式相同。

(2)信息主体的损害后果。侵害信息主体被遗忘权的损害后果是应被删除的信息未被及时删除,以致该信息在网络上的继续存在对信息主体的声誉、社会评价造成了持续损害。确定侵害被遗忘权的损害事实应当特别注意的是,损害的后果其实原本就是存在的,即信息主体在行使被遗忘权之前甚至之时,该损害事实就已经客观存在,这样的损害不应算在侵害被遗忘权的损害范围之内。当权利主体行使被遗忘权,由于信息控制者不履行删除的作为义务,拒不删除或者怠于删除不当信息的时候,使得原本存在的损害事实进一步发生扩大,该扩大的损害,才是侵害被遗忘权所造成的损害后果。

(3)因果关系。作为侵害被遗忘权侵权责任构成要件的因果关系,应当属于助成的共同因果关系[37],即在未行使被遗忘权前,网络上已经存在的、有关信息主体的不恰当的、过时的信息就已经造成了损害结果的发生;在信息主体行使被遗忘权请求信息控制者对相关信息进行删除后,由于信息控制者的不作为导致了应被删除的信息未被及时删除,以致于造成了损害后果的"进一步"扩大,持续减低了信息主体的社会评价。违法行为与这种扩大的损害之间的引起与被引起的关系,才是这种侵权责任的因果关系要件。对于信息控制者的不作为而"助成"的扩大的损害,如果信息控制者履行了删除义务就能够完全避免,因而尽管这种因果关系的原因属于"助成",但对于损害的发生仍然具有百分之百的原因力,对造成的损害应当由信息控制者承担全部责任。至于对权利主体主张删除之前的"损害",由于无可归责,因此信息控制者并无责任。

(4)行为人的过错。侵害信息主体被遗忘权的主观要件主要是故意,即信息控制者明知应当按照信息主体的请求,履行删除相关网络信息的义务,而拒不履行删除义务。当然,也有可能存在因过失而未履行删除的义务,例如,因为疏忽大意而未将应当删除的信息予以删除。不论是故意还是过失,凡是由于过错,侵害信息主体被遗忘权,造成民事权益损害的,就构成侵权责任。

---

[37] 参见杨立新:《侵害公民个人电子信息的侵权行为及其责任》(本书第720页),载《法律科学》(西北政法大学学报)2013年第3期。

4.侵害信息主体被遗忘权的侵权责任承担

侵害信息主体被遗忘权的,应承担何种侵权责任,我国法律目前并没有相关规定。对此欧盟的做法是,如果信息控制者未按照信息主体的请求删除相关信息,监管机构可对信息控制者课以最高50万欧元的处罚;如果信息控制者是企业的话,将可能被处以全球年营业额1%的罚款。⑱

在我国的司法实践中,应当依照《侵权责任法》第15条的规定进行。

(1)可以判令信息控制者承担停止侵害责任。如果网络信息控制者不履行删除义务,侵害了信息主体的被遗忘权,应当判令停止侵害,即删除不当信息,实现信息主体的被遗忘权。

(2)可以要求信息控制者承担赔礼道歉和消除影响、恢复名誉的责任。对此,可以根据案件的实际情况予以适用。

(3)可以要求承担赔偿损失的责任。侵害被遗忘权,造成精神损害的,应当依照《侵权责任法》第22条的规定,承担精神损害赔偿责任,根据损害程度确定损害赔偿额。

5.侵害信息主体被遗忘权的免责事由

信息主体行使被遗忘权,请求信息控制者对相关网络信息进行删除,后者未履行删除义务,信息主体以其侵害自身被遗忘权为由,要求信息控制者承担侵权责任的,在满足以下情形时,可免除信息控制者的侵权责任:

(1)出于保护言论自由的需要。典型的如新闻媒体行使舆论监督权,对信息主体的违法、违纪等不当行为进行曝光和揭露的行为。对于这些信息,只要新闻媒体的报道是真实的且其对信息主体不当行为的批评没有超过必要限度,在信息主体行使被遗忘权要求信息控制者履行删除义务,后者拒不履行,前者主张其侵害自身被遗忘权时,信息控制者可以保护言论自由为由主张免责。

(2)为了维护公共利益的需要。公共利益是社会不特定多数人的利益,出于维护公共利益的需要而拒绝履行删除义务是抗辩侵害被遗忘权的正当事由。当有公共利益需要而不能予以删除的时候,信息控制者得以该理由予以抗辩。

(3)出于历史、统计和科学研究的目的。对于一些有着特殊历史价值或科研价值的信息,如在网络上流传的具有历史价值的照片或纪实纪录片,统计机构采集、加工、整理后公布的相关信息等,因密切关系到人类社会的发展进步,不仅属于适用被遗忘权的例外情形,还可以作为侵害被遗忘权的抗辩事由,由信息控制者主张免责。

(4)有关信息主体的犯罪记录。如前文所述,信息主体的犯罪记录属于被遗忘权的例外,信息控制者依此进行抗辩的,应当免责。

6.判决如何援引法律

鉴于我国目前没有被遗忘权的法律规定,因而在对侵害被遗忘权侵权责任进行

---

⑱ 参见伍艳:《论网络信息时代的"被遗忘权"——以欧盟个人数据保护改革为视角》,载《图书馆理论与实践》2013年第11期。

判决援引法律时，无法援引具体的法律规定，对此，笔者建议应当援引《侵权责任法》第 2 条第 2 款和第 6 条第 1 款的规定。前者是关于保护隐私权的规定，后者是一般侵权行为请求权的法律基础。援引上述法律规定，就可以满足保护被遗忘权的法律依据的要求。至于将来的立法规定了信息权，则应当援引新的法律规定。

"艳照门"事件的人格权法和侵权法思考*

纷纷扬扬的"艳照门"事件,受到方方面面的关注,涉及诸多的法律问题。从人格权法和侵权行为法的角度进行观察,确有很多问题值得研究和思考。笔者将从人格权法和侵权法的角度,对"艳照门"事件说明自己的意见。

一、研究"艳照门"事件的人格权法和侵权法问题意义重大

陈冠希与众多女友的隐私照片被发到网络上,毫无疑问,始作俑者齐拿的行为是构成侵权行为的。一个人的行为构成侵权,受到其侵害的对方就享有侵权的损害赔偿请求权,有权利向侵权人要求承担侵权责任,以补偿自己的损失,救济权利的损害。

同时,我们还可以看到,这个侵权行为有以下三个显著特点:第一,受到侵害的受害人众多,不仅仅是陈冠希,还有其他的受害人。第二,由于这些隐私照片涉及两性的私生活问题,特别是涉及明星的非正常私生活,因而其侵权的性质和程度更为严重。第三,由于是在网络上传播,速度快,接受面广,涉及范围大,影响极为广大。这样大规模的侵权行为,应当认为是史无前例的,在各国的传播史上,以及在侵权行为法的发展史上,几乎都没有见过。

因此,从人格权法和侵权法的角度研究这个事件,不论是对中国、中国香港特别行政区以及世界各国,都具有重要意义。一方面,本案侵权行为侵害的是受害人的哪些人格权,这些人格权受到侵害的特点是什么?这些人格权应当如何进行保护?另一方面,本案的侵权行为具有哪些特点,其在侵权法上具有哪些重要意义?这些问题都是值得深入探讨的。尽管目前本案的受害人没有或者没有全部向法院提起诉讼,但从人格权法和侵权法上进行学理研究,无论是对可能形成的诉讼,还是将来如何预防和界定这类侵权行为,都是非常有价值的。当然,这个事件的调查工作还在进展当中,事件的真实情况还没有完全暴露出来,更重要的,是侵权行为人的身份还没有确定,还无法对其追究侵权责任。将来的调查结果即使确定了齐拿的刑事责任,其侵权责任也无法逃避,受害人可以刑事附带民事的形式追究其侵权责任。

---

* 本文发表在《政治与法律》2008年第4期。

应当看到的是,"艳照门"的侵权问题并不是只有齐拿的行为,还有其他构成侵权的可能。以下笔者还要进行说明。

二、"艳照门"侵权行为的侵害客体是哪些人格权

"艳照门"事件作为侵权行为,其侵害的客体是什么,应当怎样界定?是一个很值得研究的问题。笔者认为以下几个人格权及相关问题应当提出来进行讨论。

(一)隐私权

在"艳照门"事件中,受到侵害的最重要的人格权肯定是隐私权。不论陈冠希和"艳照门"其他当事人的私生活中是怎样进行的,由于没有涉及公共利益的问题,因此,还都在隐私权保护的范围之内,仍然是隐私的范畴。隐私,就是个人的与公共利益无关的私人信息、私人活动和私人空间①,就是隐秘而不准公开的意思。② 隐私权保护私人的这些隐私不受他人的干扰和侵害。在毕竟还是一个私人领域、没有涉及公共利益领域的私生活问题的情况下,未经本人同意,将其公布于众,是对民事主体隐私权的侵害,构成侵权责任。对此,"艳照门"的当事人都有权向齐拿主张侵权请求权,追究其侵权责任。

但是也应当看到,笔者在认为齐拿的行为构成侵权责任的同时,也不能就认为"艳照门"的当事人就绝对的理直气壮,甚至很多人力挺"艳照门"当事人,认为他们没错,可以理直气壮地进行。笔者认为,隐私权应当依法保护是一回事,但个人的私生活是否超过了公众认可的道德底线,则是另一回事。超出了社会道德底线的私生活,法律不予干预,但舆论可以谴责。说到底,"艳照门"当事人的私生活不是大众所能够接受的生活方式,因此,对"艳照门"当事人的私生活持有赞许的态度,是不正确的,理由是,如果一个民族在私生活上过于放荡的话,可能对这个民族的形象、气质、精神和发展都会带来不可低估的严重损害。

(二)肖像权和形象权

"艳照门"事件的侵权行为还侵害了当事人的肖像权。肖像权是自然人的重要人格权,包括制作专有权、使用专有权和部分转让权。③ 未经本人同意,擅自使用他人肖像,构成侵害肖像权。在"艳照门"事件中,齐拿非法使用"艳照门"当事人的肖像,符合侵害肖像权的构成要求,构成侵害肖像权,是没有疑问的。

可是还有值得研究的问题。在公布的"艳照门"当事人的照片中,有些是没有当事人的面部形象的,不是以权利人的面部形象作为主体的照片,就不是肖像。非法使用这些不是肖像的照片,由于不构成侵害肖像权的行为,是不是就不能主张侵权责任

---

① 参见王利明:《人格权法新论》,吉林人民出版社1994年版,第482页。
② 参见吕光:《大众传播与法律》,台北商务印书馆1981年版,第63页。
③ 参见杨立新:《人身权法论》,人民法院出版社2006年版,第507—509页。

呢？笔者认为，非法使用甚至是大量非法使用这类照片，如果不给权利人一个权利保护，对这样的侵权行为予以制裁，会造成对社会秩序的破坏以及对权利人保护不周的结果。因此，笔者曾经提出主张，应当确立形象权是一个独立的人格权④，对非法使用没有面部形象的身体其他部位的形象，应当确认侵害形象权，以将权利人的人格权保护得更为完善一些。在齐拿非法使用的当事人的很多照片中，涉及当事人身体其他部位的形象很多，其中包括阴私部位的形象，这对当事人的损害亦非常严重。因此，应当确认非法使用他人形象的行为为侵权行为，依法予以民法制裁。

（三）名誉权

有人认为，齐拿的行为还侵害了当事人的名誉权，可以追究其侵害名誉权的侵权责任。对此，笔者有不同看法。第一，齐拿公布的当事人的照片，是真实的，并不是虚构的，因此，并不涉及使当事人的客观评价因此而降低的问题，即使是降低，也不是由于虚假事实而构成的。第二，如果说齐拿由于公开宣扬当事人的隐私而按照侵害名誉权处理，则这样的规定早已在 2001 年 1 月 10 日最高人民法院发布的《关于确定民事侵权精神损害赔偿责任若干问题的解释》中得以修正，隐私保护已经采取直接保护的方式进行⑤，并且还有《妇女权益保障法》对隐私权的明确规定⑥，不必采用间接保护的方式保护隐私权。第三，即使是齐拿的行为在客观上造成了当事人的名誉损害，也是一个违法行为引起了不同的损害后果，可以吸收在侵害隐私权的损害后果之中，不必另行确认侵害名誉权责任。

（四）人格利益准共有问题

人格利益准共有是笔者提出的一个关于人格权保护的问题。例如，当一个隐私事件涉及几个权利人的时候，各个权利人对此都享有隐私权，都可以对其进行支配，而当其中一个权利人对其擅自公布，造成了相关隐私的其他权利人的隐私权损害时，同样构成侵权责任。其他的诸如共同荣誉、集体照相、家庭名誉、合伙信用等。⑦"艳照门"事件进一步印证了笔者的这个观点。陈冠希不管与谁的"艳照"，都是一对一进行的，那就是说，特定的这个隐私，是陈冠希与相对人之间的相关隐私，两个人对此都享有隐私权，都有权支配这个隐私，但都负有义务保护相对人的隐私权。如果一方由于自己的故意或者过失将该隐私泄露出去，造成对方当事人的隐私权损害，应当构成侵权责任。

（五）公众人物的保护问题

"艳照门"事件还涉及一个重要问题，就是公众人物的权利保护问题。在我国，自从范志毅案件以后，公众人物的概念已为司法所接受，即对公众人物的隐私权等权利

---

④ 参见杨立新：《人身权法论》，人民法院出版社 2006 年版，第 253 页。
⑤ 参见最高人民法院《关于确定民事侵权精神损害赔偿责任若干问题的解释》第 1 条第 2 款的规定。
⑥ 该法第 42 条规定："妇女的名誉权、荣誉权、隐私权、肖像权等人格权受法律保护。"
⑦ 参见杨立新：《人身权法论》，人民法院出版社 2006 年版，第 251—257 页。

要给予适当限制。但是,限制公众人物的人格权必须有一个底线,如果是在一个适当范围内报道公众人物的隐私或者进行批评,不构成侵权,但是超出了适当范围,就应当认为构成侵权。例如,报道克林顿与莱温斯基的隐私,是正当行为,而报道克林顿与希拉里的私生活,就可以认为是侵权。"艳照门"事件的当事人都是公众人物,在适当范围内报道他们的隐私,并不认为是侵害隐私权,而认为是满足公众知情权。但齐拿的行为则完全超出了必要的范围,超过了限制的底线,侵害了公众人物的隐私权。

三、应当如何确定"艳照门"事件的侵权责任主体

把"艳照门"事件作为侵权案件讨论,其侵权责任主体非常复杂。

(一)齐拿

齐拿作为"艳照门"事件的始作俑者,其为侵权责任的主体是毫无疑问的,如果查清他的身份,有人起诉,他应当承担侵权责任。

(二)网络媒体

在"艳照门"事件中,网络媒体受到很多指责,很多人认为网络媒体也构成侵权。对此,笔者认为不能一概而论,而应当区别对待。网络媒体公布"艳照",并不是网络媒体自己采编的内容,而是齐拿发帖公布的。因此,在"艳照门"事件中,网络媒体的行为并不一样。网络媒体公布消息等有四种形式:一是自发;二是首发;三是转发;四是报道。四种不同的形式,确定侵权责任的方法并不相同。不加区别而一律谴责网络媒体,甚至要封杀、惩罚网络媒体,是不公平的。网络媒体对自发消息,应当承担审查义务,发布的内容有侵权内容的,其发布行为本身就构成侵权行为。网络媒体首发他人提供的内容,应当跟踪审查,发现有侵权内容便及时删帖的,不应当认为是侵权。网络媒体转发的,其责任更轻,没有重大过失,不应当认为是侵权。至于网络媒体进行一般报道,没有涉及暴露隐私等内容的,不应当认为是侵权。如果网络媒体为了追求点击率、扩大网站的影响而恶意传播,尽管是首发或者转发甚至是报道,也都构成侵权。反之,首发或者转发后及时进行处理,以及进行新闻报道,不能认为网络媒体是缺乏社会责任感的行为。网络媒体对言论自由和新闻传播起到了极大作用,我们的社会不能太封闭,更不应该倒退。对网络媒体过于苛求甚至进行封杀,损害的只能是来之不易的网络言论自由。

(三)陈冠希

陈冠希是否构成侵权责任主体呢?如果从相关隐私保护的角度观察,陈冠希的行为构成侵害其他当事人的隐私权,他应当是侵权责任主体。

(四)其他网民

现在有将矛头指向网民的现象,认为网民点击"艳照"就构成侵权,甚至构成行政

违法行为或者犯罪行为。对此,应当慎重。这是一个庞大的群体,法律和社会都不能以公众为矛盾的对立面。除了对那些恶意传播淫秽"艳照"的人可以追究法律责任之外,一般不应当追究广大网民的法律责任。

四、"艳照门"事件的侵权行为类型和方式

"艳照门"事件涉及的侵权行为类型和方式问题比较复杂,下面是主要内容。

(1)恶意暴露隐私。恶意暴露他人隐私,是严重的侵权行为。齐拿作为"艳照门"事件的始作俑者,其侵权行为方式就是恶意暴露他人隐私。网络媒体恶意进行转发、传播,也是恶意暴露隐私的侵权行为。

(2)擅自使用他人肖像。擅自使用他人肖像,是侵害肖像权的侵权行为。肖像权的制作专有权、使用专有权是肖像权人的基本权利。没有经过本人同意,擅自使用他人肖像,没有阻却违法的法定事由的,就构成侵权。由此判断,齐拿的行为和网站的恶意传播、使用"艳照"的行为,都是擅自使用他人肖像的侵权行为,构成侵害肖像权。

(3)泄露相关隐私。陈冠希由于疏忽,将其与他人的私生活照片泄露给他人,过失暴露了相关隐私权利人的隐私权,属于侵权行为,如果相关隐私权利人追究陈冠希的侵权责任,应当认定为侵权行为。

(4)未尽审查、更正义务。网络媒体在自发、首发、转发和转载中,未尽事前审查或者事后的跟踪审查义务,未尽事后的删帖、更正和道歉义务,都构成侵权责任。[⑧]

(5)传播。故意对具有淫秽内容的"艳照"进行传播,不仅违反行政法和刑法,同时也具有侵权的性质,可以采取公益诉讼的规则,追究故意传播淫秽"艳照"者的民事责任。

(6)间接妨害父母子女关系。在讨论"艳照门"事件的责任中,有一个值得思考的问题,就是青少年受到"艳照"的侵害,如何去主张保护权利?在美国的侵权行为法中,有一种侵权行为叫做间接妨害父母子女关系,即侵权人向未成年子女提供毒品,或者引诱未成年子女参加危险性工作,是对父母子女关系的侵害,构成侵权责任。[⑨]借鉴这个侵权责任规则,对恶意公布、传播淫秽"艳照",造成未成年子女损害的,其父母可以依照这种间接侵权行为规则,追究侵权人的侵权责任。

---

⑧ 可以参照最高人民法院《关于审理名誉权案件若干问题的解答》第 8 条和第 9 条的内容。
⑨ 美国法学会:《美国法律整编·侵权行为法》,刘兴善译,台北司法周刊杂志社 1986 年版,第 597—598 页。

"速度与激情"事件引发的民法思考*

四川绵阳"摸奶哥"事件,也被叫做"速度与激情"事件,此事件已经过去一段时间了,网上的热议也已经趋于平淡。但是,由于这个事件多方位反映出的民法问题,因此不可小觑,应当从民法的角度深度研究这个问题,将涉及的民法问题说清楚,警诫政府部门,加强立法,以保护人民群众的隐私权。

一、事件经过及各界提出的基本观点

2011年8月22日,一张"左手驾车、右手袭胸"的监控照片在网络上热传,有关隐私、道德等相关话题也在网络上引发了激烈讨论。"速度与激情""超速与调情""香艳与惊魂"的暧昧图片的确让人"大开眼界",但也叫人不能不捏着一把汗,交通安全岂能如此儿戏,一不留神就可能对自己和他人造成致命的伤害!因而,交警根据监控录像抓拍的证据依法给予严厉处罚,是理所当然的事。[①]"摸奶门"照片使QQ群上"群情激昂",让人感受到了几年前陈冠希"艳照门"事件时的"集体狂欢"状态。厚道点的,还给人物和车牌加上马赛克;不厚道的,直接就上大图"裸奔"。网友"人肉"出车中的主人公身份,男的是某著名家电品牌驻南充分公司经理,而女的则是一位大学生。[②]某新闻网报道,经警方查证,照片上的车的确为民用私人车牌,2009年上的牌照,民警还称,监控拍照分为临时抓拍和固定路段监控拍摄两种,监控系统的维护是由公司负责,警方只能调用监控数据。"因此也不能确定一定是警方泄露的。"某县交警大队违法处理办公室工作人员在接受"成都全搜索"采访时则称,自己不清楚照片是谁流传出来的,除了某县的交通管理部门,某省其他交管部门也能从违法记录系统中提取这张照片。该工作人员说:"我们这里只有内网,即便是公安部门要提取违法的资料,也要通过上级部门审批。"[③]

事件发生之后,除了"集体狂欢"之外,也有冷静的思考,很多人提出了发人深省的法律问题。这些问题是:

(1)交通安全岂能如此儿戏,驾驶员一不留神就可能对自己和他人造成致命伤

---

* 本文发表在《河北法学》2012年第2期。
① 参见范子军:《"抓奶哥"开车时摸副驾女胸部被监控拍下》,载千龙风尚网,2011年9月28日访问。
② 参见曾颖:《绵阳"摸奶哥",是谁把监控照片发上网的?》,载天涯社区网,2011年9月28日访问。
③ 《"摸奶哥"引发隐私争议 网友比较各国监控》,载搜狐新闻,2011年9月28日访问。

害,因此,"艳照"外泄并不违法,因为取得照片的行为是合法的。④

(2)从公开监控"艳照"到人肉搜索当事人的详细信息,再到媒体追踪采访刨根问底,如此狂热围观"摸奶哥",不啻法治暴力、道德暴力和舆论暴力的集中凸显。⑤因此,隐私权必须得到保护。

(3)无处不在的电子眼天眼或其他监控设备,已与我们的生活越来越近。这些眼睛在盯住坏人坏事和违章违规行为的同时,也盯住了我们所有人的隐私。事件最应该查清楚的是图片怎么流出来的,为什么会流出来?流出来之后,产生的后果应该由谁负责?交警部门或警方是否应该为此事负责并检查漏洞?⑥

(4)公开"摸奶门"照片,使"摸奶哥"和"波波女"颜面尽失。就算双方属于非正常关系,这么隐秘的事情让全国人民看到,以后他们怎么做人?势必一辈子有沉重的思想包袱。如果"摸奶哥"和"波波女"想不通而报复世人,我们的颜面又何以完好保全?⑦

(5)网友质疑,即使交警部门是将此照片作为"超速"的证据,未经处理上传至网络,也必须承担"应当预见"的责任,"交警在公布这张超速照片的同时,就应该预见到这张照片会侵犯当事人隐私,影响到当事人的声誉"。⑧

这些意见多数是正确的,有的则值得斟酌。依我所见,该事件引发的以下民法问题应当深度思考和研究。

二、公民的隐私权、肖像权等人格权应当得到法律保护

(一)激情的双方即使属于非正常关系,也确属私人活动

在速度与激情事件中,"摸奶"属于激情,超速则涉及公共安全问题。激情既然涉及公共安全问题,属于公共利益范畴,似乎因此而对个人隐私等予以必要限制,纠正违章就难免损害违章人的隐私、肖像了。对此不禁要问,难道凡是涉及公共利益的事件就一定要牺牲民事主体的隐私等人格利益和人格权吗?答案当然是否定的。

速度与激情中的"激情",当属于自然人的隐私活动。举凡成年男人、女人,大概都有进行过这类激情行为,只不过一般都会在隐秘之处进行,当属于隐私活动。汽车属于私人空间,也属于隐私保护范围,只不过它涉及交通管理、公共安全等问题,因而有所限缩,但仍然属于隐私领域。例如,选择偏僻处进行"车震"者,属于隐私活动,未涉及公共利益,则他人不得干预或者不便干预。

---

④ 参见范子军:《"抓奶哥"开车时摸副驾女胸部被监控拍下》,载千龙风尚网,2011年9月28日访问。
⑤ 参见范子军:《"抓奶哥"开车时摸副驾女胸部被监控拍下》,载千龙风尚网,2011年9月28日访问。
⑥ 参见曾颖:《绵阳"摸奶哥",是谁把监控照片发上网的?》,载天涯社区网,2011年9月28日访问。
⑦ 参见李云勇:《高速公路摸奶哥事件的三重伤害》,载华声论坛网,2011年9月29访问。
⑧ 蒋哲、李碧娇、金麟、赵琦玉:《四川绵阳警方调查"摸胸照"图片来源》,载《南方日报》,2011年8月23日。

隐私权保护的范围,包括私人信息、私人活动和私人空间。"激情"行为属于私人活动,汽车内部属于私人空间,都属于隐私权保护范围。当事人在自己的汽车内实施激情行为,本来属于在私人空间进行私人活动,属于隐私,但由于涉及超速问题而被交通监控设备所拍摄,并因公权力机构的过失而将其公之于众,公权力机关构成侵害隐私权和肖像权的侵权行为,应当对受害人承担侵权责任。

网议提出两个问题:

(1)如果激情行为的双方当事人并非夫妻亦非恋爱对象,而是不正当关系,暴露此情是否属于监督范围?夫妻之间以及恋爱对象之间进行类似激情行为,即使场合不妥,也属合法,无人会予以干预。如果是婚外激情行为,也应当属于私人活动之列,除了相关人有权追究之外,其他人也不得非法干预;将其获得的这种照片或者视频公之于众,当然也构成侵权。

(2)如果"激情"者是官员,则官员属于公众人物,将该照片公之于众,是否属于监督范围?如果是一般人发现"激情事件"而在网上公布予以监督,可以对抗侵权责任的主张,但这种照片肯定来源于交警官方,公权力机构采取这样的方法进行监督,显然不妥。

(二)事件不仅关乎男主角的隐私,更涉及女主角的隐私

速度与激情事件不仅关乎男主角("摸奶哥"),还关乎另外的一个主体,就是被"激情"的女主角(即"波波女")。被激情者具有人格,是民事权利主体,享有隐私权和肖像权,应当受到法律的保护。超速行为的行为人是男主角,认为他的行为关乎公共利益和公共安全有一定道理,但被激情的女主角却不是超速的行为人,没有理由将其隐私和肖像公之于众。

这里涉及一个重要的人格权法的问题,就是相关隐私。当两个以上的人共有一个隐私利益的时候,就构成相关隐私。相关隐私的数个主体都对该隐私利益享有支配权,但都必须保护相关隐私的其他主体的隐私权。这里讲的是相关隐私的主体就相关隐私行使隐私权时的法律规则。本案涉及的不是这个规则,而是涉及隐私权的义务主体,也就是相关隐私之外的其他民事主体。作为隐私权的义务主体,对于相关隐私的各个权利主体而言,都是他们所享有的隐私权的义务主体,都不得侵害相关隐私的权利主体的隐私权。当处置的问题涉及其中一个权利主体隐私利益,需要公开披露并且具有合法理由时,也不得因此而侵害该相关隐私的其他民事主体的隐私权。如果具有合法理由需要公布其中一人的隐私或者肖像等,公布中没有保护好其他相关隐私主体的隐私等人格利益的,构成侵害相关隐私其他权利主体的隐私权或者肖像权等人格权,也构成侵权责任。概括起来,这个规则是:能够对抗相关隐私中的一个权利主体的抗辩事由,却不能对抗相关隐私其他权利主体的权利请求。例如,如果激情者的男主角构成严重违法犯罪,应当公布其违法犯罪的具体事实,因而公布速度与激情的照片,但必须处理好对相关隐私的权利主体即女主角的权利保护,处理不当,当然构成侵权行为。

这样的规则类似《物权法》的共有规则。对此,笔者写过两篇文章,即《民法如何保护相关隐私》⑨和《论人格利益准共有》⑩可以参考,本文不再赘述。

(三)现行法仅在《妇女权益保障法》和《侵权责任法》中对隐私权作一般规定远远不够

速度与激情事件涉及数个人格权的保护问题。仅以隐私权为例:隐私权是自然人人格权中最为重要的权利,涉及每一个自然人的体面和信心。将一个人的隐私公之于众,或者令其没有隐私可言,对这个人而言就会遭受人格贬损、人格尊严丧失殆尽,而几乎难以生存。保护人的尊严,必须保护隐私权等人格权。

但是,中国社会的传统习俗中不存在尊重隐私、保护隐私权的习惯。当然,隐私权概念也是最近一百多年出现的权利。在西法东渐的20世纪初,《大清民律草案》和《民国民律草案》在侵权责任一般条款中,都规定了因故意或者过失侵害他人之权利而不法者应当承担侵权责任,并没有规定具体的隐私权。⑪ 1930年的《中华民国民法》第184条也采此办法规定侵权责任一般条款。⑫ 作为殖民地法律的"伪满洲国"《民法典》第732条,规定了侵权责任的一般条款,只说"因故意或过失违法加损害予他人之人,任赔偿及损害之责"。⑬ 我国台湾地区"民法"直至2009年修订才规定了第195条:"不法侵害他人之身体、健康、名誉、自由、信用、隐私、贞操,或不法侵害其他人格法益而情节重大者,被害人虽非财产上之损害,亦得请求赔偿相当之金额。其名誉被侵害者,并得请求恢复名誉之适当处分。"明文规定了隐私权的保护。

新中国成立后没有制定民法典。1986年制定的《民法通则》在最后通过时将草案中的隐私权内容予以删除。1988年以来,最高人民法院通过司法解释对隐私利益进行保护。直至2005年修订《妇女权益保障法》,规定了中国妇女享有隐私权。2009年12月26日,《侵权责任法》第2条明文规定该法保护隐私权。在目前我国的法律中,对于隐私权的保护只有这两条规定。

隐私权是自然人最重要的人格权,内容十分复杂,私人信息、私人活动和私人空间的范围极为广大,具有依法保护的极端重要性。现行立法只有这两条简单规定,显然对保护隐私权是非常不够的。

至于其他人格权的保护,法律规定尚好,但都有需要完善之处,不再赘述。

(四)亟待制定"中华人民共和国人格权法"

正因为如此,我国亟待制定"中华人民共和国人格权法"。2002年12月23日,全国人大常委会审议的《中华人民共和国民法(草案)》的第四编规定了"人格权法

---

⑨ 参见杨立新:《民法如何保护相关隐私》,载《检察日报》2004年4月1日。
⑩ 参见杨立新:《论人格利益准共有》(本书第256页),载《法学杂志》2004年第6期。
⑪ 参见杨立新点校:《大清民律草案·民国民律草案》,前者为第945条,后者为第246条,吉林人民出版社2002年版,第123、234页。
⑫ 参见杨立新主编:《中国百年民法典汇编》,中国法制出版社2011年版,第407页。
⑬ 参见杨立新主编:《中国百年民法典汇编》,中国法制出版社2011年版,第601—602页。

编",其中第七章规定了隐私权,共有5个条文,分别规定了自然人享有隐私权;隐私权的范围包括私人信息、私人活动和私人空间;禁止以窥视、窃听、刺探、披露等方式侵害他人的隐私;自然人的住宅不受侵扰,自然人的生活安宁受法律保护;自然人、法人的通讯秘密受法律保护,禁止以开拆他人信件等方式侵害自然人或法人的通讯秘密;收集、储存、公布涉及自然人的隐私资料,应当征得本人同意,但法律另有规定的除外。这些规定在隐私权的基本内容和基本保护方面,还比较粗陋,但隐私权的基本问题算是规定了。因此,这是一个值得赞同的做法,但还应当继续增加内容。有关其他的人格权的内容也同样如此。无须犹疑,《人格权法》也就是民法典的人格权编的创设,不仅是时代的要求,也是我国现实发展的需要,是社会进步的重要体现,它应成为我国未来民法典中最具特色的一部分。[14]

但是,即使是这样的规定,仍然有学者反对。有些学者认为,民法典不应当规定人格权法,而应当将人格权的内容规定在民法总则中。笔者不同意这种意见。

应当看到的是,《民法通则》关于人格权的立法,为我国人格权立法的发展开创了一个良好开端,在立法体例上创造了人格权法相对独立的"中国模式"。制定民法典,应当继续坚持《民法通则》的这种立法体例,对这个最具中国特色、具有世界领先意义的人格权立法的"中国模式"予以充分肯定,并继续坚持,发扬光大。只有这样,才有机会和空间对隐私权等人格权作出详细规定,才能更好地保护隐私权等人格权,避免速度与激情事件的重演。

三、公权力机关应当如何对公共场所进行合法监控

公权力机构为了社会公众的利益,有权对社会进行管理,其中就包括对公共场所以及相关场所进行电子监控。几年前,笔者在英国伦敦访问,看到公共场所都有关于"CCTV"的警示,警示的是中央电子监视中心对公共场所进行监控。我国公共交通中的电子监控系统,就是为了监督交通违章,提高道路通行安全而设立的,是必要的,也是必须的。

但是,对必要的和必须的公共场所进行电子监控,就一定要牺牲公众的隐私权、肖像权吗?当今社会,我们的隐私越来越少,相关机构有任意泄露公众隐私的权力吗?文明社会进步的标志之一就是:除公职人员必须接受充分的监督外,公民个人隐私应该越来越多,越来越受到尊重和保护。到处有电子眼,到处有泄密者,一方面起到监督警示的作用,另一方面,我们是不是有人人自危的不安全感?[15]这种担心是完全有理由的。

公权力机构在行使这项管理权力的时候,必须依法行使,必须保护好被监督的公

---

[14] 参见马俊驹:《关于人格权基础理论问题的探讨》,载《法学杂志》2007年第5期。
[15] 参见李云勇:《高速公路摸奶哥事件的三重伤害》,载华声论坛,2011年9月27日访问。

众的隐私权等人格权。有的网友指出,在法国,摄像探头是不允许正面对着驾驶室拍摄的,只能从后面拍摄,以保护车上人员的隐私。在澳大利亚,就有过闯红灯的违章通知寄到家,结果老婆发现旁边坐的不是自己,结果这对夫妻离婚了,以后也改成只用背面的照片了。⑯ 最近笔者在我国台湾地区访问,与同事谈起此事,他们说也有过这样的侵害隐私权和肖像权的类似行为,也发生过相同的后果,后来都纠正了。这些做法是对公权力机构提出的最基本要求。

对此,应当采取以下三种措施:

1. 公权力机构有权基于公共利益目的而对公共场所进行监控

在当代社会,对公共场所可以进行监控,理由是公共利益目的,是为了更多的人的安全,因而牺牲公众的私人活动不受监视的权利。公权力机构可以基于这个目的,在公共场所设置监控设施,对公共场所中的人的活动进行监督、摄像,记录在案。曾经讨论过,这样的监控是否侵害了公民的隐私权和肖像权等人格权?结论是否定的,因为有公共利益目的作为抗辩。社会在实施这些监控措施之后,依此破获了很多刑事案件,说明监控措施是正当的,对保护公共利益是有益的。在交通管理领域设置这样的监控措施,同样具有这样的目的。对于交通违章行为,通过监控设施记录在案,进行处罚,对于保障交通安全也是完全必要的。

2. 公权力机构依法获取自然人的隐私、肖像等信息必须严格保护,全面保护被监控者的隐私权、肖像权等人格权

正如网友所说,"无处不在的电子眼,天眼和监控设备","在盯住坏人坏事和违章违规行为的同时,也盯住了我们所有人的隐私"。⑰ 在依据公共利益目的对公共场所进行监控的同时,公权力机构必须对在监控过程中获取的自然人的肖像和隐私等信息妥当保存、严格保护,绝不能为了监控公共场所而牺牲公民的人格权。

(1)公权力机构在监控公共场所时,应当尽量避免涉及公民的隐私和肖像等人格信息。例如,对机动车违章情形的监控,应当从机动车后部进行拍摄,避免拍摄驾驶人及乘车人的正面形象。这是因为,机动车内部属于禁止他人擅自侵入的私人空间,是隐私权保护的范围,也是肖像权保护的范围。

(2)即使拍摄到公民的隐私和肖像等信息,公权力机构也必须全面保护,绝对不可以将其公之于众,或者进行公共利益目的之外的其他使用。因为这些活动都是私人活动,都是隐私权和肖像权保护的范围。

(3)即使行为人违法或者违章,将监控获得的图像作为证据而合法使用,也不得公之于众,除非以符合公共利益目的作为抗辩,否则也构成侵权。公权力机构超出公共利益之外的目的予以使用的,都构成侵权责任。

3. 公权力机构必须对负责监控设施、保管监控所得资料的有关人员进行教育,明

---

⑯ 参见《"摸奶哥"引发隐私争议 网友比较各国监控》,载搜狐新闻网,2011年10月3日访问。
⑰ 曾颖:《绵阳"摸奶哥",是谁把监控照片发上网的?》,载天涯社区网,2011年10月3日访问。

确保护公民隐私权和肖像权等人格权的责任

对此,《侵权责任法》第62条规定,医务人员对基于医疗行为而获得的患者隐私负有保密义务,不得泄露他人的隐私,泄露患者隐私的,应当承担侵害隐私权的侵权责任。该规定具有示范作用。在《侵权责任法》起草以及实施之后,对该条都有批评,理由是任何机构获取的私人信息等隐私都不得泄露,违反者应当承担侵权责任,因而没有特别规定的必要。这个批评是有一定道理的,因为《侵权责任法》第2条规定了隐私权受《侵权责任法》的保护,第6条第1款规定了过错责任原则,凡是过错侵害他人民事权益(包括隐私权、肖像权等人格权)的,都构成侵权责任。对此,笔者倒是不以为然,结合医疗机构的具体情形而强调医务人员对患者隐私的保护义务和责任,确有必要。应当明确的是,凡是能够接触到公众隐私、肖像等人格利益的公权力机构的工作人员,都负有保护公民人格权的法定义务,这个义务不仅来源于工作职责,也来源于任何工作人员,作为一个民事主体,对他人的人格权都负有法定的不可侵义务,违反者构成侵权责任。公权力机构应当对每一个工作人员进行法制教育和职责教育,保护好公民的人格权,保证对公共场所进行的监控不以侵害公民的人格权利为前提。

在速度与激情事件中,监控录像活生生地摄取了男女主角的隐私行为,是从机动车的正面风挡拍摄的,如果从机动车的后部拍摄违章行为,就不会将驾驶人的隐私摄入,也就不会获取如此隐私的图像。如果说在超速行驶中,男主角又进行如此激情行为而增加驾驶机动车的危险,构成危险活动,因而不得不将其摄入,以备纠正违章之用,那么,也不得将其泄露在网络之上,造成人人皆知的后果,损害当事人的人格尊严和隐私权、肖像权。这是违法的,应当承担侵权责任。从这个事件可以看到,有关公权力机构对自己的工作人员并没有做好这种教育,其工作人员也没有严格遵守职责和纪律,都没有把自然人的人格尊严和人格权保护作为自己的法律义务严格履行。归根结底,还是公权力机构在执行职务中违法,应当承担法律责任。

四、公权力机构对依法获得的公民信息因过错而公开的侵权责任

(一)研究公权力机构擅自公布私人信息侵权责任的必要性

负有职责的公权力机构在依法获得公民隐私、肖像等人格信息时,因故意或者过失将其披露在社会公众之中,究竟应当承担何种责任,应当由谁承担责任?均值得研究。正如网友所说,这次绵阳"摸奶哥"事件,最应该查清楚的应该是,图片是怎么流出来的,为什么会流出来?流出来之后,产生的后果应该由谁负责?交警部门或警方是否应该为此事负责并检查漏洞?漏洞不堵住,今天是绵阳"摸奶哥",明天就可能是

你。⑱ 而警方的说明是,监控系统的维护由公司负责,警方只能调用监控数据,不能确定一定是警方泄露的。⑲ 警方的这种说法本身就是在推卸责任,是不负责任的说法。因此,必须研究公权力机构的过错,公开公民信息应当承担侵权责任。

(二)擅自公布公民人格信息,构成侵害人格权侵权责任

我国《民法通则》实施以后,开始了对民事主体人格权和人格利益依法保护的新时期。依照《民法通则》第120条规定,凡是侵害公民姓名权、肖像权、名誉权、荣誉权等人格权的,都构成侵权责任,应当承担侵权责任。其后,最高人民法院公布一系列司法解释,强调保护民事主体的人格权,并已经取得了充分的审判经验,对民事主体的人格权保护已达到了一个新阶段。《侵权责任法》对人格权的保护,一是在第2条规定了人格权的保护范围;二是在第6条第1款规定了侵权责任一般条款,确定因过错侵害人格权及人格利益的,构成侵权责任;三是在其他侵权责任类型的规定中,规定对人格权保护的具体形式。公权力机构设置公共安全监控设施,对公共场所进行监控,因此获得公民的私人信息和私人活动等人格信息,不论因何种原因予以泄露、公之于众,依据《侵权责任法》的上述规定,都构成侵权责任。

这种侵权责任所侵害的人格权主要是隐私权、肖像权和姓名权。泄露被监控者的私人信息、私人活动或者私人空间,构成侵害隐私权;擅自使用被监控者的肖像和姓名,构成侵害肖像权和姓名权。对隐私权的侵害,只要求被刺探、被泄露、被公开、被使用,就构成侵权责任。对于肖像权和姓名权的侵害,非法使用即构成侵权,而公布就是使用。

在交警部门公开速度与激情事件的监控图像中,无论男女主角是否构成违法或者违章,这种公开的行为都泄露了被监控人的隐私,都是非法使用了被监控者的肖像,都构成侵害隐私权和肖像权,承担侵权责任是必然的。不论男主角或者女主角是否起诉,其责任构成都是不争的事实,不起诉是他们对自己享有的权利的放弃,而不是说公权力机构不应当承担侵权责任。

(三)公权力机构应当对擅自公布被监控人的人格信息承担侵权替代责任

现在要研究的是究竟由谁承担侵权责任。

有律师认为,判断交警部门是否侵权的标准,首先应该根据照片的来源确定——如果这张照片是别人窃取并传播的话,交警部门最多承担保管不善的责任;而如果是交警部门有意公开的,就有可能构成侵权了。⑳ 这种看法值得商榷。

公权力机构在行使职权中造成他人损害的,不论是何种情形,都应当由公权力机构承担侵权责任。对此,应当依照《侵权责任法》第34条,而不是依据第6条第1款

---

⑱ 参见曾颖:《绵阳"摸奶哥",是谁把监控照片发上网的?》,载天涯社区网,2011年9月28日访问。
⑲ 参见《"摸奶哥"引发隐私争议 网友比较各国监控》,载搜狐新闻网,2011年9月28日访问。
⑳ 参见蒋哲、李碧娇、金麟、赵琦玉:《四川绵阳警方调查"摸胸照"图片来源》,载2011年8月23日《南方日报》。

规定承担侵权责任。这是因为,不管公权力机构的任何工作人员在执行职务中造成他人的权利损害,都是因执行工作任务所致,即使公布行为并不是公权力机构的职责所为,而是因过失而使有关信息被窃因而被公开,公权力机构也必须对此承担侵权责任。理由是,该信息也是因执行工作任务而获得,也属于执行工作任务,造成损害应当承担侵权责任。在交通管理领域,即使"监控系统的维护是由公司负责,警方只能调用监控数据",警方对监控系统人员也有监督、管理之责,公司维护监控系统的行为也是执行工作任务,造成损害后果,同样应由警方承担侵权责任。公权力机构的工作人员即使有过错,也不应当由他们自己承担侵权责任,而是由公权力机构承担替代责任,以更好地保护公民的人格权。

公权力机构承担侵权责任,是否一定就是国家赔偿责任呢？笔者认为不是这样。《国家赔偿法》调整的范围是行政赔偿和司法赔偿。行政赔偿调整的是行政机关及其工作人员,在行使行政职权时侵犯人身权、财产权的情形。司法赔偿则是行使侦查、检察、审判职权的机关以及看守所、监狱管理机关及其工作人员在行使职权时侵犯人身权、财产权的情形。《国家赔偿法》第 3 条、第 4 条和第 17 条、第 18 条规定中都不包括本文所述这种情形。公权力机构行使监控权力不当而构成侵权,不能构成国家赔偿责任,而是用人单位的工作人员因执行工作任务而侵害他人权利,构成用人单位责任,应当适用《侵权责任法》第 34 条规定,承担替代责任。这种侵权责任类型适用过错推定原则,凡是公权力机构侵害被监控者人格权的,就推定公权力机构有过错,公权力机构认为自己没有过错的,可以举证证明,不能证明的,应当承担侵权责任。警方提出"也不能确定一定是警方泄露的"的说法,并不能证明自己没有过错,不能免除公权力机构的侵权责任。这个责任是推诿不得的。有的律师认为,即使交警部门是将此照片作为"超速"的证据,未经处理上传至网络,也必须承担"应当预见"的责任,交警在公布这张超速照片的同时,就应该预见到这张照片会侵犯当事人隐私,影响到当事人的声誉。[21] 这种说法是正确的。

公权力机构在承担了替代责任之后,有权对造成他人权利损害的有过错的行为人进行追偿。不论是公权力机构自己的工作人员,还是在其监督、管理之下的其他工作人员,未经批准将监控获得的人格信息等图像予以公开的,都有权向其追偿,以警诫工作人员,完善管理措施,以更好地保护公众的人格权。

---

[21] 参见蒋哲、李碧娇、金麟、赵琦玉:《四川绵阳警方调查"摸胸照"图片来源》,载 2011 年 8 月 23 日《南方日报》。

形象权的独立地位及其基本内容[*]

随着市场经济的快速发展和社会文明的进步,在人格权领域中,一些标表民事主体人格特征的形象利益被开发利用,并带来可观的经济利益,传统意义上的具体人格权体系的构造及其内容,都已无法涵盖民事主体的形象利益,无法适应民事主体形象利益在公开化形势面前的保护需要。因而,原有的具体人格权体系面临挑战。为维护在市场经济下屡受侵害的民事主体的形象人格利益,各国立法与司法实践相继作出回应,形象权的概念应运而生。笔者认为,界定形象权的法律属性,确立它的法律地位、内容及其具体保护方法,将有助于维护民事主体的人格尊严,保护人权,进而推动我国的社会发展和进步。

一、具体人格权体系中的盲区:形象权创设的法律基础

(一)形象人格利益开发利用的现实性和客观性

民事主体形象人格利益被开发利用已成为不争的事实。诸如:

例一:电视观众都曾注意到,荧屏上频频出现面带微笑、挥手致意的"前美国总统克林顿",在为中国商品做广告。当然,做广告的人并不是克林顿,而是酷似克林顿的演员在模仿克林顿。在广告上,演员酷似克林顿,而且与其搭档的女士酷似希拉里。演员的穿着、打扮、行为举止都像克林顿,而且还露出克林顿特有的噘嘴一笑,这些特征构成广告的核心内容。无疑,广告制作者的意图就是要让观众对这个形象产生联想,认为他就是克林顿,而且大多数人一看到这则广告马上会联想到克林顿,尽管广告在演员旁边打了"吉米"的字样。显然,这则广告是以模仿的方式使用了克林顿的形象。

例二:每当旅游旺季,在浙江省奉化县溪口镇的蒋介石故居前面,都会看到一个身着黑色长衫、头戴礼帽,相貌与蒋介石相似的人,在和游客合影并收取游客支付的费用。当然,这些人也是在以模仿的方式使用蒋介石的形象。无独有偶,在北京也出现了模仿毛泽东的形象招徕生意获取报酬的事例。昌平老北京微缩景园外的某饭庄,孙某在游客就餐期间装扮成毛泽东、模仿毛泽东的言谈举止,有要求合影者交费

---

[*] 本文发表在《吉林大学社会科学学报》2006年第2期,合作者为福建师范大学法学院院长林旭霞教授。

20元人民币。有人认为这是经营策略,有人认为这是侵害伟人的形象、名誉。①

例三:除自然人以外,法人或其他组织的形象特征也成为商业化使用的对象。某房地产开发公司在毗邻某大学的地段开发一商住楼盘,在大量制作的楼盘宣传资料上,用极为醒目的版面标明"百年教育书香最浓的地方",并列举某大学百年历程,在宣传材料的地理位置图上标出"××大学",并在文字说明部分注明"三面为大学环抱"和"邀您回归山水自然、回归书香领地",并将该大学的外观形象作为其广告宣传材料的主体景图。事实上,该大学从未授权该公司使用该校的外观形象,该公司利用该大学的形象资源进行宣传、促销并从中获利。这显然是一种"搭便车"的行为。

在以上典型事例中,都涉及了民事主体的形象利益问题,都是在开发民事主体的形象利益应用于商业活动,谋取利益。可见,民事主体的形象人格利益的法律保护,确实具有客观性和现实性,是法律不得不解决的一个问题。

(二)具体人格权对形象人格利益保护的盲区

在上述事例中,这些模仿行为都是行为人在擅自使用他人的形象为自己创造利益,肯定没有侵害被模仿人的肖像权。事实上,某人长得与某个名人相似,并通过不同的形式再现自己的形象,显然并没有侵害名人的肖像权。因为他再现的毕竟是自己的肖像,哪怕某人长得和名人一点不像,而是通过化妆、整容后,以酷似名人的形象再现,也没有侵犯名人的肖像权。但是,这些被模仿的人物所拥有的绝不仅仅是相貌上的美感或形象上的魅力,更重要的是他们在社会上所具有的影响力和号召力。当这种影响力和号召力被引入市场,应用于商品经济领域,便转化为经济利益。因此,与其影响力和号召力相联系的形象人格利益便具有了相当的商业价值,而这种基于人格利益产生的价值,不是被形象拥有者所享有,而是被无关的他人所占有、支配、开发、利用,并从中营利。这显然是不公平的。可是,现行立法并没有确认形象权是一个独立的人格权,形象权不能作为权利保护的依据。因此,尽管基于权利人的人格因素而产生的利益被他人所攫取,法律却不能进行完善的保护。这显然不是法律所追求的目标,而是法律的缺憾。

前述某大学的形象被任意使用也具有这样的性质和后果。该房地产公司显然没有侵犯某大学的名誉权,该大学的社会评价不会因房地产公司的广告而降低。其行为也不构成侵犯商标权,无论该大学是否注册商标,房地产公司都没有商标侵权的行为表现。此外,由于大学与房地产公司并非同行业,因此不正当竞争也难以成立。在现有的法律框架内,该大学可以行使的最相近的权利是名称权,但实际上,房地产公司用于吸引消费者并为其带来利益的并非大学的名称,而是该大学经历史沉淀而形成的浓厚文化氛围和优雅的环境,即大学的整体形象。

这些都是本文所要研究的形象权问题。我国现行立法尚未规定形象权。从理论上讲,形象人格利益的保护既然没有独立的人格权进行保护,就应当置于一般人格权

---

① 参见《"特型演员"与人合影收费引争议》,载2005年4月25日《新京报》,A11版。

的保护范围之内。② 可是,在司法实践中并没有形象权保护的成功案例。即使是在涉及伟人形象保护的问题上,也无法对这种行为定性并进行制裁,以保护受害人。实践证明,用一般人格权来保护形象利益,不是一个成功的做法。可以认为,形象权在人格权法领域还属于一个盲区。

二、形象权的概念及其保护对象

(一)各国立法及学说中的形象权概念及其保护对象

形象权究竟应当如何界定,看法各不相同。这个概念在美国普通法中已较为常见:在1953年 HaelenLaborototies, Inc. v. Topps Chrming Cam 案中,Frank 法官明确提出了"形象权"(the right of publicity)的概念,并就形象权的含义进行了论证:"我们除了独立隐私权,每个人还就其肖像的形象价值享有权利。这就是允许他人独占性使用自己形象的权利。这种权利可以称之为'形象权'。"正是在这里,Frank 法官突破了传统的隐私权观念,不再将商业性地使用他人的人格利益局限在精神痛苦的范围之内。同时,"形象权"也被定义为一种财产权。美国知识产权学家尼莫教授认为,名人需要的不是对隐私的保护,而是对自己身份的商业价值的保护。"尽管名人不愿意将自己隐藏在隐私的盾牌之后,但他们也绝不愿意让他人未经自己的许可或者未向自己支付报酬而使用、公开自己的姓名、肖像或形象。"在法官和学者的共同推动下,美国的形象权从传统的隐私权中独立出来,形成一种新的权利类型。到目前为止,美国有24个州在成文法或判例法中承认形象权。③ 在这些立法或判例中,形象权被界定为一种仅仅与真实的自然人相关的财产权。公司、合作组织等法人以及文学性的虚构人物,包括卡通形象都不具有形象权。例如美国《加利福尼亚州民法典》第3344条规定,保护自然人的姓名、肖像、声音和签名等。又如美国《纽约州民权法》第50条规定,保护"任何活着的人"的权利,"禁止未经许可使用他人的姓名和肖像"。纽约州的法院还一致裁定:任何法人不得依据上述规定主张权利,只有真实的自然人才可以依据上述规定主张自己的权利。④

日本从20世纪70年代开始引进商业形象权,最早的判例将其定义为:商业形象权,是名人对其姓名、形象及其他对顾客有吸引力、有识别性的经济利益或价值进行排他性支配的权利。对于形象权的界定,判例与学说存在两种倾向:一种是广义的商业形象权,是指除自然人以外,漫画或动画中的人物,甚至动物或其他的物品,只要对顾客有吸引力也能成为商业形象权的对象;另一种是狭义的商业形象权,是基于隐私

---

② 这是一般人格权补充功能的内容。参见杨立新:《人格权法专论》,高等教育出版社2005年版,第133页。
③ 参见李明德:《美国形象权法研究》,载《环球法律评论》2003年冬季号,第475页。
④ 美国的形象权与肖像权的界限不是很清楚,既包括肖像权,也包括狭义的形象权,对此是应当注意的。

权、肖像权、名人的形象所具有的经济价值而产生的权利。⑤

我国民事法律中未曾确立形象权。学界对这一权利概念阐述或多或少受国外形象权及公开权概念的影响。有学者提出：形象权就是将形象(包括真人的形象、虚构人的形象、创作出的人及动物的形象、人体形象等)付诸商业性使用或称营利性使用的权利，并将形象权分为真人形象权、扮演者的形象权、人体形象权和作者创作之形象的形象权。⑥ 我国民法学界也有将形象权称为"公开权"，并将此权利定义为"对自己的姓名、肖像和角色拥有保护和进行商业利用"的权利。⑦

(二) 本文的观点

笔者在研究上述有关形象权概念的界定时，不难发现，上述立法和学说所使用的"形象权"，并不是一个概念，而是涉及两种权利的两个概念，这就是狭义的形象权和广义的形象权。广义的形象权应指商品化权，或者称之为公开权。而本文中所研究的，不是商品化权，是狭义的形象权，是作为独立人格地位的形象权。因此，对于上述关于形象权概念的界定应当有所区别，将商品化权和形象权严格区分开来。

笔者认为，形象权所保护的形象利益，可以加以商品化利用并产生经济利益，这种对形象利益进行商品化利用的权利，就是商品化权的内容之一。因此可以说，形象权与商品化权具有密切联系。但是，必须看到，形象权不同于商品化权，他们的显著区别在于：

(1)形象权概念中的形象应是与姓名、名称、声音、肖像在逻辑上属于同一层次的具有个性化的人格特征，这种人格特征是形象得以商品化利用即商品化权实现的基础；而商品化权所保护的人格利益是类的人格利益，是那些能够被商业化开发的人格利益，而不是一般的人格利益或者单一的人格利益。

(2)形象权的功能在于保障权利人的形象利益，包括维护形象权人人格独立及人的自由发展的精神利益，以及保障形象权人人格利益中的财产性利益。而商品化权是允许他人使用、开发自己的人格利益(包括形象利益在内)并获得报酬的权利，其主要功能是保障、促进人格利益商业利用的成果归属于权利人，因此，商品化权所指向的利益更多地体现为物质利益。

(3)被商品化的人格标识主要是一种降低消费者搜寻成本的标志，发挥的是认知、品质保障和广告的功能，因此，商品化权的保护对象比形象权的保护对象更为宽泛，可以扩及一切可以进行商品化利用的人格标识，如肖像、姓名、声音、真实人物形象、表演者形象等。

综上分析，笔者认为，形象权是指民事主体对标表其人格特征的形象人格利益独占享有、使用以及获取相应利益的具体人格权。形象权的客体是形象利益。形象权

---

⑤ 参见〔日〕萩原有里：《日本法律对商业形象权的保护》，载《知识产权》2003 年第 5 期，第 62 页。
⑥ 参见郑成思：《版权法》，中国人民大学出版社 1993 年版，第 300—305 页。
⑦ 参见王利明等主编：《人格权与新闻侵权》，中国方正出版社 1995 年版，第 427—431 页。

的保护对象包括自然人除面部形象之外的身体形象、自然人的整体形象,法人或者其他组织的标志性建筑、地理特征或其他"可指示性要素"综合而成的整体形象。

形象权所保护的形象人格利益的范围是:

1. 自然人除面部形象之外的身体形象

自然人的形象首先是除其面部形象之外的身体形象。形象与肖像不同。肖像是以自然人的正面或侧面的面部(五官)为中心的外貌在物质载体上再现的视觉形象。而形象权所保护的形象是自然人面部之外的身体形象,包括形体特征、侧影、背影等。媒体中常见的"手形广告"中的手形、"内衣广告"中的模特形体,以及身体其他部位的形象,都是形象权的保护范围。

2. 自然人的整体形象

在某些情况下,自然人的一些可以指示特定身份的因素,如富有特色的装扮、特有的动作、特殊的道具等,综合起来,可以明确地指向某一特定的人,或者能让公众意识到某一特定的人。这些综合因素所构成的整体形象也是形象权保护的范围,即自然人的整体形象。⑧ 前述对克林顿的形象、蒋介石的形象以及毛泽东的形象的非法使用,侵害的都是自然人的整体形象。

3. 法人和其他组织的整体形象

法人或其他组织的形象由特定的地理特征、建筑、历史传统等因素构成,如果这些因素综合起来,明确指向某一法人或其他组织,这些因素的综合,就代表法人的整体形象,成为形象权所保护的对象。

三、形象权作为具体人格权的法律地位

关于如何确立形象权的法律地位,有着不同的立法思路。

如前所述,在较早提出形象权概念的美国,许多判例及学理将形象权界定为财产权。但是,美国判例或立法中的"财产权",并不能等同于我国民法体系中的"财产权"。因为关于财产权,两大法系并未形成统一、固定的表述。法国民法上,将财产权作为主要与人身权相对立的权利而使用,即法律意义上的财产权描述了一种利益,它能满足人类的物质需要。⑨ 而英美法系对财产权的定义则更为广泛。《牛津大辞典》如此表述:"财产权是指存在于任何客体之中或之上的完全权利,它包括占有权、使用

---

⑧ 1992年,美国的"怀特"一案,是将各种因素综合起来形成的整体形象作为判定是否侵犯他人形象权的典型判例。原告怀特是著名电视娱乐节目"幸运之轮"(Wheel of Fortune)的女主持人,收看该节目的电视观众非常广泛。被告三星电子公司为新上市的盒式磁带制作了一则广告,画面为一个拟人的机器人形象,头戴金色假发,身着晚礼服,佩戴珍珠项链。这是广告设计者刻意模仿怀特穿着的结果。除此之外,这个类似机器人的形象还站立在一块竞赛牌子(牌子上写有各种英文字母)的旁边,就像怀特主持"幸运之轮"节目时所做的那样。第九巡回上诉法院认为,如果将广告中的各个要素分开来看,不能说被告侵犯了原告的权利。但如果将其中的各个要素综合起来,毫无疑问,广告所描绘的就是原告。因此,被告显然使用了原告的身份。

⑨ 参见尹田:《法国物权法》,法律出版社1998年版,第13页。

权、出借权、转让权、用尽权、消费权和其他与财产有关的权利。"英美法中的财产权具有相对性和具体性的特点,对于"对人权和对物权,物权和债权均未予以充分重视,因而也未基于上述划分在理论上和立法上形成一个明确的构造模式"。⑩ 我国民法沿袭了大陆法系民事权利体系的特点。因此,美国法中的财产权与我国民事权利体系中区别于人身权的财产权有着不同的外延。

由于形象利益在商业活动中被广为开发、利用,我国学者中也有人认为形象权是一种财产权,认为"形象权所保护的是自然人身份中的商业价值或财产权益,事实上形象权本身就是因为保护这种财产权益而发展起来的"。⑪ 在"财产权说"的基础上,有学者进一步提出了"无形财产权说",认为"诸如姓名、肖像、形体、名誉等人格因素,在商业化过程中已由传统人格利益演变成商业人格利益,即非物质化的新型财产权益","形象权与商誉权、信用权、特许经营权都是一种非物质属性但又不能归类于知识产权范畴的无形财产权"。⑫

与上述"财产权"说的观点不同,有观点认为:随着社会的发展变化,在普通人格利益之外,又分离形成了一种包含经济利益在内的相对独立的人格利益——商事人格利益,人格权发展成为维护商事人格的、兼具人格权属性和财产价值的商事人格权,而形象权即是商事人格权的权利形式之一种。⑬

笔者认为,上述这些观点未能反映形象权的本质特征,没有准确界定形象权的法律地位。"财产权说"或"无形财产权说"与前述将形象权与商品化权等同的思路有关。这种观点重视了形象利益中的物质利益,忽视了形象利益中所包含的自由、平等、安全等精神利益,也忽视了形象权中禁止他人侮辱、亵渎、毁损民事主体的形象的重要权利内容。"商事人格权说"较好地体现了形象权所包含的人格权属性与财产价值。但不足之处在于,它无法解决这种旨在维护"相对独立人格利益"的权利在民法体系中的法律地位问题:形象权究竟是纳入人格权体系还是财产权体系,对形象权能否适用以及如何适用财产法的规则?

笔者曾经提出,确认一个人格利益是不是构成一个人格权,最重要的标准,就是这个人格利益是不是具有独立的属性,是不是能够被其他具体人格权所概括、所涵盖。如果一个具有独立意义的人格利益不能被其他人格权所涵盖、所概括,并且与一般人格利益相比具有鲜明的特征和内容,就应当认为这个人格利益应当作为一个具体人格权。⑭ 笔者认为,形象权是一种独立的人格权,应当将其纳入具体人格权的体系。其理由是:

---

⑩ 梅夏英:《财产权构造的基础分析》,人民法院出版社2002年版,第45页。
⑪ 李明德:《美国形象权法研究》,载《环球法律评论》2003年冬季号,第477页。
⑫ 吴汉东:《形象的商品化与商品化的形象权》,载《法学》2004年第10期,第80页。
⑬ 参见姜新东、孙法柏:《形象权探讨》,载《山东科技大学学报》2003年6月期,第67页;类似观点还有:熊进光:《商事人格权及其法律保护》,载《江西财经大学学报》2001年第5期,第64—65页。
⑭ 参见杨立新、袁雪石:《论声音权及其民法保护》,载《法商研究》2005年第4期。

1. 形象利益具有独立的属性和价值

形象利益是民事主体固有的、因其特定人格本身而产生的利益,并非基于某种法律事实而产生,因此具有独立的属性。形象利益总是为民事主体所独占享有,它不仅可以标表特定民事主体的人格、维护特定主体的特定人格利益,并且能够通过一定的开发利用而创造价值,因而具有其他具体人格利益所不具有的独立价值。民事主体对自己的形象特征的独占、支配和利用,是为维护主体独立人格完整性与不可侵犯性,并保障主体获得充分的尊重,同时也为了使自身的价值得到充分的发挥。形象人格利益的独立属性和价值足以说明,形象权所保护的利益是人格利益,形象权应属于人格权的范畴而不是财产权的范畴。

2. 形象利益不能为其他具体人格权所概括

在具体人格权体系中,各个具体人格权都是保护特定的人格利益。如果一个人格利益能够被其他具体人格权所概括、所包容,那么这个人格利益就没有独立进行保护的意义,就不能设立一个新的具体人格权。在具体人格权体系中,与形象人格利益最相关联的,就是肖像权。肖像权所保护的肖像,是以自然人的面部形象特征为摹写目标进行再现的形象,在这一点上,肖像与形象是相同的。但是,肖像并不是狭义的形象,形象利益也并不包含肖像利益。形象权概念中的形象,是肖像以外的其他人体形象以及法人或者其他组织的整体形象。形象利益并不包括肖像利益,恰恰相反,对形象利益的保护,就是为补充肖像利益以及肖像权对人体形象保护不足而发挥作用的。并且,肖像权与形象权的主体范围不同,肖像权主体是自然人,而形象权的主体并不仅仅是自然人,还包括法人和其他组织。正如前文所述,侵害手模特的手型形象、脚模特的脚型形象,无论如何也不能依照肖像权的法律规定进行保护。本文案例3所说的法人的形象问题,当然更不能为肖像权或者其他具体人格权所保护。由此可以肯定,对形象利益的保护,是肖像权乃至其他具体人格权所无法概括、包容的。

3. 形象权所保护的形象人格利益与一般人格利益相比较具有特殊性

按照人格权法保护人格利益的分工,具体人格权负责保护具体人格利益。具体人格权无法保护的其他人格利益,概括为一般人格利益,由一般人格权进行保护。笔者认为,由于一般人格利益具有趋同性,一般人格权所保护的是人格独立、人格自由与人格尊严,而形象权所保护的形象人格利益具有极为丰富的积极权能,这就表现在,形象人格利益不仅具有人格利益中的精神利益,同时还具有极为鲜明的财产利益。在市民社会中,人们对人格利益中包含财产利益的认识早已有之。人格利益虽然不能直接表现为商品,不能以金钱计算其价值,但在现代社会,对某些人格利益的开发利用已经成为市场经济存在的一个应然现象。一方面,人格利益中的物质利益因素日益凸显,如姓名、肖像在商业销售方面的直接作用,带来了可观的商业利益,从而使这些人格利益具有了较高的经济价值;另一方面,具体人格权的领域有很大扩展,衍生出了具有浓厚经济色彩的人格权,如商业信誉权、信用权等。因此,形象人格利益所包含的物质利益因素,是其区别于一般人格利益的重要特征。一般人格利的保护,事实上是一种兜底作用,其主要作用是保护那些物质利益因素不明显的其他人格利益。既然形象人格利益有如此的不同,当然应当区别于一般人格权所保护的一般人格利益,一般人格利益难以涵盖形象人格利益,一般人格权保护形象人格利益,力所不及。

据此,笔者认为,形象权具有独立的法律地位,应当纳入具体人格权的体系,与姓名权、肖像权、声音权等人格权一道,成为一个独立的具体人格权。

四、形象权的基本内容及其保护

(一)作为形象权客体的形象

研究形象权,必须对形象权的客体即形象作出界定,否则,无法界定形象权的权利边界。

形象,按照《辞海》的解释,就是形状、相貌。[15] 这里所说的,是一般的自然人的形象。我们在法律中研究形象权中的形象,不仅包括自然人,而且还包括法人和其他组织,因此,不能仅仅说形象就是形状、相貌。

笔者认为,形象权中的形象,是指作为民事主体外在表现的有关形状、外貌,并借以区别于其他民事主体的人格特征的表象。它的特点是:

(1)形象的主体包括自然人和法人以及其他组织,而不仅仅是自然人。当然,形象权主要维护的是自然人的人格利益,但是,对法人和其他组织的形象,法律也予以保护。

(2)形象是民事主体的外在表现的形状、外貌,它不是民事主体的内在的因素,也不是外界对民事主体的客观评价,而是它的外在的表现形态。

(3)这种民事主体的外在表现形态,具有标表特定民事主体的人格特征的作用,通过其外在表现的形状、外貌,借以区别其他民事主体。

(4)形象与肖像不同。肖像一定是自然人的面部形象再现在某种物质载体上,是再现的面部形象;而形象则是民事主体的外貌、形状本身,侵害肖像权一定是对肖像的非法使用,而侵害形象权既包括对形象的一般使用,也包括对形象的模仿、仿制等。

形象在民法上反映为形象利益。形象权保护形象,保护的就是形象利益。肖像体现的人格利益,有两个部分:一是精神利益;二是物质利益,对此前文都有所表述。在这里所要明确的是,形象是形象权保护的对象,形象受到侵害,就是对形象的非法利用和破坏,受到损害的最终表现,就是形象利益,即精神利益和物质利益所受到的损失。因此,侵害形象必然造成形象人格利益的损害。法律对形象权损害的救济,就是要补偿权利人的人格利益的损失,使其恢复到完满程度。

---

[15] 参见辞海编辑委员会:《辞海》(缩印本),上海辞书出版社1979年版,第814页。

(二)形象权的内容

形象权与其他具体人格权一样,有自己的具体内容。笔者认为,形象权具有以下内容:

1. 形象保有权

形象是民事主体的人格特征,是固有的人格利益,而不是一般的社会评价,不具有客观的色彩。形象权的内容之一,就是形象保有权。形象保有权是民事主体保持、维护其形象的人格特征,并借以区别该民事主体与其他民事主体的权利。形象保有权的客体是形象利益,这个利益包含两个部分:一部分是精神利益,是占有、保持、维护形象不受侵害,保持自己的人格的利益;另一部分则是财产利益,即通过对形象利益的开发利用,借以产生物质利益,因此,权利人可以不断增进其对公众的吸引力和信赖感,使其形象具有更大的社会价值,并由此获得更大的物质利益。对于自然人是如此,对于法人或者其他组织,其形象利益也同样具有两个方面的利益内容,即同样享有形象保有的权利。

2. 形象专用权

形象权是固有权、绝对权,因此,形象权的内容之一就是有排他性的专有使用权,未经权利人的准许,任何人都不得非法使用他人的形象。形象专用权,就是指形象权人对于自己的形象专有使用的权利。这种独占的专有使用权的含义是:

(1)形象权人对自己的形象有权以任何不违反公序良俗的方式进行利用,以取得精神上的满足和财产上的收益。

(2)形象权人有权禁止非权利人非法使用自己的形象,任何未经形象权人授权而使用权利人的形象,都是对形象使用专有权的侵害。

3. 形象支配权

形象权是绝对权,其性质是支配权,因此,形象权的内容之一就是对形象利益的支配。由于形象对公众可能产生的吸引力、信赖感及其商业化条件下可产生物质利益的属性,使得形象不仅对形象权人,而且对他人乃至社会,都具有利用价值。形象支配权就是权利人对这种形象利益具有的管领和支配的权利。权利人可以采用合法方式,许可、授权他人使用其形象,并获取应得的利益。应当注意的是,形象权的性质为人格权,因而表现为处分自己的形象为他人使用的支配权,并不是绝对的支配和处分,而是有限的支配和处分;并非是对形象权的权利的处分,而仅仅为处分形象权的部分使用权,不具有处分全部权利的效力。民事主体不得将自己的形象权全部转让而自己不再享有形象权;主体许可他人合法使用自己的形象权,本人并不因此丧失形象权。在这一点上,形象权与肖像权相同,与名称权相异。

4. 形象维护权

形象维护权是形象权关于维护权利人的形象完整、维护形象利益不受侵犯的权利内容。这个权利内容分为三个部分:

(1)维护形象的完整、完善,任何人不得对民事主体的形象进行侵害。

(2)维护形象权中的形象精神利益不受侵害,亵渎性地使用他人形象,构成对形象权人精神利益的侵害。即便是褒奖性地使用他人形象,只要未经形象权人许可,同样构成对权利人人格独立、自由和尊严等精神利益的侵害。

(3)维护形象权中的物质利益,形象权中所包含的任何物质利益,都归属于权利人本人,他人不得侵害,任何人未经许可,对权利人的形象进行商业性的开发、使用,都构成侵权行为。

(三)形象权的保护

1. 形象权请求权的保护

形象权是具体人格权的一种,所以形象权也适用人格权请求权的一般保护。形象权本身也具有形象权请求权,分为停止妨碍请求权和排除妨害请求权,对于可能出现或已经发生的侵害,都可以行使停止妨害请求权或排除妨害请求权。

形象权请求权的构成较为简单,只要形象权受到侵害或者受到侵害之虞的,权利人都可以基于自己形象权的请求权,提出停止妨害请求权或者排除妨害请求权,使自己的权利损害得到救济,因此这是一种有效的保护方法。

2. 形象权侵权请求权的保护

形象权受到侵害,造成形象利益的损失,构成侵权责任,受害人取得侵权请求权。受到侵害的权利人可以依据形象权侵权请求权,提起形象权侵权之诉,寻求司法救济。

构成形象权侵权请求权,法律的要求要比形象权请求权的构成更严格。按照侵权行为法的原理,侵害形象权的侵权行为属于一般侵权行为,适用的归责原则应当是过错责任原则,既不是无过错责任原则,也不是推定过错原则。有观点认为,对此种侵权行为应采无过错责任原则,即无论侵权人是否具有主观上的故意或过失,只要其行为在客观上构成了对他人形象的侵犯,就可以认定侵权成立。笔者认为这种观点是不对的,侵害形象权的侵权行为并不是特殊侵权行为,而是我国《民法通则》第106条第2款的调整范围,不是无过错责任原则和过错推定原则调整的范围。

正因为如此,侵害形象权的构成要件应当是违法行为、损害事实、因果关系、主观过错。

(1)侵害形象权的违法行为,首先是使用,包括对他人形象的使用、复制、模仿等。例如,对他人除了面部肖像之外的其他部分形象的非法使用,为侵害形象权;模仿名人形象,如前述例1、例2所述,也为侵害形象权;目前娱乐界盛行的模仿秀,笔者认为是典型的侵害形象权的行为,除了会引起表演著作权的纠纷外,还存在着对受害人形象权的侵害问题;对法人或者其他组织形象的使用,也构成违法行为。其次,是未经本人同意。未经权利人许可,擅自对他人形象进行使用,即构成侵权。在判断上,必须能够确定权利人的形象特征与所使用的形象特征相一致。对名人形象而言,只要有相当数量的一般社会公众能够辨别出使用的是权利人形象,就构成侵权,而对非名人而言,权利人必须能够证明所使用的形象要素在事实上就是指向自己。再次,侵害形象权的违法性表现在对法定义务的违反。对于形象权的权利主体而言,其他任何人都是该权利的义务主体,都负有不得侵犯的义务。违反这个义务,就构成违法性。

(2)侵害形象权的损害事实,首先是权利的被侵害,即形象权的完整性受到了损害。其次表现在,形象权所保护的形象利益受到损失,一方面是其精神利益的损失;另一方面是财产利益的损失,无论具备哪一种形象利益的损失,都构成侵害形象权的损害事实。其损失的后果,可以是精神痛苦,也可以是财产利益的丧失。

(3)侵害形象权的因果关系,较为容易判断,侵害形象权的行为一经实施,形象及其利益被非法使用、复制、模仿,其两者之间就具有了引起与被引起的因果关系。

(4)侵害形象权的主观过错,主要是故意,是明知他人享有形象权而恶意使用他人的形象,侵害他人的形象利益。应当注意的是,在侵害肖像权的行为人中,多数情况下是故意使用、复制或者模仿,但是在主观上并没有恶意,基本上是善意的居多。存在这种现象的原因在于,形象权还没有被法律所确认,绝大多数的民事主体并不知道法律对形象权的保护。尽管如此,这种善意并不能阻却违法,仍然是故意所为,符合侵害形象权对主观过错的要求。此外,也不排斥过失侵害形象权的形态,违反注意义务,尽管没有故意,擅自使用他人形象,造成损害后果的,同样构成侵权责任。

3. 形象权损害的救济方法

形象权损害的救济方法分为两种:一种是非财产的方法;另一种是财产的方法。

非财产的救济方法,就是停止侵害、赔礼道歉、消除影响、恢复名誉等。这些救济方法对一般的侵害形象权的侵权行为都可以适用。

财产的救济方法就是损害赔偿。对形象权的损害赔偿应包括精神损害赔偿(对如亵渎性使用他人形象可能带来的精神痛苦的赔偿)和未经权利人许可进行商业化利用所造成的物质利益损失赔偿。物质利益损失应考虑形象因素的市场价值或侵权人所得的非法利润。在两者均无法确定的情形下,可参照商标侵权及不正当竞争行为的赔偿标准,视侵权范围、时间,在一定数额内作出相应的裁量。

在保护形象权、制裁侵害形象权的侵权行为中,应当特别重视对非法对他人形象进行商业化利用的侵权行为的制裁。这种恶意行为,严重损害了权利人的权利,应当予以特别惩罚。对于因此获得的财产利益,应当完全归属于权利人,同时,还应当予以财产损失的赔偿和精神损害的赔偿,否则不足以制裁这种侵权行为。

(四)关于形象权的保护期限

法律对任何权利的保护都是有期限的,并非永远保护,形象权同样如此。形象权保护期限及于权利人终身,并不存在异议。但是,在权利人死亡后,其形象权是否还受保护?保护的法理根据是什么?在理论上和实践中存有不同见解。

有观点认为,人格权的消灭并非等同于人格权具体表现形式(如形象、姓名、肖像)的本身不受法律保护,保护死者的姓名、肖像的目的是保护在姓名、肖像之上的精神利益,与死者关系密切的近亲属或其他个人、团体,作为该精神利益的承受者,得以大致与姓名权、肖像权相同的保护方式加以保护。⑯

相反,从前述形象权属于"财产权"的观点出发,不少论者认为,形象权属于具有可转让性和继承性的"财产价值权"。形象权在权利人死后"由其继承人继承"。⑰

笔者认为,基于形象权的具体人格权法律地位,对形象权保护期限的界定,应与权利人的人身权益相联系。学界关于"民事主体在其诞生前和消灭后,存在着与人身权益相区别的先期法益和延续法益"⑱的观点,对阐明民事主体身后形象利益保护问题,提供了理论基础。该观点认为,民事主体在取得民事权利能力之前和终止民事权利能力之后,就已经或继续存在某些人身利益,这些人身利益都与该主体在作为主体期间的人身利益相联系。这些先期利益和延续利益,对维护主体的法律人格具有重要意义;人身法益与人身权利互相衔接,统一构成民事主体完整的人身利益;民事主体人身利益的完整性和人身法益与人身权利的系统性,决定了法律对民事主体人身保护必须以对人身权利的保护为基础,向前和向后延伸。基于上述理论,笔者认为,对于形象权的保护,应当以权利人的存在为限,及于权利人的终身;对于死者的形象利益的保护,则应在权利人死亡后进行延伸保护。具体的保护期限,一是参照最高人民法院关于保护死者姓名、肖像、名誉、荣誉、隐私利益的方法,由死者的近亲属作为保护人,并界定保护的期限,即死者没有近亲属之后,就不再予以保护了。二是借鉴著作权保护期限的规定,形象权保护期限可考虑为权利人生存期间加权利人死后(或法人、其他组织终止后)的50年。笔者倾向前者。

---

⑯ 参见刘妙春等:《知名人物的商品化权及其法律保护——鲁迅姓名、肖像商业使用引发的法律思考》,载 www.tianhlaw.com,2016 年 3 月 10 日访问。
⑰ 熊进光:《商事人格权及其法律保护》,载《江西财经大学学报》2001 年第 5 期,第 65 页。
⑱ 杨立新:《人身权法论》,中国检察出版社 1996 年版,第 284—285 页。

论声音权的独立及其民法保护[*]

在制定民法典中,对如何规定人格权,以及规定何种人格权,法学界进行了深入的讨论。笔者认为,在规定具体人格权的时候,不仅要规定传统的具体人格权,而且对较为成熟、确有作为具体人格权进行保护的人格利益,也应规定为新的人格权。声音权就是其中之一。本文对声音权的具体人格权地位、性质、内容以及具体保护方法,进行了初步的探讨。

一、确认声音权为独立的具体人格权的法律基础

(一)声音利益作为具体人格权的事实基础

在现实生活中,一个确定不移的事实是,一个人的声音可以和姓名、肖像一样起到人格标识的作用。比如,《红楼梦》中关于"不见其人,但闻其声"的对王熙凤的描写,就说明了声音是王熙凤的人格标志之一。为动物世界节目解说的赵忠祥、为周星驰配音的石班瑜、中央人民广播电台著名播音员夏青,他们的声音自然也是其人格标识之一。

毫无疑问,科技的进步与人格权的发展密切相关,科技的每一次进步都促进了人格权的发展。近代以来,照相机发明之后,肖像权日益受到重视。同样,声音语言也随着窃听器、录音机的广泛使用而日益增加了保护的需要,而被承认为一种特别人格权[①],并进而认定个人对声音语言的自主权利。其实,不仅仅是窃听器、录音机,电脑互联网技术和声音克隆技术更是加剧了对声音侵害的现实性,更加凸显了对其保护的必要性。以声音克隆技术为例,声音克隆技术可以通过一种程序先对个人的声音进行分解,分解以后再和别人的声音进行嫁接,也可以和个人的形象嫁接。可能未来有一个人站在电视里面讲话,声音完全可以和他的讲话一样,但那不是他的讲话。现在 AT&T 实验室也正在做声音克隆软件的开发,预计声音克隆技术会大大提高,这种克隆的声音将会和真人嫁接,将有与真人声音、形象完全相同的虚拟人物出现在银幕上。但也可能和别的人物嫁接,这种声音和真人的形象结合起来,就会有某人在网上

---

[*] 本文发表在《法商研究》2005 年第 4 期,合作者为国务院法制办公室袁雪石博士。

[①] 参见 Helle, Besondere Pesonlichkeitchte im Privatrecht, 1991, S. 229 – 334;Hubmann,Das Personlichkeitrecht, 1967, S. 309f。转引自王泽鉴:《侵权行为法》(第 1 册),中国政法大学出版社 2001 年版,第 138 页。

或在银幕上出现,但可能根本不是他本人的情形。②

事实上,声纹和人的指纹、掌纹等身体特征一样,都具有唯一性、稳定性的特征。每个人的这些特征都与别人不同,且终生不变。由于人的身体特征不可复制,基于这些特征应运而生了多种生物识别手段,比如,指纹识别、声纹识别、掌纹识别等,并已被广泛应用于诸多领域。其中,声纹识别是用仪器对人的说话声音所作的等高线状纪录,根据声音波形中反映讲话人生理及行为特征的声音参数,进行身份识别的技术。目前,声纹识别技术已广泛应用于诸多领域,其产品的市场占有率仅次于指纹识别和掌形识别。世界最大的声音识别使用系统是美国公共电话使用的信贷卡。其声音识别系统根据用户的发声进行声音识别,判定持卡人是否为本人。从总体来看,卡片盗用、伪造、声音误识别等产生问题的几率非常小。因此,声音识别系统一直被有效地应用,目前已经有 100 多万人使用该卡片。特别是在刑侦工作中的应用,对于侦破电话勒索、绑架及电话人身攻击案件,声纹证据都可发挥其特有的作用,帮助警方确定犯罪嫌疑人。美国的有关机构还利用该技术判断监外执行人员是否在特定场所。在美国,以前声纹鉴定不允许被采证,后来倾向于在严格的限制下可以采证。在刑事案件中,强制被告人提供声音标本并不违背其反对自我归罪的特权。③

这些都说明,当今社会对声音利益的保护有了一定的制度需求。并且从当前的技术来看,声音和个人的姓名、肖像在逻辑上属于同一层次的人格特征,都是个体的人格标识,它能起到姓名和肖像作为人格标识同样的作用。因此,在姓名和肖像分别作为文字类人格标识和视觉类人格标识成为人类历史上的具体人格权的种类之后,我们有理由相信,声音也可以因为科技的迅速发展而上升为听觉类的人格权——声音权的客体,即听觉类人格标识。

(二)声音利益作为具体人格权的比较法基础

在比较法上,捷克斯洛伐克社会主义共和国、加拿大魁北克省、美国部分州、德国、我国澳门特别行政区等对声音的保护都作出了明确的规定。

1. 捷克斯洛伐克

《捷克斯洛伐克社会主义共和国民法典》第 12 条规定:"(一)有关公民或他的个人性质意见的私人文件、肖像、风景照片或录音,只有取得他本人的许可才能加以利用。(二)为了职务上的目的,根据法律利用私人文件、肖像、风景照片或录音的时候,不需要取得许可。(三)为了科学和艺术上的目的,以及为了报刊、影片、广播和电视报导,对于肖像、风景照片和录音,也可以用适当的方式不经公民本人的许可而加以利用。但是这种利用不得与公民的合法利益相抵触。"④从本条来看,其通过保证自

---

② 参见张亮:《声纹证据的应用》,载《公安大学学报》2002 年第 4 期;薛波主编:《元照英美法词典》,法律出版社 2003 年版,第 1046 页。
③ 参见薛波主编:《元照英美法词典》,法律出版社 2003 年版,第 1046 页。
④ 《捷克斯洛伐克民法典》,陈汉章译,法律出版社 1981 年版,第 10—11 页。

然人对录音的控制,进而控制其声音利益。与其他立法例不同的是,该条款不是从侵权行为的角度直接规范,而是规定了职务抗辩和新闻抗辩两个抗辩事由。

2. 加拿大魁北克省

《加拿大魁北克省民法典》第36条从隐私权的角度对声音利益进行了保护:"特别是有下列行为之一的,为侵犯他人隐私:(一)进入或者占领他人的住宅;(二)故意截取或者使用他人的私人通讯工具;(三)盗用或者使用他人的肖像或者声音,尽管在私人寓所内;(四)尽一切可能持续将他人的私生活公开;(五)使用他人的姓名、肖像、形象或者声音,但向大众合理公开信息的除外;(六)使用他人的信件、手稿或者其他的私人文件。"⑤这一条文规定了盗用、使用他人声音可以构成侵权,同时也规定了向大众合理公开信息的例外规则。

3. 美国加利福尼亚及其他州

《美国加利福尼亚州民法典》第3344条是"为广告、销售或招揽客户目的,使用他人姓名、声音、签名、照片或画像"的规定,直接规定了权利人对于声音的财产利益。这一立法例大大拓展了声音利益的保护空间,与从人格利益角度保护的立法例迥然不同。事实上,加利福尼亚州是将声音利益和姓名利益、肖像利益一道作为形象权或公开权(the right of publicity)具体内容的美国的州之一。该法规定:"未经本人事先允许或当本人是未成年人时未经其父母或法定监护人允许,以任何方式恶意将其姓名、声音、签名、照片或画像用于产品、商品,或以广告、销售为目的进行使用,或用于招揽购买产品、商品、接受服务的客户,应对受害者因此遭受的损害承担责任。"⑥

美国的其他几个州也承认了公开权或者类似的利益保护,它们是:佛罗里达州、肯塔基州、马萨诸塞州、内布拉斯加州、内华达州、俄克拉荷马州、田纳西州、得克萨斯州、弗吉尼亚州、威斯康星州、纽约州、罗德艾兰州。这其中,加利福尼亚州、内华达州明确规定了声音可以成为公开权保护的客体,而内布拉斯加州、佛罗里达州则通过概括性条款认定,声音可以为公开权保护的客体。尽管如此,普通法系的制定法毕竟不同于大陆法系的制定法,普通法系并不需要通过赋权式的法律来宣示法律承认声音可以作为一种财产或者人格利益予以保护,因此,即使那些没有通过普通法系的制定法承认声音利益保护的那些州,仍然可能承认声音可以作为一种法益予以保护。⑦

4. 德国

《德国刑法典》体现了对声音利益的严格保护,其第15章规定了个人生活和秘密领域的侵害保护规则。其第201条规定:"(一)处三年以下的自由刑或者金钱刑,如果行为人无权:(1)将他人非公开说出的语言录入声音载体或者;(2)使用如此制作

---

⑤ 《魁北克民法典人格权部分节译》,袁雪石译,蔡颖雯校,载杨立新主编:《民商法前沿》(第2辑),法律出版社2004年版,第262页。

⑥ 程合红:《商事人格权》,中国人民大学出版社2002年版,第267页,附录二。

⑦ 参见《美国第三次不公平竞争法重述》(Restatement of the Law, Third, Unfair Competition)第46条的评论d。

的容纳物或者使第三者得到。(二)同样处罚,如果行为人无权:(1)使用窃听装置窃听他人确定不让其知道的非公开说出的语言或者;(2)公开的通告根据第 1 款第 1 项所接收的或者根据第 2 款第 1 项所窃听的他人非公开说出的语言的原话或者其重要内容。""第 1 句第 2 项所规定的行为,只有在公开的通告适合于损害他人正当的利益才是可罚的。如果是为了维护重要的公共利益而进行公开通告的,不违法。"⑧

5. 我国澳门特别行政区

《澳门通讯保密及隐私保护》第 10 条(不法的录音及摄影)第 1 款规定:"(一)任何未经同意:(a)录取他人非以公众为对象的谈话,即使是与录音者本人进行者;(b)使用或容许使用上项所指录音,即使是合法制造者,受至两年监禁或至二百四十天罚款的处分。"第 2 款和第 3 款是关于肖像权及其公众人物和公众场所的限制的规定。分别为:"(二)任何违反他人意愿进行下列事项者,将受相同处分:(a)拍摄或摄录他人,即使是在合理参与的场合进行者;(b)使用或容许使用上款所指照片或影带,即使是合法取得者。(三)肖像权不妨碍:(a)以任何方式获取、复制或公布担任公共职务或从事令人注目职业人士的肖像,且在公开活动或公众能到达的地方所取得者;(b)关于某事件的印刷图像,而其肖像的出现只属附带性者。"从解释上来看,我们可以认为,以上两款关于肖像权的规则可以类推适用到声音权上来。此外,《澳门民法典》第 80 条也是关于肖像权及言论权的规定,其第 5 款规定了关于声音的规则:"(五)以上各款之规定,经做出必要配合后,适用于录取、复制及散布某人言词之情况。"⑨

此外,玻利维亚、秘鲁、波多黎各和新近的《阿根廷民法典草案》,均对通常会在宪法文本中规定的声音等权利作了规定。

综上所述,声音作为一种法益,已经为部分国家的立法和司法所保护,声音在现代技术背景下,能够成为一种独立的民事权利。

(三)声音利益作为具体人格权的逻辑基础

在学理上,确认一个人格利益是不是构成一个人格权,最重要的标准就是这个人格利益是不是具有独立的属性,是不是能够被其他具体人格权所概括、所涵盖。如果一个具有独立意义的人格利益不能被其他人格权所涵盖、所概括,并且与一般人格利益相比具有鲜明的特征和内容,就应当认为,这个人格利益应当作为一个具体人格权。

我们从以下几个方面证明声音利益可以上升为一种独立的人格权:

(1)声音利益不能为一般人格权所涵盖。声音人格利益的独特性,就在于它的人格标识作用。因此,它与一般人格利益相比具有特异的内容和特征。一般人格利益具有趋同性,所涵盖的人格利益都具有大体相似的内容,因此不能独立,只能作为一

---

⑧ 冯军译:《德国刑法典》,中国政法大学出版社 2000 年版,第 129 页。
⑨ 〔阿根廷〕路易斯·F·P.雷瓦·费尔南德斯:《阿根廷共和国民法典:过去、现在与未来》,宋旭明译,载 romanlaw.cn/subm-7.htm,2005 年 1 月 1 日访问。该学者认为,将通常在宪法文本中规定的荣誉权、生命权、安全权、身体完整权、健康权、对自身身体、肖像或声音的权利引入民法典,是确认这些权利的方式。这一新鲜材料同时也证明了人格性宪法权利可以通过适用民法予以救济。

般人格利益对待,用一般人格权进行保护。声音人格利益是独特的,它的内容能够与其他一般人格利益相区别,具有独特的属性和特征。这正是其他国家和地区立法承认声音权的基础。

(2)声音利益不能为隐私权所涵盖。在美国和加拿大等国,隐私权中包含了姓名权、肖像权以及声音权等内容。我国是否可以参照它们的立法,将声音权概括在隐私权中呢?事实上,在美国、加拿大等国法律中的隐私权,差不多等于大陆法系民法的一般人格权,是一个弹性极大的人格权,包含了太多的内容。而我国立法上的隐私权并不是这样的权利,仅仅是对隐私利益进行保护的人格权,而美国、加拿大等国隐私权的绝大多数内容,在我国都是由一般人格权承载和保护的,况且声音人格利益也不是隐私利益所能够涵盖的。因此,声音权不能放在隐私权中,成为隐私权的组成部分。

(3)声音利益不能为姓名权、肖像权所涵盖。与其最相近似的,是姓名权和肖像权。我国许多学者认为,标表性人格权包括姓名权、名称权和肖像权。⑩ 而标表性人格权的分类实际上是以人的感性为基础的,姓名主要是一种文字性标志,肖像主要是一种视觉类标志。标表性人格权的客体——姓名和肖像都具有符号的特点。而声音权的客体——声音主要是一种听觉类标志,这是它们在客观属性上的差异,姓名和肖像并不能包括声音。客体的不可替代性决定了声音权不像所谓的亲吻权可以为其他权利形态所替代。但由于声音作为人的标志表彰性人格要素,是与肖像和姓名处于同一逻辑层次的,因此声音权可以成为一种新型的标表性人格权。

(4)声音利益不能为其他具体人格权所涵盖。由于声音利益和名誉权、信用权、荣誉权、自由权、婚姻自主权在客观属性上具有明显的差异,因此显然不能为其他具体人格权所涵盖。

(5)不创设声音权有一定的弊端。众所周知,成文法国家的法官必须严格遵守法律裁断纠纷。如果不把声音利益上升为声音权,法官当然不会以肖像权、姓名权等具体人格权为根据裁判案件,这样法官只能通过一般人格权来裁断。而根据我国相关司法解释,我国法官目前实行错案追究制,因此在这种负向激励的情况下,法官的行为必定趋向保守,当事人的声音利益得到保护的几率大大降低。此外,权利的创设具有示范意义,这也是大陆法系以权利为中心处理法律问题的一个原因。可以设想,声音权的创设必然进一步加深民事主体对声音利益的认知,从而使声音权的规范在预防侵权行为发生和对侵害声音权的行为要求损害赔偿方面发挥积极作用。

(6)声音权的创设不会导致"泛权利化"。在我国,"泛权利化"的最典型案例莫过于所谓"亲吻权"的炒作。由于亲吻权的客体含糊不清,所保护的利益显然可以为健康权所涵摄,同时比较法上也没有可以借鉴的立法例。因此,所谓的"亲吻权"受到

---

⑩ 参见张俊浩主编:《民法学原理》,中国政法大学出版社2001年版,第139页;王利明主编:《中国民法典草案建议稿及说明》,中国法制出版社2004年版,第331页。

了学者们的一致反对。⑪ 其实,权利泛化的主要原因在于其没有遵循权利类型的逻辑谱系。但承认声音权是具体人格权则不同,其有着独立的社会需求和众多的立法例支持。更重要的是,声音权的概念在我国既有的人格权概念体系类型塔中具有不可替代性,其客体具有一定的位阶性,符合我国人格权体系化的基础。同时,其内容和性质都是可确定的。因此,声音权的创设不会导致"泛权利化"。

综上所述,声音利益应该上升为一种独立的具体人格权。

二、声音权的概念界定和法律特征

(一)声音权的概念界定

1. 声音权概念的称谓

王泽鉴先生将对声音利益的权利保护称为声音语言权,而不是声音权。⑫ 笔者认为,应该将保护声音人格利益的权利称为声音权,更为妥当。原因在于:语言权作为宪法上的概念,已经有了自己独特的含义。宪法学者认为,语言权的观念与普世接受的理念价值(如自由权、平等权等)不同,它是来自处理国内各族群间和国家间和谐的问题而产生的妥协。语言常是少数族群文化从属感的中心,语言权可以说是保护少数族群文化享有多数族群在社会上能享有的平等所不可缺少的一部分。语言权为基本人权之一种。⑬ 在这样的背景下,将保护声音人格利益的权利形态称为声音语言权,容易与基本人权的概念发生混淆,使人误解。

2. 声音权概念的界定

在学理上,对声音权的概念尽管有些学者已经提到,但是多数没有对这个概念进行界定。王泽鉴先生在对声音权的论述中,作出了一个界定,即声音语言权是指"以肯定个人对其声音语言的自主权利"。⑭

笔者认为,上述对声音权概念的界定说明了声音权的基本内容,但是还应当进一步限定其内容。因此,作以下表述更为准确:声音权是指自然人自主支配自己的声音利益,决定对自己的声音进行使用和处分的具体人格权。

(二)声音权的法律特征

笔者认为,声音权在法律上,除了具有其他人格权的一般特征之外,还具有以下三个方面的特征:

1. 声音权首先体现的是声音的专属利用、许可和维护的精神利益

---

⑪ 对此,我们持强烈的批评态度,参见杨立新:《民法判解研究与适用》(第六集),人民法院出版社2003年版,第514—515页。

⑫ 参见王泽鉴:《侵权行为法》(第1册),台北三民书局1999年版,第157页。

⑬ 参见李宪荣:《加拿大的英法双语政策》,载 http://mail.tku.edu.tw/cfshih/ln/paper07.htm,2004年12月10日访问。

⑭ 王泽鉴:《侵权行为法》(第1册),台北三民书局1999年版,第157页。

声音权保护的是自然人对声音体现的精神利益,包含自然人对自己声音享有的专属利用、许可和维护的权利。与自然人的名誉权等其他人格权一样,任何歪曲、偷录、剪接、模仿、窃听其声音的行为,都会使声音权人的精神利益受到损害,使其作为自然人的人格尊严和人格自由等受到侵害。法律保护自然人的声音权,最首要的就是保障自然人人格尊严和人格自由,保护声音权所体现的这种精神权利。

2. 声音权具有明显的财产属性

作为声音权客体的声音,与商标具有共同的特点,就是作为标识能够较为有效地降低消费者搜索商品的成本。因此,声音在这一点上具备成为财产的潜力。利用声音等个人形象在商品营销上做文章也是各行各业商家的重要营销策略之一。一般来讲,权利人可以和商家通过签订声音使用许可合同,把自己声音的财产潜力挖掘出来。这一点和以往所认识的人格权只是消极的权利不同,因而使声音权能够成为一种积极的人格权,可以公开化。这是声音权和肖像权、姓名权等可以商品化利用的其他具体人格权的相同之处。

美国的 *Midler v. Ford Motor Co.* 一案具有代表性,很好地说明了这一点。原告 Bette Midler 是美国著名歌手,曾获得过 Grammy 奖和 1979 年奥斯卡最佳女演员提名。被告福特汽车公司的一家广告代理商在请原告演唱一首名为"Do You Want to Dance"(原告为此歌的原唱者)的歌曲为福特公司做广告时,遭到原告的拒绝,广告代理商便找到 Ula Hedwig,让她去模仿原告的声音演唱了此歌。此广告播出后,熟悉原告歌声的人都以为是原告在演唱。为此,原告要求对其声音予以保护,诉至加州联邦地区法院,被驳回起诉后,原告不服又上诉至第九巡回上诉法院。案中被告并未侵犯著作权,因为被告已就使用歌词与歌曲获得了其著作权人(并非原告)的许可,而声音则不受著作权法保护;被告的行为也不构成不正当竞争,因为 Midler 与被告并无直接竞争关系。同时,被告也未使用原告的姓名、肖像、签名或者声音等,使用的是另一歌手 Ula Hedwig 的声音,而《加利福尼亚州民法典》第 3344 条并未对模仿他人声音的行为规定损害赔偿,因此原告无法依此获得赔偿。正是基于上述理由,地区法院驳回了原告的起诉。但第九巡回上诉法院认为,"声音如同面孔一样,具有可区别性与个性。人类的声音是表明身份的最易感受的方式",而原告主张的是被告不适当地盗用了她的声音的价值,是对原告的"对其身份所享有的财产性利益"的侵犯,即侵犯了原告的公开权,因此,第九巡回上诉法院推翻了原审法院的判决,认定被告的行为构成侵权。[15] 这一案件成为模拟他人声音也构成侵犯声音权的第一个判例。[16]

3. 声音权具有专属性

声音权的专属性表现在两个方面:首先,声音权是由特定的主体专属所有的。声

---

[15] 参见董炳和:《论形象权》,载《法律科学》1998 年第 4 期。

[16] 《美国第三次不公平竞争法重述》(Restatement of the Law, Third, Unfair Competition)第 46 条的评论 d 指出,原告在本案中已经通过先前演唱歌曲的行为开发了其声音的财产利益。在这种情况下,原告的声音就不仅仅是作为身份属性的富有特色的声音了。

音是自然人有关声音的人格标识,反映的是自然人的听觉属性。其次,声音权的专有性还体现在对声音的利用上。声音权人对声音的再现享有专属权,即自然人享有是否允许他人再现自己的形象的权利。换言之,他人是否可以取得声音权人的声音,属于声音权人的权利,以偷录等方式取得他人的声音,是对声音专有权的侵犯。声音权人对声音使用具有自主的处分性。声音的使用权原则上属于声音权人。声音使用权的处分,是声音权人对其声音使用权的转让。声音的取得和声音的使用是声音权专有性的两个基本内容,从侵害声音权的角度分析,后者具有更重要的意义。未经声音权人同意而擅自使用,原则上属于对声音权的侵害。当然,声音权的专有性是相对的,法律准许在一定的条件下使用自然人的声音,但是这种使用必须具有阻却违法的事由。同时,如果声音权人允许他人使用自己的声音,相对人可以此许可作为侵权的抗辩事由。

三、声音权的客体和内容

(一)声音权的客体

声音权的客体是声音利益,是声音所体现的人格利益。首先,声音权保护的就是声音,而不是保护声音的表现形式。例如,未经许可对声音的表现形式如唱片的复制,构成对著作权的侵害,不构成对声音权的侵害。因此,声音的表现形式是著作权的保护范围。而声音权保护的是纯粹的声音,是声音本身,其属于人格权保护的范围。其次,声音权保护的声音,是保护声音所体现的人格利益。这种人格利益如前所述,包括精神利益和财产利益。声音权对这些声音人格利益都予以保护。前述 Midler v. Ford Motor Co. 一案,清楚地表明了这一区别。

声音利益存在准共有的问题。人格利益准共有是指两个或两个以上的民事主体对同一项特定的人格利益共同享有权利的共有形式。[17] 当声音的权利主体为复数的时候,构成集体声音,对此应该适用人格利益的准共有规则。这种情况比较常见,比如帕瓦罗蒂等三大男高音合唱,其他的如女生四重唱、广播电台的联合主持等。如果集体声音的当事人之一独自对集体录音进行商业化利用,或者集体声音的主体之外的人对集体录音进行商业化使用,无疑会对集体声音的其他当事人或者全体当事人的权益构成损害。因此,集体声音的当事人对集体声音的利益应当有共同的支配权。在声音利益准共有规则下,集体声音的当事人会形成内部关系和外部关系。所谓内部关系,是指集体声音的全体成员一起对该录音的利益行使权利、负担义务;所谓外部关系,则是指其他任何第三人对该集体声音当事人的权利所负有的不可侵犯义务。因此,集体声音所体现的是声音利益的准共有关系,适用人格利益的准共有规则。

---

[17] 参见杨立新:《论人格利益准共有》(本书第 256 页),载《法学杂志》2004 年第 6 期。

(二)声音权的具体内容

1. 声音录制专有权

对此,史尚宽先生曾经作出过论述。他认为,声音除依著作权法、发音片(唱片)受保护外,应受人格权保护。即未得允许,不得滥行录制他人歌唱于唱片,或与广播器广播。滥为唱片之复制,一方为著作权之侵害,他方为人格权之侵害。[18] 声音的录制有如肖像的摄取,正是有了可以再现的科技,声音权和肖像权才有了保护的必要性。和肖像权一样,声音权的首要内容体现在对声音的录制上。

2. 声音使用专有权

声音使用专有权包括两方面的内容:首先是精神利益的使用权,权利人对自己的声音如何使用具有支配权。这又可以分为作为和不作为两种方式。比如朗诵、歌唱等都会给人带来精神上的愉悦享受,这就是以作为的方式支配声音利益。还有,有的人想保持低调的生活,不想让其他人知悉、进入自己的生活,当然就不愿意将自己的声音公之于众,这就是以不作为的方式支配声音利益。其次是财产利益的使用权,权利人可以将自己的声音进行商业化的利用,并因此而获得收益。这可以视为是权利人积极利用声音权的表现。当权利人自己没有积极地将声音利益运用于商业领域,而其他人盗用或者模拟其声音运用于商业领域的时候,声音权人可以依据不当得利请求权或者侵权损害赔偿请求权请求救济。这一点突出体现在美国的形象权,即公开权(the right of publicity)制度上。

对于自然人死后的声音利益也应当进行保护。至于保护的期限问题,美国一些州认可自然人死亡之后不同的公开权保护期限。例如,加利福尼亚州规定 50 年,这一期限和著作权法的保护期限类似;佛罗里达州规定为 40 年;肯塔基州规定为 50 年;内布拉斯加州认为,公开权在主体死亡之后仍然存在,没有固定的期限;内华达州规定为 50 年;俄克拉荷马州规定为 100 年;田纳西州规定为 10 年及其后 2 年内无人使用为止;得克萨斯州规定为 50 年;弗吉尼亚州规定为 20 年,至于美国纽约州、马萨诸塞州等其他州的制定法,没有提供上述利益的死后保护规则。[19] 而《德国著作物及照相著作物权法》第 22 条规定:"人之肖像,限于原像人同意时,得公布或然展览。原像人为制作自己之肖像而受报酬时,推定其为同意。原像人死亡时,死亡后如未经过十年,即须得死者亲属之同意。本法所称之亲属,谓原像人配偶及子,配偶及子不存在时,则指原像人之父母。"[20] 1989 年 5 月 8 日,汉堡上诉法院的判决将声音的使用认定为对一般人格权的侵犯,并且不允许这种声音使用行为。通过类推,《艺术与摄影作品著作权法》第 22 条第 2 款作为在一般人格权领域的一项基本原则被广泛适

---

[18] 参见史尚宽:《债法总论》,台北荣泰印书馆 1978 年版,第 157 页。
[19] 参见《美国第三次不公平竞争法》第 46 条评论 h。
[20] 龙显铭:《私法上人格权之保护》,中华书局 1948 年版,第 99—100 页。

用,最终保护了一个已去世的著名德国演员的声音不被随意模仿。[21]

笔者认为,对死者声音利益的延伸保护期限应该分两种情况确定:

存在声音作品的,对声音作品的作者而言,声音利益的延伸保护期限应短一些,以便协调声音权人和著作权人之间的利益冲突。参考上述立法例,10年的期限可以使声音作品的作者和声音权人之间的利益得以平衡。

声音作品作者以外的人使用死者声音的,声音法益延伸保护期限应与延续人身法益的保护期限一致,即死者近亲属的范围。当死者的近亲属均已死亡之后,就不再予以延伸保护。

3. 声音处分专有权

当声音利益表现为一种精神利益的时候,声音权不可以被转让和许可使用。但是当声音利益表现为一种财产利益的时候,自然人也可以同他人签订有偿的声音利益部分转让或者许可使用合同。与德国法一样,美国法早期的案例也是单纯认定声音利益体现了人格尊严和人格自由,进而否定声音利益可以转让。但在美国法通过公开权承认了姓名、肖像、声音等人格要素的财产价值之后,声音等个人身份中的财产价值逐渐被允许转让。这样,美国法就形成了对声音利益隐私权和公开权的双重保护机制。[22]

当然,在声音财产利益的许可使用上,许可使用有排他性许可使用和非排他性许可使用之分。在排他性许可使用的情况下,许可人和被许可人之间的合同具有物权效力,被许可人在不违背许可人利益的前提下具有专属使用权。[23] 在非排他性许可使用的情况下,许可使用合同仅仅具有债权效力。

4. 声音利益保护请求权

和任何人格权一样,如果声音权受到侵犯,权利人可以依据侵犯事实,依法维护自己的利益,享有相应的救济权请求权,其主要包括了声音权请求权和声音权侵权请求权。对此,本文将在后文进一步论述。

四、侵害声音权的表现形态及其保护方法

(一)侵害声音权的表现形态

王泽鉴先生认为,声音语言被侵害的形态主要有三:一是未经他人允许对他人的

---

[21] 参见〔德〕托马斯·克罗泽尔:《德国法上的隐私权保护》,马特编译,本文节选自 Michael Henry ed., International Privacy, Publicity and Personality Laws, Butterworths press (UK), 2001。2005 年 1 月 22—23 日中美人格权法和侵权法研讨会会议论文。

[22] 参见《美国第三次不公平竞争法》第 46 条评论。

[23] 关于姓名、肖像等人格要素许可使用合同的效力,德国法上的 NENA 案较为典型,参见谢铭洋:《论人格权之经济利益》,载戴东雄六轶华诞祝寿论文集编辑委员会编:《固有法制与当代民事法学》,台北三民书局 1997 年版,第 134—135 页。

声音语言进行录音或使用。二是窃听他人电话或谈话。三是模仿他人声音而用之于商业广告。[24] 笔者认为,窃听他人电话或谈话不宜界定为侵犯他人的声音权,窃听强调的是他人谈话的内容而非个人标识,窃听所侵犯的是谈话隐私权,而不是声音权。[25] 侵犯声音权的表现形态应该主要有:

1. 歪曲

歪曲他人的声音,对声音权人的人格尊严造成了较大损害。当然这种侵权必须符合一般侵权行为的构成要件。而且主观上还需要为故意和重大过失。笔者认为,一般过失造成他人损害的,应该属于可容忍的范畴。

2. 偷录

未经允许私自录取他人声音和偷拍他人肖像具有同样的性质。未经同意,不得私自录制他人的声音,但法律另有规定的除外。

3. 剪接

未经允许录取他人的声音,或者即使经过允许录制他人的声音,但是不按照预定的目的使用,任意剪接录音记录的,为侵犯他人的声音权。

4. 模仿

模仿他人的声音类似恶意混同他人姓名。如前所述,美国和德国对模仿他人声音的侵害都予以了救济。但是,并不是每一个国家都能够对声音利益做出类似的保护。荷兰有一个这样的案例:原告是荷兰一电视台因引人注目的外表、声音和语言风格而著名的娱乐节目主持人,曾经为被告的饮料产品多次说过广告词,但后来拒绝继续为该公司服务。此后却又出现了模仿他声音的广告词。但他的诉讼请求最后被驳回了,理由是该广告使用的不是此主持人的惯用语。[26] 该判决是值得商榷的。事实上,谈话内容的保护和声音的保护是两回事,尽管后来的模仿者没有使用与原主持人相同的惯用语,但是该主持人以前已经多次为该公司做广告和声音相似的双重事实,可以使不明真相的人误以为仍然是该主持人为该公司做广告,能够造成同一性的混淆。该判决仅仅以没有使用该主持人的惯用语而否认对其进行救济的做法不合理,该判决注重了谈话内容,而没有考虑到声音权保护的恰恰是形式,没有将同一性规则贯彻到底。其实,此类案件和姓名混同案件没有什么实质性的差异。

5. 公开

未经他人允许录制他人的声音,并将录音擅自公开的,或者是虽然经过他人允许录制,但是未经他人允许公开而擅自公开的,为侵犯他人隐私权和声音权的竞合。

6. 失真处理不当

声音是一个人的身份标识,在一定程度上表明了主体的存在,因此,恶意对他人

---

[24] 参见王泽鉴:《侵权行为法》(第1册),台北三民书局1999年版,第157页。

[25] 谈话隐私权参见《美国隐私权法》;[美]艾伦、托克音顿:《美国隐私权法学说、判例与立法》,冯建妹等译,中国民主法制出版社2004年版,第182—189页。

[26] 参见〔德〕克里斯蒂安·冯·巴尔:《欧洲比较侵权行为法》(下卷),焦美华译,张新宝校,法律出版社2001年版,第113页,脚注534。

的声音进行失真处理,会对他人的人格尊严造成极大的伤害。同时,应当作失真处理而未作失真处理的,也构成对他人声音权的侵害。[27]

(二)侵害声音权的民法保护

1.声音权请求权的行使

正是由于声音权是人格权的一种,所以声音权也可以适用人格权请求权的一般规定,其基本类型可以分为停止妨害请求权和排除妨害请求权。[28] 声音权请求权所针对的对象,是存在妨害行为或者极有可能存在妨害的行为,而不是权利损害的结果。对可能发生的妨害,权利人可以通过排除妨害请求权请求救济;对已经存在的妨害,权利人可以通过停止妨害请求权请求救济。排除妨害和停止妨害这两种请求权都直接指向妨害,其目的也只是积极地预防或者保全权利人的人格权不受损害。

2.声音权侵权请求权的行使

和声音权请求权不同,声音权侵权请求权针对的主要是侵害行为所导致的结果——损害。声音权侵权请求权的两个基本类别,无论是恢复原状请求权,还是金钱赔偿请求权,都以既存的一定损害为前提。没有损害,声音权侵权请求权就失去了存在的基础。正是"无损害,无赔偿"之谓。此外,对于侵害声音权的行为,行使声音权侵权请求权必须符合侵权行为的一般构成要件。

3.两种请求权的竞合

在处理声音权请求权和声音权侵权请求权能否竞合的问题上可以有两种选择:其一,认为二者是请求权竞合。该主张认为,侵权请求权包含了声音权请求权的全部内容,因此当事人在进行诉讼的时候只能择一而诉。其二,认为二者是请求权聚合。其主张的前提是声音权请求权包括停止妨害、排除妨害等,在这样的情况下,由于请求的内容不同,就只存在责任聚合,而不是责任竞合的问题,从而也避免了责任竞合时择一而诉造成的不完全救济的制度缺陷。具体到程序法上,对请求权的聚合可以用"客观的诉合并"或者"请求的合并"来解决。对此,《德国民事诉讼法》第260条有类似的规定可以参考。[29] 总的来讲,声音权请求权和声音权侵权请求权能否竞合,实际上是一个立法选择问题,而不是一个逻辑判断问题。笔者采用责任聚合的意见。

㉗ 相关荷兰案例,参见〔德〕克里斯蒂安·冯·巴尔:《欧洲比较侵权行为法》(下卷),焦美华译,张新宝校,法律出版社2001年版,第127页。

㉘ 关于人格权请求权,参见杨立新、袁雪石:《论人格权请求权》(本书第499页),载《法学研究》2003年第6期。

㉙ 参见〔德〕卡尔·拉伦茨:《德国民法通论》(上册),王晓晔等译,谢怀栻校,法律出版社2003年版,第350页。

侵害公民个人电子信息的
侵权行为及其责任*

2012年12月28日,第十一届全国人大常委会第三十次会议通过了《关于加强网络信息保护的决定》(以下简称《决定》),于当天公布,立即生效施行。《决定》关于加强保护网络信息,特别是关于制裁侵害公民个人电子信息的侵权行为的规定,具有重要意义,需要进行解读和深入研究,以便更好地制裁侵权行为,保护好个人信息和隐私权。

一、确定加强网络信息保护、制裁侵权行为的原则

《决定》第1条开宗明义,规定了保护网络信息安全、制裁侵害公民个人电子信息侵权行为的一般原则,即"国家保护能够识别公民个人身份和涉及公民个人隐私的电子信息"。《决定》确立这一原则是十分重要的。随着互联网事业的不断发展,有关公民个人身份和个人隐私的电子信息面临严重威胁,这些个人信息被窃取、被盗用、被公开、被成批盗卖者,比比皆是,随处可见。孕妇刚刚进了妇产医院尚未生产,奶粉、尿布等广告信息就通过电话、短信、邮件等方式纷至沓来;即使不想买房,各种售房和租房广告的骚扰却不胜其烦。更有甚者,在网络上对公民个人信息公然进行"人肉搜索",严重侵害隐私权,形成网络暴力,造成严重后果。北京市朝阳区人民法院审理的"人肉搜索"第一案,就是通过网络人肉搜索造成严重后果的一个重大案件。姜岩因丈夫王菲发生婚外情,写下"死亡博客"后跳楼身亡。该"死亡博客"引发网民愤怒,在网站上进行了"人肉搜索",对王菲有关身份和隐私的信息在网上大量公开,并进行严重的人身攻击。王菲起诉,引出第一次进入司法程序的"人肉搜索"案。北京市朝阳区人民法院判决两家网站的网络服务提供者侵权,赔偿原告精神抚慰金①;同时向工业和信息化部发出司法建议,建议该部对"人肉搜索"等网络行为进行规制。

确保网络信息安全,就必须制裁侵害公民个人电子信息侵权行为,依法保护公民个人身份和个人隐私的电子信息。在实践中落实这一原则,保护公民个人的电子信

---
* 本文发表在《法律科学》2013年第3期。
① 参见百度名片:《人肉搜索第一案》,载百度网,2013年1月3日访问。

息,制裁侵权行为,应当着重把握以下几个要点:

(1)《决定》的立法宗旨是保护公民个人的身份信息和个人的隐私信息,同时也要强调保护公民的表达自由,不能因为强调保护个人信息和隐私权而对公民的表达自由进行非法限制。对此,最明确的界限是《宪法》第51条的规定,即公民在行使自由和权利的时候,不得侵犯他人的自由和权利。凡是没有侵害他人自由和权利的行为,就是合法的行为,就在保护之列。违反这一规定的行为,才是应当制裁的违法行为。例如,在网络上揭露"表哥""表叔"等腐败分子的罪行,并且最后通过司法程序将其绳之以法,不属于侵害个人信息的侵权行为,而属于表达自由、促进廉政建设的正当行为,应当予以鼓励。为了社会公共利益的目的,在网络以及任何场合对违法犯罪行为进行揭露,或者以其他方法表达自己的意见,都不属于侵权行为,都应当受到法律的鼓励。

(2)应当加强对侵害公民个人电子信息侵权行为制裁的力度。近年来,社会生活中之所以侵害公民个人电子信息的行为十分猖獗,主要原因就是对这些侵权行为制裁不力。虽然在刑法、民法、行政法中都有针对侵害公民个人信息行为的制裁规定,但规定都不是特别明确和具体。同时,对侵害个人信息刑事犯罪的起刑点过高,很难运用刑罚手段对这种行为进行制裁。在民法方面,尽管《侵权责任法》第2条第2款规定了保护隐私权、第6条第1款规定了过错责任原则,司法机关可以依照这些规定制裁这类侵权行为,但普通群众无法看出这些规定与制裁个人信息侵权行为的关联,况且法院处理这类案件确定侵权责任要件的要求过高,仍然是制裁不力。贯彻执行《决定》规定的上述原则,应当依照《决定》的规定,特别重视制裁侵害公民个人电子信息的侵权行为,责令侵权人承担损害赔偿责任,以更好地保护公民个人的电子信息。将侵权责任与刑事责任、行政责任结合起来,三种法律责任三管齐下,就能够遏制侵害公民个人电子信息的严重势头,保护好网络安全,保护好公民个人的电子信息。

(3)要特别制裁那些有权收集公民个人电子信息而侵权的网络服务提供者、其他企业事业单位,那些无权收集公民个人电子信息而侵权的任何组织或个人,以及那些在履行职责中知悉公民个人电子信息而侵权的国家机关及其工作人员。《决定》规定,任何组织和个人不得窃取或者以其他非法方式获取公民个人的电子信息,不得出售或者非法向他人提供公民个人的电子信息。有权收集公民个人电子信息的网络服务提供者、其他企业事业单位,如果对依法获得的公民个人电子信息非法使用、非法出售、非法提供,以及泄露、毁损、丢失,都构成侵权责任。国家机关及其工作人员对在履行职责中知悉的公民个人电子信息,未尽保密职责,非法泄露、篡改、毁损或者出售以及向他人非法提供的行为,也属于侵权行为,应当予以制裁。对于这些机构及其工作人员必须加强管束,防止他们利用职权侵害公民个人的电子信息。网络服务提供者、其他企业事业单位以及有关国家机关及其工作人员,包括网站、银行、电信、医院、邮政等,都是重点单位,都应当加强防范,防止侵害公民个人的电子信息。

二、侵害公民个人电子信息侵权责任的归责原则与构成要件

(一)侵害公民个人电子信息侵权责任的归责原则

侵害公民个人电子信息侵权责任的归责原则,应当适用《侵权责任法》第 6 条第 1 款规定的过错责任原则。有疑问的是,严肃制裁侵害公民个人电子信息的侵权行为,是否就要提高确定这种侵权责任的归责原则,对其改变过错责任原则而适用过错推定原则呢?

笔者认为,侵害公民个人电子信息侵权行为仍然应当适用过错责任原则,理由如下:

(1)按照《侵权责任法》第 6 条第 2 款的规定,任何侵权责任类型适用过错推定原则,须具备"法律规定"的要件,即"根据法律规定推定行为人有过错的,行为人不能证明自己没有过错的,应当承担侵权责任"中的"法律规定",其含义是,必须有法律的特别规定,方可适用过错推定原则。例如,该法第 88 条规定:"堆放物倒塌造成他人损害,堆放人不能证明自己没有过错的,应当承担侵权责任。"这就是适用过错推定原则的"法律规定"。

(2)侵害公民个人电子信息的侵权行为多数属于网络服务提供者的侵权行为,以及在网络或者通过网络发生的侵权行为,多数情形与《侵权责任法》第 36 条第 1 款规定的网络侵权行为类似,有的就属于网络侵权行为。该条规定对网络侵权行为适用过错责任原则,不适用过错推定原则。[②]

(3)侵害公民个人电子信息侵权行为属于一般侵权行为,并不属于应当适用过错推定原则的特殊侵权行为。尽管侵害公民个人电子信息侵权责任是《决定》规定的,但并非法律作出特别规定的侵权行为都是特殊侵权行为。侵害公民个人电子信息侵权行为的基本性质是侵害隐私权,与侵害名誉权、肖像权等侵权行为一样都属于一般侵权行为,必然适用过错责任原则。

(二)构成侵害公民个人电子信息侵权责任的一般要件

依照《侵权责任法》第 6 条第 1 款规定,侵害公民个人电子信息侵权行为的构成要件是:

1. 加害行为及违法性

侵害公民个人电子信息的加害行为的主要表现形式是作为,如非法出售、非法获取等;也包括不作为的行为方式,例如,负有保密义务的组织和个人将公民个人电子信息丢失;网络服务提供者对网络上发现的泄露公民个人身份、散布个人隐私等侵害

[②] 参见王利明:《侵权责任法研究》(下册),中国人民大学出版社 2011 年版,第 124 页;张新宝:《侵权责任法》,中国人民大学出版社 2010 年版,第 169 页;杨立新:《侵权责任法》,法律出版社 2011 年版,第 243 页。

其合法权益的网络信息,以及对公民受到的商业性电子信息侵扰,没有尽到及时删除有关信息或者采取必要措施予以制止的义务,都是不作为的行为方式。

行为的违法性,是上述行为违反《决定》的规定,同时也是违反了隐私权义务人的不可侵义务,属于形式违法。

2. 损害后果

侵害公民个人电子信息侵权行为的损害后果,是自然人的电子信息被非法处分,主要表现是被非法搜集或者被非法使用,造成隐私权的损害。违法发送垃圾信息的侵权行为造成的损害后果,是被侵权人生活安宁的损害,也属于隐私权损害的后果,即个人为了自由发展其人格而要求所必须的安宁与平静的权利[③]受到侵害,也是侵害了隐私权。故侵害公民个人电子信息的侵害客体是隐私权。

值得研究的问题是,构成侵权责任的,公民个人电子信息被侵害是否必须达到严重损害的程度。目前我国侵害公民个人电子信息的侵权行为猖獗的原因之一,就是认为侵权责任构成需要达到相当的"门槛",否则不认为侵权。很多人认为,根据《侵权责任法》第 22 条的规定,构成承担精神损害赔偿责任,须造成严重精神损害,不达到严重精神损害的则不承担精神损害赔偿责任。笔者认为,第一,严重精神损害应当正确理解,即达到何种程度方为严重精神损害。应当看到的是,精神损害赔偿责任并不是非常严重的责任方式,如果要求精神损害赔偿 100 元或者 1 000 元,这样的损害应当是多严重呢?很多法官审判这类案件,通常是按照刑事案件的标准在掌握,未达到一定程度就不认为构成侵权责任。这种思路是不正确的,放纵侵害公民个人电子信息的侵权行为,正是由于这种思路酿成的。第二,即使没有达到严重精神损害的后果,可以不承担精神损害赔偿的责任,还可以承担其他侵权责任方式。

因此,侵害公民个人电子信息的损害事实的标准是,公民个人电子信息被侵害,达到一定的程度,就构成损害事实的要件。

3. 因果关系

侵害公民个人电子信息侵权行为的因果关系有两种类型:一是行为与损害结果之间具有相当因果关系,即行为是损害结果发生的原因或者适当条件,而不是必然的条件。二是行为与损害结果之间属于助成的共同因果关系,即他人的行为已经造成了损害结果的发生,行为人的行为对损害结果的扩大发生了助成作用,扩大了损害结果,同样也构成因果关系。例如,网络服务提供者没有及时采取必要措施,造成泄露个人身份、散布个人隐私的网络信息,使侵害被侵权人合法权益的后果继续存在,或者对公民受到商业性电子信息侵扰没有及时采取必要措施,都是该行为与直接侵权人的行为结合起来,造成损害后果的扩大。这样的行为也构成因果关系要件。

4. 行为人的过错

侵害公民个人电子信息的主观要件主要是故意,是明知自己负有对他人的个人

[③] 参见王利明:《人格权法研究》,中国人民大学出版社 2005 年版,第 599 页。

信息不可侵义务而故意为之。当然也有过失的行为。不论故意或者过失,凡是由于过错侵害公民个人电子信息,造成民事权益损害的,就构成侵权责任。

(三)构成侵害公民个人电子信息侵权责任的特别要件

1. 侵权行为主体

按照《决定》的规定,侵害公民个人电子信息侵权行为的主体是:

(1)网络服务提供者。《决定》规定的侵权行为主体,首当其冲的是网络服务提供者。这是因为,受到侵害的公民个人电子信息主要是网络信息,或者是个人信息在网络上被侵权等。对网络服务提供者的界定,应当按照《侵权责任法》第 36 条的规定,是指网络技术服务提供者和网络内容服务提供者。④ 网络服务提供者对自己收集的,或者对他人在网络上传播的,以及自己发布的公民个人的电子信息,都应当遵守《决定》的规定,保护好公民个人电子信息。违反规定,造成公民个人电子信息损害的,应当承担侵权责任。

(2)其他企业事业单位。《决定》规定的其他企业事业单位作为侵害公民个人电子信息侵权行为主体,主要是指有权获取或者非法获取公民个人电子信息的其他企业事业单位。这个行为主体是除了网络服务提供者之外,凡是有权收集公民个人电子信息的企业事业单位,或者非法获取公民个人电子信息的企业事业单位,都可以成为这种行为的主体,其中前者最主要是指电信、医院、邮政、银行以及类似的企业事业单位。

(3)国家机关及工作人员。《决定》规定的国家机关及工作人员作为侵害公民个人电子信息的行为主体,是国家机关及其工作人员在履行职责中知悉公民个人电子信息,应当善尽保密义务和谨慎注意义务,没有尽到这种义务,实施了泄露、篡改、毁损以及出售或者非法向他人提供的行为,国家机关及其工作人员就构成侵权行为的主体。

(4)任何组织或者个人。《决定》规定的任何组织或者个人作为侵害公民个人电子信息侵权行为的主体,是指凡是非法获取以及非法使用公民个人电子信息的任何法人和自然人。侵害公民个人电子信息侵权行为是一般侵权行为,则所有的民事主体就都有可能是侵权行为的主体。

2. 侵害公民个人电子信息侵权行为的侵害客体

《决定》第 1 条规定,侵害公民个人电子信息侵权行为的客体是"能够识别公民个人身份和涉及公民个人隐私的电子信息",这也是《决定》对公民个人电子信息概念的界定。

依照这一界定,公民个人电子信息作为侵权行为的侵害客体,特点如下:

(1)公民个人电子信息的内容有两种:一是能够识别公民个人身份的信息,二是涉及公民个人隐私的信息。能够识别公民个人身份的信息,是基于自然人的人身属

---

④ 参见王胜明主编:《中华人民共和国侵权责任法释义》,法律出版社 2010 年版,第 189 页。

性、人格要素发生的个人信息，例如，姓名、性别、年龄、特点、住所、通信、电话号码、电子邮箱等皆是。凡是基于某个具体信息能够识别公民个人的身份，就是个人的身份信息。涉及公民个人隐私的信息，是有关自然人隐私的信息。按照隐私权保护的内容区别，凡属于私人资讯的信息，就是个人身份信息；除此之外的隐私内容，例如私人活动和私人空间的信息，都是涉及公民个人隐私的信息。

(2)公民个人电子信息的属性是电子化的个人信息。按照《决定》的规定，受到特别保护的是公民个人的电子信息。这里突出的是"电子"信息。如何理解，应当认为是上述两种自然人的个人信息被电子化，成为电子化的个人信息。存在疑问的是，是不是只有电子化的公民个人信息，法律才予以保护，非电子化的公民个人信息，法律就不予保护呢？其实不是，之所以特别强调公民的电子信息，是因为电子化的个人信息更容易被侵害，且在网络中被侵害的可能性更大。

(3)公民个人的电子信息包含在隐私权之内。隐私权保护的内容包括与公共利益无关的个人信息、个人活动与个人空间。无论是能够识别公民个人身份的信息，还是涉及公民隐私的个人信息，都在隐私权的保护之中。因此，侵害公民个人电子信息的侵权行为，就是侵害隐私权的侵权行为。

(四)侵害公民个人电子信息侵权行为的举证责任

由于侵害公民个人电子信息的侵权行为是一般侵权行为，其举证责任均由原告负担。这种规则对被侵权人当然不利，但这是《民事诉讼法》规定的举证责任一般规则，必须遵守。法院应当注意的是：第一，适当运用举证责任缓和规则，适当放宽原告证明的标准，在原告已经提出相当的证据证明其主张的事实具有较大可能性，因客观条件限制无法继续举证时，应当转换举证责任，让被告举证证明；被告不能证明自己的否定主张的，认定原告的主张成立。第二，适当主动运用法官职权调查，在原告无法举证，符合法院调查的情形时，应当主动调查证明。

三、侵害公民个人电子信息侵权行为的基本类型

《决定》与众不同的是，采用一项一项逐一规定侵害公民个人电子信息侵权行为的类型，以便司法机关依照《决定》的规定，确认侵权行为，正确适用法律，保护好公民个人电子信息。笔者仔细归纳，认为《决定》规定了9种侵害公民个人电子信息的侵权行为，再加上其他行为方式，共有10种。

(一)非法获取公民个人电子信息

《决定》规定，非法获取公民个人电子信息的行为构成侵权行为。非法获取包括窃取和以其他非法方式获取。这种侵权行为的主体，是那些没有权利收集公民个人电子信息的任何组织和个人；行为方式是采取窃取和其他非法方式获取有关公民个人电子信息的违法行为。任何组织和个人没有经过法律的授权，非法获取公民个人

电子信息,无论采取何种方式,无论数量大还是数量小,都构成这种侵权行为,应当承担侵权责任。在实践中,这种侵权行为通常是非法获取的信息数量巨大,但作为侵权行为,由于受到侵害的是个人而不是集体,而每一个人作为被侵权人起诉,可能都不是大量的被侵害。为了更好地保护公民个人的电子信息,凡是侵害了公民个人电子信息,被侵权人起诉的,就应当认为构成侵权责任。

(二)非法出售公民个人电子信息

《决定》规定,非法出售公民个人电子信息的行为构成侵权行为。出售是有偿行为,行为人在出售行为中获取非法利益,情节更为恶劣。非法出售公民个人电子信息的行为人,是网络服务提供者、其他企业事业单位、国家机关工作人员以及其他任何组织和个人。在司法实践中,通常是有权获取公民个人电子信息的单位在获得公民个人电子信息后,这些单位的工作人员个人私自非法出售,获取私利。当然也有单位非法出售公民个人电子信息的,也构成侵权责任。不论是非法获取的公民个人电子信息,还是合法获取的公民个人电子信息,不论是单位还是个人,凡是将公民个人电子信息非法出售给他人者,就构成这种侵权行为。

(三)非法向他人提供公民个人电子信息

《决定》规定,除了非法出售以外,非法向他人提供公民个人电子信息的,尽管没有获取非法利益,也构成侵权行为。非法向他人提供,是指违反法律规定,故意采取除了出售以外的任何行为方式,将公民个人电子信息提供给他人的行为,不论有偿还是无偿,均属之。任何组织和个人,无论采取何种方式获得的公民个人电子信息,都不得向他人非法提供。凡是非法向他人提供公民个人电子信息的,受害人都有权追究其侵权责任。

(四)非法泄露公民个人电子信息

《决定》规定,网络服务提供者、其他企业事业单位以及国家机关及其工作人员,都对公民个人电子信息负有保密义务。未尽保密义务,非法泄露公民个人电子信息,可以是故意所为,也可以是过失所致,都构成侵权责任。例如,公安交警部门电子执法获取的驾驶员违章同时涉及隐私的不雅照,将其公布,就构成非法泄露公民个人电子信息的侵权行为。⑤

(五)非法篡改公民个人电子信息

《决定》规定,网络服务提供者、其他企业事业单位以及国家机关及其工作人员,违反法律规定,非法对自己掌握的公民个人电子信息进行篡改的,构成侵权行为。非法篡改公民个人电子信息行为须故意而为,而不是无意中弄错。这种侵权行为,应当造成相当的后果,即由于公民个人电子信息被非法篡改而使公民民事权益受到损害。对于未尽谨慎义务,并非故意,而是无意中弄错公民个人电子信息,如果造成了严重

---

⑤ 参见杨立新:《"速度与激情"事件引发的民法思考》(本书第687页),载《河北法学》2012年第2期。

损害后果,也构成侵权行为而承担侵权责任。

(六)非法毁损公民个人电子信息

《决定》规定,网络服务提供者、其他企业事业单位以及国家机关及其工作人员,违反法律规定,未尽谨慎注意义务,非法毁损公民个人电子信息的,构成侵权责任。非法毁损包括故意和过失,是明知公民个人电子信息而故意毁损,或因过失而毁损,造成受害人的民事权益损害,应当承担侵权责任。

(七)丢失公民个人电子信息

《决定》规定,网络服务提供者、其他企业事业单位对合法获得的公民个人电子信息,必须妥善保管,善尽保管责任,如果不慎造成个人信息丢失,也构成侵权责任。丢失,应当是过失所为,并非故意,造成了受害人权益损害的,也应当承担侵权责任。

(八)违法发送电子信息侵扰生活安宁

《决定》第7条特别规定了发送垃圾电子信息的侵权行为。《决定》规定,任何组织和个人发送电子信息,都必须经过电子信息接收者的同意,或者经过请求,接收者表示愿意接收。未经同意或者请求,或者明确表示拒绝的,仍然向接收者的固定电话、移动电话或者个人电子邮箱发送商业性电子信息,构成侵权行为,应当承担侵权责任。

(九)泄露公民个人电子信息或侵扰他人的电子信息未及时采取补救措施

《决定》规定,如果公民发现了泄露自己的个人信息、散布个人隐私等侵害其合法权益的网络信息,或者受到了电子信息的侵扰的,都有权要求网络服务提供者删除有关信息或者采取其他必要措施予以制止。网络服务提供者如果没有及时采取必要措施,网络服务提供者与侵权人构成共同侵权行为,应当依照《侵权责任法》第36条的规定承担连带侵权责任。

(十)其他侵害公民个人电子信息的侵权行为

除此之外,尽管侵权人实施的侵权行为不是《决定》规定的上述侵权行为类型,但也侵害了公民个人的电子信息,在《决定》第1条第1款规定的"国家保护的能够识别公民个人身份和涉及公民隐私的电子信息"范围之内的侵权行为,也应当依照《决定》的规定认定为侵权行为,承担侵权责任。

四、侵害公民个人电子信息的侵权责任承担

对侵害公民个人电子信息侵权行为的责任承担,《决定》只在第11条笼统规定了一个规则,即:"侵害他人民事权益的,依法承担民事责任。"这个规定尽管简单,但确定了制裁侵害公民个人电子信息侵权行为的法律依据,据此即可确定这类侵权行为的侵权人承担侵权责任。除此之外,《决定》还在其他条文中规定了采取补救措施,立

即停止传输该信息、采取消除信息等处置措施以及删除、采取其他必要措施等民事制裁手段。

关于侵害公民个人电子信息侵权责任形态,涉及自己责任还是替代责任问题,依照《侵权责任法》第34条第1款的规定,符合用人单位损害责任的,应当由单位网络服务提供者、其他企业事业单位以及国家机关承担替代责任。如果工作人员实施的侵权行为完全与行使职权没有关系,不构成用人单位责任的,应当由侵权人自己承担责任。不过,在目前侵害公民个人电子信息非常严重的情况下,凡是这些单位的工作人员侵害公民个人电子信息与职务有关的,尽量确定用人单位的替代责任,在用人单位承担责任之后,强调用人单位对具体行为人享有追偿权。这样,既能够制裁违法行为人,又能够更有力地保护公民个人的电子信息和隐私权。

确定侵害公民个人电子信息侵权行为的责任承担,应当根据侵权案件的实际情况决定。构成单独侵权行为的,应当由侵权人自己承担侵权责任;构成共同侵权行为的,应当承担连带责任,例如,第8条规定网络服务提供者没有及时删除侵权信息或者采取必要措施制止侵权行为的,应当按照《侵权责任法》第36条第2款或者第3款的规定,与具体实施侵权行为的侵权人共同承担连带责任。⑥

立即停止传输该信息的方式,属于停止侵害的侵权责任方式。按照《侵权责任法》第15条的规定,侵权行为正在进行的,被侵权人有权请求停止侵害,制止正在实施的侵权行为。对被侵权人的这种请求,法院应当支持,判决侵权人立即停止传输该侵权信息,防止侵权后果扩大。

采取补救措施、采取消除信息等措施,都是消除侵害公民个人电子信息的侵权后果,与《侵权责任法》第15条规定的消除危险、排除妨碍相似。在司法实践中,应当参照上述规定,适用这些侵权责任方式。

应当研究的是,在司法实践中处理侵害公民个人电子信息侵权行为纠纷案件,确定侵权责任,判决书是否应当援引《决定》的规定。全国人大常委会所作的决定,其性质属于法律,在司法实践中,确定侵害公民个人电子信息侵权行为的法律适用,应当援引《决定》的相关条文,同时应当援引《侵权责任法》第6条第1款的规定,作为请求权的法律基础。

五、侵害公民个人电子信息侵权行为与一般侵权行为的关系

在快要写完这篇文章的时候,笔者一直在考虑这样一个问题,即研究侵权行为,是否要像研究刑事犯罪通过揭示该罪的罪状一样,进行具体研究吗?

回答这个问题的最好答案是,《刑法》规定犯罪的原则是罪刑法定,即法无明文不

---

⑥ 参见杨立新:《侵权责任法》,法律出版社2011年版,第243页。

为罪,并且禁止类推适用法律。而民法规定特别是《侵权责任法》的规定并不是这样,而是规定侵权行为的一般条款,凡是符合侵权行为一般条款要求的违法行为,就认为是侵权行为,就应当承担侵权责任。因此,除非特别有必要,侵权责任法并不描绘一般侵权行为的"罪状",而是规定侵权行为的构成要件,用侵权行为一般构成要件判断是否构成侵权行为。⑦

既然如此,还有必要研究和描述属于一般侵权行为的侵害公民个人电子信息侵权行为的"罪状"吗?对此,笔者的看法是:

(1)我国《侵权责任法》规定的一般侵权行为,打破了法律对一般侵权行为不作具体列举,在规定侵权行为一般条款之后,只对特殊侵权行为作出具体规定的做法,在第四章至第十一章对一般侵权行为的类型也特别规定了属于一般侵权行为的特别类型,例如,暂时丧失心智的损害责任(第32条)、网络侵权责任(第36条)、违反安全保障义务的侵权责任(第37条)、医疗损害责任(第七章)等,都属于一般侵权行为,立法都作了特别规定。因此,尽管侵害公民个人电子信息侵权行为是一般侵权行为,《决定》作出特别规定,也是有先例的,并不奇怪。

(2)既然法律已经对某种一般侵权行为的特殊情形作出了具体规定,就是为了特别强调对这种侵权行为类型的制裁,应当作为制裁该种特殊侵权行为的法律依据,据此确定侵权责任。可见,法律对侵害公民个人电子信息的侵权行为进行具体列举,学说对这种侵权行为类型进行具体行为的研究,对掌握侵权行为的表现和确定侵权责任都是有益的。

应当看到的是,在依照《决定》制裁侵害公民个人电子信息侵权行为的同时,也必须认识到,对于任何单位和个人侵害自然人的其他个人信息的行为,也都应当认定为侵权行为,承担侵权责任。在法律适用上,不必参照《决定》的规定制裁其他侵害自然人个人信息的侵权行为,而是直接适用《侵权责任法》第6条第1款的规定,依照过错责任原则确定侵权责任。原因是,自然人个人信息包含在《侵权责任法》第2条第2款规定的隐私权概念之中,自然人个人信息在《侵权责任法》的保护范围之内,任何侵害自然人个人信息的行为,都应当按照《侵权责任法》第6条第1款的规定确定侵权责任。对此,没有任何疑问。要解决的问题有二:一是自然人作为民事主体,应当理解《侵权责任法》上述规定对制裁侵害自然人个人信息的重要作用,受到侵害后,应当理直气壮地向法院起诉。二是各级人民法院的民事法官,应当明确制裁侵害自然人个人信息行为对保护隐私权的重要意义,改变观念,不要认为侵害个人信息必须达到严重后果才能予以制裁,凡是侵害自然人个人信息的违法行为,都构成侵权责任,都应当予以民法制裁。只有这样,才能更好地保护自然人的个人信息,改变目前侵害个人信息猖獗的局面,维护好市民社会的正常秩序。

---

⑦ 参见张新宝:《侵权责任法》,中国人民大学出版社2010年版,第27页。

公民个人电子信息保护的法理基础[*]

2012年12月28日,第十一届全国人民代表大会常务委员会第三十次会议通过了《关于加强网络信息保护的决定》(以下简称《决定》),并且立即生效。它鲜明地规定了公民个人电子信息受到法律保护,任何违反《决定》的侵害公民个人电子信息的行为,都应当受到刑事责任、行政责任或者民事责任的追究。《决定》生效至今,已经半年了,在社会生活中并未看到侵害公民个人电子信息的行为有明显减少,公民个人电子信息保护状况明显增强的状况,《决定》并未有效实施。这说明,"徒法难以自行"是千真万确的。作为研究民法的学者,笔者对这种状况无比担忧,尽自己之力,阐释保护公民个人电子信息的法理基础,期望能够引起各界的重视,落实《决定》,保护好公民个人的电子信息。

一、保护公民个人电子信息的《决定》的法律性质

《决定》公布实施以来,之所以在社会上并未发生预想的效果,其中有一个重要问题,就是对《决定》的性质认识不明确,因而使《决定》的社会作用大大打了折扣,无法发挥其重要作用。这些对《决定》的态度具体表现是:

(1)很多人认为,《决定》的真实目的是为了推行网络实名制,立法机关并不是想要制定一部真心实意保护公民个人信息的法律。对此,笔者认为,《决定》确实规定了网络实名制的内容,这就是第10条规定的内容。但是,在《决定》的12个条文中,其实只有一个条文是规定实名制的,其他的条文除了第12条是关于《决定》效力的条文之外,其他的条文都是规定保护公民个人电子信息的条文,占了90%以上的内容。因此,不能说《决定》就是为了规定实名制的。

(2)很多法学家都认为,"决定"不是法律的表现形式,是不规范的法律,应当取消,应被别的法律所替代。例如认为:"目前我国规范性法律文件的名称仍存在不少问题,全国人大常委会所制定的规范性法律文件,相当一些是有关法律问题的决议、决定、规定。"[①]因此,"简化法的名称,也意味着将决议、决定之类的名称从各种法的

---

* 本文发表在《法律适用》2013年第8期,合作者为首都经济贸易大学法学院助理教授陶盈博士。
① 朱立宇、张曙光:《立法学》,中国人民大学出版社2001年版,第232页。

名称中淘汰掉"。② 在这样的理论指导下,人们对"决定"这种名称的法律不作为法律对待,不待见它,是可想而知的。

(3)法院也没有把《决定》当做强制性的法律认真贯彻落实。从改革开放以来,每当国家有重要法律颁布实施,最高人民法院都要发布贯彻、执行或者适用该部法律的通知,对实施这部法律存在的问题作出解释或者说明。但是,在《决定》公布实施之后,最高人民法院对此没有作出任何解释和说明,对《决定》的重视程度还不如最高人民法院自己制定公布的一部司法解释。最高人民法院对《决定》采取这样的态度,可想而知,会对全国各级人民法院起到一个什么样的影响。

面对这些对《决定》的认识态度,有必要进行讨论,以端正对《决定》性质及其重要作用的认识。

(1)不能认为全国人大常委会的"决定"不是法律。"全国人大及其常委会所立法律的名称,就有法、决议、决定、条例、规定、办法、方案7种。"③尽管我国目前法律的名称过多、过杂,既容易使立法陷入混乱,又不容易使人们分清各种不同层次的法的效力等级、适用范围,还必然影响法的体系的统一和协调发展,有必要简化法的名称,实现法的名称的科学化④,这样的意见是对的。但是,不能否认的是,"决定"目前就是法律的一种。例如,1983年《全国人大常委会关于迅速审判严重危害社会治安的犯罪分子的程序的决定》、2005年《全国人民代表大会常务委员会关于司法鉴定管理问题的决定》等,就是用"决定"的形式颁布的法律,前者在1983年开展的"严打"中发挥了特别法的作用;后者在全国范围内的司法鉴定管理中发挥了重要作用。要进行立法改革,提出废止"决定"的法律形式,但立法机关制定的"决定",仍然是法律的形式,仍然具有法律性质,必须严格执行,学说上的改革建议并不能否认其法律地位。

(2)制定《决定》属于国家立法机关的立法权限。《立法法》第4条规定,"立法应当依照法定的权限和程序"。依照第7条规定,全国人民代表大会和全国人民代表大会常务委员会行使国家立法权,全国人民代表大会常务委员会制定和修改除应当由全国人民代表大会制定的法律以外的其他法律;在全国人民代表大会闭会期间,对全国人民代表大会制定的法律进行部分补充和修改。在保护公民个人电子信息,加强网络信息安全方面,全国人大常委会依照其立法权限,通过立法程序,制定《决定》,完全在全国人大常委会的立法权限之内,其制定的《决定》当然是法律。

(3)《决定》规定的内容属于法律的内容。《立法法》第8条第4项关于"犯罪与刑罚"的规定和第7项关于"民事基本制度"的规定,都属于制定法律的事项。《决定》的实质性条文共有11条,规定的主要内容,是赋予民事主体以个人信息保护的权利。这种权利属于民事权利,属于民事基本制度的范畴。《决定》的第11条规定了侵

---

② 周旺生:《立法论》,北京大学出版社1996年第2版,第581页。
③ 周旺生:《立法学》,法律出版社2009年第2版,第461页。
④ 参见周旺生:《立法学》,法律出版社2009年第2版,第461、462页。

害公民个人电子信息的刑事责任、民事责任和行政责任,都是《立法法》规定的需要制定法律的规范事项。因此,《决定》规定的上述内容都属于法律规定的事项,都属于法律的内容。因此,不能说《决定》不是国家法律。

应当看到的是,世界各国关于保护个人信息的规定都是法律文件,并且目前已有50多个国家和地区制定了相关法律。⑤ 1995年,欧盟制定了《关于涉及个人数据处理的个人保护以及此类数据自由流动的95/46/EC指令》(简称《欧盟数据保护指令》),并于2002年颁布了《关于电子通信领域个人数据处理和隐私保护的2002/58/EC指令》(简称《欧盟电子隐私指令》)。1978年,法国颁布了关于数据处理、数据文件及人身自由的《信息技术与自由法案》,规定收集和处理、使用个人数据,不得损害数据主体的人格和身份以及私生活等。英国在1984年制定了《数据保护法》,并在1998年进行了修订,强调搜集取得个人信息必须征得有关个人的同意,必须采取安全措施,以防止个人数据未经许可而被扩散、更改、透露或销毁等。自2003年起,日本先后颁布了《个人信息保护法》《行政机关持有的个人信息保护法》《独立行政法人等持有的个人信息保护法》《信息公开、个人信息保护审查会设置法》以及《〈行政机关持有个人信息保护法〉等相关法律实施的完善》等。⑥ 此外,德国于1977年制定、2009年修订的《联邦数据保护法》、加拿大2000年制定、2011年修订的《个人信息保护与电子文件法》、新加坡2012年制定的《个人数据保护法》、韩国1994年制定、1999年和2011年修订的《公共机关个人信息保护法》以及我国台湾地区1995年制定、2010年新修订的"个人资料保护法",都是个人信息保护的专项法律。事实上,我国保护公民个人电子信息的《决定》,就其性质而言,就是中国的个人信息保护法,与前述世界各国制定的个人信息保护法同属于一个体系。

因此,《决定》是法律的一种,具有法律的强制效力,全国人民都必须遵守,全国各级人民法院都应当保障其实施。

在当前,全国人民法院应当特别注意《决定》中规定的民事法律规范,特别是制裁侵害公民个人电子信息的侵权责任规范,依照该《决定》第11条关于"侵害他人民事权益的,依法承担民事责任"的规定,确定侵害公民个人电子信息的9种侵权行为⑦,依法追究行为人的侵权责任,保障公民个人电子信息得到充分的保护。这对于保护公民个人电子信息具有更为重要的意义和作用,是制裁侵害公民个人电子信息的有力的法律武器,必须运用好。

---

⑤ 参见《新华视点:公民个人信息安全保障问题追踪》,载新华社2012年04月28日报道,http://www.gov.cn/jrzg/2012-04/28/content_2125976.htm。2013年5月10日访问。

⑥ 参见《行政機關の保有する個人情報の保護に関する法律等の施行に伴う関係法律の整備等に関する法律》(2003年法律第61号)载 http://law.e-gov.go.jp/announce/H15HO061.html。2013年5月10日访问。

⑦ 关于《决定》规定的9种侵害公民个人电子信息侵权行为的解释,参见杨立新:《侵害公民个人电子信息的侵权行为及其责任》(本书第720页),载《法律科学》2013年第3期。

二、公民个人电子信息的权利主体

《决定》在第 1 条开宗明义规定:"国家保护能够识别公民个人身份和涉及公民个人隐私的电子信息。""任何组织和个人不得窃取或者以其他非法方式获取公民个人电子信息,不得出售或者非法向他人提供公民个人电子信息。"这一条文明确规定保护的是公民的个人电子信息。这一条文明确,个人电子信息的权利主体是公民即自然人。这里有几个问题需要研究:

(一)为什么《决定》仍然规定权利主体为公民而不规定为自然人

在我国的民事立法上,最早规定民事主体制度的是《民法通则》,采用的方法是"公民(自然人)"的表述,与其相对应的是"法人"。事实上,公民和自然人的概念并不相同,公民是相对于国家而言,从民事权利主体的角度看,公民不包含外国公民和无国籍人。《民法通则》采取同时使用公民和自然人的表述,反映出我国民法既充分考虑新中国建立以来使用"公民"这个概念的做法,同时这样做也有利于我国与世界其他国家在民事法律规范的适用和研究方面的沟通和联系。[⑧] 民事立法的这种不当做法是早就明确的,在 1999 年制定《合同法》时,就已经将民事主体规定为自然人、法人以及其他组织,就是为了避免出现将民事主体规定为公民存在的上述问题。

《决定》将个人信息保护的权利主体又界定为公民,其依据是什么,立法者并没有说明。笔者认为,首先,《决定》将个人信息的权利主体规定为公民,主要原因在于强调对公民个人电子信息的保护是政府的职责。全国人大常委会法工委副主任李飞在其立法说明中提到,"政府有关部门及其工作人员对在履行职责中知悉的公民个人信息同样负有保密义务","赋予有关部门对网络活动进行监管的必要权力"[⑨],说的就是这个意思。其次,由于《决定》不仅规定了民事责任,同时还规定了刑事责任、行政责任(属于公法的内容),因此使用公民的概念,具有更大的涵盖性。再次,对于公民的概念在民法理论上的理解,应当以《民法通则》的规定为基点;关于侵权行为和民事责任的规定,应当将公民解释为自然人,即基于自然出生而取得民事主体资格的人,包括中国公民、外国公民和无国籍人。[⑩] 对于在中国的外国人和无国籍人的个人电子信息,也都应当同中国公民予以同等保护,而不能歧视或进行不同等的保护。在中国的外国公民、无国籍人的个人信息一旦在中国境内被中国的政府部门、企业、团体或者个人侵害造成损失,有权依照《决定》的规定请求救济,保护其个人信息。

(二)为什么没有规定法人也是电子信息的权利主体

《决定》规定保护公民个人电子信息,意味着法人以及其他组织都不在《决定》保

---

⑧ 参见佟柔主编:《中国民法学·民法总则》,中国人民公安大学出版社 1990 年版,第 89 页。
⑨ 《全国人大常委会审议关于加强网络信息保护的决定草案》,载搜狐新闻网,2013 年 5 月 13 日访问。
⑩ 参见王利明主编:《民法》,中国人民大学出版社 2000 年版,第 52 页。

护之列。有人对此提出质疑,但这种质疑是没有根据的。原因在于:首先,对信息、数据需要进行特别保护的,应当是个人而不是法人。随着我国信息化建设的不断推进,信息技术的广泛应用,信息网络的快速普及,确实给信息安全带来更为严峻的挑战,其中最容易受到侵害的就是公民的个人信息,政府部门、有关企业和团体随意收集、擅自使用、非法泄露,甚至倒卖公民个人电子信息等违法活动比比皆是。手机短信、电子邮件中出现的大量垃圾电子信息,就是非法侵害公民个人电子信息的严重后果。因此,最需要保护的,就是公民个人的电子信息。《决定》对此作出明确规定,是完全正确的。

对法人以及其他组织的信息保护问题,并不是通过个人信息保护法进行的,而是通过商业秘密权的保护进行的。法人和其他组织享有的信息,多数属于商业秘密的范畴,按照商业秘密进行保护,能够得到妥善的保护。这是《决定》只保护公民个人电子信息的重要原因。

三、保护公民个人电子信息的权利基础

(一)对保护公民个人电子信息的权利基础的不同认识

保护公民个人电子信息的权利基础究竟是什么,学者有不同意见。

第一种意见认为,公民个人电子信息的权利基础是隐私权。这种意见认为,隐私权保护的范围包括私人信息、私人活动和私人空间。在2002年的官方民法草案中,就把隐私权的保护范围界定为私人信息、私人活动和私人空间以及生活安宁。公民个人电子信息就是个人信息,按照《决定》的规定,就是"能够识别公民个人身份和涉及公民个人隐私的电子信息"。既然如此,公民个人电子信息的权利基础当然就是隐私权。在国际上,英美法系国家也是多通过隐私权模式保护个人信息。较早提出"个人信息控制权"概念的美国宪法学者艾伦·威斯汀(Alan F. Westin),于1967年将隐私权界定为"自己决定何时、如何和在何种程度上传递有关个人信息给其他人的权利"[11],即对个人信息进行控制的权利,后来被解释为"个人信息控制权",并被各国学者所接受。日本学者进一步认为,创设这种权利就是为了更好地保护个人隐私,个人信息控制权是隐私权的核心内容,甚至几乎可以等同于隐私权。

第二种意见认为,公民个人电子信息的权利基础是信息权。所谓信息权,即个人信息权,是指信息主体依法对其个人信息所享有的支配、控制并排除他人侵害的权利,其具有人格利益和财产利益双重属性,是人格权派生的权利,是一项独立的权利。[12] 其权利内容具体包括信息决定权、信息保密权、信息查询权、信息更正权、信息

---

[11] See Alan F. Westin, Privacy and Freedom (1967). "Privacy is the claim of individuals, groups, or institutions to determine for themselves when, how, and to what extent information about them is communicated to others."

[12] 参见齐爱民:《个人信息保护法原理及其跨国流通法律问题研究》,武汉大学出版社2004年版,第109—110页。

封锁权、信息删除权和报酬请求权。[13] 个人信息具有可识别性,体现了人格特征,个人信息权不同于隐私权,应该作为一种具体人格权加以保护。[14] 大陆法系国家有的也采用独立的具体人格权模式,如德国在20世纪60年代虽然曾经引入个人信息保护的隐私权理论,但1983年,联邦宪法法院的判决重新确立了人格权基础的保护模式。1990年制定的《个人资料保护法》更是明确规定:"本法之目的在于保护个人免于因个人资料的传输造成人格权的侵害。"

第三种意见认为,公民个人电子信息的权利基础是个人数据所有权。这种意见认为,个人电子信息有经济价值,具有财产权的性质,根据所有权原理,可以对个人信息进行占有、使用、收益和处分。学者认为,个人信息确实具有财产的因素,因为信息资料都蕴含着一定的商业价值,其本身也可以作为财产加以利用。[15] 还有学者也主张,个人数据的所有权为该数据的生成者所拥有,所有权人均享有对个人数据的占有、使用、收益、处分权。个人数据所有者的权利是两种权利的结合:其一,是基于数据所有者对数据的所有权而产生的个人权利;其二,是基于该数据所有者所提供的个人数据作为个人数据集合体——数据库的组成部分而产生的集合权利。

个人数据的所有者是该数据的生成体个人,无论他人对主体个人数据的获取方式与知悉程度如何,都不能改变个人数据的所有权归属。[16] 在国际上,美国学者安·布兰斯康(Anne Wells Branscomb)在《出卖信息》一书中提出:"我们的姓名、地址与个人交易记录,都是有用的信息财产,我们必须认识到,我们对这些都是有财产权的。"[17] 美国隐私经济学理论代表人物波斯纳认为,隐私权可以分为两部分:一部分是独处的权利;另一部分是保有秘密的权利。[18] 信息主体对他们的信息拥有产权,并应该允许他们就这些拥有产权的信息进行交易。[19]

(二)公民个人电子信息不属于财产权利

笔者认为,公民个人的电子信息虽然具有财产利益属性,但并不同于所有权。首先,所有权是对特定物的排他的、独占的支配关系,而个人信息的首要特性并非财产属性,其客体不是一般的物,而是体现人格特征,具有可识别性的个人信息。英国法学家布莱克斯通曾说:"财产所有权是一个人能够在完全排斥任何他人权利的情况

---

[13] 参见齐爱民:《论个人信息的法律保护》,载《苏州大学学报》2005年第2期。
[14] 参见王利明:《论个人信息权在人格权法中的地位》,载《苏州大学学报》2012年6月号。
[15] 参见刘德良:《个人信息的财产权保护》,载《法学研究》2007年第3期。
[16] 参见汤擎:《试论个人数据与相关的法律关系》,载《华东政法学院学报》2000年第5期。
[17] 转引自简荣宗:《网路上资讯隐私保护问题之研究》,台湾东吴大学硕士论文,载http://ndltd.ncl.edu.tw/cgi-bin/gs32/gsweb.cgi?o=dnclcdr&s=id=%22088SCU00194005%22.&searchmode=basic. 2013年5月10日访问。
[18] See Richard A1 Posner, The Economics of Justice, Harvard University Press, 1981, pp. 1272 - 2731.
[19] 转引自齐爱民:《个人信息保护法研究》,载《河北法学》2008年第4期。

下,对世间的外部事物所主张并行使的那种专有和独断的支配权。"⑳而公民个人电子信息权利的客体是个人信息,在信息社会中高度流通的个人信息本身就具有不易控制性,在不侵犯个人隐私或者符合公共利益的情形下还有一定程度的公开性和共享性。其次,所有权具有占有、使用、收益和处分的权能,而个人数据同时具有人格利益属性,并不能简单地进行占有、使用、收益和处分。最后,当个人信息权利受到侵犯时,其救济方式也不适用返还原物、恢复原状等物权请求权,更多情况下类似侵犯人格权的情形,适用停止侵害、恢复名誉、消除影响、赔礼道歉、赔偿损失等救济方式。通过赔偿损失进行救济时,也不能将个人信息作为单纯的财产计算实际损害数额,而要综合考量信息主体的特殊性,确定具体赔偿标准。

(三) 公民个人电子信息的权利基础是隐私权

关于隐私权的概念界定,《牛津法律大辞典》认为,隐私权是不受他人干扰的权利,关于人的私生活不受侵犯或不得将人的私生活非法公开的权利要求。㉑ 日本学界在 20 世纪 70 年代以后认为,隐私权的核心即个人信息控制权,包括宪法和民法学者都认为,隐私权概念的发展过程由当初美国的"不要别人管的权利"开始,到今天的"个人信息的自我控制权",再发展到将其理解为"自我决定权"。㉒ 五十岚清认同佐藤幸治等提倡的个人信息的自我控制权,并且根据日本的判例和法官的意见,指出隐私权是指"私生活(个人的生活领域)不被他人随意侵入,不想被他人知道的私生活上的事实、信息有不被公开的权利"。㉓ 王泽鉴认为:"隐私权的保护范围包括个人的私密空间及信息自主(信息隐私)。其保障范围包括:①'私生活不受干扰',即个人得自主决定是否及如何自公众引退、幽居或独处,而保有自我内在空间,可称为空间隐私;②信息自主,即得自主决定是否及如何公开关于其个人的数据(信息隐私)。"㉔ 梁慧星教授认为:"隐私权是特定民事主体享有的对其个人事务、个人信息和个人领域得自主支配,排除他人侵扰的具体人格权。"㉕张新宝教授认为:"隐私权是自然人依法享有的住居不受他人侵扰以及保有内心世界、财产状况、社会关系、性生活、过去和现在其他纯属个人的不愿为外界知悉的事务的秘密权利。"㉖王利明等学者认为:"隐私权是自然人享有的对其个人的、与公共利益无关的个人信息、私人活动和私有领域进行支配的一种人格权。"㉗还有学者提出,隐私权是自然人在私生活领域内对

---

⑳ 转引自〔德〕罗伯特·霍恩、海因·克茨、汉斯·G.莱塞:《德国民商法导论》,楚剑译,中国大百科全书出版社 1996 年版,第 189 页。
㉑ 参见《牛津法律大辞典》中文版,光明日报出版社 1988 年版,第 719 页。
㉒ 〔日〕五十岚清:《人格权法》,北京大学出版社 2009 年版,第 159—160 页。
㉓ 〔日〕五十岚清:《人格权法》,北京大学出版社 2009 年版,第 160 页。
㉔ 王泽鉴:《人格权的具体化及其保护范围·隐私权篇》,载《比较法研究》2009 年第 1 期。
㉕ 梁慧星、廖新仲:《隐私的本质与隐私权的概念》,载《人民司法》2003 年第 4 期。
㉖ 张新宝:《隐私权研究》,载《法学研究》1990 年第 3 期。
㉗ 王利明主编:《人格权法新论》,吉林人民出版社 1994 年版,第 487 页。

其私人信息、私生活安宁以及私人事务自主决定和控制的人格权[28]，以及自然人所享有的私人领域不受非法侵犯、个人信息不被非法获得和公开的一种独立的人格权。[29] 在这些对隐私权的定义中，都包括了"自己情报""自我资料""财产状况、社会关系""个人信息"等内容。这些内容，无疑都包括公民个人的电子信息。

对于隐私权的概念，笔者的定义是："隐私权是自然人享有的对其个人与公共利益无关的私人信息、私人活动和私人空间等私生活安宁利益自主进行支配和控制，不得他人侵扰的具体人格权。"[30] 私人信息概括在隐私权保护的范围之中。笔者的这个结论，至少基于以下两点理由：

（1）《决定》第 1 条第 1 款规定："国家保护能够识别公民个人身份和涉及公民个人隐私的电子信息。"这实际上是给公民个人电子信息的外延作出了定义，即公民个人电子信息的内容有两种：一是能够识别公民个人身份的信息，二是涉及公民个人隐私的信息。①能够识别公民个人身份的信息，是基于自然人的人身属性、人格要素发生的个人信息，例如，姓名、性别、年龄、特点、住所、通信、电话号码、电子邮箱等皆是，凡是基于某个具体信息能够识别公民个人身份的，就是个人的身份信息。这些信息都包括在隐私权保护的个人信息之中。②涉及公民个人隐私的信息，是有关自然人隐私的信息、私人活动信息和私人空间信息。公民进行与公共利益无关的私人活动，这些活动的信息，属于个人信息。同样，有关公民私人空间的信息，也是私人信息。可以得出的结论是，按照隐私权保护的内容区别，凡属于私人资讯的信息，就是个人身份信息；除此之外的隐私内容，例如涉及私人活动和私人空间的有关信息，也都是涉及公民个人隐私的信息。[31]

（2）公民个人电子信息的属性是电子化的个人信息。按照《决定》的规定，受到特别保护的是公民个人的电子信息。这里突出的是"电子"信息。如何理解，应当认为是上述两种自然人的个人信息被电子化，成为电子化的个人信息。事实上，并非只有公民的个人电子信息才受《决定》的保护，凡是公民的个人信息，就都受《决定》的保护。《决定》之所以特别强调公民个人电子信息保护，是因为电子化的个人信息更容易受到侵害，且在网络中被侵害的可能性更大，更应当予以保护。其实可以通过推理，那就是，既然是公民个人电子信息受到法律保护，公民个人的其他信息包括非电子信息，当然也应当受到法律保护，没有不受法律保护之理。

（四）隐私权的弹性能够包含公民个人电子信息

对于隐私权的性质，尽管都认为是一个人格权，但对这个人格权的性质，却有不同的看法。在美国，隐私权是一个非常具有弹性的权利，差不多相当于德国法上的一

---

[28] 参见马特、袁雪石：《人格权法教程》，中国人民大学出版社 2007 年版，第 285 页。
[29] 参见张璐：《论隐私权的内涵》，载《法治与社会》2010 年 1 月号。
[30] 杨立新：《人格权法》，法律出版社 2011 年版，第 599 页。
[31] 参见杨立新：《侵害公民个人电子信息的侵权行为及其责任》（本书第 720 页），载《法律科学》2013 年第 3 期。

般人格权的性质,基于隐私权,可以创造出很多具体人格权。例如,美国法的姓名权、肖像权,以至于声音权、形象权等,都是隐私权派生出来的人格权。

在大陆法系,尽管隐私权并不是这样的具有极大弹性的人格权,但是,其所涵盖的内容,即隐私权所保护的隐私利益,是很宽泛的。例如,在隐私权中保护的隐私利益,就包括私人信息、私人活动和私人空间,也包括个人生活安宁。事实上,凡是属于个人私生活领域的问题,都是个人隐私,都概括在隐私权保护的范围之中。公民个人电子信息的性质就是私人信息,本来就概括在隐私利益之中,当然就在隐私权的保护之下。将公民个人电子信息作为隐私权保护的内容,是完全有道理的,是符合法律规定的。

在学者的关于隐私权的论述中,多数认为隐私权包括个人信息权。王泽鉴教授认为,资讯隐私系美国法上 Information Privacy 的翻译,资讯自主权(Infornationelles seibesmmungsrecht)为德国法上的概念,乃一般人格权的具体化的保护范围,不仅是宪法上的权利,并为受侵权行为法保护的私权。因此,隐私权的保护范围包括个人的生活私密领域及资讯自主。在现代资讯社会,资讯自主为法律规范的重点。[32] 因此,王泽鉴将我国台湾地区的"个人资料保护法"列为隐私权的范围。[33] 王利明教授借用张新宝教授对隐私权概念的定义,认为隐私权是公民享有的私生活安宁与私人信息依法受到保护,不被他人非法侵扰、知悉、收集、利用和公开的一种人格权。而隐私权所保护的隐私,就包括信息隐私、空间隐私以及自觉隐私等领域。[34] 姚辉教授认为,隐私权的内容包括:一是个人生活安宁权;二是个人生活情报保密权;三是个人通讯秘密权;四是个人隐私利用权。[35] 其中个人生活情报保密权,就包括个人信息权。马特和袁雪石认为,隐私权是自然人在私生活领域内对其私人信息、私生活安宁以及私人事务自主决定和控制的人格权。[36] 私人信息,也称为个人情报资料,包括所有的个人情况,无论是何种存在形态,私人信息均受法律保护,未经本人同意,禁止非法窥视、窃听、刺探、偷录、偷拍、披露他人的私人信息。[37] 而笔者对隐私权的界定,也包括私人信息的保护,即"隐私权是自然人享有的对其个人与公共利益无关的私人信息、私人活动和私人空间等私生活安宁利益自主进行支配和控制,他人不得侵扰的具体人格权"。[38]

在上述列举的学者论述中,几乎概括了这方面主要学者的观点,都一致认为个人信息的保护,就是隐私权的任务,个人信息是隐私的内容之一。很多人认为,我国并不存在个人信息权,或者说中国并不存在个人信息保护法。而笔者认为,既然《侵权责任法》第2条第2款规定了隐私权的概念,就不能认为我国立法不承认隐私权,而

---

[32] 参见王泽鉴:《人格权法》,台北三民书局2012年版,第244、245页。
[33] 参见王泽鉴:《人格权法》,台北三民书局2012年版,第246页。
[34] 参见王利明:《人格权法研究》,中国人民大学出版社2005年版,第567、559页。
[35] 参见姚辉:《人格权法论》,中国人民大学出版社2011年版,第421页。
[36] 参见马特、袁雪石:《人格权法教程》,中国人民大学出版社2007年版,第285页。
[37] 参见马特、袁雪石:《人格权法教程》,中国人民大学出版社2007年版,第2893—294页。
[38] 杨立新:《人格权法》,法律出版社2011年版,第599页。

其中就包括了个人信息的保护。而自从《决定》问世,我国就有了单独的个人信息保护法。可见,我国个人信息保护特别是公民个人电子信息的保护,就是隐私权所负担的任务。

由此可见,隐私权就是公民个人电子信息保护的权利基础。隐私权这样一个具有较大弹性的具体人格权,完全有能力将公民个人电子信息的保护涵盖在内。当公民个人电子信息受到侵害的时候,就可以依据《决定》的具体规定、根据《侵权责任法》第2条第2款以及第6条第1款的规定,确认侵权责任,对权利主体进行保护。

四、公民个人电子信息民法保护的具体方法

依照《决定》关于对侵害公民个人电子信息"侵害他人民事权益的,依法承担民事责任"的规定,用民事责任的方法保护公民个人电子信息的主要方法,一是人格权请求权的方法;二是侵权请求权的方法。

(一)人格权请求权的保护方法

人格权请求权是指民事主体在其人格权的圆满状态受到妨害或者有妨害之虞时,得向加害人或者人民法院请求加害人为一定行为或者不为一定行为,以恢复人格权的圆满状态或者防止妨害的权利。[39] 在我国《民法通则》以及其他民事立法中,并未明文规定人格权请求权,但是,人格权请求权的存在是学者都承认的。在特定的人格权法律关系之中,人格权作为一种绝对性的支配权,当不特定的义务主体违反了消极的不作为义务,对权利主体的人格权造成侵害时,在权利主体与义务主体之间形成了以"请求权"为内容的"人格权救济权法律关系"[40],此时,权利主体有权请求义务主体实施某种作为或不作为,以达到对人格权的保护。这种请求才是人格权本身基于其权利保护所固有的,与依照侵权责任法请求救济的侵权请求权有本质的不同。[41]

当今世界各国民法所规定的人格权保护请求权,有以下几种立法例:

(1)规定个别具体人格权的请求权,在总则中直接规定姓名权的请求权。例如,《德国民法典》第12条、《意大利民法典》第7条、第8条、《泰国民法典》第42条,《埃塞俄比亚民法典》第46条,以及我国台湾地区"民法"第19条等。

(2)规定人格权的某种请求权,如《埃塞俄比亚民法典》第10条、我国《大清民律草案》第51条、《民国民律草案》第18条,都规定了人格权的停止妨害请求权。《俄罗斯民法典》第1065条规定了人格权的排除妨害请求权。

(3)全面规定人格权请求权。《越南民法典》是全面规定人格权请求权的立法。该法第27条规定:"当公民的人身权受到侵犯时,该公民有权:(1)要求侵权行为人

---

[39] 参见杨立新、袁雪石:《论人格权请求权》(本书第499页),载《法学研究》2003年第6期。
[40] 马俊驹:《人格和人格权理论讲稿》,法律出版社2009年版,第336页。
[41] 参见姚辉:《人格权法论》,中国人民大学出版社2011年版,第236—237页。

或请求人民法院强制侵权行为人终止侵权行为,公开赔礼道歉、改正;(2)自行在大众通讯媒介上更改;(3)要求侵权行为人或请求人民法院强制侵权行为人赔偿物质、精神损失。"这一规定涉及了人格权请求权的所有方面,是一个关于人格权请求权的全面、完整的规定。《阿尔及利亚民法典》也是全面规定人格权请求权的立法。该法第47条规定:"当事人基于人格享有的固有权利遭受不法侵害时,得请求停止侵害和损害赔偿。"可见,各国民法典尽管规定的人格权请求权的立法例并不相同,但是多数国家的民法典是确认人格权请求权的。民法单独规定人格权请求权的基本做法,反映了人格权请求权客观存在的现实。因此,人格权请求权应当作为一项法律制度独立存在。人格权请求权的内容包括排除妨害请求权和停止妨害请求权,侵权请求权的内容为恢复原状请求权。

不仅如此,在美国和澳大利亚,关于个人信息的保护,就是规定在隐私权法中的。例如,美国1974年《隐私权法》明确规定:"个人记录是指,行政机关根据公民的姓名或其他标识而记载的一项或者一组信息。"澳大利亚1988年《联邦隐私法》规定:"个人信息是指,有关身份已明确或可以被合理地确定身份的个人的信息或者评价(包括信息或者是构成数据库组成部分的评价),无论是否真实,也无论以何种形式记录。"这种明确以隐私权保护个人信息的做法,特别明确地表明了隐私权是个人信息的权利基础。

确认人格权请求权为独立的请求权制度,具有以下意义:第一,确认人格权请求权为独立请求权,是对人格权保护制度的完善,对"民法是人法"精神的进一步弘扬。第二,确认人格权请求权为独立的请求权,是对私法请求权思考方法的完善。第三,确认人格权请求权为独立请求权,有利于厘清侵权法体系上的混乱。[42] 隐私权是公民个人电子信息的权利基础,公民个人电子信息受到侵害,就是隐私权受到侵害。隐私权受到侵害的,基于人格权请求权,向法院起诉权利损害的救济方法,是完全可以的。

(二)侵权责任请求权的保护方法

我国《侵权责任法》第3条专门规定了侵权责任请求权,即:"被侵权人有权请求侵权人承担侵权责任。"在侵权损害赔偿法律关系中,赔偿权利人即被侵权人所享有的权利,是侵权损害赔偿请求权。[43]

侵权责任请求权简称为侵权请求权,是权利保护的另一种方法,与权利保护请求权中的原权请求权相对应,是新生的权利,叫做次生请求权。[44] 原因在于,侵权请求权在发生之前,侵权请求权法律关系的双方当事人之间并不存在相对的权利义务关系。某甲和某乙二人或者是素不相识,或者是亲密友好,如果没有这种请求权发生根据的法律事实及侵权行为的出现,他们就都是平等的权利主体,不存在相对的法律关系,

---

[42] 参见杨立新、袁雪石:《论人格权请求权》(本书第499页),载《法学研究》2003年第6期。
[43] 参见杨立新:《侵权责任法》,法律出版社2012年第2版,第22页。
[44] 参见杨立新:《债法总则研究》,中国人民大学出版社2007年版,第8页。

任何人都不能请求另一方履行义务以满足自己的要求。只有发生了侵权行为,一方的行为造成了另一方的损害,才能在被侵权人一方发生侵权请求权。这个请求权是新生的权利,是原来所没有的请求权。其基本功能,就是救济受到损害的权利。

在公民个人电子信息受到侵害,其隐私权受到损害后,被侵权人依法享有侵权损害赔偿请求权,有权依法行使该请求权,请求侵权人承担损害赔偿责任,包括精神损害赔偿责任,保护自己的隐私权,救济自己的损害,预防并制裁违法行为人,促进社会和谐稳定。[45]

(三)目前用侵权责任请求权的方法保护公民个人电子信息的实用性

救济侵害公民个人电子信息造成隐私权损害的,适用人格权请求权和侵权请求权予以救济,存在不同的后果,应当区别情况,根据自己的利益,选择不同的请求权行使。

(1)两种请求权的性质不同。人格权请求权是每一个人格权内容中都包含着的救济权,人格权一旦受到侵害,权利人即可行使这个原来就有的权利,保护自己的权利不受侵害,损害得到及时救济。侵权请求权是一个新生的权利,在没有侵权行为发生之前并不存在这个权利。只有权利被侵害之后,并且造成了实际损失,符合《侵权责任法》规定的构成要件的,才能够产生这个权利,并行使这个权利救济自己的损害。从这个意义上说,行使两个请求权,人格权请求权相对简单,而行使侵权请求权则相对较难。

(2)两种请求权的行使和构成要求不同。人格权请求权是权利内容之一,是已经存在的请求权,损害发生,不须具备必要条件,就可以直接行使。侵权请求权不同,不仅要具备法定的构成要件,而且必须具备过错要件,才能够产生。没有过错的,特别是在侵害精神型人格权包括隐私权在内,都必须具备过错才能够成立侵权请求权。否则不能行使侵权请求权救济损害。

(3)人格权请求权与侵权请求权的救济方法不同。人格权请求权的救济方法通常是停止侵害、排除妨碍、恢复原状、消除影响、赔礼道歉等非财产方式,一般不包括损失赔偿责任。而侵权请求权的主要救济方法就是损害赔偿,即责令侵权人支付金钱,补偿被侵权人的权利损害,并且可以承担精神损害赔偿责任甚至惩罚性赔偿责任。因此,救济力度更大。

(4)人格权请求权和侵权请求权的权利存续期间不同。人格权请求权通常不受诉讼时效限制,而侵权请求权必须接受诉讼时效期间的限制,超过诉讼时效期间,对方当事人产生永久性抗辩权,可以对抗侵权请求权。

基于人格权请求权和侵权请求权的上述区别,当权利人的公民个人电子信息被侵害时,应当根据自己诉请的责任方式不同,决定应当行使的请求权。如果只请求违法行为人承担非财产性的责任,则行使人格权请求权最为稳妥,效果也会最好。但是

---

[45] 参见《侵权责任法》第1条的内容。

如果权利人要请求被侵权人承担损害赔偿责任，则必须行使侵权请求权方可实现。

在当前，在人民法院的民事审判中，对人格权请求权和侵权请求权的区分并不严格，甚至很多法官并不知道有此区别。因此，在公民个人电子信息受到侵害损害了隐私权的时候，权利人救济自己的损害的最佳方法，就是行使侵权请求权，救济损害，保护自己。同时，由于对被侵权人的金钱制裁最为有效，因此，行使侵权请求权对侵权人的制裁最为有效，不仅有利于制裁违法行为人，而且能够对社会进行一般的警示，预防侵权行为的发生，更好地维护社会和谐稳定。

当前最为重要的是，确定制裁侵害公民个人电子信息侵权行为的责任构成标准。在《决定》公布实施将近半年之后，侵害公民个人电子信息的侵权行为有增无减，行为人有恃无恐，我们每一个人收到的垃圾短信、垃圾邮件、骚扰电话有越来越多的倾向。这说明，对侵害公民个人电子信息的侵权行为的策略、标准都存在问题。应当看到的是，侵害公民个人电子信息的侵权行为，都是一对无限多，反过来，被侵权人主张侵权责任，则是无限多对一人，换言之，每一个受害人起诉侵权责任，只能起诉侵害自己隐私权的那个人，而且侵权的事实只能是自己受到侵害的那一个侵权信息。在很多法官看来，原告收到一个垃圾短信，难以认定为侵权责任，原因就在于情节单一，情节显著轻微。但是，无限多的情节单一，就构成了一个侵权人对无限多的人的侵害。如果仅有一个侵权行为无法制裁被侵权人的话，就会永远放任侵害公民个人电子信息的行为的继续发生，就永远也不会有效地制裁这种侵权行为，相当于纵容侵害公民个人电子信息的行为。笔者认为，这就是《决议》不能得到有效实施的关键所在。笔者建议，法院放宽侵害公民个人电子信息侵权责任的构成标准，只要有一次侵权，就可以追究侵权责任，并且可以引进《消费者权益保护法》修正案正在讨论中的最低赔偿额的制度，对一次侵权行为，可以请求最低赔偿额 500 元或者 1000 元的最低额赔偿金。如果能够这样，侵害公民个人电子信息的违法行为就会成为过街老鼠，人人喊打，我国的侵害公民个人电子信息的泛滥趋势就一定会被遏制，公民个人电子信息的保护就一定会取得更好的效果。

性自主权及其侵害的民法救济[*]

性自主权是否为一种独立的人格权,性自主权能否成为侵权行为的客体,在受到不法侵害时能否通过损害赔偿的方法进行救济,以及如何救济?上述问题在民法学说及民事审判实务上不无争议。本文将就此问题作如下探讨。

一、性自主权立法的沿革与现状

(一)贞操观念的演变

在原始人群中,人们没有贞操观念。原始人群对于性本能的追求,使得两性关系没有任何限制,处于杂交的阶段。《吕氏春秋·恃君览》称:"若太古尝无群矣。其民聚生群处,知母不知父,无父戚兄弟夫妻男女之道,无上下长幼之道。"在这样的两性生活中,根本无贞操观念可言。

随着社会的发展,人类性生活出现了第一种性禁忌,即要求人们在紧张的经济活动期间禁止发生性关系。这是人类对自己的性生活作出的第一次社会性规范。这是为了保持紧张经济活动时期男子的精力充沛,从而保证经济活动的高效率,它的目的,是出于经济上的考虑,而非贞操观念上的考虑。因此,这一时期也不存在贞操观念。

在此后的一个若干时期之后,出现了人类性生活关系中的第二个禁忌,即乱伦禁忌,规定配偶的选择,必须以血缘的远近为标准,最近的血缘关系之男女,不得通婚,不仅如此,而且直系血亲、旁系血亲中的父女之间、母子之间、兄弟姐妹之间绝对禁止性行为。乱伦禁忌是人类性关系发展史上的一次重大变革,它不仅仅是近亲繁殖使人口素质降低的客观后果教育了人类自己,同时也是道德和性这两个问题开始结合了起来。正是在这个时候,开始产生了贞操观念。贞操观念开始成为调整人们性生活关系的重要规范。远古的历史没有对此提供更多的证据,但18世纪仍保持着原始社会后期形态的平原印第安人的生活,却提供了翔实的材料。在这个平原上生活的切依因纳人社会,采取了很多的预防措施,以使妇女恪守贞操。这个部落以妇女的守身如玉而在整个印第安西部的部落中名闻遐迩,认为失去贞操的人永远为人所不齿。

---

[*] 本文原标题为《论贞操权及其侵害的民法救济》,原载《中国法学》1994年第4期(增刊),编入本书改为现标题,并且在文中作了修改,合作者为最高人民法院法官吴兆祥博士。

切依因纳人中每个进入青春期的姑娘都以带上一条贞洁带为荣,每个已婚妇女都得在丈夫外出旅行或自己只身外出时带上它。骚扰贞洁带的行为要受该女子的女性亲属的严厉制裁,可以将其用石块打死。一个犯过4次错误的妇女失去贞操,可以被抛在草原上成为无主妇女,也可以被丈夫邀请其朋友举行集会而共同轮奸她。男人也讲贞操,但没有受到如此普遍严格的限制。①

在婚姻家庭制度不断完善发展的过程中,贞操观念进一步充实起来。从开始的违反乱伦禁忌为失贞,转变为婚外性交为失贞,因而贞操成为夫妻互负的义务,尤其是对女子而言,具有特别的意义。妇女婚前失贞,几乎使人格价值下降到无,因而妇女将贞操视为生命,甚至比生命还宝贵,一旦失贞,不惜以死对抗。在中国古代封建社会,贞操观要求女子不失身,婚后从一而终,不改嫁。这种贞操观,是束缚妇女的封建枷锁。

直至现代,性利益成为男女平等的保持性纯洁的品行。人们追求、保持这种美好的品行,从而保持了社会的正常婚姻家庭制度和伦理,规范了人为的性生活关系的正常化,推进了社会的发展和文明的进步。

(二)性自主权立法沿革

在历史上以法律手段对性自主权进行保护,各国均有成例,最普遍的是对侵害妇女性自主权不法侵害的,以强奸罪等罪名进行刑罚制裁。对此,旧中国古代法律、罗马法以及其他各国古代法律都有规定。这些救济手段,都是刑法救济手段。以民事救济手段救济性自主权的侵害,始于19世纪的德国、普鲁士和撒克逊等邦的"嫁入之诉",其规定,使无夫的良家妇女受孕者,应与该妇女结婚,或给予结婚预备费,以增加其与第三人结婚的可能。在理论上,有对"嫁入之诉"反对者,认为嫁入之诉请求本来不能请求的事项,殊非正当,而请求给付结婚预备费,则系转嫁父的责任,亦属不合,对于诱惑人自另有正当的请求,即不法侵害贞操的,应使负侵权行为之责任,如受害人因此而受孕,得要求分娩及产褥之费用。② 这种立法和理论,开创了侵害性自主权予以民法救济的先河。

继之,《德国民法典》采纳理论上的主张,废止嫁入之诉,凡贞操受到不法侵害者,得为侵权行为上的请求,受孕时得请求赔偿,故该法第825条规定:"以诈欺、威胁或滥用从属关系,诱使妇女允诺婚姻之外的同居的人,对该妇女负有赔偿因此而生的损害的义务。"第847条第2款规定:"对妇女犯有违反道德的罪行或不法行为,或以诈欺、威胁或滥用从属关系,诱使妇女允诺婚姻以外的同居者,该妇女享有与前项相同的请求权。"这是现代以民事救济方法保护性自主权立法之始,在性自主权的民法保护上,具有划时代的意义。

日本法律关于侵权行为侵害客体采概括主义立法,对性自主权未设明文规定。

---

① 参见〔美〕E·A.霍贝尔:《初民的法律》,周勇译,中国社会科学出版社1993年版,第187—189页。
② 参见何孝元:《损害赔偿之研究》,台北商务印书馆1982年版,第161页。

学者就应否确认性自主权为独立权利,意见未臻一致。大正 15 年,日本大审院作出一则著名的 233 号的附带民事诉讼判决,其案件事实是:和田丙对其妻和田乙违背贞操义务,与渡边丁女发生情交,不但遗弃其妻和田乙不为扶养,且无与渡边断绝关系恢复其家庭生活的意思。对此,该判决认为:其一,和田乙女因其夫和田丙之侵权行为致断绝夫妻关系,和田丙对其结果自应负责。因此所生之侵害,当然有向和田乙女赔偿之义务。其二,渡边丁女明知和田丙有妻,尚与和田丙情交,并与之同栖,不能谓非侵害和田乙女的权利。其三,和田乙女不仅得依《民法》第 709 条及 710 条请求相当之慰抚金,且依渡边丁女与和田丙之共同侵权行为,和田乙女不得已而离婚所生之损害,该共同侵权人亦有共同赔偿之义务。③

(三)学说上的争论

尽管如此,各国立法明文以性自主权为独立的人格权的,毕竟为数不多,因而,在学说上出现肯定说和否定说两种不同的主张。

1. 肯定说

视性自主权为一种独立的人格权,认为性自主权乃以"保全人之性的品格"利益为内容之权利。妇女之贞操不仅为其一种生命,且有时妇女认为与其贞操受污,毋宁死亡,显见贞操为极重要之观念,故不能不认为性自主权系妇女人格权之一种。妇女之贞操与其名誉虽多有密切联系,然其范围究非皆同,故有时以名誉权侵害为根据,仍不能使贞操受蹂躏而生的损害得到充分的赔偿,因此,性自主权应视为非名誉权之一种,而系独立之法益。④ 在肯定说中,又因为权利主体的性别不同而分为两派。少数学者认为性自主权为男女共同享有。勿分男女,均有贞操,惟男子贞操不如女子者重要耳。⑤ 大多数学者和国外立法都默认性自主权是女子的权利。

2. 否定说

认为贞操之侵害实质上是侵害一种或几种其他权利。事实上不存在独立的性自主权,或者没有必要设立独立的性自主权。日本有的学者认为,女子之贞操,一方面为身体权,另一方面为名誉权。也有的学者认为,贞操不外是妇女就自己之性的关系所有名誉权之一种;或者贞操之侵害,应包含于身体之侵害之内,同时亦得成立自由权及名誉权的侵害。日本及我国台湾地区的多数学者认为,贞操之侵害为侵害身体、自由及名誉权。如郑玉波、戴修瓚、洪文澜、史尚宽等先生皆持此种观点。⑥ 王泽鉴先生则认为,贞操之侵害为侵害身体等人格权。⑦ 何孝元认为,贞操之侵害,不外系身体、健康、自由及名誉之侵害,民法既已规定有身体权、健康权、自由权及名誉权,则无

---

③ 参见胡长清:《中国民法债编总论》,商务印书馆 1948 年版,第 133 页。对该案,是侵害性自主权还是侵害配偶权,不无研究的必要。
④ 参见何孝元:《损害赔偿之研究》,台北商务印书馆 1982 年版,第 162 页。
⑤ 参见何孝元:《损害赔偿之研究》,台北商务印书馆 1982 年版,第 161 页。
⑥ 参见戴森雄:《民法案例实务》(第 1 册),台北三民书局 1981 年版,第 416 页。
⑦ 参见戴森雄:《民法案例实务》(第 1 册),台北三民书局 1981 年版,第 416 页。

须另认为有独立的性自主权存在之必要。⑧

在学说上尽管有肯定说与否定说的不同争论,但在实务上,对侵害性自主权应予以民法救济,则是一致的见解。所不同的是,肯定说直接认定侵害性自主权为侵权行为,受害人得依法请求损害赔偿,如《德国民法典》的规定和日本大审院的判例。否定说则采类推适用法律关于保护其他人格权的规定,对侵害性自主权予以民事救济。如我国台湾地区"最高法院"1957 年台上字第 1877 号判决认为:强奸妇女,认为其侵害妇女贞操,同时侵害身体及名誉,得请求慰抚金;1954 年台上字第 677 号判决谓,蹂躏未满 16 岁女子之贞操,当可以为不法侵害他人身体及名誉,可请求慰抚金。⑨

(四)我国性自主权的立法现状

我国《民法通则》未认定性自主权为独立的人格权。刑事立法把 14 周岁以上女子的性的不可侵犯的权利、14 周岁以下女子的身心健康作为保护的客体,把严重侵犯性自主权的强奸罪、奸淫幼女罪、流氓罪作为重点打击对象。但是有关的法律、法规、司法解释却没有把以上犯罪行为侵害性自主权造成损失的情况列入刑事附带民事诉讼的范畴。学说上已有借鉴国外的立法和理论,认为性自主权为独立的人格权,其民事救济手段与自由权的救济相同。⑩ 遗憾的是很少有人提出完整的侵害性自主权的损害赔偿理论。在实务上,一方面,对于强奸罪、奸淫幼女罪、流氓罪等严重侵害他人性自主权的行为,均认其为严重的刑事犯罪,给予严厉的打击;另一方面,对于给被害人人格上、精神上、经济上造成的损害,却不能给予任何的民事救济,以补偿其损失,抚慰其精神创伤。这种立法实践、理论研究和司法实务相脱节的现状,是值得法学理论工作者、实际工作者以及立法机关认真重视的。

笔者认为,造成这种局面的根本原因,就在于立法者对性自主权的法律保护还缺乏必要的认识,尤其是没有从侵权法的角度对性自主权的保护进行深入的研究。笔者呼吁立法早日承认性自主权为独立的人格权,使其能够成为侵权行为的客体,运用损害赔偿的法律武器,保护公民尤其是妇女的性自主权。这是因为侵权行为法对于性自主权的保护,具有刑法等其他部门法难以替代的作用,无论是对严重侵害性自主权的犯罪行为,还是对一般侵害性自主权的违法行为,都可以通过使加害人承担民事责任的方式,给其以经济上的制裁,对受害人的权利给以民事救济,使受害人在经济上得到补偿,精神上得到抚慰。这样做,对于全面保护人身权利,促进社会文明程度的发展,具有十分重要的意义。

---

⑧ 参见何孝元:《损害赔偿之研究》,台北商务印书馆 1982 年版,第 162 页。
⑨ 参见戴森雄:《民法案例实务》,台北三民书局 1981 年版,第 416—417 页。
⑩ 参见张俊浩主编:《民法学原理》,中国政法大学出版社 1991 年版,第 157 页。

二、贞操和性自主权

(一) 贞操和性利益

性自主权原来称作贞操权。因此,贞操就是贞操权的客体。但是,贞操权的概念不准确,因此改为性自主权,性自主权的客体就应当是性利益。

1. 关于贞操

原来认为贞操为性自主权的客体,确有不妥。何为贞操,从语义学上考证,贞者,当释为坚定不移,与贞节连用,为坚定不移的气节;操者,为品行,与操守连用,谓之廉洁正直的品行。一般认为,贞操是指一个人坚定不移的意志和品行。《辞海》释为:坚贞不移的节操,旧时也指女子不失身或从一而终的操守。这些释义,显然不是法律学对性自主权客体的界定。

在英美法上,贞操是指一种不为非法性交的性的纯洁状态。[11] 日本法则认为,贞操是不贞的对立,也是指自然人性纯洁的状态。这种界定还是有一定道理的,这种解释实际上也是对性自主权的客体的界定。

贞操这一概念自古有之,在中国不同的历史时期,具有其特定的含义。在《晋书·张天锡传》中有"睹松竹则思贞操之贤,临清流则贵廉洁之行"的说法。其中贞操是指坚贞不移的节操。在《古今注·音乐》中则有:"其妹悲其姊之贞操,乃作歌,名曰《杞梁妻》焉。"这里的贞操是指女子不失身或从一而终的操守。简言之,在我国的封建时代,贞操的主要内容是封建礼教提倡的女子不失身或不改嫁等,它是用来束缚妇女保持贞洁的道德规范。随着封建制度退出历史舞台和近现代文明的发展,"从一而终"已经为法律和社会观念所抛弃。在大众意识中,女子不失身,尤其是未婚女子不失身,就成了贞操的主要内涵。由此看来,在中国,不论是古代封建礼仪中的贞操,还是现代大众意识中的贞操,都是一种针对女子而言的道德规范或社会观念。在今天,贞操的概念已经有了新的含义,所谓贞操,实际上就是人的性利益。

在我国民法理论界,对贞操的界定有两种。我国台湾有学者认为,不为婚姻外之性交,乃良好之操行,遵守此操行,谓之贞操。广义言之,不独女子有贞操,男子亦有贞操,然男子贞操不如女子之重要。[12] 大陆学者认为,贞操是不为婚外性交的操行,是对男女双方共同的要求。[13] 这两种定义,实际上没有太大的区别,都是指不为婚外性交的操行。这样的定义是否准确,不无研究的必要。笔者认为,首先,对贞操仅理解为性交一说,似过狭窄。一般认为,猥亵他人性器官,也为不法行为。在刑法上,可依流氓罪罪之;在民法上,也可作为对贞操的侵害,似应概括在贞操的范围之内。其次,

---

[11] See Black's law Dictionary, West Publishing Co. 1979 Fifth Edition. p. 215.
[12] 参见史尚宽:《债法总论》,中国政法大学出版社 2000 年版,第 144 页;何孝元:《损害赔偿之研究》,台北商务印书馆 1982 年版,第 161 页。
[13] 参见张俊浩主编:《民法学原理》,中国政法大学出版社 1997 年版,第 157 页。

将贞操理解为不为婚姻外性交,对未成年男女以及其他未婚男女而言,则无婚姻关系可言,亦似不确切。再次,将贞操释为操行,似未将贞操释明。当对贞操进行法律学上的定义时,这些疑问,均应有明确的解释。

笔者认为,贞操是指男女性纯洁的良好品行。其含义是:

(1)贞操是人的品行。从一般的意义上说,贞操为道德的范畴,是人的有关道德品行。人依照社会高尚道德的要求,保持自己性的纯洁,使其具有高尚的道德品行,是贞操的基本内涵。对这种品行加以法律的调整,才使其成为法律的规范。

(2)男女均有贞操。性纯洁的良好品行,为男女所均应保持的节操,仅认为女子有贞操,男子无贞操可言,是旧社会男女不平等,将女子视为男子附属品的陈腐观念。然男子贞操不及女子贞操重要,是社会的一般观念,从严格的法律意义上讲,也是不足取的。

(3)贞操的实质是性的不可侵犯。贞操表现为性的不可侵犯,以使民事主体保持自己性的纯洁性。习惯上理解贞操,常认其为义务,并将其强加给一部分人,即女子,认为不贞为堕落,是罪行,如旧时认为女子不失身,从一而终为贞女。这种理解既不正确,也不公正。贞操是一种品行、操守,表现为保持性的纯洁性,排斥他人的非法侵害。

(4)贞操的表现为性的纯洁性。贞操不仅包括性生活的纯洁性,也包括性器官的纯洁性。不能容忍婚外及其他不正当性交行为的侵害,也不能容忍他人对性器官进行猥亵行为的侵害。

2.关于性利益

作为性自主权客体的性利益,是权利人就自己的性的问题上所享有的利益,具有三位一体的内涵,即具有生理因素、心理因素和法律因素。就生理因素而言,性利益是指自然人的性自由,即任何人不能以暴力、胁迫或其他手段违背其意志实行性行为;就心理因素而言,性利益是权利主体因其保有性自由,通过性交对象的选择,而获得内心快乐体验和美的享受;就法律因素而言,性自由的行使必须在法律范围内进行,超越法律范围的性行为即是不法性行为。

性利益作为性自主权的客体,具有以下法律特征:

(1)性利益是自然人性的品行。从一般的意义上说,贞操为道德的范畴,是人的有关道德的行为。人依照社会高尚道德的要求,保持自己性的纯洁,使其具有高尚的道德品行,是贞操的基本内涵。性利益同样具有这样的内涵,在对性的问题上,保持自己的性的纯洁,具有高尚的性品行,也就是性利益的含义。

(2)男女持有平等的性利益。保持性的纯洁,具有高尚的性品行的性利益,是男女都享有的人格利益,是一个平等的人格利益。在贞操作为性自主权的时候,一般都认为仅女子有贞操,男子无贞操可言,因此贞操权是不平等的权利。现在用性利益作为性自主权的客体,不再存在这个问题。

(3)性利益包括性的不可侵犯。性利益包括性的不可侵犯,以使民事主体保持自己性的纯洁性。性利益是一种利益,而不是义务。在习惯上理解贞操,常认其为义务,并将其强加给一部分人,即女子,认为其不贞为堕落,是罪行,而不失身,从一而终为贞女。这种理解既不正确,也不公正。性利益是一种品行、操守,表现为保持性的纯洁性,排斥他人的非法侵害。

(4)性利益的实质是自然人的性自由。自然人的性的自由,是自然人对自己的性利益的支配。这种支配,就权利人本人而言,在于自己对性利益的选择和支配,而获得自身的幸福和快乐。当权利主体为支配自己的性利益而为承诺与其发生性关系包括性交和性的其他关系的人,不为对性自主权的侵害。

(二)性自主权的概念和特征

性自主权是指自然人保持其性纯洁的良好品行,依照自己的意志支配性利益的具体人格权。

性自主权的特征是:

1.性自主权是以性为特定内容的独立的人格权

现代法上的人格权,以人作为民事主体构成其资格的特定内容,即以确认主体资格在法律上的抽象反映为标志。确认该种内容能否成为独立的法定权利,关键在于观察它所抽象的特定内容能否完全由其他权利所替代。对于性自主权而言,侵害性自主权可能会造成受害人身体、健康、自由、名誉等方面的损害,并且可以通过救济侵害身体权、健康权、自由权、名誉权的方法进行救济,但是它们毕竟不能概括性利益所抽象的性的特定内容。性自主权的核心内容——性,不可能简单地由身体利益、健康利益、自由利益、名誉利益所涵盖,因而,性自主权以此与其他所有的人格权相区别,为一种独立的以人的性为特定内容的人格权,自是毫无疑义的。

2.性自主权以人的性利益为客体

性自主权虽然是以人的性为特定内容的权利,但并非所有有关性的利益均构成性自主权的客体,而只有保持或维持性纯洁的操守和品行,支配自己的性利益,才是性自主权的客体。对性器官的侵害,如无以损毁性的纯洁为主观意图,虽也以性为内容,但因不是以性纯洁为对象的侵害,因此只是对身体健康权的侵害。

3.性自主权以人的性所体现的利益为具体内容

性的利益,应作广义理解,不仅仅局限于性交的内容。它包括实体上的利益和精神上的利益。实体上的利益体现为保持自己性器官不被他人非法接触,保持自己不为违背自己意志的性交行为。精神上的利益则表现为人的以自己性纯洁为内容的精神满足感,以及社会和他人对权利人性纯洁的某种评价。因而性自主权与名誉权的不同之处就在于,性自主权的内容以实体利益和精神利益的复合形式构成,以实体利益为主导,以性的纯洁和权利人内心感受为基本方面,而名誉权主要是精神利益,体现于社会对特定公民的评价。

4.性自主权是权利人享有适当自由的人格权

性自主权既然是关于性的权利,因而,权利人可以在法律允许的范围内,依自己的意愿而行使。权利人可以与异性亲吻、拥抱以及其他性行为,也可以在自己的意志支配下与异性同居。但是,这是性自主权的适当自由,而不是一般的自由权。这种自由仅仅局限在自己的性利益之上,并不包括自由权的其他方面。当然,性自主权要受法律、道德的约束,不得违反公共利益和善良风俗,尤其在已婚男女之间,还要互负忠实义务。

5. 性自主权的主体是所有自然人

性自主权是一种独立的人格权,是权利主体具有独立、完整的人格所必须具备的权利。无论男子,还是女子,作为平等的民事主体,都应当具有独立、完整的人格,在法律上都应当平等地享有性自主权。从司法实践来看,男子的性权利,尤其是未成年男子的性权利同等地受法律保护,已经为许多国家法律所证明。同样,性自主权作为自然人的具体人格权,为所有的自然人平等享有,不论结婚与否,平日作风如何,是否剥夺政治权利,是否具有民事行为能力等,皆平等享有性自主权。

(三)性自主权的内容

1. 保持权

保持自己的性操守和品行,是性自主权人最主要的权利。性自主权人以真实意思保持自己性的纯洁,不为他人所侵害,保持自己坚贞不移的性品格,保持自己精神上的满足和充实,获取社会或他人对自己的相应评价,从而享受人身安全及其他社会活动自由。因此,任何性自主权人都享有对自己提出善意的、恶意的进行性器官接触和发生性交要求的拒绝权,可以拒绝任何试图与自己为性方面行为的请求。这种权利为绝对权,任何人都负有不为侵害的义务。

2. 承诺权

性自主权人在对自己的性问题上,受自己意志支配,因而享有承诺权。权利人与他人进行性方面的接触,原则上依自己的意志而为承诺,经承诺而为性行为者,不为侵害性自主权。承诺权并非人人均可享有,而应以达到一定的认识水平而享有。应以 14 周岁以下为无承诺能力,14 周岁以上至 18 周岁以下为有部分承诺能力,18 周岁以上为有完全承诺能力为宜,但不能辨认自己行为的精神病人一律无承诺能力。承诺权不是一种不受限制的权利。其限制来源于三个方面:一是法律的约束;二是公共利益和善良风俗的约束;三是已婚男女的忠实义务的约束。前两种约束是社会范围内的约束,如卖淫和以性为内容而骚扰社会,均是违背前两种约束的违法行为,应受法律制裁。后一种约束,仅局限于夫妻之间,以不为婚外性交为内容,承诺者虽不构成犯罪行为,但却违反忠实义务,侵害了配偶一方的配偶权。

3. 反抗权

权利人的性利益受到侵害时,享有反抗权,有权实施正当防卫和紧急避险。性自主权不同于财产权,一旦遭到侵害,无法"恢复原状",所以当权利人面临非法侵害时,赋予其反抗权是十分必要的。反抗权应包含正当防卫和紧急避险所准许实施的一切保护措施,以成功地制止侵害、防止受到侵害为适度。

三、侵害性自主权民事责任的构成

研究性自主权,最具有实际意义的就在于对贞操的法律保护。法律对性自主权的保护,分为刑法上的保护、行政法上的保护和民法上的保护。民法上的保护,最基本的方法就是认侵害性自主权的行为为侵权行为,并以损害赔偿作为基本的民事救济手段,对性自主权受侵害的人予以救济,使其恢复权利,同时,也通过责令侵权人承担损害赔偿责任的方式,对侵权人进行民法上的制裁。

(一)侵害性自主权民事责任的构成

侵害性自主权的民事责任构成与一般侵权行为相同,必须具备损害事实、违法行为、因果关系和主观过错这四个要件。

1. 贞操遭受损害的事实

侵害性自主权的损害事实是指非法侵害性自主权,所造成受害人贞操损害的客观结果。这种结果是对公民作为一名社会成员自然生存和社会生存的基本需要的损害。这种损害首先表现为对公民性纯洁的破坏,如性器官遭受恶意侵犯,猥亵、强吻以及违背本人的意志而被奸。不具备上述实体侵害的,不构成贞操遭受损害的客观事实。这种实体的损害不可避免地要造成受害人精神的创伤,造成精神损害,即受害人因侵权行为造成了精神上的恐惧、悲伤、怨愤、绝望、羞辱等痛苦以及使受害人在社会评价上受到损害。侵害性自主权的行为也可能同时会造成身体的伤害和财产的损失,如因奸淫而受孕、生产,以及因此而支出财产。身体伤害和财产损失轻微的,可以作为侵害性自主权的一个加重情节处理;身体伤害严重的,或财产损失数额较大的,应当作为另外独立的法律关系处理,采取"并罚"的办法,而不应视为侵害性自主权的内容。

2. 侵害性自主权的行为具有违法性

侵害性自主权的行为必须具有违法性,才能成为侵害性自主权的构成要件。违法性表现在,违背保护性自主权的法律,违背公共利益和善良风俗。不具有这样的违法性,不构成侵害性自主权。例如,某夫妻因感情破裂,已去法庭诉讼离婚,且达成了离婚的调解协议,法庭命其二人次日到法庭领取调解书。当日晚,男方强行与女方进行性交,女方到公安机关控告强奸。双方虽已达成离婚协议,但尚未领取调解书,未正式解除婚姻关系,尚存在同居的义务。男方行为虽不道德,但不违反法律,行为不具有违法性,因而不构成对性自主权的侵害。

3. 侵害性自主权的行为与贞操损害事实有因果关系

侵害性自主权的损害赔偿责任要求侵害性自主权的行为是引起损害事实的原因,加害人只对其侵害性自主权行为所引起的损害后果承担责任。有疑问的是,对于侵害性自主权引起受害人自杀的后果,行为人是否应当赔偿。例如,甲强奸乙,造成乙贞操的损害,乙自己感到羞辱,无脸见人,服毒自杀,幸亏被人及时发现,抢救下来,但乙的消化系统、神经系统都受到了严重损伤。对此,有不同主张:一是认为行为人不应对乙自杀引起的损害后果负责,如乙消化系统和神经系统的损伤。理由是甲的侵权行为不必然导致乙自杀,而仅仅是乙自杀的一个条件因素。二是认为应当承担赔偿责任,因性自主权对公民尤其是对女子的重要性,往往因性自主权被侵害而导致自杀的结果,对这种损害不予赔偿不合情理。笔者认为,这种情况从实体上确认因果关系,把握不大,但作为精神损害的后果,当与违法行为有因果关系,应以慰抚金的方式赔偿,更易把握。

4. 主观过错

构成侵害性自主权,应具备行为人故意的要件,过失不能构成。贞操侵害的故意,以有其为不当性交之决意的认识为已足,无须有损害发生的预见。[14] 这只是一个方面,有为猥亵的故意,亦构成此种故意。所应注意的是,贞操之侵害,依受害人的承诺而阻却违法,不构成侵害性自主权。原则上,受害人应证明侵权人的故意,但是在侵害性自主权的损害赔偿中,由于损害没有明显易辨的物理特征,使请求权人在事实上很难举证。所以行为一旦发生,只要行为人不能证明受害人承诺,就应当认为行为人主观有故意,在英美法中亦采取此原则处理人格权损害赔偿,只要受害人提出了侵害事实的证据,侵权行为即告成立。[15] 对此,可以借鉴。

(二)构成侵害性自主权的行为

构成侵害性自主权的行为,具体来说,有以下几种:

1. 强奸行为

强奸行为是指违背妇女意志,以强暴、胁迫、药剂、催眠术等方法,使妇女在不能抗拒的情况下被奸淫。强奸行为是违背妇女意志的行为,从而与通奸行为和男女不正当关系相区别;强奸行为是婚姻外的奸淫行为,从而与夫妻间强迫式的性行为相区别;强奸行为,不以既遂和未遂,也不以是否构成犯罪作为侵害性自主权的界限,强奸行为一旦发生,侵害性自主权的行为即告成立。

2. 奸淫幼女及鸡奸儿童等侵害未成年人性自主权的行为

未成年人处于身心发育阶段,对性尚没有全面的认识。为了保护未成年人的身心健康,理论学说和立法常把侵害未成年人性自主权的行为作特殊规定,我国台湾地区学者多认为,未成年人没有性行为的意思表示能力,所以他们作出的为性行为的意思表示均属无效,笔者基本同意这种观点,14岁以下的人没有性的承诺能力,无论他们作出何种承诺,均不发生任何法律效力。奸淫幼女,鸡奸幼童,引诱、容留、强迫未成年人卖淫,猥亵未成年人的行为一旦发生,侵害性自主权的行为即告成立。

3. 以欺诈的手段诱使女子在非正当承诺的条件下被奸淫

侵权行为人隐瞒事实,制造假象,使被害人足以产生错误的理解,而承诺与之发

---

[14] 参见史尚宽:《债法总论》,中国政法大学出版社2000年版,第144页。
[15] 参见申政武:《论人格权及人格损害的赔偿》,载《中国社会科学》1990年第2期。

生性关系。这种承诺基于侵权人的欺诈行为产生,因而不能阻却侵权人的行为违法。例如,某甲隐瞒自己已婚的事实,对乙女谎称与其结婚,乙女于是承诺与其发生性关系。在此,侵害性自主权的行为成立,需要受害人证明自己的承诺是侵权人欺诈行为的结果。

4. 利用从属关系奸淫或猥亵

又称为利用权势奸淫或猥亵,是指滥用从属关系,使他人在非正当承诺的条件下被奸淫。如对于因亲属、监护、教养、救济、公务或业务关系,服从自己监管的人,利用权势使对方违法承诺与之发生性关系或被猥亵。应当注意的是,从属人员曾明示或默示地向监管人表示为了获取某种利益,而承诺与监管人发生关系作为交换条件的,不得主张性自主权受到侵害。

5. 强迫他人卖淫的行为

强迫他人卖淫的行为是指以暴力、威胁、虐待或者其他手段迫使他人在违背自己意志的情况下与他人发生性关系。强迫他人卖淫的行为须违背他人意志,因而与引诱、容留他人卖淫的行为有根本区别。强迫他人卖淫的行为,不论是否以营利为目的,也不以其情节是否构成犯罪为标准,只要符合上述要求,都可以构成侵害他人性自主权的行为。值得注意的是,明知他人为人所强迫卖淫,而与之发生性关系,也构成侵害性自主权,与强迫他人卖淫的人员负连带责任。

6. 猥亵行为

其中也包括流氓行为,是性骚扰行为中的一部分。猥亵行为是指凡以刺激、满足性欲为目的,用性交以外的方法实施的淫秽行为。例如,接触他人的性感部位;强行拥抱,接吻;撕破他人衣服,毁损他人性纯洁;违背他人意志鸡奸他人,同性相奸等。

四、侵害性自主权的民事救济方法

(一)救济性自主权损害的法律障碍

构成侵害性自主权的民事责任,对权利受侵害之人而言,最重要的民事救济方法,就是损害赔偿。

然而,对侵害性自主权的损害赔偿,在实行中,目前有两种最大的障碍。

(1)在我国的刑事立法上,对刑事附带民事的制裁,《刑法》只设了第36条:"由于犯罪行为而使被害人遭受经济损失的,对犯罪分子除依法给予刑事处罚外,并应根据情况判处赔偿经济损失。"在实务上理解,此种情况限于对人身伤害所造成的损失,难以概括对性自主权侵害的赔偿。对刑事附带民事诉讼,1996年《刑事诉讼法》第77条只规定,"被害人由于被告人的犯罪行为而遭受物质损失的,在刑事诉讼过程中,有权提起附带民事诉讼",此也难以涵盖性自主权受侵害的赔偿诉讼。而性自主权的侵害,其主要的侵害行为,乃以犯罪行为构成,因而大部分应由附带民事诉讼程序解决因犯罪而造成损害的民事救济。依目前的刑事立法,难以实现这种民事救济的目的。

（2）民事立法只设了对姓名权、名誉权、肖像权、荣誉权的民事救济办法，对性自主权受侵害，没有像《德国民法典》第 825 条和第 847 条第 2 款那样作明文规定，也没有《日本民法典》第 709 条和第 710 条那样概括的规定可以涵盖其民事救济。目前的司法解释中也无此相应的规定，因而使性自主权受侵害予以民事救济的法律依据出现空白。

这样的立法障碍，与全面保护公民人格权的立法宗旨是相矛盾的。但是，在法律适用上，司法者应当从最根本的立法原则出发，依据宪法的原则和刑、民立法的宗旨，寻找解决办法。《宪法》第 38 条明文规定："中华人民共和国公民的人格尊严不受侵犯。"《民法通则》第 101 条规定："公民的人格尊严受法律保护。"这些立法的原则规定，都是确立性自主权受侵害得以民事救济的法律根据。在立法上，立法机关应当积极考虑修改立法；而在司法上，执法者应根据《宪法》的原则和《民法通则》的原则规定，创造对性自主权予以法律保护的妥善办法。

在程序上，对强奸妇女、奸淫幼女、鸡奸幼童、强迫引诱妇女卖淫、猥亵等罪行，应准许受害人依据《刑事诉讼法》《刑法》的上述规定，对性自主权的侵害通过刑事附带民事诉讼程序提起贞操损害的赔偿请求，并以刑事附带民事判决，确认刑事罪犯的赔偿责任，予以损害赔偿。对此，可以参照最高人民法院《关于审理名誉权案件若干问题的解答》第 3 条司法解释处理。除以刑事附带民事诉讼解决已构成犯罪的性自主权受侵害的民事救济以外，应另依民事诉讼程序，针对尚未构成犯罪的侵害性自主权的行为和未能通过刑事附带民事诉讼程序解决的侵害性自主权的行为予以民事救济，解决其民事救济问题。这两种程序相辅相成，以使对性自主权的法律保护程序臻于完备。

在实体法上，应当依据《宪法》和《民法通则》关于保护公民人格尊严的规定，确立侵害性自主权的民事救济原则。最高人民法院应抓住典型案例，作出相应的司法解释，给各级人民法院提供成熟的案例。同时，各级人民法院也不应囿于法无明文规定不能处理的褊狭见解，而应大胆实践，勇于探索，依据合法原则作出判决。

（二）救济性自主权损害的方法

对于侵害性自主权的损害赔偿，其内容应包括以下方面：

1. 侵害性自主权所造成的经济损失应予赔偿

这种损失包括：

（1）侵害性自主权对受害人造成身体上伤害，因治疗花费的费用，如治疗费、护理费等费用。如罪犯王长江将一名 7 岁女童强制带到野外，予以奸淫，造成该女阴道严重撕裂，与肛门贯通，花药费千余元。这种经济损失应予赔偿。

（2）因侵害贞操而使受害人感染性病，治疗费用应予赔偿。

（3）因侵害贞操而使受害人怀孕，其流产、生育所花费的费用及营养费，应予赔偿。

（4）因侵害性自主权造成身体上的其他伤害，以及造成的其他经济损失，应予赔偿。如因性自主权受侵害而失去某种职业或减少就业的机会,造成身体残疾等,均为其他损失。

对于这类经济上的损失,原则是全部赔偿。涉及身体损伤造成的损失,应按照《民法通则》第 119 条规定的赔偿范围赔偿;造成财产损失的,可以比照《民法通则》第 117 条的规定处理,不过这种情况比较少见。

2.侵害性自主权所造成的精神损害应予赔偿

就精神损害赔偿而言,应包括两部分,即精神利益的损失赔偿和精神创伤的抚慰金赔偿。[16] 如《瑞士债法》中的规定,前者为第 55 条:"由他人之侵权行为,于人格关系上受到严重损害者,纵无财产损害之证明,裁判官亦得判定相当金额之赔偿。"后者为第 49 条第 2 款:"人格关系受到侵害时,对其侵害情节及加害人过失重大者,得请求抚慰金。"在侵害性自主权的精神损害中,其赔偿范围应包括上述两部分,即精神利益或称人格利益的损害,以及精神痛苦和精神创伤。在我国目前的立法中,《民法通则》第 120 条只规定了前者,且适用范围狭小,不足以适应保护公民、法人人格权的需要;至于未设慰抚金制度,更远远不能适应现实生活对立法的要求。笔者认为,在目前,对于侵害性自主权的精神损害赔偿,应当比照《民法通则》第 120 条的规定,作适当的扩充解释,以损害赔偿的方式,对受害人精神利益的损害和精神创伤、精神痛苦的损害,一并予以民事救济。

在确定赔偿数额上,英美法国家采用确定统一的适用标准,由法官自由裁量。法国和瑞士依案件的种类来确定等级。德国通行的是以民间组织制作的、以后遗症的程度为中心构成的精神损害评价一览表来确定。日本则采定型化和定额化。在我国,对于性自主权精神损害赔偿究应采何种计算方法,尚无明文规定。笔者曾经提出,可以参照最高人民法院两个司法解释:一是《关于贯彻执行〈中华人民共和国民法通则〉若干问题的意见(试行)》第 150 条:"公民的姓名权、肖像权、名誉权、荣誉权和法人的名称权、名誉权、荣誉权受到侵害,公民或者法人要求赔偿损失的,人民法院可以根据侵权人的过错程度、侵权行为的具体情节、后果和影响确定其赔偿责任。"二是《关于审理名誉权案件若干问题的解答》第 10 条:"……公民并提出精神损害赔偿要求的,人民法院可根据侵权人的过错程度、侵权行为的具体情节、给受害人造成精神损害的后果等情况酌定。"综合这两项司法解释可以认为,我国法院适用的精神损害赔偿数额的确定方法,类似于美、英的做法,但又不同,即由法院确定而非由法官确定;依必要的条件确定而非自由裁量。确定性自主权侵害的损害赔偿,自应适用这种方法,根据侵权人的故意程度、侵权行为的具体情节、给受害人造成精神损害的后果,由法院酌定。但应注意的是,其精神损害后果,应包括精神利益(即人格利益)的损害和精神痛苦的损害。

---

[16] 参见马原主编:《民事审判实务》,中国经济出版社 1993 年版,第 184 页。

3. 一点有益的尝试

最高人民法院在《关于确定民事侵权精神损害赔偿责任若干问题的解释》中,没有对贞操权作出规定,但是在第 1 条第 2 款的关于"其他人格利益"保护的规定中,包含着对贞操权的保护。因为,贞操权受到了损害需要保护,就可以作为需要保护的其他人格利益,可以精神损害赔偿的方法进行保护。

在最高人民法院的上述司法解释公布实施以后,深圳市罗湖区人民法院判决了一件侵害性自主权的案件,作了一个很好的尝试。2001 年 4 月 4 日的《新民周刊》刊载了一条消息,几年前,王丽小姐(化名)参加了某英语俱乐部组织的英语口语对话活动,结识了一个叫李伟的人。这个人的英语很好,文质彬彬,与王丽很谈得来。晚上,李伟约王丽到饭店吃饭。饭后,李伟又约王丽到他的家中看照片,之后就反锁上门,以暴力殴打等手段,将王丽强奸,之后又将王丽禁锢在其住处长达 4 小时。后来王丽乘李伟上厕所之机,给 110 打报警电话。方得救,并将李伟捕获归案。一审刑事案件审结,判决李伟强奸罪成立,处有期徒刑 12 年。1999 年 9 月,王丽向法院提出刑事附带民事诉讼,要求李伟赔偿其精神损害 10 万美元,被驳回。上诉后,广东省高级人民法院认定此诉不属于刑事附带民事诉讼的范围,在维持原判的同时,指出"应循一般的民事诉讼程序另行起诉"。王丽向罗湖区法院另行提起民事诉讼,罗湖区法院作出了判决。上诉以后,该案的一审判决被撤销,驳回了原告的诉讼请求。这个案例尽管是一个败诉的结果,原告的诉讼请求没有得到支持,但是它仍然是一个很好的探索,有以下值得借鉴的问题:

(1)关于侵害贞操权的精神损害赔偿,是可以提出民事诉讼请求的,并且按照最高人民法院关于精神损害赔偿的司法解释,也可以作出胜诉的判决,支持权利人的请求。虽然这种做法在实体法的意义上,还没有确认贞操权就是一种独立的人格权,但是,采用这种方法进行保护,也是可行的。这种方法,实际上就是依照一般人格权的保护方法进行保护。

(2)关于在刑事附带民事诉讼程序中,能不能提出精神损害赔偿的问题。通说认为不可以,因为刑事法律规定附带的民事诉讼必须是要求赔偿经济损失或者物质损失。这一规定的不适当之处,是十分明显的,应当进行修改。但是,法院遵守这一规定,坚持认为这种诉讼不属于刑事附带民事诉讼的范围,也是有道理的。

(3)在理论上,还要继续进行探讨的就是性自主权的人格权属性。应当确认性自主权是一种独立的人格权,使之有独立的人格权地位,对权利人能够进行更好的保护。这一判决说明,性自主权的保护是完全必要的,过去否认精神损害赔偿对侵害性自主权适用的必要性,是没有道理的。在制定民法典的时候,应当认真研究,不要轻易否定性自主权的人格权性质,应对此作出肯定的规定,以更好地保护自然人的性自主权。

构建以私权利保护为中心的性骚扰法律规制体系[*]

性骚扰以及规制性骚扰,尽管全国法院直至目前也不过审理了这类案件十余件,其中判决胜诉的也不过几件,但是却能够引起全国公众的重视和关注。这说明,它已经成为当前的一个热点话题,既是一个社会问题,也是一个法律问题。笔者从法律上研究性骚扰和规制性骚扰,一个方面是要研究性骚扰行为的性质和构成以及法律制裁,另一方面则是更为重要的,是要研究性骚扰规制制度的构建。后者的意义和价值更为重大。而世界各国的规制性骚扰制度的历史,从一开始就是沿着两个方向发展的:一个是以职场的劳动者保护为中心;一个是以人的私权利保护为中心。我国构建规制性骚扰制度究竟应当采用哪种立场,构建一个什么样的规制性骚扰的法律制度,是一个亟待解决的问题。笔者主张,具有中国特色的规制性骚扰法律制度,应当以人的私权利的保护为中心,保护人的性自主权不受非法侵害。本文围绕这个题目,进行了深入的研究,对我国构建全面、有效和符合当代人权发展要求的性骚扰法律规制结构提出了自己的意见。

一、规制性骚扰法律制度的历史始终沿着两个不同的方向发展

(一)规制性骚扰法律制度历史发展的简要线索

性骚扰作为事实行为和客观现象,古已有之。但是性骚扰成为深受关注的社会问题和法律问题,乃是人们的性权利意识被现代文明所唤醒的结果,至今只有几十年的历史。然而,人的这一觉醒的力度之大,却是法律的理论研究者们和制度设计者们所始料未及的。当性骚扰已经成为社会热点问题甚至每每成为新闻头条的时候,当性骚扰案件蜂拥至法院门口的时候,人们发现,法律竟然无力面对。理论的苍白和脆弱,规范的疏漏甚至缺失,使法律无法承担起消解因性骚扰引起的争议和纠纷的应有职能。

法律不应是无所作为的,面对性骚扰,也同样如此。对性骚扰进行法律规制,始

---

[*] 本文发表在《福建师范大学学报》(哲学社会科学版)2005年第1期,合作者为张国宏博士。

于美国,渐及于世界各国。尽管目前各国尚未出现规制性骚扰的专门立法,但是大多数国家和地区尤其是政治经济较为发达的国家和地区,均通过两性平等法、劳动就业法、反歧视法、妇女保护法以及民法、刑法和判例等不同的法律形式,实现对性骚扰的法律规制。

规制性骚扰行为的法律制度的发展,从一开始就是沿着两个方向发展的,一个方向是职场主义,即以职场劳动者的保护为中心,认定规制性骚扰行为的法律制度为劳动法制度,保护的是劳动者的权利,因此,责任应以雇主承担为主;另一个方向是权利主义,即以人的私权利的保护为中心,认定规制性骚扰行为的法律制度是私法制度,保护的是人的私权利,是人格权,因此,责任人应当是侵权人,应对其进行法律制裁。

(二)各国规制性骚扰制度的法律比较

1. 美国

作为最早对性骚扰实行法律规制的国家,美国的有关法律和司法程序在世界各国中处于领先地位,制度最为完备。性骚扰概念也是最早由美国著名的女权主义者、法学教授麦金农提出,并通过提起有关诉讼进入了法律领域的。

一般认为,美国最基本和最重要的规制性骚扰的法律文件有两个法案:一是 1964 年的《民权法案》第七章(Title VII of the Civil Rights Act),该法案明确规定,雇主不得因种族、肤色、宗教、性别或原来国籍,而对受雇者为差别待遇,包括:①因此而不愿或拒绝雇用,或解雇,抑或是在报酬、受雇期间、工作条件及优先权上予以歧视待遇;以及,②因此而对该受雇者和求职者为限制、隔离或分类,进而剥夺或意图剥夺其受雇机会,做出不利该受雇人地位之行为。① 二是 1972 年的美国《教育修正法案》第九章(Title Ⅸ of the Education American Act of 1972),该章明文禁止对联邦补助之教育课程或教育活动为性别歧视。②

但是这两个法案尚没有具体规定性骚扰的问题,当初,法院对性骚扰案件的审理,也拒绝适用这两个法案。③ 1980 年,美国联邦政府平等就业机会委员会在《就业机会均等法》中第一次作为法律文件对性骚扰作出规定:"在下列三种情况下,向对方做出的不受欢迎的与性有关的行为或提出性要求,及其他语言举动,是对《民权法案》第七章的违反,均会构成性骚扰:(1)迫使对方接受有关行为,作为受雇或就学的明示或暗示的条件;(2)对方接受有关行为与否,将成为影响个人升迁或学业成绩的先决条件;(3)有关行为具有以下目的或导致以下后果:不合理地干扰个人工作或学业或制造一个令人不安、不友善或令人反感的工作或学习环境。"④ 这一文件所界定的性骚

---

① Keller, Consensual Amorous Relationships Between Faculty and Students. In Edmund Wall(Eds.), Confrontations and Decisions: Sexual harassment(p. 23), Prometheus Books. 2000.
② Keller, Consensual Amorous Relationships Between Faculty and Students. In Edmund Wall(Eds.), Confrontations and Decisions: Sexual harassment(p. 24), Prometheus Books. 2000.
③ 例如 Corne v. Bausch and Lomb Inc. 1975.
④ Stein, Sexual Harassment in America(p. 33). Greenwood Press. 1999.

扰概念,后来广为法院的判例所认可和接受。

从上述的美国立法看出,美国法律主要是对职业场所和教育场所发生的性骚扰行为予以规制。其中对职业场所的性骚扰的规制最为重视,也最具特色,规定了两者不同形态的性骚扰。其一是交换型性骚扰或对价型性骚扰(Quid Pro Quo),即1980年的《就业机会均等法》规定性骚扰的第一种和第二种情形;其二是敌视环境型性骚扰(Hostile Environment),亦即《就业机会均等法》所规定的第三种情形。⑤

作为一个判例法国家,其实美国的性骚扰法律规制的完善和进步也主要体现在一系列的判例中。1976年,美国联邦地区法院对Williams v. Saxbe案的判决,第一次确认在工作场所的交换型性骚扰是违反了《民权法案》第七章规定的性别歧视行为。1981年,联邦法院哥伦比亚地区上诉法庭就Bundy v. Jackson案形成的判决,首次确立了敌视环境型性骚扰行为的规制规则。1986年的Meritor Saving Bank v. Vinson案,是美国联邦最高法院审理的第一起性骚扰案件,就该案判决形成的判例,更具有划时代的意义。该案确立了3项规则:一是性骚扰的构成以行为是否受欢迎为要件,而不以原告是否同意为要件;二是在性骚扰案件中适用雇主责任规则,雇主要对下属遭受性骚扰承担严格赔偿责任;三是如何判断是否构成敌视型性骚扰,确立了"理智女人"的客观性评判标准(The "Reasonable Women" standard)。⑥ 1998年,联邦最高法院对Oncale v. Sundowner Off shore Service案的判决,将性骚扰的法律规制扩及同性性骚扰行为(而且被告不必一定是同性恋或双性恋)。⑦ 此外,近年来,为适应社会和经济的发展,应对日趋严重的性骚扰社会难题,美国对性骚扰规制力度明显加大,惩罚性赔偿金制度被引入到性骚扰案件的处理。1998年,美国三菱发动机公司因其300余名女工经常遭受上司和同事的性骚扰,在联邦政府平等就业机会委员会的介入下,向受害员工支付赔偿金3 400万美元;2002年,美国劳尔连锁店因其前任经理经常肆意对员工施以性骚扰,被法院判决支付3 000万美元的惩罚性赔偿金。⑧

上面所描述的,是美国规制性骚扰制度的主要、基本的方面,而这些规制只是针对于职业场所和教育场所发生的性骚扰。对于其他场合的性骚扰行为,在美国的法律中,却并未纳入"性骚扰"的法律概念中,而且对于其他场合的性骚扰的法律规制,适用的是另外一种法律制度,即普通的侵权行为法的法律规制手段。根据具体案件的不同骚扰事实和情节,骚扰者分别可能承担的是对人身的不法侵害的责任、私人侵扰的责任、名誉损害的责任或侵害隐私权的责任,并未形成一个独成体系的专门的侵权责任类型,而且在责任形态和责任方式上,也与前述的职场性骚扰明显不同。规制的力度也大不如前者。可见,在美国,这种规制性骚扰行为的内容和手段均较为薄弱。

---

⑤ 参见易菲:《职场梦魇·性骚扰法律制度与判例研究》,中国法制出版社2008年版,第155—156页。
⑥ Stein, Sexual Harassment in America(pp. 42 – 87). Greenwood Press. 1999.
⑦ Mary Welek Atwel, Equal Protection of the Law(p. 86). Peter Lang. 2001.
⑧ 参见张绍明:《反击性骚扰》,中国检察出版社2003年版,第14—15页。

一个国家规制性骚扰行为有两个不同的法律制度,就是美国的法律特点。而性骚扰行为的受害人请求对性骚扰行为的法律制裁,就要选择究竟是按照哪种法律制度进行诉讼。这无疑是一件很麻烦的事情。但是,也正是由于美国法律的这一特点,才发生了在构建规制性骚扰行为的法律制度时存在一个选择的问题。

2. 欧洲

欧盟2002年4月17日通过了一项针对发生在工作场所的性骚扰的法律,参照美国的有关规定,对"性骚扰"提出了具体定义和惩罚方法,并规定雇主有责任对公司内受到性骚扰的雇员进行经济赔偿。⑨ 各成员国在此之前就分别制定了相关的法律,对性骚扰进行规制。意大利的劳动保护法规定,雇主对雇员的身体和道德完整负责;在葡萄牙和芬兰的劳动保护法中,则要求保证雇员在身体上和精神上有良好的工作条件;瑞典通过了《平等机会法》,要求雇主对工作场所的性骚扰采取防治措施。英国于1975年颁布了《性别歧视法》,1986年特拉斯克莱德地区的一个案件,首创在特定情况下,把性骚扰视为性别歧视。法国于1992年7月22日发布法令,规定对"滥用职权,以命令、威胁或强制手段骚扰他人,以期获得性惠益"的性骚扰行为,要给予法律制裁;于1992年11月2日,在劳工法典中纳入针对"在工作场所,在性方面滥用职权"的条款。德国于1994年制定了《第二平等权利法》,规定关于工作中隐蔽和公开的性骚扰的处理规则。挪威《工作环境法案》明令禁止性骚扰。欧洲大多数国家均有反性骚扰的法律规定。⑩

由于欧洲大多数国家为民法法系国家,具有深厚的民法传统,因此,除了仿照美国制定相关的反性骚扰特别法律和法令外,主要还以私法方法作为重要的性骚扰规制手段。其中,以德国最为典型。被认为是世界上最为系统和科学的《德国民法典》,为性骚扰的法律规制提供了传统的民法手段:一是确立劳动关系中的禁止性别歧视原则,该法典第611a条规定:"雇主于达成协议或者采取措施时,特别是在建立劳动关系时,在提职时,在发布指示或者发布预告解约通知时,不得因雇员的性格而歧视雇员。""雇主违反本条禁止歧视规定时,受到歧视的求职者可以要求以金钱作为适当补偿。"二是规定了在性别歧视诉讼中实行举证责任倒置的原则。第611a条第1款规定,在雇员提起性别歧视诉讼时,由雇主承担举证责任,"证明因与性别无关的事实理由而区别对待是正确的,或者性别是从事该项职业不可取消的条件"。三是规定了诱使同居和违背善良风俗行为的损害赔偿责任。第825条规定:"以欺诈、威胁或者滥用从属关系,诱使妇女允诺婚姻以外的同居的人,对该妇女因此而产生的损害负有赔偿义务。"第826条规定:"以违背善良风俗的方式故意对他人施加损害的人,对他人负有损害赔偿义务。"四是规定了性骚扰的精神损害赔偿责任。第847条第2款规定,对妇女犯有违反道德的犯罪行为或者不法行为,或者以欺诈、威胁或者滥用从属

---

⑨ Townshend, Smith, Discrimination Law (pp. 227 – 228). Cavendish publishing limited. 2002.
⑩ 参见郭慧敏:《职业场所性骚扰及防范》,载《西北工业大学学报》(社会科学版)2003年第3期。

关系,诱使妇女允诺婚姻以外的同居的,受害人所受损害即使不是财产上的损失,该妇女也可以因损害而要求合理的金钱赔偿。此外,在侵权责任的一般条款也为保护性骚扰的受害人提供了依据。

在欧洲的规制性骚扰行为的法律制度中,也明显地看到对性骚扰行为的规制,既有对职场劳动者的权利保护的内容,也有对人的私权利保护的内容。特别是在德国的法律中,更侧重对人的私权利的保护,几乎接近以人的私权利保护为中心的规制性骚扰行为的法律制度。

3. 日本

日本于1985年颁布施行的《男女雇佣机会均等法》对性骚扰问题并未加以规范。该法于1997年修订后,在1999年开始施行。修订后的该法第21条第2项规定:"雇主应于雇佣管理上为必要之照扶,使遭受职场性的语言动作之女性劳动者不至于因对应情形而受劳动条件之不利益,或使该当女性劳动者的就业环境不至于因该性的语言动作而受害。"第2项规定:"劳动大臣基于前项规定制定雇主应注意之事项。"1998年,日本政府就公营事业国家公务员之公务职场发布防止性骚扰为目的的人事规则。[11] 后来由劳动大臣颁布的《劳动基准法》也增加了性骚扰的预防和保护妇女的暂时性措施。以上规则基本构筑了日本的反性骚扰法制。

但是,作为大陆法系国家,日本也以侵权行为法作为必要的反性骚扰的手段,在民法典中规定了相关行为应负的侵权赔偿责任。可见,日本规制性骚扰行为的法律制度,也是采用双重体制。

4. 我国台湾、香港地区

我国台湾地区主要受日本法的影响,在反性骚扰的法制方面又对美国法多有参照。2003年3月8日实施的"两性工作平等法",于第三章专门规定了性骚扰之防治。其中,第12条规定的性骚扰的具体定义,为两种情形:一是"受雇者于执行职务时,任何人以性要求、具有性意味或性别歧视之言词或行为,对其造成敌意性、胁迫性或冒犯性之工作环境,致侵犯或干扰其人格尊严、人身自由或影响其工作表现";二是"雇主对受雇者或求职者为明示或暗示之性要求、具有性意味或性别歧视之言词或行为,作为劳务契约成立、存续、变更或分发、配置、报酬、考绩、升迁、降调、奖惩等之交换条件"。第13条规定了雇主责任和防治措施。第27、28、29条分别规定了雇主和行为人的赔偿责任。此外,我国台湾地区"民法"第18条有关人权之保护规定、第148条有关权利行使之界限、第184条有关一般侵权行为之责任、第188条有关雇主之责任、第193条有关侵害身体健康之财产上的损害赔偿,以及第195条有关侵害身体、健康、名誉或自由之非财产上的损害赔偿等规定,都赋予性骚扰事件之被害人请求民事救济的权利。

我国香港特别行政区则继受英国的法制,把性骚扰规定于《性别歧视条例》。该

---

[11] 参见刘志鹏:《两性工作平等法草案所定职场性骚扰之研究》,载《月旦法学杂志》2001年第4期。

条例旨在消除男女之间的任何歧视,举凡工作、婚姻或怀孕等公领域与私领域的性别问题尽纳其中,企图借此臻至实质的两性平等。另根据其既有判例,受性骚扰者可请求以下多种赔偿:精神痛苦赔偿金、健康损害赔偿金、经济利益损失赔偿金、名誉损害赔偿金、加重损害赔偿金和惩罚性赔偿金。还可请求衡平法或其他形式的救济,如请求法院颁布禁令等。[12] 可以说,香港特别行政区的性骚扰法律规制,体现的是对人的私权利的保护。

(三) 简要的评价和我国的现行做法

1. 简要的评价

纵观各国法律,美国确实为性骚扰法律规制之先端。无论是普通法系还是大陆法系,都深受美国法律的影响,大多数的法治国家和地区都制定了带有美国痕迹的反性骚扰的相关法律,这就是以职场的劳动者保护为中心的职场主义。而采取权利主义的以人的私权利保护为中心的规制性骚扰行为制度,或者湮没在职场性骚扰法律规制当中,或者虽然建立了以人的私权利保护为中心的规制性骚扰法律制度,但是,一方面这样的国家还很少;另一方面,也还不断受到职场主义的冲击。我们可以看到,德国、日本在引进和移植美国的反性骚扰法律的同时,也在探索美国的做法与固有民法手段的结合。而这种融合由于未能围绕一个核心进行,似乎未达和谐之境地。我国台湾地区的"两性工作平等法",应是目前最为新近的规制性骚扰的立法,该法较好地体现了美国经验和自有民法传统的融合,在权利保护方面的规定颇有新意,值得关注和借鉴。

以美国的反性骚扰法制为例,就可以看出职场主义的反性骚扰制度并不是那么完美,还存在较为明显的缺陷:

(1) 在宗旨和目的上深受女权主义思想的影响,把性骚扰完全等同于性别歧视,把反性骚扰作为反对男权统治的斗争手段,以颠覆不合理的社会结构为取向,强调"政治正确性",带有较为浓厚的政治意味。尽管这并不是职场主义的必然结果,但是确有一定的联系。

(2) 在方法和程序上颇得美国实用主义哲学的真谛,极具实用性和现实功利性,从而为性骚扰的规制创立了一个非常独特的法律制度体系。这一体系直接针对社会的突出矛盾,解决现实问题,体现了一定程度的先进性和操作实效性。从另一个角度审视,这一体系也有其明显的缺失。这就是有可能导致在过分的保护一些人的权利的同时,会忽略另一些人的权利甚至损伤另一些人的权利。把这一制度的保护的范围过于限定于职业场所和教育领域,而对其他场合和领域的性骚扰却视而不见。有学者批评说,一个建筑公司的职员在工地上对下属或同事的性挑逗是性骚扰,在同样

---

[12] Srivastava and Scarlet Tsao, "Remedies for Sexual Harassment", Asia Pacific Law Review, Vl10 No 1, 141 – 154.

的地点和时间对一个路过的女性施以同样的性挑逗却不是性骚扰。[13] 这何以体现一个社会的公平和平等？

(3) 对在职业场所的带有性意味的行为和语言的过分规制,可能损害言论自由。美国人担忧,这样的约束,将可能危及美国宪法第一修正案所保护的言论自由。[14] 笔者认为,美国性骚扰的法律规制从根本上说,所忽视的不是某些人,而是遭受相同或相似损害的人所共同拥有的某种权利,一个潜伏在就业平等权等被严实地保护着的权利之下的更根本、更重要、更普遍的权利。

2. 我国的现行做法

我国对性骚扰的法律规制的缺陷更为直接和外露。制度的疏漏和残缺暂且不论,受泛道德化和义务本位的思想影响,我国法律对与性有关的违法行为,只关注对行为人的谴责和惩罚,而对受害人的权利则态度漠然。因此,对于性骚扰的规制,我们过于倚重以义务和惩罚为本位的公法,对相涉权利的保护,尚留有太多的空白,缺乏有效的手段。在民法上,我国目前尚未对性骚扰作出明确的规制。与此问题相关的法律规定主要有:《宪法》第 38 条规定公民的人格尊严不受侵犯,禁止用任何方法对公民进行侮辱、诽谤。《民法通则》第 101 条规定:"公民、法人享有名誉权、公民的人格尊严受法律保护,禁止用侮辱、诽谤等方式损害公民、法人的名誉。"《妇女权益保障法》第 39 条规定:"妇女的名誉权和人格的尊严受法律保护。禁止用侮辱、诽谤、宣扬隐私等方式损害妇女的名誉和人格。"《刑法》中的强奸罪、猥亵、侮辱妇女罪,侮辱、诽谤罪的规定。《治安管理处罚条例》规定,"侮辱妇女或者进行其他流氓活动",为扰乱公共秩序的行为,要进行行政处罚。此外,最高人民法院的司法解释对侵害他人的人格尊严权、人格自由权以及其他人格利益的赔偿责任也作出了规定。

笔者曾经试图在民法典草案中写进性骚扰的法律规制,在所起草的《中国民法典·人格权法编专家建议稿》的第 60 条中写入了"禁止以任何方式对自然人实行性骚扰"的内容[15],但是在全国人大常委会法工委起草的民法典草案中,根本没有采纳这个意见,没有规定性骚扰的内容。

在实践中,法院审理性骚扰案件没有认真考察职场主义和权利主义的区别,从已有的生效判决观察,法院突出了对人的私权利的保护,实际上实行的是权利主义立场。北京市朝阳区人民法院酒仙桥法庭于 2004 年判决了一起发短信进行性骚扰的侵权案件。原告闫女士的丈夫与被告齐某为同一公司的同事,关系较为密切。2003 年 12 月 22 日,闫女士接到齐某的短信,邀请其与齐某夫妇一起逛商场。闫女士到达齐某家后,发现只有齐某一人在家,便挣脱回家。嗣后,齐某不断给闫女士发短信,开始是道歉,接着就发内容淫秽的短信进行骚扰。原告向法庭出示了 8 条带有淫秽性

---

[13] Stein, Sexual Harassment in America(p. XXI). Greenwood Press. 1999.
[14] Stein, Sexual Harassment in America(p. 98). Greenwood Press. 1999.
[15] 参见杨立新主编:《民商法前沿》第 1、2 辑,吉林人民出版社 2002 年版,第 7 页。

和威胁性内容的短信,这些短信的内容都是被告专门针对原告编写的。齐某承认这8条短信都是自己发的,但是认为闫女士是自己的"嫂子",双方很熟,发短信都是在开玩笑,只不过是言词过火一点,并无恶意,也没有侵权,因此,只同意道歉,不同意赔偿。法庭审理认为,被告对原告出于性意识的故意,在违背原告主观意愿的情况下,以发送淫秽性和威胁性手机短信的方式,引起原告的心理反感,侵犯了原告保持自己与性有关的精神状态愉悦的性权利,其行为已经构成性骚扰,应当停止侵害并道歉,由于被告的性骚扰行为已经对原告及其家庭造成了相当程度的损害后果,理应进行赔偿。故判决被告齐某停止性骚扰的侵害,赔礼道歉,赔偿原告精神损害抚慰金1000元。本案判决明确认定,性骚扰的行为侵害的是"保持自己与性有关的精神状态愉悦的性权利",这是在法院的裁判文书中第一次明确认定性骚扰行为侵害的客体是性权利。

对于理论上的职场主义和权利主义之争,本案判决似乎是一个最好的回答,这就是认定性骚扰行为侵害的就是性权利,而且本案根本就不是职场发生的性骚扰。将这样的性骚扰行为认定为侵权行为,这个判决在理论上和实践中不是更具有重要的意义和价值吗?

这个案件所引发的思考似乎更为深入和深刻,即我国构建一个规制性骚扰行为的法律制度,究竟应当采用职场主义,还是权利主义?看来倾向的大概是后者。

二、规制性骚扰的理论依据基点在于对人的保护

为了作出立法上的抉择,我们应当对规制性骚扰的理论基础进行深入的考察,以寻求最为准确的答案。

(一)性问题的重要性和性骚扰行为的普遍性

福柯说,在当代社会生活中,生存问题的重要性下降,而"快乐问题"的重要性却随之上升了。[⑯] 福柯所说的"快乐问题",主要就是指性的问题。虽然世人对性总有一种抹不去的羞怯意识,但性的重要性是不言而喻的。人的存在也是性的存在,性是人的快乐的重要源泉,人由于性而诞生,由于性而繁衍。然而性的问题并不总是带来快乐,也可能带来不尽的痛苦和烦恼。

性骚扰就是这种痛苦和烦恼的主要源头之一。到了20世纪末,性骚扰不再只是一个普通女性的私人烦恼,而且还可能成为一个总统的政治噩梦。[⑰] 美国前总统克林顿的性骚扰案,以及被提名为美国联邦最高法院大法官候选人的托马斯的性骚扰案,使得性骚扰问题一度成为世人关注的中心话题。人们骤然发现,性骚扰竟然像幽灵

[⑯] 参见李银河:《性的问题·福柯与性》,文化艺术出版社2003年版,第3页。
[⑰] Sanda Schwartz Tangri, Stephanie M. Hayes, Theories of sexual harassment. In William O'Donohue (Eds.), Sexual harassment: theory, research, and treatment(p.112), Allyn and Bacon. 1997.

一般无处不在。1997年,美国妇女同盟对各地数以万计的职业妇女进行的调查显示,70%的妇女受到过性骚扰。[18] 美国大学妇女联合会在2001年6月发布的调查报告透露,在对2064名学生进行的抽样调查中,83%的女生和79%的男生报告说遭受过性骚扰。据欧盟的有关统计数据显示,性骚扰的问题在欧洲也是非常严重的。西班牙有84%的职业女性声称经历过性骚扰;德国有68%的工作女性表示遭受过性骚扰;希腊、荷兰、英国的数据分别为60%、58%和51%。而据日本的媒体报道,日本有2/3的女公务员受到过某种形式的性骚扰。[19] 我国台湾地区"保护妇女活动委员会"在1984年对台北市的800名妇女进行的问卷调查显示,超过七成的妇女表明受到过性骚扰。[20] 1993年,中国社会科学院社会学所研究人员唐灿用随机抽样的办法,在北京和上海对她所接触到的169名女性进行调查,发现有84%的人表示曾经遭受过不同形式的性骚扰,其中107人(占调查人数的63%)遭受过两次以上的性骚扰,有152人(占调查人数的90%)表示,她们知道周围其他女性也受过性骚扰。[21]

(二)规制性骚扰的理论基础在于对人的保护

各种数据显示,性骚扰已经成为一个全球性的严峻问题。人类有史以来,性的关系本来就是人与人的诸多错综复杂的社会关系中最不确定的一类关系,而且在以文化、价值和目的等冲突广泛存在为特质的多元化的当代社会中,性骚扰问题更掺杂着政治、经济、道德伦理、文化传统、医学、生理以及社会等多种因素,使得性骚扰问题不仅成为当前世界的一大社会难题和道德难题,还是十分棘手的政治难题和法律难题。各国学者用社会学、心理学、医学、经济学、哲学和法学等多种方法对性骚扰进行了多向度的深入研究,对性骚扰现象的产生、表现和危害等一般性问题形成了一系列的理论观点,同时也为性骚扰的法律规制提供了理论依据。

1. 自然生理说(The Natural/Biological Model)

这种观点认为,性骚扰产生于人们之间的一种天然的、生理上的性的吸引。因此,这种理论又分支为荷尔蒙模式说(The Hormonal Model)或进化适应模式说(The Evolutionary Adaptation Model)。[22] 自然生理说的特点是从生理学和医学的角度解读性骚扰。其主要的观点建构于一系列的生理学和医学的假设上。第一个假设是,男性的性需求强于女性,受荷尔蒙的驱使,男性持续地处于一种性渴求和性焦虑的状态,所以需要不停地寻觅、追求和占取异性。第二个假设是,由于天然的异性相吸,女性和男性在工作等不同的场所会不同程度地主动参与到性的活动中。第三个假设是,有少数的男性

---

[18] 参见谈大正:《性文化与法》,上海人民出版社1998年版,第323页。
[19] 参见张绍明:《反击性骚扰》,中国检察出版社2003年版,第4页。
[20] 参见邓思:《从郑州首例同性性骚扰案引起的法律思考》,载《广西政法管理干部学院学报》2003年总第18卷。
[21] 参见唐灿:《性骚扰在中国的存在》,载《妇女研究论丛》1995年第2期。
[22] Sanda Schwartz Tangri, Stephanie M. Hayes, Theories of sexual harassment. In William O'Donohue (Eds.), Sexual harassment: theory, research, and treatment(pp. 113 – 114), Allyn and Bacon. 1997.

或女性在生理上存在一种异质的、近乎病态的性倾向，使得这些人产生了超乎常态的性需求。㉓ 这些不同的假说，都拒绝认为性骚扰是一种制度性和结构性的不法和歧视，而认为所谓的性骚扰一般而言只是正常的、无害的、最多是异质化的行为和表达方式，近乎一种对异性的追求行为。这种理论主张法律在一般情况下不应该对此进行干预，因为这是人之天性和本性的反应，法律的干预往往是徒劳的。这种理论对司法活动也产生了一定的影响。美国的法院在20世纪80年代前，对性骚扰案件的态度便反映出这种理论的影响。当时，法官们一般认为，性骚扰只是私人的私生活问题，法律不便插手。㉔ 这种理论后来极为女权主义者所诟病，认为这是大男子主义和企图强化男权统治不平等社会结构的自我辩护，是对性骚扰的保护和纵容。

2. 组织结构说(The Organizational Model)

这种主张认为，是人们所处的企业、校园等社会组织的制度、结构和程序为性骚扰提供了便利发生的机会。这一理论后来区分为两支，即性别角色溢出说(Sex-role Spillover theory)和组织权力说(Organizational Power)。㉕ 其主要的观点是，在以垂直的分层化管理为特征的组织机构中，由于各人所处的权力位置和地位不同，个人可能利用其权力和地位优势，从其下属身上强行索取性利益，以满足其性需求。组织机构内部的权力结构、职业准则、委屈控申处理程序、组织文化气候和性别比率等因素相互结合，导致性别之间的明显的不对称性和不平等性，这为性骚扰的发生和存在提供了温床和机会。㉖ 在现实生活中的各种社会组织机构中，女性往往处于权力结构较低的层次，所以往往成为典型的性骚扰的受害者。当然，少数的男性处于组织的权力结构底层时，也可能例外地成为受害者，此时，处于权力结构比较优势的骚扰者既可能是女性也可能是男性。这一理论的产生是20世纪中期兴起的女权主义运动的结果。当时的女权主义者为取得性别的平等和女性的尊严，把争取平等的工作、教育机会和平等待遇作为最为重要的斗争途径，无情地揭露和批判了企业和校园等社会组织机构中广泛存在的歧视现象。而性骚扰被视为歧视女性的最集中、最丑恶的体现。这一理论的根本特征和最大贡献在于创立了这样一个公式，即性骚扰就等于性歧视。组织结构说后来成为西方国家关于性骚扰的主流观点，并由此催生了一系列的保护两性平等权利的专门法律和反对性别歧视的特别法律。性骚扰也从此上升为受人关注的法律问题，反性骚扰法律制度的建构得到重视并得以较大的发展。

㉓ Tangri, Burt, Johnson, Sexual Harassment at Work: Three Explanatory Models. In Edmund Wall(Eds.), Confrontations and Decisions: Sexual harassment(pp. 116 - 117), Prometheus Books. 2000.

㉔ 持这种观点的美国法院的判例主要有，Bundy v. Jackson 1981, Dothard V. Rawlinson 1997, Miller v. Bank of America 1979, Corne v. Bausch and Lomb Inc. 1975.

㉕ Sanda Schwartz Tangri, Stephanie M. Hayes, Theories of sexual harassment. In William O'Donohue (Eds.), Sexual harassment: theory, research, and treatment(pp. 116 - 118), Allyn and Bacon. 1997.

㉖ Tangri, Burt, Johnson, Sexual Harassment at Work: Three Explanatory Models. In Edmund Wall(Eds.), Confrontations and Decisions: Sexual harassment(pp. 118 - 119), Prometheus Books. 2000.

3. 社会文化结构说(The Sociocultural Model)

社会文化结构说与前述的组织结构说,就其哲学背景来说,都属于社会结构主义的范畴,而且两者都是女权主义运动的产物。不同的是,社会文化结构说是把性骚扰放在整个社会文化的背景中来考察,其观点更为激进,明显带有激进女权主义的特征和色彩。这一理论认为,性骚扰是两性之间在社会中更大的权力配置不平等和地位不平等的集中映像,是在工作场所和总体的经济中实现和维持男性对女性的统治地位的一种功能性机制。由于女性在整个社会中处于服从和下属的劣势地位,性别本身就是划分骚扰者和受害者的唯一标准,因此,性骚扰就是对女性的歧视,而且不只是对骚扰对象个体的歧视,或是对某个女性团体的歧视,更是对整个女性的歧视。性骚扰是男性对女性实施政治暴力的工具。女性以劣势的地位和身份进入曾为男性独享的公共领域和各种组织机构,在其中通过性骚扰,女性被训练为更具挫折感、更顺从、更脆弱的低下阶层,最终迫使女性退出这些领域。[27] 社会文化结构说反映了以麦金农和德沃金为代表的激进女权主义的观点。她们的观点甚至把两性之间的性关系本身作为攻击的目标,认为异性性交本身就是对女性的奴役、贬低、玷污和压迫,人类要实现普遍的和平,首先就是要结束异性的性交,彻底改变现存的社会文化结构。性骚扰是男性对女性进行统治的一种不合法的实践形式。[28] 这些观点行使了女权政治的话语权,具有强烈的较为浓厚的政治色彩,从女权主义的角度强调政治正确,就法律领域来说,虽然在实践上与司法性质具有某种不相容性,但从观念上和理论上进一步解构了性骚扰,也在司法活动中留下了不浅的烙印。

4. 道德沦丧说

道德沦丧说是笔者对我国学者和司法实践对性骚扰问题所持的基本观点和态度的归纳。由于深受儒家思想和道学传统的浸淫和影响,性的问题在我国一直是一个十分敏感的话题,在思考和评判这类问题时,往往有一种泛道德化的思维惯性,首先关注行为人的主观态度和内心动机,把是否具备道德上的可谴责性作为最基本的评价标准,将行为分别贴上道德或不道德的标签,并以此作为定性考量的终点。我国对性骚扰的一般性理论问题的研究十分薄弱,目前尚处于较低的层次和程度,而其中较具有代表性的观点认为,性骚扰是性的泛滥和道德日渐沦丧的结果,是少数人受性饥渴和淫乱思想的驱使而从事的不道德和违法的行为。并且认为,性骚扰根据其不同表现可以分为心理变态型、心理障碍型、依仗权势型和乘弱欺凌型等四种情形。[29] 此类泛道德化的观点对法律活动也产生了明显的影响,使得法律研究、立法和司法各个环节,均偏重于对性骚扰者的谴责和惩戒,而失察于对受害者的权利保护。

---

[27] Tangri, Burt, Johnson, Sexual Harassment at Work: Three Explanatory Models. In Edmund Wall(Eds.), Confrontations and Decisions: Sexual harassment(p. 121), Prometheus Books. 2000.
[28] 参见李银河:《性文化研究报告》,江苏人民出版社2003年版,第278—283页。
[29] 参见纪康保:《对性骚扰说不》,中国盲文出版社2002版,第31—35页。

5. 经济分析说

严格说来，无论国内国外，都并无具体和实际表现为理论形态的关于性骚扰的经济分析理论存在。经济分析法学派的代表人物波斯纳运用经济分析方法研究性的问题的理论巨著《性与理性》，并没有涉及性骚扰的问题。但是，波斯纳研究性的问题中所运用的方法，无疑也为我们研究性骚扰问题提供了一种独到的工具性手段。波斯纳指出，就实证这一面而言，经济学分析认为，理性选择在人类的意志选择行为中至高无上，性行为就是意志选择中的一种。就规范这一面来说，这一理论是自由至上的性规制理论。[30] 在波斯纳实证经济学理论下所展示的性行为理性选择模型中，性行为目的、性搜寻成本以及婚姻性质是关键因素，此外，城市化和妇女的职业和财政状况，也是起作用的因素。其中，性行为的目的体现了性的收益，主要有生育、享受和联谊三个方面；性搜寻成本是这一模型的核心。[31] 这一理论还主张，在性的规制方面，应依照把性视为与道德无涉的问题的进路来处理，只有在为经济的或其他效用的考虑因素所必要的的程度内才考虑限制性的自由。[32] 如果把性骚扰置于这个模式中考量，剥去性骚扰问题的道德外衣，将之作为一个"与道德无涉的问题"，以理性化的视角来判读性骚扰，将会在我们面前呈现一个独特而清晰的研究视野。我们可以看到，一般而言，性骚扰是以性的享受为收益，而在某些社会条件下，在特定环境和场合中，如男女共同相处的工作场所和校园，由于实行权力的分层化管理的不可避免性，性的搜寻成本极低，此时，性骚扰发生的概率极高。因此，增加性的搜寻成本，即可抑制性骚扰的发生。而增加性搜寻成本的有效办法就是对其施以外在性的社会干预，在法治社会，其基本手段就是实行合理的性规制。而实行性骚扰的法律规制，应当以可能增加社会财富为目标，在合理和必要的限度内进行，注重规制的效率。

（三）职场秩序、道德维护还是权利保护？

在以上的比较分析中我们应当看到，上述五种学说都是研究解决性骚扰问题的理论基础。不论它们的基础立足在哪里，其实都突出了一个基点，这就是对人的保护。

现代社会中性骚扰作为法律问题出现，并呈普遍化的趋势，这是社会文明和进步的体现。在古罗马时期没有性骚扰的问题，因为严格的等级制度的存在，古罗马公民强奸和猥亵奴隶和其他无公民权的人，都不会受到追究，因为奴隶是自己的财产，是可以任意作为性的工具和客体来使用的。[33] 在封建社会时代，也没有性骚扰的法律问题，因为妇女和农奴在人格上和身份上都是依附于封建主而存在的。在现代文明发展的前期，性骚扰也没有成为突出的法律问题，因为妇女很少有进入公共领域与男性

---

[30] 参见〔美〕波斯纳：《性与理性》，苏力译，中国政法大学出版社2002年版，第4页。
[31] 参见〔美〕波斯纳：《性与理性》，苏力译，中国政法大学出版社2002年版，第146—157页。
[32] 参见〔美〕波斯纳：《性与理性》，苏力译，中国政法大学出版社2002年版，第240页。
[33] 参见〔美〕波斯纳：《性与理性》，苏力译，中国政法大学出版社2002年版，第54页。

相处共事的机会。随着社会不断地走向文明和进步,人们权利意识的觉醒,妇女大量地进入公共领域,成为男性的共事者,性骚扰的法律问题从而凸显出来。因此有人指出,性骚扰存在的前提是人格权平等、男女平等。[34] 事实上确实如此。如果没有人的平等,没有人格权的平等,根本就不会出现性骚扰的问题,不过,那不是没有性骚扰,而是性骚扰根本就不是一个问题。所以,规制性骚扰的基础,就是强调对人的保护,对人的权利的保护。

在现存的社会发展水平下,这种平等还无法得到完全的和所有人的尊重。人既是社会的存在,又是生物的存在,具体而言是动物的存在。种种原因的交错,使性骚扰成为一个无法忽视的社会问题。而在前述的几种关于性骚扰的一般理论中,其实只是从不同的角度对这个问题进行了研究,没有一个理论能够独立而全面无遗地解释清楚性骚扰的成因、构造和危害等问题。但是,如果把这些理论结合起来考虑,问题大多可以得到答案。所以美国学者很形象地把性骚扰比喻为一个"洋葱",关于性骚扰一般理论的不同观点从不同的层次构成了"洋葱"的整体。处于内核的是自然生理说,解说了性骚扰的生物学的物质性基础;在此层次之外的是社会文化结构说,探明了性骚扰发生和存在的深层次的社会、经济和文化原因;再其外就是组织结构说,从现实社会的具体组织机构的制度结构上解析了性骚扰问题,并为问题的解决提供了可用的策略;而道德沦丧说则是处在"洋葱"的表皮层面,标示了个体道德差异在性骚扰中的作用和影响,显示了具体性骚扰个案的不同个性。[35] 经济分析说在这个结构中最具特殊性,它主要为问题的研究提供了经济学的工具手段,而不是结果本身。

说到这里,我们应当明白了,客观的性骚扰的发生,是人的性本能问题;而法律上的性骚扰的发生,则是人的地位平等和权利平等所带来的产物,是社会进步的产物;至于对性骚扰行为的法律规制,则是法律全力维护人的私权利的平等和尊严以及不可侵性。这就是,性的问题之所以一直就是人类生活中的最敏感的问题之一,是因为问题本身就有其独特的结构和性质。性的关系确实是人类生活关系中重要成分之一,但是由于进化和道德的需要,从某一阶段开始,它就从其他的社会关系中非对称地分离出来了。性的关系的此岸是个人空间和个人生活,而建立在语言和权力基础上的公共世界,乃是性的关系的彼岸。[36] 文明的进化把女性护送进入公共世界,但是拒绝把性的行为和性爱也带进公共世界。性骚扰的危害是不言而喻的,人的精神和肉体、人与人之间的信赖、企业的经济效益、社会的正常秩序等都可能因此遭受损害。关于性骚扰的一般理论的价值不在于为我们演示了性骚扰的成因,而在于为对性骚扰进行法律规制提供了依据。我们由此得知,性骚扰的法律规制是必要的,规制的中心应该置于保护处于社会结构中的弱势和不利阶层的人们的权利,规制应发挥制度

---

[34] 参见张绍明:《反击性骚扰》,中国检察出版社2003年版,第5页。
[35] Sanda Schwartz Tangri, Stephanie M. Hayes, Theories of sexual harassment. In William O'Donohue (Eds.), Sexual harassment: theory, research, and treatment(p. 113), Allyn and Bacon. 1997.
[36] 参见[日]桥爪大三郎:《性爱论》,马黎明译,百花文艺出版社2000年版,第136页。

和各责任机构、组织的功能和作用,规制应当是有限度的,这一限度就是权利保护以及经济效益和社会其他效用的共同必要范围。

因此,认为规制性骚扰行为的法律制度的中心在于职场秩序,或者道德维护等的观点,难道还是重要的或者正确的吗?都不是!规制性骚扰行为的法律制度的中心,理所当然的在于人,在于对人的私权利的保护。确立中国特色的规制性骚扰行为的法律制度应当采取的立场,应当说是十分清楚和确定的了。

三、规制性骚扰的核心是保护自然人的性自主权

人类历史发展到今天,已经进入了一个权利弘扬的时代。法律先哲们"为权利而斗争""认真地看待权利"的呼吁和努力,正在不断成为现实的成果。在这样的时代,权利已经成为思考、评价一切问题的最重要的标尺。对人的私权利的保护,正是研究性骚扰法律规制的基点。性骚扰之所以需要加以规制,从根本上来说,正是因为它侵害了人的私权利。

(一)性骚扰行为的本质是侵害人的性自主权

性骚扰侵害了人的权利,对此并无争议。但是,侵害的究竟是什么权利,学界存在分歧。由于性骚扰行为形式的多样性以及其成因、后果的复杂性,导致人们从不同的角度认识受侵害权利的性质,从而得出不同的结论。

主要的观点有:

(1)人身自由权说。有学者认为,骚扰包括一般骚扰和性骚扰,无端制造麻烦骚扰他人,造成受害人的精神痛苦,系侵害他人人身自由权中之精神自由的行为。[37]

(2)隐私权说。美国学者 Edmund Wall 认为,性事乃人之私事,性骚扰是用不受欢迎的含有性意味的语言或动作,侵扰他人的私事和私生活。[38]

(3)人格尊严权说。认为性骚扰行为表现多样,致人伤害不一,但是均是从主观上无视受骚扰者的尊严的存在,侵犯的是他人的人格尊严权。[39]

(4)身体权说。在一个案件中,原告起诉认为性骚扰侵害的是身体权。原告是武汉市某商业学校中外语言教研室的老师,因不堪原教研室副主任盛某的性骚扰行为,于2002年7月向法院提起诉讼,称自2000年下半年始,被告利用工作之便对原告进行性诱惑,被拒绝后仍不死心,在同事面前大肆张扬喜欢原告,2001年,学校组织教师外出春游,被告于当晚11时许尾随至原告房间,对原告隐私部位抚摸、强行亲吻。原告认为,被告的行为侵犯了她的身体权、人格尊严权和名誉权。[40]

---

[37] 参见张新宝:《中国侵权行为法》,中国社会科学出版社1998年版,第408页。
[38] Edmund Wall, The Definition of Sexual Harassment, In Edmund Wall (Eds.), Confrontations and Decisions: Sexual harassment(p. 63) , Prometheus Books. 2000.
[39] 参见张绍明:《反击性骚扰》,中国检察出版社2003年版,第73页。
[40] 参见《武汉女教师诉上司性骚扰案胜诉》,载2002年10月30日《检察日报》。

这些观点都很有道理,因为这些观点事实上都把性骚扰侵害的权利纳入了人格权的范围,确认了这种行为所侵害的权利是一种人格权。由于这种人格权在我国尚未在法律上给予明确的规定,只能纳入最高人民法院的司法解释所创设的一般人格权即人格尊严权,或者纳入范围较为宽泛的人格自由权中。而隐私权说之所以正确,因为这是美国学者的观点,要考虑到美国法律中的隐私权的范围是非常宽泛的。据《美国侵权行为法重述(第二次)》第652A条的规定,隐私权包括不合理地侵入他人隐秘、对他人的肖像或姓名的不法使用、不合理的公开他人的私生活和使他人有不实形象的公开四种情形。[41] 这一范围远远宽于我国法律所认可的隐私权概念的外延。而Edmund Wall正是把性骚扰视为不合理侵入他人的隐秘的行为。而且在西方的学者看来,性的自主性代表着隐私领域中交流沟通权利的一种极为重要的情形,对于不是在公开场合发生的性行为的规制,至少构成了对隐私权的干预。[42] 至于身体权说所解释的,性骚扰确实在很多情况下,都是对身体的非法接触,称这种行为侵害了身体权,也不是没有道理。

但是,上述各种观点都有一个共同的缺点,就是没有揭示性骚扰行为所侵害的最直接的客体,不承认性骚扰所侵害的权利是以人的性利益为内容的一项独立的人格权——性自主权。

性自主权在刑法中已经得到普遍承认,如我国台湾地区的"刑法",有"妨害性自主罪"章,规定了强制性交罪、强制猥亵罪等。在理论上,美国学者Edmund Wall也承认性骚扰所侵害的是性的自主选择权利,这种权利相对于隐私权来说,是一项更为基础的权利。[43] 美国芝加哥大学教授Stephen J. Schulhofer对性自主权的论述,更是掷地有声,不乏真知灼见。他认为,"性自主权的失落"(The Missing Entitlement: Sexual Autonomy)是美国法律的一个重大失败。他指出,对性骚扰和性犯罪予以法律规制的中心价值就是保护性自主权的权利本身。性自主权乃是普世之下人皆拥有的,决定何时及是否与人产生性的关系的自由。一切以暴力、胁迫、语言、动作、欺诈和诱导等方式施加以人不受欢迎的性的关系(Unwanted Sex)的行为都是侵害性自主权。他认为,法律之所以保护一些最基本的权利,如工作权、选举权、接受专业的诚实的服务的权利、隐私权以及知情权,是因为对于这些利益,我们有自主和自我决定的权利,即保有或处分他们的自由。法律应当禁止以任何不当方式干预我们对这些利益的自主决定权。对于任何一个人,除了生存权本身以外,几乎没有其他的个人权利和自由比性自主权更重要。鉴于在性的交往中,人所固有的感情脆弱性和潜在的身体危险的可能性,性自主权至少比财产权更需要保护。但是,在法律赋予我们赖以自由和独立存

---

[41] 参见中国人民大学民商事法律科学研究中心给全国人大常委会法工委的报告:《中国民法典·人格权法编和侵权行为法编》专家建议稿,2002年3月,第214页以下。

[42] 参见〔奥〕曼弗雷德·诺瓦克:《民权公约评注》,毕小青等译,三联书店2003年版,第279页。

[43] Edmund Wall, The Definition of Sexual Harassment, In Edmund Wall(Eds.), Confrontations and Decisions: Sexual harassment(p. 109), Prometheus Books. 2000.

在的基本个人权利的权利名单中,性自主权明显地被遗漏了。他还提出,性自主权不应该附属于其他利益而作为权利的副产品存在,它是一项独立的利益和权利,而且是任何自由的人的最为重要的核心利益和权利。任何一个承诺保护个人基本权利的受尊重的法律体系,应当以性自主权自己本身的名义,将其置于保护和关爱的中心位置,直接加以保护。他更一针见血地指出,正因为性自主权的失落,美国的性骚扰法律规制的范围只限于校园和工作场所,其功能和作用大为受限。他呼吁,性自主权乃天赋之人权,是生而有之的自然权利(birthright),是值得尊重的一项真正的权利,法律要"认真地对待性自主权,"对之加以明确、培育和保护。[44]

(二)作为人权的性自主权

人权入宪,表明我国将更加重视人权的建设和保护。性骚扰所侵害的性自主权,是人权的重要组成部分。性自主权的保护,也是当代人权保护制度的重要内容。

所有人都属于一种生物性的存在,也就是性的存在。性与人从来就不是分离的,而是人所固有的。它决定了人类的延续,产生了人的快乐。生物性的存在和性的存在,就是性自主权利的人性基础。而近现代法律所确认的人的自由权、平等权和追求幸福的权利这三大权利,构成了性自主权利的法理基础。现代的道德伦理,关注人的尊严、人格和价值,不再把"性"机械地与羞耻、罪恶等负面价值相连接,赋予了性自主权的道德基础。因此,性自主权是人作为性的存在的人的权利。这种权利不可割舍,是人之为人的基本构成部分。

人权乃人之所以为人所具有的权利。走向人权是性自主权利的进步方向和必然归宿。性权利从基于身份的配偶权向基于人格的人权的转化,其重要表现就是婚前性行为的出罪化和婚外性行为的逐步去罪化。在身份和地位不平等的情况下,很多人被剥夺了性权利,只有具有某种身份和地位,才享有性权利。随着人类历史的发展,要求在观念和法律制度上消除了身份等级差别,实现人人平等。在这一历史条件下,性自主权才成为人人都具有的人权。

性骚扰问题的严峻性,显现了在倡导人人平等的历史和社会条件下,作为人权的性自主权所面临的令人遗憾的局面。权利与权力、暴力和旧传统的张力在艰难而尴尬地对峙着。性自主权在此时尤其需要法律的保护。1999年,世界性学会会议在香港通过《性权宣言》宣称:"性权乃普世人权,以全人类固有之自由、尊严与平等为基础。"并列举了性自由权、性自治、性完整和性身体安全权等11项具体的性权利。如果不能从性自主权的保护的角度,对性骚扰进行有效的法律规制,不能不说是人权保护法律制度的一大缺憾。[45]

---

[44] Stephen J. Schulhofer, Unwanted Sex: The Culture of Intimidation and the Failure of Law(pp. 99 – 133). Harvard University Press. 1998.

[45] 参见赵合俊:《作为人权的性权利:一种人类自由的视角》,中国社会科学院研究生院2002年博士论文。

(三)作为独立人格权的性自主权

目前,除了刑法的保护外,在民法手段上,我国通过最高人民法院司法解释确立了一般人格权即人格尊严权,从理论上来说,也可以基本实现对性自主权的保护。但是,由于一般人格权所固有的弹性和不确定性,不得不倚重法官的自由裁量,而在司法实践中不同法官的理解不同,标准把握不一,以一般人格权实现对性自主权保护的功能往往被虚置。到目前为止,我国法院所审理的几起性骚扰案件,便不同程度地出现了这个问题,受害人的权利很难得到保护。[46] 而笔者之所以对短信性骚扰案的判决津津乐道,就是因为这个判决确定了性骚扰行为所侵害的是性自主权。[47]

基于前述的该权利本身的极端重要性,性自主权完全有必要、有理由、有价值成为一项独立的具体的人格权。笔者认为,性自主权是自然人自主决定是否实施性行为和何时、以何种方式实施性行为,以实现自己的性意愿和性利益而不受他人非法干预的权利。[48] 其法律特征是:

1. 性自主权是一种以性为特定内容的独立的人格权

现代法上的人格权,是以人作为民事主体构成其资格的特定内容,即以确认主体资格在法律上的抽象反映为标志。确认该种内容能否成为独立的法定权利,关键在于观察它所抽象的特定内容能否完全由他权利所替代。对于性自主权而言,侵害性自主权可能会造成受害人身体、健康、自由、名誉等方面的损害,并且可以通过救济身体权、健康权、自由权、名誉权损害的方法进行救济;但是它们毕竟不能概括性自主权所抽象的性利益的特定内容。性自主权的核心内容——性,不可能简单地由身体利益、健康利益、自由利益、名誉利益所涵盖,因而,性自主权以此与其他所有的人格权相区别,为一种独立的以人的性利益为特定内容的人格权,自是毫无疑义的。

2. 性自主权以性所体现的非财产性利益为具体内容

性的利益应作广义理解,不仅仅局限于性交的内容。它包括身体上的利益和精神上的利益。身体上的利益体现为保持自己性载体器官的完整性和安全性。精神上的利益则表现为人的自主的性行为带来的精神满足感,以及社会和他人对权利人性纯洁的评价。因而性自主权与名誉权的不同之处就在于,性自主权的内容以身体利益和精神利益的复合形式构成,以身体利益为主导,以性意愿的独立和权利人内心感受为基本方面,而名誉权主要是精神利益,体现于社会对特定自然人的评价。

3. 性自主权具有可克减性

性自主权是人的关于性的权利,而这种权利体现了一种互动的社会关系。在行

---

[46] 据不完全统计,我国法院已审理性骚扰案件7件。其中,原告胜诉2件,其余均是原告败诉。其中1件胜诉的案件,法院没有支持原告赔偿精神损害的诉讼请求,而仅仅确认了性骚扰的事实,判决被告向原告赔礼道歉。另一件判决向原告赔礼道歉,并赔偿相应的精神损害抚慰金。

[47] 参见《北京受理短信性骚扰案宣判》,载《检察日报》,2004年3月12日。

[48] 杨立新在《人身权法论》一书中,将这种权称之为贞操权,参见杨立新:《人身权法论》,人民法院出版社2002年修订版,第714页。在起草民法典草案人格权法编的专家建议稿中,改称为性自主权,参见王利明主编:《民法学》,复旦大学出版社2003年版,第207页。

使权利时必须取得互动对方的同意。也就是说,在行使自己的性自主权时,还必须以尊重对方的性自主权为前提。此外,权利的行使还必须是在法律和善良风俗允许的范围内,性自主权是一种适当自由,而不是性自由主义者所认为的是与道德无涉的纯粹的普遍的和不受限的自由。性自主权要受法律和道德的约束,不得违反公共利益和善良风俗,我国法律还规定,在已婚男女之间,要互负贞操义务。因此性自主权是可克减的权利。

4. 性自主权具有专属性和平等性

性自主权是一种独立的人格权,是权利主体具有的独立、完整的人格所必须具备的权利。性自主权的主体必须是特定的自然人,不能是不特定主体或团体性的主体。性自主权与权利主体不能分割,也不可转让。另外,男性和女性作为平等的民事主体,在法律上都应当平等地享有性自主权。只不过依社会一般观念,男子的性自主权往往被人忽略,致使性自主权只和女性相联系。从司法实践来看,男子的性权利,尤其是未成年男子的性权利同样需要法律的保护,已经为许多国家法律所证明。性自主权作为自然人的具体人格权,为所有的自然人平等享有。

(四) 性自主权的内在结构

性自主权作为独立的人格权,有其内在的体系结构。权利本身是一个复杂的体系。美国法学家霍菲尔德(Wesley N. Hohfeld)在《法律的基本概念》中对权利作如下分类:

(1)权利(right),即请求权或主张权,与之相关联的是义务(duty)。

(2)特权(privilege)或自由(liberty),即个人对属于自己或关于自己的东西有自由行使的权利,他人无权干涉。

(3)权能(power),即根据自己的意愿建立或改变某种法律关系的权力,与之相关联的是责任(liability)。

(4)豁免(immunity),即不因他人的意愿而改变特定的法律关系的自由。

参照霍菲尔德的这一分类,根据性自主权的自有特质,可将性自主权的内在结构作如下的分解:

(1)请求权,即性自主权作为人格权的请求权。人格权有其独立的请求权,主要内容包括排除妨碍请求权、停止妨碍请求权和人身损害赔偿请求权。[49]

(2)选择权,即霍菲尔德分类中的权能。性自主权之权利主体有自主选择是否、何时、与何人以及以何种方式发生性的关系的权力。同时就其选择承担其相应的责任。

(3)拒绝权,即霍菲尔德分类中的豁免,也可称为反抗权,即权利主体以自己的意愿自主地拒绝与他人发生某种性的关系的权利。

(4)保持权,对应于霍菲尔德分类的特权和自由,表现在两个方面:一是物质性的

---

[49] 参见杨立新、袁雪石:《论人格权请求权》(本书第499页),载《法学研究》2003年第3期。

完整保持权,即权利主体对属于自己的性生理载体完整的免予他人非法接触、非法侵入和非法破坏的保持权。这是一项身体性的权利,但又不同于一般的身体权,保护的是身体中承载性利益、性功能、性愿望和性隐秘的生理器官的完整和自由,即性表达的物质载体的完整。[50] 二是性感知或性意识在精神上和心理上的安宁和平静保持权。前者抵御行动或动作的侵扰,后者抵御语言和其他非身体接触上的侵扰。

四、规制性骚扰、保护性自主权的基本手段,是确定性骚扰的侵权责任

防治性骚扰是当前的一大社会难题,也是困扰我们的法律难题。国外的经验和教训表明,靠一个部门或一个法律文件是无法解决问题的。必须建立一个完备的法律体系,以达规制之效果。而这个体系的建构,应该以权利的保护为基点,以侵权责任法的手段为中心,形成一个有层次、能互动的和谐的结构。这个结构的第一个层次是根本法。人权入宪,这是重要的一步,但这只是第一步。也许我们应当还需要一个如《权利法案》一样的人权法案,使人权具体化、体系化和世俗化,而不是永远让其"神圣"下去以至于不可触及。人的性权利应当在其中找到自己的位置。第二个层次是基本法。主要是要在民法和侵权行为法中完善反性骚扰的基本法律手段。在民法方面,应当在人格权法中,把性自主权规定为独立的具体人格权,保证性自主权的保护有法可依;在侵权行为法中,可以考虑将性骚扰作为一个独立的侵权行为类型,确立性骚扰侵权的雇主责任制度和惩罚赔偿金制度。第三个层次是特别法。可以引进国际间通行的做法,对性骚扰问题比较严重的领域如职业场所和学校等,制定特别的反性骚扰法。

侵权行为法从权利维度而言,就是权利保护法。完善的侵权行为法可以为各项具体的人格权以及人格尊严和自由提供最有效、最严密的保护。性骚扰侵害了受害人的性自主权,而性自主权作为重要的人格权的一种,也必然是主要由侵权行为法予以保护和救济。

但是,建立以人的私权利保护为中心的反性骚扰法律制度,如何协调规制性骚扰的权利主义和职场主义呢? 诚然,我们主张采纳权利主义的立场规制性骚扰行为,确立以人的权利保护为中心的反性骚扰法律制度。然而,职场的性骚扰毕竟是性骚扰行为发生的重要甚至可以说是主要的场所。我们主张反性骚扰的权利主义立场,实际上并不反对加强对职场性骚扰行为的特别规制,通过对职场性骚扰行为的民法制裁,维护工作场所和教育场所的正常秩序,保障人的权利在这样的场所中不受到损害。这样的制度的表现就是,将对于性骚扰行为的法律规制,确立为一种侵权行为类

---

[50] Stephen J. Schulhofer, Unwanted Sex: The Culture of Intimidation and the Failure of Law(p. 111). Harvard University Press. 1998.

型,通过对性骚扰行为人的侵权责任制裁,保护权利人的性自主权不受侵害。在这种侵权行为类型中,包括职场中的侵权行为,对职场中的侵权行为予以特别的规定,在确认性骚扰行为人的侵权责任的同时,也确认职场的雇主的侵权责任,但是这种保护并不特别着眼于对劳动者的保护,即使是对劳动者的权利的保护,也是将其作为一个民事主体,对其的性自主权进行保护。

(一)性骚扰的侵权责任构成

性骚扰侵权责任在一般情形下,属于普通的侵权责任。其责任构成应当按照一般侵权行为的责任构成要件来要求。应当具备四个要件:

(1)行为人实施了性骚扰行为,即违背受害人意志,实施的超出正常人际交往界限的侵害其性自主权的行为,既可以是男人对女人的性骚扰,也可以是女人对男人的性骚扰,随着同性恋现象的出现,还可能是同性对同性的骚扰。

(2)受害人的性自主权受到侵害。表现为受害人的性尊严和性利益受损,造成精神利益、精神痛苦,有时还可能导致其他人身利益、财产和经济利益的损害。对于只造成了精神痛苦,在未产生对其他人身和财产的损害时,对于损害的认定,可采取便于操作的客观标准,即国外法院广为采用的"正常的理智的第三人"的标准。在一个正常的理智的第三人面临同样的侵害时,其精神会遭受痛苦,则可认定损害结果发生。

(3)性骚扰行为与该损害结果之间具有因果关系。

(4)行为人实施行为的主观方面是故意,即故意实施冒犯对方性尊严和性利益的行为,过失不构成性骚扰的侵权行为。值得注意的是,对职场(包括学校)的性骚扰行为,国外还有我国台湾地区、香港特别行政区均予以特别的规制,即由用人者承担雇主责任。这种做法,是世界性趋势,似乎已经成为国际通例,我国法律应该借鉴。而由雇主承担责任时,属于特殊的侵权责任,适用过错推定原则。雇主如果不能证明其已经尽到法定的照顾、管理和扶助保障义务,则推定其有过失,从而承担责任。此时,其责任构成当然有所区别。

(二)性骚扰的侵权责任形态

侵权责任形态,是指侵权法律关系当事人承担侵权责任的不同表现形式,即侵权责任由侵权法律关系中的不同当事人按照侵权责任的基本规则承担责任的基本形式。[51]

如前述,在通常情况下,性骚扰的侵权责任属于一般侵权行为,适用过错责任原则。而发生在工作场所的性骚扰行为,依当前各国立法通例,发生雇主责任,属于特殊侵权行为,应当适用过错推定原则。

惩治性骚扰行为侵权责任形态包括以下几种:

---

[51] 参见杨立新:《侵权法论》,人民法院出版社2004年版,第474页。

1. 直接责任

在过错责任的场合，就是为自己的行为负责的直接责任形态。行为人实施对他人的性骚扰，应当由自己承担侵权责任，这就是侵权责任的直接责任。在目前法院已经确定的性骚扰案件的判决中，所确定的行为人的责任都是直接责任。应当看到，在确立以人的私权利保护为中心的规制性骚扰的法律制度框架下，由性骚扰行为人承担直接责任的侵权责任形态，是基本的责任形态。

2. 连带责任

在职场性骚扰的侵权责任中，应当规定为连带责任，即行为人和雇主连带承担侵权责任。目前，我国在《民法通则》及一系列的司法解释中，已经规定了国家机关及其工作人员职务侵权行为，法人或者其他组织工作人员职务侵权行为，以及调整雇员因执行职务致人损害的侵权行为的雇主赔偿责任，但是，其赔偿责任仅限于侵害财产和人身即生命权、健康权和身体权而产生的财产损害责任。对于工作人员或雇员在执行职务中侵害其他工作人员或雇员的人格权的，没有规定由法人、机关、其他组织或雇主承担精神损害赔偿责任。对此，法律应当作出新的规定。

在当前各国和地区的反性骚扰立法中，均参照美国的做法，规定了雇主责任。我国台湾地区的"两性工作平等法"规定，雇员和求职者因遭受性骚扰受有损害者，由雇主及行为人连带负损害赔偿责任。但雇主证明其已遵行本法所定之各种防治性骚扰之规定，且对该事情之发生已尽力防止仍不免发生者，雇主不负赔偿责任。另外，如被害人依前项但书之规定不能受损害赔偿时，法院因其申请，得斟酌雇主与被害人之经济状况，令雇主为全部或一部分之损害赔偿。雇主赔偿损害时，对为性骚扰之行为人，有求偿权。该法律吸收了美国的反性骚扰经验，又结合了自己的传统民法侵权行为法的有效手段，对于受害人的保护，极为有利，堪称先进的立法，尤值借鉴。

应当强调的是，对职场性骚扰确定的是雇主和行为人承担连带赔偿责任，而不是替代责任，最主要的是考虑性骚扰行为人是故意侵权的直接行为人，造成损害，也是他的行为直接所致。而雇主的责任仅仅是没有善尽工作场所的劳动者保障的过失。连带责任有助于对行为人的惩罚，同时也兼顾了对雇主的制裁。另外，也考虑到按照性骚扰侵权责任的构成，要求行为人的行为是出自故意。对于这种故意侵权，由行为人与雇主承担连带责任，既追究了行为人的责任，又对受害人的权利的保护有利。同时，即使雇主已经极尽义务仍发生性骚扰的，应当由行为人自己承担过错责任，但在其无力赔偿时，根据受害人的请求，仍可判令雇主公平赔偿，并赋予雇主求偿权。这些规定，考量了性骚扰的特殊性质，也是比较合理的。

（三）性骚扰侵权责任的承担方式

性骚扰行为的侵权责任方式是停止侵害、赔礼道歉和赔偿损失。涉及名誉受损的，还应采取合理措施恢复名誉。在赔偿损失方面，主要有以下内容：

1. 侵害性自主权所造成的财产损失，应予赔偿

这种损失包括：侵害性自主权对受害人造成身体和健康上的损害，因治疗花费的

费用,如治疗费、护理费等;受害人怀孕,其流产、生育的费用及营养费。

2. 因侵害性自主权造成其他经济损失的,均应予以赔偿

如果性自主权受侵害而失去某种职业或减少就业的机会,等等。对于这类经济上的损失,原则上应按照《民法通则》和最高人民法院颁布的司法解释规定的赔偿范围赔偿。

3. 侵害性自主权所造成的精神损害,应予赔偿

就精神损害而言,应包括两部分,即精神利益的损失赔偿和精神创伤的抚慰金赔偿。[52] 在侵害性自主权的精神损害中,其赔偿范围应包括上述两部分,即精神利益或称人格利益的损害,以及精神痛苦和精神创伤。对这两部分损害应当以损害赔偿的方式,对受害人精神利益的损害和精神创伤、精神痛苦的损害,一并予以民事救济。

4. 对严重的性骚扰行为,特别是发生在工作场所的性骚扰行为,有必要建立惩罚赔偿金制度

这也是当前世界各国各地反性骚扰立法的通行做法。为避免像美国一样出现"天文数字"的判罚,可以参考我国台湾地区的立法,为惩罚赔偿金设定一个与经济状况适应的、较合理的且能起到吓阻作用的赔偿金下限和上限。有人认为,精神损害赔偿已经起到了惩罚行为人的作用,没有必要再判处惩罚性赔偿金。这种认识是错误的。精神损害赔偿在性质上是一种损失的补偿,而不是惩罚。有学者说,判以精神损害赔偿,是因为原告对行为人的侵害行为感到震惊而遭受精神痛苦和损害的补偿;而判以惩罚性赔偿金,则是因为法官对侵害行为之恶劣感到震惊,以至于仅仅判令其补偿原告的损失,还不足以使被告承担起为其行为应承担的责任,也不足以使行为人吸取教训,必须用惩罚金来达到谴责的效果。[53] 在性骚扰案件中,确实有一些骚扰行为非常恶劣,但又还不足以受到刑事处罚,很有必要施以惩罚性赔偿以示制裁。

---

[52] 参见马原主编:《民事审判实务》,中国经济出版社1993年版,第184页。
[53] Srivastava and Scarlet Tsao, "Remedies for Sexual Harassment", Asia Pacific Law Review, VI10 No 1, p. 148.

性骚扰行为的侵权责任形态分析*

性骚扰行为的社会危害性正在引起社会的重视,一些法律在修改过程中也准备增加制裁性骚扰行为的相关条文。笔者认为,性骚扰行为是一种侵害性自主权的侵权行为,依照侵权行为法的规定,构成侵权责任的,行为人应当承担侵权责任。性骚扰行为的行为人究竟应当承担何种形式的侵权责任形态,必须确定下来,以便司法适用及落实侵权责任。本文笔者就性骚扰行为的侵权责任形态进行分析,说明笔者的观点。

一、制裁性骚扰侵权行为的两种不同法律立场

各国立法规制性骚扰,一般采取两种立场,即以私权利保护为中心的立场和以职场安全保护为中心的立场。前者多为欧洲国家立法所采用,后者为美国等国家和地区所采用。① 我国台湾地区 2001 年 12 月 21 日制定"两性工作平等法",将性骚扰的特别禁止以专章的方式予以制定,又有其他章的规定相配合,对于交换式性骚扰和敌意工作环境的性骚扰分别作出界定,同时规定法律制裁措施。我国台湾地区的这一立法,采取的是第二种立场,以保护职场安全为中心。②

事实上,这两种立场仅仅是立法的着眼点存在差别,即主要是着眼于私权利保护,还是劳动场所安全。而在实际上,在任何一个国家,这样两种性骚扰行为都是存在的。

在一般场合,行为人实施性骚扰行为,侵害的都是自然人的性自主权,法律规定对自然人的人格权包括性自主权予以法律保护,对实施性骚扰的行为人进行法律制裁,就是对自然人的私权利的保护。例如,在北京市朝阳区法院判决的一起性骚扰案件中,行为人利用手机短信对原告进行性骚扰,被起诉到该法院,法院认定被告的行为侵害了原告的性权利,构成性骚扰侵权责任,对受害人赔偿精神损害抚慰金。③

但是在职场,即职业工作场所,行为人实施性骚扰行为,既侵害了自然人的性自

---

* 本文发表在《法学杂志》2005 年第 6 期,合作者为西南财经大学法学院马桦副教授。
① 参见杨立新、张国宏:《构建以私权利保护为中心的性骚扰法律规制体系》(本书第757页),载《福建师范大学学报》(哲学社会科学版)2005 年第 1 期。
② 参见焦兴铠:《性骚扰争议新论》,台北元照出版公司 2003 年版,第 316—317 页。
③ 参见《北京受理短信性骚扰案宣判》,载 2004 年 3 月 12 日《检察日报》。

主权,也侵害了职场的劳动安全,破坏了劳动秩序,对劳动者的权利也构成了侵害。因此,在职场发生的性骚扰行为,在损害后果方面构成了对两个方面的侵害:一方面,受害人作为民事主体的自然人,他的性自主权受到侵害;另一方面,受害人作为劳动者,他的劳动者的权利受到侵害,在职场劳动中没有得到安全保护,性的利益受到不安全的职场秩序的侵害,因此,构成了对劳动者权利的侵害。正因为如此,承担侵权责任的主体,既有性骚扰行为的行为人,又有未保障职场安全的职场雇主。④ 这种性骚扰行为的责任者关系较为复杂,应当是研究的重点问题。

可见,在性骚扰侵权行为中,如果以发生的场合不同作为标准,就可以分为两种不同的性骚扰行为形态。各国立法或者着重对私权利的保护,或者着重对职场安全的保护,因而对性骚扰行为的这两种不同形态的强调有所不同,因而才形成了立法的两种立场:强调对私权利保护者,采用了以私权利保护为中心的立场;而强调职场安全保护者,则采取以职场安全保护为中心的立场,坚决反对前一种立场。⑤ 我国究竟应当采取何种立场? 笔者主张,按照我国立法的习惯和司法实践经验,我国大陆对性骚扰行为进行法律规制,应当采取以保护自然人的性自主权为基本立场,同时吸收职场保护主义的精神,将职场性骚扰行为规定为一种性骚扰行为的特殊形态。⑥ 这就是说,在我国制裁性骚扰行为,是以侵权行为法为基本法律依据,保护的是受害人的性自主权。对在职场发生的性骚扰,根据其特殊性和保护劳动者安全的需要,增加职场的雇主责任,作为特殊的性骚扰行为责任形态。这种做法,既兼顾了我国立法的一贯立场和司法实践经验,同时也能够全面保护自然人的权利和劳动者的权利,应当是一个两全其美的选择。

二、性骚扰侵权行为责任形态的选择

即使我们采取了以私权利保护为中心的制裁性骚扰行为的立场,也不能否认性骚扰行为存在的两种不同形态。在性骚扰行为侵权责任的承担上,也必然存在不同的侵权责任形态。接下来笔者要研究的,就是性骚扰行为的不同责任形态。

(一)侵权责任形态与侵权行为形态的关系

侵权责任形态,是指侵权法律关系当事人承担侵权责任的不同表现形式,即侵权责任由侵权法律关系中的不同当事人按照侵权责任承担的基本规则承担责任的不同表现形式。⑦ 按照我们创设这种侵权责任形态体系的设想,分为三个不同层次的责任

---

④ 这里的职场和雇主的概念,采用广义的界定,即职场包括一切职业工作场所,雇主包括一切职场的负责人,如国家机关的首长、法人的代表、私企的雇主以及个体企业的老板等。
⑤ 参见易菲:《职场梦魇·性骚扰法律制度与判例研究》,中国法制出版社2008年版,第278页。
⑥ 参见杨立新、张国宏:《构建以私权利保护为中心的性骚扰法律规制体系》(本书第757页),载《福建师范大学学报》(哲学社会科学版)2005年第1期。
⑦ 参见杨立新:《侵权行为法专论》,高等教育出版社2005年版,第242页。

形态,即:第一,直接责任(自己的责任)和替代责任;第二,单方责任和双方责任;第三,单独责任和共同责任,其中共同责任最为复杂,包括连带责任、按份责任、不真正连带责任和补充责任四种不同形态。⑧

性骚扰行为构成侵权责任,基于其不同的行为形态,其责任形态也会根据当事人的情况不同而有所不同。

(二)作为一般侵权行为的性骚扰侵权责任形态

行为人实施性骚扰行为,造成了受害人性自主权的损害,构成侵权责任,这种侵权行为的侵权责任形态就是直接责任,即为自己的行为负责的责任,也叫做自己的责任。作这样的结论,基础在于性骚扰行为的性质是一般侵权行为。在我国《民法通则》关于侵权责任的第 106 条第 2 款中规定的就是侵权行为的一般条款,它所概括的是一般侵权行为。一般侵权行为的归责原则是过错责任原则,侵权责任的构成要件应当是违法行为、损害事实、因果关系和主观过错。性骚扰行为构成侵权行为,其行为人就应当自己承担侵权责任。因此,在性骚扰行为的一般形态,其责任形态就是直接责任,没有其他任何不同形式。

(三)作为特殊侵权行为的职场性骚扰侵权责任形态

对于在职场发生的性骚扰行为,由于既要保护权利人的性自主权,又要保护权利人的劳动权利,因此,其赔偿义务人就具有双重性,既有实施性骚扰行为的直接行为人,又有应当对职场秩序和职场安全承担责任的雇主,应当承担侵权责任的主体就有两个以上,形成了第三层次的侵权责任形态中的共同责任的基础行为。既然如此,就必须确定在行为人和雇主之间应当根据何种侵权责任形态的规则确定侵权责任的承担。这是我们研究这个问题的关键之处,需要进行深入的比较分析。

1.行为人和雇主之间是否可以适用替代责任

与直接责任相对应的侵权责任形态,是替代责任。替代责任承担的基础,一是行为人与责任人之间具有特定关系,其表现为双方的雇佣关系或者劳动关系。在这一点上,其他受雇人(包括从属于雇主和管理监督者的其他受害人的同事)作为性骚扰的行为人与雇主之间,是存在这种特定关系的,但在第三人作为性骚扰行为人的场合,则不存在。二是行为人在造成损害时应当处于特定状态,即执行职务。这一点,在其他受雇人实施的性骚扰行为中,尽管不会是典型的执行职务行为所致,但是,在职场中实施性骚扰,难说与执行职务没有关系,如果从严格的意义上说,其他受雇者实施性骚扰,造成受雇者的性自主权损害,雇主没有尽到法定义务的,会构成替代责任。这一点,在美国的性骚扰判例法中是确认的,这就是,在代理原则(就是替代责任)之下,雇主必须对其雇员在职务范围内的行为负责,因雇员的职务行为导致侵权

---

⑧ 参见杨立新:《侵权行为法专论》,高等教育出版社 2005 年版,第 246 页。

事实发生的,雇主因代理原则而使侵权结果最终归于自己,从而承担侵权责任。⑨

2. 行为人与雇主之间是否可以承担侵权补充责任

在我国的侵权行为法中,以往并没有规定补充责任,在 2003 年最高人民法院公布实施的《关于审理人身损害赔偿案件适用法律若干问题的解释》第 6 条和第 7 条中,首次规定了侵权补充责任。例如,如果经营者或者其他社会活动组织者在经营活动和社会活动中,对消费者、参与者未尽安全保障义务,致使第三人即侵权行为人对消费者或者参与者实施侵权行为,造成了损害,受害人首先应当向直接侵权人请求赔偿,而不能直接就向违反安全保障义务的经营者或者社会活动的组织者请求赔偿,只有直接侵权行为人不能赔偿、不能全部赔偿或者下落不明时,受害人才可以向经营者、社会活动组织者请求赔偿。⑩ 事实上,职场发生的性骚扰行为,在行为人与雇主之间的关系上,正是这样的情形。这就是,直接加害人并不是雇主的其他受雇人,而是非雇员的第三人的,如果受害人的雇主对职场未尽适当保护义务,且是造成损害的原因,因此也应当承担侵权责任。这两个民事责任主体的责任形态,最好的选择就是补充责任形态,即受害人应当首先向直接加害人请求赔偿,雇主先不承担责任,享有类似"检索抗辩权"的抗辩权,只有在行使这个抗辩权的事由消灭后,受害人才有权向补充责任人即雇主请求承担赔偿责任。对此,我国台湾地区的"两性工作平等法"也有相应的规定,即如果依据事实证明,雇主已遵行法律所定的各项防治性骚扰的规定,且对该情事的发生已尽力防止仍不免发生者,受害人不能受到赔偿的时候,法院可以基于其申请,斟酌雇主对受害人之经济状况,令雇主负全部或者一部分损害赔偿责任。⑪ 尽管这种补充责任的适用对象与笔者所说的并不相同,但是这种做法是值得参考的。

3. 行为人与雇主之间是否可以适用连带责任

在职场主义的制裁性骚扰行为体制中,对于雇主的责任,有的就是采用连带责任。例如,在我国台湾地区的"两性工作平等法"规定,受害者于执行职务时,对他受雇者为性骚扰者,应由雇主及受雇者连带负损害赔偿责任,但雇主能够证明自己已遵行法律所定的各种防止性骚扰的规定,且对该情事的发生已尽力防止仍不免发生者,不在此限。⑫ 笔者认为,对于确定两个以上的主体承担侵权连带责任,应当构成共同侵权行为,或者法律另有明确规定,否则不能认定为连带责任。在职场实施性骚扰者,肯定雇主和实施性骚扰的其他受雇者之间不会存在共同故意,也不会存在共同过失,因此不会构成共同侵权行为,不应承担连带责任。同时,法律也没有明确规定这

---

⑨ 参见易菲:《职场性骚扰法律制度研究及中国立法建议》,载中国人民大学 2005 年博士研究生论文,第 94 页。

⑩ 参见陈现杰:《最高人民法院人身损害赔偿司法解释精髓诠释》(下),载《判解研究》2004 年第 3 辑,人民法院出版社 2004 年版,第 21 页。

⑪ 参见焦兴铠:《性骚扰争议新论》,台北元照出版公司 2003 年版,第 317 页。

⑫ 参见焦兴铠:《性骚扰争议新论》,台北元照出版公司 2003 年版,第 316—317 页。

种情形应当承担连带责任,也没有适用连带责任的余地。因此,我们认为,职场性骚扰行为的雇主和行为人之间不存在连带责任的基础,不应当承担连带责任。

4. 雇主应当对其他受雇者的性骚扰行为承担直接责任

在美国,对于雇主在交换式性骚扰行为和敌意工作环境性骚扰行为中所应负担的责任,有的判例认为应当承担绝对责任,有的判例则认为应当承担代理责任。学者认为,为了避免滥权或者失职的情事发生,应对雇主科以绝对法律责任,更为妥当。[13] 在交换式性骚扰中,直接侵害人如果是监督管理者,且受害人蒙受实质的工作损失时,法院会要求雇主承担绝对责任,即直接责任。[14] 笔者认为,对雇主科以绝对责任(即直接责任)不符合大陆法系侵权行为法直接责任的承担规则。既然雇主不是直接侵权人,而仅仅是雇主管理下的监督管理者实施性骚扰行为,那么也就不存在雇主承担直接责任的基础。只有在雇主自己对下属实施性骚扰行为,造成受害人损害时,才可以由雇主承担直接责任,但那时候雇主已经是直接侵权人,而不是职场责任中的雇主的含义了。只要雇主并不是实施性骚扰行为的直接行为人,而性骚扰行为的实施是另有其人,就不存在适用绝对责任的理由。

(四)结论

通过以上分析,笔者认为,性骚扰行为的侵权责任形态应当有三种,其中:作为一般侵权行为的性骚扰的责任形态为一种;在雇主应当承担责任的性骚扰行为中,其侵权责任形态又分为三种:

1. 直接责任

对于一般场合实施性骚扰行为构成侵权责任的,应当是为自己的行为负责的直接责任。在职场中,如果雇主自己对雇员实施性骚扰行为,也应当是直接责任,这种性骚扰行为尽管发生在职场,但是应当按照一般侵权行为的规则,由雇主承担直接责任。

2. 替代责任

在雇主所属的其他受雇人,包括雇主所属的管理监督阶层和其他雇员,在执行职务中对雇员进行性骚扰的,雇主应当承担替代责任;雇主承担侵权责任之后,可以向有过错的性骚扰行为人追偿。

3. 补充责任

在雇主未尽职场安全保障义务,致使非雇员的第三人对雇员在职场范围内实施性骚扰行为,造成受害人损害的,雇主承担补充责任,适用侵权补充责任的基本规则。

---

[13] 参见焦兴铠:《性骚扰争议新论》,台北元照出版公司2003年版,第224—225页。
[14] 参见易菲:《职场性骚扰法律制度研究及中国立法建议》,载中国人民大学2005年博士研究生论文,第94页。

三、性骚扰侵权行为责任形态的具体规则

(一)性骚扰行为的直接责任规则

直接责任,就是违法行为人对由于自己的过错造成的他人人身损害和财产损害,由自己承担的侵权责任形态。其特点:第一,是违法行为人自己实施的行为;第二,是违法行为人自己实施的行为造成的损害;第三,是自己对自己实施的行为所造成的损害,由自己承担责任。这三个特点,都突出了一个概念,就是"自己",因此,直接责任就是自己的责任,是为自己的行为负责的侵权责任形态。⑮ 在作为一般侵权行为形态的性骚扰行为中,无论是一般人作为行为人还是雇主自己作为行为人,其行为人和责任人都是同一人,行为人对自己实施的行为后果承担责任,即由于自己的行为造成他人性自主权的损害,应当由自己承担赔偿责任,不能由不是侵权行为人的人承担赔偿责任。

(二)性骚扰行为的替代责任规则

责任人为他人的行为和为他人行为以外的自己管领下的物件所致损害承担的侵权赔偿责任形态,是侵权替代责任。它包括对人的替代责任和对物的替代责任。⑯ 在性骚扰行为中的替代责任,都是对人的替代责任。

替代责任的侵权赔偿关系当事人具有显著特点,即行为人与责任人相脱离,赔偿的义务主体是责任人,而不是行为人。在替代责任的性骚扰损害赔偿法律关系中,赔偿权利主体是受害人;赔偿义务主体体现了替代责任的特点,只能是替代责任人即雇主,而不能是行为人。在最高人民法院《关于审理人身损害赔偿案件适用法律若干问题的解释》第8条和第9条关于法人侵权和雇主责任所作的司法解释中,明确规定了赔偿权利人行使赔偿请求权只能向责任人提出,责任人才是合格的当事人,而不能直接向行为人提出赔偿请求。性骚扰的受害人在替代责任的形态下,也只能向雇主请求赔偿,而不能向实施性骚扰行为的行为人请求赔偿。

在性骚扰行为人因自己的性骚扰行为造成受害人的损害而由雇主承担替代责任时,雇主承担了赔偿责任之后,取得向有过错的行为人的追偿权,有过错的行为人应向雇主对因自己的过错行为所致损害造成的损失承担赔偿义务。这种可追偿的替代责任,实际上是在雇主承担了赔偿责任之后,又产生的一个损害赔偿法律关系,权利主体是雇主,义务主体是有过错的性骚扰行为人。在这种可追偿的替代责任赔偿法律关系的诉讼中,前一个诉讼法律关系的原、被告为受害人和雇主,行为人不列为当事人;第二个损害赔偿法律关系如发生争议,可诉讼于法院,原、被告分别为雇主和性骚扰的行为人。

---

⑮ 参见杨立新:《侵权行为法专论》,高等教育出版社2005年版,第251—252页。
⑯ 参见杨立新:《侵权行为法专论》,高等教育出版社2005年版,第258页。

(三)性骚扰行为的补充责任规则

侵权法上的补充责任,是指两个以上的行为人违反法定义务,对一个受害人实施加害行为,或者不同的行为人基于不同的行为而致使受害人的权利受到同一损害,各个行为人产生同一内容的侵权责任,受害人享有的数个请求权,且有顺序的区别,应当首先行使顺序在先的请求权,该请求权不能实现或者不能完全实现时,再行使另外的请求权的侵权责任形态。[17] 性骚扰行为是由非雇员的第三人实施的,第三人和雇主要承担的就是这样的责任形态。

侵权补充责任的基本规则是:

(1)受害人应当首先向直接责任人即非雇员的第三人请求赔偿,第三人应当承担侵权责任。直接责任人承担了全部赔偿责任后,补充责任人即雇主的赔偿责任终局消灭,受害人不得向其请求赔偿,第三人也不得向其追偿。

(2)受害人在第三人不能赔偿、赔偿不足或者下落不明,无法行使第一顺序的赔偿请求权时,可以向补充责任人即雇主请求赔偿。雇主应当满足受害人的请求。雇主的赔偿责任范围,就是第三人不能赔偿的部分,即第三人不能全部赔偿的,则承担全部赔偿责任;第三人赔偿不足的,只承担赔偿不足部分的赔偿责任。

(3)雇主在承担了补充的赔偿责任之后,产生对第三人的追偿权,有权向第三人请求承担其赔偿责任。第三人有义务赔偿雇主因承担补充责任而造成的全部损失。

因此,侵权补充责任包括以下两个要点:

(1)补充责任的顺序是第二位的。作为性骚扰直接责任人的第三人承担的赔偿责任是第一顺序的责任,补充责任人即雇主承担的赔偿责任是第二顺序的责任。因此,雇主的补充责任是补充直接责任的侵权责任形态。

(2)补充责任的赔偿范围是补充性的。其赔偿范围的大小,取决于第三人承担的赔偿责任的大小。第三人赔偿不足,雇主承担的赔偿责任就是其不足部分;直接责任人不能赔偿,雇主承担的赔偿责任就是不能赔偿的全部责任。

---

[17] 参见杨立新:《侵权行为法专论》,高等教育出版社2005年版,第310页。

死者人格利益的民法保护
及其商业化利用问题[*]

有一段时间,关于鲁迅姓名和肖像保护问题的讨论引起了人们的广泛关注。这涉及死者人格利益的民法保护及其商业化利用的问题。在本文中,笔者就此作以下探讨。

一、关于使用鲁迅肖像和姓名纠纷案件的媒体报道

2000年,某地鲁迅美术学院使用鲁迅姓名申请注册"鲁迅"商标;某公司使用鲁迅肖像用于商业活动。这些事件引起了广泛的关注,媒体作了深入的报道。现选择主要媒体的报道如下:

《浙江青年报》报道,得知"鲁迅"商标被申请注册的消息之后,住在北京的鲁迅之子周海婴立即到国家商标局查询,在42个大类的商标中只发现教育系列的"鲁迅"商标被鲁迅美术学院申请注册。目前,周海婴已经委托律师向国家商标局提出申请,以鲁迅的姓名权被侵犯为由,要求国家商标局撤销鲁迅美术学院的商标注册申请,同时向国家商标局递交了"鲁迅"商标图案,申请注册"鲁迅"教育类商标及酒类商标。

《辽沈晚报》报道,鲁迅家人认为,鲁迅美术学院侵权,不是说鲁迅美术学院不能叫这个名,而是指鲁迅美术学院在未与鲁迅家人联系的情况下,把"鲁迅"作为商标申请注册。鲁迅的商标只能由其家属申请注册,不应由鲁迅美术学院申请注册。据称,目前全国有近十家学校用"鲁迅"的名字,这些学校的冠名均应征得周家的同意,而此番要求撤销鲁迅美术学院的商标注册申请,讨回鲁迅的注册商标是要讨回鲁迅的姓名权不被侵犯。

《文汇报》报道,经与鲁迅家人多次协商,鲁迅外国语学校将以50万元买下鲁迅的3年冠名权,成为全国第一所被授权冠名的"鲁迅"学校。鲁迅外国语学校是一家投资1.2亿元的民办学校,2001年开始正式招生。2002年年初,鲁迅家人曾两次委托律师,对学校使用鲁迅姓名进行交涉,认为任何未经鲁迅先生直系亲属许可,以营利为目的擅自使用鲁迅姓名的行为均属侵权行为,要求停止以鲁迅姓名作为校名的

---

[*] 本文发表在《判解研究》2002年第2辑。

行为。据了解,校方在接到律师函后,与鲁迅家人进行了协商。经双方初步协商,鲁迅外国语学校以 50 万元的价格买下 3 年冠名权,校方聘请周海婴为名誉校长,周海婴之子周令飞为教育总监,参加学校的重大活动,负责监督学校的教育质量,使冠名学校不辱伟人的形象。鲁迅家人表示,用冠名权的形式是对无形资产的尊重,也是市场经济条件下品牌意识的觉醒。至于冠名费,他们将以鲁迅家人的身份捐赠给学校。①

《江南时报》报道,鲁迅先生的故乡浙江绍兴的古越龙山绍兴酒股份有限公司,经鲁迅先生之子周海婴先生授权同意,将在先生 120 周年诞辰之际推出"鲁迅酒"。然而,国家工商总局正式告知媒体,周海婴向其申请注册"鲁迅酒"商标一案,经初审予以驳回,正式文案将随后送达相关人士。据国家工商总局商标局审查处具体经办"鲁迅酒"商标的人士表示,"鲁迅酒"商标注册申请已经被驳回。据称,名人商标是一种特殊的商标,要考虑社会影响。根据我国《商标法》第 8 条第 1 款第 9 项规定,商标容易引起社会不良影响的不予以核准通过。就本案来说,鲁迅先生是名人,是一代大家,把他的名字作为商标用在商业活动中,是不合适的。②

《检察日报》报道,我国伟大的文学家、思想家、革命家鲁迅先生之子周海婴状告绍兴市越王珠宝金行,认为该金行未经原告同意制售圆形和方形鲁迅肖像金卡礼座,并于 1996 年开始销售。金卡正面除中间有鲁迅肖像外,其右侧书有"绍兴近代贤人图",落款为鲁迅的对联"横眉冷对千夫指,俯首甘为孺子牛";鲁迅肖像左侧写着"绍兴市越王珠宝金行承制"和"9999 纯金"字样。金卡背面是鲁迅先生的生平简介。原告认为,被告未经原告同意,制售鲁迅肖像圆形和方形金卡礼座,显然侵犯了鲁迅的肖像权,也侵犯了原告的合法权益。原告在诉状中请求法院判令被告立即停止侵权,并向原告赔礼道歉,诉讼费由被告承担。法庭主持调解,没有成功。有关人士认为,公民的肖像权受法律保护已很明确,而死亡者的公民权自然消灭,对其肖像权是否应当延伸保护,目前法律尚无明确规定。③

这些案件引发了一系列的法律问题,诸如:鲁迅学校、鲁迅纪念馆等未经鲁迅后代许可使用鲁迅姓名、肖像,是否构成侵权?纪念鲁迅先生的邮票、邮折等纪念品是否必须经过鲁迅后代的同意才能发行?著名人物的姓名权、肖像权、名誉权在其死亡后,能否理解为姓名、肖像等人格权益转化为财产权益,由其后代继承?死者后代能否以申请商标注册的形式排他地独占死者人格因素的使用权?如死者人格因素归入公共领域,则对其如何保护?对其使用(包括商业化使用及非商业化使用)又适用何种规则?

把这些问题集中起来,都涉及死者人格利益的民法保护和商业化利用的问题。

---

① 参见《文汇报》2001 年 6 月 23 日报道。
② 参见《江南时报》2001 年 8 月 11 日报道。
③ 参见《检察日报》国际网站 2000 年 9 月 1 日报道。

二、死者的人格利益应当得到民法保护是确定的

死者的人格利益应当得到民法的保护,这个结论在今天已经是不争的结论。这个结论的得出,却经历了长期的实践和理论探索的过程。

(一)死者人格利益民法保护的发展过程

在《民法通则》制定的时候,关于死者的人格利益的民法保护问题,没有在考虑之中。这表现在《民法通则》的条文中,没有一个条文对这个问题进行规定,甚至无法引申出对死者人格利益进行民法保护的意思。这和当时民法理论和实践的实际水平是相当的。因为在那个时候,我国民法的理论和实践还都没有提出这个问题。

但是,在《民法通则》确定了对自然人的人格权进行民法保护的原则之后,对人格权民法保护的一系列问题就在实践中不断产生了。对死者名誉利益的保护问题,就是《民法通则》实施后最早遇到的重大问题之一。

这是天津法院审理的一个被称作"荷花女案"的民事案件引发的问题。1987年4月18日,作家魏锡林创作的小说《荷花女》在天津《今晚报》上连载。小说的内容描写了20世纪40年代艺名为"荷花女"的艺人吉文贞(1944年病故)的艺术和生活经历。在小说的内容中,虚构了吉文贞的恋爱经过,以及被恶霸奸污等情节,损害了死者的名誉。死者的母亲向法院起诉,请求法院确认作者和《今晚报》的行为侵害了死者的名誉,应当承担侵权责任。[④]

这个案件在审理的过程中,学术界和司法界对死者的名誉权[⑤]法律保护问题进行了极为深入的讨论。在这次讨论中,各种观点进行了激烈的交锋,最终,虽然在对死者名誉利益民法保护的理论依据上仍然有不同意见,但是,对死者名誉利益必须进行民法保护的结论却是一致的。[⑥] 最高人民法院集中了学术界和司法界的讨论意见,作出司法解释,规定对侵害死者名誉权的,受害人的近亲属可以向法院提起诉讼,请求民法保护。[⑦] 这个司法解释起到了一锤定音的作用,对激烈的讨论作出了结论性的意见。[⑧]

随着司法实践的不断深入,对死者其他人格利益的民法保护问题不断地展现出来。例如,对死者肖像的保护问题、对死者隐私利益的保护问题、对死者身体利益的保护问题,在司法实践中渐次出现,成为民法理论探讨的热点问题,推动了对人格权

---

④ 案情引自《人民法院案例选》1992年第1辑,人民法院出版社1992年版,第97—98页。

⑤ 应当是死者的名誉利益,但是当时确实讨论的是死者的名誉权保护问题。随着讨论的不断深入,才确认对死者的名誉保护,保护的是名誉利益,而不是名誉权。

⑥ 对这些讨论的主要观点和意见,参见杨立新:《人身权法论》,中国检察出版社1996年版,第278页以下。

⑦ 参见最高人民法院1989年4月12日(1988)民他字第52号《关于死亡人的名誉权应受法律保护的函》。

⑧ 但是,对于死者名誉保护的理论基础,却仍然是众说纷纭,各种观点仍然在探讨中。

民法保护研究的不断深入。例如,哈尔滨市法院受理的一个案件,就涉及死者肖像利益的保护问题。两个老太太原来是邻居,分别搬进新居后很长时间没有见面,某日在一个小区的路上见了面。一个问另一个:"你搬到哪里住了呀?"另一个就指着身后的高楼说:"我家就在那座楼!"这一个就用手遮着眼前,往那座楼上看。有一位摄影家这时恰好在旁边,把这个画面拍了下来,作品反映了人民住上新居的幸福之感,参加了摄影展并获奖。后来,某广告商接受了司机防晕眩眼镜的广告设计,找到了这位摄影家,请他提供画面,他就将这幅照片拿出来。广告商将用手遮在眼前的老太太的那一半照片,作为广告的主体部分,加上"司机朋友,慈母盼你平安归"的广告词,介绍了防晕眩眼镜对于安全驾驶的作用。这时,肖像被作了广告的那位老太太已经去世。在报上刊登了这幅广告以后,这位老太太的家属诉至法院,请求侵权损害赔偿。[9] 又如,吴姓公民因偷开汽车被公安机关收容审查,因病取保候审住院治疗,4天后死亡。为鉴定死因,委派某医学院进行尸检,该学院利用尸检机会,组织教学,摘取器官作为标本。死者家属提起诉讼,追究行为人侵害尸体的民事责任。[10] 该案涉及对死者身体利益的民法保护问题。

这些案例和问题都说明,对死者人格利益的保护问题,绝不是仅仅对死者的名誉利益的保护,而是涉及一系列死者人格利益的保护问题。对此,学术界和司法界经过十几年的深入研究,取得了重要的成果。这些成果集中体现在最高人民法院2001年3月10日发布的《关于确定民事侵权精神损害赔偿责任若干问题的解释》中。该司法解释第3条规定:"自然人死亡后,其近亲属因下列侵权行为遭受精神痛苦,向人民法院起诉请求赔偿精神损害的,人民法院应当依法予以受理:(一)以侮辱、诽谤、贬损、丑化或者违反社会公共利益、社会公德的其他方式,侵害死者姓名、肖像、名誉、荣誉;(二)非法披露、利用死者隐私,或者以违反社会公共利益、社会公德的其他方式侵害死者隐私;(三)非法利用、损害遗体、遗骨,或者以违反社会公共利益、社会公德的其他方式侵害遗体、遗骨。"根据这一规定,死者的姓名、肖像、名誉、荣誉、隐私以及身体利益,都受到民法保护。这些死者人格利益受到侵害,死者的近亲属有权请求人民法院予以民法上的保护。

(二)死者人格利益民法保护的理论基础

在对死者的人格利益应当进行民法保护的结论得到统一以后,对死者人格利益民法保护的理论研究任务并没有结束,还必须进行更为深入的讨论和研究,在理论上对这种民法现象进行总结和说明,探讨对死者人格利益进行民法保护的深层次的理论问题。

在这方面,康德对"一位好名声的人死后继续存在的权利"的学说[11],以及罗马法

---

[9] 参见杨立新主编:《民商法评论》(第1辑),吉林人民出版社2001年版,第59页。
[10] 参见杨立新:《民法判解研究与适用》,中国检察出版社1994年版,第167页以下。
[11] 参见〔德〕康德:《法的形而上学原理》,沈叔平译,商务印书馆1997年版,第119—121页。

关于法律对人的胎儿时期的人格利益和死后的人格利益受到侵害,其继承人可以提起罚金诉讼和混合诉讼的规定⑫,具有极为重要的启示。

中国的民法学家对死者的人格利益的民法保护的理论基础进行了深入探讨,提出了诸多观点:

(1)"权利保护说"。认为死者仍然是民事主体,仍然享有权利。这种理论的直接依据是有的国家的法律没有规定人的民事权利能力终止于死亡,还有的学者提出了"形式主体"的概念,认为死者和胎儿这两类"人"可以作为形式主体存在,享有权利。⑬

(2)"近亲属利益保护说"。⑭ 认为法律保护死者的利益实际上是保护近亲属的利益,死者不能作为主体,也不能享有权利。

(3)"家庭利益保护说"。认为死者名誉和遗属名誉可以用家庭利益为中介连接,法律保护的是家庭的人格利益。⑮

(4)"法益保护说"。该说把应当保护的死者的人格利益称为法益,这种法益保护,实际上保护的是社会利益而不是私人利益。⑯

综合上述各种学说的特点,笔者提出了人身权延伸法律保护的理论,指出了前三种学说的不完善之处,对"法益保护说"进行了完善。

笔者认为,现代人权思想是人身权延伸保护的立论依据,以维护民事主体统一、完整的人身利益为基本目的,追求创造、保护社会利益与个人利益的和谐、统一。基本理论要点是:

(1)民事主体在其诞生前和死亡后,存在着与人身权利相区别的先期法益和延续法益;

(2)先期的人身法益和延续的人身法益与人身权利相互衔接,统一构成民事主体完整的人身利益;

(3)民事主体人身利益的完整性和人身法益与人身权利的系统性,决定了法律对民事主体人身保护必须以人身权利的保护为基础,向前延伸和向后延伸。向前延伸,保护的是人在胎儿时的人身法益,向后延伸保护的是人死亡后的人身法益。运用人身权利延伸保护的学说,不仅可以解释对死者人格利益的保护理论问题,而且还可以解决对人出生前作为胎儿存在时期的人格利益保护问题。⑰

---

⑫ 参见〔意〕彼德罗·彭梵得:《罗马法教科书》,黄风译,中国政法大学出版社1992年版,第30—31、109页。

⑬ 参见郭林等:《试论我国民法对死者名誉权的保护》,载《上海法学研究》1991年第6期。

⑭ 魏振瀛:《侵害名誉权的认定》,载《中外法学》1990年第1期。

⑮ 参见陈爽:《浅论死者名誉与家庭名誉》,载《法学研究生》1991年第9期。

⑯ 参见王利明主编:《人格权法新论》,吉林人民出版社1994年版,第444—445页。

⑰ 关于这一理论的完善内容,可以参见杨立新:《人身权的延伸法律保护》(本书第524页),载《法学研究》1995年第2期。这个理论最早提出,是在杨立新的另一篇文章,即《公民身体权及其民法保护》(本书第596页),载《法律科学》1994年第6期。

人身权延伸保护的理论,较好地解决了对死者人格利益进行民法保护的理论依据,能够较为妥善地解释对死者人格利益保护的原因,说明死者人格利益法律保护的基本问题,因而可以作为死者人格利益保护的理论基础。依据最高人民法院关于精神损害赔偿的司法解释起草者的说明,这一司法解释关于死者人格利益保护的规定中,借鉴了人身权延伸法律保护的理论。[18] 因此,关于人身权延伸法律保护的理论,可以作为死者人格利益民法保护制度的理论支撑。

基于以上的说明和分析,笔者认为,我国民法对死者人格利益的法律保护问题,在制度上和理论上已经基本成熟、基本完备。

三、死者人格利益商业化使用的基础

死者的肖像和姓名、隐私、名誉、荣誉,以及死者的遗体、遗骨,具有人格利益因素,应当予以保护。之所以要给予法律上的保护,尤其是给予民法的保护,就在于死者的人格利益具有利用的价值。

这种价值,首先表现为精神利益的价值。这是人格权的基础,也是人格利益的基础。按照现代人权观念,人的尊严,是人的基本价值,是人之所以为人的价值。一个现实社会的人,必须具有自己的存在价值,即作为"人"的基本人格。这不仅是指人之所以为人而受到应有的尊重,而且是人之所以为人而从事任何活动包括民事活动的基本条件。一个人只有具有人格,并且这种人格受到法律的承认,才能够享有全部的权利,承担全部的义务。法律维护死者的人格利益,就在于"一个一生无可指责的人,死后也应该受到尊重,那就要承认,这样的一个人可以(消极地)获得一个好名声,并构成属于他自己所有的东西,纵然他在人间已不能再作为一个有形的人存在了"。"他的后代和后继者——不管是他的亲属或不相识的人——都有资格去维护他的好名声,好像维护自己的权利一样。理由是,这些没有证实地谴责威胁到所有人,他们死后也会遭到同样对待的危险。"[19]这就是死者人格利益的价值之一。仅从这一点上,就可以看出死者人格利益保护的社会意义,以及死者人格利益的精神价值的一部分。此外,对死者人格利益的保护,还涉及社会利益、死者近亲属的利益等。这些都是死者人格利益的精神价值。

我们现在在这里研究的侧重点,不是死者人格利益的精神价值,而是死者人格利益的财产价值或者称之为经济价值。这就是死者人格利益商业利用的基础问题。就像本文所讨论的鲁迅肖像、姓名的商业利用问题一样,对死者肖像、姓名、隐私等人

---

[18] 参见陈现杰:《人格权司法保护的重大进步和发展》,载《人民法院报》,2001 年 3 月 28 日。该文将关于死者人格利益的保护列为第四题,即"人格利益的延伸保护",指出以往的司法解释仅就名誉权的延伸保护有过规定,《解释》(最高人民法院《关于确定民事侵权精神损害赔偿责任若干问题的解释》)则将其扩大到自然人的其他人格要素,包括姓名、肖像、荣誉、隐私以及死者的遗体、遗骨。

[19] 〔德〕康德:《法的形而上学原理》,沈叔平译,商务印书馆1997年版,第120页。

利益的商业利用,不在于利用死者人格利益中的精神利益因素,而在于利用死者人格利益因素中的财产利益或者经济利益。假如死者人格利益中不具有这种财产的或者经济的利益因素,商家就不会在商业领域中对死者的姓名、肖像或者隐私利益等发生兴趣。

现在,我们要研究死者人格利益中的财产利益或者经济利益因素的产生机制问题。这是研究死者人格利益商业化利用的基本问题,不解决这个基础问题,涉及这个问题的任何问题都无法解决。

从本原上说,人的人格只具有精神利益,并不具有财产的或者经济的利益因素。因为人格问题,说到底就是解决人的做人资格问题,人格并没有依此取得财产的意思。[20] 但是,一方面,人格是取得财产的基础,民法的财产法,就是规定人对世界上的财富支配的规则,是谁享有哪项财产,怎样享有该项财产;另一方面,人格也是解决人格利益中的财产利益因素的最重要的方面,就是人格中的精神利益在一定的条件下,转化为财产利益因素,并且依此可以获得财产利益。

对此,笔者在一篇文章中论证了肖像权的精神利益如何转化为财产利益的道理。从原则上说,人格权不是财产权,一般不具有财产的内容,但是,肖像权由于具有物的某些因素,因而,与其他人格权相比,具有明显的物质利益。这种物质利益产生的机理就是,公民的肖像是一种视觉艺术品,具有美学的价值,在商品经济条件下,具有美学价值的肖像在商业领域中使用,这种美学价值能够转化为财产上的利益,享有肖像权,就可以获得财产上的利益。当然,这种物质利益不是肖像权的主要内容,而是由肖像权的精神利益所派生、所转化的利益。[21]

事实上,任何人格利益中的精神利益向财产利益的转化,都具有这样的过程。所不同的是,肖像权客体即肖像的某些物质属性和美学价值更为具体、更为明显,转化的过程更为直观而已。在其他的一些人格权中,也具有这样直观的转化。例如名称权,其本身就含有较为明显的财产利益因素,使用一个成功企业的名称,就可以得到较大的财产利益,这种财产利益的产生,不像肖像权那样由美学价值转化而来,而是名称本身所含有的财产利益因素,这种财产利益因素直接由于使用而产生了财产上的利益。

在死者的人格利益中,肖像利益、姓名利益、隐私利益、名誉利益、荣誉利益以及身体利益的客体,都有转化为财产利益的可能。换言之,死者人格利益的财产利益转化,是这种人格利益的客体在使用中的转化。

在肖像的美学价值转化为财产利益的分析中,实际上只是对自然人肖像权精神利益转化为经济利益的说明,而且是对活着的人的肖像利益转化的描述。事实上,在

---

[20] 这里所说的财产,不是指财产所有权的问题,而是从人格利益中取得财产的利益。
[21] 参见杨立新:《侵害肖像权及其民事责任》(本书第 627 页),载《法学研究》1994 年第 4 期。这一论述,较为准确地描述了肖像权精神利益向物质利益转化的机理。

全部的精神性人格权当中，无论是生者还是死者，都存在着这种利益转化的问题。可以有一个简单的判断，那就是，如果人格权的客体没有这种利益转化的可能，就不会出现对生者或者死者人格权客体的商业化利用问题的发生。

现在仅就死者人格利益的客体发生利益转化问题进行分析。

死者人格利益客体的利益进行转化，必须存在转化的前提和因素。这些因素是：

（1）人格利益客体的美学价值。这一点如同前文所分析的那样，就是肖像利益的客体即肖像所具有的美学价值。这种价值在市场经济中，经过利用，转化为财产的利益，为利用者创造财产利益。这种利益转化，决定于肖像的美学价值的高低，美学价值越高，转化为财产利益的可能性和利益的量就越大，反之，则较低。事实上，在死者人格利益的保护中，肖像的美学价值对转化为财产利益所起的作用已经大为降低，转而起更为重要作用的，则是人物的知名度和影响力。

（2）存在于人格利益中的主体的知名度和影响力。在死者人格利益的客体中，利益转化的决定性因素在于其主体的知名度。主体的知名度和影响力越高，转化为财产利益的可能性和利益的量就越大。例如，在商品广告上，决定性的因素之一是广告的公知度。广告的覆盖程度，实际就是要扩大其所宣传的商品的公知度。主体的知名度和影响力越高，就越能扩大广告的公知度，扩大商品的公知度。利用已故公众人物的人格利益客体，能够达到这样的目的，主体的知名度和影响力就能转化成为财产上的利益。

（3）人格利益的主体在历史上的作用。一个人在历史上发挥过重大作用，这个人就是历史上的重要人物。历史人物的这种重大历史作用就会被公众所关注，具有重要的社会价值。将这种作用使用到商品经济当中，使用到商业领域，这种社会价值也会转化为财产利益，产生经济上的价值。

（4）人格利益的具体内容对公众知情权的满足感。一个人生前的复杂经历和丰富阅历，也具有重要的社会价值。当其死后，其经历和阅历也能够创造财产利益，使这种社会价值转化为财产利益。例如，一个人的隐私就具有这样的因素，利用死者的隐私创作作品，满足公众的知情权，也会转化为财产上的利益。

（5）其他方面。例如，人的器官、人体的特异体质等，在主体死亡后，都有极为重要的利用价值，就是一般的尸体，也具有解剖的教学等价值。经过利用，都可以产生财产利益。

死者人格利益因素转化为财产利益的机理，就在于上述各方面的因素对社会或者公众的价值。这些因素一旦应用到商业领域，或者社会的有关领域，就可以产生号召力，应用这些因素的商品或者事业就会引起公众的兴趣，使之关注这些商品和事业，投入热情，发生商业上的作用，转化为财产利益。

可以说，死者人格利益商业化利用的基础，就是死者人格利益具有财产利益转化的可能。没有这样的转化可能，任何商人都不会对死者的人格利益产生兴趣。这就说明，在死者人格利益上，隐藏着巨大的商业价值，在商品经济社会，对这种商业价值进行开发,可以创造巨大的商业利益。由此而言,对死者人格利益的民法保护,既是对死者人格利益中的精神利益的保护,也是对死者人格利益中的财产利益的保护。在现实的商品经济社会中,对后一种利益的保护,具有更为重要的意义。

四、死者人格利益保护与商业化利用的平衡

民法保护死者的人格利益,除了要保护其中的精神利益之外,还要注重保护其中的财产利益。这就涉及死者人格利益所包含的财产利益在不同主体之间的平衡问题,也就是死者人格利益保护与商业化使用的平衡问题。

(一)获得死者人格利益中的财产利益的主体

在死者的人格利益产生财产利益时,可能获得这种利益的主体,有以下几种:

1. 死者的近亲属

死者人格利益中的财产利益,最主要的承受者就是死者的近亲属。自然人死亡后,其遗产由其近亲属继承,其人格利益由其近亲属保护;同样,死者人格利益中的财产利益也当然由其近亲属承受。这种承受关系类似继承关系,但是有质的不同,因为这不是财产关系,而是人身关系的内容。然而,这并不妨碍按照继承关系的要求,处理死者人格利益中的财产利益的归属。因为按照这样的关系处理这个问题,可以推定为最符合死者的意志。

死者的近亲属是一个较大的范围,死者人格利益究竟由哪个近亲属保护,其中的财产利益究竟由哪个近亲属承受,还必须解决一个顺序的问题。在国外,一般是按照继承顺序解决的。我国在很长时间里没有解决这个问题。最高人民法院在《关于确定民事侵权精神损害赔偿责任若干问题的解释》中,解决了这个问题。该司法解释第7条规定:"自然人因侵权行为致死,或者自然人死亡后其人格或者遗体遭受侵害,死者的配偶、父母和子女向人民法院起诉请求赔偿精神损害的,列其配偶、父母和子女为原告;没有配偶、父母和子女的,可以由其他近亲属提起诉讼,列其他近亲属为原告。"这种规定,虽然是程序问题,但是解决了实体上的问题,其参考的还是继承顺序。这是符合现实情况的。因此,在保护死者人格利益、承受死者人格利益中的财产利益上,首先要由配偶、父母和子女保护和承受,没有这个顺序上的近亲属的,才可以由其他近亲属保护和承受。

2. 公众和国家

在有些时候,死者人格利益的归属,是要归属于公众的,公众是这种利益的承受者。例如,在鲁迅姓名使用上,如果使用在公共利益之上,作为学校命名,这种人格利益就归属于公众。对于公众人物,在民法上对其死后的人格利益不再予以保护,其人格利益中的财产利益就归属于公众承受。

对某些死者的人格利益,要归属于国家享有。例如,国家领袖、历史人物等,对他们死后的人格利益,由国家进行保护,其中的财产利益,也由国家承受。

这种人格利益如果受到侵害需要进行保护的,公共利益或者国家的代表人,例如检察院,就可以行使自己的职权,提出诉讼请求,要求依法予以保护。

3. 开发者

在死者的人格利益不为死者近亲属保护和承受的时候,这种财富就成为公共资源,对于其中的财产利益因素进行开发的开发者,可以享有其依靠这种公共资源开发所创造的价值。

(二)平衡死者人格利益产生的财产利益的原则

对死者人格利益的商业利用,最重要的就是在上述不同的死者人格利益的承受者之间,如何进行平衡,这也是民法所要解决的一个重要问题。

在平衡死者人格利益中产生的财产利益时,所要遵循的原则是:

1. 死者人格利益中的财产利益归属,由跟随对死者人格利益保护的权利人所承受

对死者人格利益享有保护权利的人,就是其财产利益的承受人。保护死者人格利益与承受死者人格利益中的财产利益相一致,是处理这类问题的最好办法。例如,保护死者人格利益的人,一般就是死者的近亲属,由其承受其中的财产利益,最符合死者的意志,也符合社会的民事传统。

2. 公众人物死亡后的人格利益归属于国家和公众,国家和公众使用这种人格利益,应当予以保障

公众人物的人格权受到某些限制,其根本原因,就在于其活动的广泛性和公开性。在其死亡后,其人格利益在很大程度上归属于公众和国家,应当首先满足公众和国家的使用。因为这种使用对国家和社会有益,可以满足更多的人的需要。例如,使用公众人物包括领袖、著名人物、历史人物等的姓名命名学校、命名图书馆、命名某种机构的名称,这就是公众使用。对此,死者的近亲属不应当予以干预。最典型的实例如延安时期的鲁迅艺术学校的命名,就是对著名人物姓名的使用;白求恩医科大学的命名,使用的也是著名人物的姓名,也是公众使用。这些都是应当保障的。对这种使用予以干预,则是不顾公共利益和过于自私的表现。

3. 对于超过保护期限的死者人格利益中的财产利益,他人可以进行开发,以满足社会的需要,创造社会价值

在死者的人格利益保护超过一定期限的时候,这种人格利益实际就转化为公共资源。对这种人格利益中的财产利益进行开发利用,是对社会有益、对公众有益的。因此,应当准许这种开发,进行商业化利用,以创造价值,服务社会和公众。但是,这种开发必须遵守公序良俗,不得违背公共道德。

(三)民法保护死者人格利益和准许对其进行商业化利用的规则

在明确了以上原则以后,在民法上对死者人格利益的保护和商业化利用,就可以制定出必要的规则了。

可以考虑的规则如下：

（1）民法将对死者人格利益的保护以及商业化利用的权利确认为死者的近亲属享有。死者的近亲属是死者生前最亲近的人，由他们对死者的人格利益进行保护，是最恰当的。同样，死者人格利益中的财产利益的商业化使用权利，也应当归属于死者的近亲属。死者近亲属可以对死者的人格利益进行支配，对其中财产利益可以进行开发。任何人使用死者的人格利益客体，都要经过死者近亲属的同意或者准许，否则为侵权行为。当死者的人格利益受到侵害，死者近亲属有权向法院提起诉讼，请求精神损害赔偿，并获得精神损害赔偿。对于未经死者近亲属准许而进行的商业化使用，死者近亲属有权予以制止，并且有权进行起诉，请求赔偿。

（2）对死者人格利益的民法保护，需要规定期限。在我国，对死者人格利益的保护虽然没有规定期限，但在实际上是有期限的。这就是采用确定对死者人格利益保护的主体范围的做法，明确保护的期限。死者在有近亲属存在的期限内，其人格利益就受到保护，在没有近亲属存在的时候，就超出了保护的期限。这种期限有其不足之处，这就是对死者人格利益保护的期限各不相同，而不是像《著作权法》所确定的保护作者死亡后的50年那样具体、明确。但是，在没有制定出更好的办法之前，这还是一个较好的办法。但是，有一个重要的问题就是，对于死者的肖像利益的保护期限，必须明确，期限要缩短。因为肖像保护还有一个对肖像作者的著作权的保护问题，期限过长，会损害著作权人的利益。按照德国的规定，死者肖像利益的保护期限是10年，超过这个期限，死者的肖像利益不再予以保护。② 但是在超过这个期限后，他人对死者肖像进行商业化使用的，必须经过死者近亲属的同意（假如死者存在近亲属），并给予适当的费用。其他的对死者人格利益的保护，也是如此，其近亲属不存在以后，不再加以保护，其利益归属于国家或者公众，使之成为公共资源，他人可以进行开发使用。

（3）为公共利益和国家利益使用死者人格利益者优先。对于死者人格利益客体的使用，应当保证为国家利益和公众利益的优先使用。如果国家使用和公众使用与死者近亲属的利益发生冲突，应当首先满足国家和公众利益。例如，在使用公众人物的姓名命名学校、单位的名称时，使用公众人物的肖像进行公益展览、建筑的时候，死者近亲属不得以自己是死者人格利益的保护人为由予以阻止和干涉，或者索要报酬。

（4）他人对死者人格利益进行商业化利用，在死者近亲属存在的时候，应当征得死者近亲属的同意，采用合同的方式确定使用的方式、范围、期限等一系列问题，不得违背死者近亲属的意志而使用，违反者为侵权行为。在死者没有近亲属的情况下，他人对死者人格利益的商业化利用，必须遵守社会公德和公序良俗，不得有损于死者的人格利益，不得对社会造成负面影响。

---

② 参见〔德〕迪特尔·梅迪库斯：《德国民法总论》，邵建东译，法律出版社2000年版，第801页。

五、结论

现在,笔者可以对本文讨论的鲁迅姓名、肖像使用问题,提出一个结论性的意见了。

(1)鲁迅是公众人物,是国家著名的文学家、思想家、革命家,他的一切都是国家的财富,是民族的财富,同时也是世界的财富。因此,鲁迅不属于任何人。从民法上说,鲁迅死后的人格利益,也是国家的、公众的"遗产",应当归属于国家和公众所有。任何人贬损、侵害他的人格利益,都是对国家和公众利益的侵害,国家有权指定专门的机关起诉,追究侵权者的侵权责任。为了国家的利益和公众的利益,例如学校、展览馆、公共设施等,可以使用鲁迅的肖像或者姓名等人格利益的客体,其近亲属不得主张侵权责任。因为这些使用不是商业利用,而是为了国家利益、公众利益和民族利益,体现的是民族的精神。这种使用,推定符合死者的本意。相信鲁迅先生在世,也会同意这样的使用,而不会认为是侵权行为。

(2)对鲁迅死后人格利益的商业化利用,必须经过鲁迅的近亲属同意,未经其同意,构成对死者人格利益的侵害,可以追究民事侵权责任。这是因为,在死者人格利益中的财产利益,应当归属于死者的近亲属承受,任何对鲁迅人格利益中的财产利益的开发,都是对其人格利益的商业化利用,所产生的财产利益,其支配权属于死者的近亲属。在商业化使用之前,应当与鲁迅的近亲属进行协商,签订死者人格利益客体使用的协议书,规定双方的权利义务条款,按照协议的规定处理双方的关系。未经同意而使用,或者虽经同意而使用但是在使用中超出了使用范围的,都构成侵权,应当承担侵权民事责任。确定这一点的依据,就是鲁迅虽然是公众人物,但是其人格利益中的私权方面的利益支配权,还是以归属于其近亲属为妥,不应归属于直接开发的人。他人对鲁迅人格利益的这种开发,其近亲属有权决定是否准许。

(3)当以后鲁迅的近亲属不存在的时候,对鲁迅人格利益的商业使用,可以直接进行,因为这时的这种人格利益已经成为了公共资源,任何人都可以使用。这种使用,对国家、对民族、对社会都是有好处的,应当准许,不应当加以限制。但是,这种使用必须遵守一个规则,那就是不得违背公共秩序和善良风俗,不得有损于鲁迅的形象和声誉。例如,将鲁迅的肖像注册为酒类商标,极为不妥,有损于鲁迅在公众心中的形象。因此,国家商标注册机关对这个商标不予注册,是应当支持的,这是维护鲁迅的形象,同时也是在维护中国人的形象。任何有损于鲁迅形象的商业化使用,不论是他人还是鲁迅的近亲属所实施,都应当予以禁止。他人这样使用的,应当追究侵权民事责任。

(4)基于以上的结论,本文前边提到的几个具体问题也就清楚了,这就是:第一,鲁迅学校、鲁迅纪念馆等未经鲁迅后代许可使用鲁迅姓名、肖像,不构成侵权。纪念鲁迅先生的邮票、邮折等纪念品,因为属于为公共利益而使用,因此没有必要经过鲁迅后代的同意才能发行。第二,著名人物的姓名权、肖像权、名誉权在其死亡后,由其姓名、肖像等人格权益转化的财产权益,由其后代承受,任何人进行私人(指民法上的私的意义)的商业化使用,应当征得其在世的近亲属的同意。第三,在一般情况下,著名人物死后的人格利益客体不宜申请注册商标,死者的近亲属或者他人都不宜采用这种以申请商标注册的形式排他地独占死者人格利益客体的使用权。第四,在死者人格因素归入公共领域以后,则成为公共资源,法律应当准许一般的商业化开发使用,但是不得违背公序良俗,不得有损死者的形象。

隐性采访和人格权保护[*]

一、绪论

隐性采访,是新闻媒体经常采用的一种采访形式。近年来,中国内地的新闻媒体广泛使用这种采访形式,揭发腐败现象,痛斥违法行为,抒发民声,表达民意,深受广大人民群众的欢迎。在这些方面,以中央电视台的强档节目"焦点访谈"为代表,发挥了舆论监督的作用,以至于形成了一种潮流和现象。据报道,在中央电视台的门前,有两支队伍,一支是请求"焦点访谈"进行监督的队伍,一支是走后门请求"焦点访谈"不要曝光的队伍。可见,这种舆论监督的作用是多么的重要,多么地受到欢迎和抵制。

但是,随之而来的,就是这种隐性采访的手段是否合法的问题。在一段时间里,对隐性采访大加指责、痛斥者有之,对隐性采访无限鼓吹者有之。隐性采访究竟是否具有合法性,已成为一个值得研究的问题。

二、隐性采访的合法性问题

隐性采访,作为一个新闻概念,从一个非新闻专业的法律人士看来,尚无准确的界定。用新闻学者的语言,它可以被界定为"是在采访对象不知情的情况下,通过偷拍、偷录等记录方式,或者隐瞒记者的身份以体验的方式,或者以其他方式,不公开猎取已发生或正在发生而并未披露的新闻素材的采访形式"。[①] 笔者姑且以这种概念的界定为基础,研究隐性采访的合法性问题。

可以肯定地说,在目前的国家立法中,对于隐性采访是没有成文规定的。在现实中,新闻媒体对于一些通过正常采访无法采访得到的新闻素材,运用隐性采访的手段,全面、真实地了解事实真相,将那些见不得阳光的丑恶事件暴露在光天化日之下,使之受到正直的人们的鞭挞,满足了广大民众知悉社会真实情况的要求,受到各界的欢迎。当然,根据这种采访采制的新闻和其他文字公开发表以后,有的也引起了麻烦,在法律上引起了纠纷,甚至被判决赔偿精神损害。因此,在法律上究竟应当怎样

---

[*] 本文发表在《河南省政法管理干部学院学报》2001年第3期。
[①] 周泽:《隐性采访的法律思考》,第2届"新闻与法"研讨会论文。

看待隐性采访,确实是一个重要的问题。

1. 采访权是权利而不是权力,因而不具有强制性

按照新闻界人士的意见,隐性采访是采访权的内容,那就是,采访权是新闻机构及其从业人员的权力,采访的具体办法分为公开采访和隐性采访。采访既然是一种权力,隐性采访就是合法的。笔者认为,不能这样简单推论。

采访权究竟是权力还是权利,是应当真正弄清的,不然,就会混淆权力和权利的界限,以至于造成理论上的错误,在实践中出现更大的失误。

(1) 必须准确理解权力和权利的概念。按照对权力和权利的权威解释,权力是公法上的概念,是政治上的强制力量,以及职责范围内的支配力量②;而权利,则既是公法上的概念,也是私法上的概念,与义务相对,是法律对法律关系主体能够作出或者不做出一定行为,以及要求他人相应做出或不做出一定行为的许可和保障。③

(2) 应当弄清采访权的权利来源。采访权是新闻权的组成部分,新闻权是由采访权和报道权构成的。所谓的新闻权,其权利来源是新闻自由,按照我国《宪法》的规定,新闻自由的权利来源是言论和出版自由;而言论和出版自由的本身不是一种权力,而是一种权利,是一种自由权利。既然如此,采访权当然是一种与义务相对应的权利,而不是具有国家强制力的权力。

采访权不是具有强制力的权力,并不是说隐性采访就不具有合法性,采访权既然是权利,就采访而言,就应当是合法的行为。这就要看采访所采用的具体方式是否合法。

2. 在隐性采访的具体方式中,有的是法律所准许的,有的确有禁止性规定

(1) 按照上述专家对隐性采访的界定,在隐瞒记者身份以体验的方式,或者以其他方式,进行采访,法律并不禁止,因而不存在违法的问题。在一般情况下,采访应当是公开进行,并且应当征得被采访对象的同意。但是在特殊情况下,不公开记者的身份,体验正在发生或者已经发生的新闻事件,获取新闻素材,应当是合法的。

(2) 其次,通过偷拍、偷录的方式进行采访,遇到的法律问题是《国家安全法》的相关规定。该法第 21 条规定:"任何个人和组织不得非法持有、使用窃听、窃照等专用间谍器材。"在这条条文中,禁止持有、使用的是专用间谍器材,不是一般的采访器材。在隐性采访中,偷拍、偷录有时使用的是窃听、窃照的器材,这是不允许的。但是没有规定使用一般的新闻采访器材进行偷拍、偷录。因此可以说,只要不是使用专用间谍器材,偷拍、偷录的采访方式,不会受到法律的特别禁止。但是,如果使用这样的器材进行"隐性采访",判为违法。

(3) 有的专家提出"故意引诱被采访对象上当受骗违法犯罪"的问题,则是法律所禁止的,记者不得实施这种"隐性采访行为",否则会触犯法律。

---

② 参见《现代汉语词典》(修订版),商务印书馆 1996 年版,第 1048 页。
③ 参见《中国大百科全书·法学卷》,中国大百科全书出版社 1984 年版,第 484 页。

3. 社会与公众赞成、认可隐性采访

还应当看到公众对隐性采访的态度。社会与公众的认可,是法律对一项行为是否确认其具有合法性的重要依据。在现代社会中,公众急切需要新闻媒体提供大量真实的、有现实意义的消息,尤其是揭露现实中阴暗面的事实,以端正党风,净化社会环境,推进精神文明建设。隐性采访满足了社会和公众的这种需要,因而受到群众的欢迎和肯定。社会和公众的认可,就是隐性采访合法性的基础。

权利主体对其所享有的权利,只要法律没有作出禁止性的规定,是可以依照权利人的意志行使这种权利的。按照隐性采访是采访权利的内容,而这种权利又是以言论和出版自由作为权利的渊源这一理论基础的,法律上没有禁止性的规定,并且受到公众的欢迎和认可,不应当认为新闻媒体不能使用隐性采访的手段进行采访。

确认隐性采访的合法性,并不是说进行隐性采访就毫无限制,相反,由于隐性采访涉及众多法律上的问题,尤其是对公民、法人的权利的保护问题,因此就更应当受到严格的限制。有些人认为,隐性采访是一种采访的手段,可以根据实际需要采用这种手段进行采访,甚至有人主张像刑事侦查一样,既可以适用一般调查手段侦查,也可以使用技术侦察手段。笔者认为,隐性采访从某种意义上说,与技术侦察有一定的相似之处,但是它们是不可以简单类比的。就是刑事侦查,在使用技术侦察手段时,也必须经过特别批准,不是想用就能用的。在笔者看来,采用隐性采访方式,首先,必须经过新闻机构的特别批准,不得由记者自行实施。其次,应当遵守法律、法规的具体规定,明确规定不得录音、录像的,进行偷拍、偷录,就是违法。再次,应当遵守保护公民、法人人格权的规定,隐性采访不应当以侵害被采访对象的人格权为代价。

三、舆论监督并不排斥对人格权的法律保护

隐性采访,是进行舆论监督的重要手段,但是,是不是进行舆论监督就不要对人格权进行保护呢? 因此,有必要对新闻自由、舆论监督以及对人格权进行法律保护的真正含义和必要性进行探讨。

(一)新闻自由和舆论监督的关系

各国宪法规定新闻自由,大体采取两种方式:一是将新闻自由概括在言论出版自由之中,有的是另立新闻法明确规定。在美国,新闻自由就是以《美国宪法第一修正案》作为依据的,该法案的内容是,国会不得制定剥夺人民言论或出版自由的法律。在法国,法学家认为1789年《人权宣言》第11条是规定新闻自由的依据:"思想与意见的自由交换,为人类最宝贵的权利。因此,每一个公民享有言论、著作和出版自由。"二是明确规定新闻自由。1946年11月《日本国宪法》第21条规定:"报纸除有害于公共利益和法律禁止的场合外,享有报道、评论的完全自由。"我国关于新闻自由的立法,属于前者。我国《宪法》第35条关于"中华人民共和国公民有言论、出版、集会、结社、游行、示威的自由"的规定中,言论、出版自由即为新闻自由的宪法依据。

关于新闻自由的界定，并没有一个统一的定义。在日本，日本新闻协会对新闻自由有一个权威性的定义："具体地讲，第一，任何势力也强制不了的符合事实的报道和评论的自由；第二，为此目的而接近新闻出处、采访新闻的自由。"在美国，新闻自由包括采访自由、通讯自由、批评自由、出版自由和贩卖自由。《埃及新闻法》第1条至第3条规定了新闻自由权利，包括"解释舆论的倾向，运用各种表达方式形成和指导舆论，自由地行使自己为社会服务的使命"，以及新闻工作者"在工作中不受非法的权力的约束"。在我国，新闻自由是新闻业为实现其为社会服务的目的，依法进行采访、写作、发表、出版新闻作品，不受非法控制、约束的权利。它包括两个层面，对记者、通讯员等新闻作者来说，采访、写作、发表新闻作品不受非法控制、约束，属于言论自由的权利；对报社、杂志社、新闻社等新闻单位来说，是组织新闻、出版新闻作品不受非法控制、约束，属于出版自由的权利。在我国，对新闻业的理解，应适当扩大，因为每一个公民都可以通过撰写新闻作品向新闻单位投稿而成为新闻单位的业余通讯员，因此，新闻自由也是公民的一项权利。

舆论监督是新闻界以及其他舆论界通过新闻媒介发表新闻、评论，对社会的政治生活、经济生活、文化生活等方面进行批评，实现监督的权利和功能。舆论监督并非一个准确的法律概念。原本意义上的舆论监督，涵括在权力监督体系之中。舆论监督被进一步扩展，其含义已经超出了对权力监督的职能，几乎成了无所不能的权利和功能。从严格的意义上讲，舆论监督属于新闻自由的范畴，就是新闻批评的自由权利，新闻业通过行使新闻批评的自由权利，实现对社会生活的监督功能。新闻批评自由是新闻自由的一个组成部分。《德国北莱茵—威斯特伐利亚州新闻法》第3条明确规定："新闻界履行一种特殊的公共职能，即采集并传播新闻，公开观点，提出批评，以及以其他形式制造舆论。"提出批评即为新闻界公共职能之一。新闻批评自由是一种权利，新闻的采写、出版者有权通过新闻媒体对不正当的社会生活现象提出批评，形成舆论，督促其改进，推动社会文明的进步。就这样的意义上说，舆论监督与新闻批评自由是同一概念，因而使用新闻批评自由比使用舆论监督更准确、更科学。

(二)新闻自由与人格权的保护

自由是一种权利，它意味着只要不违反任何法律禁令，或者侵犯其他人的合法权利，任何人都可以说想说的任何话、做想做的任何事。④ 但是，任何自由都不是绝对的，法律在赋予权利主体以自由权的时候，都规定了行使自由权的必要限制，以防止其滥用。新闻自由同样如此，并不是一种绝对的权利。行使新闻自由权的最大限制，就是不得以新闻自由为借口，侵害他人的人格权。在美国，新闻自由受到普遍的尊重，宣称"新闻自由是人类的重大权利，应当受到保护"，同时，也宣布"报纸不应侵犯私人权利和感情"。美国报纸编辑协会制定的《新闻工作准则》明文作了上述规定。《埃及新闻法》第6条规定："新闻工作者对所发表的东西，要遵守宪法所明文规定的

---

④　参见《牛津法律大辞典》，光明日报出版社1988年中文版，第554页。

社会基本准则。"《德国基本法》第5条在规定新闻出版自由的同时,规定:"上述权利仅受到普通法、保护青少年法和保护个人名誉权利法的限制。"世界各国立法在规定新闻自由的同时又加以上述限制,就在于实行新闻自由的最大危险,就是侵害他人的人格权。

从原则上说,新闻自由与公民、法人的人格权保护,是并行不悖的。但是,实行新闻自由,尤其是新闻批评自由,就是对被批评者的指责。如果把这种批评限制在适当的范围之内,尽管也是对被批评者的指责,总不会造成侵权的后果。如果这种指责超越了适当的范围,造成了被批评者人格的损害,就侵害了被批评者的人格权。

人格权是民事主体的人身所固有的权利,是公民、法人作为法律上的人所必须享有的基本的民事权利。民事主体如果不享有人格权,他就不成其为一个民事主体;民事主体的人格权受到侵害,就会对该民事主体造成严重的后果。因而人格权历来被认为是绝对权、对世权,任何人都负有维护他人人格权的义务,禁止非法侵害。当行使新闻自由的权利与保护人格权发生冲突的时候,法律毫不犹豫地选择后者,禁止新闻自由权利的滥用,并以国家的强制力保障民事主体的人格权。在国外,诽谤法就是力求维持个人名誉和新闻自由这两者之间平衡的法律准则。

上述原理,得到我国宪法和各基本法的确认。《宪法》第38条规定:"中华人民共和国公民的人格尊严不受侵犯。禁止用任何方法对公民进行侮辱、诽谤和诬告陷害。"第51条规定:"中华人民共和国公民在行使自由和权利的时候,不得损害国家的、社会的、集体的利益和其他公民的合法的自由和权利。"这两条重要的宪法原则,科学地规范了新闻自由与保护人格权之间的关系,任何人在行使新闻自由权的时候,侵害他人人格权,都是对权利的滥用,是对他人人格尊严的侵犯,都违反了宪法的原则。我国还通过《刑法》《民法通则》的具体条文,规定了侵害他人人格权的刑事责任和民事责任,用刑罚和损害赔偿等刑事的和民事的制裁手段,制裁这种违法、犯罪行为,使受到侵害的权利得到恢复。因此,可以说,在我国,新闻自由与保护人格权之间的法律平衡,是非常明确的,是有法可依的,尽管我国还没有通过"新闻法",对此还缺少具体的条文规定,但现行法律规定的内容,应当说是基本完备的。

(三)结论性的意见

通过以上的论述,可以得出这样的结论:隐性采访是行使新闻自由(即新闻批评的自由)进行舆论监督的一个有效的手段和工具,新闻机构正确运用这个手段和工具,可以实现批评社会现实,推动社会进步的目的;但是,使用这种舆论监督的手段和工具,应当遵守宪法和相关法律的规定,保护好公民、法人的人格权,不得滥用新闻批评自由的权利,以牺牲公民和法人的人格权为代价,侵害公民和法人的人格权。如果违背这一法律规定,使用隐性采访进行舆论监督的手段,就构成新闻侵权。

四、关于隐性采访的权利与法律所保护的人格权的冲突问题

在隐性采访中,经常遇到的法律问题,恰恰就是新闻侵权问题。

在一个正常的采访和报道中,必须处理好行使新闻批评自由即舆论监督和保护公民、法人的人格权的关系。处理得不好,就会构成新闻侵权,酿成纠纷,形成诉讼,承担赔偿责任。诚然,新闻媒体享有批评的自由,即舆论监督的权利,这是新闻媒体存在的价值之一,也是其应尽的社会责任。但是,新闻批评的权利是相对的权利,是相对于他人、相对于其他状态的保持自己的不受约束、不受控制和不受妨碍的状态的权利。法律规定,自由不是绝对的自由,而是相对的自由。然而,人格权是绝对的权利,是任何人都不得侵犯的权利,任何人都绝对不得以牺牲他人的人格权来实现自己的自由。因此,在新闻批评自由和人格权保护的法律天平上,并不是绝对平衡的,当新闻批评的自由与人格权的保护之间发生冲突的时候,法律向人格权的保护倾斜,着重保护人格权不受侵犯。⑤ 在这样的前提下,只要不违反任何法律禁令,或者侵犯其他人的合法权利,任何人都可以说想说的任何话,做想做的任何事。⑥

在新闻报道中,尤其是在隐性采访中,最容易受到侵害的人格权是:

1. 人格尊严

人格尊严是一般人格权的核心,侵害人格尊严就是侵害一般人格权。在采访中,如果是被采访人的人格尊严受到损害,就构成侵害一般人格权,应当承担侵权责任。例如,在一个隐性采访中,被采访的是一个算命的人,采访的方法是偷拍。该报道的主题是揭露封建迷信,是积极的,因此不构成侵害名誉权;但是采访的镜头,是从脚向上摇,摇到被采访人的裆部时,镜头停留下来,晃来晃去。这种报道,对人格尊严构成损害,是不允许的。

2. 名誉权

名誉权是公民、法人最重要的人格权,法律加以严格的保护。在新闻报道中,对公民、法人进行诽谤、侮辱等,使名誉权受到损害的,构成对名誉权的侵害,媒体应当承担侵权责任。

3. 隐私权

隐私是公民与公共利益无关的私人信息、私人活动和私人空间。对于这些隐私内容,只有权利人自己才能够支配,任何人不得侵犯。在隐性采访中,最容易受到侵害的人格权,就是隐私权,最容易发生侵害隐私权的冲突。隐性采访侵害了隐私权,就构成侵权。如,某媒体用电话采访一位歌星,未经允许,就将采访现场实况在广播

---

⑤ 参见杨立新:《民商法判解研究》第 8 辑,吉林人民出版社 1999 年版,第 6 页。
⑥ 参见《牛津法律大辞典》,光明日报出版社 1993 年中文版,第 554 页。

电台进行直播。这是严重侵害隐私权的行为。

4. 肖像权。

利用照相机、摄影机和录像机进行偷拍、偷录,都涉及肖像权的保护问题。肖像权是只有公民才享有的人格权,是对自己的肖像及其利益进行支配、保护的权利。在法律规定上,肖像权的保护,主要是未经本人允许不得非法使用他人的肖像。在现实中,未经他人允许,偷拍、偷录他人的肖像,也是不允许的,除非具有合法的抗辩理由。在以偷拍、偷录方式进行的隐性采访中,既有未经他人允许制作他人肖像的问题,又有未经本人同意使用其肖像的问题,这些都是侵害肖像权的行为。但是,这种采访一般都是具有维护社会公共秩序的现实意义,因此可以维护社会公共利益的需要为抗辩事由,阻却行为的违法性,成为正当的合法行为。如果不具有这样的事由,就一定构成侵害肖像权,应当承担侵权责任。

5. 信用权。

信用权是公民、法人维护社会对自己的经济方面客观评价的权利。媒体对公民、法人发生经济上的困境,正在进行积极努力争取摆脱困境的报道,事实是真实的,报道是客观的,不构成对名誉权的侵害;但是这样的报道会使该民事主体的社会经济评价降低,信用受到损害,构成对信用权的侵害,严重的要承担侵权责任。

在隐性采访中,对于以上人格权都必须进行严密的保护,不能有所疏忽。因为侵害人格权,故意会构成侵权责任,过失也会构成侵权责任。在这方面,新闻媒体承担善良管理人的注意义务⑦,必须高度谨慎,小心从事,防止酿成侵权纠纷。

五、关于新闻报道侵权的抗辩权问题

在隐性采访的实施中,既然要遵守保护人格尊严和人格权的原则,新闻媒体在法律规定的面前是不是就要畏惧人格权的保护而畏首畏尾,止步不前了呢?其实不是这样的。新闻媒体只要遵守法律,正当行使新闻批评的权利,运用好侵权行为的抗辩权,就可避免新闻侵权的责任,使自己的行为符合法律的规定。

所谓抗辩,指被告针对原告提出的诉讼请求,提出具体事实使自己免责或者减轻责任⑧;抗辩权,则是对抗对方请求权或者否认对方权利主张的权利。⑨ 当一则新闻报道发表后,有人提出该报道构成侵权,主张新闻媒体承担侵权责任的时候,如果该新闻媒体具有正当的抗辩事由,就可以用这种抗辩事由进行抗辩。如果法庭确认这种抗辩事由成立,则新闻媒体就会被免除侵权责任,其报道行为就是正当的新闻报道,会受到法律的保护。

---

⑦ 在民法中,一个主体承担的注意义务有三种,即一般人的注意、与处理自己的事务为同一的注意和善良管理人的注意。后一种注意义务是最高的注意义务,稍有疏忽,即构成侵权责任。
⑧ 参见王利明等:《民法·侵权行为法》,中国人民大学出版社1993年版,第177页。
⑨ 参见杨立新:《合同法总则》(上册),法律出版社1999年版,第218页。

正当的新闻采访和报道,包括隐性采访,是依法行使新闻采访权利和新闻报道权利的行为,不会构成侵权。在行使这些权利的时候,如果违反保护人格权的法律规定,侵害公民、法人的人格权,就构成侵权责任。当新闻媒体认为自己是正当行使新闻权利,他人认为是侵害了自己的权利,主张新闻媒体承担侵权责任的时候,新闻媒体如果具有合法的抗辩事由,应当举证证明,据此主张免除自己的侵权责任。在这时,作为被告的新闻媒体,应当尽一切力量,证明自己的抗辩事由的存在并且合法,使法庭确信其成立。

新闻媒体对抗新闻侵权主张的正当抗辩事由有以下几种:

1. 公众知情权

知情权即知悉的权利,也称作知悉权、了解权,是美国新闻编辑肯特·库珀创造的概念,其基本含义就是公民有权知道他应当知道的事情,国家应当最大限度地确认和保障公民知悉、获取信息的权利,尤其是政务信息的权利。知情权究竟是公法上的权利,还是私法上的权利,还没有定论,但一般认为它含有以下内容:一是知政权,即知道国家活动,了解国家事务的权利;二是社会知情权,即知道他所感兴趣的社会变化和发展的情况;三是对个人信息的知情权,包括对自己的信息的知情权和对有关自己切身利益的人的信息的知情权,例如自己的出身、恋爱对象的有关信息等;四是法人的知情权;五是法定的知情权,即司法机关通过侦查、调查,知悉案件情况的权利。[⑩]我们所说得的公众知情权,是指的前两种知情权,即知政权和社会知情权。新闻媒体的职责就是将社会已经发生的和正在发生的真实的事实,告知公众,以满足公众知悉的需要。因此,公众知情权是新闻报道的最有力的抗辩事由。在一个侵权纠纷发生之后,如果新闻媒体报道的出发点就是为了满足公众的知情权,并且没有超出正当的报道范围,就不应当认为媒体是侵权。在美国,费城郊区居民希尔在家中被3名逃犯软禁,受到亵渎和侮辱。此后,这一事件被作家编成戏剧。该剧在费城上演时,《生活杂志》记者事先没有与希尔及家人商议,在原屋中拍摄镜头若干,在杂志上刊登并报道,使希尔一家受到精神伤害,希尔起诉追究《生活杂志》的侵权责任。一审法院判决希尔胜诉,上诉后,联邦最高法院认为这一报道牵连着一个戏剧和一件真实的事情,这是一件合乎公众兴趣的事情,改判《生活杂志》胜诉。[⑪] 这是一个以公众知情权作为抗辩事由并取得胜诉的典型判例,对我国新闻传播和司法实践很有借鉴意义。

2. 社会公共利益需要

在肖像权和隐私权的保护中,社会公共利益需要是一个正当的抗辩事由。在现实中,为了维护社会公共利益需要,法律准许使用他人的肖像,准许将他人的个人信息和活动公之于众(因为法律上的隐私是指与社会公共利益无关的个人私密,与社会

---

⑩ 参见王利明等:《人格权法新论》,吉林人民出版社1994年版,第488—489页。

⑪ 此案编号为385U. S374. (1967),案情引自吕光:《大众传媒与法律》,台北商务印书馆1981年版,第68—69页。

公共利益有关,就不再是法律保护的范围)。在新闻报道中,如果涉及肖像的使用,涉及个人私密的报道,只要出于社会公共利益的需要,就可以对抗新闻侵权的诉讼请求。法庭确认这一抗辩事由,就可以免除新闻媒体的侵权责任,成为正当的新闻报道行为。在揭露一些对违法活动的隐性采访中,之所以取得良好的社会效果而不被法律所追究,就是因为这种采访和报道符合社会公共利益的需要,是维护社会秩序所必需的。

3. 公众人物

被报道者是公众人物,也是对抗保护隐私权、肖像权的正当抗辩事由。现在有一种倾向是过于扩大公众人物范围,将一些不属于公众人物的人归之于公众人物的范围,这是不对的。对公众人物,现在还没有一个准确的界定,一般理解应当是著名、知名度高、在全国具有重要影响、众所周知的人物,如领袖、知名人士、明星等。在隐性采访中,公众人物也应当给予保护,不能说只要是公众人物,就可以进行秘密采访、公开报道。新闻界和司法界对此应当谨慎对待,不能由于公众人物是抗辩事由而使他们的人格权受到不法侵害。

还有一些抗辩事由,在新闻报道中也是可以使用的,如新闻性等,可以对抗侵害肖像权等的诉讼请求,但在隐性采访中都必须十分慎重,稍有不慎,就会构成侵权。

第四编

物权法

物权法定缓和与非法定物权[*]

我国《物权法》规定物权法定原则，究竟要严格到什么样的程度，是一个较大的问题，学界一直争论不休。《物权法（草案）》的立法设计是坚持严格的物权法定原则。但是，从《物权法（草案）》第五次审议稿开始，规定了较大幅度的物权法定缓和。这本来是一个聪明的决策，是物权立法的一个杰作。不过，在最后通过《物权法》时，却把物权法定缓和原则删掉了。这是一个很大的遗憾。

一、对典权和居住权以及非典型担保物权究竟应当采取什么态度

在历来的《物权法（草案）》中，争议最大的，莫过于如何规定用益物权中的典权和居住权了。

典权是一个物权，是无可否认的事实。但是，《物权法》究竟是否规定典权，却有着极为曲折的过程。主张规定典权的大有人在，反对规定典权的也不在少数。而立法机关对典权有些不待见，在关键的时候删除了典权的内容。可是，如果不规定典权，按照物权法定原则，典权就有可能在我国的物权法体系中被排除出去，将不再作为物权对待。可是，在现实社会生活中，典权确实存在必要性。个人购买的商品房，如果暂时不使用，既不想出租给他人使用给自己添麻烦，又不想卖给他人而使自己丧失产权，最好的方法就是典出去，没有对出租房进行管理修缮的麻烦，而且将来想赎回就赎回，不想赎回就绝卖，都可以。因此，中国人的老祖宗创造出来的这个物权，具有极大的灵活性，可以满足产权人的特殊需求，是中国特有的物权制度，是固有的中国物权种类。如果《物权法》不规定典权为物权，真的是很可惜的。可是，典权的命运就是这样的凄惨，几进几出了，最终《物权法（草案）》还是舍去了典权的规定，因此引起很多学者的不满，这种不满的含义就在于实践的需要和历史的遗产。删除了典权，就意味着中国的《物权法》不承认典权是物权，如果民间出现典权的约定，就只能认其为债权，按照债权的规定适用法律。这是我们在《物权法》不规定典权之后所能够想出来的办法。

居住权也是这样。开始的《物权法（草案）》并没有关于居住权的规定，后来，立

---

[*] 本文发表在《法学论坛》2007 年第 1 期。

法机关接受专家的建议,写进了居住权,受到了欢迎。但是,在删除了典权的规定之后,单单规定居住权则受到专家学者的质疑:重要的典权不规定,却规定不那么重要的居住权,是不是在物权种类的取舍上有问题呢?最后的命运,居住权也被删掉了。

在非典型担保物权问题上,也同样存在这样的问题。关于担保物权的部分,《物权法》只规定了抵押权、质权和留置权,没有规定其他非典型担保物权,例如让与担保、所有权保留和优先权。这些非典型担保物权,有的是在其他法律中有明确规定,例如某些优先权;有的是在实践中一直在运用,有较为成熟的规则,并且取得了很好的社会效果,例如所有权保留在分期付款买卖中的运用,让与担保在某些不动产交易中的应用。《物权法》对此没有规定,它们还算不算是物权呢?

综上所述,《物权法》不规定这些建筑物的用益物权以及非典型担保物权,而且《物权法》又特别强调严格的物权法定主义,实行严格的物权法定原则,这样的非典型担保物权就不能认定为物权,就不能适用《物权法》的一般规定,其物权的效力就难以发挥。之所以学者和专家在此愤愤不平,总是想要将这样的一些物权种类规定进去,就是因为《物权法》是否规定这些物权,关系到这些物权的生死存亡问题,它所涉及的不仅仅是我国物权种类的完备还是不完备,更重要的如果不承认这些物权是物权,在实践中,就会因为《物权法》规定的物权种类不足而影响到我国的社会经济发展,可能会出现较为严重的问题。

二、物权法定原则缓和是解决非法定物权问题的一剂良药

面对这个复杂而且重要的问题,立法机关曾经采取了灵活的立法方法解决这个问题。这就是在《物权法(草案)》中规定了物权法定原则的缓和。

2006年8月18日,全国人大常委会第五次审议《物权法(草案)》。这一次的《物权法(草案)》与以前的草案相比,内容有了很大的改动,其中,最有价值的一个改动,就是规定了物权法定原则的缓和。这一举措可以称之为一个立法的杰作,是妥善解决建筑物用益物权和非典型担保物权存在的上述问题的一剂良药。这就是《物权法(草案)》第五次审议稿第3条规定:"物权的种类和内容,由法律规定;法律未作规定的,符合物权特征的权利,视为物权。"2006年10月26日《物权法(草案)》第六次审议稿第5条规定了上述内容。

确立了物权法定原则的缓和,就等于承认了上述争议的物权是非法定物权,而不是非物权。这样,就把上述非法定物权从被判处"死缓"的命运上解放了出来,它们可以自由存在并发挥作用了。

物权法定,是物权法的基本原则之一,我国《物权法》应当规定这个原则。实行物权法定原则,就必须实行物权类型强制和物权类型固定,要求物权立法和当事人实施设定物权的行为必须遵守以下规则:第一,物权的种类和类型必须在物权法中明确规定,让民事主体在设定物权时有明确的依据。司法机关在适用法律的时候,应当遵守

"类型强制"的规则,严格按照法律规定的物权种类确定物权。第二,法律规定物权的内容应当尽量全面,避免在民事主体设定物权时对该种物权的内容约定不清。当事人在设定物权的时候,如果约定的物权内容超出了法律规定的内容,法院应当确认其约定无效,而应当按照法律规定的该种物权内容认定。第三,随之而来的,就是当事人在设定物权行为时,应当遵守类型强制和类型固定的规则,按照法律的规定设定物权种类,设定物权的内容,而不能自行其是。

但是,由于市场经济的迅速发展,在坚持物权法定的原则下,实行物权法定的缓和也是物权立法的趋势,否则,严格固守物权法定原则,物权法就会脱离市场经济发展的需求,对应当确认为物权的权利,由于立法的滞后而无法承认其为物权,可能会扼杀新兴的物权,阻碍市场经济的发展。因此,《物权法》在奉行物权法定原则的同时,也应当实行物权法定的缓和。

物权法定原则的缓和,就是指物权法定原则固然为确定物权类型和内容永久符合社会需要的理想,但是在事实上却存在理想和实践的距离问题。立法总是反应立法当时对社会规律的认识,存在历史的局限性;对于未曾发生的历史现象,立法也永远存在实践的局限性;立法也是各个具体时代的产物,各个时代立法者的认识能力也有自己的局限性。这些局限性必然导致在法律上留下缺漏,使法律不能穷尽一切社会生活现象。同时,社会总是在不断发展,新的需求也在不断产生。在这样丰富多彩、日新月异的社会生活面前,物权法定原则会受到严峻考验,需要进行检讨,不能过于僵化,需要缓和。这就是实行物权法定原则以后提出的物权法定原则的缓和问题。

在前几次的《物权法(草案)》中,关于物权法定原则的条文,是一个严格的物权法定原则,没有规定物权法定的缓和,奉行《物权法》没有规定的物权,就不承认其是物权。因此,关于典权要不要规定在《物权法》中,居住权要不要规定在《物权法》中,以及非典型担保如优先权、让与担保和所有权保留等要不要明确规定,学者们争论得热火朝天。因为严守物权法定原则,《物权法》中没有规定的物权,就不承认其为物权,这些权利当然要争,不争就没有它们的地位。热火朝天的争论表明了规定这些权利的必要性。

《物权法(草案)》作出了物权法定原则缓和的规定,在现实生活中,法律未作规定的权利,只要符合物权特征,就视为物权,就是非法定物权,典权当然具有物权特征,当然应将其视为物权了。尽管居住权的规定也从《物权法(草案)》中拿掉了,但是,实践中出现的居住权,法律将其视为物权,当然也就没有什么争论了。其他的还有让与担保、所有权保留以及优先权等,难道还有再争论的必要吗?也没有了。这就是,我们在前边所提到的典权、居住权、优先权、让与担保和所有权保留等,都是重要的物权形式,法律是都应当有明确规定的。但是,由于有了物权法定缓和的规定,在《物权法》中不作具体规定,这些具有物权特征的权利也都是物权,是非法定物权,当然也就不用再争吵和争论了,因为它们都可以获得物权的地位了。

在《物权法(草案)》没有进行本次讨论之前,立法专家就提到了物权法定缓和的修改意见。笔者当时是极力赞成这个规定的,并且赞扬说,这就是物权法定原则缓和的一个立法杰作,其价值是不可低估的。它不仅解决了上述这些物权的法律地位的确定问题,而且还给其他物权发展以更大的空间,使《物权法》具有了更为灵活的弹性和包容性。在这样的法律原则之下,《物权法》具有了开放性,能够适应市场经济的发展需要,不仅对非法定物权,而且即使是市场经济有新的设置物权的要求,开放性的物权法也能够发挥其弹性作用,确认其为物权,适应社会的发展,推动社会的进步。

可惜的是,《物权法》没有把物权法定缓和原则坚持到底,走的仍然是严格物权法定主义道路,没有任何松动。这样的后果是,一方面对应当规定的物权种类没有规定;另一方面又坚定不移地强调物权法定主义,那些应当规定而没有规定的物权种类就被扼杀了,人民面对它们,就没有了选择的权利。与此相对照的是,我国台湾地区修订"民法"物权编,将第757条由原来的"物权,除本法或其他法律有规定外,不得创设"改为"物权除依法律或习惯外,不得创设",将严格的物权法定主义伴以物权法定缓和。其理由说:"为确保交易安全及以所有权之完全性为基础所建立之物权体系及其特性,物权法定主义仍有维持之必要,然未免过于僵化,妨碍社会之发展,若新物权秩序法律未及补充时,自应许习惯予以填补,故习惯形成之新物权,若明确合理,无违物权法定主义存立之旨趣,能依一定之公示方法予以公示者,法律应予承认,以促进社会之经济发展,并维护法秩序之安定,爰仿《韩国民法典》第185条规定修正本条。"① 两相对照,我国大陆《物权法》否认物权法定缓和原则,道理是不充分的。

三、《物权法》实行物权法定原则缓和的具体对策

应当看到的是,《物权法》尽管没有规定物权法定缓和,但实行物权法定原则缓和原则是必要的。实行物权法定缓和的重要原因还不是我们对这样的一些物权认识的局限性,或者还没有发现新物权,而是明确它们属于物权的性质,但是由于立法不想规定更多、更复杂的物权种类,因此,才将非法定物权不加以规定。这其实是我国立法机关一直奉行的立法原则,就是立法要简明扼要。在《物权法》中可以数出来的物权,除了所有权之外,用益物权就是土地承包经营权、建设用地使用权、宅基地使用权和地役权,担保物权就是抵押权、质权和留置权,除此之外,其他的物权都没有规定。这些规定的都是最典型的用益物权和担保物权。换言之,立法不想规定那些非典型物权。

这样的立法方法是不好的。在立法的时候就已经明确的物权,已经确定在生活实践中存在的物权,就应当在法律中规定,仅仅强调立法的简洁而不加以规定是不对的。对这些问题,不实行物权法定缓和,就不能解决问题。只有实行物权法定缓和,

---

① 台湾地区"法务部"编:《民法物权编部分修正条文(通则章及所有权章)》,台北东鑫文具印刷有限公司2009年版,第18页。

才能够解决物权种类立法不足和物权法定原则之间的矛盾。

因此,在《物权法》已经通过,并且没有规定物权法定缓和原则的情况下,应当特别注意采取以下对策:

(1)注意对非法定物权的立法研究和适用。非法定物权在有些法律和法规中是有规定的,有的已经规定了它们的基本规则。例如,关于优先权,在法律和行政法规中就有规定。对于这些法律和行政法规,应当特别加以研究,保证在司法实践中准确适用。

(2)民法理论研究工作者应当特别注意对《物权法》没有规定的非法定的用益物权、担保物权加强理论研究,详细描述这样一些非法定物权的法律特征,确定这些非法定物权的具体规则以及保护措施,能够形成完善的非法定物权的理论体系和规则体系,为司法提供帮助,为将来的立法提供参考。

(3)各级司法机关在民事审判活动中,应当特别注意积累审判经验和典型案例,将理论研究成果与具体的司法实践经验结合起来,注意总结具体的非法定物权发生纠纷的特点和规律,总结处理这类纠纷的实践经验,不断丰富和完善非法定物权的法律适用规则体系。

(4)最高人民法院在司法解释中,应当对物权法定缓和作出规定,并且对于非法定物权法律适用进行司法解释。最高人民法院应当对各地法院审理非法定物权纠纷案件的审判经验进行总结,运用民法学界研究非法定物权的理论作为指导,对新出现的物权规则进行探索和研究,确定这些物权行使的具体规则,以及对这些物权进行保护的方法,适时地作出有效的司法解释,指导全国法院的非法定物权纠纷的审判工作,防止在非法定物权纠纷处理上出现大的偏差。

(5)立法机关应当不断进行研究和总结,对非法定物权的体系进行梳理和总结,在时机成熟的时候,例如在编撰民法典的时候,应当将成熟的非法定物权规定进去,使之成为典型物权,在社会生活中发挥更大的作用。

论不动产错误登记损害赔偿责任的性质*

《物权法》第21条规定："当事人提供虚假材料申请登记，给他人造成损害的，应当承担赔偿责任。因登记错误，给他人造成损害的，登记机构应当承担赔偿责任。登记机构赔偿后，可以向造成登记错误的人追偿。"该条规定的不动产错误登记损害赔偿责任究竟是何种性质的法律责任，众说纷纭，意见不一。对此，本文表达笔者的看法。

一、对不动产错误登记损害赔偿责任性质的不同见解

对不动产错误登记损害赔偿责任性质的不同认识，主要集中在三个问题上：

（一）是国家赔偿责任还是民事责任

对不动产错误登记损害赔偿责任性质认定，首先遇到的问题是国家赔偿责任还是民事责任，换言之，不动产错误登记损害赔偿责任所适用的法律，究竟是行政法，还是民法。对此，主要的观点是：

（1）国家赔偿责任。这种主张认为，把登记机构确定为国家机关，登记机关因登记错误应承担的责任就应该是国家赔偿责任。[①] 梁慧星教授在其主编的《物权法草案建议稿》中，是将其作为国家赔偿责任确定的。[②] 登记行为被视为行政机构的具体行政行为，登记错误就是具体行政行为发生的错误，由此造成他人损害的，行政机关要承担的就是行政赔偿责任，适用《国家赔偿法》，赔偿费用由国家统一支出。[③]

（2）民事责任。这种主张认为，登记机构承担的责任在性质上是一种民事责任，而不是行政责任。登记机构的登记行为属于执行国家公务行为，因而因登记错误给当事人造成损害的，登记机关应当向当事人承担民事赔偿责任。[④] 不动产登记尽管是行政机关在进行，但不动产物权登记属于民事权利变动行为和私法行为，基于这种行

---

* 本文发表在《当代法学》2010年第1期。
① 参见刘智慧主编：《中国物权法释解与应用》，人民法院出版社2007年版，第75页。
② 参见梁慧星主编：《中国物权法草案建议稿：条文、说明、立法理由及参考立法例》，社会科学文献出版社2000年版，第179页。
③ 参见梁蕾：《不动产登记中的损害赔偿责任研究》，载《行政法学研究》2008年第3期。
④ 参见王利明：《物权法研究》，中国人民大学出版社2007年第2版，第367页。

为产生的不动产登记错误的赔偿责任,宜定位为民事责任。⑤

(3)双重性质。这种主张认为,不动产登记行为包括两个行为:一个是权利人的权利申请登记行为;另一个是国家机关对申请登记的审查登记行为。申请登记人的损害赔偿责任属于民事责任,而登记机构承担的责任属于国家赔偿责任。⑥

(4)责任性质不明。这种主张认为,对于不动产登记机构应当具有什么性质还有不同意见,有待行政管理体制改革进一步明确,目前不宜规定登记机构的国家赔偿责任。⑦

(二)是连带责任、补充责任、单独责任还是不真正连带责任

对于不动产错误登记损害赔偿责任具体性质,或者说其具体民事责任形态,意见众多。笔者认为,很多学者对《物权法》第21条规定的不动产错误登记损害赔偿责任中关于"登记机构赔偿后,可以向造成登记错误的人追偿"的表述,没有引起重视,因此有些意见不够稳妥。

有学者认为,登记机构的赔偿责任不是补充责任而是单独责任,因为对受害人而言,索赔没有先后顺序的要求,即其可以直接起诉登记机构,表明登记机关的责任,不是在提供虚假材料的申请人赔偿损失之后承担补充责任,而是要依据受害人的请求承担单独赔偿责任。⑧

有学者认为,登记机构和申请人应当承担的责任是连带责任,原因在于造成错误登记的双方(申请登记的当事人和登记机构)尽管没有主观故意,但他们的行为具有关联性,而且是造成损害的共同原因,属于客观行为关联共同加害行为,仍然是共同侵权行为,应当承担连带责任。⑨

(三)是过错责任、过错推定责任还是无过错责任?

对不动产错误登记损害赔偿责任的性质是民事责任中的侵权责任,意见基本统一,即属于侵权损害赔偿责任。但这种侵权损害赔偿责任究竟是过错责任、过错推定责任还是无过错责任? 在认识上不统一。主要观点是:

(1)过错责任说。这种观点认为,在不动产错误登记损害赔偿责任中造成登记错误的原因,既包括登记机构工作人员故意以及疏忽大意等过错,也包括当事人提供虚假材料欺骗登记机构等情形。⑩ 这样的表述,显然是认为不动产错误登记损害赔偿责

---

⑤ 参见王崇敏:《我国不动产登记机关赔偿责任问题探讨》,载《河南省政法管理干部学院学报》2007年第5期。
⑥ 参见原永红:《论不动产登记机构错误登记责任》,载《山东社会科学》2009年第7期。
⑦ 参见全国人大常委会法制工作委员会民法室:《中华人民共和国物权法条文说明、立法理由及相关规定》,北京大学出版社2007年版,第22页。
⑧ 参见王利明:《物权法研究》,中国人民大学出版社2007年第2版,第368页。
⑨ 参见林永康等:《不动产登记错误的损害赔偿责任探讨》,载《福建法学》2007年第4期。
⑩ 参见全国人大常委会法制工作委员会民法室:《中华人民共和国物权法条文说明、立法理由及相关规定》,北京大学出版社2007年版,第22页。

任的性质是过错责任。⑪ 也有人认为,无过错责任主要针对的是特殊侵权责任,不动产登记错误的赔偿责任属于一般侵权行为,因此,应当是过错责任。⑫

（2）无过错责任说。这种观点认为,登记机构承担赔偿责任的条件有二：一是登记错误;二是因为登记错误给他人造成损害。可见,我国物权法所规定的登记机构因登记错误而承担的责任是无过错责任。⑬ 这种表述表明,只要登记错误,就应当承担赔偿责任,因此,是无过错责任。⑭

（3）过错推定责任说。这种主张认为,只要登记机关违反登记制度的行为,就推定其有过错,如果主张没有过错,登记机构应当自己举证证明,能够证明的,才能免除责任,否则就应当承担责任。⑮

（4）双重责任说。这种主张认为,登记机构的责任既可能是过错责任,也可能是严格责任。登记机构因各种原因造成登记错误,给当事人造成重大损失的,登记机构应当依法承担赔偿责任,分为两类:《物权法》第21条第1款规定的过错责任,即当事人提供虚假申请材料,如果发生登记错误,申请人首先应当承担责任,属于过错责任;严格责任出现在《物权法》第21条第2款,即登记机构因登记错误,都要负责,属于严格责任,而不是过错责任。⑯

二、不动产错误登记损害赔偿责任的基本性质是民事责任

（一）认定不动产错误登记损害赔偿责任的性质为国家赔偿责任或者行政责任的依据不足

认为不动产错误登记损害赔偿责任的性质是国家赔偿责任,或者是行政责任,其基本依据是登记机构的性质是行政机关,既然如此,当然应当认为其承担的责任是行政责任,或者就是国家赔偿责任。

笔者认为,这样的说法依据不充分。理由是：

（1）并不是国家机关承担的责任都是国家赔偿责任。在目前,我国的不动产登记机构当然是国家机关,因为登记机构都是设立在政府的各个行政部门之中,但这并不是已经完全确定的设置。一方面,我国统一的不动产登记制度尚未建立起来,目前关于登记机构的设置还不是定论;另一方面,即使是国家机关造成的损害,也不宜一律定为国家赔偿责任,况且要确定为国家赔偿责任,须由《国家赔偿法》确定,而《国家

---

⑪ 参见林永康等:《不动产登记错误的损害赔偿责任探讨》,载《福建法学》2007年第4期;柴振国等:《论不动产登记机关错误登记的赔偿责任》,载《安徽大学法律评论》2007年第1期。
⑫ 参见王崇敏:《我国不动产登记机关赔偿责任问题探讨》,载《河南省政法管理干部学院学报》2007年第5期。
⑬ 参见刘智慧主编:《中国物权法释解与应用》,人民法院出版社2007年版,第75页。
⑭ 参见原永红:《论不动产登记机构错误登记责任》,载《山东社会科学》2009年第7期。
⑮ 参见许明月等:《财产权登记法律制度研究》,中国社会科学出版社2002年版,第314页。
⑯ 参见王利明:《物权法研究》,中国人民大学出版社2007年第2版,第368页。

赔偿法》仅仅规定了行政违法行为的赔偿和司法违法赔偿,还没有规定不动产错误登记损害赔偿责任为国家赔偿责任。

(2)我国不动产登记机构的性质并没有最后确定下来。在国外,关于不动产登记机构性质,一般是司法机构或者准司法机构而不是行政机构,不论在何种机构登记,因不动产物权登记均具有决定公民与法人的财产权利的司法意义,故各国法律一般均把不动产登记机关当做司法机构之一。[17] 在我国,也有将不动产登记机构作为准司法机构对待的主张,应当设立在人民法院主管之下,由不动产所在地的县级人民法院统一管辖。[18] 在没有确定不动产物权登记机构的性质的情况下,更不能就将不动产登记机构的性质界定为行政机关,因而确定其承担的责任就是国家赔偿责任,或者行政责任。

(3)确定不动产错误登记损害赔偿责任的性质应当以《物权法》第21条规定的整体进行确定。《物权法》第21条规定的不动产错误登记损害赔偿责任尽管由两个条款构成,但它是一个整体,而不是对立的两个责任。不管《物权法》第21条第1款确定的"当事人提供虚假材料申请登记,给他人造成损害的,应当承担赔偿责任",还是"因登记错误,给他人造成损害的,登记机构应当承担赔偿责任",都是不动产错误登记损害赔偿责任,其性质应当是一样的。如果将不动产错误登记损害赔偿责任的性质界定为国家赔偿责任,《物权法》第21条第1款规定的当事人的赔偿责任难道也是国家赔偿责任吗?显然不是。

(二)不动产错误登记损害赔偿责任是民法规定的民事责任

笔者认为,不动产错误登记损害赔偿责任的性质是民事责任。理由是:

(1)损害赔偿责任的基本性质是民事责任。损害赔偿是救济民事权利损害的基本责任方式,其性质是民事责任。对此,《民法通则》的规定是清清楚楚的,对此并无疑问。即使在刑法或者行政法中规定的损害赔偿责任,以及确定由罪犯承担的损害赔偿责任或者由行政机关承担的损害赔偿责任,并不因为规定它们的法律和承担民事责任主体的不同,而认为是刑事责任或者行政责任。例如,刑事附带民事损害赔偿是刑法规定的民事权利损害的救济措施,尽管是要由刑事犯罪人等责任人承担,但并不是刑罚方式,而是民事救济手段。同样,行政附带民事损害赔偿责任,以及行政机关由于行政违法行为所承担的损害赔偿责任,也是民事责任,也不会因为是行政法规定并由行政机关承担而变成行政责任。[19]

(2)不动产错误登记损害赔偿责任解决的是民事赔偿问题,是对民事权利损害的救济,当然是民事责任。不动产错误登记给真正权利人的损害,是民事权利的损害,

---

[17] 参见孙宪忠:《论物权法》(修订版),法律出版社2008年版,第418页。
[18] 参见梁慧星主编:《中国物权法草案建议稿:条文、说明、立法理由及参考立法例》,社会科学文献出版社2000年版,第142页。
[19] 对于这一点的详细理由,参见杨立新:《侵权法论》,人民法院出版社2005年版,第822页以下。

对真正权利人给予损害赔偿,是对民事权利的保护,是对民事权利损害的救济。侵害民事权利,造成权利人的损害,承担民事责任是侵权责任。即使承担责任的主体是登记机构,其性质也不会变。正如学者所言,不动产登记属于民事权利变动行为,属于私法行为,基于这种行为产生的不动产登记错误的赔偿责任,宜定位为民事责任。[20]

(3)《物权法》是民法,在民法中的损害赔偿责任当然是民事责任。不动产错误登记损害赔偿责任规定在《物权法》中,而《物权法》就是民法的组成部分,将来要成为民法典的物权法编,是民法的有机组成部分,是调整物权法律关系的民法基本法。《物权法》第 2 条第 1 款规定:"因物的归属和利用而产生的民事关系,适用本法。"既然《物权法》调整的法律关系是民事法律关系,《物权法》规定的不动产错误登记损害赔偿责任当然也是民事法律关系,其责任当然是民事责任。

三、不动产错误登记损害赔偿责任是不真正连带责任

(一)侵权责任形态的基本形式

既然不动产错误登记损害赔偿责任是民事责任,基本性质是侵权损害赔偿责任,确定其责任的具体性质,就应当依照侵权责任形态的基本理论来确定。我们在制定《侵权责任法草案建议稿》中,根据侵权责任形态的基本理论[21],设计了八种不同的侵权责任形态规则,已经写在《中国侵权责任法草案专家建议稿》中。八种不同的侵权责任形态是[22]:

1. 自己的责任

本法在规定侵权责任时没有特别规定侵权责任形态的,为自己的责任,行为人应当对自己的行为造成的损害承担侵权责任。

2. 替代责任

法律规定承担替代责任的,其责任人是对造成损害的行为人的行为负责的人,该责任人应当承担侵权责任。已经承担了替代责任的责任人,可以向有过错的行为人追偿,但法律另有规定的除外。对物件造成损害的替代责任人,是造成损害的物件的管领人,包括物件的管理人、所有人和占有人,应当承担责任。

3. 按份责任

法律规定应当承担按份责任的,数个加害人应当按照其行为的原因力和过错比例,按份承担侵权责任。按份责任人可以拒绝超过其应当承担的责任份额的赔偿请求。

---

[20] 参见王崇敏:《我国不动产登记机关赔偿责任问题探讨》,载《河南省政法管理干部学院学报》2007 年第 5 期。

[21] 参见杨立新:《侵权法论》第四编"侵权责任形态",人民法院出版社 2005 年版,第 507—650 页。

[22] 以下八种侵权责任形态的表述,引自杨立新:《中国侵权责任法草案建议稿及说明》,法律出版社 2007 年版,第 6—8 页。

4. 连带责任

法律规定应当承担连带责任的,受害人可以向连带责任人中的一人或者数人请求承担部分或者全部损害赔偿责任,但合计不得超过损害赔偿责任的总额。已经承担了超出自己应当承担的责任份额的连带责任人,有权就其超出部分向其他未承担责任的连带责任人行使追偿权。㉓

5. 不真正连带责任

依照法律规定,基于同一个损害事实产生两个以上的赔偿请求权,数个请求权的救济目的相同的,受害人只能根据自己的利益选择其中一个请求权行使,请求承担侵权责任。受害人选择了一个请求权行使之后,其他请求权消灭。如果受害人请求承担责任的行为人不是最终责任承担者的,其在承担了侵权责任之后,有权向最终责任承担者追偿。㉔

6. 补充责任

依照法律规定,基于同一个损害事实产生两个以上的赔偿请求权,数个请求权的救济目的相同,但对请求权的行使顺序有特别规定的,受害人应当首先向直接加害人请求赔偿。在直接加害人不能赔偿或者赔偿不足时,受害人可以向补充责任人请求承担损害赔偿责任。补充责任人在承担了补充责任后,有权向直接责任人行使追偿权,但就其过错行为产生的直接损害部分不享有追偿权。㉕

7. 分担责任

法律规定应当分担责任的,依据公平原则,根据实际情况,由当事人分担民事责任。前款规定的实际情况,包括当事人的经济状况、受损害程度等情形。确定精神损害赔偿民事责任,不适用分担责任。

8. 垫付责任

法律规定对行为人的侵权行为承担垫付责任的,垫付责任人在承担了侵权责任之后,有权向行为人追偿。前款规定的追偿权不受诉讼时效期间的限制。

(二)不动产错误登记损害赔偿责任不是连带责任

1. 连带责任与不真正连带责任的区别

将不动产错误登记损害赔偿责任的性质确定为连带责任,代表了一些学者的意见,问题的根源在于将不真正连带责任混同于连带责任。

依笔者所见,混同连带责任和不真正连带责任的根源,在于对保证责任中的连带责任保证性质的误解。关于连带责任保证,《担保法》第18条第1款规定:"当事人在

㉓ 关于连带责任的规则,《侵权责任法(草案)》已经接受了上述意见,修正了最高人民法院《关于审理人身损害赔偿案件适用法律若干问题的解释》第5条规定的连带责任规则。参见《中华人民共和国侵权责任法(草案)》2009年8月20日修改稿,第14条和第15条规定。

㉔ 关于不真正连带责任的上述表述,来源于《产品质量法》第41—43条规定的内容。

㉕ 对补充责任的上述表述,来源于最高人民法院《关于审理人身损害赔偿案件适用法律若干问题的解释》第6条第2款关于违反安全保障义务的侵权补充责任的规定。

保证合同中约定保证人与债务人对债务承担连带责任的,为连带责任保证。""连带责任保证的债务人在主合同规定的债务履行期届满没有履行债务的,债权人可以要求债务人履行债务,也可以要求保证人在其保证范围内承担保证责任。"既然如此,连带责任似乎就是这种连带责任保证的规则。《担保法》第 31 条又规定:"保证人承担保证责任后,有权向债务人追偿。"这似乎与连带责任的规定又很相似。事实上,连带责任保证根本就不是连带责任,而是不真正连带责任的保证。问题在于,上述两个法律条文没有把连带保证责任的基本规则规定清楚。

笔者认为,连带责任和不真正连带责任的区别在于:第一,不真正连带责任的产生原因只有一个直接原因,这个直接原因来源于造成损害的行为人的行为,而承担中间责任的责任人的行为仅仅是损害产生的间接原因。第二,承担不真正连带责任的两个责任人的行为,不是损害发生的共同原因,只有那个直接原因才是损害发生的原因,且不需承担中间责任的责任人的行为共同配合。第三,正因为如此,不真正连带责任不分份额,不由两个不真正连带责任人共同承担,而是先后承担,并且最终责任人承担的必须是全部责任,中间责任人的追偿权为赔偿责任的全部责任。

而连带责任不是这样:第一,造成损害的原因是全体行为人的共同行为,每一个行为人的行为对损害的发生都具有原因力;第二,连带责任人承担责任,对内须有份额的区分,没有份额的连带责任不是连带责任;第三,连带责任对外是一个责任,尽管权利人对每一个连带责任人都有权请求其承担全部赔偿责任,但在最终责任的承担上必定是有份额的,并且每一个连带责任人仅对自己的责任份额最终负责。而连带责任与不真正连带责任的根本区别,就在于连带责任的最终责任是有份额的,不真正连带责任的最终责任是一个责任,不分份额。

按照上述连带责任和不真正连带责任的区别,连带责任保证显然不是连带责任,而是不真正连带责任的保证。在连带责任保证人承担了清偿责任之后,他向主债务人追偿的时候,难道只能请求部分而不是全部吗?如果是连带责任,当然只能请求追偿不属于自己承担的那一部分清偿责任了,而必须有自己应当承担的份额,这一部分是不能追偿的。这个"不负责任"的"连带责任保证"表述,已经造成了概念上比较大的混乱。

同样,不动产错误登记损害赔偿责任如果登记机构承担了赔偿责任之后,在向错误登记的当事人行使追偿权的时候,要有份额的区分吗?显然没有。那么,不动产错误登记损害赔偿责任就与连带责任保证的性质是一样的,肯定不是连带责任。

2. 发生不动产错误登记损害赔偿责任的行为不是共同侵权行为

尽管承担不动产错误登记损害赔偿责任的有两个责任人,分别是错误登记的当事人和登记机构,但按照《物权法》第 21 条的规定,在他们之间既没有主观的关联共同,也没有客观的关联共同,因而不构成共同侵权行为。如前所述,造成损害的直接原因,是错误登记的当事人,登记机构只是没有审查清楚而给予登记,这是一个间接原因。这是一般情况。如果当事人与登记机构恶意串通进行错误登记,意在侵害真正权利人的权利,自当别论,当然构成共同侵权,应当承担连带责任,但那已经超出了《物权法》第 21 条规定的范围,应当适用《民法通则》第 130 条的规定。

3. 承担连带责任必须有法律明文规定

确定侵权连带责任,除了共同侵权行为的法律后果是当然如此之外,其他凡须承担连带责任者,必须由法律明文规定。法律没有规定的,不能任意提出连带责任的主张和意见。对此,《侵权责任法(草案)》明确规定,承担连带责任的前提是"法律规定承担连带责任"[26],否则不能承担连带责任。

(三)不动产错误登记损害赔偿责任不是补充责任

补充责任与不真正连带责任相似,都是基于同一个损害事实产生两个以上的赔偿请求权,数个请求权的救济目的相同。但是,补充责任的赔偿权利人对请求权的行使有顺序的规定,受害人应当首先向直接加害人请求赔偿,不足部分再向补充责任人请求赔偿。而不真正连带责任中的两个请求权不存在顺位的关系,赔偿权利人可以自由选择行使其中之一。不动产错误登记损害赔偿责任的两个请求权不存在顺位的规定,由赔偿权利人自由选择,当然不是补充责任。对此,已经有学者论述[27],不再赘述。

(四)不动产错误登记损害赔偿责任的基本特征属于不真正连带责任

在前述八种不同的侵权责任形态中,与不动产错误登记损害赔偿责任最贴近的,就是不真正连带责任,与其他侵权责任形态完全不符。

不真正连带责任源于不真正连带债务。不真正连带债务是指多数债务人就基于不同发生原因而偶然产生的同一内容的给付,各负全部履行之义务,并因债务人之一的履行而使全体债务人的债务均归于消灭的债务。[28] 而不真正连带责任,是指基于同一个损害事实产生两个以上的赔偿请求权,数个请求权的救济目的相同的,受害人只能根据自己的利益选择其中一个请求权行使,请求承担侵权责任。受害人选择了一个请求权行使之后,其他请求权消灭。如果受害人请求承担责任的行为人不是最终责任承担者的,其在承担了侵权责任之后,有权向最终责任承担者追偿。

不真正连带责任的特征是:

(1)不真正连带责任的责任主体是违反对同一个民事主体负有法定义务的数人。
(2)不真正连带责任是基于同一损害事实发生的侵权责任。
(3)不同的侵权行为人对同一损害事实发生的侵权责任相互重合。
(4)在相互重合的侵权责任中只需履行一个侵权责任即可保护受害人的权利。[29]

---

[26] 参见《中华人民共和国侵权责任法(草案)》(2009 年 8 月 20 日修改稿)第 14 条。
[27] 参见王利明:《物权法研究》,中国人民大学出版社 2007 年第 2 版,第 368 页。
[28] 参见王利明主编:《中国民法案例与学理研究》(债权篇修订本),法律出版社 2003 年第 2 版,第 3 页。
[29] 参见杨立新:《侵权责任法原理与案例教程》,中国人民大学出版社 2008 年版,第 327—328 页。

(5)不真正连带责任中分为中间责任和最终责任,在向两个责任人请求承担责任的时候,任何一个都应当承担的责任,是中间责任;而一方应当向对方追偿的责任,是最终责任。

在不动产错误登记损害赔偿责任中,完全符合不真正连带责任的特征:

(1)《物权法》第21条规定的责任主体是两个,既有当事人,也有登记机构,都是违反对同一个民事主体负有法定义务的人。

(2)不动产错误登记损害赔偿责任,是基于不动产登记错误这同一事实而发生的,符合前述第二个特征。

(3)不管是当事人承担赔偿责任,还是登记机构承担赔偿责任,这两个责任主体对同一损害事实发生的侵权责任是完全重合的,是一样的。

(4)在两个相重合的侵权责任中,不论是当事人承担,还是登记机构承担,只要承担了一个责任,就满足了受到损害的真正权利人的权利保护的请求。

(5)在不动产错误登记损害赔偿责任中,也分为中间责任和最终责任,受到损害的权利人对两个不同的请求的选择发生的责任,就是中间责任;在追偿关系中解决的,是最终责任。因此,可以断定,不动产错误登记损害赔偿责任就是侵权责任形态中的不真正连带责任的侵权责任形态,既不是连带责任,也不是补充责任。对此,不应当有疑问。

四、不动产错误登记损害赔偿责任是过错责任

对不动产错误登记损害赔偿责任的性质确认为侵权损害赔偿责任,是多数人的意见。确定不动产错误登记损害赔偿责任的性质究竟是过错责任、过错推定责任还是无过错责任等,仍须进行辨析,不能简单行事。

(一)不动产错误登记损害赔偿责任的性质不是无过错责任

笔者认为,不动产错误登记损害赔偿责任不是无过错责任,如果将其作为无过错责任对待,在侵权法理论上是不成立的。按照侵权责任法的一般规则,损害赔偿责任应当是过错责任。这一点,在现行的《民法通则》第106条第1款已经规定得很清楚。如果把某一种特殊侵权责任确定为无过错责任,必须经法律特别规定。没有法律特别规定,任何人都不能将某一种特殊侵权责任认定为无过错责任。《民法通则》第106条第3款规定:"没有过错,但法律规定应当承担民事责任的,应当承担民事责任。"《侵权责任法(草案)》第8条规定:"行为人侵害他人人身、财产造成损害的,法律规定不论行为人有无过错都要承担侵权责任的,依照其规定。"说的就是这个意思。

在《物权法》第21条条文中确实没有规定"过错"的字样,但是在一个法律条文规定侵权责任时,只要没有写明过错的字样,就可以认为法律规定的是无过错责任吗?不能这样认为。在侵权责任法领域,能够认定为无过错责任的侵权责任,只有产品责任、高度危险作业致害责任、环境污染致害责任、动物致害责任以及工伤事故责

任,除此之外,都不能认定为无过错责任。《物权法》第 21 条规定的不动产错误登记损害赔偿责任,尽管条文没有明文规定为过错责任,但在第 1 款规定了"当事人提供虚假材料申请登记",第 2 款规定了登记机构"因登记错误",都是在讲过错,前者讲的是故意,提供虚假材料当然是故意所为;后者讲的是过失,登记错误的"错误",就是过失。因此,笔者认为,《物权法》第 21 条规定的不动产错误登记损害赔偿责任的性质就是过错责任,不可能也不应当是无过错责任。

(二)不动产错误登记损害赔偿责任也不是过错推定责任或者严格责任

不动产错误登记损害赔偿责任是不是过错推定责任或者严格责任?关于严格责任,并没有一个大家广泛接受的概念,只是少数学者在使用。有的学者认为,严格责任包括过错推定责任、无过错责任和公平责任,是三种责任构成的整体。在主张不动产错误登记损害赔偿责任是严格责任的学者看来,侵权责任分为过错责任、严格责任、无过错责任和公平责任,似乎将严格责任置于过错责任和无过错责任之间,认为严格责任是在功能上兼容了传统的过错责任和无过错责任特点的独立的归责原则。[30]这种责任差不多相当于过错推定责任[31],也就是通常所说的中间责任。当然,也有的学者明确提出不动产错误登记损害赔偿责任就是过错推定责任。笔者认为,不动产错误登记损害赔偿责任不是过错推定责任,当然也不是严格责任。

过错推定责任起源于《法国民法典》第 1384 条,主要适用于对他人的行为承担的侵权责任或者对自己管领下的物件致害承担的侵权责任。在通常情况下,适用过错推定责任也应当有法律明文规定,任何人不能任意地确定一个侵权责任是过错推定责任。在《民法通则》中,没有专门规定过错推定责任的一般条款,只是在规定特殊侵权责任的条文中规定某种特殊侵权行为为过错推定责任。在司法实践中,对须实行过错推定责任的,通常在司法解释中作出规定,例如最高人民法院《关于民事诉讼证据的若干规定》第 4 条的规定。《侵权责任法(草案)》第 7 条第 2 款规定过错推定责任的表述方法是:"根据法律规定推定行为人有过错,行为人不能证明自己没有过错的,应当承担侵权责任。"可见,确定某种特殊侵权责任是过错推定责任,须法律明文规定,并不是随便一说就是过错推定责任。

因此,不能认定不动产错误登记损害赔偿责任的性质是过错推定责任,也不是所谓的严格责任。

(三)不动产错误登记损害赔偿责任也不存在两种不同性质的责任

在一种侵权责任中,是不是可以同时存在两种不同性质的责任?很少有人讨论这个问题,只有少数学者这样提出问题。[32]

在这个问题上,可以借鉴的是《产品质量法》关于产品责任的性质的规定。《产

---

[30] 参见王利明:《侵权行为法研究》(上卷),中国人民大学出版社 2004 年版,第 254 页。
[31] 参见杨立新:《侵权法论》,人民法院出版社 2005 年第 3 版,第 134 页。
[32] 参见王利明:《物权法研究》,中国人民大学出版社 2007 年第 2 版,第 368 页。

品质量法》第 41 条第 1 款规定的是产品生产者的最终责任,为无过错责任:"因产品存在缺陷造成人身、缺陷产品以外的其他财产(以下简称他人财产)损害的,生产者应当承担赔偿责任。"第 42 条规定的是销售者的最终责任,为过错责任:"由于销售者的过错使产品存在缺陷,造成人身、他人财产损害的,销售者应当承担赔偿责任。销售者不能指明缺陷产品的生产者也不能指明缺陷产品的供货者的,销售者应当承担赔偿责任。"第 43 条规定的是中间责任,是无过错责任:"因产品存在缺陷造成人身、他人财产损害的,受害人可以向产品的生产者要求赔偿,也可以向产品的销售者要求赔偿。属于产品的生产者的责任,产品的销售者赔偿的,产品的销售者有权向产品的生产者追偿。属于产品的销售者的责任,产品的生产者赔偿的,产品的生产者有权向产品的销售者追偿。"这种可以根据权利人的意志进行选择的,既可以向产品生产者请求赔偿,又可以向产品销售者请求赔偿的责任形式,与不动产错误登记损害赔偿责任的性质相同,都是不真正连带责任,其中存在中间责任和最终责任。其中中间责任,在产品责任中为无过错责任,而最终责任,存在两种不同的责任性质,即生产者的最终责任为无过错责任,销售者的最终责任为过错责任。因此,尽管在最终责任上两个责任主体承担的责任有所区别,但在中间责任上仍然实行的是无过错责任。

不动产错误登记损害赔偿责任同样是不真正连带责任,有并存的两个责任人,即错误登记的当事人和错误登记的登记机构,即使法律规定当事人承担的是过错责任,登记机构承担的是严格责任即过错推定责任,那么在中间责任上,也不应当存在两种不同性质的责任。况且《物权法》第 21 条规定登记机构承担责任的,须具备"登记错误"的要件,因而是过错责任,而不是严格责任即过错推定责任。

(四)不动产错误登记损害赔偿责任的性质应当是过错责任

因此,笔者的结论是,《物权法》第 21 条规定的不动产错误登记损害赔偿责任的性质是过错责任,既不是无过错责任,也不是过错推定责任,更不是具有两种不同性质的责任。这一点,有第 1 款明文规定的"当事人提供虚假材料申请登记"和第 2 款明文规定的"因登记错误"为凭,不会存在错误。对此作其他性质责任的理解,恐怕都值得斟酌。

善意取得制度研究*

《物权法》第 106 条规定了善意取得制度："无处分权人将不动产或者动产转让给受让人的,所有权人有权追回;除法律另有规定外,符合下列情形的,受让人取得该不动产或者动产的所有权:(一)受让人受让该不动产或者动产时是善意的;(二)以合理的价格转让;(三)转让的不动产或者动产依照法律规定应当登记的已经登记,不需要登记的已经交付给受让人。受让人依照前款规定取得不动产或者动产的所有权的,原所有权人有权向无处分权人请求赔偿损失。当事人善意取得其他物权的,参照前两款规定。"如何理解与适用这一规定,在本文中笔者提出以下意见。

一、善意取得的概念、历史及理论根据

善意取得,亦称即时取得,是指无权处分他人财产的财产占有人,在不法将其占有的财产转让给第三人以后,如果受让人在取得该财产时系出于善意,即依法取得该财产的所有权,原财产所有人不得要求受让人返还财产的制度。在现代商品经济高度发展的社会,善意取得制度既是适应商品经济发展的一项交易规则,也是现代民法中的一项重要制度。

有学者认为,善意取得起源于罗马法,系指罗马法允许无所有权的占有人通过占有时效而取得对占有物的所有权。这并不是善意取得制度。在罗马法中,实行的是"任何人不得以大于其所有权的权利给予他人"的原则,所以,无权利的人不能给人以权利,从无权利人处受让权利,就不能取得财产所有权,因而常常由真正的权利人将财产追回。由此可以证明,罗马法中的占有,是指"行为人以所有的意思实施对物的管领、控制,它是一种人对物之关系的事实,而并非权利"。①这样,占有人可以通过占有时效的完成而取得占有财产的所有权,但它与善意取得并不是一回事。

按照通常的看法,善意取得制度起源于日耳曼法的"以手护手"原则。这一原则的含义是:"任意与他人以占有者,除得向相对人请求返还外,对于第三人不得追回,唯有对相对人请求损害赔偿。"②以手护手原则对所有权的物上追及力加以限制,维

---

* 本文发表在《法学家》1993 年第 3 期。
① 谢邦宇:《罗马法》,北京大学出版社 1990 年版,第 236 页。
② 史尚宽:《物权法论》,台北荣泰印书馆 1979 年版,第 505 页。

护善意受让人的合法权益,因而有利于商品流转,与罗马法的原则相比较,具有明显的优越性,所以为后世各国民事立法所采用。

在大陆法系,对善意取得制度采取了两种不同的态度和做法。

1804年的《法国民法典》基本上沿袭了罗马法的规则,占有动产具备一定的条件而取得其所有权。该法第2279条规定:"对于动产,占有具有与权利证书相等的效力。"同时,法国的判例法确认了与罗马法不同的"公开市场"原则。根据这个原则,如果受到第三人的追夺,原所有人只有按照公平市价给买受人以补偿后,才能要求返还财产,否则不得追夺。根据《法国民法典》第1630条的规定,出卖人无论向买受人承诺担保与否,都有义务担保出卖物的所有权。因此,如果有第三人向买受方追夺所买之物,买受人就应当放弃所买之物,但是出卖人必须退还买受人所支付的价金,并且赔偿买受方的一切损失。由此可见,法国法所承认的善意取得,并不是典型的善意取得制度。

德国法继承了日耳曼法的规则,在1900年的《德国民法典》中明确承认了善意取得制度。该法第932条规定:"依929条所为之出让,其物虽非属于出让人,而取得人仍取得其所有权;但取得人在依本条规定取得所有权当时非善意者,不在此限。受让人明知或因重大过失而不知物不属于让与人者,视为非善意者。"根据这一规定,善意受让的买受人可以取得受让物的所有权,其确定受让善意的标准,就是非明知或非因重大过失而不知出让物非属于出让人。德国法的这一立法例,为多数国家的民事立法所仿效。如《日本民法典》第186条规定:"对占有人,推定其以所有的意思,善良、平稳而公然地开始占有动产者,如系善意无过失,则即时取得行使于该动产上的权利。"

在英美法系,传统上信奉"没有人可以转让不属于他所有的商品"这一古老原则,任何人都只能出卖自己拥有所有权的商品,而不能出卖他人的财产。这对于保护善意买受人的利益不利。至1952年的《美国统一商法典》,才改变了上述传统规则,把法律保护的重点转移到善意买受人的身上。该法第2403条规定:"购货人取得让货人所具有的或有权转让的一切所有权,但购买部分财产权的购买人只取得他所购买的那部分所有权。具有可撤销的所有权的人有权向按价购货的善意第三人转让所有权。当货物是以买卖交易的形式交付时,购货人有权取得其所有权。"因此,只要购买人出于善意,以为出卖人是对货物拥有完全所有权的人,则不论其货物从何而来,善意买受人也可以即时取得该物的所有权。现代英国法也基本上采取与美国上述规定相同的规则,承认买受人基于善意,可即时取得所有权。英美法之区别,在美国法承认转让赃物也适用善意取得制度,而英国法则认为,对于赃物,即使买受人出于善意,也不能即时取得所有权。

苏联、东欧国家也承认善意取得制度。不过,《苏俄民法典》第152条规定的善意取得制度比较严格,仅限于私有财产适用善意取得,且须善意、有偿取得方为有效,对公有财产、遗失物和赃物,均不适用善意取得。

中国古代，在睡虎地秦墓出土的竹简《法律答问》中载："盗盗人，卖所盗，以买他物，皆界其主。今盗盗甲衣，卖，以买布衣而得，当以衣及布界不当？当以布及其他所得买界，衣不当。"③这里的规定，看来是盗赃不适用善意取得的意思，与现代善意取得制度对盗赃出让的态度相同。如果仔细分析该法律文件的内容，可以发现，其追夺的，是换得以后的财产，而不是直接的赃物。这里应当说包含了善意取得的基本思想。在以后历代的律典中，也有类似的规定。在《大清民律草案》和《民国民律草案》中，首次出现了善意取得的条文。国民党政府通过民法，则正式建立了善意取得制度。该法第1条规定："动产之受让人占有动产，而受关于占有规定之保护者，纵让与人无移转所有权之权利，受让人仍取得所有权。"

关于善意取得的根据，学者有四种不同的观点：一是即时时效说，认为在善意取得的情况下，适用即时时效或瞬间时效；二是权利外像说，认为善意取得的根据在于对权利外像的保护；三是法律赋权说，认为在善意取得权利的情况下，是法律赋予占有人以处分他人所有权的权能；四是占有保护说，认为根据公示主义，占有人应推定其为法律上的所有人。尽管上述主张不同，但学者普遍认为，法律规定善意取得制度，是为了保护交易安全。

在民法发展的历史上，曾经出现过两种交易安全的概念。一种是静态的交易安全，另一种是动态的交易安全。前者指法律保护权利人占有和所有的财产权益，禁止他人非法占有，又称为"享有的安全"或"所有的安全"。静态安全强调交易应以交易者拥有的权利为限，超出自己权利范围的交易无效，着意保护的是所有权人的利益。后者是指法律保护交易当事人基于交易行为所取得的利益，认为在特定的场合下，应牺牲真正权利人的利益来保护善意无过失交易者的利益，法律对于在交易中善意无过失的受让人，承认其在取得物的同时取得该物的所有权，即使该物的出让人为非所有权人，真正的权利人亦不得向受让人请求返还原物，而只能向出让的非所有权人请求赔偿损失。这样，交易的双方当事人，尤其是受让人就不必再为交易中在取得物的同时能否一并取得所有权而担忧，因而可以放心大胆地进行交易。

交易的静态安全和动态安全是一致的，法律既要保护所有权人的利益，也要保护交易中买受人的权益，不可有所偏废。但是，当这两种交易安全发生冲突时，显然更应当保护动态安全。因为在商品交换活动中，从事交换的当事人往往并不知道对方是否有权处分财产，如果强调保护静态安全，权利的受让人为预防不测之损害之故，在任何的交易里均非详细地调查真正的权利人，以确定权利的实像，方开始交易不可。如此一来，受让人为确定权利关系的实像裹足不前，现代活泼迅速的交易行为，自然会受到严重的影响。④ 相反，承认善意买受人可以即时取得所有权，交易者就不会对交易的安全担忧，必然有利于商品经济的发展。另外，原所有人的财产被非所有

---

③　睡虎地秦墓竹简小组编：《睡虎地秦墓竹简》，文物出版社1978年版，第160页。
④　参见刘得宽：《民法诸问题与新展望》，中国政法大学出版社2002年版，第248页。

权人占用、出让,说明该财产对原所有人的效用并不重要。买受人买受这一财产,当然是意图更好地发挥该物的作用。因而,保护交易动态安全,也有利于发挥物的经济效用,符合社会效益的原则。

二、善意取得的构成及效力

(一)善意取得的构成

实行善意取得的结果,是物之原所有人丧失其所有权,善意受让人则取得所有权。因此,各国或地区民法对善意取得的构成规定了严格的条件。依照我国《物权法》第106条的规定,这些要件是:

1. 处分财产的出让人须是无处分权人

无处分权人包括非所有权人和无转让权人。非所有权人就是对让与物不享有所有权的人。作为善意取得的让与人虽然是非所有权人,但他必须实际占有被让与的该动产。如果不占有该动产,他就不可能将其出让。这种实际占有,包括合法占有,也包括某些非法占有。如美国对拾得物、赃物也规定可以适用善意占有。

无转让权人不仅包括无所有权人,而且还包括无权为他人或代他人以自己的名义处分某物的人。因此,无转让权人的范围比无所有权人的范围要宽。瑞士、我国台湾地区采这种规定,适用范围更宽一些,也更严密一些。

2. 受让人受让财产时须出于善意

善意就是不知情,即受让人在受让财产时不知让与人为非财产所有人或无转让权人。

如何确定善意,学说上有"积极观念"和"消极观念"两种主张。积极观念主张受让人必须具有将让与人视为所有人的认识,才为善意,即受让人不知让与人为非所有人,为善意。各国或地区采用消极观念的居多,即不知情即为善意,这对善意受让者有利。

关于善意的范围,学者的主张可资借鉴:"关于恶意之证明方法,今日一般被承认者,有下列事实:(1)以不当之低廉价格买受其物。(2)让与人属于可疑身份之人,例如由有寄藏赃物嫌疑之旧货店,买取其物。(3)授受行为,行于近亲(尤其家属)之间,得确定其让与人为恶意时。(4)善意取得人通常由谁受让及在如何情形之下取得其物,应有记忆。如经原告之要求,被告拒绝为此项陈述的,则被告之取得,应推定为恶意。(5)取得人确知让与人非为所有人,认为应推定其为恶意者。然让与人有以他人之计算而处分其他人之物之权者,有经所有人之同意而处分其物者,其时占有人虽知让与人非为所有人,然得就他人或同意于处分之人有所有权为善意,故惟被告拒绝陈述或为判定让与人之有处分权之事实时,始可认为恶意。"⑤

---

⑤ 史尚宽:《物权法论》,台北荣泰印书馆1979年版,第511页。

受让人必须在让与人交付财产时为善意。财产交付完毕以后,如果受让人得知让与人无权处分,并不影响所有权的取得,如果受让人在财产交付前或交付时已知让与人无权处分财产,即为恶意。善意受让人再转让财产,接受该财产的再受让人无论善意、恶意,都可取得该物的所有权。

3. 以合理的价格转让

在学理上,这个要件也叫做受让人须通过交换而实际占有已取得的财产。对此,《瑞士民法典》第714条规定,善意取得的前提是"占有的转移",应"善意将动产移转为自己所有,并受占有规定保护"。《日本民法典》第192条明确规定,"平稳而公然地开始占有动产",是构成即时取得的必要条件。因此,可以说,只有受让人占有财产,才发生善意取得的可能。

财产之转移占有,必须是通过交换而实现。这种交换,是指通过买卖、互易、赠与、债务清偿、出资等具有交换性质的行为。至于这种交换行为是否应为有偿,各国或地区规定不同。在多数西方国家及日本等国,规定无有偿无偿的限制,只要属于交换行为即可,因而赠与也是善意取得的合法交换方式。《苏俄民法典》第152条则规定,适用善意取得的财产必须是有偿取得,无偿取得不适用善意取得。依照我国《物权法》的规定,构成善意取得须为以合理价格转让,必须为有偿,且价格合理。明显低价不构成善意取得。

非通过交换而转移占有的财产,即使受让人已经实际占有该财产,也不发生善意取得效力。如继承和遗赠,不是交易性质的法律行为,而且继承和遗赠的财产必须是被继承人或遗赠人生前合法的财产,如果被继承人或遗赠人的财产非其所有,即使继承人或受赠人已经接受了这些财产,也不能发生原所有人丧失所有权的后果。

4. 转移占有的财产须是法律允许流通的动产和不动产

善意取得的财产须是动产,绝大多数国家或地区的民法都作这样的规定。但我国《物权法》规定,动产和不动产都适用善意取得。

动产的范围,包括除不动产以外的其他一切财产,因而货币和无记名有价证券也包括在内,但记名有价证券所载财产属于特定的人,因而不适用善意取得制度。

善意取得的动产还必须是法律允许自由流通的动产或者不动产,法律禁止流通的财产,如毒品等,不得适用善意取得。对于盗赃和拾得物,各国或地区规定有所不同,综合起来,大致有三种模式:一是规定不适用善意取得制度,如《苏俄民法典》152条。二是规定原则上不适用善意取得,但通过法定方式取得的,可以发生善意取得的效力。如《日本民法典》第193条、第194条规定:"于前条情形,占有盗赃物或遗失物时,受害人或遗失人自被盗或遗失之时起二年间,可以向占有人请求回复其物。""盗赃及遗失物,如系占有人由拍卖处、公共市场或出卖同种类物的商人处善意买受者时,受害人或遗失人除非向占有人清偿其支付的代价,不得回复其物。"在这里,取得所有权的情况有两种:第一经过二年除斥期间;第二在法定场合买受。三是适用善意取得制度,如《美国统一商法典》的规定。

《苏俄民法典》第 153 条规定,对于国家财产、集体农庄等公有财产,无论以何种方式非法转让,均不得适用善意取得制度。其立法意图是保护公有财产。在我国,也有人这样主张。其实,限定公有财产不适用善意取得,并不能有效地保护它,反而会限制、阻碍它的自由流转。

5. 转让的不动产已经登记动产已经交付

《物权法》第 106 条对此规定的比较严格,必须按照物权变动的公示方法,不动产已经登记,动产已经交付,才能够发生善意取得的效力。不符合物权变动的公示方法的,不发生善意取得效力。

(二)善意取得的效力

具备善意取得的构成要件,即发生善意取得的法律效力,受让人即时取得受让财产的所有权,原所有权人对该财产的所有权归于消灭,并不得向善意受让人请求返还原物。对此效力,《物权法》第 106 条第 2 款规定:"受让人依照前款规定取得不动产或者动产的所有权的,原所有权人有权向无处分权人请求赔偿损失。"第 108 条规定:"善意受让人取得动产后,该动产上的原有权利消灭,但善意受让人在受让时知道或者应当知道该权利的除外。"

构成善意取得,保护的是交易的动态安全,但也必须对原所有权人的权益进行保护。原所有权人权利受到侵害的原因,是出让财产的无处分权人的出让行为。这种行为属于侵害财产权的行为。依据这一法律事实,原所有权人产生侵权损害赔偿请求权,让与人对于原所有权人负有损害赔偿义务,赔偿的范围应包括原物的价值及因此而造成的其他损失。

不构成善意取得的转移占有,则不发生善意取得效力,所有权人依物权请求权,向受让人请求返还,受让人负返还义务。如果原物已经灭失或毁损,则可以向受让人请求赔偿转让的价金。受让人负返还责任后,可以向出让人请求返还价金。

三、我国实行善意取得的发展过程

在很长时间里,我国民法中究竟有没有善意取得制度,是一个疑问。很多学者认为,我国的立法和司法是承认这一制度的。其依据是:第一,最高人民法院、最高人民检察院、公安部、财政部 1995 年 12 月 1 日发布的《关于没收和处理赃款赃物若干问题的暂行规定》关于盗赃处理的规定,符合善意取得的原理,体现了对善意占有人的承认和保护。第二,《民法通则》第 58 条规定恶意串通损害国家、集体或第三人利益的民事行为无效,是民事立法从反面即恶意占有肯定善意占有的存在。[6] 笔者认为,上述分析有一定的道理,衡量是否存在一项法律制度,最重要的应有两条标准:一是立

---

⑥ 参见王利明:《善意取得的若干法律问题》,载王利明:《改革开放中的民法疑难问题》,吉林人民出版社 1992 年版,第 135 页。

法上是否有明文规定;二是司法实践中是否按照这一制度执行。目前我国民事立法上没有关于善意取得制度的条文,虽然在某些法律法规中有体现这些思想的规定,但这并不等于有了完整的法律制度。在审判实践中,人民法院基本上不承认这一制度,也没有适用这一制度的原理作出判决的案例,况且最高人民法院也没有就如何适用善意取得作出一个权威性的解释。

最高人民法院在《关于贯彻执行〈中华人民共和国民法通则〉若干问题的意见(试行)》第 89 条规定:"共同共有人对共有财产享有共同的权利,承担共同的义务。在共同共有关系存续期间,部分共有人擅自处分共有财产的,一般认定无效。但第三人善意、有偿取得该财产的,应当维护第三人的合法权益;对于其他共有人的损失,由擅自处分共有财产的人赔偿。"这一规定突破了民法领域中的"左"的禁区,在确立善意取得制度的尝试中迈出了积极的一步。

如果说这一司法解释就确立了我国的善意取得制度⑦,是值得商榷的。首先,这一司法解释有明确的适用前提,即"部分共有人擅自处分共有财产",并非指所有的财产;其次,这里规定的,出让人是部分共有人,而不是非所有权人或无转让权人;第三,这里讲的共同财产,既包括动产,也包括不动产,而传统的善意取得只适用于动产转让。据此,确立中国完整的善意取得制度,路途尚远。

总结上述制定司法解释的经验,有关专家提出将这一司法解释的内容和善意取得的内容结合起来,制定一个新的司法解释,以在实践中建立完整的善意取得制度。笔者原则上赞同这一意见,尤其在目前民事立法不完备,修改立法又期日尚远的情况下,采取这种办法以应急需,是可行的。但在几个问题上尚值得研究。一是应当区分动产、不动产,不能笼统地说"财产",因为善意取得只应适用于动产。二是部分共有人擅自处分共有财产,其实主要是指处分不动产;动产的处分,可以适用善意取得。鉴于上述司法解释的成功尝试,对于部分共有人擅自处分共有不动产,符合善意取得构成的,也可以规定适用善意取得。三是这两个内容应当分列,前一条是总的规定,后一条是特例;前一条是动产,后一条是不动产。四是取得方式应要求善意、有偿,客体暂定仅限于所有权。五是对于盗赃和遗失物应作明确规定,可采日本法模式,规定适当的条件,可以适用善意取得。

《物权法》综合学术研究成果和我国司法实践经验,作出了善意取得的基本规定,已经回答了这些问题。第一,我国的善意取得制度包括动产和不动产,采用的是瑞士民法的模式。第二,取得的方式要求善意、有偿,转让的客体不仅包括所有权,还包括其他物权。第三,尽管对盗赃是否适用善意取得,但由于规定了明确的善意取得条件,因此,只要符合上述构成要件的,即使是盗赃,也应当适用善意取得。

---

⑦ 参见佟柔主编:《中国民法》,法律出版社 1992 年版,第 243 页。

四、实行善意取得制度的有关问题

在审判实践中审理善意取得案件,应当掌握以下处理原则:

(1)构成善意取得的,应确认受让人即时取得所有权;原所有权人的所有权即行消灭,产生侵权损害赔偿请求权,可以要求非法出让人赔偿损失。受让人取得的权利依法予以保护,不受任何人追夺。出让人为侵权人,负损害赔偿义务,赔偿范围以原物的实际价值和其他损失为限。

(2)不构成善意取得的,受让人负返还之责,原所有权人有权要求返还该物。原所有权人的其他损失,受让方无恶意的,由出让人负责赔偿。受让人返还原物后,可以向出让人请求返还价金。

(3)对于盗赃,应当严格按照《物权法》的善意取得构成要件处理,只要是符合善意取得构成要件的,应当保护善意第三人的合法权益,确认其取得所有权。根据实际情况能够确认买受人属恶意购买的,应无偿追回,没收或退还失主。

(4)关于遗失物,《物权法》第107条规定了详细的规则,这就是:"所有权人或者其他权利人有权追回遗失物。该遗失物通过转让被他人占有的,权利人有权向无处分权人请求损害赔偿,或者自知道或者应当知道受让人之日起二年内向受让人请求返还原物,但受让人通过拍卖或者向具有经营资格的经营者购得该遗失物的,权利人请求返还原物时应当支付受让人所付的费用。权利人向受让人支付所付费用后,有权向无处分权人追偿。"因此,即使是遗失物,也适用善意取得制度。

(5)对于所有人不明的埋藏物、隐藏物、漂流物,《物权法》第114条规定:"拾得漂流物、发现埋藏物或者隐藏物的,参照拾得遗失物的有关规定。文物保护法等法律另有规定的,依照其规定。"据此,对于拾得的漂流物、埋藏物或者隐藏物,也适用善意取得制度,但须符合善意取得构成要件的要求。如果受让人是在公共市场、拍卖处等合法场所购买上述物品,且善意无过失的,应当适用善意取得制度,承认买受人取得所有权,除非向善意受让人清偿其支付的代价,不得请求返还原物。只有对于文物,依据文物保护法的特别规定,不适用善意取得制度。

(6)应负返还责任的受让人因受让的财产已经毁损或灭失而无法返还原物的,应依照该物的原价赔偿损失,原所有权人的其他损失,应按照《物权法》第106条规定的原则予以赔偿。

(7)原所有权人知道占有人将其财产擅自处分给第三人而未反对,或者占有人超越代理权或无代理权的行为人以原所有权人的名义处分其财产,原所有权人知道而不作明确表示的,均应视为默认。这种情况等于原所有权人放弃其所有权,事后不得再请求返还原物,只可请求出让人返还价金或赔偿损失。

论相邻防险关系

相邻防险关系,是相邻关系中的一个重要种类。《物权法》第 91 条规定:"不动产权利人挖掘土地、建造建筑物、铺设管线以及安装设备等,不得危及相邻不动产的安全。"对相邻防险关系如何理解,《物权法》的这一规定应当如何适用,在实践操作中不无问题。在本文中,笔者对此作出以下说明。

一、导论

相邻防险关系,是相邻权的一个重要组成部分,在现实生活中大量存在,关系到公民的生活、公民和法人的生产,应当予以特别重视。在民事立法上,《民法通则》对此却未加规定,不能不说是一个立法的缺憾。在《物权法》,第 91 条补充了相应规定,弥补了这个遗憾。

司法解释曾经对《民法通则》的这个漏洞作了补充。1988 年,最高人民法院首先在《关于贯彻执行〈中华人民共和国民法通则〉若干问题的意见(试行)》第 103 条解释:"相邻一方在自己使用的土地上挖水沟、水池、地窖等或者种植的林木根枝伸延,危及另一方建筑物的安全和正常使用的,应分别情况,责令其消除危险,恢复原状,赔偿损失。"1991 年 5 月 22 日,最高人民法院发布《关于庞启林在庞永红房屋近处挖井对该房屋造成损坏应按相邻关系原则处理的复函》〔(1991)民他字第 9 号〕,就具体案件如何适用相邻防险关系作出解释:"庞启林与庞永红住房前后相邻,庞启林在庞永红房屋近处挖井,违背了处理相邻关系的原则,1987 年 6 月该地区发生特大洪水,水井大量泛水涌沙,庞启林又未能及时采取措施,损坏了庞永红的房基,致该房成为危房,给庞永红造成了重大损失。依照《中华人民共和国民法通则》第 83 条的规定,庞启林应负赔偿责任。考虑该案具体情况,可以适当减轻庞启林的赔偿责任。"

前述批复性司法解释所依据的案例的具体案情是:

庞启林在原地建有房屋一座,面临河流。1984 年,庞永红经批准,在庞启林房屋与河流之间的空地建造 370 平方米楼房,费时两年多建成,尚未使用。1987 年 1 月 21 日,庞启林在庞永红新房后墙 2.3 米、距疆界线 1.5 米处挖饮水井一眼,深 5 米,内径 0.5 米,外径 0.76 米。挖井时,庞永红曾予制止,但庞启林继续挖掘,并正式使用。

---

* 本文发表在《甘肃政法学院学报》1994 年第 2 期。

1987年6月5日,该地区发生特大洪水,该河流水位14.61米,高于庞启林水井口2.31米,致使该水井泛水涌沙,涌出沙石达23立方米。庞启林对该水井放石头堵塞不成。镇领导及村领导在现场指导用碎石及沙包填井,从6日中午至晚8时才堵死井口。河水通过井口淘空庞永红楼房基础,致使该房下陷、破裂百余处,成为危房,已不能使用,直接损失3万余元。鉴定认为,庞永红房屋的基础及基础下的持力层和下卧层的强度满足正常需要;6·5洪水时,庞启林井大量泛水涌沙,由此引起庞永红房屋地基急剧变化,承载力降低不一,出现不均匀下沉,房屋不能抵抗这种外因引起的过大的地基变形,导致房屋损坏。庞永红向法院起诉,要求赔偿全部损失,庞启林认为此乃天灾人祸,与其挖井无关,拒绝承担任何责任。

《关于贯彻执行〈中华人民共和国民法通则〉若干问题的意见(试行)》第103条的基本精神是明确的,对这一典型案件的具体复函也是正确的。但是,由于上述司法解释过于简略,就整个相邻防险关系的基本理论进行研讨和阐释,还是十分必要的,不仅对于丰富民法理论具有重要意义,而且对于指导司法实务也有重要的实践意义。

二、相邻防险关系的概念及沿革

(一)相邻防险关系的概念

相邻防险关系如何称谓,有不同的主张。在王利明等著的《民法新论》中,称之为相邻防险关系①;在佟柔主编的《中国民法》中,称之为因防险发生的相邻关系②;在马原主编的《中国民法教程》中,称之为因危险而引起的相邻关系。③ 在我国台湾学者中,史尚宽称之为邻地损害之防免④;黄栋培称之为邻地危害预防权。⑤

对相邻防险关系的上述不同称谓,各有特色。其中第二种和第三种称谓,采陈述性的表述方法,是基本一致的,只嫌过于繁琐。第四种和第五种称谓,言简意明,但不甚合于大陆民法术语表述的习惯。惟第一种称谓,既简明,又能准确反映此种相邻关系的基本特征,实可采用。故笔者认为应以相邻防险关系称之。

对相邻防险关系如何界定,大陆民法教材及专著多无明确的表述。史尚宽先生有一个类似于定义的表述,称之为:"土地所有人经营工业及行使其他之权利,应注意防免邻地之损害。"⑥刘清波先生将相邻防险关系称之为相邻防险权,表述为:"相邻防险权者,相邻人之一造,因使用土地,开掘建筑,或建筑物有倾倒危险时,有预防邻

---

① 参见王利明等:《民法新论》(下册),中国政法大学出版社1988年版,第128页。
② 参见佟柔主编:《中国民法》,法律出版社1990年版,第296页。
③ 参见马原主编:《中国民法教程》,人民法院出版社1989年版,第265页。
④ 参见史尚宽:《物权法论》,台北荣泰印书馆1979年版,第81页。
⑤ 参见刁荣华主编:《法律之演进与适用》,台北汉林出版社1977年版,第396页。
⑥ 史尚宽:《物权法论》,台北荣泰印书馆1979年版,第81页。

地受损害之义务,而他造有请求相对人预防损害之权利也。"⑦相邻防险权即相邻防险关系,上述对相邻防险权的界定,是一个比较少见的完整定义。

相邻防险关系是指一方当事人因使用、挖掘土地,或其所建建筑物有倾倒危险,给相邻当事人造成损害之虞时,在该相邻双方当事人间产生的一方享有请求他方预防损害,他方负有预防邻地损害的权利义务关系。

(二)相邻防险关系的法律特征

相邻防险关系的法律特征是:

1. 相邻防险关系是一种相邻权

相邻权不是不动产所有权的本身,而是不动产所有权人或使用权人因不动产相毗邻而产生的权利。相邻防险关系就其权利人而言,是一种相邻权,属于相邻权的一个具体种类,是相邻方为自己行使权利防止损害而要求相邻另一方接受权利行使限制而给予便利的权利。

2. 相邻防险关系依不动产相邻有危险而产生

该相邻的不动产主要是指土地以及土地上的建筑物。然而,仅就不动产相邻并不能发生相邻防险关系,尚须相邻一方的使用土地行为或建筑物本身有造成相邻另一方损害的危险时,才产生相邻防险的权利义务关系。

3. 相邻防险关系的权利义务内容是防止危险发生也包括对损害的赔偿

当相邻方使用土地或建筑物有对对方相邻人造成损害危险时,双方当事人权利义务的共同内容,就是防止损害的发生。从原则上讲,相邻防险关系的着重点在于"防"字,一方享有要求对方"防"的权利,对方有限制其权利行使的"防"的义务。当"防"之不当已经造成实际损害的时候,"防"就转化为"赔"的关系,当事人就损害的赔偿形成权利义务关系。因而,相邻防险关系,既包括危险发生之前的防险,也包括危险发生之后的赔偿。前者为基本内容,后者为延伸的内容。

(三)相邻防险关系的历史沿革

相邻防险关系的历史非常悠久。在罗马法时期,法律就规定潜在损害保证金制度,其目的,就是防止在土地关系中发生潜在损害。古老的市民法曾规定具体的办法,至裁判官法,如果相邻建筑物有可能倒塌,或者由于邻居在他的或我的土地上进行施工,必须许诺将弥补尚未发生但有理由担心发生的损害,而提供保证金,否则,施工将因否决权或诉讼令状的禁止而受阻,或者请求裁判官实行占有。⑧《法国民法典》继承了罗马法的这一制度,用了 21 个条文的篇幅,详细规定了相邻双方共有分界墙与分界沟的权利义务关系,并在第 674 条明确规定:"下列人必须留出关于各该物体的特别规定或习惯所规定的距离,或按上述规定或习惯修建设施物,以免危害邻人:在共有分界墙,或非共有分界墙旁挖井或粪槽者;在共有分界墙旁修建烟囱或壁

---

⑦ 刘清波:《民法概论》,台北开明书店 1979 年修订版,第 455 页。
⑧ 参见[意]彼得罗·彭梵得:《罗马法教科书》,黄风译,中国政法大学出版社 1992 年版,第 237 页。

炉、锻铁炉、窑炉或炉灶者;靠墙修建牲畜棚者;靠墙建立盐栈或堆放腐蚀性原料者。"现代意义的相邻防险关系的法律规定始于《德国民法典》。该法典在第906条至909条,共用4个条文,规定了相邻防险关系的全部内容,包括:一是不可称量的物质的侵入;二是招致危险的设备;三是有倒塌危险的建筑物;四是开掘。其中第909条规定:"不得以会使邻地失去必要支撑的方法开掘土地;但已充分做好其他巩固措施者,不在此限。"《瑞士民法典》第685、686条规定了挖掘和建筑的相邻防险关系,其中规定对挖掘及建筑应遵守的距离,由州立法规定,民法典本身未作具体的规定。相比之下,《日本民法典》对此规定得最翔实,其第237条规定:"挖掘水井、用水池、下水坑或肥料坑时,应自疆界线起保留2米以上的距离。挖掘池、地窖或厕坑时,应保留1米以上距离。埋导水管或挖沟渠时,应自疆界线起,保留为其深度一半以上的距离,但无须超过1米。"第238条规定:"于疆界线近处进行前条工事施工时,对于预防土沙崩溃、水或污水渗漏事,应予以必要注意。"日本的上述规定,范围与德国法相比为狭,但对于防险距离的具体规定,值得赞许。

在中国古代立法中,对于相邻防险关系缺乏具体的规定。但唐、宋、明、清的律典有关于侵巷街阡陌的规定。如《宋刑统·杂律》规定:"诸侵巷街阡陌者,杖七十,若种植垦食者,笞五十,各令复故。虽种植无所妨废者,不坐。其穿垣出秽污者,杖六十,出水者勿论。主司不禁与同罪。"这里规定的是侵害公共通道,有相邻权的内容,其中对穿垣出秽污者的处罚,含有一定的相邻防险意思。清末制定《大清民律草案》,在第994条至第996条规定了相邻防险关系,共有两项内容:一是不可称量的物质的侵入防险关系;二是建筑工作物对邻地的预防损害关系。《民国民律草案》在第799条至第801条,亦规定相邻防险关系,不过内容有所变化,只含建筑物及工作物自疆界线的距离防险,增添建筑物、工作物倾倒之虞的预防。民国民法正式颁布施行,综合了两部民草的规定内容,共设4个条文,全面规定了相邻防险关系。其中第774条是一个原则性的条文,规定:"土地所有人经营工业及行使其他之权利,应注意防免邻地之损害。"第793条规定不可称量物侵入之防止:"土地所有人,于他人之土地有煤气、蒸气、臭气、烟气、热气、灰屑、喧嚣、振动、及其他与此相类者侵入时,得禁止之。但其侵入轻微,或按土地形状、地方习惯,认为相当者,不在此限。"第794条规定挖掘土地等的危险预防:"土地所有人开掘土地或为建筑时,不得因此使邻地之地基动摇或发生危险,或使邻地之工作物受其损害。"第795条规定建筑物倾倒危险的预防:"建筑物或其他工作物之全部或一部,有倾倒之危险,致邻地有受损害之虞者,邻地所有人,得请求为必要之预防。"新中国成立以来,虽无相邻防险关系的立法,但在实务中始终坚持这一原则。至1978年最高人民法院施行《关于贯彻执行〈中华人民共和国民法通则〉若干问题的意见(试行)》,正式建立了明确的相邻防险法律制度。

三、相邻防险关系的内容

(一)关于相邻防险关系的种类

自《法国民法典》建立近现代相邻防险关系法律制度以来,各国或地区立法规定其具体种类各不相同。法国立法从修建施设物的距离角度出发,规定防险义务,对相邻防险关系作了概括的规定。德国立法对相邻防险关系规定的最为完全,包括四种:一是不可称量物质的侵入;二是招致危险的设备;三是有倒塌危险的建筑物;四是开掘。瑞士立法规定三种:一是在其土地上经营工业;二是不可称量物质的侵入;三是挖掘及建筑。日本民法采法国法方式,从疆界建筑、疆界挖掘的角度,规定具体的距离。在我国台湾地区,立法规定了三个具体的条文,在学说上,多数学者主张包括:一是经营工业或行使其他权利之防险;二是开掘土地或为建筑物之防险;三是建筑物或其他工作物有倾倒之防险。[9] 另有学者主张包括:一是不可量物及其类似物之侵入;二是液体固体之侵入;三是邻地地基动摇或危险及工作物损害之防免;四是工作物危险之预防。[10]

仔细分析,我国台湾学者的上述主张,其实质是一致的。

在我国大陆民法学者看来,划分相邻防险关系有两种方法:一是统一划分方法,将相邻防险关系分为四种:其一,不可称量物的侵入;其二,放置或使用危险物品;其三,相邻建筑及挖掘;其四,相邻建筑物或其他设施倒塌危险。[11] 二是将排放污染物单独列为相邻排污关系,独立于相邻防险关系之外,为独立的相邻权内容。[12]

无论在理论上还是在实务上,都没有必要将相邻排污关系单独列为一种相邻关系。这是因为,从历史上看,所谓相邻排污关系的两项内容:一是排放污染物质;二是挖掘厕所、粪池、污水池,都归在相邻防险关系之中,且挖掘厕所、粪池等行为本应归纳在相邻土地的挖掘之中。从现实上看,无论排放污染还是挖掘粪池等,都是对相邻人可能造成损害,与相邻防险关系并无原则的不同。因此,笔者赞同前述相邻防险关系的统一划分方法,将相邻防险关系分为四个具体种类,只是在具体称谓上须加斟酌,如下文。

《物权法》的立场是:第一,将相邻排污关系作为第90条规定,单独作为一种相邻关系规定。第二,第91条规定的相邻防险关系的种类为挖掘土地、建造建筑物、铺设管线、安装设备等,主要是四种,但包括其他。

---

[9] 参见刘清波:《民法概论》,台北开明书店1979年修订版,第455—456页;刁荣华:《法律之演进与适用》,台北汉林出版社1977年版,第396—397页。
[10] 参见史尚宽:《物权法论》,台北荣泰印书馆1979年版,第81—83页。
[11] 参见马原主编:《中国民法教程》,人民法院出版社1989年版,第265页。
[12] 参见佟柔主编:《中国民法》,法律出版社1990年版,第296—297页;王利明:《民法新论》(下册),中国政法大学出版社1988年版,第128—129页。

(二)关于相邻防险关系基本的权利义务内容

相邻防险关系的基本权利义务内容,是防止相邻一方危险发生。其具体内容如下:

1. 挖掘土地或建筑的防险关系

这是最典型的相邻防险关系,最高人民法院《关于贯彻执行〈中华人民共和国民法通则〉若干问题的意见(试行)》第103条主要是规定这种防险关系,也是《物权法》第90条规定的主要内容。

这种相邻防险关系的主要内容,是相邻的一方在自己使用的土地上挖掘地下工作物,如挖掘沟渠、水池、地窖、水井,或者向地下挖掘寻找埋藏物,以及施工建筑,必须注意保护相邻方不动产的安全,不得因此使相邻方的地基动摇或发生危险,或者使相邻方土地上的工作物受其损害。行使这种相邻防险权利,主要是禁止相邻方在疆界线附近从事有侵害危险的上述行为,具体的要求,是相邻一方在疆界线附近挖掘或建筑,必须留出适当距离。最高人民法院在规定此种防险关系时,没有考虑这种适当距离,而采取实际危及安全、使用的标准,亦有可取之处,但对该距离没有适当考虑,似有不周。此点,可参考日本的办法。《日本民法典》第234条规定:"建造建筑物时,应自疆界线起保留50厘米以上的距离。有人违反前款规定进行建筑时,邻地所有人可让其废止或亦更建筑。但是,自建筑着手起经过一年,或其建筑竣工后,只能请求损害赔偿。"第97条规定:"挖掘水井、用水池、下水坑或肥料坑时,应自疆界线起保留2米以上的距离。挖掘池、地窖或厕坑,应保留1米以上距离。埋导水管或挖沟渠时,应自疆界线起,保留为其深度一半以上的距离,但无须超过1米。"在处理挖掘、建筑防险关系案件时,应当考虑适当的距离。已留出适当距离的挖掘或建筑,仍给相邻方造成损害的,应依据科学鉴定,予以免责或减轻责任。

2. 建筑物及其他设施倒塌危险的防险关系

此种防险关系,德国、瑞士和我国台湾地区都设明文规定,我国大陆民法理论亦认此制。[13] 此种防险关系的产生,在于相邻一方的建筑物或者其他设施的全部或一部有倒塌的危险,威胁相邻另一方的人身、财产安全。对此,相邻的另一方即受该危险威胁的相邻人有权请求必要的预防。

这种必要预防的请求权,不以被告有过失为必要,只须有危险之存在为已足,其工作物之危险纵系因洪水所致,亦非所问。所谓必要之预防者,指预防可免邻地因倾倒而受损害之行为。[14] 应为如何之必要预防,应具体地依其情形为决定。危险之预防,如无其他特别方法为可能者,得请求建筑物或其他工作物之拆除。且如何预防,

---

[13] 参见王利明等:《民法新论》(下册),中国政法大学出版社1988年版,第128—129页;马原主编:《中国民法教程》,人民法院出版社1989年版,第265页。

[14] 参见王利明等:《民法新论》(下册),中国政法大学出版社1988年版,第128—129页;马原主编:《中国民法教程》,人民法院出版社1989年版,第265页。

为被告之事,原告无须于诉指明之。⑮

3. 放置或使用危险物品的防险关系

此项相邻防险关系,《德国民法典》第7条招致危险的设备包含之,我国民法理论认之。⑯ 最高人民法院《关于贯彻执行民事政策法律若干问题的意见》第75条关于"存放、使用农药等有毒物品,违反有关管理使用规定,造成他人人身、牲畜、家禽、农作物等损害的,管理或使用人应予赔偿"的司法解释,包含这种意思。

危险物品,包括易燃品、易爆品、剧毒性物品等具有危险性的物品。放置或使用这些物品,必须严格按有关法规的规定办理,并应当与邻人的建筑物等保持适当的距离,或采取必要的防范措施,使邻人免遭人身和财产损失。⑰ 防险权利的内容是,要求危险来源的所有人将危险物品转移至安全地带或者采取防险措施。最高人民法院《关于贯彻执行〈中华人民共和国民法通则〉若干问题的意见(试行)》第154条关于"从事高度危险作业,没有按有关规定采取必要的安全防护措施,严重威胁他人人身、财产安全的,人民法院应当根据他人的要求,责令作业人消除危险"的规定,包括这种防险关系的内容。

(三)关于疏于相邻防险义务造成损害的赔偿

相邻防险关系的损害赔偿,适用《民法通则》第83条的规定,该条后段内容是:"给相邻方造成妨碍或者损失的,应当停止侵害,排除妨碍,赔偿损失。"按其文义习惯理解,给相邻方造成妨碍的,可以要求停止侵害,排除妨害,给相邻方造成损失的,可以要求损害赔偿。然而在实际中,相邻防险关系的损害赔偿包括两种。

1. 尚未发生明显损害的赔偿

违反相邻防险关系的规定,给相邻方造成妨碍者,法律也有规定损害赔偿者,如《日本民法典》第234条,相邻人在疆界附近违反法定的50公分距离进行建筑,自建筑着手起经过一年,或其建筑竣工后,只能请求损害赔偿。《德国民法典》第906条对不可称量的物质的侵入按当地通行的方法准许使用时,规定所有人在此后应容许干涉,如其干涉对自己土地按当地通行的使用,或土地的收益所造成的妨害超出预期的程度时,所有人得向另一土地的使用人请求相当数额的金钱作为赔偿。这一点,在环境保护领域是经常适用的。例如《海洋环境保护法》(1982年)第41条规定:"凡违反本法,造成或者可能造成海洋环境污染损害的,本法第五条规定的有关主管部门可以责令治理,缴纳排污费,支付清除污染费,赔偿国家损失……"这里的可能造成污染损害,也可以赔偿损失。

尚未发生明显损害的相邻防险关系的赔偿,是相邻防险关系本身的权利义务内

---

⑮ 参见史尚宽:《物权法论》,台北荣泰印书馆1979年版,第83页。
⑯ 参见王利明等:《民法新论》(下册),中国政法大学出版社1988年版,第128—129页;马原主编:《中国民法教程》,人民法院出版社1989年版,第265页。
⑰ 参见王利明等:《民法新论》(下册),中国政法大学出版社1988年版,第129页。

容。在一般情况下,适用这种赔偿的场合,是没有造成损害或未造成明显损害,但相邻一方的行为已经给对方造成了相当的妨碍,或者存在潜在的损害危险,因此,赔偿是对相邻另一方容忍妨害或潜在危险的报偿。如果仔细研究罗马法的潜在损害保证金制度,就会发现在它们之间确有相似之处。事实上,这种容忍妨害报偿性质的赔偿,在相邻关系中是常见的。如相邻建筑影响通风、采光或滴水,但建筑既成,作为容忍其建筑存在而对自己建筑通风、采光、滴水的妨碍,应予以赔偿适当金额。这种赔偿不以过错为必要,亦不以造成现实的损害为必要,只以违背相邻原则和造成妨碍为足。

2. 已造成损害的赔偿

在相邻关系中一方违反防险义务造成对方损害的赔偿,究竟是何性质,不无疑问。一种观点认为,妨害邻居在性质上既是滥用权利的行为,又是侵权行为。[18] 另一种观点认为,此种所有权行使可以是权利之滥用,也可以视其含有侵权行为性质。[19]

在相邻防险关系中一方违反防险义务造成对方损害,其性质为滥用权利,仍属于相邻防险关系的范畴。滥用权利,是一种独立的民事违法行为,并不包括在侵权行为之内。如何判断滥用权利行为,有主观说与客观说的不同。主观说坚持主观标准,认为行使权利有故意滥用权利的恶意时,才视为滥用权利;客观说坚持客观标准,认为行使权利时侵害了他人和社会利益,便被视为滥用权利。[20] 就实际情况而论,主观说略嫌限制过窄,以客观说较为适合我国情况。相邻关系的立法宗旨是对行使所有权或使用权的限制或节制,既无损于所有人或使用人的合法权益,同时又给予相邻他方必要的方便。违背这种法律限制,给相邻他方造成损害,有时尽管所有人或使用人并非出于"专以损害他人为目的"[21]的恶意,但以客观结果而论,已经侵害了他人利益,因而为滥用权利。况且我国《民法通则》将相邻关系的损害赔偿并非规定在侵权民事责任一节,而是规定在所有权的相邻关系条文之中,将这种损害赔偿解释为滥用权利性质,亦于法有据。对此,笔者并不否认这种行为具有侵权行为的性质,但它只是相邻防险关系中滥用权利行为与侵权行为的竞合,其基本性质,仍为滥用权利。

四、相邻防险权利的行使

(一)相邻防险请求权的权利主体

享有相邻防险请求权的权利主体,必须是相邻一方的当事人。从原则上说,相邻权取得的权原,为不动产所有权,即相邻权非于一切不动产使用权人间发生的权利,只在于不动产所有权人之间发生。但相邻权的作用,为相邻接不动产利用之调

---

[18] 参见王利明等:《民法新论》(下册),中国政法大学出版社 1988 年版,第 130 页。
[19] 参见史尚宽:《物权法论》,台北荣泰印书馆 1979 年版,第 83 页。
[20] 参见王利明:《改革开放中的民法疑难问题》,吉林人民出版社 1992 年版,第 51 页。
[21] 《德国民法典》第 226 条。

整。在以往不动产主要的依所有权的行使而为利用的时代,相邻权取得的权原,求于所有权尚无不妥,然而近代所有权已由所有人之利用权,而转化为与他人以利用而收取地租之价值权,相邻权的权原不应仅求所有权,利用权之权原为基于所有权或为他物权之物权关系,抑或为租赁权或借用权之债权关系,均应类推适用相邻权之规定。[22] 尤其在我国,土地为国家或集体所有,于土地之相邻权,绝大多数为使用权。因此,相邻防险权的权利主体,应是不动产所有人或者使用人,在使用人中,包括用益物权人、宅基地租用人、承租人、借用人。

相邻防险权的权利主体是与对方当事人构成相邻防险关系的受危险威胁人。具体相邻防险关系的构成,应依四种不同防险关系的具体要求。权利人必须受到相邻危险威胁。如果双方当事人尽管相邻,但各方均未有对他方构成危险的威胁,则均无相邻防险事实的发生,因而也就没有相邻防险关系的发生。当相邻一方的行为足以使相邻的另一方受到危险威胁时,受威胁一方的相邻人,即为相邻防险关系的权利主体。

(二)请求权的提出

相邻防险请求权的提出,既可以径向对方当事人即相邻防险义务人提出,也可以通过诉讼程序提出。

权利人径行向义务人提出防险请求权,应当说明危险的事实和可能造成的后果,双方协商,义务人应自觉履行防止危险的义务。

权利人通过诉讼程序请求相邻对方履行防险义务,应遵守诉讼法的规定,严格依照程序进行。权利人应负举证责任,证明防险关系成立的事实,证明客观的现实危险,已经造成损害要求赔偿损失的,还应证明具体的损害事实和范围。义务人主张损害系由不可抗力而生或因受害的相邻人一方过失所致的,亦应负举证责任,证明成立者可以免责或减轻责任。

(三)相邻防险义务的履行

相邻防险义务的履行,包括事前的预防和事后的救济。事前的预防包括停止侵害、恢复原状、消除危险、排除妨碍、采取补救措施等,如挖沟渠,可以采取回填、加固等措施预防危险;危险物品的威胁,可以转移至安全地带,或者采取必要的安全措施等;建筑物倒塌危险的,则应维修、加固,或者予以拆除。相邻防险义务为作为的积极义务,义务人得不待他人请求,即应负此义务,因而应积极履行,具体履行方法,可以自行决定,也可依法院判决决定。事后的救济,主要是损害赔偿,也包括停止侵害、消除危险、排除妨害等内容。损害赔偿应当遵守损害赔偿之债的一般规则,依照《物权法》第 92 条规定进行。

(四)诉讼时效

事前预防的防险请求权,因在危险未除去前继续存在,故不因时效而消灭。

---

[22] 参见史尚宽:《物权法论》,台北荣泰印书馆 1979 年版,第 83 页。

事后救济的损害赔偿请求权,因损害已经发生,受诉讼时效拘束,从损害发生之时计算诉讼时效。

五、对"二庞"案件及复函的评析

庞永红诉庞启林相邻防险损害案,是典型的挖掘致相邻人损害的相邻防险关系。最高人民法院就该案所作的(1991)民他字第9号复函,依据相邻防险关系的基本原理,对此案进行了正确的分析和认定,所作司法解释也是正确的。

(一)案件性质的认定

相邻防险义务人违背防险义务致相邻人以损害,究属何种性质,已如前文所述。在处理本案的实务中,对本案性质不无争论。第一种主张认为是侵权行为,应依侵权民事责任的规定处理。第二种意见认为损害系由自然力所致,双方当事人均无过错,可依《民法通则》第132条的规定,由双方分担损失,这种意见的实质仍属侵权性质的认识。第三种意见是少数意见,认为应以相邻防险损害的原则处理,认其性质为相邻防险关系。

庞启林在庞永红房屋附近挖掘5米深的饮水井,属于相邻防险关系,在学术界和司法解释中是有明确依据的。《关于贯彻执行〈中华人民共和国民法通则〉若干问题的意见(试行)》第103条规定,明确认此种行为得责令其消除危险,恢复原状,赔偿损失。相邻防险义务人违背义务致相邻人损害,是基于相邻防险关系而发生,其法律关系的性质如此,第103条置于"关于财产所有权和与财产所有权有关的财产权问题"一节,即表明最高司法机关认其性质为相邻防险关系。在笔者看来,相邻防险中的损害赔偿,既有对权利滥用的制裁性质,也有对侵权行为制裁的性质,属于民事责任的竞合。处理民事责任竞合的原则之一,是法律有明确规定的,依法律规定。㉓ 既然《民法通则》第83条和有关司法解释对此有明确规定,当然应认定其为相邻防险关系的性质,其损害的性质为滥用所有权。(1991)民他字第9号复函确认该案适用《民法通则》第83条,就是明确了该种案件的性质为相邻防险关系,排斥了侵权民事责任法律规定的适用。这一点,无疑具有重要的指导意义。

(二)在疆界线附近挖掘的适当距离

在相邻疆界线附近挖掘或建筑,各国或地区立法一般都强调其适当的距离。但何种距离为适当,立法多不具体规定。我国立法和司法解释对此距离没有特别加以强调。在本案中,庞启林挖井,距离庞永红房屋墙壁为2.3米,距疆界线为1.5米。此种距离是否为适当? 参考日本民法的规定,为不适当,但我国确定此适当距离为多少,没有确切的依据。按照《关于贯彻执行〈中华人民共和国民法通则〉若干问题的

㉓ 参见杨立新:《侵权与债务疑难纠纷司法对策》,吉林人民出版社1993年版,第125页。

意见(试行)》103条司法解释的基本精神,是依客观标准决定,造成妨碍的,即应排除妨碍,造成损害的,即应赔偿损失。这种意见不能说不正确,但不完整。造成损害的应予赔偿,固然正确,但何为造成妨碍,则无确定的标准。如本案,在庞启林挖井之际,庞永红即提出对其房屋安全有妨碍,但庞启林漠然置之,对此,不能不说是因没有具体标准所形成的后果。

在疆界线附近挖掘或建筑,必须规定适当的距离,这个距离,要考虑挖掘的深度、性能、防护措施等因素。在没有全国统一的规定之前,各地人民法院应根据当地情况确定。在制定民法典时,应制定统一的标准。

规定相邻疆界线附近挖掘或建筑的法定距离,其意义在于危险的防免,而不在于造成损害的赔偿。规定了法定距离,相邻一方挖掘建筑,必须在法定距离之外,在法定距离之内建筑或挖掘,未违背相邻防险义务,按法定距离建筑,则为合法。但是,当实际损害发生之时,确定赔偿责任不仅在于距离是否适当,还在于损害与挖掘或建筑是否有因果关系。如果距离适当,但挖掘或建筑确与损害有因果关系,挖掘或建筑一方应当适当承担相应的责任,否则即为不公平。

(三)原因力对赔偿责任的作用

原因力,就是在构成损害的结果的共同原因中,每一个原因对于损害结果发生和扩大所发挥的作用力。[24] 在共同原因引起的损害结果中,起码存在两个以上的原因,这些原因相互作用,共同引起损害结果的发生和扩大。原因不同,对于损害结果发生和扩大的作用也不同。因而,原因力不仅致使损害结果的发生和扩大的作用是可以计算的,而且对于赔偿责任的确定也有重要的意义。例如对于混合过错赔偿责任的确定,对于共同侵权人共同赔偿责任份额的确定,均如此。

本案损害事实的发生,亦为共同原因所致。此共同原因,一是庞启林挖井的行为,二是洪水的自然因素。据鉴定,按该河流正常水位,庞启林水井可以正常使用,不致危害庞永红房屋。但该两个原因共同结合,即造成了庞永红房屋损坏的损害事实。有人认为庞永红房屋的损害事实为不可抗力所致,是没有根据的。洪水尽管异常,但尚在河床内被人工所控制,只是由于庞启林的挖井行为,才使河水顺地下泛出。这既可说明洪水尚未构成不可抗力,又可说明庞启林行为对于损害结果所发生的原因力。

行为人只对自己的行为造成的后果承担赔偿责任,是损害赔偿之债的基本原则。既然造成庞永红房屋损害事实发生的原因并非庞启林行为这一个原因,那么,庞启林也自应对自己的行为负责,应按照其行为的原因力确定赔偿责任。至于自然因素的原因力,罗马法关于"不幸事件只能落在被击中者身上"的法谚,可以作为依据,应由庞永红自行承担。(1991)民他字第9号复函关于"考虑该案具体情况,可以适当减轻庞启林的赔偿责任"的表述,正是指的这个意思。

---

[24] 参见杨立新:《侵权损害赔偿案件司法实务》,新时代出版社1993年版,第98页。

论建筑物区分所有[*]

一、引论

建筑物区分所有,是物权法共有制度中的一个特殊的共有形式。它既不同于按份共有,又不同于共同共有,是解决城市民用高层住宅所有权归属的特殊的共有制度。长期以来,我国城市住宅建设虽然修建了大批的楼房建筑物,由广大城市居民居住,但是由于实行的是低租金的国有住宅租赁政策,建筑物区分所有的法律问题没有在现实生活中显示出必要性。因而,建筑物区分所有在民法理论中成为一个比较陌生的概念,《民法通则》也没有对它作出规定,在高等法律院系的民法教科书中几乎没有出现过这一概念。

近年来,随着改革开放的进一步深入,城市居民住房制度改革出现了重大突破,几乎所有的城市居民住宅都要从公有租赁的形式改变为居民自费购买,自己享有房屋的所有权。这样一来,建筑物区分所有的问题虽然在前几年就被某些学者曾经提到,但在1993年末和1994年初,却一下子成了一个再也不能回避,而且是每一个城市居民都要面临或已经面临的问题。

问题的迫切性和严重性促使民法理论家、民法实务工作者和立法机关不得不正视这个问题,解决这个问题。然而,我国的建筑物区分所有理论的苍白和制度的薄弱,难以适应当前城市居民住房制度改革的步伐,因而出现了目前这种先改革,后研究理论,再制定立法的被动局面。民法理论上当前最重要的任务,就是深入研究、尽早完善我国的建筑物区分所有的理论,促使我国建筑物区分所有的立法早日完成。为此,笔者在理论上作如下探讨,提出自己的一些主张。

二、建筑物区分所有的一般理论性问题

(一)建筑物区分所有的概念

关于建筑物区分所有,我国大陆民法学者所作的界定主要有两种。一是理论工作者提出的界定,认为建筑物区分所有权,是指根据使用功能,将一栋建筑物在结构

---

[*] 本文发表在《法学家》1995年第4期。

上区分为由各个所有人独自使用的部分和由多个所有人共同使用的共用部分时,每一所有人所享有的对其专用部分的专有权与对共用部分的共有权的结合。① 二是实务工作者提出的界定,认为区域所有权是指在与建筑物的各共有人所持份额相适应的建筑物区域上设定的各共有人的个人所有权。② 这种区域所有权,实际上是指建筑物区分所有中的专有权。

我国台湾民法学者所下定义,似乎更为简单。如认为,数人区分一建筑物而各有其一部分者,谓之区分所有权。③

日本学者认为,建筑物的区分所有,是指一栋建筑物区分为数个部分,其各部分各自成为所有权之标的物的状态。④ 瑞士民法将建筑物区分所有称之为楼层所有权,认为楼层所有权即建筑物或楼房的共同所有权的应有份,共同所有人依其应有份享有对该建筑物享有权利的部分进行外部利用及内部改装的特别权利。⑤

上述关于建筑物区分所有概念的表述是如此的不同,以至于使人们对于建筑物区分所有究竟是怎样的一种法律制度发生了模糊的印象。因而有必要对其下一个更为准确、更为简明的定义。笔者认为,建筑物区分所有是指建筑物的共同所有人依其应有份对独自占有、使用的部分享有专有权和对共同使用部分享有互有权而构成的建筑物所有权的复合共有。

(二)建筑物区分所有的特征

根据这一定义可以看出,建筑物区分所有具有以下法律特征:

1. 建筑物区分所有是建筑物所有权的共有

建筑物区分所有讲的是建筑物的所有权形式,因而与一般的动产所有权和其他不动产所有权不同。这种建筑物首先是指居民住宅,包括高层住宅和一般住宅;其次是指写字楼、办公楼,法人、合伙及其他组织购买部分空间而构成区分所有;再次还包括可以区分所有的生产用建筑物。当这样的建筑物被其共有人按应有份所有时,就形成了建筑物区分所有。因此,建筑物区分所有是建筑物所有权的共有形式。

2. 建筑物区分所有包含专有和互有

任何一个建筑物区分所有人,对于该建筑物都有部分空间的专有权和某些空间和共用设施的互有。专有部分由自己独自占有、使用、收益、处分,任何人不得干预。互有部分,如共有的墙壁、屋顶、门窗、阶梯、楼道等,共同使用,共同所有,但又与共同共有不同,须永久维持其共有关系,永远不准分割。建筑物区分所有是由专有和互有两部分构成的建筑物所有权的共有形式。

---

① 参见陈甦:《论建筑物区分所有权》,载《法学研究》1990年第5期。
② 参见李宝明:《区域所有权及其相关理论初探》,载中国高级法官培训中心:《首届学术讨论会论文选》,人民法院出版社1990年版,第337页。
③ 参见史尚宽:《物权法论》,台北荣泰印书馆1979年版,第109页。
④ 参见〔日〕我妻荣:《新版新法律学辞典》(中文版),中国政法大学出版社1991年版,第634页。
⑤ 参见《瑞士民法典》第712条之一第(1)项。

3.建筑物区分所有是按份共有和共同共有相结合的复合共有

在建筑物区分所有的权利人中,既按份享有所有权,又共同享有某些设施、空间的共有权,即在一个共有权中,既包括按份共有,又包括共同共有。因而,建筑物区分所有是按份共有与共同共有相结合的特殊共有,是复合共有。

4.建筑物区分所有虽然为专有与互有的复合但专有权具有主导性

在建筑物区分所有权的结构中,专有权是主导的权利,区分所有权人拥有专有权,就必然拥有互有权,在不动产登记上,只登记专有权即为设立了区分所有权,互有权随此而发生,不单独进行登记。此外,专有权标的物的大小还决定互有权的应有份额,处分专有权的效力必然包括互有权在内的整个区分所有权。因而,建筑物区分所有是专有与互有的复合,以专有为主导的共有权。

(三)建筑物区分所有的性质

关于建筑物区分所有的性质,有过一个发展的过程。在最初规定建筑物区分所有的法律中,《法国民法典》将其规定在"法律规定的役权"一节的"共有分界墙和分界沟"目中,认其为役权的内容。《瑞士民法典》不认其为役权,而将其规定在"土地所有权"一章中,将其认作相邻关系。《日本民法典》则将其规定在"所有权的界限"一节中。20世纪60年代以后,上述国家仿德国对建筑物区分所有作单独立法的做法,法国、日本制定了单行法,瑞士则在民法典中增加了新的内容,均认建筑物区分所有为特殊的所有权形式,其特殊之处,就在于是一种共有形式。至于这种共有是何种性质的共有,则有不同主张。

笔者认为,建筑物区分所有的性质是复合共有。其理由如下:

1.传统的共有理论无法解释建筑物区分所有的现实

在传统的共有理论中,共有只分为按份共有和共同共有,没有其他共有形式。建筑物区分所有既强调整栋建筑物的按份共有性质,又强调区分所有部分的专有性和共用部分的互有性,因此,既不能用按份共有理论解释它,又不能用共同共有理论解释它。区分所有是在一栋建筑物由区分所有人共有的条件下,由个人所有和共同共有有机构成的复合共有。这种新型共有证明,社会是在不断发展的,法律也是在不断发展的,民法理论也必须不断向前发展。只有这样,民法理论才能有生气,才能依社会生活的发展,解释民事法律关系的新变化。

2.从总体上看,尽管建筑物区分所有与按份共有相似,但却难以相合

具体根据包括以下三点:

(1)普通按份共有并不将建筑物区分成不同部分而设定数个平行的所有权,因而只有一个所有权。区分所有建筑物的每一个区分所有人所享有的专有权,事实上都是一个相对独立的所有权。

(2)按份共有的共有人之一在占有、使用按份共有的建筑物的一部分时,他对该部分享有的只是份额权,只有独立的使用权,收益和处分均应由全体共有人享有,共有人处分自己的份额是可以的,且其他共有人享有优先购买权。区分所有对自己专

有使用的部分拥有的是完全的所有权,可以独立行使占有、使用、收益、处分的权能,且其他区分所有人也不享有优先购买权。

(3)按份共有只区分份额和份额权,只按份额权享受权利承担义务,而区分所有不仅要区分专有的份额,而且还要对共用的部分享有互有权。区分所有的这些基本问题,都与按份共有不合,难以认定其是按份共有的性质。

3. 从共有部分看,与共同共有亦不相合

建筑物区分所有的共有部分,在我国台湾地区,通说认为是按份共有,但有学者主张为共同共有。⑥ 在日本,通说认为是共同共有。⑦ 将其解为按份共有,其不当之处比较明显;将其解为共同共有,似嫌笼统,且有不合之处。共同共有关系可以终止,当终止时,要分割共有财产。区分所有建筑物中的共有部分,只为共有,不能要求分割,且这部分共有关系须永久维持,直至该建筑物报废或完全归一人所有时,才与区分所有关系一起消灭。因此,这样的共有不是一般的共同共有,而是互有。⑧

综上所述,建筑物区分所有的性质是复合共有,它由整个建筑物的按份共有、共同使用部分的互有和专有使用部分的专有复合构成,是既不同于按份共有,又不同于共同共有的第三种共有形态。因此,也应当对共有制度的结构进行重新构造,将其分成按份共有、共同共有和复合共有及准共有四部分。

(四)建筑物区分所有的法律关系

既然区分所有是一种复合共有形态,在区分所有建筑物上,一般认为体现三种法律关系,这就是温丰文先生所指出的相邻关系、共有关系和团体关系。⑨ 依笔者所见,还应当包括一个法律关系,就是区域所有关系,如李宝明先生所称之为区域所有权的法律关系。⑩ 在这个区域所有关系的前提之下,才产生建筑物区分所有的相邻关系。另外,团体关系作为体现建筑物整体共有的主旨,应为建筑物区分所有所体现的四种法律关系,依次为团体关系、区域所有关系、相邻关系和共有关系。

建筑物区分所有的团体关系,一般认为是指建筑物区分所有人为处理共同事务,圆满解决区分所有建筑物的管理问题。⑪ 在笔者看来,这个问题并不是团体关系的主旨,或者说,并不是团体关系的主要内容。团体关系的主要内容是指全体建筑物区分所有人对该建筑物共有的权利义务关系。因此,建筑物的全体区分所有人作为一个团体,享有建筑物的总体权利,承担总体的义务。这些权利义务关系,包括共有的内部、外部的关系。建筑物的管理问题,只是这个总的权利义务关系的一部分。这样看

---

⑥ 参见温丰文:《区分所有建筑物法律关系之构造》,载《法令月刊》1992年第9期。
⑦ 参见[日]我妻荣:《债法各论》(中卷2),岩波书店1973年版,第752页。
⑧ 参见郑玉波:《民法物权》,台北三民书局1990年版,第91页。
⑨ 参见温丰文:《区分所有建筑物法律关系之构造》,载《法令月刊》1992年第9期。
⑩ 参见李宝明:《区域所有权及其相关理论初探》,载中国高级法官培训中心:《首届学术讨论会论文选》,人民法院出版社1990年版,第337页。
⑪ 参见温丰文:《区分所有建筑物法律关系之构造》,载《法令月刊》1992年第9期。

待建筑物区分所有的团体关系,可以更全面、更准确一些。

区域所有关系是指建筑物区分所有的专有关系,解决的是特定的区分所有人对其应有部分的权利义务关系。这种权利义务关系对外可以独立存在,相当于独立的所有权关系。相邻关系是各区分所有人因其专有部分的相当于独立所有权的权利,而在其相互之间形成的权利的延伸和限制,没有区分所有的专有关系,就不会产生相邻关系。可见相邻关系是区分所有专有关系的派生关系。至于共有关系,则是指区分所有人对于建筑物大门、楼梯、走廊、屋顶等共用部分互有的权利义务关系,规定各区分所有人使用、维护的规则,使各共有人均衡地受益。

三、建筑物区分所有的构成及权利义务

建筑物区分所有的构成包括构成条件和构成内容。构成条件是指具备哪些条件才能构成建筑物区分所有。构成内容是指建筑物区分所有是由哪些内容构成的,换言之,建筑物区分所有的内容由哪几部分构成。

(一)建筑物区分所有的构成条件

构成建筑物区分所有,必须具备两个条件:一是物质条件,即建筑物能够区分所有;二是事实条件,即建筑物事实上已经被区分所有。

1.建筑物能够区分所有

建筑物区分所有的构成,必须具备其赖以存在的物质条件,即作为权利客体的物。区分所有的建筑物不仅要客观存在,而且必须能够区分所有。

在确定建筑物的涵义时,人们往往从语义学的角度,引用《辞海》的定义,认为建筑物一般指主要供人们进行生产、生活或其他活动的房屋或场所。在法律的定义上研究建筑物,这样的定义显然不能令人满意。

建筑物,从一般的意义上说,是指因建筑而成的独立物,诸如房屋、桥梁、隧道、水坝等。作为建筑物区分所有客体的建筑物,是指在结构上能区分两个以上独立部分为不同所有人使用,并须在整体上有供各所有人共同使用部分的公寓、住宅、写字楼等房屋。这种建筑物,主要是指公寓、住宅。德国法将建筑物区分所有称为住宅所有权,美国称之为公寓所有权,瑞士称之为楼层所有权,均具有这种含义。我国大陆和台湾地区学者称其为建筑物区分所有权,是沿袭日本法的习惯,其中建筑物一词明显过宽,不加以上述的限制,不能成为准确的法律概念。

建筑物能够区分所有,必须具备以下四个条件:

一是必须是能够出让给他人所有的住宅、公寓和写字楼等房屋。首先,这种建筑物必须是房屋,而不是桥梁、隧道、水坝等其他建筑物,这些建筑物不是房屋,因而不能区分所有。其次,这种建筑物必须能够出让给他人所有,这只能是住宅、公寓、写字楼等房屋。宾馆、招待所等房屋虽然可以区分独立使用的部分,但因其只能按日租给他人使用,而不能出让给他人所有,因而不能成为区分所有的客体。

二是在结构上能够区分为两个以上独立的部分。这种独立的部分应为四周及上下闭合,具有单独居住、使用基本功能的建筑空间,具体表现为连脊平房纵割区分的空间、按楼层横割区分的空间和楼房纵横分割区分的空间。这些独立区分的空间部分,就是习惯上所说的单元及类似单元的建筑物计算单位。

三是区分的各独立部分能够为所有人所专有使用。区分的独立部分应具备相当的使用功能。如住宅、公寓,应具备家庭居住的基本功能,写字楼应具备办公的基本功能。只将建筑物区分所有限制在住宅、公寓,还不够全面,写字楼等亦具备能够区分所有的条件,也应作为区分所有的客体。具有这些基本功能的独立部分,能够提供给区分所有人专有使用,为各所有人设置专有权。机关、公寓为独身职工提供居住条件,但不能为各职工专有使用,不是区分所有的标的物。

四是除区分专用部分外,还必须有共用部分。区分所有的建筑物必须分成两个系统,即供各所有人专有使用部分和全体所有人共有部分。共有部分包括大门、楼道、台阶、阶梯、屋顶、地基等,建筑物只有具备这一部分,才能给区分所有人设置互有权。建筑物只有专用部分而无共用部分,只能设置普通所有权,不能设置区分所有。如连脊平房,各使用的专有部分各自独立,没有共用部分,则不成立区分所有;连脊平房各自独立,但房内有共用的走廊、水房、厕所等设施,则不因其为平房而不得成立区分所有的建筑物。

2. 建筑物事实上已经被区分所有

建筑物仅仅具备可以被区分所有的物质条件还不能构成建筑区分所有权,只有建筑物在事实上已经被占有该建筑物的公民、法人区分所有的,才具备区分所有的事实条件。例如一栋建筑已建完,能够区分所有,但没有将任何一个单元卖出,在事实上没有被区分所有,也不能发生区分所有。

建筑物在事实上已经被区分所有,应当由该建筑物建设的投资者将各独立的专用部分通过法律行为转让给购买者。转让的形式,是投资者与购买者签订买卖合同。该合同须为要式合同,且必须经过物权转让登记,非此不发生转让效力。买卖合同只须载明购买专用部分,无须载明共用部分的转让,因共用部分随专用部分一齐转让,登记物权转让时亦是如此。区分所有的物权登记必须写明区分所有的性质,使其性质具有公示性,明确权利归属,保护权利人以及继受人的合法权益。

(二)建筑物区分所有的构成内容及权利义务

建筑物区分所有的构成内容,各国或地区主张不同,计有四说:一是四元说。认为建筑物区分所有的构成内容包括专有权、共有权、成员权和基地利用权。二是三元说。认为专用所有权、区分所有人的特有共有权和身份上的成员权三项权利构成建筑物区分所有权。三是二元说。认为建筑物区分所有权由私有部分的权利和共有部分的权利构成。四是一元说。认为建筑物区分所有权是一项权利,私有部分和共用部分所形成的专有和共有只是该权利的两项具体权能。在我国大陆学者中,主要有两种主张,一是采四元说,二是采二元说。

笔者认为，根据建筑物区分所有所体现的四种法律关系，采用三元说的主张更为适当。首先，建筑物区分所有的专有权和互有权，是区分所有人所享有的相对独立的权利，且又互相依存，不可缺少其一，只将其视作两个权能不甚妥当。其次，区分所有人作为建筑物共有团体的成员之一，成员权是其不可缺少的权利，没有这项权利，区分所有人就不可能成为这种复合共有的成员之一，也就不可能享有建筑物本身的地上权、因地上权而发生的管线等地役权以及其他相关的权利。再次，基地利用权实际上是建筑物的地上权，这一权利不为某个区分所有人所专有，实际上应包含在团体关系之中，为全体区分所有人所共同享有，没有必要成为建筑物区分所有的单独的构成内容。除此之外，笔者以互有权代替通常所说的共有权，目的在于强调共有部分的性质与一般的共同共有的不同，强调其不得分割的属性。

1. 专有权及其权利义务关系

专有权是指以区分所有建筑物的独立建筑空间为标的物的专有所有权。有的学者对此使用区域所有权的概念，有其恰当的成分，但不应包含共有部分的权利。

专有权的标的物必须是建筑物的独立建筑空间，对此，已在前文加以阐述。由于专有权标的物的空间界限涉及区分所有人的单独权利的界限，因此各国或地区立法均严格规定该独立建筑空间的范围。在瑞士，专有权被称之为特别权利，《瑞士民法典》第 712 条之二第(1)、(2)项规定："特别权利标的物，可为单独的楼层，亦可为楼层内隔开的具有出入口的用于居住、办公或其他目的的单元；单元可包括隔开的房间。下列物不得成为特别权利的标的物：(1)建筑物的场地及建造楼房的建筑权；(2)对于楼房或其他楼层所有人的房屋的存在、结构及坚固极为重要的或对楼房的外观及造型起决定作用的装饰物；(3)其他楼层所有人亦使用的设备。"

这一规定极为详细，从正反两个方面界定了专有权的标的物，是应当借鉴的。在不能独立使用的建筑空间不能设定专有权，如有的单位将一个单元的两个居室交两对新婚夫妻各住一间，共用卫生间、厨房等设备，其单独使用的居室不能设专有权，这实际上是两个家庭共有一个专有权。因而一个居室、一个阳台都不能独立使用，均不能设专有权。附属于建筑物表面的设施，因其不能独立使用，也不能设置专有权，区分所有人不能因该设施依附于其专有使用部分的外墙而主张为其专有权的标的物。

专有权的权利义务关系表现为区分所有权人作为专有权人的权利和义务。专有权包括所有权的一切权能，因而区分所有人对其专有的标的物具备完整的占有、使用、收益、处分的权能。由于专有权的主导性，区分所有人在处分其专有物时，必须连带处分互有权和成员权。区分所有人对自己的专有物，可以转让、出租、出借、出典、抵押，可以按自己的意愿对内部进行装饰。区分所有人享有物上追及权，在其专有物受到侵夺时，可以要求停止侵害、返还原物、赔偿损失。区分所有人应负的义务主要是：①按照专有物的使用目的或规约规定使用专有部分，不得违反专用部分的使用目的，如在住宅、公寓的专用部分开设餐馆、工厂、小卖部等，均违背其专用部分的使用目的，为不当使用。②有维护建筑物牢固与完整的义务，不得在专有部分加以改造、更换、拆除,也不能增加超出建造物负担的添附。③不得随意变动、撤换、毁损位于专用部分内的共用部分,如建筑物的梁柱、管道、线路等,应负维护其完好的义务。

区分所有权人作为专有权人,共居一栋建筑物之内,相邻关系是一种非常重要的权利义务关系,必须严加规范,以保持协调的秩序和生活的安宁,更好地保护各区分所有人的合法权益。这也是《法国民法典》《瑞士民法典》《日本民法典》以及我国台湾地区民法何以将建筑物区分所有最初置于不动产相邻关系中的原因。在区分所有人行使专有权时,必须明确处理相邻关系的规则,使自己的专有权得以适当延伸,或者加以适当限制。在必要限度内,区分所有权人有权使用其他区分所有人的专用部分,如为使用、保存或改良专用部分而临时使用相邻人的建筑空间。有权要求停止其他区分所有人不当使用而对共同生活环境造成损害的行为。有权要求区分所有人对共同生活造成损害的危险采取防范措施。当其他区分所有人采取装修改良自己专用部分而影响自己的通风、采光、排水等行为时,有权要求其恢复原状。与这些权利相适应,每个区分所有人均得承担上述义务。

2. 互有权及其权利义务关系

互有权是指以区分所有建筑物的共用部分为标的物的共同共有权。其权利人为全体区分所有人。互有权是共同共有的一种特殊形态,是指在共同共有中共有人无分割共有物请求权的共有权。在建筑物区分所有中的共用部分,就是这种无分割请求权的权利,因而称其为互有权而使其异于一般的共同共有。

互有权的标的物,是区分所有建筑物中的共用部分。共用部分分为全部共用部分和部分共用部分。按照我国建设部 1989 年 11 月 21 日发布的《城市异产毗连房屋管理规定》,共用的部分包括门厅、阳台、屋面、楼道、厨房、厕所、院落、上下水设施、基础、柱、梁、墙、可上人屋盖、楼梯、电梯、水泵、暖气、水卫、电照、沟管、垃圾道、化粪池等。这些共用部分,有的是全体共用,有的是部分共用。划分的标准,笔者认为以是否相邻为区分双方共用和多方共用,如相邻墙、楼板,为双方互有;以全体或三个以上的区分所有人使用为全部共用和部分共用,如本楼层共用和全楼共用。互有的共用部分还可以分为法定共用和约定共用。法定共用是性质上属于区分所有人共同使用的部分和属于维持建筑物本身牢固安全与完整的部分,前者如门、廊、电梯等,后者如地基、楼顶、梁柱等。约定共用部分是区分所有人之间通过合意约定某些专用部分为共用部分。部分共用、全部共用、法定共用、约定共用的部分分别是部分互有、全部互有、法定互有、约定互有权利的标的物。

互有权有认其为按份共有和共同共有的不同主张。本文称其为互有权,就是主张其性质为共同共有,且是不享有分割请求权的特殊共同共有,即互有。

互有权的权利义务关系表现为区分所有权人作为互有权人的权利和义务。

其权利是:①有权按照共用部分的种类、性质、构造、用途使用共用部分,其他共有人不得限制和干涉。违反使用用途而使用为不当使用,应按规约处理。②收益共享权,对共用部分产生的收益,各区分所有人有权共同分享。③物上追及权,共有部分遭受侵害,任何区分所有人都有权要求加害人停止侵害、返还原物、恢复原状、赔偿损失。

其义务是:①维持共有的现状,任何区分所有人不得请求分割共有部分。②维护共有部分的正常使用状态,不得侵占共用部分,不得改动共用部分的设置和结构,保持共用部分的清洁。③对共用部分应按使用性质使用,不得将共用部分改作他用。④负担共用部分的正常费用,合理分摊,对全体共用部分,由全体区分所有人分摊,对部分共用部分,由部分区分所有人分摊。

3. 成员权及其权利义务关系

成员权是建筑物区分所有人作为整栋建筑物所有人团体成员之一所享有的权利。对于整栋建筑物的所有权而言,实际上是一种特殊的按份共有,每个区分所有人都按其份额,对专用部分享有专有权,对共用部分享有互有权。与按份共有关系一样,各区分所有人之间是共有关系,因此,各国或地区立法均规定一栋建筑物的全体区分所有人必须组成一个团体,整体享有地上权、地役权及其他共同的权利,管理共用设施及其他事务,解决纠纷。每一个成员作为团体之一,享有权利,承担义务。

区分所有人作为团体成员的权利义务是:①通过团体享有地上权、地役权。②对整个建筑物享有物上追及权,以保全整个建筑物的完好。③有权参加全体区分所有人团体大会,参与制定规约,参与讨论、表决全体区分所有人的共同事务。④有权监督建筑物管理人的工作,提出批评、改进意见,建议团体大会决议更换管理人。⑤有参加团体大会的义务,服从团体大会多数成员作出决议的义务,遵守规约的义务,服从管理人管理的义务,承担按规约应当承担的工作的义务。

四、区分所有建筑物的管理

关于区分所有建筑物之管理,我国台湾学者陈俊樵先生下了一个很准确的定义。他认为,所谓区分所有建筑物之管理,系指为维持区分所有建筑物之物理的机能,并充分发挥其社会的、经济的机能,对之所为之一切经营活动而言。[12] 举凡有关建筑物之保存、改良、利用、处分,乃至区分所有人共同生活秩序之维持等均属之。[13]

区分所有建筑物的管理,分为两个系统。一是行政机关本于行政权,对建筑物进行的行政管理;二是区分所有人自行订立管理规约,组织管理委员会或设置管理人员的自治管理。民法上所称区分所有建筑物的管理,当指后者。

(一)管理组织

依各国或地区建筑物区分所有法律规定,对区分所有建筑物的管理,皆设管理组织。例如,《瑞士民法典》规定该组织为楼层所有人大会和管理人,并对其组织形式作

---

[12] 参见陈俊樵:《论区分所有建筑物之管理组织》,载《中兴法学》1987年第24期。
[13] 参见温丰文:《论区分所有建筑物之管理》,载《法学丛刊》2008年第147期。

了详细的规定。我国《城市异产毗连房屋管理规定》第 16 条规定："异产毗连房屋的所有人可组成房屋管理组织,也可委托其他组织,在当地房地产行政主管部门的指导下,负责房屋的使用、修缮等管理工作。"这一规定不尽全面、准确,但在管理组织的原则意见上,仍是可取的。

依照通例,区分所有建筑物管理组织应分两级:一是区分所有人大会;二是管理委员会。区分所有人大会是区分所有建筑物的最高决策机构,管理委员会则是其执行机构。

区分所有人大会由全体区分所有人组成。其活动方式是举行会议,作出决议。其职责,对外代表该建筑物的全体区分所有人;其性质为非法人团体,可以代表全体所有人为民事法律行为和诉讼行为,具有其他组织的功能。对内对建筑物的管理工作作出决策,对共同事务进行决议,如制定管理规约,选任、解任管理人,共用部分的变更,建筑物一部毁损的修建,等等。

管理委员会是具体执行机构,负责执行管理规约所定事项以及区分所有人大会决议事项。管理委员会由区分所有人大会选举若干人组成,选任主任、委员等职。管理委员会除执行规约和决议外,还应当负责日常管理工作,管理经费动支,管理人的雇用和考核,调解住户纠纷,对共用部分进行管理维护,召开区分所有人大会等。⑭

关于管理组织的设置办法,德国采必设方式,日本采任意方式。我国台湾地区现行方则是折中方式,住户在 3 户以上 10 户以下的,为任意设置,11 户以上的,为必设方式,颇具弹性,堪称允当。对此,我国大陆目前没有规定,似借鉴台湾地区的做法更为相宜。

(二)管理规约

管理规约是全体区分所有人大会制定的区分所有建筑物管理的自治规则。对其性质,有认其契约者,有认其协约者,有认其自治法者。似以认其为自治规则更为恰当。

管理规约的订立、变更或废止,均须区分所有人大会决议。如何决议,日本旧法采一致通过,新法采 3/4 数通过。⑮ 我国台湾地区"高楼集合住宅管理维护法(草案)"拟采区分所有人大会应有区分所有人总人数及总持份过半数出席始得开会,应得出席者总持份过半数同意始得议决,为简单多数通过。对此,我国大陆似采 2/3 多数议决较为妥当。即规约须得区分所有人大会 2/3 多数同意,始得订立、变更或废止。

管理规约的内容,主要应当包括:①区分所有人之间的权利义务关系;②关于区分所有人之间的共同事务;③区分所有人之间利益调节的事项;④对违反义务的区分所有人的处理办法。

---

⑭ 参见温丰文:《论区分所有建筑物之管理》,载《法学丛刊》2008 年第 147 期。
⑮ 此新法、旧法,分别指 1983 年和 1962 年的《日本建筑物区分所有权法》。

规约的效力,在于约束全体区分所有人的行为,因此,规约只对该建筑物的区分所有人有效,尚及于区分所有人的特定继受人。管理委员会不得违反该规约而另行处置管理事务,与规约相抵触的管理行为,不具有效力。管理规约定有效力起止时间的,应依其规定生效、失效。

(三)管理内容

区分所有建筑物的管理内容,分为物的管理和人的管理。

1. 物的管理

物的管理,包括对建筑物与基地的保存、改良、利用乃至处分等管理,管理的范围,原则上限于建筑物的共用部分。专用部分的管理,由专有人承担,但相邻的墙壁、楼板的修缮,因其为相邻双方互有,故应在管理范围内。

管理的基本事项是:①火警防范,加强消防设备和防火措施;②维护公用部分及建筑物清洁,定期清除垃圾,清理水沟、清洗外墙,擦洗共用门窗玻璃等;③维修公共设施,如水电、汽、暖的维修,公共电梯定期检查等;④保护、美化建筑物的环境,在建筑物的庭院中植花种草,管理车辆停放秩序等。

2. 人的管理

对区分所有建筑物人的管理,不仅仅指对区分所有人的管理,还包括对出入该建筑物的所有的人进行管理。管理的内容是:①对建筑物不当毁损行为和管理。这种行为,可以是对专有部分进行影响整个建筑物安全或外观的改建或扩建,如拆除梁柱、支撑墙等;也可以是将共用部分改为自用,如将楼道间隔而自用、将公用阳台间隔自用;也可以是擅自对专用部分以外的部分进行改变,等等。②对建筑物不当使用行为的管理。专有部分各区分所有人可以自由使用,但不得滥用权利,进行不当使用。如在住宅、公寓的专有部分开设工厂、舞厅、饭馆,以及其他非法营业,带来噪音、振动,影响他人生活安宁,均属之。

3. 对生活妨害行为的管理

此种行为,是指区分所有人因生活习惯、嗜好不同,对建筑物使用方法不尽一致,而对他人生活有妨害的行为。如豢养动物、深夜播放音响、任意堆放垃圾、乱泼污水,等等。

对于上述违反建筑物公共生活规则的行为,都应通过管理组织进行管理,禁止其继续作为,对于情节较重,违反管理规约的,可以依照规约进行处罚,如令其支付违约金,对情节严重,造成建筑物毁损的,应令其赔偿,对不服管理的,可以由管理委员会代表全体区分所有人向人民法院起诉。

～～～～～～～～～～～～～～～～～～～

2007年3月16日,《物权法》通过立法,于2007年7月1日正式生效,确立了我国的建筑物区分所有权。本文也是建筑物区分所有权立法的重要参考资料之一。

窗前绿地·楼顶空间·停车位
——《物权法》规定建筑物区分所有权必须解决的三个问题

《物权法》已经规定了业主的建筑物区分所有权。其中关于物业管理用房、车库、绿地的所有权归属问题,规定了第73条:"建筑区划内的道路,属于业主共有,但属于城镇公共道路的除外。建筑区划内的绿地,属于业主共有,但属于城镇公共绿地或者明示属于个人的除外。建筑区划内的其他公共场所、公用设施和物业服务用房,属于业主共有。"第74条:"建筑区划内,规划用于停放汽车的车位、车库应当首先满足业主的需要。建筑区划内,规划用于停放汽车的车位、车库的归属,由当事人通过出售、附赠或者出租等方式约定。占用业主共有的道路或者其他场地用于停放汽车的车位,属于业主共有。"这个规则的基本内容是可行的,但是就窗前绿地、楼顶空间和车库、车位(车库)的所有权问题,在现实生活中比较复杂,还有一些具体问题需要研究解决。本文中,笔者结合《物权法》的规定,以及最高人民法院《关于审理建筑物区分所有权纠纷案件具体应用法律若干问题的解释》的相关规定,对这三个问题说明自己的看法。

一、关于窗前绿地的权属问题

(一)窗前绿地权属争议的表现形式

现实生活中的商品房开发,在板式楼的开发中,很多开发商采用将一层住宅的窗前绿地归属于购买一层住宅的区分所有人使用。因此,在区分所有的建筑物小区中,在整体绿地归全体业主所共有的同时,一层住宅的区分所有人还有专有使用的绿地,圈起小栅栏,成为自家一统的格局。因而,在商品房销售中,尽管板式楼的一层是最难销售的,但是随着赠送窗前绿地的承诺,不仅一层楼的销售形势大为好转,而且

---

* 本文发表在《人民法院报》2004年,连续发表了《窗前绿地的权属争议及解决规则》《楼顶空间的权属争议及解决规则》《停车位的权属争议及解决规则》三篇文章,后一并被《中国人民大学报刊复印资料·民商法学》2005年第1期转载,本文将三篇归纳到一起,作为一篇文章收入。

一层楼的价格也由最低价格变为与最好的楼层价格一样高,真的形成了购房业主高兴、开发商更高兴的"双赢"局面。

但是,问题在于,窗前绿地的土地使用权属于全体业主,是区分所有建筑物的共有部分,全体业主对土地使用权行使共有的权利,将其中的一部分划归于某一个或者某一些业主享有专有使用权,那么对全体业主来说,其权利是不是受到了侵害?换言之,一层业主和开发商"双赢"的喜悦和利益是不是建立在其他业主的权利损害的基础之上呢?

应当明确的是,按照建筑物区分所有权的基本规则,建筑物区分所有权包含三个权利,这就是对区分所有的建筑物专有部分享有的专有权、对共用部分的互有权,以及对于区分所有建筑物整体享有的成员权。① 就区分所有的建筑物而言,除了区分所有人依据专有权独占的专有部分之外,建筑物的其他部分以及设施、设备,都属于区分所有人共有(互有权的标的)。因此,在研究窗前绿地的权属的时候,首先应当确定,小区绿地属于全体区分所有人所共有。

按照《物权法》的规定,关于小区绿地的权属规则是"建筑区划内的绿地,属于业主共有,但属于城镇公共绿地或者明示属于个人的除外"。这个规则,看起来似乎界限是清楚的,可是,这里的有"明示属于个人"究竟应当如何理解?现在的做法,基本上都是开发商确定窗前绿地附随于一层住宅一同发售,在一层住宅的商品房买卖合同中,专门约定窗前绿地归属于一层建筑物住宅的区分所有权人专有使用。这里约定的尽管还是一个专有使用权的概念,但是这个使用权差不多是附随于建筑物的专有部分,随同于该专有部分一同取得;如果该住宅转让,则随同其一并转移。这样做,至少有以下两点后果:第一,将共有的部分绿地使用权,变为个人的专有权的附属部分,其他的区分所有权人不能再对这一部分的绿地行使权利;第二,开发商和少数区分所有权人独自决定了区分所有建筑物共有部分的处置,而没有尊重和保障其他区分所有权人的权利。

既然如此,将窗前绿地作为一层住宅区分所有权人的专有使用权的标的,是违反建筑物区分所有权的基本规则的。即使是开发商和一层住宅的区分所有权人有明确的约定,但这个约定也不能对抗其他区分所有权人的权利——因为开发商和购房者约定所处分的,是全体区分所有权人的共有权。因此,这种处分是无权处分。

因此,对于窗前绿地的权属问题,仅仅规定这样的一般规则还不够,还必须制定更为具体的规则,才能够预防发生纠纷,发生了纠纷也能够保证有妥善的解决争议的规则。

(二)确定窗前绿地权属规则的基础问题

确定窗前绿地的权属规则,应当解决以下几个最为基础性的问题:

---

① 对于三个权利的说法学者都有不同,例如单独所有权、持分权和管理权,笔者采用这种表述方法,参见杨立新:《共有权研究》,高等教育出版社 2003 年版,第 354—355 页。

首先，应当明确的是，区分所有的建筑物的土地权属仅仅是使用权，而不是所有权，不能笼统地确定谁对区分所有建筑物的绿地具有所有权，而只能是对于绿地上的植物才享有所有权。所以，在区分所有建筑物的绿地上，有三个权利：第一个权利是国家所有权，在我国，城市土地归国家所有；第二个权利是土地使用权，也就是区分所有建筑物地基的建设用地使用权，开发商建筑房屋、购房者购房取得区分所有权，对于建筑物所依附的土地都只享有使用权而不具有所有权；第三个权利是绿地植物的所有权，仅仅包括地上植物的所有权。因此，在区分所有的建筑物中，其所使用的土地都是国家所有，取得的只是国有土地使用权。区分所有建筑物区域内的绿地，其土地的权利也当然是国有土地使用权，只有其绿地上的植物，区分所有权人才享有所有权。就建筑物区分所有权而言，所谓的绿地，既包括绿地的土地使用权，也包括绿地的附着物的所有权。

其次，区分所有建筑物的绿地，属于全体区分所有权人共有。在建筑物区分所有权的三个组成部分中，除了对于区分所有的专有部分之外，其他的所有部分，都为区分所有人全体所共有，绿地同样属于共用部分，是全体区分所有权人所共有。对绿地的共有包括两个部分，一是绿地的土地使用权，二是土地上的地上附着物即绿地本身的所有权，这两个部分都属于全体区分所有权人所共有。

再次，如果将窗前绿地归属于一层区分所有权人专有使用或者归属于其单独所有，则必须解决土地使用权的归属，窗前绿地的土地使用权应当专属于一层区分所有权人，对于该块土地使用权承担的义务也归属于该区分所有权人，否则不能将共有的绿地确定给个别人专有使用或者单独所有。

（三）确定窗前绿地权属的具体规则

确定区分所有建筑物绿地的权属的规则是：小区的绿地属于全体业主共有，但是有两个除外：一是属于城镇公共绿地的除外；二是明示属于个人的除外。因此，绿地的问题有三个：第一，绿地原则上属于全体业主的共有部分。这是一般规则，不存在大的问题。第二，属于城镇公共绿地，属于国家，不能归属于全体业主或者个别业主。这些没有问题。第三，属于"明示属于个人的"，应当归属于个人。

但是如何确定"明示属于个人的"？笔者认为，以下两项绿地，属于明示属于个人：一是连排别墅业主的屋前屋后的绿地，明示属于个人的，归个人所有或者专有使用；二是独栋别墅院内的绿地，明示属于个人，归个人所有或者专有使用。这一部分，按照最高人民法院《关于审理建筑物区分所有权纠纷案件具体应用法律若干问题的解释》第3条第2款关于"属于业主专有的整栋建筑物的规划占地或者城镇公共道路、绿地占地"的规定，就属于上述两种"明示属于个人"的绿地。

开发商把窗前绿地赠送给一层的业主，是否属于"明示属于个人"呢？开发商把窗前绿地赠送给一层业主，实际上等于把绿地这一部分共有的建设用地使用权和草坪的所有权都给了一层业主。如果没有解决土地使用权和绿地所有权的权属，这样做就构成了一层业主和开发商共同侵害了全体业主的权利。如果在规划中就确定一层业主窗前绿地属于一层业主,并且对于土地使用权和绿地所有权的权属有了明确的约定,交足了必要的费用,不存在侵害全体业主共有权的情况下,可以确认窗前绿地为"明示属于个人",属于业主个人所有或者使用,不属于共有部分。

二、关于楼顶空间的权属问题

(一)楼顶空间权属争议的表现

近年来,在区分所有建筑物的争议中,关于楼顶空间的权属纠纷也时有出现。主要的表现,是将建筑物的顶层的楼顶空间确定给顶层区分所有权人专有使用。这样,顶层的区分所有权人对于楼顶空间享有专有使用权,可以建设私家空中花园,单独享用。其结果是,建筑物的顶层价格大大提高,开发商能够获得更大的效益而投资并没有增加。这种结果也可谓之"双赢"局面。

但是,按照建筑物区分所有权的基本规则,建筑物的楼顶空间应当属于全体区分所有权人所共有。例如,我国澳门特别行政区《民法典》在规定区分所有建筑物(分层建筑物)的共同部分范围的条文中,就专门规定分层建筑物各楼宇之做遮挡之天台或屋顶,为分层建筑物之共同部分。② 我们的物权法草案没有规定的这样细致,但是,这样的原则是存在的。楼顶空间不仅仅可以建花园,还可以做更多的开发利用,如果将楼顶空间确定给个别的区分所有权人所专有使用,是不是破坏了建筑物区分所有权的整体共有关系,侵害了其他区分所有权人的权利呢? 这是一个大问题。

(二)解决楼顶空间权属的基础理论

确定区分所有建筑物楼顶空间的权属问题,最基础的依据就是区分所有建筑物的专有部分和共用部分的界限确定。

在理论上,如何界定区分所有建筑物的专有部分,有五种不同的主张。一是"中心说"即"壁心说",认为区分所有建筑物专有部分的范围达到墙壁、柱、地板、天花板等境界部分厚度之中心。这种观点对于界定权利的范围较为明确,但是对于建筑物的维护与管理则较为有害,原因是,对于境界壁的维护,不能只负责一半,应当将全部的境界壁作统一的修缮,壁心的分割,不利于对建筑物的维护和保养。二是"空间说",这种观点以区分所有权的共有权理念为立论基础,与以单独所有为立论基础的上述"中心说"完全对立,认为专有部分的范围仅限于墙壁、地板、天花板所围成的空间部分,而界线点上的分割部分如墙壁、地板、天花板等则为全体或者部分区分所有人所共有。三是"最后粉刷表层说",认为专有部分包含壁、柱等境界部分表层所粉刷的部分,亦即境界壁与其他境界的本体属共用部分,但境界壁上最后粉刷的表层部分属于专有部分。四是折中了"壁心说"和"最后粉刷表层说"的观点形成的主张,称之

---

② 参见《澳门民法典》第 1324 条第 1 款(d)项的规定。

为"壁心说和最后粉刷表层说",认为专有部分的范围应分为内部关系和外部关系,在区分所有权人内部,专有部分应仅包含壁、柱、地板及天花板等境界部分表层所粉刷的部分,但在外部关系上,尤其是对第三人关系上,专有部分应包含壁、柱、地板及天花板等境界部分厚度的中心线。③ 五是"双重性说",有的学者主张,前四种观点的主要分歧在于,是将墙壁作为共有部分还是作为专有部分对待,并主张墙壁既有专有财产的性质,又有共有财产的性质,具有双重属性。④

在上述各种主张中,通说采用"壁心说和最后粉刷表层说"。这是建筑物区分所有权理论中最为精致的理论,能够很好地解决区分所有建筑物的专有部分和共用部分的虚实界限。虚的权利界限,在于壁心,实的权利界限,在于最后粉刷表层。确定楼顶空间的权属问题,也应当适用这个理论。

在界定区分所有建筑物的相邻区分所有权人各自的专有部分的界限时,其最基本的标准就是境界壁的壁心,在壁心的两侧分别为双方区分所有权人所有。但是这种界定的权利是虚的权利,解决的是相邻的区分所有权人之间的权利界限。在确定专有部分和共用部分的实质界限时,其标准是建筑物的最后粉刷表层。这种界定的是权利的实的权利,其最后粉刷表层之间的境界壁,是共用部分,是建筑物区分所有权中的互有权的标的。

在建筑物的顶层,区分所有权人没有与他人相邻,但是确定其专有部分的界限,仍然是壁心,顶层境界壁壁心的下侧,属于区分所有权人的专有部分,建立专有部分的所有权。但是,在界定专有部分和共用部分的界限时,则应以最后粉刷表层为标准,最后粉刷表层之外的顶层楼板,都属于共用部分,为全体区分所有权人所共有。

按照这样的标准,如果采用"壁心说"界定顶层所有权人的权利界限,其权利界限只及于顶层楼板的壁心,不可能冲出壁心,而达到整个顶层楼板,更不能达到顶层空间。如果采用"最后粉刷表层说",区分所有权人的所有权界限实际只能及于顶层楼板自己一侧的最后粉刷表层,整个楼板的实体,都是全体区分所有权人所共有。

(三) 解决楼顶空间权属争议的具体规则

根据以上理论和基本规则,区分所有建筑物的楼顶空间属于区分所有建筑物的共用部分,不能归属于顶层区分所有权人专有使用,应当归属于全体区分所有权人共有。

将区分所有建筑物的楼顶空间归属于顶层区分所有权人专有使用,或者归属于其专有部分,都是将区分所有建筑物的共用部分划归个别的区分所有权人专有使用或者专有所有,都是对其他区分所有权人的权益的侵害。其结果有三:一是全体区分所有权人的共有权的标的物被割让,割让的部分为顶层区分所有权人专有或者专有

---

③ 以上观点,参见温丰文:《论区分所有建筑物之专有部分》,载《法令月刊》1991年第42卷第7期,第7页;陈华彬:《物权法原理》,国家行政学院出版社1998年版,第384—385页。

④ 参见王利明:《物权法研究》,中国人民大学出版社2002年版,第385、386页。

使用,无法对其行使权利;二是顶层区分所有权人虽然取得了楼顶空间的专有使用权或者所有权,但他是付出了代价的,这个代价,就是支出了高额的购房费用,他并不是无偿地占有全体区分所有权人的利益;三是开发商取得了转让楼顶空间的权利价金,获得了利益,而其获得利益的结果,就是全体区分所有权人的权利受到损害,这倒符合不当得利的法律特征。由此可见,开发商将楼顶空间出售给顶层区分所有权人,实际上是在用全体区分所有权人的权利谋取个人的利益,受到损害的是全体区分所有权人。

按照一般的规则,对于区分所有的其他部分,有约定的依照其约定,没有约定的除开发商能够证明自己享有所有权的之外归属于全体区分所有权人的规则,似乎还是存在问题。这就是,有约定,究竟是谁与谁的约定?如果仅仅是开发商和顶层区分所有权人之间的约定,他们能够处分属于全体区分所有权人所共有的楼顶空间吗?显然不能!

因此,解决楼顶空间权属争议的具体规则应当是:

(1)楼顶空间的所有权归属于全体区分所有权人所共有,原则上不能归属于顶层区分所有权人专有使用。建筑物本身与土地权属并不相同,区分所有建筑物的土地还有一个使用权的问题,开发商可以在公平合理的条件下作出一定的调整,某些方面可以确定土地使用权归自己享有,或者归其他区分所有权人享有,只要不将费用分担在其他区分所有权人身上就行了。而建筑物就是全体区分所有权人所有,与开发商没有关系,开发商无权处置。可以想象,开发商不能将一个没有顶层楼板的建筑物出卖给全体区分所有权人,那么也就不能将楼顶空间归属于自己所有,也不能通过约定将楼顶空间归属于顶层住宅区分所有权人专有使用。

(2)在共有的情况下,能够决定楼顶空间如何使用的,只有全体区分所有权人会议。区分所有建筑物的楼顶空间,对于全体区分所有权人而言,具有重要的价值。首先,楼顶空间关系到建筑物的防雨、寿命和安全,关乎全体区分所有权人的利益。其次,建设楼顶空间,可以使全体区分所有权人增加活动空间,充分利用楼顶空间丰富区分所有权人的生活,提高生活质量。再次,楼顶空间的开发利用,具有丰富的内涵,例如利用楼顶空间做广告等,就是很好的开发利用,其所得利益归属于全体区分所有权人。这些利益与全体区分所有权人息息相关,不可任人予以侵害。对于这样的重大利益,必须由全体区分所有权人会议决定。如果区分所有权人会议决定楼顶空间可以交给顶层区分所有权人专有使用,那么是有效的,但笔者想在一般情况下,区分所有权人会议是不会作出这样的决议的。因此,楼顶空间归属于顶层区分所有权人专有使用的可能性,几乎为零。如果对于将楼顶空间确定为顶层区分所有权人专有使用或者专有而发生权属争议的,法官应当判决这样的约定无效,楼顶空间的所有权归属于全体区分所有权人所共有。

(3)开发商与个别区分所有权人约定楼顶空间的专有使用权的,不发生法律效力,顶层区分所有权人不能够取得其专有使用的权利。在区分所有的建筑物上,顶层楼板都属于全体区分所有权人所共有,那么,顶层楼板以上的楼顶空间,当然更属于区分所有人所共有,其占有、使用、收益、处分,都是全体区分所有权人的权利,由全体区分所有权人共同支配。即使是开发商与个别区分所有权人约定,这个约定也不能对抗全体区分所有权人的权利。因此,开发商和顶层区分所有权人约定楼顶空间归属于该区分所有权人专有使用的,一律无效。

(4)《关于审理建筑物区分所有权纠纷案件具体应用法律若干问题的解释》第4条规定:"业主基于对住宅、经营性用房等专有部分特定使用功能的合理需要,无偿利用屋顶以及与其专有部分相对应的外墙面等共有部分的,不应认定为侵权。但违反法律、法规、管理规约,损害他人合法权益的除外。"这里所说的屋顶,是什么样的形式?笔者在实际考察中确认,所谓"业主基于对住宅、经营性用房等专有部分特定使用功能的合理需要"的屋顶也就是楼顶空间,就是"退台"的形式,即下层的屋顶规划设计为上层房屋的庭院。退台的规划设计,就是为满足特定使用功能需要,因此,退台尽管是屋顶,但属于上层业主的合理使用空间,不存在侵权的问题。

三、关于车库、车位的权属问题

(一)车库、车位权属争议的表现形式

在有关建筑物区分所有权的共有权纠纷中,最常见也是最复杂的,就是小区车库、车位的权属争议了。例如,北京市海淀区牡丹园的华盛家园在销售时,开发商承诺每个区分所有权人都保证有一个车库、车位,但是,在区分所有权人入住之后,保有500辆汽车,却只有300个车库、车位。对此,开发商不是想办法解决车库、车位不足的问题,而是提高车位收费:地下车库、车位每小时2元,地上车库、车位2小时1元。区分所有权人拒交停车费,物业单位就组织十几个保安在车库、车位出口站成一排,阻止汽车出行。⑤

这是一个典型的车库、车位纠纷。据了解,目前存在的车库、车位权属形式,主要有以下几种:

(1)车库、车位为小区的公共车库、车位,区分所有权人使用车库、车位,需要向物业管理单位交纳管理费,其他人交纳停车费。

(2)车库、车位为小区的私人车库、车位,区分所有权人使用时,首先要向开发商购买车库、车位的使用权,例如购买70年或者50年的使用权,该车库、车位为专有使用的,其所有权或者归属于开发商,或者归属于全体业主。

(3)车库、车位附随于区分所有建筑物的专有部分,建立车位的专有权,为建筑物区分所有权中专有权的标的,车库、车位进行物权登记,发所有权的权属证书。

在现实的争议中,车库、车位纠纷的主要表现是权属不明:有的区分所有权人主

---

⑤ 参见梁璐:《十余保安"当关"数十汽车"莫开"》,载《新京报》2004年9月8日,A15版。

张,既然是交付了高额的费用,对于车库、车位的权属就应当是所有权,应当颁发不动产所有权证,而不是使用权证;有的主张车库、车位为全体区分所有权人共同所有,每一个区分所有权人都有权使用,不应当由个人出资购买车库、车位的使用权;有的主张车库、车位的使用为共用部分的使用,不应当购买使用权,因而使开发商赚取好处而侵害了全体区分所有人的权利;有的购买了车库、车位的专有使用权,但是物业单位还要每个月收取管理费。例如,某开发商建好住宅之后出售,与购房者签订了商品房买卖合同,约定以12万元的价格购买小区内的一个车库、车位,享有使用权70年,但是不享有所有权。在办权属证书的时候,该区分所有人要求开发商确认购买的是车库、车位的所有权,因而发生争议。经过调查,发现开发商对于车库、车位的建设专门有土地使用权,并且申报了车库、车位的所有权权属证明,区分所有权人的使用权实际上是取得的一个长期的租赁权而已。但是在实践中,多数情况并不是如此,而是开发商就在区分所有人整体享有的土地使用权上面进行开发,并将其出售给各位区分所有权人使用,等于是区分所有权人自己的土地使用权,共有的车库、车位,却被开发商将车库、车位的价金占为己有。

这些争议表明,在建筑物区分所有权领域中,车库、车位的性质和权属的问题是十分重要的,涉及全体区分所有权人的利益,必须规定清晰、明确的具体规则,才能够保护区分所有权人的合法权益。

(二)解决车库、车位权属应当考虑的问题

各国或地区建筑物区分所有权立法都极为重视区分所有建筑物的车库、车位建设及其权属问题。我国立法和司法对区分所有建筑物的依法管理,应当重视借鉴境外的立法经验。

区分所有建筑物的车库、车位建设是极为重要的。现代社会的城市人生活,几乎离不开汽车,因此,开发城市的区分所有建筑物必须解决车库、车位问题。在一般的国家或地区立法中,差不多都要规定开发区分所有的建筑物都必须建设适当的车库、车位。例如,法国自20世纪50年代以来,根据法国都市计划法,在新筑建筑物时,建筑者负有与建筑物基地内为每户设计一个停车空间的义务;于屋外设置必要停车场空间而无基地时,建筑者即使向下挖掘三层乃至四层、五层的深度,也必须设置停车场。在美国夏威夷,基准建筑法规定建筑商和土地开发者在建筑公寓的时候,必须备置充足的居住者用的停车区域,并按住居单元予以分配,或者出售给每一个住居单元,作为共同部分予以维持,对区分所有者发给停车许可证书。加拿大多伦多市则进一步规定了建筑单元车库、车位的数量基准,规定一个具有两间卧室的建筑单元,须有一个车库、车位;具有三间卧室的建筑单元,须有两个车库、车位;同时须建有来客的车库、车位。⑥

在车库、车位权属的立法上,各国或地区规定较为复杂。有的规定为属于区分所

---

⑥ 参见陈华彬:《现代建筑物区分所有权制度研究》,法律出版社1995年版,第174、176、178页。

有权人专有部分,如德国,认为"以持久性界标标明范围的停车场,视为有独立性的房间",因此可以建立专有所有权。⑦ 在日本,最高法院原来的立场是将区分所有建筑物车库、车位界定为专有部分,其依据是停车场满足于构造上的独立性和利用上的独立性这两个专有部分的基本特征而确定的,后来学者对这种立场进行批判,采纳了屋内停车场的权属为专有使用权的意见,基础是在共用部分上,由特定区分所有权人于设定目的的利益范围内对共用部分享有使用权,其他区分所有权人于不妨害专有使用权形式的范围内,也可利用专有使用权的客体。⑧ 在美国,建筑公寓中的停车场的权利及其规则,都由管理团体在宣言或者规约中予以确定,同时,理事会也可以在建筑物规则中随时订定;而在夏威夷,则将车库、车位作为建筑物的共用部分维持权属,按照建筑单元予以分配。⑨ 在我国澳门特别行政区,将车库、车位区别不同情况,分为归属于区分所有权人单独所有的专用部分和属于全体区分所有权人所共有的共用部分。⑩ 我国台湾地区则通过"内政部营建署"的命令,规定建筑物在地下室依法附建的防空避难所兼停车空间,视为公共设施,不准登记为个人私有,也不准分割零售,因此,区分所有建筑物依法应附建的停车空间为建筑物的必要设施,其性质与共用走廊、楼梯相同,不必编订门牌号码。⑪

在我国大陆,现行立法没有关于建筑物区分所有权的规定,因此对于区分所有建筑物的车库、车位的权属问题没有明文规定;在《物业管理条例》中也没有规定车库、车位的问题。在现实中,相比较而言,我国大陆区分所有建筑物车库、车位的权属状况较为混乱,缺少必要的法律规制,在《物权法(草案)》的条文中作出的区分所有建筑物共用部分的一般规则,很难解决现实中复杂、多样的权属争议。

区分所有建筑物的车库、车位权属问题与窗前绿地和楼顶空间的权属问题都不相同,具有特殊性。其特殊之处就在于,车库、车位的土地使用权可以单独计算,不计入公摊面积,而不像窗前绿地那样,一般都属于全体区分所有权人共有,也不像楼顶空间那样,只能属于全体区分所有权人共有。在现实中,也存在开发商单独开发车库、车位的情形,也算一个特点。

因此,解决车库、车位权属争议,最重要也是最基础的,就是确定车库、车位的所有权归属。在此基础上,才能够研究车库、车位权属争议的具体规则。

从原则上说,车库、车位是区分所有权人全体共有的,因为在区分所有建筑物中,除了专有部分建立所有权的之外,其他部分都应当是全体区分所有权人所共有。车库、车位并不是依附于建筑物的专有部分,而是独立于建筑物专有部分之外,因此应当是共用部分,是建筑物区分所有权中共有权的标的物。如果这个基本规则确立,那

---

⑦ 参见陈华彬:《现代建筑物区分所有权制度研究》,法律出版社 1995 年版,第 175 页。
⑧ 参见陈华彬:《现代建筑物区分所有权制度研究》,法律出版社 1995 年版,第 171—172 页。
⑨ 参见陈华彬:《现代建筑物区分所有权制度研究》,法律出版社 1995 年版,第 175、172、176 页。
⑩ 参见《澳门民法典》第 1315 条和第 1324 条规定。
⑪ 参见林永汀:《论地下室停车位的所有权与使用权》,载《军法专刊》1992 年第 38 卷第 5 期。

么,车库、车位的所有权为全体区分所有权人所共有,区分所有权人对于自己所有的车库、车位的使用,就是如何进行分配的问题。

如何对待开发商对车库、车位的单独开发问题？按照《物权法(草案)》的规定,开发商如果能够证明自己对车库、车位具有独立的土地使用权和车库、车位的所有权的,那么,开发商享有车库、车位的所有权,区分所有权人使用车库、车位,只能够是向开发商购买使用权或者进行租赁。需要说明的是,如果区分所有建筑物本身没有建设车库、车位,开发商自己独立开发车库、车位并取得所有权的,是不允许的,因为现代社会的区分所有建筑物的开发不能不建有车库、车位,不建有足够数量车库、车位的区分所有建筑物将是违法建筑。

因此,确定车库、车位所有权的基本规则就是,区分所有建筑物的车库、车位原则上归全体区分所有权人所共有;但是,如果区分所有权人能够证明自己享有的是专有权,或者开发商能够证明自己享有车库、车位的所有权的,适用"除外"的规定,不过,后者存在的前提是这些车库、车位不属于区分所有建筑物的组成部分。

值得研究的是,车库、车位的权属问题是否仅仅依靠约定就能够解决？笔者认为,必须根据实际发生权属的基础事实来确定。如果仅仅是依据约定来确定车库、车位的所有权,是不能成立的。如果车库、车位不属于区分所有权人单独所有,也不属于开发商单独所有,车库、车位的所有权就是区分所有权人的,就可以确定为车库、车位属于全体区分所有权人共有,是建筑物的共有部分,至于如何分配使用权,则可以通过约定确定权属。

(三)处理车库、车位权属争议的具体规则

《物权法》第74条规定:"建筑区划内,规划用于停放汽车的车位、车库应当首先满足业主的需要。建筑区划内,规划用于停放汽车的车位、车库的归属,由当事人通过出售、附赠或者出租等方式约定。占用业主共有的道路或者其他场地用于停放汽车的车位,属于业主共有。"应当明确,《物权法》第74条规定的车库、车位,是有特指的。车库,是指六面封闭的停车位;而车位,则是指在地表设立的停车位。《物权法》第74条规定车库和车位的规则有三款,说明了四个问题:

(1)区分所有的建筑物的建设,必须保证设置足够区分所有权人使用的车库、车位。现代社会生活,人们离不开汽车作为交通工具。在我国城市中,私人汽车的保有量在不断提高,而且会越来越高。因此,区分所有建筑物的车库、车位是必须建设并且必须具有足够数量的。在立法中,应当明确规定,房产开发商在开发建设区分所有建筑物时,必须建立足够的车库、车位,最好参照多伦多市的规定,两个卧室的单元设置一个车库、车位,三个以上卧室的单元应当设有两个车库、车位,并且需要建设一定数量的公共车库、车位。禁止开发商将区分所有建筑物的车库、车位建设纳入自己的所有权范围单独开发。

(2)规定了车库和车位的基本规则是应当"首先满足业主的需要"。只有在业主的需求解决之后,才可以向外出售或者出租。这是从实际情况出发规定的内容,有利

于纠纷的解决和预防。有人将"首先满足"中的"首先"解释为"优先",因此,对于车库和车位,业主享有优先购买权。这种理解是不对的。如果业主对车库、车位享有优先购买权,那么,其他非业主就可以出高价购买,一种可能是使业主买不到车库、车位,另一种可能是抬高车库、车位的价款,对业主都是有害的。后来,比较倾向于将"首先满足"解释为时间期限问题,就是只要业主需要,就必须满足业主的需要,不能将车库、车位卖给别人。但是,这里要有一个期限,如果永远都是"首先满足"业主需要,那就不是"首先"了。因此,应当规定在建筑物开盘的5年或者5年内,要首先满足业主的需要;或者规定在同一个时间,只要有业主和非业主购买或者租赁车位、车库,就"首先满足业主的需要"。最高人民法院《关于审理建筑物区分所有权纠纷案件具体应用法律若干问题的解释》第5条规定:"建设单位按照配置比例将车位、车库,以出售、附赠或者出租等方式处分给业主的,应当认定其行为符合物权法第七十四条第一款有关'应当首先满足业主的需要'的规定。"这就明确了"首先满足业主需要",就是建设单位按照配置比例将车位、车库,以出售、附赠或者出租等方式处分给业主。

(3)确定车位和车库的权属应当依据合同确定。出售和附赠的,确定的是所有权归属于业主;出租的,确定的是所有权归属于开发商,业主享有使用权。这样的规定,虽然没有考虑防空和反恐的问题,但最容易解决纠纷。对此,最麻烦的是如何统一近年来车库和车位权属的现状问题。以前购买商品房的业主对于车库、车位基本上是购买的专有使用权,与《物权法》的规定有很大差距。如何统一到《物权法》的规定上来。最高人民法院《关于审理建筑物区分所有权纠纷案件具体应用法律若干问题的解释》第2条规定的"建筑区划内符合下列条件的房屋,以及车位、摊位等特定空间,应当认定为物权法第六章所称的专有部分"中提到的车位、摊位为专有部分,就解决了这个问题。对此,应当确定车库和车位的所有权,并且应当进行物权登记。

在过去,研究建筑物区分所有权,都认为地下车库不能设立所有权,而应当采取共有,设立专有使用权的办法,以保障车库、车位的防空和反恐的需要。如果把地下车库卖给每一个业主,并且设立了私人所有权,如果到防空、反恐需要用的时候,就会造成混乱,就会出现不准许没有购买车库的业主进入地下车库避险的问题。所以,地下车库不应该卖给个人,也不应该归开发商所有,而应该由全体业主共有。但《物权法》没有采取这个立场,而是明确规定可以通过出售、附赠、租用的方式,解决车库和车位的权属问题。

还应当明确一点,如果确定了出售和附赠车位、车库的所有权属于业主,那么,车库、车位的所有权和土地使用权也应当进行物权登记,在转移专有权时,车库车位的所有权和土地使用权并不必然跟随建筑物的权属一并转移,不适用《物权法》第72条第2款的规定。

(4)占用共有的道路、共有的其他场所建立的车位属于全体业主共有。对此,不能属于开发商所有,也不能确定为业主个人所有。最高人民法院《关于审理建筑物区分所有权纠纷案件具体应用法律若干问题的解释》第 6 条规定:"建筑区划内在规划用于停放汽车的车位之外,占用业主共有道路或者其他场地增设的车位,应当认定为物权法第七十四条第三款所称的车位。"这是确定这种车位界限的规定,必须是规划车位之外,占用共有道路或者其他场地,增设的车位,才能够属于全体业主共有。至于如何使用,可以确定的办法是:首先,应当留出适当部分作为访客车位;其次,其余部分,不能随意使用,应当建立业主的专有使用权,或者进行租赁,均须交付费用,而不是随意由业主使用,防止买车位的业主吃亏,没买车位的业主占便宜;最后,属于共有的车位取得的收益,除去管理费之外,应当归属于全体业主,由业主大会或业主委员会决定,将其归并于公共维修基金或者按照面积分给全体业主。

  附带说明的是,有的业主认为,既然车位是业主享有所有权,那为什么每个月还要交管理费?问题是,即使是业主享有车位和车库的所有权,但是也需要进行管理和清扫,因此,业主对自己所有的车库、车位交纳适当的管理费是应当的。

不动产支撑利益及其法律规则*
——以美国法上不动产支撑权为借鉴

《物权法》规定了分层建设用地使用权,但这个条文对分层建设用地使用权的规定仅仅是一个物权的概念,并没有规定实质性的内容,应当通过学理研究和实践观察,对其进行补充。本文借鉴美国法上的不动产支撑权(supporting right)制度,对我国不动产支撑利益进行研究,提出相关的法律规则。

一、支撑利益研究的重要性

《物权法》第136条规定:"建设用地使用权可以在土地的地表、地上或者地下分别设立。新设立的建设用地使用权,不得损害已设立的用益物权。"其中在地上或者地下设立的建设用地使用权,就是以独立空间为客体的分层建设用地使用权。

作为分层建设用地使用权客体的空间,是指由不动产登记簿确定所处位置和三维参数的地表上下特定的封闭范围,是一种特殊的不动产。空间具有以下基本特征:第一,空间必须由不动产登记簿确定,获得法律上的独立,《物权法》第10条第2款确立了我国未来不动产的统一登记制度。第二,空间的位置和三维参数必须确定,空间之间不能重合,这是其物理上的独立性与特定性。第三,空间是地表之上或者之下的特定封闭范围,在法律上独立于地表存在,这是对传统的"上至天空,下至地心"土地范围的限制与改变。第四,空间是特殊的不动产,在没有特别规定的情形下,应当适用不动产的物权规则。

空间主要有两种表现形态:一是地下空间,这是近年来逐渐发展出的空间利用形式,常见利用方式是在地表之下一定深度建设建筑物,包括地下停车场、人防工程和地下商场等。二是地上空间,这在我国是较新的空间表现形态。以现有的建筑技术,地上空间建筑不可能是漂浮的,必须获得一定向上的支撑力。在具体表现形式上,有的以空间下方的建筑物为支撑,如房屋加盖;或者通过支撑柱等结构进行支撑,如高架桥;特殊情况下以两侧建筑物为依托,如空中走廊等。在城市建设较为发达的国家,已经出现了数十年的地上空间交易和建筑实践,如坐落在芝加哥的美国中西部行

---

* 本分发表在《法学研究》2008年第3期,合作者为四川大学法学院教授王竹博士。

政大厦有40层是建在伊利诺斯火车站上的,波士顿的马萨诸塞大道穿过52层的行政大楼,纽约59层的泛美航空公司大楼占据中心火车站的上空。①

传统土地利用在登记制度上表现为"平面拼图",对于一幅土地的确认依赖于四周的土地,只考虑平面相邻关系,不考虑纵向相邻关系。而土地的立体利用类似于"搭积木",需要进行立体考量,分别考虑纵向和横向关系,还涉及相邻面的共有关系,更为复杂。独立空间作为物权客体必然涉及边界的界定问题,具体体现为两个方面:其一,空间法律边界的刚性。空间在位置、三维上的确定性和作为物权客体的特定性要求,使得空间必须具有法律边界上的刚性,即相邻空间的共有界面不可改变,不可弯曲。其二,空间物理边界的对抗性。法律上的刚性在物理上表现为共有界面可能存在的对抗性。之所以说可能存在,是因为刚性可能是共有界面两侧没有任何受力,也可能是两侧受力的平衡。没有受力的情况一般仅存在于少数相邻人工建筑物之间,在水平方向上可能因为各自的承重设计而没有相互受力。但在垂直方向的土地立体利用中,由于地球引力的存在,空间、地表之间这种支撑与被支撑的对抗性是必然存在的。

空间物理边界的对抗性,对立体利用土地提出了一个基本要求,即通过相邻空间、地表之间的相互支撑而保持其登记簿上的位置和三维范围,具体表现为:第一,支撑与被支撑是维系空间刚性界限的必然要求。相邻空间、地表之间如果没有被支撑,则可能发生共有界面的弯曲甚至相互渗透。第二,支撑与被支撑是空间单独利用的前提条件。如果空间、地表之间不能通过相互支撑保持其物理范围的刚性,则不能作为单独利用的客体。第三,支撑与被支撑是空间物理边界对抗性的法律表现。正是由于空间在物理边界上达到平衡的对抗,才保持了空间边界的刚性。

因此,对于空间而言,提供支撑和获得支撑的重要性就被凸显出来,单独确认空间这种获得支撑的权利和支撑相邻空间、地表的义务,是土地立体利用的前提性要求。我们将这种空间、地表之间的支撑与被支撑的关系,称为支撑关系。支撑关系存在于土地与土地之间,也存在于地表与地上、地下空间之间,甚至存在于相邻地下空间和相邻地上空间之间。另外,建筑物的上、下层之间的支撑关系与空间、地表之间的支撑关系实质相同,水平相邻的区分所有专有部分之间也可能存在支撑关系。因此,我们将各种不动产之间的支撑关系中蕴含的权利和义务统称为不动产支撑利益,以包含空间、地表之间和建筑物内部各种支撑利益。不动产支撑利益,是指在不动产的立体利用中,因相互支撑或者被支撑而发生的不动产权利人之间的民事利益。

在我国《物权法》确定了分层建设用地使用权的前提下,确立和研究支撑利益及其物权法律规则,在理论上和实务上都显得极端重要。下文着重探讨空间、地表之间的支撑利益规则,对于建筑物内部的支撑利益,可以类推适用。

---

① 参见戴银萍:《美国的不动产概念及其物质组成》,载《中国土地科学》1998年第4期。

二、大陆法系支撑利益相关理论和规则及其局限性

(一)罗马法上支撑利益的萌芽

大陆法系民法理论并非完全未对不动产支撑问题进行关注。例如《十二铜表法》第七表"土地和房屋(相邻关系)"第2条后段就有所涉及:"筑围墙的应留空地一尺;挖沟的应留和沟深相同的空地;掘井的应留空地六尺。"这显然是一种经验性总结。此后大法官法规定了建造或者拆毁房屋,若邻居认为有损其利益,得暂时阻止其建筑或者拆毁,至双方明其权益时为止。② 罗马法上还存在支撑地役,是指建筑物搭建于邻人的建筑物、墙壁、支柱而获支撑的役权。与支撑利益相关的制度主要有潜在损害保证金、新作业告令、防止暴力和期满令状制度。③

(二)大陆法系民法典支撑利益的立法模式考察

《法国民法典》第674条规定"在共有分界墙或非共有分界墙旁:挖井或挖粪池;建造烟囱或壁炉、锻造炉或冶炼炉或炉灶;倚墙修建牲畜栏棚;或者倚墙建立盐栈或存放腐蚀性材料的场所;应当留出条例或特别习惯就这些物体所规定的距离,或者建造依同样条例与习惯所规定的隔开设施,以避免给邻人带来损害。"学理上将其纳入基于判例形成、学说构筑的"近邻妨害制度"之中。④ 法国法的这种体现为保持一定距离的役权保护模式,是对罗马法的继受,并为《智利民法典》第855条⑤等法国法系立法例继受。

在德国法的相邻防险关系中,实际上已经考虑到了支撑利益。《德国民法典》第909条规定:"不得以会使邻地失去必要支撑的方法开掘土地,但已充分作出其他巩固措施的除外。"这种"招致危险的开掘"在德国法上具有极其重要的实践意义,判例上主要包括两种情况:其一,因开掘(挖方、打地基、打桩等),使邻地失去支撑;其二,因开掘使地下水位下沉,并进而使相邻建筑物丧失支撑。⑥ 这种做法应该说是较成体系的,但其立法思维,仍然是从平面利用的角度进行的考虑,本旨是相邻而非支撑,尚不足以满足在独立空间上设立建设用地使用权的上述要求。遗憾的是,尽管后世民法典承袭了这一思路,但鲜有明确保护"支撑利益"的立法例。有的以预防土地发生动摇或发生危险为着眼点的,如《瑞士民法典》第685条规定:"(1)所有人在挖掘或建筑时,不得使邻人的土地发生动摇,或有动摇的危险,或使其土地上的设施受到危

---

② 参见周枏:《罗马法原论》,商务印书馆1994年版,第326页。
③ 参见[意]彼德罗·彭梵得:《罗马法教科书》,黄风译,中国政法大学出版社1992年版,第235—239页。
④ 参见陈华彬:《法国近邻妨害问题研究》,载梁慧星主编:《民商法论丛》(第5卷),法律出版社1996年版,第302页。
⑤ 参见徐涤宇译:《智利共和国民法典》,金桥文化出版(香港)有限公司2002年版,第189页。
⑥ 参见[德]鲍尔·施蒂尔纳:《德国物权法》(上),张双根译,法律出版社2004年版,第557—558页。

害。(2)违反相邻权规定的建筑物,适用有关突出建筑物的规定。"我国台湾地区"民法"第794条规定:"土地所有人开掘土地或为建筑时,不得因此使邻地之地基动摇或发生危险,或使邻地之工作物受其损害。"应是兼采德国和瑞士立法例。有的采纳对地基的稳定性进行保护的思路,如原《捷克斯洛伐克共和国民法典》⑦第109条前段规定:"物的所有人的行为不应当超过自己的权利范围而妨害邻人或者严重的危害邻人行使权利。特别是不能损害邻人的还不够牢固的建筑物和地基。"《埃塞俄比亚民法典》第1210条规定:"在其土地地表下为挖掘或修建地下工程的所有人,不得撼动其邻地的土地,使此等土地上的工作物的稳固性受到损害或者危险。"⑧

部分大陆法系民法典体现出法国法和德国法的混合体例,如《日本民法典》尽管采纳了德国法相邻关系的体例,但内容上更接近法国法,并明确了保持的具体距离,如第237条规定:"(一)挖掘水井、用水池、下水坑或肥料坑时,应自疆界线起保留二米以上的距离。挖掘池、地窖或厕坑时,应保留一米以上距离。(二)埋导水管或挖沟渠时,应自疆界线起,保留为其深度一半以上的距离,但无须超过一米。"第238条规定:"于疆界线近处进行前条工事施工时,对于预防土沙崩溃、水或污水渗漏事,应予以必要注意。"这两条在学理上与第234条[疆界线附近的建筑]一起被纳入"疆界附近工作物的相邻关系法"中的"保持距离的义务"。⑨《意大利民法典》第889条和第891条的体例与《日本民法典》类似,但第883条涉及了"共有墙壁上的建筑物"的支撑问题:"欲拆除支撑在共有墙壁上的建筑物的所有人,可以放弃对该墙壁享有的共有权,但是,建筑物的所有权人应当进行必要的修缮和施工,从而避免因拆除建筑物而可能给邻人造成的损失。"这类似于罗马法上的支撑地役。《越南民法典》第273条规定:"在挖井、开挖池塘及建设其他地下工程时,工程所有人必须依建筑法的规定,使施工地点与界标保持必要的距离。建筑工程对相邻及周围不动产的安全构成威胁时,工程所有人必须立即采取各种补救措施;若对相邻及周围不动产造成损害,则必须赔偿损害。"⑩这种立法例体现出一种混合体例向德国法回归的思路。

除了上述列举规定模式外,部分民法典采概括主义模式,不作相关具体规定,由法官自由裁量。例如《魁北克民法典》第976条规定:"依土地的性质、所处的位置或当地习惯,相邻人应忍受不超出他们应相互容忍限度的通常的相邻干扰。"⑪《阿尔及利亚民法典》第691条规定:"所有人不得以滥用的方式行使其权利以损害邻人的所有权。邻人不得因相邻关系中的普通不便起诉。但如不便超出普通的限度,邻人得请求予以排除。法官应考虑财产的使用、不动产的性质、财产的各自状态及其目的等

---

⑦ 参见郑明译:《捷克斯洛伐克共和国民法典》,法律出版社1956年版,第20页。
⑧ 薛军译:《埃塞俄比亚民法典》,中国法制出版社2002年版,第232页。
⑨ 邓曾甲:《日本民法概论》,法律出版社1995年版,第187页。
⑩ 吴尚芝译:《越南社会主义共和国民法典》,中国法制出版社2002年版,第74页。
⑪ 孙建江、郭站红、朱亚芬译:《魁北克民法典》,中国人民大学出版社2004年版,第125—126页。

而为裁决。"[12]

(三)大陆法系支撑利益相关理论和规则无法全面解决不动产支撑问题

大陆法系各国或地区民法典支撑利益立法尽管体例和内容有所不同,但在总体思路却有共通之处,体现在以下三个方面:第一,立法上通过相邻关系进行调整。相邻关系之存在,实为所有权社会化之表现,其基本理论乃是利用利益衡量之原理,调和权利行使[13],即考量土地所有人自由行使其权利是否具有值得保护的利益,并衡量邻地所有人是否有得干预他人所有权范畴的优势利益,而为合理必要的利益衡量。[14]第二,具有较强的习惯法和地方法色彩。如《法国民法典》第674条规定:"留出条例或特别习惯就这些物体所规定的距离";《瑞士民法典》第686条规定:"(1)各州对挖掘及建筑应遵守的距离,有权作出规定;(2)各州亦有权制定有关建筑的细则";《意大利民法典》第889条第2款规定:"以上任一情况下,地方法规另有规定的除外",第891条强调:"如果地方法规未另行规定"等。第三,体现出一种利益衡量下的经验总结思路。部分立法例明文规定应该保持的具体距离,而距离的考虑是多方面考虑,包括防火、眺望、日照、采光、林木越界和环保等,支撑利益只是作为修建、施工安全的一部分考虑,并非是单独抽象出来的受保护利益。

可见,大陆法系相邻关系的构建模式,主要是以土地平面利用为思考背景,没有特别考虑不动产的立体利用问题,因此对支撑利益的确认和保护,采用的是相邻关系框架内的间接模式。从大陆法系土地利用制度的体系性出发,理论上并不排斥通过地役权规范空间、地表之间的支撑利益,但由于支撑利益在相邻关系内尚不明确,加上不动产分层利用兴起时间较短,地役权制度也就没有发展出丰富的支撑利益地役权制度。[15]事实上,正是由于未抽象出明确的支撑利益,就不可能建立起较为完善的支撑相邻关系和支撑地役权制度,在支撑利益保护和纠纷解决上,也难以展开实质性的体系性构建。

三、美国法上的不动产支撑权

(一)美国不动产支撑权概述

美国法上有较为完善的不动产支撑权制度。支撑权是相邻土地所有人维护其土地自然状态的一种权利,是指获得侧面土地或者地下土壤对土地提供支撑的权

---

[12] 尹田译:《阿尔及利亚民法典》,中国法制出版社2002年版,第125条。
[13] 参见谢在全:《民法物权论》(上),中国政法大学出版社1999年版,第171—172页。
[14] 参见王泽鉴:《民法物权(1)·通则·所有权》,中国政法大学出版社2001年版,第210页。
[15] 本文所谓的支撑利益地役权,不同于罗马法上的支撑地役,参见后文。

利。⑯ 为毗邻土地提供必要的土地支撑是一种消极地役权⑰,是一种源于自然法的绝对的、自然的权利。毗连地层的所有人、矿藏所有人以及相邻土地的所有人无权撤去对土地的垂直或者侧面的支撑,除非其享有其他地役权。⑱ 提供支撑的土地是支撑地,接受支撑的土地是被支撑地。

按照支撑地与被支撑地的相对位置标准,支撑权可分为侧面支撑权(lateral support)和垂直支撑权(subjacent support)。狭义支撑权仅指侧面支撑权,即某一土地受到与之相邻土地的支撑,从而使之得保持自然状态的权利。⑲ 国内有的学者将侧面支撑权译为"相邻支撑权利"⑳,可能是受到大陆法系相邻关系理念的影响。广义的支撑权还包括垂直支撑权,即指土地受其下面的土地支撑的权利,或建筑物的上层受下层支撑的权利㉑,这也从一个侧面佐证了美国法上土地立体化利用的趋势。现代社会更多的土地建设需求与土地供应的有限性,造成了超过以往的集中土地开发,不动产侧面支撑权利也变得越来越重要。㉒ 在美国法律体系中,支撑权和支撑利益受到财产法和侵权法的共同调整。

(二)美国财产法上的土地支撑权

美国财产法上的不动产支撑权在学说体系中的位置并不固定,主要有以下四类体例安排:

第一类,土地支撑权与空间权利、水权、约定边界、土地上定着物、侵入、妨害和土地适用管理等并列安排在"各种财产学说"章节中,这些内容再与财产权的核心内容——"土地上的各种权益和不动产转让"并列起来。㉓

第二类,侧面支撑权与空中权利、地下权利、水权并列在"不动产财产权的范围"章节,与其并列的是"在他人土地上的权利",后者包括地役权、用益和许可。㉔

第三类,土地支撑权安排在相邻关系中的妨害法中,又分为两种略有不同的具体方式:其一是在"特别妨害法"中。㉕ 在该种学说体例下,相邻关系包括妨害、逆占有、授权和地役权、盖印合同四部分。在妨害法体系内,土地使用的大部分冲突都由妨害法规范,但对于较为特殊的三大领域,即水权、支撑权和对阳光、空气的权利,分别适

---

⑯ See *Real estate law*, George J. Siedel III, Robert J. Aalberts, Janis K. Cheezem 5th ed. pp. 67 - 68.
⑰ See The American Law Institute: *Restatement of Property*, §452 Negative Easement, Comment a. Negative easements. Comment b. Use of land.
⑱ 参见《元照英美法词典》,法律出版社 2003 年版,第 1314—1315 页。
⑲ 参见《元照英美法词典》,法律出版社 2003 年版,第 456 页。
⑳ 彭诚信:《现代意义相邻权的理解》,载《法制与社会发展》1999 年第 1 期。
㉑ 参见《元照英美法词典》,法律出版社 2003 年版,第 1300 页。
㉒ See *Real estate law*, George J. Siedel III, Robert J. Aalberts, Janis K. Cheezem 5th ed. pp. 67 - 68.
㉓ 参见[美]贝哈安特:《不动产法》(第 3 版),中国人民大学出版社 2002 年影印版,第 390 页。
㉔ See *Real estate law*, George J. Siedel III, Robert J. Aalberts, Janis K. Cheezem 5th ed. pp. 67 - 68.
㉕ See *Introduction to property*, Joseph William Singer. [美]约瑟夫·威廉·辛格:《财产法概论》,中信出版社 2003 年影印本。

用特殊规则㉖,三者相当于特别妨害法。鉴于这种特别法与一般法的关系,在必要时和特殊情况下,法院也直接适用妨害法㉗,因此归入一章。其二是安排在"妨害:法定相邻关系"中。㉘ 在该种学说下,相邻关系被分为逆占有、妨害和役权。其中妨害和地役权被并列起来,妨害主要适用于无协定存在的情况,而地役权适用于存在限制土地利用的私人协定的情况。这种学说体例将授权、地役权、盖印合同三部分纳入役权,妨害中包含了阳光和空间的权利,并与水权、支撑地役权并列。

第四类,土地支撑权安排在"土地(所有权)的附属性权利"中。从属于土地的权利,是一种附属权利,指为充分利用某财产所必需的各项权利。它从属于更重要、更高级的权利,随同这些主权利一起移转而不能独立存在,是土地所有人享有的权利。一种学说将从属于土地的权利分为四种,包括妨害、侧面和地下支撑、水权(包括排水权)、空中权㉙;另一种学说分为三种,包括侧面和地下支撑、水权、空中侵入等。㉚

尽管上述四种不同的财产法或者不动产法学说体例对土地支撑利益进行了不同的安排,我们仍然可以发现其中的规律:首先,不动产支撑权是一种体例上较为边缘化,内容上具有一定从属性的不动产财产权。其次,尽管在体例上较为边缘化,但在内容上却很重要,各种学说均未遗漏对其规定,相较于其他从属性权利更具有核心性。最后,不动产支撑权与空中权、水权和妨害制度,始终是被作为相似的权利位置进行安排的。这些权利内容大致相当于大陆法系的相邻关系,但又不完全相同。在体例上,这些内容与地役权之间的关系,也与大陆法系相邻关系与地役权的区分类似。㉛ 总的来说,不动产支撑权是一种美国财产法上重要的从属性不动产权利类型,在美国司法实务中,土地支撑权为普通法和成文法所共同调整。

普通法上侵害土地支撑利益的案件主要包括以下四种主要类型:其一,一人在开发土地中存在过失,导致相邻土地沉陷。其二,一人开发土地无过失,但处于自然状况(其上无建筑)的相邻土地沉陷。其三,一人开发土地无过失,经过改良(非自然状况)的土地因为建筑增加的重量而下沉。其四,一人开发土地无过失,经过改良(非自然状况)的土地下沉,且即使没有该建筑增加的重量也会下沉,该人承担责任。㉜

上述四类案件对应的损害赔偿规则是:第一类案件适用过错责任原则,依据侵害

㉖ See *Introduction to property*, Joseph William Singer, p. 95. 〔美〕约瑟夫·威廉·辛格:《财产法概论》,中信出版社 2003 年影印本。

㉗ See *Introduction to property*, Joseph William Singer, pp. 121 – 132. 〔美〕约瑟夫·威廉·辛格:《财产法概论》,中信出版社 2003 年影印本。

㉘ See *Property law*: *rules*, *policies*, *and practices*, Joseph William Singer. 〔美〕约瑟夫·威廉·辛格:《财产法:规则·政策·实务》,中信出版社 2003 年影印版。

㉙ See *Property*, Steven L. Emanuel, p. 447. 〔美〕史蒂文·L. 伊曼纽尔:《财产法》,中信出版社 2003 年影印本。

㉚ See *Cases and Text on Property*, Little, Brown and company, pp. 1195 – 1242.

㉛ 本文主要将探讨不动产支撑利益问题,美国法上的地役权(easements/servitudes),只是作为本文的背景性参照,其具体内容,笔者将另行撰文说明。

㉜ See *Real estate law*, George J. Siedel III, Robert J. Aalberts, Janis K. Cheezem 5th ed. p. 67.

人的过失或者故意负全部赔偿责任。其过失主要表现为:(1)未事先提请相邻建筑权利人注意以便有机会将土地或者建筑物支撑起来;(2)未为他人提供建筑物的支撑;(3)或者未进行足够的初步土地勘测。第二类案件侵害人违反了对自然状况土地提供支撑的绝对义务,负绝对责任。第三类案件,由于被支撑土地经过改良,无过失开发人不负有对建筑物的支撑义务,因此不承担责任。第四类案件,各州法院关于赔偿范围有两种不同学说:一种学说认为,只赔偿土地不赔偿建筑。其理由是:由于相邻的土地权利人对土地进行改良,如果让后建房的人对因可能对先建房的人造成的损害承担责任的话,那么就使得先建房的人获得了优先于后建房人的法律地位,这与土地权利人有同样的改良权利的政策是相违背的。另一种学说是,建筑物和土地都赔偿,但要求该损害是可预见的。[33]

另外,美国部分州的成文法如《加利福尼亚民法典》,对不动产支撑权作出了规定[34],潜在的挖掘施工人应该提前对相邻不动产人进行提示,说明其挖掘的情况。并且,如果计划中的挖掘超过一定的深度(通常规定为 8—12 英尺),就应该对邻地不动产提供支撑。[35]

(三)美国侵权法上的不动产支撑利益

相对于财产法上体例的不清晰,美国法学会《侵权法重述·第二次》(以下简称《侵权法重述》)第三十九章"对土地支撑的利益"对不动产支撑利益进行了集中规定,安排在第十编"以故意过失侵入土地以外的其他方式侵犯土地利益"中,与第四十章"妨害"和第四十一章"使用水的干扰(水滨权)"并列,这种体例与美国财产法相关学说具有较强的对应性。该章包括两节,共计 5 个条文,第一节和第二节分别对侧面支撑和地下支撑进行了规定。其中第 818 条"撤销地面下的物质"实际上是关于水等流体的规定,考虑到 90 年代以来的美国发生的实际诉讼中,由地下水抽取造成的下陷往往由水法而不是支撑法来处理[36],与《侵权法重述》70 年代制定时的司法背景已经有所不同,因此对该条内容本文暂不作探讨,下文只对侧面支撑与地下支撑问题进行分析。

关于土地支撑利益本质有两种不同的学说,即较为早期的"自然地役权说"和后来兴起的"被支撑土地完整性权利说",但两者均认为此种权利为土地占有权的构成要素。[37]

"自然地役权说"认为,支撑权是"支撑土地上的权利",此种权利具有自然地役

---

[33] 参见〔美〕贝哈安特:《不动产法》,中国人民大学出版社 2002 年影印第 3 版,第 390 页。See *Real estate law*, George J. Siedel III, Robert J. Aalberts, Janis K. Cheezem 5th ed. p.67.
[34] See *Real estate law*, George J. Siedel III, Robert J. Aalberts, Janis K. Cheezem 5th ed. p.68.
[35] 参见〔美〕贝哈安特:《不动产法》,中国人民大学出版社 2002 年影印第 3 版,第 390 页。
[36] 参见〔美〕贝哈安特:《不动产法》,中国人民大学出版社 2002 年影印第 3 版,第 388 页。
[37] See The American Law Institute: *Restatement of the Law*, *Second*, *Torts*, Chapter 39 Interests in the Support of Land, Introductory Note and Scope Note.

权性质,支撑土地有自然供役地性质。英美法上的自然地役权,是指如基于从下方或侧面支撑其土地的需要,或者基于使其土地表面的积水能自由流出的需要,对其相邻土地享有的法定权利。因为不是通过法律行为来设立,而是作为自然权利而存在,所以不是真正的地役权。㊳ 依据这种学说,认为这种权利是支撑土地的权利,其未加限制的逻辑推论结果为:①支撑权仅为被支撑之土地而存在,就不被支撑土地附近的人而言,建造建筑物或其他变造物所需要的支撑,不得主张支撑权;②支撑权可能仅仅因为移除支撑而被侵犯,不论是否有故意或者过失,均需要负责;③支撑权可能在支撑被撤除时就被侵犯,而不论是否有下陷或其他实际损害,均需要负责;④支撑权遭受侵害,预期损害也能够请求赔偿;⑤消灭时效的起算点,以支撑被移离时起算。

"被支撑土地完整性权利说"认为支撑权是"被支撑土地的权利"。根据这种学说未加限制的逻辑推论结果是:①这种支撑权基于被支撑土地的自然或经变造的情况或其土地上的人为情况而存在;②支撑权并不仅仅因为撤除支撑而遭受违反,必须有故意或过失才须负责;③支撑权并非在支撑被撤除时即遭受侵害,必须有下陷或者其他实际损害,才需要负责;④支撑权遭受侵害的,预期损害不得请求赔偿;⑤消灭时效,不是以支撑被移离时,而是以下陷或其他实际损害发生时起算。

根据《侵权法重述》第三十九章所附"引导性和范围性说明",不动产支撑利益本应适用《侵权法重述》第二编过失责任和第三编严格责任的原则性规定,因较为特殊,专门集中在该章进行规定。㊴ 除第818条关于流体的规定,第一节侧面支撑之撤除和第二节地下支撑的撤除各有两条,分别适用严格责任和过失责任。适用严格责任的条文,一是第817条"撤除自然必要的侧面支撑"规定:"(1)撤除他人占有土地的自然必要侧面支撑,或撤除该土地自然必要侧面支撑的替代支撑,行为人应当就自然仰赖该被撤除支撑的他人土地的下陷,承担责任。(2)依前项规定应当负责任的人,对该下陷而导致对人为添加物的损害,也应当负责。"二是第820条"撤除自然必要的地下支撑"规定:"(1)撤除他人占有的土地的自然必要地下支撑,或撤除该土地自然必要地下支撑的替代支撑,行为人应当就自然仰赖该被撤除支撑的他人土地的下陷,承担责任。(2)依前项规定应当负责任的人,对该下陷而导致人为添加物的损害,也应当负责。"适用过失责任的条文,一是第819条"过失撤除侧面支撑"规定:"过失撤除他人占有土地的侧面支撑,或过失撤除该土地人为添加物的侧面支撑,行为人应当就导致他人土地或土地人为添加物所受的损害负责。"二是第821条"过失撤除地下支撑"规定:"过失撤除他人占有土地的地下支撑,或过失撤除该土地人为添加物的地下支撑,行为人应当就导致他人土地或土地人为添加物所受的损害负责。"

经过条文对比分析可以发现,严格责任和过失责任适用范围的分野,就是支撑是

㊳ 参见《元照英美法词典》,法律出版社2003年版,第455页。

㊴ See The American Law Institute: *Restatement of the Law*, *Second*, *Torts*, Chapter 39 Interests in the Support of Land, Introductory Note and Scope Note.

否"自然必要"(naturally necessary),这在侧面支撑和地下支撑领域都是一致的。在美国侵权法上支撑权理论的发展过程中,"自然地役权说"仅限于被支撑土地之自然情况,对其第 817 条第 2 项产生了较大的影响,而"被支撑土地完整性权利说"对于支撑权利其他方面法律,有决定性的影响。因此,支撑利益是否"自然必要",是适用严格责任或过失责任的判断标准。按照《侵权法重述》第 817 条第 1 款评论的说明,所谓的自然必要支撑,是指土地自身处于自然状态,且其周围土地亦处于自然状态的情况下的支撑需要,不包括因在该土地或者其周围土地上增添人工构筑物和人工变造物,即支撑土地与被支撑土地之间的权利义务没有被扩大的情形。必要土地变造需要的支撑不是自然必要支撑。[40] 简而言之,自然必要支撑就是对土地自身的支撑,而不包括对土地上新增建筑物或者因施工导致土地结构变化所需的额外支撑。

四、我国民法应当确立不动产支撑利益及其法律规则

通过上文分析可以发现,美国法上不动产支撑权受到财产法与侵权法的共同调整,按照支撑受力的方向区分为侧面支撑和地下支撑,根据受支撑土地是否处于自然必要状态区分适用严格责任或过错责任,由侵害行为人而非土地权利人承担赔偿和恢复的责任,在理论体系上较为清晰。与大陆法系的相邻关系间接保护模式相比较,最重要的特点是在土地立体化分层利用土地的总体思路下,抽象出了不动产的支撑利益,并围绕支撑利益建立了相应的权利确认和保护体系,这正是美国法上不动产支撑权制度发展成熟的重要原因,给我国不动产支撑利益研究带来了新的启示。但美国法上的不动产支撑权过于偏重土地权利人的利益,忽视对建筑物权利人的保护,而在我国大部分建设用地已存在地表建筑物的情况下,如果仍然以自然必要状态来区分归责原则的适用,将不利于土地利用的全局性规划和后续利用。另外,美国法上的支撑权仅限于侧面支撑和地下对地表的支撑,没有确立地表对地上空间的支撑。这些都给我们建立不动产支撑利益规则提供了必要和有益的借鉴和反思。

我国《物权法》第七章对相邻关系作出了规定,基本沿袭了《民法通则》和《关于贯彻执行〈中华人民共和国民法通则〉若干问题的意见(试行)》相关内容。与不动产支撑利益相关的条文包括第 84 条对纠纷处理原则的规定:"不动产的相邻权利人应当按照有利生产、方便生活、团结互助、公平合理的原则,正确处理相邻关系。"以及第 91 条对相邻防险的规定:"不动产权利人挖掘土地、建造建筑物、铺设管线以及安装设备等,不得危及相邻不动产的安全。"

在我国司法实务中,也出现过与不动产支撑利益相关的案例,如最高人民法院(1991)民他字第 9 号《关于庞启林在庞永红房屋近处挖井对该房造成损坏应按相邻

---

[40] See The American Law Institute: *Restatement of the Law, Second, Torts*, §817 Withdrawing Naturally Necessary Lateral Support, Comment c. Naturally necessary lateral support.

关系原则处理的复函》所涉及的相邻防险关系,其实质就是因挖井不当而侵害他人不动产侧面支撑利益。[41] 影响较大的典型案例还有"沈宏发诉枝江市温州工贸有限公司房屋损害赔偿案"[42] "富顺县永年镇农机管理服务站诉肖顺明案"[43] "新华日报社诉南京华厦实业有限公司建设工程施工损害相邻建筑物及设备赔偿案"[44]等。近年来,我国出现了一些与土地立体利用相关的纠纷案例。例如,某公司原系国有公司,其土地为划拨土地。改制为股份制企业后,出资将划拨土地变更为出让土地。但原有国家电网高架线路的塔基占用部分土地也被强制由该公司交纳了出让金,取得了建设用地使用权。该公司主张电网塔基占用的土地,应由电网承担土地使用费,但法院没有支持这种电网关于塔基土地支撑利益补偿的诉求,理由是没有相应的法律规则。笔者认为,这正是空间利用的分层建设用地使用权的支撑利益的正当诉求,应当采用支撑地役权的规则处理。这也正说明了建立不动产支撑利益规则的必要性和迫切性。另外,据国土资源部统计,我国因矿山开采沉陷的土地总面积已达60万公顷,存在隐患的国土面积为此面积的数百倍,并已经影响到了重要的交通运输线路。[45]

土地立体利用如此重要,而《物权法》仅在国有土地在建设用地使用权部分对分层建设用地使用权作出原则性规定,未来农村集体土地相关纠纷发生面临着无法可依的境地,而在城市土地设立分层建设用地使用权也缺乏明确规范。由于我国法律没有对不动产支撑利益进行明确规定,司法实践也不得不通过相邻关系进行间接保护。在土地立体利用较为发达的国家,立法和司法对不动产支撑利益都非常重视,如日本为了保证因公共利益而需要使用地下空间的需求,专门制定了《地下深层空间使用法》;美国最高法院1946年通过判决确立了空间的独立地位,为实务上空间权的设立和交易提供了基本规则。[46] 因此,在我国建立不动产支撑利益及其法律规则处理这类纠纷,已经刻不容缓。建议马上制定城市和农村土地均适用的"统一空间利用法"或者类似行政法规,以弥补《物权法》的立法不足。

笔者认为,我国支撑利益及其物权规则的构建,应当着重解决以下几个问题:

(一)不动产支撑利益的类型划分

按照不同的标准,不动产支撑利益可以分为以下类型:

1. 侧面支撑与垂直支撑

按照不动产支撑的受力方向,支撑关系可以区分为侧面支撑与垂直支撑。在垂

---

[41] 参见杨立新:《论相邻防险关系》(本书第835页),载《甘肃政法学院学报》1994年第2期。
[42] 参见国家法官学院、中国人民大学法学院编:《中国审判案例要览》(2000年民事卷),中国人民大学出版社2002年版。
[43] 参见国家法官学院、中国人民大学法学院编:《中国审判案例要览》(2000年民事卷),中国人民大学出版社2003年版。
[44] 参见祝铭山主编:《相邻关系纠纷》(典型案例与法律适用)(36),中国法制出版社2004年版。
[45] 参见窦贤:《西部矿山环境警报频响》,载《中国矿业报》2005年7月6日。
[46] 参见〔日〕平松弘光:《日本地下深层空间利用的法律问题》,陆庆胜译,载《政治与法律》2003年第2期。

直支撑中,包括地上支撑和地下支撑。其中,侧面支撑是传统的支撑,而地上支撑和地下支撑则是新型的支撑,是较为复杂的支撑。

侧面支撑关系,是地表的相邻土地之间、相邻地上或者地下空间之间,在与地面水平方向上的相互支撑关系;而垂直支撑,即是在与地面垂直方向上的地表之上与地表之下的支撑与被支撑关系。侧面支撑关系是原有平面的相邻关系中支撑利益的立体化延伸,而垂直支撑关系是土地分层利用的必然结果,较之美国法上的地下支撑的范围更广,还包括了地表对地上空间的支撑。侧面支撑与垂直支撑纵横交错,概括了我国不动产支撑利益的全部关系,将是我国物权法上的全新物权制度。

2. 自然支撑与非自然支撑

按照支撑内容的不同性质,不动产支撑利益可以区分为自然支撑和非自然支撑。考虑到我国社会经济生活的实际情况,为平衡土地权利人、已有不动产权利人和未来不动产权利人的利益,自然支撑不应以非人工改造的支撑土地为限。笔者建议采用房地产规划、支撑方向双重标准,同时符合两项标准的是自然支撑,其中任何一项标准不符合则为非自然支撑。

房地产规划标准,即以城市房地产规划部门的规划作为判断支撑关系是否为自然支撑的标准。土地分层利用应该制定新的房地产规划。《物权法》第136条后段规定:"新设立的建设用地使用权,不得损害已设立的用益物权。"因此对于存在在先建筑的支撑需要,应该视为自然支撑内容,增添地上、地表或者地下建筑的,必须保证在先建筑的绝对安全。对于未开发土地和旧城改造的土地,新制定的房地产规划应该根据土地下方和周围的土壤和建筑结构,预先根据土壤质量,规划地上、地下建筑的高度和承重,且该房地产规划必须公示。

支撑方向标准,即在垂直方向上,支撑地只负有纵向支撑的义务;同样,在水平方向上,支撑地只负有侧面支撑义务。非自然支撑关系主要是纵向不动产之间的横向支撑和横向不动产之间的纵向支撑。所谓纵向不动产的横向支撑,例如建设斜拉大桥,大桥在土地上的着力点与土地在相对位置上是纵向的,但受力是横向的,这必将引起整个土地及其周围的支撑力变化。所谓横向不动产之间的纵向支撑,如两栋高楼之间新设的空中走廊,与两栋高楼之间相对位置是横向的,但必须通过两栋高楼的侧面提供向上的支撑力。之所以作这种考虑,是该类非自然支撑方向的支撑,必将对提供支撑的不动产本身产生拉力、推力,并将影响到对该不动产提供支撑的其他不动产,因此纳入非自然支撑。

3. 足够支撑与不足支撑

按照提供支撑的数量和质量,可以将不动产支撑分为足够支撑和不足支撑,即提供支撑的不动产向被支撑的不动产提供的支撑强度和平衡是否达到建筑安全要求。

足够的支撑强度,即提供的支撑力足够被支持不动产以对抗地球引力及其他拉力。所谓平衡的支撑,即交界面一方为多个不动产的,无论是侧面支撑还是纵向支撑,均应按照建筑施工的技术标准,平衡地提供支撑力,以确保交界面另一方不动产的安全。不足支撑主要是超重和失衡问题。超重,即被支撑权利人的重量超过在先建筑提供的支撑力,必须提供额外支撑力来补足。失衡是由于建筑的构造,使得交界面的受力不平衡,必须在交界面进行相应调整。

(二)不动产支撑利益的物权法律关系

我国《物权法》同时规定了相邻关系与地役权,不动产支撑利益与这两项制度的关系也必须明确。有学者提出,空间利用权准用不动产相邻关系的规定。[47] 笔者认为,这样的结论过于笼统,对于自然支撑关系和非自然支撑关系,应该分别对待。自然支撑本来就是对土地分层利用的相邻关系中有关支撑利益的法律规则归纳,应当适用相邻关系规则。而非自然支撑法律关系,是为提高权利人的不动产效益,利用他人不动产,应该适用地役权规则。

1. 适用相邻关系的自然支撑关系双方的权利义务

在相邻自然支撑关系不动产权利人之间,根据地理位置和实际情况,提供支撑的不动产权利人负有确保其不动产提供符合房地产规划、足够、平衡支撑力的义务。被支撑不动产权利人享有确保其不动产接受支撑的权利,但负有确保在房地产规划范围内,适当、平衡地接受支撑的义务。在土地上先行建筑的,必须按照房地产规划,事先尽到自己应有的支撑义务,为后来建筑物保留足够的支撑力。

2. 适用地役权规则的非自然支撑关系双方的权利义务

相邻不动产权利人之间可以通过支撑地役权合同建立非自然支撑关系。设立非自然支撑地役权有以下两个前提条件:其一,必须获得房地产规划允许。超过原房地产规划自然支撑限度的建筑,必须通过变更房地产规划,保证相关土地后来建筑的支撑利益,否则便是违章建筑。其二,必须以建筑技术的可能为前提,并必须保证这种建筑技术实施过程的安全。即使最终的结果可能是安全的,但如果建筑过程不安全,同样会危害相关建筑安全。

支撑地役权在登记机构登记的,需役地权利人享有的支撑地役权是物权。从土地利用对邻地的实际影响看,不但毗邻不动产权利人之间可以设定支撑地役权,而且与对毗邻不动产提供支撑的可能受到间接影响的其他相对较远相邻不动产权利人之间,也可以通过地役权合同进行事先的约定。支撑地役的供役地权利人应当按照地役权合同的内容,足够、平衡地向需役地提供支撑,支撑地役的需役地权利人享有其不动产按照地役权合同的内容接受支撑的权利。

(三)支撑利益关系的当事人

如上所述,在支撑利益关系中,分为提供支撑的不动产权利人和被支撑不动产权利人,前者可以简称为提供支撑人,后者可以简称为被支撑人。在提供支撑人与被支撑人之间,形成支撑利益的权利义务关系。

---

[47] 参见王利明主编:《中国民法典学者建议稿及立法理由·物权编》,法律出版社2005年版,第326—327页。

应当注意的是,当支撑利益关系形成的是地役权关系时,也就是构成支撑地役权的时候,确立的是物权关系,因此是绝对权的关系。支撑地役权是对世权,提供支撑人和被支撑人以外的其他任何人都是义务人,都负有不可侵害的义务。

因此,在支撑地役权的法律关系中,既存在绝对性的权利义务关系,也存在相对性的权利义务关系。在其内部,法律关系的当事人是提供支撑人和被支撑人;在其外部,其法律关系的主体,是支撑利益的权利人与作为绝对权义务人的其他任何第三人。

(四)不动产支撑利益的保护

不动产支撑利益受到侵害,可以采用侵权法的方法进行保护,也可以适用《物权法》第三章关于物权保护的规定进行保护。权利人究竟行使哪种请求权,应当参考《合同法》第 122 条确定的规则,由当事人根据自己的利益进行选择,法院应当尊重权利人的选择。

1. 不动产支撑利益内部的法律保护

不动产支撑利益的内部法律保护,是指支撑利益的相对人之间,一方违反支撑利益的义务,造成对方损害,可以寻求的法律保护制度。对此,可以适用物权法的保护方法,也可以适用侵权法的保护方法。

(1)物权法的保护方法。自然支撑利益受到侵害,应当依照《物权法》第 84 条规定的"有利生产、方便生活、团结互助、公平合理"的原则处理,并按照第 91 条和第 92 条和第三章"物权的保护"相关条文的规定,造成妨害的,应当予以排除;造成损害的,应当给予赔偿。

设立了支撑利益地役权的,也就是取得地役权的非自然支撑利益受到侵害的,应当根据《物权法》第 35 条至第 38 条的规定确定责任,权利人可以请求排除妨害、消除危险、恢复原状和损害赔偿。如果行为人的行为违反了行政管理规定的,依法承担行政责任;构成犯罪的,依法追究刑事责任。

(2)侵权法的保护方法。权利人还可以依照《民法通则》第 117 条的规定要求违反支撑利益义务的一方承担侵权责任,在归责原则上,笔者认为应该适用过错推定责任。因为如果适用无过错责任,那么就没有必要区分自然支撑与非自然支撑,整个不动产支撑利益纠纷就变成了结果责任,不利于保护后来土地利用者的权利;如果适用过错责任原则,则可能因为无法证明施工方的过错而导致重大的不动产利益受损,不利于维护土地利用制度的稳定。

2. 第三人侵害支撑地役权的法律保护

第三人作为支撑地役权的义务人,负有不得侵害支撑地役权的不作为义务。违反这一义务,侵害了不动产被支撑人的支撑地役权的,应当承担民事责任。对此,支撑地役权人也可以选择物权法的规定或者侵权法的规则,根据自己的利益,确定自己的请求权的法律基础,请求法院予以支持,保护自己的不动产支撑利益。

3. 不动产支撑利益损害的救济方式和计算

不动产支撑利益纠纷的救济方式主要是提供替代性支撑,恢复足够、平衡支撑关系。无法提供替代性支撑或者已经造成无法恢复的损害的,应该进行损害赔偿。

在损害赔偿数额的计算方面,可以借鉴美国法上较为成熟的理论,适用以下计算方法:

(1)不超过财产市值的修理恢复费用。
(2)市值的降低。
(3)或者上述两者较少的一种。[48]

支撑利益受到侵害的权利人存在过失的,根据《民法通则》第131条的规定,可以减轻侵害人的损害赔偿责任。受害人的过失包括但不限于以下两个方面:

(1)其建筑本身就是建立在不牢固的基础上。
(2)距离疆界太近以致邻地改良时不可避免导致沉陷。[49]

---

[48] 参见〔美〕贝哈安特:《不动产法》,中国人民大学出版社2002年影印第3版,第390页。
[49] 参见〔美〕贝哈安特:《不动产法》,中国人民大学出版社2002年影印第3版,第390页。

共同共有不动产交易中的善意取得[*]

最高人民法院《关于贯彻执行〈中华人民共和国民法通则〉若干问题的意见(试行)》第 89 条规定:"共同共有人对共有财产享有共同的权利,承担共同的义务。在共同共有关系存续期间,部分共有人擅自处分共有财产的,一般认定无效。但第三人善意、有偿取得该财产的,应当维护第三人的合法权益,对其他共有人的损失,由擅自处分共有财产的人赔偿。"

善意取得制度,是民法物权法的一项重要的制度,对于保护善意取得财产的第三人的合法权益,维护交易活动的动态安全,具有重要的意义。国外民法规定善意取得制度,并不包括不动产的善意取得,只适用于动产范围。我国最高人民法院在上述司法解释中,却将不动产也包括在善意取得制度中。对于这样的司法解释究竟是否正确? 这一司法解释是如何产生、发展起来的? 它的真实的含义是什么? 是值得认真总结和研究的。现在,《物权法》第 106 条已经规定了不动产的善意取得制度,并且比司法解释规定的范围还要大。在本文中,笔者试图在与国外的立法比较和揭示我国司法实践发展过程的基础上,论证具有我国特色的共同共有不动产交易中善意取得制度的必要性,揭示这一制度的丰富内涵。

一、国外善意取得制度并不适用于不动产

按照通说,善意取得制度源于日耳曼法的"以手护手"原则。它的真实含义是,任何与他人以占有者,除得向相对人请求外,对于第三人不得追回,惟得对相对人请求损害赔偿。[①] 这种让与占有,其对象,必然是动产,其取得方法,只能是在动产的商品交易中。只有这样,才能做到"以手护手",保护动产交易中的动态安全。

在后世的民事立法中,人们遵循这样的原则,把善意取得制度局限在动产的范围内,只承认动产交易适用善意取得制度,不承认不动产的善意取得。1804 年的《法国民法典》第 2279 条规定:"对于动产,占有具有与权利证书相等的效力。"同时,法国的判例反对罗马法关于"任何人不得以大于其所有权的权利给予他人"的原则,采取完

---

[*] 本文发表在《法学研究》1997 年第 4 期,写于《物权法》实施之前,是阐释我国司法实践适用不动产善意取得制度理论基础的一篇文章。我国《物权法》接受了不动产善意取得制度,规定在第 106 条。

[①] 参见史尚宽:《物权法论》,台北荣泰印书馆 1979 年版,第 505 页。

全相反的立场,确认"公开市场"原则。根据这个原则,受让人如果受到第三人的追夺,原所有人只有按照公平市价给买受人以补偿后,才能要求返还财产,否则不得追夺。同时,《法国民法典》第1630条规定,出卖人无论向买受人承诺担保与否,都有义务担保出卖物的所有权;如果有第三人向买受人追夺所买之物,买受人就应当放弃所买之物,但是出卖人必须退还买受人所支付的价金,并且赔偿买受人的一切损失。可见,法国所采取的这一制度,并不是典型的善意取得制度。即使如此,这一制度也只适用于动产的范围,并不包括不动产。

在德国,立法完全继承了日耳曼法的传统,确认了最具典型意义的善意取得制度。1900年《德国民法典》第932条规定:"物虽不属于让与人,受让人也得因第929条规定的让与成为所有人,但在其依此规定取得所有权的当时为非善意者,不在此限。"在《德国民法典》规定本条的第三章"所有权"的第三节的标题,就是"动产所有权的取得和丧失";其中所标明的第929条规定就是:"为让与动产的所有权必须由所有人将物交付于受让人,并就所有权的移转由双方成立合意。"因而,德国法上的善意取得,严格地限于动产范围,不动产不适用善意取得制度。《日本民法典》同样采取德国法的立场,在该法第186条规定:"对占有人,推定其以所有的意思,善良、平稳而公然地开始占有动产者,如系善意无过失,则即时取得行使于该动产上的权利。"按照这一规定,不动产绝对不得适用善意取得制度。

在英美法,原本上坚持"没有人可以转让不属于他所有的商品"这一古老的法则,任何人都只能出卖自己拥有所有权的商品而不能出卖他人的商品。这对于保护善意买受人的利益是十分不利的。1952年《美国统一商法典》改变了上述传统立场,把法律保护的重点转移到了善意买受人的身上,该法第2403条规定:"购货人取得让货人所具有的或有权转让的一切所有权,但购买部分财产权的购买人只取得他所购买的那部分所有权。具有可撤销的所有权的人有权向按价购货的善意第三人转让所有权。当货物是以买卖交易的形式交付时,购货人有权取得其所有权。"因而,只要购买人是善意无过失,认为出卖人对货物具有完全所有权的人,则不论其货物是从何而来,善意买受人都可以即时取得所有权。在美国法规定的善意取得制度中,其适用范围明确规定为"货物",其含义,就是交易中的动产,而不包括不动产。现行英国法所采取的立场与美国法的立场相一致。

各国立法对善意取得只适用于动产之所以采取一致的立场,都是基于保护善意第三人的合法权益,但在理论上如何解释,学者有不同的看法。一是主张即时时效说,认为在善意取得的情况下,适用于即时时效或瞬间时效;二是权利外像说,认为善意取得的根据在于对权利外像的保护;三是法律赋权说,认为在善意取得权利的情况下,是法律赋予占有人以处分他人所有权的权能;四是占有保护说,认为根据公示主义,占有人应当推定为法律上的所有人。[②] 这些主张虽然各不相同,但是其立论的基

---

② 参见王利明:《改革开放中的民法疑难问题》,吉林人民出版社1992年版,第136页。

本立场,都是为了维护动态交易安全。

所谓动态交易安全,是相对于静态交易安全而言。静态交易安全是指法律保护权利人占有和所有的财产权益,禁止他人非法占有。它强调的是,交易应以交易者拥有的权利为限,超出自己权利范围的交易为无效,着重保护的是所有权人的利益。严格强调保护静态交易安全,能够产生消极的后果,这就是导致在交易中,买受人无从了解出卖人对其所出卖的财产是否享有所有权,唯恐自己所购买的财产因无所有权而被他人追夺,使自己的合法权益受到损害。在这样的情况下,"权利的受让人为预防不测之损害,在任何的交易里均非详细地调查真正的权利人,以确定权利的实像,方开始交易不可。如斯一来,受让人为确定权利关系的实像裹足不前,对于当代活泼迅速交易行为,自然会受到严重的影响"。③ 相反,动态交易安全是指法律保护交易当事人基于交易行为所取得的利益,认为在特定的场合下,应牺牲真正权利人的利益来保护善意无过失交易者的利益;以此维护活泼生动的交易活动秩序,促进民事流转。这样,交易者就不会对交易的安全担忧,符合社会效益原则,必然有利于市场经济的发展。

正因为这样,各国民事立法都规定只对动产交易依善意取得制度予以保护,而对不动产交易不适用善意取得制度。这是因为,房屋、林木等不动产适用登记注册制度。不动产的登记注册制度是物权的公示与公信原则的重要内容。这一原则的重要内容,就是物权变动必须采取可以经常从外部加以识别的一定方式进行公示才能具有相应法律效力。不动产、动产的物权变动,分别以登记及交付为其公示方法。通过这些既定的公示方法,可以使第三人能够从外观上比较方便地了解物权变动的事实,确定自己的意思表示。物权变动经过公示之后,即发生法律上的公信力,当善意第三人处于对物权公示方法的信赖而依法进行交易时,不论是否实际存在与这种公示方法相应的合法权利,均应加以保护。由于不动产的物权变动的公示方式是登记,因而,在不动产交易中,双方当事人必须依照规定,变更所有权登记。因而不存在无所有权人或者无处分权人处分不动产所有权的可能性,也就不存在适用善意取得制度的必要前提,故各国立法均规定只有动产交易适用善意取得制度。

二、《关于贯彻执行〈中华人民共和国民法通则〉若干问题的意见(试行)》第 89 条的演变及其真实含义

对于本条司法解释究竟应当怎样理解,学者有不同的看法。一种意见认为,本条司法解释确立了我国的善意取得制度,在司法实务中依照这一司法解释,全面适用善意取得原则。④ 另一种意见认为,上述意见值得商榷,理由是,本条司法解释明文限制

---

③ 刘得宽:《民事诸问题与新展望》,台北三民书局 1979 年版,第 248 页。
④ 参见佟柔主编:《中国民法》,法律出版社 1992 年版,第 243 页。

在共同共有财产交易的场合,才适用善意取得制度,在更广阔的一般财产的交易场合,则排除在外,因而,确立中国完整的善意取得制度,路途尚远。⑤

本条司法解释的真实含义是什么,它又是怎样发展演变起来的呢?

最早涉及这一问题有关内容的司法解释,是最高人民法院1963年8月28日《关于贯彻执行民事政策法律几个问题的意见(修正稿)》第二部分"房屋纠纷问题"第3条。该条规定:"凡是依法准许买卖的房屋,经过正当合法手续确定了房屋买卖关系的,应保护双方的权利,一方不能反悔废除契约。出卖人应按期交出房屋,不得迫价或倒回房屋;买主应按期交付价款。"在这些内容之后,又规定了未全部执行买卖契约而引起的纠纷的处理方法。在这一条中,最高审判机关虽然没有明确说出善意买受人受让未经全体共有人同意而出让的共有房屋应予认定取得房屋所有权的内容,但是,这一条文中"经过正当合法手续确定了房屋买卖关系,应保护双方权利"的内容,就隐含了这样的意思,并为后来作出《关于贯彻执行〈中华人民共和国民法通则〉若干问题的意见(试行)》第89条奠定了基础,埋下了伏笔。

1979年2月2日,经历了初期改革和思想解放洗礼的最高审判机关,制定了《关于贯彻执行民事政策法律的意见》,在第二部分"关于财产权益纠纷问题"第二节"房屋问题"的第2条,第一次提出了共有房屋未取得其他共有人同意而擅自出卖的处理原则,但文字极其谨慎。该条规定的内容是:"依法准许买卖的房屋,经过合法手续,确定了买卖关系的,应保护双方的权利。非所有权人非法出卖他人房屋的,应宣布买卖关系无效。房屋为共有,未取得其他共有人同意,擅自出卖房屋,买方又明知故犯的,亦应宣布买卖关系无效;买方不知情的,买卖关系是否有效,应根据实际情况处理;买卖关系已成立,共有人当时明知而不反对,现在又提出异议的,应视为买卖关系有效。"这一司法解释首先规定的内容,完全是《关于贯彻执行民事政策法律几个问题的意见(修正稿)》的相关内容,表明了这两个条文的相承相依的关系。在共有房屋部分共有人擅自出卖的买卖关系中,该条提出了三条处理规则:一是买方明知故犯的,即受让人为恶意者,买卖无效;二是其他共有人明知而不反对的,买卖有效;三是买方不知情的,即受让人善意无过失者,买卖关系的效力,根据实际情况处理。在第3条规则中,就包括可以认定买卖有效,也可以认定买卖无效,因其前提是买受人善意无过失,因而认定为有效者,即为不动产买卖的善意取得。该条司法解释回避了善意取得的字眼,采取较为模糊的表述方法表达了以上内容。这是符合当时的社会状况和思想解放程度的。

1984年8月30日,最高人民法院制定通过了《关于贯彻执行民事政策法律若干问题的意见》,在第六部分"房屋问题"中规定了第55条:"非所有权人出卖他人房屋的,应废除其买卖关系。部分共有人未取得其他共有人同意,擅自出卖共有房屋的,应宣布买卖关系无效。买方如不知情,买卖关系是否有效应根据实际情况处理。其

---

⑤ 参见杨立新:《民法判解研究与适用》,中国检察出版社1994年版,第467页。

他共有人当时明知而不反对,事后又提出异议的,应承认买卖关系有效。因买卖关系无效而造成的经济损失,有过错的一方应负责赔偿。"这一条文的基本精神,承继了《关于贯彻执行民事政策法律的意见》的后一部分内容,除文字表述更为准确以外,其三条处理规则没有原则的变化,只是将买卖无效的规则的地位提高,而其他两条规则作为特例处理。值得注意的是,本条加了第 2 款,提出了买卖无效的赔偿规则,体现了缔约过失责任的原理。这一规定是正确的。

《民法通则》颁布实施以后,最高人民法院制定了《关于贯彻执行〈中华人民共和国民法通则〉若干问题的意见(试行)》,规定了本文讨论的第 89 条。分析本条司法解释的具体内容,可以得出以下结论:

(1)本条司法解释与前述三条司法解释具有前后相继的承继关系,它体现了最高司法机关对同一问题在法律适用上的思想演变过程,它从合法房屋买卖应保护双方权利开始,发展到非所有权人出卖他人住房为无效,部分共有人擅自出卖共有房屋买方不知情应依实际情况处理,产生了第一次飞跃。继而,提出了造成房屋买卖关系无效应由过错方负责赔偿的意见,产生了第二次飞跃。最后,在前两次飞跃的基础上,完整地提出了"部分共有人擅自处分共有财产的一般认定无效。但第三人善意、有偿取得该财产的,应当维护第三人的合法权益,对其他共有人的损失,由擅自处分共有财产的人赔偿"的意见,实现了对这一问题认识上的第三次飞跃。应当说,第三次飞跃是一次质的飞跃,前两次飞跃则为第三次飞跃做了量上的积累,为第三次飞跃奠定了坚实的基础。

(2)本条司法解释并不是对前三条司法解释的简单重述,而是在适用范围和具体内容上有了重大的进展。首先,本条司法解释的适用范围与以前的司法解释不同,不是局限在共有房屋买卖关系的范围内,而是扩大到共有财产买卖关系;同时,对共有的形式作了限制性规定,即只包括共同共有财产,而不包括按份共有财产。这样,就使其适用的范围十分明确。其次,明确规定适用善意取得制度,不再含混不清地表达为"应根据实际情况处理",这是一个重大的进步。最后,对适用善意取得的后果规定了准确的救济手段,即"对其他共有人的损失,由擅自处分共有财产的人赔偿"。

(3)本条司法解释规定对共同共有财产可以适用善意取得制度,其实质仍然是指共同共有的不动产,主要是指共同共有的房屋,这不仅可以从这 4 条司法解释前后相继的关系加以证明,而且对于动产,不论是共同共有,还是按份共有,以及一般所有形式,只要是动产交易,均以交付为公示方式。因此,无论共同共有的动产还是非共同共有的动产,在交易中只要交付,所有权即转移,所以没有加以特别强调的必要。由于我国至今尚没有立法或司法解释正式确立典型的善意取得制度,所以本条司法解释如此规定,并不是没有意义。综上可以确认,本条司法解释规定的具体内容,确实是善意取得制度,但由于它的适用范围很狭窄,只适用于共同共有财产特别是共同共有房屋买卖的场合,因而它既不是完整的善意取得制度,又与传统的善意取得制度具有相当大的差别。其最主要的差别,就在于,它确认对于不动产也有条件地适用善意取得制度。最高人民法院经过 25 年时间的实践,才完整地提出这一共同共有不动产交易中善意取得规则,且又经过了 10 年时间的验证,可以确认是一条成功的司法解释。

三、确立共同共有不动产交易中善意取得的必要性

共同共有不动产交易中善意取得制度的基础,是共同共有人对共同共有财产的处分权。确认这一制度的必要性的基础,也是如何对待共同共有人的处分权。确认共同共有不动产交易中的善意取得制度,表明了司法解释机关明显的民法解释的价值取向。

共同共有人对共同共有财产的处分权,首先,要求在共同共有期间,不能处分全部共有财产,而只能处分共同共有财产的一部分。其次,共同共有财产的处分权属于全体共有人,处分共同共有财产必须经全体共有人一致同意,包括明示和默示。前述 1979 年《关于贯彻执行民事政策法律的意见》和 1984 年《关于贯彻执行民事政策法律若干问题的意见》中关于"其他共有人当时明知而不反对"规定的情形,就是默示同意。最后,如果共同共有人之间协议约定某共有人为共同共有代表权人,则有权代表全体共有人处分共同共有财产。

对于无代表权的共同共有人未经全体共同共有人一致同意而擅自处分共同共有的不动产,依据不同的价值选择,可以有以下三种不同的法律后果:

第一种选择,依出让人无权处分而确认不动产买卖关系无效。既然共同共有财产的处分须经全体共有人一致同意方可为之,那么,无代表权的共同共有人之一未经全体共有人一致同意,擅自处分共同共有的不动产,当然为无权处分,即使这一所有权变更进行了登记,亦因其出让人无权处分而无效。这种做法,着力维护的是共有人的权利,着意保护的是静态的交易安全。

第二种选择,依物权公示原则确认不动产买卖关系有效,不动产物权转让的公示形式是登记,如果不动产为共同共有财产,共有人之一未经其他共有人同意而擅自出卖之,亦已进行不动产产权转让的变更登记,则依其物权公示所产生的公信力,认定该不动产交易行为为有效。这种做法,着力维护的是财产交易的规则和秩序,着意保护的是动态的交易安全。

第三种选择,依保护善意第三人合法权益的原则,区分具体情况,对符合善意取得要件的,确认其买卖关系有效;对不符合善意取得要件的,确认其买卖关系无效。根据共同共有人之一未经其他共有人同意而擅自出卖共同共有的不动产的复杂情况,作出实事求是的选择,区别不同情况,作出不同处理。在一般情况下,为维护共同共有人对共同共有财产的权利,应确认买卖行为无效的立场,但是,如果买受人在买受该不动产时为善意无过失,则采牺牲其他共有人的利益,而维护交易秩序和交易规则的立场,确认买卖关系为有效。这种选择,显然是前两种选择的折中方式。

最高人民法院依第三种选择,采取折中主义的立场,是符合我国的实际情况的。

(1)完全从共同共有人的共同利益出发,依出让人无权处分而确认该不动产买卖关系无效,有可能损害善意买受人的合法权益。诚然,进行不动产交易活动,买受人首先应当考察出让人对交易的不动产的权利及范围,如系共同共有财产,则应确认共同共有人的一致意见;但是,如果出让人既能出示有效的权利证书,又能让受让人确信共同共有人一致同意出让,且又进行了产权变更登记,受让人就已经取得了标的物的所有权。如果在这种情况下,依然为保护全体共有人的共同利益而认定买卖关系无效,则会使善意受让人无端遭受损失,市场交易规则和交易秩序也会受到破坏。

(2)完全从保护交易规则和交易秩序出发,依物权公示原则而确认买卖关系有效,则完全牺牲了共同共有人的共同利益,有损于民法权利本位的立场。共同共有的效力之一,就是限制共同共有人对共同共有财产的处分权,既不能处分全体共同共有财产而使共同共有关系消灭,也不能由个别共同共有人擅自处分部分共有物。《日本民法典》第251条规定:"各共有人,非经其他共有人同意,不得变更共有物。"正是说的这个意思。《关于贯彻执行〈中华人民共和国民法通则〉若干问题的意见(试行)》第89条前段规定"共同共有人对共有财产享有共同的权利,承担共同的义务",就包括这样的含义。如果完全依物权公示原则确认这种买卖关系有效,就使共同共有人的共同权利无法得到切实的保障,失去了民法保护共同共有的原本意义,因此,这种选择不足取。

(3)采取折中主义立场,既能维护共同共有人的共同利益,又能维护交易规则和交易秩序,兼顾交易的静态安全和动态安全,着力保护善意买受人的合法权益,最为可取。有学者认为,进行法的解释时,不可能不进行利益衡量,因为法是为解决社会现实中发生的纷争而作出的基准。成为其对象的纷争无论在何种意义上都是利益的对立和冲突,法的解释,正是基于解释者的价值判断为解决纷争确立妥当的基准,于进行法的解释时,对于对立利益做比较衡量,当然是不可缺少的。⑥ 最高人民法院在对这一问题进行司法解释时,当然也不可能不进行价值判断和利益选择,面对两种各有利弊的选择,转而采取折中主义立场,各取两种选择之利,各避两种选择之弊,创设了现在的司法解释,在确认共同共有人之一未经全体共有人一致同意而擅自处分共有财产,一般应认定无效的一般原则的基础上,确认对善意买受人亦应予以法律保护的立场,趋利避害,具有重要的实践意义。这种司法解释,既符合司法解释的利益衡量原则,也符合实事求是的思想路线。

四、共同共有不动产交易中善意取得的实行

共同共有不动产交易中的善意取得,是以牺牲其他共有人的利益而保护善意受

---

⑥ 参见梁慧星:《民法解释学》,中国政法大学出版社1995年版,第316页。

让人的利益,依此维持交易规则和交易秩序,因而在具体适用中,必须严格按照其构成要件的要求,从严掌握。

共同共有不动产交易中善意取得的构成要件是:

(一)不动产产权出让人须是共同共有人之一

不动产交易的出让人必须是共同共有人,才能构成共同共有不动产交易中善意取得。如果出让人是非所有权人,则其根本无权处分不动产,其处分行为一律无效。如果出让人对不动产享有完全的所有权,则其处分应为正当的行为,只要交易符合买卖合同的要求,则不存在交易无效的问题。如果出让人是按份共有人,则应按照按份共有财产处分的规则处置,亦不发生善意取得的适用问题。只有出让人是共同共有人,才会出现出让不动产时既享有一定权利,又不享有完全处分权的情况,因而才有善意取得制度适用的可能性。

(二)不动产买受人须善意无过失且为有偿取得

就不动产交易的受让人一方的要求而言,应当符合善意取得的一般要求。

(1)受让人在主观上必须为善意。如何确定这种善意,有学者认为就是指第三人没有过错,对部分共有人擅自出卖的是共有房屋这一事实不知情。认为善意是不知情,是正确的,最高人民法院在1979年《关于贯彻执行民事政策法律的意见》和1984年《关于贯彻执行民事政策法律若干问题的意见》中亦称"买方不知情的"为善意。但认为善意就是无过失,则有欠恰当。不知情包括两个方面:一是买受人对不动产为共同共有财产的事实不知情,将共同共有财产认作个人所有财产,这必须是出于出让人一方的原因而使买受人有此误解,如果是因为买受人的原因而误解,则为有过失;二是买受人知其为共同共有财产但对其他共有人不同意出让不知情,同样,亦须为出让人的原因所致。这两种情况均为善意。

(2)受让人必须无过失。这种无过失的表现,就是已尽适当的注意义务,在交易中对共同共有财产的性质和共有人是否一致同意的事实,予以充分的注意。受让人已尽适当的注意义务,只是由于出让人的原因而使受让人不知情,即为无过失;反之,即为有过失。

(3)受让人取得不动产必须支付相应对价。这是要求,这种善意取得只限于买卖(或者也包括互易)关系之内,不包括赠与等民事流转场合。如果是受让人无偿取得,也不得适用善意取得。

(三)须未经其他共有人同意并已作产权变更登记

共同共有不动产转移的善意取得,必须是未经其他共有人同意,因而,出让不动产的共同共有人是擅自处分。如果共同共有人一致同意出让共有财产,则不存在适用善意取得的条件。对于部分共有人在出让不动产的当时明知而不反对的,应为默示同意,以其同意出让论。

产权变更登记,是不动产转移的必备条件。在共同共有不动产交易中,也必须具备这一条件。具备其他要件,而未具备产权变更登记的要件,为不动产交易行为未完成,不发生所有权转移的后果,当然也就不能构成善意取得。浙江省磐安县人民法院、金华市中级人民法院审理的郑某花诉郑某花、郑某民确认房屋产权和房屋买卖纠纷案,郑某花与郑某花系姐妹,共同继承三间房屋。1991年3月3日,郑某花将该三间房屋作价1万元绝卖给郑某民,立有文契,当场付房价7000元,约定于1991年年底交付给郑某民使用。3月4日,郑某花知悉此情,即提出异议,并于3月11日诉至法院,郑某民得知,于3月11日给付余款,3月24日交纳了契税,本案具备部分共有人擅自处分的要件,但买受人明知其他共有人对该房屋转让有异议却坚持进行交易,显然具有恶意,故判决本案买卖关系无效。⑦

共同共有不动产交易中的善意取得,是以牺牲其他共有人的利益而保护善意受让人的利益,因此在实行中,必须对其他共同共有人的损失给以妥善的救济,使其受到侵害的权利得以恢复。《关于贯彻执行〈中华人民共和国民法通则〉若干问题的意见(试行)》第89条规定,"对其他共有人的损失,由擅自处分共有财产的人赔偿",正是体现了这样的思想。

这种赔偿法律关系的权利主体,是受到损害的其他共有人,他们有权向赔偿义务主体请求赔偿。赔偿义务主体如同《关于贯彻执行〈中华人民共和国民法通则〉若干问题的意见(试行)》第89条所说,是"擅自处分共有财产的人",他承担赔偿的义务。具体的赔偿范围:一是直接损失,即共有物被处分所受到的损失。这种情况,是指该共有物的共有关系消灭,各共有人按照分割原则分割以后,各共有人所应分得的数额。二是间接损失,该共有物被处分以后,因此而造成其他可得利益的损失,赔偿义务人也应予以赔偿。如果共同共有不动产交易不构成善意取得,其不动产转让关系为无效,受让人应当返还价金。至于受让人是否可以请求赔偿损失,则应依受让人有无过错而定。受让人无过错的,可以请求出让人予以赔偿。如果受让人有过错,则有不同看法,一种意见认为,出让人必然也有过错,对于受让人的损失应由双方按照混合过错实行过失相抵;另一种意见认为,既然受让人也有过错,就不应当请求赔偿。笔者认为,如果受让人具有恶意者,不应享有损害赔偿请求权;如果受让人只有一般疏于注意的过失,则可请求依混合过错实行过失相抵。

正是基于上述这些经验,我国《物权法》在第106条中,不仅规定了动产的善意取得,而且也规定了不动产的善意取得。可见,最高人民法院关于共同共有不动产的善意取得的司法解释的影响是深远的。

---

⑦ 该案参见中国高级法官培训中心、中国人民大学法学院编:《中国审判案例要览》(1993年综合本),中国人民公安大学出版社1994年版,第449页。

我国他物权制度的重新构建*

在市场经济日益发展、繁荣的当今世界,各国立法越来越重视民法中他物权制度的法律调整作用,不断加强他物权的立法建设,使他物权的立法与市场经济的发展相协调,发挥其对市场经济的法律调整功能。

在中国,随着闭关锁国的计划经济逐渐地被开放型的社会主义市场经济所替代,立法者终于认识到他物权制度对国家经济发展的重要法律调整作用,已经摒弃了将物权归结为单一的所有权的传统认识,开始重视他物权的作用,在立法上已经采取了一些必要的措施,初步建立了他物权体系。

近年来,在物权法理论研究越来越繁荣的情况下,越来越多的学者、专家对我国《民法通则》关于财产权的立法现状感到不满意。归根结底,就是因为《民法通则》关于物权的立法不能适应现代市场经济发展的要求,没有建立一个完备的民法物权体系,有些规定不符合商品经济的发展规律。其中重要的一点,就是没有建立一个完备的、科学的他物权制度。为了适应市场经济发展的需要,对这一现行的他物权立法进行彻底的革命性改革,重建新型的社会主义民法的他物权立法体系,是迫切需要的。本文试图从总体上对我国他物权立法的局限和改革进行全面的阐述,说明笔者对重建新的他物权制度的基本看法。

一、他物权的概念及其历史演进

(一)关于他物权的称谓

《民法通则》中没有他物权概念,与之相对应的概念,是"与财产所有权有关的财产权"。这是一个前所未有的称谓,事实上,这就是他物权的另外一种拗口的、古怪的表述方法。① 按其基本内容看,包括的是他物权中用益物权的部分内容。

《民法通则》为什么不用"他物权"的称谓而采用"与财产所有权有关的财产权"这一概念,至今未见权威的解释,在学者的论述中也未见说明。事实上,这并不是没有原因的。在笔者看来,主要有两个原因:

(1)苏联民事立法思想的影响。在苏联的民事立法中,就只承认所有权而不承认

---

* 本文的主要部分发表于《中国社会科学》1995 年第 3 期,编入本书时,笔者对内容作了补充。
① 据我国著名民法学家佟柔先生称,这个"绕口令"式的民法概念,就是指他物权。

他物权。在《苏联各加盟共和国民事立法纲要》和《苏俄民法典》中,都只规定所有权,不规定他物权。在我国最早的民法教科书《中华人民共和国民法基本问题》[②]中,基本上就是按照苏联的民法理论体系,只承认所有权,不承认他物权。此后沿袭下来,我国民法理论总是对他物权采取回避态度。例如在最早的《法学词典》[③]中,根本就没有他物权的词条,待其修订再版时,虽设置了他物权词条,但称其为"罗马法中指对他人所有之物享有的某种物权"。[④] 在权威的《中国大百科全书·法学》中,亦未设专门的他物权词条,在涉及他物权的4个条目中,其中有两个是担保物权和用益物权的条目,一处是介绍罗马法的物权制度,只有在物权条目中,介绍他物权是在他人所有物上设定的物权。在《民法通则》之前的民法草稿中,基本上是这种状态,如《民法(草案四稿)》,就只设有所有权的规定。

(2)"左"的思想束缚。在我国传统的民法理论中,"左"的思想影响根深蒂固,尤以物权领域为甚。在"左"的思想束缚下,认为物权制度不仅仅体现于一定的民事法律关系之中,更重要的是保护和巩固不同社会的经济基础,为不同阶级的利益服务。而他物权,有的原是为维护封建剥削制度服务,而资产阶级学者强调他物权中的人对物的关系,是回避和抹杀了体现在物权中的阶级关系。[⑤] 在这样的思想指导下,对他物权乃至物权本身,均采取小心翼翼的态度,是完全可以理解的。但是,《民法通则》诞生于我国的改革开放已经取得了重大进展的1986年,其时中央已经确认我国的经济性质为有计划的商品经济。作为调整商品经济关系基本法的民法,为反映商品经济运行规律,调整商品生产、商品交换中静的、动的财产关系,都不可避免地会遇到他物权的立法问题。在这样的情况下,一方面是商品经济发展的迫切需要,另一方面是还没有完全破除"左"的思想束缚,"与财产所有权有关的财产权"作为他物权的替代概念,终于在新旧思想、新旧体制的碰撞中,应运而生。一方面,它强烈地反映了商品经济运行规律迫切要求他物权制度的客观需要,另一方面,它又生动地体现了"左"的思想对立法者主观心态的束缚。

应当充分肯定,"与财产所有权有关的财产权"这一概念的提出,是我国民事立法和民法理论的重大进步,它是我国民法他物权制度从无到有、他物权理论从无到有的标志。尽管它的称谓还不科学、不准确,体系还不完备、不系统,但它仍然是我国他物权制度建设的一个里程碑。

在今天,恢复他物权的本来面目,脱去其身上的"与财产所有权有关的财产权"的"左"的外衣,使它成为实实在在的民法概念,已经是势在必行、顺理成章的事。尽管在物权法研究上还有或多或少的"左"的干扰,但在使用他物权概念问题上,则是民法学者的一致主张。笔者主张,一是在修改民事立法时,应当以"他物权"概念取代"与

---

② 中央政法干校民法教研室编著,法律出版社1958年版。
③ 参见《法学词典》,上海辞书出版社1979年版。
④ 《法学词典》(增订版),上海辞书出版社1984年版,第190页。
⑤ 参见《中国大百科全书·法学》,中国大百科全书出版社1984年版,第628页。

财产所有权有关的财产权"的概念;二是在教科书与理论文章中应当直呼"与财产所有权有关的财产权"为他物权;从而,在立法上和理论研究上彻底抛弃这一"左"的民法概念。

(二)关于他物权的概念

研究他物权的概念,首先必须解决的问题是,他物权和"与财产所有权有关的财产权"是否为同一概念。

对于这个问题,笔者的看法是,一方面,"与财产所有权有关的财产权"就是指他物权而言;另一方面,我国的"与财产所有权有关的财产权"与严格意义上的他物权还存在很大的不同,因而还不是严格意义上的他物权。对于前一方面,前文已经作了阐述,"与财产所有权有关的财产权"这一概念所要回避的,也是与这一概念相对应的民法物权概念,只能是也必然是他物权。之所以说它还不是严格意义上的他物权,主要是指其外延方面,尚不能完全概括他物权所应概括的全部内容。按照《民法通则》的规定,我国的"与财产所有权有关的财产权"包括土地使用权、土地承包经营权、国有自然资源使用权、采矿权、全民所有企业经营权、相邻权。它没有完全包括他物权中主要的用益物权,更没有包括他物权中的担保物权。

正确认识"与财产所有权有关的财产权"与他物权的异同。为正确界定他物权的概念确定了一定适当的出发点,这就是,研究他物权的概念,不能从"与财产所有权有关的财产权"的概念出发,而是必须从他物权的概念出发,完整地揭示他物权概念的内涵和外延。

按照近现代民法观念,他物权是物权的有机组成部分,与自物权即所有权相对应,二者共同构成完整的物权体系。

我国民法学界对他物权概念的界定,没有原则的分歧,但依其强调的侧重点不同,可以分为三种不同的定义。一是强调他物权是对所有权人的财产所享有的物权,认为他物权是"根据法律规定或当事人的约定,由他人对所有权的财产所享有的占有、使用、收益和处分的权利"[6],或者认为是"权利人根据法律或合同的具体规定,对他人所有之物享有的物权"。[7] 二是强调他物权相对于所有权所具有的派生性,是所有权派生出来的权利,认为他物权是"指在他人之物上设定的,即由所有权派生出来的物权"。[8] 三是强调他物权的限制性物权属性,认为"此等权利,以所有权的一定权能为内容,为所有权上之负担,而限制所有权,故称为限制物权。又均系在所有人之物上所设定之权利,故又称他物权"。[9]

为他物权下一个准确、科学的定义,并非易事。上述各种对他物权概念的界定,

---

[6] 佟柔主编:《中国民法》,法律出版社 1990 年版,第 264 页。
[7] 张俊浩主编:《民法学原理》,中国政法大学出版社 1991 年版,第 346 页。
[8] 刘春茂主编:《民法学》,中国人民公安大学出版社 1992 年版,第 217 页。
[9] 史尚宽:《物权法论》,台北荣泰印书馆 1979 年版,第 13 页。

均各有其特点,但均有不尽如人意之处。

笔者认为,他物权是指权利人根据法律规定或者合同约定,对他人所有之物享有的,以所有权的一定权能为内容,并与所有权相分离的限制性法定物权。这样一个定义,较好地概括了他物权的如下法律特征:

(1)他物权是在他人所有之物上设定的物权。这是他物权与自物权的最本质区别。他物权不能在自己所有之物上设定,因为自己所有之物,是所有权的客体,而所有权是最完备的物权,所有人享有最完全的支配权,无须为自己设定他物权。离开他人所有之物,他物权无从设定。

(2)他物权是派生于所有权而又与所有权相分离的物权。他物权是所有权的派生之权,并非是完全独立的民事权利。它是根据对所有权所设定的债权而形成的,而且来源于所有权,因而将所有权称为母权,而将他物权称为子权。⑩ 他物权虽然与所有权具有如此密切的关系,但它是在所有权权能与所有权发生分离的基础上产生的民事权利,即指非所有人在所有人的财产上享有占有、使用或收益权,以及在特殊情况下依法享有一定的处分权。⑪ 因而,这种物权具有相对独立的性质。

(3)他物权是受限制的物权。所有权是最完备的物权,不受任何限制。他物权则属于限制物权。他物权的受限制,表现在两个方面:一是他物权受所有权的限制。在一般情况下,他物权只是以所有权的一定权能为内容,因而仍受所有权的支配,不能完全任意行使;即使是以所有权的占有、使用、收益和处分四项权能为内容的他物权,也必须受所有权的支配。二是他物权也限制所有权的行使。在所有权的客体物上又设置他物权,其结果是使所有权的行使受到限制,不再是完全不受限制的自物权。依所有权的权能分离的内容不同,亦即他物权的内容不同,所有权所受限制的程度也不相同。

(4)他物权是依法律规定或合同约定而发生的物权。他物权并非自由发生。其发生的途径或称方法有两种:一是依照法律规定,如留置权等他物权;二是由合同约定,如抵押权、典权等他物权。他物权无论是由法律规定还是合同约定,具体内容均由法律所规定,并为强制性规定,因而他物权是法定物权。

(三)他物权的历史演进

马克思主义法学认为,法律并非凭空产生,而是"根源于物质的生活关系"⑫,"都只是表明和记载经济关系的要求而已"。⑬ 在考察他物权的历史演进中,同样可以证明这一论断的正确性。

---

⑩ 参见《国际比较法百科全书·财产法在结构上的变化》,载《外国民法论文选》,中国人民大学内部用书,第185—186页。
⑪ 参见王利明等:《民法新论》(下册),中国政法大学出版社1988年版,第196页。
⑫ 参见《马克思恩格斯选集》(第2卷),人民出版社1972年版,第82页。
⑬ 参见《马克思恩格斯全集》(第4卷),人民出版社1958年版,第122页。

1. 国外他物权的历史演进

国外他物权的发展大体经历了萌芽时期、形成时期和完备时期三个历史阶段。

(1) 萌芽时期。在原始社会,原始人在以血缘关系为纽带的人群集团中生产和生活,"第一个单个的人,只有作为这个共同体的一个肢体,作为这个共同体的成员,才能把自己看成所有者和占有者"。⑭ 在这个时候,私有制还没有产生,还没有出现法律,没有所有权的概念,当然也不会有他物权的存在。直到原始社会末期,随着社会生产的扩大和交换的发展,促进私有制的发展,使原始社会解体,产生了国家,出现了奴隶社会的奴隶主私有制,并且产生了调节该种私有制经济的法律。它确认奴隶社会的财产所有权。在所有权产生的过程中,社会的生活关系和经济关系发生了根本性的变化,为适应这种变化,他物权开始萌芽,出现了一些简单的具体的他物权。在3700多年以前两河流域的古老成文法中,就规定了用水淹没他人田地应当赔偿损失这种类似地役权的制度。《汉谟拉比法典》规定,土地归王室占有和公社占有,耕地分给各家使用,使用者必须缴纳赋税并负担劳役,允许各家世袭这种土地使用关系。这种土地使用关系,就是早期永佃权的萌芽。⑮ 应当指出,尽管在奴隶社会的早期就出现了他物权的萌芽,但在简单的经济关系中,不可能形成较为完备的他物权体系。

(2) 形成时期。他物权体系形成于罗马法时期。在罗马社会里,虽然以奴隶占有为基础的农业经济始终占据主导地位,但是以奴隶占有为基础的商品经济却很早就存在,并随着罗马国家的发展而发展。在经过长达两个多世纪的大规模扩张之后,罗马的商品经济有了长足的发展,罗马本土之上已设有许多市场,与此同时,商品交换的一般等价物——货币也逐步发达起来,充分体现了罗马社会商品经济的普遍和深入。⑯ 因而,罗马法就成为"以私有制为基础的法律的最完备形式"⑰,是"商品生产即资本主义以前的商品生产的完善法","包括资本主义时期大多数的法律关系"。⑱ 正是在这样的商品经济发展的形势下,仅仅依靠以前的所有权制度已经不能满足社会经济关系发展的客观要求,因而,罗马法创设了较为完备的他物权体系,使之与其他法律制度一同构成了"商品生产者社会的第一个世界性法律"。⑲ "以致后来的一切法律都不能对它作任何实质性的修改"。⑳ 罗马法认为,他物权是积极地创设在他人之物上的权利。它充实了物权的内容,同所有权一起,充分保护了罗马法时期的财产关系,并成为扩大所有权的一种救济制度㉑,并为后世所效仿。罗马法最重要的他物权是役权,包括人役权和地役权,其他还有永佃权、地上权、用益权和使用权,这些都

---

⑭ 《马克思恩格斯全集》(第46卷)(上册),人民出版社1979年版,第472页。
⑮ 参见王云霞等:《东方法概述》,法律出版社1993年版,第16页。
⑯ 参见江平等:《罗马法基础》(修订本),中国政法大学出版社1991年版,第38—39页。
⑰ 《马克思恩格斯选集》(第3卷),人民出版社1972年版,第143页。
⑱ 《马克思恩格斯选集》(第3卷),人民出版社1972年版,第395页。
⑲ 《马克思恩格斯选集》(第4卷),人民出版社1972年版,第248页。
⑳ 《马克思恩格斯选集》(第3卷),人民出版社1972年版,第395页。
㉑ 参见谢邦宇主编:《罗马法》,北京大学出版社1990年版,第208页。

属于用益物权,体现的是非所有权人与所有权人之间的用益关系,是典型的财产所有权与其权能相分离的形式,适应了商品经济要求扩大所有权、扩展财产的使用价值的客观要求。罗马法中的质权、抵押权、留置权属于担保物权,通过在他人所有之物上设置这些权利,保障商品交换等动态财产关系的正常流转、保障债权的实现。罗马法的他物权制度比较复杂,但几乎包容了现代立法中所有的他物权。罗马社会繁荣的商品经济,使罗马法时期成为他物权的历史形成时期。

(3)完备时期。他物权的完备时期始于《法国民法典》。欧洲的资产阶级革命,创造了新的生产关系,资本主义蓬勃发展,封建的经济制度为资本主义的市场经济所代替,呈现空前繁荣的局面。为适应自由资本主义市场经济发展的需要,《法国民法典》应运而生,"把刚刚诞生的现代社会的经济生活,译成'司法法则的语言'",使它"成为典型的资产阶级社会的法典"。㉒《法国民法典》在第二卷"财产及对于所有权的各种变更"中,详细地规定了用益物权,包括用益权、使用权、居住权、役权和地役权,在第三卷"取得财产的各种方法"中规定了质权和抵押权,即担保物权。这两部分相辅相成,构成了法国法的完备的他物权体系。

如果说《法国民法典》是自由资本主义时期的典型的民法典,那么,反映垄断资本主义市场经济的民法典,就是《德国民法典》。美国学者认为:"在所有的民法典中,最系统、逻辑最为严谨的一部当数《德国民法典》。"㉓《德国民法典》之所以能取得这样辉煌的成就,除了它沿袭了罗马法的优良传统,有了《法国民法典》编纂的经验借鉴,以及先进的立法技术以外,德国高度发展的垄断资本主义的发达、繁荣的市场经济,给其提供了广泛的、深刻的基础。《德国民法典》适应资本主义垄断市场经济的需要,创设了将用益物权和担保物权统一规定为他物权制度,均置于物权体系之中的新的体例,概括了地上权、地役权、用益权、限制的人役权、抵押权和质权。现代他物权自德国法起,已经在体例上、内容上全部完备。

在当代,社会生产力高度发展,新兴的科学技术广泛采用,市场经济达到了高度繁荣的程度。在这样的条件下,利用他人的财产组织生产经营活动,以最大限度地发挥财产的经济效益,已经成为一大趋势。他物权作为所有权,与其权能分离的基本形式,越来越受到重视,得到了新的发展。以《日本民法典》为例,在它于 1898 年施行时,虽然就规定了地上权、永佃权、地役权、留置权、质权、抵押权等完备的他物权体系,但随着市场经济的不断变化、发展,立法条文不断修订,至 1979 年最后一次修订,已经对他物权制度进行了完善的补充,适应了当今社会发展的需要。例如,为适应现代对土地利用从地表向地下和空中发展、大力兴建高层建筑、地下铁路、空中走廊等的需要,该法于 1966 年依第 93 号法律追加第 269 条之 2,规定:"地下或空间,因定上

㉒ 《马克思恩格斯选集》(第 4 卷),人民出版社 1972 年版,第 248 页。
㉓ 〔美〕艾伦·沃森:《民法法系的演变及形成》,李静冰等译,中国政法大学出版社 1992 年版,第 162 页。

下范围及有工作物,可以以之作为地上权的标的。于此情形,为行使地上权,可以以设定行为对土地的使用加以限制。""前款的地上权,即使在第三人有土地使用或收益权利的情形,在得到该权利者或有以该权利为标的的权利者全体承诺后,仍可予以设定。于此情形,有土地收益、使用权利者不得妨碍前款地上权的行使。"使地上权具有了崭新的内容。其他国家民法关于他物权的规定,也在不断地补充他物权的具体内容,以适应市场经济新的发展需求。例如,为适应分期付款这种新兴的销售方式对担保的要求,各国立法普遍规定所有权保留的方式。这种担保方式,与传统的抵押权、留置权和质权不同,但仍是以担保债权为目的的担保物权。

2. 我国他物权的发展

我国他物权制度的产生发展,大致可以分为两个时期,一是古代法时期,二是现代法时期。

(1)古代法时期。中国古代他物权产生的时代各不相同。据已故民法学家李志敏先生考证,我国最早的他物权是地上权,西周的卫鼎就记载了地上权的事例,即颜阵在矩所占有的土地上种植林木,既不妨碍矩将土地所有权转移,又因自家的种植而得到报酬。在秦代,已禁止使用人质而只得使用物质,由此可以推论在秦以前就有质权存在,且分为人质与物质两种。典权制度则出现在北齐,《通典·宋孝正关乐风俗传》:"帖卖者,帖荒田七年,熟田五年,钱还地还,依令听许。"帖卖即典权。永佃权产生于宋代,至明清逐步得到发展,先则永佃成业,继之土地的所有权与耕作权进一步分离,形成田底权与田面权,取得永佃权(田面权)者,又可以将地租给他人耕种,可以继承、典押、出卖、转租,成为非常完备、非常富于弹性的他物权。至于抵押权起于何时,较难确定,但元朝已有抵押实例。地役权、地基权古代文献亦有记载,但不多,当是视为不急之务所致。㉔

(2)现代法时期。清末修律,是使我国法制告别传统的中华法系而迈入现代法时期的转折。在《大清民律草案》中,参照德国法和日本法的立法例,在物权编设四章规定他物权,其中用益物权分地上权、永佃权、地役权三章,担保物权专设一章,分为通则、抵押权、土地债务、不动产质权、动产质权五节,值得注意的是,没有规定典权制度。在《民国民律草案》中,他物权的立法体制略有改变,各种他物权均分章规定,共设有地上权、永佃权、地役权、抵押权、质权、典权六章。这两个民法草案均未规定留置权。至《中华民国民法》正式颁布,物权编共设七章规定他物权,分别是地上权、永佃权、地役权、抵押权、质权、典权、留置权,形成了完备的他物权制度。比较各国民事立法,民国民法关于他物权的规定,无论从体例上还是在内容上,都应当说是先进的。

(四)结论

全面考察他物权的历史演进过程,可以得出如下结论:

1. 随着社会生产关系的发展变化,所有权与其权能相分离,是历史发展的必然

㉔ 以上参见李志敏:《中国古代民法》,法律出版社1988年版,第100—111页。

规律

在原始社会中,原始人以部落共同体为共同的生产、生活群体,对财产实行原始的、朴素的、直接的占有,共同所有,共同使用、收益、处分,所有权与其权能不能产生明显的分离,也无须分离。随着奴隶社会生产关系的建立,私有制成为社会的基本经济形态,提供了所有权与其权能相分离的客观条件。在封建社会,封建的租佃关系为所有权与其权能的分离,提供了更好的条件。在资本主义社会,自然经济彻底瓦解,社会化的大生产极大地扩大了社会分工和协作范围,生产经营方式发生了深刻变化,从而使所有权与其权能相分离成为一种普遍现象。他物权作为所有权与其权能分离的法律制度,也就越来越发展,越来越发达。以土地的所有权与其使用、收益权相分离的法律制度——永佃权的发生、发展,完全可以看出这种发展的历史必然。早在3000多年以前的两河流域产生的份地制度,使土地的使用权与所有权有了一定程度的分离,出现了永佃权的萌芽。在封建的租佃关系之下,地主占有大量的土地,农民却没有或很少有土地。农民只有租佃地主的土地,使所有权与土地的占有、使用、收益权能相分离,才产生了完备的永佃权。在资本主义农业中,资本主义生产方式"一方面使土地所有权从统治和从属的关系下完全解放出来,另一方面又使作为劳动条件的土地同土地所有权和土地所有者完全分离,土地对土地所有者来说只代表一定的货币税,这是他凭他的垄断权、从产业资本家即租地农场主那里征收来的"。㉕这种土地所有权与其权能的分离,实际上就是永佃权发展的高级形式,"所有权名义仍在贷者手中,但其占有权过渡到产业资本家手里了"。㉖这些正是永佃权的基本法律特征。

从上述事实可以看出,所有权与其权能相分离,经过了一个相当长的历史时期,才最终达到今天的结果和程度。这种缓慢的演变过程,是生产力不断发展的客观要求,是生产关系不断发展的必然结果。这一历史发展的必然规律,人们只能服从它,适应它,却不能企图改变它,更不能代替它。

2. 建立完善的他物权制度,是社会经济高度发展的客观要求

法律作为社会上层建筑的重要组成部分,对所有权与其权能相分离这种生产关系发展客观规律的要求,必然会作出反应,建立相应的法律制度,以适应它的生产关系发展的需要,并发挥其法律调整的反作用。这种法律制度,就是他物权制度。

在简单的自然经济社会里,他物权只能处于萌芽阶段,只会产生一些简单的法律制度。在罗马法时期,其基本的经济形式虽然是以奴隶占有为基础的农业经济,但在城邦却形成了繁荣的市场经济。他物权制度在罗马法时期形成,因而就是完全可以理解的了。经过法国法、德国法、日本法等历代演进,他物权制度日益完备,完全适应了现代市场经济发展的客观要求。这就是,随着生产力的发展和市场经济的繁荣,利

㉕ 《马克思恩格斯全集》(第20卷),人民出版社1974年版,第696—697页。
㉖ 〔德〕马克思:《剩余价值学说史》(第3册),三联书店1949年版.第523页。

用他人的财产来组织生产经营活动,创造社会价值,已经成为普遍的方式,物权法从以重视和保护财产的所有关系为中心,逐步地转向以重视和保护财产的利用为中心,他物权的最终目的,是最大限度地发挥财产的社会经济效益,创造更高的社会价值。

他物权作为上层建筑的组成部分,主要作用是:

(1)固定所有权与其权能相分离的社会关系。法律是统治者意志的体现,但"其原因不能归结为某个人的权力或说服力"[27],而在于统治者对社会经济发展规律的认识程度。市场经济需要所有权与其权能相分离,使公民、法人能够利用他人财产,组织生产经营,保障交易安全。立法者只有适应这一要求,从法律角度上确认所有权与其权能相分离的社会关系,以他物权的法律制度,固定这种关系,规范这种关系,才能促进生产力的发展。

(2)规定所有权与其权能相分离的基本形式。他物权是所有权与其权能相分离的法律反映。根据所有权与其权能相分离的不同形式,以及不同财产的所有权与其权能相分离的具体情况,构成不同的具体他物权。例如,一般财产的所有权与使用权相分离,形成用益权;耕地的土地所有权与使用、收益权相分离,构成永佃权;建筑用地的所有权与使用权相分离,构成地上权;等等。他物权规定这种具体的分离形式,就确定了他物权的基本种类。

(3)确定财产的所有者与使用利用人之间的权利义务关系。所有权与其权能相分离,必然引起所有人与使用利用人之间的利益分配关系,使各方在财产的使用、利用上均获利益。他物权以法定的内容,确定各自的权利义务关系,调整该种社会关系协调发展。

3. 他物权的自身体系具有系统化、规范化的特点

他物权自萌芽时起,已历时3000多年。经过长时间的历史考验,已经形成了完备的体系,成为各国立法一体效仿的规范化的法律制度。这表现在,一是他物权与所有权相辅相成,构成现代物权法的两大支柱,不可或缺其一。二是他物权自身分为用益物权和担保物权两个部分,分别由地上权、地役权、用益权、永佃权和质权、抵押权、留置权构成,被各国立法所确认。三是现代科技的发展要求丰富他物权的具体内容,却没有突破他物权的自身体系,这一点,已被日本立法的实践所证明。这也说明,现代立法中的他物权制度是适应现代社会市场经济高度繁荣的发展需要的。作为一个新兴的市场经济国家,可以借鉴这一制度,依据本国的实际情况,制定与各国立法协调一致的他物权制度,以便于国际经济交流,迅速发展本国的经济,赶上世界经济发展的水平。

---

[27] 〔美〕艾伦·沃森:《民法法系的演变及形成》,李静冰等译,中国政法大学出版社1992年版,第133页。

二、我国他物权的立法现状及其局限

新中国成立以后,全部否定民国时期的立法,创建了自己的法律体系。在他物权建设上,则全盘借鉴苏联的立法经验,把苏联法作为社会主义法律的典范,因而在长达40年的时间中,不承认物权的概念,只提财产所有权的概念,并且以国家所有权和集体所有权为核心,根本不提他物权。继之在改革开放以后,清除"左"的思潮,为适应有计划的商品经济发展需要,部分地承认他物权制度,但极力避免使用资产阶级法律中用过的概念,创造了一些含糊不清的法律概念;同时片面强调中国特色,使他物权制度过于杂乱。

(一)我国现行他物权的立法现状

我国现行的他物权制度,是通过《民法通则》的规定和司法解释这两部分建立的,主要为三个部分:

1. 以"与财产所有权有关的财产权"概念设立用益物权制度

《民法通则》第五章第一节从第71条至第83条,分别规定了土地使用权、农村土地承包经营权、国有资源使用权(含采矿权)、全民所有制企业经营权和相邻权。

2. 以债务担保方式设立担保物权制度

《民法通则》在第五章第二节"债权"中,规定抵押权和留置权,其中抵押权包含质权在内,因而实际上的担保物权包括抵押权、质权和留置权。

3. 通过大量的司法解释详细规定了我国现实民事流转中存在的典权制度

这种典权制度目前只限于房屋一种不动产适用,对于房屋以外的土地等不动产,不适用典权制度。此外,最高人民法院通过司法解释,还确认了地上权制度。[28]

(二)我国现行他物权立法体系的局限性

从我国现行的他物权立法现状看,我国已经初步建立了他物权体系,且已有了一定的规模,具有相当的特色。但是,实事求是地研究、分析这一立法体系,还存在相当多的局限性。这些局限表现在:

1. 他物权体系设置不科学

他物权是民法的一个完整、严密、科学的法律制度。从《德国民法典》开始,他物权立法就改变了分散规定的体例,完全纳入到物权法体系之中,分成用益物权和担保物权两大系列,并为后世立法所遵循。我国《民法通则》人为地将他物权分割开来,将用益物权编入财产权之中,将担保物权编入债权之中。这种立法例虽有《法国民法典》可循,但事实证明,《法国民法典》对他物权的规定是不尽科学的。担保物权具有

---

[28] 最高人民法院1992年7月31日发布了《关于国营老山林杨与渭昔屯林木、土地纠纷如何处理的复函》,指出老山林场在渭贵沟、渭贵坡造林,后该土地被政府确权归渭昔屯所有。该复函认为,本案可视为林场借地造林,土地归渭昔屯所有,地上的林木归林场所有。此种权利应认为是地上权。

严格的物权性,它不可能也不应该成为债权法的组成部分。强行将担保物权纳入债权法的体系,割裂了他物权的科学体系,破坏了用益物权与担保物权以至于他物权与整个物权体系的内在逻辑联系。

2. 他物权的基本概念称谓不明确、不准确

具体表现在:

(1)在立法上没有使用他物权的概念,仅使用"与财产所有权有关的财产权"的概念。后一个概念不能概括他物权的全部内涵和外延,实际上指的是用益物权的某些内容。这样,在立法上就没有与财产所有权即自物权相对应的概念。

(2)用"与财产所有权有关的财产权"的概念称为用益物权,既不准确,也不严谨。它不能反映用益物权的法律特征,不能概括用益物权的全部内容,且表述累赘、拗口,不符合法律概念的表述习惯。

(3)在立法上没有使用担保物权的概念,抵押权(含质权)和留置权缺少其上属的概念,无法与用益物权相对应。

3. 现行的用益物权体系既不合理亦不完整

最典型的用益物权体系,应当包括地上权、地役权、永佃权、德国瑞士法上规定的用益权和我国法固有的典权。在我国现行用益物权体系中,没有设立地役权、永佃权,地上权和典权虽然在司法实务上予以适用,但立法未明文规定。已设立的土地使用权、国有资源使用权,有的属于地上权,有的与用益权相类似。关于土地承包经营权,实际上相当于永佃权。国有企业经营权是一个独具特色的用益物权,但依笔者所见,这种权利具有过渡的性质,待国有企业完全实行股份化以后,这种权利是否还有存在的必要,不无疑问。按其性质,与用益权接近。

4. 将抵押权与质权合二为一统称为抵押权实属失当

抵押权与质权,历来是两个不同的担保物权种类,不论其适用对象、行使方式乃至成立条件,均不相同,从立法例上看,亦无先例。现在的做法,抹杀了两种担保物权的差别,混淆了它们的特点和作用,造成了适用上的混乱。

5. 现行司法解释规定的典权适用范围过窄

典权原则上适用于一般不动产,包括土地、房屋,以及在他人不动产上设置的用益物权。我国目前只准许房屋可以出典,范围很窄。在我国,集体所有的土地应准许出典;取得土地使用权(包括地上权和用益权)和农村土地承包权(永佃权)者,也应当准许其出典。《民法通则》第80条、第81条规定的土地,国有或集体所有的林地、草原、荒地、滩涂不得设置抵押的规定,均因《宪法修正案》关于准许土地使用权等有偿转让的规定失去效力,依此,对土地及土地使用权设典,当无问题。

6. 规定相邻权为他物权不甚合理

自罗马法创设相邻权,就将其纳入所有权的体系,作为对所有权行使的限制性措

施。㉙后世立法均沿此制,不认为相邻权为他物权。将相邻权认做他物权,显然混淆了自物权与他物权的界限,将所有权行使的限制,看做了限制物权。

(三)我国他物权立法局限的成因

我国现行他物权立法之所以出现上述局限,其原因主要在于以下几点:

1. 过于轻视法律的继承性

社会主义的法律代替旧的资产阶级的法律,无疑意味着新法对旧法的否定。新中国建立自己的法制,也必须摧毁旧的法制体系。但是这种否定和摧毁,并不否认新法与旧法之间存在着历史的联系性和继承性。新的法制一方面否定旧法的历史类型,体现法在本质上的变化;另一方面又批判地吸收旧法中的积极因素,使之成为新法的组成部分。只有这样,法律才能够从低级向高级发展。正如恩格斯所说:"在法国,革命同过去的传统完全决裂;它扫清了封建制度的最后遗迹,并且在民法典中把古代罗马法——它差不多完满地表现了马克思称为商品生产的那个经济发展阶段的法律关系——巧妙地运用于现代的资本主义条件;它运用得如此巧妙,以致这部法国革命的法典,直到现在还是包括英国在内的所有其他国家在财产法方面实行改革时所依据的范本。"㉚斯大林对此说得更为明确,他说:"如果旧制度的某些法律可以被利用来为争取新秩序而斗争,就应当也利用旧法制。"㉛马克思主义经典作家的上述论述,充分说明了法律继承的必要性,同时也证明,在各个法律部门中,最具有继承性的,就是民法,其中包括他物权立法。

新中国的法制建设,显然没有充分认识到法的继承性特点,始则彻底废除旧中国的民法传统,继之在民事立法上采取虚无主义的态度,以民事政策代替民事立法。在他物权问题上,在长达30多年的时间里,采取全盘否定的态度,没有从旧法关于他物权的规定中吸收其合理的、进步的因素。在制定《民法通则》的过程中,对他物权立法采取"犹抱琵琶半遮面"的态度,不敢借鉴、继承民国时期民法及外国民法中的合理因素。对此,不能不说是他物权立法局限的一个重要原因。

2. 不能彻底破除苏联民事立法思想的影响

新中国成立初期,既然全盘废除旧法体系,只能借鉴当时苏联的立法,把苏联的法律当成社会主义法律的典范加以仿效,盲目照搬。苏联民事立法只承认所有权,不承认他物权。基于此,我国的民事政策、法律亦只承认所有权,否认他物权,民法理论同样如此。至《民法通则》之前的民法草稿中,每一部草稿均未设他物权的条文。改革开放以后,实行经济体制改革,逐步认识到他物权对经济体制改革和经济发展的必要性、迫切性,对他物权立法已经有了足够的认识,但在立法上还是不能彻底破除苏

㉙ 参见〔意〕彼得罗·彭梵得:《罗马法教科书》,黄风译,中国政法大学出版社1992年版,第240—246页。
㉚ 《马克思恩格斯选集》(第3卷),人民出版社1972年版,第395页。
㉛ 《斯大林文选》,人民出版社1962年版,第15页。

联立法的影响,既不敢提他物权的概念,又不敢采用他物权立法的格局,而是造出令人费解的法律概念和杂乱的各种权利来。

归根结底,还是一种"左"的思潮没有彻底根除的结果。在我国民事立法和民法理论中,"左"的思想可谓根深蒂固,尤以物权领域为甚;在其影响下,认为物权制度不仅仅体现于一定的民事法律关系之中,更重要的是保护和巩固不同社会的经济基础,为不同阶级的利益服务。而他物权,有的原是为维护封建剥削制度服务,而资产阶级学者强调他物权中的人对物的关系,是回避和抹杀了体现在物权中的阶级关系。㉜ 在这样的思想影响下,对他物权乃至物权本身均采取小心翼翼的态度,是完全可以理解的。在制定《民法通则》之时,"左"的束缚状态有所改变,但并未彻底肃清,其中的局限性,则正是旧思想、旧体制所遗留的痕迹。

3. 我国他物权立法局限的根本原因在于对社会主义社会经济制度认识的局限

社会主义社会的经济制度究竟是什么性质,在认识上经历了一个痛苦的探索过程。依照马克思主义原理,社会主义是在资本主义高度发展至垄断阶段,再也无法继续发展的社会矛盾中产生。而我国的社会主义制度却脱胎于半殖民地、半封建,生产力发展落后,商品经济不发达的社会。按照社会发展的客观规律,社会经济不可能突然发生飞跃,达到共产主义初级阶段的计划经济。在长达 30 多年的时间里,人们误认为中国的经济是计划经济,因而也就没有必要建立与市场经济相适应的包括他物权在内的物权法律制度。

在改革开放的实践中,人们逐步认识到了我国社会主义的客观基础,初步认识到了我国的经济性质不是计划经济,提出了有计划的商品经济是我国经济的基本属性的论断,使对我国社会经济性质的认识比较地接近于客观真实。在这样的认识指导下,中共中央《关于经济体制改革的决定》指出:"根据马克思主义的理论和社会主义的实践,所有权和经营权是可以适当分开的。"这种所有权和经营权适当分开的法律形式,就是民法的他物权制度。基于对有计划的商品经济的认识而建立的我国他物权立法,一方面实现了他物权立法从无到有的历史转折,另一方面也导致了他物权立法的不科学、不完备。只有真正认识我国社会经济的社会主义市场经济的性质,才能够真正创建完善的、科学的他物权制度。这样的结论,正在被近几年的实践所证明。现在,中共中央已经确认我国的社会经济是社会主义的市场经济,各界人士均已取得共识。因而,与市场经济相适应的他物权制度,必须尽早完善、完备起来。

三、我国他物权制度重新构造的基本设想

(一)重新构造我国他物权制度的指导思想

重新构造我国的他物权制度,必须首先明确其指导思想。这一指导思想是:

㉜ 参见《中国大百科全书·法学》,中国大百科全书出版社 1984 年版,第 628 页。

1. 大胆借鉴国外立法经验

无论古今中外,人类创造的文化成果,都是人类共同的精神财富,法律文化同样如此。对国外他物权的立法经验,尽管存在法律类型的不同,但对于其中的精华,社会主义法律同样可以借鉴。这不仅是因为国外他物权立法经验是全人类的共同精神财富,而且还因为社会主义与资本主义的市场经济规律具有共同性。他物权制度经过数千年的发展,适应市场经济发展规律的需要,已经成为一项完全成熟而完备的物权法制度。大胆地借鉴国外的他物权立法经验,是重新构造我国他物权制度的主要方法。当然,借鉴不是照抄照搬,但是,也要反对把借鉴轻易斥之为抄袭。

2. 继承民族立法的优秀传统

继承本国的优秀法律传统,古为今用,是完善立法的一个重要途径。这种继承,表现在两个方面:一是继承中华法系中他物权的优秀传统,如典权制度,并且进一步改造它,为今天的市场经济发展服务;二是继承民国民法关于他物权的立法传统,国民政府20世纪30年代制定的民法,以西方国家和日本的民事立法为蓝本,吸取先进的法理精华,取得了相当的成就,是成功的立法,其中关于他物权的立法,在世界民法之林,堪称先进,继承中华民族古代的、近代的这些立法精华,对于重新构造我国的他物权制度,无疑具有更为简捷的借鉴意义。

3. 广泛吸收司法实务经验

尽管新中国成立后30多年我国在他物权立法上属于空白,但司法实务机关在实际操作中依据法理和政策,处理了大量的他物权纠纷案件,积累了相当的经验。例如典权,最高人民法院发布的司法解释达数十件。1987年以来,《民法通则》制定了不完备的他物权制度以后,司法机关在实践中积累了大量的正、反两方面的经验。重新构造他物权制度,应当认真总结这些经验,吸取其成功之处,避免其局限性。

4. 认真审度我国国情

在物权法中,所有权制度在法的类型上具有明显的差别,需要按照我国的基本制度进行构造,而他物权制度则具国际化而少民族性。重新构造他物权制度,应当在国际经济交往中,更注重采用国际通用的立法和惯例,使之与国际经济融合,与各国先进立法接轨。同时要考虑我国的具体国情,以适应我国市场经济发展的需要。就重新构造他物权制度而言,只要不违背我国市场经济发展的需要,并且有利于开展国际经济交往,就是适合中国国情。

(二)重新构造我国他物权制度的基本设想

重新构造他物权的基本设想是:

1. 调整他物权的体系结构

对此,应从宏观上着眼,改变他物权体系被割裂为物权法和债权法两个部分的状况,把他物权建设成为物权法的与所有权相对应的完整的制度。最基本的工作,是把担保物权从债权法中恢复到物权法中,在物权法中,构建完整的用益物权和担保物权两大系列。同时,对用益物权应当改变"与财产所有权有关的财产权"的称谓,直接以用益物权称谓;把担保物权从"债的担保"中分离出来,直接称为担保物权。

2. 完备用益物权系统

鉴于我国目前用益物权立法的杂乱、不完备的现状,重新构造的工作重点是理顺用益物权的体系,完备具体的用益物权类型。

(1)补充地上权、地役权,改变目前这些法律关系无法可依的状况,使其纳入用益物权的体系。

(2)创设用益权,将国有企业经营权、国有资源使用权改造成为用益权的具体内容,改变这些以用益为其基本特征的民事权利过于杂乱的状况,以统一的用益权包容之,成为典范的、统一的用益权。

(3)改造农村土地承包经营权为永佃权,使之既可容纳当前农村土地耕种的现实法律关系,又可为将来的大规模的农村土地集约化、现代化经营提供法律依据,成为具有我国特色的公有制基础上的新型永佃权。

(4)扩充典权范围。首先应将典权纳入用益物权体系,改变目前只靠司法解释调整的状况。其次是扩大典权适用范围,让其在经济生活中发挥更大的作用。

(5)将相邻权从他物权体系中排除,将其归属于自物权体系。

3. 调整担保物权体系

最重要的是将抵押权与质权分开。抵押权只适用于担保物不转移占有的场合,质权则调整动产、不动产及权利转移占有的关系,设立动产质权、不动产质权和权利质权。保留完善留置权。

4. 完善他物权的具体内容

对他物权立法体系作如上调整以后,应当全面完善各项他物权制度的具体内容。我国目前民事立法过于强调简捷、扼要,结果使法律条文过于简略,不具有可操作性,要由大量的司法解释进行补充,往往造成司法解释机关越权解释,以司法解释代替立法解释乃至立法的现象。纠正这种状况的办法,就是立法具体化,详细规定各项制度的具体内容。完善他物权的具体内容,应当遵此办法。

四、重新构造用益物权的具体设想

构建新的用益物权立法体系,主要是新建地上权、地役权、占有权,改造国营企业经营权等为用益权、土地等承包经营权为永佃权,扩充典权。将这些用益物权建构成一个严密的科学体系。

(一)地上权

地上权是指在他人的土地上营造建筑、隧道、沟渠等工作物和培植竹、木而使用该他人土地的权利。

地上权起源于罗马法。近现代民法中的地上权制度,均可溯源于罗马法,但效力已不如罗马法广泛。③ 事实上,在我国周朝就已存在地上权的事实。陕西省岐山县董家村出土的卫鼎(乙)记载,矩把自己占有林里(土地)给予裘卫,以交换裘卫付给他的东西,同时又要给土地上的森林所有人颜陈送礼。颜陈在矩所占有的土地上种植林木,既不妨碍矩将土地所有权转移,又因自家种植而得到报酬。这是明显的地上权制度。但是,在中国古代律典中,对地上权缺少明文规定。至《大清民律草案》和《民国民律草案》开始设立地上权条文,至民国时期民法,已正式建立此制。

我国现行立法是否存在地上权,有不同见解。一说认为,我国没有地上权,仅承认立法中规定的国有土地、自然资源的使用权㉞;另一说认为,我国因建筑物或其他工作物而使用国家或集体所有的土地的权利,就是地上权。㉟ 事实上,土地使用权与国有资源使用权是两种不同的权利。一般意义上的土地使用权,是指在国家、集体的土地上为建筑或种植林木,此为地上权;开发土地资源为使用,如挖掘土地之泥土烧制建筑材料,以及对其他国有资源的开发利用,则为用益权。应当确认,为建筑及培植林木而使用国家、集体土地的权利,符合地上权的法律特征,是地上权。

地上权的基本法律特征,是在为建筑或种植林木的土地关系上,土地所有权为土地所有人所有,土地之上的建筑物等工作物或林木为地上权人所有。在我国,国家或集体是土地的所有人,与国外的土地私有制有本质的不同,但是,这只决定我国的地上权与传统民法上的地上权性质上的不同,并不能否定我国地上权存在的必要和可能。国家或集体在自己的土地上为建筑或培植林木,不发生地上权;法人、公民在国家和集体的土地上为建筑或种植林木,即为在他人的土地上行使地上权,并取得在该土地上设置不动产的所有权,而土地所有权仍归国家和集体所享有。确认这种法律关系,是明确国家、集体和公民、法人之间在土地使用上的权利义务关系的需要,也是利用土地发展经济,保障人民生活的需要。

重新构建地上权,应以现行的国有土地使用权、农村土地使用权、宅基地使用权、国家或集体山岭、荒地、草原、滩涂造林权为基础,创设统一的地上权制度。这些权利,都是以在国家或集体的土地上建筑建筑物及其他工作物、培植林木,并取得该地上物的所有权为特征,都属于地上权。用地上权一以贯之,使相同的权利归并到一起,使立法更为明确、更为简洁,且与国际立法习惯相一致,更便于执行和进行经济交往。在立法的策略上,可以先对地上权的总的原则、权利义务关系等作出规定,然后就各种具体的地上权再作详细的规定。

完善地上权的具体内容,首先应当规定地上权的取得方式。地上权的取得方式与所有权的取得方式相同,可以分为原始取得和继受取得;其次可以分为基于法律行为取得和基于原因事实取得。应当着重规定的是基于法律行为取得的方式。地上权

---

③ 参见江平等:《罗马法基础》,中国政法大学出版社1991年版,第182页。
㉞ 参见孙宪忠:《论我国的土地使用权》,载《中国社会科学院研究生院学报》1987年第8期。
㉟ 参见钱明星:《物权法研究》,北京大学出版社1994年版,第293页。

一经发生,就具有长期存续性,也具有可转让性和可继承性。其存续期限,可以分为三种情况:一是无期限,如宅基地可以永久使用;二是定有期限;三是依工作物的存续期限为期限。

基于法律行为取得地上权,主要的是地上权的设定行为。我国的土地使用人欲取得地上权,应当进行申请,经过国家土地管理部门和农村土地所有人批准,进行地上权的登记,取得地上权。登记应确定地上权的具体内容,如设定范围、存续期间、税租等,均应明确规定。地上权基于合同行为而让与,也是基于法律行为取得地上权,为继受取得。地上权人转让其权利,得与受让人以合同为之,如私有房屋买卖,其地上权随房屋所有权的转让而一并转让。地上权转让是物权的转让,非经登记,不生效力。

基于原因事实取得地上权,应当包括以下几项:

(1)因继承而使无地上权人通过继承而取得地上权,此种继受取得,亦应进行登记。

(2)基于不动产抵押物的拍卖,一般认为系因事实而取得地上权。

(3)因取得时效而取得地上权,即为因时效完成而申请登记为地上权人。

我国目前尚未建立取得时效制度,但从长远角度观之,设立此项取得地上权的方式,实属必要。

地上权的存续期间,应规定为三种情况:

第一,无期限,可以永久使用该土地,如宅基地使用权,一般不规定期限。第二,定有期限,如有期限地受让土地使用权,依其期限届满而消灭地上权。第三,具体体现期限,如因地上权人交回土地而消灭;亡权,指建筑物、工作物衰朽、废弃而结束期限。

地上权人应当享有下列权利:第一,土地占有与用益权。准许地上权人直接占有使用土地,并排除他人的妨害,享有物上请求权。第二,地上设置物的所有权。此种财产所有,与一般财产所有权相同,享有一切权能。第三,占有的土地及建筑物的相邻权。地上权人对于地上标的物依附的土地,与所有人享有同样的相邻权,以保护其权益;对于地上设置之物,因其享有所有权,故亦享有相邻权。第四,地上财产及地上权的处分权。地上权为财产权,故除合同另有约定或另有习惯外,可以转让,通常的转让方式是与地上权一并转让,地上权也可以作为债权的担保。第五,取回权的补偿请求权。地上权期限届满或因其他原因而消灭,地上权人在归还土地时,得请求取回地上设置之物;地上物如果拆除于地上权人和社会经济蒙受损害的,若土地所有人愿意以时价收购,地上权人可就其地上物的价值,请求土地所有人予以适当补偿。

地上权人应当履行以下义务:第一,支付地租或税金。使用土地约定支付租金的,应依法支付租金而为使用。宅基地使用权则应依法按期缴纳税金。购买土地使用权的,应首先支付价金而后方可使用。无偿地上权,无须缴纳租金。第二,信用保全义务。地上权人对地租、税金的交付,应负保全信用的义务。拖欠地租、税金达一定期限者,应撤销其地上权。第三,恢复原状义务。地上权消灭时,土地所有人恢复其对于土地的支配权,地上权人应负恢复原状的义务。地上权人处分其地上物,土地所有人有先买权,地上权人负有准予其先买的义务。

地上权因下列事实而消灭:第一,地上权撤销或期限届满;第二,土地灭失;第三,地上权的抛弃;第四,地上权与土地所有权混同;第五,国家依法征用。

(二)地役权

地役权起源于罗马法。早在《十二铜表法》中就规定了役权,是最古老的他物权。罗马法的役权分为两种:第一,地役权。与现今地役权基本相同,是为某土地所有人的便宜之用,使用他人之物的权利。第二,人役权。为特定人的便宜之用,使用他人之物(包括权利)的权利,分为用益权、使用权、住居权和奴隶、动物使用权四种。后世各国民法大都规定地役权,认其为他物权之一种,多数不规定人役权。在我国古代,涉及两田相接的通道、过水、开沟等,均有处置方法,如汉代即有若干地役权的规定,但原有法令未被后世注意吸收,因而地役权制度不够完备。㊱清末民初提出地役权立法条文,民国时期的民法正式通过施行。

地役权是指为了自己便宜使用土地而使用他人土地的权利,是一种以他人土地供自己土地使用便宜,增加自己土地利用价值使其支配于他人土地的他物权。在地役权关系中,供他人便宜使用的土地称为供役地,受便宜之用的土地称为需役地,供役地所有人与需役地的所有人之间,构成地役权关系,需役地的所有人为权利人,供役地所有人为义务人。本来意义上的地役权关系是发生在土地所有人之间,由于我国土地所有人只有国家或农村集体组织,构成地役权关系的,主要的是土地使用人,包括地上权、永佃权人之间。当然,农村集体土地所有人与国家之间、农村集体土地所有人之间亦可构成地役权关系。

我国民事立法之所以没有设立地役权制度,主要是将地役权调整的内容交给了相邻关系调整,这是对地役权性质认识不正确,并与相邻权相混淆所致。地役权与相邻权有相似之处,但二者实为两种不同的民事权利。地役权与相邻权的主要区别是:第一,相邻权的性质是对相邻不动产所有权的限制或延伸,不是他物权;地役权则是为自己土地的便宜利用而使用他人土地的权利,为基本的他物权。第二,相邻权是法定权利,由法律规定其内容;地役权则是按当事人的约定设立,或依时效取得的权利,并非法定权利。第三,相邻权依法发生在相毗邻的不动产所有权人或使用人之间,包括土地、房屋等;地役权则只发生在土地所有人或使用人之间,亦不受土地是否毗邻的限制。第四,相邻权的内容包括相邻流水、排水,危害和危险的防免与排除、道路通行、采光、通风、噪音、震动等多方面的关系㊲;地役权的内容则很单一,只为便宜使用土地之需。

㊱ 参见李志敏:《中国古代民法》,法律出版社1988年版,第103页。
㊲ 参见张俊浩主编:《民法学原理》,中国政法大学出版社1991年版,第350页。

我国的地役权应具有以下特征：

（1）使用国有土地和集体土地的用益物权。地役权关系主要的是土地使用人作为主体，地役权是设置在供役地上而使供役地所有人、使用人的权利受有限制的他物权，供役地人负有容忍需役地人使用的义务。

（2）为自己谋取土地的便宜而行使于国有土地、集体土地以及土地用益权之上的物权。便宜即便利相宜，如通行于他人的土地，或经由他人土地汲水灌溉等。便宜之用在于需役地之使用，而非猎兽、捕鱼等人役内容。

（3）属于从属性物权。为需役地的便宜使用而设定，其目的是为满足需役地的实际需要，不能离开需役地而独立存在，因而为从属性的物权。

（4）属于不可分性物权。即地役权不得分割，必须全部为一地役权人所享有，不得由数个地役权人各享有一部分。

构建完备的地役权，一方面应当将相邻权中有关地役权的内容分离出来；另一方面还要进行大量的补充、完善工作。

地役权可以划分为如下种类：

（1）积极地役权与消极地役权。前者是以地役权人在供役地得为一定积极行为为内容的地役权，也称为作为地役权；后者是以供役地人不得在供役地上为一定行为为内容的地役权，也叫做不作为地役权。

（2）继续地役权和不继续地役权。前者为地役权人无间断行使于供役地的地役权；后者为地役权人行使其权利时以地役权人每次的行为为必要。

（3）表见地役权与不表见地役权。前者为地役权的行使表现于外部；后者为地役权的行使不表现于外部，如地上引水与地下设管道引水。

我国的地役权取得方式，应分为三种：

（1）依法律行为而设定。这种取得方式，通常是因需役地人与供役地人依设立合同而成立，但也可以依供役地人捐救行为或遗嘱而成立。

（2）因需役地所有权或使用权的继承而取得权。

（3）因时效而取得，即表见的地役因时效的届满而取得地役权，非表见的地役权不适用该种取得方法。我国目前未设取得时效，对表见地役权的取得，以适用默示同意而取得，可为权宜之计。

地役权的取得为物权行为，必须经过登记而发生效力。

地役权的期间，可以由当事人自由约定，可以永久取得。在我国土地使用人之间的地役权期间，应与地上权、永佃权等权利期间相同或短于该期间。

地役权人的权利与义务是：

（1）设置的权利与义务。地役权人取得地役权，即可在需役地上设置相应设施，此为权利；对于该项设施，负有维护其完好的义务，如设置排水设备之权与设备维修保全的义务。地役权人行使该权利，应择其对供役地损害最小的处所和方法为之。

（2）行使物上请求权。地役权人对于有权直接支配的供役地，对无权占有和侵夺者,得请求返还,对妨害使用或有妨害可能的,亦得请求排除妨害和停止侵害。

(3)地役权的行使不得逾越需役地的需要。地役权人行使或维持其权利,只能为必要的行为,不得逾越需役地的需要。地役权人因此而给供役地人造成损害的,应向供役地人赔偿损失。

供役地人的权利与义务是:

(1)工作物的使用与费用的分担。供役地人于无碍地役权行使的限度内,可以使用地役权人在供役地上所设置的工作物,可按其受益程度分担工作物设置与保存的费用。

(2)供役地人仍享有供役地的一切权利。供役地人应负对地役权人行使权利的忍受和不作为义务。

(3)对价请求权。有偿地役关系,供役地人对于地役权人有对价请求权,地役权人应支付对价,不支付对价者,有权终止地役权关系。

地役权因期限届满、供役地的征用、土地重划、地役权放弃等原因而消灭。地役权消灭后,供役地所有权和使用权的限制免除,恢复原状,设置于供役地上的设施,于供役地有益的,供役地人可以留买,并向地役权人支付适当价金;于供役地无益者,供役地人有权请求地役权人拆除。

(三)永佃权

提出建立永佃权的主张,并非不具有一定的风险,不过在市场经济客观需求和思想解放的今天,似乎不必为此而担忧。

风险的来源之一,就在于永佃权是我国古代封建社会固有的制度。永佃权最晚出现于宋代,至明清逐步发展而盛行于江苏、江西、福建、安徽等地,称土地所有权为田底权,称永佃权为田面权,田地称作地骨,田面称作地皮。《钦定户部则例》规定:"民人佃种旗地,地虽易主,佃户依旧,地主不得无故增租夺田。"永佃权在我国的产生和发展,是物权制度发展到一定阶段的结果,其中包含佃农斗争的胜利。这一制度富于弹性,既有佃者的名称,又有业主的身份;既可租种,又可出典、出卖、出租,因而有利于土地改良,缓和封建人身关系。㊳ 欧洲大陆各国和日本法上的永佃权,源于罗马法。据学者考证,永佃权这一概念的使用,最早出现在希腊。至罗马,最初的永佃权大多产生自国家和个人的关系。罗马扩张侵略,不断获得大量的土地,归国家所有,分租给人民耕作,国家取得一定的年度租金;对荒地也采取这种办法处理。继之成为固定制度,渗入一般的民事关系中,至公元2世纪,则正式出现永佃权的法律概念,查士丁尼时期形成完备的制度,并为后世所沿用。㊴

传统的永佃权是指一方当事人支付佃租,在对方当事人的土地永久耕作或放牧

㊳ 参见李志敏:《中国古代民法》,法律出版社1988年版,第101页;史尚宽:《物权法论》,台北荣泰印书馆1979年版,第186页。

㊴ 参见江平等:《罗马法基础》,中国政法大学出版社1991年版,第177页。

的权利,是他物权中的一项基本权利。对于这种永佃权,我国法学界传统的看法是,它是维护和巩固封建剥削关系的土地使用制度,在中国经过土地改革已不复存在,永佃权已成为历史概念。⑩ 应当说,这种看法似乎是一个事实。但是,永佃权作为一种世界通行的土地使用制度,不独为封建社会所有,也并非只为维护剥削阶级的利益而存在。它的基本制度、基本内容适用于一般的土地承租耕作关系。在我国,虽然不使用永佃权这一概念,但永佃关系总要通过其他形式体现出来。笔者认为,我国目前实行的农村土地承包经营权,就是一种新型的社会主义性质的永佃权;如果采用永佃权的制度代替农村土地承包经营权,不仅有利于法律概念的统一、准确,而且有利于巩固农村土地使用关系,保障双方当事人的合法权益,使农村土地使用关系法制化。

研究一个法律概念,不应只看它的形式,主要应看其实质及其基本法律特征,决定其是否继续使用。永佃权这一概念产生了千余年,不仅在奴隶社会、封建社会使用,而且目前的资本主义社会也在使用,可见其不是为封建社会所独有。我国目前实行的农村土地承包经营权,就是一种新的永佃权,可以以其为基础,创设我国的新型永佃权制度。其必要性在于:

(1)从概念上看,农村土地承包经营权既不是一个严格的法律概念,又具有时代的历史局限性。农村土地承包经营权所反映的,是农民耕种集体所有的土地(亦包括草场放牧的承包经营),并向集体交纳承包费的土地耕种形式。这种法律关系,用农村土地承包经营权称谓,比较形象,但既不简明扼要,又与国外通用的法律概念不相对应,不具有法律概念的特点。同时,农村土地承包经营,是特定的历史时代的产物,是我国在农村土地集体所有、集体耕种普遍失败之后,采用的一种经营形式,其特点是,以家庭为经营单位,进行小规模经营,不具有现代大农业的特点。而大规模发展农村生产力,必须实行大农业。如果只用农村土地承包经营权的概念概括我国农村土地耕作制度,长期发展下去,必然使大农业的发展受到限制。以永佃权这一各国土地租佃耕作的统一概念,不仅概念明确,还能适应农业的发展。

(2)从永佃权制度的基本内容上看,具有将农村土地承包经营权改造为新型永佃权的基本条件。第一,永佃权的主体,一方是土地所有人;另一方是租佃耕作人,双方构成永佃关系,由于永佃权在我国封建社会成为剥削农民的制度,因而传统上对其存有偏见,如将"佃"字解为"农民向地主租种土地"。⑪ 事实上,不仅"佃"另具耕作之意,而且永佃权的土地所有人,并不仅仅为封建地主,在罗马,就有国家;在现代资本主义社会,还包括土地资本家。在我国农村,土地所有人是农村集体组织,农民是耕地的使用人,这符合永佃权的主体要求。第二,永佃权的客体与农村土地承包经营权的客体完全一致,均为耕地和草场。第三,永佃权的内容是租佃,土地承包经营权的内容是承包,二者虽有差异,但在基本方面相同,如二者均为使用他人耕作土地而经

---

⑩ 参见《中国大百科全书·法学》,中国大百科全书出版社1984年版,第713页。
⑪ 《现代汉语词典》,商务印书馆2005年版,第310页。

营、收益,均须向土地所有人交纳佃租或承包费,均准许转佃、转包。既然永佃权与土地承包经营权的基本内容相同,就不必舍弃准确的、统一的永佃权概念不用而使用不准确、又具一定局限性的农村土地承包经营权的概念。

(3)从理论上看,用永佃权代替农村土地承包经营权,有两个障碍:第一,体制上的障碍。既然农村土地为农民集体所有,可以认为自己就是土地的主人,设永佃权等于是自己向自己租佃土地。事实上,农村土地归农民集体所有,其主体是集体组织,农民作为耕作者,其租回土地经营,不仅与承包的内容相同,而且更符合所有权与经营权分离的理论。第二,思想上的障碍。对永佃权的偏见,是人们只看到、记住了它的剥削功能,没有看到、记住它的固定租佃关系,维护佃户利益的一面。新型的永佃权借鉴原有形式,其主体是土地所有者和租佃者,既不含有剥削成分,又有利于固定双方当事人的法律关系,使租佃者享有更广泛的权利,为将来大农业的发展打下法律基础。

我国的社会主义永佃权,是指农民支付地租,永久在农村集体组织所有的土地上耕作或畜牧的用益物权。这种新型的他物权,是为使用集体所有的土地的用益物权,既不需有耕作物或牲畜的存在而成立,也不因耕作物或牲畜的灭失而消灭;它是以耕作或畜牧为目的的他物权,而非经营工厂或商业的地上权;它是支付佃租而取得使用土地的物权,因而佃租就是使用土地的对价,又是永佃权成立的必要条件;它是永久存续的物权,既非规定期限的租赁权,又非目前约定承包期的承包权。土地承包是以合同约定期限,合同期满,再重新续定。这种状况不仅不利于稳定农村土地使用关系,也会给农村集体组织领导徇私舞弊、侵害农民权益留下可乘之机。

我国永佃权的取得,应分为原始取得与继受取得。原始取得,即农民从农村集体组织手中依法律行为而取得,也就是农村人民公社解体之后的承包。此种取得,应依永佃合同方式进行,并应进行物权登记。继受取得,包括继承和依合同而转让,亦为要式方式并进行物权登记。

永佃权人的权利:

(1)土地的占有、使用和收益。永佃权中转让的是土地所有权中的占有权、使用权和收益权,不转移土地处分权。故永佃权人享有占有、使用该土地的权利,在该土地上耕作或畜牧,达到收益的目的。

(2)物上请求权。永佃权既为占有他人土地的物权,故对侵害其地上物及永佃权者,得以行使物上请求权为救济。

(3)相邻权。永佃权人于其使用的集体组织所有的土地范围内,与土地所有人处于相同地位,因而在相邻的永佃权人之间,永佃权人与所有人之间,享有相邻权。

(4)永佃权的处分权。永佃权为财产权,非专属权,故永佃权人可以将其享有的权利让与他人,或提供抵押,或出典予他人。

(5)收益的取回权。永佃权消灭之时,永佃权人有权收回租佃土地上的农作物或畜类。

永佃权人的义务:

(1)支付佃租的义务。支付佃租是永佃权成立的必要条件,是永佃权人的主要义务。佃租支付的时期,原则上应于收获季节终了之时,但当事人另有约定的除外。因不可抗力致收益减少或全无时,永佃权人可以请求减少或免除佃租。当永佃权人将其权利让与第三人时,所有的前永佃权人对土地所有人所欠的租额,由该第三人即现永佃权人负责偿还,现永佃权人代偿的租额,对前永佃权人有求偿权,前永佃权人应予清偿。

(2)禁止佃地出租的义务。永佃权的目的,在于稳定租佃关系,改良土地。如果准许永佃权人将佃地出租予他人,不劳而获,从中渔利,实难达到保护耕作人,兼求达到改良土地的目的。因而永佃权人不得将佃地出租予他人。

(3)恢复原状的义务。永佃权消灭时,土地所有人恢复其对土地的支配权,永佃权人应负恢复土地原状的义务,并取回土地的附着物或畜类。如果土地所有人愿意以时价购买地上物,永佃权人不得拒绝。

永佃权因一定的原因消灭:第一,永佃权的撤销,永佃权人将土地出租予他人,或积欠佃租达一定期限(可规定为两年)的,土地所有人应向永佃权人撤销永佃权,并进行登记。第二,永佃权的抛弃。第三,土地因意外灾害灭失。第四,土地被国家征用。第五,土地所有权与永佃权混同。这五种情况都是永佃权消灭的原因。

(四)用益权

我国《民法通则》未设用益权。但从目前我国经济发展的需要出发,有借鉴国外立法设置用益权的必要。

用益权产生于罗马法,认为"用益权是对他人的物的使用和收益的权利,但以不损害物的实质为限"。[42] 它是人役权的一种,与使用权、住居权、奴隶及动物使用权一起,构成人役权的全部内容。用益权的标的物应具备三个条件:第一,须为有体物,权利不适用。第二,须为不消费物,否则用益权人无法完成保存标的物本质的责任。第三,须为他人所有之物。

后世对于无体物和消费物,也可设用益权,但称其为准用益权,以示区别。

用益权人的权利是:

(1)使用权。依用益权标的物的设定用途,使用该物及其从物的权利。

(2)收益权。取得标的物上自然孳息和法定孳息的权利。用益物所有人对用益物除享有处分权外,其余权能均为用益权所吸收,因而其权利为:第一,在不妨害用益权行使的限度内处分其所有物。第二,设定役权和抵押权。

用益权人的义务是:

(1)须提供担保。

(2)须以善良家父的注意,对用益物为适当的保管和维护。

---

[42] 〔古罗马〕查士丁尼:《法学总论——法学阶梯》,张企泰译,商务印书馆1989年版,第61页。

(3)须保持用益物原有的用途。
(4)应给付相对的负担。
(5)用益权终止时返还其标的物。㊸

德国和瑞士均设用益权而不设永佃权。德国的用益权属人的役权,是指对于物或权利不加变更,而由物或权利收取利益的物权。从其概念上看,当与罗马法的用益权相同。但其具体内容不尽相同,分为三种:第一,对物的用益权,得对不动产、动产设定之。动产为消费物时,用益权人取得物之所有权,于用益权消灭后,应赔偿其价格于设定人,亦称之为准用益权。第二,对权利的用益权,就让与之权利设定,其设定以与权利让与的同一方法为之。第三,对财产的用益权,实为对财产所属之个人动产、不动产、权利的用益权。

用益权不得让与或继承。对物或权利的利用,时间上受有限制。在公司合并等情形,如用益权因而消灭,则合并后存续的公司,不能行使用益权。

依笔者所见,我国目前他物权体系中的国有企业经营权、国有土地使用权、国有自然资源使用权等,都与物上用益权极其相近。我国理论界对这些权利性质的说明,主要有两种观点:第一,称为其他物权㊹;第二,称为准物权。㊺ 其实这些权利具有统一的用益性质,完全可以称其为用益权,因而可将上述权利统一改造成为用益权,形成一种新型的他物权。在《德国民法典》中,本来就有森林、矿山经营的用益权(第1038条),与国有自然资源使用权相同;关于聚合物上的用益权的规定(第1035条),可以适用于国有企业经营的场合。因此,笔者认为,我国亦应建立的用益权制度,并应涵括国有企业经营权、国有土地使用权和国有资源使用权。

这种新型的用益权,是指法人或者公民依照法律或者约定,有占有、使用、收益国家所有财产的权利,担负不得将财产本质损坏的义务。其中国家为用益物所有人,占有、使用、收益用益物的法人和公民为用益权人。用益物可以是工厂等聚合物,也可以是国家的土地,或者矿产、森林、草原、山岭、荒地、滩涂、水面等自然资源。国家与用益权人就此种用益建立的经营工厂、使用土地、开采矿藏以及其他使用自然资源的法律关系,就是用益权民事法律关系。

有的学者不同意这种观点,认为用传统民法上的用益权概念概括社会主义国有企业的财产权是不适当的。理由是,国家财产权不能因设定企业的用益权而成为"虚所有权";用益权一般以用益人的生存为期限,而企业财产权的存在没有明确的时间限制;国有企业财产权由法律规定产生和消灭,而用益权则是通过继承、时效、契约取得;用益权不包括处分权,企业财产权含有处分权。㊻ 这些担心和顾虑都是没有必要的,也不能否认国有企业财产权的用益权性质。

㊸ 参见谢邦宇主编:《罗马法》,北京大学出版社1990年版,第221—222页。
㊹ 参见佟柔主编:《中国民法》,法律出版社1990年版,第264页以下。
㊺ 参见张俊浩主编:《民法学原理》,中国政法大学出版社1991年版,第357页。
㊻ 参见钱明星:《物权法研究》,北京大学出版社1994年版,第262页。

我国的用益权可以分为两种：一种是完全的用益权，即目前的国有企业经营权，用益权人对国有企业财产享有占有权、使用权、收益权和有限制的处分权。因而完全的用益权，是指享有部分处分权在内的几乎全部权能的用益权。受限制的处分权，是用益权人只能处分企业中多余、闲置的固定资产和生产出的产品，对国有企业的整个资产，则无处分权。另一种是非完全的用益权，即只享有占有、使用、收益权能的用益权，如国有土地使用权和国有自然资源使用权。

用益权的取得，可以分为三种：第一，国家授权，如国有企业经营的用益权，由国家授权企业经营。第二，国家批准，如采矿权等国有资源用益权、土地用益权的取得，须由用益人申请，国家主管部门批准。第三，缔结合同，即某些用益权，准许依合同缔结而取得。用益权为他物权，取得用益权应采要式方式，依物权公示原则，非经登记，不生物权效力。设定用益权，财产应移转给用益权人占有。

用益权人的权利是：(1)占有、使用、收益用益物的权利。用益权设定的目的，是经营、使用用益物，并就此而获得利益。

(2)物上请求权。用益权为物权，准用所有权关于物上请求权的规定，任何人侵害用益物及其孳息物，用益权人均有请求停止侵害、排除妨害、赔偿损失的权利。

(3)不动产相邻权。用益物为土地、建筑物、山林等不动产的，用益权人享有不动产相邻权。

(4)用益权的转让权。用益权除法律另有规定外，应准予用益权人将其转让他人。转让依合同约定，并应经登记程序。

(5)添附物取回权。用益权人在用益期间，在用益物上添附的，对于添附物享有取回权，用益物所有人愿意有偿受让者，不应拒绝。

用益权人的义务是：

(1)用益权人取得用益物之用益权，应支付对价。如国有企业经营权，按目前办法为支付税金；土地使用权的取得，应支付必要的费用；国有资源的使用，亦应缴纳税金。对此，可以改成统一的用益价金，由用益权人缴纳。

(2)负善良管理人的注意义务，管理和维修用益物，防止用益物的损毁、灭失。为此，建立用益权关系时，用益权人应提供担保。

(3)保持用益物的原用途，合理使用，不得过度收取用益物的利益。

(4)用益权终止，应即返还用益物。

用益物所有人的权利是：

(1)收取用益物的对价金。

(2)对用益权人任何违法或对物的不适当使用，得声明异议。此为监督权。

(3)在可证明其权利受到危害时，得请求用益权人设立担保。

(4)在保留用益权的前提下，有权对财产进行处分。

用益权因一定的原因而消灭。主要原因是：第一，用益权期限届满。用益权规定或约定存续期限的，因期限届满，消灭用益权。第二，用益权撤销。用益权人违背用益目的而使用用益物,用益物所有人有权撤销用益权。第三,用益权人死亡或消灭。公民为用益权人,死亡即消灭用益权,不得发生继承;法人消灭,用益权也消灭。第四,用益权抛弃,也发生用益权消灭的后果。第五,用益物意外灭失,亦使用益权消灭。

(五) 典权

典权是指承典人支付典价,占有、使用、收益出典人的不动产,出典人在一定期限内找回典价赎回典物的他物权。在我国立法上并没有规定典权制度,但在现实生活中,典权法律关系始终存在。重建他物权制度,首先是要将典权制度纳入立法,同时,要扩大典权的适用范围。

典权是我国古有的制度。典权究竟产生于何时,没有确切的考证。有的认为产生于唐代[47],但有更确切的证明早在北齐即有此制,北齐《通典》有关于典权的法令。有的主张早于周代,有学者认为是对出租关系的误解。[48] 至唐代,典权已相当流行。随着田宅买卖制度的发展,田宅买卖也日渐完备,至明清,律典已有详细的规定。在制定《大清民律草案》时,误将典权认作不动产质权,故于物权编列有不动产质权代替典权。至《民国民律草案》,即予纠正,设置典权条文。1915 年民国北京政府司法部呈准总统颁行《清理不动产典当办法》10 条,于当年 10 月 6 日施行。这是我国典权的第一个专门立法。民国时期民法正式颁行,在物权编第八章规定了典权制度。新中国建立之后,废除了土地出典制度。对公民之间具有互利性质的房屋出典关系,一直予以法律保护。随着经济改革的进一步发展,典权关系也在发展之中。

我国目前现实生活中存在的典权,只适用于私有房屋的出典,近年来,有扩大的趋势。事实上,房屋、土地、山林等不动产,都可以设立典权,地上权、永佃权、不动产用益权等作为出典的权利,可以与不动产一起出典,转典的本身,就是典权出典。很多学者认为,土地为国家或农村集体组织所有,不能出典。国有土地、集体土地既然可以准许有偿转让使用权,出典仅仅是形式不同,并没有本质的区别,应当准许。这样,可以更好地适应市场经济发展的需要,更好地发挥财产的经济价值,使典权发挥更大的作用。

我国的典权制度经过了千余年的发展,已经形成了完备的体系,而民国民法关于典权的规定,既是对典权制度的经验总结,又对现代市场经济的需要进行了有针对性的改进,是成功的立法。在重新构造典权的时候,关于典权的取得,典权的典期、回赎期、回赎、绝卖、找贴作死,以及出典人、承典人双方各自的权利与义务,都可以参照民国民法的有关规定和有关学说,结合我国社会主义市场经济的特点,制定出科学的典权立法来。

典权为他物权,自无疑义,但其为用益物权还是为担保物权,颇多争议,计有三

---

[47] 参见佟柔主编:《中国民法》,台北荣泰印书馆 1979 年版,第 278 页。
[48] 参见李志敏:《中国古代民法》,法律出版社 1988 年版,第 106 页。

说:第一,用益物权说;第二,担保物权说;第三,用益物权兼具担保物权说。[49] 我国目前以用益物权为通说。

典权的特征是:

(1)典权是就典物为使用收益的物权。其范围很广,无一定目的限制,除另有约定之外,凡依物的性质可达其用益目的的,可以变更典物的用益目的。

(2)典权是于他人的不动产上设定的他物权。就目前我国仅限于房屋可以适用典权,其典权适用范围显然过窄。根据目前情况,典权适用范围可以包括房屋、土地、山林等不动产,以及因这些不动产而设立的地上权、永佃权、用益权及典权本身,均可出典。典权不仅可在他人的不动产上设定,还可以在他人享有的可以出典的他物权上设定。改革典权制度,此系重点。

(3)典权以典权人占有标的物为要件。典权的标的物为典物,典权成立,典物必须转移给典权人占有,否则无法使用收益,故不成立典权。

(4)典权系支付典价而设定的物权。承典人支付典价,是典权成立的必要条件。典价是设典的对价。承典人支付典价,即取得典权,出典人找回典价,即向承典人赎回典物。

与典权最为相似的他物权是抵押权。在附有转移占有的不动产抵押从合同的贷款合同中,与典权最为相似。[50] 二者的区别是涉及绝卖的后果。

(1)典期是指阻止出典人行使回赎权的期限。在典期内,出典人不得回赎典物,典期届满,方可回赎。按照我国现行房屋典权规定,典权可以约定典期,也可以不约定典期,约定典期的,不得超过30年。

(2)回赎期是指允许出典人行使回赎权的期限。约定典期的,为典期届满后的10年;未约定典期的,可以随时回赎,但自典权设定起为30年。出典人逾回赎期而不回赎,典物即为绝卖,典权人取得典物的所有权。

(3)附有绝卖条款的典契不得违背绝卖期限的规定。典契约定逾期不赎作为绝卖的,原则上依约定办理,但典契约定的典期少于15年的,为无效。典契未载明逾期后绝卖,或者典契约定典期少于15年而无效的,如果在典期内或15年内出典人让与典物产权的,典权人应找贴作死,方能取得典物产权。

典权人的权利如下:第一,对典物的占有、使用、收益权。典权为用益物权,当然具有用益权能。第二,转典、出租权。典权人在承典期内,可以转典典物,也可以将典物出租给他人使用,但典契另有约定的除外。典权人转典、出租典物,须在典权存续期内为之,且转典期和出租期均不得超过典期,原典契未约定典期的,转典或出租典

---

[49] 参见主要代表著作:佟柔《中国民法》采用益权说;董开军《当前立法对担保物权基本种类的选择问题》持担保物权说;史尚宽持双重性质说。

[50] 我国关于抵押的规定并不科学。典型的抵押权,为不转移占有;转移占有的担保物权为质权,分为动产质权和不动产质权。这里所说的转移占有的不动产抵押,实际上是指不动产质权。《担保法》已改变了这种做法。

物亦不得约定期限。第三,设定抵押及转让权。典权人可以将典物设立抵押,以担保债权。对于典权,典权人可以转让,转让典权应以合同为之,并应经物权转让登记。第四,修缮重建权及费用求偿权,典权人在典权存续期间,对典物因不可抗力发生毁损灭失的,有权修缮或重建,以继续使用收益。典权人就典物支付的使典物价值增加的有益费用和重建修缮费,在典物回赎时,得于现存利益限度内请求偿还。五是优先购买权。出典人在典权存续期内出让典物产权,承典人享有同等条件下的优先购买权。

出典人的权利如下:第一,典物出让权。出典人出典典物,转移的是典物所有权中的占有、使用、收益权,对典物享有处分权,仍可出让典物。第二,抵押设定权。出典人对典物仍享有所有权,因此仍可对典物设置抵押权。第三,回赎权。出典人在回赎期内,准许找回典价而回赎典物。第四,损害赔偿请求权。典权人因自身原因毁损灭失典物,出典人有权请求典权人赔偿。

典权消灭的原因如下:出典人回赎;典权人找贴作死;绝卖;典物被依法征收征用;典权人抛弃典权;典权与所有权混同;典物意外灭失。

五、重新构造担保物权的具体设想

重建担保物权立法体系,其任务与重建用益物权相比为轻。最主要的任务,是将质权从抵押权中分离出来,设立独立的抵押权制度和独立的质权制度;在此基础上,对抵押权、质权和留置权的内容进行完善。

(一)抵押权

抵押权与质权的区分标准,各国规定并不相同。重建我国的抵押权制度,应以担保物不转移占有为标准,基于此而区别于质权,构建自己的完整内容。

最早的抵押权制度溯源于希腊。罗马法沿用此制,并加以修改而成,先由罗马裁判官塞维尔确认,之后扩展于全罗马境内。[51] 但是,罗马法中的质权和抵押是一个统一的制度,因为抵押只不过表现为对质权的完善,而有关的理由和诉都是共同的,只是标的物是否转移占有各不相同,转移占有的即为质权,不转移占有的即为抵押权。[52] 因而罗马法又将抵押权称为契约质权。后世均认为抵押权为独立的物权,但在体例上,德国法在他物权中规定,置于物权编,而法国在第三卷"取得财产的各种方法"中设专编规定,而不在第二卷物权法中作规定,类似将其作为债的担保方式加以规定。在英格兰法中,抵押分为活抵押和死抵押。死抵押是为保证履行债务而将财产交给另一方,作为偿付债务的个人契约的补充,如果抵押人没有依规定赎回抵押

---

[51] 参见谢邦宇:《罗马法》,北京大学出版社1990年版,第231页。
[52] 参见[意]彼得罗·彭梵得:《罗马法教科书》,黄风译,中国政法大学出版社1992年版,第344页。

物,抵押物即被受押人没收。活抵押则贷款或抵押物都不会丧失。[53]

在我国古代,抵押权起于何时,因史料缺乏,很难确定,但唐宋时期的指名质举,即为抵押权,明代称为抵借。清末民初改革法制,民法草案及民国时期民法所设抵押权,为借鉴大陆法的规定。

我国《民法通则》所设抵押权,有两个特点:一是质押合一,不区分抵押权与质权的差别,这与罗马法此制近似;二是抵押权设于债权之内,作为债权担保方式之一,这与法国立法例相似。后一个特点,有否认抵押权物权性的表征。我国现行立法中的抵押权,是不科学的,上述两个特点,恰恰是其不科学之处的表现。质押合一,否认质押的区别,不利于发挥这两种担保物权的职能作用;而否认抵押权的他物权性质,则混淆了抵押权的本质属性。

重新构造抵押权,必须明确其担保物权的性质,必须将抵押权与质权分开,构建抵押权和质权两个独立的担保物权种类。

抵押权与质权的区分标准,各国规定各不相同。有的以动产和不动产相区别,有的以担保物是否转移占有相区别。重建我国的抵押权制度,应基于以担保物不转移占有为标准而区别于质权,构造自己完整的体系。因而,我国重新构建的抵押权,是指抵押权人在债务人或第三人提供的不转移占有的财产上设置,用以督促债务履行,当债务人不履行债务时,抵押权人得依照法律规定,以抵押物折价或变卖抵押物价款优先受偿的担保物权。这种物权的基本性质,是确保债务清偿的担保方式;是设置于他人财产上的他物权;抵押物不转移占有而异于质权;抵押权的实质是优先受偿权。

作为将质权分离出去,已成为独立担保物权的抵押权,是指抵押权人在债务人或第三人提供的不转移占有的财产上设置的,用以督促债务履行,当债务人不履行债务时,抵押权人得依照法律规定以抵押物折价或变卖抵押物价款优先受偿的担保物权。在抵押关系中,提供抵押物并在该物设定抵押权的人为抵押人,既可是受抵押担保的债务人,也可以是原债务关系以外的第三人;就抵押享有抵押权的人,是抵押权人,为原债务关系中的债权人。

抵押权的特征是:

(1)是确保债务清偿的担保物权。设置抵押权的目的,是担保债务的清偿,但抵押权的本质是物权,一方面,债务人不履行债务,抵押权人可依法定程序拍卖抵押物;另一方面,抵押人不当处分抵押物,抵押权人得加以干涉,以体现抵押权人对抵押物的直接管领关系,即为物权的属性。

(2)是设定于他人财产之上的他物权。抵押权为他物权,当无疑义;抵押财产的范围,传统民法认为只包括不动产。按现在的情形观之,抵押财产包括动产、不动产,以及在不动产上设置的地上权、永佃权、典权和用益权。可以将不动产和动产上设置

---

[53] 参见〔英〕戴维·M.沃克:《牛津法律大辞典》,邓正来等译,光明日报出版社1988年版,第620—621页。

的抵押权称为真正的抵押权,将在地上权等他物权上设置的抵押权称为准抵押权。

（3）抵押物不能转移占有,依此点而异于质权,因而抵押权人对抵押物不负保管之责,而享有物上追及权。

（4）抵押权人就标的物有优先受偿权。

抵押权的取得,分为设定行为与让与行为。抵押权的设定取得为原始取得,由抵押人与抵押权人依抵押合同为之,采书面形式订立,并应进行抵押权登记。抵押合同为主合同的从合同,依附于主合同而存在,随主合同的生效而生效,随主合同的消灭而消灭。抵押权的让与取得是抵押权的继受取得,是抵押权随主债权的转移而转移,债权受让人取得债权时,即继受取得抵押权。

抵押权担保债权的范围是：第一,原债权,即抵押权所发生的原本债权的金额。第二,利息,即由原本债权所生的法定利息或约定利息。第三,迟延利息,即因债务人债务履行迟延所应给付的金额。第四,实行抵押权时所支出的必要费用。

抵押权人的主要权利,就是物上追及权和优先受偿权。抵押人的主要权利是,占有抵押物并继续使用收益,但处分权受抵押权限制;就抵押物的剩余价值有权另设抵押权,就同一物所设置数个抵押权,抵押权设置在先者优先。

抵押权的效力：第一,对抵押物所有权的限制。抵押物所有人对抵押物不得处分,必须处分时,须经抵押权人同意。第二,对不动产设定抵押权后,准许所有人在该抵押物上设置其他用益物权,如地上权、永佃权、典权等,抵押权并不因此而受影响。当抵押权实行时,因其他用益物权的关系而影响其清偿的,可以否认其他用益物权,而拍卖抵押物。其他用益物权受有损害的,只得向设定人即抵押人求偿。第三,抵押物经抵押权人同意让与他人时,抵押权不因此而受影响,仍可就该物行使抵押权。第四,抵押物价值的保全。抵押人或者第三人侵害抵押物,造成抵押物价值减少或者灭失者,抵押权人可以请求停止侵害、排除妨害、另行提供担保和赔偿损失,以保全抵押物的价值。

抵押权的实现,包括两个内容：第一,抵押权实现的期限,应当始于债务人履行义务期限届满之时,终于主债权诉讼时效届满之时。抵押权人应于此期限内行使抵押权,实现债权请求。第二,抵押权实现的方式。对此,有三种不同的立法例：

抵押权人自行出卖；申请法院拍卖；依抵押当事人约定选择实行方式。

我国《民法通则》对此只规定"依照法律的规定",没有规定具体的方式。这样的规定往往使执行产生争论。笔者认为应采取上述第二种立法例,抵押权人行使抵押权时,应申请人民法院进行,依照法定程序拍卖或变卖。这样不易发生争执。

抵押权因下列原因而消灭：第一,抵押权的实行；第二,抵押权的抛弃；第三,超过诉讼时效；第四,抵押物意外灭失；第五,国家征用抵押物；第六,所有权与抵押权混同。

(二)质权

对于质权,我国民事立法应单独加以规定,这既是由于质权对社会经济生活的重要性，也是由于质权本身的复杂性。将质权归并于抵押权中显然是错误的。[54]

质权在罗马法，是一个相当复杂的概念，有着极丰富的内容。如前所述，罗马法中的质包括抵押，除此之外，最早出现的质权是罗马市民法中的信托质权，至罗马法中后期则出现了三种最基本的质权，即物件质权、契约质权和权利质权。其中物件质权也叫实物质，是最重要的质权；契约质实际上就是抵押；权利质则以可买卖的权利为债权担保的形式，包括债权质和质权质。后世将契约质权发展为抵押权，将实物质权和权利质权发展成为完备的质权制度。但有两种不同的立法例。法国法中的质权设动产质、权利质和不动产用益质。不动产用益质的质权人虽不得请求债权利息，然于标的物上有使用收益权，孳息之价额，显然超过法定利率时，应以其剩余充原本之减销。意大利、日本近于此制。德国法只认定动产质权和权利质权，对于不动产，不认定有质权设置，而区别为抵押；即不动产的担保物权只认定抵押而不认定质权。瑞士、奥地利、匈牙利与此相近。

质权在中国有着悠久的历史。最早的质权是人质，至秦代已禁止使用人质。1975 年我国出土的睡虎地秦简《法律答问》规定，百姓间有债务，不准擅自强行索取人质。擅自强行索取人质以及双方同意质押的，均罚二甲。成例，向他人强行索取人质的人应论罚，把人质给人的人不论罪；双方同意质押的，把人质给人的人也要论罪。由此推论，我国古代的物质权制度当然要比秦代早得多。至唐代，严禁劫持人为质以规求财产，对于一般的人质，只禁止以良人为奴婢质债，不禁止用奴婢质债。宋依唐律，人质较为少见。中国古代的物质权，包括动产质和不动产质。习惯上，学者将动产质和不动产质称作质和典。[55]这种分法并不准确。因为典的目的在于用益而非担保，而质的目的在于担保而非用益。当然，质、典、押在我国古代民法中往往通用，较难区分。[56]古代的指当、抵当、指产，均称为无占有质，实际上应为动产抵押和不动产抵押。质可在当事人之间设定，也可与专门的机构设定，南朝时寺院设有质库，后世设有当铺，均是专门经营以质为担保的贷款业务的机构。清末法律改革，《大清民律草案》设动产质、权利质和不动产质，其中的不动产质是指"典"。民国以后的民事立法，保留动产质和权利质，另设典权，不认定不动产质为质权。至《民法通则》，将质归入抵押，未设专门的质权制度。

设立我国的质权制度，范围应当适当扩大，采法国法立法例，容纳动产、不动产、权利为质物，建立统一的质权制度。

我国质权制度应包括以下内容：

关于质权的概念。质权是指债权人为担保其债权，占有由债务人或第三人移交的动产、不动产和权利，得就其卖得的价金优先受清偿的担保物权。我国的质权应具

---

[54] 对此，《担保法》已经将质押权分开独立。
[55] 参见史尚宽：《物权法论》，台北荣泰印书馆 1979 年版，第 309 页。
[56] 参见李志敏：《中国古代民法》，法律出版社 1988 年版，第 103 页。

有以下特征：

(1) 质权的目的是担保债务的履行，因而是担保物权，因此与典权相区别。

(2) 质权的标的物，即质物应转移占有，即由出质人占有移转为质权人占有，因而与抵押相区别。

(3) 质权的担保作用产生于质物转移占有的公示作用和间接的强制其清偿的留置作用，债务人不履行债务，质权人即可依法变卖质物以优先接受清偿。

(4) 质权附随于主合同关系而成立，非独立的民事法律关系。

(5) 质权关系既可以由原债权人与债务人构成，也可以由债权人与出质的第三人构成。

质权的设定。质权应依合同而设定。质权人应与出质人就质权的设立和担保债权的关系订立质权合同，约定双方的权利义务关系。以动产设质者，应将其物交由质权人占有并保管；以不动产设质者，应将其物及产权证明书等一并交付质权人，并经物权登记；以普通债权设质者，应以书面为之，并将权利证书交付质权人；以证券设质者，无须以书面为之，以无记名证券为标的物，只须将证券交付质权人，以其他有价证券为标的物，则应于证券背面为背书签名，将证券交付质权人。完成上述设定和交付行为，质权即生效力，发生质权法律关系。

设定质权为质权的原始取得。质权还可以继受取得。转质，是指质权人在质权关系存续中，将质物转质予他人，受转质人即因此而取得质权。让与质权，是因质权就被担保的债权而言具有从属性，因而在主债权让与时，质权自应随同移转予受让人。质权继承，也是质权继受取得的方式。质权除上述取得方式外，还有一种特殊的取得方式，即质权的即时取得，是指质权人占有动产，而受关于善意取得规定保护的，纵然出质人无处分其质物的权利，质权人仍可取得质权，不因出质人无处分权而使设定质权行为无效。对于这种质权的取得方式，立法应作特别规定。

质权的担保范围，除质权合同另有约定外，应包括：原债权；利息；迟延利息；实行质权的费用；因质物有瑕疵而生的损害赔偿。与抵押权担保范围相比较，多第五项内容，这是因质权转移物的占有而抵押权不转移物的占有所致。

质权人的权利是：第一，质物的占有及物上请求权。质权人享有对质物的占有权，并依其占有而享有物上请求权，以排除任何第三人的非法侵害。第二，质物的孳息收取权。对质物的孳息，质权人有权收取，故应以对于自己的财产为同一程度的注意，不得逾量收取收益。收取收益的损益，应归于出质人，可就收取的孳息先抵充收取孳息的费用，次充抵原债权的利息，再次充抵原债权。第三，偿还费用请求权。质权人有保管质物的义务，因而，为保管质物所支出的必要费用，享有向出质人请求偿还的权利。第四，质物的转质权及让与权。质权人可在质权存续期间内，将质物转质，因转质而使物遭受损害，亦应负责赔偿。质权人也可随主债权的转让而将质权一并转让给受让人。第五，质物拍卖权。质物有败坏可能或价值显有减损时，质权人可以通知出质人或必要时不经通知，拍卖质物，以质物变价款代充质物。第六，实现质权的优先受偿权。质权实现后,质权人对质物的变价款优先于其他债权而优先接受清偿。

质权人的义务是:第一,质物保管义务。质权人应以善良管理人的注意,保管质物。如违反此项义务,有损害于出质人权利时,应负损害赔偿之责。第二,质物返还义务。被质权担保的主债权在受完全清偿后,或由其他原因而消灭后,质权人须将质物返还予出质人。

权利质权的权利义务关系还应有如下特殊之处:第一,对一般权利质权而言,作为质权标的物的权利,非经质权人的同意,出质人不得以法律行为使其消灭或变更。这是因为权利质权的标的物,是作为清偿债权的担保,如果允许出质人自由抛弃其权利,延缩其清偿期,或增减其利率及内容,则与质权人关系重大,将对出质人的处分权加以限制。第二,对有价证券质权而言,其所附属于该证券的利息券、分配利益证券等,以已交付质权人为限,均应为权利质权效力所及的范围。

质权的实行,是指债权已届清偿期,债务人不履行债务,质权人得就质物卖得价金,以受清偿。质权的实行,分为以下情况:第一,财产质权的实行,方法主要是拍卖和变卖,也可以质权人与出质人订立契约,将质物抵充债务,质权人取得质物的所有权,消灭债权和质权。第二,普通债权质权的实行,须依强制执行程序予以执行,也可以由质权人直接索取作为权利质权标的物债权,以供自己债权的清偿。第三,有价证券质权的实行,于有行情的有价证券质权,可以拍卖或变卖,以卖得价金清偿;于票据、无记名证券或其他依背书而让与的证券,其所担保的债权纵未届清偿期,质权人也仍然可以向证券债务人请求给付,受领清偿。

质权因下列原因而消灭:主债权消灭;质权的实行;质权的抛弃;质物被征收没收灭失;质物的返还;质权与所有权混同。

(三)留置权

我国已建立留置权制度,重建他物权体系,应将留置权归属于物权法体系,并完善其具体内容。

在历史上,留置权曾分为民事留置权和商事留置权。民事留置权起源于罗马法,并非有物权的效力,仅仅被认为是诉讼法上的抗辩权,当债权人对相对人负有关联于其债权的债务时,在相对人未履行其债务期间,得拒绝自己所负担债务的履行,与抵消之抗辩权、同时履行之抗辩权,同为恶意抗辩的一种。商法上的留置权,才是具有物权性的留置权,萌生于中世纪的意大利都市,受此影响,后世建立了留置权这种担保物权。[57] 现代留置权主要分为两种立法例:

德国式,以留置权为债权的效力,于一定的条件下,债权人在债务人未为履行前,得拒绝自己对于债务人应为的给付,实际上是给付拒绝权。其权利行使要件,须留置权人所负之债务与债务人所负之债务,基于同一法律关系,而且债务人的债务须已届

---

[57] 参见史尚宽:《物权法论》,台北荣泰印书馆1979年版,第437页。

清偿期。

瑞士式,以留置权为一种担保物权,为法定质权,于物与债权之间有牵连关系时,债权人在其债权受清偿前,得留置标的物,且在一定条件下,有变价权及优先受清偿权。

我国古代无留置权制度。民国时期民法受瑞士、日本民法影响,创立此制。我国《民法通则》规定了留置权,作为债的担保方式之一,与德国立法例相似。

留置权是法定的担保物权,是债权人按照合同约定占有债务人的财产,债务人不按照合同给付应付款项超过一定期限时,可以留置该项财产,依照法律规定以留置财产折价或者以变卖该项财产的变价款优先受偿的担保物权。享有留置权的债权人叫留置权人,留置权人留置的物称为留置物。

留置权是从属于债权的担保物权,没有债权的存在,留置权不能发生。留置权在债权存在的前提下,基于法律的规定而非当事人的约定,在法定条件具备时,当然发生。因此,留置权与抵押权、质权均不相同。

《民法通则》关于留置权的规定,内容过于简略,应当补充以下最基本的内容:

1. 规定留置权的构成要件

应当包括以下四项要件,留置权方为构成:第一,须债权已届清偿期。在抵押权和质权中,债权已届清偿期,是实行的要件而不是成立的要件。留置权则以债权已届清偿期为成立的必要条件,不具备此要件,不成立留置权,实行留置权,则须另具条件。但如果债务人显无支付能力时,纵未届清偿期,亦成立留置权。第二,须留置物与债权有牵连关系。即债权的发生,系全部或一部基于该占有的财产,而有牵连关系。如果当事人双方均为商人,因营业关系而占有动产以及因营业关系所生之债权,不问事实是否有牵连关系,法律皆视为有牵连关系,得行使留置权。第三,须留置权人依照合同已占有债务人的动产。占有是留置权成立和存续的条件,占有丧失,即消灭留置权,唯债务人非法侵害留置物而丧失占有,留置权人得申请法院追夺之。该种占有必须是动产,且须依合同而占有。第四,须留置财产不违背留置构成的消极要件。即动产的占有不是由于侵权行为,不违反公共秩序和善良风俗,与债权人承担的义务不相违背。

2. 详细规定留置权人的权利义务

留置权人享有如下权利:第一,占有留置物及物上请求权。占有留置物,即是留置权发生的要件,又是留置权存续的要件。留置权成立后,占有物即成为留置物,发生担保的意义。此种占有受占有的一般法律保护,任何人侵害留置物占有权,留置权人均可行使物上追及权。第二,收取留置物所生孳息的权利。此种孳息是指天然孳息,至于法定孳息,得以债务人承诺其用益为限。收取之利息,先抵充收取孳息的费用,次充抵原债权的利息,后充抵原债权。第三,偿还费用请求权。留置权人因保管留置物所支出的必要费用,得向物之所有人请求偿还。

留置权人负有如下义务:第一,保管留置物的义务。留置权人应以善良管理人之注意义务,保管留置物。如违背此义务造成留置物损害,应负损害赔偿之责。如准许留置权人用益的,其收取用益,应以处理自己事务为同一注意,负防止过度收益的义务。第二,返还留置物的义务。债务人已全部清偿债务,或者留置权人抛弃留置权时,留置权人应返还留置物,交由原所有权人占有。

3. 规定留置权实行的办法

留置权的实行是指留置权人变卖或折价留置物以接受清偿。因而,留置权的成立至留置权的实行应有适当的存续期间。应分两种情况规定:第一,债权人能通知债务人时,应及时通知债务人,声明如不在期限内为清偿时,即就其留置物受偿。债务人于期限内清偿的,留置权消灭;逾期不清偿,留置权人即以留置物折价,或者拍卖变卖留置物,清偿债务。如有剩余,应予返还,如不能清偿,可继续要求清偿。这种情况下的留置权存续期间,应规定为 6 个月为宜,以债务已届清偿期开始计算。第二,债权人无法通知债务人时,于债权清偿期届满后一定期限内仍未受清偿时,留置权人即可实行留置权,具体办法如上。

该种留置权存续期间,可以参照保管合同等诉讼时效期间的法律规定,以规定为 1 年为宜。

4. 留置权消灭的原因

应规定:第一,主债权全部消灭;第二,留置物灭失、征收;第三,留置权放弃;第四,债务人另外提供担保;第五,留置物丧失占有。

六、关于占有权问题

在研究他物权制度的历史发展时,有一个非常值得重视的现象,就是占有或占有权的性质及其在物权法中的地位。在罗马法中,对占有作了详细规定,但认为占有是一种事实而不是一种权利,因其类似物权的性质,而被归纳在他物权制度中。[58] 后世各国立法,将占有分别规定为事实状态或权利,一般列于他物权一类。我国清末民初立法中,均采事实状态的主张,列于他物权之后。对此,占有或称占有权是否应单独规定,且是否属于他物权之范畴,不无启发意义。

在罗马法中,占有是一个重要的法律概念。他们认为,占有是指一种可以使人充分处分物的,同物的事实关系,它同时要求具备作为主人处分物的实际意图。占有的含义是指真正掌握,是一种对物的事实上的控制,因而占有是所有权的外部形象。[59] 罗马法一直把占有视为事实,而否认其为权利,尽管占有可以与所有权相分离而独立存在。占有虽然不为权利,但这种事实却可以得到法律的承认,并视为一种他物权。[60]

---

[58] 参见〔意〕彼德罗·彭梵得:《罗马法教科书》,黄风译,中国政法大学出版社 1992 年版,第 270 页。
[59] 同上注。
[60] 参见江平等:《罗马法基础》,中国政法大学出版社 1991 年版,第 195 页。

现代各国或地区民法对占有的规定,有两种立法例:第一,认占有为事实,如法国、德国和我国台湾地区。这些国家和地区的民法对占有均作了规定,但都不认为其为一种权利,而为一种事实。大陆法系的这种立法例,无疑受罗马法的影响。第二,认占有为独立的权利。英美法系认为,占有是构成财产权或财产所有权的一种权利,具有重大的法律意义,可以产生所有权,可以是构成所有权的权利或要素之一,还可以导致一种权利的推定。因此,侵害占有权,构成侵权行为。[61] 苏俄、日本亦认为占有为权利,且以日本规定得最为详细完备。日本学者认为,占有权是以占有的事实作为法律要件所发生的物权,其效力包括:推定占有人具有适法的实质权利;占有构成取得时效的条件,作为物权变动的表象;占有人具有占有诉权,可以排除外来的侵害;占有人对本权有果实取得权和费用偿还请求权。[62]

占有权应为一种独立的物权。事实上,占有分为两种形态,即所有权的占有权能和与财产所有权相分离的占有,只有脱离所有权而独立存在的占有,才构成独立的占有权。在我国,承认占有为独立的物权,在理论界,并无大的阻力。

在占有权为何种物权的性质上,意见并不一致。一种意见认为,占有是民法中的类物权,应是我国民法的一项制度,在我国的物权体系中应有其地位。[63] 另一种意见认为,占有权是所有权中派生的,是从属于所有权的一种物权。[64] 从《日本民法典》规定的体例看,占有权列于所有权之前,他物权列于所有权之后,似认为其是有别于他物权的一种独立物权。

笔者认为,占有权仍然是一种他物权,这不仅是因为占有权是依占有他人的物而在该物之上设定的物权,具有他物权的基本属性,而且是因为占有权与自物权具有本质的差别。至于占有权属于何种他物权,可以确认其与担保物权的性质迥异,而与用益物权相近,可划入用益物权范畴之内。

占有权,是无所有权人依照法律对他人所有的财产所享有的事实管领权,是从所有权中分离出来的占有权所能形成的独立的他物权。换言之,占有权是指占有人基于法律上的原因,占有与财产所有权相分离的财产,并因此产生的他物权。

占有权在多数情形下,是和与所有权相分离的使用权、收益权等结合在一起,构成某种他物权,而占有权则为这些他物权构成的前提条件,诸如永佃权、地上权、用益权、典权、质权、留置权,这样的占有权并不具有完全独立的性质。真正作为独立的他物权形态的占有权,并不包括构成其他物权前提条件的占有,而是不依附任何他物权而又与所有权相脱离的占有权。这样的占有权包括依取得时效而进行的占有,因缺

---

[61] 参见《牛津法律大辞典》(中文版),光明日报出版社1998年,第703—704页。
[62] 参见〔日〕我妻荣:《新版新法律学辞典》(中文版),中国政法大学出版社1991年,第582页。
[63] 参见李由义、李志敏、钱明星:《论建立我国民法物权体系的必要性及其意义》,载《中国法学》1987年第1期。
[64] 参见江平等:《国家与国营企业之间的关系应是所有与占有者的关系》,载《法学研究》1980年第4期。

乏善意取得构成要件而进行的占有,依合同转让的物之占有,等等。这样的占有权,依然可以对占有物进行适当的使用、收益,但其使用、收益依附于占有。有的占有权只能占有而不得使用收益,如依保管、仓储等合同而取得占有的。

占有权的构成,罗马法认为包括两个要素:第一是占有心素,即打算对财产实施控制的意图;第二是占有体素,即事实上对财产实际控制。这种理论至今仍有指导意义。构成占有权,仍然必须具备这样两个条件,即主观要件和客观要件,只有这样,才能把占有权与占有权能及其他他物权中的占有区别开来。除此之外,构成占有权还必须具备法律上的要件,即必须有法律上的原因。现代占有权的构成,需要具备以上三个要件。

占有权反映的是占有人与非占有人之间的权利义务关系。⑥ 占有作为对物的实际控制,并非只为维持占有状态而占有,而是为了实现一定财产利益的目的而占有。例如依借用合同而占有他人之物,就是为了发挥该物的使用价值,使用该物,达到一定的收益目的。

占有权人的权利是:第一,使用该物的权利,即按照该项财产的用途进行使用。第二,收益的权利,即占有人在使用占有物的过程中,创造价值,增加自己的财富。依占有的性质和合同约定不得使用、收益的占有,不享有使用、收益权。第三,物上请求权,即占有权人有权对非法侵害占有物之人,请求追夺和损害赔偿。第四,不动产占有权人有法定的相邻权。

占有权人的义务分为相对的义务和绝对的义务。相对的义务,是财产所有人与占有权人之间的义务。财产所有人将财产交占有人占有,原则上说,若无法律特别规定,占有期内,占有权高于所有权,所有人在占有期内负有维持占有状态的义务,所有人不得任意改变占有状态。违反约定而擅自改变占有的,应负相应的赔偿责任。绝对的义务,是除所有人以外的其他任何人都对占有的财产负有不得侵犯的义务,都必须维护这种占有的状态。义务人只要不采取积极行为改变占有人对占有物的占有状态,为履行了义务。

占有权的消灭,包括:第一,占有权人抛弃占有权;第二,所有人追回所有物;第三,占有物意外灭失;第四,占有权人取得占有物的所有权;第五,占有合同履行完毕;第六,占有权与所有权混同。

---

⑥ 参见孟勤国:《论占有、占有权能和占有权》,载《法学研究》1985 年第 2 期。

关于建立大一统的地上权概念和体系的设想[*]

在起草《物权法(草案)》以及在研究物权法理论的时候,笔者一直对地上权的概念十分关注。较早的时候,通过典型案例的研究,笔者发现在土地承包经营权中,基于种植林木和种植农作物的不同,而应当分为不同的用益物权:种植林木的土地承包经营权的法律属性是地上权,而种植农作物的土地承包经营权的性质却类似于永佃权。这两种权利的性质搞不清楚,其后果是在法律适用上会出现混乱。[①] 后来,有些专家告诫笔者,在当代已经不再对土地上的这两种权利进行区分,不再将种植林木的地上权作为地上权对待。对此,笔者持怀疑态度。再后来,《物权法》规定了建设用地使用权、乡镇企业建设用地使用权、分层地上权、宅基地使用权等用益物权,笔者发现,这些权利的共同属性其实都是地上权,都是在他人的土地上设置不动产的用益物权,具有共同的法律特征。因此,笔者萌生一个设想,就是应当建立一个大一统的地上权概念,将上述这些属于地上权性质的土地用益物权构成一个完整的体系,有意识地进行整体性研究,这对于理解和掌握我国用益物权制度以及法律适用,具有更为重要的意义。因此,在笔者撰写的物权法教材中,就设立了一个统一的、包含全部具有地上权性质的土地用益物权的地上权体系。笔者想利用本文,进一步阐释笔者这个想法,以就教于各位专家。

一、设立大一统的地上权的概念与体系的基础

(一)我国地上权的传统

地上权并不是我国民法的概念,而是起源于罗马法。按照罗马法原有的规定,虽然准许将土地出租给他人建筑房屋,但按照罗马法关于地上物属于土地的原则,定着于他人土地上的建筑物,均属于土地所有人所有,因而造成不便和不公。为了解决这样的不便和不公的问题,罗马法创立了地上权制度,确定支付地租给土地所有人之

---

[*] 本文发表在《河南省政法管理干部学院学报》2007年第1期。
[①] 参见杨立新:《论我国土地承包经营权的缺陷及其对策——兼论建立地上权和永佃权的必要性和紧迫性》一文。在这篇文章中,通过一个典型的案例,对该问题进行了详细阐释。

后,土地使用人即可在土地上建造建筑物,取得同土地所有人几乎相同的权利,形成完善的地上权制度。近现代民法中的地上权制度,均可溯源于罗马法,但效力已不如罗马法广泛。②

在我国古代,尽管没有明确的地上权的概念,但是,从周朝始,就已存在地上权的事实。陕西省岐山县董家村出土的卫鼎(乙)记载,矩把自己占有林百里(土地)给予裘卫,以交换裘卫付给他的东西,同时又要给土地上的森林所有人颜阵送礼。颜阵在矩所占有的土地上种植林木,既不妨碍矩将土地所有权转移,又因自家种植而得到报酬。这种权利是明显的地上权,但在中国古代法律中却没有地上权的明文规定。至《大清民律草案》和《民国民法草案》开始设立地上权的条文,至民国时期民法,正式建立此制。

(二)我国现行法究竟是否存在地上权

我国现行立法是否存在地上权,有不同见解。有一种观点认为,我国没有地上权,仅承认立法中规定的国有土地和自然资源的使用权。③ 另一种观点认为,我国因建筑物或其他工作物而使用国家或集体所有的土地的权利,就是地上权。④

事实上,建设用地使用权与国有资源使用权是两种不同的权利。开发土地资源为使用,如挖掘土地的泥土烧制建筑材料,以及对其他国有资源的开发利用,尽管有用益物权的性质,但是,这种权利按照多数人的观点,并不是一般的用益物权,而是特许物权,或者准物权。应当确认,我国的建设用地使用权和宅基地使用权,都是为建筑及培植林木而使用国家、集体土地的用益物权,符合地上权的法律特征,是地上权。即使是在物权法没有通过生效之前,在我国的现行法律和现实生活中,也客观地存在着这样两种地上权。这并不是虚构的事实。

不仅如此,在司法实践中,也存在地上权的时效取得问题。如最高人民法院1992年司法解释批复的案件:国营老山林场和田林县渭昔屯讼争的渭贵沟、渭贵坡,位于渭昔屯村背后的3公里处,面积610多亩,现有林木270多亩。渭贵沟、渭贵坡在土改时未确权,后渭昔屯村民曾在该地割草、放牧,1961年、1962年还在该地垦荒种植农作物。1965年年底,老山林场将该地纳入林场扩建规划,包括渭昔屯丢荒的13.5亩土地。1967年至1968年,老山林场雇请民工在现争议土地上种植杉木,林木由林场看护管理,双方无争议。1987年,因渭昔屯村民上山砍伐杉木,双方引起纠纷,至1989年,田林县政府将该土地确权给渭昔屯。老山林场不服,向法院起诉。1992年7月,最高人民法院在《关于国营老山林场与渭昔屯林木、土地纠纷如何处理的复函》⑤中,确认了老山林场依据取得时效取得种植的林木的权利:"国营老山林场与渭昔屯

---

② 参见江平等:《罗马法基础》,中国政法大学出版社1991年版,第182页。
③ 参见孙宪忠:《论我国的土地使用权》,载《中国社会科学院研究生院学报》1987年第8期。
④ 参见钱明星:《物权法原理》,北京大学出版社1994年版,第293页。
⑤ 参见唐德华、王永成主编:《中华人民共和国法律规范性解释集成增编本1991—1992》,吉林人民出版社1993年版,第140页。

讼争的渭贵沟、渭贵坡位于渭昔屯村背后的 3 公里处。新中国成立前后,渭昔屯村民曾在该地割草、放牧,1961 年、1962 年曾在该地垦荒种植农作物。1965 年老山林场将该地纳入林场扩建规划,并从 1967 年至 1968 年雇请民工种植杉木,但未经有关部门批准将该地划归老山林场。纠纷发生后⑥,当地人民政府将该地确权归渭昔屯所有。据此,为了保护双方当事人的合法权益,我们基本上同意你院审判委员会的意见,即:本案可视为林场借地造林,讼争的土地权属归渭昔屯所有,成材杉木林归老山林场所有,由林场给渭昔屯补偿一定的土地使用费。"在他人的土地上建造建筑物、种植林木的权利,属于物权法中他物权的地上权,本案老山林场在权属不明的土地上种植杉木林,其后该土地确权给他人,就形成了老山林场对其杉木林所享有的所有权和土地的地上权。老山林场对该地上权的取得,并非经双方合意而取得,而是依实际占有使用,且将这种事实状态持续了 20 余年而取得,因而是依取得时效而取得地上权。可见,在司法实践中,也确认地上权的现实存在。本案的所谓"借地造林",就是事实上取得建造林木的地上权。

(三)《物权法》规定的各种不同的地上权

在《物权法》中,规定的下述用益物权都具有地上权的性质:

(1)建设用地使用权是典型的地上权。土地是国家所有,而使用人通过划拨或者有偿转让取得在国家所有的土地上建造建筑物的权利,当然是地上权的性质,而且是最为典型的地上权,是我国地上权的主体部分。

(2)宅基地使用权也是典型的地上权。在农村,土地归属于农民集体所有,对建造农民住宅的用地,采用一户一块的政策,在集体所有的土地上建造自己的住宅。这种农民建造自家住宅的用地权利,尽管叫做宅基地使用权,但是性质当然是地上权。

(3)乡村建设用地使用权的性质也是地上权。《物权法》规定的建设用地使用权与乡村建设用地使用权的性质是一样的,都是在他人的土地上建设建筑物的权利,所不同的,仅仅是所使用的土地权属的不同,一个是国家所有的土地,一个是农民集体所有的土地。因此,乡村建设用地使用权的性质也是地上权。

(4)所谓的空间权,也就是分层地上权。在起草《物权法》的过程中,很多学者提出了要设立空间权的意见。这是完全必要的,也是必须的。因为在今天的社会现实生活中,对处于地表上下的空间的利用,已经是普遍存在的事实。问题在于,有些学者认为空间权是一个独立的用益物权,并不具有地上权的性质。笔者的看法相反,认为它就是一个地上权,与一般的地上权的不同之处在于,这个权利并不存在于地表,而是存在于地表之上和之下。因此,我国台湾学者提出的分层地上权的概念,应当是一个既形象又准确的概念,因此,笔者采纳这个概念,其性质属于地上权。

(5)种植林木的承包经营权,其性质应当属于地上权。在事实上客观存在的种植林木的土地承包经营权,它的性质并不是农地使用权,而是地上权。理由在于,所谓

---

⑥ 该纠纷发生在 1968 年,起因是渭昔屯村民砍伐老山林场种植的杉木林 166 立方米,双方发生纠纷。

的农地使用权也就是永佃权,不论是德国、法国、瑞士民法上的土地的用益权,还是日本、意大利民法上的永佃权,这种权利的内容,都是永佃权人租用的土地,用以耕作或者牧畜,因而在租用的土地上收获孳息。这样的内容,在所有的民法典中,都规定得清清楚楚。与此相反,地上权从它产生之初,就不是这种性质的权利。例如《日本民法典》第265条明文规定,地上权人,因于他人土地上有工作物或林木,有使用该土地的权利;但是地上权人应向土地所有权人支付地租;未以设定行为定地上权存续期限的,无另外习惯时,地上权人可以随时抛弃其权利;地上权人不依照上述规定抛弃其权利时,法院因当事人请求于20年以上50年以下的范围内,斟酌工作物或林木的种类、状况及地上权设定时的其他情事,确定其存续期间。在我国,即使是采用承包经营的方式取得在他人的土地上种植林木的权利,也不是永佃权性质的农地使用权,其性质仍然是地上权。

(6)在《物权法》简单规定、在《海域使用管理法》中具体规定的海域使用权,是一个较为复杂的用益物权,但其中在国家所有的海域中设定建筑物、工作物的权利,属于地上权性质。

二、建立大一统的地上权概念和体系的必要性

我国物权法立法的现实情况是,对任何一个具体的物权都单独作具体的规定。换言之,我国物权法立法的特点是,一个权利规定一章。即使是这个权利没有具体规定,也在适当的条文中作一个简单的规定。在上述六种地上权性质的用益物权中,比较集中地规定在建设用地使用权和宅基地使用权这两章中,而与建设用地使用权相似的分层地上权和乡村建设用地使用权则规定在建设用地使用权一章中,用一条进行规定。此外,在土地承包经营权一章中规定了具有地上权性质的土地承包经营权,在用益物权的一般规定中,规定了具有地上权性质的海域使用权。因而,《物权法》也规定了五种具有地上权性质的用益物权。

面对这样的现实情况,有必要对地上权的不同种类进行整合,确立一个大一统的地上权概念和体系。其必要性在于:

(一)我国存在地上权是客观、现实的,设立大一统的地上权概念能够使物权体系的结构明确、符合法律逻辑性的要求

地上权的基本特点,是在为建筑或种植林木的土地关系上,土地所有权为土地所有人所有,土地之上的建筑物等工作物或林木为地上权人所有。在我国,国家或集体是土地的所有人,与国外的土地私有制有本质的不同,但是,这只决定我国的地上权与传统民法上的地上权性质上的不同,并不能否定我国地上权存在的必要和可能。国家或集体在自己的土地上为建筑或培植林木,不发生地上权;法人、公民在国家和集体的土地上为建筑或种植林木,即为在他人的土地上享有和行使地上权,并取得在该土地上设置不动产的所有权,而土地所有权仍归国家和集体所享有。确认这种法

律关系,是明确国家、集体和公民、法人之间在土地使用上的权利义务关系的需要,也是利用土地发展经济,保障人民生活的需要。

我国的地上权与国外传统民法的地上权不同,具有三个最为鲜明的特点:

(1)我国《物权法》不规定地上权的概念。在我国《物权法(草案)》中,没有专门规定地上权的概念,也不使用地上权的概念,而是分别规定不同的地上权。

(2)对于地上权的不同种类分别作不同的规定。我国《物权法(草案)》规定的地上权种类包括第十二章规定的建设用地使用权、分层地上权、乡村用地使用权和第十三章规定的宅基地使用权,以及种植林木的土地承包经营权和海域地上权。这些土地权利虽然都分别作出了规定,但是它们的属性都是地上权。

(3)各种不同的地上权既有共性又具不同的内容。在我国,不同的地上权具有不同的内容,并非完全适用同一的规则。特别是在建设用地使用权和宅基地使用权两个地上权中,其规则具有明显的差别,不可适用同样的规则处理。但是,它们在地上权的基本属性上是完全一致的,最基本的规则是完全一样的。

我国地上权立法的现实情况,并不说明我国的物权法体系中就不存在地上权,而仅仅说明我国的地上权与别国的地上权规定有所不同而已。因此,采用大一统的地上权概念和体系,是对现实存在的不同种类的地上权的客观反映,借以表明这些权利的基本属性都是地上权,它们具有统一的基本规则,在所有的用益物权中,这是一个"团伙性"的权利组,强调这一类权利的体系化和法律逻辑。

(二)设立大一统的地上权概念,能够简化不同的地上权种类的法律关系,便于法律适用

事实上,在物权法中规定如此繁多的地上权种类,并不是一个科学的办法。它反映了我国立法的混乱状态的现实,以及立法者对这种混乱状态的无能为力。因此,《物权法(草案)》只能照搬现实,而不能高屋建瓴地进行归纳和规范。笔者认为,这就是存在众多的地上权种类的根本原因。

法学理论工作者对此应当是清醒的,应当能够通过这些不同的用益物权的设置,看到它们的基本属性的一致性和概念的统一性,确认它们的基本性质为地上权,并且将这些不同的权利归并在一起,构成一个完整的地上权体系,让它们成为一个大家庭,成为一类统一的法律关系的族群,在基本规则上具有统一性和相同性,构建大一统的地上权概念和体系,展现地上权法律关系的基本内容。采取这样的办法,就能够在法律适用上,使法官能够在不同的地上权的概念上以及出现的纠纷上,能够清楚地识别它们的地上权属性,掌握地上权法律关系的本质特点,准确地适用法律,保护权利人的权利。在这一点上,设立大一统的地上权概念和体系,显然具有更为现实的重要意义。

(三)设立大一统的地上权概念,能够使用益物权体系化,更便于普法、宣传和教学

立法存在众多地上权,表现各异,名称各不相同,因此,在普法、法律宣传以及法律的教学上,都存在极大的困难。——说明各个权利的属性、特征和内容,必定显得烦琐和重复。既然这些不同的权利都具有共同的属性,具有相同的基本规则,进行体系化的研究和表现,就是最好的办法。这就是"归并同类项"的方法。

采用设立大一统的地上权概念的办法,就可以说明这一类权利的基本属性、基本特征、基本规则以及基本的法律效果。在这样的基础上,再对不同的地上权的不同内容进行具体的阐释和说明,能够掌握这些权利的全部内容,形成完整的知识结构。因而,在物权法通过之后的普法、宣传和法律教学中,就会事半功倍,收到更好的效果。

因此,设立大一统的地上权概念和体系,并非困难的牵强之举,而是表现客观现实的应有之义。

三、我国大一统的地上权的体系内容

既然我国地上权是由多个地上权类型组成的,就应当有一个体系的问题。我国地上权的体系是由六个权利组成,可以分为三大类:

(一)国有土地设立的地上权

在国有土地上设立的地上权,主要是建设用地使用权和分层地上权。

1. 建设用地使用权

建设用地使用权的性质,就是在国有土地上设立的建设建筑物、构筑物以及附属设施的地上权。它是指自然人、法人依法对国家所有的土地享有的占有、使用和收益,建造并经营建筑物、构筑物及其附属设施的地上权。

建设用地使用权的法律特征是:

(1)建设用地使用权以开发利用、生产经营和社会公益事业为目的。

(2)建设用地使用权的标的物为城镇国家所有的土地。

(3)建设用地使用权人使用土地的范围限于建造并经营建筑物、构筑物及其附属设施。

(4)建设用地使用权的性质是地上权,具有地上权的一切特征,其设立、变更和消灭的规则,都适用于地上权的规则。

2. 分层地上权

分层地上权则是空间地上权,是分层的建设用地使用权。在《物权法(草案)》中,将两个权利规定在同一章中,确定的就是它们的相同性质。

分层地上权也叫做区分地上权、空间权或者发展权,是指在他人所有的土地的上下的一定空间内所设定的地上权。《物权法(草案)》第141条对此作出了规定:"建设用地使用权可以在土地的地表、地上或者地下分别设立。新设立的建设用地使用权,不得损害已设立的用益物权人的权利。"因此,在我国,分层地上权也可以叫做分层建设用地使用权。

分层地上权与建设用地使用权同样是地上权,其区别在于,设定普通地上权时,与该设定面积内的土地所有权相同;但是,如果设定者为分层地上权时,于设定面积内,其上下所及效力的范围,不是该面积内的土地所有权的全部,而仅为其中一部分空间。[7]

我国《物权法》确认分层地上权是十分必要的,其必要性体现在以下方面:

(1)扩大土地利用范围,解决社会发展需要。人类生活不能脱离土地,然而土地有不可增性,近代以来的人口又不断增加,土地使用的需求日益迫切,同时,建筑科技不断进步,使得土地的立体空间向上向下的扩大利用不仅有可能而且有实益,因此,土地的利用由传统的平面垂直利用逐渐向立体空间利用发展,影响到土地物权的,形成了立体物权演进的趋势,分层地上权应运而生。

(2)确定普通地上权和分层地上权的合理界限,防止权利发生冲突。在传统的普通地上权观念和现代的分层地上权之间,必须界定合理的界限,防止两种权利界限不清而发生冲突。应当看到的是,当今社会分层地上权的存在和设定已经是不可避免的,如果不解决这个问题,就必然发生冲突。确认分层地上权,就可以界定好两个权利的界限,防止冲突的发生。

(3)确认分层地上权,对于解决实际纠纷具有重要意义。既然土地的分层利用已经是不可避免的,在现实生活中,分层地上权的设置就带来了一系列的问题,会发生不同的纠纷。确认分层地上权,有利于解决实践中遇到的土地分层利用的纠纷,稳定社会秩序。

分层地上权具有以下法律特征:

(1)分层地上权的性质是用益物权。分层地上权的性质属于用益物权,是用益物权中的地上权。分层地上权不是土地之上下空间的所有权,而是在他人所有的土地的上下空间建立的役权,因此,他的性质是用益物权,是用益物权中的地上权。

(2)分层地上权是在土地的地上或者地下的空间中设定的用益物权。地上权的客体是他人所有的土地,在他人的土地之上设立建设用地使用权、宅基地使用权,设定的都是地上权。但是,普通的地上权设置在土地的地表,尽管按照传统民法的理解,土地的权利包括地上权的权利的纵向范围,上至大气层,下至地心,但是,在科技发展的当今时代,这种观念已经被打破,在土地的上空和地下,还可以建立地上权。因此,分层地上权的客体,是他人所有之地上的空间和地下的空间。

(3)分层地上权是可以与普通地上权重合的他物权。分层地上权可以与普通地上权重合,那就是,在一个他人的土地上设立了普通地上权之后,还可以在该地上权的上下再设定分层地上权,设置的这些地上权相互之间并不冲突,只要界定好它们之间的垂直空间的距离就不会发生权利的冲突。当然,在土地所有权之上,也可以不设置普通地上权而直接设定分层地上权。

---

[7] 参见谢在全:《民法物权论》(中册),台北三民书局2004年版,第128页。

(二)集体土地设立的地上权

集体土地上设立的地上权包括宅基地使用权和乡村用地使用权。

1. 宅基地使用权

宅基地使用权是农村集体组织成员在集体所有的土地上建造住宅的权利,它的性质是地上权,只是在土地的权属性质上以及权利主体的性质上,与一般的地上权有所区别。

宅基地使用权是我国特有的一种用益物权形式,其主要特征是:

(1)宅基地使用权是我国农村居民因建造住宅而享有的地上权,我国的现行宅基地,分为农村宅基地和城镇宅基地。《物权法(草案)》规定的宅基地使用权,是专指农村居民和少数城镇居民因建造住宅而享有的地上权。宅基地属于集体所有的土地,农村宅基地的主体主要为农村集体经济组织的成员,其享有宅基地使用权是与集体经济组织成员的资格联系在一起的。

(2)宅基地使用权与农村集体经济组织成员的资格和福利不可分离,这种福利体现为农民可以无偿或廉价取得宅基地,以获取最基本的生活条件,而集体经济组织以外的人员则不能享有这种权利。

(3)宅基地使用权是特定主体在集体土地上设定的用益物权,按照规定,基地使用权的取得采取审批的方式,经审批取得宅基地使用权的,应当在土地管理部门登记,并明确宅基地的使用权范围。宅基地使用权一经设立,便具有用益物权的效力。

(4)集体经济组织的成员每户只能申请一处宅基地。

(5)宅基地使用权的性质是地上权,是在他人的土地上设立建筑物的用益物权,因此,其基本规则应当接受地上权的规则指导。

2. 乡村用地使用权

乡村用地使用权是《物权法(草案)》第157条规定的地上权,其规定的法律环境是"建设用地使用权"一章,因此其性质属于建设用地使用权,只是土地的权属为集体所有,其地上权的主体是乡镇企业或者乡村集体组织。它是指乡(镇)村企业等自然人、法人依法对集体所有的土地享有的占有、使用和收益,建造并经营建筑物、构筑物及其附属设施的地上权。

关于乡村建设用地使用权,《物权法(草案)》第157条规定:"因设立乡(镇)、村企业或者乡村公共设施、公益事业建设等需要使用集体所有的土地的,依照有关法律规定取得建设用地使用权;法律没有规定的,参照本章规定。"在这里,仅仅作了一般的规定,远不及国有建设用地使用权具体、详细。规定中所说的依照法律,主要集中在《土地管理法》中。因此设立乡村建设用地使用权,应当依照《土地管理法》的规定进行,没有具体规定的,应当参照适用《物权法》关于建设用地使用权的规定。

乡村建设用地使用权是否可以采取出让的方式设立,在理论上存在不同的看法:一种观点认为,乡村建设用地使用权可以采取出让的方式设立,其理由主要是,在市场经济条件下,集体土地所有权与国有土地所有权在民事法律地位上是平等的,应当同等对待。因而,允许国有建设用地使用权以出让的方式取得,也就应当允许乡村建设用地使用权以出让的方式取得;另一种观点认为,集体土地只有在征为国有土地后,才能以出让的方式设立建设用地使用权。

应当认为,集体土地所有权与国有土地所有权在法律地位上应当是平等的,但平等并不意味着法律对它们的规范和调整没有差别。由于集体土地所有权的行使、处分与国家的农业政策紧密相关,而集体土地所有权的主体众多,因此对集体所有权的行使必须加以适当的限制。在建设用地使用权的设立方面的限制,表现在不允许乡村建设用地使用权以出让的方式设立。如果允许乡村建设用地使用权以出让的方式设立,则由于出让收益要远大于农业经营收益,大量的耕地将会被出让,国家的土地利用总体规划将难以实施。同时,这一后果也会冲击国有土地市场。因此,乡村建设用地使用权不能采取出让的方式设立,而应采取审批的方式设立,由土地管理部门依照权限根据土地所有权人和土地使用者的申请予以批准。乡村建设用地使用权的审批,不得损害国家的土地利用总体规划和耕地的强制保护制度。

3. 种植林木的土地承包经营权

应当确认,为建筑及培植林木而使用国家、集体土地的权利,符合地上权的法律特征,是地上权。地上权的基本法律特征,是在为建筑或种植林木的土地关系上,土地所有权为土地所有人所有,土地之上的建筑物等工作物或林木为地上权人所有。在我国,国家或集体是土地的所有人,与国外的土地私有制有本质的不同,但是,这只决定我国的地上权与传统民法上的地上权性质的不同,并不能否定我国地上权存在的必要和可能。国家或集体在自己的土地上为建筑或培植林木,不发生地上权;法人、公民在国家和集体的土地上为建筑或种植林木,即为在他人的土地上行使地上权,并取得在该土地上设置不动产的所有权,而土地所有权仍归国家和集体所享有。确认这种法律关系,是明确国家、集体和公民、法人之间在土地使用上的权利义务关系的需要,也是利用土地发展经济,保障人民生活的需要。

(三) 海域使用权中的海域地上权

海域使用权,是一个正在被学者和专家重视的物权法概念。其上位概念是海域物权,包括海域所有权和海域使用权。我国的海域所有权属于国家享有,在海域所有权上设立的使用海域的权利,被叫做海域使用权。按照学者的定义,海域使用权是指民事主体依照法律规定,对国家所有的海域所享有的以使用和收益为目的的一种直接支配性和排他性的新型用益物权。[⑧]

把海域使用权界定为用益物权,是完全正确的,也是完全必要的。试想,国家所有的土地是国家最重要的资源和财富。同样,国家所拥有的海域,就是国家的蓝色国土,也是国家最重要的资源和财富。在他人所有的蓝色国土也就是海域上设立的占有、使用、收益的权利,当然是用益物权。现在的问题是,这种用益物权的性质究竟属

---

⑧ 参见尹田主编:《中国海域物权制度研究》,中国法制出版社2004年版,第40页。

于何种用益物权?

按照《海域使用管理法》第25条的规定,海域使用权起码包括以下权利内容:一是养殖用海;二是拆船用海;三是旅游、娱乐用海;四是盐业、矿业用海;五是公益事业用海;六是建设工程用海。在这些海域使用权中,并不是一个统一的、具有相同内容的权利,而是具有不同的性质。简要的划分是:在海域上建造建筑物的权利,属于海域地上权;在海域上晒盐、采矿,属于采矿权等特许物权或者准物权;不在海域建造建筑物,而仅仅是一般的使用海域的,如养殖、旅游、娱乐等对海面和海水的使用,则是一般的用益权。

经过以上分析,可以看到,海域使用权并不是一个单一的、单纯的用益物权,而是聚合不同种类的海域使用的一个集合式的用益物权体系。其中有一部分属于海域地上权,即在海域建造建筑物的海域使用权。对于这一部分海域使用权,应当纳入大一统的地上权体系,按照地上权的概念,进行解释、理解和适用。

我国土地承包经营权的缺陷及其完善[*]
——兼论建立地上权和永佃权的必要性和紧迫性

一、引论

在《民法通则》的"民事权利"一章中,规定了"土地承包经营权"这样一种"与财产所有权有关的财产权"的权利种类,成为中国民法上的一个新型的财产权利。随后,这样的一个权利被广泛应用在实践之中。在理论上,土地承包经营权被描述为"中国民事立法的创举",对其称赞有加。应当承认,这是在民法发展史上的一个前所未有的新民事权利,其性质、内容、法律特征都有其"新颖"之处。然而,也正是其所具有的这种所谓的新颖性,使这样一个概念与民法史上的任何财产权的概念均不相同,无法准确地界定其真实的内涵和外延,使这样一个法律概念的内涵具有了不确定性,在司法实践中造成不应有的混乱。其中,最重要的问题,就是混淆了地上权和永佃权之间的界限,无法分清这样两个民事权利概念之间的法律差别。在《物权法》的制定正在进行的时候,我们认真、实事求是地研究地上权和永佃权之间的法律区别,研究土地承包经营权概念的失误,以及与《民法通则》创造的另一个新的概念即土地使用权概念之间的界限,以利于制定准确、科学的与之相关的民事权利概念,这无疑具有非常重要的意义。

二、最明显地反映土地承包经营权概念缺陷的典型案例

1996年,厦门市中级人民法院和福建省高级人民法院判决了黄某某诉厦门市禾山镇县后村委会征地补偿费纠纷案。具体情况是:

厦门市中级人民法院(1996)厦民初字第2号民事判决书认定:黄某某与第三人陈某某原于1985年1月1日共同承包县后村委会50余亩场地种植经营,双方签订了"合同书",每年承包款为3 000元,承包期为30年,并且约定国家需要征地时,土地底款归村委会所有,青苗赔偿款,村委会分4/9,承包人分5/9。1986年年初,黄某某、

---

[*] 本文发表在《河南省政法管理干部学院学报》2008年第1期。在《物权法》再次肯定土地承包经营权的情况下,这一物权的缺点也没有消灭。收入本书,笔者对该文的立场没有改变。

陈某某与新疆建设兵团农业建设第一师十团建立联营关系,共同经营种植"厦门天山葡萄试验场"。1987年1月,因陈某某迁居香港未参予投资,同年7月,十团将其股权转让给黄某某,陈某某获悉后,要求与黄某某共同经营该试验场,双方便于1989年6月签订"共同承包天山葡萄试验场协议书",双方约定由陈某某分期补付给黄某某投资款102 550元。之后,陈某某先付给黄某某57 300元。同年10月15日,陈某某提出退伙,双方又签订一份"转让经营协议书",约定黄某某退还陈某某的全部投资款,试验场的种植由黄某某自主经营,自负盈亏,黄某某与十团的关系与陈某某无关。之后,黄某某与陈某某就返还投资款发生纠纷,经厦门市湖里区人民法院调解,纠纷解决。嗣后,黄某某承担返还十团的投资款的全部债务,于1994年11月30日签订了"有关厦门天山葡萄试验场转让后的有关经济协议决断证明",了结了双方的债权债务关系,该试验场由黄某某一人经营。1994年1月因国家建设需要,黄某某所经营的果园被征用,国家付给征地补偿款3 230 090.28元,其中青苗补偿款39 513.98元,地上物补偿款3 170 090.30元,水利设施补偿费19 338元,误工补贴费2 000元。全部款项县后村委会交给黄某某9万元外,其余均占为己有。黄某某多次找县后村委会交涉付款,县后村委会均以黄某某与陈某某有纠纷为由,予以拒绝。黄某某诉至法院。

厦门市中级人民法院认为,黄某某在其独自承包县后村委会50余亩土地种植果树过程中,因国家建设需要而被征用,现国家付给有关征地补偿款,根据征地补偿的有关规定,属于原告应得部分应归其所有,现被告以原告原合伙人提出异议而拒付补偿款没有道理,原告要求被告按照双方的约定支付青苗补偿款等项及追索延付的利息损失,理由充分,应予支持。第三人原与原告合伙承包种植果园,但已于1989年10月经双方协商退出合伙经营,经法院调解书确认,并已执行完毕,现提出仍享有与原告同等的征地补偿受益权,理由不能成立。故判决县后村委会在判决发生法律效力后7日内,支付原告2 221 982.70元及利息;驳回第三人陈某某的诉讼请求。

福建省高级人民法院(1996)闽民终字第38号民事判决书认定的事实与厦门市中级人民法院上述判决认定的事实基本相同。终审判决认为:国家因建设需要征用黄某某独自承包经营的果园,依照有关法律规定,应对其种植的葡萄、果树及其种植经营所需的地上附着物等给予补偿。县后村委会则因该地块的征用而获得了国家给予的土地补偿费、劳力安置补偿费、水利设施补偿费、误工补偿费,此外,在一审判决县后村委会应付还给黄某某的补偿款中,已扣去原双方约定的4/9的青苗补偿费,以及其应得的部分场地平整换土补偿费等。因此县后村委会上诉主张再参与分享国家付给黄某某个人的上述补偿费,缺乏法律依据,不能支持,县后村委会应将领取的补偿费中属于黄某某的部分返还黄某某。陈某某于1992年已退出合伙承包经营,其主张共分国家付给黄某某个人的上述补偿费,亦不能支持。故原判决适用法律正确,除纠正部分判决表述不当外,维持原判。

这一案件判决之后,很多人认为裁判不公,县后村委会一方认为判决侵害了他们对土地的合法权益,申辩自己的主张。

造成这种对案件认识分歧的根本原因,就是土地承包经营权概念本身的内涵和外延的混乱不清,即黄某某承包土地所产生的权利,究竟是永佃权,还是地上权。如果其承包产生的是永佃权,这样的判决就是错误的;如果其承包产生的是地上权,法院的判决就是正确的。然而,在土地承包经营权中,确实包含着永佃权和地上权的内容,而这样的内容,恰恰又与中国法律中的土地使用权、造林权、宅基地使用权等概念相混淆,无法准确划清它们之间的界限。本文试图结合这一案例,详细分析永佃权和地上权之间的法律差别,划清土地承包经营权与土地使用权、造林权、宅基地使用权等权利概念的界限,建议在制定《物权法》时,坚决抛弃不科学的法律概念,理直气壮地采用永佃权和地上权的概念,保护中国民法概念的科学性、严谨性和准确性。

三、永佃权和地上权的不同发展历史

永佃权和地上权都是他物权中用益物权①的下属概念。它们的产生和发展,都有自己的独特历史。马克思主义法学认为,法律并非凭空产生,而是"根源于物质的生活关系"②,"都只是表明和记载经济关系的要求而已"。③ 在考察永佃权和地上权的历史演进中,同样可以证明这一论断的正确性。

(一)国外的永佃权和地上权的发展历史

在原始社会,原始人在以血缘关系为纽带的人群集团中生产和生活,"第一个单个的人,只有作为这个共同体的一个肢体,作为这个共同体的成员,才能把自己看成所有者和占有者"。④ 在这个时候,私有制还没有产生,还没有出现法律,没有所有权的概念,当然也不会有永佃权和地上权的存在。直到原始社会末期,随着社会生产的扩大和交换的发展,促进了私有制的发展,使原始社会解体,产生了国家,出现了奴隶社会的奴隶主私有制,并且产生了调节该种私有制经济的法律,确认和保护奴隶社会的财产所有权。在所有权产生的过程中,社会的生活关系和经济关系发生了根本性的变化,为适应这种变化,他物权开始萌芽。《汉穆拉比法典》规定,土地归王室占有和公社占有,耕地分给各家使用,使用者必须交纳赋税并负担劳役,允许各家世袭这种土地使用关系。这种土地使用关系,就是早期永佃权的萌芽。⑤

在罗马社会里,虽然以奴隶占有为基础的农业经济始终占据主导地位,但是以奴隶占有为基础的商品经济却很早就存在,并随着罗马国家的发展而发展,罗马法就成

---

① "与财产所有权有关的财产权"按照《民法通则》规定的内容看,就是用益物权,不包括担保物权,因此不是他物权的概念。
② 《马克思恩格斯选集》(第2卷),人民出版社1972年版,第82页。
③ 《马克思恩格斯全集》(第4卷),人民出版社1958年版,第122页。
④ 《马克思恩格斯全集》(第46卷)(上册),人民出版社1979年版,第472页。
⑤ 参见王云霞等:《东方法概述》,法律出版社1993年版,第16页。

为"以私有制为基础的法律的最完备形式"⑥,是"商品生产即资本主义以前的商品生产的完善法","包括资本主义时期大多数的法律关系"。⑦ 正是在这样的商品经济发展形势下,罗马法创设了较为完备的他物权体系,使之与其他法律制度一同构成了"商品生产者社会的第一个世界性法律"。⑧ 罗马法认为,他物权是积极地创设在他人之物上的权利,充实了物权的内容,同所有权一起,充分保护了罗马时期的财产关系,并成为扩大所有权的一种救济制度⑨,并为后世所效仿。罗马法中的永佃权和地上权,都属于用益物权,体现的是非所有权人与所有权人之间的用益关系,是典型的财产所有权与其权能相分离的形式,适应了商品经济要求扩大所有权、扩展财产的使用价值的客观要求。对永佃权这一概念的使用,最早出现在希腊。至罗马,最初的永佃权大多产生自国家和个人的关系。罗马扩张侵略,不断获得大量的土地归国家所有,后分租给人民耕作,国家取得一定的年度租金;对荒地也采取这种办法处理。继之成为固定制度,并渗入一般的民事关系中,至公元2世纪则正式出现了永佃权的法律概念,查士丁尼时期形成完备的制度,并为后世所沿用。⑩

《法国民法典》《德国民法典》和《瑞士民法典》将永佃权规定为用益权,以与地上权相区别。在这些规定中,认为物上得以此种方式设定负担,使因设定负担而受利益的人享有收取物的收益的权利。⑪ 对动产、土地、权利及财产,均可设定用益权;用益权赋予权利人对物的全部使用及收益的权利。⑫

《日本民法典》一改上述民法典的传统做法,使用永佃权的概念,在物权法编中,规定专门的一章"永佃权",对这种权利的内容作了详细的规定。在现实中,日本除了有永佃权以外,还有债权性质的租赁佃耕权。前者属于他物权,后者属于债权,差别在于权利人对地主的对抗力的强弱。⑬《日本民法典》规定,永佃权人有支付田租,而在他人土地上耕作或者牧畜的权利;永佃权人可以将其权利转让给他人或者于其权利存续期间,为耕作或者牧畜而出租土地;永佃权的存续期间,为20年以上50年以下,以长于50年的期间设定永佃权者,其期限缩短为50年。《意大利民法典》亦采这种方式,在第三编"所有权"中专门规定第四章"永佃权",对永佃权作了详细的规定。永佃权人承担改良土地、向土地所有权人定期支付地租的责任,对土地产生的孳息、埋藏物以及对有关地下层的利用,永佃权人享有与土地所有权同等的权利。意大利永佃权的期限,与日本不同,可以永久或者附期限,所附期限不得少于20年。

不论是德国、法国、瑞士民法上的土地的用益权还是日本、意大利民法上的永佃

---

⑥ 《马克思恩格斯选集》(第3卷),人民出版社1972年版,第143页。
⑦ 《马克思恩格斯选集》(第3卷),人民出版社1972年版,第395页。
⑧ 《马克思恩格斯选集》(第4卷),人民出版社1972年版,第248页。
⑨ 参见谢邦宇主编:《罗马法》,北京大学出版社1990年版,第208页。
⑩ 参见江平等:《罗马法基础》,中国政法大学出版社1991年版,第177页。
⑪ 参见《德国民法典》第1030条第1款。
⑫ 参见《瑞士民法典》第745条。
⑬ 参见[日]我妻荣:《新版新法律辞典》(中文版),中国政法大学出版社1989年版,第49、329页。

权,这种权利的内容,都是永佃权人租用土地,用以耕作或者牧畜,因而在租用的土地上收获孳息。这样的内容,在所有的民法典中,都规定得清清楚楚。

与此相反,地上权从它产生之初,就不是这种性质的权利。罗马法在规定地上权之前,适用添附原则,即地面上的物品添附于地皮,一切被建筑于地皮上的物添附于地皮,建筑物不具有地理的价值,建筑人不能取得建筑物的所有权,所有权归土地所有权人享有。这样的法律规定对保护建筑人的权利不利,不利于发展经济。为此,罗马法规定了地上权,允许建筑人在向土地所有权人支付了地租以后,可以享有以保存建筑物和其他工作物为目的的权利,即享有地上权。罗马法的这种规定,被后世的民法典所继承。⑭《德国民法典》专设"地上权"一章,对地上权作了专门的规定,土地得以此种方式设定其他权利,使因设定权利而享有利益的人,享有在土地的地上或地下设置工作物的可转让的或可继承的权利。享有地上权,使用土地的内容,就是设置工作物,而不是收取物的收益。《瑞士民法典》规定的在土地的地上或地下建造或保留建筑物的建筑权,实际上就是地上权。⑮《日本民法典》对地上权的规定更为明确,在第265条明文规定:"地上权人,因于他人土地上有工作物或林木,有使用该土地的权利";但是地上权人应向土地所有权人支付地租;未以设定行为定地上权存续期限的,无另外习惯时,地上权人可以随时抛弃其权利;地上权人不依照上述规定抛弃其权利时,法院因当事人请求于20年以上50年以下的范围内,斟酌工作物或林木的种类、状况及地上权设定时的其他情事,确定其存续期间。《意大利民法典》在规定地上权时,规定"土地的所有人可以允许他人在自己的土地上建造、保留建筑物并且取得建筑物的所有权"。

可以确认,国外民法关于永佃权和地上权的立法,从开始的那一天,就是两种不同的他物权,其性质、内容、作用都各不相同。永佃权的内容,是权利人在租用的他人土地上种植或牧畜,地上权的内容,则是权利人在租用的土地上建筑建筑物或者种植林木等不动产。这样两种不同的权利,是绝不能混淆的。

(二)中国永佃权和地上权的发展历史

中国他物权制度的产生发展,大致可以分为两个时期:一是古代法时期;二是现代法时期。

1. 古代法时期

中国古代他物权产生的时代各不相同。据已故民法学家李志敏先生考证,我国最早的他物权是地上权,西周的卫鼎就记载了地上权的事例,即颜阵在矩所占有的土地上种植林木,既不妨碍矩将土地所有权转移,又因自家的种植而得到报酬。在秦代,已禁止使用人质而只得使用物质,由此可以推论在秦以前就有质权存在,且分为人质与物质两种。典权制度则出现在北齐,《通典·宋孝正关乐风俗传》:"帖卖者,

---

⑭ 《法国民法典》没有采用地上权的概念,而是使用了不动产的添附权的概念。
⑮ 参见《瑞士民法典》第779条。

帖荒田七年,熟田五年,钱还地还,依令听许。"帖卖即典权。关于完整的地上权的规定,并不多见。

永佃权最早出现在何时,无从可考,单据史料,可以断定最晚出现于宋代,先则永佃成业,继之土地的所有权与耕作权进一步分离,逐步得到发展,取得永佃权(田面权)者,又可以将地租给他人耕种,可以继承、典押、出卖、转租。至明清,永佃权逐步发展而盛行于江苏、江西、福建、安徽等地,称土地所有权为田底权,称永佃权为田面权,田地称作地骨,田面称作地皮。《钦定户部则例》规定:"民人佃种旗地,地虽易主,佃户依旧,地主不得无故增租夺田。"永佃权在我国的产生和发展,是物权制度发展到一定阶段的结果,其中包含着佃农斗争的胜利。这一制度富于弹性,既有佃者的名称,又有业主的身份;既可租种,又可出典、出卖、出租,因而有利于土地改良,缓和封建人身关系。[16] 成为非常完备、富于弹性的他物权。[17]

2. 现代法时期

清末修律,是使我国法制告别传统的中华法系而迈入现代法时期的转折。在《大清民律草案》中,参照德国法和日本法的立法例,在物权编设四章规定他物权,其中用益物权分地上权、永佃权、地役权三章,没有规定典权;担保物权专设一章,分为通则、抵押权、土地债务、不动产质权、动产质权五节。在《民国民律草案》中,他物权的立法体制略有改变,各种他物权均分章规定,共设有地上权、永佃权、地役权、抵押权、质权、典权六章。至1929年《中华民国民法》正式颁布,物权编共设七章规定他物权,分别是地上权、永佃权、地役权、抵押权、质权、典权、留置权,形成了完备的他物权制度。其中第832条规定的是地上权,内容是:称地上权者,谓以在他人土地上有建筑物,或其他工作物,或林木为目的而使用其土地之权。以下各条规定地上权之抛弃、地上权之撤销、租金减免请求之限制、地上权之让与、工作物及林木之取回权以及建筑物之补偿等内容。在第842条规定永佃权:"称永佃权者,谓支付佃租永久在他人土地之上为耕作或牧畜之权。""永佃权之设定,定有期限者,视为租赁,使用关于租赁之规定。"以下各条分别规定永佃权之让与、佃租之减免、撤佃、永佃权受让人之地租偿还责任、相邻关系规定之准用等。

在这一时期的地上权和永佃权规定的内容中,可以看出,中国近代民事立法关于地上权的规定,基本上是借鉴西方立法经验,而对永佃权的规定,则多是我国古代的立法经验的总结。这是符合中国古代和近代立法发展的实际情况的。

四、地上权与永佃权的不同内容

无论是国外还是国内,无论是历史上还是在现实中的立法,都是将地上权和永佃

---

[16] 参见李志敏:《中国古代民法》,法律出版社1988年版,第101页;史尚宽:《物权法论》,台北荣泰印书馆1979年版,第186页。

[17] 参见李志敏:《中国古代民法》,法律出版社1988年版,第111页。

权作为两个不同的权利概念加以规定,严格区分地上权和永佃权的界限。这两个权利具有不同的内容。

(一)地上权的内容

地上权的具体内容包括:

1.地上权的取得方式

地上权的取得方式与所有权的取得方式相同,可以分为原始取得和继受取得;还可以分为基于法律行为取得和基于原因事实取得。重点是基于法律行为取得的方式。地上权一经发生,就具有长期存续性(也称为永续性),也具有可转让性和可继承性。

基于法律行为取得地上权,主要的是地上权的设定行为。土地使用人欲取得地上权,应当进行申请,经过土地所有人批准,进行地上权的登记,取得地上权。登记应确定地上权的具体内容,如设定范围、存续期间、税租等,均应明确规定。地上权基于合同行为而让与,也是基于法律行为取得地上权,为继受取得。地上权人转让其权利,得与受让人以合同为之,如私有房屋买卖,其地上权随房屋所有权的转让而一并转让。地上权转让是物权的转让,非经登记,不生效力。

基于原因事实取得地上权,包括:一是因继承而使无地上权人通过继承而取得地上权,此种继受取得,亦应进行登记。二是基于不动产抵押物的拍卖,一般认为系因事实而取得地上权。三是因取得时效而取得地上权[18],即为因时效完成而申请登记为地上权人。

地上权的存续期间,应规定为三种情况:一是无期限,可以永久使用该土地,如宅基地使用权,一般不规定期限。二是定有期限,如有期限地受让土地使用权,依其期限届满而消灭地上权。三是具体体现期限,如因地上权人交回土地而消灭地上权,建筑物、工作物衰朽、废弃而结束期限。

2.地上权人享有的权利

地上权人享有的权利:一是土地占有与用益权。准许地上权人直接占有使用土地,并排除他人的妨害,享有物上请求权。二是地上设置物的所有权。此种财产所有权,与一般财产所有权相同,享有一切权能。三是占有的土地及建筑物的相邻权。地上权人对于地上标的物依附的土地,与所有人享有同样的相邻权,以保护其权益;对于地上设置之物,因其享有所有权,故亦享有相邻权。四是地上财产及地上权的处分权。地上权为财产权,故除合同另有约定或另有习惯外,可以转让,通常的转让方式是与地上权一并转让。地上权也可以作为债权的担保。五是取回权的补偿请求权。地上权期限届满或因其他原因而消灭,地上权人在归还土地时,得请求取回地上设置之物;地上物如果拆除于地上权人和社会经济而蒙受损害的,若土地所有人愿意以时

---

[18] 我国最高人民法院对此有司法解释,参见杨立新:《民法判解研究与适用》(第2集),中国检察出版社1996年版。

价收购,地上权人可就其地上物的价值,请求土地所有人予以适当补偿。

3. 地上权人承担的义务

地上权人承担的义务:一是支付地租或税金。使用土地约定支付租金的,应依法支付租金而为使用。宅基地使用权则应依法按期缴纳税金。购买土地使用权的,应首先支付价金而后方可使用。无偿地上权,无须交纳租金。二是信用保全义务。地上权人对地租、税金的缴付,应负保全信用的义务。拖欠地租、税金达一定期限者,应撤销其地上权。三是恢复原状义务。地上权消灭时,土地所有人恢复其对于土地的支配权,地上权人应负恢复原状的义务。地上权人处分其地上物,土地所有人有先买权,地上权人负有准予其先买的义务。

4. 地上权的消灭

地上权因下列事实而消灭:一是地上权撤销或期限届满;二是土地灭失;三是地上权的抛弃;四是地上权与土地所有权混同;五是国家依法征用。

(二) 永佃权的内容

1. 永佃权的取得

永佃权的取得,分为原始取得与继受取得。原始取得,即农民从土地所有者手中依法律行为而取得。此种取得,应依永佃合同方式进行,并应进行物权登记。继受取得,包括继承和依合同而转让,亦为要式方式并进行物权登记。

2. 永佃权人的权利

永佃权人享有的权利包括:一是土地的占有、使用和收益。永佃权中转让的是土地所有权中的占有权、使用权和收益权,不转移土地处分权。故永佃权人享有占有、使用该土地的权利,在该土地上耕作或畜牧,达到收益的目的。二是物上请求权。永佃权既为占有他人土地的物权,故对于侵害其地上物及永佃权者,得以行使物上请求权为救济。三是相邻权。永佃权人于其使用的土地范围内,与土地所有人处于相同地位,因而在相邻的永佃权人之间,永佃权人与所有人之间,享有相邻权。四是永佃权的处分权。永佃权为财产权,非专属权,故永佃权人可以将其享有的权利让与他人,或提供抵押,或出典他人。五是收益的取回权。永佃权消灭之时,永佃权人有权收回租佃土地上的农作物或畜类。

3. 永佃权人的义务

永佃权人承担的义务包括:一是支付佃租义务。支付佃租是永佃权成立的必要条件,是永佃权人的主要义务。佃租支付的时期,原则上应于收获季节终了之时,但当事人另有约定的除外。因不可抗力致收益减少或全无时,永佃权人可以请求减少或免除佃租。当永佃权人将其权利让与第三人时,所有的前永佃权人对于土地所有人所欠的租额,由该第三人即现永佃权人负责偿还,现永佃权人代偿的租额,对于前永佃权人有求偿权,前永佃权人应予清偿。二是禁止佃地出租的义务。永佃权的目的,在于稳定租佃关系,改良土地。如果准许永佃权人将佃地出租予他人,不劳而获,从中渔利,实难达到保护耕作人,兼求达到改良土地的目的。因而永佃权人不得将佃地出租予他人。三是恢复原状的义务。永佃权消灭时,土地所有人恢复其对于土地的支配权,永佃权人应负恢复土地原状的义务,并取回土地的附着物或畜类。如果土地所有人愿意以时价购买地上物,永佃权人不得拒绝。

4. 永佃权的消灭

永佃权因一定的原因消灭:一是永佃权的撤销,永佃权人将土地出租予他人,或积欠佃租达一定期限(如规定为两年)的,土地所有人应向永佃权人撤销永佃权,并进行登记。二是永佃权的抛弃。三是土地因意外灾害灭失。四是土地被国家征用。五是土地所有权与永佃权混同。

五、地上权和永佃权的不同作用与土地承包经营权的立法缺陷

综上所述,地上权和永佃权虽然都是设立在他人土地所有的权利之上的他物权,并且都是用益物权,但是,却是两个各不相同、不能混淆的物权。在前文,笔者着重在这两个权利的历史和内容上,进行了详细的说明,证明它们在发展过程以及在具体的内容上,都是不同的。在以下的内容中,笔者将结合本文所引述的案例,进一步分析、说明。

(一)地上权和永佃权的不同作用

在他人的权利之上设立权利,是他物权的基本特征。但是,设立的这种权利究竟发挥什么作用,在他人所有的物上如何进行使用,达到什么目的? 不同的他物权各不相同。在地上权和永佃权,设立的这种权利都是在他人的土地上设置使用的权利。这是它们的相同之处。

地上权与永佃权的不同之处就在于:

地上权权利的作用,是在他人所有的土地上添附不动产,如构筑建筑物、设置工作物或种植林木等,并取得这些不动产的所有权,享有这些不动产的占有、使用、收益、处分的权能。例如,他物权人在所有权人的土地上构筑建筑物,就土地的使用而言,取得的是地上权;在享有地上权的土地上建筑建筑物,就是要对建筑物占有、使用、收益或者处分它,对它取得全部的所有权。在享有他物权的土地上种植林木,其意图也是取得种植的林木的所有权,要对这些林木享有完全的支配权,可以任意地占有、使用、收益或者处分。

永佃权权利的作用,是在他人所有的土地上耕作或者牧畜,如种植庄稼、蔬菜、牧草等,放牧家畜,并取得收获物的所有权。在享有永佃权的他人所有的土地上行使权利,不是在土地上添附不动产,而是耕作或者牧畜,虽然也可以种植,但种植的不是不动产,而是意图在土地上收获耕种或者牧畜的成果。这些成果不是附着在土地上,只有脱离土地才会产生价值,在依附于土地上的时候,并不是他物权人所追求的目的。例如种植庄稼,永佃权人的目的在于收获粮食,只有收获粮食,他才会增加财富;如果

仅仅是生长在土地上的庄稼,则不是其追求的目的。即使是放牧,权利人也不是单纯追求放牧的权利,而是追求放牧的结果,即享有家畜畜产及其肉、奶、毛等产品的所有权。

在各国的地上权和永佃权的立法中,区分这样两个不同的权利就是用这样的标准,让它们成为不同的他物权,发挥不同的作用。

(二)承包经营权的立法缺陷

我国《民法通则》规定了国有土地使用权和土地承包经营权两种不同的用益物权,其基本的区别在于:

(1)国有土地使用权的内容是:"国家所有的土地,可以依法由全民所有制单位使用,也可以依法确定由集体所有制单位使用,国家保护它的使用、收益的权利;使用单位有管理、保护、合理利用的义务。"[19]这一规定的重点,一是强调权利的客体,只能是国家所有的土地;二是强调国有土地的使用人,即权利主体,只能是单位,或者是全民所有的单位,或者是集体所有的单位,个人不得享有这种土地使用权。

(2)土地承包经营权的内容是:"公民、集体依法对集体所有的或者国家所有由集体使用的土地的承包经营权,受法律保护。承包双方的权利和义务,依照法律由承包合同规定。"[20]按照这一规定,土地承包经营权的主体,是公民和集体;客体则是集体所有的土地,以及国家所有但是已经由集体使用的土地。

根据以上规定,可以看出,我国《民法通则》规定的国有土地使用权和土地承包经营权,二者区分的标准不是土地使用的目的,而是土地的所有者的不同和土地使用者的不同。这种含混不清的规定,给土地承包经营权将地上权和永佃权混淆在一起,创造了极好的条件,并且最终将这样两个权利混淆在土地承包经营权这一概念之中,同时又将地上权肢解,分散在国有土地使用权、宅基地使用权和土地承包经营权之中。笔者在这里仅仅讨论土地承包经营权的缺陷问题,暂时不深入讨论后一个问题。

在现行的法律规定上,以及在现实的操作上,承包经营权都不作土地使用用途的区分,一律作为承包权看待。在国有土地使用权问题上,一般没有这样的问题,因为国有土地使用权主要是用于建筑,是地上权无疑。在一般情况下,土地承包经营权,主要是用于耕作或者牧畜,但是有相当一部分承包经营的土地,是用于种植林木。像本案中的原告承包的土地,就是建造果园。因此,土地承包经营权这一权利,实际上已经将地上权和永佃权混淆在一起了。

立法上的混乱,必然造成实践上的混乱。在黄某某诉县后村委会土地承包纠纷案中,就非常明显地暴露了立法上的这种混乱。在原、被告之间,在原来订立合同之时,就没有明确承包经营土地的内容是什么。在合同中,约定的是经营果园,但是在具体内容上又约定土地征用后补偿的"青苗"的费用由谁承受。在习惯上,地上权的

---

[19] 《民法通则》第80条第1款。
[20] 《民法通则》第80条第2款。

地上物一般称作地上附着物或者地上物，即使是种植林木，也不会称作"青苗"。而在永佃权中，耕作的庄稼、蔬菜、牧草等，则称之为"青苗"，而不称做地上附着物。正因为立法上规定的土地承包经营权混淆了地上权和永佃权的界限，所以，当事人才在约定地上权的合同中，约定了青苗的概念，将地上权和永佃权混淆在一起。

认为本案当事人之间约定的承包经营权不是永佃权而是地上权的依据，正是在合同中当事人约定的是"青苗"，既然如此，就应当将国家补偿费中属于青苗补偿费的部分给付黄某某，而地上物的补偿费应当由县后村委会所有。一、二审判决尽管支持了原告的诉讼请求，但是在表述这样判决的理由时，并没有将道理说清楚。笔者认为，不能依据当事人在合同中使用了"青苗"的概念，就认为约定的是永佃权。应当分清的是：

（1）合同约定的主要内容，即承包土地的使用用途，不是耕作或者牧畜，而是种植葡萄，建造葡萄园。这样的土地用途，是在土地上经营林木，添附的是不动产，不是一般的农作物。按照地上权和永佃权的分工，这样的权利应当是地上权而不是永佃权。

（2）在国家给付的补偿费中，既有青苗补偿费，又有地上物补偿费，其中地上物的补偿费达几百万元，青苗补偿才有几万元，可见所补偿的，土地的地上物是主要部分，补偿的也是地上权的损失，而不是"青苗"的损失。从补偿费中可以看出，国家在补偿时，是将当事人约定的承包权看做地上权的。

对于以上所说的道理，判决虽然没有详细说明，但是在判决结果所表现的内容上，是可以看清楚的，判决的结果是正确的。即使被告对此持有相反主张，学者专家也有不同意见，也不能否认判决的正确性。本案的重要意义在于，暴露出土地承包经营权概念存在的严重缺陷，确立了正确解决地上权和永佃权之间的界限、看清了在立法上分清这样两种权利界限的必要性和急迫性。

（三）土地使用权等概念的真实含义以及与土地使用权的冲突

在《民法通则》中使用的与土地承包经营权相关的概念，就是土地使用权，以及宅基地使用权、造林权这些概念。在法律上使用这样一些不同的概念，尽管在表述上不同，其实都是一个相同的内容，即都是在他人的土地上建造建筑物或者种植森林。在一般的土地使用权上，是在国有土地上建造厂房、房屋、道路、桥梁等，这些都是建造建筑物；在宅基地使用权上，是在国有的土地或者集体所有的土地上建造公民的住宅，同样是建筑物；在造林权上，是在国有土地或者集体土地上植树造林。无论是建筑物，还是森林，其性质，都是不动产。既然如此，凡是在他人的土地上建造建筑物或者种植林木的权利，都是地上权这样一个权利统管的内容。将同样的一种地上权分裂为几种不同的他物权，实在是没有必要。这是立法上的一种繁琐哲学。

更为严重的是缺陷，是这些概念与土地承包经营权概念之间的重合与交叉。这就是，在土地承包经营权中，如果承包土地是经营植树造林，其性质就不是永佃权，而是与土地使用权等概念相一致的概念，成为地上权。这种立法上概念含糊不清、互相混淆的情况，应当说是非常严重的问题，绝不是一个简单的疏漏。在本文所讨论的案件中,这个问题已经暴露得十分清楚了。

六、采取的对策——全面建立科学、实用的永佃权和地上权

综合以上分析,可以得出一个非常重要而且准确的结论,这就是废弃土地承包经营权的概念,代之使用科学、实用的永佃权和地上权的概念。

(一)对策之一——废弃使用土地承包经营权、土地使用权等概念

如上所述,土地承包经营权和土地使用权等概念,无论在理论上还是在逻辑上,都不是科学、准确的概念,其不科学性、不准确性在实践中已经暴露得十分清楚。如果再这样继续下去,立法就不是一种科学的态度。

不破不立是一种社会发展的规律,立法同样应当遵守这样的规律。要建立科学、准确的地上权和永佃权的概念,就必须首先废弃土地承包经营权、土地使用权等概念,同时包括废弃《民法通则》第81条规定的森林、山岭、草原、荒地、滩涂、水面承包经营权等权利概念,将这些权利概念归入相应的地上权或永佃权概念之中。

应当强调的是,破除旧的概念和观念,必须采取坚决的态度,不能姑息,不能考虑这些概念已经使用这么多年了,又是中国自己创造的东西,不能轻易否定。只有坚决地破除不科学的概念,才能够为科学、准确的法律概念的使用开辟空间,排除障碍。

(二)对策之二——建立完善的永佃权

提出建立永佃权的主张,并非不具有一定的风险,不过在社会主义市场经济客观需求面前和改革、解放的今天,似乎不必为此而担忧。

我们都知道,永佃权曾经是我国古代封建社会的制度,它在维护封建地主剥削农民的权利上,是发挥了恶劣作用的。法学界对永佃权的传统看法是,它是维护和巩固封建剥削关系的土地使用制度,在中国经过土地改革已不复存在,永佃权已成为历史概念。[21] 这种看法似乎是一个事实。但是,永佃权作为一种世界各国通行的土地使用制度,它不为封建社会所独有,也并非只为维护剥削阶级的利益而存在。它的基本制度、基本内容是适用于一般的土地承租耕作关系的。问题的关键在于社会制度。就像无论是资本主义国家的立法还是社会主义国家的立法,都将交易关系中的契约关系称为合同或者契约一样,权利概念的本身并不反映社会制度。在我国,虽然不使用永佃权这一概念,但永佃关系总要通过其他概念体现出来。例如有的学者提倡使用"耕地使用权"的概念[22],虽然在文字形式上与永佃权有所不同,但是其实质是一样的。我国目前实行的农村土地承包经营权,就是包括新型的社会主义性质的永佃权;如果采用永佃权的制度代替农村土地承包经营权,不仅有利于法律概念的统一、准确,而且有利于巩固农村土地使用关系,保障双方当事人的合法权益,使农村土地使

---

[21] 《中国大百科全书·法学》,中国大百科全书出版社1984年版,第713页。
[22] 参见中国社会科学院法学研究所起草的《中华人民共和国物权法》建议草案。

用关系法制化。

研究一个法律概念,不应只看它的形式,主要应看其实质及其基本法律特征,决定其是否应当继续使用。永佃权这一概念产生了千余年,不仅在奴隶社会、封建社会使用,而且目前的资本主义社会也在使用,可见其不是为封建社会所独有。我国目前实行的农村土地承包经营权,其主要内容,就是一种新的永佃权,可以以其为基础,创设我国的新型永佃权制度。其必要性在于:

(1)从概念上看,农村土地承包经营权具有改革开放初期的历史局限。那个时候,我们对社会主义的经济关系的认识还很浮浅,不适应社会主义市场经济发展的需要。农村土地承包经营权所反映的,是农民耕种集体所有的土地(亦包括草场放牧的承包经营),并向集体交纳承包费的土地耕种形式。这种法律关系,用农村土地承包经营权称谓,虽然比较形象,但既不简明扼要,又与国外通用的法律概念不相对应,不具有法律概念的特点。同时,农村土地承包经营,是特定的历史时代的产物,是我国在农村土地集体所有、集体耕种普遍失败之后,采用的一种经营形式,其特点是,以家庭为经营单位,进行小规模经营,不具有现代大农业的特点。而大规模地发展农村生产力,必须实行大农业。如果只用农村土地承包经营权的概念来概括我国农村土地耕作制度,长期发展下去,必然使大农业的发展受到限制。使用永佃权这一各国土地租佃耕作的统一概念,不仅使其概念明确,还能使其适应我国农业的健康发展。

(2)从永佃权制度的基本内容上看,具有将农村土地承包经营权改造为新型永佃权的基本条件:第一,永佃权的主体,一方是土地所有人,另一方是租佃耕作人,双方构成永佃关系,由于永佃权在我国封建社会成为剥削农民的制度,因而传统上对其存有偏见,例如将"佃"字解为"农民向地主租种土地"。㉓ 事实上,不仅"佃"另具耕作之意,而且永佃权的土地所有人,并不仅仅为封建地主,在罗马,就有国家;在现代资本主义社会,还包括土地资本家。在我国农村,土地所有人是农村集体组织,农民是耕地的使用人,这符合永佃权的主体要求。第二,永佃权的客体与农村土地承包经营权的客体完全一致,均为耕地和草场。第三,永佃权的内容是租佃,土地承包经营权的内容是承包,二者虽有差异,但在基本方面相同,如二者均为使用他人耕作土地而经营、收益,均须向土地所有人交纳佃租或承包费,均准许转佃、转包。既然永佃权与土地承包经营权的基本内容相同,就不必舍弃准确的、统一的永佃权概念不用,而使用不准确,又具一定局限性的农村土地承包经营权的概念。

(3)从理论上看,用永佃权代替农村土地承包经营权,有两个障碍:第一,体制上的障碍。既然农村土地为劳动农民集体所有,可以说自己就是土地的主人,设永佃权等于是自己向自己租佃土地。事实上,农村土地归农民集体所有,其主体是集体组织,农民作为耕作者,其租回土地经营,不仅与承包的内容相同,而且更符合所有权与经营权分离的理论。第二,思想上的障碍。对永佃权的偏见,是人们只看到、记住了

㉓ 《现代汉语词典》,商务印书馆1979年版,第244页。

它的剥削功能，没有看到、记住它固定租佃关系，维护佃户利益的一面。新型的永佃权借鉴原有形式，其主体完全是社会主义土地所有者和租佃者，既不含有剥削成分，又有利于固定双方当事人的法律关系，使租佃者享有更广泛的权利，为将来大农业的发展打下法律基础。

新建立的这种社会主义永佃权，是指农民支付地租，永久在农村集体组织所有的土地上耕作或畜牧的用益物权。这种新型的他物权，是为使用集体所有的土地的用益物权，既不需有耕作物或牲畜的存在而成立，也不因耕作物或牲畜的灭失而消灭；它是以耕作或畜牧为目的的他物权，而非经营工厂或商业的地上权；它是支付佃租而取得使用土地的物权，因而佃租就是使用土地的对价，又是永佃权成立的必要条件；它是永久存续的物权，既非规定期限的租赁权，又非目前约定承包期的承包权。土地承包是以合同约定期限，合同期满，再重新续定。这种状况不仅不利于稳定农村土地使用关系，而且也给农村集体组织领导徇私舞弊、侵害农民权益留下了可乘之机。新型的永佃权是符合我国农村的现实情况的。

（三）对策之三 —— 建立完善的地上权

我国现行立法是否存在地上权，有不同见解。一说认为，我国没有地上权，仅承认立法中规定的国有土地、自然资源的使用权。[24] 另一说认为，我国因建筑物或其他工作物而使用国家或集体所有的土地的权利，就是地上权。[25] 还有一种学说认为，应当建立基地使用权的概念，将凡是建造建筑物以及非农业用途的土地使用权，概括为这个概念，不将种植林木等作为土地使用权的内容。[26] 事实上，土地使用权与国有资源使用权是两种不同的权利。一般意义上的土地使用权，是指在国家、集体的土地上为建筑或种植林木，此为地上权；开发土地资源为使用，如挖掘土地的泥土烧制建筑材料，以及对其他国有资源的开发利用，则为用益权。《民法通则》在规定土地使用权的条文中，限定土地使用权的客体是国家所有的土地，至于如何使用，则没有限制。这是第 80 条规定的内容。关于自然资源的使用权，则是第 81 条规定的，内容是对国家所有的森林、山岭、草原、荒地、滩涂、水面等自然资源使用权。在研究地上权的时候，必须将这样的概念搞准。地上权与土地使用权相关，与自然资源使用权无关。至于将农用的种植林木等不作为地上权的内容，仍将其归入永佃权的内容之中，仍然不能解决农地使用中的地上物为动产或者不动产的界限问题。因此不能认为是一个好办法。

应当确认，为建筑及培植林木而使用国家、集体土地的权利，符合地上权的法律特征，是地上权。地上权的基本法律特征，是在为建筑或种植林木的土地关系上，土地所有权为土地所有人所有，土地之上的建筑物等工作物或林木为地上权人所有。

---

[24] 参见孙宪忠：《论我国的土地使用权》，载《中国社会科学院研究生院学报》1987 年第 8 期。
[25] 参见钱明星：《物权法研究》，北京大学出版社 1994 年版，第 293 页。
[26] 参见梁慧星主编：《中国物权法研究》，法律出版社 1998 年版，第 636 页以下。

在我国,国家或集体是土地的所有人,与国外的土地私有制有本质的不同,但是,这只决定我国的地上权与传统民法上的地上权性质的不同,并不能否定我国地上权存在的必要和可能。国家或集体在自己的土地上为建筑或培植林木,不发生地上权;法人、公民在国家和集体的土地上为建筑或种植林木,即为在他人的土地上行使地上权,并取得在该土地上设置不动产的所有权,而土地所有权仍归国家和集体所享有。确认这种法律关系,是明确国家、集体和公民、法人之间在土地使用上的权利义务关系的需要,也是利用土地发展经济,保障人民生活的需要。

按照上述理解,中国的地上权应当涵盖以下三种权利的内容:

(1)国有土地使用权,这是纯粹的地上权的性质,全民所有制单位或者集体单位使用国有土地的,都是为建筑或者造林,都是地上权的性质。

(2)宅基地使用权,公民经过批准,获得在国有土地或者集体所有的土地上建造住宅,享有的就是宅基地使用权,它的性质完全是地上权。

(3)土地承包经营权中的用于种植林木等内容的权利,将由于耕作牧畜的承包经营权从中分开。这些权利,都是以在国家或集体的土地上建造建筑物及其他工作物、培植林木,并取得该地上物的所有权为特征,都属于地上权。用地上权一以贯之,使相同的权利归并到一起,使立法更为明确、更为简洁,且与国际立法习惯相一致,更便于执行和进行经济交往。在立法的策略上,可以先对地上权的总的原则、权利义务关系等作出规定,然后就各种具体的地上权再作详细的规定。立法作出这样的规定,就再也不会出现黄某某案的区分不清地上权和永佃权的问题了。

完善中国农村土地权利制度的几点思考[*]

中国的农村土地使用权问题,既是一个法律问题,也是一个政策问题,甚至可以在某种程度上说,它首先是一个政策问题。中国的农村土地制度为中国法学界、经济学界、社会学界等社科学者以及官员所持续关注。中国的农村土地承担着中国数量众多的农民的社会保障和支出农村公共开支的功能。建构在集体所有制基础之上的农村土地制度,在一定程度上作为国家的治理方式而存在[①],同时也体现了国家的基本经济制度。农村土地制度的解决,需要和转移农村剩余劳动力、消除城乡二元差距、农村基层政权建设等重大问题联系起来考虑。在我们这样一个人地资源高度紧张、城乡体制二元对立、通过内向型自我积累追求被西方国家主导的工业化的发展中国家[②],以集体土地所有制为前提,进行农村土地使用权的制度设计,具有很大的难度。本文试图以我国相关法律、政策以及具体实践为出发点,结合历史,以农村土地使用权制度多元化作为指导思想,提出完善我国农村土地制度的若干建议。笔者认为,解决农村土地问题的核心在于避免国家、集体对农民土地利益的过度提取,在城市化、工业化、全球化的道路中,使农民逐步摆脱土地的束缚,完成由农民到市民的身份转换。

一、中国农村土地制度的演变

中国农村土地制度的演变过程可以分为四个阶段。

第一个阶段,是用革命的手段把土地从地主那里夺过来,也就是通常所说的"打土豪,分田地"。这是第一次解决农村土地的过程。

第二个阶段,就是互助组、合作社、公社化的阶段。在那个时候,我国的人地关系

---

[*] 本文的合作者为国务院法制办公室袁雪石博士。
[①] 中国当代农村的承包合同并不仅是民事法律意义上的租佃契约,它实质还是一种治理方式,并体现着一种总体治理模式的转型。参见赵晓力:《通过合同的治理——80年代以来中国基层法院对农村承包合同的处理》,载《中国社会科学》2000年第2期。
[②] 关于三农问题两个矛盾的论述,参见温铁军:《三农问题与世纪反思》,生活·读书·新知三联书店2005年版。

比现在相对宽松,但是人民的生活水平普遍低下。人民公社的建立在某种意义上是为了实现国家对乡村一级的统一治理,提取农业的产业剩余,用于支持工业化进程,以便在国际竞争中获得主动地位。但是,人民公社不能长时间地鼓励农民的生产积极性。农村在长时间被提取产业剩余之后,人民公社的弊端逐渐暴露出来。

所以,在看到这个问题之后,国家肯定了农民自主发动的农村土地家庭联产承包责任制,这就进入了中国农村土地制度发展的第三个阶段。国家在宏观上撤销人民公社,改变了政府或者集体对土地的绝对控制,使农村土地开始发挥承担农民社会保障的作用,农村土地的福利化色彩逐渐加深,农村土地对集体成员一般采取"均分制＋定额租"的方式承包给本集体成员。但国家、集体仍然延续了提取农业剩余的办法,正所谓"交足国家的,留足集体的,剩下全是自己的"。在本质上,这种方式实现了土地利益在国家、集体、个人之间的重新分配,个人开始可以分享部分土地利益。在当时,中国农村一下子就焕发了青春,农村的整体形势发生了巨大的转变。

但在第三个阶段中,土地制度的优越性维持的时间并不长,农村土地承包经营权仅仅是一个债权性质的权利,这样的权利比较容易受到集体,乃至乡、镇行政人员的干预,甚至不断增加名目繁多的"税费",土地承包经营权的活力逐渐削弱。如果确定土地承包经营权为债权性质,集体土地所有权对土地承包经营权的这种制约就具有了绝对性,集体土地所有权的权利人——通常不合理地表现为农村基层组织——可以通过正当或者不正当的手段比较容易地解除合同。反之,如果认定土地承包经营权为一种用益物权,土地承包经营权就可以在很大程度上限制集体土地所有权的干涉。

正因为如此,农村的土地制度开始进入发展的第四个阶段,从《农村土地承包法》开始,农村土地承包经营权已经可以被认定为物权,但这个物权的权能并不健全。

从第三个阶段开始,我国农村土地制度逐渐形成以集体土地所有权为基础,以宅基地使用权、土地承包经营权、四荒土地使用权、乡镇企业建设用地使用权、地役权等为组成部分的农地权利体系。

二、当代中国农村土地制度的缺陷

学者将我国农村土地问题归纳为如下几个类型:一是土地面积小、人口压力大;二是权益分配不公平;三是利用现状不合理。[③] 需要注意的是,上述几个方面的问题是中国目前农村土地制度都面临的。笔者认为,当代中国农村土地制度的缺陷主要有如下几个表现:

---

③ 参见苏志超:《比较土地政策》,台北五南图书出版公司1999年版,第43页。转引自杨一介:《中国农地权基本问题》,中国海关出版社2003年版,第15页。

(一)集体土地所有权主体虚化

笔者认为,目前中国农村土地制度的诸多问题都是由农村集体土地所有权主体虚化所导致的。这一点,我们可以从相应的田野调查中获得相应的认识。根据陈小君教授等的调查,在430份有效问卷中,针对"你耕种的土地是谁的"这样一个问题,60%的农民选择属于国家的,27%的农民选择属于村集体的,7%的农民选择属于生产队(小组)的,5%的农民选择属于个人的,5%的农民选择属于其他人的。其中,认为"耕地属于国家的"的情况比较均衡地分布在各调查地点。④

农村集体土地所有权的主体为劳动群众集体经济组织,但劳动群众集体经济组织在实际生活中经常呈现"虚化"状态。大多数农村集体经济组织已经解体或者名存实亡。⑤ 村民委员会是农村基层群众性组织,但事实上它是基层政权在农村的延伸。⑥ 在很多情况下,村民委员会和农村集体经济组织存在着混同现象。我国最高人民法院的司法解释也确认了农村集体经济组织、村民委员会村民小组都可以作为集体土地所有权的主体。⑦ 而这似乎是不得已而为之的事情。村民委员会,乃至村民委员会主任、村小组长,都有可能利用集体土地所有权为自己谋取利益。甚至国外研究中国的学者也注意到了这一点。⑧ 农村基层政权组织实现了对中国乡村政权进行有效管理的同时,也异化了集体土地所有权制度。事实表明,农村基层政权往往会向集体组织成员摊派不合理的费用,降低土地的收益,进一步破坏私权的权能,最终有可能危害整个社会的稳定。

(二)土地承包经营权的权利状态不稳定⑨

有的调查表明,农村土地实行土地承包之后,近70%的被访问农民回答自己的土

---

④ 参见陈小君主编:《农村法律土地制度研究——田野调查解读》,中国政法大学出版社2004年版,第5页。
⑤ 参见王卫国:《中国土地权利研究》,中国政法大学出版社1997年版,第96页。
⑥ 参见杨一介:《中国农地权基本问题》,中国海关出版社2003年版,第90页。
⑦ 最高人民法院《关于审理涉及农村土地承包纠纷案件适用法律问题的解释》第24条规定:"农村集体经济组织或者村民委员会、村民小组,可以依照法律规定的民主议定程序,决定在本集体经济组织内部分配已经收到的土地补偿费。征地补偿安置方案确定时已经具有本集体经济组织成员资格的人,请求支付相应份额的,应予支持。但已报全国人大常委会、国务院备案的地方性法规、自治条例和单行条例、地方政府规章对土地补偿费在农村集体经济组织内部的分配办法另有规定的除外。"
⑧ 参见〔美〕罗伊·普鲁斯特曼等:《法制化是中国农村土地权利保障的根本出路:对中国农村土地改革的调查及建议》,1998年中国农地制度改革国际研讨会论文。转引自宋红松:《农地承包制的变迁与创新》,载王利明主编:《物权法专题研究》,吉林人民出版社2002年版,第1095页。
⑨ 包括非法学的温铁军、张静和大多数法学学者都强调土地稳定性的重大意义。但也有人论证,世界银行在各地的试验与调查表明,确认农民的土地产权对投资有一定影响,但这种影响并不明显,不能夸大地权的稳定性对投资的影响而需要做实际考察。张五常教授对租佃制的研究表明,短期出租会减少佃农投资的观点是不能成立的,同时也没有任何证据表明租佃制下的劳动生产率会因租约的期限而变化。进而认为,农地经营短期化导致农民对农地投入不足只是实行农地使用物权化的一个原因,但应当不是唯一原因。农地经营的长期化,并不必然导致农户对农地投入的增加。与其说土地承包经营权的长期性是土地承包经营物权化的衡量标准,还不如说土地承包经营权的长期性是具有物权性的一个重要表现形式。参见杨一介:《中国农地权基本问题》,中国海关出版社2003年版,第126页。

地做过调整,其中40%的人选择"做过微小调整"。⑩ 也有的调查发现,对土地承包权,大约有30%的村庄一直没有调整,这主要集中在东南沿海;20%的村庄调整较大;30%的村庄实行微调,但不影响农民的稳定感;另外20%的村庄的调整影响农民的稳定感,挫伤农民投入的积极性。⑪ 土地承包经营权的权利状态不稳定主要原因在于:

(1)集体土地所有权主体虚化,导致农村土地发包权事实上掌握在农村基层组织手中,集体成员的权利边界因此而变得模糊,进而容易使土地承包经营权呈现出不稳定的权利状态。

(2)人口的变化可能导致承包农地进行调整。这种情况突出表现为农村外嫁女的土地承包经营权问题。这种情况已经为我国相应机关所重视。比如,中共杭州市余杭区闲林镇委文件(镇委〔2005〕25号)《关于闲林镇推行农村股份合作制改革的实施意见》就明确提出:"坚持依法维护农户的土地承包权主体地位,确保农村土地承包关系长期不变的原则。农村土地承包主体是农户,在30年承包期内,土地承包关系应保持稳定,要切实改变因人口增减而不断调整土地承包关系的状况,做到'增人不增地、减人不减地'。"⑫

(3)允许对非农业占用耕地的经济赔偿太少,因此形成了过量占用耕地的机制。⑬ 由于非农征地所带来的利益巨大,因此征地程序和条件往往也可以为分析征地利益的地方政府以各种理由予以规避。比如,法律规定基于"公共利益"可以进行农村土地的征收、征用,其中"公共利益"的界定过于模糊,地方政府在城镇化、工业化的过程中,可能会基于积累本地区工业化资本或者提升领导政绩的考虑,低廉地从农民手中征地。⑭

被征收土地的农民或者就地转为城镇居民,享受市民待遇,或者集体经济组织重新对本集体的土地进行划分,重新承包集体土地。如果是后者,集体土地不仅面临进

---

⑩ 陈小君主编:《农村法律土地制度研究——田野调查解读》,中国政法大学出版社2004年版,第15页。

⑪ 参见杜润生:《中国农村制度变迁》,四川人民出版社2003年版,第216页。转引自杨一介:《中国农地权基本问题》,中国海关出版社2003年版,第15页。

⑫ 浙江省杭州市余杭区官方网站。

⑬ 参见〔美〕罗伊·普鲁斯特曼等:《法制化是中国农村土地权利保障的根本出路:对中国农村土地改革的调查及建议》,1998年中国农地制度改革国际研讨会论文。转引自宋红松:《农地承包制的变迁与创新》,载王利明主编:《物权法专题研究》,吉林人民出版社2002年版,第1095页。

⑭ 中国社科院物权法学者建议稿类型化公共利益的做法较为可取。该《建议稿》第258条第1款规定:"基于社会公共利益的目的,并依照法律规定的程序,国家可以征收自然人和法人的财产。所谓公共利益,指公共道路交通、公共卫生、灾害防治、科学及文化教育事业、环境保护、文物古迹及风景名胜区的保护、公共水源及引水排水用地区域的保护、森林保护事业,以及国家法律规定的其他公共利益。"参见梁慧星主编:《中国民法典草案建议稿附理由》,法律出版社2004年版,第52页。

一步碎化的局面,而且征地行为最终会影响整个集体的土地承包权的权利状态。[15]

(三)农村土地权益分配不公平

1. 部分农村土地实际承担了额外的税费

农民税费不分、税费过重的结果,导致农民经营土地的收益大大降低,与之相适应的是,农民进行农业生产的积极性大大降低,纷纷进城打工,甚至出现了大面积土地弃耕的现象。而农民税费负担过重的部分原因,是部分基层组织成员利用手中的发包权大量摊派村提留、组提留。

在农村税改结束之后,农民的负担得到了不同程度的减轻,但在个别地区、个别时段也出现了"增负"现象。同时,费税改的结果也部分导致基层公共事业与基础设施难以维持的局面,甚至乱收费、乱摊派的现象死灰复燃。[16] 这也从一个侧面说明了国家在农村问题上的困境,给农民减负的同时必须加大国家中央政府和地方政府的投入,但是国家和地方政府往往无力承担这样的财政支出。

2. 现有法律有利于国家通过征收集体土地提取农村土地增值

目前,因国家建设需要使用集体土地时,集体土地必须通过国家征收的形式转为国家所有之后,才可以以国家建设用地使用权等名义进行使用。而在这个过程中,国家实际上通过参与征收集体土地提取了农村土地的增值。同时,根据《土地管理法实施条例》第26条的规定:"土地补偿费归农村集体经济组织所有;地上附着物及青苗补偿费归地上附着物及青苗的所有者所有。征收土地的安置补助费必须专款专用,不得挪作他用。需要安置的人员由农村集体经济组织安置的,安置补助费支付给农村集体经济组织,由农村集体经济组织管理和使用;由其他单位安置的,安置补助费支付给安置单位;不需要统一安置的,安置补助费发放给被安置人员个人或者征得被安置人员同意后用于支付被安置人员的保险费用。"这样,集体在实践中也可以通过村规民约等方式再次对征地补偿费用予以截留。

在这一过程中,国家和集体都参与了分配农地使用权工业化过程中的利益。农村集体所有土地在城市化的过程中不仅没有获得工业化的支持,并且作为该土地的所有人的农民也没有在这个过程中取得农村土地工业化中产生的应得收益。

最高人民法院副院长黄松有就最高人民法院《关于审理涉及农村土地承包纠纷案件适用法律问题的解释》(以下简称《解释》)在答记者问的时候,说到《解释》第22

---

[15] 如果是前者,按照《土地管理法实施条例》的有关规定,土地补偿费归农村集体经济组织所有,而安置补助费则被用于转非农民的安置,以及转业劳动力基本养老保险、基本医疗保险、失业保险、一次性就业补助费和征地超转人员接受费用,"真正能够分发到转非农民(劳动力)手中的,只有一次性就业补助费"。而且,转非的农民在户籍上成为城镇人口,享受城镇人口享有的社会保障,要通过就业来解决自己的生存问题。而一旦找不到工作,在享受24个月的失业保险之后,他们又将重新回到无稳定生活来源的状态,而此时,他们已经失去土地。参见《北京奥运项目征地"顺义纠纷"农转非谋生尴尬》,载 http://cn.realestate.yahoo.com/050814/433/27919.html。

[16] 参见陈小君主编:《农村法律土地制度研究——田野调查解读》,中国政法大学出版社2004年版,第34—38页。

条至第 24 条规定的基本内容和考虑是:第一,地上附着物和青苗补偿费是对被征地农户财产损失的补偿,理应支付给承包方;第二,安置补助费是对被征地农户丧失土地承包经营权的补偿,只要该农户放弃统一安置,该笔费用亦应支付给他;第三,土地补偿费系对集体土地所有权丧失的补偿,其分配主体应当是征地补偿安置方案确定时所有具有本集体经济组织成员资格的人,这也是成员自益权的体现。[17] 而且,考虑到与国务院《关于深化改革严格土地管理的决定》(国发〔2004〕28 号)、行政法规、地方性法规的协调,《解释》在第 24 条后段另作了特别规定,即"已报全国人大常委会、国务院备案的地方性法规、自治条例和单行条例、地方政府规章对土地补偿费在农村集体经济组织内部的分配办法另有规定的除外"。这就意味着,上述已备案的法律效力优于《解释》,集体分享征地利益的可能性并没有完全杜绝。

应当看到的是,农村土地在工业化过程中,国家所给予的补偿费与其实际价值相差悬殊。可以经常看到的事实是,国家在征地中给予农民的补偿每亩地只有几万元或者十几万元,但是,在出让给土地使用者的时候,使用费达到几十万元甚至上百万元。因此,在农村土地工业化过程中,大量的土地增值是被国家以及土地使用者所享用,农民所得实在不是很多。

(四)土地的社会保障功能正在逐步下降

目前中国的农地承担着农民的社会保障功能。农地的社会保障功能也就是让土地,确切地说是农民自己(部分情况下是集体)而不是国家,来承担农民的生老病死。但随着城市化进程的加快、全球化程度的深入,土地的社会保障作用已经逐渐式微。小农经济的土地经营收入很难满足一个家庭的日常开支,特别是在医疗和教育等费用激增的背景下,很多家庭已经入不敷出,农民子弟的教育费用必须以助学贷款的方式来解决。这样,务农逐渐不再是中国农村青壮年劳力的第一选择,进城打工或者出国打工等方式成为一些地区农民获取生活资料的基本途径。

三、完善中国农地使用权制度的几点思考

由于农村土地制度本身也是一个政治问题,处理不好就可能威胁到整个社会的稳定和人民的福祉。尽管目前的农村土地制度仍然存在若干问题,但是完善农村土地制度必须以宪法规定的基本政治经济制度为前提进行制度建构。物权立法迫在眉睫,建构完善的用益物权制度具有迫切性。

笔者认为,强调土地的社会保障和土地的规模经营,是完善现有农地制度的两个基本指导思想,而具体的法律对策则应该是建立以农村土地使用权即农村用益物权为核心的农村土地权利体系。

---

[17] 参见黄松有主编:《农村土地承包法律、司法解释导读与判例》,人民法院出版社 2005 年版,第 419 页。

(一)建立集体土地所有权和农村用益物权的良好制约机制

1. 集体土地所有权对用益物权的制约

笔者认为,在下列情况下,集体土地所有权优于作为用益物权的农地使用权:第一,农地使用权人不按照批准的用途使用土地。第二,农地使用权人长期闲置土地、撂荒的。第三,使用权人不当使用土地,致使土地状况严重恶化的。比如农地使用权人掠夺性开垦土地,应该对土地歇耕的时候而不歇耕,没有尽到地力维持的义务。第四,因公共利益需要而需要征收土地的。比如三峡移民、修建国防铁路这样涉及国家利益的情况,或者为乡(镇)村公共设施和公益事业建设,需要使用土地的情况。

2. 农地使用权对集体土地所有权的制约

目前农村土地面临的重要课题之一,就是如何防范集体土地所有权对农民的农地使用权的不法侵害。为防止发包方对承包方权益造成损害,在以下几种情形,农地使用权优于集体土地所有权,构成对其限制:一是干涉承包方依法享有的生产经营自主权。二是违反本法规定收回、调整承包地。三是强迫或者阻碍承包方进行土地承包经营权流转。四是假借少数服从多数强迫承包方放弃或者变更土地承包经营权而进行土地承包经营权流转。五是以划分"口粮田"和"责任田"等为由收回承包地搞招标承包。六是将承包地收回抵顶欠款。七是剥夺、侵害妇女依法享有的土地承包经营权。八是剥夺、侵害入赘男子依法享有的土地承包经营权。

(二)针对具体情况决定农地使用权的流转

1. 经济发展状况应该作为农地使用权流转的考虑因素之一

从实地调查来看,中国农村的经济发展水平可以分为三个层次:一是东部沿海发达地区,如江浙地区;二是中部和东北经济发展相对均衡地区,如湖北和湖南省;三是中西部的贫困地区。[18]

笔者认为,当前中国农地使用权制度的流转范围和程度有必要基于此种经济发展的客观情况设定不同的方针。

由于经济发达地区土地由农地转为非农用地的土地增值较大,因此土地转为非农用地之后,农民的社会保障问题往往迎刃而解,对此国家有必要予以鼓励、扶持,促进农村城镇化、农民市民化。

在经济发展相对均衡地区,农村土地的人地关系相对宽松,土地的社会保障作用因素相对上升。但是,农地转为非农用地的土地价格增值相对降低,如果允许农地转为非农用地使用,相应的补偿价款是否能够承担土地所承担的社会保障作用,值得怀疑。

在中西部贫困地区,土地的社会保障作用因素达到最高,农民从事兼业化经营的机会最少,农地转为非农用地土地价格增值再次下降,相应的补偿价款基本不能承担

---

[18] 参见郭明瑞等:《农村土地制度的调查与研究》,载王利明主编:《物权法专题研究》,吉林人民出版社2002年版,第948页。

土地所承担的社会保障作用。

但是,上述划分是相对的。在某些情况下,即使在中西部贫困地区农用地转为非农用地也可能彻底实现农村城镇化、农民市民化。比如,国家修建贯穿贫困地区的铁路、公路可能使该地区的经济逐渐升温,甚至达到繁荣。因此,完全以经济发展水平为依据僵化地限制贫困地区农地使用权的流转也是不科学的。

2. 农地使用权类型应该作为农地使用权流转的考虑因素之二

(1)土地承包经营权。我国《农村土地承包法》对家庭承包中土地承包经营权流转方式的规定中并未禁止设定抵押,但是最高人民法院《关于审理涉及农村土地承包纠纷案件适用法律问题的解释》第15条不作区分地明文规定:"承包方以其土地承包经营权进行抵押或者抵偿债务的,应当认定无效。对因此造成的损失,当事人有过错的,应当承担相应的民事责任。"最高人民法院副院长黄松有在新闻发布会上这样说道:"抵押权作为担保物权,依物权法定原理,抵押担保物的范围亦应遵从法定。土地承包经营权在性质上实为集体土地使用权,根据《担保法》第37条第2项和第34条第5项规定,除了依法经发包方同意抵押的'四荒'等荒地的土地使用权外,集体土地使用权不得抵押。其本意在于,以土地承包经营权设定抵押权,在抵押权实现时将有可能导致土地承包经营权人丧失这项极为重要的权利,从而沦为失地农民,成为严重的社会问题。"[19]

笔者认为,该司法解释忽视了经济发达地区因土地社会保障作用因素降低而产生的允许土地承包经营权抵押的较大需求,也忽视了土地使用权部分抵押或者在一定期限内抵押不会必然导致土地承包经营权完全丧失社会保障的作用[20],僵化地理解物权法定作用,淡化习惯创设物权[21]的可能,脱离了农村土地承包制度的实践,这样造成的后果只能是把农民束缚在土地上,阻碍经济的发展和农村城市化、农民市民化的进程。农地使用权流转问题需要一种动态的,而不是静态的视角。

由于土地承包权包括耕作权、林地权、草地权、渔业权、狩猎权、水权、"四荒"土地使用权等多种形态,而这里仅仅是耕作权(包括以牧业为主的地区的草地权)发挥最基本的社会保障作用,因此,除了耕作权的流转应该慎重确定是否能够流转之外,其他形式的土地承包经营权客观上可以通过实践来检验是否可以用市场来实现资源的优化配置,以决定是否允许其适用包括抵押在内的全部流转方式。

(2)宅基地使用权。对于宅基地是否能够流转,我国学者有不同意见。有的学者

---

[19] 黄松有主编:《农村土地承包法律、司法解释导读与判例》,人民法院出版社2005年版,第419页。

[20] 参见黄松有主编:《农村土地承包法律、司法解释导读与判例》,人民法院出版社2005年版,第280—283页。

[21] 郑玉波教授认为,物权法定主义过于硬化,难以适应现实社会经济之发展,倘于习惯上能有适宜的公示方法之新物权之生成,自不妨予以承认。同时,旧习惯之物权,虽因不合现行法之规定,而被抹杀,但行之自若者,亦非无有,对此种社会事实,若绝对严守物权法定主义而不予承认,则法律将不免与社会脱节,若竟视若无睹,不加可否,则又贻人以掩耳盗铃之讥。参见郑玉波:《民法物权》,第16页。转引自崔建远:《物权:生长与成型》,中国人民大学出版社2004年版,第4页。

认为:"农村宅基地不得交易是农村宅基地分配制度的有机组成部分,农村宅基地分配制度是有效维系亿万农民基本生存权利的重要制度,物权法必须重申禁止农村宅基地交易的现行法律政策。开禁或变相开禁农村宅基地交易的主张不过是强势群体的利益诉求,不具有正当性和公平性,物权法应当在完善农村宅基地分配制度上做出应有的努力。"[22]有的学者认为,农民宅基地使用权在市场经济体制下,由于农村经济结构的调整,受非农化过程中利益的驱动,流转已成为普遍现象。该学者在分析了农民宅基地使用权流转的形式及其存在的问题后,就建立农民宅基地使用权流转法律制度进行初步的探讨。[23]

对此,笔者认为,一方面,应当允许有条件的农民自主转换身份,城市一定比农村富裕只是一个假设,中国某些农村经济发展状况优于城市的发展状况。如果宅基地使用权人本身已经不需要宅基地的社会保障作用,也就没有必要对其流转做任何限制。另一方面,也应该防止农民永久丧失宅基地使用权。根据我国法律规定,农村村民一户只能拥有一处宅基地,农村村民出卖、出租住房后,再申请宅基地的,不予批准。同耕作权一样,宅基地使用权发挥着最基本的农村社会保障作用,因此,有必要限制宅基地转让的范围和条件。

(3)乡村非农建设用地使用权。乡村非农建设用地本质上不具有社会保障作用,完全可以通过市场来实现资源的合理配置,市场也能够实现资源的最大化。因此,应该允许农村非农建设用地直接进入土地一级市场,允许村自治体对工商业用地实行租赁制,对国家投资的基础设施建设用地实行股份制[24],赋予其完整的流转权利。而《土地管理法》第63条规定:"农民集体所有的土地的使用权不得出让、转让或者出租用于非农业建设;但是,符合土地利用总体规划并依法取得建设用地的企业,因破产、兼并等情形致使土地使用权依法发生转移的除外。"笔者认为,这样的规定过于僵化,乡村非农建设用地应该具有物权的完全权能,可以适用流转。

3. 农地使用权的流转级别

据此,农地使用权的流转可以分为两个层次:

(1)有条件的流转权。这主要适用于宅基地使用权和土地承包经营权中的耕作权。[25]这里所谓的有条件,是指:第一,流转方式的限制。抵押的方式可能导致社会出现更多的失地农民,威胁社会稳定,因此,在农村的社会保障问题没有通过其他方式解决之前,有必要限制体现社会保障性质的耕作权的抵押以及任何可能使农民永久丧失土地使用权的流转方式。[26] 第二,流转主体的限制。有学者认为,集体组织成员

---

[22] 孟勤国:《物权法开禁农村宅基地交易之辩》,载《法学评论》2005年第4期。
[23] 参见张待水:《农民宅基地使用权流转法律制度探析》,载《江西社会科学》2004年第3期。
[24] 参见温铁军:《三农问题与世纪反思》,生活·读书·新知三联书店2005年版,第72页。
[25] 在以牧业为主的地区,也应包括草地使用权。
[26] 当然,为解决农民的融资问题,遏制农村的高利贷现象,有必要允许部分土地的使用权抵押和短期限抵押。

拥有的土地使用权,具有团体内部分配的性质,因此它的转让对象通常以本集体成员或者本集体的企业为限。这起着保护集体土地的公有公用的作用,在很大程度上可以保护社区居民的利益和农村社会的稳定。如果允许农村土地向外流动,很可能在农村中出现大范围的土地产权流动以及随之而来的大范围人口流动。㉗ 笔者认为,如此限制过于严格。为适应全球化给中国农业带来的巨大挑战,允许某些民事主体拥有一定数量的土地,以帮助其适度实现规模经营,既有助于提高我国农业的整体竞争实力,也有利于农地使用权人的利益。因此,笔者认为,在闲置土地用途的前提下,应该允许集体组织成员之外的人参与到流转过程中来。当然,为防止土地使用权兼并,可以规定受让主体控制土地数量的上限,限制土地过大规模被控制,甚至也可以在政策上考虑土地使用权受让时发包方的同意权。

当然,如果宅基地使用权人和耕作权人已经转化为市民,解决了社会保障问题,上述流转限制就变得毫无意义。

(2)全部的流转权。对于其他形式的农地使用权,原则上应该允许权利人采取任何的流转方式,从而促进经济的发展,彻底体现物尽其用的方针。当然,这需要首先在实践中进行进一步的调查。

4. 做好引导工作

农地使用权的流转机制为防止农村的资源为资本通过市场经济所掠夺,有必要采取一定的方法予以引导。实践中,始创于广东南海的农村社区股份合作制具有较强的示范意义。中国农村的社区股份合作制1993年起于广东南海,1997年以后在广东省和全国农村改革试验区范围内推行。1993年广东因此引起的农民"上访告状"曾经占上访总数的46%,在经过多方努力之后,最终形成了这种以合作制为名、以按股份分享土地资本化收益为实的财产制度。㉘ 社区股份合作制是一种把社区内包括土地在内的集体净资产全部折股量化给社区内全体成员、农民实行按股分红与按劳分配相结合的财产制度。这一方式实现了土地所有权、土地承包经营权和土地实际使用权的三权分离,有利于实现规模经营,提高农业的整体竞争力。这种经过实践检验的流转方式,有必要予以进一步推广。

㉗ 参见王卫国:《中国土地权利研究》,中国政法大学出版社1997年版,第188页。
㉘ 参见温铁军:《社区股份合作制与村级民主:两个村的故事》,载 http://www1.cei.gov.cn/forum50/doc/50cyfx/200107311181.htm。

解释论视野下的《物权法》第 166 条和第 167 条[*]

——兼评用益物权编"不动产即土地"的定势思维

地役权是我国物权法上的新制度,《物权法》第十四章用 14 个条文对地役权的基本问题进行了框架性的规定,但相关法律条文的具体适用问题还需要进一步深入研究。本文从法律解释角度,对《物权法》第 166 条和第 167 条可能存在的疑义进行分析,抛砖引玉,以期引起学界积极关注《物权法》客观存在的立法技术,并制定相应的应对措施。

一、《物权法》第 166 条和第 167 条可能存在的疑义

《物权法》第 166 条规定:"需役地以及需役地上的土地承包经营权、建设用地使用权部分转让时,转让部分涉及地役权的,受让人同时享有地役权。"对文句结构进行分析,本条前段实际上描述了两种法律事实,即"需役地"的部分转让和"需役地上的土地承包经营权、建设用地使用权"的部分转让。我国《宪法》第 10 条第 4 款规定:"任何组织或者个人不得侵占、买卖或者以其他形式非法转让土地。土地的使用权可以依照法律的规定转让。"因此,任何意义上的土地转让都是非法的。而对于法律文义的解释,一般须按照词句之通常意义解释,因为法律是为全体社会成员而设,且法律概念多取之于日常生活用语。由一般的语言用法获得的字义,其构成解释的出发点,同时为解释的界限。[①] 对比分析上述条文可以发现,"需役地"的部分转让与《宪法》的规定存在表面矛盾。《物权法》第 167 条对于"供役地"部分转让的规定同样存在类似的疑义。

众所周知《物权法》起草一波三折,从 2002 年底作为《民法典(草案)》第二编提

---

[*] 本文发表在《河南省政法管理干部学院学报》2008 年第 1 期,合作者为四川大学法学院教授王竹博士。

[①] 参见〔德〕卡尔·拉伦茨:《法学方法论》,陈爱娥译,商务印书馆 2005 年版,第 219 页。

交审议,历经 8 次修改,最后才得以通过。其制定以宪法为依据,自不待言。② 自经历了 2005 年"违宪风波"之后,从"五审稿"开始,更是明示了"根据宪法,制定本法"。对历次《物权法(草案)》中相关条文的考察,是一种重要的历史解释方法,可以探询立法者制定法律时的立法政策及其所欲实践之目的。"一审稿"第 184 条和第 185 条规定的是"土地承包经营权、建设用地使用权"的部分转让;"二审稿"第 178 条和第 179 条规定的是:"土地承包经营权、建设用地使用权"被分割或者部分转让。从"三审稿",也就是"公开征求意见稿"开始,第 176 条和第 177 条使用需役地、供役地(以下简称"需/供役地")的称谓,改为"需/供役地以及需/供役地上的土地承包经营权、建设用地使用权、宅基地使用权部分转让"的表述,并增加了"宅基地使用权"部分转让的规定。在全国人大发布的《各地人民群众对物权法草案的意见汇总》③的地役权部分,没有意见对此提出疑义。此后的"四审稿""五审稿""六审稿"和"七审稿"都延续了这种表述。值得关注的是,最后的"上会稿"删除了"宅基地使用权"部分转让的规定④,修正为现在的表述方式,并最终获得通过。由此可见,在《物权法》审议的整个过程和最后关头,对第 166 条和第 167 条是进行了认真审定的,不至于犯如此低级的错误。

事实上,前述疑义是文义解释层面的。法律解释必须先从文义解释入手,只要法律措辞的语义清晰明白,且这种语义不会产生荒谬的结果,就应当优先按照其语义进行解释⑤,这是公认的法律解释规则。如果文义解释出现矛盾或者可能曲解法律的真意,应该继之以论理解释。原则上各种解释方法都不能作出反于文义解释的解释结论,但法条文义与法律真意及立法目的冲突的例外。此时的例外解释必须符合法律目的并与整个法律秩序精神一致。⑥ 尽管朱苏力教授认为,无法在逻辑层面或者分析层面上提出一种完美的法律文本的解释方法⑦,但在笔者看来,这只是一种宏观上的判断,并不妨碍我们针对《物权法》第 166 条和第 167 条所涉及的疑义,进行有目的的解释。对于法律的解释,尤其是对于刚刚颁布的《物权法》,应该在复数文义解释允许的范围内,尽量采用让法律条文有效的解释。具体到第 166 条和第 167 条涉及的疑义,这种有效性首先就体现为合宪性,以保证法律体系的权威和效力。合宪性解释,

---

② 参见王竹:《论〈民法通则〉与〈物权法(草案)〉的合宪性——以"实质意义上的物权法"为核心》,载王利明主编:《判解研究》(2006 年第 3 辑)人民法院出版社 2006 年版。

③ 参见《各地人民群众对物权法草案的意见》,载《中国人大》2005 年第 15 期;《各地人民群众对物权法草案的意见(续)》,载《中国人大》2005 年第 16 期。

④ 删除"宅基地使用权"部分转让规定的原因,笔者认为应是与《物权法》第 153 条的规定冲突:"宅基地使用权的取得、行使和转让,适用土地管理法等法律和国家有关规定。"而根据《土地管理法》第 62 条第 4 款的规定:"农村村民出卖、出租住房后,再申请宅基地的,不予批准。"实质上是禁止宅基地单独转让,只能基于住房转让适用"地随房走"而转让。

⑤ 参见孔祥俊:《法律解释方法与判解研究》,人民法院出版社 2004 年版,第 325 页。

⑥ 参见梁慧星:《民法解释学》,中国政法大学出版社 1995 年版,第 246 页。

⑦ 参见苏力:《解释的难题:对几种法律文本解释方法的追问》,载梁治平主编:《法律解释问题》,法律出版社 1998 年版,第 61 页。

是指依宪法及位阶较高的法律规范,解释位阶较低的法律规范,以维护法律秩序的统一性。[8] 其解释要求是:依字义及脉络关系可能的多数解释中,应优先选择符合宪法原则,因此得以维持的规范解释。[9] 下文将以条文内容的有效性与合理性为目标,在解释论视野下,对《物权法》第 166 条和第 167 条进行研究。

二、法律解释的路径分析

以文义解释为基础,如需解决《物权法》第 166 条和第 167 条的合宪性前提,可供选择的解释路径有两条:其一,对"转让"概念进行扩张解释,得出"买卖"之外的其他合理文义;其二,以《物权法》的体系因素为依据,对"需/供役地"进行体系解释,得出"土地"之外的合理文义。所谓体系因素,包括外在体系和内在体系,前者即法律的编制体系,后者即法律秩序的内在构造、原则及价值判断。[10]

扩张解释,乃是法律条文致文义失之过于狭窄,不足以表示立法真意,乃扩张法律条文之文义,以求正确阐释法律意义内容之一种解释方法。[11] 扩张解释以用语的复数解释为前提,不能超越可能的文义范围。以"扩张"解释之方式亦不能谓合于字义者,不能视之为法律的内容而加以适用。[12] 按照文义解释的基本规则,同一法律或不同法律使用同一概念时,原则上应该作同一解释[13],但立法者有意作出内涵变动的除外。对比《物权法》第 147 条关于"建筑物、构筑物及其附属设施转让、互换、出资或者赠与的,该建筑物、构筑物及其附属设施占用范围内的建设用地使用权一并处分"与《城市房地产管理法》第 31 条关于"房地产转让、抵押时,房屋的所有权和该房屋占用范围内的土地使用权同时转让、抵押"的规定可知,《城市房地产管理法》上的"转让"概念在《物权法》上被立法者有意细分为"转让、互换、出资或者赠与"四种,后者"转让"用语相当于前者的"买卖"用语。

试图在《物权法》内对"转让"概念进行扩张解释,最有价值的尝试是考虑能否将集体所有的土地收归为国有土地视为土地的"转让"。《物权法》上"转让"概念使用 62 次,"买卖"概念使用两次,众多条文中对本解释主旨有较大参考价值的条文是《物权法》第 28 条:"因人民法院、仲裁委员会的法律文书或者人民政府的征收决定等,导致物权设立、变更、转让或者消灭的,自法律文书或者人民政府的征收决定等生效时发生效力。"其中,"人民法院、仲裁委员会的法律文书"可能导致的物权变动包括"设立、变更、转让或者消灭"四种,那么"人民政府的征收决定"能否视为"转让"并不影

---

[8] 参见梁慧星:《民法解释学》,中国政法大学出版社 1995 年版,第 230—231 页。
[9] 参见〔德〕卡尔·拉伦茨:《法学方法论》,陈爱娥译,商务印书馆 2005 年,第 221 页。
[10] 参见王泽鉴:《法律思维与民法实例》,中国政法大学出版社 2001 年版,第 223—226 页。
[11] 参见梁慧星:《民法解释学》,中国政法大学出版社 1995 年版,第 222 页。
[12] 参见〔德〕卡尔·拉伦茨:《法学方法论》,陈爱娥译,商务印书馆 2005 年版,第 219 页。
[13] 参见梁慧星:《民法解释学》,中国政法大学出版社 1995 年版,第 214 页。

响本条文的叙述方式,就存在单独分析的逻辑空间。《物权法》第 42 条第 1 款规定:"为了公共利益的需要,依照法律规定的权限和程序可以征收集体所有的土地和单位、个人的房屋及其他不动产。"第 2 款规定:"征收集体所有的土地,应当依法足额支付土地补偿费、安置补助费、地上附着物和青苗的补偿费等费用,安排被征地农民的社会保障费用,保障被征地农民的生活,维护被征地农民的合法权益。"《土地管理法》第 2 条第 4 款规定:"国家为了公共利益的需要,可以依法对土地实行征收或者征用并给予补偿。"第 51 条规定:"大中型水利、水电工程建设征收土地的补偿费标准和移民安置办法,由国务院另行规定。"从上述条文的规定可知,对于土地征收给予的是"补偿"而非支付等额对价进行的"买卖",因此这种所谓的扩张解释尝试,已经超过了"转让"的文义解释范围,不应采纳。另外,从物权变动的效果上看,土地征收是一种权利原始取得,将消灭原有的附于土地上的其他权利,因此导致的既不是"转让",也不是"变更",而是集体土地所有权的消灭和国家土地所有权的设立。因此,将集体所有的土地收归国有土地视为"转让"的扩张解释不成立。

既然无法通过扩张解释"转让"概念,来满足"需/供役地"转让的"合宪性"解释的要求,那么剩下唯一可能的解释路径是对"需/供役地"的概念进行体系解释。

三、法律解释的目标选择

(一)《物权法》第十四章"地役权"的调整对象

或许有读者早在文章开篇便迫不及待地想提醒笔者,《物权法》第 156 条第 1 款规定:"地役权人有权按照合同约定,利用他人的不动产,以提高自己的不动产的效益。"第 2 款规定:"前款所称他人的不动产为供役地,自己的不动产为需役地。"而文义解释的规则是,如果日常生活用语在成为法律专用名词后,应该按照法律上的特殊意义解释。[14] 因此似乎问题简单而且明白,即不动产既包括土地,也包括其他不动产,所以这两个条文没有问题。事实上并非如此,这需要对《物权法》第十四章"地役权"的规定进行体系解释,寻求立法预设的调整对象,再作回答。

《物权法》第 161 条规定:"地役权的期限由当事人约定,但不得超过土地承包经营权、建设用地使用权等用益物权的剩余期限。"第 162 条规定:"土地所有权人享有地役权或者负担地役权的,设立土地承包经营权、宅基地使用权时,该土地承包经营权人、宅基地使用权人继续享有或者负担已设立的地役权。"第 163 条规定:"土地上已设立土地承包经营权、建设用地使用权、宅基地使用权等权利的,未经用益物权人同意,土地所有权人不得设立地役权。"《物权法》"用益物权"编规定的土地承包经营权、宅基地使用权均是以土地作为客体的用益物权种类。建设用地使用权在实践中主要以土地为主,第 136 条规定的"地上或者地下"设立的建设用地使用权实际上是

---

[14] 参见梁慧星:《民法解释学》,中国政法大学出版社 1995 年版,第 214 页。

以空间为客体的分层建设用地使用权。⑮ 可见,作为一种具有从属性用益物权的地役权,立法的原意是设立在土地和空间上。

我们还可以再次借助历史解释的方法,探求准立法者在制定法律时所作的价值判断及其所欲实现的目的,有助于文义解释的理解,并划定文义解释的活动范围。⑯ 我国《物权法》起草过程中,学者建议稿起到了重要的学术基础作用。王利明教授主持的《物权法(草案)》第912条第2款规定:"如地役权的行使,依其性质只与分割后的一部分土地有关时,则地役权仅就该部分存续。"⑰ 梁慧星教授主持的《物权法(草案)》第483条规定:"需用地分割后,邻地利用权为分割后各部分的方便与利益,仍继续存在于各部分。但邻地利用权因其性质,仅与分割后的一部分土地有关时,则仅在有关的部分继续存在。供用地分割后,为邻地利用权所承受的负担,仍继续存在于分割后各部分。但邻地利用权因其性质,如果负担仅与分割后的一部分土地有关时,则仅由有关的部分继续负担。"⑱ 可见,无论是立法者还是准立法者,尽管名义上设计的地役权以不动产为客体,但实质上是以土地作为唯一思考对象和立法调整原型。

尽管上文得出了不同于简单演绎法条得出的结论,但这种立法目的解释仍然不能脱离文义解释的限制,因为文义是法律解释的起点,也是法律解释的终点。⑲ 我们也一直坚持认为,不动产不但应该包括土地和空间,还应当包括建筑,与《物权法》第180条第1款第(一)项规定的"建筑物和其他土地附着物"保持一致。因此,需要对地役权设定的对象进行确定。

(二)对"自己的不动产"的体系解释

《物权法》第156条使用了"他人的不动产"与"自己的不动产"的概念,后者从文义上解释,既可以理解为自己享有"所有权"的不动产,也可以理解为自己享有"用益物权"的不动产,这也需要借助体系解释的方法来取舍。体系解释尽管不能单独作为解释法律的唯一或主要依据,但以法律条文在法律体系上的地位来阐明其规范意旨,更能够维护法律体系及概念用语之统一性。⑳ 在《物权法》的其他部分,如第39条规定:"所有权人对自己的不动产或者动产,依法享有占有、使用、收益和处分的权利。"第40条前段规定,"所有权人有权在自己的不动产或者动产上设立用益物权和担保物权"。第194条第2款前段规定,"债务人以自己的财产设定抵押",第218条规定,"债务人以自己的财产出质"。考虑到法律用语的一致性,"自己的不动产"应该理解为自己享有"所有权"的不动产。

---

⑮ 参见杨立新:《关于建立大一统的地上权概念和体系的设想》(本书第930页),载《河南省政法管理干部学院学报》2007年第1期。
⑯ 参见梁慧星:《民法解释学》,中国政法大学出版社1995年版,第220页。
⑰ 王利明:《中国民法典学者建议稿及立法理由·物权编》,法律出版社2005年版,第293页。
⑱ 梁慧星:《中国民法典草案建议稿附理由·物权编》,法律出版社2004年版,第286页。
⑲ 参见王泽鉴:《法律思维与民法实例》,中国政法大学出版社2001年版,第220页。
⑳ 参见梁慧星:《民法解释学》,中国政法大学出版社1995年版,第217—218页。

"自己"即地役权权利人。《物权法》第162条和第164条明确以土地所有人作为地役权权利人,而第161条对"地役权的期限"设置了"用益物权的剩余期限"的限制,应该理解为是对用益物权人设立地役权的限制。可见,立法者似乎以土地所有人作为地役权权利人的主要调整对象。而在我国土地实行公有,且不能转让土地的宪法性规定下,未来社会经济生活中的地役权必然以用益物权人之间设立为主要表现形式。对于这种纯粹理论性的推演得出的不同结论,需要结合社会政策,求助于社会学解释。社会学解释方法,重点在于对每一种解释可能产生的社会效果加以预测,然后以社会目的衡量,何种解释所生社会效果更符合社会目的。[21] 住房制度改革之后,我国大部分居民的住房形式已经是私房而非公房,房产也是许多企事业单位的重要财产。从"定分止争、物尽其用"的立法宗旨来看,未来我国社会经济生活中,土地所有人不可能也不应该作为地役权权利人的常态。因此笔者认为,应该以建筑物所有人和土地用益物权人作为地役权权利人的主体。《物权法》第十四章"地役权"的调整对象,不应该仅仅以土地和空间为限,更应该关注建筑物。

(三)法律解释目标的选择

上述两个话题一方面澄清了法律条文的应有内涵,同时也引出了可能的立法原意与法律解释的矛盾,即涉及本文解释目标的选择问题。法律解释的目标一直存在主观说和客观说的争议。依主观说,法律解释的目标在于探求立法者于立法当时的主观意思。依客观说,法律解释的目标在于探求法律应有之合理意思。笔者认为,对于刚颁布不久的《物权法》,客观目标与主观目标不应出现过大差距,否则立法本身就存在严重的滞后性问题。因此,至少应该先验地认为,对《物权法》来说,主观与客观的法律解释目标应该是统一的。因此,下文将致力于探求一个能够容纳立法者主观目标和社会需要客观目标的立法真意,即法律应有之合理意思。

四、《物权法》第166条和第167条的立法真意

(一)意义脉络与立法技术特点分析

拉伦茨教授认为,在探求某用语或某语句于某文字脉络中的意义为何时,法律的意义脉络(其"前后关系")是不可或缺的。[22] 地役权的不可分性实际上是地役权从属性的延伸[23],因此对比《物权法》对地役权从属性的规定方式对于探求对不可分性规定的真意具有重大意义,且解释结论上应力求一致适用于地役权的从属性与不可分性。

值得注意的是,《物权法》第164条和第165条前段规定"地役权不得单独转让/

---

[21] 参见梁慧星:《民法解释学》,中国政法大学出版社1995年版,第241页。
[22] 参见〔德〕卡尔·拉伦茨:《法学方法论》,陈爱娥译,商务印书馆2005年版,第220页。
[23] 参见王利明:《物权法论》,中国政法大学出版社2003年版,第496页。

抵押。土地承包经营权、建设用地使用权等转让/抵押的"，并无"需/供役地"的用语。按照上文的分析，"需/供役地"为包括土地、空间和建筑物的不动产概念，且从学理上建筑物的转让、抵押，也会导致其上的地役权或者负担随之移转。因此，无法解释《物权法》第164条和第165条为何不比照第166条和第167条的规定方式，采用"需/供役地以及土地承包经营权、建设用地使用权等转让/抵押的"提法呢？这个新出现的解释上的矛盾正是探求《物权法》第166条和第167条条文立法真意的思维起点。

而《物权法》第169条的规定或许能够为我们指出《物权法》的部分立法特点："已经登记的地役权变更、转让或者消灭的，应当及时办理变更登记或者注销登记。"将此条文与前述《物权法》第164条和第165条规定的"地役权不得单独转让/抵押"结合理解可知，此处所谓的"已经登记的地役权"的"转让"，实际上是指因主用益物权的转让导致从用益物权的转让。这提示了我们，《物权法》在立法技术上，更注重通过条文表明立法的意旨，"重目的轻表述"，因而在法律适用时，则留下了必要的解释空间。

（二）比较法解释的启示

比较法解释，是指引用外国立法例及判例学说作为一项解释因素，用以阐释本国法律意义内容之一种法律解释方法，其目的在于将外国立法例及判例学说作为法律解释应该斟酌的因素[24]，以求正确阐释本国现有法律规范，这对我国《物权法》的解释具有特殊的重要性。尽管我国的《物权法》起草有鲜明的中国特色和创造性[25]，但现代民法的体系继受性仍然不可否认和忽视。而我国立法一般没有立法理由书，因此全国人民代表大会常务委员会法制工作委员会所编《中华人民共和国物权法释义》（以下简称《物权法释义》），是重要的立法解释材料。

根据《物权法释义》的介绍，《物权法》第166条和第167条的起草，主要参考了德国、法国、瑞士和日本等国的立法例。[26] 其中，《德国民法典》第1025条"需役地的分割"和第1026条"供役地的分割"、《法国民法典》第700条、《瑞士民法典》第743条"需役地的分割"和第744条"供役地的分割"使用的是土地"被分割"的用语，而《日本民法典》第282条第2款使用的是"土地分割或一部让与情形"。另外，我国台湾地区"民法"第856条和第857条使用的是土地"经分割"的用语，我国《澳门民法典》第1437条"地役权之不可分割"也使用土地"被数名主人分割"的用语。由此可见，立法例上主要关注土地被分割的法律事实对地役权效力的影响，《日本民法典》同时考虑了土地分割和土地的部分转让。

---

[24] 参见王泽鉴：《比较法与法律之解释适用》，载王泽鉴：《民法学说与判例研究》（第2册）（修订版），中国政法大学出版社2005年版，第16页。

[25] 参见杨立新：《论"物权法草案"的鲜明中国特色》，载《河南省政法管理干部学院学报》2006年第3期。

[26] 参见胡康生：《中华人民共和国物权法释义》，法律出版社2007年版，第356页。

(三)目的解释的结论

所谓目的解释,是指以法律规范目的为根据,阐释法律疑义的一种解释方法。目的解释的功能,在于维持法律秩序之体系性与安定性,并贯彻立法目的。[27] 目的解释除法律整体目的之外,还包括个别法条、个别制度的规范目的。《物权法释义》对第166条和第167条的释义是:"本条是关于需/供役地上的土地承包经营权、建设用地使用权部分转让的规定。"两条体现的是"地役权的不可分性",即"地役权存在于需役地和供役地的全部,不能分割为各个部分或者仅仅以一部分而存在。即使供役地或者需役地被分割,地役权在被实际分割后的需役地和供役地的各个部分上仍然存在"。两条的释义中均提到了"需/供役地以及需/供役地上的土地承包经营权、建设用地使用权部分转让"。随后,《物权法释义》进行举例说明:在需役地部分举例"甲为取水方便,在乙地设定了取水地役权,后甲将自己的需役地一分为二,分别转让给了丙、丁,并办理了登记"(以下称"例1");在供役地部分举例"甲在乙地设定了取水地役权,而后乙地分割为丙、丁两块地"(以下称"例2")和"甲和乙约定,在乙的土地上设立通行地役权。此后作为供役地权利人的乙将自己土地的使用权转让给了丙、丁"(以下称"例3")。[28]

从《物权法释义》的表述来看,并没有避讳需/供役地部分转让的表述,其条文措辞的目的是为了通过对"需/供役地上的土地承包经营权、建设用地使用权部分转让"的规定,体现"地役权的不可分性",在立法思路上是清晰的。"例1"描述了需役地分割并转让的情形,"例2"描述了需役地分割的情形,"例3"更明确之处是"土地使用权"的分割转让,因此共同着眼点是在于"分割"而非"转让",这与上文对主要立法例借鉴的分析结论以及《物权法(草案)》"一审稿""二审稿"的表述是一致的。考虑到"重目的轻表述"的立法特点,尽管《物权法释义》的措辞和举例并不完全严格按照法律术语进行表述,但从中我们仍然可以清晰地看到这两条的立法目的,重点描述在"需/供役地"被分割的情况下"地役权的不可分性"。这便是本文得出的主观目标与客观目标统一的解释结论。

(四)法律解释结论的回复式检验

法律解释的并非是逻辑上的单向运作,在得出一定解释结论后,还需要进行必要的回复式检验,包括立法目的和合宪性两个方面。对立法目的的探求有助于澄清法律上的疑义。即使疑义已经澄清的,仍须依法律规范目的加以检验、确定。[29] 最终获得的解释结果,需要再复核一下是否合乎"宪法"的要求[30],最后应以合宪性解释审核

---

[27] 参见梁慧星:《民法解释学》,中国政法大学出版社1995年版,第230页。
[28] 梁慧星:《民法解释学》,中国政法大学出版社1995年版,第230页。
[29] 参见胡康生:《中华人民共和国物权法释义》,法律出版社2007年版,第356页。
[30] 参见王泽鉴:《法律思维与民法实例》,中国政法大学出版社2001年版,第242页。

其是否符合宪法基本价值判断。[31]

根据上文所得出的结论,《物权法》第166条和第167条所谓"需/供役地"部分转让不包括土地和空间[32],专指建筑物。法律解释是一个以法律意旨为主导的思维构成,每一种方法格局各具功能,但亦受有限制,并非绝对;每一种解释方法的分量,虽有不同,但须相互补足,共同协力,始能获致合理结果。[33] 本文最后推断的合理立法目的在实质上超越了前文分析得出的立法者主观的立法目的,但仍然在文义解释范围内。这种解释符合《宪法》的规定,其延伸配套的结论也更符合社会学解释的结论,即可认为,符合法律解释回复式检验的要求。由此也可见,《物权法》第166条和第167条所出现的疑义,实质上应定性为一处立法技术上的瑕疵。

五、"不动产即土地"定势思维与立法技术瑕疵补救

(一)《物权法》用益物权编的土地定势思维

无论是系统化的法律解释分析,还是最后的回复式检验,都揭示出现这类立法疑义的根本原因,是《物权法》"地役权"章乃至整个"用益物权"编的起草过程中,存在土地定势思维——"不动产即土地"。立法理念上还停留在土地吸收建筑物的古典民法理念上,没有将建筑物作为用益物权的设立对象考量。而《物权法》第5条规定"物权的种类和内容,由法律规定",确立的是严格的物权法定原则。物权法起草过程中,曾提出过物权法定缓和的立法方案,但从"七审稿"后就被否决了。曾出现在物权法草案中的典权、居住权,先后被排除出了物权行列。这一方面会使法院在面对这些物权纠纷案件时无法可依,另一个副作用是将我国的用益物权适用的范围局限在土地和空间上。而通过上文的分析,只有将建筑物纳入地役权的客体,才能够缓解《物权法》第166条和第167条带来的解释上的困境。我国土地实行公有,允许建筑物私有,这种客体制度与权利种类设计的反差,造成了用益物权的适用范围大大缩小。特别是典权制度,承载着使用收益和资金融通双重功能,具有其他用益物权和担保物权所不及的优点,是我国传统民法制度的优秀遗产,没有重大理由,不应该放弃。未来我国建筑物用益物权制度的构建,应该以典权制度为基础,逐步补充完善,建立建筑物用益权制度。[34]

(二)《物权法》第166、167条立法技术瑕疵的补救

对于《物权法》第166条和第167条立法技术瑕疵的补救,应该从司法实践和司法解释两个角度入手。司法实践上,《物权法》第166条和第167条的适用范围应根

---

[31] 参见黄茂荣:《法学方法与现代民法》,中国政法大学出版社2001年版,第288页。
[32] 空间从属于土地,尽管法律没有作出明文规定,从当然解释的角度,也应该认为《宪法》禁止转让土地的规定准用于空间。
[33] 参见王泽鉴:《法律思维与民法实例》,中国政法大学出版社2001年版,第240页。
[34] 参见王竹、潘佳奇:《试论建筑物用益权》,载《天府新论》2006年第4期。

据立法目的作限缩解释,应以第156条第2款规定的"不动产"为基本规定,适用《物权法》第8条的限制:"其他相关法律对物权另有特别规定的,依照其规定。"此处的其他相关法律的特别规定,应是《土地管理法》第2条第3款的规定:"任何单位和个人不得侵占、买卖或者以其他形式非法转让土地。土地使用权可以依法转让。"以此来排除土地所有权部分转让在《物权法》第166条和第167条上适用的可能,补正立法瑕疵,贯彻应有的立法意旨。

　　司法解释是具有中国特色的法律性文件,其特色在于形成立法体系下的法官法学说。如果未来最高人民法院出台"物权法司法解释",可将这两个条文涉及的疑义纳入解释范围。解释内容上,建议不但应对这两个条文涉及的不动产所有权和用益物权部分转让进行分类阐述,更应该以此为契机将《物权法》"用益物权"编的"不动产即土地"定势思维进行反思,明确建筑物作为用益物权设立客体的独立地位。

后让与担保：一个正在形成的
习惯法担保物权[*]

近年来，经常发生一种民事纠纷案件，即开发商与他人进行融资，同时，借用人和出借人订立商品房买卖合同，约定届时不能清偿债务，即履行商品房买卖合同，交付房屋，抵偿借款。这种民事争议的真实法律关系的性质究竟是什么，如何顺应发展，因势利导，概括出这种民事法律关系的性质和基本规则，特别值得探讨。笔者认为，一个已经出现、正在形成、初具雏形的习惯法担保物权即后让与担保在我国民法领域诞生，笔者把这种正在形成的习惯法担保物权揭示出来，对其规则提出完善的意见。

一、以商品房买卖合同设置的担保的真实性质

（一）以商品房买卖合同设置的担保是债权担保还是物的担保

对于以商品房买卖合同作为担保发生的争议，最高人民法院已经注意到，但其关注点并不是担保问题，而是争议是否存在借贷关系的证明责任。[①] 这仅仅是这类纠纷中的一个问题，更重要的，是要确定这类纠纷中担保性质的界定问题。

用商品房买卖合同对借贷合同进行担保，确实能够起到担保作用。特别是在商品房买卖合同约定的房价较低，房价持续上涨的时候，更能够督促借款人及时清偿债务，避免承担对自己不利的违约后果。认可订立商品房买卖合同对于债权的担保作用，是研究和讨论这个问题的基础。

当事人订立商品房买卖合同对借贷合同发生担保作用的，究竟是债权还是物权呢？从形式上看，对借贷合同发生担保作用的，确实是商品房买卖合同。商品房买卖合同的买受人（借款合同的出借人）依据该合同享有债权，如果借贷合同的借款人（商品房买卖合同的出卖人）能够及时清偿债务，出借人享有的商品房买卖合同的债权就消灭，商品房买卖合同不再履行。如果借贷合同的借款人不履行债务，出借人即

---

[*] 本文发表在《中国法学》2013 年第 3 期。最高人民法院《关于审理民间借贷案件适用法律若干问题的规定》第 24 条对这种担保方式已经作出了肯定性的解释，但是还存在问题。对此，参见笔者《司法实践的后让与担保与法律适用》一文（本书第 990 页）。

[①] 参见最高人民法院 2011 年 6 月《全国民事审判工作会议纪要》"关于民间借贷纠纷案件"中的关于证据认定问题。本文以下简称"纪要"，该纪要尚未公开。

可行使商品房买卖合同交付房屋的债权,并且用交付的房屋清偿债务,消灭债权。从实质上看,对借贷合同发生担保作用的是商品房买卖合同的标的物,而不是该合同的债权。其发生担保作用的链条是:

行使买卖合同债权→交付买卖标的物即房屋→房屋价值抵偿债务→消灭借贷债务

因此,商品房买卖合同发生担保作用的不是债权,而是债权的标的物,即买卖合同的标的物房屋,是房屋的所有权转移对借贷合同的债权发生担保作用。从这个意义上观察,商品房买卖合同作为借贷合同债权的担保,并不是债权担保,而是不动产所有权的担保:不履行债务,即用约定的房屋所有权转移以清偿债务。因此可以确定,用商品房买卖合同设置的担保是物保,而不是人保,更不是债权的担保。用债权作为担保,应当是设立权利质权,是债务人将自己的或者他人的债权质押给债权人,用质押的债权担保债务的履行。用商品房买卖合同担保并不是以债权设立质权,因为并没有对双方的合同债权进行质押,并且这个债权就是债权人享有的另一个债权,不存在用自己的债权进行质押的问题。因此,商品房买卖合同担保借贷合同债权,并不是债权担保。

(二)以商品房买卖合同作为担保是物的担保中的哪种担保

传统的担保形式是人保和物保。在物的担保中,法律规定的方式有抵押权、质权和留置权,《物权法》没有明确规定,但是其他法律或者实践中确认的非典型担保物权还有优先权、所有权保留和让与担保。② 用商品房买卖合同担保借贷合同债权的担保既然属于物的担保,属于其中的哪一种形式的担保呢?

用商品房买卖合同对债权进行担保,肯定不属于法定担保物权中的任何一种。首先,用商品房买卖合同设置担保,并不存在将房屋抵押给债权人的行为,也没有在商品房上设立抵押权,因此肯定不属于抵押权。其次,用商品房买卖合同担保也不是质权,因为商品房买卖合同的债权由借贷合同的债权人享有,没有理由用自己的债权为自己的另一个债权进行担保。最后,用商品房买卖合同设置担保,由于没有基于某种法律关系而实际占有商品房,不存在适用留置权的基础条件,更不是留置权。

在非典型担保中,也不包括用商品房买卖合同担保借贷合同债务的担保形式。因为用商品房买卖合同进行担保,与优先权完全不搭界,因此不是优先权;也不存在所有权保留的情形,因而也不是所有权保留;当然也还没有让与所有权,因此也不是让与担保。

不过,将用商品房买卖合同进行的担保与非典型担保物权进行比较,可以发现,这种担保与让与担保比较接近,类似于让与担保这种非典型担保物权。

(三)商品房买卖合同担保与让与担保的联系与区别

让与担保是指债务人或者第三人为担保债务人的债务,将担保标的物的所有权

---

② 关于非典型担保标的物权,参见杨立新:《物权法》,高等教育出版社2007年版,第317页。

等权利转移于担保权人,而使担保权人在不超过担保之目的范围内,于债务清偿后,担保标的物应返还于债务人或者第三人,债务不履行时,担保权人得就该标的物优先受偿的非典型担保物权。③ 让与担保的法律特征,一是转移担保标的物权利的担保物权;二是在债权人与债务人之间的债权债务关系基础上成立的担保物权;三是保障债权实现的担保物权;四是在债务履行完毕之时须返还财产权利的担保物权。④

将用商品房买卖合同设置的担保与让与担保相比较,用商品房买卖合同担保是债务人为担保债权人的债权实现,用商品房买卖合同的方式,约定如果债务人不履行合同时,将商品房买卖合同约定的房产转让给债权人即担保权人,担保权人得就该买卖标的物优先受清偿,实现自己的债权。两种担保的区别仅仅在于,一个是将约定的担保物的所有权先让与债权人,于债务清偿时将担保物的所有权再转移给债务人即担保人;一个是约定担保标的物的所有权拟转让给债权人,在债务人不履行债务时,即转让所有权,清偿债务。换言之,让与担保是以先转让的所有权为担保,用商品房买卖合同担保是以后转让的所有权为担保。

从基本的法律特征上观察,也是这样:第一,让与担保是转移担保标的物权利的担保物权;商品房买卖合同担保是约定不履行合同时转让标的物所有权的担保物权。第二,让与担保是在债权人与债务人之间的债权债务关系基础上成立的担保物权;商品房买卖合同担保也是在债权人与债务人之间的债权债务关系基础上成立的担保物权。第三,让与担保是保障债权实现的担保标的物权;商品房买卖合同担保当然也是通过商品房买卖合同保障债权实现的担保标的物权。第四,让与担保是在债务履行完毕之时须返还财产权利的担保物权;商品房买卖合同担保尽管先不转让担保标的物的所有权,如果债务人已经履行债务,就不必再转让标的物的所有权,但在债务人不履行债务时,则应当转移担保标的物的所有权,以清偿债务,实现债权。可见,让与担保与用商品房买卖合同设置的担保,其区别仅在于一个是先转移所有权,另一个是后转移所有权,同样都是担保物权,仅仅是所有权转移有先后之分而已。在其他方面,二者则基本相同。

(四)以商品房买卖合同作为担保的性质是后让与担保

通过以上比较研究,可以发现,用商品房买卖合同设置的担保与让与担保最为近似,将其称之为后让与担保,是恰当的。

之所以将这种用商品房买卖合同为债权设置的担保叫做后让与担保,就在于发生担保作用的不是商品房买卖合同的债权,而是商品房买卖合同的标的物即房屋及其所有权,其中也包括商品房的地基及建设用地使用权。在签订商品房买卖合同作为担保的时候,担保标的物的所有权并没有转移,房屋也没有交付,仅仅是约定了交付担保标的物的债权;如果债务人不履行债务,债权人即可主张履行商品房买卖合

---

③ 参见谢在全:《民法物权论》(下册),新学林出版股份公司2010年修订5版,第393页。

④ 参见杨立新:《物权法》,高等教育出版社2007年版,第328页。

同,交付担保标的物的所有权以清偿债务,显然是以约定的商品房所有权的后转让作为担保。后让与担保既表达了其与让与担保之间的联系,也表现了与让与担保之间的区别,概括了这种担保物权的基本特征,是一个形象、具体、具有表现力的法律概念,应该确认这个概念,并且确认这种非典型担保标的物权。

(五)后让与担保产生的基础与让与担保产生的基础基本相同

目前我国社会存在的后让与担保,是通过签订商品房买卖合同而为融资设立的。这种情形与让与担保产生时的社会基础基本相同。

(1)产生的经济背景相同。让与担保产生的经济背景,主要是为保障融资安全担保借贷合同的债权实现。德国产生让与担保这种非典型担保物权类型,是基于企业对融资的普遍渴求,在向银行进行借贷时,银行不接受以买卖合同的方式订立担保关系,只有企业之间进行融资,才有可能采用以买卖合同对融资进行担保的可能性,让与担保应运而生。在中国,不仅企业特别是房地产开发商对融资的渴求是现实的,而且企业之间以及对个人进行融资在实践中曾经被认为是违法的。在"地下"进行的企业之间以及企业与个人之间的融资,不能公开进行,当然更不能以法律规定的典型担保方式进行担保,由于后让与担保的主要融资方是房地产开发商,因此,用商品房预售合同对融资进行担保就成为了可能,并被广泛利用起来。可见,让与担保与后让与担保产生的经济背景是完全一样的,都是企业对融资的渴求催生新型担保物权的产生。

(2)产生的法律障碍相同。在德国,从 18 世纪到 19 世纪,动产担保被统一成占有质,动产抵押被视为侵害信用或交易的危险源而受到禁止。[⑤] 设置动产质,必须转移质物的权利,而不得采用占有改定方式,有碍动产的利用,不适于企业的融资。[⑥] 我国当前同样存在这个问题,更为重要的是,国家政策长期禁止企业之间以及企业与私人之间进行借贷,致使企业尤其是房地产开发商融资困难。在这种情况下,开发商用自己的商品房的不动产资源,设置既不转移占有,又能够为融资提供担保的后让与担保形式,就是破解这种法律障碍的一个好方法。可见,后让与担保的产生与让与担保产生的法律背景基本相同。在相同的法律背景下产生基本相同的新型担保物权,是完全可能的。

(3)确定担保关系的合同方式相同。无独有偶,产生后让与担保的合同方式,我国当事人使用的是房地产买卖合同,即通过商品房买卖合同为借贷合同提供担保。在德国 18 世纪和 19 世纪发生的让与担保,同样是为了满足经济发展对不转移占有的动产担保的需要,当事人也是通过所谓的"买卖"行为来实现担保的目的:即双方当事人缔结附买回权的买卖契约,并允许卖方利用租赁或使用借贷的名义,以占有改定

---

⑤ 参见〔日〕田高宽贵:《担保法体系的新发展》,劲草房 1996 年版,第 33 页。转引自陈本寒:《担保物权法比较研究》,武汉大学出版社 2003 年版,第 361 页。

⑥ 参见谢在全:《民法物权论》(下册),新学林出版有限责任公司 2010 年修订 5 版,第 396 页。

的方式继续占有使用该标的物。⑦ 令人惊奇的是,我国出现的后让与担保关系,同样是以买卖合同的方式来实现担保的目的,所不同的只是该买卖合同先不履行,只是在债务人不履行债务时,才履行买卖合同转移买卖标的物的所有权或者其他物权以清偿债务。"历史惊人的相似",经过两百年的轮回,中国社会又出现了以买卖合同对债权进行担保的后让与合同,除了令人惊奇之外,还能够让人得出社会发展和变化的动因和结果是相同的这一结论。

(4)通过判例确认为非典型担保物权的方法相同。德国法院对让与担保的确认,几经周折。德国判例最初认为,这种形式只是为了债权担保的目的通过买卖的外观行使,以达到规避普通法关于禁止设立动产抵押的规定而已,因而认为无效。1880年10月9日德国法院的一起判决,首次承认了这种行为的有效性,但结论是承认买卖合同的有效性,而否定当事人之间担保关系的存在。过了10年,1890年6月2日,德国法院又对类似案件作出判决,认可以占有改定的方式进行的交付,是上级地方法院所承认的动产占有转移的方式,为担保目的而将动产所有权让与,则为通说和帝国法院判例所承认的行为。至此,德国终于通过判例承认了让与担保制度的合法存在。在日本,同样,在开始的时候,让与担保的买卖部分属于虚伪行为,但作为实际效力部分的担保,则部分有效。后来,随着信托行为理论的引进,日本判例认为让与担保是信托行为的一种,属于有效的法律行为,是为担保当事人之间的债务关系而转移所有权,因此,在第三人的外部关系上,所有权转移给债权人,而在当事人之间的内部关系上,所有权并不发生转移,债务人依然拥有所有权。⑧ 在我国,后让与担保在社会中现实地存在着,纠纷在现实地发生着。它要求法学家以及法官能够发现它,确认它,让它在"地下"的潜伏状态转入"地上",剥开其买卖合同的外观,还其担保物权的本来面目,能够公开地存在并发挥作用,而不是借口物权法定主义而将其扼杀在摇篮之中,断绝了企业融资的一个良好的通道。

综上,可以看到,我国长期对企业之间的借贷采取禁止政策,在通过正当融资渠道无法得到借款时,房地产开发商为了得到融资,不得不向自然人或者企业借贷。由于这种融资属于非法借贷,且无法通过法定程序设立担保物权进行担保,因而通过商品房买卖合同的方式,对不正当的借贷关系进行担保,催生了后让与担保的发生。由此看来,催生新型担保物权都以社会经济需要为基础,让与担保和后让与担保都是根据需要,采用买卖合同方式,约定先转移所有权或者后转移所有权,因此对债权进行担保。时至今日,国家政策已经放开了民间融资渠道,后让与担保将会被大量应用。是否承认后让与担保,是考验中国民法学家和民事法官智慧的关键时机。最高人民法院《全国民事审判工作纪要》规定民间借贷合同的证明责任,虽未说明其担保问题,

---

⑦ 参见〔日〕近江幸治:《德国法中的权利转移型担保之研究》,载《早稻田法学杂志》1978年第8号,第119页。转引自陈本寒:《担保物权法比较研究》,武汉大学出版社2003年版,第361页。

⑧ 以上均引自陈本寒:《担保物权法比较研究》,武汉大学出版社2003年版,第361—362页。

但如果能够证明借贷双方当事人之间存在借贷合同,言外之意就等于认可双方所签订的商品房买卖合同属于担保性质。问题的关键就在这里。事实上,这是司法实践间接承认后让与担保的关键一步。

"担保性所有权让与提供的是一个秘密的质权,它在外部是难以被辨别的。"[9]同样,后让与担保也是一个秘密的抵押权,它在外部也是难以被辨别的。只有剥开这个秘密的抵押权的面纱,还其本来面目,才能够识别其本质,正确对其适用法律。目前的问题是,对后让与担保关系,尽管已经被有的法院所确认,但并未在理论上确认这就是一种新型的非典型担保物权。目前,尽管对于企业之间以及企业与自然人之间的借贷关系已经得到法律的确认,但是,因此而发生的通过商品房买卖合同关系确立的后让与担保物权,因为适合于我国市场经济发展的需要,因而应当予以确认并且准许其适用。对此,我们应当确认这个新型的非典型担保物权,将后让与担保从"地下"的潜伏状态,转移到地上来,成为习惯法上的担保物权。

二、后让与担保概念的界定及与物权法定原则之间的协调

(一)应当如何界定后让与担保的概念

后让与担保是我国新发展起来的一种非典型担保物权,尚无人为这个概念下一个定义。根据笔者的研究,借鉴让与担保的概念界定,可以认为,后让与担保是指债务人或者第三人为担保债权人的债权,与债权人签订不动产买卖合同,约定将不动产买卖合同的标的物作为担保标的物,但权利转让并不实际履行,于债务人不能清偿债务时,须将担保标的物的所有权转让给债权人,债权人据此享有的以担保标的物优先受偿的非典型担保物权。

后让与担保与其他担保物权不同。界定这个概念,应当特别揭示其独具的特点,使这一概念更加清晰、明确:

(1)后让与担保是通过不动产转让合同设立的担保物权。由于目前在社会生活中存在的后让与担保并无确定的法律地位,因此,设定后让与担保的合同都不明确为设定后让与担保的物权合同,而是直接使用商品房买卖合同。在法律确认后让与担保的非典型担保物权的合法地位后,就可以直接将为担保而设立的商品房买卖合同为设立后让与担保的物权合同。事实上,目前为设立后让与担保的商品房买卖合同,实际上就是设立不动产后让与担保的合同,与抵押合同、质权合同、所有权保留合同以及让与担保合同是一样的。设定后让与担保的标的物就是约定的转让物权的不动产标的物,通常是房屋所有权或者土地使用权。

(2)设定后让与担保的不动产转让合同是担保主合同债权的从合同。在现实生活中,这类民事纠纷通常是享有担保物权的债权人主张设立担保合同的不动产转让

---

[9] [德]鲍尔、斯蒂尔纳:《德国物权法》(下册),申卫星、王洪亮译,法律出版社2006年版,第603页。

合同的非从属性,而将其主张为主合同,否认不动产转让合同是设立后让与担保物权的从合同性质,因而主张不履行主合同或者否认主合同。《全国民事审判工作纪要》反映的正是这样的问题。确认后让与担保法律关系,转让不动产权利的合同就是设立后让与担保的从合同,是从属于主合同的从合同。设立后让与担保的从合同的命运随着主合同的命运而变化,主合同因清偿而消灭的,设定后让与担保的从合同即时消灭,不复存在;只有在主合同债务届时不清偿,才发生履行后让与担保合同的必要。只要双方当事人设定的是后让与担保合同,设定后让与担保的不动产转让合同就永远是主合同的从合同,永远不会变为具有独立地位的主合同,更不得离开被担保的主合同而单独请求从合同的单独履行。

(3)后让与担保的当事人是主合同的债权人以及债务人或者第三人。在目前发生的后让与担保关系中,当事人基本上是主合同的当事人。接受后让与担保物权的债权人为担保权人,是主合同的债权人,同时也是从合同的债权人(担保权人)。提供担保标的物的一方当事人为担保物权设定人,通常是主合同的债务人,而不是第三人。在目前发生争议的案件中,通常都是开发商出于融资目的与出借人签订后让与担保合同(商品房买卖合同),尚未见到第三人提供此类担保的案例。不过,从发展的角度观察,一定会有第三人提供后让与担保的情形,因而不能否定第三人作为后让与担保的当事人的可能性。

(4)后让与担保的性质是新型的非典型担保物权。后让与担保是一种物的担保,既不是人的担保,也不是债权的担保,性质属于新型的非典型担保物权。这种担保物权不像让与担保那样,在设定担保时,债务人或第三人就将担保标的物的所有权转移给债权人,债权人成为担保标的物的所有权人。后让与担保在担保物权设定时,担保标的物的物权并没有转移,而仅仅是约定在债务不履行时转让担保标的物的物权。因此,后让与担保的担保权人所享有的担保物权是一种期待的物权而不是现实的物权,表现在,设定后让与担保的不动产在主合同履行期间并不实际履行,只有在债务届时不能清偿时才转移所有权,实现债权。后让与担保的担保效力,就发生在担保权人所享有的担保物权的期待权上,只要约定的条件成就,期待权就转变为现实的既得权,就可以向债务人或者第三人主张担保标的物的物权,以满足债权实现的要求。这种担保物权既非法定担保物权,亦非目前所认可的非典型担保物权,而是一种新产生的新型非典型担保物权。

(二)确认后让与担保的担保物权与物权法定原则之间关系的协调

我国《物权法》实行物权法定原则,且没有明文规定物权法定缓和。[10] 2006年8月18日全国人大常委会第五次审议的《物权法(草案)》曾经规定了物权法定缓和原则,即第3条规定:"物权的种类和内容,由法律规定;法律未作规定的,符合物权特征的

---

[10] 参见王利明:《物权法研究》(上册),中国人民大学出版社2007年第2版,第166页。

权利,视为物权。"笔者曾经撰文赞美这个条文⑪,但文章发表后,《物权法》在通过时已经删除了物权法定缓和部分的内容。对此,反对最劲者,当属梁慧星教授。他认为,《物权法(草案)》增加"法律未作规定的,符合物权性质的权利,视为物权"一句,导致物权法基本原则的根本性改变,即由"物权法定原则",变为"物权自由原则"。这一基本原则的改变,在理论上是错误的,在实践上是有害的。⑫ 事实上,物权法定与物权自由并非截然对立,二者之间还存在一个中间地带,即物权法定缓和。没有物权法定缓和,物权法定原则就是僵化的、死板的,无法适应社会发展需要。学者认为,为避免物权法定主义过于僵化,妨碍社会之发展,在法律尚未及补充新物权秩序时,若习惯形成之新物权,明确合理,无违物权法定主义之旨趣,能依一定之公示方法予以公示者,法律应予承认,以促进社会之经济发展,并维护法秩序之安定。⑬ 正是基于这样的理由,笔者对梁慧星教授的上述意见颇不以为然。

可以确认,我国《物权法》确实没有规定物权法定缓和原则,这与梁慧星教授的意见有直接关系。不过,僵化的物权法定原则不符合社会实际生活的需要。谢在全教授认为,惟时变境迁,规范私人间财货秩序之物权法不能与社会需要脱节,更不能阻碍其进步,若民事实定法与社会实际生活已生不一致之现象,立法又未能适时补充时,民法设计即许习惯法填补,物权法定主义亦应无例外。准此以观,应认物权法定主义之意旨应仅在限制当事人创设物权,尚无禁止经由习惯法形成新物权之理。因此,物权法定主义之适用应不得过度僵化,以免成为社会进步之绊脚石。⑭ 谢在全教授的上述意见特别值得赞赏。

尽管《物权法》第 5 条没有明文规定物权法定缓和原则,但是,物权法定缓和是《物权法》必须承认的制度,否则,物权体系完全是封闭的,不能因应社会的变化,其必然不能适应社会生活的发展需要,而逐渐脱离社会现实。⑮ 因此,对于社会生活中出现的新型担保物权,不能以僵化的观念,固守物权法定原则而予以拒绝和排斥。应当顺势而为,确认习惯中的后让与担保的担保物权效力。至于具体的方法,可以采取"习惯法形成之物权若类型固定,明确合理,无违物权法定主义存在之旨趣,且有公示之可能,社会上确有其实益及需要,而透过上述物权法定缓和之适用,又已逾解释之界限,将抵触物权之核心内容时,即以习惯法之物权,加以承认之余地"。⑯ 因此,通过习惯法确认后让与担保为非典型担保物权,不违反《物权法》第 5 条规定的物权法定原则,应当予以确认。

---

⑪ 参见杨立新:《物权法定原则缓和与非法定物权》,载《政法论坛》2007 年第 1 期。
⑫ 参见《杨立新 PK 梁慧星:物权法定? 物权自由? 物权法定的缓和?》,新浪博客(http://blog.sina.com.cn/s/blog_4c74b289010008hy.html),访问日期:2012 年 6 月 7 日。
⑬ 参见郑冠宇:《民法物权》,台北新学林出版股份有限公司 2010 年版,第 25 页。
⑭ 参见谢在全:《民法物权论》(上),台北新学林出版股份有限公司 2010 年修订第 5 版,第 50—51 页。
⑮ 参见王利明:《物权法研究》(上卷),中国人民大学出版社 2007 年第 2 版,第 165 页。
⑯ 谢在全:《民法物权论》(上),台北新学林出版股份有限公司 2010 年修订第 5 版,第 52 页。

三、全面规范后让与担保用益物权的法律规则

后让与担保是正在形成的非典型担保物权,目前在习惯法上已经有了一些基本规则,但并不完善,甚至有些做法不符合担保物权的规则,存在的漏洞容易被当事人利用而引发纠纷。因而,必须结合实践中的习惯规则,用《物权法》第十五章规定的担保物权的一般规定统一起来,确定完善的后让与担保规则,保障这种新型的非典型担保物权的正常发展和正确适用,为融资提供保障,发挥其应有的法律调整作用。

(一)后让与担保的设定

1. 可以设定后让与担保的标的物

目前在司法实践中出现的后让与担保,其担保标的物没有让与担保的标的物那么广泛。让与担保既有不动产让与担保,也有动产让与担保。[17] 由此推论,不动产和动产的物权均可以设置后让与担保。

目前社会生活中通行的,都是以商品房的所有权设置后让与担保。在商品房的地基上,实际上还有建设用地使用权,因此建设用地使用权也是后让与担保的标的物。是否也可能出现其他不动产权利,例如宅基地使用权、土地承包经营权、典权等作为后让与担保的可能性,值得研究。依笔者所见,凡是不动产的物权都有可能设立后让与担保。

目前还没有出现以动产设定后让与担保的先例,但这不是由于动产不能设定后让与担保,而是后让与担保仍然处于"地下"的"潜伏"状态。如果习惯法或者实定法确认后让与担保的担保物权地位,后让与担保是将财产或者财产权利在债务人不履行债务时转移于债权人以担保债权实现的担保物权制度,由它的性质所决定,凡是具有可转让性的标的物的物权,不论动产还是不动产,都可以成为后让与担保的标的物。因此,后让与担保的标的物应当是一切可以依法转让的财产和财产权利。不具有可转让性的财产或者财产权利不能作为后让与担保标的物。

在动产让与担保中,由于先转移标的物的物权,而动产物权的转移须以交付为法定公示方式,因此,通常采用占有改定为之。[18] 在动产的后让与担保中,由于并非先转移担保标的物的物权,则不存在这样的问题,担保标的物仍然由担保设定人占有,只是在后让与担保实现时方转移物权,因此,动产作为后让与担保的标的物,不存在法律上的障碍。不过,由于后让与担保是不履行债务时方转移所有权,因而风险较大,以动产设置后让与担保时,应当慎重。

2. 后让与担保的设定方法和后果

目前在实践中设定后让与担保,基本上都是通过商品房买卖合同设立的。这完

---

[17] 参见谢在全:《民法物权论》(下),台北新学林出版股份有限公司2010年修订第5版,第411、433页。

[18] 参见谢在全:《民法物权论》(下),台北新学林出版股份有限公司2010年修订第5版,第433页。

全符合担保物权应当采用法律行为的方式为设立规则的要求。不过,用订立商品房买卖合同的方式设定后让与担保法律关系是不规范的。依照《物权法》第172条第1款的规定⑲,应当明确,设立后让与担保物权,应当依照设立担保物权的一般方法,即订立后让与担保合同的方式,确定后让与担保的法律关系。在目前,通过后转让标的物所有权合同(商品房买卖合同)的方式为债权担保的,只要符合后让与担保合同主要特征要求的,应当认定成立后让与担保合同,发生后让与担保的担保物权。

后让与担保合同的设立后果是产生后让与担保物权。由于利益关系重大,后让与担保合同应当采取书面形式订立,为要式合同。如果没有采取书面形式订立让与担保合同,不承认其效力。出现这种情形,对债权人不利,但债权人的身份是商人,即使是自然人,也都应当对自己谨慎负责,对自己的利益应采善良管理人的注意,如果没有采取书面形式订立后让与担保合同的,违反一般的交易常识,受到损失的是债权人自己,后果是使自己的债权失去担保。由于自己的过错而使自己承受后果,于社会利益而言并无大碍。

(二)后让与担保合同

1. 后让与担保合同的基本内容

在目前发生的后让与担保合同,均采取《商品房预售合同》的标准合同进行,并非采取后让与担保合同的格式,而且由于后让与担保处于"地下"状态,因此,还没有典型的后让与担保合同的格式要求。尽管可以根据发生后让与担保作用的商品房预售合同确认后让与担保合同的效力,但承认后让与担保为非典型担保物权,就须确定典型的后让与担保合同的基本内容,应当以后让与担保合同设立后让与担保物权。

后让与担保合同应当具有以下内容:

(1)后让与担保的当事人,包括后让与担保的设定人、取得后让与担保的担保权人的姓名或者名称以及住所。

(2)被担保债权的种类、性质以及担保的数额。

(3)担保标的物(或者权利)的名称、种类、数量、状况和处所等,特别应当注明担保标的物是不动产还是动产;后让与担保的设定人(债务人或者第三人)应当以其享有的动产或者不动产以及其他财产权利为限,设定后让与担保。对于不属于自己的财产或者财产权利,不能设定后让与担保。

(4)担保标的物(或者权利)的评价。

(5)担保标的物(或者权利)的占有、管领、收益以及有关费用的负担。

(6)后让与担保权的期限。

(7)被担保债权不能实现时,担保设定人应当将担保标的物的物权转移给担保权人。

---

⑲ 《物权法》第172条第1款的内容是:"设立担保物权,应当依照本法和其他法律的规定订立担保合同……"

(8)后让与担保物权的消灭条件。
(9)当事人解决争议的方式。
(10)双方当事人约定的其他事项。

在现实生活中出现的后让与担保合同(例如商品房预售合同)不完全具备上述基本内容,但符合后让与担保合同的实质条件要求的,应当认可发生后让与担保的担保物权。

2. 后让与担保的生效条件与实现条件

后让与担保合同成立,即发生产生后让与担保物权的效果,债权人取得担保物权。由于后让与担保是以主合同履行期届至债务人不履行债务时,转移担保标的物的权利于债权人的方式,实现对债权担保职能的,因此,后让与担保的设定人应当以承诺主合同债务履行期届至时不履行债务为担保物权实现条件。不具备实现条件的,不能行使后让与担保物权。

一般认为,习惯法认定新型物权,应当存在公示之可能。[20] 后让与担保在担保物权发生之时,所有权并没有转移,因此不存在对预定不履行债务时的物权转移无法进行物权变动的公示。但是,认可后让与担保为担保物权,该担保物权应当能够进行公示。在法律尚无明确认可后让与担保的情况下,按照习惯法,如果有条件的,以不动产设置后让与担保物权应当将该担保物权在物权登记簿上进行他项权利的登记;对于动产的后让与担保,不必进行登记的公示。目前,商品房买卖合同进行预告登记的,应当视为公示。不过,即使目前出现的后让与担保没有进行公示,只要具备后让与担保法律特征的,应当认可后让与担保的法律关系,保护双方当事人的合法权益。

即使将来法律对后让与担保予以认可,对于该项担保物权的登记,也应当采取登记对抗主义,而不是登记生效主义。

至于当需要转移担保标的物的物权登记时,则为实现后让与担保的担保物权时的必经手续,不在此处讨论。

(三)后让与担保成立后发生的效力

1. 对债权人发生的效力

设置后让与担保的目的在于担保债权的实现。债权人基于后让与担保发生担保物权,进而产生后让与担保请求权。该请求权的性质不是既得权,而是期待权,期待后让与担保物权实现的条件成就时,变为既得权,依据该后让与担保的既得权,担保权人可以向后让与担保的设定人行使该请求权,通过让与担保标的物的物权,而实现自己的债权。

后让与担保请求权由期待权变为既得权的必要条件,就是实现担保物权的条件,即债务人的债务已届清偿期,债务人不能清偿债务。如果债务人已经清偿了债务,后让与担保的担保作用已经完成,没有继续存在的必要,后让与担保的期待权失去存在

---

[20] 参见谢在全:《民法物权论》(上),台北新学林出版股份有限公司2010年修订第5版,第52页。

的价值,因而消灭。

后让与担保请求权一旦从期待权变为既得权,担保权人即可行使该请求权,向后让与担保的设定人主张转让让与担保标的物的物权,并取得该担保标的物的物权,以清偿债务。

担保权人基于对担保标的物的期待权,享有对担保标的物的保全请求权。如果担保设定人将担保标的物做不适当处置,债权人有权行使保全请求权,恢复担保标的物的原状,以担保债权的实现。

2. 对担保人发生的效力

后让与担保的担保设定人即担保人,是承诺将自己所享有物权的不动产或者动产以及物权设定后让与担保的人,既可以是主合同的债务人,也可以是主合同当事人以外的第三人。

后让与担保对于担保人的效力,首先在于对担保标的物的权利设置负担,即设置了担保物权。尽管后让与担保在成立时并不转移担保标的物的占有和权利,但是对担保标的物设置了物权,构成了对担保人行使物权的限制,其所享有的所有权或者其他物权附设了权利行使的限制。对此,应当参照抵押权的规定,适当限制后让与担保的担保标的物的流转,如果流转,须经债权人同意,未经同意者不发生流转的效力。担保人应当保持对后让与担保的标的物的占有和权利,防止被他人侵占或者侵夺。同时,应当在担保期间保持担保标的物的完好状态,防止减损担保标的物的价值,损害债权人的权益。其次在于债务不履行时转移担保标的物的权利于担保权人,以清偿债务。后让与担保请求权经过行使而实现,则消灭担保人的担保义务,担保人对债务人产生清偿担保债务的请求权,对债务人有权请求履行后让与担保义务所发生的一切财产的不利益。

3. 对债务人发生的效力

债务人设定后让与担保,债务人就是担保人,对债务人发生对担保人相同的效力。如果是第三人设立后让与担保物权,债务人不是担保人,仅为债务人,则债权人行使后让与担保请求权,对债务人的效力是,债权人的债权实现,消灭债务人的债务,但债务人对担保人产生清偿担保债务的义务,对担保人因后让与担保物权的实现而造成的一切财产的不利益,均应当承担清偿义务。

4. 对第三人发生的效力

这里的第三人是指后让与担保法律关系当事人之外的第三人,即担保人和担保权人之外的第三人。在后让与担保法律关系存续期间,第三人负有不得侵害和妨碍债权人享有的后让与担保物权的义务。这个义务来源于《民法通则》第5条的规定,即公民、法人的合法民事权益受法律保护,任何组织和个人不得侵犯。第三人明知担保人的担保标的物设置了后让与担标的物权,仍然与担保人进行交易,取得担保标的物的权利,应当承担不利于自己的后果。如果第三人与担保人就担保标的物的移转进行交易而不知情,即第三人为善意无过失,则不发生交易无效的后果,第三人不承担担保物权不能实现的后果责任。该后果责任由担保人对担保权人负责,对于造成的一切损失,均应当予以补偿。如果担保标的物是不动产或者不动产权利,后让与担保已经作了物权登记,则具有对抗效力,第三人不得以不知情为由,主张物权变动,取得担保标的物的权利。

5. 对担保权人的债权人发生的效力

在让与担保法律关系中,担保权人的债权人对担保标的物申请强制执行的,担保人无法对第三人提出强制执行的异议之诉[21],即使担保标的物为动产且在担保人占有中的,担保权人的债权人对其申请强制执行的,第三人的强制执行异议之诉也不能支持。但在后让与担保法律关系中,因担保法律关系存续期间担保标的物并没有转移所有权,担保标的物仍然在设定人占有并享有物权,因此,担保权人的债权人无权对后让与担保标的物主张实现其债权。即使在担保权人破产时,担保权人的财产成为破产财产,担保标的物也不属于担保权人所有,担保权人的债权人也不得主张该权利。

担保权人的债权人对后让与担保标的物主张对担保权人的债权实现时,担保人可以依照自己享有的所有权或者其他物权进行抗辩,法院应当支持。

只有在后让与担保的担保权实现时,担保权人已经取得了担保标的物的物权的,担保权人的债权人才可以请求对该标的物主张债权。

6. 对担保人的债权人发生的效力

担保人的债权人在设定后让与担保后,有权对担保标的物主张债权,申请强制执行。无论后让与担保的担保标的物是不动产还是动产,由于该担保标的物均在担保人的权利支配之下,只是设置了后让与担保的负担,因此,担保人的债权人在对后让与担保标的物主张债权实现时,担保人不得以已经设置了后让与担保进行抗辩。后让与担保的担保权人对此可以主张自己的担保标的物权,并要求实现债权。担保人的债权人和担保权人均为债权人,但担保权人对担保标的物享有担保物权,因此享有优先受偿权。如果担保人的债权人对此也享有担保物权者,则依据担保物权的设置先后,依照顺序进行清偿。

如果担保人破产,对于担保标的物,担保权人不享有取回权,但享有优先受偿权,担保人的债权人亦享有担保物权的,亦应依照清偿顺序清偿。

(四)担保的债权范围和标的范围

后让与担保设定之后,担保标的物仍然归担保人享有权利并依法占有。其基本效力,就是担保债务的清偿,保证债权实现。

1. 后让与担保所担保的债权范围

后让与担保设定后,担保标的物并没有转移权利,是以债务不履行时转移担保标的物的所有权的方式担保债权的实现。后让与担保所担保的债权范围,应当依照《物权法》第 173 条关于担保物权担保范围的一般规定确定:一是主债权及其利息的担

---

[21] 参见杨立新:《物权法》,高等教育出版社 2007 年版,第 333 页。

保;二是与主债权相关的违约金、损害赔偿金、实现担保物权的费用;三是如果当时人另有约定,则除外。

2. 后让与担保的标的范围

后让与担保的效力及于担保标的物及担保标的物的从物和孳息以及其他利益。具体表现为:第一,后让与担保的效力及于担保标的物本身。尽管后让与担保并没有让渡担保标的物的所有权和其他权利,但担保标的物本身必然受其效力所支配,担保人继续享有担保标的物的所有权或者其他权利,但已经设置了担保物权,担保权人享有担保物权。第二,后让与担保的效力及于担保标的物的从物。依照"从随主"原则,从物和从权利随主物和主权利的变动而变动。担保标的物为主物并附有从物的时候,除非担保人和担保权人另有约定,否则从物随主物成为担保标的物而一并成为担保标的物,担保权人享有担保物权。但后让与担保设定后,担保人又取得的具有担保标的物从物性质的物,不构成担保标的物的从物,不能成为担保物权的标的物,不属于后让与担保效力范围。第三,后让与担保的效力及于担保标的物所产生的孳息,包括天然孳息和法定孳息。第四,后让与担保的效力及于担保标的物的代位物。担保标的物在担保期间受到的损失,应当是担保人的损失。因担保标的物的灭失、毁损、被征收等所取得的保险金、赔偿金或者补偿金,构成担保标的物的代位物,受到担保权人享有的担保物权效力的支配。

(五)担保标的物的利用和保管

在后让与担保期间,由于担保设定人仍然享有物权,因此,担保标的物依照担保人的意思进行利用,不必支付费用。如果后让与担保合同对担保标的物的利用有特别约定的,则依照约定进行利用。

担保标的物由担保人继续保管。担保人违反保管义务造成担保标的物损害的,是担保人的损失,损害赔偿权利实现获得的赔偿金,仍为担保物权的效力范围,继续为债权提供担保。

(六)后让与担保的实行和消灭

1. 后让与担保的实行

后让与担保所担保的债已届清偿期,债务人没有清偿债务时,债权人即担保权人可以实行后让与担保物权,实现其债权。后让与担保的实行方式是:

(1)转让担保标的物的所有权或其他物权。与让与担保不同,后让与担保的实现不仅仅是债权的实现,而且主要的是先转让担保标的物的所有权或者其他物权。这是因为后让与担保并非以转让担保标的物的权利而实现担保效力,而是以不清偿债务时转让担保标的物的权利而实现担保物权。因此,后让与担保的实行与让与担保相反,是在债务不能清偿时,转让担保标的物的所有权或者其他物权。

债权人主张实现后让与担保权利时,担保人应当将担保标的物的所有权或者其他物权转让给担保权人。房屋等不动产的转让,须经过登记程序方能转移,并且交付标的物的占有。动产的转让应当进行交付,债权人受领交付,取得担保标的物的所有权。

(2)变价担保标的物取偿或者估价取得担保标的物的物权。后让与担保的债务清偿,由于在担保权实现时担保标的物的权利已经转给担保权人,因此,其方式与让与担保的债务清偿一样,有以下两种方式:一是变价担保标的物取偿。变价担保标的物取偿,是指担保权人将担保标的物出售取得担保标的物的价金,以其价金清偿债权。后让与担保并非"作死"。㉒ 由于市场价格的变动,也由于估价的不准确,实现债权一般应当采取变价形式。一般应当采用拍卖方式,也可以采用变卖的方式,将担保标的物变价,变价款扣除债务清偿部分之外有剩余的,应当返还担保人;如果变价款不足清偿债务,则担保人不再承担担保责任,债务人对不足部分承担清偿责任。变价方式不得损害后让与担保设定人和其他利害关系人的利益。二是估价取得担保标的物。估价取得担保标的物,是指担保权人将担保标的物以公平的方式进行估价,以其估价额替代变价担保标的物的金额清偿债务。以估价方式取得担保标的物,应当清算担保标的物的价额和债权额,超过债权额的部分,应当返还后让与担保人。估价取得担保标的物,须以双方当事人有明确约定,否则不发生债权人确定的取得担保标的物的物权的效果。

在让与担保中,存在担保过度的问题。担保的价值超出被担保债权的金额是如此的多,以至于在担保与债权之间不存在平衡的、兼顾双方利益的关系,就是担保过度。㉓ 后让与担保尽管是后转移所有权,但也会出现担保过度的问题。后让与担保出现担保过度,无论采用上述两种方法中的哪一种实现后让与担保,担保权人在实行时均负有清算义务。不予以清算直接取得担保标的物的权利的,不发生法律上的效力。

2. 后让与担保的消灭

参照《物权法》第177条的规定,后让与担保因下列情形而消灭:

因被担保的主债权的消灭而消灭。后让与担保权是从权利,从属于被担保的主债权。当被担保的主债权因清偿、抵消等原因而消灭时,后让与担保即失去其存在的目的,后让与担保消灭。这时,在担保标的物上设定的负担消灭,担保权人的权利消灭,担保人不再受担保物权的限制。

因后让与担保物权的实行而消灭。担保权人实行后让与担保物权之后,后让与担保的任务已经完成,后让与担保当然消灭,不复存在。

因担保标的物所有权及其他物权的消灭而消灭。在后让与担保存续期间,如果担保标的物的所有权消灭,例如担保标的物混同、灭失、被征收、权利人的处分行为,后让与担保权随之消灭。以其他财产权利设定后让与担保的,财产权利消灭亦消灭后让与担保。

㉒ "作死",是典权的术语,即权利完全归属于对方当事人。

㉓ 参见〔德〕鲍尔、斯蒂尔纳:《德国物权法》(下册),申卫星、王洪亮译,法律出版社2006年版,第615页。

司法实践的后让与担保与法律适用[*]

在我国目前司法实践中存在的以商品房买卖合同为借贷合同进行担保的新型担保形式,是一种正在形成的习惯法上的非典型担保物权。这种与让与担保相似的新型担保物权,与让与担保产生的背景和发展过程基本一致。应当确认这种习惯法上的非典型担保物权,并对其进行规范,使其能够更好地为经济发展服务,为企业的融资进行担保,发挥其应有的作用。2015年8月6日公布、2015年9月1日施行的最高人民法院《关于审理民间借贷案件适用法律若干问题的规定》第24条规定了这种纠纷的性质认定和处理规则,表明最高人民法院已经确认了这种担保物权的效力,并且规定了具体的适用方法。

一、以商品房买卖合同为借贷合同设置的担保的真实性质

(一)以商品房买卖合同设置的担保是债权担保还是物的担保

用商品房买卖合同对借贷合同进行担保,确实能够起到担保作用。特别是在商品房买卖合同约定的房价较低,房价持续上涨的时候,更能够督促借款人及时清偿债务,避免承担对自己不利的违约后果。认可订立商品房买卖合同对于债权的担保作用,是研究和讨论这个问题的基础。

当事人订立商品房买卖合同对借贷合同发生担保作用的,究竟是债权还是物权呢? 从形式上看,对借贷合同发生担保作用的,确实是商品房买卖合同。商品房买卖合同的买受人(借款合同的出借人)依据该合同享有债权,如果借贷合同的借款人(商品房买卖合同的出卖人)能够及时清偿债务,出借人享有的商品房买卖合同的债权就消灭,商品房买卖合同不再履行。如果借贷合同的借款人不履行债务,出借人即可行使商品房买卖合同交付房屋的债权,并且用交付的房屋清偿债务,消灭债权。从实质上看,对借贷合同发生担保作用的是商品房买卖合同的标的物,而不是该合同的债权。其发生担保作用的链条是:

行使买卖合同债权→交付买卖标的物即房屋→房屋价值抵偿债务→消灭借贷债务

因此,商品房买卖合同发生担保作用的不是债权,而是债权的标的物,即买卖合

---

[*] 本文发表在《人民法治》2015年第9期。

同的标的物房屋(包括相应的土地使用权,下同),是房屋的所有权转移对借贷合同债权发生担保作用。从这个意义上观察,商品房买卖合同作为借贷合同债权的担保,并不是以债权作为担保,而是以不动产所有权提供的担保:不履行债务,即用约定的房屋所有权转移以清偿债务。因此可以确定,用商品房买卖合同设置的担保是物保,而不是人保,更不是债权的担保。用债权作为担保,应当是通过设立权利质权,使债务人将自己的或者他人的债权质押给债权人,用质押的债权担保债务的履行。用商品房买卖合同担保并不是以债权设立质权,因为并没有对双方的合同债权进行质押,并且这个债权就是债权人享有的另一个债权,不存在用自己的债权进行质押的问题。因此,商品房买卖合同担保借贷合同债权,并不是债权担保。

(二)以商品房买卖合同作为担保是物的担保中的哪种担保

将用商品房买卖合同进行的担保与非典型担保物权进行比较,可以发现,这种担保与让与担保比较接近,类似于让与担保这种非典型担保物权。

让与担保是指债务人或者第三人为担保债务人的债务,将担保标的物的所有权等权利转移于担保权人,而使担保权人在不超过担保之目的范围内,于债务清偿后,担保标的物应返还于债务人或者第三人,债务不履行时,担保权人得就该标的物优先受偿的非典型担保物权。让与担保的法律特征:一是转移担保标的物权利的担保物权;二是在债权人与债务人之间的债权债务关系基础上成立的担保物权;三是保障债权实现的担保物权;四是在债务履行完毕之时须返还财产权利的担保物权。

将用商品房买卖合同设置的担保与让与担保相比较,用商品房买卖合同担保是债务人为担保债权人的债权实现,用商品房买卖合同的方式,约定如果债务人不履行合同时,将商品房买卖合同约定的房产转让给债权人即担保权人,担保权人得就该买卖标的物优先受清偿,实现自己的债权。两种担保的区别仅仅在于,一个是将约定的担保物的所有权先让与债权人,于债务清偿时将担保物的所有权再转移给债务人即担保人;一个是约定担保标的物的所有权拟转让给债权人,在债务人不履行债务时,即转让所有权,清偿债务。换言之,让与担保是以先转让的所有权为担保,用商品房买卖合同担保是以后转让的所有权为担保。

从基本的法律特征上观察,也是这样:第一,让与担保是转移担保标的物权利的担保物权;商品房买卖合同担保是约定不履行合同时转让标的物所有权的担保物权。第二,让与担保是在债权人与债务人之间的债权债务关系基础上成立的担保物权;商品房买卖合同担保也是在债权人与债务人之间的债权债务关系基础上成立的担保物权。第三,让与担保是保障债权实现的担保标的物权;商品房买卖合同担保当然也是通过商品房买卖合同保障债权实现的担保标的物权。第四,让与担保是在债务履行完毕之时须返还财产权利的担保物权;商品房买卖合同担保尽管先不转让担保标的物的所有权,如果债务人已经履行债务,就不必再转让标的物的所有权,但在债务人不履行债务时,则应当转移担保标的物的所有权,以清偿债务,实现债权。可见,让与担保与用商品房买卖合同设置的担保,其区别仅在于一个是先转移所有权,一个是后转移所有权,同样都是担保物权,仅仅是所有权转移有先后之分而已。在其他方面,二者则基本相同。

(三)以商品房买卖合同作为担保的性质是后让与担保

通过以上比较研究,可以发现,用商品房买卖合同设置的担保与让与担保最为近似,将其称之为后让与担保,是恰当的。

之所以将这种用商品房买卖合同为债权设置的担保叫做后让与担保,就在于发生担保作用的不是商品房买卖合同的债权,而是商品房买卖合同的标的物即房屋及其所有权,其中也包括商品房的地基及建设用地使用权。在签订商品房买卖合同作为担保的时候,担保标的物的所有权并没有转移,房屋也没有交付,仅仅是约定了交付担保标的物的债权;如果债务人不履行债务,债权人即可主张履行商品房买卖合同,交付担保标的物的所有权以清偿债务,显然是以约定的商品房所有权的后转让作为担保。后让与担保既表达了其与让与担保之间的联系,也表现了与让与担保之间的区别,概括了这种担保物权的基本特征,是一个形象、具体、具有表现力的法律概念,应该确认这个概念,并且确认这种非典型担保标的物权。

二、后让与担保概念的界定及与物权法定原则之间的协调

(一)应当如何界定后让与担保的概念

后让与担保是我国新发展起来的一种非典型担保物权,尚无人为这个概念下一个定义。最高人民法院将其称之为"民间借贷合同与买卖合同混合",这样的称谓不符合民法概念的表述方法,这只是一种客观描述,且实际情况并非两种合同的"混合",而是一种特殊情形的让与担保。借鉴让与担保的概念界定,可以认为,后让与担保是指债务人或者第三人为担保债权人的债权,与债权人签订不动产买卖合同,约定将不动产买卖合同的标的物作为担保标的物,但权利转让并不实际履行,于债务人不能清偿债务时,须将担保标的物的所有权转让给债权人,债权人据此享有的以担保标的物优先受偿的非典型担保物权。

(二)确认后让与担保的担保物权与物权法定原则之间关系的协调

我国《物权法》实行物权法定原则,且没有明文规定物权法定缓和。有些学者也认为物权缓和原则与物权法定原则相冲突。事实上,没有物权法定缓和,物权法定原则就是僵化的、死板的,无法适应社会发展需要。学者认为,为避免物权法定主义过于僵化,妨碍社会之发展,在法律尚未及补充新物权秩序时,若习惯形成之新物权,明确合理,无违物权法定主义之旨趣,能依一定之公示方法予以公示者,法律应予承认,以促进社会之经济发展,并维护法秩序之安定。

尽管《物权法》第5条没有明文规定物权法定缓和原则,但是,物权法定缓和是《物权法》必须承认的制度,否则,物权体系完全是封闭的,不能因应社会的变化,其必

然不能适应社会生活的发展需要,而逐渐脱离社会现实。因此,对于社会生活中出现的新型担保物权,不能以僵化的观念,固守物权法定原则而予以拒绝和排斥。应当顺势而为,确认习惯中的后让与担保的担保物权效力。至于具体的方法,可以采取"习惯法形成之物权若类型固定,明确合理,无违物权法定主义存在之旨趣,且有公示之可能,社会上确有其实益及需要,而透过上述物权法定缓和之适用,又已逾解释之界限,将抵触物权之核心内容时,即有以习惯法之物权,加以承认之余地"。① 因此,通过习惯法确认后让与担保为非典型担保物权,不违反《物权法》第 5 条规定的物权法定原则,应当予以确认。

三、《关于审理民间借贷案件适用法律若干问题的规定》第 24 条规定的法律适用规则

《关于审理民间借贷案件适用法律若干问题的规定》第 24 条规定的这类案件,都是发生在国家银根紧缩,房地产开发商难以从金融机构获得贷款,为解急需获得借款而与贷款人(绝大多数为自然人)签订房地产买卖合同予以担保,约定如果无法清偿债务,就履行买卖合同,以商品房抵债。因此,凡是民间借贷与买卖合同"混合"的,基本上都是这样的性质,即借款合同是主合同,买卖合同是从合同,以买卖合同为借款合同担保。"民间借贷与买卖合同混合"发生的争议,必定以民间借贷合同为主合同,买卖合同则是从合同,不会出现买卖合同是主合同,民间借贷合同是从合同的现象。因此可以断定,民间借贷合同与买卖合同混合纠纷的真实法律关系,是买卖合同为民间借贷合同担保,以买卖合同的标的作为借贷合同债权提供后让与所有权的物的担保。

《关于审理民间借贷案件适用法律若干问题的规定》第 24 条第 1 款尽管没有明确说这种买卖合同就是借贷合同的担保,但在实际上是确认这种担保形式的。该条第 1 款关于"当事人以签订买卖合同作为民间借贷合同的担保,借款到期后借款人不能还款,出借人请求履行买卖合同的,人民法院应当按照民间借贷法律关系审理,并向当事人释明变更诉讼请求"的表述,就已经确认了借款合同是主合同,买卖合同是为借贷合同债权的担保这种民间借贷法律关系的性质,因为贷款人要求以借款本息抵顶买卖合同价款,实际上就是实现买卖合同的担保功能,以买卖合同的标的物的物权移转实现债权。对此,该条规定应当按照民间借贷法律关系审理,是完全正确的,只有这样才能够正确认定纠纷性质和适用法律,避免将法律关系认定错误。如果原告拒绝法院将案件性质由买卖合同变更为民间借贷合同关系,法院就可以裁定驳回原告的起诉。

处理民间借贷与买卖合同混合即后让与担保这类案件,最难的并不是法律适用,

---

① 谢在全:《民法物权论》(上),台北新学林出版股份有限公司 2010 年修订第 5 版,第 52 页。

而是事实认定问题。这类案件争议的钱款只是一个,通常是贷款人主张为购房款,借款人主张是借款,如何认定,须依靠证据证明。有三种情形:第一,能够证明借款合同和买卖合同都存在,并且买卖合同是为借款合同提供担保的,应当认定该事实;第二,借款合同事实的证明不成立,或者证据不足,而能够证明买卖合同存在的,应当认定为买卖合同争议,不认可借款合同的事实;第三,能够认定双方争议的借款合同与买卖合同的价款是同一笔钱款,当事人之间存在借款合同和买卖合同的事实能够确定的,可以认定买卖合同是借款合同的担保,因为不会在买卖合同中附设了一个借款合同的情形,因而应当认定买卖合同是借款合同的从合同,从合同为主合同提供担保。

在法律适用上,对民间借贷与买卖合同混合的纠纷案件,应当适用《物权法》关于担保物权的一般规定。《关于审理民间借贷案件适用法律若干问题的规定》第24条第2款关于"按照民间借贷法律关系审理作出的判决生效后,借款人不履行生效判决确定的金钱债务,出借人可以申请拍卖买卖合同标的物,以偿还债务。就拍卖所得的价款与应偿还借款本息之间的差额,借款人或者出借人有权主张返还或补偿"的规定,与《物权法》第198条关于"抵押财产折价或者拍卖、变卖后,其价款超过债权数额的部分归抵押人所有,不足部分由债务人清偿"的规定,意旨是一致的。

对这类案件适用法律,应当特别注意以下三个规则:第一,借款人不履行生效判决确定的金钱债务,出借人可以申请拍卖买卖合同标的物,以偿还债务,体现物权担保的作用。第二,就拍卖所得的价款与应偿还借款本息之间的差额,借款人或者出借人有权主张返还或补偿,而不能出现"流押"即以买卖合同的权属直接抵债的情形。第三,买卖合同是设置的习惯法的担保物权,因而被担保的借贷债权就是有担保的债权,应当遵守担保物权实现的一般性规则,具有优先受偿性,而不能作为一般债权处理。

第五编

债与合同法

论债的保全[*]

债的保全,是民事法律制度中的一项重要制度,也是债权法的重要内容,对于债权的保障具有重要作用。目前,债的保全作为债的担保的一种特殊形式,国内法学界尚未进行深入研究,司法实务中又亟待解决。本文对此作如下探讨。

一、债的保全的概念及特点

债的保全,也称作债的对外效力,是指法律为防止债务人财产的不当减少给债权人权利带来损害而设置的债的一般担保形式,包括债权人代位权和债权人撤销权。

在民法理论中,债的担保分为一般担保和特殊担保,前者为广义上的债的担保,后者为狭义上的债的担保。广义的债的担保,是指督促债务人履行债务,保障债权实现的一切民事法律手段。它包括:民事责任制度、债的保全制度和债的担保制度。这三种民事法律制度,从不同方面督促债务人履行债务,保障债权人债权实现。狭义的债的担保,是指督促债务人履行债务,保障债权实现的一种法律手段,其担保形式为保证、违约金、定金、抵押、留置。

民事责任制度是债的一般担保的最普遍的形式。法定或约定的债务不履行,即应承担民事责任,以其法律强制力保障债务的履行和债权的实现。

债的保全,是在债务人实施不当处分其作为承担民事责任基础的财产以逃避债务损害债权的行为时,法律所采取的保全措施。由此可见,债的保全是民事责任制度的继续和补充。其作用在于保全作为承担民事责任基础的财产,以为将来的执行做好准备。承担民事责任基础的财产被不当处分,民事责任将无法执行。即使国家依强制力作为保证,如果对不当处分的财产不予采取保全措施,民事责任的强制执行也无从实现。债的保全补救了这一问题,当出现这种情况的时候,可以依照法律,对不当处分的财产进行保全,以保证债务的履行和债权的实现。因此,民事责任制度与债的保全的根本目的是完全一致的。

从以上表述看,民事责任和债的保全都着眼于债务不履行之后。事实上,经常出现民事责任和债的保全这两种一般担保落空的情况,因而使债权难以实现。所以,在历史的发展中,出现了债的特殊担保制度,使之在债的关系缔结和产生之初,采取保

---

[*] 本文发表在《法律科学》1990年第2期。

证、抵押、留置等形式,以人的信誉和物作为担保,以保障债务的履行和债权的实现,当债务不履行时,即以担保人的财产和担保的财产履行债务。这是一种最有效的担保形式。

债的保全与债的担保,其根本目的是相同的。其不同之点在于:一是二者的着眼点不同,债的保全着眼于债的不履行之后,债的担保着眼于债的产生之初。二是债的担保在于双方的约定或法定,一般须订立附属于主合同的从合同,少数依法律规定,债的保全则完全依法律规定。三是债的担保在债务不履行时,债权人可自行处理担保物,债的保全则必须依法定程序申请人民法院裁决。

综上所述,债的一般担保的三个内容是相辅相成的,构成一项完整的、严密的民事法律制度,缺少任何一项,都会使债权人的债权受到威胁。随着法律的不断进步和社会需要的变化,债的一般担保已经分化成民事责任制度、债的保全、债的担保三项完整的法律制度,发挥着各自不同的重要作用。尽管如此,它们的基本职能和根本目的,仍然是一致的。

二、债的保全的基本内容

债的保全法律制度的基本内容,是使债权人依据一定的程序或方法,保全债务人的财产,防止其不当处分而损害债权,以增加债务人履行债务的财产保障。作为债的保全的债权人代位权和撤销权,不仅各自的方式不同,而且各自的具体内容也不同。

债权人代位权着眼于债务人的消极行为,当债务人怠于行使属于自己的财产权利而损害债权人的债权实现时,债权人可依债权人代位权,以自己的名义行使债务人已经消极处分了的财产权利。它是债权的从权利,是一种以行使他人权利为内容的管理权,债权人以自己的名义代替债务人之位主张债务人的权利,其目的完全是为了保全自己的债权,增大债权的一般担保的资力。

债权人撤销权着眼于债务人的积极行为,当债务人实施减少其财产而损害债权人债权的民事行为时,可以请求法院对该民事行为予以撤销,使已经处分了的财产恢复原状,以保护债权人债权实现的物质基础。债权人撤销权虽然是债权的从权利,但它是兼有形成权和请求权双重性质的实体权利,其目的也是为保全债权,但它与债权人代位权的着眼点不同,前者为债务人的积极处分行为,后者为消极处分行为;债权人撤销权的主张是对债务人处分财产的行为予以撤销,债权人代位权的主张是对债务人的财产代替债务人主张权利。这些方面,二者的内容是不同的。

债权人代位权和债权人撤销权的构成要件也不相同。债权人代位权的构成要件是:①债权人与债务人之间须有债权债务关系的存在;②债务人须有债权存在;③债权人须有保全债权的必要;④须债务人债务履行迟延;⑤须债务人怠于行使权利。债权人撤销权的构成,分共同要件和非共同要件。

共同要件是债务人处分行为无论是否有偿,均须具备的,包括:①主体须是因债务人处分财产的行为而受其害的债权人;②客体须是债务人及其代理人的有害于债权的财产处分行为;③客观要件为债务人处分自己财产的行为正在继续,并有害于债权。这三个共同要件具备,对债务人无偿处分行为的债权人撤销权即告构成。债务人有偿处分行为,尚须具备非共同要件,即债务人及财产处分受益人的恶意,全部四个要件具备,才能构成。

债权人代位权的行使,应以自己的名义,同时,应以善良管理人的注意行使代位权。在目前,还应采取裁判方式,债权人诉请法院裁判经准许依法行使。行使中,应以债权保全为限,以满足其债权要求为原则;如果该权利为不可分割的,而行使全部权利,将行使的结果归于债权人。

债权人撤销权必须采取诉讼方式确定,不能由债权人自己撤销。当债务人的处分财产行为是无偿行为时,无论债务人与受益人有无恶意,财产处分行为均须撤销。当财产处分行为是有偿行为时,以债务人与受益人有恶意为撤销条件。债务人在有害于债权的处分行为中,给债权人造成损失的,债务人及负有直接责任的第三人,应对债权人负损害赔偿之责。

三、债的保全制度的作用及当前对策

债的保全的独特作用来自于它独特的着眼点,即着眼于债务不履行而债务人又处分其财产。在这种场合,债的保全制度便用来保全债务人的财产,增加债务人履行债务的物质基础,为将来的强制执行做好准备。这就是债的保全的全部作用。

债的保全的这种独特作用,在民事法律制度中是无可替代的。在债的一般担保中,缺少债的保全,就会在这一完整的制度中造成一个缺口,会使债务人趁机钻空子,损害债权人的利益。这种情况,在那些无法事先设定特殊担保的债权债务关系中,其危害更为严重。例如,宋某与王某因安排工作发生争执并厮打,王将宋打成重伤,宋损失医药费3 000余元,王只付380余元,即于两个月后与妻协议离婚,并将共同财产全部处分给其妻。诉讼中,王以自己无财产清偿债务为由,拒绝赔偿应承担的剩余债务。原审法院对此束手无策,只好判决对宋的赔偿请求不予支持。而该案的这种情况恰恰是债的保全所应发挥作用的场合。

既然如此,我国《民法通则》为什么没有确立这一制度?原因大致有三:一是受苏联、东欧民法不设债的保全制度的影响。二是我国商品经济一直不够发达,客观上没有迫切设立债的保全制度的现实要求。三是民法理论界和实务界对债的保全制度还缺乏必要的研究和充分的认识。随着我国商品经济的日益发展,经济基础日益呼唤着完善的债权法问世。这是一个客观的、现实的要求。而在债权法中确立债的保全制度,在债权法理论研究中完备债的保全理论,恰恰是完善债权立法和债权法理论的必经途径。

为了解决客观需要与立法不完备之间的矛盾,笔者认为,可以采取以下三个办法

逐步解决:

(1)利用现有法律规定,在审判实践中试行。一是依《民法通则》第4条"诚实信用原则",适用债权人代位权。诚信原则不仅仅是一个对民事活动参加者不进行任何诈欺行为、恪守信用的要求,而且是弥补立法不足的补充性、不确定性、衡平性的一般条款。法官应斟酌情事,依照诚信原则的法律条文,在审判实践中适用债权人代位权制度。二是依照《民法通则》第58、59、61条的规定适用债权人撤销权。该法第58条第(四)、(七)项,分别是"恶意串通,损害国家、集体或者第三人利益的"和"以合法形式掩盖其非法目的"的民事行为,都是无效的民事行为,此点与债务人积极处分其财产损害债权行为相一致或相近似,可以依照这一条款,比照第59条及第60条之规定,将债务人的上述行为予以撤销,以保全债权。上述意见,符合"有法律依法律,无法律从政策,无法律政策从法理、从习惯"的民事审判原则,在现有法律可以比照适用的情况下,完全可以比照适用,以切实有效保护当事人的合法民事权益不受侵犯。

(2)作出有效的立法、司法解释,明确承认债的保全制度。立法机关可依据《民法通则》的相关条文,作出扩大解释,使其容纳债的保全制度。最高人民法院在修改《关于贯彻执行〈民法通则〉若干问题的意见(试行)》过程中,应将债的保全内容列入其中,以应审判急需。

(3)修改立法。《民法通则》实施3年多的时间证明,在很多方面存在缺陷,需要进行补充和修改,最高立法机关也正在考虑修改。建议在《民法通则》的修改过程中,增加债的保全内容;或者考虑《民法通则》债权规定简略的情况,在制定《债权法》的过程中,增加债的保全的内容。这是从根本上解决问题的办法。

论债权人撤销权[*]

本文试图依据现有法律,对建立债权人撤销权制度进行论证,以更好地保障公民、法人的民事权利。

一、债权人撤销权的概念及其特征

债权人撤销权是债的保全制度的一种具体制度,债的保全,也称作债的对外效力,是指法律为防止债务人财产的不当减少以危害债权人的债权而设置的债的一般担保形式,包括债权人撤销权和债权人代位权。

债权人撤销权的法律特征是:

(1)债权人撤销权是附属于债权的实体权利。它的内容,既以撤销债务人与第三人的非法民事行为为特点,又以请求恢复原状即取回债务人财产为特点,因此,是兼有形成权和请求权双重性质的实体权利。它只能附属于债权而存在,而不是独立的权利,不得与债权分离而进行处分;当债权让与时,撤销权亦随之移转;当债权消灭时,撤销权亦随之消灭。

(2)债权人撤销权作为债的保全方法之一,它与债的担保即特别担保具有区别。通常所说的债的担保,是狭义的担保,即特别担保,其形式为保证、违约金、定金、抵押、留置。广义的债的担保即一般担保,是指督促债务人履行债务,保证债权实现的民事法律手段,包括民事责任制度、债的保全和债的担保。债权人撤销权着眼于债的不履行之后,是由法律规定,并须依法定程序申请人民法院裁决;而债的特殊担保则着眼于债的产生之初,在于双方的约定或法定,在债务不履行时债务人可自行处理担保物。

(3)债权人撤销权在债务人实施减少其财产的积极行为时方能行使。债权人撤销权与债权人代位权同是债的保全方法,但二者之间的区别是:债权人代位权是在债务人实施听任其一般财产减少即放弃其债权的消极行为时采取的保全方法,而债权人撤销权是在债务人实施减少其财产的积极行为时采取的保全方法。

(4)债权人撤销权的适用范围包括全部债权。它不仅是契约之债的保全方法,而且包括对侵权行为之债、不当得利之债、无因管理之债的保全。任何债权债务关系中

---

[*] 本文发表在《河北法学》1990 年第 2 期。

的债务人一方实施害及债权的处分财产的积极行为时,债权人都依法享有撤销权。

我国的《民法通则》虽然没有关于债权人撤销权的明文规定。但是,在民事流转和民事审判实践中,债务人害及债权的财产处分积极行为却并不少见。例如,宋某诉王某侵权损害赔偿案。1987年2月6日,宋某与王某因工作安排发生争执并厮打,王某夺过宋某手中木杆,将宋某打伤,宋某损失医药费等共3 000余元。王某最初只负担医疗费380余元,以后就拒绝支付。同年4月,王某与其妻协议离婚,王某将自己与妻的共同财产全部处分给其妻。诉讼中,王某以自己无财产清偿债务为理由,拒绝赔偿应负担的剩余债务。初审法院据此判决对宋某的赔偿请求不予支持。宋某因不服而上诉,要求二审法院以王某与其妻的共同财产偿还债务。

这是一个典型的债权人撤销权的案例。笔者认为,《民法通则》虽无明文规定,但可以援引《民法通则》相关的条文作为债权人撤销权的法律依据。该法第58条第(4)项和第(7)项分别规定的"恶意串通,损害国家、集体或者第三人利益的"和"以合法形式掩盖非法目的"的民事行为,都是无效的民事行为,受害人可以请求人民法院确认其民事行为无效,比照该法第59条的规定请求人民法院对该民事行为予以撤销。这些规定,可以作为债权人撤销权的法律依据。其理由是:

(1)债权人撤销权的发生,是债务人的恶意行为害及债权人的利益,这与《民法通则》第58条第(4)项规定的行为是完全一致或基本一致的。

(2)债务人处分其作为一般担保的财产行为,一般总是以合法的形式出现的,而其目的是逃避债务,这与该条第(7)项规定并不相悖。

(3)对无效的民事行为,人民法院有权予以确认其无效或者予以撤销。

(4)对现实存在的民事争议无相应的法律条文作依据的,法院应当依据相类似的条文或者依据法理作出判决,而无理由不支持当事人正当的民事请求。

二、债权人撤销权的构成

债权人撤销权按照债务人处分财产的有偿与否,可以分为两种情况,其构成要件有共同性的,也有非共同性的。

(一)共同要件

1. 主体

债权人撤销权的主体是因债务人处分财产的行为而应受其害的债权人。其主体资格,基于具有下述性质的债权而产生:①应是以财产给付为目的的债权;②应是以作为一般担保的财产的减少而受损害的债权;③应是在债务人处分财产的积极行为前发生的债权。在这种情况下,债权人取得撤销权的权利主体资格,享有债权人撤销权。

2. 客体

债权人撤销权的客体是债务人或其代理人的有害于债权的财产处分行为。例如债务人及其代理人将作为一般担保的财产赠与他人、订立买卖合同、设立抵押,等等。当债务人实施上述行为是虚伪的登记行为时,这种虚伪的登记行为也是撤销权的客体。当债务人实施的上述行为处分的是与他人共有之物时,撤销权的客体只能是处分共有财产中债务人应有的部分。值得注意的是,撤销权的客体并非是债务人处分的全部财产,而是以债权保全的目的为限,对于超出债权保全范围的处分行为,不在撤销权客体的范围之内。如果债务人的处分行为给债权人在债权保全范围以外另又造成损失者,其撤销权客体范围可以包括这一部分的损失赔偿。

3. 客观要件

债权人撤销权成立的客观要件包括:

(1)应有债务人处分其财产的行为,这种行为既可以是无偿行为,也可以是有偿行为;既可以是单方行为,也可以是双方行为。不能作为撤销权的行为,则不能撤销。如毁弃财产的事实行为,财产上得利的拒绝行为,以及其他非减少财产的行为,前者因已无救济手段,中者为债务人之自由,他人无可强制之理,后者则不可能害及债权。

(2)债务人之行为于债权发生后有效成立而且继续存在,其行为的有效成立,至少条件为形式上有效成立,而不论其实体上有效成立与否。这种形式上有效成立呈继续状态,尚未失去效力。

(3)债务人的行为应有害于债权。其特点是使债务人的一般财产减少,以致不能满足债权人债权的要求。其标准,应以债务人的财产不足以满足于债权要求为必要,即债务支付不能。

(二)非共同要件

在无偿行为产生的债权人撤销权构成上,具有以上三个共同要件即为已足。但在有偿行为产生的债权人撤销权的构成上,除有以上共同要件之外,尚应具备主观要件。

所谓主观要件,即债务人及财产处分受益人之恶意。对无偿行为的撤销,无须以恶意为要件,即有无恶意均可撤销。对有偿行为之撤销,则须以恶意为必要条件。债务人之恶意,即已知其行为可能引起或增强债务清偿的无资力而有害于债权人的权利。如无此认识,则不可撤销。但债务人认识到其行为有害及债权的可能,却相信其行为结局可以维护债权人的权利,该行为亦可撤销。因此,债务人之恶意含故意、过失两种情况。受益人的恶意,可以表现为与债务人的恶意串通;也可以表现为知其恶意而与债务人实施民事行为。而受益人于受益之前或受益之时是否知其恶意,则在所不问。受益人无恶意者,一般不得行使撤销权。这是为了保护善意第三人利益的需要,且其行为也是有偿的。

以前述案例分析,王某与其妻恶意串通,以离婚为手段,将其共同财产的应有份额全部处分给其妻,害及宋某债权。王的处分行为系无偿行为,符合债权人撤销权的全部共同要件,宋某享有撤销权,应以其债权保全范围为限,依法请求法院撤销王某的无偿处分行为。

三、债权人撤销权的实行

债权人撤销权的行使,必须由享有债权人撤销权主体资格的债权人,以自己的名义向人民法院提起诉讼请求,由人民法院依法受案、审理、裁判。当债权人为一人时,该债权人为原告;当债权为连带债权时,连带债权人中可一人提起诉讼,也可以由所有连带债权人共同行使撤销权,作为共同原告起诉;当数个债权受同一债务人行为危害,各债权人均有权依撤销权起诉,其请求范围仅及于各自债权的保全范围,法院为便于审判、公正处理考虑,可以并案审理。

债权人撤销权之诉的被告,依撤销权之诉的性质不同而分为两种情况:当撤销权属形成权性质,即处分行为只达成协议而未实际转移占有时,该诉的性质为形成之诉,被告系处分行为之债务人;当撤销权以返还原物的请求权性质为主,即处分行为已实际转移占有时,该诉的性质为给付之诉,以债务人及受益人为共同被告。确定撤销权之诉的被告还有另外一种简便的方法,即债务人处分行为是单方行为时,就以债务人为被告;债务人处分行为是双方行为时,就以债务人及相对人为共同被告。当然,有偿行为的相对人应以有恶意为其被告资格的必要条件。

该种诉讼的案由,应以"债权人撤销权"为适当,以"债权保全"似为过宽。

债权人撤销权的行使,亦应受诉讼时效限制。各国民法典在规定该种权利时,均单独规定诉讼时效。在我国,应以《民法通则》统一规定的诉讼时效为标准,适用第135条和第137条以及其他相关的规定,一般时效为2年,长期时效为20年。当债权人超过诉讼时效期间又无正当理由而起诉时,被告可以超过诉讼时效期限作为抗辩理由。

债权人撤销权诉讼的举证责任,一般由债权人承担。证明内容为撤销权成立要件存在的事实。在无偿处分行为时,只需证明其行为有害于债权的事实;在有偿处分行为时,尚应证明债务人之恶意。在证明受益人之恶意时,由债权人证明实为困难,可采取由受益人举证证明自己无恶意,如无确实证据证明受益人无恶意,则推定其有恶意。

四、债权人撤销权的效力

债权人撤销权的效力,应依法院的撤销判决的确定而发生。按照《民法通则》第58条第2款和第61条第1款的规定,撤销判决确定之后,债务人之处分财产行为自始无效,已经无偿取得财产的,应将其财产返还债务人,有偿取得财产的,应双方互相返还。

对于撤销权的效力范围,学说上分为两种:一是相对无效说,认为撤销效力虽然为自始无效,但效力范围,以保全债权人之权利范围为标准,超出其保全范围的部分仍然继续有效。二是绝对无效说,即债务人行为撤销后,对于任何人的行为全部视为自始无效。上述两说,各国均有不同采用,其基本原则是以法律规定为准。在无明文规定者,多采用绝对无效说。

《民法通则》虽对债权人撤销权无明文规定,但可准用第58条关于无效民事行为的规定。该条文明文规定无效民事行为自始无效,其范围当然包括全部行为无效。因此,采绝对无效说可以认为是有一定法律依据的。另外,采绝对无效说,对于债权的保全更具保障力,而且在债务人履行完债务之后,债务人仍可继续与原受益人进行财产处分,并无大的妨害。所以,笔者主张害及债权的所有处分行为全部无效。

上述绝对无效的主张,是债权人撤销权效力范围的一般原则。由于债务人处分财产害及债权行为的具体情况不同,债权人撤销权的具体效力范围有下述几种情况:

(1)债务人的处分行为为无偿行为时,其无论是单方行为,还是双方行为,债权人撤销权的效力及于该无偿行为的全部,法院应判决其全部处分行为无效。尚未转移占有的,宣告其行为撤销;已经转移占有的,宣告其行为撤销,移转占有的财产判令全部返还,已经造成损失的,责令赔偿损失。

(2)债务人的处分行为为有偿行为时:①债务人与受益人均为恶意时,撤销权的效力及于其处分行为的全部,债务人与受益人互相返还原物;已经造成损失的,责令赔偿损失。②债务人无恶意而受益人有恶意时,其撤销权的效力与上列情况相同。③当债务人为恶意而受益人无恶意时,撤销权的效力仅及于债务人受益部分,法院应对债务人所得利益予以保全,对未能满足于债权要求部分,责令债务人赔偿损失。④当债务人与受益人均无恶意时,其撤销权的效力范围同第(三)种情况。

(3)债务人处分行为为设置抵押等担保物权行为时,债权人撤销权的效力不受"物权优于债权"原则的影响,及于债务人处分行为的全部。这是因为债权产生在先,其撤销权已附属于债权,只是因为债权人的债权尚未受害而债权人尚无行使的必要;而债务人设置的担保物权因害及债权而属无效的民事行为,并且自始无效,当然不能以"物权"之名对抗债权的撤销权。法院应依债权人之请求,撤销其债务人的全部处分行为。

(4)债务人处分行为之后,受益人又将财产转移于另外之转得人的,其情况更为复杂。当债务人、受益人及转得人之间的行为均为无偿时,撤销权的效力及于全部处分行为。当债务人与受益人为无偿行为,而受益人与转得人为有偿行为时,如转得人有恶意,撤销权的效力及于全部处分行为;转得人如无恶意,撤销权及于债务人和受益人,双方负连带损害赔偿责任,以达债权保全之目的。当数次处分行为均为有偿行为时,撤销权的效力及于债务人及恶意受益人或恶意转得人,无恶意的受益人或转得人不为撤销权的效力所及。无偿行为中造成债务人处分的财产损失的,以及有偿行为中恶意的受益人或转得人造成债务人处分的财产损失的,均应负损害赔偿的责任。

(5)债务人在有害于债权的处分行为中,给债权人造成其他损失的,债务人及负有直接责任的第三人,应对债权人负损害赔偿之责,债权人享有损害赔偿请求权,这是债权人撤销权派生的必然结果。

论债权人代位权[*]

债权人代位权,是债的保全的一种具体形式。对此,《中华人民共和国民法通则》未作规定,国内学者也未作更深入的讨论。本文试图依据现有法律,对建立债权人代位权制度进行论证,以更好地保障公民、法人的民事权利,促进民事流转。

一、债权人代位权的概念及其特征

债权人代位权,是指债权人依法享有的为保全其债权,以自己的名义行使属于债务人权利的实体权利。当债务人怠于行使属于自己的权利而害及债权人的权利实现时,该债权人可依债权人代位权,以自己的名义行使债务人已经处分的权利。例如,加害人某甲致伤某乙,法院确定某甲赔偿乙 1 300 元。某甲为逃避赔偿责任,将其内弟某丙欠他的 5 000 元债权放弃,后称其无赔偿能力而拒绝给付赔偿金。在这种情况下,受害人即债权人得以债权人的名义,向某丙行使代位权,为债务人恢复债权。

在理论界和实务界,有人将代位追偿权(或叫代位求偿权、代位追索权)称做债权人代位权。例如,《现代实用民法词典》在"代位权"条下释为"债权的代位也称债权人代位权,或间接诉权",接下来列举了 4 种债权人代位权,其实都是代位追偿权。[①]一篇专论《债权人代位权》的论文将债权人代位权定义为"是指按照法律规定债权人为了保全或实现其债权而处于他人的法律地位,以自己的名义代被代位人行使属于他人权利的权利"。[②]该文共列举了 8 种债权人代位权的表现形式,都不是严格意义上的债权人代位权,多数属于代位追偿权。至于该文所下的定义,则是混合了债权人代位权和代位追偿权的定义,并不是一个科学的界定。

鉴于理论上对债权人代位权概念的混乱,有必要为债权人代位权正名,弄清这一概念的真实含义和法律特征。

债权人代位权是债的保全制度的一种具体形式。在一般情况下,债权人本可以对自己的债权自由支配。但是,在债权人又作为另一债权人的债务人时,如果他放弃自己的债权而影响到他对他人承担的债务的履行能力,即害及他人对自己所享有的

---

[*] 本文发表在《法律科学》,1990 年第 2 期。
[①] 参见江平、巫昌祯主编:《现代实用民法词典》,北京出版社 1980 年版,第 53 页。
[②] 言实:《试论债权人代位权及其法律保护》,载《福建审判》1989 年第 3 期。

债权时,法律为保全他人的债权,准许该债权人代位行使债务人的权利。

债权人代位权具有以下法律特征:

(1)债权人代位权是债权的从权利,随债权的产生、移转和消灭而产生、转移和消灭。代位追偿权却不是这样,债权产生的时候,代位追偿权并不同时产生,债权移转,代位追偿权也无从谈起。只有在债权因保证人、其他连带债务人等,履行了债务而消灭债务的时候,保证人及已负清偿债务责任的债务人才对原债务人或未负清偿债务责任的债务人产生代位追偿权。因而,代位追偿权是主权利,二者的性质并不相同。

(2)债权人代位权是债权人以自己的名义,代债务人之位向债务人的债务人主张权利。代位追偿权所指向的一般仍是原债务人或共同债务人之一,以及有过错的致害人,而不是债务人的债务人。另外,债权人代位权不是代理权。在古罗马法曾有为自己的代理或委任,其特点是债权人为自己的利益,以债务人的名义行使权利。债权人代位权与此不同之处,就在于债权人是以自己的名义而不是以债务人的名义行使权利。

(3)债权人代位权是为债权的保全,代债务人行使其权利,而不是扣押债务人的权利或就收取的财产有优先受偿权,因而属于实体法的权利,其目的在于保全债务人的财产,增大债权的一般担保资力,具有为强制执行做准备的作用。而代位追偿权的目的是为填补因替其他债务人清偿债务而造成的损失,目的完全不一样。

(4)债权人代位权不是对于债务人或第三人的请求权,也不是纯粹的形成权,而是以行使他人权利为内容的管理权。而代位追偿权则是请求权。

债权人代位权的历史较债权人撤销权的历史为短。一般认为罗马法并未设置这一制度,真正确立这项制度的是《拿破仑法典》。该法第1166条规定:"债权人得行使其债务人的一切权利和诉权,但权利和诉权专属于债务人个人者,不在此限。"随后,《西班牙民法典》《意大利民法典》《日本民法典》等均设立了这项制度。《日本民法典》第423条规定:"债权人为保全自己的债权,可以行使属于其债务人的权利,但是,专属于债务人本身的权利,不在此限,债权人于其债权期限未届至间,除非依裁判上的代位,不得行使前款权利。但保存行为,不在此限。"

二、债权人代位权的构成

债权人代位权是随其债权的产生而产生的。其构成须具备以下要件:

(1)债权人与债务人间须有债权债务关系存在。债权人代位权是债权人代行债务人的权利,代行者如果与被代行者没有债权债务关系,则代行者即无代行的基础。

(2)债务人须有权利存在。债务人有权利存在,是债权人代位权行使的必要条件。如果债务人对于他人无权利存在,或其权利已经行使完毕,债权人就不能代位行使权利。

(3)债权人须有保全其债权的必要。所谓必要,就是指债权人的债权有不能依债的内容接受给付的危险,因而有代位行使债务人的权利以图满足债权的现实必要。保全的必要范围,应以给付为标的的债权为标准。如不作为的债权和以劳务为标的的债权则不能保全。保全的必要状态,应由债权人举证证明。

(4)须债务人债务履行迟延。债务人应履行而未按期履行,即为履行迟延,使债权人未能及时实现。如果债务人未迟延履行,则不发生债权人代位权。但是,如果是专为保全债务人权利的行为,其目的在于防止债务人权利的变更或消灭,如果有履行迟延之可能时,可在履行期未届之前,行使代位权。

(5)须债务人怠于行使其权利。怠于行使权利,是说应行使并能行使而不行使,其有无故意、过失或其他原因,在所不问。债权人曾经催告债务人行使其权利与否,亦不过问。在债务人行使其权利之前,债权人就可以行使代位权。

具备以上条件,债权人可以行使代位权。

三、债权人代位权的行使

债权人代位权的主体为一切债权的债权人。除了不适于代位保全的以外,都可以独立行使债务人的权利。当一个债权人已行使代位权时,其他债权人不得就同一权利再行使代位权。代位权人应以有债权或者性质上属于债权之请求权为限。对于抵押权不适用,因为物权优于债权。

行使债权人代位权的客体是债务人现有的权利,该权利应是债务人具有财产内容的权利,并且须非专属于债务人本身的权利。非财产权利,不得代位请求;虽为财产权利,但主要在于保护权利人的无形利益的,如扶养请求权,或者不得扣押、不得转让的权利,不得为代位权的客体。

债权人行使代位权,应以自己的名义,不能以债务人的名义行使。同时,应以善良管理人的注意行使代位权,否则应负担损害赔偿责任。另外,法理认为,债权人代位权不一定须经法院裁判,可采用裁判方式,也可采用裁判外的径行方式行使。不过依我国目前情况看,仍以裁判方式为必要,以免造成民事流转的混乱。

行使代位权,应以债权保全为限度。在必要范围内,可以同时或顺次代位行使债务人数个权利。如果代位行使债务人权利的价值超过债权保全的范围时,应在必要限度内,分割债务人的权利,以满足代位权的需要;如果该权利为不可分割的,可以行使全部权利,将行使的结果归于债务人。

债权人代位权的效力,及于债务人、第三人及债权人本人。对于债务人,在债权人已着手代位权行使而且通知债务人后,债务人不得再为妨害债权人代位行使的权利处分,即不得为抛弃、免除、让与或其他足以使代位权行使失去效力的行为;代位权行使所产生的民法上的效力,直接归属于债务人。对于第三人,债权人代位权的行使相当于债务人向第三人行使权利。同时,代位权行使及通知债务人后,第三人取得的对于债务人的抗辩权,可以对抗债权人,如不可抗力、已过诉讼时效等。对于债权人,因其行使代位权支出的必要及有益的费用,对于债务人可以请求返还。

四、当前如何应用债权人代位权制度

我国《民法通则》没有债权人代位权的明文规定。那么,这项制度是不是可以依据现有的法律原则予以建立,以应审判实践之急需呢？笔者认为是可以的。这就是说,可以依据《民法通则》第4条确立的"诚实信用"原则,建立我国的债权人代位权制度,并在司法实践中适用。理由是：

（1）诚信原则在我国民法学界的理解,分为两种观点：一种是语义说,认为诚信原则是民事活动的参加者不进行任何欺诈行为、恪守信用的要求。另一种是一般条款说,认为对诚信原则的理解不应局限于其字面的含义,而把它看做外延不十分确定,但具有强制性效力的一般条款。根据一般条款说的主张,诚信原则的使用不局限于指导当事人正确进行民事活动方面,在完善立法机制、承认司法活动能动性方面的作用更为重要,笔者同意后一种主张。

（2）学者认为,诚信原则作为民事立法的一般条款,具有补充性、不确定性(即弹性条款)、衡平性。补充性是针对诚信原则对法律关系内部修补作用而言,不确定性是针对诚信原则对法律具体规定不足的补救作用而言,而衡平性则是指诚信原则授权法官依公平、正义的原则,根据具体案件的特殊情况以及复杂的社会情况对于法律作变通性使用而言。

（3）就我国目前情况看,适用诚信原则于债权人的代位权,与诚信原则的上述属性均吻合。无论补充也好,还是弹性也好,均须法官斟酌情事而决定之。债权人代位权的前提,是债务人消极地怠于行使自己的权利以害及债权,这不仅是违背诚信原则的一般语义,而且依其对这种语义理解的违背,也应当补充民法对债权人代位权规定的不足,以正确解决民事争议,保障债权人权利的实现。法官应当对适用诚信原则作出扩张解释,将其适用于债权人代位权,以补救立法的缺陷。

既然如此,以诚信原则的法律条文作为债权人代位权在司法实践中的法律依据,就不能说是不正确的。特别是由于《民法通则》毕竟还是一个"通则",尚没有对于债权的一般性规定,因此用诚信原则来补充立法的不足,应当说是完全应该的,当然,也是以应急需。将来在修改《民法通则》,或者建立统一债权法,或者编纂民法典的时候,应当增定债权人代位权以及包括债权人撤销权在内的整个债权保全制度,完善我国的民事立法。

对完善我国债的保全制度的构想[*]

对于债的保全制度和我国债的保全制度现状,我在若干文章[①]中已经作了较为深入的分析研究,总的看法是,我国的债的保全制度,《破产法(试行)》和最高人民法院的司法解释的出台,破产上的债的保全制度已经基本建立,民法上的债的保全制度有了雏形。在现实生活中,民法上的债的保全制度比破产法上的债的保全制度重要得多。正值立法机关组织民法学界人士起草我国统一合同法之际,应当借此机会,提出完善我国债的保全制度的构想,期望在新的合同法中建立完善的债的保全制度。

一、完善债的保全制度的指导思想

完善我国债的保全制度,究竟以何为指导思想,是一个重要的问题。它不仅关系到如何制定我国债的保全制度,而且关系到我国债的保全制度应当完善到什么程度。

在笔者看来,清政权在清末编修《大清民律》时的指导思想,仍能给我们以一些有益的启发。

鸦片战争以后,我国逐步从封闭的封建社会沦为半殖民地半封建社会,资本主义生产关系有所发展。至清末,资产阶级力量日益壮大,资本主义商品经济不断发展,刑民合一的立法体系再也不能维持下去,资本主义生产关系和商品经济要求建立适应其需要的民法。在这种情况下,清政府在确定编修民律的时候,就确定了编修民律的四项指导思想:一是注重世界最普通之法则;二是原本后出最精之法理;三是求最适合中国民情之法则;四是期于改进上最有利益之法则。[②] 应当说明,这些立法的指导思想,从阶级的立场上说,是清朝统治者站在封建统治阶级的立场上,以维护封建主义制度和地主阶级利益为出发点,但就其纯粹的立法技术的角度考虑,无疑是进步的、科学的,有相当的借鉴意义。

---

[*] 本文发表在《上海法学研究》1994年第2期,当时《合同法》尚未制定完成。本文对《合同法》规定债的保全制度起到了重要参考作用。

[①] 这些文章是:《论债的保全》(本书第997页),载《法学与实践》1990年第2期;《论债权人代位权》(本书第1006页),载《法律科学》1990年第2期;《论债权人撤销权》(本书第1001页),载《河北法学》1990年第2期;《论债权人撤销权及其适用》(本书第2444页),载《法学研究》1992年第3期;《债权人代位权的原理及其适用》(本书第2449页),载《法学研究》1993年第2期。

[②] 参见张国福:《中华民国法制简史》,北京大学出版社1986年版,第29页。

（1）我国目前处于重大的经济变革时期,与清末的经济变革时期有相似之处。新中国成立以来,我国长期实行计划经济和产品经济,经济发展受到严重束缚;改革开放以来,经济形态已经转变为社会主义市场经济。清末立法时期,是封建主义经济向资本主义经济转变的时期。这两种转变,都是由封闭型的经济向开放型的经济发展,都迫切需要建立适应开放型的商品经济发展的完备的现代民法。

（2）所要建立和完善的,都是更具调整社会公共职能和调整商品经济关系的法律。清末修订法律的上述指导思想,是针对民法的建立而言。与宪法、刑法相比,民法更少涉及阶级内容而更具社会公共调整职能,更少涉及民族特点而更具国际化内容,因而借鉴是基本方法。我们完善债的保全制度乃至完善债法,是在完善在所有法律中最少阶级性和民族性而最具社会公共调整职能和国际化的法律,更可以学习和借鉴世界最普通之法则,以期改进上最有利益之法则。

（3）除去社会性质的根本不同,国情有相似之处。清末时期,洋务运动在沿海地区日渐发达,内陆地区仍是传统的封建经济,经济发展不平衡是主要特点,但沿海地区先进的生产关系起主导的作用。我国目前亦有经济发展不平衡的问题,但先进的经济体制领导经济发展的主流。立法者应当考虑国情的状况,强调求最适合中国民情之法则,亦是必要的。

乃至原本后出最精之法理,则是任何一个立法者所追求的目标。因循守旧,墨守成规,难以创建最优秀的法律。

因此,笔者认为,完善我国债的保全制度,乃至完善整个债法,其指导思想是:既要大量地借鉴国外的先进立法,又要适当考虑我国的具体国情;既要采纳最先进的法理,又要吸收实务上的宝贵经验;既要遵循基本原理,又要期于最有利益的改进。

贯彻上述指导思想的具体措施是:

（1）借鉴国外先进经验。借鉴就是学习。在制定债法、完善债的保全时,需要更广泛地借鉴国外的先进立法经验。债的保全制度经过千余年的发展,已经成为成熟完备的一项债法制度。尽管各国的立法体例有所不同,具体内容也互有差异,但其基本思想和立法原则却是一致的。尤其近百年来,资本主义国家在商品经济的环境中实施债的保全制度积累了丰富的经验,有成形的立法例、判例和司法解释可供借鉴。借鉴不是照搬照抄,但是,也要反对将借鉴轻易地斥之为抄袭。对于先进经验的学习,就是要敢于借鉴别人成功的做法,吸取别人的立法精华。

（2）继承民族优秀传统。继承本国优秀法律传统,古为今用,是完善立法的一个重要的途径。在我国,中华法系一直都是诸法合体、刑民不分,民商法立法不发达,并无债的保全制度可供继承。可是自清末以来,1911年已经拟定但未及颁行的《大清民律草案》,1915年起草完成并有参照效力的《民国民律草案》,以及1929年至1930年陆续颁行的《中华民国民法》,对于改变中国古代传统的立法结构和内容,建立现代的民商立法,作出了巨大的努力,取得了相当的成功。尤其是民国政府制定的民国民法,以西方国家和日本的民事立法为蓝本,吸收先进的法学理论精神,在世界各国民法之林,具有重要的地位。继承这些中华民族的立法精华,对于完善债的保全制度乃至债法,具有更为直接、更为简捷的意义。切不可一提到民国民法,就认为是国民党的民法、资产阶级的民法,共产党、无产阶级制定民法就不能继承。因为这部民法确实是中华民族的法律,继承其精华,是理所当然的方法之一。

(3)吸收司法实务经验。立法应当吸取司法经验,本无疑问。但由于我国司法实务长期以来并未采纳债的保全制度,因而有人对是否在完善债的保全制度时可以吸取司法经验,不无疑问。事实上,最高司法机关在近年的司法解释中已经作了相应的司法解释,在司法实务中部分采用债的保全制度,已经有了债的保全制度的雏形。鉴于我国立法粗而不细和轻视体系的格局,使最高司法机关的司法解释实质上具备了补充立法的功能,形成了正式立法与司法解释共同运作的特点,在完善债的保全乃至债法立法时,必须将相当的注意力集中在总结司法经验,集中在司法解释的研究上,避免其局限性,吸收其成功之处。这是一条相当有价值的途径。

(4)注意研究我国国情。债法是民法中最具国际化而最少民族性的部分,债的保全制度更是如此。在日益繁荣的国际经济交流中,更应注重采用国际通用的立法和惯例,使之与国际经济相融合。债的保全制度就是这样的立法之一,有必要依照国外的最新立法丰富完善我国的债的保全制度。但是,任何立法都不能离开本国的具体国情。完善我国债的保全制度,同样要考虑我国目前多种所有制经济并存,以社会主义市场经济为主体的特点,以适应经济发展的需要。应当着重指出的是,从中国国情出发,并不是迁就我国落后的东西,更不是顽固坚持保守的态度,当疽痛为美善,当糟粕为精华。就完善债的保全制度而言,只要其不违背我国经济发展的需要,就是适合中国国情的。

二、债的保全立法体例的构想

(一)比较

各国关于债的保全立法,一般分为民法上的债的保全和破产上的债的保全。在我国,《国营企业破产法(试行)》已对破产上的债的保全制度作了规定,已沿此例。故对破产上的债的保全体制不必另做比较。所要构想、比较的,是民法上的债的保全立法体例。

各国和地区民法上债的保全立法体例主要情况是:

(1)债权保全规定于何种法律之中。对此共有3种体例。一是将债的保全制度规定在民法之中,置于债编。债的保全是债法的具体内容,凡采民法统一立法的国家,均采此例,诸如,《法国民法典》《日本民法典》《意大利民法典》《西班牙民法典》和我国台湾地区现行"民法"等。二是将债的保全规定于债法之中。采债法与民法分立体制的国家,将债的保全规定于债法之中,自是理所当然。例如,《保加利亚债与契约法》第134条以下规定了债权人代位权和债权人撤销权。三是专门制定特别法规定债的保全制度。例如,德国对债的保全制度只承认债权人撤销权,不承认债权人代位权,在1879年制定《债权人撤销权法》,单独规定债权人撤销权;奥地利1914年专设《撤销条例》,规定债权人撤销权。

(2)债的保全居于债法(债编)何种地位。各国和地区民法、债法在规定债的保全制度时,基本上都将其规定在"债的效力"或"债的效果"之中。如《法国民法典》,规定在"债的效果"一章"契约对于第三人的效果"一节。《日本民法典》将其规定在总则一章的"债的效力"一节。我国台湾地区现行"民法"在"债编通则"章"债的效力"节中专设"保全"一款,对债的保全集中加以规定。

(3)债的保全的条文结构。各国和地区规定债的保全,均以债权人代位权、债权人撤销权分别规定,具体规定成两种不同的制度,构成完整的债的保全制度。例如,《大清民律草案》共设7个条文规定债的保全,其中第396—398条规定债权人代位权,第399—402条规定了债权人撤销权。《民国民律草案》对其内容进一步精简,拟定了4个条文,第340条和第341条规定了债权人代位权,第342条和第343条规定了债权人撤销权。及至民国民法正式颁行,于第242条和第243条分别规定债权人代位权的权利和代位权行使时期;于第244条和第245条分别规定债权人撤销权的权利和撤销权的除斥期间。观察3个民法的演进过程,趋向是逐渐简明扼要。《日本民法典》对于代位权的规定,只设一个条文,但该条文共设两款,相当于《民国民律草案》的第242条和第243条两个条文的内容;对撤销权的规定,却用了3个条文,第424条规定了诈害行为撤销权,第425条规定了诈害行为撤销的效果,第426条规定了撤销权的消灭时效。

(二)构想

(1)我国债的保全制度规定于何部法律之中。对此应根据我国目前的立法体制决定之。我国现行民法立法体制,采"零售"方式,即将民法化为几部法律,分别制定,已制定出的有《民法通则》《继承法》《婚姻法》《收养法》等,目前正在制定之中的有《合同法》。就目前看,尚没有制定债法的可能。笔者认为,债的保全制度当然应当制定在债法当中,在目前尚没有制定债编的可能的情况下,有两种方案可以选择,一是在修改《民法通则》时,在"债权"一节中规定之,二是在制定合同法中集中规定之。两相权衡,前者于体例上较为符合,然时间较远;后者与体例稍有不合,但近年即可完成。笔者认为,后者为更优之选择,对其体例不合之弊,可采取适当方法加以补足、修正,重点是债的保全的适用范围不能仅限于合同之债,应及于整个债的范围。适用方法,可以通过立法解释或司法解释的方法进行。

(2)债的保全在债法中的地位如何处理。如果按照《合同法》中规定的办法,可以在合同法总则中设立合同之债的效力专节,在其中规定债权人代位权和债权人撤销权。如果按照在《民法通则》"债权"一节中补充债权保全制度,只要在其中增加相应的条文即可。

(3)债的保全的条文结构如何规定。比较而言,目前我国台湾地区现行立法的结构最为合理,即共设 4 个条文,每个制度设两个条文。按照我国立法强调简明的要求,笔者认为可以设两个条文,每个条文各分二款,即借鉴《日本民法典》第 423 条的立法体例,一款规定实体权利的内容,另一款规定代位权行使期间或撤销权的除斥期间。无论怎样,不能采取将两种保全制度规定在一个条文中的做法。③

在将来制定我国民法典的时候,应在其债编总则中,专设债的效力或债的保全一节,对此制加以明确规定。

三、债的保全立法内容的构想

(一)关于债权人的代位权

确定债权人代位权制度的具体内容,首先应当遵循其基本原理,其次应借鉴境外立法,继承民国立法的精华,最后要吸取司法解释中的经验教训。

1. 债权人代位权的行使要件

关于债权人代位权的行使要件,应当明确规定其债务人享有权利、怠于行使、害及债权和履行迟延的四个要件。对此《法国民法典》第 1166 条"但债权人得行使其债务人的一切权利和诉权"和《日本民法典》第 423 条"债权人为保全自己的债权,可以行使属于其债务人的权利"的规定,均嫌不够明确。我国台湾地区"民法"第 242 条"债务人怠于行使其权利时,债权人因保全债权,得以自己之名义,行使其权利"的规定,是比较明确的,可以作为参考的蓝本。另外,结合最高人民法院适用《民事诉讼法》司法解释第 300 条和贯彻《民法通则》意见的讨论稿(以下简称讨论稿)第 149 条,应当注意解决的问题是:

(1)对应予代位行使的权利,即债务人对第三人享有的权利,并非只限于债权,亦不应限于已经到期,原则上包括财产给付内容的权利,只是应明确专属于债务人本人的权利,不得代位行使。在条文中只提"债务人的权利",并加以不得行使代位权的权利附加规定即可。

(2)关于债务人怠于行使其权利的要件,最高人民法院《适用民诉法意见》第 300 条没有作明确规定,原来的讨论稿第 149 条规定为"放弃自己应得的权利",均不够妥当,限制过严,不利于保护债权人的利益。立法时,仍应坚持"债务人怠于行使其权利"的要件。

(3)关于债务人履行迟延,《适用民诉法意见》第 300 条规定为"不能清偿债务",这种规定,限制比迟延履行为严;讨论稿的第 149 条则没有规定。观境外立法,一般不明确规定;我国台湾地区立法是将其含于"债权人因保全债权"一语之中。笔者倾向在条文中仍明确规定迟延履行债务的要件。

---

③ 参见《最高人民法院关于贯彻执行〈中华人民共和国民法通则〉若干问题的意见(修改稿)》第 149 条,该稿没有公布实施。

（4）关于害及债权的要件，《适用民诉法意见》第 300 条将其包含在"不能清偿债务"之中，讨论稿第 149 条则规定为"使债权人的权利受到影响的"。后者的规定比较可取。

（5）代位权的要件，不应包括主观恶意的要件。讨论稿第 149 条中"债务人为了逃避债务"的设想是不足取的。

2. 债权人代位权行使的对象

对代位权行使的对象，应当包括清偿行为和保存行为。对此，前述司法解释对此均无经验，可以参考《日本民法典》第 423 条的规定，将保存行为概括进去。

3. 债权人代位权的效力

关于代位权行使的效力，应明确其代位的结果，是将债务人权利行使的结果归于债务人，而非归于债权人，这是保全的必然结果。对此，国外立法一般不加规定。鉴于《适用民诉法意见》第 300 条关于第三人向申请执行人履行债务的规定，不符合代位权原理及其影响，应当明确规定行使权利的结果归属于债务人，是有积极意义的。

4. 债权人代位权的行使效果

关于代位权行使的结果，是无效，还是代位，应当认真分析。《国营企业破产法（试行）》第 35 条关于放弃债权的结果，规定是无效的方式。行使代位权，是债权人直接代债务人之位行使债务人的权利，行使的结果，是债务人的权利已经实现。如果按照宣布放弃权利无效的结果，不仅在宣告无效之后还要再重新行使权利，造成程序上的重复、繁琐，而且对于怠于行使其权利的行为根本无法以宣告无效的方法来解决。因此，制定条文时，应强调代位行使的方法，而不应沿用司法解释或《国营破产法（试行）》中宣告无效的方法。

5. 债权人代位权行使的方式

关于代位权行使的方式，境外立法一般规定为径行方式，必要时应采诉讼方式。在《适用民诉法意见》中，第 300 条规定是由申请执行人即债权人向人民法院申请，由法院通知第三人向申请执行人履行债务。这种形式，既不是诉讼方式，也不是径行方式。在讨论稿第 149 条中，对此没有具体规定。究竟采取何种方式为好，值得斟酌。结合我国缺乏具体的经验，债法制度尚不完善，人民群众对债法接受程度还不够普及的实际情况，规定完全采取径行行使方式，容易出现不当的后果；完全采取诉讼方式，也不会有太大的麻烦，因此，可以考虑规定债权人代位权的行使，须向人民法院起诉，由人民法院根据其构成，判决可否行使代位权。这样有两点好处，一是可与债权人撤销权的行使方式相协调，二是债权人在起诉请求代位权的行使之时，一并提起清偿债务的请求，人民法院可以一并审理、判决。

6. 债权人代位权行使的期间

还应当明确代位权行使期间。对于此点，日本民法和我国台湾地区"民法"都只规定行使的始期，即于债务人负延迟责任时，债权人方得行使。法国民法没有规定这种期间，原则上应适用一般的诉讼时效。在《适用民诉法意见》中，对此没有提及。笔者认为，在此期间，应当规定具体的意见，倾向于参照我国普通诉讼时效期间为2年的规定，将代位权的行使期间规定为2年的除斥期间，从债务人延迟履行债务时起算，较为稳妥。

(二) 关于债权人撤销权

完善债权人撤销权制度，在具体内容上应当着重注意以下问题：

1. 关于债权人撤销权的行使要件

在债权人撤销权的主体上，是没有疑义的，即只有债权人才享有此权利。对于其客体，《适用民诉法意见》强调的内容，一是赠与，限制在无偿行为之中，二是拟规定将自己的财产所有权转移给他人，这两种提法都欠妥当。只将撤销的客体规定为赠与甚或无偿行为，范围过窄，不利于保护债权人的债权。将自己的财产所有权转移给他人的提法，可以理解为包括有偿行为和无偿处分行为，但用财产所有权转移的表述，似不如有偿、无偿的财产处分行为更清楚、更准确。在拟定债权人撤销权的法律条文时，可以借鉴我国台湾地区民法第244条的规定体例，将处分财产的行为作明确的表述，对有偿行为和无偿行为分别提出具体的要求。

对于撤销权的主观要件，必须明确只有对债务人的有偿行为，方要求债务人及受益人须具备主观恶意，不能对无偿行为也规定"须以逃避债务"为目的。另外，这种主观要件的要求不仅是对债务人一方的要求，而且是对受让人及转得人的要求。如《日本民法典》第424条规定："因该行为而受利益或转得利益者，于行为或转得当时不知侵害债权人的事实者，不在此限"，不得撤销该行为。我国台湾地区"民法"第244条第2款规定得更为明确："债务人所为之有偿行为，于行为时明知有损害于债权人之权利者，以受益人于受益时亦知其情事者为限，债权人得声请法院撤销之"要求债务人为明知，受益人于受益时知其情事为构成主观要件，只有一方的恶意，不构成此要件。应当着重强调受益人或转得人的恶意即知情，因为受益人或转得人如无恶意地善意受让，其取得受善意取得制度保护，不得对其予以撤销。究竟采何种方式规定，似以我国台湾地区对有偿处分行为和无偿处分的撤销要求，分为两款规定，更为清楚明确，不易发生混淆和错觉。

对债务人的财产处分行为应当害及债权的要件，必须明确规定。在司法解释中，《民通意见》第130条规定为"如果利害关系人主张权利"，包含了害及债权的意思；但不明确；讨论稿第149条拟设"使债权人的权利受到影响"的要求，条文内容也不够明确。在制定撤销权的条文时，应总结上述经验，明确规定债务人的财产处分害及债权的，方得行使撤销权。

2. 债权人撤销的行使方式

关于债权人撤销权行使的方式，各国和地区立法明确规定，须以裁判方式为之，因而称之为废罢诉权、间接诉权，必须由债权人向法院起诉，由法院依法衡量，决定是否得撤销。在我国实务中，在对赠与行为损害债权人权利时，司法解释只要求可以认定其赠与行为无效，没有明文规定是否须经人民法院裁判。但从该司法解释中"应当认定"的用语判断,只有经过人民法院审理,才能作出认定,因而可以确定亦要求以诉讼方式为之。在拟定条文时,可参考日本、我国台湾地区"民法"的做法,明文规定"得声请法院撤销之"或"可以申请法院撤销"④的内容。

3. 债权人撤销权的行使范围

关于撤销权行使的范围,是以保全债权为限,还是以撤销其全部处分行为,应当斟酌。国外的通常做法是不规定撤销的范围,只笼统地规定可予以撤销,而撤销范围,交由学理解决,由法院具体掌握。这种做法也可以借鉴使用,可不具体规定撤销的范围。

4. 债权人行使撤销权的效力

关于撤销权的效力,应当明确两个问题。一是撤销后的标的应归于何人,二是我国立法是采国际统一的撤销方式,还是采司法实务中的对处分行为宣告无效的方式。

债务人害及债权的财产处分行为一经撤销,该处分行为视为自始无效,处分的财产应当返还原物,即应返还给债务人,不应交给债权人。如果债权人认为对该财产有诉讼上财产保全的必要,应另行或同时申请对其采取财产保全的强制措施。对于这些问题,境外立法习惯上并不直接加以规定,而由实务具体掌握。从便于操作、不易混淆出发,对撤销的结果将财产恢复予债务人,似有规定的必要。

撤销权行使的后果,是对债务人的财产处分行为予以撤销还是宣告其无效,分析起来,应以采取撤销方式为好。这是因为,撤销,既是国外的通常做法,又与该种情况相吻合,即该处分行为在撤销前曾有效存在过,只因为撤销才使其无效,这样规定,既有利于国际交流,又在法理上更为严密。而无效的做法,不合于该种可撤销的行为的特征,不宜采取。

5. 债权人撤销权的除斥期间

关于撤销权的除斥期间。对于这一问题,国外立法采取两种制度,一是规定诉讼时效,二是规定除斥期间。前者对撤销权的行使期间,按照诉讼时效的规定,其特点是可以因法定事由而使期间中止、中断或延长,因而诉权受保护的期间较长;后者按照除斥期间的规定,不得中止、中断或延长,且期间届至,丧失起诉权,时间也较短。在我国实务中,司法解释没有具体规定,可以认为应适用《民法通则》的诉讼时效规定。从撤销权的性质分析,这种权利是债权的从权利,从稳定民事流转秩序考虑,适用除斥期间的规定比较有利。因此,拟定条文的时候,也应当相应地规定债权人撤销权的除斥期间。

---

④ 前者为我国台湾地区"民法"第244条的内容,后者为《日本民法典》第424条的内容。

对债权准占有人给付的效力[*]

对债权准占有人给付的效力问题,在我国债法的立法上始终没有作出明确规定,在司法解释中也没有明文规定,只是在有些批复性的司法解释中有所体现。但是,在关于债务履行的给付中,经常不得不适用这一债法规则,以处理相应的债法纠纷,确定给付的效力。因此,对债权准占有人给付的效力规则是一个不得不用、不得不研究的问题,例如在冒领存款、冒名顶替刷卡等情形下,就必须适用这一规则确定清偿的效力。较早的时候,笔者在1991年的《法学研究》上发表了第一篇关于对这个问题研究的论文[①],随后又发表了数篇论文[②],现在整理成本文。

一、对债权准占有人给付效力的概念和历史沿革

(一)对债权准占有人给付效力的概念和意义

1. 对债权准占有人给付效力的概念

对债权准占有人给付效力,是指债务人善意对债权准占有人的给付为有效清偿的债法制度。可以说,债权准占有人并不是真正的债权人,债务人对其予以给付,并不是对真正债权人的给付,但是,为了保护善意债务人的合法权益,法律确认,债务人善意对债权准占有人予以给付的,为有效清偿,消灭债务人与真正债权人之间的债权债务关系。反之,则为无效清偿,债务人须继续履行,保障债权人债权的实现。

2. 对债权准占有人给付效力制度的意义

对债权准占有人给付效力,是债的清偿制度中的一个具体制度,也是债法理论中的一个具体问题。在近代,许多国家民法典对这一债法制度都有明文规定。在我国,除在有关行政规章就某些领域有所适用以外,《民法通则》并未对其作出规定,《合同法》对此也没有规定,在理论界也较少有人论及这个问题。但在司法实务中,这类案件却时常出现,例如本文最后讨论的案例,就是一个典型案例。由于法律未有明文,又缺少必要的理论指导,法官常感束手无策。因此,在理论上加强对这一债法制度的研究,确定其适用的规则,具有理论上的意义,更具有实践上的意义。

---

[*] 本文发表在《中外法学》1994年第3期。《对债权准占有人给付的效力》一文在《法学研究》1991年第3期发表之后,由于该文内容比较简单,又写作了本文。选入本书,内容作了整理和补充。
[①] 参见杨立新:《对债权准占有人给付的效力》(本书第1018页),载《法学研究》1991年第3期。
[②] 参见杨立新等:《对债权准占有人给付的效力》(本书第1018页),载《中外法学》1994年第3期。

(二)债权准占有人给付效力制度的历史沿革

1. 债权准占有人给付效力制度的产生

对债权准占有人给付效力的制度,究竟源于何时何处,学说上并无定论,亦缺乏必要的考证。一般认为,从善意取得制度的发展中,可以发现对债权准占有人给付制度的影子。

罗马法认为,"任何人均不能将超越自己所有的权利让与他人"。这句法谚体现的是保护财产交易静态安全的思想,即注重对真正权利人的保护。在实际社会生活中,如果绝对遵从这一原则,则既不利于保护受让人的利益,也不利于交易的发展。与此相对应的,是法律着眼于保护受让人的利益,保障财产交易的动态安全,促进交易发展。日耳曼法的"以手护手"原则认为:"任意与他人以占有物,除得向相对人请求返还以外,对于第三人不得追回,惟得对相对人请求损害赔偿。"③ 这一原则对物的所有权的追及力加以限制,其意义在于维护善意受让人的合法权益,比罗马法的上述原则具更明显的优越性。根据善意原则,如果行为人在为某种民事行为时不知存在某种足以影响该行为法律效力的因素,则该民事行为对该行为人有效。④这一原则进一步演化,成为现今的善意取得制度。

善意取得是物权法上的制度,并非债权法的制度。然而,善意取得的基础是交易活动,而交易原本就是债权法的内容。在实行善意取得制度的同时,其保护在交易中善意无过失一方当事人权益的思想,影响到债务清偿的内容。尽管债务人作为善意主体,即善意、无过失的债务人,对债权准占有人的给付是否具有清偿效力的问题,在很长时间内未被注意,但是在近代商品经济迅速发展,交易速度加快,特别是各种有价证券大量出现并进入流通领域的情况下,这个问题必然引起民法学家的注意。在保护交易动态安全的理论思想指导下,为促进交易活动,在特殊情况下,采取牺牲真正权利人的利益即静态安全,以保护善意、无过失交易者的利益。

因而,出于维护交易上的动态安全的目的,法律对债权准占有人的给付效力作出了明确的规定,承认善意无过失的债务人对债权准占有人的给付具有清偿效力。

2. 对债权准占有人给付效力制度的确定

最先在立法上确立对债权准占有人给付效力制度的,是《法国民法典》。该法典第1240条规定:"向占有债权人所做的善意清偿,即使占有人的占有事后被他人追夺,亦为有效。"这里所说的占有债权人,就是债权准占有人。这一立法例没有被《德国民法典》采纳,但为其他国家民法所援引。如《日本民法典》第478条规定:"对债权准占有人做出的清偿,以其清偿人为善意并且无过失为限,具有效力。"

在我国历史上的两个民律草案中,都拟写了相应的法律条文。其中《大清民律草案》第431条系仿《日本民法典》第478条规定,内容是:"向债权准占有人为清偿者,

---

③ 由嵘:《日耳曼法简介》,法律出版社1987年版,第56—57页。
④ 参见郑立、马太建:《论民法中的善意制度》,载《法学杂志》1989年第5期。

以清偿人之善意为限,有效力。"1925年起草的《民国民律草案》改变这种条文结构,第364条对向第三人清偿的效力作了集中规定,其中包括向债权准占有人给付的效力,即该条第(二)项为此制,内容是:"因清偿而向第三人为给付,经其受领者,其效力依左列各款定之:……(二)受领人系债权准占有人者,以债务人不知情者为限,有清偿效力。"

至国民政府正式制定民法,采《民国民律草案》的结构方式,在债编第310条第(二)项规定:"向第三人为清偿,经其受领者,其效力依左列各款之规定:……(二)受领人系债权准占有人者,以债务人不知其非债权人者为限,有清偿之效力。"其立法理由称:"谨按凡清偿须向债权人或有受领权限之人为之,方为有效。若向第三人清偿,虽经第三人受领,亦不生清偿之效力,此属当然之事。然……债权准占有人,非债权人,而以为自己意思行使债权人权利之人也。债务人于清偿时,不知其非债权人,而向其清偿,为保护善意之债务人起见,亦使其发生清偿之效力。"其立法意旨为保护善意债务人,十分明显。

(三)我国司法解释对债权准占有人给付效力制度的适用

我国《民法通则》没有规定对债权准占有人给付效力制度。在某些行政规章中,对此制有所体现。《中国人民银行储蓄所管理暂行办法》第56条规定:"不记名的储蓄存款,不办理挂失手续。"《中国工商银行储蓄会计出纳核算制度》第59条规定:"储户来银行挂失前,存款已被支取,银行概不负责。不记名的储蓄存款,不办理挂失手续。"设立挂失手续的目的,就是为了防止债权准占有人支取银行储户存款。对未挂失的存款和不办理挂失手续的不记名存款,银行善意对债权准占有人为清偿的,为有效清偿,"银行概不负责"。同时,这些规定还对挂失和提前支取定期存款作了详细规定,银行工作人员违背规定支付,即为有过失,清偿无效,须向债权人另行履行清偿义务。

这些规定,并非民法上完整的对债权准占有人给付效力制度,但却是对这一原理和规则的具体应用。

值得重视的是,最高人民法院以(民)复(1990)13号批复依据《民法通则》第75条、第106条规定和对债权准占有人给付效力的原理,认定银行储蓄所在储户已经按规定办理了函电挂失手续,储蓄所工作人员因其过失而向债权准占有人给付的,不发生清偿的效力,"对由此造成的经济损失应依法承担民事责任"。这一批复,是我国最高审判机关第一次正式运用对债权准占有人给付效力的原理和规则解决具体的民事纠纷案件作出的司法解释,确认了这一理论和规则的现实意义,为将来在民事立法正式建立这一制度,奠定了基础。尽管《合同法》没有规定这一个规则,但是这个规则是符合债法原理和现实交易习惯的,应当在实践中采用,为解决这类纠纷提供思路和规则。

二、债权准占有人

(一) 债权准占有人的概念
研究对债权准占有人给付效力制度,最重要的是准确理解债权准占有人的概念。

1. 对债权准占有人概念的不同界定

对债权准占有人概念的界定,我国境内学者缺少深入的研究,没有提出较为准确的概念界定的意见。我国台湾地区学者对这一概念的界定主要有两种主张。(1)认为"债权准占有人,是'以自己'之意思,行使债权,而与债权人间,有事实上管领关系之人。如银行存折与印章持有人,债权让与无效之受让人,事实上之继承人"。⑤(2)认为"债权准占有人虽非债权人,然以自己之意思,事实上行使债权,依社会一般之交易观念,有足以使认为其为真实债权人之外观"。⑥ 黄宗乐监修《六法全书·民法》的定义与此相似,但文字更为准确:"所谓债权准占有人即虽非债权人,惟以为自己之意思,事实上行债权,依一般之交易观念,足使他人认其为债权人者。"这两种主张,前者强调"管领关系",后者强调"认其为债权人者"。比较而言,后者似更为准确。(3)认为"债权之准占有人,指非债权人,但以自己享有之意思行为行使债权,而依一般交易观念,足使他人认其为债权人者"。⑦

笔者在研究最高人民法院前述司法解释的时候,曾下过这样的定义:"债权准占有人,是指占有债权文书并依债权文书行使债权的非债权人。"⑧ 这一界定,仅就持有债权文书的非债权人而言,是没有问题的,但没有将其他情况包括在内,因而内涵、外延均嫌过窄。例如,乙买甲的房屋因欠缺形式要件而无效,乙已经占有、使用该房,甲也未依法追回房屋,但仍是该房的所有权人。丙将该房屋损坏,丙向乙给付损害赔偿,乙亦为债权准占有人。对于这种情况,上述定义则难以概括进去。

2. 对债权准占有人概念的准确界定

综合起来,债权准占有人,是指外观征象依一般社会交易观念足使他人认其为债权人,并为自己的意思,以真实债权人的身份行使债权的非债权人。这样的界定更为准确,其内涵和外延均为合适。

(二) 债权准占有人的法律特征

1. 债权准占有人不是真正的债权人

债权准占有人不是真正的债权人,因而与善意占有人不同。法律承认善意无过失的债务人对债权准占有人的给付发生清偿的效力,立场是保护交易的正常秩序,保

---

⑤ 戴森雄:《民法案例实务》(第一册),台北三民书局1983年版,第201页。
⑥ 史尚宽:《债法总论》,台北荣泰印书馆1978年版,第734页。
⑦ 邱聪智:《新订民法债编通则(下)》(新订1版),中国人民大学出版社2004年版,第450页以下。
⑧ 杨立新:《对债权准占有人给付的效力》(本书第1018页),载《法学研究》1991年第3期。

护善意清偿债务的债务人,规定债权因债务人对债权准占有人的善意给付而消灭,并不意味着法律对债权准占有人身份属性的认识有了改变,而成了真正的债权人。法律并不是站在债权准占有人的立场作规定,让其受到不当利益。这是非常明确的。反之,善意取得中的受让人,在交易中是真实的权利人,虽然让与人让与的权利有瑕疵,但法律令受让人基于善意取得制度而成为真正的债权人,并且实现该债权。对此,法律的立场是保护善意债权人的利益。债权准占有人永远不会成为真正的债权人,因此,债权准占有人接受清偿的债务而使其得到的财产,仍然是非法占有的财产,而不是合法所有的财产。这是法律对其行为的谴责,而不是纵容和姑息。

2. 债权准占有人具有真正债权人的外观表征

债权准占有人在客观上有真正债权人的外观表征,因而与不当得利的债务人有所区别。债权准占有人在行使他人债权的时候,虽非债权人,但依一般的社会交易观念,其外观表征足以使他人认其为债权人。如持有债权文书的人、债权让与无效的受让人等,尽管他们是非真实的债权人,但债务人从其持有的债权文书或债权受让地位观察,足以认其为债权人。不当得利的债务人非以其外观表征而使其受益,受益原因乃由出让利益的本人的过错所致。因此,债权准占有人与不当得利的债务人有着本质的区别。

3. 债权准占有人在主观上须有为自己的意思

债权准占有人在主观上须有为自己的意思,因而与表见代理人有所区别。债权准占有人在行使他人债权的时候,是为自己获得某种利益,而不是为债权人的意思实现债权。表见代理人与债权准占有人在外观表征和行使他人权利上具有相似之处,但二者的严格区别是,表见代理人行使他人权利是为真正的权利人的意思而为之,而债权准占有人行使他人权利却是为自己谋取利益,并不是为债权人的利益而行使权利。

4. 债权准占有人须以真实债权人的身份行使债权

债权准占有人须以真实的债权人的身份行使债权,因而与代位权人不同。无论是债权人代位权,还是代位追偿权,在这些场合行使权利的人当然也都不是真正的债权人,而是因某种法律原因,代权利人之位而向债务人要求清偿。而债权准占有人并非代位行使债权人的权利,而是借用其外在表征上与债权人的相似之处,以真正债权人的身份行使债权,因而与代位权人根本不同。

(三)债权准占有人的种类

1. 债权准占有人的范围

债权准占有人的范围应当包括哪些,学者有不同看法。有的认为包括银行存折与印章持有人、债权让与无效的受让人和事实上的继承人。[9]有的认为包括表见继承

---

[9] 参见戴森雄:《民法案例实务》(第1册),台北三民书局1983年版,第201页。

人、债权证书的持有人和债权让与无效的受让人。⑩这两种看法基本一致。还有一种看法认为债权准占有人包括以下 7 种：

（1）窃取银行存折及印章而请求支付的人。

（2）基于无效的转移债权命令而为债权行使的人。

（3）就股份公司之盈余分配请求权，于分配金受领证加盖与股东印鉴符合的印章而为提出的人。

（4）无记名债权或免责证券的持有人。

（5）表见继承人或基于经法院检证的无效遗嘱的受遗赠人。

（6）营业让与时，营业财产中的债权于某个别的依债权让与的规定让与于受让人以前，使营业的受让人使用商号或为营业让与之公告时，其营业的受让人。

（7）未登记的不动产所有人以外的人，为保存登记或占有该不动产时，第三人因侵权行为使该不动产毁损或灭失者，侵权行为对于登记名义人或占有人所为损害赔偿债务清偿的受清偿人。⑪上述第三种意见所述的债权准占有人的范围更为完整，可以参考这个说法确定债权准占有人的范围。

2. 债权准占有人的分类

对上述债权准占有人，可以进行不同的分类。

（1）持有债权文书的债权准占有人与非持有债权文书的债权准占有人。按照债权准占有人是否占有债权文书，可以分为持有债权文书的债权准占有人和非持有债权文书的债权准占有人。

持有债权文书的债权准占有人是以持有真正的债权文书为权利人的外观表征，认定其为债权准占有人，因此，在实务中最为常见。非持有债权文书的债权准占有人不是以债权文书认定其身份特征，而是以其他特征界定其债权准占有人的身份特征，例如表见继承人等。

（2）可明确的债权准占有人和不明确的债权准占有人。按照债权准占有人的身份是否可以明确，可以分成可明确的债权准占有人和不明确的债权准占有人。

可明确的债权准占有人是可以查明其是否为真正的债权人的债权准占有人，多见于持有记名债权文书的情况，通过记名债权文书可以确定真正的债权人。不明确的债权准占有人则无法查明是否为真正的债权人，如无记名债权文书的持有人，以捡到的电影票看电影的人，以捡到火车票乘坐火车的人，无法明确其是否为真正的债权人。

（3）恶意的债权准占有人和善意的债权准占有人。按照债权准占有人的主观心态，可以分成恶意的债权准占有人和善意的债权准占有人。

恶意的债权准占有人在行使债权时，明知自己不享有债权并通过行使他人的债

---

⑩ 参见黄宗乐监修：《六法全书·民法》，台湾宝成文化事业出版公司 1991 年版，第 376 页。

⑪ 参见史尚宽：《债法总论》，台北荣泰印书馆 1978 年版，第 734 页。

权而获得私利,其主观上具有贪利的恶意,行使他人的债权就是为了获得非法利益。善意的债权准占有人在行使债权时,不知自己所行使的债权为他人所享有,主观上并没有行使他人债权获得利益的意图。

三、对债权准占有人给付发生清偿效力的构成要件和法律后果

(一)对债权准占有人给付发生清偿效力的构成要件

对债权准占有人的给付发生清偿的效力,应当具备何种必要要件,学者论述不多。对债权准占有人的给付发生清偿效力,应具备以下要件:

1. 债权准占有人须为合格

债权准占有人须持有合法债权文书或具有足以使债务人认其为债权人的外观表征。此要件即为债权准占有人必须合格。

如前所述,债权准占有人须有系非债权人、具有债权人的外观表征、有为自己的意思和以真实债权人的身份行使债权这四个基本特征。构成该种给付的清偿效力,其主体的要件,就是受清偿人须符合上述特征,方有债权准占有人的资格。

确定受清偿人是否为债权准占有人,应按上述四个特征来衡量,但其中最重要的是严格把握非债权人和具有债权人的外观表征的特征。在实践中,非债权人这一特定身份,往往是因真实债权人主张债权的事实而证实,并不难查清。具有债权人的外观表征则是最重要的判断根据。

对于债权准占有人的身份判定,原则上应具有行为能力,因为向无行为能力人清偿,债务人对债权人的身份缺少必要的判断,可致清偿无效的后果。"对债权准占有人之清偿,其清偿之给付内容,非为法律行为时,准占有人不以有行为能力为必要。准占有人受破产之宣告或禁止向其支付时,则失其清偿受领之权能。"[12]

除此之外,确定债权人的外观表征是否具备,还应根据债权准占有人是否持有债权文书的不同而定。

(1)对持有债权文书的债权准占有人的认定。持有债权文书的债权准占有人,以持有有效的债权文书为已足。具体要求是:第一,持有无记名有价证券等无记名债权文书,或者持有记名债权文书但不须提供身份证明文件的,以已提供债权文书,且该债权文书为有效为足。前者如车、船票,无记名奖券、彩票等,后者如银行活期存款折[13]等。第二,持有记名债权文书且须核对身份证明文件方可支付,以及须办理必要手续方可支付的,除提供债权文书、债权文书须有效外,还须核对身份证明文件属实

---

[12] 史尚宽:《债法总论》,台北荣泰印书馆1978年版,第735页。
[13] 这种活期存款折应为记名、无密码、未预留印鉴者。不过,现在的活期存款折都预留密码,则不属之。

和办理必要手续,方为主体合格,如支取邮局汇款、提前支取银行定期存款,都须验对身份证明文件,如果是代人支取,须"两证俱全",即取款人和代取款人的身份证明均须验对属实。

(2)非持有债权文书的债权准占有人的认定。非持有债权文书的债权准占有人,其外观的客观征象必须是可以确认其为债权人,如表见继承人、占有使用不动产的非所有权人、债权让与无效的受让人等,均须具有足以认其为债权人的外观表征。确定的标准,应依客观标准,即一般的交易观念,并非依据债务人或裁判者个人的主观判断。

2. 债务人须在客观上已经履行了给付义务

清偿的含义,就是依债务之本质,向债权人或其他有受领权人提出给付,实现债务内容,以消灭债务关系之谓也。⑭ 因而,发生清偿效力的客观要件,必须是在客观上履行了给付义务。

客观上履行了给付义务,应依债务本旨为之。所谓债务本旨,即给付依照其品质、种类、时期及处所而提出。⑮ 给付必须实际履行,口头上的履行不发生清偿的效力;给付并非必须全部履行,原则上以实际履行的数额为限,已履行多少数额,即发生多少的清偿效力。全部给付,发生全部清偿效力;部分给付,发生部分清偿效力。

客观上履行的给付义务,应经债权准占有人受领。从原则上说,债权准占有人未受领给付的,不发生清偿效力。如果债权准占有人已行使债权,但却未接受清偿,如果发生损失,并不发生清偿的效力,债务人应承担继续清偿的责任。与清偿具有同样效力的代物清偿、提存,亦可准用对于债权准占有人为清偿的规定。⑯ 代物清偿,是指债务人受领他种给付,以代原定给付之谓。依照民法原理,代物清偿为一种要物且有偿之契约,故须现实为他种给付,而债权人受领者,始为成立。⑰对债权准占有人代物清偿,债权准占有人同意并受领者,亦发生清偿的效力,债务人对债权人免去清偿之责。债务人与债权准占有人之间的给付以提存方式履行的,亦发生清偿的效力,只是这种情况并不常见。

债权准占有人与债务人之间的抵消,是否可以类推适用,史尚宽先生认为,如债务人信其为真债权人,以其信用而负反对债务时,至少应认为有类推适用。⑱ 这种看法是有道理的。

客观上履行的给付义务,原则上应由债务人履行。债务人的代理人为履行,自应视为债务人的履行。第三人对于债权准占有人的给付,有些学者认为也发生清偿效

---

⑭ 参见刘清波:《民法概论》,台北开明印书馆1979年版,第329页。
⑮ 参见刘清波:《民法概论》,台北开明印书馆1979年版,第329页。
⑯ 参见史尚宽:《债法总论》,台北荣泰印书馆1978年版,第735页。
⑰ 参见刘清波:《民法概论》,台北开明印书馆1979年版,第339、340页。
⑱ 参见史尚宽:《债法总论》,台北荣泰印书馆1978年版,第735页。

力[19],不过这种给付须经债务人同意,并须具有特定的关系,如该第三人系债务人的债务人;否则,不发生清偿效力。

3. 债务人履行债务时须善意无过失

对债权准占有人给付发生清偿效力,须具备债务人履行债务时的善意无过失的要件。该要件为立法通例和学者的一贯主张。《法国民法典》和《日本民法典》都规定"善意清偿"或"清偿人系善意者为限",限定债务人的善意清偿始发生清偿效力。《大清民律草案》第431条与此相同。《民国民律草案》第364条则"以债务人不知情者为限"的内容表述。《民国民法》则依《民国民律草案》的体例规定,其实质,仍为善意无过失,其立法理由中的"债务人于清偿时,不知其非债权人,而向其清偿,为保护善意之债务人起见,亦使其发生清偿之效力"说明,即为足证。因此,以善意无过失为要件,是对债权准占有人给付效力构成的最重要的要件,为主观要件。

善意,包含两层含义:一是指行为人动机纯正,没有损人利己的不法或不当目的的主观态度;二是指行为人在为某种民事行为时不知存在某种足以影响该行为法律效力的因素的心理状态。[20] 过失,是指行为人应为一定注意而未为之的主观心理状态。善意与恶意相对,过失与无过失相对。

对债务人为清偿时要求其善意、无过失,就是既要求其动机纯正,又要求其无过失,表现为不应知因而不知履行的对象不是真正的债权人而为履行。具体的要求是:第一,债务人依据当时的条件只能将债权准占有人认作真正的债权人,不知另有真正的债权人或不知谁是真正的债权人。第二,债务人没有义务去查明债权人的真实性,或者已经证明债权准占有人确有债权人的客观表征。第三,债务人给付的目的是为了消灭债务,无损人利己的不法或不当的企图。

例如,对于车、船票,活期储蓄存折,已届清偿期的定期存款单,无记名有价证券等,债务人没有义务去查明债权人的真实性;对于应查明身份的债务清偿,如提前支取的定期储蓄存单、邮局汇款单支取等,对支取人提供的身份证明文件验对属实,无论债务人不知另有真正的债权人或不知谁是真正的债权人,都应认为债务人无过失,其给付出于纯正清偿动机的,具备清偿有效的主观要件。

该主观要件,对于是否以无过失存在为必要,意见并不一致。依日本判例,不以无过失为必要。但是清偿人如有重大过失者,则等于恶意。[21] 对此,笔者持不同意见。善意只说明债务人的动机,无过失要求其善尽其注意义务。如果不以无过失为要件,则对债权人的利益保护不当,过于宽纵债务人。善意、无过失均作为主观要件,方能妥善保护债权人和债务人的利益。

确定债务人清偿时有无过失,应以客观标准观察判断,其注意义务的标准,应以

---

[19] 参见史尚宽:《债法总论》,台北荣泰印书馆1978年版,第735页。
[20] 参见郑立等:《论民法中的善意制度》,载《法学杂志》1989年第5期。
[21] 参见史尚宽:《债法总论》,台北荣泰印书馆1978年版,第735页。

善良管理人的注意为之,即以交易上的一般观念认为具有相当知识经验的人,对于一定事件的所尽注意作为标准,客观地加以认定,行为人有无尽此注意的知识和经验,以及他向来对于事务所用的注意程度如何,则不问,唯有其职业应加以斟酌。[22]

当债务人订有行为规章、规范等成文约束文件时,应以该文件的规范要求作为衡量标准。例如,《中国工商银行储蓄会计出纳核算制度》第 54 条规定,函电挂失存款,所应履行的手续为:①查有存款;②红笔批注,办临时止付手续;③专夹保管;④通知办理正式挂失手续。例如周福军发现自己 7800 元金额的记名存折丢失,立即向其存款的徐水县工商银行金融服务所打电话声明挂失。该所工作人员接到挂失电话后,查实上述存款确在本所,但未按规定办理红笔批注,没有办理临时止付登记手续,也没有专夹保管,致使该存款挂失后被他人冒领[23],为有过失,其对债权准占有人的清偿无效,应继续履行债务。这里使用的过失标准就是客观标准,而不问债务人主观上是否已尽注意义务。

具备以上三个要件,即债务人对债权准占有人的给付即发生清偿效力。

(二)对债权准占有人给付效力的法律后果

对债权准占有人给付发生清偿效力的法律后果,包括以下三点:

1. 债权人和债务人之间的债权债务关系消灭

对债权准占有人给付的清偿效力首先及于债权人和债务人。清偿是债权债务关系消灭的最重要的原因之一。债务一经清偿,使债权债务关系即时归于消灭。债务人对债权准占有人的给付,具备三个构成要件,即发生清偿的效力,其法律后果就是债权人和债务人之间的债权债务关系消灭,债权人不得再向债务人请求清偿。债务人依照社会上一般的交易观念,对非为债权人但具有债权人外观表征足以认其为债权人的债权准占有人履行给付义务清偿债务,只要善意且无过失,其后果就相当于对债权人的给付,发生同样的法律后果。例如,《中国工商银行储蓄会计出纳核算制度》第 59 条规定:"储户来银行挂失前,存款已被支取,银行概不负责。"未挂失的银行存款被冒领,如果支取的身份证明文件验对符合要求,银行(即债务人)对存款单折持有人(即债权准占有人)的给付发生清偿的效力,储户(即债权人)无权要求银行重新清偿,银行对此"概不负责",其债权债务关系归于消灭。

2. 债权的从权利亦因清偿而消灭

债权因清偿而消灭,其效力及于债权的从权利,包括担保物权、保证债权及其他权利,例如抵押权、将来的利息债权、违约金债权等,亦随同主债权的消灭而消灭。[24] 对债权准占有人的清偿,亦使主债权的从权利同时归于消灭,从权利的债务人因主债务人对债权准占有人的清偿而使其债务消灭,并取得对抗债权人的抗辩权。从权利

---

[22] 参见杨立新主编:《民事审判诸问题释疑》,吉林人民出版社 1993 年版,第 137—138 页。
[23] 参见最高人民法院法(民)复(1990)13 号批复。
[24] 参见史尚宽:《债法总论》,台北荣泰印书馆 1978 年版,第 760 页。

的债务人与主债务人为同一人的,债权人不得再依从权利向债务人要求承担担保等债务。从权利人为独立个人的,依其取得的抗辩权而可以对抗债权人的履行从债务的请求,债权人的此种请求为无理由。从权利为抵押权的,债权人丧失抵押权,已经占有抵押物的,应予返还。从权利为留置权的,留置权消灭,不得继续扣押留置物。从权利为保证债权的,保证债权消灭。其他从权利亦均一并消灭,不得再行主张。

3. 债权人和债权准占有人间产生债权债务关系

债权准占有人并非真实的债权人,其以其客观的外观表征使债务人相信其为债权人,并因此而获得清偿,其性质,或者是侵权行为,或者是不当得利。因占有债权文书而冒领债权的给付的,为侵权行为;因债权转让无效的受让人接受给付的,为不当得利。债权准占有人的这种占有,均为非法占有,应当予以追夺。这种追夺的关系,依据债权准占有人获清偿行为的性质,分为侵权之债和不当得利之债。债权准占有人明知其为非债权人而以债权人的身份冒领债权的给付的,债权人与债权准占有人在给付发生清偿效力之时,产生侵权损害赔偿关系,债权人享有侵权损害赔偿的请求权,债权准占有人负有侵权损害赔偿的债务,负返还原物或赔偿责任。债权准占有人接受给付时有法律上的原因,后因该法律上的原因丧失,该接受的给付为不当得利时,债权人与债权准占有人形成不当得利的债权债务关系,债权准占有人负有返还不当得利的义务。这是因为,设立对债权准占有人给付效力制度的主旨,在于保护善意债务人的权益,而非保护债权准占有人的非法所得。如果对债权准占有人的非法所得承认其取得权利,则使债权人的权益受到严重损害,有失民法的公平正义原则。因此,对债权准占有人所获清偿,不适用善意取得制度;如果将来建立占有时效制度时,也不得适用占有时效制度。

(三)欠缺构成要件的对债权准占有人给付的法律后果

欠缺对债权准占有人给付具有清偿效力的构成要件的,不发生清偿的效力。受清偿人不具有债权准占有人的资格,或者债务人尚未给付,或者债务人在实施给付行为中有恶意或有过失,均不发生债务清偿的效力。

客观上尚未给付,自然容易理解和判断。债权准占有人不合格和债务人清偿中的过失,往往联系在一起,互相渗透和影响。在实践中应当综合分析判断。在实务中,最高人民法院对此类案件先后发布4个批复,均认为债务人在给付中有过失。一是储户存折丢失挂失后,银行又对债权准占有人给付;二是预留印鉴的存款,债权准占有人伪造印鉴,银行应发现而未发现;三是债权准占有人声称印鉴丢失又伪造证明信,银行未予识别;四是债权准占有人伪造身份证明文件而银行未予识别。此4个案例,债务人于给付中的过失,均与债权准占有人的资格有关联,因此认定不发生清偿的效力。

这种法律后果表现为两点:第一,不发生法律效力的对债权准占有人的给付,不发生债权债务消灭的法律后果,其债权的从权利亦不消灭。债务人应当继续对债权人履行债务,其从权利仍然发生法律效力。第二,债务人因对债权准占有人给付所造成的损失,形成侵权之债或不当得利之债,债务人对接受给付的债权准占有人享有侵权或不当得利之债权。

四、补救措施和典型案例分析

(一)对债权准占有人给付发生清偿后果的补救措施

确认对债权准占有人给付效力制度,是法律为保护善意债务人的权益,保障和促进交易发展,在既要保护交易的静态安全,又要保护交易的动态安全的两难情况下,不得已而作出的选择。尽管法律设此制度并非为保护债权准占有人的非法所得,但这一制度对于债权人的不利益状态,是显而易见的。这是因为,如果强调保护债权人的利益,其后果必然难以保障善意债务人的权益,使债务人不敢清偿债务,严重障碍交易的发展;反之,强调保护善意债务人的利益,维护交易的动态安全,将必然损失债权人的利益。法律在无法顾及各方面的利益的情况下,总是要求把牺牲的利益降到最低值,实现立法的最优化,因而才选择了后者。

面对法律对债权人利益保护不够的选择结果,法律制定了各种防范和补救措施。其中最重要的措施,是赋予债权人对债权准占有人以追夺权,见前述。除此之外,法律还设相应的制度,防止债权准占有人冒领债权人的债权给付。

1. 申请挂失

现行的申请挂失有两种,其目的都是防止债权准占有人的冒领。

一种挂失是指遗失票据后,失主向银行办理挂失止付手续。挂失止付是我国旧有的一种习惯,民国时期的票据法保留了此制,我国台湾地区现仍沿用,大陆也实行此制。根据大陆目前的规定,挂失止付的范围包括银行汇票、现金支票和记名储蓄存款。上述票据一经挂失,立即办理止付手续,可防止债权准占有人冒名支取,挂失前被冒领的,银行概不负责。挂失止付的办法在大陆不失为丧失票据后的一种补救办法,不过不是一种有确定效力的办法。[25]

另一种申请挂失是指报纸、电台、电视台、杂志等传播媒体根据申请人的要求,刊载、播出票据丢失,从而宣布丢失的票据无效的行为。这种做法于法无据,不能发生法律上的效力,不过也可起到一定的作用,引起他人注意,防止票据的继续流通。

2. 请求防范

请求防范,是指持票人丧失非现金票据后,可以通知收款人,请其防备以免造成损失。如:遗失了填明收款单位或个体经营户名称的汇票,银行不予挂失,但可以通知收款单位或个体经济户、兑付银行、签发银行,请其协助防范[26];已签发的转账支票

---

[25] 参见谢怀栻:《票据法概论》,法律出版社1990年版,第81页。
[26] 参见中国人民银行会计司编:《银行结算制度汇编》,中国金融出版社1989年版,第26页。

遗失,银行不受理挂失,可请求收款人协助防范。㉗

3. 公示催告

公示催告是指可以背书转让的票据持有人因票据被盗、遗失或者灭失,可以向票据支付地的基层人民法院申请公示,催告若在一定期限内无人申报权利,则进行除权判决,宣告票据无效的行为。因此,此制实际上是丧失票据的人在丧失票据后申请法院宣告票据无效而使票据权利与票据相分离的一种制度。㉘ 通过公示催告程序,最终使真正债权人的权利得到保障,防止债权准占有人冒领,同时也顾及了交易的安全,保护债务人和善意第三人的利益。可见,公示催告制度是上述防范补救措施中最具效力的、最重要的法律制度,应广泛采用。但是,我国《民事诉讼法》所设此制限制过窄,应进一步扩大,不仅包括可背书转让的票据,还应包括其他有价证券等债权文书,诸如指示证券、仓单、提单、载货证券、股票等。

上述 3 种补救措施,主要针对持有债权文书的债权准占有人所设。对于非持有债权文书的债权准占有人因其身份容易查明,债权人可用追夺方法补救,上述补救措施不易适用。

(二) 典型案例分析

原告何豆粒之子白聪明于某年 8 月 15 日在中国人民建设银行厦门市分行中山储蓄所存入定期一年的人民币 3 万元。次年 1 月 31 日,白聪明因车祸死亡,该笔存款的存单下落不明。次日,何委托亲戚陈明坤去该储蓄所办理挂失止付手续。陈在挂失申请书上写明挂失原因系因车祸丢失存单,并提供本人身份证,在身份证号码后注明"代"字,其余栏目由储蓄所业务员经查询存款确实在做账后代填。该储蓄所向陈收取了挂失手续费,在挂失申请书上加盖了业务章,并出具挂失申请书第三联单据给陈。2 月 2 日,储蓄所内部监督部门集资处核算科经审查认为,该笔挂失缺乏储户本人身份证,违反银行挂失原则,挂失无效,通知该储蓄所立即予以撤销。2 月 4 日,该储蓄所撤销该挂失申请,但未告知何豆粒和陈明坤。8 月 16 日,有人凭取款人所持的存单支取了该笔存款的本息共 32 443.12 元。10 月,何豆粒委托陈到该储蓄所要求支取该笔存款的本息,储蓄所工作人员告知其提供财产继承公证书、户口簿等有关证件。11 月,何持上述证件要求取款时,储蓄所才将存款已被他人领走的事实告知何。何向法院起诉,要求支付存款本息,并赔偿其经济损失。㉙

对于本案,有不同的意见:第一种意见认为,本案系储户因存单遗失导致存款被他人冒领的案件。依照债权人准占有人清偿效力的民法原理,应当适用《民法通则》第 106 条第 1 款的规定,认定银行一方对债权准占有人所为的清偿为无效清偿,应当继续对储户清偿存款本金和利息。第二种意见认为,亦应按照债权准占有人给付效

㉗ 参见中国人民银行会计司编:《银行结算制度汇编》,中国金融出版社 1989 年版,第 31 页。
㉘ 参见谢怀栻:《票据法概论》,法律出版社 1990 年版,第 78 页。
㉙ 参见《人民法院案例选》,人民法院出版社 1995 年第 4 辑。

力的原理判决,但应适用《民法通则》第 106 条第 2 款的规定,赔偿储户存款本金和利息的损失。第三种意见认为,原告的挂失申请缺乏储户本人身份证明,为无效挂失,银行撤销该挂失是合法的。银行撤销挂失之后凭存单正常支付该笔存款本息是有效的,而何豆粒本人对存单保管不妥,应自行负担损失,银行不承担责任。

对于本案,白聪明与中山储蓄所之间的储蓄存款合同有效成立,银行方负有到期支付存款本息和保护存款安全的义务。白聪明死亡后,其母何豆粒为其合法继承人,对该债权享有权利。何豆粒知悉白聪明的存单丢失以后,即向银行一方申请挂失,银行一方已办理挂失手续,并持续一月有余。当审核发现挂失手续不完备时,银行一方应当通知储户补办挂失手续使其完善,或者撤销该挂失申请,但亦须通知申请挂失人。在这种情况下,银行一方采用第二种方式,又在长达 8 个月的时间里不通知申请挂失人即储户,致使该存款本息被他人冒领。直至同年 10 月,存款被冒领 2 个月以后,储户来取存款本息时,银行仍未告知其挂失申请已经撤销和存款已被支取的事实。据此,银行一方因其在对债权准占有人的给付中有明显的过失,而不构成对债权准占有人给付发生清偿效力的法律后果,清偿无效,因而应视其未对债权人清偿,应对储户继续清偿。至于银行自己的损失,可以向债权准占有人追偿,追偿不成,则自负损失。

应当特别说明的是,对债权准占有人给付效力的理论,是债的清偿理论的组成部分,原则上适用于各种债。对于本案,是合同之债的清偿,对债权准占有人给付不发生有效清偿后果的,债务人对于债权人的义务,是继续履行的义务,而不是赔偿的义务。因为在这种情况下造成的损失,不是给真正债权人(本案的储户)造成的损失,而是给债务人(本案的银行一方)造成的损失。因而,应当依据合同法的原则处理,而不是依据侵权法处理。对此,应当适用《民法通则》第 106 条第 1 款,而不是第 2 款。不应当搞错这个民事法律关系的根本性质。

论损益相抵[*]

一、问题的提出

损益相抵原则在民法中居于何种地位,含义如何,以及在实务中如何适用？这些问题,不无疑问。在下述案例中,将涉及这个问题。

受害人赵某,系3岁男孩。加害人尹发惠,女,云南省某县职员,现年40岁。赵、尹两家居于同一宿舍区,相距不远。1989年11月26日下午,尹到开水房提开水回家准备给她的孩子洗澡,当提到赵家门口通道与公共通道交叉路口时,因提不动,将两只装满开水的水桶放在该处路上,另去借扁担。这时,赵某外出玩耍后回家,倒退着走到水桶旁,被水桶的耳子剐着毛线裤,跌入开水桶内,致赵某左背部、臀部及双下肢烫伤,面积为28%,深度为Ⅱ—Ⅲ度。赵某经转院治疗,创面瘢痕愈合出院,共用去医疗费、护理费等费用共5 693.40元。赵某烫伤之前,在该县托儿所统一办理了幼儿托育意外伤害保险,受益人为赵之父赵志华,烫伤后接受全额保险费1 000元;赵某之母在该县茶厂工作,依据《劳动保险条例》,该厂补助报销赵某医疗费的35%为438元;而赵某已付的医疗费为1 411.42元。一审法院判决认为,原告已付医疗费已由保险费和工厂核销的医疗费数额全部冲销,已无实际损失,被告不再赔偿;其他损失及继续治疗费用,按过失相抵原则,尹承担60%。双方当事人上诉以后,二审法院在上述损益可否抵消问题上意见不一致,逐级向上级人民法院请示。最高人民法院1991年8月9日(1991)民他字第1号复函认为:"尹发惠因疏忽大意行为致使幼童赵某被烫伤,应当承担侵权民事责任;赵某的父母对赵某监护不周,亦有过失,应适当减轻尹发惠的民事责任。尹发惠应赔偿赵某医治烫伤所需的医疗费、护理费、生活补助费等费用的主要部分。保险公司依照合同付给赵某的医疗赔偿金可以冲抵尹发惠应付的赔偿数额。保险公司由此获得向尹发惠的追偿权。赵某母亲所在单位的补助是对职工的照顾,因此,不能抵消尹发惠应承担的赔偿金额。"二审法院遂依以上复函判决此案。

该案涉及债法理论中的两个问题,即过失相抵和损益相抵。上述最高人民法院复函的前一部分解释的是过失相抵原则,后一部分解释的是损益相抵原则。对于过

---

[*] 本文发表在《中国法学》1994年第3期。

失相抵,笔者曾在一篇文章中详细讨论过①,本文仅就后一个问题即损益相抵原则,结合本案具体情况,从理论和实践的结合上进行研究,并对复函就此问题的司法解释进行评价、研讨。

二、损益相抵的概念及理论依据

损益相抵这一概念的称谓,曾有两种不同的主张,一种主张称之为损益相抵,另一种主张认为此种情景非债权间之相互抵消,并不依当事人之意思表示而发生效力,因而称之为损益相抵不甚恰当,而应称之为损益同销。②尽管如此,损益相抵与损益同销为同一概念,并无疑义。

关于损益相抵的界定,学者表述不甚一致。诸如:"赔偿权利人基于与受损害之同一赔偿原因,受有利益者由其损害扣除利益,以为实际之赔偿金额,此损害利益之销除,谓之损益同销。"③"损害事故发生后,赔偿权利人受有损害,但亦可能基于与发生损害之同一原因而受有利益","赔偿义务人赔偿损害时,应得于赔偿额中扣除赔偿权利人所得利益,谓之损益相抵。"④"加害行为损害被害人同时亦给予利益者,于计算损害赔偿额时,应自损害额扣除利益额,谓之损益相抵。"⑤"被害人基于发生损害之同一原因受有利益者,应由损害额内扣除利益,而由赔偿义务人就其差额赔偿,学者称之为损益相抵。"⑥以上 4 种定义,以第 4 种龙显铭先生的定义最为准确、精练,但应稍加一点改动,即损益相抵是指赔偿权利人基于发生损害的同一原因受有利益者,应由损害额内扣除利益,而由赔偿义务人就差额赔偿的债法制度。

从这一定义中,可以看出损益相抵的法律特征。一是,损益相抵是债法的制度,适用于损害赔偿责任确定的场合,既包括侵权损害赔偿,也包括违约损害赔偿。从原则上说,举凡确定损害赔偿责任的场合,都可以适用这一制度。二是,赔偿权利人即受害人所受损害和受有利益,须出于同一原因,即同一致害原因即给受害人造成损害,又给受害人受有利益。三是,赔偿的标的应是损害额内扣除利益额之差额,而非全部损害额。例如:房屋因爆炸而震塌而遗留无数建筑材料,对于房屋所有权人而言,为损害,房屋所有权人固得请求赔偿,因倒塌而呈现之建筑材料,对于房屋所有权人而言,将是一种利益。⑦损益相抵就是要求受害人在请求损害赔偿时,须从房屋损害数额中扣除因此所得建筑材料之利益额,仅就该差额行使赔偿权利。

通说认为,损益相抵原则在罗马法上即已存在,但并未提供相应的证据。在查士

---

① 参见杨立新:《混合过错与过失相抵》(本书第 2454 页),载《法学研究》1991 年第 6 期。
② 参见史尚宽:《债法总论》,台北荣泰印书馆 1978 年版,第 298 页。
③ 史尚宽:《债法总论》,台北荣泰印书馆 1978 年版,第 298 页。
④ 曾世雄:《损害赔偿法原理》,台北三民书局 1986 年版,第 188 页。
⑤ 曾隆兴:《现代损害赔偿法论》,台北泽华彩色印刷工业公司 1984 年版,第 585 页。
⑥ 龙显铭:《私法上人格权之保护》,中华书局 1948 年版,第 116 页。
⑦ 参见曾世雄:《损害赔偿法原理》,台北三民书局 1986 年版,第 188 页。

丁尼《法学总论》中,关于"一切善意诉权的诉讼,审判员享有全权根据公平原则决定返还原告之数"⑧的规定,含有损益相抵的内容。德国普通法时代,也承认此原则。笔者认为,在我国古代法律中,损益相抵的适用更为明确。在《唐律》《宋刑统》《明会典》和《清律》中,都规定了"偿所减价"制度,是指原物受损之后,以其物的全价扣除所残存价值之差额,作为赔偿数额,适用的范围是牛马等畜产遭受损害的赔偿。如《唐律·厩库》"故杀官私马牛"条规定:"诸故杀官私马牛者,徒一年半。赃重及杀余畜产,若伤者,计减价,准盗论,各偿所减价;价不减者,笞三十。其误杀伤者,不坐,但偿其减价。"其疏议曰:"'减价',谓畜产值绢十匹,杀讫,唯值两匹,即减八匹价;或伤止值九匹,是减一匹价。杀减八匹偿八匹,伤减一匹偿一匹之类。'价不减者',谓原值绢十匹,虽有杀伤,评价不减,仍值十匹,止得笞三十罪,无所赔偿。"畜产原价为10,杀害损失为10;但畜产杀之所得皮、肉、骨在所有人而言,为所得利益,偿所减价,就是赔偿损失额扣除所受利益后的差额,此正符合损益相抵的基本原理。畜产杀伤之价不减者,如猪育肥而杀之,价不减,损失与利益等同,则"无所赔偿"。

现代民事立法,一般对损益相抵均不作明文规定。《德国民法典》立法理由中明白指示将该相抵问题委由学说与判例研讨解决之,故德国判例学说一再予以确认。法国亦采判例学说确认的立法。⑨《日本民法典》也没有此明文规定,但认为损害赔偿请求权人由于发生损害的同一原因也受到利益时,从损害中扣除其利益,在损害赔偿的性质上也可以说是当然的。⑩我国台湾地区"民法"对此也无明文规定,但有两个条文与此相关。第 267 条规定:"当事人之一方,因可归责于他方之事由,致不能给付者,得请求对待给付。但其因免给付义务所得之利益,或应得之利益,均应由其所得请求之对待给付中扣除之。"第 487 条:"雇用人受领劳务迟延者,受雇人无补服劳务之义务,仍得请来报酬。但受雇人因不服劳务所节省之费用,或转向他处服务所取得或故意怠于取得之利益,雇用人得自报酬额内扣除之。"有关司法解释认为:"同一事实,一方使债权人受有损害,一方又使债权人受有利益者,应于所受之损害内,扣抵所受之利害,必其损害相抵之结果尚有损害,始应由债务人负赔偿责任。"⑪《民法通则》对此也未设明文,但最高人民法院前述(1991)民他字第 1 号复函所作的司法解释,正式确认损益相抵原则在司法实务中的适用,自无疑义。

损益相抵位于民法何种地位,并无异议,即为债法的损害赔偿原则,也就是侵权损害赔偿之债和违约损害赔偿之债的原则。从传统的理论上,损益相抵与过失相抵为同一法律地位上的两个相关的赔偿原则,但我国民法受苏联民法理论影响日久,已接受了混合过错的概念,只将过失相抵作为混合过错的后果对待。对损益相抵不甚重视。笔者认为过失相抵与损益相抵是同一位置、同等重要的两个损害赔偿原则,不

---

⑧ 〔古罗马〕查士丁尼:《法学总论》,商务印书馆 1978 年版,第 213 页。
⑨ 参见曾世雄:《损害赔偿法原理》,台北三民书局 1986 年版,第 189 页。
⑩ 参见〔日〕《新版新法律学辞典》,中国政法大学出版社 1991 年版,第 611 页。
⑪ 曾隆兴:《现代损害赔偿法论》,台北泽华彩色印刷工业公司 1984 年版,第 585 页。

可偏废其一。

损益相抵原则适用范围,原则上是损害赔偿之债,包括侵权损害赔偿和违约损害赔偿。但有两点值得注意:一是对其他损害赔偿,如相邻关系引起的赔偿,无因管理和不当得利中形成的损害赔偿,均可适用这一原则,因而损害赔偿之债是广义的。二是损害赔偿也是广义的,因而,损益相抵原则"不独适用于金钱赔偿之金钱利益,对于原状恢复,亦有适用。惟其方法不如金钱之易扣除"。[12] 因而在适用时,更应加以注意,防止出现不公平的问题。

确立损益相抵原则依何种理论为依据,大抵分为两种情况:

德国立法采利益说,基于利益说而确认损益相抵原则。这种学说认为,损害即被害人对于损害事故所感受之利害关系,亦即其对于损害事故之利益,而利益之计算,则以被害人两项财产状况之差额为准,所谓两项财产状况,一则指损害事故如未发生,被害人财产应有之状况,二则指损害事故发生后,被害人财产实有之状况,损害事故发生后,被害人财产究竟剩多少,其计算应将被害人所受损害与所得利益全部列相抵始可求得,则如被害人因同一损害原因而受有利益者,该利益亦应列入。

法国法和英国法接受的学说与上述利益说不同,基于禁止得利的思想而确认损益相抵原则。他们认为,损害赔偿旨在填补损害,故赔偿应与损害大小相一致,不可少亦不可多,基于此原则,赔偿损害之结果,被害人不得较无损害事故发生时更为优越,准此,凡因一损害原因受损害,并受利益者,则所谓损害,仅存于损害与利益二者间之差额。利益大于或等于损害时,即无损害可言,利益小于损害时,计算损害应扣除利益额。[13]

上述两种学说,主要的区别在于确认损益相抵的理论着眼点不同,前者主要着眼于损害致利益的实际减损,后者主要着眼于禁止受害人额外得利。两者相较,第二种理论更符合公平原则,所以为多数国家和地区所接受。

我国对于损益相抵原则采何理论依据,大体可以认为,古代侵权法的"偿所减价"相当于利益说,是以被害人二财产状况之差额作为利益丧失的范围,得请求赔偿;国民政府民法及我国台湾地区"民法"实务,基本上主张第二种理论。至于大陆民法理论和实务界,尚未见明确的主张,但在学者的著述中,两种主张都有踪迹;最高人民法院关于这一原则的司法解释,未阐述其确认的理论依据。依笔者所见,应以采用禁止得利思想的理论作为损益相抵的依据。这是因为,该理论不仅为大多数国家所接受,符合民法的公平、正义原则,而且完整地体现了侵权法补偿基本功能的要求,符合侵权法设立的基本宗旨,道理显而易见,易于被人们所接受,同时在实务中也便于理解、掌握和操作。

---

[12] 曾隆兴:《现代损害赔偿法论》,台北泽华彩色印刷工业公司1984年版,第585页。
[13] 以上两种理论的论述,请参见曾世雄:《损害赔偿法原理》,台北三民书局1986年版,第190页。

三、损益相抵的构成及其计算

(一)损益相抵的构成

在传统的理论上,对于损益相抵不研究其构成,而研究其适用的条件和范围。笔者认为,从损益相抵的构成角度去研究,揭示其规律,更易于理解和操作,更易于发挥理论对于实务的指导作用。

损益相抵的构成须具备以下要件:

1. 须有损害赔偿之债成立

构成损益相抵,必须以损害赔偿之债的成立为必要条件。其成立的要件,各依其性质而定,均具备者,始成立此要件,无有损害赔偿之债的成立,亦即缺乏损害赔偿之债的要件,尚未构成损害赔偿之债的,均不具备此要件。

对于此要件中的损害赔偿和损害赔偿之债的广义理解,前文在阐述损益相抵原则适用范围时已作了说明,不再赘述。所应注意的是,是不构成损害赔偿之债的一些所得利益,自不构成损益相抵。

(1)契约履行中受有利益。权威学说认为债权人请求履行契约时,因为损益相抵乃专属于损害赔偿问题,因而无适用之余地。如买卖合同订立后,因买卖的标的物的货物价格上涨,买受人因而受有利益,当买受人请求履行契约时,虽然该项所得利益系因买卖合同的缔结使然,然而出卖人不得请求扣除买受人所得利益。又如工人受雇清洁水沟,在工作中寻获一枚金戒指,受雇人请求雇用人依契约之约定给付报酬时,雇用人不得主张扣减金戒指的利益。[14] 上述情况,均未有构成损害赔偿之债,只是在正常的履行合同之中,不具备损益相抵的必备要件,不得适用损益相抵。

(2)特殊的请求返还行为。一般的返还原物,可以适用损益相抵。如无因管理,其返还原物并给付管理费用,就是损益相抵,此乃就本人而言。特殊的返还原物,如盗窃耕牛使用之、盗窃汽车使用之,虽然盗者于使用时花费了草料喂养之费,或者花费了汽车维护、保养甚至修理费,当失主请求返还时,盗者于返还原物时,不得就失主节省草料喂养或维护、保养甚至修理费等主张为失主所得利益而损益相抵。同样,某人发掘得一珍贵文物,国家作为所有者,自得请求返还,发掘者不得就发掘的花费主张为国家所得利益而损益相抵,国家只依法给予奖金鼓励。这些返还原物行为,与一般的返还原物如侵权、契约无效的返还原物不同,国家另有法律规定,与损害赔偿之债无相同之处,自不得适用损益相抵。

(3)请求减少价金行为,如甲售乙一批货物,品质与约定相比较劣,乙请求减少价金,但将此物售给丙时,价格并未受影响。对此,甲在酌定减少价金时,不得主张乙因

---

[14] 参见曾世雄:《损害赔偿法原理》,台北三民书局1986年版,第191、192页。

转卖得利而损益相抵。⑮ 其原因,也是不具备损害赔偿之债成立的要件。

2. 须受害人受有利益

此乃损益相抵的必备条件,如受害人未因受损害而受有利益,则无适用损益相抵的余地。此种利益,包括积极利益和消极利益。前者为受害人现有财产的增加,如财产保险后遭损害的索赔金额,房屋被毁所遗建筑材料的价值等。后者为应减少的财产未损失,如旧车使用的修理费、耕牛使用的饲养费等。在实务中,对于积极利益中的诸如房屋被毁所遗建筑材料价值,往往认为是尚未损失的利益,因而不计算在损失之中,这只是观念上的问题。如果将房屋的损害计算一个完整的损失额,再计算所遗建筑材料的利益额,二者实行损益相抵,不仅使损失价值更为准确,从道理说服上也更为有利。

一般认为,应当扣减的利益,应当是:(1)物之毁损而发生的新生利益;(2)实物赔偿新旧相抵的利益;(3)原应支出因损害事实之发生而免支出的费用;(4)原无法获得因损害的发生而获得的利益⑯;(5)将来的赔偿给付改为现在的一次性给付的中间利息算。⑰ 其中第一种利益,如我国古代律法中的"偿所减价"制度,杀死一牛,牛死为损失的数额,剩之牛肉、牛骨、牛皮等即为新生的利益,此种利益应予扣除。第二种利益,是适用于实物赔偿的场合,如损毁或灭失某物,该物为五成新,义务人以同种类物(全新)予以赔偿,新旧相折,即权利人多得之价款一半,应予返还给义务人,盖因新旧之间的差额为超过实际损害的部分,自应予以扣除。第三种利益,为消极利益,如致伤后住院治疗,住院的伙食费已计入赔偿费用者,其原日常在家的伙食费则应扣除。关于此点,我国台湾地区如是计算,大陆并非如此,不考虑住院伙食费及日常伙食费的差额的赔偿,而是考虑住院治疗予以适当的伙食补助。这两种不同的做法意旨相同。前述偷牛饲料费、盗车修理费虽系消极利益,但属不应扣除的利益。应扣除的此种利益如因迟延交付买卖标的之牛,虽因赔偿迟延交付的损失,但迟延期间牛的饲料之开支,应为消极利益,应予扣除之。第四种利益,如日本判例认为,因杀害他人使其妻子或子女丧失扶养,然因此同时使其得有法律上的寡妇或孤儿救济金,为所得利益,应予扣除⑱;另如德国判例认为赛马时,骑手为求赢得奖金,违反惯例鞭马致死,马匹所有人因马死而受有损害,然因而获得奖金,该项奖金为所得利益,如无损失则不能获得,固应扣除。⑲ 第五种利益,如伤害致人死亡或丧失劳动能力的,因受害人死亡、致残前扶养人因而丧失扶养的损害赔偿,当将将来的多年给付改为现在一次性给付的时候,其将来给付的逐年中间利息,应按法定利率予以扣除。

---

⑮ 参见曾世雄:《损害赔偿法原理》,台北三民书局1986年版,第194页。
⑯ 参见曾世雄:《损害赔偿法原理》,台北三民书局1986年版,第210—212页。
⑰ 此种情况应适用霍夫曼计算法扣除之,参见杨立新:《侵权损害赔偿》,吉林人民出版社1990年版,第340页。
⑱ 参见史尚宽:《债法总论》,台北荣泰印书馆1978年版,第300页。
⑲ 参见曾世雄:《损害赔偿法原理》,台北三民书局1986年版,第212页。

3. 须有构成损害赔偿之债的损害事实与所得利益间的因果关系

对于此点,学说上曾经经历了三种不同的变迁。最先提出损益相抵根据的,谓之损益必须同源,认为损害与利益之间应相折算,以该二者系同一事故而发生为必要,否则,不得为此折算。次之出现的依据为相当因果关系,认为以损益相抵的观念过窄,但有利益的发生由外界现象而观之虽似由独立事实而引发,损益虽非同源,然而似以其相抵为宜者,不无有之,因而损益相抵的标准有扩充的必要。当时相当因果关系理论正值兴旺时期,据此认为,何种利益足以影响应填补损害并予以扣除,以损害事故与利益间有无相当因果关系为准,有之则构成,无之则不应予扣减,因为不构成损益相抵。在此之后,由于相当因果关系之标准出入弊病甚大,相当因果关系说在决定损害赔偿范围问题上所保持的权威地位开始动摇,损益相抵的标准渐由相当因果关系为法规意旨所取代。[20] 但是,尽管损益相抵不以相当因果关系为绝对标准,然而因果关系作为构成损益相抵构成的必要要件之一,却为判例学说所公认,即须利益与损害系于同一之发生与损害发生之原因间,有相当因果关系而后可,即须利益与损害于同一之相当原因而发生。[21]

在具体判断因果关系的构成时,基于同一赔偿原因所生直接结果之损益,成为不可分离或合一关系者;基于同一赔偿原因所生间接结果,彼此之间或与直接结果为不可分离或合一关系者,均为有相当因果关系。前者如公职人员因铁路意外事故成为劳动不能,但因此而取得劳保退休金,即同一损害原因所生直接结果为不可分离的关系。后者无论基于赔偿权利人之行为,还是基于赔偿义务人之行为,为有相当因果关系,因其彼此之间为不可分离或合一关系。例如,违约为海上运送,因途中船舶沉没而受损害,他方为海运而节省的费用,即为利益与直接结果不可分离。[22]

具备以上3个要件,构成损益相抵,应在损害额中扣除所得到利益额。

通常认为不具有相当因果关系者,为损害与利益无适当关系,因此不得适用损益相抵。主要情况是:

(1) 第三人对于受害人赠与的财产,或受慈善机关救治,或国家、单位予以补助。这种受害人所受利益,并非与损害事实之间无直接结果,而是以第三人的意思所决定,与损害无适当关系,不应相抵。

(2) 因继承而得的利益。例如,甲被害,其妻和子丧失扶养凭借,自得向加害人请求扶养损害赔偿,但该妻与子因甲的死亡而继承甲的遗产,即因损害事故的发生而得利益。但遗产的继承系因被继承人所有权的延伸关系而发生,而与损害无适当关系,亦不得相抵。[23]

(3) 退休金、抚恤金获得的利益。此系国家给予公务人员、公职人员或其家属的

---

[20] 参见曾世雄:《损害赔偿法原理》,台北三民书局1986年版,第195—197页。
[21] 参见何孝元:《损害赔偿之研究》,台北商务印书馆1982年版,第45页。
[22] 参见史尚宽:《债法总论》,台北荣泰印书馆1978年版,第300—301页。
[23] 参见曾世雄:《损害赔偿法原理》,台北三民书局1986年版,第204页。

福利,其目的并非在于填补被害人所受损害,因而也不存在适当关系,不能予以扣抵。

(4)慰问金。对受害人的慰问金,一般认为应分清慰问金是由谁所送。非加害人所送,当然不得抵消,但如果是加害人所送,又非一般数额的水果用品的,应予扣抵。

(二)损益相抵的计算方法

损益相抵的计算及折抵方法,主要有以下5种:

(1)损害造成的损失与利益均可以金钱计算时,直接相减,扣除利益,直接赔偿差额。对此,笔者列一公式如下:

损失价值 = 原有价值 – 原有价值/可用时间 × 已用时间 – 残存价值[24]

这一公式用于财产损害的损益相抵,其中"原有价值 – 原有价值/可用时间 × 已用时间"即为被损害之物的损失价值;残存价值即为新生之利益,应予扣减;损失价值即为已扣除利益的差额即赔偿数额。

至于人身损害的损益相抵,直接相减得出损害与利益的差额,即已实行了损益相抵。

(2)对于损害造成的损失已经金额赔偿者,应当由赔偿权利人将新生之利益退还给赔偿义务人,实行损益相抵。例如,致毁他人汽车或房屋,但汽车损毁,所余汽车零件为新生利益,房屋被损,所遗建筑材料为新生的利益。如果对该汽车、房屋的损失金额赔偿,则所余残存零件或材料应归赔偿义务人所有。否则,则违背公平原则。

(3)实物赔偿,新旧物之差价,应由赔偿权利人退还赔偿义务人,否则权利人对差价为不当得利。如甲损害乙一辆五成新自行车,按现价折算为150元,甲赔偿其一辆新的自行车,价格为300元,为此,乙应返还给甲150元,反之,乙将得其双重利益,是不公平的。

(4)返还原物,对所得消极利益,应退还返还义务人。如双方约定买卖牛,已交付标的物,后发现合同无效,买牛方负有返还原物的义务。卖方因未饲养而受有消极利益,返还原物时,卖牛方应退还该消极利益。

(5)在人身伤害致残、致死的场合,赔偿义务人对丧失劳动能力的人或其他间接受害人应定期给付生活补助费的,如果要把将来的多次给付变成现在一次性给付,应当扣除中间利息。具体计算,可依霍夫曼计算法或莱布尼茨计算法,扣除中间利息。此方法,笔者在《侵权损害赔偿》已作详细说明。

四、对(1991)民他字第1号复函的研讨

最高人民法院(1991)民他字第1号就赵某与尹发惠人身损害赔偿案如何适用法律政策的复函,在肯定损益相抵原则这一问题上,是有重要意义的。对本复函所涉及的两种具体利益,即人身保险金和职工单位对职工子女就医补助费,是否可以相抵,

---

[24] 参见杨立新:《侵权损害赔偿》,吉林人民出版社1990年版,第80页。

应进行详细研讨。

(1) 最高人民法院就损益相抵原则的适用问题作出公开的司法解释,本复函还是第一次。它的重要意义,第一,肯定这一原则适用的价值。在我国长期的司法实践中,并不强调这一原则,而只强调确定损失数额时要准确。实际上的情况,就是实践中去实行损益相抵原则,却没有在理论上和观念上自觉接受损益相抵要求的指导。这一复函有助于对损益相抵原则的正确理解和适用,因而是十分重要的。第二,推动损害赔偿之债的理论研究。目前理论研究上,对于侵权法和合同法的研究,比较突出研究其个性,"分"的趋向越来越明显,这是不可避免的,也是必要的。但是,对合同法和侵权法共性的问题的研究,没有给予必要的注意。诸如损害赔偿之债,现在越来越注意对侵权赔偿的研究,对合同中的赔偿,注意不够;而对损害赔偿之债的共性问题的研究,则更不够。通过这一复函,可以引起对损害赔偿之债的共性问题更大的兴趣和研究的注意力,推动整个债法的不断进步。

(2) 关于人身保险金可否作为扣减之利益的问题。通说认为,人身保险金,是保险人对投保人的人寿、健康或伤害进行保险,受益人所得保险金是给付保险费的对价,且保险公司支付保险金之目的,并非在于填补可归责于加害人的损害,自与加害人的侵权行为全无关系,保险人无代位权,自不得损益相抵。㉕ 财产保险金,则立法例不同,有的主张可抵消,保险公司取得对加害人的代位追偿权,有的主张不得抵销,因其系一定保险费之支付而取得者,故不是所得利益。

在我国,对于财产保险金,是主张可以抵消的。我国财产保险的一个原则,就是权益转让原则,《经济合同法》对此也有规定。该原则的含义就是:"被保险人因财产受损而取得保险人的赔偿后,将其原应享有的向他方(责任方)索赔的权益转让给保险人。保险人取得该项权益,即可把自己处在被保险人的地位,向责任方追偿。"㉖基于该原则,如果被保险人投保的财产因侵权行为而毁损灭失,获得保险人的赔偿后,即构成因同一侵权行为而获得利益,自不得请求加害人赔偿,而应将求偿权转让给保险人,由保险人代被保险人(即受害人)之位,向加害人行使追偿权。可见,我国不采用财产保险金系因保险费支付而取得保险费之对价关系的理论,因而财产保险金可适用损益相抵。

对于人身保险金,人寿保险通说认为基于保险合同所给付的保险金,与被害人生前给付保险费,有对价关系,被保险人在保险期间届满时所领取的保险金额和在保险期内因不幸事故死亡,其受益人所领取的保险金额和被保险人伤残时所领取的保险金额,不仅有原来所交付的保险费,还有这些保险费所带来的利息,因而带有储蓄的性质㉗,自不得抵消之。对于人身意外伤害保险和健康保险,国外通说认为亦不得抵

㉕ 参见曾隆兴:《现代损害赔偿法论》,台北泽华彩色印刷工业公司1984年版,第589—590页。
㉖ 林增余:《财产保险》,中央金融出版社1987年版,第51页。
㉗ 参见乌通元等编:《人身保险》,电大保险专业试用教材,第210—211页。

消。在我国，采取分别情况处理的办法：

基本保险金，承认其与保险费的对价关系，不应予以损益相抵；

医疗保险金，属于同一损害事实所生之利益，适用权益转让原则，赔偿之后，受害人应将追偿权转让保险人，由保险人向加害人请求追偿。最高人民法院(1991)民他字第 1 号复函所称"保险公司依照合同付给赵某的医疗赔偿金可冲抵尹发惠的追偿权，保险公司由此获得向尹发惠的追偿权"，正是依据这样原则作出的司法解释。

这样解释是否正确，仍不无疑问。一是，此种原则与国际通说相悖；二是，基本保险金与医疗赔偿保险金很难区分；以赵某案为例，该保险合同规定保险赔偿最高金额为 1 000 元，但何为基本保险金，何为医疗赔偿保险金，二者占何种比例，并不明确，保险人理赔时也不清楚，因此很难确定可抵消的部分。这种情况，应当继续研究探讨，尤其是应在《保险法》中明确规定。在实务中确能证明为医疗保险赔偿金的，可予相抵扣减之；不能证明为医疗保险赔偿金的，应予视为基本保险金，不得视为可得利益而扣减之。

(3)关于职工单位补助问题。一是，应当弄清该种补助的性质。该司法解释对此称作："赵某母亲所在单位的补助是对职工的照顾。"这种说法不准确。该"补助"，是职工家属依照(《劳动保险条例》)所得利益。政务院 1953 年 1 月 2 日修正发布的该条例第 13 条"戊"规定："工人与职员供养的直系亲属患病时，得在该企业医疗所、医院、特约医院或特约中西医师处免费诊治，手术费及普通药费，由企业行政方面或资方负担二分之一。"该条例尽管在适用中内容有所变通，但在实践中仍有效力。依此规定，该补助的性质是劳动保险，而非所谓"照顾"。二是，劳动保险，也称劳工保险，职工因伤亡致死致残给付保险金，通说认为不得适用损益相抵，其理由是，雇主为劳工缴纳保险费，原意是在于填补损害，但雇主以外的第三人侵权行为以致伤残死亡者，因劳工保险无代位行使赔偿请求权的规定，故不得在损害赔偿额中扣抵。我国目前劳动保险中关于职工伤病，医药费等金额按比例由行政报销，职工直接供养的直系亲属患病，按比例由单位行政核销部分。这些措施，并非给付保险金，而是按照公费医疗保险办法处理。尽管如此，由于法规没有规定给付公费医疗的单位在核销医疗费等以后对加害人的代位追偿权，因而不宜采用损益相抵的办法。正如该复函所指出的那样：该种公费医疗核销的医疗费，"不能抵消尹发惠应承担的赔偿金额"，态度是明确的。

此司法解释的上述解释是基本正确的，对指导司法实践有重要指导意义。其最大的缺陷是，就事论事，没有从原则的高度，从理论上精练说明。这其实是我国最高审判机关制定民事司法解释的通病。如果在这一复函中能确定损益相抵的基本原则，并说明其理论依据和适用的基本要求，其意义将更为重要。

债权侵权行为及其损害赔偿

随着我国侵权行为法理论研究的不断深入发展,对债权侵权行为及其损害赔偿责任的研究,已经受到学者一定程度的重视,陆续发表了数篇论文,在侵权法著作中也有专题研究。① 就现有学者著述而论,对债权侵权行为均持肯定意见,尚未发现有反对者。但就债权侵权行为及其损害赔偿的具体问题进行分析,见解并非相同。因而,笔者拟在本文中不再就建立债权侵权行为的制度展开讨论,而就债权侵权行为及其损害赔偿责任的具体问题,在分析、研究、比较的基础上,提出个人看法。

一、债权侵权行为的概念及其立法根据

(一)关于债权侵权行为的概念

在大陆民法学者中,较早提出债权侵权行为概念的,是赵勇山在《论干涉合同履行行为及其法律责任》中提出的。他把债权侵权行为称之为干涉合同履行行为,并定义为:"是指合同当事人以外的第三人违反法律规定,故意阻止、妨碍合同履行的行为。"王建源将债权侵权行为称之为侵害债权,认为"侵害债权是指债的关系以外的第三人故意实施妨碍债权的存续、实现的,债权人因此遭受损害的行为"。② 蒋贤争将债权侵权行为称为债权损害,认为"所言债权损害,是指债务人以外的第三人故意妨碍了债权人债权的实现,债权人因此遭受的损害"。③ 欧锦雄在研究损害债权罪的研究中,提出了一个一般正常损害债权行为的概念,并认为这种行为是"债务人在合法经营过程中,无意损害债权人的利益,只是由于经营不善造成无法偿还债权的后果的行为"。④

应当说明,"一般正常损害债权的行为"并不是指的债权侵权行为,因为根据上述

---

* 本文发表在《上海法学研究》1994 年第 5 期。

① 这些论文是:王建源:《论债权侵害制度》,载《法律科学》1993 年第 4 期;赵勇山:《论干涉合同履行行为及其法律责任》,载《法学研究》1991 年第 5 期;蒋贤争硕士研究生毕业论文《民事损害赔偿问题研究》中的第一节《债权损害问题研究》。著作主要是王利明等:《民法·侵权行为法》,中国人民大学出版社 1993 年版。另外,欧锦雄:《损害债权罪的立法研究》,载《中南政治学院学报》1993 年第 1 期,亦颇值得参考。

② 王建源:《论债权侵害制度》,载《法律科学》1993 年第 4 期。

③ 蒋贤争:《民事损害赔偿问题研究》,硕士研究生毕业论文。

④ 欧锦雄:《损害债权罪的立法研究》,载《中南政治学院学报》1993 年第 1 期。

定义分析,它完全不具有债权侵权行为的特征;同时,它也不是一个准确的民法概念,因为它既不能概括违约行为,又不包含债权侵权行为。

如何确定债权侵权行为的称谓,颇值斟酌。在上述三种称谓中,"干涉合同履行行为"十分通俗,但缺少侵权行为的特点,只未包括侵害其他债权的内容,似不可取。"损害债权"从外延考察自无问题,但以"损害"命名,终嫌没有突出其侵权行为的特点。"侵害债权"的提法是比较准确的,且日本学说通说采此称谓,似可采用,但未突出"行为",尚觉遗憾。综合比较分析,以称其为"债权侵权行为",更觉妥当。

关于如何界定债权侵权行为的概念,上述学者的定义均有可取之处。值得研究的有以下4点:

(1)行为的方式为阻止,还是为妨碍,抑或妨害？比较而言,应以"妨害"为妥。理由是,阻止、妨碍均可被妨害所概括,且阻止没有单列的必要,妨碍虽与妨害意义相近,但不如妨害的外延宽。

(2)妨害债权的结果,应为妨害债权的存续、实现,还是单提实现？实际上,债权的不存续,其后果同样是债权的不能实现,且称不存续者,往往不是指债权,而是指债权债务关系。故以仅提"妨害债权实现"作为结果,更为妥当。

(3)所致损害是否应限于财产利益范围？上述定义对此均未限制。事实上,侵害债权主要的是造成财产利益的损害;尽管在侵害以给付扶养费用的债权,"第三人侵害扶养义务人之生命、身体、自由时,对于扶养权利人负赔偿义务",对扶养义务人负人身侵权责任,均"另有其他救济方法"[5],不应包括在债权侵权行为之内。因此,界定债权侵权行为应将所致损害限定在财产利益范围之内。

(4)应否强调债权侵权行为是依法应负损害赔偿等责任的行为？对此,上述定义均未提及。凡侵权行为,必以损害赔偿等民事责任相联系,并以其作为法律后果。定义对此未予明确,似为不妥。

综上,对债权侵权行为应当作如下的界定,即债权侵权行为是指债的关系当事人以外的第三人故意实施妨害债权实现,造成债权人因此遭受财产利益损害,应当承担损害赔偿等民事责任的行为。

(二)关于债权侵权行为的范围

确定债权侵权行为的范围,有以下三种标准:

(1)以合同之债为限;仅承认侵害合同之债的行为为债权侵权行为。对此,赵勇山持此种意见;英国确立、被美国沿用的债权侵害制度,实际上就是侵害合同债权。

(2)以典型债权即合同之债、侵权之债、无因管理之债、不当得利之债的债权作为债权侵权行为的侵害对象,确定其范围。

(3)除上述四种典型债权之外,还应包括侵害其他非典型债权的行为。

笔者认为,债权侵权行为的范围,应包括所有的债权,前文已经提到的法律另有

---

[5] 史尚宽:《债法总论》,台北荣泰印书馆1978年版,第136页。

保护规定的债权,可以除外。如果仅以合同之债确定债权侵权行为,范围显系过窄,对于侵害其他债权的行为,则无法予以法律制裁;如果仅保护4种典型债权,将侵害这4种债权的行为作为债权侵权行为,尽管已经保护了绝大部分的债权,但仍有少数的其他非典型债权遭受损害时,得不到侵权行为法的救济。因而,债权侵权行为的外延是:①侵害合同债权的侵权行为;②侵害侵权债权的侵权行为;③侵害无因管理债权的侵权行为;④侵害不当得利债权的侵权行为;⑤侵害其他债权的侵权行为。

(三)债权侵权行为的立法根据

在我国,确立债权侵权行为制度的立法根据究竟是什么,学者意见不一致。

一种观点认为,《民法通则》第116条及其他合同法律、条例的相应规定,对上级机关干涉合同债权的行为作了规定,除此之外,并无调整债权侵权关系的法律规范。⑥

另一种观点认为,确立债权侵权行为的法律根据,是《民法通则》第5条关于"公民、法人的合法权益受法律保护,任何组织和个人不得侵犯"的规定和《经济合同法》第5条关于"订立经济合同,……任何单位和个人不得非法干预"的规定,而前述《民法通则》第116条等规定,不能作为确立债权侵权行为的法律根据。至于具体的立法根据,尚不明确。⑦

第三种观点认为,《民法通则》第61条第2款关于"双方恶意串通,实施民事行为损害国家的、集体的或者第三人利益的,应当追缴双方取得的财产,收归国家、集体所有或者返还第三人"的规定,为确立债权侵权行为提供了部分法律根据,至于《民法通则》第116条,由于《经济合同法》修正案已将其原则上废除,不能成为立法根据。⑧

从比较法的角度分析,作为债权侵权行为的守法根据,有三种立法例:一是英美法直接以判例法确认债权侵权行为制度,赋予其受害人以损害赔偿请求权。二是德国法和我国台湾地区法原则适用关于侵权行为的一般规定,再创设保护债权的具体规定,在《德国民法典》为第281条,在台湾地区"民法"为第225条。三是日本法直接依侵权行为的一般规定即《日本民法典》第709条,确立债权侵权制度。

在我国,确立债权侵权制度有足够的立法根据。其内容是:

(1)《民法通则》第4条关于诚实信用原则的规定。诚信原则不仅仅是一个对民事活动参加者不进行任何欺诈行为,恪守信用的要求,而且是补充立法不足的补充性、不确定性、衡平性的一般条款⑨,不仅是道德规范,还是法律规范。⑩ 据此原则,可以扩大解释现行法的规定,补充立法的不足。

(2)《民法通则》第106条第2款规定。其内容规定了侵权行为的一般原则,可以借鉴日本立法例,将债权侵权行为概括在该条文之中。该条款的内容是:"公民、法

---

⑥ 参见赵勇山:《论干涉合同履行行为及其法律责任》,载《法学研究》1991年第5期。
⑦ 参见王建源:《论债权侵害制度》,载《法律科学》1993年第4期。
⑧ 参见蒋贤争:《民事损害赔偿问题研究》,法学硕士研究生学位论文。
⑨ 参见杨立新:《论债的保全》,载《法学与实践》1990年第2期。
⑩ 参见吴金利:《试论我国民法的诚实信用原则》,载《东岳论丛》1987年第4期。

人由于过错侵害国家的、集体的财产,侵害他人财产、人身的,应当承担民事责任。"其中过错侵害国家、集体、他人财产中的"财产"二字,是一个相当宽泛的概念,包括一切积极的、消极的财产。债权基本上属于预期的财产利益,是消极财产,应当包括在上述"财产"的概念之内。侵害债权,造成债权人预期的财产利益即消极财产的损失,完全涵括在该条文之中,应当将此条文作为债权侵权行为的最基本的立法依据。有人对此有异议,认为上述条文中的财产仅指财产权,而债权在立法上是与财产权分别确立的,因而不能将债权侵权行为概括在上述条文之中。应当注意的是,该条文中提到的两个"财产"概念,都只讲财产,而未限定为财产权。这一立法方法为其涵括债权侵权行为创造了良好基础。

(3)同此理,《民法通则》第117条第3款,自然也成为债权侵权行为损害赔偿责任的直接立法根据。

因此,笔者认为,建立我国的债权侵权制度,现行立法已经提供了充足的法律根据,并非没有立法根据或者立法根据不足。依据上述立法条文,借鉴日本等国立法例,完全可以建立我国的债权侵权行为制度。王利明主编的《民法·侵权行为法》一书将"侵害债权"置于"侵害财产权"一章,就是采用这种意见。

二、作为侵权行为客体的债权

在理论上一般认为,侵权行为以绝对权作为侵害客体,"侵权行为的责任系由违反法律事先规定的义务引起,此种义务针对一般公民而言,违反此种义务的补救办法,就是对未清偿的损害赔偿的诉讼"。[11] 换言之,侵权行为是违反了法律规定的、针对一般人的义务,而不是违反了由当事人自行协议所规定的、针对一特定人的合同义务。[12]既然如此,债权不是绝对权,而是相对权,除特定的债权债务人以外,其他第三人没有法定的义务,因而,债权何以成为侵权行为的客体,第三人何以能对债权的损害而构成侵权行为呢?

(一)债权作为侵权客体不是源于债的对内效力

债权,是指债的关系中享有权利的一方当事人对另一方当事人享有的请求特定给付行为的权利。债的概念最早见于罗马法,查士丁尼在《法学总论——法学阶梯》认为:"债是法律关系,基于这种关系,我们受到约束而必须依照我们国家法律给付某物的义务。"[13]《德国民法典》第241条规定:"债权人因债的关系得向债务人请求给付。给付也可以是不作为。"我国《民法通则》第84条第1款第1句则给债下了一个准确的定义:"债是按照合同的约定或者依照法律的规定,在当事人之间产生的特定

---

[11] 〔英〕温菲尔德、约瑟威茨:《侵权法》,伦敦史威特和马克斯威尔出版公司1971年版,第77页。
[12] 参见王利明主编:《民法·侵权行为法》,中国人民大学出版社1993年版,第12页。
[13] 〔古罗马〕查士丁尼:《法学总论——法学阶梯》,商务印书馆1989年版,第158页。

的权利和义务关系。"

债的效力,原则上是指"使实现给付或填补其给付利益之作用,包括债之履行及债务不履行之效果而言"。[14]在《法国民法典》看来,依法订立的契约,对于缔约当事人双方具有相当于法律的效力。这种效力仅在缔约当事人之间发生,且不得损害第三人。[15]债的这种效力,学说上称之为债的对内效力。它只对在债的关系中双方当事人发生作用,对双方当事人发生法律上的拘束力。债的关系成立之后,债权人有权请求债务人履行债务,债务人依法负有履行债务的义务。如果债务人不履行债务,因其违背特定义务,因而依法应当承担相应的责任,在合同之债,应承担违约责任,在其他之债,则依民事责任制度,应予以强制执行。

从某种意义上说,债务人不履行债务,也是对债权人享有的债权的侵害。但是,这种对债权的侵害,是发生在债的关系的内部,是受债的对内效力所约束的内容,对此,债法设有完备的规定加以规范,无须也不能用侵权行为法来调整,不能将违约行为或其他债务的不履行行为认作侵权行为。因而债的对内效力产生的是对债务人不履行债务的强制性拘束,不产生侵权行为的法律后果。债权作为侵权客体,显然不产生于债的对内效力。

(二)债权作为侵权客体亦非源于债的对外效力

债的对外效力,也称作债的保全,是指法律为防止债务人财产的不当减少给债权人的债权带来损害而设置的债的一般担保形式。"债务人之一般财产为债权人之一般担保,民法为防止其财产之不当的减少,而认有债权人代位权及债权人撤销权。此两种手段,前者在于债务人听任其一般财产之减少时,债权人代债务人请求防止其减少之处置。后者在于债务人积极地为减少其一般财产之行为时,夺去该行为效力而防止其减少。两者皆系债权人基于债之效力对于债务人以外之人所及之一种法律的效力,故称为债之对外效力。"[16]

债的对外效力是否为债权成为侵权客体的来源,有的学者对此持肯定态度,认为债的对外效力是债的效力不断向外扩张的表现,因此债的对外效力是债权侵权客体的来源之一。这种观点值得商榷。债的对外效力是指债的保全制度,而非指债权的对抗其他人的一般效力。严格地说,债的对外效力产生的根源,仍在于债的关系内部,是债务人积极或消极地处分其财产而降低对债权的一般担保力时,债权人基于此种处分而产生对该处分的受益人的权利,并非指对一般第三人的效力。从债的对外效力制度的产生看,债权人撤销权(即保留期之诉)产生于罗马法中期,与债的制度共同产生于罗马法;即使债权人代位权,很多学者也认为产生于罗马法的后期。因而,认为债的对外效力就是使债权成为债权客体的根源,就等于说基于债权人撤销权制

---

[14] 史尚宽:《债法总论》,台北荣泰印书馆1978年版,第315页。
[15] 参见《法国民法典》第1134条第1款和第116条。
[16] 史尚宽:《债法总论》,台北荣泰印书馆1978年版,第444页。

度和债权人代位权才使债权成为侵权客体,这显然是不正确的。同时,将产生于罗马法时期的债权制度和债的保全制度说成是后者或前者效力不断向外扩张的表现,也难说正确。

(三)债权作为侵权客体的真正来源是债权的不可侵性

债权作为一种基本的民事权利,其本身就具有不可侵性。《民法通则》第5条明确规定:"公民、法人的合法的民事权益受法律保护,任何组织和个人不得侵犯。"可见,债权作为民事权利,这种不可侵性是法律赋予的,而不是人们所臆造的,而法律的规定,恰恰反映了客观生活的规律。

债权的不可侵性,既不是指债的对内效力,也不是指债的对外效力,而是指债权对抗债的关系当事人以外的其他第三人的效力。众所周知,债权不是绝对权,而是相对权,债权人只能向与其相对的债务人请求履行债务,而不能向其他第三人提出这种请求。但是,债权人作为权利主体,既然享有这种债权,就可以基于债权的不可侵性,对抗其他第三人侵害其债权的行为。法律在一方面赋予所有的民事权利包括债权在内具有不可侵犯性,又强调对其予以法律保护,实际上就赋予了债权关系以外的第三人都负有不得侵犯债权的义务。《民法通则》第5条关于"任何组织和个人不得侵犯"的强制性规定,难道不是规定第三人不得侵犯债权的法定义务吗?因而,不能说债权是相对权就使债权关系当事人以外的其他任何第三人对债权不负有任何义务,恰恰相反,对于债权这种相对权,任何人也都负有不得侵犯的义务,侵害债权,就违背了这种法定的不作为义务,构成侵权行为。

现代各国民事立法的一个显著特点,就是物权和债权有相互借鉴各自的保护手段以保障自身权利实现的趋势,因而形成物权债权化和债权物权化的趋向。债权物权化的趋向不断发展,就使债权的不可侵性更加强化,使债权对抗第三人侵害其债权行为的效力更接近于物权的对世权、绝对权的性质,几乎具有相同的内容。在这样的情形下,债权成为侵权客体,是必然的。因此,债权的不可侵性,即债权对抗债的关系当事人以外的任何第三人的效力,是债权成为侵权客体的真正来源。

(四)作为侵权客体的债权的特点

债权作为侵权行为客体,有两个最重要的特点,一是它的财产性质,二是债权关系以外的其他第三人所负的义务的不作为性质。

债权反映的社会关系与所有权反映的社会关系既有相同之处,又有不同之处。前者反映的是动态的财产关系,即财产的流转关系,后者反映的是静态的财产关系,即财产归谁所有的关系、财产的归属关系。从反映财产的社会关系这一点来看,二者是一致的。从债权所反映的动态财产关系来看,其最终结果,还是要确定财产及财产利益的归属关系。这种动态的财产流转关系,一方面最终要确定财产归谁所有;另一方面,则要决定财产利益,即财产的使用、占有所产生的收益归谁所有。因此,债权的基本性质仍是财产和财产利益的权利。侵害债权仍然会造成财产的损失或者造成财产利益的损失。

按照《民法通则》第5条的规定,债权关系以外的其他第三人都负有不得侵害这种民事权利的义务。尽管这种义务与财产所有权的义务人所负的绝对义务有所不同,但它的义务仍然是不得侵犯债权的不作为义务。这种不作为义务就其特点而言,与财产所有权的义务人所负的不作为义务并没有原则的区别。因此,侵害债权行为的特点,原则上应以作为的方式为其表现形式。

三、债权侵权损害赔偿责任的构成

债权侵权行为的法律后果,是侵权人应当承担赔偿损失、返还原物、恢复原状、停止侵害等民事责任,其中以赔偿损失为其最基本、最主要的民事责任形式。研究债权侵权行为民事责任,主要是研究它的侵权损害赔偿责任。

关于债权侵权损害赔偿责任的构成,学者持有不同的意见。第一种意见是"三要件说",认为构成债权侵权责任须具备:①侵权行为人仅限于第三人;②第三人主观上出于故意;③第三人的行为造成对债权人债权的损害。[17]

第二种意见是"四要件说",包括两种观点:一种观点认为应具备的条件是:①有合法的合同存在;②侵权行为人须为第三人;③行为须违法或者没有合法根据;④行为人须出于故意。[18]另一种观点认为其要件有三个与上述①②④相同,另一个要件是侵害行为与损害结果具有因果关系。[19]

上述学者提出的债权侵权损害赔偿要件,都是必要的。笔者认为,为了更准确地揭示债权侵权损害赔偿责任的构成,更便于司法工作者在实务中操作,应当确定债权侵权损害赔偿责任必须具备五个要件:

(一)被侵害的债权必须是合法债权

这一要件的含义是:

(1)合法债权的存在是构成债权侵权责任的基础。如果债权关系是违法的,不能成为债权侵权行为的客体。蒋贤争认为,违法的债权自始无法律效力,因而也就根本不能成为侵权客体。这是正确的。

(2)合法债权的范围,应当包括所有的合同债权,侵权债权,不当得利债权,无因管理债权,以及其他债权。在这些债权中,以合同债权最容易遭受侵害,因而债权侵权行为的客体以合同债权为中心,但其他债权同样是侵权行为的客体,应予以同等的法律保护。

---

[17] 参见王利明主编:《民法·侵权行为法》,中国人民大学出版社1993年版,第258页。
[18] 参见赵勇山:《论干涉合同履行行为及其法律责任》,载《法学研究》1991年第5期;蒋贤争:《民事损害赔偿问题研究》,法学硕士学位论文。
[19] 参见王建源:《论债权侵害制度》,载《法律科学》1993年第4期。

如果行为人侵害的是不合法的债权，或者不是对合法债权侵害而是对债权人在债权以外的利益进行侵害，或者是对债权人的人身进行侵害，均不能构成债权侵权损害赔偿责任。

（二）行为人必须是债的关系以外的第三人

侵害债权的行为人仅限于第三人。这里所说的第三人，是指债权债务关系当事人以外的其他第三人。首先，他不是指合同关系中的第三人。在为第三人利益而订立的合同中，如为第三人利益而订立的保险合同，其第三人是指合同关系中的受益人，是合同关系当事人之一，如果该第三人侵害债权人的债权，仍是合同关系内部的行为，债权人仍可基于合同关系提出请求并获得救济。其次，他也不是指民事诉讼中的有独立请求权的第三人或无独立请求权的第三人，而是指实体法上的债的关系以外的任何其他第三人。

债务人本人不能成为侵害债权的行为人。如果债权不能实现是由债务人的行为所引起的，即使债务人本身也具有侵害债权的敌意，也只能视债务人的行为是一种违约行为。[20] 这是指债务人侵害债权本身的行为。如果债务人故意造成债权人的人身伤害或者精神损害，致使债权受到侵害，学者认为，应按违约责任或侵权责任的竞合处理，允许债权人就请求权问题作出选择。[21] 笔者认为这种情况实际上是产生了两个法律关系。一是侵害人身权的侵权损害赔偿关系，二是违约损害赔偿关系，两个损害赔偿请求权可以分别行使。

至于债权人的代理人、债务人的代理人和债务履行辅助人是否可以成为侵权行为人，应区分具体情况，其基本标准，是代理人的行为是否体现被代理人的意志。代理人的行为体现被代理人的意志，或者说代理人在代理权限范围以内实施的行为，侵害了债权人的债权，在债权人一方，相当于自己的行为造成自己的损害，在债务人一方，相当于债务人自己侵害债权，因而均不构成债权侵权责任。代理人的行为不体现被代理人的意志，与被代理人的委托无关，则无论债权人的代理人还是债务人的代理人，都属于自己实施的债权侵权行为，构成侵害债权责任的主体要件。

（三）行为须违反法律

侵害债权的行为，必须是违反法律的行为。行为不具有违法性，不构成债权侵权责任。

侵害债权行为的违法性，主要表现在行为人的行为违反了《民法通则》第 5 条关于任何公民法人不得侵犯他人合法民事权利的强行法规定。这一规定赋予任何公民、法人对他人民事权利的不作为义务，属强制性法律规范，必须严格履行。违反该规定而侵害他人合法债权，则构成行为的违法性。

在合同债权中，第三人明知该合同的有效存在，又与该合同的一方当事人订立会

---

[20] 参见王建源：《论债权侵害制度》，载《法律科学》1993 年第 4 期。
[21] 参见王利明主编：《民法·侵权行为法》，中国人民大学出版社 1993 年版，第 258 页。

导致该合同不能履行的新合同,如双重买卖,究竟是否违法,有两种对立的意见。一种意见认为,第三人明知后一合同的履行会使前一合同债权受损害,尽管形式上披着合法的外衣,但难逃侵权责任,仍为违法。[22] 另一种意见认为,第三人的行为虽妨害第一买受人债权的实现,但第二买受人(即第三人)基于订立合同的自由权,有权缔结买卖合同,因此,对此种行为不能视为侵害他人债权的行为,为合法行为。[23] 对于这两种意见,笔者倾向于后一种意见。

第三人因行使其对债务人的有效的债权,导致债务人不能履行其对债权人的债务,因该第三人亦是债务人的债权人,有权要求债务人履行债务,因而不具有违法性,是正当的、合法的行为。

关于侵害债权的行为,学说上将其分为直接侵害和间接侵害。前者是指第三人的侵害行为是通过直接作用于债权人的债权而实现的,即第三人的行为直接导致债权人的债权丧失;后者是指第三人的侵害行为是通过作用于债务人,使债务不能履行而间接地妨害债权的实现。

就具体的侵害债权行为而言,其表现形式主要有以下 6 种:

(1)不是债权人的人作为债权准占有人接受债务人的清偿,使债权消灭。债权准占有人接受清偿,如果清偿的债务人为善意无过失,则发生清偿效力,债权准占有人接受清偿的行为,为债权侵权行为,构成侵权损害赔偿责任,债权准占有人应承担诈欺的侵权责任,赔偿债权人的财产损失;如果债务人清偿时有过失,则不发生清偿的效力,不构成债权侵权行为,是债权准占有人侵害债务人的财产权。例如,某甲拾得某乙的储蓄存折并去银行支取存款,银行审查存单无误而予以支付,某甲为侵害某乙的债权。[24]

(2)代理人超越代理权限免除被代理人的债务人对被代理人的债务。代理人的这种行为未经其被代理人追认属无效行为,因此造成债权人的损失,为债权侵权行为。[25]

(3)第三人与债务人通谋妨害债权实现。如第三人与债务人恶意串通隐匿财产、设置财产担保,使债权不能实现。此种行为为第三人与债务人共同侵权。如某甲负担某乙侵权债务,遂与甲之妻丙共同合谋,将全部财产藏于娘家,使债务无法履行。

(4)债务人决定向债权人交付的标的物,第三人故意毁损或消灭,致使债权无法实现。

(5)第三人将作为债务人的演出者予以监禁,致使演出合同的债权人遭受损失。

(6)通过劝说、利诱、欺骗等手段,诱使债务人违背债权债务关系,即英美法上的引诱违约。正如民国判例所指出的那样,债权之行使,通常虽应对特定之人为之。但

---

[22] 参见蒋贤争:《民事损害赔偿问题研究》,法学硕士学位论文。
[23] 参见王利明主编:《民法·侵权行为法》,中国人民大学出版社 1993 年版,第 258 页。
[24] 参见杨立新:《对债权准占有人清偿的效力》,载《法学研究》1991 年第 3 期。
[25] 参见王建源:《论债权侵害制度》,载《法律科学》1993 年第 4 期。

第三人如教唆债务人,合谋使债之全部或一部分,陷于不能履行时,则债权人因此所受之损害,得依侵权行为之法则,向该第三人请求赔偿。

(四)第三人须出于主观上的故意

按照一般侵权行为法则,侵权损害赔偿责任构成中的主观要件,包括故意和过失。侵害债权损害赔偿责任的主观要件,只能由故意构成。这是由于债权的相对性决定的,只有明知债权的存在而侵害之,才成立侵权行为,过失不可能构成债权侵权责任。

侵害债权的故意,是指第三人明知其行为会发生侵害他人的债权的后果而希望或放任这种损害结果的发生。这里的明知,既要明知他人债权的存在,又要明知侵害结果发生的可能性。

换言之,第三人实施不法行为的目的,就是要妨害债权人债权的实现,而不在于其不法行为的本身,例如,第三人限制债务人的人身自由,致使债权人的债权不能实现,如果第三人追求的目的是妨害债权人债权的实现,则构成侵害债权的侵权行为责任;如果第三人不以妨害债权为目的,而是追求对债务人人身的侵害目的,则只构成侵害债务人自由权的行为,不构成债权侵权责任。

过失不构成债权侵权责任的主观要件。第三人不知道债权的存在,或者对侵害债权的后果不能预见,即使过失造成了债权人债权的不能实现,也不构成债权侵权责任。例如,汽车司机驾车送某演员去剧院演出,途中不慎肇事,致该演员受伤,使演唱会不能如期举行。汽车司机没有侵害债权的故意,只有驾车中的过失,因而不构成侵害债权的民事责任。

侵害债权的故意产生于侵权行为的哪一阶段?原则上应产生于行为之初,即第三人在实施行为之初,就有希望或放任债权损害发生的心态。但是,第三人在行为之初不知债权的存在和行为的后果,但在实施行为的过程中已经知道债权的存在和行为可能造成的损害债权后果,第三人仍继续实施该行为,则具有放任的间接故意,仍可构成债权侵权责任。如果行为结束之后,第三人才产生侵权的故意,则不构成债权侵权责任。

(五)第三人的行为须造成债权人债权损害

债权损害的事实,就是债权人债权不能实现的客观事实。其主要表现是:债务人不能履行债务使债权不能实现,债务人因有效的履行而使债权人的债权归于消灭,债权人应该获得的利益丧失,债权人的债权不能执行,等等。

债权损害的事实仅指财产及财产利益的损失。有人认为债权损害事实还包括人身伤害和精神损害,这是不正确的。第三人如果侵害债务人或债权人的人身权,造成人身伤害和精神损害,尽管也造成了债权损害的后果,但不能说侵害债权也造成了人身伤害和精神损害的后果,而是产生了两个侵权损害赔偿法律关系,即一是侵害债权的财产损害赔偿,二是侵害人身权的人身损害赔偿或精神损害赔偿。至于第三人侵害债权,债权人因债权不能实现而自杀、精神痛苦,则前者不是侵害债权的直接后果,对于后者我国尚无慰抚金救济制度,尚不能认为构成侵害债权的损害后果。从长远的发展考察,人身伤害和精神痛苦可否构成侵害债权的损害事实,还应当进一步研究。

侵害债权的财产损失,主要是债权预期利益的损失,但绝不可忽视侵害债权的财产直接损失。因而,侵害债权的损害事实,仍然包括财产的直接损失和间接损失两种样态。在一个侵害债权行为中,最主要的是造成预期财产利益的间接损失,如不当得利之债权、无因管理之债权、侵权行为之债权以及大多数合同债权,都只表现为期待的财产权利,是可得利益。也可能造成单纯的直接损失,如借用、保管、寄存等合同债权,其内容就是期满收回所有的财产。如果第三人损坏该财产,就造成了债权人的直接的财产损失。还可能既造成直接损失,也造成间接损失。如租赁合同之中,第三人故意毁损租赁物,既造成了债权人财产的直接损失,又造成了预期的租赁收益的损失。

四、债权侵权的损害赔偿内容

(一)债权侵权的损害赔偿关系

侵害债权的损害赔偿关系,主要有以下4种:

(1)在直接侵害债权的场合,损害赔偿关系的主体是债权人和第三人,债权人为赔偿权利人,第三人为赔偿义务人,第三人直接向债权人承担侵权损害赔偿等民事责任。

(2)在间接侵害债权的场合,如第三人基于侵害债权的故意而伤害债务人、毁损债的标的物,以诈欺、强制等方法阻止债务人履行债务,债务人本身无过错的,损害赔偿关系的主体仍然是债权人和第三人,债权人为权利人,第三人为义务人,第三人直接向债权人承担侵权损害赔偿等民事责任。

(3)在间接侵害债权的场合,第三人引诱债务人不履行债务,债务人知道或者应当知道第三人为违约引诱,有抵制的余地而不加以抵制,致使债权人债权无法实现的,显然对债务不履行有过错,应承担相应的民事责任,与第三人共同负责。但这种共同责任不是真正的连带责任,而为不真正连带债务,第三人和债务人各自向债权人承担各自的责任。如果债务人对违约引诱不能识别而违约,则应由第三人自己向债权人承担赔偿责任。[26]

(4)第三人与债务人恶意串通,侵害债权人债权的,构成共同侵权责任,债权人为赔偿权利人,第三人和债务人为赔偿义务人,向债权人承担连带的赔偿责任。对于第三人以劝说、教唆债务人不履行债务,而债务人明知侵害债权的意图而同意的,视为

---

[26] 参见蒋贤争:《民事损害赔偿问题研究》,法学硕士学位论文。

恶意串通。因为第三人与债务人之间有共同故意,应共同承担连带赔偿责任。

(二)侵权赔偿关系与违约赔偿关系的处理

在实务中,第三人侵害债权与债务人的违约交织在一起,不能只简单地处理侵权损害赔偿而不考虑违约赔偿的因素。如果在某些场合因第三人侵害债权承担了赔偿责任之后,免除债务人的违约责任,会使债务人得到不当利益;如果债务人在债权人接受第三人赔偿后继续履行债务,又会使债权人得到不当利益。因此,对于上述侵害债权的赔偿关系与违约关系必须妥善处理。

(1)债权侵权行为致使债务人丧失继续履行能力,或者债务人的履行发生清偿效力而使债权消灭的,第三人应当全部赔偿债务人不履行的损失和给债权人造成的其他损失。对此,债务人不再承担任何责任。例如,第三人毁损债务人履行标的物,或者强制债务人的人身而使债务人丧失履行债务机会的,均应如此处理。债务人对债权准占有人善意清偿,应由债权准占有人即债权侵权人予以赔偿,债务人不再承担清偿责任。

(2)债权侵权行为妨害了债权的实现,但债权人应当而且能够继续履行债务的,应继续履行债务,第三人就自己的侵权行为给债权人造成的迟延履行等损失,以及因时间延误债务人不能履行的部分承担赔偿责任。例如,第三人以债权人代理人的身份故意免除债务人的金钱债务,确定侵权责任之后,债务人仍应继续履行,第三人应赔偿迟延履行等损失的责任。又如,租赁、保管、寄存等合同之债,第三人以强制、诈欺、引诱等手段使债务人不履行债务,确定侵害债权责任之后,债务人仍须且能够履行债务,故应继续履行,对于迟延履行等其他损失,应由侵害债权的第三人赔偿。

(3)第三人与债务人承担连带赔偿责任的,应当确定各自的份额,在份额确定的基础上,实行连带责任。确定份额,应依各自的故意程度、原因力以及债务人应履行的债务数额,综合确定。连带承担赔偿责任应赔偿债权的全部损失,故原债务不再继续履行。

(4)第三人与债务人承担不真正连带债务的,原则上应由债务人继续履行债务,对其他损失,由第三人赔偿;债务不能继续履行的,对于全部损失,依各自的过错程度及原因力,确定各自的责任份额,自己承担责任。

(三)赔偿范围

债权侵权的损害赔偿范围,应以财产损失为标准。对于财产直接损失,应予全部赔偿。对于财产利益的损失,应包括债权预期的全部数额,以及迟延履行的违约金损失、造成其他财产利益损失,等等,均应全部赔偿。

中国合同责任研究*

《合同法》公布实施，将中国完整的合同制度正式昭示于世界，结束了中国合同法三分天下的局面。然而，在理论上进行更深入的研究，揭示中国合同制度的全部理论内涵，则刚刚开始。其中研究合同法的合同责任制度，也正是如此。全面研究中国合同责任的种类、内容、形式、构成，无论是对合同法的实践和理论研究，都十分重要。在本文中，笔者立足于《合同法》的立法和具体实践，阐释对上述内容的基本观点。

一、中国合同责任概述

（一）关于中国合同责任的范围

1. 关于中国合同责任范围的不同意见

在一般的理解上，合同责任就是合同制度中的违约责任，不包括其他合同责任制度，或者说其他涉及合同的责任不属于合同责任。对这种意见完整的反映，就是《民法通则》第6章的规定。在这一章中，立法者将中国的民事责任界定为两种，即违反合同的民事责任和侵权的民事责任，没有规定其他民事责任。

《民法通则》所持的这种意见的不适当之处，早已被司法实践和理论研究所证明。问题的焦点，就是民事责任除了侵权责任和违约责任以外，还有其他民事责任形式，只规定两种民事责任，实际上是挂一漏万。对于这个问题，笔者不再做过多的议论。

除此之外，也正是本文所要研究的，就是《民法通则》在规定合同责任中，将合同责任仅仅规定为违约责任，也是不完整的。从严格的意义上说，违约责任仅仅是大陆法系合同法中的"合同债权的效力"，英美法系合同法中的"违约的补救"问题。[①]在大陆法系的成文法典中，都在债法中规定"债的效力"，完整规定债的不履行的后果，即债权的效力，其中债权的对内效力，就包括合同不履行的法律后果。[②]在英美法系，合同法将当事人违约的法律后果称之为对违约的救济或者对违约的补救，一方当事人

---

* 本文发表在《河南省政法管理干部学院学报》2000年第1期和第2期。
① 参见王利明：《违约责任论》，中国政法大学出版社1996年版，第1页。
② 参见《日本民法典》债编第一章第二节"债权的效力"，台湾地区"民法"债编第三节"债之效力"，以及其他民法典相关的内容。

违约,另一方当事人可以请求损害赔偿、依约履行、撤销合同、设置禁令等。③在《俄罗斯联邦民法典》,则采用我国的习惯,将其称之为"违反债务的责任"。④

将合同责任限定在违约责任之中,最根本的原因就是对合同概念的理解不同。在我国合同法研究中,对于合同概念的理解,有以下两种观点:一种观点认为,合同概念不仅仅包括有效合同,而且包括无效合同。因为无效合同已经具备了双方当事人的合意,双方当事人经过要约和承诺,就他们之间的权利、义务关系达成了协议,因此,不管是否具备合同的有效要件,凡是已经成立的合同,都属于合同的范畴。⑤另一种观点认为,无效合同因其具有违法性,所以不属于合同的范畴。在中国,《民法通则》区分"民事法律行为"和"无效民事行为",是将这两种概念严格加以区分的,作为民事行为的典型形式的合同,无效合同和有效合同也应当严格加以区分,因此,无效合同在性质上不是合同,不具有合同所应有的拘束力,而是一个独立的范畴。⑥

这些不同意见的产生,是由于对合同概念的界定标准认识不同。以狭义概念作为标准,按照后一种意见界定合同概念,并无不当,就应当限定为生效的合同才是真正意义上的合同。如果按照广义的标准界定合同概念,那么,将合同概念仅仅限定在有效合同上,就不是适当的。按照广义的理解,合同概念不仅应当包括有效合同,而且应当包括无效合同,此外,还应当包括合同的缔结阶段,以及合同消灭之后的后契约阶段。这就是将有效合同作为合同概念的基干,向前延伸,将合同无效和合同缔结的先契约阶段概括进去;向后延伸,将后契约阶段也视为广义的合同概念,也作为合同的范围。这样,广义的合同概念就是非常宽泛的概念,将整个缔结、成立、生效、履行以及后契约义务的履行都包括在内。

对合同概念作这样的理解,是有法律根据的。《合同法》就是按照这样的理论基础编制的,其总则部分从第二章开始至第七章,将上述内容规定得清清楚楚,尤其是在缔约、生效和后契约义务的履行上,都作了规定。如果不是将合同概念作广义的理解,而是作狭义的理解,那么,《合同法》岂不是只能规定合同生效之后到合同履行完毕为止吗?如果将合同法这样规定,还能叫做《合同法》吗?

2. 中国合同责任的完整内容

以上述对合同概念的广义理解为基础,我们再来研究合同责任的概念,就会发现,将合同责任仅仅限定在违约责任之中,是不正确的。违约责任仅仅是建立在狭义合同概念的基础之上,解决的是合同有效成立之后,债务人不履行合同义务,或者履行合同义务不符合约定,违约一方当事人所应当承担的民事责任,不能包括合同有效成立之前和合同履行之后的,不履行法定或者约定的其他义务的当事人的民事责任,其中包括先契约责任、合同无效责任和后契约责任。

---

③ 参见高尔森:《英美合同法纲要》(修订版),南开大学出版社1997年版,第172页以下。
④ 《俄罗斯联邦民法典》第三编第25章。
⑤ 参见杨立新主编:《民事审判诸问题释疑》,吉林人民出版社1992年版,第31页。
⑥ 参见王利明、崔建远:《合同法新论·总则》,中国政法大学出版社1997年版,第242页。

按照这样的认识基础,合同责任应当包括以下 6 种具体形式。

(1)实际违约责任。这是合同责任的基干,是合同责任的基本形式,是债务人不履行或者不适当履行合同债务所承担的民事责任。对于这种合同责任,《合同法》在第七章中,作了详细的规定。应当明确的是,实际违约责任是广义违约责任中的一种具体形式,违约责任制度应当包括实际违约、预期违约和加害给付三种责任形式。这三种合同责任都是违约责任,但是,在其内容上各不相同,应当分别进行研究,揭示它们各自不同的特点。

(2)预期违约责任。这种合同责任,是在《合同法》第 108 条规定的。该条的内容是:"当事人一方明确表示或者以自己的行为表明不履行合同义务的,对方可以在履行期限届满之前要求其承担违约责任。"预期违约,也称作先期违约,原是英美法合同法的制度,与大陆法的拒绝履行很相似,是指在合同履行期限到来之前,一方当事人无正当理由而明确肯定地向另一方当事人表示他将不履行合同,包括明示毁约和默示毁约。⑦ 在我国《涉外经济合同法》第 17 条,对默示毁约有所规定,但不包括明示违约,因此,其内容与真正的预期违约制度相差较大。《合同法》第 108 条完整地规定了预期违约中的明示违约和默示违约制度,并且给预期违约作出了确切的界定,是一个很成功的立法例。预期违约作为合同责任中的一种具体的形式,应当在中国合同责任中有应有的地位。

(3)加害给付责任。这种合同责任从严格的意义上说,是违约责任,但是又与违约责任有所不同。债务人履行债务所交付的标的物存在瑕疵或者缺陷,造成债权人履行利益之外的人身或者财产损害的,债务人所应当向债权人承担的赔偿责任,就是加害给付责任。它是违约责任的一个特别的表现形式。对此,从《合同法》的"专家建议稿"到全国人大常委会第四次审议稿,都作了规定。"专家建议稿"第 145 条的内容是:"合同债务人的履行不符合合同约定的质量标准的,应当承担瑕疵履行的违约责任。""因瑕疵履行而给债权人造成人身或合同标的物以外的其他财产的损害的,应承担损害赔偿的责任。"第四次审议稿第 112 条第 1、2 款规定:"质量不符合约定的,应当承担违约责任;质量不符合约定,造成其他损失的,可以请求赔偿损失。"这些内容,规定的都是加害给付责任。在最后通过的《合同法》正式文本中,将加害给付的内容予以删除。据此,有人认为中国《合同法》不承认加害给付责任。

笔者认为,这种理解是不正确的。理由是:第一,加害给付是违约责任中的一个特殊表现形式,尽管《合同法》中对此没有加以明文规定,但是,由于加害给付是违约责任的组成部分,为民法所确认,即使不加以规定,它也是包括在违约责任之中的。第二,《合同法》第 122 条规定:"因当事人一方的违约行为,侵害对方人身、财产权益的,受损害方有权选择依照本法要求其承担违约责任或者依照其他法律要求其承担侵权责任。"这一条文规定的是责任竞合,但是在该条文中所包含的,主要就是加害给

---

⑦ 参见王利明:《民商法研究》(第 2 辑),法律出版社 1999 年版,第 499 页。

付责任,因为在合同领域中,最常见、最主要的,就是加害给付造成对方当事人的人身、财产权益的损害。所以,可以确认,《合同法》在实际上是确认加害给付责任的。加害给付是合同责任中的一种具体类型。

(4)合同无效责任。这种民事责任,《民法通则》是规定在"无效民事行为"之中,而不是规定在民事责任一章,是从民事行为无效的角度规定的。将合同概念向前延伸,必然将合同责任的概念向前延伸,合同无效责任也就必然应当作为合同责任的具体形式加以研究。合同无效责任是合同责任向前延伸的第一个阶段,从合同生效开始,延伸到合同成立为止。在这一期间发生的合同责任,是合同无效责任,即由于合同无效而引发的民事责任。

(5)缔约过失责任。将合同责任从合同无效责任再向前延伸,就是缔约过失责任,也称为先契约责任。在合同的订立阶段,缔约当事人违反法定的先契约义务,造成对方当事人的损害,应当承担损害赔偿责任。

(6)后契约责任。后契约责任是以前的三部《合同法》都没有规定的合同责任形式。在新的《合同法》中,也仅仅是规定了后契约义务,并没有对后契约责任加以规定。《合同法》第92条规定:"合同的权利义务终止后,当事人应当遵循诚实信用原则,根据交易习惯履行通知、协助、保密等义务。"但是在该条条文之后,并没有规定相应的违反后契约义务的责任条款。这是不应当有的疏漏。但是,不应当据此得出我国合同责任不包括后契约责任的结论。理由是:第一,规定义务就意味着责任,因为义务的不履行必然发生责任,即使在后契约义务的规定中没有规定其责任,也应当理解后契约义务的不履行,就必然发生后契约责任。第二,《合同法》将后契约义务规定在第六章,在接下来的第七章规定的"违约责任"条款,应当理解可以对违反后契约义务的行为适用违约责任的条文规定。因此,将后契约责任作为中国合同责任的一个组成部分,是有充分理由的。

(二)关于中国合同责任的归责原则

1.关于中国合同责任归责原则的不同主张

研究合同责任,必须首先研究合同责任的归责原则。在合同法的归责原则研究中,学者在《合同法》公布之前的主要意见是:第一种观点认为,合同责任的归责原则就是一个,即过错责任原则,所有的合同责任都适用过错责任原则,舍此没有其他的归责原则。这种合同责任归责原则一元化的意见,其接受程度是很广泛的。这种主张认为,债务人对于债务的不履行有过错,是确定合同责任的要件之一。换言之,债务人的不履行或者迟延履行如果不是由债务人自己的过错造成的,则不承担责任。[8]由于合同责任的特殊性,合同责任中的一元化归责原则即过错责任原则是过错推定原则。[9]第二种观点认为,合同责任应当采取客观归责的原则,而不是过错责任原则,

---

[8] 参见谢邦宇:《民事责任》,法律出版社1991年版,第107页。
[9] 参见王家福:《合同法》,中国社会科学出版社1986年版,第481页。

因而,过错不是合同责任的构成要件。所谓的客观归责的原则,就是无过错责任原则。只要债务人违反合同约定的义务,无论其在主观上有无过错,都应当承担民事责任。⑩第三种观点认为,合同责任的归责原则应当是二元化,而不是单一的归责原则。单一的归责原则不能适应合同责任的负载情况。二元的合同责任归责原则,是过错责任原则和无过错责任原则即严格责任并立的两个归责原则,我国合同法同时并存过错责任原则和无过错责任原则的双轨制归责原则体系。⑪ 在具体的问题上,过错责任原则和无过错责任原则各自调整哪些范围,则有不同的分歧意见。⑫

《合同法》公布以后,学术界对《合同法》规定何种归责原则,几乎众口一词,都认为《合同法》规定的是无过错责任原则,即严格责任。并且将严格责任或者无过错责任原则作为《合同法》的基本特点之一,做广泛的介绍。即使在笔者主编的《中华人民共和国合同法的执行与适用》一书中,笔者也尊重他们的意见,按照严格责任的意见,表述《合同法》的归责原则。⑬

对此,笔者认为应当认真研究,不能轻率地作出结论。

2. 境外立法例的参考

在大陆法系,一般认为合同法的归责原则是过错责任原则。这是自《法国民法典》就确立的归责原则。该法第114条规定:"凡债务人不能证明其不履行债务系出于不应归其个人负责的外在原因时,即使在其个人方面并无恶意,债务人对于其不履行或者迟延履行债务,如有必要,应支付损害赔偿。"《德国民法典》第275条规定:"债务人除另有规定外,对故意或过失应负责任。"这些立法,确认过错责任原则是合同法的一般归责原则。即使是在刚刚修订过的我国台湾地区"民法"债编,也还是坚持合同责任的过错责任原则。该法第220条规定:"债务人就其故意或过失之行为,应负责任。"当然,在大陆法系坚持过错责任原则的同时,并不绝对排斥严格责任,相反,在金钱债务到期未履行,债务人无能力转移种类物,承运人对旅客受到人身伤害的责任等情况下,无论债务人是否具有过错,均应承担民事责任。⑭ 承认在过错责任原则作为一般的合同法归责原则前提下,有条件地适用无过错责任原则。

在英美法系,坚持合同责任为严格责任。英美法的合同法对履行合同中的过错并不重视,正像英格兰的一位法官所说的那样:"因违约引起的损害赔偿责任的请求不考虑过错,一般来说,被告未能履行其注意义务是无关紧要的,被告也不能以其尽到注意义务作为其抗辩理由。" ⑮ 在美国《合同法重述》第2版第260(2)中规定:"如果合同的履行义务已经到期,任何不履行都构成违约。"因而,在英美法,合同法的严

---

⑩ 参见今晓:《"过错"并非违约责任的要件》,载《法学》1987年第3期。
⑪ 参见崔建远:《合同责任研究》,吉林大学出版社1992年版,第73页。
⑫ 参见王利明、崔建远:《合同法新论》,中国政法大学出版社1997年版,第54页。
⑬ 参见杨立新主编:《中华人民共和国合同法的执行与适用》,吉林人民出版社1999年版,第226—227页。
⑭ 参见王利明、崔建远:《合同法新论·总则》,中国政法大学出版社1997年版,第48—49页。
⑮ Rainer v. Mils(1981) A. c. 1050. 1086.

格责任是不可动摇的,是一般的归责原则。但是,英美法并不是完全排斥过错责任原则的适用。在迟延履行中,英美法规定过错应作为归责事由,在合同责任的归责中,英美法常常将过错作为确定违约的重要因素,自 1863 年以来,英美法在强调合同义务的绝对性同时,注意到故意和过失对责任的影响,提出由于无法抗拒的外来事由,且当事人亦无故意或过失致使契约不能履行时,契约应当终止,而当事人的权利义务亦告免除。⑯

可以看出,在传统的大陆法系合同法中,通行的归责原则是过错责任原则,由于合同责任的特殊性,在合同法领域实行的是过错推定原则,这就是在违约或者其他合同责任中,债务人违约,包括造成对方当事人的损害,首先就从违约事实以及损害事实中推定致害一方的当事人在主观上有过错。如果对方当事人认为自己没有过错,则自己承担举证责任,证明自己没有过错。证明成立,则可以免除自己的责任,证明不足,或者证明不能,则推定成立,构成违约责任(包括损害赔偿责任)或者其他责任。

3. 中国合同责任的归责原则应当是三元论

在新通过的《合同法》中,对传统的合同责任概念和归责原则都提出了挑战,作出了新的规定。但是,《合同法》规定的合同责任究竟是何种归责原则呢?仅仅称之为无过错责任原则或者严格责任,似乎并不准确。

在笔者看来,《合同法》规定的合同责任的归责原则,并不是当然的无过错责任原则或者严格责任:

(1)《合同法》规定的合同责任,并不是单纯的违约责任,而是一个相当宽泛的法律概念。第一,《合同法》将合同责任以违约责任作为基点,向前延伸,将先契约阶段的缔约过失责任概括进合同责任之中,同样,又将合同无效的责任继续保留在合同责任的概念之中。这样,就将合同责任概念在违约责任的基础上,又包括了缔约过失责任和合同无效责任这样两种合同责任。第二,《合同法》在合同责任的核心即违约责任中,又加进了预期违约和加害给付的责任。对此,应当加以说明。预期违约责任是在合同成立并发生效力之后,尚未届至履行期之前发生的合同责任,与纯粹的违约责任是不同的,在《合同法》中有独立的地位。关于加害给付责任,在《合同法》起草过程中的情况,在前文已经作了介绍。在《合同法》的第 112 条⑰规定的违约损害赔偿的条文中,就包含了加害给付的制度。给付的标的物的质量不合格,当然就是"履行合同义务不符合约定""对方还有其他损失的",当然包括质量不合格所造成的损失。因此,没有理由说《合同法》规定的违约责任中不包括加害给付的责任。第三,《合同法》将合同责任的概念向后延伸,把后契约阶段纳入合同的概念之中。这就是,《合同法》在规定合同的权利义务终止的基础上,还规定当事人负有后契约义务。义务的保障就是责任。当法律规定的一项民事义务不履行,当事人就应当承担相当的法律后

---

⑯ 参见王利明、崔建远:《合同法新论·总则》,中国政法大学出版社 1997 年版,第 52 页。
⑰ 此处第 112 条是《合同法》的正式文本,不是原来的草案。

果,这种后果就是民事责任。既然将后契约规定为义务,当事人不履行法定义务,造成对方当事人的损害,当然就应当承担损害赔偿责任。这是不应当发生误解的。

(2)在6种合同责任中,并不是通行单一的归责原则,而是适用不同的归责原则。第一,对于缔约过失责任、合同无效责任和后契约责任中,应当适用过错责任原则,或者主要适用过错责任原则,即过错推定原则。在《合同法》第42条规定缔约过失责任的条文中,使用了"恶意""故意隐瞒""违背诚实信用原则"的表述。这些表述的含义,就是要求承担缔约过失责任的当事人,应当具备故意或者过失的主观要件。这正与缔约过失责任中的"过失"二字相吻合。因此,缔约过失责任是完全的、彻头彻尾的过错责任,如果不适用过错责任原则,将与立法本意相悖。《合同法》在第58条后段规定合同无效的损害赔偿责任时规定:"有过错的一方应当赔偿对方因此所受到的损失,双方都有过错的,应当各自承担相应的责任。"这里明确地将合同无效的损害赔偿责任规定为过错责任,适用过错责任原则归责。在后契约责任中,《合同法》没有作出具体规定,但是与缔约过失责任和合同无效的损害赔偿责任相对应,其适用过错责任原则,则是理所当然的。第二,对于加害给付责任,应当适用过错责任原则是有根据的。按照德国的判例和学说的观点来看,债务不履行的过错,原则上对积极侵害债权(即加害给付)是适用的。在我国,加害给付责任应以债务人具有过错为要件。债务人做出不适当履行行为并造成债权人履行利益以外的其他利益的损害,本身表明债务人是有过错的,换言之,如果是债务人不能证明损害后果是因为不可抗力或其他法定事由所致,则应推定债务人具有过错。[18]确定加害给付责任的归责原则为过错责任原则,是妥当的。第三,预期违约责任应当适用过错责任原则。在《合同法》第108条中,条文明确规定"当事人一方明确表示""以自己的行为表明"。"明确表示"和"行为表明"都说明必须是在主观上的故意所为,因此可以确定,立法者关于预期违约责任的主观要件的要求,应当是故意的,明知是必要的要件。所以,预期违约的合同责任应当适用过错责任原则。第四,在实际违约责任中,如果仅仅适用无过错责任原则,也不是一个最佳的选择。违约责任是一个很广泛的概念,并不是一个简单的赔偿问题,还有继续履行、采取补救措施、给付违约金等违约责任形式。在这三种违约责任形式上,适用无过错责任原则是完全正确的,只要债务人违反约定不履行或者不适当履行,无论有无过错,都应当承担违约责任。但是,如果将违约责任中的损害赔偿也适用严格责任,将是一个很严重的问题。其中最重要的是,《合同法》第113条第2款规定的商业欺诈行为的惩罚性赔偿中所要求的"欺诈",就是以故意为构成要件的,不能以无过错责任原则为归责原则。在构成损害赔偿责任的要件中,传统民法的要求,都是过错责任原则。即使是在当代的法律状况下,对违约损害赔偿适用过错责任原则归责,也没有对债权人保护不周的问题。此外,在《合同法》第120条规定的"与有过失"即混合过错中,如果不适用过错责任原则,也将很麻烦。因此,笔者认为,尽

---

[18] 参见王利明:《民商法研究》(第2辑),法律出版社1999年版,第541页。

管《合同法》第112条规定违约责任的条文中虽然没有写明"过错"的字样，仍应当确认违约责任中的损害赔偿责任的归责原则是过错责任原则。

（3）在同一个合同责任中，有时也不一定只适用单一的归责原则。在合同无效责任中，按照《合同法》第58条关于"合同无效或者被撤销后，因该合同取得的财产，应当予以返还；不能返还或者没有必要返还的，应当折价补偿。有过错的一方应当赔偿对方因此所受到的损失，双方都有过错的，应当各自承担相应的责任"的规定，在前一句中，并没有强调过错问题。因此，可以认为，无效合同责任中的返还财产、适当补偿责任，应当适用无过错责任原则归责，不适用过错责任原则。在后一句中，强调的显然是过错责任原则。可以肯定地说，无效合同责任的归责问题，适用两个归责原则，一是过错责任原则，二是无过错责任原则，分别调整不同的责任方式的归责，即过错责任原则调整无效合同责任的赔偿责任，无过错责任原则调整合同无效的返还财产和适当补偿责任。

在实际违约责任中，也不能简单地适用单一的无过错责任原则。按照《合同法》第107条关于"当事人一方不履行合同义务或者履行义务不符合约定的，应当承担继续履行、采取补救措施或者赔偿损失等违约责任"的规定，似在违约责任中规定无过错责任原则为统一的归责原则。但是，事实并非如此。第一，在《合同法》第113条第2款关于"经营者对消费者提供商品或者服务有欺诈行为的，应当依照《中华人民共和国消费者权益保护法》的规定承担损害赔偿责任"的规定中，明文规定在服务欺诈和商品欺诈的惩罚性赔偿中，绝对应当适用过错责任原则。第二，在实际违约损害赔偿责任中，适用无过错责任原则不符合损害赔偿的宗旨。损害赔偿的基本宗旨，就是将损失归咎于有过错的一方当事人。如果不是这样，在一般情况下，不讲过错，凡是有损失就予以赔偿，就使现代的损害赔偿制度落入原始的"加害原则"的窠臼。更重要的是，如果在违约损害赔偿中仅仅适用无过错责任原则，不考虑适用过错责任原则，就无法处理违约损害赔偿中的与有过失即混合过错的责任归属问题。《合同法》第119条规定："当事人一方违约后，对方应当采取适当措施防止损失的扩大；没有采取适当措施致使损失扩大的，不得就扩大的损失要求赔偿。"这里体现的，就是有过错的受害人不得就其过错所造成的损害要求赔偿。如果在违约损害赔偿中不适用过错责任原则，就无法处理这样的问题。

笔者认为，在《合同法》关于违约责任归责原则的规定中，之所以出现这样的问题，是因为在制定这样的条文中，预先编制了违约责任适用无过错责任原则的框架，然后在制定具体的条文时，无论出现怎样不合理的问题，都不能跨越这样的框框，最后导致出现这样的问题。这不能不说是立法中的一次主观主义强调"严格责任"所造成的后果。现在，应当实事求是地认识这个问题，恢复违约损害赔偿适用过错责任原则的本来面目。

4. 结论

正因为如此，合同责任中的归责原则是三元化的体系，过错责任原则、过错推定原则和无过错责任原则并存,各自调整不同的合同责任形式。

(三)关于合同责任的构成

合同责任的构成理论,历来是合同法研究的重要问题。研究中国合同法的合同责任问题,必然要涉及合同责任的构成。按照笔者的理解,中国合同责任是一个复杂的结构,概括了诸多具体的合同责任形式。从这些繁多的合同责任形式中,抽象出一个统一的、各种合同责任都适用的合同责任构成及其理论,是一个艰巨的任务。但是,这些合同责任形式既然都是合同责任,就必然可以抽象出可以普遍适用的合同责任构成理论。本文作以下探讨。

1. 抽象合同责任构成的一般指导思想

抽象出合同责任构成理论,第一,应当在实践上能够应用,对司法实践有指导意义。应当说,近十几年来,民商法理论的研究日新月异,但是,有一些理论研究不是从实践出发,而是闭门造车,理论虽然新颖,但是与实践不合,没有实际的应用价值。在合同责任构成理论上,应当接受这样的教训,从实践出发,从司法实践中提炼理论精华,用以指导实践,不再走老路。第二,抽象出的合同责任构成理论应当科学,符合民商法理论科学体系的要求。民商法是一门科学,不是主观臆造出来的。概括合同责任构成理论,既应当符合民事责任构成的一般原理,又应当具有合同责任理论的特色,将两者有机地融合在一起,构成完整的理论体系。第三,抽象出的合同责任构成理论应当具有高度的概括性。正如前文所说,合同责任具有多种形式,各种责任形式的构成各具特色,最重要的是,合同责任的不同形式适用不同的归责原则,在责任构成上必然不能完全一致。综合研究合同责任构成理论,就是要在不同的、纷繁复杂的合同责任形式中,抽象出高度概括的责任构成理论。否则,不能成为有价值的法学理论。

2. 合同责任构成理论的一般内容

按照不同的合同责任形式,分别适用过错责任原则或者无过错责任原则。由于合同责任适用不同的归责原则,所以合同责任的构成有共同要件和非共同要件。其中共同要件是所有的合同责任形式都必须具备的要件,非共同要件是适用过错责任原则的合同责任形式所要具备的要件。

合同责任构成的共同要件有以下三个:

(1)违反约定或者法定义务的行为。在各种合同责任的构成中,都必须具备违反约定或者法定义务的行为的要件。这一要件的要求,一是具备行为的要素,二是具备违反约定或者法定义务的要素。

行为不仅仅是"发端于人类思想之身体动静"[19],更重要的,行为是人类或者人类团体受其意志支配,并且以其自身或者其控制、管领下的物件或他人的动作、活动,表现于客观上的作为或者不作为。[20]因此,行为在合同法领域中的表现,就是公民或者法

---

[19] 胡长清:《中国民法债编总论》,商务印书馆1946年版,第122页。
[20] 参见杨立新:《人身权法论》,人民法院出版社2006年版,第204页。

人在合同活动中的作为或者不作为。在这里,要特别强调合同的主体,就是构成合同责任的人,必须是合同的当事人,不能是合同关系之外的其他人。只有这些主体的违反约定或者违反法定义务的行为,才能是构成合同责任的行为。

在合同领域中,合同责任的行为,大多数或者绝大多数是不作为的形式,是按照合同的约定或者法律的规定,负有履行义务而当事人却没有履行。当然,在实践中也有一些当事人采取积极的作为形式侵害债权或者其他权利,例如在缔约过失责任中,故意隐瞒或者恶意磋商行为,就是积极作为的行为。

合同责任必须是违反义务的行为。在以往的合同法理论中,过于强调违反合同约定的行为,而忽视违反法定的合同义务的行为。这是不正确的。违反合同约定的行为是合同责任中行为要件的主流和主体部分,但是,违反合同的法定义务的行为,决不能忽视。在新《合同法》中,立法者特别强调的就是合同当事人的法定义务。例如,先契约责任中的法定义务,后契约责任中的法定义务,等等。这些法定义务不履行,同样构成合同责任。

(2)损害等后果。之所以将合同责任构成要件的客观后果称之为损害等后果,是因为合同责任不同形式的后果要件各有不同。因此,这里所说的损害,并不是侵权责任中单一的损害,还包括其他一些不同的后果。在合同责任中,这些后果大致有以下5种:

第一,财产损害事实。在所有的合同责任中,都有可能造成财产的损害后果。在财产损害后果中,最主要的区分,就是将财产损失区分为直接损失和间接损失。在合同责任的损害事实中,要特别注意间接损失的后果,因为在合同责任中的财产损失大部分是间接损失,即"合同履行后可以获得的利益"。[21] 应当注意的是,实际违约和预期违约责任中的损害事实,主要的是履行利益的损失,即债权人在订立合同时所期待从合同行为中得到的利益,不是这些利益以外的利益。第二,合同的履行利益以外的损害事实,即合同期待利益以外的其他利益损害的事实。这样的损害,包括财产利益的损害、人身利益的损害和精神利益的损害。一般认为,合同责任中的履行利益以外的损害事实,都是加害给付责任中的损害事实,其实不然。在其他的合同责任中也有这样的损害事实。例如,在高速公路使用中,管理者一方未尽善良管理人的注意,在公路上留有遗失物,致使行驶在高速公路上的车辆躲避不及而肇事,若车毁人亡,既有财产损失,又有人身损害。这是违约损害事实中的典型事例。[22] 第三,合同债权未能实现,以及合同债权不能实现的可能。在实际违约责任中,客观后果主要是合同债权不能实现,这就是合同履行期限届至,债务人不履行债务,使债权人所期待的履行利益不能实现。债权不能实现,就是一种财产损失,因此也可以称之为债权期待利益的财产损失。第四,在预期违约中,客观的损害后果不是期待履行利益的损失,而是这

---

[21] 《合同法》第113条。
[22] 关于这样的案例,请参见杨立新:《民法判解研究与适用》(第4辑),人民法院出版社1999年版,第579—580页。

种财产利益损失之虞。这种损害事实的可能性,应当具有高度的盖然性,因为明示毁约和默示毁约的毁约均已为债务人所确认,只是由于未到债务履行期限。第五,财产被对方当事人占有,占有财产的一方丧失了合法占有的依据。在缔约的过程中,在合同成立但尚未生效的过程中,以及在其他一些合同场合,当事人依据约定,可能占有对方的财产。但是,在合同没有成立,或者合同虽然成立但是却没有生效或被撤销的情况下,占有对方的财产就成为非法占有。对于财产所有人而言,也是一种损害事实。

具备以上损害事实的后果,就构成合同责任的这一要件。

(3)因果关系。合同责任构成中的因果关系,是指违约或者违法行为与损害等后果之间的引起与被引起的客观联系。因果关系是哲学上的一种概念,但是,在合同责任中研究因果关系,却不是研究行为与结果之间是否具有哲学上的因果联系,而是研究行为与结果之间是否具有引起与被引起的客观联系。

正是由于这样,判断合同责任是否构成,不能依据必然因果关系理论,而是应当依据相当因果关系理论判断。对此,学者早有论述,应当参照。[23] 这就是在确定行为与结果之间有无因果关系,要依行为时的一般社会经验和智识水平作为判断标准,认为该行为有引起该损害结果的可能性,而在事实上该行为又确实引起该损害结果,那么,就应当认为该行为与该损害结果之间具有因果关系。[24]

(4)作为非共同要件的过错。在适用无过错责任原则归责的合同责任中,具备上述三项要件,即为构成,行为人应当承担民事责任。在适用过错责任原则归责的合同责任构成中,除了应当具备上述三项要件以外,还应当具备非共同要件,就是主观过错的要件。

在这样的场合,行为人在主观上必须具备故意或者过失的主观要件。故意欺诈、故意隐瞒、故意毁约,以及其他一切故意借合同行为或者违约行为等使对方当事人受到损害,或者使自己得到利益的主观心理,都是合同责任中的故意。违反善良管理人的注意,违反与处理自己的事务为同一的注意,以及违反一般人的注意,都是合同责任中的过失。凡是具有上述故意或者过失的行为人,都具备合同责任构成中的主观要件。

(四)关于合同责任方式及其适用

1. 具体的合同责任方式以及适用的一般要求

中国《合同法》规定的合同责任方式,源于《民法通则》规定的民事责任方式概念,含义为违反约定或者法定合同义务的行为人承担民事责任的具体方式。

在《民法通则》"民事责任"一章关于"承担民事责任的方式"一节中,规定了10种民事责任方式,其中可以用于合同责任的民事责任方式为:返还财产,恢复原状,修

---

[23] 参见梁慧星:《民法立法学说与判例研究》,中国政法大学出版社1993年版,第270页以下。
[24] 参见杨立新:《人身权法论》,人民法院出版社2006年版,第224页。

理、重作、更换、赔偿损失、支付违约金。应当注意的是,《民法通则》第111条还规定了"要求履行或者采取补救措施"的内容,但是在专门规定民事责任方式的条文中却没有将要求履行规定进去。这是不对的。从这一点上也可以证明将民事责任单独规定在一起不是一个成功的做法。

《合同法》在制定过程中接受了这样的教训,对合同责任在每一相关的章中分别规定。归纳起来,中国合同责任方式有以下5种:

(1)继续履行。继续履行是《合同法》第107条规定的合同责任形式。其适用范围是违约责任。按照《合同法》第108、122条的规定,继续履行不仅适用于实际违约,还适用于预期违约和加害给付。概括地讲,继续履行是适用于一切生效合同没有实际履行或者没有完全履行的场合,并且该合同能够履行、合同也有继续履行的必要。应当研究的是,在后契约责任中,如果约定的后契约义务不履行,是否可以采取继续履行的责任方式呢?笔者认为是可以的。

(2)采取补救措施。采取补救措施是一个概括性的民事责任方式,具体内容包括很多。对此,《合同法》未作具体规定。参照《合同法》第111条规定的内容,具体方式为修理、更换、重作、退货、减少价款或者报酬。在《民法通则》中涉及的还有一种恢复原状的方式,这种方式是否在合同责任中适用,是值得推敲的。按照笔者的想法,只要能够救济违约的后果,也是可以适用的。采取补救措施这种民事责任方式,适用于违约责任,是对合同没有履行而采取的民事责任方式。上述这些责任方式,在违约责任包括实际违约、预期违约和加害给付中,都是可以适用的。在实践中,可以根据实际的违约情况,选择适用。

(3)返还财产或者折价补偿。这种合同责任方式是《合同法》第56条规定的,《民法通则》第61条中规定了其中的一部分内容。按照《合同法》立法的本意,这种合同责任方式适用的范围是合同无效或者被撤销。实际上,凡是在合同行为中,一方占有对方财产,占有财产的依据已经不复存在的时候,都可以适用这种责任方式。因此,这种合同责任方式的适用范围不应当局限在《合同法》第56条限定的范围。

这里规定的实际上是两种责任方式,一是返还财产,二是折价补偿。在适用中,应当注意适用的顺序,首先应当适用的是返还财产,在返还财产不能或者返还财产没有必要的时候,才考虑适用折价补偿的责任方式。折价补偿这种方式,在侵权行为法中,是作为赔偿的形式出现的。如侵占他人财产,应当返还原物,不能返还者,应当折价补偿,这就是财产损害赔偿。其区别,就是依据合同占有他人的财产是合法占有,不是侵占;而侵权行为人占有他人的财产是非法占有,是侵权。所以,一种称做补偿,一种称作赔偿。

(4)给付违约金。《合同法》第114条规定了违约金的合同责任形式。违约金是当事人双方约定的救济违约的一种责任方式,实际上,这种合同责任方式具有担保的作用,但是我国民事立法在制定《民法通则》的时候,就没有规定它的担保性质。

适用违约金责任方式,当事人在合同中应当事先约定,按照约定,在一方当事人违约的时候,对方按照约定给付违约金。违约金的适用范围,在实际违约、预期违约和加害给付中,都可以根据约定适用。约定违约金的高低,法律没有限制,但是,按照《合同法》第 114 条第 2 款的规定,应当受到实际损失的限制。㉕

应当注意的是,《合同法》规定的违约金分为不履行的违约金和迟延履行的违约金,应当将这两种违约金加以区别。其一,对于没有约定迟延履行违约金,或者约定不明确的,应当视为不履行违约金;其二,明确约定迟延履行违约金的,违约方在支付了违约金后,还应当履行债务。

(5)赔偿损失。这种合同责任方式,是应用最为广泛的一种,在《合同法》总则第 42、43、58、107、112 条以及相关的条文中,都有规定。可以肯定,在所有的 6 种合同责任中,都可以适用损害赔偿的责任方式。换言之,在一切造成损失的合同领域中,都可以适用损害赔偿责任。

《合同法》规定的损害赔偿责任方式有两种,一是一般的损害赔偿,即补偿性的损害赔偿;二是惩罚性损害赔偿。在一般的合同责任中,适用的是补偿性的损害赔偿,不得适用惩罚性赔偿。惩罚性赔偿只有在商品欺诈和服务欺诈中才可以适用。㉖ 在实践中,有些司法人员知道了立法承认惩罚性赔偿金,随意扩大其适用范围,这是不对的。

在补偿性赔偿金中,确定赔偿范围是一个最重要的问题。《合同法》第 113 条规定了确定违约损害赔偿范围的原则,这就是"损失赔偿额应当相当于因违约所造成的损失,包括合同履行后可以获得的利益"。在这一规定中,重要的不是前一句所表述的内容,而是后一句对可得利益赔偿的表述,这是对间接损失赔偿的最准确表述。在合同责任中,既要赔偿直接损失,又要赔偿间接损失。但是在《民法通则》中对间接损失的赔偿问题没有作出明确的规定,因此很多人认为一般不考虑对间接损失予以赔偿。《合同法》对此加以明确规定,是有重要意义的。

关于违约损害赔偿的最高限额问题。《合同法》第 113 条第 1 款后段规定:赔偿数额"不得超过违反合同一方订立合同时预见到或者应当预见到的因违反合同可能造成的损失"。掌握这个限额,可以按照合同当事人订立合同的预期利益考虑。除了违约责任以外,其他的损害赔偿不考虑这样的限额。

关于受损害一方对损失的扩大具有原因力的问题,实际上是一种与有过失(混合过错)的特殊表现形式,因而,《合同法》第 119 条和第 120 条实际上是一个内容,都是与有过失的责任问题。㉗ 双方违约,当事人各自承担相应的责任;一方违约,对方当事

㉕ 即为违约金低于实际损失的,可以要求增加,过分高于实际损失的,可以请求适当减少。下文对此还要详细说明。

㉖ 关于惩罚性赔偿金的适用,请参见杨立新:《民法判解研究与适用(第 4 辑)·论消费者权益保护中的惩罚性赔偿金》,人民法院出版社 1999 年版,第 107 页以下。

㉗ 关于与有过失,就是传统民法上所说的混合过错,在违约责任中,双方违约是一种与有过失;在其他的合同责任中,与有过失表现为这种形式,双方对造成的损害都有过失,因而要实行过失相抵。

人没有采取适当措施致使损失扩大的,就损害结果而言,也是与有过失,也要各自承担相应的责任,即不得就扩大的损失要求赔偿。这样的结果,都是过失相抵。

在这里还要附带说明的,是第三人的原因造成违约的情况。处理的原则是,先由违约的当事人承担责任;在违约的当事人承担了责任后,由该方当事人与第三人另行处理。在这一点上,《合同法》的规定与侵权行为法的做法是不一样的。

2. 合同责任方式的综合运用

在一个合同纠纷中,往往要同时运用几种合同责任方式,在出现这样的问题时,应当怎样处理,《合同法》规定了详细的方法。这是新《合同法》的一个突出的特点。在各种合同责任中,原则上是可以综合运用的,类似于刑法中的"并罚",就是《民法通则》第134条关于"承担民事责任的方式,可以单独适用,也可以合并适用"的合并适用。在以下几种情况下,综合运用合同责任方式,应当注意的是:

(1)违约金与定金的竞合。《合同法》第116条规定:"当事人既约定违约金,又约定定金的,一方违约时,对方可以选择适用违约金或者定金条款。"按照这一规定,同时约定定金和违约金,只能请求违约方承担这两种责任中的一种违约责任,或者是给付违约金,或者是执行定金条款。选择权在未违约的一方,不能合并适用违约金和定金条款。

(2)违约金与损害赔偿的竞合。违约金具有多种性质,但其最主要的性质是违约赔偿金的性质。这样,违约金的适用就可能与违约损害赔偿的适用经常发生冲突。按照原理,违约金与违约损害赔偿是一致的,适用违约金,在没有造成损害的时候,就是惩罚性违约金,造成损害,就是赔偿性违约金。既然是赔偿性违约金,就应当与违约的损失相结合。《合同法》确定的原则是:第一,约定违约金的,就应当按照违约金的约定执行;第二,约定的违约金低于造成损失的,可以请求增加,就是俗称的"找齐"。这是因为,违约金具有损害赔偿性质,只要是低于实际损失,就应当找齐;第三,约定的违约金过分高于造成的损失的,可以请求适当减少,掌握"过分高于"的标准,就是达到显失公平的程度。[28]

二、各种合同责任的界限及其基本含义

(一)缔约过失责任

1. 缔约过失责任的概念和特征

缔约过失责任,按其原本意义,是叫做"契约缔结之际的过失"[29],也称之为先契约责任或者缔约过失中的损害赔偿责任。概括地说,缔约过失责任是指在合同缔结过程中,当事人因自己过失,致使合同不能成立、无效或者被撤销,对相信该合同为有

---

[28] 参见杨立新:《民法判解研究与适用》(第4辑),人民法院出版社1999年版,第105页。
[29] 刘得宽:《民法诸问题与新展望》,台北三民书局1980年版,第426页。

效成立的相对人,为基于此项信赖而生的损害,应负的损害赔偿责任。

在传统的民事立法和民法理论中,合同责任只是单独规定和研究违约责任,对于契约无效或者根本不成立,似乎无由归责,只保护契约阶段,而不保护先契约阶段。这种保护是不全面的。狭义上的契约阶段,是指从合同有效成立后到合同标的履行完毕之间的这一过程。广义上的契约阶段,除去上述这一过程以外,还应包括先契约阶段。所谓的先契约阶段,是指缔约已经开始协议但尚未缔结之间的这一过程,是以要约的提出为开始的标志,以契约的成立为结束的标志,实际上是从要约到承诺发出之前的整个过程。

法律对于契约阶段以违约责任加以重点保护,是完全正确的。但是忽略以致放弃对先契约阶段的保护,既不全面,也不公正。契约的成立,契约责任的产生,并不是凭空虚构,必有一个当事人双方联系、协商的磋商阶段。从契约的提出,到承诺的作出,就是这样一个磋商阶段。在这个阶段中,不可避免地在一方或双方当事人方面出现不当行为,使对方在先契约阶段遭受损失。若法律只规定契约责任而未规定先契约责任,就对于契约当事人的保护而言,是一个残缺的法律制度;就当事人所受损害来讲,得不到必要的救济。

德国法学家耶林于 1861 年发表《契约缔约之际的过失》一文,将德国普通法源的罗马法扩张解释,广泛地承认信赖利益的赔偿。他指出:"契约的缔结产生了一种履行义务,若此种效力因法律的障碍而被排除时,也会产生一种损害赔偿义务。所谓契约无效者,仅指不发生履行效力,不是说不发生任何效力。当事人因自己过失致使契约不成立者,应对信其契约为有效成立的相对人,赔偿基于此项信赖而产生的损害。"《德国民法典》将耶林的主张大幅度采纳,承认在契约不成立时的各种信赖利益的赔偿,在立法上确认了缔约过失责任制度。诸如,契约因非真实的意思表示而无效,或因错误的意思表示而被撤销时,信其为有效而受损害者,得请求信赖利益之损害赔偿;缔结自始标的不能之契约,契约无效,此时对给付不能的事实有预知或因过失而不知者,对相对人应负信赖利益的赔偿责任;因意思表示有瑕疵而无效或被撤销时,表意人即使无故意、过失,违反告知、报告或解释等义务,亦要负担表意人的赔偿责任;交涉缔约之补助者,在契约成立前怠于报告义务或注意义务而予相对人以损害时,亦应负赔偿责任。㉚

《合同法》接受国外民事立法的先进经验,在第二章将缔约过失责任加以完整地规定,确立了我国民事立法上的这一制度,弥补了我国立法的不足。这是《合同法》的一大贡献。

按照《合同法》的规定,缔约过失责任具有以下法律特征:

(1)缔结合同中的民事责任。这种民事责任只能存在于缔约阶段,即先契约阶段,不可能存在于其他阶段。缔约过失责任与合同无效责任及违约责任的区别,在于

㉚ 参见刘得宽:《民法诸问题与新展望》,台北三民书局 1980 年版,第 427、428 页。

合同是否成立。合同成立之前发生的合同责任,是缔约过失责任;成立之后发生的合同责任,可能是合同无效责任或者违约责任。

(2)以诚实信用原则为基础的民事责任。就民事责任承担的法律基础而言,违约责任的法律基础基本上是双方当事人的约定,即双方一致的意思表示;侵权责任的法律基础为法律关于侵权行为的规定。而缔约过失责任的法律基础,按照通说,是诚实信用原则。诚实信用原则赋予缔约双方当事人必须遵守的法定义务,违背这种义务,当然应承担相应的法律责任。

(3)以补偿缔约相对人损害后果为特征的民事责任。缔约过失行为人因自己未遵守法定义务,致使相对人误认为尚未成立的合同为有效成立,因而造成财产上的损失。当其应当承担责任时,依据等价有偿原则,行为人应赔偿相对人因此造成的财产损失。补偿性,是缔约过失责任的基本特征之一,因此,缔约过失责任,就是缔约中因过失引起的损害赔偿责任。而违约责任不是单纯的损害赔偿责任,还包括其他责任方式。

缔约过失责任的作用,在于保护交易安全。随着经济交往的不断扩大,交易活动出现了更深、更广、更高频的发展趋势。缔约过失责任适应这种趋势,突出强调当事人在缔约之际的过失,对因此种过失而招致损害的人采取救济手段,从而给交易活动增加了一道安全阀,给当事人增加了一项义务链。这种法律约束,可以规范人们恪守良性交易行为准则,对商业诈欺是有针对性的制约,促进公正交往,保障交易安全,完全符合诚实信用原则。

2. 缔约过失责任与合同无效责任、实际违约责任的界限

在法律适用中,应当特别注意缔约过失责任与合同无效责任的区别。这样的两种合同责任,在时间顺序上相互衔接。其最基本的界限,是合同是否成立。在以前的理论研究中,由于《民法通则》在第 61 条将缔约过失责任和合同无效责任规定在一起,在理论上出现了将这两种合同责任混淆在一起的现象。因此,有的学者在表述缔约过失责任时,往往将缔约过失责任的界限称之为合同的有效成立。这种表述是不正确的。合同成立和合同有效不是一个概念。对此,《合同法》已经作出了明确的规定。㉚ 在合同成立之前发生的合同责任,只能是缔约过失责任,在合同成立之后,不应当再有缔约过失责任的存在。按照这样的理解,缔约过失责任与合同无效责任之间的界限是十分清楚的。对此,《合同法》将缔约过失责任规定在第二章"合同的订立"之中,将合同的无效责任规定在第三章"合同的效力"之中,其立法含义是非常明确的。这就是两种合同责任的基本界限。

还要注意的是缔约过失责任与实际违约责任的区别。二者不同之处主要表

㉚ 对这个问题应当加以说明。《合同法》将合同成立和合同有效分别规定在第 25 条和第 44 条,在立法逻辑上是清楚的,就是要区分合同的成立和生效的不同法律后果。但是《合同法》在规定这个问题的时候,忽略了合同生效的要件,将合同法草案中关于合同生效的条件的条文删除,这是一个不应有的失误。在理论研究上,对此不应当再发生错误。

现在:

(1) 从产生责任的法律事实上看,违约责任产生于合同有效成立之后的一方或双方当事人违反合同的约定;而缔约过失责任则产生于合同成立之前的缔约之际,也就是先契约阶段,责任的发生是一方当事人或双方当事人的故意或者过失行为。

(2) 从责任的构成上看,违约责任须有违反约定义务的行为;而缔约过失责任则须有意思表示瑕疵的行为,这种行为可能并不违法,同时也不是违约行为。违约责任的行为所违反的是约定的义务,缔约过失责任的行为所违反的义务则是法定的先契约义务。

(3) 从责任的方式上看,责任仅有赔偿损失和返还财产两种方式。而不是像违约责任方式那样多样化。第四,从适用法律上看,缔约过失责任规定在《合同法》的第二章,而违约责任则规定在该法第七章。

3. 缔约过失责任的构成

构成缔约过失责任,须具备以下5个要件:

(1) 一方或双方当事人意思表示瑕疵。这种意思表示瑕疵,应当是在要约或承诺中的意思表示瑕疵,而不是其他的意思表示瑕疵。其瑕疵,应作广义上的理解,即意思表示不真实。只要意思表示与客观实际的作为有差距,使意思表示不能成为实际的履行,即为意思表示瑕疵。这种意思表示瑕疵,可能是缔约一方当事人的瑕疵,也可能是双方当事人的瑕疵。

(2) 缔约的相对人误信合同已经成立。当缔约的一方当事人或双方当事人意思表示瑕疵,而相对人以这种有瑕疵的意思表示作为真实的意思表示而与之缔结合同时,在相对人一方则相信该合同已经成立。如果缔约相对人根本就不相信该合同已经成立,他就不会从事履行合同或履行合同的准备行为,因而也就不可能造成损失。只有误信合同已经成立,他才会去履行合同或者为履行合同做准备,也才有可能造成财产上的损失。

(3) 合同尚未成立。契约尚未成立是指缔约双方对契约内容进行了磋商,但合同并没有成立。这一要件应适用客观标准,而非主观标准,即无论当事人是否相信合同已经成立,判断合同成立只能依法审查,只有在客观上成立的合同,才能认定其成立。在客观上没有成立的合同,才能构成先契约责任。

(4) 缔约当事人须受有损害。这种损害,可以是缔约一方当事人的损害,也可以是双方当事人损害。损害应当是财产利益的损害,而不是非财产利益的损害。这种财产利益的损害是由于合同未能成立而引起的,二者之间应有因果关系。不是由于合同未能成立而引起的损害,不构成缔约过失责任。

(5) 缔约当事人一方或双方须有过错。故意是构成缔约过失责任的要件,如利用缔约而进行诈欺,构成先契约责任。过失是缔约过失责任主观构成要件的主要表现形式。这种过失,主要是对注意义务的违反,按照《合同法》的表述,就是恶意磋商、故意隐瞒、提供虚假情况,以及违背诚实信用原则。在契约缔结阶段,从事契约缔结的人是从契约交易外的消极义务范畴进入契约上的积极义务范畴,其因此而承担的首要义务,系于缔约时须尽必要的注意。缔约之际的当事人之间,互以利益信赖关系为基础,互相负以必要注意义务的内容,就是保护对方利益的安全。对相对方当事人利益保护的注意义务的违反,就构成缔约过失责任构成中的过失要件。恶意磋商和故意隐瞒,同样构成这一要件。

具备以上5项要件,即构成缔约过失责任,在当事人之间发生缔约过失的损害赔偿关系。

4. 缔约过失责任的损害赔偿

缔约过失责任的基本责任方式是损害赔偿。这种责任形式不像违约责任那样由几种责任方式组成,而是只有一种方式。当构成缔约过失责任之后,就在双方当事人之间形成了损害赔偿的权利义务关系。在先契约阶段中因相信合同已经成立并且因此而遭受损失的一方当事人,是损害赔偿的权利人,享有损害赔偿的权利。因过失使受损害的当事人相信合同成立的另一方当事人,是损害赔偿的义务主体,负有损害赔偿的义务。

在先契约阶段,因双方过失造成一方损害的,也构成缔约过失的损害赔偿关系,受损害的一方享有损害赔偿的权利,相对的一方当事人负有损害赔偿的义务。受损害一方不能请求相对一方当事人赔偿其全部损失,按照过失相抵原则,只能就因为对方过失所造成的那一部分损失,请求损害赔偿,由自己的过失造成的损害,应由自己承担。

在先契约阶段,双方均有过失,又均造成损害,实际上构成两个损害赔偿关系,互为缔约过失的损害赔偿权利人和义务人,应相互承担损害赔偿责任。

缔约过失的救济办法,是赔偿损失。这种损失,包括利息的损失、延误工程的损失,以及因合同未成立所造成的其他损失。这种赔偿损失,应当适用全部赔偿原则,缔约过失的损害赔偿义务人对于赔偿权利人的全部损失,予以全部赔偿。计算时,应当包括财产的直接损失和间接损失,实事求是地加以计算。适用过失相抵原则时,应当在全部损失的数额中,扣除赔偿权利人因自己的过失造成的损害部分。双方互有损害时,应当各自赔偿对方的损失,计算时,也应确定双方的过失大小,正确认定双方的赔偿责任。在责任确定之后,可以对双方的赔偿责任重合部分,予以抵销,就剩余部分,由一方向另一方赔偿。

(二) 合同无效责任

合同无效责任,是合同成立之后由于欠缺某种生效要件,致使合同没有发生合同的效力,或者被撤销,致使合同在其成立时起即为无效,对合同无效或者被撤销负有责任的一方或者双方当事人所应当承担的责任。

1. 合同无效责任与预期违约责任的区别

合同无效责任与预期违约责任之间,是容易混淆的。在这样两个合同责任中,也是在时间上前后相序、相互衔接的。两者之间衔接的标志,就是合同是否发生效力。

在合同生效之前,只能发生合同无效责任[②],在合同生效之后,到合同履行期届至之前发生的合同责任,是预期违约责任。这仅仅是从时间顺序上来研究合同无效责任与预期违约责任的区别,至于合同无效与预期违约责任之间的其他区别,还有很多,但不属本文研究的范围,不再赘述。

2. 引起合同无效责任的原因

合同无效应当具有其法定原因。按照《合同法》的规定,我国合同效力的状态,有三种形式,这三种形式产生的原因,就是引起合同无效的原因。合同效力状态三种形式及其具体原因是:

(1)合同绝对无效。合同绝对无效,是指合同因为具有法律所规定的合同无效的事由之一,自始就不发生合同的效力。《合同法》第52条规定:"有下列情形之一的,合同无效:(一)一方以欺诈、胁迫的手段订立合同,损害国家利益;(二)恶意串通,损害国家、集体、或者第三人利益;(三)以合法形式掩盖非法目的;(四)损害社会公共利益;(五)违反法律、行政法规的强制性规定。"在实践中,凡是具有这样情形之一的,合同一律无效,发生合同无效的责任。

值得研究的是,在《合同法》的条文中,没有规定无民事行为能力人订立的合同的效力问题——既没有在合同效力待定中规定,也没有在合同绝对无效和相对无效中规定。这样的规定是有漏洞的。笔者认为,对此,应当适用《民法通则》第58条第(一)项的规定,认定无民事行为能力人订立的合同,为绝对无效的合同。

(2)合同相对无效。合同相对无效,是指合同在成立之时还是有效的,但是由于该合同的订立时具有法定情形之一,由于一方当事人的原因,而使对方当事人的意思表示违背了其真实的意思,而使其利益受到损害,因此对方当事人可以请求撤销或者变更该合同,因而使原合同无效。《合同法》第54条规定:"下列合同,当事人一方有权请求人民法院或者仲裁机构变更或者撤销:(一)因重大误解订立的;(二)在订立合同时显失公平的。一方以欺诈、胁迫的手段或者乘人之危,使对方在违背真实意思的情况下订立的合同,受损害方有权请求人民法院或者仲裁机构变更或者撤销。当事人请求变更的,人民法院或者仲裁机构不得撤销。"

合同撤销,发生合同自始无效的后果,因而与合同绝对无效的后果是一样的,同样发生合同无效的法律后果。

(3)合同效力待定。限制民事行为能力人、无权代理人订立的合同,由于其订立合同的资格受到限制,因此,他们订立的合同的效力,是不能确定的,因此,称作合同效力待定。《合同法》第47条和第48条对此作了规定。

合同效力待定,说明合同的效力还没有确定,按照规定,一是由法定代理人和被代理人追认,或者经过相对人催告,法定代理人或者被代理人追认;二是善意相对人撤销;三是法定代理人或者被代理人拒绝追认。在善意相对人撤销和法定代理人或

---

② 应当区分在合同没有成立之前发生的缔约过失责任。这在前文已经说明。

者被代理人拒绝追认的情况下,效力待定的合同归于无效,发生合同无效的法律后果。

3. 合同无效责任的构成及其方式

合同无效责任的构成,应当具备合同责任构成的一般要件,但是有其自身的特点,并且与其他合同责任构成相区别。

(1)造成合同无效的行为。在合同绝对无效、相对无效和效力待定三种情况中,都有法定的事由。由于这些事由而采取的行为,是造成合同无效的原因。

(2)合同无效的客观后果以及当事人的财产或者财产利益损失的客观事实。合同无效的后果,是构成合同无效责任的客观要件,无论是承担返还财产还是折价补偿的责任,以及损害赔偿的责任,都必须具备这一客观要件。在合同无效的损害赔偿责任中,还要具备财产或者财产利益损失的要件。这一要件,只能包括财产的损失,不能包括人身伤害的事实。如果造成人身伤害的事实,则应当按照侵权行为的要求处理。财产损失,是指现有财产所减少;财产利益的损失,一般是指财产间接损失,即可得利益的丧失。

(3)造成合同无效的行为与合同无效以及损害事实之间的因果关系。其中造成合同无效的行为是原因,合同无效以及财产损失的事实是结果。二者之间具有引起和被引起的逻辑关系。

(4)行为人的主观过错。当事人一方在造成合同无效的行为中,如果具有过错,就构成损害赔偿的责任;如果双方都具有过错,则双方按照过失相抵的原则,按照过错以及原因力的比例,分担损失。如果是没有造成损失只是依据合同占有对方财产,应当承担返还财产以及折价补偿的责任,则不必具有主观过错的要件。

合同无效的法律后果,按照《合同法》第58条和第59条的规定,一是因该合同取得的财产予以返还;二是不能返还或者没有必要返还的,应当折价补偿;三是因过错造成损害的,应当赔偿损失;四是损害国家、集体、第三人利益的,收归国有或者返还集体或第三人。

(三)预期违约责任

1. 预期违约责任与一般违约责任的区别界限

预期违约责任是广义违约责任中的一种特殊形式。按照笔者的理解,中国《合同法》规定的广义的违约责任,应当包括三种责任形式,这就是预期违约责任、加害给付责任和实际违约责任。在这三种合同责任中,加害给付责任与实际违约责任是一种竞合的形式,即加害给付是在交付合同标的物不符合合同约定的质量标准,该标的物造成债权人的履行利益之外的人身的、财产的损害,债务人所应当承担的合同责任,因此,它是实际违约责任的特殊表现形式。在时间顺序上,实际违约责任与加害给付责任是没有区别的。

预期违约责任与实际违约责任在时间界限上是可以区别的。预期违约责任与实际违约责任都是发生在合同成立并且发生效力以后,而不是发生在合同的有效成立之前。它们之间在时间顺序上的区别是,预期违约责任发生在合同成立并发生效力之后,其截止时间是合同的履行期限届至之前,因此是"期前违约";合同实际违约责任虽然发生在合同成立并生效之后,但是,只要合同履行期限没有届至,就不发生一般的违约责任,只有在合同的履行期限届至之后,才能够发生实际违约责任。对此,必须加以注意,不能将这两种合同责任相混淆。

2. 预期违约责任概述

预期违约责任起源于19世纪50年代的英国。在霍切斯特诉戴·纳·陶尔案中,被告与原告约定为原告从1852年6月1日起作为送信人,雇用期为6个月。5月15日被告明确表示将不履行合同为原告送信,原告于5月22日起诉,要求被告损害赔偿。法院判决原告胜诉。在以后的实践中,这一判例确立的原理进一步得到确认,创立了完善的预期违约责任理论,并在实践中得到广泛的应用。美国《统一商法典》和《联合国国际货物销售合同公约》也采纳了预期违约的概念,规定在其条文之中。学者认为,预期违约规则有助于使损失降到最低限度。在像霍切斯特诉戴·纳·陶尔这样的案件中,如果原告不立即起诉,他就得准备履行合同。预期违约规则赋予了原告立即起诉的权利,等于鼓励他解除合同。这样,可以避免额外的损失。㉝

预期违约责任与其他合同责任相比,具有以下特点,包括以下内容:

(1)预期违约发生在合同履行期届至之前。预期违约责任发生的时间界限,以合同有效成立为起点,至合同履行期届至为终点,只有在此期间才可能发生预期违约责任,而且在这个时期只能发生预期违约责任,不能发生其他的民事责任。

(2)预期违约行为的具体表现是未来将不履行合同义务,而不是实际的违约。在合同双方当事人订立了合同之后,虽然在它们之间已经确立了权利义务关系,但是这种权利义务关系还没有到履行的时间,债权人还不能请求债务人清偿债务,所以,债务人还没有必须立即履行债务的法律依据,是可以不履行的。预期违约的明示或者默示毁约,是表示自己在合同履行期届至后,将不履行合同,因而是未来的不履行,而不是现实的不履行。

(3)预期违约侵害的合同债权是期待的债权,而不是现实的债权。一般认为,"没有到期的债权等于没有债权",既然合同没有到履行期,债权只能是一种期待的利益。在预期违约的场合,为了切实保护债权人的利益,避免受到债务人明示或者默示毁约的损害,法律设置预期违约制度,将债权人的期待债权置于保护之下,使这种期待的债权不至于遭受损害。

(4)预期违约不仅仅只有一种救济手段。债务人明示或者默示毁约,债权人可以在合同履行期限届满之前请求债务人承担违约责任。但是,《合同法》第108条在这里使用的是"可以",这就意味着债权人是可以选择的,既可以选择让债务人承担违约责任,也可以等待合同履行期限届满之后,要求债务人继续履行,待其不再履行之后

㉝ 转引自韩世远、崔建远:《先期违约与中国合同法》,载《法学研究》1993年第3期。

再起诉债务人承担实际违约责任。

3. 明示毁约和默示毁约

（1）明示毁约。明示毁约是指一方当事人无正当理由，明确肯定地向另一方当事人表示他将在履行期限到来之际不履行合同约定的义务。正如《美国合同法重述》第二版第2560条规定的那样；只有在"一方当事人的行为是自愿的、确定的，而且是其义务的履行现实地明显地表现为不可能时，才构成明示毁约"。

构成明示毁约，按照学者通常的观点，应当具备：一是毁约方必须肯定地向对方作出毁约的表示；二是必须明确表示在履行期限到来以后不履行合同义务；三是必须表示不履行合同的主要义务；四是明示毁约没有正当理由。[34]按照《合同法》第108条的规定，这样的观点是正确的。在实践中确定当事人的行为是否构成明示毁约，应当按照这样的意见来把握。应当注意的是，明示毁约都是故意的行为，在当事人的主观上，之所以明确表示毁约，总是另有所图：或者是为了追求更大的利益，或者是为了减少损失，或者是履行已经订立的合同将对自己带来不利益而准备撤回交易。因此，明示毁约的当事人应当在主观上具有过错。不具有过错的，不能构成明示毁约。

（2）默示毁约。按照《合同法》第108条规定，默示毁约是指当事人一方在合同履行期限届满之前，以自己的行为表明不履行合同约定的债务的行为。与明示毁约相比，默示毁约在毁约的行为是在合同履行期限届满之前、行为的目的是不再履行合同债务、没有正当理由等方面，都是一致的；只是在毁约表现的形式上有所区别，即明示毁约是当事人公开表示毁约，即有明确的意思表示；默示毁约则当事人没有明确的表示，只是在行为上表现出不再履行合同债务的意思。

默示毁约的构成，一般认为应当具备的条件，一是一方当事人预见另一方当事人在履行期限到来时，将不履行或者不能履行合同；二是一方当事人的预见须有确切的证据；三是被要求提供履行保证的一方当事人不能在合理的期间内提供充分的保证。[35]学者的这种意见得到多数人的赞成，很多《合同法》教科书或者讲义都引用它。在实践中，可以按照这样的意见掌握。还应当注意的是，尽管默示毁约当事人对毁约还没有做出明确的意思表示，但是在他的客观行为上，已经有了明确的外在表现，表明了他在合同期限届满时不履行合同约定的义务。因此，一般是故意的主观状态。在确定默示毁约的构成时，应当适用过错责任原则。不具有过错的，不能认定为默示毁约。

在实践中，与默示毁约最相类似的，就是不安抗辩权。在《合同法》公布之前，我国立法不承认默示毁约，也不承认不安抗辩权。《合同法》将两种制度同时加以规定，是我国立法的一个重大进步，同时，也给执法者正确适用法律带来一定的困难。因此，有必要对默示毁约与不安抗辩权之间的区别进行论述，以便在实践中正确掌握。

---

[34] 参见王利明：《民商法研究》，法律出版社1999年版，第505—507页。

[35] 参见王利明：《民商法研究》，法律出版社1999年版，第515—516页。

这两种制度的主要区别是:其一,两者适用的前提不同。不安抗辩权适用的前提是双务合同,且在履行的先后顺序有所不同,先履行合同义务的一方当事人享有不安抗辩权。默示毁约在适用上不要求有这样的条件,无论是双务合同还是单务合同,无论是先履行,还是后履行,都可以适用默示毁约责任。其二,在构成要件尤其是过错的要件上,有所不同。不安抗辩权的构成不必具备主观过错的要件,只要是负有后履行义务的一方其财产显著减少,有不履行之虞的,就可以行使不安抗辩权。默示毁约则不同,毁约的一方当事人在主观上应当有过错的要件,没有过错的主观要件,不构成默示毁约责任。其三,适用的法律依据不同。行使不安抗辩权的法律依据是《合同法》第 68 条规定;默示毁约的法律依据是《合同法》第 108 条规定。前者是在合同的履行中规定的,性质是合同履行中的抗辩权制度;后者是在违约责任中规定的,性质是违约责任制度。其四,法律救济的后果不同。不安抗辩权的救济后果是中止履行合同,当行使不安抗辩权的条件消失后,应当继续履行合同。默示毁约的法律后果是责令违约方承担违约责任。

4. 预期违约的救济

按照《合同法》的规定,预期违约的救济手段,与实际违约的救济手段是一样的,都是承担违约责任。这就是继续履行、采取补救措施、承担违约金、损害赔偿。

学者在理论上提出了几种救济手段,具有重要的参考价值:一是起诉,这是行使《合同法》第 108 条规定的请求预期违约一方承担违约责任的重要途径。具体的请求内容是上述几种违约责任形式。二是接受预期违约,立即解除合同。尽管预期违约不产生解除合同的后果,但是接受预期违约的后果就可以享有合同的解除权,解除权的行使并不影响损害赔偿的请求权。三是坚持合同的效力,要求对方在合同履行期限届满时继续履行。四是与预期违约一方订立新的替代合同,以满足订立合同的目的。[36]这些意见具有参考价值。

(四)加害给付责任

1. 加害给付的概念及其与实际违约责任的区别

加害给付亦称为积极侵害债权,是德国学者创造的概念。这一概念是指债务人履行给付不合债务本质,除发生债务不履行的损害之外,更发生履行利益之外的损害,债务人应当承担履行利益之外的损害赔偿责任的制度。

在合同责任中,加害给付与实际违约之间的区别是最难界定的。这两种合同责任是一种特殊的关系,这种特殊的关系是构成责任竞合的关系。因此,这两种合同责任的界限不像其他那些合同责任那样,在时间顺序上就可以将其界限界定得十分清楚。区分这两种合同责任的界限,重要的是履行的实质。按照《合同法》草案第四次审议稿第 112 条第 2 项关于"质量不符合约定,造成其他损失的,可以请求损害赔偿"的内容,可以看出,加害给付与实际违约最基本的区别就在于履行合同所交付的标的

---

[36] 参见李国光主编:《合同法释解与适用》(上册),新华出版社 1999 年版,第 431—432 页。

物的质量不符合约定,并且因此而给债权人造成合同利益以外的损失,而不是一般的实际违约。按照《合同法》的正式文本,立法者意图将加害给付概括在实际违约之中。这种想法仍然是简化立法条文,其实结果适得其反,不仅不能简化法律条文,反而还要在理论上加以说明,在实务上进一步澄清,更加麻烦。

在实务中注意分清加害给付与实际违约之间的界限,关键是解决对《合同法》第122条的正确适用,掌握加害给付责任与一般的实际违约责任的界限,正确适用民事责任竞合的立法和理论。这是非常重要的。

2. 加害给付责任的构成

加害给付责任的构成要件是:

(1)债务人的履行行为不符合债务的本质。加害给付首先应当有债务人的给付行为。给付包括给付行为和给付效果,以及给付标的。[37]加害给付中的给付,包括上述三种内容,但是主要是指给付行为。合同的给付行为,必须按照债务的本质来进行,即按照双方当事人所约定的债务内容和要求进行。不按照约定的债务内容和要求履行债务为给付行为,就是不符合债务本质的给付。

(2)加害给付的不适当履行行为造成了债权人履行利益以外的损害。在《合同法》中,加害给付与瑕疵给付是相对应的概念。加害给付损害的是债权人的履行利益以外的利益,是造成债权人履行利益以外的财产的和人身的损害,不包括履行利益的损害。瑕疵给付所侵害的是债权人的履行利益,是使债权人所接受的给付本身的价值减少乃至丧失。履行利益以外的利益,就是固有利益或者称之为维护利益,是指债权人享有的债务人和其他人不得侵害的现有财产和人身利益,是指产品和劳务瑕疵以及违反附随义务等使债权人遭受的人身伤害和给付标的以外的其他财产损害。[38]这些利益的损害,构成加害给付的客观要件。

(3)加害给付侵害的既是债权人的相对权,又是债权人的绝对权。债务人的给付行为造成债权人履行利益以外的损害,这种被损害的权利,具有双重的属性。它首先侵害了债权人的债权,这是侵害的相对权。同时,它又侵害了债权人的绝对权,即债权人的财产权和人身权。应当区别的是,在人身权的损害,都是绝对权,都是加害给付的行为所致。在财产权的损害方面,损害履行利益的,是仅仅侵害的相对权,不包括对绝对权的财产权的损害。履行利益以外的财产利益,则是债权人的绝对权。事实上,加害给付的侵害客体,是双重的客体,即债权和人身权、财产权。

(4)加害给付的受害人仅仅是债权人,不包括第三人。加害给付的行为,既可能侵害债权人,又可能侵害债权关系以外的第三人。侵害债权人的财产权和人身权的,是加害给付所能概括的。加害给付的行为造成第三人损害的,不是加害给付的调整范围,而是产品侵权责任的调整范围。对此,应当加以区别。

---

[37] 参见王利明:《民商法研究》(第2辑),法律出版社1999年版,第530页。
[38] 参见王利明:《民商法研究》(第2辑),法律出版社1999年版,第532页。

(5)加害给付的债务人在主观上具有过失。加害给付责任的构成,债务人应当具备主观过错的要件,即有过错才能构成,没有过错就没有损害赔偿的责任。这种过错,应当按照过错推定原则的要求,实行过错推定,即如果债务人不能证明自己的给付行为给债权人所造成的损害后果是因为不可抗力或者其他的法定免责事由所致,则推定债务人的过错成立。

3. 加害给付与产品侵权责任竞合

加害给付与产品侵权责任极为相似。缺陷产品致人损害,包括对该产品买受人的损害和对第三人的损害。缺陷产品造成第三人损害,该第三人原本与产品制造者、销售者之间不存在合同关系,其损害赔偿关系,只能是侵权责任,应当以侵权损害赔偿确认其性质。

缺陷产品致该产品的买受人损害,在产品销售者、制造者与买受人即受害人之间,原本就存在合同关系,双方当事人就是这种合同关系的债权人和债务人。在发生缺陷产品造成损害之后,在受害人与加害人之间产生两个损害赔偿法律关系,一是侵权损害赔偿法律关系,二是违约损害赔偿法律关系。前者依据法律而发生,后者依据合同约定的给付义务、附随义务、保护义务而发生,形成侵权责任与合同责任的竞合。

加害给付是指因债务人的不适当履行造成债权人的履行利益以外的其他损失,其特征是,债务人的履行行为不符合债的规定,债务人的不适当履行行为造成了对债权人的履行利益以外的损害,是一种同时侵害债权人的相对权和绝对权的不法行为。加害给付的责任,既是一种合同责任,也是一种侵权责任,是合同责任与侵权责任的竞合。

在判例和学说中,加害给付与侵权行为常常互相代替。一般认为,由于加害给付导致产品致人损害后果,一般应按产品侵权责任处理。我国现行法律也是把产品责任作为侵权责任对待的。严格地说,加害给付与产品侵权责任是不完全相同的,一方面,加害给付是指因债务人的不适当履行行为造成债权人履行利益以外的其他损失,加害给付责任所包含的范围更为广泛,产品责任只是加害给付的一种形态;另一方面,加害给付的责任既包括侵权责任,也包括合同责任,产品责任不能完全代替因加害给付所产生的合同责任。同时,产品侵权责任也有加害给付责任包含不了的内容,如缺陷产品造成第三人的损害,就是加害给付不能包容的。

民事责任的竞合,实际上表现为赔偿请求权的竞合。受害人对竞合的赔偿请求权,享有选择权。我国侵权法理论通说认为产品侵权责任的赔偿请求权性质是单一的,不存在竞合问题,当事人只能依侵权赔偿请求权行使。这种看法不完全正确。在缺陷产品致害第三人的责任中,这种看法是正确的。但是,在缺陷产品造成买受人损害的情况,这种主张就不准确,因为对此不准许受害人自由选择赔偿请求权,是不公正的。第一,从责任竞合的观点看来,由于合同责任和侵权责任在举证、归责原则、责任构成条件、免责条件以及诉讼管辖上,都存在重大区别,例如,合同纠纷的诉讼,由被告住所地或者合同履行地人民法院管辖;侵权行为的诉讼,由侵权行为地或者被告住所地人民法院管辖。受害人选择何种请求权起诉,直接关系到受诉法院管辖权,不允许受害人选择,对其不利。第二,从赔偿的范围来看,合同的损害赔偿旨在赔偿受害人的期待利益和信赖利益的损失,从而使受害人获得从交易中应该得到的利益。产品致害行为的受害人如果因此遭受了重大的可得利益损失,受害人并可以就此举证,那么允许受害人选择合同责任,就可以得到可得利益的赔偿,而按照侵权责任的赔偿范围,则难以包括期待利益和信赖利益的赔偿。可见,准许受害人选择侵权赔偿请求权或合同赔偿请求权,对于保护受害人的合法权益是有利的。

产品致害责任并不是在任何情况下由受害人作出选择都对受害人有利,因而必须明确在何种情况下受害人可以选择,在何种情况下受害人不可以选择而只得按侵权责任起诉。其规则是:

(1)受害人不得选择的缺陷产品致害。对此,受害人只能依照侵权的诉因起诉,主要有如下两种情况:一是,由于缺陷产品造成了对第三人的损害。由于第三人与产品制造者、销售者之间并无合同关系,对第三人的损害也是合同当事人订约时所不可预见的,如果适用合同责任,产品制造者、销售者既可以合同相对性规则否定其存在,也可因其订约时不可预见违约后果而拒绝赔偿。要将缺陷产品造成第三人损害作为一种单独的侵权行为对待,由加害人直接对第三人负侵权责任。二是,缺陷产品造成受害人的精神损害。例如缺陷产品是腐烂食物,受害人食用后造成精神痛苦,是否可依合同责任获得赔偿,判例、学说都不允许受害人根据合同责任而获得精神损害赔偿。笔者认为,由于精神损害是合同当事人在订立合同时难以预见的,这种损害又难以通过金钱加以衡量,因此原则上受害人不能通过合同之诉获得精神损害赔偿。如果缺陷产品造成受害人的精神损害,受害人又主张精神损害,就只能按照侵权责任请求赔偿。

值得研究的是,因缺陷产品造成了受害人的人身伤害的情况。按照我国判例和学说的一般观点,违约责任只对其违约行为所造成的财产损失承担赔偿责任。因违约而造成人身伤亡,则因为是在当事人订立合同时不可预见的,因此不应由合同债务人赔偿。合同法主要保护财产利益,侵权法既保护财产利益,也保护人身利益。缺陷产品造成人身损害,超出了合同法保护利益的范围,因而不能选择合同责任保护受害人的人身伤害的损失,必须按侵权责任处理。《合同法》对此作出了新的规定,应当按照《合同法》的规定,准许当事人选择请求权。

(2)受害人可以选择的产品致害责任。除上述两种情况以外,其他缺陷产品致害,受害人可以选择侵权的诉因或者违约的诉因,向法院起诉。选择的原则,是赔偿权利人即受害人认为对自己有利。加害人对此无选择权,亦无拒绝选择的权利。受害人选择不明或未选择的,法院应依对受害人有利的原则裁判。

(五)实际违约责任

1. 实际违约的一般情况

实际违约责任是广义违约责任三种责任形式中的核心,是最重要、最常见的合同违约责任形式。它的基本含义,就是合同履行期限届满,债务人不履行或者不完全履行合同约定的义务,债务人应当承担的继续履行、采取补救措施、支付违约金以及损害赔偿的责任。

合同成立并有效,在合同当事人之间发生合同的法律关系,即产生合同的债权债务关系,也就是发生合同之债。合同之债包括两个方面,一是合同债权,二是合同债务。

合同债权是指债权人依据法律或合同规定而享有的请求债务人为一定给付的权利。合同债权作为一种财产权利,其主要权能是:一是请求履行的权利,即债权人有权请求债务人依据法律或合同规定,为一定行为或者不为一定行为。二是接受履行的权利,即当债务人根据法律和合同的约定履行债务时,债权人有权接受并永久保持因履行所取得的利益,即给付的受领权。三是请求保护债权的权利,当债务人不履行或者不适当履行债务时,债权人有权请求国家机关予以保护,强制债务人履行债务。四是处分权能,是指债权人享有处分债权的权利,可以将其享有的债权转让他人,有权通过免除债务人的债务而抛弃自己的债权,有权通过抵销债务而处分债权,等等。

合同债务是指合同的债务人依据法律或合同的规定负有的,按照债权人的请求为一定给付的义务。严格的合同给付义务,包括主给付义务和从给付义务;广义的给付义务,还包括附随义务和次给付义务。在一般意义上使用的给付义务,是指狭义的给付义务。

主给付义务也叫做主义务,是合同关系所固有的、必备的,并用以决定合同类型的基本义务。在双务合同中,主给付义务构成对待给付义务,在对方未为对待给付义务前得拒绝履行自己的给付义务。从给付义务也叫做从义务,不具有独立的意义,仅具有补助主给付义务的功能,其存在的目的,不在于合同的类型,而在于确保债权人的利益能够获得最大的满足。

合同之债的债权债务关系,是合同之债的第一次给付义务。当合同债务不履行时,则发生合同之债的第二次给付义务,也称为次给付义务。与它相对应的是合同的原给付义务,即合同的第一次给付义务。第二次给付义务,是原给付义务在履行过程中,因特殊事由演变而生的义务,不是合同原本的义务。当债务人在合同的履行中,不履行或者不适当履行,致使债权人发生财产损害,就在合同当事人之间发生损害赔偿的第二次给付义务,违约人应当承担赔偿的义务,受害人即债权人一方享有请求赔偿的权利。这种第二次给付的义务,构成合同当事人之间的新的债权债务关系。实际上就是实际违约责任。

2. 实际违约的责任构成

实际违约责任与缔约过失责任、合同无效责任、预期违约责任和后契约责任,都可以在时间的界限上相区别,不会造成混淆,只有与加害给付责任不能在时间上加以区分,主要的区别已经在上一节中做了介绍,在这里,着重介绍构成实际违约责任的构成要件:

（1）违反约定义务。违反约定的义务，是构成违约责任的要件。违约，就是违反的在合同中约定的合同义务。其特征，就是这种合同义务一般不是法律规定的，而是当事人自己约定的。在《合同法》中有一项基本原则，就是遵守约定原则。违反自己承诺的合同义务，实质上就等于违反当事人自己的法律。

违约行为具有以下的特点：一是，违约行为只能发生在合同关系之中。如果合同关系并不存在，不能发生违约行为。二是，违约行为的主体是合同关系中的当事人，其他任何第三人由于对特定合同关系的当事人不承担义务，因而不能成为违约行为的当事人。三是，违约行为在客观上违反了合同约定的义务，违约行为正是合同当事人一方对约定的义务不履行，在客观上表现为违反了合同的约定。四是，违约行为在后果上导致对债权人债权的侵害。这种侵害债权不是第三人对债权的侵害，而是合同当事人对合同债权的侵害，不是侵权行为，而是违约行为。

（2）合同不履行的后果。合同不履行的后果，是指合同不履行给债权所造成的后果，包括给债权人所造成的损害。

在一般情况下，合同义务的不履行，只是造成债权人债权的损害，即债权不能实现。损害的表现是，债权人订立合同所期待的合同利益不能实现。另一种损害事实，是构成损害赔偿的客观依据，即合同不履行所造成的财产损失和人身损害的客观事实。

在违约损害赔偿责任的构成上，财产权利的损害事实，一般是债权的损害事实。当一方当事人违反合同的约定，侵害了另一方当事人的合法债权，使债权人的债权这种期待的财产利益造成损害，就构成违约损害赔偿的责任。在有些情况下，也可能造成其他财产的损害。在违约损害赔偿中，区分财产损失的主要标准，就是直接损失和间接损失。直接损失是受害人现有财产的减少，也就是加害人违约行为或不法行为侵害受害人的财产权利，致使受害人现有财产直接受到的损失，如财物被毁损、被侵占而使受害人财富的减少。间接损失是受害人可得利益的丧失，即应当得到的利益因受违约行为或不法行为的侵害而没有得到。它有三个特征：一是损失的是一种未来的可得利益，而不是既得利益。在违约行为和侵权行为实施时，它只具有财产取得的可能性，还不是现实的财产利益。二是这种丧失的未来利益是具有实际意义的，是必得利益而不是假设利益。三是这种可得利益必须是在一定的范围之内，即违约行为或侵权行为的直接影响所及的范围，超出该范围，不认为是间接损失。

在实际违约中，一般不包括人身损害事实，只有在少数情况下才可能造成人身损害的事实。如前文所述使用高速公路造成的损害赔偿案就是这样的情况。

（3）因果关系。实际违约的因果关系，就是违约行为与后果事实之间的因果关系。它指的是违约行为作为原因，后果事实作为结果，在它们之间存在的前者引起后果，后者被前者所引起的客观联系。

（4）主观过错。实际违约的主观过错，只有在违约损害赔偿中才应当具备，在一般的继续履行、采取补救措施和承担违约金的责任中，不要求具备这样的要件。

在实际违约中,有可能是故意,也有可能是过失。例如,在惩罚性赔偿金责任中,就必须是故意,不具有故意,不能构成商品欺诈和服务欺诈,当然不能构成惩罚性赔偿金。在其他的实际违约损害赔偿中,故意或者过失都可以构成。

主观过错程度有轻重之分,但主观过错的轻重与损害赔偿责任的关系,传统学说一直认为,"区分故意与过失,在刑法上对于定罪量刑具有重要意义,而在民法上,一般情况下,对于确定行为人的民事责任并无实际意义。因为民事责任的承担,完全是根据损害事实决定的,行为人故意造成他人伤害与过失造成他人伤害在民事责任的承担上是完全一样的"。㊴这种观念并不完全准确。在惩罚性赔偿金中,由于债务人具有严重的故意,因此应当承担双倍的赔偿责任。

3. 实际违约的后果

实际违约的法律后果,一是继续履行;二是采取补救措施;三是支付违约金;四是损害赔偿。应当重点研究的是损害赔偿。

合同之债的不履行所产生的损害赔偿之债,是基于合同原给付义务的不履行,且给合同债权人造成财产的损害而发生的。仅仅是合同债务的不履行,可以产生继续履行的债务。这种债务是合同原给付义务的继续,而不是第二次给付义务。合同债务的不履行,还可以产生丧失定金、给付违约金等义务,这样的义务,与合同的损害赔偿债务也是不同的,它们都是合同之债的内容,是合同不履行所产生的债务,但是这种给付义务的产生,不需要损害的发生。

合同之债不履行的损害赔偿之债,在原合同的当事人之间发生。合同不履行、逾期履行,或者不完全履行,造成债权人的财产损害,就发生损害赔偿的债权债务。受损害的一方享有损害赔偿的请求权,有权要求违约人承担损失的赔偿义务。造成损害的一方当事人即债务人负有损害赔偿的义务,应当赔偿因债务不履行、逾期履行或者不完全履行给债权人所造成的损失。这种在当事人之间发生的损害赔偿的债权债务关系,完全符合债的法律特征,是合同之债所产生的新的损害赔偿之债。

(六)后契约责任

1. 后契约责任的概念

后契约义务不履行给对方当事人造成损害,是产生损害赔偿责任的原因之一,后契约义务不履行或者履行不适当的,造成对方的损失,应当承担赔偿责任。这种责任称之为后契约责任。

一般认为,合同的权利义务终止之后,合同即告消灭,当事人之间不再存在任何关系。但是,按照现代合同法的观念,合同终止之后,当事人之间还存在一定的关系,这就是合同后契约阶段的附随义务。这种附随义务将合同终止后的当事人连接在一起,按照附随义务的要求,将附随义务履行完毕,合同当事人之间的关系才真正消灭。在后契约阶段,当事人一方不履行附随义务,给对方当事人造成损害的,就应当承担

㊴ 马原主编:《中国民法教程》,人民法院出版社 1989 年版,第 310—311 页。

后契约的损害赔偿责任。

后契约损害赔偿责任,就是当事人不履行或者不适当履行后契约的附随义务,给对方当事人造成损害,应当承担的补偿损失的责任。《合同法》第92条规定:"合同的权利义务终止后,当事人应当遵循诚实信用原则,根据交易习惯履行通知、协助、保密等义务。"例如当事人将标的物送到指定的交付地点,但是没有履行通知义务,对方当事人不知道债务人已经交付,致使合同的标的物受到损失,对此,可以认为这一损失是债权人的损失,但是这种损失,却应当由没有履行附随的通知义务的债务人承担。

后契约责任与违约责任之间的界限,最简明的标志,就是时间界限。合同债务履行完毕,就是两者之间的界限:在合同债务履行完毕之前的责任,是违约责任,不会是后契约责任;合同债务履行完毕之后,才可能产生后契约责任。因此,违约责任与后契约责任之间的界限是十分鲜明的。

2. 后契约责任的构成

后契约损害赔偿责任的构成,应当与一般的损害赔偿责任的构成是一样的,都应当具备损害事实、违反义务的行为、因果关系和主观过错的要件。

(1)损害事实。后契约损害赔偿责任的构成,首先必须具备损害事实的要件,只有违背后契约义务的行为造成对方当事人的损害事实,才能构成损害赔偿责任。后契约损害赔偿责任的损害事实,应当是财产的损害事实,包括财产的现实减少和财产利益的丧失。

(2)违反后契约义务的行为。后契约义务是法定的义务,这是《合同法》第92条规定的内容。但是,附随义务也可以约定,当事人在合同中可以约定在合同履行终结后,双方当事人还要履行某种附随义务。这种约定的附随义务,也是后契约义务。例如,在修理钟表等承揽加工合同中,可以约定合同的主义务履行完毕后,附随一定时期的保修义务,在保修期内,承揽人免费保修。这就是约定的后契约义务。

后契约义务不履行,就是上述法定的或者约定的义务,当事人没有履行,或者不适当履行。如约定的保修义务没有履行,或者没有适当履行,法定的通知、协助、保密义务没有履行或者没有适当履行。这些都是违反后契约义务的行为。

(3)因果关系。在后契约责任中,违反后契约义务的行为与损害事实之间必须具有引起和被引起的因果关系,只有违反后契约义务的行为是造成损害事实的原因,损害事实是该违反后契约义务行为的结果的时候,才能构成后契约损害赔偿责任。

(4)主观过错。构成后契约损害赔偿责任,应当适用过错责任原则。在主观过错的确定上,应当实行过错推定。首先,没有过错就没有赔偿责任;其次,过错是推定的,要由违反后契约义务的行为人承担举证责任,证明自己对于损害的发生没有过错,证明成立的,免除其赔偿责任,证明不足或者证明不能,则推定成立,构成损害赔偿责任。

3. 后契约责任的方式

后契约责任的方式,最主要的是损害赔偿,其次还有继续履行。

后契约损害赔偿责任的具体赔偿,与一般的损害赔偿责任是一致的,没有特别的要求。赔偿的内容,是财产损害赔偿。凡是造成损害的实际损失,都在赔偿之列。

在约定的后契约义务不履行中,应当考虑适用继续履行的责任方式。这些责任方式虽然在《合同法》中没有规定,但是为救济当事人权利损害所必须,且不违反合同法的本质要求。在当事人约定的后契约附随义务没有履行的,例如约定保修、退还等附随义务不履行的,可以责令义务人继续履行。

我国合同责任的归责原则*

《合同法》公布实施以来,学界对我国合同法理论和实践的研究越来越深入,其中,对我国合同责任的归责原则究竟是严格责任[①]还是过错责任,抑或严格责任与过错责任并行的问题,研究也不断深入,说法不尽一致。理论上的不同见解在实务上产生了很大的影响,致使很多法官在审理合同责任纠纷案件中,对归责原则莫衷一是,在一定程度上造成了适用法律的混乱。因此,有必要对我国合同责任的归责原则进行深入的研究和阐释,以统一法院的司法思想,正确审理合同纠纷案件。笔者曾经在《中国合同责任研究》一文[②]中,对我国合同责任的归责原则作过说明,提出过自己的意见,在本文中再作说明如下。

一、关于中国合同责任归责原则的不同主张

审理合同责任纠纷案件,最重要的,就是首先确定该种合同案件确定责任适用何种归责原则。只有确定了该种案件所适用的归责原则,才能够依照该种归责原则的规定性,确定究竟由哪一方当事人承担民事责任。因此,研究合同责任,必须首先研究合同责任的归责原则。

然而,在理论和实务中,对合同责任归责原则的认识是不一致的,对同一种合同责任究竟适用何种归责原则,总是有不同的看法。不同的理论观点在理论上的争论,能够促进法学研究繁荣,但是对法官来说,却有负面的影响,进而影响到司法实务的统一性。

(一)《合同法》公布实施以前的主要观点

在合同法的归责原则研究中,学者在《合同法》公布之前的主要意见是:

1. 合同责任以过错推定原则归责的一元论观点

合同责任以过错推定原则归责的一元论观点认为,合同责任的归责原则就是一个,即过错责任原则,所有的合同责任都适用过错责任原则,舍此没有其他的归责原

---

* 本文发表在《河南公安高等专科学院学报》2003年第2期。
[①] 关于严格责任的解释,学界有所不同,多数主张严格责任就是无过错责任原则。本文使用严格责任概念,就是指的无过错责任原则。
[②] 参见杨立新:《中国合同责任研究》(本书第1054页),载《河南政法管理学院学报》第15卷第1期和第2期。

则。这种合同责任归责原则一元化的意见,其接受程度是很广泛的。这种主张认为,债务人对于债务的不履行有过错,是确定合同责任的要件之一。换言之,债务人的不履行或者迟延履行如果不是由债务人自己的过错造成的,则不承担责任。[3]由于合同责任的特殊性,合同责任中的一元化归责原则即过错责任原则是过错推定原则。[4]

2. 合同责任无过错责任原则归责的一元论

合同责任无过错责任原则归责的一元论观点认为,合同责任应当采取客观归责的原则,而不是过错责任原则,因而,过错不是合同责任的构成要件。所谓的客观归责原则,就是无过错责任原则。只要债务人违反合同约定的义务,无论其在主观上有无过错,都应当承担民事责任。[5]

3. 合同责任过错责任原则和无过错责任原则归责并存的二元论

二元论观点认为,合同责任的归责原则应当是二元化,而不是单一的归责原则。单一的归责原则,无论是过错责任原则还是无过错责任原则,都不能适应合同责任的负载情况。二元的合同责任归责原则,是过错责任原则和无过错责任原则即严格责任并立的两个归责原则,我国合同法同时并存过错责任原则和无过错责任原则的双轨制归责原则体系。[6] 在具体的问题上,过错责任原则和无过错责任原则各自调整哪些范围,则有不同的分歧意见。[7]

在司法实践中,在《合同法》公布实施之前,过错责任原则作为合同责任的归责原则,是通说。

应当看到的是,在前述的合同责任适用归责原则的情况,基本上是指违约责任,不包括其他的合同责任,例如先契约责任(缔约过失责任)等,不包括在内。在包括缔约过失责任的情况下,合同责任的归责原则有所不同,情况更为复杂。

(二)《合同法》公布实施后对我国合同责任归责原则的研究意见

1. 合同责任统一严格责任说

《合同法》公布以后,学术界对《合同法》规定的是什么样的归责原则问题,几乎众口一词,都认为《合同法》规定的是无过错责任原则,即严格责任。并且将严格责任作为《合同法》的基本特点之一,做广泛的介绍。这种观点认为,违约责任是由合同义务转化而来的,本质上出于当事人双方的约定,法律确认合同具有拘束力,在一方不履行时追究违约责任,不过是执行当事人的意愿和约定而已。因此,违约责任与一般侵权责任比较,应该更严格。质言之,违约责任出于当事人自己的约定,使违约责任具有了充分的说理性和说服力,此外无须再要求使违约责任具有合理性和说服力其

---

[3] 参见谢邦宇:《民事责任》,法律出版社1991年版,第107页。
[4] 参见王家福:《合同法》,中国社会科学出版社1986年版,第481页。
[5] 参见今晓:《"过错"并非违约责任的要件》,载《法学》1987年第3期。
[6] 参见崔建远:《合同责任研究》,吉林大学出版社1992年版,第73页。
[7] 参见王利明、崔建远:《合同法新论·总则》,中国政法大学出版社1997年版,第54页。

他理由。[8]在有的学者的著述中,主张《合同法》规定的就是绝对的无过错责任原则。[9]

2. 合同责任实行有主有从的归责原则体系

在合同责任中,单一的归责原则是不适当的,应当在一种归责原则作为主要归责原则的前提下,还要有补充性的归责原则,以适应合同责任的不同情况。在这种观点中,一种意见认为合同责任归责原则是以过错责任原则为主,以无过错责任原则为辅[10];另一种意见认为以无过错责任原则为主,以过错责任原则为辅。[11]即使是主张实行严格责任原则的学者也认为,在实质上,严格责任和过错推定责任的差别也不是那么大,严格责任并不等于绝对的无过错责任。[12]

3. 法律规定严格责任但过错责任原则更合于中国的实际情况

有些学者对《合同法》第107条规定合同责任为严格责任表示质疑,认为规定合同责任为严格责任,难免导致合同法内部体系的矛盾,法官和民众也难以接受,因而应当考虑对严格责任的规定慎重适用,终究要以过错责任原则作为主要的归责原则,调整合同责任的归属问题。[13]

4. 合同责任归责原则二元论

笔者在《中国合同责任研究》一文中,认为中国合同责任如果仅仅实行单一的严格责任原则归责是不适当的。首先,《合同法》规定的合同责任并不是单一的违约责任,而是一个宽泛的概念,将合同的缔结阶段即先契约阶段和后契约阶段包括其中,因而包括缔约过失责任等在内;其次,在各种合同责任中,并不是通行单一的归责原则,而是适用不同的归责原则;第三,在同一个合同责任中,也不一定只适用单一的归责原则,即使是在实际违约责任中,对继续履行的责任形式实行严格责任,对损害赔偿的责任形式实行过错责任。因此,我国合同责任的归责原则是双轨制、二元化,是严格责任和过错责任并存的归责原则体系。

二、境外关于合同责任归责原则立法例的参考

(一)大陆法系的立法例

在大陆法系,一般认为合同法的归责原则是过错责任原则。这是自《法国民法典》就确立的原则。

1. 法国法

《法国民法典》第114条规定:"凡债务人不能证明其不履行债务系出于不应归

---

[8] 参见张广兴、韩世远:《合同法总则》(下册),法律出版社1999年版,第86—87页。
[9] 参见刘景一:《合同法新论》,人民法院出版社1999年版,第468页。
[10] 参见何山、肖水:《合同法概要》,法律出版社1999年版,第127页。
[11] 参见房维廉:《中华人民共和国合同法实用讲座》,中国人民公安大学出版社1999年版,第161—163页。
[12] 参见张广兴、韩世远:《合同法总则》(下册),法律出版社1999年版,第87页。
[13] 参见崔建远主编:《新合同法原理与案例评释》,吉林大学出版社1999年版,第499—501页。

其个人负责的外在原因时,即使在其个人方面并无恶意,债务人对于其不履行或者迟延履行债务,如有必要,应支付损害赔偿。"法国学者认为,就强迫债务人补偿其行为所造成的损害这一点而言,合同责任的效果于侵权行为引起的效果并无不同。事实上,合同责任与侵权责任是同一制度(即当事人应为其过错承担责任)中的两个组成部分,二者的不同之处,仅在于对过错的评断,在合同责任中当事人的过错表现为当事人基于故意或者过失而违反合同的规定,而在侵权责任中,当事人的一切行为均可作为其承担责任的根据。归结到一点,就是合同责任与侵权责任在性质上具有一致性,但基于对当事人过错评断的不同方式,二者在制度上存在区别。[14]

2. 德国法

《德国民法典》第275条规定:"债务人除另有规定外,对故意或过失应负责任。"这一规定的实质,就是对违约的合同责任实行过错责任原则,对违反合同约定,由具有过错的债务人承担违约责任。

3. 意大利法

《意大利民法典》第1218条规定:"如果债务人不能证明债的不履行或者迟延履行是因不可归责于他的给付不能所导致,则未正确履行应当给付义务的债务人要承担损害赔偿责任。"所谓的"因不可归责于他的给付不能所导致"的不履行或者迟延履行,指的正是过失。因而意大利民法实行的违约责任也是过错责任原则。

4. 我国台湾地区

我国台湾地区对其"民法"债编进行了修订,其中修订的内容是很广泛的,但是在合同责任的归责原则上,也还是坚持过错责任原则。该法第220条规定:"债务人就其故意或过失之行为,应负责任。"

当然,在大陆法系坚持过错责任原则的同时,并不绝对排斥严格责任,相反,在金钱债务到期未履行,债务人无能力转移种类物,承运人对旅客受到人身伤害的责任等情况下,无论债务人是否具有过错,均应承担民事责任。[15] 承认在过错责任原则作为一般的合同法归责原则的前提下,有条件地适用无过错责任原则。

(二) 英美法系的立法例

在英美法系,坚持合同责任为严格责任。

英美法系的合同法对履行合同中的过错并不重视,正像英格兰的一位法官所说:"因违约引起的损害赔偿责任的请求不考虑过错,一般来说,被告未能履行其注意义务是无关紧要的,被告也不能以其尽到注意义务作为其抗辩理由。"[16]在美国《合同法重述》(第2版)第260(2)条中规定:"如果合同的履行义务已经到期,任何不履行都构成违约。"因而,在英美法,合同法的严格责任是不可动摇的,是一般的归责原则。

---

[14] 参见尹田编著:《法国现代合同法》,法律出版社1995年版,第286—287页。
[15] 参见王利明、崔建远:《合同法新论·总则》,中国政法大学出版社1997年版,第48—49页。
[16] Rainer v. Mils(1981) A. c. 1050. 1086.

但是，英美法并不是完全排斥过错责任原则的适用。在迟延履行中，英美法规定过错应作为归责事由，在该种合同责任的归责中，英美法常常将过错作为确定违约的重要因素。自1863年以来，英美法在强调合同义务的绝对性的同时，注意到故意和过失对责任的影响，提出由于无法抗拒的外来事由，且当事人亦无故意或过失致使契约不能履行时，契约应当终止，而当事人的权利义务亦告免除。[17]

(三) 对两种不同立法例的评价

可以看出，在传统的大陆法系合同法中，通行的归责原则是过错责任原则；由于合同责任的特殊性，在合同法领域实行的是过错推定原则，在违约责任或者其他合同责任中，债务人违约，包括造成对方当事人的损害，首先就从违约事实以及损害事实中推定违约一方的当事人在主观上有过错。如果对方当事人认为自己没有过错，则自己承担举证责任，证明自己没有过错。证明成立，则可以免除自己的责任，证明不足或者证明不能，则推定成立，构成违约责任（包括损害赔偿责任）或者其他责任。在英美法系合同法，实行严格责任，但是，这种严格责任并不完全排斥过错的问题，例如，在合同落空等情况下，合同当事人可以解除履约的义务，免负违约责任。这正是出于违约人的主观上无过错的考虑。[18]

尽管大陆法系和英美法系合同法在这个问题上存在这些差异，但是学者指出，两大法系在违约责任构成要件上的不同立场，可以表述为：大陆法——有过错的违约才有责任；英美法——违约即有责任，除非存在免责事由。因而，两大法系在这个问题上并没有根本的冲突，主要是表述方式不同而已[19]，实际上并无孰优孰劣之分，只是在依据本国的法律文化和法律传统的基础上如何选择对法律适用更为有利而已。

正因为如此，选择我国合同责任的归责原则，更主要的是要考虑我国法律文化和法律传统，以及我国民事司法的习惯。在这样的基础上，正确确定我国的合同责任归责原则。

三、《合同法》并非规定单一严格责任作为我国合同责任的归责原则

在《合同法》中，对传统的合同责任概念和归责原则都提出了挑战，作出了新的规定。但是，《合同法》规定的合同责任究竟是何种归责原则呢？仅仅称之为无过错责任原则或者严格责任，似乎并不准确。在笔者看来，《合同法》规定的合同责任的归责原则，并不是当然的无过错责任原则或者叫做严格责任。

(一) 《合同法》规定的合同责任是一个制度体系

《合同法》规定的合同责任，并不是单纯的违约责任，而是一个相当宽泛的法律

---

[17] 参见王利明、崔建远：《合同法新论·总则》，中国政法大学出版社1997年版，第52页。
[18] 参见崔建远：《新合同法原理与案例评释》(上)，吉林大学出版社1999年版，第498—499页。
[19] 参见苏惠祥主编：《中国当代合同法》，吉林大学出版社1992年版，第293页。

概念。

（1）《合同法》将合同责任以违约责任作为基点，向前延伸，将先契约阶段的缔约过失责任概括进合同责任之中，同样，又将合同无效的责任继续保留在合同责任的概念之中。这样，就将合同责任概念在违约责任的基础上，向合同成立、生效之前延伸，包括了缔约过失责任和合同无效责任这样两种合同责任。

（2）《合同法》在合同责任的核心形式即违约责任中，又加进了预期违约和加害给付的责任。对此，应当加以说明。预期违约责任是在合同成立并发生效力之后，履行期尚未届至之前发生的合同责任，与纯粹的违约责任是不同的，在《合同法》中有独立的地位。[20] 关于加害给付责任，在《合同法》起草过程中，原本是作了规定的，这就是《合同法》第四次审议稿的第112条第2款规定："质量不符合约定，造成其他损失的，可以请求赔偿损失。"但是在正式通过《合同法》的时候，这一规定加害给付的条文被删掉了。而在《合同法》的第112条[21]规定的违约损害赔偿的条文中，就包含了加害给付的制度。给付的标的物的质量不合格，当然就是"履行合同义务不符合约定"；"对方还有其他损失的"，当然包括质量不合格所造成的损失。第122条规定的违约责任和侵权责任竞合的条款，正是对加害给付责任的原则规定。因此，没有理由说《合同法》规定的违约责任中不包括加害给付的责任。这样在《合同法》中规定的违约责任，就包括实际违约、预期违约和加害给付三种责任。

（3）《合同法》将合同责任的概念向后延伸，把后契约阶段纳入合同的概念之中，在规定合同的权利义务终止的基础上，还规定当事人负有后契约义务。义务的保障就是责任。当法律规定的一项民事义务不履行，那么，当事人就应当承担相当的法律后果，这种后果，就是民事责任。既然将后契约规定为义务，当事人不履行法定义务，造成对方当事人的损害，当然就应承担损害赔偿责任。这就是后契约责任。

将这些合同责任加在一起，我国的合同责任就有6种之多，并非仅仅一种违约责任制度。这就是：缔约过失责任、合同无效责任、预期违约责任、加害给付责任、实际违约责任和后契约责任。

（二）6种合同责任并非通行单一的归责原则

我国合同法中的6种责任制度，构成了我国合同责任制度的全部内容。在这6种合同责任中，并不是都实行单一的归责原则，而是实行不同的归责原则。

对于缔约过失责任、合同无效责任和后契约责任，应当适用过错责任原则，或者主要适用过错责任原则。[22] 例如，在《合同法》第42条规定缔约过失责任的条文中，使用了"恶意""故意隐瞒""违背诚实信用原则"的表述。这些表述的含义，就是要求承

---

[20]　参见《合同法》第108条规定。
[21]　此处第112条，是《合同法》的正式文本，不是原来的草案。
[22]　至于这些过错责任究竟是普通的过错责任原则，还是过错推定原则，抑或两种过错责任俱在，在下文再继续研究。

担缔约过失责任的当事人,应当具备故意或者过失的主观要件。这正与缔约过失责任中的"过失"二字相吻合。因此,缔约过失责任是完全的、彻头彻尾的过错责任,如果不适用过错责任原则,将与立法本意相悖。又如,《合同法》在第58条后段规定合同无效的损害赔偿责任时,明确规定:"有过错的一方应当赔偿对方因此所受到的损失,双方都有过错的,应当各自承担相应的责任。"这里明确地将合同无效的损害赔偿责任规定为过错责任,适用过错责任原则。在后契约责任中,《合同法》没有作出具体规定,但是与缔约过失责任和合同无效的损害赔偿责任相对应,其适用过错责任原则,则是理所当然的。

对于加害给付责任,应当适用过错责任原则是有根据的。按照德国判例和学说的观点来看,债务不履行的过错,原则上对积极侵害债权(即加害给付)是适用的。在我国,加害给付责任应以债务人具有过错为要件。债务人作出不适当履行行为并造成债权人履行利益以外的其他利益的损害,本身表明债务人是有过错的。换言之,如果是债务人不能证明损害后果是因为不可抗力或其他法定事由所致,则应推定债务人具有过错。[23]确定加害给付责任的归责原则为过错责任原则,是妥当的。

预期违约责任应当适用过错责任原则。在《合同法》第108条中,条文明确规定"当事人一方明确表示""以自己的行为表明"对合同义务不再履行。"明确表示"和"行为表明",都说明必须是在主观上的故意所为,因此可以确定,立法者关于预期违约责任主观要件的要求,应当是故意的,明知是其必要要件。所以,预期违约的合同责任应当适用过错责任原则。

在实际违约责任中,如果仅仅适用无过错责任原则,也不是一个最佳的选择。违约责任是一个很广泛的概念,并不是一个简单的赔偿问题,还有继续履行、采取补救措施、给付违约金等违约责任形式。在这三种违约责任上,适用无过错责任原则是完全正确的,只要债务人违反约定不履行或者不适当履行,无论有无过错,都应当承担责任。但是,如果将违约责任中的损害赔偿也适用严格责任,将是一个很严重的问题。其中最重要的是,《合同法》第113条第2款规定的商业欺诈行为的惩罚性赔偿中所要求的"欺诈",就是以故意为构成要件的,不能以无过错责任原则为归责原则。在构成损害赔偿责任的要件中,传统民法要求,都是过错责任原则。即使是在当代法律状况下,对违约损害赔偿适用过错责任原则归责,也没有对债权人保护不周的问题。此外,在《合同法》第120条规定的"与有过失"即混合过错中,如果不适用过错责任原则,也将很麻烦。因此,笔者认为,尽管《合同法》第112条规定违约责任的条文中虽然没有写明"过错"的字样,仍应当确认违约责任中的损害赔偿责任的归责原则是过错责任原则。可见,《合同法》对违约责任的规定,也并非都采用严格责任归责。

---

[23] 参见王利明:《民商法研究》(第2辑),法律出版社1999年版,第541页。

(三)在同一个合同责任中,有时也不一定只适用单一的归责原则

在我国《合同法》规定的 6 种合同责任制度中,有些合同责任也不一定只适用单一的归责原则,而是适用两个不同的归责原则。

例如,在合同无效责任中,按照《合同法》第 58 条关于"合同无效或者被撤销后,因该合同取得的财产,应当予以返还;不能返还或者没有必要返还的,应当折价补偿。有过错的一方应当赔偿对方因此所受到的损失,双方都有过错的,应当各自承担相应的责任"的规定,在前一句中,并没有强调过错问题。因此可以认为,无效合同责任中的返还财产、适当补偿责任,应当适用无过错责任原则归责,不适用过错责任原则。在后一句中,强调的显然是过错责任原则。可以肯定地说,无效合同责任适用两个归责原则,一是过错责任原则,二是无过错责任原则,分别调整不同的合同责任,即过错责任原则调整无效合同责任的赔偿责任,无过错责任原则调整合同无效的返还财产和适当补偿责任。

在实际违约责任中,也不能简单地适用单一的无过错责任原则。按照《合同法》第 107 条关于"当事人一方不履行合同义务或者履行义务不符合约定的,应当承担继续履行、采取补救措施或者赔偿损失等违约责任"的规定,似乎在违约责任中只规定了无过错责任原则为统一的归责原则。但是,事实并非如此。首先,《合同法》第 113 条第 2 款关于"经营者对消费者提供商品或者服务有欺诈行为的,应当依照《中华人民共和国消费者权益保护法》的规定承担损害赔偿责任"的规定中,明文规定在服务欺诈和商品欺诈的惩罚性赔偿中,绝对应当适用过错责任原则。其次,在实际违约损害赔偿责任中,适用无过错责任原则不符合损害赔偿的宗旨。损害赔偿的基本宗旨,就是将损失归咎于有过错的一方当事人。如果不是这样,在一般情况下,不讲过错,凡是有损失就予以赔偿,就使现代的损害赔偿制度落入原始的"加害原则"的窠臼。更重要的是,如果在违约损害赔偿中仅仅适用无过错责任原则,不考虑适用过错责任原则,就无法处理违约损害赔偿中的与有过失(即混合过错)的责任归属问题。《合同法》第 119 条规定:"当事人一方违约后,对方应当采取适当措施防止损失的扩大;没有采取适当措施致使损失扩大的,不得就扩大的损失要求赔偿。"这里体现的,就是有过错的受害人不得就其过错所造成的损害要求赔偿。如果在违约损害赔偿中不适用过错责任原则,就无法处理这样的问题。

更为明显的是,《合同法》在分则的规定中,在违约责任的具体规定中,更不能将严格责任的规定贯彻始终。下面分述的,就是其中的主要规定:

(1)强调因一方故意或者重大过失造成对方损害的,违约方应当承担损害赔偿责任。诸如:《合同法》第 189 条、第 191 条规定的赠与合同、第 374 条规定的无偿保管合同、第 406 条规定的无偿委托合同,违约发生的损害赔偿责任,都强调因故意或者重大过失造成对方损害的,才应当承担损害赔偿责任。这样的规定,恐怕仅仅是过错推定责任还不够,而是应当实行普通的过错责任,即受害人举证证明违约人的故意或者重大过失,才能够成立这种损害赔偿责任。

(2) 规定一方具有过错造成对方损害的,违约方应当承担损害赔偿责任。例如:《合同法》第 303 条规定在旅客运输合同中,对旅客自带物品的损失,承运人只有在有过错的条件下,才承担损害赔偿责任。《合同法》第 320 条规定,因托运人托运货物时的过错造成多式联运经营人损失的,托运人应承担损害赔偿责任。第 374 条规定在保管期间,因保管人保管不善造成保管物毁损、灭失的,保管人应当承担赔偿责任。其中的保管不善,就是有过错。

(3) 因对方过错造成损失的,违约方不承担赔偿责任。例如,《合同法》第 302 条规定在旅客运输合同中,旅客伤亡属于自己故意、重大过失造成的,承运人不承担责任。第 311 规定,因收货人的过错造成托运货物毁损的,承运人不承担赔偿责任。

上述这些规定,都是特别强调在具体的合同中,在确定违约损害赔偿的时候,还必须坚持以过错作为判断责任的根据,没有过错就没有赔偿责任。这些都与强调单一的严格责任的主张是不相一致的,换言之,单一的严格责任在合同责任中必定无法贯彻始终。

四、我国合同责任归责原则体系的框架和内容

在做了以上的例证和分析之后,现在应当研究我国合同责任的归责原则体系及其内容。

(一)《合同法》不能将严格责任贯彻始终的原因

笔者认为,在《合同法》关于违约责任归责原则的规定中,既强调严格责任,又不能将其贯彻始终,主要的原因是:

(1) 主观主义的"主题先行"是造成这种状况的主要原因。在《合同法》立法过程中制定这些条文时,主持人预先编制了违约责任适用严格责任原则的框架,然后在制定具体的条文时,无论出现怎样不合理的问题,都不能跨越这样的框框,但是在某些具体的问题上又无法回避过错责任原则的适用,导致出现了这样的问题。实事求是的原则是永远也不能忽视的,在立法中也必须引起重视。这不能不说是立法中的一次主观主义强调"严格责任"所造成的后果。

(2) 不适当地实行两大法系的融合也是造成这种状况的原因之一。在大陆法系和英美法系的原则冲突中,法律传统起着重要的作用。尊重自己的法律传统,不能轻易改变,是一个重要的经验。即使要借鉴其他法系的经验,也必须做到融会贯通,而不是生搬硬套,强制"嫁接"。例如,在制定《物权法》的时候,究竟是制定《物权法》还是《财产法》,进行过激烈的争论,其实质,就是怎样对待大陆法系的传统和英美法系的影响问题。我们不能想象,在一部采用大陆法系的成文法特点的民法典中,出现一编英美法系特点的《财产法》,会是一种什么样的结果? 违约责任的归责原则究竟采用过错责任还是严格责任,其实也是这样。如果采用过错责任,就须按照大陆法系的做法:"有过错的违约才有责任。"如果采用严格责任,就要采用英美法系的"违约即

有责任,除非存在免责事由"的模式。既强调适用严格责任,又无法否认过错责任的影响,结果就使自己陷入了两难的境地。

(3)对本国司法实践经验的轻易抛弃也是一个重要原因。从新中国成立以来,中国的司法实践始终坚持合同责任的过错责任原则,没有采用过严格责任。在中国的立法和司法中,合同责任的过错责任原则传统,是根深蒂固的,不可能轻易否定。事实上,笔者也不否定严格责任在合同责任中的适用,但是要区别情况,确定适当的适用范围,做到合情合理,符合民意和实际情况。不加分析,一概认为合同责任就是严格责任,显然脱离了实际。[24]

应当实事求是地认识这个问题,恢复违约损害赔偿适用过错责任原则。

(二)我国合同责任归责原则的体系框架

我国合同责任的归责原则体系框架是:两个归责原则、三种表现形式。两个归责原则即过错责任原则和无过错责任原则。三种表现形式即过错责任原则表现的两种形式,一种是普通的过错责任原则,一种是推定的过错责任原则即过错推定原则;最后再加上无过错责任原则的形式,共三种归责原则形式。

(1)我国的合同责任归责原则是二元化的体系,过错责任原则和无过错责任原则并存,各自调整不同的合同责任。对此,前文已经做了详细的论述,任何强调合同责任单一归责原则的主张,理由都不充分。

(2)不可否认无过错责任原则即严格责任的存在是客观的,但是,这个归责原则的调整范围,并不如有些学者主张的适用范围那样广泛,尤其是在违约责任的归责方面,不是调整违约责任的唯一归责原则,还有过错责任原则调整的违约损害赔偿责任。完全否认过错责任原则对违约责任的调整,是不客观的。在某些合同责任中,例如缔约过失责任、预期违约责任、加害给付责任、后契约责任等,根本就没有严格责任即无过错责任原则的调整余地,不适用这个原则归责。

(3)合同责任的过错责任原则也不是单一的推定过错责任,还包括普通过错责任。在通常的理论中,总是认为合同法的过错责任原则是推定过错责任原则,其实不尽然。在违约损害赔偿责任的过错责任中,应当适用过错推定原则,这是没有问题的。但是,在缔约过失责任、预期违约责任和加害给付责任中,应当适用的是普通过错责任原则,对于违约一方的过错,应当由主张权利的一方承担举证责任。合同无效的损害赔偿,对造成合同无效的一方的过错,也应当由主张权利的一方举证,更为合理、科学,如果实行过错推定,让被告一方承担举证责任,则对被告一方所加的责任过重。因而应当实行普通的过错责任原则。对后契约责任,应当实行过错推定,为推定的过错责任原则。

(4)在过错责任原则和无过错责任原则之间,究竟哪个归责原则的地位更为显著,是主要的归责原则,也是一个问题。对此,应当根据特定的归责原则所调整的范

---

[24] 对此,崔建远教授对合同责任普遍实行严格责任的忧虑,是不无道理的。

围作决定。笔者认为,这两个归责原则不分主从,但是有一个位置前后的问题。从以上所论述的两个归责原则的调整范围看,过错责任原则显然调整的范围更为宽广,并且表现为两种不同的形式,因此,过错责任原则应当居先。

据此,我国合同责任归责原则体系的框架是:

$$
合同责任的归责 \begin{cases} 过错责任原则 \begin{cases} 普通过错责任 \\ 推定过错责任 \end{cases} \\ 无过错责任原则(严格责任) \end{cases}
$$

(三) 不同的归责原则所调整的范围

两种归责原则、三种表现形式所调整的内容各不相同,其"势力范围"的划分是:

(1) 普通过错责任原则调整的范围是:①缔约过失责任;②合同无效责任中的损害赔偿责任;③预期违约责任;④加害给付责任。对于这4种合同责任的归责问题,实行普通过错责任原则,不适用过错推定责任。

(2) 推定过错责任原则调整的范围是:①违约损害赔偿责任;②后契约责任。实行过错推定的合同责任,应当注意其范围限制,同时要注意举证责任的特别情况。

(3) 无过错责任原则(严格责任)调整的范围是:①违约责任中的继续履行责任,采取补救措施责任,以及违约金责任;②合同无效责任中的返还财产和适当补偿责任。对于其他种类的合同责任,不得适用严格责任。

(四) 归责原则对举证责任的影响

对不同的合同责任实行不同的归责原则,对当事人之间的举证责任不无影响。换言之,举证责任的规则随着举证责任的不同而变化。

(1) 实行普通过错责任原则的举证责任。对实行普通过错责任的合同责任纠纷案件,实行的是一般的举证责任规则,即谁主张谁举证,原告主张权利,原告就要负担举证责任。其举证证明的内容,是全部合同责任成立的要件。对此,被告不承担举证责任。

(2) 实行过错推定责任的举证责任。对实行过错推定原则的合同责任纠纷案件,实行举证责任倒置。但是,应当注意的是,举证责任倒置的不是合同责任成立的全部要件,而是实行推定的过错要件,这个要件实行举证责任倒置,即从损害事实等要件的存在推定对方当事人具有过错,然后举证责任倒置,由被告承担自己没有过错的证明责任,举证证明成立的,免除责任,不能证明的,推定成立,合同责任成立。其他要件的成立,仍然由原告举证。

(3) 实行无过错责任原则的举证责任。实行无过错责任原则的合同责任纠纷案件,责任成立要件的证明责任,由原告举证,属于一般的举证责任。如果被告主张自己具有免责事由,则举证责任倒置,由被告负责举证,证明成立的,免除责任,不能证明的,承担合同责任。

缔约过失责任原理及其适用[*]

一、导论

关于缔约过失责任的基本原理[①]，已经有很多文章和专著进行讨论，但如何将这一民法基本原理应用于司法实务，尚缺乏深入、细致的研究。最高人民法院在司法解释中，曾经适用过这一民法基本原理。最高人民法院(1990)民他字第35号复函指出："经研究，我们认为，根据1984年余性本、王雪霞等人共同签署的'房屋分割协议书'的约定，双方当事人所争议的房屋应属王雪霞及余学强等6个子女共有。王雪霞事先未经全体共有人的同意，私自向沈云抵押、买卖房屋行为又均未按照我国的房屋管理规定进行，也未得到房屋主管部门的认可。因此，应认定沈云与王雪霞的房屋抵押、买卖交易行为无效。对沈云提出的确认房屋产权的请求不予支持，王雪霞应返还沈云的钱款，由此造成的损失应根据双方的责任相应承担。"

最高人民法院上述复函对沈云、王雪霞房屋抵押、买卖纠纷案适用法律的解释，依据的正是缔约过失责任的基本原理。王雪霞向沈云抵押、出卖的房屋，为王雪霞及余学强6个子女所共有。对共有财产的处分，应当征得所有共有人的同意。王雪霞没有征得余学强等其他共有人的同意，私自向沈云抵押、出卖该共有房屋。这种处分行为，是王与沈之间通过合同方式进行的。在这一契约缔结过程中，王雪霞将其没有全部所有权的房产产权欲抵押、出卖给沈云，这是一种缔约的意思表示，其中存在瑕疵，即对共有的财产予以处分，为自始不能。作为买受人，沈云要购买该房产，当然是要购买其全部产权，当沈与王缔结卖房契约时，他当然会认为王有全部产权。当他付款后，可以认为该房的产权已经转移到他的身上，合同当然有效。可事实上，这一合同并未有效成立，沈云的认识是错误的。这一合同未有效成立，除了王雪霞没有全部所有权以外，本复函还指出，双方当事人的抵押、买卖房屋行为未按照我国的房屋管理规定进行，也未得到房产主管部门的认可，使房屋处分没有过户登记，缺少必要的形式要件，这也是合同未有效成立的一个重要原因。对此，双方当事人均有过失。这是一个混合过错，王雪霞具有重大过失，沈云具有一般过失。认定王雪霞与沈云的

---

[*] 本文发表在《合同法》公布实施之前，由于本文在《合同法》的制定过程中发挥了重要的参考作用，因此仍按照原来的内容处理，没有按照《合同法》的规定进行修改，以保留内容的历史原貌。

① 关于缔约过失责任，《合同法》已经在第42条作了规定。

房屋抵押、买卖行为无效,构成缔约过失责任。最高人民法院在本复函中指出,王应向沈返还钱款,对由此造成的损失应根据双方的责任相应承担。这不仅指出了缔约过失责任的责任方式为返还财产和赔偿损失,而且还正确地指出缔约过失责任的损害赔偿适用过失相抵原则。

在《合同法》中,规定了缔约过失责任,第42条规定:"当事人在订立合同过程中有下列情形之一,给对方造成损失的,应当承担损害赔偿责任:(一)假借订立合同,恶意进行磋商;(二)故意隐瞒与订立合同有关的重要事实或者提供虚假情况;(三)有其他违背诚实信用原则的行为。"第43条规定:"当事人在订立合同过程中知悉的商业秘密,无论合同是否成立,不得泄露或者不正当地使用。泄露或者不正当地使用该商业秘密给对方造成损失的,应当承担损害赔偿责任。"

依据这些规定,下文将阐释缔约过失责任的基本规则。

二、缔约过失行为概述

(一)缔约过失行为的概念及法律特征

缔约过失行为,也叫做"契约缔结之际的过失"②,从责任的角度而言,也称之为缔约过失行为、先契约责任或缔约过失中的损害赔偿责任。

缔约过失行为,是指在合同缔结过程中,当事人因自己的过失致使合同不能成立,对相信该合同为有效成立的相对人,为基于此项信赖而生的损害,应负损害赔偿之债的民事行为。

例如,个体户崔某发现乡政府的房屋年久失修、拥挤不堪,提出愿捐款100万元为其建一栋小楼,双方均同意,并商定捐款在9月底到位,此前乡政府做好准备工作和必要的配套资金。7月初,乡政府将其原有5间平房拆除,7月底找到一家信用社贷款50万元。9月初,崔某提出因其生意亏本不能捐款。乡政府要求崔某履行诺言,否则赔偿因此遭受的全部损失。崔某则辩称双方并没有签订书面合同,他没有义务必须捐款,至于原告遭受的损失是由于自己的原因造成的,他不应承担任何责任。在这个案例中,崔某的行为发生在合同缔约阶段,由于崔某的过错造成合同不能成立,因此造成乡政府基于此项信赖而生的损害,崔某的过失行为就是缔约过失行为。

缔约过失行为的法律特征是:

1. 缔约过失行为是缔结合同中的民事行为

这种民事行为只能存在于缔约阶段,即先契约阶段,不可能存在于其他阶段。缔约过失行为与合同无效行为及违约行为的区别,在于合同是否成立。合同成立之前发生损害赔偿之债的行为,是缔约过失行为;合同成立之后发生损害赔偿责任的行为,则可能是合同无效行为或者违约行为。

---

② 刘得宽:《民法诸问题与新展望》,台北三民书局1980年版,第426页。

2. 缔约过失行为是违反诚实信用原则基础的民事行为

就损害赔偿之债发生的法律基础而言,违约行为的法律基础基本上是双方当事人的约定,即双方一致的意思表示;侵权行为的法律基础为法律关于侵权行为的规定。而缔约过失行为发生损害赔偿之债的法律基础,则是诚实信用原则。诚实信用原则赋予缔约双方当事人必须遵守的法定义务,违背这种义务,当然应发生相应的损害赔偿之债。因此,缔约过失责任不能理解为意定责任,这是因为其恰恰不要求成立法律行为即合同,故此,其只能为法定责任。③

3. 缔约过失行为是发生补偿缔约相对人损害后果之债的行为

缔约过失行为人因自己未遵守法定义务,致使相对人误认为尚未成立的合同为有效成立,因而造成财产上的损失。当其应当承担损害赔偿之债时,依据等价有偿原则,行为人应赔偿相对人因此造成的财产损失。补偿性,是缔约过失之债的基本特征之一,因此,缔约过失行为就是发生缔约中因过失引起的损害赔偿之债的后果的行为。

(二)法律确认缔约过失行为发生损害赔偿之债的意义

法律确认缔约过失行为发生损害赔偿之债的作用,在于保护交易安全。

随着经济交往的不断扩大,交易活动出现了更深、更广、更高频的发展趋势。法律确认缔约过失行为发生损害赔偿之债,就是为了适应这种经济发展趋势,突出强调当事人在缔约之际的过失,对因此种过失而招致损害的人采取救济手段,从而给交易活动增加了一道安全阀,给当事人增加了一项义务链。这种法律约束,可以规范人们恪守良性交易行为准则,对商业诈欺是一种有针对性的制约,能够促进公正交往,保障交易安全,完全符合诚实信用原则。

在传统的民事立法和民法理论中,合同责任只是单独规定和研究违约责任,对于契约无效或者根本不成立,似乎无由归责;因此,法律只保护契约阶段,而不保护先契约阶段。这种保护是不全面的。狭义上的契约阶段,是指合同有效成立后到合同标的履行完毕之间的这一过程。广义上的契约阶段,除了上述这一过程以外,还应包括先契约阶段。所谓的先契约阶段,是指契约已经开始协议但尚未缔结之间的这一过程,是以要约的提出为开始的标志,以契约的成立为结束的标志,实际上是要约到承诺发出之前的整个过程。

法律对于契约阶段以违约责任加以重点保护,是完全正确的;但是,忽略以致放弃对先契约阶段的保护,既不全面,也不公正。契约的成立,契约责任的产生,并不是凭空虚构,必有一个当事人双方联系、协商的磋商阶段。从契约的提出,到承诺的作出,就是这样一个磋商阶段。在这个阶段中,不可避免地在一方或双方当事人方面出现不当行为,使对方在先契约阶段遭受损失。若法律只规定契约责任而未规定先契约阶段中的缔约过失行为的责任,就对于契约当事人的保护而言,是一个残缺的法律制度;就当事人所受损害来讲,就得不到必要的救济。法律确认这种缔约过失行为,

---

③ 参见[德]迪特尔·梅迪库斯:《德国债法总论》,杜景林等译,法律出版社2004年版,第106页。

并且确定其发生损害赔偿之债,是为了保护缔约相对人的合法权益,保障交易的正常秩序,保障交易安全。

王泽鉴教授在评论这一制度创建的时候说,一个法学家秉其分析天才,受其正义感的驱使与强烈社会认知能力的指引,对特定生活事实的法律判断获得一个崭新的理论,因而使我们能对那看来正被根深蒂固的观念及实定法的规定所排除的,给予公平合理的结果,因此是一个法学的伟大理论发现,为如何合理规律社会生活开拓了一条途径。④

(三)缔约过失行为的历史发展

在不同法系国家和地区的立法中,法律对缔约过失行为制裁的立法例并不相同。不仅在大陆法系和英美法系的立法例中不同,即使是在大陆法系中的德国法系和法国法系国家和地区中,立法例也不相同。

1. 罗马法

缔约过失行为是产生较晚的一项制度。有的学者认为,在罗马法中曾经确认买卖诉权制度以保护信赖利益的损失;同时,在罗马法中,还存在缔约过程中一方应当对对方负有谨慎注意义务的规定。⑤因此,在罗马法中存在缔约过失行为的影子。

但是,缔约过失行为制度并没有在那个时候形成。一千多年以来,在传统的民事立法和民法理论中,合同责任只是单独规定和研究违约责任,对于契约无效或者根本不成立似乎无由归责;因而,合同法只保护契约阶段而不保护先契约阶段。这种保护对合同当事人的权益保护是不全面的。

2. 德国法

德国法学家耶林提出了缔约过失的概念⑥,于1861年发表《契约缔约之际的过失》一文,将德国普通法源的罗马法扩张解释,广泛地承认对信赖利益损害的赔偿。罗马法对于不融通物及不存在继承财产的买卖,虽属无效,但已承认出卖人的缔约上过失的损害赔偿责任,但却对此项损害赔偿的性质未作任何阐述,基于契约在不具备法律规定的成立要件或生效要件而尚未有效成立的事实情况下,因而认为此当然是契约关系外的损害赔偿问题而属于侵权责任;但在罗马法的侵权行为法体系下,依据侵权行为法的规定,无法对此种问题提供公平合理的救济,故将其视为属于契约关系之外的侵权责任问题,自非妥适。学者指出:"契约的缔结产生了一种履行义务,若此种效力因法律的障碍而被排除时,也会产生一种损害赔偿义务。所谓契约无效者,仅指不发生履行效力,不是说不发生任何效力。当事人因自己过失致使契约不成立者,应对信其契约为有效成立的相对人,赔偿基于此项信赖而产生的损害。""缔约当事人因此所承担之首要而且最基本的义务,系于契约缔结之际须善尽必要之注意义务。

---

④ 参见王泽鉴:《王泽鉴法学全集》(第四卷),中国政法大学出版社2003年版,第9、11页。
⑤ 参见王利明:《合同法研究》(第1卷),中国人民大学出版社2002年版,第302页。
⑥ 参见[德]迪特尔·梅迪库斯:《德国债法总论》,杜景林等译,法律出版社2004年版,第95页。

过失原则所保护者,不仅是一个业已存在的契约关系,正在形成的或发生中的契约关系,亦应包括在内;否则,契约交易将暴露于外,不受保护,缔约当事人以防不免因而成为他方疏忽或不注意的牺牲品。"⑦

《德国民法典》将耶林的主张大幅度的采纳,承认在契约不成立时的各种信赖利益的赔偿,在立法上确认了缔约过失行为制度。诸如,契约因非真实的意思表示而无效,或因错误的意思表示而被撤销时,信其为有效而受损害者,得请求信赖利益之损害赔偿;缔结自始标的不能之契约,契约无效,此时对给付不能的事实有预知或因过失而不知者,对相对人应负信赖利益的赔偿责任;因意思表示有瑕疵而无效或被撤销时,表意人即使无故意、过失,违反告知、报告或解释等义务,亦要他负担表意人的赔偿责任;交涉缔约之补助者,在契约成立前怠于报告义务或注意义务而予相对人以损害时,亦应负赔偿责任。⑧

德国民法典没有从中创制出一般性的规则,但在某些特定的与耶林所研究的情况相类似的案件类型中,民法典还是规定了损害赔偿义务。这主要表现为第122条以下(对非为真意的或者被撤销的意思表示的信赖)、第179条(对不存在的代理权的信赖)、第307条和第309条(对自始给付为可能的信赖)以及第633条(在请求事务处理之后不告知拒绝接受要约),后来又增加了第611a条第2款(雇主因性别不同而对雇员给予歧视待遇)。

德国法院将这一缔约过失行为的范围进一步扩大,即使是在缔约阶段,当事人基于对对方的信赖,产生健康的损害,也认为是缔约过失行为,也应当发生损害赔偿之债。

有关缔约过失责任的典型案例是德国"亚麻仁油布地毯案(RG1911.12.7)"。该案的案情是:原告K在被告商店拟购买亚麻仁油布地毯,原告对在该商店服务的店员W表明此意,并就W店员所提供的样本从事选择。在W取出原告所选择的货品时,将其他两轴地毯推置一旁,该两轴地毯不慎掉落,击中原告及站立一旁的幼儿,致二人摔倒在地,原告惊吓过度,购买地毯之事未成。

德国第三审法院审理认为,当事人双方在原告预备购买地毯时,就建立了一种类似于契约的法律关系,而基于契约关系或者债的关系,可以使得当事人负有照顾对方人身和财产的义务,尽管这种照顾义务与这种关系的直接的法律属性没有关系,但是它们是案件的具体情形所必然的结果,所以,本案的原告因购买商品而处于缔约过程中,同样可以适用契约责任标准,原告此时将自己的安全保障寄托于商店,且已经处于商店的保护范围之下,由于对地毯管理不当而造成顾客伤害的雇员,则违反了如契约成立即会产生的注意义务,契约上的注意义务就应当适用于缔约磋商阶段。因此,原告基于缔约过失行为得到了损害赔偿。

---

⑦ 刘春堂:《缔约上过失之研究》,台湾大学博士论文1983年,第1—3页。
⑧ 参见刘得宽:《民法诸问题与新展望》,台北三民书局1980年版,第427、428页。

而有学者认为,这种行为并不是缔约过失行为,而是侵权行为法上的交易安全义务范畴,应成立侵权行为。⑨

3. 法国法

在法国,对于先契约阶段的信赖利益的保护却沿着另一个不同的方向发展。法国法认为,合同的缔约阶段并不是严格的合同范畴,合同只有成立,缔约当事人才成其为合同当事人,才能够受到合同法的保护。契约责任是因为契约的一方当事人不履行义务而承担的损害赔偿责任,以其缔约有效成立和存在为前提,仅对契约当事人予以适用,不对契约以外的第三人加以适用,除非第三人因他人的明示契约而享有利益。⑩ 不仅如此,法国法还认为,契约责任不仅以契约的成立为前提,而且也以契约有效存在为必要条件,如果契约虽然成立但无效,也不发生合同责任。因此,缔约阶段的缔约过失行为不是发生损害赔偿之债的合同行为,而是侵权行为,应当按照侵权行为法的规定确定过错行为人的侵权责任,以救济缔约人基于缔约过失行为而受到的损害。

法国法如此认定缔约过失行为的性质,是基于其侵权行为法救济的普遍性的基础。

1804年《法国民法典》确立了历史上的第一个侵权行为一般条款,确认了基于过错行为造成损害的一般侵权行为的侵权责任。正如《法国民法典》的起草人泰伯尔在解释《民法典》第1382条和第1383条关于侵权的过失责任的规定所说:"这一条款广泛地包括了所有类型的损害,并要求对损害做出赔偿。赔偿的数额要与受损害的程度相一致。从杀人到轻微伤人,从烧毁大厦到拆毁价值甚微的板棚,对任何损害都适用同一标准。"⑪

正因为如此,《法国民法典》的侵权行为一般条款具有了极大的弹性和包容性,因而使其能够包容缔约过失行为,并且依据侵权行为一般条款的规定,确认其为侵权行为,承担侵权责任。

可见,法国法的侵权责任适用于契约关系之外的一切行为人之间,也适用于契约当事人之间非基于契约不履行而产生的损害;而契约责任仅仅存在于契约关系的当事人之间,而不适用于第三人基于契约的不履行而为契约当事人造成损害的情形。契约无效所产生的责任也属于侵权责任,正如法国最高法院所说的那样:"凡发生损害的事实系独立于契约关系之外,即为侵权责任。"⑫认定缔约过失行为为侵权行为,是法国法的必然选择。

4. 英美法

在英美法,不存在缔约过失行为的规定,但是其允诺禁反言原则与德国法的缔约

---

⑨ 参见〔德〕迪特尔·梅迪库斯:《德国债法总论》,杜景林等译,法律出版社2004年版,第97页。
⑩ 参见张民安:《现代法国侵权责任制度研究》,法律出版社2003年版,第23、24页。
⑪ 转引自王利明:《侵权行为法归责原则研究》,中国政法大学出版社2004年版,第20页。
⑫ 尹田:《法国现代合同法》,法律出版社1995年版,第292页。

过失行为制度扮演着相同的角色,是英美法系与大陆法系基于其本身不同的法律渊源、法律制度及法律传统,为保护信赖利益而创设的法律救济机制,两者担负的功能是一致的,只是在形成过程和表现上存在差异和区别。允诺禁反言原则是英美法系为克服严格遵守对价原则所导致的不公平现象,经由衡平法公平正义观念的引用而形成,用以弥补受诺人因信赖允诺人而造成的损失,强制允诺人履行其诺言以救济受诺人的损失。

英美法建立允诺禁反言原则的基础,在于罗马法的"不允许违背自己的行为行事"的规则。允诺禁反言原则是指,在适当的个案或者情况下,使赠与的允诺或无偿的允诺产生拘束力,而得加以强制执行的原则。其适用的范围是,受诺人因信赖允诺人的允诺而受有信赖利益损害。

允诺禁反言规则最早于1877年"休斯诉大都市铁路公司案"产生。案情是:一位房主通知土地承租人,请他在6个月内维修房屋,否则,房主就要收回他的承租权。在此期间,双方又协商将承租权售给房主,房主并承诺在这6个月里可以不维修房屋,因此,承租人在协商期间没有维修房屋。后来,协商没有成功,等到6个月期限届满时,房主直接请求收回承租人的承租权。在本案中,房主的协商行为已经使承租人相信,房主不会行使收回租约的权利,因此,在协商失败后,房主不能立即要求收回承租权,他必须从协商失败之日起,给承租人一段合理的期间,进行修复工作。法官认为,双方过去以自己的行为或者经自己同意,已经达成了一项以后会产生某种法律后果的明确合同,如果双方又开始了一次协商,而这次协商可以使一方确认,合同所规定的那些严格权利将不会强制履行,或者暂时不提出要求,或者已经作废,那么,今后就不允许有权强制履行那些权利的当事人再要求强制履行这些权利了,即使这样做对他是不公平的,也是如此——因为,就双方的协商来说,允许他强制履行严格的法定权利是不公平的。

美国《第一次合同法重述》第90条对允诺禁反言原则作出了诠释:"做出一项具有实质性、确定性特征允诺的允诺人,允诺人对因其允诺所引致的作为或不作为系可合理预见,且唯有履行其允诺始可避免不公平结果产生时,该允诺有拘束力。"经过广泛的实践,《第二次合同法重述》对此作了修正:"允诺人对其允诺所引致受诺人或第三人之作为或不作为系可合理预见,且唯有履行其诺言始可避免不公平结果产生时,该允诺有拘束力。其违反允诺之救济方式,以达到公平者为限。""慈善性捐款或婚姻上财产和解所为之允诺,纵无证据显示该允诺曾引致受诺人之作为或不作为,该允诺仍得加以强制履行或有其拘束力。"

应当看到的是,英美法的允诺禁反言原则与缔约过失行为具有同样的法律基础,都是以救济信赖利益损害为目的,都有导致契约法责任扩大化的结果。但是,二者具有不同之处:第一,在观察契约关系的角度上不同,允诺禁反言原则是对无对价支持的允诺予以救济而创设,其后虽然有所扩张,在一定程度上包含了缔约过失行为的内容,但其适用范围仍然不能包括大陆法系缔约过失行为的全部内容;第二,救济的对象有所不同,允诺禁反言原则直接针对的是当事人信赖感的损害,具有相当的主观性,而缔约过失行为是违反先契约义务,造成实质性的信赖利益的财产损害,并不对信赖感的损害进行救济;第三,救济方法不同,允诺禁反言原则主要赋予允诺以强制履行的效力,当然也包括赔偿,但缔约过失行为对于造成的损害只能进行财产的赔偿,并不赋予其强制履行的效力。

5. 我国台湾地区"民法"

我国台湾地区"民法"原来没有创设缔约过失行为规则。在学说上,学者主张采取德国的缔约过失行为规则,当事人于缔约磋商之际,因一方当事人的过失行为致相对人遭受损害时,由于侵权行为法规定不足保护当事人在缔约阶段的利益,从而实有必要创设缔约过失行为的一般原则。此项责任的成立,以依诚实信用原则所发生的信赖关系与先契约义务为基础,认为缔约上过失责任是建立在先契约义务的概念之上。盖契约关系是一种基于信赖而发生的法律上的特别结合,为使债权能够圆满实现或保护债权人其他权益,债务人除给付义务外,尚应负有履行其他行为之义务,其主要有协力义务、通知义务、照顾义务、保护义务及忠实义务等。诸此义务,系以诚信原则为基础,并非自始确定,而是随着债的关系的进展,依事态情况而发生。违反此项义务,就所生的损害应负赔偿责任并适用债务人违反给付义务的原则。"当事人为缔结契约而接触磋商之际,已由一般普通关系进入特殊联系关系,相互之间建立了一种特殊的信赖关系,虽非以给付义务为内容,但依诚实信用原则,仍产生上述协力、通知、保护、忠实等附随义务,论其性质及强度,超过一般侵权行为法上的注意义务,而与契约关系较为相近,适用契约法的原则,自较符合当事人的利益状态。"[13]

我国台湾地区在修订"民法典"债编时,正式确立了缔约过失行为原则,即第245之一条:"契约未成立时,当事人为准备或商议订立契约而有下列情形之一者,对于非因过失而信契约能成立致受损害之他方当事人,负赔偿责任:(一)就订约有重要关系之事项,对他方之询问,恶意隐匿或为不实之说明者;(二)知悉或持有他方之秘密,经他方明示应予保密,而因故意或重大过失泄漏之者;(三)其他显然违反诚实及信用方法者。前项损害赔偿请求权,因二年间不行使而消灭。"

三、我国缔约过失行为制度的确立及缔约过失行为的构成

(一)我国缔约过失行为制度的确立

1.《民法通则》第61条第1款规定

《民法通则》第61条第1款规定,被认为是我国关于缔约过失行为的最早规定。该条规定的内容是:"民事行为被确认为无效或者被撤销后,当事人因该行为取得的财产,应当返还给受损失的一方。有过错的一方应当赔偿对方因此所受的损失。双

---

[13] 王泽鉴:《王泽鉴法学全集》(第1卷),中国政法大学出版社2003年版,第118页。

方都有过错的,应当各自承担相应的损失。"

对于本条规定的内容究竟是什么,历来有不同的解释。例如,有的认为这一条文就是规定的缔约过失行为及其责任,有的认为该条文反映了缔约过失行为的本质内涵,有的认为并不是缔约过失行为的明确规定,而是对合同无效和被撤销后的损害赔偿责任的规定。

事实上,《民法通则》第61条规定并非专门规定缔约过失行为,而是对合同无效和被撤销而规定的法律责任,但其中包含了缔约过失行为的内容,尽管是不完善的缔约过失行为内容:

(1)该条规定的基本内容是合同无效和被撤销的责任。本条条文开宗明义,就规定了"民事行为被确认为无效或者被撤销后",这是本条规定的基本宗旨。尤其是规定当事人因该行为而取得的财产应当返还受损失的一方,更是合同无效责任的内容,而不是缔约过失行为的内容。

(2)该条内容中包含了缔约过失行为的内容。合同无效责任中的损害赔偿责任,其基本性质,是缔约过失行为,其基本规则也是缔约过失行为的规则。认定本条法律规定包含了缔约过失行为的内容,是通说,尽管有少数人否认,但并不能推翻通说。

(3)该条规定不是缔约过失行为的完整规定。从时间界限上说,本条限制的是合同无效或者被撤销后,因此,并没有包括最典型的缔约过失行为的情形,即合同未成立的缔约过失行为。事实上,典型的缔约过失行为应当发生在合同缔结阶段,即在先契约阶段发生,是缔约人在缔约之际发生的违反诚信原则并造成对方当事人信赖利益损害的行为,其典型表现,是缔约人一方误信合同已经成立而合同并未成立。当然,合同成立之后,被确认为无效或者被撤销,也发生损害赔偿责任,并且这种责任的基本性质也是缔约过失行为,但是,由于本条规定没有概括最为典型的发生在合同成立之前的缔约过失行为,因此,本条规定中尽管包含了缔约过失行为的内容,但是并不完整。

2.《合同法》第42条和第43条规定

在制定《合同法》时,专家一致意见要制定一条完整的缔约过失行为及其责任的条文,因此,《合同法》规定了第42条和第43条。

《合同法》第42条规定:"当事人在订立合同过程中有下列情形之一,给对方造成损失的,应当承担损害赔偿责任:(一)假借订立合同,恶意进行磋商;(二)故意隐瞒与订立合同有关的重要事实或者提供虚假情况;(三)有其他违背诚实信用原则的行为。"第43条规定:"当事人在订立合同过程中知悉的商业秘密,无论合同是否成立,不得泄露或者不正当地使用。泄露或者不正当地使用该商业秘密给对方造成损失的,应当承担损害赔偿责任。"

《合同法》的这些规定,确立了我国完整的缔约过失行为及其责任制度。一方面,这一制度借鉴了德国法确立的缔约过失行为及其责任的制度和法理;另一方面,又借鉴了《国际商事合同通则》的有关规定,既有传统的立法和法理基础,又有国际商事交往的规则借鉴,是一个较为成功的立法例。

(二)缔约过失行为的构成

构成缔约过失行为,须具备以下 5 个要件:

1. 须一方当事人违反先契约义务

按照诚信原则,缔约当事人在缔约过程中应负必要的注意义务,这就是先契约义务。耶林认为,从事契约缔结的人,是从契约交易外的消极义务范畴,进入到契约上的积极义务范畴,其因此而承担的首要义务,系于缔约时善尽必要的注意。[14]这种先契约阶段缔约人根据诚信原则产生的必要注意义务,是法定义务,是对对方当事人的相互协力、相互通知和相互保护的义务。这种义务是缔约人的义务,缔约人必须履行,以使"法律所保护的,并非仅是一个业已存在的契约关系,正在发生的契约关系亦应包括在内,否则,契约交易将暴露于外,不受保护,缔约一方当事人不免成为他方疏忽或不注意的牺牲品"。[15]

构成缔约过失行为的首要条件,就是缔约当事人违反这一先契约义务,没有履行这种缔约之际的注意义务。凡是违反无正当理由不得撤销要约的义务;违反使用方法的告知义务;违反合同订立前重要事项的告知义务;违反协作和照顾义务;违反忠实义务;违反保密义务;违反不得滥用谈判自由的义务的行为,都构成这一要件。

2. 一方或双方当事人意思表示瑕疵

在缔约过失行为认定中,须存在一方当事人或者双方当事人的意思表示瑕疵。如果当事人不存在意思表示瑕疵,则不存在缔约过失行为的可能,不构成缔约过失行为。界定这种意思表示瑕疵,应当把握以下几点:

(1)缔约过失行为中的意思表示瑕疵,不应作狭义的理解,而应作广义上的理解,即意思表示不真实。在缔约过程中,只要当事人一方或者双方的意思表示与客观实际的作为有差距,使意思表示不能成为实际的履行,即为意思表示瑕疵。

(2)这种意思表示瑕疵发生的时间有严格的限制,即应当是在要约或承诺中出现的意思表示瑕疵,而不是其他的意思表示瑕疵。在要约和承诺中出现意思表示瑕疵,使意思表示不能成为实际的履行,即为此种瑕疵。

(3)出现这种意思表示瑕疵的主体,应当是缔约主体,但并不限于一方的缔约当事人,可能是缔约一方当事人的意思表示瑕疵,也可能是双方缔约当事人的意思表示瑕疵。

3. 缔约的相对人误信合同已经成立但合同并未成立

(1)缔约相对人误信合同已经成立。构成缔约过失行为,须缔约相对人误信合同已经成立。依据契约自由原则,当事人相互间商议契约内容时,应无必成立合同的期待,即使合同未成立,原无可谴责之理。当事人在订立合同时,可以谋求有利于自己

---

[14] 参见王泽鉴:《王泽鉴法学全集》(第 1 卷),中国政法大学出版社 2003 年版,第 109 页。
[15] 王泽鉴:《王泽鉴法学全集》(第 1 卷),中国政法大学出版社 2003 年版,第 109 页。

的方法为之,在订约前准备、商议期间,得斟酌利害得失,自由抉择是否成立契约。[16]缔约当事人作出不使合同成立的决定,并不违反法律,也无须承担责任。只有在当事人一方误信合同已经成立时,才有可能构成缔约过失行为。

如果当缔约的一方当事人或双方当事人存在意思表示瑕疵,而相对人以这种有瑕疵的意思表示作为真实的意思表示而与之缔结合同时,在相对人一方则相信该合同已经成立。如果缔约相对人根本就不相信该合同已经成立,他就不会从事履行合同或履行合同的准备行为,因而也就不可能造成损失。只有误信合同已经成立,他才会去履行合同或者做履行合同的准备,也才有可能造成财产上的损失。

(2)合同尚未成立。合同尚未成立,是指缔约双方对契约内容进行了磋商,但合同并没有成立。这一要件应适用客观标准,而非主观标准,即无论当事人是否相信合同已经成立,判断合同成立只能依法审查,只有在客观上成立的合同,才能认定其成立。在客观上没有成立的合同,才能构成缔约过失行为。

4. 缔约当事人须受有信赖利益的损害

信赖利益,就是缔结合同当事人因信赖对方当事人的允诺而产生的利益;而信赖利益的损失,则是指另一方缔约人违反先契约义务而使合同不能成立,导致信赖人所支付的代价和各种费用不能得到弥补的财产损失。

信赖利益损失的范围,应当局限在可以客观预见的范围内,同时也必须是基于合理信赖而产生的利益。如果在客观事实上不能对合同的成立产生信赖,即使是已经支付了大量的费用,也不能认定为信赖利益的损失。

这种损害,可以是缔约一方当事人的损害,也可以是双方当事人损害。损害应当是财产利益的损害,而不是非财产利益的损害。这种财产利益的损害是由于缔约人未尽先契约义务致使合同未能成立而引起的,二者之间应有因果关系。不是由于合同未能成立而引起的损害,不构成缔约过失行为。

5. 缔约当事人一方或双方须有过错

缔约当事人对于自己的违反先契约义务的行为以及自己的意思表示瑕疵,必须具有过错,才能构成缔约过失行为。

故意和过失,都是构成缔约过失行为的主观要件。故意是构成缔约过失行为的要件,如利用缔约而进行诈欺,构成先契约责任。过失是缔约过失行为主观构成要件的主要表现形式,表现为对注意义务的违反。因此,缔约过失的过错按照《合同法》的表述,就是恶意磋商、故意隐瞒、提供虚假情况,以及违背诚实信用原则。在契约缔结阶段,从事契约缔结的人是从契约交易外的消极义务范畴进入契约上的积极义务范畴,其因此而承担的首要义务,系于缔约时须尽必要的注意。缔约之际的当事人之间,互以利益信赖关系为基础,互相负以必要注意义务的内容,就是保护对方利益的安全。对相对方当事人利益保护注意义务的违反,就构成缔约过失行为构成中的过

---

[16] 参见孙森焱:《民法债编总论》(下册),台北三民书局2004年版,第694页。

失要件。恶意磋商和故意隐瞒,同样构成这一要件。

具备以上5项要件,即构成缔约过失行为,在当事人之间发生缔约过失的损害赔偿之债。

四、缔约过失行为的类型及其法律后果

(一)我国缔约过失行为的类型

缔约过失行为的主要类型有以下几种:

1. 恶意磋商

《合同法》第42条根据缔约过失行为原理并借鉴《国际商事合同通则》的经验,规定假借订立合同恶意进行磋商的行为,是缔约过失行为的一个类型。

《国际商事合同通则》第2·15条规定:"(一)当事人可自由进行谈判,并对未达成协议不承担责任;(二)但是,如果一方当事人以恶意进行谈判,或恶意中止谈判,则该方当事人应对因此给另一方当事人所造成的损失承担责任;(三)恶意,特别是指一方当事人在无意与对方达成协议的情况下,开始或继续进行谈判。"

《国际商事合同通则》的这一规定,首先承认当事人拥有谈判合同的自由权利,但是,必须按照诚实信用原则进行善意的谈判,不得违反诚信原则进行恶意的谈判行为,造成对方损害。《合同法》确认这种行为为缔约过失行为,就是在确立交易行为的规则方面,采用同样的规则,以此与国际接轨的一种做法。

假借,就是根本没有与对方订立合同的意图,与对方进行谈判仅是一个借口,目的就在于损害对方或者他人的利益。恶意,就是假借磋商、谈判,而故意给对方造成损害的主观心理状态。其中假借是手段,是表现形式,而恶意是其内心的真实意思。因此,恶意是这种缔约过失行为的核心,这种缔约过失行为是故意的违法行为,应以故意为其主观要件。

应当注意的是,确定恶意磋商的缔约过失行为,应当与缔约自由区别开来。其判断的标准,应当是在谈判过程中,一方向另一方作出允诺,而另一方已经对此产生了信赖,在此时,如果提出允诺的一方突然中断谈判,即可认定为恶意终止谈判,构成缔约过失行为。因为这不是行使契约自由原则,而是恶意磋商。

2. 缔约欺诈

《合同法》第42条规定,故意隐瞒与订立合同有关的重要事实或者提供虚假情况,属于缔约过失行为。这就是缔约欺诈行为。

对此,我国台湾地区"民法"也作此规定,认定为缔约欺诈行为为缔约过失行为。"民法"第245之一规定:"契约未成立时,当事人为准备或商议订立契约而有下列情形之一者,对于非因过失而信契约能成立致受损害之他方当事人,负赔偿责任:(一)就订约有重要关系之事项,对他方之询问,恶意隐匿或为不实之说明者……"对此,两岸的民法都采取了同样的态度。

缔约欺诈,是指在缔约过程中,一方故意实施某种欺骗对方当事人的行为,并使其陷入错误而与该方协商订立合同的行为。故意隐瞒和提供虚假情况,都是欺诈。最高人民法院《关于贯彻执行〈民法通则〉若干问题的意见(试行)》第 68 条规定:"一方当事人故意告知对方虚假情况,或者故意隐瞒事实情况,诱使对方当事人作出错误意思表示的,可以认定为欺诈行为。"缔约欺诈,就是一种发生在缔约之际的欺诈行为。

判断缔约欺诈的标准是:在缔约过程中,①欺诈是故意所为,故意的表现是,欺诈的一方明知自己告知对方的情况是虚假的,且会使被欺诈人陷入错误认识,而希望或者放任这种结果的发生;②如果欺诈人将这种内心的欺诈故意表现于外部,变为具体的行为;③并且受欺诈人因此而陷入错误认识,就构成了缔约欺诈。

3. 泄密或者不正当使用商业秘密

这种缔约过失行为类型也是借鉴《国际商事合同通则》确定的。传统的合同法理论认为,缔约各方没有特别的义务为对方当事人在订约过程中与交易有关的问题进行保密。但是,现代合同法认为,谈判过程中,一方对另一方在谈判中披露的具有商业秘密性质的信息,都应当予以保密,不得予以泄露。

《国际商事合同通则》第 2·16 条规定:"在谈判过程中,一方当事人以保密性质提供的信息,无论此后是否达成合同,另一方当事人有义务不予泄露,也不得为自己的目的不适当地使用这些信息。在适当的情况下,违反该义务的救济可以包括根据另一方当事人泄露该信息所获得之利益予以赔偿。"

《欧共体合同法原则》第 2:302 条规定:"如果在磋商过程中一方当事人披露了秘密信息,无论事后是否达成了协议,另一方当事人均有义务不透露该信息或为自身目的使用该信息。为违反这些义务的救济,可包括赔偿所受损失以及返还另一方当事人取得的收益。"

在实践中,判断泄密或者不正当使用商业秘密行为,应当掌握的标准是:在缔约过程中,①一方当事人已经知道自己掌握的或者对方提供的信息为商业秘密,对对方的经营具有重要意义;②却将该商业秘密向他人予以泄露,或者自己在经营活动中进行不正当使用;③因此对对方当事人造成了信赖利益的损失。符合这些条件的,构成泄密或不正当使用商业秘密的缔约过失行为。

4. 其他违背诚信原则的行为

下列行为属于其他违背诚信原则的缔约过失行为:

(1)违反初步的协议或者允诺。缔约双方在协商过程中已就合同的主要条款达成初步的意向,但双方没有正式签订合同,合同虽未成立,但已建立信赖关系。如果一方违反对另一方的允诺,破坏了信赖关系,构成缔约过失行为。

(2)违反有效的要约邀请。要约邀请的发出,是订立合同的预备行为,当事人并未受到约束。但是,在特殊情况下,要约邀请的内容足以使相对人产生一定的信赖,相对人并对此发出要约,并支付了一定的费用,如果邀请人因过失或者故意行为致使相对人信赖利益的损失,邀请人应当承担缔约过失行为,赔偿信赖利益的损失。

(3)要约人违反有效要约。我国合同法准许在一定情况下撤销要约,但是,在①要约人确定了承诺期限或者以其他形式明示要约是不可撤销的,或者②受要约人有理由认为要约是不可撤销的,使对方建立信赖,并为订立合同进行准备,如果要约人违反要约,造成了信赖人的信赖利益损失,构成缔约过失行为。

(4)违反强制缔约义务。负有强制缔约义务的一方当事人,如果违反强制缔约义务,不构成违约责任,因为这时合同还没有成立,不能认定为违约责任。但是,违反强制缔约义务的行为发生在缔约的阶段之中,对方当事人完全可以基于强制缔约义务的法律规定而建立信赖,而违反强制缔约义务也会造成信赖利益的损害。因此,违反强制缔约义务的行为也构成缔约过失行为。

(5)无权代理未经被代理人追认。没有代理权、超越代理权或者代理权已经终止后以被代理人的名义订立合同的,都是无权代理。无权代理经过被代理人追认,合同成立,被代理人成为合同当事人。如果未经被代理人追认,则由无权代理人向第三人承担责任。这种责任的性质,有的认为是侵权责任,有的认为是狭义的合同责任。笔者认为应当是缔约过失行为,理由是,侵权责任救济这种第三人的权利损害不够全面,且要求很严,不利于权利的保护;如果认为是狭义的合同责任,则这时合同尚未成立,或者是已经成立但没有生效,因此不能认定为违约责任。而这种行为符合缔约过失行为的构成要件,认定为缔约过失行为,既能保护第三人的合法权益,又能够对无权代理人的无权代理行为予以制裁。

(二)缔约过失行为的损害赔偿

1. 赔偿法律关系

缔约过失行为的法律后果是产生损害赔偿之债。这种债的形式不像违约责任那样由几种责任方式组成,而是只有一种方式即损害赔偿的方式。当构成缔约过失行为之后,就在双方当事人之间形成了损害赔偿的权利义务关系。在先契约阶段中因相信合同已经成立并且因此而遭受损失的一方当事人,是损害赔偿的权利人,享有损害赔偿的权利。因过失使受损害的当事人相信合同成立的另一方当事人,是损害赔偿的义务主体,负有损害赔偿的义务。

在先契约阶段,因双方过失造成一方损害的,也构成缔约过失的损害赔偿关系,受损害的一方享有损害赔偿的权利,相对的一方当事人负有损害赔偿的义务。受损害一方不能请求相对一方当事人赔偿其全部损失,按照过失相抵原则,只能就由于对方过失所造成的那一部分损失请求损害赔偿,由自己的过失造成的损害应由自己承担。

2. 赔偿的形式

在具体的赔偿法律关系上,有三种形式:

(1)一方有过错造成对方信赖利益损失的赔偿。典型的缔约过失行为发生的损害赔偿之债,是缔约的一方当事人有过错,造成对方缔约人的信赖利益损失的损害赔偿之债。这种损害赔偿之债的当事人,受损害的一方当事人为债权人,有过错的一方当事人为债务人,双方之间发生债权债务关系。

(2)双方有过错造成一方信赖利益损失的赔偿。缔约当事人双方均有过错,造成一方当事人的信赖利益损失,构成缔约过失行为的损害赔偿之债,债权人是信赖利益受到损害的缔约人,债务人是对方缔约人,但是,由于双方对信赖利益的损害都有过错,因此构成与有过失,实行过失相抵,减轻加害人一方的损害赔偿债务。

(3)双方都有过错造成双方损失的赔偿。在先契约阶段,双方均有过失,又均造成对方损害,实际上在双方缔约人之间构成两个损害赔偿之债,互为缔约过失的损害赔偿权利人和义务人,应相互承担损害赔偿责任。在具体处理中,可以就债务相同的部分抵消,就剩余部分进行赔偿。

3. 范围和方法

缔约过失的救济办法,是赔偿损失。这种损失赔偿,应当以信赖利益的损失为赔偿的基本范围。信赖利益的损失主要是直接损失,有时候也包括间接损失,是指基于信赖合同成立所支出的各种费用,包括:①因信赖对方要约邀请和有效要约而与对方联系、赴实地考察以及检查标的物所支出的各种合理费用;②因信赖对方将要缔结合同,为缔约做各种准备工作所支出的各种费用;③为谈判支出的劳务;④为支出上述各种费用所失去的利息。

这种赔偿损失,应当适用全部赔偿原则,缔约过失的损害赔偿义务人对于赔偿权利人的全部损失予以全部赔偿。计算时,应当包括财产的直接损失和间接损失,实事求是地加以计算。

适用过失相抵原则时,应当在全部损失的数额中,扣除赔偿权利人因自己的过失造成的损害部分。双方互有损害时,应当各自赔偿对方的损失。计算时,也应确定双方的过失大小,正确认定双方的赔偿责任。在责任确定之后,可以对双方的赔偿责任重合部分予以抵消,就剩余部分,由一方向另一方赔偿。

(三)缔约过失责任与合同无效责任、实际违约责任的界限

1. 缔约过失责任与合同无效责任

在法律适用中,应当特别注意缔约过失责任与合同无效责任的区别。两种合同责任在时间顺序上是前后相序,相互衔接的。其最基本的界限,就是合同是否成立。

在以前的理论研究中,由于《民法通则》在第61条将缔约过失责任和合同无效责任规定在一起,在理论上出现了将这两种合同责任混淆在一起的现象。因此,有的学者在表述缔约过失责任时,往往将缔约过失责任与合同无效责任之间的界限称之为合同的有效成立。这种表述是不正确的。合同成立和合同有效不是一个概念。对此,《合同法》已经作出了明确的规定。[17]在合同成立之前发生的合同责任只能是缔约过失责任,在合同成立之后不应当再有缔约过失责任的存在。按照这样的理解,缔约过失责任与合同无效责任之间的界限就是十分清楚的。对此,《合同法》将缔约过失行为规定在第二章"合同的订立"之中,将合同的无效责任规定在第三章"合同的效力"之中,其立法含义非常明确。这就是两种合同责任的基本界限。

但是,对于缔约过失责任与合同无效责任中的损害赔偿责任的关系,存在两种不同的观点。一种观点认为,这是两种不同的损害赔偿责任,一个发生在合同订立阶段,一个发生在合同生效阶段。另一种观点认为,这两种损害赔偿责任就是一个责任,就是缔约过失责任。因此,合同无效的损害赔偿就是缔约过失责任发生的损害赔偿之债。

笔者认为,缔约过失责任的损害赔偿与合同无效的损害赔偿,确实是两种不同的损害赔偿责任,一个是缔约之际发生的损害赔偿,一个是合同生效之际发生的损害赔偿。但是,这两个损害赔偿责任适用的规则是一样的,都是缔约过失损害赔偿规则,而不是两个截然不同的损害赔偿。不仅如此,就是在合同成立并生效后,由于存在法定原因,经过当事人的请求而被撤销的合同的损害赔偿责任,其性质也是缔约过失的损害赔偿责任,同样适用缔约过失责任的规则。

2.缔约过失责任与实际违约责任

缔约过失责任与实际违约责任的区别,主要表现在以下 4 点:

(1)产生责任的法律事实不同。违约责任产生于合同有效成立之后的一方或双方当事人违反合同的约定;而缔约过失责任则产生于合同成立之前的缔约之际,也就是先契约阶段,责任的发生是一方当事人或双方当事人的故意或者过失行为。

(2)责任的构成要件不同。违约责任须有违反约定义务的行为;而缔约过失责任则须有意思表示瑕疵的行为,这种行为可能并不违法,同时也不是违约行为。违约责任的行为所违反的是约定的义务,缔约过失责任所违反的义务则是法定的先契约义务。

(3)责任方式不同。缔约过失责任方式仅有赔偿损失一种方式,没有其他责任方式。而违约责任的责任方式呈现多样化形态,存在多种形式的合同责任方式。

(4)适用的法律不同。缔约过失责任规定在《合同法》第二章第 42 条和第 43 条,应当适用这些法律规定确定缔约过失责任。而实际违约责任则规定在该法的第七章第 107 条至第 122 条,规则复杂,不像缔约过失责任的规则那样简单。

---

[17] 对于这个问题应加以说明。《合同法》将合同成立和合同有效分别规定在第 25 条和第 44 条,在立法逻辑上是清楚的,就是要区分合同的成立和生效的不同法律后果。但是《合同法》在规定这个问题的时候,忽略了合同生效的要件,将合同法草案中关于合同生效条件的条文删除,这是一个不应有的失误。在理论研究上,对此不应发生错误。

饭店旅店车辆管护义务及其损害赔偿[*]

一、本文讨论的典型案例

简要案情：2001年4月9日晚，丁某与朋友一起到宋某开办的饭馆"炖鸡快餐店"就餐，丁某将自己的"五羊"牌125型摩托车停放在饭店大门西侧。在就餐中，这辆摩托车被盗。丁某吃完饭后，发现摩托车丢失，随即拨打"110"报警。4月10日，丁某找到宋某协商，宋某在协商中给原告写了一张丢车时间、地点和双方都有责任的字据。后来，当丁某就赔偿问题向饭店老板宋某提出赔偿时，双方发生分歧，在索赔不成的情况下，原告丁某向法院起诉，请求被告宋某承担赔偿责任。

原告诉称：2001年4月9日晚，在被告饭店就餐时，已经与被告宋某打过招呼，让其看管摩托车，被告也已答应看管。吃饭中间摩托车被盗。经报警处理未果，与被告协商处理办法，被告写字据承认双方都有责任，此次要求被告赔偿6 000元人民币。

被告辩称：原告等人在2001年4月9日确实在本店就餐，丢车后也向"110"报了警，但是被告没有看管车的义务，小餐馆未设车辆看管场地，也未约定丢车责任在被告。该车所有权未过户，原告不具备主体资格，字据系在胁迫情况下所写，不是被告真实意思表示，应认定无效。

裁判理由：原告到被告所开办的个体餐馆就餐，将所骑摩托车停放在该餐馆门前，就餐过程中原告的摩托车丢失。原告与被告之间所产生的纠纷，其实质是在双方履行餐饮消费服务合同过程中所引起的赔偿问题。原告在就餐前将摩托车停放在饭店门前，被告即负有看管责任，摩托车丢失被告理应赔偿。被告虽坚决否认原告就餐前将车交代给自己看管，但在该摩托车丢失后的双方协商中，被告向原告亲笔书写了丁某在其饭店吃饭，不慎在饭店门口丢失摩托车，双方都有责任的字据，认定原告在就餐时将摩托车放在被告餐馆门前是交代给被告看管的事实。依照合同应当全面履行的法律规定，结合原、被告双方所发生合同性质的特点和交易习惯，原告在就餐时，将车交给被告看管，也是履行消费服务合同的具体内容，被告负有对该车看管的附属义务，这种义务就是保证消费者的财产安全，原告的主张符合法律规定。原告作为车主也有注意责任，但对就餐中摩托车丢失双方应承担多少损失约定不明，可按2∶8的比例由原告负次要责任，被告负主要赔偿责任。原告所骑摩托车是从他人手中购买，

---

[*] 本文发表在《法学家》2002年第5期，合作者为黄琳、陈怡和袁雪石博士。

且有证言为据,原告对该摩托车依法享有所有权,被告辩称原告对该车不享有所有权的理由不能成立。该车经司法鉴定,丢失时的实际价值应为人民币 7 975 元,鉴于原告起诉时考虑到自己有一定的责任,只请求让被告赔偿人民币 6 000 元,未超过被告应负担的数额,予以支持。依照《合同法》第 60 条和《消费者权益保护法》第 7 条的规定,依法判令宋某向原告丁某支付人民币 6 000 元。①

这起案件,是到饭店就餐存放的车辆丢失索赔的问题。这种情况目前在现实中经常发生,在旅店住宿也有同样的情况。这些案件,情况各不相同,理论上的认识和实践中的处理分歧也很大,值得在理论上进行细致分析,提出具体的意见,以指导审判实践。

二、对在饭店、旅店存放车辆丢失损害赔偿的不同看法

在理论上和实践中,对在饭店、旅店存放车辆丢失的损害赔偿责任,有不同的看法,分歧的焦点,集中在饭店、旅店在就餐、住宿中对存放的车辆是否有管护义务,以及这种管护义务的性质上面。主要的意见有以下 5 种:

第一种意见认为,就餐、住店消费者将车辆存放在饭店、旅店,就与饭店和旅店成立了保管合同关系,双方为合同的当事人。其中交付费用的就是有偿的保管合同,没有交付费用的就是无偿的保管合同。对于发生的争议,应当按照合同的约定处理;没有明确约定的,则应当按照《合同法》关于保管合同的规定处理。这种意见的主旨,就是认为存放车辆成立单独的合同,双方的争议应当按照保管合同的约定或者约定处理。

第二种意见认为,消费者在饭店就餐、在旅店住宿,将自己的车辆存放在饭店或者旅店,不构成独立的保管合同,本身就是就餐、住店的消费服务合同的具体内容,对车辆的管护责任,是合同的内容之一,为主合同条款的重要组成部分。存放的车辆丢失,属于饭店、旅店一方未尽适当注意,违反合同约定的主义务,构成违约,应当承担违约责任。因此,这种损害赔偿责任是违反合同的损害赔偿责任,饭店、旅店应当予以赔偿。这种意见的主旨,认为车辆管护义务是主合同的条款。

第三种意见认为,这种损害赔偿不是违反主合同的义务,而是违反合同的附随义务。在饭店就餐、在旅店住宿,车辆管护不是合同的主义务,而是附随义务,是饭店、旅店接受客人的要约,双方产生服务合同的同时,基于主合同而产生的附随义务。就餐、住店,客人带有车辆,按照附随义务,饭店、旅店基于主合同而产生对车辆的管护义务。违反这一附随义务,造成车辆丢失,饭店、旅店应当依据合同附随义务,承担违约责任。这种意见的主旨,认为车辆管护义务是服务合同的附随义务。

---

① 以上案情及裁判理由见《汽车商报》2001 年 10 月 23 日第 6 版《饭店就餐车失盗,老板被判赔偿》一文。

第四种意见认为,客人在饭店就餐、在旅店住店,将车辆放在饭店或者旅店,饭店和旅店产生法定的管护义务。依照这种法定义务,饭店、旅店有责任为客人管护车辆,发生丢失,即为违反法定义务,构成侵权责任,应当按照侵权责任予以损害赔偿。这种意见的主旨,认为车辆管护义务为法定义务。

第五种意见认为,对于这种情况不能按照一种模式处理,而应当分析具体情况,根据具体情况决定是什么样的义务或者责任,应当怎样赔偿或者不赔偿。例如,如果是饭店、旅店自己的停车场,客人的车辆停在这种内部停车场,客人交纳了一定的费用的,就是成立了单独的保管合同,应当按照保管合同处理。没有自己的停车场、没有交纳费用的,不产生保管责任,不应当予以赔偿。

应当明确的是,第一,本文只讨论消费者在住店、用餐时存放车辆被第三人偷盗、毁损时,营业主有无赔偿责任以及赔偿责任大小的问题。由于车辆被盗、毁损所引起的消费者与保险公司、盗车人之间的民事、刑事责任问题,不在讨论范围之列。第二,营业主因过错损害了消费者存放的车辆,自应负侵权责任,亦无须多论,也不在本文讨论范围。第三,在旅店、饭店的车辆看管中存在一种情形,即营业主将停车场交予其他的主体经营和管理,这时关于车辆的管护关系只与特定的管护主体发生,不存在营业主的看管责任问题,亦不属于本文的讨论范围。

三、决定饭店、旅店对消费者车辆管护义务产生的因素

在上述各种不同的意见中,分歧的焦点集中在饭店、旅店对消费者车辆管护义务怎样产生,以及所产生的义务的性质问题。

义务的产生应当基于一定的事实或者行为。没有一定的事实或者行为,无法产生具有法律意义的义务。饭店、旅店为消费者存放车辆产生的对车辆的管护义务,也应当基于具体的事实,没有具体的事实,饭店和旅店也无法产生对所存放车辆的管护义务。

从实际情况看,决定饭店、旅店的消费者停放的车辆管护义务的产生,有以下 4 种因素:

(一)是否将车辆交付饭店、旅店实际控制

在实践中,旅店和饭店为消费者存放车辆的形式是多种多样的。比如代客存放车辆,交付行车的证明,营业主出具各种形式的凭证,消费者凭该有效凭证来取车,以及消费者自行停放和提取车辆。以车辆是否置于营业主的实际控制之下为标准,可以将为消费者存放车辆的情况分为两类:

1. 将车辆实际交付给旅店和饭店的控制之下,车辆的存取必须通过旅店、饭店的工作人员才能够实现

主要形式是:

(1)代客泊车。消费者住店或者就餐之前,旅店或者饭店的工作人员主动代替消

费者存放车辆,而消费者的车钥匙则直接由保管人员控制。当消费者需要提取车辆时,旅店或者饭店的工作人员主动将车辆提取出来。该类车辆存放的习惯做法,实际上是通过场所工作人员的行为完成了车辆保管的交付要件。

(2)交付行车证明。当消费者存放车辆时,要将行车证明交付给旅店、饭店的工作人员,提取车辆时再从工作人员那里取回该行车证明,工作人员检验完毕之后放行。

(3)交付保管凭证。当消费者在旅店、饭店存车时,旅店或饭店的工作人员向消费者签发单证,消费者交付车辆领取单证。而当消费者提取车辆时,旅店、饭店的工作人员则从消费者那里收回单证,消费者凭借单证提取车辆。最典型的,就是存放车辆的时候,饭店、旅店交付的保管凭证同时是计时收费的凭证,存放结束时,依据该凭证证明存放的时间,按照时间收取费用。这里的凭证,既是保管合同的债权文书,又是收取费用的计时凭证。

2. 车辆存取由车主自主进行,不需要经过旅店、饭店工作人员的管理行为

这种情况在饭店就餐停车时比较多见,主要表现在,就餐期间将车停放于饭店提供的停车场,不必交付钥匙或行车证明,饭店也不出具有关单证。在就餐结束以后,车主可以自行将车辆开走。就停车场而言,有的有管理人员指挥停车、取车,有的没有管理人员管理,消费者自由停车、取车。

这两种方式,对于确定旅店、饭店是否产生车辆管护责任,具有重要意义。消费者将车辆交付给饭店、旅店的,无论是代客泊车、交付行车证明,还是交付保管凭证,都是将车辆交付饭店、旅店保管,应当是消费者与饭店、旅店成立了保管合同,应当按照保管合同的要求,确认当事人的权利义务。车辆虽然存放在饭店、旅店,但是自主停放、提取的,无法根据这种情况确定饭店、旅店是否产生车辆管护义务,还要根据其他情况进一步研究。

(二)存放车辆饭店、旅店是否收取费用

在饭店、旅店为消费者存放车辆中,是否收取费用,是确定饭店、旅店是否产生存放车辆管护义务的一个重要的因素。有的饭店、旅店收取停车费用,出具收费的票据;有的则不收取费用,免费停车,甚至将免费泊车作为招徕客人的方法之一。例如,在饭店就停车征收一定的场地使用费用,出具停车收费的发票。这种发票区别于车辆保管凭证,声称就是停车收费凭证,也不是提取车辆的一种有效凭证。但是,既然对停车收取费用,就应当对车辆负有管护义务,似乎无法作出相反的解释。不收费的,是否产生车辆管护义务,例如本文所研究的典型案例,则应当依据其他条件进一步研究。

(三)是否提供车辆存放场地

饭店、旅店为消费者存放车辆,还存在一个提供场地问题。有的饭店、旅店为消费者存放车辆,提供自己的内部停车场,停车场由饭店、旅店自己经营管理,其他的车

辆不得在此停放。有的饭店、旅店使用的是有关部门提供的、供自己单独使用的公共停车场,在使用上具有一定的专门性,即虽然是公共停车场,但是在使用上归该饭店、旅店专用。第三种是公共停车场,没有专用性,谁都可以停,但是主要是饭店、旅店自己使用。第四种是没有停车场,就是在饭店、旅店门前空地停车。

存放车辆,其场地对于是否产生管护义务也有重要的意义。如果不是在饭店、旅店专用的停车场存放车辆,又没有其他证据证明其负有对车辆的管护义务,就不能确认饭店、旅店对存放的车辆负有管护义务。在专用的停车场停放的车辆,是否产生车辆管护义务,则要根据其他条件进一步研究。

(四)主体是否有为消费者管护车辆的意思表示

在存放车辆的过程中,饭店、旅店对消费者存放车辆是否作出为消费者管护车辆的承诺,也是一个重要的因素。在饭店、旅店招徕客人的时候,在消费者明确提出这个问题的时候,一般都会承诺对消费者的车辆提供照管义务。消费者没有提出存放车辆的管护义务的,有的承诺保管,有的不承诺保管。承诺的内容,也区分同意存放、承担保管责任、丢失予以赔偿的不同。在一般情况下,凡是承诺为消费者存放车辆的,应当推定其负有对车辆的管护义务;至于承诺负有保管责任或者承担丢失的赔偿责任的,则更没有问题。如果没有作出承诺的,则要根据其他的因素,确定饭店、旅店是否具有这种义务。

四、饭店、旅店对车辆管护责任的性质分析

(一)不同因素产生不同性质的管护义务

根据对决定饭店、旅店对消费者停放车辆的管护义务的产生因素的分析,可以发现,根据不同的车辆管护义务产生的因素,管护义务的性质也有所不同。首先,在产生保管合同关系的因素出现,具备发生保管合同关系条件的,饭店、旅店负有的车辆管护义务是保管合同义务。其次,在产生服务合同的附随义务的因素出现,具备产生服务合同附随义务的条件的,饭店、旅店负有的车辆管护义务是服务合同的附随义务;这种义务,按照《消费者权益保护法》的规定,也可以认定为法定义务。不具备产生车辆管护义务的因素的,则饭店、旅店不发生对消费者车辆的管护义务。

按照上述关于发生车辆管护义务的因素以及产生管护义务的性质,可以列出以下发生车辆管护义务的具体公式:

第一类:产生保管合同的管护义务

交付车辆的 + 提供场地的 = 产生保管合同的管护义务

收取费用的 + 提供场地的 = 产生保管合同的管护义务

承诺保管的 + 提供场地的 = 产生保管合同的管护义务

承诺照看的 + 提供专用场地的 = 产生保管合同的管护义务

不收费用的 + 提供专用场地的 = 产生无偿保管合同的管护义务

第二类：产生管护附随义务

提供场地的＋未承诺、不交付、不收费的＝产生管护附随义务

承诺照看的＋不提供场地的＝产生管护附随义务

第三类：不产生管护义务

不提供场地的＋不收费的＝不产生管护义务

不提供场地的＋不交付车辆的＝不产生管护义务

不提供场地的＋不承诺保管、照看的＝不产生管护义务

（二）构成保管关系产生的管护义务

产生保管合同关系的情况有：

1. 交付车辆的＋提供场地的＝产生保管合同的管护义务

保管物的交付这一概念在饭店和旅店停车法律关系中存在一定的特殊性。交付行为的最根本的意义就是将保管物处于保管人的实际控制之下，从而将保管物毁损、灭失的风险归属于保管人。在旅店、饭店的车辆保管关系中，对于控制的理解实际上存在着双重的标准：其一，只要车辆置于饭店和旅店的停车场这一特定的场所就视为交付达成。其二，当车辆的存取只有通过保管人才能够实现方能视为交付。

消费者将车辆交付饭店、旅店实际控制，放在饭店、旅店提供的停车场停放的，无论双方是否有书面的协议和口头协议，都认为其产生了车辆保管合同。因为保管合同的最主要特点，就是保管人实际控制了保管物，取得保管物的占有权。至于是不是收费，则不论。收费则为有偿保管合同，不收费则为无偿保管合同。提供的场地是专用场地还是公用场地，也不论。总之，车辆是在饭店、旅店占有下，应当按照保管合同认定双方的权利义务。

前文中提到的交付车钥匙、交付保管凭证以及交付行车证明都是交付的典型表现形式。旅店和饭店通过控制旅客的车钥匙、行车证明或者是通过保管凭证就使得消费者领取车辆的行为无法自主实现，而必须通过旅店和饭店的工作人员的配合才能实现。这些都是产生保管合同的权利义务关系的基本事实。

2. 收取费用的＋提供场地的＝产生保管合同的管护义务

饭店、旅店提供停车场地，并且收取费用的，应当成立车辆保管合同。保管合同成立的基本标志，除了交付寄托物之外，就是保管的合意。收取了费用，等于确立了这种保管的合意。因此，收取了停车费，意味着饭店、旅店对消费者的车辆发生了保管的义务。饭店、旅店是否出具单据或者文书，则不论。出具的文书，是保管合同的债权文书；不出具文书单据的，为口头合同。提供的场地，一般为专用场地，即使是提供的公用场地，如果收费，也应当构成保管合同。

3. 承诺保管的＋提供场地的＝产生保管合同的管护义务

消费者将车辆停放在饭店、旅店提供的场地，饭店、旅店承诺对车辆予以保管的，应当认为已经成立了保管的合意，成立了车辆保管合同。饭店、旅店作出保管车辆的承诺，保管合同就已经有效成立，消费者将车辆停放在饭店、旅店指定的场地，无论是

专用场地,还是公用场地,认定消费者已经将车辆交付饭店、旅店占有,都成立保管合同,产生车辆保管的合同义务。

4. 承诺照看的 + 提供专用场地的 = 产生保管合同的管护义务

消费者将车辆按照饭店、旅店的指定,停放在提供的专用场地,饭店、旅店承诺照看,没有承诺保管的,也应当认定为产生保管合同,饭店、旅店产生保管合同义务。因为将车辆放置在饭店、旅店专用场地,等于将车辆交付饭店、旅店占有,符合保管合同的基本特征,认为饭店、旅店产生保管合同的保管义务。

如果将车辆置于特定的场所就认为保管成立,对于饭店和旅店主来说是一种苛求。因为,饭店、旅店客人具有相当大的流动性。如果不以某种保管凭证为依据,饭店和旅店主就要对其停车场中每一部车辆加以保管,客观上是不可能实现的。若只是将车辆停放于饭店和旅店的停车场,既没有相应的凭证,车辆存取也不需要经过饭店、旅店的工作人员就可以自主实现的情形下,只有在当事人就车辆保管有特别约定时,笔者才认为保管关系成立。这时,实际上饭店或旅店主与消费者通过双方的意思表示,将车辆保管中的风险,完全置于饭店或旅店一方。在合同领域,意思自由永远是应得到尊重的。同时,只要双方就保管达成了合意,无论是有偿还是无偿并不影响保管合同的成立。

(三)不构成保管关系,但基于服务合同产生附随的管护义务

1. 产生管护附随义务的情形

(1)提供场地的 + 未承诺、不交付、不收费的 = 产生管护附随义务。饭店、旅店虽然未承诺保管或者照看、不交付车辆、不收取费用,但是为消费者提供停车场地的,不论提供的是专用场地还是公用场地,饭店、旅店都产生车辆管护的附随义务。这是因为,既然饭店、旅店为消费者提供停车场地,许诺就餐的客人和住店的客人可以泊车,就应当对消费者的车辆进行适当的管护,不应当因为自己的过失,而使消费者的车辆受到损失。不过,提供停车场的情况有所不同,产生的义务的轻重也有所不同。提供专用停车场,或者提供一般的公用停车场但有保安管理的,管护义务应当善尽与处理自己的事务为同一注意义务。如果仅仅是为消费者提供公用停车场,并无专门的场地和管理,饭店、旅店应当承担的注意义务,则应当是一般人的注意义务,只为自己的重大过失负责任。

(2)承诺照看的 + 不提供场地的 = 产生管护附随义务。饭店、旅店虽然不提供停车场地,但是承诺予以照看的,应当产生管护车辆的附随义务。这是因为,既然饭店、旅店承诺对消费者的车辆予以照看,实际上就是接受消费者的委托,应当担负起照看的责任,尽管自己没有提供场地,也应当如此。承担这样的管护附随义务,应当尽到一般人的注意,为重大过失负责任。

2. 附随的管护义务的双重属性

按照前文的分析,凡是构成保管合同关系的,比较容易处理,这就是按照《合同法》有关保管合同的规定加以调整。

在不构成保管关系时,基于旅店和饭店服务合同的特殊性质,饭店和旅店要对车辆的管护承担一定的管护义务,这种义务究竟是什么性质,颇值研究。

笔者认为,这种管护义务具有两种属性。

(1)这种管护义务具有服务合同附随义务的性质。① 有人认为,在民事活动中,通过订立合同设立一项民事法律关系,有的会随之产生相应的附随义务。为了规范合同的附随义务,《合同法》第60条明确规定,合同的附随义务为根据合同的性质、目的和交易习惯而产生的通知、协助、保密等义务。这些附随义务,都是与合同所约定的合同义务有相应关系的非实质性义务。凡是与原合同没有关系或者关系很远的某种实质性的义务,不能成为附随义务。例如,按照合同的约定,出卖人将买卖标的物运到对方指定的地点,即为交付,这时,义务人已经履行了义务;但是,出卖人应当按照附随义务的要求,将交付事项通知买受人。这种通知义务,就是典型的附随义务。在餐饮、住宿的服务合同中,合同的标的是提供和接受餐饮、住宿服务。按照交易习惯,餐饮服务合同一般没有特别的附随义务,即使有,也应当是与餐饮服务相关联的有关义务。在餐饮服务合同中,不包括就消费者的交通工具的保管义务,不能认为保管消费者的车辆是餐饮服务合同的附随义务。如果就餐者与餐馆欲成立车辆保管合同法律关系,应当就成立保管车辆合同关系另行专门达成协议,签订书面的、或者口头约定保管合同。

笔者认为,营业主对于消费者停放的车辆予以必要管护构成整个服务合同的附随义务,也就是从给付义务。所谓从给付义务,系指主给付义务以外,债权人可独立诉请履行,以完全满足给付上利益的义务。从给付义务发生的原因,一是基于法律的明文规定;二是基于当事人的约定;三是基于诚实信用原则及补充的合同解释。② 饭店、旅店从事的是经营行为,作为一个经营的主体,其以最大限度获取经济利益为根本目的,而获得更多的经济利益的最基本手段是提高服务的品质,从而招徕更多的消费者。停车场就是饭店、旅店提高服务品质的重要方式,同时,停车场的建造和维修的费用亦构成了经营成本的一部分。此时,无论在饭店和旅店停车时是否收费,其本质上都是一种营利行为。既然停车场是饭店、旅店的一种营利手段,当然就成为了服务合同的组成部分,所不同的是,这一组成部分的根本意义不在于决定服务合同的性质,而在于使得服务合同的目的得以良好的实现。况且消费者对于在旅店和饭店停车,无可选择。现代社会,消费者驾车到旅店住店、到饭店就餐已经是一个普遍现象。我们不能苛求消费者在就餐和住宿的同时,还要另外寻求停车场所。很多情况下,将车辆停放于旅店和饭店的停车场是消费者无法选择的。这就从消费者的角度证明,订立住宿或者就餐合同时,安全停车是一个基本的要求。因而可以作为服务合同的

---

① 有学者认为,宾馆对住客带入的财产的保管义务是基于诚实信用原则而生的合同附随义务。参见刘言浩:《论宾馆对住客的保护义务》,载《法学》2001年第3期,第80页。

② 参见王泽鉴:《民法学说与判例研究》(第4册),中国政法大学出版社1998年版,第98页。

组成部分来主张权利。总之,饭店、旅店以停车场作为招徕消费者、提高服务品质的方式,同消费者缔结服务合同,可视为双方的一种默示约定,符合附随义务及从给付义务发生原因的第二项。

这种情况与形成保管合同关系有本质的区别。现在我们研究的案例,双方并未形成保管合意,车辆也未置于营业主的实际控制之下,故而不得认定为保管合同,只能认定构成具有附随的管护义务。而在消费者将车辆交付给营业主实际控制等发生保管合同关系的情况下,双方已就车辆保管达成合意,不再将饭店、旅店对车辆的管护义务视为服务合同的组成部分。这种区分可能造成实践中,停车场设施完善、管理严格的饭店、旅店责任更重的情况,但在竞争激烈的商业活动中,饭店、旅店为立足并获取利润,是愿意承担更大风险的。更何况此类饭店、旅店的收费往往较高,从而可减轻此种风险。

(2)这种管护义务也具有法定义务的性质。《消费者权益保护法》第 7 条规定:"消费者在购买、使用商品和接受服务时享有人身、财产安全不受损害的权利。消费者有权要求经营者提供的商品和服务,符合保障人身财产安全的要求。"第 11 条规定:"消费者因购买、使用商品或者接受服务受到人身、财产损害的,享有依法获得赔偿的权利。"这里规定的,就是消费领域提供商品或者服务的经营者的安全保障义务。这种安全保障义务是一种法定义务。

《消费者权益保护法》第 7 条所确立的经营者的安全保障义务(有的称为消费者的安全权),就是指消费者在购买使用商品或接受服务的整个消费过程中,其人身、财产安全都应得到经营者提供的安全保障。具体包括:一是,经营者提供的商品必须具有合理的安全性,不得提供有可能对消费者人身及财产造成损害的不安全、不卫生的产品;二是,经营者向消费者提供的服务必须有可靠的安全保障;三是,经营者提供的消费场所应具有必要的安全保障,使消费者能在安全的环境中选购商品及接受服务。[3]

消费者在饭店、旅店接受服务,显然符合上述规定的情形,既然饭店、旅店为消费者提供停车便利,就应该使消费者在接受服务时,不必为自己的车辆的安全担惊受怕,因此,经营者应当承担这种安全保障义务。这样,饭店、旅店对消费者车辆的附随的管护义务,也就具有了法定安全保障义务的性质。

有人主张对饭店、旅店的管护义务不能认定为这种法定义务。其理由是,从经营者的安全保障义务的前两项内容看来,实际上《消费者权益保护法》这一条规定主要是针对产品侵权和服务侵权作出的,这一条文的适用要求提供产品和服务与造成侵权之间存在着直接的因果关系。而在因就餐和住宿时停放的车辆被盗的情形下,消费者的财产损失与提供服务之间有了其他因素的介入,打破了这种因果关系的直接性。即使第三项要求消费场所应有安全保障,此安全保障也只是必要的。只有消费

---

[3] 参见李昌麟、许明月编著:《消费者保护法》,法律出版社 1997 年版,第 80 页。

场所存在重大缺陷,具体到旅店、饭店的停车场是指存在停车场地凹凸不平,相关设施有倒塌、坠落的危险等情况,才算未尽到"必要"的安全保障,才能要求营业主承担赔偿责任。

这种看法有一定的道理,但是,何谓必要的安全保障,并非只是场地不符合要求才算违反这一义务,对负有管护义务的车辆被盗,同样也是安全保障义务的内容。

(3)管护义务具有两种不同的法律性质,发生责任竞合。综上所述,这种对车辆的管护义务,既有从给付义务的性质,也有法定义务的性质。前者是基于餐饮、住宿的服务合同而产生,后者是基于《消费者权益保护法》的规定而产生。因此,管护义务发生两种性质的竞合。

管护义务的两种性质的竞合,所发生的直接后果,就是在未尽管护义务,造成管护的车辆损失,产生损害赔偿的责任的时候,发生责任竞合的后果。这种损害赔偿既具有违约损害赔偿的性质,又具有侵权损害赔偿的性质。

(三)不产生管护义务的情况

1. 不发生车辆管护义务的情形

下列情况,饭店、旅店均不发生车辆管护义务:

(1)不提供场地的 + 不收费的 = 不产生管护义务。饭店、旅店不为消费者提供停车场地,也不收费的,不发生车辆的管护义务。

(2)不提供场地的 + 不交付车辆的 = 不产生管护义务。饭店、旅店不为消费者提供停车场的,也不交付车辆的,不发生车辆的管护义务。

(3)不提供场地的 + 不承诺保管、照看的 = 不产生管护义务。饭店、旅店不为消费者提供停车场的,也不承诺保管、照看的,不发生车辆的管护义务。

2. 后果

不发生管护义务,饭店、旅店当然就不对消费者的车辆承担任何责任。

五、饭店、旅店对丢车的损害赔偿责任

(一)构成保管合同的损害赔偿责任

饭店、旅店对存放车辆构成保管合同关系时,根据《合同法》第374条的规定,"保管期间,因保管不善造成保管物毁损、灭失的,保管人应当承担损害赔偿责任"。

这种责任产生依据是,饭店、旅店违反保管合同的保管义务,对保管物造成损失。依照保管合同约定,或者依照《合同法》关于保管合同权利义务的规定,确定违约一方即饭店、旅店承担违约损害赔偿。

确定这种违约损害赔偿责任,适用违约损害赔偿责任的一切规定。

首先,构成违约损害赔偿责任的要件必须具备。这就是,要具备违约行为、损害事实、因果关系以及主观过错的要件,凡是缺少要件之一的,不构成违约损害赔偿责任。

其次,确定违约损害赔偿责任的具体数额,应当依据违约损害赔偿的规则,对造成的实际损害应当予以全部赔偿。损失多少,就应当赔偿多少,以真正补偿受害人的损失。

再次,在确定损害赔偿责任的时候,对于损益相抵、过失相抵等赔偿的原则,都应当适用。凡是构成与有过失的(混合过错),或者就损害产生新生利益的,都应当实行过失相抵或者损益相抵,使赔偿的责任更为准确。

(二)管护附随义务和法定义务竞合的损害赔偿责任

构成管护附随义务和法定义务竞合的,在法律后果上发生违约和侵权损害赔偿责任的竞合。首先,应当准许受害人即消费者选择对自己最为有利的请求权行使。其次,要确定饭店、旅店承担的具体损害赔偿责任。应当注意的是,如果选择侵权损害赔偿的请求权的时候,由于这种负有安全注意义务的一方的侵权责任是补充责任,应当是在直接侵权人无力赔偿或者无法找到的情况下,才可以向饭店、旅店请求赔偿。饭店或者旅店在承担了损害赔偿责任之后,可以向直接侵权人追偿。

对于违背这种损害赔偿义务,造成消费者损害的赔偿责任,究竟应当怎样确定,值得研究。这就是,这种赔偿责任究竟是比构成保管合同关系的责任为轻还是为重,或者同等责任。

笔者认为,就饭店、旅店产生的这种义务而言,如果比保管合同的要求为重,或者是同等责任,是不合适的。第一,因为在这种附随义务上面,毕竟仅仅是附随而已,其注意义务,应当是与处理自己的事务为同一注意或者一般人的注意,这比保管合同的善良管理人的注意为轻,因此,不能确定违反这种义务的责任比保管责任还重。第二,在这种管护义务中发生的车辆损害事实,实际上并不是饭店、旅店自己的原因造成的,而是第三人的原因造成的,如果因此而让饭店、旅店承担与保管合同相同的或者更重的责任,违背公平、正义原则。第三,产生的附随义务都是无偿的,对于无偿的附随义务或者法定义务,确定过重的责任,不符合等价交换的原则。同时还应当考虑到,由于管护车辆并非服务合同的主要内容,而且依我国经济发展水平,作为标的物的车辆性质特殊、价格昂贵,要求营业主予以全额赔偿,有失公正,并可能造成此类饭店、旅店的经营困难甚至破产。因此,对营业主的赔偿责任应加以限制。

因此,违背管护义务造成的车辆损失,承担的赔偿责任应当比违反保管合同所承担的赔偿责任为轻,因而是适当补偿的责任,根据实际情况,确定对受害人进行适当的补偿,而不是全部赔偿。具体数额的多少,可由法官针对个案综合考虑各种具体因素,予以裁定。

六、对本文典型案例的分析

现在,依据上述阐释的理论分析和处理这类问题的基本规则,来分析本文提到的典型案例。

(1)本案的双方当事人之间,原本并没有成立车辆的保管合同。判断一个合同是否成立,首要的是要看双方当事人是否有关于成立一项民事法律关系的意思表示一致的协议。当事人之间有书面的协议,书面协议就是最好的证据;如果当事人之间没有书面协议,就要看双方当事人之间是不是有协商一致的口头协议,并且要证明属实。在本案中,当事人之间没有成立车辆保管的书面协议,这是一个事实。这说明,双方当事人之间没有证明双方成立保管合同的书面证据。同时,也没有能够证明在双方当事人之间成立保管车辆口头协议的证据,因此也不能认为双方成立口头的保管合同。这说明,被告原来并没有承诺保管或者照看。同时,被告的车辆也没有交付被告,被告也没有收取费用。原告仅仅是在被告的餐馆就餐,将车辆放在被告饭店的大门西侧,当时并没有任何约定。因此,双方没有成立保管合同。

(2)原被告之间原本也没有发生车辆管护的附随义务或者法定的安全保障义务。原告停放车辆,当时并没有经过被告准许,也没有被被告得知,不符合产生附随管护义务的条件。因而,不能认为依据本案原始的情况,断定被告应当就管护义务承担民事责任。

(3)现在的问题在于,原被告在事后签订了丢车时间、地点和双方对丢车都有责任的协议。对此,等于被告承认原告的车辆交给了被告保管,追认先前的行为为保管合同。这就是责令被告承担违约损害赔偿责任的基础。对此,被告可能会以原告采用不正当手段,使其对该协议的真实性产生重大误解来抗辩,但是,被告作为一个经营者,对这种协议的后果应当有清醒的认识,对此有重大误解的主张难以成立,因此,被告难以推脱自己的赔偿责任。

因此,本案判决的基本内容是适当的。

合同无效责任及其承担方式[*]
——《中华人民共和国合同法》第58条评注

《中华人民共和国合同法》第58条 合同无效或者被撤销后,因该合同取得的财产,应当予以返还;不能返还或者没有必要返还的,应当折价补偿。有过错的一方应当赔偿对方因此所受到的损失,双方都有过错的,应当各自承担相应的责任。

一、合同无效责任的性质及与相关合同责任的区别

(一)合同无效责任的概念、性质和范围

1.合同无效责任的概念

合同无效责任是合同成立之后,由于合同无效或者被撤销或者不被追认,以及合同成立后欠缺生效要件而未生效,致使合同在其成立时起即为无效,对造成合同无效后果负有责任的一方或者双方当事人应当承担的责任。《合同法》第58条规定的就是合同无效责任的承担规则。它源于《民法通则》第61条第1款的规定,并将合同无效责任与缔约过失责任相分离,合同无效责任规定在《合同法》本条,缔约过失责任规定在《合同法》第42条。

2.无效责任的性质

对于合同无效责任究竟应当怎样称谓,学者有不同主张,有的称为合同无效后的责任[①];有的称为合同无效责任[②];有的称为合同无效的法律后果。[③]这一分歧涉及对合同无效责任性质的认定问题。

合同无效责任究竟是不是一种合同责任,多数学者在研究《合同法》的著述中仅仅阐释合同无效或者被撤销的法律后果,而不说是合同无效责任。[④]合同无效责任与合同无效后的责任这两个概念的差别正在于此。而无论将其称作合同无效责任还是合同无效后的责任,其实都是合同无效的法律后果,自无异议,关键要对合同无效的

---

[*] 本文发表在《判解研究》2014年第4辑。
[①] 参见王利明:《合同法研究》(第1卷),中国人民大学出版社2011年版,第663页。
[②] 参见杨立新:《合同法》,北京大学出版社2013年版,第371页。
[③] 参见李宏伟、李冬云:《合同无效的法律后果研究》,载《海南大学学报》(人文社会科学版)2001年第1期,第62页。
[④] 参见崔建远主编:《合同法》,法律出版社2003年版,第85页。

法律后果究竟是合同责任之一种,还是不承认其为合同责任之一种,应当进行分析。

合同无效的法律后果就是合同无效责任,属于我国合同责任体系中的一种形态。我国合同责任体系包括缔约过失责任、合同无效责任、预期违约责任、加害给付责任、实际违约责任和后契约责任,合同无效责任是其中之一。[5]将合同无效责任纳入整个合同责任体系中进行研究和适用,具有重要意义。

3. 合同无效责任的适用范围

合同无效责任中的合同无效是广义概念。狭义的合同无效仅指合同的绝对无效。广义的合同无效是指绝对无效的合同被宣告无效、相对无效的合同被撤销、效力待定的合同未被追认或者被撤销,以及合同成立之后欠缺合同生效条件而未生效。因此,广义的合同无效实际上就是合同绝对无效、被撤销以及未生效。故合同无效责任的范围包括合同无效、被撤销、未被追认以及合同成立后未生效的合同责任,而不是合同绝对无效责任。

(二)合同无效责任与相近合同责任的区别

1. 合同无效责任与缔约过失责任的区别

合同无效责任与缔约过失责任都是合同生效之前发生的合同责任,并且很多学者都将这两种合同责任归到一起,作为同一种合同责任,即缔约过失责任。[6] 这种看法不够准确。

合同无效责任和缔约过失责任是两种不同的合同责任形态,二者之间有严格的区别:第一,两种责任发生的时间不同。合同无效责任与缔约过失责任发生的时间界限在于,缔约过失责任发生在合同订立阶段,即缔约阶段,而合同无效责任发生在合同生效阶段。以合同的成立为界限,之前发生的合同责任是缔约过失责任,之后发生的合同责任是合同无效责任。第二,两种责任发生的原因不同。合同无效责任发生的原因是合同订立后,由于违反法律或者缺少合同生效要件而无效或者被撤销等,因而发生合同责任。缔约过失责任的发生原因是缔约中一方或者双方缔约人违反先契约义务造成对方损害,因而发生合同责任。第三,两种责任的构成要件不同。构成合同无效责任,只要合同无效或者被撤销以及合同成立后未生效就可以构成,合同无效损害赔偿责任构成要有过错要件,属于推定过错;其他责任方式无须过错要件。缔约过失责任的构成必须具备过错要件,没有过错不构成缔约过失责任。第四,两种责任的方式不同。合同无效责任的方式包括返还财产、折价赔偿、损害赔偿。缔约过失责任只有损害赔偿一种责任方式。

两种合同责任的最重要区别是,《合同法》对缔约过失责任和合同无效责任分别作出规定,前者规定在"合同成立"一章中的第42条,后者规定在"合同生效"一章的

---

[5] 参见杨立新:《合同法》,北京大学出版社2013年版,第372页;《中国合同责任研究》(本书第1054页),载《河南政法管理干部学院学报》2000年第1—2期。

[6] 参见焦富民:《中国合同责任研究》,江苏人民出版社2003年版,第171页。

第58条,立法者的意图显而易见。

2. 合同无效责任与预期违约责任的区别

合同无效责任与《合同法》第108条规定的预期违约责任,是两种不同的合同责任,很容易发生混淆。这两种合同责任的区别是:第一,两种合同责任发生时间不同。这两种合同责任是在时间上前后相序、相互衔接的。两者之间衔接的标志是合同是否发生效力。合同生效之前只能发生合同无效责任,合同生效之后到合同履行期届满(或者履行期届至)之前发生的合同责任,是预期违约责任。第二,两种合同责任的发生原因不同。合同无效责任的发生原因是因为合同成立之后没有发生预期的效力或者被撤销,因而发生合同责任。而预期违约责任则是合同有效成立,但由于当事人一方故意毁约而发生的合同责任。第三,两种合同责任的归责原则不同。对合同无效责任的归责原则,应当分情况适用无过错责任原则和过错责任原则。预期违约责任适用过错责任原则,不适用其他归责原则。第四,两种合同责任适用的责任方式不同。合同无效责任的方式为返还财产、折价补偿和损害赔偿,而预期违约责任的方式主要是损害赔偿和给付违约金。

二、引起合同无效责任的原因

合同无效的法律后果是合同无效责任。发生合同无效责任应当具有法定原因,凡是具有合同绝对无效、相对无效而被撤销,效力待定未被追认或者被撤销,或者未生效的,都是引起合同无效责任的原因。《合同法》规定,合同效力的状态有三种形式,即合同绝对无效、合同相对无效与合同效力待定。除此以外,在其他一些相关法律以及最高人民法院的司法解释中还存在其他类型的合同效力,比如相对特定第三人无效的合同以及尚未完全生效的合同⑦,也都发生合同无效责任。

引起合同无效责任的具体原因有以下4种:

(一)绝对无效合同被宣告无效

合同绝对无效是指合同由于具有法律所规定的合同无效的事由之一,自始就不发生合同的效力。凡是具有《合同法》第52条规定情形之一的,合同一律无效,发生合同无效责任。

《合同法》没有规定无民事行为能力人订立的合同的效力问题,既没有在合同效力待定中规定,也没有在合同绝对无效和相对无效中规定。对此究竟应当怎样认识,有不同看法。一般认为,这不是《合同法》对无民事行为能力人订立合同的效力的遗漏,而是应当直接适用《民法通则》第58条第(一)项规定,即认定无民事行为能力人订立的合同为绝对无效合同,发生合同无效责任。⑧ 不同的意见认为,有的国家规定

---

⑦ 参见王轶:《合同效力认定的若干问题》,载《国家检察官学院学报》2010年第5期,第151页。
⑧ 参见杨立新:《合同法》,北京大学出版社2013年版,第373页。

无民事行为能力人订立的合同无效,有的国家规定为可撤销的合同。我国《民法通则》第58条规定无民事行为能力人订立的合同一律无效,颇值探讨,而应当属于可撤销、可变更的合同。⑨ 主要理由是,无民事行为能力人订立的合同,个别存在有效的情形,例如无民事行为能力人纯粹获得利益的合同。但是,由于《民法通则》规定无民事行为能力人的年龄界限在10周岁,显然过高,并且存在修改的可能,因此可以将该种合同界定为绝对无效,其他情形作为特例规定。不过,这个问题尽管在对确定无民事行为能力人订立合同的效力问题上具有重要意义,但在适用《合同法》第58条时,由于将其认定为无效合同或者认定其为可撤销、可变更合同在撤销后,均发生合同无效责任,因而在此处争论没有实际意义。

合同被宣告无效后,发生合同无效责任。

(二)相对无效合同被撤销

合同相对无效是指合同在成立之时还是有效的,但是由于该合同在订立时具有法定情形之一,由于一方当事人的原因,而使对方当事人的意思表示违背了其真实意思,致使其利益受到损害,因此对方当事人可以请求撤销或者变更该合同。凡是符合《合同法》第54条规定情形之一的,都属于相对无效合同。相对无效合同被当事人请求撤销后,原合同无效。

合同被撤销后发生合同自始无效的后果,因而与合同绝对无效的后果是一样的,同样发生合同无效的法律后果,当事人应当承担合同无效责任。

(三)合同效力待定未被追认或者被撤销

限制民事行为能力人、无权代理人订立的合同,由于其订立合同的资格受到限制,他们订立的合同的效力是不能确定的,因此称作效力待定合同。合同效力待定说明合同的效力还没有确定,按照规定,一是由法定代理人和被代理人追认,或者经过相对人催告,法定代理人或者被代理人追认;二是善意相对人撤销;三是法定代理人或者被代理人拒绝追认。

在上述情形下,有两种情形发生合同无效的后果:一是在善意相对人撤销效力待定合同,即上述合同的效力在被追认前,善意相对人对该合同请求撤销的,该效力待定合同被撤销,归于无效。二是法定代理人或者被代理人拒绝追认效力待定合同,即上述合同的效力由享有追认权的人在除斥期间内拒绝追认或者未作表示,明示或者默示拒绝追认合同效力的,效力待定合同归于无效。

效力待定合同具有以上情形的,发生合同无效的法律后果,应当承担合同无效责任。

(四)因欠缺生效条件而不生效和相对特定第三人无效的合同

合同成立之后,由于欠缺生效条件而使该合同不生效,其效果既不是合同不成

---

⑨ 参见马强:《无民事行为能力人订立合同效力之研究》,载《浙江社会科学》2007年第2期。

立,也不是合同无效。合同成立之后不生效,法律效果与合同无效责任基本相同,也发生合同无效责任。

相对特定第三人无效的合同。欺诈系由第三人所为的,对另一方所作的意思表示,只有当另一方明知或者可知欺诈事实时,始得撤销。应向其作出意思表示的相对人以外的人,因意思表示而直接取得权利时,只有当权利取得人明知或者可知欺诈事实时,始得撤销该意思表示。我国现行民事立法未设类似一般规定,但依据最高人民法院《关于适用〈中华人民共和国担保法〉若干问题的解释》第40条的规定,如果主合同债务人采取欺诈、胁迫等手段,使保证人在违背真实意思的情况下提供保证的,债权人知道或者应当知道欺诈、胁迫事实的,保证人不承担民事责任。这是关于第三人欺诈的具体规定,发生保证合同无效的法律后果[10],承担合同无效责任。

三、合同无效责任的归责原则与构成要件

(一)合同无效责任的归责原则

合同无效责任的归责原则,是指当事人在合同成立后至生效前的过程中违反约定或者法定义务,致合同无效、被撤销、未被追认或者不发生合同效力,确定合同无效责任适用的基本准则。

1. 对合同责任归责原则的不同意见

学者对《合同法》规定合同责任适用何种归责原则,认识分歧。

"统一严格责任说"认为,《合同法》规定的合同责任的归责原则是无过错责任原则即严格责任,与一般侵权责任比较应该更严格,违约责任出于当事人自己的约定,使违约责任具有了充分的说理性和说服力,此外无须再要求使违约责任具有合理性和说服力的其他理由。[11] 故《合同法》规定的是绝对的无过错责任原则。[12]

"有主有从的归责原则体系说"认为,在合同责任中,单一的归责原则是不适当的,应当在一种归责原则作为主要归责原则的前提下,还要有补充性的归责原则,以适应合同责任的不同情况。一种意见认为合同责任归责原则以过错责任原则为主,以无过错责任原则为辅[13];另一种意见认为以无过错责任原则为主,过错责任原则为辅[14],虽然有些合同责任适用过错责任,却不应以之为与严格责任原则相并列的过错责任原则。[15]

---

[10] 参见王轶:《论合同行为的一般生效条件》,载《法律适用》2012年第7期,第24页。
[11] 参见张广兴、韩世远:《合同法总则》(下),法律出版社1999年版,第86—87页。
[12] 参见刘景一:《合同法新论》,人民法院出版社1999年版,第468页。
[13] 参见河山、肖水:《合同法概要》,法律出版社1999年版,第127页。
[14] 参见房维廉:《中华人民共和国合同法实用讲座》,中国人民公安大学出版社1999年版,第161—163页。
[15] 参见韩世远:《合同法总论》,法律出版社2011年版,第23页。

"过错责任原则适合中国国情说"质疑《合同法》第107条规定合同责任为严格责任,认为实行单一的严格责任调整合同责任难免导致合同法内部体系的矛盾,法官和民众也难以接受,因而应当考虑对严格责任的规定慎重适用,终究要以过错责任原则作为主要的归责原则,调整合同责任的归属问题。[16]

"合同责任原则三元说"认为,我国合同法的归责原则体系是由严格责任和过错责任原则构成的,仅在例外情况下实行绝对责任。所谓严格责任,是指无论违约方主观上有无过错,只要其不履行合同债务给对方当事人造成了损害,就应当承担合同责任。[17] 绝对责任,是依据当事人的特别约定以及法律在例外情况下的特殊规定,债务人也需要对事变负责,这就是所谓的例外情况下的无过错责任,适用于金钱债务的迟延责任、迟延履行期间的责任、对第三人的严格责任,以及关于旅客运输合同中的严格责任。[18]

笔者认为,我国的合同责任归责原则是三元化体系,过错责任原则、过错推定原则和无过错责任原则并存,各自调整不同的合同责任。主张合同责任单一归责原则的理由不充分。

2. 合同无效责任的归责原则

依照我国合同责任的三元化体系学说的解释,以及《合同法》第58条内容的结构,应当确定我国合同无效责任的归责原则不是单一归责原则,而是由两个归责原则构成的归责原则体系。

(1)合同无效责任的返还财产和折价补偿责任适用无过错责任原则。《合同法》第58条前段规定:"合同无效或者被撤销后,因该合同取得的财产,应当予以返还;不能返还或者没有必要返还的,应当折价补偿。"这个规定没有提出对过错要件的要求,也不适用过错推定原则,明确规定适用无过错责任原则。这样的规定是正确的,原因是,当合同无效之后,包括合同被宣告无效,或者被撤销,或者未被追认,或者不具备生效要件而未生效,因合同被宣告无效或者被撤销或者未被追认以及合同未生效之前,当事人一方占有他方的财产就成为无权占有,依据不当得利的原因,占有他方财产的一方都应当将该财产返还给他方;如果不能返还或者没有必要返还的,应当将占有的财产予以折价,补偿他方的财产损失。承担这样的合同无效责任无须具备过错要件,不问过错即应承担。

(2)合同无效责任的损害赔偿责任适用过错责任原则。《合同法》第58条后段明确规定:"有过错的一方应当赔偿对方因此所受到的损失,双方都有过错的,应当各自承担相应的责任。"明白无误地将合同无效损害赔偿责任规定为过错责任,适用过错责任原则。这里适用的究竟是过错责任原则还是过错推定原则,似乎并没有说明,

---

[16] 参见崔建远主编:《新合同法原理与案例评释》,吉林大学出版社1999年版,第499—501页。
[17] 参见王利明:《合同法研究》(第2卷),中国人民大学出版社2011年版,第435页。
[18] 参见王利明:《合同法研究》(第2卷),中国人民大学出版社2011年版,第446—448页。

但应当看到的是,在法律没有明确规定一个过错责任是过错推定原则的时候,就应当是过错责任原则。这里说的过错责任,当然不是过错推定原则的要求。因此,合同无效责任的损害赔偿责任适用过错责任原则,不适用过错推定原则,也不适用无过错责任原则。合同无效,无论是一方有过错还是双方都有过错,都应当适用过错责任原则确定损害赔偿责任。

可以确认,《合同法》第58条规定的合同无效责任的归责原则体系,包括两个归责原则,一是过错责任原则,二是无过错责任原则,分别调整不同的合同责任,即过错责任原则调整无效合同责任的赔偿责任,无过错责任原则调整合同无效的返还财产和折价补偿责任。

(二)合同无效责任的构成要件

合同无效责任的构成应当具备合同责任构成的一般要件,但有自己的特点,并以这些特点与其他合同责任构成相区别。

1. 造成合同无效的行为

在合同绝对无效、相对无效和效力待定三种情况中,法律都规定了具体事由。由于已经成立的合同具有这些事由,才造成了合同无效的后果。此外,合同未具备生效条件等,也是构成合同无效责任的要件。

(1)合同绝对无效的行为。这种合同绝对无效的行为包括:第一,一方以欺诈、胁迫的手段订立损害国家利益的合同;第二,恶意串通,损害国家、集体或者第三人利益的合同;第三,以合法形式掩盖非法目的的合同;第四,损害社会公共利益的合同;第五,违反法律、法规的强制性规定的合同。订立这些合同的行为,都属于合同绝对无效的行为。

(2)合同相对无效被撤销的行为。合同相对无效被撤销的行为包括:第一,因重大误解订立的合同被撤销;第二,在订立合同时显失公平的合同被撤销;第三,一方以欺诈手段订立,没有损害国家利益的合同被撤销;第四,一方以胁迫手段订立没有损害国家利益的合同被撤销;第五,乘人之危订立的合同被撤销。

(3)效力待定的合同没有被追认或者被撤销。效力待定的合同没有被追认或者被撤销,致使合同无效的行为有两种:第一,善意相对人撤销效力待定合同,使合同归于无效的;第二,法定代理人或者被代理人以明示或者默示方式拒绝追认效力待定合同,致使合同无效的。

(4)相对特定第三人无效的合同行为。主合同债务人采取欺诈、胁迫等手段,使保证人在违背真实意思的情况下提供保证的,债权人知道或者应当知道欺诈、胁迫事实的,保证人不承担民事责任。反之,保证人应当承担保证合同无效的责任。

(5)欠缺合同生效要件的合同。合同成立之后,由于欠缺生效要件而使该合同不生效的,发生合同无效责任。

2. 合同无效的后果及当事人财产损失的事实

合同无效的后果是构成合同无效责任的客观要件,无论是承担返还财产、折价补偿还是损害赔偿责任,都必须具备这一客观要件。

对于合同无效承担返还财产或者折价补偿责任的,合同无效的后果包括一方当事人的财产因合同成立而被对方当事人占有的客观要件。这种占有呈先后两种形态:前一种形态是有权占有,即双方当事人依据订立合同的事实而将自己的财产交给对方占有;后一种形态是无权占有,即依据订立合同的事实而占有他方的财产因合同无效而丧失了占有的权利,转化成为无权占有。

对于合同无效承担损害赔偿责任的,须具备一方或者双方当事人的财产或者财产利益损失的客观要件。例如为准备履行合同而购置财产的闲置,因合同行为而占有对方的财产的毁损、灭失,以及因合同无效而给对方造成的财产或者财产利益的损失等。合同无效责任的财产损失要件主要包括二种:一是信赖利益的损失。信赖利益损失是指合同未成立、无效或者被撤销,相对人信赖合同有效,却因为未成立或者无效、被撤销的结果所蒙受的利益损失。如何判断信赖利益的范围,有学者认为,信赖利益赔偿的标准如同合同未曾发生一样,但是其最高赔偿额不得超过预期利益,除非违约方具有欺诈等行为,可以将非违约方的全部损失转嫁给违约方也是必要的。⑲这个意见值得进一步研究。事实上,信赖利益就是基于对对方当事人的信赖而造成的财产利益损失,远低于达到该合同的预期利益的标准,基于信赖造成了哪些损失,就对哪些利益进行赔偿。二是固有利益的损失。固有利益的损失是指合同预期利益以外的合同当事人的其他财产利益的损失,依据合同成立的关系占有的财产的损害,损失的就是固有利益。至于预期利益损失,由于合同有效成立,因债务不履行或者不适当履行而发生的,债权人基于合同履行所能获得的财产利益损失,而合同无效责任是合同并未发生法律上的效力,因而预期利益损失在合同无效责任中并不予以赔偿。

无效合同的财产损失要件只包括财产及财产利益的损失,不包括人身伤害及精神损害的事实。如果合同无效确实造成人身伤害的事实,由于无法适用加害给付责任予以损害赔偿,可以按照《侵权责任法》第 6 条第 1 款规定的过错责任原则,依照一般侵权责任的规则处理。如果造成精神损害的事实,更无法依据《合同法》予以保护,应当依照上述办法寻求《侵权责任法》的保护。

3. 造成合同无效的行为与合同无效以及损害之间具有因果关系

构成合同无效责任的因果关系,是指造成合同无效或者被撤销的行为与财产被占有或者财产损失的事实之间,具有引起与被引起的关系,即"对方因此所受到的损失"。其中的"此",即为合同无效或者被撤销,是原因;"所受到的损失",是财产被占有或者造成财产损失的后果,即结果;二者之间形成的是引起与被引起的关系。不存在因果关系的,不构成因果关系要件。

因果关系要件对于合同无效责任的返还财产和折价补偿不具有特别重要的意义,只要是依据合同无效前的合同成立的事实对财产予以占有的,就具有承担返还财

---

⑲ 参见王利明:《合同法研究》(第 2 卷),中国人民大学出版社 2011 年版,第 647 页。

产和折价补偿的因果关系。

对合同无效的损害赔偿责任,因果关系要件是必备要件,不仅决定合同无效责任是否构成,而且决定损害赔偿的具体范围。具体要求是,一方当事人的损害事实必须是对方引起合同无效行为的损害后果。合同无效行为如果与损害事实之间没有因果关系,则不构成合同无效的损害赔偿责任。

判断合同无效责任的因果关系要件,适用相当因果关系规则,即确认行为是损害结果发生的适当条件的,认定行为与结果之间具有相当因果关系,否则为没有因果关系。

适用相当因果关系规则,关键在于掌握违法行为是发生损害结果的适当条件。适当条件是发生该种损害结果的不可缺条件,它不仅是在特定情形下偶然的引起损害,而且是一般发生同种结果的有利条件。确定行为与结果之间有无因果关系,要以行为时的一般社会经验和智识水平作为判断标准,认为该行为有引起该损害结果的可能性,而在实际上该行为又确实引起了该损害结果,则该行为与该结果之间为有因果关系。判断违法行为与损害结果之间具有相当因果关系,可以适用以下公式:

大前提:依据一般的社会智识经验,该种行为能够引起该种损害结果;

小前提:在现实中,该种行为确实引起了该种损害结果;

结论:该种行为是该种损害结果发生的适当条件,二者之间具有相当因果关系。

4. 过错

在适用无过错责任原则的合同无效责任中,具备上述三项要件即构成合同责任,行为人应当承担责任。例如合同无效没有造成损失,只是依据合同占有对方财产,应当承担返还财产及折价补偿责任的,不必具有过错要件。

在适用过错责任原则的合同无效责任即损害赔偿责任的构成中,除了应当具备上述三项要件以外,还应当具备过错要件。

构成合同无效责任的过错要件,要求行为人在主观上必须具备故意或者过失。故意欺诈、故意隐瞒以及其他故意借合同行为使对方当事人因合同无效而受到损害,或者使自己得到不当利益的主观心理,都构成合同无效责任中的故意要件。违反善良管理人的注意,违反与处理自己的事务为同一的注意,以及违反一般人的注意,都是合同无效责任中的过失。凡是具有上述故意或者过失的行为人,都具备合同责任构成中的主观要件。

由于合同无效的损害赔偿责任是过错责任原则,过错要件的证明责任由主张承担赔偿责任的一方当事人及受害人承担。

当事人一方在造成合同无效的行为中如果具有过错,就构成损害赔偿的责任;如果双方都具有过错,则遵照过失相抵原则,按照过错以及原因力的比例分担损失。

四、承担合同无效责任的具体方式

(一) 承担合同无效责任的请求权

合同无效责任构成后,对方当事人成立合同无效责任请求权,包括返还财产请求权、折价补偿请求权和损害赔偿请求权。这种合同无效责任请求权的性质是什么,很少有人提出具体意见,需要深入研究。

请求权是指根据权利的内容,得请求他人为一定行为或者不为一定行为的权利[20],或者是指根据基础权的内容,可以请求他人为一定行为或者不为一定行为的权利。[21]这两种对请求权概念界定的不同之处在于,前者侧重说权利的内容是请求权,即权利类型;后者侧重说依据基础权内容享有的请求权,即权利保护请求权,是保护权利的方法。债权本身就是给付请求权,指权利的类型,即有一种权利的性质叫请求权;保护民事权利的权利也是请求权,是以请求权的方法保护受到侵害的民事权利,是民法保护民事权利的方法。

权利受到侵害,权利人主张保护自己权利的请求权是一个体系:一是民事权利自身具有的保护自己的请求权,例如人格权请求权、物权请求权、继承恢复请求权、债的二次请求权等。二是侵权请求权,即权利受到侵害之后产生的新的权利保护请求权,亦称之为新生的请求权。

在债权受到侵害的保护请求权中,债权的保护请求权是债的二次请求权。可是,在合同之债尚未生效,甚至尚未成立之前,债权尚未发生,合同无效责任请求权属于哪种请求权呢?

在这个问题上,可以参照的是对缔约过失责任请求权的认识方法。在较多的民法著述中,都将缔约过失行为认定为一个债的发生原因,产生的缔约过失责任请求权是一个单独的债权,即缔约过失行为是发生债的原因[22],受到损害的缔约人对对方当事人享有债权,债权不履行,发生缔约过失责任。可以认为,合同无效也是一个债的发生原因,合同无效后,在无效合同当事人之间发生新债,即合同无效之债,该债务不履行,发生合同无效责任。因此,合同无效责任请求权也是债的二次请求权。

合同无效的债权二次请求权同样是债权的固有权利,是为了保护合同无效之债权而自身存在的实体权利,体现的是国家对权利的认可和赋予它以强制力,保障合同无效之债的实现。只有这样,合同无效之债的债权人面对债务人不履行债务的行为,享有请求法院保护自己债权的权利,主张致使合同无效的当事人履行返还财产、折价补偿和损害赔偿的责任,使合同无效之债的债权的给付请求权和给付受领权得到

---

[20] 参见王家福主编:《中国民法学·民法债权》,法律出版社1991年版,第7页。
[21] 参见孙森焱:《民法债编总论》(上册),台北三民书局2004年版,第9页。
[22] 参见王家福:《中国民法学·民法债权》,法律出版社1991年版,第37页;张广兴:《债法总论》,法律出版社1997年版,第47页;杨立新:《债与合同法》,法律出版社2012年版,第71页。

实现。

合同无效之债的债权保护请求权对应的是合同无效责任。合同无效之债的债权人行使保护请求权,不再是一般地要求对方当事人履行债务,而是作为法律责任的形式,要求法院确认对方当事人不履行债务或者不完全履行债务的行为是一种违反债的行为,承担法定的民事责任。因此,合同无效之债的债权二次请求权,实际上是请求对方当事人承担不履行合同无效责任的权利,是否应当承担责任,则由法院确定。该请求权一旦经法院确认,则可判令对方当事人承担合同无效责任。

(二) 返还财产或者折价补偿请求权

合同成立之后,由于无效、被撤销、不被追认或者根本未生效,该合同自始归于消灭,不复存在。当事人一方或者双方基于曾经存在的合同所为的给付就失去存在依据,成为无权占有,当事人一方产生返还财产请求权,可以向对方主张返还财产。对方当事人负有返还财产的义务,应当返还财产。

如果根据该合同的实际情况,已经占有的财产不能返还或者没有必要返还的,权利人可以行使折价补偿请求权,对对方当事人不能返还或者没有必要返还的财产进行折价,按照折价的数额予以补偿。一般认为,补偿不是赔偿,因而补偿的数额应当低于赔偿。这其实是一种误解。折价补偿有三种情况:第一,在通常的情况下,折价就是不能返还或者没有必要返还的财产的折价数额,如实补偿;返还财产如果是所有物返还时,返还范围为受领给付时的价值额,应当如数返还。[23] 第二,如果折价数额高于该财产的市价,则补偿的数额将会高于财产的市价。例如侵占他人名贵邮票不能返还,考虑到该珍贵邮票的升值空间,补偿的数额应当高于该邮票的市价数额[24];第三,如果返还财产由于原物不存在而变为不当得利返还时,返还范围以现存利益为限,除非返还义务人为恶意。[25]

返还财产具有物权效力,即优先于普通债权的效力。如果返还义务人的财产不足以清偿数个并存的债权时,返还权利人能够优先于其他人而获得财产返还。如果原物不存在而变为折价补偿时,则无此效果。[26]

(三) 赔偿损失请求权

合同无效行为造成一方或者双方财产损失构成损害赔偿责任的,发生损害赔偿请求权。

1. 一方过错造成损失的赔偿请求权

(1) 一方过错造成对方损失的赔偿请求权。合同无效,一方当事人有过错,造成了对方当事人的财产损害,受害一方当事人享有损害赔偿请求权,可以主张对方当事

---

[23] 参见崔建远主编:《合同法》,法律出版社 2010 年版,第 122 页。
[24] 该案例的具体案情请参见杨立新:《侵权法论》(上卷),人民法院出版社 2013 年版,第 279 页。
[25] 参见崔建远主编:《合同法》,法律出版社 2010 年版,第 122 页。
[26] 参见崔建远主编:《合同法》,法律出版社 2010 年版,第 122 页。

人承担财产损害赔偿责任。财产损害赔偿的范围,应当以合同无效造成的实际损失为准。

这种损害赔偿的实际数额,可以高于缔约过失责任的损害赔偿数额,因为缔约过失责任的损害赔偿仅仅是信赖利益损失的赔偿,而合同无效责任的损害赔偿是实际损失的赔偿。同时,合同无效的损害赔偿责任请求权不能高于违约责任损害赔偿的限额,因为合同无效责任不包括合同履行后可以获得的预期利益的赔偿。因此,合同无效损害赔偿责任的范围,应当是在信赖利益以上、预期利益以下的实际损失赔偿。

(2)一方过错造成双方损失的赔偿请求权。在合同无效责任中,一方过错造成双方当事人损失的,由于自己的过错造成自己的损失应当责任自担,因而对自己的损失无权请求对方赔偿,只有由受到损害的对方当事人对过错方享有损害赔偿请求权。其具体损害赔偿的承担方法,与一方过错造成对方损失的损害赔偿请求权的行使规则相同。

2. 双方过错的损害赔偿请求权

(1)双方过错造成一方损失。在合同无效责任中,双方过错造成一方当事人的损失,构成合同无效损害赔偿责任中的与有过失,发生过失相抵的后果。[27]《合同法》第58条后段规定的"双方都有过错的,应当各自承担相应的责任"就包含过失相抵规则的适用。

对于同一个损害结果,双方当事人都有过错的,在大陆法系称之为与有过失,即同一个损害结果是由两个过错行为造成的,加害人有过错,受害人也有过错。其法律后果是,在受害人所受损害的后果中,扣除受害人自己过错所造成的那一部分损失后,就剩余的部分即加害人的过错引起的损失部分,受害人一方享有损害赔偿请求权,对方承担损害赔偿责任。

(2)双方过错造成双方损失。在合同无效责任中,由于双方的过错造成双方的财产损失的,实际上构成了两个合同无效责任。这种情况在侵权责任法和债法中,称作相互致损,实际上是两个行为造成对方的损害。[28]对此,在司法实践中,应当按照两个合同无效责任对待,各自计算损失范围和赔偿责任,之后对损害赔偿数额的重合部分进行抵消,就剩余部分,由有责任的一方对对方承担损害赔偿责任。

3. 保证合同无效的损害赔偿责任

在合同无效责任中,有一种特殊的情形,即一个主合同和一个从合同都无效并造成损失,承担损害赔偿责任的情况。这就是"相对特定第三人无效的合同"。例如,借贷合同的主合同无效,保证的从合同也随之无效,承担损害赔偿责任的可能是一方,也可能是两方,还可能是三方。当其中一人损害,其他一方有过错而另一方没有过错的,应当由有过错的一方承担赔偿责任;当其中一人损害,其他两方当事人有过错时,

---

[27] 参见韩世远:《合同法总论》,法律出版社2012年版,第634页。
[28] 参见杨立新:《侵权法论》(下卷),人民法院出版社2013年版,第880页。

可能成立共同过错,对受害人按份或者连带承担赔偿责任;当其中一人受到损害,三方都有过错的,应当实行过失相抵,受到损害的一方对自己的过错造成的损害,应当在全部损害中予以扣除,就其他部分损害,由其他有过错的一方单独承担损害赔偿责任,或者由两方当事人承担按份责任或者连带责任。

　　如果在上述情形下,受到损害的是两方当事人或者三方当事人,则应当分别按照各自的合同无效行为进行计算,就各自的损害赔偿数额进行抵消,就剩余部分进行赔偿。

论悬赏广告[*]

关于悬赏广告问题,笔者在《"王海现象"的民法思考》一文①中曾经作过简要的分析,提出了初步的看法。最近,烟台市中级人民法院判决的王某辉诉董某帅悬赏广告纠纷案件,在理论界和实务界引起讨论。借此案,应当在理论上对悬赏广告进行深入的研究和探讨,澄清对悬赏广告的认识。

一、有关悬赏广告的典型案例

王某辉诉董某帅悬赏广告纠纷案的案情是,1996年9月21日晚,莱阳市伊达实业公司经理王某辉下班时不慎将自己的皮包遗失在某公司门口,内有手持电话机一部,现金7 100元,还有信用卡、单据、身份证和240吨化工原料的原始化验单。为了找回遗失物,王某辉打印了约20份寻物启事,张帖于街头和遗失地点周围的建筑物上,并在广播电台播出,均明确表示:"如有拾到包者;愿酬谢人民币1万元;有提供线索者,愿酬谢人民币3 000元。"董某帅拾得该皮包,称另有人拾得皮包,自己是提供线索者,要王某辉支付1.3万元,王某辉只同意给1万元。双方多次协商未成。王某辉报警,公安机关传唤董某帅,并将董拾得的皮包等物扣押,并以敲诈勒索为由对董予以行政处罚。1996年12月19日,董某帅向莱阳市人民法院起诉,请求伊达实业公司履行付酬义务。一审判决认为,被告发出寻物启事,明示了对捡到者的酬金数额,属于内容合法的悬赏广告,应当履行;原告捡到包后又得知寻物启事的内容,即与被告联系并核对实物,是该广告的相对人,有权利享受酬金。双方就酬金数额的争论属于民事法律关系范畴,不能认定为敲诈勒索。判决原告将拾得物归还被告,被告按约给付原告酬金1万元。王某辉不服上诉。烟台市中级人民法院二审依据《民法通则》第79条第2款关于"拾得遗失物、漂流物或者失散的饲养动物,应当归还失主,因此而支出的费用由失主偿还"的规定,认为遗失物的拾得人负有将拾得物归还失主的法定义务,没有向遗失人请求报酬的权利,故判决:撤销莱阳市人民法院的一审判决,驳回董某帅要求王某辉给付1万元酬金的诉讼请求。②

---

* 本文发表在《杨立新民法讲义·债权法》,人民法院出版社2009年版,第13页以下。
① 参见杨立新:《民商法判解研究》(第10辑),吉林人民出版社1999年版,第195页。
② 参见《检察日报》1997年11月15日第3版,以及《中国妇女报》《海口晚报》的相关报道。

近几年来,悬赏广告纠纷案件并非仅此一例,另外相关的案例还有:

(1)原告于1996年3月5日丢失一个提包,内有现金10万元,各种票据等计款8万余元,发现后,立即在电视台和有线广播电台连续播发寻物启事,声称对拾到并归还者给付1.5万元报酬。10天后,被告在回家的路上拾到该提包,当即前往原告指定的地点,要求原告在接受提包的时候,必须兑现给付1.5万元的承诺。原告否认自己的承诺,只同意给付2 000元;经有关部门调解,原告只同意给付1万元,故被告以原告不兑现承诺给付1.5万元为由,坚持不返还提包。原告向法院起诉。法院判决原告给付被告1.5万元,被告将拾得的提包返还原告。

(2)1996年1月,安徽汇通商厦与合肥市百货大楼等商家共同发起"坚决不卖假货"的倡议书,公开承诺"商品计量,少一罚十;商品质量,假一罚十"。消费者王志明到该商厦知假买假,在取得了购买的商品确系假货的证据后,向汇通商厦索赔,被拒绝,后向合肥市市中区法院起诉,要求汇通商厦给予货款价格十倍的赔偿。一审法院认为,汇通商厦知假售假,应当依法承担相应的法律责任,但是,关于商品质量假一罚十的承诺违反有关法律的规定,不具有法律上的效力,故原告的诉讼请求不能予以支持,只能依照法律规定进行赔偿。原告、被告均不服上诉。合肥市中级人民法院认定汇通商厦的销售行为合法,没有以假冒伪劣产品侵犯消费者的合法权益,因此对原告的诉讼请求不予支持,仅判决汇通商厦返还原告的购物款及利息。③

在本文讨论的案例和前一个案例中,毫无疑问,其性质是悬赏广告。但是有关法院的判决结果,却是完全不同的。一种结果是认其为悬赏广告性质;另一种结果却认为按照《民法通则》规定,拾得物应当交还遗失人,而且这种义务是法定义务,而法律没有关于悬赏广告的规定,因而判决归还原物,不得依此索要酬金。这两种判决结果表明了司法实践对悬赏广告纠纷法律适用认识的分歧。但是在理论上和实务上,作为通说,是承认悬赏广告的性质的。

至于"假一罚十""承诺"案件的性质,有的认为仍属于《消费者权益保护法》第49条规定的范围,理由是,该法关于增加一倍的赔偿,虽然没有明确讲是最低赔偿线,但按照保护消费者权益的立法原意,本条属于授权性规范,应理解为最低不低于一倍的赔偿④;也有的认为"假一罚十"的"承诺"是一种悬赏广告,它另有希望公众予以监督、捉假之意,当消费者购买了假商品,即意味着实现了悬赏广告中所提出的条件,也即对对方发出的要约予以承诺,则悬赏者应按"承诺"兑现。⑤

究竟应当怎样认识和处理悬赏广告纠纷案件,在民商法的理论和实务中,是一个重要的问题。尤其在立法还没有对悬赏广告作出明确的规定以前,对悬赏广告作深入、细致的分析和研究,无疑是有重要意义的。

---

③ 参见《检察日报》1997年3月20日第1090期第1版。
④ 参见《检察日报》1997年3月20日第1090期第1版。
⑤ 参见《检察日报》1997年3月20日第1090期第1版。这里的承诺,并不是合同法中的承诺,在悬赏广告中,这里所说的承诺,正是悬赏广告的要约。

二、应否承认悬赏广告的合法性以及对悬赏广告性质的不同看法

(一)应否承认悬赏广告的合法性

对于悬赏广告,主要国家的民商事立法均予承认。在我国,《民法通则》对悬赏广告没有作出规定,但是,《民法通则》和其他民事立法中也没有禁止悬赏广告的规定。在实践中,政府机关也有实施悬赏广告行为的,在打假中,就有"打一奖一"的悬赏广告,应征人打假100万元,就奖励100万元。可见,在我国,悬赏广告确实有它存在的积极意义和价值。

在司法实践中,对悬赏广告的存在价值和具体适用,绝大多数持肯定的态度。《最高人民法院公报》1995年第2期刊登了李珉诉朱晋华、李绍华悬赏广告酬金纠纷上诉案,认为广告人发出悬赏广告,实际上是向社会不特定的人发出要约,而某人一旦完成了悬赏广告中指定的行为,则是对广告人的有效承诺,就形成了债权债务关系,双方当事人受这种权利义务关系的约束,因而判决支持行为人给付悬赏广告约定给付的酬金的请求。在最高人民法院应用法学研究所编辑的《人民法院审判案例选》中,也陆续发表了数起悬赏广告的案例,法院均判决支持行为人的诉讼请求。本文讨论的第一个案例,一审法院的判决所持的理由,与这些判决所持的理由是基本相同的,均认为悬赏广告是合同性质,在悬赏广告的广告人和行为人之间产生债权债务关系,悬赏广告的广告人和行为人均受悬赏广告的内容约束。这种意见是正确的,是符合我国的实际情况的,因而是可取的。

烟台市中级人民法院的判决否认悬赏广告的依据,是《民法通则》第79条第2款。诚然,《民法通则》的这一规定是有法律效力的规定,遗失物的拾得人有义务将拾得物交还失主,这是没有疑问的。但是,在理论上和实务上有两个问题值得研究:

(1)失主在遗失财产的时候,作出了给拾得人以报酬的悬赏广告,对于这样的要约,广告人应当受其约束。这种约束,与《民法通则》的上述规定并不矛盾,拾得人有向失主归还遗失物的义务,同时也享有得到悬赏广告标明的报酬的权利;广告人享有得到遗失物的权利,同时也负有支付自己所作出承诺的报酬的义务。在这样的权利义务关系中,绝不能只强调法律的规定而否认悬赏广告的法律效力。这一判决的错误之处就在于,将《民法通则》第79条第2款规定与悬赏广告对立起来,认为行为人索要报酬的行为不仅于法无据,而且直接违反了《民法通则》第79条第2款的规定,是追求不正当利益。这种看法违背了民法的诚实信用原则,是不可取的。

(2)《民法通则》在规定拾得遗失物、漂流物的民事责任中,亦有不尽完善、不尽合理之处。在我国古代立法和国外的民事立法中,对拾得遗失物等财产的责任,多作给予奖赏的规定,即拾得遗失物等财产,在将原物归还失主的时候,失主应当给予拾得人以适当的奖金或者报酬;如果无失主认领,则将遗失物一半归公,一半充赏。这样的做法,对拾得人不将拾得物占为己有的行为是一种鼓励,具有进步的社会意义。

我国《民法通则》现行规定表面看起来是提倡拾金不昧的公共道德,实际上的社会效果并不如其所料,倒有引导拾得人占有拾得物的消极意义,那就是将拾得物交还失主拾得人得不到任何利益,倒不如占为己有。

依上述理由,烟台市中级人民法院的这一判决将《民法通则》的规定与悬赏广告对立起来,是不符合立法本意和社会实际情况的。在"假一罚十"的承诺的案件中,也应当维护商家承诺的严肃性和正常的交易秩序,不得随意否定悬赏广告的法律效力。法院判决轻易否定了悬赏广告的法律效力,其消极的社会意义,在于否定了民法的诚实信用原则和民事流转的正常秩序。相反,承认悬赏广告的合法性,对拾金不昧的行为予以积极的鼓励,有利于鼓励公民和法人遵守社会主义公共道德,遵守诚实守信的民法原则,维护社会正常的秩序,因而是有积极的意义的。

应予注意的是,2007 年颁布的《物权法》对这一问题进行了明确规定,该法第 112 条第 2 款规定:"权利人悬赏寻找遗失物的,领取遗失物时应当按照承诺履行义务。"审判实践中,法院应当依法支持拾得人依据悬赏广告提出的要求遗失人履行承诺义务的诉讼请求。

(二) 如何认识悬赏广告的法律性质

在法律上对悬赏广告的性质怎样确定,有不同的看法。

第一种意见认为,悬赏广告的性质是契约,即合同性质。悬赏广告是广告人以不特定的多数人为对象所发出的要约,只要某人完成指定的行为即构成承诺,双方成立合同。完成广告行为的人享有报酬请求权,广告人负有按照悬赏广告的约定支付报酬的义务。这种主张是多数学者的意见,在实务上,大多数人采纳这样的主张。⑥

第二种意见认为,悬赏广告的性质是单独行为或者叫做单方法律行为,而不是合同。这种主张认为,悬赏广告是一种单方法律行为,广告人对完成一定行为的人单方面负有支付报酬的义务,而不需要完成行为的人作出有效的承诺。其理由是:第一,采用单方法律行为说,只要广告人发出了悬赏广告,不需要他人作出同意即能发生法律效力,广告人应当受到广告的约束;如果行为人不知道广告人发出了悬赏广告而完成了广告中指定的行为,该人仍能取得对广告人的报酬请求权,而广告人不得以该人不知广告的内容为由而拒付报酬;同时广告人应受广告的约束,悬赏广告一经发出,不得随意撤回。第二,可以使限制民事行为能力人和无民事行为能力人在完成广告所指定的行为后,也可以对广告人享有报酬请求权。第三,任何人完成广告中所指定的行为都将是一种事实行为,而不是具有法律意义的承诺行为,这样只要行为人完成了广告指定的行为即享有报酬请求权,而不必准确地判定在什么情况下有效承诺的存在以及承诺的时间等问题,可以极大地减轻行为人在求偿时的举证负担。第四,采用单方法律行为说的主张,可以避免行为人享有同时履行抗辩权,避免行为人在对方

---

⑥ 参见《最高人民法院公报》1995 年第 2 期。

不履行给付报酬的时候,拒绝完成广告指定行为的成果的弊端。⑦

第三种意见认为,对悬赏广告的性质专门认定为合同性质,或者专门认定为单独法律行为,均有不足。将符合合同调整的悬赏广告作为合同对待,将不符合合同特征的悬赏广告作为单独法律行为对待,就更能够处理好悬赏广告的各种纠纷。日本学者认为,民法上将悬赏广告规定在合同的章节中,但另外还承认作为单独行为的悬赏广告,且这样的情况更多些。⑧

以上各种主张的视点和角度各有不同,在实行中,亦各有解决各自矛盾的办法。按照笔者的看法,首先,对同一种悬赏广告的行为采用两种不同的性质来认定这种折中的方法,无论在理论上还是在实务上,都是很繁琐的,且不实用。其次,将悬赏广告认定为单方法律行为,虽然可以避免将其认定为合同性质所存在的麻烦问题,但是,在立法体例上和民法学的理论体系的构建上,均有一定的困难,在立法上,不把悬赏广告置于债编,就要置于另外一个位置上,而这样做,对于整个民法的结构有所破坏。同样,在构建民法学的理论体系上,也存在这样的问题。因此,认定悬赏广告为合同性质,更有合理性。

(三)对契约说主张的进一步完善

笔者主张按照多数人的意见,仍采契约说的主张,认定悬赏广告的性质为合同。在这样的基础上,对于契约说存在的问题,在理论上加以研究,提出完善的办法。

(1)对于不知道悬赏广告内容的行为人应否将其行为认定为承诺的问题,可以作出特别的规定,加以解决。例如《德国民法典》第657条规定:"通过公开的通告,对完成某行为,特别是对产生结果悬赏的人,有向完成此行为的人给付报酬的义务,即使行为人完成行为时,未考虑到此悬赏广告者,亦同。"在这一规定中,"即使行为人完成行为时,未考虑到此悬赏广告者,亦同"的规定,显然是解决这一问题的最佳方法。这样,就避免了由于行为人在完成悬赏行为时不知悬赏广告内容而广告人拒绝给付报酬的问题。

(2)对于无民事行为能力人和限制民事行为能力人完成悬赏行为,行为人缺少合同主体资格的问题。对此,可以对悬赏广告合同的主体作出放宽条件的要求,不适用对于合同主体资格的一般要求,不要求悬赏广告的行为人必须具备完全的民事行为能力,只要具备民事权利能力,且具有一定的识别能力,就具有悬赏广告行为人的资格,因而,凡是完成悬赏行为的人,都具有悬赏广告应征人的资格,都享有悬赏广告的报酬请求权。

(3)对于确定悬赏广告的承诺的困难,可以不作特别的规定,避免对悬赏广告的承诺限制过严而使行为人的利益受到影响。凡是完成悬赏广告所指定的行为的,一

---

⑦ 参见王利明:《疑难合同案例研究》(第1辑),中国人民大学法学院高级法官班、研究生教材,1996年内部版,第12—13页。

⑧ 参见〔日〕《新版新法律学辞典》(中文版),中国政法大学出版社1991年版,第246—247页。

律认定为有效的承诺,将行为作为承诺的判断标准。至于承诺的时间,则不必细较锱铢,只要广告人发出了悬赏广告,无论行为人是在发出悬赏广告之前,还是之后,都认其有效。

(4)怎样对待悬赏广告的行为人的同时履行抗辩权问题。应当确认,悬赏广告的行为人不享有同时履行抗辩权,不能因为广告人不履行给付酬金的义务而拒绝履行悬赏行为的结果,因为这种抗辩权与《民法通则》第79条第2款的规定相悖。但是,广告人取得悬赏行为的结果以后即违约的现象是很常见的,对此,也应当有相应的对策。笔者的意见是,对悬赏广告的行为人赋予悬赏报酬请求权,即可解决这样的问题。只要行为人完成了悬赏广告指定的行为,行为人就享有取得报酬的权利,如果行为人完成了悬赏行为,并将悬赏行为的结果交付广告人,广告人就应当给付报酬,拒绝履行的,行为人可以依法起诉。人民法院应当支持行为人的正当要求。

《物权法》在遗失物的规则中规定了悬赏广告的效力问题,第112条第2款规定:"权利人悬赏寻找遗失物的,领取遗失物时应当按照承诺履行义务。"这是从拾得遗失物的角度规定悬赏广告的广告人应当兑现承诺,对悬赏广告的性质没有涉及。2009年5月13日实施的最高人民法院《关于适用〈中华人民共和国合同法〉若干问题的解释(二)》第3条规定:"悬赏人以公开方式声明对完成一定行为的人支付报酬,完成特定行为的人请求悬赏人支付报酬的,人民法院依法予以支持。但悬赏有合同法第五十二条规定情形的除外。"这是我国法律和司法解释第一次全面规定悬赏广告及其效果,规定的内容是全面的。至于悬赏广告的性质问题,在条文中似乎没有明说,但根据本条解释是规定在适用《合同法》的司法解释中规定的,从这个角度观察,最高人民法院的立场是明确的,即承认悬赏广告的合同性质。这与最高人民法院一直以来所持的意见是一致的。

看来,确认悬赏广告的性质采契约说,认定悬赏广告为合同性质,是有充分根据的。

三、关于悬赏广告的概念和效力

(一)悬赏广告的概念

关于悬赏广告的概念,民法学界研究得不多,一般认为悬赏广告,是指广告人以公开广告(广告声明)方法对完成一定行为的人给予报酬的意思表示。⑨

对于这样的界定,不无研究的必要。

(1)将悬赏广告界定为广告人的意思表示,采纳的是单方法律行为的主张,不是采用契约说的观点。按照契约说的观点,应当将悬赏广告界定为广告人和行为人的意思表示一致的协议。只有这样,才能体现出悬赏广告的契约性质。

---

⑨ 参见佟柔主编:《中华法学大辞典·民法学卷》,中国检察出版社1995年版,第735页。

(2)悬赏广告既然是合同,这种合同的当事人必然是双方,一方是权利主体,即行为人,另一方是义务主体,即广告人。双方当事人相互对应,形成相对的民事法律关系,即合同关系。按照这样的主张,悬赏广告就不是一方当事人即广告人的意思表示,不是由一方当事人构成悬赏广告的法律关系。

(3)悬赏广告在当事人之间产生相应的法律效果,即在当事人之间发生权利义务关系,双方当事人均受悬赏广告合同关系的拘束。按照悬赏广告的一般原理,悬赏广告一经发出,即具有与一般的要约相同的效力,只要行为人完成悬赏广告所要求的行为,只要悬赏广告没有被有效地撤销,即为有效的承诺,并且为有效的履约行为,悬赏人就必须实现其要约所确定的给付报酬的义务。

因此,更准确地说,悬赏广告是广告人以公开广告的形式要约完成一定的行为并给付一定报酬,行为人以完成该种行为为承诺后,有权获得该报酬的特殊合同形式。

(二)悬赏广告的法律特征

悬赏广告具有以下法律特征:

(1)悬赏广告合同以广告方式为要约的要件,因而是要式行为。悬赏广告既然是合同,当然需有要约的要件。悬赏广告的要约与一般合同的要约不同,必须以广告的方式为之。悬赏广告的要约一经发出,即产生悬赏要约的拘束力,广告人不得任意撤回。在《德国民法典》中,将广告方式规定为"通过公开的通告",并且要求悬赏广告只有在完成行为之前撤回,撤回限于与悬赏广告同样的方式通告或以特殊通知为之者,始为有效。[⑩] 这些规定应当参照。当悬赏广告被撤回之前行为人完成了悬赏行为的,视为行为人已经承诺,对广告人具有拘束力。当悬赏广告人要求撤回悬赏要约时,广告人必须在悬赏行为完成之前,以有效的、与悬赏广告同样的方式通告或者特殊通知,否则无效。王某辉以广播和文字广告的方式为悬赏,符合悬赏广告的要式行为的要求。在董某帅完成了悬赏行为之后,王某辉拒绝给付悬赏报酬,为违约行为。安徽汇通商厦等一些商家协力打假,公开向广大消费者"承诺"不卖假货,庄重"承诺""假一罚十",这也符合悬赏广告的广告方式的特征。

(2)悬赏广告是实践性的有赏行为。[⑪]首先,悬赏广告是实践性合同,而不是诺成性合同。悬赏广告合同的实践性,主要表现在其承诺要件为行为人完成悬赏行为。悬赏行为一经完成,合同即有效承诺,并已经履行完毕。其特点,就是承诺和履行同时完成,实际上承诺和履行是一个行为。这一特征与任何合同都不相同。其次,悬赏广告是有赏的合同,其性质是有偿合同。所谓的有赏,就是约定报酬,对于完成悬赏行为的人,按照要约确定的数额给付酬金。没有酬金的"悬赏"不是悬赏广告。再次,悬赏广告的报酬数额是确定的,按照实际情况,这种确定有两种形式:第一种是确定的报酬只有一份,因为悬赏的行为只有一个。如王某辉悬赏交回皮包者报酬1万元,

---

⑩ 参见该法第657条和第658条。
⑪ 参见佟柔主编:《中华法学大辞典·民法学卷》,中国检察出版社1995年版,第735页。

提供线索者报酬3 000元,这是悬赏两个行为给付两个报酬,数额都是确定的。第二种悬赏的行为是确定的,但是悬赏行为的数量是不确定的,因此,报酬数额的数额确定而份数不确定,例如汇通商厦等商家"承诺"的内容包括对商品计量,少一罚十;商品质量,假一罚十;商品价格,暴一罚十。消费者只要发现计量、质量和价格方面有一个方面有假,商家就给予其十倍的奖励。这十倍的奖励,就是悬赏广告人声明对完成打假行为人所给予的报酬,悬赏报酬的数额是十倍,以打假的数量为标准。这种形式,实际上是未定数目的若干个悬赏行为的集合,并不是一个悬赏广告合同关系。

(3)悬赏广告是向不特定的任何人发出。悬赏广告合同的主体特征,是广告人一方始终是特定的,这与一般合同并没有不同。在行为人一方,在要约发出之时,不能是特定的,而是不特定的任何人,不应当有特定的指向。在行为人的范围上,可能会有限定,例如在某一学校内,或者在某些人群之中,等等。无论怎样,当悬赏行为完成之后,行为人就已经确定。正因为如此,悬赏广告才具有合同的相对性特征。在前述三个案例中,悬赏的行为人一方都不是特定的,符合悬赏广告的这一法律特征。至于行为人的资格,不应作特别的要求,凡是具有民事权利能力,有一定识别能力的人,以及任何形式的法人,都为合格的当事人。

(4)悬赏广告合同的标的,是悬赏广告中所指定的行为,简称为悬赏行为。悬赏行为应当是合法的行为,违反法律和公共秩序以及违背善良风俗的行为,不得作为悬赏行为。悬赏行为不能因为给付报酬而必须是对广告人具有经济利益的行为,即悬赏行为有无经济利益并不过问。在王某辉案件和第二个案件中,悬赏行为对于广告人都是具有直接经济利益的行为,而在"假一罚十"的案件中,悬赏行为并没有直接的经济利益,但也符合悬赏行为的要求。

(三)悬赏广告的效力

在最高人民法院《关于适用〈合同法〉若干问题的解释(二)》中,规定了悬赏广告适用合同无效的规定。按照这一解释,悬赏广告无效的事由是:①一方以欺诈、胁迫的手段订立的合同,损害国家利益的;②恶意串通,损害国家、集体或者第三人利益的;③以合法形式掩盖非法目的的;④损害社会公共利益的;⑤违反法律、行政法规的强制性规定的。凡是具备这样的事由的悬赏广告,都绝对无效。

在这些事由中,欺诈、胁迫进行悬赏广告,损害国家利益的,应当认定为无效,但悬赏广告通常并不是合意订立,胁迫并不多见;悬赏广告多为欺诈,并且损害国家利益,应当认定为悬赏广告无效。恶意串通,在悬赏广告中出现的可能性不多,因为悬赏广告本身是单方的行为,通常缺少合意,如果当事人进行串通,就不构成悬赏广告。其他三种无效事由,都可以适用于悬赏广告的效力认定上。

四、悬赏广告的权利义务关系

悬赏广告的权利义务关系,就是悬赏广告的法律效果。当悬赏广告合同有效成立之后,在广告人和行为人之间产生相应的权利和义务。

(一)广告人的权利和义务

1. 广告人的权利

(1)接受行为人完成悬赏行为的成果。在悬赏广告中,合同标的注重的是悬赏行为的结果,而不是悬赏行为的过程。要求行为人在完成悬赏行为的时候,必须将这一行为的成果交付给广告人,否则,只实施了悬赏行为的过程而没有实现悬赏行为所要求的结果,等于没有完成悬赏行为。广告人接受悬赏行为成果,有权利查验悬赏行为成果的完整性和完善性,对于不符合悬赏要求的成果,有权提出异议。衡量悬赏行为成果的标准,应当以悬赏广告的内容为准,悬赏广告没有明示成果标准的,按照确有根据的标准确认,以防止广告人借机推卸支付报酬的义务。

(2)悬赏广告要约发出后广告人享有撤销权。悬赏广告既然为广告人所发出,广告人就有权撤销,可以基于广告人的实际需要,由广告人以意思表示而撤销。这种撤销权的行使,须在行为人完成悬赏行为之前为之,悬赏行为完成以后表示撤销的,悬赏广告仍然有效。撤销悬赏广告须符合形式要求,应当采取悬赏广告的同一方式进行,或者采取多数人能够知道的方式进行。撤销悬赏广告的行为符合要求,即发生撤销的效力,视为自始无广告,在有效的撤销行为之后完成的悬赏行为,则不发生悬赏广告的效力。许诺"假一罚十"的商家,在其"承诺"时,是有悬赏打假的勇气的。但是,在其真正要履行自己的诺言的时候,发现自己的"承诺"过于严苛,因而予以反悔,这等于是撤销悬赏广告。依据上述原理,悬赏广告不是不能撤销,而是撤销应当在应征人完成其悬赏广告指定的行为之前实施。悬赏人在行为人已经完成指定的行为之后反悔,要求撤销悬赏广告,是不具有撤销悬赏广告的效力的。"承诺"的商家可以对以后的悬赏予以撤销,但对已经完成的悬赏行为,不具有拘束力。

2. 广告人的义务

(1)按照悬赏广告的内容,对行为人给付应当给付的报酬。一般认为,悬赏报酬应当是财产或者财产利益,也有的认为悬赏报酬不仅包括财产和财产利益,而且也包括精神鼓励或者精神利益。[12]笔者认为,悬赏报酬的内容,应当依悬赏广告的内容确定,一般应当是财产或者财产利益。如果悬赏广告的内容就是指定的精神鼓励或者精神利益,亦未尝不可。给付悬赏报酬,应当向行为人支付。

悬赏报酬,实际上是确定的,即悬赏的报酬只有一份,而不是不特定的份额。在悬赏广告没有撤销的情况下,数人完成悬赏广告指定的行为的,其处理的规则是:①有数人完成悬赏行为,且可以确定完成行为的先后顺序时,报酬应归于首先完成此行为的人。②数人同时完成此行为时,各取得报酬相等的一部分;如果报酬因其性质为不可分割,或按悬赏广告的内容仅可由一个取得者,由抽签确定由谁获得报酬。③数人合作取得悬赏所约定的结果的时候,悬赏人应将报酬,考虑各人参加于取得结

---

[12] 参见佟柔主编:《中华法学大辞典·民法学卷》,中国检察出版社1995年版,第735页。

果所起的作用,按公平原则衡量,分配给个人;如果分配显然不公平时,没有拘束力,应当由法院判决确定分配。④合作完成此行为,如果行为人中的一人不承认分配有拘束力时,悬赏人在行为人之间自己对其权利的争执最后解决之前,有权拒绝履行义务;但各行为人均得为全体行为人请求将报酬提存。⑬在王某辉案件中,王某辉在悬赏广告中分别指定了两个悬赏行为,给付两个悬赏报酬,即各为1万元和3 000元。董某帅在完成悬赏行为后所主张的两份报酬,实际上是假借完成了悬赏广告中指定的两个悬赏行为,有一定的欺诈性,并不是两个人完成同一个悬赏行为。对此,王某辉提出异议,只同意履行1万元的义务,是合理的。但是,其在上诉中不同意履行悬赏报酬的义务,是对给付悬赏报酬义务的违反,法院不应当支持这种违约行为。

在"假一罚十"的"承诺"中,原则上是对任何一个打假者都许诺给予报酬,这与悬赏广告的只有一份报酬的情况是不同的。缺少悬赏报酬确定的特点,"假一罚十"的承诺是否就不是悬赏广告了呢?笔者认为,"假一罚十"具备悬赏广告的主要的、基本的特征,从其本质属性上看,是悬赏广告的性质;其中悬赏的报酬问题,其数量与悬赏广告的要求略有不同,但不影响"假一罚十""承诺"的悬赏广告的基本性质的确定,应当将"假一罚十""承诺"的性质界定为悬赏广告。对此,应当在悬赏广告有效存在的期间,凡是完成打假行为的行为人,广告人都应当对其给付指定的悬赏报酬。

(2)撤销悬赏广告的赔偿义务。广告人对于悬赏要约负有信守义务。悬赏广告一经发出,广告人就应当信守自己在广告中指定的各项要约,除悬赏广告已经被广告人有效撤销外,不得任意毁约。悬赏广告撤销给行为人造成损害的,应否给予赔偿,有两种不同的立法例。一是德国法和日本法的立法例,规定如果广告人明知行为人已经着手或者准备着手实施悬赏行为,而以加损害于该行为人为目的撤销悬赏广告者,构成侵权行为,应当按照侵权行为法的规定,对受害人予以损害赔偿。不构成侵权行为的,不予赔偿。二是瑞士等国的立法例,规定除广告人证明行为人不能完成其行为外,对行为人因该广告善意所受的损害负赔偿责任,但以不超过预定的赔偿额为限。赔偿范围为损害的消极利益,包括为完成悬赏行为准备或者着手所支出的费用及所用的劳动时间。对此,我国的司法实践应当采纳德国法和日本法的意见,即构成侵权行为的,才可予以赔偿,对于一般的为完成悬赏行为而支出的费用等,不应赔偿。因为行为人的准备或者着手,都是悬赏行为的过程,而不是悬赏行为的成果。而悬赏广告的有效承诺,应以交付悬赏行为的成果为准。悬赏行为的成果没有交付,就还没有构成有效的承诺,悬赏广告合同就没有有效成立,对此,不能适用缔约过失责任。

(二)行为人的义务

1. 行为人的义务

参见《德国民法典》第659条和660条。

(1)完成悬赏行为的义务。在悬赏广告合同中,行为人的最主要的义务,就是完

---

⑬ 参见《德国民法典》第659条和第660条。

成悬赏行为。由于悬赏广告合同的特殊性,行为人的承诺行为和履行的义务是一致的,即完成悬赏行为既是对悬赏广告合同的承诺,又是履行合同义务的行为。行为人履行这一义务,是一个完整的过程,即要有一个准备、着手、实施和交付的完整过程。对于这样的行为,法律要求的主要不是其过程的完整性,而是着眼于行为的后果,即悬赏行为的后果,行为人应当将悬赏行为的成果交付于广告人,使广告人因此而实现悬赏广告的目的,这样,行为人才算完整地履行了自己的义务。

(2)不得扣押悬赏行为成果的义务。悬赏广告合同是一种特殊的合同形式,其中包括行为人一方不得行使同时履行抗辩权。其含义是,行为人在完成了悬赏行为之后,不能因为广告人不履行悬赏报酬义务而扣押悬赏行为的成果。例如,本文所讨论的案例,行为人在广告人拒绝履行悬赏报酬的义务时,拒绝将拾到的提包交还给广告人。这是不符合法律要求的,等于是在行使同时履行抗辩权。这样的做法侵害了广告人的合法财产所有权,拒不返还的,构成侵权行为。将不得扣押悬赏行为的成果作为行为人的义务,就将同时履行抗辩权排斥在悬赏广告合同的效力之外,对保护广告人的合法财产所有权是确有必要的。

2. 行为人的权利

(1)悬赏报酬请求权。行为人在完成了悬赏行为后,有权向广告人请求悬赏报酬。这种请求权的内容与广告人的给付悬赏报酬的义务相一致,不必赘述。应当说明的是,这种权利是实体权利,行为人可以直接向广告人行使,要求广告人按照悬赏广告确定的报酬数额给付;也可以向法院起诉,由法院判决广告人承担履行悬赏报酬的责任。合作完成悬赏行为的,悬赏报酬请求权是连带债权,任何一个连带债权人都可以起诉,也可以共同起诉。数人完成悬赏行为的,最先完成悬赏行为的行为人享有悬赏报酬请求权;在没有查清数人谁为最先完成者,完成悬赏行为的人都可以起诉,各自负责举证,由法院判断谁为最先完成者。数人同时完成悬赏行为的,各行为人均享有按照份额取得悬赏报酬的请求权。

(2)广告人实施欺诈行为的损害赔偿请求权。广告人在悬赏广告通告以后恶意撤销,给行为人造成损害的,行为人有损害赔偿请求权。这种请求权的产生,源于侵权行为,即广告人的恶意撤销须构成侵权行为,基于这种侵权行为,行为人作为该侵权行为的受害人,享有损害赔偿请求权。赔偿的范围,应以财产的实际损失为限。请求权行使的时限,应受侵权行为的一般诉讼时效约束。

五、优等悬赏广告

(一)优等悬赏广告的概念和意义

优等悬赏广告,是指广告人以广告的方式,声明对在一定期间完成指定行为的数人中的优等行为人给付报酬,对其他完成指定行为的人不给付报酬的悬赏广告。

一般的悬赏广告只要行为人完成指定的行为,即可取得相应的报酬请求权。但是,在现实生活中,也存在广告人对行为的完成优劣加以评判,并对优等行为人给予报酬的情形。例如,对各种参加人主动申报的评奖活动、各种比赛等。这种做法对于鼓励竞争、激励数个行为人尽力完成行为、推动科学文化的发展和社会进步,都具有重要意义。[14] 因此,确认优等悬赏广告,对其进行法律的规制,是完全必要的。

(二)优等悬赏广告的规则

《民法通则》没有规定悬赏广告,当然也没有对优等悬赏广告规定规则。对此,最值得借鉴的是《日本民法典》的第 532 条。该条规定:"(1)完成广告所定行为者有数人,而只能给予其中优等人以报酬时,以定应募期间者为限,该广告为有效。(2)于前款情形,由广告中所定之人判定应募人中何人的行为为优等。如广告中未定判定人,则由广告人予以判定。(3)应募人对前款判定,不得述其异议。(4)数人的行为被判定为同等时,准用前条第 2 款的规定。"前条第 2 款即第 531 条第 2 款的内容是:"数人同时完成上述行为时,各有以均等比例受报酬的权利。但是,报酬的性质不便分割,或广告中载明只能有一人受报酬时,则以抽签的方法确定应受报酬者。"此外,《德国民法典》第 661 条、我国台湾地区"民法"第 165 - 1 条、第 165 - 2 条和第 165 - 3 条也有类似的规定。

1. 优等悬赏广告应当规定应募期间

在优等悬赏广告中必须规定应募期间。只有在应募期间完成指定行为的人,才有资格申请评定为优等行为人。如果悬赏广告没有规定应募期间,则无法确定行为人的范围,因此不构成优等悬赏广告。

2. 优等行为人的评定规则

如果优等悬赏广告在应募期间只有一人完成指定行为的,则不存在优等行为人的问题。如果在悬赏广告规定的应募期间有数人完成指定行为的,则既然只对优等行为人产生报酬请求权,因而就势必有一个对优等行为人的评定规则,按照该规则确定优等行为人。具体规则是:第一,悬赏广告中有指定的评定人的,由该评定人评定;第二,如果悬赏广告中没有指定评定人,则应由广告人评定。

3. 优等悬赏广告仅对优等行为人给付报酬

优等悬赏广告只能对优等行为人给予报酬请求权,而不能对所有的完成指定行为的人给付报酬。对于完成指定行为的人完成行为的代价,广告人不承担后果责任。

4. 行为人对优等行为人的评定不得提出异议

由于悬赏广告是单方允诺,广告人只负有义务,不享有权利,因此,广告人在悬赏广告中确定的规则,只能按照其规定进行,行为人只能接受或者不接受。因此,对优等行为人的评定,行为人也不得提出异议。

---

[14] 参见王利明主编:《中国民法典学者建议稿及立法理由·债法总则》,法律出版社 2005 年版,第 62 页。

5. 数人的行为被判定为同等的规则

如果在优等行为人的评定之中,数人被评为优等行为人的,各优等行为人共同取得报酬请求权,有以均等比例分享报酬的权利。如果报酬的性质不便分割,或者广告中载明只能有一人受有报酬时,则以抽签的方法确定,中签者为优等行为人,获得报酬请求权。

六、结语

通过以上论述,可以得出结论,在我国的立法和司法实践中,应当确认悬赏广告存在的合法性和必要性,确认悬赏广告的性质为合同,正确认定悬赏广告合同的广告人和行为人的权利和义务,使对悬赏广告纠纷的处理纳入法制化和规范化的轨道,减少处理这类纠纷的随意性。

对于王某辉案件,广告人的广告符合悬赏广告的法律特征,是有法律效力的,在当事人之间产生相应的权利义务关系,广告人和行为人均应当受其约束。行为人在完成了悬赏行为之后,有权获得悬赏报酬,但是以广告人不履行悬赏报酬的义务而扣押悬赏标的物,是不正确的。广告人在行为人完成了悬赏行为以后,拒绝履行悬赏报酬的义务,是一种违约行为,应当承担相应的民事责任。二审法院的终审判决在适用法律上是值得研究的,确有不符合法理之处。

在"假一罚十"的案件中,应当确认其性质为悬赏广告,应当按照悬赏广告的原理处理纠纷,保护行为人的合法权益,同时也保护商家的信誉,支持群众打假的热情,维护社会主义市场经济的正常秩序。

论重大误解*

一、重大误解的历史发展及现状

重大误解也称错误、无意识的非真意表示，是使民事行为归于无效或者被撤销的一种法定原因。这一制度，有久远的历史，直至今天，仍被普遍适用。

（一）早期的重大误解

重大误解在罗马法时期被称作错误，是可能使一系列法律事实发生变化的一种重要因素。

对于错误的最基本划分，分成两种：一种是使在一定关系中法所要求的法定要件即意识或意思缺乏的错误，另一种是作为干扰性原因或因素施加影响而对于关系的法定要件来说不排除意识和意志的错误。前一种错误也称作实质性错误，后一种错误也称作非实质性错误或随生性错误。

实质性错误如某人将他人的物品误认为自己的物品出卖并交付给他人，这种情形被认为盗窃，行为人在这种非法行为中的故意因其所犯错误而被排除。实质性错误的本质要求是当法要求意识时，错误恰恰排除这种意识。它表明行为缺乏某一实质要件，或者表明存在一个改变关系结果的对立要件。

非实质性错误如某人把无行为能力的人当做具有行为能力的人，而让其担任见证人，或者把"家子"当做"家父"而向其借钱，或者当法律期限自某一事实的发生而开始计算且不明确依赖于关系人的知晓时，该关系人因不知该事实的发生，而在本应做出反应的情况下无动于衷。这种随生性错误不改变法律关系的实质，但常常因一些特殊的公平原因，根据具体情况排除或改变关系的结果，有的可予撤销，有的则被认做有效。它是逐案而定，并非一律发生行为被撤销的法律效力。[①]

在日耳曼法，注重法律行为的表面、形式和公开面貌。古日耳曼法没有虚伪法律行为这个概念，因而承认虚伪法律行为的效力，把公开作为无可争议的有效行为，而丝毫不考虑错误。[②] 因而，日耳曼法在对待错误的态度上，是与罗马法完全对立的。

---

* 本文发表在《杨立新民法讲义·债权法》，人民法院出版社 2009 年版，第 216 页以下，合作者为陈安生，选入本书时，笔者重新进行了修改整理。

① 参见〔意〕彼德罗·彭梵得：《罗马法教科书》，中国政法大学出版社 1992 年版，第 82—83 页。
② 参见沈达明等：《德意志法上的法律行为》，对外贸易教育出版社 1992 年版，第 116 页。

(二)近现代时期的重大误解

近现代民事立法,对重大误解即错误的规定不断演进,越来越严密。

法国在制定民法典时,对错误仅规定了一个条文,即第 1110 条,内容是:"错误,仅在涉及契约标的物的本质时,始构成无效的原因。如错误仅涉及当事人一方愿与之订约的他方当事人个人时,不成为无效的原因;但他方当事人个人被认为契约的主要原因时,不在此限。"法国法规定的这种错误,是主要性质错误和当事人本人错误。这一规定错误的条文,既陈旧过时,又不完整,因而法国学理和判例不得不弥补成文法的这一明显不足之处。

德国法在历史上曾受日耳曼法的影响,但自从接受罗马法开始,情况有了彻底改变,改法律行为的表示主义为意思主义,凡是由于错误,双方的真正意思不一致,就被认为没有合意而言。凡是由于错误而使意思不一致,或者存在意思表示上的错误或意思形成中的错误,法律行为一律绝对无效,即不存在。对这些情况,都被称为破坏合意的错误,其结果都是法律行为的彻底无效。③德国在制定民法典时,在总则中专列法律行为一章,对错误专门规定第 119 条:"(1)表意人所为意思表示的内容有错误时,或表意人根本无意为此种内容的意思表示者,如可以认为,表意人若知其情事并合理地考虑其情况即不为此项意思表示时,表意人得撤销其意思表示。(2)关于人的资格或物的性质的错误,交易上认为重要者,视为关于意思表示内容的错误。"对于因传达不实而为的意思表示,第 120 条规定:"意思表示因传达人或传达机关传达不实时,得按第 119 条关于因错误而为意思表示所规定的同样要件而撤销之。"《德国民法典》的规定,使关于错误的法律走上完备的阶段。

瑞士在 1911 年制定的债务法典中,对错误规定了两个条文。第 23 条规定:"合同于其成立时,陷于主要错误的,无拘束力。"第 24 条规定:"错误于下列情形下为主要错误:(1)错误者欲订立所同意的合同以外的合同;(2)错误者的意思以其所表示的物以外的物为标的;合同以特定人为目的而订立的,以其所表示的人以外的人为目的;(3)错误者约定非其意欲的非常高额的给付或非常小额的给付;(4)错误涉及以下事实状态,按照交易惯行的信誉,主张错误者得认为该事实状态为合同的必要基础之一。错误仅涉及成立合同的动机的不得作为主要错误。单纯计算上的错误不妨碍合同的拘束力,但应加以纠正。"瑞士法把错误分为主要错误和非主要错误,于错误为主要错误时,方发生对合同无拘束力的效力。同时,瑞士法把主要错误和非主要错误一一列举,具体说明,具有操作性强的特点,是值得借鉴的。

与瑞士法相反,《日本民法》对错误的规定十分简洁,即第 95 条:"意思表示,于法律行为的要素有错误时,为无效。但是,表意人有重大过失时,不得自己主张其无效。"学理上把错误分为表示上的错误、要素的错误和动机的错误,错误的效果,不是得撤销,而是无效,这一点与瑞士法的规定相同。日本法关于错误人有重大过失时,

---

③ 参见沈达明等:《德意志法上的法律行为》,对外贸易教育出版社 1992 年版,第 116 页。

不得自己主张其行为无效的规定,是值得借鉴的。

(三)我国立法的重大误解

新中国成立以后,民法学理即对意思表示错误称为重大误解。在1958年中央政法干校民法教研室编著的《中华人民共和国民法基本问题》的讲义中,就把由于发生重大误解而进行的法律行为作为可以撤销的法律行为,认为:"由于一方的过失而引起对方的错误认识,民法上便叫做'误解'。重大误解,是指有关法律行为的重大问题(例如法律行为的性质、内容等问题)上的错误了解。""由于发生重大误解而进行的法律行为,也是一种可以撤销的法律行为。"④

我国民法的这种称谓,源于原《苏俄民法典》。该法典第57条第1款规定:"因具有实质性的误解所实施的法律行为,可以根据因误解而行动的一方的起诉宣布无效。"学说认为,不是一般的任何误解,而是只有非此不足以使人决定订立契约的严重的错误认识,才能成为提出认定契约无效的根据。因而将这种误解称之为重大误解。嗣后,我国民法学说及实务一直这样称谓,至1986年正式制定《民法通则》,在第59条第1款对重大误解作出了明确的法律规定,并确认其法律效力为"一方有权请求人民法院或者仲裁机关予以变更或者撤销"。

二、重大误解的法律内涵

关于重大误解的界定,实务上和学理上有两种不同的定义。

按照最高人民法院的司法解释,行为人因对行为的性质、对方当事人、标的物的品种、质量、规格和数量等的错误认识,使行为的后果与自己的意思相悖,并造成较大损失的,可以认定为重大误解。⑤

有学者认为,所谓重大误解,也就是说行为人表达出来的意思与其真实意思存在着重大差别,并且极大地影响了当事人所应享受的权利和应承担的义务。⑥

笔者认为,这两种定义表述了重大误解的基本内涵,但从严格的意义上说,还有值得推敲之处。从更准确的意义上说,重大误解是指行为人对民事行为的内容存在不正确的、与实际情况不相符的认识或者对这些情况一无所知而做出的,与真实意思相违背的意思表示,且其关乎行为人权利、义务的重大利益。

重大误解具有以下特征:

1. 重大误解的实质是当事人内心意志的瑕疵

重大误解是行为人在对某项民事行为的有关情况一无所知或在对这些情况产生

---

④ 中央政法干部学校民法教研室编著:《中华人民共和国民法基本问题》,法律出版社1958年版,第82—83页。
⑤ 参见最高人民法院《关于贯彻执行〈中华人民共和国民法通则〉若干问题的意见(试行)》第71条。
⑥ 参见王利明等:《民法新论》(上册),中国政法大学出版社1988年版,第397页。

了不正确的、与实际不相符的认识的基础上产生的内心意志。它产生的前提基础的不正确性导致了这种内心意志有瑕疵（缺陷），因此误解的实质是当事人的一种有瑕疵的内心意志。在重大误解的情况下，当事人所作的意思表示与其意欲发生民事后果的内心意志是相吻合的，即"表里如一"。然而由于当事人在内心意志的形成过程中因外界干扰或自身的原因发生了错误，从而导致内心意志的瑕疵，即业已形成的内心意志不能反映当事人的真实意愿，如果当事人了解真实情况，就不会进行该种意思表示。

重大误解与表示上的错误有所区别。表示上的错误是指表意人由于某种原因，未能正确地表示其内心意志，如误记、误言、误传等。从意思表示形成的心理过程和构成要素，可以分析它们之间的区别。

笔者认为，重大误解的症结在第二个环节效果意思有瑕疵。在重大误解情况下所做的意思表示是表达了这种有瑕疵、非真实的效果意思，这里表示行为和这种有瑕疵的效果意思有机结合使之外化，没有错误。而表示上的错误问题在于内心意愿的外化方式，即表示行为有错误或不当，这里的内心意志是真实的，无瑕疵的，只不过由于表达方式的错误或不当而未能正确表达其内心真实意志，如将出租甲房表达成出租乙房。

对表示上的错误，我国民法未作规定，司法实践对此类行为的处理，原则上比照重大误解进行。从我国民法对误解的规定看，这种做法是有一定依据的。因为我国民法中的误解，是针对整个民事行为而言的，其解释应比较广泛，即只要行为人一方对行为的基本要件发生认识上的错误（包括纯粹由相对方非故意的意思表示不真实而发生的错误），均属于因误解而为的行为。而大多数情况下，表示上的错误如果能够成立并发生在要约方，则必然成为承诺方误解的原因。如果承诺方承诺时或双方合意时发生表示上的错误，以及单方行为中行为人意思表示的错误，其性质与误解相同，可按同样原则进行处理。

2. 重大误解是在没有受到对方或者第三人不法影响下形成的

误解是行为人非故意的，在没有受到对方或第三人不法影响下形成的。导致误解的原因非常复杂。它可以因误解本人的原因而发生（通常为疏忽大意），也可因对方或第三人的原因而发生（通常为非故意的错误陈述）。如果对方当事人用歪曲或隐瞒事实真相的方法，使对方陷入错误认识，则相对方的行为就构成了欺诈，该行为应适用民法有关因欺诈而为的民事行为的规定。最高人民法院《关于贯彻执行〈中华人民共和国民法通则〉若干问题的意见（试行）》第68条规定："一方当事人故意告知对方虚假情况，或者故意隐瞒真实情况，诱使对方当事人作出错误意思表示的，可以认定为欺诈行为。"构成欺诈既可以是积极的作为方式，也可以是消极的不作为方式。

涉及重大误解，有一个问题，即相对方当事人为恶意时，重大误解能否成立，是以欺诈论还是按重大误解处理？

首先，所谓相对方当事人为恶意是指一方发生误解，另一方明知对方是基于误解而作出意思表示,却故意不向误解方说明真实情况,并利用这种误解来抓紧进行这一符合自己利益的行为。

对这种恶意,有人认为是违背诚实信用原则的,不构成重大误解而应援引《民法通则》第58条有关无效的民事行为的规定进行处理。有人认为在相对人明知他误解而与之为民事行为的情况下,相对人的"沉默不宣"不是导致误解方发生误解的原因,因此其行为不构成欺诈,而且此类行为事实上也无法归入《民法通则》第58条所列举规定的其他无效的民事行为,故只能被视为误解而为的民事行为。还有一种观点认为这种恶意是一种消极的不作为方式(隐瞒真相)构成的欺诈,故应以欺诈论。

笔者认为,在一般情况下,单纯的"沉默不宣"并不构成欺诈,作为民事行为的一方当事人,有民事行为能力,有责任和能力调查了解自己进行的民事行为。如果一切民事交易中都要求对方当事人把一切事实真相都告诉行为人,对相对方当事人而言,未免过于苛刻,不利于保护相对人的利益,不利于维护民事交易的进行。对这种情况按重大误解处理,更为合理。但这并不是说所有的"沉默不宣"都如此。在法律、契约、交易习惯上有告知义务而不告知时,就构成欺诈。根据《产品质量法》的有关规定,出售有隐蔽瑕疵的产品,出卖人有告知的义务,如不告知则构成欺诈。再如,在耕牛市场上将一头病牛出卖,根据交易习惯,出卖人有义务将牛患病的情况告知相对人,否则构成欺诈。但明显的、公开的瑕疵,买受人自己不注意检查,则既不能称欺诈,也不宜视作误解,而应由自己负责。

在理解重大误解的第二个特征时,还有一个问题,既然误解是行为人非故意的,那么是否一定须具备过失的要件。对此《民法通则》没有明确规定。各国民事立法对这个问题的规定也不一致,大体有三种:一是误解不以无过失为要件,有过失的重大误解也可以撤销,如《瑞士债务法》;二是误解必须是以当事人没有过错为要件,有过错就是误解也不能撤销,如《日本民法》;三是因过失造成误解,不是不可以撤销,而是有过失的一方不能请求撤销,相对方可以申请撤销,如《德国民法典》。

我国法律对此未作规定。笔者认为,重大误解是一种法律规定的事实状态,误解人过失的程度与误解的构成并不相关。因此,法院在应当事人请求而确定撤销或变更行为时,没有必要查明误解一方是否有过错。但是,误解人的过失对于处理因误解而为的民事行为法律后果时,是有意义的。按照缔约过失责任原理,民事行为被确认为无效或者被撤销后,有过错的一方应当赔偿对方因此所受的损失。应当区分的是,确认重大误解与处理民事行为被撤销的后果,对过失的要求是不同的。

3. 重大误解的对象必须是民事行为的内容

民事行为的内容是指行为人所希望发生的确定当事人双方权利义务的事项。误解的对象必须是与民事行为各要素有关的事项,包括对行为的性质、标的、价格、数量、履行期、履行地点等发生误解。正确理解重大误解这一特征,下列情形一般不能构成误解:

(1)意思表示动机上的错误。意思表示动机不是构成意思表示的必备要素,它不影响意思表示的效力,因此一般不能构成误解。只有当行为人将动机以条件的形式附加于意思表示,使动机成为意思表示的内容时,行为人对动机的认识错误,才有可能构成误解。

(2)行为人对标的物价值、用途判断失误而产生的认识错误。行为人对民事行为的标的物本身并未发生误解,只是对标的物的价值估计有误,从而以远远超过标的物价值的价格购买该物,或以远远低于标的物价值的价格出卖该物。商品交换中,商品的价格可因供求关系或其他原因的影响而背离商品的价值,所以当事人对标的物的价值的判断失误,不构成重大误解。在一定条件下,上述情形可构成内容显失公平的民事行为。对标的物用途的判断失误,近似于意思表示动机的错误,也不能构成误解。

(3)当事人对其履行合同能力的认识错误。当事人过高估计其履行能力而与他人签订合同,后来发现自己根本无力履行合同义务。这种情形不属于对合同本身的内容的认识错误,故不构成重大误解。对这种情况,当事人不能履行义务应依法承担违约责任,无权以重大误解为由否认合同效力。

三、重大误解的构成及形态

(一)重大误解的构成

构成重大误解,须具备以下四个要件:

1. 须有意思表示的成立

重大误解系就意思表示而发生。如果不成立意思表示,则不发生重大误解。因而构成重大误解,必须具备成立的意思表示,欠缺意思表示时,根本不成立意思表示,就不构成重大误解。⑦确认意思表示成立,须依照意思表示成立的一般要件衡量,具备表示内心意愿的效果意思和借此使内心意愿外化的表示行为。

2. 意思表示的内容与内心的效果意思须不一致

重大误解的表意人首先应有内心的效果意思之存在,无意识的表示,没有内心的效果意思不成立误解。其次,表意人应将其意思外化为意思表示,没有表示意思而为的行为,偶然客观地有表示的价值者,均为无表示。无表示行为,亦不构成误解。再次,表意人内心的效果意思与其表示不相一致,即其意思表示的内容与内心的效果意思相悖。

3. 须表意人不知内心的效果意思与表示的不一致且欠缺认识的原因

重大误解构成的主观要件,即为此。有学者认为,重大误解一般是行为人的过失行为造成的,即由行为人不注意、不谨慎造成的。⑧但是,应当注意两点:一是过失并非

---

⑦ 参见史尚宽:《民法总论》,台北正大印书馆1980年版,第356页。
⑧ 参见王利明等:《民法新论》(上册),中国政法大学出版社1991年版,第397页。

为重大误解的构成要件,重大误解的主观要件是认识的欠缺,形成认识欠缺的原因,可能是过失,也可能是不知。二是过失的程度应当有所限制,即重大过失,超出了重大误解的主观要件范围,不构成重大误解,不产生撤销权。如《日本民法典》第95条后段所规定的,表意人有重大过失时,不得自己主张其无效。

4. 误解须为重大

所谓误解重大,是指行为人表达出来的意思与其真实意愿存在重大差别,并且极大影响了当事人所应享受的权利和应承担的义务。具体确定重大误解,要分别当事人所误解的不同情况,考虑当事人的状况、活动性质、交易习惯等各方面的因素来确定。确定误解重大的简洁标准,是表意人因此而受到或者可能受到较大利益损失。最高人民法院《关于贯彻执行〈中华人民共和国民法通则〉若干问题的意见(试行)》第71条规定,"造成较大损失"为重大误解的必备要件,有一定的片面性。造成较大损失固然可以构成重大误解,但尚未造成较大损失,但其因误解而可能受到较大利益损失的,也构成重大误解。因而在适用这一条司法解释时,应当注意避免其中的片面性。

具备上述四个要件,即构成重大误解。

(二) 重大误解的形态

关于重大误解的形态,各国和地区立法和学理解释各不相同。《瑞士债务法》第24条规定的内容,是立法规定重大误解最为详细者。根据我国的司法实践,以下四种误解,是重大误解的表现形态:

1. 行为人对行为本身性质的误解

民事行为性质不同,不同性质的民事行为有着不同的法律后果。倘若行为人本欲实施某种性质的行为,由于错误的认识而实施了另一种性质的行为,如把租赁当做买卖,把借贷误做赠与,凡此种种,应视作重大误解。值得注意的是,此类误解的适用范围实际上是很狭小的。其原因有二:一是作为民事行为的主体是具有正常的理解和判断能力的成年人,对他所从事的民事行为性质误解的可能性是较小的;二是即使由于疏忽大意发生了误解,他也极难在法庭上举证。

2. 对相对方当事人的误解

包括对当事人身份、能力、技能和资信等情况的误解。一般情况下,对相对方当事人的选择不会对民事行为的结果发生重大影响,故通常不影响民事行为的效力。但是,如果相对方的特定身份已成为民事行为的实质性要素,或者相对方当事人的确定对民事行为具有特别重要的意义,那么相对方当事人的误解就可构成重大误解。如赠与行为中,特定的受赠人对于该行为的发生事关重大;又如在某些以处理事务或提供劳务为标的的行为中,当事人的身份、资历、能力、技术水平或信誉等,对行为的成立都具有重大意义。

3. 对标的物质量的误解

标的物质量所包含的意义不但指物品的优劣,而且包括物品的性质、性能和特点甚至于价值等基本属性。对标的物质量发生误解,各国立法一般都有限制性规定:大陆法系国家的民法多规定当事人对标的物质量的误解,只有"交易上认为重要者",才能视为重大误解;英美国家的法律中,对标的物质量的误解,除非当事人将标的物质量要求作为合同的内容,否则便视为人动机上的错误。例如:在双方误解的情况下,将赝品当真迹出售,将钻石当普通石头出售等,均具有法律效力。只有在当事人对标的物质量发生严重误解或根本性误解时,才可导致合同的撤销。⑨ 最高人民法院《关于贯彻执行〈中华人民共和国民法通则〉若干问题的意见(试行)》第71条规定:"行为人因对行为的性质、对方当事人、标的物的品种、质量、规格和数量等的错误认识,使行为的后果与自己的意思相悖,并造成较大损失的,可以认定为重大误解。"我国民事立法如此规定,是为了保护交易的公平合理,强调发挥法律平衡社会各种不同利益的功能。

4. 对标的物同一性的误解

根据法律行为的成立原则,双方当事人意思表示真实且必须一致。如果当事人双方所认定的标的实际上并不是同一事物,即对标的同一性产生误解,当事人双方实际上并未就同一标的达成任何协议,因而其行为不具有任何效力。

综合上述各种情形,可以抽象出确认重大误解的3条标准:①对民事交往中公认为是重要事项的误解;②虽非针对重要事项,但足以造成误解方当事人重大损失的误解;③或足以导致行为结果重大不公平的误解。

四、重大误解的法律后果

(一)重大误解的法律后果是合同相对无效

重大误解而为的民事行为属于意思表示不真实的民事行为。对意思表示效力的确定,世界各国主要有3种观点:表示主义、意思主义和折中主义。但对法律行为的重大误解,从世界各国民法的规定看,一般都采用意思主义,行为人表达的意思与其内心的意思不一致时,应以内心的效果意思为准,实际表达出来的意思无效。意思表示的重大误解并非表意人的故意行为,亦非表意人的内心真意,明显违反民事行为合法有效的要件。加之,它将导致表意人的较大损害,社会效果也极不利。另一方面,民事行为是民事主体的自愿行为,有权处分自己的实体权利。因此,为保护表意人的利益及照顾相对人,法律准许当事人可以变更或撤销。我国《民法通则》第58条和《合同法》第54条规定我国重大误解的法律后果是合同效力相对无效。

相对无效的合同,法律准许当事人予以变更或者撤销。

相对无效的合同与绝对无效合同相比,最主要的区别在于,绝对无效合同一经认定为无效,合同自始无效。相对无效合同认定其性质后,其合同是否有效,由享有权利的一方当事人确定其效力,请求确认合同无效的,应当请求撤销该合同,合同一经

---

⑨ 参见董安生编译:《英国商法》,法律出版社1991年版,第101页。

撤销,该合同即为无效,发生与绝对无效合同一样的效力;享有权利的一方当事人也可以根据自己的利益,不使合同绝对无效,而是按照自己的意愿对合同进行变更,经过仲裁或者审判,合同的内容就可以变更,合同经过变更,成为新的合同,使在原合同中权益受到损害的一方当事人的权利得到保护;当然,享有权利的当事人也可以不对合同进行变更或者撤销,这样,合同就自始有效,合同的效力没有变化。在当事人要求对合同进行变更的情况下,受诉的法院或者仲裁机关不得对合同予以撤销。这是合同法促进交易原则使然。

(二)相对无效合同的撤销权

对相对无效的合同享有权利的当事人享有的是撤销权。

撤销权在民法上是一个应用很广的概念,例如"债权人撤销权""效力待定合同的撤销权"等。相对无效合同的撤销权,是指因当事人订约的意思表示不真实,通过权利人行使这种权利,使已经生效的合同归于无效或者进行变更的权利。

对相对无效合同行使撤销权的规则是:

1. 撤销权所撤销或者变更的对象是意思表示不真实的合同

按照我国《合同法》的分工,对合同绝对无效的,并不须特别的权利,只要认定该合同是绝对无效,即可宣告该合同无效。《合同法》第52条规定的绝对无效的合同,主要是合同内容违反法律、违反公共秩序和善良风俗、损害国家利益等。对效力待定的合同,授予当事人撤销权、追认权、催告权,使合同的效力状态确定下来;这种合同主要是合同的当事人不符合资格要求,不是合格的主体。对相对无效的合同,是赋予当事人以撤销权,由享有权利的一方当事人按照自己的意愿,对合同的效力进行确定;这种合同的特征,就是由于某些原因,使该合同的当事人在订立合同的时候,自己的意思表示不真实。法律认为,既然当事人在订立合同时自己的意思表示不真实,那么,该方当事人就可以根据自己的真实意思,对合同的内容进行认可、变更或者撤销。

2. 撤销权的内容包括撤销和变更

按照我国《合同法》的规定,以及《民法通则》的规定,对于相对无效的合同和民事行为,当事人可以撤销或者变更。因此,相对无效合同的撤销权不仅包括撤销的内容,还包括变更的内容。只要具备了法定的条件,撤销权人就可以要求撤销,也可以要求变更;当然,既然撤销权是一种权利,就可以行使,也可以不行使,当然也就包括可以继续认可合同的效力。

3. 撤销权的主体是合同的一方当事人

相对无效合同的撤销权,其主体是合同的一方当事人。对该方当事人的要求是,在合同订立中,由于显失公平、重大误解、欺诈、胁迫或乘人之危,而使自己的意思表示不真实。只有该方当事人才享有这种权利,对方当事人由于他的不正当行为致使他方当事人的意思表示不真实,因而不享有这种权利。既然享有撤销权的一方当事人是受对方的意志所"干扰"而意思表示不真实,因而,撤销权的行使由撤销权人的自主意志所决定,让该合同继续生效、予以撤销或进行变更,都由撤销权人决定,其他人无权干涉。

4. 相对无效的合同在被撤销、变更之前仍然是有效的

相对无效的合同的相对之处,就是在合同被撤销之前,是有效的。这种合同在撤销之前,虽然具有可撤销的因素,但是否撤销或者变更,在当事人没有做出意思表示之前,仲裁机构和法院没有裁判之前,不能认定合同就是无效的。尤其是在超出法定期限后当事人不对合同提出撤销或者变更的要求的,该合同继续有效,不能让它的效力有所影响,当事人不得拒绝履行自己的义务。

(三)撤销权的消灭事由

为了维护交易秩序,稳定民事流转秩序,法律不能准许合同相对无效的状态长期继续下去。因此,《合同法》第55条规定:"有下列情形之一的,撤销权消灭:(一)具有撤销权的当事人自知道或者应当知道撤销事由之日起一年内没有行使撤销权;(二)具有撤销权的当事人知道撤销事由后明确表示或者以自己的行为放弃撤销权。"具有上述两种情形之一的,撤销权消灭。

1. 撤销权的行使超过除斥期间

合同相对无效撤销权的除斥期间期限为1年。在撤销权人知道或者应当知道撤销事由之日起计算,满1年者,撤销权消灭。

除斥期间的特点是,期间一经完成,该权利就完全消灭。而诉讼时效则是首先规定期限届满,消灭的是胜诉权,并不消灭起诉权;同时还要规定一个与一般时效相对应的最长时效。撤销权在期间届满之后,消灭的是实体权利,法院对当事人的起诉不予受理。

2. 撤销权放弃

对相对无效合同撤销权的放弃,法律规定了两种,一种是积极的放弃,一种是消极的放弃。

积极放弃撤销权,是指以明确的方式作出的对相对无效合同的变更或者撤销放弃的意思表示。在撤销权人知道撤销的事由之后,撤销权人撤销该合同或者对该合同要求变更,都必须作出明示的表示,不能以默示的方式认定自己要求撤销或者变更。同样,撤销权人要对该合同放弃变更或者撤销的权利,也要作出明确的表示。权利人一经作出放弃撤销权的意思表示即发生效力,该合同不得再请求变更或者撤销。

消极放弃撤销权,是指撤销权人在知道撤销事由之后,虽然没有做出明示的放弃撤销权的意思表示,但是在自己的行为中,表示了放弃撤销权的内容。这是一种明示的放弃行为。对于明示的放弃行为,要求应当从严,不能动辄认定一个行为是放弃撤销权的消极行为。其规则为:一是撤销权人没有行使撤销权的明示表示;二是撤销权人已经在履行合同义务、享受合同权利,或者正在做履行合同的积极准备。具备这些条件的,就可以认定其以自己的行为表明已经放弃了撤销权。

撤销权一经放弃,合同仍然继续生效,当事人不得再主张变更或者撤销。

论情事变更原则*

一、情事变更原则的概念和沿革

(一)情势变更原则的概念

情事变更原则是债法中关于合同之债效力的重要原则。它是指在合同订立后至合同关系消灭前,发生了当事人不能预料的、不可归责于当事人的情事,如果仍然维持合同的效力将产生显失公平的结果,因此可以变更或解除合同并免除责任的基本规则。

在国外,情事变更原则为各国法律所普遍承认。在我国,法律对此并无明文规定。自1988年,在全国范围内出现了物价猛涨的情事,导致大量的合同无法履行后,开始探讨情事变更原则问题,进行深入的研究,实务界也进行了有益尝试,并通过司法解释予以肯定。在制定《合同法》的时候,原本是要增加情事变更原则的,并且设计了相应的条文,但在最后通过的时候,删除了草案的有关条文。2009年2月9日通过,2009年4月24日公布,2009年5月13日施行的最高人民法院《关于适用〈中华人民共和国合同法〉若干问题的解释(二)》第26条规定:"合同成立以后客观情况发生了当事人在订立合同时无法预见的、非不可抗力造成的不属于商业风险的重大变化,继续履行合同对于一方当事人明显不公平或者不能实现合同目的,当事人请求人民法院变更或者解除合同的,人民法院应当根据公平原则,并结合案件的实际情况确定是否变更或者解除。"第一次规定了情事变更原则,成为合法适用情事变更原则的法律依据。据此,可以根据该司法解释,在合同法的司法实践中适用情事变更原则解决这类问题。

(二)情事变更原则的历史沿革

1. 情事变更的产生及冷落

一般认为,罗马法不存在情事变更原则,相应的是固执契约严守原则。[①]契约严守,指合同经双方当事人合意订立,在合同关系消灭之前,无论出现何种情况,都不能

---

* 本文发表在《杨立新民法讲义·债权法》,人民法院出版社2009年版,第232页以下。
① 参见耀振华:《情事变更原则的适用》,载《法学研究》1992年第4期;杨振山:《试论我国确立"情事变更原则"的必要性》,载《中国法学》1990年第5期;梁慧星:《合同法上的情事变更问题》,载《法学研究》1988年第6期。

对合同的效力发生影响,当事人必须信守合同,严格履行义务。可见,承认情事变更与固执契约严守是格格不入的两种合同效力的观念。

实际上,罗马法在坚持合同法的一般原则即契约严守原则的同时,并没有完全排斥合同法的补充性原则即情事变更原则。从履行契约的方式和解释契约的角度,罗马法的契约可以分为严法契约(严正契约)与宽法契约(诚实契约)。严法契约要求债务人严格按照契约所约定的条款履行义务。因严法契约而发生的争议,法官只能根据契约的条款本身进行解释,并作出判决。在宽法契约中,要求债务人履行义务不仅要根据契约条款本身,而且要适合诚实的观念。因宽法契约而发生的争议,法官不仅需要根据契约条款本身,同时也要根据诚实信用的观念来探求订约人的真正意图,对契约作出适当的解释,并作出公平合理的判决。②因而,罗马法中有关宽法契约的内容已经包含了诚实信用、公平合理的原则,因而在解释契约,处理纠纷时,就不得不考虑情事的变更对契约效力的影响。在这个意义上,情事变更在罗马法中已经萌芽,但没有作为一项固定的原则或制度被确定下来。

通说认为,情事变更原则起源于 12 世纪至 13 世纪的注释法学派著作《查士丁尼法学阶梯注释》,其学说被后人称为"情事不变条款说",此学说假定每一个合同订立时均附有一个默示条款。默示条款的效力在于合同的继续有效,应当以订立时情事之继续存在为条件。如果当时的客观情况,即订立合同的基础发生重大变化或不复存在,应当准许变更或解除合同。

16 世纪至 17 世纪,情事变更原则得到了广泛适用,"17 世纪在判例及学说已成为法律格言"。③到 18 世纪后期,情事变更原则被无节制地适用,导致了情事变更原则的滥用,损害了法律的严肃性和法律秩序的稳定性,于是逐渐被法学家和立法者所摒弃。

19 世纪初,历史法学派尊崇复古思想,强调契约"神圣",使情事变更原则遭到批判。萨维尼在其巨著《罗马法体系》中根本没有提及这一原则。此后继起的分析法学派重视实证法,主张形式的正义,强调契约严守的原则及法律秩序之稳定,情事变更原则因而被冷落。④这种强调契约神圣原则,契约一经当事人合意订立即具有法律的效力,无论出现什么境况均不能影响契约的效力的思想,适应了资本主义自由竞争时期的经济发展,很快被立法者和实务界广泛采用,情事变更原则几乎完全被排斥了。

2. 情事变更原则的复兴

情事变更原则的复兴是在 20 世纪 20 年代以后。20 世纪以来,人类历史经历了"一战""二战"和 1929 年至 1933 年的资本主义经济危机三次重大变更,最终使契约神圣、固守契约的法律观念发生了动摇,促成了法律思想的重大转变,从而使情事变

---

② 参见江平等:《罗马法基础》(修订版),中国政法大学出版社 1991 年版,第 271 页;龙斯荣:《罗马法要论》,吉林大学出版社 1991 年版,第 274 页。
③ 史尚宽:《债法总论》,台北荣泰印书馆 1978 年版,第 427 页。
④ 参见梁慧星:《合同法上的情事变更问题》,载《法学研究》1988 年第 6 期。

更原则得到复兴。

第一次世界大战使西方国家的经济遭到了严重打击,造成经济秩序的严重紊乱。物质匮乏,通货膨胀,市场急剧变化,使战前订立的合同难以全面、适当履行。如果固守契约,坚持绝对的合同责任,一方面,强制债务人实际履行合同,势必加重债务人的负担;另一方面,严重的通货膨胀,导致金钱债权惨跌,"马克等于马克"的履行方式会严重损害债权人利益。在这种情况下,有学者结合现实情况提出了适用情事变更的学说。德国法官接受了学者欧特曼提出的"法律行为基础说",并引用《德国民法典》第157条和第242条关于诚信原则的规定,确立了情事变更的一般原则,赋予债务消灭、给付增减和契约解除的效力。其中最有影响的是1921年的"铁丝案"。原告于1918年向被告订购若干吨铁丝。合同生效后,铁丝价格暴涨,被告拒不给付。下级法院判决被告必须履行合同义务。帝国法院撤销了原审判决,改判被告免责。理由是,法院不仅应当从履行不能的角度考虑合同履行问题,还应当从诚实信用原则出发,看情事变更后的履行是否属于订立合同的期望。当事人订立合同,目的在于达成一份公平交换的契约,合同双方意在给予对方以完全相当于对方给予自己的给予。但是如果情事如此变更,特别是货币价值如此变更,债务人得到的作为自己给付对方的对价,远离合同设想的等价。在这种情形下,债权人坚持要求履约,就违反了诚信原则。⑤德国法院的做法,很快为大陆法系各国所采纳,从而确立了情事变更原则在大陆法系国家的地位。

法国虽然受大战影响不如德国严重,但也发生了情事剧变情形,判例虽多固守契约严格履行原则,但学者们提出了适用情事变更原则的主张。最具有代表性的是schkoff,他提出依《法国民法典》第1143条第1项的规定,合同是依法律上正当合意而成立,于情事发生重大变更而致权利严重失衡时,已违背当事人起初之合意,原合同于当事人已无法律效力,其内容应修正或解除。1916年,法国法院在一个判例中接受了情事变更原则:某煤气公司与波尔多市订立了30年供应煤气合同,煤价因战争影响,在20个月内上涨了4倍,该公司要求提价。法院认为煤价上涨超出当事人的合理期待,致使合同利益失衡,遂判令波尔多市给予该公司适当补偿以降低损失。

3. 英美法对情事变更原则的态度

英美法系国家起初也坚持"绝对合同责任理论",要求合同一经当事人合意订立,无论出现什么情况,都必须严格履行,否则应当承担违约责任。

在大陆法系国家放弃契约严守原则之前,英美法系国家观念就已发生了动摇,开始逐步放弃绝对合同责任理论,提出了合同落空原则。合同落空原则指合同成立后,因不可归责于双方当事人的事由而使当事人在订约时所谋求的商业目标受挫,在此情况下,对未履行的合同义务,当事人得免予责任。⑥英国正式确立合同落空原则,一

---

⑤ 参见陈平安、吴德桥:《债法中情势变更原则探讨》,载《中南财经大学报》1992年第3期。
⑥ 参见陈平安、吴德桥:《债法中情势变更原则探讨》,载《中南财经大学报》1992年第3期。

般认为以 1903 年英国法院对克雷尔诉亨利一案的判决为标志。在此案中,被告为了观看英王爱德华七世加冕典礼后的游行而租用了原告的临街房屋。游行因英王生病而取消,被告拒付租金余额。英国上诉法院审理认为,合同的目的是观看游行,此为双方缔结合同的基础,此一目的既然落空,合同便告终结,双方所承担的义务均应解除,因此判决被告无须支付租金余额。[7]

英国的判例对美国产生了重大影响,许多美国法院开始采用合同落空原则处理案件,《美国合同法重述》第 288 条指出:凡以任何一方应取得某种预定的目标或效力的假设的可能性作为双方订立合同的基础时,如这种目标或效力已经落空或肯定会落空,则对于这种落空没有过失或受落空损害的一方,得解除其履行合同的责任。[8]

(三)情势变更原则与其他相关规则

1. 情事变更原则与诚实信用原则

德国法学家 hedmann 将诚实信用原则与情势变更原则列为"一般条项",同具有法律规范的地位,同具一般性、原则性、领导性特征,它们的产生是社会进步的结果,发挥法律的适应性与稳定性的效能。

但两者之间存在有重要区别:第一,诚实信用原则与情势变更原则比较,诚信原则属于上位概念,法院在适用情势变更原则时,应斟酌诚实信用原则。换言之,情势变更原则是对诚实信用原则的适用。法院为公平裁量时,当然应依照诚实信用方法行事,但为免于过于空泛,仍应适用比较具体、外延较窄的情事变更原则。第二,诚实信用原则是法律的最高原则,而情势变更原则仅属于例外救济办法。因为法律的本质,首要在于维持社会经济生活的安全,遵守契约属常规。只在出现了情势变更,仍固守契约显失公平时,方例外地依据诚实信用原则来适用情势变更以求公平解决。

2. 情事变更原则与不可抗力

《合同法》第 117 条规定:"本法所称不可抗力,是指不能预见、不可避免并且不能克服的客观情况。"绝大多数学者认为,不可抗力事件包括两类:一类是自然原因引起的,如地震、水灾等;另一类是社会原因引起的,如战争、政变等。《合同法》第 117 条还规定:"因不可抗力不能履行合同的,根据不可抗力的影响,部分或者全部免除责任。当事人迟延履行后发生不可抗力的,不能免除责任。法律另有规定的,依照其规定。"所以,情事变更原则的效力与不可抗力的结果有相似之处,也正因如此,大陆法学者中亦有把不可抗力认为是情事变更的原因的。英美法上的合同落空规则也包括了不可抗力的情况,如战争状态等。笔者认为,尽管在不可预见性、无过错性、存续期间方面以及后果、举证责任上,情事变更原则与不可抗力颇为相同,但后者的存在仍不足以作为否定确认情势变更原则的理由。

二者之间存在差异表现在:第一,在内容上,不可抗力指的是一些非经济因素,如

---

[7] 参见高尔森:《英美合同法纲要》,南开大学出版社 1984 年版,第 130 页。
[8] 参见王家福主编:《合同法》,中国社会科学出版社 1986 年版,第 74 页。

自然灾害、军事行动等,情事变更中的情事一般指经济情事的变化。第二,在要件上,不可抗力除不可预见外,还包括"不能避免并不能克服",情事变更着眼于不可预见。第三,在预见能力上的要求不同。不可抗力中的不可预见是彻底地不可预见的,不存在程度比较问题;情势变更中的不可预见,在有些情形下有预见程度比较问题,如从事买卖,对市场变化应有所预见,在此种预见范围内属于正常风险,超出了应当预见范围属于不可预见。第四,在事件产生的后果上,不可抗力事件发生后,合同的不能履行(不论是全部或部分)是绝对不能的,正所谓"无法克服";情事变更发生后,合同仍然能够履行,只是此种履行将造成明显的不公平。第五,在适用范围上,不可抗力既可以适用于合同法,也可以适用于侵权法;情事变更不适用于侵权法。

3. 情事变更原则与可变更、可撤销的民事行为

《合同法》第54条规定,行为人因重大误解订立的合同,在订立合同时显失公平的合同,一方以欺诈、胁迫的手段或者乘人之危,使对方在违背真实意思的情况下订立的合同,一方有权请求人民法院或者仲裁机关予以变更或撤销。重大误解、显失公平、欺诈、胁迫和乘人之危的合同在违背当事人真实意思、权利义务负担不公平以及权利行使后果等方面,与情事变更原则有相同之处。

但它们之间仍存在重大区别:第一,事由产生时间不同。重大误解、显失公平以及欺诈、胁迫和乘人之危的合同在行为人订立合同开始时即成立;情事变更则产生于合同履行过程中,如在订立合同时即存在事实,不能认定为情事变更。第二,行为法律性质不同。重大误解行为和显失公平等合同自始即不合法,因此被称为"民事行为";发生情事变更的合同属于合法行为,是"民事法律行为"。所以它被法律所限制只是因为客观情况变化,固守原合同会导致重大不公,而不是"违法行为"。第三,行为人主观状态不同。根据最高人民法院对《民法通则》的司法解释,重大误解是指行为人因对行为的性质、对方当事人、标的物的品种、质量、规格和数量等的错误认识,使自己的后果与自己的意思相悖,并造成较大损失;显失公平是指一方当事人利用优势或者利用对方没有经验,致使双方的权利与义务明显违反公平、等价有偿原则。可见,无论是重大误解行为还是显失公平行为,当事人在主观上是有过错的。情事变更原则的适用要件则是因不可归责于当事人的原因,致使按原合同履行产生不公平,任何一方当事人对情事变更有过错时,都将排除情事变更原则的适用。第四,时效起算点不同。可变更、可撤销的合同,自合同成立时起1年内行使;情事变更抗辩权应自合同履行期届满时起算,不可能自合同成立时起算,因为情势变更必须发生在合同成立后是该原则适用的要件。

4. 情事变更原则与商业风险

商业风险是指商人在从事商业活动过程中所应承担的正常可能损失。从事商业活动,必定承担一定的商业风险。在一般情况下,物价的涨落、通货膨胀、货币贬值是商业风险的内容之一,但是当这些情事达到一定程度时,又是情事变更的情形之一。所以在实践中,当事人为避免商业风险之不利,往往把商业风险作为情事变更的理

由,要求变更或解除合同并免除责任。因而对商业风险与情事变更应作严格区分,对防止情事变更原则的滥用,维护合同的严肃性、法律秩序的稳定性有重要作用。

从主观因素考虑,商业风险一般具有可预见性。当事人已经预见到合同行为有赔钱的可能,这种赔钱的可能应当与利润赚取的可能并存。对商业风险,当事人有选择权,具体表现为对市场行情的估计程度,对供求关系、消费心理的把握等。可预见性的程度要结合正常商业人员的预见能力与具体合同的特点、社会环境考虑。从程度上看,通货膨胀、物价飞涨的程度,超出了一定范围就认为是情事变更。这实际是一个量变到质变的过程,而转折点在实践中却很难用一个确切的数值表达。认定时可以考虑以下标准:第一,变更程度已经超出了普通经营者所能预料的范围;第二,风险损失与可能得到的营利之间的比例已经严重失调;第三,变更结果导致一方得利,一方损失严重;第四,由于不可抗力的后果导致的通货膨胀、物价剧变。具有这样的特征,应当认定为情事变更。

(四)我国情事变更原则的状况及其对策

1. 我国情事变更原则的尝试

我国在计划经济时期,尤其是在1978年以前,法律不承认情事变更原则,理论界也没有进行系统的研究。即使是在企业之间因情事变更发生纠纷,也都依行政手段,通过强制性命令解决。在20世纪50年代末、60年代初的国民经济调整时期,由政府发布一系列文件,解决了因情事变更而产生的大量合同纠纷。⑨

社会主义市场经济建立之后,情事变更的出现成为可能,特别是1988年在全国范围内出现了物价猛涨的情事,导致大量的合同无法履行,人们不得不重视情事变更原则的作用。实务界进行了有益的尝试,并通过司法解释予以肯定。最高人民法院法函(1992)27号复函指出:"在合同履行过程中,由于发生了当事人无法预见和防止的情事变更,即生产煤气表的主要原材料铝锭的价格,由签订合同时的国家定价每吨4 400元至4 600元上调到16 000元,铝外壳的售价也相应由每套23.085元上调到41元。如果要求重庆检测仪表厂仍按原合同约定的价格供给煤气表散件,则显失公平。"因此,应当"根据本案实际情况,酌情予以公平合理地解决"。这是应用情事变更原则解决具体合同纠纷的重要的司法解释。此后,有些法院依据该司法解释,运用情事变更原则解决、处理了一些因情事变更而发生的纠纷,但在实务中仍然感到法律依据不足。

2. 合同法没有规定情事变更原则的对策

遗憾的是,在制定《合同法》时,本来已经写好了情事变更原则的条文草案,但是由于担心情事变更原则被法官滥用,最终在《合同法》中没有规定这一重要的原则。

笔者认为,情事变更是一种客观现象,在法律上是否规定情事变更原则,是一个是否实事求是的问题。由于担心某种问题而不规定这一原则,不是一个实事求是的

---

⑨ 参见耀振华:《情事变更原则的适用》,载《法学研究》1992年第4期。

态度。特别是我国加入的《联合国国际货物销售合同公约》第 79 条第 1 款对此有明确规定,我国法律不承认这一原则,是没有道理的。

曾经存在的问题是,如果出现了情事变更原则适用的情形,法院应当如何处理。对此,笔者曾经提出,应当引用关于诚实信用原则的规定,确定适用情事变更原则。《民法通则》第 4 条规定了诚实信用原则,《合同法》第 6 条重申:"当事人行使权利、履行义务应当遵循诚实信用原则。"依照这些规定,确认情事变更原则的理论依据为诚实信用原则,那么就可以引用这样的规定,确定情事变更原则的适用,即使是法律没有规定这一原则,也并不影响法院依据情事变更原则作出判决。

于 2009 年 5 月 13 日实施的最高人民法院《关于适用〈中华人民共和国合同法〉若干问题的解释(二)》已经规定了情事变更原则,在今后发生了情事变更原则适用的情形,就可以直接适用本条司法解释规定,确认适用情事变更原则,对合同的效力作出调整。

3. 严格控制法官的自由裁量权

情事变更原则为法官审理案件提供了一种较大的选择自由,如何避免法官滥用这一权力,是一个重要的问题。因为这不仅关系当事人的权利义务,也关系整个合同制度的兴衰。对此,除提高法官素质之外,首先要对情事变更原则作出准确的理解,严格按照司法解释规定的适用条件确定合同效力。其次,这一原则应该是严守契约原则的例外,是特别的补助手段,而不是随时任意可用的规则。再次,要加强监督措施。情事变更原则即为法官提供了一种"自由裁量权",就应该有相应的制约措施。最后,可以采用案例指导方法,下级法官适用情事变更原则应受最高人民法院发布的案例或其在人民法院公报上公布的案例的制约。

二、情事变更原则的理论依据

(一)大陆法系的理论依据

大陆法系国家确立情事变更原则,主要的理论依据有如下 3 种:

1. 法律行为基础说

法律行为基础说为德国学者欧特曼 1921 年提出。所谓法律行为基础,是针对契约而言,是指在订立契约时,当事人一方对特定环境存在发生的预想,这种预想须由相对一方当事人也认知其重要性,而没有提出异议;或者是双方当事人对订约时特定环境的存在发生有共同预想。行为基础是法律行为的客观基础,并不是法律行为的要件,也不是当事人的意思表示,更不同于目的或动机。[⑩]

法律行为基础的含义究竟是什么,学者有诸多争论,较有影响的是"二战"后的学者拉伦茨提出的"修正法律行为基础说"。这种学说认为,法律行为基础可以分为主

---

⑩ 参见梁慧星:《合同法上的情事变更问题》,载《法学研究》1988 年第 6 期。

观的法律行为基础和客观的法律行为基础。主观的法律行为基础是指双方当事人签订合同时的某种共同预想;客观的法律行为基础是指作为合同前提的某种客观情况。主观的法律行为基础用以处理双方"动机错误"案型,而客观的法律行为基础用以解决"对价关系严重破坏"和"目的不达"问题。

学者列迈主张,基础情事在订立契约时,不仅仅为当事人所认识,而且这种基础情事必须被当事人作为订立契约的基础。例如,买卖合同订立时,当事人认识到给付与对待给付的价值相等,并且认为在履行过程中,这种相等会近似不变,实际情况也正是如此,则合同有效。由此可见,对法律行为基础应当从主客观两方面考察,而不能作严格划分。

法律行为基础说之所以被多数学者采纳,因为它客观地反映了情事变更的客观事实。就合同而言,合同的有效存续,应当以订立时特定环境的存续为条件。如果订立合同所依据的客观因素发生重大变化,合同的效力也应当作相应变更。在审判实务中,法官应当根据客观情况的变化程度,作出变更、终止或解除合同的判决。在这一点上,法律行为基础说继承了情事不变条款说的优点,但是其区别在于:第一,情事不变条款为拟制的当事人的意思,并作为附于合同的一个条款;而法律行为基础是一种客观存在,无须法律拟制,也不作为合同的部分而存在。第二,法律行为基础说的适用范围要比情事不变条款广得多。正因为如此,法律行为基础说特别受到法官的青睐,形成了有法律拘束力的判例,并为多数国家的合同法所承认。

2. 诚实信用原则说

诚实信用原则认为,因情事变更的结果,给付在经济上成为他物,则契约的履行已不是义务,从而亦无请求的权利。审判实务中应当允许契约解除或增加给付。柯萨克从损失程度的角度来考察,认为在契约订立后,情事变更达到了当事人所没有预想到的程度,仍然强制债务人履行义务成为不道义时,债务人有权解除契约。但是主张解除者因契约存续所受到的损害与相对人因契约解除所受到的损害相比应为非常巨大,否则相对人固执契约,不能称为不道义。而严列克则从是否能达到订约时的目的来考察,认为债务人给付应当符合诚实信用的原则。在履行过程中,发生不可预见的特别事件,使继续履行已经与订立契约时所要达到的经济目的截然相反时,则可以解除契约,不能为强制执行。德国法院曾依据《德国民法典》第157条和第242条的规定,引用诚实信用原则说,解决情事变更条件。我国学者在论述情事变更原则时,也常常引用此学说。⑪

3. 其他学说

除了法律行为基础说、诚实信用原则说以外,还有约款说、相互性说、法律制度说和不可预知情况说等。这些学说远没有前两种学说的影响大,也没有被审判实践所采纳。

---

⑪ 参见禄正平:《析情事变更原则在合同履行中的运用》,载《兰州大学学报(社科版)》1990年第1期。

(二)英美法系的理论依据

合同落空原则在英美法系国家的确立过程中,曾先后出现过默示条款说、合同基础丧失说、公平合理解决说、合同义务改变说等理论。[12]

1. 默示条款说

法官劳尔伯恩勋爵在 1916 年的一个案件中提出默示条款理论。他说,法院应当审查合同及缔结时的情形,不是为了变更而是为了解释,以便发现是否可以从合同的性质看出,双方当事人必定是以某种物或物之状态的持续存在作为订约磋商的基础。如果是那样的话,则合同包含了一个默示条款。这样一个作为双方缔结基础的默示条款,是从合同的性质及缔约时的周围情况推论出来的。假如双方考虑到后来发生的情事变更,他们将会说:如果发生那种情况,我们的关系当然解除!该学说把合同因落空而解除的法律后果作为双方当事人的意思,虽然有许多矛盾[13],但是仍然受到法官的重视,为许多判例所引用。

2. 合同基础丧失说

哥达德法官在 1937 年的一个租船案件中首先采用合同基础丧失学说。该案的案情是:西班牙内战期间,被告代表西班牙政府租用原告的汽船,用来运送由西班牙东北部向法国港口撤退的平民,租金比平时高出三倍,说明双方已考虑到该船有被捕获的可能。租用过程中,船被叛军捕获。原告要求支付租金,被告辩称合同已落空。哥达德法官认为,假如因合同标的物被破坏,或因其他原因(如阻碍或迟滞)而致使合同基础丧失,以致后来的履行实质上是履行一个与原订合同所不同的合同,则合同应被认为已落空。该学说与法律行为基础说有类似之处,认为合同的落空与当事人的意思无关,而完全取决于客观基础的变化,要求法院在审判中对客观条件的变化作出判断,决定情事变更是否足以导致后来的履行实质上在履行一个与原订立合同所不同的合同,强调法院在审判中对合同效力的干涉作用。

3. 公正合理解决说

莱特勋爵认为,情事变更原则的实质是法庭或陪审团按照他所认为的什么是公正合理,以事实判断来决定问题。因这个理论更为激进,他使法庭可以行使修正合同的权力,以决定在新情况下什么是公正合理。因此,该学说受到冷遇,没有更多的人采纳。

4. 合同义务改变说

拉德克利夫勋爵在 1956 年的一个案件中提出合同义务改变说。他认为,当法律认为由于双方均无过错的情事变更,使合同义务变得不允许被履行时,将构成合同落空。因为在这种情况下要求履行的,已是与合同双方当事人所承担的义务完全不同的另一义务。当事人将会说,这不是我允诺要做的。按照这种理论,法院需要认定合

---

[12] 参见梁慧星:《合同法上的情事变更问题》,载《法学研究》1988 年第 6 期。
[13] 参见梁慧星:《合同法上的情事变更问题》,载《法学研究》1988 年第 6 期。

同义务是否发生重大变更,以致成为另一种义务。义务改变理论在英美法系中是最受赞赏的理论,也是英美合同法中关于合同落空最稳健的理论依据。

(三)我国情事变更原则可以采纳诚实信用说和公平原则为理论和法律依据

不论是大陆法系的学说还是英美法系的学说,各种不同的理论分别从不同角度为情事变更原则和合同落空原则提供理论上的依据。尽管它们的分析角度和论证的方法各有不同,但是,它们适用的效果是基本相同的,即在合同订立后,合同关系消灭前,发生了不可归责于当事人的不可预料的事件,可以变更或解除合同,以消除不公平结果,恢复当事人之间的利益平衡和公平状态。

我们在研究情事变更原则时,应当遵循大陆法系的传统。在最主要的情事变更原则的理论基础中的法律行为基础说和诚实信用原则说之间,选择自己的立场。笔者认为,法律行为基础说比较复杂,相比较而言,诚实信用原则说更为简明和便捷,并且有已经确定的诚实信用原则的法律规定作为依据,因此倾向于采用诚实信用原则说的观点,作为情事变更原则的理论基础。当然,这并不反对从其他学说中吸收营养,例如法律行为基础说就是很好的借鉴。在法律上,适用情事变更原则的法律依据,按照最高人民法院《关于适用〈中华人民共和国合同法〉若干问题的解释(二)》第26条的说法,应当是公平原则。这样规定也是有道理的。

三、情事变更原则的适用条件与效力

(一)情事变更原则的适用条件

情事变更原则的适用条件是相当严格的,原因是这一原则适用的效力在于变更或解除合同并免除当事人的责任。因此,对变更或解除合同的权利,必须作出相应的限制,以维护合同本身的严肃性,而不是在一般的情形下就可以适用情事变更原则。

情事变更原则的适用应当具备以下条件:

1. 须有应变更或解除合同的情事

(1)情事。情事,是针对合同而言的,指订立合同时,合同行为的环境或基础的一切情况。情事是一种客观事实,与当事人的主观意思无关,当事人是否意识到也在所不问。情事可以是某一较大范围内的,也可以是某一较小范围内的,既可以是针对当事人双方而言的,也可以是仅仅针对当事人一方而言的,因而情事无须普遍。情事可以是非经济的,如和平状态、人的自然事实等;也可以为经济的,如物价稳定、币值近似不变等。情事的具体范围在理论上很不一致:①"大情事说"。如在欧特曼主张的"法律行为基础说"中,行为基础范围极广:一是学术书籍购买人,购买最新版书之事实;二是衣服、外套、皮靴等物的购入合于买者身段之事实;三是为观览行列所租赁之阳台,可观行列行走之事实,或戏园坐席至少可见其演出之主要部分;四是购入建筑用的土地,得受建筑许可之事实;五是股票之买入,得在交易所买卖的事实;六是由货币商以100马克买入尼禄大帝之铜币,为真物之事实;七是某画作被认为一定是画家所做,或某马某犬被认为一定是饲养者所养成时,多可认为以之为行为基础,而订立契约。②"小情事说"。认为情事仅指物价平稳、币值近似不变、和平状态,自然状况等部分大范围的情况。

笔者认为,认定情事,既不可以过大,也不可以过小,应当区别具体情形确定。例如,有些情事可以适用于诸多合同,如和平状态、自然状态等;有些情事只能针对具体的合同具体分析,如在双务合同(买卖)中,给付与对待给付价值的近似不变为一种情事,买卖的特定标的物正常存在也为一种情事;在借用合同中,特定标的物存在并能正常使用即为此合同的情事。

(2)变更。变更,是指情况的变动。合同情事的变更,是指订立合同后,合同行为的环境或基础发生变动,以致在履行时成为一种新的情事,这种新情事的出现须为客观的事实,与当事人的主观意思无关。至于情事的变更是普遍的或局部的,一时的或持续的,急剧的或缓慢的,均在所不问。

如何认定情事变更,大陆法系与英美法系国家的侧重点不同。大陆法系国家倾向考虑债务人有无实际履行的能力,如甲与某剧院签订演出合同,因为甲遭车祸失去演出的能力,而不能履行合同。英美法系国家则倾向考虑合同的目的是否能实现,例如,在"加冕典礼"案中,租赁房屋的合同仍然能够履行,只是履行合同不能达到观看加冕典礼后游行的目的。实际上,履行不能的情况也可以列入目的不达的范畴,因而英美法系的合同落空要比大陆法系的情事变更的范围更广。

(3)应当确定的情事变更条件。笔者认为,英美法系的做法更为合理一些,有关情事变更的理论,不仅应当适用于履行确实不能的情况,而且可以适用于目的不达的情况,以及履行确实困难或不切实际的情况。因为双方当事人合意订立合同,其合同行为的价值就在于达到订约的目的,为双方当事人取得一定利益。当这种目的因为情事变更而不能实现时,即使存在履行的可能,履行行为也变得毫无意义。

情事变更的适用情形可以综合为:(1)合同履行不能的情况,诸如法律、法令、国家经济政策、经济计划的发布、修改、取消;战争爆发;自然灾害;经济剧变;特定标的物意外丧失并无替代物;当事人丧失特定行为能力等。(2)合同目的不达的情况,要根据具体合同具体认定。应当注意的是,合同目的不达的情况适用情事变更原则,要求双方当事人在订约时明示合同的目的,例如,在"加冕典礼"案中,双方必须对租赁房屋观看游行的目的达成共识,否则不得适用。

对情事变更标准的判断,还应当从具体合同的性质、目的等方面加以认定,如在赠与合同中,赠与的特定物灭失则足以构成情事变更,赠与物的价值变化并不影响合同效力。买卖合同中,种类物的灭失并不一定导致合同解除,而给付与对待给付关系发生剧变,却可以构成情事变更。

2. 变更的情事须发生在合同成立后至消灭前

上述已经发生变更的情事必须发生在合同成立后至消灭前。有的认为情事变更须发生在合同成立生效以后,合同关系消灭以前⑭,这种表述是不准确的。理由是,有的合同成立的时间就是合同生效的时间,有的合同在订立后要经过一段时间才能生效,订立合同的时间与合同生效成立的时间并不一致。当事人的合同行为只能以订约时的情事为依据,而不是以合同生效时的情事为依据。如果变更的情事发生在订立合同之后合同生效之前,也应当适用情事变更原则。

如果在合同订立之前情事已经发生变更,则变更后的情事为合同订立的基础,自然不适用情事变更原则。当事人不知晓这种情事已经发生变更而订立合同的,则当事人有过失,也不适用情事变更原则。

合同关系消灭以后,情事无论如何变更均不再影响合同的效力。情事变更发生在合同订立之后,但在履行过程中恢复原来状态的,原则上得适用情事变更原则,不要求必须在特定时间履行的,可以针对具体情况允许债务人迟延履行,并免除责任。情事变更虽然发生在合同成立之后合同关系消灭之前,但是当事人没有因为情事变更而主张变更或解除合同,而在履行或受领之后,才主张适用情事变更原则的,只要相对方不能证明主张适用情事变更原则的一方当事人已经明示抛弃情事变更原则适用的,应当允许。但是为了维护既定的法律秩序,对这种主张应当有期限限制。

3. 情事变更的发生不可归责于双方当事人

情事变更的发生不可归责于双方当事人,是指当事人对于情事变更的发生没有主观过错。如果情事变更的发生可以归责于当事人,则该当事人应当承担相应的责任,不适用情事变更原则。

因此,当事人在请求适用情事变更原则请求免除责任时,负有举证责任。证明情事变更非因自己的主观过错而发生。《法国民法典》第 1147 条规定:"凡债务人不能证明其不履行债务系由于不应归其个人负责的外来原因时,即使其在个人方面并无恶意,债务人对其不履行或迟延履行债务,如有必要,应支付损害的赔偿。"《德国民法典》第 282 条规定:"对给付不能是否由于应归责于债务人的事由所造成发生争执时,债务人负举证责任。"《联合国国际货物销售合同公约》第 79 条第 1 款也作了类似的规定。

情事变更原则是在无法采取其他救济方法的情况下才适用的,所以当发生的情事变更虽非当事人引起,但是可以归责于第三人,应当由第三人承担责任,而不能适用情事变更原则。

情事变更的发生虽然不可归责于双方当事人,但是双方均负有采取相应措施防止损失扩大的义务。我国《民法通则》第 114 条正体现了这种精神:"当事人一方因另一方违反合同而受到损失的,应采取措施防止损失的扩大;没有采取措施致使损失

---

⑭ 参见耀振华:《情事变更原则的适用》,载《法学研究》1992 年第 4 期;杨振山:《试论我国确立"情事变更原则"的必要性》,载《中国法学》1990 年第 3 期;彭诚信:《"情事变更原则"的探讨》,载《法学》1993 年第 3 期。

扩大的,无权就扩大的损失要求赔偿。"

4. 情事变更须未为当事人所预料且具有不能预料的性质

如果情事变更已经为当事人所预料,则表明当事人愿意承担情事变更的风险,自然不能适用情事变更原则。在经济交往中,特别是在现代市场经济中,许多交易行为本身就带有一定的投机性、冒险性,行为人只要自愿为该行为,无须明示,即可以认为行为人愿意承担其中的风险。因而在这种交易过程中,即使发生了出乎当事人预料的行为固有风险,也不得适用情事变更原则,例如股票、房地产生意。如果情事变更在客观上是可以预料的,当事人却没有预料到,则当事人有过失,也不得适用情事变更原则。如果情事变更在客观上仅能为一方可以预料,则不能预料的相对方可以主张情事变更原则的适用。如果客观上可以预料到情事变更的一方已经预见到将来会发生情事变更,致使合同不能履行,却仍然与相对方签订合同,那么可以预料的一方当事人有主观过错,对相对方的损失应负赔偿责任。如《德国民法典》第307条第1款规定:"当事人在订立以不能的给付为标的的合同时,已知或应知其给付为不能者,对因相信合同有效致受损害的他方当事人,负损害赔偿义务。"《日本民法典》第416条第2款规定:"尽管是因特别情况所发生的损害,但当事人对其情况已经预见或可以预见时,债权人也可以请求其赔偿。"

5. 维持合同效力将会产生显失公平的结果

情事变更原则的目的在于救济不正常风险所引起的显失公平的结果。这里说的显失公平,不能等同于一般商业风险所导致的不公平结果。在商品经济社会中,人们的经济行为需要遵循价值规律的要求,受价格杠杆、竞争机制的制约,风险也就成了经济活动的固有属性,"不公平"结果的出现亦成为经济运行的必然。这种不公平结果,一般具有可预料性,是当事人自愿承担的,且风险与利润相称。

情事变更原则中的显失公平,很难划定一个统一的标准,法院可以结合具体案件,考虑以下因素确定:第一,是否符合诚实信用、公平合理原则的要求;第二,结合履行合同的具体环境,确认是否显失公平;第三,履行的结果是否会使双方利益关系发生重大变动,危及交易安全;第四,主张适用情事变更原则的一方因不适用而遭受的损失,是否远大于适用时相对方所遭受的损失。

(二)情事变更原则适用的效力

情事变更原则适用的法律效力,在于变更或解除合同并免除当事人责任,以排除合同履行过程中因情事变更而出现的显失公平结果。这就是最高人民法院《关于适用〈中华人民共和国合同法〉若干问题的解释(二)》第26条规定的"人民法院应当根据公平原则,并结合案件的实际情况确定是否变更或者解除"。

情事变更原则适用的效力的发生分为第一次效力和第二次效力。

1. 情事变更原则的第一次效力

情事变更原则的第一次效力,是维持原法律关系,只变更某些内容。为了维护社会经济秩序的稳定,在情事发生变更后,首先要对原有的合同关系进行调整,变更显失公平的条款,在维持原有合同效力的基础上,重新平衡当事人的利益关系,使之符合诚实信用、公平合理的原则。这种变更称为情事变更原则适用的第一次效力。第一次效力多用于履行困难的情况。具体的变更方式有以下4种:

(1)增减给付。增减给付是在量上的变更,也是变更合同最常见的方式之一。在双务合同中,为给付增减的变更,实质是恢复情事变更前给付与对待给付之比例关系。增减给付既可以使因情事变更受损失的一方减少给付,也可以使相对方增加给付。

增减给付的标准是变更的核心问题。国民政府于1941年7月1日公布施行的《非常时期民事诉讼补充条例》规定:"法院得斟酌社会经济情形,当事人生活状况及因战事所受损失之程度以为裁判。"1945年12月18日颁布施行的《复员后办理民事诉讼补充条例》规定:"法院应当公平裁量。"在以后对此所作的司法院解释规定:"应就各个具体案件公平裁量之,未使一概而论以阻碍此项原则之适用。"

笔者认为,法院在判决增减给付时,既要全面考虑社会的经济情事,又要考虑案件的具体特征,使结果符合诚实信用、公平合理的原则,符合当事人的订约意图,符合情事变更前的对价比例关系。

(2)延期或分期给付。延期或分期给付是对履行日期的变更,只能适用于非特定日履行的合同。延期或分期的程度,既要考虑到债务人的履行能力,又要考虑到债权人的受领要求。

(3)变更给付标的。作为给付标的种类物,因情事变更而消灭,可允许债务人以相同种类物代替给付。如果给付标的为特定物的,双方协商一致可以用其他物代替给付。如果协商不成,或没有可代替之物,则不能变更给付,只能因特定物的意外灭失而解除合同。

(4)拒绝先为给付。在双务合同中,当事人双方以同时履行义务为一般原则,但若一方当事人有先为给付义务时不能主张同时履行。不过,在发生情势变更情况下,有改变此种义务的效力。《德国民法典》第321条规定:"因双务契约负担债务并应向他方先为给付者,如他方的财产于订约后明显减少,有难为对待给付之虞时,在他方未为对待给付或提出担保之前,得拒绝自己的给付。"

2. 情事变更原则的第二次效力

情事变更原则适用的第一次效力不足以消除显失公平的结果时,则发生第二次效力。第二次效力是指依第一次效力不足以排除不公平结果,则采取消灭原法律关系的方法以恢复公平。

第一次效力的发生并不是第二次效力的必经过程,而是多适用于履行不能、履行目的不达的情形。其作用在于终止或解除合同并免除责任。按一般说法,终止合同指合同关系自终止时消灭,不具有溯及效力,而解除合同指自解除时,合同自始无约束力。

情事变更原则适用的第二次效力,表现在以下方面:

(1) 终止合同。在大多数场合下,终止合同即可消除显失公平的现象,则采用终止合同的方式,以维护既定的经济秩序。

(2) 解除合同。在个别情况下,采用终止合同不足以消除不公平现象,如合同一方履行义务为一时的,而另一方履行义务为持续的情况,则只能采取解除合同的方式。当事人未明示抛弃适用情事变更原则,而在履行义务之后,主张适用时,也只能采取解除合同的方法。

(3) 免除责任。免除责任是指基于情事变更而解除或终止合同的,不能因此追究当事人不履行合同、不适当履行合同的责任。主张适用情事变更原则的一方当事人应当适当补偿对方当事人因此而受到的损失,但是对可得利益损失不负补偿责任。

(4) 拒绝履行。如《德国民法典》第519条第1款规定:"赠与人因考虑其所负的其他义务,如不损害与自己身份相当的生计或法律规定的扶养义务,即无能力履行约定者,得拒绝履行以赠与方式给予的约定。"

奖券纠纷及其对策[*]

[案例]

刘运林向刘志平借 20 元现款为他人买瓷板。刘运林妻在某银行工作,被指派销售若干 20 元一张的有奖储蓄奖券,分给刘运林数张让其帮助销售。刘运林将其中一张奖券交给刘志平要求抵债,刘志平同意并接受,双方未约定其他任何内容。嗣后,刘志平持此奖券中奖,获奖金 5 000 元。刘运林闻讯,找刘志平索要奖金,理由是其偿还的只是奖券上的 20 元储蓄金额,中奖权利以及获得的奖金应归其个人所有。刘志平予以拒绝,刘运林向法院起诉。[①]

在本文中,笔者就此说明奖券纠纷的基本规则问题。

一、奖券的概念和性质

(一)奖券的概念和性质

奖券,是指持券人交付一定的代价而享有偶然获奖机会的债权证书。在法律上,奖券具有双重属性,既具有物的性质,又具有债权文书的性质。

1. 奖券具有物的属性

奖券在其外在的属性上,属于物的一种,即有价证券。我国民法理论确认货币和有价证券是一种特殊物,为动产。奖券作为一种财产权利的凭证,其券面所表示的权利与证券不可分离,证券的义务人须见券付款,尽管纯粹意义上的奖券的获奖权利是偶然的,并非任何一张奖券都具有财产的权利,但已经获奖的奖券无疑具有上述有价证券的全部特征。因而,奖券具有物的属性,属于动产,在其取得、占有、转让等问题上,适用《物权法》规定的动产物权变动的规则。

2. 奖券具有债权文书的性质

奖券在其内在的属性上,记载的是债权,因而是记载债权的文书,是债权凭证。当持券人向发行人认购奖券的时候,在持券人和发行人之间就产生了一种特定的权

---

[*] 本文发表在《杨立新民法讲义·债权法》,人民法院出版社 2009 年版,第 226 页以下。

[①] 这个案件是笔者在最高人民法院民事审判庭工作时办理的一个案件。最高人民法院民事审判庭曾经发出一个函,指示这个案件的审判原则,即"从随主"原则,但是,审理这个案件的高级人民法院并没有遵守这个指示,而以公平原则判决双方分得奖金。这个案件的终审判决是不正确的,最高人民法院民事审判庭的函复精神是正确的。

利义务关系,持券人为债权人,享有偶然的获奖权利;发行人为债务人,负有向中奖的持券人支付奖金的义务。奖券记载的这种权利义务关系,就是一种合同之债,即奖券合同的债权债务关系。

改革开放以来,随着市场经济的发展,各种经济活动越来越活跃。各种经济组织为了筹措资金、促进销售或经营,经常发行各种各样的奖券,因此,奖券纠纷不断发生,人民法院审理了很多奖券纠纷案件,遇到了很多疑难问题,也积累了很多审判经验。因此,研究奖券的性质及其纠纷的处理规则,就成为司法实践中的一个必须解决的问题。

如何认识奖券和奖券纠纷的性质,如何确定奖券的获奖权利,如何处理奖券纠纷,对诸如此类的问题,由于我国民法对此没有明文规定,国家也未对发行奖券作出统一的规定,无论是在理论上还是实务上,都缺乏明确的认识,也没有处理的法律依据。因而,对这些问题进行理论上的分析和论证,提出司法实践的裁判规则,就是十分必要的。

(二)奖券的射幸合同关系

在明确了奖券所具有的双重法律属性之后,应当进一步研究它的债权性质。在奖券的双重属性中,以债权文书为其基本的、主要的属性。在奖券的持券人和发行人之间产生的这种债权债务关系,性质是射幸合同,也称为赌博、打赌。

1. 大陆法系

在大陆法系,确认奖券为射幸合同的一种。

(1)法国法。《法国民法典》第1964条确认射幸契约为当事人全体或其中的一人或数人取决依不确定的事件,对财产取得利益或遭受损失的一种相互的协议,赌博及打赌属于其中之一。该法第1965条进一步规定:法律对于赌博的债务或打赌的偿付,不赋予任何诉权。但是,对于关于练习使用武器的竞赛、赛跑或赛马、赛车、网球赛以及其他目的为培养灵巧及锻炼身体的同类的体育比赛约定赌注者,不受上条规定的限制。同时,第1967条规定,在任何情况下,输方不得追索其自愿支付的金额,但赢方如有诈欺、欺瞒或骗取情形时,不在此限。

(2)德国法。《德国民法典》确认赌博或打赌所生的债务是不完全的债务,因赌博或打赌所生的债务不成立,但不得以不发生债务为理由,请求返还基于赌博或打赌而已为的给付;这种规定适用于输方为履行因赌博或打赌而发生的债务,对赢方承担债务的约定,尤其是对债务的承认。对于奖券和彩票契约,该法规定,如奖券或彩票系得到批准的,此奖券契约或彩票契约有拘束力。

(3)日本法。在日本,民法典没有明确规定射幸合同,但民法理论认为,射幸合同是"以侥幸获得偶然的利益为目的而签订的合同"。[②]

(4)我国《大清民律草案》和《民国民律草案》。我国《大清民律草案》债法编专

[②] 〔日〕《新版新法律学辞典》,中国政法大学出版社1991年版,第442页。

门规定"博戏及赌事"一节,规定了第855条至857条3个条文。第855条规定:"彩票、抽签等事,曾有该管官府许可者,依彩票、抽签等契约,而发生债务。未获得许可之彩票、抽签等契约,适用前条规定(即不发生债务)。"第856条规定:"以交付商品或有价证券为标的之契约,若当事人仅意在授受约定价格与交付时交易所或市场价格之差额,而订立者,视为博戏。其当事人之一造有授受差额之意思而为,相对人所知或可得而知者,亦同。"《民国民律草案》债法编专门规定"赌博"一节,也是规定3个条文,为第707条至第709条,基本内容相同。

超过一定限度的射幸合同是违法的,在民法上也是无效的,在刑法上则构成犯罪。就射幸合同是否超过一定限度来说,法律要求所有订立合同的当事人必须能够收回支出的金钱是不违法的。另外,法律上作为特殊规定,"只是对于使一部分人所拿出的钱受到损失的射幸合同也承认其没有违法性"。③

2. 英美法系

在英美法系,没有射幸合同的概念,但与其相对应的有 lottery、raffle、betting 等概念。

lottery 是指抽彩发奖,是一种用抽签或机遇方式分发奖金的活动,参加者通过购买一定数额经承诺以抽签方式决定基金或奖金和其他利益的奖券而获得摇奖的机会。从远古时代起就有这种形式。在现代,通常用抽彩发奖来为公共目的筹措资金,奖金颁发给由电子随机号码机选中的持券人。彩票的发行活动受法律的严格规定,一般为盈利而发行彩票是非法的,但为慈善目的筹措资金在一定限度内是允许的。④

raffle 即抽彩售货,也是一种抽彩发奖,通过出售小金额的票券,并将出售物品送给其中随意选定的一张彩票的持有者的办法来出售物品。

betting 是指打赌,指一个或几个人冒险以一笔钱或其他东西下注于一件尚无结果的事情的行为。

gaming 是赌博,指几个人参加的为碰运气而围绕庄家下赌注,玩一种技巧游戏或机遇游戏。

wagering 是对赌,是两个人同意各出一笔钱或其他东西下注于一件尚未知晓的事情和事件,一方必赢而另一方必输。⑤

这些概念都属于射幸合同的范畴,其中只有 lottery 指的是奖券或彩票。

3. 射幸合同的赌博性质

通过以上比较可以看出,尽管两大法系规定有所不同,但有一点是共同的,即奖券是一种以赌博或打赌的方式出现的"以一定的代价取得的获得奖赏的机会",⑥它属于赌博的性质。对于合法发行的奖券,应定性为奖券合同,其上属概念为射幸合

---

③ 〔日〕《新版新法律学辞典》,中国政法大学出版社1991年版,第442页。
④ 参见《牛津法律大辞典》,光明日报出版社1988年中文版,第570页。
⑤ 参见《牛津法律大辞典》,光明日报出版社1988年中文版,第93页。
⑥ 《布莱克法律辞典》(英文版),北京市图书进出口有限公司1990年版,第853页。

同。既然如此,奖券纠纷即应属于合同纠纷,按照我国司法实务的习惯,归属于债务纠纷范围。

(三)我国奖券的种类和内容

我国目前发行的奖券种类繁多,综合起来,大致有两大类五种。

1. 单纯的有奖抽彩

单纯的有奖抽彩是持券人支付一定数额的货币认购奖券,通过抽签或机遇决定其获得奖金的奖券合同。这种奖券合同,是单纯的有奖抽彩,不附加或附属于任何其他约定,当事人纯粹就以抽签或机遇得奖而进行约定,发行人为义务人,负有向中奖的持券人按约定颁发奖金的义务;持券人符合中奖条件者,获得领取奖金的权利。无论是通过抽签或机遇而取得奖金,其中奖依靠的是运气,如果其中有技巧的成分,即使运气起了一定的作用,也不属于有奖抽彩。有奖抽彩可为所有的持券人设定中奖的权利,在获奖的数额上加以区别;也可为部分持券人设定中奖的权利,未中奖的持券人不享有中奖的权利。

有奖抽彩的主要目的在于筹措资金,奖券发行人发行奖券的总额,永远小于持券人中奖的总额,发行奖券的总额与持券人中奖总额之间的差,即为奖券发行人发行奖券所获得的利益。例如,某地发行体育馆建设彩票,需筹集1 000万元资金,因而发行2元面值的奖券1 000万张,以800万元作为奖金发给中奖者,200万元作为发行费用,奖券总额2 000万元除去奖金与费用,所余1 000万元,即为筹措的资金。

(1) 机遇型奖券。这种奖券的获奖权利载明于奖券之上。在奖券发行时,该奖券的获奖内容采取密封方式,在认购者认购奖券之后,当场开封,明确该奖券是否中奖,中奖者当场兑现奖金。1990年为亚运会筹集资金而发行的奖券,就是这种机遇型的奖券。此外,为社会福利事业而发行的奖券,为筹建某项公共事业而发行的奖券,一般均采这种机遇型的奖券。机遇型奖券当场开奖,持券人是否中奖当场明了,很受群众欢迎。

(2) 抽签型奖券。这种奖券的获奖权利并非载明在奖券之上,也不能当场开奖。其发行人发行的所有奖券均统一编号,号码载于奖券之上,当奖券销售完后,或者在约定的期日届至时,以抽签的方式,确定中奖的号码,持券人以所持奖券的号码,决定其是否中奖且中何种奖。抽签型奖券从发行至开奖,须经一定期间,开奖时间只有一个,是否中奖全凭抽签决定,因而不易作弊。

2. 附属于其他合同的有奖抽彩

在我国目前发行的奖券中,很大一部分不是单纯的有奖抽彩,而是将有奖抽彩附属于其他合同,作为其他合同的从合同存在,因而不是一种独立的民事合同。与单纯的有奖抽彩相比,附属于其他合同的有奖抽彩同样依靠运气而非技巧获胜,但持券人并非以一定数额的货币只为认购奖券,而是以高于或等于签订某种合同的代价订立该种合同,在履行该种合同之后或履行该种合同的过程之中,依据特定的债权文书的号码,抽签决定中奖者和中奖的等级。这种有奖抽彩,几乎不采或很少采机遇方式而采抽签方式。这种有奖抽彩的权利义务关系,不仅包括中奖的权利义务关系,还包括其主合同的权利义务关系。主合同的权利义务关系为基本的权利义务关系,中奖的权利义务关系为从属的、附属于主合同权利义务关系的从权利义务关系。

在一般情况下,在发行人发行的奖券之上,记载的内容既包括主合同的权利义务关系,也包括中奖的从合同的权利义务关系,前者为每一个持券人均享有的权利,后者则依约定为部分人凭运气而享有。主合同约定的义务,发行人须向任何一个持券人履行,从合同约定的义务,发行人只向中奖的持券人履行。在特殊情况下,发行人是在履行主合同之后,向对方当事人如购货人等发行单纯的奖券,该奖券的持有者以其主合同当事人的身份享有奖券合同当事人的地位。该种奖券只记载中奖的权利义务关系,不记载主合同的权利义务关系,因而仅就奖券合同而言,与单纯的有奖抽彩相似,但由于它依主合同的发生而发生,因此,它仍属于附属于其他合同的有奖抽彩。

设立附属于其他合同的有奖抽彩的主要目的不在于筹措资金.而在于促进销售或促进经营,当然也有的具有筹措资金的目的,但其与经营具有相关性,而非单纯的筹措资金。在追求这一目的的过程中,发行人采取两种方法,一是发行人在主合同履行获利中,出让部分利益作为奖励的资金;二是持券人在履行主合同中支付超过主合同履行价格的货币,以其超过部分的总额作为奖励的资金。

我国目前发行的附属于其他合同的有奖抽彩,主要有以下 3 种:

(1)有奖储蓄。这种形式是最有吸引力、最有历史的奖券合同。其形式,分为有奖储蓄和有奖有息储蓄。前者以储户储以固定的存款为单位,由银行向储户发行储蓄奖券,储蓄的利息作为中奖的资金,储户只享有支取本金的权利,不再享有支取利息的权利,并凭抽签方式决定是否中奖。后者与前者基本相同,只是约定低于银行同类存款利率的利息,将该利息的差额用做中奖的资金,储户即持券人享有支取本金、支取利息、凭抽彩决定中奖的权利。该种储蓄奖券记载主权利和从权利,是最典型的附属于其他合同的奖券合同。

(2)有奖销售。这种形式的奖券合同是商业经营者为促销而经常使用的形式。发行人即为商业经营者,在销售某种物品或从事某种经营中,以购买一定数量的物品或票证而向顾客发行奖券,顾客凭该奖券,通过抽签决定是否中奖。例如,某商场规定购买 100 元物品者获奖券一张,凭抽签中奖。某电影院有奖销售影票,凭影票号码抽签中奖。

(3)有奖明信片。邮电部发行"贺年(有奖)明信片",该明信片属于附属于邮政合同的奖券合同,其主合同为明信片邮递,从合同为抽签型的有奖抽彩。这种附属于邮政合同的奖券合同与其他奖券合同的不同之处,在于主合同的当事人与奖券合同的当事人不同。一般的附属于其他合同的奖券合同,主合同的债权人和债务人与从合同的债权人和债务人相同;有奖明信片的主合同当事人,权利人是寄信人,义务人是邮政局,从合同即奖券合同的当事人,义务人是邮政局,而权利人则是收信人,寄信人不享有中奖的权利,因而是为第三人设置权利的合同。

无论是单纯的有奖抽彩,还是附属于其他合同的有奖抽彩,都是具有赌博性质的射幸合同。既然如此,参加有奖抽彩的当事人,即奖券持有人可能在付出一定代价的同时,都获得中奖的权利;就中奖者而言,奖励金额也各不相同,只有极少数人获得巨额利益,少数人只能获得象征性的奖金;未中奖者,必然是多数人,他们只能损失其支付的代价,而不能获得任何利益。同样,由于其赌博的性质所决定,有奖抽彩有引导人们追求不正当获利的作用。因此,无论是何种形式的有奖抽彩,都有其不利的社会影响,各单位各部门发行有奖抽彩奖券,应当严格履行审批程序,必须经国家有关机关批准。目前,滥发奖券已经成为一种倾向,硬性摊派、强制认购很普遍,应当引起重视。

二、奖券纠纷的主要类型及其对策

(一) 关于权利主体争议的奖券纠纷类型及其对策

谁是中奖的权利主体,在奖券合同中本来是明确的。但在实践中,很多奖券纠纷是由此而引起。一般来说,关于中奖权利主体的争议,在普通的奖券合同中和为第三人设置权利的奖券合同之中都存在,但后者略多于前者。

确定奖券合同的中奖权利主体,应当依据有价证券权利主体的一般原则。有价证券的权利主体,依其记名或不记名的形式不同而有所不同。记名的有价证券,有价证券载明的权利人为该奖券的权利主体;不记名有价证券,券面并不记载权利人的姓名,谁持有该证券,谁就是权利主体。绝大多数的奖券是不记名的,只有少数的奖券记载权利人的姓名。按照上述确定有价证券权利主体的原则,确定奖券合同的中奖权利主体,原则上是明确的,即发行人对不记名的奖券,以持券人为权利主体,颁发奖金;对记名奖券,以记载的权利人为权利主体,颁发奖金。

在实践中,关于奖券的中奖权利主体有以下的争议需要研究。

1. 共同认购

这种情况主要发生在不记名奖券合同中,包括两个以上的主体认购一张奖券或者共同认购数张奖券。纠纷的发生,不在于发行人与持券人之间,而在于共同认购人之间。纠纷的原因,主要是共同认购的事实,一方认为是个人认购,另一方认为是共同认购;也有的纠纷是为奖金分配而争执,如分配奖金比例不合理。

前者是事实问题,解决的办法是查清事实,按照民事诉讼举证责任的原则,正确认定事实,提出积极主张的一方提供证据证明自己的主张,举证不足或举证不能,则驳回其诉讼请求。后者对共同认购的事实当事人并无争议,可以确认其共同认购,当事人应各自证明其主张的奖金分配比例的证据,以证据充分的一方主张认定,各自均不能证明者,平均分配。共同认购奖券的特点,是共同认购人共同所有同一张或数张奖券,是共有的形式,如何确定份额或奖金分配,有约定的,从其约定,无约定的,平均分配。应当区别的是,数人共同购买数张奖券,各自分得部分后,对中奖的奖券所有权发生争议。这种情况,不属于共同认购,而属于各自认购。处理的方法,奖券已分配给个人持有的,以持券人为权利主体,享有中奖的权利;奖券尚未分配给个人持有的,推定为共同持有,奖金平均分配。

2. 一方出资另一方购买

认购奖券者一般都讲"手气","手气"不佳的人认购奖券往往请"手气"好的人为其认购,由自己出资。在这种情况下,往往出现争议,出资者主张奖券为自己所有,帮其认购者或者主张共同认购,或者主张自己的"手气"好应分享奖金的部分份额。

例如,奚某欲购三张体育彩票,出资6元,让兰某摸出三张奖券,当即中奖10 000元。兰某主张五五分成,奚某只同意给其两成以示感谢,发生争议。对这种纠纷,应当首先确定是共同认购还是委托认购,主要审查双方是如何约定。约定共同认购并能证明者,依共同认购的原则处理。不能证明共同认购者,应认定为委托认购,双方就奖金的处理达成调解协议的,依协议处理;调解不成,确定奖金归出资者所有,依据代理的原理,出资人可以给予代理人适当报酬。

3. 为第三人设置中奖权利

邮电部发行的"贺年(有奖)明信片"属于这种奖券合同。该明信片所载的主权利,属寄信人,所载的中奖权利,则属于收信人。该明信片为寄信人出资购买,自己行使的是邮寄的权利,中奖的权利是为收信人而设置。单纯就中奖权利的从合同而论,这种奖券属于为第三人设置权利的合同,与某些人身保险合同相似。因此,贺年有奖明信片的中奖权利人为收信人,为记名的奖券合同,邮电部门发奖金给中奖人,要核对收信人的证件、身份,而非发给寄信人。如果寄信人与收信人关于奖金的分配确有约定者,该约定可以排斥上述原则的适用,依照约定办理。

(二)关于中奖权利争议奖券纠纷类型及其对策

在奖券合同中,单纯的有奖抽彩一般不发生关于中奖权利的争议,而多发生权利主体的争议,这是因为权利为权利主体所享有,只要权利主体明确,权利自无可争议之处。附属于其他合同的有奖抽彩则不同,因为在同一个奖券上,同时载有主权利和从权利,当主权利转移时,就出现了从权利是否一并转移的问题,为此而发生的争议比较常见。本文开题说到的案例是一个典型案例,法院终审判决依公平原则,刘志平获奖金2 600元,刘运林获奖金2 400元。最高人民法院民庭函复认为此判决不当。[⑦]

如前所述,奖券属有价证券,既有物的属性,又有债权文书的属性。因此。奖券的转移占有,依物的所有权转移方法转移,奖券所载债权转移的效力,依债权转移方法而发生。

奖券是否可以转移,有人认为奖券规定不得流通,因而就不能转移。这种看法是不当的。所谓流通,是以其作为货币的代替物在商品交换中流通,或者进行买卖。民事主体互相之间就奖券进行抵债、抵押、赠与、转让,都不是严格意义上的流通,不应

---

⑦ 参见最高人民法院研究室:《司法文件选编》,1991年第6期。

受到限制。

奖券的转移方式,依物的所有权转移方式转移,当奖券的持有人以其奖券抵债、赠与、转让等形式转移给受让人以后,奖券的所有权即转移给其新的占有人享有,无须经过发行人的同意。奖券所有权转移以后,其记载的债权即随奖券的转移而转移,原持券人依该奖券所享有的债权,一并转移给现持券人所有。当一个债权文书既载有主权利又载有从权利的时候,债权转移的原则为"从随主"原则,即从权利随主权利的转移而转移,当事人另有约定的除外。在有奖有息储蓄奖券上,主权利为支取本金和利息的权利,从权利为中奖的权利。奖券转移,中奖的从权利随主权利一并转移。原持有人与现持有人如果对权利的转移有另外约定的,也可以依其约定,实行部分转移,但该约定应以明示方式进行,并应有书面协议为凭。没有约定的,"从随主"一并转移。

刘运林以一张20元面额的有奖有息储蓄奖券交刘志平抵债,双方同意,自无异议。在该奖券转移占有时,双方"未对可能获得的中奖权利约定条件,因此,应视为该奖券及奖券上所载明的财产权利一并转移,刘志平是该奖券的合法占有者,奖券中奖5 000元应归刘志平所有"。[8]

(三) 委托认购而另行约定权利义务争议的奖券纠纷类型及其对策

委托他人为自己认购奖券,委托人与被委托人之间为代理关系。代理的结果,归属于委托人即被代理人。此点前文已阐明。

在实务中,委托认购(或称代理认购)的双方当事人对中奖权利另有约定的,对此应如何认识?例如,甲委托乙代为认购奖券,乙提出如中奖,则按适当比例分配奖金数额。

1. 独立协议

应当认为,这种约定为委托人与被委托人之间又达成的另外一个独立的协议。它既与奖券合同不同,又与委托认购合同不同,具有独立的合同地位。作为奖券合同,当事人为认购者和发行人,不包括受委托人。作为委托合同,其内容为一方出资、一方代理出资方认购奖券,并无奖金分配的内容。而所谓分配奖金的约定,其实质是获奖的持券人向委托人赠与其所享有的奖金。在上述例子中,包含这样三种不同的民事法律关系,是三种不同性质的合同关系。

2. 附条件的民事法律行为

这种约定是一种附条件的民事法律行为。"为民事法律行为设定一定的条件,把条件的成就或者不成就作为民事法律行为的效力发生或者消灭的前提,这种效力的发生与消灭取决于一定条件的民事法律行为,就是附条件的民事法律行为。"[9]约定中奖而委托人与被委托人共同分配奖金,就是把中奖作为条件,成就者,中奖人对被

---

[8] 最高人民法院民庭1990年11月5日(90)民监字第130号复函,载《司法文件选编》,1991年第6期。

[9] 佟柔主编:《中国民法》,法律出版社1990年版,第193页。

委托人赠与部分奖金,这种协议,就是附条件的民事法律行为,其中中奖,是积极条件、有延缓效力的条件,当该条件成就时,约定的民事法律行为即赠与奖金,即发生法律效力。

3. 所附中奖条件必须符合法定的要求

法律规定,附条件的民事法律行为,其所附条件必须是将来发生的事实,必须是不确定的事实,必须由当事人议定的而不是法定的条件,必须是合法的条件,条件必须不能与行为的主要内容相矛盾。约定的中奖条件必须符合上述五项要求,才发生附条件的民事法律行为的效力,否则不发生效力,中奖人无赠与委托人奖金的义务。

王、李二人同为一个工厂的工人。王患病在家休息。某月发放工资,银行摊派每个工人必须认购每券 1 元的文化宫建设奖券 3 张,将奖券连同工资相抵发放。李为王代领工资、并为其抽出 3 张奖券。同事围观,要求李将为王抽出的奖券当场开奖,看是否中奖。揭开奖券中奖栏,即发现其中 1 张中特等奖,奖金 10 000 元。李去王家,告知其为王抽奖券 3 张,并问如中奖,奖金如何处理。王说,如中奖,二人平分奖金。李即出示奖券给王,王见中奖,即反悔。李以王的承诺为依据,诉至法院,要求分得奖金 5 000 元。法院判决李分得奖金 3 000 元,其余归王所有。

本案是否发生附条件的民事法律行为的效力,不无问题。如前所述,委托认购奖券的双方约定以中奖为条件赠与奖金,是应当准许的,但所符条件必须符合上述 5 项要求。以本案分析,王、李二人所符中奖条件符合双方议定、合法、不与主要行为内容相矛盾的要求,但是,在双方约定这一条件的时候,该中奖条件是已经发生的事实、确定的事实,因而不符合必须是将来发生的事实和必须是不确定的事实这两个条件。因此,当事人双方约定平分奖金的协议不发生法律上的效力,李无权要求王某赠与其奖金,王某也无赠与李奖金的义务。法院判决李某分得奖金 3 000 元,没有法律依据,实质上侵害了王某的财产所有权。

(四)其他奖券纠纷类型及其对策

除上述 3 种比较典型的奖券纠纷外,还有一些其他的纠纷。如:

1. 奖券拾遗

拾得奖券而中奖者,也有存在,为此,他人主张该奖券为自己所有因而酿成纠纷。记名的奖券自无此问题,不记名的奖券适用无记名有价证券的规则,即不记名者不挂失,谁持有它,谁就是所有人,也就是债权人。发行人履行义务时,认券不认人,凭奖券的记载对持有人为给付义务。因此,原则上说,持有奖券者,为奖券的权利人,享有中奖的权利。他人主张其为奖券的所有人,必须提供充分的证据证明该事实,确能证明者,可以确认,并否定拾遗人的权利主体资格,否则,奖券及其所载中奖权利归持券人所有。

2. 奖券盗赃

盗窃奖券而中奖者,也有发生。在民法上,盗窃奖券而中奖引起的纠纷,与前述拾遗奖券引起的纠纷基本相同,处理的原则也基本相同。如果持券人承认其奖券为盗赃，自然免除对方当事人的举证责任，权利归原权利人所有。盗窃奖券的刑事责任，不应一概而论，应当区别情况。盗窃尚未开奖的奖券，不应以中奖的奖金额计算盗窃数额，无储蓄等主权利财产数额的奖券也不宜以其票面价值计算盗窃数额，只有对储蓄奖券可以储蓄金额计算盗窃数额。对于明知中奖的奖券故意窃取之，以中奖额计算盗窃数额。

3. 伪造奖券号码

对持有的奖券号码进行涂改，骗取奖金后，真实的奖券中奖权利人主张权利，这种纠纷也有发生。

某人持有一张储蓄奖券，在摇奖时，发现自己的奖券与特等奖的号码只差一个数字，即回家将其涂改，伪造成中特等奖的奖券，即领取了奖金 1 万元。次日，持有中特等奖奖券的中奖者来领取奖金，发行人经对比，发现前一领奖者的奖券号码有涂改痕迹，即按其留下的地址姓名，追回了奖金，发给真正的中奖者所有。该人采取虚假的方法骗取巨额奖金，在刑法上构成诈骗罪，已被刑罚处罚。

从民法的角度研究，如果发行人在支付给伪造者奖金中有过错，且无法查明谁支取了奖金，按照对债权准占有人给付的效力的规则，这种给付不发生清偿的效力，对真实的中奖人即债权人仍有支付奖金的义务。如果对两个奖券的真伪无法分辨，发行人对两个持券人都分发奖金。

4. 不当得利

对于奖券的取得是不当得利，也有发生中奖者。例如，认购 1 张奖券而得到 10 张奖券，其中的奖券中奖。这种情况除非持券人承认而确认其无效，否则仍以持券人为权利人。发生争议者，多是在有奖贺年明信片。某校高二班有两名学生姓名相同，给其中一名学生寄来的贺年明信片，被另一名学生收到并领取了奖金，该名学生主张为其所有。这种纠纷的事实比较容易查清，查出寄信人确为谁所寄即可证明，奖金归真正的收信人所有。

债法视角下的信用卡冒用损害责任[*]

近年来,随着信用卡[①]业务的广泛推广,信用卡逐渐成为主流的支付方式。信用卡冒用引发的持卡人与发卡行、持卡人与特约商户、发卡行与特约商户之间的损害赔偿纠纷不断发生,在法律适用上有较大的难度,有新的问题需要探讨,各地法院处理方法各不相同,亟须统一法律适用尺度。本文对这些问题在学理上进行探讨,适用债法的债权准占有人给付效力规则,对信用卡冒用损害责任及承担进行研究,就教于各位方家。

一、司法实践对信用卡冒用责任案件的审理状况

信用卡被冒用通常有以下几种情形:一是信用卡丢失被冒用;二是骗取、窃取他人信用卡并冒用;三是伪造信用卡冒用;四是邮寄途中被拦截而被冒用。由于我国尚未在立法层面对信用卡冒用后的责任分担作统一、明确的规定,各发卡行对冒用损害责任的规定也不一致,虽有部分银行约定"视情况分担损失",但大部分银行均要求持卡人自行承担冒用的损失。除对冒用者追究刑事、民事责任外,冒用损害如何在持卡人、发卡行、特约商户之间分担,特别值得研究。

诉讼中,持卡人以发卡行或特约商户存在过错为由诉至法院,要求被告承担信用卡冒用产生的损害赔偿责任,此类案件根据诉讼主体和案由的不同,可以分为以下三种类型:一是持卡人诉特约商户,以信用卡合同纠纷为案由。以北京市丰台区人民法院(2012)丰民初字第3433号民事判决为例,商品买卖的签购单上的持卡人签名笔迹与卡片背后李某签名不一致,法院以商户未能尽到对签名的谨慎审查义务存在过错为由,判决商户承担李某的损失。二是持卡人诉特约商户,以财产损害赔偿纠纷为案由。如北京市西城区人民法院(2008)西民初字第3345号民事判决认定,林某信用卡被盗,冒用人持信用卡在特约商户三次刷卡消费单据中的持卡人签名,后经过比对,与林某此前使用该卡其他刷卡消费单据中的持卡人签名存在较大差异,遂认为特约商户作为接受刷卡消费的企业对此负有审核义务,未能完全尽到审核义务,导致林某

---

[*] 本文发表在《求是学刊》2015年第1期,合作者为北京市第一中级人民法院法官王玲芳博士。
[①] 信用卡属银行卡的一种,本文讨论的信用卡专指贷记卡,即发卡银行给予持卡人一定的信用额度,持卡人可在信用额度内先消费、后还款的银行卡。关于银行卡的定义及分类,参见中国人民银行颁布的《银行卡业务管理办法》第6条规定。

的财产权利遭到侵害，对此有过错，应承担相应的赔偿责任；林某对其持有的上述信用卡未尽妥善的保管义务，对此亦有过错。三是持卡人诉发卡行，以信用卡合同纠纷为案由。如北京市西城区人民法院（2008）西民初字第04254号民事判决，原告赵某信用卡被盗，冒用人持卡消费交易多次，赵某以发卡行没有对该交易行为尽到审核义务，造成损失发生为由诉至法院，要求发卡行对其损失承担赔偿责任。法院认为，赵某与信用卡发卡行之间存在信用卡领用合同关系，因损失发生在信用卡被盗后的交易活动中，发卡行作为信用卡的发卡机构，没有也不可能直接参与使用信用卡的交易过程，对使用信用卡的具体交易行为不负监管审核义务，故判决持卡人败诉。在持卡人诉发卡行的纠纷案件中，常常涉及持卡人与发卡行签订的《信用卡领用协议》中关于冒用风险负担格式条款的效力认定问题。尽管持卡人对信用卡冒用风险格式条款的效力提出质疑，请求法院以格式条款为由认定其无效，但法院并未对格式条款的效力进行评价，仍按双方约定确立各自责任。以北京市西城区人民法院（2011）西民初字第11331号案为例，张某的信用卡被盗，并被冒用人破译密码，盗刷产生损失，张某诉至法院要求发卡行承担挂失手续办妥前的冒用损失。法院认为，信用卡被盗后，张某未及时办理信用卡挂失手续及密码被轻易破解，是造成张某损失的主要原因，根据《信用卡领用协议》及中国人民银行的相关规定，发卡行对于张某被盗的信用卡挂失手续办妥前发生的损失不承担赔偿责任。

通过上述分类可以看到，在持卡人诉发卡行和特约商户的诉讼中，对被诉主体是特约商户或发卡行以及分别对应的案由，尚有分歧；因持卡人与发卡行存有《信用卡领用协议》，发卡行与特约商户签有《受理银行卡协议书》，故关于审核义务、冒用损害均在相关协议中有约定，问题发生在持卡人诉特约商户的诉讼中，在审判实践中以侵权或合同之诉两类案由立案者均有，虽考察的要件均包括过错、行为和损害，但对审核义务的来源，特约商户的合同地位、合同责任的认定等，仍语焉不详。

二、信用卡的基础法律关系及确定冒用损害赔偿责任的基本规则

（一）持卡人、发卡行和特约商户之间的法律关系

在分析信用卡冒用损害赔偿责任承担规则之前，应当首先理清持卡人、发卡行与特约商户三方之间的法律关系，明确各自在合同约定中所处地位和应尽义务之后，方能评价在冒用损害赔偿中各主体应承担的责任。尽管现实生活中的信用卡支付流程中还会涉及除发卡行之外的银联及其他专业收单机构，但是作为发卡行向特约商户清偿交易账款的特征并未改变，故信用卡交易所构建的持卡人、发卡行和特约商户这三方法律关系的本质并未因当事人增加而改变。[②]

---

② 参见陈莉茹：《论信用卡交易制度及其法律关系》，载《比较法研究》2004第5期。

目前,法学界和实务界对持卡人、发卡行和特约商户之间的法律关系的性质仍有很大争议。在现实生活中,这三个主体之间通常通过信用卡章程、领用信用卡协议、受理信用卡协议等合同来明确彼此之间的权利义务。现有学说将这三个主体的法律关系纳入现存的有名合同中,但争议的焦点仍存在于持卡人缴纳信用卡年费、特约商户缴纳手续费、发卡行与持卡人签订的合同中关于抗辩权切断的约定等。

信用卡反映的基础法律关系有以下三种:

1. 持卡人和特约商户之间的法律关系

持卡人和特约商户之间发生普通的商品买卖和服务合同关系,这种关系既是信用卡交易的基础,又在一定程度上独立于信用卡交易关系。因特约商户有义务具体审核信用卡支付款项时的相关信息,发生冒用损害时,特约商户亦是被诉主体之一。特约商户的审核义务既来源于其与发卡行的约定,又来源于《银行卡联网联合业务规范》等规范性文件中。基于双方约定,特约商户与发卡行订有审核信用卡支付信息的条款,该审核义务是为协助发卡行履行与持卡人的合同义务,故特约商户处于发卡行的履行辅助人的地位。如特约商户未尽审核义务,特约商户只对发卡行承担违约责任,对外则由发卡行对持卡人承担赔偿责任。基于法定的审核义务,特约商户未履行审核义务,通过解释适用侵权责任法的一般条款,从赔偿纯粹经济损失的角度,判决特约商户承担侵权损害赔偿责任。[③]

2. 持卡人和发卡行之间的法律关系

持卡人与发卡行之间在本质上是一种合同关系,当事人当然可以通过合同自行约定或者设定权利义务。[④]持卡人通过填写信用卡申请表、签订《信用卡领用协议》,明确双方的权利义务。在这类协议中,通常约定挂失生效前,信用卡产生的损失由持卡人承担,发卡行不承担任何责任,但发卡行存在法律、法规规定的过错或与持卡人另有约定的除外等内容。协议中的条款通常都是预先拟定,具有格式条款的特征。《信用卡领用协议》究竟属于何种合同类型,有认为属于委托合同关系,有认为是消费信贷的法律关系。信用卡最显著的特征是透支,透支后在规定时间内还款,超过规定期间则需加付利息。委托合同和消费信贷关系只能说明在信用卡使用过程中某一阶段的法律关系,发卡行和持卡人之间的法律关系属于具有委托和消费信贷的混合契约[⑤]的性质,当持卡人在特约商户消费时刷卡,此行为即委托发卡行代为支付消费金额,形成委托合同关系。如果持卡人在免息还款期内还款,则只需支付受托人即发卡行代为支付的金额即可,如果超出免息还款期,则要加收逾期未支付款项的利息,双方形成消费信贷关系。

---

③ 参见林辉芳、杨磊:《论信用卡冒用损害赔偿的法律机理——以交易流程和法律关系为视角》,载《法律适用》2010 年第 7 期。

④ 参见施天涛:《商法学》,法律出版社 2006 年版,第 565 页。

⑤ 参见杨淑文:《新型契约与消费者保护法》,中国政法大学出版社 2002 年版,第 121 页。

3. 发卡行和特约商户之间的法律关系

发卡行或者银联与特约商户签订《特约商户受理银行卡协议书》,该协议书中明确约定双方的权利义务。对这种法律关系性质的认定有委托代理说[6]、债权让与说[7]、独立担保说[8]等不同见解,但每一种学说又都受到不同程度的批判,都不能准确描述在信用卡具体业务中发卡行与特约商户之间的关系。笔者更倾向于发卡行和特约商户之间属无名合同,且具有委托的性质。虽有学者认为因特约商户需向发卡行支付刷卡费用,不符合委托合同的性质,但刷卡对特约商户而言,可以增加营业额,吸引更多消费者,同时快捷了资金流转到账,因刷卡用具均由银行负责,故刷卡费用用于交纳相应的机器使用费,不能因为此受托行为未收费而抹杀了委托的性质。仅就本文讨论的特约商户在处理信用卡交易款项时的审核义务来说,这一义务来源于特约商户与发卡行的合同约定,特约商户作为发卡行履行刷卡付费义务的辅助人,具体完成刷卡付费时的审核义务。

(二)信用卡冒用损害责任适用对债权准占有人给付效力的基本规则

在审判实践中,确定信用卡冒用损害责任的承担,原则上应当依据对债权准占有人给付效力的规则,适当变通,确认发卡行、特约商户以及持卡人在债务清偿中的地位和责任。

1. 依据对债权准占有人给付效力规则确认发卡行承担冒用损害责任

持卡人和发卡行因签订《信用卡领用协议》形成的债权债务关系,属于双务合同,持卡人和发卡行互为债权人和债务人。在对账之日前,发卡行负有向持卡人代为履行给付消费金额的义务,此时发卡行为债务人,持卡人为债权人。发卡行向特约商户支付持卡人的消费款项,属于代持卡人进行清偿。信用卡属于记名的债权凭证,发生冒用时,因冒用人持有债权凭证,具有债权人的外观征象,在交易中容易被认为是债权人,但因其为非真实的债权人,故冒用人的身份为债权准占有人。[9] 正因为冒用人被认为是真实的权利人,而不是相信其为代理人,所以冒用信用卡的行为不属于无权代理。如果发卡行对债权准占有人的给付发生清偿效力,则债权债务关系消灭,持卡人需自行负担被冒用产生的财产损失,向发卡行返还贷款和利息;反之,发卡行对债权准占有人的给付不发生清偿的效力,债务并不消灭,依然存在,发卡行须承担继续清偿的义务,不可要求持卡人支付款项和利息,须自行承担损失。发卡行因对债权准占有人给付产生的损失,可追究准占有人的侵权责任或不当得利之债权。

上述规则,就是将债权准占有人给付效力规则在信用卡冒用损害案件中具体应用得出的结论。对债权准占有人给付效力的规则是,债务人向债权人负责清偿。而债权

---

[6] 参见马春峰:《商业银行信用卡业务运作》,中国财政经济出版社 1998 年版,第 160 页。
[7] 参见杨淑文:《信用卡交易之法律性质及其相关法律问题之研究》,载《政大法学评论》1998 年第 6 期。
[8] 参见覃有土:《论信用卡持卡人的抗辩权》,载《法学》2000 年第 7 期。
[9] 参见杨立新:《对债权准占有人给付的效力》(本书第 1018 页),载《法学研究》1991 年第 3 期。

准占有人是指外观征象依一般社会交易观念足使他人认其为债权人,并为自己的意思以真实债权人的身份行使债权的非债权人。⑩ 与善意取得的立法意旨一样,是善意信赖债权凭证的占有人即债权准占有人的债务人所为的清偿行为合法确定,发生消灭债的效果,不至于进行二次清偿,保护交易的安全与迅速。正如史尚宽先生所说:"受领人系债权准占有人者,以债务人不知其非债权人者为限,有清偿之效力。债权准占有人虽非债权人,然以为自己之意思,事实上行使债权,依社会一般之交易观念,有足以认其为真实债权人之外观,故使善意为清偿者有清偿之效力,以免蒙受应由为二重清偿之不利益,而期交易之安全。""纵令以伪造证书冒称债权人,亦无妨碍。" ⑪

在信用卡的支付效力上适用对债权准占有人给付发生清偿效力的规则,须具备3个要件⑫:一是,债权之准占有人须持有合法债权文书或具有足以使债务人认为其为债权人的外观征象。所谓外观征象,如果冒用人持有真实的信用卡,能够输入密码,当然足以使债务人相信他就是真实的权利人;而当冒用人持有的是伪造或变造的信用卡时,对认定是否属于债权准占有人存在争议,但笔者认为伪造的信用卡仍然能够提供有效的支付信息,完成支付过程,外观上也能够使债务人相信其就是真实债权人,仍应在法律上认定为债权准占有人。在我国,对债权准占有人的判断的标准,大多数学者认为,持有债权证书的准占有人以债权证书有效为限,但同时认为,债权准占有人的适格性与债务人清偿中的过失有关联,两者往往联系在一起,互相渗透和影响,在实践中应当综合分析判断。⑬ 但也有学者认为,持伪造或变造的债权证书也属于债权准占有人,其适格与否与债务人并无必然联系,因为必先肯定了债权准占有人才有讨论债务人是否不知或因过失而不知的价值。⑭ 在冒用信用卡的场合,冒用人除了持有信用卡外,在具体刷卡过程中须签字,而特约商户对持卡人的签名负有审核义务,如经审核一致则足以使商家认可其为表面真实的债权准占有人。二是,须已经客观上履行了给付义务。履行以债权准占有人受领为准,受领是发生清偿的客观条件。发卡行对持卡人负有清偿债务的义务,特约商户因约定成为此阶段债务履行的辅助人,在为持卡人提供刷卡、签单的行为即是发卡行向持卡人清偿债务的过程。三是,债务人履行债务时须善意无过失。善意无过失既要求债务人动机纯正,又要求无过失。善意无过失具体包括:①债务人依据当时的条件只能将债权准占有人认做真正的债权人,不知另有真正的债权人或不知谁是真正的债权人;②债权人没有义务去查明债权人的真实性,或者已经证明债权准占有人确有债权人的客观表征;③债务人给付的目的是为了消灭债务,无损人利己的不法或不当的企图。⑮ 这里的善意不仅强调

---

⑩ 参见史尚宽:《债法总论》,中国政法大学出版社 2000 年版,第 772 页。
⑪ 史尚宽:《债法总论》,中国政法大学出版社 2000 年版,第 772—773 页。
⑫ 参见史尚宽:《债法总论》,中国政法大学出版社 2000 年版,第 772 页。
⑬ 参见杨立新、叶军:《论对债权之准占有人给付效力及适用》,载《中外法学》1994 年第 3 期。
⑭ 参见其木提:《论债务人对债权准占有人清偿的效力》,载《法学》2013 年第 3 期。
⑮ 参见杨立新、叶军:《论对债权之准占有人给付效力及适用》,载《中外法学》1994 年第 3 期。

债务人不知债权准占有人系非债权人，还要依据诚信原则，在清偿时，就受领人权限的有无，负有探知的义务。善意无过失是主观要件，其注意义务的标准应以债务人订有行为规范、规章等成文约束文件中的规范要求作为衡量标准。故在对债权准占有人给付效力的适用中，发卡行在清偿时主观是否存在过错是确定清偿是否有效的关键点。当发卡行对债权准占有人给付符合上述要件时，发卡行对债权准占有人的给付就发生清偿的效果，其对损害后果自然就不用承担继续履行责任；如果发卡行不具有上述任何要件之一，特别是不具备善意无过失的要件，发卡行的给付就不发生清偿效力，不得责令持卡人对该项付款承担责任。

发卡行在对债权准占有人的给付中，是否需要考察真实债权人的过错，亦值得研究。从前述所列举案例来看，审判实践不仅考察了发卡行、特约商户的过错情况，也考察了持卡人的过错，根据双方的过错程度分担责任。之所以需要考察持卡人的过错，是因为持卡人的妥善保管和及时挂失义务直接关系信用卡的安全和损失大小，在责任分担时考察持卡人的过错，符合合同约定的持卡人负有妥善保管等义务的要求。在持卡人具有重大过失时，即使发卡行所为之给付因其过失而不发生清偿效力，但根据过失相抵规则，持卡人应当对其过错行为承担相应的责任。[16]

2. 特约商户在对债权准占有人给付效力规则中的地位

当信用卡被冒用进行交易付款时，唯有特约商户的谨慎审核才能进行最后的风险控制，且审核义务关乎冒用损失的最终负担。特约商户作为发卡行履行刷卡付费义务的辅助人，具体完成刷卡付费时的审核义务，这一审核义务直接来源于双方在《特约商户协议书》中对特约商户在受理银行卡时的审核义务的明确约定。[17] 实际交易中，持卡人将信用卡交给特约商户工作人员，特约商户具体完成卡片信息核对、刷卡、取得授权，持卡人输入密码、签字后，即完成付款。特约商户受理刷卡的pos机、密码键盘，对机器的安装、调试、维修、升级及对使用人员的培训均由发卡行提供。发卡行与特约商户约定的在受理信用卡支付消费金额的审核义务，是为了履行其与持卡人关于使用信用卡支付的约定，所以在发卡行与持卡人的债务给付关系中，特约商户作为债务履行辅助人的身份出现，因履行辅助人造成的损失，由发卡行对外承担责任。

---

[16] 参见王建平：《论储蓄合同存款兑付效力和违约责任确定》，载《债法理论与适用 I：总论及合同之债》，人民法院出版社 2005 年版，第 382 页。

[17] 以中国工商银行的信用卡为例，审核内容包括：1. 卡片签名条内持卡人的签名。如卡背面未签名，应请持卡人出示身份证件，经确认为本人后，请持卡人当面在卡背面签名；2. 受理银行卡时，如涉及要求持卡人出示身份证件的，应审核持卡人身份证件的照片、姓名、性别与银行卡上照片、背面签名条上的签名及卡片凸印的姓名（拼音）是否一致。对卡片有效性难以判断的，应联系授权中心处理。3. 无论持卡人是否凭密码支付，收银员均应该核对签名（对卡片无签名且背面标注卡片无需签名并应凭密码使用的除外）。核对签名时，应当对比持卡人在交易凭证上的签名与银行卡签名条上的签名是否相符，对于签名内容相符、使用文字相符和书写文字无明显差异的视为签名相符。同时，发卡行负责向特约商户使用人员进行业务培训，发卡行有权按双方约定的标准向特约商户收取手续费。

债务人的履行辅助人是指债务人处于债务履行之目的使用的人,并不限于具有雇佣之类合同关系的人,只要有事实上的使用关系即可,有人好意辅助履行场合亦得成为履行辅助人,也不限于对债务人有社会的、经济的从属地位的人。[18]在《特约商户协议书》中约定的商户成为发卡行履行审核、完成刷卡的履行辅助人,符合合同债务履行辅助人的法律要求。根据债务人履行辅助人的理论,因辅助人的过失造成的损失应由债务人承担。换言之,如果特约商户已经尽到善良管理人的义务审核了该签名,其给付具有善意且无过失,发生清偿效力,自然免除特约商户的责任。如果其未审核或未尽善良管理人的注意义务,对外由发卡行承担清偿无效的损失,承担因清偿支出的消费款项。对内则根据发卡行与特约商户就信用卡清偿审核所作出的约定,判断最终的责任承担主体,原则上应由特约商户承担责任。

由于债务履行辅助人的过失由债务人承担,因而特约商户因过失造成信用卡冒领欠缺构成债权准占有人给付效力的要件,不发生清偿效力,发卡行应当承担继续清偿的义务。对特约商户的过错判断,应同发卡行过失的认定一致,即是否为善意无过失。此标准亦由发卡行或银联机构、特约商户之间的约定义务为衡量标准,此约定义务标准低于储蓄机构执行存取款义务中审核要求[19],原因在于信用卡本为便捷支付而创设,而特约商户作为审核人也有别于储蓄机构等专业金融机构。储蓄机构对身份真假的核实仅为形式审查,故特约商户在核实持卡人的身份真伪时也应为形式审查。问题在于对伪造信用卡的审核是否坚持形式审查,对此根据中国银监会《关于加强银行安全管理有关问题的通知》第10条的规定,各商业银行应当采取卡片验证码校验措施,提高磁条卡的安全性,各商业银行对新发的磁条银行卡均应当采取卡盘校验措施,防止伪造假卡。可见,在提高信用卡的技术含量,防止被伪造,并需要发现出被伪造的卡,这些应尽的义务均在发卡行。特约商户作为履行辅助人,亦应承担这种注意义务。

当持卡人诉发卡行时,确定特约商户的民事地位,应当适用我国《合同法》第121条关于"当事人一方因第三人的原因造成违约的,应当向对方承担违约责任"的规定,确认其为实体的第三人。借鉴最高人民法院《关于审理旅游纠纷案件适用法律若干问题的规定》(法释201013号)第4条,即"因旅游辅助服务者的原因导致旅游经营者违约,旅游者仅起诉旅游经营者的,人民法院可以将旅游辅助服务者追加为第三人",法院可在持卡人诉发卡行的诉讼中,将特约商户追加为无独立请求权的第三人进行审理。

---

[18] 参见韩世远:《合同法总论》,法律出版社2011年版,第598页。
[19] 根据中国人民银行发布的《储蓄管理条例》《关于执行〈储蓄管理条例〉的若干规定》,储蓄机构对未到期存单取款的审查内容包括:对存单、身份证有表面审查、文字审查和相貌审查,在对大额取现业务时,还要求严格执行等级、核对、身份有疑问时的上门取证、审批等手续。在上述规定中,对身份证真伪的核实仅为形式审查。

三、信用卡冒用损害赔偿责任分担的具体规则

(一) 对冒用损害负担条款的效力认定

《信用卡领用协议》约定,挂失生效前的所有风险、使用密码刷卡消费的风险及未妥善保管信用卡的密码、交易凭证和身份证产生的风险均由持卡人负担,虽然双方约定了"发卡行存在法律、法规规定的过错或与发卡行另有约定的除外"的内容,但对除外条款中的过错难以界定,且此类条款均由发卡行单方提供,可供重复使用,是典型的格式条款,持卡人在缔约时并无可以协商谈判变更的可能,将那些无法防范的风险分配给防范能力最弱的持卡人承担,有违民法的诚实信用原则。

我国《合同法》第 40 条和《消费者权益保护法》第 26 条明确规定,提供格式条款的一方应当遵循公平原则,提供格式条款一方免除其责任、加重对方责任、排除对方主要权利的,该条款无效。发卡行与持卡人约定的冒用风险转嫁条款应否认定为无效,应以条款中有无上述 3 种事由为判断基础。分析信用卡被冒用风险的发生,如因伪造信用卡后冒用,是信用卡从诞生之日起就存在的自身缺陷,发卡行对信用卡存在的自身风险可以通过保险等手段分散。实际操作中,发卡行会据特约商户交易量和风险等级,向特约商户收取风险保证金,因特约商户原因造成风险损失,发卡行可按约定从风险保证金中偿付。因窃取、收买、骗取等获取他人信用卡信息资料,并通过互联网、通讯终端等使用的情形,多数属持卡人无法控制的范围,而发卡行可以通过加强网络安全措施加以防范。这些可以分散风险和防范措施并非持卡人个人能够做到,"且就经济观点而言,发卡机构具有较强之经济能力,可借由保险或其他方式转嫁风险,或以较强之谈判实力与特约商店约定风险之比例负担,故发卡机构承担冒用之风险,较之由从经济能力较弱之持卡人承担此一风险,更符合效益与经济成本之考量"。[20]如将这种天然风险和非因持卡人尽到谨慎保管义务就能避免的风险仍由持卡人来承担,有违公平原则。所以,发卡行与持卡人约定的冒用风险转嫁条款应以过失作为负担责任的基础,而约定一概免除挂失生效前的所有风险、使用密码刷卡承担全部风险的条款加重了持卡人的责任,故此类条款不能作为发生冒用发生时确定合同责任的依据,依照《合同法》第 40 条和《消费者权益保护法》第 26 条规定,确认该格式条款无效。

(二) 对各方当事人的过错及过错程度的认定

我国目前针对信用卡管理的部门规章是《银行卡业务管理办法》,其对信用卡被冒用风险负担方面的规定,仅言及发卡行应当在有关卡的章程或使用说明中向持卡人说明密码的重要性及丢失的责任。《银行卡业务管理办法》将冒用产生的损失视为

---

[20] 杨淑文:《新型契约与消费者保护法》,中国政法大学出版社 2002 年版,第 136 页。

持卡人与发卡行意思自治的范畴,对过错的具体界定及超越持卡人的风险防范能力时的责任承担,均没有在法律层面予以界定。对特约商户的选择和风险控制,则规定在中国人民银行《银行卡收单业务管理办法》中,包括收单机构[21]对特约商户的接受、管理,对实体、网络特约商户分别进行风险评级和风险管理措施等内容,用以规范银行卡收单业务,防范支付风险。在这种情况下,应当适用对债权准占有人给付效力的规则,确定发卡行和特约商户对冒用人即债权准占有人的给付是否发生清偿效力,仍应考察发卡行、特约商户和持卡人是否存在过错及过错程度。

1. 过错认定的一般标准

判断对债权准占有人给付发生清偿效力时,发卡行及特约商户在主观上须善意无过失。在适用对债权准占有人的给付效力规则时,衡量过错也以是否尽到注意义务为准,同时根据注意义务的程度,将过错分为重大过失和轻过失。违反普通人的注意义务,即为重大过失;违反处理自己事务所用的注意义务标准为具体的轻过失或主观轻过失;违反交易上的具有相当知识经验的人,对一定事件所具有的注意义务,为抽象轻过失或客观轻过失。

2. 发卡行过失的认定

依据持卡人与发卡行签订的《信用卡领用协议》,发卡行在处理持卡人委托事项时应尽到善良管理人的注意义务。发卡行掌控信用卡从发卡到审核付款、挂失止付等一系列流程,故发卡行对交易流程的掌握中是否存在过失,应作为其承担责任的依据。存在重大过失的情形包括:①发放信用卡过程中卡片被盗或冒用;②保管的客户资料泄露或被盗;③提款设备不安全、不稳定,设置地点不安全;④交易流程安全管控出现差错,导致错误清偿;⑤接到持卡人挂失通知后,未及时挂失造成的冒用;⑥未审查出伪造的卡片;⑦对特约商户选任和管理上的过失。发卡行在这些环节中发生过失,均非善意,对债权准占有人的给付不发生清偿的效力。

3. 特约商户过错的认定

特约商户作为审核义务的履行辅助人和实际审核人,应尽到其与发卡行或银联机构约定的审核义务,即使挂失前的冒用损失,亦不能免除发卡行依据协议处理持卡人账款时善良管理人的注意义务。特约商户的过错包括故意和重大过失,故意表现为收款过程中复制卡片信息并违法使用。重大过失的认定包括:①收款过程中收银员未核对签名;②未核审交易凭证上的签名与卡片签名条内持卡人的签名是否一致,导致账单上的签字与卡上签名明显不符;③银行卡背面没有签名,亦未核实持卡人身份证件;④对卡片有效性难以判断的,未联系授权中心进一步验证;⑤未妥善处理交易数据,导致交易数据泄露。

---

[21] 《银行卡收单业务管理办法》第3条规定,收单机构,包括从事银行卡收单业务的银行业金融机构,获得银行卡收单业务许可、为实体特约商户提供银行卡受理并完成资金结算服务的支付机构,以及获得网络支付业务许可、为网络特约商户提供银行卡受理并完成资金结算服务的支付机构。

4. 持卡人过错的认定

持卡人的过错亦包括故意和过失,故意的情形为持卡人与冒用人恶意串通。重大过失的情形为:①让人知晓自己的密码;②自己把密码写在信用卡上;③将自己的信用卡交予他人使用;④持卡人有其他足以认定前述①至③类似致明显违反注意义务行为者。凡有此诸种行为者,应认定为重大过失。

轻过失认定可区分为3种情况:①将记载密码之物品与信用卡一起保管,导致二者同时被窃使盗用者盗领存款更为方便;②选用容易推测得知的数字(如持卡人的出生年月日、住家住址或电话号码、公司之地址或车牌号码等)作为密码;③其他类似致注意义务违反的情事。㉒对上述持卡人重大过失或轻过失认定的前提是,发卡行于缔约时已经告知持卡人安全设置、保管密码的措施及其风险,唯有落实金融业者对于消费者之说明义务,消费者方能基于自己之判断,选择对自己最适合之金融服务,如此消费者方能基于自己责任原则下承受风险。故法律对于企业经营者之说明义务应赋予更强之法效力,方能作为解决此类问题之根本做法。㉓

(三)冒用损害责任承担的特殊规则

适用对债权准占有人给付效力规则来确定损失承担时,先明确过错主体,当双方都有过错时,需进行过失相抵。当持卡人对冒用损失存在故意或重大过失,发卡银行善意无过失时,持卡人须自己承担全部损失;持卡人有重大过失,发卡行有重大过失,根据过失相抵规则,由持卡人和发卡行共同承担损害赔偿,此种情况的过失相抵并无特别之处。

特殊规则在于当持卡人具有轻过失,发卡行重大过失,应由发卡行承担全部责任;当持卡人具有轻过失时,发卡行无过失时,此时不能完全按照过失相抵原则要求持卡人一律承担,而应当适用限额赔偿的规则;当持卡人无过失,发卡行亦无过失时,此时的风险应属于信用卡天然的风险,应当通过保险的方式分担,而不能将风险均转嫁给持卡人。

发卡行只要证明信用卡是真卡、密码真实即可免责,特别是在 ATM 机、网银发达的今天,冒用人只要持有信用卡验证码、身份证号码等识别码就可以转账划拨款项,很难证明发卡行对冒用损害存在过错,如果只坚持以各方过错进行责任划分,将有违公平的合同原则,也不利于信用卡金融业务的长远发展。

为避免将持卡人无力防范的风险强加给持卡人,为保障持卡人的权益,各国通过制定法律、法规直接规定,在持卡人具有轻过失和无过失情形下,对冒用损害均实行限额赔偿的规则。(1)英国《银行业惯例守则》规定,在持卡人通知发卡人其卡已遗

㉒ 参见李智仁:《论金融卡遭伪造或盗用所生之损害分担问题——以日本存款人保护法为观察重点》,载《存款保险资讯季刊》2006 年第 4 期。

㉓ 参见杜怡静:《从消费者保护之观点检讨金融卡盗领之风险负担原则——以 2001 年度上字第三三〇号判决为例》,载《月旦法学杂志》2004 年第 108 期。

失或被盗或其他知道或可能知道其个人密码后,发卡人应承担所有未经授权的交易损失。发卡人被通知卡遗失或被盗或其他人知道其个人密码的误用事件中,客户对未经授权的交易的责任应限制在 50 英镑以内,但客户有欺诈行为或重大过失除外。如果客户存在欺诈行为,则应承担所有损失;客户如有重大过失行为,则可能承担全部损失。[24] (2)美国为维护消费者利益,在《电子资金划拨法》和联邦储备系统理事会的 E 条例中具体规定了消费者对丢失或被窃的卡启动交易的责任,包括消费者自己被迫进行划拨的责任,适用《电子资金划拨法》和 E 条例中规定的对未经授权划拨的责任限额。《电子资金划拨法》、联邦储备系统理事会的 E 条例规定以及官方人员注释,对消费者承担未经授权的电子资金划拨的责任有 3 个等级,即 50 美元、500 美元和无限责任,并规定了严格的适用条件,具体适用取决于消费者通知金融机构存在未经授权的划拨的时间以及未经授权的划拨发生的时间。[25] (3)日本于 2006 年 2 月实施的《存款人保护法》规定,银行客户的银行卡因被伪造和盗窃而在 ATM 机上被非法提现时,银行和日本邮政公社等金融机构必须予以全额赔付。但该法律同时规定,如持卡人存在重大过失导致被非法提现的,不在金融机构全额赔付的范围之列;如果认定持卡人存在轻过失,金融机构只赔付损失额的 75%;银行卡发生被盗,必须在 30 日之内向金融机构通报。

借鉴国外的规定,在前述分析的基础上,可以考虑的是,在发卡行(包括特约商户)与持卡人均有过失时,一方面要根据过失程度轻重进行考虑,另一方面还要根据双方缔约的平等地位和前述认定的发卡行免除自身冒用损害责任条款无效的基础,综合各方对冒用风险的防范能力大小,制定持卡人在无过失或轻过失时的损害负担规则。当持卡人具有轻过失,发卡行具有重大过失,应由发卡行承担全部损害赔偿。而当持卡人具有轻过失,发卡行善意无过失,此时如何在持卡人和发卡行之间负担,英、美对持卡人的负担比例由法律加以明确,日本法规定持卡人承担 25%,具体如何在持卡人和发卡行之间分担涉及制定政策的考量,这其中涉及发卡行作为"优势之风险承担人"地位,将风险分配于支付最少成本即可防止风险发生之人,始能达到契约最高经济效率之目的[26],涉及要求持卡人对卡片和密码进行精心、谨慎的保管。我国亦应考虑在这种情形下,发卡行应当承担适当比例的损失,例如 25%。对所有因伪造发生的冒用损失,鉴于发卡行在提高卡片科技含量及保险分散风险的优势地位,建议均由发卡行承担,又因伪造属于信用卡的天然风险,发卡行应通过保险制度分散风险,而不能通过《信用卡领用协议》将此类风险转嫁给持卡人。

---

[24] See Code of Banking Practice ed. 2, March 1994, Art. 20.1(b).
[25] 参见刘颖:《电子资金划拨法律问题研究》,法律出版社 2001 年版,第 108 页。
[26] 参见杨淑文:《新型契约与消费者保护法》,中国政法大学出版社 2002 年版,第 148 页。

第六编

家事法

中国身份权研究*

一、导论

在中国民法理论界,对身份权的研究不够深入。自新中国成立以来至《民法通则》颁布实施之前,研究中国身份权的文章寥寥无几;从《民法通则》颁布实施之后至今,民法学研究日益繁荣、空前活跃,但是,研究中国身份权的理论文章仍不多见,民法教科书中关于中国身份权的部分,比重很轻,在 1990 年出版的权威《新中国民法学研究综述》一书中,对身份权研究成果的综述,总计 7 行文字,约 150 字。[①] 这种研究现状,对于内容丰富、结构复杂,关系到十几亿人身份权利义务关系的身份权制度和理论体系,无疑是过于贫乏了。尽管最近几年的中国身份权研究有了一定的发展,取得了一些新的研究成果,但和整个民法学理论研究现状相比,仍然十分落后。

在中国身份权的理论研究中,通说认为身份权是人身权的组成部分,是民事主体的一项重要的民事权利。有的学者认为,中国的人身权只包括人格权,不包括身份权,否认民法存在身份权制度,其理由:第一是传统民法上的家长权、夫权、亲权的实质,在于以特定人的身体为标的的支配权,因其与人类社会的文明发展相悖,而导致家长权和夫权消灭,亲权性质改变;第二是我国《民法通则》在"人身权"专节规定的 8 个条文中,没有设置身份权的条文。[②]

笔者认为,对中国身份权应当持肯定态度。这是因为:第一,中国在现实生活中确实存在身份权,如夫妻之间的配偶权,父母对未成年子女的亲权,亲属之间的亲属权,以及监护权、荣誉权、著作人身权,都是身份权。第二,这些现代民法上的身份权,与传统民法上的身份权在性质上截然不同。不能因为传统民法上的身份权的性质有悖社会文明的发展,就依此否认现代民法意义上的身份权。第三,《民法通则》没有明文规定身份权,并不是否定身份权的依据。《婚姻法》对亲属身份权已有规定,《中华人民共和国著作权法》对著作人身权亦有规定,《民法通则》也对监护权和荣誉权有明文规定。虽然《民法通则》没有明文规定身份权,但是,认为中国身份权的存在,确有法律依据。中国身份权与人格权两大系列民事权利,构成完整的中国人身权。

---

* 本文原刊发在《杨立新民法讲义·婚姻家庭法》,人民法院出版社 2009 年版,第 51 页以下。
[①] 参见《法学研究》编辑部编著:《新中国民法学研究综述》,中国社会科学出版社 1990 年版,第 9 页。
[②] 参见梁慧星:《民法》,四川人民出版社 1988 年版,第 343 页;梁慧星:《中国民法经济法诸问题》,法律出版社 1991 年版,第 59—67 页。

在这样的立论基础上,笔者拟对中国身份权的历史发展、中国身份权的基本原理、中国身份权的具体内容和中国身份权的民法保护诸问题,进行系统的研究,并提出自己的看法。

二、中国身份权的历史发展

(一)中国身份权的历史发展踪迹

1. 古代法时期

中国古代的身份权立法十分完备,身份权的力量十分强大。最重要的身份权,是皇权、族权、父权、夫权。"凡人之所以为人者,礼义也"。这种礼义不是指人格,而是指身份,其目的是"以正君臣、亲父子、和长幼。君臣正,父子亲,长幼和"。③《春秋繁露·顺命》:"父者,子之天也。天子者,父之天也。""天子受命于天,诸侯受命于天子,子受命于父,臣受命于君,妻受命于夫。"这种强大的身份关系,完全与中国古代的专制统治相适应。

皇权本为统治权,但在中国古代具有身份权的性质,即天子享有皇权,对所有子民均有绝对的支配权;子民对于天子,有绝对服从其支配的义务。皇权的目的,在于固定统治者与被统治者之间的身份关系,以维护其统治。《宋刑统》对"谋反"条释云:"为子为臣,惟忠为孝,乃敢包藏凶恶,将起逆心,规反天常,悖逆人理,故曰谋反。"

族权是封建社会家庭系统族长对家庭成员的支配权。族长是家庭的首领,主持全族事务及裁断族人的争执。族长对族人进行专制支配,族人负有绝对服从的义务。族人违反族规,族长有权进行人身惩罚,直至剥夺其生命。

父权是中国古代最重要的身份权,是父亲在家庭中对子女的支配权,包括对子女的人身支配权、财产支配权、婚姻支配权、惩戒权等。在父权支配下,子女无独立人格,父亲掌管子女的一切财产,决定子女的婚姻,甚至可以肉刑于子女,谓之父让子亡,子不敢不亡。

夫权,是封建社会丈夫对妻子的人身支配权。在夫权支配下,妻子是丈夫的附属品,只有服从支配的绝对义务。夫权包括对妻的人身支配权、财产支配权、管束权、休妻权等。正所谓夫者,妻之天也。事夫如事天,与孝子事父,忠臣事君同。④

2. 近现代法时期

中国近现代的身份权立法,始于20世纪初清朝政府的改律变法。1909年修订完成但未正式颁布的《大清民律草案》规定了新的亲属身份权。关于家长权,第1327条规定:"家政统于家长。"仍保留了封建的家长支配权。关于夫权,仍保留专制属性,规定夫须使妻同居妻负与夫同居之义务,妻成婚时所有财产及婚后所得财产为特有财

---

③ 《礼记·冠义》。
④ 《女诫·夫妇》。

产,夫有管理、使用、收益之权。关于亲权,规定由父或母行使,包括护养教育权、惩戒权、子女财产管理权等。关于亲属权,第1450条规定:"凡直系宗亲及兄弟姊妹,互负扶养之义务,妻之父母及婿亦同。"对于监护权,也作了详细规定。

1914年开始修订至1926年完成的《民国民律草案》对身份权的立法,内容比《大清民律草案》更为专制。关于家长权,规定异居亲属入籍,同居亲属出籍,均须家长同意,擅自出籍者,家长得拒绝其复籍;家庭违背家长之意设定住址,家长得免除扶养义务。关于夫妻权利义务,增加妻须于本姓之上冠夫家之姓,妻不属于日常家务的行为须经夫允许。关于亲权,改由父行使之,父亡故或在事实上不能行使亲权时,才由母行之;母行使亲权时,得指定亲属一人为补助人。

1930年,民国政府正式制定《中华民国民法》,对身份权的规定,趋向民主、平等,但仍保留一些专制性的支配权利。对于夫权,改为配偶权,妻是否冠夫性,允许当事人另行订定,同居义务由夫妻互负,夫妻于日常家务互为代理人。关于亲权,以教养保护未成年子女为中心职能,不仅为权利,同时为义务。关于亲属权,则规定直系血亲相互间,夫妻之一方与他方之父母同居者其相互间、兄弟姐妹相互间、家长家属相互间,互负扶养之义务。于监护,将监护与保佐归于一制,关于家长权,尚保留一些专制性的支配权。

3. 当代身份权立法

当代中国身份权立法,是指1949年以来新中国的身份权立法,是本文研究中国身份权的基础和根据。

1950年《婚姻法》和1980年《婚姻法》确立了新中国的亲属身份权,包括配偶权、亲权和亲属权。1986年通过的《民法通则》确立了其他身份权中的监护权、荣誉权。1990年通过的《著作权法》确立了著作人身权这种身份权。至此,中国身份权制度的内容基本完备。新中国立法规定的身份权,以民主、平等为其基本特点,彻底改变人身专制支配的权利属性,成为对身份利益进行支配的进步的、平等的新型权利。其缺陷在于,对于基本身份权的具体权利内容即派生身份权的规定,缺乏更细致、更具体的规定,某些具体规定仍不尽完善,不尽合理,对其民法保护,尤其是对亲属身份权的民法保护,缺少具体的保护手段。

(二)比较与结论

纵观中国身份权的历史发展踪迹,比较国外身份权的发展历史,可以得出以下结论:

1. 随着历史的发展,中国身份权的发展经历了强盛、萎缩、复兴的阶段

这和世界各国身份权发展的总趋势是一致的。自罗马法以来,人身权制度的两个组成部分,即人格权和身份权,向两个截然不同的方向发展。一方面是身份权日渐衰弱、萎缩,另一方面是人格权日益扩张、丰富。身份权日渐萎缩、衰弱的原因,就在

于传统身份权的实质是对人的支配,因而与人类社会文明发展的进程相悖。⑤ 社会文明越发展,人类就越要求自己的自由权利,要求享有不受他人绝对支配的独立、自主的身份、地位。法律文明的进程,正与人类文明的进程相一致,法律随着社会文明的进步,逐步削弱身份权的支配权力,使其从强盛转向衰弱、萎缩,封建专制的家长权、夫权均已消亡,成为历史的陈迹。当身份权的性质随着历史的发展而发生根本性的转变后,身份权逐渐复兴,充实了新的内容,成为新时代人身权制度的重要组成部分。

2. 身份权历史演变的核心,是性质的改变

古代身份权是赤裸裸的人身支配权,即由一部分人支配另一部分人。它的社会基础就是身份关系,并且由这些身份关系相互交织,构成古代社会的基本法律秩序,少数奴隶主、封建主、家长、家父具有支配的权利,奴隶、农奴、亲属、家子则处于被支配的地位,负有服从支配的义务。近代以来,身份权的人身支配的专制性发生了改变,如废除家父权,家长与家属关系的不平等性质逐渐变化。资产阶级革命的胜利,促进了这种变化,加快了身份权性质改变的进程。直至第二次世界大战以后,世界格局发生了重大变化,人类文明也发生了重大变化,立法上的身份权性质随之发生了根本性的改变,彻底废除身份权中的专制性因素,使各种身份关系转化成为平等、民主性质的人身关系,虽然还属于支配权,但支配的对象由人身转化为身份利益,是以平等、民主作为基础和前提的支配权。当代民法上的身份权终于从旧民法专制性的支配权脱胎出来,成为进步、平等的身份权。

3. 身份权的具体内容发生了根本性的变化

具体表现为:

(1) 家长权的消灭。中国古代的父权和近现代的家长权,虽有程度的不同,但均为人身支配权。新中国成立后,已彻底废除家长权。这与各国立法相一致。罗马法中的家父权是至高无上的身份权,以后有所限制,但仍是自由资本主义发展的严重障碍,因而近代西方民事立法相继废除该身份权。封建势力强大的日本在制定民法之初,仍保留家长权,但最终于1947年修改民法时将其废除。

(2) 专制的夫权为平等的配偶权所代替。古代夫权是夫对妻的专制性身份权,近代立法,英、德、法等国仍然规定夫权,但专制性减弱。第二次世界大战以后,各国纷纷修改立法或制定单行法,废除夫权,建立平等的配偶权,成为夫妻共享的平等之权、民主之权。中国同样经历了这样的过程,至当代,夫权终于被配偶权所代替。

(3) 亲权内容发生根本的改变。亲权是罗马法以后的身份权概念,由消亡的罗马法家父权演化而成,是父母对未成年子女的支配权。对此,《法国民法典》有明显的痕迹。《德国民法典》开始强调亲权,包括父母对未成年子女的义务。近20年来,法、德将亲权变更为以义务为中心的亲权照顾权,彻底改变了原亲权的专制支配性质,成为一种新型的权利义务合为一体的、平等、民主的身份权。中国的亲权从家长权而来,

---

⑤ 参见梁慧星:《中国民法经济法诸问题》,法律出版社1991年版,第51页。

至1950年新中国《婚姻法》颁布后始完成其性质的根本转变。

(4)出现新型的亲属权。无论是中国还是外国,历史上都没有亲属权的概念。《德国民法典》修订第1601条,规定"直系亲属互负扶养的义务",并于本条以下,详细规定了亲属权的内容。中国《婚姻法》第15条、第16条、第19条至第23条,对亲属权的内容作了具体规定。

(5)承认监护权为私法上的身份权。在监护的发展历史上,曾经出现过公法性质的监护权,如中国古代顾命制度,为公法上的权利。现代民法以监护权为身份权,均作了专门规定。

(6)确认著作人身权为身份权,扩大了其他身份权的范围,对非亲属的身份利益予以民法上的保护。

综上所述,身份权在历史发展中根本性质的改变,是一个历史的必然,身份权强盛、萎缩、复兴的发展历史,是其根本性质改变的进程所致。在当代,身份权作为一个完整的民事权利系列,是维护人与人之间的身份关系,明确各自的身份利益,推进社会文明发展的必备权利。进一步完善中国身份权的体系和内容,充分发挥其作用,无疑具有重要意义。

三、中国身份权的基本原理

(一)身份的法律概念

身份亦称身份,在现代汉语中,一是指人的出身、地位和资格;二是指人在社会上和法律上的地位;三是指受人尊重的地位。在法律上使用身份这一概念,历史十分久远,几乎自有法律时起,就有身份的概念。英国学者梅因指出:"在'人法'中所提到的一切形式的身份',都起源于'家族'所有的权力和特权,在某种程度上,至今仍旧带有这种色彩。"⑥

身份的概念,在历史上经历了相当大的变化。在最早的法律中,身份体现的是家庭中的权力和特权,在后来,经历了"从身份到契约"⑦的运动,即人与人之间的法律关系,逐渐地从身份关系转化为契约关系,逐步实现人的权利平等的要求。继而,在身份这一概念中,排斥其原本所包括的权力因素,注入义务中心的观念,变狭隘的特权为普遍的权利,变目的的社会结合的财产法上的支配为本质的社会结合的身份法上的支配,变单方的支配为相互的支配⑧,产生了现今的科学内涵。

如何理解身份的法律概念,有谓:"民法上身份云者,谓基于亲属法上之相对关系

---

⑥ 〔英〕梅因:《古代法》,沈景一译,商务印书馆1984年版,第97页。
⑦ 〔英〕梅因:《古代法》,沈景一译,商务印书馆1984年版,第97页。
⑧ 参见王利明主编:《人格权法新论》,吉林人民出版社1994年版,第196页。

之身份,有一定身份然后得享有权利也。"⑨有谓:身份为"民法指亲属法上的特定地位"⑩,有谓:身份"是指自然人在团体或者社会体系所形成的稳定关系中所处的地位"。⑪ 这些定义的局限性在于,将身份局限于亲属法的范围,忽视了荣誉、著作人身等身份关系,因而难说其准确。

正确理解身份这一概念,应当着重阐明以下几点:第一,身份首先是一种地位,表示民事主体在某种特定的法律关系中的地位,如配偶、亲属、监护等。第二,身份表现为某种利益。民事主体基于特定的地位,而产生相应的具有支配性质的利益。如配偶之间的相互支配,荣誉为权利人所支配,著作与著作权人之间的支配关系,等等,均体现了这种具有支配性的利益,这种利益与人身不可分离,受法律的保护。第三,身份所体现的地位和利益,必须处于特定的社会关系之中,离开特定的社会关系,不存在身份,如配偶权处于夫妻关系之中,亲权和亲属权处于亲属关系之中,荣誉处于荣誉关系之中,等等。

综合起来,身份作为法律概念,是民事主体在亲属关系以及其他非亲属的社会关系中所处的稳定地位,以及由该种地位所产生的与其自身不可分离,并受法律保护的利益。

(二)身份权的概念

在大陆法系民法中,身份权仅指亲属法上的身份权。台湾学者认为:身份权亦称亲属权,为由身份关系上所生之权利,广义的包括亲属法上及继承法上之权利,最基本的身份为父母、丈夫、亲属,可称为根本的身份权,然通常此等地位仅称为身份。身份权系指由此根本的身份权分出之具体的权限或此等权限的集合。⑫ 日本学者认为,身份权是指父与子、夫与妻等基于身份法上的特定地位所给予的权利,一般与亲属权在相同的意义上使用,但也有人用包括继承权在内的意思。身份权不是基于其地位的概括的权利,即使有亲权、夫权等概括的名称,也不过是各个权利的总称。而且,其中除纯粹是身份的权利以外,也有抚养请求权、财产管理权等财产的权利。⑬

我国大陆民法学界对身份权概念的界定,主要有以下几种:第一,认为身份权主要存在于一定身份关系上的权利。如认为:"所谓身份权,是存在于一定身份关系上的权利,其权利客体为特定身份关系之对方当事人。"⑭或者认为:"身份权是存在于一定身份关系上的权利,主要存在于亲属的身份关系上,故亦称亲属权"。⑮ 第二,强调身份权是自然人的权利。例如认为:"身份权是自然人基于其身份而享有的权

---

⑨ 史尚宽:《民法总论》,台北正大印书馆1980年版,第16页。
⑩ 〔日〕我妻荣:《新版新法律学辞典》,中国政法大学出版社1991年版,第913页。
⑪ 张俊浩主编:《民法学原理》,中国政法大学出版社1991年版,第159页。
⑫ 参见史尚宽:《亲属法论》,台北荣泰印书馆1980年版,第30页。
⑬ 参见〔日〕我妻荣:《新版新法律学辞典》,中国政法大学出版社1991年版,第914页。
⑭ 梁慧星:《中国民法经济法诸问题》,法律出版社1991年版,第50页。
⑮ 王利明主编:《人格权法新论》,吉林人民出版社1994年版,第197页。

利。"⑯这种观点不承认身份权的主体包括法人,只有自然人才是身份权的主体。第三,强调身份权产生的缘由。认为:"身份权是指为法律所保护的基于民事主体某种行为、关系所产生的与其身份有关的人身权利。如公民的荣誉权、婚姻自主权、夫妻间的人身权、父母子女间的人身权,以及法人的荣誉权等,都属于身份权。"⑰第四,采用更概括的方式给身份权定义。认为:"身份权是公民和法人具有特定身份时享有的民事权利。"⑱

我国大陆学者对身份权的上述界定,从不同角度揭示了身份权的内涵,但都不能令人满意。笔者认为,界定身份权概念,必须注意以下几个方面的问题:第一,不能只把身份权界定为亲属法上的身份权,还应当概括亲属法以外的其他身份权,因而,不能将身份权等同于亲属权。第二,不能忽略法人也享有身份权,法人虽然不享有亲属身份权,但享有其他身份权。故身份权的主体应当包括公民和法人。第三,身份权中不包括继承权。这是因为,我国立法不承认身份继承权,财产继承权是基于身份关系发生的财产权,它们都不在身份权的概念之中。第四,身份权的权利客体不应是特定身份关系的对方当事人,而是受法律保护的特定身份利益。第五,称身份权为具体身份权的集合,略有不妥,而应为一类独立的人身权,是具体身份权的上属概念,抽象了具体身份权的所有基本特征,反映所有具体身份权的基本属性。

因此,更准确地说,身份权是指民事主体基于特定的身份关系产生并由其专属享有,以其体现的身份利益为客体,为维护该种关系所必需的权利。

(三)身份权的外延及其分类

1. 中国身份权的外延

对这个问题,国内学者意见不一,主要有以下几种主张:第一,认为身份权是指家庭成员之间的权利,包括亲权、配偶权和亲属权。⑲ 第二,认为身份权是自然人的权利,其外延包括配偶权、亲权、亲属权和监护权。⑳ 第三,认为身份权包括荣誉权、配偶权、亲权和亲属权。第四,认为身份权包括荣誉权、婚姻自主权、配偶权、亲权。㉑ 第五,认为身份权包括荣誉权、著作权、夫妻身份权(配偶权)、父母与子女间的身份权(亲权)、亲属间的身份权(亲属权)和监护权。㉒

在上述主张中,提出的绝大多数权利都是身份权,唯有以婚姻自主权为身份权的主张,似有不妥。婚姻自主权是公民的人格权,表明其自主决定婚姻关系的资格,是固有的、不可剥夺的权利,如加以剥夺,则其人格将受损害,因而与身份权是不相

---

⑯ 张俊浩主编:《民法学原理》,中国政法大学出版社 1991 年版,第 159 页。
⑰ 马原主编:《中国民法教程》,人民法院出版社 1989 年版,第 486 页。
⑱ 李由义主编:《民法学》,北京大学出版社 1988 年版,第 571 页。
⑲ 参见彭万林主编:《民法学》,中国政法大学出版社 1994 年版,第 162—165 页。
⑳ 参见张俊浩主编:《民法学原理》,中国政法大学出版社 1991 年版,第 160 页。
㉑ 参见马原主编:《中国民法教程》,人民法院出版社 1989 年版,第 486 页。
㉒ 参见李由义主编:《民法学》,北京大学出版社 1988 年版,第 571 页。

同的。

笔者认为,中国身份权包括五种,分述如下:

(1)配偶权。对此权利认其为身份权,为通说,几乎无反对意见,所不同者,有些学者称其为夫妻之间的身份权或夫妻之间的身份关系。这种称谓较为繁琐,不规范,应统一称之为配偶权。

(2)亲权。对这种身份权,学者普遍承认,但多数不称其为亲权,而称为父母子女间的身份权,或者称为父母子女之间的关系。应当强调指出:其一,亲权并非等同父母子女之间的身份权,亲权只是父母与未成年子女之间的身份权,不包括父母与成年子女之间的身份权,后者属于亲属权的内容。其二,父母子女间的身份权或父母子女间的关系这种称谓不规范,不是典型的民法概念,应当采用规范的亲权和亲属权分别概括其上述两项内容。

(3)亲属权。多数学者主张身份权包括亲属权,一般认为这一概念概括的是祖父母外祖父母与孙子女外孙子女之间、兄弟姐妹之间的身份权,其实不仅只此内容,还包括父母与已成年子女的身份权。对亲属权,很多学者称其为亲属之间的身份关系,亦不规范,统一称为亲属权,更为妥当。至于亲属权属于身份权性质,则无人怀疑。

(4)监护权。关于监护权是否为身份权,学者意见分歧。有人认其为身份权[23],有人不认其为身份权[24],也有人认为我国监护权扩大监护概念的外延,有叠床架屋之嫌,且有混淆亲权与监护权之弊。[25] 笔者承认,其一,我国现行监护权确有混淆亲权与监护身份权,亲权只是父母与未成年子女之间的身份权,不包括父母与成年子女之间的身份权,后者属于亲属权的内容。其二,父母子女间的身份权或父母子女间的关系这种称谓不规范,不是典型的民法概念,应当采用规范的亲权和亲属权分别概括其上述两项内容。

(5)著作人身权。作为身份权的著作权,只是著作权中的著作人身权,不包括著作财产权。笼统地说著作权是身份权,是不准确的。对于著作人身权的性质,争论颇多,有人认其为人格权[26],有人认其为身份权[27],有人认为其具有人格权和身份权双重属性。[28] 笔者认为,著作人身权的主要内容,并非是作者的尊严,而是作者对作品的创作者资格,因而其不具有人格权的人格利益客体,体现的是作者的身份利益,表明某一著作为某著作权人所支配。同时,著作人身权的取得,应依公民、法人的创作行为和智慧成果而取得,并非是民事主体必备的权利,也不是人人都享有的权利,因而称其为人格权,或称其具有人格权的性质,都难说其正确。

---

[23] 参见李由义主编:《民法学》,北京大学出版社1988年版,第584页。
[24] 参见梁慧星:《民法》,四川人民出版社1988年版,第84页。
[25] 参见王利明主编:《人格权新论》,吉林人民出版社1994年版,第206页。
[26] 参见《法学研究》编辑部编著:《新中国民法学研究综述》,中国社会科学出版社1990年版,第802页。
[27] 参见杨立新:《疑难民事纠纷司法对策》,吉林人民出版社1991年版,第144页。
[28] 参见王利明主编:《人格权法新论》,吉林人民出版社1994年版,第550页。

2. 中国身份权有无分类的必要及如何分类

对于中国身份权有无分类的必要这一问题,有两种对立的观点。一是认为无分类的必要,其理由,是相对人格权而言,身份权的基本权利较少。二是认为有分类的必要。

对一类权利有无分类的必要,一是看其数量的多少,二是看其各种权利有无不同的属性却又有划分的统一标准。身份权的6种基本权利,为数并不算少,且有的是亲属法上的身份权,有的不是亲属法上的身份权。依此为标准,可以作统一的划分。因此,笔者认为,中国人身权有分类的必要。

对中国身份权如何进行分类,主要有两种办法:一是身份权就其地位分,有基本身份权和派生身份权。基本身份权,为基本身份地位的总称,如配偶、亲子、亲属等基本身份,与之相适应的权利,为基本身份权。由基本身份权所派生的权利,为派生的身份权。派生身份权以随基本身份权变动为原则。二是就身份权的性质分,可以分成债权性质的身份权、物权性质的身份权和身份形成权。㉙

台湾地区学者的分类方法与此相似,不过将第一种称为基本的身份权和支分的身份权,将第二种称之为形成权、支配权和请求权。㉚

以上第一种分法,将身份权分为基本身份权和派生身份权,是对身份权横向分类,即将身份权分成种属两种类别,基本身份权是身份权的下属概念,派生身份权是基本身份权的下属概念。这种分类,有利于分清身份权的层次,是必要的。

第二种分类,实际上是对派生身份权的划分,在诸多的由基本身份权派生或支分出来的各个身份权中,做形成权、请求权、支配权的划分,有利于明确派生身份权的性质,也是必要的。但对基本身份权的认识,则无必要。

对基本身份权的划分,可以依据是否为亲属法上的身份权为标准,分为以下两种:一是亲属身份权。包括配偶权、亲权和亲属权。这三种身份权都是亲属法规定的身份权,是亲属之间的身份权,有共同的属性。二是其他身份权。包括监护权、荣誉权和著作人身权。这三种身份权各有不同,不具有共同的身份权属性,均不是亲属法规定的身份权,因而划为一类,以与亲属身份权相区别。

(四)身份权的法律特征

身份权与人格权同为人身权,因而具有人身权的一般共性:第一,身份权是专属权,与民事主体的人身紧密相连,只能由民事主体享有和行使,具有严格的排他性。第二,身份权是支配权,为绝对权,其支配的不是身份权相对人的人身,而是身份利益。对于身份权的身份利益,除权利主体之外,其他任何人均须承担义务。第三,身份权不具有直接的财产内容,在派生身份权中,具有相应的财产因素。

与人格权相比较,身份权具有以下法律特征:

㉙ 参见王利明主编:《人格权法新论》,吉林人民出版社1994年版,第201页。
㉚ 参见史尚宽:《亲属法论》,台北荣泰印书馆1980年版,第32页。

1. 身份权的法律作用是维护亲属的权利义务关系

身份权的作用,是维护以血缘关系组成的亲属团体中人的特定地位及相互之间的权利义务关系,维护公民、法人对某种具有身份关系的事物的支配关系。在人身权中,人格权和身份权的作用并不相同。人格权以维护公民、法人的法律人格为其基本功能,使之实现人之所以为人的法律效果,因而是人身权中的主导权利,是基本的权利。而身份权是以人格权的存在为前提,是人类生活及其相互之间关系的法律表现,是人格权的扩展和延伸。身份权固定人与人之间的民事身份关系,确定民事主体与其支配的身份利益的关系,对于稳定社会关系,确定权利义务关系,保障民事主体的身份利益不受侵害,具有重要意义。例如,配偶权确定夫妻之间的身份关系,规定夫妻之间的权利义务,配偶一方违背这种法定的身份关系,拒绝同居,放弃贞操,不尽扶养义务,必然破坏稳定的夫妻关系;他人与配偶一方通奸,侵害另一方配偶的身份权,会造成精神损害。

2. 身份权是非固有性人身权

与人格权相比,身份权不是民事主体生而固有的权利,而是就自然人的出生,或者自然人、法人依一定的行为或事实而取得的权利。自然人尽管一经出生,就与其父母、兄姐、祖父母、外祖父母等产生了亲属身份权,但它不是生而固有,而是依出生这一事实而取得的身份权。至于荣誉权和著作人身权的取得,非依创造性的工作或智力创作活动不能由公民、法人所实现。

身份权的非固有性,还表现为其在某种条件下而丧失、消灭,甚至因一定的行为而被依法剥夺。例如亲权会因子女成年或父母、子女死亡而消灭;荣誉权可因严重的犯罪行为而被依法剥夺;配偶权依缔结婚姻关系的行为产生,也会因解除婚姻关系的行为或配偶另一方死亡的事实而丧失。

3. 身份权是非必备性人身权

身份权的非必备性,主要表现在民事主体不享有身份权,依然可以生存,可以进行民事活动,乃至以独立的人格进入社会从事所有的民事活动,而不是像人格权那样,缺少任何一种人格权,都使其丧失做人的资格。公民、法人不具有身份权,并不丧失民事主体资格。

4. 身份权的客体是身份利益

以特定身份关系的对方当事人为身份权的客体的观点,是错误的,它混淆了传统民法上的身份权和现代民法上的身份权的性质。现代民法的身份权是建立在人人平等原则之上的民事权利,权利人的权利不在于支配相对之人,而是支配这种身份关系所体现的利益,因而身份权的客体只能是身份利益。

身份利益具有多元性的特点。各个不同的基本身份权的客体,表现为不同的身份利益。同样是亲属身份权,配偶权的身份利益是夫妻共同生活,共同享受相互依靠、相互扶助、相互体贴关爱的人类最亲密的情感。亲权的身份利益,是父母对未成年子女的地位、管理、教育、抚育以及相互尊重、爱戴的亲情和责任。身份利益的另一个特点,就是不独为权利人之利益,同时为受其行使之相对人之利益而存在。[31] 这种身份利益的双重性质,主要是亲属身份权的特点。且不说配偶权所体现的身份利益是绝对平等的双方利益,就是亲权的身份利益,除父母作为亲权人维护其尊者地位,要求尊重、爱戴的利益以外,子女作为亲权相对人,要求抚养、教育、管束的利益,也是亲权的重要一面。

四、亲属身份权的基本内容

(一)配偶权

1. 配偶

配偶是男女双方因结婚而产生的亲属。《德国民法典》和《瑞士民法典》没有将配偶规定在亲属之中。《日本民法典》明文规定配偶为亲属,但无亲等。我国古代立法都将女性配偶规定为亲属,为宗亲。民国民法沿袭旧制,认为宗亲系指同一祖先所出之男系血亲之亲属,其来归之妇与在室女亦属之,故女性配偶属于男性宗亲的组成部分,不是独立的亲属种类。《婚姻法》确认配偶为亲属之一种,与血亲、姻亲共同构成亲属的三大种类,是血亲和姻亲赖以发生的基础。

配偶也是夫妻之间的任何一方对对方的称呼,在婚姻关系存续期间,妻是夫的配偶,夫是妻的配偶。这种平等的夫妻相互之间的称谓,表明夫妻之间具有平等的法律地位。现代民法强调公民的平等权利,故以配偶确定夫与妻的相互平等的法律地位,成为现实。

2. 配偶权的概念和法律特征

究竟何为配偶权,学说上有不同解释,如认为配偶权是夫对妻以及妻对夫的身份权[32];或者认为配偶权是指配偶之间要求对方陪伴、钟爱和帮助的权利。[33] 笔者认为,配偶权是指夫妻之间互为配偶的基本身份权,表明夫妻之间互为配偶的身份利益,由权利人专属支配,其他任何人均负不得侵犯的义务。其法律特征是:

(1)配偶权的权利主体是配偶双方。配偶权是配偶双方的共同权利,因而配偶双方均为配偶权的权利主体。它包含两重含义:一是对配偶利益由配偶双方支配,任何一方不能就配偶的共同利益为单独决定;二是双方配偶互享权利,互负义务,权利义务完全一致。

(2)配偶权的客体是配偶利益。配偶权的客体不包括法律明定的财产权利,如财产共有权、相互继承权,这些权利由财产权法和继承法调整。配偶权的客体不包括离婚自由权,因为离婚自由权是婚姻自主权的内容,属于人格权性质。配偶利益是确定

---

[31] 参见史尚宽:《亲属法论》,台北荣泰印书馆1980年版,第31页。
[32] 参见张俊浩:《民法学原理》,中国政法大学出版社1991年版,第161页。
[33] 参见韩松:《婚姻权及其侵权责任初探》,载《中南政法学院学报》1993年第3期。

夫妻配偶关系所体现的身份利益,如同居、贞操等权利与义务。

(3)配偶权的性质是绝对权。配偶权虽然权利主体为夫妻二人,但它的性质不是夫妻之间的相对权,而是配偶共同享有的对世权、绝对权,是表明该配偶之所以为配偶,其他任何人均不能与其成为配偶。因而,配偶权的权利主体虽为二人,但该对配偶特定化,其他任何人均负有不得侵害该配偶权的义务。

(4)配偶权具有支配权的属性。配偶权支配的是配偶之间的身份利益,而不是对方配偶的人身。这种支配,不具有封建的人身支配性质,而是一种新型的支配权,是夫妻共同对配偶身份利益的支配,是平等的、非人身性的支配权。

3. 配偶权的派生身份权

关于配偶权的派生身份权,学者的见解不一,统计起来,不下十几种之多,诸如夫妻姓名权、同居义务、住所决定权、贞操义务、感情联络权、生活互助权、离婚权、扶养权、财产管理权、日常家事代理权、监护权、收养子女权、行为能力欠缺宣告权、失踪宣告权、死亡宣告权、继承权、忠实及协助义务、选择职业的自由权、子女抚养教育权、夫妻订约权,等等。在这些权利中,很多不是配偶权的内容。例如感情联络权并不是法律意义上的身份权,离婚权、监护权、继承权、子女抚养权分别为其他人格权等权利所概括,不应作为配偶权的派生身份权。

笔者认为,配偶权的派生身份权包括以下7项:

(1)夫妻姓氏权,是指夫妻缔结婚姻关系后,妻是否有独立姓氏的权利,也包括男到女家落户(赘夫)是否有独立姓氏的权利。此种权利关系到配偶有无独立的人格,我国的夫妻姓氏权要求夫妻双方都有各用自己姓名的权利,保障了配偶之间的独立人格。

(2)住所决定权,是指配偶选定婚后住所的权利。家庭住所是配偶共同生活的依托,关系到共同生活基础,应由配偶双方共同决定,因而协商一致主义是该权利的原则。

(3)同居义务。同居是指异性男女共同生活,配偶之间的同居,是指合法婚姻关系的双方配偶共同寝食、相互协助和进行性生活。我国《婚姻法》没有规定此项义务,实际上是认为此项义务不言自明。夫妻同居,双方互为义务,除有正当理由,夫妻应当同居。无正当理由违反同居义务的,达到一定的期间,是构成夫妻感情确已破裂、可以判决离婚的法定理由。

(4)贞操义务,也称忠实义务,是指配偶专一的性生活义务,也称不为婚外性生活的义务。早期的贞操义务为强加给妻的单方义务,中期立法虽强调男女平等,互负贞操义务,但仍严于妻而宽于夫,学理上认为是保持家族血统纯正的需要。当代贞操义务平等约束夫妻各方,也约束配偶权的义务人。违背贞操义务,应承担相应的法律后果。

(5)择业自由权,也称为职业、学习和社会活动自由权,是已婚者以独立身份,按本人意愿决定社会职业、参加学习和社会活动,不受对方约束的权利。这种权利,既是配偶法律地位平等的标志,又是配偶平等行使权利和承担义务的法律保障。

(6)日常事务代理权,亦称家事代理权,是指配偶一方在与第三人就日常事务为一定法律行为时,享有代理对方权利行使的权利。其法律后果是,配偶一方代表家庭所为的行为,对方配偶须共同承担后果责任。

(7)相互扶养、扶助权。夫妻之间的扶养,是指夫妻在物质上和生活上的互相扶助、供养;同时,夫妻相互支持对方的意愿和活动,对家事共同努力,相互协力,一方遇有危难,对方负有救助、援救的义务。违背这种义务,可以作为离婚的法定理由。

(二)亲权

1. 亲权的概念和特征

亲权的概念,在我国民法学界的认识比较一致,是指父母对未成年子女在人身和财产方面的管教和保护的权利和义务。㉞ 但是,在新中国的民法教科书、专著和文章中,学者大多不使用亲权的概念,究其原因:一是不采纳私法的主张,将亲属法与民法相分离;二是受"左"的思想束缚,认为亲权是资产阶级立法的概念,而有意回避,采用父母子女关系的概念替代之;三是《民法通则》第14条明文规定未成年人的父母是未成年人的监护人,将监护权混同并替代了亲权。《婚姻法》第17条关于"父母有管教和保护未成年子女的权利和义务"的规定,就是新中国亲权的全部内容。在思想解放的今天,应当除去一切束缚和偏见,旗帜鲜明地恢复亲权在我国民法上的应有地位,确立亲权制度。

亲权的法律特征是:

(1)亲权既为权利又为义务。亲权是权利义务的综合体。亲权作为父母与未成年子女之间的身份权,一方面是父母的权利,未成年子女必须服从父母的教养与保护,另一方面亲权的行使,又具有职责的性质,是法定的义务,父母基于这种法定义务,应对其未成年子女的养育和照顾尽全责。因而,亲权不得抛弃、转让和非法剥夺。

(2)亲权是父母对于未成年子女的权利义务。亲权的主体是父母和未成年子女。子女既已成年,即脱离父母亲权的保护,享有完全的民事行为能力,父母与成年子女之间的权利义务关系,转化为亲属权。

(3)亲权为父母所专有,以教育、保护未成年子女为目的。父母者,无论生父母、养父母以及形成抚养关系的继父母,均同,都专有享有亲权。亲权并非无限制,其行使仅限于照护未成年子女必要之范围且符合子女利益始可。㉟

2. 共同亲权原则

共同亲权原则是当代亲属法规定的亲权基本原则。所谓共同亲权原则,乃指亲权之共同行使,即亲权内容之行使,均应由父母共同之意思决定,并对外共同代理子

㉞ 参见李志敏:《比较家庭法》,北京大学出版社1988年版,第227—228页。
㉟ 参见林菊枝:《亲属法专题研究》,台北五南图书出版公司1985年版,第139页。

女之谓。㊱ 与共同亲权相对应的,是父亲专权原则。现代民法确立共同亲权原则,其基本内容是:

(1)亲权为父母平等的权利。父亲专权原则只由父亲享有亲权,当父亲失踪、离去或死亡时,则由母亲代理或享有。现代民法的亲权为父母平等权利,无孰高孰低之分。

(2)亲权为父母共同的权利。共同亲权原则不仅表现在平等享有,也表现为由父母所共同享有。这就是说,亲权是一个整体的权利,父和母是共同的亲权人,而不是将亲权分割,由父和母分别享有。

(3)亲权的行使,得由父母共同为之,应由父母的共同意思来决定,单独行使符合配偶权之相互代理权的,认其有效,但父母的一方违背另一方意思表示的亲权行为,为无效。

父母共同行使亲权意思表示不一致时,可以参照德国法的立法体例,坚持父母协商原则,重大问题无法协商,应准许亲权一方向法院起诉,由法院判决将决定权让与父母的一方,但让与以符合子女利益为限。

3. 亲权的派生身份权。

亲权的派生身份权,依照各国通例,分为两类,一类是人身照护权,另一类是财产照护权。我国亦采此种分类。至于亲权各类派生身份权的具体内容,学者主张多有不同。笔者的看法是:

人身照护权,是父母对未成年子女人身的教养保护的权利与义务。其具体内容是:

(1)居住所指定权。父母对未成年子女的住所或居所享有指定权,未成年子女不得随意离开父母指定的住所和居所。

(2)惩戒权。父母对未成年子女于必要时可予以必要限度惩戒的权利,行使这一权利的目的,是管教子女,但必须以不损伤未成年子女的身心健康为原则。

(3)子女交还请求权。未成年子女被人诱骗、拐卖、劫掠、隐藏时,亲权人有权请求交还该子女。

(4)子女身份行为及身份上事项的同意权与代理权。如职业许可,收养、送养的承诺,法律行为补正等。

(5)抚养义务。父母对未成子女的抚养义务,是法定义务,并以民事责任、刑事责任加以保障。

(6)赔偿义务。亲权人对其抚养的未成年子女致他人以损害,应当承担赔偿该受害人损失的义务。

财产照护权,是父母对于未成年子女的财产依法享有管理、使用、收益和必要的处分的权利和义务。具体内容是:

㊱ 参见林菊枝:《亲属法专题研究》,台北五南图书出版公司1985年版,第143页。

(1)财产行为代理权。未成年子女需要与他人实施具有财产内容的民事法律行为时,亲权人为法定代理人,享有代理权。

(2)管理权。对未成年子女财产的管理权,以财产价值之保存或增加为目的,管理的范围及于未成年子女的一切财产。管理方式包括保存、利用和改良等行为。

(3)使用收益权。亲权人在不毁损、变更未成年子女享有的物或权利的性质的前提下,可以支配、利用财产和获取孳息。

(4)必要的处分权。亲权人对未成年子女的财产,为维护子女利益的需要,可以进行适当的处分。违背子女利益需要的处分行为,为无效。

4. 亲权的丧失、中止和消灭

亲权的丧失,是亲权人因法定的原因而失去行使亲权的资格。其法定原因应包括亲权的剥夺和亲权的移转。亲权的剥夺,须亲权人滥用亲权,给子女造成严重损害,依法院的宣告而予以剥夺。目前我国立法还没有这一程序,应尽早补充。亲权的移转,是亲权因协议或法院的宣告,由亲权人移转给他人或社会救济机构,如送养,父母一方将亲权移转给另一方,亲权人因故将亲权移转给社会救济机构。

亲权的中止,是亲权人因事实上的原因或法律上的原因不能行使亲权时,依法宣告暂停其亲权,当其中止亲权的原因消灭后,仍恢复亲权的制度。法定原因包括事实上的原因和法律上的原因。前者如患重病、长期外出,后者如丧失民事行为能力。

亲权的消灭,是亲权因一定事由而不复存在。亲权消灭的事实原因是子女已成年和子女死亡;法律原因是亲权人离婚无抚养权一方的亲权消灭,收养关系解除而养父母亲权消灭以及子女送养生父母亲权消灭。

(三)亲属权

1. 亲属权的概念和特征

在学说上,否认亲属权为基本身份权的理由之一,是将亲属权与身份权作为同一概念。事实上,亲属权所概括的并不是全部的亲属身份权,只是与配偶权所反映的配偶关系和亲权所反映的亲子身份关系相并列的其他近亲之间的身份关系,包括父母与成年子女、祖父母外祖父母与孙子女外孙子女、兄弟姐妹之间的身份关系。对这种身份关系以亲属权称之,略嫌大词小用,但无更合适的称谓代替它。因此,亲属权是指除配偶、父母与未成年子女之间以外的其他近亲属之间的基本身份权,表明这些亲属之间互为亲属的身份利益为其专享和支配,其他任何人均负不得侵犯的义务。其法律特征是:

(1)亲属权是独立的身份权,与配偶权和亲权共同构成亲属身份权。因而,亲属权具有身份权的一切法律属性,如绝对权、专属权、支配权的属性,均为亲属权的基本属性。

(2)亲属权的客体是亲属关系中特定的身份利益。这种亲属的特定身份利益,不包括近亲属以外的其他亲属,也不包括近亲属中的配偶和父母与未成年子女;身份利益的内容,包括相互的地位、身份以及相互的权利义务关系。

（3）亲属权具有绝对权和相对权的双重属性，既是绝对权，表明亲属之间对亲属身份利益的独占性，又是相对权，其亲属之间的亲属身份利益总是存在于相对的亲属之中，权利义务由相对的近亲属享有和分担。

2. 亲属权的派生身份权

对于亲属权的派生权利，我国《婚姻法》规定得比较简略，归纳起来，分为抚养权、赡养权和扶养权。这不足以概括亲属权的全部内容。

亲属权应当包括以下派生权利：

（1）尊敬权。尊敬权是长辈尊亲属基于其亲属身份而产生的派生身份权，又称孝敬权。《法国民法典》对此设有专文，台湾地区民法增设这一条文，均为参考立法例。除对尊亲属的尊敬以外，对平辈亲属及卑亲属也应予以尊重。

（2）帮助、体谅义务。亲属之间，互负帮助、体谅的义务，当对方发生困难时，应尽力帮助，并予以体谅，不向其提出过高的要求，共同克服困难。对此，德国民法和瑞士民法均有参考立法例。

（3）扶养。亲属权中的扶养权，包括三种：抚养权，只包括祖父母外祖父母在必要时对孙子女外孙子女的抚养，父母对未成年子女的抚养是亲权的内容。赡养权，是成年子女对父母、孙子女外孙子女对祖父母外祖父母的权利义务。扶养是兄弟姐妹之间的供养关系。我国《婚姻法》对亲属权中的扶养权加诸一些限制，是不必要的。例如规定有负担能力的兄、姊，对于父母已经死亡或父母无力抚养的未成年的弟、妹，有扶养的义务。反过来，弟妹如果有能力，在兄、姊无生活能力时，就没有扶养的义务吗？对此，应当规定近亲属之间互相负有扶养的义务，更为妥善。在明确扶养义务人的范围之后，应当规定扶养义务的条件和扶养的顺序。

五、其他身份权的基本内容

（一）监护权

1. 监护的概念

监护作为法律概念，学者更多是从民事立法制度上去理解，强调监护制度是为维护社会的正常经济秩序而设置，使监护人代理被监护人进行民事活动。事实上，监护制度只是监护概念的含义之一。监护作为法律概念，除有监护制度的含义以外，还包括监护法律关系、监护权和监护行为这三层含义。学者着重研究的主要是监护制度和监护行为，对于监护法律关系和监护权很少进行研究，因而有些学者得出了监护权不是身份权的结论。这是不正确的。

在一般情况下使用监护的概念，是指监护制度。从监护制度的本来含义讲，是指对于不在亲权监护之下的未成年人，以及精神病人等无民事行为能力人和限制民事行为能力人，为其人身权利、财产权利设置监护人予以照护的民事法律制度，也不单单是代理被监护人进行民事活动，而是为了保障被监护人的合法权益，设置监护人，对其予以照护。依据这一制度,产生监护民事法律关系,监护人取得监护权,实施监护行为。

2. 监护权性质和概念

许多学者否认监护权的概念,认为监护不是一种权利[37];也有的学者认为是一种权利,但否认其身份权性质。[38] 否认监护为一种权利的观点是不能赞成的。《民法通则》第18条第2款明文规定监护为权利,是不容否认的。至于监护权是以义务为中心,更不是否认其权利性质的依据,则恰恰是其为身份权的依据。至于监护权的性质,从监护人和被监护人之间的关系看,监护人就被监护人的人身利益和财产利益,具有身份上的支配关系,监护人可以保护其人身,处理其财产,代理其进行民事活动,这种关系,就是对身份利益的支配关系,这种权利的性质,当然是身份权。

关于监护权的界定,一种意见认为,监护权是指公民担任监护人时履行监护的权利[39];另一种意见认为,监护权是对不能得到亲权保护的未成年人和精神病成年人的合法利益实施管理和保护的法律资格。[40] 更准确地说,监护权是监护人对于不能得到亲权保护的未成年人和精神病人等无民事行为能力人和限制民事行为能力人的人身权益、财产权益,所享有的监督、保护的身份权。对监护权这样界定,划清了亲权和监护权的界限,也确定了其身份权的性质。

监护权的法律特征是:

(1)监护权是介于亲属身份权和其他身份权之间的身份权,既有亲属身份权的属性,又有其他身份权的属性。

(2)监护权的主体主要是亲属,也包括其他公民和有关组织。

(3)监护权的中心内容是义务,是履行监护职责的义务。

(4)监护权的取得,是基于事实和设置监护关系的行为。

3. 监护权的派生权利

监护权的派生权利包括以下三项:

(1)身上监护权。这一权利与亲权的人身照护权的内容基本相同,唯有不具惩戒权的内容。其余居住所指定权、被监护人交还请求权、身份行为及身上事项同意权、扶养义务、监督教育的权利和义务,都与亲权内容相同。对于精神病人监护人,还包括监督其不得侵害他人和负责对被监护人进行医治的职责。

(2)财产监护权。这一权利的主要内容是对被监护人的财产进行管理、改良、使用以及必要的处分。监护人管理被监护人的财产,首先必须开具财产目录,进行清点,登记造册。管理应以善良管理人的注意为之,未尽此注意而造成损失的,应负赔偿责任。监护关系消灭,应当对被监护的财产进行清算、移交。

---

[37] 参见徐国栋:《试论完善我国监护制度问题》,载《西北政法学院学报》1987年第2期。
[38] 参见梁慧星:《民法》,四川人民出版社1988年版,第84页。
[39] 参见李由义主编:《民法学》,北京大学出版社1988年版,第573页。
[40] 参见张俊浩主编:《民法学原理》,中国政法大学出版社1991年版,第121页。

(3)民事活动代理权。监护人是被监护人的法定代理人,被监护人进行一切民事活动,包括实施民事行为和民事诉讼行为,应由其监护人代理。被监护人是限制民事行为能力人的,可以进行与他的年龄、智力和健康状况相适应的民事活动,其他民事活动则应由监护人代理,实施的民事行为不当,监护人可以补正。

4. 监护民事法律关系

监护是一种民事法律关系,但很少有学者对其进行研究、论证。监护民事法律关系的主体,是监护人和被监护人;监护法律关系的内容,就是监护权所概括的三项派生权利;监护法律关系的客体,就是监护的身份利益,即对被监护人人身的和财产的合法权益的照护、监督。

监护法律关系的设立,通过设立监护人而为之。其方式:一是法定监护;二是遗嘱监护;三是指定监护。监护人一经设定,监护法律关系即设立。监护法律关系设立之后,可以依据一定的事实而发生变更,其法定事由是,监护人死亡或丧失监护能力、监护人辞职、监护人撤销。变更后的监护法律关系,新的监护人享有监护权。

监护法律关系依据一定的原因而终止,法定的终止原因是:一是被监护人已成年;二是被监护人死亡;三是未成年的被监护人被生父母认领或被他人收养;四是未成年的被监护人的父母不能行使亲权的原因已消失;五是被监护的精神病人恢复民事行为能力。监护法律关系终止,使被监护人的人身脱离监护,引起被监护人财产的清算和归还。

(二)著作人身权

关于著作人身权,著作权法专家进行了充分的研究,对其概念、特征、具体内容的讨论,都有较为一致的看法,无须进行详细的阐释。

对于著作人身权的性质是人格权还是身份权,是值得认真研究的。对此,国内有四种不同的主张。

1. 人格权说

这种主张认为,著作人身权依其内容,应属人格权,因其并无相应民法上的身份权内容,因而其本义应为"资格"。[41]

2. 身份权说

这种主张认为,著作人身权的主要内容之一是作者在自己的作品上有署名权,这一权利只有作者才能享有,因此,它是身份权。[42]

3. 双重属性说

这种主张认为,著作人身权兼有人格权和身份权的双重属性,既具作者的人品,一方面是作者人格的体现;另一方面具有身份权的色彩。[43]

---

[41] 参见张俊浩主编:《民法学原理》,中国政法大学出版社1991年版,第497页。
[42] 参见李由义主编:《民法学》,北京大学出版社1988年版,第572页。
[43] 参见王利明主编:《人格权法新论》,吉林人民出版社1994年版,第550—551页。

4. 完整著作权说

这种主张认为,把著作权分为著作人身权和著作财产权是没有充分根据的,也没有必要,反而会引来很多混乱和麻烦,应当把著作权看做一个完整的权利。[44]

以作者对作品体现的是资格的观点,作为确认著作人身权的依据,是不能成立的。人格权中的资格,是人之所以为人的资格,缺少或丧失人格权,人就丧失了之所以为人的资格。身份也是一种资格,作者对于作品具有身份权人的资格,这一资格所表明的,是作者对作品的资格,而不是做人的资格。不享有著作权或者著作权被侵害,并不能表明作者丧失了人格,只是说丧失了作者的资格。

以作品体现作者的人格因素,著作人身权就具有人格权的性质,同样是不正确的。作者承认作品在一定程度上反映了作者的人格,但是这里所说的人格,并不是人之所以为人的资格,而是语义学上的人格,是指人品,是人的性格、气质、能力、道德品质的总和。以此作为论据论证著作人身权的人格权性质,有偷换概念之嫌。

据此,笔者认为,著作人身权不具有人格权的特征,只具有身份权的特征。人格权的本质特征是固有性,不是基于一定的事实和行为而取得的权利。身份权恰恰相反,非固有性是其本质特征,是基于一定的事实和行为而产生的权利。同时,人格权具有权利和主体的不可分离性,而身份权却具有可分离性。著作人身权不具有固有性而具有非固有性,不具有不可分离性而具有可分离性,其性质属于身份权自是无疑。

因此,著作人身权是指作者基于作品创作而产生的,有关作者身份及其利益,由其本人专属享有的著作权。其派生权利包括发表权、署名权、修改权、保护作品完整权、收回权与追续权。

六、身份权的民法保护

(一) 身份权刑法、行政法保护的局限性

对于身份权的法律保护,分别由民法、刑法和行政法担负。就目前立法和司法现状而言,身份权的刑法和行政法的保护比较完备,民法保护相对薄弱。然而,身份权的刑法、行政法保护恰恰具有相当的局限性。例如,《刑法》第七章专章规定了对亲属身份权的刑法保护,如重婚罪、破坏军婚罪、虐待罪、遗弃罪、拐骗幼年人脱离家庭罪等,都是对配偶权、亲属权和亲权的刑法保护。《治安管理处罚条例》《著作权法》等法律法规,也对身份权的行政法保护作了具体规定。

对于身份权的法律保护,仅仅依靠刑法保护和行政法保护,是不完善的。这不仅因为对身份权的民法保护具有不可替代性,同时还因为身份权的民法保护在整个身份权法律保护体系中居于重要的地位。

---

[44] 谢怀栻先生语,参见最高人民法院编:《著作权法讲座》,法律出版社1991年版,第92页。

(二)身份权民法保护的必要性

身份权的民法保护,是指用民法上以确认侵害身份权的违法行为为侵权行为,并使违法行为人承担以损害赔偿为主要内容的民事责任的方式,对身份权遭受侵害的受害人予以救济的法律保护方法。

很多人否认身份权民法保护的必要性,其主要依据,是对亲属身份权的侵害行为,没有必要以侵权行为予以民事制裁。事实果真如此吗?请看下面一个案例:

甲、乙婚后生育一女,因故由丙抚养,丙将该女婴交丙母丁抚养。其间,该女婴于出生后12天时,因病死亡。丁怕承担责任,到医院要一被弃女婴,冒充死去的女婴,后将内情告知丙。6个月后,委托抚养期限届满,丙、丁将该女婴交还给甲、乙,接受甲、乙给予的费用和报酬。事后,甲、乙闻知内情,遂到医院做亲子鉴定,否认了亲子关系。据此,甲、乙要求丙、丁承担侵权责任。

在这一案件中,包括两个民事法律关系:一是寄养关系;二是侵权关系,但究竟侵害何种权利,颇值研究。作者认为,甲、乙将婚生新生女婴交丙、丁寄养,委托关系成立。在履行寄养合同时,受托人未尽职责,使新生女婴死亡,为违反合同。在这种情况下,丙、丁为逃避责任,以弃婴代替寄养女婴,冒充寄养人的亲子,欺骗寄养女婴父母的感情,侵害的就是父母对未成年子女的亲权。对这种行为只有认定为侵害亲权的侵权行为,才能正确解决这一案件。可见,身份权的民法保护方法是必要的,不可替代的。

身份权民法保护的不可替代性,来源于民事责任的财产性和补偿性。身份权的民法保护方法,就是用民事责任的方法,制裁侵权人,保护受害人。而民事责任的基本属性,一是财产性;二是补偿性。刑事责任、行政责任的主要性质,是惩罚性,绝大多数不具有财产的内容;即使少数具有财产性质的没收财产、罚金、罚款等责任形式,财产的去向也是收归国家所有,与受害人的财产损失没有关联。民事责任以财产内容为基本方式,而且将侵权人承担的财产责任直接给付予受害人,作为对受害人遭受损害的补偿,弥补造成的损失。在法律保护的体系中,民法保护的基本属性和功能是独具的,是刑法和行政法保护所不能替代的。虽然刑法、行政法对身份权的保护都有具体规定,但民法对身份权的保护,却是不可替代的。

身份权民法保护的重要地位,决定于两个方面:一是身份权的民法保护是身份权法律保护体系的重要环节,缺少它不仅会使这一完整的系统变得残缺不全,而且由于其财产性和补偿性而使自身功能发挥更为重要的作用,超过刑法保护和行政法保护的作用。二是身份权是民事权利,用民法保护方式保护民事权利,救济身份权的损害,是侵权行为法的职能,更符合救济身份权损害的宗旨。

否认侵害身份权行为为侵权行为的主张之所以错误,就是因为一切民事权利都是侵权行为法所保护的客体,都能成为侵权行为的侵害客体,身份权当然包括在内。以《日本民法典》为例,其第74条规定:"因故意或过失侵害他人权利者,负因此而产生的损害赔偿责任。"其中权利,就包括所有的民事权利。我国《民法通则》第106条第2款关于"公民、法人由于过错侵害国家、集体的财产,侵害他人财产、人身的,应当承担民事责任"中的"人身",当指人身权利,身份权应当包括在内。正因为如此,侵害身份权的行为构成侵权行为,在侵权人与受害人之间,产生侵权损害赔偿法律关系。例如,与配偶一方通奸,在历史上曾经有四种不同的制裁方法。最早的制裁方法,是认其为侵害夫权,对通奸的女方以犯罪处治。其后,贯彻男女平等的原则,凡是对通奸者,配偶另一方采亲告方式,以妨害家庭罪处治。再其后,认为与配偶一方通奸,侵害了配偶另一方的名誉权,以名誉权侵权行为制裁。[45] 最后,对这种行为以侵害配偶权处置,在当事人之间产生侵权法律关系。[46] 最后这种制裁方法,才符合法律发展的本质要求,是完全正确的。

(三)侵害身份权的损害赔偿法律关系

由于身份权是绝对权,所有享有身份权以外的其他任何人,都是义务人,都负有不得侵害他人身份权的义务。因而,当身份权的义务人不履行义务而侵害他人身份权时就构成了侵权损害赔偿法律关系。在这一法律关系中,侵权人是义务主体,受害人是权利主体,受害人有权请求侵权人赔偿,侵权人应予赔偿受害人的损失,满足受害人赔偿权利的要求。

身份权还具有另一种性质,就是多数身份权在支配身份利益时,还具有相对性。如配偶权、亲权、亲属权、监护权,其身份利益的支配性,还体现在该种权利义务的相对人身上。一方享有权利,则对方负有义务;一方负有义务,则对方享有权利。因此,在有些情况下,身份权的对方当事人不履行法定义务,也能够侵害享有权利一方当事人的身份权,亦构成侵权行为。例如,配偶一方与他人通奸,该他人侵害了配偶另一方的配偶权,与人通奸的配偶一方违反贞操义务,亦构成侵权行为。监护人享有监护权,他人侵害监护权,构成侵权行为;监护人侵害被监护人财产利益,亦是对被监护人受监护权利的侵害,构成侵权行为。在这样的侵权法律关系中,受害人亦为赔偿权利主体,侵权人为赔偿义务主体。

侵害身份权的赔偿范围,应当依据身份利益的损害来确定。身份利益是一种抽象的利益,具体表现是:

财产利益,表现为具有身份关系的人之间的互相抚养、扶养、赡养的财产给付,以维持对方的生存和生活;一方对另一方财产的管理、用益;依身份关系而获得财产的利益,如依荣誉权而获得奖金、奖品的利益。在侵害生命权的赔偿中,对间接受害人的赔偿,即死者生前扶养的人的扶养费损失赔偿,就是侵权人对死者生前扶养的人的身份权中扶养、抚养、赡养派生身份权的侵害。

维持身份关系的利益,表现为身份权人依法维持其在配偶、亲子、亲属中为配偶、为父母、为亲属的地位,维护其与被监护人之间的地位,维护其为荣誉权人、著作权人

---

[45] 参见杨立新:《论妨害婚姻关系的名誉损害赔偿》,载《河北法学》1988年第6期。
[46] 参见王泽鉴:《人格权、慰抚金与法院造法》,载《法令月刊》第44卷第12期。

的地位。例如,夫妻离异后,未成年子女归一方抚养,该方为亲权人,另一方不再享有亲权。如果未经协议或判决,另一方抢走该子女自己抚养,就是对亲权的侵害。

感情利益,表现为身份权人维护其法定身份这种地位的情感满足、慰藉等。

正是由于身份权的身份利益有以上诸种不同,所以,当确定侵害身份权的侵权赔偿责任,亦即对身份权进行民法保护时,形式也不相同。侵害身份权的民法保护方法,有以下四种形式:

1. 财产损害赔偿

侵害身份权造成身份利益中的财产利益损害时,应当以财产损害赔偿的方式予以救济。

(1)第三人侵害身份权中的扶养请求权。身份权中的扶养请求权,具有相对性。第三人侵害该种权利,通常表现为对扶养义务人施以侵害,从而导致被扶养人扶养请求权的丧失。《民法通则》第119条规定,侵害生命权,应当赔偿死者生前扶养的人必要的生活费;最高人民法院《关于贯彻执行(中华人民共和国民法通则)若干问题的意见(试行)》第147条补充规定侵害他人健康权丧失劳动能力的,对其伤前扶养的人的扶养损害,也应当予以赔偿。《国家赔偿法》第27条第1款第(二)、(三)两项及该条第2款对这两种间接受害人扶养损害赔偿予以确认,并规定了具体的赔偿方法,即参照当地民政部门有关生活救济的规定,计算扶养费用的赔偿数额,被扶养人是未成年人的,给付至18周岁止,其他无劳动能力的人,给付至死亡时止。这一规定虽然是国家赔偿的标准,但鉴于民法通则对此没有明文规定,因而有参照执行的效力。

(2)扶养义务人侵害扶养权利人的扶养请求权。抚养、扶养、赡养的权利义务关系,是相对权、请求权。但其义务人违反义务,违反的是法定义务,因而不能按违约民事责任处理,而应依侵权民事责任处理。拒绝承担扶养义务的,应当责令其强制履行义务,造成损害的,应赔偿损失。

(3)侵害其他身份权中的财产利益,造成财产损失的,应赔偿财产损失。如监护人侵害被监护人的财产权造成损失,他人侵害荣誉权人的财产利益造成损失,侵害著作人身权造成财产利益损失的,均应比照财产损害赔偿的办法,予以损害赔偿。

(4)侵害身份权导致权利人为恢复其权利而造成财产损失,侵权人应当承担赔偿损失的责任。

2. 身份关系的损害赔偿

维护特定身份关系的利益,通常概括在人格关系之中。如《瑞士债务法》第55条规定:"由他人之侵权行为,于人格关系上受到严重损害者,纵无财产损害之证明,裁判官亦得判定相当金额之赔偿。"这里的人格关系,就包括维护特定身份关系的利益。对维护特定身份关系的利益造成损害,情节严重的,应当赔偿损失。

这种损害,最显著的是对配偶权和荣誉权的侵害。通奸侵害配偶权,是因同居乃配偶之间的权利义务,他人行使之,或与他人行使之,破坏了对方配偶对该种身份关系和身份利益的支配关系,构成侵害配偶权。对于荣誉权的侵害赔偿损失,《民法通则》第 120 条已作明确规定,无须再论。对于侵害其他身份权造成身份关系损害严重的,亦可比照《民法通则》第 120 条赔偿损失。

3. 慰抚金赔偿

慰抚金,是对侵害人身权造成受害人精神痛苦和感情创伤损害重大者,由侵权人给付的精神慰藉的费用。现代民法大都承认损害赔偿制度由两个部分组成,即人格利益、身份利益的损害赔偿制度和精神创伤的慰抚金赔偿制度。[47] 对身份权被侵害造成精神痛苦和精神创伤的,侵权人应当给予慰抚金赔偿。对此,可以参照《瑞士债务法》第 49 条第 2 款关于"人格关系受到侵害时,对其侵害情节及加害人过失重大者,得请求慰抚金"的规定,确认这一制度。具体办法,由人民法院斟酌案情,依精神痛苦和感情创伤的程度,判决侵权人赔偿慰抚金,以慰藉受害人的感情,平复受害人的精神创伤。

4. 非财产性民法保护方法

身份权受损害的非财产性民法保护方法,主要是指停止侵害、消除影响、赔礼道歉。这些民事责任方式都不是财产性的民法保护方法,而是以非财产的方式,制裁侵权行为,恢复受到侵害的民事权利,因而也具有重要的作用。在救济身份权损害时,应充分运用这些非财产性民法保护方法,使身份权受到更完善的法律保护。

---

[47] 参见杨立新:《民法判解研究与适用》,中国检察出版社 1994 年版,第 220 页。

论身份权请求权[*]

自从德国学者温特萨伊德发明请求权概念以来,请求权就成为大陆法系民法学者的基本思考工具之一。近年来,我国学者对物权请求权、知识产权请求权和人格权请求权都进行了较为深入的论述。迄今为止,在整个绝对权请求权体系中,只有身份权请求权的研究尚付阙如。有鉴于此,本文将结合身份权的基本特点和绝对权请求权体系探讨身份权请求权的若干基本理论问题。

由于身份权与物权、人格权、知识产权都是绝对权、支配权,而绝对性、排他性和直接支配性是绝对权产生保全请求权的基础,因此,身份权也应当基于其自身的绝对性、专属性和直接支配性而具有身份权请求权。① 笔者认为,身份权请求权是指民事主体在其身份权的圆满状态受到妨害或者有妨害之虞时,得向加害人或者人民法院请求加害人为一定行为或者不为一定行为,以恢复身份权的圆满状态或者防止妨害的权利。

需要注意的是,以往的研究表明,在绝对权请求权体系中,绝对权请求权的权利基础——物权、知识产权和人格权的差异性对绝对权请求权的内容具有一定的影响。实际上,尽管各种绝对权请求权的基本内容都包括了保全请求权,即妨害排除和妨害预防②,但是由于原权利的性质不同,不同的绝对权请求权仍然会具有各自特殊的内容。例如,基于对物的占有支配的考虑,物权请求权中的所有物返还请求权为物权请求权的特殊内容。③ 基于对人格权的绝对尊重和侵害人格权的侵权请求权适用诉讼时效的双重考虑,笔者曾经提出了在一定条件下人格权请求权应包括人身损害赔偿请求权。④ 知识产权请求权也因为其权利客体的无形性而导致了知识产权请求权的内容还特别包括获取信息请求权。⑤ 并且身份权本身可以同时呈现出形成权、请求权

---

* 本文发表在《法律科学》2006年第2期,合作者为国务院法制办公室袁雪石博士。

① 对此,史尚宽先生曾将身份权和物权进行类比,认为因身份法益被侵害而发生之请求权,与物权之物上请求权具有同样的性质。参见史尚宽:《亲属法论》,中国政法大学出版社2000年版,第34页。

② 妨害排除即笔者在《论人格权请求权》一文中所说的停止妨害,妨害预防即排除妨害。这里的区别在于停止妨害和排除妨害的提法符合《民法通则》,妨害排除和妨害预防的提法符合大陆法系的民法传统。参见杨立新、袁雪石:《论人格权请求权》(本书第499页),载《法学研究》2003年第6期。

③ 参见王利明:《物权法研究》,中国人民大学出版社2002年版,第120页以下。〔德〕鲍尔、施蒂尔纳:《德国物权法》,法律出版社2004年版,第186页。

④ 参见杨立新、袁雪石:《论人格权请求权》(本书第499页),载《法学研究》2003年第6期。

⑤ 参见杨明:《论知识产权请求权》,北京大学出版社2005年版,第114—120页。

和支配权等多种权利形态⑥,其权利属性远远比任何其他绝对权都更为复杂。据此我们可以假设,身份权请求权也可能因为其权利基础——身份权,而具有不同于其他绝对权请求权的权利内容,甚至身份权会对身份权请求权的构成要件等其他方面产生进一步的影响。

这样,本文试以上述身份权请求权的概念为前提假设,从探寻身份权请求权的现实需求和身份权的现代特质出发,进而深入探讨身份权请求权的概念、特征、内容等基本问题,最后提出相应的立法建议。

一、身份权请求权的现实需求

纵观我国亲属法及相关司法解释,对身份权请求权的排除妨害和停止妨害两种救济途径完全没有提及。对基于违反身份权相对效力而产生的身份权请求权也只有一类:违反扶养、抚养和赡养义务而产生的身份权请求权。⑦ 究其原因,恐怕主要在于我国身份权理论的研究相对落后。同时,我国的绝对权请求权研究刚刚起步,虽然已经有一定的成果问世,但是关于身份权请求权的研究仍然基本上无人问津⑧,甚至专门研究绝对权请求权的文章也忽略了身份权请求权。⑨ 尽管修改婚姻家庭法的讨论如火如荼,但是除了巫昌祯、李忠芳两位教授关于"家庭暴力适用停止侵害民事的禁止令"⑩和杨大文教授关于"父母有权依法排除他人对其未成年子女的侵害,保护未成年子女的人身和财产权益"⑪的建议之外(而这其实为人格权请求权的内容),整个民法学界对这个问题罕有论述。

但是,身份权请求权的现实需求并不因为法律没有规定、理论没有研究而自生自灭。在我国,身份权请求权的制度需求在"爷爷无权探望孙子"案中表现得淋漓尽致。

---

⑥ 参见史尚宽:《亲属法论》,中国政法大学出版社 2000 年版,第 37 页。

⑦ 条文表现为我国《婚姻法》第 20 条的规定:"夫妻有互相扶养的义务。一方不履行扶养义务时,需要扶养的一方,有要求对方付给扶养费的权利。"第 21 条第 1、2、3 款的规定:"父母对子女有抚养教育的义务;子女对父母有赡养扶助的义务。""父母不履行抚养义务时,未成年的或不能独立生活的子女,有要求父母付给抚养费的权利。""子女不履行赡养义务时,无劳动能力的或生活困难的父母,有要求子女付给赡养费的权利。"后文将对这一身份权请求权进行论述。

⑧ 王利明教授虽然提出了身份权上的请求权,但他认为身份权上的请求权主要包括抚养请求权和赡养请求权。参见王利明:《民法总则研究》,中国人民大学出版社 2003 年版,第 215 页。在这里,王利明教授没有对身份权自身的请求权和基于身份权支配性而产生的请求权进行区分,忽略了身份权请求权本质上是一种救济权的特质。史尚宽先生指出,在诸如亲权、监护权之支配,发生对于妨害人之妨害除去请求权。此外,另有夫妇间之亲属法上请求权,与债权本质上并无差别。笔者认为,史尚宽先生虽然指出了身份权上的请求权,但是直接认定"一定亲属间之扶养请求权"为身份权请求权的内容也同样不妥。参见史尚宽:《民法总论》,中国政法大学出版社 2000 年版,第 27 页。

⑨ 参见崔建远:《绝对权请求权抑或侵权责任方式》,载《法学》2002 年第 11 期。至今为止,除了笔者在《论人格权请求权》中简单提及了身份权请求权之外,只有史尚宽先生和王利明教授对此有简单论述。

⑩ 参见巫昌祯、李忠芳:《民法典婚姻家庭编则一章的具体设计》,载《中华女子学院学报》2002 年第 4 期。

⑪ 参见王利明主编:《中国民法典草案建议稿及说明》,中国法制出版社 2004 年版,第 68 页。

案情如下：艾某夫妇的儿子与媳妇离了婚，孙子判给了妈妈抚养。爷爷奶奶非常喜欢孙子，常去探望。但是，孙子的妈妈一纸诉状于某日把艾某夫妇告上了法庭，理由是爷爷奶奶对孙子的探望给她新组成的家庭造成了不良影响。法院认为，被告作为祖父母，如果原告没有异议，在适当的场合，有节制地探望自己的孙子是人之常情，但两人在孩子的直接监护人已经对他们的行为有异议的情况下坚持探望，侵犯了原告的监护权，违反了《婚姻法》只有离婚后不直接抚养子女的父或母才有探望子女权利的规定，因而判决被告今后未经孩子母亲的许可，不得擅自探望孙子。判决的结果就是，爷爷奶奶没有权利探望自己的孙子，现在"他们只得在幼儿园附近远远观望自己的孙子"。⑫ 我们认为，本案中的"爷爷奶奶"可以主张亲属权上的身份权请求权，进而实现探望孙子的愿望。我国《婚姻法》第 38 条规定："离婚后，不直接抚养子女的父或母，有探望子女的权利，另一方有协助的义务。行使探望权利的方式、时间由当事人协议；协议不成时，由人民法院判决。父或母探望子女，不利于子女身心健康的，由人民法院依法中止探望的权利；中止的事由消失后，应当恢复探望的权利。"根据对此条的解释，《婚姻法》允许本案中孩子的父亲在适当的时间对孩子进行探望。尽管《婚姻法》确实没有规定其他的近亲属享有探望权，但是在债权法、人格权法、身份权法中，法律规定的权利是权利，法律没有规定的权利，只要是符合民法的基本原则的，合乎情理的，符合人性的，符合民事习惯的，都可以认定为是权利，都可以寻求法律的保护。虽然孩子的父母已经离婚，但是由于身份权本身具有事实先在性，离婚并不能够消灭与孩子相关的任何身份权，因此本案中的艾某夫妇仍然享有亲属权，应该享有探望权。其依据就在于其爷爷奶奶享有亲属权上的绝对权请求权。在本案中，孩子妈妈阻止艾某夫妇探望孩子的行为目的是为了疏离爷爷奶奶与孙子之间的感情联络和交往，实际上已经构成对艾某夫妇亲属权的非法妨害。造成本案错误判决的部分原因，就在于我国法律没有明确规定基于亲属权的绝对权请求权。

可见，我国存在确立身份权请求权的现实需要。因此，笔者在研究这个问题的时候曾经指出："身份权本身也有两种请求权。在身份权的内容中，就包括了身份权请求权，例如抚养、扶养、赡养的请求权，就是身份权本身的权利。但是，作为身份权自身保护方法的请求权与此不同，是独立于派生身份权的请求权，它是作为身份权受到侵害时，依据身份权请求权，权利人可以请求停止侵害、排除妨害和恢复原状。因此，这种身份权请求权是附随于身份权的保护身份权自身的请求权。""身份权自身的请求权保护，就是身份权自身存在的、在其受到侵害之后权利人所享有的请求权。"⑬

---

⑫ 杨立新：《2002 年热点民事案件：回顾与点评》，载《中国人民大学报刊复印资料·民商法》2003 年第 1 期。

⑬ 杨立新：《亲属法专论》，高等教育出版社 2005 年版，第 77 页。

二、身份权请求权权利基础——身份权的现代特质

在古代,人的身份体现为家族和社会的双重性,身份的法律含义体现的是国家和家族中的权力和等级特权,高等级身份的人对低等级身份的人享有在人身和财产上的绝对支配,这也就决定了身份权在产生之初就表现为一种不平等的专制支配性质。[14] 英国学者梅因指出,在"人法"中所提到的一切形式的"身份"都起源于古代属于"家族"所有的权利和特权,在某种程度上,至今仍旧带有这种色彩。一定意义上,到此处为止,所有进步社会的运动,是一个"从身份到契约"的运动。[15]

但是,随着社会的发展,身份的含义逐渐变化,即排斥其原本所包含的权力因素,注入义务中心的观念,变狭隘的特权为普遍的权利,变目的的社会结合的财产法上的支配为本质的社会结合之身份法上的支配,变单方的支配为相互的支配。[16] 可以说,平等观念彻底改变了民法的面貌。[17] 身份权一改以前对人身支配的面貌,变成了仅仅是对身份利益的支配。可以单凭一己意志决定妻子(妾)、子女等他人生命、健康、财产多寡的时代一去不复返了。

正因为如此,身份权是所有民事权利中变化最大的一类基本民事权利。身份权的变化主要表现为:第一,族权消亡。[18] 第二,专制的夫权为平等的配偶权所代替。[19] 第三,亲权从"家族本位"向"亲本位"转变,再由"亲本位"向"子本位"转变。[20] 第四,出现新型的亲属权。[21] 第五,和身份权密切相关的"家"不再作为民事主体的一个基本类型。[22]

上述变化是身份权现代化的主要标志。在这一过程中,身份权的客体不再是活生生的自然人,而是演变成了身份利益。这样,身份权的主体开始具有对偶性,身份

---

[14] 参见韩延斌:《身份权论》,中国人民大学1998年博士论文,第20页。
[15] 参见〔英〕梅因:《古代法》,商务印书馆1984年版,第97页。
[16] 参见史尚宽:《民法总论》,台北正大印书馆1980年版,第109页。转引自王利明主编:《人格权法新论》,吉林人民出版社1994年版,第196页。
[17] 参见杨振山、陈健:《平等身份与现代民法学》,载《法律科学》1998年第2期。
[18] 族权,族长权在族内的行使可以说是父权的延伸。参见王丽萍:《亲子法研究》,法律出版社2004年版,第16页。
[19] 参见梁慧星:《人身权研究》,载梁慧星:《中国民法经济法诸问题研究》,法律出版社1991年版,第52—55页。
[20] 参见王丽萍:《亲子法研究》,法律出版社2004年版,第1—41页。
[21] 参见杨立新:《人身权法论》,人民法院出版社2002年版,第32—33页。
[22] 家制是几千年来社会组织的基础,一旦根本推翻,恐窒碍难行,或影响社会太甚,故亲属编立法原则议定,在事实上似以保留此种组织为宜,在法律上自应承认家制的存在。参见李显冬:《从大清例律到民国民法典的转型》,中国人民公安大学出版社2003年版,第269页。现代民法典大多否定了家作为民事主体的做法,典型的转变可以参见日本、韩国以及我国的亲属法律史。不过,《意大利民法典》第8条还有关于家族姓名的规定(在本法第7条规定的情况下,由于维护家族利益的需要,即使未使用受到抨击或被不恰当使用的姓名之人也可以提起本法第7条规定的诉讼)。这恐怕是旧家制的遗存。关于中国家制的现代化,参见戴东雄:《亲属法论文集》,台北三民书局1993年版,第537页以下。

权在权利主体与相对人之间的天平开始从绝对支配性向相对请求性转变,身份权的性质变得复杂化,即身份权不再像物权一样是一种纯粹的绝对权。

(一)身份权演变为具有相对性的绝对权

身份权的特殊之处,就在于权利主体的多元性。也就是说,作为身份权的权利主体,总是二人以上,身份权表明的是特定的亲属之间的身份地位和权利义务,权利主体总要是具体的相对的亲属。配偶权的权利主体就是夫和妻,亲权的主体就是父母和未成年子女,亲属权的主体也必须是相对的亲属。只有一个亲属,不能构成身份权。既然如此,身份权应当具有相对性。但是,身份权的基本性质是绝对权,是人身权体系中的一类基本权利,具有对世性,因而怎么解释身份权的性质呢?

笔者认为,此时的身份权是具有相对性的绝对权。[23] 一方面,身份权在数个权利主体之间,构成权利义务关系,具有相对性的性质。笔者称这种基于相对性而产生的权利义务关系为身份权的对内关系。由于总是在特定的、相对应的亲属之间享有身份权,因此,身份权的主要内容是对内的权利义务关系。在身份权对内关系中,权利义务是平等的。在权利人之间,既是权利人,又是义务人,双方互为权利人和义务人。平等的权利义务关系,构成身份权对内关系的一个基本特点。任何一方亲属都不能对另一方亲属取得身份地位上的优势,不得凌驾于另一方。身份权的对内关系的另一个特点是以义务为中心,身份权对内的权利义务中,以义务为重点,而不是以权利为中心。

另一方面,身份权又是绝对权,具有对世性,是对世性的民事权利。身份关系具有稳定性、法定性、亲缘性[24]、非暂时性、专属性等特点,且家庭为社会的基本组织形态,亲子关系、配偶关系、亲属关系为社会的最基本关系,因此,出生、死亡等身份法律事实和婚姻、收养等身份法律行为在法定机关登记之后,具有较强的公示力。正是由于身份权具有法定公示力,所以具有相对性的身份权利义务关系能够成为一种绝对权。[25] 笔者称这种基于绝对性而产生的权利义务关系为身份权的对外关系。身份权的对外关系表明,享有身份权的权利主体享有这种权利,其他任何人都负有不得侵犯这种权利的义务。身份权作为对世性的权利,权利人是特定的相对应的亲属,权利人享有的权利,是表明特定亲属之间的特定身份地位,并通过这种亲属的身份地位,使权利主体对特定亲属之间的身份利益的绝对占有和支配。身份权作为对世性的权利,义务人是特定亲属之外的其他任何人,负担的义务是对特定亲属身份地位的尊重,并对特定亲属之间的身份利益的不得侵犯。

---

[23] 对这个问题,史尚宽先生也作了论述。他认为,权利得分为身份权和非身份权。民法上身份权者,所谓基于亲属法上之相对关系之身份,有一定身份然后得享有之权利也。参见史尚宽:《民法总论》,中国政法大学出版社2000年版,第21页。

[24] 参见王利明主编:《人格权法新论》,吉林人民出版社1994年版,第199页。

[25] 同样具有相对性的合同债权由于不具有类似的法定公示力,因此其不能成为绝对权,而只能产生不可侵性。其侵害债权的责任构成要件也比较严格。

身份权的对世性和对人性,构成了这样的相对性的绝对权。例如,配偶权首先是一个绝对权,是对世性的权利,对世宣告只有该夫妻之间才是配偶,确定只有他们而不是其他任何人具有这样的身份地位,其他任何人都必须尊重这样的配偶关系。但是,配偶关系的最重要的身份地位在于相对性,夫对妻而言是配偶,妻对夫而言是配偶,对其他任何人,他或者她都不是配偶,只有他们之间才享有配偶的权利,负担配偶的义务。身份权的对世性和对人性,构成了身份权与其他权利的不同。㉖

身份权具有两个方面的权利义务关系,因此形成了相对性的绝对权的性质。在身份权的这两种权利义务关系中,哪一种更应当重点保护呢?笔者认为,身份权的这两种权利义务关系都是重要的。对外的权利义务关系,表明身份权的绝对权性质,任何人都不得对特定亲属之间的身份利益予以侵害,法律予以严密的保护。同样,身份权对内的权利义务关系,表明特定亲属相互之间的权利义务,任何一方都有权行使自己享有的身份权,也都不得违背自己作为特定的亲属所应当负担的义务。㉗

(二) 身份权也包括形成权

派生身份权还可以做形成权、请求权、支配权的划分。身份权的形成权,是指基本身份权中关于依照权利人单方面的意思就能使一定的法律关系发生、变更或者消灭的派生身份权。

身份权形成权分为使亲属关系发生变动的身份形成权和使身份权发生变动的身份权形成权。身份形成权一经行使,即对亲属的身份关系发生变动,例如,婚姻、收养撤销权,离婚、终止收养关系请求权,婚生子女否认权,非婚生子女认领权,认领请求权,认领撤销权,都属于这种身份形成权。身份形成权一经行使,即使身份权发生变动,例如,亲权全部丧失(或停止)或部分(财产管理权)丧失(或停止)的宣告请求权,无民事行为能力或者限制民事行为能力的宣告请求权,无民事行为能力或者限制民事行为能力宣告撤销请求权。㉘

㉖ 从这个特点上说,身份权比较接近共有权。共有权对外的特点是绝对权,是所有权,但共有权同时也注重共有人之间的权利义务关系。比如说,两个人去买一套房屋,现在共有这个房屋了,两人之间就相互约束,一个人想卖必须经另一个人的同意,否则就侵犯了对方的权利。因此共有权就是一个具有相对性的绝对权,对外它是绝对权,对内它是一个相对的权利。相比较而言,身份权在这一点上与共有权很相似。比如亲属之间讲身份权的时候,总是要讲特定的亲属,例如父母和子女之间,祖父母和孙子女之间,在这些特定的亲属之间才能构成这样的权利义务关系;但是对外又具有宣示性,是一个绝对权。

㉗ 我国目前存在重视身份权的对内关系而忽略或者忘记对外关系的倾向。举例说明,《婚姻法》第46条规定,配偶一方违反忠实义务具有过错,造成离婚结果的,无过错一方有权请求损害赔偿。这一规定,明显保护的是配偶权。忠实义务是配偶之间的义务,重婚或者实施婚外性行为,就是违反忠实义务,就是侵害了对方的配偶权,承担损害赔偿责任就是确认配偶一方侵害对方配偶权的侵权行为。但是,配偶权的对外关系也是重要的,法律也是要保护的,但是,我国法律制裁配偶违反忠实义务的侵权行为,但是对第三人与配偶一方发生性行为的侵害配偶权的行为,却不认为是侵权行为,没有规定侵权责任。这是不公平的。

㉘ 参见史尚宽:《亲属法论》,台北荣泰印书馆1980年版,第32—33页。

三、身份权请求权本体论——以身份权的现代特质为中心

身份权请求权的基本内容大多和其他绝对权请求权一致[29],但是身份权毕竟远远不同于其他绝对权,身份权的现代特质对身份权请求权有何影响?身份权请求权和其他绝对权请求权有何不同之处?下面,本文将以此为主线逐步探索身份权请求权的主要问题。

(一)身份权请求权的特征

与其他绝对权请求权类似,身份权请求权是基于身份权而产生的权利,但是它不是身份权的本身,而是一种手段性权利,系属绝对权请求权之一种。它的功能是预防、保全母体权利即身份权不受非法妨害,恢复身份权的圆满状态。德国学者拉伦茨认为,人身亲属权(德语 Familienrecht,即身份权)请求权实际上具有服务的功能。[30]当遭遇妨害或者有妨害行为之虞时,绝对性转化为相对性,身份权法律关系中对于任意第三人的绝对义务就转变为直接针对加害人的相对义务。权利人可以向加害人直接行使,也可以向人民法院起诉。但是,在这里需要进一步明确的是:

(1)行使身份权请求权的前提是民事主体的身份权受到妨害。从身份权请求权的角度出发,妨害是没有构成损害的侵害,妨害是对权利人之于其客体意思支配力的侵害;而损害则是造成权利之于其主体的物质上和精神上的有用性减损的侵害。[31] 妨害和损害适用于不同的救济制度,妨害是行使身份权请求权的要件,损害是提起侵权损害赔偿之诉的要件。侵害一词可以涵盖妨害和损害的内容,侵害是二者的上位概念。

(2)身份权请求权通常涉及三方主体,而其他绝对权请求权的主体一般只涉及两方当事人。这是因为作为身份权请求权基础的身份权的权利主体具有共生性,笔者认为,此类主体的权利能力可以称为身份性人格。这种共生性的身份权类似团体,但又不同于合伙等团体。因为团体往往采取一体主义,同一团体在法律上具有一个人格,团体的行为和其组成人员个人的行为之间是可区分的。而自平等原则重塑了亲属法律制度以后,在夫妻关系上,各国普遍弃夫妻一体主义,转而采取夫妻别体主义。夫妻各自为平等的民事主体。[32] 在亲子关系上,随着家不再成为民事主体,父权的主体——男子也不再对外代表家享有民事权利,履行民事义务。父子一体的观念也逐

---

[29] 参见杨立新、袁雪石:《论人格权请求权》(本书第499页),载《法学研究》2003年第6期。
[30] 参见〔德〕卡尔·拉伦茨:《德国民法通论》(上册),王晓晔、邵建东、程建英、徐国建、谢怀栻译,谢怀栻校,法律出版社2003年版,第325页。
[31] 参见徐晓峰:《请求权概念批判》,载《月旦民商法学·法学方法论》,清华大学出版社2004年版,第134页。
[32] 参见〔美〕威廉·杰·欧·唐奈、大卫·艾·琼斯:《美国婚姻与婚姻法》,顾培东、杨遂全译,重庆出版社1985年版,第66页以下。

渐进入伦理领域。

（3）在民事责任体系中，身份权请求权单独对应的一类责任形式，可以称为状态责任，或者存续保障责任。㉝ 众所周知，民法的请求权体系应该和民事责任体系相对应。而民法的各种请求权基础包括：契约上的请求权，类似契约请求权（包括无权代理人损害赔偿责任等），无因管理上之请求权，物上请求权，不当得利请求权，侵权行为损害赔偿请求权和其他请求权。㉞ 当前民法和民事诉讼法理论基本上没有直接承认这样一种基于绝对权请求权的责任形式，导致的问题是：在民法上，用侵权责任吸纳"状态责任"或者"存续保障责任"，造成体系违反；在民事诉讼法上，缺乏独立的程序来适用，造成起诉、受理、判决和执行等多方面的困难。

（4）近亲属（甚至包括其他亲属）侵害身份权的时候，受害人原谅侵害发生的频率往往很大，身份权请求权的适用通常是当事人退而求其次的选择。例如，美国学者认为，配偶之间长期存在的各种冲突不同程度会产生各种需要解决的问题，而唯有婚内自我解决这些问题才是合乎逻辑的选择。而更为重要的是，夫妻间的这些冲突，在绝大多数家庭中已构成家庭生活的一部分，因而自我解决这些日常矛盾不仅与婚姻的性质更为适应，而且一般说来，也是对家庭生活进行社会控制的最有效途径。㉟ 法律程序的对抗性，决定了离婚诉讼的疏理能力比任何其他力量都强。夫妻和谐原则认为，在婚姻内部冲突解决的过程中，婚姻矛盾的自我平息比运用法律手段更有利于尊重婚姻自主权，因为法律诉讼中的固有缺陷很有可能进一步损及婚姻关系。㊱ 这个时候，伦理规范一般会代替法律规范，这也是身份权请求权适用中的一个特色。在效果上，亲属的原谅容易使亲属关系得以继续维持，甚至峰回路转，使亲属关系沿着更好的方向发展，正所谓物极必反。究其原因，主要是家庭承担了经济、赋予社会地位、教育、保护、宗教、娱乐、爱情㊲等较多的社会功能，家庭在很大程度上是一个人的社会关系的基础，家庭也是社会的组织基础，而人的本质就是社会关系的总和。正是基于这些考虑，身份权请求权才往往让位于伦理规范。此外，波斯纳还认为，婚姻关系具有封闭性，配偶在婚姻期间有争议，法院一般不会干预其争端的解决；而配偶双方将不得不努力自行解决。㊳

㉝ "状态责任"的提法，参见〔德〕鲍尔、施蒂尔纳：《德国物权法》，法律出版社 2004 年版，第 233 页。"存续保障责任"的提法，参见徐晓峰：《请求权概念批判》，载《月旦民商法学·法学方法论》，清华大学出版社 2004 年版，第 140 页。

㉞ 参见王泽鉴：《法律思维与民法实例》，中国政法大学出版社 2001 年版，第 77 页以下。

㉟ 参见〔美〕威廉·杰·欧·唐奈、大卫·艾·琼斯：《美国婚姻与婚姻法》，顾培东、杨遂全译，重庆出版社 1985 年版，第 69 页。

㊱ 参见〔美〕威廉·杰·欧·唐奈、大卫·艾·琼斯：《美国婚姻与婚姻法》，顾培东、杨遂全译，重庆出版社 1985 年版，第 70 页。

㊲ 参见林显宗：《家庭社会学》，台北五南图书出版有限公司 1999 年版，第 390 页。

㊳ 参见〔美〕波斯纳：《法律的经济分析》（上册），蒋兆康译，中国大百科全书出版社 1997 年版，186 页。

(二)确定身份权的请求权是否属于身份权请求权

在我国,对确认物权是否构成物权请求权的内容,学者曾有争论。在身份权问题上,同样存在确定身份权的请求权是否属于身份权请求权的问题。笔者认为,确定身份权的请求权不属于身份权请求权。

(1)绝对权请求权是由其基础权利的绝对性而产生的,因此判断一项请求权是否是绝对权请求权的标准就是其能否由基础权利的绝对性推衍出来。而确定身份权的请求权是指当事人在身份权利地位不明确时,请求相对人、有关行政机关或者人民法院确认所请求的身份权的权利。因此,确定身份权的请求权解决的是基础权利的不明确状态,正所谓皮之不存,毛将焉附,只有明确了当事人之间的身份关系,当事人之间的权利地位才能够产生公示、公信的效力,也才能够进一步使身份权具有绝对性、排他性和支配性,最终保证身份权请求权行使的正当性。

(2)行使确认身份权的请求权的前提通常是权利人、相对人或者第三人的身份异议,且当事人对此请求必须具有确认利益,即必须有值得救济的利益。比如,《德国民事诉讼法》第 256 条(1)规定:"确定法律关系成立或不成立的诉讼,承认证书的诉讼,或确定证书真伪的诉讼,只在法律关系的成立与否、证书的真伪由法院裁判并即时确定,对于原告有法律上的利益时,原告才可以提起。"[39]而行使身份请求权的前提通常需要存在违法行为和妨害,并且二者之间要有一定的因果关系。

(3)身份权请求权在无法行使的情况下,通常可以转化为侵权请求权。这一特点也是其他绝对权请求权所共有的特点。[40] 发生在通化的"串子"案最能说明这个问题。20 多年前,赵盛强的妻子宫克、孙华东的妻子李爱野同时在通化市人民医院生孩子。20 多年后,赵盛强的儿子赵达在大学献血,经检验,其血型是 AB 型。赵达写信将自己的血型告诉父母,引起赵盛强和宫克的怀疑,因为赵盛强和宫克的血型都是 B 型,不可能生出 AB 型血型的孩子。为了弄清事实,3 人又做了一次血型检验,结果仍是同样的结果。他们开始怀疑是在医院抱错了孩子。但是,医院的档案已经被一次洪水冲走,无法查找。他们费尽周折,终于查明当日在该医院出生了 8 个男孩。宫克找到了当日与自己生产时邻床的李爱野,发现其子孙超酷似赵盛强,于是与李说明来意,一起讨论了两个孩子的特征、性格、嗜好,迹象表明两家的孩子有抱错的可能。随后,赵家和孙家六口人做亲子鉴定,结果却是:孙超是赵盛强、宫克的亲生子,但赵达与赵盛强、宫克及孙华东、李爱野均无血缘关系。赵盛强、宫克夫妇竭力帮助赵达寻找亲生父母,孙华东夫妇也努力寻找自己的亲生儿子,均没有结果。在本案中,赵达和孙家对医院最根本的诉讼请求实际上是妨害的排除,也就是使"亲离子散"的局

---

[39] 邵明:《民事之诉法理探微》,载 http://www.studa.net/2005/3-17/101056.html,2005 年 6 月 22 日访问。

[40] 参见侯利宏:《物上请求权》,载梁慧星主编:《民商法论丛》(第 6 卷),法律出版社 1997 年版,第 678 页。

面得以改变,这属于身份权请求权的内容。但是,由于"出生记录被洪水冲走"的客观情况使得这种请求不能实现,因此,此时的身份权请求权也就很自然地在客观上转变为侵权请求权。

而确认身份权的请求权的情况则比较复杂。一方面,如果当事人所主张的身份权能够被确认,则其有可能通过进一步主张侵权给付而获得赔偿。另一方面,如果其所主张的身份权不能够被确认,则其有可能还要承担一定的赔偿费用。

(4)二者所属的诉讼类别并不相同。确认身份权的请求权属于民事诉讼上的确认之诉,是指原告请求法院确认其主张的法律关系或法律事实存在或不存在之诉,可以进一步分为主张法律关系存在的肯定(积极)的确认之诉(比如,原告请求法院确认他与被告之间存在收养关系),以及主张法律关系不存在的否定(消极)的确认之诉(比如,原告请求法院确认他与被告之间婚姻无效)。[41] 而身份权请求权则属于民事诉讼上的给付之诉。此类诉讼中,原告会请求被告履行一定给付义务。而身份权益人对其义务人享有特定的给付请求权(保全请求权),是该给付之诉成立的实体(法)基础。此时原告所主张的给付,应该包括被告的金钱给付(费用)和行为给付(作为或者不作为)。

(三)身份权请求权的基本类型

笔者认为,身份权请求权的类型具有特殊性,即除了包含停止妨害请求权和排除妨害请求权之外,还包括基于身份权的相对人违反身份权本身的请求权(即原权利请求权)而产生的作为请求权。如前所述,身份权本身已经包含请求权。例如抚养请求权、赡养请求权,都是请求权。但是,这些请求权不是身份权保护的请求权,而是身份权自身的请求权。现在的问题是,如果身份权权利人的相对人不履行抚养义务或者赡养义务等身份权自身的请求权,则权利人依据何种请求权获得救济? 笔者认为,该救济权的性质为身份权请求权。这主要是考虑到:第一,该请求权具有救济权的性质,已经不是身份权自身的原权利请求权。第二,该请求权不属于侵权请求权。在这种情况下,权利人请求相对人作为的请求的目的是为了恢复身份权的圆满状态和支配力。而请求恢复绝对权的圆满状态和支配力则是绝对权请求权的典型类型——物权请求权创设的根本目的。[42] 如果身份权内部的相对性义务没有得到履行,权利人对身份利益的意思支配力就减弱乃至丧失了,其结果是消解身份权的绝对性。此外,从功能上来讲,此时侵害的排除无疑是对将来可能发生的损害的预防,这符合绝对权请求权的本质,而不同于侵权请求权填补损害的本质功能。

但需要注意的是,我们应该区分因相对人违反身份权的相对性义务而产生的身份权请求权(如针对通奸一方提出的贞操维持请求权)和因违反身份权的绝对性义务

---

[41] 参见邵明:《民事之诉法理探微》,载 http://www.studa.net/2005/3-17/101056.html,2005年6月22日访问。

[42] 参见王利明:《物权法研究》,中国人民大学出版社2002年版,第103页。

(如暴力殴打致人损害)而产生的侵权请求权,二者的违反义务的性质有所不同。

(四) 身份权请求权的构成要件

与其他绝对权请求权的构成要件一样,身份权请求权的构成要件包括了妨害、违法性和两者之间的因果关系。关于妨害,笔者在《论人格权请求权》和上文中已有论述,下面着重论述身份权请求权构成要件中的违法性问题。

1. 违法性的判断标准

笔者认为,身份权请求权的违法性判断标准包括违反法律规定和违背善良风俗两种情形。需要注意的有两点:第一,违反法律规定不仅包括违反民法上的规定,违反其他以保护他人为目的的法律规范也可以被认定具有违法性。第二,违反公序良俗为判断身份权请求权构成要件违法性的重要标准。在身份法中,最重要的是讲究伦理秩序。以亲属权为例,亲属权的内容,具体包括亲属之间的抚养关系、尊敬或者尊重的权利等。说到尊敬权,卑亲属对尊亲属一定要有尊敬的义务,不可能说无论老少、尊卑、长幼,地位都平等了,就可以称爷爷、父亲为哥们,这是不行的。亲属之间还是要注重尊卑、长幼。一个行为如果违反了这个尊卑长幼秩序,也就具有了违法性。

2. 违法性判断标准的不确定化

"打是亲,骂是爱""清官难断家务事"等俗语都说明了判断身份权请求权违法性的难度。笔者认为,身份权的相对人对内侵犯身份权和第三人侵犯身份权的违法性判断标准是不同的。一般而言,对近亲属的妨害行为适用较高的判断标准[43];对其他人的妨害行为适用较低的判断标准。这主要是因为:一方面,在传统上,直系尊亲属对子孙有教养苛责的权利,原不成立伤害罪,因子孙不孝或违犯教令,而将子孙杀死,法律上的处分也极轻,甚至无罪,过失杀死且不得论。[44] 罗马法也曾经主张家父的杀子权。[45] 即使在现代,尊亲属对卑亲属具有一定的管教权(惩戒权)。[46] 正是基于身份权所内在的惩戒权使得尊亲属对卑亲属的伤害行为在一定程度上阻却了违法性,而其阻却程度也要高于其他绝对权请求权构成要件中的容忍义务。另一方面,亲属关系的亲疏程度也决定了不同的身份权中所包含的此类阻却违法性的程度的大小。亲属关系越"亲",则阻却违法性的程度就越大,反之,阻却违法性的程度就越小。诚如瞿同祖先生所讲的,亲属团体固异于非亲属团体,不以凡论,但同属亲属团体,其间的关系也不尽相同,各人之间是有一定的亲疏关系和差别的,伦理上并不要求亲族分子之间社会关系的一致;相反,是着重于差异性的,亲属间固相亲,但愈亲则愈当亲爱,

---

[43] 对于身份权的相对人的加害,需要注意区分是违反了身份权的相对性义务,还是违反了身份权的绝对性义务。

[44] 参见瞿同祖:《中国法律与中国社会》,载瞿同祖:《瞿同祖法学论著集》,中国政法大学出版社2004年版,第38页。

[45] 参见[英]巴里·尼古拉斯:《罗马法概论》,黄风译,法律出版社2000年版,第65页以下;丘汉平:《罗马法》,中国方正出版社2004年版,第81页以下。

[46] 参见杨立新:《人身权法论》,第816—817页;张俊浩主编:《民法学原理》,中国政法大学出版社2000年版,第161页。

以次推及于渐疏者,有一定的分寸,有一定的层次,这是上杀、下杀、旁杀的道理,也就是整个服制图成立的基础。亲属间相侵犯的规定是完全以服制上亲疏尊卑之序为依据的。㊼

归根结底,人伦秩序法律化和非法律化的程度,决定了身份权请求权构成要件中违法性判断标准的高低。这充分体现了即使是现代的身份权也仍然是一种差异性行为规范。

(五)身份权请求权和其他绝对权请求权的适用关系

1. 身份权的权利人和相对人之间

身份权意味着在亲子之间、夫妻之间和亲属之间存在着人格和财产两方面的权利义务关系。由于身份权会使相对人的人格权和财产权受到一定的限制,身份权当然也会对产生于人格权和财产权的人格权请求权、物权请求权和知识产权请求权产生一定的限制。因此,当身份权的权利人在身份权的限制范围内对相对人的人格权和财产权"造成积极妨害"时,其相对人就不能对权利人主张适用人格权请求权、物权请求权和知识产权请求权。但是,如果其超出了身份权的限制范围,对身份权相对人的人格权和财产权"造成积极妨害"时,则相对人有权主张人格权请求权、物权请求权和知识产权请求权的适用。需要注意的是,如果身份权的权利人对相对人的人格权和财产权"造成消极妨害",即权利人没有履行身份权规定的相对性义务时,则其相对人可以主张适用身份权请求权。简言之,身份权在一定程度上可以成为其他绝对权请求权行使的抗辩事由。

2. 身份权的权利人、相对人和第三人之间

笔者认为,在第三人妨害身份权权利人人格权的情况下,身份权的权利人可以依据其人格权受到妨害而主张人格权请求权的适用,而身份权的相对人可以依据身份权受到妨害主张身份权请求权的适用。例如,甲的领导乙利用职务之便不断对其进行性骚扰,并屡次对甲提出非分要求,据此,甲的丈夫可以依据身份权而主张身份权请求权的适用,而甲则可以依据性自主权主张人格权请求权的适用,从而排除乙的妨害。㊽ 当然,这两类请求权是竞合关系,因为每一种请求权的适用都会达到排除妨害的效果。

但第三人妨害身份权权利人物权和知识产权时,事情则较为复杂。如果第三人妨害的是夫妻的共同财产,则夫妻任何一人都可以主张物权请求权和知识产权请求权。反之,则和上述妨害人格权的适用情况一致。

此外,还有一种情况,就是身份权的相对人和第三人串通妨害身份权权利人的利

㊼ 参见瞿同祖:《中国法律与中国社会》,载同祖:《瞿同祖法学论著集》,中国政法大学出版社2004年版,第52页。

㊽ 类似的案件也发生在家庭关系侵权的领域,如我国南京市雨花区法院审理的"丈夫受伤妻子索赔"案,具体案情及评析,参见杨立新:《2002年热点民事案件:回顾与点评》,载《中国人民大学报刊复印资料》2003年第1期。

益。最为典型的就是通奸。此时,身份权的权利人如果能够原谅配偶,则可以主张身份权请求权请求相对人履行同居义务。否则,该权利人可以主张离婚或者别居。㊾ 当然,无论哪一种情况,该权利人都可以对妨害自己婚姻关系的第三人主张身份权请求权和侵权请求权,因为二者是责任聚合关系。

(六)诉讼时效

笔者认为,身份权请求权不适用诉讼时效的规则。这主要是考虑到:

(1)诉讼时效制度违背绝对权的本质。对此,我国学者已经作了精当的概括:基于绝对权受侵害所发生的存续保障责任,旨在恢复权利人对其客体的意思支配力,是由绝对权的支配性所决定的绝对权自身之效力内容的表现,若使之罹于时效,则必然造成有支配权之外形却无支配力量的权利变态现象。㊿ 因此,身份权作为绝对权的一种,当然不能适用诉讼时效制度。

(2)身份权请求权不适合诉讼时效的设立目的。诉讼时效立足于财产制度,其设立是为了“规定请求权若干年不行使而消灭,盖期确保交易之安全,维持社会秩序耳。盖以请求权永远存在,足以碍社会经济之发展”。(51) 身份权虽然也涉及一定的财产利益,但是身份权毕竟还包括了一定的人格利益。身份关系是一个社会的最基本关系,身份关系通常也是终身的。就家庭矛盾而言,时间是最好的医治办法。但是,如果由于相对人的原谅(误以为对方能够悔改)而使妨害(比如通奸)持续存在,在妨害人长时间(假设这一时间超过了诉讼时效的期限)执迷不悟的情况下,排斥诉讼时效的适用对受害人的权益保护就会不利(比如受害人有可能在离婚之前不得不忍受精神痛苦)。

(3)身份权请求权不适用诉讼时效还可以在侵权请求权已经不能保护身份权的时候发挥作用。依据诉讼时效制度,受害人丧失胜诉权的时候,权利人仍可以请求排除妨害和停止妨害。

四、立法建议

综上所述,我国的身份权请求权制度亟须完善。笔者认为,应从以下三个方面着手:

(1)在体系上,在民法典总则和分则相应部分,建立健全身份权制度,确认身份权是一种具有相对性的绝对权。在民法典总则部分,建立统一的绝对权请求权条款,允

㊾ 别居,也称为分居,为判决或合意免除同居义务之制度。参见林菊枝:《亲属法新论》,台北五南图书出版公司1996年版,第133页以下。对设立别居制度的必要性,林诚二先生举出8点理由以支持建立别居制度。参见林诚二:《英国分居制度》,载林诚二:《民法理论与问题研究》,中国政法大学出版社2000年版,第402页以下。我国目前未确立此制度。

㊿ 参见徐晓峰:《请求权概念批判》,载《月旦民商法学·法学方法论》,清华大学出版社2004年版,第140页。

(51) 王泽鉴:《民法总则》,中国政法大学出版社2001年版,第516页。

许物权请求权、知识产权请求权、人格权请求权和身份权请求权基于自身的权利特点创设新的请求权类型。在婚姻家庭法编的总则中确立身份权请求权的一般规定,在其他部分直接规定具体的身份权请求权。

(2)明确身份权请求权是基于身份权的绝对性和对身份利益的支配力而产生的保护性请求权。确立身份权请求权包括停止妨害请求权、排除妨害请求权和违反身份权相对效力而产生的身份权请求权,以上三类请求权不适用诉讼时效。同时,单独规定确定身份权的请求权,不将其作为属于身份权请求权的类型。

(3)身份权请求权的构成要件包括妨害、违法性和因果关系。其中,违法性包括违反法律规定和违反公序良俗。

完善我国亲属法律制度的六个基本问题[*]

我国的亲属立法开始于1950年5月1日颁行的《婚姻法》,"从此旧中国遗留下来的封建主义婚姻制度将被彻底废除,而新民主主义婚姻制度将普遍实行于全国"。① 立法后,通过1953年全国范围的贯彻《婚姻法》运动,使旧的婚姻家庭制度彻底崩溃,新婚姻家庭制度迅速建立起来,自主婚姻显著增加,民主和睦的家庭大量涌现,婚姻自由、男女平等观念深入人心。1980年9月10日修订的《婚姻法》,使我国的亲属法制建设进入了一个新阶段。修订的目的,是将调整的重点由改革婚姻家庭制度转移到稳定婚姻家庭关系,保障和发展婚姻家庭建设上来。但由于当时正值"十年浩劫"结束不久,法学领域拨乱反正的任务还没有彻底完成,修订《婚姻法》只在有限的程度上进行了修改和补充。在2001年修订《婚姻法》之前,学界酝酿进行重大修改,以制定"亲属法"或者"婚姻家庭法"为目标。但立法机关没有采纳学界的意见,仅仅对《婚姻法》进行了小范围的修订:增加了保证婚姻法基本原则实施的措施,增加了禁止有配偶者与他人同居,禁止家庭暴力的规定,增设了无效婚姻制度和可撤销婚姻制度,明确规定了夫妻共同财产的范围,确认婚前财产归个人所有,明确规定夫妻感情破裂的法定条件,增加规定了违反法律的救助措施和法律责任。

新中国成立之后,在收养上实行习惯法。为了依法调整收养法律关系,专门制定了《收养法》,于1992年4月1日实施,并在1998年11月4日进行了重新修订。

2003年8月8日,国务院公布了《婚姻登记条例》,最高人民法院制定了一系列的规范性解释,如《关于人民法院审理离婚案件如何认定夫妻感情确已破裂的若干具体意见》《关于适用〈中华人民共和国婚姻法〉若干问题的解释(一)》和《关于适用〈中华人民共和国婚姻法〉若干问题的解释(二)》等。这些行政法规和司法解释与婚姻立法一起,发挥了调整社会主义婚姻家庭关系,促进社会发展的重大作用。

我国现行《婚姻法》及其他亲属法规范存在较多缺陷和不足。这些问题主要表现在以下四个方面:

(1)名不副实,《婚姻法》无法概括亲属法的全部内容。以《婚姻法》命名亲属法,沿用的是苏联的立法模式,使调整亲属关系的法律的名称局限于一个调整婚姻关系

---

* 本文发表在《重庆社会科学》2008年第6期。
① 《人民日报》1950年4月16日社论。

的名称。更为严重的是,本来就属于亲属法内容的收养问题,由于《婚姻法》命名不适当,在立法时又使用了《收养法》的名称,使《婚姻法》下属的一个单行法在名称上与《婚姻法》成了相并列的法律,损害了法律体系的内在逻辑性。

(2)自立门户,将亲属法独立于民法之外。在《婚姻法》立法之初,就否认了婚姻法的私法性质,将《婚姻法》独立于民法之外,使之成为国家立法中一个独立的基本法。亲属法与人格权法、合同法、物权法、继承法和侵权法等同属于私法的范畴,使用同样的概念和共同的法理,是一个完整的民法系统。将《婚姻法》与民法相分离,使婚姻法成为一个独立的法律部门,割裂了民法的有机构成,破坏了民法的整体性和完整性。

(3)以偏概全,将结婚离婚作为亲属法的基本内容。婚姻制度确实是亲属法的一项基本制度,但它不是亲属法的全部。从三部《婚姻法》的具体内容分析,尽管不同程度地规定了一些亲属法内容,但始终是将内容主要限定在结婚、离婚上,规定的主要内容几乎都是结婚、离婚的条件和程序,使亲属法几乎变成了结婚离婚法。

(4)简陋粗疏,缺乏亲属法的详细规则。简陋粗疏是我国立法的通病,而在亲属法的立法上尤其如此。最主要的表现是:虽然也规定了一些亲属关系的规则,但很多重要的亲属制度诸如亲属的概念、亲属的范围、亲等、亲系等,都没有规定,使亲属法的基本规则没有表现出来;对于亲属之间的身份权,如亲权、配偶权、亲属权等,只有若干简陋的规定,缺乏具体内容,以至于在理论上和实践中都不认可身份权;对一些重要的亲属制度,如婚生子女推定、婚生子女否认、非婚生子女认领等,都没有作出规定,造成在实践中处理这些问题无法可依。

基于以上分析可以看出,我国从20世纪50年代初确立的亲属法律制度,经过50多年的不断完善,已经有了自己的体系和规模,大体上适应我国社会亲属关系的需要,但是存在较多的问题,必须完善。经过反复思考,笔者提出以下六个完善我国亲属法律制度必须解决的问题。

一、必须明确完善我国亲属法的基本方向与立法指导原则

完善我国亲属法的基本方向,是制定民法典的亲属法。因此,应当放弃原有的前苏联立法模式的《婚姻法》立法,不能继续把亲属法作为独立的法律部门,而是要借鉴大陆法系的立法,实行亲属法向民法典的回归。借制定民法典的时机,应当摆脱其他因素对法学研究的干扰,突破传统理论的束缚,在民法典中制定一部思想先进、形式科学、内容完备的中国亲属法或者亲属法编。对此,学界大体有共识。

完善我国亲属法应当遵循以下指导原则:

(1)现实性与前瞻性同时兼顾。完善我国亲属法,最先要考虑的就是使这样的一部法律既要有执法的现实性基础,符合我国的实际情况,又要有先进、科学的立法技术和内容,使其具有变革前景的基本导向和超前性,避免前两次修订《婚姻法》的遗

憾。应当根据社会发展规律已经可以预测到的必然的发展态势,给予充分的考虑并提供明确的导向性规范,促使社会生活沿着法律规范的方向发展,保障亲属法的生命力。在立法的时候,应当特别注意增强立法的前瞻性,防止重蹈就事论事的老路。

(2)民族主义与世界主义同时兼备。完善我国亲属法,既要体现我国家庭、亲属制度的传统,突出中华民族亲属关系的民族特色,又要容纳国外先进法律文化的继受和借鉴,在国际社会法律的趋同化的趋势中,注重采用国际通行的做法,使亲属法在固有与趋同的选择中,与时代合流,与社会发展同步。应当注意的是,亲属法具有鲜明的地域、民族特性和传统伦理内涵,与社会的民族文化传统伦理道德紧密联系,不能在立法时超越民族传统和文化、伦理习惯,使立法脱离国情。同时,也必须从中国国情和民族传统出发,大胆吸收人类社会优秀法律文化成果,充分借鉴外国立法中的技术典范,注重采用国际通行做法,使亲属法成为民族主义与世界主义紧密结合的典范。

(3)协调性和可操作性同时顾及。完善亲属法,要特别注重该法与民法其他部门法的协调性和法律规范的可操作性。将亲属法置于民法之中,既要将亲属法的规则都从其私法的性质出发,既要接受民法总则的原则性指导,又要与物权法、债权法、人格权法、侵权法和继承法等民法部门法的规定相协调,防止出现相互矛盾的情况。在条文的具体规定上,要特别注意防止传统立法粗疏的弊病,尽量把条文制定得具体、详细、可操作性强,便于操作,便于执行。

(4)规范性与强制性同时并举。亲属法的主要功能是规范亲属关系,因此,新的亲属法的规范性一定要强,既要有实体的规范,又要有程序性的规范,使其对亲属关系具有一般的指导作用。同时,要特别注意亲属法的强制性作用,这不仅是使整部法律的条文具有强制性的约束力,而且要制定对违反亲属法规定的行为的强制惩罚措施,制定执行该法的保障措施,详细规定对违反该法规定的具体制裁方法。

二、必须明确规定我国的亲属制度

在我国现行的亲属法中,缺少对我国基本亲属制度的规定。完善我国亲属法,应当着重规定亲属种类、亲系和这三个基本亲属制度。

(一)规定亲属种类

我国《婚姻法》没有明文规定亲属的种类,在条文中所体现的亲属种类中,只包括血亲和配偶为亲属,没有规定姻亲为亲属。这是立法的一个重大疏漏。

制定民法典亲属法编,应当将我国亲属分为配偶、血亲和姻亲三个种类。

应当规定配偶。配偶是亲属,而且是关系最为密切的亲属。应当明确规定配偶是因男女双方结婚而发生的亲属。配偶是血亲的源泉,是姻亲的基础。配偶的亲属身份始于结婚,终于配偶一方死亡或离婚。在婚姻关系存续期间,夫妻双方均发生配偶的法定亲属权利和义务,即配偶权。

应当规定血亲。血亲是有血缘联系的亲属,是亲属中的主要部分。具体应当规定的是:第一,血亲包括自然血亲和拟制血亲。自然血亲是出于同一祖先有血缘联系的亲属,如父母与子女、祖父母与孙子女、外祖父母与外孙子女、兄弟姐妹等。拟制血亲是本无血缘联系或者没有直接的血缘联系,但法律上确认与自然血亲有同等权利义务的亲属。拟制血亲一般因收养而产生,在养父母养子女之间产生父母子女的权利义务关系。第二,血亲包括直系血亲和旁系血亲。第三,血亲包括尊亲属、卑亲属和平辈亲属。

应当规定姻亲及其种类。姻亲是以婚姻为中介而产生的亲属,配偶一方与另一方的血亲之间为姻亲关系。我国的姻亲应当分为三类:第一,血亲的配偶,是己身的血亲包括直系血亲和旁系血亲的配偶。第二,配偶的血亲,是配偶的直系血亲和旁系血亲。就夫方来说,配偶的血亲是指岳父母、妻的兄弟姐妹及其子女等;就妻方来说,配偶的血亲是指公婆、丈夫的兄弟姐妹及其子女等。第三配偶的血亲的配偶。配偶的血亲的配偶,是指自己配偶的血亲的夫或者妻。

这些内容本来是亲属法的常识性内容,并不需要深刻论述,但我国亲属法就是没有规定。因此,必须反复强调,以使立法部门能够重视。

(二) 应当明确规定亲系

我国《婚姻法》没有明确规定如何划分亲系,只是在"结婚"一章中规定"直系血亲和三代以内的旁系血亲禁止结婚"。这种规定实际上是把亲属划分为直系血亲和旁系血亲两种,这与现代各国亲属法的有关做法一致,是科学的分类方式。但仅仅如此规定还不够完备。

1. 应当规定直系亲和旁系亲

直系亲和旁系亲包括直系血亲、旁系血亲和直系姻亲、旁系姻亲。

直系血亲是有直接血缘联系的亲属,包括己身所出和从己身所出两部分亲属,前者为直系尊血亲,如父母、祖父母、外祖父母、曾祖父母、外曾祖父母;后者为直系卑血亲,如子女、孙子女、外孙子女、曾孙子女、外曾孙子女等。直系姻亲是直系尊血亲的配偶、配偶的直系尊血亲,如儿媳、孙媳、女婿、孙女婿、公婆、岳父母等。

旁系血亲是有间接血缘关系的亲属,即除直系血亲外,与己身同出一源的血亲。如兄弟姐妹、堂兄弟姐妹、表兄弟姐妹、伯、叔、姑、舅、姨等。例如,《德国民法典》第1589条规定:"非为直系血亲,但共同从同一的第三人出生者,为旁系血亲。"旁系姻亲是旁系血亲的配偶、配偶的旁系血亲、配偶的旁系血亲的配偶,如伯母、婶母、姑父、舅母、姨夫、嫂、夫的伯叔和兄弟姐妹、妻的伯叔和兄弟姐妹等。

2. 应当规定尊亲属和卑亲属

尊亲属和卑亲属由于辈分不同,因此权利义务的内容也不同,因此,亲属法应当确认这种亲系。尊亲属是指辈分高于自己的亲属,如父母、祖父母、外祖父母、伯、叔、姑、舅、姨,等等。尊亲属又称之为长辈亲属。卑亲属是指辈分低于自己的亲属,如子女、孙子女、外孙子女、侄、侄女、甥、甥女等。卑亲属又称之为晚辈亲属。尊、卑亲属之分,一般局限于血亲,是因为在血亲之间就继承等问题存在必要性,而姻亲的尊卑之分则无此必要,当然实际上也存在尊卑之分,只是法律上的意义不大而已。

(三)应当明确规定亲等

亲等是计算亲属亲疏、远近的单位。亲等数小的,表示亲属关系亲近;亲等数大的,表示亲属关系疏远。以亲等来确定亲属关系的亲疏远近,是各国亲属法的通例。我国一直没有建立亲等制度。古代实行丧服制,是以祭奠死者时所穿的丧服的等差来区别亲属的亲疏远近的一种制度。国民政府制定民法,在亲属编中采用了亲等制。现在我国台湾地区民法仍使用亲等制。我国大陆《婚姻法》以"世代计算法"来计算亲属的亲疏远近。"代",是表示亲属亲疏远近的单位。代指世辈,从己身算起,一辈为一代,代数多的,表示疏远;代数少的,表示亲近。

世代计算法的缺陷在于不够精确,相同世代数的不同亲属也会有亲疏的差异,不能通过世代数清楚地反映亲属关系的亲疏状况。例如按照世代计算法,己身与伯、叔、姑,与姨表兄弟姐妹同为三代旁系血亲,但显然,前一种亲属关系要亲近于后一种亲属关系。而这种矛盾情形,如果适用罗马法的亲等计算法,就会迎刃而解。

在法律需要说明亲属关系的范围时,用亲等表示远比世代计算法或列举亲属称谓更方便,立法理应舍繁取简。更为重要的是,由于国外亲属法中普遍规定亲等制,在处理涉外以及涉港、澳、台的亲属关系时,相应制度的欠缺会使我国公民难以维护个人的利益,同时也不利于对外交流。例如,台湾当局开放探亲之禁时,对亲属范围的限定使用了亲等的概念。而我国大陆立法没有关于亲等的制度,许多人无从知晓何为亲等。因此,我国大陆亲属法的亲属制度必须设立亲等及亲等计算方法:第一,明文规定亲等是计算亲属关系亲疏远近的单位;第二,规定亲等的计算方法,以规定罗马法的亲等计算法为宜。直系血亲的亲等,从己身往上或往下数,以一代为一亲等,数至要计算的亲属的世代数,即其亲等数。计算直系姻亲和旁系姻亲的亲等,以配偶与对方的亲等为转移,如子女是一亲等的直系血亲,儿媳、女婿就是一亲等的直系姻亲;伯、叔是三亲等的旁系血亲,伯母、婶母就是三亲等的旁系姻亲。

三、必须明确规定并承认亲属之间的身份权

身份权,是指民事主体基于特定的身份关系产生并由其专属享有,以其体现的身份利益为客体,为维护该种关系所必需的权利。身份权表达的是亲属之间的身份地位,是亲属之间的权利义务关系,其主体有范围的限制,其客体是身份利益,其本质是以义务为中心而不是以权利为中心。[②]

我国法律界对身份权采取歧视态度。这种歧视态度来源于两个方面:第一,研究传统民法的学者否认身份权的存在。他们认为我国不存在身份权制度,我国的人身

[②] 参见杨立新:《亲属法专论》,高等教育出版社2005年版,第59页。

权只由人格权一个系列的权利构成③；而且传统民法上的家长权、夫权、亲权的实质，在于以特定人的身体为标的的支配权，因其与人类社会文明发展相悖，而导致家长权和夫权的消灭，亲权性质的改变。第二，在亲属法领域中，都承认近亲属之间的权利义务关系，但反对使用或者不使用身份权的概念，不称配偶权而称夫妻的权利义务关系，不称亲权而称父母与未成年子女之间的权利义务，不称亲属权而称近亲属之间的权利义务。④ 事实上，三个身份权表述的就是这三个种类的亲属的权利义务关系，却偏要废弃最为简洁的身份权的表述而使用复杂、拗口的概念。

在我国的现实社会生活中确实存在身份权，如夫妻之间的配偶权，父母对未成年子女的亲权，以及亲属之间的亲属权。这些权利都是身份权。尽管这些身份权与历史上的身份权在性质上截然不同，但不能因为历史上的身份权有悖于社会文明的发展，就依此否认现代民法意义上的身份权。同时，虽然《民法通则》没有明文规定身份权，但这并不是否定身份权的根据，因为规定身份权的职责是《婚姻法》，该法对亲属的身份权已经作出了完整规定。在亲属法领域中，身份权具有以下意义：第一，固定亲属身份；第二，明确亲属范围；第三，确定权利义务；第四，规定保护方法。

因此，在亲属法应当明确使用身份权概念，并且建立身份权体系。我国身份权体系是由以下三种身份权构成⑤，亲属法是必须规定的：

1. 配偶权

2001年《婚姻法》对夫妻间的权利义务关系作了很多规定，其实都是在规定配偶权。第13条规定夫妻地位平等，第14条规定夫妻都有各用自己姓名的权利，第15条规定的自由权。这3条规定，确定了夫妻之间最基本的身份关系，即平等、独立地享有法律人格。第16条规定夫妻的计划生育义务。第17条和第20条规定财产权和相互扶养权，体现了配偶之间的财产归属和请求对方扶养的关系。在第4条还规定了忠实、尊重的义务，是特别应当肯定的。构建新的配偶权，应当以此为基础，建立完善的配偶之间的权利义务。这些权利义务如果不用配偶权来统一和概括，就会成为散乱的权利义务群，而没有一个法定的权利作为其统帅。

2. 亲权

《婚姻法》第21条至第27条规定的内容，就是亲权。"父母保护教养未成年子女之权利义务，谓之亲权。"⑥而该法第21条关于父母对子女的抚养教育义务、禁止溺婴和其他残害婴儿的不作为义务，第23条父母的管教和保护未成年子女的权利和义务，第25条父母对非婚生子女的权利和义务及生父对非婚生子女应负担必要生活费

---

③ 参见梁慧星：《民法》，四川人民出版社1988年版，第343页；《中国民法经济法诸问题》，法律出版社1991年版，第59—67页。
④ 这是我国《婚姻法》采取的基本方式。在学界，婚姻法或者亲属法的教科书基本不说身份权，只是在近年来有所改变。
⑤ 最早提出这个意见的，是张俊浩主编的《民法学原理》，中国政法大学出版社1991年版，第140页。
⑥ 林菊枝：《亲属法专题研究》，台北五南图书出版公司1985年版，第139页。

和教育费的义务，第 26 条和第 27 条养父母、继父母对养子女、继子女的权利和义务，都是亲权的具体内容。除此之外，《婚姻法》第 36 条关于父母与子女间的关系不因父母离婚而消除，离婚后父母对子女仍有抚养和教育的权利和义务，也是亲权的内容。规定亲属法，应当明确规定亲权，在以上规定的基础上继续完善，建立完善的亲权制度。

3. 亲属权

亲属权也是《婚姻法》规定的重要身份权。该法第 28 条规定的关于祖父母、外祖父母与孙子女、外孙子女之间的亲属关系及相互有条件的抚养关系，第 29 条规定的关于兄弟姐妹之间的亲属关系及有条件的扶养关系，第 21 条、第 25 条至第 27 条规定的关于父母子女间的亲子关系及其相互间的抚养、赡养关系，都是亲属权的具体内容。对此应当继续完善，建立完备的亲属权的权利义务体系。

四、必须明确规定取得和消灭身份权的亲属法律行为

我国《婚姻法》一直在回避和不承认亲属法律行为，不认可结婚、离婚、收养、解除收养等行为是亲属法律行为，将结婚行为认为是国家认可的行为，否认结婚的合意行为。这种认识是不正确的。结婚的基础行为是当事人之间的合意，就是亲属法律行为。亲属法律行为又称为身份法律行为，简称为亲属行为或身份行为，是指民事主体实施的对亲属身份关系的发生、变更、消灭产生法律后果的民事法律行为。[7]

事实上，结婚、离婚、收养、解除收养都是民事法律行为，就是亲属法律行为。我们没有必要回避乃至于不承认亲属法律行为。亲属法应当承认亲属法律行为，把亲属法律行为作为发生和消灭亲属关系的基本原因，适用民法总则关于民事法律行为的一般规则，对此作出明确规定。

亲属法律行为发生效力，有的不需要登记，有的需要登记。因此，亲属法律行为的登记对于某些亲属法律行为具有特别重要的意义。

应当明确规定，身份登记行为与身份合意行为的关系具有特殊性：由于过于强调身份登记的特殊性和强制性，因此，作为身份登记行为的基础行为的身份合意行为就显得极为不重要，备受忽视。这是不正确的。身份法律行为是双方当事人之间的民事法律行为，通过该行为才能缔结婚姻关系，使双方当事人之间发生配偶的权利义务关系。而这恰恰是当事人自己的事情。所以，身份当事人对身份的合意行为才是最为重要的行为，是登记行为的基础。没有这个基础行为，身份登记行为无处存在。因此，身份登记行为与身份合意行为的特殊关系在于，身份合意行为是身份法律行为本身，而身份登记行为只是对身份法律行为的国家确认形式。

亲属法律行为登记，是指某些亲属法律行为依照法律规定进行登记，得到国家承

---

[7] 参见杨立新：《亲属法专论》，高等教育出版社 2005 年版，第 42 页。

认,产生该亲属法律行为的法律效果的行为。亲属法律行为登记是亲属行为发生效力的基本形式,因此,亲属行为登记具有法律的强制力。

按照亲属法的规定,我国亲属法律行为需要登记的有:一是结婚行为,二是协议离婚行为;三是收养行为;四是收养无效行为;五是解除收养行为。

结婚登记是结婚行为的确认行为,没有结婚登记,不发生结婚的效力,法律不承认其发生婚姻关系。结婚登记行为的效果,是经过结婚登记发给结婚证书的,即时发生结婚的法律效果,在双方当事人之间产生配偶法律关系。离婚与结婚不同,登记不是必要程序,只有协议离婚到婚姻登记机关进行登记离婚的,才须进行离婚登记。离婚登记与登记离婚不同。登记离婚是指离婚的形式,即采用行政登记的程序进行离婚;而离婚登记则是采取登记离婚的形式离婚所要进行的离婚登记行为。

收养行为是变更亲子法律关系的身份行为,各国均规定为要式行为。因此,收养仅仅有收养人和送养人的收养合意即收养行为尚不能发生收养的效力,还须进行收养登记,才能够发生收养的法律效果,在当事人之间发生变更亲子身份关系的法律后果。收养无效分为诉讼无效和登记无效。收养关系当事人弄虚作假骗取收养登记的,收养关系无效,由收养登记机关撤销登记,收缴收养登记证。当事人协议解除收养关系的,应当到民政部门办理解除收养关系的登记。民政部门审查解除收养关系是否合法,意思表示是否真实、一致,当事人应当提供必要的证明材料,经过证明属实的,收养登记机关办理解除收养的登记,确认当事人解除收养关系。

在结婚登记中,应当建立夫妻财产关系的登记制度,使夫妻之间的财产关系对外具有公示性,使相对人与该对配偶进行财产交易行为时,不至于不知道其财产关系性质,而造成财产损害。特别是对夫妻约定财产的,必须进行登记,才能够被他人所识别,与该配偶进行交易,才能够保证自己的权益。目前实行的结婚登记制度,只登记婚姻关系而不登记婚姻财产关系,使婚姻财产关系不具有公示性,难以保护与该婚姻关系中人进行交易行为的相对人的合法权益,应当改进。

五、必须明确规定完善的具体亲属法律制度

在具体的亲属法律制度的完善中,应当特别规定以下内容:

(一)承认准婚姻关系

准婚姻关系也称为亚婚姻关系,是未婚男女不办理结婚登记手续而同居的两性结合关系的事实状态。[8] 目前,准婚姻关系普遍存在,立法不予承认是不现实的。对准婚姻关系采取漠视态度,不予法律规制,受到损害的只能是处于准婚姻关系中的以及准婚姻关系破裂中的女方以及他们所生育的子女。为了更好地维护妇女和子女的合法权益,法律必须承认准婚姻关系,进行必要的法律规制。

---

[8] 参见杨立新:《亲属法专论》,高等教育出版社 2005 年版,第 213 页。

准婚姻关系是一种亚婚姻的事实状态,既不是结婚,又不是一般的同居或者姘居的其他法律关系。亲属法应当确认,准婚姻关系是两性结合的一种形式,但不是婚姻形式。准婚姻关系的当事人有两性结合的合意,但准婚姻关系当事人的合意是共同居住,共同生活,并不具有结为夫妻的合意。⑨ 准婚姻关系是公开的关系,不是秘密姘居,因此对外也具有一定的公示性,但公示的内容不是夫妻关系,不是配偶,而仅仅是同居者。在准婚姻关系,双方当事人之间不发生权利义务关系,不产生亲属的身份,法律关于夫妻权利义务关系的一切规定都不适用,不享有配偶权。

结合我国的实际情况,亲属法应当规定,具备以下要件可以认定构成准婚姻关系:第一,同居的主体为异性、未婚者;第二,双方有像夫妻一样共同生活的客观事实;第三,双方合意的内容不是以夫妻身份共同生活;第四,双方当事人的年龄应当符合法定婚龄。

调整准婚姻关系的一般规则是:

(1)准婚姻关系当事人不发生配偶的亲属关系,无论同居多长时间,是否有子女,只要没有登记结婚,就不能认为是配偶。准婚姻关系当事人不产生姻亲关系,不在男子与妇女的亲属间或妇女与男子的亲属间产生任何姻亲关系,与姻亲有关的婚姻障碍的法律规定都适用于准婚姻关系。准婚姻关系当事人相互间不产生任何提供生活保持的义务。在双方当事人之间不产生继承关系,不得相互继承遗产。⑩

(2)准婚姻关系当事人所生的子女,应当适用亲属法关于亲子关系的一切规定,发生父母子女间的权利义务关系,享有亲权,法律不得对其子女有任何歧视行为。相应的,当事人的子女与当事人的父母间,产生直系血亲关系,取得祖孙、外祖孙身份,享有亲属权。⑪

(3)双方当事人可以随时终止准婚姻关系,一方生活确有困难者,对方应当予以适当帮助。

(4)准婚姻关系中的财产关系应当采用双轨制,既承认准婚姻关系双方当事人的财产约定的效力,同时也规定在没有约定时的财产关系性质为按份共有关系,依照按份共有的规则处理。

(二)采取相对承认主义确认事实婚姻关系

事实婚姻,是相对于法定婚姻而言的婚姻状态,是指具备结婚实质要件的男女,未进行结婚登记,便以夫妻关系同居生活,群众也认为是夫妻关系的两性结合。⑫

我国存在事实婚姻,是现实问题,是不能回避的。但在立法上一直都在回避这个问题,而在司法中却采取矛盾的做法:在刑事案件中确认事实婚姻构成重婚,而在民

---

⑨ 参见《埃塞俄比亚民法典》第708条规定的内容。
⑩ 参见《埃塞俄比亚民法典》第710、711条规定的内容。
⑪ 参见《埃塞俄比亚民法典》第715条规定的内容。
⑫ 参见王战平主编:《中国婚姻法讲义》,全国法院干部业余法律大学1986年内部发行版,第74页。

事案件中不承认事实婚姻的效力。

新中国成立以后,3部《婚姻法》对事实婚姻均未作明确规定。最高人民法院曾经采取实事求是的态度,多次作出司法解释,有条件地承认事实婚姻,直到1994年才完全不承认事实婚姻的法律效力,但在刑事案件中仍然承认事实婚姻构成重婚罪。

在世界各国,事实婚姻都是存在的。各国法律依本国的文化传统和具体国情,对事实婚姻大致采取承认主义、相对承认主义和不承认主义。我们对事实婚姻应当实事求是,采取相对承认主义。这就是,在原则上不承认事实婚姻的效力,但是,如果事实婚姻具备了一定的条件,例如结婚时间较长、生有子女等,就应当承认其婚姻的效力,发生亲属法上的一切权利义务关系,在形式上则责令其补办结婚登记手续即可。

事实婚姻应当具备以下构成要件:第一,双方当事人都符合结婚的实质要件;第二,双方当事人具有终生共同生活的目的;第三,双方当事人应当具有公开的夫妻身份;第四,双方共同生活时间较长或者生有子女;第五,未履行结婚登记手续。

构成事实婚姻,发生以下亲属法上的后果:第一,法律应当承认事实婚姻关系当事人之间产生配偶身份地位,确认他们是夫妻,享有配偶权,享有配偶之间的一切权利和义务。第二,确认事实婚姻当事人所生的子女为婚生子女,对子女进行完善的法律保护。第三,发生一切婚姻关系所发生的亲属法后果。如发生当事人父母与子女的祖孙关系和外祖孙关系,发生兄弟姐妹之间的旁系血亲关系,相互享有亲属权。第四,在当事人离婚时,应当按照法定婚姻的规定,依法进行,解除婚姻关系。对子女抚养、财产分割等,均应依法进行。

(三)承认同性婚姻关系

同性是否可以建立婚姻关系,是亲属法中的一个重要问题。我国现在的态度是不予承认,理由是,确认婚姻关系是指男女双方以共同生活为目的,以产生配偶之间的权利义务为内容的两性结合,其中并不包括同性以共同生活为目的,以产生配偶之间的权利义务为内容的同性结合。

为完善我国亲属法律制度,应当看到:第一,同性恋的存在是一个现实,是不可以强制改变的。一个自然人喜欢同性,向往与自己喜欢的同性共同生活,建立配偶关系,并不是错误,而是人的生理和心理的需求。第二,法律应当尊重人性,尊重人的基本选择。既然很多人愿意选择同性婚姻,法律强制性地予以制止,不能体现人权的原则,没有尊重人性和人的基本选择。目前世界上已经有数个国家和地区立法承认同性可以建立合法的婚姻关系[13],并且有扩大化的趋势,我国不应当固守传统观念,应当尊重人们的选择。第三,同性恋者的权利应当得到保障,他们较多地受到社会歧视,法律应当为其提供保障,不使他们的合法权益受到侵害。

因此,亲属法应当修正对婚姻概念的界定,确定结婚不仅是男女之间以共同生活

---

[13] 美国加利福尼亚州最近通过法律,确认同性恋婚姻合法,受到社会的欢迎。参见《新京报》2008年7月4日。

为目的,以发生配偶权利义务关系为内容的两性结合;同时也包括同性之间以共同生活为目的,以发生配偶权利义务关系为内容的同性结合,规定同性结婚之后,发生配偶之间的配偶权,所生子女为婚生子女,相互之间产生亲属关系,财产关系适用共同财产制,并且可以进行约定。

(四)婚生子女关系和非婚生子女关系

在我国亲属法中,关于子女问题,还有以下问题没有规定,需要建立相应的制度。

1. 婚生子女推定

婚生子女推定,是子女系生母在婚姻关系存续期间受胎或出生,该子女被法律推定为生母和生母之夫的子女。我国亲属法虽然规定了婚生子女的概念,但对于如何认定婚生子女却没有规定标准,在习惯上,凡是在婚姻关系存续期间女方分娩的子女,就直接认定为婚生子女。这实际上就是婚生子女推定。

我国亲属法没有规定婚生子女推定制度,是不正常的。在亲子关系中,母亲的身份可以直接确定,但父亲的身份需要推定,因为不可能在子女出生后,人人都通过DNA鉴定确定父亲身份。

进行婚生子女推定的关键所在,就是受胎期间。因此各国亲属法都规定受胎期间。按照一般医学上的规律,胎儿从受胎到分娩,通常不少于181天,最长不多于302天。在其最长期与最短期之间的期间,如有婚姻关系存在,就推定妻所生的子女为夫所受胎。[14] 该期间就是受胎期间。我国《婚姻法》从来没有规定过受胎期间,因此,对婚生子女推定没有计算根据。笔者认为,应当沿袭我国一百年来的民法传统,采用从子女出生日回溯第181天起至302天止的122天为受胎期间的方法,在此期间,妻所生的子女推定为婚生子女,同时推定父亲的身份。[15]

2. 婚生子女否认

婚生子女否认,是夫妻一方或子女对妻所生的子女否认其为夫的亲子的民事法律行为,也就是在婚生子女推定的前提下,否认婚生子女为夫所生,而是由妻与婚外异性性结合所生的非婚生子女的行为。[16] 这种否认一般由丈夫提出,但妻否认其所生子女为其夫的婚生子女的,亦不乏其例。[17]

我国《婚姻法》没有规定婚生子女否认制度,但司法实践证明,确认这一制度势在必行。亲属法应当规定,构成婚生子女否认的形成权必须具备如下要件:第一,婚生子女否认的权利人必须适格,即夫或者妻。第二,须有婚生子女的推定,以婚生子女推定为前提条件。第三,须有否认婚生子女的客观事实,并且确有证据证明。具备上

---

[14] 《法国民法典》第312条第1款:"夫妻婚姻期间受孕的子女,夫为其父。"

[15] 参见《大清民律草案》第1382条,杨立新校订:《大清民律草案民国民律草案》,吉林人民出版社1998年版,第197页。

[16] 《法国民法典》第312条第2款:"但是,夫如能提出足以证明其不能为子、女之父的事实,得在法院否认该子、女。"

[17] 典型案例请参见杨立新:《亲属法专论》,高等教育出版社2005年版,第194页。

述条件,应当准许父亲提出婚生子女否认之诉,否认推定的婚生子女为非婚生子女,父亲对其不再承担相应的抚养义务。对非婚生子女承担了抚养义务的,可以视情节认定欺诈性抚养关系,欺诈方有返还财产的责任。否认婚生子女必须在法院,通过诉讼进行。

3. 非婚生子女认领

非婚生子女,是没有婚姻关系的男女所生的子女:第一是无婚姻关系的妇女所生的子女,例如单亲母亲所生子女;第二是已婚妇女所生但被法院判决否认婚生子女推定的子女;第三是已婚妇女所生的不受婚生性推定的子女,即超出了婚生子女推定的范围,不能推定为婚生子女的子女。已经宣告无效的婚姻或者已经被撤销的婚姻,其双方所生的子女为婚生子女。

我国《婚姻法》没有规定非婚生子女认领制度,应当补充规定。非婚生子女认领,是生父对非婚生子女承认为其父而领为自己子女的行为。[18] 认领的方法是:

(1) 任意认领。任意认领也称之为自愿认领,是生父的单独行为,无须非婚生子女或母之同意,以父的意思表示为足。认领的权利归于父享有,其父的家庭其他成员不享有此权利。该权利的性质为形成权,原则上对此权利的行使无任何限制。认领权的行使,可直接行使,亦可经法院判决确认其父子关系的存在。认领应当规定为要式行为。

任意认领需要认领人享有认领权。认领权的构成要件,包括以下三项:一是须为非婚生子女的生父本人认领;二是须为非婚生子女被认领;三是须认领人与被认领人间有事实上父子关系的存在。具备以上要件,构成认领权,享有认领权的生父才可以对非婚生子女认领。

应当规定,下述认领行为无效:一是无民事行为能力之人的认领;二是与事实不符的认领;三是对于婚生子女或受婚生子女推定的子女的认领;四是依遗嘱的认领,未具遗嘱方式而无效。上述认领,由于缺少构成要件,均为无效认领,不发生认领的效力,亦不得判决确认其认领。

如果认领系真实的父子关系,无论认领的意思表示瑕疵或因诈欺或胁迫,均不得撤销,如非真实,则准提起无效之诉,主张其认领无效。[19] 在认领权人提出认领主张之时,被认领人和其他利害关系人可以主张反对事实,也可以否认认领。认领经否认之后,则应由认领人以请求权确认其父子关系存在之诉,主张其为父亲,并证明之。

(2) 强制认领。强制认领也叫做亲之寻认,是应被认领人对于应认领而不为认领的生父,向法院请求确定生父关系存在的行为。[20]

强制认领的事实,以有与生父有父子关系的事实证据证明为已足。具体事实包

---

[18] 参见史尚宽:《亲属法论》,台北荣泰印书馆1980年版,第500页。
[19] 参见史尚宽:《亲属法论》,台北荣泰印书馆1980年版,第505—506页。
[20] 参见史尚宽:《亲属法论》,台北荣泰印书馆1980年版,第511页。

括;一是受胎期间生父与生母有同居事实的;二是由生父所作的文书可证明其为生父的;三是生母为生父强奸、奸污、诱奸而成奸所生子女的;四是生母因生父滥用权势奸污的;五是有其他证据证明认领人与要求认领人为亲子关系的。认领人提出认领主张后,被告应举出反证证明认领请求不存在事实上的依据,否则即可确认强制认领。

非婚生子女一经认领,即为婚生子女,产生父亲与子女间的权利义务关系,无论任意认领或强制认领,均与婚生子女相同。经父认领的非婚生子女对生父之配偶,母之非婚生子女对生母的配偶,均为姻亲关系,而无父母子女的血亲关系。

非婚生子女认领的效力,溯及出生之时。但第三人已得的权利不因此而受影响。对于胎内的非婚生子女认领的,亦只溯及出生时发生效力,但对死者不产生效力。对已死亡的非婚生子女为认领的,溯及死者之生前,使其非婚生子女于生存中与认领者已有亲子关系,从而确认领者与死亡者的直系卑亲属,亦有直系血亲关系。

4.非婚生子女准正

非婚生子女准正,是非婚生子女生因父母结婚或者法院裁判而取得婚生子女的法律地位。[21] 非婚生子女准正,实际上就是非婚生子女由于生父和生母在其出生后,而被婚生化,使非婚生子女取得婚生子女的身份,被赋予婚生子女的合法地位。我国《婚姻法》没有规定这个制度,因而有可能损害子女的利益,因此必须明确规定。

非婚生子女准正有两种形式:一是婚姻准正,即非婚生子女因生父母结婚,而取得婚生子女的法律地位。二是司法准正,是指男女双方订立婚约后,因一方死亡或者存在婚姻障碍,使婚姻准正不能实现时,可依婚约一方当事人或者子女的请求,由法院宣告该子女为婚生子女。这种准正对保障子女的合法权益有利,也应当采用。

非婚生子女准正应当具备以下要件:一是须有事实上的非婚生父母子女关系;二是须有生父母结婚的事实或者婚约;三是婚姻准正无须法律行为,司法准正须经法定程序。

非婚生子女准正,非婚生子女即获得婚生子女的身份和法律地位。从时间上,立法有两种区别,一是认定准正的效力发生自生父母结婚或者法院宣告,不具有溯及力;二是具有溯及力,从子女出生之日发生婚生的效力。我国亲属法应当采取后者,更有利于保护子女的利益。

六、必须明确规定与《物权法》相适应的亲属财产制度

2001年《婚姻法》规定夫妻财产关系,原则上是好的,但是,在《物权法》通过实施之后,其中有些规定与《物权法》规定需要协调,此外,也还存在需要完善的问题。

(一)夫妻共同财产应当适用《物权法》关于共同共有的规定

《物权法》第七章对共有进行了全面规定,其中关于共同共有规定的规则,应当适

---

[21] 参见《法国民法典》第330条的规定。

用夫妻财产共有。《婚姻法》规定夫妻共有财产的条文共有两条：一是第17条，规定了夫妻共有财产的范围，确定工资奖金、生产经营的收益、知识产权的收益、继承或赠与所得的财产、其他应当归共同所有的财产；二是第37条，规定了夫妻共同财产的离婚处理，应当协议，协议不成，由人民法院判决。这些规定并没有建立完整的夫妻共有财产的规则，对此，必须适用《物权法》关于共同共有的规则。

（二）对夫妻财产约定制度应当进行全面的完善

夫妻约定财产，是夫妻以契约形式决定婚姻关系存续期间所得财产所有关系的夫妻财产制度，是夫妻法定财产的对称。《婚姻法》关于夫妻约定财产的规定是第19条，主要内容是：第一，夫妻可以就婚后取得的财产、婚前财产归各自所有、共同所有或者部分各自所有部分共同所有；第二，该约定对双方具有法律约束力；第三，在婚姻关系存续期间，约定为各自所有的，不得对抗善意第三人。这个规定应当进一步完善，以建立完备的夫妻财产约定制度。

1. 应当明确夫妻财产约定受契约自由原则的调整

订立这种契约还是不订立这种契约，订立何种内容的夫妻财产契约，在婚前还是婚后订立这种契约，夫妻财产契约订立后可否变更或撤销，原则上均由当事人自主决定。夫妻财产约定的时间，可以在结婚前、结婚时或婚姻关系存续期间[22]，对此不应有限制性规定。夫妻财产契约在订立生效后可以变更或者撤销，但变更或撤销必须经夫妻双方意思表示一致方可为之，没有变更或撤销的一致意思表示，夫妻财产契约不能变更或撤销，继续发生效力。

2. 应当明确规定夫妻财产约定的要件

第一，婚姻关系当事人须有订约能力；第二，订立夫妻财产契约须具备形式要件即书面形式，口头约定无效。第三，夫妻财产契约须经申报登记程序确认，应于婚姻登记的同时将夫妻财产契约的内容予以登记，并将其书面形式附于登记档案中备案；如果是在婚后约定财产契约的，也应到婚姻登记机关登记、备案。

3. 应当明确规定夫妻财产约定效力

第一，夫妻财产契约的对内效力，夫妻财产契约成立并生效，即在配偶间及其继承人间发生财产契约的物权效力，婚姻关系当事人受此物权效力的约束。在夫妻财产契约中无论约定分别财产制还是个别财产归一方所有的财产制，乃至就使用权、收益权、处分权的约定，都依其约定发生物权的效力。如为变更或撤销，必须经婚姻当事人双方同意，一方不得依自己的意思表示为变更或撤销。

第二，夫妻财产契约的对外效力，是夫妻对婚姻财产的约定可否对抗第三人。亲属法应当规定，约定经过登记的，发生对抗第三人的效力；未经登记的，不发生对抗第三人的效力，则应当以双方当事人的财产清偿债务。

---

[22] 参见杨大文主编：《婚姻法学》，中国人民大学出版社1989年版，第149页。

4. 应当对夫妻财产约定内容进行规定

应当准许配偶人或婚约人采用法律所规定的夫妻财产制中的一种,即选择式约定财产制。法律应当规定可供选择的财产制模式是:第一,共同财产制中的一般共同制、动产及所得共同制、劳动所得共同制。第二,分别财产制。第三,统一财产制。可以约定将妻的原有财产估定价额,移转所有权于其夫,妻则保留对此项财产的返还请求权。第四,联合财产制。可以约定夫妻结婚后财产仍归各自所有,但将其联合在一起,由夫管理,当婚姻关系终止时,妻的原有财产由妻或妻的继承人收回。第五,延期共有制。可以约定按照延期共有制的规则确定夫妻财产制。

(三)对家庭共有财产应当作出具体规定

家庭共有财产是指全体或部分家庭成员在家庭共同生活关系存续期间,对共同所得和各自所得的财产约定为共同共有的共有权利义务关系。在我国现实生活中,家庭共有财产大量存在,是一种相当普遍的社会经济现象,而且具有相当的复杂性。但《婚姻法》对此没有规定,亲属法应当明确规定。

应当明确规定的内容是,家庭共有财产关系的发生是基于家庭共同生活关系的存在和有财产的家庭成员就发生家庭共有财产关系达成协议。家庭共有财产共有人的权利义务,原则上与一般共同共有人的权利和义务相同。家庭共有财产关系终止的原因,是作为家庭共同生活成员请求终止家庭共有财产关系,致使家庭共同生活关系消灭。家庭共有财产关系终止之后,应当对家庭共有财产进行分割。

(四)对个人财产应予更好的保护

2001年《婚姻法》对夫妻个人财产加强了保护,突出了婚姻财产关系中的个性,受到各界的好评。但对家庭其他成员个人财产的保护没有作出规定。对此,应当进一步明确规定亲属间的个人财产保护:

(1)明确规定夫妻个人财产是指夫妻在婚姻关系存续期间于夫妻共同财产之外享有个人所有权的财产。夫妻个人财产的范围,《婚姻法》第18条已经作出了明确的界定,应当坚持。

(2)明确规定其他亲属个人财产,是指家庭中的其他成员在家庭共同财产之外自己享有所有权的财产。其特征,一是独立于家庭共同财产之外;二是其权利主体是单个的家庭成员,不是夫或者妻,而是夫或妻之外的其他成员;三是其权利属于个人单独所有权,而不是共有权。对于其他亲属的个人财产,法律予以保护。除非是权利人同意,其他任何人包括家庭成员,都不能侵害其他亲属的个人财产权。这样的规定不是来自亲属法,而是来自物权法、债权法和知识产权法。例如,盛行的春节"压岁钱",应当属于子女个人财产,无论其是否成年,其享有的所有权都应当予以保护。

论婚生子女否认和非婚生子女认领及法律疏漏之补充[*]

在我国婚姻家庭法的理论和实践中，经常会遇到法律没有明文规定的情形，因此，在法律适用上经常令法官左右为难。这是我国民事立法特别是关于亲属法存在重大疏漏所致。在本文讨论的两个相关案例中，就存在这样的问题。正是由于存在这样的法律疏漏，才出现了法律适用上的问题。借对这两个案件的讨论，笔者会首先说明有关这个案件法律的基本规则，同时，也对法官在这样的情形下如何适用法律提出意见。

一、引起重大争论的两个典型案件

2004年为新闻媒体广泛关注的重庆少女认父案，近期有了终审判决：起诉要求确认其与被告刘汉金存在父女关系的赵灵败诉，法院判决驳回其诉讼请求。

其实，这是两个案件。第一个案件（以下简称前案）：1981年，沈翠英与赵玉成登记结婚，1987年9月24日沈翠英生育赵灵。2003年6月22日，沈翠英与刘汉金在电话里争吵，通话内容为赵灵不是赵玉成的亲生女儿，被赵玉成听见。2004年1月4日，赵玉成为验证赵灵是否为其亲生女儿，委托某计划生育科学研究所进行了鉴定，结论为：赵灵与赵玉成不具有亲生父女关系。同年，赵玉成以沈翠英、刘汉金为被告，赵灵为第三人，向重庆市南岸区人民法院提起民事诉讼，请求确认沈翠英和刘汉金与赵灵系父母子女关系，并判令精神损害赔偿金等费用。赵灵在答辩中称，希望通过亲子鉴定弄清自己的父亲是谁。一审法院以确认纠纷为由支持了原告的诉讼请求，二审法院认为是侵权诉讼判决支持了原告对沈翠英的赔偿请求，但驳回其确认请求。

第二个案件（以下简称后案）：上述案件判决之后，赵灵起诉到重庆市南岸区人民法院，请求确认自己与刘汉金系父女关系。在审理过程中，赵灵提出申请，要求与刘汉金做亲子鉴定以确定父女关系，刘汉金不予同意。法院经过审理认为，赵灵所举证据不足以适用类推原则确认身份关系，终审判决驳回赵灵的诉讼请求。

对上述两个案件争论的主要问题是：

---

[*] 本文发表在《人民司法》2009年第17期。

(1)前案的性质是确认之诉还是侵权之诉。在前案中,赵玉成的诉讼请求既提出了确认请求,也提出了侵权赔偿要求,一审和二审法院判决对此认识不一。争论中有三种观点:一种观点认为是侵权之诉;一种观点认为是确认之诉;第三种观点认为本案原告起诉,主张侵害赔偿是目的,确认是侵权的过渡性诉讼。

(2)法院受理赵灵起诉的后案是否违背了"一事不再理"原则。在后案中,刘汉金答辩称前案已经在第一个案件中审理终结,现赵灵以同样的请求起诉,违背了"一事不再理"的规定,应驳回赵灵的起诉。就本案是否违背一事不再理原则问题,一种观点认为不违背这个原则,因为两个诉讼的诉讼主体、案由各不相同;另一种观点认为违背这个原则,因为两个案件的基础事实和证据都相同,要解决的基本问题相同,前案已经审理终结,后案不能受理。

(3)在身份关系存在合理怀疑的情况下,能否强制被怀疑人做亲子鉴定。在后案中,原告有证明被告和其母亲于2003年发生性关系的照片。被告刘汉金执意认为照片只能证明其与原告母亲之间在2003年存在性关系,而不能证明原告的出生与其有关。在原告提出进行亲子鉴定的要求时被告又拒绝。法庭如果要确认身份关系,是否可以强制被告做亲子鉴定,有不同意见。

(4)在身份关系上是否可以进行事实推定。多数人认为,亲生父母子女关系是基于血缘而形成的身份关系,在没有科学依据的情况下不宜推定。若强行推定,可能会带来对小孩成长不利,对社会秩序的稳定带来不利的严重后果。申诉人赵玉成只举证了做亲子鉴定的结论,证实与赵灵不具有父女关系,并没有举证证明刘汉金与沈翠英在1986年年底前后有性关系的证据,不能仅凭沈翠英自认与刘汉金有性关系,在刘汉金拒做亲子鉴定的情况下,就简单推定刘汉金是赵灵的亲生父亲,这是不严肃的。也有人认为,赵灵要求确认生身父亲的知情权也很重要,司法对她的人身权利进行救济需要进行推定是不可避免的,现今社会流动性日益加强,导致身份关系不稳定的因素日益增多,请求司法确定身份关系的案件会不断增加,司法必须做出选择。

二、赵玉成起诉的案件究竟是确认之诉还是侵权之诉

类似赵玉成起诉的前案,笔者在最高人民法院任法官时审理过一件。原告A与被告B于1982年结婚,B于1985年7月生育一男孩C,由双方共同抚养。1989年7月,A发现B与他人有婚外性行为,遂A、B双方经协商,去民政机关协议离婚,男孩C由A抚养,B每月给付30元抚育费。嗣后,双方为看望孩子发生争议,B称A不是C的亲生父亲,并于1989年11月起诉,要求变更C的抚养关系。诉讼中,A为证实C系自己亲生子,要求做亲子鉴定,B亦同意。经鉴定,排除A为C的生父。据此,B撤回起诉,将C带回由自己抚养。1990年2月,A起诉,要求B返还他在婚姻关系存续期间和离婚后因诈欺而支付的抚育费6000余元。关于谁为C的生父,B曾指出D系C的生父,但D否认,没有确切的证据证明,法庭亦未作进一步调查。

针对这一案件,最高人民法院1992年4月2日〔1991〕民他字第63号《关于夫妻关系存续期间男方受欺骗抚养非亲生子女离婚后可否向女方追索抚育费的复函》指出:"在夫妻关系存续期间,一方与他人通奸生育子女,隐瞒真情,另一方受欺骗而抚养了非亲生子女,其中离婚后给付的抚育费,受欺骗方要求返还的,可酌情返还;至于在夫妻关系存续期间受欺骗方支出的抚育费用应否返还,因涉及的问题比较复杂,尚需进一步研究,就你院请示所述具体案件而言,因双方在离婚时,其共同财产已由男方一人分得,故可不予返还。"

就此,笔者归纳案情,对这种欺诈行为提出定性为欺诈性抚养关系,应当依据侵权法的规则确认损害赔偿请求权是否成立的意见。① 赵玉成在起诉的前案中第一个请求,即确认赵灵与沈翠英和刘汉金为亲子关系,是一个确认之诉;请求沈翠英与刘汉金承担损害赔偿责任,是欺诈性抚养关系,是一个侵权之诉。笔者在下面要进行分析的,是这两个诉的请求权是否成立。

(一)赵玉成享有的是婚生子女否认请求权而不享有非婚生子女认领请求权

赵玉成起诉的前案有两个诉,也就是他在前案中享有两个请求权。第一个请求权,是婚生子女否认请求权。

婚生子女否认,是指夫妻一方或子女对妻所生的子女否认其为夫的亲子的民事法律行为,也就是在婚生子女推定的前提下,否认婚生子女为夫所生,而是由妻与婚外异性结合所生的非婚生子女的行为。② 这种否认一般由丈夫提出,但妻否认其所生子女为其夫的婚生子女的,亦不乏其例。我国《婚姻法》没有规定婚生子女否认制度,但司法实践证明,确认这一制度势在必行。③ 构成婚生子女否认的请求权须具备如下要件:第一,婚生子女否认的权利人必须适格,即夫或者妻。④ 第二,须有婚生子女推定的基础,以婚生子女推定为前提条件。第三,须有否认婚生子女的客观事实,即否认的原因⑤,并且确有证据证明。具备上述条件,应当准许父亲提出婚生子女否认之诉,判决确认推定的婚生子女为非婚生子女,对其不再承担相应的抚养义务。

在本案中,赵玉成并没有提出婚生子女否认请求权,而是提出了确认赵灵是沈翠英和刘汉金的亲生子女。这当然也是一个确认之诉,但这个诉权并不是赵玉成所享有,而是赵灵和沈翠英所享有。很多人认为,包括一审法院的法官也这样认为,在对赵灵做了亲子关系鉴定取得了确定的亲子关系否认的鉴定结论之后,赵灵就已经不是赵玉成的婚生子女了,根本就不用在法律上进行否认。同样,赵玉成在起诉中也没有提起否认之诉,而是提出确认赵灵与沈翠英和刘汉金的亲子关系之诉,同时提出损

---

① 本案案情、司法解释内容及评释意见,参见杨立新:《论婚生子女否认与欺诈性抚养关系》,载《江苏社会科学》1994年第4期。
② 参见杨立新:《亲属法专论》,高等教育出版社2005年版,第170页。
③ 参见孙彬等主编:《婚姻家庭法学》,中国人民公安大学出版社2004年版,第93页。
④ 参见余延满:《亲属法原论》,法律出版社2007年版,第388页。
⑤ 参见余延满:《亲属法原论》,法律出版社2007年版,第387页。

害赔偿之诉。他在诉讼中所依据的逻辑是,既然赵灵不是自己的婚生子女,沈翠英与刘汉金就是她的生身父母。事实上,这个请求权是建立不起来的,理由是:第一,赵玉成并没有提出否认婚生子女之诉,而仅仅根据自己不是赵灵的生父的亲子鉴定结论,就请求确认沈翠英和刘汉金是赵灵的生身父母。但是,沈翠英与赵灵的亲子关系已经是事实,不必确认,而且赵玉成并不享有确认赵灵与刘汉金的亲子关系的请求权,仅仅享有否认婚生子女关系的请求权。第二,婚生子女关系的否认并不是只要事实证明了就可以,而是必须通过法律程序宣告,也就是说,赵玉成必须向法院起诉,通过法定程序,由法院审查案件事实,作出判决,确认赵玉成与赵灵不存在亲子关系。法院没有宣告否认赵玉成与赵灵的亲子关系,仅有事实证据是不够的。

所以,赵玉成并没有行使仅享有的婚生子女否认请求权,因而不应当予以支持;其不享有非婚生子女认领请求权却向法院起诉,法院应当判决予以驳回。

(二)赵玉成对沈翠英的损害赔偿请求权成立,对刘汉金的请求权不成立

笔者曾经提出,在婚姻关系存续期间乃至离婚以后,妻明知其在婚姻关系存续期间所生子女为非婚生子女,而采取欺诈手段称其为婚生子女,使夫承担对该子女的抚养义务的,可称之为欺诈性抚养关系。欺诈性抚养关系,既产生于婚生子女否认之后,也产生于非婚生子女认领之后。婚生子女的否认一经判决确认,否认权人与该子女在否认确定前的抚养关系即属欺诈性抚养关系。非婚生子女经生父认领后,如该非婚生子女与其生母之配偶原有抚养关系者,该抚养关系亦为欺诈性抚养关系。⑥ 笔者认为,对母亲的欺诈性抚养关系的损害赔偿请求权,只要否认了婚生子女关系即可成立;而对生父的欺诈性抚养关系的损害赔偿请求权,则不仅须否认亲子关系,还须经非婚生子女认领确定之后才能成立。

确定本案中赵玉成的损害赔偿请求权是否成立,条件如下:第一,必须否认赵灵是其婚生子女,其行使这个否认的请求权是正当的。第二,必须在法院确定了赵灵是非婚生子女的前提下,才可以起诉沈翠英欺诈性抚养关系的侵权损害赔偿请求权。第三,赵玉成不享有婚生子女认领的请求权,也没有通过法律程序确认刘汉金是赵灵的生父,因此,赵玉成对刘汉金不享有欺诈性抚养的损害赔偿请求权。在本案中,刘汉金是赵灵生父的事实并没有得到确认,既没有确定的事实根据,也没有通过法院宣告,因此,赵玉成请求刘汉金的赔偿请求权就没有法律依据,无法成立。在这种情况下,法院判决赵玉成对沈翠英的损害赔偿请求权成立,对刘汉金的损害赔偿请求权不成立,基本正确,但由于法院并没有宣告赵玉成与赵灵之间的婚生子女否认,因此,也存在法律适用的缺陷,也就是这个损害赔偿责任也缺乏法院判决的法律基础。

(三)法院对前案的判决大体正确但存在法律缺陷

通过上述分析,能够得出的结论是,在前案中,赵玉成提出的请求,既有确认之

---

⑥ 参见杨立新:《论婚生子女否认与欺诈性抚养关系》(本书第1262页),载《江苏社会科学》1994年第4期。

诉,也有侵权之诉。法院终审判决对前案的正确做法应当是,赵玉成依据亲子鉴定的否定性结论,提起婚生子女否认之诉,请求法院判决确认赵灵的非婚生性;在其后,或者同时,赵玉成才可以对沈翠英提出损害赔偿之诉,依据欺诈性抚养关系的成立,确认赵玉成享有损害赔偿请求权,判决沈翠英对赵玉成承担损害赔偿责任。法院对前案的判决,在没有原告请求确认赵成与赵灵不存在亲子关系的婚生子女否认的情况下,就判决沈翠英对赵玉成承担赔偿责任,尽管结论是正确的,但在法律适用和程序上存在较大缺陷。

赵玉成对刘汉金的损害赔偿请求权之所以不成立,是因为没有证明刘汉金是赵灵的生父,只有确认这个事实和法律关系之后,才能够提出损害赔偿问题。赵玉成在本案中提出赵灵是刘汉金的婚生子女,其实他根本就没有这个权利,不能提出这个诉讼请求。对于非婚生子女认领的请求权,只有赵灵和沈翠英才有权起诉。前案的终审判决驳回赵玉成对刘汉金的损害赔偿诉讼请求,是完全正确的。

三、非婚生子女认领与生父推定

赵灵在后案起诉的案由,是非婚生子女强制认领。只有经过刘汉金对赵灵认领为亲生子女之后,才能确认赵灵与刘汉金之间的父女关系。赵灵的这个起诉是完全有道理的,法院判决是应当支持的。后案的终审判决驳回原告的诉讼请求,适用法律的正确性值得怀疑。

(一)非婚生子女认领的基本规则和类型

非婚生子女,也称为婚姻外之出生子,或者非因婚姻关系受胎而生子女⑦,是指没有婚姻关系的男女所生的子女,包括:一是无婚姻关系的妇女所生的子女,例如单亲母亲所生子女;二是已婚妇女所生但是被法院判决否认婚生子女推定的子女;三是已婚妇女所生的不受婚生推定的子女,即超出了婚生子女推定的范围,不能推定为婚生子女的子女。已经宣告无效的婚姻或者已经被撤销的婚姻,双方所生的子女,为婚生子女。⑧

确认非婚生子女的母亲比较简单,通常基于"母卵与子宫一体"原则,采纳"谁分娩谁为母亲"规则,依据生理上的出生分娩事实发生法律上的母子关系。⑨ 非婚生子女与父亲的关系,无法以分娩的事实作出确认,因而确定父亲的身份要比证明母亲的身份复杂得多,困难得多。原因是非婚生子女的父亲身份难以通过推定的方法来确定,通常的方法是自愿认领和强制认领,即司法裁决。我国现在没有规定非婚生子女认领制度,应当补充规定。

---

⑦ 参见史尚宽:《亲属法论》,中国政法大学出版社2000年版,第550页。
⑧ 参见余延满:《亲属法原论》,法律出版社2007年版,第3391—392页。
⑨ 余延满:《亲属法原论》,法律出版社2007年版,第392页。

非婚生子女认领,是指生父对非婚生子女承认为其父而领为自己子女的行为。[10]认领的方法有两种:第一种是任意认领。任意认领也称为自愿认领,是生父的单独行为,无须非婚生子女或母之同意,以父的意思表示为已足。认领的权利归于父享有,其父的家庭其他成员不享有此权利。该权利的性质为形成权,原则上对此权利的行使无任何限制。认领权的行使,可直接行使,亦可经法院判决确认其父子关系的存在。认领应当规定为要式行为。任意认领需要认领人享有认领权。认领权的构成要件,包括以下三项:一是须为非婚生子女的生父本人认领;二是须为非婚生子女被认领;三是须认领人与被认领人间有事实上父子关系的存在。具备以上要件,构成认领权,享有认领权的生父才可以对非婚生子女认领。如果认领系真实的父子关系,无论认领的意思表示瑕疵或因诈欺或胁迫,均不得撤销,如非真实,则准提起无效之诉,主张其认领无效。在认领权人提出认领主张之时,被认领人和其他利害关系人可以主张反对事实,也可以否认认领。认领经否认之后,则应由认领人以请求权确认其父子关系存在之诉,主张其为父并予以证明。[11]

　　第二种是强制认领。强制认领也叫做亲之寻认,是指应被认领人对应认领而不为认领的生父,向法院请求确定生父子关系存在的行为。强制认领的事实,以有与生父有父子关系的事实证据证明为已足。具体事实包括:一是受胎期间生父与生母有同居事实的;二是由生父所作的文书可证明其为生父的;三是生母为生父强奸、奸污、诱奸所生子女的;四是生母因生父滥用权势奸污的[12];五是有其他证据证明认领人与要求认领人为亲子关系的。要求认领人提出认领主张后,被告应举出反证证明认领请求不存在事实上的依据,否则即可确认强制认领。非婚生子女一经认领,即视为婚生子女,产生父亲与子女间的权利义务关系,无论任意认领或强制认领,均与婚生子女相同。经父认领的非婚生子女对于生父之配偶,母之非婚生子女对于生母的配偶,均为姻亲关系,而无父母子女的血亲关系。[13]

　　非婚生子女认领的效力,溯及出生之时。但第三人已得的权利,不因此而受影响。对于胎内的非婚生子女认领的,亦只溯及出生时发生效力,但对死产者不生效力。对于已死亡的非婚生子女为认领的,溯及死者之生前,使其非婚生子女于生存中与认领者已有亲子关系,从而认领者与死亡者的直系卑亲属,亦有直系血亲关系。[14]

　　赵灵行使强制认领的请求权完全符合规则要求,其强制认领的事实是受胎期间刘汉金与自己的生母有同居事实。按照规则,认领人提出认领主张后,被告应举出反证证明认领请求不存在事实上的依据,否则即可确认强制认领。因此,从规则上看,赵灵起诉只要有证据证明刘汉金与沈翠英之间在受胎期间同居的事实,就可以推定

---

[10] 参见史尚宽:《亲属法论》,中国政法大学出版社 2000 年版,第 559 页。
[11] 参见巫昌祯主编:《婚姻家庭法新论》,中国政法大学出版社 2002 年版,第 242—243 页。
[12] 参见史尚宽:《亲属法论》,中国政法大学出版社 2000 年版,第 568—573 页。
[13] 参见巫昌祯主编:《婚姻家庭法新论》,中国政法大学出版社 2002 年版,第 243—244 页。
[14] 参见史尚宽:《亲属法论》,中国政法大学出版社 2000 年版,第 580—581 页。

刘汉金与赵灵之间有血缘关系,而刘汉金否认须举证证明予以否认,否则,法院就应当确认刘汉金是赵灵的生父。

(二)非婚生子女认领的证明

现在的问题是证据问题。赵灵现在起诉所依据的事实,是沈翠英与刘汉金在其受胎期间有同居的事实,有后来的同居照片,以及沈翠英指认受胎期间同居关系的证言。这是推定的基础。

在亲子关系的规则中,有婚生子女推定规则,是判断婚生子女的规则。婚生子女推定,是指子女系生母在婚姻关系存续期间受胎或出生,该子女被法律推定为生母和生母之夫的子女。[15]

进行婚生子女推定的关键所在,就是受胎期间。因此,各国亲属法都规定了受胎期间。[16] 按照一般医学上的规律,胎儿从受胎到分娩,通常不少于181天,最长不多于302天。在其最长期与最短期相差的期间内,如有婚姻关系存在,就推定妻所生的子女为夫所受胎。该期间就是受胎期间。[17] 我国《婚姻法》没有规定过受胎期间,因而对婚生子女推定就没有计算的根据。但是,这是一个各国都确认的规则,是符合客观规律的规则,因此,在我国司法实践中应当采用。我国司法实践应当尊重我国100年来的民法传统,采用从子出生日回溯第181天起至302天止的122天为受胎期间的方法,在此期间妻所生的子女推定其夫为婚生子女的父亲。

借助这个规则,赵灵根据沈翠英与刘汉金在其上述受胎期间内同居的事实,尽管在此期间赵玉成也与沈翠英同居,但是已经能够否认赵灵为赵玉成之女,因而,就有事实推定刘汉金是赵灵的生父。

在案件的审理过程中,如果能够依据事实进行这个推定的,就可以认为赵灵的举证责任已经完成,举证责任转换,由刘汉金举证证明赵灵不是自己的亲生女。在本案中,法官没有说明举证责任转换,但赵灵提出要求责令刘汉金提供基因样本进行亲子鉴定。赵灵提出这样的要求并不过分,法院应当采纳这样的请求,要求刘汉金提供样本进行亲子鉴定。刘汉金拒绝提供证据否认推定,也拒绝提供样本进行亲子鉴定,刘汉金就要承担对自己不利的诉讼后果,赵灵提出要求认定的亲子关系的事实就能够得到确认,其提出的非婚生子女认领的请求权成立,法院应当判决确认刘汉金是赵灵的亲生父亲,强制实行非婚生子女认领,确认其承担法律责任。在我国台湾地区,过去的实务看法是,法院不得径以被告拒绝提出受勘验之物(如拒绝抽血),即认为原告之主张为正当,但最近则有变动,2002年台上字第2366号判决在请求生父认领之诉中,法院不能依当事人声明之证据而得心证,为发现真实认为必要时,得依职权调查证据,虽不能因一方当事人之不配合检验,而使他方当事人受不利之判决,法院得以

---

[15] 参见史尚宽:《亲属法论》,中国政法大学出版社2000年版,第542页。
[16] 参见巫昌祯主编:《婚姻家庭法新论》,中国政法大学出版社2002年版,第235—236页。
[17] 参见史尚宽:《亲属法论》,中国政法大学出版社2000年版,第538页。

裁定命生父提出该应受勘验之标的物，无理由不从提出之命者，法院得审酌情形认为他造关于该勘验标的物的印证之事实为真实，即受诉法院得以此对该阻挠勘验之当事人课以不利益。⑱ 这个意见足以借鉴。

这样认识这个问题，对认定赵灵诉讼请求所确认的事实，还有疑问吗？没有！正因为如此，法院的对后案判决驳回赵灵诉讼请求是错误的。

应当特别注意的是，在婚生子女的法律关系中，婚生子女否认和非婚生子女认领是两个案件，并不是一个案件，而欺诈性抚养关系的侵权损害赔偿之诉则又是一个案件。这些都不是一个诉。现在的案件之所以处理得不尽如人意，就是把这样的问题混淆在一起了，造成现在的结果。前后两个案件的判决都有问题。

(三) 有关非婚生子女认领的证据问题的不同看法

在审理这两个案件中，有些人提出的关于证据和证明规则的一些看法并不正确。对以下几种不同的看法，笔者提出自己的意见。

(1) 有人认为，自认不适用人身关系争议的案件。对此，笔者有不同看法。自认是证据中具有百分之百证明力的证据。当事人对事实的自认，就免除负有举证责任的当事人的证明责任。在人身关系的争议案件中同样如此。例如，如果刘汉金承认自己是赵灵的亲生父亲，他自己自认，当然就可以了，赵灵就不必再证明这个事实了。如果刘汉金自认赵灵是自己的亲生女，难道法院还要强制要求赵灵提供证据证明刘汉金是其父的事实吗？据此而论，自认怎么不能适用人身关系呢？在后案中，有人认为沈翠英提供的与刘汉金同居的证言是自认。这个认识是有错误的。赵灵起诉非婚生子女认领，提供照片和沈翠英的证言，完全是原告一方提供的证据，怎么会成为自认呢？只有刘汉金主张自己与沈翠英同居，沈翠英认可，才是自认。

(2) 有人认为，最高人民法院《关于民事诉讼证据的若干规定》第75条适用的前提是有证据证明一方当事人持有证据无正当理由拒不提供，而赵灵要让法官形成内心确信其与刘汉金有亲子关系才适用推定，仅有当事人的陈述不能证明对方持有证据不能推定，否则亲子鉴定的适用范围会扩大。有人认为，在实践中，事实推定是可以做的，但举证到何种程度可以推定不好掌握：有的认为应该从宽，只要一方指认就能推定，有的认为要形成证据链，能基本锁定事实又不能直接证明的前提下才能适用推定。在这个问题上，必须弄清推定的是什么。赵灵要证明的事实是刘汉金在其母的受胎期间与自己的生母同居，只要能够证明这个事实，就可以建立推定的事实基础，即推定刘汉金是赵灵生父的可能性。也就是说，如果能够证明沈翠英与刘汉金同居时间，是发生在从赵灵出生日起回溯到第181天起至302天止的这122天之间，就可以推定刘汉金是赵灵的生父。这是事实推定，而非程序推定，没有什么从宽从严的问题。在这个推定的基础上，刘汉金就必须证明自己不是赵灵生父的事实，否则就可

---

⑱ 参见邓学仁：《亲子关系之确定》，载《月旦民商法研究·新时代新家事法》，清华大学出版社2006年版，第14页。

以认定这个事实,并且进行非婚生子女认领。[19] 应当明确的是,凡是推定之前的证明标准,都是存在这种事实的可能性或者较大的可能性,即日本德本镇教授所说的相当程度的盖然性[20],并非要形成证据链,能基本锁定事实。已经形成证据链,还要推定干什么呢?

(3)有人认为,从可以推定的证据基础看,人的身份关系不能在没有科学依据的情况下随便推定,确认亲子关系,要有推断的基础事实及其与推定事实之间存在逻辑关系的证据,才可适用推定。在其他证据都不能证明的情况下,只有生母的指证能否要求刘汉金做亲子鉴定,不做的话就适用推定吗?笔者认为,这也就是判决出现法律适用缺陷的症结所在,也是一个错误认识。有一个普遍的客观事实是,全世界几乎所有的父亲都是推定的,都不是经过证明的。推定的基础就是,在子女出生之前的母亲受胎期间,该男人与自己的生母之间有婚姻关系,即为父的推定。[21] 例如,《法国民法典》第二章"婚生子女"第一节规定的就是"父子(女)关系的推定",其中第3112条规定:"夫妻婚姻期间受孕的子女,夫为其父。""但是,夫如能提出足以证明其不能为其子、女的事实,得在法院否认该子、女。"所以,父的推定是法律推定,并不用证明。只有在对这个推定发生怀疑的时候,才会引起事实的争议,需要提供证据证明。所以说,人的身份关系不能在没有科学依据的情况下随便推定这个前提就是不正确的。问题只是这样的规则,各国法律都予以规定,唯独我国的婚姻法不规定而已。

(4)有人认为,应从妇女儿童权益保护法出发,注意特殊法优先适用的原则,切实保护妇女、儿童的合法权益,有利于防止矛盾激化出发,区别情况,慎重对待。从社会价值取向看,亲生父母子女关系是基于血缘而形成的身份关系,在没有科学依据的情况下强行推定,可能会带来对小孩成长不利,对社会秩序的稳定带来不利的严重后果。笔者认为,这个说法的前提是对的,就是要注意保护妇女儿童的合法权益,但作出的结论是不正确的。恰恰相反,为了保护妇女、儿童的合法权益,必须建立有效的父的推定制度。反之,倒是不利于保护孩子的成长。

四、法院受理赵灵起诉的案件是否违背了"一事不再理"原则

引起这两个案件适用法律错误的另一个重要问题,是"一事不再理"原则的适用。认为这两个案件并不违反"一事不再理"原则的意见认为,这两个案件分别是两个诉讼的诉讼主体,案由也不同,因此,并不违背这个原则。主张后案违背"一事不再理"原则

---

[19] 参见邓学仁:《亲子关系之确定》,载《月旦民商法研究·新时代新家事法》,清华大学出版社2006年版,第14页。

[20] 参见〔日〕德本镇:《企业的不法行为责任之研究》,一粒社1974年版,第130页。转引自夏芸:《医疗损害赔偿法》,法律出版社2007年版,第181页。

[21] 参见孙彬等主编:《婚姻家庭法学》,中国人民公安大学出版社2004年版,第91页。

的理由,是两个案件的基础事实证据相同,要解决的基本问题相同,前案已经审理终结。

"一事不再理"原则是民事诉讼的基本规则,其含义是一件诉讼争议经过一次诉讼法院作出判决后,不得再进行新的诉讼,亦即对判决已经发生法律效力的案件,不得再行起诉和受理。它的目的在于避免法院对一个同样的案件作出两个相互冲突的矛盾判决,以维护司法权威,维护法制的统一。[22] 民事诉讼必须遵守这个规则。该原则有两个方面的效力:第一,一个民事争议案件,一个法院不能作出两个相冲突的判决,不能已经审理了一次,同一个法院再对它另行审理一次,再作出一个判决。第二,一个民事争议案件,不能经过了一个法院审理之后,再向另外一个法院起诉,再作一次判决。

通过前面对婚生子女否认与非婚生子女认定两个问题的分析,已经清楚地看到,在这样一个基本事实的基础上,发生三个不同的请求权:第一,赵玉成所享有的婚生子女否认请求权,他可以向法院请求否认他与赵灵之间的亲子关系;第二,赵灵和沈翠英产生对刘汉金的非婚生子女认领请求权,向法院起诉请求确认赵灵与刘汉金之间的亲子关系;第三,赵玉成基于欺诈性抚养关系,已经产生了对沈翠英的损害赔偿请求权,可以主张由沈翠英承担赔偿责任,但如果主张刘汉金也承担损害赔偿责任,须有证明非婚生子女认领的有效判决,否则并不发生这个请求权,因为这种主张的基础是共同侵权,即沈翠英与刘汉金须为共同侵权,才可以同时主张二人承担连带责任。

在诉讼中,赵玉成起诉的第一件案件,其行使的应当是第一个请求权和第三个请求权,这是诉的合并。但赵玉成实际行使的是第二个请求权,因此,法院驳回其主张是正确的;第三个请求权中,关于对沈翠英的请求权已经成立,法院判决支持其诉讼请求,驳回对刘汉金的诉讼请求,是正确的,存在的缺陷是没有进行婚生子女否认的宣告。而赵灵起诉的第二个案件,行使的是第二个请求权,即婚生子女认领请求权。这个请求是否成立,是事实问题,在程序上则完全没有问题,怎么会有"一事不再理"的原则适用问题呢?尽管这些不同的法律关系都产生于一个事实,但它们是两个案件,甚至是三个案件,都不存在"一事不再理"的问题。

在前面这些问题弄清楚之后,本案是不是违反"一事不再理"的诉讼原则,就完全清楚了。问题在于长期以来,我国婚姻家庭法不规定婚生子女与非婚生子女的具体制度,就造成了本案无法准确适用法律的后果,以至于法官对此完全不了解,也无法掌握其诉讼规则。这个教训是深刻的。

五、民法没有明文规定的问题应当依据法律适用的一般规则适用法律

在这两个案件中,争议的是身份权的问题,是解决亲属关系的争议。人身权是民事权利中的主要权利,身份权是其中的一种,与人格权一起构成人身权。人格权保护

---

[22] 参见周岩:《论民事诉讼中"一事不再理"原则的适用范围》,载中国民商法律网,2009年7月8日访问。

的是人之所以为人的资格的权利,身份权是保护人与人之间的亲属地位和权利义务关系的权利。长期以来,我国民法忽视身份权,不规定身份权,甚至否认身份权,造成了我国亲属制度和身份权制度的不健全、不完善。在立法上,我国把亲属法仅仅叫做《婚姻法》,把婚姻关系作为亲属关系的主要部分规定,对其他亲属关系予以忽视甚至否定,很多亲属法律制度都没有规定,使我国以《婚姻法》命名的亲属法制度残缺不全,不能适应现实的社会生活实际需要。这些制度是必须建立起来的[23],否则,像本文讨论的两个案件的身份关系争议,就无法进行法律调整。这是立法上的问题。

现在要说的是司法问题。笔者的看法是,在本案中的法律适用中,法官认为法律对此没有作出明确规定,因此,就必须类推适合相似的制度,因此,就提出了类推适用其他制度的看法。笔者认为,在本案中的法律适用并不是类推适用,而是对法律疏漏的法律适用问题。

首先应当明确的是,我国《婚姻法》对上述亲属制度确实有疏漏,但民法存在疏漏的补救办法是存在的。这就是,民法再健全、再完善,也有其无法概括的社会生活问题,因为民事生活的复杂性和丰富性,任何法律都无法全部规范完整。即使像《阿根廷民法典》有4051个条文的民法典,也不可能涵括全部的社会生活,也会存在疏漏。因此,《阿根廷民法典》第15条规定:"法官不得借口法律未作规定、不明确或不完备而拒绝裁判。"第17条规定:"习俗和惯例,尽在被法律参照时,或在没有法律进行规范的情形下,始可适法。"这都是法律预先设置的民事立法不足的补救方法。在1930年制定的《中华民国民法》,则在第1条就规定了这样的法律适用方法:"民事,法律所未规定者,依习惯;无习惯者,依法理。"

我国从1949年以来,民法始终不健全。同样,法律也从来没有确认过"有法律依法律,无法律依习惯,无习惯依法理"的法律适用原则。在《物权法》第85条关于相邻关系的法律适用中,第一次规定了"可以依照当地习惯"的法律适用规则。其实,"有法律依法律,无法律依习惯,无习惯依法理"的法律适用原则是必须遵守的民事法律适用原则,是毋庸置疑的。这是针对民法所调整的社会生活广泛性以及民法规范的局限性所确定的法律适用原则。在我国这样的规则应当同样适用。

我国《婚姻法》对婚生子女否认和非婚生子女认领没有规定,既无法律规定,也无习惯,就应当"依法理"。在前边笔者讲的那些规则都是法理,都可以依循。依照这样的法理,就能够解决这样的争议,妥善处理纠纷。在积累了一定的经验,并且到了修改法律的时候,一定要将这样的规则写进法律,以避免现在存在的问题。

---

[23] 参见叶英萍:《婚姻法学新探》,法律出版社2004年版,第255页。

论婚生子女否认与欺诈性抚养关系[*]

一、据以研究的案例和司法解释

在夫妻关系存续期间,男方因受欺诈,而抚养女方与他人通奸所生的非婚生子女,在离婚后能否向女方追索已付出的抚育费?这个问题,目前在民法学界和婚姻法学界较少有人涉及。对于这样的问题应当怎样认识,在法律上应当如何处理,有必要在理论上和实务上进行深入的研究、探讨。

这一问题是根据四川省的一个案件提出的。原告 A 与被告 B 于 1982 年结婚,1985 年 7 月 B 生育一男孩 C,由双方共同抚养。1989 年 7 月,A 发现 B 与他人有婚外性行为,遂经 A、B 双方协商,去民政机关协议离婚,男孩 C 由 A 抚养,B 每月给付 30 元抚育费。嗣后,双方为看望孩子发生争议,B 称 A 不是 C 的亲生父亲,并于 1989 年 11 月起诉,要求变更 C 的抚养关系。诉讼中,A 为证实 C 系自己亲生子,要求做亲子鉴定,B 亦同意。经鉴定,排除了 A 为 C 的生父。据此,B 撤回起诉,将 C 带回由自己抚养。1990 年 2 月,A 起诉,要求 B 返还他在婚姻关系存续期间和离婚后因诈欺而支付的抚育费 6000 余元。关于谁为 C 的生父,B 曾指出 D 系 C 的生父,但 D 不承认,没有确切证据证明,法庭未作进一步调查。

针对这一案件,最高人民法院 1992 年 4 月 2 日(1991)民他字第 63 号《关于夫妻关系存续期间男方受欺骗抚养非亲生子女离婚后可否向女方追索抚育费的复函》指出:"在夫妻关系存续期间,一方与他人通奸生育子女,隐瞒真情,另一方受欺骗而抚养了非亲生子女,其中离婚后给付的抚育费,受欺骗方要求返还的,可酌情返还;至于在夫妻关系存续期间受欺骗方支出的抚育费用应否返还,因涉及的问题比较复杂,尚需进一步研究,就你院请示所述具体案件而言,因双方在离婚时,其共同财产已由男方一人分得,故可不予返还。"

上述案例和司法解释,涉及婚生子女的否认、非婚生子女的认领和欺诈性抚养关系三个问题,兹阐述如下。

---

[*] 本文发表在《江苏社会科学》1994 年第 4 期。

二、关于婚生子女的否认

对婚生子女的否认,是指夫妻一方或子女对妻所生子女否认其为夫之亲子的民事法律行为,即否认婚生子女为丈夫所生,而是由妻与他人通奸等性关系所生的非婚生子女的行为。通常,这种否认由丈夫提出,但妻否认其子女为其丈夫所生者,亦不乏其例,前述案例中的妻 B 否认 C 为 A 所生,即为一例。有的法律也承认子女有此否认权。

在罗马法时期,就将子女区分为婚生子(iusti)和私生子(vulgo oncepti)。如果子女在结婚第 7 个月以后或更确切地说在结婚第 182 天以后并且自婚姻解除之日起 10 个月以前出生,则被推定为婚生子女,否则,如果丈夫否认是其后代,就必须证明这种亲子关系。① 这是婚生子女否认制度的前身。

自现代以来,各国和地区民法普遍设立该制度。

《法国民法典》第 311 条规定:"法律推定,子女系在其出生之日前 300 日至 180 日止的期间怀孕者……根据子女利益所要求,受孕被推定在此期间任何一个时候发生……反对此类推定的相反证据可予受理。"该条的第 3 款所称,就是婚生子女的否认制度。从该条文内容分析,显系受罗马法的前述规定影响。

《德国民法典》第 1593 条规定:"在婚姻期间,或在婚姻解除后或婚姻宣告为无效后 302 日内出生子女,仅在已经否认此子女为婚生,并于法有效确认为非婚生者,始得主张其为非婚生。"在此条之下,该法详细规定了婚生子女否认制度的具体内容。

《瑞士民法典》第 256 条规定否认父权推定之诉,可由夫或子女提出;夫对子女及其母有诉权,子女对其母及夫有诉权;但夫同意第三人使其妻怀孕的,不享有否认婚生子女的诉权。

《日本民法典》第 774 条规定:"对于子女婚生性的推定。夫可以否认子女为婚生。"

我国台湾地区现行"民法"第 1063 条规定:"妻之受胎,系在婚姻关系存续中者,推定其所生子女为婚生子女。前项推定,如夫妻之一方能证明妻非自夫受胎者,得提起否认之诉。但应于知悉子女出生之日起,一年内为之。"

我国《婚姻法》尚未确认婚生子女否认制度,因而前述案例 B 只能以变更子女抚养关系为由起诉,并以撤诉结束,双方确认为非婚生子,再无争议,并非人民法院依法定程序判决确认之。这说明,确认这一制度势在必行。

1. 关于婚生子女否认制度的性质

对此,主要有两种学说。一种认为是确认之诉,一种认为是形成权。②

---

① 参见[意]彼德罗·彭梵得:《罗马法教科书》,黄风译,中国政法大学出版社 2002 年版,第 156 页。
② 参见史尚宽:《亲属法论》,台北荣泰印书馆 1980 年版,第 490 页。

笔者认为，此制为民法上的制度，即实体上的制度，兼有确认之诉和形成权两种性质。从民法保护方法上看，此既非给付之诉，亦非变更之诉；而为确认身份关系之有无，因而为确认之诉。从该权利的性质上看，既非请求权，又非支配权，而是因一定的事实而形成某种身份关系，是形成权无异。依其性质，当否认婚生子女的权利人起诉并胜诉前，其他人不得主张该子女非为夫之子女，其生父亦不得认领。当判决确认非为夫之亲子时，该子女即为非婚生子女。

2. 婚生子女否认权的构成

否认婚生子女必须具备如下要件：

(1) 否认婚生子女确认之诉的权利人必须适格。该权利人适格，各国和地区规定不同。日本规定为夫一人，瑞士规定为夫或子女（德国同此），法国没有限制，我国台湾地区规定夫妻之一方。一般来说，该种权利人主要为夫，但妻亦应享有这种权利。对子女是否应享有此权利，有瑞、德的立法例作依据，在现实中也确有确认的必要。因此，权利人适格，应当包括夫、妻、子女中的任何一方。只要是现存夫妻子女关系的主体，均为否认婚生子女确认之诉的权利主体，可以提起这种诉讼。相应之下，当上述三方当事人一方起诉时，其他两方应为共同被告：如由夫起诉者，以妻及子女为共同被告；由妻起诉者，以夫及子女为共同被告；如果妻或夫死亡者，以子女为被告。③至于子女起诉者，当以夫为被告，不需将妻列为共同被告。

(2) 须有婚生子女的推定。关于婚生子女的推定，各国民法都没有明文规定，如前所述，盖源于古罗马法的规定。前述《法国民法典》第 311 条第 1、2 两款的规定，最为明确简洁。《日本民法典》第 772 条规定："（一）妻于婚姻中怀胎的子女，推定为夫的子女。（二）自婚姻成立之日起 200 日后或自婚姻解除或撤销之日起 300 日以内所生子女，推定为于婚姻中怀胎的子女。"

对于婚生子女的推定，我国《婚姻法》没有规定，是立法缺陷。但实践中，这样推定是存在的。例如，在婚姻关系存续期间妻受胎，如无反证，不会有人否认妻所生之子女的婚生子地位。生活中关于"七活八不活"④的俗语，也可印证事实上的推定习惯。

适用推定的期间，各国规定不同。可以肯定的是，婚姻关系存续期间受孕者，一律推定为婚生子女；婚姻成立后或离婚后的适用推定期间，不妨从其宽者，如台湾地区民法规定婚姻成立后 180 日或离婚后 303 日，较为可采。非在婚姻关系中出生的子女，不能推定为婚生子女，非自婚姻成立后 180 日或婚姻关系解除后 303 日出生的子女，也不能推定为婚生子女，均不构成否认婚生子女的要件。

(3) 须有否认婚生子女的客观事实。关于此要件，《德国民法典》规定为"于法有效的确认为婚生"，《法国民法典》规定为"反对此类推定的相反证据"，台湾地区"民

---

③ 参见台湾地区"民事诉讼法"第 589 条之 1。
④ 民间认为怀胎 7 个月出生者即可成活，怀胎 8 个月出生不一定全活。

法"规定为"证明妻非自夫受胎"。我国现行《婚姻法》对此没有规定,但实务上确有证据证明子女为非婚生者,可以否定其婚生子女的地位。

否认婚生子女的客观事实包括:一是性交不能,包括外在的不能和内在的心理不能,前者如空间阻隔,一方出差远离另一方相当的期间,后者如夫妻反目分居。二是与受胎无因果关系,如夫无生殖能力等。三是子女外在特征非与种族相同或相似,如皮肤颜色、子女与妻之情人特征相似等。四是亲子鉴定否认为婚生子女。此点为最重要、最有说服力的反对推定的证据,在实务中广泛采用。在目前的科技条件下,已经能够作出否定或肯定亲子的鉴定。上述四项客观事实,必须有充分的证据确实证明者,方可推翻婚生子女的推定。

具备以上三个要件,构成婚生子女的否定权。

3. 否认婚生子女诉权的消灭

各国规定否认婚生子女诉权的消灭原因如下:

(1)按时效消灭,规定此诉权在一定期间为之。德国规定父母仅得在1年期限内否认婚生,子女成年后的否认,应在成年后的两年内提出。

《瑞士民法典》第256-3条对该诉讼时效规定得最为完善:"①夫在知悉生育及知悉本人并非子(女)之父或第三人在妻受胎期间与其同居的事实之后,得在1年的期限内起诉。超过出生后的5年,诉权自行失效。②子女最迟得在其成年后的一年内起诉。③超过上述期限,须因重要原因得到谅解后,始得起诉。"这一规定,与其他关于"应于知悉子女出生之日起,一年内为之"⑤的规定相比,更为合理、可行。

如前述案例,A无从知其子C为非婚生,如B不告之,仅适用1年的时效,不够合理。在修订《婚姻法》制定该诉讼时效时,应借鉴《瑞士民法典》第256-3条的规定。

(2)子女已死亡,为该婚生子女否认权消灭的原因。此点,各国立法不同。有人认为子女死亡时不绝对消灭否认权,但以子女死亡时有直系卑亲属时为限,以其母为相对人,无母时以检察官为相对人⑥;有人认为子女死亡时,夫不得再提起否认之诉,起诉后子女死亡时,视为诉讼终结。⑦

尽管立法规定有上述不同,子女死亡为否认权的消灭原因,自无疑义,只是有绝对消灭原因和相对消灭原因的不同而已。从保护子女利益考虑,采绝对消灭原因为好,但若子女死亡时有直系卑亲属,如不准否认,尚涉及父与非婚生子女的抚养、继承关系。综合评价,采上述相对消灭原因的立法例更为合理。

(3)夫同意承认出生子女为婚生的,原有很多国家承认为否认权消灭的原因,但逐渐删除。《日本民法典》第776条仍规定:"夫于子女出生后承认其为婚生时,即丧失其否认权。"对此,笔者认为不应采取日本的做法,仍应承认其否认权,以时效制度

---

⑤ 台湾地区现行"民法"第1063条第2款后段。
⑥ 参见《韩国民法典》第849条。
⑦ 参见台湾地区现行"民事诉讼法"第592、576条。

限制之为好。

应当注意的是,《瑞士民法典》第 256 条第 3 款规定:"夫同意第三人使其妻怀孕的,无诉权。"这种事实不是否认权消灭的原因,而是自始即不赋予其否认权。这种情况民间确有存在,应借鉴上述立法例为对策,制定相应的法律条文。

前述案例关于婚生子否认问题,C 为 A、B 婚后 3 年内出生,应当推定为婚生子。但 B 确知 C 为其与他人通奸而受胎,直至离婚后始提出证据,否认 A 为 C 的生父。可见,母作为否认权的主体,亦有必要性。当 A 反对 B 的否认主张而进行亲子鉴定后,确认 A 非为 C 的生父,至此,B 的婚生子女否认权即告构成。在此情况下,A、B 双方确认此事实,且以撤回抚养关系之诉的方式,终结 A 与 C 的父子关系。

就案件而论,可以认为已经解决,但以此引发思考:我国立法缺少婚生子女否认制度,是不完备的。这种处理方法,既没有法律根据,又缺少具体规定,完全凭当事人自己决断,司法机关显得无能为力,显系不妥。

三、关于非婚生子女的认领

非婚生子女制度,是婚姻家庭制度中的一项重要制度,非婚生子女的认领是其中的一个具体制度,与非婚生子女的准正制度一并构成非婚生子女制度。

非婚生子女的认领,是指父对于非婚生子女承认为其父而领为自己子女之行为。[8]

罗马法即规定了这种认领制度,允许对姘妇所生子女或专用语意义上的"亲生子"实行认领,是罗马法后期的制度,这种认领包括三种形式:第一,因随后结婚认领,类似于今天的非婚生子女准正;第二,为库里亚社稷认领;第三,凭君王批复认领。其中第二种同今天一样只限于家庭,不扩大适用于父亲家庭;第三种适用于不存在婚生子而且与姘妇不可能结婚的情况。[9]

现代各国民事立法均规定此制。《法国民法典》第 329 条至第 333-6 条对此作了详细规定。《德国民法典》第 1600a 条以下,《瑞士民法典》第 260 条以下,《日本民法典》第 779 条以下,规定了非婚生子女的认领。

非婚生子女认领制度的基本内容是:

(一)任意认领

任意认领为父之单独行为,无须非婚生子女或母之同意,以父的意思表示为是。认领的权利归于父享有,其父之家庭其他成员不享有此权利。该权利的性质,为形成权,原则上对此权利的行使无任何限制。认领权可直接行使,亦可经人民法院判决确

---

[8] 参见史尚宽:《亲属法论》,台北荣泰印书馆 1980 年版,第 500 页。
[9] 参见〔意〕彼德罗·彭梵得:《罗马法教科书》,黄风译,中国政法大学出版社 1992 年版,第 156—157 页。

认其父子关系的存在。关于认领行为是否为要式行为,一般认为其为要式行为,如瑞士、法国民法规定,应以公证书为之,日本民法则依户籍法所定,以申报为之。台湾地区现行"民法"认其为不要式行为。在我国,认领应以规定为要式行为为好。

认领权的构成要件,包括以下三项:

(1)须为非婚生子女之生父本人认领。不具有生父身份者,不得认领。其认领,亦须生父本人认领,其法定代理人不得为之。生父认领非婚生子女,须在其生存期间为之,生父死亡后,他人不得认领。认领权归于生父,非婚生子女或其母可请求认领,但最终认领应由生父同意或经人民法院裁判。

(2)须为非婚生子女被认领。婚生子女及已经自己认领之非婚生子女,不得再为认领。已经他人认领者,非经判决确认其父子关系不存在,也不得认领。他人被推定为婚生子女,非经否认之诉经人民法院判决后,不得为认领。⑩ 对胎儿、已死亡之非婚生子女、乱伦子女,是否可以认领,各国规定不同,均有肯定说和否定说的主张。以保护非婚生子女的合法权益考虑,对上述被认领之人,均采肯定说,认定其可以被认领为宜。

(3)须认领人与被认领人间有事实上父子关系之存在。无父子关系,不得为认领行为。该父子关系,应为客观上能够证明属实的事实,仅有认领人与非婚生子女之母同居的事实并不能作为足证。经认领人及被认领人之母共同确认,或经亲子鉴定属实,均可认此父子关系。生理特征、种族特征,对于确认父子关系有重要作用,但须配以其他证据证明属实者,方可认之。虽有以上事实证明,但对已受他人婚生子女之推定者,非经婚生子女否认之诉的判决确定,认领人不得认领。

只有具备以上要件,方得由生父对非婚生子女认领。下述认领行为无效:第一,无民事行为能力之人的认领;第二,与事实不符的认领;第三,对婚生子女或受婚生子女推定的子女的认领;第四,依遗嘱的认领,未具遗嘱方式而无效。上述这些认领,由于缺少构成要件,均为无效之认领,不发生认领的效力,亦不得判决确认认领。

非婚生子女认领后可否否认,有三种主张:

(1)主张不得撤销,认为不得任意撤回认领的意思表示,如果认领的意思表示有瑕疵,应当通过子女或生母依据反对事实否认认领,而非撤销。

(2)主张认领纵反于事实,认领人亦不得撤销,更不得提起无效之诉,唯因被诈欺或胁迫而为之者,以民事行为无效而撤销。

(3)认为父子关系存在,其认领虽基于此外之错误或由于被诈欺或胁迫,其认领为不可动摇,于此意义不得撤销。如系真实的父子关系,无论认领的意思表示瑕疵或因诈欺或胁迫,均不得撤销,如非真实,则准提起无效之诉,主张其认领无效。⑪

笔者认为可以采用第三种主张。认领权人在认领主张之时,被认领人和其他利

---

⑩ 参见史尚宽:《亲属法论》,台北荣泰印书馆1980年版,第502页。
⑪ 参见史尚宽:《亲属法论》,台北荣泰印书馆1980年版,第505—506页。

害关系人可以主张反对事实,否认认领,这是另一种认领否认。此否认权属形成权,应向认领人行使,并无须举证。认领经否认之后,则应由认领人以请求权确认其父子关系存在之诉,主张其为父并证明之。

(二)强制认领

强制认领也叫做亲之寻认,是指应被认领人对应认领而不为认领之生父,向人民法院请求确认生父关系之存在的行为。[12] 任意认领,取决于认领权人的主观意思;强制认领,则以父子血统关系为基础,由国家予以认定。强制认领适用于生父逃避认领责任,而母及子女要求认领的场合,国家干预之,体现了国家的强制力。

强制认领的事实,以有与生父有父子关系之事实证据证明为已足。具体事实包括:第一,受胎期间生父与生母有同居事实的;第二,由生父所作之文书可证明其为生父的;第三,生母为生父强奸、奸污、诱奸所生子女的;第四,生母因生父滥用权势奸污的;第五,有其他证据证明认领人与要求认领人为亲子关系的。

要求认领人提出认领主张后,被告应举出反证证明认领请求不存在事实上的依据,否则即可确认强制认领。

各国立法在强制认领制度中,均规定不贞抗辩。如果生母在受胎期间内曾与他人通奸或为放荡生活的,则不得适用强制认领。不贞抗辩包括多数情交之抗辩,即依生母受胎期间与他人通奸,也包括放荡生活之抗辩,即生母受胎期间为放荡生活。请求认领之诉的被告除已证明不可能为请求认领之子女之父者外,容许其以上述两种抗辩理由抗辩认领之请求。不过在现今社会科技发展状况,已可为否定或肯定的科学鉴定,此种不贞抗辩更有依据。被告只要提供自己非为请求认领之子女的生父,即可否认强制认领的适用。

(三)认领的效力

非婚生子女一经认领,即视为婚生子女,产生父亲与子女间的权利义务关系,无论任意认领或强制认领,均与婚生子女相同。经父认领的非婚生子女,对于生父之配偶,母之非婚生子女对于生母的配偶,均为姻亲关系,而无父母子女的血亲关系。

非婚生子女认领的效力,溯及出生之时。但第三人已得之权利,不因此而受影响。对于胎内的非婚生子女认领的,亦只溯及出生时发生效力,但对死产者不生效力。对于已死亡的非婚生子女为认领的,溯及死者之生前,使其非婚生子女于生存中与认领者已有亲子关系,从而认领者与死亡者的直系卑亲属亦有直系血亲关系。

基于上述认领的基本原理,分析前述案例。在诉讼中,B 曾认 D 为 C 之生父,但 D 否认之。经初步调查,D 否认认领的证据是未与 B 发生性关系,而 B 亦未举出其与 D 同居的证据。嗣后,B 未再进一步主张,承审人民法院亦因立法无明文规定而未作进一步调查。

---

[12] 参见史尚宽:《亲属法论》,台北荣泰印书馆 1980 年版,第 511 页。

我国《婚姻法》未就非婚生子女的认领问题作出规定,实为一重要缺陷。立法者以为,规定"非婚生子女的生父,应负担子女必要的生活费和教育费的一部或全部,直至子女能独立生活为止"[13],就可以保护非婚生子女的合法权益,但由于没有规定认领制度尤其没有规定强制认领制度,对于推诿责任的生父,则没有必要的法律强制。

如前例,如D确为生父而不认领之,C只能由B自己抚育,对非婚生子女之不利情形,可以想见。故此,建立非婚生子女保护制度,包括建立非婚生子女的认领制度,势在必行。

四、关于欺诈性抚养关系

在婚姻关系存续期间乃至离婚以后,妻明知其在婚姻关系存续期间所生子女为非婚生子女,而采取欺诈手段,称其为婚生子女,使夫承担对该子女的抚养义务的,可称之为欺诈性抚养关系。由于我国没有建立婚生子女的否认制度和非婚生子女的认领制度,对这种欺诈性抚养关系应如何处理,均无法律依据。

欺诈性抚养关系,既产生于婚生子女否认之后,也产生于非婚生子女认领之后。婚生子女的否认一经判决确认,否认权人与该子女在否认确定前的抚养关系即属欺诈性抚养关系。非婚生子女经生父认领后,如该非婚生子女与其生母之配偶原有父子抚养关系者,该抚养关系亦为欺诈性抚养关系。

对于欺诈性抚养关系的原抚养义务人可否就被欺诈支付的抚养费请求返还,各国立法有不同规定。

(一)以不当得利请求之

对非经生父抚养而经认领者,如由生父或生母以外之人抚养,有的国家认作不当得利,得请求返还抚养费。在日本旧法,依其判例生母就过去已支出之抚养,得对生父以不当得利而请求返还。现行日本民法解释为:"关于抚养费之负担,如有协议时,依其协议,否则依父母之资力及其他情事分担,已支出部分,得为求偿。"瑞士民法解释认为,抚养义务自子女出生之时开始,应由生父母双方按其能力为相当之负担。在德国,对于一般的亲属抚养,对于过去的抚养费,不认为有请求权;但对于非婚生子女的生父,对于过去的抚养费,有请求权。生父的抚养义务先于生母和其他亲属,如生母或其他有抚养义务的亲属对于子女给予抚养时,于其范围对生父之子女抚养请求权,移转于生母或其亲属,但此转移不得有害于子女之利益而为主张。

(二)以无因管理请求之

台湾地区"民法"认为,认领的效力既然溯及子女出生时发生效力,则生父母亦应溯及子女出生之时,按其经济能力,共同负担抚养义务。如生母或其他有抚养义务之

---

[13] 我国《婚姻法》第19条第2款。

人已为抚养者,得对应负担抚养义务之人,就其应负担部分为求偿,但养父母除外。无抚养义务之人已为抚养者,适用无因管理之规定。⑭

上述立法例,不单规定欺诈性抚养关系的返还抚养费请求,也规定了已尽抚养义务的生母和其他亲属对生父的返还抚养费请求。尽管各国立法在规定上有上述不同,但对欺诈性抚养关系的不应负抚养义务之人的返还请求权,均予以承认。至于采不当得利说,还是采无因管理说,各有道理。

对这个问题,国内目前尚未在学说上展开争论。在实务上,有肯定说、否定说两种不同意见。在肯定说中,亦有几种不同的理论主张。

1. 否定说

认为在夫妻共同生活期间女方隐瞒真情与他人通奸所生子女,男方虽无法定抚养义务,但由于婚姻关系存续期间,夫妻双方财产为共同共有,不存在债权债务关系,且双方是用共同财产抚养该子女,其各自支出的抚养费金额无法计算。因此,男方无权主张婚姻关系存续期间的抚养费用。对离婚以后所支出的抚养费,当然可以请求返还。此种主张的不当之处:一是只注意到对妻一方的请求返还,而未注意到该子女的生父的抚养义务;二是既然离婚以后可以请求返还,为什么离婚之前就不得返还呢? 此种主张难以自圆其说,其不当之处甚为明了。

2. 肯定说

认为对欺诈性抚养关系无抚养义务之人支付的抚养费,应予返还。但所持理由各不相同。

(1)行为无效说,认为女方在婚姻关系存续期间故意隐瞒子女是与他人通奸所生的事实,致使男方误将该子女当成是自己的亲生子女进行抚养,这是男方在受欺诈、违背自己真实意思的情况下所为的行为,依照《民法通则》第58条的规定,应属于无效的民事行为,因而应返还已支出的抚养费,包括婚姻关系存续期间和离婚以后支出的所有抚养费。

(2)无因管理说,即参照台湾地区"民法"对无抚养义务之人已为抚养者,适用无因管理之规定的解释,认为男方无法定义务而对非婚生子女予以抚养,构成无因管理,应返还管理已支出的抚养费。

(3)不当得利说,即参照德国民法、日本民法的规定或解释,认为对非婚生子女的生父和生母而言,无抚养义务之人支付的抚养费,属于不当得利,生父、生母自应返还不当得利给无抚养义务之人。

笔者认为,欺诈性抚养关系的抚养义务人为非真正抚养义务人,其之所以对非婚生子女履行抚养义务,是因为其妻的欺诈行为使其误认为非婚生子女为婚生子女,因而,无论是在婚姻关系存续期间或是在离婚后所尽的抚养义务,亦即支出抚养费用,都应当依法请求该非婚生子女的生父、生母返还。

---

⑭ 以上两种立法例,均参见史尚宽:《亲属法论》,台北荣泰印书馆1980年版,第520—521页。

在最高人民法院(1991)民他字第63号复函中,确认对于此种欺诈性抚养关系,"离婚后给付的抚育费,受欺骗方要求返还的,可酌情返还"是正确的。对于在夫妻关系存续期间受欺骗方支出的抚育费用应否返还,仅就该案而言,认为可不予返还,因为A、B在离婚时,共同财产已协议全部归男方分得;但就这类问题应否返还,既未肯定,亦未否定,只称"尚需进一步研究"。未作明确表示,态度未免保守。

在返还非抚养义务之人被欺诈而支出的抚养费用上,应采何种理论呢?笔者认为,上述三说均有道理,但又各有其不足。行为无效说采欺诈行为为无效行为的法律依据,采取宣告欺诈性抚养关系为无效的方式,使该抚养关系归于自始无效,既有法律依据,又可以解决实际问题,是其优点,但抚养关系是法定的权利义务关系,非由当事人合意而发生,且不是与诈欺人而是与被抚养人发生的权利义务关系,因而采用宣告抚养行为无效的办法,不够妥当。不当得利说描绘了生父生母受有不当利益的客观事实,但未能体现生父生母主观恶意的状态,与不当得利似有不合。无因管理说说明了受欺诈抚养义务人为他人抚养子女的特征,但忽略了无因管理人应须知其无因而为管理,更不符合无因管理的法律特征。

在笔者看来,解决这一问题,以确认其为侵权性质为准确。其侵权行为的主体,是非婚生子女的生父和生母,并非生母一人。其违法行为,是逃避法定的抚养子女义务,采取欺骗手段,让非婚生子女生母之配偶相信该子女为其婚生子女,并为之提供抚养费用。该行为的后果,是使受欺诈的抚养义务人支付财产,为该子女的生父生母"履行"抚养义务,因而侵害的是财产权,是使受害人的财产有直接损失。在该法律关系中,生父、生母的欺诈行为,与被欺诈的抚养义务人的财产损害事实之间有必然的因果联系,具有引起与被引起的因果关系链条。最后,该子女的生父、生母明知该子女为其共同的婚外性行为所生,却采取欺诈方法使被欺诈的抚养人相信虚构的事实,因而损失已支付的财产,主观上有共同的意思联络,为共同故意所为。因此,这种欺诈性抚养关系实际上是生父生母对被欺诈人的财产侵权行为,侵权人应当负侵权民事责任。用侵权行为理论来解释这种行为,更为合理,更为贴切。

具体处理这类纠纷,可以采取以下方法:

(1)非婚生子女的生母与其配偶未离婚的,因为夫妻财产为共同共有财产,因而有两种情况:第一,非婚生子女已被生父认领,或者已知其生父的,被欺诈人有权向生父请求返还已支付的抚养费。此时生母与该被欺诈人仍为共同财产主体,不能作为共同侵权人承担侵权责任。但生母与其配偶对婚后财产约定为分别财产制的,则以共同侵权论,可以生父生母作为共同被告起诉之。第二,如果非婚生子女未被生父认领,又不知谁为其生父的,在夫妻共同财产的体制下,夫不得向妻即该子女的生母请求承担民事责任,亦因妻无法承担民事责任所致。但是如果双方约定为分别财产制的,则可以妻为被告,请求其承担民事责任。

(2)非婚生子女的生母已与被欺诈人离婚的,无论是夫妻共同财产制,还是约定分别财产制,均因离婚而使夫妻财产分解成个人所有的财产,被欺诈人应依共同侵权行为,诉请该子女的生父生母连带承担民事责任。

(3)处理此种案件,应特别注意保护非婚生子女的合法权益,不应因争执抚养关系而使非婚生子女受到权利上的损害。如果被欺诈人予以谅解并同意继续抚养该子女的,对该子女与被欺诈人的关系,应视为有抚养关系的继父与继子女的关系,发生父母子女的权利义务关系。如果被欺诈人追究生母的责任,而生母离婚,生父不认领,生母无经济能力,一旦承担民事责任将损害被抚养人利益的,可以缓、减民事责任。

(4)此类案件定为抚养费纠纷,还是定为侵权案由,不无问题。就案件的实质而言,争议标的并非抚养费,而是被欺诈人因欺诈行为而损失的财产,以侵权定案由,不无道理。然而,此类案件毕竟发生在婚姻家庭领域,争议的财产的性质,又确系非婚生子女的抚养费,因而,仍以定为抚养费和抚育费纠纷为宜,案件处理中,可以按照侵权法的原理来办理。

论探望权及其强制执行[*]

新修订的《婚姻法》在第38条,新增加了离婚后不直接抚养子女的父或者母,享有对子女的探望权。这一条文规定:"离婚后,不直接抚养子女的父或母,有探望子女的权利,另一方有协助的义务。行使探望权利的方式、时间由当事人协议;协议不成时,由人民法院判决。父或母探望子女,不利于子女身心健康的,由人民法院依法中止探望的权利;中止的事由消失后,应当恢复探望的权利。"这是一个很有人文意义的法律规定,对于离婚双方当事人的亲权将起着重要的保护作用,受到社会各界的欢迎。对这一条文在理论上怎样理解,在实践中怎样适用,都应当进行深入的研究。本文试图对此进行探讨。

一、探望权的概念和性质

在《婚姻法》修改之前,实际生活中也是有这个权利的。夫妻离婚以后,独生子女只能由一方抚养;有两个以上的子女的父或母,也有可能将孩子交由一方抚养;即使是对几个子女分别抚养,父或母也有探望不归自己抚养的子女的必要;而现在的绝大多数夫妻养育的子女都是独生子女,只能将独生子女由一方抚养,另一方享有探望的权利。离婚,只能消灭配偶关系,并不能消灭血缘关系,也不能消灭父母子女之间的亲情。因此,不论法律是不是有明文规定,夫妻离婚后,都是要探望自己的子女的。在《婚姻法》对此没有规定时,当事人离婚要进行约定,出现争议,要进行调解或者判决,但总不是理直气壮。现在,法律正式规定了这个权利,就使它从幕后走到了前台,成为名正言顺的法定权利。它的后果就是确定,探望子女,在一方是权利,在另一方就是义务,不履行义务的,就要承担法律责任。

所谓探望权,是指夫妻离婚后,不直接抚养子女的父或母有探望子女的权利。直接抚养子女的一方有义务协助非抚养一方行使探望的权利。在原来的《婚姻法》修正草案中,这个权利不叫探望权,而是叫探视权。修正案正式通过,改为现在这个称谓。有人问为什么不叫探视权而叫探望权?这是因为在法律上,探视已经用在了对在押人犯的探望,在生活中,对医院就医的患者的探望也叫做探视。为了避免在概念上的混淆,也不至于将对子女的探望与对在押人犯和患者的探视混为一谈,故而叫做探

---

[*] 本文发表在《判解研究》2001年第4期,合作者为天津市大港区人民法院法官秦秀敏。

望权。

探望权在国外通称为探视权,它起源于英美法系,为处理离婚后父母探视子女提供了法律依据,为各国立法和法理所接受。确立探视权符合世界婚姻家庭制度发展的潮流,如《德国民法典》规定,无人身照顾权的父或母,保留与子女个人交往权,请求告知子女的个人情况权(以符合子女的利益为限),及对子女财产利益必要时承担财产照顾权之全部或一部分,还规定无人身照顾权的父或母和人身照顾权人不得为任何损害子女与他人的关系或造成教育困难的事由。我国台湾地区将探视权称做会面交往权,《德国民法典》第1055条第5项规定:"法院得依请求或依职权,为未行使或负担(未成年子女监护)权利义务之一方酌定其与未成年子女全面交往之方式及期间。但其会面交往有妨碍子女之利益者,法院得依请求或依职权变更之。"我国《婚姻法》在修订时,正式把探视权规定为非抚养子女一方父或母对子女亲权中的一项基本权利,同时规定了抚养子女的一方具有协助的义务。这个规定弥补了我国婚姻法中探视权制度的缺失,是婚姻立法上的一大进步。

规定探望权的意义在于,保证夫妻离异后非直接抚养一方能够定期与子女团聚,有利于弥合家庭解体给父母子女之间造成的感情伤害,有利于未成年子女的健康成长。探望权不仅可以满足父或母对子女的关心、抚养和教育的情感需要,保持和子女的往来,及时、充分地了解子女的生活、学习情况,更好地对子女进行抚养教育,而且可以增加子女和非直接抚养方的沟通与交流,减轻子女的家庭破碎感,有利于子女的健康成长。我国《宪法》规定,子女从出生一刻起就有自己的权利,其中包括获得父爱、母爱的婚姻家庭权利,这些权利是他们健康成长的必要条件,更是社会未来安定的重要因素,规定探望权有利于保护子女受关爱的权利,并对社会道德起到重要的导向作用。

这个权利究竟是什么性质,究竟是监护权还是配偶权,或者还是其他的什么权利,需要研究。笔者认为,这个权利既不是监护权的内容,也不是配偶权的内容,而是亲权的内容。我们设定一个前提,就是被探望的对象只能是未成年的子女,因为已经成年的子女接不接受探望,完全有识别能力,可以自己作出决定,只有未成年子女才是被动地接受探望。这个前提是成立的,父母对未成年子女的权利就是亲权,是对未成年子女的人身和财产照护权。探望权就是亲权这种身份权中的具体内容,是亲权的支分身份权,即亲权的具体内容。这种权利不可能是监护权,因为没有直接抚养子女的父或母,既然没有直接抚养,当然就没有监护权。同样,它也不会是配偶权的内容,因为这是对子女的权利,不是对配偶的权利,况且享有探望权的人的配偶关系已经消灭,所以探望权不能成为配偶权的内容。

身份权都是法定权利。夫妻离婚后,基于婚姻关系的各种身份权、财产权归于消灭,但是离婚并不能消灭父母和子女间的身份关系。父母离婚后,子女还是父母的子女,父母和子女的身份关系并没有改变。父母子女之间的身份关系,不仅是父母对子女有抚养、教育的权利和义务的基础,也是非抚养方对子女的探望权的法律基础。只要父母子女之间的身份关系存在,探望权就是非抚养子女一方的法定权利,非有法定理由不得予以限制或剥夺。因此,在离婚的当事人之间,应当按照法律的规定,对探望权怎样行使进行约定,并且应当遵守协议,不得违反。正如《婚姻法》第38条第2款规定的那样:"行使探望权利的方式、时间由当事人协议,协议不成时,由人民法院判决。"当事人在协议离婚,或者在判决离婚时,应当在这个问题上协商出一致的协议,约定好探望的时间、地点、次数,等等。如果在协议离婚或者在诉讼离婚中,对此协商不成的,则应由人民法院依法判决。

二、探望权的主体及其权利行使的方式

(一)权利的主体与权利义务内容

探望权是和直接抚养权相对的一种权利。父母离婚后,如果子女由一方直接抚养,抚养方就成为子女亲权的主要担当人,即监护人,取得直接抚养权,非直接抚养方的亲权则受到一定的限制,与此同时,不直接抚养子女的父或母也自然享有对子女的探望权。这就是说,探望权并不是产生于父母之间的协议,也不需要法院判决确认。只要直接抚养权一确定,探望权也同时成立,非直接抚养一方父或母自动取得探望权。因此,探望权的主体是非直接抚养一方的父或母。而直接抚养方父或母则是探视权的义务主体,应该履行协助探望权人实现探望的权利的义务。

这种协助义务一般包括:直接抚养一方的父或母应该本着方便探望人的原则,协商确定合理的探望时间、方式,或者按照法院判决安排探望时间。当子女拒绝探望时,直接抚养一方的父或母应该进行说服工作。离婚后直接抚养子女的一方不得设置障碍,拒绝非直接抚养一方的父或母探望子女,否则就侵害了非直接抚养一方父或母的探望权利,应该承担侵权责任。根据探望权的立法旨意,探望子女是基于亲子关系所衍生之自然权利,不仅是父母之权利,更是未成年子女之权利,探望权的行使应出自有利于子女身心健康发展的考虑,而不是以父母的利益为出发点。因此,虽然法条无明确规定,但就法理解释上来说,基于未成年子女身心健康发展的考虑,未成年子女也可以向法院请求与父母会面。

(二)探望权的行使方式

探望权是一种法定权利,和直接抚养权同时成立,因此不存在确权的问题。尽管在实践中,当事人往往都是在协议中约定,但是,这种协议约定的是权利行使的方式和方法,而不是约定有没有这样的权利。行使探望权,涉及直接抚养一方和子女的利益,因此有必要确定探望的时间、方式。《婚姻法》规定了确定探望的时间、方式的两种途径:"行使探望权利的方式、时间由当事人协议;协议不成时,由人民法院判决。"从这个规定可以看出,婚姻法在确定探望的时间和方式问题上,规定了父母协议和法院判决两种方式,并且确定了"协议优先"原则。

按照协议优先原则,父母应该通过协商确定探望的时间和方式。父母应该本着

有利于子女身心健康成长的基本原则,根据夫妻双方的实际情况,确定具体的探望时间和方式。父母是探望权的利害关系人,直接抚养方是子女的监护人,由父母协议,可以有效平衡父母和子女三方面的权益,妥当地安排探望的时间和方式,父母通过平等协商达成的协议也容易得到执行。和法院判决比较起来,父母协议确定探望时间、地点的成本最小,给探望的利害关系人造成的影响也最低,因此相对于法院判决具有优先性。

但是在实际生活中,由于父母是因为感情破裂解除婚姻关系,父母在协商时可能会过多考虑自己的利益,故意提出不合理的探望时间、方式,有些直接抚养一方甚至拒绝就探望的有关问题进行协商。如果父母通过协商不能达成协议,或者直接抚养一方拒绝协商,探望权人可以向法院提起诉讼,要求法院依法确定探望的时间和方式。法院应受理探望权人的请求,依法就探望的时间和方式作出判决。

一般来说,探望的方式可以区分为看望式探视和逗留式探视。看望式探望是指非抚养一方父或母以看望的方式探望子女。逗留式探望在约定或判决确定的探望时间内,由探望人领走并按时送回被探望子女。两种探望方式各有其优点和缺点。如看望性探望,一般时间较短、方式灵活,但是不利于探望人和子女的深入交流。而逗留式探望,时间较长,有利于探望人和子女的深入了解和交流,但是直接抚养人则要承担不能和子女一起生活的不利后果。逗留式探望对探望人的要求也更高。探望人不仅应该具有较好的居住和生活条件,还要有良好的生活习惯,如不得有酗酒、赌博、吸毒等不良嗜好。如果有酗酒、赌博、吸毒等不良嗜好,或者居住、生活条件差,不利于子女的身心健康发展,应该避免适用逗留式探望。逗留式探望还要求子女有比较充裕的时间,一般只有在子女寒、暑假或其他假期时才能适用。人民法院应根据有探望权父母的实际情况,根据子女的年龄、身体状况等情况,根据不同探望方式的特点,本着对孩子身心健康有利的原则来确定具体探望方式、时间和地点。对探望权的安排因情况不同而有所区别,主要是周末探望和假日探望。如每周或每隔一周的周末,从周五晚到周六,或是每月一次;暑假或寒假的一段期间;重大节日或子女生日等特殊日子。法院在判决中应对探视权的安排作出明确确定,增强可操作性,以免当事人在执行时发生争议。

国外对探视权的法律规定也多是概括性的,法官在审理探视权案件时,确定具体探视方式的依据是依照案件的具体情况——是否对孩子有益,其实质是考察大人的资格。家长的人品状况、健康情况、经济条件、居住环境、有无烟酒嗜好、有无不良行为记录,甚至其交友都是法官判断其能否及如何行使探视权的依据。比如是一周探视一次还是一月探视一次,每次探视时间是一小时还是允许带走过夜。我国台湾地区"民事诉讼法"规定,法院为酌审子女之最佳利益,得征询主管机关或社会福利机构之意见或请其进行访视,就相关事项为事实之调查,提出调查报告及建议。法院认为必要时,也得命少年调查官进行调查。子女为满 7 岁以上未成年人者,法院就监护及会面权问题进行裁决前,应听取其意见。

赋予法官在有关探视权案件上的自由裁量的权力,是非常必要的,因为每个孩子不同,每个家长的情况也不同,这类案件的判决就需要由了解案情的法官作出,而不能只依照一个抽象的法条,作出"一刀切"的判决。

还应该指出的是,探望权人按照协议或法院判决具体探望时,还应该考虑子女的意志。如果子女在约定或判决的探望时间不同意,探望权人不得强行探望。

三、探望权的中止和恢复

探望权的中止,是指探望人符合探望权中止的法定理由时,由法院判决探望权人在一定时间内中止行使探望权的法律制度。

探望权是探望权人的法定权利,法律应该保护探望权人的探望权,但是探望权也涉及抚养方和子女的利益,可能损害相关人尤其是子女的合法权益,因此有必要从立法上加以限制。探望权中止制度,就是通过中止探望权人在一定时间内行使探望权,来保护相关人的权益。但是探望权毕竟是探望权人的一项重要的人身权利,中止探望权对探望权人影响巨大,法律也应该从制度上保障探望权人的探望权不被任意剥夺。我国《婚姻法》为平衡两者利益,通过立法的方式规定了探望权中止的法定理由和方式。

(一)中止和终止的区别

探望权是人身权,人身权具有专属性,不得以协议或判决的方式予以剥夺。因此人身权不存在终止,只能被限制。中止就是限制的一种方式。所谓中止,在这里是指由于出现了法定不能行使探望权的情形,探望权人应暂时停止行使探望权。探望权中止只要求探望权人在法定理由存在期间暂时不能行使探望权,在法定理由消灭后,就应该恢复探望权人的探望权。因此探望权中止不等于探望权终止,更不是剥夺探望权。

(二)探望权中止的法定理由

《婚姻法》第38条第3款规定:"父或母探望子女,不利于子女身心健康的,由人民法院依法中止探望的权利……"不利于子女身心健康,是探望权中止的法定理由。当父母的探望行为不利于子女的身心健康时,经人民法院判决,探望权才能被中止。如果父母的探望行为造成的是其他损害,但是没有不利于子女的身心健康,人民法院就不能判决探望权中止。探望权中止的法定理由既是人民法院判决的法律依据,也限制了人民法院的自由裁量权,保证了探望权人的探望权不被任意剥夺。《婚姻法》把"不利于子女的身心健康"作为探望权中止的唯一法定理由,体现了婚姻法保护子女身心健康的立法倾向。人民法院应严格按照这一法定理由作出判决,不得任意中止探望权人的探望权。不利于子女身心健康,包括子女的身体、精神、道德或感情的健康。一方不负担子女抚养费或是未按期给付抚养费的情况,并不是中止其探望权的条件,不能作为中止探望权的法律依据。

本条采取了概括主义的立法模式,没有列举"不利于子女的身心健康"的具体情形,有待最高人民法院在司法实践中积累经验后作出司法解释。人民法院在审理请求中止探望权的案件时,应本着保护子女身心健康的原则,根据具体的案情作出审慎判决。如果通过审理确认父或母探望子女,不利于子女身心健康,探望权就应该被中止。如行使探望权的父或母一方吸毒、赌博、酗酒、品行不端、有严重的传染病、精神疾病或对子女有暴力倾向、或利用探视机会将子女藏匿起来等,就应该中止探望。父母因犯罪被收监并不是中止探望权的必然原因,被监禁的父母与自己子女的权利义务关系也不因入狱而消除,除非父母是因对子女有犯罪行为而入狱。

(三)中止探望权的主体和方式

如上所说,中止探望权对探望权人影响巨大,也可能影响到未成年子女的身心健康,因此《婚姻法》规定中止探望权的主体只能是人民法院,其他个人、组织或机关不得中止探望权人的探望权。

人民法院中止探望权必须通过审理,以判决的形式作出。把中止探望权的主体限制在法院,就可以避免直接抚养方以及其他个人、组织和行政机关干涉探望权人的探望行为。法院在作出判决时,必须通过审理查明事实,确认探望权人的探望行为是否符合法定理由。探望权人可以在审理中为自己辩解,维护自己的探望权。在一审之后,还可以上诉。通过诉讼制度中止探望权,可以更有效地维护探望权人的利益。但是中止探望权判决一旦生效,就具有法律的强制力,探望权人必须遵守。直接抚养子女一方也可以基于有效判决要求法院强制探望权人在法院判决的时间内不得进行探望行为。

在我国台湾地区,会面交往权的事件属于非讼事件性质,是依非讼事件法处理的,裁决一经作出即发生法律效力,可以强制执行;在大陆则依照《民事诉讼法》的规定,属于诉讼性质,一审判决后,当事人还可以上诉。

要注意的是,探望权可以中止,但不得由对方当事人决定。对方当事人禁止或者妨碍以至于宣告"中止"当事人行使探望权的,构成侵权行为,虽然《婚姻法》没有规定,但是可以依据法理,确定侵害亲权的精神损害赔偿责任。

探望权中止的事由消失以后,被中止的探望权予以恢复。探望权的恢复,可以由当事人协商,也可以由法院判决。当事人协商不成,当探望权中止的原因消灭以后,法院应当判决探望权恢复。

四、侵害探望权的损害赔偿问题

既然探望权是一种民事权利,是亲权的具体内容,那么,侵害探望权,是否构成侵权行为,能否适用损害赔偿的民事责任?《婚姻法》在规定探望权的同时,并没有将这个问题规定清楚,因此要对这个问题进行认真研究。

台湾地区法院一件关于交往会面权案件的判决书很能说明问题。该案双方当事人原有婚姻关系,并育有一子,嗣于 1996 年 9 月 6 日协议离婚,并已办妥离婚户籍登记。依离婚协议书约定,婚生子由被告监护,原告得每周探视一次,应于每周五以前与被告确定探视时间为周六或周日。探视时段自上午 10 时起至下午 8 时止,时间届至,乙方应立即交还子女予甲方,履行地为甲方之住所地,甲方无正当理由不得拒绝乙方之探视。而自 1997 年 5 月 30 日起至同年 7 月 11 日原告起诉时止,原告已有 6 次未能探视该子。据此,原告诉请被告履行协议,保障交往会面权的行使,并按照约定承担 6 次不得行使该权利的违约金。

法院判决,准原告与双方当事人所生之子会面交往,被告应于每周六或周日上午 10 时整将该子交付原告探视至该日下午 8 时止。关于违约金,法院认为这项约定为有理由,但是约定的数额过高,应予削减,改判为每次违约支付 3 万元新台币,被告应给付原告新台币 18 万元及其利息。

这份判决有很重要的参考意义。在不尽探望权规定的法定义务的情况下,是应当给予赔偿的。但是,这种赔偿的性质究竟是违约还是侵权,应当认真斟酌。在我国的法律中,对法定权利的履行问题进行约定,不是合同问题,违反约定不履行义务,不能依照违约责任确定;如果需要进行救济,应当按照侵权行为法的规定,以侵权行为责任的形式承担民事责任,更为准确。因此,如果将未能探视子女的违约金改为侵害亲权的精神损害赔偿金,可能更适合我们的情况。

因此,笔者认为,关于对侵害探望权的行为,应当认定为侵权行为,可以适用损害赔偿方法进行救济。

既然如此,在确定侵害探望权的行为是侵权行为的基础上,认定探望权的义务主体在不履行法定义务构成侵权责任的时候,应当遵循侵权责任构成的一般要求,按照损害事实、违法行为、因果关系和主观过错的要件,判断这种行为是否构成侵权责任。符合侵权责任要件要求的,认定为侵害探望权的侵权行为,加害人应当承担侵权责任。反之,则不构成损害赔偿责任。

赔偿的具体内容,主要应当是精神损害赔偿。对此,应当按照最高人民法院《关于确定民事侵权精神损害赔偿责任若干问题的解释》的规定,确定加害人承担精神损害抚慰金的赔偿责任。

五、探望权的强制执行问题

《婚姻法》第 48 条规定:"对拒不执行扶养费、抚养费、赡养费、财产分割、遗产继承、探望子女等判决或裁定的,由人民法院依法强制执行。有关个人和单位应负协助执行的责任。"法律通过这条规定,对探望权赋予了提起强制执行的效力。

探望权案件的执行,是未与子女生活的一方对子女的亲权得以实现的法律保障。离婚后,父母与子女的关系并不解除,父母对子女都有亲权。但是,如果未与未成年子女共同生活的一方不能定期看望、关心子女,其实现亲权的意义就成为没有必要。因此,探望权案件的执行是必要的教养得以实现的重要形式。

因探望问题发生纠纷的,多数夫妻在离异时就已矛盾重重,离异后无法心平气和地协商子女的探望问题,如果监护一方就是不让探视,法院如何采取强制执行？判决容易执行难的问题在此类案件中将会尤为突出。

(一)探视权纠纷案件不同于一般民事案件执行的特点

探望权纠纷案件执行的特点是:

(1)执行标的模糊。其他民事案件的执行有明确的执行标的,要么是钱、物,要么是具有某一物质性结果的一定行为,如加工、修缮;而探望权纠纷案件的执行内容是探望权及其行使方式,具有抽象性,因而没有明确的执行标的。

(2)执行内容的长期性。其他民事案件的执行,除定期支付抚养费的离婚案件外,往往是一次执行完毕,当事人之间的权利义务即行消灭;而探望权纠纷案件的执行内容具有长效性。

(3)执行结果的事后性。探望权纠纷案件执行发生的原因,在于出现了与子女共同生活的一方阻碍未与子女共同生活的一方探望子女的情形,执行的目的,在于使与子女共同生活的一方今后不再阻碍未与子女共同生活的一方探望子女,这就决定了探望纠纷案件的执行结果具有事后的特点。

(二)执行中可采取的做法

对探望权的强制执行不同于其他的民事权利强制执行,不能直接采取强制执行措施将儿童交付给享有探望权的当事人,因为这样就涉及对人身执行的问题。民事强制执行的标的,只能是财物和行为,不能强制执行人身。对子女的人身强制执行,既不人道,又不利于双方当事人矛盾的解决,更不利于子女身心健康。探望权是一方的权利,另一方负有协助的义务。美国有些州的法律规定,有监护权的一方不允许有探视权的一方探视,情节轻微的,法院可以增加判决内容或执行条件,以保证将来对探视权判决的执行。对拒不执行判决、具有藐视法庭情况的,可以处以罚金或监禁,也可以在规定时间内进行变更监护权的听证,取消监护权人的监护权。美国对干涉探视权的救济总体包括藐视法庭诉讼、强制执行探视权诉讼以及变更监护权诉讼。我国台湾地区"强制执行法"的执行措施比较严厉,如果有照顾权的一方不让有会面权的一方行使会面权,法官得对其实施拘提、管收或处以怠金,经责令定期履行而仍不履行者,得再处怠金。与大陆执行理念不同的是,台湾强制执行法还可用直接强制方法,将该子女取交执行人。我国关于强制执行的规定中还没有对探望权的执行问题作出专门规定。

根据司法实践,笔者认为在探望权案件的执行中应注意以下问题:

(1)在执行时,要把思想教育和法制宣传工作贯穿始终,切实做好疏导教育工作。法院在执行这类案件时,要做过细的疏导教育工作,使当事人认识到子女和父母的关系不因父母离婚而消除,另一方有探望子女的权利,阻碍、拒绝对方行使探望权的行为是违法行为,同时探望权的实现也是保证子女身心健康的需要,使当事人能够为子女的健康成长创造适宜的氛围,主动履行协助义务,从而使案件得到圆满解决。

(2)慎重适用强制措施。法院在执行这类案件中以说服教育做思想工作为主,但对那些经常无故阻挠、刁难甚至隐匿子女、拒绝对方当事人行使探望权的人,也可以适当采取强制措施。如拒不配合也会受到妨害民事诉讼的训诫、罚款、拘留等惩罚,同时"对拒不履行判决者可追究其刑事责任的"极具法律威慑性的规定,也可以确保这类案件得以执行。但如果将直接抚养子女一方予以拘留或刑事处罚,必然不利于子女的最大利益,所以应慎用。

(3)如果是子女拒绝探望,应区别情况对待。探望不仅是父母的权利,也是子女的权利。法院应根据子女的年龄和鉴别能力,正确判断子女拒绝探望的原因,看子女能否独立地作出拒绝父母一方探望的意思表示,究竟是子女自己不愿意接受探望还是受直接抚养一方父或母的挑唆而不愿接受探望,如子女年龄较大,有判断能力,不愿接受探望,就不能强制执行;如系后者,可根据情节是否严重对直接抚养一方采取批评教育甚至是拘留、罚款等强制措施,勒令其改正错误行为,说服子女同意探望。

(三)对策与建议

探望权是人类文明的体现,对子女心理健康和亲情的感受以及平衡发展均有利,它不仅是父母的权利,更是子女的权利,一方配偶阻碍原配偶对子女的探望,其实是限制子女享有亲权的权利。解决探望权的强制执行问题,一方面要完善立法,加大普法力度;另一方面在司法实践中应不断摸索和积累经验,探索一些新的解决问题的途径。

对策之一,如果父母双方矛盾激烈,难以相互配合,可以考虑在探望权受阻情况下由未成年子女就读的幼儿园或学校协助执行探望。在国外,如离异一方拒不为另一方探视子女提供方便而需要采取强制措施时,一般是由社会义工对此进行监督协助,避免影响子女的身心健康。在我国,妇联和青少年权益保护部门则可以作为法院执行这类案件时的协助单位。由幼儿园、学校和妇联及青少年权益保护部门协助执行,避免给孩子幼小的心灵带来创伤。

对策之二,规定探望权受阻可成为变更抚养关系的法定诉讼理由。行使监护权的一方拒绝对方探望子女,使子女得不到父母双方的关爱,不利于子女的身心健康成长,理应成为变更子女抚养关系的法定理由。当然在探望权制度上还应有一些限制性措施,如规定不得对未成年子女进行不利父母子女关系的教育,不宜将夫妻间"仇视"传染给未成年子女,等等。

对策之三,精神损害赔偿制度。探望权是不直接抚养子女一方的人身权利,如果抚养人故意设置探视障碍,使得探望权人见不到子女,遭受精神痛苦,探望权人可以要求精神损害赔偿。判令精神损害赔偿既可以补偿探望权人不能行使探望权所受到的伤害,也可约束抚养人履行协助义务。但此赔偿必须符合最高人民法院《关于民事侵权精神损害赔偿责任若干问题的解释》规定的条件，实践中应严格掌握。对此，笔者已经在前面作了表述。

对策之四，修改《民事诉讼法》，将探望权纠纷和亲子关系确认等案件列为非讼事件，适用特别程序，允许调解结案，法院一审裁决作出即发生法律效力，不允许提起上诉，这样可以及时解决纠纷，有利于保护非监护一方的探望权和子女的健康成长。

对策之五，正确适用拒不执行法院生效判决文书罪。虽然《刑法》和《民事诉讼法》规定了被执行人拒不履行法院生效裁判应负刑事责任，但司法实践中极少适用这项规定，没有运用最具强制力的法律手段保证法院判决的执行，使一些"软对抗"的被执行人逍遥法外，使得这项法律规定形同虚设。对拒不执行生效裁判与阻碍执行者，要坚决制裁。立法上要尽快明确追究拒不履行法院裁判罪的程序。据报载，美国一妇女因不让其享有"探视权"的前夫探望女儿，被法官判处监禁数年。如果我们的法律能作出如此严肃的规定，法院能如此认真地执行法律，探望权的执行也就不会再难了。

"常回家看看"条款的亲属法基础及具体适用[*]

于 2013 年 7 月 1 日正式施行修订后的《老年人权益保障法》,明确规定了第 18 条(以下将该条文简称为"常回家看看"条款),内容是:"家庭成员应当关心老年人的精神需求,不得忽视、冷落老年人。与老年人分开居住的家庭成员,应当经常看望或者问候老年人。用人单位应当按照国家有关规定保障赡养人探亲休假的权利。"不曾料想的是,这样的规定却在网络上引起强烈批评,质疑具有传统敬老美德的中国人为什么还需要把孝敬父母作出强制性规定写进法律呢?笔者作为本次《老年人权益保障法》修法的参与专家之一,特作本文,就此探讨"常回家看看"条款的法理基础,以及在司法实践中应当怎样适用。

一、"常回家看看"条款的社会基础和法理依据

"常回家看看"条款受到网民质疑,原因之一是该条款的法理基础没有讨论清楚,或言之,公众对"常回家看看"的法理依据不明确,因此才出现诸多质疑。"常回家看看"条款的社会基础和法理依据在于以下三个方面:

(一)尊老敬老、关爱老人的社会现实需要

毋庸置疑的现实情况是,中国已经进入了老年社会。近年来,中国人口老龄化的速度节节攀升,2010 年第六次全国人口普查显示,中国 60 岁以上的老年人口已达 1.78 亿人,占全部人口的 13.7%。未来 20 年,中国人口老龄化将日益加重,据估计,到 2030 年全国老年人口规模将会翻一番,占全部人口的 26% 左右,达到全国人口的约 1/4。全国老龄工作委员会办公室 2012 年发布的数据表明,我国城市老年人"空巢家庭"比例已达 49.7%。因"空巢家庭"而衍生的家庭悲剧、社会悲剧越来越多,众多老年人面临老无所依、老无所养、老无所爱的严重局面。尤其是在农村,大量的劳动力离开土地,进入城市,把老年人和未成年人留在农村,无人关照,情况更加严重。

与此形成强烈对比的是,世风日下,孝敬老人、尊长敬老的民族传统被很多人弃之如敝屣,不仅缺乏客观条件的家庭成员不敬重老年人、不孝敬老年人,即使那些具

---

[*] 本文发表在《法学论坛》2013 年第 6 期。

备客观条件的,也长期不看望老年人,不关爱老年父母。对这些不肖子孙,社会并非没有谴责之声,但是显得很无力。即使尊重老年人,也有很多认为供给老年人足够的物质条件养老,就完成了法律规定的义务,对老人的精神关爱和照顾往往忽略,不能满足老年人对近亲属感情上的需求。

随着社会文明的进步,对老年人的精神关怀变得日益迫切。《老年人权益保障法》顺应这种社会文明发展的要求,关注这一严重的社会问题,力争在这方面能够迈出重要一步。在修法过程中,对是否增加"常回家看看"条款,多次讨论,几经斟酌,认为在当前社会中,空巢老人是社会的严重问题,尽管我国目前的绝大多数老年人并不缺乏物质生活资料,而老年人特别是空巢老人对精神关怀的需求却越来越高,"常回家看看"探望老年尊亲属,是老年父母甚至祖父母、外祖父母最为期盼的事情,法律对此应当进行立法规范。这样的立法究竟能否得到社会的承认,得到人民群众的支持,也值得斟酌。促使立法机关最后下决心的,是法律应当更注重对老年人的精神关怀,更多地反映老年人的需求。笔者在修法的时候说过,在以前参加老年人立法讨论时并没有特别的感觉,但是这次参加老年法的修法感觉特别不一样,因为笔者已经60岁了,也是法律规定意义上的老年人了。站在老年人的立场上看待"常回家看看"条款,就觉得这样的规定是正确的。因此,不论是在修法当时,还是在很多人质疑这个条文时,笔者都积极支持制定这个条文,因为这个条款表达的是对老年人的关心,把"常回家看看"作为家庭成员对老年人的法定义务规定,提升其法律地位,使其具有强制性以保障老年人的权益,使老年人能够安度晚年。

(二)挽救不良社会风气推进社会道德进步的思想基础

对"常回家看看"条款的质疑之一,是这类行为的基础原本是道德规范调整的范围,不是法律调整的范围。但是问题在于,我国目前的社会道德水平严重下降,很多社会成员道德观念背离传统,不关心老人,甚至虐待、遗弃老人的不良社会风气比较严重,社会道德素养亟待提高。

依笔者所见,自从100多年前砸烂"孔家店"、恶批"孔老二"近百年以来,中国传统的仁义礼智信、百善孝为先的儒家传统已被严重破坏。继之以空泛的社会道德敷衍社会、美化破坏传统道德的行为,社会风气日渐衰败。待到"文革"兴起,"四大"彻底摧毁了中国的传统道德,家庭成为战场,亲人成为敌人,揭发、检举甚至残害都在亲属之间进行,温情脉脉的人际关系成为血腥的斗争和批判。改革开放之后,尽管没有继续反孔、批孔,但是"一切向钱看"的思潮误导了民众,把一切关系都看成了赤裸裸的金钱关系,传统伦理道德成为过眼烟云,进而导致今天社会存在各种问题。不关心老人、不关爱老人,甚至虐待、遗弃老人的恶行比比皆是,无不是废除传统道德,破坏儒家传统的运动所致。

可见,孝道的沦丧是社会道德崩溃的后果之一。而振兴中华民族道德风尚,必须从恢复中国传统道德入手。数千年的中国社会发展积累了灿烂的历史文化,也形成了淳朴、善良的社会道德风气。尊老敬老,孝字为先。《老年人权益保障法》必须担负起这个重任,通过立法强调孝道,关爱老人。将"常回家看看"从道德义务上升为法律义务,正是基于这样的社会基础,这是重建传统道德的重要一步。

(三)亲属的身份地位和权利义务关系的法理基础

与上述相关,《老年人权益保障法》规定"常回家看看"条款的法理基础,在于法律对亲属身份地位和权利义务关系的基本态度。

人之所以为人,在于人与人之结合。人与人结合的最密切、最自然者,厥为以夫妇亲子为中心的亲属团体。① 亲属的内涵是以血缘、婚姻为基础的人与人之间的关系,称为亲属身份关系,这些人互相称为亲属。在自然的意义上,这种关系当然是无限扩大,但法律认为一定范围内的亲属为法律上的亲属②,即近亲属。所以,亲属是指因婚姻、血缘和法律拟制而产生的人与人之间的特定身份关系,以及具有这种特定身份关系的人相互之间的称谓。③

民法之所以关注亲属身份和关系,不仅因为民法就是人法,就是有关民的法律。④ 民法调整人与人之间的民事法律关系,规范人的行为,就是为了建立和谐稳定的市民社会秩序。而建立的市民社会秩序的最基础关系,就是亲属关系。家庭关系就是亲属关系,家庭作为社会的最小细胞,关乎社会基础的稳定。亲属之关系,本由自然而成立,非法律所产生。亲子也、夫妇也,各本乎天性与爱情之作用,自能各尽其道,何取法律之干涉乎?然亲属间相互之关系,仅持道德之维系,其功用或有时而穷。亲属法者,即明定亲属间身份关系,及其权利义务之所在,俾各晓然预期应尽之职务而无敢或违,将小之于共同生活,固足以维系,大之于社会秩序,亦足以安定。⑤ 法学家的上述阐释,将其道理说得极为透彻。《老年人权益保障法》站在这个立场上,通过"常回家看看"条款的设置,将其确定为亲属关系的基本内容,不仅在关爱老人、尊老敬老方面将会发挥重要作用,而且将在建立和谐稳定的市民社会秩序方面也会发挥重要的作用。

有人认为,"常回家看看"条款的内容是道德和伦理的内容,并不是法律应当规定的内容,法律不应当强制规定"常回家看看"。传统的伦理如果上升到强制的程度,就算是强迫子女常回家看看父母,如果他没有这个心,"强扭的瓜也不甜",所以这种规定只是也只能是一种导向。⑥ 笔者不同意这样的意见。法律的很多规则都是从伦理道德转化而来的。例如,民法的诚实信用原则就是将伦理道德转化为法律原则。同样,在婚姻家庭领域,许多的法律义务都是从伦理道德的规则转化来的。法律规定遗弃罪、虐待罪,规定赡养义务、抚养义务、扶养义务,哪个不是从道德转化而来呢?因

---

① 参见陶汇曾:《亲属法大纲》,商务印书馆1928年版,第1页。
② 参见[日]《新版新法律学辞典》,中国政法大学出版社1991年版,第527页。
③ 参见杨立新:《家事法》,法律出版社2013年版,第18页。
④ 参见赵玉、江游:《民法中"民"的诠释》,载《当代法学》2012年第6期。
⑤ 参见钟洪声:《中国亲属法论》,世界书局1933年版,第1页。
⑥ 参见王石川:《热议"常回家看看"入法:传统伦理被强制的无奈》,载2011年1月20日《人民日报》。

此,强制分开居住的家庭成员对老年尊亲属履行探望义务,并不存在这个问题。百善孝当先,将孝顺和探望规定为法定义务,就是将伦理道德的孝转化为法定义务。尽管法律不能规定人的行为上限,但规定"常回家看看"并不是上限,而是下限,是应当履行孝心的下限,并将其作为法定义务。因此,这样的规定既未违反伦理道德,也不违反法律规制的原则。

二、"常回家看看"条款规定的内容是何种法律性质

《老年人权益保障法》第 18 条规定的内容究竟是何种法律性质,目前并没有更多的学理阐释。在网络上有人认为,由于新条款在本质上没有增加任何新的法律上的义务,对那些忽视、冷落父母的子女也暂无任何惩罚措施,所以该条款只是一个倡导性的行为规范,不存在强制执行落实的问题。也有人认为,"常回家看看"条款的内容重在第 3 款,即"用人单位应当按照国家有关规定保障赡养人探亲休假的权利"。笔者认为,这样的看法都不全面,也不准确。下面是笔者对"常回家看看"条款法律性质的理解:

1."常回家看看"条款规定的是亲属法规范中的行为规范

"常回家看看"条款规定的内容是亲属法规范,规范的是家庭成员对老年尊亲属进行精神关爱的行为。它是从法定义务的角度,规定家庭成员对老年尊亲属负有"应当关心老年人的精神需求,不得忽视、冷落老年人",以及"与老年人分开居住的家庭成员,应当经常看望或者问候老年人"的法定作为义务。在近亲属之间,相对的两个亲属之间相互享有权利,负有义务。赡养、扶养、抚养是这样,"常回家看看"也是这样。在长辈尊亲属一方,"常回家看看"是一个权利;在晚辈卑亲属一方,"常回家看看"是一个义务;这个权利和这个义务相对应,构成完整的亲属之间的特定权利义务关系。

"常回家看看"条款对家庭成员负有的法定义务的规定,与 2001 年修正的《婚姻法》规定探望权的做法是一样的。修正的《婚姻法》第 38 条增加了"离婚后,不直接抚养子女的父或母,有探望子女的权利,另一方有协助的义务"的内容,使探望权成为离婚父母对婚生子女进行探望的权利。回想起来,在规定探望权之始也有很多人质疑,怀疑这样的权利是否能够得到保障。经过实践,这样的规定在实际操作中,不论是在舆论上还是在实际生活中,都取得了良好的效果,得到了司法保障。《婚姻法》规定离婚父母的探望权是从权利的角度规定的,与此相反,对家庭成员"关心老年人的精神需求,不得忽视、冷落老年人"以及"与老年人分开居住的家庭成员,应当经常看望或者问候老年人"的规定,却是从法定义务的角度规定的。尽管如此,它们的性质仍然是一致的,即离婚父母一方的权利实现,须由直接抚养子女一方履行义务;家庭成员的义务履行是老年尊亲属权利实现的保障。《老年人权益保障法》规定家庭成员必须"常回家看看",是规定共同居住的家庭成员应当关爱老年尊亲属,分开居住的家

庭成员负有经常回家探望老年尊亲属的义务。这样的规定有什么错呢？尽管《老年人权益保障法》对未尽探望义务的家庭成员并未规定制裁方法，但如果老年尊亲属提出行使权利的请求，在家庭成员未尽义务的情况下老年尊亲属向法院起诉，要求家庭成员善尽探望义务，法院当然应当支持。如果家庭成员拒绝履行这样的义务，就构成侵权，可以依据《侵权责任法》的规定，判决其承担责任。一个家庭成员如果被法律制裁，也不履行探望老人的义务，造成严重后果的，难道不可以追究其遗弃罪吗？这就是亲属之间的法定义务不履行的法律后果。

2. "常回家看看"条款规定的是法定义务，附有强制性的法律后果

民事义务不履行的后果是民事责任，具有法律的拘束力。⑦ 能够发生民事责任的民事义务，是真正的民事义务。在有些情况下，虽然某人依法应当进行某种行为（包括作为和不作为），但相对人不能请求其履行，不履行时相对人也不能请求其承担损害赔偿等民事责任，而只是使其遭受权利丧失或减损的不利益，这就是不真正义务。⑧ 真正义务也叫做硬义务，不真正义务也叫做软义务。"常回家看看"究竟是硬义务还是软义务，有人认为这个义务并没有强制性，因此是软义务。笔者不同意这样的看法。近亲属之间的法定义务必须是硬义务，即真正义务。如果近亲属之间的义务是软义务，一旦近亲属之一方违反法定义务，就没有强制手段，义务无法得到保障，法律设置这样的义务就是没有意义的。因此，"常回家看看"条款规定的法定义务，与父母有抚养未成年子女的义务、成年子女有赡养父母的义务、夫妻相互之间有对丧失生活能力一方负有扶养义务一样，均有法律责任作为强制性保障。以国家的强制力为基础，保障家庭成员对老年尊亲属的定期探望义务，一旦违反这种义务，老年尊亲属即可行使自己的权利，要求家庭成员进行探望，或者向法院起诉其强制履行义务。只有这样，才能够保障老年人的法定权利。

3. "常回家看看"条款具有倡导性和引导性，更注重于鼓励家庭成员自觉履行探望义务

诚然，"常回家看看"条款规定确实是近亲属之间权利义务的法律规范，是法定义务。但是法律规范大都具有示范性和倡导性，即使是规定法定义务的法律规范，在作为行为人的行为规范的同时，也具有一般的倡导性和引导性。"常回家看看"条款规定家庭成员对老年尊亲属负有探望的法定义务，既是规定义务，也是立法者的一种倡导，希望通过把"常回家看看"条款入法，使之成为法律规范，来保障老年人获得更多的关怀和精神慰藉，让家庭成员有意识地去关爱老年尊亲属。通过对老年尊亲属的被探望权的规定，鼓励负有探望义务的家庭成员自觉履行探望义务，一定会有更好的社会效果。

应当看到的是，法律规定法定义务，其实都是希望这样的法定义务能够被义务人

---

⑦ 参见王利明：《民法总则研究》，中国人民大学出版社2012年版，第470页。
⑧ 参见王泽鉴：《债法原理》（第1册），中国政法大学出版社2001年版，第47页。

自觉履行。如果法定义务都能够自觉履行,权利主体享有的权利就能够实现,民事法律关系就能够正常流转,市民社会秩序就能够得到自觉保障。法定义务只有在义务人不自觉履行的时候,才能通过国家的强制力保障其履行。"常回家看看"条款通过法律规范的形式,让全社会知悉,让民事主体都能够自觉履行,《老年人权益保障法》规定这一法定义务的目的就能够更好地实现。

4. 用人单位应当按照国家有关规定保障赡养人探亲休假权利的规定,是为义务人履行法定义务提供条件

"常回家看看"条款第3款规定,是法律为义务人履行探望老年尊亲属义务提供必要条件。有人认为,"常回家看看"条款的重点是最后一款对赡养人的用人单位的约束。《老年人权益保障法》修改后,应该尽快修改休假制度,从制度上保障赡养人"常回家看看"义务的履行。大多数赡养人和用人单位尚未注意到该条款的真正司法意义。⑨ 这种看法有一定道理,但是强调"常回家看看"条款规定的真正司法意义在于用人单位应当保障义务人履行"常回家看看"义务,则是不正确的,因为这个条文的重点在于第1款和第2款,第3款只是保障性规定,并不是立法的重点。不过,"常回家看看"条款确实具有这样的意义,就是要求用人单位按照国家有关规定保障赡养人探亲休假的权利。事实上,家庭成员不能履行探望义务,既有主观原因,也有客观原因。而多数客观原因就是工作忙,单位不准假。立法机关为保障义务人履行探望义务而专门规定第3款,就是要解决这个问题,任何用人单位都不准借口工作忙和工作需要为由,侵害赡养人的权利,以保障探亲休假的权利,使赡养人能够依照法律规定享受假期,探望自己的尊亲属。这是对用人单位的要求,也是用人单位依法应当履行的义务。这是强制性义务,必须依法履行。

三、近亲属探望权法律关系及要素

"常回家看看"条款规定的家庭成员对老年人负有的探望义务以及老年人享有的被探望权利,实际上是规定了近亲属探望权法律关系。笔者先分析这个法律关系的各个要素,最后再对这个法律关系作出准确的界定。

(一)尊亲属与卑亲属之间探望权法律关系的主体

"常回家看看"条款规定的这一法律关系的主体,适用的是"家庭成员""与老年人分开居住的家庭成员""赡养人"以及"用人单位"的概念。如何理解这四个概念,应当将其回归至亲属法的范畴中进行界定,否则无法确定其准确的内涵。这是因为《老年人权益保障法》的性质是社会法,在一部社会法中规定亲属权利义务关系,使用非亲属法的概念是可以理解的。

---

⑨ 参见朱巍:《是否"常回家看看"不该由司法解决》,载2013年8月6日《新京报》。

1. 老年人

《老年人权益保障法》使用老年人的概念,是指60周岁以上的公民(第2条)。这个界定是社会法的定义,而不是亲属法的定义。在近亲属探望权法律关系中,应当将老年人的概念界定为60岁以上的老年尊亲属。"常回家看看"条款规定的具体内容是,60岁以上的老年尊亲属,享有要求其他家庭成员履行探望义务的权利。

问题是,难道59岁以下的尊亲属就不享有这个权利吗?这仍然是该法社会法属性的局限使然。在亲属法领域推而广之,凡是长辈尊亲属都享有这个权利,只不过老年尊亲属更需要精神关怀,更需要探望权的保护而已。

因此,在近亲属探望权法律关系主体中,权利主体是尊亲属,特别是60周岁以上的老年尊亲属。他们都享有这个权利。

2. 家庭成员和与老年人分开居住的家庭成员

家庭成员这个概念,在《婚姻法》中也使用过,但它不是一个严格的亲属法概念。家庭,是以婚姻、血缘关系和共同经济为纽带而组成的亲属团体。[⑩] 以此推论,家庭成员就是以婚姻、血缘关系和共同经济为纽带而组成的亲属团体中的成员。

依照"常回家看看"条款第1款和第2款规定的内容观察,家庭成员分为与老年人共同居住的家庭成员和与老年人分开居住的家庭成员。所谓共同居住,其实就是同财共居,成为一个家庭实体,这是狭义的家庭。前文对家庭概念的定义,就是对狭义的家庭概念的定义。与老年人分开居住的家庭,是既不同财也不共居的亲属团体,可以是单个的近亲属与家庭分别居住,也可以是同财共居的小家庭与老年尊亲属的家庭分别居住,这样的亲属团体是广义的家庭概念,与狭义的家庭并不相同。

上述两种家庭成员,其实就是亲属法中的近亲属概念。在近亲属中,分为同财共居的近亲属,相当于与老年尊亲属共同居住的近亲属,以及不同财共居的近亲属,即与老年尊亲属分开居住的近亲属。

在上述近亲属中,负有探望义务的义务主体是晚辈卑亲属。长辈尊亲属不存在探望老年尊亲属的问题,平辈近亲属也不需要这样的权利义务关系。因此,本条款规定的探望权法律关系的义务主体,就是共同居住(同财共居)的卑亲属和分开居住(不同财共居)的卑亲属。

3. 赡养人

"常回家看看"条款第3款使用了"赡养人"的概念。对此,应当理解为对老年尊亲属负有赡养义务的卑亲属。之所以使用这样的概念,是因为该款规定的是用人单位保障赡养人探亲休假的法定义务,卑亲属履行探望义务,需要用人单位对其探亲休假的权利予以保障,进而保障老年尊亲属被探望权的实现。赡养人的概念包括在"分开居住的家庭成员"概念之中。

---

⑩ 参见杨大文主编:《婚姻家庭法》,中国人民大学出版社2012年版,第2页。

4. 用人单位

用人单位不是探望权的法律关系主体,而属于保障探望义务履行的主体。这样规定的立法初衷在于解决在现代社会中,赡养人因工作繁忙无法探望老人的社会问题,给予赡养人在法定节假日以外专门探望老年尊亲属的时间。同时,该规定又是对用人单位赋予一种法律义务,用人单位应该依法对赡养人安排特定的带薪假期。⑪ 这样的意见是正确的。

在探望权法律关系中,用人单位作为辅助义务主体,在保障赡养人履行探望义务中,主要有两种障碍:一是目前实行的探亲假的法律依据是 1981 年施行的《国务院关于职工探亲待遇的规定》,覆盖的是国家机关、人民团体、全民所有制企业和事业单位,其他用人单位没有在其调整范围之内;二是用人单位对劳动者的地位强势,经常借口工作忙而不予准假。对此,所有的用人单位都应当按照这样的规定,未结婚的每年享有 20 天假期,已经结婚的 4 年享有 20 天假期。用人单位应当保障赡养人这种休假权利,保障赡养人能够履行探望义务。

(二)近亲属探望权法律关系的客体

近亲属探望权法律关系的客体,是尊亲属与卑亲属之间探望的身份利益。

亲属关系的客体是因亲属关系而享有的一定身份利益。⑫ 在尊亲属与卑亲属之间,存在亲权关系和亲属权法律关系。由于探望权的义务主体是成年卑亲属,因此在亲权关系中不存在探望权,探望权只存在于亲属权法律关系之中。

亲属权法律关系包括成年子女与父母、孙子女外孙子女与祖父母外祖父母以及兄弟姐妹之间的权利义务关系。兄弟姐妹之间属于平辈亲属,一般不存在探望权法律关系,但在特殊情况下,弟妹需要对年老的兄姐进行扶养时,可以适用探望权的规定,构成探望权法律关系。

近亲属探望权法律关系的客体分为广义客体和狭义客体。广义客体,既包括该条第 2 款规定的分别居住的卑亲属对老年尊亲属的探望,也包括第 1 款规定的共同居住的卑亲属关心老年人的精神需求,不得忽视、冷落老年人。狭义客体仅指前者。

近亲属探望权法律关系的狭义客体是进行探望的行为。负有探望义务的亲属,应当对年老的亲属进行探望,包括去老年尊亲属的住处探望,嘘寒问暖,给予关怀。该种行为应当以作为的方式进行。

法律难以规定卑亲属究竟应当多长时间探望一次。不过,该条款已经规定一个"经常"的要求,并非法官不能进行判断。分居国外或者外地,或者就在一个城市居住,都有办法确定"经常":在同一地区居住的探望义务人应当保证 3 个月探望一次;在外地工作的探望义务人,没有结婚的应当保证一年探望一次,已经结婚的最少应当 4 年一次;在国外居住的,应当在适当的时间进行探望。关于对老年尊亲属的经常问

---

⑪ 参见朱巍:《是否"常回家看看"不该由司法解决》,载 2013 年 8 月 6 日《新京报》。
⑫ 参见杨立新:《民法总则》,法律出版社 2013 年版,第 84 页。

候的时间问题,不必按照这个要求解释。

(三)尊亲属与卑亲属之间探望权法律关系的内容

民事法律关系的内容,是指民事主体在民事法律关系中所享有的权利和承担的义务。[13]

探望权法律关系内容的具体表现,是尊亲属与卑亲属之间对探望的身份利益享有权利,对这项身份利益占有、支配,就是尊亲属享有的探望权。所以,探望权就是尊亲属为实现被探望的身份利益而依法请求义务人履行探望行为的自由。

为了保障老年尊亲属对探望身份利益的支配,即保障老年尊亲属的探望权,确定与该尊亲属相对应的卑亲属,为满足探望权人的被探望的身份利益而实施探望行为的义务。这个义务具有法定义务的必要性,只有卑亲属履行这个义务,才能使权利人实现被探望的权利。

(四)探望权法律关系的界定及用人单位的义务

1.对近亲属探望权法律关系概念的界定

根据以上对近亲属探望权法律关系要素的分析讨论,可以认为,卑亲属对老年尊亲属的探望权法律关系,是指共同居住的卑亲属对老年尊亲属负有的关心精神需求,不得忽视、冷落,分开居住的卑亲属对老年尊亲属经常看望或者问候的义务,以及老年尊亲属享有的相应权利,构成的近亲属之间的权利义务关系。

这样界定近亲属探望权法律关系,能够与离婚后父母的探望权法律关系相区别,尽管探望的行为相同,但亲属主体和具体内容并不相同。

2.用人单位对赡养人探亲休假权利的保障义务

用人单位对赡养人探亲休假的保障义务,是探望权的附带内容,并不是探望权法律关系的内容。法律规定将其作为探望义务履行的保障措施,是强制用人单位必须保障准许作为劳动者的赡养人的休假权利,以使其能够履行探望义务。

这个权利义务关系不属于民法的调整范围,而属于劳动法的范畴。劳动者与用人单位之间的法律关系是劳动关系,属于社会法范畴。它要求劳动者与用人单位之间,就探亲休假这一特定内容,双方享有权利和负有义务。劳动者是权利主体,用人单位是义务主体,用人单位应当依照国家规定,保障劳动者探亲休假的权利,违反者应当承担相应的法律责任。

四、"常回家看看"条款的司法保障

有人认为,如果有人依照"常回家看看"条款的前两款向法院提起诉讼,要求赡养人尽到探望义务,法院应该以调解教育为主,不宜以判决的方式强制赡养人行使探望义务,毕

---

[13] 参见杨立新:《民法总则》,法律出版社2013年版,第85页。

竟道德层面的义务以法律形式实施很难起到实际作用。⑭ 有人认为,由于新条款在本质上没有增加任何新的法律上的义务,对那些忽视、冷落父母的子女也暂无任何惩罚措施,所以该条款只是一个倡导性的行为规范,不存在强制执行的问题。⑮ 也有人认为,这个法律条款有点空,不利于真正落实"常回家看看"。法院判决后,如何执行是一个很大的问题。回家本来是一个高兴的事,如果强制其回家,就完全达不到回家看望的效果。总之,强制执行的难度很大。⑯ 这些看法都是不正确的。对此,我的看法是:

(一)分别居住的卑亲属有条件而不履行探望义务应当强制其履行

诚然,"常回家看看"条款并没有像《婚姻法》第38条那样详细规定探望权行使的方式以及不利于子女身心健康的探望应当中止等内容,但民事责任是指当事人不履行民事义务所应承担的民法上的后果。这是因为,先有民事义务,而后才能够产生民事责任,义务在性质上属于法之"当为",具有法律上的拘束力,所以,违反民事义务将会承担法律上的不利后果,即民事责任。⑰ 由于"常回家看看"条款规定的是法定义务,而义务不履行的后果就是法律责任,因此尽管"常回家看看"条款没有明确规定民事责任,也应当依照《民法通则》的一般规定,确定探望义务不履行的后果是民事责任。可见,"常回家看看"条款具有法律上的执行力,并非只是一个倡导性条款,同样存在强制执行的问题。

有人认为,强扭的瓜不甜,借助法律的威力把子女押送回来,只会破裂维系人类社会最基本的人伦关系,道德伦理应该归属道德伦理领域,而不是用法律的张力强制约束,不要神化法律的"完全替代性",这只会本末倒置,适得其反。⑱ 笔者并不这样认为。法律规定赡养老人,是卑亲属的法定义务,不赡养老人就是违法,就应当承担法律责任,甚至承担刑事责任。法律规定"常回家看看"的法定义务,同样须作这样的要求,有条件回家而不回家探望老年尊亲属,强制其回家探望老人,不仅对其个人是一个教育,对社会其他成员更是一个警戒。在这样的警戒下,"常回家看看"义务被社会成员所自觉遵守,就能够维系人类社会最基本的人伦关系,家庭的温馨、老人的天伦之乐就会实现,自然就会成为一个健康良性的社会。

常回家看看义务的履行,应当分为两种情况:第一,有条件回家探望的卑亲属,应当经常回家探望老年尊亲属;第二,没有条件回家探望的,应当经常问候老人。"常回家看看"条款第2款规定的内容,分为探望和问候。探望和问候两个概念并列在一起规定,就是为了区分具体情况,作不同的要求。对上述义务拒绝履行,即有条件回家

---

⑭ 参见朱巍:《是否"常回家看看"不该由司法解决》,载《新京报》2013年8月6日。
⑮ 参见《法律规定"常回家看看"公司不给假可依法仲裁》,载西部网(http://news.cnwest.com/content/2012-12/29/content_8041305.htm),2013年8月14日访问。
⑯ 参见王楠等:《法律规定常回家看看公司不给假咋办?》,载2012年12月29日《成都商报》。
⑰ 参见王利明:《民法总则研究》,中国人民大学出版社2012年第2版,第479—480页。
⑱ 参见《"常回家看看"入法"强扭的瓜不甜"》,载凤凰网·财经频道(http://finance.ifeng.com/roll/20110106/3160587.shtml),2013年8月16日访问。

探望而不经常回家探望老年尊亲属的,即为违背法定义务;没有条件回家探望,也不经常问候老年尊亲属的,亦为违背法定义务。对此,就要责令分开居住的卑亲属承担继续履行的强制措施。例如,在一个城市居住的与老年尊亲属分别居住的卑亲属,3个月没有回家看望或者问候老年尊亲属,可以认定其违背义务。既然违背民事义务,就应当以民事责任予以保障,令其承担民事责任,强制其继续履行义务。这些问题,就像当年《婚姻法》规定探望权的时候一样,刚开始都没有经验,但随着司法实践的积累就有了经验,判断起来也就没有了阻碍。因此,并不需要担心这个条文执行的现实性,随着经验的积累,这个规定一定会有很好的效果。

(二)义务人拒不履行探望义务,权利主体享有请求权

既然尊亲属享有的被探望的权利是民事权利,当这个权利不能实现的时候,就需要依法进行保护。按照民法法理,民法对民事权利的保护采用请求权的方式。[19] 对于探望权受到侵害或者妨害的老年尊亲属,法律赋予其请求权,有权请求侵害或者妨害其权利行使的人承担法律规定的责任,实现其权利。保护探望权的请求权分为两个体系:一是原权请求权;二是侵权请求权,分别担负保护探望权的职责。

原权请求权是各种民事权利所固有的权利,保障本权的实现,义务人不履行义务,使其权利不能实现,即可依据该原权请求权,请求义务人强制履行义务。例如物权请求权、人格权请求权等。老年尊亲属享有的被探望权是身份权的具体权利,原权请求权是该权利固有的身份权请求权。当其享有的探望权不能实现,卑亲属不履行探望义务时,老年尊亲属作为权利人,即可行使其享有的身份权请求权,请求分开居住的卑亲属履行探望义务,实现探望权。

侵权请求权更多的是针对非卑亲属的法定义务人。根据《侵权责任法》第3条的规定,在权利受到侵害之后,权利人新发生侵权请求权。被探望权被侵害,依据这一规定,权利人也产生侵权请求权,请求作为违法行为人的非卑亲属承担侵权责任,保护被探望权。这种请求权针对的是作为绝对权的探望权的义务人的救济方法,《老年人权益保障法》第18条第3款规定的用人单位的义务不履行,老年尊亲属即产生侵权请求权,有权请求不能履行探望义务的卑亲属的用人单位,承担侵权责任,继续履行、赔礼道歉或者赔偿损失。

在上述两个请求权的行使中,后一个请求权具有更为重要的意义。目前就业市场仍然是用人单位占据强势地位,用人单位依据其强势地位,强调其特殊性而不履行保障劳动者探亲休假的权利。这样的做法不仅违反劳动法的规定,侵害了劳动者的权利,也侵害了赡养人的老年尊亲属的被探望权,依法应当承担侵权责任。有人认为,仅仅靠《老年人权益保障法》来约束用人单位是不够的,这一法律更多倡导子女对

---

[19] 参见杨立新:《民法总则》,法律出版社2013年版,第102页。

老人进行赡养,并不能强制用人单位实行探亲休假。[20] 这种看法并不正确。法律具有强制性,《老年人权益保障法》同样具有强制性的效果。该法规定了用人单位保障赡养人的探亲休假的权利,就是赋予其强制性的义务,该义务不履行,同样应当承担侵权责任。确定探亲休假的权利的依据,是 1981 年《国务院关于职工探亲待遇的规定》,已经被该法规覆盖的国家机关、人民团体、全民所有制企业和事业单位,当然按照这一法规确定探亲休假的权利;不在其内的劳动者,应当参照这一法规的规定,确定休假的权利。卑亲属依照《老年人权益保障法》第 18 条第 3 款的规定,要求用人单位准许其探亲休假,如果单位拒绝,难道不可以对其提出侵权之诉吗?对此,该赡养人的老年尊亲属依照该法的规定以及《侵权责任法》第 3 条规定,享有侵权请求权,有权向用人单位提出侵权请求权,并且按照《侵权责任法》第 15 条选择适当的侵权责任方式,保障其受到侵害的权利得到救济,实现自己的探望权。

(三)法院受理这类案件的判决及执行

在对"常回家看看"条款进行的争论中,对法院究竟应当怎样处理这类民事争议案件存在较大分歧。很多人持法院不宜受理这类案件的看法,即使受理也应当进行调解,不宜进行强制性的判决。我不同意这样的看法。《老年人权益保障法》不是软法,"常回家看看"条款规定的义务也不是不真正义务。既然如此,法院为什么不宜受理这类案件?受理这类案件为什么不能进行判决,只能进行调解呢?

典型案例是:在 2013 年 7 月 1 日《老年人权益保障法》施行的第一天,国内关于"常回家看看"条款适用的首例判决就在无锡诞生。被告马某的母亲今年 77 岁,早些年约定由女儿、女婿负责养老,但多年相处之后,母亲与女儿一家产生矛盾,后来更是赌气出走,到儿子家居住,其女儿马某在母亲离家后,从未前往看望。因气不过被女儿如此对待,母亲一怒之下将女儿、女婿告上法庭。江苏省无锡市北塘区人民法院对本案进行公开开庭审理,判处被告马某除承担原告母亲一定的经济补偿外,还需至少每两个月到老人居住处看望问候一次,同时要求端午节、重阳节、中秋节、国庆节、元旦这些节日,马某也应当至少安排两个节日期间对母亲予以看望。[21] 对这样的判决尽管有不同看法,但多数群众持肯定态度。

笔者对本案判决持充分肯定态度,因为它完全体现了"常回家看看"条款规定的精神,也完全符合本文分析的上述法理。

问题是,这样的判决在执行中是否会造成不欢而散的结果呢?有人认为,强制履行探望义务的判决在执行中会发生尴尬局面,子女要么不探望,要么见面就吵嘴,常

---

[20] 参见《探亲规定 32 年未改 "常回家看看"亟待配套保障》,新华网(http://www. shzgh. org/node2/jiading/node1618/u1ai371831. html) ,2013 年 8 月 15 日访问。

[21] 参见《女子被判"常回家看看" 系国内首例判决》,载安徽网(http://www. ahwang. cn/china/20130701/1292523. shtml) ,2013 年 8 月 15 日访问。

回家看看变成常回家吵架。㉒ 笔者认为,任何判决都有发生这种情况的可能,并不奇怪。按照法律,这类案件可以按拒不执行人民法院生效判决罪惩罚拒不执行的子女。尽管采用这样的方法可能加重双方之间的怨恨,激化矛盾,但这样的强制力必须保留,否则,"常回家看看"条款就会成为一纸空文。

㉒ 参见《判决"常回家看看"变"常回家吵架"》,载芜湖新闻网(http://www.wuhunews.cn/ahnews/2013/08/2013-08-05707677_2.html),2013 年 8 月 15 日访问。

关于夫妻共同财产的若干问题*

一、夫妻共有财产的概述

(一)夫妻共有财产的概念

在亲属法学领域,对夫妻共同财产与夫妻共有财产是互用的,视为同一概念。使用更多的是夫妻共同财产概念。

关于夫妻共同财产的概念,学者有不同的定义。一种定义方法是强调夫妻共同财产的来源,如认为"夫妻共同财产是指夫妻双方在婚姻存续期间所得的财产"[①],或者"夫妻共同财产,是指夫妻双方或一方在婚姻关系存续期间所得的财产"。[②] 另一种定义方法是强调夫妻共同财产的所有权性质,认为夫妻共同财产是"婚姻关系存续期间夫妻双方共有的财产"[③],强调夫妻共有财产是共有性质的财产。

这两种定义方法,前者多为主要研究亲属法的学者所使用,后者多为主要研究民法或者物权法的学者所使用。这两种定义各有其长,也各有所短,各自均只强调一个方面而忽略了另一个方面。

实际上,夫妻共有财产和夫妻共同财产并不是同一个概念,应当仔细区分两者之间的差别。在《婚姻法》中,使用夫妻共同财产这个概念是指实在的财产形式,是指夫妻共有财产的客体,即夫妻所享有、所有的财产,而不是指夫妻财产关系。例如,夫妻共同财产范围、夫妻共同财产分割,讲的都是这个意思,而不是说夫妻对共同财产所享有的权利和承担的义务。

夫妻共有财产这个概念强调的是"共有",即特别突出财产的所有权形式,而不是所有权的客体。因此夫妻共有财产的概念所指的是所有关系,是基于财产而产生的人与人之间的财产所有权关系。夫妻作为财产所有权的共同主体,享有的是一个共同的所有权,这就是"夫妻共有"。

因此,夫妻共有财产所要研究的是物权法所要研究的共有问题,而夫妻共同财产,严格地说则是夫妻共有财产的下属概念,是财产所有权客体的概念,即物的概念。

---

* 本文由《法学学刊》1994 年第 2 期刊登的《论夫妻共同财产范围的认定》和《福建审判》1994 年第 3 期刊登的《论夫妻共同财产分割》两篇文章修改而成。

① 王战平主编:《中国婚姻法讲义》,人民法院出版社 1991 年版,第 130 页。
② 巫昌祯主编:《中国婚姻法》,中国政法大学出版社 1991 年版,第 130 页。
③ 《法学词典》(增订版),上海辞书出版社 1984 年版,第 68 页。

在学理上,应当区分这两个概念的不同。

夫妻共有财产,是指夫妻在婚姻关系存续期间,一方或双方取得,依法由夫妻双方共同享有所有权的共有关系。夫妻共同财产,是指夫妻共有财产权的客体,即夫妻共同共有的财产。例如夫妻共同财产范围、夫妻共同财产分割中的夫妻共同财产,均在这个意义上使用这一概念。

夫妻共有财产这一概念并不是讲某种财产,它是指一种夫妻财产制度,以及在该种财产制度下财产所有人的权利义务关系。如果将夫妻共有财产的概念混同夫妻共同财产的概念,将夫妻共有财产也理解为某种财产,则使这个概念的含义过于狭小而发生错误。因而,"夫妻共有财产"这一概念,是指夫妻共有财产制以及夫妻对共有财产所形成的共有的权利义务关系。夫妻共有财产制包括一般共同制、动产及所得共同制、所得共同制、劳动所得共同制诸种样态。在我国,夫妻共有财产制专指法定的夫妻婚后所得共同制,在这种制度下,夫妻关系缔结后,双方或一方所得财产,夫妻双方享有平等的共有权,构成共同共有的财产所有权关系。

(二)夫妻共有财产的法律特征

夫妻共有财产具有以下法律特征:

(1)夫妻共有财产的发生以夫妻关系缔结为前提。夫妻共有财产的发生以夫妻关系缔结为前提,以夫妻没有选择其他夫妻财产制为必要条件,依照法律的规定而产生。任何共同共有关系的产生均须依一定的法定共同关系的存在为依据,夫妻共有财产同样如此。由于夫妻共有财产具有多种形式,法律准许夫妻共同选择法律规定以外的财产制形式,因而,夫妻共有财产不仅要基于夫妻关系的缔结为前提,而且还必须具备夫妻没有选择其他财产制形式为条件,并非因存在夫妻关系而必然发生。

(2)夫妻共有财产的权利主体是夫妻二人。夫与妻是两个权利主体,不是一个权利主体。正因为这样,才对财产的所有关系构成共有关系。在理论上有一种主张认为夫妻构成家庭就是一个主体,对外享有一个权利,是一个整体。这种观点不准确。诚然,在夫妻共有财产中,夫妻享有的是一个权利,即共有权,但作为它的主体的夫妻却是两个具有独立民事权利能力和民事行为能力的独立主体,是独立的人。将夫妻作为一个整体对待有其道理,但是因此而认为夫妻是一个共同的权利主体,则是错误的。如果是那样的话,也就无法构成夫妻共有财产了。

(3)夫妻共同财产的来源为夫妻双方或一方的婚后所得。形成夫妻共同财产:一是婚后所得;二是夫妻双方或者一方所得。在一般情况下是双方所得,即使仅仅一方工作获得报酬,而另一方没有工作,对家庭没有实际的财产贡献,同样也构成夫妻共同财产,享有共有权。这一点,与合伙构成合伙共有财产和夫妻以外的家庭成员构成家庭共有财产不同。合伙人不向合伙投资,不创造利益,就不会享有合伙财产的权利,也就不是合伙人。其他家庭成员成为家庭共同财产的主体,应当向家庭作出财产贡献,否则也不能形成家庭共有财产。

(4)夫妻共有财产的财产所有性质为共同共有。在夫妻共有财产存续期间,夫妻作为共有人,不分份额,共同享有夫妻共同财产的所有权,夫妻关系不消灭,共同共有关系不能终止④,共有财产不得分割。

(三)亲属法研究夫妻共有财产应当从物权法的角度深入研究

夫妻共有财产作为亲属法上的概念,受到婚姻法学界的广泛重视,成为婚姻家庭法理论研究的一个重点问题,尤其是在处理离婚时的夫妻共有财产分割的实务上,应更为重视。然而,夫妻共有财产作为共有权的一个种类,在物权法上具有重要意义,着重研究夫妻作为共有主体构成共同共有的权利义务关系,并不是为了着力研究夫妻财产的分割问题,而是为了揭示这种共有的内在规律性。

研究亲属法,也必须研究亲属的财产关系,必须研究夫妻的财产关系。一方面,经济是社会的基础,构成人与人之间的关系的基础是财产关系,如果没有财产关系的基础,任何人与人之间的关系都不会存在下去。另一方面,民法的另一个基本内容就是对财产关系的调整,如果忽视对财产法的调整,民法的两大支柱即人法和财产法就会缺少一个,造成残缺,就不是完整的民法。

亲属关系首先是人与人之间的关系,是民法中人法的内容,是关于人本身的权利义务关系。特别是夫妻关系是亲属关系的基础,是产生其他人的身份关系的基础。而身份关系是人与人之间最广泛的关系,构成社会关系的基础。同时,就像构成人与人之间关系的基础是财产关系一样,任何身份关系包括夫妻关系,也都是以财产关系作为基础的,基于财产关系生存,基于财产关系发展,没有财产关系,任何亲属关系、任何婚姻关系都将无法维持和继续。在社会经济不够发达的时候,夫妻产生纠纷、夫妻关系分裂多数是由于财产问题;即使在经济已经基本发达的小康社会,夫妻关系的纠纷基于精神成分酿成的纠纷增加,但对于经济利益的纷争仍然存在,而且争执的标的额更为巨大,形成了更为重大的财产争议。由此可见,一个社会,一个家庭,应当充分重视人的因素,重视对人的关系中的精神利益的调整,但是绝不能因此忽视对人与人之间财产关系的调整,把决定人生存、发展的物质基础关系重视起来,依法调整好。

夫妻关系既涉及亲属法中的配偶财产关系,也涉及物权法中的共有权。在亲属法中,包括对夫妻的财产制度,夫妻对共同财产的占有、使用、收益和处分;在物权法的共有权中,包括夫妻共有财产,夫妻对共同财产享有的权利和义务。这两个相互融合的关系构成夫妻关系的基本特点,也构成了夫妻共有财产的基本特点。在民法研究中,如何全面、完整、科学地揭示这两种关系的渗透和融合,揭示其基本的运行规律,是一个重大的任务。

在研究亲属法中研究夫妻共有财产,是必然的,因为财产关系是夫妻关系的一个重要内容。但是,亲属法特别重视的是夫妻之间的身份地位关系,侧重的是夫妻之间的精神利益关系。亲属法虽然也极为重视夫妻财产关系,但是,由于不是纯粹从财产法、从物权法的角度研究问题,对物权规律的阐释、依循、操作,可能都存在不足。因

---

④ 夫妻另有约定的,不在此限。

而,对夫妻共有财产的阐释不一定全面和准确。

因此,有必要在财产法领域,在物权法的研究中,加强对夫妻共有财产的研究,深入研究夫妻共有财产的规律和特点,对全面发展婚姻家庭关系,保障夫妻双方当事人的合法权益,极为重要。

二、夫妻共有财产的产生和夫妻共同财产范围

(一)夫妻共有财产的产生

夫妻共有财产关系的发生,依照共同共有依据法律规定而发生的原则,是基于夫妻关系的缔结。但是,仅仅基于这样一个法律事实并不必然发生夫妻共同共有关系,还必须基于另一种法律事实,即缔结夫妻关系的双方未选择其他夫妻财产制。缺少上述任何一个必备要件,都不能发生我国法定的夫妻财产共同共有关系,即夫妻共有财产。

1. 夫妻关系的缔结

夫妻关系的缔结是发生夫妻财产共同共有关系的首要条件。婚姻关系的缔结,依照法律规定,须由缔结婚姻关系的男女亲自到国家婚姻登记机关,表示双方缔结婚姻关系的意愿,经审查符合结婚条件的,以结婚登记的时间作为婚姻关系缔结的时间。夫妻关系一经缔结,即具备发生夫妻共同共有关系的第一个要件。

2. 缔结婚姻的双方当事人未选择其他夫妻财产制

依照我国《婚姻法》的规定,缔结婚姻的双方当事人有约定夫妻财产制而排除法定夫妻共有财产制适用的权利。如果双方行使这一权利,另行约定其他夫妻财产制形式,就不发生我国法定的夫妻共同共有关系,即婚后所得共同制。只要双方没有约定采取其他夫妻财产所有形式,夫妻共有财产关系自婚姻缔结之日起发生,从这一天开始,夫妻一方或双方所得的财产均为夫妻共同财产。

夫妻对财产所有的约定对法定夫妻共有财产制具有排斥的效力,约定全部财产采取其他夫妻财产所有形式的,全部排除法定夫妻共有财产制的效力;约定部分财产或某个财产采取其他所有形式的,约定只对这部分和这个财产发生效力,对于夫妻婚后所得的其他财产仍发生共同共有关系。在时间上,约定整个婚姻期间采取其他所有形式的,排斥法定夫妻共有财产制的适用;在婚姻关系缔结以后约定采取其他所有形式的,原则上从约定时间起,约定生效,但约定采取溯及既往原则的,则从夫妻关系缔结起,约定生效。

(二)夫妻共同财产范围

在婚后所得共同共有的体制下,确定夫妻共同财产范围,应当一方面确定夫妻共有财产范围,另一方面要确定夫妻个人财产范围。

我国《婚姻法》在没有进行这次最新修订之前的规定是,夫妻双方在婚姻关系存续期间所得的财产均为夫妻共有财产。这个规定过于简单和原则,无法解决具体问

题,同时也没有区分具体情况,有时候会侵害夫妻一方的个人财产权利。经过修订,《婚姻法》第 17 条规定,夫妻共同财产分为五个部分,只要是夫妻双方在夫妻关系存续期间所得,即直接成为夫妻共同财产。

1. 工资、奖金

工资、奖金,即为劳动所得报酬,指夫或妻一方或者双方从事一切劳动包括脑力劳动、体力劳动所获得的工资报酬和奖金报酬。

2. 生产、经营的收益

这里强调的是生产、经营活动的收益,诸如承包、租赁等,凡属于夫妻关系存续期间一方或双方经营承包、租赁企业、私营企业、个体工商业、合伙,等等,其所获收益,均为夫妻共同财产。

3. 知识产权的收益

夫妻共同取得的知识产权,如共同写作的书籍、论文,共同发明的专利等,归夫妻共同享有,其所得经济利益,属于夫妻共同财产。一方取得的知识产权,权利本身属于个人所有,依该权利已经取得的经济利益为夫妻共同财产,在夫妻关系存续期间尚未取得的经济利益即预期利益,不属于夫妻共同财产。在现实中,很多离婚的夫妻对一方未取得经济利益的知识产权作为夫妻共有财产进行分割存在争议。例如,一方在婚姻关系存续期间写作的著作,离婚时还没有得到稿酬,对方要求对该著作权全部或者对其预期的财产权利作为夫妻共同财产进行分割。这种要求是无理的,因为一方面知识产权是权利人的权利,不是权利人就不能获得这个权利;另一方面,在婚姻关系存续期间获得的财产是夫妻共同财产,著作权的稿酬等财产权还没有获得,不能作为夫妻共同财产。

4. 继承或受赠的财产

对此,各国立法一般都不认为继承或受赠的财产为夫妻共同财产,但共同受赠、继承的财产,当然为夫妻共同财产。一方或双方继承、受赠的财产作为夫妻共同财产,符合婚后所得共同制的原则,扩大了夫妻共同财产的范围。这样做的后果是,对于限制只许一方继承或者一方受赠的情况而言,显然侵害了继承人或者受赠人的合法权益,也是对被继承人和财产所有人支配财产的意志的不尊重。新修订的《婚姻法》对此作了限制性的规定,这就是"遗嘱或赠与合同中确定只归夫或妻一方的财产"除外,这就是说,如果遗嘱或者赠与合同明确规定只将遗产或者财产处分给夫妻一方的,他方不享有这项财产的所有权,不作为共同财产。

5. 其他应当归夫妻共同所有的财产

这些财产主要包括:

(1) 一方或双方取得的债权:双方取得的任何债权均为预期的夫妻共同财产;一方取得的债权亦属夫妻共同财产。该种债权,包括各种债权及记载债权的文书即有价证券,包括这些债权实现所获得的财产利益。如夫或妻一方购买奖券而中奖所得奖金、购买股票的增值,均为夫妻共同财产。

(2)其他如获得的资助、捐助,等等,也为夫妻共同财产。

(三)对具体问题的处理

在确定夫妻共同财产范围时,还有以下4种具体情况:

1. 夫妻分居的财产

夫妻分居两地分别管理、使用的婚后所得财产,为夫妻共同财产,不能因为分别管理和使用而认为是个人财产。近年来,这种情况大为减少,但还存在。夫妻分居两地,并不影响夫妻的权利义务关系,对财产的所有性质仍然是共有,不会因为分居两地而改变。对财产的分别管理、使用,是夫妻行使共有权的内容,也不是对共有财产的分割,不会改变财产共有的性质。因此,应当认定为夫妻共同财产。但是,这种情况在离婚时分割财产会发生作用。在一般情况下,分居两地,财产分别管理、使用的,原则上将自己管理、使用的财产分割给该人,如果财产价值悬殊,可以作价补偿。

2. 已登记结婚但未共同生活的财产

已登记结婚尚未共同生活,一方或双方受赠的礼金、礼物、收入,只要不违背法律规定,应认定为夫妻共同财产,不能因尚未共同生活而认定为个人财产。这是因为,既然建立了婚姻关系,没有约定实行其他财产所有形式,当然产生夫妻共同财产。从此之后各人所得财产都是夫妻共同财产。如果双方离婚,对这些财产应当作为夫妻共同财产分割。

3. 性质难以界定的财产

对是个人财产还是夫妻共同财产难以确定的,主张权利的一方不能证明,人民法院又无法查实的,按夫妻共同财产处理。这是夫妻共同财产的推定。没有证据证明特定财产是夫妻共同财产还是个人财产,推定为夫妻共同财产,较为公平。离婚时因此发生争议,按夫妻共同财产进行分割。

4. 夫妻相互赔偿的可能性

《婚姻法》建立了离婚过错赔偿制度,规定了由于过错造成离婚的,无过错一方可以请求对方损害赔偿。这样规定是没有问题的。现在的问题是,很多人主张实行家庭暴力造成对方损害的,即使没有离婚,受害方也可以请求对方予以损害赔偿。对于这个问题,涉及夫妻共同财产的范围问题。如果发生这种行为的夫妻是夫妻共有财产制,个人又没有自己的个人财产,一方面是加害人如何支付损害赔偿金,另一方面是受害人对这个收入是否可以作为共同财产,都有问题。后一个问题,直接由受害方建立自己的个人财产就行了;前一个问题,如果加害人一方没有自己的财产,是没有办法处理的。因此,笔者反对在实行夫妻共有财产制、各自又没有个人财产的配偶之间实行这种损害赔偿。因为这种只能更加损害夫妻关系,加速夫妻关系的破裂之外,没有更多的好处。

三、夫妻共有财产的效力

(一)夫妻共有财产权与配偶权的关系

1. 配偶权是配偶之间的身份关系

配偶权是夫妻之间的基本身份权,所包括的八项权利都是基本身份利益,并没有财产权的内容。这是因为,配偶权的客体不包括法律明定的财产权利,如财产共有权、相互继承权,这些权利是由物权法和继承法调整的范围,不属于人身权法的内容。夫妻共有财产权是夫妻之间最重要的权利之一。只是因为这个权利是财产权性质,是物权,所以在身份权中不加以规定而已。

2. 夫妻共有财产权与配偶权是婚姻发生的两个最重要的关系

婚姻一经发生,在配偶之间就发生两个法律关系,一个是配偶的身份关系,一个是配偶的财产关系。因此,配偶权和夫妻共有财产权,是两个相互依赖、相互配合的权利。虽然它们作为性质不同的两个权利,却不能完全分开。离开了配偶权,夫妻共有财产权就失去了存在的基础;离开了共有权,配偶权就失去了物质依赖,无法保持和发展。只有这两个权利并存,才能够保证夫妻关系的和谐发展。

(二)夫妻共有财产主体的权利

夫妻共有财产主体的权利义务,原则上与一般共同共有人的权利和义务相同,但仍有其特点。夫妻共有财产权利人即配偶享有如下权利:

1. 平等享有占有、使用、收益、处分权

这个权利包含两个方面:一方面表明,配偶对夫妻共有财产享有平等的权利,一律平等地享有所有权,包括使用、收益权和处分权,任何一方不得歧视对方。另一方面表明,每个人的权利都是针对全体夫妻共同财产的,是完整的权利,而不是共有权的某一个部分。平等的权利,完整的权利,构成夫妻共有财产权利的主要内容。

应当注意的是,由于夫妻之间可以约定不同于夫妻共有财产的其他形式,因此,在双方约定对财产行使不同的权利方法时,并不是违反法律,而是行使自己权利的行为,是对财产权行使的约定。

2. 共同处理权和单独处理权

配偶对夫妻共同财产均有共同处理权和单独处理权。共同处理权,是针对处分夫妻共同财产重大事务的权利,如变卖夫妻共同财产,在夫妻共同财产上设置他物权,以及其他使夫妻共同财产发生重大变化的事务,均应由配偶共同决定处理,任何人不得独断专行。单独处理权是指对某些具体的、不涉及夫妻共同财产发生重大变化的事务,以及相互委托进行的事务,配偶有单独的处理权。

3. 相互代表权

在配偶之间,相互有代表权。对一般的夫妻共有财产处理,可以代表对方进行,但是重大事项不能代表。

这种相互代表权与配偶权中的日常事务代理权相似。共同财产的平等处理权是共有财产权的具体内容，而不包含家事代理权。家事代理权是配偶权中的一项重要内容，不仅关系夫妻平等权利问题，而且关系到善意第三人的合法利益问题。因而，立法必须明确。

行使相互代表权应当受到必要的限制。对此，可以借鉴《埃塞俄比亚民法典》的规定。该法第 658 条规定："下列事项，必须得到配偶双方一致同意：（1）转让共同的不动产；（2）转让价值超过 5 000 埃塞俄比亚元的动产，或记有配偶双方名下的有价证券；（3）订立超过 1 000 埃塞俄比亚元的借款合同；（4）进行超过 100 埃塞俄比亚元的赠与或为第三人超过 100 埃塞俄比亚元的债务作保证。"进行这种限制，是对保障配偶双方财产权利的重要的措施。所以，在我国立法和司法中，也应当建立这样的限制制度。

可以考虑限制的条件为：夫妻处分下列夫妻共同财产，必须得到配偶双方一致同意：一是转让共同的不动产；二是转让价值超过 10 000 元人民币的动产或记有配偶双方之名的有价证券；三是订立超过 5 000 元人民币的借款合同；四是进行超过 1 000 元人民币的赠与或为第三人超过 1 000 元人民币的债务作保证。

4. 物上追及权

夫妻共有财产受到不法侵害的，配偶双方均享有此权利，可以独自行使停止侵害、排除妨碍、返还原物、赔偿损失的请求权。

（三）夫妻共有财产主体的义务

夫妻共有财产的主体负有如下义务：

1. 将夫妻共同财产交付夫妻共同管理使用的义务

按照 2001 年《婚姻法》的规定，在实行夫妻共有财产的配偶之间，财产绝大多数是分为两部分的，一部分是夫妻共同财产，一部分是个人财产。这就将俗称的家庭中的"小金库"合法化，配偶一方可以公开享有自己单独的所有权。在这样的体制下，应当将个人财产和夫妻共同财产严格划清界限。同时，明确配偶双方都负有将属于夫妻共同财产的财产集中归配偶共同管理使用，严格履行义务，按时将自己的所得交付夫妻共同管理使用。违背该义务，应当承担一定的责任。

2. 夫妻共同财产的维修、保管、改良义务

这项义务为配偶双方的义务，均应承担。具体操作，可以由配偶双方实行，也可以由配偶一方实行，所支出的费用由夫妻共同财产支付。

3. 对所欠债务的连带清偿义务

因家庭共同生活、共同经营中所欠债务，为夫妻共同债务，须负连带清偿义务，配偶为连带债务人。

4. 共同赔偿义务

夫妻共同财产致他人损害，或者夫妻一方造成他人损害时，应以夫妻共同财产承担赔偿义务。

5. 保持共有关系

在夫妻共有财产关系存续期间,任何一方不得要求划分份额、分割共有财产、擅自处分共有财产,夫妻双方均须负此义务。

(四)对夫妻共有财产支配权的法律保护

1. 司法实践中提出的问题

在司法实践中遇到一个具体的问题,涉及婚内的夫妻共同财产法院可否判决一方予以强制性支配?对此有两种不同的意见。主张夫妻关系没有消灭对共同财产能够分割的,试图说明进行分割是一种现实的需要。主张夫妻共同财产不能分割的,则强调夫妻共同财产的整体性,如果需要分割,则应当签订分割财产的协议,以此确定分割财产的法律依据。

引发这一争论的案件的简要案情是,原告苟某与被告李某结婚20余年,所生子女已成年。二人自1992年起外出经营,积蓄由李某掌管。2002年8月后,李某独自去成都,不再顾及苟某。苟某没有经济来源生活无着,遂向法院起诉,要求使用李某掌管的夫妻共同存款10万元中的一半。法院查实李某名下存款有1.5万元,认为原、被告对此款均享有平等的权利,现原告没有生活来源,被告独占存款的行为剥夺了原告对夫妻共同财产享有行使支配、处分的权利,判决被告将存款1.5万元在判决生效后一日内分给原告8 000元,由原告自主支配。

2. 法律应当保障夫妻共同财产的权利一方对财产的支配权

夫妻共同财产是共同共有的财产。共同共有财产关系的发生原因,在于共有人之间具有法定的共同关系,例如夫妻关系、家庭成员关系或者合伙关系。基于法定的共同共有财产发生的原因,共同共有财产关系当然发生。如果共同共有财产关系发生的原因没有消灭,共同共有财产就不能分割。对此,现行法律虽然没有明文规定,但是在全国人大常委会审议的《民法(草案)》"物权法编"中,规定了"共同共有人在共有期间不得请求分割共有的不动产或者动产。解除共有关系后,可以分割共有的不动产或者动产"的意见,采纳了法理上的意见。在司法实践中,也是这样操作的。

共同共有关系没有消灭之前,对共有的财产不能进行分割的意义,在于保持共有关系的稳定性和基础,保护共有人的合法权益。如果在共同共有关系没有消灭之前,就分割共同共有财产,将会对共同共有关系的当事人造成损害。例如本案,如果认为本案判决是在分割共同共有财产,就不能予以强制,否则将使原告在未来的生活中,无法再继续请求被告为原告支付财产,很可能使原告生活陷入极度贫困。因此,不论是何种共同共有关系,如果要消灭其财产关系,必先消灭其基础关系。这样再分割共有财产就顺理成章了。

夫妻财产关系可以进行约定。如果本案的原、被告在争议发生之后,约定改变财产所有关系而采用各自所有,这种共同共有的财产关系也会发生消灭,因此而发生分割共有财产的后果。但是,本案的当事人没有这样的主张,当然不能适用《婚姻法》关于夫妻财产约定的规定来分割财产。

对本案解决的办法只有在法律规定和法理的指导下进行。共有权也是所有权，同样具有占有、使用、收益、处分的权能，这些权能的集中体现，就是所有权的支配权。《民法通则》第78条第2款规定："……共同共有人对共有财产享有权利，承担义务。"《婚姻法》第17条第2款也规定：夫妻对共同所有的财产，有平等的处理权。这种平等的权利，就包括所有权的本质，即对财产的支配权。本案原、被告的共同财产长期控制在被告手中，被告进行事实上的独占支配，而原告无法行使这一权利，因此而使原告生活无着，已经损害了共同共有关系中其他共有人的合法权利，不符合共同共有权利义务关系的基本规则，违反了《民法通则》和《婚姻法》的规定，构成违法。对此，原告提出自己的权利主张，是完全有道理的。法院判决依照所有权的支配权原理处理这一案件，确认原告对夫妻共同财产具有同等的支配权利，是完全正确的，是符合法律和法理的。

笔者认为，如果法官的胆子更大一些，完全可以将这1.5万元完全判归原告支配。理由是，既然不是分割所有权，而仅仅是对所有权的支配权争议进行处置，那就完全不必考虑份额的问题；而被告已经长期独自支配共有财产，将这1.5万元交由原告支配，也是顺理成章的。况且法院仅仅是查实了这1.5万元，依据常理判断，原、被告的共同财产绝不会只有这一点。如果作如此判决就更有意义：一是避免了没有消灭共同共有关系而分割共有财产的嫌疑；二是保护了需要支持的弱者一方；三是制裁了恶意违反法律损害共同共有人权益的人；四是坚持了法律的规定和法理的精神。

四、夫妻共有财产消灭和共同财产分割

（一）夫妻共有财产消灭

夫妻共有财产关系的消灭，应当基于婚姻关系消灭的原因事实，包括离婚和夫妻一方死亡。

1. 离婚

离婚导致婚姻关系消灭，因此导致夫妻共有财产关系的消灭。离婚分为登记离婚和判决离婚。这两种离婚发生同样的法律效力。

离婚的时间是夫妻共有财产终止的基准时间。从这时起，夫妻共有财产关系不复存在，夫妻共同财产开始分割，成为个人各自所有的财产。登记离婚的时间，应以离婚证上登记的时间为准；裁判离婚的时间，应以调解或判决离婚的法律文书发生法律效力的时间为准。

2. 夫妻一方死亡

夫妻一方死亡，婚姻关系消灭，导致夫妻共同共有关系终止。死亡包括自然死亡和宣告死亡，产生同样的法律后果。死亡的时间，自然死亡以死亡证开具的时间为准，宣告死亡则以裁判文书发生法律效力时为准。夫妻一方死亡引起的夫妻共有财产终止与离婚引起的夫妻共有财产终止的效力基本相同，只是前者以分出死者的财产为遗产,后者进行共同财产分割而已。

夫妻双方同时死亡,也同样发生婚姻关系消灭和夫妻共有财产消灭的后果,但共同财产成为遗产。

3. 夫妻另行约定其他财产制

在夫妻之间实行夫妻共有财产期间,如果双方配偶共同约定不再实行夫妻共有财产制,重新约定实行分别所有制或者其他财产制,也消灭夫妻共有财产,发生新的财产关系。

(二)夫妻共同财产的原则分割方法

夫妻关系一经终止,夫妻共有财产即告废止,应当对夫妻共同财产进行分割。

夫妻共同财产的分割方法分为两种,即原则分割方法和具体分割方法。原则上的分割方法是指离婚财产分割的一般方法,即对夫妻共有财产进行分割的基本方法。

分割夫妻共有财产的原则方法,是均等分割,辅之以根据生产、生活的实际需要和财产来源等情况适当有所差别,属于个人专用物品归个人所有。

1. 均等分割

均等分割夫妻共有财产,是我国司法实务一贯坚持的方法,即确定夫妻共有财产的范围之后,一分为二,平均分成两份。它的依据是《婚姻法》第 17 条第 2 款"夫妻对共同所有的财产,有平等的处理权"和《民法通则》第 78 条的规定。笔者赞同这样的做法,应当坚持。

2. 有所差别

坚持均等分割的原则并不是绝对的。如果不分青红皂白一律均等分割,可能会造成一些不公平的后果。为此,司法解释认为,在坚持均等分割的原则之下,允许在某些条件下适当地有所差别。这样的条件就是夫妻一方在生产、生活上有特别的需要,或者财产来源有特别的情况。

夫妻一方有生产、生活特别需要的,如某一方具有使用某种生产资料特别技能,将此种生产资料分给该方不仅对发挥技术特长有利,而且还对发展社会生产有利。又如夫妻一方生活上有特别需要,生活上需要护理,生活有特别困难,应当适当多分一些财产予以扶助。

作为夫妻共同财产的来源有特别情况的,分两种情况:一是作为典型的夫妻共同财产,即直接作为夫妻共同财产的财产,由一方取得,不体现分割的差别会出现特别不公平后果的,如婚姻关系存续期间,一方继承相当数量的财产,一方经营活动有相当数量的收入的,等等。二是作为特别情况的夫妻共同财产,例如,夫妻分居两地分别管理使用的共同财产,已登记结婚尚未共同生活时受赠的礼金、礼物等。它们都有一个来源特别的共同特点。对此,应当考虑财产来源的具体情况,在分割时适当体现差别。对夫妻分居两地分别管理使用的共同财产,分割时,各自分别管理使用的财产归各自所有,如果双方所分财产相差悬殊,差额部分由多得财产的一方以差额相当的财产折抵另一方。对于已登记结婚尚未共同生活时受赠的礼金、礼物,应考虑财产来源、数量等情况,合理分割;各自出资购置、各自使用的财产,原则上归各自所有。

(三) 具体分割方法

具体的分割方法,是对各种具体的夫妻共同财产怎样进行分割的办法。主要是对夫妻共同财产中合伙经营的财产、生产资料、当年无收益的养殖种植业、婚前个人房屋婚后增值的部分、不宜分割的共有房屋等。对于这些具体的分割方法,司法解释作了具体的规定。

1. 一方以夫妻共同财产与他人合伙经营的财产

一方以夫妻共同财产与他人合伙经营的财产属于合伙的共同共有财产,合伙未经清算,无法确定个人的应得部分,因而无法分割。处理的方法是:一种办法是将入伙的财产分给一方所有,分得入伙财产的一方对另一方给予相当于入伙财产一半价值的补偿。另一种办法是将入伙财产分为两个股份,双方均作为合伙人参加合伙,但须征得全体合伙人的同意。

2. 属于夫妻共同财产的生产资料

生产资料的范围,应包括家庭拥有的汽车、拖拉机、机械设备,乃至工厂、厂房等。分割的方法是分给有经营条件和能力的一方,分得该生产资料的一方对另一方应给予相当于该财产一半价值的补偿。也可以另行采取分割方法。

3. 夫妻共同经营的当年无收益的养殖、种植业

范围是承包经营、租赁经营等,因承包经营和租赁经营,都对经营的土地、水面等没有所有权,分割的只能是收益部分和经营权。农村土地承包经营权应当分割为夫妻个人享有,平均分割;其他承包、租赁经营权,可以分割,也可以不分割而分给一方享有,分割的应经发包人、出租人同意,将经营权不分割而归一方经营的,对可能得到的收益应折价补偿给另一方。

4. 一方个人房屋婚后增值的部分

结婚后,双方对婚前一方所有的房屋进行过修缮、装修、原拆原建,离婚时未变更产权的,房屋仍归产权人所有,增值部分中属于另一方应得的份额,由房屋所有权人折价补偿另一方。进行扩建的,扩建部分的房屋应按夫妻共同财产处理,每人分得一半。

5. 不宜分割使用的夫妻共有的房屋

应根据双方住房情况和照顾抚养子女方或无过错方等原则,分给一方所有,另一方有权得到相当于该房屋一半价值的补偿。在同等条件下,应优先分给女方。

6. 一方尚未取得经济利益的知识产权

在离婚时,一方在婚姻关系存续期间取得的知识产权,尚没有取得经济效益,发生争议的,应判决权属归该方所有。如果在创造性劳动中对方也作出贡献的,可根据具体情况对另一方予以适当照顾。

(四) 夫妻共同债务的范围及清偿

夫妻共同债务是以夫妻共同财产作为一般财产担保的债务,是在夫妻共有财产

的基础上设定的债务。分割夫妻共同债务,必须首先以夫妻共同财产清偿。

1. 夫妻共同债务的范围

关于夫妻共同债务,最高人民法院《关于人民法院审理离婚案件处理财产分割问题的若干具体意见》的司法解释中下了一个比较权威的定义,这个定义对处理因一方死亡分割夫妻共有财产的场合也适用。该定义是:"夫妻为共同生活或为履行抚养、赡养义务等所负债务,应认定为夫妻共同债务。"

将这一定义与《婚姻法》第41条关于"离婚时,原为夫妻共同生活所负的债务,应当共同偿还"(未修订的《婚姻法》第39条)的规定相比较,增加了"为履行抚养、赡养义务等所负的债务"的内容。这种扩张解释,是符合《婚姻法》的立法原意的,使确定夫妻共同债务的标准更为明确。

《埃塞俄比亚民法典》对夫妻债务问题规定得比较清楚,可以借鉴。该法第659条规定的是"配偶的债务":"(一)配偶一方的债务可以由其个人财产和共同财产清偿。(二)为了家庭的利益发生的债务视为由配偶双方承担连带责任;它可以由配偶各自的个人财产和共同财产清偿。"第660条规定的是"为家庭利益发生的债务":"下列债务视为为家庭利益发生的债务:(一)为保持配偶或其子女的生活发生的债务;(二)为了履行配偶双方或一方的生活保持义务产生的债务;(三)其他由家事仲裁人根据配偶一方或债权人的请求确认为具有此等性质的债务。"

应当将夫妻关系存续期间发生的债务分为两种,一是为共同生活所负债务,二是夫妻个人债务。

共同生活所负债务,包括购置家庭生活用品、修缮房屋、支付家庭生活开支、夫妻一方或双方乃至子女治疗疾病、生产经营,以及其他生活必需而负的债务。为抚育子女、赡养老人,夫妻双方同意而资助亲朋所负债务,亦为夫妻共同债务。

下列债务为夫妻个人债务:

(1)夫妻双方约定由个人负担的债务。《婚姻法》第19条准许夫妻双方对财产的所有进行约定,也包括对债务的负担进行约定,双方约定归个人负担的债务,为个人债务。约定个人债务,可以与财产所有的约定一并约定,也可以单独就个人债务进行约定。经过公示的约定债务可以对抗第三人,但以逃避债务为目的进行约定,不产生法律上的效力,仍为夫妻共同债务。

(2)一方未经对方同意擅自资助与其没有扶养义务的亲朋所负的债务。没有扶养义务,指的是没有法定的抚养、赡养、扶养义务。没有此种义务,未经对方同意,包括未征得对方同意和对方反对,擅自对亲朋进行资助,所负债务为个人债务。

(3)一方未经对方同意独自筹资从事经营活动收入确未用于共同生活所负的债务。这种经营活动属于个人一方的经营活动,所负债务应为个人债务,由个人负责清偿,或由个人遗产清偿。构成此种个人债务须具备三个条件:一是未经对方同意,包括未征得对方同意和对方不同意;二是独自筹资,或者用属于一方所有的婚前个人财产投资,未以夫妻共有财产投资;三是其收入确未用于共同生活。之所以这样严格要求,目的是为保护债权人的利益。

(4)其他应由个人承担的债务。这种债务包括:因个人实施违法行为所欠债务,如个人赌博所欠赌资的债务;婚前一方所欠债务;婚后一方为满足个人欲望确系与共同生活无关而负的债务,等等。

2. 夫妻共同债务的清偿

离婚时的夫妻共同债务清偿,应由夫妻共有财产清偿。在具体清偿时,有两种方法:第一种,是从夫妻共有财产中先清偿夫妻共同债务,然后再对剩余的夫妻共有财产进行分割,即先清偿、后分割的办法。清偿时以共同财产为限,清偿后不剩余共同财产的,不再分割,共同财产清偿债务不足的,剩余的债务消灭。第二种,是先分割、后清偿,即先分割共同财产和共同债务,然后各自以各自分得的财产清偿分得的债务。

采用第一种方法,对于保护债权人的利益有利,符合"以共同财产清偿"的立法本意,因而应着重使用第一种方法。

夫妻一方死亡时分割夫妻共有财产,对于夫妻共同债务的清偿,原则上也有以上两种方法,但是侧重于使用第二种办法,即先从夫妻共有财产中分出一半,作为死亡一方的遗产范围,然后再从夫妻共同债务中分出一半,作为死者应负的债务份额,从遗产中清偿其应负的清偿份额。

论夫妻约定财产*

1993年11月3日,最高人民法院印发了《关于人民法院审理离婚案件处理财产分割问题的若干具体意见》,对离婚案件的夫妻共同财产分割问题,作出了详细、具体的司法解释。其中第1条规定:"夫妻双方对财产归谁所有以书面形式约定的,或以口头形式约定,双方无争议的,离婚时应按约定处理。但规避法律的约定无效。"这一司法解释虽然针对的是夫妻约定财产在离婚时处理的原则,但其内涵却包含了夫妻约定财产的范围、形式、效力等一系列重要问题。2001年修订的《婚姻法》,在此基础上规定了第19条:"夫妻可以约定婚姻关系存续期间所得的财产以及婚前财产归各自所有、共同所有或部分各自所有、部分共同所有。约定应当采用书面形式。没有约定或约定不明确的,适用本法第十七条、第十八条的规定。""夫妻对婚姻关系存续期间所得的财产以及婚前财产的约定,对双方具有约束力。""夫妻对婚姻关系存续期间所得的财产约定归各自所有的,夫或妻一方对外所负的债务,第三人知道该约定的,以夫或妻一方所有的财产清偿。"这些规定虽然有所进步,但仍然有很多问题需要进一步明确。在本文中,笔者对夫妻财产约定制度的若干问题进行如下探讨。

一、夫妻约定财产概说

夫妻财产关系,是指夫妻对婚姻关系存续期间所得财产的所有关系。在我国,这种夫妻财产的所有关系有两种,即法定的夫妻财产关系和约定的夫妻财产关系。

夫妻约定财产是指夫妻以契约形式决定婚姻关系存续期间所得财产所有关系的夫妻财产制度,是夫妻法定财产的对称。

关于夫妻财产关系的约定属于何种法律性质,学说上不无争议。其主要障碍在于对婚姻关系性质的确定,否认婚姻关系缔结的契约性质。既然否认婚姻关系缔结的契约性质,当然就不好再确认夫妻财产关系的约定为契约性质。在笔者看来,这正是一种形而上学的思维方法和研究方法。

诚然,"结婚是男女双方依照法律规定的条件和程序,确立夫妻关系的行为"[①],但是,分解"确立夫妻关系的行为",却可以发现这一行为的两个结构,一是男女双方

---

* 本文发表在《法学天地》1994年第4期,选入本书,对内容进行了修改。

① 杨大文主编:《婚姻法学》,中国人民大学出版社1989年版,第115页。

同意缔结婚姻关系的协议,二是婚姻登记机关的登记批准行为。前一个结构是确立夫妻关系行为的基础,是男女双方对在他们之间缔结婚姻关系的合意,没有这种协议,婚姻关系无从发生。我国法律赋予公民以婚姻自主权,就是保障公民缔结婚姻关系合意的自由。这种男女双方缔结婚姻关系的合意或协议,无疑具有基于身份关系的契约性质,而正是由于这种契约具有基于身份关系的特点,才与真正的契约——债权合同具有本质的差别。

男女双方缔结婚姻关系协议的这种契约性质,是一个客观存在的事实,无论采取什么办法回避,都是回避不了的,因为没有这样一个基于身份关系的契约,确立夫妻关系行为的后一个结构,即婚姻登记机关的登记批准行为就无由发生。因此,确立夫妻关系行为的第二个结构,乃是对缔结婚姻的契约进行依法审查,对合乎结婚的实质要件和形式要件的婚姻契约,予以确认、依法批准的行为。

在以上分析的基础上,笔者认为,结婚实际上是国家依照婚姻立法对男女双方缔结婚姻关系的契约进行审查、予以批准的行为,它从男女双方建立感情出发,共同缔结终生共同生活的婚姻契约,最终以国家婚姻机关登记批准而宣告结婚行为的完成。

在实事求是地确认婚姻契约是结婚行为的初始结构的基础上,再来分析夫妻财产约定的性质,就非常清楚了。分析如下:

(1)夫妻财产的约定是确立夫妻财产所有关系的契约。夫妻财产的约定,就是男女双方在婚前或婚后,对双方在婚姻关系存续期间的财产,归谁所有、如何所有的意思表示一致的协议。这种意思表示一致的协议,当然就是一种契约。

(2)夫妻财产的约定是婚姻契约的从契约。确立夫妻财产所有关系的契约,不能独立存在,只能依附于缔结夫妻关系的婚姻契约,婚姻契约经国家审查批准生效,附随于婚姻契约成立的夫妻财产的约定才能生效;婚姻依法成立以后的夫妻财产约定,由于婚姻契约已经生效,当然可以附随生效。只是由于夫妻财产契约是婚姻契约的从契约,它可以在结婚前订立,但却不能在婚姻契约生效前生效。

(3)夫妻财产的约定是附随身份行为的契约。没有夫妻关系的有效确立,就没有夫妻财产约定的效力。尽管夫妻财产的约定内容是对财产关系的协议,但它的基础仍然是婚姻关系这种身份关系。因此,夫妻财产契约不得由他人代理订立,原则上不得附以条件或期限。

《婚姻法》规定的夫妻财产制的两种形式,即夫妻法定财产制和夫妻约定财产制,两者究竟是何关系,夫妻约定财产制的法律地位如何,学说上已有定论,即法定财产制是基本的夫妻财产制,约定财产制是补充的、特殊的夫妻财产制。在这样的学说指导下,婚姻法理论长期以来对约定财产制重视不够,没有进行深入、广泛的研究和探讨。

随着社会文明的不断进步,公民素质的不断提高,夫妻以契约约定财产所有关系的情况会越来越多,夫妻约定财产制的法律地位将会变得越来越重要,婚姻立法仅以除外条款来允许约定财产制存在,而不用具体规定其内容的办法来规定约定财产制,显然不适应社会发展的需要。人们显然忽略了这样的事实:虽然立法者将夫妻法定财产制确定为基本的夫妻财产制,而只将约定财产制作为特殊的、补充的财产制,但在适用上,约定财产制却有着排斥法定财产制的效力,只要缔结夫妻财产契约的男女双方协议成立,在他们之间就不再适用法定财产制。如果越来越多的夫妻采用夫妻财产契约约定夫妻财产所有关系,而立法又采取放任的态度,势必出现越来越大的麻烦。

笔者认为,夫妻约定财产制与夫妻法定财产制在法律上具有同等地位,应当成为夫妻财产制上的两大基本制度,法律应予以同样的重视,理论上也应予以同样的重视。无论是在立法上,还是在理论上,乃至于在实务上,对这两种夫妻财产基本制度采取偏重一方而忽视另一方的态度,都会产生严重的影响和后果,都是不正确的。

二、关于夫妻财产约定的一般问题

(一)关于夫妻财产约定自由的限制

夫妻财产约定的性质为夫妻财产契约,自应受契约自由原则的调整,订立这种契约还是不订立这种契约,订立何种内容的夫妻财产契约,在婚前还是婚后订立这种契约,夫妻财产契约订立后得否变更或撤销?原则上均由当事人自主决定。然而,各国国情不同,是否准许这种自由及自由程度如何,立法各有不同。在我国,由于立法采取概括方式,对其中的很多问题并无定论,探讨的余地很大。

1. 是否准许自由订立夫妻财产契约

对此,我国《婚姻法》是予以肯定的,准许采取约定的方法确定夫妻财产的所有关系,当事人可以自由行使这种权利。近代曾有一些国家立法不准婚姻当事人自由约定夫妻财产契约,如 1926 年《苏俄家庭法典》、1950 年《波兰家族法典》、1952 年《匈牙利家族法典》等,均采共同制为法定财产制,无契约活动之余地。② 这些都是实行绝对公有制带来的产物。现今,准许自由约定夫妻财产关系已成通例。

2. 准许在何种时候订立夫妻财产契约

对此,各种规定分三种情况:第一种,准许婚前约定,以契约选定财产制,如法国、比利时、巴西等国;第二种,准许婚前约定,于特殊情形也允许婚后约定,如意大利;第三种,既准许在婚前缔结,也允许在婚后缔结,如瑞士。我国立法对此没有规定,一般认为,夫妻财产约定的时间,可以在结婚前、结婚时或婚姻关系存续期间。③ 这种意见是正确的。

3. 对夫妻财产约定的内容是否有限制

各国立法在规定夫妻约定财产制的时候,往往规定数种夫妻财产制,婚姻当事人

---

② 参见史尚宽:《亲属法论》,台北荣泰印书馆 1980 年版,第 309 页。
③ 参见杨大文主编:《婚姻法学》,中国人民大学出版社 1989 年版,第 149 页。

只能在其中选择约定,不许约定法律所未规定的夫妻财产制,如《瑞士民法典》第179条第2款规定:"婚约人或配偶人缔结夫妻财产契约,应采用本法所规定的财产制中的一种。"我国立法没有具体规定,学说上认为约定的内容不受限制,既可以约定采取何种财产制,也可以约定某物归谁所有;既可以就所有权进行约定,也可以就财产的使用权、收益权、处分权进行约定。在法律没有具体规定的情况下,这样主张是可以的。但是,这种漫无限制的状况对维护家庭关系的稳定是不利的,立法应当作出明确的规定,统一约定的内容。

4. 约定的夫妻财产契约是否准许变更或撤销

一些国家规定在夫妻约定财产以后,不得变更或撤销。如《日本民法典》第758条规定:"夫妻的财产关系,于婚姻申报后,不得变更。"夫妻财产约定既为契约性质,自应允许变更或撤销,但应有一定的条件和程序。我国立法没有这种规定,原则上应准许变更或者撤销,但又没有规定变更或撤销的条件和程序。笔者认为,夫妻财产契约在订立生效后可以变更或者撤销,但变更或者撤销必须经夫妻双方意思表示一致方可为之,没有变更或者撤销的一致意思表示,夫妻财产契约不能因变更或者撤销而继续发生效力。

(二) 关于夫妻财产约定的要件

依照通说,夫妻财产契约的要件有三:

1. 婚姻关系当事人须有订约之能力

婚姻当事人缔结夫妻财产契约的能力,德国法称为一般财产法的行为能力,瑞士法称为有判断能力,法国认为有结婚能力者即有订立婚姻财产契约的能力。在我国,法定婚龄比具有完全民事行为能力的年龄为高,因此,从年龄的角度,有婚姻行为能力者,即有缔结婚姻财产契约的能力,自无疑义。

对精神病人的婚姻行为能力,我国《婚姻法》没有明文规定,在禁止结婚的条件中,亦未明确规定精神病人不得结婚。

学说认为,完全不能辨认自己行为的精神病人无婚姻行为能力,当然不具有缔结婚姻财产契约的能力。不能完全辨认自己行为的精神病人有婚姻行为能力,但在订立婚姻契约时,应当经其法定代理人同意,自己订立夫妻财产契约。

在我国目前情况下,依法缔结婚姻关系的当事人均具有订立婚姻财产契约的能力,未依法缔结的婚姻关系,为同居关系,即使当事人有关于财产的约定,也不发生法律上的效力。至于司法实务中有条件承认的事实婚姻关系,要求其在要求离婚时或开始同居时符合法定的结婚条件,因而在确认其为事实婚姻关系的时候,他们已经具有订约能力,所订夫妻财产契约,应认为已具备订约能力的要件。

2. 订立夫妻财产契约须具备形式要件

各国通例均认为夫妻财产契约为要式行为,必须具备书面形式,口头约定无效。对此,我国立法没有规定,司法解释认为对书面形式或口头形式无争议的,均为有效。在法律没有明文规定的情况下,为了避免当事人经口头约定且无争议的夫妻财产契约在效力上与立法发生冲突,采用这种解释是可以的。但是,从严格的法律意义上说,承认口头约定的方式很危险。笔者认为,对于夫妻财产契约,应当规定形式要件,必须以书面形式为之,口头约定无效。

3. 夫妻财产契约须经申报登记程序确认

各国规定这一要件,有两种方式:

(1)公证方式,德、瑞、法皆规定夫妻财产契约须在法院前或公证人前订立,当事人签署之。

(2)登记方式,日、韩规定夫妻财产契约应于婚姻申报时登记。

我国立法没有规定。鉴于夫妻感情的易变性和夫妻财产契约的严肃性,为防止纠纷、预防纠纷,建议立法增加夫妻约定财产的登记程序,具体方法可以参照日、韩的模式,夫妻约定财产者,婚前约定,应于婚姻登记的同时,将夫妻财产契约的内容予以登记,并将其书面形式附于登记档案中备案;婚后约定财产契约者,也应到婚姻登记机关登记、备案。

(三)关于夫妻财产约定的效力

最高人民法院在前述司法解释中涉及夫妻财产约定效力的内容有两项:一是"离婚时应按约定处理";二是"规避法律的约定无效"。前者涉及夫妻财产约定的对内效力,后者涉及夫妻财产约定的对外效力。夫妻财产约定效力不仅包含这些内容,还包括其他一些内容。

1. 对内效力

夫妻财产契约的对内效力,主要是指该契约对婚姻关系当事人的拘束力。其最基本的效力,就在于夫妻财产契约成立并生效,即在配偶间及其继承人间发生财产契约的物权效力,婚姻关系当事人受此物权效力的约束。在夫妻财产契约中无论约定分别财产制还是个别财产归一方所有的财产制,乃至就使用权、收益权、处分权的约定,都依其约定发生物权的效力。例如为变更或撤销,必须经婚姻当事人双方同意,一方不得依自己的意思表示为变更或撤销。

2. 对外效力

夫妻财产契约的对外效力,是指夫妻对婚姻财产的约定可否对抗第三人。承认其对外效力,即可依约定而对抗第三人,不承认其对外效力,则不能依约定而对抗第三人。如夫妻约定分别财产制,当夫妻一方与他人实施民事行为,发生对外效力者,只以其个人财产承担民事责任;不发生对外效力者,则以夫妻双方共同财产承担民事责任。

对此,国外立法通例是,夫妻财产契约已经登记者,具有对外效力,未经登记者,不发生对外效力。

我国立法对此没有规定,司法解释关于"但规避法律的约定无效"的但书规定,似无此限制,即无规避法律的夫妻财产契约具有对外效力,规避法律的夫妻财产契约无对外效力。这种规定从原则上说,是正确的,婚姻关系当事人为逃避债务等原因,采取夫妻财产约定的方法规避法律,当然为无效。问题是仅仅依据这一标准,尚不足以确定约定的对外效力。依据公示方式进行登记,可以有效地防止上述规避法律的行为,更有利于保护与约定财产的夫妻进行民事活动一方的合法权益,因此,也应规定夫妻财产契约经登记方产生对外效力,未经合法登记则不产生对外效力。

三、关于夫妻财产约定的具体内容

(一)约定内容

夫妻财产契约约定的内容,各国立法通例是准许配偶人或婚约人采用法律所规定的夫妻财产制中的一种,如《瑞士民法典》第 179 条第 2 款规定:"婚约人或配偶人缔结夫妻财产契约,应采用本法所规定的财产制中的一种。"具体方法是,法律先规定共同财产制、分别财产制、统一财产制和联合财产制等夫妻财产制,婚约人或配偶人从中选择一种约定为该对夫妻的财产所有关系。但是很多国家立法也准许在采用法定财产制或者约定一种基本的财产制之外,还可以就个别的财产的所有关系进行约定,因此,"夫妻财产不必及于全部财产,对于一定之各个财产,亦为可能"。④

我国婚姻立法对夫妻财产约定内容没有具体规定,学者主张对此不加特别的限制。笔者认为,我国夫妻财产契约的约定内容,包括以下四点:

1. 对夫妻财产所有关系的选择

夫妻财产契约约定的最主要内容,应当是选择何种夫妻财产所有关系作为该对夫妻全部财产的归属形式。《婚姻法》第 13 条规定,我国的法定夫妻财产制是婚后所得共同制,因而,应当准许当事人约定选择除婚后所得财产共同制以外的其他各种夫妻财产制的形式。诸如:首先共同财产制中的一般共同制、动产及所得共同制、劳动所得共同制。一般共同制是将婚前财产和婚后财产一律归夫妻共同所有。动产及所得共同制则为夫妻在结婚时的全部动产以及婚后所得的财产确定为夫妻共有。劳动所得共同制是仅以夫妻在婚姻关系存续期间的劳动收入作为共同财产,其他财产仍归个人所有。其次,分别财产制。许多国家将此制规定为约定财产制之一,也有的将其规定为法定财产制。按照此制,夫妻的婚前财产和婚后财产归夫妻各自所有,但一般妻得以其财产交付夫管理。再次,统一财产制。夫妻可以契约约定,将妻的原有财产估定价额,移转所有权予其夫,妻则保留对此项财产的返还请求权。其特点,是妻将自己的财产权交予夫变为债权。复次,联合财产制。按此制,夫妻结婚后,财产仍归各自所有,但将其联合在一起,由夫管理。当婚姻关系终止时,妻的原有财产由妻或妻的继承人收回。最后,折中的财产制。诸如所得参与制、剩余共同制等。

夫妻约定财产,可以选择上述财产制形式。约定财产一般采分别财产制、共同财产制和联合财产制,统一财产制对保护女方利益有欠缺,不宜选择。至于夫妻财产契

---

④ 史尚宽:《亲属法论》,台北荣泰印书馆 1980 年版,第 307 页。

约选择财产制形式是否须以上述内容为限,由于我国立法没有明确规定,应从宽掌握,不必加以限制。这种约定一经生效,及于夫妻的全部财产确定所有权关系,即发生效力。

2. 对部分财产的所有关系进行约定

婚姻当事人在总体上采用法定的婚后所得财产共同制,仍不妨就个别财产的所有关系订立夫妻财产契约,确定所有权关系。例如,夫妻双方各自租有公房(双方均为再婚),房改中按政策卖给双方个人。该双方当事人约定,各人买的房子归个人所有,不为夫妻共同财产。这种约定,发生夫妻婚姻财产契约的效力,为夫和妻的个人财产,但并不妨碍其他财产仍为夫妻共同所有。

对个别财产的约定,除可约定为分别所有外,亦不妨约定为联合财产制、统一财产制等所有形式。

3. 对部分或全部财产的使用权、收益权、处分权进行约定

在法定财产制的基础上,婚姻当事人也可以就部分财产或全部夫妻财产的使用权、收益权或处分权进行约定,对共同所有的财产如何使用、收益、处分,确定由各方分别行使权利。例如夫妻双方约定,男方工资收入用于购置家电、家具等大件用品,女方工资用于购买粮油副食等生活消耗物,所有权仍为共同共有,这种约定即为各自工资使用的约定。

4. 夫妻财产契约的约定内容不限于婚后所得财产

夫妻财产契约的约定内容不限于婚后所得财产,还可以包括婚前个人财产,约定其为个人所有、共同所有、联合所有或统一所有。鉴于实务中确认夫妻个人婚前财产经过若干年共同生活后转化为共同财产,夫妻财产契约准许约定婚前个人财产不得转化,永远归个人所有,这种约定同样具有排斥这种司法解释适用的效力。

(二)内容约定的原则

约定夫妻财产契约的内容,必须遵守三项原则:

1. 自愿原则

双方当事人在约定夫妻财产契约的内容时,必须以自己的真实意志来表示自己的意愿,任何人不得强行要求对方订立夫妻财产契约,不得强迫对方接受自己提出的约定内容。一方采取欺诈、胁迫手段,或者利用对方的某种危难强迫另一方接受违背自己真实意志的约定内容,该约定无效。只要双方当事人就夫妻财产所有关系所表示的意愿是真实的,任何人和组织都不得非法干预。

但是,强调夫妻财产契约内容的约定应遵循自愿原则,并不是说只要双方自愿,什么内容都可以约定。应当强调的是,夫妻财产契约是基于身份的财产关系的约定,不是一个无所不包的法律文件。因此,只能约定夫妻财产的所有关系,涉及夫妻之间非财产的关系,不得在夫妻财产契约中约定,不涉及夫妻之间财产关系的内容也不得在其中约定。对于约定夫妻财产所有关系的内容,不得加入准许某人继承或不准许某人继承的内容。

2. 公平原则

公平是一种主观的评价,总的要求是确立民事法律关系应以公平作为尺度,不承认特权,不承认特殊地位,不准许在民事法律行为中一方当事人借机谋取不公平的利益。在约定夫妻财产契约的内容时,更应当遵守这一原则,防止夫妻财产约定中的显失公平。在我国目前情况下,在夫妻财产契约内容的约定中适用公平原则,更应当着重保护妇女的合法权益,着意保护妻的财产权益。在约定选择夫妻财产所有关系的形式时,要特别注意歧视、侵害妇女财产权益的夫妻财产制,如吸收财产制等,应当限制选择。女方应当注意保护自己的财产权益,社会也有保护的责任。当我国建立了夫妻财产契约的申报制度后,登记部门应当认真审查,对于内容约定不公平的契约,应当不予登记,使其无法发生效力。

贯彻公平原则,应当着重强调保护婚姻关系双方当事人的合法权益,一方不得借机侵害另一方的利益,不得剥夺一方的权利,也不得免除一方的义务。任何违背公平原则的夫妻财产契约,都是无效的。

3. 合法原则

缔结一切民事法律关系,实施一切民事法律行为,都必须遵守国家法律,约定夫妻财产契约的内容,同样应当遵守这一原则。约定夫妻财产的合法原则,要求配偶双方在缔结夫妻财产契约时,必须遵守我国法律的规定,不得违背。这里的法律,主要指婚姻家庭法,包括法律、行政法规、地方性法规、司法解释中有关婚姻家庭的内容。它不仅要求遵守关于缔结夫妻财产契约的条文规定,而且要遵守婚姻家庭法中所有的规定。关于其他民事法律,也必须严格遵守,包括民事法律关系缔结的一般规定,等等。总之,夫妻婚姻财产契约内容的约定,必须遵守国家法律,包括宪法、婚姻法、民法以及行政法规、地方性法规等,违反法律的夫妻财产约定,一律无效。

国外在规定夫妻财产契约约定的合法原则时,往往规定只能在法律列举的夫妻财产制中选择,超出法定范围的选择,为无效。在我国目前尚无法律明文规定的情况下,可不必受此限制。但在将来的立法修改中,建议增加这样的内容,防止当事人选择其他违背社会主义法制原则的夫妻财产形式。

适用合法原则,要求当事人在夫妻财产契约的内容约定上,不得违背公共秩序和善良风俗,任何违背公序良俗的约定,为无效;要求当事人不得违反强行法的规定,凡是违反强行法规定的,也一律无效;借夫妻财产契约规避法律的,亦一律无效。

(三)约定内容的解释

就夫妻财产契约而言,由于当事人自身的局限性,例如人们认识水平的限制、智力水平的限制、语言使用能力的限制等,常常对内容的约定出现不同的理解,甚至含混不清的表述。同时,表述契约内容的语言,契约约定的具体内容,也都会有相当大的局限性。尤其是在我国立法对夫妻财产约定尚无具体规定的情况下,这些问题更是无法避免的,因此,对夫妻财产契约内容的解释,是十分必要的。

夫妻财产契约内容的解释,是指对夫妻财产契约当事人所约定的财产所有关系内容的含义的理解和阐释。解释的目的,是使不明确、不具体的夫妻财产约定内容归于具体、明确,使当事人之间的纠纷得以解决。因此,对夫妻财产契约内容的解释,实际上是在当事人发生纠纷后,在纠纷进行处理过程中,对作为裁判依据的事实所作的权威说明。⑤ 对它的解释,实际上只有处理这类纠纷的人民法院才有权进行。当夫妻财产契约当事人对约定内容的理解发生争议时,应当诉请人民法院处理,人民法院依据法律进行解释。

解释的原则,是依据法律探求真意,阐释约定内容的真实含义。例如援用过去或其他外国的财产制,可解释为婚姻法理论所称相当的财产制。一方抛弃管理及收益权,可认为设定特有财产或分别财产;财产契约上此项权利之赋予,可认为就该标的物约定联合财产制。分别财产制与所得共同制结合,可认为依分别财产制个别管理其财产,而由收益或其他所得构成共同财产。⑥

夫妻财产契约内容的最终解释原则,是契约内容无法解释时,推定为共同财产。依据是法定的婚后所得共同制,具体依据是《财产分割意见》第 7 条:"对个人财产还是夫妻共同财产难以确定的,主张权利的一方有责任举证。当事人举不出有力证据,人民法院又无法查实的,按夫妻共同财产处理。"

四、夫妻约定财产应当进行登记

亲属法律行为应当进行登记,是不争的事实,各国都是如此。理由是亲属法律行为登记是亲属行为发生效力的基本形式,因此,亲属行为登记具有法律的强制力。

按照《婚姻法》的规定,我国亲属法律行为需要登记的有:一是结婚行为;二是协议离婚行为;三是收养行为;四是收养无效行为;五是解除收养行为。这些登记,都是亲属身份行为,都不是亲属财产行为。因此可以确定地说,我国没有建立起亲属财产行为的登记制度。

事实上,在亲属法律行为中,亲属财产行为是必须进行登记的。夫妻财产关系、家庭财产关系不仅仅关系到家庭自己的利益,也关系到其他与该家庭进行交易行为一方的利益。亲属财产行为不经登记,就不能使其夫妻财产制度或者家庭财产制度具有公示性,他人无从得知,如果未尽考察,误以为其实行的是法定财产制,而实际实行的是约定财产制,就会损害交易相对人的合法权益。如果经过登记制度的公示,与其进行交易的一方就会根据其财产制的方式而决定是否进行或者如何进行交易,保护好自己的合法权益。在这个方面,实行夫妻约定财产制的家庭财产关系的登记就显得更有必要性。

因此,笔者建议,在亲属法律行为的登记中,应当建立亲属财产关系的登记制度。

---

⑤ 参见苏惠祥主编:《中国当代合同法论》,吉林大学出版社 1992 年版,第 246 页。
⑥ 参见史尚宽:《亲属法论》,台北荣泰印书馆 1980 年版,第 107 页。

在结婚登记中,必须进行财产制的登记,使夫妻之间的财产关系对外具有公示性,使与该对配偶进行财产交易行为时,不至于不知道其财产关系性质,而造成财产损害。如果是采取夫妻约定财产,则必须进行登记,只有这样,才能够被他人所识别,与该对配偶进行交易,才能够保证自己的权益。如果登记的是法定共有制或者约定财产制,如果有所改变,也必须进行登记变更。目前实行的结婚登记制度,只登记婚姻关系而不登记婚姻财产关系,使婚姻财产关系不具有公示性,难以保护与该婚姻关系进行交易行为的相对人的合法权益,应当改进。

论家庭共有财产[*]

一、家庭共有财产概述

(一)家庭共有财产的概念

家庭共有财产是指全体或部分家庭成员在家庭共同生活关系存续期间,对共同所得和各自所得的财产约定为共同共有的共有权利义务关系。

家庭共有财产也叫做家庭共同财产,一般认为两者为同一概念。不过这两个概念还是有些区别的。其区别之处,就在于一个更侧重于法律关系的形式,一个更侧重于法律关系的客体。笔者在文中作这种区别,使用家庭共有财产的概念是指家庭共有这种权利义务关系,使用家庭共同财产则是指家庭共有财产的客体即共有的财产。

家庭共有财产这一概念的本身,并不是指财产,因为财产只是物权的客体。这一概念不是指的某种物权的客体,而是指某种物权形式。因此,界定家庭共有财产的概念,其落脚点必须落在所有权上,落在所有权的权利义务关系上。使用家庭共有财产和家庭共同财产这两个不同的概念,就是要区分这两个概念的不同,让它们明确分工,各负其责。

界定家庭共有财产应当注意的问题是:

(1) 家庭共有财产的来源问题。家庭共有财产是否为家庭成员共同创造、共同所得的财产呢? 有的学者认为只有家庭成员共同创造、共同所得的财产方为家庭共有财产。共同创造、共同所得,是指成员在一起共同进行劳动,创造成果,取得收益,其成果和收益均为共同的。如果强调家庭成员虽有不同工作而都在创造成果,获得收益,用共同创造和共同所得来概括显然不合适。实事求是地说,绝大多数的家庭共有财产不是共同创造、共同所得,而是各自劳动所得聚集在一起构成的共同财产。

(2) 家庭共有财产的产生问题。界定家庭共有财产还应当注意一个问题,就是家庭共有关系的产生问题。家庭共有财产不是法定的财产所有形式,而是家庭成员以某种形式的约定而产生的共同共有关系。只有家庭成员有明确的家庭共有财产的约定,才会发生家庭共有财产。即使没有共有财产的约定,但是在事实上家庭成员的所得集中在一起,形成了共同财产的,也应当认定为发生了家庭共有财产。如果对这一

---

[*] 本文发表在《政法学报》1994 年第 4 期,选入本书,笔者对内容进行了修改。

点不加注意,也会混淆家庭共有财产的性质。

(3)家庭共有财产与家庭财产。在研究家庭共有财产概念时,应当严格掌握家庭共有财产与家庭财产的区别。在1950年《婚姻法》中,曾经有过把家庭财产与夫妻共同财产相混淆的问题,在嗣后的一些司法解释中,也存在这种现象。① 近几年,也有将家庭共有财产与夫妻共有财产相混淆的意见,例如认为:"在由夫妻和未成年子女组成的家庭中,家庭共有财产一般以夫妻共有财产的形式存在。"②这种界定,就是将家庭共有财产和夫妻共有财产混淆在一起,没有分清界限。存在这些问题,都是因为没有真正弄清家庭财产和家庭共有财产的界限。家庭财产实际上包括夫妻共有财产、个人财产和家庭共有财产,家庭共有财产只是家庭财产的一部分。在家庭财产只是由夫妻共同财产构成的情况下,该财产只能称为夫妻共有财产而不能称为家庭共有财产。

(二)家庭共有财产的特征

家庭共有财产的法律特征主要有以下四点:

(1)家庭共有财产的发生以家庭共同生活关系为前提,依家庭成员的约定而发生。任何共同共有关系的产生均须依一定的法定共同关系的存在为依据,家庭共有财产同样如此。家庭共有财产关系并非因存在家庭共同生活关系而必然发生,即"共居"并不必然"同财"。在很多家庭中,老一辈夫妻和少一辈夫妻在一个家庭共同生活,但是并不是一个财产单位,而是少一辈夫妻向老一辈夫妻交纳生活费,剩余的收入归自己所有。少一辈交纳的生活费只是解决伙食问题,其余的财产不发生共有,将来也不存在分家析产问题。可见,产生家庭共有财产必须还要经过家庭成员的协商选择,进行约定,而不是有了家庭共同生活就自然的依照法律发生了。

(2)家庭共有财产的主体是对家庭贡献财产的家庭成员。家庭共有财产的权利主体可以是家庭全体成员,也可以是家庭部分成员。构成家庭共有财产的权利主体,一是对家庭财产要有贡献,即将所得财产交给家庭共有,二是有愿意成为家庭共有财产权利主体的主观意愿。这两个条件实际上是一致的,只有具备"同财"的意愿,又有"同财"的行为,才可以成为家庭共有的权利主体。认为所有家庭成员均对家庭财产享有所有权,幼年子女可以和父母共享所有权的观点③,是不正确的。同样,认为家庭共有关系只依家庭共同生活关系发生,无须经家庭成员约定而发生的观点,也是不正确的。

(3)家庭共有财产的来源为家庭成员的共同所得和各自所得。形成家庭共同共有的财产首先是家庭成员的共同所得,如共同创造的成果、共同经营的收入、共同继

---

① 1950年《婚姻法》第10条规定:"夫妻双方对于家庭财产有平等的所有权与处理权。"这一规定中的家庭财产是指夫妻共同财产。司法解释的混淆,参见1977年11月7日最高人民法院的批复,载《中华人民共和国法律规范性解释集成》,吉林人民出版社1991年版,第1136页。
② 唐德华主编:《民法教程》,法律出版社1987年版,第171页。
③ 参见佟柔主编:《民法原理》,法律出版社1983年版,第168页。

承的遗产、共同接受的赠与等。其次是家庭成员个人所得而按协议纳入共有的财产，例如，将自己的收入交给家庭共有。在一般情况下，家庭共有财产包括夫妻共同财产，夫妻共同财产是家庭共有财产的主要部分或基本成分。也正因为如此，家庭共有财产呈现复杂的状况，尤其是在分家析产的时候更为复杂。

（4）家庭共有财产的性质为共同共有。在家庭共有财产关系存续期间，各共有人不分份额，共同享有财产的所有权，共同共有关系不消灭，家庭共有财产不得分割。

（三）家庭共有财产的历史沿革

1. 古代的家庭共有财产

在历史上，家庭财产的共有权是最早出现的共有权。在原始社会解体之初，首先出现了家庭，并由家庭掌握私有的财产，因而在私有制刚一出现的时候，就出现了家庭共有财产这种共有权的最初形态。

在《汉穆拉比法典》中的"份地"制度中，将土地分给各家使用，允许世袭和出卖，是将土地作为家庭共有财产的基础，也是家庭共有财产较早阶段的共有形态。

在中国古代，家庭共有财产的传统根深蒂固，是中国最重要的封建传统之一。《礼记》作为我国奴隶社会的法典，就规定："子妇无私货，无私蓄，无私器，不敢私假，不敢私与。"《朱子家礼》也称："凡为子妇者，毋得蓄私财，俸禄田宅所入，悉归之父母舅姑，当用则请而用之。"即家庭共有权至上，不许子女、儿媳私有。

2. 现代的家庭共有财产

现代立法关于家庭财产有两种立法例。

一是，立法明确承认家庭共有财产制。有的国家立法明确承认家庭共有财产制，并对家庭共有财产关系制定详细的法律条文。例如《瑞士民法典》在"家庭的共同生活"一章中专设"家产"一节，其中专门规定"家庭共有财产关系"，分设立、效力、管理及代理、终止、收益的共有关系等共13条，确认"家庭成员有权将其继承的财产，全部或部分地作为共有财产保存，或汇集一定财产作为共有财产，该财产即为家庭共有财产"④，规定家庭共有财产使共有人产生平等的权利、义务，这种共有关系因法定原因而终止，并导致该共有财产的分割。

二是，法律不禁止家庭共有财产。有的国家法律不禁止家庭共有财产，但亦不明确规定。法律明文规定，夫妻财产由夫妻共有、分别所有或联合所有，子女财产由子女个人所有，父母在子女未成年时依亲权中的财产管理权管理该财产。事实上，未经家庭同意，不可能产生家庭共有财产。这种立法例，更尊重民事主体的独立性和财产的处置权利，更具民主性。目前，在立法上明确规定家庭共有财产的已属少见。

（四）我国家庭共有财产的现状

1. 我国对家庭共有财产的立法和理论研究状况

我国目前家庭共有财产的立法和现实状况是：我国《婚姻法》对家庭共有财产没

---

④ 《瑞士民法典》第336条。

有加以规定,只对夫妻共有财产作了规定,对子女财产权也没有规定。在司法解释上,最高人民法院曾经作过两个关于家庭共有财产的司法解释。一是1955年10月18日《关于转业军人带回的资助金分家时应如何处理的复函》,明确规定转业军人由部队带回的资助金,应归军人所有,在分家时,其他家庭成员不应将该资助金视为家庭共有财产而共同分享。二是1979年3月21日《关于复员、转业军人的复员费、转业费、医疗费能否按家庭共有财产处理问题的批复》,亦认为不属于家庭共有财产。此外,最高人民法院在《关于贯彻执行〈中华人民共和国民法通则〉若干问题的意见(试行)》第88条至第92条关于共同共有的解释,准用于家庭共同共有关系。

在理论上,民法学者在研究共有权时,都普遍承认家庭财产的共同共有,几乎任何一本民法教材和专著都是如此,有的还专设节目进行专题论述。

2. 我国家庭共有财产的现实状况

在我国现实生活中,家庭共有财产大量存在,是一种相当普遍的社会经济现象,而且具有相当的复杂性。具体分析起来,具有以下类型:

(1)同财共居。包括由父母、子女共同生活、共同共有财产,祖父母、父母、子女共同生活、共同共有财产。这是典型的家庭共有财产关系,在城市已比较少见,在农村则比较常见,如父母组织数名子女、媳妇、孙子孙女等结成大家庭,几代同堂,同财共居。

(2)同财不共居。很多家庭的家庭成员虽不居住在一起共同生活,但将收入除留下部分作生活费外,其余交由家庭中作共同共有财产。这种情况在农村多见,如子女在城里工作,家居农村,工资交由家庭共有。在城市,子女在工作单位居位,而与父母同财者,也是此种类型的共同共有。

(3)共居不同财。这种情况在城市比较普遍,多表现为子女与父母共同生活,但所得收入归子女所有,或者仅向父母交伙食费;子女婚后,与父母共同生活,亦只交生活费,其余财产归自己所有。这种情况,并未形成家庭共有财产,所交伙食费或生活费只为支付共同生活所需,在共同生活中消耗。如果严格把握,只有共同的伙食费及为伙食而购买的物品才是家庭共有财产,范围十分狭窄。

3. 前景展望

综上可以看出,我国的家庭共同共有关系还是普遍的,与此相比较,国家关于调整家庭共有财产关系的立法落后于现实生活的需要,有关家庭共有财产的理论研究具有一定的规模,但亦缺乏深度,还应进一步深入。随着社会的进步,家庭共有财产关系可能会逐步弱化和减少,但在一个相当长的历史时期内不会消亡。因此应当加强立法,调整好这种财产共有关系。但不论立法是不是对家庭共有财产作出明确规定,对家庭共有财产都可以依照共同共有的法律规定进行调整,因此,只要在理论上加强研究,加强指导,同样会达到这样的效果。

二、家庭共有财产的发生和家庭共同财产范围

(一)家庭共有财产的发生

1. 家庭共有财产发生的特点

家庭共有财产关系的发生,依照共同共有关系依法律规定的共同关系而发生的规则,是基于家庭共同生活关系的存在。但是,仅仅基于家庭共同生活关系这一条件的存在,并不必然发生家庭共同共有关系,还必须有财产的家庭成员就发生家庭共有财产关系协商一致,达成协议,才具备发生家庭共有财产的全部条件。在这一点上,家庭共有财产与夫妻共同财产发生的条件正相反,夫妻共同财产的发生是双方不选择其他夫妻财产所有形式,为消极行为构成要件;家庭共有财产为家庭成员约定采用财产共有形式,为积极行为构成要件。这是两种共有财产关系的一个重要区别。

2. 家庭共有财产发生的要件

(1)家庭共同生活关系存在。没有家庭共同生活关系存在,不发生家庭共有财产。家庭共同生活关系,是指所有家庭成员共同在一起为生存和发展进行各种活动的关系。

家庭共同生活的基本标志是共居一起。对共居应作广义理解,对于在外地工作,而以家庭为基本生活单位的,也应认为是共居。

共居的家庭成员应是近亲属,包括父母、子女、祖父母、外祖父母、孙子女、外孙子女、兄弟姐妹。对于其他亲属乃至收留他人共同生活,只要在一个户籍登记的,也视为家庭成员。

值得研究的是那些"SOS儿童村"的"家庭"。在那里,一个大家庭有一个"母亲",每个家庭有十余名儿童,组成一个共同居住、共同生活的家庭,这些儿童都是这个家庭的孩子,按照年龄的大小,相互称为姐妹兄弟。在他们之间没有血缘关系,却有着极为浓重的亲情。笔者认为,这些家庭应当认为具有拟制血缘,承认他们为拟制血亲关系,产生亲属关系,是一个真实的家庭。在法律上这样处理,会使这种家庭的法律地位更为稳固,有利于孩子的健康成长,对社会和个人都是有益的。笔者到过"SOS儿童村"考察过,那里管理得很好。为了救助更多的孤儿,社会需要更多这样的儿童村。将这种家庭认定为法律上的家庭,产生亲属关系,依法规范儿童村的管理,是十分必要的。

(2)家庭成员协议实行家庭财产共同共有的约定。这种约定的内容,是就家庭财产的全部或部分实行共同共有关系。约定的形式,可以是书面的,也可以是口头的;可以载于书面合同中,也可以由默示行为表现出来。在现实中,全家的成员共同签署一项协议约定财产的共同所有,是极为少见的,不符合我国国情。多数情况是在一起共同说明即可,甚至根本不必说明,在实际行动上表现了共同共有的意愿。如子女将其所得交给父母,需要用时从父母处支出,如果无相反证据,即为默示同意实行家庭

共有财产制,成为共有人。正是由于这样的原因,现实中出现的纠纷更多是没有约定,没有协议,是否构成家庭共有财产,需要法官根据证据判断。对此,法官要认真审查、核对双方当事人提供的证据,作出准确的判断。

至于同意实行家庭共有财产制请求的性质,《瑞士民法典》确认其为权利,是正确的。因而是否实行家庭共有财产制,完全由家庭成员自己做主,任何人不得干涉或强迫,更不是由法律强制性规定而产生的。

3. 家庭共有财产的主体

(1) 确定家庭共有财产主体的一般原则。在一个家庭中,究竟一个特定的家庭成员是不是家庭共有财产的主体,也需要认真判断。这就是确定在一个家庭中,究竟谁是家庭共有财产的权利主体,谁不是家庭共有财产的权利主体,是在谁的身上发生财产共有的权利义务关系。

最简便、最实用的标准,就是确定究竟是谁对家庭共有财产的形成作出贡献。为家庭共有财产作出过贡献的,就是家庭共有财产的权利主体,没有作出过贡献的,就不是家庭共有财产的权利主体。这是因为,在家庭成员中,并不是每一个家庭成员都享有对家庭共有财产的共有权,只有以自己的财产参加到家庭共有财产之中,才可以称为家庭共有财产的权利主体。具体分析如下:第一,没有财产的家庭成员,不可能成为家庭共有财产的权利主体。没有自己的财产,就没有对家庭共有财产的形成作出贡献,当然不可能成为家庭共有财产的权利主体。第二,即使有了自己的财产,或者是接受赠与、遗赠,或者是自己通过劳动获得的财产,如果没有将自己的财产贡献给家庭,对家庭共有财产的形成没有贡献,也不能成为家庭共有财产的权利主体。例如,未成年子女接受了赠与或者遗赠,但是没有把这些财产贡献给家庭,而且也不应当贡献给家庭,因为他们还没有完全的民事行为能力,无法确定自己的行为目的,因此他们的财产还是自己独立所有的财产,不能成为家庭共有财产的权利主体。又如,子女已经通过劳动获得了自己的财产,但是他不愿意参加家庭共有财产,或者父母不愿意他们参加家庭共有财产,他们没有向家庭共有财产作出贡献,因此也不能成为家庭共有财产的权利主体。第三,只有成年的,具有自己的财产的家庭成员,向家庭共有财产形成作出贡献的家庭成员,才能够作为家庭共有财产的权利主体。

(2) 确定家庭共有财产主体的具体问题。有两个值得注意的问题是,未成年的子女和患有精神病的家庭成员是否可以作为家庭共有财产的主体?

对前一个问题,有两种意见:一种意见认为,任何家庭成员都对家庭共同财产享有共有权,未成年子女也不例外;另一种意见认为,未成年子女不能享有对家庭共同财产的共有权,只有对家庭共同财产的产生、积累和增值作出过贡献的人,才享有对家庭共同财产的共有权。⑤ 对这个问题,从原则上说,未成年人在没有劳动能力之前,不应当成为家庭共同财产的共有人,一方面,他们不具有劳动能力,不能通过自己的

---

⑤ 参见王利明:《物权法论》,中国政法大学出版社 1998 年版,第 349 页。

劳动为家庭共同财产作出贡献;另一方面,即使他们有自己的财产,也不宜将他们的财产作为家庭共同财产的组成部分,而应当为他们保留这些财产,父母作为他们的亲权人,对这些财产进行照护。如果有特别必要,或者未成年子女与父母共同受赠财产又不宜分割,当然也可以作为家庭共同财产,使未成年子女成为共有人。在农村,承包的土地经营权是一种财产权,无论成年人还是未成年人,只要是在分配承包土地的时候作为一个主体参加分配土地的,就是家庭共有财产的主体,因为承包经营权本身就是家庭承包,是家庭共有财产,未成年人也有主体资格。

对后一个问题,这里所说的精神病人,不包括未成年的精神病人。成年的精神病人,只要有财产,对家庭共同财产作出了贡献,就应当作为家庭共同财产的共有人。

3. 家庭共有财产发生的时间

关于家庭共有财产发生的时间,与夫妻共同财产发生的时间不同,不是从缔结家庭关系时发生,而是在家庭成员有了财产并愿意成立家庭共有财产关系的约定生效时发生。

实际发生家庭共有财产的过程,往往先存在夫妻共同财产,然后子女等家庭其他成员有了财产收入,将其收入的财产纳入家庭共有财产中来,发生家庭共有财产。因此,在一般情况下,家庭共有财产中包含着夫妻共有财产。

(二)家庭共同财产的范围

1. 确定家庭共有财产的一般方法

家庭共有财产关系产生之后,家庭共同财产就发生了。从理论上说,从这个时候起,家庭共同财产的范围就应当确定了。但是在现实生活中,更多的纠纷不是从这个时间确定家庭共同财产的范围,而是在纠纷发生之后的处理中,才划清家庭共同财产的范围的。在此之前,多数家庭的共同财产并不是清晰、确定。

因此,在司法实践中,处理家庭共有财产纠纷案件,最重要的就是依照确定的方法和规则,准确认定家庭共同财产的范围。确定家庭共同财产范围的基本规则是:

(1)确定家庭共有财产的范围应以共有人的约定为准。共有人约定全部财产均为家庭共有财产的,应依其约定,将全部家庭财产均作为家庭共有财产;共有人约定部分财产为家庭共有财产的,则只以约定的这部分财产为家庭共有财产。

(2)按照实际发生的共同财产关系认定。家庭共有财产共有人对共同财产范围没有约定的,按照实际发生的财产共有部分,认定为家庭共同财产。如果家庭成员对共同财产的范围没有约定——在现实生活中多数是这样的情况——或者约定不明确,能够确定每个共有人贡献的范围的,按照实际发生的贡献给家庭的财产作为标准,认定为家庭共同财产。

(3)无法查明是否为共有财产的,推定为家庭共有财产。通过以上方法无法判明家庭共同财产范围的,如果共有人中有人主张为共同共有,有人主张为个人单独财产的,推定为家庭所有的财产为家庭成员共同共有。

(4)按照当事人的一致主张认定。通过以上方法无法判明家庭共同财产范围的,如果家庭成员一致主张为各自单独所有的,认定为各自所有,没有发生家庭共有财产关系。

2. 夫妻共有财产对家庭共有财产范围的影响

在发生家庭共有财产的情况下,夫妻共同财产是家庭共有财产的主体部分,除非有特别约定,否则全部夫妻共同财产都是家庭共有财产。

按照共同共有的原理,共同共有存续期间共有财产不分份额,为全体共同共有人共同所有。因此,在这时,夫妻共同财产包容在家庭共同财产之中,并且不分应有部分,只是可以计算出潜在的应有部分,并且为共同财产的分割打下基础。

应当说明的是,在家庭共有财产中,夫妻共同财产的存在,以及它的潜在的应有部分,具有十分重要的影响。这是因为,一是夫妻共同财产是家庭共同财产的基础,任何家庭共同财产都是在夫妻共同财产的基础上发生的,都是在父母的夫妻共同财产之上,增加子女向家庭共同财产投入的财产,发生家庭共同财产。二是夫妻共同财产在夫妻关系没有消灭之前是不会消灭的,而家庭其他成员的家庭共有财产权利主体地位是随时可以消灭的,这就是其他成员可以请求分家析产,从家庭共同财产中分离出来,成为独立的所有权主体,而不是永远存在的。三是夫妻共同财产的潜在应有部分是等分的,在婚姻关系存续期间不分应有部分,在离婚的时候按照均等原则分割,而其他家庭成员在家庭共同财产中的潜在应有部分是按照贡献大小确定的,分割时,不能分割夫妻共同财产。

3. 共同继承的遗产对家庭共有财产的影响

共同继承的遗产对家庭共有财产也具有重要影响。

(1)共同继承的遗产是家庭共同财产的重要组成部分。在原来就实行家庭共有财产的家庭中,共同继承的财产加入到家庭共同财产中,成为家庭共同财产的组成部分。在原来没有实行家庭共有财产的家庭,共同继承了财产以后,也会发生家庭共同财产。

(2)共同继承的遗产是有继承份额的,在将来分割遗产时,还是要对遗产按照遗产继承份额进行分割,因而共同继承的遗产的潜在应有部分是十分明显的。家庭共有财产关系消灭之后,分割家庭共同财产不是将共同继承的财产作为家庭共同财产的整体参加分割,而是要从家庭共同财产中分割出来,按照《继承法》的规定进行析产,由各继承人继承。其他的共同财产才按照共同财产分割。因此,共同继承的遗产在家庭共有财产中的地位是很特殊的,具有相当的独立性。

(3)我国的传统习惯在父母一方死亡之后并不立即发生继承,而是由父母的另一方与其他继承人共同共有这些遗产,直到父母的另一方也死亡之后,才开始分割遗产。这是十分普遍的做法。正因为如此,也给家庭共同财产范围的界定带来相当的困难。

因此,在司法实践中要特别注意共同继承遗产的地位问题和具体分割方法,即使它已经成为家庭共同财产,也还是具有特殊的地位,不能混同于一般的家庭共同财产。

4. 划出个人财产范围

在确定家庭共同财产的范围时,在注意了夫妻共同财产和共同继承遗产的影响之后,还要注意属于个人财产的那一部分财产。在一般情况下,下列财产是家庭成员的个人财产,不能计入家庭共同财产的范围:

(1)夫妻个人财产。夫妻个人财产包括婚前的个人财产和婚后的个人财产。这种财产是个人所有的财产,且不计入夫妻共同财产范围,当然也不应当作为家庭共同财产。除非个人同意将其加入家庭共有财产,否则永远为个人财产。

这一部分夫妻个人财产包括父母一代夫妻的个人财产,也包括子女一代的夫妻个人财产。这两部分个人财产都不计入家庭共同财产范围,作为个人独立所有的财产。

判断夫妻个人财产的范围,应当按照界定夫妻共同财产范围的方法进行,法律标准是《婚姻法》第18条的规定,即:"有下列情形之一的,为夫妻一方财产:(一)一方的婚前财产;(二)一方因身体受到伤害获得的医疗费、残疾人生活补助费等费用;(三)遗嘱或赠与合同中确定只归夫或妻一方的财产;(四)一方专用的生活用品;(五)其他应当归一方的财产。"

(2)子女给付父母的赡养费。子女向父母给付赡养费,是子女履行法定赡养义务,不是向家庭共同财产做出贡献,并且这种义务的履行具有严格的身份关系。因而子女给付的赡养费属于父母个人所有,不能作为家庭共有财产。即使是父母以子女给付的赡养费积蓄而购置的财产,也属于父母个人或者共同所有财产,不是家庭共同财产。

(3)父母给付子女的抚养费或赠与子女的财产。父母给付子女抚养费和父母赠与子女的财产,都是转移财产所有权的行为,所有权从父母转移到了子女身上,子女享有了该财产的所有权。前者是父母履行抚养义务,后者是赠与财产行为,均转移了所有权,应归于子女个人所有,都不再是家庭共同财产。

在实践中,经常出现父母以向子女赠与财产的名义将自己所有的财产登记为子女的财产,一方主张父母已经将财产赠与自己,对方主张只是将财产登记为子女所有并不是真正转移所有权,双方都主张所有权而引起纠纷。处理这样的纠纷,应当依据证据确认。如果能够证明这一项财产确实是家庭共同财产或者夫妻共同财产的,可以认定;如果没有证据推翻登记行为确认的所有权权属证明,则应当按照登记行为证明的权属确认权利,认定为子女所有的个人财产。其他子女主张权属的,也按此办理。

(4)子女按约定不作为家庭共同共有的劳动收入及其他财产。劳动收入包括工薪收入、奖金、其他劳动报酬、经营活动的收益,等等。这一部分财产是否作为家庭共同财产,应当根据约定。约定全部不作为家庭共有的,则全部收入均为个人所有,约定部分作为家庭共有的,剩余部分为个人所有。没有约定或者约定不明确的,按照前述确认家庭共同财产的一般办法认定。

(5)子女的其他所得。这一部分财产内容较多,也较为复杂。诸如:一是接受继承、赠与、遗赠等而取得的财产,原则上应为子女个人财产,不列入家庭共同财产。有特别约定的除外。二是一方因人身伤害获得的医疗费、残疾人生活补助费,是因受到人身伤害而得到的补偿费中的一部分。该种财产具有人身性质,是用于保障受害人生活的基本费用,必须归个人所有,不能作为家庭共有财产。三是一方专用的生活物品,如个人衣物、书籍、资料等,为个人财产,都是极具个人属性的财产,应当归个人所有。四是复员、转业军人的复员费、转业费、医疗补助费和回乡生产补助费,永远归个人所有。五是一方的人身保险金。人寿保险金、伤害保险金等,具有人身性质,只能作为个人财产。六是其他个人财产,如与个人身份密切相关的奖品、奖金,国家资助优秀科学工作者的科研津贴,一方创作的手稿、文稿、艺术品设计图、草图等,永远为个人所有。

5. 家庭共同财产的具体范围

(1)父母的夫妻共同财产。父母的夫妻共同财产是构成家庭共同财产的基础,在构成家庭共同财产之后,成为家庭共同财产的主要部分,在没有分割家庭共同财产之前,都由全体家庭共同财产的共有人享受权利,承担义务,不作为夫妻共同财产对待。但是这一部分财产将在分割家庭共同财产的时候分离出来。

(2)共同继承财产。这一部分财产也是作为家庭共同财产的一部分,在成为家庭共同财产以后,由全体家庭共同财产的共有人享有权利,承担义务,不作为特别的共同继承财产。在分割家庭共同财产的时候,这一部分财产要从家庭共同财产中分离出来,作共同继承遗产的分割处理。

(3)其他家庭成员投入家庭的财产。除此之外的其他家庭成员向家庭共同财产投入的财产,都是家庭共同财产,由全体家庭共同财产的权利人享有共有权。

(4)其他列为家庭共同财产的财产。其他没有列入上面三项内容的家庭共同财产,也是家庭共同财产的组成部分,全体家庭共有财产的权利人享有共有权。

三、家庭共有财产的效力

(一)家庭共有财产共有人的权利

家庭共有财产共有人的权利义务,原则上与一般共同共有人的权利和义务相同,但仍有其特点。

家庭共有财产共有人享有如下权利:

1. 平等的所有权

家庭共有财产的权利主体即各共有人,对家庭共同财产一律平等地享有所有权,不得歧视任何共有人。

共有人对共有财产享有平等的使用、收益权,既可以共同使用共同财产,也可以单独使用共同财产,共同享用共有物产生的收益。尽管家庭共同财产具有明显的潜在应有部分,但是共有人不得主张就共同共有财产划分特定的部分。有的家庭成员自己划分自己的应有部分的,是无效的,对其他共有人没有拘束力。

家庭共有财产往往是集合物,由全体共有人占有,对具体的物的占有,可以由个别共有人为之。

2. 共同处理权和单独处理权

处理权实际上就是处分权,但是较之于处分权,处理权的范围似乎更大。每一个共有人对家庭共同财产均有共同处理权和单独处理权。

共同处理权,是针对处分家庭共同财产的重大事务的权利,如变卖家庭共同财产,在家庭共同财产上设置他物权,以及其他使家庭共同财产发生重大变化的事务,均应由全体共有人共同决定处理,任何人不得独断专行。

单独处理权,是指对某些具体的,不涉及家庭共同财产发生重大变化的事务,以及全体共有人委托进行的事务,单个共有人有处理权。这种可以由共有人单独处理的事务,可以称为普通事务。

应当注意的是,按照共同共有的基本规则,在共同共有关系存续期间,对于全部共有财产不能全部处分,只能处分部分共有财产。共同共有人享有的共有财产处分权,只及于部分共有财产,不能及于全部共有财产。⑥ 在家庭共有财产中,也应当遵守这个规则。

3. 代表权和推举权

在家庭共有财产中,全体共有人可以推举一名共有人作为全体共有人的代表。该代表人享有代表权,在家庭共有关系的范围内行使代理权,并主持家庭共有关系的各项经济活动,处理日常事务。代表权只由代表人一人行使,其他共有人无权代理其他共有人为民事法律行为。

在实际生活中,代表权一般总是由家庭中的长辈尊亲属行使,作为家庭共有财产的代表人。因此,这个代表权就与过去的家长权相似。但是,代表权绝不是家长权。家长权是封建家制的内容,早已经被废除,退出了历史舞台。现在经常在生活中出现的"家长"的称呼,早已经不是原来意义上的家长了,而是一种对家庭代表人的称呼,作为对家庭事务的代表者进行管理行为。因此,这种意义上的"家长"与家庭共有财产中的代表权有一定的重合。那就是在处理家庭共同财产上的"家长"行使的权利,就是代表权,而在其他方面,即一般家庭管理事务上的"家长",则不是这种代表权。

应当注意的是,代表权的范围是有限度的,并不能在一切方面都能够代表。对家庭共同财产的处分权,属于全体共有人,处分家庭共同财产的重大行为,必须经全体共有人一致同意,否则为无效。

---

⑥ 在这个问题上,《瑞士民法典》有不同规定,认为不能处分部分共有财产的规定不够妥当。

4. 物上追及权

物上追及权即物上请求权,包括所有物被他人非法侵占时的所有权返还请求权、所有物受到妨害时的妨害排除请求权以及所有物有受到妨害之虞时的所有物妨害预防请求权。当家庭共同财产受到不法侵夺时,任何共有人均享有物上追及权,可以独自行使这一权利,以保全共有物。

行使此种权利,必须为全体家庭财产共有人的利益而行使,不得仅为个人或者部分共有人的利益而行使。

5. 在家庭共同财产上设置负担的权利

行使此权利,应由家庭共有财产的全体共有人协商一致,由有代表权的共有人与他人以法律行为设立。例如在共有物上设立担保物权、用益物权。这种行为涉及共有物的命运,必须由全体共有人同意才能够实施。

6. 共同的管理权

家庭共有财产的管理,原则上由全体共有人进行,也可以由家庭中具有代表权的共有人代表管理。管理的费用,由家庭共同财产支付。

(二)家庭共有财产共有人的义务

1. 履行约定的义务

家庭成员允诺以自己的财产参加家庭共有财产,成为共有人。家庭共同财产的共有人与其他共同共有人不同,应负有履行约定的义务,即按时将自己的所得按照约定的内容,交付家庭共有财产的代表人,使该财产成为家庭共有财产。例如在合伙共有关系中,各合伙人的财产都在合伙人全体掌握之中,个人无法取得合伙的财产,因此不需承担此项义务。而家庭共有财产的共有人多数是自己进行自己的劳动,取得自己的收入,参加家庭共有财产关系就必须按照约定兑现自己的承诺,向共有财产投入财产。共有人违背该义务,在一定期限内不交付其承诺的财产所得的,可以取消其家庭共有财产共有人的资格,无权从家庭共同财产中支付费用。

2. 对共有物进行维修、保管、改良义务

这项义务为全体共有人的义务,均应承担。具体操作,可由部分共有人负责,所支出的费用由共同财产支付。

在实际管理中,维修、保管、改良的行为,由家庭共有财产的代表人进行,或者由代表人委派具体的共有人实施,其后果归于全体共有人,而不能由个人负责。

3. 保持共有关系的义务

按照共同共有的基本规则,共同共有人负有保持共有关系的义务,约束共有人保持共有财产的完整性和统一性,这就是在共同共有关系存续期间,不得分割共同共有财产或者处分全部共同共有财产。在家庭共有财产关系存续期间,各共有人也应当承担这种义务,不得在共同共有财产中要求划分自己的份额、分割共有财产、擅自处分共有财产。

4. 对所欠债务的连带清偿义务

因家庭共同生活、共同经营中所欠债务,为家庭共同债务,须负连带清偿义务,各共有人均为连带债务人。连带的方法,首先是债权人可以向任何一个家庭共有财产的共有人要求清偿,清偿债务的财产应从家庭共同财产中支付。

家庭共有财产的共有人承担连带债务,究竟是有限连带责任还是无限连带责任,是值得研究的。一般认为,家庭共有财产的共有人应当承担有限连带责任。笔者认为,家庭共有财产的性质与合伙共有财产性质相同,可以参照合伙共有财产的做法,家庭共有财产共有人承担的连带债务是无限连带债务。家庭共同财产不足以清偿的,共有人有其他财产的,亦应清偿。家庭共有财产的共有人没有其他财产的,以家庭共同财产承担债务。

5. 共同赔偿义务

家庭共有财产致他人损害,如家庭饲养的动物致人损害,家庭共有的房屋坍塌致人损害等,属于共有财产管理不善造成他人损害,为物的替代赔偿责任[7],应以家庭共同财产承担赔偿义务。

家庭成员致人损害,均须由家庭共同财产承担赔偿责任,即从共有财产中支付赔偿金。

这种赔偿义务,也是连带义务,应当由全体家庭财产共有人作为连带债务人,任何人都有责任向债权人承担债务,履行债务。这种连带债务的形式与其他家庭共同债务一样,也是无限连带责任,在家庭共同财产不足以清偿债务时,各共有人有个人财产的,应当以个人财产清偿。

四、家庭共有财产的终止及其分割

(一)家庭共有财产的潜在应有部分

1. 一般表现

在研究家庭共同财产范围的时候,有一个很重要的现象,就是在家庭共同财产中,夫妻共同财产和共同继承财产的特殊地位。

共同共有是基于共同关系而共有一物。各共同共有物的所有权属于共有人全体,而非按照应有部分享有所有权,故对该共同共有物的全部,共有人并无应有部分存在。继承人对应继财产的应继份额,合伙人对合伙财产的股份,是就抽象的总财产而言,而不是对个别的共同共有物,学说上称之为共同共有的潜在应有部分。[8] 这一论述,精彩地说明了在共同共有关系中,没有应有部分但是应有部分又在暗中发挥影

---

[7] 在侵权行为法中,关于特殊侵权责任分为对人的替代责任和对物的替代责任。这种分法,从《法国民法典》的规定就开始了。参见《法国民法典》第 1384 条规定。

[8] 参见王泽鉴:《民法物权(1)通则·所有权》,中国政法大学出版社 2001 年版,第 377 页。

响的现象。这就说明,共同共有没有应有部分,但并不是说就绝对没有任何应有部分。实际上,共同共有既然是财产权,既然是几个共有人共同享有共有财产的所有权,在市场经济条件下,不可能是绝对共同所有,绝对不分份额,那样就没有各个共有人的利益了。当然,共同共有的这种潜在应有部分是在暗中存在的,不是公开表露出来的。家庭共有财产同样是共同共有,其中必然存在潜在应有部分。不过,家庭共有财产中的潜在应有部分具有更为特殊之处,就是它的表现更为明显,起的作用更为突出。尤其是表现在家庭共有财产中作为家庭共有财产组成部分的夫妻共有财产和共同继承财产之上。

2. 具体表现

(1) 夫妻共有财产的潜在应有部分。在家庭共同财产中,夫妻共有财产是作为其中的一个组成部分而存在的。尽管夫妻共同财产已经融化在家庭共同财产中,并不作为独立的表现形式表现出来,但它的潜在应有部分却始终是存在的,并且不是随着家庭共同财产的变化而弱化。尤其是当家庭共有财产关系消灭,家庭共同财产分割时,夫妻共同财产的潜在应有部分就公开表现出来,成为分割家庭共同财产的份额。

从具体的表现情况看,一方面,夫妻共同财产在家庭共同财产中,潜在应有部分的构成几乎是固定的,是不加改变的。夫妻共同财产始终在家庭共同财产中稳定地存在着,不因为外来的变化而变化,也不因为其他财产的增加或减少而变化。另一方面,夫妻共同财产的具体数量也是在变化的,尽管不是根本的变化,但它随着夫妻财产的增加和减少而不断地增加或者减少,因此,它的具体表现是动态的。

(2) 共同继承财产的潜在应有部分。在家庭共同财产中,共同继承财产也会成为家庭共同财产的组成部分,存在于家庭共同财产中。共同继承财产在家庭共同财产中,其潜在应有部分不但始终存在,而且极为稳定,甚至从构成上是完全固定的。当时发生继承事实的时候,这部分财产是多少,几乎以后不会有太大的变化,基本维持原来共同继承时的形态,这一部分财产就保持在家庭共同财产中。

其实,说到底,财产是会变化的。这不仅是指这一部分财产在数量上会随着使用而增值或者折旧、减损,同时也是指继承的财产不会保持原样。但是在观念上,在财产的处理上,人们不让它发生变化,直到分割家庭共同财产的时候,或者在对共同继承财产进行析产时,总是要将确定继承财产的界限上溯到继承财产的当时的状况,确定遗产的总额是多少,每个人继承的份额是多少,然后进行分割析产,分配到每个继承人。正是从这个观念和处理共同继承财产析产的角度观察,共同继承财产的潜在应有部分具有极为稳定的特点。这一点,在家庭共有财产消灭、家庭共同财产分割的时候,就会非常明显地表现出来,并主宰着财产的分割。

共同继承财产则基本上是静态的,只是随着财产的增值而增加或者随着折旧而减少。

(3) 家庭共有财产其他组成部分的潜在应有部分。相对于夫妻共同财产和共同继承财产这两种家庭共有财产的组成部分而言,其他家庭共有财产的组成部分,其潜在应有部分不具有这些特点,它们也存在潜在的应有部分,但是这个潜在应有部分是变动的、动态。一方面,它们随着具体的共有人对家庭共同财产的贡献大小而发生变化,并不是相对稳定的潜在应有部分;另一方面,它们受夫妻共同财产和共同继承财产的稳定的潜在应有部分的影响,比例上在不断变动,不是固定不变的。

3. 具体影响

正是由于在家庭共同财产中不同的组成部分的潜在应有部分的情况不同,从表面上看,它对家庭共同财产的存在并不发生质的变化,但是却潜在地发生着决定性的影响。这种影响,直到家庭共有财产关系消灭,家庭共同财产分割时,最终表现出来,其潜在发挥的作用变成了实实在在地发挥决定性的作用。在分割家庭共同财产时,应当特别注意家庭共同财产构成的各个部分潜在应有部分的影响,准确分割家庭共同财产,而不是像一般共同共有财产分割那样进行平均分割。

(二)家庭共有财产的终止

家庭共有财产关系终止的原因,是作为家庭共同生活成员请求终止家庭共有财产关系,致使家庭共同生活关系消灭。只要家庭共同生活关系消灭,就引起家庭共同共有关系终止,家庭共同财产就要被分割,转变为个人单独所有。

家庭共同生活关系的消灭,可以分为全部消灭和部分消灭。在这一点上,家庭共同生活关系与婚姻关系不同,婚姻关系只能由两个人构成,夫妻双方只要离婚或一方死亡,婚姻关系即行消灭。而家庭关系由父母子女等近亲属构成,一般应当有三人以上,父母离婚或者某一家庭成员死亡,不可能引起家庭关系的全部消灭,只是引起部分消灭;只有家庭成员剩下一人时,家庭共同生活关系才全部消灭。由于必须具备同财、共居两个条件才发生家庭共有财产,因此,并非家庭共同生活关系消灭就一律引起家庭共有财产的终止,只有共居关系消灭,且是由同财的家庭成员的原因而引起时,才使家庭共有财产发生终止的法律后果。

综合起来分析,家庭共有财产关系依下列事实而消灭:

1. 实行家庭共有财产关系的约定终止

家庭共有财产的建立,是在家庭共同生活关系存在的前提下,依约定发生的。当该约定完成时,家庭共有财产关系即行消灭。例如,该约定有一定期限的,以该期限到来为家庭共有财产关系的终期;约定一定条件的,以该条件成就的日期为家庭共有财产的终期。如果该约定未设定共同共有关系消灭的期限或条件,则家庭共有财产的共有人另行约定终止家庭共有财产关系的,依约定而终止共有关系,使全部共有关系消灭。

2. 家庭共有财产的共有人分出

共有人从家庭共有关系中分出,如果家庭共有财产关系中还有两个以上的共有人,为部分消灭共有关系;如果剩下的两个人是夫妻,也消灭家庭共有财产关系,仅剩下夫妻共有财产关系;如果仅剩一个共有人,则全部消灭共有关系。

共有人从家庭共有中分出,最常见的是已婚子女分家另过。《瑞士民法典》第

344 条第 2 款规定:"共有人中一人,在其结婚时,可无需通知终止而请求清算。"这一规定可以参考。

子女在外地工作,虽未成婚但因无共居条件且不同财的,亦为分出,终止共有关系,但约定继续同财的除外。

共有人之一因重大原因请求终止,也是一种分出的情况,是指在家庭共有财产关系存续期间,共有人因其他重大原因而要求从共有关系中分出,终止共有关系。这种请求是当然发生终止共有关系的效力,抑或还须其他共有人同意,当取前者。

3. 家庭共有财产的共有人死亡

共有人中的一人死亡,部分消灭家庭共有财产关系。如果在共有人之一死亡后,只剩一个共有人时,则家庭共有关系全部消灭。

共有人死亡时,如果他的继承人不是共有人时,该继承人有权请求分割家庭共有财产,从中析出该共有人的遗产予以继承。如果死亡的共有人遗有有继承权的直系卑血亲时,经其他共有人同意,该直系卑血亲可以代替其被继承人,继续共有关系,成为新的共有人,或者增加自己在共有财产中的潜在应有部分;也可以要求继承遗产,独立享有所有权。

至于继承人是共有人的,继承的遗产是否仍作为共有财产,依原约定,没有约定的,依继承人的意思表示为之。

4. 其他事由

在《瑞士民法典》中,还规定如下终止家庭共有关系的事由:一是共有人中一人的共有财产被扣押,且已受作价处分时;二是共有人中一人破产时,其他共有人可以开除上述共有人,或替其清偿债务,终止该共有人的共有关系。这种规定可以借鉴,笔者倾向采纳这种做法,或者由家庭共有财产的各共有人协商决定。

家庭共有财产关系全部消灭的,分出的原共有人和尚在一起共同居住的原共有人可以组成新的共有关系,建立新的家庭共有财产。在其他共有人分出,只剩下夫妻以及没有财产收入的子女共同生活时,构成夫妻共同财产,原家庭共有财产应视为全部消灭。部分共有财产消灭,剩余的部分共有财产继续存在,继续实行共有关系。

(三)家庭共同财产的分割

对家庭共同财产的分割也称作分家析产。但是,分家实际上是说家庭共同生活关系的解体和家庭共有财产关系的消灭。析产才是指家庭共同财产的分割。

在我国民间,事实上存在两种分家析产。一种是分割家庭共有财产,即真正意义上的析产,终止家庭共有财产关系。另一种并非分割家庭共有财产,而是父母出于防止子女间在日后发生纠纷的动机,把自己积蓄的财产分给子女或其他家庭成员。这种情况,是父母把自己的财产赠与子女或其他家庭成员,并不是分割家庭共有财产。这是两种不同的情况,但在现实生活中往往都交织在一起,应当认真加以区分。

分割家庭共有财产,应当遵循以下方法:

1. 确定家庭共有财产范围

这是确定应当分割的财产的范围,如果家庭共有财产范围不能分清,则可能使分割不完全,或者分割了不属于家庭共同财产的财产。确定家庭共有财产范围,首先,应确定家庭共有关系终止的时间,以此时间为准,以后的财产不再作为家庭共有财产。其次,应将家庭成员个人的财产分开,防止将个人财产混入共有财产中一起分割而损害个人的财产权益。再次,还应当将混入家庭共有财产的其他财产,如寄托的他人财产、代管的他人财产等,从家庭共有财产中分离出去。

2. 确定家庭共有财产的权利主体

该权利主体即共有人,以为家庭成员及将所得财产归入共同财产为必要条件。在理论研究和实务中,一般称家庭财产共有人为对家庭共有财产作出贡献的家庭成员,这样说比较形象、具体,可以采用。虽是家庭成员,但如果没有财产所得,或者有财产所得却未将其纳入共同财产范围,均不是家庭共有财产的权利主体,对家庭共有财产不享有共有权,因而也无分割家庭共有财产的权利。分割家庭共有财产只在有分割权的共有人中进行。

3. 确定各共有人应当分得的份额

在共同共有中不分份额,家庭共有财产也同样如此。但是,家庭共同共有与合伙共同共有、夫妻共同共有有所不同,即夫妻共同财产没有份额的概念,而家庭共同共有按贡献、合伙共同共有按约定或按出资额,都有潜在应有部分存在,对此种区别绝不能忽视。笔者在前面对家庭共同财产的潜在应有部分作出详细的阐释,就是为了说明这个问题。因此,当分割家庭共有财产时,原则上是均等分割,但是要依各共有人的贡献大小区分差别,即在贡献大小相等的情况下才均等分割,贡献有明显差别时,分割应体现差别。对此,苏联的做法是,全体成员之间均等划分;此后,由于有劳动能力的成员生产时间短,或者自己投入劳动和资金数量不大,该成员的份额应该减少,减少的部分财产分配给其他成员。⑨ 这种办法不仅繁琐,亦不合理。事实上,父母和子女共同生活,在一般情况下,父母的收入要远远超过子女的收入,完全均等分割是不合适的。

应当结合贡献大小,计算出各共有人的份额,首先分出父母的夫妻共同财产,如果有共同继承财产的,还要分出共同继承财产,对遗产在继承人中进行析产,然后分出其他各共有人的份额。

确定上述份额时,对于负担抚养、赡养、扶养其他家庭成员义务的共有人应当适当多分。

具体分割家庭共有财产的办法,应依分割共同财产的一般办法,主要是:

(1)实物分割。家庭共有财产均为集合物,可按实物进行分割。对可分物也应进

---

⑨ 参见〔苏〕斯米尔诺夫等:《苏联民法》(上卷),黄良平、丁文琪译,中国人民大学出版社1987年版,第334页。

行实物分割,每人分得若干部分。

(2)变价分割。对于某些不可分或分割后损害其经济价值的共有物,或者共有人均不愿采取实物分割的共有物,可以变价出卖,将变价款进行分割。

(3)作价补偿。对于某些不能分割,或虽可分割但有的共有人愿意取得实物、有的共有人不愿意取得实物的,可以将该共有物归愿意取得实物的共有人所有,对其他共有人作价补偿。

论侵害配偶权的精神损害赔偿*

一、侵害配偶权精神损害赔偿的演变

破坏婚姻关系,按照习惯上的说法,叫做"第三者插足"。在历史上,对破坏婚姻关系的行为人予以法律制裁,有一个长期的演进过程。

在群婚时代,乃至对偶婚时代,婚姻关系当事人相对不确定,一般不存在破坏婚姻关系的行为。

在一夫多妻和一夫一妻时代的早期,婚姻关系主体是固定的,对破坏婚姻关系行为,法律和习惯都予以制裁。确认女子通奸为不贞,对通奸女子予以严厉制裁,包括肉刑乃至于生命刑,甚至可以由丈夫将通奸之妻交由男性朋友轮奸,以示惩罚。对于男子通奸,一般不认为是严重的违法行为,在习惯上和观念上大部分不予追究,但对卑奸尊、与皇亲贵族女性通奸者,则须予以刑罚制裁。

随着社会的发展,这种男女不平等的做法逐渐改变,立法采取对通奸者予以刑罚制裁的方法调整,以保护合法的婚姻关系,但多数以亲告罪方式规范,不告不理。在我国,1979年以前,即采此种方法,对破坏婚姻关系的行为人,以"妨害婚姻家庭罪"罪名,追究刑事责任。

以刑罚方法追究破坏婚姻关系行为人刑事责任的做法,近现代先进立法均不采,而是以民事责任对破坏婚姻行为人予以制裁。

对于破坏婚姻关系行为追究民事责任,经历了三个不同的演变阶段。

(一)保护夫权阶段

在古代,一般将破坏婚姻关系行为确认为侵害夫权的行为。在近代,也有这种做法。早期的夫妻身份关系,为夫权关系,夫享有夫权,妻是夫权的客体,受夫权的支配。妻负有与夫同居的义务,夫享有与妻同居的权利。妻与他人通奸,就妻及通奸者而言,是对夫权的蔑视和破坏,因此是侵害夫权行为。侵害夫权,一般要由行为人向受害人支付赎金,相当于赔偿金。由于妻是夫权的客体,夫与他人通奸,对妻而言,则无所谓对婚姻关系的破坏。

以侵害夫权追究破坏婚姻关系行为人的民事责任,是男女不平等制度的产物。

---

* 本文发表在《法学》2002年第4期。

(二)保护名誉权阶段

第二个过程,是对破坏婚姻关系的行为认定为侵害名誉权责任,依照侵害名誉权的法律规定处理。例如,大陆法认为,婚姻关系是一男一女终生共同生活体,它含有人格的因素,应当适用有关人格权的法律规范。所以,妨害婚姻关系情节严重的,可以认为侵害了受害配偶的人格权,从而可以依照法律的规定请求损害赔偿。我国台湾地区学者认为:"配偶与第三人通奸,受害配偶感到悲愤、羞辱、沮丧,其情形严重者,可谓为名誉权受到侵害,虽非财产上之损害,亦得请求相当之慰抚金。"①在实践中,多数大陆法国家也以名誉损害责令行为人承担损害赔偿责任。联邦德国在审判实践中,不仅对妨害婚姻关系的第三人追究名誉损害赔偿责任,而且在该婚姻关系依法解除后,还可以对有过错的配偶追究名誉损害赔偿责任。

认定破坏婚姻关系行为为侵害名誉权,从侵权责任构成要件上分析,也是成立的,这主要表现在:

1. 损害事实

妨害婚姻关系行为侵害了双重客体,既侵害了社会主义的婚姻关系,也侵害了该合法婚姻关系中无过错配偶的名誉权。对于前者,没有人持不同意见,但侵害社会主义婚姻关系并不是构成侵权行为的要件。对于后者,很多人持反对意见,在理论上又没有作更多的研究,没有引起重视。例如有人认为,妨害婚姻关系行为所侵害的,主要是社会主义婚姻关系,无过错一方所受的名誉损害,或者是次要的,或者是没有受到损害。其实,这种损害客体是并列的,没有谁主谁从的问题。无过错配偶的名誉损害是客观存在的,不可否认。在北方民间,如果妻子与他人通奸,丈夫通常被称作"王八""鳖头""绿帽子",等等,这足以证明他的名誉所受到的损害,虽然丈夫也与他人通奸,对妻子没有什么贬称,这只能说明民间对妇女名誉权的不重视,而绝不是说明她的名誉没有受到损害。妨害婚姻关系的名誉损害赔偿,其损害事实,就是配偶的一方与第三人通奸,而使配偶的另一方的名誉所遭到的损害。这种损害事实,可以在实践中采取推定方式,即通奸的事实存在,即可从中推定配偶另一方的名誉遭到损害。

2. 违法行为

妨害婚姻关系的违法行为,就是以通奸的方式致使他人合法婚姻关系受到破坏的行为。这种违法行为具备四个特征:一是行为违反了国家的婚姻家庭法规;二是行为的方式只能由作为构成;三是行为的内容是通奸的事实;四是婚姻关系受到了破坏。不具备这四个特征,不构成妨害婚姻关系的违法行为。

3. 因果关系

无过错配偶的名誉损害是由"第三者"与有过错配偶的妨害婚姻关系违法行为即通奸关系造成的。不是因此而造成的名誉损害,构不成这种侵权损害赔偿。

---

① 王泽鉴:《民法学说与判例研究》(第 2 册),北京大学出版社 2009 年版,第 211 页。

4. 过错

妨害婚姻关系的违法行为人在主观上有意图违反现行婚姻法规,妨害合法婚姻关系的过错。这种过错是故意的,即明知国家保护合法的婚姻家庭关系,对方(或自己)的婚姻关系是受到国家法律保护的,却故意去实施妨害婚姻关系的行为;另一方面,在主观上放任受害人名誉损害结果的发生。过失不构成该种行为的要件。

对破坏婚姻关系的行为认定为侵害名誉权,也有一定的民间基础。在我国民间,也有通奸事实发生后受害配偶向"第三者"索取金钱赔偿的情形,这就是通常所说的"私了"。由于国家立法和司法解释都没有明文规定,司法机关又习惯上认为这种情况不适用损害赔偿方式解决,因此,民间的"私了"方式,通常是暗中秘密进行的,这种情况,可以说是实行妨害婚姻关系名誉损害赔偿的群众基础。

(三)以侵害配偶权保护阶段

第三个阶段,是将破坏婚姻关系认定为侵害配偶权的民事责任。破坏婚姻关系的行为,从客观上会造成侵害配偶一方的名誉权的损害,但是,这种损害结果是一种间接的结果,行为所直接侵害的客体,是配偶权,造成的直接损害结果,是配偶身份利益的损害。因此,依破坏婚姻关系行为的实质,认其为侵害配偶权的侵权行为,是最准确的。

我国台湾地区的司法实践经过一段曲折,最终采用了侵害配偶权的认定。1952年,台湾地区"最高法院"台上字第 278 号判例否认夫权概念,认为与有配偶者通奸,不构成侵害他方配偶的夫权,但依社会通念,如明知为有夫之妇而与之通奸,系以背于善良风俗的方法加损害于他人,应依"民法"第 184 条第一项后段就非财产上损害负赔偿责任。1971 年台上字第 86 号判例,否认与有配偶者通奸系构成侵害他方配偶的名誉,但肯定其系侵害他人家室不受干扰的自由,亦构成侵权行为。随后,台湾地区"最高法院"判例肯定通奸系侵害他方配偶之权利(夫妻共同生活圆满安全及幸福之权利),但仍以"民法"第 184 条第 1 项后段作为请求非财产损害金钱赔偿的依据。②

以侵害配偶权保护婚姻关系,制裁破坏婚姻关系行为,是最符合婚姻关系的本质要求的,既体现了男女平等的权利,也实现了依法保护合法婚姻关系的实质要求,对行为人以精神损害赔偿方法予以制裁,抚慰受害人所受权利的损害和精神的创伤,能够达到救济受害人的目的。因而,多数国家采此方法,保护合法的婚姻关系。在我国,这种主张还处于理论研究阶段,尚未被立法及司法实务所采用。

---

② 参见王泽鉴:《人格权、慰抚金与法院造法》,台北《法令月刊》第 44 卷第 12 期。

二、配偶权及其内容

(一)从夫权到配偶权的演变

在配偶权的历史发展中,经历了从夫权到配偶权的历史演变。在国外,这种历史演变的过程十分清楚。

在早期罗马法中,已出嫁的妇女通常属于丈夫家庭的成员,服从丈夫的权利,解除同原属家庭一切关系。这就是早期罗马法的"归顺夫权"。妻子通过归顺夫权,变成"家女",服从新的家父。如果家父是自己的丈夫,妻则处于准女儿的地位;如果家父是自己丈夫的家父,则处于准孙女地位。在归顺夫权制度下,妻的地位的取得,须经过祭祀婚或买卖婚,甚至在没有举行上述祭祀时,在丈夫家居住超过1年后,丈夫取得夫权,此时适用1年的取得时效,当妇女远离夫家3夜,时效中断。这是纯粹将妇女视为物的制度。因在这种制度中,夫权不仅包括丈夫对妻的人身支配权,而且也包括丈夫的家父的对妻的统治权。③ 妻归顺夫权,发生人格小减等,由自权人变为他权人。妻对他人造成侵害时,由丈夫负责;丈夫不愿负责时,可将妻交予受害人,妻因而人格大减等,处于奴婢地位。妻子品行不端,丈夫有权处罚。④

罗马法中后期,已废除夫权制度,实际上废除的是家父权,妻仍然处于夫的某些支配之下,并没有成为完全的自权人,但在某些方面,出现配偶相互之间的权利。如丈夫根据纯粹的婚姻关系而取得对妻子的约束权,妻子因违反配偶间的忠诚义务应受到处罚。丈夫负责保护妻子,并有权为她所遭受的侵辱提起"侵辱之诉"。对于任何非法拘禁妻子的第三人,丈夫有权要求颁发"出示和返还妻子令状"。除此之外,配偶相互享受"能力限度照顾",根据这一制度,债务人有权被判决只按照自己的能力清偿债务。⑤ 此时罗马法虽然废除了归顺夫权的夫权,但只是不再服从家父的统治,夫权仍然是丈夫对妻子的支配权,但是人身支配的程度已经有所变化。

在近代资产阶级民事立法中,强调天赋人权,权利平等,在民事立法中废除了夫权制度,只是废除的程度还不彻底。例如,《法国民法典》一方面规定夫妻负相互忠实、帮助、救援的义务,另一方面又规定夫应保护其妻,妻应顺从其夫,妻负与夫同居的义务并应相随至夫认为适宜居住的地点,夫负责接纳其妻,并按照其资力与身份供给其妻生活上需要的义务,即使妻经营商业,或不在共有制下,或采用分别财产制,未经夫的许可,亦不得进行诉讼,等等。这些配偶之间权利不平等的规定,仍然带有封建夫权制的遗迹,尚不是现代配偶权的全部内容。这种情况,在欧洲各国资产阶级早

---

③ 参见〔意〕彼德罗·彭梵得:《罗马法教科书》,黄风译,中国政法大学出版社1992年版,第120—121页。
④ 参见江平等:《罗马法基础》,中国政法大学出版社1991年修订版,第112页。
⑤ 参见〔意〕彼德罗·彭梵得:《罗马法教科书》,黄风译,中国政法大学出版社1992版,第146、164、320页。

期的民事立法中,是常见的现象。

在现代,各资本主义国家纷纷修改民事立法,删除配偶之间不平等权利的规定,增设新的平等配偶权的规定。法国立法机关于1942年9月22日通过法律修正案,对民法典"夫妻相互的权利与义务"一章进行了全面修订,以后几经修订,终于建立了现代意义上的配偶权,规定夫妻各方享有完全的法律权利,对家庭的共同管理权,相互负共同生活的义务,共享住所选定权,等等。在社会主义国家,婚姻家庭立法根据马克思主义法学原理,确认新型的配偶权。例如,1969年11月1日生效的《苏俄婚姻和家庭法典》把消除妇女在生活中的不平等地位的残余,建立能够充分满足人们最深刻的个人感情的共产主义家庭作为自己的使命。该法规定,夫妻共同享有决定家庭生活问题、自由选择工作、选择职业、选择居住地点的权利,可以选择一方的姓为他们共同的姓,也可以双方各自保留自己婚前的姓,相互负扶养的义务,等等。

在中国,从夫权到配偶权的历史演变更为缓慢,直到新中国的成立,才彻底废除封建夫权,建立现代意义的配偶权。

中国奴隶社会和封建社会,从观念上受儒家礼教统治,视女子与小人为难养也,特别强调夫权统治,夫为妻纲,在婚姻家庭关系中,妻处于无权地位,完全受夫权的支配。在理论上认为,妻受命于夫,其尊皆天地,虽谓受命于夫亦可,妻不奉夫之命,财绝,夫不言及是也。⑥是谓夫为妻天。在夫权的统治下,妻必须顺从夫的支配,妻不顺父母、无子、多言,都成为休妻的法定理由,而夫有恶行,妻不得去,因无地去天之义也。

清末民初,"满清"政府和北洋政府制定两部民法草案,对夫妻之间的权利义务进行了改革,但仍保留夫权制度,并未建立现代意义上的配偶权,在婚姻关系中,丈夫仍享有支配权,并保留了大量的封建专制性支配权的规定。国民政府1930年制定民法典的亲属编,虽强调两性之平等,但也保留了若干夫妻不平等的内容,如规定妻以其本姓冠以夫姓,妻以夫之住所为住所,等等,虽有准许另行约定的规定,但此种规定本身,即含有轻视妻的权利之意。

新中国成立以后,于1950年4月13日中央人民政府委员会制定《婚姻法》,确定男女权利平等为婚姻法的基本原则,确立了平等的配偶权。1980年《婚姻法》进一步确认男女平等为婚姻法的基本原则,同时规定夫妻在家庭中地位平等,双方都有各用自己姓名的权利,双方都有参加生产、工作、学习和社会活动的自由,都有实行计划生育的义务,有互相扶养的义务,构成了社会主义新型配偶权的基本内容。

(二)配偶权的概念及法律特征

究竟何为配偶权,学说上有不同解释。一种主张认为:"配偶权是夫对妻以及妻对夫的身份权。"⑦另一种主张引证美国学者关于"这一权利对于表达婚姻结合的法律意

---

⑥ 参见《春秋繁露·顺命》。

⑦ 张俊浩:《民法学原理》,中国政法大学出版社1991年版,第161页。

义和象征意义有着极大的重要性,因为它能够将构成婚姻实体的各种心理要素概念化,诸如家庭责任、夫妻交往、彼此爱慕、夫妻性生活等因素都被概括其内并为法律的承认"⑧的论述,认为配偶权"是指配偶之间要求对方陪伴、钟爱和帮助的权利"。⑨

上述对配偶权的定义,并不十分准确。笔者认为,配偶权是指夫妻之间互为配偶的基本身份权,表明夫妻之间互为配偶的身份利益,由权利人专属支配,其他任何人均负不得侵犯的义务。

配偶权的法律特征是:

(1)配偶权的权利主体是配偶双方。配偶权是配偶双方的共同权利。因此,双方配偶均为配偶权的权利主体。这种共同的权利包含两重含义:一是对配偶利益由配偶双方支配,任何一方不能就配偶的共同利益为单独决定;二是双方配偶互享权利,互负义务,权利义务完全一致,任何一方均不享有高于或低于对方的权利。

(2)配偶权的客体是配偶利益。配偶权的客体不包括法律明定的财产权利,如财产共有权、相互继承权,这些权利,是由财产权法和继承法调整的范围,不属于人身权法的内容。此外,配偶权也不包括离婚自由权,因为离婚自由权是婚姻自主权的内容,属于人格权性质,而配偶权则为基本身份权,其基本利益,是确定夫妻配偶关系所体现的身份利益。

(3)配偶权的性质是绝对权。配偶权虽然权利主体为夫妻二人,但它的性质不是夫妻之间的相对权,而是配偶共同享有的对世权、绝对权,是表明该配偶之所以为配偶,其他任何人均不能与其成为配偶。因而,配偶权的权利之体虽为配偶二人,但该对配偶待定化,其他任何人均负有不得侵害该配偶权的义务。这种义务是不作为的义务,违反不作为义务而作为,构成侵害配偶权的侵权行为。

(4)配偶权具有支配权的属性。配偶权是一种支配权,但其支配的是配偶之间的身份利益,而不是对方配偶的人身。在古代法律中,配偶之间的权利是人身支配性质的专制权,表现为夫对妻的人身支配。现代法上的配偶权不具有封建的人身支配性质,是一种新型的支配权,是夫妻共同对配偶身份利益的支配,是平等的、非人身的支配权。

(三)配偶权的基本内容

配偶权包括以下内容:

1.夫妻姓氏权

配偶各自有无独立的姓氏权,是关系到配偶有无独立人格的一种标志。学者有谓,本问题欲求男女完全平等,殊无圆满办法,而男女平等似应注意实际,如经济平等、政治平等、私权平等,不必徒骛虚名。若关于姓氏必使铢两悉称,殊属难能,惟当

---

⑧ 〔美〕威廉·杰欧·唐奈等:《美国婚姻与婚姻法》,顾培东等译,重庆出版社1983年版,第73页。
⑨ 韩松:《婚姻权及其侵权责任初探》,载《中南政法学院学报》1993年第3期。

于可能范围内,企求合于平等之职而已。⑩ 这种主张难说其完全正确。形式的平等应与实质的平等相统一,没有形式的平等,实质的平等亦难保障。为保障配偶各自的人格独立,尤其是保障妻的独立人格,夫妻应有独立的姓氏权,不能将妻从夫姓或妻冠夫姓而称夫妻一体主义,避免妻对夫的人身依附关系。因此,我国《婚姻法》第10条规定:"夫妻双方都有各用自己姓名的权利。"这种规定,完全体现了我国配偶之间的独立人格权。夫妻各用自己的姓氏,既不一方随另一方姓,也不一方须冠另一方之姓。当然,这样的规定并不妨碍配偶双方在自愿的基础上,就姓名问题作出约定,并通过约定,女方可改姓男方的姓,男方也可以改姓女方的姓。

2. 住所决定权

住所决定权是指配偶选定婚后住所的权利。这里的住所,指婚姻住所或家庭住所,是配偶常住的处所。住所决定权虽然仅仅关系配偶的居住场所问题,但由于历史上长期延续的妇从夫居的传统,实际上体现了男女是否平权的问题。在长期的奴隶社会、封建社会以及资本主义社会早期,夫的住所决定权是立法通例,剥夺了妻的权利。

婚姻或家庭住所是配偶共同生活的依托,关系到共同生活基础,应由配偶双方共同决定。因而,协商一致主义是最适当、最合理的立法例。纯粹的自由主义虽强调配偶的平等权利,但各方都有选择住所的自由,极易出现争论而造成纠纷,不宜采用。丈夫权利主义仍保留夫权残余。丈夫义务主义虽强调妇女平权,但丈夫只有义务而妻只有权利,实际上是不平等的。

我国《婚姻法》对于住所决定权没有明文规定。学者认为,我国《婚姻法》规定,男女双方登记结婚后,根据双方的约定,女方可以成为男方家庭成员,男方也可以成为女方家庭成员,这就表明在我国男女双方都有平等决定夫妻住所的权利。⑪ 这种看法有一定道理。笔者认为,对于住所决定权,法律应当有明文规定。目前在现实中存在着分房只分给男方不分给女方的现象,不能不说是立法无明文规定的影响。立法规定婚姻住所决定权,应采协商一致主义,由双方共同决定。在实际生活中,也应当坚持这种办法,既不能由一方专权决定,又不能强行规定为一方的义务,只有协商一致,共同决定,才符合男女平等的婚姻法基本原则。

3. 同居义务

同居是指异性男女共同生活,包括男女共同寝食、相互扶助和进行性生活。配偶之间的同居,是指合法婚姻关系的双方当事人共同生活,包括夫妻共同寝食、相互扶助和进行性生活。

与同居相对应的概念是别居和分居。有人认为分居与别居是一样的概念。是不正确的。分居,是有正当理由而暂时中止同居,或者因夫妻感情不好而停止共同生

---

⑩ 参见史尚宽:《亲属法论》,台北荣泰印书馆1980年版,第262页。
⑪ 参见韩松:《婚姻权及其侵权责任初探》,载《中南政法学院学报》1993年第3期。

活。别居,则为某些国家的具体婚姻制度,即经法定程序不解除合法婚姻关系的停止共同生活。我国《婚姻法》没有规定分居和别居,最高人民法院的司法解释规定夫妻分居一定期间,是确定夫妻感情确已破裂的标准,可以依法判决离婚。可见,我国承认分居制度,而不采用别居制度。

配偶同居义务,是指男女双方以配偶身份共同生活的义务。这种义务,是夫妻间的本质性义务,是婚姻关系得以维持的基本要件。同居义务是配偶双方共同的义务,平等的义务,双方互负与对方同居的义务。在近代民事立法上,曾经基于妻对夫的人身依赖性和依附性,而认为同居是妻的单方义务,而不是夫的义务。如日本旧民法规定:妻负有与夫同居之义务,夫须许妻与之同居。在现代民事立法中实行男女平等,规定同居是配偶双方的平等义务。

同居义务的发生,以婚姻关系的有效成立为标志。当男女双方正式办理结婚登记手续之后,无论其是否举行结婚仪式,其婚姻关系均为有效成立,配偶双方即承担同居义务。在婚姻关系存续期间,同居义务始终存在,至婚姻关系因一方死亡或离婚而解除时,同居义务终止。

同居义务的内容,首先是性生活的义务。夫妻的性生活,是配偶共同生活的基础,任何一方均有义务与对方性交。无正当理由而拒绝与对方性交,为违反法定义务。其次,是共同寝食的义务。婚姻关系维系的是异性共同生活实体,共同寝食,就是夫妻共同生活的基本内容,因而也是同居义务的基本内容。再次,同居义务是夫妻双方相互协力的义务。夫妻共同生活,必须相互协力,共同进行,不能单由一方进行,同时,一方对另一方不得以暴力或威胁手段强迫要求同居。

具有正当理由,可以分居。诸如处理公私事务、生理方面的原因、被依法限制人身自由而不能履行同居义务时,不为违反法定义务。国外民法还规定,配偶一方在其健康、名誉或者经济状况因夫妻共同生活而受到严重威胁时,在威胁存续期间有权停止共同生活;提起离婚诉讼后,配偶双方在诉讼期间均有停止共同生活的权利。夫妻感情破裂是否分居的正当理由,无明文规定。从我国司法解释的精神分析,分居是夫妻感情破裂的标准,可以确认感情破裂是分居的正当理由。

无正当理由违反同居义务,有些国家规定了相应的法律后果。例如,英国法律规定,配偶一方违反同居义务,他方享有恢复同居的诉讼请求权;关于恢复同居的判决虽不得强制执行,但不服从这种判决可视为遗弃行为,是构成司法别居的法定理由之一。在法国,违反同居义务,主要是申请扣押收入或精神损害赔偿。对此,我国立法没有规定,应当借鉴国外立法,可以采取训诫促使其履行同居义务,并采用扣押收入、赔偿等方法予以制裁。对如何才能构成违反同居义务,一是故意遗弃对方为目的;二是无正当理由;三是不履行同居义务达到一定期间。

4. 贞操义务

贞操义务也称忠实义务,通常是指配偶的专一性生活义务,也称不为婚外性生活的义务。对贞操义务或忠实义务的广义解释,还包括不得恶意遗弃配偶以及不得为第三人的利益而牺牲、损害配偶的利益。⑫

早期的贞操义务为强加给妻的单方义务,这是出于维护男系血统的需要,也是男女不平等的表现。因此,法律对妻的贞操要求极其严苛,对失贞妇女的处罚十分严厉,反之,对夫的通奸却十分宽容。即使在早期资本主义民事立法,对于贞操义务的规定,虽然规定夫妻互负贞操义务,但仍是严于妻而宽于夫。对这种男女双方不平等的义务规定,学理解释上仍然认为是基于亲属血统观念,认为丈夫的通奸充其量是影响夫妻关系和家庭秩序,而妻子的通奸则关系到夫可能不是子女真正的生父。事实上,丈夫通奸虽然不影响自己子女的血统纯正,但却影响与其通奸对方子女的血统纯正。这种立法是不平等、不科学的。至当代,各国立法普遍规定夫妻互负贞操义务。例如,《法国民法典》第212条规定:"夫妻负相互忠实、帮助、救援的义务。"《瑞士民法典》第159条第3项规定:"配偶双方互负诚实及扶助的义务。"这样的立法,体现了男女平等的原则。

贞操义务要求配偶之间相互负不为婚外性交的不作为义务,因而贞操义务与贞操权是截然不同的两个概念。贞操权是公民的具体人格权,是公民保持性生活贞洁操守的权利。而贞操义务是配偶权的内容,是为保持爱情专一、爱情忠诚而负担的义务,履行义务的目的是忠实于配偶的对方当事人。

贞操义务不仅约束配偶双方当事人,而且也约束配偶权的义务人。配偶权的权利主体以外的其他任何人,负有对配偶权的不得侵害义务,与配偶一方通奸,破坏一方配偶的贞操义务,构成对配偶权的侵害。此点,将在后文详细论述。

贞操义务的基础是婚姻法婚姻自由、一夫一妻、男女平等的制度。这种婚姻制度要求配偶相互忠贞,彼此忠实,互守贞操。它也是社会文明、高尚道德的要求,不仅是对封建主义贞操观的否定,也是对"性自由""性解放"思潮的否定。贞操义务是对一切违背贞操、卖淫、通奸等社会丑恶现象的否定和谴责。

贞操义务既然是法定义务,法律必然规定对违反该义务的制裁措施和责任。国外立法一般规定配偶一方通奸是构成他方配偶提起离婚之诉的最重要的法定理由,但无过错方对与人通奸一方的行为表示"宥恕"的,此项理由便不再成立。有的国家立法认为,与有配偶者通奸是对配偶他方的侵权行为,一方面允许无过错方向与另一方通奸的第三人提起中止妨害之诉,另一方面还可以向侵权人请求精神损害赔偿。也有的国家规定,有过错的配偶一方负有向无过错的一方要求承担损害赔偿的责任。⑬

在我国,《婚姻法》尚没有规定配偶的贞操义务。对于配偶之间的这一重要义务未加规定,是立法的一个严重疏漏,不利于巩固、维护健康的婚姻关系。最高人民法院《关于人民法院审理离婚案件如何认定夫妻感情确已破裂的若干具体意见》第8条

---

⑫ 参见李志敏主编:《比较家庭法》,北京大学出版社1988年版,第105页。
⑬ 参见李志敏主编:《比较家庭法》,北京大学出版社1988年版,第105页。

前段规定:"一方与他人通奸、非法同居,经教育仍无悔改表现,无过错一方起诉离婚",视为夫妻感情确已破裂,经调解无效,可以依法判决准予离婚。这一司法解释包含对违背贞操义务的制裁。对违反贞操义务的侵权责任,基本上还处于理论研究阶段,在实务上尚未认可。对此,应当借鉴国外立法,作出切实可行的规定,以维护社会主义婚姻家庭关系,稳定社会秩序和生活秩序。

5. 职业、学习和社会活动自由权

职业、学习和社会活动自由权,是指已婚者以独立身份,按本人意愿决定社会职业、参加学习和参加社会活动,不受对方约束的权利。在国外,对此多称之为平等从业权。我国《婚姻法》第 15 条规定:"夫妻双方都有参加生产、工作、学习和社会活动的自由,一方不得对他方加以限制或干涉。"明文确认此权利,并且适当扩大了从业权的范围,将学习和社会活动的参加权也包括在内。

各国关于从业权的立法,大致有四种体例:一是明文规定配偶双方享有平等的从业权,如德国、俄罗斯等国;二是一般地规定夫妻各自相对独立的平等权利而不作具体例示,如法国;三是完全不设定有关条文,如日本;四是赋予夫对妻就业的同意权,如瑞士。

平等的从业权,既是配偶法律地位平等的标志,又是配偶平等行使权利和承担义务的法律保障。只有配偶享有平等的从业权,才能把社会、家庭和夫妻双方的个人利益有机地结合起来。平等的从业权是配偶双方共同享有的权利,但更重要的是指妻的从业权,保障已婚妇女参加工作、学习和社会活动的自由权利。社会实践表明,已婚妇女如无平等的从业权,不能自由进行工作、学习和社会活动,就不能享有政治、经济和地位上的平等。国外传统民法中"锁钥权",就是从业权的对立物,即夫享有从业权,妻享有主持家务权。这种立法与我国古代"男不言内,女不言外"的封建礼教是一致的。在这种制度下,妻的权利和地位都不能平等。

婚姻法规定配偶的平等从业权,一方不得对他方加以限制或干涉。这种规定是正确的。立法对于限制或干涉对方该权利行使者,却没有规定相应的责任,因而缺乏强制性保障。对此,应当予以改进。

6. 日常事务代理权

日常事务代理权亦称家事代理权,是指配偶一方在与第三人就家庭日常事务为一定法律行为时,享有代理对方行使权利的权利。其法律后果是,配偶一方代表家庭所为的行为,对方配偶须承担后果责任,配偶双方对其行为承担共同的连带责任。

这种家事代理权与表见代理相似,适用表见代理的原理,其目的在于保护无过失第三人的利益,有利于保障交易的动态安全。在英美法国家,规定妻以夫的信用与商人交易,只要夫未表示反对者,法律即认为妻有代理权。《瑞士民法典》第 163 条第 2 款规定,妻超越代理范围的行为,在不能为第三人所辨识时,夫应承担责任。

家事代理权的前身是罗马法的妻之理家权。在罗马法,妻在家的地位是家子,本无治理家务之权。依学说上的家事委任说,妻的理家权系由夫的委托而生。近现代民事立法,夫妻权利日渐平等,妻之理家权渐由家事代理权所代替,夫妻相互享有家事代理权的主张逐渐得到认可并且在立法上得到承认。在英国,1970年的婚姻程序及财产法废除了原法律中对家务契约单独负责的规定,改为夫妻互有家事代理权,承认了双方的对等地位。在此之前的民事立法对此规定得最为科学、严谨的是《中华民国民法》第1003条。该条规定:"夫妻于日常家务,互为代理人。夫妻之一方滥用前项之代理权时,他方得限制之,但不得对抗善意第三人。"

家事代理权的性质,有委任说、默示委任说、法定代理说、婚姻效力说等不同主张。通说采法定代理说,认为该权利为法定代表权之一种,非有法定的原因不得加以限制,妻因其身份当然有此项代理权。日常家务的范围,包括夫妻、家庭共同生活中的一切必要事项,诸如购物、保健、衣食、娱乐、医疗、雇工、接受馈赠,等等,皆包括在内。一般认为,家庭对外经营活动不包括在内。

家事代理权的行使,应以配偶双方的名义为之。但配偶一方以自己的名义为之者,仍为有效。行为的后果及于配偶二人。如为夫妻共同财产制,夫妻共同承担行为的后果,取得权利或承担义务;夫妻有其他约定的,从其约定。对于配偶一方超越日常事务代理权的范围,或者滥用该代理权,另一方得因违背其意思表示而撤销之,但是,行为的相对人如善意无过失,则不得撤销,因为法律保护善意第三人的合法权益。

日常家务代理权依一定的事实而消灭。这种消灭分为一时的消灭和永久的消灭。日常家务代理权的一时消灭,诸如无正当理由拒绝同居而分居者,分居期间无代理权,恢复共同生活即恢复代理权;因一方滥用代理权而被对方予以限制的期间,该代理权亦一时消灭。日常家务代理权的永久消灭,离婚、婚姻因无效而被撤销、一方配偶死亡,均永久消灭家事代理权。

我国《婚姻法》未规定配偶的家事代理权。有人认为,该法第17条第2款关于"夫妻对共同所有的财产",有"平等的处理权"的规定,包含有配偶家事代理权的内容。这种看法是不正确的。共同财产的平等处理权是共同财产权的具体内容,而不包含家事代理权。家事代理权是配偶权中的一项重要内容,不仅关系到夫妻平等权利问题,而且关系到善意第三人的合法利益问题。因而立法必须明确。在法律无明文规定之前,司法机关应当以司法解释明确此权利,以解急需,其内容,应遵以上原理。

7. 相互扶养、扶助权

配偶之间享有相互扶养、扶助的权利,相对的一方负有此种义务。我国婚姻法第20条规定:"夫妻有互相扶养的义务。一方不履行扶养义务时,需要扶养的一方,有要求对方付给扶养费的权利。"这里只规定了相互扶养权,而没有规定相互扶助权。完整的相互扶养、扶助权,不仅包括扶养权,还应包括夫妻间的彼此协作、互相救助的权利和义务。

夫妻之间的扶养,是指夫妻在物质上和生活上互相扶助、互相供养。这种权利和义务完全平等,有扶养能力的一方必须自觉地承担这一义务,尤其是在一方丧失劳动能力的时候,更应当履行这一义务。一方违反这一义务,另一方有权要求其履行,可以请求有关组织调解,也可以向人民法院提起请求给付之诉。

配偶之间的彼此协作义务,要求夫妻相互支持对方的意愿和活动,对家事共同努力,相互协力。当配偶一方遭遇危急,对方配偶负有救助、援助的义务。违反这种彼此协作、互相救助义务,法律一般将其作为离婚的法定理由。也有的国家规定配偶一方有权限制或禁止他方从事有害于自己的行为。最高人民法院《关于人民法院审理离婚案件如何认定夫妻感情确已破裂的若干具体意见》第10条有关于"不履行家庭义务"和第13条有关于"受对方虐待、遗弃"可以确认夫妻感情确已破裂,可以依法判决离婚的规定,包含违背相互协作、相互救助的义务,得为合法离婚理由之义。至于限制、禁止配偶一方有害于自己的行为的权利,我国立法无明文规定,依正当防卫的原则,如配偶一方实施有害于另一方的行为构成不法侵害时,对方配偶有权正当防卫。

三、侵害配偶权的民事责任

(一)作为侵权行为客体的配偶权

配偶权作为侵权行为的客体,具有自己的特点。这主要表现配偶权内容复杂,其大部分内容不能作为侵权行为的客体。例如,夫妻姓氏权,在我国夫妻各自使用自己姓氏的法律制度下,不存在侵害一方姓氏权的问题。关于住所决定权,我国实务采用共同协商的办法,且受户籍制度的约束,因而对住所决定权发生的争议,一般也不以侵权行为法调整。关于平等从业权,在我国目前情况下,配偶双方基本上都参加工作,产生争议的可能性不大,一般也不以侵权行为法调整。

配偶权中的相互扶养、扶助权和同居义务,具有相对权的性质,作为侵权客体,其特点是侵权行为的主体有双重性:一是负有义务的一方当事人,即配偶的一方;二是配偶以外的第三人对负有义务的配偶一方进行侵害,造成该方配偶不能对对方配偶履行义务,使对方配偶的权利遭受损害。从纯粹的侵权法角度上说,这种侵害配偶权行为是指后者,例如,侵害配偶一方身体造成残废或死亡,使受扶养一方配偶扶养权的丧失,构成侵权行为。此种侵权行为,《民法通则》第119条已有明文规定,最高人民法院《关于贯彻执行〈中华人民共和国民法通则〉若干问题的意见》也有明确规定。配偶一方与第三人串通,或者第三人强制配偶一方,不尽扶养义务,亦构成侵权行为,有共同意思联络的,还构成共同侵权行为。第三人侵害配偶一方权利,致使其不能向对方配偶履行扶助义务或同居义务的,难以认定其为侵权行为,应依其他法律调整。对于配偶一方不尽扶养义务、扶助义务和同居义务的,应当依照婚姻家庭法律进行调整,追究违反法定义务一方的责任,如构成虐待、遗弃罪的,应依法追究其刑事责任,以保护权利人一方。

在现代民法理论中,侵害配偶权的侵权行为,主要是指对配偶权中的贞操义务的侵害，即第三人与配偶一方通奸，而使对方配偶的身份利益受到侵害的行为。

不仅如此，破坏婚姻关系行为还是对配偶权权利整体的侵害，对配偶利益的侵害。正如台湾地区判例所称，是对夫妻共同生活圆满安全及幸福之权的侵害。可见，破坏婚姻关系行为既侵害了配偶权的具体权利，也侵害了配偶权的整体权利。

目前社会中，破坏婚姻关系的行为发生较多，使社会主义婚姻家庭关系受到很大的威胁，给社会造成了一定程度的不安定，对社会治安也有较大的影响。

这种情况的发生，一个重要的原因是对此类违法行为制裁不力。

《刑法》颁布以前，对这类违法行为中的情节严重者，司法机关可以"妨害婚姻家庭"论罪处刑。《刑法》颁布以后，取消了这一罪名，有关人士曾著文立说，盛倡增设"通奸"罪名，但立法机关并未采纳。在实践中，审判机关对于在妨害婚姻关系中具有虐待、伤害、流氓等情节构成犯罪的，依法论罪处罚。但是，或者有的妨害婚姻关系行为中没有上列情节，或者有的审判机关对此认识不同，因而使多数这类行为并没有或不能受到刑事制裁。在行政制裁方面虽有多种形式且宽严不等，但处理较轻时行为人不以为然，处理较重的又没有法律根据。

实际上，在对妨害婚姻关系的行为人施以法律制裁时，恰恰忽略了民事法律制裁手段。法律制裁方法是一个完整的体系，包括刑事、民事、行政三种法律制裁方式。对于违反社会主义法律的行为，三种制裁方式都应当发挥其应当发挥的作用，不能偏废。由于这种违法行为都发生在人民内部，因而民事制裁方法更应发挥它的职能。研究妨害婚姻关系的名誉损害赔偿责任，就是要用民事法律手段制裁破坏婚姻关系的违法行为，以保护社会主义的婚姻关系，促进社会的安定团结。

确认侵害配偶权的侵权责任，必须具备以下构成要件：

1. 违法行为

侵害配偶权的违法行为，就是以通奸的方式致使配偶一方享有的配偶身份利益受到损害而违反配偶权保护法律的行为。首先，这种行为须违反保护配偶的法律。关于配偶权的立法，既是人身权的内容，也是婚姻家庭法的内容。就目前立法现状而言，应以婚姻法的规定为依据。具体的内容，是违反贞操利益的法律规定。台湾地区司法实务判断侵害配偶权的立法依据，是故意以悖于善良风俗之方法而加害于他人。目前我国《婚姻法》对贞操义务没有明文规定，应以一夫一妻、男女平等原则和《民法通则》第5条关于保护民事主体合法权益的规定作为依据。违反之，即为违法行为。其次，违法行为的方式须以作为方式为之，应以与有配偶之男女通奸为其内容。不具有通奸内容，不为侵害配偶权的违法行为，有通奸行为，但系未婚之男女的性行为，因为双方均无配偶，不具有配偶的身份，因而也不能构成侵害配偶权。

2. 损害事实

侵害配偶权的损害事实，是使配偶身份利益遭受损害的事实。这一损害事实包括以下层次：一是合法的婚姻关系受到破坏，二是配偶身份利益遭受损害，三是对方配偶精神痛苦和精神创伤，四是为恢复损害而损失的财产利益。其中配偶身份利益的损害,是对贞操利益的侵害。配偶的贞操利益表现为配偶之间互负贞操义务,其他第三人不得与有合法配偶身份关系的男女发生性关系,保持配偶身份的纯正和感情的专一。第三人与配偶之一方通奸,破坏了配偶身份的纯正和感情的专一。配偶身份利益的损害,必然导致对方配偶的精神痛苦和创伤,同时也可能导致损失一定的财产。这些都构成侵害配偶权的损害事实。

侵害配偶权会造成对方配偶的名誉权的损害,这是侵害配偶权行为所引起的间接后果。在侵害配偶权的损害事实中,应当包含名誉损害在内,不必另行认定侵害其名誉权。

3. 因果关系

侵害配偶权违法行为与配偶身份利益损害事实之间的因果关系,较易判断,即通奸行为必然引起配偶身份利益的损害。对此,只要确认行为人与配偶一方通奸的事实,即可确认构成因果关系要件。

4. 过错

侵害配偶权的主观过错,形式应为故意。违法行为人在主观上有意违反婚姻法规,明知合法婚姻关系受法律保护,合法的配偶身份利益不容侵犯,却实施此种行为,其故意的主观意图必为确定。过失能否构成侵害配偶权,一般均否认。值得研究的是,如不知通奸之对方有配偶而为之,其主观上是故意抑或过失,这种情况,亦应视为故意,因其行为本身,即有违法的故意。

具备以上四个要件,即构成侵害配偶权民事责任。

(三) 侵害配偶权的精神损害赔偿

侵害配偶权民事责任构成以后,即在当事人之间产生侵权损害赔偿法律关系。这种损害赔偿法律关系具有特殊性。

这种法律关系的主体至少有三方,甚至有四方,这是该种侵权关系的复杂性表现。确认侵害配偶权损害赔偿的权利义务主体,原则是有利于维护现存的合法婚姻关系,有利于制裁民事违法行为。它的含义是,受害人在愿意保持现存的婚姻关系而不追究其配偶的民事责任的情况下,可以不将他(或她)的配偶作为加害人,而只将"第三者"作为加害人予以追究。这样既可以制裁违法行为,又可以保护现存的合法婚姻关系不致破裂,有利于社会的安定和婚姻家庭关系的稳定。

对权利主体的确定有两种情况:一是通奸双方中一方有配偶而另一方无配偶的,权利主体只有一人,即受害之配偶。例如,甲、乙为夫妻,丙未婚,乙、丙通奸,甲为权利主体。二是通奸双方均有配偶,权利主体有二人,两个受害人均为权利主体,均有请求权。至于是否依法行使这一请求权,则应依受害人的意思表示为准。

对义务主体的确定,有三种情况:

(1) 通奸双方一方有配偶另一方无配偶,受害人之配偶又不追究其配偶的责任,义务主体为"第三者"一人。在此,有过错的配偶不享有权利,也不承担义务,不是这一民事法律关系的主体,只以与这一民事法律关系有关联的关系人的身份出现。大陆法国家多采此种见解,台湾地区的判例认为有过错的配偶与通奸的第三者构成共同侵权行为。笔者认为,还是不把未被追究的配偶作为义务主体为好,这样可以稳定现存的婚姻关系。

(2)通奸双方一方有配偶另一方无配偶,受害之配偶同时追究通奸双方责任的,义务主体为二人。在这种情况下,通奸双方是共同加害人,共同承担连带赔偿责任。

(3)通奸双方都有配偶而受害人又互诉的,通奸双方均为义务主体。在这种情况下,通奸之双方是受害双方的共同加害人。在处理时,如果双方受害人均不要求离婚、不追究自己配偶的责任的,可以互相抵消权利义务。如果受害双方均要求离婚,同时要求追究自己的配偶责任,可以责令通奸双方共同承担双方的赔偿责任。如果一方受害人要求追究自己配偶的责任而另一方受害人不要求追究自己的配偶的责任,通奸双方应赔偿要求追究自己配偶责任的受害人的损失;不要求追究自己配偶责任的受害人则只能请求与其配偶通奸的第三人予以损害赔偿。

侵害配偶权的损害赔偿,主要是精神损害赔偿。侵害配偶权的精神损害赔偿的基本内容,是赔偿精神创伤和精神痛苦的损害,因而具有慰抚金赔偿的性质。确定损害赔偿的数额,应当依照一般精神损害赔偿的计算方法算定。当确定侵害配偶权的民事责任构成以后,应当按照上述办法,计算精神损害赔偿数额,责令侵权人承担精神损害赔偿责任。

对于配偶权遭受侵害造成财产损失的,侵权人对财产损失也应当承担赔偿责任。这种财产损失,主要是为恢复权利所支出的费用。对这种财产损失的赔偿,应当从严掌握,不应当扩大赔偿范围。

对于侵害配偶权,还应当根据实际情况,确定其非财产民事责任。可以责令侵权人停止侵害,恢复名誉,消除影响,赔礼道歉。

值得研究的是,对于侵害配偶权的行为人可以适用《民法通则》第134条第3款规定的民事制裁。侵害配偶权行为,是一种民事违法行为,对其进行训诫、责令具结悔过、收缴非法所得、罚款或拘留,是可行的。

我国配偶法定继承的零顺序改革*

我国现行《继承法》第 10 条明确规定,配偶的法定继承为第一顺序,与子女、父母同列。20 多年来,社会各界对此规定并没有更多的不同意见,其实这样的规定不尽合理,不仅没有保障配偶应有的地位与利益,更没协调处理好与其他法定继承人之间利益的平衡。在修改《继承法》中,笔者提出应当采纳配偶法定继承的零顺序即无固定顺序做法更为妥当。本文就这一主张进行论述和说明。

一、配偶法定继承第一顺序存在的问题

现行《继承法》第 10 条第 1 项规定,我国法定继承第一顺序继承人包括配偶、子女、父母;第 12 条规定,对公婆或岳父岳母尽了主要赡养义务的丧偶儿媳或丧偶女婿,作为第一顺序继承人。在法定继承中,将配偶以固定顺序规定为第一顺序,存在的问题是:

(1) 从理论上观察,这样规定第一继承顺序不具合理性和正当性。各继承人与被继承人的关系各有不同。配偶是关系最为密切的亲属,它是血亲的源泉,姻亲的基础①,产生于婚姻关系。子女、父母与被继承人之间是一亲等的血缘关系。而对公婆或岳父岳母尽了主要赡养义务的丧偶儿媳或丧偶女婿与被继承人之间却是姻亲关系。虽说现代继承法已经突破仅将血缘关系与婚姻关系作为继承权产生基础的立法传统,将特定的扶养关系也作为继承权产生的基础,但同时将三类与被继承人完全不同关系的人纳入同一继承顺序,既不属于亲等继承制,也不属于亲系继承制,这样规定的合理性与正当性值得怀疑。

(2) 从实践中观察,这样规定第一继承顺序会造成剥夺其他继承人继承权的后果。在法定继承中,配偶一方死亡,没有子女也没有父母,第一顺序继承人就只有配偶一人,不论第二顺序继承人有多少,都不会发生第二顺序的继承问题,因此,死者的遗产就被配偶一人全部继承,等于在事实上剥夺了第二顺序继承人的继承权。这样的规定合理吗?从 20 世纪 80 年代末 90 年代初发生的汪楣芝继承案观察,就能够明显地说明这个问题。杨某是 1949 年去台湾的老兵,一直未婚,20 世纪 80 年代末回乡

---

* 本文发表在《中州学刊》2013 年第 1 期,合作者为云南司法警官职业学院副教授和丽军博士。
① 参见杨立新:《亲属法专论》,高等教育出版社 2005 年版,第 26 页。

探亲,看望在北京某部队院校的哥哥及其他亲属,经介绍,与汪楣芝相识结婚,用在台湾几十年积攒的钱,买了商品房和家庭生活用品,尚余30多万元现金。不到一年,杨某病故,杨兄与汪楣芝讨论继承问题,主张将房子及生活物品及部分现金,由汪楣芝继承,杨兄与其他亲属继承部分现金。汪楣芝不同意,杨某诉讼到法院。一审法院按照这个意见判决。汪楣芝上诉,二审法院仍然判决杨兄及其他亲属继承部分现金。毫无疑问,这个判决违反了《继承法》关于继承顺序的规定,最高人民法院给北京市高级人民法院发函,指定重新审理。北京市高级人民法院1年后回复,认为案件判决后,社会反响很好,没有必要重审改判,最后该案不了了之。这个案件说明,配偶法定继承为第一顺序,有时会出现其他亲属不能继承遗产的后果。试想,杨某与杨兄是亲兄弟,海峡之隔几十年方见面;而杨与汪的配偶生活不到1年。在这种情况下,如果将杨某的遗产全部都由配偶继承,显然于法有据,于理不通。该案判决没有按照配偶第一顺序的规定判决,实际上是将配偶作为零顺序对待,判决更加合理,因此才得到了好的社会效果。

应当看到,我国目前实行的继承制度存在较大的局限性。这是由于立法当时计划经济条件的限制,公民个人的财产数量不多,社会保障制度尚未建立,遗产也主要用于保障实现家庭的养老育幼职能。同时,立法当时对《继承法》的理论基础准备不足,缺少必要的论证,也是重要原因。立法将配偶、子女、父母以及对公婆或岳父、岳母尽了主要赡养义务的丧偶儿媳或丧偶女婿这四类不同关系、不同类型的人放在同一继承顺序即第一顺序,在私人财产尚不丰富的社会发展时期尚能解决我国的遗产继承问题。

随着改革开放的深入及经济迅速发展,在个人对财富追求的积极性得到极大提高,个人财产显著增多的情况下,决定我国遗产具体分配流向的法定继承顺序规则愈发突显出不合理之处。公民个人对财产权利的重视及对自由权利的追求也要求财产分配、转移、继承的规则能随着经济发展的新形势作出调整,以便更充分地体现被继承人分配遗产的意愿,公平、合理地分配遗产。目前,世界许多国家随着经济、社会、家庭结构与模式的发展变化,对法定继承人的范围及顺序都进行相应调整,有的扩大法定继承人的范围,有的对法定继承人的应继份进行了调整,有的将配偶间互为继承人的顺序以弹性的方式进行规定,以平衡配偶与其他法定继承人之间在法定继承时的利益关系,并缓解法定继承过程中存在的矛盾。在我国《继承法》的修订过程中,应当对配偶法定继承的第一顺序进行改革,避免出现上述问题。

二、配偶法定继承顺序的立法例比较研究

目前世界各国继承法均确认配偶互为继承人,其法定继承顺序的立法例主要有三种,即固定顺序、非固定顺序和先取份加固定或非固定顺序。

(一)配偶以固定继承顺序继承的立法例

在此类立法例中,一般不对血亲继承人和配偶继承人进行区分,总体上依据血亲继承人与被继承人血缘关系的远近及扶养关系等因素,将所有的法定继承人分成先后不同的继承顺序,配偶被列入某一继承顺序并被固定,其应继份与其他同一顺序的应召继承人的应继份相同,即实行均分。在此类立法例中,除极少数国家外,一般都将配偶作为第一顺序,采此立法例的国家有苏联、捷克、斯洛伐克、南斯拉夫、韩国、新加坡、泰国、马来西亚、越南、蒙古、匈牙利(配偶放第二继承顺序)等。

根据我国《继承法》的规定,被继承人死亡后,除被继承人的配偶外,如果还存在其他第一顺序法定继承人,遗产就在配偶及其他第一顺序法定继承人之间按均等的原则进行分配。在被继承人死亡后,如果既不存在其他第一顺序的法定继承人,也不存在第一顺序继承人的代位继承人时,遗产就由被继承人的配偶独自继承。在这种情况下,其他与被继承人具有较近血缘关系的亲属,即处于第二顺序的包括旁系血亲二亲等内的兄弟姐妹、直系血亲二亲等内的祖父母、外祖父母,均不得参与继承。

其他采配偶法定继承固定顺序的国家与我国的做法基本相同,部分国家的法定继承制度中甚至还保留着封建社会男女不平等的思想残余。②

(二)配偶以非固定继承顺序继承的立法例

在此类立法例中,将血亲继承人和配偶继承人进行区分,依据血亲继承人与被继承人关系的亲疏远近,将所有的法定继承人分成不同的继承顺序,配偶不被列入固定的继承顺序,可与任何一个顺序在先参加继承的血亲继承人同为继承,其应继份也因其参与的血亲继承人顺序的不同而有差别。法国是采此立法例的典型。《法国民法典》自颁布至今已达二百余年,历经多次修整与完善,在21世纪初对继承法部分几乎进行了全部修改。③ 在法定继承顺序及应继份额的规定当中,配偶的法定继承顺序及应继份额的修改相较旧法而言,是变动最大的一部分。通过对法国法修改后配偶间继承顺序规则的分析,可以看到其对配偶继承顺序的最新认识与成果。其他采此立法例的国家还有瑞士、日本、埃塞俄比亚、保加利亚、奥地利、葡萄牙、我国香港、澳门特别行政区、台湾地区等。

《法国民法典》④第734、745条规定:"在没有继承权的配偶的情况下,亲属按

---

② 依据《韩国民法典》的规定,韩国将继承分为财产继承与身份继承,其财产继承的顺序分为四个位序,它将直系血亲卑亲属、配偶放在第一顺序;直系血亲尊亲属为第二顺序。丈夫在妻子死后如果没有共同的直系血亲卑亲属,将独自继承妻子的遗产,但妻子在丈夫死后如果没有共同的直系血亲卑亲属,妻子却无权独自继承遗产,她得与第二顺序的直系血亲尊亲属一起继承。只有在没有第二法定继承顺序的直系血亲尊亲属时,妻子方可独自继承。参见《韩国民法典 朝鲜民法》,金玉珍译,北京大学出版社2009年版。

③ 随着经济发展变革的事实,为了能如实反映法国社会家庭观念与家庭关系的变化,法国不断对其民法典进行修整与完善,尤其是2004年5月26日第2004—439号法律、2006年6月23日第2006—728号法律对婚姻、家庭与继承法进行了大幅度的修改,修改后继承编的规定共达381条。参见《法国民法典》,罗结珍译,北京大学出版社2010年版。

④ 参见《法国民法典》,罗结珍译,北京大学出版社2010年版,第208—213页。

照以下顺序继承遗产：(一)子女和他们的直系卑血亲；(二)父母,兄弟姐妹以及他们的直系卑亲；(三)父母之外的直系尊血亲；(四)除兄弟姐妹以及他们的直系卑亲以外的旁系亲属。以上四类亲属各成一个继承人顺序,并排除其后各顺序继承。""超过第六亲等的旁系亲属不参与继承。"据此,法定继承人的继承顺序分为四个,参与继承的旁系亲属被控制在六亲等以内。配偶为零顺序即无固定顺序继承人,但他只参与第一顺序子女及他们的直系卑血亲或第二顺序中的父母的继承,并不参与第二顺序中的兄弟姐妹以及他们的直系卑亲或其后第三、四顺序继承人的继承。配偶与第一顺序的子女及子女的直系卑血亲共同继承时,配偶"可以选择：或者受领现存全部财产的用益权,或者受领四分之一财产的所有权；如其中有一子女或数子女不是夫妻双方所生,有继承权的配偶受领四分之一财产的所有权"。如果没有第一顺序继承人,配偶便参与第二顺序继承人中的父母一并继承遗产,即"如被继承人没有子女或直系卑血亲,但其父母健在,有继承权的配偶受领遗产之一半,其余一半归父与母继承并各取遗产的四分之一。如被继承人的父或母已仙逝,原可由父或母继承的财产之部分转由死者健在的配偶继承之"。"如被继承人既无子女或直系卑血亲也无父母,健在配偶受领全部遗产。"

法国的继承人范围比较宽,从配偶、子女到所有的直系尊血亲、卑血亲,直到六亲等(含六亲等)的旁系亲属,扩展了继承人的范围,以保证遗产不流入与被继承人无血缘关系的人之手,尤其是不能成为无人继承遗产而被国家获得。配偶作为无固定顺序的法定继承人,可依序与第一顺序继承人或者第二顺序继承人中的父母一并继承遗产,当其均不存在时,配偶便可独自受领全部遗产。此时,第二顺序中的"兄弟姐妹以及他们的直系卑亲"及其后第三、第四顺序的继承人均直接被排除在继承之外。只有当配偶、第一顺序子女和他们的直系卑血亲、第二顺序中的父母均不存在时,遗产才依序由第二顺序中的兄弟姐妹以及他们的直系卑亲及其后顺序的法定继承人依序继承。在权利的享有上,配偶参与第一顺序继承时,健在配偶还可以在所有权或用益权之间进行选择,其份额会因其所参与继承的顺序及选择的权利类型不同而有不同,但基本趋势是参与继承的顺序越往后,其应继份比例就越高。在被继承人死亡时,如果健在配偶居住于被继承人某个用于居住的场所,健在配偶还可以优先分配被继承人的实际用于居住的场所及其内配备的动产的所有权或租赁权。同时,当健在配偶受领被继承人的财产过多(全部或3/4比例)时,死者父母以外的直系尊血亲还可就仙逝者的遗产按需要享有赡养债权。健在配偶与第一顺序继承人或第二顺序继承人中的父母共同继承遗产时,对被继承人的遗产进行计算时还适用归扣制度。但健在配偶只能就被继承人并未通过生前赠与也没有通过遗嘱处分的财产行使其权利,且不得影响特留份权利和请求返还的权利。而且健在配偶原受领的死者无偿处分的遗产,应计入其对遗产享有的权利。

我国香港、澳门特别行政区及台湾地区及日本的规定与法国大体相似,配偶均不是固定顺序的法定继承人,但配偶与之一同继承的其他继承人却稍有差异。在香港特别行政区,法定继承人被划分为七个位阶,但配偶与其他顺序法定继承人分享遗产的机会控制在前三个顺序的法定继承人之内,如前三位阶继承人均不存在,配偶便可独享遗产,其他更低位阶继承人不能继承。在澳门特别行政区,法定继承人被分为六个顺序,配偶须与第一、第二顺序的继承人共同继承,如无第一、第二顺序继承人,遗产便由配偶独自继承而不往后顺序的继承人流动。⑤ 在台湾地区,法定继承人被分为直系血亲卑亲属、父母、兄弟姐妹、祖父母这四个顺序,配偶依序与之共同继承,在四顺序继承人均不存在时,配偶方能独立继承。在日本,法定继承人依序被分为子女、直系尊亲属、兄弟姐妹这三个顺序,配偶得依序与之共同继承,但其对婚生子女与非婚生子女、同父异母或同母异父与同父同母的兄弟姐妹的应继份作了区别。⑥ 总体而言,子女及直系血亲、父母、兄弟姐妹及其直系血亲、其他旁系血亲均依先后被划分为不同的顺序,配偶依序与相应顺序的继承人共同继承,该做法实质与法国法相同。在不同顺序中配偶取得的应继份有所不同,但最低程序也得与第一顺序继承人均分遗产,其余随其参与继承顺序的靠后而应继份迅速提高。

在这些国家,配偶的法定继承顺序虽非固定,却始终被重点优位考虑。只要存在部分与被继承人关系紧密的在先顺序的其他血亲继承人,配偶便得与其共同继承而不能独立继承遗产。同时,配偶的应继份根据与其分享遗产的继承人继承顺序的不同而不同。从应继份的量上看,配偶获得的应继份最低程度也是与第一顺序继承人均分,其余随其参与继承顺序的往后得到迅速提高。在决定与配偶共享遗产继承权的人员范围时,各国多将其范围控制在被继承人的直系卑血亲、父母、兄弟姐妹等血缘较近、关系较密切的血缘亲属之内,并规定他们的继承顺序不同。因继承顺序不同而出现的应继份的差异,实际上也正反映出他们在法定继承过程中存在的利益差别。这样,各国继承法都在重点优位保护配偶继承权的同时,通过让配偶与其他部分跟被继承人关系密切的血缘亲属继承人共享遗产的方式,依序兼顾后者的利益,这实际也是对配偶独自继承遗产权益的适当限制,同时又从遗产份额的量上来保障配偶的利益。这样,在法定继承顺序的总体安排上,既保证优位与重点,也有区别对待及兼顾,充分体现出重点保护配偶权利与密切血亲同时兼顾并重的平衡观念。

在此需特别说明,在修改前的《法国民法典》里,法国的继承人仅分为"死者的子

---

⑤ 参见《澳门民法典》第 1973 条。澳门的立法实为继受曾经的宗主国葡萄牙的规定,《葡萄牙民法典》将法定继承顺序分为五个,也将配偶列入第一、第二顺序继承人之中,当配偶与第一顺序直系血亲卑亲属共同继承时,遗产按人数均分,但配偶的份额不得少于遗产的 1/4;当配偶与第二顺序直系血亲尊亲属共同继承时,遗产的 2/3 归配偶,1/3 归直系血亲尊亲属;在无第一顺序直系血亲卑亲属及第二顺序直系血亲尊亲属时,配偶继承全部遗产。参见《葡萄牙民法典》,唐晓晴等译,北京大学出版社 2009 年版,第 388—390 页。

⑥ 参见《日本民法典》第 900 条规定:"同顺位的继承人有数人时,依下列规定确定其应继份。子女及配偶为继承人时,子女的应继份及配偶的应继份各位 1/2。配偶及直系尊亲属为继承人时,配偶的应继份为 2/3,直系尊亲属的应继份为 1/3。配偶及兄弟姐妹为继承人时,配偶的应继份 3/4,兄弟姐妹的应继份为 1/4。子女、直系尊亲属或兄弟姐妹为数人时,其各自的应继份相等。但是,非婚生子女的应继份为婚生子女应继份的 1/2;同父异母或同母异父的兄弟姐妹的应继份为同父同母的兄弟姐妹应继份的 1/2。"参见《日本民法典》,王书江译,中国法制出版社 2000 年版,第 162 页。

女及其直系卑血亲、直系尊血亲及旁系血亲"。配偶并非弹性顺序的继承人,仅当"死者未遗有按其亲等得为继承的血亲,亦未遗有非婚生子女"时,配偶方可继承遗产。无生存配偶时,遗产归属于国家。[7] 可见,只要有在先顺序的任何血亲尚生存,配偶便没有继承遗产的可能。基于其血亲没有代数限制,配偶能继承到遗产的现实性很低。而修改后的《法国民法典》彻底改变了这种状况,让配偶从一个几乎不可能分得任何遗产的地位,一跃而为遗产的绝对获得者。可见,作为世界第一部民法典也有着制定当时难以突破的客观历史局限性,而其间的变化,更能充分说明配偶继承权的重点保护已经成为继承制度发展的趋势。

(三)配偶以先取份+非固定顺序继承的立法例

在一些国家中,配偶最终取得的遗产由两部分构成,一部分为配偶在参加继承之前,其依法定遗产先取权的规定,从被继承人遗产中先取得一定数量的遗产,即遗产先取份;另一部分为配偶依非固定继承顺序与其他特定顺序血亲继承人就余下遗产共同继承,从中取得其应继份;前后二者的总和,构成配偶所取得的遗产。采用此立法例的国家有德国、英国、美国、希腊、以色列等。

以德国为例进行分析。

关于配偶的先取份。《德国民法典》对先取份的对象范围及取得条件都有具体规定[8],先取份的对象仅指非土地从物的婚姻家计标的和结婚礼物。生存配偶和第一顺序直系血亲同为法定继承人时,配偶有权取得非土地从物的婚姻家计标的,但以其为维持适当的家计而需要它们为限;生存配偶和第二顺序直系血亲或第三顺序中的祖父母、外祖父母同为法定继承人时,配偶有权取得非土地从物的婚姻家计标的和结婚礼物。在配偶行使先取权之后,余下的财产才作为继承的标的物。表面看,先取份是作为一种非遗产性质的份额在遗产继承前提前取得,但实际上先取份仍然是被继承人死后留下的财产,实质上仍属于遗产的范围。

关于配偶的应继份。德国是以亲系继承制确定血缘亲属继承顺序的国家,《德国民法典》[9]将法定继承人规定为五个顺序:第一顺序是被继承人的晚辈直系血亲;第二顺序是父母和父母的晚辈直系血亲;第三顺序是祖父母、外祖父母及其晚辈直系血亲;第四顺序是祖父母、外祖父母的父母及其晚辈直系血亲;第五顺序和更远顺序的是被继承人的辈分比上述四个顺序的法定继承人更大的祖先及其晚辈直系血亲。在继承的等级顺序上,只要某一血亲有顺序在先的血亲,该血亲就没有资格继承。被继

---

[7] 参见《法国民法典》第731、767、768条(1958年12月23日第58—1307号法令)。《法国民法典》,罗结珍译,中国法制出版社1999年版,第204页。

[8] 参见《德国民法典》第1932条规定:"生存配偶和第二顺序直系血亲或祖父母、外祖父母同为法定继承人的,除应继份外,上属于婚姻家计的标的不是土地从物为限,这些标的和结婚礼物作为先取份归属于生存配偶。生存配偶和第一顺序直系血亲同为法定继承人的,这些标的归属于生存配偶,但以生存配偶为维持适当的家计而需要它们为限。"《德国民法典》(第3版),陈卫佐译注,法律出版社2010年版,第553—554页。

[9] 参见《德国民法典》第1924条至第1934条,载《德国民法典》(第3版),陈卫佐译注,法律出版社2010年版,第551—554页。

承人的生存配偶不固定其继承顺序,其在与第一顺序被继承人的晚辈直系血亲一起继承时,继承遗产的1/4;在与第二顺序的父母和父母的晚辈直系血亲或第三顺序的祖父母、外祖父母一起继承时,继承遗产的1/2;当第三顺序中的祖父母、外祖父母的晚辈直系血亲和祖父母、外祖父母一起继承时,生存配偶也从遗产的另一半中获得依第三顺序法定继承规则本来会归属于该晚辈直系血亲的应有部分。如果既无第一顺序被继承人的晚辈直系血亲或第二顺序的父母和父母的晚辈直系血亲,亦无第三顺序中祖父母、外祖父母的,生存配偶将获得全部遗产。此时,第三顺序中祖父母、外祖父母的晚辈直系血亲及其在后顺序的法定继承人都将失去继承遗产的机会。在此,第三顺序中被继承人的祖父母、外祖父母的晚辈直系血亲的继承顺序又被列于生存配偶之后,如果生存配偶在他们之前独立获得了全部遗产,则第三顺序中被继承人的祖父母、外祖父母的晚辈直系血亲及其后顺序的法定继承人,自然就没有继承遗产的机会。同时,由于德国法对参加继承的血亲的亲等没有限制,规定一切与被继承人有血缘关系的人都可以是继承人,所以难免出现同一继承人有多重血统的情形。在第一、第二或第三顺序中同时属于不同血统的人,均可获得其中每一血统中归属于自己的应有部分,每一应有部分视为特别应继份。在生存配偶同时是被继承人血亲的情形,法律明确规定生存配偶既可凭配偶身份享有配偶继承权,也可凭血亲继承人身份参与血亲继承,因血统关系而归属于生存配偶的应继份,视为特别应继份。

依规定可见,在德国,继承人的范围没有像法国一样有亲等的限制,只要与被继承人存在血缘关系,就会成为继承人,这实际上包括一切与被继承人有血缘关系的人。因此,德国的血亲继承人范围是全世界最广泛的,在最大程度上排除遗产无人继承而归属国家的情形出现。在生存配偶非固定继承顺序的安排上,德国法将可与配偶共同继承遗产的亲属与被继承人之间的关系放得较法国更远一些。依法国法,当第二顺序继承人中的父母(一亲等)不存在时,配偶就可独自受领全部遗产,而德国法却要求只有当第三顺序中的祖父母、外祖父母(二亲等)不存在时,生存配偶才可获得全部遗产。其间虽然只放宽一个亲等,但实际可能存在的人数却很多。可见,德国的规定也是在重点保护配偶利益的前提下,兼顾其他与被继承人血缘较近、关系较密切的血缘亲属的利益。它将兼顾利益的血亲范围依序控制在被继承人的直系卑血亲、父母及父母的直系卑血亲、祖父母及外祖父母这三个顺序里,但其范围较法国,以及我国台湾地区,香港特别行政区、澳门特别行政区为广。其他采此立法例的国家与德国基本相同,配偶均为非固定继承顺序,其依序与其他继承顺序或在先顺序的继承人共同继承遗产,除应继份外,都可提前取得先取份。

可见,在此类立法例,配偶均为非固定继承顺序,其可依序与前几个顺序的继承人共同继承遗产,而前几个顺序的继承人都是与被继承人血缘关系较近、关系较为密切的血缘亲属。与法国相同,配偶继承的遗产份额随其与之共同继承遗产的继承人顺序的不同而有异,总体趋势是随其参与继承的顺序越往后,应继份比例就越高。与法国不同的是,在与其他继承人共同继承遗产前,配偶都会取得先取份。有的国家规定,配偶能取得的先取份仅为家庭生活用品,如希腊、以色列等。而在英国,当死者遗有直系血亲卑亲属时,配偶可有权先取的财物有:全部"个人物品";免税继承25000磅的特留份;死者去世时到遗产分割时,以每年4%的利率计算的法定遗产的利息;以前三项财产之外的剩余遗产中的半数财产设立信托而享有的终身用益权。当死者遗有的血缘亲属位序出现变化时,配偶有权先取的财物也会随之出现变化。美国关于配偶继承权的规定大致与英国相似,只是基于无成文的民法典且各州立法的差异,其生存配偶的继承份额也有所不同。

(四)比较分析

从以上不同国家的三类立法例分析,可以得出以下结论:

(1)在三种立法例中,除了第一种立法例是将配偶作为固定顺序进行法定继承之外,第二种和第三种立法例中的配偶法定继承顺序都是零顺序即无固定顺序,区别仅仅在于配偶是否享有先取权而已。因此,可以断定,世界上的多数国家对保障配偶继承权的做法是无固定继承顺序,而不是固定顺序。

(2)采取配偶法定继承固定顺序的国家,基本上属于原来实行计划经济的国家,苏联、捷克、斯洛伐克、南斯拉夫、越南、蒙古、匈牙利等,莫不如此。而实行配偶法定继承零顺序的国家,基本上都是发达的市场经济国家,配偶法定继承零顺序的规则对于人与人之间的财产利益分配当然更具妥当性,具有更好的利益平衡功能。

(3)在实行配偶法定继承零顺序的国家,不论规定配偶在何种继承顺序中参与继承获得应继份,基本目的都是为了既保障配偶的继承利益,又要在配偶与其他继承人之间对遗产利益进行合理分配。其意图避免的,正是配偶法定继承固定顺序存在的在利益分配上的不合理性和不公平性。

综上,将配偶法定继承的固定顺序与零顺序两种不同制度进行比较,孰优孰劣,泾渭分明。至于无固定顺序与先取份+无固定顺序之间的区别,则无特别的根本性区别,而仅仅是如何使利益分配做到更精细而已。正如学者所言,如果任意设定的继承顺序表现为继承权的基本形式,没有在遗嘱中出现的法定继承顺序必须建立在猜想的基础之上,近亲属的法定继承也就须符合被继承者未曾说出的意愿。[10] 规定配偶法定继承顺序的推定和猜想如果没有符合被继承者未曾说出的意愿,就不是正确的,而是没有任何根据的随意推定或猜想。配偶法定继承顺序必须真正反映民众的意愿且代表民众的利益,否则,可能会得出事与愿违的结果。对配偶法定继承顺序进行比较研究,就是一个最为恰当的结论。

三、确定配偶法定继承零顺序的主要因素

对上述不同立法例的比较分析可见,世界各国对配偶法定继承多采用零顺序即

---

[10] 参见〔德〕G.拉德布鲁赫:《法哲学》,王朴译,法律出版社2005年版,第159页。

非固定顺序,以在重点保护配偶利益的同时,兼顾部分血亲的利益。即使以前没有采此立法例的国家,也基于社会经济发展变革的现实,为能如实反映社会家庭观念与家庭关系的变化,均在其继承法的调整修订中,采纳了配偶继承的零顺序规则。因此,改革我国配偶法定继承固定顺序,势在必行。在我国,决定配偶法定继承是否采纳零顺序的因素,除婚姻关系、血缘关系这两类决定法定继承人的范围及继承顺序的传统基础外,还包括扶养关系、社会家庭结构的变化、现实民众的继承习惯等因素。

(一)婚姻关系及扶养关系利益是配偶法定继承零顺序的基础

婚姻关系是决定配偶法定继承零顺序的基础。只有在婚姻关系缔结后,相互之间才会基于婚姻关系产生财产上的共有关系、生活上的相互扶养、扶助关系等。法律尽管允许配偶通过协议的方式实行约定财产制,但约定财产分别所有并不能消除配偶间基于婚姻关系而产生的互相扶养、扶助的法定义务。国家依法保护合法的配偶关系,以保证家庭、社会的稳定。配偶二人从结婚开始,共同经营家庭,养育子女,同甘共苦,患难与共,通过夫妻共同生活已经成为一个具有共同感情、财产等多种因素的社会共同体。当配偶一方死亡时,他方以最优先、最有利的顺序继承其遗产,这是法律的必然选择。

配偶间的扶养关系是决定配偶继承零顺序的重要因素。从扶养关系的发生根据来看,配偶间的扶养关系、共同生活关系与其他因为对被继承人尽了扶养义务而可能产生继承或酌分遗产的非血缘非婚姻扶养关系、共同生活关系产生的原因并不相同。其他非血缘非婚姻的扶养关系或共同生活关系基于当事人的自愿而发生、展开,当事人是否愿意对被继承人进行扶养或与之共同生活,完全出于当事人的自愿,并不负有任何强制性的义务。法律赋予扶养人继承权或酌分遗产请求权,是基于推定当事人之间自愿产生的扶养行为、共同生活行为会继续存在下去。配偶间的扶养关系、共同生活关系更多的却是法律规定的权利义务使然,具有强制性。只要形成婚姻关系,配偶间生活上的相互扶养与照顾就不再是当事人有权自愿选择的问题,法律将会以同居义务、忠实义务、日常事务代理、相互扶养及扶助权等配偶权的方式,来保障配偶间的共同生活关系顺利开展。相较而言,其他非血缘非婚姻的扶养关系或共同生活关系根本不能与配偶间的扶养关系相提并论。所以,配偶间的扶养行为更应得到法律的肯定与社会的鼓励推崇,让其居于优位的法定继承顺序始为正确。

(二)亲等继承、亲系继承等血亲利益是配偶继承零顺序的内在要求

配偶是基于婚姻而产生的亲属关系,而世界各国又多有近亲属禁止结婚的规定,所以,仅就配偶相互之间的继承而言,不会涉及亲系与亲等的问题。像德国一样对有血统关系配偶的继承权进行直接规定的国家实为很少。[11] 但配偶作为血源关系

---

[11] 参见《德国民法典》第1934条明确规定:"生存配偶属于有继承权的血亲的,该配偶同时作为血亲继承。因血统关系而归属于生存配偶的应继份,视为特别应继份。"参见《德国民法典》(第3版),陈卫佐译注,法律出版社2010年版,第554页。

产生的源头,当要决定其与已之所出的长辈血亲或从已之所出的晚辈血亲之间的法定继承顺序究竟应该如何排列时,就不得不涉及亲系、亲等的继承顺序问题。各国采用亲等继承、亲系继承也正是利用其血亲之间关系的远近与利益的轻重,来决定其继承顺序。而配偶法定继承的零顺序也正是亲等继承、亲系继承等血亲利益的内在要求。

世界范围内有三种血缘亲属法定继承顺序的排列办法:一是亲系继承制;二是亲等继承制;三是兼采二者或二者相结合的继承制。[12] 如果对继承人范围持开放性的态度,通常应采用亲系继承制,如果对继承人范围持保守且意图尽量限制其范围的态度,通常应采用亲等继承制。但无论是采用亲系继承制还是亲等继承制,都须以被继承人为起点,按血缘关系由近及远地进行排列。依亲系继承制[13],被继承人的子女、孙子女、曾孙子女等直系血亲卑亲属是第一顺序继承人。产生子女及直系血亲卑亲属前提的夫妻配偶,就更应该是继承顺序中重点考虑的对象。依亲等继承制[14],子女、父母均为一亲等而居继承前列,而配偶作为承前继后的枢纽更应得到重视。可见,无论依亲系继承制,还是依亲等继承制,位居于继承顺序计算起点的被继承人的配偶,本就属于从上承继血缘,往下延续血缘的中心与枢纽。既然世界各国血亲的继承顺序都是以被继承人为中心由近及远地划分,即使配偶相互之间没有任何血缘关系,仅从他(她)与被继承人一起共同生活、承继血缘、延续血缘这一身份与地位来说,配偶的法定继承顺序自然应该优位于其他一切血缘亲属。如果担心将配偶独立设置于第一顺序,会彻底导致其他血缘亲属失去继承遗产的机会,最佳的方式就是首先将配偶的法定继承顺序独立出来,不纳入任何顺序,然后将被继承人血亲的继承顺序由近及远地排列,由配偶依序与被继承人死亡后最应该获得一定遗产的前几个继承顺序的血亲,一并继承遗产。基于配偶的特殊身份、地位及承继血缘的重要作用,其应继份应该随其参与的血缘亲属顺序的由近及远而逐渐增多。这便是配偶继承的零顺序,也是配偶法定继承零顺序优于固定顺序的主要原因。

(三)家庭结构变化与扶养关系继承人的影响对配偶法定继承零顺序的促进作用

随着社会经济发展模式的转变,现代社会家庭结构发生的巨大变化对配偶继承选择零顺序起到了巨大的促进作用。根据 2010 年 11 月 1 日零时开始的第六次全国人口普查的主要数据,我国家庭户继续缩小,平均每个家庭户的人口为 3.10 人,比

---

[12] 参见刘春茂主编:《中国民法学·财产继承》,人民法院出版社 2008 年版,第 179 页。
[13] 亲系继承制,是指以死者自身的直系血亲卑亲属为一亲系,父母及其直系血亲卑亲属为二亲系,依次往上类推,以血亲血缘关系的远近为基础来排列法定继承顺序的继承制度。
[14] 关于亲等的确定,《法国民法典》第 741 条规定:"亲属关系的远近按代数确定,间隔一代称为一亲等。"《德国民法典》第 1589 条规定:"血统关系的等,按照使血统关系得以形成的出生数予以确定。"依照亲等继承制,继承人范围与顺序依照其与被继承人亲等的远近来确定,如果限制了亲等的范围,就等于相对限制了在不同顺序可以参加继承的亲属的人数。

2000年人口普查的3.44人减少0.34人。老龄化进程逐步加快,60岁及以上人口占13.26%,比2000年人口普查上升2.93个百分点。在有60岁及以上老年人口的家庭户中,空巢家庭户占全国家庭户总数的9.99%,其中,单身老人户占全国家庭户总数的4.54%,只有一对老夫妇的户占全国家庭户总数的5.45%,地区间差异悬殊很大。[15] 可见,我国实行20多年的独生子女政策,明显地改变了血缘亲属多世同堂的局面。即使是血缘关系较近的亲属,甚至父母子女已不再像以往一样共同生活在一起。以夫妇及其子女组成的核心家庭,已经成为当代中国最普遍的家庭类型,而老龄化进程的加快及空巢家庭的不断增加,导致共同生活、相互扶养的人之间再固守传统的血缘关系已经不再可能。以经济供给、生活照顾、精神慰藉三方面为主要内容的养老,已经不再是血缘亲属能够提供给尊亲属的传统生活保障方式,而国家社会保障制度的不健全,让这一切都得由当事人自己面对和解决。再加上独生子女婚姻导致的"四、二、一"家庭结构的大量增多,传统家庭以血缘亲属为纽带的家庭养老方式受到前所未有的挑战。在这样的情形下,配偶的相互扶养扶助行为进一步被强化,而非血缘关系人之间即熟人之间的扶养扶助也成为解决问题的重要渠道。针对此情形,除很少一部分人会选择遗赠扶养协议的方式对自己的老年生活进行安排外,绝大部分人仍然会依据法定继承的方式解决面临的问题。

针对配偶相互扶养扶助行为的进一步被强化,配偶相互继承遗产的优位性及应然性更应得到体现。同时,与被继承人存在不同关系且同时发生扶养事实的人,他们在家庭中代替或帮助血缘亲属扶养扶助赡养老人,保障家庭的正常职能,其作用都不可小觑。但如果将他们与被继承人之间形成的扶养扶助关系和配偶之间扶养扶助的婚姻关系相比,其重要性与作用效果都不能与后者相提并论。所以,在设置法定继承顺序时,无论授予他们法定继承权,还是酌分遗产请求权,配偶的继承权及继承顺序都应该优位于他们。且我国继承法目前规定不同类型的已形成扶养关系的人享有继承权,并安排在第一、第二法定继承顺序的做法也值得再探讨。

同时,我国实行20多年的计划生育政策及经济发展模式的变化对家庭结构及规模的影响,已经大大缩减了现行《继承法》所规定的被继承人现实存在的血缘亲属的范围及数量,结合我国法定继承人范围过窄导致无人继承遗产案件增多的情况,有必要适度扩大血亲继承人的范围,并对其安排适宜的继承顺序,这既能在最大程度上发挥血缘亲属间的养育、扶助功能,缓减社会保障的压力,又能保证被继承人的遗产在血缘亲属内继承而不外流,防止被继承人的财产因无人继承而收归国有。

(四)中国民众继承习惯是配偶继承零顺序愿望的现实反映

相较其他法律制度而言,继承制度更具乡土性,具有固有法的特点。它与道德伦理因素密切相关,其规则根植于本国民众多年繁衍生息的现实生活之中。所以,设置

---

[15] 本部分分析的来源数据参见中华人民共和国国家统计局官方网站,载 http://www.stats.gov.cn/tjsj/pcsj/rkpc/6rp/indexch.htm,2012年8月25日访问。

继承规则时,应当对民众的继承习惯进行调查分析,以保证其能客观反映民众的意愿及现实需要。这不仅是立法者设置本土性较强的继承法律规则、制度时所应持有的态度,也应该是所有立法活动中应该遵循的基本规则。正如马克思所说:"立法者应该把自己看做一个自然科学家。他不是在制造法律,不是在发明法律,而仅仅是在表述法律,他把精神关系的内在规律表现在有意识的现行法律之中。如果立法者用自己的臆想来代替事情的本质,我们就应该责备他极端任性。"[16]

根据我国学者对北京、重庆、武汉和山东省四地民众继承习惯调查的结果[17],被调查民众仍然十分重视血缘关系的远近,并希望以婚姻关系和血缘关系作为确定法定继承人资格顺序的最主要因素。依据各类选项统计,被选择作为第一顺序继承人比例最高者为配偶,支持者占被调查民众的六至八成以上,有四至五成的人认为子女应当列为第一顺序继承人,有六至七成以上的人(占 61%~76% 的被调查民众)认为父母不应当成为第一顺序继承人。被选择作为第二顺序继承人的主要为父母、兄弟姐妹、孙子女外孙子女、祖父母外祖父母,且大部分又都将子女、父母、兄弟姐妹排在该顺序前列。除大部分民众都认为配偶应当安排在第一继承顺序外,也有部分被调查者赞同配偶与第二顺序继承人共同继承。被选择作为第三顺序继承人的主要为兄弟姐妹、孙子女外孙子女、祖父母外祖父母、侄子女、外甥子女,除兄弟姐妹明显位居该顺序第一、二位外,对其余各类亲属的排序呈现出较为明显的地区差异。排序在后的侄子女、外甥子女与排序在他们之前的孙子女、外孙子女或祖父母、外祖父母相比,仅差排序在前者 3.1%~0.5%。在武汉市,选择侄子女的比例甚至高达 10.5%,高出选择祖父母和外祖父母作为第三顺序继承人的比例,后者为 9.5% 和 8.3%,这说明将侄子女、外甥子女作为第三顺序继承人得到部分民众认可。对第四顺序继承人的选项各地区的差异较为明显。除北京地区外,山东、武汉和重庆三地区的共同点都将侄子女、外甥子女排序在第四顺序继承人的前列。

根据民众意愿可见,法定继承顺序的总体排序为:夫妻和子女;父母;兄弟姐妹、孙子女外孙子女、祖父母外祖父母;侄子女、外甥子女。配偶的继承地位继续被充分肯定,都认为配偶在继承序列中应居于最为优先的位置,子女的利益也再次被强调列入第一顺序,但支持的比例低于父母。而父母作为第一顺序继承人的地位受到民众意见的挑战,兄弟姐妹作为第二顺序继承人的地位也未得到民众的普遍支持。可见,关于法定继承人的范围和顺序,被调查地区民众的认识、继承观念与现行《继承法》的规定存在一定的差异,但配偶的继承顺序与地位始终都被放在首位,子女、父母、兄弟姐妹依序在后。民众希望在重点保护配偶利益的同时,紧随其后的几个顺序血缘亲属的继承地位能得到进一步加强,其利益也能得到保护。

---

[16] 《马克思恩格斯全集》第 1 卷,人民出版社 1956 年版,第 183 页。
[17] 该部分的统计资料及基础分析,参见陈苇(项目负责人):《当代中国民众继承习惯调查实证研究》,群众出版社 2008 年版,第 44—54 页。

四、修改《继承法》应当怎样规定配偶法定继承的零顺序

法定继承顺序直接反映按婚姻关系、血缘关系、扶养关系、家庭结构、继承习惯等因素推定出的被继承人与继承人之间关系的亲密程度,也包含国家对个人利益、家庭利益、社会利益甚至国家利益的考量。正如学者所言:"各个历史时代和各个国家的继承法关于法定继承人范围的规定,都是根据当时社会统治者的根本利益和意志,以婚姻、血缘和家庭关系为基本要素,同时参考各时代和各国的具体情况而制定。"[18]"我国确定继承顺序不是单纯以婚姻和血缘关系为根据,而是同时考虑继承人与被继承人血缘关系的远近、共同生活的密切程度以及在经济上相互依赖等状况。"[19]

通过分析可见,无论按哪一种规则排列法定继承顺序,配偶的继承权始终被排在最为重要的位置也没有任何继承人能够与配偶的继承权及地位相提并论。民众既希望因为婚姻关系而结成的配偶能在继承权上保持优位,又希望其他与被继承人血缘关系最近的血亲的继承权不会因为对配偶继承权的重视而被忽略,或者因配偶的独占继承而被架空。要满足民众的继承意愿,平衡好二者间的关系,最佳的解决方式便是对配偶的法定继承由固定的第一顺序改革为零顺序,即继承序位不固定。具体方式为:在保证配偶继承权优位的同时,适当扩大法定继承人的范围,并增加其顺序,然后在关系最为密切的血缘亲属中划出一定序位的范围,由配偶按相应的序位与他们分享被继承人的遗产。这样,从继承序位上,承认现实生活中血缘关系人之间在具有共同亲属性的基础上存在着差异性,而这种生活关联程度的差异性反映在继承环节上,就表现为法定继承遗产时继承机会及份额的不同。同时,尽量顾及与被继承人有血缘关系人的利益,以遵循继承法从古至今以婚姻关系、血缘关系为基础及纽带的传统,保持继承法应具有的生活朴实性,让遗产更多留在血缘关系人之内。配偶是产生一切血缘关系的根本起点,作为延续血缘、繁衍后代的基础环节,接前续后,重要性自不待言,在其优位继承遗产的同时,也有义务让与其有重要血缘关系的人共同分得一定的遗产利益。这样,既能重点保证配偶的继承利益,又能兼顾血亲的利益,既区别对待,又不至于顾此失彼。

所以,笔者建议,在《继承法》的修订中,规定配偶的法定继承顺序不固定,采用零顺序,即当存在一定顺序的血缘亲属时,配偶不得独自继承遗产,而是依序与在先顺序的血亲继承人一并继承,只有当某几个顺序的血亲继承人都不存在时,配偶才能独自继承遗产。具体建议法定继承人分为五个顺序,分别为:子女及孙子女、外孙子女;父母;兄弟姐妹;祖父母、外祖父母;侄子女、外甥子女。继承开始后,遗产由第一顺序继承人继承,其后顺序继承人均不参与继承。没有前一顺序继承人继承的,由后一顺序的继承人继承。配偶的继承顺序不固定,其可依序与第一、第二、第三顺序继承人一并继承。当配偶与第一顺序继承人子女同为继承时,遗产在继承人之间均分;当配

---

[18] 侯放:《继承法比较研究》,澳门基金会1997年版,第31页。
[19] 佟柔主编:《继承法教程》,法律出版社1986年版,第87页。

偶与第二顺序继承人父母同为继承时,配偶应继份为遗产的1/2,父母均分遗产的1/2,如父或母不生存时,不生存父或母的份额归配偶;当配偶与第三顺序继承人兄弟姐妹同为继承时,配偶应继份为遗产的2/3,其他第三顺序继承人均分遗产的1/3。当第一、第二、第三顺序继承人都不存在时,配偶独自继承全部遗产,其他第四、第五顺序继承人不得继承;当配偶及第一、第二、第三顺序继承人均不存在时,遗产才依序由第四、第五顺序的法定继承人继承。

同时,基于配偶的继承权是以配偶权的存在为前提,在生存配偶因过错违背夫妻相互忠实、扶助义务,严重侵害被继承人配偶权,双方感情确已破裂的情况下,剥夺配偶的继承人资格,更能体现被继承人遗产处分的真实意愿。所以应规定,因生存配偶的过错,被继承人已申请离婚或者已经同意离婚,并具备离婚的实质要件的,配偶不属于继承人范围。

关于恢复继承权宽宥制度的重新思考

《继承法》第 7 条及相关司法解释明确规定,当继承人实施丧失继承权的行为时,依法丧失继承权。但"继承人虐待被继承人情节严重的,或者遗弃被继承人的,如以后确有悔改表现,而且被虐待人、被遗弃人生前又表示宽恕的,可不确认其丧失继承权"。这是我国法律明确规定了恢复继承权的宽宥制度。但除此情形可适用宽宥而恢复继承权外,其余丧失继承权的情形,无论是继承人故意杀害被继承人或为争夺遗产而杀害其他继承人,还是伪造、篡改或者销毁遗嘱情节严重的,均不适用宽宥。即使被继承人以遗嘱将遗产指定由该继承人继承的,也应确认遗嘱无效。可见,我国对宽宥的适用范围与条件都严格控制,不满足条件,被继承人的宽宥不产生任何法律效力,这与私法自治的原则直接违背。本文拟从恢复对已丧失继承权的宽宥制度出发,对宽宥制度进行重新思考,以健全继承法领域宽宥制度的建构与适用。

一、宽宥在继承领域的概念及含义

宽宥,即宽容、饶恕、原谅之意,本意特指一方对他方所犯错误的原谅与饶恕。在继承法领域,宽宥以法定继承权的丧失为前提,特指被继承人在情感上对继承人的故意或过失行为的谅解或宽恕,表达被继承人对继承人继承身份或资格的再次认可、肯定与承认,以恢复其已丧失的继承权。它是被继承人的单方意思表示行为,不需要相对方即继承人作出任何意思表示便产生法律效力,其效果在于恢复继承人因过错而丧失的继承权。作为一种法律行为,其以满足法律规定的条件为生效的前提,所以法律规定何种情形能适用宽宥制度便是设置该制度的关键。世界各国对宽宥的具体表述各有不同,在德国及我国均有"宽恕"之称谓,在法国有"继续保留该人的继承权""不被排除在继承之外"的说法[①],日本则为"撤销对推定继承人的废除",凡其种种,不一而足,都表达了被继承人对继承人曾有的过失或犯罪行为的谅解或宽恕,以达到恢复继承人因法定事由而丧失的继承权的目的。

宽宥作为对他方过错的原谅与饶恕,其实施的主体是被继承人,其应该具有民事

---

* 本文发表在《东南学术》2013 年第 1 期,合作者为云南司法警官职业学院副教授和丽军博士。
① 参见《法国民法典》第 728 条;《法国民法典》,罗结珍译,北京大学出版社 2010 年版,第206 页。

主体资格。有学者认为:"为宥恕无须有行为能力,以有认识宥恕意义之能力为已足。"②其看法有值得商榷之处。而且,宽宥无论以何种方式作出,必须基于行为人的内心真意。宽宥的意思表示不应拘泥于具体形式,只要被继承人通过适当的方式表明其已谅解继承人,法律便应认可其效力,更不需要继承人对被继承人的宽宥作出何种表示。所以说,宽宥"无须对他方为表示,亦不受方式之拘束"。③但作为产生法律效果的行为,其方式应具有客观性而可以判定。

二、我国现行法对宽宥的立场及规范上的缺陷

(一)现行法对宽宥的立场及不同解释

在我国,宽宥的适用范围受到严格控制,它仅作为部分继承权丧失情形的恢复手段出现,由此,继承权的丧失也被分为绝对丧失与相对丧失。绝对丧失的继承权不得恢复,相对丧失的继承权可经由被继承人的宽宥而恢复。正如学者所言,通过被继承人对继承人的宽宥让其丧失的继承权得以恢复,"这样做一方面有利于教育、帮助继承人认识和改正错误,促进家庭团结和睦,另一方面也是对被继承人意志的尊重"。④同时,还能促使继承人改恶从善,贯彻养老育幼的原则。⑤但依据我国目前的规定,继承权因被继承人的宽宥得以恢复的情形仅发生于继承人"遗弃被继承人的,或者虐待被继承人情节严重的"情形,其他继承权丧失的情形一律禁止适用宽宥制度。该规定过于限制宽宥制度在继承法领域的适用范围,且适用的基础也不甚统一,实为不妥。

而且,依现行继承法对宽宥适用条件的规定,仅仅经被继承人的宽宥还不足以恢复继承人因法定事由而丧失的继承权,还必须满足继承人确有悔改表现这一条件。但在实践中,确有悔改表现这一条件过于主观,其真正的感受人为被继承人。将是否存在悔改表现这一纯主观感受交由第三人判断,且将判断结果作为能否适用宽宥的前提,该做法过于苛刻,实为不妥。现实中,尽管被继承人的宽宥往往源于继承人的悔改,但基于继承权的私权属性,对被继承人的私权行为不应该苛加其他附属条件。所以说,继承权的恢复不应以继承人确有悔改为必要,对宽宥的适用范围应作扩大性的解释,仅以被继承人生前有宽宥的意思为已足。故也有学者认为,对宽宥的方式及适用范围,均应作扩大解释,不应对继承人作确有悔改表现的要求,即被继承人生前表示宽恕,应包括通过生前行为表示宽恕和以遗嘱表示宽恕,前者包括以口头、文字等明示表示,也包括以默示的方式,如双方关系改善,接受扶养,共同生活等。⑥

---

② 史尚宽:《继承法论》,中国政法大学出版社2000年版,第109页。
③ 史尚宽:《继承法论》,中国政法大学出版社2000年版,第109页。
④ 佟柔主编:《继承法教程》,法律出版社1986年版,第70页。
⑤ 参见杨立新等:《继承法专论》,高等教育出版社2006年版,第79页。
⑥ 参见张玉敏:《继承法律制度研究》,法律出版社1999年版,第70页。

不可否认，对继承人实施的诸如故意杀害被继承人的犯罪及其他严重违反伦理道德的行为，国家以公权力的方式来对私权进行保护有其正当性，但公权力作用的程度应该以能够通过惩罚犯罪来保护被继承人的私权为原则，而不是以公权力来限制被继承人在私权领域的自由，否则就意味着公权力对私权领域的过度侵入。如果公权力在惩罚犯罪的同时已严重限制被继承人在私权领域的意志自由，其正当性与合理性就值得怀疑。此时，公权力的过度干预不仅演变为没有充分尊重被继承人的意思自治，更会剥夺继承人自由处分自己财产的权利。继承权作为一种私权，是具有特定人身关系的亲属间的权利，对此类权利，国家公权力不应该过分干涉，更不应对被继承人的意思自由附加一种不合理的束缚，而是应该在排除违法犯罪行为的基础上充分尊重被继承人的意愿，实现继承制度的真正价值。

（二）现行法对宽宥在规范手段（立法技术）上的缺陷

从继承人的行为对被继承人的侵害程度及其行为恶性来看，《继承法》第7条规定的"伪造、篡改或者销毁遗嘱，情节严重的"情形，虽然对遗嘱人的遗嘱自由构成了侵害，但相较"遗弃被继承人的，或者虐待被继承人情节严重的"情形而言，其对被继承人构成的侵害更轻，行为恶性也相对更小，对此情形不允许遗嘱人以宽宥的方式对行为人的继承权进行恢复，而对被继承人伤害更严重的后者却允许，按举重以明轻的原则，这在立法技术上也明显不妥。而且，继承权的恢复，本为纯粹私法领域的问题，继承法却对之进行完全封闭性的规定，该立法方式也与充分保障公民自由权利的民法原则相左。

（三）现行法对宽宥在规范目的（价值选择）上的缺陷

继承的本质在于继承人死后其财产可依当事人的意志流转归其希望的人所有，财产流转过程本身就体现着遗嘱人对其私有财产的处分。继承法的一个重要功能就在于最大程度上保证对私人意志自由的尊重，而财产权本身所蕴含的自由权利本性也因此得到实现。所以说，非经特别且正当的理由，被继承人处分自己财产的自由就应得到最大程度的尊重与保障。因此，对继承权丧失后能否因宽宥而得到恢复，这自然涉及对被继承人意志自由的尊重及民事权利的保护。

在继承人故意杀害被继承人的或为争夺遗产而杀害其他继承人的情形，因其触犯刑事法律，从刑事责任角度对其进行惩处是应有之义。在行为人承担刑事责任的同时，如果其没有得到被继承人的宽宥，对其私法领域的继承权进行剥夺也尚可。但如果继承人对待被继承人的后继行为与态度让被继承人对继承人尽释前嫌，心生怜悯与宽宥之情，被继承人因而自愿以遗嘱或遗赠的方式将财产遗留给该继承人，在被继承人的行为没有侵害其他继承人的特留份及其他人的酌分遗产请求权的前提下，法律应该认可被继承人对财产的处分行为。毕竟被继承人对其财产的处分行为是基于民事权利而为，无涉于刑事领域的规定，更不会与之冲突。在依刑法对继承人的违法犯罪行为进行惩处后，与该行为相关的民事领域的继承法律关系的调整，应该以私法的规则进行调整。按私法自治的原则,在被继承人已经对继承人进行宽宥之后,就不应该再在民事领域里以公权力的方式对被继承人的行为效力进行限制,否则,不仅与被继承人的意愿相逆,更有违意思自治原则。

三、宽宥在世界各国继承领域的立法例分析

作为被继承人对继承人是否谅解或宽恕,宽宥起着恢复继承人已丧失的继承权利的法律效果。目前,世界上不同的国家对此都有相关法律规定,但基于立法的价值选择,宽宥制度的适用范围及程度并不相同。像德国、瑞士、葡萄牙、智利、巴西、日本、匈牙利、阿根廷、韩国以及我国澳门特别行政区的民法典,除规定继承权丧失制度以外,还规定了特留份剥夺制度。与之对应,就存在宽宥能否同时恢复已丧失的继承权与特留份的问题。其中,除葡萄牙、巴西、韩国仅允许以宽宥恢复已丧失的继承权外,其他国家与地区均允许以宽宥恢复已丧失的继承权与特留份,即使在宽宥不能恢复已丧失的继承权的情形,因法定事由而被被继承人剥夺的特留份却允许经宽宥而恢复。在此,笔者根据各国立法中宽宥能否恢复已丧失的继承权利及其作用程度的不同,将目前世界各国的立法例分为三类以作分析。

(一)禁止适用宽宥的立法例

在此类立法例,所有因法定事由而丧失的继承权均为绝对丧失,除部分国家规定被被继承人请求废除的特留份的继承权可以恢复外,法律禁止以被继承人的宽宥恢复继承人已丧失的继承权。采此立法例的国家较少,主要有日本、韩国、蒙古、美国、俄罗斯等国。根据《日本民法典》[7]的规定,日本将与继承有关的权利丧失分为因欠格事由出现的继承权的丧失、因被继承人废除的继承权的丧失及推定继承人特留份权利的丧失。当继承人出现欠格事由时,继承权均为绝对丧失,不因被继承人的宽宥而恢复。但被继承人可以基于宽宥随时请求家庭法院对废除进行撤销,以恢复被被继承人废除的继承权,或恢复推定继承人因对被继承人加以虐待、重大侮辱或有其他显著劣迹时被被继承人请求废除的特留份的继承权,且对宽宥的条件及内容没作任何要求。韩国的规定却另有特点,根据《韩国民法典》[8]的规定,继承人具有欠格事由时,不得为继承人,此时,继承人丧失的不仅是一般意义上的继承权,还包括丧失对特留份的继承权,且二者均不得因被继承人的宽宥而恢复。

同时,为缓和对被继承人意志自由的过度干预,有的国家又规定,继承人的继承权虽然不能经由被继承人的宽宥而恢复,但被继承人可以通过生前赠与甚至遗赠的方式对继承人表达自己的宽宥之情,以此来调和被过分限制的被继承人的意志自由,

---

[7] 参见《日本民法典》,王书江译,中国法制出版社 2000 年版,第 160—161 页。
[8] 参见《韩国民法典 朝鲜民法》第 1004 条,金玉珍译,北京大学出版社 2009 年版,第 158、176—178 页。

其中也有虽然允许被继承人生前赠与却又禁止其生前遗赠以示宽宥之情的国家。但总体而言，在该立法例，对丧失继承权的情形绝对禁止适用宽宥，以强制性的规定不允许被继承人对丧失继承权的后果进行调整，这表明立法者对继承人的违法及不道德行为的否定程度是如此之深，以致让被继承人的财产处分权完全让位于法律的价值判断。实为一种较为极端的价值判断与选择。

（二）全面适用宽宥的立法例

在此类立法例，所有因法定事由而丧失的继承权均可因被继承人的宽宥而恢复，部分国家还将宽宥的效果适用于特留份的恢复。目前采此类立法例的国家为大多数，其典型代表有法国、德国，其他采此立法例的国家和地区主要还有瑞士、葡萄牙、智利、巴西、匈牙利、阿根廷、意大利、埃塞俄比亚、保加利亚、捷克、斯洛伐克、美国路易斯安那州、加拿大魁北克省、越南及我国澳门特别行政区。

根据《法国民法典》⑨的规定，如果被继承人在继承人实行犯罪之后或者在知道此种犯罪事实之后，仍然用遗嘱的形式明文声明其愿意继续保留该人的继承权，或者仍然向该人进行全部概括或部分概括的无偿处分，所有因犯罪或其他法定事由丧失了继承资格而被排除其继承遗产的人，均恢复其继承权。在《德国民法典》⑩中，并没有丧失继承权的直接规定，继承权的丧失是通过其他继承人主动针对发生继承不够格情形的继承人提起撤销之诉，以此来撤销已发生的、继承不够格者的遗产归属。继承不够格并不立即丧失继承权，只有在撤销之诉的判决发生既判力时，撤销的效力才会导致遗产的归属视为未发生，遗产视为自继承开始时就归属于有资格继承的其他人。因此，被继承人的宽宥并不会直接恢复继承人的继承权，而是通过排除其他继承人提起的撤销之诉的撤销效果，使其继承的遗产不会因其他继承人提起的撤销之诉而丧失，以此来恢复继承人已丧失的继承权。可见，在德国法中，继承权的丧失和恢复方式与法国法不尽相同，但从最终效果来看，其与法国法的规定实为一致，都是以宽宥来恢复继承人已丧失的继承遗产的权利。除此而外，德国法还规定经被继承人的宽宥可以恢复所有因出现特定情形而被继承人剥夺后丧失的特留份。⑪ 可见，在法国、德国，均没有对继承权的丧失进行绝对丧失与相对丧失的区分，被继承人的宽宥可适用于所有继承权丧失的情形，这充分尊重了被继承人的意思自治。在该类立法例，丧失继承权的原因是法定事由而非被继承人的剥夺，这也是该类立法例与继承权因被被继承人剥夺而丧失的立法例的区别。

---

⑨ 参见《法国民法典》第726、727、728条，罗结珍译，北京大学出版社2010年版，第206页。
⑩ 参见《德国民法典》（第3版），陈卫佐译注，法律出版社2010年版，第627—630页。
⑪ 根据《德国民法典》第2333条的规定，当继承人对被继承人、被继承人的配偶、其他晚辈直系血亲有谋害行为、实施犯罪行为或严重的故意违法行为时，被继承人可以剥夺晚辈直系血亲的特留份，该特留份的剥夺甚至准用于父母或配偶。但依据其第2337条的规定，剥夺特留份的权利因宽恕而消灭，即继承人已丧失的对特留份的继承权因被继承人的宽宥而恢复。参见《德国民法典》（第3版），陈卫佐译注，法律出版社2010年版，第627—628页。

徐国栋教授主持的《绿色民法典草案》所持的便是该种意见。⑫ 该类立法例充分尊重被继承人的意志自由，让其能以自己的意愿排斥丧失继承权的法律规定在其与继承人之间适用，以实现处分自己财产的自由意志。在此类立法例中，不仅允许被继承人能以宽宥的方式恢复继承人的继承权，部分国家甚至允许在被继承人不知道继承人有被剥夺继承权的情形时所为的遗嘱处分也生效力，只要求遗嘱处分发生在导致不配继承的事实后便可。正如《智利共和国民法典》第 973 条规定："如果遗嘱处分发生在导致不配的事实之后，则不得以前数条提及的不配事由对抗该处分，即使已证实死者在订立遗嘱之时或之后并不知悉此等事实，亦同。"⑬《阿根廷共和国民法典》对此也作了完全相同的规定。⑭ 而《魁北克民法典》第 622 条也规定："如果被继承人知道继承人有不配事由仍授予他利益，或在能够变更时未变更施舍性处分，该继承人的不配解消，也不得宣告他为不配。"⑮ 可见，在此类立法例，在被继承人对继承人为宽宥时，不仅不要求继承人必须确有悔改行为，有的对宽宥的适用甚至还完全超过其本身的含义范围。从公法与私法关系的角度来看，该立法例严格遵循不同法律各行其职的原则，在继承人的行为构成违法甚至犯罪时，基于不同的价值判断与选择或对继承人科以刑罚且剥夺其继承权，或仅剥夺其继承权，法律均按其本性在其职责范围内发挥应有的功能。同时，基于继承权的私权属性，秉承遗嘱人的自由意志，其对财产自由处分的权利不受不当限制，法律为保障公民个人财产权不受其他规则限制与侵入的功能得到体现。对后者的肯定并不意味着对前者的否定，这只是不同性质的法律规范对不同层面的法律行为发挥效力的结果。

（三）选择适用宽宥的立法例

在此类立法例，依不同标准将继承权的丧失分为绝对丧失与相对丧失，宽宥的适用范围依立法的选择适用而有所不同。凡因法定事由而丧失的继承权，只有继承人的过错行为情节较轻者，才可经被继承人的宽宥而恢复其继承权。继承人的过错行为情节较重者，均不能以宽宥恢复其继承权。采此立法例的国家及地区较少，主要有我国大陆及台湾地区。我国梁慧星教授主持的《中国民法典草案建议稿附理由》⑯、

---

⑫ 徐国栋主编的《绿色民法典草案》第一编第四分编第 25 条规定："前数条规定的不配，在被继承人的遗嘱中明确表示原谅其继承人时，不发生之。被继承人在导致不配的事件发生后，在完全知道有关情况的条件下仍作出遗赠的，也不就遗赠发生不配。"参见徐国栋主编：《绿色民法典草案》，社会科学文献出版社 2004 年版，第 226 页。
⑬ 《智利共和国民法典》，徐涤宇译，金桥文化出版（香港）有限公司 2002 年版，第 210 页。
⑭ 参见《最新阿根廷共和国民法典》第 3297 条，徐涤宇译注，法律出版社 2007 年版，第 694 页。
⑮ 《魁北克民法典》，参见孙建江、郭站红、朱亚芬译，中国人民大学出版社 2005 年版，第 83 页。
⑯ 参见梁慧星：《中国民法典草案建议稿附理由 侵权行为·继承编》，法律出版社 2004 年版，第 142 页。

王利明教授主持的《中国民法典学者建议稿及立法理由》便作如此主张。[17] 根据我国《继承法》第 7 条及相关司法解释的规定,在四种丧失继承权的行为类型中,除将继承人"故意杀害被继承人"或"为争夺遗产而杀害其他继承人",无论既遂未遂,均确认其永久地丧失继承权外,还在继承人"伪造、篡改或者销毁遗嘱,情节严重"时确认其永久丧失继承权,但唯一对继承人"遗弃被继承人的,或者虐待被继承人情节严重"丧失继承权后,如果达到确有悔改表现的相应条件时却又允许经被继承人的宽宥恢复其继承权。[18] 而我国台湾地区的规定与大陆较为不同,按其"民法典"的规定,除"故意致被继承人或应继承人于死或虽未致死因而受刑之宣告者"不得经宥恕而恢复继承权外,其余以诈欺、胁迫使被继承人订立、撤回、变更遗嘱,或以欺诈、胁迫妨害被继承人订立、撤回、变更遗嘱,或伪造、变造、隐匿或湮灭被继承人之遗嘱而丧失继承权的,均可经被继承人宥恕而恢复其继承权。而且,对被继承人有重大虐待或侮辱之情事,并不当然丧失继承权,而是须经被继承人表示其不得继承时才会丧失继承权。[19]

可见,在大陆为法定丧失继承权原因的虐待被继承人情节严重的情事,在台湾却基于对被继承人意思自治的尊重,在该情事出现时由被继承人自行决定继承人的继承权是否丧失。宽宥不仅在大陆适用的范围较狭窄,且恢复的条件也过于严格,且没有一个固定的标准,也不像在台湾地区一样以受刑宣告为限。相较其他国家或地区几乎都规定宽宥制度全面适用于继承权丧失,且都没有为宽宥设置任何前提条件的立法例,结合其一般都只规定被继承人已宽恕或已撤销废除便足以恢复已丧失的继承权,部分国家还更为偏重保护继承人利益的规定,我国的现行规定更显不足而有待调整。此立法例中的宽宥,实为在法律对被继承人意志自由过度干预的情况下,仅同意被继承人在特定情况下在其私权领域有自由决断的机会,只是各国基于其对私权干预程度的不同而对宽宥的适用范围作出或宽或窄的规定。

另外,关于继承权绝对丧失后被继承人能否对继承人再为生前赠与,通说认为,因缺格效力的绝对性,所以自然不能因被继承人的主观宥恕而恢复其继承资格,但不妨为生前赠与。至于能否为遗赠,日本通说认为继承缺格的同时,受遗赠的资格也丧失,故不得为之。[20] 在我国,基于遗赠的对象特指国家、集体或者法定继承人以外的人,此类对象本就无继承权,自然不存在继承权丧失的问题,故被继承人对此类对象

---

[17] 王利明主持的《中国民法典学者建议稿及立法理由》第 532 条第 2、3 款规定:"继承人因前款第(三)、(四)、(五)种情形丧失继承权,如经被继承人宽恕的,可不确认其丧失继承权。""被继承人知道继承人除前款(一)、(二)项外的丧失继承资格的事由,仍然在遗嘱中指定其为继承人或对其为遗赠,视为宽恕。"参见王利明(项目主持人):《中国民法典学者建议稿及立法理由:人格权编·婚姻家庭编·继承编》,法律出版社 2005 年版,第 461 页。

[18] 最高人民法院《关于贯彻执行〈中华人民共和国继承法〉若干问题的意见》第 13 条规定:"继承人虐待被继承人情节严重的,或者遗弃被继承人的,如以后确有悔改表现,而且被虐待人、被遗弃人生前又表示宽恕,可不确认其丧失继承权。"

[19] 参见陈聪富主编:《月旦小六法》第 1145 条,台北元照出版公司 2010 年版,第 166 页。

[20] 参见史尚宽:《继承法论》,中国政法大学出版社 2000 年版,第 107 页。

的生前遗赠不具有弥补宽宥在继承权绝对丧失时其遗嘱自由被限制的效果。

(四) 立法例比较分析

综合上述不同国家的三类立法例分析,可以得出以下结论:

(1) 在三类立法例中,采用第一类全面禁止适用宽宥制度的国家很少,尽管个别国家允许以宽宥恢复已丧失的特留份,但总体而言,其在对继承人的违法行为进行严格惩处的同时,也严重干涉了被继承人处分自己财产的自由,不合私法自治的根本原则,故此类立法例不足取。采用第二类全面适用宽宥制度立法例的国家最多,涉及面也较广,既包括大陆法系国家,也包括英美法系国家,且部分国家还将宽宥适用于特留份的恢复。采用第三类选择适用宽宥制度立法例的国家最少,主要是我国大陆与台湾地区。可见,全面适用宽宥制度恢复已丧失的继承权是一种趋势。

(2) 从适用宽宥的价值目标来看,适用宽宥多在于保护被继承人在私权领域自由决断的权利,以防止对被继承人意志自由的过度干预,其发挥着限制公权力对私权的过度扩张的作用。

(3) 从适用宽宥的范围来看,基于特留份产生的基础仍在于继承权,故凡适用宽宥恢复继承权的国家均将宽宥直接适用于恢复被剥夺的特留份。甚至在禁止适用宽宥制度的国家,被剥夺的特留份也多因适用宽宥而恢复。可见,宽宥不仅应该适用于继承权的恢复,更应该适用于特留份的恢复。

(4) 从适用宽宥的时间来看,为保护继承人的继承权,部分国家甚至允许在被继承人不知道继承人有被剥夺继承权的情形时所为的遗嘱处分也生效力,只要求遗嘱处分发生在导致不配继承的事实后便可。但总体而言,被继承人在知道继承人为丧失继承权的行为后对继承人为宽宥始生法律效果符合宽宥的本质,也是各国立法的基本趋势。

(5) 从宽宥的表现形式来看,一般都只要求被继承人曾用遗嘱留归遗产给继承人,或曾为全部概括或部分概括的无偿处分,或曾有事实可推定其行为构成宽宥即可。可见,对宽宥的形式不作强行严格的要求始符合宽宥表现形式的多样性。

(6) 除我国对宽宥的适用附加继承人须"确有悔改表现"的前提条件外,其余国家都仅需被继承人单方对继承人表示宽宥即可,无须再有继承人的表现或其他法定前提条件,更无须由第三方来判断继承人是否已悔改。可见,宽宥的适用不需任何前提条件,而仅需被继承人单方意志表示即生效力是基本趋势。

四、修正《继承法》规定宽宥制度的改革建议

(一) 有关宽宥制度的构想

综上分析,在继承人因法定事由而丧失继承权时,不同国家根据其价值选择及立法倾向对宽宥制度的态度各异,但基本的趋势均是以宽宥来防止对被继承人意志自由的过度干预,让其能在私权领域自由决断,以当事人的意思自治来修正或限制继

承权丧失制度的刚性。

所以,笔者认为,以宽宥作为全部已丧失继承权的恢复理由来建构我国的宽宥制度模式最为妥当,这样方能准确表达法律对继承权的价值选择。基于继承权的私权属性,公权力对私权领域民事处分自由的侵入应得到适当控制,不应过分侵害被继承人的意思自治。在修订《继承法》的过程中,应从保障被继承人个人财产处分权出发,对违法犯罪继承人依法予以刑事处罚的同时,尽量扩大宽宥的适用范围,以保证充分尊重被继承人的意思自由。

一方面,继承人的继承权因其实施特定行为而被剥夺,对行为严重构成犯罪者,法律还以刑事责任的形式予以惩处,直接表达了法律对该类行为的价值判断与选择。在此,继承人为自己的严重违法行为付出了应有的代价。另一方面,在被继承人知道继承人的违法行为却仍对其为遗嘱处分或财产处分,或明确表明对其曾有的过错行为宽宥时,就意味着被继承人更乐意将其财产留归已被法律剥夺继承权的继承人。此时,以宽宥来恢复已被剥夺的继承权,既不会与科以继承人刑罚处分的法律规范相抵触,更与私法自治的精神相符,还为私法领域亲情关系的重续与更新提供积极的方向与途径。在此,继承人有了更为具体的改过自新的动力与源由,被继承人也能重新体会给予亲人的快乐及亲情的温馨,其更能通过自由处分财产的方式感受到法律给予的自由。特别是针对那些因严重违法触犯刑律而被判处刑罚的继承人,法律更不应该无视被继承人的宽宥,即使从继承人严重违法应受刑事惩罚的角度来说,对其犯罪行为的依法惩处不仅已经让其与应受的道德非难相适应,许多还受到牢狱之苦,在其为自己的行为付出必须的代价后回归社会时,最需要的便是亲人的关怀、接纳及社会的宽容,在其最需要被继承人对之宽恕接纳且被继承人自愿乐意如此时,法律却以强行法的方式对此类行为明令予以禁止,这种对已经受到应有处罚后弃恶从良、改恶从善的人弃之不顾的做法,无论与我国监狱工作方针,还是法律的宗旨都直接违背。

在世界各国纷纷强调私法自治的原则理念以保障公民更大自由权利的今天,在我国,在对继承人因遗产问题而对被继承人所为的严重违法犯罪行为进行严格的惩处并剥夺法定继承权之后,更应该将处分财产自由的权利交由被继承人自行决断,法律不应该再强行介入。所以说,即使对因严重违法而被剥夺继承权的人而言,以被继承人的宽宥来恢复其继承权,不仅能保证遗嘱人的遗嘱自由及私法领域的意志自由不被过分限制,还对继承人的悔悟及改过具有积极的促进作用。这既能体现对被继承人意愿的尊重,保障公民的自由权利与维护继承权的私权性质,又有利于促使继承人积极改恶从善,以从亲情关系的重建来有效促使其更好地回归社会。在出现与遗产继承有关的严重违反伦理道德而不得不对其进行惩处的违法犯罪行为时,法律已经以相应的措施对其进行了惩处,此时,如果被继承人对继承人的过错行为已经原谅或宽恕,即被继承人对丧失继承权的继承人心存宽宥而乐意将遗产留归其所有,法律应开方便之门,承认其行为的效力,以示对被继承人意愿的尊重。

(二)基本建议

笔者建议,在《继承法》的修订中,应规定被继承人能以宽宥恢复继承人所有已丧失的继承权,不再维持目前部分情况适用宽宥而部分情况不适用的两分做法。同时,针对目前我国宽宥制度适用范围较窄的现状,应扩大其在继承领域的适用范围,扩大的方式主要有两种:一种是将《继承法》原来规定的丧失继承权的行为全部适用宽宥制度;另一种是将其他与继承有关的部分严重违反伦理道德的行为纳入其范围,以此来完善宽宥制度。

对宽宥的适用,基于其本质为被继承人的单方意思表示行为,不应该再对被继承人的意思自由附加任何不合理的束缚或限制,应该取消目前设置的"确有悔改表现"这一前提条件。就宽宥的形式而言,尽管有学者认为为了慎重,并为减少纠纷,应当将被继承人宽恕的行为规定为要式法律行为。[21] 不可否认,将宽宥规定为要式行为,的确可以减少纠纷,但这种过于严苛的要求不仅严重束缚了当事人的自由,而且也与宽宥的单方意思行为的本质内涵相抵触。

所以,在《继承法》对继承权丧失行为进行明确界定的基础上,应明确规定,继承人丧失的继承权及特留份经被继承人的宽宥均可以恢复。对宽宥的形式不应作特别的形式要求,无论是被继承人以口头或遗嘱直接表达对被继承人的原谅、宽恕,还是被继承人接受继承人的扶养、与之共同生活、赠与财产等,均应推断为被继承人已经对继承人表示了宽宥,不再要求继承人须具备"确有悔改表现"这一前提条件。而且如果被继承人在遗嘱或公证书内未明示恢复继承人已丧失的继承权,但遗嘱人在明知继承人丧失继承权的情况下仍向其作出遗嘱处分,则丧失继承权的人得在有关遗嘱处分的限度内继承财产。

五、结语

任何法律都是遵循现实生活对其提出的价值要求而在综合平衡多方利益关系后形成的,法定继承顺序的相关规范更是平衡多方利益后的综合考量。如果说遗嘱自由是财产权的本质要求,继承权的丧失就是对公民权利的强行限制,其在剥夺继承人继承权的同时也限制了被继承人的遗嘱自由。这种对民事主体自由权利的限制应控制在适当的程度才为妥当。笔者认为,在继承领域应贯彻意思自治的基本原则来构建恢复已丧失继承权的宽宥制度,始能有效保护被继承人与继承人权利的实现。

---

[21] 参见陈苇、宋豫主编:《中国大陆与港、澳、台继承法比较研究》,群众出版社 2007 年版,第 191 页。

对我国继承法特留份制度的再思考[*]

特留份,是指法律规定的遗嘱人不得以遗嘱取消的,由特定的法定继承人继承的遗产份额。[①] 它起源于罗马法上的义务份制度与日耳曼法上的特留份制度。[②] 经由近现代以来各国的继受与发展,已成为保护被继承人较近血亲和配偶的利益而对被继承人财产自由进行适度限制的制度。基于继受的源流不同,各国通过特留份制度对被继承人意志进行强制性引导时,平衡被继承人的自由与其亲属利益、社会利益的手段也就不同。而我国《继承法》对此制度却没有规定,不能不说是一种缺憾。针对此现状,学者多认为在我国应明确规定特留份制度,与已有的必留份制度并行。而全国人大常委会法工委认为,特留份制度必须规定,但其建议将其与必留份制度合一。笔者认为,在我国《继承法》修订时,特留份制度、必留份制度都应该分别规定,不能替代,也不能合一。

一、特留份制度的必要性

(一)我国特留份制度的缺失及后果

在我国,从古至今,家的观念历来是传统道德中的重要组成部分,个人都是家庭、家族、国的附属,个人价值只有处于特定的家庭、家族、社会、国家且与之趋同才能得到认同与体现,个人自由及个人财产所有权的理念更不如西方一般在社会上广为贯彻。尽管有着遗命、遗训、遗言或遗令等称谓的遗嘱最早可见于《国语•周语上》《左传•哀公三年》及《后汉书•樊宏传》等,作为生前预先处分留给亲属、后代的财产的遗嘱在秦汉时就已出现,且当时的官府在案件审理中,就已经承认遗嘱继承的有效性,但基于个人财产权基础上的遗嘱自由从来就被限制,所以,遗嘱继承作为正式的法律概念,在我国《宋刑统•户婚》所引唐丧葬令中才有出现。[③] 可见,在严格执行法定继承而排斥遗嘱继承的情况下,特留份制度的功能完全可通过法定继承得以实现,故没有必要设置独立的必留份制度。

---

[*] 本文发表在《国家检察官学院学报》2013 年第 4 期,合作者为云南省司法警官职业学院副教授和丽军博士。
① 参见杨立新:《对修正〈继承法〉十个问题的意见》,载《法律适用》2012 年第 8 期。
② 参见史尚宽:《继承法论》,中国政法大学出版社 2000 年版,第 606—607 页。
③ 参见程维荣:《中国继承制度史》,东方出版中心 2006 年版,第 288—289 页。

近代以来,在个人自由观念及个人财产权利意识逐渐为社会接受、法律认可并推崇的情况下,遗嘱自由成为财产所有人处分自己财产时所奉行的原则,我国迅速从一个严格遵循法定继承而排斥遗嘱继承的国家转变成一个不仅承认遗嘱继承和遗赠,而且是对遗嘱自由限制最少的国家。对遗嘱自由的限制,我国《继承法》第19条规定:"遗嘱应当对缺乏劳动能力又没有生活来源的继承人保留必要的遗产份额。"有称之为"必要遗产份额"制度或"必留份"制度,有人认为这便是"特留份"制度。甚至有著述不对特留份制度与必留份制度作区分,而直接将此作为特留份制度展开论述,有些法规编著还直接将此条文冠名为"特留份规定"。这样的认识及做法都是错误的。如此混淆不清就妄作论述或编著,只会导致后学者对该制度以讹传讹,不利于理解与健全合理的继承法律制度。诚然,该条规定的确会对遗嘱自由有所限制,但就其本质,实为必留份而非特留份。除被部分人误认为是"特留份"的必留份规定外,我国并没有对特留份作任何规定。另外,我国对未出生胎儿预留份的规定,与赋予继承人以外的依靠被继承人扶养的无劳动能力又无生活来源的人以遗产酌给请求权一样,都是对遗嘱自由的限制,但均不属于特留份或必留份制度所涉及的内容。

在世界各国纷纷继受特留份制度并发展的同时,我国对之却无任何规定。而在不同的立法例中,无论是法国、瑞士等国将特留份规定为财产继承权,还是德国、美国等国将特留份规定为债权性质的请求权,都在以限制被继承人遗嘱自由的方式对其亲密血亲的继承利益进行最大限度的保护。正是通过特留份制度特有的强制性分配遗产利益的功能,各被继承人亲密血亲分享遗产的机会才得到真正的保障,各继承人与被继承人之间的亲疏远近也通过特留份额的多少得到体现。至今为止,世界各法制健全的国家,都多通过民法典对特留份制度进行了详细的规定,并将其建构成为保护被继承人较近的血亲和配偶的利益而对被继承人财产自由进行适度限制的制度。而我国《继承法》对此制度却没有规定,仅在发生遗嘱继承的场合,如果被继承人在遗嘱中不将遗产留归其最亲密的配偶及血亲,而是将遗产留归他人,被继承人配偶及血亲的继承利益便无从保证。这对一个自视极端重视家庭传统伦理道德、努力健全法制、意图把保护公民利益放在首位的国家来说,不能不说是一种缺憾甚至是一个漏洞。而且,随着社会的发展及个人财产独立经济意识的增强,在遗嘱自由渐为普遍实践的情况下,特留份制度缺失的负面效果将会更加明显,而基于法律对遗嘱自由的支持,伦理道德观念更可以随意被践踏。所以,在我国《继承法》的修改过程中,为实践优良的传统道理伦理精神,保护特定的法定继承人的利益,使其继承遗产的权利不因遗嘱的出现而丧失,亟须明确设置特留份制度。

(二)国外立法例的比较

根据特留份制度的历史源流及各国立法例的不同,可将特留份制度分为法国模式和德国模式。除此而外,在英美法系国家中,英国、澳大利亚各司法管辖区都确立了遗属供养制度,美国法中没有遗属供养制度,但不同的州分别选择适用寡妇产、鳏夫产、宅园份、动产先取份、临时家庭生活费、可选择份额等遗属保留份保护制度中的部分或全部。④ 尽管称谓各异,实施的方式也不尽相同,但其重点都是给予与被继承人共同生活者或期待其死后仰靠其财产者一定之特留财产,以为生活之保障。⑤

1. 法国模式

法国模式的特留份制度继受于日耳曼法。依日耳曼法的家产制,家长的财产处分权受家属的继承期待权所拘束,在教会奖励施舍而承认遗嘱处分的效力后,将遗产主要部分保留于法定继承人手中仍是维持家所必须,被继承人仅能就此以外的其余部分为自由处分,即日耳曼法所谓的自由份权。特留份便是被继承人的遗产扣除自由份后的剩余部分,其他法定继承人不得剥夺。正如《法国民法典》⑥规定:"特留份是法律规定在被称为特留份继承人的特定继承人受召唤并接受继承时,确保向其转移属于遗产的不带任何负担的财产与权利部分。可处分的财产部分是指法律没有规定应作为特留份的、死者可以自由地无偿处分的遗产与权利部分。"

据此,法国将被继承人的遗产分为两部分:一为特留份,它是强制从被继承人的遗产中划出后确保转移给特定继承人的无任何负担的财产权利,它实为遗产的一部分,有资格享有的仅限于法定继承人,非法定继承人不得请求特留份。且被继承人无权对特留份继承人进行选择,也无权处分特留份。特留份的存在实质就是对被继承人遗嘱自由的限制。二为可处分的财产部分,它是指遗产中扣除特留份后,死者可以自由无偿对之进行处分的部分。从性质上看,法国将特留份定性为继承权,非继承人不得享有,因此,丧失继承权或抛弃继承权之人,也就当然丧失特留份。该特留份以遗产为标的,以不带任何负担的积极财产为其计算基础。

可见,法国模式特留份制度以被继承人的财产属于家的观念为基础,以法定继承主义为出发点。⑦ 由于法国的第2006-728号法律废止了直系尊血亲享有特留份,故法国特留份权利的享有者仅包括配偶及直系卑血亲。配偶与子女相较,子女能享有更多的特留份财产权利。仅就被继承人的子女而言,子女人数越多,特留份数额就越大,被继承人能自由处分的财产就越少。只有当被继承人既没有直系卑血亲也没有健在配偶时,方可彻底自由处分自己的财产。特留份的计算是以被继承人的遗产总额为参照数额。特留份作为不可侵害的继承份,被继承人为遗嘱时必须得留有部分遗产以保证特留份的实现,否则被侵害人得通过扣减而从其他法定继承人处取回遗产。

采此立法例的主要有法国、瑞士、比利时、荷兰、意大利、西班牙、葡萄牙、日本等国。

---

④ 参见魏小军:《遗嘱有效要件研究:以比较法学为主要视角》,中国法制出版社2010年版,第150—151页。

⑤ 参见陈棋炎、黄宗乐、郭振恭:《民法继承新论》,台北三民书局1998年版,第457页。

⑥ 参见《法国民法典》第912条(2006年6月23日第2006-728号法律)、第913条(2007年1月3日第72-3号法律)、第914-1条(2001年12月3日第2001-1135号法律第13条)、第916条(2001年12月3日第2001-1135号法律第13条),罗结珍译,北京大学出版社2010年版,第260—261页。

⑦ 参见陈棋炎、黄宗乐、郭振恭:《民法继承新论》(修订2版),台北三民书局2004年版,第385页。

2. 德国模式

德国模式的特留份制度继受于罗马法义务份的规定,其始基于对近亲的慈爱义务及经济扶养的观点而创设。罗马共和制末期,家制崩坏,家长权基础松弛,遗嘱自由被滥用而导致死者近亲属不得继承遗产,为确保死者对近亲的扶养义务便产生了义务份制度。义务份权人,即特留份权利人非以继承人资格,而是以被继承人近亲的资格享有特留份。如果死者的遗嘱非因正当理由未遗留给近亲属以适当的财产,即当近亲属的义务份受到遗嘱侵害时,这些应由遗嘱人赡养抚育的亲属,基于自己享有特留份的权利,有权向遗嘱指定的继承人请求自己的特留份,在无其他救济办法的情况下有权提起遗嘱逆伦之诉,以保护他们的继承权。⑧ 至优帝法,必然的继承人之取得份,就其不足义务份之额,唯得提起义务份补充之诉,即唯有债权的请求权。⑨ 该权利最终通过遗产的继承人给予一定数额金钱的方式来实现。

发展至《德国民法典》,其用一章共36条对特留份进行了详细的规定。根据法典第2303条的规定:"被继承人的晚辈直系血亲因死因处分而被排除在继承人之外的,该晚辈直系血亲可以向继承人请求特留份。特留份为法定应继份的价额的一半。被继承人的父母或配偶因死因处分而被排除在继承之外的,他们有同一权利。"在此模式,特留份权利主体包括因死因处分被排除在遗嘱继承人之外的被继承人的父母、配偶、晚辈直系血亲,其均本为法定继承人。特留份义务主体为其他遗嘱继承人。当特留份权利人因死因处分被排除在遗嘱继承之外时,可以向其他遗嘱继承人行使特留份请求权。当特留份份额不足时,特留份权利人有权向其他遗嘱继承人请求补足特留份。根据规定,特留份数额确定,为法定应继份价额的一半。特留份请求权在继承开始时发生,而且可以继承和转让。⑩ 在发生特定情形时,被继承人还可以剥夺晚辈直系血亲的特留份或对之进行限制。

可见,德国模式的特留份制度以遗产自由处分为基础,以遗嘱继承主义为出发点。⑪ 从其性质而言,特留份是特留份权利人对其他继承人享有的一种请求权,属于债权。特留份的计算是以特留份权利人的应继份份额作为参照数额。当其权利受到侵害时,特留份权利人可以通过债权请求权的方式对其权利寻求救济。按规定,该请求并不会导致被继承人超过义务份的遗嘱处分行为无效,其他遗嘱继承人也可以用金钱等替代方式对权利人享有的特留份进行偿付,而不用涉及遗产实物的分割。这有助于遗产作为经济实物时具体功能的维系。

采此立法例的主要有德国、奥地利等国。

---

⑧ 参见周枏:《罗马法原论》,商务印书馆2009年版,第524—529页。
⑨ 参见史尚宽:《继承法论》,中国政法大学出版社2000年版,第607页。
⑩ 参见《德国民法典》(第3版)第2317条,陈卫佐译注,法律出版社2010年版,第624页。
⑪ 参见陈棋炎、黄宗乐、郭振恭:《民法继承新论》(修订2版),台北三民书局2004年版,第383—384页。

3. 英、美等国的规定

英国曾是世界上将私法自治在继承法领域贯彻得最为彻底的国家,其 1837 年颁布的《遗嘱法》对遗嘱设立采取绝对自由的态度,父母可以任意剥夺法定继承人的继承权而将遗产给他人,且不受特留份或保留份的限制。在当时,"没有应继份的规定是英国遗嘱制度的一个重要特点"。[12] "近代英国法律学者,或有以此自由为绝对的、无限制者;又有以此为'英国法最显著特色之一'者,尚有人以为'这唯于英国法始能享有之特权。'"[13]当特留份制度作为限制遗嘱自由的最有力手段在世界范围内以一种不可逆转的趋势陆续得到贯彻时,英国 1938 年颁布的《家庭供养条例》规定,被继承人对家庭成员负有不可推卸的扶养义务。其后,通过不同法规的修订完善及扩展[14],英国最终确立以 1975 年通过的《继承法》及 1995 年通过的《继承改革法》为具体操作规则的适当扶养制度。按其继承法,英国要求被继承人将其一定数额的财产遗留给配偶和子女,如果遗产全部被遗赠给他人,则被继承人的合法配偶、无效婚姻中的配偶、离婚后尚未再婚的配偶、婚生和非婚生子女,可排除被继承人的遗嘱而继承部分遗产。同时,英国继承法赋予被继承人的配偶、未成年及不能自立生活的子女请求"财政津贴"的权利,均含有特留份的性质。而英国继承法对"财政津贴"的规定具有很大弹性,数额由法院因人、因时、因地而定,起点与我国继承法关于必要的遗产份额的确定方法很相似。[15]

在美国,采用《美国统一继承法》的州都赋予被继承人的配偶、未成年子女和未独立生活的子女享有宅园特留份、豁免财产、家庭特留份的权利。故其特留份可根据财产的种类分为三种:宅园特留份、豁免财产、家庭特留份。但其对象均不是具体或特定的财产,实现方式都是从被继承人财产中提取一定数额价值的财产。故其特留份为债权性质。家庭特留份还"可以以现款一次付清,也可以在一定期间内分期付清……家庭特留份是豁免财产,并优先于宅园特留份之外的其他债权受偿"。在权利的实现顺序上,配偶优先于子女享有特留份。[16]

可见,与法、德等国相比,大陆法系国家特留份制度更偏重保护家族利益,防止遗产分散。英美法系国家规定特留份权利人时更看重继承人的需要,不仅要求权利人具有配偶子女身份,而且还要有被扶养的客观需要,如未成年人不能自立生活等。因此,英美等国特留份的形式更具有多样性,特留份权利的实现途径也各有不同。但无论是英国的适当扶养制度、"财政津贴"权利,还是美国的宅园特留份、豁免财产或家庭特留份,都是通过限制被继承人的遗嘱自由来保护配偶、子女对遗产的利益。

---

[12] 何勤华、魏琼主编:《西方民法史》,北京大学出版社 2006 年版,第 414 页。

[13] 陈棋炎:《亲属、继承法基本问题》,台北三民书局 1980 年版,第 451 页。

[14] 其间,经由 1952 年《无遗嘱继承条例》的修正,1958 年《婚姻诉讼(财产和抚养条例)》、1966 年《继承法》和 1969 年《家庭改革法令》的扩展。

[15] 参见刘文编著:《继承法比较研究》,中国人民公安大学出版社 2004 年版,第 257 页;刘春茂主编:《中国民法学·财产继承》,人民法院出版社 2008 年版,第 317 页。

[16] 参见刘春茂主编:《中国民法学·财产继承》,人民法院出版社 2008 年版,第 317—318 页。

(三)设立特留份制度的必要性

从以上对法、德及英美等国立法例的分析可以看出,特留份制度的产生并不是出于偶然,而是根源于保护家庭亲属利益的客观需要。无论是继受于日耳曼法的法国模式,还是继受于罗马法义务份的德国模式,或是英美等国基于继承人的需要灵活采取的形式,都在通过限制被继承人的遗嘱自由来保证遗产依传统尽量留归配偶、血亲,而不外流。各国随其发展均采纳且健全此制度,也皆因该制度在继承法领域存在重要的价值,发挥着重要的功能。

1. 限制遗嘱自由功能

就特留份的具体称谓、权利享有者、份额及其操作规则而言,各国的规定不尽相同,但各国特留份制度的根本目的,都是为避免被继承人在遗嘱处分时因过分偏爱某人而忽视其亲密的法定继承血亲的利益,故对被继承人的遗嘱自由进行限制,以保护被继承人一定范围内亲属的利益。

从继承制度的发展过程来看,古代社会基于对家庭、社会利益的重点保护,个人的人格被家庭和家族所吸收,个人的遗嘱自由受到极大的限制。如密拉格利亚指出的:"古时社会的权利占优势,个人的权利则不重视。那时唯一盛行的权利,是表示家庭权利卓越的法定继承,而不是个人行为的遗嘱继承。"[17]在此,家是财产的主体,个人是家的附庸,甚至其人格也被家吸收,家长作为家的财产管理人也不具有处分财产的自由,所以也不存在产生特留份的可能。随着个人财产所有权在法律上得到承认,遗嘱便以财产所有人表达自由意志的方式得到法律的认可与尊重,遗嘱自由就成为继承领域意志自由的直接体现。当遗嘱自由发展到极致,遗嘱已经危及家庭的利益及那些需要遗嘱人扶养的家属的利益时,对遗嘱自由进行限制就成为社会发展的客观需要。此时,就需要对遗嘱自由进行适当的限制,以达成遗嘱人与家庭、社会及需要扶养家属间利益的平衡,以杜绝滥用遗嘱自由导致的负面效果。正如学者所言:"继承的法律,应调和家庭的权利与个人的正当要求,不可忽视继承的权利与家庭有直接的关联,足以影响于公共团体,故与国家有重大的利害关系。"[18]基于限制遗嘱自由的目的,为保障与被继承人关系紧密的血亲、配偶及其他近亲能够享有被继承人的遗产,特留份制度便在各国渐被继受与完善。

2. 继承传递功能

在世界各国,享有特留份权利的主体通常是特定的,往往仅限于被继承人的配偶和直系血亲。无论采用何种模式设置特留份制度,其权利主体大多仅包括配偶、直系卑血亲、直系尊血亲中的父母,其他血缘亲属即使是法定继承人也多不是特留份权利

---

[17] 〔意〕密拉格利亚:《比较法律哲学》,朱敏章、徐百齐、吴泽炎、吴鹏飞译,李秀清勘校,何勤华主编,中国政法大学出版社 2005 年版,第 542 页。

[18] 〔意〕密拉格利亚:《比较法律哲学》,朱敏章、徐百齐、吴泽炎、吴鹏飞译,李秀清勘校,何勤华主编,中国政法大学出版社 2005 年版,第 541—542 页。

人。即使采用全部血亲均为继承人的德国也是如此。[19] 从权利的确定看,法定继承人的范围及顺序是根据对被继承人意愿推定得出,在推定过程中已经对个人、家庭、社会等多方利益因素进行权衡,而特留份只不过是对遗嘱自由违背法定继承核心理念时对其所做的限制,因此,特留份权利人的范围与顺序往往是法定继承人范围与顺序中最为重要、核心的部分。故特留份权利人往往包括于法定继承人的范围内,其顺序也与法定继承人的顺序相一致。所以说,特留份是不可改变的法定继承份,无论它是以遗产继承的方式获取,还是以债权的方式获得,其性质均属于遗产利益的继承,即排斥遗嘱继承的法定继承。其本质仍然在于保障被继承人的遗产仅在其最亲密的血亲之间传递而不外流,贯彻着遗产按传统仅限于血亲之间继承传递的基本理念,体现着特留份制度所具有的遗产继承传递功能。

3. 分配调控功能

基于各国特留份制度继受的法律源流不同,更由于法律制度、法律体系、社会伦理、家庭结构的差异,各国在特留份的具体操作手段上便有所不同,并出现"特留份""保留份""必留份""必继份""扶养费"等不同称谓。同时,出于不同因素的考虑及兼顾平衡利益对象的差异,各国特留份权利人的范围及顺序不尽一致,但一般都与其法定继承人的范围及顺序相吻合,且都只将顺序最靠前的一至两个顺序的法定继承人列为特留份权利人。具体而言,两大法系都将配偶、子女作为特留份权利主体的重点保护对象,至多再加上父母,其他亲属多因居于相对次要地位而不纳入。排除源流导致的差异,特留份制度,其本质是为保障被继承人的配偶、关系紧密的血缘亲属的利益,将被继承人遗产中的一部分强制无负担地划归其享有,让其不因被继承人的遗嘱而失去继承权。

以特留份制度对遗嘱自由进行限制并对遗产进行分配,有其正当性。正如学者所言,特留份是被继承人依遗嘱处分其遗产时,依法为法定继承人保留的一定数量的遗产份额,其目的在于防止家长对遗嘱自由的滥用和家产的分散,确保家子享有受抚养的权利。[20] 从传统道义上看,死者与其直系卑亲属、直系尊亲属中的父母及兄弟姐妹均为近亲,与配偶乃为夫妻,他们之间均存在密切的亲属关系,死者如果不将遗产的一部分留归此类最亲密的人而尽予他人,则与传统道义相违背,为社会人情所谴责。从社会利益及个人需要上看,死者的配偶、关系紧密的血缘亲属与死者在现实生活中多形成扶养关系,其中部分人还必须得依靠死者的遗产才能生活,基于生活的客观需要他们也会对死者的财产心存期待。在此情形,如果以特留份的形式将遗产中的一部分按既定规则进行分配,让特定继承人获得生活的供养及经济上的保障,由此让其获得独立的生活能力,不再另寻他人扶养或社会供养而增加社会的负担,这在社

---

[19] 参见《德国民法典》(第 3 版),陈卫佐译注,法律出版社 2010 年版,第 551—553 页。该法典将法定继承人规定为五个顺序,所涉及的法定继承人范围包括比被继承人的祖父母的父母及外祖父母的父母辈份更大的祖先及其晚辈直系血亲,即一切生存着的血缘亲属。

[20] 参见李双元、温世扬主编:《比较民法学》,武汉大学出版社 1998 年版,第 1108—1109 页。

会保障制度尚不健全的国家尤为重要。从适用范围上看,各国都将特留份权利人控制在法定继承人的范围内,即只有与被继承人关系最为紧密的少数继承人才能享有特留份。而在部分家制尚存的国家或地区,如我国台湾地区,以特留份的方式保障与死者具有紧密关系的亲属获得死者的财产,这本身就具有维持家庭生活及家庭继承繁荣的意义。

4. 价值保持功能

在不同立法例,特留份的实现方式并不相同,但无论以继承权还是以债权实现特留份,特留份权利人只能取得遗产的一部分而不是全部。以继承权方式实现时,特留份权利人可以取得某项具体遗产的所有权。如依法国的继承模式,特留份权利人便有权要求实物分割,这将可能导致在分割过程中实物价值被减损,且直接危及遗产的经济功能。以债权方式实现时,特留份权利人只能取得法定数额的金钱。如依德国的债权模式,对于特留份权利人的特留份请求权,其他法定继承人可以金钱等替代方式对之进行支付,遗产不存在被实物分割的情形,其经济功能自然不会因特留份权的行使而受减损。

二、必留份与特留份的区别

基于在理论或实践中,都出现了将我国《继承法》规定的必留份误认为是特留份的现象,故有必要对必留份与特留份作明确的区分。

根据我国《继承法》第19条的规定,必留份是从被继承人的遗产中,为缺乏劳动能力又没生活来源的继承人保留的排除遗嘱继承与法定继承适用的必要遗产份额。从其规定,首先,必留份的主体必须是法定继承人,至于其位于哪一继承顺序并不重要。其次,只有在遗嘱生效时,法定继承人同时具备缺乏劳动能力又没有生活来源这两个条件,才能从普通的法定继承人转变为必留份权利人,也才能具有排除法定继承与遗嘱继承优先享有必留份的权利。再次,按现行规定,必留份权利人所享有的遗产份额不固定,需结合被继承人的遗产数额及必留份权利人的具体情况及需要来决定。最后,基于必留份权利人对被继承人遗产的需要是基于其基本生活保障,故在继承人中如果存在必留份权利人,即使遗产不足清偿债务,也应为其保留适当遗产,然后再按规定清偿债务。[21]

从必留份的含义及其操作规则来看,其与特留份制度的确有相似之处,都是从总体上通过对遗嘱自由进行限制,将遗产的一定份额留归少部分法定继承人。但就具体制度来看,依据现行法律的规定,二者差别也甚为明显。从权利主体的角度来看,

---

[21] 参见最高人民法院《关于贯彻〈中华人民共和国继承法〉若干问题的意见》第61条:"继承人中有缺乏劳动能力又没有生活来源的人,即使遗产不足清偿债务,也应为其保留适当遗产,然后再按继承法第33条和民事诉讼法第180条的规定清偿债务。"

特留份权利人均多固定为被继承人的配偶、子女,至多再加上父母,其实际就是法定继承人中排序最靠前,与被继承人关系最为亲密,故最有资格继承遗产者。而必留份权利人的设定只要求是法定继承人,且缺乏劳动能力及无生活来源,根本不用考虑其在法定继承人中的序位。从权利实现的角度来看,我国继承法规定必留份通过为"双无"人员保留必要遗产份额的方式来实现。尽管在具体继承时,按遗产分割规则和方法可以采取折价、适当补偿或共有等方法变通处理,但总体而言,它仍是一种遗产继承权。而特留份制度基于不同的模式,或为遗产继承权,或为债权性质的请求权,或为二者的结合使用,这取决于各国继受此制度时的价值选择。从权利人享有的遗产份额来看,我国对必留份没有规定具体数额,司法实践中通常根据被继承人的遗产数额及必留份权利人的具体情况及需要来决定。而对于特留份,无论是以被继承人的遗产总额为参照数额,还是以特留份权利人的应继份额为参照数额,世界各国对之都规定了确定的比例,有的英美法系国家甚至规定了具体数额。从权利的优先性来看,必留份乃为法定继承人基本生活之必需,权利人如不得享有必留份,其生存都会面临困难,故我国法律规定,在继承时如有必留份权利人,即使遗产不足清偿债务,也应为其保留适当遗产,然后再按规定清偿债务,即必留份优先于债权实现。但特留份不能优先于债权,只能待遗产债务清偿完后实现。

从特留份与必留份的异同可见,尽管二者的权利人均为法定继承人,但具体适用的对象明显不同,实现手段也各有差别,是否具有优先性更完全有异,二者间的差异远远大于其共性。所以说,必留份无法纳入特留份,特留分也无法包容必留份,更不能代替必留份,二者客观上也无法合一。基于此,在我国《继承法》修订时,特留份必须专门规定。

三、特留份的制度设计

综上可见,由于起源、继受不同及其他因素的综合影响,各国通过特留份对被继承人意志进行强制性引导时,协调被继承人的自由与亲属利益、社会利益之间平衡的手段各有不同。我国新构建特留份制度,既要立足于原有的继承法律制度体系,更要借鉴他国不同模式特留份制度的优点,以发挥最佳功能。在我国构建特留份制度更要秉承优良的道德传统,防止遗嘱自由被滥用而危及特殊法定继承人的利益,更须防止因过度的遗嘱自由而出现违背公序良俗的情形发生。为此,设置特留份制度,必须对特留份的权利主体、取得方式、取得份额、丧失情形等作明确规定,以确保特留份权利的实现,体现特留份制度的应有价值。同时,依据财产所有权具有的保证遗嘱自由能最大限度实现的秉性,也需对特留份的适用范围、条件、数额进行严格的控制,以保证财产所有人最大程度上按自己的意志对其私有财产进行处理。

(一)特留份权利主体的规则

作为法定不可被侵害的部分,特留份是一定范围内的法定继承人基于不可被剥夺的法定继承权而享有的遗产份额。有资格获得者,必须是法定继承人,其获得基础仍然是法定继承权。基于法定继承人是否享有特留份或必留份,可将其分为两类:

一为普通法定继承人。该类继承人依法定继承顺序享有遗产继承权,如果被继承人留有有效遗嘱并对遗产作全部处分,不得参与遗产继承。仅当被继承人没有遗嘱,或遗嘱无效,或遗嘱没有处分全部遗产时,方能享有继承遗产利益的机会。

二为特殊法定继承人,即特留份权利人与必留份权利人。此类人也是法定继承人,依其身份本就有权按法定规则、顺序取得遗产。基于该类人中的部分法定继承人或因与被继承人关系较为亲密必须得承继部分遗产,或因缺乏劳动能力又没生活来源故急需遗产维持生计,法律规定被继承人留有遗嘱时,不得剥夺此类人享有一定遗产的权利。即通过适度限制被继承人遗嘱自由的方式确保此类人有权从被继承人处取得遗产。其取得部分遗产(特留份或必留份)的前提仍是法定继承人身份,故可将此类人称为不能被剥夺继承权的法定继承人或特殊的法定继承人。

由于特留份实为法定继承人所享有而被继承人不得剥夺的必继份,故特留份权利主体的范围及享有遗产的份额,应遵照法定继承相同的标准与原理来确定。确定特留份权利主体范围时,借鉴国外立法例,既不宜过宽,也不宜过窄。应当将与被继承人关系最为亲密的配偶、子女、父母纳入特留份权利人的范围,并根据其与被继承人的亲密程度确定所享有的特留份比例。对于其他法定继承人,不宜纳入特留份权利人的范围。

(二)特留份权利客体的规则

1. 特留份份额的确定规则

特留份是继承人继承的特定应继份,除该部分外,被继承人对剩余部分遗产可以自由处分。基于特留份是纯粹的积极财产,故在计算时应扣除债务。有特留份制度的国家,也都明确规定特留份的计算标准和方法。[22] 尽管数额比例不一,但总体上其份额都低于法定应继份,且往往是法定应继份的一半。

特留份的存在以被继承人的财产权为基础,只有当被继承人留有遗产的情况下,特定的法定继承人才能享有特留份。所以设置特留份制度时,须考虑并兼顾财产所有人的意志,这是应有之义。无论从被继承人应该承担的道义责任,还是从生前所负的扶养、扶助义务看,享有其遗产的权利主体不应该仅仅被推定为特留份权利人,毫不考虑被继承人的遗愿而剥夺其他遗嘱继承人的利益。因此,作为纯粹积极财产的特留份,对其数额的规定应以弹性或比例性的数额来规定,不应采用与美国法一样的固定数额。笔者建议,直接依据被继承人留下的不包括任何债务的积极财产作为实现特留份的基础,按继承人应继份的比例来确定其特留份的份额。此种方式便于确定具体数额,能在保障特留份权利人利益的同时,兼顾到被继承人依自己意志对其遗产所作的利益安排。这也符合利用特留份制度对遗嘱自由进行适度限制,以协调

---

[22] 参见张玉敏:《继承法律制度研究》,法律出版社1999年版,第244页。

平衡财产所有人的遗嘱自由权与特别的法定继承人不可被剥夺的法定继承权。总体上更为合理地兼顾特留份权利主体的利益与被继承人的遗愿,协调好多方利益的平衡。

所以,笔者建议,在特留份权利人配偶、子女、父母当中,根据他们与被继承人的亲密程度来确定其所享有的特留份比例。特留份权利人享有的具体份额为:配偶、子女享有的特留份为其应继份的1/2;父母享有的特留份为其应继份的1/3。

2. 特留份权利的实现方式

从权利客体角度看,特留份是指被继承人遗产中不能用遗嘱加以处分的、按一定比例特定给其法定继承人继承的部分。㉓ 在确定必留份额时,各国多以被继承人遗留的积极财产为基数,并不包括遗产债务等消极财产,这是世界的通例。且该积极财产通常既包括被继承人遗留的财产权益,也包括其在生前一定时间内所为的生前赠与和死后遗赠。特留份作为必继份,也应该是纯粹的积极财产,不应包括任何遗产债务。在《继承法》修订时,同时也应规定相应的归扣制度,且在计算特留份、必留份时都应适用。

在继承开始后,特留份权利人可基于保全请求权保全其特留份。如果遗嘱人在遗嘱中没有对特留份作出安排,特留份权利人便有权请求遗产管理人或相关人从遗产中扣减出特留份的份额。故特留份权利的实现也是特别继承权的落实。所以,实现特留份权利时,以行使继承权的方式来实现特留份更符合特留份实为遗产法定继承份的本质。正如依法国模式,实现特留份按遗产继承规则进行,而不以债权的方式实现。但按此方式实现特留份,在特留份份额所涉遗物与遗嘱处分所涉遗物不发生冲突时尚可,如发生冲突,就存在依据客观情况变通适用的可能。

在继承中,被继承人为遗嘱时,往往会根据遗产的性能、价值及继承人的需要等决定遗产的归属,而法律也应充分尊重遗嘱人的自由安排。在被继承人与继承人之间,非金钱类遗物除具有财产的性能外,往往还有其他特别的价值与性能附属其上,比如提供方便的住宿、寄托人的感情与思念等。当法律出于对特留份权利人的保护,因执行特留份而不得不对已被遗嘱人合理安排的遗物变更所有人时,这将可能直接影响特定遗物效用的发挥。故实现特留份时,也不应完全遵从法国模式全部采用遗产继承规则来分割,而应视遗嘱是否与特留份发生冲突来区别对待。当二者没有冲突时,遗嘱及特留份均按相应规则处理。当二者发生冲突时,遗嘱涉及的部分原则上按遗产继承规则处理,特留份涉及的部分在不影响遗物效能发挥的前提下按遗产继承规则处理。在特留份的实现影响到遗物效能发挥时,基于特留份的立法目的仅在于保护特留份权利人的继承利益,而非享用被继承人的遗产实物,为尽量保证遗物能按遗嘱人的安排发挥最佳功能及效用,可以由遗嘱继承人选择,或者依遗产继承规则对遗物进行实物分配,或者允许遗嘱继承人用金钱等以债的形式对特留份进行替代

㉓ 参见佟柔主编:《继承法教程》,法律出版社1986年版,第117页。

偿付,以此实现特留份权利。这也符合我国《继承法》及司法解释中遗产分割的规则和方法。[24]

3. 特留份权利的丧失规则

在被继承人留有遗产的情况下,作为法定继承人享有的特留份存在因出现某些特定情形而丧失的问题。与继承权因放弃而丧失相同,特留份权利也会因权利人的明示放弃而丧失,即在被继承人死亡后、遗产处理前放弃特留份均会发生丧失的法律效果。除明示放弃外,如果特留份权利人的行为具有放弃特留份权利的性质,如特留份权利人已经向受遗赠人履行支付标的义务的,应视其放弃特留份。在特留份权利人放弃或被视为放弃特留份后,均不得再主张特留份权利。

尽管特留份权实为不可剥夺的继承权,但与法定继承权保护的侧重点却有所不同。法律规定继承权的目的是为了对法定继承人的利益进行一般保护,而特留份的立法目的则在于对法定继承人的继承利益进行特殊保护。[25] 二者间包含与被包含的关系将导致权利人放弃不同的权利时会产生不同的法律后果。因特留份权以继承权为基础且包含于继承权中,故继承人享有法定继承份时就无权再享有特留份,继承人放弃继承权就意味着放弃特留份权,但其放弃特留份权并不意味着放弃继承权。所以,同时存在其他继承人时,某一个继承人放弃继承权就意味着其他继承人所享有的遗产份额包括特留份的份额都将随之增加,此时,如果该国继承法承认遗产的归扣制度与特留份的追索制度,基于其他继承人特留份数额的增加,放弃继承权的人所丧失的可能就不仅仅是一种可得利益,在他曾经于被继承人死前受有特种赠与的情况下,他将受到因其他继承人特留份权利增加而导致的追索。但当某一个继承人仅放弃特留份权利时,意味着其他继承人仅仅在他放弃的特留份的份额内获益。

特留份权除因放弃而丧失外,也会因继承人实施某些违法或严重违反伦理道德的行为后被剥夺而丧失。关于此,与继承权丧失的情形相统一,执行同样的标准及规则。

4. 特留份权利的恢复规则

基于特留份的本质实为继承份,故特留份的丧失与恢复应该遵循与继承权丧失与恢复大体相同的规则。依据《继承法》,当享有继承权的权利人实施了故意杀害被继承人,为争夺遗产而杀害其他继承人,遗弃被继承人或虐待被继承人情节严重,伪造、篡改或者销毁遗嘱情节严重的行为时,其享有的继承权便丧失。同时,司法解释又规定,对继承人虐待被继承人情节严重的,或者遗弃被继承人的,如以后确有悔改

---

[24] 《继承法》第29条规定:"遗产分割应当有利生产和生活需要,不损害遗产的效用。不宜分割的遗产,可以采取折价、适当补偿或者共有等方法处理。"最高人民法院《关于贯彻〈中华人民共和国继承法〉若干问题的意见》1985年9月11日法(民)发〔1985〕22号第58条规定:"人民法院在分割遗产中的房屋、生产资料和特定职业所需要的财产时,应依据有利于发挥其使用效益和继承人的实际需要,兼顾各继承人的利益进行处理。"

[25] 参见郭明瑞、房绍坤、关涛:《继承法研究》,中国人民大学出版社2003年版,第153页。

表现,而且被虐待人、被遗弃人生前又表示宽恕的,可不确认其丧失继承权。如果我国特留份恢复的规则也如此执行,将会过于严苛,且与国际通行的做法完全违背。

基于特留份实为必继份,属于法定继承人所享有的不能被遗嘱人以遗嘱剥夺的特有部分,相较其他法定继承权而言,特留份权受到的保护力度应该更大。故其因法定情形丧失后,经宽宥而恢复自然应该比恢复已丧失的继承权更为宽松,方为合理。结合目前世界各国大都规定经由被继承人的宽宥可全部恢复继承人已丧失的继承权,少数国家虽不允许经宽宥恢复继承人已丧失的继承权,但也允许恢复已被剥夺的特留份的做法,笔者建议,所有因法定情形丧失的特留份,均可因被继承人的宽宥而恢复,且不附加任何限制条件。

(三)特留份与遗嘱、法定继承的冲突处理规则

特留份作为限制遗嘱自由的一种手段或措施,其限制作用只有当遗嘱内容或法定继承与特留份相冲突时才会得到体现。当被继承人的遗嘱没有危及特留份时,遗嘱将得到法律的认可并被执行。

当被继承人以遗嘱处分完所有遗产,却没有在遗嘱中为特留份权利人留下特留份时,如果遗嘱人设立的遗嘱继承人已经包括特留份权利人,且其通过遗嘱继承享有的遗产份额已经等于或超过其应该获得的特留份份额时,其应享有的特留份已经包含于遗嘱继承份中,故特留份权利人无权再另行主张特留份。如果遗嘱人设立的遗嘱继承人已经包括特留份权利人,但其通过遗嘱继承享有的遗产份额低于应该获得的特留份份额时,特留份权利人有权就特留份的不足部分主张权利,其方法与主张遗产权利相同。遗嘱中涉及该特留份不足的部分无效,其他部分仍然有效。如果遗嘱人没有设立特留份权利人为遗嘱继承人,则该遗嘱中涉及特留份相应比例的部分无效,且须得先为特留份权利人留下相应份额的遗产后,遗产中的其他部分才能按遗嘱执行。

当被继承人以遗嘱对部分遗产进行处分,但尚有部分遗产未经遗嘱处分而须按法定继承分配时,如果遗嘱人已经设立特留份权利人为遗嘱继承人,且其通过遗嘱继承享有的遗产份额已经等于或超过其应该获得的特留份份额时,特留份权利人无权再另行主张特留份。如果遗嘱人已经设立特留份权利人为遗嘱继承人,但其通过遗嘱继承享有的遗产份额少于其应该获得的特留份份额时,特留份权利人得主张先以未经遗嘱处分部分的遗产来实现自己的特留份。只有当该部分遗产份额不能补足待实现的特留份时,才能以遗嘱处分的遗产部分来补足特留份。此时,遗嘱相关部分的效力问题按前述规则处理。

遗产继承归扣制度改革的中间路线[*]

修订《继承法》是否规定归扣制度,目前仍有赞成和反对两种意见,其中赞成者居多,反对者亦有相当数量。笔者主张,归扣制度既有其合理性,也有其缺陷,应当扬长避短,对其适当改革,采纳中间路线,使其既能充分尊重被继承人自由处分财产的意志,又能发挥其平衡共同继承人利益的调整功能。就此,本文进行以下论述。

一、归扣的源起及在现代社会的适用

(一)归扣的概念及源起

归扣,也叫冲算、扣除、合算,指的是被继承人生前对继承人的赠与或应继承份预付,在遗产分割时应计入遗产,作为应继份的基数,并从其应继份中扣除的制度。[①] 归扣的目的,在于防止个别继承人因被继承人的生前赠与获利过多,以保障共同继承人之间公平分配遗产。

与归扣最为相近的词有扣减、扣还,都与归扣有本质区别。扣减,是指规定有特留份制度的国家为保证特留份权利的实现而采取的制度,特指被继承人的生前赠与或遗赠侵害了特留份权利人的特留份时,特留份权利人有权请求从被继承人的生前赠与或遗赠中返还特留份的差额,以实现特留份权利人的特留份。扣还,是指继承人对被继承人负有债务时,不因继承而发生混同,故为顾及其他继承人的利益,在遗产分割时,将继承人对被继承人所负的债务数额,从该继承人应继份中扣去,以之为其所负债务的返还。

归扣制度由来已久,其思想最早可见于古巴比伦时期的《汉谟拉比法典》,其规定:"倘父给予其妾所生之女嫁妆,并为之择配,立有盖章的文书,则父死之后,她不得再从父之家产中取得其份额。""倘父未给其妾所生之女以嫁妆,且未为之择配,则父死之后,她之兄弟应依照父家之可能性给她以嫁妆,而遣嫁之。"[②] 古罗马时期,按照

---

[*] 本文系中国法学会部级法学研究项目"继承法修改重点问题研究"(项目编号 CLS(2013)C57)的研究阶段性成果,发表在《国家检察官学院学报》2014 年第 6 期,合作者为云南司法警官职业学院副教授和丽军博士。

[①] 参见张玉敏:《继承法律制度研究》,法律出版社 1999 年版,第 152 页。

[②] 世界著名法典汉译丛书编委会编:《汉谟拉比法典》第 184 条、第 184 条,法律出版社 2000 年版,第 87 页。

市民法的规定,各继承人所分割的遗产,以被继承人死亡时所有的财产为准。但按照裁判的规定,已解放和已出嫁的直系卑亲属、仍处于家长权之下的子女均享有对其父系血亲尊亲属的继承权,但其须将在脱离家长权期间的劳动所得或接受的赠与、继承的遗产等,加入到其父的遗产中去,与其他继承人共同分配。这便是大法官创设的"财产加入",简称"加入"制度,以弥补继承过程中的不公平的缺陷。该制度的实质是将所有直系晚辈血亲的财产都计入遗产范围之内,让全体继承人在平等的条件下分配遗产。此项制度的根据是尊亲属对卑亲属有同等的慈爱,其情感一样深,因而在继承时应当一视同仁,平均分配,尊亲属过去对某卑亲属的赠与或设立的嫁奁等等,视为该卑亲属预先提取了自己的应继份,所以现在继承被继承人的遗产时,就应当将预先取得的那部分财产加入到遗产中,以示公平。该制度创建初期仅适用于法定继承,至优帝一世时,发展到同样适用于遗嘱继承。但尊亲属在遗嘱中有相反规定的,则其过去赠与给某亲属的财产,不需要"加入"。而且在优帝时,已通行扣除和实物返还的办法进行"加入",以实现对遗产的分配。③ 至此,财产合算制度获得了符合其新特点的完满形象,以达到纠正因继承人(主要是"自家人"和脱离了父权的子女)法律地位的差别而产生的异常的财产性后果。同时,通过嫁资合算制度,要求已出嫁的、归顺了他人夫权的女儿必须也将嫁资并入遗产。财产合算不再是通过保证金实行,而是采用实物合并或在分配时计算价值的方式进行。如果死者明确宣布某些财物免予核算,新的核算制度的根据即终止。④

可见,从归扣制度的起源开始,其目的就在于维护共同继承人之间利益的平衡。为实现该目的,法律以公力救济的方式强制性地使已经生效的赠与行为失去效力,以实现共同继承人之间相对的公平。在此过程中,法律通过对受赠人的既得权的阻却来防止其他共同继承人的遗产继承权受到妨碍。随着家父权势微并逐渐消亡,发展至现代,归扣制度已经从广泛的生前赠与财产合算演变为特种赠与财产归扣制度,其须"加入"或"合算"的财产也逐渐缩小至主要为被继承人生前对继承人的特种赠与。无论妥当与否,现代归扣制度在理论上更强调归扣的基础源于法律对被继承人生前意愿的推定,即推定被继承人必然会对所有继承人公平对待,且希望在所有继承人之间绝对公平地分配遗产,而不希望给予某继承人不同于其他共同继承人的特别恩惠。同时,归扣制度还认为被继承人对继承人的生前赠与具有更多遗产预付的性质,每当接受赠与的继承人接受继承时,其于被继承人生前接受的赠与便从自己所有转变成了被继承人的遗产,其不再拥有所有权。这都与罗马法中强调裁判官法创制财产合算制度旨在衡平继承人的利益有所不同。如学者言,这一推定根本不涉及遗嘱人的意愿本身,只是法律为达到衡平共同继承人之间利益的目的而对一种法律事实的颇

---

③ 参见周枏:《罗马法原论》(下册),商务印书馆2009年版,第576—579页。
④ 参见〔意〕彼德罗·彭梵得:《罗马法教科书》,黄风译,中国政法大学出版社2005年版,第373—374页。

具强制性的认可。从一定意义上讲,这是法律主体的个人意思自治从完全的"个人本位"转向"社会本位"在民法上的表现。⑤ 由此,法律上的推定就直接在否定被继承人对继承人赠与行为法律效力的同时,直接否定被继承人自由处分财产的权利。

(二)归扣的适用

从古至今,各国对归扣也并非持一致的意见。尽管在当今社会,适用归扣制度的国家占大多数,但仍然有部分国家及地区不适用归扣制度,如俄罗斯、丹麦、挪威、墨西哥及澳大利亚部分州⑥等。它们多认为被继承人有权依据所有权自由原则处分自己的财产,继承人已经接受的赠与本就不属于遗产,如果再对其适用归扣制度,这将与受赠人已取得的财产既得权相抵触。因此,仅在部分适用特留份制度的国家,如果该赠与侵害了继承人的特留份时,要求扣减。

在适用归扣立法例的国家里,在法律规定及相关理论中对归扣还有结算、合算、冲算、返还、均衡、扣除、扣抵等不同称谓,具体规则也有所不同,但总体思路大体一致,其意图都是让接受了赠与财产的继承人将被继承人生前赠与归并入遗产的范围,以谋求在共同继承人之间实现遗产分配的公平。而就归扣的客体,即使适用归扣立法例的大陆法系国家和地区,其规定也存在差异,分为三种情况:

第一种,凡是赠与均须归扣。代表国家主要有法国、德国、意大利、荷兰、葡萄牙、西班牙、奥地利、瑞士等。其中法国与意大利又较为相同,都规定只要是被继承人所为的生前赠与,无论何种赠与均须归扣。被继承人有相反表示或免除归扣义务的除外,但免除返还的财产超过被继承人有权处分的部分,均仍应返还。⑦ 在德国,各直系血亲卑亲属在被继承人生存时从其取得的婚嫁立业资财、超出被继承人财产状况相当程度的为用做收入而给予的补贴及为职业培训而支出的费用,以及被继承人在给予时已指示应均衡的其他生前给予,或者在晚辈直系血亲的代位继承及转继承中,均须适用均衡。⑧ 在瑞士,被继承人生前赠与继承人的嫁妆、结婚费用或转让财产,只要不受差额计算,都应视为应继份的前付而予以归扣。应继付的前付及出卖所得、被继承人可自由撤销的生前赠与或被继承人在其生前最后5年内的赠与(一般礼物不在此限)、被继承人明显地为避免对其处分的限制而转让的财产,都应与遗嘱一样扣减。⑨

第二种,除赠与外,遗赠也需归扣。其代表国家主要有日本。在日本,不仅共同继承人中因婚姻、收养或作为生计资本而给予继承人的赠与需要归扣,甚至连继承人

---

⑤ 参见费安玲:《罗马继承法研究》,中国政法大学出版社 2000 版,第 207—208 页。

⑥ 在澳大利亚,除维多利亚州、南澳大利亚州、塔什玛尼亚州、澳大利亚首都地区以及北部地区仍设立有遗产归扣制度外,其他州已经废除了该制度。参见[澳]肯·马蒂、马克·波顿:《澳大利亚继承概要》(第 2 版),陈苇主持编译,西南政法大学外国家庭法及妇女理论研究中心内部印刷 2007 年版,第 246 页。

⑦ 参见《意大利民法典》第 737—742 条。参见《意大利民法典》,陈国柱译,中国人民大学出版社 2010 年版,第 143—144 页;《法国民法典》,罗结珍译,北京大学出版社 2010 年版,第 247—250 页。

⑧ 参见《德国民法典》第 2050,2051 条。《德国民法典》(第 3 版),陈卫佐译注,法律出版社 2010 年版。

⑨ 参见《瑞士民法典》第 527 条。《瑞士民法典》,殷生根、王燕译,中国政法大学出版社 1999 年版。

自被继承人处所受的遗赠也需归扣,其相加额均视为继承财产,只有被继承人赠与时有相反意思表示,且不违反特留份规定的范围内的赠与,方可免于归扣。⑩

第三种,特种赠与方须归扣。以我国台湾地区为代表,被继承人在继承开始前因继承人结婚、分居或者营业而为的财产赠与,被视为继承财产的预先拨付,故除被继承人于赠与时有反对的意思表示外,应将该赠与份额加入继承开始时被继承人所有的财产之中,为应继遗产⑪;如若将被继承人生前所有赠与继承人的财产均视为所得遗产,恐亦与民众情感相违,且对继承人亦有失公允,故为兼顾继承人与债权人权益,避免被继承人于生前将遗产赠与继承人,以减少继承开始时继承人所得遗产,致影响被继承人债权人的权益,经增订的台湾地区"民法"第 1148 条之 1 规定,继承人在继承开始前两年内,从被继承人受有财产之赠与者,该财产视为其所得遗产。前项财产如已移转或灭失,其价额依赠与时之价值计算。⑫ 继承人于继承开始前两年内从被继承人处受有的财产赠与也属于特种赠与,应予归扣。

在上述采纳归扣制度的国家及地区中,其法律也都允许被继承人依据自己的意愿决定哪些赠与应予归扣,哪些赠与不予归扣,表面看,这的确让被继承人在法律允许的范围内享有处分自己财产的权利及自由;但从该权利的设置模式上看,法律规定只要被继承人不明确表示不予归扣,就视为须归扣,此时,被继承人对继承人的生前赠与处分行为实质上便归于无效,这仍然是将继承人公平获得遗产的推定置于比财产所有人即被继承人自由处分财产的权利更为重要的位置,即使不违反强制性规定,财产所有权的自由本性在此也湮灭于法律对被继承人意愿的单方推定之中。同时,在被继承人对继承人的生前赠与数额超过其应继份时,大多数实行归扣制度的国家或地区均又规定继承人所受赠与超过应继份的部分不必返还,即使超过数额巨大也是如此,只不得再受遗产分配,且成为实行归扣制度的国家或地区的学界通说。法律采此规定的理由及基础如何,值得讨论。但也有学者对此持不同意见,认为依通说及实务见解,归扣制度的立法意旨乃在维持共同继承人间的公平,而将被继承人的生前特种赠与推测为应继份的前付,若贯彻归扣制度之立法意旨,自应令受有特种赠与的继承人,对其超过应继份部分负返还义务。⑬

(三)归扣的免除

关于归扣的免除,各国和地区规定大体一致,基本都规定如果被继承人明示赠与为应继份以外的特殊权益,或明示免除归扣义务的,该赠与可免于归扣。关于归扣义

---

⑩ 参见《日本民法典》第 903 条。《日本民法典》,王书江译,中国法制出版社 2000 年版。
⑪ 台湾地区"民法"第 1173 条规定:"继承人中有在继承开始前因结婚、分居或营业,已从被继承人受有财产之赠与者,应将该赠与价额加入继承开始时被继承人所有之财产中,为应继遗产。但被继承人于赠与时有反对之意思表示者,不在此限。前项赠与价额,应于遗产分割时,由该继承人之应继分中扣除。赠与价额,依赠与时之价值计算。"
⑫ 高点法学研究中心主编:《民事法规(含大法官解释)》,高点文化事业有限公司 2012 年版,第 413 页。
⑬ 参见林秀雄:《继承法讲义》,台北元照出版公司 2012 年版,第 135 页。

务人的范围,各国规定不尽相同,在法国、日本及我国台湾地区,归扣义务人为受有被继承人生前赠与且需将该赠与物或其价额进行归扣的共同继承人。在德国、瑞士,归扣义务人只限于被继承人的直系卑亲属。在意大利,归扣义务人限于被继承人的子女及其直系卑亲属和配偶。而归扣权利人便是未受特种赠与或受特种赠与较少的共同继承人,但丧失继承权、放弃继承权以及受有遗赠人均无权请求归扣。归扣的方式,存在需将所有权转移的现物归还主义与不需转移所有权仅需将赠与物作价归还的价额归还主义两种立法例。因现物归还主义既违背被继承人意志,更有害于交易安全及已经形成的交易秩序,故自近现代以来,渐被各国和地区立法所抛弃,现今实施归扣制度的国家几乎都采价额归还主义。

除上述大陆法系国家的规定外,英国《遗产管理法》第47条曾对被继承人生前特定赠与的归扣进行规定,但在20世纪90年代,该国对遗产归扣制度进行改革时,其《〈继承法〉改革法》第1条第2款第a项直接废除了该规定,故于1996年1月1日起,英国不再适用被继承人生前特定赠与的归扣制度。美国根据其《统一遗嘱检验法典》的规定,只有死亡者在赠与的同时以书面形式宣称或者无遗嘱继承人以书面形式承认该赠与为应继份的预付,或者该死亡者以书面形式或无遗嘱继承人的书面形式表示,该赠与在计算对死者无遗嘱遗产的分割与分配时要被考虑在内,该死亡者生前赠与的财产才被视为其应继承遗产份额的预付,才对其实行归扣。如果被继承人没有以书面形式宣称或无遗嘱继承人未以书面形式承认,并且不能从其宣称或承认中推定某项财产是生前预赠,则免除归扣。[14] 美国的这种做法,被继承人赠与时需同时明示才能归扣,否则免除归扣,而其他国家却正与之相反,只要被继承人在赠与时无免除归扣的意思表示,均需归扣。此两种不同的归扣免除方式,出发点不同,导致的效果有较大差别。前者将不归扣视为一种常态,如非明示需归扣,便不归扣;后者则将归扣视为一种常态,如非明示免除归扣,均需归扣。其间的差别也体现着立法者对归扣制度蕴含价值的取舍及对归扣制度所持的态度明显不同。

二、对归扣制度客观评价及学界的不同态度

(一)归扣制度在现代社会的利益平衡功能

在遗产继承中,当被继承人死亡时,如果存在多个继承人且需共同继承遗产,就产生被继承人遗产在多个继承人之间进行分配的问题。在通常情况下,将被继承人的遗产在共同继承人之间按规则进行公平分配便能实现遗产继承的目的。不过,现实生活的复杂性,注定了分配规则的多样性与例外性,按我国《继承法》的规定,继承人只能继承被继承人死亡时未处分的遗产。如果被继承人生前对大量财产进行了处

---

[14] 参见陈苇主编:《外国继承法比较与中国民法典继承编制定研究》,北京大学出版社2011年版,第613、616—617、624页。

分,甚至于临终前才处分,仅留下少部分遗产,由此导致部分继承人因没能从被继承人的生前处分中受益或受益很少,在遗产继承中尽管能与其他应召继承人共同平均分配遗产,但其最终实际从被继承人处得到的财产利益,相较其他已事先经被继承人生前赠与的共同继承人而言,所得的遗产利益自然会明显较少。由此,便出现同一顺序的应召继承人表面享有同样的继承权,但实际对被继承人财产权益的享有却大相径庭。正因如此,归扣制度的利益平衡功能就表现在,从继承人应公平享有被继承人财产权益的推定出发,为达到各共同继承人公平地分配被继承人遗产的目的,在遗产的继承过程中,让应召继承人对从被继承人生前所得的特种赠与予以返还,并纳入遗产范围,以在所有共同应召继承人之间进行公平分配。

可见,归扣制度从其源起时始,就承载着平衡各法定继承人之间继承利益的功能。从家庭伦理观念及继承人之间的亲属关系出发,法律推定被继承人对自己的继承人都将平等对待,其表现在遗产的继承上,便是所有继承人都将从被继承人处平均得到相应的遗产。如果被继承人的生前处分行为将导致继承人之间取得遗产数额不平等,法律便以归扣为手段,将导致不平等的生前赠与部分纳入遗产范围,以求在所有继承人之间获得平衡,以此保证在应召继承人之间对被继承人的财产即遗产进行公平分配。这正是归扣制度在应召继承人共同继承遗产时所发挥的利益平衡功能。

(二)归扣制度存在的缺陷

归扣制度尽管保证了继承人之间对被继承人遗产的平均分配,但却与民法物权的基本理念不一致,导致一系列的缺陷出现。诸如:

1. 对遗产范围的非正当扩展

对遗产的范围,当代各国对其都有明确具体的规定。无论各国在遗产类别上的规定有何差异,遗产仅为被继承人死亡时遗留的个人的合法财产是全球共识。从时间点上看,遗产仅限于被继承人死亡时归其所有的财产权益的总和,包括可以流转的一切债权债务。如果被继承人在生前通过自己的行为对其财产进行了一系列处分,例如赠与,此时,被赠与行为处分的物的所有权在被继承人死亡前就已经发生了转移,不再属于遗产的范围。按所有权转移的相关理论,被继承人生前已经合法赠与他人的财产,其所有权已经归属于受赠与人,受赠与人基于自己对该财产的所有权可以对该物做相应处分而不受他人的非法限制。在此,其他共同继承人对已经归属于受赠与人所有的财产,自然无权要求将其退回并归入遗产范围,以进行分配,更无权主张对其享有继承权。但依据归扣制度,被继承人如果生前将财产赠与非继承人,此时,非继承人的受赠与人对赠与财产会取得完全的所有权,也不用担心有朝一日该赠与财产会再被收回;但如果被继承人生前将财产赠与继承人,此时,根据法律的推定而非被继承人的明确表示,该被继承人对继承人的生前赠与便具有继承人应继份预付或前付的性质,在被继承人死后,该赠与财产的性质会因继承人的态度或选择而截然不同。如果继承人选择放弃继承,则其原从被继承人处受有的赠与仍归其所有,其对该财产享有的所有权不会发生任何变化,即使该赠与物的数额超过其应继份也是如此。但如果继承人选择接受继承，则其原从被继承人处受有的赠与便不再归其所有，无论是采现物归还主义还是价额归还主义，法律均要求继承人将其通过受赠从被继承人处合法取得所有权的财产再退回，归入遗产范围。由此，被继承人生前赠与的本已属于继承人所有的财产便转归入被继承人的遗产，这实际上是强行将遗产的范围变相扩大，不仅与遗产的本质属性相违背，也直接与所有权的基本理念相冲突，而这一财产所有权主体得以在瞬间转变的理由——为了将所有共同继承人置于同等的法律地位，不免过于牵强。

2. 与物权平等保护原则不一致

从归扣在现代社会的适用情况来看，出于对归扣范围的限制，实施归扣制度的各国在现行条文中规定，归扣的对象多仅限于被继承人因继承人结婚、分居、营业而对其所为的生前赠与。抛开现实中对此归扣范围产生的争议不谈，仅就被继承人所为的生前赠与行为而言，其实为财产所有人对其所有权所为的一种自由处分行为。被继承人之所以在生前有权对其财产为赠与等自由处分行为，正源于被继承人对其所处分的财产享有物权。根据我国物权平等保护原则，物权法对各类财产实行一体确认，并予以平等保护。正如英国学者约翰·洛克的名言："没有个人物权的地方，就没有公正。"依我国《物权法》第 39 条的规定，所有权人对自己的不动产或者动产，依法享有占有、使用、收益和处分的权利。作为所有权积极权能中的处分权，特指所有人对其动产或不动产进行消费和转让的权利。[15] 所以，在被继承人生前对其财产为赠与转让时，只要被继承人的赠与行为出其本意，且不违反相关的强制性规定，法律便无权干涉，更无权否定该赠与行为的法律效力。而归扣制度不仅未从财产所有人的自由意志出发对其物权处分行为进行保护，反而在被继承人死亡后，对依其意志自由所为的已生效的赠与处分在未依法撤销的情形下，强行要求接受赠与的应继承人交出与赠与物价值相当的价金，将其算入遗产范围，不仅是对公民财产处分自由意志的侵害，更是对物权法平等保护原则的违反。

按此方式进行归扣，意味着接受赠与的继承人即使取得赠与物的所有权，其也无权对其进行消费或转让，否则在发生归扣情形时，其仍须将与已消费或转让的遗赠物价值相当的价额归扣入遗产范围。而同为接受被继承人生前赠与的非应召继承人或非继承人，其接受赠与后却均能按物权保护的基本原则对赠与物享有完全的所有权，可随其意志在不违反法律强制性规定的前提下对赠与物进行占有、使用、收益和处分，而不用担心赠与人死亡后得对自己曾从其所受有的赠与进行归扣。同为法律地位平等的物权主体，依同性质的赠与行为对赠与物享有所有权，但却因受赠人与赠与人关系的不同或是否存在继承关系的差异，其所享有的物权在物权保护上竟然出现如此巨大的差别，直接与我国物权平等保护原则所确立的法律地位平等、适用规则平等及保护平等的原则内容相违背。

---

[15] 参见王利明：《物权法研究》，中国人民大学出版社 2007 年版，第 404 页。

3. 对合法赠与行为的否定

归扣的原因,在于被继承人生前将自己的财产赠与继承人。而被继承人之所以有权将其财产赠与他人,正因为他是赠与财产的所有人,对赠与物享有完全的物权。基于私法自治,物权人得自由行使其物权,包括物权的让与和抛弃。⑯被继承人将物赠与他人,正是物权人行使其财产处分权的一种表现。所有人对物行使处分权,直接决定着物的归属,这也是所有权区别于其他物权的重要特征。依赠与合同的规定及相关理论,如果被继承人生前将其财产赠与他人,只要赠与的财产权利发生了转移,受赠人便取得对该赠与物的所有权,赠与人就无权要求受赠人将赠与物返还。同时,赠与合法有效,赠与人对其赠与自然无任意撤销权及法定撤销权。因此,在被继承人死亡后,要求继承人将已经通过合法赠与行为取得所有权的财产再返还加入遗产范围,实际是在没有任何法理依据的基础上,对合法赠与行为直接否定。按此规定,被继承人对继承人的生前赠与行为实际上并非有效,这与赠与及物权取得的理论都直接冲突。

(三)我国学界对归扣制度的不同态度

我国现行《继承法》并没有规定归扣制度。在我国《继承法》修订之际,各位专家学者针对归扣制度也都提出了自己的见解。总体而言,除少部分学者对归扣持否定态度外,大多数学者都主张在《继承法》修订时应该增设归扣制度。

1. 反对观点

对归扣持否定态度的学者认为,将被继承人生前特种赠与拟制为对继承人应继份的预付,实际上否认了继承期待权和继承既得权的区别,令继承期待权实有化。且同作为受赠人,为何一般受赠人能够获得受赠物,而和被继承人关系更近的继承人却要承担受赠物被归扣的忧虑,这实际上造成了同为受赠人之间不平等的法律后果。⑰

2. 肯定观点

就对归扣持肯定态度的学者意见看,在梁慧星、王利明两位教授分别主持的民法典草案建议稿中,其均主张,只要被继承人生前没有相反的意思表示,继承人在继承开始前因结婚、分居、营业、超过通常标准的教育、职业培训以及其他事由而从被继承人处获得赠与的财产,都应当列为遗产,在遗产分割时,继承人已接受的赠与数额均从其应继份中扣除。尽管前建议稿将其称之为"赠与的冲抵",后建议稿将其称之为"归扣",但两建议稿的规定与我国台湾地区现行规定基本一致。⑱也有学者认为两建议稿采狭义归扣立法主义不甚妥当,建议应借鉴台湾地区"民法"规定采广义归

---

⑯ 参见王泽鉴:《民法物权通则·所有权》,中国政法大学出版社 2001 年版,第 20 页。
⑰ 参见王翔:《对我国应否建立归扣制度的商榷》,载《石河子大学学报》2007 年第 6 期,第 64 页。
⑱ 参见王利明(项目主持人):《中国民法典学者建议稿及立法理由:人格权编·婚姻家庭编·继承编》,法律出版社 2005 年版,第 476 页;梁慧星(课题组主持人):《中国民法典草案建议稿附理由:侵权行为·继承编》,法律出版社 2004 年版,第 148 页。

扣立法,同时规定归扣与扣还制度。[19] 陈苇教授也建议将被继承人的生前赠与以归扣形式纳入遗产范围,以实现在应召共同继承人间公平地分配遗产,且其建议稿条文更为详细,分别从归扣及扣减中的不完全遗产的范围、遗产归扣的主体、标的、方法及遗产归扣义务的免除等方面,逐项内容进行了规定。[20] 对超过应继份的赠与,有学者建议不得要求扣回。[21] 可见,在我国,较多学者都希望能通过对被继承人生前赠与的归扣来平衡应召共同继承人之间的继承利益,且均认为在归扣的对象上应该有所限制,而不能适用于被继承人所为的一切生前赠与。

关于实行归扣制度的基础及理由,除美国外,国外的立法例及我国专家学者大多认为,被继承人生前对继承人的赠与应被推定为对继承人应继份的预付,故被继承人生前将自己的财产赠与他人,他人虽然获得所有权,但如无明确的相反表示,在被继承人死后,该财产应被纳入遗产范围,予以归扣。而该生前赠与为应继份预付的推定源于何种理由,是否正当充分,以至于足以通过对私权自治原则及物权平等保护原则的违背来实现,甚至直接通过对已生效的赠与的否定来保障其实施,各专家学者对此几乎都没有详细的论述。另外,也有学者主张,继承人于被继承人生前所受之特种赠与可视为"提前继承",纵受赠于被继承人死亡之前,但其获得的权利仍为继承既得权。且其认为正因受特种赠与人与被继承人关系更近(系继承人)才更有归扣之必要。[22] 无论实施归扣制度的理由及措施为何,防止被继承人用生前赠与的方式损害法定继承人的合法权益是《继承法》修订中急需解决的问题。

我国修订《继承法》,究竟应当对归扣制度采取何种态度,必须首先对归扣制度作出客观的评价,正确对待其的调整功能和存在的缺陷,斟酌各方的不同意见,才能决定。

三、归扣制度的发展趋势及我国立法应采取的中间路线

对于归扣的态度,除了赞成派和反对派之外,其实还有一种折中的中间路线,既不完全赞同、也不反对规定传统意义上的归扣,而是顺应归扣制度的发展趋势,对其进行改革,使之适应我国国情,避免其缺陷,发挥其调整功能。继承制度发展至今天,其为保护及平衡各继承人的利益已经增设或完备了更多有效的制度或措施,以保证其与其他法律制度相衔接而不生冲突。当不同类型的继承人处于特定情形或具备特定条件时,已经有必留份、特留份等制度对其进行特别保护的情况下,归扣制度存在

---

[19] 参见张平华、刘耀东:《遗产分割中归扣法律制度研究》,载《法学论坛》2009年第1期。
[20] 参见陈苇主编:《外国继承法比较与中国民法典继承编制定研究》,北京大学出版社2011年版,第258—260页。
[21] 参见郭明瑞、房绍坤、关涛:《继承法研究》,中国人民大学出版社2003年版,第242页;王利明(项目主持人):《中国民法典学者建议稿及立法理由:人格权编·婚姻家庭编·继承编》,法律出版社2005年版,第476页。
[22] 参见张平华、刘耀东:《继承法原理》,中国法制出版社2009年版,第106页。

的缘由或基础就有必要进行适度矫正。这是本文对归扣制度的基本立场。

（一）修正归扣制度的必然趋势

如果仅从被继承人的生前赠与行为来看，依被赠与人是否为赠与人的继承人将赠与区分为一般赠与和特别赠与，并具有不同的法律效力，这不符合赠与的基本原理，且与赠与的法律规定相违背。在被继承人将其财产赠与他人后死亡，依据赠与的相关规定，该赠与行为已生效。此时，在受赠人是赠与人的非继承人的情形，其所受赠与因不受任何限制而仍应归属于受赠人，受赠人仍合法的对其享有物权法上的一切权利。在受赠人是赠与人的继承人的情形，如其放弃继承，依通说，已获赠与不必归扣，对赠与物仍然享有一切权利。但如果其承认继承，则对已获得所有权的赠与物便将不再具有所有权，如受赠人仍意图对该受赠与物的实体予以控制或使用而不将其返入遗产，无论是适用作价归还主义或价额归还主义，受赠人均应将与该受赠财产等额的价金返入赠与人的遗产范围内，该受赠财产的性质也便在瞬间由受赠与物转变为预付遗产。此时，如果受赠人既不将受赠与物返入遗产，也不将与该受赠财产等额的价金返入遗产范围，受赠人便会因其对该物不再享有所有权，其占有该受赠与物便为非法。通过合法行为对物获得的合法的所有权何以在瞬间基于一种立法者的主观推定变为非法，不再受到法律的保护，这实属有违法理。而且两种情形前后相较，受赠与人与赠与人无继承关系反而能自始至终享有对赠与物的所有权，并任由其处置；受赠与人与赠与人存在继承关系反而必须将赠与物返还入遗产，从而在实质上失去对赠与物的所有权。这实为于法不符，于理不通。

继承法发展至今，为做到对继承人继承利益的充分保护与对各方关系人利益的合理平衡，对处于特别情形或与被继承人存在特别亲密关系的继承人，基于其特定继承利益的需要，继承法已经通过对被继承人遗嘱自由进行限制的方式，设立或即将设立完整的必留份或特留份制度等对其继承利益进行充分保护，而且对被继承人遗嘱自由的限制，实质仍是对自然人个人财产权的限制。如果说基于对特定继承人继承利益的保护而限制被继承人的遗嘱自由尚属必须，仍在法理可接受的范围之内，为保证所有继承人能平均分配遗产而直接侵害被继承人的财产处分权，甚至直接剥夺受赠与人已经获得的财产权，这实为非法，故不足取。因此，在完善继承法立法，完善归扣制度时，对归扣制度进行改革，建立符合实际国情的、完善的归扣制度，也是各国归扣制度发展的基本趋势。

（二）归扣制度中间路线的选择适用

法律对继承人之间的继承权应该平等保护，应召继承人之间在分配遗产时也应该遵循平均分配的基本原则。但是，平等保护继承权不是奉行无原则的平均主义，更不应该侵害被继承人对其财产的自由处分权。无视被继承人合法赠与行为的法律效力，而将本不属于遗产范围的赠与物归入遗产或视为遗产，以在继承人之间进行平均分配，以此来标示法律对同一顺序的应召继承人继承权予以平等保护，未免矫枉过正。以保证继承人能平均继承遗产为理由,无原则地否定合法赠与的效力,以此为基础实施归扣,不仅侵害被继承人的财产处分自由权,更侵害受赠与人的财产所有权。如此以直接侵害他人财产权为代价,以确保遗产继承过程中的平均,实属法不足取。

因此,简单地对归扣制度进行肯定或者否定,都是不正确的。正确的做法是采取中间路线,其要旨是:归扣制度的基础仍应建立在对自然人个人所有权的充分尊重与保护之上,而不是在无视被继承人个人财产所有权及意志自由的情况下,为实现继承人平均继承遗产,甚至为实现立法者毫无根据推定出的被继承人希望生前赠与物也应纳入遗产再次平均分配的意愿,便置合法的赠与行为中物权转移的基本原理而不顾。因此,基于整个社会对自然人个人所有权予以普世保护的精神,在被继承人生前将其财产赠与他人时,依赠与行为的相关理论,被继承人的赠与行为依赠与规则便产生相应的法律效力。但当被继承人将财产赠与继承人时,如其表示该赠与为遗产的预先给付,或表示赠与财产须加入继承开始时被继承人的财产范围的,在被继承人死亡后遗产继承时,该赠与的价额自然应计入继承财产,与其他遗产一并作为继承人的继承标的,并在继承人之间按遗产继承规则进行分配。而且,只要被继承人在赠与时做有如此表示,且至死亡前未对此表示进行撤销,在被继承人死亡后,该赠与物均应纳入遗产范围作为继承的对象,而不用考虑该赠与行为距赠与人死亡时的时间长短。反之,如果被继承人对继承人为赠与时,没特别说明该赠与实为应继财产的预先拨付,或表明该赠与须加入继承开始时被继承人遗产范围的,对此赠与,无论从物权平等保护的基本原则来看,还是从赠与的法律效力来看,法律对其均自有尊重与保护的必要,而不应再对之作其他推定性的解释,否则,将与被继承人自由处分其财产的意志自由直接违背。

因此,为公平起见,更为对自然人财产处分自由意志的保障,为贯彻物权保护的基本精神,在对归扣进行规范时,仅应对被继承人生前向继承人为赠与时曾明确表示须将该赠与财产加入继承开始时其遗产范围的,才能将其赠与价额计入应继承遗产范围,以实行归扣。对被继承人向继承人为赠与时没有表示其赠与应计入应继遗产范围的,自然不应实行归扣。同时,基于赠与人对其财产享有的自由处分权,对赠与财产的种类及赠与时间更不应再做任何限制。只有如此规范,才能保证继承法作为财产法的本质属性并与财产所有权的本性相统一,才不会因为妄自推定被继承人希望所有继承人能够平均分配财产而违背被继承人合法处分自己财产的意志,强行将本已生效的赠与行为强行解除,从而导致继承法领域财产处分行为的规则与物权法领域所有权的规则相背离。

(三)我国修改《继承法》对归扣制度的应然规定

从平衡各共同应召继承人之间的继承利益出发,我国在修订《继承法》时,应增设归扣制度。但该归扣制度的建立不应以对被继承人赠与行为性质的单方推定为基础,而应以被继承人明确的意思表示为依据,当被继承人于生前赠与他人财产时,无论受赠与人是谁,也无论其是否与被继承人存在继承关系,受赠与人均会因合法有效的赠与行为取得赠与物的所有权而不受他人非法干涉。只有当被继承人向继承人赠与财物时，其以明确的意思表明其赠与实为继承人应继份的预付，此时，归扣制度才能得以适用。

只有以被继承人明确的意思表示为基础而非以立法者单方的意思推定为导向建立的归扣制度，才更符合民事法律行为应以意思表示决定其性质的原则。也只有如此，才能保证继承法领域所涉及的财产权利的流转与其他法律体系中财产权利的流转遵循相同的原理而不生抵牾，更不会基于立法者的单方推定，让当事人已经通过合法赠与取得的财产所有权处于随时可能会被定性为非法占有的状态。也正是只有如此，才能有效地避免用第三方的推定来否定他人对受赠与物已经获得的物权，同时，还直接防止由此侵害自然人对自己财产进行自由处分的权利。归扣制度作为一种财产处分方式，也只有建立在充分尊重公民财产权的基础之上，才可能更为妥当与合理。因此，我国《继承法》对遗产分配过程中的归扣应当规定为：

（1）被继承人于继承开始前赠与继承人财产时，应以明示方式确定适用归扣制度。被继承人明确以书面等方式表示，其赠与财产须加入继承开始时被继承人的财产范围的，该赠与价额计入应继承财产。

（2）被继承人作出确定适用归扣意思表示的，可以随时用书面等方式撤回。表示撤回适用归扣的意思表示一经作出，即发生撤回其归扣意思表示的效力。

（3）被继承人生前作出适用归扣的意思表示，并且没有明示将其撤回的，在适用归扣将继承人取得的赠与财产计入应继财产后，于遗产分割时，应将该赠与财产由该继承人的应继份中扣除。超过应继份的赠与，继承人应予返还。

（4）应当实行归扣的赠与财产，限于个人特种赠与。包括以下内容：一是因结婚而为的赠与；二是因培训或超过普通教育而为的赠与；三是因分家或独立生活而为的赠与；四是因生产或营业而为的赠与；五是因生育而为的赠与。

（5）赠与的具体价额，依赠与时的价值计算。

（6）被继承人没有对其财产赠与行为表示适用归扣制度的，不适用归扣制度。

民法思维与司法对策（下）

杨立新 著

北京大学出版社

日本政策の
男女共同参画

作为一位著名法学家，中国人民大学的博士生导师杨立新有着比一般学者更为丰富和曲折的人生经历：他不仅下过乡，当过兵，在中级人民法院当过副院长，还在最高人民法院、最高人民检察院工作过，更有过连升七级、"两进两出"的传奇故事。可以说，杨立新见证了30年来中国的法治进程。

中国民法典的制定不仅是法学界几代人的梦想，也承载着亿万人民的期盼。对一个公民来说，衣食住行、工作娱乐、婚姻家庭等一切日常活动都离不开民法，一个企业从事的一切经营活动也都离不开民法。在西方，民法被形象地称为"社会生活的圣经"。中国能否继19世纪的《法国民法典》和20世纪的《德国民法典》之后，制定一部代表21世纪潮流和发展趋势的伟大的中国民法典，成了摆在杨立新这样的民法学者面前的历史使命。杨立新先后参与制定了《合同法》《物权法》和《侵权责任法》，这其中，《侵权责任法》他是主要起草人，他对这部法律的感情也最深。

——中央电视台2009年10月国庆六十周年法治人物专题片
《为了民法典之梦》解说词

作者经历

现 任

- 教育部人文社会科学重点研究基地中国人民大学民商事法律科学研究中心主任
- 华东师范大学法学院教授
- 全国人大常委会法制工作委员会立法专家顾问
- 最高人民检察院专家咨询委员会专家咨询委员
- 最高人民法院案例指导工作专家委员会委员
- 国家卫生和计划生育委员会公共政策专家咨询委员会专家委员
- 中央"五五"普法国家中高级干部学法讲师团成员
- 中国民法学研究会副会长
- 中国婚姻法学研究会常务理事
- 世界侵权法学会亚洲区执行委员
- 东亚侵权法学会理事长
- 北京市消费者权益保护法学会会长

曾 任

- 最高人民检察院检察委员会委员、民事行政检察厅厅长、检察员
- 最高人民法院民事审判庭审判员、审判组长
- 吉林省通化市中级人民法院常务副院长、副庭长、审判员
- 烟台大学法学院副教授

荣 誉

- 享受国务院政府特殊津贴
- 北京市师德标兵
- 吉林省劳动模范
- 吉林省振兴中华一等功荣立者

序：跨越时代的中国民法思维与司法

我自1975年6月进入法院从事民事审判工作，1981年在《法学研究》发表第一篇侵权法论文以来，先后在法学刊物和报纸上发表了民法理论和实践的研究论文五百余篇，涉及包括消费者法领域的主要内容。2017年1月，我就六十五岁了，就要迎接退休了。我跟北京大学出版社的蒋浩先生商量，在五百余篇论文中精选一部分出来，出版一部文集，既可以展示几十年的研究成果，也便于学者、法官、检察官、律师以及法学院同学查找阅读和使用。蒋浩先生积极支持我，因而完成了本书的编选工作。

我亲身经历了中国民法四十多年理论思维和司法实践的发展历程。在近半个世纪中国民法思维和司法的发展中，跨越了废法时期、苏法时期、德法时期和融法时期四个阶段。1976年之前是废法时期，无论民法的理论还是实践，都无法可依，形成中国民法的空窗期。1985年和1987年，中国民法有了《继承法》和《民法通则》，尽管与苏联交恶已久，但苏联民法对我国的影响至深，致使民法仍然延续了1949—1966年的传统，依旧是苏法时期。之后，随着对德国民法思想的大量借鉴，特别是王泽鉴教授的德国请求权理论在大陆的广泛影响，形成尊崇德国民法思维的德法时期。至2009年《侵权责任法》出台，标志着我国大陆融合各国民法传统，初步形成了有独自风格的民法思维和司法。中国大陆这四十年的民法思维和司法的发展，跨越了世界民法发展的千年历史，最起码也是跨越了两百多年来近现代民法发展的历史时代，浓缩了民法的发展历史。因而，把四十多年中国民法思维和司法的进步称为跨越时代的发展，并不为过。

有幸的是，我作为一名民事法官和民法学者，经历了这样跨越时代的民法发展。我自己对民法思维与司法对策的研究，正是随着这一跨越时代的发展而不断深入，已经发表的文章完全可以看到这一发展的印记。从初出茅庐到学有所成，从孤陋寡闻到深入展开，从边城人民法院到最高人民法院的法官，再到最高人民检察院的检察官，最后到高等学府的教授，我见证和记录了中国大陆民法思维和司法的进步。

编选本书，我比较侧重于选择1990年之后发表的文章，此前的文章选入不多。此举不是想掩饰自己学术幼稚期的缺陷，而是不敢耽搁、浪费读者的宝贵时间和金钱。本书编选了215篇论文，突出了学术性、实践性和新颖性，能够表现我国民法思维与司法对策跨越时代的学术成果，对民法教学和学习的师生进行研究，对民事法官、检察官、律师的司法实践，都能有所裨益。

本书命名为《民法思维与司法对策》，想要表达的是四十多年来我国民法思维和司法的跨越时代的发展，我将其奉献给"中国民法典"编纂的伟大工程，迎接她的诞生。

本书的出版，我要感谢在求学、工作、教学过程中给予我知识和力量的各位师长和同仁，感谢跟我一起共同研究问题的博士研究生和硕士研究生同学，感谢支持我、帮助我的亲人，感谢几十年来一直关心我的广大读者朋友。特别要感谢北京大学出版社，感谢蒋浩先生，也感谢本书的各位责任编辑。正是他们的辛勤工作，才使本书得以问世。

杨立新

2017年1月

总 目

上

第一编	民法典编纂	1
第二编	民法总则	133
第三编	人格权法	497
第四编	物 权 法	809
第五编	债与合同法	995
第六编	家 事 法	1197

下

第七编	侵权责任法	1403
第八编	消费者法	2223
第九编	民事司法解释	2439
第十编	民事判例	2625
附　录		2815
跋：有文万事足		2861

目 次

第一编 中医基础篇 1
第二编 中医诊断——辨证篇 133
第三编 方剂篇 207
第四编 中 药 篇 407
第五编 单方与小方 575
第六编 病 证 篇 707

下

第七编 食疗药膳篇 1608
第八编 方剂索引 2173
第九编 中医与西医 2597
第十编 医案医话 2733
附 录 2815
跋 寄语万友生 2861

详目

下

第七编　侵权责任法

第一分编　侵权行为及侵权责任法

中国侵权行为法的百年历史及其在新世纪的发展……………… 1406
论埃塞俄比亚侵权行为法对中国侵权行为法的借鉴意义 ……… 1428
论侵权特别法及其适用 ……………………………………………… 1441
东亚地区侵权法实现一体化的基础及研究任务 ………………… 1450
中国侵权责任法大小搭配的侵权责任一般条款 ………………… 1462
侵权请求权的优先权保障 …………………………………………… 1472
如何判断《侵权责任法》保护的民事利益范围…………………… 1481
原因力的因果关系理论基础及其具体应用 ……………………… 1490
客观与主观的变奏：原因力与过错
　　——原因力主观化与过错客观化的演变及采纳综合比较说的必然性 …… 1507
规定无过错责任应当着重解决限额赔偿问题…………………… 1529

第二分编　多数人侵权行为及责任

多数人侵权行为及责任理论的新发展 …………………………… 1540
共同侵权行为及责任的立法抉择 ………………………………… 1554
教唆人、帮助人责任与监护人责任 ……………………………… 1573
试论共同危险行为 ………………………………………………… 1586
论分别侵权行为 …………………………………………………… 1591
论竞合侵权行为 …………………………………………………… 1609
我国《侵权责任法》中的第三人侵权行为 ……………………… 1625

第三分编　侵权损害赔偿

《侵权责任法》应对大规模侵权的举措 ………………………… 1644
论数种原因造成损害结果的赔偿数额计算 ……………………… 1658
论人身伤害的抚慰金赔偿 ………………………………………… 1668
论侵害财产权中的精神损害赔偿 ………………………………… 1677

第四分编　媒体侵权责任

我国的媒体侵权责任与媒体权利保护
　　——兼与张新宝教授"新闻（媒体）侵权否认说"商榷 …… 1686
新闻侵权问题的再思考 …………………………………………… 1701
论中国新闻侵权抗辩及体系与具体规则 ………………………… 1715
不具名媒体报道侵权责任的认定
　　——以陆幽案为中心的考察 ………………………………… 1744
《侵权责任法》规定的网络侵权责任的理解与解释 …………… 1753
论网络侵权责任中的通知及效果 ………………………………… 1763
论网络侵权责任中的反通知及效果 ……………………………… 1773
小说侵害名誉权的责任 …………………………………………… 1785
关于侵权小说编辑出版者的民事责任问题 ……………………… 1795

第五分编 产品责任

对我国侵权责任法规定惩罚性赔偿金制裁恶意产品侵权行为的
　　探讨……………………………………………………………… 1804
论产品代言连带责任及法律适用规则
　　——以2009年《食品安全法》第55条为中心………………… 1813
山寨名人代言广告是否构成侵权…………………………………… 1826
有关产品责任案例的亚洲和俄罗斯比较法研究…………………… 1833

第六分编 事故责任

修正的《道路交通安全法》第76条的进展及审判对策…………… 1858
我国道路交通事故责任的归责原则研究…………………………… 1866
机动车代驾交通事故侵权责任研究………………………………… 1878
工伤事故的责任认定和法律适用…………………………………… 1893
火灾事故责任的性质及民事责任…………………………………… 1915
校园欺凌行为的侵权责任研究……………………………………… 1929

第七分编 医疗损害责任

中国医疗损害责任制度改革………………………………………… 1938
医疗损害责任一般条款的理解与适用……………………………… 1956
医疗损害责任概念研究……………………………………………… 1967
《侵权责任法》规定的医疗损害责任归责原则……………………… 1978
论医疗过失的证明及举证责任……………………………………… 1986
论医疗过失赔偿责任的原因力规则………………………………… 2000
医疗损害责任的因果关系证明及举证责任………………………… 2012
论医疗机构违反告知义务的医疗侵权责任………………………… 2024
医疗管理损害责任与法律适用……………………………………… 2037
论医疗产品损害责任………………………………………………… 2049
错误出生的损害赔偿责任及适当限制……………………………… 2061
论医疗过失损害赔偿责任的适当限制规则………………………… 2076

第八分编　其他侵权责任类型

论违反安全保障义务侵权行为及其责任 ………………………… 2090
饲养动物损害责任一般条款的理解与适用 ……………………… 2109
对建筑物抛掷物致人损害责任的几点思考 ……………………… 2119
高速公路管理者对妨碍通行物损害的侵权责任 ………………… 2130
试论定作人指示过失的侵权责任 ………………………………… 2138
论国有公共设施设置及管理欠缺致害的行政赔偿责任 ………… 2147
论妨害经营侵权行为及其责任 …………………………………… 2157
论商业诽谤行为及其民事法律制裁 ……………………………… 2173
论违反竞业禁止的商业侵权行为 ………………………………… 2193
我国善意救助者法的立法与司法
　　——以国外好撒马利亚人法为考察 ………………………… 2206

第八编　消费者法

"王海现象"的民法思考
　　——论消费者权益保护中的惩罚性赔偿金 ………………… 2225
德国民法典规定一体化消费者概念的意义及借鉴 ……………… 2236
我国消费者行政的现状及改革 …………………………………… 2246
日本消费者法治建设经验及对中国的启示 ……………………… 2259
消费者权益保护中经营者责任的加重与适度 …………………… 2269
我国消费者保护惩罚性赔偿的新发展 …………………………… 2281
消费者权益小额损害的最低赔偿责任制度 ……………………… 2298
修订后的《消费者权益保护法》规定经营者违约责任规则 …… 2311
论消费者损害赔偿请求权的法律优先保障 ……………………… 2319
非传统销售方式购买商品的消费者反悔权及适用 ……………… 2334
经营者提供商品或者服务三包责任制度的新发展 ……………… 2347
修订后的《消费者权益保护法》规定的虚假广告责任研究 …… 2358
网络交易平台提供者的法律地位与民事责任 …………………… 2373
网络平台提供者的附条件不真正连带责任与部分连带责任 …… 2387
网络交易平台提供服务的损害赔偿责任及规则 ………………… 2406

利用网络非交易平台进行交易活动的损害赔偿责任 ················ 2418
商业行规与法律规范的冲突与协调 ································ 2430

第九编　民事司法解释

对债权准占有人给付的效力 ······································ 2441
论债权人撤销权及其适用 ·· 2444
债权人代位权的原理及其适用 ···································· 2449
混合过错与过失相抵 ·· 2454
民间借贷关系法律调整新时期的法律适用尺度 ···················· 2460
最高人民法院《关于确定民事侵权精神损害赔偿责任若干
　　问题的解释》释评 ·· 2480
适用人身损害赔偿司法解释的疑难问题及对策 ···················· 2499
建筑物区分所有权和物业服务合同法律规范的新进展 ·············· 2519
《关于审理城镇房屋租赁合同纠纷案件具体应用法律若干
　　问题的解释》的理解和适用 ·································· 2530
近亲属优先购买权及适用 ·· 2544
最高人民法院《关于适用〈中华人民共和国婚姻法〉若干
　　问题的解释（三）》的民法基础 ······························ 2556
最高人民法院《关于适用〈中华人民共和国婚姻法〉若干
　　问题的解释（三）》解读 ···································· 2563
最高人民法院《关于审理食品药品纠纷案件适用法律若干
　　问题的规定》释评 ·· 2575
媒体侵权和媒体权利保护的司法界限研究
　　——由《中国媒体侵权责任案件法律适用指引》的制定探讨私域软规范
　　的概念和司法实践功能 ······································ 2588
环境侵权司法解释对分别侵权行为规则的创造性发挥
　　——《最高人民法院关于审理环境侵权责任纠纷案件适用法律若干问题
　　的解释》第3条解读 ·· 2604
第三人过错造成环境污染损害的责任承担 ·························· 2614

第十编　民事判例

法官的保守与创新 ·· 2627

贾国宇诉北京国际气雾剂有限公司等人身损害赔偿案释评
　　——兼论人身伤害慰抚金赔偿制度的内容及其实行 …………… 2639
论多重买卖中的侵权行为及其民事责任 ……………………………… 2654
关于服务欺诈行为惩罚性赔偿适用中的几个问题
　　——兼评丘建东起诉的两起电话费赔偿案 …………………… 2662
对綦江彩虹桥垮塌案人身损害赔偿案中几个问题的法理评析 ……… 2672
不动产善意取得及适用条件 …………………………………………… 2678
法定继承中继父母子女形成扶养关系的认定 ………………………… 2690
自书遗嘱的形式要件与法律效力 ……………………………………… 2701
人的冷冻胚胎的法律属性及其继承问题 ……………………………… 2714
一份标志人伦与情理胜诉的民事判决 ………………………………… 2726
承诺函·最高额保证·无效保证赔偿责任
　　——广东省高级人民法院（2002）粤高法民四终字第55号民事
　　　　判决评释 ……………………………………………………… 2741
企业法人名誉权侵权责任的界限判定 ………………………………… 2755
为同性恋者治疗的人格尊严侵权责任
　　——兼论搜索引擎为同性恋者治疗宣传的虚假广告责任 …… 2767
贾广恩诉某市有线电视台纠纷案释评
　　——论有线电视台过量插播电视广告的民事责任 …………… 2779
医疗事故鉴定的性质及其司法审查 …………………………………… 2786
推动中国人格权立法发展的十大经典案件 …………………………… 2795
推动中国侵权法发展的十大经典案件 ………………………………… 2804

附　　录

法学学术论文的选题方法 ……………………………………………… 2817
关键词索引 ……………………………………………………………… 2833
法律全称与简称对照表 ………………………………………………… 2857

跋：有文万事足 ………………………………………………………… 2861

第七编

侵权责任法

第一分编
侵权行为及侵权责任法

中国侵权行为法的百年历史及其在新世纪的发展[*]

20世纪,在中国的历史上是一个大变动、大变革的伟大时期。在这100年中,中国的历史从封建社会走向半殖民地半封建的社会,继而又实现了走向社会主义的重大革命,建立了社会主义国家。在立法上,中国完成了从古代封建专制的中华法系到近代法时期再到现代法时期的两次巨大转变,正在向全面现代化发展。在人类正在告别20世纪即将进入21世纪这样的历史时刻,全面研究20世纪的中国侵权行为法的100年历史,并对21世纪的中国侵权行为法的发展加以展望,对于全面发展中国的侵权行为法及其侵权行为法学,都是有重要意义的。本文正是从清代末期的中国古代侵权行为法、近代法时期中国近代侵权行为法,到20世纪后50年的中国现代侵权行为法的发展历史研究出发,对中国侵权行为法在21世纪的发展进行研究,提出自己的意见。

一、清代末期的中国古代侵权行为法——20世纪前10年

(一)中国古代侵权行为法研究的概要情况

清代末期,即20世纪最初的10年,中国的侵权行为法是中国古代侵权行为法积淀的精华。

中国古代留有丰富、灿烂的法学文化,其中封建社会历朝历代留下的法律,是一个无穷无尽的宝藏,标志着我国古代封建社会法制建设的辉煌成就,在世界各国古代法制建设的历史上,占有令人瞩目的重要地位,形成了独具特色的中华法系,成为人类共有的宝贵历史遗产。

在中华法系中,关于侵权行为法的重要内容,在很长的时期内,受到冷落,没有得到应有的重视,与对中国古代刑事法律研究的热烈景象形成鲜明的对照。究竟是中国古代的侵权行为法确实十分落后,还是人们对中国古代侵权行为法的研究不深入,长期以来是一个悬而未决的问题。应当承认,中国的民法学者对中国古代的民法是进行了认真研究的,但是相对于对古代刑法的研究,就显得还不十分详尽,尤其对古

---

[*] 本文发表在《国家检察官学院学报》2001年第1期。

代封建社会的侵权行为法的研究,更是远远落后。现在看来,过去有些人得出中国古代侵权行为法内容贫乏的结论,显然是轻率的。

新中国成立以来,在中国法制史这门学科中,对中国古代侵权法的研究,往往是在研究古代民法的时候,对侵权行为法作一般的介绍,并没有进行深入研究和阐释。随着对古代法律文献的进一步发掘,近年来,有的学者在文章中对中国古代侵权行为法作了进一步的揭示和探索。通过学者的工作,已经使人们看到了中国古代侵权行为法建设的辉煌成就,使中华法系的侵权法律制度的主要情况展现在人们的面前。

通过对中国古代侵权法的进一步研究,可以得出这样一个结论:中国古代侵权行为法与中国古代刑法一样,也是一个极其丰富的宝藏。中国古代侵权行为法作为中华法系的重要组成部分,内容十分丰富,内涵极其深刻,与西方古代侵权行为法完全不同,具有自己独特的结构和内容。

(二)中国古代侵权行为法的发展轨迹和清代侵权行为法的历史地位

如果将中国古代的全部侵权行为法规范展现在我们的面前,就会发现中国古代侵权行为法有着一个固定的格局,是一个相当稳定的体系,这就是中华法系的侵权行为法体系。据现在掌握的资料看,在自秦至清的中国古代封建制时期,中华法系的侵权行为法体系是不断发展变化的,但只是具体内容的变化和细节的变化,其主干和体系没有明显的变化。

如果把唐代的侵权行为法制度作为一个坐标的中心,把它作为中国古代侵权行为法的基本制度,由此上溯至魏晋南北朝、两汉、秦朝,尽管这些朝代法律典籍的绝大多数已经缺佚,但在残存的律文和专家的考证研究中,仍然能够看到这一基本制度的主要方面。沿着这一坐标向后推衍至宋、元、明、清,可以看到,这一制度经过这些朝代的不断修改加工,越来越丰富,越来越完善。至清朝,已经达到了中国古代侵权行为法建设的最高峰。

根据以上分析,可以得出这样的结论,中国古代侵权行为法的发展历史,可以概括地划分为三个阶段。第一阶段,是唐以前,以秦代的侵权行为法作为标志,中国古代侵权行为法体系在这一时期已经建立起来了。第二阶段,是唐代的侵权行为法律制度的确立。《唐律》是中国古代法律的典范,在当时的世界各国立法当中,独领风骚,成为当时最先进、最科学的法律。《唐律》中所包括的侵权行为法规范,也达到了这样的水平。第三阶段,是宋代至清代,这一阶段的古代侵权行为法建设向着日益完善的方向发展。清代的侵权行为法就是这一制度的顶峰。综合全部的中国古代侵权行为法规范,共有17项基本制度,清代侵权行为法就有其中的15项,概括了中国古代侵权行为法的全部精华;而删除的两项基本制度,恰恰是中国古代侵权行为法中不合理,不符合近、现代侵权行为法赔偿原则的"减半赔偿"和"加倍赔偿"两项制度。①

(三)中国清代侵权行为法的基本内容

中国清代侵权行为法包括15项制度,可以分为4个类别:

1. 侵害财产的损害赔偿

(1)备偿。备偿是中国古代侵权行为法的主要赔偿制度。备偿之备,既有"赔"义,亦有"全、完全"之意;备偿,与今天的"全部赔偿原则"在字义上是相同的。在清代,备偿的提法不多,使用的是另外一些提法,如追偿、追赔等,如老少废疾犯罪征赃、私借官物损失、仓库被盗、仓库损坏、牧养畜产不如法和埋没官物。最典型的是《户律·田宅》"弃毁器物稼穑条":"凡弃毁器物及毁伐树木、稼穑者……并验数追偿。"

(2)偿所减价。偿所减价,是指原物受损以后,以其实际减少的价值作为赔偿的标的,赔偿实际损失。按照常理,这样的原则应当适用于一切受损后仍有残存价值(或称为新生利益)的财产损害,但是律令规定,偿所减价只适用于牛、马等畜产遭受损害的场合,不适用于其他财产的损害。

(3)折剉赔偿。折剉赔偿是明代才出现的赔偿责任形式。《清律·杂犯》"放火故烧人房屋"条规定:"并计所烧之物,减价,尽犯人财产折剉赔偿,还官,给主。"赔偿的基本标准,是将犯人的全部财产折为银数,再按所烧的受害人数额(以家为单位)分为几份,其中不分官、民,"品搭均偿"。一主者全偿,即将犯人的财产全赔一主,可能赔多,也可能赔少;数主者分偿,赔多可能性极小,但犯人没有其他财产了,只能如此。

(4)追雇赁钱。这种赔偿制度,只适用于私借财物给他人使用,侵害物之所有人的使用权。赔偿的标准,就是按照使用的日期计算,"按日追雇赁钱入官",如数赔偿,但不得过本价。

(5)着落均赔还官。着落,即应收与实收之间的差额。着落均赔还官,就是因其掌管的工作,由于过失而造成官府在财产收入上的损失,均应由造成着落之人赔偿这种损失。这是一种财物损害赔偿,义务主体应是掌管一定的为官府收入进项之责的官员,其赔偿的是应收与实收之间的差额。

(6)还官、主。这是中国古代侵权行为法最常见、适用最为广泛的财产损害赔偿制度,大体上与现代的返还原物相同,即赃物见在者,还官,给主;赃物转卖后,持有赃款者,仍为见在,亦要依例追征,还官给主;另外,原物的花利等孳息,亦应还主,这就包括间接损失亦应返还。清代规定还官主的适用范围很广泛,有14种之多。

2. 侵害人身的损害赔偿

(7)赎铜入杀伤之家。赎铜制是我国古代律令的一个重要的刑罚制度,为赎刑。《清律》将赎刑分为三种,即纳赎、收赎、赎罪。在一般情况下,赎金收归国有,但也规

---

① "减半赔偿"和"加倍赔偿"是中国古代侵权行为法的两种制度,称之为"偿减价之半"和"倍备"。唐代的律令规定,对于家畜之间的误伤,"偿减价之半",即赔偿经过损益相抵之后的实际损失之一半。"倍备"适用于主观恶性较深的盗窃之类的犯罪,盗一匹偿两匹,具有惩罚性赔偿的性质。

1408 民法思维与司法对策(下)

定了若干条文将赎金给受害人及其家,以为赔偿,称之为"收赎给主",作为对人身伤害的赔偿。适用的范围,主要有动物致人损害、因公驰骤车马致死和庸医杀伤人。这些规定适用于过失杀人、伤人,但具体情况不甚相同。

(8)断付财产养赡。这是一种人身损害赔偿制度,主要适用于残酷的恶性杀人、重伤等情况,将侵权人的财产责令给付被害人或被害人之家,用以赡养被害人或被害人的家属。断付财产养赡作为一种人身损害赔偿制度,其赔偿范围的确定,取决于两个条件:一是侵害客体,是生命权还是健康权;二是侵权人(罪犯)财产的多少。后一个是主要的标准。养赡共分三种:一是断付财产给付死者之家;二是断付财产一半;三是定额养赡。

(9)追烧埋银。追烧埋银是一种人身损害赔偿制度。其适用范围,绝大多数是过失杀人,只有杀死奴婢时不考虑是否为过失所为。其赔偿数额是固定的,清代为银10两。追烧埋银的适用范围包括:一是无故向城市及有人居住宅舍放弹、射箭、投掷砖石因而致死人者;二是无故于街市、镇店驰骤车马因而致死人者;三是打捕户于深山、旷野猛兽往来去处,穿作坑阱及安置窝弓因而致死和若非深山、旷野致死者;四是因事威逼人致死者(自尽)和官吏、公使人等,非因公务而威逼平民致死者;五是官司决人不如法因而致死者。

(10)保辜。中国古代律典中的保辜制,是一种最具有特色的人身损害赔偿制度。保辜,从其本意上说,应当是一种刑事法律规范。《清律·刑律·斗殴》"保辜"条注云:"保,养也;辜,罪也。保辜谓殴伤人未至死,当官立限以保之。保人之伤,正所以保己之罪也。"这就把保辜制的立法意图说得十分清楚,其意旨是:殴人致伤,区分不同情况,立一辜限,限内由侵害人即罪犯支付医疗费用治疗,辜限内治好,可以减轻处罚,辜限内医治无效,致死、致残,各依律科断刑罚。由于是要加害人出钱医治伤害,因而保辜制又是一种财产责任,是一种特殊的人身损害赔偿责任。保辜制保人之伤正所以保己之罪,可以调动加害人医治伤害的积极性,因而对受害人有利,使受害人的伤害得到及时平复,是一种有效的侵权责任制度。

3. 其他形式的侵权责任

(11)复旧(复故)。复旧,或称复故,就是恢复原状。适用于侵占巷街阡陌。这是一种对类似于侵害相邻权行为的一种民事制裁手段。侵占巷街阡陌,占用了公用的通道,妨碍了他人的使用权,应当承担恢复原状的责任。这是一种非财产性质的民事责任形式。

(12)修立。修立是一种特殊形式的恢复原状的民事责任形式,适用于毁坏建筑物之类的场合,是一种财产损害的恢复原状。《清律·户律·田宅》:"若毁损人房屋、墙垣之类者,计合用修造雇工钱,坐赃论,各令修立。官屋加二等。误毁者,但令修立,不坐罪。"《清律·刑律·杂犯》:"凡拆毁申明亭房屋,及毁(亭中)板榜者,杖一百,流三千里。(仍各令修立)"修立这种形式,表面上看是恢复原状,好像不是损害赔偿形式,而是非财产责任形式,但由于修立的费用是由侵权人承担,因而仍具有财产损害赔偿的功能。

(13)责寻。责寻是一种纯粹的非财产性质的民事责任形式。《清律·吏律·公式》："凡弃、毁制书及衙门印信者"，"遗失制书、圣旨、印信者"，"俱停俸，责寻。三十日得见者，免罪"。"若主守官物、遗失簿书，以至钱粮数目错乱者"，"亦住俸，责寻"。由于损失的这些物品无法用金钱计算其价值，只能采取这种民事责任形式。住俸是一种行政责任，即停薪；责寻则是民事责任。

4. 其他侵权责任规定

(14)免责。古代立法规定的免责制度，与今天的抗辩事由相似，都规定了一些具体的免除赔偿责任的事由。例如，正当防卫或紧急避险，畜产牴啮人，有人指使的被杀伤，为正当防卫，无人指使的为紧急避险。这些都是不应承担赔偿责任的，故免责。缺少主观要件的损失，如"请受军器经战阵而损失，不坐，不偿"的规定，这是因为行为人无过错。

(15)保障制度。民事责任不履行，规定以行政、刑事责任制裁之，即以刑罚手段保证民事责任的履行。用这些刑事制裁措施，来保障损害赔偿的执行。这在刑民不分的中国古代立法中，既是可行的，也是可以理解的，保证了民事责任的强制性。

(四)清代侵权行为法的特点和最具先进性的制度

1. 清代侵权行为法的特点

经过几千年的法律文化积淀，中国古代侵权行为法的精华集中在清代的侵权行为法之中。作为中华法系的典型代表，清代的侵权行为法具有以下主要特点：

(1)虽诸法合体但自身体系完整。清代侵权行为法的具体规定虽然较为零散，但它有一个完整而相对独立的体系。中国古代法律民、刑不分，诸法合体，但纵观历朝历代的法律，各自都包含着自己的侵权行为法，而且这种侵权法的体系相当稳定。清代的法律也是这样。其侵权行为法规范的表现形式：一是以独立的法律条文出现；二是以"杂糅"的形式出现的，即在一个条文中，一部分是刑事法律规范，一部分是侵权行为法规范，侵权行为法规范夹杂在刑法规范之中。

(2)各项责任制度周到而严密。在清代古代侵权行为法中，共有 15 种具体的基本责任制度，这些制度环环相扣，形成了一个较为严密的民事权利保护体系，发挥着侵权行为法的全部功能，无论是从其责任制度的自身体系看，还是从保护的民事权利看，都是相当严密而完备的。

(3)侵权损害赔偿的性质以补偿损失为主。侵权行为法的发展，在历史上经历了强调其惩罚性到强调其补偿性的演化过程。中国古代侵权行为法的发展，同样经历了这样一个演化过程。中国古代尤其是清代的侵权损害赔偿，其基本性质是填补损害，已经完全禁绝了同态复仇等单纯的报复主义，无论是对人身损害，还是对财产损害，都是以财产赔偿的方式承担民事责任(当然还包括一些刑事制裁方法)，这体现了侵权损害赔偿的补充损害的性质。

(4)侵权责任构成的要求比较严格。中国古代侵权行为法规范是"杂糅"在刑事法典的刑法规范之中的，因此，其民事责任构成的要求受刑事责任构成的影响，是比较严格的,在清代也是这样。

2. 清代侵权行为法的先进性制度

在中国古代侵权行为法的具体制度上,有一些规定极具现代侵权行为法的先进意义。这是我国古代侵权行为法的精华之所在。下面的这些规定是最重要的问题:

(1)关于损益相抵的原则。损益相抵的原则是近现代侵权行为法和合同法的制度。尽管在有些学者的著述中称在罗马法中就有损益相抵的规定,但是并没有确实的证据。至德国普通法时期,才有损益相抵的规定。在我国古代的法律中,早就有损益相抵规定,且规定得更为明确。从《唐律》开始,就规定了"偿所减价"制度,清代继续坚持这种制度。"偿所减价",是指原物受损之后,以其物的全价扣除所残存价值之差额,作为赔偿数额,适用的范围是牛马等畜产遭受损害的赔偿。这种制度所体现的,就是损益相抵的原则。由此可以相信,关于损益相抵的赔偿原则,中国的规定绝不比外国晚。中国古代侵权行为法的这一制度,具有世界领先的水平。

(2)关于相当因果关系。相当因果关系又称为适当条件说,是确定违法行为与损害事实之间是否有因果关系的一种理论,是奥地利刑法学家格拉塞(Glaser)于1858年创设的。该学说认为,造成损害的所有条件都具有同等价值,缺少任何一个条件,损害都不会发生。因此,各种条件都是法律上的原因。[②]所谓适当条件,即为发生该结果所不可缺之条件,不独于特定情形偶然的引起损害,而且是一般发生同种结果之有利条件。如果某项事实仅于现实情形发生该项结果,还不足以判断有因果关系,必须在通常情形,依社会一般见解亦认为有发生该结果之可能性,始得认为有因果关系。如因伤后受风以致死亡,则在通常情形,依一般社会经验,认为有此可能性,因此应认为其伤害与死亡之间有因果关系。[③]《清律·刑律·斗殴》"保辜"条规定,"凡保辜者,(先验伤之轻重,或手足,或他物,或金刃,各明白立限。)责令犯人(保辜)医治。辜限内,皆须因(原殴之)伤死者,(如打人头伤,风从头疮而入,因风致死之类。)以斗殴杀人论。其中"打人头伤,风从头疮而入,因风致死",即为有相当因果关系。"别因他故死者,打人头伤,不因头伤得风,别因他病而死者",不认为有因果关系,只按殴伤治罪。这是典型的相当因果关系的应用。可见,中国古代对相当因果关系的应用,远比外国为早。

(3)立法确认对间接损失应予赔偿。中国古代侵权行为法对财物损害事实区分直接损失和间接损失,并以明文规定间接损失应当赔偿。在清代律令条文中,多次出现"花利归官、主"和"苗子归官、主"等内容,这些都是物的孳息,都属于间接损失。这体现了现代侵权行为法对损失赔偿的要求。

二、中国近代侵权行为法——20世纪中期的40年

中国近代的侵权行为法,主要是清朝末期的统治者变律为法和中华民国制定民

---

② 参见王利明:《侵权行为法归责原则研究》,中国政法大学出版社1992年版,第379页。
③ 参见史尚宽:《债法总论》,台北荣泰印书馆1978年版,第161页。

法的这一时期,对民法包括侵权行为法所作的一系列的立法活动。在这一个时期,在中国的历史上,先后出现了三个不同的民法——《大清民律草案》《民国民律草案》和《中华民国民法》。前两个民法都是草案,但是,经过清朝朝廷和民国政府的批准,这两个民法草案,均在一定程度上实行过。后一部民法,则是中国历史上的第一部民法典。

(一)《大清民律草案》(史称第一民草)对侵权行为的规定

清光绪三十三年(1907年),清廷委派沈家本等三人为修订法律大臣,参考各国立法,体察中国民情,修订《大清民律草案》。基于"一是注重世界最普通之法则,二是原本后出最精之法理,三是求最适于中国民情之法则,四是期于改进上最有利益之法则"的立法宗旨,民律的编纂者在现代西方法制与传统封建礼教之间小心翼翼地寻求一个均衡点,使民律既能顺利通过,也能适合中国的实际情况。《大清民律草案》全稿于宣统三年(1911年)八月完成,未及颁行,清朝已亡。这部法律虽然没有正式颁行,但是它的制定,却在中国民法的立法史上,具有开创性的功绩。它一改中国古代立法刑民不分的立法体制,吸收了西方现行的民事立法的内容和技术,开创了中国近现代民法创制的先河,在侵权行为法的规定上,既借鉴了日本民法典、德国民法典和法国民法典等国民事立法的精华,又保留了一定的中国的特色,开启了中国侵权行为法现代化的大门。

从内容上看,《大清民律草案》对侵权行为的规定基本上是完备的。

在侵权行为法的第一部分中,首先规定的是过错责任原则,即:"因故意或过失侵他人之权利而不法者,于因侵害而生损害负赔偿之义务。"中国古代的侵权行为法从来没有规定过错责任原则。《大清民律草案》在中国历史上第一次确立了过错责任原则的法律地位,这是一个没有先例的创举。正因为如此,《大清民律草案》在历史上才具有如此重要的地位。在这一条文的第2款,对失火事件作了一个规定,以后没有再作这样的规定。在第946条和第947条,规定了因故意或者过失违背保护他人之法律的和以悖于善良风俗故意加损害于他人的、均应负损害赔偿的责任。

在侵权行为法的第二部分,立法者规定了7种特殊侵权行为:

(1)官吏、公吏以及其他依法令从事公务的职员致害他人的侵权责任。

(2)规定了共同侵权行为,既规定了共同侵权行为的赔偿责任,又规定了共同危险行为人即准共同侵权行为的赔偿责任,还规定了教唆人和帮助人的共同加害人的法律地位。④

(3)规定了法定监督人的赔偿责任。

(4)规定了雇佣人的致害责任,亦规定适用过错推定责任。

(5)规定了定作人指示过失的致害责任。

---

④ 关于共同侵权行为的规定,放在特殊侵权行为之中,是不适当的。在以后的《民国民律草案》和《中华民国民法》中,改变了这种做法。

(6) 规定了动物占有人对动物致人损害的赔偿责任。

(7) 规定了瑕疵工作物致人损害的赔偿责任。

在侵权行为法的第三部分,规定了主要的侵权损害赔偿的确定和具体方法。在这些内容中,值得重视的有以下几点:第一,确定对伤害身体者,受害人可以请求赔偿定期金。第二,确定对于侵害身体、自由或者名誉者,得请求赔偿精神损害的制度。第三,在侵害财产的侵权救济中,可以适用返还原物的责任形式;在毁损他人之物时,加害人得向受害人赔偿其物之减价额。后一个规定,源于中国古代侵权行为法中的"偿所减价"的制度。这一制度,含有损益相抵这一损害赔偿原则的基本精神。第四,对于胎儿的保护,《大清民律草案》有明确的规定,就是侵害生命权的,受害人的父母、配偶及子,对不属于财产之损害可以请求损害赔偿,其子为胎儿的,亦同。第五,规定共同侵权行为的共同加害人承担连带赔偿责任。

在侵权行为法的第四部分,规定了侵权损害赔偿请求权的诉讼时效。

(二)《民国民律草案》对侵权行为的规定

1911年中华民国政府成立以后,大体沿用前清的律令。至1914年法律编查会开始修订民律草案,至1926年《民国民律草案》编成共5编,史称民律第二次草案。⑤ 民律草案完成时,北京政变已经发生,解散了伪国会,因而该草案未予公布。⑥

民国民律草案仍将侵权行为法置于第二编债编中,但在体例上有所变化,不是将侵权行为法作为一章单独编制,而是放在债编第一章"通则"第一节"债之发生"中,设第二款"侵权行为",从内容上,并没有大的变化,仍分为四个部分:

第一部分的三个条文,前两个条文规定了侵权行为法的过错责任原则。在这一部分中,删除了大清民律草案中的关于失火不适用侵权行为法的规定,增加了共同侵权行为的规定。⑦ 在其他两个条文中,只是增加了"故意以有伤风化方法侵害他人之权利者,亦同"的内容。这一内容,改变了《大清民律草案》关于善良风俗的规定,改为有伤风化的条款。关于共同侵权行为的规定,内容没有变化,只是将其地位提前在侵权行为的一般规定之中。

第二部分规定了各种特殊侵权行为。包括:官吏及其他公务员的侵权责任,法定监督人的侵权责任,被使用人于执行事业不法侵害他人权利时使用主的赔偿责任,定作人指示过失的侵权责任,动物加害他人的侵权责任,以及土地工作物设置或保存瑕疵的致害责任。

第三部分规定的是损害赔偿的原则和方法。主要内容是:侵害生命权的损害赔

---

⑤ 对此,有两种说法:有的以1915年所编的民律亲属编为第二次民律草案,1926年的民律草案为第三次民律草案;有的认为1915年的亲属编并不是一个完整的民律草案,因此将1926年的民律草案作为第二次民律草案。笔者采用第二种主张。

⑥ 参见张国福:《中华民国法制简史》,北京大学出版社1986年版,第163页。

⑦ 对此,也有不同的说法,认为《民国民律草案》是将共同侵权行为规定为特殊侵权行为的第一种,而不是将共同侵权行为规定在侵权行为的一般规定之中。这种意见可供参考。

偿方法;侵权行为的与有过失的赔偿方法;对侵害生命、身体、自由时,对第三人应给付家事上或职业之劳务时的赔偿方法;关于对致残者的定期金赔偿;侵害他人生命、身体、名誉、自由者的精神损害赔偿方法,即慰抚金赔偿;对财产的损害赔偿方法。其中值得注意的是,第 270 条规定的"赔偿其物因毁损所减少之价额",与中国古代侵权行为法中的偿所减价的制度相同。

第四部分规定了侵权行为的诉讼时效制度。其一般时效为 3 年,最长时效为 20 年。

(三)《中华民国民法》对侵权行为的规定

国民党政府成立以后,1928 年由法制局拟定了民法的亲属和继承两编。12 月 5 日立法院成立以后,于 1929 年组织了民法起草委员会,在《大清民律草案》和《民国民律草案》的基础上,着手起草民法总则、债编、物权编、亲属编和继承编。起草完毕,分别于 1929 年 5 月 23 日、10 月 22 日、11 月 30 日和 1930 年 12 月 26 日⑧由国民政府予以公布。随后,又分别颁布了各编的施行法,《中华民国民法》分别正式实施。

《中华民国民法》在侵权行为法的编制体例上沿用了《民国民律草案》的做法,但在具体编排上有所变化,这就是将侵权行为法的债编第一章第一节第 2 款的位置变为第 5 款。从第 184 条开始,至第 198 条,共 15 条。从内容上看,《中华民国民法》的内容与《民国民律草案》关于侵权行为的规定变化并不大,但在条文的设置上,采取了尽量缩减的做法,大量的条文被合并成为一条,文字也尽可能的精炼、准确。《中华民国民法》的上述条文,共分四个部分。

第一部分,规定了侵权行为的一般规定。首先,规定了侵权行为的归责原则,即过错责任原则。这一条文的理论意义在于:一是确定了过错责任原则在侵权行为法中的主导地位;二是对故意以悖于善良风俗之方法加损害于他人者,亦视为有过错;三是对违反保护他人之法律者,推定其有过错,确定了过错推定责任原则;四是规定了侵权行为的直接责任,即在一般情况下,侵权行为人应当由自己承担侵权责任,并且规定了直接责任的构成要件。其次,规定了共同侵权行为,即第 185 条。这一条规定,与前两次民律草案的规定没有变化,包括共同侵权行为的连带责任、共同危险行为和共同加害人的种类。

第二部分,规定了特殊侵权行为,在理论上称为间接侵权责任,即为他人的侵权行为和自己管领的物件所造成的损害所负的赔偿责任。规定了公务员的侵权行为责任,法定代理人的侵权责任,雇用人的责任,定作人指示过失致人损害的责任,动物致害责任,工作物致人损害时所有人的赔偿责任。这些特殊侵权行为规定的特点是,每一个条文只规定一种特殊侵权行为,将前两次民律草案的几个条文规定一种特殊侵权行为的做法作了改变,这样,每一个条文的内容都很复杂,规定得很具体。

第三部分,规定了损害赔偿方法,一是规定对侵害生命权的损害赔偿方法,赔偿

---

⑧ 《中华民国民法》前三编每次公布一编,最后一次公布了亲属编和继承编。

权利主体是为死者支出殡葬费之人;对于侵权行为的间接受害人的扶养损害,亦应予以赔偿。二是规定侵害身体权、健康权的损害赔偿方法,赔偿的是所造成的财产损失,经当事人的声请,法院可以判决给付定期金。三是规定了对侵害生命权的被害人的亲属,虽非造成财产上的损害,可以请求赔偿慰抚金。四是规定侵害身体权、健康权、名誉权、自由造成人格利益损害的慰抚金赔偿,对于侵害名誉权的,还可以请求恢复名誉的适当处分。五是规定财物损害的赔偿方法,其中关于赔偿所减价的规定,含有损益相抵的意义。

第四部分,规定了侵权行为的诉讼时效以及相关的问题。关于诉讼时效,规定的一般时效为 2 年,最长时效为 10 年。在超过诉讼时效后,对加害人因侵权行为而受有利益、致受害人受有损失者,受害人仍有权依不当得利的规定,请求加害人返还其所受利益。对于因侵权行为而使加害人对受害人取得债权,例如,加害人因诈欺而对受害人使用债务约束的,受害人享有债权废止请求权,在该权利已过诉讼时效后,受害人仍得拒绝履行。

(四)20 世纪前 50 年侵权行为法建设的基本经验

应当指出,中国近代的侵权行为法建设,历时 40 年,完成了中国侵权行为法从封建性质的法律向近现代化发展的变革,是卓有成效的。其中最值得借鉴的经验,笔者认为有以下几点:

(1)有一个正确的立法宗旨作指导,保证立法既实现法律体系的变革,又能够结合中国的实际情况。其中的典型代表,就是清代制定民法典的立法宗旨,即:"注重世界最普通之法则,原本后出最精之法理,求最适于中国民情之法则,期于改进上最有利益之法则。"首先,是这个立法宗旨本身的价值。不管他们在实际上做得怎样,但是制定了这个十分进步的立法宗旨,就是一个重大的成果。其次,三次立法草案的制定,基本上体现了这个立法宗旨,其中在侵权行为法的立法中,基本上使中国的侵权行为法完成了从中华法系的封建性质到资本主义性质的转变,使之趋于现代化。这种立法经验,对于过去和现在,都是有借鉴意义的。尤其是此立法宗旨体现了借鉴国外先进立法经验与实际国情的结合,科学的法理与立法价值趋向的结合,更值得借鉴。

(2)立法者具有实现变革的勇气和气概,使立法实现了革命性的变化。应当看到,中国古代的侵权行为法立法已经延续了几千年,可以说根深蒂固,深入人心,有着深厚的基础。在这样的基础上进行立法的革新,其难度之大,是可想而知的。正是在这种精神的指导下,无论是清末的法律编制者,还是民国的法律起草者,敢于借鉴国外的先进立法,吸收科学的民法法理,摒弃古代侵权行为法的旧有体系,实现革新和变革,创设具有时代气息的民法典以及其中的侵权行为法。试想一下,如果不是有这样的勇气和气概,怎么会一下子就把根深蒂固的古代侵权行为法彻底抛弃,使中国的侵权行为法一下子就与世界各国的先进立法拉近距离,甚至在某些方面赶上或者超过了它们呢?

（3）敢于借鉴国外的立法经验，跟上立法发展的潮流。中国的法律史，本来是一部封闭的历史。中国的侵权行为法也是一部封闭的法律，几千年来一直按照自己的逻辑在发展，排斥外来的经验和影响。在这样的一种形势下，在侵权行为法的建设上要完全打破自己的体系，与国外的立法模式"接轨"，其难度是可想而知的。但是，就是在这种形势下，立法者终于打破了中国侵权行为法的封闭体系，借鉴日本、德国等国家立法的经验，建立了与世界立法潮流相一致的立法，融入了大陆法系的体系之中。

当然，中国在 20 世纪前 50 年的侵权行为的立法中，也还有很多缺陷，不是十全十美的。其一，就是立法抄袭的痕迹太重，在整个侵权行为法的立法中，所有的条文几乎都是抄自日本和德国，缺少自己的特点。在三部法律草案中，侵权行为法的变化，主要是在债法体系中位置的变化，以及个别词语的变化，在实质内容上没有根本的不同。借鉴和抄袭之间的界限，没有划分得十分清楚。其二，在借鉴的内容上，借鉴的范围较为狭窄，借鉴日本和德国的立法过多，没有在世界各国的范围内作普遍的比较，择优借鉴，因而，中国 20 世纪 50 年代以前的侵权行为法形成的"血统"较纯，但是对其他法系的成熟经验没有吸取，违背了两大法系相互融通的立法发展规律，这与早期参加立法的外国专家主要是日本人有关。其三，立法缺少创造，打破了自己固有的立法封闭体系，接着走入了大陆法系的封闭体系，站在大陆法系的立场上"抱残守缺"，没有进行发挥和创新。

三、中国现行的侵权行为法——20 世纪后 50 年

中国现代侵权行为法的立法，整整经历了 20 世纪的后半期。在这 20 世纪的后 50 年中，中国侵权行为法的立法经历了风风雨雨，终于取得了今天的成果。将这 50 年的经历进行回顾，大体分为以下四个时期：

（一）初创时期

新中国的建国初期，即 20 世纪 50 年代，在彻底废除了国民党政府的伪法统之后，侵权行为法的建设是在立法的废墟上开始的。在那时候，只能借鉴苏联的侵权行为法的立法经验，并在实际的审判工作中实行。在理论上，主要是翻译苏联民法专家的作品，在侵权行为法方面，影响最大的就是约菲的《损害赔偿之债》。随后，中国专家结合实践，编写中国的民法教科书，《中华人民共和国民法基本问题》[9]就是当时影响最大的一部教科书。在实践中，没有立法的条文作依据，只是借鉴教科书的内容，作为判案的依据。

在 20 世纪 50 年代后期，开始起草《中华人民共和国民法（草案）》，在条文中制

---

⑨ 参见中央政法干部学校民法教研室编：《中华人民共和国民法基本问题》，法律出版社 1958 年版。据了解，这部著作的主要作者是柴发邦教授。

定了关于损害赔偿的内容。这些条文草案,主要是按照《苏俄民法典》损害赔偿一章的内容起草,较为简单。在司法实践中,最高人民法院曾经就民事审判法律适用问题作出过司法解释,但是很少有关系到侵权行为案件的解释。即使在20世纪60年代召开的全国民事审判工作会议上讨论的《关于贯彻执行民事政策几个问题的意见》,也没有关于侵权损害赔偿的规定。

按照《中华人民共和国民法基本问题》教科书的内容,我们可以看到这个时期中国侵权行为法的基本轮廓。首先,中国侵权行为法把侵权行为界定为"侵权行为民事责任",同时确认侵权责任又是一种债的形式。例如,"行为人不法侵害他人的财产权利或人身权利,并造成财产上的损失时,根据法律规定,行为人和受害人之间发生债的关系,受害人有请求赔偿的权利,行为人负有赔偿的义务;行为人所负的义务是一种法律制裁,因而叫做侵权行为的民事责任"⑩,就是典型的界定。关于侵权行为性质,一方面界定为违法行为,另一方面对侵权行为要区分人民内部矛盾和敌我矛盾,对反革命分子、地主分子和其他坏分子实施的违法行为,有的在违反民法的同时,还触犯刑法或治安管理处罚条例,性质属于敌我矛盾,在这个意义上讲,民事责任制度也是对敌人实行专政的有力武器之一;对人民内部的侵权行为,在性质上与敌对分子的侵权行为有原则区别。⑪ 在侵权责任构成上,强调具备行为的违法性,违法行为人要有过错,要有损害事实的存在,违法行为与损害之间要有因果关系四个要件。在侵权行为的形态上,以过错为标准,分为一般的过错形式、混合过错(即与有过失)、共同过错即共同侵权行为。在赔偿上,有三个赔偿原则,即:对人身侵害赔偿财产损失的原则、对财产损失全部赔偿的原则和考虑当事人经济状况的原则。

(二)法律虚无时期

"文化大革命"时期,中国脆弱的民法受到了毁灭性打击。在这10年中,法院设在军管会或者保卫部,审理的案件主要是刑事案件,民事案件主要是离婚案件,侵权行为的概念在这个时期基本上绝迹了。在这样的时期,不可能有侵权行为法的建设问题。

(三)复兴时期

十年动乱以后,百废待兴,民法建设包括侵权行为法的建设同样如此。最高人民法院开始提出这个问题,试图通过法律解释的方法,创建中国的民法体系,包括侵权行为法体系。

1979年,最高人民法院制定了《关于贯彻执行民事政策法律的意见》,专门提到侵权赔偿问题。在这个司法解释文件中规定:"赔偿纠纷,一般应由当事人所在单位

---

⑩ 中央政法干部学校民法教研室编:《中华人民共和国民法基本问题》,法律出版社1958年版,第322页。

⑪ 参见中央政法干部学校民法教研室编:《中华人民共和国民法基本问题》,法律出版社1958年版,第322页。

或有关部门处理,需要法院处理时,人民法院应本着有利安定团结的精神,根据党和国家的政策法律,分清是非责任。对有错误的要进行严肃的批评教育,责令其检查,赔礼道歉。造成经济损失的,应负责赔偿。如需要治疗,要酌情让伤害者负担医疗费,其数额,一般以当地治疗所需医疗费为标准,凭单据给付。确实需要转院治疗的,应有医疗单位的证明。因养伤误工的损失,应与有关单位研究解决。无论医疗费和养伤误工补贴,都不能超出赔偿范围。""对损坏财物的,应根据责任的大小,损坏的程度,酌情赔偿一部或全部。""对未成年子女因损害造成他人经济上的损失,其父母应负责赔偿。"这一司法解释,内容虽然简短,语言也具有当时的特色,但是却包含了中国侵权行为法几乎全部内容,既有人身损害赔偿,又有财产损害赔偿;既有一般侵权行为,又有特殊侵权行为;既有不同的责任方式,又有具体的赔偿标准。可以说,这一规定实际上奠定了新中国侵权行为法的基础。

1984年8月30日,最高人民法院审判委员会通过的《关于贯彻执行民事政策法律若干问题的意见》,对上述规定进行了较大的修正,设置了第72条至第81条共10个条文,规定了侵权行为法的基本内容。其主要内容是:

(1)规定过错的形式,包括一般过错、混合过错、受害人过错和共同过错(即共同侵权行为),这一规定是很完整的。

(2)规定特殊侵权行为,包括动物致害和物件致害。

(3)财产损害的赔偿标准。

(4)人身伤害的赔偿范围。这一规定更为条理化,内容也更丰富,因而为《民法通则》关于侵权行为民事责任条文的制定,奠定了基础。

以《民法通则》为代表,中国建立了当代侵权行为法体系。规定了当代侵权行为法的基本内容。在内容设置上,大体上考虑了以下四个方面:首先是规定了侵权行为的归责原则,这就是过错责任原则、无过错责任原则和公平责任原则。其次,规定了侵权行为的形式及其赔偿原则,即侵害财产权的侵权行为及其责任、侵害知识产权的侵权行为及其责任、侵害身体健康权的侵权行为及其责任和侵害名誉权等其他人格权的侵权行为及其责任。再次,规定特殊侵权行为及其责任,包括国家机关及其工作人员的侵权责任,产品侵权责任、高度危险责任、环境污染责任、地下工作物致害责任、地上工作物致害责任、动物致害责任和法定代理人致害责任。复次,规定影响侵权民事责任的各种原因,诸如正当防卫、紧急避险、共同侵权、与有过失等。

中国《民法通则》对侵权行为法的规定,主要特色是:

(1)完善了归责原则体系。在这方面,对于理论上的争论,采取了侵权行为归责原则"三元论"的观点,将过错责任原则、无过错责任原则和公平责任原则全部作了规定,使中国侵权行为法的归责原则实现了在过错责任原则的统帅下,三位一体的归责原则体系的完善。

(2)规定了完善的侵权行为的形态。立法承认一般侵权行为、共同侵权行为和特殊侵权行为以及与有过失的侵权行为,作为侵权行为的基本形态。

（3）吸收先进立法，完善特殊侵权行为的体系。在原来最高人民法院的司法解释中，对于特殊侵权行为仅仅规定了未成年人的侵权责任、动物致害责任和危险物件致害责任，在《民法通则》中，肯定了动物致害责任，完善了法定代理人责任和物件致害责任，增加了国家公务员侵权责任、产品侵权责任、高度危险责任、环境污染责任、地下工作物致害责任。尤其是在产品侵权责任、高度危险作业责任和环境污染责任的规定中，都吸收了当代立法的先进潮流，是具有时代气息的规定。

（4）规定基本的抗辩事由。主要规定了不可抗力、正当防卫和紧急避险，以及因防止、制止国家、集体的财产和个人财产、人身遭受侵害而使自己受到损害的，侵害人承担赔偿责任，受益人给予适当补偿的规定。

（5）确定各项赔偿标准，特别是确立了精神损害赔偿。《民法通则》对财产损害、知识产权的侵害、生命健康权的损害及其名誉权等其他人格权的损害，都规定了具体的赔偿标准，尤其是在精神损害赔偿上有了突破性的进展。确认精神损害赔偿制度，是前所未有的进步。

（6）规定责任方式和诉讼时效。责任方式不仅承认财产性赔偿方式，还确定了非财产的责任方式。可以说，《民法通则》关于侵权行为的规定，在当时的情况下，已经达到了相当完善的程度，使中国的侵权行为法有了较好的成文法基础，为今后更大的发展奠定了基础。

（四）发展时期

20世纪90年代，是中国侵权行为法发展最快的时期，侵权行为法的立法和理论研究呈现繁荣发展势头，在中国的历史上，侵权行为法受到了前所未有的重视和关注。

在这一时期，中国侵权行为法是在立法已经确定的形势下发展的，因而，主要是在司法实践上和侵权行为法理论上的进步最为明显。但是在立法上，在一些侵权行为特别法上，增加了非常重要的新内容。

1. 立法上的发展

制定了《国家赔偿法》，对国家机关及其公务员侵权作了完善的规定。《国家赔偿法》是我国第一部侵权行为特别法，是关于国家赔偿的基本法。这部法律将国家赔偿分为行政赔偿和司法赔偿，确定了赔偿的义务主体、赔偿责任的构成以及赔偿的具体标准。在这部法律中，最值得注意的是规定了：

（1）关于侵害人身自由权的赔偿问题。在《民法通则》中，没有规定人身自由权是具体人格权，在第120条规定精神损害赔偿中，没有规定人身自由权可以适用精神损害赔偿。因此，在实践中，有人主张人身自由权不是具体人格权，而是政治权利，在出现侵害人身自由权的违法行为的时候，不以侵权行为处理。[12]《国家赔偿法》规定侵害人身自由权的，应当予以赔偿，确定人身自由权是民事权利，是具体人格权，澄清

---

[12] 参见杨立新：《自由权之侵害及其民法救济》，载《法学研究》1995年第2期。

了这个问题。

（2）关于死亡赔偿金和残疾赔偿金的问题。在《民法通则》中，对于侵权行为造成死亡的赔偿标准太低，仅仅规定赔偿丧葬费。在实践中，法院发现这种规定不能很好地保护受害人的合法权益，也不利于制裁侵权行为。在《道路交通事故处理办法》（已失效）规定了死亡补偿费的基础上，该法规定了这两个项目的赔偿，在国家侵权的范围内适用。同时，对于其他领域的这类问题的解决，起了良好的示范作用。

在《产品质量法》的立法上，对产品侵权责任作了新的规定，丰富了《民法通则》第122条规定的内容。《民法通则》对产品侵权责任作了原则规定。在《产品质量法》中，明确了产品侵权责任和违约责任的关系和界限；将"产品质量不合格"明确界定为"缺陷"；将产品侵权责任的诉讼时效明确规定为2年，最长时效为10年；对生产者和销售者之间的责任承担，也作了明确的规定；对人身伤害和财产损害的赔偿标准作了新的规定，其中对死亡者赔偿抚恤费，是新增加的赔偿项目。

在《消费者权益保护法》中，对侵权行为法的保护范围作了适当的扩大。在这部法律中，最重要的规定，是对一般人格权的保护和对人身自由权的保护。在《民法通则》中，将一般人格权的核心即人格尊严规定在名誉权的条文之中，使法律对一般人格权的规定湮没在具体人格权的条文中，没有凸显出来，以至于人们对人格尊严的重要地位没有必要的认识。在实践中，发生了严重的侵害人格尊严的行为，唤醒了人们对人格尊严保护的意识，对一般人格权的重要性重新予以认识，因而《消费者权益保护法》在制定的过程中，采纳了学者的主张，将一般人格权的保护纳入《消费者权益保护法》的保护范围，规定对人格尊严进行侵害的，要承担侵权民事责任。这是发展侵权行为法的一大举措，丰富了侵权行为法的适用范围，在保护民事主体的权利方面，是一个重要的进展。在人身自由权的保护上，《消费者权益保护法》也作出了新的规定。《消费者权益保护法》的另一个重要的贡献，是将《国家赔偿法》的残疾赔偿金和死亡赔偿金的赔偿项目借鉴到《消费者权益保护法》中来，扩大了这两个赔偿项目的适用范围，为把这两个赔偿项目作为一般侵权行为的赔偿项目迈出了关键的一步。

在《反不正当竞争法》中，对不正当竞争中的侵权行为，作了原则的规定，确定了制裁这种侵权行为的原则。在这里面，有一个重要的规定，就是对侵害商业信誉和商品声誉的侵权行为，规定了制裁措施。这一规定等于确认了信用权为具体人格权，适用侵权行为法予以保护。

在其他的立法中，也都涉及侵权行为的问题，不再一一阐释。

在行政法规中，最值得重视的是《道路交通事故处理办法》的出台实施。这项1991年出台的行政法规，是处理道路交通事故的特别法。它在《民法通则》关于侵权行为民事责任的规定原则指导下，结合道路交通事故的实践，很好地处理了道路交通事故的赔偿问题，在很多方面具有创建性的发展，尤其是对死亡补偿费的规定，以后被很多法律所借鉴。与此相区别的是，《医疗事故处理办法》关于赔偿的规定不利于保护医疗事故受害人的权益。例如，造成医疗事故，经过鉴定确认以后，规定仅进行一次性赔偿,并规定赔偿数额由省级人民政府确定,各省的规定最高赔偿数额为8000元,最低赔偿数额为3000元,远远不足以赔偿受害人的损失。这些落后的规定,引起了各界的反对。国务院有关部门,正在修改这一行政法规。

2. 司法上的发展

在司法上,审判机关在实践中作出探索,更好地保护民事主体的权益。最主要的表现是:

(1)在人身损害赔偿的法律适用中,由注意对受害人赔偿请求的限制向注意保护受害人的权利转变。《民法通则》以前的司法解释,关于人身损害赔偿的规定,几乎都是怎样限制赔偿的请求权,规定什么样的赔偿请求不能支持,什么样的损害不能赔偿,等等。在最高人民法院召开的第五次民事审判工作会议以后,这一倾向性的问题正在转变。在审判中,更看重考虑的是怎样保护好受害人的权利。这是一个非常重要的转变。在《民法通则》公布之前的几十年中,中国实行低工资、高就业的政策,人们的收入普遍偏低,无力承担过重的赔偿,因而对赔偿进行适当限制是必要的,但是这样的做法不能保障受害人的权利得到完全的救济。现在的做法是正确的。

(2)对名誉权的保护作出司法解释。《民法通则》对名誉权的保护作出了规定,但是在实践中遇到的问题越来越多,急需最高司法机关作出司法解释。最高人民法院在总结实践经验的基础上,制定了关于保护名誉权的两个司法解释,解决了这些问题,受到各方面的肯定,当然其中也有值得斟酌的问题。

(3)在增加侵权行为保护客体范围上进行探索。在侵权特别法规定了新的侵权行为侵害客体之后,司法实践也加强了探索,更好地保护民事主体的民事权利。在隐私权的保护上,司法机关作出了间接保护的司法解释,规定侵害隐私权,造成受害人的名誉损害的,可以按照关于名誉权的法律规定判决。在一般人格权的保护上,也在探索,对电话骚扰、门缝广告等侵害一般人格利益的案件,作出判决,受到各界的欢迎。

(4)积极适用侵权行为法的理论研究成果。最近10年的司法实践,特别注意对侵权行为法理论研究成果的应用,推动司法实践的进步,保护民事主体的民事权利。例如,共同危险行为理论是20世纪80年代的研究成果。在《民法通则》关于共同侵权行为的规定中,没有作出规定。在实践中,对此原比照《刑法》的规定处理,不作为共同侵权行为认定。这是《民法通则》的一个漏洞。在理论上取得研究成果之后[13],在实践中引起重视,法官积极试用,创造出了典型判例,被更多的法官所援引,在司法实践中适用这一理论判案,已经成为共识,使受到共同危险行为所害的人得到了应有的赔偿。[14]

---

[13] 参见杨立新:《试论共同危险行为》(本书第1586页),载《法学研究》1987年第5期。
[14] 参见马敏诉刘伟等案件,载《人民法院案例选》1996年第3期;姚善富诉罗文武等案件,载《中国审判案例要览》1993年综合本,第593页;马金林等诉付敏吉等案件,载《中国审判案例要览》1993年综合本。

(5) 扩大精神损害赔偿的适用范围。精神损害赔偿在制定《民法通则》的时候,本意是作试探性的规定,但是,此后人民群众的接受程度很高,人们不是觉得规定精神损害赔偿的范围太宽,而是太窄。尤其对于人身伤害(包括造成死亡)没有规定精神损害赔偿普遍表示不满,要求作出规定。在有关法律规定了死亡赔偿金和残疾赔偿金的情况下,人们一方面还是嫌规定得太窄,认为适用范围要进一步扩大;另一方面在实践中主张精神损害赔偿的日益增多。在实践中,审判机关在具体案件中适用这样的规定,作出的判决受到普遍欢迎。⑮

(6) 扩大人身伤害赔偿标准。近几年来,在人身伤害的赔偿标准上,有继续扩大的趋势。在一些人身伤害造成残废的案件中,有的赔偿数额达到几百万元。这与目前社会普遍收入仍然不高的情况相比,赔偿的数额无疑确属高额。例如,在北京市法院判决的许诺的损害赔偿案件中,一审判决的赔偿数额达到 207 万元。黑龙江省法院判决的一个同类案件,达到了 180 多万元。对人身伤害的赔偿案件给予实事求是的赔偿,数额是不应加以限制的,关键的问题是赔偿要符合标准。在有的案件中,判决参照的标准不符合实际,没有经过论证,是造成赔偿数额过高的一个重要原因,这样,确定的赔偿数额是不合理的;另一方面,在这样的高额赔偿案件中,把将来的多次给付变为现在的一次性给付,没有适用"霍夫曼计算法"扣除先付部分的利息,不符合"损益相抵"规则,使当事人得到不当利益。⑯

3. 理论上的发展

侵权行为法理论在 20 世纪 90 年代的发展是迅猛的。这和人们普遍关注侵权行为法、关注自己的民事权利的社会气候是相一致的。主要表现在以下两个方面:

(1) 理论上的争鸣形成气候。在侵权行为法的研究中,各家各派都在参加讨论,提出自己的意见,形成了争鸣的局面。这些主要表现在对侵权行为法学的基本问题的不同意见上。例如,在归责原则上,形成了不同的观点,有"一元论""二元论""三元论",等等,就是在"三元论"观点中,还分为几种不同的意见。在侵权责任构成上,形成了"四要件"说和"三要件"说两种最主要的观点,形成尖锐的对立,各自阐释自己的主张。在侵权行为形态、侵权责任、抗辩事由、赔偿标准上,都有不同的意见。就是在对《民法通则》第 125 条规定的特殊侵权行为责任究竟称为"地面施工的侵权责任"还是"地下工作物致害责任"上,都有不同的争论。这些争鸣,有利于发展侵权行为法学,有利于推动审判实践,有利于保护民事主体的民事权利。

(2) 侵权行为法学的理论研究日益丰富、深入。在理论研究上,侵权行为法学首先注重自身体系的完善,借鉴国外的理论研究成果,构建具有中国特色的完善的侵权行为法学理论体系。一批关于侵权行为法研究的理论专著和教科书的出版问世,在

---

⑮ 参见杨立新:《民法判解研究与适用·论人身伤害慰抚金制度》(第 4 辑),人民法院出版社 1999 年版,第 383 页以下。该文讨论了贾国宇赔偿案件适用残疾赔偿金的问题。

⑯ 参见杨立新:《论损益相抵》(本书第 1032 页),载《中国法学》1994 年第 3 期。

这方面作出了很好的探索。其次,在研究的层次上,注重新问题和具体问题的研究深度。例如,对一般人格权的侵权法保护问题,对债权的侵权法保护问题,对双重买卖中的侵权行为的制裁问题,等等,都有深入的研究,并且提出了具体的司法对策。在侵权行为法学的应用研究上,10年来的成果非常显著,大量的关于侵权行为法应用的著作成套出版,既指导了法官的判案,又对侵权法普及起到了重要的作用。可以说,在世纪之交的今天,侵权行为法在中国百姓的心中,不再是一个陌生的法律概念,大多数的群众都可以说出侵权行为法的一些问题来。

四、新世纪中国侵权行为法发展展望

21世纪正在向我们走来。作为一名民法的实务工作者和理论工作者,在回顾了20世纪的中国侵权行为法建设的历史以后,有理由相信,中国侵权行为法的建设方兴未艾,发展前景辉煌灿烂,在专家学者的共同努力下,中国的侵权行为法一定能够建设成为世界上最好的侵权行为法之一。

(一)借中国民法法典化的机遇,完善侵权行为法的立法

中国在20世纪后50年中,民法典的起草工作在艰难曲折的道路上前进。直至20世纪80年代中期,在开放改革的新形势下,民法典的起草工作正式提上议程。但是,一个十分令人遗憾的现实是,立法者决定将完整的民法典分割成若干个民法的部门法,由"批发"改为"零售",分别制定、公布、实施。由此,中国民法就由一个完整的基本法,变成由《民法通则》统帅的,由《合同法》《担保法》《婚姻法》《收养法》《继承法》等单行法集体构成的民事法律群。这种民法典分散的现状,不符合民法立法的规律,不适应社会主义市场经济的发展需要,也不利于保护公民、法人的民事权利。在21世纪即将开始的时候,国家立法机关决定马上着手制定民法典,使中国民法立法由分散转为统一,诞生具有中国特色的民法典的期待,就要成为现实。可以说,新世纪中国民事立法的最突出特点,就是民事立法的法典化。

中国民法法典化,为侵权行为法的完善提供了难得的机遇。中国侵权行为法的立法将借中国民法法典化的机遇,实现完善和现代化。

在中国民法典建设中,对侵权行为法的规定将更加完善,会在以下三方面加以规定:

1. 中国侵权行为法在中国民法典中的相对独立地位将得到确认

在大陆法系,侵权行为法总是在"债的发生根据"中加以规定,使侵权行为法在民法典的地位显得不那么重要。在《民法通则》中,立法者专门设计了"民事责任"一章,被认为是中国民法制定的一个特色,但是经过实践证明,这种做法也不是非常科学,不符合民法立法的惯例,且有很多无法解决的难题。在这方面,英美法系的做法最值得借鉴,将侵权行为法作为民法相对独立的一部分,单独规定侵权行为法,作为民法典的一编。对于这一点,学者专家已经基本上取得了共识,现在的关键在于在编制中怎样处理好这一编与其他内容的关系。

在这一方面,最重要的是要解决侵权行为法与债法的关系。不可否认,侵权行为是债的发生根据之一,尽管侵权行为法有其独立的地位,但是在基本理论和基本规则上,侵权行为法确实要受债法的指导。在民法典的侵权行为编中应当明确规定,本编没有明确规定的,适用债编的有关规定。

在侵权行为法与人身权法的关系上,应当特别注意避免重复。在规定人身权时,只规定人身权的内容;在侵权行为法中,规定对侵害人身权的侵权行为的处治。

2. 侵权行为法的立法体系更为清晰、完整

(1) 明确规定侵权行为法的归责原则。应当肯定过错责任原则,然后规定无过错责任原则和公平责任原则,并将这三个归责原则的调整范围作出明确的规定,明确过错责任原则是基本的归责原则,无过错责任原则和公平责任原则是补充的、调整范围有限制的原则。

(2) 对侵权行为的形态作出规定,肯定一般侵权行为、共同侵权行为、与有过失、受害人过错四种不同的侵权行为形态;规定共同侵权行为及共同危险行为的构成,以及连带责任的后果;对特殊侵权行为要先作出抽象的规定,并对具体的特殊侵权行为作出较为详细的规定。

(3) 规定侵权行为责任的抗辩事由,对不可抗力、正当防卫、紧急避险、受害人承诺、自助行为等都规定其构成和免责的后果。

(4) 规定侵权行为的赔偿原则,确认财产赔偿原则、全部赔偿原则、损益相抵原则、过失相抵原则和衡平原则,规定具体的适用条件和适用后果。

(5) 对侵害财产权、侵害知识产权、侵害生命健康权和侵害一般人格权、名誉权等其他人格权的侵权行为的构成和基本赔偿标准作出规定。

(6) 规定侵权行为的诉讼时效。

3. 侵权行为法的具体内容将更加明确、具体

在制定民法典的时候,应当在制定侵权行为法的条文时,不再按照大陆法系将侵权行为法规定得过于概括,更多是靠理论上的解释指导实践的立法模式。应当将《民法通则》实施以来的审判实践经验加以整理,凡是成功的经验和做法,都应当吸收进民法典中。特别是在规定具体的侵权行为的时候,要坚持这样的观点,使规定的条文尽量具有可操作性。例如,在规定侵害名誉权的侵权行为时,就应当将现有的司法解释进行整理,剔除不适当的部分,凡是成功的做法都规定进来。侵害债权的侵权行为是侵权行为法中的一个难点,应当将理论上研究的成果和实践上积累的经验整理起来,制定明确的条文,使之条文化。

总之,中国民法典规定的侵权行为法,一定会是集中国法学理论研究和实践经验之大成,集世界各国侵权行为法先进立法和科学研究成果之大成,世界上最完善、最详细的侵权行为法之一。

(二)在侵权行为法的司法实践上,以保护民事权利为中心,全面加强对侵权行为的制裁和对民事权利的保护

从总体上讲,民法是赋予民事主体民事权利,并加以保护。同时,从规定权利的角度规范交易秩序,调整民事关系的法律。在权利保护方面,侵权行为法全面发挥作用,起到最主要的职能。

1. 通过对具体案件的审理,严格适用中国侵权行为法,保护当事人的民事权利

在民事权利的法律保护中,民事司法具有无可替代的作用。"徒法难以自行",只有将立法的条文在实践中予以实现,法律的规范作用才能够最终得以实现,侵权行为法的规范职能才能够充分发挥作用。侵权行为法的司法使用国家的审判权,对侵权民事争议进行裁决,使侵权行为法立法的强制性和对民事权利的保护得以实现。随着公民、法人法律意识的普遍增强,人们越来越认识到民事权利对自己的生存和发展的极端重要性,在自己的权利受到侵害的时候,勇于拿起民法的武器,向民事违法行为进行斗争,保护自己的权利。21世纪的侵权行为法司法,将全面加大力度,全面保护民事主体的民事权利,从而规范民事活动的正常秩序,维护民事交易的一般规则,制裁民事违法,保护民事权利,推动社会主义市场经济健康发展。

新世纪的侵权行为法的司法,将在实践中严格按照民法典规定的内容审理案件,使立法的条文变为现实的行为规则,实现"有法可依、有法必依、执法必严、违法必究"的法制原则,使侵权行为法成为人们心中的强制法、"硬法"。同时,侵权行为法的司法将更加发挥主观能动作用和创造性,更加重视判例的重要作用,抓住典型案件,创造性地进行民事审判活动,将民法典规定的民法规范,通过审判活动,贯彻到现实生活之中;对现实生活中纷繁复杂的民事生活现象,勇于发挥民法司法的补充作用,创造判例,补充立法的不足,推动侵权行为法立法的发展。

2. 对新出现的侵权行为法的问题,民事司法实践不断创新,推动立法的发展

在社会发展中,任何法律都只是对社会现象作抽象的规范,不能穷尽一切社会现象,中国侵权行为法同样如此。尽管在《中国民法典》中会对侵权行为法作出详尽的规定,但是社会是不断发展的,新情况、新问题会不断出现。因此,为要更好地保护民事主体的民事权利,司法实践既要严格执行侵权行为法,又要不断对新情况和新问题进行研究,在中国侵权行为法的原则指导下,发扬创新精神,创造性地作出判决,解决新的侵权问题。否则,侵权行为法就不会发展,新问题和新情况就不会得到解决,对民事主体的权利的保护就不会全面和完善。

司法实践应当特别注意发挥判例的作用。新问题和新情况总是通过案件表现出来。对于这些案件,民事法官应当具有特别的敏感,善于抓住它,运用法律规定的原则和法理的基本精神,作出判决。上级法院的法官和机关,应当抓住这样的案例,及时总结推广,影响全国的民事审判实践,使典型案例成为全国法院共享的"资源",推动司法进步。在这方面,已经有很好的经验,例如,新疆乌鲁木齐市法院判决的"刘颖医疗事故损害赔偿案",就打破了《医疗事故处理办法》关于医疗单位对损害具有医

疗差错不能适用损害赔偿的规定，认定具有差错的医疗行为，造成患者人身损害，构成侵权行为，应当按照《民法通则》的规定进行赔偿，创造了很好的典型案例，对保护民事权利，推动《医疗事故处理办法》的修订，都起到了重要的作用。[17] 在这方面，应当破除一些清规戒律，破除"法官不能造法"的戒条，敢于创造案例，敢于发布案例，无论是最高人民法院还是地方的上级法院，都要敢于用案例的方法指导审判实践。最高人民法院应当定期发布案例；地方的上级人民法院也应当及时发现典型案例，进行推广，以协调本辖区法院的审判工作。

在新世纪的中国侵权行为法的司法活动中，最高人民法院将会更好地发挥最高司法机关的作用，运用司法解释的方法，指导适用法律，补充立法不足，推动法制建设的发展。在前 50 年，尤其是前 20 年，最高人民法院在这方面做出了很好的努力。在新世纪中，最高人民法院在对侵权行为法的司法解释中，会有更杰出的贡献。首先，应当在《中国民法典》制定以后，对原有的关于侵权行为法的司法解释进行整理，废止与《中国民法典》规定相悖的内容，同时对民法典关于侵权行为法的规定在执行中的问题，进行司法解释。其次，在如何掌握人身损害赔偿、财产损害赔偿和精神损害赔偿的标准等方面，作出完整的解释，统一全国的赔偿标准。对于其他方面的问题，也应当及时进行解释。

（三）中国侵权行为法的理论发展，建立统一、完整的理论体系和精密、深邃的内容

理论是实践的前导。没有先进、正确的民法理论做指导，侵权行为法的立法和司法都不会有健康的发展。

21 世纪的中国侵权行为法理论的任务，既要反映侵权行为法立法和司法的现实状况，为侵权行为法立法和司法的现实提供理论解释，全面发展侵权行为法的应用法学；又要为侵权行为法立法和司法的发展提供理论基础，全面发展侵权行为法的基础理论。侵权行为法理论研究将特别注意对现行立法和司法实践进行深入的研究，揭示中国侵权行为法规范的真实内涵，解释侵权行为法规范的实际应用，提供准确的学理解释，指导侵权行为法立法和司法实践。同时，理论研究更加重视对侵权行为法基础理论的研究，更加广泛地借鉴、引进国外侵权行为法的先进理论，创建具有中国特色的侵权行为法学科学体系，尤其是注重对法哲学方面的研究，发挥理论的先导作用，引导侵权行为法立法和司法的不断发展，使中国的侵权行为法走在世界民法发展的前列。

新世纪的中国侵权行为法理论发展方向，在体系上，实现统一、完整的要求，在大一统的民法理论体系，占有重要的地位。确认侵权行为法学是中国民法学的一门相对独立的分支学科，具有相对独立的地位。在教学和理论研究中，要特别注意这一点，不能将侵权行为法学只是作为一个简单的课题进行一般的讲授和阐释、研究，而

---

[17] 参见杨立新主编：《侵权行为法案例教程》，中国政法大学出版社 1999 年版，第 356 页。

是作为独立的学科进行研究和讲授。在侵权行为法学的理论体系上,要进行深入、广泛的研究,揭示侵权行为法发展的规律和本质特征,在各种不同学说的争鸣中,创建完整、系统、科学的理论体系。在这方面,既要借鉴大陆法系的经验,也要借鉴英美法系的经验,使之融会贯通,取各家之长,为我所用。在建立侵权行为法的理论体系上,应当特别注意英美法系的经验。

在理论内容上注重完整性和精密性,借鉴国外最先进的侵权行为法理论观点,进行精密、细致的研究,全面展现侵权行为法理论博大精深的理论内涵。在侵权行为的归责原则、责任构成、侵权行为形态、抗辩事由、赔偿规则、各种赔偿标准和诉讼时效等方面,都应当进行精细的研究。新世纪的侵权行为法学的研究,应当有一个重要的方向,就是加强对具体侵权行为的研究,将侵害财产权、侵害人身权、侵害知识产权等各种具体的侵权行为,例如侵害动产、侵害不动产等,侵害身体权、健康权、生命权等,侵害名誉权、隐私权、肖像权等,都在理论上进行细致的阐释,就像刑法学对每一个罪名都详细阐释一样,对具体侵权行为作出权威的、具有指导意义的科学说明,使侵权行为法学更科学、更实用、更有理论价值和实践价值。

论埃塞俄比亚侵权行为法对中国侵权行为法的借鉴意义[*]

在各国的侵权行为法立法中,《埃塞俄比亚民法典》规定的侵权行为法,以下称为"埃塞俄比亚侵权行为法",该法别具一格,具有鲜明的特色。在我国,民法典侵权行为法的起草工作正在紧张进行。我国应当制定一部什么样的侵权行为法,可以说正处在交叉路口。在这样的关键时刻,我们应当很好地研究埃塞俄比亚侵权行为法的立法体例和具体规定,这对于我国侵权行为法究竟采用何种立法模式来制定,具有重要意义。本文的意图就在于此。

一、埃塞俄比亚侵权法采一般化与类型化结合立法模式的成功做法

现代侵权行为法的立法模式分为两种,一是大陆法系的一般化立法,以立法规定侵权行为一般条款为基本标志,对侵权行为采用概括的、抽象的规定,对一般侵权行为不作具体规定。二是英美法系的类型化立法,侵权行为法对侵权行为不作概括的、抽象的规定,而是按照侵权行为类型的不同进行具体规定。[①]

在当代,尽管大陆法系侵权行为法的立法模式采用的都是一般化的立法模式,但是,也分成了两种不同的一般化立法方法。一种一般化的方法是法国等国家,侵权行为法的立法采用的是部分一般化,即侵权行为法规定侵权行为的一般条款,概括的不是全部侵权行为,而仅仅是一般侵权行为,法律还须另外规定准侵权行为或者特殊侵权行为,其模式是:

一般侵权行为 + 特殊侵权行为 = 全部侵权行为

而另一种一般化的方法是埃塞俄比亚侵权行为法,采用的是全部、完全的一般化,即侵权行为法规定的侵权行为一般条款概括的是全部侵权行为,在侵权行为一般条款之下,分别规定不同的侵权行为类型,其模式是:

侵权行为一般条款 = 全部侵权行为 + 类型化规定

---

[*] 本文发表在《扬州大学学报(人文社会科学版)》2005 年第 5 期。
[①] 参见杨立新:《试论侵权行为一般化和类型化立法及其我国侵权行为法的立法模式选择》,载《河南省政法管理学院学报》2003 年第 1 期。

这种侵权行为法的模式打破了《法国民法典》所创立的、已经沿袭了150年的一般化立法模式，创造了新的侵权行为法一般化立法模式，具有新意。这种立法方法引起了各国侵权行为法学理论界的重视，也得到了各国立法机构的重视。目前正在起草的《欧洲统一侵权行为法（草案）》采用的就是这种立法模式，构建了统一的欧洲侵权法的基本框架。②

笔者认为，《欧洲统一侵权行为法（草案）》采纳埃塞俄比亚侵权行为法的立法模式绝不是偶然的，而是新世纪制定侵权行为法的必然选择。之所以这样说，就是因为埃塞俄比亚侵权行为法的立法模式实现了大陆法系侵权行为法和英美侵权行为法的融合，实现了"强强联合"，即两大法系侵权行为法的优势相互结合，形成了新的侵权行为法立法模式。

《埃塞俄比亚民法典》的起草始于1954年，埃塞俄比亚的海尔·塞拉西皇帝邀请了世界著名的比较法学家勒内·达维德为他的国家起草一部先进的民法典。达维德辛勤工作，把对法国民法典的热情倾注在这部新的民法典中，充分发挥比较法学家的优势，博采法国法、瑞士法、以色列法、葡萄牙法、英美法以及埃及法等民法典的优良因素，完成了这部民法草案，于1960年5月5日塞拉西皇帝登基30周年的日子，公布了这部法律，其中就包括侵权行为法。③

埃塞俄比亚侵权行为法的具体内容是：

（一）首先规定概括全部侵权行为的侵权行为一般条款

该法典第十三题"非契约责任与不当得利"中的第一章为"非契约责任"，即侵权责任。该章首先设置的是侵权行为一般条款，即第2027条。这个侵权行为一般条款分为三部分，分别规定的是过错责任的侵权行为、无过错责任的侵权行为和替代责任的侵权行为。在这个侵权行为一般条款之下，分为五节，分别规定了侵权行为的不同类型以及损害赔偿责任。

该法第2027条的内容是："（一）任何人应对因过犯给他人造成的损害承担责任，而不论他为自己设定的责任如何。（二）在法律有规定的情形，一个人应对因其从事的活动或所占有的物给他人造成的损害承担责任。（三）如果某人根据法律应对第三人负责，他应对该第三人因过犯或依法律规定发生的责任负责。"这个条文就是它的侵权行为一般条款，其概括的是全部侵权行为。

应当特别注意的是，埃塞俄比亚侵权行为法规定侵权行为的一般条款与大陆法系侵权行为法规定侵权行为的一般条款完全不同，具有以下特点：

（1）这个一般条款居于整个一章的最突出位置，不属于该章五节中的任何一节。这个条款占有这样突出、显要的地位，更突出地表现出立法者的思想，即：这个一般条

---

② 参见张新宝主编：《侵权法评论》（第1辑），人民法院出版社2003年版，第198页。
③ 参见徐国栋：《埃塞俄比亚民法典：两股改革热情碰撞的结晶》，载《埃塞俄比亚民法典》，中国法制出版社、金桥文化出版（香港）有限公司2002年版，第7页。

款的一般性是完全的、全面的,在整个侵权行为法中居于统治地位,所有的其他部分规定的条款都必须接受它的约束。

(2)这个一般条款概括的是全部侵权行为,既不是一般侵权行为,也不是部分侵权行为。这就打破了法国法创设的侵权行为一般条款概括的是一般侵权行为,不包括特殊侵权行为的惯例。这样的做法,就为侵权行为进行类型化的规定,打下了良好的基础,实现侵权行为法的全面类型化。

(3)这个一般条款所概括的侵权行为分为三种类型,即过错责任的侵权行为、无过错责任的侵权行为和替代责任的侵权行为,这三种侵权行为分别为该条的第1、第2和第3款所确认。同时,也为该章第一节、第二节和第四节规定这三种侵权行为基本类型做好了铺垫。

因此可以说,埃塞俄比亚侵权行为法创设了侵权行为一般条款的新的立法例,值得我们特别重视。

(二)之后规定三种侵权行为基本类型并实现侵权行为立法的具体化

埃塞俄比亚侵权行为法在其侵权行为一般条款的统帅下,将侵权行为划分为三种基本类型,对具体的侵权行为作出详细的规定,实现了侵权行为法立法的一般化和类型化结合。

埃塞俄比亚侵权行为法具体规定的侵权行为类型及其具体侵权行为,分为以下三种[④]:

1.因过犯所生的责任(过错责任的侵权行为)

这种侵权行为就是适用过错责任原则的侵权行为,可以由故意行为或者纯粹的疏忽构成,可以由行为或者不行为构成。因过犯所生的侵权行为,法典规定了一般情形和特殊情形。一般情形是:①违反公共道德;②职业过失;③故意伤害;④滥用权利;⑤违反法律;⑥上级命令。

特别情形是:①人身攻击;②干涉他人自由;③诽谤;④对配偶权的侵辱;⑤非法侵入;⑥对财产的侵犯;⑦缔约过失[⑤];⑧无视既有合同的责任,即侵害债权[⑥];⑨不公平竞争;⑩虚假表示;⑪扣押财物;⑫执行法院命令。

2.过犯阙如的责任

这种侵权行为就是适用无过错责任原则归责的侵权行为。该法典规定以下6种情形为无过错责任:①身体伤害;②危险活动;③因动物产生的责任;④建筑物责任;⑤机器和机动车辆;⑥制造物责任。

---

④ 该法典还规定了一些其他侵权行为,有以下几种:①未查明加害人,即共同危险行为;②共同责任;③人身攻击;④非法拘禁;⑤诽谤;⑥诱拐儿童;⑦猥亵;⑧对妻子的伤害,即间接妨害婚姻关系的侵权行为。这些侵权行为规定在第五节"损害赔偿诉讼"中,不属于上述侵权行为的类型。

⑤ 缔约过失责任,在德国法系是合同责任性质,在法国则是侵权责任性质。

⑥ 即为侵害债权的侵权行为。

3. 对他人行为承担责任

这种侵权行为是替代责任的侵权行为。该法典规定了以下种类：①父亲的责任，即法定代理人的责任；②国家赔偿责任；③社团的责任；④雇主的责任；⑤独立的工人[⑦]；⑥刊载、出版诽谤内容的报纸的执行编辑、小册子的印刷商或书籍的出版者的责任。

从上述埃塞俄比亚侵权行为法关于侵权行为类型的规定中，可以看出以下四个问题：

（1）它的侵权行为类型的划分，与法国、德国、日本、意大利等国关于一般侵权行为与特殊侵权行为的处理完全不同。从大陆法系的传统做法上看，对一般侵权行为不再作类型规定，就是依靠侵权行为一般条款作为法律适用的根据，只是对特殊侵权行为作具体规定。而埃塞俄比亚侵权行为法对所有的侵权行为都作了类型化的具体规定。

（2）它的侵权行为类型划分更为细致，在分为三个基本类型的基础上，进一步对侵权行为进行具体规定，分别规定了31种具体的侵权行为，都规定了具体的规则。对侵权行为作这样的规定，就使侵权行为法的规则更为具体，更为明确。

（3）它的侵权行为具体规定更为细致，与大陆法系侵权行为法的传统规定相比，对每一种侵权行为都规定了具体、详细的规则，具有可操作性，便于法官适用，因此，更接近于英美法系的判例法规则。

（4）它的关于三种侵权行为基本类型的规定，在法律适用上都必须接受其侵权行为一般条款的指导，是一般条款确定的侵权行为类型，同时，对三种侵权行为类型具体规定中没有规定的侵权行为，直接归属于侵权行为一般条款的调整范围，如果出现三种具体侵权行为类型没有规定的新的侵权行为，可以依照侵权行为一般条款作出判决。

由此我们可以看出：第一，上述埃塞俄比亚侵权行为法的内容，明确表达了立法者融合大陆法系侵权行为一般化立法模式与英美法系侵权行为类型化立法模式相结合的立法意图。它规定侵权行为一般条款，坚持的是大陆法系的传统，但是它继承大陆法系的传统而又不拘泥于传统，采用了创新的做法。第二，它关于侵权行为类型的规定则完全采纳的是英美法系侵权行为法的传统做法，对侵权行为作出类型化的划分，并且在基本类型的下面再具体规定各种不同的具体侵权行为。第三，由于它的侵权行为一般条款概括的是全部侵权行为，因此，又给社会发展和新类型侵权行为的法律适用预留出了合理的空间，使法律具有了前瞻性和与时俱进的功能。因此，我们可以说，埃塞俄比亚侵权行为法大胆地进行大陆法系侵权行为法和英美法系侵权行为法的融合，在大陆法系的基础上，广泛地借鉴英美法系的传统，创造了新的立法模式，是成功的做法。

---

⑦ 此处所说侵权行为是我们所说的定作人指示过失责任。

二、埃塞俄比亚侵权行为法的意义以及对我国立法的有益启示

(一)传统大陆法系侵权行为一般条款的重要价值及其局限性

传统的大陆法系侵权行为法规定侵权行为一般条款,采用一般化立法的重要价值在于:

(1)简化立法,节俭立法空间。侵权行为法的一般化立法模式能够用最简单的条文概括、包含最丰富、最大量的侵权行为,而不用在已经具有几千个条文的庞大民法典中再建立一个复杂的侵权行为法。这样就简化了立法,节省了民法典的立法空间,而不使民法典增加更大的负担,形成了一个容量最大而篇幅最小的侵权行为法。在1804年制定的《法国民法典》中,侵权行为法的规定只有5个条文,只占全部2281个条文的0.219‰。如果它没有侵权行为一般条款来规定一般侵权行为,不采取一般化的立法模式,是绝对做不到这一点的。

(2)高度浓缩,实现与时俱进。侵权行为一般化立法将侵权行为一般条款高度浓缩,使之成为一个弹性极大的法律,能够包容任何符合这一条款要求的一般侵权行为,对具体的一般侵权行为不再——作出具体规定,因而就使这一条文成为一般侵权行为的高度概括,具有与时俱进的效果。

(3)赋予法官概括的裁判准则。这样就使法官在这一条文面前,享有高度的自由裁量权,发挥法律适用的创造性,依据这一侵权行为一般条款对所有的一般侵权行为作出准确的判决。

但是,传统的侵权行为一般化立法也存在较为明显的缺陷,存在自身的局限性。具体表现在:

(1)侵权行为一般化并不能穷尽一切侵权行为,需要立法进行补充。应当看到,对侵权行为的任何一般化的努力也都是不完备的,总是会有所遗漏。大陆法系关于特殊侵权行为的规定,就是对侵权行为一般条款规定一般侵权行为的补充,对侵权行为一般化的补充。因此,侵权行为的立法进行侵权行为类型化是不可避免的,只是类型化的范围不同而已。不仅一般侵权行为与特殊侵权行为是一种基本的类型化的划分方法,甚至在一般侵权行为的内部,也还是有类型化的需要,要区分不同类型的侵权行为,以确定不同类型的侵权行为的构成要件、举证责任、损害赔偿方法等具体规则。可供比较的是,《法国民法典》1804年规定的侵权行为法仅有5个条文,但是,仅新增加的"有缺陷的产品引起的责任"一种侵权行为,就补充规定了18个条文。这也说明,当代侵权行为法的内容仅仅依靠抽象的、概括的一般条款是不能完全解决问题的,需要增加具体规则的内容。

(2)抽象的立法需要系统、复杂的侵权行为法理论支撑。侵权行为一般化的立法方法在立法上确实保证了条文的简洁,但是,在理论上必须进行深刻的论述和阐释,否则,简洁的条文无法化为现实的法律适用,无法指导审判实践。因此,大陆法系产

生了极为复杂、深刻的侵权行为法理论,只有用这样深刻、繁复的侵权行为法理论,才能够指导侵权行为法的司法实践。

(3)适用这样简洁明快、概括性极强的侵权行为法,需要法官的高素质。简洁的立法条文,是立法技术的高度发展和对侵权行为深刻研究的产物,表明了大陆法系法学家对侵权行为研究的深刻程度,以及立法技术所达到的水平。适用这样的立法,对法官的素质提出了极高的要求,要求法官深刻领会概括性的一般化立法的基本含义,掌握法律适用的基本技巧和要求,既要掌握适用侵权行为法的高度创造性,又要忠实遵循侵权行为的一般条款。但是法官的创造性来自法官的高素质,取决于对这一条款的理解和遵循。如果法官群体对侵权行为一般条款达不到应有的理解程度,就会出现侵权行为一般条款适用不当或者不会适用的问题,从而无法达到严格执法的要求。

(二)英美侵权行为法的类型化立法模式的吸引力

英美法系侵权行为法的基本特点,就是将侵权行为类型化。它虽然具有缺少对侵权行为的概括性规定、繁复的侵权行为类型缺少严密的体系、立法形式和方法虽然灵活但是作为接触普通法不多的人掌握英美法的侵权行为法较为困难以及且侵权行为法的理论较为松散的不足,但是,英美法对侵权行为类型化的规定,使侵权行为法的适用具有极为方便的优势,且其理论的简化,恰恰反映了法官造法、便于司法适用的特点。相比较而言,英美侵权行为法类型化的做法具有以下优势:

(1)法律所肯定的侵权行为类型,一目了然。侵权行为类型化的最大好处,就在于侵权行为的类型清楚,直观、具体、明确。其作用就像《刑法》分则一样,各种侵权行为一目了然,各种规则非常清楚,具有直观、明确的特点,并且基本上穷尽了侵权行为的全部类型,无疑是最具吸引力的。可以说,这样的法律对于人民群众学习法律,掌握法律,运用法律,保护自己,是最为实用的。将这样的法律称之为"亲民"法,是完全有道理的。人民群众对法律更容易直观的理解,就会避免当事人提出不当的诉讼请求,避免诉讼的弯路,防止出现无法保护自己合法权益的后果。

(2)具有极强的可操作性,便于法官适用。英美法系的侵权行为法是法官创造的法律,不是学者创造的法律,因此,对每一种类的侵权行为都尽可能的规定详尽,责任构成、责任形式、举证责任、法官应当注意的问题,以及如何处理各种各样的具体问题,都有极为详细的解释。可以说,英美法系的侵权行为法更多的是实践经验的积累,是实践经验的升华,具有极为强烈的可操作性。这样的法律,对法官来说,既便于掌握,又便于执行。特别是对法官的整体水平不高的国家,以类型化的方法制定侵权行为法,更便于法官执法的统一,避免出现对法律的理解不一致的问题,造成执法的混乱。

(3)法官造法的立法形式,随时保持侵权行为法的前卫作用。最重要的,是英美法系的法官造法的形式。英美法系的法律都是法官创造的判例的积累,侵权行为法同样如此。我国是成文法国家,不可能适用判例法的形式制定法律,但是,英美法判例形式立法的方法却能够给人以启示,就是在成文法的基础上,充分调动法官的创造性,对典型的案例作出具有创意的判决,赋予其参照的作用,保持侵权行为法的鲜活和发展,应当不是特别困难的问题。

(三)埃塞俄比亚侵权行为法的重要经验和有益启发

可以明显地看出,埃塞俄比亚侵权行为法立法的基本考虑,就是既保持大陆法系侵权行为一般化的立法基础,但又有所改进,同时借鉴英美法系侵权行为法的类型化立法模式,在侵权行为一般化立法的基础上,对侵权行为进行类型化的规定,使侵权行为法更为详细、更为具体、更具有可操作性。它的立法经验和有益启发有如下几点:

1. 就大陆法系侵权行为法而言要"扬其长,避其短"

埃塞俄比亚是大陆法系国家,实行的是成文法制度。塞拉西皇帝立意改革,在1960年前后,颁布了《民法典》《商法典》《海事法典》《刑法典》《民事诉讼法典》和《刑事诉讼法典》等一系列法典,坚持成文法的传统。在侵权行为法方面,埃塞俄比亚继受大陆法系侵权法一般化立法的优势,规定侵权行为一般条款,这是扬长避短,一是将侵权行为一般条款进行改革,使其概括全部的侵权行为,避免大陆法系侵权行为一般条款仅仅规范一般侵权行为造成的范围过窄的弱点;二是增强侵权行为法的可操作性,使侵权行为的规定具体化,避免大陆法系侵权行为规定过于抽象、不够具体的弱点。

2. 对英美法系侵权行为法的立场是"取其长,补其短"

面对大陆法系侵权行为法的弱点,英美法系侵权行为法的类型化立法模式,就是最好的可借鉴的对象。如果将英美法系的类型化立法方法拿来为我所用,就可以补大陆法系侵权行为法不够具体,缺少可操作性的弱点。埃塞俄比亚侵权行为法正是这样做的。他们在规定侵权行为法的时候,在坚持一般化的传统立法方式基础上,采取类型化的方法规定侵权行为,详细规定各种不同的具体侵权行为及其规则,取得了很好的效果。

3. 融合大陆法系和英美法系的优势,实现"强强联合"

当代立法的趋势是两大法系不断融合和不断渗透,相互借鉴,取长补短。但是,如果简单地将大陆法系和英美法系的规定强硬地扭到一起,往往不能取得好的结果。在我国《合同法》的立法指导思想中,就有强行采纳英美法系合同法严格责任的倾向,其实并没有实现合同责任归责原则统一为严格责任的结果,处处露出大陆法系合同责任过错推定原则的尾巴,出现"夹生"现象。在侵权行为法中,如果将大陆法系侵权行为法的一般化立法和英美法系侵权行为法的类型化立法结合到一起,是不是也会出现这样的后果呢? 埃塞俄比亚侵权行为法的立法实践告诉我们,在侵权行为法而言,两大法系的各自优势完全可以结合,实现"强强联合",优势互补,制定出最有特色的、既有高度概括性的、又有具体可操作性的新型侵权行为法。而这正是我们梦寐以求的立法最高境界。

可以说,埃塞俄比亚侵权行为法的这些成功经验和有益启发,对于我国侵权行为法的制定,无疑具有极为重要的价值。

三、我国《民法通则》和民法典草案规定侵权行为法的基本做法和存在的问题

(一)我国《民法通则》规定侵权行为法的基本做法和存在的问题

我国《民法通则》规定侵权行为法,采纳的是法国侵权行为法的立法模式,即在侵权行为法中首先规定侵权行为的一般条款,概括一般侵权行为,这就是《民法通则》第106条第2款,内容是:"公民、法人由于过错侵害国家的、集体的财产,侵害他人财产、人身的,应当承担民事责任。"在这一个条款中,概括了绝大部分的一般侵权行为。之后,在第121条至127条以及第133条分别规定了8种特殊侵权行为,分别是国家赔偿责任、产品侵权责任、高度危险作业致害责任、环境污染侵权责任、地下工作物致害责任、地上工作物致害责任、动物致害责任以及法定代理人的侵权责任。

这样规定侵权行为法,保持了大陆法系侵权行为法的立法优势,使其立法简洁、明快,法官可以发挥创造性。但是,它存在的问题是:第一,侵权行为一般条款规定的是一般侵权行为,没有概括特殊侵权行为,立法方法还是"侵权行为一般条款+特殊侵权行为的特别规范=全部侵权行为"模式。这样的立法模式不如埃塞俄比亚侵权行为法的一般条款的做法,不能概括全部侵权行为,因而使侵权行为法的概括性不完全。第二,对侵权行为的具体规定局限在特殊侵权行为,只是对特殊侵权行为规定了具体规则,可操作性也只局限在特殊侵权行为,可是特殊侵权行为在全部的侵权行为法中毕竟是少数,而不是全部,因此,具体化不够就是这种立法的缺陷。第三,对一般侵权行为的法律适用仍然是采用抽象规定的方式,不规定具体规则,因而,对一般侵权行为缺少具有可操作性的规则,而现实生活中的一般侵权行为也并不都是适用一般规则就能够解决的。例如,侵害债权的侵权行为,就必须具有故意的要件,过失不构成侵权责任;侵害姓名权同样如此,过失不构成侵权。但是这些特别的规则,由于它们都是一般侵权行为,因而在《民法通则》关于侵权行为的规定中,没有规定具体规则、具体操作,只能依据学理进行。

(二)民法典草案"侵权责任法"的基本做法和存在的问题

1. 侵权责任法草案的基本内容

2002年12月23日,第九届全国人大常委会第三十一次会议开始审议《中华人民共和国民法(草案)》,其中第八编是"侵权责任法"。侵权责任法共分10章,各章的基本内容是:第一章"一般规定"中规定的是侵权行为的一般规则,诸如归责原则、共同侵权行为、承担侵权责任的方式等;第二章规定"损害赔偿";第三章"抗辩事由"规定了四种抗辩事由;第四章规定机动车肇事责任;第五章规定环境污染责任;第六章规定产品责任;第七章规定高度危险作业责任;第八章规定动物致人损害责任;第九

章规定物件致人损害责任;第十章是有关侵权责任主体的特殊规定。

2. 侵权责任法编草案的结构分析

侵权责任法编的结构实行三分制。按照侵权责任法草案的十章内容观察,尽管分了十章,但实际上是分为三个部分的。这就是侵权法总则、特殊侵权责任和替代责任。

第一部分规定的是侵权行为法的总则问题,包括第一章至第三章,作一般规定,规定了一般侵权行为的一般条款、共同侵权行为、责任方式、损害赔偿、抗辩事由。这些规定都是侵权行为法的基本问题,均在这一部分规定。

第二部分规定的是特殊侵权责任,包括第四章至第九章,规定了6种特殊侵权行为的责任:一是机动车肇事责任;二是环境污染责任;三是产品责任;四是高度危险作业责任;五是动物致害责任;六是物件致害责任。

第三部分规定的是侵权责任的形式,实际上主要是规定替代责任,即第十章。规定了法定代理人的责任,法人工作人员的责任,网站的责任,违反安全保护义务的责任。但是随之规定的,还有共同侵权的3个条文,就是教唆人的责任、共同危险行为责任和无过错联系共同致害的责任。这一部分的规定是有必要的,主要规定的是替代责任。

3. 侵权责任法草案的问题分析

对全国人大常委会的这部《民法典·侵权责任法编(草案)》进行如下分析:

(1)关于侵权行为一般条款的规定,概括的是一般侵权行为,而不是概括全部侵权行为。在开始起草民法典草案的时候,关于如何制定侵权行为法,主要有两种意见。一种意见是采用德国和法国的做法,仍然坚持用侵权行为一般条款规定一般侵权行为,用特别条文规定特殊侵权行为。另一种意见是规定概括全部侵权行为的侵权行为一般条款,然后规定侵权行为的类型,即吸收美国侵权行为法的做法,制定详细的侵权行为类型,在类型化的规定中,对各种侵权行为作出具体的规定,便于理解和掌握,便于在实践中适用。这实际上就是借鉴埃塞俄比亚侵权行为法的模式。

但是,按照现在侵权责任法编的规定看,并没有采纳代表侵权行为法立法潮流的埃塞俄比亚立法模式,仍然是采用德国、法国的模式,还是在规定一般侵权行为和特殊侵权行为,在基本体例上没有大的变化,仍然是拘泥于原有的立法,没有跟上侵权行为法的立法新潮流,是令人遗憾的。

(2)现在规定的这六种特殊侵权责任,是在《民法通则》的基础上改进的,从种类上增加了机动车肇事责任,其他的则没有变化。在内容上,增加了新的规定,使这些具体的特殊侵权责任规定更为详细,可操作性增强了。这一部分规定,立法的意图是明显的,但是存在问题。主要的问题是,要增加规定的特殊侵权行为也不是就只有交通肇事责任一种,还有很多种,为什么不规定,而仅仅增加这一种?也就是说,还有更多的具体侵权行为类型需要加以规定,仅仅规定这六种特殊侵权行为是远远不够的。

(3)关于一般侵权行为的规定,还是坚持一般化的规定,没有进行类型化的规定,缺少具体的、具有可操作性的规定。例如,侵害债权、侵害各种人格权、商业侵权、恶意诉讼等,虽然都是一般侵权行为,但都需要规定具体的规则,使其能够有统一的法律适用规则。但是现在的草案对此都没有规定。

4. 分析结论

因此,可以作出一个结论:侵权责任法编的草案仍然是拘泥于《民法通则》关于侵权行为法的规定模式,没有进行大的原则性的改进,没有采纳代表侵权行为法发展潮流的埃塞俄比亚侵权行为法的立法方法,尽管其内容规定了 10 章,条文规定了 68 条,大大超过了《民法通则》规定的篇幅和内容,但是,其基本立法方法和内容并没有变化,立法者的思路仍然局限在传统大陆法系侵权行为法的立法模式上,停留在制定《民法通则》当时的立法思想和立场之上,没有质的变化。对于埃塞俄比亚侵权行为法所代表的立法潮流没有给予应有的重视。因此说,这是一个比较落后的立法草案。

四、中国民法典规定侵权行为法应当采纳的立法模式

(一)立法目标是实现两个"全面性"

笔者主张,应当按照埃塞俄比亚侵权行为法的基本经验和方法制定我国的侵权行为法,要走的就是侵权行为法一般化和类型化相结合的道路,是大陆法系和英美法系结合的道路。我国侵权行为法要走这样的道路的标志,就是要在侵权行为法中既规定一般条款,又规定侵权行为的类型,实行侵权行为一般化和类型化的结合。具体做法是两个"全面性":第一,在侵权行为法的总则中,采用埃塞俄比亚侵权行为法的方式,规定概括全部侵权行为的侵权行为一般条款,实现侵权行为一般条款的"全面性"。第二,分专章专门规定侵权行为的不同基本类型和具体类型,实现侵权行为类型化的"全面性"。

按照这样的方式规定侵权行为法,就综合了大陆法系侵权行为法的结构严谨、含量丰富、理论蕴藏量大的特点和英美法系侵权行为规定具体明确、可操作性强、便于法官适用的特点,应当说是十分理想的侵权行为法。相信如果采用这样的立法方式,无论对人民群众还是法律专业人士掌握法律、运用法律,都会产生重要的影响。

(二)应当解决的立法思想问题

制定我国侵权行为法,应当很好地借鉴埃塞俄比亚侵权行为法的经验,将两大法系侵权行为法的立法优点结合在一起,实现两个"全面性",从而形成一种新型的立法体例。这是一个极好的设想,但是实行起来,存在特别的困难。针对这些困难,也可以提出具体的解决办法,使这个目标实现。

(1)一般化和类型化是两大法系对侵权行为理解和规范的产物,在一部法律中兼有两大法系的特点,极为困难。最为尖锐的表现,就是侵权行为一般化与类型化的冲突。大陆法系之所以将侵权行为一般化,其基本的思路就是避免侵权行为法篇幅的极度扩张,因此,才采用侵权行为法一般化的方法,实现立法的概括化,简化立法,增

加法律的弹性。因而在一般理解上,侵权行为的一般化和类型化是对立的,是不能融合的。现在采用一般化和类型化的结合方式制定侵权行为法,无疑是一种挑战,既是对大陆法系的挑战,也是对英美法系的挑战。对此,在立法思想上要勇于尝试,借鉴埃塞俄比亚侵权行为法的立法经验,走出更好的路子。

(2)如何对待侵权行为一般条款所概括的侵权行为范围的问题。立法思想应当明确,《法国民法典》以来的侵权行为法,包括我国的《民法通则》关于侵权行为一般条款的立法,是有局限性的,就是不能全面概括全部侵权行为,必须像《法国民法典》第1384条规定准侵权行为的一般条款,或者像《日本民法典》第712条至第718条那样分别规定特殊侵权行为。《民法通则》也是在规定了一般条款之后,还要对特殊侵权行为分别作出具体规定,否则,一般条款就无法囊括所有的侵权行为,出现规定的侵权行为挂一漏万的问题。如果采用一般条款的"全面性",就会一劳永逸地解决这个问题。而仍采用《民法通则》的立场,则无法避免这样的问题。

(3)如何对待侵权行为类型化的范围问题,是按照现在的类型化仅仅将特殊侵权行为进行扩展还是规定全部的侵权行为类型,实现"全面性"类型化?笔者认为,如果在侵权行为法中仅仅规定传统意义上的特殊侵权行为,就不能叫做侵权行为类型化。因此,侵权行为类型化应当是对所有的侵权行为的类型化,不能只规定特殊侵权行为的类型,也不能仅仅是在特殊侵权行为之上加以扩充。因此,应当确立侵权行为法对侵权行为类型化的"全面性"思想,尽可能地穷尽侵权行为的类型。

(4)"全面性"类型化的侵权行为法是否还要实现侵权行为一般化的"全面性"?对侵权行为按照类型化的方法作出全面性规定,就应当尽可能地穷尽侵权行为。既然已经实现了侵权行为类型化的"全面性",还有必要实现侵权行为一般条款的"全面性"吗?笔者认为,一方面,所谓的侵权行为类型化的"全面性"是尽可能的全面性,并不是能够真正实现的;另一方面,全面性的侵权行为一般条款恰好就是要补充侵权行为类型化的"全面性"的不足,保证侵权行为法不会成为僵化的法律,适应社会的发展和变迁。

(三)应当解决的具体问题

基于以上的分析和论证,笔者认为,中国侵权行为法也就是《中国民法典·侵权责任法编》的基本体例和内容应当包括以下这些方面:

1. 关于侵权行为一般条款问题

侵权行为法应当设置侵权行为法的一般条款,采用埃塞俄比亚的一般条款模式。《民法通则》第106条第2款,规定的是概括一般侵权行为的一般条款。《侵权责任法(草案)》,一般条款规定在第1条,是过错责任的一般条款。立法通过的侵权行为法规定的一般条款应当是概括全部侵权行为的一般条款。

在学者编撰的民法典专家建议稿草案中,采取的立场基本上是概括全部侵权行为的一般条款。中国人民大学民商事法律科学研究中心编撰的《中国民法典建议稿及说明》第1823条规定的是一般条款:"民事主体因过错侵害他人人身、财产权利的,应当承担侵权责任。没有过错,但法律规定应当承担侵权责任的,应当承担侵权责任。""民事主体因故意或重大过失侵害他人合法利益的,应当承担侵权责任。"⑧这一规定,显然规定的是全部侵权行为,而不是一般侵权行为。中国社会科学院法学研究所起草的《中国民法典草案建议稿》第1542条规定的是一般条款:"民事主体的人身或财产受到损害的,有权依据本编的规定请求可归责的加害人或者对损害负有赔偿或其他义务的人承担民事责任。"⑨这一规定,显然规定的也是全部侵权行为,而不是一般侵权行为。

笔者认为,我国侵权行为法规定侵权行为一般条款应当采纳《埃塞俄比亚民法典》第2027条的方式,对侵权行为全部请求权的基础进行规定,不再沿袭《民法通则》第106条第2款的规定方式,也不采用现在的《侵权责任法(草案)》的方式。建议一般条款包含的内容是:第1款规定:"自然人、法人和其他组织由于过错侵害他人的人身、财产的,应当承担侵权责任。"第2款规定:"违反保护他人的法律,侵害他人的人身、财产的,应当承担侵权责任。但能够证明其行为没有过错的,不在此限。"第3款规定:"故意以违背社会公共道德的方式侵害他人的民事权利或者合法利益的,应当承担侵权责任。"第4款规定:"法律有特别规定的,不问行为人是否有过错,对其违法行为造成的损害应当承担侵权责任。"

这个条文的位置,可以采取《埃塞俄比亚民法典》的方法,放在本编开始的位置上,不放在各章中,而是一个独立的组成部分。

2. 如何规定侵权行为类型

侵权行为法应当规定全面的侵权行为类型化。现在侵权责任法的做法不是全面的侵权行为类型化。

目前专家起草的侵权行为法立法建议稿的做法,基本上都是采用全面类型化的意见。例如中国人民大学民商事法律科学研究中心编撰的《中国民法典草案》,对侵权行为类型的规定是:①自己的责任;②替代责任;③危险责任和环境污染责任;④物件致害责任;⑤事故责任;⑥商业侵权与证券侵权。⑩

中国社会科学院法学研究所起草的《民法典专家建议稿草案》,对侵权行为规定的类型是:①自己的侵权行为;②对他人侵权之责任;③准侵权行为:无过错责任。⑪

徐国栋教授主编的《绿色民法典》关于侵权行为的类型,规定为两种类型:①一般侵权行为;②特殊侵权行为。虽然只是分为两种基本类型,但是其与民法典侵权责任法草案的一般侵权行为与特殊侵权行为的规定相比,一般侵权行为也规定了具体类型,而不是只作抽象的规定。⑫

---

⑧ 王利明主编:《中国民法典草案建议稿及说明》,中国法制出版社2004年版,第237页。
⑨ 梁慧星主编:《中国民法典草案建议稿》,法律出版社2003年版,第305页。
⑩ 参见王利明主编:《中国民法典草案建议稿及说明》,中国法制出版社2004年版,第240页以下。
⑪ 参见梁慧星主编:《中国民法典草案建议稿》,法律出版社2003年版,第310页以下。
⑫ 参见徐国栋主编:《绿色民法典》,社会科学文献出版社2004年版,第711页以下。

笔者认为,对侵权行为进行全面的类型化规定,是可取的,其意义和效果如上,不必赘述。其基本分类,可以依据侵权行为归责原则的不同,分为3个,即:过错责任的侵权行为,过错推定的侵权行为,无过错责任的侵权行为。在其下,在分别规定具体的侵权行为类型:

(1)过错责任的侵权行为。分为故意或者过失侵害人身,故意或者过失侵害人格,妨害家庭关系,故意或者过失侵害物权,侵害债权,侵害知识产权,媒体侵权,商业侵权,恶意诉讼与恶意告发。

(2)过错推定责任的侵权行为。分为国家赔偿的侵权行为,用人者责任的侵权行为,法定代理人的侵权行为,专家责任,违反安全保护义务的侵权行为,物件致害责任,事故责任。

(3)无过错责任的侵权行为。分为产品侵权责任,危险物和危险活动侵权行为,环境污染致害侵权行为,动物致害侵权行为,工伤事故责任,道路交通事故责任。

论侵权特别法及其适用[*]

全国人民代表大会及其常委会在其第五届和第六届任期的 10 年中,共制定了 70 多部法律。其中,在 24 部非民事法律和《行政诉讼法》中,共创设了 60 个侵权损害赔偿的法律条文。至 2009 年 4 月,在立法机关制定的法律中,有 78 部法律规定了侵权损害赔偿的法律规范,其中民事法律 6 部,行政法律 29 部,经济法律 33 部,社会法律 10 部,构成了庞大的法律体系。这些侵权法律条文的性质是什么?与《民法通则》有关侵权民事责任的规定是什么关系?在审判实践中应如何适用?这一系列问题,都是侵权特别法及其适用的问题。本文就这些问题作如下探讨。

一、侵权特别法的概念和特征

侵权特别法是侵权行为法特别法的简称,是指国家立法侵权普通法以外的法律中有关侵权行为的特别民事法律规范的总和。

侵权行为法有广义与狭义之分。广义的侵权行为法包括侵权普通法和侵权特别法。狭义的侵权行为法专指侵权普通法。所谓侵权普通法,就是国家关于侵权行为的集中、专门的立法。纵观各国情况,成文法国家多数将其规定在民法典中,少数规定在债法中;判例法国家则集中体现在国家司法机关的判例中。我国的侵权普通法则规定在《民法通则》第六章"民事责任"中,包括"一般规定"中的 5 个条文、"侵权的民事责任"中的 17 个条文和"承担民事责任的方式"中的 1 个条文,共计 23 个条文。

侵权特别法与侵权普通法相比较,具有以下基本特征:

(1)在表现形式上,侵权特别法是由民法典或债法以外的法律来规定的,包括行政法律、刑事法律等非民事法律中设置的侵权行为法规范和修改、补充侵权行为法的专门法律。如日本,除了在一系列非民事法律中制定大量的侵权特别法规范以外,还制定了诸如《国家赔偿法》等若干属于侵权特别法的单行法。我国目前的侵权特别法主要表现为非民事法律中的侵权法规范,正在草拟中的《国家赔偿法》为单行的侵权特别法。

(2)在具体内容上与侵权普通法不同,这是侵权特别法与侵权普通法最根本的区别。例如,《海洋环境保护法》规定,违反该法,造成海洋环境污染的,要赔偿国家损

---

* 本文发表在《河北法学》1989 年第 5 期。笔者进行了增补。

失;受到污染损害的单位和个人,亦享有损害赔偿请求权。这种关于损害赔偿法律关系双重权利主体的规定,是我国侵权普通法没有明文规定的。

(3)在法律效力上,侵权特别法具有特定的效力范围。侵权普通法对全国具有普遍的效力,而侵权特别法无论是空间效力、对人效力,还是适用的范围,都有特定性。如《邮政法》中的侵权特别法规范,仅适用于邮政企业范围内发生的邮政企业或者邮政工作人员因进行邮政业务而致邮政用户损失的场合。超出这一场合,该侵权法规范即无效力。

(4)在适用程序上,侵权特别法不仅可以适用民事诉讼程序,而且还规定了特别侵权行为的行政处理程序、行政诉讼程序和行政执行程序,而侵权普通法一般只适用民事诉讼程序。

侵权特别法与侵权普通法之间的关系,概括地说是特殊与一般的关系。所谓一般,即普遍性,是共同具有或者共同适用的,指的是基本法律;所谓特殊,即差别性,是相对于基本法而言,指与基本法具有差别的法律。上述侵权特别法的四个基本特征,正是体现了侵权特别法的特殊之处。

这种与侵权普遍法具有差别的侵权特别法,是广义的侵权行为法的重要组成部分。它的作用是补充、修改、丰富侵权普通法。侵权行为法是规定什么是侵权行为,如何对侵权行为进行民事制裁的法律。面对极其复杂并且不断变化的社会生活,侵权普通法只能制定侵权行为的构成以及民事责任承担的一般原则,不可能概括所有的侵权行为。随着社会的发展,法律不会一成不变,也需要随着变化了的社会生活而不断补充、完善自己。特别是由于我国正处于经济体制、政治体制改革时期,为适应不断变化的政治、经济、社会生活,更有必要不断修改、丰富我国的侵权普通法。

古今中外的立法者弥补基本法律的不足,主要采取三种方式:一是直接修改法律;二是颁布单行法规;三是在其他法律中设置特别法律规范。一般地说,直接修改基本法,有利于维护基本法的统一性,但频繁改动基本法又会破坏其相对稳定性。我国《民法通则》颁布实施之后,一直没有修改,当然不宜动辄修订,主要的问题留待制定《侵权责任法》解决。但在很长时间里,为了解决现实需要与侵权普通法稳定间的矛盾,侵权特别法应运而生。它既可以规定新的侵权行为,又可以对侵权普通法的一些原则规定进行修改和补充,是一种重要的立法形式。

由此可见,侵权特别法是侵权行为法体系中不可缺少的组成部分,对弥补侵权普通法的局限性和维护其稳定性具有重要意义。它不仅是对侵权普通法的必要补充和修改,而且是完善侵权普通法的重要形式。随着改革的深入,我国的侵权特别法会越来越多。因此,研究侵权特别法及其适用,已成为民法学界和民事审判亟待解决的课题。

二、侵权特别法的基本内容

侵权特别法包括实体法和程序法的内容。在现有的78条侵权特别法规范中,既包括纯粹的实体法规范,也有纯粹的程序法规范,实体法与程序法规范编在一起的有 8 条。

(一)侵权特别法的实体法内容

侵权特别法实体法的内容是规定特别侵权行为的构成及赔偿责任范围。所谓的特别侵权行为,就是侵权特别法所规定的相对于侵权普通法规定的侵权行为(包括一般侵权行为和特殊侵权行为)所作的划分,其标准是按侵权行为所处法律环境的不同。特别侵权行为就是侵权特别法规定的侵权行为,它既包括《民法通则》规定的某些一般侵权行为和特殊侵权行为,也包括《民法通则》没有规定的某些新的侵权行为。侵权特别法实体法规定特别侵权行为及其赔偿责任的构成、范围和赔偿方法。

侵权特别法也包括为制裁特别侵权行为而规定的程序法。其理由是:第一,从形式上看,非民事法律中侵权行为法规范的实体内容与程序内容密切相关。在现行立法中,特别是在立法技术不断提高的近几年的立法中,凡是设有侵权损害赔偿条文的,大多设有对特别侵权行为如何处理的程序法条文,即使在实体法和程序法分立的刑事立法中,实体法规定了刑事制裁附带民事制裁的内容,在程序法中亦相应规定了刑事附带民事诉讼的内容。这从形式上说明了侵权特别法的程序法与实体法密不可分。第二,从实质上看,在侵权特别法规范中,程序法仅仅是为实现其实体法内容服务的。非民事法律中的程序内容包括实现行政处罚、民事制裁和刑事制裁的程序规定。但是,就民事制裁而言,在规定了侵权特别法规范的非民事法律中,关于民事制裁的程序规定,仅仅是为实现侵权民事责任特别是侵权损害赔偿服务的。在近期的立法中,一些非民事法律的"法律责任"一章,将行政制裁程序与侵权损害赔偿程序分立,更清楚地表明了侵权特别法的实体法与程序法的实质联系。正因为如此,可以认为,侵权特别法的实体法和程序法是内容与形式的关系,它们不可分割地组合在一起,成为广义侵权特别法的一个重要组成部分。

侵权特别法实体法的内容主要包括五个方面:

1. 部分地修改了侵权普通法的内容

这种情况主要是指对《民法通则》规定的原则加以修订,但只限于该法适用范围的情况。例如:

2008 年修订的《水污染防治法》第 85 条第 2 款至第 4 款关于"由于不可抗力造成水污染损害的,排污方不承担赔偿责任;法律另有规定的除外。水污染损害是由受害人故意造成的,排污方不承担赔偿责任。水污染损害是由受害人重大过失造成的,可以减轻排污方的赔偿责任。水污染损害是由第三人造成的,排污方承担赔偿责任后,有权向第三人追偿"的规定。

2000 年修订的《大气污染防治法》第 63 条关于"完全由于不可抗拒的自然灾害,并经及时采取合理措施,仍然不能避免造成大气污染损失的,免予承担责任"的规定。《民法通则》第 107 条规定:"因不可抗力不能履行合同或者造成他人损害的,不承担民事责任,法律另有规定的除外。"不可抗力是指人力所无法抗拒的强制力,包括无法抗拒的自然现象(地震、台风等)和某些社会现象(如军事行动等)。上述两部法律的规定,限制了不可抗力中社会现象因素造成污染的免责条件的适用;并且在自然灾害造成的不可抗力损失时,尚须以及时采取合理措施仍不能避免为必要条件。这就在一定范围内有限度地修改了侵权普通法所确立的不可抗力免责原则。

2009年修订的《邮政法》第46条规定的平常邮件损失免责,第48条规定的保价的给据邮件因不可抗力所致损失仍不免责的规定,分别修改了过错责任原则和不可抗力免责原则。

特别值得注意的是2007年修订的《道路交通安全法》,第76条规定:"机动车发生交通事故造成人身伤亡、财产损失的,由保险公司在机动车第三者责任强制保险责任限额范围内予以赔偿;不足的部分,按照下列规定承担赔偿责任:(一)机动车之间发生交通事故的,由有过错的一方承担赔偿责任;双方都有过错的,按照各自过错的比例分担责任。(二)机动车与非机动车驾驶人、行人之间发生交通事故,非机动车驾驶人、行人没有过错的,由机动车一方承担赔偿责任;有证据证明非机动车驾驶人、行人有过错的,根据过错程度适当减轻机动车一方的赔偿责任;机动车一方没有过错的,承担不超过百分之十的赔偿责任。交通事故的损失是由非机动车驾驶人、行人故意碰撞机动车造成的,机动车一方不承担赔偿责任。"这一条文规定了完整的道路交通事故责任的法律适用规则,修改了《民法通则》第123条关于高速运输工具侵权责任的具体规则。

2. 在侵权普通法的指导下增加新的原则性规定

在侵权普通法的原则指导下,增加新的原则性规定,亦只限于在该法适用范围内使用。有两部法律这样规定:

1999年修订的《海洋环境保护法》第92条,在规定了战争行为、不可抗拒的自然灾害等不可抗力免责条件外,又增设"负责灯塔或者其他助航设备的主管部门,在执行职责时的疏忽,或者其他过失行为"作为免责条件;它虽与"过错责任原则"的基本宗旨相一致,但又明文加以规定,等于创设了新的免责事由条文。

2009年修订的《邮政法》第49条第3款规定的"用户在本条第一款规定的查询期限内未向邮政企业查询又未提出赔偿要求的,邮政企业不再承担赔偿责任"免责条款,是在《民法通则》诉讼时效原则指导下新创设的一种时效规定。与一般诉讼时效相比,这种时效的特别规定排除2年、20年时效的适用,而且时间非从已知或应知损害发生时始,而是自交寄、交汇时始;查询和赔偿损失请求的效力相同,均可引起赔偿;期限届满邮政企业免责,权利人连实体权利也已丧失。因此,它与诉讼时效制度既有联系,又有区别。

3. 创设新的原则性规定

突破侵权普通法的约束,又创造了新的原则性规定。这种情况共有3部法律9个条文:

《海洋环境保护法》第90条第2款规定:"对破坏海洋生态、海洋水产资源、海洋保护区,给国家造成重大损失的,由依照本法规定行使海洋环境监督管理权的部门代表国家对责任者提出损害赔偿要求"。这种国家作为赔偿权利主体的做法,在《民法通则》中并没有规定。

2009年修订的《食品安全法》第55条规定:"社会团体或者其他组织、个人在虚假广告中向消费者推荐食品,使消费者的合法权益受到损害的,与食品生产经营者承担连带责任。"这种规定也创设了新的原则性规定,具有新意。

2009年修订的《邮政法》第47条第1款规定邮件丢失、损毁、内件短少的"规定赔偿"制、"限额赔偿"制、"比例赔偿"制等,都与侵权普通法的"全部赔偿"原则不同。

2007年修订《律师法》第54条规定:"律师违法执业或者因过错给当事人造成损失的,由其所在的律师事务所承担赔偿责任。律师事务所赔偿后,可以向有故意或者重大过失行为的律师追偿。"这规定的是专家责任的法律规则,非常重要。

4. 丰富了侵权普通法的具体内容

这是指某一侵权特别法规范并没有超出与其相对应的侵权普通法规范的内容,但在其"假设""处理"和"制裁"中增加了具体内容,使该规范更易于在实践中执行和掌握。最突出的表现是《商标法》和《专利法》中分别具体规定了商标侵权行为和专利侵权行为的构成、责任范围、赔偿数额计算等内容。

5. 固定了侵权普通法的内容

这是指侵权特别法规范并没有规定新的内容,只是重新强调了在某一方面所出现的侵权行为,使之固定化,以适应该法律着重强调该种侵权行为的需要。包括:《环境保护法》第41条,《婚姻法》第23条等。

(二)侵权特别法的程序法内容

1. 管辖权问题

规定特别侵权行为在行政程序和诉讼程序上怎样分工、怎样衔接和怎样进行。

(1)各种法律规定特别侵权行为适用何种程序并不相同。《商标法》《专利法》《草原法》规定了四种程序:一是行政处理程序,包括行政机关调解、裁决、仲裁的规定,以及行政复议程序;二是行政处理后的行政诉讼程序,即当事人不服行政裁决,在一定期限内可以向人民法院起诉;三是行政强制执行程序,即行政处理以后起诉期限届满当事人既不起诉又不履行的,由主管机关申请人民法院强制执行;四是民事诉讼程序,即当事人可以直接向人民法院提起民事诉讼。

《海洋环境保护法》《水污染防治法》《大气污染防治法》《土地管理法》《邮政法》《药品管理法》规定了行政处理、行政诉讼和民事诉讼三种程序;《海洋环境保护法》《矿产资源法》《渔业法》《水法》规定了行政处理、行政诉讼和行政强制执行三种程序。

(2)行政管辖和民事诉讼管辖的分工。行政管辖和民事诉讼管辖的分工分三种情况:一是强制性的行政管辖,即只由行政机关处理,未规定民事诉讼程序。二是选择性的行政管辖,即行政主管部门对特别侵权行为的管辖权依当事人的申请、请求等意思表示而产生,即行政管辖和民事诉讼管辖由当事人选择。三是选择性的行政调解管辖。

(3)行政程序与诉讼程序的衔接。行政程序与诉讼程序的衔接主要是指行政处理决定宣告后,当事人不服是否可以提起行政诉讼的问题,多数法律都作出了当事人不服可以提起行政诉讼的规定。

2.行政诉讼问题

《行政诉讼法》及其他法律对此规定如下:

(1)公民、法人或者其他组织的合法权益受到行政机关或者行政机关工作人员作出的具体行政行为侵犯造成损害的,有权请求赔偿。《行政诉讼法》虽未明文规定可以在行政诉讼中附带对该民事诉讼加以审理,但从条文逻辑上可以推出这一结论。

(2)公民、法人或者其他组织单独就行政损害提出请求的,应当先由行政机关解决;对行政机关的处理不服,可以向人民法院提起诉讼。对此种诉讼的性质,该法未明文确认,依法理,当属民事诉讼。

(3)赔偿诉讼可以适用调解,排斥行政案件审理不适用调解的原则。

(4)赔偿费用从各级财政列支。

(5)行政诉讼的起诉时限问题,单行法与《行政诉讼法》规定并不一致。《行政诉讼法》规定不服复议起诉期限为15天,直接起诉的期限为3个月,但均有"法律另有规定的除外"的规定,因此,上述单行法的规定均应分别执行。

3.其他问题

其他程序性的问题:一是一些法律专门作出特殊时效期间的规定。二是规定具体的执行办法。三是规定刑事附带民事诉讼的具体程序,例如《刑事诉讼法》的规定。

三、侵权特别法的适用原则

(一)侵权特别法存在的缺陷

从以上列举的情况看,我国的侵权特别法对补充、丰富、发展侵权普通法的原则规定发挥了重要作用。但是由于以下两个原因,使侵权特别法存在着很多缺陷:

(1)在侵权普通法确立之前,已经制定了一些侵权特别法规范。在设有侵权特别法规范的78部法律中,在《民法通则》公布之前公布的有17部,其他的都是在《民法通则》公布的同时或以后公布。这样,整个侵权特别法横跨《民法通则》颁布的前后两个阶段,前一部分侵权特别法规范没有也不可能对照《民法通则》侵权民事责任的规定来制定。

(2)侵权特别法散见于各单行法律之中,这些法律的立法倡议及草案多为各行政主管部门提出,缺少统一的、严格的协调,致使规定相异的情况较为多见。因而,形成了侵权特别法存在诸如表述过于笼统、条款设置较乱、术语不够准确、程序不够统一等问题,有些影响到法律的正确适用。因此,必须研究适用侵权特别法的原则。

(二)侵权特别法实体法的适用原则

适用侵权特别法,应当坚持三条原则:

1. 特别法优于普通法原则

这是法律适用的一条基本原则。由于侵权特别法相对于普通法具有特殊的效力,因而在特定的范围内,排斥了侵权普通法的适用。适用这一原则,关键在于掌握侵权特别法的适用范围,以防止强调侵权普通法的普遍适用而不执行侵权特别法以及无限制地扩大侵权特别法适用范围这两种倾向。

侵权特别法规范的适用范围各不相同,一般应掌握以下四点:

(1)有的侵权特别法规范的适用范围是以侵权行为的义务主体划分的,适用时以侵权行为的义务主体为标准,如《邮政法》。

(2)有的侵权特别法规范的适用范围是以侵权行为所侵害的权利划分的,适用时应以所侵害的权利类型限定的范围为标准,如《商标法》和《专利法》。

(3)有的侵权特别法规范的适用范围是以主管机关的管辖范围划分的,适用时应以其主管机关管辖范围为标准,如2005年制定的《治安管理处罚法》。

(4)有的法律开宗明义就规定了该法的适用范围,该法所规定的侵权特别法规范只能与这一适用范围相同,如《食品卫生法》。

2. 新法优于旧法原则

这是处理法律规范冲突的另一个重要原则,是指在法律适用中对同一个问题,法律有前后两种或几种不同规定的时候,司法机关优先适用新法。适用侵权特别法时应用该原则,主要是由于侵权特别法时间跨度大,《民法通则》恰居于这一跨度的中间,很难说《民法通则》颁布前的侵权特别法规范是对侵权普通法的修改、补充。其中的一些特别规定由于与《民法通则》的无法照应而出现矛盾。采用这一原则正是为了解决这一矛盾。因此,采用新法优于旧法原则,应当注意:第一,它只是特别法优于普通法原则的补充。在侵权特别法的适用上,基本的、第一位的原则是特别法优于普通法原则。只是为了避免《民法通则》颁布之前制定的侵权特别法中那些并不具有特别法实质意义的、有错误的法律规范,才需要以新法优于旧法原则作为补充。第二,强调新法优于旧法原则并不是绝对地适用《民法通则》的所有规定,而是要针对具体问题进行实事求是的分析,对于具有严格意义上的、确有必要的侵权特别法规范,仍然要加以适用,只对于那些侵权普通法颁布之前颁布的,不是为了补充、修改、丰富侵权普通法目的而制定的过时了的侵权特别法规范,才适用这一原则,以排斥其适用的效力。

3. 综合平衡原则

由于侵权特别法规范的分散性,使得侵权普通法颁布之后制定的侵权特别法中,也存在不是有意修改、补充、丰富侵权普通法的条文。为了避免由于分散制定而产生的不符合侵权行为法原理的个别规范的错误适用,需要以综合平衡原则作为补救原则。

所谓的综合平衡原则,就是依侵权行为法的基本原理和基本立法精神,综合考察侵权普通法和特别法之间的差异,正确分析二者的矛盾,准确理解立法的意图,确定适用特别法还是普通法,或补充二者均未规定的"法律空白"。采用这一原则,必须注意:第一,准确掌握侵权特别法规范的立法意图,分清非民事法律中设立的条文是立法之必需,还是立法之疏漏。第二,判断的标准,是侵权普通法和我国民事立法的基本原则。第三,在侵权特别法和普通法都没有明确规定,或者规定都不明确的时候,可以依据政策;政策亦无规定的,可以依据法理或习惯。

在研究侵权特别法程序法的适用问题时,除应考虑上述适用原则外,还应当作一些具体的研究。

适用侵权特别法程序法的一般原则是:对于特别侵权行为,行政主管机关有一般裁决权,最终裁决权属于人民法院。其主要理由是,侵权特别法规定的特别侵权行为,同时受民法、行政法两个基本法的调整,在一个法律行为产生的法律关系上,既体现了行政法律关系的特点,又体现了民事法律关系的特点。行政主管机关对特别侵权行为人责以赔偿损失的制裁,是行政法律关系,而承担赔偿义务的行政违法行为人即特别侵权行为人与被侵害人之间,又是一种民事法律关系。正因为如此,行政主管机关在行使行政管理权的时候,可以实施行政制裁附带作出民事制裁,又由于它的实质是一种民事权益争议,因此最终裁判权属于人民法院。

(三)侵权特别法程序法的适用原则

侵权特别法程序法适用的具体方法,主要有以下几种:

1. 行政管辖与诉讼管辖的分工依单行法的特别规定

凡是规定强制性行政管辖的,行政主管机关直接行使管辖权;凡是规定选择性行政管辖的,依当事人申请、请求的意思表示决定,或由行政机关处理,或由人民法院审理,或放弃。

2. 行政处理程序与行政诉讼程序的衔接应当有统一的理解和掌握

如果准许某些特别侵权行为可以通过诉讼程序解决,不准许另外一些特别侵权行为通过诉讼程序处理,这不仅不符合侵权行为法的基本理论、基本实践和民事诉讼法原理,而且也限制甚至剥夺了当事人合法的诉讼权利。就现行的立法而言,有些法律虽然没有规定责令赔偿损失以后可以向人民法院起诉,但法律也没有规定不许向人民法院起诉,因而可以依照诉讼法的规定,准许当事人起诉;有的法律只规定"对行政处罚不服的"可以起诉,则可以把行政机关责令赔偿损失扩大解释为行政处罚,准许当事人起诉。因此,统一理解和掌握的原则是:当事人对行政处罚附带的损害赔偿制裁决定不服的,可以向人民法院起诉,或者引起行政诉讼程序,或者引起民事诉讼程序。提起何种诉讼程序,取决于两个因素:一是行政处罚与赔偿损失是否系一并作出;二是当事人选择。如果是一并作出的,可以依行政附带民事诉讼程序审理;如果是单独作出,可以依当事人的选择,或者径行按民事诉讼程序审理。

3. 规定有期限的按照规定

提起行政诉讼规定有期限的,依单行法律的具体规定,没有规定期限的,依《行政诉讼法》的规定。

4. 是否可以提起申请强制执行程序依单行法的具体规定

没有规定强制执行程序的,应视为法律并未赋予该行政裁决以强制执行的效力;对损害赔偿没有规定强制执行程序而对行政处罚规定强制执行程序的,效力仅及于行政处罚本身。这一点与《行政诉讼法》第66条的规定并不相悖。

5. 诉讼时效的规定依据特别规定

时效规定依单行法的具体规定,无特别规定的,依《民法通则》的规定。

东亚地区侵权法实现一体化的基础及研究任务[*]

2010年7月2日,也就是《侵权责任法》正式实施的第二天,中国与日本、韩国、我国台湾地区、香港特别行政区的18位研究侵权法的学者,在中国黑龙江省伊春市发起成立了"东亚侵权法学会"(Academy for East – Asian Tort Law,缩写为"AETL"),共同签署了"东亚侵权法学会伊春宣言"。[①] 7月3日,"东亚统一侵权法国际研讨会暨东亚侵权法学会第一届年会"在伊春市召开,就《东亚侵权法示范法》的制定达成了广泛的一致意见,决心共同推动《东亚侵权法示范法》的起草工作。[②] 这是我国民商法走出国门,参与东亚民商法律一体化建设的一个重要步骤,在东亚各国法律一体化建设中具有重要意义,也是东亚各国和地区呼应欧洲民法统一,实现国际民法融合发展趋势实现一体化的重要举措。

一、研究和制定《东亚侵权法示范法》的必要性与实现的目标

科学技术的不断进步和现代工业社会的迅猛发展,大大改变了侵权法存在的社会基础,也使东亚各国家和地区陆续进入风险社会时代,社会危险因素不断增加,社会成员可能蒙受损害的几率急速扩大。因此,各国和地区的人民对个人安全的要求以及由此产生的社会安全需求成为各法域侵权法不断发展的社会根源和直接动力。与此同时,由此而来的全球化与区域化趋势,直接推动着各国、各地区在政治、经济、法律等多层次、多领域的相互联系、影响、制约,并且不断加强。这一趋势在侵权法领域,则体现为各国和各地区在特定的区域内侵权责任基本规则的逐步协调与统一。在实现区域侵权法一体化的进程中,"示范法"以其特有的立足于对法的示范力而非强制力的特点,受到各国和各地区的特别关注,得到了广泛运用,并产生了巨大影响。

---

[*] 本文发表在《台湾本土法学》2011年第169期。

[①] 《东亚侵权法学会公告(2010)2号:东亚侵权法学会伊春宣言》,载东亚侵权法学会网站,2010年9月4日访问。

[②] 参见《东亚统一侵权法国际研讨会暨东亚侵权法学会第一次年会简报》,载东亚侵权法学会网站,2010年9月4日访问。

在区域侵权法统一的进程中,欧美已经走在了前列。

作为欧洲统一民法典的重要组成部分,欧洲统一侵权法的起草已经取得了两项重要成果。考茨欧(Koziol)教授主持的欧洲侵权法小组(EGTL)从1996年开始连续出版了10卷本《统一侵权法》系列丛书,实现了欧盟范围内侵权法的比较法研究和资料的全面英文化,并在2005年出版了《欧洲侵权法原则:文本与评注》。③ 冯·巴尔(Von Bar)教授主持的欧洲民法典研究小组(SGECC)在《欧洲比较侵权行为法》一书的基础上,于2006年公布了《致另一方损害引起的非合同责任》,并于2009年正式出版了官方评注。④ 欧洲未来统一的侵权法将采取尽量提取各国侵权法"公因式"的模式,建立各国能够接受的共同框架。

美国的侵权法统一进程主要由美国法学会(ALI)和美国统一州法委员会(NC-CUSL)推动。美国法学会采用"法律重述"的方式,自20世纪20年代开始,陆续颁布了《侵权法重述》(1923—1939)和《侵权法重述·第二次》(1955—1979)⑤,正在进行的《侵权法重述·第三次》已经完成了《产品责任编》(1998)、《责任分担编》(2000)和《财产和精神损害责任编》(2009)的起草⑥,对各州法院和联邦法院的侵权法判例进行了整合。美国统一州法委员会通过制定各种"统一法"或者"模范法",在制定法层面倡导侵权法的统一,已经制定的《统一侵权责任分摊法案》(1939、1955)、《统一比较过错法案》(1979)、《惩罚性赔偿金示范法》(1996)和《统一侵权责任分担法案》(2003)等⑦,已经为大多数州的立法所采纳。

随着东亚各国各地区经济交往的不断深化,东亚侵权法融合发展的趋势已现端倪。

在日本,通过1898年7月16日《日本民法典》的制定和以后的陆续修订,侵权法作为债法的组成部分,已经法制化、体系化。在韩国,1958年2月22日通过了《韩国民法典》,在债法编第五章"不法行为"中规定了比较完整的侵权行为法。在中国,1930年制定完成的《中华民国民法》,在债编中规定了侵权行为法,把侵权行为规定为债的发生原因,该法被我国台湾地区所继续沿用。中国香港特别行政区继受英国法的侵权法,融汇了香港特别行政区法院形成的新的判例和规则,侵权法的内容也比

---

③ 参见欧洲侵权法小组编著:《欧洲侵权法原则:文本与评注》,于敏、谢鸿飞译,法律出版社2009年版。

④ See Christian von Bar, *Non-contractual Liability Arising out of Damage Caused to Another*, sellier, European law publishers, 2009.

⑤ See ALI: Restatement of the of the Law of Torts. ALI: Restatement of the Law of Torts, Second.

⑥ 参见王竹:《美国法学会〈侵权法重述·第三次·责任分担〉(中英文对照翻译)》,载中国民商法律网,2010年9月4日访问。

⑦ 参见王竹、沈磊:《美国统一州法委员会〈统一侵权责任分摊法案〉(1939)》,载中国民商法律网,2010年9月4日访问;王竹:《美国统一州法委员会〈统一侵权责任分摊法案〉(1955年修订)》,载中国民商法律网,2010年9月4日访问;王竹:《美国统一州法委员会〈统一比较过错法案〉(1979修订版)》,载中国民商法律网,2010年9月4日访问;王竹:《美国统一州法委员会〈统一侵权责任分担法〉(中英文对照参考译本)》,载中国民商法律网,2010年9月4日访问。

较完备,体现的是英美侵权法的判例法传统。在澳门,继受葡萄牙民法传统,建立了具有葡萄牙和澳门特色的侵权法,在回归祖国之后制定了《澳门民法典》,规定了较为详细的侵权法规则,也置于债法编。1949年中华人民共和国成立后,前30多年没有制定民法,也没有成文的侵权法,在1986年4月12日公布的《民法通则》中,将侵权法规定在"民事责任"一章,将侵权行为的法律后果规定为民事责任,在实施了23年之后,于2009年12月26日通过了《侵权责任法》,并于2010年7月1日正式实施。中国《侵权责任法》的制定,打破了成文法国家制定侵权法一以贯之地把侵权法作为债编内容的立法模式,使其脱离债编,而成为一部民法的民事权利保护法[8]和民事权利损害救济法[9],扩展调整领域,充分发挥其法律功能,在更为广泛的调整范围内发挥重要作用,具有更为重要的意义。此外,在蒙古、越南等东亚国家,侵权法的立法均已完成。东亚各法域的侵权法已经基本制定齐备,为《东亚侵权法示范法》的制定提供了必要的基础和条件。据此,东亚各法域的侵权法学者有条件也有责任追随欧洲统一侵权法的脚步,奋起直追,完成《东亚侵权法示范法》的制定和研究任务。

东亚侵权法学会经过讨论认为,东亚侵权法学会的建设目标和《东亚侵权法示范法》的研究目的,是推进东亚经济一体化和私法共同化,实现亚洲侵权法的统一,并为未来与欧洲统一侵权法、美国侵权法重述的跨法系整合,制定《国际侵权法示范法》,提供对话平台,最终提出《东亚侵权法示范法》,其中每个条文将包括示范条文、说明、各法域相关立法、范例和评论等内容,并以中文、日文、韩文和英文出版。[10]

笔者认为,这个建设目标和研究目的是非常明确的,也是能够实现的。《东亚侵权法示范法》的起草过程将整合东亚地区中国、日本、韩国和我国台湾地区、香港特别行政区和澳门特别行政区以及其他法域侵权法学者的学术资源,在以下三方面进行深入研究,并取得研究成果:第一,深入发掘东亚侵权法整合的东亚法律文化基础、东亚经济一体化的社会基础以及统一的侵权法伦理基础。第二,对东亚侵权法中的异同点进行多法域比较法研究,整合立法规则和学术观点的比较法研究结果,建立起具有东亚特色的侵权法比较研究理论体系,抽取"公因式",探求东亚各法域在何种程度上存在侵权法共同原则和规则,发掘东亚侵权法整合的可能性和必要性,形成制定《东亚侵权法示范法》规则的预案,供立法选择。第三,选择和设计典型案例,分别由各法域专家根据本法域侵权法,作出"模拟判决",并通过对"模拟判决"结果的分析,制定具有东亚特色的《东亚侵权法示范法》的法律体系和具体规则,形成示范法,引导各法域侵权法采取统一的规则处理各法域的侵权纠纷。

---

[8] 参见杨立新:《侵权责任法》,法律出版社2010年版,第8页。
[9] 参见王利明:《中国侵权责任法教程》,人民法院出版社2010年版,第48页。
[10] 参见《东亚统一侵权法国际研讨会暨东亚侵权法学会第一次年会简报》,载东亚侵权法学会网站,2010年9月4日访问。

二、《东亚侵权法示范法》实现一体化的基础和研究计划

(一)《东亚侵权法示范法》实现一体化的基础

实现《东亚侵权法示范法》一体化的基本思路,是从历史、社会和伦理基础的角度,探求东亚侵权法整合和统一的可能性和正当性。东亚各个法域尽管发展层次各异,但明显具有不同于欧美的历史进程和文化积淀,其侵权责任的伦理基础也是重要的共同点。通过对东亚各法域的侵权法立法、判例和理论,尤其是由各法域侵权法专家对典型案例的拟制判决研究的比较法分析,探求东亚侵权法的共同原则和规则体系,明确统一的目标。通过《东亚侵权法示范法》的起草过程,能够直接掌握各法域的侵权法最新发展动态,实现东亚侵权法比较法研究的国际化,让中国侵权法学理论走出国门,进入东亚,走向世界。

笔者认为,《东亚侵权法示范法》实现一体化的基础是:

(1)东亚地区在历史上大多属于中华法系的影响范围,现行各法域在社会伦理上都大量保留中华传统道德的因素,在法律文化中仍存留着中华法系的若干传统。随着东亚经济一体化的推进,各个法域有着相同或相似的侵权法发展的社会基础,并且在侵权法固有的"矫正正义—分配正义—公平"的伦理基础上,东亚侵权法具有统一的可能性和必要性。

(2)东亚各个法域的侵权法均具有法律移植的特征,在19世纪末和20世纪,各国陆续完成了民法的制定,建立了侵权法律制度,并且这些法律制度都借鉴于有影响的各大法系,包括大陆法系、英美法系和社会主义法系。除了香港特别行政区的侵权法具有英美法的判例法特点之外,在其他法域的侵权法都属于成文法,都受到德国侵权法和法国侵权法的直接或者间接的影响,在基本概念和基本规则上具有较强的一致性。尽管有香港判例法的存在,对东亚侵权法的一体化存在一定困难,然而在欧洲统一侵权法的制定中也存在类似问题,即欧洲大陆成文法与英国判例法的差异性,但这并未妨害欧洲统一侵权法采取成文法的形式制定,并且能够取得成功。因此,《东亚侵权法示范法》寻求的并非单纯意义上的统一模式(当然要有统一的形式),而是综合吸收各法系的比较法精髓,形成具有"公因式"特点的示范法,代表东亚侵权法的统一和发展方向。

(3)《东亚侵权法示范法》的立法对象是现代风险社会下的损失分担,所强调的重点从过错承担转移到损失补偿,因而特别关注产品责任、环境污染责任、网络侵权责任和损害社会分担机制等当代侵权法的热点、难点问题。在目前,东亚各法域面对当代社会的发展与安全的突出矛盾,在侵权法的建设中都面临着类似问题,具有共同的研究兴趣,在立法和司法上具有一体化的现实基础和强烈需求。

(4)我国《侵权责任法》经过近10年的立法过程,已经完成立法,其中充分借鉴了各国侵权法的优势,并且完全是基于中国国情和特色制定的,不仅在条文和篇幅上

都具有优势,而且在独立立法、体系结构、具体规则和采取一般化与类型化结合的立法模式上,都有较大的优势,具有比较法上的先进性。对此,已经引起东亚各法域的充分关注,进行深入研究,并作为修法的借鉴。因此,我国《侵权责任法》的立法经验可以作为《东亚侵权法示范法》借鉴,《侵权责任法》也可以作为《东亚侵权法示范法》的立法参考范本,具有较好的借鉴性。

我国台湾东吴大学潘维大教授、日本东京大学道垣内弘人教授、韩国东国大学严基荣教授都认为,迄今为止,东亚地区都是从欧洲引进法学概念,是法律的"赤字国家",《东亚侵权法示范法》的制定能够实现东亚各法域实现法律输出国的梦想。因此,《东亚侵权法示范法》具有良好的发展前景,正在书写东亚法制一体化新的历史篇章,参与这样的研究是非常光荣的。[11] 对这种认识,笔者非常赞同。

(二)《东亚侵权法示范法》的研究方法

研究、制定《东亚侵权法示范法》的基本方法是:

(1)东亚地区包括中国、日本、韩国、朝鲜、蒙古等国和我国台湾地区、香港特别行政区、澳门特别行政区等法域在内的学者对东亚侵权法中的异同点进行多法域比较法研究,建立起具有东亚特色的侵权法比较研究理论体系。《东亚侵权法示范法》的比较研究,涉及东亚不同法域的侵权法制度,在比较法研究对象的数量和深度上都是前所未有的,在资料收集整理、语言驾驭能力、比较法方法方面都有极高的要求。在比较法资料的收集和整理上,课题组将采用原文和中文翻译同时进行的方式,以确保研究资料的准确性。目前,部分国家和地区的侵权法资料已经翻译成中文,还需要翻译成其他国家和地区的文字,特别是英文,以解决各国和地区学者进行比较研究的必要条件。

(2)通过对典型案例在不同法域中的"模拟判决",探求东亚各法域在何种程度上存在侵权法的共同原则和规则,发掘东亚侵权法一体化的可能性和必要性。在对东亚各法域侵权法的比较法研究中,除了法律规则和法学理论的比较研究之外,更重视采用典型案例"模拟判决"的方法。对于典型案例的选择、"模拟判决"的方法、对各法域"模拟判决"的整理和分析方法,则借鉴欧洲统一侵权法的起草经验,对选择出来的典型案例,由各法域侵权法专家基于本法域的立法和司法惯例,进行"模拟判决"。在《东亚侵权法示范法》中,将典型案例"模拟判决"的研究方法与"示范法"条文相结合的立法模式,相互对照,相互说明,通过"示范法判例"指导各法域侵权法立法和司法实践的一体化。

(3)在东亚侵权法一体化的制度设计上,要兼采历史分析方法、伦理分析方法和法律经济分析方法。《东亚侵权法示范法》的起草方式和条文的决定方式,需要借鉴欧洲统一侵权法和美国侵权法重述的相关模式,制定《东亚侵权法示范法·起草手册》,明确起草原则、术语选择和决策方式等。最终提出《东亚侵权法示范法》,借以

---

[11] 参见《东亚统一侵权法国际研讨会暨东亚侵权法学会第一次年会简报》,载东亚侵权法学会网站,2010年9月4日访问。

推进东亚经济一体化和私法共同化,并为未来与欧洲统一侵权法、美国侵权法重述的跨法系整合,制定《国际侵权法示范法》提供基础。同时,也将我国《侵权责任法》起草过程中建立起的先进侵权法制度和积累的丰富经验,通过《东亚侵权法示范法》的制定提升到国际平台,实现近100年来中国法律的对外输出梦想。

(三)《东亚侵权法示范法》的研究计划

东亚侵权法学会研究决定,《东亚侵权法示范法》起草计划初步定为5年,具体计划是[12]:

2010年:各法域理事长根据第一次年会确定的《章程》,在各法域组织东亚侵权法学会分委员会,吸收更多有意参与《东亚侵权法示范法》的侵权法学者和司法实务工作者参加学会。根据第一次年会确定的十三个研究议题,推荐所在法域的学者参与专题委员会的研究,完成十三个研究议题的研究报告。秘书处负责建设"东亚侵权法学会官方网站"(网址为 www.aetl.org,已经完成),各法域理事长负责建设分委员会网站,实现资源共享。

2011年:各法域理事长负责在2011年3月底之前,整理好相关研究议题的法域报告,提交秘书处。2011年7月或者8月召开第二届年会,重点议题是各法域侵权法的共同点和各法域重要判例,确定《东亚侵权法示范法》的基本框架和供比较法进行"模拟判决"的典型判例。

2012年:各法域理事长负责在2012年3月底之前,整理好各法域学者对判例的"模拟判决",提交给学会秘书处。2012年7月或者8月召开第三届年会,通过《东亚侵权法示范法立法原则》,并确定《东亚侵权法示范法(草案)》的起草分工。

2013年:各法域理事长负责在2013年3月底之前,组织分委员会根据分工草拟《东亚侵权法示范法(草案)》的相应部分,并提交秘书处。2013年7月或者8月召开第四届年会,审议《东亚侵权法示范法(草案)》。将初步审议通过的《东亚侵权法示范法》"草案"翻译为中文、日文、韩文和英文,在世界范围内征询学者意见。

2014年:各法域理事长负责在2014年3月底之前,组织分委员会讨论《东亚侵权法示范法(草案)》,并将修改建议提交学会秘书处。2014年7月或者8月召开第五届年会,审议并通过《东亚侵权法示范法》,并通过"模拟判决"的方式确定《东亚侵权法示范法》的实际法律目的效果。该次会议后,《东亚侵权法示范法》(附示范法判例)将用中文、日文、韩文和英文出版,供各分委员会提交各自立法机关推荐采纳。

三、《东亚侵权法示范法》研究和起草的基本议题

由笔者提议并由东亚侵权法学会决定,《东亚侵权法示范法》的基本框架包括13

---

[12] 参见《东亚统一侵权法国际研讨会暨东亚侵权法学会第一次年会简报》,载东亚侵权法学会网站,2010年9月4日访问。

个基本议题。在未来的 5 年中,《东亚侵权法示范法》的研究工作主要是围绕这 13 个问题进行比较研究,起草草案,最后形成《东亚侵权法示范法》文本。在 2010 年 7 月至 2011 年 7 月的第一研究年度期间,各法域的分委员会围绕这 13 个议题,进行本法域的侵权法研究,提供详细的比较法资料,为下一步的比较研究奠定基础。第一研究年度对每个议题都应当围绕以下 5 个问题进行:一是该问题的基本规则;二是本法域对该规则的规定,包括基本法和特别法;三是本法域对该规则的法理通说;四是有关该规则的典型案例;五是在《东亚侵权法示范法》中对该规则作出规定的基本意见。在此基础上,对各法域的侵权法具体规则进行比较研究,研究《东亚侵权法示范法》规则一体化的方案。

《东亚侵权法示范法》研究和起草的 13 个议题和研究重点以及最终研究目标是:

(一)侵权法的保护范围

侵权法关于保护范围的规定,是侵权法界定自己调整范围大小的原则性规定。对此,《东亚侵权法示范法》应当首先作出规定。《法国民法典》第 1382 条、《德国民法典》第 823 条都是采取不同的方法确定自己的保护范围,方法各异,结果有所区别。《东亚侵权法示范法》究竟采取何种方式规定自己的保护范围,是必须解决的重要问题。对此,应当重点研究的问题是:本法域侵权法在规定侵权法所保护的范围上,规定的基本规则是什么?《日本民法典》第 709 条、《韩国民法典》第 750 条、我国台湾地区"民法"第 184 条、《澳门民法典》第 477 条和中国大陆《侵权责任法》第 2 条第 2 款以及其他法域相关规定的各自特色和缺陷是什么?本法域对此的司法实践与侵权法的条文规定有何不同?在不同规定中应当提取的"公因式"是什么?《东亚侵权法示范法》进行比较研究的最终目标,是确定该示范法关于东亚各国和地区侵权法保护范围以及界定方法的基本规范。

(二)侵权责任的归责原则体系及调整范围

在《东亚侵权法示范法》的研究和制定中,首先要解决的基本规则是采取何种归责原则,并且确定各个归责原则所调整的侵权行为类型的范围。归责,是指行为人因其行为和物件致他人损害的事实发生以后,应依何种根据使其负责,此种根据体现了法律的价值判断,即法律应以行为人的过错还是应以发生的损害结果为价值判断标准,而使行为人承担侵权责任。[13] 归责原则,是确定侵权人承担侵权损害赔偿责任的一般准则,是在损害事实已经发生的情况下,为确定侵权人对自己的行为所造成的损害,以及对自己所管领下的人或者物所造成的损害,是否应当承担赔偿责任的原则。[14] 在制定《东亚侵权法示范法》中,比较各法域侵权法的归责原则体系及其调整范围,至关重要。因此,应当重点进行比较研究的问题是:本国或者地区侵权法在归责原则上采取何种归责原则体系,采用几种归责原则?过错责任原则、过错推定原则和无过错

---

[13] 参见王利明:《侵权行为法归责原则研究》,中国政法大学出版社 1992 年版,第 17—18 页。
[14] 参见杨立新:《侵权责任法》,法律出版社 2010 年版,第 54—55 页。

责任原则各自调整何种侵权行为类型？对于特殊侵权行为类型的规定,怎样体现适用何种归责原则？《东亚侵权法示范法》进行比较研究的最终目标,是确定该示范法关于归责原则体系,以及各种不同的归责原则所调整的不同侵权行为类型范围的统一规范。

(三)行为与违法性

行为与违法性,是侵权责任构成的基本要件之一。[15] 在欧洲侵权法的比较法上,有德国法的肯定主义和法国法的否定主义。其中德国法所规定的"三个小的概括条款"侵权行为法架构,其特色在于以违法性对权利及利益作区别性的保护。[16] 在东亚地区各法域的侵权法中,立法肯定的基本上是德国法的肯定主义,对法国法的否定主义基本上持否定态度,但在学说上则不尽然。《东亚侵权法示范法》对此应当采取何种立场,似乎没有更多的选择余地,亦应在比较法的基础上,做最终的选择。对此,应当重点研究的问题是:本国或者地区侵权法怎样对待法国法和德国法关于违法性的不同立场？例如日本法的法国法色彩较浓,但是为什么要采取德国法的违法性的肯定主义立场？对肯定违法性和否定违法性的优势与缺陷应当怎样看待？《东亚侵权法示范法》应当坚持违法性作为侵权责任构成要件吗？对于不作为构成侵权行为的行为要件,需要如何界定更为准确？经验是什么？《东亚侵权法示范法》进行比较研究的最终目标,是确定该示范法关于如何规定加害行为要件,以及如何规定违法性要件的统一规范。

(四)损害

损害是侵权责任必备的构成要件,任何人只有在因他人的行为受到实际损害之时才能获得法律上的救济,而行为人也只有在因自己的行为及自己所控制的物件致他人损害时,才有可能承担损害赔偿责任。[17] 现代侵权法在本质上是损害救济法,着眼于对不幸的受害人提供补救而不是注重制裁加害人。[18] 在损害概念上界定的宽窄,对划清侵权法与债法的界限,划清物权请求权和侵权请求权的界限,以及确定损害可救济性和损害赔偿范围,都具有重要意义。在《东亚侵权法示范法》的比较研究中应当重点研究的问题是:损害对于侵权责任构成的意义和价值,损害事实的范围的界定,损害事实对于界定赔偿范围的意义。直接损害和间接损害范围确定的不同方法,权利损害和利益损失的损失范围界定的不同方法,纯粹经济损失[19]对于损害确认的价值和运用等。《东亚侵权法示范法》的最终目标,是确定该示范法对损害的确认方法和保护范围、保护方法的统一规范。

---

[15] 参见杨立新:《侵权责任法》,法律出版社2010年版,第68页。
[16] 参见王泽鉴:《侵权行为》,北京大学出版社2009年版,第216页。
[17] 参见王利明主编:《中国侵权责任法教程》,人民法院出版社2010年版,第184页。
[18] 参见王利明主编:《中国侵权责任法教程》,人民法院出版社2010年版,第186页。
[19] 纯粹经济损失是一种侵权责任类型,确定纯粹经济损失的损害的方法更为特别,因此特别提出。参见王泽鉴:《侵权行为》,北京大学出版社2009年版,第296页。

(五)因果关系

因果关系是一般侵权责任尤其是承担赔偿损失、恢复原状的侵权责任必须具备的要件。⑳ 因果关系要件,是指违法行为作为原因,损害事实作为结果,在它们之间存在的前者引起后者,后者被前者所引起的客观联系。㉑ 在侵权法的理论上,确定因果关系究竟应当采取何种学说作为依据和方法,是最具争议的问题。因果关系作为侵权责任的构成要件之一,在立法上,是否规定因果关系推定规则及如何规定其适用范围,是需要解决的重要问题之一。《东亚侵权法示范法》在学说上究竟采取直接因果关系、相当因果关系、推定因果关系、事实原因与法律原因、客观归属、间接反证等学说中的哪一种或者哪几种,必须明确。因此,在《东亚侵权法示范法》的比较研究中应当重点研究的问题是:各国对侵权法的因果关系采取何种立场作为判断标准?是否规定以及怎样规定因果关系推定原则及其调整范围?采取哪种学说作为理论指导?《东亚侵权法示范法》通过比较研究的最终目标,是确定该示范法关于因果关系要件采取何种立场统一规范,以及如何规定因果关系推定的具体规则和适用范围。

(六)故意与过失

故意与过失是侵权责任构成的主观要件,是过错的两种表现形式。就过错责任原则和过错推定原则而言,过错要件的存在是构成侵权责任的必备要件,没有过错则没有责任。㉒ 在欧洲侵权法中,法国的过错客观说以及德国的过错主观说,各有特点,各有不足。对此,《东亚侵权法示范法》究竟应当采取何种立场,是重要问题之一。在《东亚侵权法示范法》的比较研究中应当重点研究的问题是:各法域的侵权法在过错的要件上是如何规定的?在过错的认定标准上,采取主观过错说、客观过错说或者综合说的利弊何在?故意作为某些特别侵权责任的构成要件应当怎样规定?在无过错责任原则调整的范围内,受害人能够证明加害人的过错的,其赔偿范围是否有所区别?《东亚侵权法示范法》通过比较研究的最终目标之一,是确定该示范法关于故意和过失的基本概念,以及判断故意和过失的基本标准的统一规范。

(七)共同侵权行为

共同侵权行为,是各国和地区侵权法都必须规定的侵权行为形态。在界定共同侵权行为的学说上有主观关联共同(意思关联共同)和客观关联共同(行为关联共同)之分㉓,因此形成主观说、客观说等不同立场。㉔ 近年来,有些国家进一步扩大共

---

⑳ 参见张新宝:《侵权责任法》(第2版),中国人民大学出版社2010年版,第33页。
㉑ 参见杨立新:《侵权责任法》,法律出版社2010年版,第76页。
㉒ 德国学者耶林指出:"使人负损害赔偿的,不是因为有损害,而是因为有过失,其道理就如同化学上之原则,使蜡烛燃烧的,不是光,而是氧,一般的浅显明白。"转引自王泽鉴:《民法学说与判例研究》(第2册),中国政法大学出版社1998年版,第144—145页。
㉓ 参见奚晓明主编:《〈中华人民共和国侵权责任法〉条文理解与适用》,人民法院出版社2010年版,第67页。
㉔ 参见王泽鉴:《侵权行为》,北京大学出版社2009年版,第352页。

同侵权责任的范围,把团伙成员也列为共同侵权行为的类型,更具有时代感和必要性。㉕ 在《东亚侵权法示范法》的比较研究中应当重点研究的问题是:各法域对此采取何种立场,主观说抑或客观说? 其优势和缺陷何在? 司法实践中有无适用团伙成员以及其他共同侵权行为新类型的典型案例,有无加以规定的必要性?《东亚侵权法示范法》应当采取何种立场规范共同侵权行为?《东亚侵权法示范法》的最终目标之一,是确定该示范法关于共同侵权行为的定义、判断标准、基本类型以及承担连带责任的基本规范。

(八)侵权责任形态

侵权责任形态,是指侵权法律关系当事人承担侵权责任的不同表现形式,即侵权责任由侵权法律关系中的不同当事人按照侵权责任承担的基本规则承担责任的不同表现形式。㉖ 在大陆法系侵权法中,对侵权责任形态有所规定,但在理论上重视不够,中国《侵权责任法》规定了替代责任、连带责任、不真正连带责任、补充责任等不同的侵权责任形态,中国的侵权法理论也对侵权责任形态问题给予了特别的重视。㉗ 在美国侵权法,关于责任分担的理论和规则已经形成完整的体系,具有重要的借鉴价值。在《东亚侵权法示范法》的比较研究中应当重点研究的问题是:各法域侵权法在立法上都规定了哪些侵权责任形态? 各自的规则是什么? 在理论上是否已经建立完整的侵权责任形态的体系? 对各种不同的侵权责任形态应当采取的规则和学说是什么?《东亚侵权法示范法》的最终目标之一,是通过比较研究,确定该示范法应当规定的侵权责任形态的种类以及基本规则。

(九)损害赔偿

作为侵权法救济权利损害的最基本方法是损害赔偿。在各国和地区的侵权法中,人身损害赔偿、财产损害赔偿以及精神损害赔偿都是侵权损害赔偿救济的基本方式,但在确定赔偿责任的范围上则各有不同。同时,近年来大陆法系部分国家的侵权法借鉴英美法系侵权法的惩罚性赔偿制度,也有较大发展。㉘ 在《东亚侵权法示范法》的比较研究中应当重点研究的问题是:本法域确定的基本赔偿方式及适用范围是什么? 各种不同的损害赔偿方式在赔偿项目和计算方法上有何特殊之处? 其利弊何在? 是否适用惩罚性赔偿责任以及取得的经验教训是什么?《东亚侵权法示范法》的最终目标之一,是通过比较研究,确定该示范法关于救济损害的基本方式、具体方法、保护范围以及惩罚性赔偿责任是否需要规定等基本规范。

㉕ 《荷兰民法典》第6:166条规定:"如果一个团伙成员不法造成损害,如果没有其集合行为则可以避免造成损害的危险之发生,如果该集合行为可以归责于这一团伙,则这些成员承担连带责任。"
㉖ 参见杨立新:《侵权责任法》,复旦大学出版社2010年版,第164页。
㉗ 参见王利明、姚辉:《人大民商法学:学说创建与立法贡献》,载《法学家》2010年第4期。
㉘ 比较值得重视的是中国大陆和台湾地区关于惩罚性赔偿责任的规定。

(十)抗辩事由与消灭时效

抗辩事由也叫做免责事由,是指被告针对原告提出的侵权诉讼请求而提出的证明原告的诉讼请求权不成立或者不完全成立的事实。在侵权法中,免责事由是针对承担侵权责任请求权而提出的,所以才叫做抗辩事由。㉙ 由于抗辩事由是对抗侵权请求权的法定事由,具有抗衡侵权请求权,平衡侵权责任双方当事人的利益关系,体现公平正义,保护行为自由的重要作用,因此,侵权法必须对此作出明确规定。《东亚侵权法示范法》同样应当如此。在《东亚侵权法示范法》的比较研究中,应当重点研究的问题是:各法域的侵权法都规定了哪些侵权责任的抗辩事由?实施效果如何?对英美法系侵权法规定的抗辩事由诸如自甘风险等,有哪些在本法域的司法实践中有所采纳?效果如何?

消灭时效,是侵权请求权存续期间的规定。各国对此规定各不相同,差异很大。在《东亚侵权法示范法》的比较研究中应当重点研究的问题是:各法域规定的侵权责任消灭时效如何规定?与其他有关权利的消灭时效有何区别?《东亚侵权法示范法》采纳何种期限规定为优?

《东亚侵权法示范法》进行比较研究的最终目标之一,是确定该示范法应当规定哪些抗辩事由,怎样确定消灭时效制度的基本规范。

(十一)产品责任

在特殊侵权责任类型中,产品责任具有特别的价值,因为产品责任不仅在国内法具有保护产品消费者安全的重要价值,而且面对国际交往不断发展,产品(特别是药品)的国际流转越来越频繁的状况,跨国的产品责任纠纷诉讼不断发生,需要各法域在产品责任中平衡利益冲突,确定产品责任包括药害责任的统一的责任规则。在《东亚侵权法示范法》的比较研究中应当重点研究的问题是:本国确定的产品责任的基本规则是什么?如何界定产品责任中的缺陷的种类和标准?在产品责任中能否适用惩罚性赔偿责任制度?《东亚侵权法示范法》的最终目标之一,是通过比较研究,建立各国和地区都能够接受、能够协调不同法域产品责任包括药害责任纠纷案件的统一责任规范。

(十二)环境污染责任

在特殊侵权责任类型中,环境污染责任具有特别的价值。治理污染,保护环境,是东亚各国和地区的国策,也是世界各国的共识。除了本国和地区的环境保护之外,对于跨国环境污染问题的法律制裁,更需要统一的法律规则。在如何对待这个涉及人类代际利益保护的重大问题上,侵权法更应当以损害赔偿的方法,确定侵权责任,制裁环境污染行为,保护受害人的民事权益,保护各国和地区的共同利益,作出自己的贡献。在《东亚侵权法示范法》的比较研究中应当重点研究的问题是:各国和地区

㉙ 参见杨立新:《侵权责任法》,法律出版社2010年版,第175页。

在侵权法领域对保护环境制裁环境污染行为采取何种对策？具体的侵权法规则是什么？取得何种经验和教训？对跨国污染行为如何进行法律制裁？《东亚侵权法示范法》应当如何进行规范？《东亚侵权法示范法》的最终目标，是通过比较研究，确定如何应对环境污染责任，特别是跨国环境污染责任的统一规范。

(十三)网络侵权责任

在特殊侵权责任类型中，更值得《东亚侵权法示范法》注意的是网络侵权责任。当代世界，互联网迅猛发展，在给人们的工作、学习和生活带来极大的便利之余，也给实施网络侵权行为提供了极为便利的条件，因而互联网上的侵权行为普遍存在，对民事主体民事权益的保护构成了巨大威胁。[30]《东亚侵权法示范法》特别关注网络侵权行为的法律规制，需要制定统一的制裁网络侵权行为的规则。在《东亚侵权法示范法》的比较研究中应当重点研究的问题是：提供各国和地区制裁网络侵权行为的基本法律规则，总结制裁网络侵权行为的基本经验和教训，提供典型的网络侵权行为案例，提出制定东亚统一的制裁网络侵权行为的基本规则。《东亚侵权法示范法》的最终目标，是通过比较研究，确定该示范法如何协调互联网的言论自由以及对网络侵权行为制裁关系的基本规范。

四、东亚侵权法示范法系列丛书出版计划

经过5年多的时间，东亚侵权法学会兢兢业业地工作，取得的主要成果，就是完成了《东亚侵权法示范法》(暂定稿)[31]已经正式出版，并将在今后不断修订，使该示范法更加完善。

---

[30] 参见杨立新：《〈侵权责任法〉规定的网络侵权责任的理解与解释》(本书第1753页)，载《国家检察官学院学报》2010年第2期。

[31] 参见杨立新主编：《东亚侵权法示范法》，北京大学出版社2016年版。

中国侵权责任法大小搭配的侵权责任一般条款[*]

《侵权责任法》有很多独具特色的侵权责任制度都特别值得研究。《侵权责任法》第 2 条规定:"侵害民事权益,应当依照本法承担侵权责任。本法所称民事权益,包括生命权、健康权、姓名权、名誉权、肖像权、隐私权、荣誉权、婚姻自主权、监护权、所有权、用益物权、担保物权、著作权、专利权、商标专用权、发现权、股权、继承权等人身、财产权益。"第 6 条第 1 款规定:"行为人因过错侵害他人民事权益,应当承担侵权责任。"这两个条文就是本章所要研究的,《侵权责任法》独具特色的大小搭配、双重的侵权责任一般条款。

一、各国成文侵权法规定侵权责任一般条款的两种立法模式

世界各国侵权法的基本体例分为大陆法系和英美法系。大陆法系侵权法的最基本特点是一般化的立法模式,所有的侵权法都设置侵权责任一般条款。英美法系侵权法与此有重大差别,是完全按照侵权行为类型划分的典型的类型化侵权法。例如英国的侵权法是把侵权行为分成 8 种基本类型[①],美国侵权法则把侵权行为分成 13 种基本类型。[②] 英美法侵权法都没有一般性的规定,不存在侵权责任一般条款。

成文法国家的侵权法都设置侵权责任一般条款。对侵权责任一般条款(也叫做侵权行为一般条款,本书对此不加区分),学者界定不同。有人认为,侵权行为一般条款就是在成文法中居于核心地位的,作为一切侵权请求之基础的法律规范。[③] 所有的基于侵权行为的请求权都要符合这一条文的要求,也就是说,侵权行为一般条款就是一个国家民法典调整的侵权行为的全部请求权的请求基础。在这个条文之外,不存

---

[*] 本文发表在《法学杂志》2010 年第 3 期,收入本书,内容有增加。
[①] 参见〔德〕克雷斯蒂安·冯·巴尔:《欧洲比较侵权行为法》(上册),张新宝译,法律出版社 2002 年版,第 337—355 页。
[②] 参见刘兴善译:《美国法律整编·侵权行为法》,台北司法周刊杂志社 1986 年版。
[③] 参见张新宝:《侵权行为法的一般条款》,载《法学研究》2001 年第 4 期,第 42 页。

在另外任何侵权行为请求权的基础,这个条文一统天下。④ 而笔者认为,侵权行为一般条款是指概括一般侵权行为的特点和构成要件的侵权行为法条款,它将一般侵权行为的基本构成要件和基本特征进行概括,作为一般侵权行为请求权的基础条款。⑤事实上,前者界定的是大的侵权责任一般条款,后者界定的是小的侵权责任一般条款。

大陆法系各国侵权法在规定侵权责任一般条款时,分别采取上述两种不同的立法模式。

法国侵权法规定的是小的侵权责任一般条款,即《法国民法典》第1382条。法国侵权法的侵权责任一般条款来源于罗马法的私犯,是在私犯的基础上概括而成的。这种小的侵权责任一般条款仅概括一般侵权行为,不包括特殊侵权行为。《法国民法典》在规定了侵权责任一般条款的第1382条之后,在第1384条及第1385条和第1386条规定准侵权行为。德国侵权法规定侵权责任一般条款的是第823条,调整范围也是一般侵权行为,不包括特殊侵权行为。这种立法模式的特点,是在侵权法中规定小的侵权责任一般条款,此外,再另外规定特殊侵权行为的特别条款,对准侵权行为或者特殊侵权责任作特别规定。我国《民法通则》采取的就是这种立法模式,其第106条第2款是侵权责任一般条款,其他特殊侵权责任则规定在第121条至第127条以及第133条,共规定了8种特殊侵权责任。这种立法模式的特点,实际上是把侵权责任分为两大基本类型,一种是一般侵权责任,一种是特殊侵权责任,一般侵权责任的法律适用由侵权责任一般条款调整,对于特殊侵权责任由特别规定的法律规范调整。

另一种侵权责任一般条款的立法模式是埃塞俄比亚模式。《埃塞俄比亚民法典》第2027条是大的侵权责任一般条款,该条款规定:第一,任何人应对因过犯给他人造成的损害承担责任,而不论他为自己设定的责任如何。第二,在法律有规定的情形,一个人应对因其从事的活动或所占有的物给他人造成的损害承担责任。第三,如果某人根据法律应对第三人负责,他应对该第三人因过犯或依法律规定发生的责任负责。这个条文所概括的,是全部侵权责任,其基础在于借鉴英美侵权法的立法经验,在其立法中规定了全面的侵权行为类型化,用大的侵权责任一般条款覆盖全部的侵权责任类型。同样,《欧洲统一侵权法》第1条规定的就是基本规则(一般条款):"(1)任何人遭受具有法律相关性的损害,有权依据本法之规定请求故意造成损害的人、因违反义务而造成损害的人或者对损害依法负有责任的其他人赔偿。(2)损害的发生处于紧急情势时,将遭受损害的人享有本法赋予的防止损害发生的权利。(3)为了本法的目的:具有法律相关性的损害指的是本法第二章所规定的具有法律相关性

---

④ 参见张新宝:《侵权行为法的一般条款》,中国人民大学民商事法律科学研究中心民商法前沿系列讲座第22讲,载中国民商法律网。
⑤ 参见杨立新:《杨立新民法讲义·侵权法总则》,人民法院出版社2009年版,第76—77页。

的损害;故意和违反义务的判定以本法第三章第一节,以及第四章所规定的特殊情形下所造成的具有法律相关性的损害为依据。(4)本条所指权利由本法其他条款予以规定。"这个条文也是概括全部侵权行为的侵权责任一般条款。

在前述侵权责任一般条款的概念界定上,前者所概括的,是埃塞俄比亚式的侵权责任一般条款,即大的侵权责任一般条款;后者所概括的,是法德式的侵权责任一般条款,是小的侵权责任一般条款。

各国成文法侵权法在规定侵权责任一般条款上,要么采取法德式即小的侵权责任一般条款,要么采取埃塞俄比亚式即大的侵权责任一般条款,二者必居其一。

二、中国《侵权责任法》应当采纳哪种侵权责任一般条款

在制定《侵权责任法》的过程中,究竟应当采取哪一种侵权责任一般条款,有很大争论。最主要的表现是:在理论上,学者基本上主张采取大的侵权责任一般条款;在立法上,立法机关原来主张采取小的侵权责任一般条款。

学者的主张典型地体现在笔者主持起草的《侵权责任法草案建议稿》第 1 条中:"行为人违反法定义务、违反保护他人的法律或者故意违背善良风俗,由于过错侵害他人人身、财产,造成损害的,应当承担侵权责任。""依照法律规定,推定行为人有过错的,受害人不必证明行为人的过错;行为人能够证明自己没有过错的,不承担侵权责任。""法律规定行为人应当承担无过错责任的,行为人即使无过错也应当承担侵权责任。但受害人能证明行为人有过错的,应依照本条第 1 款规定承担侵权责任。"⑥ 这个条文显然借鉴了《埃塞俄比亚民法典》第 2027 条,并且加上了中国的特点。在王利明、梁慧星两位教授分别主持起草的《侵权行为法草案建议稿》中,也是采取这种做法。例如王利明的草案第 1823 条规定:"民事主体因过错侵害他人人身、财产权利的,应当承担侵权责任。没有过错,但法律规定应当承担侵权责任的,应当承担侵权责任。""民事主体因故意或重大过失侵害他人合法利益的,应当承担侵权责任。"⑦

立法机关原来一直坚持采取小的侵权责任一般条款立法模式。例如,2002 年 12 月《民法(草案)》"侵权责任法编"第 1 条第 1 款规定:"由于过错侵害他人人身、财产的,应当承担侵权责任。"2008 年 9 月 23 日《侵权责任法(草案)》(修改稿)第 2 条规定:"因故意或者过失侵害他人生命、健康、人格尊严、人身自由、名誉、肖像、隐私、物权、知识产权以及其他权益的,应当承担侵权责任。"这个关于过错责任原则的规定,显然规定的是小的侵权责任一般条款,而不是大的侵权责任一般条款。这两个规定,显然还是采取《民法通则》第 106 条第 2 款的传统,没有采纳学者的建议。

《侵权责任法》规定侵权责任一般条款究竟采取哪一种模式,必须进行利益衡量。

---

⑥ 杨立新主编:《中华人民共和国侵权责任法草案建议稿及说明》,法律出版社 2008 年版,第 3 页。
⑦ 王利明主编:《中国民法典草案建议稿及说明》,中国法制出版社 2004 年版,第 237 页。

法德式的小的侵权责任一般条款只规定一般侵权行为,在法律适用上,一般侵权行为适用侵权责任一般条款,特殊侵权责任适用特别规定,优点在于立法简洁、精炼,使立法的篇幅不大;缺点在于法律适用的概括性,需要有高素质的法官队伍,且需要法官在法律适用上发挥创造性。而埃塞俄比亚式的侵权责任一般条款在概括全部侵权行为的情况下,对全部侵权行为进行类型化的规定,既有立法的概括性和弹性,又具有具体的可操作性,便于法官适用。相比较而言,大的侵权责任一般条款具有更大的优势。因此,无论是法官还是学者都认为大的侵权责任一般条款更便于操作,《侵权责任法》应当设定大的侵权责任一般条款,同时实行侵权行为的全面类型化。

在梁慧星教授主持起草的《侵权行为法草案建议稿》中,在侵权责任一般条款的指导下,将侵权责任分为三大类,即过错责任的侵权行为、无过错责任的侵权行为和替代责任的侵权责任,与埃塞俄比亚侵权法对侵权行为类型的划分基本一致。⑧ 王利明教授主持起草的《侵权行为法草案建议稿》,则在侵权责任一般条款的指导下,将侵权行为的类型规定为特殊的自己责任、替代责任、危险责任与环境污染责任、物件致害责任、事故责任以及商业侵权与证券侵权。⑨ 在这个规定中包括笔者的意见,当初的想法是先规定一个大的一般条款,再进行类型的详细划分,不过,这种类型划分的意见并不是笔者的意见。2007 年,笔者接受中国法学会的研究课题,主持起草《侵权责任法草案建议稿》,是在大的侵权责任一般条款的指导下,分别规定了过错责任的侵权行为、过错推定的侵权行为、无过错责任的侵权行为以及事故责任四个基本类型。⑩

对立法机关在《侵权责任法(草案)》的初期不采纳大的侵权责任一般条款的立法建议,学者并不采取支持的态度。

三、大小搭配的双重侵权责任一般条款的形成

(一)《侵权责任法》设置的是大小搭配的双重侵权责任一般条款

变化发生在 2008 年 12 月 4 日的《侵权责任法(草案)》全国人大法律委员会审议稿。该草案对《侵权责任法》的结构作了调整,在第 2 条规定了一个新的条文,即:"实施侵权行为,应当承担侵权责任。" 2008 年 12 月全国人大常委会第二次审议稿,又将该条改为"侵害民事权益,应当承担侵权责任。"对此,专家予以赞同并建议该条应当增加谴责性的要素⑪,因此,第三次审议稿将该条改为"侵害民事权益,应当依照

---

⑧ 参见梁慧星主编:《中国民法典草案建议稿》,法律出版社 2003 年版,第 305 页以下。
⑨ 参见王利明主编:《中国民法典草案建议稿及说明》,中国法制出版社 2004 年版,第 236 页。
⑩ 参见杨立新主编:《中华人民共和国侵权责任法草案建议稿及说明》,法律出版社 2008 年版,第 10 页以下。
⑪ 参见杨立新:《论侵权责任法草案第二次审议稿的侵权行为一般条款》,载《法学论坛》2009 年第 3 期。

本法承担侵权责任。"同时增加第 2 款关于《侵权责任法》保护范围的规定。直至《侵权责任法》正式通过,确立了第 2 条为侵权责任一般条款,尽管内容与《埃塞俄比亚民法典》第 2027 条以及《欧洲统一侵权法草案》第 1 条规定的侵权责任一般条款并不相同,但其性质确实是大的侵权责任一般条款。

但是,《侵权责任法》在规定了大的侵权责任一般条款之后,又在第 6 条第 1 款规定了过错责任原则的条文,这个条文,就是小的侵权责任一般条款,是对《民法通则》第 106 条第 2 款的继承和发展。

中国《侵权责任法》岂不是有了两个侵权责任一般条款吗?

确实是这样。中国《侵权责任法》的特色之一,在于设置了大小搭配的双重侵权责任一般条款。

(二)《侵权责任法》何以采纳大小搭配、双重的侵权责任一般条款立法模式

对此,应当对各国成文法侵权法规定不同模式的侵权责任一般条款的必要条件进行研究,因为一个成文法的侵权法究竟采取何种侵权责任一般条款,是与该国侵权法的必要条件相适应的。

德法式的侵权责任一般条款即小的侵权责任一般条款,其立法的必要条件是立法的抽象化和概括式,加之对特殊侵权责任的特别规定。这个传统来源于罗马法的侵权法传统。罗马法对侵权行为进行了初步整理,改变了侵权法对侵权行为都作具体规定的做法,将侵权行为分为私犯和准私犯两大类进行规定。法国侵权法在此基础上,把全部侵权行为分为侵权行为和准侵权行为,分别规定在第 1382 条和第 1384 条,对两种侵权行为作出概括性规定,抽象出了侵权行为和准侵权行为的一般性规则,并且在第 1385 条和第 1386 条对准侵权行为作出具体规定,从而开创了侵权法的新时代。小的侵权责任一般条款的立法条件,就是对一般侵权行为不作具体规定,而仅对特殊侵权行为作具体规定。因此,小的侵权责任一般条款就为不需作出具体规定的一般侵权行为提供请求权的法律基础;而对特殊侵权责任,侵权责任一般条款并不过问,由特殊规范提供请求权的法律基础。

《埃塞俄比亚民法典》规定的大的侵权责任一般条款概括的是全部侵权行为,它的必要立法条件,必须是对侵权行为作出全面的类型化规定。可以说,没有侵权行为的全面类型化,就没有大的侵权责任一般条款的存在,也没有必要规定大的侵权责任一般条款。只有全面实行了侵权行为的类型化,才有必要采取大的侵权责任一般条款。《埃塞俄比亚民法典》采取大的侵权责任一般条款的基础,正是借鉴了英美法系侵权法的类型化方法,全面规定了侵权行为的类型。因此,《埃塞俄比亚民法典》关于侵权行为的规定,是融汇了大陆法系侵权法和英美法系侵权法的优势,将一般化立法和类型化立法结合起来,大的侵权责任一般条款采纳的是大陆法系侵权法的传统,而全面侵权行为的类型化则是采纳英美法系侵权法的优势。因此,可以说全面的侵权行为类型化是大的侵权责任一般条款的必要立法条件。

我国《侵权责任法》既没有对侵权责任进行全面的类型化,又在侵权责任类型化规定中超出了特殊侵权责任的范围，既不符合德法式侵权法的立法惯例，也不符合埃塞俄比亚式侵权法的全面类型化的立法做法，是一个独特的、不全面的、不完善的侵权责任类型化。

我国《侵权责任法》既然规定大的侵权责任一般条款，是不是实行了侵权责任的全面类型化呢？如果不是全面的类型化，又为什么规定大的侵权责任一般条款呢？既然规定了大的侵权责任一般条款，为什么又规定小的侵权责任一般条款呢？

我们分析一下《侵权责任法》的立法结构。《侵权责任法》大体上采取的是总则、分则的总分结构。从《侵权责任法》全部十二章的章名上研究，第一章到第四章规定的是总则的内容，是关于侵权责任的一般性规则规定；第五章到第十一章规定的是侵权责任类型，是对侵权责任类型化的规定。但从各章的具体内容上观察，则第一章至第三章规定的是侵权法总则的内容，从第四章开始规定了侵权责任类型。问题在于第四章的章名和内容不相符。第四章的章名是"关于责任主体的特殊规定"，这个表述好像说的是本章是关于侵权责任主体承担责任的特殊规则的规定。但实际上，这一章的具体内容规定的是监护人责任、暂时丧失心智损害责任、用人者责任、网络侵权责任、违反安全保障义务责任以及学生伤害事故责任，规定的是具体侵权责任类型及规则。章名是关于侵权责任的一般性规定，而内容却是关于侵权责任类型化的具体规定。

因此，《侵权责任法》第四章至第十一章都是关于侵权责任的类型的规定，既不是对特殊侵权责任的一般规定，也不是对侵权责任全面类型化的规定，即中国《侵权责任法》所谓的"分则"是一个不完善的分则，是对侵权责任进行的不完善、不全面的类型化规定。因此出现了一个问题是，只规定小的侵权责任一般条款，则无法概括特殊侵权责任的具体规定；只规定大的侵权责任一般条款，又会使一般侵权责任缺乏侵权请求权的法律基础。立法者采纳学者设置大的侵权责任一般条款的立法建议，但又没有办法直接规定全面的侵权责任类型化；如果继续坚持《民法通则》第106条第2款的传统，只规定小的侵权责任一般条款，在侵权责任类型化的规定上，又超出了特殊侵权责任所应当规定的范围。因此，大小搭配的双重的侵权责任一般条款立法模式应运而生，成为立法的现实。

正是在这种情况下，中国《侵权责任法》规定了第2条作为大的侵权责任一般条款，以确定侵权责任的范围和《侵权责任法》保护的民事权益范围，再规定第6条第1款，作为小的侵权责任一般条款，为《侵权责任法》分则没有具体规定的一般侵权责任设置法律适用规则，提供请求权的法律基础。因此，形成了大小搭配、双重的侵权责任一般条款。《侵权责任法》的这一特色就是如此产生的。

（三）对大小搭配的双重侵权责任一般条款的评价

特色通常是说特点，即与众不同之处，是指事务所表现的独特的色彩、风格等。[12]

---

[12] 参见中国社会科学院语言研究所词典编辑室编：《现代汉语词典》，商务印书馆2005年版，第1335页。

当一部法律与他国法律确有与众不同之处,即可称之为法律特色。当然,特色并非都是优点或者优势,有时候特色也可能是不足。中国《侵权责任法》设置大小搭配的双重侵权责任一般条款确实独具特色,究竟是优势还是不足,须予以评价。

德国法学家萨维尼曾经说过,法律就像语言、风俗、政制一样,具有"民族特性",是"民族的共同意识","随着民族的成长而成长、民族的壮大而壮大",因此,"民族的共同意识乃是法律的特定居所"。[13] 制定中国《侵权责任法》,既要借鉴外国侵权法的立法经验和理论学说,又要坚持中国的特点,符合中国的具体国情,体现法律的民族性和本土性;既尊重法律传统,又要反对单纯的"拿来主义"。这应该是立法的最基本原则。回顾中国侵权法的发展历史,可以看到中国侵权法的发展以及中国特色的形成过程:

1. 中国古代的侵权法,是独具特色的中华法系侵权法。

在唐之前,可供查询的法律史籍不多,但并非不存在侵权法的传统[14];自唐以来,中国侵权法留下的法律资料极为丰富,展现了中华法系侵权法的风采。这种以财产损害的备偿制度、人身损害的赔偿埋葬银制度为基本制度内容的中华法系的侵权法,独具中华特色,与罗马法以及后世的欧洲侵权法完全不同,尽管都是侵权赔偿责任,但基本理念和各项制度没有相似之处,形成了自己的完善体系和基本理念,是中华法系的宝贵历史遗产。[15] 在清朝末期改律为法,大规模引进欧陆和日本民法立法传统之时,并非没有人反对破坏中华法系博大精深的法律体系,只可惜西学东渐成为主流,中华法系"自废武功",中国古代侵权法随之土崩瓦解,不复存在。直至今日,中国古代侵权法规定的十几种侵权责任制度,踪迹皆无。

2. 中国近代侵权法以及新中国改革开放之前的侵权法,基本上是对外国经验的借鉴,谈不上中国特色,更谈不上民族性。

在这个期间的前期,废除《大清律例》,完全参照法德日立法制定《大清民律草案》《民国民律草案》以及《中华民国民法》,在债法中规定侵权法。在两部草案、一部民法中规定的侵权法,基本体例和具体内容都是移植欧陆侵权法,除了语言是中国的以外,其他几乎没有中国自己的传统和民族特点。在这个时期的后期,新中国废除国民政府的《六法全书》,也废除了在前期制定民法时移植的侵权法,全面学习苏联民法,按照苏联侵权法的制度构建我国的侵权法,尽管在法律虚无主义和"人治"思想的指导下,并没有建立起来一部完整的侵权法,但在理论上和实践中,大体上按照苏联的侵权法构建了我国的侵权法的框架。[16] 事实上,苏联的侵权法理论和立法也借鉴于德国法,不过存在很多的偏见和误解,而这些不足也一并移植到了我国的侵权法理论

---

[13] 〔德〕冯·萨维尼:《论立法与法学的当代使命》,中国法制出版社 2001 年版,第 9 页。
[14] 参见程树德:《九朝律考》,中华书局 2006 年版。
[15] 参见杨立新:《侵权法论》,人民法院出版社 2005 年第 3 版,第 80—95 页。
[16] 这一体系和具体内容参见中央政法干校民法教研室编著:《中华人民共和国民法基本问题》第二十一章"侵权行为的民事责任",法律出版社 1958 年版,第 322—340 页。

之中。可以说,前后两个时期的中国侵权法,都以借鉴为主,缺少中国特色和民族性。

3. 在改革开放之初,我国推出了《民法通则》,全面规定了新型的侵权责任制度,形成了有一定特点的侵权法。

尽管在那个时候,我国的侵权法理论准备还不充分,立法实践经验也不足,但立法者力图体现中国特色。除了内容的特点之外,使侵权责任法脱离债法,独立规定于《民法通则》的最后部分,在成文法国家的侵权法中是独具特点的。更为重要的是,在《民法通则》实施后20多年的司法实践中,各级人民法院和20多万民事法官,在审理侵权案件中创造性地适用法律,取得了丰富的审判实践经验,推出了一大批鲜活的以本土审判经验作为依据的司法解释。毫不夸张地说,我国拥有最为丰富的司法案例,很多精彩的案例,如"荷花女"案[17]、"好一朵蔷薇花"案[18]、"燃气炉爆炸伤害"案[19]等,都创造性地发展了《民法通则》规定的侵权责任法,在一个不是判例法的国家中,发挥了接近于判例的效力。更为重要的是,最高人民法院总结侵权法的司法经验和相关案例,创造性地制定侵权法司法解释,侵权责任制度在世界范围内都具有创新意义和领先地位,这些最具本土化特点的准侵权法规则,写进了最高人民法院《关于审理人身损害赔偿案件适用法律若干问题的解释》《关于确定民事侵权精神损害赔偿责任若干问题的解释》等一系列司法解释之中,形成了具有中国特色的侵权法的法官法。在制定《侵权责任法》过程中,本着"大陆法系为体,英美法系为用,广泛吸纳我国立法司法经验"的立法思想[20],坚持我国侵权法的本土化经验,广泛借鉴大陆法系和英美法系侵权法的立法经验和理论研究成果,将美国法、德国法、法国法以及日本法的侵权法立法经验化为中国《侵权责任法》的借鉴元素,服务于中国的侵权法立法实践,创造性地设计侵权责任基本制度和具体规则,形成了《侵权责任法》的现行规定。可以说,中国《侵权责任法》既是本土的,又是借鉴的,是外国立法经验与本国司法经验紧密结合的侵权法。

通过回顾中国侵权法三个阶段的立法发展,可以看出,中国侵权法的立法发展,就是一个"本土→借鉴→(本土 + 借鉴)"的过程。从这个历史的宏观角度观察中国《侵权责任法》"大小搭配的双重侵权责任一般条款"的立法模式,在各国侵权法的立法之林中确实是独一无二的。从《大清民律草案》第945条关于"以故意或过失侵害他人之权利而不法者,于加侵害而生之损害,负赔偿之义务"的规定、《民国民律草案》第246条关于"因故意或过失不法侵害他人之权利者,负损害赔偿责任"的规定、《中华民国民法》第184条关于"因故意或过失,不法侵害他人之权利者,负损害赔偿

---

[17] 参见沈德咏主编:《最高人民法院公报案例大全》(上卷),人民法院出版社2009年版,第416页以下。

[18] 参见沈德咏主编:《最高人民法院公报案例大全》(上卷),人民法院出版社2009年版,第412页以下。

[19] 参见沈德咏主编:《最高人民法院公报案例大全》(上卷),人民法院出版社2009年版,第779页以下。

[20] 参见杨立新主编:《中华人民共和国侵权责任法草案建议稿及说明》,法律出版社2007年版,第2页。

责任。故意以悖于善良风俗之方法,加损害于他人者亦同。""违反保护他人之法律,致生损害于他人者,负赔偿责任。但证明其行为无过失者,不在此限"的规定,到《民法通则》第106条第2款,以及《侵权责任法》第2条和第6条第1款,中国侵权法经历了否定之否定的发展过程,终于建立了一种独具特色、与众不同的侵权责任一般条款的立法例。

对此,笔者的评价是:

(1)大小搭配的双重侵权责任一般条款的立法例,既有德、法、日等国小的侵权责任一般条款的立法经验,又有《埃塞俄比亚民法典》侵权法以及《欧洲统一侵权法草案》侵权责任一般条款的立法经验,结合了两种侵权责任一般条款的立法优势,合而为一,成为一个完整的体系,是两种各种侵权责任一般条款立法优势的结合。

(2)大小搭配的双重侵权责任一般条款立法例的创设,更是对英美法系侵权法特别是对美国侵权法立法经验的借鉴。我国《侵权责任法》中的美国侵权法的元素比较丰富,特别是在第四章之后关于特殊侵权责任具体制度的规定上,很多都是借鉴英美侵权法侵权责任类型化的经验制定的。《民法通则》规定特殊侵权责任只有9条,而《侵权责任法》规定特殊侵权责任有60条。正因为有了更高程度的侵权责任类型化的基础,《侵权责任法》必须设置大的侵权责任一般条款。因此,《侵权责任法》规定第2条是完全必要的。

(3)根据我国的实际情况,《侵权责任法》还无法实现侵权责任的全面类型化,因此,仍然需要适应这种情况而规定小的侵权责任一般条款。正因为如此,大小搭配的双重侵权责任一般条款就应运而生。可见,这种做法完全适合于我国国情,是由我国具体国情决定的。

(4)《侵权责任法》规定侵权责任一般条款实行大小搭配,各自调整不同的侵权行为,发挥不同的作用,不是叠床架屋,而是各有所长,各有所需,相互配合,构成完整的体系。

因此,我国《侵权责任法》设置大小搭配的双重侵权责任一般条款是必要的,也是必需的,完全适应现在的立法条件,是我国《侵权责任法》的立法优势。

四、两个侵权责任一般条款的不同功能

我国《侵权责任法》既然与众不同,设置两个侵权责任一般条款,它们各自的作用应当如何协调呢?

《侵权责任法》第2条作为大的侵权责任一般条款,它的基本作用在于:第一,确定侵权责任的范围,规定凡是侵害民事权益,依照本法应当承担侵权责任的违法行为,都是侵权行为,都应当承担侵权责任。第二,确定《侵权责任法》保护的范围,所有应当依法保护的民事权益,都在《侵权责任法》的保护之下。第三,提示符合过错责任原则、过错推定原则和无过错责任原则要求的侵权行为,都应当承担损害赔偿责任。

第四,不具有过错要件,但符合《侵权责任法》第15条规定的承担其他民事责任方式的侵权行为,应当承担这些侵权责任方式。第五,对于造成一方损害双方当事人都没有过错适用公平责任分担损失的情形,确定各自承担的责任。第六,对于将来发生、目前没有预料到的特殊侵权责任预留法律适用空间,当出现这种特殊侵权责任而具体规定没有规定、又不符合过错责任原则的一般侵权行为要求的新型侵权行为,可以适用大的侵权责任一般条款适用法律,确定侵权责任。

《侵权责任法》第6条第1款规定的小的侵权责任一般条款,其调整范围是确定一般侵权责任的范围和责任构成要件,规定对一般侵权责任适用侵权法的一般规则,确定一般侵权责任的界限,为一般侵权责任提供请求权法律基础。因此,在《侵权责任法》的适用上,应当遵照小的侵权责任一般条款(例如《德国民法典》第823条、《法国民法典》第1382条、《日本民法典》第709条等)的规定,确定具体规则。这些规则是:第一,小的侵权责任一般条款调整的范围是一般侵权责任,对于特殊侵权责任,特别是《侵权责任法》第四章至第十一章规定的适用过错推定原则和无过错责任原则的特殊侵权责任,不适用小的侵权责任一般条款。第二,一般侵权责任的归责原则是过错责任原则。第三,适用小的侵权责任一般条款,侵权责任构成要件是违法行为、损害事实、因果关系和主观过错。第四,适用小的侵权责任一般条款,举证责任由被侵权人承担,被侵权人不承担举证责任。第五,适用小的侵权责任一般条款,侵权人承担侵权责任的责任形态,主要是自己责任,即对自己实施的侵权行为自己承担侵权责任,在法律有特别规定的情况下,方可承担替代责任。

侵权请求权的优先权保障*

《侵权责任法》第 4 条第 2 款规定了侵权请求权的优先权保障制度,即"因同一行为应当承担侵权责任和行政责任、刑事责任,侵权人的财产不足以支付的,先承担侵权责任。"这里规定的就是侵权请求权的优先权保障问题。这种优先权保障制度的规定需要进行探讨,本文作出以下说明,以期引起讨论,保证《侵权责任法》规定的这一制度的贯彻实施,更好地保护被侵权人的合法权益。

一、侵权请求权优先权的产生基础和理由

(一)《侵权责任法》第 4 条第 2 款规定的内容应当怎样概括

《侵权责任法》第 4 条第 2 款规定的内容应当怎样概括,尚未见深入讨论,仅在有关《侵权责任法》的释义和解释的书中有所涉及,且说明亦不充分。

1. 优先原则说

优先原则说认为,该条款规定的是侵权请求权优先原则。认为民事责任优先原则就是解决责任竞合时的法律原则,即一责任主体的财产不足以同时满足民事责任、行政责任或者刑事责任时,优先承担民事责任。[①]

2. 优先性说

优先性说意见认为,这里规定的是侵权责任的优先性。认为对同一违法行为,当行为人同时要承担侵权责任与行政责任、刑事责任,并且这些责任都是财产性质的责任,当责任人的财产不足以支付时,责任人应当以其财产支付侵权赔偿,填补受害人所遭受到的损害。[②]

3. 优先承担说

优先承担说意见认为,当侵权人的责任财产不足以承担全部的侵权责任、行政责任和刑事责任时,应优先承担侵权责任,即民事责任。[③]

这些解释都有道理,但笔者认为,把第 4 条第 2 款规定的内容解释为优先原则、

---

* 本文发表在《法学家》2010 年第 2 期。
① 参见王胜明主编:《中华人民共和国侵权责任法释义》,法律出版社 2010 年版,第 32 页。
② 参见奚晓明主编:《中华人民共和国侵权责任法条文理解与适用》,人民法院出版社 2010 年版,第 37 页。
③ 参见王利明主编:《中华人民共和国侵权责任法释义》,中国法制出版社 2010 年版,第 19 页。

优先性或者优先承担,都存在缺陷。问题在于,优先原则是说赔偿的一个原则,针对性并不强。优先性,仅仅说明侵权请求权之于刑事责任或者行政责任,具有优先性而已。至于优先承担说,并没有作出理论性的概括。

将该条款规定的内容解释为侵权请求权的优先权,就会大大提高侵权责任请求权的地位,使其具有担保物权性质的优先权予以保障,不仅确定侵权请求权的优先性、优先原则或者优先承担,而且对该请求权有了担保物权性质的保障,具有物权法上的意义。不仅如此,如果这样解释,就可以将《刑法》第 36 条第 2 款、《公司法》第 215 条、《证券法》第 232 条、《食品安全法》第 97 条、《合伙企业法》第 106 条、《产品质量法》第 64 条、《证券投资基金法》第 99 条以及《个人独资企业法》第 43 条中规定的这些内容,进行整合,统一解释为侵权请求权的优先权,以该优先权作为侵权请求权的保障,对抗侵权人应当承担的刑事责任或者行政责任,更好地保护被侵权人的利益,救济其损害,有更为重要的意义。

(二) 侵权请求权优先权的产生基础

法规竞合的发生,产生了民事主体侵权请求权的优先权保障。由于对侵权行为有可能由刑法、行政法、侵权法等不同部门法进行规范,因此,形成了刑法、行政法、民法的法律规范竞合,即非冲突性法规竞合,侵权人可能由于同一个违法行为,同时要承担民事责任、刑事责任或者行政责任。由于不同部门法律规范的竞合属于非冲突性竞合,因此存在同时适用的可能。这样,侵权人因同一个违法行为,既要承担罚金、没收财产的刑事责任,或者罚款、没收违法所得的行政责任,又要承担损害赔偿等侵权责任,发生财产性的行政责任、刑事责任与侵权责任的竞合,并且应当同时承担。如果赋予被侵权人以侵权请求权的优先权,则该请求权的地位就优先于罚款、没收财产的刑事责任或者罚款和没收违法所得的行政责任,使民事主体的权利救济得到更有力的保障。这就是损害赔偿请求权优先于行政责任或者刑事责任的优先权保障赖以产生的法理基础。正因为如此,《侵权责任法》才作出上述规定。

(三) 规定侵权请求权优先权的理由

侵权请求权应当得到优先权保障的理由是:

(1) 在我国,私人权利应当优先得到保障。我国《宪法》第 33 条第 2、3、4 款规定:"中华人民共和国公民在法律面前一律平等。国家尊重和保障人权。任何公民享有宪法和法律规定的权利,同时必须履行宪法和法律规定的义务。"受害人作为被侵权人之一,是共和国公民,国家应当保障其基本的民事权利。民事权利是基本人权之一,被侵权人享有的生命权、健康权、身体权以及其他民事权利都是私人权利,都是人权的基本范畴。④ 这些权利受到侵害而产生的侵权请求权,保护的是民事权利,它本身也是民事权利,国家应当依法提供保障。

---

④ 参见〔英〕克莱尔·奥维、罗宾·怀特:《欧洲人权法原则与判例》(第 3 版),何志鹏、孙璐译,北京大学出版社 2006 年版,第 57、137、297 页。

（2）侵权请求权是对私人权利受到损害的救济权，担负着恢复私人权利、平复被侵权人损害的职责。同时，在侵权请求权中，大部分或者绝大部分都关涉被侵权人的生存权问题，特别是对生命权、健康权、身体权损害的救济更是关系到平复伤害、恢复健康的重要利益，必须予以优先保障。设立侵权请求权优先权，就能够保障被侵权人的合法权益不受侵害，受到侵害能够及时得到救济，使之尽早恢复。

（3）对关涉被侵权人合法权益受到侵害的救济问题，国家利益应当退到第二位，实行私权优先，优先保障侵权请求权的实现。在我国，长期存在一个错误观念，即无论在何种情况下都要"先国家，后集体，再个人"，赔偿也同样如此。"舍小家为大家""个人利益服从集体利益""局部利益服从全局利益"仍然是调整公权与私权关系的金科玉律，因此，为公权而无条件牺牲私权是受到赞许和鼓励的，那些为了个人私权的实现而"死磕"的人通常受到鄙视。这些观念都是错误的。国家作为保护人民的政治实体，首要任务是保障人权，国家增加财政收入的目的也是如此。如果首先保证罚款和罚金责任的实现，当受害的被侵权人无法得到损害赔偿救济时，也还是需要由国家予以救济，既然如此，国家何必要与民争利呢？因此，设立侵权请求权优先权进行法律保障，确立私权优先的原则，也是实现国家宗旨，保护人民利益的必要措施。⑤

正因为如此，侵权请求权的优先权在保障被侵权人的合法权益及救济损害方面具有极为重要的意义，因此，设立这个优先权"就代表着人们在这方面的希望和努力，从而使其成为一项极具社会使命和人道主义精神的法律制度"。⑥

二、优先权的一般概念和性质

在研究侵权请求权的优先权之前，先要对优先权的一般性问题作一个说明，并阐述笔者的观点。

（一）优先权的概念和沿革

优先权也称先取特权，是指特定的债权人依据法律的规定而享有的就债务人的总财产或特定财产优先于其他债权人而受清偿的权利。⑦在优先权中，在债务人不特定的总财产上成立的优先权叫做一般优先权，而就债务人特定动产或不动产上成立的优先权叫做特别优先权。⑧

优先权起源于罗马法中的优先索取权，后期具有担保物权性质。⑨法国民法在继

---

⑤ 参见刘曙光：《二论私权优先原则》，载《中国改革论坛》，2016年2月11日访问。
⑥ 崔健远主编：《我国物权法立法难点问题研究》，清华大学出版社2005年版，第242页。
⑦ 参见谢怀栻：《外国民商法精要》，法律出版社2002年版，第158页。
⑧ 参见申卫星：《物权立法应设立优先权制度》，载王利明主编：《物权法专题研究》（下册），吉林人民出版社2001年版，第414页。
⑨ 参见刘保玉：《物权体系论》，人民法院出版社2004年版，第336—337页。

受罗马法优先权的基础上,逐渐出现了把财产划归清偿某些债权的概念,从而使优先权从原来的债权人之间的分类变成为物的担保制度[10],优先权从此具有了担保物权的性质,并且将其与抵押权并列规定,明确规定优先权与抵押权为优先受偿的合法原因。[11] 日本民法继受了法国民法的优先权制度,称之为先取特权,在民法典第二编第八章第 303 条至第 341 条作出专门规定。[12]

《德国民法典》不规定优先权,只是将优先作为特定债权所具有的一种特殊效力,即优先受偿效力,认为某些特种债权被赋予优先效力的实质,在于打破债权平等原则,赋予该等债权人以优先受偿的效力,但该特种债权不过是推行社会政策和基于社会公益的结果,并不改变其债权性质。因此,优先受偿的权利只是特种债权的效力之一,并非一种独立的担保物权。《瑞士民法典》、我国台湾地区"民法"也都没有明确将优先权作为担保物权的规定。[13]

(二)优先权的法律性质

我国民法理论对优先权的性质认识并不相同。主要观点是:一是特种债权说,认为优先权并非一种独立的担保物权,它不过是立法政策对特种债权的特殊保护,而特种债权主要是指工资、生活费、司法费用、抚养费用等支付关系,它们是基于公法关系、劳动法关系、婚姻家庭法关系产生的,并非民法上的债权关系。[14] 这种观点显然来源于德国法。二是担保物权说,认为优先权是独立的法定担保物权,它既不是优先受偿效力或特殊债权的清偿顺序,同时也与抵押权等担保物权具有明显的区别。[15] 这种观点基本上来自法国法的影响。在制定《物权法》过程中,多数学者持这种观点,主张在《物权法》中规定优先权为担保物权。[16] 当然反对的意见也存在,但并不是反对优先权是担保物权性质,而是不一定在《物权法》中作出规定。[17]

笔者认为,优先权是独立的法定担保物权,理由是:第一,优先权基于社会生活实际需要而产生,其意义在于社会政策、公平观念等各种考虑,通过明确某些需要特殊保护的债权优先于其他债权而受清偿,而对债权平等原则加以突破。第二,我国现行法中也已经将某些优先权规定为法定担保物权。如《海商法》第 22 条、第 25 条第 1 款中规定的船舶优先权,《民用航空法》第 19、22 条规定的民用航空器优先权,《税收征收管理法》第 45 条第 1 款规定的税收优先权,《合同法》第 286 条规定的建筑工程承包人的建设工程价款优先权等。第三,优先权的性质、产生、内容以及消灭的原因等都决定了其为独立的法定担保物权,而非单纯的优先受偿效力或者债权清偿顺序。

---

[10] 参见沈达明:《法国·德国担保法》,中国法制出版社 2000 年版,第 91 页。
[11] 参见于海涌:《法国不动产担保物权研究》,法律出版社 2004 年版,第 2 页。
[12] 参见《最新日本民法》,渠涛译,法律出版社 2006 年版,第 65—72 页。
[13] 参见崔建远主编:《我国物权法立法难点问题研究》,清华大学出版社 2005 年版,第 232 页。
[14] 参见董开军:《担保物权的基本分类及我国的立法选择》,载《法律科学》1992 年第 1 期。
[15] 参见王利明:《物权法论》(修订本),中国政法大学出版社 2004 年版,第 720 页。
[16] 参见王利明主编:《中国民法典学者建议稿及立法理由·物权编》,法律出版社 2005 年版,第541 页。
[17] 参见刘保玉:《物权体系论》,人民法院出版社 2004 年版,第 345—346 页。

第四,我国法定担保物权只有留置权一种,体系不完整,增加优先权作为法定担保物权可以完善法定担保物权体系。⑱

三、侵权请求权优先权的概念和类型

(一)侵权请求权优先权的概念

侵权请求权优先权是指被侵权人依法享有的,就造成其损害的侵权人的总财产承担侵权责任,优先于侵权人应当承担的财产性质的行政责任或者刑事责任而优先受清偿的担保物权。

《侵权责任法》第4条第2款规定的侵权请求权优先权,是我国现行法规定的职工工资债权和劳动保险费用优先权、建筑工程承包人的建设工程价款债权的优先权⑲、船舶优先权、民用航空器优先权、税收优先权之外的第六种优先权。

(二)侵权请求权优先权的特征

依笔者所见,侵权请求权优先权作为一种保障性的权利,具有以下四个基本特征:

(1)侵权请求权优先权是他物权。优先权具有优先受偿性、支配性、排他性以及追及性,这些性质说明,它是一种物权而不是债权。⑳ 侵权请求权优先权同样如此,它存在的基础是侵权人的总财产,是被侵权人就侵权人的财产所设立的物权,具有优先受偿性、支配性、排他性以及追及性,因此其性质是他物权,不是自物权。

(2)侵权请求权优先权是担保物权。用益物权和担保物权都是他物权,其最基本的区别在于,用益物权的基本属性在于它对他人财产的用益性,而担保物权的基本属性在于对他人财产的代位性和保证性。㉑ 侵权请求权优先权作为一种他物权,是从属于其所担保的侵权请求权而存在,其目的就在于保证该侵权请求权的实现。因此这种他物权的性质是担保物权,而不是用益物权。

(3)侵权请求权优先权是一种法定担保物权。优先权与留置权一样都是一种法定担保物权,但是优先权的法定性更为强烈:首先,优先权的产生要依据法律的明确规定,债权的权利人能够享有优先权必须依据法律的明确规定,否则当事人不得约定设立优先权;其次,优先权的效力要依据法律的明确规定,即优先权所担保的债权范围、优先权效力所及的标的物范围以及优先权之间、优先权与其他担保物权之间的顺位都必须依据法律的明确规定,当事人也不能自由约定。㉒ 侵权请求权优先权也是要

---

⑱ 参见杨立新:《物权法》,高等教育出版社2007年版,第318页。
⑲ 参见最高人民法院《关于建设工程价款优先受偿权问题的批复》第1条的规定。
⑳ 参见王利明主编:《中国民法典学者建议稿及立法理由·物权编》,法律出版社2005年版,第542页。
㉑ 参见杨立新:《物权法》,高等教育出版社2007年版,第152、157页。
㉒ 参见王利明主编:《中国民法典学者建议稿及立法理由·物权编》,法律出版社2005年版,第542页。

由法律明确规定的,所担保的侵权请求权范围、效力所及的标的物等,也都必须由法律规定,因此,它是法定担保物权。

(4)侵权请求权优先权是无须公示而产生的担保物权。与其他优先权一样,侵权请求权优先权属于无须公示仅因法律规定就能够产生的担保物权,无须交付,也无须登记。

(三)侵权请求权优先权的类型

在优先权的类型上,可以分为民法上的优先权与特别法上的优先权、一般优先权和特殊优先权、优先于所有债权的优先权与优先于特定权利的优先权。侵权请求权优先权的类型特点是:

(1)侵权请求权优先权是民法上的优先权。民法上的优先权是指由民法加以规定的优先权[23],如《合同法》第286条规定的建设工程价款的优先权。侵权请求权优先权就是这种优先权,是通过《侵权责任法》规定的优先权,因为《侵权责任法》就是民法的组成部分,因而属于民法优先权,而不是由民法之外的法律规定的特别法优先权。

(2)侵权请求权优先权是一般优先权。一般优先权是指就债务人的总财产或者一般财产而优先受偿的优先权[24],如受雇人的工资债权就债务人的总资产优先受偿。侵权请求权优先权是为了保护被侵权人合法权益而设立的优先权,其作为保证的资产不是侵权人的特定财产,而是全部总资产,包括侵权人所拥有的全部动产和不动产,因此是一般优先权。

(3)侵权请求权优先权是优先于特定权利的优先权。侵权请求权优先权并不优先于所有权利的优先权,而是仅优先于行政责任及刑事责任中的财产责任,对于其他债权,侵权请求权优先权并不处于优先地位,应当受债权平等原则约束,更不能对抗有其他担保物权担保的债权。

四、侵权请求权优先权的成立要件和效力

(一)侵权请求权优先权的成立要件

侵权请求权优先权是法定担保物权,其成立应当具备法律规定的必备要件。其应当具备的要件是:

1. 承担侵权责任的人与罚款、罚金等责任的人须为同一侵权人

侵权请求权的权利人是被侵权人,相对应的责任人是造成其合法权益受到损害的侵权人。不论应当承担刑事责任还是行政责任,以及承担侵权责任,都必须是同一个侵权人应当承担的法律责任。只有在同一侵权人应当承担上述不同责任时,优先权才是有意义的,也是该优先权成立的要件,否则不发生优先权。

---

[23] 参见杨立新:《物权法》,高等教育出版社2007年版,第318页。
[24] 参见刘保玉:《物权体系论》,人民法院出版社2004年版,第338页。

2. 侵权人须同时承担侵权责任和刑事罚金、行政罚款等责任

同时承担，就是在侵权人对被侵权人承担侵权责任的同时，又要承担刑事罚金或者行政罚款等责任。因此，侵权人承担对被侵权人的侵权责任作为前提，同时又要承担罚金或者罚款的刑事责任或者行政责任时，才能构成侵权请求权优先权。前文所谓"等责任"，还包括其他财产性的行政、刑事责任，例如没收财产、收缴违反所得等也在其内。

3. 侵权人须因同一行为而承担不同的法律责任

构成侵权请求权优先权，必须是侵权人因同一个违法行为，既要承担对被侵权人的侵权责任，又要承担对国家的罚款或者罚金等责任。在这种情况下，侵权人对被侵权人承担的侵权责任就优先于罚款或罚金等责任。《侵权责任法》第4条第2款规定的"因同一行为"，特别强调的就是因同一个违法行为应当承担民事责任或者刑事责任。不具备这个要件，不构成侵权请求权优先权。

(二)侵权请求权优先权的效力

1. 侵权请求权优先权的担保范围

在一般情况下，确定优先权所担保的债权范围，应当原则上适用《物权法》第173条规定的担保物权所担保的一般范围的规定，主要包括：主债权、利息、违约金、损害赔偿金以及优先权人因保全和实现优先权所支出的费用。㉕ 不过，由于优先权是一种法定性非常强的担保物权，因此不同的优先权所担保的债权范围必须依据法律的明确规定。对于不同性质的优先权所担保的债权范围作不同的规定，是因为优先权是无须公示而产生的物权，如果不对其担保的债权范围予以限制，将会对交易安全造成很大威胁；同时，优先权的立法目的就在于基于社会政策以及公平考量而对某种利益予以优先保护，对利益保护的程度不同，决定了不同的优先权所担保的债权范围的不同。

侵权请求权优先权的担保范围是：

(1)损害赔偿金。侵权请求权优先权担保的主要部分，是损害赔偿金请求权，即损害赔偿金之债，被侵权人的合法权益受到侵害造成损失，不论是财产损害赔偿金还是人身损害赔偿金，不论是救济性损害赔偿金还是惩罚性赔偿金，作为损害赔偿请求权都一律受到优先权的保护。即使确定的是精神损害赔偿金，其请求权也受到优先权的保护。

其他财产性侵权责任请求权，也在主要担保的部分之内。例如，判决恢复原状、返还原物等侵权请求权，同样受到优先权的保障。

(2)损害赔偿金迟延给付的利息。在侵权请求权优先权中，利息之债也受到优先权保护。不过，在通常情况下，侵权责任在判决确定之前是不计算利息的，如果判决已经确定了损害赔偿金，并且规定了给付赔偿金的期限，超出该期限而为给付者，应当承担利息之债，该利息之债才受优先权的保护，否则，不存在利息的赔偿问题。

㉕ 参见王利明主编：《中国民法典学者建议稿及立法理由·物权编》，法律出版社2005年版，第546页。

(3)保全和实现优先权所支付的费用。被侵权人作为优先权人,为了保全和实现优先权所支出的费用,也应当在优先权担保的范围之内。在侵权人侵害了被侵权人的合法权益之后,被侵权人作为受害者,其为了救济权利而支出的费用,并不是保全和实现优先权所支出的费用,而是为了救济受到侵害的权利而支出的必要费用,这是在损害赔偿的范围之内的费用,为侵权责任的内容。仅仅是为了保全优先权,实现优先权,因而支出的费用,才是该笔费用。不过,由此可见,不论是救济损害而支出的费用,还是保全、实现优先权而支出的费用,其实都在优先权的担保范围之内,只不过是分别计算而已。

实现优先权、保全优先权的费用中,是否包括律师费,是很多人都在讨论的问题。笔者认为合理的律师费应当属于实现优先权和保全优先权的费用,按照法律规定的计算标准确定的律师代理费,属于侵权请求权优先权的担保范围。

2. 侵权请求权优先权的标的

侵权请求权优先权的标的,应当以承担侵权责任的侵权人的所有物和财产权利为限。对于优先权的标的是否具有特定性,有不同看法,有的人认为应当有特定性的限制,有的人认为没有特定性的限制。[26] 依笔者所见,该标的的范围原则上不受特定性限制,而仅受善意取得的限制。侵权人的一般财产即物和财产权利都为优先权的标的,如果在优先权保障期间转让该财产且构成善意取得的时候,则优先权人不得主张权利,其他财产均在优先权标的之内。

3. 侵权请求权优先权对抗的对象

侵权请求权优先权所对抗的对象,法律必须明确规定。侵权请求权优先权所对抗的,是同一侵权人同时承担的缴纳行政罚款和刑事罚金等财产性责任。不具备侵权请求权优先权的成立要件,不能对抗先成立或者非因同一行为而成立的罚款和罚金等责任的承担。至于后来就同一侵权人成立的罚款或者罚金,则因为不处于同时发生的地位,侵权请求权也不存在优先承担的效力。不过,基于私权优先原则,后发生的罚款或者罚金等责任,如果并不存在其他同时存在的民事优先权的,应以侵权请求权有优先权保障为妥。

对于其他债权,侵权请求权优先权不发生效力,不产生对抗的效力。例如,对侵权人自己负担的其他债务,即侵权人的其他债权人所享有的债权,与侵权请求权具有同样的债权性质,依据债权平等原则,被侵权人不能主张优先权以排斥其他债权人主张债权的效力。

4. 侵权请求权优先权的顺位

在同一动产或不动产上能够同时产生数个优先权,因此存在在数个优先权中的顺位问题。侵权请求权优先权与其他优先权之间的顺位有以下三种情形:

---

[26] 参见王利明主编:《中国民法典学者建议稿及立法理由·物权编》,法律出版社2005年版,第545—546页。

（1）侵权请求权优先权与税收优先权之间的顺位。侵权请求权优先权与税收优先权都是一般优先权，对于一般优先权之间的顺位，通常要由法律作出明确规定，因而不需要法官进行判断。㉗ 通常认为，在一般优先权中，税收优先权优先于民法优先权，我国《税收征收管理法》第45条第1款规定，只要纳税人欠缴的税款发生在其他担保物权产生之前，税收权就优先于抵押权等担保物权。这种规定是不正确的，违背了国家不与人民争利的私权优先原则，公法性的债权并不必然优先于私法性的债权；纳税人是否在抵押权等担保物权设定或产生之前欠缴税款无法为担保物权人所知悉，这种规定对交易安全也极为不利。就侵权请求权优先权而言，能否对抗税收优先权呢？对此，《税收征收管理法》第45条第1款规定："税务机关征收税款，税收优先于无担保债权，法律另有规定的除外……"侵权请求权属于无其他担保的债权，但有优先权的担保，因此，应当认为侵权请求权是有担保的请求权，因此，应当优先于税收优先权。反对者的意见认为，如果要规定侵权请求权优先权优先于税收优先权，则必须明确规定，没有明确规定就是不能对抗税收优先权。笔者认为，国家不与民争利的私权优先是确定的原则，在税收和被侵权人权利损害救济发生冲突时，国家税收的权利应当让位于救济私权利的权利。因此，侵权请求权优先权应当优先于税收优先权。㉘

有人会以税收优先权属于公共利益范畴，因此，属于私权利救济的侵权请求权优先权应当置于第二位，不具有对抗的效力。但是，实现公共利益的最终目的，仍然是保障和促进具体人的个人利益。假如在实现公共利益的过程中伤害个人利益，第一原则是避让，第二原则才是补偿。㉙ 因此，这个理由其实并不成立。

（2）侵权请求权优先权与特殊优先权之间的顺位。侵权请求权优先权属于一般优先权。按照优先权的规则，一般优先权应当优先于特殊优先权而受偿，因为一般优先权所实现的价值大于特殊优先权所实现的价值，一般优先权通常维护的都是公共利益以及债权人的共同利益，或者债权人的生存权，或者是保护劳动者的合法权益这一社会政策，而特殊优先权主要维护的是债权人或债务人的个人利益，从价值衡量的角度上自然应当得出一般优先权优先于特殊优先权的结论。㉚ 侵权请求权优先权关涉被侵权人的生存权，意义重大，因此，在与其他特殊优先权发生冲突的时候，应当处于优先的顺位，应当优先得到赔偿。但是，法律有特别规定的，应当依照法律规定。㉛ 应当注意的是，侵权请求权优先权不具有对抗其他债权的效力，也不具有对抗其他担保物权以及保证的效力，而仅对抗行政罚款、刑事罚金、没收财产、收缴违法所得以及税收等公权力性质的权利。

㉗ 参见崔建远主编：《我国物权法立法难点问题研究》，清华大学出版社2005年版，第252页。
㉘ 参见崔建远主编：《我国物权法立法难点问题研究》，清华大学出版社2005年版，第252页。
㉙ 参见刘曙光：《什么样的公共利益才是合法的？——三论私权优先原则》，载中国论文下载中心，2006年1月10日访问。
㉚ 参见崔建远主编：《我国物权法立法难点问题研究》，清华大学出版社2005年版，第254页。
㉛ 参见刘保玉：《物权体系论》，人民法院出版社2004年版，第341页。

如何判断《侵权责任法》保护的民事利益范围[*]

《侵权责任法》第 2 条第 2 款规定了该法保护的范围,除了列举了 18 种民事权利还加上"等"之外,还包括民事利益。该条对该法保护的民事利益的范围如何界定,没有明确规定。对此,仁者见仁,智者见智。本文通过"黄棣如诉广州市番禺区番泰商行等冒用商品条码侵害民事利益赔偿纠纷案"的分析,说明笔者的看法。

一、保护民事利益的典型案例

(一)简要案情

上诉人(原审原告)黄棣如是中山市火炬开发区永利食品厂的个体经营者。2003 年 5 月 21 日,黄棣如与被上诉人(原审被告)广州市番禺区番泰商行签订《委托加工协议书》,约定:番泰商行委托黄棣如生产加工"番泰行"牌系列猪油糕产品,加工产品使用的商标是"番泰行"牌商标,黄棣如提供卫生许可证号、生产许可证号、企业标准、标签认可编号、条码给番泰商行印制包装,部分的包装材料如:猪油糕系列产品的外包装盒由番泰商行提供给黄棣如进行食品生产及包装,质量要求由黄棣如提供实际样板经番泰商行确定认可后,按照确认样板进行生产,但黄棣如要保证其加工的产品卫生安全,符合国家食品卫生标准,产品的成分要足够,不能偷工减料,提供的标准、条码及标签要合法及标准等。合同签订后,黄棣如按协议约定,提供卫生许可证号、生产许可证号、企业标准、标签认可编号、条码给番泰商行的产品进行印制包装,其中黄棣如的厂商识别代码为 69270530。2006 年年底,番泰商行通过 QS 认证,而黄棣如至今未能通过 QS 认证,番泰商行因此终止与黄棣如的食品加工合作关系。2007 年 1 月 16 日,番泰商行委托被上诉人(原审被告)中山市宝诚食品有限公司生产、加工花生芝麻糖、猪油糕等食品。番泰商行提供旧包装盒的样板给宝诚公司进行印刷,而旧包装盒上仍印有黄棣如的商品条码69270530。2007 年 7 月 4 日,中山市质量技术监督局根据黄棣如的投诉到宝诚公司进行检查,发现印有黄棣如商品条码的食品花生软糕有 6 盒,包装盒有 150 个。2007 年 7 月 23 日,广州市番禺区质量技术

---

[*] 本文发表在《判解研究》2012 年第 1 辑。

监督局对番泰商行作出(穗番)质监责改字(2007)第1号责令改正决定书,责令番泰商行"2007年7月27日前,按以下要求予以改正:1.立即停止冒用他人商品条码的行为;2.使用合法取得且符合《广东省商品条码管理办法》要求的商品条码;3.在整改日期届满前将整改情况以书面形式报送我局"。2007年12月24日,黄棣如以番泰商行、宝诚公司侵权为由向中山市人民法院提起诉讼。

(二)裁判结果

中山市人民法院一审认为:商品条码是由一组规则排列的条、空及其对应代码组成,是表示商品特定信息的标识。商品条码不属于民法调整的平等主体之间的财产关系的范畴,且宝诚公司、番泰商行使用黄棣如的商品条码未造成黄棣如名誉、荣誉上的损害,因此,黄棣如诉求于法无据,判决驳回黄棣如的诉讼请求。黄棣如不服一审判决,向中山市中级人民法院提起上诉。

中山市中级人民法院审理认为:《民法通则》第5条规定:"公民、法人的合法的民事权益受法律保护,任何组织和个人不得侵犯。"民事权益是指自然人或者法人在民事活动中享有的权利和利益,民事权益即为民事权利与民事利益。除民事权利外,合法的民事利益也受法律保护。商品条码虽然包含有企业名称等信息,但一般公众不可能知晓其中包含的信息,故商品条码不属于企业名称权的范围。法律也没有规定商品条码是何种民事权利。商品条码有利于商品管理和流通,因此,商品条码是民事利益。《商品条码管理办法》第21条规定:"任何单位和个人未经核准注册不得使用厂商识别代码和相应的条码。任何单位和个人不得在商品包装上使用其他条码冒充商品条码;不得伪造商品条码。"黄棣如经注册取得的商品条码是合法的民事利益,应受法律保护。番泰商行未经黄棣如允许,擅自使用其商品条码,应承担相应的民事责任。宝诚公司系受番泰商行的委托使用黄棣如商品条码,黄棣如无证据证明宝诚公司具有过错,其要求宝诚公司承担责任的诉讼请求不能成立。由于冒用商品条码的行为不会引起消费者对商品误解和商品销售,故冒用商品条码的行为不属于不正当竞争行为,黄棣如主张番泰商行不正当竞争的上诉理由不能成立。因商品条码是财产利益,不是企业人格利益,对黄棣如主张赔礼道歉的诉讼请求不予支持。再因中山市质量技术监督局已责令番泰商行停止侵权,且黄棣如无证据证明番泰商行仍在使用其商品条码,黄棣如要求番泰商行停止侵权的诉讼请求不能成立。黄棣如因调查、制止侵害行为和诉讼所支出的费用属于损失,应由番泰商行赔偿,酌定损失为1万元。原审认定事实清楚,但适用法律不当。故判决撤销中山市人民法院一审民事判决,广州市番禺区番泰商行于本判决生效后3日内赔偿黄棣如损失1万元;驳回黄棣如其他诉讼请求。

二、对《侵权责任法》保护的民事利益范围的基本理论分析

本案终审判决尽管不是适用《侵权责任法》作出的判决,但其适用法律的基本思

路是符合《侵权责任法》第 2 条第 2 款规定精神的,因此,对分析侵权责任法保护的民事利益范围具有借鉴意义。

(一)对侵权责任法保护的民事利益范围的不同看法

对于《侵权责任法》第 2 条规定的民事利益保护范围,学者有不同理解。

有的学者认为,除了《侵权责任法》第 2 条第 2 款列举的民事权利之外,还有其他民事权益也属于侵权责任法的保护对象,比如死者名誉、胎儿人格利益。考虑到民事权益多种多样,立法中难以穷尽,而且随着社会、经济的发展,还会不断有新的民事权益纳入到侵权责任法的保护范围,因此,《侵权责任法》没有将所有的民事权益都明确列举,但不代表这些民事权益就不属于《侵权责任法》的保护范围。[1] 这个解说比较含糊,也代表了立法者对这个问题的不明确态度。

有的学者认为,侵权法保护的利益应当是私法上的、具有绝对性的合法利益,其特点是,这种利益必须是私法上的利益,必须具有绝对性,具有合法性,必须具有侵权责任法上的可救济性。具体的范围是:一是一般人格利益;二是死者人格利益;三是财产利益;四是其他合法利益。[2] 这种说法从两个方面对民事利益进行界定,比较明确,不过在解释侵权责任法保护的民事利益仍然包括"其他合法利益"这样的弹性表述,不够妥当。

有的学者认为,民事法益具有类似民事权利的某些属性但又有不同于民事权利的特征,部分民事法益可能上升为民事权利,而另一部分则只能以受到法律保护的利益形态存在。死者的人身利益如姓名、肖像、名誉、隐私、遗体、遗骨等,属于受到保护的人身利益。债权在一定程度上也属于受到保护的财产利益,但侵权责任之构成往往以侵权人的故意为主观要件。[3] 这种说法的表述不够准确,特别是将债权也归入民事法益的范围内,有欠斟酌。

有的学者认为,民事利益是指虽然受到法律一定程度的保护但尚未形成为一种民事权利的利益。依内容之不同,侵权责任法保护的民事利益可分为:人身利益与财产利益,如死者之名誉、隐私、肖像,具有人格象征意义的特定纪念物品上的人格利益、商业秘密、占有等。至于哪些利益属于民事利益,进而能够受到私法的保护,则应具备合法性、私人性及可救济性这 3 项特征。[4] 这个主张对民事利益概念的界定比较可取,但对其外延的表述显然缺乏整理。

在上述分析中,有以下 3 点是共同的:第一,民事利益是尚未成为民事权利的私法上的利益;第二,民事利益范围相当宽泛,并非所有的民事利益都受侵权责任法的保护;第三,受到侵权责任法保护的民事利益应当具备一定的属性,例如合法性、绝对性、可救

---

[1] 参见王胜明主编:《中华人民共和国侵权责任法释义》,法律出版社 2010 年版,第 25—26 页。
[2] 参见王利明:《侵权责任法研究》(上卷),中国人民大学出版社 2010 年版,第 92—98 页。
[3] 参见张新宝:《侵权责任法》,中国人民大学出版社 2010 年版,第 4—5 页。
[4] 参见程啸:《侵权责任法》,法律出版社 2011 年版,第 66—67 页。

济性。这些意见,应当成为我们确定《侵权责任法》保护的民事利益范围的基础。

(二)《侵权责任法》保护民事利益的应然范围

《侵权责任法》保护的民事权益范围,第2条第2款作了规定,即"本法所称民事权益,包括生命权、健康权、姓名权、名誉权、荣誉权、肖像权、隐私权、婚姻自主权、监护权、所有权、用益物权、担保物权、著作权、专利权、商标专用权、发现权、股权、继承权等人身、财产权益"。这种写法除了存在列举的民事权利不够,很多重要的权利没有写进来,例如身体权、人身自由权、信用权、债权、配偶权等;所列举的18种民事权利并非属于同一个逻辑层次上的权利,多数是具体权利,有的是权利类型;已经写进来的权利有些较难得到侵权法的保护,例如继承权、股权等,除此之外,最重要的是,对《侵权责任法》所保护的民事利益,只界定到人身、财产利益的程度,没有进一步明确界定,在司法实践中很难掌握。

根据这一规定,《侵权责任法》保护的民事范围既包括民事权利,也包括民事利益。但这一规定没有对《侵权责任法》保护的民事利益进行列举,也没有进行限制。

民事利益是指民事主体享有,能够给自己带来一定便利,尚未本法律认可为民事权利的私法上的利益。对民事利益应当采用三分法,即:一是被民事权利保护的民事利益,成为民事权利客体;二是法律规定应当予以保护的民事利益,就是法益,即法律虽然保护,但并非设置权利保护,而仅以法益予以保护;三是不受法律保护的民事利益。法益就是《侵权责任法》所保护的利益。法益的确定方法是:首先,凡是法律已经明文规定应当保护的合法利益,是《侵权责任法》保护的范围,例如死者的人格利益;其次,故意违反善良风俗致人利益损害的行为,是《侵权责任法》调整的范围;再次,利益应当达到重大程度,轻微的民事利益不应当作为《侵权责任法》保护的范围,以更好地对民事主体的行为自由予以保护。

《侵权责任法》应当保护的民事利益(即法益)范围是以下五种:

1. *其他人格利益*

其他人格利益,在学说上叫做一般人格利益,即具体人格权不能涵盖但应当依法予以保护的人格利益。任何人格利益,凡是没有明文规定,但确需依法进行保护的,都可以概括在这个概念里,作为《侵权责任法》保护的范围。对此,最高人民法院《关于确定民事侵权精神损害赔偿责任若干问题的解释》规定为其他人格利益,应当按照司法解释的规定确定这个概念。

《侵权责任法》保护其他人格利益具体分为:第一,有一些在立法上没有规定,但是在理论上认为已经具有具体人格权性质的人格权,可以概括在其他人格利益中。例如,性自主权在其他法律中已经规定为人格权并加以刑法和行政法的保护,《侵权责任法》保护性自主权,可以引用其他人格利益予以保护。第二,对于有可能成为新的具体人格权的人格利益,例如形象权、声音权等,应当概括在其他人格利益中予以保护。第三,对于具体人格权和上述人格利益无法包括的人格利益,概括在其他人格利益之中依法予以司法保护,例如浴池允许人狗同浴,侵害的就是其他人格利益。

2. 死者人格利益

《民法通则》没有规定保护死者人格利益,而死者的某些人格利益确有保护必要。《民法通则》在实施中遇到了这个问题,在"荷花女"案件的审理中,最高人民法院作出司法解释,规定对死者的名誉应当进行法律保护。这种做法取得了很好的效果,发挥了重要作用,受到各界欢迎,在国外也有很好的影响。最高人民法院《关于确定民事侵权精神损害赔偿责任若干问题的解释》将死者名誉利益保护的经验予以扩展,对死者的姓名、肖像、名誉、荣誉、隐私以及遗体和遗骨等人格利益均予以保护,填补了立法缺陷,对于维护死者的人格利益,维护正常的人际关系和社会和谐稳定,都有重要意义。

借鉴我国司法实践20多年积累的审判经验,《侵权责任法》保护的民事利益应当包括死者人格利益。《侵权责任法》保护的死者人格利益范围,包括死者的姓名、肖像、名誉、荣誉、隐私以及遗体、遗骨。对于凡是侵害上述死者人格利益造成损害的,都应当认定为侵权行为,对死者的近亲属承担损害赔偿责任。

3. 胎儿人格利益

关于胎儿人格利益的法律保护,现有的法律和司法解释均无明确规定。在实践中已经出现过这样的案例。成都市贾某怀有4个多月身孕,在乘坐出租汽车时发生交通事故,被撞伤,致右额粉碎性凹陷骨折及颅内血肿。贾某起诉认为,自己为治疗伤害而服药,会对胎儿健康发生影响,要求对胎儿人格利益的损失予以赔偿。法院组织数次鉴定,均无法确定现在即存在损害。法院判决认为胎儿伤害尚不能确定,无法予以支持,待其出生并伤害确定后可以起诉。本案尽管没有形成确定保护胎儿人格利益的判决,但体现了保护胎儿人格利益的思想。

胎儿人格利益应当确定为《侵权责任法》保护的范围。罗马法认为,胎儿从实际的角度上讲不是人,但由于他是一个潜在的人,人们为保存并维护其自出生之时即归其所有的那些权利,而且为对其有利,其权利能力自受孕之时起产生,而不是从其出生之时起计算。在近、现代的民事立法中,规定胎儿在其母体中受到侵权行为的侵害,自其出生时始,享有损害赔偿请求权。

《侵权责任法》保护胎儿人格利益的基本规则是:第一,胎儿在母体中受到身体损害或者健康损害,法律确认其产生损害赔偿请求权。第二,胎儿的损害赔偿请求权,在胎儿还没有出生之前是一种潜在的权利,应待其出生后依法行使。第三,由于初生儿具有民事权利能力而不具备民事行为能力,因而行使侵权责任请求权应由其亲权人作为法定代理人代为行使。第四,如果胎儿出生时为死体,胎儿不能产生损害赔偿请求权,而由受害人即怀孕的母亲享有损害赔偿请求权。

4. 其他身份利益

其他身份利益,是亲属之间基于特定的亲属关系产生的,不能为身份权所概括的利益,属于人身利益的范畴。在实践中,将亲属之间的利益确定为身份利益,并且予以《侵权责任法》的保护,并非没有争议,但较少有人提出。但在事实上,除了配偶权、亲权和亲属权所保护的身份利益之外,其他身份利益大量存在,经常受到侵权行为的侵害,《侵权责任法》应当提供保护。例如贵阳市某对夫妻生活近20年,育有一名16岁儿子。双方感情破裂离婚,但对抚育子女发生争议,最后查明该子不是男方的婚生子女。男方起诉女方,追究女方侵害其生育权的责任。笔者研究认为,女方对丈夫隐瞒与他人生育子女的客观事实,并非为侵害生育权的客观依据,而是造成男方延误生育子女的身份利益,因此是侵害身份利益的侵权行为,构成侵权责任。

对上述利益损害界定为身份利益损害,是符合《侵权责任法》第2条规定和第6条第1款过错责任原则的规定的,根据这样的经验,《侵权责任法》所保护的民事利益应当包括身份利益。

5. 其他财产利益

其他财产利益,是物权、债权、知识产权等财产权所保护的财产利益之外的其他财产利益。在社会生活中,有很多财产利益是不能概括在上述财产权利当中的,而仅仅是财产利益。例如《国家赔偿法》第36条规定的侵犯公民、法人和其他组织的财产权造成损害的,错误查封、扣押、冻结财产,在解除对财产的查封、扣押、冻结所造成的财产损坏或者灭失,侵害的是权利人的物权;但在错误吊销许可证和执照、责令停产停业的,该行为造成停产、停业期间必要的经常性费用开支,侵害的就是财产利益,而不是物权,也不是债权或者知识产权。占有,不是物权保护的对象,是作为民事利益进行保护的。同样,对于纯粹经济损失这种新型侵权行为类型,其所侵害的就是财产利益,而不是财产权利。

上述财产利益尽管都不是财产权利,但都应当得到《侵权责任法》的保护,应当概括在《侵权责任法》第2条第2款规定的其他人身、财产权益中,作为《侵权责任法》保护的民事利益。

(三)民事利益受到损害达到应予《侵权责任法》保护的必要程度

前述五种民事利益都受《侵权责任法》的保护。但是,并不是所有的上述五种民事利益都应当予以保护,都需要损害达到一定程度,才能够加以保护。笔者的意见是:

1. 民事利益具有必要的属性

侵权责任法保护的民事利益必须具备必要的属性。以下这三个属性是侵权责任法保护的民事利益必须具备的属性:

(1)合法性,只有合法的民事利益才能受到法律的保护,在其受到损害时获得救济。违法获得的民事利益虽然也是民事利益,但侵权责任法在其受到损害时并不予以保护。例如,赌资不能认为不是民事利益,但在我国大陆就不具有合法性,不予侵权责任法的保护。不过在澳门特别行政区,则有些赌资是合法的权利,有些赌资是自然债务,有些赌资则是非法利益。

(2)绝对性,侵权责任法保护的民事利益,任何第三人都必须予以尊重,负有不可侵的义务,即具有绝对性。正如《民法通则》第5条规定:"公民、法人的合法的民事权益受法律保护,任何组织和个人不得侵犯。"绝对性的表现,一是民事利益具有公开性,不限于特定当事人之间,能够为第三人所知道和了解;二是这种民事利益能够对抗第三人,在受到侵害时,民事利益享有人能够对实施侵害行为的第三人提出主张和提起诉讼。

(3)可救济性,《侵权责任法》保护的民事利益在受到侵害时,能够通过侵权责任方式的适用而对受害人予以救济,如果侵权责任法对某种民事利益的损害无法予以救济,就不具有可救济性,当然也就不是侵权责任法所保护的民事利益。

2. 民事利益须达到重大程度

侵权责任法保护的民事利益应当达到重大程度,对较为轻微的民事利益不能作为侵权责任法保护的客体,因此,违反保护他人的法律,或者故意违背善良风俗,造成前述五种民事利益受到损害的,构成侵权行为,行为人应当承担侵权责任。具体方法是:

(1)《侵权责任法》保护的民事利益必须是前述五种民事利益中的一种。超出这五种民事利益之外的,不属于民事利益,不受《侵权责任法》的保护。

(2)民事利益受到损害,行为人的行为须具备违反保护他人的法律或者故意违背善良风俗的违法性。按照王泽鉴教授的解释,仿照《德国民法典》第823条和第826条的规定制定的《中华民国民法》,即我国台湾地区现行"民法"第184条规定,继受德国法上传统不法性的理论,构建侵权行为体系,第184条第1项前段的不法侵害,受保护的权益是权利;第184条第1项后段的故意悖于善良风俗,受到保护的权益既包括权利也包括利益;第184条第2项规定的违反保护他人的法律,保护的权益既包括权利也包括利益。⑤ 将违法性和保护范围结合起来,《侵权责任法》保护的民事利益,须具备违反保护他人的法律和故意违背善良风俗的违法性要件,即可做到比较准确地界定侵权法保护的民事利益范围,发挥《侵权责任法》的法律调整作用。

(3)民事利益受到损害应当达到较严重后果,而非轻微损害。例如,某人乘坐出租车发生交通事故,造成了嘴唇撕裂的后果,医院缝合,但出院后回家跟自己的丈夫接吻时没有感觉了,亲吻自己的孩子也没有感觉了,就向法院起诉,除了要肇事一方承担人身损害赔偿责任之外,还起诉了亲吻权受到侵害的损害赔偿。亲吻以及亲吻所带来的愉悦也是一种人格利益,但这种利益并不是民法所保护的利益,因为嘴唇损伤就是侵害了健康权,人身损害赔偿已经起到了救济这种损害的作用了,没有可能对亲吻受到的损害还要进行赔偿。《侵权责任法》无法保护这样的利益。如果亲吻这种利益也受到侵权法保护,侵权行为造成受害人手的损伤,不能挠痒痒了,难道说还有挠痒痒权应当进行保护吗?挠痒痒的利益是通过健康权保护的,不能直接受到《侵权责任法》的保护。

三、本案争议的商品条码属于侵权责任法保护的民事利益范围

本案争议的焦点问题是:冒用商品条码的性质及其法律责任。在司法实践中,注

---

⑤ 参见王泽鉴:《侵权行为》,北京大学出版社2009年版,第217页。

意区分以下易混淆的问题,有助于准确把握冒用商品条码的民事责任:一是商品条码的性质及法律特征;二是冒用商品条码行为与侵犯商标使用权的关系;三是冒用商品条码与不正当竞争行为的关系;四是商品条码的法律保护问题。

(一)正确认定商品条码的性质

商品条码是由一组按一定规则排列的条、空及对应字符(阿拉伯数字)所组成的,用于表示商店自动销售管理系统的信息标记或者对商品进行分类编码的标记。商品条码就是商品身份证的统一编号。商品条码虽然包含企业名称等信息,但必须用仪器扫描才能获取,一般公众不可能知晓其中包含的信息,具有一定的隐蔽性和不易获取性,与企业名称的意义和作用并非一致,故商品条码不属于企业名称权的范围。但是,商品条码属于民事主体的民事利益,系统成员对其注册厂商识别代码和相应商品条码享有专用权,经注册取得的商品条码是合法的民事利益,应受法律保护。未经允许擅自使用其商品条码,应承担相应的民事责任。本案的终审判决正确认识商品条码的性质属于民事利益范畴,对于研究侵权责任法保护的民事利益范围具有借鉴意义。

不过,有一个问题需要研究,就是既然商品条码属于民事利益中的财产利益,为什么仅仅判决对商品条码被侵权的调查、制止侵害行为和诉讼所支出的费用属于损失进行赔偿,而不对商品条码被侵害的本身损失进行赔偿呢? 笔者认为,这种判决值得斟酌,原因在于,既然商品条码是一种财产利益,受到侵害必然造成利益所有人的财产利益损失。当然,调查、制止侵权行为和诉讼所指出的费用属于损失,但商品条码被侵害的本身,也必定存在财产的损失,只不过这个损失与其他财产利益相比,具有更大的隐蔽性而已。对此,也应当进行估算,确定实际损失,并且予以赔偿。

(二)正确认定商品条码与商标权、名称权的不同

虽然商品条码在现代商品销售自动化管理上应用十分广泛,而且还常常与商标同时出现在商品的包装或附着物上,与商标有紧密联系,这些标志或标记很容易与商标相混淆。但两者之间的功能作用不同,不仅在表现形式和标记的内容不同,而且使用的目的不同,法律特性不同。由于法律没有规定商品条码为何种权利,商品条码虽然包含有企业名称、商标等信息,但必须是商品的管理者使用专用仪器进行扫描才能获取,该企业名称和商标具有一定隐蔽性和不易获取性。为此,一般公众或消费者不可能知晓其中包含的信息。当商品条码被人冒用时,相对公众和消费者而言,冒用者并未直接使用企业名称与商标,故冒用商品条码不构成侵犯企业名称权、商标权。对商品条码不能适用商标权和名称权的保护方法进行保护,更不能直接认定商品条码就是商标权和名称权的内容,以商标权或者名称权受到侵害确定侵权责任。

(三)正确认定冒用商品条码不构成不正当竞争

终审判决认为,冒用商品条码和不正当竞争行为所涉及的企业名称有质的区别。商品条码虽然包含有企业名称等信息,但与一般意义的企业名称存在差异,不属于企

业名称权的范围,冒用他人商品条码不会导致他人产品销量减少,也不会增加冒用产品的销量。所以,冒用商品条码的行为不符合《反不正当竞争法》有关"擅自使用企业名称"侵权责任的构成要件,其行为不构成不正当竞争行为。

(四)正确确定商品条码的法律保护方法

商品条码是合法的、受法律保护的民事利益。商品条码经登记后使用,有利于商品管理和流通,能够给使用人带来一定的便利,因此,商品条码是民事利益,而不是权利。商品条码专用权并非法定权利,而具财产利益属性,《侵权责任法》应当予以保护。本案终审判决认为,番泰商行未经黄棣如允许,擅自使用其商品条码,其主观上具有故意,行为具有违法性。因冒用商品条码造成商场、超市企业对原告商品的识别困难或因冒用商品条码造成原告商品和企业信用降低而产生的财产损失,均可认定为侵害利益造成损失。黄棣如因调查、制止侵害行为和诉讼所支出的费用与侵害行为具有因果关系,属于损失。因此,黄棣如的请求符合利益损害赔偿责任的构成要件,终审法院酌定侵害人赔偿利益所有人调查、制止侵害行为和诉讼所支出的费用损失是正确的。

笔者的评论是:第一,判决确定对调查、制止侵权行为和诉讼所支出的费用为侵权行为造成的损失,予以赔偿,是值得称道的。对于这种赔偿,很多法院不支持受害人的赔偿请求,是不对的。对此,予以特别的肯定。第二,既然判决确认"因冒用商品条码造成商场、超市企业对原告商品的识别困难或因冒用商品条码造成原告商品和企业信用降低而产生的财产损失,均可认定为侵害利益造成损失",为什么对这样的损失不予赔偿呢?这种做法反映了法院审判侵权案件中的一个偏见,即对受害人也就是民事权利人关于赔偿范围的确定,总是格外谨慎,甚至过于谨慎,抠得很死。这种做法对侵权人有利而对受害人不利,难以实现《侵权责任法》矫正正义功能的实现。对此,建议民事法官应当对此有所警觉,以便更好地保护民事权利人的权利和利益,救济受害人受到的损害。

原因力的因果关系理论基础及其具体应用[*]

原因力在条件说以降的因果关系理论中若隐若现,传统的侵权法因果关系理论总是将其一带而过,各国立法和司法也少有提及。2001年以来,随着原因力被最高人民法院的《关于审理触电人身损害赔偿案件若干问题的解释》《关于审理人身损害赔偿案件适用法律若干问题的解释》所采纳,我国的学理与实践开始关注原因力理论,有的学者已经作出了很有力度的理论阐释[①],但仍有很多问题需要探讨。笔者认为,通过对原因力理论的历史追溯和现实分析,可以发现原因力的确定与比较,其实贯彻了整个侵权行为法归责、确定责任范围及分配责任的始终,在复合因果关系形态下,原因力对确定责任范围及分配责任的作用更为凸显。

一、原因力理论的历史沿革

(一)对各种因果关系学说中所蕴含原因力理论的追溯

一直以来,原因力的概念几乎总是混杂在因果关系理论中被简略提及,要考察原因力的历史沿革,离不开对"侵权行为法上最困扰法院与学者的因果关系"[②]的追溯,很少有人对其概念和规则进行专门研究。对这一过程的考察,笔者认为,侵权行为法中的原因力理论经历了从对原因力不加甄别,到承认原因力的事实属性,再到认可原因力的事实和法律双重属性这样一个发展历程。

最早的侵权因果关系学说之一是条件说,又称等值说,由德国学者冯·布瑞(Von Buri)于19世纪70年代创建,认为凡是引起损害结果发生的条件都是损害结果的法律上的原因,一切条件都是平等的、等价的。该说只注重对事实因果关系的判断,不区分原因与条件,认为各种可能造成损害的行为在法律上是等值的,具有相同的原因力,也就更谈不上对事实原因力和法律原因力的区分。为矫正条件说的弊病,19世纪末德国学者库雷尔(Kohler)首创了原因说,也叫做原因条件区别说,主张对原

---

[*] 本文发表在《法学家》2006年第6期,合作者为最高人民法院法官梁清博士。
[①] 参见张新宝、明俊:《侵权法上的原因力研究》,载《中国法学》2005年第2期。
[②] See John G. Fleming, "Causation has plagued courts and scholars more than any other topic in the law of torts", The Law of Torts (eighth edition), The Law Book Company Limited, 1992, pp. 192–193.

因和条件上严加区分,仅承认原因与结果之间存在因果关系。相对于条件说而言,原因说在原因力理论的探究上推进了一步:一是区分了损害发生的原因和条件,以寻求法律上真正引起损害发生并且应当承担责任的原因;二是区分损害发生的各种原因的原因力,以确定赔偿范围和分担责任。但原因说主要是从事实上的因果关系来考虑,没有将法律上的价值判断纳入视野。在这种学说中,提到了原因力的概念。

为了更合理地判断因果关系,德国学者冯·克里斯(Von Kries)在1888年提出了相当因果关系说,又称为充分原因说(adequacy theory)或者适当条件说,即"无此行为,虽不必生此害,有此行为,通常即足生此种损害者,是为有因果关系。无此行为,必不生此种损害,有此行为,通常亦不生此种损害者,即无因果关系"。③ 此说将因果关系分为条件关系和相当性两个层次,暗合了英美法上事实因果关系与法律因果关系的划分。正如"相当因果关系不仅是一个技术性的因果关系,更是一种法律政策的工具,乃侵权行为损害赔偿责任归属之法的价值判断"④一样,相当因果关系学说之下的原因力不仅是一个纯技术性的客观概念,也涵括了侵权行为法上的价值评判和法官的主观评价,从而发展为一个具有事实性和法律性、客观性和主观性的二元统一的概念。⑤ 至于由德国学者拉贝尔(Ernst Rabel)创立的法规目的说,实质上是对相当因果关系学说的价值判断上进一步的补充,主张在立法保护目的之外发生的损害,即使有相当因果关系也不得给予赔偿。从原因力理论的角度来看,法规目的说依然将原因力作事实和法律的二元划分,只不过在法律上根据具体法规的目的,对原因力作了更为细致的限定而已。

(二)原因力理论在各国侵权损害赔偿领域的立法例

在各国立法例中,原因力的规定主要体现在与有过失赔偿范围的确定和数个侵权行为人之间责任分担的两种情形中,并且同一国法律对与有过失赔偿范围的确定和数个侵权行为人之间的责任分担的标准往往类似。⑥ 各国对于侵权责任范围的确定和责任的分担所采用的标准主要有三种:过错、原因力综合比较说,原因力比较说和过错比较说。

越来越多的国家和地区采用过错、原因力综合比较说,以日本、瑞士、意大利、荷兰、埃塞俄比亚、美国的大多数州为代表。日本在进行过失相抵时,要综合考虑受害人与加害人过失的大小、原因力的强弱以及其他事项而作出决定。⑦ 在瑞士司法实务中,法院主要斟酌过失轻重及原因力的强弱来决定数人的责任范围。⑧《意大利民法

---

③ 王伯琦:《民法债编总论》,台北正中书局1985年版,第77页。
④ Enneccerus and Lehmann §15 III2: GERMANY: RG 3 March 1922, RGZ 104,141; RG 3 Nov. 1922, RGZ 106,14。
⑤ 参见王家福主编:《民法债权》,法律出版社1991年版,第503页。
⑥ 参见[德]克雷蒂斯蒂安·冯·巴尔:《欧洲比较侵权行为法》(下),焦美华译,张新宝审校,法律出版社2001年版,第662页,注266。
⑦ 参见[日]鱛保不二雄:《日本债法总论》,庄胜荣校订,台北五南图书出版公司1998年版,第141页。
⑧ 参见王泽鉴:《民法学说与判例研究》(第一册)(修订本),中国政法大学出版社2005年版,第63页。

典》第 1227 条规定:"如果债权人的过失行为导致损害发生,将根据过失的程度及其引起后果的严重程度减少赔偿额"。该法典第 2055 条还规定:"赔偿了损害之人得按照其他责任人各自的过错和造成损害后果的严重程度确定的价值,向其他每一位责任者行使追偿权。"⑨《荷兰民法典》第 101 条规定:"减轻的比例,以其对造成损害所起作用之大小定之。依过错程度之不同或案件的其他情事,双方分担的损害份额可以不同;甚或按照衡平原则的要求,可以完全免除救济的义务或完全不由受害人分担损害。"⑩《埃塞俄比亚民法典》第 2098 条规定:"在确定待赔偿的损害的范围时,应考虑案件的所有情况,特别是所犯过失对引起的损害的作用大小以及这些过失各自的严重程度。"⑪美国《统一比较过失法》采取的是综合考虑过错与原因力的做法⑫,同时,美国的大多数州(共有 32 个)也是以综合过失、原因力、经济负担能力等确定赔偿责任份额的。⑬

以德国为代表的部分国家采用原因力比较说。比如,《德国民法典》第 254 条:"根据损害在多大程度上是由加害人或受害人一方造成的来确定损害赔偿义务和赔偿范围。"⑭对共同侵权行为人的内部求偿,德国未有明文规定,但自 1910 年以来,联邦法院多次在判决中表示应类推适用《民法典》第 254 条过失相抵的规定⑮,采用原因力比较的标准。

不少国家和地区采用过错比较说,以法国、俄罗斯、澳门、美国的少数州、澳大利亚、加拿大(魁北克省除外)为代表。比如,法国的司法实践通常根据各方的过错程度分担损害。⑯《俄罗斯联邦民法典》第 1080 条规定:"对共同致害人负担了赔偿责任的致害人,有权请求其他致害人依每人的过错程度给付其应向受害人给付的相应份额",该法典第 1083 条还规定:"如系受害人本人的重大过失促成损害的发生或使损害扩大,应根据受害人和致害人的过错程度减少赔偿金额。"⑰我国《澳门民法典》第 564 条规定:"如受害人在有过错下作出之事实亦为产生或加重损害之原因,则由法院按双方当事人过错之严重性及其过错引致之后果,决定应否批准全部赔偿,减少或免除赔偿。"⑱美国的加利福尼亚、佛罗里达、密执安、纽约、华盛顿等少数几个州采用

---

⑨ 《意大利民法典》,费安玲、丁玫译,中国政法大学出版社 1997 年版。
⑩ 《荷兰民法典》,张新宝译,载杨立新主编:《民商法前沿》2003 年第 1 期。
⑪ 《埃塞俄比亚民法典》,徐国栋主编,薛军译,中国法制出版社 2002 年版。
⑫ 参见张新宝、明俊:《侵权法上的原因力研究》,载《中国法学》2005 年第 2 期。
⑬ 参见王利明:《侵权行为法研究》(上卷),中国人民大学出版社 2004 年版,第 735 页。
⑭ 王利明:《侵权行为法研究》(上卷),中国人民大学出版社 2004 年版,第 735 页。
⑮ 参见王泽鉴:《民法学说与判例研究》(第一册)(修订本),中国政法大学出版社 2005 年版,第 63—64 页。
⑯ 参见张民安:《现代法国侵权责任制度研究》,法律出版社 2003 年版,第 109 页;王利明:《侵权行为法研究》(上卷),中国人民大学出版社 2004 年版,第 590 页。
⑰ 《俄罗斯联邦民法典》,黄道秀、李永军、鄢一美译,中国大百科全书出版社 1999 年版。
⑱ 中国政法大学澳门研究中心、澳门政法法律翻译办公室编:《澳门民法典》,中国政法大学出版社 1999 年版。

的是纯粹的过错比较。[19] 澳大利亚、加拿大(魁北克省除外)也按各方当事人过错的程度进行责任的分配。[20]

(三)原因力理论在我国侵权行为法实践与学说上的发展历程

原因力理论在我国侵权行为法实践与学说上主要用于解决数种原因造成同一损害结果的责任分配[21],经历了由过错比较占据绝对统治地位,到原因力与过错比较相互补充的两个发展阶段:

1.20世纪90年代以前,过错比较是分担损害的唯一标准

学理上,最早提到过错比较的是《中华人民共和国民法基本问题》一书,认为各个加害人的内部责任应按个人的过错程度分担。[22] 后来的学者也多认为应按过错大小确定责任范围和分担责任[23],更有学者根据"直接责任者的责任一般轻于教唆者的责任"的例证,主张"在多因一果的因果关系中,以原因的主次来划分责任的轻重是有偏颇的,不如以过错程度的轻重来决定责任的大小更可行"。[24]这种主张实际上是在否定原因力的作用。

在立法上,我国早期对责任的分配没有规定,正式将过错程度作为减轻侵权人赔偿责任的标准予以确立的是1986年的《民法通则》,该法第131条规定:"受害人对于损害的发生也有过错的,可以减轻侵害人的责任。"特别法中也有过错比较的规定,例如《海商法》第169条第1款规定:"船舶发生碰撞,碰撞的船舶互有过失的,各船舶按照过失程度的比例负赔偿责任;过失程度相当或者过失程度的比例无法判定的,平均负赔偿责任。"

司法实践通常是依据过错的标准确定与有过失和共同侵权中各行为人的责任分配。[25] 20世纪50年代的"火车与汽车路口相撞索赔"案,是新中国建立以来较早出现的与有过失的判例,法院根据"双方互有过错"减轻了加害方火车一方的赔偿责任。[26] 80年代以后,司法解释中开始出现过错比较的规定。1984年最高人民法院《关于贯彻执行民事政策法律若干问题的意见》第72条规定:"受害人也有过错的,可以相应地减轻致害人的赔偿责任。"该意见第73条还规定:"两个以上致害人共同造成损害

---

[19] 参见王利明:《侵权行为法研究》(上卷),中国人民大学出版社2004年版,第735页。
[20] 参见杨振山主编:《民商法实务研究·侵权行为卷》,山西经济出版社1993年版,第97页。
[21] 参见王利明:《侵权行为法研究》(上卷),中国人民大学出版社2004年版,第446页;张新宝:《中国侵权行为法》(第2版),中国社会科学出版社1998年版,第124—125页。
[22] 参见中央政法干校民法教研室:《中华人民共和国民法基本问题》,法律出版社1958年版,第330页。
[23] 参见潘同龙、程开源主编:《侵权行为法》,天津人民出版社1995年版,第43、45—46页。
[24] 杨振山主编:《民商法实务研究·侵权行为卷》,山西经济出版社1993年版,第31页。
[25] 参见王利明:《民商法研究》(修订本)(第2辑),法律出版社2001年版,第767页;杨振山主编:《民商法实务研究·侵权行为卷》,山西经济出版社1993年版,第100、405页。
[26] 参见中央政法干校民法教研室:《中华人民共和国民法基本问题》,法律出版社1958年版,第329—330页,转引自杨立新:《侵权法论》,人民法院出版社2005年第3版,第570页。

的,应根据各个致害人的过错和责任的大小,分别承担各自相应的赔偿责任。"㉗

2. 20世纪90年代以来,原因力的标准逐渐为侵权法理论和实践所倡导

20世纪90年代初,有学者将"原因力的比较"作为损失分摊的标准进行介绍,并指出"在双方过错程度大体相当的情况下,责任分配主要取决于双方的过错行为对损害发生及扩大所起作用的大小"。㉘ 20世纪90年代末以来,对原因力的探讨渐多,在数种原因致损的情况下,学者们或者主张以原因力为标准来划分责任,或者主张综合考虑过错程度、原因力的因素。㉙

司法实践上,最高人民法院开始在一些案件中考虑以各种致害因素的原因力确定责任范围,比如,在1991年就庞启林与庞永红损害赔偿案所作的复函中,根据自然灾害造成受害人庞永红房屋部分损失的情况减轻了致害人庞启林的赔偿责任,但尚未明确使用原因力的概念。㉚ 2001年最高人民法院在《关于审理触电人身损害赔偿案件若干问题的解释》中杨立新和张新宝等专家强烈要求,首次引入了原因力的概念和原因力比较的具体方法,该解释第2条第2款规定:"但对因高压电引起的人身损害是由多个原因造成的,按照致害人的行为与损害结果之间的原因力确定各自的责任。致害人的行为是损害后果发生的主要原因,应当承担主要责任;致害人的行为是损害后果发生的非主要原因,则承担相应的责任。"2003年最高人民法院在《关于审理人身损害赔偿案件适用法律若干问题的解释》中又规定了原因力对于无意思联络的数人致害的责任承担的作用,该解释第3条第2款规定:"二人以上没有共同故意或者共同过失,但其分别实施的数个行为间接结合发生同一损害后果的,应当根据过失大小或者原因力比例各自承担相应的赔偿责任。"

立法上对原因力的规定尚付阙如,但民法典建议稿中已出现了相关规定。中国人民大学民商事法律科学研究中心起草的《中国民法典(草案建议稿)》第1844条第2款规定:"帮助限制民事行为能力人或者无行为能力人实施侵权行为的人,应当根据帮助行为人的过错以及原因力的大小,确定其应当承担的责任";第1846条第1款规定:"二人以上虽无共同过错,但是分别导致他人同一损害的,应当依据各自过错以

㉗ 不过,文中提到的"责任的大小"的说法中,其实也包括有原因力的含义,不过不够明显而已,因为在那个时候,是不提原因力的概念的。

㉘ 王家福主编:《民法债权》,法律出版社1991年版,第503页。

㉙ 原因力比较的各种主张参见李仁玉:《比较侵权法》,北京大学出版社1996年版,第119页;刘士国:《现代侵权损害赔偿研究》,法律出版社1998年版,第114—115页;张新宝:《中国侵权行为法》(第2版),中国社会科学出版社1998年版,第124—125页;王利明:《侵权行为法研究》(上卷),中国人民大学出版社2004年版,第622、706、735页;杨立新:《侵权法论》,人民法院出版社2005年第3版,第576—577、679—680页。

㉚ 参见杨立新:《侵权法论》,人民法院出版社2005年第3版,第558页。笔者在最高人民法院民事审判庭办理本案的司法解释中,合议庭确认适用原因力的概念解决行为人的行为与自然原因对损害发生的作用,并且依此作为确定责任的规则,并在草稿中明确写入了原因力的概念,将其规则也写入其中。后来,有人认为原因力的概念过于生疏和晦涩,不容易被接受,因此,最后删掉了这个概念。但是其中使用原因力概念的思路是十分清楚的。

及原因力的大小分别承担相应的侵权责任。"㉛中国社会科学院法学研究所起草的《中国民法典·侵权行为编(草案建议稿)》第9条规定:"在原因竞合且不构成共同侵权行为的情形,由各责任人按照原因力的大小承担民事责任。"第20条规定:"第三人的过错与加害人的行为竞合导致损害发生的,适用本法第9条的规定。"㉜

二、原因力的基本理论

(一)原因力的内涵

1. 原因力概念的还原

在一些成文法典中不乏原因力概念的近似表述,比如《埃塞俄比亚民法典》第2098条第2款规定的"所犯过失对引起的损害的作用",《意大利民法典》第2055条规定的"造成损害后果的严重程度"。英美法系的法官与学者在损害分担时常要考虑原因力(causative potency, causative effect)的比较。㉝ 我国台湾地区学者在"侵害行为对损害结果的作用力"的意义上,广泛使用原因力这一概念,但鲜有原因力的定义见诸立法和学说。㉞

我国大陆有学者对原因力的含义作了解释。王利明教授认为,原因力是指违法行为对损害结果的发生所起的作用力㉟,区分原因力实际上是区分因果关系的程度㊱,责任范围实际上就是要解决原因力的问题。㊲ 杨立新教授认为,原因力是指在构成损害结果的共同原因中,每一个原因对损害结果发生或扩大所发挥的作用力。㊳ 张新宝教授认为,原因力是指在引起同一损害结果的数种原因中,每个原因对该损害结果发生或扩大所发挥的作用力。㊴

综合起来,笔者认为,原因力是指违法行为或其他因素对于损害结果发生或扩大所发挥的作用力。

为了更好地理解原因力的含义,必须重新明确以下两个问题:

㉛ 王利明主编:《中国民法典草案建议稿及说明》,中国法制出版社2004年版,第239—240页。
㉜ 张新宝:《法路心语》,法律出版社2003年版,第157—158页。
㉝ See John F. Meadows, George J. Markulis, "Apportioning Fault in Collision Cases", University of San Fransico Maritime Law Journal(Summer,1989), p. 26,28,35.
㉞ 参见史尚宽:《债法总论》,中国政法大学出版社2000年版,第309页,注1—2;曾世雄:《损害赔偿法原理》,中国政法大学出版社2001年版,第269页;王泽鉴:《民法学说与判例研究》(第一册)(修订本),中国政法大学出版社2005年版,第60—63、345页;陈聪富:《因果关系与损害赔偿》,北京大学出版社2006年版,第40—41、66—68、156—157页;潘维大:《美国侵权行为法对因果关系之认定》,载《东吴大学法律学报》第7卷第2期,第1页以下。
㉟ 参见王利明:《侵权行为法研究》(上卷),中国人民大学出版社2004年版,第449页。
㊱ 参见王利明:《侵权行为法归责原则研究》,中国政法大学出版社1992年版,第382页,注2。
㊲ 参见王利明:《侵权行为法研究》(上卷),中国人民大学出版社2004年版,第393页。
㊳ 参见杨立新:《侵权法论》,人民法院出版社2005年第3版,第525页。
㊴ 参见张新宝:《侵权责任法原理》,中国人民大学出版社2005年版,第65页。

(1)原因力理论的适用范围。我国现今学理上主要是从数种原因致损的情况下责任分担的角度来定义原因力的。原因力是否应当影响到责任分担阶段之前的归责问题呢？笔者认为，不仅责任分担需要运用原因力理论，侵权行为责任的成立即归责也需要原因力理论的运用。因果关系是所有侵权行为责任成立的不可或缺的构成要件，原因力又是因果关系是否成立的一个重要判断因素，尽管原因力在不同的归责原则之下所起的作用有所区别，特别是在过错责任中还要受到过错等因素的影响，但在归责中完全排斥原因力理论有失妥当。国外的一些学者也认为，"原因力的判断应当影响到归责，因为只有区分原因力才能区分主要原因和次要原因，或者说能够区分原因和条件。条件是因果联系的'部分参与''松散的因果关系'，它们在因果关系中只是'小范围的参与'，是'次要的原因'，所以，条件不一定成为可归责的原因"。[40]

(2)原因力理论中的原因。原因力理论中的原因包括了违法行为、物件等人为因素和非人力因素。首先，人为因素既包含了积极的作为，也包含了消极的不作为(omission)。在穆勒(Mill)之前，人们通常将原因局限于积极的作为，至今一些学者仍持这种看法。[41]实际上，原因力的发生并非在于原因具有积极的力，而在于原因使其所影响的对象发生了区别于其在自然状态下一般发展方向的变化，故不作为可成为原因。其次，非人力因素既包括不可抗力、意外事件等自然因素，也包括受害人的特殊体质等静止的条件(static condition)。在不同的案件中，非人力因素的原因力的存在，会导致损失分担上的不同后果，即或者由致害人负担或者由受害人承受。因此，原因力中的原因，积极上包括了引起损害结果发生的一切因素，并非只是违法行为或者人的行为一种。只有这样，才能够最终确定侵权行为人所应当承担的损害赔偿责任。

原因力理论中的原因可以是单个原因，也可以是数种原因。在单个原因致损的情况下，对原因力的考察主要停留于归责阶段，即通过对各种相关因素的原因力有无的甄别，筛选出某个具有事实原因力的原因，成立责任；此后的责任范围的确定阶段，由于该原因对损害结果具有百分之百的作用力，原因力所起作用并不显著。而在数种原因致损的情况下，对原因力的考察贯穿了归责与责任分担这两个阶段的始终，原因力的作用在第二阶段主要表现为原因力的比较，显得尤为重要和复杂。

2. 原因力性质的辨析

对于原因力的性质究竟是事实性的抑或价值性的，是客观性的抑或主观性的，就像关于因果关系性质的论争一样，存在两种截然对立的观点。一种观点认为，原因力完全是一个客观的事实判断。因果关系、原因力以及相近的概念都是客观的。[42]美国学者 Leon Green 力主这一观点，认为事实上因果关系考察是中立的、纯粹科学的事实

---

[40] 王利明：《侵权行为法研究》（上卷），中国人民大学出版社2004年版，第447页。

[41] 参见[德]克雷斯蒂安·冯·巴尔：《欧洲比较侵权行为法》（下），焦美华译，张新宝审校，法律出版社2001年版，第525页，注15。

[42] 参见张新宝、明俊：《侵权法上的原因力理论研究》，载《中国法学》2005年第2期，第93页。

考察，侵权法上因果关系问题就是事实问题。⑬ 而另一种观点则坚持，原因力纯粹是含有主观色彩的价值判断。对原因力事件的探究是法律上的规范性步骤，而非"事实上的"或"自然科学上的"步骤。⑭ 就如美国学者 Wex Malone 所言："即使是简单的原因问题，政策和事实之间的神秘关系也可能是最显著的问题。"⑮

笔者认为，这两种观点都有失偏颇，原因力既有客观事实性，又有法律价值性。从前述因果关系学说的历史沿革可以看出，因果关系经历了一个客观概念不断主观化的过程。而在广泛运用因果关系二分法的当今，就如两大法系公认的那样，侵权法上因果关系的认定先是对事实上因果关系的认定，即发生的是什么，为什么发生，之后依据法律政策上的考虑，确定事实上的原因是否在法律上成为应对该损失负责的原因。作为与因果律有着天然纽带关系的原因力，其判断贯穿了事实因果关系和法律因果关系认定的整个过程，事实上的认定与价值上的评判自然也随之而来。加之，"责任是侵权法上因果关系探究的唯一核心。这不仅是一个事实问题，更是一个价值问题"。⑯ 原因力一旦承载了确定责任的有无和明确责任范围的任务，也就无可避免地要兼有事实性与价值性，客观性与主观性的特质。因此，原因力的判断既成为一个自然科学问题，又成了一个法律政策问题。

(二)原因力判断的两个层次及其标准

原因力可分为事实原因力和法律原因力两个层次，事实原因力和法律原因力的判断分别影响到事实因果关系和法律因果关系的成立与否，而事实因果关系属于责任构成要件的因果关系，法律因果关系属于损害赔偿责任范围问题，因此，事实原因力通过对事实因果关系的影响决定侵权责任的成立与否，法律原因力通过对法律因果关系的影响明确责任范围和分担损害赔偿。

1. 事实原因力的判断及标准

对事实原因力的判断是为了区分原因与条件，将不具有实质原因力的条件剔除出去。我国传统的必然因果关系说区分原因与条件的做法仍值得借鉴，只是应当重新定义原因与条件。英美法系国家的法院也没有放弃原因与条件的判断，而是力求区分积极的致害原因与影响该原因的条件。⑰

如何合理地界定原因(cause)与条件(mere condition)呢？笔者认为，可以借助两个规则来界定原因与条件，即非正常条件与正常条件规则、自愿行为与非自愿行为规则，认定非正常条件与自愿行为是原因，具有事实原因力，而正常条件规则与非自愿

---

⑬ See Green, *Rationale of Proximate Cause*, 1927, p.132.
⑭ 参见[德]克雷斯蒂安·冯·巴尔:《欧洲比较侵权行为法》(下),焦美华译,张新宝审校,法律出版社2001年版,第551页。
⑮ Malone, "Ruminations on Cause-In-Fact", STAN. L. REV. vol.9(1956), pp.61–62.
⑯ 王旸:《侵权行为法上因果关系理论研究》,载《民商法论丛》(第11卷),法律出版社1999年版,第477页。
⑰ See Prosser and Keeton, *on the Law of Torts*(by W·Page Keeton), West Publishing Co., 1984, p.277.

行为是条件，不具有原因力。在非正常条件与正常条件规则下，正常条件是指作为所调查事物的正常状态或者运动方式的一部分而存在的那些条件，它们不但在灾难发生和正常的情况下同样存在，而且那些进行因果调查的人们一般也都知道其存在，这部分条件不能构成原因。非正常条件是指与正常发生的情况相区别的意外情况，是对既存事物状态的介入或者插入，这部分条件构成原因。[48] 例如，甲级火烧乙屋的案件中，甲的纵火行为是非正常条件，空气中的氧气、房屋的可燃性材料等是正常条件。在自愿行为与非自愿行为规则下，由于"故意的结果不可能过于间接"，人们把意图造成实际已出现后果的自愿故意的行动确定为事件的原因，而将根据日常生活标准不能认为它是自愿的或者并非完全自愿的行为归纳为条件。

对原因的事实原因力的判断主要是运用若无法则（But-For-Test）、实质因素法则（Material Element, Substantial Factor Rule）来实现的。若无法则亦称为必要条件法则，指若无行为人之行为，损害结果便不会发生，则行为与结果之间有着事实上的因果关系；若无行为人之行为，损害结果仍然发生，行为与结果之间没有事实上的因果关系。若无法则对于判断大多数案件事实原因力都能获得符合公平正义的结论，因而为各国法院普遍采用。在聚合因果关系、共同因果关系、择一因果关系、假设因果关系等复合因果关系的案件中，若无法则会推导出各个因素都不具有事实原因力的显失公正的结论。为弥补其不足，就需要运用实质因素法则。实践中，实质要素理论主要应用于聚合因果关系的情形之下，指当某一行为系某一结果发生的重要因素或实质性因素时，该行为具有事实原因力。

需要注意的是，随着公害案件越来越多，因果关系越发显得纷繁复杂，受害人对致损因素的事实原因力的证明日趋困难，以日本为代表的许多国家开始采用"盖然性说""疫学因果说"等因果关系推定理论来判断公害案件中原因事实的原因力有无[49]，这说明，原因与条件的区分是相对的，还要受法律政策等的影响。

2. 法律原因力的判断及标准

在确定加害人的违法行为等因素存在事实原因力之后，就需要进一步判断事实原因的法律原因力，以确定加害人是否应当承担损害赔偿责任以及在多大范围内承担赔偿责任。对于法律原因力的判断，在不同时期、不同案件中出于不同法律政策上的考量，就会有不同的判断标准，以达到当事人之间损害的合理分配。长期以来，法官与学者们形成了对法律因果关系的不同判断标准，创立了许多不同的学说，其中最具影响力的有直接结果说（direct consequence theory）和可预见性说（foreseeability theory），这些法律因果关系的认定学说同样适用于对法律原因力的判断。直接结果说（direct consequence theory）主要适用于故意侵权行为案件中法律原因力的认定，主张

---

[48] See H. L. A. Hart and Tony Honoré, *Causation in the Law*, 2nd ed., 1985, Oxford University Press, pp. 33 – 35.

[49] 参见于敏：《日本侵权行为法》，法律出版社1998年版，第183—193页。

侵权人只对其侵害行为直接引发的损害结果承担法律责任，不论该结果对侵权人而言有否可预见性，该侵害行为均具有法律原因力。可预见性说（foreseeability theory）主要适用于过失侵权案件中法律原因力的认定，指被告仅就可预见的损害结果，且就该损害结果可预期发生的原告负赔偿责任。

特别要指出的是，在存在多个事实原因的情况下，需要对同时原因（concurring cause）、介入原因（intervening cause）等各种原因的法律原因力进行判断，以决定哪个或者哪几个事实原因能成为法律原因，并根据原因力的大小决定数个法律原因造成同一个损失情况下责任的分担。同时，原因（concurring cause）的存在意味着，数个同时发生的原因对损害结果的发生都具有法律原因力，需要共同承担责任。介入原因（intervening cause）的法律原因力的鉴别相对复杂，如果该介入原因具有百分之百的法律原因力，它就是中断事实因果关系的替代原因（superseding cause），先前的事实原因丧失了法律上的原因力而不被追究责任，如果该介入原因只具有部分的法律原因力，则该介入原因需与先前的事实原因共同承担损害赔偿责任。在判断介入原因是否为替代原因而造成因果关系中断时，法院通常以被告在行为时是否可预见该介入原因的发生作为标准，即被告在行为时可预见会发生该介入原因，则该介入原因不为替代原因，被告仍应对损害负责；或者以介入原因的产生是否为被告行为后的自然或正常（natural or normal）结果作为判断标准。若介入原因的产生系因被告行为后自然或正常的结果时，被告即须对损害负责。㊿ 如果存在多个法律原因，还必须对每个原因的原因力大小予以区分，综合过错、公平等因素进而确定各自的责任份额。至于法律原因力比较的内容，笔者将在最后一部分论述中具体展开。

三、原因力理论在复合因果关系形态下的具体运用

如前所述，在单一因果关系的侵权形态下，原因力的判断主要在事实因果关系阶段，发挥的是其归责的功能；而在复合因果关系形态之下，原因力的判断则主要作用于法律因果关系阶段，发挥的是其另一个重要功能，即对责任范围的确定和赔偿责任的分担。在传统侵权法中，单一因果关系的侵权行为比较常见，其原因力的判断相对简单，但在现代社会中，侵权行为呈现出一因多果、多因一果，甚至多因多果的因果关系形态，受害人的损害常是掺杂了多人的行为甚至介入了各种外来因素造成的，原因力的判断变得扑朔迷离。在数种原因造成同一损害的复合因果关系形态中，原因力的判断与比较，主要涉及法律因果关系阶段侵权责任的分担，最为复杂，在此需要进行单独的探讨。

（一）法律原因力比较的方法

我国传统的必然因果关系说针对数种原因造成同一损害的情况要求区分直接原

㊿ 参见潘维大：《美国侵权行为法对因果关系之认定》，载《东吴大学法律学报》第 7 卷第 2 期，第 22—23 页。

因和间接原因、主要原因与次要原因,认为间接原因与损害之间不存在因果关系,从而免除行为人的责任;而主要原因与次要原因都是损害事实发生的原因,根据主要原因和次要原因的不同来划定不同原因制造者的具体责任程度。尽管很多人都认为必然因果关系说已经式微,但是,一方面,必然因果关系毕竟还在很大的程度上和许多领域中需要应用;另一方面,其要求区分直接原因和间接原因、主要原因与次要原因的合理内核,是应当发扬的。

应当根据这样一些因素,判定共同原因中各个原因对于损害事实发生的具体原因力的大小,即原因力的大小取决于各个共同原因的性质、原因事实与损害结果的距离以及原因事实的强度。直接原因的原因力优于间接原因;原因事实距损害结果近的原因力优于原因事实距损害结果远的原因力;原因事实强度大的原因优于原因事实强度小的原因。[51] 具体而言,可以按照以下标准比较各个原因的法律原因力大小:

1. 直接原因和间接原因

直接原因是指与损害后果之间自然连续,与结果之间没有任何中断因素存在的原因。间接原因是指与损害后果没有直接接续关系,而是通过第三介入因素对损害结果起一定作用的原因。直接原因一般是直接作用于损害结果,其导致损害结果的发生符合事件发生顺序,它在损害的产生、发展过程中,表现出某种必然的、一定如此的趋向。直接原因之所以具有法律原因力,并非是因为其与直接结果在时间上和空间上最为接近,而是因为两者之间的因果运动中不存在其他会对之产生影响的人的活动或自然因素的介入。而间接原因对损害的发生不起直接作用,往往是偶然地介入了第三人的行为、受害人的因素、某种非人力的因素,并与这些因素相结合,才产生了损害结果。在通常情况下,间接原因距离损害结果越远,其原因力越弱,而不是像传统理论那样彻底否认间接原因对损害结果的原因力。需要注意的是,间接原因不一定具有法律原因力,也就是说不一定都需要行为人负责,即使在有法律原因力的情况下,也不能由行为人负全部责任。

在判断直接原因和间接原因的法律原因力时,可以综合时间和空间的距离、立法目的以及当事人的过错来考虑。以判断间接原因的原因力为例,当介入原因是第三人的故意或重大过失行为时,第三人的过错行为彻底解除了间接原因的原因力;而当介入原因是受害人的特殊体质或自然因素时,如果间接原因的行为人有过错,该间接原因仍具原因力。[52]

应当看到的是,研究间接原因并不仅仅指行为人的行为对损害发生的作用问题,还要依此确定其他因素对损害发生的原因力问题。如果其他因素对损害的发生具有间接原因,对于损害事实的发生较弱的原因力,也应当在加害人应当承担的责任范围

---

[51] 参见杨立新:《侵权法论》,人民法院出版社2005年第3版,第193页。
[52] 参见王旸:《侵权行为法上因果关系理论研究》,载《民商法论丛》(第11卷),法律出版社1999年版,第551页。

中予以扣除。因此,间接原因对确定损害赔偿责任也具有重要意义。

2. 主要原因和次要原因

在直接原因中造成损害结果的原因有时会有若干个,这些原因对共同损害结果的发生都起到了直接的作用,只是作用的程度有所不同。㊝ 在这些共同的直接原因中,根据其发生作用的情况不同,可分为主要原因和次要原因,其中,对损害结果的发生或扩大起主要作用的是主要原因,法律原因力较大;对损害结果的发生或扩大起次要作用的是次要原因,法律原因力较小。最高人民法院《关于审理触电人身损害赔偿案件若干问题的解释》第 2 条第 2 款规定的"致害人的行为是损害后果发生的主要原因,应当承担主要责任;致害人的行为是损害后果发生的非主要原因,则承担相应的责任",就是对主要原因和次要原因及其责任的区分。

3. 强势原因和弱势原因

弱势原因是造成同一损害结果的所有原因中既有相关性,也非多余的,在其他原因的共同作用下,导致损害结果发生的原因。强势原因则是这样一个原因总体中的,损害发生所必要的原因;如果缺少这个原因,这种损害就不会发生,或者很可能不发生,或者相当不可能发生,或者可能不会发生,这个原因都可被认为是强势的。可见,强势原因比弱势原因的法律原因力要强大。在一个特定案件中,一个强势原因具有多大强度的法律原因力,这是一个法律政策问题。在一个特定的背景下,不法行为是损害发生的强势原因还是弱势原因,这也是一个法律政策问题。㊞

(二)以过错程度比较为主、法律原因力比较为辅的综合方法

对于复合因果形态下侵权责任的确定和分担,我国学界基本上不再主张单一的过错程度决定说或法律原因力决定说,改采综合说,但对于究竟是以过错程度比较为主还是以法律原因力比较为主,存在分歧。

一种观点认为,应当以法律原因力比较为主,以过错程度比较为辅。因为侵权行为法的主要功能在于填补损害,而非惩罚;原因力是客观的,而过错是主观心态,原因力理论更能客观地确定当事人的责任份额。㊝ 台湾地区学者曾世雄也认为:"决定损害大小的,乃损害原因力之强弱,非过失之轻重,因此,法院决定减免赔偿金额之标准,在于损害原因力之强弱,过失程度如何,仅为判断原因力强弱之参考。"㊞

另一种观点认为,应当以过错程度比较为主,法律原因力比较为辅。在数种原因造成损害结果的侵权行为中,确定各个主体的赔偿份额的主要因素,是过错程度的轻重;而原因力的大小尽管也影响各自的赔偿责任份额,但要受过错程度因素的约束和

㊝ 参见王利明:《侵权行为法归责原则研究》,中国政法大学出版社 1992 年版,第 389 页。
㊞ 参见〔美〕H·L·A.哈特、托尼·奥诺尔:《法律中的因果关系》(第 2 版),张绍谦、孙战国译,中国政法大学出版社 2005 年版,第 2 版前言第 29 页。
㊝ 参见〔美〕H·L·A.哈特、托尼·奥诺尔:《法律中的因果关系》(第 2 版),张绍谦、孙战国译,中国政法大学出版社 2005 年版,第 2 版前言第 29 页。
㊞ 曾世雄:《损害赔偿法原理》,中国政法大学出版社 2001 年版,第 269 页。

制约,原因力对于赔偿份额的确定具有相对性。[57] 在过错责任中更多地根据过错程度来决定责任范围,在过错推定或者无过错责任这样无法进行过错比较的情况下,主要采用原因力的比较。[58] 台湾地区学者史尚宽亦主张:"第一应比较双方过失之重轻(危险大者所要求之注意力亦大,故衡量过失之重轻,应置于其所需注意之程度),是以故意重于过失,重大过失重于轻过失。其过失相同者,除有发生所谓因果关系中断之情事外,比较其原因力之强弱以定之。"[59]

笔者赞成第二种观点,理由在于:

(1)侵权行为法目的和功能是多重的。侵权行为法既有填补受害人损害的功能,又具抑制侵权行为发生的作用。[60] 损害的预防胜于损害补偿[61],而侵权行为法的预防抑制功能又是主要借助过错责任原则实现的。作为决定责任的最终条件,过错在很大程度上决定了责任范围以及责任的分担。

(2)过错的类型化和客观化使得法官对过错的判断和比较更具可操作性。法律总是通过外在的行为判断行为人的主观过错,并通过将过错划分为故意、重大过失、一般过失和轻微过失来明确行为人的责任范围。过错客观化的趋势,诸如合理人(reasonable man)的标准、事实本身证明(res ipsa loquitur)规则、违法视为过失,等等,使得这种判断不再停留在纯粹主观的层面上,从而更便于操作。

(3)在一些情况下,原因力的判断、比较极为模糊,过错程度比较明显,这时运用过错比较来确定责任范围非常必要。例如,在精神损害赔偿案件中,由于精神性人格权的损害事实无形性的特点,原因力的确认困难,这时应考虑过错程度来酌定行为人的责任范围。又如,在共同侵权中教唆者、组织者、帮助者的责任范围的确定,也是主要依据其过错程度。

(三)综合说在复合因果关系形态的侵权行为中的具体运用

在复合因果关系形态下,这些原因可以是当事人的行为,也可以是第三人的行为,还可以是其他原因甚至是自然的原因,它们共同造成了损害结果的发生。而以过错程度比较为主、法律原因力比较为辅的综合说在不同的复合因果关系形态下,其具体运用不尽相同。

1. 共同侵权行为

在共同侵权行为中,共同加害人所实施的行为,虽然在法律上被视为一个行为,但各个加害人的过错和行为的原因力可能是不一样的,在承担连带责任的基础上,各加害人必须根据各自的过错和行为的法律原因力分担其内部责任份额。对于法律有规定的,应当依照法律来确定各行为人的责任份额,比如教唆、帮助限制民事行为能

---

[57] 参见杨立新:《侵权法论》,人民法院出版社2005年版,第193页。
[58] 参见王利明:《侵权行为法归责原则研究》,中国政法大学出版社1992年版,第614页。
[59] 史尚宽:《债法总论》,中国政法大学出版社2000年版,第680页。
[60] 参见于敏:《日本侵权行为法》,法律出版社1998年版,第34页。
[61] 参见王泽鉴:《侵权行为法》(第1册),中国政法大学出版社2001年版,第10页。

力人实施侵权行为的,教唆人、帮助人应当依法承担主要民事责任。行为人有约定的,应当依照约定来确定各行为人的责任份额。对于既无法律规定又无当事人约定的,可以分为四种情形来确定共同侵权人的内部责任份额:

(1)各行为人过错与法律原因力都能确定的,应当按照综合说分配各行为人的责任,具体方法是:第一,确定整体责任是100%;第二,确定各行为人主观过错在整体过错中的百分比,按照故意重于重大过失,重大过失重于一般过失的标准,分别确定各行为人各自所占过错比例的百分比;第三,确定各行为人的行为对损害发生的原因力,亦用百分比表示,即全体行为人的行为总和为100%,各行为人的行为占一定百分比;第四,某一行为人的过错百分比与原因力百分比相加除以二,即为该行为人的责任份额。[62]

(2)全部或部分行为人的过错是推定或者难以确定的,但各行为人的法律原因力能确定的,根据法律原因力的大小分配各行为人的责任份额,例如各个共同侵权行为人应分别适用过错责任和过错推定责任的情形。

(3)全部或部分行为人的法律原因力是推定或者难以确定的,但各行为人的过错能确定的,根据过错的大小分配各行为人的责任份额,例如教唆人、帮助人与共同行为人之间的内部责任分担。

(4)各个共同侵权行为人的过错与法律原因力都难以确定的,由各行为人平均分担责任。需要注意的是,在确定共同侵权行为人的内部责任份额时,除主要考虑过错和法律原因力外,还应综合考虑加害人的非法获利、经济负担能力等情况。

在共同危险行为中,实质上只有一个或数个共同危险行为人的行为导致了损害结果的形成,并非每一个共同危险行为人对于损害结果的发生均具实际的原因力;但法律将共同危险行为视为共同行为,推定每一个共同危险行为人所实施的危险性行为与损害结果之间存在因果关系,都具有法律原因力。因而,在共同危险行为中,共同危险行为人在承担连带责任的基础上,也要根据所推定的法律原因力确定每一个共同危险行为人的赔偿份额。对共同危险行为人的责任份额,由于共同危险行为人在实施共同危险行为时,致人损害的概率相等,过失相当,原则上应在连带责任的基础上平均负担。但在例外情况下,允许斟酌具体案情,参照危险行为的可能性的大小(如市场份额的大小、污物排放量的多少等)按比例分担。例如,在美国的辛德尔诉阿伯特实验室一案中,法院判决11家工厂按市场份额对原告承担连带责任。

2. 无过错联系的共同加害行为

无过错联系的共同加害行为,其行为人在行为之前并无共同的意思联络,该侵权行为不是共同侵权行为,各个加害人之间不承担连带责任,应就自己的过错程度和行为的法律原因力,分别承担按份责任。确定无过错联系的共同加害行为人的责任,应按以下规则处理:

(1)各行为人对各自的行为所造成的后果承担按份责任。无过错联系的共同致

---

[62] 参见杨立新:《侵权法论》,人民法院出版社2005年版,第620页。

害属于单独侵权而非共同侵权,各行为人的行为只是单独的行为,只能对其行为所造成的损害后果负责。在损害结果可以单独确定的前提下,应当由各行为人对其行为法律原因力范围内的损害承担赔偿责任。

(2)依照各行为人的过错程度和各自行为的法律原因力确定责任份额。各行为人在共同损害结果无法分割的情况下,按照各行为人的过错程度和所实施行为的法律原因力,按份额各自承担责任。

(3)对于无法区分过错和法律原因力的,应按照公平原则,区分各行为人的责任份额。对此,一是按照等额分配份额;二是考虑各行为人的经济负担能力和非法获利,适当分割份额,仍按份额承担责任。[63]

3. 与有过失的侵权行为

在与有过失中,不论是单一行为人还是多个行为人,凡是构成与有过失,一般是加害人和受害人均具有过错,对损害结果的发生均具有原因力,其必然的结果是实行过错相抵,通过对双方过错和法律原因力的比较,由双方当事人分担赔偿责任。在确定与有过失的责任范围时,过错起着决定的作用,法律原因力具有相对性的影响,要受双方当事人过错程度的约束或制约。

过错的决定作用需要注意以下三点:

(1)在过错责任中应当主要根据过错来决定责任范围。这既是过错责任的要求,也是因为过错责任中法律原因力的大小常常与过错程度成正比[64],或者法律原因力往往很难判断。

(2)根据过错等级来比较双方当事人的过错,双方的过错都可以分为故意、重大过失、一般过失和轻微过失,但对加害人与受害人的过失程度的要求是不一样的:第一,加害人故意或重大过失,受害人为一般过失的,不减轻加害人的责任;第二,加害人有重大过失,受害人为轻微过失的,不减轻加害人的责任;第三,加害人故意,受害人为重大过失的,减轻加害人的责任。

(3)在精神损害赔偿中,应根据受害人的过错程度减轻或者免除加害人的赔偿责任。

法律原因力的相对作用主要表现在:第一,如在适用无过错责任原则归责时,与有过失其实是受害人自己存在过失,加害人没有确定其过失,无法进行过失比较,因此,可依受害人行为的法律原因力大小,确定减轻加害人的赔偿责任。第二,当事人双方的过错无法确定时,应以各自行为的法律原因力大小,确定各自责任的比例。在这种情况下,无法进行严格的过错比较,只能依双方当事人行为的法律原因力大小比例,确定责任范围。第三,当事人双方的过错相等时,各自行为的法律原因力大小对

---

[63] 参见杨立新:《侵权法论》,人民法院出版社2005年第3版,第677、637页。

[64] See John F. Meadows, George J. Markulis, "Apportioning Fault in Collision Cases", University of San Fransico Maritime Law Journal(Summer,1989), p.35.

于赔偿责任起"微调"作用。双方原因力相等或相差不悬殊的,双方仍承担同等责任;双方法律原因力相差悬殊的,应当适当调整责任范围,赔偿责任可以在同等的基础上适当增加或减少,成为不同等的责任,但幅度不应过大。第四,当加害人依其过错应承担主要责任或者次要责任时,双方当事人行为的法律原因力起"微调"作用:法律原因力相等的,依过错比例确定赔偿责任;法律原因力不等的,依法律原因力的大小相应调整主要责任或次要责任的责任比例,确定赔偿责任。

需要注意的是,当双方当事人的人数不等时,对损害赔偿责任范围的确定较为复杂。首先,对过错比例的确定不发生影响,仍与确定过错比例的比较过错方法相同,如双方同为故意或重大过失,仍为同等责任,其余类推。其次,双方当事人人数不等,可以形成双方行为程度的不同,对法律原因力的大小产生影响,可以依其具体情况,确认法律原因力的比例,调整与有过失责任范围。再次,与受害人有密切关系的第三人因过错致受害人损害时,应视为受害人一方的过错,按照过错程度与法律原因力的比较规则适用过失相抵。

4.加害人和受害人以外的第三人行为的原因力问题

在侵权行为的发生过程中,第三人的行为也常加入其中,并构成损害结果发生的原因,该第三人也要承担自己应当承担的赔偿份额。

在第三人的行为不中断因果关系而构成独立的致害原因的前提下,其行为的法律原因力或者计入加害人一方,或者计入受害人一方,因而在确定其赔偿责任份额时,根据具体情况的不同,分别适用共同侵权、无意思联络的共同加害行为和与有过失中的过错程度比较和法律原因力比较规则。

5.行为与非人力原因结合而造成损害结果的侵权行为

对于行为与非人力原因结合而造成损害结果的侵权行为责任范围的确定以及责任的分担,只涉及加害人一方的过错问题,只需要进行法律原因力的比较即可。非人力原因主要包括不可抗力、意外事件等自然原因和受害人特殊体质的原因,相应的,行为与非人力原因结合而造成损害结果的侵权行为也可以分为两类:

第一类是行为与不可抗力、意外事件等自然原因共同造成损害结果的侵权行为,对此,行为人只在自己的过错和行为的原因力范围内,对所造成的损害负责。例如,在前文所述的庞启林与庞永红损害赔偿案中,洪水的爆发与庞启林的挖井行为均具法律原因力。洪水造成的损失,是自然行为,"不幸事件只能落在被击中者头上",应由受害人庞永红负担,庞启林只对自己行为造成的损失负责。

第二类是行为与受害人特殊体质结合而造成损害结果的侵权行为。在这类侵权行为中,加害人的行为和受害人特殊体质都构成损害发生的原因,均具法律原因力,按照各国法院通行的做法,行为人必须对被害人特殊体质造成的所有损害负赔偿责任[65],因为,身体或健康损害在因果关系法上的特殊地位在法学界以"加害人必须接

---

[65] 参见陈聪富:《因果关系与损害赔偿》,北京大学出版社2006年版,第56、57页。

受其受害人的现实""蛋壳脑袋规则"中得到了最佳体现,"伤害了健康状况本就不佳的人,不能要求他在假设受害者是健康时的法律处境"。⑯ 但是,我国实践上与国际上通行的做法不一样,认为加害人只对其行为的原因力所及的损害程度负责,受害人特殊体质造成的损害应由受害人承受,例如 2002 年的《医疗事故处理条例》第 49 条第 2 款规定,医疗事故赔偿应当考虑"医疗事故损害后果与患者原有疾病状况之间的关系"确定具体赔偿数额。有学者也持相同观点,认为"如果加害人的加害行为和受害人的特殊体质共同作用导致损害结果发生,则参照《医疗事故处理条例》第 49 条第 1 款所规定的"损伤参与度"原理进行解决,即确定加害人的加害行为对损害后果的原因力大小,并以此作为最终承担赔偿责任的基础"。⑰ 这方面的规定主要关乎法政策上利益平衡的考量,从长远来看,我国法律应向人的健康和生命这一最高价值倾斜,改采国际上通行的规定。

---

⑯ 〔德〕克雷斯蒂安·冯·巴尔:《欧洲比较侵权行为法》(下),焦美华译,张新宝审校,法律出版社 2001 年版,第 580 页。
⑰ 张新宝、明俊:《侵权法上的原因力理论研究》,载《中国法学》2005 年第 2 期,第 98 页。

客观与主观的变奏：原因力与过错[*]
——原因力主观化与过错客观化的演变及采纳综合比较说的必然性

在侵权法的传统意义上，原因力是一个客观概念，而过错是一个主观概念。但随着社会变革带来的侵权法理论的演变，客观与主观之间不再泾渭分明，原因力由一个纯粹的客观概念走向主观化，过错也在主观过错与客观过错的论争中越来越掺杂了客观的色彩。在客观与主观截然分开的传统侵权法中，需要分别借助客观要素和主观要素来判断责任的成立及赔偿范围的大小，原因力与过错之间更多的是个性。然而，随着原因力的主观化与过错的客观化，无论是归责领域还是损害赔偿领域，二者之间的联系都表现得更为密切，其必然结果是过错、原因力比较综合说的采用。这就像是一部变奏曲，原因力和过错作为变奏的旋律，相互配合而合成变奏的高潮那样，构成了客观和主观、原因力和过错比较的综合说，成为当今侵权法原因力和过错学说的主旋律。

一、单旋律变奏：走向主观化的原因力

侵权法中的原因力早先脱胎并依附于因果关系的相关理论，以致原因力的大小一度被认为不过是因果关系的强弱问题[①]，但随着侵权法理论的成熟，原因力理论自成一体的需求呼之欲出。尽管如此，原因力的许多特质始终与因果关系保持一致，其中一个突出表现是，原因力与因果关系在本质上都是客观性的概念，却又都经历了逐渐主观化的发展，由单纯事实判断逐渐向兼采价值判断演进这样一个嬗变的过程。在各种先后出现的因果关系学说中，原因力的客观性不断地受到过错、政策等主观性的价值判断的影响。

（一）起点的回溯：结果责任中纯客观的原因力

原始社会简单地奉行血族复仇和"以眼还眼，以牙还牙"的同态复仇规则，以野

---

[*] 本文发表在《河南省政法管理干部学院学报》2009年第2期，合作者为最高人民法院梁清法官。
[①] 现在也有人反对原因力的提法，认为原因力实际指的是法律因果关系，是侵权行为与损害结果的因果联系强度，参见刘信平：《侵权法因果关系理论之研究》，武汉大学2007年博士论文，第186页。

蛮方式履行客观上的因果报应,完全不考虑过错问题。随着生产和交换的发展,各部落慢慢制定一些规则对复仇制度加以限制与缓和,其中最为有效的办法就是亲属代偿制度。但这种制度仍建立在有损害就有救济的客观责任基础上,责任的有无完全取决于侵权行为原因力的有无,对侵权人的主观心理状态的认识和证明依然很难企及,即使加害人对造成的损害没有过错,要减轻或者免除责任也不可能。当然,就当时的社会条件而言,奉行有损害就有赔偿的原则无疑是最直接和最有效的解决途径。后世将这一原则称之为结果责任原则(亦称为加害责任原则或原因责任原则)。

进入奴隶社会以后,作为共同责任的亲属代偿制度不再流行,改行侵权人自己赔偿的个人责任制度,结果责任原则得到进一步发展,损害赔偿责任凭借侵权行为原因力的客观指向,更为直接地归责于具体的侵害人个体。同时,由于民刑责任不分,损害赔偿更倾向于通过惩罚性的制裁安抚受害人一方。与个人责任相结合的结果责任下,过错依然罕有问津,所有的主观问题诸如侵害人是否希望造成违法后果,有否意识到自己的加害行为,都并不重要。古西亚法、古中国法、古印度法、伊斯兰法和希腊法都有这种结果责任的损害赔偿规定,这些成文法典对赔偿数额都实行法定主义,法定的赔偿数额无须与实际损失相当,有些甚至是实际损失的数倍,但它们都是根据不同侵害客体在法律保护上的不同价值,规定不同侵权行为类型的法定赔偿数额,侵权行为造成的损害结果严重的,赔偿责任相应也重,可以隐约见到后世根据原因力的大小决定损害赔偿范围的影子。

(二)主观化的历程:各种因果关系学说中的原因力

在古代法的进一步发展中,结果责任原则慢慢被放弃,罗马法逐渐发展出了过错侵权责任制度的萌芽,并最终被《法国民法典》所确认。在19世纪以后的大陆法系和英美法系,故意或者过失等主观上的因素越来越多被纳入权衡责任的范围,过错侵权责任取代了"原因"责任。② 19世纪中后期,侵权法因果关系受到关注,哲学上的客观因果关系理论先是被直接移植到侵权法上,为了限定对侵权责任中因果联系的范围,人们对因果关系的把握又逐渐从其客观实在性转向主观判断性。由于原因力的有无宣告了因果关系的有无,客观因果关系主观化的进程,实际也是客观原因力主观化过程的写照。

1. 大陆法系因果关系学说中的原因力

在大陆法系,认定侵权因果关系的最古老学说之一是条件说,又称等值说(equavalence theory, equivalenztheorie)。在条件说中,侵权法上的原因力与哲学上的原因力的判断完全重合,与英美法中事实原因力的判断相同,原因力是一个纯粹的、平面的客观概念,一切对损害结果起重要作用的条件的原因力都被预定为整齐划一的,不管是否有受害人本人因素的影响,不管是否有第三人因素的加入,不管是否有自然因素的介入,所发生的事实结果的价值都不受影响,所有条件都具有同等的原因力。例

---

② 参见张民安:《过错侵权责任制度研究》,法律出版社2002年版,第80页。

如,甲杀乙,不仅甲的杀害行为,而且甲的父母养育甲的行为、杀人凶器的制造行为,均对乙的死亡具有同等原因力。正如冯·巴尔教授所称的,一个法律制度将构成特定损害"事实上"原因力的事件规定得越多,这种内在的责任潜能就越大,且无论该法律制度是认可了一切行为的还是仅不当行为的原因力。③ 客观的条件说下,所有具有事实原因力的原因都被纳入法律上的归责范围,责任难免会不当扩大。

为了合理缩限因果关系,德国学者冯·克里斯(Von Kries)于1888年提出了相当因果关系说,又称为"充分原因说"(adequacy theory),其主张某一事实仅于现实情形发生某种结果,尚不能认为有因果关系,必须在一般情形,依社会的一般观察,亦认为能发生同一结果的时候,才能认为有因果关系。例如,车夫酒醉误路,在超过正常时间抵达目的地的途中,乘客遭遇雷击死亡。醉酒车夫误路是乘客死亡必不可少的条件,但依普通一般之社会经验,尚不足以发生这样的损害,因而醉酒车夫误路与乘客死亡不具有相当性,车夫酒醉行为没有法律上的原因力。相反,若车夫醉酒致车颠覆而伤害乘客,车夫醉酒行为则具有法律上的原因力。④ 条件说中作为客观概念的原因力,在相当因果关系说中融入了价值判断的色彩,开始向主观化的特征靠近,它不仅要求判断条件的事实原因力,而且进一步要求根据相当性判断其法律原因力。

在相当因果关系说的基础上,20世纪30年代德国学者拉贝尔(Ernst Rabel)创立了法规目的说(Normzweck, Normschutzzweck),并于1958年为德国联邦法院所采纳。该说认为,在检讨因果关系时,应首先适用相当因果关系说,在特定情况下采用法规目的说,从而起到调整或纠正相当因果关系说的作用。从原因力的角度来看,法规目的说中的原因力主观化的趋势更为明显和细致,除了像相当因果关系说那样对原因力依然采取事实上和法律上的二元划分,还根据法律的保护目的,对法律上的原因力存在与否作进一步的规范性筛选,那些虽具有相当性却并不符合法律保护目的的法律原因力被排除,因果关系的范围进一步被缩限。可见,法规目的说更强化了原因力的主观化程度。

2. 英美法系因果关系理论中的原因力

英美法因果关系理论一直采用事实因果关系和法律因果关系的二分法。事实因果关系(causation in fact, factual causation)是从纯粹的事实角度观察加害人的行为与受害人所受损害之间的客观联系,以确定所有产生损害结果的原因。凡对与损害结果发生具有原因力的事实,均被包括在产生损害结果的原因事实之内。法律因果关系(causation in law, proximate cause)是指在确定加害人的违法行为与受害人的损害结果之间存在事实因果关系的前提下,加害人是否应当承担损害赔偿责任以及承担多大范围的赔偿责任,这实质上是法律对加害行为与加害结果之间的因果关系所作

---

③ 参见[德]克雷斯蒂安·冯·巴尔:《欧洲比较侵权行为法》(下),焦美华译,张新宝审校,法律出版社2001年版,第548页。

④ 参见周佳念:《因果关系的限制与扩张——一种检讨侵权归责体系的视角》,中国人民大学2003年博士论文,第52页。

的价值判断。由于英美法系法官肩负着造法和补充法律的重任,在具体的侵权案件中,法官可以结合公平正义的观念、相关法律政策、法规保护目的等因素来对因果关系进行判断,从而使判断标准不可避免地带有更多的主观性。⑤ 判断标准的主观性使得原因力一开始就具有客观概念主观化的特性,虽然在事实因果关系阶段,原因力的客观性突出,大部分情况下只需要判断事实上的原因力即可,但当事实判断并不足以达到价值判断所需要获得的结果时,对原因力的事实判断就被价值判断所取代。在法律因果关系阶段,由于法政策价值判断的运用,原因力的主观性成分得以更多的彰显,特别是在采用可预见说的标准以及判断介入原因的原因力的情况下。

值得一提的还有20世纪后期出现的法律经济学,罗纳德·H·科斯(Ronald H. Coase)、理查德·A·波斯纳(Rchard A. Posner)等英美学者将经济学的概念工具和经验方法应用到了对法律包括侵权法的研究。法律经济学回避了因果关系问题,将其转化成了客观过失的问题,这种转化经由汉德(Learned Hand)法官提出的判断客观过失的汉德公式完成。在法律经济学的领域,着眼于防止未来损害发生的成本分析成为侵权责任成立与否的唯一衡量标准,原本作为客观要件的因果关系被客观化的主观要件过错取代,侵权人行为对损害结果的原因力同样也被忽略不计,这是原因力主观化发展的极端例子。

二、单旋律变奏:走向客观化的过错

近代社会以来,与原因力的主观化过程相反的是,作为主观概念出现的过错却是沿着客观化的方向发展。在过错理论领域,主观过错说式微,客观过错说兴起,过错的判断基础由个人人格非难可能性转为依社会秩序一般客观需要而决定⑥;同样,在归责原则领域,过错责任原则不再一统江山,过错推定原则和无过错原则的运用促使了归责方式的客观化。

(一)过错理论的客观化:从主观过错说到客观过错说

在19世纪的大陆法系,主观过错说占据了主导地位,这与当时盛行的理性哲学尤其是以康德为代表的"自由意志理论"的哲学基础和自由资本主义迅速发展的社会经济状况密不可分。在主观过错说中,过错被界定为行为人主观上应受非难的一种心理状态,并不包括侵权行为人的外部行为,判断行为人是否有过失而应采取主观标准即考察行为人的心理状态。在实践中,1968年前的法国一直对《法国民法典》第1382条和1383条采主观过错说的理解,德国、瑞士、意大利、日本和我国台湾地区等大多数大陆法系的民法典也都采主观过错说。至20世纪,由于大工业的迅速发展,各种危险事故频繁发生,保护受害人成为侵权法的重心,客观过错说渐占上风。在实

---

⑤ 参见张新宝:《侵权责任构成要件研究》,法律出版社2007年版,第319—320页。
⑥ 参见邱聪智:《民法研究(一)》(增订版),中国人民大学出版社2002年版,第59页。

践中,最为典型的是法国,它于1968年颁行法律,废除了侵权责任能力和主观过错制度。此后,无识别能力的精神病人和未成年人也要根据《法国民法典》第1382条承担过错责任。客观过错说的哲学理论基础先后在于实证主义哲学和社会学法哲学,认为过错是一个社会的概念而非道德评价,否定对行为人的主观过错作出评价的可能性和必要性,主张根据客观外在的行为判断行为人的过错。在大陆法系的客观过错说中,过错是一个客观的、社会的概念,其判断标准在罗马法提出的善良家父标准的基础上进一步发展,要么以一个合理人或者善良管理人应当尽到的义务或注意程度为标准,要么以行为人是否违反了法律确定的作为或不作为义务为标准等。对行为人的行为进行评价时,客观过错说依赖一个谨慎的人在特定的环境下应该遵循的行为标准加以确定,而不是依赖一个人自身的主观能力确定。

在英美法系侵权法,不乏主张主观过错说的学者,如温菲尔德(Winfield)、萨姆德(Samond)、斯爵特(Street)等⑦,但由于英美法的过错概念在19世纪后期才成熟,正值危险活动事故频发之时,客观过错说的影响更为深远。⑧ 在英美侵权行为法,过失一直都被界定为一种行为,一种民事义务的违反行为而不是一种主观心理状态,正如罗杰斯(Rogers)所说,过失是行为人对其所承担的法定注意义务的违反。⑨ 在当代,美国社会法学最主要代表者庞德(R. Pound)认为,过错与个人主观能力并无密切关系,而是建立在客观标准即社会的一般认识和道德意识之上,属社会性过失。⑩ 在英美法系,客观过错的判断主要有理性人的标准、危险性标准和成本与收益标准。理性人的标准是在1837年的Vaughan v. Menlove案中确立的,在该案中,原告的农舍与被告的土地相邻,被告在自己的土地上堆放草堆,草堆自燃蔓及原告农舍。法官认为,被告没有采取一个有一般谨慎和普通预见能力的人会采取的预防措施防止火势的蔓延,具有过错,应当对原告的损害承担赔偿责任。而危险性标准是特瑞(Terry)教授在1915年提出的,他指出某种行为要成为一种过失行为,其涉及的危险必须是非常大的、极不合理的。这一标准得到美国司法的遵循,并被《美国侵权法重述(第二版)》第291条采纳。至于成本与收益理论,则是事故等案件中客观过错的判断标准,起源于汉德公式,波斯纳在此基础上进一步提出了成本与收益分析方法,对过错作了数字式的客观定义。

(二)归责方式的客观化:从过错责任原则到过错推定和无过错责任原则

19世纪以来,在个人主义思潮和自然法学派的影响下,以道德观念为基础的过

---

⑦ See Winfield,"The History of Negligence in the Law of Torts", Law Quarterly Review, vol. 42, 1926, p. 193.

⑧ 参见邱聪智:《从侵权行为归责原理之变动论危险责任之构成》,中国人民大学出版社2006年版,第57页。

⑨ See W. V. H. Rogers, Winfield and Jolowicz on Tort (16th Edition), Sweet & Maxwell, London, 2002, p. 103.

⑩ See R. Pound, An Introduction to the Philosophy of Law, Yale University Press, New Haven, 1955, p. 170, 177 – 179.

错责任原则成为私法的三大原则之一。过错责任原则坚持无过错即无责任,要求依行为人的主观状态而不是客观行为来确定侵权责任,过错既是侵权责任必备的主观构成要件,也是侵权责任构成的最终要件。但过错责任原则垄断侵权责任领域的局面并不长久,随后出现的过错推定和无过错责任原则很快就打破了这种垄断格局。

在大陆法系,《法国民法典》确立了过错责任原则和过错推定原则,但在19世纪上半期,以主观过错为核心的过错责任原则一枝独秀,以客观过错为基础的过错推定原则在法国的司法实践中并没有被运用。19世纪后期以来,工业事故和交通事故频繁发生,过错责任原则使得危险活动事故的受害人举证加害方的过错极为不易,法国法院开始采用《法国民法典》第1384条规定的过错推定,根据客观损害事实推定加害人的过错。最为著名的案例是最高法院判决的1930年让德尔诉卡勒里·拜尔福戴斯交通事故案,卡勒里·拜尔福戴斯公司司机驾驶的货车颠覆,致使正在过马路的让德尔身受重伤,该公司因不能证明自己无过错而承担赔偿责任。《德国民法典》对雇用人责任、监督人责任和建筑物管理人责任等都采用了过错推定责任。日本民法则大量运用过错推定弥补传统过错责任的不足,将监督人责任、雇用人责任、动物占有人责任和工作物责任等规定为过错推定责任。我国《民法通则》也将物件致人损害等民事责任纳入过错推定的范畴。在英美法系,与大陆法系过错推定相对应的是20世纪初形成的事实自证(res ipsa loquitur)规则,该规则起源于1863年英国法官泼洛克(Pollock)对 Byrne v. Boadle 一案的裁决。在该案中,被告的一桶面粉从其库房的二楼窗口滚落,致使一行人被砸伤,泼洛克法官认为:虽原告无法直接证明被告如何因过失而导致这桶面粉滚落窗外,但该案事实足以表明被告必定存在某种过失,否则其面粉桶不会无故滚落窗外而砸伤行人。《美国侵权法重述(第二版)》对事实自证规则予以规定,在下列情形下,可以推论原告所受伤害是由被告的过失引起的:第一,该事件是在没有过失的情况下便通常不会发生的一种事件;第二,其他可能的原因,包括原告与第三人的行为,已被证据充分排除;第三,所表明的过失是处在被告对原告所负义务的范围之内。该表述代表了美国绝大多数法庭对事实自证规则的一致看法和美国法律界对该规则的主流意见。[11]

随着19世纪末工业化进程的加快,以客观过错为基础的过错推定责任也不敷使用,为了达到对不幸损害的合理分配,在事故责任等危险活动领域,无过错责任应运而生,只要加害人的行为与损害事实之间有因果关系,无论加害人是否有过错都须承担赔偿责任,这种归责方式被许多学者认为是古代客观归责的结果责任的复活。对于无过错责任的理论基础,主要有如下几种学说:一是风险说,主张一个为自己利益而自愿经营某项事业的人,应当承担该事业性质所生的或相关的致损风险;二是公平说,主张一个人应对从其支配下的某物或某项活动(无论是亲手或是假他人之手进

---

[11] 参见许传玺:《侵权法事实自证制度研究》,载中国民商法网 http://www.civillaw.com.cn/article/default.asp?id=8076。

行)所致的损害承担责任;三是遏制说,主张让事故原因的控制者承担责任,可以刺激其采取措施来防止事故的发生;四是利益均衡说,主张在发生损害的情况下,应当根据公共政策权衡冲突双方的利益,以达到合理的损失分配。在"机器和事故的时代",无论采哪种学说,以主观或客观过错说为基础的过错责任原则在特别法中都已让位于向客观归责大步挺进的无过错责任,在交通事故、公害事件等领域,损害分担的考量甚于对加害人道德上可责难性的探究,过错的客观化由此达到极致。

三、主旋律变奏:主观化原因力与客观化过错的联系

最初的侵权责任从客观责任状态萌芽,经历了几次主、客观责任之间的摇摆反复之后,自近代社会以来,大陆法系和英美法系都不约而同地走上了一条由单一主观责任模式,向主、客观责任并存模式转化的道路,而客观原因力的主观化与主观过错的客观化一直交织穿插在这一漫长的发展过程中,这种发展轨迹使得同为归责和损害赔偿要素的原因力与过错之间的联系更为紧密。

(一)原因力与过错的相互影响

学者对主观化的原因力与客观化的过错之间有这样的评价:"在所有的案件中,义务、因果关系和原因力的远近性这三个问题相互交叉。在笔者看来,他们不过是从三个不同的角度看同一个问题的不同角度。"[12]为此说来,原因力与过错之间到底是怎样的一种依存关系呢?

1. 原因力对过错的影响

原因力对过错的影响表现在以下两个方面:

(1)过错的认定建立在原因力的认定基础之上。在过错责任中,作为责任构成要件的过错的认定以另一要件因果关系的认定为前提,而因果关系存在与否又通过加害行为对损害结果有无原因力来认定,因而原因力通过对因果关系影响过错的认定和责任的成立。在我国,对于侵权责任的一般构成要件,无论是三要件说还是四要件说,各个要件被笼统地归类成客观要件和主观要件,被平行、静态和封闭地列举考察。在这种耦合式构成要件理论的框架下,各个要件对于责任成立的逻辑关系无法体现,也显现不出原因力对过错的影响,但如果置换到类似德日刑法中的三阶段构成理论的体系结构中,原因力对过错的影响便一目了然。

三阶段构成理论呈现出递进式的、动态的位阶关系,可分为第一阶段构成要件该当性即对行为、结果和因果关系的客观判断,第二阶段违法性即是否有违法阻却事由的评价,最后是有责性即过错和责任能力的主观考察。三阶段的层次性要求后阶段

---

[12] 〔德〕克雷斯蒂安·冯·巴尔:《欧洲比较侵权行为法》(下),焦美华译,张新宝审校,法律出版社2001年版,第1页,注1。

的评价必须以前阶段的完成为前提,客观判断先于主观判断,事实判断先于法律判断。[13] 这一体例可提供较容易和精确的事实涵摄,在逻辑上有一定的次序的关联,判断过错责任的要件时应当按照这一次序进行。[14] 由于因果关系属于第一阶段构成要件该当性的问题,原因力也在这一层次中予以判断,如果加害行为具有对损害结果的原因力,因果关系成立,才有可能在后续的第三阶段评判加害行为的有责性即有无故意或过失,因此,过错的认定是建立在加害行为原因力的认定基础之上的,原因力的判断是基础性和先决性的。

(2)过错的推定是建立在原因力的确定基础之上的。在过错推定的情形下,只有首先确定加害行为或物件具有对损害结果发生或扩大的原因力,成立因果关系,才能对行为人或者物件管理人、占有人、所有人的过错进行推定。这是因为,一方面,过错本身是确定责任的最终基础,而由原因力判断因果关系的有无是确定责任的第一步和先决条件,否则不能确定加害人是谁,过错推定也就失去了对象;另一方面,加害行为原因力的归属表明,如果没有介入因素原因力的影响,损害极有可能是由加害人的故意或过失造成的,因而适用过错推定的理由就比较充分。

一般而言,过错推定分为三个步骤:一是原告证明被告的行为对损害结果具有原因力,成立因果关系;二是法官根据法律规定或者案件需要,在被告的行为或所控制物件对损害的发生具有因果关系的基础上推定被告的过错;三是被告提出反证证明自己没有过错,或提出特殊抗辩事由证明自己可以免责。我国民法规定的过错推定就体现了这样的思路,如《民法通则》第126条规定的建筑物倒塌致人损害的侵权责任,按照该条的规定,受害人必须对建筑物与损害事实之间的因果关系举证,如果建筑物具有对损害的原因力,可以认定因果关系成立,法官将据此推定建筑物的管理人、占有人或所有人对建筑物的倒塌具有过错,须承担侵权责任,除非被告人能够证明自己没有过错。

2. 过错对原因力的影响

过错对原因力的影响表现在以下三个方面:

(1)过错是原因力认定的标准之一。在判断某一行为是否具有造成损害的原因力,特别是法律上的原因力时,需要考虑行为人对损害结果的认识、预见能力和态度,考虑一个正常人是否会实施此种行为。因此,麦肯辛尼斯(Markesinis)声称,由什么构成过错也是法律上因果关系的内在内容之一,不承认这一点就无法讨论因果关系。[15] 当事人的过错特别是故意或重大过失是认定加害行为及危险源对损害发生所

---

[13] 参见陈兴良:《犯罪构成理论与改革》,载《法学》2005年第4期;周光权:《犯罪构成理论:关系混乱及其克服》,载《政法论坛》2003年第6期。

[14] 参见杨佳元:《侵权行为损害赔偿责任研究——以过失责任为中心》,元照出版有限公司2007年版,第23页。

[15] See Simon Deakin, Angus Johnston, and Basil Markesinis, *Markesinis and Deakin's Tort Law* (5th Edition), Clarendon Press, 2003, London, p. 167.

具有的原因力的一个关键性因素,通常是过错越重大,原因力的归责倾向就越明显。

涉及被告方的过错时,这一点在参与者即共同行为人、教唆人和帮助者责任问题上尤为显著。例如,在抢劫犯们同时向追逃的受害人射击,一颗子弹击中受害人的情形下,其中一名抢劫犯甲即使能证明受害人不是被自己的子弹击中的,也不能被免责,抢劫的共同故意肯定了甲的行为对整个抢劫后果的原因力;但如果同样的射击行为发生在共同危险行为的情形下,行为人则可以通过证明受害人不是被自己的子弹击中,推翻法律对该行为人过错的推定而免责。又如,甲教唆乙打丙,甲的教唆行为对丙的伤害的原因力,则由于甲存在教唆的故意而成立。在心理上的因果关系(psychic causation)的侵权案件中,重大过错对判断原因力有无的影响也相当明显。例如奥地利于1997年所作的一个判例,甲与乙在舞厅跳舞时,被丙、丁、戊辱骂,争吵之中,丙、丁对甲大打出手,乙试图报警救甲,被戊阻拦并打成重伤,乙向丙、丁提出的损害赔偿之诉获得了法院的支持。被告丙、丁的行为,既引起了原告乙的行为又引起了第三人戊的行为,丙、丁行为的不法性因其特别的危险性和不合时宜性而延及戊对乙的伤害行为上,丙、丁因此被判定具有重大过错进而被肯定了其行为对乙所受伤害的原因力。[16]

(2)过错的形态对原因力认定的影响。过错的不同形态体现了法律不同的否定评价程度,过错形态的不同对原因力的认定都会产生不同的影响。故意的存在通常可以直接推定原因力的存在,因为"故意行为产生的后果永远不会太遥远。"[17]而在过失侵权中,过失对原因力的影响相对间接,需要综合过失、相当性、可预见性等标准来确定原因力。例如,在自然力介入和动物致害的情况下,如果行为人利用自然力或者动物造成受害人的损害,由于行为人主观上的故意,其行为在法律上的原因力被肯定,行为人应对自然力和动物造成的损害负责;如果行为人只存在一般过失,则其行为通常不对自然力或者动物造成的损害具有法律原因力。又如,对纯粹经济损失,如果是加害人故意导致的,加害人行为对纯粹经济损失的原因力通常也会被认定。

根据故意与过失的不同,法律原因力判断的标准也是不一样的。在大陆法系国家,如果是故意侵权,可以直接推定行为人的行为具有对损害发生的法律原因力,但对于过失侵权,则要根据行为与后果之间是否具有相当性等各种标准来确定。在英美法国家,对于故意加害行为采取直接结果说,加害行为对其行为直接造成的损害具有原因力,即使这些损害超出了加害人的预见范围;而对过失加害行为则采取合理预见说,加害行为只是对行为人预见范围内的损害结果具有原因力。

(3)第三人过错、受害人过错对原因力认定的影响。在加害行为之外,还有可能有第三人行为或受害人行为的介入,如果介入行为是故意或重大过失行为,加害行为

---

[16] 参见〔德〕克雷斯蒂安·冯·巴尔:《欧洲比较侵权行为法》(下),焦美华译,张新宝审校,法律出版社2001年版,第571、532—533页。

[17] See Simon Deakin, Angus Johnston, and Basil Markesinis, *Markesinis and Deakin's Tort Law* (5th Edition), Clarendon Press, 2003, London, p.42.

是轻微过失或无过失行为,则具有故意或重大过失的介入行为将被认定为损害发生的唯一原因,即只有该介入行为的原因力被肯定。在介入第三人行为的情况下,当第三人行为对最后损害的发生具有故意或重大过失,原有加害行为人只具有轻微过失甚至没有过失时,将导致原有因果关系的中断,原有加害行为的原因力被否定,第三人行为的原因力获得肯定。在介入受害人过错的情况下,若对损害后果的发生,受害人主观上存在故意或重大过失,加害行为人只具有轻微过失或没有过失时,原加害行为的原因力被否定,具有唯一的原因力的是受害人行为。正如冯·巴尔教授认为的,在原告的行为也影响判决结果的案件中,过错问题也对因果关系的认定具有重要意义。因为,对原告共同过错的认定不可避免地会转向对被告因果关系的认定上。例如,原告在热疗中心接受热疗法时被烫伤,法院否定了热疗法的原因力,而认定原因在于原告的糖尿病,因为糖尿病会使皮肤的热敏感度增强,原告未将这一情况告知无询问义务的康复中心,具有重大过失。⑱

(二)原因力与过错的部分重叠

由于各种主观价值性的判断标准被不断地引入到原因力的认定中,在过错特别是过失的判断中越来越多地采用客观标准,原因力与过错在侵权法上出现了一定程度的交汇,⑲ 这主要表现在某些判断标准的趋同,一些共同判断方法的采用,特定侵权案件中二者判断的一致等。

1. 可预见性(foreseeability)标准在法律原因力与过错判断中的适用

可预见性理论发端并成熟于英美法系,最初是认定侵权人过失的要素,20世纪初开始被用做对法律原因的判断⑳,成为过错和法律原因力考察的共同标准。侵权案件中过错的有无通过行为人注意义务或义务的有无来检验,最主要的检验注意义务的方法是可预见性,也就是取决于损害是否是行为人作为或不作为的可以预见的后果。同时,可预见性问题不限于现存的义务,它也与法律原因力有关,因为受害人损害的内容和种类都必须是可以预见的。

可预见性是大陆法国家评判法律原因力的重要因素,因为尽管没有将可预见性作为因果关系判断的名义上的标准,但显然法院都乐于将其在相当因果关系的考察中加以运用。㉑可预见性标准在英美法国家的适用更是显而易见,法律原因力的判断主要依据故意侵权案件中的直接结果说和过失侵权案件中的可预见说,由于大多数侵权案件以过失侵权为主,因而可预见说的适用范围更广。依据可预见说,加害人仅

---

⑱ 参见〔德〕克雷斯蒂安·冯·巴尔:《欧洲比较侵权行为法》(下),焦美华译,张新宝审校,法律出版社2001年版,第555页。

⑲ See A. M. Honoré, "International Encyclopedia of Comparative Law", Vol. 6, Torts, chapter 7, *Causation and Remoteness of Damage*, 1985, p. 122.

⑳ 参见王旸:《侵权行为法上因果关系理论研究》,载梁慧星主编:《民商法论丛》(第11卷),法律出版社1999年版,第490页。

㉑ See J. Spier, *Unification of Tort Law*: Causation, London, Kluwer Law International, 2000, p. 132.

就可合理预见的损害结果以及该损害结果可合理预期发生的受害人负赔偿责任。可预见性对过错的判断同样有着重要作用，就行为人过错形态而言，故意和过失的认定都包含了可预见性的内容，故意建立在行为人已经预见并追求或放任损害结果发生的基础上，过失则不问行为人是否实际预见到损害结果的发生，只要求行为人能够或应当预见到损害的发生。对于过错的判断，我国学者多主张对故意的判断按照主观过错说的标准，对过失的判断采用客观过错说，但无论是采用主观说还是客观说，判断过错都以合理预见为标准，只是以不同的预见人作为参照主体。

可预见性在法律原因力与过错的适用中有所差异。法律原因力可预见性需要判断的主要是对损害范围和受害人范围的预见，而认定过错的合理预见标准，需要判断的主要是行为人是否尽到了合理人的注意义务。这使得在过失侵权案件中，二者的可预见性内容有所不同，大量不能构成过失的风险，对法律原因力的认定而言却被认为是可以预见的，因为此类风险的存在是以已经实施的过失行为所造成的初级损害的存在为先决条件的。例如，在澳大利亚的 Chapman v. Hearse 案中，被告过失造成交通事故，在现场救助伤者的医生被一辆违章行驶的机动车撞死，该医生的死亡不属于被告过失可预见性的范围，但却是被告行为法律原因力可预见性的范围，因为根据被告侵害行为完成时的情况来看，该损害并非绝无发生之可能性。[22]并且，法律原因力的预见性标准也比过错的预见性标准宽松，比如法律原因力预见时点的后移，法律原因力指向的损害以行为最后阶段行为人的预见力为基点，过失则是以行为人在行为发生前的预见力为基准；又如，在法律原因力的判断中对人身侵害不要求预见具体的损害程度，就像"蛋壳脑袋规则"那样。

但是，由于二者的判断标准都在合理预见的基础上加以统一，使得在具体案件特别是过失侵权案件中，法律原因力与过错的确认具有一致性，如果证明了损害结果是加害人能够或应当预见而没有预见的，加害人的过错和行为的法律原因力同时都得到了证明，正如英国的斯姆德（Simond）大法官所言："对损害的预见应该与对过错的预见一致。"[23]

2. 推定方法在事实原因力与过错判断中的正用

侵权法的推定方法是从证据法上借鉴而来的，指的是在事实的判定中，法官根据其他事实或一系列的事实而认定某种事实存在的一种假定。[24] 在特定的情况下，事实原因力的判断与过错的判断都需要运用推定的方法。

按照传统的侵权法理论，侵害行为对损害发生或扩大的事实原因力必须由受害人证明，因果关系的成立是民事责任归责的最低要件。但是由于现代社会危险活动

---

[22] 参见王旸：《侵权行为法上因果关系理论研究》，载梁慧星主编：《民商法论丛》（第11卷），法律出版社1999年版，第494页。

[23] Walter Van Gerven, Jeremy Lever and Pierre Larouche, *Tort Law*, Oxford, Hart Publishing, 2000, p.411.

[24] See Morgan, *Some Observations Concerning Presumptions*, 1933, 44 Harv. L. Rev. 906.

对损害发生的事实原因力的证明极为困难,为了保护受害人,事实原因力推定的理论应运而生,只要受害人证明自己遭受了损害,损害是由被告行为引起,被告行为与原告损害后果之间的事实原因力达到盖然性的标准,即可推定因果关系,其适用范围主要限于高度危险活动或专业知识复杂的产品侵权案件、环境侵权案件、医疗事故案件和证券侵权案件。不同的案件类型中,事实原因力的推定采用不同的理论,在产品责任领域,美国发展出了泛行业责任理论(Theory of Industry Wide Liability)和市场份额责任(Theory of Market Share Liability)理论;在环境责任领域,日本发展出了疫学因果关系理论;在证券责任领域,美国发展出了对市场欺诈理论(Fraud on the Market Theory)。事实原因力的推定在一定程度上大大减轻了受害人的负担,但在客观上也加重了被告的责任,为平衡二者的利益,事实原因力的推定在原则上应当由法律明确规定,并且事实原因力推定的适用必须建立在已经排除损害纯属受害人或第三人行为所致,受害人或第三人对损害发生具有故意或重大过失的前提下。

同样也是为了保护工业事故频发社会中的受害人,19世纪后期以来,过错推定渐为司法适用。过错推定根据抗辩事由的不同,分为一般过错推定和特殊过错推定。一般过错推定是指法律规定行为人侵害他人人身、财产并造成损害的,应负民事责任,但如果加害人能够证明损害不是由于自己的过错所致,可以免除责任,例如我国《民法通则》第126条有关建筑物及其悬挂物、搁置物致损责任的规定。特殊过错推定是指在某些特殊的侵权责任中,法律规定行为人要推翻对其过错的推定,必须通过证明法定抗辩事由的存在表明自己没有过错,才能免除责任,例如我国《民法通则》第127条有关动物致损责任的规定。在我国,过错推定一般在国家公务员侵权责任、用人者的责任、法定代理人责任、专家责任、违法安全保障义务责任、物件致害责任、事故责任中适用。适用过错推定的规则是,先由原告证明违法行为、损害事实和因果关系的存在,法官据此直接推定被告过错的存在,若被告证明不足或不能证明自己没有过错,则责任成立。㉕

事实原因力的推定与过错的推定存在一定区别,前者比后者的适用范围窄,推定更为严格。由于事实原因力的确定是侵权责任确定最基本的要求和前提,过错推定一般要以事实原因力的确定为前提,这就使得事实原因力推定的适用范围较过错推定要窄。并且事实原因力的推定要以原因力的证明达到盖然性的程度才能进行推定,而过错的推定相对宽松,并不以原告对被告过错的证明达到一定程度为基础。除此之外,事实原因力推定和过错推定之间更多的是同质性,二者都是基于保护受害人的目的,在性质上都属于法律推定,适用的方法都是举证责任倒置,适用领域也存在一定的重合,例如在医疗事故责任领域,在共同危险行为中,事实原因力和过错都是被推定成立的。

3. 在不作为侵权形态之下,义务的违反成为原因力和过错的共同判断标准

㉕ 参见杨立新:《侵权法论》,人民法院出版社2005年第3版,第137—139页。

在不作为侵权责任中,既不使用相当性理论或可预见性标准判断原因力的有无,也不采用可预见性标准判断行为人存在过错与否,义务的违反成为原因力与过错共同的判断标准[26],往往注意义务程度高就意味着过失重且原因力强。例如,一位老师负责在河边看管一女孩,因疏于看管致使女孩跌入河中淹死。由于违背了社会或者法律义务,该老师疏于看管构成过错。同样基于义务的违背,其疏于看管(假使其加以看管,女孩便不会淹死)也被认为构成损害发生的原因力。[27]可是,成年人之间的这种类似行为,却既不能认为一方有过错,也不能认定为有原因力。在判断不作为行为的原因力时,尽管不作为不具有物理上的作用力,但从社会或者法律的角度看,由于法律的规定和先行行为的存在,不作为人负有作为义务,其对作为义务的违背致使其不作为具有引起结果的直接原因力,即假使不作为人履行了作为义务,损害结果就不会发生。在判断不作为行为人的过错时,由于不作为形态不像作为形态那样能够明显地表征行为人的主观状态,很难通过不作为人的行为形态来判定行为人主观上的故意或者过失,不作为的过错判断相对于作为而言较为困难。为了解决这一困难,考虑到不作为人都负有针对特定人的法定的、职务上的或业务上的特定作为义务,可以借助对这些义务违反与否的客观判断,认定不作为人是否存在过错。因而,在不作为侵权案件中,一旦认定了作为义务的违反,往往也就肯定了原因力和过错的存在。例如,在防范制止侵权行为未尽安全保障义务的侵权行为中,直接侵权人实施加害行为,造成了受害人的损害,其行为与损害之间具有直接的原因力,构成侵权责任;在负有安全保障义务的一方,其未尽安全保障义务的不作为行为,对损害的发生仅仅具有间接的原因力,并没有直接的原因力,但由于其行为是不作为,可以认定违反安全保障义务的人的过错和行为的原因力,在直接加害人不能承担责任的时候,负补充责任。[28]

四、高潮:综合比较说是原因力主观化与过错客观化的必然结果

(一)原因力主观化与过错客观化的原因

在侵权法发展过程中出现原因力主观化与过错客观化的原因,主要在于以下三个方面:

(1)存在与思维的对立统一,是原因力主观化与过错客观化的基本原因。辩证唯物主义关于存在与思维的对立统一规则,是解释原因力主观化与过错客观化原因的认识论基础。存在与思维是对立的,因为存在是客观的,不以人的意志为转移,而思

---

[26] 参见张新宝:《侵权责任构成要件研究》,法律出版社2007年版,第301页。

[27] See A. M. Honoré, "International Encyclopedia of Comparative Law", Vol. 6, Torts, chapter 7, *Causation and Remoteness of Damage*, 1985, p. 5.

[28] 参见杨立新:《侵权法论》,人民法院出版社2005年第3版,第443页。

维是主观的、能动的;与此同时,存在与思维又是统一的,即客观性与思想所首先具有的主观性有着直接而不可分离的联系㉙,思维是对客观存在的主观能动的反映,并且存在与思维的统一是一种动态的、呈现出过程性的统一,而不是静态的、一次完成的统一。在侵权法领域,客观存在与主观思维同样是对立统一的。例如侵权行为是客观的,但需要人们通过主观认识加以判断;侵权责任是主观的,但侵权责任所反映的侵权行为的后果则是客观存在的反映,并且最终还是要还原于侵权行为人具体承担责任的客观存在,并且侵权责任也必须结合客观的构成要件才能够确定。作为确定侵权责任构成和范围的原因力和过错,不论是客观的还是主观的,都存在对立中的统一问题。原因力原本是客观的,过错本质上是主观的,但对原因力的判断是主观的,对过错的检验则须借助客观标准。同时,原因力与过错随着侵权行为和侵权责任的复杂化和多样态,分别向着主观化与客观化的方向发展,正好反映了存在与思维之间呈现的动态的、过程性的对立和统一。

(2)矛盾的双方不断向各自的对立面转化,是原因力客观化和过错主观化的重要原因。根据辩证法的发展观,事物发展的根本原因在于事物内部的矛盾性,而矛盾存在于一切事物的发展过程中,每一事物的发展过程存在着自始至终的矛盾运动。㉚ 随着社会的变迁,原因力和过错的性质、内涵和标准等一直处于不断的发展过程中,这个发展并不是某一方面特质简单的减少、增加或者重复的过程,而是相互矛盾的事务在向着对立的方面转化。原因力与过错一个是客观的,一个是主观的,处于矛盾的双方。这对矛盾在对立的统一中不断转化,共同推动着原因力与过错的发展。孤立、静止和片面地将原因力局限于客观范畴或者将过错局限于主观范畴,都不能反映这个矛盾统一体的转化过程,因而都是形而上学的。尽管原因力的基本表征为客观属性,过错的基本表征为主观属性,但它们在运动中不断相互转化,就使客观原因力在发展过程中逐渐向主观化方向发展,主观过错也同样向客观化的方向演进。诚如恩格斯所言,某种对立的两极,例如正和负,是彼此不可分离的,正如它们是彼此对立的一样,而且不管它们如何对立,他们总是互相渗透的。㉛在侵权法领域,原因力的主观化与过错的客观化的发展变化,不过是客观与主观这对矛盾各自向其对立面的转化的一个具体表现形式而已。

(3)认识水平和判断标准的不断发展和相互促进,也是原因力主观化与过错客观化的重要原因。任何过程,不论是属于自然界的还是属于社会的,由于内部的矛盾和斗争,其结果都是不断向前推移和发展的,人们的认识运动也应随着不断向前推移和发展。客观现实世界的变化运动永远没有完结,人们在实践中对于真理的认识也就永远没有完结。实践、认识、再实践、再认识,这种形式,循环往复以至无穷,而实践和

㉙ 参见〔德〕黑格尔:《小逻辑》,商务印书馆1980年第2版,第157页。
㉚ 参见《毛泽东选集》(第一卷),人民出版社1991年版,第301、305页。
㉛ 参见《马克思恩格斯选集》(第三卷),人民出版社1995年版,第361页。

认识之每一循环的内容,都比较地进到了高一级的程度。㉜ 人们在侵权法领域对原因力和过错的认识水平和判断标准也是随着客观现实世界的发展而不断提升的。同时,认识水平和判断标准也是在各自的发展中不断相互促进的。一方面,认识水平的提高会推动判断标准的发展,例如,可预见标准最初只适用于过错的判断,随着人们认识水平的不断提高,被用于过失侵权行为原因力的认定;另一方面,判断标准的发展也会促进人们认识水平的提升,例如,当过错成为原因力的判断标准之一时,人们开始反思将原因力与过错截然分开的可能性与妥当性,并寻求新的解决途径。因此,人们对原因力与过错的认识水平和判断标准的不断发展和相互促进,使原因力主观化与过错客观化的进程不断加快,最终形成了今天的结果。

(二)适用过错、原因力综合比较说的必然性

正因为如此,在原因力主观化与过错客观化的趋势下,原因力与过错的联系更为紧密,割裂任何一方都不能公平地确定侵权责任。特别是在复合因果形态下侵权责任的确定和分担中,涉及的是与有过失、共同侵权、第三人参与、自然力或受害人特殊体质参与等复杂的侵权行为形态,侵权责任的确定和分担标准在学理和实践上主要有三种,即过错比较说、原因力比较说和过错、原因力综合比较说。各国侵权行为法尽管有的采过错比较说,有的采原因力比较说,但更多的是采过错、原因力综合比较说。无论是以主观责任为基础的单一过错比较说,还是以客观责任为基础的单一原因力比较说,都不能合理地确定责任的范围和分担损害,因此,原因力主观化与过错客观化这一趋势的必然结果是过错、原因力综合比较说的采用。在我国,曾盛行过过错比较说,也有原因力比较说的主张,但现在过错、原因力综合比较说已成通说。

1. 单一的过错比较说及其不足

16、17世纪的古典自然法学派认为过失应与赔偿成比例,19世纪以来,过失与损害赔偿保持平衡的思想得到了广泛的讨论,耶林、波法福等学者都肯定了其合理性,这一思想在一些国家的民法典和海商法中得以采纳。㉝ 过错比较说是过错责任的具体体现,以主观责任说为出发点,主张完全按照各个当事人过错程度的比较作为责任确定和分担的依据。特别是在人身权侵害领域,常常并不具有实际的财产损失,只能主要根据过错程度来确定加害人的责任范围。目前在立法或者司法上采此说的主要有法国、俄罗斯、澳门、美国的加利福尼亚等少数州、澳大利亚、加拿大(魁北克省除外)等国家和地区。受前苏联的影响,我国也曾长期以过错比较作为分配责任的唯一标准。

我国学理上最早提到过错比较的是1958年的《中华人民共和国民法基本问题》一书,认为应按过错程度分配加害人的内部责任。根据单一过错比较的理论,对与有过失的情形,应当按照各自的过错程度确定双方责任的大小,过错大的应负担的责任

㉜ 参见《毛泽东选集》(第一卷),人民出版社1991年版,第294—297页。
㉝ 参见王利明:《侵权行为法研究》(上卷),中国人民大学出版社2004年版,第233—235页。

范围就大,过错小应负担的责任范围就小;对共同侵权的情形,应当按照各个侵权行为人的过错程度按比例分担责任。㉞ 我国法律和司法解释也受到这一理论的影响,如《民法通则》第 131 条规定:"受害人对于损害的发生也有过错的,可以减轻侵害人的民事责任。"又如《海商法》第 169 条对碰撞船舶与有过失的规定。1984 年最高人民法院《关于贯彻执行民事政策法律若干问题的意见》第 72 条规定可依受害人过错减轻致害人赔偿责任。我国最早依过错比较来确定侵权责任的判例是 20 世纪 50 年代的"火车与汽车路口相撞索赔"案,在该案中,火车司机见路旁汽车慢行误以为该汽车已停,汽车司机因疏忽未听见火车鸣笛,双方对两车相撞都有过错,法院据此减轻了火车一方的赔偿责任,判决火车一方赔偿汽车一方损失的 1/3。㉟

在过错责任的多数情况下,过错程度与原因力的大小成正比,这种完全以过错比较来确定和分担责任的方式能够达到合理分配责任份额的目的。但是,由于过错的客观化和原因力的主观化,过错与原因力相互依存的程度加深,单纯依赖比较过错来分担损害的困难日渐凸显,首先,在过错责任中,当事人的过错程度可能并不与其造成的损害大小相一致㊱,例如,故意侵害他人财产和人身只造成了轻微的损害,行为人主观过错严重,其行为对于损害结果的作用力小;又如一时疏忽造成了重大人身伤亡或财产损失,行为人主观过错轻微,其行为对于损害结果的作用力大。在这些情况下,如果仅仅按照过错程度决定赔偿范围,无疑会有失公正。其次,随着侵权责任形态的多样化,在过错推定责任、无过错责任等客观责任的情况下,过错往往是由法律直接推定或无法确定过错程度,也就无从借助当事人过错的比较来分担损害。在过错推定的情形下,推定的是被告过错,具有一定的或然性,很难像一般的过错责任那样通过确定过错等级判断过错的大小。即使是原告的过错大小能够确定,但由于很难确定被推定出来的被告的过错程度,从而无法比较双方的过错程度。对无过错责任,只有在受害人一方具有重大过失时,才会对双方当事人的过错程度予以比较,如果受害人只具有一般过失或者轻微过失,法律并不允许以此减轻被告的赔偿责任,分担责任份额的依据应主要在于原因力的大小。

2. 单一的原因力比较说及其不足

由于过错比较说被批评为忽视了侵权责任的补偿受害人损失的目的,混淆了民事和刑事责任的界线,妄开法官恣意之端,原因力比较说受到推崇,《德国民法典》因而采此说,完全否定了过失与赔偿成比例的观点㊲,该法第 254 条第 1 款规定"受害人对损害的发生负有共同过失的,应根据情况,特别是根据损害在多大程度上是由当事

㉞ 参见王忠等:《民法概论》,黑龙江人民出版社 1984 年版,第 493 页;郑立等:《民法通则概论》,红旗出版社 1986 年版,第 246 页。

㉟ 参见中央政法干部学校民法教研室编:《中华人民共和国民法基本问题》,法律出版社 1958 年版,第 329—330 页。

㊱ Marc A. Franklin, Robert L. Rabin and Michael D. Green, Tort Law and Alternatives, Cases and Materials (8th Edition), Foundation Press, 2006, p.379.

㊲ 参见王利明:《侵权行为法研究》(上卷),中国人民大学出版社 2004 年版,第 235 页。

人一方或另一方造成的,来确定损害赔偿义务和赔偿范围",对于共同侵权行为人的内部求偿,德国未有明文规定,但自1910年以来联邦法院多次在判决中表示应类推适用《德国民法典》第254条过失相抵的规定,采用原因力比较的标准。建立在客观责任说基础上的原因力比较说,主张纯粹以各当事人行为对损害所产生的作用力作为责任确定和分担的依据,在立法或者司法上采此说的还有匈牙利、捷克、斯洛伐克等国。

我国理论界也存在这样的观点,认为侵权责任是一种财产责任,其责任范围大小不取决于行为人的过错程度,而以行为人对其违法行为所造成的财产损害的大小为依据,承担全部赔偿责任。㊳ 在民事审判实践中,损害赔偿责任的范围完全取决于受害人所受实际损害的大小,不因行为人的故意或过失而有所增减。㊴ 20世纪90年代初,在司法解释中改变了过错比较说的垄断地位,开始应用原因力比较规则。最高人民法院在1991年在对庞启林与庞永红损害赔偿案的复函中,根据自然灾害造成损害的原因力的情况,减轻了致害人庞启林的赔偿责任。尽管在复函中未明确使用原因力的概念,但已经实际运用了被告行为与自然力的原因力的比较规则。2001年,最高人民法院《关于公安机关不履行法定行政职责是否承担行政赔偿责任问题的批复》有关"由于公安机关不履行法定行政职责,致使公民、法人和其他组织的合法权益遭受损害的,应当承担行政赔偿责任。在确定赔偿的数额时,应当考虑该不履行法定职责的行为在损害发生过程和结果中所起的作用等因素"的规定中,就有原因力比较的体现。同年,最高人民法院在《关于审理触电人身损害赔偿案件若干问题的解释》中首次引入了原因力的概念及其比较的具体方法,该解释第2条第2款规定:"但对因高压电引起的人身损害是由多个原因造成的,按照致害人的行为与损害结果之间的原因力确定各自的责任。致害人的行为是损害后果发生的主要原因,应当承担主要责任;致害人的行为是损害后果发生的非主要原因,则承担相应的责任。"

比较原因力更能客观地确定当事人的责任份额,但事实上,无论在过错责任还是无过错责任中,在很多情况下,原因力的判断很困难,单纯通过原因力的比较很难达到公平分配责任的效果,例如,数个行为紧密结合不可分割时,便难以判断各个行为的原因力。此外,对于适用因果关系推定的案件,由于不能准确确定事情发生经过,也难以判断原因力。所以国外的一些学者和法典认为按照原因力分担责任是最公正的模式,但是这一观点受到了公开质疑,尽管原因力在一定程度上与过错的程度存在重叠,但它必定需要过错、公平、正义的补充。㊵

3. 过错、原因力综合比较说的兴起

笔者认为,在侵权法上,违法行为、损害事实、因果关系和主观过错不仅在归责领

㊳ 参见佟柔:《民法原理》(修订本),法律出版社1987年版,第249页。
㊴ 参见王忠等:《民法概论》,黑龙江人民出版社1984年版,第493页。
㊵ See A. M. Honoré, "International Encyclopedia of Comparative Law", Vol. 6, Torts, chapter 7, *Causation and Remoteness of Damage*, 1985, p. 122.

域是责任的构成要件,在损害赔偿领域同样也是确定责任范围和分担损害赔偿的衡量标准,由于相对简单明晰的违法行为和损害事实在归责阶段已经作过充分的判断,加之原因力的主观化和过错的客观化使原因力与过错的功能得以扩张,违法行为和损害事实即使在损害赔偿阶段需要进一步分析,它们对损害赔偿的作用也已消融在过错或者原因力的判断中,因而在确定责任范围和分担责任时最终需要比较的就是各方的过错和原因力。

越来越多的国家和地区倾向于将两种学说加以融合,采用过错、原因力综合比较说,将过错的比较与原因力的比较予以综合,并且引入法律政策上的考量。日本、瑞士、意大利、荷兰、埃塞俄比亚、美国的大多数州和我国(包括台湾地区)的立法和司法上都已经汲取了过错、原因力综合比较说。这是因为单一过错比较说以过错为标准,不问行为,成为抽象的过错,而原因力比较说以原因力为标准,不问过错,与过错责任原则相悖[41],就如英国学者所认为的,一方将承担的损害赔偿责任主要考虑其对于损害结果的责任程度。对损害结果的责任需考虑原因力和双方当事人的过错程度,并且除非这些因素都被考虑进去,否则很难区分各自的责任程度。[42] 对与有过失的情形,除过错外,原因力在比较双方的责任大小时也经常被引入[43],冯·巴尔教授认为认定分担比例的主要考虑因素就是各自过失的程度和过失对损害发生的作用力比例[44],英国学者约翰·库克(John Cooke)也认为可以通过因果关系和可归责性评估受害人应承担的损害份额。[45] 在 Froom v. Butcher 案中,被告驾车时因过失撞上原告的车,致使没有系安全带的原告受伤,上诉法院根据原告的过错和其行为的原因力,减少了被告 20% 的赔偿金。在该案中,除了认定原、被告均有过错外,丹宁(Denning)勋爵还进一步分析了双方行为的原因力,他认为,在此应当区分事故发生的原因和损害产生的原因,这两个原因并不是一回事,尽管被告驾驶不当是事故发生的唯一原因,但损害产生的原因却是两个,即被告驾驶不当和原告未系安全带,原告应当在其过错和原因力的范围内承担相应的损害。[46] 美国《侵权法第三次重述:责任分担》第 8 条也以过错和原因力作为责任分担的基础,认为分配责任应考虑的因素既包括任何对该行为所造成危险的认识或漠视及任何对该行为所致损害的意图,也包括该方造成危险的行为与该伤害之间因果关系的强度。该条附有一个相应的例证分析,甲与乙的汽车在一个有四向停车标志的交叉路口相撞,致甲受伤。事故发生时,甲正回头照看坐在后座的儿童,乙则在看到甲车接近时试图先于甲驶过路口。甲、乙的行为对甲的损害

---

[41] 参见魏振瀛:《论构成民事责任条件的因果关系》,载《北京大学学报(哲学社会科学版)》1987 年第 3 期。

[42] See Markesinis & Deakin, *Tort Law* (4th Edition), Clarendon Press, Oxford, 1999, pp. 788 – 789.

[43] See John G. Fleming, *The Law of Torts* (8th Edition), The Law Book Company Limited, 1992, p. 274.

[44] 参见〔德〕克雷斯蒂安·冯·巴尔:《欧洲比较侵权行为法》(下),焦美华译,张新宝审校,法律出版社 2001 年版,第 652 页。

[45] See John Cooke, *Law of Tort* (5th Edition), Law Press, 2003, p. 151.

[46] See John Cooke, *Law of Tort* (5th Edition), Law Press, 2003, pp. 147 – 148.

均具原因力,双方均有过错,但因乙的行为更实质地偏离了法律所要求的规则具有更大的原因力,且其主观过错更大,乙被判承担更多的责任份额。[47]

我国理论与实践上已由占主导地位的过错比较说逐步过渡到过错、原因力综合比较说。20世纪80年代后期,我国学理上尽管对受害人与有过失的情形,依然仅根据其过错减轻或免除加害人的责任,但对于没有共同过错的数个侵害人造成同一损害后果情形,提出了应当根据侵害人各自过错的大小及各个原因对侵害后果所产生影响来确定各侵害人的民事责任,从而形成了过错、原因力综合比较说的雏形。[48] 魏振瀛教授则对过错、原因力综合比较说进行了较为系统的阐述,在原因力相同的情况下,责任的大小取决于错误的大小;在过错程度相同,原因力强弱不同的情况下,责任的大小取决于原因力强弱;在原因力、过错程度都相同的情况下,由当事人平均分担责任;受害人故意的行为造成的损害,行为人不承担责任。[49] 21世纪以来,学者们对过错、原因力综合比较说进行了进一步的探讨,提出了数种原因造成同一损害结果的各种情形下,如何运用通过过错与原因力的比较来确定赔偿责任的具体方法。[50]

在司法上,最高人民法院1986年的《关于审理农村承包合同纠纷案件若干问题的意见》第5条规定,由于自然灾害等不可抗力的外因,致使合同不能履行或者不能完全履行的,须查明自然灾害所造成的损害程度和承包人对自然灾害的抗御情况,决定对承包人的责任是部分还是全部免除。这一规定被学者解读为司法实践已采用了过错、原因力综合比较说,即在不可抗力和被告的过失共同构成损害发生的情况下,应本着"部分原因应当引起部分责任"的精神,令被告按其行为的过错程度及原因力的大小承担部分责任[51],但这一解读多少显得有些牵强。2003年,最高人民法院《关于审理人身损害赔偿案件适用法律若干问题的解释》第一次明确采用了过错、原因力综合比较说,该解释第3条第2款规定:"二人以上没有共同故意或者共同过失,但其分别实施的数个行为间接结合发生同一损害后果的,应当根据过失大小或者原因力比例各自承担相应的赔偿责任。"

(三)过错、原因力综合比较说的运用规则

在过错、原因力综合比较说下,法院侧重考虑的因素主要是过错程度和原因力大小,过错与原因力的地位是否有主从之分,考察的次序是否有先后之分?在具体的比较中,应该适用怎样的规则确定过错程度和原因力大小?这需要进一步探讨。

1. 过错、原因力的地位与次序

(1)在主从地位上应以过错比较为主,原因力比较为辅。对过错与原因力主从地

---

[47] 参见许传玺、石宏等译:《侵权法重述——纲要》,法律出版社2006年版,第345—346页。
[48] 参见江平主编:《民法教程》,中国政法大学出版社1988年版,第328页。
[49] 参见魏振瀛:《论构成民事责任条件的因果关系》,载《北京大学学报(哲学社会科学版)》,1987年第3期。
[50] 参见杨立新:《侵权法论》,人民法院出版社2005年第3版,第675—684页。
[51] 参见王家福主编:《中国民法学·民法债权》,法律出版社1993年版,第501页。

位的问题,国内学者观点不一,有的认为应以原因力大小为主,过错程度为辅,因为侵权法的主要功能在于填补损害而不在于惩罚行为人,原因力的比较更能客观地确定责任份额[52];有的认为过错程度的比较是第一位的决定因素,第二位的决定因素是原因力。笔者赞成后一种观点,在数种原因造成损害结果的侵权行为中,确定各个主体的赔偿份额的主要因素是过错程度的轻重;而原因力的大小尽管也影响各自的赔偿责任份额,但要受过错程度因素的约束和制约,原因力对于赔偿份额的确定具有相对性。[53] 较之因果关系,可归责性或者当事人的比较的可归责性似乎是更重要的考虑因素。[54] 这是因为:第一,从侵权法的目的和功能来看,损害的预防胜于损害补偿。补偿为满足受害人利益的最低目的,预防为维护社会整体利益的最高目标,而侵权行为法的预防功能又是主要借助过错责任原则实现的。第二,过错的客观化使过错的判断和比较更具可操作性。由于合理人标准、事实本身证明规则、违法视为过失等客观化的趋势,过错判断不再停留在纯粹主观的层面上,从而使过错比较更便于操作。

过错为主、原因力为辅规则的具体表现为:第一,在过错责任中更多地根据过错程度决定责任范围,在过错推定或者无过错责任中,如果无法确定过错程度,则主要采用原因力的比较。第二,在特殊侵权类型案件中,原因力的判断与比较极为模糊,过错程度比较明显,主要运用过错比较来确定责任范围。例如,精神损害赔偿案件中,精神性人格权的损害事实具有无形性的特点,原因力的确认比较困难,应考虑过错程度酌定行为人的责任范围。又如,在共同侵权中教唆者、组织者、帮助者的责任范围的确定,也是主要依据其过错程度。[55]

(2)在考察的步骤上应先比较原因力的大小;再比较过错的程度。尽管在确定和分担责任时,过错的比较相对于原因力的比较占据更为重要的位置,但这并不妨碍按照认识事物的逻辑顺序,先考察客观原因力,再考察主观过错。在大陆法系国家中,对行为的客观判断和主观判断是分层次进行的,即先考虑行为客观方面的特征,再对主观方面进行评价。因为"一方面,行为性质不是由故意、过失决定的,而是由行为本身决定。一个近距离向受害人胸部开枪的人,无论如何都会被认定为杀人行为;一个用手掌拍大腿的行为,无论如何不可能成为杀人行为。另一方面,主观要素是为了解决主观归责的问题,即在客观地决定了行为性质及其结果后,判断能否将行为及结果归咎于行为人,这便是故意、过失等主观要素所要解决的问题"。[56]

在损害赔偿中,不仅要像归责那样考虑过错和原因力,考察的逻辑次序也是像归责那样从由客观追溯到主观,由外在事实推及主观心态,沿着动态的、递进式的轨迹

---

[52] 参见张新宝:《侵权责任构成要件研究》,法律出版社 2007 年版,第 381—382 页。
[53] 参见杨立新:《侵权法论》,人民法院出版社 2005 年第 3 版,第 193 页。
[54] See Michael A. Jones, *Torts* (7th *Edition*), Blackstone Press Limited, 2000, p.570.
[55] 参见杨立新、梁清:《原因力的因果关系理论基础及其具体应用》(本书第 1490 页),载《法学家》2006 年第 6 期。
[56] 张明楷:《犯罪构成理论的课题》,载《环球法律评论》2003 年秋季号。

先考察原因力再考察过错,以遵循思维的逻辑性。对于耦合式责任构成理论框架下的归责,我国有少数学者探讨过各要件之间的考察次序,江平、张佩霖两位教授曾指出,侵权责任四个构成要件之间存在一定的内在逻辑联系,排列次序应当是损害事实—违法行为—因果关系—主观过错。[57] 王利明教授也提出,如果把责任的确定过程分为几个步骤,那么,因果关系的认定是第一步,而过错的认定是第二步[58],但学者们并未对其依据予以进一步的阐述。前文提及的三阶段责任构成说,则为这样的步骤划分提供了理论上的充分依托。2007 年在北京召开的中德侵权法研讨会上,德国学者布律哥麦耶(Brüggemeier)教授重申了这样一个考察顺序,即在归责时首先要考虑因果关系,接下来根据责任的不同类型,考虑故意责任中的故意,或是过失责任中的过失,或是危险责任中危险的实现。[59] 不妨这样设想,由于归责和损害赔偿两个阶段所参照的标准类同,责任构成的三阶段理论也可以在归责之后的损害赔偿阶段予以借鉴,即先考察该当性范畴的原因力,再考察有责性范畴的过错。

2. 比较过错程度、原因力大小的标准

(1)过错程度以严重程度作区分,从重到轻可依次分为恶意、一般故意、重大过失、一般过失和轻微过失。过错的基本形态可分为故意和过失,故意可分为恶意和一般故意,恶意是最为严重的故意,主要是恶意诉讼、恶意告发和权利滥用的侵权责任的构成要件。[60] 对于与有过失中赔偿责任的确定,双方当事人中只要有一方具有故意,无论是恶意还是一般故意,都必须承担全部的责任,此时恶意与一般故意区分的意义不大,但在共同侵权、不构成共同侵权的数人侵权情形中,恶意侵权人无疑要比一般故意侵权人承担更多的责任份额,因此,在综合说下,将故意进一步划分为恶意和一般故意仍有必要。

对于过失,可分为重大过失、一般过失和轻微过失。重大过失是指行为人欠缺一般人具有的基本的注意,表现为行为人极端疏忽或极端懈怠的心理状态,例如酒后驾车和闯红灯。在大陆法系和英美法系,重大过失通常等同于一般故意,在综合说中,对于数个侵权人之间的责任分担,可以适用这一规则。但对与有过失的情形,受害人的重大过失不能简单地等同为一般故意,例如,受害人具有重大过失,加害人具有轻微过失时,可减轻或免除加害人的责任,但一般不免除其责任,而在受害人故意时,常常会免除加害人的责任。一般过失也称为抽象过失,作为最常见的一种过失形态,它是指行为人缺乏具有一般知识、智力和经验的人诚实处理事务所应有的注意,是一种中等程度的过失,可归责程度为中等。以过错为侵权责任构成要件的,如果法律没有特别规定,均指行为人具有一般过失;对于过错推定,如无特殊规定,所推定的过错为

---

[57] 参见江平、张佩霖:《民法教程》,中国政法大学出版社 1986 年版,第 332—333 页。
[58] 参见王利明:《侵权行为法研究》(上卷),中国人民大学出版社 2004 年版,第 393 页。
[59] 参见《第二届中德侵权法研讨会现场实录》,载中国民商法网 http://www.civillaw.com.cn/Article/default.asp? id =34699。
[60] 参见蔡颖雯:《过错论》,中国人民大学 2005 年博士论文,第 48—53 页。

一般过失;在与有过失中,加害人为故意或重大过失,受害人仅有一般过失或轻微过失,不减轻加害人赔偿责任。轻微过失是指行为人缺少极其谨慎而细致的管理人的注意,例如进行肿瘤切除的医生因极其轻微的疏忽损伤了一个健康组织导致病人发生血栓。在一些案件中,加害人常因为过失轻微而被减轻或免除责任,但在保管人和承运人的责任中,行为人只要具备了轻微过失就要承担责任;受害人的轻微过失往往不能减轻或免除加害人的赔偿责任。[61]

(2)比较原因力大小的规则。在一般情形下,原因力大小取决于各个共同原因的性质、原因事实与损害结果的距离以及原因事实的强度,通常借助于对原因的划分来进行比较,如直接原因的原因力一般大于间接原因的原因力;在直接原因中,主要原因的原因力一般大于次要原因的原因力;强势原因的原因力一般大于弱势原因的原因力。[62] 需要注意的是,对于产品责任、环境侵权、医疗事故责任等推定原因力的情形,由于原因力的确定来自盖然性的推断,前述规则并不适用,原因力的大小转而取决于可能性的大小,不同责任类型中可能性的大小又需要借助一些特别的规则来判断。在产品责任中,一般依被告的市场份额多少来确定其行为原因力的大小,即根据一定时期内各个被告作为个别制造者投入市场的某种产品的数量与同种产品的市场总量之比例来确定,例如 Sindell v. Abbot Laboratorie 案。在环境侵权中,可以根据各个被告污染物质排放量的多少来确定其行为的原因力,排污量大的其原因力也大;在医疗事故责任中,可以借助治愈机会或存活机会丧失的比例来确定行为原因力的大小,例如,受害人因病患的存活几率为35%,误诊后其存活几率降为15%,误诊行为的原因力及于受害人所丧失的20%的存活几率。此外,对于各个原因的原因力大小无法确定的情形,在一般情况下,应当推定原因力均等。

---

[61] 参见张新宝:《侵权责任构成要件研究》,法律出版社2007年版,第450、451页。
[62] 参见杨立新、梁清:《原因力的因果关系理论基础及其具体应用》,载《法学家》2006年第6期。

规定无过错责任应当着重解决限额赔偿问题[*]

在《侵权责任法草案》第二次审议稿中,从第五章至第十一章用了大量篇幅规定特殊侵权责任,其中多数规定的是无过错责任的特殊侵权责任,例如产品责任、环境污染责任、高度危险责任和动物致人损害责任等。在无过错责任的特殊侵权责任案件中,如何处理法律规定的限额赔偿问题,是我国侵权法并没有解决好的一个问题,在《侵权责任法》中必须着重解决,否则《侵权责任法》无法实现各方利益的公平配置,也不能体现民法矫正正义的职能。对此必须加以说明。

一、无过错责任中加害人有无过错对确定赔偿责任范围的关系重大

按照通说,适用无过错责任的特殊侵权责任,在侵权责任构成上不要求有过错的要件,也就是不问过错,无论行为人有无过错,只要具备了违法行为、损害事实和因果关系三个要件,就构成侵权责任。[①]

这样的要求无疑是正确的。但这只是针对侵权责任构成而言;在确定赔偿责任范围的时候,无过错责任的行为人究竟有过错还是无过错,是不是和侵权责任构成一样,也采取"无所谓"的态度,采用同样的赔偿标准呢?

对此,我国司法实践真的就是采取这种"无所谓"的态度,无论加害人对损害的发生是否有过失,都因为实行无过错责任原则而承担同样的赔偿责任,都适用全部赔偿原则,损失多少,就赔偿多少。

这样的做法是不公平的! 在无过错责任中,加害人究竟有无过错,对确定赔偿责任范围并不是"无所谓",而是"有所谓"! 理由是,在侵权法中,加害人的过错对确定赔偿责任范围是有重大影响的[②],它表明的是法律对加害人行为的谴责程度。在无过错责任场合,无过错责任原则仅仅表明对某种危险性特别严重的侵权领域,要给予受害人更为妥善的保护,即使加害人没有过错也要承担侵权责任,也要对受害人承担赔

---

[*] 本文发表在《绍兴文理学院学报》2009年第2期。
[①] 参见王利明等:《民法学》,法律出版社2008年版,第726页。
[②] 参见张新宝:《侵权责任构成要件研究》,法律出版社2008年版,第438页。

偿责任，使受害人的损害得到赔偿。但是，即使在这样的场合，加害人究竟有过错还是没有过错，法律对其的谴责程度也是不同的。无过错的加害人在无过错责任的场合应当承担侵权责任，而有过错的加害人在这样的场合应当承担更重的赔偿责任，这种赔偿责任轻重的区别，体现的是法律对主观心理状态不同的加害人的不同谴责和制裁的程度要求。也只有这样，才能够体现侵权法的公平和正义。

这样的规则，就是基于不同归责原则的法律基础而产生的侵权请求权，应当具有不同的赔偿内容。基于加害人的过错产生的侵权损害赔偿请求权实行全部赔偿原则；而基于加害人无过错而产生的侵权损害赔偿请求权则应当实行限额赔偿原则，并不是全部赔偿的请求权。③

但是，对于这个问题，《民法通则》关于过错责任原则和无过错责任原则的规定，以及在《产品责任法》和《消费者权益保护法》等特别法中，都没有体现出来；正在起草并且经过二次审议的《侵权责任法（草案）》也没有对此作出明确规定。

在考察德国的侵权行为法时，德国学者介绍了这样的经验。在德国，基于无过错责任原则产生的侵权损害赔偿请求权的内容与基于过错责任原则产生的侵权损害赔偿请求权的内容是不同的。以产品侵权责任为例，基于过错责任原则和无过错责任原则的不同法律基础而产生不同的侵权损害赔偿请求权：第一种侵权请求权，是基于《德国民法典》第823条规定产生的过错责任请求权；第二种请求权，是基于《产品责任法》产生的无过错责任请求权。这两种损害赔偿请求权虽然都是侵权损害赔偿请求权，但是由于产生请求权的法律基础不同，因而其内容并不相同。依据《德国民法典》第823条产生的过错责任的损害赔偿请求权与依据《产品责任法》产生的无过错责任原则的损害赔偿请求权在赔偿范围上是不同的：按照第823条产生的过错责任请求权，赔偿范围按照受害人的实际损失予以赔偿，没有赔偿数额的上限；而按照《产品责任法》产生的无过错责任请求权的损害赔偿范围，被告企业的最高赔偿限额为8500万欧元，即同一种缺陷产品全部的赔偿数额不超过这个限额，所有的受害人都从这个数额中平均受偿。④

同样，按照德国《道路交通法》的规定，道路交通事故责任实行无过错责任原则，构成侵权责任不需要加害人对造成事故有过错。在这种责任下，机动车驾驶人即使没有任何过错，也要承担赔偿责任，单人责任限额为60万欧元，多人是300万欧元。但是，如果依据过错责任原则确认请求权，其基础是《德国民法典》第823条，则最高赔偿限额达到500万欧元，并且还要考虑第852条规定的过失相抵规则，受害人有过错的，对加害人适当减轻责任，只有对不满10岁的未成年受害人除外。⑤

这样的规则是：在无过错责任原则的场合，侵权人没有过错的，采取限额赔偿制，

---

③ 参见〔德〕迪特尔·梅迪库斯：《德国债法分论》，法律出版社2007年版，第718、723、726页。
④ 参见杨立新：《中华人民共和国侵权责任法草案建议稿及说明》，法律出版社2007年版，第395、398页。
⑤ 参见杨立新：《中华人民共和国侵权责任法草案建议稿及说明》，法律出版社2007年版，第392页。

赔偿数额不得超过法律规定的最高限额;而原告能够证明对损害的发生或者扩大,侵权人在主观上具有过错的,侵权人应当承担过错责任的赔偿责任,按照实际损失实行全部赔偿。

事实上,凡是法律规定的适用无过错责任原则的侵权行为,侵权人都存在有过错和无过错的两种情况。既然如此,侵权人在有过错的情况下侵害他人的权利,或者在没有过错的情况下致害他人,其赔偿责任应当是不同的。如果侵权人在主观上没有过错,虽然法律规定应当承担侵权责任,但由于他在主观上没有过错,因而应当承担适当的赔偿责任。而如果侵权人在主观上有过错,就应当承担过错责任的赔偿责任,对受害人的损失予以全部赔偿。德国法的上述做法体现的正是这样的规则。

采取这种规则的理论基础有四个方面:

(1)体现侵权责任法调整实体利益的公平要求。民法的公平,就是以利益的均衡作为价值判断标准,以调整民事主体之间的民事利益关系。公平是指一种公正、正直、不偏袒、公道的特质或品质,同时也是一种公平交易或正当行事的原则或理念。有过错的无过错责任人与无过错的无过错责任人在承担赔偿责任上必须有所差别,否则无法体现这样的原则和理念。因此,侵权责任法对此的态度必须明确,而有过错的无过错责任人应当承担全部赔偿责任,无过错的无过错责任人应当承担限额赔偿责任,就是侵权法对公平原则的最好诠释。

(2)体现侵权责任法的正当社会行为导向。侵权责任法不仅要调整侵权纠纷,还要引导市民社会的行为方向。如果无过错责任人有无过错都承担一样的责任,行为人就可能放任自己,不会严加约束自己的行为,就会给社会造成更多的危险。反之,坚持了无过错责任人的有无过错的赔偿责任的区别,就能够表现出侵权法的正确导向。

(3)依据不同的法律基础而产生的请求权是不同的。根据过错责任原则法律基础产生的请求权,应当受到过错责任原则的约束,因而是一个受全部赔偿原则约束的请求权。而根据无过错责任原则法律基础产生的请求权,则应当受到无过错责任原则的约束,侵权人应当承担适当的赔偿责任,例如法律可以规定赔偿数额的上限,确定侵权人的赔偿数额不得超过法定的最高赔偿限额。

(4)在原告的举证责任负担上,体现的是诉讼风险与诉讼利益相一致的原则。[6]受害人按照无过错责任原则行使请求权,证明侵权责任构成,只要证明加害人的违法行为、损害事实和因果关系三个要件即可,其损害赔偿请求权就能够成立;而要证明过错责任的请求权,不仅要证明上述三个要件成立,而且还要证明侵权人具有过错要件。两相比较,在受害人负担的诉讼风险上不同,表现在其举证责任的负担上也不相同。那么,从诉讼利益而言,受害人承担较轻的举证责任证明的无过错责任请求权,与承担较重的举证责任证明的过错责任请求权,在损害赔偿的内容上也应当不同。

---

⑥ 参见沈冠伶:《民事证据法与武器平等原则》,台北元照出版公司2007年版,第92页。

只有这样才能够体现程序上的公平和正义,使诉讼风险和诉讼利益相一致,才能取得合理的法律调整效果。

二、我国司法实践不区分无过错责任的限额赔偿与全部赔偿的例证与问题

在《民法通则》实施以来的 20 多年中,我国的司法实践在无过错责任特殊侵权责任案件中并不区分加害人有无过错,统一实行全部赔偿原则,因而使无过错责任的特殊侵权责任案件在确定赔偿责任中存在较大的问题。下面举两个实例予以说明。

(一)在产品责任中的典型案例

产品责任是无过错责任的特殊侵权责任。在实务中,受害人能够证明产品的生产者投放市场的产品有缺陷,并且因此而遭受损害,就构成产品责任,生产者承担全部赔偿责任。但是,如果像三鹿奶粉事件那样,生产者在奶制品中添加三聚氰胺而使产品存在缺陷,就连他们企业自己的领导和员工都不吃自己生产的三鹿奶粉,但却将其产品投放市场,造成广大消费者尤其是幼年消费者的人身损害,具有放任损害发生的间接故意,因此,大家都赞成对具有主观故意的产品生产者苛以更加严重的责任。受害人不仅能够证明生产者构成无过错责任的产品责任,并且还能够证明其明知产品有缺陷却仍然将其投放市场具有放任损害发生的故意,生产者当然应当承担较重的赔偿责任。因此,《侵权责任法(草案)》二次审议稿在第 45 条规定:"明知产品存在缺陷仍然生产、销售,造成他人生命、健康损害的,受害人有权依法请求惩罚性赔偿。"这样的法律条文草案受到各界的欢迎,是顺理成章的。

但是,这种规则解决的是无过错责任的加害人具有故意而造成受害人损害科以惩罚性赔偿金的规则。在无过错责任中,对于没有过错的加害人和有过失而不具有故意的加害人,在确定责任上都一律适用全部赔偿责任的规则,仍然没有解决确定赔偿责任不公平的问题。加害人无论有无过错都要承担全部赔偿责任,显然既没有体现对加害人法律谴责的不同,同时对受害人诉讼风险和诉讼利益的不同也没有予以特别的考虑。试想,作为受害人,举证证明加害人有过错和不证明加害人有过错,其负担的诉讼风险并不相同,但得到的诉讼利益却没有区别,既然如此,受害人还会有兴趣承担更多的诉讼成本去证明加害人的过错吗?同样,无过错责任人有过错也要承担全部赔偿责任,没有过错也要承担全部赔偿责任,那么为何一定要谨慎行事避免过失造成他人损害呢?可见,对无过错责任的加害人有无过错的制裁程度不同,对于社会的安全保障程度是有明显区别的。对此,立法机关和司法机关不能不加以重视。

(二)在高速运输工具危险责任中的典型案例

现在来观察一例在真实案例中存在的问题。

2004 年 9 月 29 日 11 时许,地铁乘客吴某欲乘地铁,在北京地铁一号线南礼士路站,当其购票进入车站乘车时,由于见到列车已经开进站台,急忙奔跑赶车。由于其

奔跑速度过快,身体控制不住,不慎掉入站台下,被1601次列车从其腿部碾过,轧断左腿和右脚,鉴定为三级伤残。吴某向法院提出200余万元的索赔请求,在获得了80多万元的赔偿后⑦,又提出了伤残辅助器具费等赔偿请求178万元。⑧

对于本案,可以确定,北京地铁一方对于损害的发生不存在过错,损害的发生是由于地铁乘客重大过失的原因所致。

按照现行法律规定,无过错责任中的加害人无论有无过失,都承担全部赔偿责任。只有受害人具有重大过失的,才能够实行过失相抵,适当减轻加害人的侵权责任。⑨本案的一审法院和二审法院正是基于这样的规定,判决被告承担80%的责任,减轻了20%的责任。⑩

可是,对于一个没有过错的加害人,仅仅因为实行无过错责任,就要承担如此严重的赔偿责任吗?这样的判决方法,跟其他实行过错责任原则的一般侵权责任的赔偿范围没有区别,显然无法体现有过错和无过错的加害人在法律谴责和制裁程度上的差别。这种法律规定的导向,对于加害人而言,自然不会引导其更加约束自己的行为,甚至会使其放纵行为,增加社会危险因素;对于受害人而言,也没有体现诉讼风险与诉讼利益相一致的原则,诉讼风险和诉讼利益的关系失衡,自然不会选择更重的诉讼风险负担,去证明加害人的过错。⑪反之,如果立法规则区分无过错责任加害人有过失或者无过失,分别承担不同的赔偿责任,就会得到相反的结果,无过错责任的加害人就会基于赔偿的差别而刻意约束自己的行为,避免过失甚至故意,以减轻自己的赔偿责任。对于受害人,承担证明过错的证明责任和不承担过错的证明责任在获得赔偿的数额上有明显差别,为追求得到全部赔偿的,就应当证明加害人一方具有过错,而不想承担或者不能承担加害人过错的证明责任的受害人,自然就只能得到限额赔偿。这正是侵权法所追求的效果。例如本案,吴某是否证明地铁部门具有过错,得到的赔偿都是一样的,最终出现的难道不是上面所分析的结果吗?

三、我国现行法律法规中规定的限额赔偿及法律适用关系

在我国现行法律、法规中,也存在限额赔偿的规定。但是由于规定限额赔偿制度的法律、法规层次较低,往往不被法官所重视,并且经常将限额赔偿与全部赔偿对立

---

⑦ 参见《地铁轧断双腿吴华林一审获赔80万》,载北青网,http://bjyouth.ynet.com/article.jsp?oid=26890929&pageno=1。
⑧ 参见《赔款不够治疗费 吴华林再告地铁公司索要170万》,载千龙网(http://beijing.qianlong.com/3825/2008/12/09/4202@4780706.htm)。
⑨ 参见最高人民法院《关于审理人身损害赔偿案件适用法律若干问题的解释》第2条规定。
⑩ 事实上,这个减轻责任的判决也是不适当的,由于是受害人的重大过失引起的损害,减轻责任的幅度应当更大一些,根据本案的实际情况,加害人承担30%左右的责任可能更为适当。
⑪ 当然,本案还存在无过错责任的免责事由的规定问题,对此,笔者在另外一篇文章中说明。参见杨立新:《三高危险责任:退两步还是一步》,载《方圆杂志》2009年第4期。

起来,因此,并没有得到特别的研究和适用,无过错责任与限额赔偿责任的法律适用规则并没有正确地建立起来。

(一)我国法律法规对限额赔偿责任的规定

我国现行法律、法规中有一些关于限额赔偿责任的规定,主要集中在以下四个法规和文件中:

1. 核损害赔偿

国务院 2007 年 6 月 30 日发布的《关于核事故损害赔偿责任问题的批复》(国函〔2007〕64 号)第 7 条规定:"核电站的营运者和乏燃料贮存、运输、后处理的营运者,对一次核事故所造成的核事故损害的最高赔偿额为 3 亿元人民币;其他营运者对一次核事故所造成的核事故损害的最高赔偿额为 1 亿元人民币。核事故损害的应赔总额超过规定的最高赔偿额的,国家提供最高限额为 8 亿元人民币的财政补偿。""对非常核事故造成的核事故损害赔偿,需要国家增加财政补偿金额的由国务院评估后决定。"按照这一规定,核电站等营运者对一次核事故所造成的损害事故的最高赔偿额为 3 亿元人民币,加上国家提供的最高限额 8 亿元,一次核事故造成损害的最高赔偿额为 11 亿元人民币。因此,在核损害事故中,一次事故的损害赔偿限额,企业承担的最高限额为 3 亿元,不足部分,国家承担的仍然是限额赔偿,为 8 亿元。不论受害人有多少,只能在这个限额中按照债权平等的原则,按比例受偿。

2. 铁路交通事故赔偿

2007 年 7 月 1 日公布、2007 年 9 月 1 日实施的《铁路交通事故应急救援和调查处理条例》第 33 条规定:"事故造成铁路旅客人身伤亡和自带行李损失的,铁路运输企业对每名铁路旅客人身伤亡的赔偿责任限额为人民币 15 万元,对每名铁路旅客自带行李损失的赔偿责任限额为人民币 2000 元。"第 34 条规定:"事故造成铁路运输企业承运的货物、包裹、行李损失的,铁路运输企业应当依照《中华人民共和国铁路法》的规定承担赔偿责任。"第 35 条规定:"除本条例第 33 条、第 34 条的规定外,事故造成其他人身伤亡或者财产损失的,依照国家有关法律、行政法规的规定赔偿。"这里规定的是,对铁路旅客的伤亡赔偿,实行限额赔偿,最高赔偿额为 15 万元,自带行李也实行限额赔偿,最高额为 2000 元人民币。这种损害赔偿实际上是运输合同的损害赔偿责任,由于发生竞合,当然也可以侵权损害赔偿起诉。这种最高限额,也是无过错责任中的限额赔偿。对于路外人身伤亡和财产损失,则依照法律或者行政法规的规定承担赔偿责任,不在此列,没有赔偿限额的限制。

3. 国内航空事故赔偿

2006 年 1 月 19 日国务院批准、2006 年 2 月 28 日国家民用航空局公布、2006 年 3 月 28 日实施的《国内航空运输承运人赔偿责任限额规定》第 3 条规定:"国内航空运输承运人(以下简称承运人)应当在下列规定的赔偿责任限额内按照实际损害承担赔偿责任,但是《民用航空法》另有规定的除外:(一)对每名旅客的赔偿责任限额为人民币 40 万元;(二)对每名旅客随身携带物品的赔偿责任限额为人民币 3000 元;

(三)对旅客托运的行李和对运输的货物的赔偿责任限额,为每公斤人民币 100 元。"第 5 条规定:"旅客自行向保险公司投保航空旅客人身意外保险的,此项保险金额的给付,不免除或者减少承运人应当承担的赔偿责任。"按照这一规定,国内航空运输中发生的旅客人身、财产损害的赔偿,按照上述限额进行赔偿。超出以上限额的,不予赔偿。其赔偿性质与铁路交通事故相同,也不包括对航空旅客之外的其他人的损害赔偿问题。

4. 海上运输损害赔偿

1993 年 11 月 20 日国务院批准、1993 年 12 月 17 日交通部发布、1994 年 1 月 1 日实施的《中华人民共和国港口间海上旅客运输赔偿责任限额规定》第 3 条规定:"承运人在每次海上旅客运输中的赔偿责任限额,按照下列规定执行:(一)旅客人身伤亡的,每名旅客不超过 40000 元人民币;(二)旅客自带行李灭失或者损坏的,每名旅客不超过 800 元人民币;(三)旅客车辆包括该车辆所载行李灭失或者损坏的,每一车辆不超过 3200 元人民币;(四)本款第(二)项、第(三)项以外的旅客其他行李灭失或者损坏的,每千克不超过 20 元人民币。"第 4 条规定:"海上旅客运输的旅客人身伤亡赔偿责任限制,按照 4 万元人民币乘以船舶证书规定的载客定额计算赔偿限额,但是最高不超过 2100 万元人民币。"这个规定至今已经有 15 年多了,规定的赔偿限额显然过低,但它仍然是限于合同之中对旅客损害的限额赔偿,而不是全额赔偿。

(二)对限额赔偿规定的分析

1. 限额赔偿适用的场合

在上述规定中,核损害的赔偿责任、铁路运输损害责任以及航空运输损害责任,都属于无过错责任范畴。在《民法通则》的规定中,都属于第 123 条规定的内容,即高度危险作业中的放射性和高速运输工具致人损害责任,适用无过错责任原则。而海上运输损害责任,《民法通则》没有作特别规定,应当认为这个规定是适用于海上运输合同的损害赔偿,按照《合同法》第 122 条的规定,违约造成债权人固有利益损害的,受害人可依自己利益的考虑,选择违约责任还是侵权责任起诉。如果依照合同责任起诉,为过错推定原则,受害人不承担过错的举证责任,海上运输合同的债务人举证责任倒置,承担证明自己没有过错的举证责任;按照侵权责任起诉,则为过错责任原则,受害人应当承担过错的举证责任。

《侵权责任法(草案)》二次审议稿对于高度危险责任的规定分为两个层次,核损害和航空器损害,承担的是无过错责任原则,受害人故意引起损害的,免除责任;而铁路运输损害赔偿责任,同样实行无过错责任原则,但对受害人故意以及不可抗力造成的损害,免除责任。至于海上运输损害责任,与《民法通则》的规定相比没有变化。

2. 限额赔偿的具体类型

上述法规、规章在规定限额赔偿的时候,使用了两种不同的方法,一种是规定企业应当承担损害赔偿责任的总额,如核事故损害赔偿责任的 3 亿元和 8 亿元人民币的限额;二是对受害人个体的赔偿限额,例如铁路运输损害赔偿责任和航空运输损害赔偿责任,最高限额为个人15万元人民币和40万元人民币。

3. 限额赔偿适用的对象

在上述规定中,限额赔偿规定适用的对象包括两种:第一种是合同当事人的损害,例如铁路运输、航空运输、海上运输损害赔偿的限额赔偿,都是规定对旅客的损害适用,并没有包括运输合同之外的其他人的损害。第二种是既包括企业内部的损害,也包括企业外部的损害,例如核事故损害赔偿责任。后者的适用对象更为广泛,前者实际上只约束合同当事人。

(三)无过错责任原则与限额赔偿的关系问题

在上述核损害赔偿责任、航空运输损害赔偿责任和铁路运输损害赔偿责任的规定中,都有限额赔偿,而这些限额赔偿的侵权责任的性质都是无过错责任的特殊侵权责任。限额赔偿和无过错责任之间究竟是什么样的关系,在实践中应当如何适用呢?

1. 前三种限额赔偿的具体适用情况

至今为止,我国没有发生核损害事故,因此,核损害赔偿的限额赔偿责任的规定并没有适用过。航空运输损害赔偿的限额赔偿,由于空难曾经发生而得到适用。对于空难事故的受害人及近亲属,航空公司承担了上述限额赔偿责任,并且得到保险赔偿之后,基本上没有向法院起诉索赔的,很少发生限额赔偿与全部赔偿责任的关系问题。在铁路运输损害责任中,由于《铁路法》的规定,又有上述限额规定,法院在审理这样的案件中,多数是直接适用限额赔偿责任规定,当事人即使有意见也没有办法,只能如此。[12]

事实是,法律、法规规定了限额赔偿的,法院在实际操作上基本上就是按照限额赔偿的,很少有其他做法,即使法官认为这样的规定不合理,仍然没有其他解决办法,只能按照规定限额赔偿。至于受害人一方主张全额赔偿的,法官不予支持。

2. 其他没有规定限额赔偿责任的赔偿问题

除了上述限额赔偿规定之外,其他无过错责任特殊侵权责任的赔偿问题,则一律按照全部赔偿原则进行,无论加害人是否有过错,只要是法律规定为无过错责任特殊侵权责任,就都实行全部赔偿,无所谓限额赔偿一说。例如上述吴某诉北京地铁一案,如果不是由于受害人吴某自己的过失所致损害,地铁企业当然要承担全部赔偿责任。地铁不是铁路运输企业,而是城市公交企业,由于其是高速轨道运输企业,在适用归责原则上参照铁路企业的规定,为无过错责任,这是有道理的;但是,在确定赔偿范围上,司法裁判却因没有限额规定而判决全部赔偿,不参照铁路企业的限额赔偿规则而予以全部赔偿,显然是不公平的。同样都是无过错责任,有的是限额赔偿,有的是全部赔偿;有限额赔偿的就一律限额赔偿,没有限额赔偿规定的就一律全部赔偿。这样的规定既不合理,也不公平。

---

[12] 原来争议较多的是路外伤亡事故,1979年的规定只赔偿少量损失,至上述赔偿规定之后,已经按照《民法通则》第119条规定确定赔偿责任,对此已经没有争议了。

3. 运输合同之外的其他人的损害责任问题

运输合同之外的其他人因为铁路交通事故、航空事故以及海上交通事故受到损害的,除了铁路交通事故的行政规章明确规定"事故造成其他人身伤亡或者财产损失的,依照国家有关法律、行政法规的规定赔偿"之外,其他并没有规定。应当对运输合同之外的其他人的损害责任,究竟是限额赔偿还是全部赔偿,似乎也很明显,当然也是全部赔偿。不过,既然是无过错责任,对于合同之外的其他人的损害赔偿都实行全部赔偿原则,似乎也不公平。

4. 海上运输损害赔偿的限额赔偿与侵权赔偿

在海上运输损害赔偿中,限额赔偿的规定是违约损害赔偿责任,如果受害旅客起诉侵权责任,并且能够证明海上运输营运者对损害的发生具有过错的,是不是应当有所区别呢?如果不加区别,一律实行限额赔偿,在诉讼风险和诉讼利益的平衡上,是不是有失公允?而对于运营者无论能够证明自己没有过错或者不予证明都承担一样的责任,也不公平。因此,如果受害旅客能够证明运营者具有过失,并且依照侵权责任起诉的,应当适用全部赔偿责任的规则,而不适用限额赔偿责任的规则,似乎更为合理。至于造成合同之外的其他人的损害,由于实行过错责任原则,当然应当全部赔偿,而不是限额赔偿。

四、侵权责任法应当采取的基本规则

基于以上分析,笔者认为,无过错责任与限额赔偿之间的关系必须协调。现行法律规定可部分限额赔偿规则,是有道理的,可惜并不是普遍性的规定;在司法实践中,法官将无过错责任与限额赔偿对立起来,有限额规定的就限额赔偿,没有限额规定的就全部赔偿,并没有第三条路,不准许受害人进行选择。这样的做法是僵化的,是不符合侵权法的公平理念的。

对于无过错责任原则与限额赔偿的法律适用规则,应当解决如下问题:

(1) 无过错责任的特殊侵权责任,无论在其内部关系还是外部,造成自己的债权人损害还是造成合同之外的人的损害,都应当实行限额赔偿。在现行的限额赔偿规定中,几乎都是高度危险责任。对此,应当作为强制性法律规范对待,不能由法官自行决定适用还是不适用。应当明确,对于其他无过错责任的特殊侵权责任,例如产品责任、其他高度危险责任、环境污染责任、动物致人损害责任的特别规定中,也应当规定无过错责任请求权的赔偿范围上限,或者规定责任人应当承担的赔偿责任的上限,例如核损害损害赔偿责任的规定,或者规定对特定受害人承担的赔偿责任限额,例如航空运输损害责任和铁路运输损害责任。对于地铁运营损害责任的法律适用,应当比照适用铁路运输的赔偿规定,实行限额赔偿责任。即使对合同外部的其他人的损害,凡属于无过错责任者都应当实行限额赔偿。

(2) 无过错责任特殊侵权责任的受害人能够证明加害人一方存在过失的,应当准许受害人一方请求全额赔偿。在诉讼中,对于受害人一方能够证明加害人存在过失的,应当按照侵权行为一般条款规定,实行过错责任的全部赔偿原则,以保护受害人的合法权益。即使是在海上运输这样的场合,尽管不实行无过错责任原则,但受害人能够证明责任人一方具有过失,依照侵权法规定起诉的,也应当实行全部赔偿责任,准许受害人请求全额赔偿,并且予以支持。

(3)无过错责任特殊侵权责任的受害人能够证明加害人一方存在故意的,不论直接故意还是间接故意,应当准许在特定情况下请求惩罚性赔偿金。在无过错责任原则的场合,如果责任人对造成受害人的损害具有故意,不论是直接故意还是间接故意,在法律有特别规定的情况下,应当准许受害人一方请求惩罚性赔偿金,以制裁恶意侵权行为,减少社会危险因素,维护和谐社会关系。目前,《侵权责任法(草案)》二次审议稿第45条已经规定:"明知产品存在缺陷仍然生产、销售,造成他人生命、健康损害的,受害人有权依法请求惩罚性赔偿。"因此,像三鹿奶粉案件那样的恶意侵权行为,受害人一方可以请求惩罚性赔偿金。此外,还应当增加规定恶意污染环境的特殊侵权责任也应当承担惩罚性赔偿金。

(4)确立不同的法律基础产生的请求权的不同内容,准许当事人进行选择。类似于产品侵权责任、铁路交通事故责任、航空运输损害责任等,凡是法律规定不同的请求权法律基础的,当事人在起诉时都可以进行选择,按照不同的请求权基础的法律规定,承担举证责任,能够证明自己所选择的请求权构成的,法官就应当支持,按照当事人所选择的请求权确定赔偿责任。这一点,是法律适用的一般规则,法律本身就包含这样的规则。事实上,《合同法》第122条规定的侵权责任与违约责任竞合的权利人选择权,就包含了这样的规则。

(5)基于无过错责任与限额赔偿之间的特殊关系,以及侵权请求权的不同法律基础的不同要求,应当在《侵权责任法》中作出一个一般性规定,即:"依照法律规定即使无过错也应当承担侵权责任的,其赔偿责任适用法律规定的损害赔偿范围;受害人能够证明侵权人有过错的,应当按照侵权责任法的一般规定确定赔偿责任。"只有这样,才能够从根本上解决上述问题,真正体现侵权责任法的公平和正义。

第二分编
多数人侵权行为及责任

多数人侵权行为及责任理论的新发展[*]

进入21世纪以来，侵权法的研究热点向两个不同的方向发展：一个方向是重视受害人是多数人的侵权案件，形成了大规模侵权的理论与实践的研究热点[①]；另一个方向是重视侵权人是多数人的侵权案件，形成了多数人侵权行为及责任的理论和实践的研究热点。对大规模侵权行为研究的目的，着重解决对受害人的救济；而对多数人侵权行为及责任的研究目的，则是关注侵权责任在多数侵权人之间的分担。前者重视的是救济的及时、有效，后者注重的是责任分担的科学、公平。当代侵权法发展的这两个热点问题越来越热，标志着当代侵权法的发展水平。本文研究多数人侵权行为及责任的新发展，是对后一个问题的研究，期望建立科学、合理、公平的侵权责任分担规则。

一、多数人侵权行为理论和规则发展的背景

当代侵权法对多数人侵权行为及责任的研究，有以下主要的学说作为发展背景。

(一) 美国侵权法的责任分担理论

美国侵权法继承英国侵权法的传统，并且不断发展，形成了今天的侵权责任分担理论和规则。

在英联邦侵权法，形成了受害人过错和数人侵权责任的制度，1978年制定了《民事责任(分摊)法令》。[②] 美国侵权法早期追随英国法，直到1975年才改为采纳按照过失比例进行分担责任的做法。1965年美国法学会的《侵权法重述(第二次)》重点研究与有过失，研究被告和原告均有过失的侵权责任分担[③]，同时也在共同侵权责任的研究中研究共同侵权行为人之间的连带责任。[④] 对其他多数人侵权行为和责任没有

---

[*] 本文发表在《法学》2012年第7期。
① 参见张新宝、葛维宝主编：《大规模侵权法律对策研究》，法律出版社2011年版。
② 参见王竹：《侵权责任分担论——侵权损害赔偿责任数人分担的一般理论》，中国人民大学出版社2009年版，第10页。
③ 参见《美国侵权法重述(第二次)》第十七章"与有过失"，参见《美国法律整编·侵权行为法》，刘兴善译，司法周刊杂志社1986年版，第375页以下。
④ 参见《美国侵权法重述(第二次)》第四十四章"共同侵权行为人"，载《美国法律整编·侵权行为法》，刘兴善译，司法周刊杂志社1986年版，第709页以下。

予以特别重视。

美国法学会于1993年开始编撰,2000年发表的《侵权法重述(第三次)·责任分担编》,全面阐释侵权责任分担的核心问题,包括原告行为的种类(如故意自伤、原告过失和自甘风险)、连带责任、根据原因力分担责任以及分担和补偿请求权。2003年,美国统一州法委员会发表《统一侵权责任分担法案》,在州法层面上全面统一侵权责任分担制度。[⑤]

《美国侵权法重述(第三次)·责任分担编》与《美国统一侵权责任分担法案》重点研究的是比较过失和多数人侵权,包括侵权责任在原告与被告之间的分担,以及多数人侵权行为中的数个侵权人之间的分担,均制定了详细的责任分担规则,具有特别的借鉴意义。可以看到,美国侵权法进入21世纪以来的发展,对侵权责任分担规则研究分为比较过失、连带责任(包括不真正连带责任)以及按份责任。这种侵权责任分担规则的范围,比大陆法系多数人侵权行为及责任规则的范围要宽,既涵盖多数人侵权行为及责任规则,也涵盖受害人与侵权人之间的责任分担,即过失相抵规则。

(二)大陆法系侵权法的多数人之债理论

大陆法系侵权法原本没有多数人侵权行为及责任的规则,而是使用多数人之债的规则,解决多数人侵权行为及责任分担问题。大陆法系多数人之债包括多数人债权和多数人债务。多数人侵权行为产生多数人债务,适用多数人债务的债法规则,包括连带之债、不真正连带之债和按份之债。[⑥]

大陆法系民法用多数人之债的方法解决多数人侵权行为及责任分担,是顺理成章的,原因在于大陆法系认为侵权行为是发生债的原因之一,既然侵权行为发生的法律后果是债的关系,多数人侵权行为必然发生多数人之债,用多数人之债的规则调整多数人侵权行为的责任分担,是完全没有问题的。因此,在大陆法系侵权法中,专门研究多数人侵权行为及责任的学说并不多见。

在研究侵权责任分担的学说中,用多数人之债的方法和规则解决多数人侵权行为及责任分担,与美国侵权法的责任分担学说和规则相比较,范围最为狭窄。用多数人之债的方法研究多数人侵权行为,尽管没有债法与侵权法理论和规则的对接问题,但是就侵权法本身的理论和实践而言,则不够完美。

(三)笔者提出的侵权责任形态理论

笔者在研究侵权法理论和实践的过程中,发现侵权责任在侵权法律关系当事人之间的分配问题是一个非常复杂的问题,它不仅仅包括多数人侵权责任的分担问题,也不仅仅包括多数人侵权行为与过失相抵等侵权法律关系中当事人的责任分担问题,而且还有更多的侵权责任形态的存在。经过长期努力,笔者在2003年再版的《侵

---

⑤ 参见王竹:《侵权责任分担论——侵权损害赔偿责任数人分担的一般理论》,中国人民大学出版社2009年版,第28、29页。

⑥ 参见史尚宽:《债法总论》,中国政法大学出版社2000年版,第636页以下。

权法论》中,提出了较为完整的侵权责任形态理论。笔者认为,侵权责任形态理论是最宽泛的研究侵权责任分担规则的理论,既包括大陆法系的多数人之债的理论,也包括美国侵权法的责任分担理论,还包括单方责任和双方责任的形态,即:自己责任和替代责任;单方责任和双方责任(双方责任包括过失相抵、公平分担损失);单独责任和共同责任(共同责任包括连带责任、按份责任和不真正连带责任)。笔者同时发现,侵权行为形态与侵权责任形态是完全对应的关系,将侵权行为形态与侵权责任形态完全对应起来,构成完美的侵权法理论体系,更便于指导法官在司法实务中的法律适用。⑦

(四)侵权责任形态理论体系中的多数人侵权行为

无论是大陆法系多数人之债对多数人侵权行为的适用,还是英美法系特别是美国侵权法关于责任分担理论,以及笔者提出的侵权责任形态的理论和规则,其着眼点都是对侵权责任在不同的当事人之间的分配,追求的是侵权责任承担和分配的公平和科学。它们的区别仅仅在于着眼点的宽窄不同。侵权责任形态理论的视野更为宽阔,着眼于所有的侵权责任分配的领域。责任分担理论着眼于中等的视野,看到的是多数人侵权行为和过失相抵等侵权责任法律关系中的当事人分担侵权责任。而大陆法系侵权法对这些问题虽都有涉猎,但是都分别在债法的范围里进行研究,缺少在侵权法的完整视野中对侵权责任形态问题进行宏观、整体、体系化的研究,因而多数人之债的理论和规则不是直接针对侵权责任形态提出的理论和规则,而是对所有的多数人之债的理论和规则直接适用多数人侵权行为,范围比较狭小。将多数人之债的理论和规则引入侵权法理论和实践,就形成了多数人侵权行为及责任的理论和规则。

从上述分析可以看到,侵权责任形态的学说是一个庞大的体系,不仅涵盖多数人的侵权行为及责任,而且也包括英美侵权法中的责任分担。侵权责任形态、侵权责任分担和多数人侵权行为及责任,是三个递进的概念,三个概念的相互关系是:

侵权责任形态 ＞ 侵权责任分担 ＞ 多数人侵权行为及责任

因此可以说,多数人侵权行为及责任既包括在侵权责任分担的规则之中,更包含在侵权责任形态的规则之中。研究多数人侵权行为及责任的理论定位,可以确定,多数人侵权行为及责任是侵权责任形态的一种,是侵权责任分担的具体表现形式。按照侵权行为形态与侵权责任形态相对应的侵权法一般规则,多数人侵权行为的责任形态就是多数人侵权责任。即:

多数人侵权行为→多数人侵权责任

我国《侵权责任法》规定了丰富的多数人侵权行为及责任的法律规则,但分散在各个章节之中,需要进行科学的整理和理论的分析。

---

⑦ 参见杨立新:《侵权法论》,人民法院出版社2004年第2版,第477页。

二、多数人侵权行为概念界定的新发展

(一)多数人侵权行为及责任概念的来源

多数人侵权行为及责任的概念来源于大陆法系的多数人之债。史尚宽认为:"以同一给付为标的之债之关系,有多数债务人或多数债权人或双方均为多数者,谓之多数主体之债之关系。"⑧将其应用到侵权法中,称之为多数人侵权或者数名加害人。例如如果有数人以与侵权行为相关的方式出现在案情中时,则会由此产生处于不同规则层面上的问题。引起的问题是:各有关人员是否确实要根据侵权行为法承担责任? 如果是,应该在什么范围内承担责任? 如果存在一个应由多人承担的侵权责任,则要提出的问题是,这种责任与被害人构成什么关系。最后需要解决的,是在加害人的内部关系中损害分担的问题。⑨

英美法系侵权法也有多数人侵权行为的概念。《美国侵权法重述(第三次)》规定多名侵权人对不可分伤害的责任,分别规定连带责任的效力、单独责任的效力等。其中连带责任的效力规定在第 10 节:"当依据适用法律,有多人对一受害人承担连带责任时,该受害人可以起诉任何一名负连带责任者,并从中获得它可以获得的全部赔偿。"第 11 节规定:"当依据适用法律,某人对一受害人的不可分伤害承担单独责任时,该受害人仅可以获得该负单独责任者应得赔偿中所占的比较责任份额。"⑩在美国侵权法中,连带责任包括不真正连带责任。因而,其多名侵权人对不可分伤害的责任,其实分为连带责任、单独责任以及不真正连带责任。因此,英美侵权法关于多名侵权人对不可分伤害的责任,与大陆法系多数人之债中的多数债务人之债有相通之处,多数债务人之债包含多名侵权人对不可分伤害的责任概念,多名侵权人对不可分伤害的责任与多数人侵权行为及责任是相同的概念。

(二)对多数人侵权行为和多数人侵权责任概念的不同界定

对于多数人侵权行为及责任的概念,学者有不同界定。

王利明教授在他的《侵权责任法研究》一书中,使用了数人侵权的概念,但没有作出定义;使用了数人侵权中的责任的概念,分别对数人侵权中连带责任和按份责任进行了界定⑪,比较可惜的是,他没有对多数人侵权行为及责任作出具体界定。

张新宝教授使用多数人侵权行为的概念,认为多数人侵权行为是由数个行为人实施行为,对同一损害后果承担责任的侵权行为,其行为主体为二人或者二人以上,

---

⑧ 史尚宽:《债法总论》,中国政法大学出版社 2000 年版,第 634 页。
⑨ 参见〔德〕马克西米立安·福克斯:《侵权行为法》,齐晓琨译,法律出版社 2006 年版,第 232 页。
⑩ 肯尼斯·S.亚伯拉罕、阿尔伯特·C.泰特选编:《侵权法重述—纲要》,许传玺、石宏译,许传玺审校,法律出版社 2006 年版,第 346 页。
⑪ 参见王利明:《侵权责任法研究》,中国人民大学出版社 2010 年版,第 507、581 页。

数人对同一损害后果承担侵权责任,数人承担侵权责任的方式即数个责任主体与被侵权人一方的请求权之间的联系具有多样性。⑫

王成教授认为,数人侵权行为,是指二人以上实施的侵权行为。数人侵权行为与单独侵权行为对应,根据承担责任的方式,数人侵权行为可以分为承担连带责任的数人侵权行为和承担按份责任的数人侵权行为。承担连带责任的数人侵权行为也称为共同侵权行为。⑬

程啸副教授在他的《侵权责任法》一书中,使用多数人侵权责任的概念,认为多数人侵权责任指的就是二人以上实施侵权行为时产生的侵权责任。⑭ 认为多数人侵权责任并非规范所有的加害人为多人的情形,而仅仅解决那些因果关系比较特殊的、多数加害人造成他人损害时的责任承担问题。⑮

日本潮见佳男教授使用复数行为者的不法行为的概念,在该概念下,阐释共同不法行为和竞合的不法行为。⑯ 遗憾的是,他没有对复数行为者的不法行为概念进行界定。不过,复数行为者的不法行为概念其实就是多数人侵权行为的概念。

德国学者使用数名加害人的概念,用以表述多数人侵权行为,其含义是指当侵权行为法意义上相关的人为数人,即《德国民法典》第830条中所称的"共同行为人和参与人"。⑰

综合上述各位学者的意见,多数人侵权行为及责任的概念应当包括的要素是:第一,行为人的数量为多人,即两个人以上。第二,造成的损害后果为一个,因此是一个侵权行为,而不是数个损害后果以及数个侵权行为。第三,数人侵权行为包含共同侵权行为、分别侵权行为以及竞合侵权行为等。第四,数人侵权行为的后果责任多数是由数人分担,也存在不分担责任者。只要符合上述基本特征,就是数人侵权行为及责任。

(三)本文对多数人侵权行为及责任概念的界定

笔者认为,界定多数人侵权行为及责任的概念,应当能够完整地体现多数人侵权行为及责任的上述四个基本要素。事实上,多数人侵权行为及责任是两个概念:一是多数人侵权行为;二是多数人侵权责任。笔者把它们放在一起以便表述,而实际在界定这个概念的时候,是应当分别进行的。

张新宝教授的意见是比较稳妥的,符合上述要求。按照笔者的意见,在张新宝教授作出这个概念界定的基础上,还可以进一步完善。这就是:多数人侵权行为是由数个行为人实施,造成同一个损害后果,各侵权人对同一损害后果承担不同形态的责任

---

⑫ 参见张新宝:《侵权责任法》,中国人民大学出版社2010年版,第44页。
⑬ 参见王成:《侵权责任法》,北京大学出版社2011年版,第110页。
⑭ 参见程啸:《侵权责任法》,法律出版社2011年版,第238页。
⑮ 参见程啸:《侵权责任法》,法律出版社2011年版,第237页。
⑯ 参见[日]潮见佳男:《不法行为法》,日本信山社2011年日文第2版,第125、126、196页。
⑰ [德]马克西米立安·福克斯:《侵权行为法》,齐晓琨译,法律出版社2006年版,第233、232页。

的侵权行为。而多数人侵权责任则是指数个行为人实施的行为,造成了同一个损害后果,数人对该同一损害后果按照行为的不同类型所承担的不同形态的侵权责任。

三、多数人侵权行为类型的新发展

(一)传统多数人侵权行为类型

在传统侵权法理论中,对多数人侵权行为的类型有不同见解。有的学者认为多数人侵权行为包括共同侵权行为和分别侵权行为,如王利明教授的前述看法;有的学者认为多数人侵权行为包括共同侵权行为和竞合侵权行为,如潮见佳男教授的意见;有的学者认为多数人侵权行为包括数人对同一损害后果承担连带的侵权责任、数人对同一损害后果承担按份的侵权责任以及在数个责任主体中,部分责任主体承担全部赔偿责任部分责任主体承担补充的侵权责任这三种类型。[18]

这些意见都从不同的立场理解多数人侵权行为的类型,都有自己的理由。但都是不完整的。这表明,以往的侵权法理论对多数人侵权行为类型的理解和整理还是不完整的,并没有准确概括多数人侵权行为的类型。特别是在《侵权责任法》以及在司法解释中出现的关于多数人侵权行为的不同规定,展现了多数人侵权行为的多样化,仅仅局限于传统的侵权法理论对多数人侵权行为类型的概括,是无法全面展示多数人侵权行为的类型的。对此,必须予以改进。

(二)新的多数人侵权行为类型体系

经过反复研究,笔者提出了构建多数人侵权行为的类型的看法,认为多数人侵权行为包括以下四种类型:

1. 共同侵权行为

共同侵权行为当然是多数人侵权行为,是多数人侵权行为中最为典型的类型,也是最为重要的类型。

2. 分别侵权行为

无过错联系的共同加害行为这个概念比较冗长,不够精练。笔者从《侵权责任法》第 12 条的规定中抽出"分别"的概念,称为分别侵权行为,表述的就是无过错联系的共同加害行为。这个概念比较简洁,且非常贴切,与《侵权责任法》第 12 条相一致。

3. 竞合侵权行为

在传统的侵权法中,与不真正连带责任相对应的侵权行为形态没有被概括出来,曾经有人使用过原因竞合的概念[19],也有使用竞合侵权行为的概念。笔者借鉴潮见佳男教授的意见,对此使用竞合侵权行为的概念,对应的责任后果是不真正连带责任。

---

[18] 参见张新宝:《侵权责任法》,中国人民大学出版社 2006 年版,第 52 页。
[19] 参见侯国跃:《中国侵权法立法建议稿及理由》,法律出版社 2009 年版,第 50 页。

4.第三人侵权行为

第三人侵权行为是《侵权责任法》第28条规定的免责事由,但是这种免责事由的侵权行为的特点是,作为侵权行为人的一方存在两个以上的行为人,实际上也是数人侵权,仅仅是一方免责另一方承担责任而已,因此,笔者把它作为广义的多数人侵权行为。

综合起来,四种多数人侵权行为可以分为两种类型:第一种是狭义的多数人侵权行为,包括共同侵权行为、分别侵权行为和竞合侵权行为;第二种是广义的多数人侵权行为,除了上述三种狭义的多数人侵权行为之外,还包括第三人侵权行为。

(三) 多数人侵权行为形态与多数人侵权责任形态的对接

在侵权法中,侵权行为形态与侵权责任形态须相互对应。换言之,有什么样的侵权行为形态就有什么样的侵权责任形态;什么样的侵权责任形态,就必定由什么样的侵权行为形态所决定。因此,多数人侵权行为形态所对应的就是多数人侵权责任形态。

在以往的侵权法中,这样的对应关系出现了残缺,即在多数人侵权行为与多数人侵权责任中,有些侵权行为与侵权责任无法对应。诸如:共同侵权行为的侵权行为形态对应连带责任形态;分别侵权行为(无过错联系的共同加害行为)的侵权行为形态对应按份责任形态;第三人侵权行为的侵权行为形态对应第三人侵权责任形态;而在立法和司法中大量使用的不真正连带责任的侵权责任形态,没有一个能够直接对应侵权行为形态。其残缺的情形如下:

共同侵权行为　→ 连带责任
分别侵权行为　→ 按份责任
　　?　　　　→ 不真正连带责任
第三人侵权行为→ 第三人侵权责任

多数人侵权的侵权行为形态与侵权责任形态的对应中出现这样的残缺,说明以往的多数人侵权行为类型的理论概括是不完整的。按照侵权法的逻辑,必须有一个多数人侵权行为的类型对应不真正连带责任。经过长期研究,笔者认为竞合侵权行为的概念能够填补这一理论残缺,使竞合侵权行为对应不真正连带责任,因而构成了多数人侵权的完整体系。

现在的多数人侵权行为形态与多数人侵权责任形态的对接关系体系如下:

共同侵权行为　→ 连带责任
分别侵权行为　→ 按份责任
竞合侵权行为　→ 不真正连带责任
第三人侵权行为→ 第三人责任

这样的侵权行为形态和侵权责任形态对接的体系,构成了完整的、完美的多数人侵权行为及责任的理论体系,是非常理想的,也是多数人侵权行为及责任理论的最新发展。

四、多数人侵权行为的责任承担规则的新发展

在以往的侵权法理论中,多数人侵权行为的责任承担规则比较简单,主要就是连带责任、按份责任以及不真正连带责任,不存在比较复杂的责任形态规则。21世纪以来,随着多数人侵权行为及责任理论的不断发展,出现了较多的新型侵权责任形态及规则,我国《侵权责任法》也规定了更多的责任形态规则。可以看到,当代侵权法多数人侵权行为及责任的承担规则,向着多样化、系统化的方向发展,在连带责任和不真正连带责任中出现了更多的责任形态。下面概括的就是多数人侵权行为的责任承担规则的体系,里面包含着新发展出来的责任分担规则。

(一) 共同侵权行为与连带责任

共同侵权行为是最为重要的多数人侵权行为,在司法实践中,共同侵权责任纠纷出现的频率特别高,是多数人侵权行为中的重点问题。共同侵权行为及责任在《民法通则》中就有规定(即第130条),在最高人民法院的司法解释中也有较多的规定。《侵权责任法》面对司法实践的不同做法和理论上的不同认识,规定了第8、9、10、11条和13、14条,构成了完整的共同侵权行为及责任的法律规范体系。

对共同侵权行为的类型尽管有多种不同的学说主张,但包括主观的共同侵权行为、客观的共同侵权行为、共同危险行为、叠加的共同侵权行为,是基本的意见。在主观的共同侵权行为中,包括教唆人、帮助人责任以及团伙成员责任。[20] 除此之外,《侵权责任法》规定了大量的适用连带责任的侵权行为形态,并不就是当然的共同侵权行为,应称为准共同侵权行为,例如《侵权责任法》第51条规定的非法转让报废车、拼装车致人损害的侵权行为,等等,并非就是共同侵权行为,但须承担连带责任,将其作为准共同侵权行为,即准用共同侵权行为规则的侵权行为形态,是较为准确的。

共同侵权行为的责任分担规则是连带责任。对此,大陆法系和英美法系有共同的看法和规则。大陆法系的典型代表如《德国民法典》第421条规定:"二人以上以其中每一人都有义务履行全部给付但债权人只有权请求给付一次的方式,负担一项给付的(连带债务人),债权人可以随意向其中任何一个债务人请求全部给付或部分给付。到全部给付被履行时为止,全体债务人仍负有义务。"《美国侵权法重述(第三次)》"责任分担编"第10条规定:"当依据适用法律,有多人对一受害人承担连带责任时,该受害人可以起诉任何一名负连带责任者,并从中获得它可以获得的全部赔偿。"这样的规则,与《侵权责任法》第13条和第14条规定的连带责任规则是完全一

---

[20] 关于团伙成员的共同侵权责任,为1992年施行的《荷兰民法典》第6:166条所规定,参见张新宝:《侵权责任法》,中国人民大学出版社2006年版,第60页。

致的。[21]

连带责任的新发展,是在连带责任中出现了单向连带责任。单向连带责任也叫做混合责任,是在连带责任中,有的责任人承担连带责任,有的责任人承担按份责任,是连带责任与按份责任混合在一起的连带责任形态。

连带责任的规则分为以下两种不同形式:

1. 典型的连带责任

典型的连带责任的规则就是《侵权责任法》第13条和第14条规定的规则。连带责任的规则是:

(1)中间责任。《侵权责任法》第13条规定的是中间责任规则:"法律规定承担连带责任的,被侵权人有权请求部分或者全部连带责任人承担责任。"

(2)最终责任。《侵权责任法》第14条第1款规定的是最终责任规则:"连带责任人根据各自责任大小确定相应的赔偿数额;难以确定责任大小的,平均承担赔偿责任。"

(3)承担了中间责任的连带责任人向最终责任人的追偿权。《侵权责任法》第14条第2款规定的是追偿规则:"支付超过自己赔偿数额的连带责任人,有权向其他连带责任人追偿。"

2. 单向连带责任

《侵权责任法》规定了两个特殊的连带责任规则,即第9条第2款和第49条。这种责任实际上也是连带责任,但特殊性是,在连带责任中,有的责任人承担连带责任,有的责任人承担按份责任,因此,形成了连带责任的一个特殊类型,就是单向连带责任。在第9条第2款规定的教唆帮助无民事行为能力人或者限制民事行为实施侵权行为的侵权案件中,教唆人和帮助人承担的是"侵权责任",有过错的监护人承担的是"相应的责任",这就是在连带责任中,有的责任人承担连带责任,有的承担按份责任,构成单向连带责任。《侵权责任法》第49条规定的租车、借车的损害责任,租车人或者借车人承担的侵权责任是连带责任,机动车所有人如果有过错,承担的"相应的责任"就是按份责任,构成单向连带责任。

单向连带责任形态,在大陆法系侵权法中没有提及。美国侵权法连带责任中的单独责任就是单向连带责任。美国《侵权法重述(第三次)·责任分担编》第11节(单独责任的效力)规定:"当依据适用法律,某人对一受害人的不可分伤害承担单独责任时,该受害人仅可以获得该负单独责任者在该受害人应得赔偿中所占的比较责

---

[21] 对此,应当特别注意的是,最高人民法院《关于审理人身损害赔偿案件适用法律若干问题的解释》第5条规定的连带责任规则与《侵权责任法》第13条和第14条规定的规则相抵触,而且《侵权责任法》的上述规定就是为了纠正司法解释中的错误而规定的。参见杨立新:《侵权责任法条文背后的故事与难题》,法律出版社2011年版,第61—62页。

任份额。"并且把这种责任形态叫做混合责任。[22] 这就是在数人侵权的连带责任中，有的责任人承担连带责任，有的责任人承担单独责任（按份责任），承担单独责任的单独责任人只承担受害人应得赔偿中的自己的份额，就是按份责任。这就是单向连带责任。[23]

单向连带责任的规则是：

（1）单向连带责任人中的连带责任人承担中间责任。单向连带责任中的连带责任人就全部赔偿责任承担责任。如果被侵权人起诉其承担全部责任，连带责任人有义务承担全部赔偿责任，其中不属于他的份额的部分，为中间责任。

（2）单向连带责任人中的按份责任人只承担最终责任。单向连带责任中的按份责任人只承担按照份额确定的最终责任，不承担中间责任。如果被侵权人起诉按份责任人承担中间责任，按份责任人可以《侵权责任法》第9条第2款和第49条规定其承担"相应的责任"而予以抗辩，法官应当予以支持。

（3）承担了中间责任的连带责任人有权向按份责任人进行追偿。单向连带责任中的连带责任人承担了超出自己责任份额之外的中间责任的，有权向没有承担最终责任的责任人包括连带责任人和按份责任人进行追偿，实现最终责任的分担。

（二）分别侵权行为与按份责任

分别侵权行为就是无过错联系的共同加害行为。将《侵权责任法》第12条内容中的"分别实施"概念提炼出来，确定无过错联系的共同加害行为就是分别侵权行为，是非常贴切的。

分别侵权行为按照《侵权责任法》第12条规定，其后果是按份责任，每个行为人只对自己的行为后果承担侵权责任，不存在连带责任的问题。

（三）竞合侵权行为

1. 竞合侵权行为的概念界定

竞合侵权行为是指两个以上的民事主体作为侵权人，有的实施直接侵权行为，与损害结果具有直接因果关系，有的实施间接侵权行为，与损害结果的发生具有间接因果关系，行为人承担不真正连带责任的侵权行为形态。

竞合侵权行为是新创立的一种多数人侵权行为形态概念。在此之前，我国侵权法理论中没有这个概念，只有原因竞合和行为竞合的概念，其中原因竞合的概念，是指构成侵权损害的原因不止一个，而是数个，发生竞合而造成同一个损害。有人将分别侵权行为也叫做原因竞合[24]，不是特别正确，因为行为与事实等结合也可以形成原因竞合。行为竞合的概念接近于竞合侵权行为的概念，但没有将其提高到多数人侵

---

[22] 参见肯尼斯·S.亚伯拉罕、阿尔伯特·C.泰特选编：《侵权法重述——纲要》，许传玺、石宏等译，法律出版社2006年版，第346、355页。

[23] 参见杨立新：《侵权责任法》，法律出版社2012年第2版，第121页。

[24] 参见侯国跃：《中国侵权法立法建议稿及理由》，法律出版社2009年版，第118—119页。

权行为类型的地位。这是多数人侵权行为类型的新发展。

2. 竞合侵权行为的类型

我国《侵权责任法》以及司法解释规定了较多的竞合侵权行为的类型,规则各不相同。这既是竞合侵权行为类型的新发展,更是多数人侵权行为及责任的承担规则的新发展。竞合侵权行为类型分为以下四种:

(1)必要条件的竞合侵权行为。必要条件的竞合侵权行为,是指两个行为中的从行为(即间接侵权行为)与主行为(即直接侵权行为)竞合的方式,是从行为为主行为的实施提供了必要条件,没有从行为的实施,主行为不能造成损害后果的竞合侵权行为。换言之,间接侵权人的从行为是直接侵权人的主行为完成的必要条件,这种竞合侵权行为就是必要条件的竞合侵权行为。

(2)"必要条件+政策考量"的竞合侵权行为。"必要条件+政策考量"的竞合侵权行为,是指符合必要条件的竞合侵权行为的要求,但是基于政策考量,规定间接侵权人先承担中间责任,之后向直接侵权人追偿以实现最终责任的竞合侵权行为。

(3)提供机会的竞合侵权行为。提供机会的竞合侵权行为,是指两个竞合的行为,从行为为主行为的实施提供了机会,使主行为的实施能够顺利完成的竞合侵权行为。从发挥的作用上考察,提供机会的竞合侵权行为与必要条件的竞合侵权行为有所不同,这就是,间接侵权人的从行为给直接侵权人的主行为造成损害结果提供了机会,但并不是必要条件。

(4)特殊保险关系的竞合侵权行为。特殊保险关系的竞合侵权行为,是指造成受害人人身损害的侵权行为是一个独立的侵权行为,但受害人在遭受损害之前与有关单位共同订立了特别的责任保险,责任保险的权利与侵权损害赔偿请求权发生竞合,因而发生竞合侵权行为。

3. 竞合侵权行为的责任承担

竞合侵权行为的后果是不真正连带责任。不真正连带债务的概念源自德国普通法的连带债务二分论,由埃舍尔(Eisele,也译作阿依舍雷)于 1891 年在其论文《共同连带和单纯连带》中提出。他认为,宏观上区分共同连带和单纯连带的现实意义并不显著,唯连带债务和不真正连带债务的区分更为重要。由此,学界探究的重点由共同连带债务和单纯连带债务的区分转变为连带债务和不真正连带债务的区分,也就是当今学者所研究的连带债务与不真正连带债务的区分。[25] 侵权法将侵权行为发生的不真正连带债务称为不真正连带责任。

不真正连带责任根据竞合侵权行为的不同类型,责任形态有所变化,形成不同的不真正连带责任类型和规则。四种不同的竞合侵权行为类型,分别对应不同的不真正连带责任类型:

(1)必要条件的竞合侵权行为→典型的不真正连带责任。在竞合的侵权行为的

---

[25] 参见陈郑权:《论不真正连带债务制度》,载台北《人文学报》第 35 期,第 25 页。

数个行为,其中一个是主要的侵权行为,另一个是为主要的侵权行为的实施或者损害后果的发生提供必要条件。例如,缺陷产品是由生产者形成的,该产品经过销售者而转移到消费者手中,两个行为竞合,发生同一个损害后果,生产者的行为是主要的侵权行为,销售者的行为就是侵权行为实施的必要条件。两个侵权人承担典型的不真正连带责任。

典型的不真正连带责任的规则是:第一,中间责任:在两个不同的不真正连带责任人之间,受害人可以选择其中一个提出损害赔偿请求,即可以向任何一个侵权人请求承担赔偿责任。任何一个不真正连带责任人都有义务承担全部赔偿责任,实现形式上的连带。第二,最终责任:不真正连带责任的最终责任,是不真正连带责任的最终后果一定要由应当承担最终责任的人全部承担责任,而不是在不真正连带责任人之间实行实质的连带,即分担责任。最终责任必定要由承担最终责任的不真正连带责任人全部承担。不真正连带责任的最终责任只是一个责任,而不是份额的责任,即不分担。第三,追偿权:在不真正连带责任中,不真正连带责任人中的一人承担中间责任后,有权向最终责任人追偿,实现最终责任。中间责任人承担责任后,对最终责任人的追偿是全额追偿,包括必要的费用。

(2)"必要条件+政策考量"的竞合侵权行为→先付责任。"必要条件+政策考量"的竞合侵权行为,同样是必要条件的竞合侵权行为,但侵权法根据政策考量,将这种特定的竞合侵权行为改变责任承担规则,由典型的不真正连带责任改为先付责任。这种竞合侵权行为,同样一个是主要的侵权行为,另一个是为主要的侵权行为的实施或者损害后果的发生提供必要条件,构成必要条件的竞合侵权行为,但由于立法者为了更好地保护受害人,使受害人的损害能够得到更为及时的救济,因而规定受害人直接向提供必要条件的侵权人请求损害赔偿,而不是直接向主要的侵权行为一方请求赔偿,因此形成了先付责任这种特殊的不真正连带责任的类型,其规则的承担也与典型的不真正连带责任不同,笔者把它命名为先付责任。㉖ 例如《侵权责任法》第44条规定的产品责任中的第三人责任,第85条和第86条规定的建筑物、构筑物及其他设施脱落、坠落、倒塌损害责任,规定被侵权人可以直接向应当承担中间责任的生产者、销售者或者所有人、管理人、使用人以及第三人或者建设单位、施工单位请求赔偿;他们在承担了赔偿责任之后,再向应当承担最终责任的其他责任人追偿。

先付责任是不真正连带责任的一种变形,是特殊的不真正连带责任,其规则是:第一,承担中间责任的责任人先承担赔偿责任。第三人产品缺陷损害责任中的生产者、销售者不是产品缺陷的制造者,因此不是最终责任人,而是中间责任人。但法律规定,在先付责任中,被侵权人应当直接向生产者或者销售者请求赔偿,而不是直接向产品缺陷的制造者即第三人请求赔偿。在建筑物等损害责任中,适用同样的规则。第二,中间责任人承担了赔偿责任之后向最终责任人追偿:中间责任人在承担了赔偿

㉖ 参见杨立新:《侵权责任法》,法律出版社2012年版,第129页。

责任之后，有权向最终责任人进行追偿，该追偿权的范围是全额追偿，即最终责任的范围是全部赔偿责任。第三，索赔僵局及破解：由于《侵权责任法》对先付责任的规则没有规定被侵权人可以直接向最终责任人索赔，因此存在中间责任人无法承担赔偿责任后，被侵权人又不能向最终责任人索赔的僵局。对此，司法解释应当规定，当出现上述索赔僵局的时候，准许被侵权人直接向最终责任人起诉追究其赔偿责任。

（3）提供机会的竞合侵权行为→补充责任。提供机会的竞合侵权行为，是指两个竞合的行为，从行为为主行为的实施提供了机会，使主行为的实施能够顺利完成的竞合侵权行为。《侵权责任法》第34条第2款规定的劳务派遣的侵权行为，第37条第2款规定的违反安全保障义务的侵权行为，第40条规定的第三人造成学生伤害的侵权行为，都是这种竞合侵权行为。

提供机会的竞合侵权行为的法律后果是承担相应的补充责任，即有限的补充责任。补充责任也是不真正连带责任的一种变形，是特殊的不真正连带责任。其规则是：第一，直接侵权人即最终责任人首先承担责任。与先付责任不同，补充责任的最终责任人首先承担侵权责任，而不是中间责任人先承担责任。第二，间接侵权人承担补充责任。如果直接侵权人出现赔偿不足或者赔偿不能的情形，则由承担中间责任的间接侵权人承担相应的补充责任。相应的补充责任的范围，是与其过错和原因力相适应的责任，而不是全额补充。第三，间接侵权人不享有追偿权。由于在相应的补充责任中，间接侵权人承担的补充责任是有限补充责任，且以其过错为基础，因此，间接侵权人承担了补充责任之后，不享有追偿权。

（4）定有特殊保险关系的竞合侵权行为→并合责任。定有特殊保险关系的竞合侵权行为，是指造成受害人人身损害的侵权行为是一个独立的侵权行为，但受害人在遭受损害之前与有关单位共同订立了特别的责任保险，责任保险的权利与侵权损害赔偿请求权发生竞合，因而发生的竞合侵权行为。最高人民法院《关于审理人身损害赔偿案件适用法律若干问题的解释》规定，有工伤保险合同的劳动者在上下班途中遭受侵权行为侵害，符合工伤保险合同约定的赔偿条件，也符合侵权责任构成要件的要求，形成直接侵权行为人实施的侵权行为与用人单位的工伤责任这两个侵权行为的竞合。

并合责任也是特殊的不真正连带责任，其基本规则是：受害人既可以向实施直接侵权行为的侵权人请求进行赔偿，也可以向定有工伤保险合同关系的保险机构请求工伤事故索赔，可以得到双份赔偿。

（四）第三人侵权行为

1. 第三人侵权行为的概念和性质

第三人侵权行为是指第三人由于过错，通过实际加害人的直接行为或者间接行为，造成被侵权人民事权利损害，应当由第三人承担侵权责任、实际加害人免除责任的多数人侵权行为。

第三人侵权行为的基本性质，法律规定为免责事由，但从加害行为的数量而言，存在两个以上的行为。从其本质上观察,也属于多数人侵权行为,是多数人侵权行为中的一个特殊类型,与其他多数人侵权行为既有相同之处,也有不同之处。

2. 第三人侵权行为的范围

(1)适用过错责任原则和过错推定原则的第三人侵权行为。过错责任原则和过错推定原则同属于过错责任原则,都需要具有过错要件才能构成侵权责任,只是过错要件的证明方法不同,因而《侵权责任法》才把这两个归责原则都写在第6条之中。

(2)适用无过错责任原则的第三人侵权行为。在适用无过错责任原则的情形下,第三人侵权行为具有特别的要求。原因是,在适用无过错责任原则的侵权行为类型中,法律将有些第三人侵权规定为不真正连带责任:环境污染责任适用第68条;饲养动物损害责任适用第83条;产品责任第三人适用第44条。

在适用无过错责任原则的侵权领域中,法律没有明确规定第三人免责的,如果法律规定受害人故意造成损害可以免责,则第三人故意造成损害可以免除实际加害人的责任;如果法律规定受害人重大过失或者过失造成损害实行过失相抵,则第三人重大过失或者过失造成损害可以免除实际加害人的责任。

3. 第三人侵权行为的后果

构成第三人侵权行为,其法律后果就是第三人侵权责任,免除实际加害人的赔偿责任。至于第三人承担侵权责任的规则,适用侵权损害赔偿的一般规则即可,并无特别之处。

共同侵权行为及责任的立法抉择[*]

制定民法典的侵权责任法已经迫在眉睫，但是对于如何规定共同侵权行为及其侵权连带责任却仍没有引起学者的重视。尤其是在最高人民法院《关于审理人身损害赔偿案件适用法律若干问题的解释》（以下简称《人身损害赔偿司法解释》）中对共同侵权行为及其连带责任作出了具体的司法解释之后，在这个问题上引起的混乱，是必须在制定侵权责任法时予以澄清和解决的。因此，笔者对此提出自己的意见，以期在民法典的侵权责任法中，对共同侵权行为及其侵权连带责任作出一个准确、妥善的规定。

一、提出和研究共同侵权行为及其连带责任问题的缘由

我国大陆民法关于共同侵权行为及其连带责任的规定，规定在《民法通则》第130条。这个条文的内容是："二人以上共同侵权造成损害的，应当承担连带责任。"这一规定简明、准确，几乎是无可挑剔的。如果要找毛病的话，就是规定得太简单了，没有规定具体的规则，也没有规定共同危险行为。

经过了十几年的司法实践，在2003年12月26日公布、2004年5月1日实施的最高人民法院《人身损害赔偿司法解释》的第3条至第5条，对这个问题作出了较为详细的解释。①

正是由于这三个条文的规定，使本来简明了的《民法通则》关于共同侵权行为及其连带责任的规定，极大复杂化。其主要引起的问题是：

（1）共同侵权行为的本质属性的界定应当选择哪种立场？究竟选择主观主义还

---

* 本文发表在《河南省政法管理干部学院学报》2006年第5期。

① 为了便于讨论，笔者把这三个条文的内容罗列如下：第3条规定："二人以上共同故意或者共同过失致人损害，或者虽无共同故意、共同过失，但其侵害行为直接结合发生同一损害后果的，构成共同侵权，应当依照民法通则第130条规定承担连带责任。二人以上没有共同故意或者共同过失，但其分别实施的数个行为间接结合发生同一损害后果的，应当根据过失大小或者原因力比例各自承担相应的赔偿责任。"第4条规定："二人以上共同实施危及他人人身安全的行为并造成损害后果，不能确定实际侵害行为人的，应当依照民法通则第130条规定承担连带责任。共同危险行为人能够证明损害后果不是由其行为造成的，不承担赔偿责任。"第5条规定："赔偿权利人起诉部分共同侵权人的，人民法院应当追加其他共同侵权人作为共同被告。赔偿权利人在诉讼中放弃对部分共同侵权人的诉讼请求的，其他共同侵权人对被放弃诉讼请求的被告应当承担的赔偿份额不承担连带责任。责任范围难以确定的，推定各共同侵权人承担同等责任。人民法院应当将放弃诉讼请求的法律后果告知赔偿权利人，并将放弃诉讼请求的情况在法律文书中叙明。"

是客观主义的立场？如果选择客观主义的立场，应当用什么标准确定？对此，《民法通则》在第130条中没有作出具体规定；在我国大陆的司法实践和理论研究中一直坚持的是主观主义立场，即数人共同致人损害，只有具备共同过错的要件，才能构成共同侵权行为。[2]但是，最高人民法院《人身损害赔偿司法解释》离开了这个立场，确认二人以上具有共同故意或者共同过失的构成共同侵权行为；二人以上"虽无共同故意、共同过失，但其侵害行为直接结合发生同一损害后果的"，也"构成共同侵权"，后者立场显然采取的是客观主义立场。存在的问题是：首先，这样的选择是不是正确；其次，如果这样的选择是正确的，应当采用什么作为标准来确定客观共同侵权行为的认定标准？

（2）对共同侵权行为的类型，应当怎样界定？在共同侵权行为与无过错联系的共同加害行为之间，是不是还有必要规定第三种侵权行为的形态？如果需要规定这样的侵权责任形态，应当怎样确定它的构成要件和责任形态？事实上，最高人民法院《人身损害赔偿司法解释》在共同侵权行为与无过错联系的共同加害行为之间，增加了一个视为共同侵权行为[3]，或者叫做准共同侵权行为。这种做法是不是妥当？对共同侵权行为的类型究竟应当作出怎样的规定？

（3）共同危险行为及其责任的规定是必要的，但是对免除共同危险行为人之一责任的条件应当怎样规定？现在的司法解释规定是否可行？对于这个问题，最高人民法院《人身损害赔偿司法解释》采取的立场是"共同危险行为人能够证明损害后果不是由其行为造成的，不承担赔偿责任"。在一般的立场上，认为共同危险行为本来就不是共同侵权行为，在所有的共同危险行为人之间，其实只有一个人是真正的加害人，责令全体共同危险行为人承担连带责任，本来就是因为无法证明真正的加害人，同时真正加害人又确实存在于他们之间，只是由于为了保护受害人赔偿权利的实现，才不得已作了连带责任的推定。如果共同危险行为人之一能够证明损害后果不是自己的行为造成的就可以免责，由于民事诉讼证据的证明标准本来就是法律真实，如果所有的共同危险行为人都能够证明自己的行为没有造成损害，不是还要回到所有的共同危险行为人承担连带责任的老路上去，要共同承担连带责任吗？再者如果每一个共同加害人都能够证明自己的行为与损害的发生没有因果关系而免责，受害人的损失就无法得到赔偿。

（4）连带责任的规则应当怎样确定？最高人民法院《人身损害赔偿司法解释》第5条规定的规则是否可行？该司法解释关于连带责任的规定，最大的问题就在于改变了连带责任的基本规则，受害人对于共同加害人必须同时起诉，否则就视为原告对不起诉的共同加害人赔偿权利的放弃，因此不得主张对他们所应承担的责任份额。这样的规则是对连带责任规则的根本性的背叛，在侵权责任法中是不能继续采纳的。

---

[2] 参见中央政法干校民法教研室：《中华人民共和国民法基本问题》，法律出版社1958年版，第330页。
[3] 参见杨立新：《侵权法论》，人民法院出版社2005年版，第600页。

对于上述四个问题,关涉到侵权责任法的基本责任制度问题,必须予以重视。下文将对这四个问题进行深入研究,并提出侵权责任法应当采纳的正确立场。

二、共同侵权行为本质特征的基本立场选择

共同侵权行为的本质特征是什么,各国都有自己的不同的立场。在我国的侵权责任法中,对共同侵权行为的本质特征应当如何规定,应当进行很好的比较分析研究,作出选择。

(一) 各国侵权行为法关于共同侵权行为及其责任的一般规定

1. 大陆法系

在罗马法的私犯制度中,存在对共同侵权行为的简略规定,甚至对一些教唆、帮助行为也有规定。查士丁尼《法学总论——法学阶梯》规定:"不仅可以对实施侵害的人,例如殴打者提起侵害之诉,可对恶意怂恿或唆使打人嘴巴的人提起侵害之诉。"④在一些特殊场合,例如由家畜造成的损害,如果由数个家畜致害,则数个家畜的所有主人负连带责任。⑤ 这些规定虽然不是共同侵权行为的自觉的概念,但是它们所包含的内容是共同侵权行为。

《法国民法典》对共同侵权行为没有作具体规定。在实践中,法国法院采用共同责任人或者共同债务人的概念,确定共同侵权行为的整体债务,并规定共同债务人之间的求偿权。⑥

《德国民法典》在第 830 条规定了共同侵权行为以及共同危险行为,第 840 条规定了共同侵权行为的连带责任。德国法的这种立法对后世的侵权法立法具有极大的影响。

2. 英美法系

在英美法国家,侵权行为法认为,各自独立的行为结合在一起而造成他人损害,从而对受害人负有连带责任的人,是共同侵权人。共同侵权人中的每一个人都有义务向被害人支付赔偿金;已支付赔偿金的共同侵权人有权向其他未支付赔偿金的共同侵权人索取补偿。⑦《美国侵权行为法重述(第二次)》第 875 条规定:"两人或多人之每一人的侵权行为系受侵害人之单一且不可分之法律原因者,每一人均须对受害人就全部伤害负责任。"⑧此外,对于"就他人之侵权行为致第三人受伤害,如符合下列规定情形之一者,行为人亦应负责任:(1) 行为人与该他人共同作侵权行为或与该他人为达成共同计划而作侵权行为;或(2) 行为人知悉该他人之行为构成责任之违

---

④ 〔古罗马〕查士丁尼:《法学总论——法学阶梯》,商务印书馆 1989 年版,第 203 页。
⑤ 参见〔意〕彼德罗·彭梵得.:《罗马法教科书》,黄风译,中国政法大学出版社 1993 年版,第 407 页。
⑥ 参见《法国民法典》(下),罗结珍译,法律出版社 2005 年版,第 1091 页。
⑦ 参见《牛津法律大辞典》,光明日报出版社 1988 年中文版,第 481 页。
⑧ 美国法学会:《美国法律整编·侵权行为法》,刘兴善译,台北司法周刊杂志社 1986 年版,第 709 页。

反,而给予重大之协助或鼓励该他人之作如此行为;或(3)行为人于该他人之达成侵权行为结果,给予重大协助,且行为人之行为单独考虑时,构成对第三人责任之违反",均为共同行为之人。[9] 在上述共同侵权行为中,原告得选择侵权行为人中之一人或全体对其提起损害赔偿之诉,亦得分别起诉。[10]不仅如此,英美法也承认共同危险行为,美国加利福尼亚州上诉法院1980年审理的辛德尔诉阿伯特制药厂案(Sindell v. Abbott Laboratories),由于不能确认当时生产乙烯雌粉的5家主要制药厂是谁制造的该药致辛德尔患乳腺癌,故判决该5家制药厂共同承担连带赔偿责任。[11]

(二)关于共同侵权行为本质特征的确定

1. 关于共同侵权行为本质特征的不同学说

关于共同侵权行为的本质特征究竟是什么,大陆法系各国的学说历来有不同的主张。计有:

(1)意思联络说,认为共同加害人之间必须有意思联络始能构成。如无主体间的意思联络,则各人的行为就无法在实质上统一起来,因而也不构成共同侵权行为。[12]

(2)共同过错说,认为共同侵权行为的本质特征在于数个行为人对损害结果具有共同过错,既包括共同故意,也包括共同过失。[13]

(3)共同行为说,认为共同行为是共同加害人承担连带责任的基础是共同行为,共同加害结果的发生总是与共同加害行为紧密联系,不可分割。[14]

(4)关连共同说,认为共同侵权行为以各个侵权行为所引起的结果,有客观的关连共同为已足,各行为人间不必有意思的联络。数人为侵权行为的时间或地点,虽无须为统一,但损害则必须不可分离,始成立关连共同。[15]

(5)共同结果说,认为共同造成损害的概念要求损害是数人行为的共同结果,不一定要求几个参加人有共同的目的和统一的行为。[16] 上述各种主张,可分为两种基本观点。前两种认为共同侵权行为的本质在于主观方面,后三种认为共同侵权行为的本质为客观方面。

在英美侵权行为法关于共同侵权行为规定的上述规则中,虽然没有规定共同侵权行为的本质特征是什么,但是在"每一人的侵权行为系受侵害人之单一且不可分之法律原因者"[17]的规定中,可以看出,确定共同侵权行为的标准是"法律原因",因此

---

[9] 参见美国法学会:《美国法律整编·侵权行为法》,刘兴善译,台北司法周刊杂志社1986年版,第709页。
[10] 参见耿云卿:《侵权行为之研究》,台北商务印书馆1972年版,第40页。
[11] 参见潘维大:《英美侵权行为法案例解析》(上),台北瑞兴图书股份有限公司2002年版,第270页。
[12] 参见伍再阳:《意思联络是共同侵权行为人的必备要件》,载《法学季刊》1984年第2期。
[13] 参见王利明等:《民法·侵权行为法》,中国人民大学出版社1993年版,第354页。
[14] 参见邓大榜:《共同侵权行为人的民事责任初探》,载《法学季刊》1982年第3期。
[15] 参见欧阳宇经:《民法债编通则实用》,台北汉林出版社1978年版,第78页。
[16] 参见[苏]坚金·布拉图斯:《苏维埃民法》,法律出版社1957年版,第199页。
[17] 美国法学会:《美国法律整编·侵权行为法》,刘兴善译,台北司法周刊杂志社1986年版,第709页。

可以看出,其基本立场与大陆法系的"关连共同"立场相似或者相同。

2.大陆学者学说的立场

在我国大陆学者的著作中,对于共同侵权行为本质特征的表述,始终坚持的是共同过错的立场。最早的民法教科书即1958年《中华人民共和国民法基本问题》一书对此就采取共同过错的立场,认为共同侵权行为的"特征是几个行为人之间在主观上有共同致人损害的意思联络"。[18]"两个或两个以上的人共同造成他人损害","几个行为人之间在主观上有共同致害的意思联系,或者有共同过失,即具有共同过错。"[19]"两个以上的行为人主观上有共同故意或者共同过失,即有共同过错"。"共同过错,就是二人以上共同侵权造成他人损害。"[20]一般认为,决定共同侵权行为的最本质特征是主观原因。把共同侵权行为的本质特征归结为客观行为或因果关系或结果,注重的是共同侵权行为的外在形式,而没有抓住其内在的实质。共同行为说强调行为上的联系,忽视了共同加害人主观上的联系;关连共同说强调的是各个加害人的行为与损害结果之间的因果关系的联系,强调结果的共同,等等,都不能准确反映共同侵权行为的本质。将各个共同加害人联结在一起,将各个加害人的行为构成为一个整体的,只能是各加害人的主观因素。只有抓住这一点,才能准确揭示共同侵权行为的本质。[21]

改革开放之后,我国大陆的最早民法教科书《民法原理》确认共同侵权行为的本质特征是共同过错。[22]近年来,有的学者对此采取扩大连带责任适用范围的立场,把共同侵权行为分为意思联络的共同侵权行为和非意思联络的共同侵权行为,构成共同侵权,数个加害人均需要有过错,或者为故意或者为过失,但是无须共同的故意或者意思上的联络;各个加害人的过错的具体内容是相同的或者相似的即可。[23]

笔者认为,确定共同侵权行为的本质特征的目的,就在于确定连带责任的范围。立法者认为应当将连带责任限制在什么样的范围,就决定采用什么样的共同侵权行为本质的表述。事实上,共同侵权行为的最本质特征,就是意思联络,只有主观上的共同故意,才能够将数个不同行为人的行为结构成一个行为,所以,数个不同的行为人才应当对外承担一个完整的责任,就是连带责任。可是,意思联络说确定的连带责任范围毕竟太窄,不能使更多的受害人得到连带责任的保护,因此在后来才确定共同过错是共同侵权行为的本质。而从完全的客观立场界定共同侵权行为的本质,例如以共同行为或者共同结果作为共同侵权行为的本质,则又使连带责任过于宽泛,因此不能采用。

---

[18] 中央政法干校民法教研室编:《中华人民共和国民法基本问题》,法律出版社1958年版,第330页。
[19] 佟柔主编:《民法原理》,法律出版社1983年版,第227页。
[20] 马原主编:《中国民法教程》,人民法院出版社1989年版,第311页。
[21] 参见杨立新:《侵权法论》,人民法院出版社2005年第3版,第596页。
[22] 参见佟柔主编:《民法原理》,法律出版社1983年版,第227页。
[23] 参见张新宝:《侵权责任法原理》,中国人民大学出版社2005年版,第81页。

3. 值得借鉴的我国台湾地区"司法"实践和学说的立场

在界定共同侵权行为的本质特征的时候,最值得借鉴的,就是我国台湾地区的"司法"实践和学说的主张。

在《民国民法典》第 185 条规定共同侵权行为的立法理由中认为:"查民律草案第 950 条理由谓数人共同为侵害行为,致加损害于他人时(即意思及结果均共同),各有赔偿其损害全部之责任。至造意人及帮助人,应视为共同加害人,始足以保护被害人之利益。其因数人之侵权行为,生共同之损害时(即结果共同)亦然。"其立法采纳的立场主要是意思联络说;但是作为特殊情况,共同关连共同者,也认为是共同侵权行为。可见,立法是采取两个标准,在实务上也是如此,前者为意思联络,即主观上的关连共同;后者为客观上的关连共同,各行为既无意思联络,又无关连共同者,非共同侵权行为。[24]

我国台湾地区"司法院"1977 年 6 月 1 日(66)院台参字第 0578 号令例变字第 1 号认为,民法上之共同侵权行为,与刑事上之共同正犯,其构成要件并不完全相同,共同侵权行为人间不以有意思联络为必要,数人因过失不法侵害他人之权利,苟各行为人之过失行为均为其所生损害之共同原因,即所谓行为关连共同,亦足成立共同侵权行为。"最高法院"1978 年台上字第 1737 号判决书重申了这一立场。[25]

在学说上,有主张共同侵权行为须有共同故意或者共同过失者,例如共同侵权行为人须有故意或过失。有故意或过失之人(包括有免责错误之人)共同者,惟于有故意或过失者之间成立共同侵权行为。[26] 近来有学者认为,数人共同不法侵害他人之权利者,对于被害人所受损害,所以应负连带责任,系因数人的侵权行为具有共同关联性。所谓共同关联性即数人的行为共同构成违法行为的原因或条件,因而发生同一损害。分为主观的共同关联性与客观的共同关联性。主观的共同关联性是指数人对于违法行为有通谋或共同认识,对于各行为所致损害,均应负连带责任。客观的共同关联性,为数人所为违法行为致生同一损害者,纵然行为人相互间无意思联络,仍应构成共同侵权行为。这种类型的共同加害行为,其共同关联性乃在于数人所为不法侵害他人权利之行为,在客观上为被害人因此所生损害的共同原因。[27]

4. 我国大陆司法解释立场的改变

1949 年以来,我国大陆虽然没有共同侵权行为的立法,但司法实务承认共同侵权行为及其连带责任。在 1984 年最高人民法院制定的《关于贯彻执行民事政策法律若干问题的意见》中,第 73 条规定了共同侵权行为的审判原则:"两个以上致害人共同造成损害的,应根据各个致害人的过错和责任的大小,分别承担各自相应的赔偿责任。教唆或者帮助造成损害的人,应以共同致害人对待,由其承担相应的赔偿责任。

---

[24] 参见刘清景主编:《民法实务全览》(上),台北学知出版事业公司 2000 年版,第 370 页。
[25] 参见刘清景主编:《民法实务全览》(上),台北学知出版事业公司 2000 年版,第 370 页。
[26] 参见史尚宽:《债法总论》,台北荣泰印书馆 1978 年版,第 166 页。
[27] 参见孙森焱:《新版民法债编总论》(上),台北三民书局 2004 年版,第 276、277、278 页。

部分共同致害人无力赔偿的,由其他共同致害人负连带责任。"这一司法解释,除了未规定共同危险行为之外,其他规定基本上符合共同侵权行为的原理。[28] 1986 年制定《民法通则》规定了第 130 条,确定了共同侵权行为的一般原则和责任方式,内容较为简略。最高人民法院在《关于贯彻执行〈中华人民共和国民法通则〉若干问题的意见(试行)》第 148 条,适当补充了教唆人、帮助人的责任。尽管这些规定都没有规定共同侵权行为的本质特征,但在司法实践中的基本立场,都采用共同过错说,力图寻求一个适中的侵权连带责任的范围。

最高人民法院 2003 年 12 月 26 日公布的《人身损害赔偿司法解释》对共同侵权行为本质特征的界定有了根本性的改变,这就是除了坚持共同侵权行为共同过错的本质之外,还有条件地承认共同侵权行为的客观标准,认为数人虽无共同故意、共同过失,但其侵害行为直接结合发生同一损害后果的,构成共同侵权,应当依照《民法通则》第 130 条规定承担连带责任。有学者认为,这种立场就是共同侵权行为的"折衷说"。[29]

(三) 侵权责任法对于共同侵权行为本质特征的选择

笔者曾经说过这样的意见,确定共同侵权行为本质的目的在于确定连带责任范围的宽窄,立法者认为应当将侵权连带责任限制在什么样的范围,就决定采用什么样的表述。[30] 有学者认为,主观说害怕扩大共同侵权及连带责任之适用而加重加害人的负担,客观说则试图寻求对受害人更有力的保护与救济。[31]

在很长的时间里,笔者是反对采用客观标准认定共同侵权行为的。因为从逻辑上说,共同侵权行为的最本质特征就是意思联络,数人之间,如果没有主观上的共同故意,就不能将数人的行为结构成一个行为。可是,按照意思联络说界定共同侵权行为,所确定的连带责任的范围毕竟太窄了,不能使更多的受害人得到侵权连带责任的保护。[32] 如果立法者认为需要更好地保护受害人的利益,进一步扩大连带责任保护受害人的范围,采用折衷说界定共同侵权行为的本质特征,也不是不可接受的。事实上,也确实如学者所说,在较晚近的各国判例中,法官们开始确认即使多数加害人没有意思上的联络,其共同行为造成损害的,也为共同侵权行为,应当承担连带责任。[33] 因此,笔者赞成适当扩大共同侵权行为的范围,采用折衷说界定共同侵权行为的本质特征,使连带责任的范围适当扩大,以更好地保护受害人的赔偿权利。

现在的问题是,应当采用什么样的标准界定共同侵权行为的性质才最为稳妥。现在的最高人民法院司法解释采用数人的行为是直接结合还是间接结合为判断标

---

[28] 在这一司法解释中,对连带责任的规定有所不足,即规定在部分共同加害人无力赔偿时,才承担连带责任,而不是直接规定共同侵权行为人承担连带责任。这两种表述显然是不同的。
[29] 参见张新宝:《侵权责任法原理》,中国人民大学出版社 2005 年版,第 81 页。
[30] 参见杨立新:《侵权法论》,人民法院出版社 2005 年版,第 597 页。
[31] 参见张新宝:《侵权责任法原理》,中国人民大学出版社 2005 年版,第 81 页。
[32] 参见杨立新:《侵权法论》,人民法院出版社 2005 年版,第 597 页。
[33] 参见张新宝:《侵权责任法原理》,中国人民大学出版社 2005 年版,第 81 页。

准,确定共同侵权行为与无过错联系的共同加害行为,这个标准并不好。

所谓的"侵害行为直接结合",最大的问题在于这个概念的抽象性,在理论上,专家、学者都说不清楚,在司法实践上当然就更无法操作。按照有些人的解释,判断侵害行为的直接结合,就是数人的加害行为具有"时空一致性"。但是时空的一致性实际上并不能判断加害行为的直接结合或者间接结合。例如,2004年8月19日凌晨5点左右,广州一辆本田轿车撞破立交桥护栏跌落,驾驶室悬空架在下方绿化带的铁栏杆上,车尾后备箱包裹里的60万现金滚落路面,两名中年夫妇和一名拾荒汉上前抢救受伤的驾驶员,另外七八名围观者看到一捆一捆的钱滚落路上,置伤者于不顾,抢走这些钞票。警方追回50万元,尚有10万元没有追回。这是典型的侵权行为,是数人共同实施的,尽管没有共同故意,也没有共同过失,但是行为的发生具有时空的一致性,是同一时间、同一地点发生的,损害后果也是一个共同的结果,但是能够作为共同侵权行为处理,让他们承担连带责任吗? 显然不能,他们只需承担自己应当承担的份额。

关键的问题是,司法解释的功能在于对抽象的法律规定的具体化,以便实践操作。司法解释将具体的法律规定抽象为行为的"直接结合"与"间接结合",却是将具体规定解释为抽象的概念;在解释不清的时候,再对"直接结合"进行解释,就用更为抽象的"数人行为的时空一致性"来解释,结果更为抽象! 这不是司法解释应当有的立场。

(四)侵权责任法的立法选择

应当看到的是,关于共同侵权行为的本质特征问题,以及共同侵权行为主要要解决的侵权连带责任的范围问题,尽管在一般的侵权行为法的立法中并不一定要加以明确规定,但是,在大陆制定侵权责任法,已经面临着这样的问题,在立法时一并解决,倒是更好的一个选择。当然,这个问题的解决,更重要的是学理和实践的难题。如果在立法上能够解决它,将会对司法具有更为现实的意义。按道理说,对于共同侵权行为的本质特征应当在立法理由中说明,但是,大陆法律并不采用立法理由的体例,因此,可以在侵权责任法中直接规定共同侵权行为的本质特征。

因此,我们可以采纳我国台湾地区的立法、司法实务以及学理的主要主张,即采用关连共同说作为共同侵权行为的本质特征,规定:数人共同实施侵害行为,基于共同的意思联络的,应当承担连带责任;教唆人及帮助人为共同加害人,亦应承担连带责任;虽没有共同的意思联络,但其行为均为损害结果发生的共同原因并生共同损害结果的,亦应承担连带责任。

按照这样的思路,认定共同侵权行为,应当放弃所谓的"直接结合"和"间接结合"的标准,采用数人实施行为致损害于他人,具有主观的关连共同和客观的关连共同,即数人的行为对于同一个损害结果具有共同原因者,构成共同侵权行为。不具有主观或者客观的关连共同的,不构成共同侵权行为,不承担连带责任,而应当承担按份责任。

侵权责任法采用这样的立场和标准,具有以下好处:

(1)统一立法和司法的见解,避免在理论上进行争论,影响司法实践的统一性。在 2004 年 5 月 1 日实施《人身损害赔偿司法解释》之后,对于如何界定共同侵权行为,已经发生了严重的分歧,无法统一法官的认识和操作。立法统一规定共同侵权行为的本质特征,就能够在理论上和实践中"定分止争",统一司法实践中的法律适用,避免出现司法行为的混乱。认为立法不应规定学理争论问题的见解,并不一定合适。

(2)采用大多数国家和地区的普遍立场界定共同侵权行为的本质特征,扩大连带责任的范围,有利于保障受害人赔偿权利的实现。关连共同主张是大多数国家和地区侵权行为法界定共同侵权行为的选择,采用这样的立场,与大多数国家和地区侵权行为法的立场相一致,能够扩大侵权连带责任的范围,更好地保护受害人的权利。

(3)采用关连共同说的主张确定共同侵权行为的本质特征,我国大陆侵权行为法具有较好的基础。尽管我国大陆侵权行为法一直奉行共同过错说,但是在早期引进的苏联侵权行为法理论中,早有关连共同说的主张。例如,认为具有以下两个条件的损害就看做是共同使他人遭受损害:一是两人或数人的过错行为与所发生的损害结果之间必须有因果关系;二是两人或数人的共同行为所造成的损害必须是不可分割的,必须是一个统一的整体。㉞ 这种主张,是典型的关连共同学说。况且,采用关连共同主张与最高人民法院《人身损害赔偿司法解释》的主张基本相合,只是表述上有所差别而已。

三、共同侵权行为的类型化划分问题

(一)划分共同侵权行为类型的不同主张

对于共同侵权行为应当进行类型化的划分,这样会使共同侵权行为的判断和法律适用更有针对性和可操作性。在以往对共同侵权行为的研究中,学者主要集中在对狭义的共同侵权行为的研究,但是狭义的共同侵权行为只是广义的共同侵权行为中的一种,并不能涵盖全部的共同侵权行为。

在理论上,对广义的共同侵权行为有几种类型,学者有不同见解。

第一种主张是,共同侵权行为分为:①典型的共同侵权行为(也称为共同加害行为);②教唆行为和帮助行为;③共同危险行为;④合伙致人损害;⑤无意思联络的共同侵权。㉟其中合伙致人损害是指合伙人在合伙事务执行中致人损害,由于全体合伙人共同承担无限连带责任,因而具有共同侵权行为的特征。㊱

第二种主张是,共同侵权行为分为:①典型的共同侵权行为;②共同危险行为;③无

㉞ 参见〔苏〕约菲:《损害赔偿的债》,法律出版社 1956 年版,第 65、66 页。
㉟ 参见王利明:《侵权行为法归责原则研究》,中国政法大学出版社 1992 年版,第 296 页。
㊱ 参见杨立新:《侵权法论》,吉林人民出版社 1998 年第 1 版,第 317 页。

意思联络的共同侵权。对教唆行为和帮助行为,纳入典型的共同侵权行为之中。㊲

第三种主张是,将共同侵权行为分为:①典型的共同侵权行为;②共同危险行为和教唆帮助行为。这种主张的依据,是大陆法系民法典的立法模式。㊳

第四种主张认为,共同侵权行为包括:①共同正犯;②教唆者和帮助者;③团伙成员;④共同危险行为。㊴

(二)对共同侵权行为类型的应然划分

笔者认为,对共同侵权行为类型的划分,应当着重解决这样三个问题:

(1)教唆者与帮助者不宜作为单独的一个共同侵权行为类型。共同侵权行为的行为主体是共同加害人。共同加害人按其行为的特点,可以分为实行行为人、教唆行为人和帮助行为人。因而,教唆行为和帮助行为都是共同侵权行为人实施的行为,都是典型的共同侵权行为,概括在意思联络的共同侵权行为中即可,不必再将其分为一种单独的共同侵权行为类型。

(2)合伙致人损害不是一种具体的共同侵权行为,仅仅是某一种共同侵权行为中的不同表现,因此应当归并在客观关连共同的共同侵权行为当中。

(3)无过错联系的共同加害行为不是共同侵权行为,而是应当承担按份责任的侵权行为。

在解决了这些问题之后,可以将共同侵权行为分为以下四种类型:

1.意思联络的共同侵权行为

意思联络的共同侵权行为就是典型的共同侵权行为,即数人基于主观上的关连,共同侵害他人,造成损害的侵权行为。这种共同侵权行为的共同加害人包括实行行为人、教唆行为人和帮助行为人。按照通说,只有实行行为人的共同侵权行为,是简单的共同侵权行为;而包括教唆行为人和帮助行为人的共同侵权行为,是复杂的共同侵权行为。㊵

应当看到的是,共同加害人中的教唆行为人和帮助行为人只能存在于以共同故意作为意思联络的共同侵权行为之中,其在主观上必须与实行行为人有共同故意。在教唆行为中,造意人与实行行为人的主观故意容易判断,双方有一致的意思表示即可确认;其表示形式,明示、默示均可。在帮助行为中,实行行为人与帮助行为人的共同故意应须证明。对此,应当参考《美国侵权行为法重述(第二次)》第876条第2、3项的规定:"行为人知悉该他人之行为构成责任之违反,而给予重大之协助或鼓励该他人之作如此行为;或行为人于该他人之达成侵权行为结果,给予重大协助,且行为人之行为单独考虑时,构成对第三人责任之违反。"㊶应当强调的是,教唆行为人与帮

㊲ 参见王利明等:《侵权行为法》,法律出版社1996年版,第186页。
㊳ 参见孔祥俊:《民商法新问题与判解研究》,人民法院出版社1999年版,第245页。
㊴ 参见张新宝:《侵权责任法原理》,中国人民大学出版社2005年版,第81页。
㊵ 参见杨立新:《侵权损害赔偿》,吉林人民出版社1990年第2版,第137页。
㊶ 美国法学会:《美国法律整编·侵权行为法》,刘兴善译,台北司法周刊杂志社1986年版,第710页。

助行为人均须未直接参与实施具体的侵害行为,只是由于他们与实行行为人之间的意思联络,才使他们之间的行为形成了共同的、不可分割的整体。教唆人与帮助人直接参与实施侵权行为,则为实行行为人。

2. 客观关联共同的共同侵权行为

对客观关联共同的共同侵权行为,笔者曾经称做视为共同侵权行为,是指数人既没有共同故意又没有共同过失,实施的行为直接结合,造成同一个损害结果的侵权行为。[42]这里所谓的行为直接结合,实际上就是客观的关联共同。这种侵权行为虽然不具有典型的共同侵权行为的本质特征,但是最高人民法院的《人身损害赔偿司法解释》已经将它视为共同侵权行为,行为人之间承担连带责任。在侵权责任法中,应当对此进行规范,直接界定为客观关联共同的共同侵权行为。

客观的关联共同,实际上就是指数个共同加害人之间的行为具有共同的因果关系。在以客观标准界定共同侵权行为共同行为说、共同结果说和关联共同说三种主张中,共同行为实际上很难把握,缺少界定其界限的标准;共同结果的标准则会使连带责任的范围失之过宽,不能采用。因此,只有客观的关联共同,也就是把共同因果关系作为客观的共同侵权行为的界定标准,才最为可行。

具体把握共同侵权行为的客观关联共同,标准应当是:①行为人的共同性,即加害人应为二人以上。②过失的共同性,即数人均具有过失,至于是否成立共同过失,则不论,构成共同过失者,为客观关联共同,各自具有过失者,亦可能构成客观关联共同。③结果的共同性,即数人的行为已经造成了同一个损害结果,其损害结果为"不可分"。[43] ④原因的共同性,即数人的行为对于损害的发生均为不可缺的原因,并且需这些行为结合为一体,才能够造成同一的损害结果,缺少任何一个行为,都不能造成这种结果;如果缺少这个行为仍然会造成这个损害,则不符合"必要条件规则",不构成共同侵权行为。[44]

因此,客观关联共同的共同侵权行为,既包括共同过失的共同侵权行为,也包括各个共同加害人各具过失的共同侵权行为,还包括无过错责任原则情况下行为人的行为具有共同因果关系的共同侵权行为。

在很多著作中都论及合伙致人损害的侵权行为是共同侵权行为,但是,这种侵权行为实际上并不是共同侵权,只是由于致害原因是由于合伙人执行合伙事务,在行为和损害结果发生的因果关系上具有客观的关联共同,且又须承担连带责任,故作为客观关联共同的共同侵权行为。

3. 共同危险行为

共同危险行为就是二人或二人以上共同实施有侵害他人权利危险的行为,并且

---

[42] 参见王利明、公丕祥主编:《人身损害赔偿司法解释若干问题释评》,人民法院出版社2005年版,第11页。

[43] 美国法学会:《美国法律整编·侵权行为法》,刘兴善译,台北司法周刊杂志社1986年版,第710页。

[44] 参见张新宝:《侵权责任法原理》,中国人民大学出版社2005年版,第82页。

已造成损害结果,但不能判明其中谁是加害人。对此,本文将专门设立一个题目进行讨论。

4. 团伙成员的集合行为

团伙组织成员的集合行为,是指实施侵权行为造成他人损害,如果没有团伙的集合行为则可以避免造成损害的结果发生,如果该集合行为可以归责于该团伙,则该团伙的成员应当承担连带责任的侵权行为。这是一种特殊的共同侵权行为。对此,《荷兰民法典》第6:166条规定:"如果一个团伙成员不法造成损害,如果没有其集合行为则可以避免造成损害的危险之发生,如果该集合行为可以归责于这一团伙,则这些成员承担连带责任。"在当前,确认团伙成员的行为为共同侵权行为并且为团伙的侵权后果承担连带责任,具有更为重要的现实意义。例如,西班牙法院判决一个埃塔恐怖组织成员制造爆炸事件造成他人损害,警方未能抓获肇事者,受害人及其家属无法对加害人提起民事诉讼,但对并未参与这次爆炸行为的埃塔恐怖组织另一个成员提出赔偿诉讼,法院判决原告胜诉。[65] 这种侵权行为法的司法实践,我们应当借鉴,可以更好地保护受害人的利益,更好地对团伙(包括恐怖组织、黑社会、犯罪团伙等)不法行为进行制裁和控制。

确定团伙成员连带责任,最关键之处就是确定团伙的集合行为。理由是构成团体的集合行为,该团伙的成员就要为之承担连带责任,反之,则不承担责任。团伙的集合行为,是指这些组织的集体行为或者惯常行为,不论其行为是整个团伙实施,还是团伙组织成员的个人、数个人实施,不论其他成员是否知晓的行为。符合这个要求的,都可以认定为团伙的集合行为,该团伙的其他成员都有责任为该集合行为承担连带责任。对此,绝不能适用《人身损害赔偿司法解释》第5条规定的连带责任规则,必须按照侵权连带责任的基本规则处理。

(三)共同侵权行为类型是否应当在侵权责任法中规定

笔者认为,在侵权责任法中,应当规定共同侵权行为的上述四种类型。具体规定,应当按照上述关于共同侵权行为类型的描述,作出具体的规定。特别是关于团伙成员的责任,特别加以规定,否则在确定团伙成员的责任的时候,就会出现无法可依的问题。

四、共同危险行为及其免责条件在侵权责任法中应当如何界定

共同危险行为又称为准共同侵权行为,是《德国民法典》第一次规定了准共同侵权行为。1987年,笔者第一次结合司法实践,写出了我国应当如何借鉴这一法律规

---

[65] 参见张新宝:《侵权责任法原理》,中国人民大学出版社2005年版,第83页。

则,解决我国的这类侵权行为纠纷的文章。⑯ 之后,在司法实践中就出现了借鉴这一法理作出判决的案例。例如,上海市静安区人民法院审理的马金林等诉付敏吉、曹斌、吴梅人身损害赔偿纠纷案。三被告均系无民事行为能力人,1992 年 2 月 22 日在 15 层楼的居民住宅上共同向下投掷废酒瓶,其中一只酒瓶砸中地面上行走的父亲怀中抱着的两岁男童马超的头部,造成其死亡,因不能判明是 3 名无行为能力人中谁的行为所致,故判决三被告的法定代理人连带赔偿原告的损失。⑰ 这一判决正是应用了共同危险行为的基本原理,三名被告的行为完全符合共同危险行为的特征,判决是完全正确的。

最高人民法院总结理论研究和司法实践经验,在《人身损害赔偿司法解释》第 4 条规定:"二人以上共同实施危及他人人身安全的行为并造成损害后果,不能确定实际侵害行为人的,应当依照《民法通则》第 130 条规定承担连带责任。共同危险行为人能够证明损害后果不是由其行为造成的,不承担赔偿责任。"这是我国法律文件第一次正式确认共同危险行为的侵权行为及其侵权连带责任的规则。

上述司法解释规定共同危险行为的基本规则是正确的。问题是上述规定的后段,即"共同危险行为人能够证明损害后果不是由其行为造成的,不承担赔偿责任"的规则是否可行。这就是,如果共同危险行为人之一能够证明自己的行为与损害结果没有因果关系是否可以免责的问题。

对此,有两种价值选择,要看采用哪一种。第一种价值选择,就是现在这样的规定,共同危险行为人之一能够证明自己的行为与损害后果之间没有因果关系的,不承担赔偿责任。这种价值选择是以对共同危险行为人的公平为基准。第二种价值选择则相反,共同危险行为人之一即使能够证明自己的行为与损害后果没有因果关系的,也不能免除责任。这种价值选择是以对受害人损害赔偿权利的保护为基准。

为什么会采用后一种规则?理由是,在民事诉讼当中,证明标准是法律真实,而不是客观真实。如果共同危险行为人之一有足够的证据证明自己的行为与损害结果之间没有因果关系,使法官建立确信,也就是说,法官能够形成心证,原告的证明就完成了,就能够认定这样的事实。既然它是这样的证明标准,就有可能所有参加实施共同危险行为的人都能证明自己的行为和损害结果没有因果关系;如果每一个共同危险行为人都能证明自己的行为与损害结果没有因果关系,按照这样的规则,每个人都可以免除责任,就会出现一个结果:损害是客观存在的,也确确实实是共同危险行为人中间的某一个人造成的,由于共同危险行为人都证明了自己不是真正的加害人,并且都免除了侵权责任,因而受害人就没有办法得到赔偿了。但真实的情况是,加害人确实是在已经免除了责任的共同危险行为人之中。所以,司法实践才采用共同危险行为人之一能够证明自己的行为与损害结果之间没有因果关系的不能免除责任,只

---

⑯ 参见杨立新:《试论共同危险行为》(本书第 1586 页),载《法学研究》1987 年第 5 期。
⑰ 参见《中国审判案例要览》(1993 年综合本),中国人民公安大学出版社 1994 年版,第 607 页。

有证明了谁是真正的加害人的才可以免除责任的规则。[48]

赞成第一种规则是有道理的:一是在现有的文献上,并没有发现所有的共同危险行为人都证明了自己的行为没有造成损害后果,导致受害人的损害没有得到赔偿的文献记载;二是在司法实践中,也确实没有发现这样的案例。

但是,从严格的意义上说,还是采用第二种主张更为稳妥。同时,采取这样的规则,还可以区分高空抛物致人损害侵权责任的法律后果的不同。1960 年颁布实施的《埃塞俄比亚民法典》第 2142 条规定"未查明加害人":"(1)如果损害是由数人中的某个人造成的,并且不能查明所涉及的哪个人是加害人,法院在衡平需要时,可命令可能造成损害,并且在其中确定可找到加害人的那一群人共同赔偿损害。(2)在此等情形,法院可命令依法无疑要对损害的不确定加害人承担责任的人赔偿损害。"曾经有人认为这就是规定的共同危险行为,但是,这一规定并不是严格的共同危险行为规则,而是未能查明加害人的规则,其中既包括都实施了共同危险行为造成损害而不能查明谁是真正加害人的共同危险行为,也包括类似高空抛物的在一群人中只有一个人实施了加害行为。笔者曾经主张,对于共同危险行为,应当采取第一种立法例,不能免除能够证明自己的行为没有造成损害的人的责任;对于单纯的未能查明加害人的高空抛物,则采用第二种立法例,能够证明自己的行为与损害发生没有因果关系的,可以免除自己的责任。如果这样规定,可能更为妥当。

因此,在侵权责任法中,对共同危险行为的规定,应当采用能够证明自己的行为与损害结果发生没有因果关系的,不能免除自己的责任;只有能够证明造成损害的真正加害人的,才能够免除其他共同危险行为人的责任。

五、侵权责任法对侵权连带责任应当如何规定

(一)侵权连带责任概念以及司法解释对其规则进行的改变

我国侵权行为法关于侵权连带责任及其规则,规定在《民法通则》第 130 条。该条规定了侵权连带责任,但是没有规定连带责任的具体规则,在理论上和实务上一致认为应当按照连带债务的原理和规则确定侵权连带责任的规则。对此,并没有出现理论上的重大争议和实践上的严重分歧。

最高人民法院《人身损害赔偿司法解释》第 5 条规定了新的侵权连带责任的规则:"赔偿权利人起诉部分共同侵权人的,人民法院应当追加其他共同侵权人作为共同被告。赔偿权利人在诉讼中放弃对部分共同侵权人的诉讼请求的,其他共同侵权人对被放弃诉讼请求的被告应当承担的赔偿份额不承担连带责任。责任范围难以确定的,推定各共同侵权人承担同等责任。人民法院应当将放弃诉讼请求的法律后果告知赔偿权利人,并将放弃诉讼请求的情况在法律文书中叙明。"这个司法解释规定

---

[48] 参见杨立新:《侵权法论》,人民法院出版社 2005 年版,第 607 页。

的侵权连带责任规则,远离《民法通则》第130条规定的规则。

在这个司法解释草案的征求意见稿中,对这个问题的规定似乎走得更远:"受害人仅起诉共同侵权行为人中的部分侵权人,明确放弃对其他侵权人的诉讼请求的,人民法院应当将被诉侵权人列为被告,并将受害人放弃诉讼请求的情况在法律文书中叙明。被放弃诉讼请求的侵权人应当承担的赔偿份额,其他侵权人不承担连带责任,人民法院判决时应当从赔偿总额中,扣除被放弃诉讼请求的侵权人应当承担的责任份额。"这样的做法混淆了连带责任和按份责任之间的界限。经过反复修改,生效的司法解释改成现在这种说法。但是即使是作了这样的改变,也仍然不符合侵权连带责任的原理。

《人身损害赔偿司法解释》确定的侵权连带责任的新规则,就是受害人对共同加害人不起诉的,就追加;不同意追加的,视为受害人放弃;既然受害人放弃对部分共同侵权人的诉讼请求的,受害人对放弃的部分就不能够请求赔偿,其他共同侵权加害人也不再对放弃的责任份额承担连带赔偿责任。

笔者认为,侵权连带责任是一个完整的责任,采用这样的方法实行侵权连带责任,其实它就已经不再是连带责任了。

《人身损害赔偿司法解释》作出这样规定的理由究竟是什么?对此,司法解释主要起草人认为理由可以分为三点:第一,实体法关于连带责任以及连带债务规则与《民事诉讼法》的必要的共同诉讼规则之间的矛盾,为了适应《民事诉讼法》的规则,应当改变民法实体法的规则;第二,未经法院审理的共同侵权行为不能确认是否构成侵权连带责任;第三,对于原告的选择权后置于执行阶段,受害人对共同加害人的选择只能在执行阶段进行,并且这样并不违反实体法的规则。[49]

这些说法和规则是否正确?我们要先研究连带责任的基本规则,在此基础上再进行分析和评论,最后提出侵权责任法规定侵权连带责任的规则应当怎样规定。

(二)《人身损害赔偿司法解释》对侵权连带责任规则变更存在的问题

《人身损害赔偿司法解释》规定的侵权连带责任规则存在的问题主要有以下三点:

(1)规定赔偿权利人原告只起诉部分共同侵权人的,法院应当追加其他共同侵权行为人作为共同被告的做法,否定侵权连带责任以及连带债务的权利人的请求选择权。连带责任以及连带债务的基本宗旨,就是保障债权人的权利实现,这个保障就是赋予权利人对数个连带责任人或者连带债务人履行债务的选择权。赔偿权利人选择哪一个、哪一些或者全体连带债务人承担全部责任,都是可以的。没有选择权的连带责任,就不再是连带责任了!否定了连带责任的权利人的选择权,也就没有连带责任的存在了。

---

[49] 参见陈现杰:《最高人民法院人身损害赔偿司法解释精髓诠释》(下),《判解研究》2004年第3辑,人民法院出版社2004年版,第19页。

(2)规定原告不同意追加某个或者某些共同侵权行为人为被告,就是放弃对该共同侵权行为人的诉讼请求,等于剥夺了共同侵权行为受害人的连带责任请求权。侵权连带责任是整体责任,它意味着每一个共同侵权行为人都应当为全部责任负责。如果按照现在这样的规定,是必须将全部共同侵权行为人作为被告起诉,才能够支持其对共同侵权连带责任的诉讼请求,不是等于剥夺了共同侵权行为受害人的连带责任请求权吗?起码是剥夺了共同侵权行为受害人的部分连带责任的请求权。

(3)其他共同侵权人对被放弃诉讼请求的被告应当承担的赔偿责任份额不承担连带责任,否定了连带责任的基本原理。当事人当然可以放弃追偿共同加害人之一的权利。但是,如果认为在诉讼中没有对某一个共同加害人起诉,甚至是没有同意追加其为共同被告,就是放弃对这些共同加害人的诉讼请求,就不得再对这一部分放弃的请求权进行请求,同时也不能让其他共同加害人来承担这一部分连带责任的份额则是不能接受的,因为这样的规定违背连带责任的基本规则。

(三)针对变更侵权连带责任规则的理由提出反对意见

针对上述改变侵权连带责任规则的理由,笔者要说明以下三点意见:

(1)在实体法的规则与程序法的规则发生矛盾的时候,不能让实体法服从于程序法。实体法规则与程序法规则的关系,是内容与形式的关系。实体法规则是内容,程序法规则是表现形式。形式应当反映实体内容,实体内容应当被程序内容所反映。如果实体法的规则与程序法的规则之间出现矛盾,程序法应当寻找更能反映实体法规则的新规则,而不是"削足适履",改变实体法规则,以适应程序法的规则。如果为了适应程序法关于必要共同诉讼的规则,而改变实体法关于共同侵权行为连带责任的规则,是本末倒置,是现代版的"削足适履"。

(2)不起诉全体共同加害人,法院也能够确定共同侵权责任。诚然,在共同侵权行为案件中,原告最好将所有的共同侵权行为人一并起诉,便于审理,也减少讼累。但是,这个权利在于原告,而不在于法院。那种认为如果原告不对全体共同侵权行为人一并提起诉讼,连带责任承担与否及选择权都无从确定的论断,并不成立。共同侵权行为连带责任的诉讼,原告如果通过对部分共同侵权行为人的诉讼已经实现了自己的诉讼请求,其对整个共同侵权行为的诉讼请求已经实现,则该请求权已经消灭,接下来的是不同的共同侵权行为人之间的追偿关系,与原告已经没有任何关系了。认为不将全体共同加害人追加到案,受害人对不同侵权人分别起诉就会获得不当利益的说法,也是没有根据的。

(3)赔偿权利人对于连带债务的选择权不能用执行程序解决。认为权利人对连带责任人的选择权可在执行阶段行使,将其选择权的实现后置到连带债务经诉讼确定后的执行阶段而已,对债权人有益无害的意见更无道理。判决、裁定的执行实际上并不是诉讼程序,而是一种行政程序或者司法行政程序。将共同侵权行为赔偿权利人的连带责任选择权后置到执行程序中解决,等于将需要在诉讼程序中解决的实体法适用问题,改到了在执行的行政程序中解决。这样的说法是不严肃的,也是不负责任的,徒然给诉讼当事人增加讼累。

(四)侵权责任法应当确定的侵权连带责任基本规则

侵权连带责任的规则渊源,是连带债务规则。按照大陆法系民法的传统,侵权行为的法律后果也是债,共同侵权行为的连带责任,就是连带债务,适用连带债务的规则。

关于连带债务的规则,《民法通则》第87条后段规定:"负有连带义务的每个债务人,都负有清偿全部债务的义务,履行了义务的人,有权要求其他负有连带义务的人偿付他应当承担的份额。"《民法通则》第130条规定的共同侵权行为的连带责任,就应当适用这一条文规定的规则。

关于连带债务的经典论述,可以列举以下主要的观点。史尚宽认为:数人负同一债务,对于债权人各负全部给付之责任者为连带债务。连带债务之债权人,得对于债务人中之一人或数人或全体,同时或先后请求全部或一部之给付⑤;在连带债务,不问其给付可分与否,构成连带债务之各债务,均以全部之给付为其本来之内容,从而债权人在未受现实履行前,得依其选择对于债务人之一或数人或其全体,同时或先后请求全部或一部之给付。㉛《中国大百科全书·法学》认为,连带责任只存在于债权人和债务人之间的关系中,而与多数债权人或多数债务人之间的内部关系无关。不论几个连带债务人之间内部是否分担份额多少,但对债权人来说,每个连带债务人都对整个债务负责,任何一个债务人无力清偿他们所承担的债务时,他的清偿责任就落到其他债务人身上。㉜我国高等学校文科教材《民法学》认为,连带债务的主要特点在于:债权人得向债务人中的一人或者数人同时或者先后请求其履行全部或部分债务,每个债务人都负有清偿全部债务的义务,即承担连带的清偿责任。㉝21世纪法学教材《民法》认为,连带债务人的每个债务人都负有清偿全部债务的义务,任一个债务人在全部债务清偿前都不能免除清偿的责任。这也就是说,连带债务的各债务人的全部财产担保着债权人的债权,因此连带债务具有确保债权实现的目的和作用。㉞

我们还可以比较外国侵权行为法的规定。《美国侵权行为法重述》第878条规定:"如二人或多人有共同责任,而怠于履行该责任,且构成侵权行为者,就因怠于履行责任而致之全部伤害,每一人均须负责。"㉟即使是二人或多人之每一个人之侵权行为均为不可分之伤害之法律原因者,不论该二人或多人之行为系同时发生或连续发生,第879条也规定:"每一个人均须就全部伤害负责任。"㊱同样,如果二人或多人

㊿ 参见史尚宽:《债法总论》,台北荣泰印书馆1978年版,第614页。
㉛ 参见史尚宽:《债法总论》,台北荣泰印书馆1978年版,第615页。
㉜ 参见《中国大百科全书·法学》,中国大百科全书出版社1985年版,第73页。
㉝ 参见郑立、王作堂:《民法学》,北京大学出版社1995第2版,第274页。
㉞ 参见王利明:《民法》,中国人民大学出版社2000年版,第260页。
㉟ 美国法学会:《美国法律整编·侵权行为法》,刘兴善译,台北司法周刊杂志社1986年版,第711页。
㊱ 美国法学会:《美国法律整编·侵权行为法》,刘兴善译,台北司法周刊杂志社1986年版,第712页。

之每一人就其侵权行为而致单一伤害应负全部赔偿责任者,第 882 条规定:“受害人得以一诉讼向一人、数人或所有人请求赔偿。”(57)这就叫做连带责任。

侵权连带责任的基本规则必须遵守这些连带债务的规则,因此,侵权连带责任是指受害人有权向共同侵权人或共同危险行为人中的任何一个人或数个人请求赔偿全部损失,而任何一个共同侵权人或共同危险行为人都有义务向受害人负全部的赔偿责任;共同加害人中的一人或数人已全部赔偿了受害人的损失,则免除其他共同加害人向受害人应负的赔偿责任。共同侵权的连带责任是对受害人的整体责任;受害人有权请求共同侵权行为人或共同危险行为人中的任何一个人承担连带责任;共同侵权连带责任的各行为人内部分有责任份额;已经承担了超出自己的份额的责任的加害人,有权向没有承担侵权责任的加害人追偿。

实行侵权连带责任,首先是整体责任的确定。共同侵权行为或者共同危险行为发生以后,第一,必须确定整体责任。无论受害人请求一人、数人或全体侵权行为人承担侵权责任,都必须确定整体责任。第二,是对各行为人责任份额的确定,在共同侵权行为整体责任确定之后,应当在共同侵权行为人内部确定各自的责任份额。共同危险行为人的内部责任份额,原则上平均分配。这是因为,共同危险行为人在实施共同危险行为中,致人损害的概率相等、过失相当,各人以相等份额对损害结果负责,是公正合理的。第三,所有的共同侵权行为人对外连带负责。第四,共同侵权行为人之间的追偿关系。《民法通则》第 87 条规定:“负有连带义务的每个债务人,都负有清偿全部债务的义务,履行了义务的人,有权要求其他负有连带义务的人偿付他应当承担的份额。”共同侵权连带责任的追偿关系,也适用这一规定。

应当注意的是,共同侵权行为连带责任的确定有一个特点,这就是损害赔偿的范围不是基于共同加害人的数量决定的,而是由于侵权行为所造成的损害结果的大小决定的,其举证责任在于原告,而不是在于被告。因此,共同侵权行为人作为共同被告,是不是都追加作为共同被告,并不是确定连带责任范围的必要条件。哪怕只有一个共同加害人被诉参加诉讼,只要确定了损害结果的范围,让他承担责任都是没有错误的,只是让他自己承担全部责任他会觉得冤屈,自然会提出向其他共同侵权行为人追偿的请求。因此,共同侵权行为连带责任诉讼,并不一定非得把所有的共同侵权行为人都拉到诉讼中来,不必一定要适应必要共同诉讼规则。

(五)应当区分连带责任与不真正连带责任

连带责任与不真正连带责任是不同的责任形式,其中最基本的区别在于:连带责任是数人对一个整体的责任负责,最终的责任为各个责任人按照自己的过错和行为的原因力而分摊。《美国侵权行为法重述》第 886A 条和第 886B 条都是规定这种分

(57) 美国法学会:《美国法律整编 · 侵权行为法》,刘兴善译,台北司法周刊杂志社 1986 年版,第 713 页。

摊的规则,其实就是大陆法系所说的共同加害人之间的追偿权。[58] 而不真正连带责任是一个整体的责任,不论谁承担这个责任,都是一个责任,而不能把这个责任分割给各个不同的责任人。例如,保证中存在的连带保证债务,并不是连带责任,而是不真正连带责任,连带保证人与主债务人之间的关系为不真正连带债务关系。[59]

在最高人民法院前述司法解释关于连带责任的规定中,还存在的一个问题,就是连带责任与不真正连带责任之间的界限区分不清,将应当承担不真正连带责任的侵权行为规定为连带责任。

《人身损害赔偿司法解释》规定了两种没有先例的侵权连带责任:

(1)《人身损害赔偿司法解释》第11条规定的雇主工伤事故中,雇员在从事雇佣活动中因安全生产事故遭受人身损害,发包人、分包人知道或者应当知道接受发包或者分包业务的雇主没有相应资质或者安全生产条件的,发包人、分包人与雇主承担连带责任。这种责任应当采用不真正连带责任,由受害人选择究竟是让谁承担第一位的责任,如果是为了更好地保护受害人的利益,也可以选择补充责任的责任形态解决,没有必要采用侵权连带责任的方式。

(2)《人身损害赔偿司法解释》第16条第2款规定的人工构筑致害责任,因设置缺陷造成损害的,所有人、管理人与设计人、施工人承担连带责任。这种责任其实是不真正连带责任,应当采用《民法通则》第122条规定产品责任的责任形态和规则解决,是最准确的。现在规定为侵权连带责任,也是不准确的。

---

[58] 参见美国法学会:《美国法律整编·侵权行为法》,刘兴善译,台北司法周刊杂志社1986年版,第716—718页。

[59] 参见张铭晃:《连带保证制度于台湾法制之现状与发展》,载中国人民大学法学院、台湾财产法及经济法研究协会与中国人民大学民商事法律科学研究中心主办"两岸私法自治与管制研讨会论文汇编"2006年版,第178页。

教唆人、帮助人责任与监护人责任*

《侵权责任法》第 9 条在第 1 款规定了教唆人和帮助人的责任之后,又在第 2 款特别规定了教唆、帮助无民事行为能力人或者限制民事行为能力人实施侵权行为造成他人损害的责任,分别规定教唆人、帮助人承担侵权责任,监护人承担相应的责任(以下简称教唆人、帮助人责任与监护人责任)。对此究竟应当如何理解,学者有不同认识。遂作本文,就此阐释笔者的看法。

一、《侵权责任法》第 9 条第 2 款规定的法律背景

《侵权责任法》在第 9 条第 2 款规定教唆人、帮助人与监护人的责任是针对最高人民法院《关于贯彻执行〈民法通则〉若干问题的意见(试行)》第 148 条的规定,目的在于纠正该条司法解释存在的误差。该条司法解释分为 3 款,内容分别是:"教唆、帮助他人实施侵权行为的人,为共同侵权人,应当承担连带民事责任。""教唆、帮助无民事行为能力人实施侵权行为的人,为侵权人,应当承担民事责任。""教唆、帮助限制民事行为能力人实施侵权行为的人,为共同侵权人,应当承担主要民事责任。"

这一条司法解释第 1 款规定的规则当然没有问题,现在已经被《侵权责任法》第 9 条第 1 款所吸收,成为法律。但第 2 款和第 3 款存在一些误差。

该条司法解释的第 2 款和第 3 款分别规定了教唆、帮助无民事行为能力人实施侵权行为的人,为侵权人,应当承担侵权责任;教唆、帮助限制民事行为能力人实施侵权行为,为共同侵权人中的主要侵权人,应当承担主要的侵权责任。这个解释,好像没有什么问题,学者在论述这个问题的时候,都是一带而过,并没有指出其中存在的问题。[①]后来有的学者对此有所发现,说明得也不够明确。[②]这个司法解释存在的误差,表现在教唆人和帮助人与监护人之间的利益关系分析不够清楚,责任确定不够准确。具体表现是:

(1)教唆、帮助无民事行为能力人实施侵权行为的人都作为侵权人,都一定要承

---

* 本文发表在《法学论坛》2012 年第 3 期。
① 参见张新宝:《侵权责任法》,中国人民大学出版社 2006 年版,第 59 页;王渊智:《侵权责任法学》,法律出版社 2008 年版,第 157 页。
② 参见张新宝、唐青林:《共同侵权责任十论——以责任承担为中心重塑共同侵权理论》,载最高人民法院民一庭编:《民事审判指导与参考》2004 年第 4 期。

担全部侵权责任吗？不是这样的。例如，一个人想要砸碎宾馆的玻璃，不想自己动手，让站在旁边的未成年人去干，就说："小朋友，你用石头砸碎这块玻璃，声音非常好听。"小朋友听信，捡起石头就把玻璃给砸碎了。这是教唆无民事行为能力人实施侵权行为，教唆人当然要承担全部责任。可是，一个小朋友正在砸宾馆的玻璃，但用的石头太小，砸不碎，成年人看到了，递上一块大石头，说："你用这个吧。"未成年人一砸就把玻璃给砸碎了。这是帮助行为，可是，这个帮助人要承担全部责任吗？如果令其承担全部赔偿责任，显然是不合理的，因为无民事行为能力人在实施损坏他人财产的行为时，其监护人未尽监护责任，是有责任的，完全让帮助人承担全部赔偿责任，既不合理，也不公平。可见，教唆无民事行为能力人实施侵权行为，由于被教唆人无识别能力亦无责任能力，只是作为教唆人实施侵权行为的加害工具③，教唆人当然要承担全部赔偿责任，原因在于监护人无过错。帮助无民事行为能力人实施侵权行为，无民事行为能力人的监护人的监护过失在先，帮助人的帮助行为在后，且不是造成损害的全部原因，因此不能承担全部赔偿责任，监护人应当承担未尽监护责任的赔偿责任。

（2）教唆、帮助限制民事行为能力人实施侵权行为，一律都作为共同侵权的主要侵权人，承担主要的侵权责任，也是不适当的。限制民事行为能力人是已经具备了一定的识别能力和责任能力的人，与无民事行为能力人不同。教唆限制民事行为能力人实施侵权行为，教唆人是共同侵权人中的主要侵权人，监护人也有监护过失，但教唆人的过错是故意，监护人的过错是过失，责任轻重自然分明，教唆人承担主要的赔偿责任是毫无问题的。但是，帮助限制民事行为能力人实施侵权行为，造成他人损害，是限制民事行为能力人本来就在实施侵权行为，监护人具有重大过失，是没有尽到管教义务的重大过失。帮助人尽管帮助限制民事行为能力人实施侵权行为，具有造成损害的故意，但其帮助行为的原因力较弱，与监护人的重大过失相比较，基本相等或者略低，因此，令帮助限制民事行为能力人实施侵权行为的帮助人承担主要的侵权责任，是不公平的，监护人的责任过轻，帮助人的责任过重。可见，认定教唆限制民事行为能力人实施侵权行为的人为共同侵权人中的主要侵权人，应当承担主要的侵权责任，是正确的；但认定帮助限制民事行为能力人实施侵权行为的人为共同侵权人中的主要侵权人，应当承担主要的侵权责任，显然不当，不符合侵权责任法矫正正义的要求。

笔者历来主张，教唆行为人和帮助行为人在确定内部责任份额时，不以其身份的不同确定责任份额的轻重，同样以过错和行为的原因力确定之。④ 上述司法解释存在的这些问题，在侵权责任分配的利益关系上失当的基本原因，在于教唆人和帮助人的地位、作用及责任分担的基本观念出现问题，是以教唆人、帮助人的身份确定责任，以教唆、帮助的对象的身份确定责任，而不是以过错的程度和行为的原因力确定责任。

---

③ 参见张铁薇：《共同侵权制度研究》，法律出版社2007年版，第196页。
④ 参见杨立新：《侵权法论》，吉林人民出版社1998年第1版，第312—313页。

在侵权法理论中,对教唆人和帮助人的地位、作用及责任分担问题,学者有不同看法,有的认为教唆人和帮助人的基本地位和作用相同,应当承担同等责任,有的认为教唆人和帮助人的基本地位和作用应当根据具体情况判断,不能一概而论。该司法解释在 1988 年制定时,显然依据的是前者。应当看到的是,在 1988 年前后,我国的侵权法理论还不成熟,司法实践经验也不够丰富,存在这样的问题是难免的。

无民事行为能力人和限制民事行为能力人没有识别能力和判断能力,或者识别能力和判断能力不足,教唆人、帮助人教唆、帮助他们去实施侵权行为,具有恶意,是必须承担侵权责任的,以惩戒恶意利用无民事行为能力人和限制民事行为能力人实施侵权行为的教唆人、帮助人,但是,确定教唆人、帮助人的地位、作用及责任分担必须科学、合理。如果确定教唆人、帮助人的侵权责任不科学、不合理,法律适用结果就会适得其反。认为"为充分保护受害人,规定(教唆人、帮助人——笔者注)承担连带责任是很有必要的,没有必要区别对待。至于内部的追偿,主要是根据各方的过错程度分担责任的,而与具体的教唆、帮助的形态关系不大"[5],并不妥当。

二、《侵权责任法》第 9 条第 2 款解决这一问题的基本思路

对立法者在制定《侵权责任法》第 9 条第 2 款关于教唆人、帮助人与监护人责任关系规范时的基本思路,学者有不同看法。

有人认为,教唆、帮助无民事行为能力人或者限制民事行为能力人实施侵权行为的责任,法院在认定时,可以先认定教唆人、帮助人承担全部责任,在有证据证明监护人"未尽到监护责任"时,再认定监护人承担一定的责任。[6] 这种说法显然与《侵权责任法》第 9 条第 2 款规定的意思不同。

有人认为,《侵权责任法》的规定有所变化,即教唆、帮助无民事行为能力人和限制民事行为能力人实施侵权行为的,由教唆、帮助者承担侵权责任,如果被教唆、帮助的无民事行为能力人和限制民事行为能力人的监护人未尽到监护责任的,应当承担相应的责任。这种相应的责任取代教唆、帮助者的责任,但可减轻其责任。[7] 这个意见基本合理,但取代教唆、帮助者的责任与减轻监护人的责任的说法,有些矛盾。

有人认为,教唆、帮助无民事行为能力人和限制民事行为能力人实施侵权行为,应当承担侵权责任,监护人未尽监护责任,承担相应责任,理由是在存在教唆人和帮助人的情形下,监护人也要承担连带责任,过于严厉。[8] 这种意见笔者比较赞成,但是说得不够清楚。

---

[5] 王利明:《侵权责任法研究》(下册),中国人民大学出版社 2011 年版,第 533 页。
[6] 参见奚晓明主编:《〈中华人民共和国侵权责任法〉条文理解与适用》,人民法院出版社 2010 年版,第 80 页。
[7] 参见张新宝:《侵权责任法》,中国人民大学出版社 2010 年版,第 51 页。
[8] 参见王胜明主编:《中华人民共和国侵权责任法释义》,法律出版社 2010 年版,第 62 页。

有人认为,教唆、帮助无民事行为能力人和限制民事行为能力人实施侵权行为,教唆人和帮助人是第一位的责任人,监护人只有在没有尽到监护责任的,才承担相应的责任。在这一范围内,监护人要与教唆人承担连带责任,如果监护人平时对被监护人严加管教,但仍然出现被监护人因他人之教唆、帮助而损害他人的情形,监护人就只需要承担部分的赔偿责任。⑨ 这种意见有一定道理,但对连带责任的意见,笔者持不同看法。

有人认为,在监护人承担相应责任的范围内,其与教唆人和帮助人应向受害人共同负责。但教唆人和帮助人是终局责任人,监护人承担了相应责任后,有权就其相应的责任向教唆人和帮助人行使求偿权。⑩ 笔者不同意这个意见,一是终局责任人并非一种,在连带责任和不真正连带责任中都有,不知这里所说的是连带责任还是不真正连带责任;二是监护人向教唆人和帮助人行使追偿权,是追偿多少?全部追偿还是部分追偿?全部追偿就是不真正连带责任,部分追偿就是连带责任。而事实是,监护人承担了相应责任之后,对教唆人或者帮助人恰恰没有追偿权。

上述各种意见尽管有所区别,但可以确定,一是《侵权责任法》第9条第2款不再采取对教唆、帮助无民事行为能力人或者限制民事行为能力人实施侵权行为的人分别规定固定化责任的方法;二是根据实际情况,实事求是地确定教唆人、帮助人与监护人的责任。这种态度是特别值得赞赏的,也是保障公平确定教唆人、帮助人和监护人责任的好方法,表达了立法专家和法学专家确定这一规范的基本思路。

根据参加起草《侵权责任法》的亲身体会,《侵权责任法》第9条第2款规定的教唆人、帮助人和监护人责任规范的基本思路是:

(1)不再直接根据被教唆、帮助的无民事行为能力人或者限制民事行为能力人的不同身份确定不同的侵权责任。《关于贯彻执行〈民法通则〉若干问题的意见(试行)》第148条确定教唆人、帮助人和监护人责任规则的基本思路,是根据被教唆、帮助的无民事行为能力人和限制民事行为能力人的身份不同,确定不同的责任。教唆、帮助无民事行为能力人实施侵权行为,无论是教唆人还是帮助人,都是侵权行为人,都要承担全部的侵权责任。而教唆、帮助限制民事行为能力人实施侵权行为,都一律作为共同侵权的主要侵权人,承担主要的侵权责任。问题正是发生在这里。教唆、帮助行为在共同侵权行为中起到的作用并非完全相同,须在连带责任的基础上,根据教唆人、帮助人的不同行为所起的不同作用,确定不同的责任。司法解释采取统一的、划一的方法,确定教唆、帮助无民事行为能力人和限制民事行为能力人实施侵权行为的人的固定化责任,没有体现实事求是的原则,缺少具体问题具体分析的态度,因而难免存在问题。

(2)采取实事求是的方法,强调根据实际情况确定教唆人、帮助人和监护人的责

---

⑨ 参见程啸:《侵权责任法》,法律出版社2011年版,第267页。
⑩ 参见王利明:《侵权责任法研究》(下册),中国人民大学出版社2011年版,第537页。

任。《侵权责任法》第 9 条第 2 款并没有说教唆人、帮助人教唆、帮助不同的被监护人的不同责任,而是采取说教唆人、帮助人承担侵权责任,监护人在未尽监护责任的情况下,承担相应的责任。这样的规定具有很大的灵活性,完全体现了实事求是的要求,应当根据监护人有无监护过失而确定教唆人、帮助人承担全部责任还是部分责任;根据监护人的过失程度承担相应的责任而确定教唆人或者帮助人应当承担责任份额的大小。这样,就可以实事求是地确定教唆人、帮助人以及监护人的责任,合理分配赔偿责任,实现侵权责任法的矫正正义的目的,避免出现责任区分不准确、利益关系处理失衡的问题,纠正了司法解释存在的误差。

三、《侵权责任法》第 9 条第 2 款规定的是何种侵权责任形态

(一)是连带责任还是按份责任

《侵权责任法》第 9 条第 2 款规定的教唆人、帮助人与监护人之间的责任形态,究竟是连带责任,还是按份责任,或者是其他责任形态,看法并不相同。

1. 连带责任说

连带责任说认为,教唆、帮助无民事行为能力人和限制民事行为能力人实施侵权行为,教唆人和帮助人是第一位的责任人,监护人没有尽到监护责任的才承担相应的责任。在这一范围内,监护人要与教唆人承担连带责任。[11] 这种说法是将教唆人、帮助人与监护人的责任分担形式认定为连带责任。

2. 按份责任说

按份责任说认为,教唆、帮助无民事行为能力人和限制民事行为能力人实施侵权行为,应当承担侵权责任,监护人未尽监护责任,承担相应责任,理由是在存在教唆人和帮助人的情形下,监护人也要承担连带责任,过于严厉。[12] 既然认为监护人承担连带责任过于严厉,那就认为应当承担按份责任了。

3. 减轻责任说

减轻责任说认为,被教唆、帮助的无民事行为能力人和限制民事行为能力人的监护人未尽到监护责任的,应当承担相应的责任。这种相应的责任不认可教唆、帮助者的责任,确认为可减轻其责任。[13] 有疑问的是,减轻责任在侵权责任分担的形态上,属于何种责任形态?不得而知。

4. 求偿责任说

求偿责任说认为,教唆人和帮助人是终局责任人,监护人承担了相应责任之后,

---

[11] 参见程啸:《侵权责任法》,法律出版社 2011 年版,第 267 页。
[12] 参见王胜明主编:《中华人民共和国侵权责任法释义》,法律出版社 2010 年版,第 62 页。
[13] 参见张新宝:《侵权责任法》,中国人民大学出版社 2010 年版,第 51 页。

有权就其相应的责任向教唆人和帮助人行使求偿权。⑭ 这种说法似乎认为属于补充责任,但《侵权责任法》第9条第2款显然没有规定这个求偿权,这个解释超出了法律本身规定的内容。

笔者的看法是,当教唆人教唆无民事行为能力人实施侵权行为时,教唆人应当承担的侵权责任就是全部责任,不存在连带责任或者按份责任的争论,是单独责任,即由教唆人自己承担责任。在其他任何场合,例如教唆限制民事行为能力人实施侵权行为,帮助无民事行为能力人实施侵权行为,或者帮助限制民事行为能力人实施侵权行为,都不是单独责任,都会存在监护人承担责任的情形。在这种情况下,教唆人、帮助人与监护人都应当承担责任,因而存在是连带责任还是按份责任或者不真正连带责任的性质问题。将这种责任界定为减轻责任,尽管说的是实际情况,监护人未尽监护责任,当然减轻教唆人或者帮助人的侵权责任,但没有说清楚教唆人或者帮助人与监护人之间承担的责任究竟是何种形态。认为教唆人或者帮助人与监护人分担责任的形态是按份责任,根据"相应的责任"的表述,似乎是成立的,但是,相应的责任是监护人一方承担的责任,教唆人或者帮助人承担的责任并不因为监护人的责任为"相应的责任"而使自己的责任也成为"相应的责任",教唆人或者帮助人的责任不是相应的责任,不是按份责任。

教唆人、帮助人与监护人承担的责任具有连带责任的性质,在总体上仍然是连带责任。有人认为,第9条第2款没有特别写明是连带责任,是有确定的含义的,就是否定这种责任形态是连带责任,理由是《侵权责任法》第9条第2款虽然没有明确规定,但从体系解释的角度来看,显然是排斥了连带责任的。⑮ 这种意见并不正确。主张教唆人、帮助人与监护人之间承担的责任为连带责任的根据是:

(1)共同侵权人承担的责任是连带责任,这是《侵权责任法》第8条确定的规则。这个规则是一般性规则,是不能改变的。教唆人、帮助人参加的侵权行为一定是共同侵权行为,共同侵权行为的法律后果一定是连带责任。不能想象,教唆、帮助完全民事行为能力人实施侵权行为的性质是共同侵权行为,须承担连带责任,而教唆、帮助无民事行为能力人或者限制民事行为能力人实施侵权行为,其性质仍属于共同侵权行为,但却不适用连带责任。

(2)《侵权责任法》第9条第1款明确规定了教唆、帮助人的责任是连带责任,第2款尽管没有规定教唆、帮助无民事行为能力人或者限制民事行为能力人实施侵权行为的侵权责任的性质,但应当顺理成章地推定为连带责任。

(3)如果认为这种侵权行为的法律后果不是连带责任,而令教唆人、帮助人与监护人承担按份责任,对保护受害人特别不利,不符合共同侵权责任制度的旨趣,有违侵权责任法立法设置共同侵权行为和连带责任的基本精神。

---

⑭ 参见王利明:《侵权责任法研究》(下册),中国人民大学出版社2011年版,第537页。
⑮ 参见王利明:《侵权责任法研究》(下册),中国人民大学出版社2011年版,第536页。

(二)是典型连带责任还是单向连带责任

应当看到,《侵权责任法》第 9 条第 2 款规定的责任形态,不同于典型连带责任的一般规则。笔者在《侵权责任法》刚刚通过不久,就提出了单向连带责任的概念[16],教唆人、帮助人与监护人的责任就是单向连带责任。具体表现是:

(1)在教唆人或者帮助人一方,应当承担的责任叫做"侵权责任",应当包括承担全部责任和部分责任,如果承担的是部分责任,则是连带责任。如果教唆人教唆无民事行为能力人实施侵权行为,是侵权人,构成单独侵权行为,教唆人应当承担全部责任。在教唆限制民事行为能力人实施侵权行为、帮助无民事行为能力人实施侵权行为、帮助限制民事行为能力人实施侵权行为的场合,监护人都有监护过失,教唆人或者帮助人都不会承担全部的赔偿责任,应当由教唆人或者帮助人与监护人共同承担责任,因此形成共同责任。

(2)教唆人和帮助人无论是教唆、帮助完全民事行为能力人,还是教唆、帮助无民事行为能力人或者限制民事行为能力人,都是共同侵权人,都应当承担连带责任(教唆无民事行为能力人除外)。因此,在教唆、帮助无民事行为能力人和限制民事行为能力人实施侵权行为的教唆人、帮助人,即使在监护人承担相应的责任的情况下,也应当承担连带责任。如果受害人向教唆人或者帮助人请求承担连带责任,对损害予以全部赔偿,教唆人或者帮助人不得以自己不是共同侵权人而主张抗辩,不得主张自己只承担按份责任。

(3)对无民事行为能力人和限制民事行为能力人的监护人未尽监护责任承担"相应的责任",应当如何理解,特别值得研究。相应的责任,应当是与行为人的过错程度和行为的原因力相适应,其实就是有份额的责任。[17] 事实上,教唆、帮助无民事行为能力人和限制民事行为能力人实施侵权行为,监护人有过错的,同样也是共同侵权行为,只不过特点比较突出,与教唆、帮助完全民事行为能力人实施侵权行为有所区别。这样就会出现一个问题,当教唆人和帮助人要承担侵权责任,监护人要承担相应的责任,且为连带责任的时候,按照连带责任原理,被侵权人请求教唆人、帮助人承担全部责任,教唆人、帮助人承担了全部责任后,就监护人的"相应的责任"份额向其追偿,当然没有问题。但是,监护人承担的是"相应的责任",如果被侵权人向监护人请求承担全部赔偿责任,可以准许吗?好像不行,且责任"过于严厉"。[18] 被侵权人请求监护人承担全部赔偿的连带责任,如果监护人以法律规定自己的责任是"相应的责任"进行抗辩,主张自己不承担连带责任,法院一定会采纳监护人的抗辩意见,因为监护人的请求符合法律规定。因此,监护人的"相应的责任"一定是按份责任,而不是连

---

[16] 参见杨立新:《〈中华人民共和国侵权责任法〉条文释解与司法适用》,人民法院出版社 2010 年版,第 57 页。

[17] 在这一点上,《侵权责任法》在使用"相应的责任"用语上,含义基本上是一致的,只有第 35 条后段个人劳务责任中的工伤事故责任除外。

[18] 王胜明主编:《中华人民共和国侵权责任法释义》,法律出版社 2010 年版,第 62 页。

带责任。

（4）在多数人侵权行为中，一方当事人承担连带责任，另一方当事人承担按份责任，是我国以前的侵权责任法律规范没有规定的责任形态，因此是一种新型的侵权责任形态，把它称为单向连带责任是比较妥当的。因此，本文将这种侵权责任形态称为单向连带责任。

四、教唆人、帮助人与监护人的单向连带责任及规则

《侵权责任法》第9条第2款规定的连带责任是单向连带责任。同样，该法第49条规定的责任形态与第9条第2款规定的规则相同，也是单向连带责任。

单向连带责任是连带责任中的一种特殊类型，是以前的侵权法理论较少研究的一种侵权责任形态。对此应当深入研究，掌握其法律适用规则。

(一)单向连带责任的概念

单向连带责任，是指在连带责任中，被侵权人有权向承担侵权责任的责任人主张承担全部赔偿责任并由其向其他责任人追偿，不能向只承担相应的责任的责任人主张承担全部责任并由其他连带责任人追偿的特殊连带责任形态。简言之，单向连带责任就是在连带责任人中，有的责任人承担连带责任，有的责任人只承担按份责任的特殊连带责任形式。

单向连带责任形态，在大陆法系侵权法中没有提及。美国侵权法连带责任中的单独责任就是单向连带责任。美国《侵权法重述(第三次)·责任的分担》第10节(连带责任的效力)规定："当依据适用法律，有多人对一受害人承担连带责任时，该受害人可以起诉任何一名负连带责任者，并从中获得它可以获得的全部赔偿。"第11节(单独责任的效力)规定："当依据适用法律，某人对一受害人的不可分伤害承担单独责任时，该受害人仅可以获得该负单独责任者在该受害人应得赔偿中所占的比较责任份额。"⑲这就是在数人侵权的连带责任中，有的责任人承担连带责任，有的责任人应当承担单独责任(按份责任)，承担单独责任的单独责任人只承担受害人应得赔偿中的自己的份额，就是按份责任。这就是单向连带责任。

在单向连带责任中，两个以上的责任人都对同一个侵权行为造成的损害负赔偿责任，不过其中有的责任人承担侵权责任，有的责任人承担相应的赔偿责任，承担侵权责任一方对全部责任负责，承担相应责任一方只对自己承担的相应份额负责。因而，被侵权人可以向承担侵权责任的责任人主张连带责任，承担全部赔偿责任，在承担了全部赔偿责任之后，可以向承担相应的赔偿责任的责任人主张追偿；被侵权人不能向承担相应的责任的责任人主张承担全部连带责任，并由其向应当承担侵权责任

---

⑲ 肯尼斯·S.亚伯拉罕、阿尔伯特·C.泰特选编：《侵权法重述——纲要》，许传玺、石宏等译，法律出版社2006年版，第346页。

的责任人进行追偿,而是只承担按份责任(单独责任)。《侵权责任法》第 9 条第 2 款规定符合这样的要求,这种侵权责任形态就是单向连带责任。

(二)单向连带责任的特征及与连带责任的区别

单向连带责任的特征是:

(1)单向连带责任仍然是连带责任,但是在这种连带责任中,有的责任人承担侵权责任即对全部侵权责任承担连带责任;有的责任人只承担相应的责任即仅对自己应当承担的责任份额承担赔偿责任,对超出自己的责任份额的部分不承担连带责任。

(2)这种连带责任的各个责任人也都只承担最终责任的赔偿份额,按照《侵权责任法》第 14 条第 1 款的规定,按照各自的责任大小承担最终责任。

(3)实行单向连带,被侵权人有权主张承担侵权责任的一方承担全部赔偿责任,但不能主张承担相应的赔偿责任的责任人对全部赔偿责任连带负责,承担相应责任的责任人不论怎样,都只对自己应当承担的赔偿份额承担责任,不对全部责任负责。

(4)承担了全部赔偿责任或者承担了超出自己应当承担的赔偿份额的连带责任的人,有权向承担相应的赔偿责任的按份责任人主张追偿,也有权向其他没有承担赔偿责任的连带责任人主张追偿。

教唆人、帮助人与监护人的责任,完全具备上述单向连带责任的法律特征。同样,《侵权责任法》第 49 条规定的租用、借用机动车的机动车使用人驾驶机动车发生交通事故造成他人损害,应当承担侵权责任;机动车所有人对于损害的发生也有过错的,应当承当相应的赔偿责任。这也构成单向连带责任。被侵权人可以向机动车使用人主张其承担全部赔偿责任,机动车使用人不能以机动车所有人也有过错而进行抗辩,应当承担全部责任。在其承担了赔偿责任之后,可以向有过错的机动车所有人追偿。被侵权人也可以同时起诉机动车使用人和机动车所有人,主张他们各自承担自己的赔偿责任份额。被侵权人如果主张机动车所有人承担连带责任时,则机动车所有人可以法律规定其承担相应的责任为由进行抗辩,只对自己的过错所应当承担的相应责任承担按份责任,不承担连带责任。如果机动车使用人和机动车所有人具有共同故意或者构成客观的共同侵权行为的,则构成连带责任,各自都应当承担连带责任,不再是单向连带责任。

基于以上分析,教唆人、帮助人与监护人的责任是单向连带责任,属于连带责任中有的责任人承担连带责任,有的责任人不承担连带责任只对相应的责任份额按份负责的连带责任形态。

(三)单向连带责任的规则

《侵权责任法》规定的单向连带责任的规则是:

(1)构成单向连带责任,须承担侵权责任的一方和承担相应责任的一方对损害的发生都有过错,都具有原因力;如果一方具有过错和原因力,另一方的行为不具有过错或者原因力,则不构成单向连带责任。教唆人、帮助人与监护人对于损害的发生均具有过错和原因力,具备了构成单向连带责任的基本要求。

(2)在单向连带责任中,有的责任人应当承担侵权责任即连带责任,有的应当承担相应的责任即按份责任。承担连带责任的一方是教唆人或者帮助人,如果对损害的发生具有全部的过错和原因力的,就应当自己单独承担赔偿责任,不存在连带责任;如果承担侵权责任的教唆人或者帮助人对损害的发生具有部分过错和原因力,在单向连带责任中也应当对全部损害负责,为连带责任人。承担相应的责任的一方为监护人,对损害的发生不具有全部的过错和原因力,承担的相应的责任是按份责任,并且只对自己的责任份额承担责任,不论是自己承担,还是承担全部赔偿责任的人通过向其追偿而承担,都是如此。这就是美国侵权法连带责任中的单独责任。[20]

(3)被侵权人在单向连带责任中,只能向承担连带责任的责任人主张承担全部赔偿责任,而不能向承担按份责任的责任人主张承担全部赔偿责任,如果向承担按份责任的责任人主张承担责任,只能是按份责任,按份责任人仅对自己的份额负责。受害人主张向教唆人、帮助人请求承担连带责任的,应当予以支持;主张向监护人承担连带责任的,应当不予支持。

(4)承担了连带责任的侵权责任人即教唆人或者帮助人,对于超出了自己的责任份额的部分,就该部分有权向相应责任人即监护人进行追偿。在教唆人、帮助人与监护人责任之中,绝对不会出现监护人承担了责任"向教唆人、帮助人行使求偿权"[21]的情形。

五、《侵权责任法》第 9 条第 2 款与第 32 条之间的协调

(一)第 9 条第 2 款与第 32 条之间的相互关系

研究教唆人、帮助人责任与监护人的责任问题,必须研究《侵权责任法》第 9 条第 2 款与第 32 条之间的关系问题。笔者认为,《侵权责任法》第 32 条是关于监护人责任的一般性规定,而第 9 条第 2 款是监护人责任在共同侵权责任中的特别规定。两个条款的基本精神是一致的。

值得研究的是,第 9 条第 2 款规定承担责任的要件是"教唆、帮助无民事行为能力人、限制民事行为能力人实施侵权行为",第 32 条第 1 款规定的是"无民事行为能力人、限制民事行为能力人造成他人损害",两种情形是否存在区别。笔者认为,这一用语的差别,并非强调两个条文规定的要件不同,而是强调在第 32 条第 1 款的情形下,无民事行为能力人或者限制民事行为能力人即使造成他人损害,也不能认为无民事行为能力人或者限制民事行为能力人实施的行为就是侵权行为,对于监护人而言

---

[20] 参见肯尼斯·S. 亚伯拉罕、阿尔伯特·C. 泰特选编:《侵权法重述——纲要》,许传玺、石宏等译,法律出版社 2006 年版,第 346 页。

[21] 王利明:《侵权责任法研究》(下册),中国人民大学出版社 2011 年版,第 537 页。

才是侵权行为。相反,教唆人、帮助人教唆帮助无民事行为能力人或者限制民事行为能力人实施的侵权行为,本身就已经是侵权行为了,因此才使用这个表述。两个用语的不同并不是说两种责任的构成要件不同,并不是否认两个条文的一致性。

《侵权责任法》第 32 条规定的监护人责任,是无民事行为能力人或者限制民事行为能力人造成他人损害,监护人承担责任的一般规则,可以明确的是,确定监护人的责任,包括过错推定原则、替代责任和公平分担损失的规则。首先,监护人责任实行过错推定原则,无民事行为能力人或者限制民事行为能力人造成他人损害,推定监护人具有未尽监护责任的过失,应当承担侵权责任。监护人承担的责任是替代责任,是监护人替代造成损害的无民事行为能力人或者限制民事行为能力人承担责任。如果监护人已经尽到监护责任的,即为无过失,不是免除责任,而是减轻侵权责任,是适用《侵权责任法》第 24 条的公平分担损失规则,在双方当事人之间分担损失。在具体承担责任上,如果无民事行为能力人或者限制民事行为能力人是有财产的,则实行完全的补充责任,由本人的财产支付赔偿费用,不足的部分,由监护人补充赔偿,不足部分有多少,就要补充赔偿多少。

《侵权责任法》第 9 条第 2 款规定的是无民事行为能力人或者限制民事行为能力人在造成他人损害的情况下,其前提与第 32 条规定的前提是一样的,如果有教唆人或者帮助人教唆、帮助无民事行为能力人或者限制民事行为能力人教唆帮助实施侵权行为的,则成为共同侵权行为,应当适用《侵权责任法》第 9 条的规定,由于存在有监护人的特殊性,因此才规定了第 2 款的规则。

从另一个角度看,第 9 条第 2 款规定属于总则性规定,而第 32 条规定属于分则性规定,总则性规定属于原则性规定,分则性规定属于具体规定。分则性规定与总则性规定不发生冲突的,应当优先适用分则性规定,分则性规定违反总则性规定的,应当适用总则性规定。第 9 条第 2 款规定与第 32 条规定的关系并不发生冲突,分则性规定没有涉及共同侵权的问题,因此,在无民事行为能力人或者限制民事行为能力人造成他人损害的,如果有教唆人或者帮助人的,构成共同侵权行为,应当适用总则性的规定。

按照这两个条文的关系,在法律适用上是一致的;如果两个条文发生冲突,应当优先适用第 9 条第 2 款的规定。

(二)监护人承担责任的"由"与"应当"的区别

《侵权责任法》第 9 条第 2 款规定监护人的责任,是"应当承担相应的责任";第 32 条规定监护人的责任,是"由监护人承担侵权责任"。这里的"应当承担"和"由……承担"的表述,是否有区别呢?依笔者所见,这两种不同的表述的区别在于:

(1)"应当承担"所强调的是"相应的责任",是必须承担相应的责任,而不是全部责任。

(2)"由……承担"的表述,是强调替代责任,即无民事行为能力人和限制民事行为能力人实施的侵权行为造成损害,由监护人承担替代责任,而不是由被监护人承担侵权责任。

按照这样的分析,两个条文的上述不同表述并没有冲突,所不同的是,"由监护人承担"的责任是替代责任,在第 32 条和第 9 条第 2 款的情形下,都没有变化,都是替代责任。所不同的是,第 9 条第 2 款限定监护人的责任是有限的相应的责任,为按份责任,监护人不承担超出相应的责任的按份责任,不承担连带责任。而由于第 32 条就是监护人自己承担责任,并不存在按份责任的相应的责任的问题,而是全部责任。

(三)监护人尽到监护责任的应当减轻还是免除责任

第 32 条和第 9 条第 2 款规定中,在下面这个问题上有一定的冲突:如果监护人没有违反监护责任的,第 32 条第 1 款后段规定的是"可以减轻其侵权责任";而按照第 9 条第 2 款规定,尽管没有明确规定监护人不承担侵权责任,但是从条文的上下文观察,监护人是不承担侵权责任的,连相应的责任也不承担。这样的理解是否正确,分析如下:

第 32 条第 1 款后段规定的减轻责任,是适用公平分担损失规则,其前提是,无民事行为能力人或者限制民事行为能力人造成他人损害,如果监护人没有未尽监护责任,即为无过错。监护人无过错,而受害人对于损害的发生更无过错,如果监护人不承担赔偿责任,则损失将由受害人全部承担。无过错的受害人承担全部损失,而损害又是无民事行为能力人或者限制民事行为能力人造成的,公平吗?肯定是不公平的。因此,按照第 24 条规定公平分担损失,减轻监护人的责任,就是分担损失。这样,就符合了第 24 条规定的条件,有了实行公平分担损失规则的必要性。

第 9 条第 2 款规定教唆、帮助无民事行为能力人或者限制民事行为能力人实施侵权行为的,已经有了承担责任的一方主体,即教唆人或者帮助人。在这样的情况下,即使监护人由于没有未尽监护责任的过失,不承担侵权责任,也不会出现损害后果由受害人自己负担的可能性,因而不再存在适用第 24 条关于公平分担损失规则的必要性。监护人无过失,就由教唆人或者帮助人承担全部赔偿责任(事实上只是在教唆人教唆无民事行为能力人实施侵权行为的时候,才会出现这样的情形,在其他情形不会出现这样的结果)。认为监护人如果证明自己尽了监护责任,则在最终份额决定时,进一步减轻其最终责任份额,减轻部分由教唆人、帮助人承担,也是"承担主要民事责任"的应有之意[②],似乎不够妥当。

所以,在第 9 条第 2 款规定的情形下,如果监护人不存在未尽监护责任的过失,则与第 32 条第 1 款规定的减轻监护人的责任的规定有冲突,应当适用第 9 条第 2 款规定,不适用第 32 条第 1 款后段的规定。

(四)被监护人有财产的相应的责任应当如何承担

《侵权责任法》第 32 条第 2 款规定的是造成他人损害的无民事行为能力人或者

---

② 参见王竹:《侵权责任分担论——侵权损害赔偿责任数人分担的一般理论》,中国人民大学出版社 2009 年版,第 158—159 页。

限制民事行为能力人有财产的,则首先由本人的财产支付赔偿费用,不足部分,由监护人补充赔偿。在第9条第2款规定的情形下,是否也适用这样的规则呢?

应当看到的是,《侵权责任法》第32条第2款规定是关于履行责任的规则,不是确定责任的规则。意思是,确定监护人责任,适用第32条第1款规定,但是在履行监护人的赔偿责任时,如果无民事行为能力人或者限制民事行为能力人自己有财产的,按照这样的规则进行。第9条第2款没有规定这样的内容,没有说监护人承担相应的责任的,如果无民事行为能力人或者限制民事行为能力人自己有财产的,应当适用何种规则。对此,应当顺理成章地适用第32条第2款规定,如果教唆人或者帮助人应当承担侵权责任,监护人也应当承担相应的责任的,包括直接承担相应责任或者教唆人或者帮助人在承担了全部赔偿责任的中间责任后向监护人追偿的,当然应当由监护人承担赔偿责任;如果无民事行为能力人或者限制民事行为能力人自己有财产,同样应当由造成损害的无民事行为能力人或者限制民事行为能力人的财产支付赔偿费用,不足部分,由监护人补充赔偿。

应当注意的是,这个相应的责任是已经确定的责任,在此份额内,监护人承担的是完全的补充责任,因而与《侵权责任法》第34条第2款、第37条第2款和第40条规定的相应的补充责任不同,不能在相应的赔偿责任之内再承担"相应的"补充责任。

(五)教唆人、帮助人无资力的如何处理

教唆人、帮助人承担侵权责任包括连带责任,如果出现无资力的情形,应当如何处理侵权责任分担问题,《侵权责任法》第9条第2款没有规定。有人曾经提出这个问题,认为教唆限制民事行为能力人实施侵权行为的,由教唆人承担主要民事责任。但教唆者无资力承担主要责任的除外。[23] 这个说法语焉不详,不知道这个"除外"究竟何指,是否说教唆者如果无资力承担主要责任就不承担主要责任,改为次要责任?不得而知。

笔者认为,按照上述确定教唆人、帮助人责任的规则确定了责任,如果教唆人或者帮助人无赔偿资力,并非要重新设立一个规则重新确定责任,而是赔偿责任人无资力就是赔偿风险,并非所有的损失都能够得到赔偿,不能赔偿的,应当由受害人承担这个风险,或者以其他救济方式进行救济。

---

[23] 参见张新宝、唐青林:《共同侵权责任十论——以责任承担为中心重塑共同侵权理论》,载最高人民法院民一庭编:《民事审判指导与参考》2004年第4期。

试论共同危险行为[*]

一、共同危险行为的概念和特征

共同危险行为也叫做准共同侵权行为。它是指二人或二人以上共同实施有侵害他人权利的危险的行为,对所造成的损害后果不能判明谁是加害人的情况。例如,数人均有加害行为而致损害,如果这一损害的发生是由于全体行为人的行为所致,这是共同侵权行为;如果这一损害的发生是由其中一人或一部分人的行为所致,而且已经判明谁是加害人,这是一般的侵权行为或共同的侵权行为,已经判明与损害没有因果关系的行为人不负赔偿责任;如果损害事实确已发生,并且可以判明损害确系数人的危险行为所致,但不能判明谁是加害人,这就是共同危险行为。

共同危险行为的特征有以下四点:

(1)行为是由数人实施的,这是共同危险行为的数量特征,也是共同危险行为成立的前提。一个人实施的行为造成损害是不能叫做共同危险行为的。

(2)行为的性质具有危险性,这是共同危险行为的质量特征。这种危险性指的是侵害他人合法权利(人身权、财产权)的可能性,主要表现为"虽无意,有可能,无定向"。其一,从主观上看,行为人没有致人损害的故意,在数人中,既没有共同的故意,也没有单独的故意,只存在疏于注意义务的共同过失。其二,从客观上看,数人实施的行为有致人损害的可能性。没有致人损害可能性的行为就不是危险行为。例如,数人在一起游览,这种行为没有致他人损害的可能性。数人在一起燃放烟花,就有致害他人的可能性。前者不是具有危险性的行为,后者则是具有危险性的行为。对这种可能性的分析,可以从行为本身、周围环境以及行为人对致害可能性的控制条件上加以判断。其三,行为没有特定的指向,即没有人为的侵害方向。

(3)这种具有危险性的共同行为是致人损害的原因。就具有危险性的共同行为本身看,它的危险性虽然是一种可能性,但就共同危险行为的构成看,这种危险性已经转化为现实的、客观的损害,具有危险性的共同行为与损害事实之间具有必然的因果关系。缺乏这种客观的必然因果关系的特征,就构不成共同危险行为。

(4)损害结果不是共同危险行为人全体所致,但不能判明其中谁是加害人。举例说明:三名少年在林中同时用气枪打鸟,其中一发子弹将树丛后一少年的眼睛击伤。

---

[*] 本文发表在《法学研究》1987年第5期。

三少年均不知是谁的行为致害,受害少年不能证明,经检验物证亦不能证实。这一射击行为是三人实施,具有伤害他人的可能性;损害后果确系射击所致,但又非全体行为人所致;有因果关系;又不能证明谁是加害人,符合共同危险行为的特征,构成共同危险行为的责任。

二、共同危险行为的历史发展

共同危险行为理论与共同侵权行为理论有着基本相同的历史,它们都是在一般侵权行为民事责任的基础上发展起来的。在古代早期的成文法中,有关的侵权行为法规范大都是对具体侵权行为的规定,归结起来,都属于一般的侵权行为。在古罗马法中,关于私犯和准私犯的规定也缺乏原则性的抽象概括。1804年公布的具有划时代意义的《法国民法典》创造了侵权行为法的过错责任原则,但仍没有共同侵权行为和共同危险行为的规定。经过大约近100年的演化,经过一些法学家的不断探索,创造出了共同侵权行为与共同危险行为的理论。1900年颁布的《德国民法典》中,第一次规定了共同侵权行为和共同危险行为的条文。该法第850条规定:"数人因共同侵权行为加害于他人时,各自对损害负赔偿责任。在数人中不知谁为加害者亦同。"《德国民法典》的这一规定,开创了侵权行为法的一个新的时期,给以后的民事立法奠定了基础。国民政府制定的《民国民法》第185条规定:"数人共同不法侵害他人之权利者,负连带赔偿责任。不能知其中孰为加害人时,亦同。"这些规定中的前一句话是共同侵权行为,后一句话就是共同危险行为。这种立法例,是大陆法国家民事立法的常见模式。

普通法国家虽无成文法对共同危险行为作出规定,但在其判例中可以看出对共同危险行为学说的确认,仅举一个美国的著名判例即可见一斑。1982年加利福尼亚州上诉法院改判了辛德尔诉阿伯特化学厂一案。辛德尔是个乳腺癌患者。在她出生前,其母亲服用了当时广为采用的防止流产的乙烯雌粉。后来研究证明,服用乙烯雌粉与患乳腺癌有很大关系,辛德尔就是此药的受害者。当时,生产此药的共有11家化学工厂,她没有办法证明她的母亲究竟服用哪家化学厂生产的药品。辛德尔提出损害赔偿之诉后,初审法院不予受理,上诉法院则判决当时生产此种药品的11家化学工厂的制造商对原告的损害负连带赔偿责任。这虽然是一个产品责任的判例,但它确定赔偿责任的理论依据之一,就是共同危险行为学说。这是一个很有说服力的判例。

我国的民事立法一般对共同危险行为没有明确的表示。新中国建立以来,在民事审判实践中,对于共同危险行为学说基本上持否定态度。1986年颁布的《中华人民共和国民法通则》也只对共同侵权行为作了规定而没有规定共同危险行为。在理论上,有人认为,既然损害不是共同危险行为人全体所致,却让全体共同危险行为人承担连带责任,这不仅有悖过错责任原则,而且也有悖公平原则,因而不应确立共同危险行为学说。这种看法值得商榷。

诚然,损害非全体共同危险行为人所致,对于未致害他人的行为人来说,确定他负赔偿责任确有有失公平之处。但是,如果不让全体共同危险行为人承担赔偿责任,又因为不能查明谁是加害人而不能确定具体的赔偿义务主体,受害人的损害就不可能得到补偿。从这个道理上说,如果对共同危险行为要求"公平"地确定责任,就会对受害人显失公平。公平责任原则的适用,正是为了保护受害人的权利,使他的损失得到合理的、适当的补偿。另外,共同危险行为人在实施共同危险行为时,在主观上均有疏于注意的共同过失,据此而确定其连带赔偿义务,也正是贯彻了过错责任原则。因此,确立共同危险行为学说并在审判实践中应用,完全符合侵权损害赔偿归责原则的要求,与确立侵权损害赔偿制度的宗旨相一致。

三、共同危险行为的责任承担

实施共同危险行为致人损害,共同危险行为人应当承担连带赔偿责任。这种连带赔偿责任与共同侵权行为的连带赔偿责任有很多不同之处:

(1)共同危险行为的责任基础,是共同过错;确定赔偿责任的归责原则,是过错责任原则。这与共同侵权行为是一致的。在确定共同侵权行为责任时,各家学说不一,诸如"意思联络说""共同行为说""关连共同说""共同过错说",等等,笔者采取最为普通的"共同过错说"。有人认为,共同危险行为人在实施共同危险行为时,不存在意思联络,也不存在共同过失。这种观点值得商榷。

可以确定,共同危险行为人在实施共同危险行为时,主观上确实没有故意意思联络,假如存在共同故意,情节严重的构成共同犯罪,情节较轻的构成共同侵权行为。在共同危险行为中,行为人不仅不存在共同故意,也不存在单独的故意;假如存在单独的故意,就可以追究单独故意行为人的责任而不构成共同危险行为。共同危险行为人的主观过错只能表现为共同过失的形式,即共同地疏于注意义务。它表现为,共同危险行为人共同实施具有危险性的行为时,应当注意避免致人损害,但由于疏忽大意,或者由于过于自信,致使违反了这种注意义务,这种过失存在于每一个共同危险行为人的思想中。他们参与这种具有危险性行为的本身,就证明他们具有这种疏于注意的共同过失。因此,共同危险行为适用过错责任原则。

但是,共同危险行为不能适用严格的过错责任原则,而是适用推定的过错责任原则,这是与共同侵权行为的显著差别之一。推定过错原则是过错责任原则的一种特殊表现形式,它是在适用过错责任原则的前提下,在特殊的情形时,可以由损害事实本身推定加害人的过错,而无须受害人加以证明的归责原则。在共同危险行为致人损害的情形下,受害人连谁是加害人都不能搞清,怎么能去证明加害人的过错呢?实行推定过错原则,就可以实行举证责任倒置,即从受害人的损害事实中推定共同危险行为人的共同过失。如果共同危险行为人认为他们没有共同过失,可以举证证明,否则不能免责。

(2)共同危险行为的责任与共同侵权行为一样,是一个完整的整体,但它的表现形式更为紧密,不可分割。共同侵权行为的责任对一个损害结果来说,只有一个整体的责任。"但是必须明确,我们这里所说的一个责任,指的是一个总责任,它一定要由若干份责任组成。"① 共同危险行为责任也只有一个责任,但却不是由若干份责任组成,是不可分割的完整责任。这个完整的责任表现为:一是对于损害结果来说,这个责任只有一个;二是责任的主体是一个,即对于共同危险行为人来说,他们是一个整体,分开这个整体,这个责任就不复存在;三是这个责任的内容不能分离。因此,共同危险行为人中的一个人或一部分人只能证明自己没有过错,那还不能免除这个人或这些人的赔偿责任;只有证明谁是加害人时,才能免除非加害人的赔偿责任,不过这已经不是共同危险行为了。

(3)共同危险行为与共同侵权行为一样,均须承担连带责任,但是,在责任份额的确定上,却有所不同。共同侵权行为人的个人责任,可以按照各自过错的程度确定,因而共同加害人所实际分担的责任份额可能并不平均。但是,由于共同危险行为人在实施共同危险行为中,致人损害的概率相等,过失相当,而且由于共同危险行为的责任的不可分割性,所以在共同危险行为人的责任划分上,一般是平均分担的,各人以相等的份额对损害结果负责,在等额的基础上实行连带责任。

四、在我国确立共同危险行为制度的必要性

在理论上和实践中确立共同危险行为学说是完全必要的,主要表现在:

(1)可以使受害人处于优越的地位,使其合法权利得到更好的保护。共同危险行为适用过错推定原则,而过错推定原则的适用正是为了使受害人处于有利地位。

(2)可以更有效地制裁民事违法行为。侵权行为的构成须有损害事实、违法行为、因果关系、主观过错四个要件。在一般的侵权行为中,只要行为人否定其中一个要件,就可以免除其责任。在共同危险行为致人损害的场合,其中的一个或一部分行为人否认自己赔偿责任的可能性非常大。在民事审判工作中,常常碰到这样的情况,数人将一人殴打致耳膜穿孔,判明此伤只系一人所为,但不能证明系谁的行为所致;数人均互相推脱,致使赔偿责任无法确定,造成制裁不力。共同危险行为理论把共同危险行为人视为一个有机的整体,赋予他们以一个加害人的身份。无论怎样,都可以对侵权的违法行为予以民事法律制裁。

(3)有利于消除纷争,促进安定团结。在实践中,因共同危险行为而生的损害是较为常见的,由于没有确立共同危险行为学说,出现这类纠纷,往往使受害人投诉无门,司法机关相互推诿,致使纠纷久拖不决,当事人上访告状,影响社会安定。确立共

---

① 邓大榜:《共同侵权行为的民事责任初探》,载《法学季刊》1982年第3期。

同危险行为学说,可以使人民法院有理有据地对共同危险行为加以制裁,尽早消除纷争,避免对社会的安定团结造成影响。

根据以上分析,在我国确立共同危险行为学说,不仅具有必要性,而且具有现实的可能性,目前只是缺少必要的法律根据。笔者认为,有以下四种办法可供选择:

(1)补充立法,在将来制定的有关单行民事法规中,规定共同危险行为,以补充《民法通则》第130条的规定。

(2)立法解释,即由立法机关对《民法通则》第130条作出扩张解释,说明本条文可以适用于共同危险行为。

(3)司法解释,最高人民法院在《民法通则》的司法解释性文件中对共同危险行为的处理作出规定。

(4)在审判实践中试行。既然共同危险行为的责任基础是共同过错,在实践中,可以依照《民法通则》第106条第2款的规定,作出判决。

以上办法,在目前情况下似以第三种为佳,第四种次之。在经过若干时间的实践取得经验以后,当考虑采用第一或第二种办法。

目前,我国司法实务界对于共同危险行为理论已经普遍采用。《中国审判案例要览》(1993年综合本)中,选用了两个典型的共同危险行为案例:一是姚善富诉鲁君君、李刚、刘小峰侵权损害赔偿案。3名被告均系未成年人,1992年12月21日下午去医院楼顶平台用砖头搭屋玩儿,随手将砖头往楼下扔,其中一块击中赵善富之妻赵银枝头部致其死亡,不能确认是谁扔的砖头。二是马金林诉傅敏吉、曹斌、吴梅侵权损害赔偿案。3名被告亦为未成年人,在15层楼电梯走道内向楼下投酒瓶,其中一个瓶子击中马金林怀抱的2岁男孩马超头上致其死亡,亦不能确认是谁投的瓶子。

审理这两个案子的法院均依据共同危险行为理论,判决由被告的法定代理人共同承担连带赔偿责任,效果是令人满意的。② 根据现在的审判经验以及理论研究,在修改《民法通则》或者制定民法典时,规定共同危险行为的责任,是完全有把握的。

---

② 有关这两个案件的详细情况,参见《中国审判案例要览》(1993年综合本)第599页以下、第608页以下。

论分别侵权行为*

我国侵权责任法理论和实践通常将分别侵权行为称作无过错联系的共同加害行为或者无意思联络的数人侵权行为。笔者依照《侵权责任法》第 11 条和第 12 条规定，主张将其改称为分别侵权行为，并与共同侵权行为、竞合侵权行为和第三人侵权行为共同，构成多数人侵权行为体系。本文对此概念的命名和界定提出以下新看法。

一、我国侵权责任法分别侵权行为概念的发展沿革

1949 年以来，我国侵权责任法关于分别侵权行为概念的发展，归纳起来，可以分为以下四个阶段：

（一）"无名"侵权行为阶段

1949 年以来至 1980 年代，在我国的侵权责任法理论中，没有分别侵权行为的概念。由于这个概念与共同侵权行为概念紧密相关，因而在研究共同侵权行为的理论中涉及分别侵权行为的概念。

在中央政法干部学校民法教研室编著的《中华人民共和国民法基本问题》一书中，有过对于分别侵权行为的描述，即"那些不具备共同致人损害的特征的几个违法行为，它们之间虽有联系，但也不能作为共同致人损害案件处理，不能让行为人负连带赔偿责任。例如，某企业因会计员擅离职守，被小偷偷去现款二百多元。会计员的擅离职守，固然是给小偷造成了便利条件，与损害事实的发生有连系（应为联系——作者注），但会计员与小偷之间并无共同偷窃现款的意思联络，因此令会计员和小偷对企业负连带赔偿责任，显然是不合理的。会计员的擅离职守与小偷的偷窃行为，应根据具体情节分别处理。"① 这里所述的侵权行为，显然是分别侵权行为，与共同侵权行为相异。此外，1989 年出版的《债权法》一书中也有类似的表述。②

20 世纪 80 年代初，学者在讨论共同侵权的构成要件时，有些学者否定意思联络为共同侵权行为的本质要件，承认客观的"共同行为"为共同侵权行为，大大缩小了分别侵权行为的范围。③ 另一些学者则坚持意思联络说，认为如无主体间的意思联络，

---

* 本文发表在《晋阳学刊》2014 年第 1 期，合作者为首都经济贸易大学法学院助理教授陶盈博士。
① 中央政法干部学校民法教研室：《中华人民共和国民法基本问题》，法律出版社 1958 年版，第 331 页。
② 参见覃有土、王亘：《债权法》，光明日报出版社 1989 年版，第 591—593 页。
③ 参见邓大榜：《共同侵权行为的民事责任初探》，载《法学季刊》1982 年第 3 期。

则各人的行为就无法在实质上统一起来,因而也不构成共同侵权行为,行为人之间虽有联系,但不应视为共同致人损害行为。例如某干部出差携带差旅费 300 元,在所住旅社洗澡时,麻痹大意,将 300 元现金压于枕头下,未锁门就出门了。结果所带 300 元全部被小偷偷走。在这里,某干部的麻痹大意,固然是给小偷造成了便利条件,与损害事实的发生有联系,但某干部与小偷之间并没有共同偷窃现款的意思联络。因此,某干部应对自己行为的过错负一定责任,赔偿一定的损失,但是,如令其和小偷对单位负连带赔偿责任,即全部由某干部赔偿损失,显然是不合理的。"④这个案件的性质不是共同侵权行为,也不是分别侵权行为,而是与有过失。⑤ 这个评论显然不当。不过,否定共同过失是共同侵权行为的本质要件,使分别侵权行为的范围大大扩大,这个意见是对的。

1986 年《民法通则》颁布之后,通说认为共同过错是共同侵权行为的本质要件,共同故意构成共同侵权行为,共同过失也构成共同侵权行为,《民法原理》一书对"共同致人损害"的分析⑥、《民法教程》⑦《中国民法教程》⑧等书都对共同侵权行为(共同过错)有深入的讨论,但对分别侵权行为则基本没有论及。这样的做法,与大陆法系通行的做法相同,即从逻辑上推论,不符合共同侵权行为本质要件的数人侵权就是分别侵权行为。不过,在这一时期,没有人这样去论述。

(二)提出"无意思联络的数人侵权"阶段

20 世纪 90 年代初,学界开始提出了"无意思联络的数人侵权"⑨这一概念,认为"无意思联络的数人侵权,是指数人行为事先并无共同的意思联络,而致同一受害人共同损害"⑩,对于共同侵权行为与无意思联络的数人侵权之间的区别已经开始形成初步认识。有学者认为,由于数人在主观上无意思联络,只是因为偶然因素使无意识联络人的各行为偶然结合而造成同一损害结果。使各行为人的行为结合在一起的因素,不是主观因素,而是行为人所不能预见和认识的客观的、外来的、偶然的情况⑪,个别行为偶然聚合而成为损害的原因,每个人的行为只不过是损害产生的一个条件。对于无意思联络的数人侵权,依过错程度确定责任,意味着根据案件的具体情况确定各行为人在损害发生时所具有的不同程度的过错,使过错程度重的行为人承担较重的责任,过错程度轻的行为人承担较轻的责任,而没有过错的人则应被免除责任。⑫

---

④ 伍再阳:《意思联络是共同侵权行为的必要要件》,载《法学季刊》1984 年第 2 期。
⑤ 这个意见错误的根源在于,将干部出差所带的费用作为单位的所有权对待。须知,货币是动产,干部借公款出差,该公款的所有权已经转移为干部所有,单位对干部的权利是债权,而不是物权。
⑥ 参见佟柔主编:《民法原理》,法律出版社 1986 年版。
⑦ 参见江平主编:《民法教程》,中国政法大学出版社 1988 年版。
⑧ 参见马原主编:《中国民法教程》,人民法院出版社 1989 年版。
⑨ 王利明:《侵权行为法归责原则研究》,中国政法大学出版社 1992 年版,第 293 页。
⑩ 王利明等:《侵权行为法》,法律出版社 1996 年版,第 199 页。
⑪ 参见王利明:《民法侵权行为法》,中国人民大学出版社 1993 年版,第 366 页。
⑫ 参见王利明等:《侵权行为法》,法律出版社 1996 年版,第 201 页。

(三)使用"无过错联系的共同致害"或者"无过错联系的共同加害行为"阶段

进入 21 世纪,学者开始普遍使用"无过错联系的共同致害"或者"无过错联系的共同加害行为"等概念,认为无过错联系的共同致害,是指数个行为人事先既没有共同的意思联络,也没有共同过失,只是由于行为上的客观联系,而共同造成同一个损害结果。[13]这样,避免了将共同侵权行为界定为意思联络的狭窄的领域,限缩了无过错联系的共同加害行为概念的外延。

2003 年,最高人民法院《关于审理人身损害赔偿案件适用法律若干问题的解释》第 3 条第 2 款规定了既无共同故意又无共同过失的共同加害行为,在我国在司法解释中第一次肯定了这个概念,其中使用了"分别"一词,等于承认了分别侵权行为的概念。该条款的内容是:"二人以上没有共同故意或者共同过失,但其分别实施的数个行为间接结合发生同一损害后果的,应当根据过失大小或者原因力比例各自承担相应的赔偿责任。"这是当时最为权威的无过错联系的共同加害行为的规定。2009 年,《侵权责任法》第 11 条和第 12 条使用"分别实施"的侵权行为这一概念,对此作出肯定的规定。在学说上,就将这种侵权行为称为无过错联系的共同侵权行为[14],或者无意思联络的共同侵权行为中的原因力可分的侵权行为。[15]这些概念都比较冗长,使用起来不够方便,也不够简洁。

(四)提出"分别侵权行为"概念的阶段

《侵权责任法》公布实施之后,对无过错联系的共同加害行为的研究开始了新阶段。2011 年,就有学者使用"分别侵权"的概念。[16] 2012 年,笔者使用了分别侵权行为的概念,认为"分别侵权行为就是无过错联系的共同加害行为。将《侵权责任法》第 12 条规定中的'分别实施'概念提炼出来,确定无过错联系的共同加害行为就是分别侵权行为,是非常贴切的。按照《侵权责任法》第 12 条的规定,分别侵权行为的后果是发生按份责任,每个行为人只对自己的行为后果承担侵权责任,不存在连带责任的问题。"[17] 2013 年,笔者再次使用了这个概念,认为分别侵权行为在表现形式上,行为人在主观上不关联,在客观上也不关联,仅仅是损害后果相关联,其后果是按份责任。[18]在此基础上,建立多数人侵权行为与多数人侵权责任之间的对应关系,即共同侵权行为对应连带责任,分别侵权行为对应按份责任,竞合侵权行为对应不真正连带责

---

[13] 参见杨立新:《侵权法论》(上册),吉林人民出版社 2000 年版,第 325—328 页。
[14] 参见杨立新:《〈中华人民共和国侵权责任法〉条文释解与司法适用》,人民法院出版社 2010 年版,第 66 页。
[15] 参见张新宝:《侵权责任法立法研究》,中国人民大学出版社 2009 年版,第 245—246 页。
[16] 参见竺效:《论无过错联系之数人环境侵权行为的类型——兼论致害人不明数人环境侵权责任承担的司法审理》,载《中国法学》2011 年第 5 期。
[17] 杨立新:《多数人侵权行为及责任理论的新发展》(本书第 1540 页),载《法学》2012 年第 7 期。
[18] 参见杨立新:《论竞合侵权行为》(本书第 1609 页),载《清华法学》2013 年第 1 期。

任,第三人侵权行为对应第三人责任,形成了严密的逻辑关系体系。[19]至此,分别侵权行为概念被推到侵权责任法理论的前台,接受理论和实践的检验。

二、分别侵权行为概念的比较法研究

为了进一步准确揭示分别侵权行为概念的内涵和外延,笔者对这个概念进行了比较法研究,为确立这一概念的论证提出更为准确的法理基础。

(一)德国法

传统的德国侵权法对数人侵权行为以连带责任为基础。1887年公布的《德国民法典》第一草案第714条规定,数个行为人通过共同行为,如教唆人、实行行为人、辅助人,造成一项损害的,他们作为连带债务人负责。当数个行为人造成了损害,虽然他们没有实施共同行为,但是各自损害的份额无法查明的,亦同。[20]反之,以逻辑推论,数个行为人既不是共同行为人,各自的损害份能够查明,就不认为是共同侵权行为,当然就不必承担连带责任。这种侵权行为其实就是分别侵权行为。

1900年实施的《德国民法典》第830条规定了共同侵权行为。德国的学说和判例通常认为该条中的"共同",系指主观的共同,即有共同意思联络[21],因而共同侵权行为的范围较窄,不利于救济受害人。近几十年来,德国法从扩大责任范围、及时填补受害人的损失出发,也认为数人虽无意思联络,但若各人对损害所产生的部分无法确定者,应负共同侵权的连带赔偿责任。[22]但是值得重视的是,近年来出现了对于多家企业的经营活动造成的大规模损害案件中适用按份责任的讨论。这类产品责任、环境污染责任案件之所以不同于《德国民法典》第830条第1项第2句规定的对"关系人"课以连带责任的情形,是因为大规模侵权案件中的被告企业往往只是造成损害的部分侵权行为主体,出于公平原则的考虑,由其承担全部责任不利于企业成长和经济的发展。此外,《德国民法典》第830条第1项第2句规定的情形主要是规范复数"关系人"与单个被害人之间的关系,在大规模侵权案件中,由于侵权人和受害人均规模庞大,具有较明显的特殊性,参考美国20世纪80年代出现的"市场份额原则",德国理论界也出现了较多针对连带责任的反思。在医疗过失领域中适用按份责任的主张也引发了关注,讨论基于医生的过失责任与患者的个人体质等差异性以及医学发展水平的限制之间的关系,按照因果关系及原因力理论进行责任的划分。对于事先没

---

[19] 参见杨立新:《多数人侵权行为及责任理论的新发展》(本书第1540页),载《法学》2012年第7期。
[20] Haben mehrere durch gemeinsames Handeln, sei es als Anstifter, Thäter oder Gehülfen, einen Schaden verschuldet, so haften sie als Gesammtschuldner. Das Gleiche gilt, wenn im Falle eines von mehreren verschuldeten Schadens von den mehreren nicht gemeinsam gehandelt, der Antheil des Einzelnen an dem Schaden aber nicht zu ermitteln ist.
[21] 参见王泽鉴:《民法学说与判例研究》(第一册),北京大学出版社2009年版,第50页。
[22] 参见王泽鉴:《民法学说与判例研究》(第一册),北京大学出版社2009年版,第50页。

有意思联络的多人同时或先后利用某一机会从事侵权行为,而各个侵权行为并不能导致全部后果的,例如哄抢、打砸行为,虽无法查明每个参与侵权人所造成的具体损害份额,但能够确定每个侵权人都只是造成最后损害后果的一部分,适用《德国民事诉讼法》第287条的规定[23],即法官通过自由裁量可以确定参与共同侵权人具体承担损害赔偿的份额。[24]这显然与分别侵权行为有关。

共同侵权行为范围的扩大,后果是分别侵权行为范围的缩小。尽管德国侵权法并无分别侵权行为的概念,但实际情况必然如此。

(二)法国法

《法国民法典》在关于侵权行为和准侵权行为的规定中,没有规定共同侵权行为和不构成共同侵权行为的数人侵权。但在司法实践中,认可共同责任人的整体(in solidum)债务。1970年4月29日,最高法院第二民事庭认为,同一损害的每一个责任人均应被判处赔偿全部损害,而没有必要考虑本案法官在不同的责任人之间进行的责任分割。这种责任分割仅涉及不同责任人之间的相互关系,而不涉及他们对受害当事人的债务的范围。[25]可见法国的共同侵权行为的范围比较宽泛。同样,《法国民法典》也没有对分别侵权行为作出规定,依据逻辑推理,不符合共同侵权行为的数人侵权,应当就是分别侵权行为。

法国法系的其他各国民法差不多都采取法国法的这种做法,但源自法国法系的《魁北克民法典》第1478条却规定:"数人引起的损害,依他们各自过错的严重程度的比例分担责任。"同样,第1480条规定:"数人共同参与了导致损害的过错行为或分别犯有可以导致损害的过错的,在这两种情形,如不能确定损害实际上由他们中的何人或诸过错中的何过错引起,则他们就赔偿此等损害负连带责任。"按照这样的规定,在多数人侵权行为中,原则上是分别侵权行为,由行为人分担责任,在共同参与的共同侵权行为和共同危险行为中,才承担连带责任。从立法逻辑上观察,这样的做法与通常规定共同侵权行为,将分别侵权行为作为例外的做法相反,不仅与法国法系的做法有所区别,与德国法系的做法也不相同,值得认真研究。

(三)日本法

《日本民法典》对于共同侵权行为的规定基本与《德国民法典》一致,而学界的解释论却深受法国因果关系理论的影响。《日本民法典》第719条[26]只规定了复数原因行为

---

[23] 德国《新民事诉讼法》第287条第1款第1句规定:"当事人对于是否有损害、损害的数额以及应赔偿的利益额有争论时,法院应考虑全部情况,经过自由心证,对此点作出判断。"
[24] 参见朱岩:《当代德国侵权法上因果关系理论和实务中的主要问题》,载《法学家》2004年第6期。
[25] 参见罗结珍译:《法国民法典》,法律出版社2005年版,第1091页。
[26] 《日本民法典》第七百十九条规定:"数人が共同の不法行為によって他人に損害を加えたときは、各自が連帯してその損害を賠償する責任を負う。共同行為者のうちいずれの者がその損害を加えたかを知ることができないときも、同様とする。行為者を教唆した者及び幇助した者は、共同行為者とみなして、前項の規定を適用する。"

人引发损害中的三种情况,即第一项前段的狭义共同侵权行为,第二项的教唆、帮助行为,以及第三项的加害人不明的情形,并没有像《德国民法典》第 830 条或日本旧民法第 378 条那样,设立一般性的复数原因行为人引发损害的规定。《日本民法典》虽然通过第 719 条规定共同侵权行为应当承担连带赔偿责任,但是对于共同侵权行为的定义并不明确。对于该条第 1 项前段的共同侵权行为的成立要件,立法者认为有必要存在共同的意思,但判例采纳了存在客观的关联共同性的认定标准,如山王川诉讼[最高裁判所判决昭和 43 年(1968 年)4 月 23 日判例时报 519·17]、四日市诉讼[津地四日市支判昭和 47 年(1972 年)7 月 24 日判例时报 672·30]等判决结果,认为不需要侵权行为人之间存在意思联络或共同的认识,只需要客观上共同侵害了他人权利即可。但认为山王川诉讼是单独的侵权行为的观点也不在少数,近年来学说中主张只有客观性要素并不充分,还应当存在某些主观性要素的观点,认为客观性要素和主观性要素应当并用的观点,以及应当重视共同行为人的实质性关系的观点都是较为有力的主张。[27] 可见,日本侵权法尽管没有直接规定和特别研究分别侵权行为,但不符合共同侵权行为要求的数人侵权就是分别侵权行为的见解,则是一致结论。

(四) 英国法

普通法国家没有共同侵权行为或分别侵权行为的概念,但通过大量的判例形成了一系列裁判规则。英国学者约翰·萨尔曼德认为,英国侵权法对此问题的观点是,"数人若没有共同实施不法行为,但造成共同的损害结果,应对此结果在法律上和事实上负责",但只应"分别对同一损害负责,而不是共同对同一损害负责"。[28] 这一意见特别鲜明地表明了分别侵权行为的存在和地位。英国法学家帕特里克·阿蒂亚则总结了英国法中两种连带责任的情形,即"协同行动的数侵权人对全部损害负责,即使可以确定每个人对最终损害的贡献,协助或鼓励他人请求的也是如此",以及"对于数人虽非协同行动,但因过错行为相结合导致损害的,全体须对全部损害负责,只要无法区分个人的贡献"。这一主张区分了协同行动致害与偶然结合致害,认为前者承担连带责任,而后者在可以区分出不同行为人导致之损害时,不承担连带责任。[29] 帕特里克·阿蒂亚的这个论述,区分了共同侵权行为与分别侵权行为的基本界限。

(五) 美国法

美国侵权法上的连带责任适用范围经历了近代扩张和现代萎缩的起伏历史,近 30 年来,美国各州的侵权法呈现了倾向对连带责任的废除与限制的趋势。2000 年美

---

[27] 参见〔日〕塩崎勤编著,『判例にみる共同不法行為責任』,新日本法规出版、2007 年 3 月 19 日、436—439 頁。

[28] 王利明:《侵权行为法归责原则研究》,中国政法大学出版社 2004 年版,第 357 页。

[29] See Patrick Atiyah, Peter Cane, *Atiyah's Accidents, Compensation and the Law*, Weidenfeld and Nicholson, London, 1980, 4th. pp. 140 – 141. 转引自叶金强:《共同侵权的类型要素及法律效果》,载《中国法学》2010 年第 1 期。

国法学会《侵权法重述(第三次)·责任分担编》第11条规定了单独责任的效力[30],第17条规定了独立侵权行为人的连带责任或单独责任[31],第18条则是关于数个侵权行为人对不可分伤害的责任的规定。[32] 由于损害的不可分性是适用连带责任的关键,而除了数个被告单独造成的损害,如下情况也被认为是可分害:第一,一被告造成了全部损害,而另一被告只造成了部分损害;第二,被告造成了部分损害,而合法行为造成了其他损害;第三,数个相继造成的损害;第四,受害人自己行为造成的可分损害。[33] 如果属于可分损害,则先不考虑其侵权责任分担的问题,而是将可分损害分割为数个不可分损害后再讨论责任的分担,这在一定程度上限制了连带责任的广泛应用。单独责任的概念,就是按份责任的概念。美国侵权法关于数人侵权的单独责任的规定,就是分别侵权行为承担按份责任的规则。

值得重视的是美国侵权法提出的市场份额规则。美国加利福尼亚州上诉法院1980年审理的辛德尔诉阿伯特制药厂案(Sindell V. Abbott Laboratories),被告为制造安胎药之药商,该药物名为 diethylstilbestrol,简称 DES,行销多年后发现其中含有致癌物质,服用该药之孕妇日后产出之女婴,易罹患癌症。原告辛德尔的母亲曾于怀孕期间经由医师处方服用该种药物,致使原告成年后患有癌症。原告以生产该药而市场占有率共计5家药商为共同被告(实际生产厂商约有200家),起诉请求损害赔偿。一审事实审法院驳回原告之诉。上诉审法院判决原告胜诉,认定5家药商均有过失,每家药商须为损害之发生负全部之赔偿责任(连带责任)。阿伯特化工厂(Abbott Laboratories)上诉至加州最高法院,判决原判决废弃,各个被告公司不须负全部之赔偿责任,仅须依其产品之市场占有率比例分担之(按份责任)。[34] 加州最高法院确定五家药商对同一损害须负责任,但以按份责任确定,独具新意,引发了前述德国的讨论,以及我国《侵权责任法》第67条规定的确立。

(六)我国台湾地区法

我国台湾地区"民法"第185条第1款规定:"数人共同不法侵害他人之权利者,连带负损害赔偿责任。不能知其中孰为加害人者,亦同。"这一规定采自德国立法例,至为明显。在解释上,认为共同侵权行为者,数人共同不法侵害他人权利或利益之行

---

[30] 《美国侵权法重述(第三次)·责任分担编》第11条:"当依据适用的法律,某人对受害人的不可分损害承担单独责任时,该受害人仅可以获得该负单独责任者在该受害人应得赔偿额中的比较责任份额。"

[31] 《美国侵权法重述(第三次)·责任分担编》第17条:"如有两人或多人的独立侵权行为构成某一不可分损害的法律原因,将由该案司法管辖区的法律确定这些侵权人应否承担连带责任、单独责任或连带责任与单独责任的某种混合责任形态。"

[32] 《美国侵权法重述(第三次)·责任分担编》第18条:"如果两个或两个以上人的独立侵权行为均构成一不可分损害的法律原因,每个人均对事实调查人分配给该人的原告损害赔偿的比较责任份额承担单独责任,适用本重述第12条例外规定的除外。"

[33] 参见王竹:《侵权责任分担论——侵权损害赔偿责任数人分担的一般理论》,中国人民大学出版社2009年版,第17—23页。

[34] 参见潘维大:《英美侵权行为法案例解析》(上),台北瑞兴图书股份有限公司2002年版,第270页。

为也。㉟具体包括主观(意思联络)共同加害行为和客观行为关联共同的共同加害行为,其后果都是由各行为人承担连带责任。㊱在实务中认为,各行为人既无意思联络,其行为又无关连共同者,非共同侵权行为,例如他人所有物而为数人个别所侵害,若各加害人并无意思上之联络,只能由各加害人各就其所加害之部分,分别负赔偿责任。㊲所谓的非共同侵权行为,自然就是分别侵权行为;分别负赔偿责任,当然是按份责任。这个结论自属当然。

(七)比较结论

1. 立法例

通过上述比较法的研究可以看到,各国规范分别侵权行为,主要采取以下方式进行:

(1)间接承认分别侵权行为。这种做法是通过立法规定共同侵权行为,确定不符合共同侵权行为要件的数人侵权行为的数个行为人各自承担侵权责任的方式,间接承认分别侵权行为,即非共同侵权行为。台湾地区司法实务关于各行为人既无意思联络,其行为又无关连共同者,非共同侵权行为,分别负赔偿责任的观点,特别具有典型性。

(2)直接确认分别侵权行为。这种立法例是直接承认分别侵权行为,并将共同侵权行为的连带责任作为特例规定。对此,《加拿大魁北克民法典》第1478条和第1480条规定是最具有特色的。第1478条直接规定分别承担侵权责任的数人侵权即分别侵权行为,其中符合连带责任条件的,方承担连带责任。

(3)判例法普遍承认单独责任的分别侵权行为。在英美法系侵权法中,对于承担单独责任的数人侵权行为,尽管没有界定其称谓,但明确认为数人若没有共同实施不法行为,但造成共同的损害结果,应对此结果在法律上和事实上负责,分别对同一损害负责,而不是共同对同一损害负责,是极为明确的。英美法上的单独责任,其实就是大陆法系侵权法的按份责任,承担按份责任的侵权行为当然就是分别侵权行为。

2. 立法发展趋向

经过比较法的分析可以看到,在立法上,英美法侵权法是确认承担单独责任的数人侵权的。在大陆法系,一方面,在更多的领域采用按份责任的方法,限制共同侵权行为的连带责任范围,例如市场份额规则的做法;另一方面,出现单独规定承担按份责任的多数人侵权的直接的立法例,对分别侵权行为的间接立法例似乎也在变化中。我国《侵权责任法》不仅规定共同侵权行为及其连带责任,而且特别规定分别侵权行为及其责任,将两者并立于多数人侵权行为的概念体系之中,完全符合世界侵权法的发展趋势,应当继续坚持和发展,并且提出完善的理论,使之汇入世界侵权法发展的

㉟ 参见郑玉波著、陈荣隆修订:《债法总论》,中国政法大学出版社2004年版,第140页。
㊱ 参见王泽鉴:《侵权行为》,北京大学出版社2009年版,第356、360页。
㊲ 台上字第1960号判决书,参见刘清景主编:《民法实务全览》(上册),学知出版事业股份有限公司2000年版,第370页。

潮流中来,并发挥引导作用。

三、分别侵权行为概念的内涵界定

(一)称谓的选择

对于《侵权责任法》第11条和第12条规定的、带有"分别"二字的多数人侵权行为类型,究竟应当如何称谓,我国学界有无意思联络的数人侵权责任[38]、无意思联络的数人侵权行为[39]、数人承担按份的侵权责任[40]、无过错联系的共同加害行为[41]以及分别侵权行为[42]等概念的不同主张。究竟应当用何种概念称谓这种侵权行为形态为妥,分析如下:

(1)凡是用"无意思联络"字样的概念,都不能界定这种侵权行为的特征,也不能以其与共同侵权行为相区别。所谓无意思联络,就是指数行为人之间不具有共同故意。问题是,我国《侵权责任法》第8条规定的共同侵权行为并非以共同故意为界限,而是包括客观的共同侵权行为。其中"共同"的含义:一是共同故意;二是共同过失;三是故意行为与过失行为相结合,而并非只包括共同故意。[43] 既然如此,将这种侵权行为形态称之为"无意思联络",就会与第8条规定中的共同过失、故意行为与过失行为相结合的形态相混淆,无法区分其界限,因此不宜适用。

(2)"数人承担按份的侵权责任"这种概念也有不当:一是这个概念过于冗长,不适宜使用;二是"按份的"侵权责任不能包含第11条规定的情形,将承担连带责任的分别侵权行为排斥在外,只能包含第12条规定的情形。

(3)无过错联系的共同加害行为或者无过错联系的数人侵权这两个概念都是比较准确的,与分别侵权行为概念的内涵基本相等,但其缺陷是概念称谓过于冗长,不如分别侵权行为这个概念更为简洁,更为准确。

基于以上分析,对于《侵权责任法》第11条和第12条使用"分别实施"一词规定的侵权行为形态,直接称其为分别侵权行为,既符合这两个条文的内容,又直接使用的是条文的"分别"概念,应当是一个最好的选择。

(二)分别侵权行为概念内涵的界定

对分别侵权行为概念的界定,学者的意见各不相同。有人认为,所谓无意思联络的数人侵权,指数个行为人并无共同的过错而因为行为偶然结合致受害人遭受同一

---

[38] 参见王利明:《侵权责任法研究》(上卷),中国人民大学出版社2010年版,第569页;程啸:《侵权责任法》,法律出版社2011年版,第270页。
[39] 参见王成:《侵权责任法》,北京大学出版社2011年版,第117页。
[40] 参见张新宝:《侵权责任法》,中国人民大学出版社2010年版,第47页。
[41] 参见杨立新:《侵权责任法》,法律出版社2012年第2版,第123页。
[42] 参见杨立新:《多数人侵权行为及责任理论的新发展》(本书第1540页),载《法学》2012年第7期。
[43] 参见王胜明主编:《〈中华人民共和国侵权责任法〉条文理解与立法背景》,人民法院出版社2010年版,第47页。

损害。⑭ 有人认为,数人承担按份的侵权责任,是指数个责任主体承担共同侵权责任之情形,每一个责任主体只对其应当承担的责任份额负清偿义务,不与其他责任主体发生连带关系的侵权责任。⑮有人认为,无过错联系的共同加害行为是指数个行为人事先既没有共同的意思联络,也没有共同过失,只是由于行为在客观上的联系而共同造成同一个损害结果。⑯ 有人认为,无意思联络的数人侵权是指数个行为人并无共同的过错,但由于数个行为的结合而导致同一损害后果的侵权行为。⑰

上述这些概念界定,在基本问题上是一致的,都有道理,但应注意的是,界定分别侵权行为不能特别强调按份责任,因为《侵权责任法》第 11 条承担的责任不是按份责任而是连带责任,强调按份责任就将其排斥在分别侵权行为之外。

笔者主张采用下述定义:分别侵权行为是指数个行为人分别实施侵权行为,既没有共同故意,也没有共同过失,只是由于各自行为在客观上的联系,造成同一个损害结果的多数人侵权行为。

分别侵权行为具有以下法律特征:

1. 两个以上的行为人分别实施侵权行为

分别侵权行为最基本的特征,是行为人为两人以上,因此符合多数人侵权行为的要求,属于多数人侵权行为的范畴。

两个以上的行为人实施的行为是分别进行的。所谓"分别",与《侵权责任法》第 8 条的"共同"相对应,含义是:第一,数个行为人各自进行,自己实施自己的侵权行为,客观上没有关连共同;第二,各个行为人在各自实施侵权行为时,没有主观上的联系,既没有共同故意,也没有共同过失。分别侵权行为人实际上对于其他各自实施造成他人损害的行为不知情,如果数个行为人有主观上的联系,就不构成分别侵权行为。

2. 数个行为人实施的行为在客观上针对同一个侵害目标

分别侵权行为的数个行为人在实施侵权行为时,尽管没有主观上的联系,但在客观上,每一个行为人实施的侵权行为实际上都针对同一个侵害目标。

所谓同一个侵害目标:一是指受害人是同一主体;二是指受到损害的是同一主体的民事权利,通常是同一个权利,也有特例。在数个行为人分别实施侵权行为时,受到侵害的是同一主体的同一个权利,当然是同一个侵害目标;受到侵害的是同一主体的不同权利,例如有的行为人侵害的是同一主体的人身权利,有的行为侵害的是同一主体的财产权利,由于受到侵害的权利的性质不同,不能构成分别侵权行为,而是不同的侵权行为;但在数个行为人实施的侵权行为侵害的是同一主体且性质相同的不同权利时,例如数个行为侵害了同一受害人的姓名权、名誉权,则构成分别侵权行为。

所谓的实际上,是说数个行为人实施的行为在客观上目标一致。数个行为人在

---

⑭ 参见王利明:《侵权责任法研究》(上卷),中国人民大学出版社 2010 年版,第 569 页。
⑮ 参见张新宝:《侵权责任法》,中国人民大学出版社 2010 年版,第 47 页。
⑯ 参见杨立新:《侵权责任法》,法律出版社 2012 年第 2 版,第 123 页。
⑰ 参见王成:《侵权责任法》,北京大学出版社 2011 年版,第 117 页。

实施行为时,针对的同一个侵害目标并非出自行为人的本意,而是每一个行为人自己的主观选择,或者客观地针对着这个侵害目标。主观选择,是行为人故意实施的侵权行为,或者过失实施的侵权行为(懈怠),对于侵害目标是有选择的,有明确的目的,或者存在侵害该目标的意向。客观地针对着该侵害目标,是实施过失行为(疏忽)或者在无过错责任原则情形下,侵权行为针对着该侵害目标。不论故意或者过失,数个行为人之间对于同一个侵害目标不是共同选择,而是分别针对,在主观上没有关联。

3. 每一个人的行为都是损害发生的共同原因或者各自原因

分别侵权行为的数个行为人的行为都作用于同一侵害目标,是损害发生的共同原因,或者是损害发生的各自原因。共同原因,是数个行为人的行为结合在一起,共同作用于受害人的权利,集中地造成了受害人的同一个损害。各自原因,是数个行为人的行为分别作用于受害人的权利,造成了受害人同一权利的损害后果。前者例如,有缺陷的淋浴热水器与有缺陷的漏电保护器两件产品结合在一起,共同造成洗浴的人的死亡后果。[48] 后者例如,数个行为人中有的进行诽谤,有的进行侮辱,使同一个受害人受到名誉损害。

在分别侵权行为中,就数个侵权行为对于损害发生的原因力而言,有两种情形:一是数个行为人行为的原因力相加,等于100%;二是数个行为人行为的原因力相加,超过100%。前者如淋浴器与漏电保护器的结合。后者例如两个行为人先后向他人饲料中投毒,均有100%的原因力,相加为200%。在分别侵权行为中,前者的原因力比例对于分担责任具有决定性作用,原因力决定责任份额;后者的原因力将导致责任的连带承担,内部份额的确定应当按照原因力相加并处以行为人数的比例确定。

4. 造成了同一个损害结果且该结果可以分割

分别侵权行为的一个本质特点,是虽然造成了一个损害结果,但该结果可以分割。在对物的损害中,这种情形尤为明显。例如,甲用汽车运送的现金因肇事撒落,数人涌上争抢,每个人对受害人造成的损害就是可分的。如果受害人所受到的损害不能分割,就有可能属于客观关连共同的共同侵权行为,不构成分别侵权行为。

上述关于对分别侵权行为概念的法律特征的分析,都比较抽象。如果从司法实践的角度进行研究,实际上在数人实施的侵权行为中,排除了竞合侵权行为和第三人侵权行为之后,分为四个等级:①主观的共同侵权行为;②客观的共同侵权行为;③分别侵权行为;④各行为人的单独侵权行为。对于那些不符合客观的共同侵权行为要求的二人以上的行为人实施的侵权行为,又不是各个行为人单独实施的侵权行为的,就是分别侵权行为。

(三) 与其他多数人侵权行为的联系与区别

1. 分别侵权行为与共同侵权行为

分别侵权行为与共同侵权行为都是多数人侵权行为,其行为主体都是复数即二

---

[48] 参见王利明:《侵权责任法研究》(上卷),中国人民大学出版社2010年版,第569—570页。

人以上,都是造成同一个损害结果。分别侵权行为与共同侵权行为的主要区别是:

(1)行为人实施侵权行为的性质不同:一为分别实施;二为共同实施。分别者,为各自实施,行为人之间在主观上没有相互联系。共同者,为共同实施,数个行为人或者在主观上相联系,具有主观的意思联络,或者在客观上有联系,数个行为结合在一起,造成同一个损害结果。

(2)造成的同一个损害后果是否可分。损害后果可分的,一般是分别侵权行为;损害后果不可分的,一般是共同侵权行为,通常是客观的共同侵权行为。主观的共同侵权行为不作此区分,因为主观方面已经能够将分别侵权行为和共同侵权行为相区别。

2. 分别侵权行为与竞合侵权行为

竞合侵权行为是指两个以上的民事主体作为侵权人,有的实施直接侵权行为,与损害结果具有直接因果关系,有的实施间接侵权行为,与损害结果的发生具有间接因果关系,行为人承担不真正连带责任的多数人侵权行为形态。[49] 分别侵权行为与竞合侵权行为尽管都是多数人侵权行为,行为人都是二人以上,也都是造成同一个损害结果,但二者的主要区别是:

(1)分别侵权行为的数个行为人实施的行为都是直接侵害被侵权人的权利的行为,不存在具有间接因果关系的间接行为人;而在竞合侵权行为的数个行为人中,有的行为人实施的行为是直接行为,有的实施的行为是间接行为。

(2)在竞合侵权行为中,有的行为是损害发生的全部原因,具有百分之百的原因力,有的行为仅是损害发生的间接原因,属于提供必要条件或者提供机会的性质;而分别侵权行为的数个行为人的行为都是损害发生的直接原因,都具有直接的原因力。

(3)竞合侵权行为造成的损害结果就是直接行为引发的,直接行为是损害发生的全部原因,造成的损害结果不存在是否可分的问题,与分别侵权行为的同一损害结果须为可分的情形完全不同。

3. 分别侵权行为与第三人侵权行为

第三人侵权行为是指第三人由于过错,通过实际加害人的直接行为或者间接行为,造成被侵权人民事权利损害,应当由第三人承担侵权责任、实际加害人免除责任的多数人侵权行为。第三人侵权行为的最主要特点是实际加害人造成损害,第三人的过错是全部原因,造成的损害行为只有这一个,只有第三人承担责任,实际加害人不承担责任;实际加害人的行为尽管是造成损害的原因,但其对损害的发生毫无过错。而分别侵权行为中的每一个行为人都是造成实际损失的加害人,每一个行为人对于损害的发生都有过错,每一个行为人都是责任人。因此,第三人侵权行为与分别侵权行为尽管都是多数人侵权行为,但在性质上有原则区别。

---

[49] 参见杨立新:《论竞合侵权行为》(本书第1609页),载《清华法学》2013年第1期。

四、分别侵权行为概念的外延界定

(一)分别侵权行为概念的外延

《侵权责任法》规定的分别侵权行为究竟包括哪些内容,学者的意见并不相同。

一种意见认为,分别侵权行为只包括第 12 条规定的内容,即只有承担按份责任的分别侵权行为,第 11 条规定的情形属于叠加的共同侵权行为,不属于共同侵权行为。[50]这种意见的基础,是认为凡是分别侵权行为都承担按份责任,将承担连带责任的第 11 条规定的情形放在共同侵权行为概念之中,使多数人侵权行为的类型以责任形态作为标准,划分比较整齐,逻辑更加清晰。

另一种意见认为,将《侵权责任法》第 11 条和第 12 条都作为一种类型的侵权行为形态划分,都是无意思联络的数人侵权,分别称之为"累积因果关系的无意思联络数人侵权"和"聚合因果关系的无意思联络数人侵权"[51],也有学者称之为"多数人无过错联系但承担连带责任的分别侵权"与"多数人无过错联系但承担按份责任的分别侵权"。[52]

这两种不同意见的焦点,在于将《侵权责任法》第 11 条规定的侵权行为认定为共同侵权行为还是分别侵权行为。依据第 11 条内容观察,对侵权行为的表述是"分别实施侵权行为",对后果责任的表述是"连带责任"。如果依据责任后果的规定将其界定为共同侵权行为,没有特别的错误;依据对侵权行为的表述将其界定为分别侵权行为,则更为准确。将其界定为共同侵权行为的好处是,责任后果与共同侵权行为同属于一个类型,都承担连带责任,且与规定共同侵权行为、教唆帮助行为和共同危险行为相衔接,似乎顺理成章;同时,共同侵权行为增加一个类型,分别侵权行为减少一个类型。如果将其界定为分别侵权行为,则分别侵权行为的外延比较复杂,将有两种不同的分别侵权行为,分别承担按份责任或者连带责任;同样,共同侵权行为减少一个类型,分别侵权行为增加一个类型。

经过比较分析研究,将《侵权责任法》第 11 条规定的侵权行为界定为共同侵权行为还是分别侵权行为的利弊相差无几。不过,有一个重要的决定性问题,既然《侵权责任法》第 11 条对侵权行为的表述是"分别实施侵权行为",第 12 条对侵权行为的表述也是"分别实施侵权行为",因而从行为形态的角度进行界定,应当认定第 11 条和第 12 条规定的侵权行为类型是同一种侵权行为形态,即分别侵权行为。因此,笔者告别原来的主张,采用现在的这种主张。

---

[50] 参见杨立新:《侵权责任法》,法律出版社 2012 年第 2 版,第 124、113 页。

[51] 王利明:《侵权责任法研究》(上卷),中国人民大学出版社 2011 年版,第 572 页。

[52] 竺效:《论无过错联系之数人环境侵权行为的类型——兼论致害人不明数人环境侵权责任承担的司法审理》,载《中国法学》2011 年第 5 期。

《侵权责任法》第 11 条规定的分别侵权行为究竟应当怎样称谓,有的称为"累积的"[53],有的称为"叠加的"[54],有的称为"承担连带责任的"。[55] 笔者认为,"累积的"表述只表述了行为原因重合的形式,属于定性表述,而不是定量表述。"承担连带责任"的表述则过于直白,没有将这种侵权行为固定称谓。"叠加的"表述,既有定性表述,又有定量表述,因此,称之为叠加的分别侵权行为,更为明确、准确。

《侵权责任法》第 12 条规定的分别侵权行为,由于过去将分别侵权行为只界定为这一种,因此不存在命名的问题。[56]将叠加的分别侵权行为归并为分别侵权行为之后,对此必须命名,以与叠加的分别侵权行为相区别。对此,有的将其称之为"数人承担按份的"[57],有的称之为"承担按份责任的"[58],有的称之为"聚合的"或者"以部分因果关系表现的"。[59]这些表述都对,但是,笔者的意见是,称作典型的分别侵权行为可能会更好,因为在通常情况下,凡是分别侵权行为就应当承担按份责任,而叠加的分别侵权行为是分别侵权行为的非典型形态。不过,"典型的"表述与"聚合的""承担按份责任的"或者"以部分因果关系表现的"表述都没有实质的区别。

据此,分别侵权行为概念的外延包括典型的分别侵权行为和叠加的分别侵权行为。在分别实施侵权行为的数人中,一人的侵权行为足以导致全部损害的发生,而另一人的侵权行为却仅能造成部分损害的情形[60],究竟属于叠加的分别侵权行为,还是属于典型的分别侵权行为,有的归之于典型的分别侵权行为[61],有的归之于叠加的分别侵权行为。[62] 笔者认为,这种情形尽管《侵权责任法》没有明确规定,应当属于两种分别侵权行为类型的中间状态,更侧重于原因力的叠加,应当属于部分叠加或者半叠加的分别侵权行为。

故分别侵权行为的外延可以界定为:分别侵权行为分为典型的分别侵权行为和叠加的侵权行为两种;叠加的分别侵权行为分为全部叠加的分别侵权行为与半叠加的分别侵权行为。

(二)典型的分别侵权行为

1. 典型的分别侵权行为的概念和特点

典型的分别侵权行为,是指数个行为人分别实施侵权行为,既没有共同故意,也没有共同过失,只是由于行为人各自行为在客观上的联系而造成同一个损害结果,应

---

[53] 王利明:《侵权责任研究》(上卷),中国人民大学出版社 2011 年版,第 572 页。
[54] 张新宝:《侵权责任法》,中国人民大学出版社 2010 年第 2 版,第 45 页。
[55] 王成:《侵权责任法》,北京大学出版社 2011 年版,第 117 页。
[56] 参见杨立新:《多数人侵权行为与责任理论的新发展》(本书第 1540 页),载《法学》2013 年第 1 期。
[57] 张新宝:《侵权责任法》,中国人民大学出版社 2010 年第 2 版,第 47 页。
[58] 王成:《侵权责任法》,北京大学出版社 2011 年版,第 117 页。
[59] 王利明:《侵权责任法研究》(上卷)》,中国人民大学出版社 2010 年版,第 572、576 页。
[60] 参见程啸:《侵权责任法》,法律出版社 2011 年版,第 274 页。
[61] 参见程啸:《侵权责任法》,法律出版社 2011 年版,第 274 页。
[62] 参见杨立新:《侵权责任法》,法律出版社 2012 年版,第 113 页。

当承担按份责任的分别侵权行为。

典型的分别侵权行为与共同侵权行为最为相似,二者相比较,显著区别有以下四点：

(1)在主观上,分别侵权行为人没有共同过错,既不存在主观上的意思联络,也不可能对自己的行为会与他人的行为发生结合造成被侵权人的同一损害有事先的预见,既没有共同故意也没有共同过失。而共同侵权行为在主观方面有的是具有共同的意思联络,或者具有共同过失。

(2)在客观上,分别侵权行为的数个行为人的行为是分别实施的,尽管造成了同一个损害结果,但该损害结果是可以分割的,而不是不可分割。而客观的共同侵权行为中的数个行为人虽然既没有共同故意或者共同过失,但是他们的行为紧密关联,构成了一个侵权行为,造成了同一个损害,而且该损害结果是不可以分割的。

(3)在行为的表现形式上,分别侵权行为的每一个行为人实施的行为,都是一个个的单独行为,是行为人分别实施的数个侵权行为,只是由于行为在客观上造成了同一个损害结果。而共同侵权行为是一个侵权行为,即使数人实施,但该数个行为在主观上关连共同,或者在客观上关连共同,构成完整的、单独的、独立的侵权行为,在行为的数量上只是一个侵权行为。

(4)在后果上,分别侵权行为承担的法律后果是按份责任,每一个行为人只对自己的行为引起的损害后果承担按份责任,而不是对整体的行为后果承担连带责任。而共同侵权行为承担的法律后果是连带责任,每一个共同侵权人都对整体的损害后果承担全部的赔偿责任,实行对外连带对内也连带。

综合起来,认定典型的分别侵权行为的构成要件是：第一,行为人为二人以上；第二,数个行为人都分别实施了侵权行为；第三,数个行为人的行为不构成引起损害发生的同一原因,而是各个行为对损害后果的发生分别产生作用,具有原因力[63]；第四,数人的行为造成同一个损害结果,损害结果具有同一性。符合这些要件要求的,构成典型的分别侵权行为。可以得出一个结论,即数人侵权,行为人有共同故意的,对于损害后果不存在可分不可分的问题,都属于共同侵权行为；对于客观的共同侵权行为与典型的分别侵权行为,因无主观上的关连,因此,通常认为,同一损害后果不可分的,为客观共同侵权行为,同一损害后果可分的[64],为典型的分别侵权行为。

2. 典型的分别侵权行为的按份责任

对分别侵权行为的赔偿责任应当如何承担,历史上曾经有过不同主张。例如认为："数人主观上无意思联络,仅因行为偶合导致损害后果发生,若各人的加害部分无法单独确定,则应以共同侵权论,各人对损害应承担连带赔偿责任。"[65]这是说,对无

---

[63] 参见张新宝：《侵权责任法原理》,中国人民大学出版社2005年版,第82页。
[64] 《美国侵权法》关于单独责任的规则,实际上就是采用这样的标准。
[65] 蓝承烈：《连带侵权责任及其内部求偿权》,载《法学实践》1991年第1期。

过错联系的数人致害,能确定各人的损害部分的,就单独承担责任;如果各人的加害部分无法单独确定,则承担连带责任。也有人认为,各人的损害部分能够单独确定行为人的,只对自己行为的后果负责;如果各行为人的加害部分无法单独确定,则应按公平原则,由法院根据案件的具体情况,令行为人分担适当的责任。⑥ 这些不同意见,经过讨论和实践,后来都统一了,都认为既然构成分别侵权行为,就应当各自承担按份责任,并不实行连带责任。理由是,无过错联系的各行为人没有共同过错,不具备共同侵权行为的本质特征,因而也就不应当承担共同侵权行为的民事责任,而共同侵权行为的责任以连带责任为特点。如果令无过错联系的共同加害行为人承担连带责任,则是将其作为共同侵权行为处理。反之,依照按份责任处理,则既考虑了这种行为与共同侵权行为的区别,也体现了这种行为本身对其责任形态的要求。《侵权责任法》第12条采纳了这种意见,确定典型的分别侵权行为承担按份责任。

因而,确定典型的分别侵权行为的责任,应当依照以下规则处理:

(1)各个分别侵权行为人对各自的行为所造成的后果承担责任。典型的分别侵权行为属于单独侵权而非共同侵权,各行为人的行为只是单独行为,只能对其行为所造成的损害后果负责。在损害结果单独确定的前提下,应当责令各行为人就其行为所造成的损害承担赔偿责任。这是按份责任的体现。

(2)依照分别侵权行为人各自行为的原因力确定责任份额。各行为人在共同损害结果无法确定自己的行为所造成的后果时,按照各行为人所实施行为的原因力,按份额各自承担责任。分别侵权行为的多数情况是有一个共同的损害结果。因此应当将赔偿责任确定为一个整体责任,依据各行为人的行为对损害后果的原因力划分责任份额,由各行为人按照自己的份额承担责任。

(3)无法区分原因力的应当平均承担责任,确定各自应当承担责任份额。

(4)不实行连带责任,各个行为人只对自己的份额承担责任,不对他人的行为后果负责赔偿。

(三)叠加的分别侵权行为

1. 叠加的分别侵权行为的概念和特点

叠加的分别侵权行为是指数个行为人分别实施侵权行为,既没有共同故意,也没有共同过失,每一个行为都足以引起损害结果,或者部分行为足以引起损害结果部分行为具有部分原因力,因行为叠加而造成同一个损害结果,应当承担连带责任的分别侵权行为。

叠加的分别侵权行为与共同侵权行为相比较,最突出的特点是行为人实施的侵权行为是分别实施,是数个侵权行为的结合,而不是一个侵权行为。而共同侵权行为不论是主观的共同侵权行为,还是客观的共同侵权行为,都是由于行为人的主观意思联络,或者因共同过失,或者因客观的关连共同,而使数人实施的行为成为一个侵权

---

⑥ 参见王利明:《侵权行为法归责原则研究》,中国政法大学出版社1992年版,第296页。

行为,因此是一个完整的连带责任。例如,前一个肇事司机将行人撞成致命伤后逃逸,后一个肇事司机将被侵权人轧死,两个行为人的行为都足以造成被侵权人死亡的后果。又如,一个人将他人的内脏刺伤,另一个人又刺伤其内脏,两处刺伤均为致命伤,均可造成死亡结果。这两种情形都构成叠加的分别侵权行为,都与共同侵权行为不同。

《侵权责任法》第11条规定的叠加的分别侵权行为,与典型的分别侵权行为的主要区别在于,典型的分别侵权行为是每一个行为人实施的侵权行为的原因力相加,刚好等于100%的原因力。而叠加的分别侵权行为的每一个行为人实施的侵权行为的原因力相加,高于100%的原因力,甚至200%,或者更多。叠加的分别侵权行为,每一个行为人实施的行为对于损害的发生都具有100%的原因力,都足以造成全部损害。即使是半叠加的分别侵权行为,部分人的行为具有100%的原因力,部分人的行为不具有100%的原因力,但是原因力相加,仍然高于100%,因而与典型的分别侵权行为完全不同。

2. 叠加的分别侵权行为承担连带责任

叠加的分别侵权行为中的数人承担连带责任。其基本规则是:

(1) 对外的中间责任。连带责任的对外效力,是一个侵权责任。被侵权人可以向数个行为人中的任何一个行为人请求承担全部赔偿责任,每一个分别侵权行为人都应当就全部损害承担赔偿责任。对此,应当依照《侵权责任法》第13条规定的规则承担中间责任。

(2) 对内的最终责任。连带责任的内部效力,是对数个连带责任人确定最终责任,应当按照份额确定。对此,应当按照《侵权责任法》第14条规定的规则进行。一是连带责任人根据各自责任大小确定相应的赔偿数额,难以确定责任大小的,平均承担赔偿责任。二是承担中间责任超过自己赔偿数额的连带责任人,有权向其他连带责任人追偿,实现最终责任。

在确定份额上,叠加的分别侵权行为的连带责任与共同侵权行为的连带责任的责任份额确定有所不同。构成共同侵权行为,其确定责任份额的基本方法是按照每一个共同侵权人的过错程度和行为原因力大小比例。事实上,每一个共同侵权人的过错比例和原因力比例是多少,就承担多大的份额责任。由于叠加的分别侵权行为的每一个侵权人的行为原因力相加超过100%,因此不能依照过错比例和行为的原因力确定责任份额,只能按照每一个人的行为的原因力相加,再按照行为人的数量相除,按照原因力的平均比例,确定每一个行为人的责任份额。

全叠加的分别侵权行为,两个以上的行为人分别实施的行为,每一个行为人对于损害的发生都具有全部的即100%的原因力,每个人都应当承担全部赔偿责任。而每一个加害人的行为都构成侵权行为,都对被侵权人承担全部赔偿责任,被侵权人的损害只有一个,每一个侵权人都承担全部责任,将会使受害人得到超出损害的不当赔偿,这不符合大陆法系侵权法填补损害的基本规则,因此只有承担一个全部赔偿责任,就能够保证被侵权人的损害赔偿请求权得到满足。只有按照连带责任确定数个侵权人的责任最为适当。每个行为人的行为的原因力均为100%,但责任份额不能都是100%,每个人的责任份额应当为50%,在此基础上实行连带责任。

半叠加的分别侵权行为,是在分别实施侵权行为的数人中,一个人的行为具有100%的原因力,另外的人只具有50%的原因力。对此,也应当看做叠加的分别侵权行为,不过叠加的原因力为半叠加而不是全叠加,其后果仍然应当承担连带责任,不过连带责任的内部份额应当随之改变。例如,一个行为的原因力是50%,另一个行为的原因力是100%,将两个原因力相加,除以行为人的人数,得到的责任份额即为33.3%和66.7%,即为各自应当承担的责任份额。

论竞合侵权行为*

在多数人侵权行为中,竞合侵权行为是我国侵权法学研究中还没有更多涉及的一个概念,但在立法上有较多的法律规范,在司法实践中也有大量的侵权责任纠纷案件存在,但缺少必要的法理研究和概括。本章从理论上对此进行研究,提出竞合侵权行为的概念,研究其法律适用规则,并说明其在多数人侵权行为形态体系中的地位以及与侵权责任形态体系的关系。

一、竞合侵权行为概念的提出及意义

(一)我国侵权法理论侵权行为形态与侵权责任形态对接中的空白

多数人侵权行为发生共同责任。共同责任所表述的,就是在侵权人是多人的情况下,侵权责任在不同的当事人之间进行分担的不同形态。这个概念,与大陆法系侵权法中的多数人之债概念[1],以及英美侵权法特别是美国侵权法的责任分担概念[2],是基本相同的。

共同责任分为按份责任、连带责任、不真正连带责任和第三人责任。按照现行的侵权法理论构造,多数人侵权行为与共同责任的对应关系是:分别侵权行为(即无过错联系的共同加害行为)对应按份责任,共同侵权行为对应连带责任;第三人侵权行为对应第三人责任;而不真正连带责任所对应的侵权行为形态类型没有理论上的概括。这就形成了侵权行为形态与侵权责任形态对接中的一个空白。一个不能否认的事实是,如果一种侵权责任形态类型没有一种可以对接的侵权行为形态类型,是不符合逻辑要求的,一定是在侵权法理论的构造上存在错误。

研究结果表明,不真正连带责任是一个相当复杂的体系,我国《侵权责任法》规定了大量的以前没有规定的责任形态,实际上都属于不真正连带责任的特殊表现形式。例如,在第34条第2款、第37条第2款和第40条规定的补充责任,在第44条和第85条、第86条第2款规定的先付责任,与第41条至第43条和第68条、第83条规定的典

---

* 本文发表在《清华法学》2013年第4期。
[1] 参见邱聪智:《新订民法债编通则》(下),中国人民大学出版社2004年版,第389页以下。
[2] 参见美国法律研究院:《侵权法重述——纲要》,许传玺译,法律出版社2006年版,第321页。

型的不真正连带责任的规则均不相同③,但又在本质上基本相同,这属于不真正连带责任的特殊类型。因此笔者提出,不真正连带责任表现为四种类型,即:典型的不真正连带责任、先付责任、补充责任和并合责任,构成一个完整的不真正连带责任体系。④

依照侵权法的逻辑要求,不同的侵权责任形态应当与不同的侵权行为形态相对应。具有四种不同类型的不真正连带责任,它究竟与何种侵权行为形态相对应呢?我国目前的侵权法理论还没有很好地回答这个问题。这表明我国目前侵权法理论对侵权行为形态类型的概括是不完善的,还不能对应所有的侵权责任形态类型,存在新的侵权行为形态类型没有被传统侵权法理论所发现,或者说还缺少必要的理论概括。

多数人侵权行为形态与侵权责任形态对接的逻辑空白,可见表1:

表1 多数人侵权行为形态与侵权责任形态对接逻辑空白

	侵权行为形态	侵权责任形态
多数人侵权	共同侵权行为	连带责任
	分别侵权行为	按份责任
	?	不真正连带责任
	第三人侵权行为	第三人责任

对此,必须进行深入研究,提出新的多数人侵权行为形态的类型,以填补侵权法理论上的这个逻辑空白。

(二)知识产权间接侵权行为概念指引的思路

间接侵权行为是知识产权法中经常使用的概念,有专门研究知识产权间接侵权行为的专著。⑤ 这个概念分别用于专利权间接侵权、商标权间接侵权和著作权间接侵权。学者认为,为了加强对知识产权的保护,许多国家的立法或判例确立了知识产权间接侵权规则:第三人即使没有直接实施受知识产权专有权利控制的行为,但只要其引诱、教唆或有意帮助他人进行直接侵权,其行为也被认为构成间接侵权,应当与直接侵权者承担连带责任。这就使得权利人能够通过起诉更具经济实力和在法院管辖范围内的间接侵权者及时获得救济。这对于保护权利人的合法利益十分有利。⑥ 在立法上,《著作权法》《商标法》和《专利法》都没有规定间接侵权,只规定直接侵权,追究直接侵权人的侵权责任。近年来,随着知识产权侵权责任理论的发展,我国的知识产权立法规定了版权的间接侵权规则,这是出于应对网络著作权侵权的挑战而最先得到确认的间接侵权。在著作权法领域,最高人民法院《关于审理涉及计算机网络著

---

③ 《物权法》第21条规定的不动产物权登记错误的损害赔偿责任形态,属于典型的不真正连带责任。
④ 参见杨立新:《侵权责任法》,法律出版社2011年版,第158—159页。
⑤ 参见王迁等:《知识产权间接侵权研究》,中国人民大学出版社2009年版。
⑥ 参见王迁:《商标间接侵权研究》,载《知识产权年刊》2006年号。

作权纠纷案件适用法律若干问题的解释》第4条和第5条关于"网络服务提供者通过网络参与他人侵犯著作权行为,或者通过网络教唆、帮助他人实施侵犯著作权行为的,人民法院应当根据民法通则第130条的规定,追究其与其他行为人或者直接实施侵权人的共同侵权责任","提供内容服务的网络服务提供者,明知网络用户通过网络实施侵犯他人著作权的行为,或者经著作权人提出确有证据的警告,但仍不采取移除侵权内容等措施以消除侵权后果的,人民法院应当根据民法通则第130条的规定,追究其与该网络用户的共同侵权责任"的规定,就是对著作权间接侵权的规定。《信息网络传播权保护条例》有关网络服务提供者的避风港原则的规定,也是针对著作权间接侵权行为的规则。在专利法领域,专利间接侵权的内容也已被列入下一次修订《专利法》的计划中。在商标权法领域,《商标法实施条例》有关"故意为侵犯他人注册商标专用权行为提供仓储、运输、邮寄、隐匿等便利条件"的规定,也认为是对间接侵权的规定。

知识产权间接侵权行为为研究侵权行为形态与侵权责任形态对接中存在的逻辑空白,指出了一个有益的思路。与不真正连带责任对接的侵权行为形态肯定与间接侵权行为有关。

(三)侵权法广泛使用的"间接"概念与间接侵权行为的关系

与知识产权法领域相反,在传统侵权法的立法、司法以及理论研究中,并不使用间接侵权行为的概念。侵权法理论使用"间接"概念主要有以下四种情况:

1. 直接受害人和间接受害人

直接受害人是侵权行为损害后果的直接承受者,是因侵权行为而使民事权利受到侵害的人。[7] 侵权人实施的侵权行为直接作用在受害人身上,造成了受害人的权利损害和利益损失,这就是直接受害人。

侵权行为由于造成直接受害人的损害,进而影响到与直接受害人有密切关系的人的权利受到损害、利益受到损失,尽管侵权人的侵权行为没有直接造成该人的损害,但使其间接地受到损害,因而是间接受害人。[8] 例如,侵权行为造成直接受害人死亡或者丧失劳动能力,其被扶养人的扶养来源受到损害的人,就是间接受害人。侵权行为造成夫妻一方的性功能损害,对方配偶的配偶利益受到侵害的,构成间接侵害夫妻关系,没有直接受到损害的配偶一方是间接受害人。[9] 对此,有学者专门著述阐释间接受害人,对间接受害人的广义概念和狭义概念都作出了界定。[10]

2. 直接损失和间接损失

在财产损失的场合,财产损失的类型分为直接损失和间接损失。直接损失是现

---

[7] 参见杨立新:《侵权法论》,人民法院出版社2011年第4版,第230页。
[8] 参见杨立新:《侵权法论》(第4版),人民法院出版社2011年版,第231页。
[9] 参见美国法学会:《美国法律整编·侵权行为法》(美国侵权法重述(第二次))第693条,刘兴善译,台北司法周刊杂志社1986年版,第588—589页。
[10] 参见姚宝华:《间接受害人研究》,法律出版社2011年版,第15页。

有财产的减少,间接损失是可得利益的丧失。⑪

3. 直接行为和间接行为

笔者在侵权法的著述中使用直接行为和间接行为的概念⑫,其他学者的著述则不常使用。直接行为是行为人自己实施的损害他人民事权益的行为,构成侵权责任的,应当承担自己责任。间接行为是为他人的行为负责或者为物的损害没有尽到监督、管领的义务的行为,例如被监护人实施的行为造成他人损害监护人未尽监护义务的行为;对自己管领下的物没有尽到管领义务致使该物造成他人损害的行为,都是间接行为。间接行为发生的侵权责任形态是替代责任。自己责任与替代责任相对应。

4. 直接因果关系和间接因果关系

在侵权责任构成要件的因果关系理论中,曾经区分必然因果关系和偶然因果关系⑬,使用直接因果关系和间接因果关系概念。这种说法受到批评⑭,代之而起的是,相当因果关系理论和规则成为我国侵权法因果关系判断的核心规则。⑮ 不过,直接因果关系和间接因果关系的区分在某些侵权行为中仍然有意义,例如在违反安全保障义务的侵权责任中,第三人的侵权行为是损害发生的直接原因,而违反安全保障义务人的不作为行为则是损害发生的间接原因。⑯ 在产品责任等适用不真正连带责任的侵权行为形态类型中,最终责任人的行为与损害之间的因果关系是直接因果关系,中间责任人的行为与损害之间的因果关系则为间接因果关系。

在侵权法理论这些使用间接概念的场合,多数不涉及间接侵权问题。例如,间接受害人说的是受到损害的人的类型,并不是说侵权行为是间接侵权行为。间接损失说的是财产损害的类型,也不是说间接侵权行为。笔者在著述中使用的间接行为概念,也不是间接侵权行为所要研究的问题,与间接侵权行为无关,而与替代责任相对应。⑰

在间接因果关系的概念中包含间接侵权行为,因为间接侵权行为就是一个具有直接因果关系的侵权行为在实施中,另有一个具有间接因果关系的侵权行为加入其中,对具有直接因果关系的侵权行为的实施和造成损害起到了间接作用。在这种情形下,具有间接因果关系的那个侵权行为,其实就是间接侵权行为。

传统侵权法没有重视对间接侵权行为概念的研究,均视间接侵权行为是知识产权侵权行为的概念,因而轻视乃至排斥了对间接侵权行为的研究和借鉴。

(四)承担不真正连带责任的侵权行为中包含间接侵权行为

侵权法理论在研究侵权责任形态时,分为自己责任和替代责任、单方责任和双方

---

⑪ 参见张新宝:《侵权责任法》,中国人民大学出版社2010年第二版,第105页。
⑫ 参见杨立新:《侵权责任法》,法律出版社2011年版,第111—112页。
⑬ 参见刘信平:《侵权法因果关系理论之研究》,法律出版社2008年版,第123—124页。
⑭ 参见梁慧星:《雇主承包厂房拆除工程违章施工致雇工受伤感染死亡案评释》,载《法学研究》1989年第4期。
⑮ 参见朱岩:《侵权责任法通论·总论》,法律出版社2011年版,第202页。
⑯ 参见杨立新:《侵权责任法》,法律出版社2011年版,第251页。
⑰ 参见杨立新:《侵权责任法》,法律出版社2011年版,第111—112页。

责任、单独责任和共同责任。[18] 自己责任和替代责任的划分,自罗马法起至《法国民法典》颁布实施是一脉相承的,与间接侵权行为基本上无关。单方责任和双方责任是说在分配侵权责任时,分为一方当事人承担责任还是双方当事人承担责任,主要是研究过失相抵和公平分担损失规则的适用,这些也与间接侵权行为无关。

研究侵权行为形态与侵权责任形态对应关系中存在的逻辑空白,当应用知识产权间接侵权行为概念和理论来观察时,就会发现,对应不真正连带责任的侵权行为类型中,一定会存在一个间接侵权行为。在这种侵权行为中,行为人都是两个以上,但既不构成共同侵权行为,也不构成分别侵权行为。在两个以上的行为人中,一个行为人实施的是直接侵权行为,与其他一般侵权人没有任何区别,完全是自己独立实施侵权行为造成了受害人的损害。但在直接侵权人实施侵权行为时,另外一个侵权人的行为对直接侵权人实施侵权行为起到了间接作用,如果没有间接侵权人的这个作用,直接侵权人实施侵权行为就不具备条件,或者不会那么容易实现。例如,在产品责任中,生产者制造出了缺陷产品,销售者将其出售给使用者,造成了使用人受损,生产者是直接侵权人,承担最终责任,而销售者仅仅是一个中间的商品流转的媒介,但如果没有销售者的行为,生产者的行为就不会造成使用人的损害结果,因而销售者的行为与损害之间具有间接因果关系,是造成损害的间接侵权行为。可见,间接侵权人所实施的侵权行为就是间接侵权行为,与专利权、商标权、著作权的间接侵权行为原理大致相同。

(五)竞合侵权行为对解决侵权行为形态与侵权责任形态对接空白的重要意义

应当看到,间接侵权行为这个概念界定的只是适用不真正连带责任的侵权行为形态中的一个行为,也就是间接侵权人所实施的侵权行为,如果只有这样一个侵权行为,并不能造成受害人的损害,必须将这个间接侵权行为与直接侵权人实施的直接侵权行为结合在一起,造成同一个损害结果,才能够成为与不真正连带责任相对接的侵权行为形态。对这个直接侵权行为与间接侵权行为结合在一起,并与不真正连带责任对接的侵权行为形态的概念究竟应当怎样确定,是我国传统侵权法理论没有解决的问题。解决这个问题仅仅靠间接侵权行为的概念是不够的,还要必须建立一个侵权行为形态类型的概念,这个概念就是竞合侵权行为。使用竞合侵权行为这个概念,能够弥补多数人侵权行为中,共同侵权行为、分别侵权行为以及第三人侵权行为这三种侵权行为形态划分的不足,形成共同侵权行为对接连带责任、分别侵权行为对接按份责任、竞合侵权行为对接不真正连带责任以及第三人侵权行为对接第三人责任,使侵权行为形态在对接侵权责任形态上,构成完整、完美的体系。因此,笔者主张,将竞合侵权行为作为侵权行为形态的类型之一,成为侵权法的基本概念,与共同侵权行为、分别侵权行为和第三人侵权行为概念一起,构成完整的多数人侵权行为形态体系,并实现与侵权责任形态体系的完美对接。

---

[18] 参见杨立新:《侵权法论》,法律出版社 2011 年版,第 640 页。

二、竞合侵权行为的概念界定与类型

(一)知识产权法界定间接侵权行为概念的启发

知识产权法对间接侵权行为概念的界定,对界定竞合侵权行为概念有一定的借鉴意义。

无论英美法系抑或大陆法系国家,知识产权领域的间接侵权行为的概念及规则均主要来源于一般侵权行为法上的一项基本原则:在明知某种行为构成侵权,而仍然教唆、引诱他人去实施这种行为,或者对他人的这种侵权行为提供实质性帮助的,应当对侵权后果承担责任。显然,在明知特定行为构成侵权的情况下,对这种行为实施教唆、引诱或予以帮助,行为人主观上的过错是明显的,而且其行为与损害结果之间存在因果关系,要求行为人承担责任是合理的。[19]

知识产权法学界对间接侵权行为的界定,诸如:间接侵权行为是第三者未经专利权人同意,向无权利用该项专利的人提供或供应其中关键部分的中间产品,而故意怂恿和唆使其实施该项专利[20];或者间接侵权行为是第三者未经专利权人同意向无权利用该项专利的人提供或供应其中关键部分的中间产品,而故意怂恿和唆使其实施该项专利。[21]

按照知识产权法对间接侵权行为的界定,知识产权间接侵权行为中的绝大部分都不是间接侵权行为,而是共同侵权行为。例如,其中故意教唆、帮助他人实施侵权行为,完全符合《侵权责任法》第9条第1款规定的教唆、帮助行为的共同侵权行为,应当适用连带责任规则确定赔偿责任。而引诱他人实施侵权行为不构成共同侵权行为,具有间接侵权行为的特点。应当看到的是,教唆、帮助实施侵权行为的人,在知识产权法领域被叫做间接侵权行为。在传统侵权法理论中,教唆或者帮助行为并不是间接侵权行为,而是共同侵权行为。原因在于,教唆人和帮助人实施的行为,是与实行人的行为结合在一起的,共同引起了损害结果的发生,因此,教唆人和帮助人实施的行为是共同行为,认定其为直接行为而不是间接行为。在研究间接侵权行为和竞合侵权行为中,不应当将教唆行为和帮助行为作为间接侵权行为,而是仍然作为共同侵权行为,教唆、帮助行为与间接侵权行为无关。

(二)侵权法理论对竞合侵权行为概念的界定

在侵权法中,究竟是采用知识产权间接侵权行为的概念,还是对传统侵权法的侵权行为类型进行整合,创立新的竞合侵权行为的概念,颇值得认真研究。

如上所述,依靠知识产权法界定间接侵权行为概念的方法,创立竞合侵权行为概念是做不到的,因为知识产权法认可的间接侵权行为的绝大部分都由侵权责任法的

---

[19] 参见王迁:《商标间接侵权研究》,载《知识产权年刊》2006年号。
[20] 参见吴观乐:《浅议间接侵权》,载《专利的理论研究与实践探索》,专利文献出版社1996年版,第45页。
[21] 参见尹新天:《专利权的保护》,专利文献出版社1998年版,第111—112页。

共同侵权行为规则调整,要承担的责任也不是由间接侵权人直接承担,而是发生连带责任。解决侵权行为形态与侵权责任形态对接之间的逻辑空白只有一条途径,就是创立侵权法的竞合侵权行为概念。

《日本侵权法》将这种侵权行为称为竞合的不法行为即竞合侵权行为。潮见佳男教授认为,竞合侵权行为是指产生同一损害的数个侵权行为出现竞合时,不作共同侵权行为处理的情况。竞合侵权行为分为两种情形,分别是要件相同的数个侵权行为的竞合以及要件不同的数个侵权行为的竞合。《日本民法典》第709条意义上的侵权行为[22]出现竞合的属于前种情形,而第709条的侵权行为与第717条规定的建筑物责任的竞合则属于后种情形。《日本侵权法》认为,对竞合侵权行为可以进行以下4种判断:一是根据对每个行为人责任要件充足与否的判断,对谁成立什么样的损害赔偿请求权(对个别行为的归责);二是判断被认定成立的数个损害赔偿请求权之间是否存在竞合关系;三是在竞合关系得到确认的情况下,应当如何看待对各行为人的损害赔偿请求权的关系;四是是否应当承认关于侵权行为的个别的成立要件的请求、举证责任的转换。学者指出,竞合侵权行为的特征是:①被指向相同的权利、法益的侵害的存在;②对于个别行为的侵权责任的成立要件的补充;③与贡献度相应的责任(即分割责任"比例性责任")。[23]

日本学者对竞合侵权行为的界定值得借鉴。在这样的基础上,笔者认为,竞合侵权行为,是指两个以上的民事主体作为侵权人,有的实施直接侵权行为,与损害结果具有直接因果关系;有的实施间接侵权行为,与损害结果的发生具有间接因果关系,行为人承担不真正连带责任的侵权行为形态。

竞合侵权行为的主要法律特征有以下四点:

1. 行为的主体为二人以上

竞合侵权行为的行为主体必须是二人以上,既可以是两个以上的自然人,也可以是两个以上的法人,还可能是两个以上的自然人和法人。在通常情况下,竞合侵权行为的主体是两人。在这一点上,竞合侵权行为与分别侵权行为和共同侵权行为是一样的,其行为主体均为复数,即多数人侵权,而非单独一人侵权,以此与单独侵权行为相区别。

2. 行为人实施的侵权行为的性质不同

竞合侵权行为与共同侵权行为、分别侵权行为均不同,两个以上的行为主体对受害人实施的侵权行为的性质并不相同,换言之,竞合侵权行为的两个以上的行为人,有的对受害人实施直接侵权行为(也叫做主行为),有的是对直接侵权行为的实施提供了条件或者方便,但并不构成教唆、帮助行为的间接侵权行为(也叫做从行为)。而共同侵权行为的每一个行为人都是共同加害人,都是直接侵权人,即教唆、帮助行为,

---

[22] 即一般侵权行为,在日本也叫做"基本型侵权行为"。

[23] 参见〔日〕潮见佳男:《不法行为法Ⅱ》,信山社出版株式会社2011年日文第2版,第196—197页。贡献度的概念与我国侵权法的原因力概念相同。

也是对损害的发生起到了直接作用,具有直接的原因力。至于分别侵权行为,每一个行为人的行为均为损害发生的直接原因,不存在提供条件和创造机会的问题,不存在间接侵权行为。

3. 对发生竞合的两个以上的行为通常视为一个行为

在竞合侵权行为中,尽管是两个以上的行为人实施的行为竞合在一起,但通常的观念认可其为一个行为,而不是像共同侵权行为那样就是一个行为,也不像分别侵权行为那样就是两个行为。因此,竞合侵权行为介于共同侵权行为和分别侵权行为之间,是一种两个以上的侵权行为竞合在一起的侵权行为形态。竞合侵权行为不是单指间接侵权行为,而是指直接侵权行为和间接侵权行为的竞合,因而才属于多数人侵权行为,才发生共同责任。这是竞合侵权行为与知识产权间接侵权行为概念的根本区别。

4. 不同的行为人对受害人承担不真正连带责任

竞合侵权行为的行为人对受害人承担共同责任而不是单独责任。与共同侵权行为和分别侵权行为不同的是,竞合侵权行为的行为人承担的是不真正连带责任,而不是连带责任或者按份责任。在竞合的侵权人之间,承担侵权责任应当根据行为人对受害人实施的侵权行为的性质不同,对受害人实施直接侵权行为的行为人承担的责任是最终责任,而对受害人实施间接侵权行为的行为人承担的责任是中间责任,双方责任的联系是形式上连带而实质上不连带,即在形式上,受害人可以直接起诉其中的任何一个行为人承担侵权责任,是具有连带性质的责任;在实质上,最终责任是落在直接侵权人的身上,由直接侵权人承担全部的最终责任,间接侵权人不承担或者只承担较少的最终责任。

(三) 竞合侵权行为的性质和地位

竞合侵权行为的性质是侵权行为形态的一种类型。侵权行为形态分为单独侵权行为和多数人侵权行为,多数人侵权行为分为共同侵权行为、分别侵权行为、竞合侵权行为和第三人侵权行为。竞合侵权行为是多数人侵权行为中的一种类型。

在侵权行为形态中,单独侵权行为与多数人侵权行为相对应。单独侵权行为,是侵权行为的行为人为一人的侵权行为,该人应当承担侵权责任,即单独责任。多数人侵权行为是由数个行为人实施行为,对同一损害后果承担责任的侵权行为,其行为主体为二人或者二人以上,数人对同一损害后果承担侵权责任,数人承担侵权责任的方式即数个责任主体与被侵权人一方的请求权之间的联系具有多样性。[24]

在多数人侵权行为中,竞合侵权行为占有重要地位。

在多数人侵权行为中,根据行为人之间的主观关联、客观关联和后果关联等情形,分为以下情形:

1. 共同侵权行为

行为人的主观关联或者客观关联,造成同一损害后果形成后果关联,是构成共同

---

[24] 参见张新宝:《侵权责任法》,中国人民大学出版社 2010 年版,第 44 页。

侵权行为的基础。行为人在主观上有关联,或者在客观上有关联,符合共同侵权行为要件的,构成共同侵权行为。某些不构成共同侵权行为,但法律也视为共同侵权行为的,为准共同侵权行为,包括共同危险行为(《侵权责任法》第10条规定)、叠加的共同侵权行为(《侵权责任法》第11条规定)和规定为连带责任但并不具有共同侵权行为特征的侵权行为(例如《侵权责任法》第51、74、75条规定等)。

行为人在主观上有关联,在客观上没有关联的,构成交叉的共同侵权行为,发生的后果是单向连带责任。在单向连带责任中,由于存在一个侵权人承担连带责任、另一个侵权人承担按份责任的区别,尽管仍然将其叫做连带责任,但其实从一个角度上观察是共同侵权行为,从另一个角度观察时不过是按份责任。这种情况的典型形式是《侵权责任法》第9条第2款规定的教唆、帮助无民事行为能力人或者限制民事行为能力人实施侵权行为,教唆人或者帮助人应当承担连带责任,但无民事行为能力人或者限制民事行为能力人的监护人未尽监护职责,应当承担相应责任即按份责任。从行为的结合上构成共同侵权行为,仍然是连带责任。这种行为不是竞合侵权行为,而是共同侵权行为和分别侵权行为的结合,其主要特征是共同侵权行为,应当将其归于共同侵权行为当中。

《侵权责任法》第49条规定的租车、借车的损害责任,当事人在主观上并没有关联,在客观上具有一定关联,因而将这种侵权行为规定为单向连带责任,有一定问题,确定为补充责任反倒是比较切合实际。

2. 分别侵权行为

分别侵权行为也叫做无过错联系的共同加害行为。在表现形式上,行为人在主观上不关联,在客观上也不关联,仅仅是损害后果相关联,其后果是按份责任。

3. 竞合侵权行为

竞合侵权行为的数个行为人在主观上没有关联,在客观的行为和损害后果有关联,发生不真正连带责任的侵权责任形态,与上述三种侵权行为形态类型均不相同。

可见,竞合侵权行为不属于单独侵权行为,而属于多数人侵权行为。在多数人侵权行为中,是共同侵权行为、分别侵权行为以及第三人侵权行为之外的另一种侵权行为形态类型。其构成的特点是:直接侵权人对于所造成的他人损害构成侵权责任,但间接侵权人实施的行为对于直接侵权人实施的行为在客观上起到了间接作用,使直接侵权人便于实施侵权行为,或者为直接侵权人实施侵权行为提供了方便,等等,使直接侵权行为造成了受害人的损害。这两种行为即直接侵权行为和间接侵权行为竞合到一起,作为侵权行为类型的一种,就是竞合侵权行为。例如,饭店对住店客人负有安全保障义务,未尽该安全保障义务,给实施侵权行为的行为人实施侵权行为提供了方便,侵害了受害人的合法权益。该侵权行为对损害的发生具有100%的原因力,承担全部责任理所当然。但是,饭店未尽安全保障义务也构成侵权责任,对于侵权后果的发生具有间接因果关系。在这种情况下,《侵权责任法》第37条第2款规定,实施侵权行为的人为侵权人,应当承担侵权责任;未尽安全保障义务的行为由于与该损害结果具有间接因果关系,因而行为人应当承担相应的补充责任。这就是典型的竞合侵权行为。

这样,就能够为《侵权责任法》规定的不真正连带责任形态类型找到所对应的侵权行为形态类型,就是竞合侵权行为。将共同侵权行为、分别侵权行为、竞合侵权行为以及第三人侵权行为分为这样四种类型,实现了对侵权行为类型的完全划分。四种侵权行为形态类型对应的是连带责任、按份责任、不真正连带责任和第三人责任,构成了侵权行为形态体系和侵权责任形态体系的完美的逻辑关系。

4. 第三人侵权行为

第三人侵权行为是指《侵权责任法》第28条规定的第三人过错,是指除受害人和加害人之外的第三人,对受害人损害的发生具有过错的情形。第三人过错的主要特征是主体上的特殊性,即第三人的过错原因致使加害人造成了受害人的损害。其中造成损害的一方也是数人,属于多数人侵权行为,基本特点是承担责任的是第三人而不是加害人。

(四) 竞合侵权行为的类型

1. 法律规定的竞合侵权行为

《侵权责任法》《物权法》和最高人民法院有关司法解释等对竞合侵权行为作出了以下规定:

(1) 承担典型的不真正连带责任的侵权行为。《侵权责任法》第41条至第43条规定的产品责任,第59条规定的医疗产品损害责任,第68条规定的第三人过错的环境污染责任,第83条规定的第三人过错致使动物损害责任,都是竞合侵权行为,间接侵权人实施的侵权行为是直接侵权行为造成损害的必要条件。《物权法》第21条规定的物权错误登记的赔偿责任是典型的不真正连带责任。这些承担典型不真正连带责任的侵权行为类型,都是竞合侵权行为。

(2) 承担先付责任的侵权行为。《侵权责任法》第44条规定的产品责任中的第三人责任,第85条规定的其他责任人的建筑物等损害责任,第86条第1款规定的建筑物倒塌中其他责任人的侵权责任,都是承担先付责任的竞合侵权行为。

(3) 承担相应的补充责任的侵权行为。《侵权责任法》第34条第2款规定的劳务派遣的侵权责任,第37条第2款规定违反安全保障义务的侵权行为,第40条规定的第三人造成学生伤害的学校责任,都是承担相应的补充责任的竞合侵权行为。[25]

2. 竞合侵权行为的类型划分

潮见佳男教授把竞合侵权行为分为要件相同的数个侵权行为的竞合和要件不同的数个侵权行为的竞合这两种类型[26],有一定道理,但不符合我国《侵权责任法》对这

---

[25] 《侵权责任法》第32条第2款还规定了一种完全的补充责任,即有财产的无民事行为能力人、限制民事行为能力人造成他人损害的,从本人财产中支付赔偿费用;不足部分,由监护人赔偿。监护人赔偿的部分,就是完全的补充责任。不过这种责任形态只此一例,且不典型,故本文不作论述。

[26] 参见〔日〕潮见佳男:《不法行为法Ⅱ》,信山社出版株式会社2011年日文第2版,第196页。

种侵权行为的规定,无法借鉴这种方法划分我国竞合侵权行为的类型。

《侵权责任法》和其他法律以及最高人民法院有关司法解释中规定的上述承担各种不同的不真正连带责任的侵权行为,针对的都是竞合侵权行为。既然都是竞合侵权行为,为什么还要规定如此繁多的不真正连带责任的各种形态,原因在于这些不同的竞合侵权行为的行为竞合方式各不相同,政策考量因素也不相同。笔者认为,可以用发生竞合的不同原因为标准,将这些不同的竞合侵权行为作以下分类:

(1)必要条件的竞合侵权行为。必要条件的竞合侵权行为,是指两个行为中的从行为(即间接侵权行为)与主行为(即直接侵权行为)竞合的方式,是从行为为主行为的实施提供了必要条件,没有从行为的实施,主行为不能造成损害后果的竞合侵权行为。换言之,间接侵权人的从行为是直接侵权人的主行为完成的必要条件,这种竞合侵权行为就是必要条件的竞合侵权行为。

《侵权责任法》第41条至第43条规定的产品责任,第68条规定的第三人过错的环境污染责任,第83条规定的第三人过错致使动物损害责任,以及《物权法》第21条规定的物权错误登记的赔偿责任等,都是必要条件的竞合侵权行为。在这些竞合侵权行为中,主行为是生产者的生产行为、第三人的过错行为或者有过错的登记申请人的行为,他们的行为是造成损害的直接原因;而销售者的行为、污染者的行为、动物饲养人管理人的行为以及物权登记机构的登记行为,都为直接侵权行为的实施提供了必要条件,符合"but for test"规则的要求。

(2)"必要条件+政策考量"的竞合侵权行为。必要条件+政策考量的竞合侵权行为,是指符合必要条件的竞合侵权行为的要求,但是基于政策考量,规定间接侵权人先承担中间责任,之后向直接侵权人追偿以实现最终责任的竞合侵权行为。《侵权责任法》第44条规定的第三人过错造成产品缺陷致人损害的,由本无最终责任的生产者、销售者先承担侵权责任,之后向有过错的第三人追偿,第85条和第86条第1款规定的建筑物等所有人、管理人或者使用人先承担赔偿责任,建设单位、施工单位先承担赔偿责任,承担了赔偿责任之后,再向其他责任人请求追偿,都是间接侵权人先承担责任,之后再向直接侵权人追偿的竞合侵权行为。这些侵权行为的竞合,原本与必要条件的竞合侵权行为并无两样,但是立法者基于保护受害人的需要,规定应当承担中间责任的间接侵权人先承担责任,以保障受害人的权利尽早得到实现。间接侵权人的从行为是直接侵权人的主行为造成损害后果的必要条件,但出于政策考量,法律规定令间接侵权人承担先付责任,而直接侵权人作为受追偿的最终责任人,并不直接对受害人承担赔偿责任。

(3)提供机会的竞合侵权行为。提供机会的竞合侵权行为,是指两个竞合的行为,从行为为主行为的实施提供了机会,使主行为的实施能够顺利完成的竞合侵权行为。从发挥的作用上考察,提供机会的竞合侵权行为与必要条件的竞合侵权行为有所不同,这就是,间接侵权人的从行为给直接侵权人的主行为造成损害结果提供了机会,但并不是必要条件。《侵权责任法》第34条第2款规定的劳务派遣的侵权行为,

第37条第2款规定的违反安全保障义务的侵权行为,第40条规定的第三人造成学生伤害的侵权行为,都是这种竞合侵权行为。

三、竞合侵权行为的法律规则

(一) 两个行为竞合

竞合侵权行为的基本特点,是两个以上的行为发生竞合。在传统侵权法理论中,竞合的概念通常用在责任上即责任竞合,而不是用在行为上。而竞合侵权行为是两个以上的行为发生竞合,造成同一个损害结果,竞合的两个以上的行为对损害的发生都有因果关系。

在竞合侵权行为中,两个竞合的行为的地位是否一致？笔者的看法是,两个竞合的行为必然存在一主一从的关系。主行为是直接侵权行为,从行为是间接侵权行为。如果两个行为都起主要作用,那就不是竞合侵权行为,而是共同侵权行为或者分别侵权行为,有关连共同的是共同侵权行为,不存在关连共同的是分别侵权行为。例如,二人以上既没有共同故意,也没有共同过失,行为间接结合造成同一个损害结果的,两个行为是结合而不是竞合,没有主从关系,因此是分别侵权行为。二人以上共同实施侵权行为,即使教唆人教唆、帮助人帮助行为人实行侵权行为,也因为具有共同故意,两个行为结合成为一个行为而构成共同侵权行为。竞合侵权行为则是两个没有主观关联,也不构成客观关联共同的行为发生竞合,是从行为竞合于主行为。

竞合侵权行为的主从关系主要表现在行为与损害结果之间的因果关系上。竞合侵权行为中的主行为是对损害发生具有完全原因力的侵权行为；从行为也构成侵权行为,但其对损害的发生所起的作用仅仅是提供条件、创造机会,而不是提供直接原因。因此可以说,从行为对于损害发生的直接原因力几乎等于零。在潮见佳男教授看来,在竞合侵权行为中,存在行为的参与度的问题,并且依据行为的参与度而确定责任的比例。㉗ 笔者对此有不同看法。略举数例:在产品责任中,生产者生产缺陷产品造成他人损害,销售者所起的作用仅仅是将缺陷产品转让给使用人,生产行为与销售行为发生竞合,但缺陷产品造成使用人损害具有100%的原因力,销售者的销售行为仅仅是提供了损害发生的条件,不具有直接的原因力。在这种情况下,从行为对于损害发生的直接原因力几乎不存在,因此才存在中间责任和最终责任的区别,销售者承担了赔偿责任之后,对生产者可以请求全额追偿,而不是部分追偿。同样,《侵权责任法》第86条第1款规定的建筑物等倒塌损害责任,建设单位和施工单位承担连带责任,如果损害的原因不是建设单位和施工单位的责任,而是另有设计单位、勘测单位、监理单位、有关机关等其他责任人,是他们的过错造成的损害结果,规则是先由建设单位和施工单位承担赔偿责任(即中间责任人先付),然后再向其他责任人追偿。

㉗ 参见〔日〕潮见佳男:《不法行为法Ⅱ》,信山社出版株式会社2011年日文第2版,第212页。

这种情形更为明显,即其他责任人是直接责任人,行为的原因力是100%,而建设单位和施工单位并没有责任,原因力几乎是零。对于上述情形,法律认可他们的行为发生竞合,构成竞合侵权行为。即使在违反安全保障义务的补充责任场合,违反安全保障义务的人未尽安全保护义务的不作为行为,并未直接作用到受害人身上,而是第三人的行为造成了受害人的全部损害,尽管违反安全保障义务的人应当承担相应的补充责任,其行为对损害的发生也不具有直接的原因力,因而仍然是竞合关系而不是结合关系。

(二) 归责原则

竞合侵权行为本身并不决定适用何种归责原则。这是因为竞合侵权行为仅仅是从多数人作为侵权责任主体的不同情形作为标准划分的侵权行为类型,而不是依据归责原则确定的侵权行为类型。在竞合侵权行为中,适用何种归责原则取决于法律对不同侵权责任的规定,既有适用过错责任原则的竞合侵权行为,也有适用过错推定原则或者无过错责任原则的侵权行为类型。例如,违反安全保障义务的侵权行为适用过错责任原则,产品责任适用无过错责任原则,建筑物构筑物以及其他设施脱落坠落倒塌致人损害责任适用过错推定原则。甚至对同一种竞合侵权行为的不同行为人确定责任的归责原则都不相同,例如,产品责任中的生产者承担最终责任的归责原则是无过错责任原则,销售者承担最终责任的归责原则是过错责任原则,只有在特别情形下才适用无过错责任原则。

尽管如此,对于适用不同的归责原则的竞合侵权行为,归责原则对竞合侵权行为的后果具有决定性的影响。例如,在环境污染责任和饲养动物损害责任中,第三人过错引起的损害,本应是第三人侵权行为,应当适用《侵权责任法》第28条规定免除污染者和饲养人的赔偿责任,但由于这两种侵权行为类型适用无过错责任原则,因而使其成为竞合侵权行为,适用不真正连带责任。

(三) 构成要件

1. 最主要的是因果关系要件的确定

竞合侵权行为的因果关系要件的表现特殊,主要是竞合的行为与损害结果之间具有两个因果关系,一个是直接因果关系,一个是间接因果关系。直接侵权人实施的主行为与损害结果之间具有直接因果关系,间接侵权人实施的从行为与损害结果之间具有间接因果关系。

对于直接因果关系的认定适用相当因果关系规则。具有直接因果关系的行为是直接侵权人实施的侵权行为即主行为。该行为引起损害的发生,只要存在相当因果关系,即成立直接侵权人的因果关系要件。

对间接因果关系的认定适用"条件说"[28],竞合侵权行为构成损害发生的条件,即

---

[28] 参见朱岩:《侵权责任法通论·总论》,法律出版社2011年版,第343页。

认为存在构成竞合侵权行为的因果关系要件。英美侵权法中的"but for test"规则即"若无法则",以及《欧洲侵权法原则》第3:101条规定的"若无此行为或活动,损失就不会发生,则该行为(作为或者不作为)被认为是造成损失的原因"规则,都可以作为认定间接因果关系的规则。在竞合侵权行为中,从行为与损害之间的关系是,从行为是主行为造成损害的条件,应用"but for test"规则测试:若无产品销售者的行为,就不会使缺陷产品给受害人造成损害,既然缺陷产品通过销售者的行为造成了受害人的损害,销售者的行为就构成了行为竞合。同样,如果没有违反安全保障义务人的不作为行为,第三人造成的受害人损害就不会发生。不过,作为损害发生条件的从行为可能对损害的发生要求不会这样高,只要无此行为,损害就可能不会发生,因此,可以认定具有间接因果关系。

应当区分行为结合的因果关系和行为竞合的因果关系的区别。行为结合的因果关系,公式是"甲行为+乙行为=全部原因力"。行为竞合的因果关系,公式为"甲行为=全部原因力→乙行为"。换言之,在行为结合的因果关系中,每一个行为结合在一起,构成一个损害结果,各个行为具有不同的原因力,加在一起等于100%的原因力。在行为竞合的因果关系中,主行为对损害的发生具有100%的原因力,从行为从直接因果关系上观察并不具有原因力,但从间接因果关系上观察却也具有100%的原因力,因为违反安全保障义务人如果尽到了安全保障义务,损害就不会发生,起码不会在安全保障义务人保障的范围内发生。如果从行为对损害的发生具有直接原因力,肯定不是竞合侵权行为,而是共同侵权行为或者分别侵权行为了。

2. 其他侵权责任构成要件

竞合侵权行为的违法行为要件已经提到过了,是两个违法行为而不是一个行为,两个违法行为发生竞合,造成了同一个损害。两个违法行为必然存在一主一辅的关系,而不是两个并列的行为。

竞合侵权行为的损害事实是同一个损害事实,而不是两个损害事实。也就是两个竞合侵权行为只造成了一个侵权损害后果。如果两个侵权行为造成了两个损害结果,那就不构成侵权行为的竞合,而是两个独立的侵权行为。

竞合侵权行为的过错要件,必须是两个侵权人各自具有过错。首先是直接侵权人具有过错,或者是故意或者是过失,或者是依照无过错责任原则不问过错。对此的判断应当依照法律规定,确定过错要件的存在,或者构成无过错责任。其次是间接侵权人的过错必须依照《侵权责任法》以及其他法律或者司法解释的特别规定要求,具备特别的主观要件。所谓"特别规定的要求"如,在第三人的过错造成产品缺陷致人损害责任中,生产者、销售者作为间接侵权人承担先付责任,须第三人具有过错,且是造成损害的直接原因。在提供条件的竞合侵权行为中,间接侵权人承担补充责任的条件是自己存在过失。

(四)抗辩事由

由于竞合侵权行为是一种侵权行为的竞合,因而其抗辩事由分为共同的抗辩事由和各自的抗辩事由。

共同的抗辩事由是竞合侵权行为所有的行为人都可以主张的抗辩事由。这个抗辩事由是对抗所有的侵权责任请求权的抗辩。如产品责任中的产品不存在缺陷或者发生风险的抗辩成立，则各个行为人均不承担侵权责任。

直接侵权人的抗辩事由应当依照法律规定确定，凡是法律规定的抗辩事由均可以对抗当事人的侵权诉讼请求。例如第三人故意、不可抗力等，但法律有特别规定的则不得以《侵权责任法》第 28 条规定的第三人责任作为抗辩，而应当以法律对第三人责任的特别规定确定侵权责任。

间接侵权人的抗辩事由主要针对直接侵权人的责任进行。最主要的抗辩是行为人的行为不构成竞合。如果间接侵权人的行为不构成侵权行为竞合，则间接侵权人的行为与直接侵权人的行为没有关联，因而不能依照法律规定承担不真正连带责任。在补充责任场合，间接侵权人以检索抗辩权对抗直接侵权人、或者受害人要求其承担责任时，如果直接侵权人并不具有不能赔偿或者不能全部赔偿的情形，则可以主张抗辩，由直接侵权人承担侵权责任。但是，在下列情形下，间接侵权人不得对直接侵权人进行抗辩：

(1) 按照《侵权责任法》第 44 条、第 85 条和第 86 条第 2 款规定承担先付责任的间接侵权人，不得主张作为最终责任人的直接侵权人应当先承担侵权责任。

(2) 在并合责任情形下，无论是直接侵权人还是间接侵权人，都不得主张以相对人先承担侵权责任为由进行抗辩。

(3) 在典型的不真正连带责任情形下，中间责任人不得主张由最终责任人承担侵权责任而拒绝履行赔偿责任。

(五) 竞合侵权行为向共同侵权行为的转化

竞合侵权行为有可能向共同侵权行为转化。转化的条件是，数个行为人所实施的行为不再是主从关系，且数个行为人在主观上均具有过错，构成主观的关联共同或者客观的关联共同，就转化成了共同侵权行为。例如，在产品责任中，生产者生产的产品有缺陷，销售者对该产品缺陷的形成也有过错，双方对造成使用人的损害构成共同侵权行为；医疗产品的生产者生产的医疗产品有缺陷，医疗机构在使用中有过错，造成患者损害的，也由竞合侵权行为转化为共同侵权行为。

竞合侵权行为转化为共同侵权行为，其法律后果就由不真正连带责任转化为连带责任，数个行为人承担的责任不仅在形式上连带，而且在实质上也连带。

四、多数人侵权行为形态与侵权责任形态的对接

在讨论了竞合侵权行为之后，对侵权行为形态与侵权责任形态的对应关系进行整理，就构成了完整的对应关系。可以说，确立了竞合侵权行为的形态之后，单独侵权和多数人侵权的侵权行为形态体系就与侵权责任形态体系构成了严密的对接。这就是：

单独侵权行为对应的是单独责任,这是最为简单的对应关系。

多数人侵权行为对应的共同责任分别是:

(1)共同侵权行为对应的是连带责任形态。由于共同侵权行为体系比较庞杂,并非仅仅是《侵权责任法》第8条规定的一种,还应当包括:①共同危险行为;②法律没有规定为共同侵权行为但规定承担连带责任的侵权行为,可以叫做准共同侵权行为;③第11条规定的叠加的共同侵权行为;④第9条第2款和第49条规定的交叉的共同侵权行为。相对应的侵权责任形态是连带责任,但区分为典型的连带责任和单向连带责任,交叉的共同侵权行为适用单向连带责任。

(2)分别侵权行为的责任形态是按份责任,亦简单明了。

(3)竞合侵权行为对应不真正连带责任。四种不同的竞合侵权行为类型,分别对应不同的不真正连带责任类型:①必要条件的竞合侵权行为→典型的不真正连带责任;②"必要条件+政策考量"的竞合侵权行为→先付责任;③提供机会的竞合侵权行为→补充责任;④定有保险关系的竞合侵权行为→并合责任。

(4)第三人侵权行为对应第三人责任,加害人不承担责任。

侵权行为形态与侵权责任形态的对应关系如表2所示:

表2 侵权行为形态与侵权责任形态对应关系

侵权行为形态		侵权责任形态	
单独侵权行为		单独责任	
多数人侵权行为	共同侵权行为	连带责任	典型的共同侵权行为	典型的连带责任
			共同危险行为	
			准共同侵权行为	
			叠加的共同侵权行为	
			交叉的共同侵权行为	单向连带责任
	分别侵权行为	按份责任		
	竞合侵权行为	不真正连带责任	必要条件的竞合侵权行为	典型的不真正连带责任
			"必要条件+政策考量"的竞合侵权行为	先付责任
			提供机会的竞合侵权行为	补充责任
	第三人侵权行为	第三人责任(加害人不承担责任)		

我国《侵权责任法》中的第三人侵权行为[*]

我国《侵权责任法》在很多条文中使用了"第三人"的概念,还有数处使用"其他责任人"的概念,实际上也是第三人的概念。这些概念究竟是一种侵权行为形态,还是不同的侵权行为形态,立法没有明确说法,司法没有确定的解释,学理也没有进行深入讨论,颇值得研究。本文就此进行探讨,就教于各位方家。

一、《侵权责任法》有关第三人的规定

(一)《侵权责任法》有关第三人侵权行为的一般性规定

我国《侵权责任法》有关第三人侵权的一般规定是第28条,内容是:"损害是因第三人造成的,第三人应当承担侵权责任。"

学者对该条规定的基本内容是什么,有不同认识。全国人大常委会法工委王胜明副主任在解释这一条文时,认为这是规定第三人过错,是指原告(受害人)起诉被告以后,被告提出的该损害完全或者部分由于第三人的过错造成,从而提出免除或者减轻自己责任的抗辩事由。① 王利明教授认为这是规定第三人原因,是指除原告和被告之外的第三人,对原告损害的发生或扩大具有过错,此种过错包括故意和过失。因第三人的原因造成损害的发生和扩大,既可能导致因果关系中断,使行为人被免除责任,也可能因为第三人的原因导致损害的发生或扩大,而使行为人被减轻责任。② 张新宝教授认为这是第三人原因,且只有损害完全是由于第三人的过错行为造成的,第三人承担全部侵权责任,行为人不承担侵权责任。③ 程啸同样采纳第三人原因的观点。④ 最高人民法院法官编著的侵权责任法释义认为,这是第三人造成损害。⑤ 这些观点尽管有所区别,但有一点是肯定的,这一条文是对第三人侵权行为的一般性规定。

---

* 本文发表在《中国人民大学学报》2013年第4期,合作者为北京师范大学法学院赵晓舒博士。
① 参见王胜明主编:《中华人民共和国侵权责任法释义》,法律出版社2010年版,第143页。
② 参见王利明:《侵权责任法研究》,中国人民大学出版社2011年版,第433页。
③ 参见张新宝:《侵权责任法》,中国人民大学出版社2010年版,第78页。
④ 参见程啸:《侵权责任法》,法律出版社2011年版,第229页。
⑤ 参见奚晓明主编:《〈中华人民共和国侵权责任法〉条文理解与适用》,人民法院出版社2010年版,第213页。

(二)《侵权责任法》有关第三人的其他规定

《侵权责任法》在第 28 条之外,还在第 37 条第 2 款、第 44、68、83 条分别使用了"第三人"的概念,在第 85 条、第 86 条第 1 款使用了"其他责任人"的概念,这个"其他责任人"的概念与第三人的概念相同,但第 86 条第 2 款规定的"其他责任人"与第 1 款规定的同一概念不同,不是指第三人,而是另有所指。[⑥] 第 40 条规定的"以外的人员"与第三人的概念相同。

《侵权责任法》第 37 条第 2 款规定的是第三人在公共场所或者群众性活动中实施侵权行为造成他人损害,管理人或者组织者未尽安全保障义务的,承担相应的补充责任。这里规定的第三人是直接侵权人,是他的行为造成被侵权人损害,管理人或者组织者未尽安全保障义务的不作为行为为直接侵权行为的实施提供了机会。这种第三人与《侵权责任法》第 28 条规定的第三人概念有所区别,不是一个概念。

《侵权责任法》第 44 条规定的是产品责任的第三人责任。运输者、仓储者等第三人由于过错使产品存在缺陷造成他人损害的,产品的生产者、销售者在承担了赔偿责任后,向第三人追偿。这里的第三人与第 28 条规定的第三人概念比较接近,但承担责任的规则有重大差别。

《侵权责任法》第 68 条和第 83 条规定,因第三人过错污染环境造成损害、因第三人过错致使动物造成他人损害的,被侵权人可以向污染者或者动物饲养人、管理人请求赔偿,也可以向第三人请求赔偿。污染者或者动物饲养人、管理人赔偿后,有权向第三人追偿。这两个条文规定的第三人原本与第 28 条规定的第三人概念是一样的,但因为政策的考量和无过错责任原则的适用,改为不真正连带责任规则,是法律对这种第三人另外规定了不同的规则。

《侵权责任法》在以下条文中使用的"其他责任人"或者"以外的人员"的概念,也属于第三人的概念。这样的规定有三处:

(1)第 40 条规定,无民事行为能力人或者限制民事行为能力人在幼儿园、学校或者其他教育机构学习、生活期间,受到幼儿园、学校或者其他教育机构"以外的人员"人身损害的,由侵权人承担侵权责任;幼儿园、学校或者其他教育机构未尽到管理职责的,承担相应的补充责任。"以外的人员"被直接称之为"侵权人",与第 37 条第 2 款规定的第三人概念完全一致,承担的责任形态也完全一致。

(2)第 85 条规定,建筑物、构筑物或者其他设施及搁置物、悬挂物发生脱落、坠落造成他人损害,所有人、管理人或者使用人不能证明自己没有过错的,应当承担侵权责任。所有人、管理人或者使用人赔偿后,有"其他责任人"的,有权向"其他责任人"追偿。这个其他责任人的概念,与第 44 条规定的第三人的含义完全相同。

(3)第 86 条第 1 款规定,建筑物、构筑物或者其他设施倒塌造成他人损害的,由

[⑥] 《侵权责任法》第 86 条第 2 款规定的"其他责任人"的概念是指建筑物、构筑物以及其他设施的所有人、管理人或者使用人。参见杨立新:《侵权责任法》,法律出版社 2011 年版,第 357 页。

建设单位与施工单位承担连带责任。建设单位、施工单位赔偿后,有"其他责任人"的,有权向"其他责任人"追偿。这个概念与第44条规定的第三人的含义也完全相同。有的学者将第86条第1款规定的其他责任人的规则理解为免责事由的第三人原因[7],其中解释为第三人是对的,而解释为免除第三人的责任则不正确,因为这个条文规定的其他责任人不是免责,而是被建设单位和施工单位追偿的对象,是要承担侵权责任的。

(三)《侵权责任法》关于第三人侵权行为规定的基本规律

《侵权责任法》为什么在第28条规定了第三人侵权行为的一般规则之外,还规定了大量的第三人特殊责任的规则,这是由侵权行为形态中多数人侵权行为的复杂性决定的。

在侵权行为中,除了单独侵权行为(即一个侵权人对被侵权人实施的侵权行为)之外,还存在多种形式的多数人侵权行为形态。相对于单独侵权行为,凡是在侵权人一方存在两个以上的主体,或者作为侵权人,或者作为对该侵权行为有特定关系的人,应当对被侵权人承担不同责任形态的侵权行为,都叫做多数人侵权行为。例如,共同侵权行为和分别侵权行为[8]都是多数人侵权行为,多数行为人不论是连带责任人还是按份责任人,都是侵权人,因此,不把这些侵权人中的一部分人叫第三人或者其他责任人,而是叫做共同侵权人或者分别侵权人。在这两种多数人侵权行为中,不存在使用第三人概念的可能。

但是,在多数人侵权行为中的竞合侵权行为[9]中,存在主要的侵权人即直接侵权人之外,还存在起到辅助作用的间接侵权人,其中起到主要作用的直接侵权人的地位和作用与第三人的概念极为相似,因此,《侵权责任法》也将这两种侵权人中的一种叫做第三人或者其他责任人。

相对而言,第三人侵权行为也是多数人侵权行为中的一种,由于第三人侵权行为中的第三人所起的作用是直接的、主要的作用,而实际造成损害的没有过错的实际加害人所起到的作用却是间接的、辅助的,因此,才作出了对第三人侵权行为中的实际加害人免责的规定。不过,第三人侵权行为中第三人的行为与竞合侵权行为中直接侵权人的行为并非截然不同,不存在根本的界限,因此,立法有时会通过政策考量而确定实际加害人应当免责的第三人侵权行为的双方当事人承担不真正连带责任,将其认定为竞合侵权行为。这也是《侵权责任法》在使用第三人和其他责任人概念上不够严谨的原因。

即便如此,《侵权责任法》在使用第三人概念仍然有较为明确的规律可循:

---

[7] 参见程啸:《侵权责任法》,法律出版社2011年版,第231页。
[8] 即无过错联系的共同加害行为,笔者将其称之为分别侵权行为。
[9] 对于竞合的侵权行为,就是承担不真正连带责任的侵权行为形态,参见杨立新:《论竞合侵权行为》(本书第1609页),载《清华法学》2014年第1期。

（1）当实际加害人的行为是间接原因，对损害结果的发生仅起到辅助作用，且没有过错，而第三人的行为是直接原因，对损害结果的发生起到直接作用时，法律认为是第三人侵权行为，适用第三人侵权行为的一般规则，免除实际加害人的侵权责任。

（2）当实际加害人的行为是间接原因，对损害结果的发生或者扩大尽管起到辅助作用，但具有过错，而第三人的行为是直接原因，对损害的发生所起到的作用是直接作用的时候，法律规定适用特别规则，认定为竞合侵权行为，承担不真正连带责任，不适用第三人侵权行为的一般规则。

（3）在第一种情形下，有些本应当认定为第三人侵权行为，但有特别原因，例如实际加害人没有过错，但因适用无过错责任原则以及基于政策考量，法律将其规定为竞合侵权行为，由不同的侵权人承担不真正连带责任，不适用第三人侵权行为的一般规则而适用特别规则。

二、第三人侵权行为的历史发展

（一）国外侵权法对第三人侵权行为的规定

1. 两种不同时期的第三人侵权行为立法

笔者检索了近20部外国民法典关于侵权法的规定，大部分的民法典没有对第三人侵权行为作出特别规定。经过整理，发现各国侵权法（包括草案和欧洲侵权法基本原则）规定第三人侵权行为的基本情况如下：

（1）早期民法规定第三人侵权行为的三种立法例。在早期的民法典关于侵权行为的规定中，有三种第三人侵权行为的立法例。

第一种立法例是《法国民法典》，对第三人侵权行为没有明确规定，在具体的司法实践中，对第三人侵权行为，实际加害人可以主张自己没有过错而免除责任。

第二种立法例是《德国民法典》，该法第840条第2款规定："第三人与依照第833条至第838条负有损害赔偿义务的人一起，就损害负责任的，在他们的相互关系中，该第三人单独负有义务。"第833条至第838条分别规定的是动物饲养人的责任、动物看管人的责任、土地占有人的责任、建筑物占有人的责任和建筑物维护义务人的责任。在上述这些情形下，第三人负有责任，免除行为人的责任。这是典型的第三人侵权行为，但有特定的适用范围，而不是一般性规定。

第三种立法例是规定第三人侵权行为，但其法律后果不是免除实际加害人的侵权责任，而是实行不真正连带责任，实际加害人承担侵权责任之后，向第三人进行追偿。《日本民法典》第717条第3款规定："于前两款情形，就损害发生另有责任者时，占有人或所有人可以对其行使求偿权。"前两款规定的是土地工作物损害责任。这种规定显然是针对第三人的行为，但不是免除实际加害人的责任，而是承担不真正连带责任。《韩国民法典》第758条第3款关于"前两款规定的情形，占有人或所有人可向对发生损害有责任的人行使求偿权"的规定，与《日本民法典》的上述规定相同。

（2）新兴民法典多数规定第三人侵权行为的免责条款。与早期民法典规定第三人侵权行为的做法不同，新兴民法典基本上都规定第三人侵权行为为免责条款。这种做法是随着民法典规定侵权行为的类型化、系统化而逐渐改变的。在这些新兴民法典中，基本上都规定了侵权责任的抗辩事由或免责事由，在其中规定第三人侵权行为。例如，1994年1月1日实施的《加拿大魁北克民法典》第1481条规定："如损害由数人引起，他们中的一人根据特别法令的明示规定免除所有责任，该人应承担的责任份额由其他损害责任人平均分担。"这个条文包含第三人侵权行为的适用。1995年10月28日通过的《越南社会主义共和国民法典》第629条第2款规定："若完全由于第三人的过错引起牲畜造成他人损害，则第三人必须赔偿损害；若第三人与牲畜的所有人都有过错，则双方必须承担连带赔偿责任。"这一条文的前段规定的是动物损害责任中的第三人侵权行为，免除实际加害人的侵权责任；后段规定的是第三人和动物所有人的共同侵权行为。2002年4月15日生效的《荷兰民法典》第6:178条e款规定："损害完全是由于第三人故意致害之作为或不作为造成的，而且不影响第170条和第171条之规定的适用"，不依第175条、第176条和第177条承担责任。第170条和第171条是雇主责任中造成第三人损害的责任，第175是危险物责任，第176条是废弃物污染责任，第177条是采矿致使矿物质外泄造成损害责任，这些都是第三人应当承担责任的情形，因此，第三人造成损害，除了上述情形之外，免除实际加害人的责任。

规定最为明确的是以下两部法律：《阿尔及利亚民法典》第127条规定："除非法律另有规定，行为人如能证明损害系由受害人或者第三人的过错以及意外事件或不可抗力等不可归咎于自己的原因造成的，不承担损害赔偿责任。"其中第三人过错造成损害，行为人不承担侵权责任，规定十分明确，而且是一般性规定。《欧洲侵权法基本原则》第7:102条第1款规定："如损害是由以下不可预见和不可抗拒的原因引起的，则可减免严格责任：（a）自然力（不可抗力）；或（b）第三者的责任。"这一规定明确了第三人侵权行为的后果是减免责任。

值得注意的是欧洲国家的侵权法改革法草案的一些规定，对第三人侵权行为的规定更为明确。《瑞士债法典》改革草案第47a条第2款规定："因不可归责于某人的事实，即不可抗力、第三人或者受害人本人的行为或者应归责于第三人或受害人本人的典型风险，以明显高度可能的方式导致损害出现或者扩大的，其不承担各种责任义务。"⑩《法国民法典2005年Avant债法改革草案》第1349条第2款规定："外界原因可能来源于偶然事件、受害人或第三人的行为，而被告无须承担责任。"⑪这样的建议，表达了侵权法普遍规定第三人侵权行为的趋势。

---

⑩〔德〕布吕格迈耶尔、朱岩：《中国侵权责任法学者建议稿及其立法理由》，北京大学出版社2009年版，第302页。

⑪〔德〕布吕格迈耶尔、朱岩：《中国侵权责任法学者建议稿及其立法理由》，北京大学出版社2009年版，第311页。

2. 第三人侵权行为立法的发展

归纳起来,各国侵权法规定第三人侵权行为的历史可以分为三个阶段:

(1)不作具体规定时期。这个时期以《法国民法典》为代表,以不规定第三人侵权行为为基本特点。在这个时期,由于侵权法采取抽象性、一般性规定的立法特点,内容比较简洁,通常没有规定免责事由或者抗辩事由。1857年1月1日生效的《智利民法典》也采纳这种立法例,没有规定第三人侵权行为。其原因,主要是大陆法系侵权法一般不规定免责事由或者抗辩事由。

(2)规定为特定的免责事由时期。这个时期以《德国民法典》为代表,对第三人侵权行为规定在特殊侵权责任中,而不是规定为一般的免责事由。例如《日本民法典》《韩国民法典》以及《越南社会主义民法典》等。在原来没有规定第三人侵权行为条款的某些民法典中,通过修订法律,也增加了部分特殊侵权责任适用第三人侵权行为免责的条款。在这个时期,民法规定第三人侵权行为条款的责任形态分为两种:一是免除责任;二是承担不真正连带责任。

(3)普遍规定为一般免责事由时期。在20世纪后期至21世纪初,新兴民法典开始重视对侵权责任抗辩事由的规定,普遍规定了第三人侵权行为条款。例如《加拿大魁北克民法典》《荷兰民法典》《阿尔及利亚民法典》以及《欧洲侵权法基本原则》。

3. 各国侵权法规定第三人侵权行为的基本规律

各国第三人侵权行为立法发展的基本规律是,随着社会的不断发展,侵权法现代化的程度越来越高,对侵权责任免责事由或者抗辩事由的规定越来越重视,第三人侵权行为作为侵权责任的基本抗辩事由越来越受到高度关注,因此在21世纪前后,侵权法规定第三人侵权行为条款已经成为通例。这有利于坚持过错责任原则,准确确定侵权责任,体现公平、科学的侵权责任确定原则,体现侵权法的矫正正义,保障行为人的行为自由。因此,规定第三人侵权行为免责条款标志着侵权法的现代化,代表了人类社会的文明和进步。

(二)我国近现代侵权法对第三人侵权行为的规定

在近现代中国民事立法(包括《大清民律草案》《民国民律草案》《中华民国民法》和"伪满洲国民法")中,侵权法使用的"第三人"概念包括两种含义,一是行为人中的第三人,与本文研究的第三人侵权行为的概念相同,二是受害人中的第三人,多数是指替代责任中的责任人与行为人之外的受害人、承揽人与定作人之外的受害人或者扶养损害赔偿中的间接受害人。

《大清民律草案》使用的"第三人"和"别有任责人"两个概念,都是第三人的概念。第973条第2款规定:"依第954条至第956条之规定负损害赔偿之义务者,于第三人亦负损害赔偿之义务时,其相互间之关系,仅第三人负义务。"这种立法对第三人侵权行为采用免责规则。

《民国民律草案》侵权法使用"第三人"的是第258条:"以前三条之规定,应负损害赔偿责任之人,于第三人亦应负其责任时,其相互间之关系,仅第三人负其责任。"

前三条分别是动物加损害于他人、土地工作物损害责任、土地工作物损害责任的前后相续者的责任,当有第三人应负损害赔偿责任时,第三人承担责任,行为人免除责任。这是典型的第三人侵权行为免责条款。

《中华民国民法》规定第三人责任的条文有两个,一是第190条第2款:"动物系由第三人或他动物之挑动,致加损害于他人者,其占有人对于该第三人或该他动物之占有人,有求偿权。"二是第191条第2款:"前项损害之发生,如别有应负责任之人时,赔偿损害之所有人,对于该应负责者,有求偿权。"这两个条文都运用求偿权的规定,而不是免责的规定,借鉴的是《日本民法典》的做法。

"伪满洲国民法"只有一个条文与第三人侵权行为有关,即第738条第3款:"与前两项之情形而就损害之原因另有应任其责之人者,占有人或所有人得对之行使求偿权。"这里说的是土地工作物损害责任,另有任其责之人就是第三人。这种做法也是借鉴《日本民法典》的做法。

归纳起来,上述四部民法或者草案规定第三人的概念,集中在动物损害责任和工作物损害责任中。《大清民律草案》和《民国民律草案》采第三人侵权行为为免责事由的做法,而《中华民国民法》和"伪满洲国民法"则采不真正连带责任规则。

(三)中国当代侵权法对第三人侵权行为的规定

1. 不规范时期

自1949年至1985年期间,我国只有《婚姻法》而无其他民法规范,立法上当然没有第三人侵权行为的规定。司法解释在这个时期也没有关于第三人侵权行为的规定。

2. 初步规范时期

1986年4月12日通过的《民法通则》没有规定第三人侵权行为的一般规则,但是在两个条文中提到了相关概念:一是第122条:产品责任的"运输者、仓储者对此负有责任的,产品制造者、销售者有权要求赔偿损失"。其中运输者、仓储者的概念类似第三人的概念,在《侵权责任法》中将其规定为第三人。二是第127条:"由于第三人的过错造成损害的,第三人应当承担民事责任。"这是对第三人责任的明确规定,限于饲养动物损害责任中的第三人,动物饲养人或者管理人免责。

在以下法律中都规定了第三人侵权行为条款。1999年《海洋环境保护法》第90条第1款后半段规定:"完全由于第三者的故意或者过失,造成海洋环境污染损害的,由第三者排除危害,并承担赔偿责任。"1995年《电力法》第60条第3款规定:"因用户或者第三人的过错给电力企业或者其他用户造成损害的,该用户或者第三人应当依法承担赔偿责任。"

这些关于第三人侵权行为的规定都是针对具体的特殊侵权责任作出的,集中在产品责任、动物损害责任、水污染责任、海洋环境污染责任和电力损害责任。后果主要是免除实际加害人的责任,由第三人承担责任,也有少数适用不真正连带责任的规定。

在这个时期中,最高人民法院的司法解释规定了较多的第三人规范,但多数规定为不真正连带责任。2003年最高人民法院《关于审理人身损害赔偿案件适用法律若干问题的解释》多处使用了第三人的概念。第6条第2款前半段规定:"因第三人侵权导致损害结果发生的,由实施侵权行为的第三人承担赔偿责任。安全保障义务人有过错的,应当在其能够防止或制止损害的范围内承担相应的补充赔偿责任。安全保障义务人承担责任后,可以向第三人追偿。"这个规定的前段好像是一般性规则,但其实是对违反安全保障义务的第三人责任的规定。第7条第2款规定的第三人也是相应的补充责任。在第11条和第12条分别规定了工伤事故责任中的第三人适用不真正连带责任和并合责任。第14条规定帮工人因第三人侵权遭受人身损害的,由第三人承担赔偿责任。

3. 完善时期

在制定《侵权责任法》中,专家建议稿基本上都提出了第三人行为的立法建议。王利明教授的建议稿第1853条规定:"因第三人的过错造成损害的,应当由该第三人承担民事责任。但法律另有规定的除外。"[12]杨立新教授的建议稿第31条:"因第三人的过错和原因造成损害的,应当由该第三人承担责任,但法律另有规定的除外。"[13]梁慧星和张新宝教授的建议稿第1562条规定:"损害是由于第三人的过错行为造成的,由该第三人承担民事责任。第三人的过错行为与加害人的行为竞合导致损害发生的,适用本法第1550条规定。"[14]第1550条是关于按份责任的规定。被称之为"西南立场"的侯国跃教授的建议稿第21条规定:"损害是由于第三人的原因造成的,由第三人承担民事责任,法律另有规定的除外。""第三人的行为与加害人的行为都是损害发生的原因的,适用本法关于原因竞合的规定。"[15]

《侵权责任法》的第一次审议稿和第二次审议稿都没有规定第三人侵权行为的条文,从第三次审议稿开始增加了第28条,直至最后通过成为法律,成为我国对第三人侵权行为的法律规范,我国第三人侵权行为立法进入完善时期。

三、第三人侵权行为的概念、性质和地位

(一)第三人的概念

1. 第三人用法的不同含义

各国法律和我国侵权法对第三人的概念通常在4个方面使用:

---

[12] 王利明主编:《中国民法典学者建议稿及立法理由·侵权行为编》,法律出版社2005年版,第56—57页。

[13] 杨立新主编:《中华人民共和国侵权责任法草案建议稿及说明》,法律出版社2007年版,第10页。

[14] 梁慧星主编:《中国民法典草案建议稿附理由:侵权行为编·继承编》,法律出版社2004年版,第30页。

[15] 侯国跃:《中国侵权法立法建议稿及理由》,法律出版社2009年版,第52页。

(1)是本文使用的范围,是指侵权人与被侵权人之外的第三人,如我国《侵权责任法》第 28 条规定的第三人。

(2)是指替代责任中行为人和责任人之外的受害人即被侵权人。如《大清民律草案》第 951 条"因未成年或因精神、身体之状况需人监督者,加损害于第三人时,其法定监督人负赔偿之义务"中的第三人,就是被侵权人。

(3)是指侵权行为的间接受害人。如侵害生命直接受害人生前所扶养的人,因扶养丧失而造成的损害。《大清民律草案》第 968 条第 1 款规定:"被害人于其生命被害时,于法律规定,对第三人负扶养义务,或有应负扶养义务之关系并因其被害,至第三人丧失扶养请求权者。"

(4)是指本人与非法侵害人之外的第三人。"伪满洲国民法"第 741 条规定:"对于他人之不法行为,为防卫自己或第三人之权利不得已而为加害行为之人,不任损害赔偿之责,但不妨被害人对于为不法行为之人请求损害赔偿。"

在第三人的各种不同含义中,本文使用的是第一种含义,即侵权人和被侵权人之外的人。在具体称谓上使用与第三人相似的概念有其他责任人、别有责任人、另有责任者、别有应负责任之人,都属于第三人的概念。

2. 对第三人概念的界定

根据以上分析可以看到,第三人的概念泛指两个当事人之外的其他人。在侵权法立法和理论中,第三人概念有多重含义,在多种场合中使用。界定第三人概念,应当分清以下三种不同含义:

(1)最宽泛的第三人概念。最宽泛的第三人概念,是侵权法广泛使用的,泛指侵权双方当事人之外的其他人。包括:①侵权人与被侵权人之外的第三人;②有的是指替代责任中行为人和责任人之外的受害人;③正当防卫中本人与非法侵害人之外的第三人即受益人;④间接受害人。

(2)广义的第三人概念。广义的第三人的概念,是指侵权人与被侵权人之外的,作为侵权人一方有关联的其他人。包括:①竞合侵权行为的第三人;②第三人侵权行为的第三人。

(3)狭义的第三人概念。狭义的第三人概念就是本文所要研究的第三人,是指在侵权法律关系中,在实际加害人和被侵权人之外的,因自己的过错,通过实际加害人造成被侵权人权利损害,应当由该人承担侵权责任的侵权人。

(二)第三人侵权行为的概念和法律特征

第三人侵权行为是指第三人由于过错,通过实际加害人的直接行为或者间接行为,造成被侵权人民事权利损害,应当由第三人承担侵权责任、实际加害人免除责任的多数人侵权行为。

第三人侵权行为具有以下法律特征:

1. 造成损害的是实际加害人的行为,但造成损害的过错在第三人

在第三人侵权行为中,实际加害人和第三人既有区别也有关联。区别在于,第三

人与实际加害人不存在主观上的意思联络,也没有共同过失,双方在主观上没有任何关联。关联在于,第三人的行为通过实际加害人而造成被侵权人的权利损害。例如,某甲驾车缓慢通过行人较多的路口,某乙驾车高速驶来,刹车不及,撞上某甲车辆,导致某甲车辆突然向前冲出,撞伤前面正常穿越马路的行人某丙。虽然某丙的伤害是某甲的车辆直接造成的,但在整个事件中,某甲只是某乙侵权行为的媒介,某丙所受损害的真正原因是某乙实施的过错侵权行为。⑯ 在这里使用媒介这一概念比较形象,完全说明了第三人行为与实际加害人行为之间的关系。只有实际加害人的行为是损害发生的媒介,实际加害人才对自己造成的损害不承担赔偿责任。

2. 造成被侵权人损害的全部原因是第三人的过错

构成第三人侵权行为,第三人的过错必须是造成损害的全部原因,而不是部分原因。有的学者主张,《侵权责任法》第 28 条规定的"第三人造成的",既包括损害完全是由第三人造成的,也包括第三人行为是造成损害的部分原因。⑰ 这种看法是不正确的,原因在于:首先,第三人侵权行为的后果是免除实际加害人的侵权责任,由第三人承担侵权责任;其次,如果第三人和实际加害人对于损害的发生或者扩大都有过错,就形成了不同于第三人侵权行为的共同侵权行为或者分别侵权行为,也可能构成竞合侵权行为,都不会是第三人侵权责任。只有第三人的行为是损害发生的全部原因(或者称之为"唯一原因")⑱,或者"只有损害完全是由于第三人的过错行为造成的"⑲,才能成立第三人侵权行为。

3. 第三人承担侵权责任而实际加害人免责

在多数人侵权行为中,共同侵权行为承担连带责任,分别侵权行为承担按份责任,竞合侵权行为承担不真正连带责任,数个行为人都须直接或者间接地承担责任。但在第三人侵权行为中,第三人是侵权人,自己承担侵权责任;造成损害的实际加害人并不是侵权人,后果是免除侵权责任。这是第三人侵权行为与多数人侵权行为的其他三种类型都不相同的特点。

4. 被侵权人的侵权请求权直接针对第三人

在第三人侵权行为中,被侵权人的请求权只针对第三人,第三人是侵权法律关系的责任主体,被侵权人应当直接向第三人请求赔偿。在通常情况下,被侵权人可能会向实际加害人请求赔偿,实际加害人主张以第三人侵权行为进行抗辩并成立的,法院判决免除实际加害人的侵权责任,驳回被侵权人的诉讼请求,另诉第三人;或者直接追加第三人为被告,判决免除实际加害人的侵权责任,直接判决第三人承担侵权责任。

---

⑯ 参见奚晓明主编:《〈中华人民共和国侵权责任法〉条文理解与适用》,人民法院出版社 2010 年版,第 213 页。
⑰ 参见王利明:《侵权责任法研究》(上卷),中国人民大学出版社 2010 年版,第 438—439 页。
⑱ 参见王胜明主编:《中华人民共和国侵权责任法释义》,法律出版社 2010 年版,第 143 页。
⑲ 张新宝:《侵权责任法》,中国人民大学出版社 2010 年版,第 78 页。

(三)第三人侵权行为的法律地位

第三人侵权行为属于侵权行为形态的范畴,其性质是多数人侵权行为。

多数人侵权行为与单独侵权行为相对应。单独侵权行为是单独一个人实施的侵权行为,包括单独一个自然人、法人或者非法人团体。两个以上的行为人实施的侵权行为是多数人侵权行为,即"数个独立的责任主体对同一损害后果承担不同类型的共同责任"[20]的侵权行为形态。

多数人侵权行为分为两种基本类型:一是多数行为人都应当承担共同责任的多数人侵权行为,包括多数人应当承担连带责任、按份责任或者不真正连带责任,这样的多数人侵权行为分别是共同侵权行为、分别侵权行为和竞合侵权行为三种类型。二是多数行为人有的承担侵权责任,有的不承担侵权责任,这种多数人侵权行为只有一种,就是第三人侵权行为。

(四)第三人侵权行为的范围

第三人侵权行为的范围包括以下两个方面:

1. 适用过错责任原则和过错推定原则的第三人侵权行为

在适用过错责任原则和过错推定原则的侵权行为类型中,第三人侵权行为具有重要意义。原因是,适用过错责任原则和过错推定原则的侵权行为类型,构成侵权责任须具备过错要件,换言之,在过错责任原则和过错推定原则适用的场合,谁有过错,谁就要承担侵权责任。实际加害人对损害的发生没有过错,而第三人对损害的发生具有全部过错,当然就要由第三人承担侵权责任,实际加害人没有责任。同样,在过错推定原则适用的场合,尽管首先推定实际加害人具有过错,但加害人能够证明损害是由第三人的过错造成的,自己没有过错,就构成第三人侵权行为,免除实际加害人的责任。

这种类型的第三人侵权行为的基本要求是,损害是由第三人的过错引起的,并且是损害发生的全部原因,实际加害人对损害的发生没有过错。

2. 适用无过错责任原则的第三人侵权行为

在适用无过错责任原则的情形下,第三人侵权行为具有特别的要求。原因是,在适用无过错责任原则的侵权行为类型中,法律将有些第三人侵权规定为不真正连带责任:①环境污染责任中的第三人侵权适用不真正连带责任,法律依据是《侵权责任法》第68条;②饲养动物损害责任中的第三人侵权适用不真正连带责任,法律依据是《侵权责任法》第83条;③工伤事故责任中的第三人侵权也实行不真正连带责任,法律依据是最高人民法院《关于审理人身损害赔偿案件适用法律若干问题的解释》第11条。

在适用无过错责任原则的其他场合,对于《侵权责任法》没有明确规定第三人侵

---

[20] 张新宝:《侵权责任法》,中国人民大学出版社2010年版,第44页。

权行为是否适用免责条款,应当进行探讨:

在产品责任中,第三人的过错引起产品缺陷造成损害的,不适用《侵权责任法》第28条,而适用第44条,责任形态为先付责任。[21] 有的学者将第44条归纳为免责事由的第三人原因[22],理解明显错误。这种情形不属于第三人侵权行为。在高度危险责任中,《侵权责任法》对第三人侵权行为没有规定,在第三人故意引起高度危险责任损害的,或者对于一般危险活动的行为人,如果能够证明受害人所遭受的损害完全是由第三人的过错行为造成的[23],有可能存在第三人侵权行为。有的学者提出,"根据危险程度的不同,对于一些超常危险的活动,即使受害人的损害完全是由第三人的过错行为造成的,法律规定必须首先由危险活动的行为人或者高度危险物的持有人承担责任"。[24] 笔者认为,对高度危险责任中的第三人侵权行为适用类似《侵权责任法》第68条和第83条的规则,缺少法律依据,因为《侵权责任法》第九章并没有作出这样的规定。

笔者认为,以下3种情形应当是无过错责任原则下的第三人侵权行为:

(1)没有缺陷的产品致害因第三人过错所引起。受害人使用没有缺陷的产品,第三人因过错致使产品造成受害人损害的,属于产品责任的第三人侵权行为,应当适用《侵权责任法》第28条规定,免除产品生产者、销售者的赔偿责任。例如产品存在合理危险,已经充分警示说明,但第三人错误指令使用人不按照产品警示说明的要求,使用错误方法造成受害人损害的,构成第三人侵权行为,主张生产者、销售者承担侵权责任的,应当判令被告无责任,由第三人承担赔偿责任。

(2)第三人故意或者过失引起损害的高度危险责任。在环境污染责任和饲养动物损害责任中,第三人无论是故意或者过失,都应当认定为竞合侵权行为,后果是不真正连带责任。推而论之,《侵权责任法》第九章没有规定高度危险责任的第三人侵权行为,可以参照适用第68条和第83条规定吗?如果是这样,为何《侵权责任法》不作此规定呢?笔者认为,根据《侵权责任法》第九章的精神,对此应当区别具体情况确定:①凡是规定受害人故意可以免除责任,高度危险活动和高度危险物造成他人损害是由第三人故意造成的,高度危险活动和高度危险物的占有人不承担赔偿责任。理由是,如果第三人故意利用高度危险物和高度危险活动造成他人损害,其实高度危险活动和高度危险物就成了第三人的侵权工具,在这种情况下,让高度危险活动或者高度危险物的占有人承担责任是不公平的。②凡是规定被侵权人对损害的发生具有重大过失或者过失可以减轻责任的,第三人因重大过失或者过失行为造成被侵权人损害的,认定为第三人侵权行为,免除侵权责任。例如《侵权责任法》第72条规定的占有、使用易燃、易爆、剧毒、放射性等高度危险物造成被侵权人损害第三人具有重大

---

[21] 参见杨立新:《论不真正连带责任的体系与规则》,载《现代法学》2012年第3期。
[22] 参见程啸:《侵权责任法》,法律出版社2011年版,第231页。
[23] 参见王胜明主编:《中华人民共和国侵权责任法释义》,法律出版社2010年版,第144页。
[24] 王胜明主编:《中华人民共和国侵权责任法释义》,法律出版社2010年版,第144页。

过失的,或者第73条规定的高空、高压、地下挖掘活动和使用高速轨道运输工具造成被侵权人损害第三人具有过失的,如果第三人的行为是损害发生的全部原因的,免除加害人的侵权责任。

（3）法律有特别规定的。《电力法》第60条第3款规定:"因用户或者第三人的过错给电力企业或者其他用户造成损害的,该用户或者第三人应当依法承担赔偿责任。"《侵权责任法》第九章没有对第三人的责任作出特别规定,《电力法》与《侵权责任法》第九章关于高度危险责任的规定没有冲突,与第28条规定相合,被告可以"第三人过错"造成损害为由,对原告（受害人）进行抗辩。[25] 这样的解释与前文的主张相一致。

（五）第三人侵权行为的类型

第三人侵权行为究竟应当分为何种类型,提出意见者不多。目前看到的是王利明教授的分法,根据第三人的过错程度分为三种不同类型:①第三人具有故意的第三人侵权;②第三人具有重大过失而实际加害人没有过错的第三人侵权;③第三人引起险情的第三人侵权。[26] 从另一个角度上,他又将第三人侵权分为第三人造成全部损害的类型和第三人的行为是造成损害的部分原因的第三人侵权。[27]

后一种分类方法是不正确的,因为第三人的行为如果是损害发生的部分原因的,一定不是《侵权责任法》第28条规定的第三人侵权行为,而可能是共同侵权行为、分别侵权行为或者竞合侵权行为,其法律后果分别是连带责任、按份责任或者不真正连带责任,不会免除实际加害人责任的后果。

在前一种分类方法中,第三种类型其实不是第三人侵权行为,因为"若第三人引起某种危险,被告为避免危险可能引起的损害而实行紧急避险,造成了对原告的损害,则应根据《侵权责任法》第31条规定"[28]处理,已经构成紧急避险,法律有专门的紧急避险规则进行处置,当然不是第三人侵权行为,何必将其作为第三人侵权的类型呢？将第三人侵权行为分为第三人故意或者第三人重大过失两个类型,不是没有道理,而是没有意义,原因在于,确定是否构成第三人侵权行为的关键问题是第三人的过错是否为损害发生的全部原因。至于第三人故意、重大过失抑或一般过失,都不重要,只要第三人的过错是造成损害的全部原因,就构成第三人侵权行为;不属于全部原因的,不构成第三人侵权行为。

依笔者所见,根据实际加害人和第三人的行为之间关系的不同,将第三人侵权行为分为介入型第三人侵权行为和借用型第三人侵权行为,对适用法律具有价值。

1. 介入型第三人侵权行为

介入型第三人侵权行为是指在实际加害人的行为的实施过程中,加入了第三人

---

[25] 参见王胜明主编:《中华人民共和国侵权责任法释义》,法律出版社2010年版,第145页。
[26] 参见王利明:《侵权责任法研究》（上卷）,中国人民大学出版社2010年版,第437页。
[27] 参见王利明:《侵权责任法研究》（上卷）,中国人民大学出版社2010年版,第435、438页。
[28] 王利明:《侵权责任法研究》（上卷）,中国人民大学出版社2010年版,第437页。

的行为,造成被侵权人损害的第三人侵权行为。例如,被告违法在路上挖掘了一个坑,第三人故意将原告推入该坑中而遭受人身损害。[29] 被告在路上挖掘属于违法,但未直接造成损害。第三人故意伤害被侵权人,是损害发生的全部原因。在这种第三人侵权行为类型中,实际加害人的行为虽然违法,但仅仅为第三人实施侵权行为提供了条件,实际加害人的行为并不构成侵权,第三人的行为构成侵权行为。

行为人实施侵权行为使受害人受伤,医院在受害人住院期间失火,将受害人烧死。这种情形是否属于介入型第三人侵权行为呢?笔者认为,行为人致伤他人,构成侵权行为;医院失火,亦构成侵权行为。这是两个侵权行为,而不是一个侵权行为,更不是第三人侵权行为。其中因果关系中断甚为明显,受害人的近亲属起诉造成伤害的行为人,只能请求承担造成伤害的赔偿责任,请求赔偿死亡的损害赔偿只能起诉医院。这是两个侵权行为,不属于多数人侵权行为。

2. 借用型第三人侵权行为

借用型第三人侵权行为是指第三人借用实际加害人的物件实施侵权行为,造成被侵权人权利损害的第三人侵权行为。例如,被告在菜园中的灌水井已经关闭,第三人未经同意擅自打开该水井,不仅将被告的菜园淹没,而且也将相邻原告的菜园淹没,造成财产损失。这种情形,实际加害人不具有违法性,第三人借用实际加害人的物件实施侵权行为,造成受害人的权利损害,故第三人应当承担侵权责任,尽管实际加害人的物件造成受害人损害,但实际加害人对于损害的发生没有任何过错,因此应当免责。

四、第三人侵权行为的法律适用规则

(一)对当事人的称谓

目前对第三人侵权行为当事人的称谓并不一致,在学说、立法及司法上需要统一起来。

对第三人的称谓是明确的,就叫做第三人。应当注意的是,这个第三人是狭义第三人。

对受害人的称谓不一致,统一称为被侵权人比较合适,与《侵权责任法》的称谓相一致,也不会有争议。

对实际加害人,《侵权责任法》第 28 条没有明确规定。将其叫做被告[30]不准确,因为被告并不是实体法的概念,而是程序法的概念;将其称为加害人[31]有一定道理,但

---

[29] 参见朱岩:《侵权责任法通论·总论》,法律出版社 2011 年版,第 225 页。
[30] 参见王胜明主编:《中华人民共和国侵权责任法释义》,法律出版社 2010 年版,第 143 页,奚晓明主编:《〈中华人民共和国侵权责任法〉条文理解与适用》,人民法院出版社 2010 年版,第 213 页。
[31] 参见高圣平主编:《中华人民共和国侵权责任法立法争点、立法例及经典案例》,北京大学出版社 2010 年版,第 355 页;程啸:《侵权责任法》,法律出版社 2011 年版,第 229 页。

容易与一般情形下的加害人相混淆,因为一般的加害人就是指被侵权人;使用行为人的概念[32]也有一定道理,但由于在有些第三人侵权行为中加害人并没有实施侵权行为,称行为人有可能不周延。比较起来,使用实际加害人的概念比较稳妥。在加害人之前加上"实际"的修饰语,能够区别不是侵权人的加害人与作为侵权人的加害人的界限。

(二)第三人侵权行为的归责原则

在第三人侵权行为中考虑归责原则的适用分为两个方面:一是确定第三人侵权行为类型的不同;二是确定第三人侵权行为是否构成。

1. 确定第三人侵权行为类型考虑归责原则

如前所述,第三人侵权行为的范围可以根据适用不同归责原则的侵权责任类型确定。凡是在适用过错责任原则和过错推定原则的侵权责任类型中,第三人过错是损害发生的全部原因的,都构成第三人侵权行为;在适用无过错责任原则的侵权责任类型中,《侵权责任法》第44、68条和第83条除外,只有少数第三人的过错是损害发生的全部原因的,才构成第三人侵权行为。

2. 确定第三人侵权行为构成适用归责原则

确定第三人侵权行为的构成适用过错责任原则,既不适用过错推定原则,也不适用无过错责任原则。是否存在第三人实施适用无过错责任原则的侵权行为,致使实际加害人的行为造成被侵权人损害呢?例如,饲养动物的所有人或管理人、污染环境的污染者、高度危险责任的占有人等作为第三人,致使他人的行为造成被侵权人损害。在这种情形下,通常会形成紧急避险或者正当防卫,并不存在无过错责任的第三人侵权行为。

确定第三人侵权行为应当采取以下规则:

(1)对于造成的损害,如果第三人没有过错,第三人就不承担责任。这是因为,第三人有过错是实际加害人主张抗辩的基础,如果不能证明第三人对损害的发生具有过错,则不能主张这一抗辩事由。[33] 这种意见为通说,几乎没有反对的意见。

(2)第三人过错的证明责任,并非由第三人证明,而应由实际加害人或者被侵权人证明。在通常情况下,被侵权人主张实际加害人承担侵权责任,实际加害人主张损害是由第三人的过错引起的,实际加害人不仅要证明自己不具有过错,有时还要证明第三人的过错和因果关系,能够证明的,免除实际加害人的赔偿责任,由第三人承担赔偿责任;实际加害人不能证明或者证明不足的,不能免除实际加害人的赔偿责任。如果实际加害人只能证明自己没有过错的而不承担责任,并不能证明第三人有过错,被侵权人主张第三人承担侵权责任的,则应当由被侵权人证明第三人的过错和因果

---

[32] 参见张新宝:《侵权责任法》,中国人民大学出版社2010年版,第78页。
[33] 参见高圣平主编:《中华人民共和国侵权责任法立法争点、立法例及经典案例》,北京大学出版社2010年版,第353页。

关系,采用侵权责任的一般证明方法予以证明。

(三)第三人侵权行为的构成要件

1. 违法行为

在第三人侵权行为中,违法行为要件的特殊性是,在造成损害的行为中,既有第三人的行为,也有实际加害人的行为。

实际加害人的行为是直接造成被侵权人损害的行为,第三人的行为造成损害具有过错,两个行为相互结合,或者是前后相续,或者是第三人的行为作用于实际加害人的行为之上,造成被侵权人的损害。在两个行为中,第三人的行为应当具有违法性,实际加害人的行为可以是有违法性的行为,也可以是不具有违法性的行为。判断实际加害人的行为是否具有违法性,对确定第三人侵权行为并无特别的重要意义,关键在于实际加害人能够证明自己的行为没有违法性,就可以免除自己的责任。如果只能证明第三人的行为具有违法性,不能证明自己的行为不具有违法性,也不能证明自己的行为存在因果关系中断的事由,而被侵权人能够证明实际加害人的行为具有违法性,则可能不会成立第三人侵权责任,而构成共同侵权行为、分别侵权行为或者竞合侵权行为。

2. 损害事实

第三人侵权行为的损害事实要件没有特别要求,应当符合侵权责任构成的损害事实要件的基本要求即可。唯一的要求是损害事实只有一个,即被侵权人的民事权权益受到损害,符合《侵权责任法》第2条第2款规定的范围。如果造成了两个以上的损害,则需要研究是一个侵权行为还是两个侵权行为。

一个损害事实的要求是侵权行为所造成的直接后果,也可能是一个单独的人身损害、财产损害或者精神损害,也可能是一个包括人身损害、财产损害和精神损害的损害事实。

3. 因果关系

判断构成第三人侵权行为的关键要件是因果关系要件。确定第三人侵权行为的因果关系要件,应当明确两个问题:

(1)第三人行为与损害事实之间的因果关系性质。确定第三人行为与损害结果之间因果关系的标准是相当因果关系。第三人的行为是损害发生的适当条件的,即可认定有因果关系。如果第三人的行为是损害发生的原因,即高于相当因果关系的适当条件标准的,当然更符合因果关系要件的要求。故判断因果关系的标准为,第三人的行为按照一般社会智识经验,能够引起该损害结果的发生,而事实上该行为确实引起了该损害结果的发生。

(2)第三人的行为是否构成因果关系中断。诚然,在第三人侵权行为中,实际加害人的行为与损害后果之间必然存在因果关系。问题在于,构成第三人侵权行为必须有第三人的行为介入实际加害人与被侵权人之间的因果关系链条,构成因果关系中断。只有符合这个要求,才能构成第三人侵权行为。

因果关系中断,是指在特定原因将会引发特定结果的正常锁链中,因其他因素的介入而改变了此种因果关系的正常锁链,改变了原本应当出现的结果。㉞ 如果被告实施某种侵权行为以后,第三人的行为独立造成了损害结果的发生,从而切断了被告的行为与原告的损害之间的因果联系,使被告的行为不能发挥原因力,则应由第三人对损害结果负责。㉟ 符合这样的要求的,就构成第三人侵权行为的因果关系要件。

但是,这只是介入型第三人侵权行为的因果关系的要求,即实际加害人的行为加入了第三人的行为,造成受害人损害的第三人侵权行为。如果第三人借用实际加害人的物件而加损害于被侵权人(即借用型第三人侵权行为)的,则通常不是因果关系中断,而是实际加害人的物件在形式上是损害的发生的全部原因,第三人的行为是实质上的损害发生的全部原因,例如第三人放水浇园的行为。在这种情况下,实际加害人主张第三人侵权行为作为抗辩事由,更重要的是证明自己无过错、自己的行为与损害没有因果关系,以及第三人的行为是损害发生的实质性原因。

4.过错

第三人侵权行为构成要件中的过错要件应当符合两个要求:一是实际加害人自己无过错;二是过错在于第三人。实际加害人主张自己无过错而无责任的,证明应当符合前一个要求;实际加害人主张第三人承担责任的,证明应当符合后一个要求。

实际加害人无过错,事实上并不要实际加害人证明。但是,如果被侵权人在起诉中已经证明实际加害人有过错,或者适用过错推定原则推定实际加害人有过错,实际加害人在主张第三人侵权行为为抗辩事由时,应当证明自己没有过错,能够证明自己没有过错的,就能够免除自己的责任。

实际加害人可以证明第三人有过错。第三人的过错可以是故意,也可以是过失。有的学者主张第三人故意或者重大过失才构成第三人侵权行为并予以免责㊱,并不准确。如果第三人虽然具有过失但不具有故意或者重大过失,但该过失行为是损害发生的全部原因的,就构成第三人侵权行为,实际加害人就免除责任。

(四)实际加害人不得主张免责的情形

在以下情形,实际加害人属于第三人侵权行为以外的行为人的,不得主张构成第三人侵权行为而免除自己的责任。这种情形在一些学者的著述中都有说明,因而简要说明如下:

实际加害人是共同侵权人的,不得以第三人侵权行为作为抗辩而主张免除责任。只要实际加害人是共同侵权行为人、共同危险行为人或者教唆人、帮助人,就不得主张第三人侵权行为而免除自己的责任。

实际加害人是分别侵权行为人即无过错联系的共同加害行为的行为人的,应当

㉞ 参见朱岩:《侵权责任法通论·总论》,法律出版社2011年版,第224页。
㉟ 参见王利明:《侵权责任法研究》(上卷),中国人民大学出版社2010年版,第435—436页。
㊱ 参见王利明:《侵权责任法研究》(上卷),中国人民大学出版社2010年版,第437页。

依照第12条规定承担按份责任,不得主张第三人侵权行为而免责。

竞合侵权行为,是指两个以上的民事主体作为侵权人,有的实施直接侵权行为,与损害结果具有直接因果关系,有的实施间接侵权行为,与损害结果的发生具有间接因果关系,行为人承担不真正连带责任的侵权行为形态。在竞合侵权行为中,立法和司法解释直接使用"第三人"的概念,例如《侵权责任法》第37条第2款、第44条、第68条、第83条等。事实上,竞合侵权行为与第三人侵权行为之间的界限很难界分,原因在于立法在政策考量上,经常把第三人侵权行为认定为竞合侵权行为而使当事人承担不真正连带责任。对此,有一个最简洁的方法就是,凡是立法或者司法解释规定使用"第三人"概念,且规定了与《侵权责任法》第28条规定不同规则的,就是竞合侵权行为;凡是《侵权责任法》对第三人没有特别规定责任形态的,就直接适用《侵权责任法》第28条认定为第三人侵权行为。就实际加害人而言,如果《侵权责任法》或者其他法律或者司法解释对此没有作出特别规定的,就可以主张第三人侵权行为而免责;如果对第三人侵权行为及责任有特别规定的,则不得主张以第三人侵权行为予以抗辩。

实际加害人是替代责任中的行为人的,不能以责任人是第三人而主张第三人侵权行为免除自己的责任,而应当追加责任人承担替代责任。在替代责任(即为他人的行为负责的侵权行为)中,造成实际损害的是行为人,承担责任的是责任人,被侵权人起诉行为人为被告,被告不能主张第三人侵权行为免责,而应当主张替代责任由责任人承担侵权责任。

(五)第三人侵权行为的责任承担

构成第三人侵权行为,其法律后果就是第三人侵权责任,免除实际加害人的赔偿责任。至于第三人承担侵权责任的规则,适用侵权损害赔偿的一般规则即可,并无特别之处。

在一些学者的论述中,将第三人侵权责任的承担规则搞得比较复杂,原因是将第三人侵权行为与竞合侵权行为混在一起,或者与共同侵权行为甚至与分别侵权行为混在一起。这样的做法是不妥的。必须分清第三人侵权行为与共同侵权行为、分别侵权行为和竞合侵权行为的界限,分清第三人侵权责任与连带责任、按份责任和不真正连带责任的界限。凡是第三人的行为不是损害发生的全部原因的,就不是第三人侵权行为,就不适用第三人承担侵权责任、实际加害人免责的规则,而应当分别按照不同的责任形态承担不同的责任。其规则是:

共同侵权行为→连带责任;

分别侵权行为→按份责任;

竞合侵权行为→不真正连带责任;

第三人侵权行为→第三人责任。

第三分编
侵权损害赔偿

《侵权责任法》应对大规模侵权的举措*

《侵权责任法》颁布实施之后,对于大规模侵权应当如何适用该法,有各种不同意见,基于这一点而对《侵权责任法》赞美者有之①,批评者亦有之。② 笔者作为立法的亲历者,不赞成后者的批评意见,而认为《侵权责任法》应对大规模侵权其实早已运筹帷幄,成竹在胸,制定了全面应对大规模侵权的必要举措。在制定《侵权责任法》的过程中,国内出现了影响巨大,损害后果极为广泛的"三鹿奶粉"事件、"大头娃娃毒奶粉"事件、"齐二药"事件等,都是典型的大规模侵权。立法机关在当代工业社会所带来的大规模侵权风险的社会背景之下,在为划定行为自由范围和增进社会福祉、降低社会危险程度而制定的一部现代化的《侵权责任法》时,当然不会抛开大规模侵权而不顾,而是积极努力,制定全面应对大规模侵权的法律举措。在我国,在《侵权责任法》规定的范围内,对可能出现的大规模侵权行为提供了足够的实体法的法律适用依据。本文对此进行分析,并借此厘清大规模侵权的有关理论问题。至于救济大规模侵权的程序问题,不是《侵权责任法》解决的问题,不在本文的讨论范围之中。

一、《侵权责任法》第2条第1款规定侵权责任范围包含大规模侵权

(一)大规模侵权包括在《侵权责任法》大的侵权责任一般条款之中

依照笔者的理解,《侵权责任法》第2条第1款规定的是我国大的侵权责任一般条款。③ 它概括的是我国《侵权责任法》所调整的侵权行为的范围,这就是"侵害民事权益,应当依照本法承担侵权责任"的规定,其中包括大规模侵权。

---

* 本文发表在《法学家》2011年第4期。
① 例如,认为大规模侵权案件的发生"为侵权法的功能和对大规模侵权事故进行法律规范提供了检讨机会,为《侵权责任法》相关条文的起草制定提供了社会基础"。参见王成:《大规模侵权事故综合救济体系的构建》,载《社会科学战线》2010年第9期。
② 例如,认为"我国目前关于大规模侵权的法律规范并不健全"。参见柯劲衡:《惩罚性赔偿制度在大规模侵权中的适用分析》,载《商业时代》2010年第31期。
③ 关于"大的侵权责任一般条款"的说法,参见杨立新:《侵权责任法》,法律出版社2010年版,第14—15页。

近几年来,我国学者对大规模侵权进行了深入研究。关于大规模侵权概念的界定,指出大规模侵权在美国侵权法中被表述为"Mass Torts",是指基于一个不法行为或者多个具有同质性的产品服务,给大量的受害者造成人身、财产损害或者同时造成上述两种损害。例如美国的"石棉案件"。④ 因此,大规模侵权通常发生在恶意产品侵权领域,具有受害人数众多、赔偿数额巨大的特征,对大规模侵权的定义需要从侵权案件的数量、受害人多数性、损害赔偿惩罚性等方面来考虑。

关于对大规模侵权概念的具体界定则有不同说法。有的认为,大规模侵权是指造成多人损害的民事不法行为,如工厂排放毒气、商业客机相撞以及工业废物处理造成的污染等。⑤ 这种行为可以是单个行为,如大楼坍塌,也可以由一段时间内的一系列相关行为所组成。有人认为,大规模侵权是加害人实施了一个侵权行为而同时造成多人人身或财产损害,强调的是受害主体具有多数性。"三鹿奶粉"事件属于典型的大规模侵权事件。⑥ 有人认为,大规模侵权作为一种特殊侵权行为,其重要特征应当同时包括侵权案件的数量、损害赔偿的累积性、各单个侵权行为之间的"同质性"等。但是构成大规模侵权并不要求这些特征同时存在。据此,应当将大规模侵权定义为基于一个或多个相同性质的法律行为,使得大量的法益受到侵害并产生相应的损害。⑦

上述对大规模侵权概念的界定都是有道理的,但均需要斟酌。界定大规模侵权,还需要回到美国法对大规模侵权的概念界定的基础上考虑,应当突出四个基本特征:第一,基于一个不法行为或者多个具有同质性的产品或者服务致人损害的侵权行为,而不是仅仅指恶意产品侵权;第二,这种侵权行为给大量的、为数众多的受害者造成损害;第三,造成的损害包括人身损害和财产损害,或者同时造成上述两种损害,需要进行批量的赔偿救济;第四,在大规模侵权的救济损害中,必须注意对大规模侵权进行预防和惩罚。基于这样的考虑,笔者认为,大规模侵权是指基于同一个侵权行为或者多个具有同质性的侵权行为,给为数众多的受害者造成人身、财产损害或者同时造成上述两种损害,须提供数额巨大的损害赔偿救济,以及更好地进行预防和惩罚,以保障社会安全的特殊侵权行为。

对于这种特殊侵权行为类型,《侵权责任法》确实没有明文规定。不过,在《侵权责任法》第2条第1款的规定中就包含了这种特殊侵权行为类型,"侵害民事权益,应当依照本法承担侵权责任"的表述,直接表达的是《侵权责任法》所调整的侵权责任的范围;如果从另一个角度上看,它也是对侵权行为的界定,可以理解为"凡是侵害民事权益",依照《侵权责任法》的规定应当"承担侵权责任"的行为,就是侵权行为。

---

④ 参见朱岩:《大规模侵权的实体法问题初探》,载《法律适用》2006年第10期。
⑤ 参见陈年冰:《大规模侵权与惩罚性赔偿——以风险社会为背景》,载《西北大学学报》2010年第6期。
⑥ 参见赵庆鸣、孟妍:《从三鹿奶粉事件看大规模侵权案之救济》,载《曲靖师范学院学报》2010年第5期。
⑦ 参见郭璐璐:《大规模侵权行为及其归责原则初探》,载《科技情报开发与经济》2009年第10期。

在这样一个侵权行为概念的界定中，当然包括大规模侵权行为。首先，大规模侵权就是规模大的侵权行为，不论规模大小，凡是侵权行为，当然都在侵权行为的一般概念之中，换言之，规模大的侵权行为是侵权行为，规模小的侵权行为也是侵权行为，都包含在这个概念之中。其次，所谓大规模侵权，并不是侵权行为的质的规定性发生了变化，而是在侵权行为的质的规定性不变的情况下，主要是侵权行为造成损害的量的变化，即"大规模"化，是为数众多的受害人受到损害，且受到损害的原因是同一个侵权行为或者同质性的若干个侵权行为。这样的损害与通常的侵权行为相比，仅仅是损害数量的变化、损害规模的变化以及需要进行大面积的救济，并且需要进行有效的预防和惩罚。既然大规模侵权的特殊性不是侵权行为的质的改变，而仅仅是侵权行为造成后果的量的变化，也就是说，大规模侵权仍然是侵权，仍然在侵权行为的一般定义之中。因此，凡是"侵害民事权益""依照本法应当承担侵权责任"的大规模侵权行为，都是侵权行为，因而大规模侵权当然就包括在《侵权责任法》第2条第1款的规定之中。在《侵权责任法》调整侵权行为的法律适用范围中，仍然认为"我国目前关于大规模侵权的法律规范并不健全"[8]，显然并不正确。

（二）大规模侵权的性质界定

大规模侵权在侵权责任法中的性质是什么，也是一个值得讨论的问题。有很多人提出，应当将大规模侵权界定为一种特殊侵权行为类型或者侵权责任类型，规定具体的侵权对策。[9] 也有的学者反对这种意见，认为将一类侵权责任形态（应当是类型——笔者注）划归为一种特殊侵权责任，则其归责原则必须是一以贯之的，大规模侵权无非是一类单独的侵权责任形态，无法将其归类于某项特殊侵权行为。[10] 对于后一种意见，其结论笔者是赞同的，但其论据笔者并不赞同，因为同一种特殊侵权行为并非都适用同一个归责原则，例如机动车交通事故责任、产品责任、医疗损害责任、饲养动物损害责任等，都不适用同一个归责原则，机动车交通事故责任根据不同情况适用过错推定原则和过错责任原则；产品责任在基本适用无过错责任原则的情况下，销售者承担最终责任适用过错责任原则；医疗损害责任的技术损害责任适用过错责任原则，医疗产品损害责任则适用无过错责任原则；饲养动物损害责任基本上适用无过错责任原则，但动物园动物损害责任适用过错推定原则。本文对此不作深入讨论。

大规模侵权确实不属于《侵权责任法》规定的特殊侵权责任类型中的任何一类，而是在《侵权责任法》规定的各种侵权责任类型中都有可能存在。在《侵权责任法》第四章至第十一章规定的特殊侵权责任类型中，都有可能存在大规模侵权的可能性；即使在第6条第1款规定的一般侵权责任中，也有可能存在大规模侵权。因此，大规

---

[8] 柯劲衡：《惩罚性赔偿制度在大规模侵权中的适用分析》，载《商业时代》2010年第31期。
[9] 参见朱岩：《大规模侵权的实体法问题初探》，载《法律适用》2006年第10期。
[10] 参见张红：《大规模侵权救济问题研究》，载《大规模侵权法律对策国际研讨会会议资料》2011年4月，第32页。

模侵权都能在特殊侵权责任和一般侵权责任的分类中找到自己的位置。

在很多学者的论述中,都将大规模侵权与单一侵权相对应,认为它们是对应的概念,其实这是不正确的:一是单一侵权这个概念并不是侵权法常用的概念;二是单一侵权容易理解为侵权责任主体是单一,是一个主体实施的侵权行为,对应的概念应当是共同侵权行为,但非大规模侵权中也有主体为二人以上共同侵权行为、共同危险行为、无过错联系的共同加害行为等,并非主体单一。因此,单一侵权无法与大规模侵权相对应。

如果从逻辑上说,大规模侵权概念最准确对应的概念应当是"小规模侵权",但这不是法律概念,也不具有法律上的意义。

界定大规模侵权的性质,应当抛开这些不同的侵权行为类型的分类方法,采取另外的标准进行划分。因此,笔者建议,以侵权规模的大小为标准,将侵权行为分为普通侵权行为和大规模侵权行为,普通侵权行为是适用《侵权责任法》的通常规则确定责任的侵权行为,大规模侵权行为则是基于同一个侵权行为或者多个具有同质性的侵权行为,给为数众多的受害者造成人身、财产损害或者同时造成上述两种损害,须提供数额巨大的损害赔偿救济,以及更好地进行预防和惩罚,以保障社会安全的侵权行为。这样的分类,对于适用法律是有积极意义的。任何试图将大规模侵权作为《侵权责任法》第四章至第十一章规定的特殊侵权行为类型之外并与这些特殊侵权行为类型相并列的特殊侵权行为的主张,都难以成立。

二、《侵权责任法》规定侵权责任归责原则考虑了大规模侵权对归责基础的要求

侵权责任归责原则是侵权法的统帅和灵魂,是侵权法理论的核心。[11] 正因为如此,研究大规模侵权问题也必须首先解决其归责原则问题。

在研究大规模侵权的问题上,一般认为,既然社会基础结构已经发生了变化,侵权法的体系也必须随之变化。这就是,工业化社会的来临直接改变了整个民法的市民社会基础,就侵权法而言,社会共同生活的危险来源由单个人之间的个人侵权,逐步过渡到以企业活动为中心的危险活动,过错责任对此无能为力,因此,现代企业危险责任仍然是大规模侵权的最主要责任形态。[12] 在笔者看来,所谓的危险责任不过是对无过错责任原则的另外一种表述,即德国法的表述而已[13],即企业经营活动、具有特殊危险性的装置、物品、设备的所有人或持有人,在一定条件下,不问其有无过失,对于因企业经营活动、物品、设备本身风险而引发的损害,承担侵权责任。[14] 这一概念界

---

⑪ 参见杨立新:《侵权法论》,人民法院出版社 2005 年第 3 版,第 115 页。
⑫ 参见朱岩:《从大规模侵权看侵权责任法的体系变迁》,载《中国人民大学学报》2009 年第 3 期。
⑬ 参见王泽鉴:《侵权行为法》(第一册),台北三民书局 1999 年版,第 17 页。
⑭ 参见朱岩:《从大规模侵权看侵权责任法的体系变迁》,载《中国人民大学学报》2009 年第 3 期。

定,与我们对无过错责任原则关于"无过错责任原则是指在法律有特别规定的情况下,以已经发生的损害结果为价值判断标准,由与该损害结果有因果关系的行为人,不问其有无过错,都要承担侵权赔偿责任的归责原则"的界定[15],没有实质差别,与《侵权责任法》第 7 条关于"行为人损害他人民事权益,不论行为人有无过错,法律规定应当承担侵权责任的,依照其规定"的无过错责任原则的规定完全一致。可以说,大规模侵权的归责基础完全在《侵权责任法》的视野之中,其归责原则早已在立法者规范的范围之中。

无过错责任原则产生于被称为"机器和事故的年代"的 19 世纪。对于工业事故责任,在工业社会初期也实行过错责任原则,在工业事故造成的损害面前,受害人必须证明事故的责任者即工厂主在主观上有过错后才能获得赔偿。工业事故为数众多的受害人因无法证明工厂主的过错而无法得到侵权法的保护。当时的侵权法拘泥于过错责任原则的后果是在事实上剥夺了工人的一切保护,不仅受害人无法证明工厂主造成工业事故的"过错",而且工厂主也会利用过错责任原则,借口"无过失"而拒绝赔偿受害人的损失,使工厂主几乎不可能败诉。为了更好地保护工业事故的为数众多的受害人,侵权法一方面坚持实行过错责任原则,另一方面例外地就特殊损害事故承认无过错责任,在立法上出现了无过错责任的规定,即在特定的情况下,即使致人损害的一方没有过错也应承担赔偿责任。可见,无过错责任的产生其实就是为了救济工业事故的大规模侵权损害。

我国民事立法确立无过错责任原则的根本目的,在于切实保护民事主体的人身、财产安全,更好地保护民事主体的民事权益,促使从事高度危险活动和持有高度危险物的人、产品生产者和销售者、环境污染者以及动物的饲养人、管理人等经营者,对自己的工作予以高度负责,谨慎小心从事,不断改进技术安全措施,提高工作质量,尽力保障周围人员、环境的安全;一旦造成损害,能迅速、及时地查清事实,尽快赔偿受害人的人身损害和财产损失。适用这一原则的基本思想,在于使无辜的损害由行为人合理负担,切实保护受害人的利益。这就是《侵权责任法》第 7 条规定无过错责任原则的立法宗旨,这里显然包括大规模侵权的归责基础。因此,按照《侵权责任法》的规定,产品责任适用无过错责任原则,只有在确定销售者承担最终责任、运输者仓储者等第三人是产品存在缺陷应当承担最终责任的适用过错责任原则之外,都适用无过错责任原则;环境污染责任适用无过错责任原则;高度危险责任适用无过错责任原则;除动物园动物损害责任之外的大多数动物损害责任都适用无过错责任原则。多数大规模侵权都是发生在这个范围之中,对于这种特殊类型的侵权行为对众多受害人的权益损害的救济,《侵权责任法》明确规定适用无过错责任原则,能够给予受害人最好的保护,不会存在法律调整不够的问题。

大规模侵权并不仅仅适用无过错责任原则,而且还要在很大的范围内适用过错

---

[15] 参见杨立新:《侵权法论》,人民法院出版社 2005 年版,第 143 页。

推定原则,以保护好众多受害人的合法权益。尽管《侵权责任法》第6条第2款规定的究竟是不是过错推定原则,但特殊侵权责任适用过错要件实行推定却是一致的理解。在大规模侵权领域,除了有的要适用无过错责任原则之外,还有较多的大规模侵权须适用过错推定原则。例如依照《侵权责任法》第48条和《道路交通安全法》第76条规定,机动车与非机动车驾驶人或者行为之间造成的机动车交通事故损害责任适用过错推定原则;依照《侵权责任法》第81条规定,动物园的动物损害责任的归责基础是过错推定原则;依照《侵权责任法》第十一章的规定,绝大多数物件损害责任适用过错推定原则。这些领域中发生的大规模侵权,其归责基础是过错推定原则。

甚至在有些大规模侵权场合还要适用过错责任原则。例如,网络侵权中的大规模侵权应当依照《侵权责任法》第36条规定适用过错责任原则;证券侵权的大规模侵权应当依照《侵权责任法》第6条第1款规定适用过错责任原则;违反安全保障义务的大规模侵权应当依照《侵权责任法》第37条规定适用过错责任原则;机动车与机动车之间造成大规模侵权的,应当依照《侵权责任法》第48条和《道路交通安全法》第76条规定适用过错责任原则;在医疗机构因医疗过失造成大规模侵权的,除了医疗产品损害责任适用无过错责任原则之外,应当按照《侵权责任法》第54条规定,适用过错责任原则。这些大规模侵权都以过错责任原则为归责基础,直言过错责任原则对大规模侵权无能为力的说法也有不周到之处。

因此,可以说,《侵权责任法》第6条和第7条关于侵权责任归责原则的规定,对大规模侵权,早已有了确定的归责基础的对策。至于随着各种新型风险的层出不穷,很多学者认为,侵权法不能完全通过单纯列举的方法规定危险责任,规定危险责任的一般条款是现代侵权法的一个重要使命的说法[16],尽管有其道理,但《侵权责任法》现行的规定是没有问题的,特别是《侵权责任法》第2条第1款关于"侵害民事权益,应当依照本法承担侵权责任"的规定,其职责之一,就是为《侵权责任法》的具体规定中无法预料的将来出现的需要适用过错推定原则或者无过错责任原则的特殊侵权责任类型,提供请求权基础,预留调整空间[17],完全可以概括大规模侵权的特殊侵权行为类型,完全有把握应对大规模侵权。

三、《侵权责任法》规定侵权责任构成包含了大规模侵权构成要件的要求

(一)大规模侵权对责任主体的特殊要求

诚然,大规模侵权的责任构成在主体上的要求,主要是加害人的单一性或有限多

---

[16] 参见朱岩:《风险社会下的危险责任地位及其立法模式》,载《法学杂志》2009年第1期。
[17] 参见杨立新:《侵权责任法:条文背后的故事与难题》,法律出版社2010年版,第29页。

数性。⑱ 加害人的所谓单一性,即只有一个加害人,如某个生产商生产的产品导致大量消费者人身损害或财产损失。有限多数性是指加害人多数,他们往往具有某种类似的地位,表现在产品侵权中,多个厂家采用同样的有毒物质、同样的生产流程生产同样的缺陷产品,多个销售商对此类产品进行销售,侵权者为生产或销售侵权产品的多个企业。⑲ 这样的理解没有错误。

但是,大规模侵权责任构成在责任主体的要求上,更重要的不是量的问题,而是质的问题,即大规模侵权的责任构成最主要的特点,大多数在于以企业作为责任主体。大规模侵权产生的社会基础在于现代工业社会,生产、销售与消费都体现出大规模的重复性,人类对科学技术的依赖性以及科学的不确定性,企业对高额利润的单纯追求,都是这个社会基础的特点,因此,研究大规模侵权,就是要特别重视研究企业侵权;确定大规模侵权责任,就是要特别注意确定企业侵权责任;预防大规模侵权,就是重点预防企业在社会安全中未尽责任发生大规模侵权。这就是传统侵权法都是以单一的侵权模式作为侵权责任制度设计基础,要向当代侵权法改革的必要性和迫切性。

我国《侵权责任法》在这方面是有足够的认识的,已经实现了这种改革。我国《侵权责任法》并不是仅仅规定了普通侵权的侵权行为,也完全考虑了大规模侵权责任主体特殊性的特别需要,在设计侵权责任主体中,既包括普通侵权的侵权责任主体,也包括了大规模侵权的责任主体。这表现在三个方面:

1. 特别规定了企业作为侵权责任主体的多种情形

在立法目的上,《侵权责任法》就特别强调企业加强管理,提高科学技术水平,理由是我国已经进入比较发达的工业社会,侵权行为大量发生在企业生产经营中,如产品责任、环境污染、工业事故等生产安全事故等。《侵权责任法》通过损害赔偿等方式,促使企业提高产品安全性能,保护人民群众生命财产安全,减少环境污染,加强安全生产管理,减少安全生产事故。⑳ 在具体规定上,《侵权责任法》除了规定产品责任中的生产者、销售者以及运输者、仓储者等第三人(这些责任主体都是企业)之外;还在其他部分规定了用人单位(第34条第1款)、劳务派遣单位、接受劳务派遣的单位(第34条第2款)、网络服务提供者(第36条)、公共场所的管理人或者群众性活动的组织者(第37条)、机动车的所有人或者使用人(第六章)、医疗产品的生产者(第59条)、污染者(第八章)、经营者(第70、71、73条)、高度危险物的占有人、使用人(第72条)、高度危险物或者高度危险区域的所有人、管理人(第74、75条)、动物饲养人、管理人(第十章)、建筑物的所有人、管理人或者使用人(第85条)、建设单位和施工单位(第86条)、有关单位(第88条)、地下工作物的施工人或者管理人(第91条),等等。这些企业作为侵权责任主体的规定,无一不体现了作为复杂组织形式的企业的

---

⑱ 参见朱岩:《大规模侵权的实体法问题初探》,载《法律适用》2006年第10期。
⑲ 参见赵庆鸣、孟妍:《从三鹿奶粉事件看大规模侵权案之救济》,载《曲靖师范学院学报》2010年第5期。
⑳ 参见王胜明主编:《中华人民共和国侵权责任法释义》,法律出版社2010年版,第20页。

经营活动成为现代社会重要危险来源的社会基础㉑,因此侧重围绕企业责任展开侵权责任主体的规定。这些规定都是为了应对大规模侵权的责任主体而确定,或者说都能够适应大规模侵权的责任主体主要是企业这个特点的需要的。

2. 特别规定作为复数主体的责任主体制度

《侵权责任法》规定责任主体,除了规定单一责任主体的情形之外,还规定了复数责任主体制度,以应对大规模侵权中的"多个具有同质性的侵权行为"的责任主体的需要。这些规定是:第 8 条规定的共同侵权责任制度,以应对构成共同侵权行为的大规模侵权。第 10 条规定的共同危险行为制度,本身就是产生于侵权责任主体不明的药品致害无法确定真正的侵权人而使所有生产该种药品的企业共同承担连带责任的大规模侵权行为,完全可以应对更大范围的这类大规模侵权。第 11 条规定的无过错联系的共同加害行为制度和第 12 条规定的叠加的共同侵权责任制度,也都能够应对大规模侵权对复数责任主体特殊性的要求。这些制度虽然都没有明确规定这就是为大规模侵权所备,但其实质都包括了大规模侵权的内容。除了共同侵权责任、无过错联系的共同加害行为之外,共同危险行为制度也为大规模侵权的市场份额规则的适用㉒,为确定这种大规模侵权的责任分担提供了法律依据。

3. 特别规定了复杂多样的侵权责任形态

大规模侵权不仅需要在责任主体上有特别的法律规定,而且还需要在侵权责任形态上规定更为多样的侵权责任形态规则,以应对大规模侵权对责任形态的特殊需求,更好地保护为数众多的受害人的合法权益。最为重要的责任形态规则是:《侵权责任法》规定了替代责任形态,为应对企业对其企业行为以及企业员工职务行为造成他人损害的大规模侵权承担替代责任提供规则。对共同侵权责任、共同危险行为等多数责任主体的大规模侵权,《侵权责任法》第 13 条和第 14 条规定了连带责任规则。为了应对不构成共同侵权责任但属于两个以上的企业构成无过错联系的共同加害行为造成为数众多的受害人损害的,规定了按份责任规则。《侵权责任法》在产品责任、第三人造成环境污染损害责任、第三人造成饲养动物损害责任等领域,规定了不真正连带责任规则,以便及时地救济被侵权人的损害。在第三人未尽安全保障义务造成他人损害安全保障义务人未尽安全保障义务、第三人实施侵权行为造成未成年学生损害,教育机构未尽保护义务有过错的等情形,规定了补充责任规则。在运输者、仓储者等第三人因过错致使产品存在缺陷造成他人损害、建筑物等及悬挂物、搁置物损害责任、建筑物等倒塌损害责任中的其他责任人承担责任,《侵权责任法》规定了先付责任规则。㉓ 这些责任形态

㉑ 参见朱岩:《从大规模侵权看侵权责任法的体系变迁》,载《中国人民大学学报》2009 年第 3 期。
㉒ 参见王竹:《试论市场份额责任在多因大规模网络侵权中的运用》,载《政治与法律》2008 年第 4 期。
㉓ 关于上述侵权责任形态规则的说明,在本文中无法展开介绍,可以参见杨立新:《侵权责任法》(第 2 版),法律出版社 2012 年版。其中先付责任是笔者提出的概念,以《侵权责任法》第 44 条关于"因运输者、仓储者等第三人的过错使产品存在缺陷,造成他人损害的,产品的生产者、销售者赔偿后,有权向第三人追偿"的规定为代表,先付责任是指在不真正连带责任中,中间责任人首先承担直接责任,请求权人只能向中间责任人请求赔偿,中间责任人在承担了中间责任之后,有权向承担最终责任人追偿的不真正连带责任的特殊形态。

规则的规定,足以应对大规模侵权对侵权责任形态的多样性需求。

因此,应对大规模侵权,无论是在大规模侵权的加害人单一性还是在加害人有限多数性,大规模侵权的责任主体主要是企业的特点上,以及复杂多样的侵权责任形态的需求上,《侵权责任法》都有足够的准备,足以应对确定大规模侵权法律适用在责任主体上的特殊需求。

(二)大规模侵权对损害事实要件的特殊要求

大规模侵权责任构成的损害事实要件,主要表现在受害人的多数性和复杂性,是区别于普通侵权的主要特征之一,也是识别大规模侵权的主要标志。受害人的多数性可能涉及几百人、上万人甚至成百上千万人。[24] 受害人的复杂性表现为直接受害人、间接受害人和潜在受害人等多层次上。不过,前者主要体现在救济的诉讼程序的复杂性,涉及的是诉讼法问题,不是实体法问题;后者则给受害人的救济等带来重要影响,需要界定受害人的范围以及诉权问题。其实这样的问题也不难办,直接受害人当然是赔偿的请求权人;间接受害人如果能够确认为间接受害人,符合侵权责任构成要件要求的,也应当是赔偿请求权人;潜在受害人如果能够确定,或者在将来损害发生时予以救济,或者现在予以适当补偿,也都规定了适当的法律调整办法。

(三)大规模侵权对因果关系要件的要求

大规模侵权的因果关系的主要特点是:

1. 复杂性

较之普通侵权,大规模侵权案件的因果关系大多涉及技术性问题,因而使企业产品、企业行为与损害后果之间的因果关系较难确定,以及多数原因加之于损害成为共同原因等情形。对此,《侵权责任法》确实没有规定具体办法,但是,这不是立法问题,而是司法和学理问题。事实上,早在20世纪60年代前后,德国、日本等国家的侵权司法实务就提出了因果关系举证责任缓和的规则,适当降低原告的证明标准,在原告举证证明因果关系要件达到盖然性标准时,推定存在因果关系,而不是完全实行举证责任倒置。[25] 此外还有疫学因果关系说[26]、表见证据规则、优势证据规则[27]等。

2. 同质性

大规模侵权不仅是加害行为的同质性,还有损害事实的同质性,因而在认定大规模侵权的因果关系上,只要确定了一个加害行为造成一种损害事实之间具有因果关系,就可以根据两个同质性的特点,其他同质性的加害行为与同质性的损害事实之间的因果关系就不必再作证明,直接认定有因果关系即可。因此,在大规模侵权责任中

---

[24] 参见赵庆鸣、孟妍:《从三鹿奶粉事件看大规模侵权案之救济》,载《曲靖师范学院学报》2010年第5期。

[25] 参见夏芸:《医疗事故赔偿法》,法律出版社2007年版,第181页。

[26] 参见夏芸:《医疗事故赔偿法》,法律出版社2007年版,第203—204页。

[27] 参见〔日〕加藤一郎:《公害法的生成与发展》,岩波书店1968年版,第29页。

认定因果关系,存在较大的困难之外,又存在较为方便之处,不可将大规模侵权的因果关系认定视为艰难之至、难以认定,其实也有有利之处。例如,确定一袋三鹿奶粉对儿童损害之间有因果关系,其他三鹿奶粉造成损害还需要证明吗?

(四)大规模侵权的过错要件问题

诚然,多数大规模侵权的责任构成由于适用无过错责任原则,都不必确定侵权人的过错要件。但是,在过错推定原则和过错责任原则的适用场合,还必须有过错要件。主要的问题是以下三点:

1. 在无过错责任原则的场合原告证明被告有过错的责任

在无过错责任原则的适用场合,原告不必证明被告的过错。但是,如果原告能够证明被告在损害中有过错,责任确定的后果是否有变化?《侵权责任法》对此没有规定,这是有问题的。在大规模侵权中,适用无过错责任原则确定责任的侵权行为,多数设有限额赔偿规则,我国《侵权责任法》第 77 条也作了规定。在国外,在这样的情形下,如果原告能够证明被告的过错要件,则可以不适用限额赔偿的规则,而适用全部赔偿原则。[23] 对此,我们应当借鉴。

2. 在过错推定原则场合的过错推定规则

适用过错推定原则确定大规模侵权责任,原告不必被证明被告的过错,直接根据损害事实、违法行为和因果关系要件推定被告有过错。如果被告认为自己没有过错,则应当自己举证证明自己没有过错。能够证明自己对损害的发生没有过错的,免除责任。不能证明者,过错推定成立。适用过错推定原则的范围,必须根据《侵权责任法》第四章至第十一章中的规定进行,这就是《侵权责任法》第 6 条第 2 款规定的"法律规定"的含义。

3. 适用过错责任原则时的过错证明

在网络侵权、违反安全保障义务侵权、证券侵权以及其他有关的大规模侵权中,适用过错责任原则确定侵权责任。对此,必须依照《侵权责任法》第 6 条第 1 款规定确定侵权责任,应当由原告证明被告的过错要件。同时,该条款是这种大规模侵权的请求权基础。

四、《侵权责任法》规定侵权责任类型包含了大规模侵权的类型要求

《侵权责任法》应对大规模侵权,规定了复杂的特殊侵权责任,这就是第四章至第十一章规定的 13 种侵权责任类型。在这些特殊侵权责任类型中,大部分都可以适用于大规模侵权。例如,用人单位责任包括劳务派遣责任、网络侵权责任、违反安全保

---

[23] 参见杨立新:《德国和荷兰侵权行为法考察工作日记》,载杨立新主编:《中华人民共和国侵权责任法草案建议稿及说明》,法律出版社 2007 年版,第 398 页。

障义务的侵权责任、产品责任、机动车交通事故责任、医疗产品损害责任、环境污染责任、高度危险责任、饲养动物损害责任和物件损害责任。

对上述特殊侵权责任类型之外发生的大规模侵权，如何适用法律，笔者认为有以下两个办法，《侵权责任法》都有应对措施：

(1)属于适用过错责任原则的大规模侵权，适用《侵权责任法》第6条第1款规定确定侵权责任。例如，由于大众传播的受众的广泛性，虚假广告、虚假新闻、低俗内容和有线广播电视低劣的传播画面和声音以及对媒体资源的滥用，都侵害了受众的合法权益[29]，形成媒体的大规模侵权。又如，随着最高人民法院2003年出台《关于审理证券市场因虚假陈述引发的民事赔偿案件的若干规定》，在证券领域引入集团诉讼的建议和争论更趋热烈，也形成了证券侵权的大规模侵权问题。[30] 这些大规模侵权尽管没有在上述侵权责任类型中作出明确规定，但属于适用过错责任原则的侵权行为，因此，应当适用《侵权责任法》第6条第1款规定确定侵权责任和侵权请求权。

(2)适用《侵权责任法》第2条第1款大的侵权责任一般条款确定责任。诚然，各种新型风险的层出不穷，《侵权责任法》不能完全通过单纯列举的方法规定危险责任，规定危险责任的一般条款是现代侵权法的一个重要使命。[31] 因而有人曾经解释，《侵权责任法》第69条不是高度危险责任的一般条款，而是危险责任的一般条款。[32] 这种解释比较牵强。笔者认为，如果确实"随着各种新型风险的层出不穷"，而在《侵权责任法》第四章至第十一章规定的侵权责任类型中无法涵盖的某种新型"风险责任"的大规模侵权行为出现，则如前文所述，完全可以适用《侵权责任法》第2条第1款规定，即大的侵权责任一般条款，确认其适用过错推定原则或者无过错责任原则确定侵权责任，以应对新型大规模侵权损害救济的需要。[33]

五、《侵权责任法》的立法目的和具体责任体现了对大规模侵权的救济、预防和惩罚要求

研究大规模侵权的学者通常指出，由于大规模侵权造成损害的广泛性、突发性和严重性，应当对大规模侵权的救济、预防和惩罚予以特别规定，以救济广泛发生的严重损害，惩戒大规模侵权的行为人，防范大规模侵权的发生，以保障社会安全。同时也指出，大规模侵权造成的损害，除人身、财产外，还造成众多受害人精神损害，甚至

---

[29] 参见王生智：《论群体性媒体侵权案件的诉讼模式》，载《西华师范大学学报（哲学社会科学版）》2009年第2期。

[30] 参见郭雳：《美国证券集团诉讼的制度反思》，载《北大法律评论》第10卷（2009）第2辑，第426—446页。

[31] 参见朱岩：《从大规模侵权看侵权责任法的体系变迁》，载《中国人民大学学报》2009年第3期。

[32] 这是尹飞副教授的观点。参见民商法前沿论坛讲座：《〈侵权责任法〉一般条款和具体规则的适用》，载中国民商法律网，2011年5月14日访问。

[33] 这种理解，参见杨立新：《侵权责任法：条文背后的故事与难题》，法律出版社2010年版，第29页。

对社会也造成极大的负面影响,需要突出侵权法的威慑功能,需要借助惩罚性赔偿制度。㉞ 对此,《侵权责任法》都有专门的应对措施。

(一)《侵权责任法》特别强调其救济功能、惩罚功能和预防功能

《侵权责任法》在立法目的的规定中,特别强调《侵权责任法》具有保护民事主体的合法权益,预防和制裁侵权行为的功能。《侵权责任法》第1条规定:"为保护民事主体的合法权益,明确侵权责任,预防并制裁侵权行为,促进社会和谐稳定,制定本法。"这一规定,明确了《侵权责任法》的三大基本功能,即救济功能、制裁功能和预防功能。在大规模侵权中,法律除了对其损害救济的重视之外,特别注意对大规模侵权的惩罚和预防功能的发挥,这些都在《侵权责任法》的立法目的之中。这一条文中规定的"制裁",主要是强调对侵权行为的惩罚,所谓制裁侵权行为实际是惩罚侵权行为的含义。《侵权责任法》通过对可归责的当事人科以责任,惩罚其过错和不法行为,对社会公众产生教育和威慑作用,从而可以预防侵权行为的发生,抑制侵权行为的蔓延。㉟

(二)《侵权责任法》规定的损害赔偿一般规则中都包含了对大规模侵权的损害赔偿救济

《侵权责任法》第16、17条、19条和第22条都考虑了大规模侵权的损害赔偿救济措施。《侵权责任法》规定损害赔偿的一般性规则的这4个条文,分别规定了人身损害赔偿、财产损害赔偿和精神损害赔偿责任。在这4个条文中,只有第17条在规定死亡赔偿金时使用了"同一侵权行为造成多人死亡的"用语,表述的就是大规模侵权。不过,尽管其他3个条文没有这样的表述,并不表明它们不适用于大规模侵权,而是大规模侵权必须适用这些条文。在大规模侵权中,对于广泛性、严重性的损害进行救济,最主要的特点是要求及时、普遍、赔偿程序简洁,使受害人能够及时获得赔偿,恢复权利。当然,在救济中还要特别注意对为数众多的受害人给予足额的、充分的赔偿,以及予以精神损害赔偿。对于这些,在这4个条文中规定的我国损害赔偿的一般性规则中都已经包含,只是要求法官在运用中充分理解立法精神,准确适用而已,并不需要再对大规模侵权的损害赔偿作出特别规定。

应当特别强调的是,《侵权责任法》第4条第2款规定的"私权优先"规则的适用,对大规模侵权的救济特别有意义。该条款规定:"因同一行为应当承担侵权责任和行政责任、刑事责任,侵权人的财产不足以支付的,先承担侵权责任。"这一规定被学者称为私权优先规则,是指刑事责任、行政责任与侵权责任发生非冲突性法规竞合,侵权责任请求权具有优先权,可以对抗同一违法行为产生的刑事责任、行政责任中的财产性责任。这种规定对大规模侵权的救济特别有价值。在企业作为责任主体

㉞ 参见赵庆鸣、孟妍:《从三鹿奶粉事件看大规模侵权案之救济》,载《曲靖师范学院学报》2010年第5期。

㉟ 参见王胜明:《中华人民共和国侵权责任法释义》,法律出版社2010年版,第20页。

而发生的大规模侵权中,企业基于同一行为非常可能发生刑事责任、行政责任和侵权责任的竞合,而侵权企业的资产有限,无法同时支付这些赔偿。适用私权优先原则,就可以使为数众多的受害人的损害赔偿请求权能够对抗政府作为主体的行政责任或者刑事责任的财产要求,优先实现自己的损害赔偿请求权。

(三)《侵权责任法》强调对恶意产品侵权的惩罚性赔偿

《侵权责任法》第47条特别规定了对产品责任的大规模侵权的惩罚性赔偿责任。美国《侵权行为法重述》第908条规定:惩罚性赔偿为损害赔偿及名义上之赔偿以外之赔偿,系为惩罚极端无理行为之人而作之赔偿,且亦为阻遏该人及其他人与未来从事类似之行为而作之赔偿。㊱ 惩罚性赔偿制度最主要的两大功能为威慑与惩罚。有学者认为,法律在处理大规模侵权时的根本作用应当在于预防。惩罚性赔偿制度的威慑功能则能够很好地满足这一需求。因此,惩罚性赔偿制度是能够适用于大规模侵权的,而且能够发挥遏制大规模侵权的发生以及充分赔偿受害者的作用。㊲ 这些意见无疑是正确的。在制定《侵权责任法》中,立法者的注意力集中在恶意产品侵权的惩罚性赔偿上,规定了第47条关于恶意产品侵权造成人身损害的惩罚性赔偿责任规则。实事求是地说,这一规定确实是适用范围过窄,学者对此提出的"惩罚性(赔偿)适用范围过窄,只能适用产品责任,而对恶意排污导致的严重环境侵权、证券市场恶意散布虚假信息造成广大投资人受损等案件类型无法适用"㊳的批评,以及对没有规定惩罚性赔偿责任的具体适用办法的批评㊴,都是有道理的。不过,作为移植大陆法系立法传统的我国《侵权责任法》,其实是很难接受惩罚性赔偿责任制度的,在目前情况下,先规定恶意产品侵权造成人身损害的惩罚性赔偿责任,与《食品安全法》的相似规定相呼应,实行后再总结经验,还可以继续扩大适用范围,进一步改进惩罚性赔偿责任制度,以适应在其他领域中发生的大规模侵权的需要。

(四)《侵权责任法》在带有预防性的侵权责任方式规定中包含大规模侵权

《侵权责任法》对侵权行为的预防体现在两个方面,都对大规模侵权适用:

(1)通过对侵权行为科以损害赔偿责任以及惩罚性赔偿责任,发挥侵权责任法的威慑作用,阻吓其他社会成员,使其畏惧实施侵权行为的法律后果,达到预防侵权行为的目的。对此,立法机关的官员在解释《侵权责任法》第1条中反复强调这一功能。这一点不言而喻,当然适用于大规模侵权。

(2)在具体的侵权责任方式适用上也体现了《侵权责任法》对大规模侵权的预防措施。在《侵权责任法》第15条规定的8种侵权责任方式中,停止侵害、排除妨碍、消除危险等都具有预防损害后果发生或者扩大的功能。除此之外,在《侵权责任法》第

㊱ 参见《美国法律整编·侵权行为法》,刘兴善译,台北司法周刊杂志社1986年印行,第755页。
㊲ 参见柯劲衡:《惩罚性赔偿制度在大规模侵权中的适用分析》,载《商业时代》2010年第31期。
㊳ 朱岩:《从大规模侵权看侵权责任法的体系变迁》,载《中国人民大学学报》2009年第3期。
㊴ 参见杨立新:《侵权责任法:条文背后的故事与难题》,法律出版社2010年版,第175页。

21条和第45条规定也包含了对大规模侵权的预防措施。第21条规定:"侵权行为危及他人人身、财产安全的,被侵权人可以请求侵权人承担停止侵害、排除妨碍、消除危险等侵权责任。"第45条针对缺陷产品致人损害的侵权责任又特别规定:"因产品缺陷危及他人人身、财产安全的,被侵权人有权请求生产者、销售者承担排除妨碍、消除危险等侵权责任。"据此,大规模侵权如果发生在产品责任领域,可以依据第47条主张采取这些救济措施,预防侵权损害结果的发生或者扩大。大规模侵权如果发生在其他领域,则可以根据第21条或者第15条的规定,请求采取这些救济措施。

论数种原因造成损害结果的赔偿数额计算[*]

一、引论

在侵权损害赔偿中,对于单一原因造成损害结果的赔偿数额计算,无论是人身伤害赔偿、精神损害赔偿还是财产损害赔偿,无论是直接损失还是间接损失,都有较为准确的赔偿数额的计算方法。对此,笔者在一些文章和著作中,陆续提出了一些量化的计算方法,有的还提出了一些具体的计算公式。实践证明,这些计算方法和计算公式对准确算定侵权行为人的赔偿数额,合理、妥善地救济侵权行为受害人的权利损害,是有重要实践价值的,由此也可以看出,尽管侵权行为法学属于社会科学的范畴,司法救济侵权行为受害人也不是一个严格的数学问题,但是,由于侵权行为的主要责任形式是金钱赔偿,赔偿的标准又是受害人财产损失的大小,因而就不能不涉及数学计算问题。曾经有人说过,最精确的科学就是能够量化计算的科学。侵权行为法学尤其是它的损害赔偿计算,不仅有能够量化计算的基础,而且极具量化计算的必要性。加强这方面的研究,提出切实可行的、科学合理的损害赔偿计算方法,对侵权行为法的研究尤其是对侵权行为法的具体实践,具有重要的意义。

对数种原因造成损害结果的赔偿数额计算问题,相对于单一原因造成损害结果的赔偿数额而言,是更为复杂、多变的。对于这种赔偿数额如何在各个不同原因的主体间进行分配,确定量化的计算方法,更为困难和复杂。例如,在混合过错中,依照过失相抵原则,如何减轻加害人的赔偿责任,换言之,受害人怎样承担应由自己的原因所造成的损害的那一部分损失数额,就是一个复杂的问题。这种赔偿数额计算得不准确,就不能更好地发挥制裁民事违法,救济受害人权利损害的侵权行为法的职能作用。例如,尹发惠因疏忽,将两桶开水放于路边,幼童赵正脱离亲权人的监护在路边玩耍,跌入开水桶中,造成严重烫伤。[①] 尹发惠与赵正的法定代理人对损害的发生,无疑均具过失和原因力,如何确定双方的责任份额,争论较大。有些人主张加害人应当承担60%的责任份额,有些人主张加害人承担80%的责任份额,也有人主张既然是加害人一方承担主要责任,则不必过于"叫真",将赔偿数额弄得十分准确。笔者认

---

[*] 本文发表在《通化审判》1997年第1期。
[①] 该案参见杨立新:《民法判解研究与适用》,中国检察出版社1994年版,第23页。

为,在确定侵权损害赔偿数额的时候,确定主要责任、次要责任还是同等责任必须准确,就是确定具体的赔偿份额,也应该准确;赔偿数额过高或者过低,虽然都在赔偿的"幅度"以内,但因缺乏可行的量化计算,因而难以使当事人心服口服,真正平息纠纷。

对于这个问题,笔者作了较长时间的研究,其中对共同侵权行为的各行为人责任份额和混合过错双方当事人责任份额计算问题,提出了具体的计算方法。② 在这样的基础上,有必要将问题进一步抽象,进而提出包括混合过错和共同侵权行为在内的所有数种原因造成损害结果的侵权行为的赔偿数额计算方法,显然更有实践价值,从而与单一原因造成损害结果的侵权行为的数额计算方法相配合,构成较为完善的损害赔偿数额计算的方法和理论,应用于实践,指导实践。基于这种立意,遂著此文。

二、数种原因造成损害结果的概念和类型

数种原因造成损害结果这一概念,并不是一个严格的法律意义上的概念。我在本文中使用这一概念,是相对于单一原因造成损害结果这样的概念而言。它是指这样一种情形,就是在侵权行为中,造成一个和数个损害结果,不是由于一个原因所致,而是由于两个或者两个以上的原因所致,这种原因,可以是当事人的行为,也可以是第三人的行为,还可以是其他原因甚至是自然的原因;这些原因相互结合,相互作用,共同造成了损害结果的发生。在这种情形下,损害赔偿责任不能由单一的行为人或者其他人承担,而应当由对损害结果的发生有过错或者具有原因力的主体承担。

数种原因造成损害结果包括以下几种类型:

(1)共同侵权行为。在共同侵权行为中,共同实施了加害行为,虽然被作为一个行为来看待,但是,共同加害人毕竟不是一个人,而是多个人,每一个人在共同侵权时,其过错和行为的原因力都可能是不一样的,每一个人的行为对于损害结果的发生均具固有的作用力。尽管他们要承担连带责任,但是在承担连带责任的基础上,各个共同加害人还要有自己相对性的责任份额,而不是绝对地由其中一个加害人永远承担。所谓一个和数个共同加害人在承担了连带责任以后,对其他没有承担赔偿责任的共同加害人享有追偿权,实际上就是按照赔偿责任份额令其承担自己所应承担的那一份赔偿份额。

(2)共同危险行为。共同危险行为是准共同侵权行为。在共同危险行为中,对损害结果的形成,本来只是一个共同危险行为人的行为所致,并不是每一个共同危险行为人对于损害结果的发生均具实际的原因力;但是,在法律上,对共同危险行为是作为共同行为看待的,每一个共同危险行为人所实施的具有危险性的行为对损害结果的发生,都视为有因果关系,都具法律上的原因力。因而,在共同危险行为中,共同危险行为人在承担连带责任的基础上,也要确定每一个共同危险行为人的赔偿责任

---

② 参见王利明、杨立新:《侵权行为法》,法律出版社1996年版,第197页以下,第214页以下。

份额,也存在对每一个共同危险行为人的赔偿责任份额进行计算的问题。例如,3 名未成年人在 7 层楼上向下扔酒瓶,其中一个酒瓶击中楼下马某怀抱的 2 岁幼童,造成幼儿死亡。3 名未成年人的法定代理人承担连带赔偿责任,但同时确定每人承担 33.3% 的责任份额。

(3)无意思联络的数人侵权。无意思联络的数人侵权,指数人在行为之先并无共同的意思联络,而致同一受害人共同损害。③ 无意思联络的数人侵权,不是共同侵权行为,各个加害人之间不承担连带责任,而是各自就自己的行为所发生的原因力,各个承担按份的赔偿责任。

(4)混合过错。在混合过错中,不论是单一行为人还是多个行为人,凡是构成混合过错,总是加害人和受害人均具过错,对损害结果的发生均具原因力,其必然结果是实行过失相抵,双方当事人公正地分担赔偿责任。这是数种原因造成损害结果的最为典型的类型。

(5)加害人和受害人以外的第三人的行为对于损害结果的发生亦具原因力。在侵权行为的发生过程中,若第三人的行为也加入其中,并构成损害结果发生的原因,该第三人也要承担自己应当承担的赔偿份额,这也是数种原因造成损害结果的一种类型。

(6)行为与自然原因相结合而造成损害结果。例如,庞甲在庞乙房屋后墙约一米处挖井,在洪水期间,庞乙房屋前的河水暴涨,河水的压力将地下的砂石通过庞甲的井口涌出,将庞乙房屋的地基掏空,房屋下陷损坏,造成严重损失,庞乙房屋损害结果的形成,有两个原因:一是庞甲的挖井行为;二是洪水的自然原因。对此,庞甲只能对自己的行为承担责任,对洪水的自然原因,则不能由庞甲承担。按照罗马法关于"不幸事件只能落在被击中者头上"的法谚,洪水这种自然原因所造成的损害,应当由受害人庞乙负担。④ 这种情况也是数种原因造成损害结果的一种类型。

在以上六种类型的侵权行为中,都存在几个原因对损害结果的发生具有作用力,因而,也都涉及赔偿数额在不同的主体之间具体分配的问题。将这些类型的侵权行为抽象起来,可以看出数种原因造成共同损害结果的侵权行为的法律特征是:

(1)它是侵权行为中的一种类型,而不是某一种特定的侵权行为。在侵权行为中,可以依据不同的标准作不同的划分。在这里,为了计算赔偿数额上的方便,就以造成损害结果的原因数量这一标准,将侵权行为分为两大类:一是单一原因造成损害结果的侵权行为;二是数种原因造成损害结果的侵权行为。这种划分,不是着眼于侵权行为的具体形态,而是着眼于侵权行为发生的原因。其意义在于依此标准,确定不同的损害赔偿数额的计算方法。

(2)这种侵权行为所造成损害结果的原因,必须是两个或者两个以上。否则,就

---

③ 参见王利明、杨立新:《侵权行为法》,法律出版社 1996 年版,第 199 页。
④ 本案参见杨立新:《民法判解研究与适用》,中国检察出版社 1994 年版,第 23 页。

难以与单一原因造成损害结果的侵权行为相区别。两个或者两个以上的原因,可以是行为,也可以是其他原因;在行为的原因中,既可以是数个加害人的各个行为,也可以是加害人和受害人的行为,还可以是第三人的行为。这些原因结合在一起,共同形成了损害结果。

(3)这种侵权行为所造成的损害结果是共同的。在这类侵权行为中,虽然造成损害结果的原因有数种,但是,损害结果必须是共同的。共同损害结果可能是一个(这种损害结果不可能分开),也可能是数个;数个损害结果也必须相互关联,不可分割。只有共同的损害结果才能构成一个侵权行为;如果损害结果是两个或者两个以上,则构成两个或者两个以上的侵权行为,也就不存在分割损害赔偿责任数额计算的问题了。

(4)这种侵权行为的赔偿数额是应当而且可能分割的。在混合过错中,赔偿责任应由双方当事人共同承担,当然就有一个责任的分割问题。在共同侵权行为中,共同加害人虽然承担连带赔偿责任,但是真正承担起来,最后仍然要分割份额。在混合过错中,加害人承担的赔偿责任和受害人自己负担的损失数额,其实就是分割的赔偿责任份额。就是在行为人的行为与自然原因相结合,造成共同损害结果,行为人也只能承担自己的行为所造成的那一份损害赔偿责任,赔偿数额也是要分割成为各自的赔偿责任份额的。因而,这种侵权行为赔偿数额计算问题的实质,就是对一个总体的赔偿责任分割成为不同的赔偿责任份额,所不同的是,有的赔偿责任份额是绝对性的,例如混合过错中加害人和受害人的赔偿责任份额;有的赔偿责任份额是相对性的,例如共同侵权行为各个共同加害人赔偿责任份额。说到底,多种原因造成损害结果的赔偿数额计算问题,就是依照一定的因素和标准分割不同的赔偿责任份额。

三、决定数种原因造成损害结果分割赔偿责任份额的各种因素

在数种原因造成损害结果的侵权行为中,确定各个主体的赔偿责任,就是在各个主体之间按照侵权赔偿各种因素分割赔偿份额,将一个整体的赔偿数额,公平地分配给该侵权行为法律关系的每一个主体来承担。在确定每一个数种原因造成损害结果的行为的时候,必须考虑的因素就是两个:一是主观过错;二是原因力。依据这两个因素,就可以准确地计算出每一个侵权法律关系主体所应当承担的赔偿数额。

(一)过错比较

过错比较源于比较过错或者比较过失,但是,这不是同一个概念。比较过错或者比较过失,是指在混合过错中,通过确定并比较加害人和受害人的过错程度,以决定责任的承担和责任的范围。[5] 过错比较的内涵相对比较过错要宽,不仅适用于混合过

---

[5] 参见王利明、杨立新:《侵权行为法》,法律出版社1996年版,第213页。

错的场合,而且适用于一切数种原因造成损害结果的侵权行为。因而,过错比较是指数种原因造成损害结果的侵权行为在确定赔偿数额时,首先应当考虑的因素,是决定这种侵权行为的不同主体间赔偿责任分割的第一决定因素,更准确地说,过错比较是在受害人、加害人以及第三人之间在对造成的损害都存在过错的时候,按照各自的过错程度,确定各方的赔偿份额。

在历史上,如何进行过错比较,有以下三种不同的办法。

(1)在当事人中,一方的过错在程度上重于另一方的过错,则不论那一方是否有故意或者重大过失,都可以使受害人获得完全的赔偿或者使加害人被完全免责。若受害人的过错等于或者大于加害人的过失,则受害人无权得到赔偿。说得更简洁一些,就是在混合过错中,受害人有49%的过失,可以得到完全的赔偿;如果有50%的过失,就无权得到赔偿。这种过错比较,是落后的方法,已经被历史所淘汰。

(2)在当事人中,如果加害人有故意或者重大过失,则应负完全的赔偿责任;如果受害人具有故意或者重大过失,则可使加害人被免除或者减轻责任。这种做法并不是将双方当事人的过错具体以百分比加以比较,而是将当事人的过错具体确定为故意、重大过失和一般过失三个等级,加害人具有故意而受害人具有重大过失者,加害人承担全部责任;加害人具有重大过失而受害人具有一般过失者,加害人亦应承担全部赔偿责任;受害人具有故意,则加害人完全免责;受害人具有重大过失而加害人有一般过失,一般应免责,在推定过错时,则应根据具体情况使加害人负责。这种办法不够准确,在有些国家还在使用。

(3)将当事人的过错程度具体确定一定的比例,从而确定出责任范围。例如在混合过错的情况下,如果是同等责任,按照比例,在当事人之间平均分割赔偿责任份额。如果一方当事人应当承担主要责任,则应当承担51%以上的民事责任。如果一方当事人应当承担次要责任,则应当承担49%以下的赔偿份额。在其他责任主体有过错的时候,参照以上的办法,确定各方的赔偿份额。

在我国的司法实践中,是采用上述第三种办法进行过错比较。

(二)原因力比较

在多种原因造成损害结果的侵权行为中,确定各方赔偿责任时,过错程度的比较是第一位的决定因素。第二位的决定因素,就是原因力。

原因力,是指在构成损害结果的共同原因中,每一个原因对损害结果的发生或者扩大所发生的作用力。⑥ 数种原因造成损害结果,是由数个行为或者因素所造成的,这数种原因对该共同损害结果来说,都是共同原因,每一个作为共同原因的行为或者因素,都对损害结果的发生或者扩大具有原因力。

原因力之所以在多种原因造成损害结果的侵权行为的责任份额确定上是第二位的因素,是因为原因力对于赔偿份额的确定具有相对性。虽然因果关系在侵权责任

---

⑥ 参见王利明、杨立新:《侵权行为法》,法律出版社1996年版,第215页。

的构成中是必要要件,具有绝对的意义,不具备之,就不能构成侵权责任。但是在多种原因造成损害结果的侵权行为中,确定各个主体的赔偿份额的主要因素,是过错程度的轻重;而原因力的大小尽管也影响各自的赔偿责任份额,但要受过错程度因素的约束和制约。

多种原因造成损害结果的侵权行为在确定赔偿责任份额时,相对作用主要表现在以下三个方面:

(1)当各方当事人的过错程度无法确定,或者在适用无过错责任原则归责时,应以各自行为或者因素的原因力大小,确定各自的赔偿份额。各方当事人的过错程度无法确定,只能在原因力上进行比较,根据原因力的大小,确定各自的赔偿责任份额。在一方的行为与其他自然原因相结合而造成损害结果的时候,也无法进行过错比较,只能依原因力比较,确定行为人的赔偿责任份额。在适用无过错责任原则的情况下,并不要求行为人一方有过错,因而在多数情况下无法进行过错比较,只能按照原因力的比较来确定赔偿份额。有的学者认为在无过错责任原则的场合,无法实行过失相抵,是不准确的,理由是,过失相抵并不是只能进行过错比较,原因力的比较尤其在无过错责任原则的场合,更是经常运用的。

(2)在各方当事人的过错程度相等时,原因力对赔偿责任份额的确定,起"微调"作用。例如,在混合过错的场合,如果双方当事人的过错程度相等,而各自行为的原因力有差别的时候,应当根据原因力的比较进行赔偿责任份额的调整;在共同侵权行为中,如果各个共同加害人的过错程度相等,原因力的大小,对各自的赔偿责任份额就具有决定的作用。在这样的情况下,如果各自的原因力的大小没有差别,则应当承担同等的赔偿责任份额;如果各自的原因力有差别,应当根据原因力的比较,确定各自的赔偿责任份额。

(3)在加害人依其过错程度应当承担主要责任和次要责任时,各自行为或因素的原因力亦起"微调"作用。各自原因力相等的,依过错程度的比例确定赔偿责任份额;原因力不等的,依原因力的大小相应调整主要责任和次要责任的份额比例,确定具体的赔偿份额。

四、具体的赔偿数额计算

(一)过错程度的确定

确定过错程度的标准,有三种不同的方法:

第一种,根据行为危险性的大小及危险回避能力的优劣决定过错轻重。优越者的行为的危险性更大,危险回避能力更强,因而过错更重;反之,过错较轻。这种方法较为抽象,使用起来较为困难,因此不宜采用。

第二种,采用不同的标准衡量各方的行为决定过错的轻重。为使受害人能有更多的机会获得赔偿,对受害人的过错确定采用低标准或主观标准衡量其轻重;对加害人的过错确定则采用高标准或者客观标准衡量其轻重。这种方法虽然对保护受害人一方较为有利,但是对各方当事人不是用一个标准来衡量过错轻重,不符合民法的公平原则,也不宜采用。

第三种,根据各方当事人注意义务的内容和注意标准决定过失的轻重,除了故意以外,根据这一标准,首先要确定双方当事人所负有的注意内容,如果一方当事人在损害发生时负有特殊的注意义务,而该当事人不仅没有履行此种特殊的注意义务,而且连一般人所应尽的注意义务都没有达到,其过失就比一般过失严重。如果各方当事人并不负有特殊的注意义务,就应按照"合理人"的标准衡量双方的行为,把双方的行为与一个合理的、谨慎的人的行为进行比较,以决定双方的过失和过失程度。如果行为与一个合理的、谨慎的人的标准相距较远,则过失较重;相距较近,则过失较轻。因而,过错的等级及其轻重的关系是:

故意＞重大过失＞一般过失＞轻微过失

在我国司法实践中,采用这种方法来衡量当事人的过错轻重,因为只有根据注意义务的内容和标准决定过失的轻重,才客观、公正,才可以适用于一切案件,成为通用的标准。

由于过错程度是多种原因造成损害结果的侵权行为赔偿责任份额确定的最主要因素,也由于一般在这种案件中,过错程度是普遍存在的因素,因而,在确定多种原因造成损害结果的侵权行为的赔偿数额的时候,进行过错比较是最重要、最基础的一环。

(二)赔偿责任份额的具体计算

1. 混合过错赔偿责任份额的计算。

(1)在混合过错的场合,确定赔偿责任份额应当确定过错程度在双方当事人之间的比例。受害人有故意或者重大过失,加害人只有轻微过失者,过错份额为9%以下;受害人具有故意或者重大过失,加害人有一般过失者,过错份额为10%~25%,受害人具有故意,加害人有重大过失者,过错份额为25%~49%;受害人和加害人都具有故意或者重大过失,且程度相当者,过错份额为50%;受害人具有重大过失,加害人有故意者,过错份额为50%~75%;受害人具有一般过失,加害人有故意或者重大过失者,过错份额为75%~90%;受害人只有轻微过失,加害人具有故意或者重大过失者,过错份额为91%以上。

(2)按照原因力比较的要求,进行"微调"。在双方当事人的过错程度相等时,如果行为的原因力相当,则应确定双方当事人承担同等责任。原因力不相等,则应根据原因力的大小,对双方当事人的责任份额进行调整,依原因力的比例确定责任份额。其计算公式是:

混合过错赔偿责任份额:(加害人过错程度+加害人行为原因力)/2

例如,双方当事人的过错程度相等,但加害人行为的原因力为80%,受害人的行为的原因力为20%,则(50%+80%)/2,责任份额为65%,如果加害人行为的原因力为40%,受害人的行为的原因力为60%,则加害人的责任份额为45%。在加害人已经依过错程度确定承担主要责任或者次要责任,原因力仍有不同者,则依原因力的大小,再进行"微调",对赔偿责任份额进行适当的调整。例如,加害人按照过错程度,应当承担80%的主要责任,但是依照原因力的比较,仍然感到责任份额偏轻,则可以在80%以上调整,令加害人承担81%以上的赔偿责任份额;如果依照原因力的比较感到偏重,则可在80%以下调整,令加害人承担79%以下的赔偿责任份额。

前述尹发惠致害赵正侵权案,尹发惠的过错为重大过失,赵正的亲权人的过错为一般过失,按照过错比较,尹发惠应当承担70%的赔偿份额;按照原因力比较,尹发惠应当承担90%的份额,两者相加除以2,则尹发惠承担80%的赔偿责任份额较为适当。

2. 共同侵权行为的赔偿责任份额计算。

确定共同侵权行为的相对性赔偿责任份额,首先,也应当依照各个共同加害人的过错程度,确定其连带责任中的赔偿责任份额。将赔偿责任确定为100%,然后,按照共同加害人的人数和各自的过错程度,确定其应当承担的适当份额。如果各个共同加害人的过错程度相等,则平均分配份额;如果各个共同加害人的过错程度不相等,则按比例确定之。其次,按照各个共同加害人的行为的原因力,对各自的责任份额进行调整。如果各个共同加害人行为的原因力与其过错程度相当,则依此确定赔偿责任份额即可;如果各个共同加害人的行为的原因力与其各自的过错程度不相当,则依原因力的比例进行适当调整。其计算公式是:

共同加害人赔偿责任份额:(该加害人的过错程度+该加害人行为原因力)/2

例如,四个共同加害人过错程度相当,依过错程度,每人应当承担25%的责任份额,但是为首的一个共同加害人的原因力占整个原因的50%,则其应当承担37%~40%的份额,其他3名共同加害人共同承担其余的60%~63%的份额,每人的份额是20%~21%。当然,这是在连带责任的基础上的份额,而不是按份责任的份额。

在共同危险行为中,各个共同危险行为人的过错程度相当,致害的概率相等,因此,他们的相对性赔偿责任份额是均等的,不应当在份额上有差别。

在无意思联络的数人侵权中,由于是按份责任,因而应当按照各个行为人的过错程度和行为的原因力来确定各自的赔偿责任份额。这种赔偿责任份额,是绝对的份额,不得由于某些加害人无支付能力而责令其他加害人为其承担他所应当承担的份额。这种赔偿责任份额的计算,先比照共同侵权行为的赔偿责任份额,确定过错程度所决定的份额;然后,再依原因力的比较,进行赔偿份额的调整,最后决定每一个加害人的赔偿责任份额。

3. 其他多种原因造成损害结果的侵权行为的赔偿责任份额计算。

(1)在加害人和受害人以外的第三人的行为亦为损害原因的赔偿责任份额的计算问题。在加害人和受害人以外,第三人的行为对损害结果的发生亦有过错、亦具原因力,第三人应当承担相应的责任。在这种情况下,如果损害结果的发生完全是由第三人的行为所致，则应由第三人承担全部的赔偿责任。如果当事人的一方有过错，第三人亦有过错，应当由第三人和一方当事人共同承担赔偿责任，责任份额的计算，参照共同侵权行为的共同加害人赔偿责任份额的计算方法计算，确定有过错的一方当事人和第三人各自所应承担的赔偿责任份额。在混合过错的情况下，如果第三人对损害结果的发生亦有过错、具有原因力，则应依据实际情况处理：其一，如果有过错的第三人与受害人有密切关系时，如受害人在被伤害以后，受害人之配偶急于治疗，致受害人死亡，这时，当事人的过错与受害人损害结果的扩大具有原因力，与受害人之间有密切关系，因而，第三人的过错可以视为受害人的过错，仍按照混合过错的处理原则办理，实行过失相抵，只是将第三人的过错和受害人的过错加到一起，计算赔偿责任份额；其二，如果有过错的第三人与加害人一方有密切关系，构成共同侵权行为的，则按照共同侵权行为的混合过错处理原则处理（对此，后文还要进行讨论）；其三，如果有过错的第三人对损害结果的发生具有过错和原因力，加害人和受害人亦有过错和原因力，这时，应当将赔偿责任份额分成相应的 3 份，计算方法与其他的赔偿责任份额的计算方法相同。

（2）当事人的行为与自然原因结合造成损害结果的赔偿责任份额的计算问题。在这种情况下，应当按照当事人的行为和自然原因对损害结果发生所具有的原因力，来计算当事人各自应当承担的赔偿责任份额。原因力相等的，当事人承担 50% 的赔偿责任份额；当事人行为的原因力大于自然原因的原因力的，当事人一方应当承担主要的赔偿责任；当事人行为的原因力小于自然原因的原因力的，当事人一方则承担次要的赔偿责任。在承担主要责任或者次要责任时，究竟应当承担多大的赔偿责任份额，应当根据案件的实际情况，由法官确定。自然原因造成的损失，由受害人自己承担。例如，前述加害人打井致受害人房屋塌陷案，挖井行为的原因力显然大于洪水的自然原因，应当由加害人承担主要的赔偿责任；在受害人对加害人的行为提出质疑并要求其停止侵权行为的时候，加害人并没有停止侵害行为，过错较为严重，应当加重加害人的赔偿责任份额。因而，本案加害人应当承担 80% 以上的赔偿责任份额为妥。

（三）两个具体的赔偿数额的计算

（1）在混合过错的情况下，双方当事人的人数不等的，如何确认过错比例和原因力的大小？双方当事人人数不等，对过错比例的确定不发生影响，仍与确定过错比例的过错比较的方法相同；但在原因力上，则应当有所区别，应根据原因力的大小，适当对按照过错程度确定的赔偿责任份额进行调整。在加害人一方为多数人，先计算出混合过错中加害人一方和受害人一方各自所应当承担的赔偿责任份额，然后，再按照共同侵权行为的计算方法，计算共同加害人各自所应当承担的相对的赔偿责任份额。在受害人一方为多数人，先计算双方当事人各自应当承担的过错比例，然后再按照各自一方当事人行为的原因力进行调解，确定各自的赔偿责任份额。

（2）无责任能力的受害人的过错确定问题。在加害人的行为与无责任能力人的受害人的行为共同构成损害结果发生的原因时，无责任能力的受害人的行为对赔偿责任的确定,是有影响的。依照《民法通则》第133条的规定,当事人的责任能力对赔偿责任的构成,并没有影响,这时的责任不是由他自己承担,而是由他的亲权人或者监护人承担,况且受害人的行为原因力,往往是由于监护人的过失行为所发生,当然构成混合过错的赔偿责任份额。计算时,应当与其他的混合过错的计算方法相同。

论人身伤害的抚慰金赔偿[*]

在我国《民法通则》第119条中,并没有规定人身伤害的抚慰金赔偿制度,嗣后,在有关法律和司法解释中作出了规定。但是,在最高人民法院的相关司法解释中,关于人身伤害的抚慰金赔偿制度的规定变化较大,直至今天还有很多法官掌握不清,致使在审判中出现错误。本文对人身伤害抚慰金赔偿制度进行专门研究,以纠正某些不正确的认识。

一、抚慰金赔偿的立法发展和理论认识

(一)中国民法理论对人身伤害抚慰金赔偿的认识

精神损害赔偿制度,是《民法通则》建立的制度。在理论上,一般认为人身伤害[①]的抚慰金赔偿就是精神损害赔偿,没有必要再划分一般的精神损害赔偿和抚慰金赔偿的区别。少数学者认为应当作这种区分[②],认为精神损害赔偿救济的是精神利益的损害和精神痛苦的损害,抚慰金赔偿则是救济人身伤害的精神痛苦和创伤。[③]

有学者认为,有确立人身伤害的抚慰金赔偿制度的必要性,其一,既然法律规定侵害姓名权等造成精神损害可以进行物质补偿,人身伤害是较为严重的侵权行为,造成精神损害理应得到赔偿;其二,法律既然肯定侵害人身权行为造成的精神损害予以物质赔偿,又否认人身伤害的精神损害赔偿,是立法上的自相矛盾;其三,如果因人身伤害而造成名誉权等损害,只允许对名誉权的损害进行精神损害赔偿,不准许对人身伤害进行精神赔偿,岂非法律对侵害名誉权等引起的精神损害赔偿实际无法执行?

这种意见是有道理的。不过,论证确立人身伤害抚慰金赔偿制度的必要性,仅作如上的阐述还远远不够。

(1)确立人身伤害抚慰金赔偿制度是人类社会发展的必然要求。人类社会自有法律文化以来,发生了巨大的变化,这与整个社会的进步相一致。在人格权的问题上,人格权体系随着社会的进步呈不断扩张的趋势,具体表现在:一是人格权愈来愈

---

[*] 本文原载《给法官讲侵权法》,人民法院出版社2009年版,第32页以下。
[①] 本章所说的人身伤害,是指侵权行为所造成的人的身体伤害以及死亡结果,即侵害身体权、健康权和生命权的后果。
[②] 参见杨立新:《民法判解研究与适用》(第1集),中国检察出版社1994年版,第241页以下。
[③] 参见杨立新:《民事审判实务》,中国经济出版社1993年版,第187页。

受立法者的重视;二是人格权的范围不断扩大;三是法律对人格权的保护愈来愈周密。④ 人,作为民事主体存在于社会之中,必然存在物质利益和人身的非物质利益,而在人格权方面,尤其是在物质性人格权方面,这两种利益都必然存在,并且构成密切的关系。随着社会的发展和文明的进步,人们的价值观念逐渐地发生变化,并且从量的积累发展到质的飞跃,终于使那种把人的存在归结为财产权益的拜物教观念已经过时,人们越来越重视精神权利的价值,重视个人感情和感受对于人存在的价值,重视精神创伤和精神痛苦对人格利益的损害。在这样的观念指导下,人们要求法律对人的精神利益予以更高的重视和更严密的保护,而立法者也正是顺应了历史发展的必然要求,才创设并且最终完善了人身伤害的抚慰金赔偿制度。

(2)确立人身伤害抚慰金赔偿制度是保护公民人格利益的必要手段。公民的身体权、健康权、生命权遭受侵害,必然会造成财产上的损失,但同时也必然造成精神上的创伤。在尊重人的精神价值的现代社会,平复这种精神利益的损害,必然要求民法动用它的独特的救济方法即财产赔偿的方法。这种方法的表现形式,就是人身伤害抚慰金。在现代社会的经济、人文环境下,抚慰金的法律功能,体现了它是保护公民人格利益的必要手段。⑤ 给予受害人金钱赔偿,使受害人在经济生活上获得利益,自有助于受害人克服精神上的损害。⑥ 既然抚慰金具有如上功能,如果对人身伤害只对财产利益损失给予赔偿,对同时造成的精神创伤等损害不给予抚慰金赔偿的话,对于人的生命健康权的保障就是不完整的、残缺不全的。

(3)确立人身伤害抚慰金赔偿是精神损害赔偿制度的必要组成部分。精神损害赔偿制度是由精神利益损害赔偿和抚慰金赔偿两个内在的部分构成的,这两个内部制度是缺一不可、必不可少的。如果对于人身伤害的抚慰金赔偿制度不予确立,这一制度就是残缺不全的制度。

(二)人身伤害抚慰金赔偿制度立法发展

1. 初期的进展

新中国成立以来,前几十年并没有涉及人身伤害抚慰金赔偿的问题。1986年,《民法通则》第120条规定了我国的精神损害赔偿制度。

但是,《民法通则》第120条规定的精神损害赔偿制度是不完善的。这表现在两个方面:一是没有确立侵权行为造成受害人精神上、心理上的痛苦或恐惧的抚慰金赔偿制度,尤其是没有建立人身伤害抚慰金赔偿制度,因而不能发挥精神损害赔偿制度的全部功能;二是确定侵权客体范围过窄,没有将侵权行为的客体包括隐私权、人身自由权、贞操权等其他人格权列入保护范围。⑦

---

④ 参见梁慧星:《中国民法经济法诸问题》,法律出版社1989年版,第55—58页。
⑤ 参见马原主编:《民事审判实务》,中国经济出版社1993年版,第186页。笔者在该书中有相关阐述。
⑥ 曾隆兴:《现代损害赔偿法论》,台北泽华印刷公司1988年版,第29页。
⑦ 参见马原主编:《民事审判实务》,中国经济出版社1993年版,第187页。

中国立法者注意到了这样的问题，近几年来，在立法中采取了一些办法解决这个问题。

(1) 国务院颁发《道路交通事故处理办法》，采取措施加以解决，第37条第8项规定，对交通事故致死者，赔偿10年基本生活费的死亡补偿费。这实际上是对死者近亲抚慰金赔偿的变化形式，是值得肯定的。但这一补偿是否可以适用于全部的侵害生命权的场合，最高司法机关没有作出解释。

(2) 中国《国家赔偿法》作出了残疾赔偿金和死亡赔偿金的规定，在立法上一定程度地解决了对侵害生命权和健康权造成人身伤害和死亡的抚慰金赔偿问题。但是由于该法适用范围所限制，在原则上只能适用于国家赔偿的场合，而不能适用于其他人身伤害的侵权行为场合。

(3) 中国《消费者权益保护法》对《国家赔偿法》的上述规定作了进一步的引申，将这种抚慰金赔偿的适用范围作了进一步的扩大，规定了残疾赔偿金和死亡赔偿金。死亡赔偿金就是规定了侵害生命权的抚慰金赔偿制度。造成消费者或者其他受害人人身伤害，只有造成残疾的，才可以给予残疾赔偿金的赔偿，因而对于一般的侵害健康权和身体权而没有造成残疾的，则无法请求赔偿抚慰金。由于本法性质的限制，这里规定的残疾赔偿金和死亡赔偿金的适用范围，应当是在消费领域，在其他一般的人身伤害的场合是否能够适用这样的规定，予以残疾赔偿金和死亡赔偿金赔偿，也还没有定论。

2. 问题和不足

对于中国人身伤害抚慰金赔偿制度在立法上的这些进步，一方面应当给予充分的肯定，另一方面还要看到它的不足：

(1) 人身伤害抚慰金赔偿的内容，仅仅是侵权行为造成残疾和死亡的才可予以适用，对于没有造成残疾或者死亡的一般人身伤害和侵害身体权并没有造成人身伤害的，尚没有办法给予抚慰金赔偿。

(2)《道路交通事故处理办法》以及《国家赔偿法》和《消费者权益保护法》在规定这种抚慰金赔偿制度时，并没有将其扩大适用到一般人身伤害的侵权行为的场合。虽然《消费者权益保护法》适用范围是很广泛的，但它并不能包容一切人身伤害，因而在抚慰金赔偿制度的适用上，还有很多问题没有解决。面对我国的实际情况，立法者没有对人身伤害抚慰金赔偿制度的全面适用作出立法解释或者补充规定。

3. 制度的建立

最高司法机关对上述规定能否扩大适用，经过长期的研究和总结实践经验，在《关于确定民事侵权精神损害赔偿责任若干问题的解释》（以下简称《精神损害赔偿解释》）的司法解释中，肯定了理论上的研究成果和实践中的审判经验，对人身伤害抚慰金赔偿制度作出了肯定的解释，确认对人身伤害造成死亡的，应当赔偿死亡赔偿金；造成残疾的，赔偿残疾赔偿金；造成其他伤害的，以及造成身体权损害的，赔偿精神抚慰金。这样，就全面地建立了中国的人身伤害抚慰金赔偿制度。

二、人身伤害抚慰金赔偿的地位和性质

（一）人身伤害抚慰金赔偿在精神损害赔偿中的地位

将《道路交通事故处理办法》以及《国家赔偿法》和《消费者权益保护法》规定的人身伤害抚慰金赔偿制度，扩大适用到一切人身伤害领域，并且包括对身体权侵害的领域，建立完整的人身伤害抚慰金赔偿制度，是最高司法机关《精神损害赔偿解释》的功勋。建立这一制度，是以现行立法作为基本的依据，以现有的司法实践和判例作为参考，将这一制度的结构完整化、固定化。

在一般的理解上，抚慰金与精神损害赔偿是同一或者近似的概念，系指对财产权以外之非财产上的损害，即精神上的损害，给付相当金额，以赔偿损害之谓。[8] 从严格的意义上说，精神损害赔偿与抚慰金赔偿并不是完全同一的概念。从精神损害赔偿的结构上分析，它是由精神利益的损害赔偿和抚慰金赔偿这两个部分构成的。从精神损害赔偿制度的发展演变历史观察，从它产生的萌芽阶段，就可以发现其分成这两个部分的倾向；随着社会文明的进步和法律文化的发展，终至构成了今日精神损害赔偿的内在结构。

精神利益的损害赔偿，主要是对精神性人格权损害的民事救济手段，保护的对象是名誉权、人身自由权、肖像权、姓名权、隐私权、贞操权以及一般人格权等人格权。

对人身伤害所造成的精神痛苦的抚慰金赔偿，是对物质性人格权损害造成精神痛苦的民事救济手段，保护的对象是民事主体不受精神创伤的权利。因而它只能对自然人适用，不能对法人适用。当自然人的身体、健康、生命权受到损害，除应当赔偿其财产上的损害以外，对其本人或亲属造成的精神痛苦和精神创伤，应以一定数额的金钱予以抚慰。就人身伤害而言，抚慰金适用于三种场合：一是对身体权侵害造成精神痛苦的；二是对健康权损害造成精神痛苦的；三是侵害生命权对其近亲属的救济。

精神损害赔偿制度之所以出现这样的内在结构，原因是这一制度保护的客体——人格权的复杂性和可划分性所决定的。民法发展到今天，对民事主体确定的人格权达十几种，构成了庞大的人格权体系。但尽管它们复杂、繁多，却可以用最简单的方法划分为两大类，即依人格权的存在方式为标准，分为物质性人格权和精神性人格权。前者依托于自然人的物质实体，是自然人对物质性人格要素的不转让性支配权。[9] 后者以观念的形态存在，是公民法人对其精神性人格要素的不转让性支配权的总称。[10] 对这两种不同的人格权进行民法上的保护，依据它们的不同特点，采取的方法当然也不会相同。对物质性人格权侵害，会造成财产上的损害和精神上的痛苦，

---

[8] 参见曾隆兴：《现代损害赔偿法论》，台北泽华印刷公司1988年版，第28页。
[9] 参见张俊浩主编：《民法学原理》，中国政法大学出版社1991年版，第142、146页。
[10] 参见张俊浩主编：《民法学原理》，中国政法大学出版社1991年版，第142、146页。

因而要赔偿财产损失和抚慰金。对精神性人格权的侵害，也会造成一定程度的财产损害，同时造成精神利益的损害，对财产损害当然要进行赔偿，对精神利益损害可以用精神损害赔偿的方法，予以保护。正因为如此，精神损害赔偿制度必然形成以上两种结构。

（二）人身伤害抚慰金赔偿的性质

对人身伤害抚慰金赔偿的性质，有两种不同的看法。一种看法认为它是民法制裁方式；另一种看法认为它是民法上损害赔偿请求权。[11]

笔者认为，人身伤害抚慰金赔偿是两种性质兼而有之。从抚慰金的基本性质上看，它是民法赋予人身伤害的受害人对精神痛苦的一项保护性民事权利，属于损害赔偿的请求权。相对应的，就是加害人的赔偿精神损害的义务。因而称其为民法上损害赔偿请求权的性质，自是毫无疑问。从另一个角度讲，这种赔偿义务以国家强制力为后盾，以承担民事责任为保障，认其为民事制裁当然也无问题。

总之，人身伤害抚慰金赔偿是侵权行为法规定的侵权民事责任的组成部分，是一种具体的侵权责任方式。

三、人身伤害抚慰金赔偿责任的构成和适用

（一）抚慰金赔偿责任构成

人身伤害抚慰金赔偿责任既然为民法上的损害赔偿请求权性质，就是债的关系，当债务人不履行抚慰金赔偿义务，应承担民事责任。

构成人身伤害抚慰金赔偿责任的基础，首先是构成侵害身体权、健康权、生命权的赔偿责任。在这个基础上，再须有受害人受有精神上的痛苦，并且该种精神痛苦与加害人侵权行为有因果关系时，即构成人身伤害抚慰金赔偿责任。

贾国宇因卡式炉爆炸而烧伤一案判决书在论述这种侵权责任的构成理由时认为，"根据我国有关法律规定的原则和司法实践掌握的标准，实际损失除物质方面外，也包括精神损失，即实际存在的无形的精神压力与痛苦，其通常表现为人格形象与人体特征形象的毁损所带来的不应有的内心卑屈与羞惭。本案原告贾国宇在事故发生时尚未成年，身心发育正常，烧伤造成的片状疤痕对其容貌产生了明显影响，并使其劳动能力部分受限，严重地妨碍了她的学习、生活和健康，除肉体痛苦外，无可置疑地给其精神造成了伴随终生的悔憾和残痛，甚至可能导致该少女心理情感、思想、行为的变异，其精神受到的损害是显而易见的，必须给予抚慰与赔偿。赔偿额度则要考虑当前社会普遍生活水准、侵害人过错程度及其偿付能力和受害人的损失状况等因素。"这些论述，虽然文字有些晦涩，但所提出的依据是符合这样的要求的。

---

[11] 参见曾隆兴：《现代损害赔偿法论》，台北泽华印刷公司1988年版，第28页。

受害人受有精神痛苦,诸如精神上、肉体上苦痛,因丧失肢体而搅乱生活之苦痛,因容貌损伤以致将来婚姻、就业困难之精神上苦痛,由于失业、废业或不得不转业之苦痛,因后遗症而对将来所生精神上苦痛[12],以及致人死亡的近亲属为丧失亲人而遭受的精神上的苦痛者,均是。精神痛苦的受害人,应当包括两种,一种是侵害身体、健康权的直接受害人,即被人身侵害、人身伤害的受害人;另一种是侵害生命权死亡人的近亲属,一般认为包括直接受害人的父母、子女和配偶。这两种人在精神上因侵权行为而受有痛苦时,享有人身伤害抚慰金赔偿的请求权。在贾国宇案,受害人是贾国宇本人,其精神痛苦是容貌毁损所带来的伴随终生的痛苦,学业上的影响,以及对今后工作机会、工作能力等方面的影响。在这种情况下,只考虑直接受害人的抚慰,而不像侵害生命权的救济那样考虑其近亲属的抚慰。

该种精神上的痛苦,应为侵害身体权、健康权、生命权行为产生的结果,即二者为因果关系。该种侵权行为,应符合法定构成要件,当这种侵权行为与受害人上述精神痛苦的损害具有因果关系时,该种抚慰金赔偿责任构成要件就完全具备。在贾国宇案的判决中,正确地认定了两名被告的过失行为与贾国宇人身伤害所造成的精神痛苦之间的因果关系,并将其作为确定人身伤害抚慰金赔偿的客观基础,是正确的。

(二) 人身伤害抚慰金赔偿的适用范围

人身伤害抚慰金赔偿的适用范围,包括以下三个方面:

1. 侵害身体权

对身体权的侵害究竟以何种方法救济,《民法通则》没有明文规定,最高人民法院关于精神损害赔偿的司法解释作了规定,这就是赔偿精神抚慰金。侵害身体权,往往不会造成人身伤害的后果,因而不会有或很少有造成财产损失的可能。对此,以赔偿抚慰金作为救济的主要方法,辅之以财产损失应予赔偿的方法,是最好的选择。

2. 侵害健康权

在中国现行立法中,将侵害健康权造成残疾的抚慰金赔偿称为残疾赔偿金。并不是侵害健康权抚慰金赔偿的全部。凡是侵害健康权造成精神痛苦和精神创伤的,无论是否造成残疾,都应当予以抚慰金赔偿。对此,最高人民法院《精神损害赔偿解释》已经作出了肯定的解释。

3. 侵害生命权

侵害生命权的抚慰金赔偿,我国现行立法称为死亡赔偿金或者死亡补偿费。侵害生命权的后果,在于直接受害人死亡和其近亲属亲人的丧失。因此,不法侵害他人致死者,受害人之父母、子女及配偶所受精神上之痛苦,实较普通权利被侵害时为甚,自不可不给与相当金额,以资慰抚。[13] 请求权人的范围,以死者死亡时为限,包括胎儿

---

[12] 参见曾隆兴:《现代损害赔偿法论》,台北泽华印刷公司1988年版,第28页。
[13] 参见何孝元:《损害赔偿之研究》,台北商务印书馆1982年版,第133页。

在内,即或请求权人为年幼或精神病人,一般也包括在内。⑭

上述三种情况,抚慰金赔偿请求权由权利人专有享有,均为专属权利。前两种的直接受害人为权利人,明文规定不得让与或继承;后一种侵害生命权的抚慰金请求权人,本身就是直接受害人的第一顺序的继承人,因而没有必要加以规定。上述三种抚慰金请求权均为专属其请求权人自身所享有,都不得让与或继承,侵害生命权者同样如此。只是在抚慰金的赔偿金额已经由当事人双方有约定,或者权利人已经起诉的,可以不受上述限制,对约定的赔偿金额或者经判决确定的金额,可由权利人转让他人,权利人已经死亡的,可由其继承人继承。

四、抚慰金赔偿办法

(一)基本原则和应当注意的问题

1. 基本原则

确定人身伤害抚慰金赔偿数额的基本原则,一种认为"由法院依痛苦之程度而自由酌定"⑮,一种意见认为"由法院斟酌各种情形定其数额"。⑯ 笔者曾经提出精神损害赔偿的"基本方法是由人民法院斟酌案件的全部情况,确定赔偿金额"。⑰ 这一方法,对确定人身伤害抚慰金的赔偿数额,也是适用的。

具体应当斟酌的情况,最高人民法院曾经提出应当包括"侵权人的过错程度、侵权行为的具体情节、给受害人造成精神损害的后果等"。⑱ 最高人民法院在《精神损害赔偿解释》第10条,关于斟酌的情节又规定为:"(一)侵权人的过错程度,法律另有规定的除外;(二)侵害的手段、场合、行为方式等具体情节;(三)侵权行为所造成的后果;(四)侵权人的获利情况;(五)侵权人承担责任的经济能力;(六)受诉法院所在地平均生活水平。"后一个司法解释的规定更为全面。

在决定人身伤害抚慰金赔偿的数额的时候,应当根据这些情况,酌定抚慰金数额。

2. 应当注意的问题

按照最高人民法院《精神损害赔偿解释》的规定,法律、行政法规对残疾赔偿金、死亡赔偿金等有明确规定的,适用法律、行政法规的规定。这一解释是否针对抚慰金赔偿的计算问题而为,文字表述还不十分明确。但是从解释的逻辑而言,是明确的。

---

⑭ 应当注意的是,该项抚慰金请求权人的范围与侵害生命权间接受害人扶养损害赔偿请求权人的范围并不相同,二者不是同一概念,适用时必须加以区别。

⑮ 龙显铭:《私法上人格权之保护》,中华书局1948年版,第64页。

⑯ 曾隆兴:《现代损害赔偿法论》,台北泽华印刷公司1988年版,第28页。

⑰ 杨立新:《论人格损害赔偿》,载《河北法学》1987年第6期(收入《疑难民事纠纷司法对策》),吉林人民出版社1991年版,第148页。

⑱ 最高人民法院《关于审理名誉权案件若干问题的解答》第10条。

这样,在处理交通事故的残疾赔偿金和死亡赔偿金的问题上,就有赔偿的标准不一致的问题。按照现在的规定,应当是各用各的规定。这里就有一个不同的人身伤害抚慰金,由于执行的法律法规确定的标准不同,数额也有不同的问题。对于这种不公平的结果,不知该如何解决。

笔者的意见,应当根据实际情况,考虑最高人民法院司法解释的不同规定,适当的有所区别,但是,不应当有很大的差别。总的原则,应当向最高额的赔偿标准靠近,逐渐改变这种状况,使案件的处理更加合理。

(二)侵害身体权的抚慰金赔偿

确定侵害身体权的抚慰金赔偿,现在还没有很多经验,需要在实践中积累。

现在可以考虑的办法,就是按照一般的精神损害赔偿的办法,决定侵害身体权抚慰金的赔偿数额。

确定这种抚慰金,主要应考虑:一是受害人所受的精神痛苦程度,应考虑侵害身体的地点、场合,受害人的自身感受,等等;二是加害人的过错程度;三是具体的侵害情节;四是受害人的身份资历。根据以上具体情况,综合算定。

侵害身体权的抚慰金确定的总的原则,可以考虑赔偿的数额相当于侵害健康权的抚慰金数额,但应考虑侵害身体权一般较难获得其他财产补偿的情况,因而不可过低,与侵害健康权的抚慰金赔偿数额大抵相当即可。

对侵害身体权造成经济利益的损失的,可以考虑:

(1)坚持财产损失全部赔偿的原则,侵权行为造成受害人身体权的损害,损失了医药费、误工费以及其他损失的,应当全部赔偿。对于这样的赔偿,应当与侵害健康权的赔偿是一样的。

(2)对于侵害身体权,造成难以计算的价值损失的,应当参照相当的标准计算。例如,侵害身体,非法抽血等形式的侵权行为,应当按照所收取的血的数量和价格做标准,适当高于这个标准确定赔偿数额。没有办法计算的,则可以做估价,以估价作为赔偿计算的标准。在侵害身体权所造成的受害人的间接利益的损失的场合,还要考虑对其所损失的间接利益,给予赔偿。例如,对手模特(即以手作为展示首饰的模特)的手指甲等造成损害,并不造成健康权损害的,是侵害身体权,在赔偿的时候,应当计算受到侵害以后损失的间接利益,予以赔偿。

(三)侵害健康权的抚慰金赔偿

侵害健康权的抚慰金赔偿,实际上是有两个标准的:一是侵害健康权造成残疾的,赔偿残疾赔偿金;二是没有造成残疾的,赔偿精神抚慰金。

对于前一种精神损害抚慰金的赔偿,有一个参照的标准,这就是《国家赔偿法》的规定。按照《国家赔偿法》的规定,残疾赔偿金的计算标准,部分丧失劳动能力的,最高额为国家上一年度年平均工资的 10 倍,全部丧失劳动能力的,最高额为国家上一年度年平均工资的 20 倍。《消费者权益保护法》对此没有规定具体标准。具体的计算办法,应当考虑的,一是精神损害程度;二是加害人的过错程度;三是具体的侵权情节;四是其他情节,综合确定赔偿金的数额。在实践中,应当适当地按照高的赔偿标准确定为好,尽可能地按照《国家赔偿法》的规定计算抚慰金赔偿数额。

在贾国宇侵害健康权抚慰金赔偿案件中,确定的赔偿数额是 10 万元人民币。这个数额基本上是合适的。也有些学者和专家认为,赔偿数额还可以再高一些,例如到 15 万元或者 20 万元,也是可以的。

对于后一种精神抚慰金的赔偿,可以参照前述侵害身体权的抚慰金赔偿的计算办法,计算赔偿的数额。所应考虑的,主要是受害人所受到的痛苦程度,在考虑其他计算侵害健康权抚慰金赔偿的因素,酌定赔偿数额。具体的数额,应当不超过残疾赔偿金的数额。

(四)侵害生命权的抚慰金赔偿

确定侵害生命权的抚慰金赔偿,也缺少具体的计算办法。现在可以参照的是两个标准。

(1)《道路交通事故处理办法》规定的死亡补偿费。其算定办法是:"按照交通事故发生地平均生活费计算,补偿 10 年。对不满 16 岁的,年龄每小一岁减少 1 年;对 70 周岁以上的,年龄每增加 1 岁减少 1 年,最低均不少于 5 年。"

(2)《国家赔偿法》对于死亡赔偿金的计算标准,这一标准比前述标准为高,规定"死亡赔偿金和丧葬费的总额为上年度职工年平均工资的 20 倍"。《消费者权益保护法》对死亡赔偿金没有规定具体的标准。

这两个标准,差别很大。在实践中,应当尽量地考虑适用统一的标准,以做到公平、合理。具体的意见是:

(1)侵害生命权的抚慰金定名为死亡赔偿金。这是最高人民法院《精神损害赔偿解释》的意见。这种意见是不是十分稳妥,还要研究。事实上,还不如就叫做死亡抚慰金,这是最准确的。现在的做法是沿袭《国家赔偿法》的称谓,这实际是在没有抚慰金制度之前的临时做法。现在可以先采用这样的称谓,等到制定民法典或者制定侵权行为法的时候,再考虑更好的办法。

(2)可以参考《国家赔偿法》规定的办法,计算侵害生命权的抚慰金赔偿数额。按照这样的计算方法,死亡赔偿金的数额大体上是在 20 万元左右。这个数额与贾国宇案件残疾赔偿金的数额相比较,大体上合适。

论侵害财产权中的精神损害赔偿*

最高人民法院 2001 年 3 月 10 日公布了《关于确定民事侵权精神损害赔偿责任若干问题的意见》,其中第 4 条规定:"具有人格象征意义的特定纪念物品,因侵权行为而永久性灭失或者毁损,物品所有人以侵权为由,向人民法院起诉请求赔偿精神损害的,人民法院应当依法予以受理。"这一司法解释表明,我国司法机关确立了侵害财产权的精神损害赔偿制度。这一制度的性质是什么,其基本内涵是什么,应当在实践中怎样实行,都不是十分明确的,需要进行认真探讨。本文试图对这些问题提出初步的看法。

一、确立侵害财产权精神损害赔偿制度的必要性

(一)精神损害赔偿制度的原本适用范围

精神损害赔偿制度,是救济人格权和身份权受到损害的民事制度,简言之,就是对人身权利的法律保护制度。这一制度从其产生之时起,就具有这种性质。

在侵权行为法的发展历史上,精神损害赔偿原本上是不具有救济财产损害的功能的。在绝大多数国家的侵权行为法中,对侵害财产权的侵权行为,不适用精神损害赔偿方式救济受害人财产的损害。在所有权、用益物权、担保物权、占有等权利受到侵权行为的损害时,受害人可以就财产的损失请求金钱赔偿,不得请求财产损失以外的无形损害的金钱赔偿。就是侵害债权、知识产权的侵权行为,受害人也仅仅就其财产的损失请求赔偿,不得超出财产损失的范围请求精神损害赔偿。

形成这个局面的原因,就是因为精神损害赔偿制度的基本功能,是救济人身权利损害。在最早的侵权行为法中,救济权利的损害,只能是请求财产上的损失赔偿,不能请求财产损失之外的非财产的损害赔偿。即使是受害人的人身权利受到损害的结果,也只能请求赔偿其人身伤害引起的财产损失,超出财产利益以外的损失,受害人不能谋求损害赔偿。这实际上就是拘泥于损害赔偿的补偿性原则而产生的结果。

侵害人身权利不得请求精神损害赔偿,具有补偿不充分的弊病。这就是,侵权行为对人身权利的侵害,不仅会给受害人造成财产上的损失,还要给受害人及其近亲属

---

* 本文发表在《人民检察》2002 年第 6 期。

造成严重的精神创伤和损害,受到极大的精神打击和痛苦。加害人仅仅赔偿受害人在财产上的损失,并不能完全使受害人受到的精神创伤和伤害得到抚慰和慰藉,精神痛苦不能抚平。因此,侵害人身权利并造成精神痛苦和精神创伤的受害人,准许其在请求所造成的财产损失的基础上,同时准许其请求精神损害赔偿,才能够完全补偿受害人的全部损害,同时,在侵害精神性人格权的场合,在大多数的场合,受害人并没有财产利益的损失,而只是造成了精神利益的损失。如果不准许精神性人格权受到侵害的受害人请求精神损害赔偿,受害人的损害就无法得到救济。

正因为如此,精神损害赔偿制度应运而生,成为当今世界通行的侵权行为法的制度,担负着重要的、其他法律制度无法替代的作用。

(二) 侵害财产权适用精神损害赔偿产生及其必要性

在侵害财产的场合不适用精神损害赔偿制度,曾经是一个通行的惯例,各国法律不约而同地作出规定,都是不准许财产权利的受害人请求精神损害赔偿。

不过,还是出现了例外,有了新的突破。日本战后修订民法,更注重对人的权利的保护,尤其是对人格权利的保护,因此,在更广泛的领域中,准许受害人请求精神损害赔偿。在《日本民法典》中,第一次打破了大陆法系民法典在规定侵权行为法关于精神损害赔偿适用范围时的一般做法,即列举请求精神损害赔偿(无形损害的赔偿)的具体适用范围,对精神损害赔偿的适用予以限制的做法,明确规定适用精神损害赔偿的范围是"权利",而不是传统民法典规定的"身体权、健康权、生命权、自由权"等人身权利的范围。这就是《日本民法典》第709条和第710条的规定。

该法第709条规定:"因故意或过失侵害他人权利时,负因此而产生损害的赔偿责任。"第710条规定:"不问是侵害他人身体、自由或名誉情形,还是侵害他人财产权情形,依前条规定应负赔偿责任者,对财产以外的损害,亦应赔偿。"在第710条中,还特别强调规定了"侵害他人财产权情形"可以请求精神损害赔偿。依照这样的规定,在日本,财产权受到损害的时候,就可以请求精神损害赔偿。这是《日本民法典》在民法制定中的一项创举。尽管这项制度在实际的应用上还有很多的限制,对财产权受到损害场合认定抚慰金赔偿请求的判例并不多[①],但是,这说明对财产权损害的场合完全排斥精神损害赔偿的适用,是不适当的。这个历史的突破,开辟了精神损害赔偿适用的新领域。

最高人民法院《关于确定民事侵权精神损害赔偿责任若干问题的解释》确定了中国关于侵害财产权精神损害赔偿的制度。确立这样的制度,是完全必要的。

1. 对侵害财产权的侵权行为完全排斥精神损害赔偿制度的适用,是不适当的

从原则上说,对于侵害财产权的侵权行为,是不必采用精神损害赔偿制度进行救济的。这是因为侵害财产的侵权行为侵害的就是财产本身,其造成的损害就是财产利益的损失。适用财产损害赔偿制度进行救济,完全可以解决受害人所遭受的实际

---

① 参见于敏:《日本侵权行为法》,法律出版社1998年版,第355页。

损失,使其受到损害的权利恢复到原来的状况。但是,任何事物都不是绝对的,对侵害财产权的侵权行为完全排斥精神损害赔偿制度的适用,不能完全概括侵害财产权的全部情况。因此,适当地在侵害财产权的场合扩大精神损害赔偿制度的适用,就具有一定程度的灵活性,可以适应纷繁复杂的社会生活现象,更好地发挥精神损害赔偿制度的作用,对侵害财产权的侵权行为法律关系进行更全面的调整。

2. 对某些侵害财产权的侵权行为进行适当的精神损害赔偿,可以更好地保护受害人的合法权益

侵害财产权,虽然原则上仅仅对受害人的财产利益造成损失,但是,由于受侵害的财产本身的性质不同,有些财产对于财产所有人而言,有着超出财产本身价值的更为重要的精神价值。如果对这些财产的侵害造成了受害人的精神痛苦的损害,仅仅按照财产损失的赔偿原则,赔偿受害人所减少的财产,对受害人的救济就是不全面的。全面保护受害人的合法权益,就要对这样的损害不仅要赔偿财产的损失,而且还要采用精神损害赔偿的方法救济受害人的精神损害,对受害人的精神损害进行抚慰,使受害人的合法权益得到全面保护。

3. 对某些财产权的损害采用精神损害赔偿方式进行救济,实际上还是保护受害人的人格利益

在一般情况下,精神损害赔偿所赔偿的,是受害人人格利益的损害,而不是财产利益的损失。在某些侵害财产权的场合适用精神损害赔偿制度,其实是因为这些财产中凝聚着人格利益。正是因为这些财产中凝聚着人格利益的因素,因此,受害人所有的这样的财产受到侵害以后,才会造成受害人的精神损害,导致一般的财产损害赔偿所不能起到的精神损害抚慰的精神补偿的作用。在这种情况下,只有对受害人采用精神损害赔偿方式进行救济,才能够对受到侵害的人格利益进行抚慰,对受害人的权利损害进行完全的救济。正因为对这些财产的损害进行精神损害赔偿救济是补偿的受害人的人格利益的损害,所以,在这种情况下的精神损害赔偿,并没有脱离精神损害赔偿制度的基本宗旨,发挥其应当发挥的作用,这就是对人格利益的保护。

下面的这个案例,就可以完整地说明上述对侵害财产权的侵权行为予以精神损害赔偿的必要性的阐释。

在1976年的唐山大地震中,有一位孩子是幸存者。她的父母都在地震中丧生,唯一留存下来可以给她作为对父母怀念的物品,就是父母的一张照片。她长大以后,思念父母,就只有端详这张珍贵的照片,以寄托对父母的哀思。最近几年,电脑技术在照相领域中的应用,可以对陈旧的照片翻新放大。这位幸存者就决定到照相馆对父母遗留下来的这张照片翻新放大,遂与照相馆达成协议,并将这张照片交给了照相馆。但是照相馆将这张珍贵的照片丢失,给受害人造成了不可弥补的严重精神损害。受害人向法院提出起诉,请求判令加害人给予精神损害赔偿。法院受理了这个案件。

在这个案件中,当事人之间的法律关系本来是合同关系,但是由于加害人对受害人的财产保管不善,造成损失,构成违约责任和侵权责任的竞合,受害人依照侵权的

诉因起诉,是有理由的,但是,该侵权行为所侵害的权利,就是财产所有权的损害,而受害人所遭受的财产损害几乎是微不足道的。按照财产损害赔偿的原则,本案的受害人不会得到较大数额的赔偿。相反,这一侵权行为对受害人造成的精神损害却是十分巨大,是不可弥补的。对此,仅仅赔偿财产利益的损害,无法补偿受害人的损失。因此,精神损害赔偿在这里就发挥了重要的精神抚慰作用,能够使受害人的合法权益得到较为完善的保护。

由此可见,对某些侵害财产权的侵权行为予以精神损害赔偿,是十分必要的。

二、侵害财产权精神损害赔偿责任的构成

(一)确定侵害财产权精神损害赔偿责任的一般原则

在确定侵害财产权精神损害赔偿责任一般原则的时候,有一个相当矛盾的东西,这就是,既要肯定侵害财产权精神损害赔偿责任的必要性,又要坚持侵害财产权精神损害赔偿不得滥用的原则。这是一个极为矛盾的问题。

但是,这两个相互矛盾的东西,在确定侵害财产权精神损害赔偿责任的时候都是必须坚持的。如果仅仅强调一个方面而否定另一个方面,在确定这种精神损害赔偿责任的时候,就不能正确领会侵害财产权精神损害赔偿制度的基本立意,在执行最高人民法院这一司法解释所确定的制度时,就会出现偏差。因此,在实践上和理论上,既要坚持这种精神损害赔偿责任的必要性,又要严格把握,坚持原则,不使这个精神损害赔偿制度在执行中出现问题。

确定侵害财产权的精神损害赔偿责任,应当把握好以下原则:

1. 必要原则

在确定侵害财产权的精神损害赔偿责任时,一定要把握好必要原则。这一原则有两层含义。第一,就是坚持这种精神损害赔偿责任,认清其必要性,不能否认其存在的必要性。第二,就是在审理这类案件的时候,要对确有必要的才给予赔偿。不是必须给予精神损害赔偿的侵害财产权的案件,不能决定给予精神损害赔偿,只要按照一般的财产损害赔偿规则予以赔偿,就是救济了财产权的损害。

2. 严格原则

严格原则的含义,就是要在确认侵害财产权精神损害赔偿责任的时候,要严格坚持这种责任构成的要件,不能轻易、随意地认定这种赔偿责任;同时,在决定精神损害赔偿数额的时候,也要严格掌握,不能判决过高的赔偿数额。总之,对侵害财产权的精神损害赔偿不能放之过宽,避免造成受害人滥用诉权,盲目追求高额赔偿的偏向,使这种精神损害赔偿背离损害赔偿的宗旨。

按照这样的原则,对侵害财产权的精神损害赔偿,首先,要严格限制在侵害财产所有权的场合,财产所有权以外的财产权,如用益物权、担保物权,以及债权、知识产权等财产权受到侵害,都不得请求精神损害赔偿。其次,对财产权受到侵害的,也不

能全部都请求精神损害赔偿,只有法律和司法解释所确定的范围内的财产所有权受到侵害,才能够请求精神损害赔偿。再次,法官在确定侵害财产权的精神损害赔偿责任的时候,在责任构成和赔偿数额上都要严格把握,不能任意加以扩大。

(二)侵害财产权精神损害赔偿责任的构成

1.构成侵害财产权精神损害赔偿责任的前提

构成侵害财产权精神损害赔偿责任的前提条件,就是某一违法行为构成侵害财产权的侵权责任。

侵害财产权责任的构成,应当按照侵权行为法关于侵害财产权侵权行为的责任构成要件把握。这就是,在适用过错责任原则归责的情况下,应当具备损害事实、违法行为、因果关系和主观过错四个要件;在适用无过错责任原则归责的情况下,应当具备损害事实、违法行为和因果关系三个要件。对于这些要件的掌握,应当按照侵权行为法对侵权责任构成要件的基本要求处理。

2.侵害财产权精神损害赔偿责任构成的特别条件

在认定侵害财产权精神损害赔偿责任构成的时候,除了要具备侵害财产权的基本的责任构成要件以外,还必须具备特别要件。这个特别要件就是:该侵权行为所侵害的财产是具有人格利益因素的特定纪念物品。这个要件的具体要求是:

(1)侵权行为所侵害的财产不是普通的财产,须是一种特定的具有纪念意义的物品。侵害一般的财产不会产生精神损害赔偿责任。只有侵害特定的纪念物品,才有可能构成精神损害赔偿责任。所谓的特定的纪念物品,首先应当是特定的物品。该物品特定的缘由,是就所有人而言不仅仅是特定物,而且还是对所有人而言具有特定的特别意义。其次,这种特定物品还应当是纪念物品,对所有人而言,具有相当的纪念意义。只有这样的特殊的具有纪念意义的物品,才有可能成为需要承担侵害财产权精神损害赔偿责任的侵权行为的侵害对象。

(2)在受到侵害的特定纪念物品中,须具有人格利益因素。在一般的财产中,财产就是财产,不具有人格利益因素。因此侵害这样的财产,不产生精神损害赔偿责任。但是,在特定的具有纪念意义的物品中,有的会具有人格利益的因素。侵害这样的财产,就会产生侵害财产权的精神损害赔偿责任。这就是说,一般的具有纪念意义的物品不一定就具有人格利益因素。在侵害具有纪念意义的物品,不一定都产生侵害财产权的精神损害赔偿责任。只有侵害具有人格利益因素的特定的纪念物品,才会产生侵害财产权的精神损害赔偿责任。

这种人格利益因素,就是在一个特定的物品中渗进了人的精神利益和人格价值,使这个特定的物具有了不同寻常的人的意志或者人的品格,成为人的精神寄托、人格的寄托,或者人格的化身。只有这样的财物受到损害后,才能够给该物品的所有人造成精神损害,必须用精神损害赔偿的方式进行救济。

(3)财产所具有的这种人格利益因素来源于与其相对应的人的特定关系,双方当事人在这一特定关系中赋予了特定的物的人格利益因素。物品中的人格利益不会凭空产生,必须依据一定的人与人的关系才会产生。当人与人之间具有这种特定的关系,并且将这种关系寄托于某一种具体的纪念物品之上时,这种具体的纪念物品就具有了人格利益因素。例如,初恋时情人赠送的定情物,虽然价值不大,但是在当事人之间具有不同凡响的意义,成为某种象征。这样的物品就具有了人格利益的因素。在某一个案件中,一位在延安鲁艺学院毕业的老先生珍藏了14枚当时的女朋友赠送的红豆,这14枚红豆,就是双方当事人在特定的关系中,赋予了它极为珍贵的人格利益因素。

如果仅仅是所有人对自己所钟爱的物品的深情,不会使这种物产生人格利益。例如,一个人珍藏一枚珍贵邮票,价值很高,极其珍视,视为镇家之宝。被侵权行为侵害之后,所有人极为痛苦,请求精神损害赔偿。但是,所有人对自己所有的任何物品都可以珍爱,如果仅仅自己珍爱,就可以视为具有人格利益因素,任何侵害财产权的行为人,都可以被要求承担精神损害赔偿责任,人人都可以以这种理由请求对任何财产权的侵害要求精神损害赔偿。这不仅对当事人而言无法判断,就是对法官来说,也提出了极为艰难的课题。这显然不是创立侵害财产权精神损害赔偿制度的本意。

笔者曾经提出过人格与"狗格"的问题,中心的议题是说,侵权行为造成所有人的爱犬死亡,使所有人遭受巨大的精神痛苦。对于这样的精神痛苦,笔者认为不是侵害财产权精神损害赔偿适用的对象。诚然,在日本,法院曾经判过伤害爱猫造成精神损害的精神损害赔偿案件[②],但是,即使是这种精神损害赔偿是日本侵权行为法所准许的,在中国目前的该种制度中,也是不承认这样的做法的。其中主要的依据,就是这种侵权行为所侵害的对象,不具有人格利益因素,而且不是在特定的人与人的关系中赋予这种人格利益因素。假如,爱猫或者爱犬是在双方当事人之间产生了人格利益因素,是一种特定的纪念物品,侵权行为对其造成了侵害,是不是就可以请求精神损害赔偿,倒是值得研究的,因为尽管"狗格"不是人格,但是如果在"狗格"中赋予了人格的因素,成为了特定的纪念物品,对其进行伤害,是会造成精神损害的,给予精神损害赔偿似乎是应当准许的。

三、侵害财产权精神损害赔偿责任的实行

(一)精神损害赔偿请求权的提出

1. 请求权的性质

侵害财产权的精神损害赔偿是一种债权债务关系,受害人在财产所有权受到侵害之后,产生了精神损害赔偿的请求权,加害人承担精神损害赔偿的义务。

正因为侵害财产权的精神损害赔偿是这样一种关系,因此,这种损害赔偿就与任何损害赔偿案件一样,精神损害赔偿的请求必须由受害人提出,而不能由法院在诉讼

---

② 参见于敏:《日本侵权行为法》,法律出版社1998年版,第355页。

中由职权决定。之所以在这里这样强调这个问题,就是因为侵害财产权的损害赔偿诉讼本身就是一种独立的民事诉讼,如果对侵害财产权精神损害赔偿请求权的性质不是特别清楚,有的法官有可能就会考虑由职权决定,对某种侵害财产权的行为人责令承担精神损害赔偿的责任。这种情况是必须避免的。

2. 举证和抗辩

受害人在向法院提出侵害财产权的损害赔偿诉讼请求时,应当按照民事诉讼的举证原则提供证据。在举证中,要特别证明侵权行为所侵害的物品是具有人格利益因素的特定纪念物品。对此,受害人应当按照前述关于侵害财产权精神损害赔偿责任所要求的特别的构成要件的表述,提供证据证明。

当然,加害人对受害人要求承担侵害财产权精神损害赔偿的请求和举证,可以提出事实、证据和理由进行抗辩。最好的抗辩理由就是证明所侵害的物品不是具有人格利益因素的特定纪念物品,能够证明这一点,就可以免除其侵害财产权的精神损害赔偿责任,而仅仅承担财产损害赔偿责任。

(二)赔偿数额的计算

在确定加害人要承担侵害财产权的精神损害赔偿责任之后,应当研究这种精神损害赔偿的具体数额应当如何确定。

侵害财产权精神损害赔偿责任的具体数额确定,应当遵循一般的侵害精神性人格权精神利益损害赔偿数额确定的方法进行,这就是由法官斟酌案件的具体情况,确定具体的赔偿数额。对此,最高人民法院《关于确定民事侵权精神损害赔偿责任若干问题的解释》第10条作了原则性的规定,可以按照这个规定,由法官决定具体的赔偿数额。

笔者仍然认为,即使是对侵害财产权的精神损害赔偿数额的确定,也要贯彻确定精神损害赔偿数额的三条原则,这就是:第一,能够对受害人的精神损害起到抚慰作用,第二,能够对加害人的违法行为起到制裁作用,第三,能够对社会起到一般的警示作用。符合这三项原则的赔偿数额,就是一个适当的赔偿数额,而不在于具体赔偿数额的大小。

(三)其他责任形式

在侵害财产权的精神损害赔偿中,还应当注意其他侵权民事责任方式的应用。除了对财产损害应当给予财产补偿和精神损害赔偿外,还可以考虑适用赔礼道歉、停止侵害等非财产性质的责任方式。如果侵权行为轻微,或者对精神利益的损害不大,在赔偿了财产损失之后,可以考虑单独适用上述非财产形式的民事责任方式,达到救济损害、平复受害人精神创伤的目的。

第四分编
媒体侵权责任

我国的媒体侵权责任与媒体权利保护[*]

——兼与张新宝教授"新闻(媒体)侵权否认说"商榷

在起草《侵权责任法》的过程中,发生了该法是否应当规定新闻(媒体)侵权责任的学术争论。王利明教授和笔者都主张在《侵权责任法》中规定媒体侵权责任,张新宝教授不同意这个意见,专门写了一篇文章《"新闻(媒体)侵权"否认说》,发表在《中国法学》2008年第6期上。有的学者撰文对此进行反驳,维护新闻(媒体)侵权学说。[①]《侵权责任法》已经通过并且实施,这场争论似乎已经尘埃落定,"新闻(媒体)侵权否认说"是胜者无疑。不过,尽管《侵权责任法》没有直接规定新闻侵权或者媒体侵权[②],但毕竟还规定了网络侵权责任,因而"新闻(媒体)侵权"肯定说也不能算完全失败。更为重要的是,媒体侵权责任法的研究并没有因此而告结束,而是在继续发展。遂撰此文,说明笔者对媒体侵权责任的一些基本看法,并且为媒体侵权责任法理论和实践进行辩解。

一、富有想象力的用媒体侵权责任法保护媒体权利制裁媒体侵权行为的创举

诚然,确如《"新闻(媒体)侵权"否认说》一文所言,在比较法上,任何一个老的民法典和新的民法典都没有在其侵权法中规定新闻侵权或者媒体侵权,就是否承认"新闻侵权"或者"媒体侵权"这一问题而言,在大陆法范围内,无论是老法典还是新法典,都没有分歧:不予承认。同样,在英美法系,侵害他人名誉权和侵害他人隐私权的加害人往往是媒体或者侵权作品发表在媒体上,但是美国法官和法学家们并没有发明新闻侵权或媒体侵权。[③]这是一个客观事实。但是,这些国家都是因为对大众传播

---

[*] 本文发表在《中国法学》2011年第6期。本文的写作得到张新宝教授的鼓励以及徐迅、王松苗、朱巍等学者的帮助,谨致谢意。

[①] 参见陈清:《新闻侵权肯定说——兼与"新闻(媒体)侵权否认说"商榷》,载《武汉科技大学学报》(社会科学版)2010年第5期。

[②] 本文对新闻侵权和媒体侵权概念交替使用,区别在于媒体侵权是正式的概念,而新闻侵权带有历史性,在严格的意义上是有区别的,但在宽泛的意义上则基本一致。

[③] 参见张新宝:《"新闻(媒体)侵权"否认说》,载《中国法学》2008年第6期。

有特别的法律规制,多数国家规定了新闻法或者大众传播法,不像中国这样具备需要媒体侵权责任法调整大众传播行为的特定国情和条件。这也是一个客观事实。

众所周知,一个国家对大众传播行为必须建立新闻传播法律制度进行规制,规定媒体的权利及其保护,规定媒体行为违法造成他人权利损害的侵权责任制度。这是因为新闻传播活动涉及社会的政治、经济、文化等各个领域,需要调整的社会关系错综复杂。④如果没有大众传播法,媒体的权利就难以得到妥善保护,媒体的违法行为也难以依法追究。无论是前者还是后者,都会使公众的权利受到损害。

从改革开放之时起,一些有识之士在总结新闻工作正反两方面经验教训的基础上,提出了重视新闻法制建设的要求,在 1980 年第五届全国人大第三次会议和第五届政协三次会议上,一些代表和委员就制定新闻出版法和保障表达自由等问题提出了意见。⑤1987 年 10 月,中共十三大报告提出,"必须抓紧制定新闻出版……等法律,使宪法规定的公民权利和自由得到保障",中国新闻界和立法机关提出了制定"中华人民共和国新闻法"的建议,并且组织新闻法起草小组进行起草工作。中国的客观现实是,长期没有专门的法律来规制大众传播行为,划清媒体正当行使权利和媒体侵权的界限,因而在新闻媒体的主体地位和权利保护及侵权责任认定等方面都存在立法缺陷。

1987 年《民法通则》实施之后,我国民法理论和实务创造了一个新的办法,即应用侵权法来弥补新闻法制不健全的不足,协调媒体权利保护和民事主体权利保护之间的冲突。新闻侵权是侵权行为法的重要组成部分⑥,通过适用侵权法,认定具有违法性的侵害他人人格权益的大众传播行为为侵权行为,进而划清没有违法性、不构成侵权责任的大众传播行为是合法的新闻行为,予以法律保护。因此,媒体侵权责任法通过界定媒体行为构成侵权责任的法律界限,进而确定媒体传播行为合法与违法的界限,取得新闻法所要达到的法律调整目标。

这样的创举是通过司法实践完成的。《民法通则》实施之后,中国公民的民事权利意识开始复苏并且迅速成长,很多人向法院起诉主张媒体的行为侵害了自己的名誉权等人格权,形成了"告记者热"。这不仅是民众权利意识觉醒的标志,同时也是民众敢于向官办的媒体叫板,呼吁媒体不能不顾民众的民事权益而违法实施传播行为的标志。面对受理的这类案件,法官不得不进行审理,而审理就必须有理论依据,理论和实践就这样结合起来,创造了"媒体侵权责任法"的概念,提出了比较系统的理论体系,形成了中国保护媒体权利、制裁媒体侵权行为的学说,并付诸司法实践,发挥了重大作用,促进了我国新闻法制的发展。

应当特别指出的是,在中国,不仅研究民法特别是研究侵权法的专业人士研究媒体侵权责任法,而且媒体的从业人员特别是新闻法学者更热衷于研究媒体侵权责任

---

④ 参见魏永征:《新闻传播法教程》,中国人民大学出版社 2002 年版,第 7 页。
⑤ 参见魏永征:《中国新闻传播法纲要》,上海社会科学出版社 1999 年版,第 2—3 页。
⑥ 参见郝振省主编:《新闻侵权及其预防》,民主与建设出版社 2008 年版,第 17 页。

法,并且积极鼓吹在《侵权责任法》中规定媒体侵权条款,还起草了媒体侵权责任认定的司法解释草案建议稿。⑦欧阳修诗云:"醉翁之意不在酒,在乎山水之间也。"这句话用在当代中国媒体侵权责任法的研究上也很恰当,媒体侵权责任法的"醉翁之意不在酒",在乎媒体权利之保护也!笔者作为媒体侵权责任法这个创举的主要参与者之一,深深地为中国法学、新闻学专家、学者和法官的想象力和创造力之丰富而自豪。

中国的法学、新闻学研究人员和民事法官研究媒体侵权,更多的不是注重立法技术问题,而是一个大众传播法律调整的替代问题,即用媒体侵权责任法弥补新闻法制不健全的问题。尽管《侵权责任法》没有直接规定媒体侵权,但确定其他媒体侵权适用《侵权责任法》第 6 条第 1 款规定的侵权责任一般条款,第 36 条又专门规定了媒体侵权责任中的网络侵权责任,因而媒体侵权责任法是完全有法律依据的,不能认为《侵权责任法》已经否认了媒体侵权。

二、我国媒体侵权责任法在保护媒体权利和侵权责任认定方面所做的努力

媒体侵权是随着大众传播走进社会生活之后经常发生的侵权纠纷。据说中国历史上第一件新闻侵权纠纷发生在 1878 年,《申报》因报道清廷驻英大使郭嵩焘画像引起纠纷,但没有引发诉讼。民国年间,新闻侵权之事也多有发生。⑧《民法通则》实施以来,随着媒体侵权纠纷的不断增加,中国媒体侵权责任法不断发展,记录了中国在保护媒体权利和制裁侵权行为方面所做的努力。

(一)各级法院在司法实践中审理了大量的媒体侵权案件

1949 年以来发生的第一起媒体侵权案件,是 1985 年发生的"疯女案",涉讼的文章是发表在《民主与法制》1983 年第 1 期的《二十年疯女之谜》,文章中所写迫害狄某的杜某于 1985 年 1 月向上海市长宁区人民法院提起刑事自诉。⑨ 1987 年《民法通则》实施后至 1988 年两年间,出现了新闻侵权的第一个高峰,被称之为"告记者热",全国发生的新闻侵权案件已经达到 300 多件。⑩即使在管理比较规范的新华社,1987 年至 1996 年也发生新闻侵权案件 9 件。⑪记者描述,1988 年是我国媒体侵权的第一个高潮,以原告多是一些不知名的普通人为特点,中心在上海;第二个高潮是 1992 年,原告大多数是文化名人,中心在北京;第三个新闻侵权高潮是以法人为原告的居多⑫;第

---

⑦ 参见《新闻侵害名誉权、隐私权新的司法解释建议稿》,载徐迅:《新闻(媒体)侵权研究新论》,法律出版社 2009 年版,第 331 页以下。
⑧ 参见孙旭培主编:《新闻侵权与诉讼》,人民日报出版社 1994 年版,第 2—3 页。
⑨ 参见魏永征:《被告席上的记者》,上海人民出版社 1994 年版,第 3 页。
⑩ 参见郭卫华主编:《新闻侵权热点问题研究》,人民法院出版社 2000 年版,第 5 页。
⑪ 参见郝振省主编:《新闻侵权及其预防》,民主与建设出版社 2008 年版,第 3 页。
⑫ 参见徐迅:《新闻官司的第三次浪潮》,载《中国青年报》1993 年 8 月 5 日。

四次高潮在 2000 年之后,以官方机构及公务人员起诉新闻媒体为特点。[13]按此推论,当前的媒体侵权诉讼高潮应当是"第五次浪潮",主要特点是互联网等新媒体侵权纠纷案件越来越多。

我们对北京市的两个区法院进行了调查。自 1991 年至 2010 年,北京市朝阳区人民法院 20 年间审结媒体侵权诉讼 393 件,其中侵害名誉权案件 324 件、侵害肖像权案件 49 件、侵害姓名权案件 8 件、侵害荣誉权案件 6 件、侵害名称权案件 6 件。[14]北京市海淀区人民法院媒体侵权案件的受案数据区分为 3 个时间段进行统计:1998 年至 2000 年共受理媒体侵害人格权案件 29 件,2001 年至 2005 年间案件数量大幅增长,为 168 件,2006 年至 2010 年的 5 年间又翻一番,达到 286 件,13 年共受理媒体侵权案件 483 件;媒体侵权案件占该院同期侵害人格权案件总数的比重分别为 35.8%、38.6% 和 51.4%。[15]

各级法院的法官通过对这些媒体侵权案件的法律适用,划清了表达自由和媒体侵权责任之间的界限,对合法的大众传播行为予以保护,对违法的大众传播行为认定为侵权,责令赔偿受害人损失,既保证了公众的知情权,也保护了民事主体的民事权益。

(二)最高人民法院不断积累审判经验形成媒体侵权的司法解释体系

最高人民法院全面总结各级人民法院审理媒体侵权案件的审判经验,不断进行整理,使之不断升华,制定司法解释,使感性的审判经验变为规范性的司法解释,成为法官法,指导司法实践,规范媒体侵权的法律适用。最高人民法院的这项工作通过两个部分进行:

(1)是抓住具体案件的法律适用问题作出有针对性的批复或者复函。例如,1988 年 1 月 5 日作出的《关于侵害名誉权案件有关报纸杂志社应否列为被告和如何适用管辖问题的批复》,就是关于人民法院受理以报纸杂志登载文章损害原告名誉权的媒体侵权案件应当如何列被告和如何管辖的规定,完全是针对媒体侵权案件作出的程序法司法解释。1992 年 8 月 14 日作出的《关于刊登侵害他人名誉权小说的出版单位在作者已被判刑后还应否承担民事责任的复函》,规定杂志社刊登侵权作品后未及时采取必要措施,杂志社的不作为行为,构成媒体侵权责任。这类批复性司法解释积累了十余件,例如 1989 年 4 月 12 日《关于死亡人的名誉权应受法律保护的函》、1990 年 10 月 27 日《关于范应莲诉敬永祥等侵害海灯法师名誉权一案有关诉讼程序问题的复函》、1991 年 1 月 26 日《关于上海科技报社和陈贯一与朱虹侵害肖像权上诉案的函》、1991 年 5 月 31 日《关于胡骥超、周孔昭、石述成诉刘守忠、遵义晚报社侵害名誉

---

[13] 参见徐迅:《中国新闻侵权纠纷的第四次浪潮》,中国海关出版社 2002 年版,第 19 页。
[14] 参见北京市朝阳区人民法院:《新闻侵权诉讼研究报告》,载《回顾与展望:媒体侵权责任法律适用研讨会论文集》,中国人民大学民商事法律科学研究中心 2011 年,第 9 页。
[15] 参见宋鱼水、李颖、吴晶晶:《海淀区人民法院关于媒体侵权案件的调研报告》,载《回顾与展望:媒体侵权责任法律适用研讨会论文集》,中国人民大学民商事法律科学研究中心 2011 年,第 40—41 页。

权一案的函》、1999年11月27日《关于刘兰祖诉陕西日报社、山西省委支部建设杂志社侵害名誉权一案的复函》和2000年7月31日《关于广西高院请示黄仕冠、黄德信与广西法制报社、范宝忠名誉侵权一案请示的复函》等。

(2)是经过长期积累,制定调整媒体侵权责任认定的规范性司法解释。例如《关于审理名誉权案件若干问题的解答》和《关于审理名誉权案件若干问题的解释》两部规范性司法解释中的主要内容,就是针对媒体侵权责任适用实体法和程序法的解释,成为调整媒体侵权责任认定的规范性法律文件。

最高人民法院上述无论是对具体案件的有针对性的批复、复函,还是规范性司法解释,都集中在一点,就是以媒体作为侵权行为主体的侵害名誉权、姓名权、肖像权等人格权的侵权行为为对象,确定媒体侵权的实体法和程序法的法律适用规则。对这类独具特点的侵权行为进行法律规范,就是在规范媒体侵权责任案件的法律适用。这些司法解释构成了媒体侵权责任法的实体法和程序法的主要渊源。

(三)法学理论不断探索,形成了媒体侵权责任法的理论体系

应当看到的是,研究媒体侵权责任法理论的特点是,由人民法院提出问题,民法学者进行民法法理研究,新闻法学者从新闻法制角度进行更为深入的探讨,使研究程度不断深化。对于人民法院在司法实践中大量受理的媒体侵权案件提出的具体法律适用问题,民法学者和法官从侵权法角度进行深入研究,研究媒体侵权责任的归责原则、构成要件和责任承担以及程序法适用等问题,提出解决办法。新闻法学者更为重视对媒体侵权责任法的研究,对媒体侵权责任研究的积极性和重视程度远比民法学者要高。中国新闻法制研究中心于1991年、1993年和1996年分别召开了3次全国学术研讨会,集中研究媒体侵权问题,发表论文76篇。在会议论文的作者中,新闻工作者52人,占全部作者的58.4%;法学工作者15人,占19.7%;法官9人,占11.8%。[16] 可见,新闻法学者和新闻工作者是研究媒体侵权的主力军。

不可否认,在开始的研究中,新闻法学者更多的是研究如何规避新闻传播行为的侵权责任,研究的是新闻工作者的自我保护[17],但经过不断总结,新闻法学者更为重视通过媒体侵权责任的研究来规范媒体传播行为,划清合法的传播行为与违法的传播行为的界限,以更好地保护媒体权利,保护好民事主体的民事权利。新闻法学者经过深入研究,向最高人民法院提出的进行新闻侵权司法解释的建议和司法解释建议稿,集中表达了新闻法学者对新闻法制的期盼。

经过理论研究的长期积累,目前已经形成了媒体侵权责任法的完整学说。这个学说并非只有笔者和王利明教授主编的《人格权与新闻侵权》[18]在研究,其他更为重

---

[16] 上述统计是根据每篇文章的主要作者计算的,提供多篇论文的重复计算。

[17] 参见秦亚萍:《浅谈新闻工作者的自我保护》,载《新闻法制全国学术研讨会论文集》,中国民主法制出版社1999年版,第611页以下。

[18] 参见王利明等主编:《人格权与新闻侵权》,方正出版社1995年版(该书已经出版第3版)。

要的著作还有《被告席上的记者》[19]、《新闻侵权与法律责任》[20]、《新闻侵权与诉讼》[21]、《新闻侵权:从传统媒介到网络》[22]、《中国新闻侵权判例》[23]、《新闻官司防范与应对》[24]、《中国新闻侵权纠纷的第四次浪潮》[25]、《新闻侵权及其预防》[26]、《新闻(媒体)侵权研究新论》[27]以及《中国新闻(媒体)侵权案件精选与评析50例》[28]等,这些著作的作者大多数都是新闻法学者。媒体侵权责任法学说的主要学者在制定《侵权责任法》过程中有一个热情的爆发,集中体现在对《侵权责任法》应当规定媒体侵权责任的诉求上。

正因为如此,媒体侵权责任法在中国的民法学说和新闻法学说以及社会生活中是一道亮丽的风景,独具特色,是东亚各国侵权法以及任何外国侵权法研究中都没有过的现象。事实证明,社会需要一部新闻传播法来调整大众传播法律关系和责任。在新闻传播立法不足的情况下,就会产生另外一种法律形式对媒体权利保护和媒体侵权责任认定进行调整。我国的媒体侵权责任法就是这样发挥作用的。结论是,中国的媒体侵权责任法是社会造就的,是人民创造的。

三、媒体侵权责任法理论的形成和发展

媒体侵权责任法理论的形成和发展,在中国特色的社会环境中经历了一个不断发展的过程。

(一)新闻(媒体)侵权概念的提出

新闻侵权的概念是在1987年1月1日《民法通则》实施之后开始出现的。《民法通则》第一次规定了人格权及法律保护,第一次规定了可以适用精神损害赔偿的方法救济姓名权、肖像权、名誉权和荣誉权的损害。该法实施后,很快形成了一个"告记者热"的新闻侵权"第一次浪潮"。[29] 在这个浪潮中,笔者正在法院工作,参与审理了有关媒体侵权案件。当时,新闻界将这类纠纷案件叫做"新闻纠纷"或者"新闻官司",

---

[19] 参见魏永征:《被告席上的记者》,上海人民出版社1994年版。
[20] 参见顾理平:《新闻侵权与法律责任》,中国广播电视出版社2001年版。
[21] 参见孙旭培主编:《新闻侵权与诉讼》,人民日报出版社1994年版。
[22] 参见张西明、康长庆:《新闻侵权:从传统媒介到网络——避免与化解纠纷的实践指南》,新华出版社2000年版。
[23] 参见高秀峰等主编:《中国新闻侵权判例》,法律出版社2000年版。
[24] 参见李连成:《新闻官司防范与应对》,新华出版社2002年版。
[25] 参见徐迅:《中国新闻侵权纠纷的第四次浪潮——一名记者眼中的新闻法治与道德》,中国海关出版社2002年版。
[26] 参见郝振省主编:《新闻侵权及其预防》,民主与建设出版社2008年版。
[27] 参见徐迅主编:《新闻(媒体)侵权研究新论》,法律出版社2009年版。
[28] 参见中国新闻侵权案例精选与评析课题组:《中国新闻(媒体)侵权案件精选与评析50例》,法律出版社2009年版。
[29] 徐迅:《新闻官司的第三次浪潮》,载《中国青年报》1993年8月5日。

继而明确提出了"新闻侵权"的概念。1991年5月6日至8日,在中国新闻法制研究中心、上海社会科学院新闻研究所、上海市新闻出版局和南通日报社联合发起召开的第一次全国新闻法制学术研讨会上,6个省市以及全国人大常委会法工委、国务院法制局、中宣部和新闻出版署等50余位专家学者出席,集中讨论新闻侵权与法律责任。在会议提交的23篇论文中,有5篇文章直接使用了"新闻侵权"的概念作为文章的标题。有4篇文章使用了"新闻纠纷"的概念,4篇文章使用了"新闻官司"的概念,还有1篇文章使用了"新闻诉讼"的概念。这类文章有18篇,占论文总数的78.3%。即使没有使用这些概念的文章,大多数也是研究新闻侵权问题的。法官认可这种说法,因而法院形成了一类侵权责任类型,在习惯上一直使用新闻侵权或者媒体侵权的概念。

由上述叙述可以看出,"新闻侵权"概念是由新闻机构和新闻工作者提出来的,而不是由法律工作者创造的概念,新闻法学者是新闻侵权概念的最早提出者。

这个时期的新闻侵权研究中,更多的是研究新闻侵权实务尤其是新闻机构如何应对"告记者热"的诉讼。司法实务部门不断积累新闻侵权的审判经验,最高人民法院适时作出批复、复函以指导法院的法律适用。有学者认为,这标志着我国新闻活动和新闻管理工作已经开始由政策调整进入法律调整的法制轨道,是我国法制生活中的一件大事。㉚ 这样的认识是完全正确的。

这个时期的媒体侵权责任法研究还是初步的,是萌芽和形成时期,对很多问题的研究还不成熟,还没有完善的理论体系和全面总结。

(二)媒体侵权研究突出对人格权保护的重点

此后,法学界和新闻界的学者专家以及司法实务工作者开始重视研究新闻侵权理论问题。直到1994年,笔者才在《中南政法学院学报》发表了第一篇文章,即《新闻侵权问题的再思考》㉛。1995年,笔者和王利明教授主编了《人格权与新闻侵权》一书㉜,系统阐释了笔者对新闻侵权的看法。笔者在研究中始终坚持这种意见,因此说笔者是对新闻侵权"持肯定意见的学者中的代表人物和立场最坚定者"㉝,并不夸张。至此,媒体侵权责任法探讨进入了深入研究时期。新的学说不断推出,影响了并且正在影响着司法机关对案件的法律适用。

在这个时期中,我国媒体侵权责任法研究的重点放在对受害人的人格权保护上。在学者的研究著述中,突出的是对人格权的保护,更多的不是研究对媒体权利的保护。应当说,这种研究方向是适当的,因为《民法通则》刚刚实施,很多问题都在摸索之中,特别是《民法通则》对人格权保护的规定是一个破天荒的事情,司法工作者和法学工作者更多的是要唤醒民众的权利意识,让人民认识自己的权利,并且为保护自己

㉚ 参见张双龙:《新闻侵权的分类、构成和法律责任》,载《新闻记者》1991年8月号。
㉛ 参见杨立新:《新闻侵权问题的再思考》(本书第1701页),载《中南政法学院学报》1994年第1期。
㉜ 参见王利明、杨立新主编:《人格权与新闻侵权》,方正出版社1995年版。
㉝ 张新宝:《"新闻(媒体)侵权"否认说》,载《中国法学》2008年第6期。

的权利而斗争。这是建设法治社会、建设新闻法治的一个必经过程。在这个过程中,媒体侵权责任法的研究起了重要作用。

在这一个时期中,学者不断总结媒体侵权的法理问题,阐明媒体侵权的理论基础和体系,媒体侵权责任法的研究向着深入、完善的方向继续发展。

(三)媒体侵权研究突出抗辩事由的重点

进入21世纪之后,媒体侵权责任法研究的主要进展表现在以下两个方面:

1. 主张在《中华人民共和国侵权责任法(草案)》增加媒体侵权责任

2001年,王利明教授奉命主持起草"中华人民共和国民法"的"人格权"法编和"侵权责任法"编。笔者刚好从最高人民检察院调到中国人民大学工作,担任中国人民大学民商事法律科学研究中心常务副主任,着手起草人格权法建议稿和侵权责任法建议稿。当时,笔者和王利明有一个特别一致的想法,就是要把我国司法实践中具有特色的人格权法制度和侵权责任法制度都写进法律草案建议稿,争取在立法中能够写出中国特色。其中新闻侵权就是要着重写好的内容之一。在2002年初提交给全国人大常委会法工委的《中华人民共和国民法·人格权法编和侵权责任法编》草案建议稿中,集中写了新闻侵权的条文。2002年4月在北京召开的"侵权责任法和人格权法草案建议稿研讨会"上,有的学者提出意见,认为中国不制定新闻法而先制定新闻侵权法是不合适的。㉞ 其他学者也提出了不同意见。对此,笔者和王利明反复斟酌,仍坚持这个意见,在以后修订的王利明主编的侵权行为法草案建议稿㉟和笔者主持编写的侵权责任法草案建议稿㊱中,都分别规定了"媒体侵权"一节,集中阐释了我们的看法,提出了立法建议。

特别值得重视的是,在《侵权责任法》立法的重要关头,也就是《"新闻(媒体)侵权"否定说》写作和发表时期,媒体对《侵权责任法》规定媒体侵权表现了高昂的热情。新闻法学者及媒体从业人员多次组织座谈会、研讨会,讨论《侵权责任法》规定媒体侵权的必要性和迫切性,中国记者协会也亲自出面召开大规模的新闻侵权研讨会,提请立法机关在《侵权责任法》中规定新闻侵权。其中一个缘由,是新闻法学者曾经提出的新闻侵权司法解释建议稿被最高人民法院以"没有上位法"为由予以拒绝。因此,新闻法专家、学者强烈建议,哪怕是在《侵权责任法》中规定一个新闻(媒体)侵权的条文,也会为新闻(媒体)侵权司法解释提供上位法依据。可惜的是这个设想没有实现,最后只是在第四章中规定了网络侵权责任一个条文。当然,网络侵权责任也是

㉞ 这是王家福教授在该次会议上的发言。

㉟ 参见王利明主编:《中国民法典学者建议稿及立法理由·侵权行为编》,法律出版社2005年版,第79页以下。该建议稿第二章专设一节"新闻侵权"。

㊱ 参见杨立新主编:《中华人民共和国侵权责任法草案建议稿及说明》,法律出版社2007年版,第17页以下。该建议稿在过错的侵权行为中专设"媒体侵权"一节,规定了媒体侵权的形式、抗辩事由、公众人物、责任主体、侵害人格权的补救、网络侵权责任、文学作品侵权准用等内容(本书于2010年获得北京市人文社会科学研究优秀成果二等奖)。

媒体侵权责任的一种。

2. 研究媒体侵权责任抗辩事由

进入 20 世纪之后,媒体侵权责任法理论研究的一个重要变化,是重视对媒体侵权责任抗辩事由的研究。[37] 很多学者都在研究媒体侵权责任抗辩事由,提出具备抗辩事由的媒体报道,就是正当行使媒体权利。[38] 法院也出现了引用公众人物、连续报道等理由免除媒体侵权责任的判决。[39] 有学者专门进行调查,在 20 件我国法院判决的媒体侵权案件中,判决书事实部分提到被告以公众人物权利限制为抗辩理由的有 17 件,其中有 13 件不同程度认可公众人物权利应受限制或以原告不是公众人物为由不采纳被告抗辩,有 4 件是判决主动提到公众人物概念的。[40] 出现这一变化的原因是,我国现有法律对大众传播或媒体作者的保护存在不足,媒体侵权抗辩事由制度的设立正是为了平衡表达自由与人格权之间的冲突,使媒体和新闻作者在法律的轨道内作出正确的选择,进行正当的新闻报道而不被无谓追究,进而保障有利于维护社会公共利益的新闻自由。[41] 学界认识到,研究媒体侵权责任,不仅要研究确定媒体侵权责任构成要件,依法追究媒体的侵权责任,更重要的是要注重研究怎样通过界定媒体侵权责任保护媒体的合法权益,以更好地发挥媒体的舆论监督作用和新闻批评功能,在推动社会进步中发挥更大的作用。[42] 因此,不仅要对媒体的侵害人格权的侵权行为依法予以制裁,同时也要对媒体具有合法抗辩事由的传播行为给予有力的支持和保护。2003 年,中国人民大学民商事法律科学研究中心会同美国耶鲁大学中国法研究中心共同召开研讨会,提出了名誉权应当"瘦身",给媒体以更大的"喘息"空间,保护媒体合法权益的意见[43],受到各界的重视。因此,法律重视对媒体侵权责任的抗辩事由,其实就是为媒体的表达自由保驾护航,保护媒体的合法权益。

在这一时期,媒体侵权责任法研究步入成熟阶段,不断深入发展,尤其是在兼顾人格权保护和保护表达自由的平衡上,展现了高水平的研究成果。

---

[37] 对此,笔者进行了深入研究,作出了全面分析。参见杨立新:《论中国新闻侵权抗辩及体系与具体规则》(本书第 1715 页),载《河南省政法管理干部学院学报》2008 年第 5 期。

[38] 参见郭卫华、常鹏翱:《论新闻侵权的抗辩事由》,载《法学》2002 年第 5 期;王松苗:《"有事实依据"不等于"有客观事实"》,载马军:《网络隐私权的抗辩分析》,两篇文章载徐迅主编:《新闻(媒体)侵权研究新论》,法律出版社 2009 年版,第 250 页以下、第 288 页以下。

[39] 参见上海市静安区人民法院判决的"范志毅诉上海文汇新闻联合报业集团案",载中国新闻侵权案例精选与评析课题组编著:《中国新闻(媒体)侵权案件精选与评析 50 例》,法律出版社 2009 年版,第 225 页以下。

[40] 参见魏永征、张鸿霞:《考察"公众人物"概念在中国大众媒介诽谤案件中的应用》,载徐迅主编:《新闻(媒体)侵权研究新论》,法律出版社 2009 年版,第 232—234 页。

[41] 参见王芳:《新闻侵权抗辩事由研究》,河北大学 2010 年法学硕士论文,第 8 页。

[42] 参见杨立新:《论中国新闻侵权抗辩及体系与具体规则》(本书第 1715 页),载《河南省政法管理干部学院学报》2008 年第 5 期。

[43] 参见杨立新:《中国名誉权的"膨胀"与"瘦身"》,载杨立新:《从契约到身份的回归》,法律出版社 2007 年版,第 111 页以下。

四、如何认识《侵权责任法》没有直接规定媒体侵权责任的现状

《侵权责任法》确实没有直接规定媒体侵权,只明确规定了网络侵权责任。如何看待这种立法状况,笔者想说明以下三个问题:

(一)媒体(新闻)侵权是不是一个科学的概念

无论是法律界还是新闻界,使用新闻侵权或者媒体侵权概念都有一个变化的过程。最初,学者经常使用新闻侵权[44]的概念,也使用新闻官司[45]、新闻纠纷[46]和新闻诉讼[47]等。后来,学者认识到新闻侵权概念的外延比较狭窄,难以概括网络媒体等新媒体的侵权行为,因此改用媒体侵权的概念。

对媒体侵权概念进行文义分析无疑是重要的,但从概念本身进行法律界定无疑更为重要。提出这个概念,正如学者所言,严格地说,新闻侵权并不是一个法律术语,而只是对新闻媒介的侵权行为的一种笼统、通俗化的描述。人们意识到现行法律在新闻媒介的侵权行为上尚存在空白点,正是在这样一种背景下,新闻侵权这一概念便出现了,并且逐步为人们所接受。[48]这个说法比较真实地反映了媒体(新闻)侵权概念的发生情况。

在较早学者对新闻侵权概念的界定中,主要认为新闻侵权"一般是指受我国法律保护的公民、法人、非法人单位依法享有的合法权益,遭到某种违法行为的损害"。[49]也有人认为,"新闻侵权实际上就是以新闻媒介为侵权主体的对于公民人格权的侵害"。[50]或者认为"新闻侵权行为是指新闻单位或者个人利用一定的大众传播媒介,以故意捏造事实或者过失报道等形式向大众传播内容不当或法律禁止的内容,从而侵害公民和法人人格权的行为"。[51]这些都是较早研究媒体(新闻)侵权时对这个概念的界定。

晚近学者对媒体(新闻)侵权概念的界定,诸如"新闻侵权应该解决的是新闻机构及其关系人利用新闻作品,损害他人人格权益的行为"[52];"新闻侵权,是新闻机构

---

[44] 参见张双龙:《新闻侵权的分类、构成和法律责任》,载《新闻记者》1991年第8期。
[45] 参见魏永征:《"新闻官司"中的一些特殊性法律问题》,载新闻法制研究中心编:《新闻法制全国学术研讨会论文集》,中国民主法制出版社1999年版,第31页以下;贾安坤:《新闻官司的举证责任》,载新闻法制研究中心编:《新闻法制全国学术研讨会论文集》,中国民主法制出版社1999年版,第183页以下。
[46] 参见曹三明:《新闻纠纷的法律思考》,载《新闻记者》1991年第7期。
[47] 参见魏永征:《新闻官司与新闻诉讼条例》,载新闻法制研究中心编:《新闻法制全国学术研讨会论文集》,中国民主法制出版社1999年版,第228页以下。
[48] 参见陆萍:《新闻侵权的构成》,载《政治与法律》1991年第6期。
[49] 张双龙:《新闻侵权的分类、构成和法律责任》,载《新闻记者》1991年第8期。
[50] 陆萍:《新闻侵权的构成》,载《政治与法律》1991年第6期。
[51] 王利明主编:《新闻侵权法辞典》,吉林人民出版社1994年版,第257页。
[52] 陈清:《新闻侵权肯定说——兼与"新闻(媒体)侵权否认说"商榷》,载《武汉科技大学学报》(社会科学版)2010年第5期。

或者个人利用新闻作品,损害他人人格权的行为"[53];"新闻侵权是指新闻主体通过新闻报道对公民或者法人的名誉权、姓名权、肖像权、隐私权或者荣誉权以及其他民事权益造成不法侵害的行为"[54];"新闻侵权就是新闻侵权行为人利用报纸、杂志、广播、电视等新闻传播工具,以故意捏造事实或过失报道的形式刊载或播发有损公民、法人或者其他组织的不当内容,从而侵害了他人的财产权和人格权的违法行为"。[55]

这些对媒体(新闻)侵权概念的界定多有不同,但基本点是一致的,都揭示出了媒体侵权的以下基本特点:①媒体侵权的行为主体和责任主体是大众传媒,或者其他利用大众传媒实施侵权行为的人;②媒体侵权的具体行为是利用大众传播媒介进行的传播行为,而不是所谓的新闻采访车在行驶途中撞伤了人[56];③媒体侵权的传播行为具有违法性,表现为违反了法定义务或者保护他人的法律;④媒体侵权所侵害的是自然人或者法人的姓名权、肖像权、名誉权、隐私权、荣誉权等人格权;⑤侵权责任由侵权的媒体承担替代责任,在特殊情形下,也会出现连带责任等特殊责任形态。将媒体侵权概念的这些特点集中起来,可以作出一个准确的定义,即媒体侵权是指报纸、杂志、电视、广播、互联网和手机报等传统媒体和新媒体,或者他人在利用大众传媒进行传播行为中,故意或者过失非法侵害自然人或者法人的名誉权、隐私权、肖像权、姓名权及其他人格权益的侵权行为。

这个概念能够回答以下三个问题:

1. 如何解决媒体侵权与侵害名誉权等人格权的一般侵权行为之间的关系问题

媒体侵权虽然也是侵害名誉权等人格权,但与其他侵害这些人格权的一般侵权行为是一般与特殊的关系。应当看到的是,侵权责任类型并非仅仅是用被侵权行为所侵害的客体这一个标准进行划分的。例如,同样是侵害生命权、健康权的行为,《侵权责任法》在将侵害生命权、健康权的一般侵权行为概括在第 6 条第 1 款的侵权行为一般条款之外,还对侵害他人生命权、健康权的产品责任、机动车交通事故责任、医疗损害责任、环境污染责任、高度危险责任、饲养动物损害责任以及物件损害责任等作出了特别规定,其实这些特殊侵权责任与侵害生命权或者健康权的一般侵权行为都是一样的侵权行为,只不过具有一定的特殊性而已。而侵权责任类型恰恰就是根据这些不同的侵权行为的特殊性进行的划分,进而作出了特别规定。事实上,对于侵权行为或者侵权责任类型的划分,从来就不是根据同一个标准进行的,这是侵权法理论和立法的常识,并非疑难问题。

2. 媒体侵权确实存在与其他侵权责任类型的不同特殊性

---

[53] 王利明主编:《中国民法典草案专家建议稿及说明·侵权行为篇》,中国法制出版社 2004 年版,第 241、242 页。

[54] 穆超君:《试论新闻侵权》,载《新闻研究》2010 年第 9 期。

[55] 郝振省主编:《新闻侵权及其预防》,民主与建设出版社 2008 年版,第 15 页。

[56] 参见张新宝:《"新闻(媒体)侵权"否认说》,载《中国法学》2008 年第 6 期。以这种事例作为反驳新闻侵权概念不科学的论据,说服力不够。

媒体侵权确实存在需要特别规定的特殊性,确认这些特殊性的标准已如前述。例如,新闻媒体中的新闻工作者的特殊性,就有其特点。[57] 最为典型的是网络媒体侵权,除了网络用户或者网络服务提供者利用网站实施侵权行为应当由自己承担侵权责任之外,网络服务提供者在"避风港原则"和"红旗原则"[58]之下,还要与网络用户实施的侵权行为承担连带责任。正因为存在这样的特殊性,《侵权责任法》才在第36条规定了网络侵权责任,它也是媒体侵权,也是我们主张在《侵权责任法》中应当规定的媒体侵权类型。[59] 相比之下,报纸、杂志、电视、广播以及其他媒体的侵权行为特殊性也比较明确,但立法者认为这些特点在《侵权责任法》的侵权责任一般条款中都可以解决,因此才没有予以特别规定。事实上,网络侵权按照侵权责任法规定的一般规则也是可以处理的,只是由于其特点更加突出才作出特别规定的。

3. 媒体侵权的范围并非不可界定

媒体侵权概念的范围并非不可界定。媒体的范围是能够确定的,例如把媒体分为传统媒体和新媒体,报纸、杂志、电视、广播属于传统媒体,互联网、手机报等属于新媒体。既然如此,这些媒体实施的侵权行为就都属于媒体侵权行为。这和界定其他特殊侵权责任是一样的,例如,产品责任就是以缺陷产品致人损害为基本特点,不论生产者、销售者、运输者、仓储者或者其他第三人,凡是以缺陷产品造成他人损害的,就构成产品责任。既然媒体的范围是能够确定的,以媒体或者利用媒体实施的侵权行为作为标准,当然媒体侵权的范围就是可以界定的。因此,研究媒体侵权责任法的学者在适用媒体侵权概念上并非举棋不定,也不存在不可克服的困难。

(二)怎样对待各国侵权法比较法经验的统一性

可以确定的是,各国侵权法在比较法上观察,不论是东亚各国还是世界各国,确实没有一部侵权法明确规定过媒体侵权责任。但是,就此提出"就是否承认新闻侵权或者媒体侵权这一问题而言,在大陆法系范围内,无论是老法典还是新法典,却没有分歧:不予承认"[60]的观点,似乎并不能成为否定媒体侵权的重要理由。应当看到的是,尽管大陆法系国家或者地区的侵权法都没有规定媒体侵权,但在它们的司法实践中,都普遍存在媒体侵权及其法律适用问题。英美法系国家的诽谤法更多的是规定媒体侵权责任,隐私权法也包括了大量的媒体侵权责任。按照美国学者爱泼斯坦的看法,美国诽谤法在近几十年的发展,主要有赖于大众传媒的发展以及对言论自由的特别保护,从而在侵权的责任构成要件、抗辩事由等方面都改变了传统的规则。[61] 只是

---

[57] 参见秦亚萍:《浅谈新闻诉讼中被告方(新闻工作者)的特殊性》,载《新闻记者》1991年第7期。
[58] 参见杨立新:《侵权责任法》(21世纪法学规划教材),法律出版社2011年版,第243页。
[59] 笔者在《中华人民共和国侵权责任法草案建议稿》第70条至第72条专门设计了网络侵权责任的条文建议稿,参见杨立新主编:《中华人民共和国侵权责任法草案建议稿及说明》,法律出版社2007年版,第18—19页。
[60] 张新宝:《"新闻(媒体)侵权"否认说》,载《中国法学》2008年第6期。
[61] 转引自王利明:《人格权法研究》,中国人民大学出版社2005年版,第290页。

由于其他各国的新闻法制比较完善,而不像我国具有利用媒体侵权责任法规制新闻活动的必要性。

(三)怎样看待立法部门和最高司法机关的态度

"我国法律从未规定过'新闻侵权'或'媒体侵权'",这似乎是客观事实,但也有两个客观事实说明立法机关并非"这一观点是一贯的和明确的"[62]:(1)2008年5月16日,全国人大常委会法工委在人民大会堂宾馆专门召开研讨会,研讨会的题目就是"新闻侵权责任"问题。这次会议共有9位专家参加,除了笔者之外,其他都是新闻法专家或者新闻机构官员。在会上,除了一位官员反对在《侵权责任法》中规定新闻侵权之外,其他人都支持在《侵权责任法》中规定媒体侵权。(2)《侵权责任法》专门规定了网络侵权责任即第36条。网络侵权也是媒体侵权责任,是媒体侵权中的一种特殊类型。既然网络侵权就是媒体侵权的一种,且没有理由认为网络侵权不是媒体侵权,说我国法律从未规定过新闻侵权或者媒体侵权,并且这个观点是"一贯的和明确的",显然就不是事实了。

最高人民法院也不是"在这一问题上与立法部门保持了相同的立场"。[63] 1990年至1993年年初,笔者在最高人民法院民事审判庭工作,笔者所在的第三审判庭就是负责审理侵权责任案件指导的专门机构。当时非常关注新闻侵权和小说侵权的侵权责任类型,不仅在前述几个批复、复函中特别表达了媒体侵权纠纷案件的法律适用规则,并且专门制定了关于审理名誉权纠纷案件的解答和解释这两个规范性司法解释[64],其主要内容是提出媒体侵权责任纠纷案件的法律适用指导意见。可以说,尽管最高人民法院在规范性文件中确实没有使用过新闻侵权或者媒体侵权的概念,但是在司法解释中反复提出这样的规则。例如,在《关于审理名誉权案件若干问题的解答》第6条关于新闻报道或者其他作品引起名誉权纠纷如何确定被告的问题,第7条关于因新闻报道严重失实的侵权责任认定问题,第8条关于撰写、发表批评文章的责任问题,都是关于媒体侵权的法律适用规则。在《关于审理名誉权案件若干问题的解释》第3条关于新闻媒介和出版机构转载作品引起名誉权纠纷的责任,第6条关于新闻单位报道国家机关公开的文书和职权行为引起的名誉权纠纷问题,第7条关于提供新闻材料引起的名誉权纠纷问题,第9条关于新闻单位对生产者、经营者、销售者的产品质量或者服务质量进行批评、评论的责任,都是媒体侵权责任的法律适用规范。这些规则都是最高人民法院在媒体侵权审判实践中总结出来的基本经验,经过抽象整理上升为司法解释。在这些司法解释面前,认为最高人民法院从来不承认新闻侵权或者媒体侵权的观点,显然也是不正确的。

---

[62] 以上引文引自张新宝:《"新闻(媒体)侵权"否认说》,载《中国法学》2008年第6期。
[63] 张新宝:《"新闻(媒体)侵权"否认说》,载《中国法学》2008年第6期。
[64] 笔者在最高人民法院民事审判庭工作的时候,这两个司法解释就已经开始起草,是在其后公布实施的。

(四)简单的评论

应当指出的是,研究媒体侵权并非仅仅是侵权法的问题,更多的还是新闻传播法的问题;并非仅仅是民法学者研究的任务和职责,更多的还是新闻法学者研究的重要任务和职责。轻易否定媒体侵权概念,否定的并非只是民法学者的努力,更多的是否定了众多新闻法学者及大众传播工作者对媒体法制研究的积极性。

五、中国媒体侵权责任法理论和实践将如何发展

媒体侵权责任法的理论研究和司法实践已经有20多年的历史了。20多年来,民法学者、民事法官和媒体法制工作者共同研究,使其已经成为一个新闻传播法与侵权责任法交叉的学科,有着良好的发展前景,在社会生活中发挥了重要作用,不会因为《侵权责任法》没有直接规定媒体侵权就认为找不到媒体侵权的立法生存空间,因而使媒体侵权责任法理论研究和司法实践的成果成为"一种法学文化遗产"。[65] 这个学说正在发展,司法实践经验也在不断丰富。正像学者所言:"按照增加特殊侵权行为种类和完善特殊侵权行为体系的精神,新闻侵权在侵权责任法中作为特殊侵权行为出现是顺理成章的事情。"[66]

笔者认为,"媒体侵权否认说"和"媒体侵权肯定说"之间的争论并非存在根本的认识分歧,只是看问题的方法和角度不同。"媒体侵权否认说"更多是站在立法技术立场上观察问题,而"媒体侵权肯定说"则更多是站在立法全局和法的社会调整立场上观察问题。当一个社会问题需要法律进行调整,而这个方面的法律规范尚不健全时,就会从另外一个角度进行法律规范。正像在《国家赔偿法》没有制定之前,《行政诉讼法》在第九章率先规定了行政机关的"侵权赔偿责任",以应急需。当《国家赔偿法》公布实施之后,《行政诉讼法》的这些规定就完成了历史任务,成为了"遗产"。同样,在新闻传播法没有制定完成之前,媒体侵权责任法已经起到了调整新闻传播行为的社会作用。因此,媒体侵权这类纠纷就被赋予独立的学术意义或研究价值。[67]

正是基于这样的观察问题的角度和立场,笔者对媒体侵权责任法的发展趋势预测如下:

(1)充分利用《侵权责任法》为媒体侵权提供的空间,深入研究媒体侵权责任法的理论和实践,进一步推进新闻传播法治化进程。学者认为,新闻侵权的特征决定了其在侵权责任法应有一席之地[68],侵权法应当规定独立的新闻侵权制度。[69]《侵权责任法》已经为媒体侵权责任提供了足够的空间,这表现在两个方面:一是对于普通的

---

[65] 张新宝:《"新闻(媒体)侵权"否认说》,载《中国法学》2008年第6期。
[66] 陈清:《"新闻侵权"肯定说》,载《武汉科技大学学报》(社会科学版)2005年第5期。
[67] 参见姚辉:《人格权法论》,中国人民大学出版社2011年版,第442页。
[68] 参见陈清:《"新闻侵权"肯定说》,载《武汉科技大学学报》(社会科学版)2005年第5期。
[69] 参见王利明:《人格权法研究》,中国人民大学出版社2005年版,第290页。

媒体侵权,已经概括在第6条第1款规定的过错责任原则之中,作为一般侵权行为的一种,媒体侵权责任适用过错责任原则,按照一般侵权责任构成要件确定其责任。[70]二是对媒体侵权中的网络侵权责任,应当按照第36条的规定确定责任。应当看到的是,中国在短时间内完成新闻传播法立法的可能性不大,因而媒体侵权责任法仍然会在媒体法治中发挥重要作用。依据《侵权责任法》为媒体侵权提供的法律依据,应当进一步深入研究,不断吸收各国侵权法、新闻传播法和表达自由保护的最新研究成果和司法经验,完善我国媒体侵权责任法的理论研究和法律适用。

(2)在媒体侵权责任法的理论研究和司法实践中,应当特别重视研究媒体侵权的抗辩事由。媒体侵权责任法的功能,既要对民事主体的人格权加强保护,也要重视对媒体表达自由的法律保护。在当前,应当特别注意依法保护媒体表达自由,支持媒体提出的合法抗辩事由,发挥媒体干预社会生活的功能。媒体提出的正当抗辩事由能够对抗媒体侵权责任的诉求,阻却传播行为的违法性。媒体侵权责任法近年来特别重视这个问题,坚持下去,就能够更好地为媒体表达自由提供法律保障。这正是媒体侵权区别于一般的侵害人格权侵权责任的显著特点,最优的处理方案就是将其作为一种特殊侵权行为进行单独规制。[71]在《侵权责任法》没有单独规定媒体侵权的情形下,应当总结司法机关已经颁布的司法解释和发布的典型案例,制定一部完善的媒体侵权司法解释。我们正在努力做好这样的促进工作。[72]

(3)全力推动制定"中华人民共和国人格权法"。在中国民法典制定中,我们积极主张制定一部专门的人格权法,在其中重点规定易受媒体侵害的名誉权、隐私权、姓名权、肖像权等人格权的内容和保护方法,划清正当行使表达自由进行新闻批评的权利与侵权行为的界限,使司法经验和理论研究成果上升为法律,变成法律制度。

(4)中国最终一定要制定一部"新闻传播法"。通过《侵权责任法》以及媒体侵权责任法的积极作用,弥补我国新闻传播法立法欠缺,《侵权责任法》尽管能够发挥较好的作用,但并非具有永久性,只是权宜之计。为了全面保护媒体权利,发挥媒体促进社会进步的作用,必须有一部新闻传播法。当新闻传播法诞生之时,也就是媒体侵权责任法的作用受到限缩之日,二者最终将各司其职。不过,即使如此,媒体侵权责任法的理论研究成果和司法实践经验也不会变成"法律文化遗产",只是媒体侵权责任法将会与新闻传播法紧密配合,侧重于解决媒体侵权责任认定和赔偿问题,仅发挥其侵权责任法的功能而已。

---

[70] 参见杨立新:《侵权责任法》(21世纪法学规划教材),法律出版社2011年版,第400—402页。
[71] 参见陈清:《"新闻侵权"肯定说》,载《武汉科技大学学报》(社会科学版)2005年第5期。
[72] 笔者主持进行的欧盟"媒体权利保护项目"的研究成果之一,就是起草一部媒体侵权司法解释建议稿。参见杨立新:《〈媒体侵权责任案件法律适用司法手册〉编写大纲》,载《法治新闻传播》(2011年第2辑),中国检察出版社2011年版,第64—66页。

新闻侵权问题的再思考*

新闻侵权,即报纸、杂志故意或者过失地刊登诽谤他人的新闻,造成受害人名誉权等人格权损害的行为。新闻侵权构成侵权法律关系,因而,新闻侵权既包括新闻侵权行为,也包括新闻侵权责任。随着 1987 年以来的"告记者热"的降温,新闻侵权问题已经不是民法学争论的热点问题,然而,对于理论问题在冷静下来后的再思考,往往更有利于深层次的探讨。笔者拟就新闻侵权问题,采用比较法的方法,结合我国的具体实践,阐释以下几点意见和看法,以就教于同行专家、学者。

一、新闻自由与人格权保护

刊登诽谤他人的新闻能够构成侵害名誉权的责任,法学界与新闻界已有共识。但是,以新闻自由作为立论根据,主张新闻不能构成侵权责任的,也不乏其例,尤以在个案的争辩中为甚。对于新闻自由与人格权保护之间的关系,仍有深入探讨的必要。

(一)新闻自由

各国宪法规定新闻自由,大体采取两种方式:一是将新闻自由概括在言论出版自由之中,有的另立新闻法明确规定。在美国,新闻自由就是以美国宪法第一修正案作为依据的,该法案的内容是,国会不得制定剥夺人民言论或出版自由的法律。在法国,法学家认为 1789 年《人权宣言》第 11 条是规定新闻自由的依据,即:"思想与意见的自由交换,为人类最宝贵的权利。因此,每一个公民享有言论、著作和出版自由。"二是明确规定新闻自由。1946 年 11 月《日本宪法》第 21 条规定:"报纸除有害于公共利益和法律禁止的场合外,享有报道、评论的完全自由。"我国关于新闻自由的立法,属于前者。我国《宪法》第 35 条关于"中华人民共和国公民有言论、出版、集会、结社、游行、示威的自由"的规定中,言论、出版自由即为新闻自由的宪法依据。

关于新闻自由的界定,并没有一个统一的定义。在日本,日本新闻协会对新闻自由有一个权威性的定义,即:"具体地讲,一是任何势力也强制不了的符合事实的报道和评论的自由;二是为此目的而接近新闻出处、采访新闻的自由。"[①]在美国,新闻自

---

* 本文发表在《中南政法学院学报》1994 年第 1 期。
[①] 社科院新闻所编:《各国新闻出版法选辑》,人民日报出版社 1981 年版,第 264 页。

由包括采访自由、通讯自由、批评自由、出版自由和贩卖自由。②《埃及新闻法》第1条至第3条规定了新闻自由权利,包括"解释舆论的倾向,运用各种表达方式形成和指导舆论,自由地行使自己为社会服务的使命",以及新闻工作者"在工作中不受非法的权力的约束"。在我国,新闻自由是新闻业为实现其为社会服务的目的,依法进行采访、写作、发表、出版新闻作品,不受非法控制、约束的权利,它包括两个层面:对记者、通讯员等新闻作者来说,采访、写作、发表新闻作品不受非法控制、约束,属于言论自由的权利;对于报社、杂志社、新闻社等新闻单位来说,是组织新闻、出版新闻作品不受非法控制、约束,属于出版自由的权利。在我国,对新闻业的理解,应适当扩大,因为每一个公民都可以通过撰写新闻作品向新闻单位投稿而成为新闻单位的业余通讯员,因此,新闻自由也是公民的一项权利。

(二) 舆论监督

舆论监督是新闻界以及其他舆论界通过新闻媒介发表新闻、评论,对社会的政治生活、经济生活、文化生活等方面进行批评,实行监督的权利和功能。舆论监督并非一个准确的法律概念。原本意义上的舆论监督,涵括在权力监督体系之中。舆论监督被进一步扩展,其含义已经超出了对权力监督的职能,几乎成了无所不能的权利和功能。从严格的意义上讲,舆论监督属于新闻自由的范畴,就是新闻批评的自由权利,新闻业通过行使新闻批评的自由权利,实现对社会生活的监督功能。新闻批评自由是新闻自由的一个组成部分。德国《北莱茵—威斯特伐利亚州新闻法》第3条明确规定:"新闻界履行一种特殊的公共职能,即采集并传播新闻,公开观点,提出批评,以及以其他形式制造舆论。"提出批评即为新闻界公共职能之一。新闻批评自由是一种权利,新闻的采写、出版者有权通过新闻媒体对不正当的社会生活现象提出批评,形成舆论,督促其改进,推动社会文明的进步。就这样的意义上说,舆论监督与新闻批评自由是同一的概念,因而使用新闻批评自由比使用舆论监督更准确、更科学。

(三) 新闻自由与人格权的保护

自由是一种权利,它意味着只要不违反任何法律禁令,或者侵犯其他人的合法权利,任何人都可以说想说的任何话、做所想做的任何事。③ 任何自由都不是绝对的,法律在赋予权利主体以自由权的时候,都规定行使自由权的必要限制,以防止其滥用。新闻自由同样如此,并不是一种绝对的权利。行使新闻自由权的最大限制,就是不得以新闻自由为借口,侵害他人的私权。在美国,新闻自由受到普遍的尊重,宣称"新闻自由是人类的重大权利,应当受到保护",同时,也宣称"报纸不应侵犯私人权利和感情"。④美国报纸编辑协会制定的《新闻工作准则》明文了上述规定。《埃及新闻法》第6条规定:"新闻工作者对所发表的东西,要遵守宪法所明文规定的社会基本准

---

② 社科院新闻所编:《各国新闻出版法选辑》,人民日报出版社1981年版,,第178页。
③ 参见《牛津法律大辞典》(中文版),第554页。
④ 社科院新闻所编:《各国新闻出版法选辑》,人民日报出版社1981年版,第191、192页。

则。"《德国基本法》第 5 条在规定新闻出版自由的同时,规定:"上述权利仅受到普通法、保护青少年法和保护个人名誉权利法的限制。"世界各国立法在规定新闻自由的同时又加以上述限制,就在于实行新闻自由的最大危险,就是侵害他人的人格权。

从原则上说,新闻自由与公民法人的人格权保护,是并行不悖的。但是,实行新闻自由,尤其是新闻批评自由,就是对被批评者的指责。如果把这种批评限制在适当的范围之内,尽管也是对被批评者的指责,总不会造成侵权的后果。如果这种指责超越了适当的范围,造成了被批评者人格的损害,就侵害了被批评者的人格权。

人格权是民事主体的人身所固有的权利,是公民、法人作为法律上的人所必须享有的基本的民事权利。民事主体如果不享有人格权,他就不能成为一个民事主体;民事主体的人格权受到侵害,就会对该民事主体造成严重的后果。因而人格权历来被认为是绝对权、对世权,任何人都负有维护他人人格权的义务,禁止非法侵害。当行使新闻自由的权利与保护人格权发生冲突的时候,法律毫不犹豫地选择了后者,禁止新闻自由权利的滥用,并以国家的强制力保障民事主体的人格权。在国外,诽谤法就是力求维持个人名誉和新闻自由这两者之间平衡的法律准则。

上述原理,得到我国宪法和各基本法的确认。我国《宪法》第 38 条规定:"中华人民共和国公民的人格尊严不受侵犯。禁止用任何方法对公民进行侮辱、诽谤和诬告陷害。"第 51 条规定:"中华人民共和国公民在行使自由和权利的时候,不得损害国家的、社会的、集体的利益和其他公民的合法的自由和权利。"这两条重要的宪法原则,科学地规范了新闻自由与保护人格权之间的关系,任何人在行使新闻自由权的时候,侵害他人的人格权,都是对权利的滥用,是对他人人格尊严的侵犯,都违反宪法的原则。我国还通过《刑法》《民法通则》的具体条文,规定了侵害他人人格权的刑事责任和民事责任,用刑罚和损害赔偿等刑事的和民事的制裁手段,制裁这种违法犯罪行为,使受到侵害的权利得到恢复。因此,可以说,在我国,新闻自由与保护人格权之间的法律平衡,是非常明确的,是有法可依的,尽管我国还没有制定"新闻法",对此还缺少具体的条文规定,但现行法律规定的内容还是基本完备的。

二、新闻侵权行为的构成

(一)新闻侵权的主体

新闻侵权的权利主体,一般是指新闻侵权的直接受害者。除此之外,《日本新闻纸法》第 17 条还规定包括与该事项有关的直接关系者。《哥伦比亚新闻法》第 20 条规定:"如受害当事人因不在,或无法行使上述刊登更正声明的权利,则应将其扩大到当事人上下两代直系亲属或同代姻亲的范围。"《塞尔维亚共和国公共宣传法》第 105 条对死者受侵害的规定是:"如果新闻涉及的人已死亡,有权要求发表纠正的人是:子女、配偶、父母、兄弟姐妹。可利用这种权利的还有联合劳动组织、其他自治组织和其他法人或国家机关,而其条件是:新闻涉及的死者的活动同这些组织、联合劳动组织或其他法人有关。"因而,新闻侵权的权利主体除受害人之外,还有其他直接关系人、死者的上下两代近亲属。在我国,受害人是当然的权利主体;此外,也包括受侵害的死者的近亲属。后一种权利主体,为最高人民法院的两个司法解释所确认:一是1989年4月12日(1988)民他字第52号《关于死亡人的名誉权应受法律保护的函》,确认"吉文贞(艺名荷花女)死亡后,其名誉权应依法保护,其母陈秀琴亦有权向人民法院提起诉讼"。二是1990年10月27日(90)民他字第30号《关于范应莲诉敬永祥等侵害海灯法师名誉权一案有关诉讼程序问题的复函》,确认"海灯死亡后,其名誉权应依法保护,作为海灯的养子,范应莲有权向人民法院提起诉讼"。这两个司法解释的意义,不仅在于确认死者名誉权应受法律保护,还在于明确了死者的父母、子女作为权利主体,有权提出起诉。至于死者名誉保护期限和死者受侵害的权利主体的范围,尚不十分明确,最高人民法院在关于审理名誉权案件的司法解释草案中,提出过侵害死者名誉的,死者的近亲属有权起诉的司法解释意向。其用意,就是用"近亲属"来限制权利主体的范围,同时也以其限制保护的期限。可以确定,我国新闻侵权的权利主体,为受害人及已死亡的受害人的近亲属。相比之下,近亲属的提法与国外立法基本相同,其他直接关系者,我国目前没有规定。

　　新闻侵权的义务主体,各国规定的范围不尽一致。在美国,"凡与刊登引起诉讼的材料有关的当事人都有责任","从发行人、出版商到一些有影响的编辑部成员,如总编辑、收入丰厚的专栏作家、评论员或其他记者"。⑤我国清末的《大清印刷物专律》第四章第6条规定:"作毁谤之人,印刷毁谤之人、谤件出版所之主人、谤件出版所之经理人、谤件之发卖人贩卖人或分送人,均为义务主体。"法国亦规定了销售者为义务主体。规定了稍窄范围的义务主体,包括作者、编者、业主、出版者,如瑞典。再窄的,包括编辑和作者,如《丹麦新闻法》第6条规定:"只能对编辑和作者罚以赔款。"最窄的如原捷克斯洛伐克《定期刊物和其他宣传工具法》第16条第3款规定:"决定出版者有赔偿因定期刊物或其他宣传工具发表的内容给组织和公民造成的损失的义务。"其义务主体仅为决定出版者。

　　我国关于新闻侵权义务主体的规定,来自最高人民法院1988年1月15日法民复(1988)11号《关于侵害名誉权案件有关报刊社应否列为被告和如何适用管辖问题的批复》,内容是:"报刊社对要发表的稿件,应负责审查核实。发表后侵害了公民的名誉权,作者和报刊社都有责任,可将报刊社与作者列为共同被告。"对比起来,我国只将新闻单位和作者列为新闻侵权的义务主体,属于较窄的一类。根据我国的具体情况,新闻单位不得由私人开办,管理结构相对单一,这样规定比较适合国情。

　　实践中,新闻单位作为新闻侵权义务主体,有三个具体问题:

　　(1)怎样处理编辑、记者与新闻单位的关系,编辑对稿件进行编辑加工,记者为自

---

⑤ 〔美〕约翰·豪亨伯格:《美国新闻界与法律》,载社科院新闻所编:《各国新闻出版法选辑》,人民日报出版社1981年版,第203页。

己的新闻单位采写稿件,均为职务行为,是新闻单位的组成部分,而不采国外对编辑、记者进行起诉的做法,只以新闻单位作为被告。

（2）是新闻总社与分社的关系,原则上以总社作为侵权义务主体。笔者认为,可以参照将银行在各地分行作为其他组织的办法,将新闻分社作为独立的诉讼主体,更有利于体现两便原则。

（3）是作者和新闻单位是否列为共同被告,实践中的做法是:只诉作者的,列作者为被告;只诉新闻单位或对作者和新闻单位都起诉的,一般列为共同被告,这种做法并不科学,也不合理。应当说,在新闻侵权中,主要的义务主体应是新闻单位,应承担主要责任。实践中的这种做法,似将作者作为主要的义务主体。最高人民法院《关于审理名誉权案件若干问题的解答》第6条规定:"因新闻报道或其他作品发生的名誉权纠纷,应根据原告的起诉确定被告。只诉作者的,列作者为被告;只诉新闻出版单位的,列新闻出版单位为被告;对作者和新闻出版单位都提起诉讼的,将作者和新闻出版单位均列为被告,但作者与新闻出版单位是隶属关系,作品系作者履行职务所形成的,只列单位为被告。"这种办法是科学的、合理的。

（二）新闻侵权的客体

新闻侵权所侵害的具体人格权,各国立法在规定新闻侵权客体的时候,不尽相同,最常见的是只规定名誉权。美英两国采用诽谤法制裁新闻侵权行为,而诽谤法保护的就是个人名誉。哥伦比亚大学新闻学院给诽谤下的定义就是:"诽谤是以文字、印刷品或其他可见的方式损害他人名誉的行为。"⑥ 英国学者认为:"诽谤法保护个人名誉不受无理攻击。"⑦《坦桑尼亚出版法》第38条至第40条明文规定新闻侵权的客体为"他人名誉"。规定新闻侵权客体范围较宽的,通常包括名誉权、荣誉权、隐私权、尊严、威信及利益。例如,《塞尔维亚共和国公共宣传法》第104条规定的是"新闻损害了其人格、名誉、权利和利益",这样的规定,是相当宽泛的。

在我国,确定新闻侵权客体原则上适用《民法通则》第120条,姓名权（名称权）、肖像权、名誉权、荣誉权都能构成新闻侵权的客体。然而在实践中,原告起诉基本上都是以侵害名誉权起诉,最高人民法院的法（民）复（1988）11号批复也是这样进行司法解释的。这种做法,类似英美的做法,只将名誉权作为新闻侵权的客体,而将名誉权作广义的扩张解释,几乎成为一个"包罗万象"的概念。

并非只有名誉权可以作为新闻侵权的客体,《民法通则》规定的姓名权（名称权）、肖像权、荣誉权都可以成为新闻侵权的客体。

除此之外,隐私权是最容易受到滥用新闻自由行为侵害的权利,理应成为新闻侵权的客体;信用、尊严可以概括在一般人格权之中,将一般人格权列为新闻侵权的客体范围。这样,受害人可以依据新闻侵权所侵害客体的不同,选择不同的诉因起诉。

---

⑥ 社科院新闻所编:《各国新闻出版法选辑》,人民日报出版社1981年版,第200、220页。
⑦ 社科院新闻所编:《各国新闻出版法选辑》,人民日报出版社1981年版,第200、220页。

笔者并不否认现行以侵害名誉权确定新闻侵权案由做法的益处，它既可以使新闻侵权案件归一化，又可以使适用法律适应我国的现行立法的现状。但从长远的观察出发，详细区分新闻侵权的不同客体，更有利于完善社会主义法制，完备地保护公民、法人的民事权利。

(三) 新闻侵权的行为

在大多数国家，都把新闻侵权行为概括为诽谤。在美国，除了前文引述的哥伦比亚大学新闻学院给诽谤下的定义以外，《纽约州刑法》第 1340 条规定的诽谤定义是全美国引用最多的诽谤定义之一。内容是："怀有恶意出版文字、印刷品、图片、画像、标记或其他非口头形式的物品，使活着的人或对去世的人的追忆，受到憎恨、蔑视、嘲笑或指责，使他人受到孤立或有受到孤立的倾向，或使他人或任何公司、社团在经营或职业上的声誉受到损害的倾向，皆为诽谤。"在英国，诽谤分为一般的诽谤和口头诽谤，新闻侵权的诽谤为前者。这种诽谤分为两种："影响个人私人名誉以及影响个人在公务或职业上声望的言论。"⑧有些国家把新闻侵权的行为分为诽谤、侮辱、中伤等不同种类。如法国，一是诽谤，在于援引某个事实或将某个事实归罪某人或某个团体，从而损害了他的名声或荣誉；二是侮辱，指侮辱人的言语、蔑视或谩骂的词句，这些言词并不包含对任何事实的指控。⑨ 日本新闻协会认为，个人秘密是指不愿让他人知道的、私生活领域里的无形秘密，泄露个人秘密，也可能被指控为一种侵犯。⑩

笔者认为，研究新闻侵权行为，至少要从以下四个角度去揭示它的特点：

(1) 新闻侵权行为，具体的形式包括写作与发表、编辑与出版。对作者来说，写作侵权新闻，已经是在侵害他人的权利，但写出来的新闻如若没有发表，未产生侵权的后果，尚不构成侵权责任。侵权新闻一经发表，即构成侵权。就新闻侵权而言，发表是作者与新闻单位两者行为的结合，只有一方的行为，尚难成立新闻侵权。写作与发表两个行为结合在一起，作者的侵权行为即已完备。就新闻单位而言，侵权行为的构成，也包括两个部分：一是编辑；二是出版。这两个行为结合在一起，即为新闻单位的行为构成，但这两个行为均以作者的写作与谋求发表侵权新闻的行为为前提。新闻单位的记者采写新闻，同样也有写作与发表的行为构成问题，但由于记者采写新闻本身是新闻单位委派执行职务，因而记者的行为应为新闻单位的行为，这时，写作、编辑、发表、出版均为新闻单位行为的构成。

(2) 新闻侵权的行为方式，应为作为的方式构成，不作为不构成侵权。写作与发表，编辑与出版，均为作为的方式。从新闻单位对新闻稿件负有的审查核实义务来分析，负有法定义务而未履行，似可以不作为构成新闻单位的行为，但编辑与出版的结合一致才构成侵权行为，而出版违反的是不作为的义务，且为行为的主要成分，因而

---

⑧ 社科院新闻所编：《各国新闻出版法选辑》，人民日报出版社 1981 年版，第 224 页。
⑨ 参见社科院新闻所编：《各国新闻出版法选辑》，人民日报出版社 1981 年版，第 257、267 页。
⑩ 参见社科院新闻所编：《各国新闻出版法选辑》，人民日报出版社 1981 年版，第 257、267 页。

新闻单位的行为只能由作为构成。

（3）新闻侵权的行为,可以划分为以下种类:①侮辱,指用恶毒语言或举动损害他人人格,一般不包括具体的事实,一旦涉及事实,也并非虚构或捏造的事实;②诽谤,能捏造事实,散布虚假的足以损害他人人格的言论;③公然丑化他人人格;④宣扬他人隐私。这四种具体行为种类,是最高人民法院司法解释规定的[11],大体上概括了新闻侵害名誉权行为的种类。

（4）确定新闻侵权的行为,在实践中应掌握以下标准:①利用新闻报道的方式,故意写作、编辑、发表、出版侵权新闻;②作者、编辑选材、写作、审查核实不严,造成新闻失实,侵害他人名誉权等人格权;③擅自公布、揭载他人隐私;④写作、编辑、发表的新闻事实基本真实,但文中有侮辱、诽谤人格的言词,足以造成人格损害的。这四个具体标准,在审判实践中作为辨别的尺度,具有现实的价值,可以参照使用。

应当指出的是,上述关于行为的阐释,主要的是就新闻侵害名誉权所论。从广义上而论,新闻侵害肖像权、名称权、姓名权、荣誉权等,其行为各有其特点,本文不再一一赘述。

（四）新闻侵权的主观心态

新闻侵权责任构成的主观要件,与一般侵权行为相比,没有不同的要求,故意、过失均可构成。各国新闻出版法对此大体规定为,侵权新闻一经发表,即构成侵权,无须区分故意与过失的不同。例如《坦桑尼亚报刊法》第38条规定:"任何人通过印刷、书写、绘画、模拟、肖像或者其他不仅是动作、言词或其他音像手段,非法发表任何有关他人的毁誉性文字,旨在败坏他人名誉,就是犯了文字诽谤罪。"

在我国确定新闻侵权主观要件的故意与过失的不同,是有意义的:一是故意或过失对确定赔偿数额有重大影响;二是确定故意或过失使用的标准并不一样。

确定新闻侵权的作者、新闻单位的主观故意,适用主观标准,应当证明作者或新闻单位追求或放任侵权后果发生的主观心态。新闻侵权作者的故意,往往是直接故意,而新闻单位的故意,往往是间接故意,但并不排斥特殊情况。另外,作者为故意并非新闻单位一定为故意,可能为过失。当新闻单位的记者故意侵权而新闻单位的编辑出版者并非故意时,应认定为故意;编辑的故意,亦应认定为新闻单位的故意。确认为故意侵权的,确定赔偿责任时,应加重责任。

确定新闻侵权的作者、新闻单位的过失,应适用客观标准,即以其承担的法定义务为标准,确定其是否违背注意义务。作者的注意义务为真实报道和不得侵害他人人格权,新闻单位的注意义务为对新闻审查核实的义务。违背上述注意义务,撰写不真实的报道,撰写侮辱、诽谤他人的报道,以及审查核实不周而致侵权新闻报道发表,均为过失。过失侵权,确定赔偿责任时应当低于故意所为。

新闻侵权责任的构成,亦须具备损害事实和因果关系的要件。不过,这两个要件

---

[11] 参见最高人民法院《关于贯彻执行〈中华人民共和国民法通则〉若干问题的意见(试行)》第140条。

在新闻侵权构成中无特别研究的必要,本文不再赘述。

三、新闻侵权的义务与责任研究

侵权行为是债的发生根据之一。同样,新闻侵权行为在侵权人和受害人间产生债权债务关系,侵权人为侵权法律关系的义务主体,受害人为权利主体,当义务主体不履行义务时,该种义务就转化为民事责任,可以依法强制执行。

由于我国《民法通则》将侵权法规定在"民事责任"一章,尽管现在在理论上人们对侵权义务与侵权责任之间的关系已经没有争议,但是一说到具体的侵权问题,人们还往往只研究其责任,而忽视其首先为义务的事实。说到新闻侵权,就想到新闻侵权责任,就想到用打官司来解决问题,而忽略了履行义务的不同方法。这是一种偏见。

新闻侵权行为在当事人之间产生侵权赔偿等权利义务关系,在侵权义务没有转化为侵权责任之前,当事人之间可采取义务履行的不同方法,使权利人的权利得到满足,使该权利义务关系消灭,避免发生诉讼,减少损失;如果不能通过履行义务的办法解决矛盾,则在诉讼中,责令侵权人承担民事责任,保障受害人的民事权利。对新闻单位来说[⑫],用履行义务的办法解决争议,具有重要作用,它不仅可以尽早解决纠纷,避免被卷入更大的麻烦之中,而且还可以保住自己的面子,避免自己的名誉、信誉因此而受到更大的损害。故笔者建议新闻单位在新闻侵权纠纷中,可以更多地采用本文提出的这种办法。

(一)损害赔偿的义务

新闻侵权作为特定的权利义务关系,最主要的,是损害赔偿的权利义务关系,这一点已为《民法通则》第120条所确认。新闻侵权发生的损害赔偿之债,一般称为精神损害赔偿,补偿的是受害人人格权遭受损害所造成的精神损害。对此,当代各国立法是普遍承认的。

在我国,新闻侵权行为发生损害赔偿的权利义务关系,尚不是新闻侵权之债的全部内容,还包括其他非财产的权利义务关系,诸如停止侵害、恢复名誉、消除影响、赔礼道歉。在理论上,一般认为非财产的权利义务关系是新闻侵权之债的主导方面、主要内容,损害赔偿的权利义务关系是新闻侵权的辅助方面、次要内容。这种分析不无道理,但是,在商品经济社会中,带有经济内容的义务,不仅对侵权的受害人是更有价值的抚慰,而且对侵权人来说,也更有制裁的价值。在理论上,应当引导人们在解决新闻侵权争议中,侧重采取非财产性质的义务履行方法解决纠纷,但是,作为侵权义务主体的新闻单位则应当看到,必要的财产赔偿,可能会收到更满意的效果。

笔者在这里论述新闻侵权的权利义务关系,更重要的意图是提供解决争议的途径。既然新闻单位与受害人之间已经发生了侵权,新闻单位应当主动寻求避免诉讼

---

⑫ 对此也包括笔者,不过对新闻单位来说更有意义。

的办法。

因而,新闻单位自动与受害人达成谅解,向受害人履行义务,就是最主动的办法。在美国,新闻媒介多数都明白这一道理,认为任何新闻机构都无法完全避免类似的事情发生,发生了,为求主动,保全报纸、电台、电视台的面子,多数与受害人协商,达成协议,给予赔偿了事。例如,一名退伍军人在街头逮住了一个抢头钱包并企图逃走的扒手。记者在报道这条消息时,误将退伍军人写成扒手。记者所在报社与退伍军人自行协商,给付退伍军人1万美元,将此事了结。这种办法,各国的新闻界都普遍采用。

在我国,在新闻侵权中采用这种办法,不无非议,反对的理由是:①私下解决侵权之争丧失原则;②私下解决的赔偿费用无法核销。关于前者,既然已经发生了侵权事实,当事人之间已经存在权利义务关系,义务主体自动履行义务,怎么会是丧失原则呢?须知,作为权利人,他可以处分自己的权利,双方处理得好,权利人放弃权利,义务人就消灭了义务;作为义务人,则只有履行义务才能消灭义务,舍此还有什么办法呢?

关于后者,确实是一个问题,但是并非没有办法解决:①可以更多地采用非财产的方法满足权利人的要求;②可以从社长、台长基金中解决。只要确认自己发表的新闻侵害了他人的权利,又想减少麻烦,尽早解决纠纷,就可以想出自动履行义务的办法。1989年,某妇女抱着女儿在马路边雪哭诉,称婆婆因其生女孩而不准其回家,其状凄惨。某摄影爱好者见状拍成新闻照片,送至某报社作为新闻照片发表,配以其婆婆虐待的说明文字。事实上,该妇女精神状态不佳,星期天偷跑离家,很快就被亲属找回,其所述情节不存在。该报社发现此事之后,及时找到受害人赔礼道歉,妥善解决了纠纷。这一成功的实例,当引为新闻单位的借鉴。

(二)更正或答辩的义务

近世新闻立法,普遍规定新闻机构的更正义务,准许不实新闻受害人答辩或辩驳的义务。更正或答辩的义务,就是指定期或不定期的新闻出版物,在发表、出版不当的新闻,应当在邻近的下期或近期的出版物上刊载更正或受害人答辩、辩驳的文字,以澄清事实、说明真相,向相关人及读者致歉的义务。在《国际新闻自由公约草案》中,专设了第二公约,即《国际新闻错误更正权公约草案》。《日本新闻纸法》第17条规定:"新闻纸揭载事项有错误时,倘与该事项有关之本人或直接关系者请求更正或揭载正误书、辩驳书,须在接收请求后次回或第三回发行之时实行更正,或揭载正误书、辩驳书之全文。"《哥伦比亚新闻法》第19条规定:"任何报刊如登载侮辱性消息、文章等,其领导人必须免费刊登被侮辱的个人、官员、公司、单位的更正声明。"

更正权的权利主体,一般为与该事项有关的本人或直接关系者;如果新闻涉及的人已死亡,死亡人的子女、配偶、父母、兄弟姐妹等亲属也可以作为权利主体,更正的义务主体,即为发表错误新闻侵权的新闻机构。关于更正的具体方法,外国法律一般规定,更正声明应刊登在造成过失的文字的同一部位,采用同样型号的字体,作同样的版面处理,包括使用同类标题。更正期间,各国规定略有不同,一般规定日报为3日以内,期刊为下一期,均为自接到受害人请求后计算。各国在规定上述更正的权利义务的同时,还规定了拒绝更正的诉讼程序,当事人对更正发生争议,可以向法院起诉由法院依法裁判。

在我国,更正错误新闻的做法并非没有先例可循,但适用在新闻侵权中,尚不多见。换言之,由于尚未制定新闻法,对于新闻侵权在新闻单位和受害人之间产生的更正的权利义务关系,尚未被新闻界和新闻侵权的受害人所接受,没有将其作为一种解决新闻侵权纠纷的办法来适用。

确认侵权新闻发表后,新闻单位与受害人之间更正的权利义务关系,对于发展新闻事业、保障新闻自由、保护他人人格权具有重要意义。它有利于捍卫新闻真实性原则,维护新闻机构的尊严,调整新闻自由与保护他人人格尊严之间的平衡,保护他人人格权不受侵犯;同时,也有助于在新闻侵权中引导受害人追求精神权利损害以精神救济方法解决,防止对财产赔偿的过分追求。因此,在新闻立法和实践中,都应当借鉴这方面的国外经验:

(1)应当确认或承认更正是新闻侵权产生的权利义务关系。新闻单位发表侵权新闻以后,应当承认自己负有更正的义务,侵权新闻的受害人也应当了解自己享有请求更正的权利。在制定"新闻法"时,应当明确规定更正权利义务的条文,将这种权利义务关系法律化、条文化,成为一种确定的法律制度。

(2)应当明确更正义务的具体内容。参照最高人民法院的司法解释精神,更正的权利主体,限于受害人,死亡的受害人的近亲属,亦为权利主体。更正的义务主体为发表侵权新闻的新闻单位。更正的期限、形式,均可参照国外的一般做法。更正的内容,可以参照《民法通则》第120条规定的非财产性的责任方式,但须注意不得重述侵权事实,防止造成新的侵害。

(3)应当确立拒绝更正的诉讼程序。这种程序,不必是特别程序,而是可以与侵权诉讼一并进行,也可以单独以侵权诉讼起诉。这样既可以简化程序,又能够使拒绝更正的纠纷有一个最终的解决办法。

在没有确立这样的法律制度之前,新闻单位和受害人应当充分认识这一制度在解决新闻侵权纠纷中的意义和作用,自觉地行使这一权利,履行这样的义务,使新闻侵权纠纷尽早解决。

(三)新闻侵权民事责任的确定

不履行新闻侵权行为产生的民事义务,即转化为侵权民事责任。各国民法和新闻法一般都准许新闻侵权的受害人向法院提起民事诉讼,由法院根据事实和法律,判决侵权的新闻单位承担精神损害赔偿责任。1987年以来,我国人民法院已经受理了很多这类案例,取得了一些实际经验。

在确定新闻侵权民事责任的时候,人民法院应当着重注意以下四点:

(1)对于新闻侵权的非财产责任形式和财产责任形式应当两者相济,共同发挥作用,防止偏废其中一种。近几年,在理论上,过于强调非财产责任形式的适用,忽视财产责任的适用;在实务方面,有过于强调财产责任形式的适用,忽视非财产责任形式适用的情况。从总体上说,这两种责任形式各有不同作用,并无主次之分。然而,精神损害赔偿制度毕竟是一种财产赔偿制度,财产责任形式是其主要特点。在一般情况下,构成新闻侵权,权利人提出赔偿损失请求的,原则上应予以赔偿。需要注意的是,不得忽视非财产责任形式的适用,因为这种责任形式,对恢复受害人的权利,具有重要作用。在实务中,仅仅强调财产责任,不注意适用其他责任形式,是不正确的。反之,只强调非财产责任形式而对权利人的赔偿请求置之不理,则更是错误的。

(2)对作者和新闻单位的责任应当怎样确定,原则上应视为共同侵权行为,由双方连带负赔偿责任。但是在实务中,往往确定双方各自的责任,并非确定一个总的责任,然后再按份额承担。这样做,是有道理的,因新闻侵权中作者与新闻单位的行为,是各自独立的,并非如典型的共同侵权行为那样具有共同的意识联络。在确定了各自的责任后,如果一方不能履行,另一方应否连带负责,目前在理论上和实务上还均未发现成例,尚须进一步研究。至于原告对作者和新闻单位只起诉一方而不起诉另一方,人民法院应当准许,不必另外追加当事人,在审判中可只就起诉的被告确定其应承担的民事责任,不可因此确定总的责任,而要单独起诉的被告连带承担责任。

(3)确定赔偿责任,既不能过高,也不能过低。国外新闻侵权案件的赔偿数额,最高达到几百万美元。我国的新闻单位和作者绝没有这样的负担能力。但是,赔偿数额也不能太低。有两起案件,人民法院判决精神损害赔偿,数额为人民币 5 元,有失法律制度的严肃性。过去,笔者在一些文章中提出赔偿数额大体在 100 元至 1 000 元之间,仍可参考,不过这几年经济形势发展变化很大,根据侵权的事实和当事人的负担能力,赔偿数额可以再高一些。一个概略的标准,就是能够救济损害,同时又能够制裁侵权人。从这个标准出发,可以确定适当的数额。

(4)关于非财产责任形式的适用。对于赔礼道歉、消除影响、恢复名誉的责任,可以口头方式,也可以书面方式进行,其内容不得违反法律规定和社会公德,书面材料需要公布的,必须经人民法院审核同意。消除影响、恢复名誉的范围,应当与侵权造成的不良影响相同,但应防止借此扩大侵权影响。停止侵害的责任形式,在新闻侵权中,一般是禁止刊有侵权新闻的报纸、杂志继续发行。对此,应采慎重态度。在判决时采用,需确有必要;在诉讼中原告申请按先予执行方式停止侵害的,应当提供担保。

原告起诉新闻单位承担更正责任的,人民法院应当确认是否构成侵权。如果与赔偿等一并起诉,可以一并审理,更正责任可与其他非财产责任结合适用。单独起诉更正的,判令新闻单位予以更正,内容须经人民法院审查同意。

四、如何把握法律范围内的新闻真实

真实是新闻的生命。是不是每一件真实的事情都需要报道或有报道的必要呢?

过于残忍的图片,与社会追求人文关怀的环境不和谐;热衷于名人生活细节的报道往往引发隐私权纷争;详细披露公安机关侦破案件的过程和手段,会直接损害国家利益。随着人们对新闻要求的几近苛刻、新闻采访范围的日益拓展、媒体间新闻竞争的加剧,新闻在追求真实的同时,如何避免与法律法规乃至社会道德的不断冲撞?

(1)新闻的真实只是相对的真实。"与司法程序中要求的案件真实不一样,新闻真实只是一个相对的真实"。在司法实践中,法官认为真实的东西,必须要以法律能够认定的证据为基础,是更接近事实本质的真实;而新闻要求的真实,很可能只是事件表象的真实。比如,记者在新闻事件现场发回的报道、记者根据目击者所说采写的报道,等等,这种真实往往是凭记者的人格担保、职业道德要求而达到的真实,以后随着采访的不断深入,最后事件的真相也许与最初的报道并不相符,但这并不影响新闻的真实,因为对新闻真实的要求与司法真实的要求是不一样的。无论是法律还是社会,对新闻真实的要求都是相对的,新闻真实不可能像司法真实那样更接近事实本质,除非让新闻单位像司法机关那样也拥有调查的权力、手段和相关的司法程序。即便是这样,也不可能达到绝对的真实。所以,在许多新闻纠纷中涉及事件报道是否客观、真实的标准时,法院只要认定新闻报道"基本属实",就应当认定是真实的报道,就不应当构成侵权。与真实报道相反的是失实报道,主要有两个方面:一是对事件本身的报道就涉及侵权问题;二是在新闻报道中加入了记者和媒体主观的看法。当然,有些新闻会出现失实报道,有的是记者的片面倾向甚至是恶意歪曲,有的是新闻源本身就不真实,有的是记者自身的素质和判断力等问题。

(2)新闻真实报道必须考虑社会的妥当性。真实是新闻的生命,新闻记者应当以自己的人格和全部力量使自己的报道忠实于事实,尽管这种真实只能是相对的真实,不过记者要尽最大的努力使这种真实的相对性达到最大的程度。问题是,是不是每一件相对真实的新闻事件都可以、都有必要进行报道呢?从民法的意义上讲,新闻的真实报道必须考虑到社会的妥当性问题。所谓社会的妥当性,就是报道出来是否有符合社会公众利益的要求,是否有利于像青少年这类特殊社会群体的健康成长,是否适应现代社会对尊重人性、人文关怀和保护弱势群体的良好氛围等,报道出来的新闻负面效应越大,新闻对社会妥当性所应承担的责任就越不够。比如,对暴力、凶杀、色情场景的过分渲染和描述,在报纸上刊登血淋淋的、极其残忍的图片,在电视上播放过于暴露的色情镜头,其实都是不合适的,毕竟媒体面对的受众,不仅仅是成年人,还包括未成年人。事实上,从现阶段看,某些出版物、影视片在忽视社会妥当性方面走的要比新闻媒体更远。在对真实程度要求更高的司法中,尚且还对未成年人案件采取进行不公开审理等特别保护措施,新闻媒体就更应当对有违社会不妥当性的新闻事件,在报道前做一些取舍,在报道时进行适当的虚化处理。对在媒体上刊登的广告,新闻机构也应当在内容上进行严格把关,在程序上要求广告商提供必要的、完备的审批证明,以免虚假广告借新闻媒体欺骗消费者。这些都是新闻媒体所应承担的社会责任,同时,在客观上也可以为新闻媒体减少一些不必要的麻烦。至于对案件侦破过程报道过细、披露公安机关侦查手段等,更是国家法律所明令禁止的。因为它在客观上可能起到教唆犯罪的效果,同时也泄露了国家秘密,直接威胁到国家的利益和安全。

(3)新闻侵权已成为民法关注和研究的重要课题。近年来,因新闻报道引起纠纷,越来越多的新闻媒体和当事记者被告上法庭。新闻侵权问题已经引起社会各界和法学专家的广泛关注。据了解,我国立法机关正在进行中国民法典的起草工作,法学专家认为,专家起草的法律草案的专家建议稿已经基本成形。专家一致认为,中国民法典对民事侵权行为应当进行更加完备、系统的规范,新闻侵权作为一种民事侵权行为,已经成为民法关注和研究的重要课题之一。法律之所以特别关注新闻侵权,一方面是对民事主体权利的保护,另一方面也是对新闻机构新闻权利的保护,划清新闻侵权的界限,不仅是对媒体报道所涉及的人的权利的保护,也能够使新闻机构正常行使新闻监督权,不受恶意诉讼行为的干扰。民法中的新闻侵权,更多是涉及对个人隐私权和名誉权的保护。到底在什么样的情况下,新闻报道会构成对个人隐私权和名誉权的侵害,在这里,报道对象是普通公民还是公众人物,区别很大,法律保护的程度不一样。比如领袖、演艺明星、科学家、知名人士等,对他们的隐私权保护就会受到一定的限制,一方面,作为普通人,他们有自己的隐私权,另一方面,作为社会公众人物,人们对他们也有一定的知情权。在国外,大家所以如此关注总统、议员等领袖人物的私生活问题,就是认为领袖人物的私生活会涉及国家利益和社会公众利益。同样,作为演艺明星,人们渴望了解他们的行踪、生活细节等,依据知情权提出这样的要求也并不过分,新闻媒体关于他们这方面的报道不应当被视为新闻侵权,法律对他们的隐私权、肖像权也就不会给予像普通人一样的特别保护。处在新闻事件中的社会公众人物,无权要求新闻媒体因报道自己而承担肖像侵权的责任,除非新闻媒体是用于商业目的。对普通人的要求就不一样了。记者虽然有正当的采访权,但采访对象也有被采访权,愿不愿意接受采访,接受采访后愿不愿意在媒体中出现自己的名字、形象等,都取决于采访对象,法律保护他们的隐私权和肖像权的范围显然要宽于社会公众人物,否则,媒体就会构成新闻侵权。

(4)新闻机构与从业人员按"谨慎人"标准要求自己。在媒体间新闻竞争日益激烈的今天,读者、观众、听众对某些新闻的要求并不满足于简单的新闻事实,突出细节描写、不同角度报道、深度采访挖掘、抖露幕后新闻,等等,一方面使新闻媒体、记者之间进行拼抢和较量加剧;另一方面,会产生负面社会效果,惹来官司甚至触犯法律的几率也在不断增加。现有的法律法规在条文上虽然有需要完善和补充的地方,但规范新闻报道的法律原则早已有之。从目前新闻报道所引起的司法案例上看,新闻报道不仅涉及民法中的侵权行为法,还涉及刑法、未成年人保护法等其他相关法律。即使有些没有明确的法律原则规定,也可以依据法理来判断,这在司法实践中并非不能操作。在新闻法立法暂时还没有通过立法议程的时候,通过其他相关法律进行规范,如在民法典中设立专门的"新闻侵权"一节进行规范和过渡,也不失为解决新闻报道与法律冲撞的一种办法。

目前关于新闻报道的问题,法律本身的规范并不存在太大的问题,倒是对新闻从业者的规范、自律以及如何提高新闻从业人员的素质,显得更为紧迫。在新闻立法方面,许多国家对媒体和记者的素质要求及做法值得借鉴。在英国,许多媒体要求,记者、编辑在从事新闻职业之前的第一堂课必须接受相关法律知识培训。在德国新闻工作原则中规定,记者必须在工作中意识到他们对公众所负责任以及他们对新闻业形象所承担的义务。新闻尊重个人生活和隐私,发表无理由的断言和指责,特别是损害名誉类型的,违反新闻业的行规。《汉堡新闻法》规定了新闻的谨慎义务:"新闻业在传播消息前,应当根据情况细心地就其真实性、内容和来源进行检查。"作为新闻从业人员,记者应当履行勤勉和谨慎的义务,勤勉是指工作兢兢业业,谨慎要求尊重事实和遵守法律。在民法学上有一个"谨慎人"标准,比如在某一方面负有职责的人,法律要求他应当达到一个相当的标准,这个标准就是所谓的"谨慎人"标准。这个谨慎人标准就是判断某种从业人员在工作中是否有过失的客观标准,达不到这样的标准,就应当承担相应的过错责任。新闻报道也是一样,新闻机构、记者其实就是在扮演"谨慎人"的角色。对这个"谨慎人"的要求是,要正确把握法律范围内的新闻真实,并做到两点:一是尊重新闻的真实原则;二是注意保护被报道者的权利。

论中国新闻侵权抗辩及体系与具体规则*

新闻侵权抗辩,是确定新闻侵权责任的重要问题。尽管主张权利保护的人能够证明其人格权受到侵害,具备新闻侵权责任的构成要件,但如果新闻媒体能够提出正当的抗辩,仍然可以免除新闻媒体的侵权责任。最近几年,笔者反复思考这个问题,认为确定新闻侵权责任,既要保护好民事主体的人格权,同时也要很好地保护新闻媒体新闻批评自由的权利,给新闻媒体以更大的"喘息空间",以更好地发挥新闻媒体的舆论监督作用,反映民声和民意,推动社会不断进步。

一、新闻侵权抗辩和研究新闻侵权抗辩的意义

(一)中国新闻法不发达而新闻侵权法发达的原因

众所周知,我国目前还没有制定"新闻法"或者"新闻出版法"。但是,有一个特别的现象经常引起境外学者的疑问,这就是,中国大陆为什么新闻法不发达,而新闻侵权法却十分发达?提出这一疑问的具体根据是,中国大陆热心于研究"新闻法"的人并不是很多,而热心于研究新闻侵权法的,不仅民法学者中大有人在,而且新闻学者也都十分热心并且十分专注;不仅法学专家在起草《中国民法典·侵权责任法建议稿》中专门规定新闻侵权的内容[①],而且新闻学者还专门研究《新闻侵害名誉权、隐私权新的司法解释建议稿》。[②] 在法学和新闻学术界,研究新闻侵权的著作和论文也相当丰富。

中国大陆出现这种状况的原因是,在一个社会中,对新闻出版行为必须有法律进行规制,正确划清新闻自由以及滥用权利之间的界限,划清新闻自由与人格权保护之间的界限,划清新闻媒体正当行使新闻监督权利和新闻侵权之间的界限。这样,即使没有新闻出版法进行规制,通过新闻侵权法也能够给新闻媒体行使新闻自由权利界定具体规则,通过确定新闻侵权行为的范围而界定新闻媒体的行为规范,以及对新闻行为进行法律规制的方法和规则。我国社会的这个特别的法律现象,实际上是对没

---

* 本文发表在《河南省政法管理干部学院学报》2008年第5期。
① 参见王利明主编:《中国民法典草案建议稿及说明》,中国法制出版社2004年版,第241—242页。
② 参见徐迅等:《新闻侵害名誉权、隐私权新的司法解释建议稿》,载中国人民大学民商事法律科学研究中心、INTERNEWS国际记者培训机构编:《"新闻侵权与法律适用"主题研讨》,2008年内部论文集,第30页以下。

有"新闻法"或者"新闻出版法"而采取的一个变通和替代办法,具有非常积极的重要意义。

(二)研究新闻侵权责任特别是研究新闻侵权抗辩的原因和意义

存在的另一个问题是,中国民法特别注重研究新闻侵权法,为什么又要特别研究新闻侵权抗辩问题呢?笔者的认识是,1987年实施《民法通则》之后,我国民事主体的权利意识迅速提高,维权活动深入人心。这是非常值得赞赏的社会现象。但是,从另一个方面观察,过分强调保护名誉权等权利,致使有些人的权利观念过于"膨胀"③,出现了权利泛化以及权利滥用等较为普遍的现象。而过度、过分的权利主张,必然挤压甚至限制新闻媒体新闻自由的"喘息空间",使新闻媒体无法承担批评社会、促进社会进步的职能,其结果,必然损害全体人民的整体利益。研究新闻侵权,制裁新闻侵权行为,当然并不是为了打压新闻媒体的新闻自由,而是要给新闻媒体行使新闻自由权利确立具体规则,不属于新闻侵权的新闻行为,就是合法的新闻行为,可以正当进行。而特别研究新闻侵权抗辩,则是从正面确立新闻媒体正当行使新闻行为的规则,使新闻媒体能够依法提出事实根据,以对抗不当的新闻侵权诉求,保障新闻媒体依法行使新闻权利。研究新闻侵权法,人们通常更多地去研究新闻侵权责任构成和新闻侵权行为的类型,即在什么情况下、什么样的情形能够构成新闻侵权责任,以更好地保护民事主体的人格权。同样,研究新闻侵权法,应当在坚定不移地保护民事主体人格权的同时,还应当注重从另外一个角度研究,即在什么情况下新闻媒体可以抗辩新闻侵权责任的诉求,对抗侵权责任构成,以确保新闻媒体依法行使的新闻行为受到法律保护,不受不当诉讼行为甚至是恶意诉讼行为的干预和打击。这样,就能够从两个不同的方面考虑新闻侵权责任问题,划清前述"三个界限",确定新闻侵权责任就会更客观、更全面,特别是在权利过于膨胀、权利泛化和权利滥用面前,给新闻行为确立法律规范,保障新闻媒体的新闻自由,给新闻媒体以更大的"喘息空间",能够更好地发挥新闻媒体的舆论监督职能作用,促进我国的政治体制改革和经济体制改革不断深化,建设和谐和稳定的社会。

正因为如此,研究新闻侵权抗辩所具有的重要意义,可以从三个方面进行观察:

(1)新闻侵权抗辩与新闻侵权请求权相对应,其价值在于对抗以致否认新闻侵权请求权的正当性,否定侵权责任。请求权是裁判权的基础。④ 原告享有新闻侵权请求权,就可以向法院起诉,只要证明自己的请求权成立,被告就应当承担新闻侵权责任。但是,无造不成诉,一个原告在向法院起诉主张自己的请求权时,作为这个请求权的义务人也就是新闻媒体,如果存在法定的不承担侵权责任的正当理由时,则进行抗

---

③ 笔者在《中国名誉权的"膨胀"与"瘦身"》一文中,提出了名誉权膨胀的问题,参见杨立新:《从契约到身份的回归》,法律出版社2007年版,第111—120页。

④ 参见杨立新:《民事裁判方法的现状及其改进》,载黄松有主编:《民事审判指导与参考》(总第29集),法律出版社2007年版,第123页。

辩,就能够否认原告的请求权,阻却自己的新闻侵权责任。

(2)形成诉讼上的诉辩对抗,使法官做到兼听则明,准确适用法律。原告提出新闻侵权诉讼请求,被告依法进行抗辩,就能够使原告的请求与被告的抗辩形成诉辩双方的对抗,形成诉辩交锋,给法官对案件进行全面审查、准确认定案情提供基础,以便对案件作出正确裁判。否则,原告说什么,法官就信什么,请求什么就判什么,就无法保证法律的正确适用,对当事人是不公平的。

(3)补充新闻立法不足,更好地保护新闻媒体的新闻权利。由于我国没有制定"新闻法",因此不易确认新闻媒体的行为准则。通过研究新闻侵权以及新闻侵权抗辩,从中能够确定新闻媒体的行为准则,可以更好地保护媒体的新闻报道自由和新闻批评自由。

(三)新闻侵权抗辩理论体系的构建

1. 新闻侵权抗辩和新闻侵权抗辩事由的概念

抗辩事由,是指被告针对原告的侵权诉讼请求而提出的证明原告的诉讼请求不成立或不完全成立的事实。⑤ 新闻侵权抗辩,是指新闻媒体作为被告对原告的新闻侵权诉讼请求提出的证明原告的诉讼请求不成立或者不完全成立的主张。而新闻侵权抗辩事由,则是新闻侵权抗辩的特定的具体事实。在侵权行为法中,抗辩是对请求的对抗,而抗辩事由是针对承担侵权责任的请求而提出来的具体事实,所以,新闻侵权抗辩总是表现为具体的事由,即新闻侵权抗辩事由。认为"新闻侵权抗辩事由,就是指媒体的新闻活动虽然给他人造成了损害,但该行为依法不构成侵权行为的情形"⑥的观点,似乎还需要进一步严密界定。

侵权行为法的抗辩事由是由侵权行为的归责原则和侵权责任构成要件派生出来的。适用不同的归责原则,就有不同的责任构成要件,因而也就总是要求与归责原则和责任构成要件相适应的特定抗辩事由。新闻侵权同样如此,由于新闻侵权在归责和构成上的特殊性,新闻侵权责任的抗辩事由也就更加丰富,更为多样化,需要专门进行研究。

2. 新闻侵权抗辩的性质

新闻侵权抗辩的性质,既不是抗辩权,也不是反驳,而是抗辩中的事实抗辩和法律抗辩。

抗辩和抗辩权,是民法的重要概念,但二者具有严格的界限。抗辩,是针对请求权的防御方法,是针对请求权的构成而提出的对抗性意见,是指被告通过主张与原告的诉讼主张不同的事实或法律关系,以破坏对方所主张的请求权,使其不能成立的行为。抗辩权,则是指被告对原告的诉讼请求,有拒绝给付的权利,是针对请求权的行使而享有的对抗权利,是一个具体的实体权利。请求权已经构成并且可以依法行使,

---

⑤ 参见王利明、杨立新:《侵权行为法》,法律出版社1997年版,第76页。
⑥ 郭卫华、常鹏翱:《论新闻侵权的抗辩事由》,载《法学》2002年第5期。

但抗辩权的行使即可抗拒和阻却请求权,抗辩权人不承担侵权责任。例如,诉讼时效的完成就使被告产生抗辩权,被告行使之,即可阻却请求权,可以依法拒绝履行义务。

抗辩与反驳,也有严格区别。反驳,是指一方当事人提出于己有利的事实和理由,为反对当事人的主张所进行的辩论。在实体反驳,是指被告以实体法律为根据,说明原告的实体权利请求的事实依据或者法律依据不存在。如被告用事实证明原告的权利根本就不存在或已经实现,或者证明原告提出的作为诉的理由的事实根本就没有发生过或与事实真相不符等。而抗辩,则是被告根据原告的诉讼请求,主张自己存在客观事实或者法律根据以对抗原告的请求。

新闻侵权的抗辩,既不是已经产生的实体抗辩权,可以直接对抗原告的新闻侵权请求权,阻却该请求权的行使,也不是否认原告诉讼请求而提出的事实根据或者法律根据的反驳,而是主张自己存在客观上的事实和法律依据,证明自己具有适当的理由,破坏原告的新闻侵权请求权的构成,使其新闻侵权请求权不能成立,从根本上否认原告的新闻侵权请求权,使自己免予承担新闻侵权责任。因此,新闻侵权抗辩的性质,是抗辩,既不是抗辩权,也不是反驳。

3. 新闻侵权抗辩事由的构成

概括起来,构成新闻侵权抗辩事由必须具备三个条件:

(1) 对抗性要件。新闻侵权抗辩事由必须对抗新闻侵权责任构成的具体要件,破坏新闻侵权责任构成的内在结构,使原告诉请的新闻侵权请求权不能成立。新闻侵权请求权是新生的请求权,必须具备构成要件才能够发生。原告提出新闻侵权请求权,要证明自己的请求具备新闻侵权构成所必须具备的要件。不论其证明是否成立,新闻侵权抗辩事由尽管从整体上看是对抗原告的侵权诉讼请求,但它具体对抗的必定是侵权责任构成及其要件,破坏原告新闻侵权请求权的构成,导致原告的新闻侵权诉讼请求在法律上不成立。如果新闻侵权纠纷的被告提出的主张不具有对抗性,而仅仅能证明自己的行为可以谅解但不足以破坏新闻侵权请求权的构成,不能对抗新闻侵权请求权的事实和理由,则不能成为新闻侵权抗辩事由。⑦

(2) 客观性要件。新闻侵权抗辩事由必须是客观事实,须具有客观性的属性。它要求新闻侵权抗辩事由必须是客观存在的、已经发生的事实,不能是主观臆想的或者尚未发生的情形。例如,不论事实基本真实,还是权威消息来源等,作为新闻侵权抗辩事由,都是已经发生的客观事实,既不是假想和猜测,也不是将来能够发生的事实。仅仅表明某种损害没有发生,或单纯否认对方请求权不存在,不能成为新闻侵权的抗辩事由,因为它不是客观事实。

(3) 正当性要件。新闻侵权抗辩必须具备的内在价值判断,须为具有正当性要件。这一要件意味着,尽管新闻媒体的新闻行为造成了受害人的损害,但媒体的新闻行为于社会而言是正当的,对社会有重要的进步价值,能够推进社会的公平正义,社

---

⑦ 参见佟柔主编:《中国民法》,法律出版社 1995 年版,第 571 页。

会对这种造成损害的行为应当予以正面肯定,在法律上确认其具有阻却新闻行为违法的功能,不具有违法性。正因为如此,一切抗辩事由包括新闻侵权抗辩事由才能够成为抗辩事由,才能对抗侵权的诉讼请求,免除自己的侵权责任。一个新闻侵权抗辩如果不具备正当性要件,即使存在对抗性和客观性要件,也不能发生对抗新闻侵权请求的法律后果。

(四)新闻侵权抗辩的具体事由体系

新闻侵权抗辩事由应当定型化、具体化,才能起到指引和告知作用,使新闻媒体和其他当事人以及法官知道应当怎样为和不为,从而在事前建立预测和筛选机制,防止诉讼的发生和进一步发展[8],规范新闻行为、保护新闻自由和当事人的合法权益。本文论述的新闻侵权抗辩事由共有22种,用完全抗辩和不完全抗辩的分类作为标准,构建成一个完整的新闻侵权抗辩事由体系。这个体系是:

1. 完全抗辩

新闻侵权的完全抗辩,是指能够完全对抗原告的新闻侵权请求权,免除自己的新闻侵权责任的新闻侵权抗辩事由。

新闻侵权抗辩事由中的完全抗辩事由包括以下15种:①事实基本真实;②权威消息来源;③连续报道;④报道特许发言;⑤公正评论;⑥满足公众知情权;⑦公众人物;⑧批评公权力机关;⑨公共利益目的;⑩新闻性;⑪受害人承诺;⑫为本人利益或者第三人利益;⑬"对号入座";⑭报道、批评的对象不特定;⑮配图与内容无关和配图与内容有关。

2. 不完全抗辩

新闻侵权的不完全抗辩,是指须具备特别理由或者具体条件才能成立并能够完全对抗新闻侵权请求权,或者仅能对抗部分新闻侵权请求权以减轻被告侵权责任的新闻侵权抗辩事由。

不完全抗辩事由包括以下7种:⑯已尽审查义务;⑰已经更正道歉;⑱如实报道;⑲转载;⑳推测事实与传闻;㉑读者来信、来电和直播;㉒文责自负。[9]

当然,新闻侵权抗辩事由还可以其他条件为标准进行不同的分类。例如,以新闻侵权抗辩事由的构成要素为标准,可以分为事实抗辩和法律抗辩。在新闻侵权抗辩事由中,以事实作为抗辩事由的,是事实抗辩;以法律作为抗辩事由的,是法律抗辩。例如,事实基本真实、连续报道等,抗辩的根据都是事实,因此都是事实抗辩;而公众知情权、公众人物、公共利益、新闻性等,抗辩的根据不是事实,而是法律规定,因此都是法律抗辩。

---

[8] 参见郭卫华、常鹏翱:《论新闻侵权的抗辩事由》,载《法学》2002年第5期。
[9] 请谅解采用这样的顺序号编排这些抗辩事由,这主要是为了下文继续阐释具体抗辩事由的方便。

二、新闻侵权抗辩的具体事由及规则

(一)事实基本真实

事实基本真实,是最高人民法院司法解释确立的新闻侵权抗辩事由。如果媒体报道的事实是基本真实的,新闻媒体的报道就不存在侵权问题,不应当承担侵权责任。[⑩] 可以参考的是《美国侵权法重述》第581A条规定:"就事实而作具有诽谤性之陈述公布者,如该陈述为真实者,行为人无须就诽谤而负责任。"[⑪] 在英国诽谤法,如果被告能够证明其言论是真实的,则可以成功地抗辩原告关于诽谤的指控。[⑫]王利明主编的《中国民法典草案专家建议稿》第1867条专门规定了新闻侵权抗辩事由:"新闻作品的内容真实、合法。"[⑬]

确定事实基本真实,涉及新闻真实、法律真实和客观真实三个概念的关系问题:

(1)何谓新闻真实?笔者在最高人民法院参加起草《关于审理名誉权案件若干问题的解答》时,我们就反复强调,新闻媒体在报道消息的时候,应当承担事实真实的审查义务。其审查义务应当达到的程度,就是事实基本真实,新闻报道如果达到了事实基本真实的程度,应当认为新闻媒体已经尽到了审查义务,就不存在侵权问题。因此,事实基本真实就是新闻真实。

(2)事实基本真实不是基本事实属实。基本事实属实是"严打"时确定"严打"案件事实的标准,案件的基本事实没错就不算错案。但事实基本真实是对新闻事实真实性提出的标准,对媒体报道的事实,审查义务不能要求得太高、太苛。笔者曾经在《北京日报》上发表过一篇文章[⑭]说明这个观点:司法机关对一个刑事案件从公安机关开始侦查到检察院起诉,最后到法院判决,有严格的程序和国家的强制力作保障,仍然不能保证调查的事实是客观真实,不能保证绝对不出错案。那可是用国家的侦查、检察、审判的特权作为保障的啊!而新闻记者完全凭借自己的头脑和自己的眼睛进行采访、调查、判断,很难保证调查的事实具有高度的真实性,更不用说客观真实了。

(3)法律真实和客观真实是证据法所使用的概念。法律真实是证据所能够证明的程度,它是对案件事实的高度盖然性的证明,并不能保证证据所证明的事实能够完全还原于客观真实,那是永远也不能做到的。因此,法官对案件事实的认定,只能是

---

⑩ 最高人民法院《关于审理名誉权案件若干问题的解答》第8条规定:"文章反映的问题基本真实,没有侮辱他人人格的内容的,不应认定为侵害他人名誉权。"
⑪ 美国法学会:《美国法律整编·侵权行为法》,刘兴善译,台北司法周刊杂志社1986年版,第466页。
⑫ 参见王军、王轩:《英国法上的名誉权保护》,载《法学杂志》2008年第2期。
⑬ 王利明主编:《中国民法典草案专家建议稿及说明》,中国法制出版社2004年版,第242页。
⑭ 这篇文章是《如何把握法律范围内的新闻真实》,后来编入笔者的《闲话民法》(人民法院出版社2005年版,第516—520页)。

法律真实,而不是客观真实。而客观真实则是事实的本来状态,存在于已经流逝的历史之中,不会再复原了的事实。因此,客观真实不是在法律上追求的真实,不是证据所能够证明的真实,更不是新闻真实所应当达到的标准。

(4)事实基本真实就是法律真实,是对新闻事实认定的标准,不过它比一般认定侵权责任的事实认定标准还要低一些,报道的事实基本真实就可以了,不构成新闻侵权。因此,事实基本真实是新闻侵权抗辩中的完全抗辩。

因此,新闻真实、法律真实和客观真实这三个概念并不是一个层次上的问题。客观真实和法律真实是证据法的概念,在过去的极"左"年代,曾经要求案件事实的证明标准是客观真实,这样才符合马克思主义的要求,在事实上是做不到的。因此,在证据的证明标准上要讲法律真实,法律真实就是当事人的证明达到了法官的内心确信。能够使法官达到内心确信,这个案件的事实就可以认定。心证实际上也是这样要求的。而新闻真实就是事实基本真实,当然也就是法律真实,不可能是客观真实。

事实基本真实的标准是合理相信。一个记者经过采访、调查或者亲身经历,能够使自己确立合理相信,就达到了事实基本真实的标准。建立起合理相信事实基本真实,应当具备的条件是:①新闻媒体揭示的事实的主要经过、主要内容和客观后果基本属实,不是虚构、传言或者谣言等,在主要问题上不存在虚伪不实;②新闻媒体确有证据证明,可以合理相信这个事实是真实的;③新闻媒体进行的报道和批评具有善良目的,不具有侵害他人人格权的恶意和重大过失。例如,《北京晚报》曾经报道"苍蝇聚车间,污水遍地流,某酱菜厂卫生不合格受处罚",该酱菜厂起诉报社构成新闻侵权责任,理由之一是记者在一同检查卫生时在现场仅仅捉到 5 只苍蝇,就批评为"苍蝇聚车间",显然与事实不符。报社答辩,三者即为聚,因此批评"苍蝇聚车间"的事实基本真实。法院支持了报社的合法抗辩。

在特定情况下,事实基本真实不能作为正当抗辩。新闻批评涉及信用权时,事实基本真实不是免除责任的抗辩。信用权具有特殊性,在涉及他人信用权的新闻报道中,即使事实是真的,也可能构成侵害信用权。例如,报道一个卖羊肉的店铺门口经常停运狗肉的车,如果该店铺主张侵害其信用权,应当构成侵权,即使媒体报道的这个事实是真实的,照样可以认定侵害信用权,应当承担侵权责任。因为任何人看了这个报道,都会联想到这个卖羊肉的店铺是"挂羊头卖狗肉",肯定会对其信用权造成损害。[15] 同样,侵害隐私权也不能以事实基本真实作为抗辩事由[16],就他人的私生活作不合理之详尽报告而侵害隐私权的诉讼[17],构成新闻侵害隐私权。

---

[15] 参见史尚宽:《债法总论》,台北荣泰印书馆 1978 年版,第 148 页。史先生称:"流言某腊肠商店之前,屡停有屠马者之货车,而对其货车之未卸下何物,默而不言,则可使人想象该店有混用马肉之事,以毁损其信用。"

[16] 转引自王利明主编:《人格权与新闻侵权》,中国方正出版社 2000 年第 2 版,第 645 页。

[17] 参见美国法学会:《美国法律整编·侵权行为法》,刘兴善译,台北司法周刊杂志社 1986 年版,第 481 页。

(二)权威消息来源

权威消息来源,是抗辩事实不真实的新闻侵权抗辩事由。英美侵权法对诽谤诉讼有特许报道的辩护事由,对官方文书和官方人员在某些场合下的言论的正确报道免负损害名誉的责任。[18] 我国的权威消息来源作为新闻侵权抗辩事由,仅指消息来源具有权威性,新闻媒体报道的事实即使是不真实的,如果具有权威消息来源,也不构成新闻侵权责任。最高人民法院《关于审理名誉权案件若干问题的解释》第6条规定:"新闻单位根据国家机关依职权制作的公开的文书和实施的公开的职权行为所作的报道,其报道客观准确的,不应当认定为侵害他人名誉权。"这是我国认定权威消息来源为新闻侵权抗辩事由的法律根据。权威消息来源是完全抗辩,可以全面对抗新闻侵权请求权。在专家起草的侵权行为法草案建议稿中,差不多都规定了这个抗辩事由。[19]

构成权威消息来源,应当具备的条件是:①发布消息的机关是权威的。所谓权威,就是指消息来源的权威性。只要发布消息的机关是权威的,就应当认为权威消息来源提供的事实材料达到可以确信的程度。因此,只要审查提供消息的机关的权威度,就可以确认是否构成这个要件。②消息的真实性由发布消息的权威机关负责,媒体不必进行调查核实,也不必进行审查,可以直接进行报道,即使出现事实不真实的情况,新闻媒体也不负新闻侵权责任。例如,政府机关、司法部门、政党团体公布的事实,新闻媒体对此进行报道,不必进行调查、审查,即使存在事实错误,也不是新闻媒体的责任。③媒体报道时未添加其他不实事实或者诽谤、侮辱性文字,或者没有删减事实,如果在事实上进行删改、增减,致使发生侵权后果的,则构成侵权。具备以上三个要件,可以对抗新闻侵权责任。例如,对一个犯罪行为的报道,媒体报道了一审法院判决被告人有罪的消息,又报道了二审法院判为无罪的消息。有人认为这种情况可以适用连续报道作为抗辩事由,但这是发布消息的权威机关的责任,不是媒体的责任,不必适用连续报道的抗辩事由抗辩,以权威消息来源抗辩即足以对抗新闻侵权请求权。

有人认为,社会团体、企事业单位就其职责范围内的情况向新闻媒体发表的材料,公民、法人关于自身活动供新闻单位发表的材料,以及主动的消息来源提供的事件现场目击者第一手材料等,也属于权威消息来源。[20] 对此,应当慎重。笔者认为,这些单位和个人尚不具有足够的权威性,新闻媒体有调查、核实的可能和余地,对此不能简单地以权威消息来源抗辩新闻侵权责任。另外,新闻媒体依据权威消息来源进行的报道,"前述文书和职权行为已公开纠正而拒绝更正报道,致使他人名誉权受到

---

⑱ 参见王利明等主编:《人格权与新闻侵权》,中国方正出版社2000年第2版,第647页。
⑲ 参见王利明主编:《中国民法典草案建议稿及说明》,中国法制出版社2004年版,第242页;杨立新主编:《中华人民共和国侵权责任法草案建议稿及说明》,法律出版社2007年版,第17页。
⑳ 参见王晋敏:《新闻侵权的责任分担》,载《新闻记者》1991年第7期。

损害的,应当认定为侵害名誉权"。[21]

(三)连续报道

连续报道,是新闻侵权的抗辩事由,被多数学者所接受。也有人反对连续报道为新闻侵权抗辩事由。对此,笔者持肯定态度。在笔者主编的《中华人民共和国侵权责任法草案专家建议稿》第66条中,专门规定了连续报道的抗辩事由:"连续报道,最终报道内容真实、合法。"[22]

连续报道是新闻侵权抗辩事由中的完全抗辩,符合连续报道要求的新闻报道,可以完全对抗新闻侵权请求权,不构成新闻侵权责任。对此,我国法院判决的范志毅涉嫌赌球的新闻侵权案,已经作出了肯定结论,认为这"是根据新闻传闻做的求证式报道,且被告经过一系列的报道后,最终又及时地以《真相大白:范志毅没有涉嫌赌球》为题为原告澄清了传闻,给社会公众以真相,端正了视听。被告的系列报道是有机的、连续的,它客观地反映了事件的全部情况,是一组完整的连续报道","被告的报道没有造成原告社会评价的降低",因此不构成侵权。[23] 这个判决是完全有道理的,具有创新性。

构成连续报道,应当具备以下条件:①前导报道的消息来源不是一个肯定的事实,而是一个推测或者传闻的事实,报道时应当明确其报道的事实是不具有肯定性的事实。如果前导报道时即采取肯定性的态度进行报道,如果该报道构成侵权,则即使今后进行了新的报道,也不能构成连续报道,而仅仅是事实的更正。②后续报道是及时的,应当保证与新闻事件的进展保持基本上同步,不能有过长时间的拖延。③连续报道的最终结论是肯定性的、真实的,不涉及侵害被报道人的人格权问题。④媒体报道时应具有善良目的,态度实事求是,为事件真实而进行公正报道,不具有侵权的故意,包括直接故意和间接故意。⑤连续报道的各次报道在版面上处理适当,即版面语言使用适当,不得将否定性的报道使用突出的版面,肯定性的报道使用不突出的版面。

在一个连续性的报道中,媒体如果故意利用这种形式,先对被报道对象进行恶意报道和评论,然后再用后续报道慢慢地补回来,恶意追求的是前导报道所造成的损害后果,这样的"连续"报道不构成连续报道,不能抗辩新闻侵权责任,构成新闻侵权。

(四)报道特许发言

报道特许发言,是新闻侵权的抗辩事由。报道特许发言,是指新闻媒体在报道具有特许权的新闻人物的发言时,由于该新闻人物具有特许权,即使其发言有侵权的内容,新闻报道也不因为报道该新闻人物的言论而被追究侵权责任。

---

[21] 最高人民法院《关于审理名誉权案件若干问题的解释》第6条后段。
[22] 杨立新主编:《中华人民共和国侵权责任法草案建议稿及说明》,法律出版社2007年版,第18页。
[23] 参见上海市静安区人民法院(2002)静民一(民)初字第1776号民事判决书。

有学者认为,这个新闻侵权抗辩应当叫做特许权[24],而不是报道特许发言。笔者的看法不同。这种特许权并不是给新闻媒体的特许,而是新闻人物享有的特殊权利,他的发言享有特许权,即使其内容涉及侵害他人人格权的内容,也不追究其侵权责任。因此,特许权相当于豁免权。按照英国诽谤法,享有特许权的,是上议院的议员对于其出席议会时的发言及辩论中的言论享有绝对的特权,在司法程序中相关人员所发表的言论享有绝对的特权,行政官员在履行职务过程中对其他行政官员所发表的言论也享有绝对的特权,都可以对抗诽谤之诉中原告的主张。[25] 可见,新闻媒体能够作为抗辩的,不是自己享有特许权,而是由于新闻人物对其言论享有特许权,不被追究侵权责任,因而也就使新闻媒体对该新闻人物的发言所作的报道免除了侵权责任。因此,报道特许发言是新闻侵权抗辩事由,而不是新闻媒体享有可以抗辩新闻侵权的特许权。

报道特许发言的范围是特定的,只有具有这些身份的人,在特定的场合内进行的发言,才具有特许权,对其报道才可以作为免除新闻侵权责任的抗辩事由。在美国,具有特许权的是司法人员、律师、司法程序之当事人、司法程序之证人、陪审员、立法者、立法程序之证人、高级行政人员、夫妻,以及依法律规定应作的公布。[26] 我国的报道特许发言的范围是:①各级人民代表大会代表在人民代表大会上的发言;②各级政治协商会议委员在政治协商会议上的发言;③法官、陪审员、检察官、律师在法庭上的发言;④司法程序中的当事人、证人。对于这些发言,媒体进行报道,因为发言者享有特许权,新闻媒体因此对其报道也有了一个侵权责任的"豁免权",任何人不得追究其侵权责任。在美国法,夫妻在其相互之间所做的有关第三人的诽谤事项予以公布者,是一个抗辩事由[27],但不是新闻侵权的抗辩。如果夫妻相互之间做有关第三人诽谤事项的公布,媒体进行报道的,不能因此而主张新闻侵权抗辩。

(五)公正评论

新闻评论是新闻媒体结合重要的新闻事实,针对普遍性关注的实际问题发表的论说性的意见,诸如社论、评论员文章、短评、编者按语、专栏评论、述评等。评论不是事实,仅仅是一种意见、看法的表述。[28] 公正评论是对抗新闻侵权的正当抗辩事由,能够完全阻却新闻侵权请求权,媒体不承担侵权责任。我们在起草侵权责任法草案专

---

[24] 参见徐迅等:《新闻侵害名誉权、隐私权新的司法解释建议稿》,载中国人民大学民商事法律科学研究中心、INTERNEWS 国际记者培训机构编:《"新闻侵权与法律适用"主题研讨》,2008 年内部论文集,第 39 页。

[25] 参见王军、王轩:《英国法上的名誉权保护》,载《法学杂志》2008 年第 3 期。

[26] 参见美国法学会:《美国法律整编·侵权行为法》,刘兴善译,台北司法周刊杂志社 1986 年版,第 483—490 页。

[27] 参见《美国侵权法第二次重述》第 592 条;美国法学会:《美国法律整编·侵权行为法》,刘兴善译,台北司法周刊杂志社 1986 年版,第 489 页。

[28] 参见王利明主编:《人格权与新闻侵权》,中国方正出版社 2000 年版,第 650 页。

家建议稿中,都规定了这个抗辩事由。㉙

在美国,公正评论也叫做免责之批评,开始为专门的抗辩事由,后来改为适用"意见之表达"的抗辩。《美国侵权法重述》第566条规定:"诽谤性之传递消息可能为意见表达方式之陈述;但此种本质之陈述,谨于其隐含该意见之根据有未揭露之诽谤性事实之疑时,方得做诉讼上之请求。"换言之,如果其隐含该意见之根据没有未揭露之诽谤性事实之疑时,或者其隐含该意见之根据有已揭露之诽谤性事实之疑时,都不构成诽谤。㉚

公正评论应当具备何种要件?英国法认为,①被告要证明其评论涉及的是有关公共利益的事项;②被告必须证明其评论具有事实上的根据;③被告还要证明其评论不是恶意的。㉛根据我国的实际情况,构成公正评论应当具备以下要件:

(1)评论的基础事实须为公开传播的事实,即已揭露的事实,而不能是由评论者自己凭空编造的事实,也不能是具有明显不真实的事实。对于符合上述要求的已揭露的事实进行评论,即使该事实具有诽谤性,或者不真实,媒体发表评论都不负侵权责任。以故意编造或者明显虚假的新闻事实作为评论的依据,本身就构成侵权责任。如果评论隐含该意见的根据有未揭露的诽谤性事实可能的,也不具备本要件。

(2)评论须公正。评论的内容应当没有侮辱、诽谤等有损人格尊严的言词。对此,应当特别区分评论的言词尖刻与诽谤之间的界限。在评论中,即使批评的言词非常尖刻,只要不是诽谤,不是故意贬损他人人格,就不是侵权。如果评论中有贬损人格尊严的侮辱、诽谤性言词,则为侵权。其标准,应以人格是否受到侵害为标准。有学者提出,在以上范围内,即使是片面的、偏激的甚至具有诽谤性的评论,也不应追究法律上的责任。㉜这种看法不够妥当。片面、偏激并不会涉及侵权问题,但具有诽谤性的评论,则必然涉及被评论人的人格尊严,应当构成侵权。

(3)评论须出于社会和公共利益目的,没有侵权的故意。社会和公共利益目的包含两种情况:一是社会公众对于评论中所涉及的事项享有法律上的利益;二是评论中所涉及的事项受到公众的质疑或是公众的广泛关注。㉝如果媒体发表的评论出于作者的恶意,借评论而故意贬损被评论人的人格,构成新闻侵权。在宣科起诉的关于纳西古乐侵害名誉权案件中,被告在评论文章中虽然语言尖刻,但属于基于学术研究而进行的评论,因此,不应当认为是侵害名誉权。法院认定该评论文章构成侵权,显系

㉙ 参见王利明主编:《中国民法典草案建议稿及说明》,中国法制出版社2004年版,第242页;杨立新主编:《中华人民共和国侵权责任法草案建议稿及说明》,法律出版社2007年版,第17页。
㉚ 参见美国法学会:《美国法律整编·侵权行为法》,刘兴善译,台北司法周刊杂志社1986年版,第469、503页。
㉛ 参见王军、王轩:《英国法上的名誉权保护》,载《法学杂志》2008年第3期。
㉜ 参见魏永征:《中国大陆新闻侵权法与台港诽谤法之比较》,载《新闻大学》(上海)1999年第4期。
㉝ 参见王军、王轩:《英国法上的名誉权保护》,载《法学杂志》2008年第3期。

不妥。㉞

有人认为,对特定人的评论所涉及的事实如果虚假,这种评论就没有依据,自然不会公正。㉟ 评论所依据的事实不真实或者虚假,被评论人提出新闻侵权诉讼,是否都能构成侵权责任?对此不能一概而论。评论事实虽然不真实,但符合公开传播事实的要求,不是评论者故意编造的事实,或者虽然是明显不真实的事实,但评论者依据新闻从业要求不能发现,评论人又没有侵权故意,没有贬损他人人格的言词,当然不构成新闻侵权。认为凡是评论的事实虚假则评论就自然不会公正,有绝对化的嫌疑。

(六)满足公众知情权

满足公众知情权,是一个完全的新闻侵权抗辩事由。知情权又称为知的权利、知悉权、了解权,是由美国的一位新闻编辑肯特·库珀在1945年1月的一次演讲中首先提出来的。其基本含义是公民有权知道他应该知道的事情,国家应最大限度地确认和保障公民知悉、获取信息的权利,尤其是政务信息的权利。至20世纪50年代和60年代,美国兴起"知情权运动",知情权被广泛地援用并成为一个具有国际影响的权利概念,成为与新闻自由、创作自由、言论自由、出版自由诸概念密切相关的一个权利概念。知情权给新闻业、出版界等舆论单位及时报道新闻事件提供了新的法律依据和事实依据,为了满足公民知情权的需要,通过报纸、杂志、广播、电视、广告等大众传媒去接收世界上形形色色的事件、信息,新闻自由、言论自由被扩展到极大的限度。对于这些,都可以知情权的需要而予以充分披露,因而知情权与隐私权之间不可避免地会产生重大冲突。

满足公众知情权这个新闻抗辩事由的最早适用,是美国的詹姆斯·希尔诉《生活》杂志发行人时代公司侵犯隐私权案。1952年,希尔及其家属在费城郊区的家中,被3名逃犯软禁达19个小时。事后,希尔告诉记者,那3名逃犯很有礼貌。1955年,剧作家海斯将希尔一家的类似痛苦经验改编为剧本《绝望的时刻》,对希尔用希利尔德之名代替,剧中逃犯有殴打希利尔德,并口头猥亵、凌辱其女儿的情节。该剧在费城上演时,《生活》杂志事先未经希尔家人同意,在原住屋中拍摄若干现场镜头,并以《真正的罪案,激起紧张的戏剧表演》为题,报道该剧的演出,并毫不保留地描述该剧为希尔一家悲惨经历的重演,致使希尔一家遭受精神痛苦。希尔一家向纽约州法院起诉时代公司侵害其隐私权。《生活》杂志的作者指证,他诚恳地相信"希利尔德"是反映了希尔事件的内心和灵魂,否认其侵权。纽约最高法院审判此案时,陪审团认为,《生活》杂志在审查能显示希尔家人未受虐待的新闻报道时,至少有所忽略,甚至轻率或故意不细心,因而判决希尔胜诉。时代公司向联邦最高法院上诉。联邦最高

㉞ 关于对本案的评论,参见杨立新:《亲近民法》,中国法制出版社2007年版,第3—5页;杨立新:《从契约到身份的回归》,法律出版社2007年版,第121—129页。

㉟ 参见王利明主编:《人格权与新闻侵权》,中国方正出版社2000年版,第652页。

法院最后以6票对3票,改变纽约州法院判决,以《生活》杂志文章的内容,牵连着一个戏剧和一件真实事情,是一件合乎公众兴趣的事件为由,判决《生活》杂志胜诉。㊱

公众知情权,是指公民享有的对社会发生的感兴趣的情事及其发生、发展、变化予以了解和知悉的权利。㊲该权利属于公权利,相对的义务人就是公共媒体。对此,公共媒体负有予以满足的义务。因此,公众知情权是新闻侵权的最好抗辩。理由是"公众人物、新闻事件等具有公共利益或正当的公众兴趣的领域,视为自然人私生活领域的例外"。㊳我国媒体目前更多的是满足"喉舌"的职能,其实更重要的应当是满足公众知情权的职能,那才能够叫做真正的公共媒体。当然,我们的新闻媒体具有公共媒体的职能,可以适用公众知情权作为新闻侵权的正当抗辩。

构成满足公众知情权需要具备以下三个要件:①报道的须是一个正在发生、发展、结果的新闻事件或者与新闻事件有关的背景。②报道的事项须为不特定的多数人对此抱有兴趣,想知道事件的发生、发展、结果以及与该新闻事件有关的背景。不特定的多数人,就是公众的含义。③媒体进行报道须符合媒体的职责要求,不违反公共利益和善良风俗,不具有侵权的恶意。构成公众知情权,不要求存在不侵害他人权利尤其是隐私权的内容,正是为了满足公众知情权可能会影响到某些人的个人权利,因此才要求不违反公序良俗即可。

我国法院在范志毅案件的判决中,已经援引了这个抗辩事由,即公众关注。判决书提到"本案争议的报道是被告处在'世界杯'的特定背景下,遵循新闻规律,从新闻媒体的社会责任与义务出发,为了满足社会大众对公众人物的知情权而采写的监督性报道",并以此作为免除文汇新民联合报业集团新闻侵权责任的理由。这个理由是成立的,可以对抗新闻侵权请求权。

(七)公众人物

公众人物,是美国最高法院通过沙利文诉《纽约时报》案确立的概念,后来成为诽谤法的一个重要规则。1960年2月,美国黑人民权运动高涨,同年3月29日,《纽约时报》刊登了名为《关注他们高亢的呼声》的整版政治广告,广告上有64位知名人士签名。沙利文时任蒙哥马利市公共事务委员会委员,负责监管该市的警察局。他认为广告中的若干虚假陈述构成诽谤,为此他曾请求《纽约时报》更正,但遭到拒绝。据此,沙利文向法院起诉。初审法院认定《纽约时报》侵权,亚拉巴马州最高法院维持初审裁定。《纽约时报》向联邦最高法院上诉。联邦最高法院判决认为,在政府官员就指向他的公务行为的批评而提出的民事诽谤之诉中,亚拉巴马州法院适用于本案的法律规则不足以从宪法上保障第一和第十四修正案所要求的言论自由和新闻自由。

㊱ 此案为Time, Ine. v. Hill 385U. S374. (1967),案情引自吕光:《大众传播与法律》,台北商务印书馆1987年版,第68、69页。
㊲ 参见杨立新:《人身权法论》,人民法院出版社2006年版,第694页。
㊳ 王利明主编:《中国民法典草案建议稿及说明》,中国法制出版社2004年版,第52页。

在此类诉讼中，州法院不能判决政府官员获得赔偿，除非该官员证明被告实有恶意（明知虚假陈述而故意为之）或玩忽放任（根本不在乎所述事实真实与否），从而判决案件发回原审法院，以进一步审理与本法律意见不符的部分。

我们历来主张公众人物是新闻侵权抗辩事由，在笔者主持起草的侵权责任法草案建议稿中，专门规定这个抗辩事由："为社会公共利益进行宣传或者舆论监督，公开披露公众人物与公共利益相关的以及涉及相关人格利益的隐私，不构成侵权。超过必要范围的，应当承担侵权责任。"㊴ 在范志毅案件中，我国法院的判决书第一次使用了公众人物的概念。该判决书认为，"中国国家队的表现是社会各界关注的焦点，本案原告系中国著名球星，自然是社会公众人物，在此期间，关于中国国家队和原告的任何消息，都将引起社会公众和传媒的广泛兴趣和普遍关注"㊵，因此，判决书将此作为被告文汇新民联合报业集团新闻侵权抗辩的免责事由之一，具有开创性的意义。

公众人物是指因其特殊地位或者表现而为公众所瞩目的人物，如各级政府官员、主动寻求公众评价的各种公开的候选人、体育艺术明星、因重大不凡表现而影响社会的发明家和企业家等。他们的表现或与公共利益有重大关系，或为大众关心的焦点，因此成为公众人物而自愿暴露在公众面前，因而应对公众的评论有所容忍。㊶

应当明确的是，公众人物总还是人，是民法规定的民事主体中的自然人。公众人物的人格没有缺陷，具有完全的民事主体资格，应当享有一般的民事主体所享有的全部民事权利。但是，公众人物区别于其他一般的自然人的不同之处在于，他们的知名度超过常人，或者承担的职责涉及公共利益或者国家利益，人们对他们的关注和观察远远超出对一般的自然人所关注的程度。因此，公众人物涉及两个问题：一是社会公共利益；二是公众知情权。前者表明，如果公众人物的行为关系到了国家利益或者公共利益，这种行为无论是多么隐私，也是一定要让公众知道的，一定要让人民能够监督，否则就会损害社会公共利益。后者则是为了满足公众知情权，因而牺牲公众人物的部分权利内容。不论前者还是后者，都是为了满足或者实现更大的利益，而牺牲作为极少数的公众人物的某些权利中的利益。这是法律在利益冲突面前不得不作出的一种权衡和选择，不得已决定由公众人物做出一些牺牲，让他们对自己的一些权利内容造成的损害予以适当容忍。

界定公众人物作为新闻侵权抗辩事由，应当具备以下要件：

(1) 被报道的人物须是公众人物。关于公众人物的界定，我们曾经说是"领导人、艺术家、影视明星、体育明星、社会活动家等"。㊷徐迅在其新闻侵权新的司法解释建议稿中界定为："依《中华人民共和国公务员法》管理的人士；在事关公共利益的企

㊴ 杨立新主编：《中华人民共和国侵权责任法草案建议稿及说明》，法律出版社2007年版，第18页。
㊵ 上海市静安区人民法院(2002)静民一(民)初字第1776号民事判决书。
㊶ 参见王利明主编：《人格权与新闻侵权》，中国方正出版社2000年版，第651页。
㊷ 王利明主编：《中国民法典·人格权法编与侵权行为法编》，中国人民大学民商事法律科学研究中心报全国人大常委会法工委稿，2002年，第41页。

业或者组织中担任重要职务的人士；文化、体育界名人及其他众所周知的人士；在特定时间、地点、某一公众广泛关注或者涉及公共利益的事件中，被证明确有关联的人士。"[43] 这一界定似乎过宽。笔者认为，公众人物应当包括：一是国家机关领导人及其他国家公务人员；二是被社会广泛关注的艺术家、社会活动家以及影视体育明星。

（2）报道或者评论不具有恶意或者明显的放任或者重大疏忽。

（3）不超过保护人格尊严的必要限度。并不是对公众人物所有问题进行报道和评论都是免责的，应当有必要的界限，超出必要界限就构成新闻侵权，即使是公众人物也是如此。

批评官员，由于官员是公众人物，当然构成新闻侵权抗辩事由。我国已经有若干官员提出过侵害名誉权的诉讼，多数被驳回，但确有少数案件法院的判决不正确。广东省有一个法院的院长，在洗头房进行不当行为后，让当事人为其付费，被当事人拒绝。该当事人向广州某媒体请求援助，该媒体进行报道批评，该院长起诉后，法院竟然判决媒体败诉。这是典型的错案，不过这已经是十几年前的案件了。事实上，官员已经有国家的公权力在保护自己，即使媒体对其批评不正当，也应当有容忍的义务，除非批评具有明显的恶意。有人主张官员也是人，应当同样保护，是没有道理的。

（八）批评公权力机关

批评公权力机关，也是新闻侵权的抗辩事由。对法人的诽谤，必须具有必要的条件。按照美国的经验，发布有关法人的诽谤性事项，符合下列规定之一者，应对该法人负责任：一是法人如为以营利为目的，其所发布的事项欲使其营业受到侵害或阻碍他人与其交往；二是法人虽非以营利为目的，但依赖社会大众的财政上援助，而其发布的事项欲借社会大众对其评估的侵害而干预其活动。[44] 公权力机关当然是法人，但是，按照我国《宪法》的规定，我国的公权力机关应当接受人民群众的监督，新闻媒体进行监督，开展新闻批评，是依法行使新闻监督的权利，即使存在过失，造成批评的事实失实，新闻媒体也不应承担侵权责任。国家机关、司法机关尽管都是法人，都享有《民法通则》规定的名誉权，但是，这些机关不是以营利为目的，也不是依赖社会大众的财政支持，不能利用名誉权而拒绝人民群众和新闻媒体的监督。如果公权力机关动辄以侵害名誉权而追究民众的责任，追究新闻媒体的责任，则是拒绝监督的表现。对此，我国法院判决的某些案件是不正确的。典型案例是深圳市××区人民法院诉《民主与法制》杂志社侵害名誉权案，认为《民主与法制》杂志社对其报道造成了该法院的名誉权损害，要求对其承担损害赔偿责任。而结果是，法院真的判决《民主与法制》杂志社败诉，责令对该法院承担新闻侵权责任。这是一个毫无道理的判决。[45] 对

---

[43] 徐迅等：《新闻侵害名誉权、隐私权新的司法解释建议稿》，载中国人民大学民商事法律科学研究中心、INTERNEWS 国际记者培训机构编：《"新闻侵权与法律适用"主体研讨》，2008 年内部论文集，第 37 页。

[44] 参见美国法学会：《美国法律整编·侵权行为法》，刘兴善译，台北司法周刊杂志社 1986 年版，第 466 页。

[45] 参见 1997 年 8 月 26 日《人民法院报》。

此,学者指出:自 1994 年至 2001 年,发生了 14 起法院或者法官状告媒体的案件,"法官处于居中裁判的地位,就像是一场足球赛中的裁判。现在,'裁判'下场'踢球'了,这正是笔者所说的'最奇特'之处"。⑯ 确立批评公权力机关为新闻侵权抗辩事由,就是为了制止"裁判"下场"踢球"现象,给媒体以免责的特权。

因此,可以确定,批评公权力机关,是新闻侵权抗辩事由中的完全抗辩,以此阻却公权力机关拒绝批评的新闻侵权请求权,给媒体和公众以"更大的喘息空间"。

(九)公共利益目的

公众利益目的,是新闻侵权抗辩的一个重要事由,能够全面对抗新闻侵权请求权,是完全抗辩。特别是在批评性的新闻报道中,公共利益目的完全可以对抗新闻侵权请求权,免除新闻媒体的侵权责任。在《民法通则》实施之初,北京某报纸曾经刊载一幅批评照片,是一个人在北京动物园前翻身跳跃马路中间护栏的形象。被批评者向法院起诉,认为侵害了其肖像权,追究媒体的侵权责任。法院认为这个批评报道具有公共利益目的,判决不构成新闻侵权。我们在起草侵权责任法草案建议稿中,提出的"正当行使舆论监督权"或者"正当行使新闻舆论监督权"⑰,就是指为了公共利益目的。

公共利益目的,就是关系到不特定的多数人利益的目的。以此作为新闻侵权的抗辩事由,应当具备的要件是:

(1)须具有公共利益目的。媒体发布一个新闻报道,进行一个新闻批评,或者使用一幅新闻照片,须出于公共利益的目的,而不是其他不正当目的,更不得具有侮辱、诽谤或者侵害他人人格权的非法目的。

(2)须没有有损于他人人格的语言和言辞,不得借公共利益目的之机而侮辱、诽谤他人。

在关于偷拍、偷录的新闻报道是否构成新闻侵权问题上,公共利益目的是一个可以成立的抗辩事由。有人反对公共利益目的是偷拍、偷录的合法抗辩理由,认为即使是为了公共利益目的,进行偷拍、偷录也构成新闻侵权。笔者反对这样的意见。如果是真正出于公众利益目的而进行善意的批评,在适当的范围内,进行偷拍、偷录,用于揭露社会阴暗面,批评社会的负面行为,不能认为是新闻侵权。对此,笔者曾经专门研究过偷拍、偷录的合法性问题,可以参考。⑱

(十)新闻性

新闻性,是对于图片新闻构成新闻侵权的抗辩事由。有学者认为,具有新闻价值

---

⑯ 徐迅:《中国新闻侵权纠纷的第四次浪潮》,中国海关出版社 2002 年版,第 22 页。
⑰ 杨立新主编:《中华人民共和国侵权责任法草案建议稿及说明》,法律出版社 2007 年版,第 18 页;王利明主编:《中国民法典草案建议稿》,中国法制出版社 2004 年版,第 242 页。
⑱ 参见杨立新:《人身权法论》,人民法院出版社 2002 年修订版,第 331—336 页。

是最一般的抗辩事由[49]，其实，这种主张更多的是指满足公众知情权。在确认满足公众知情权为新闻侵权抗辩事由的基础上，将新闻性主要作为对抗图片新闻的抗辩事由，更为准确，也更容易把握。对于图片新闻报道，如果利害关系人主张侵害肖像权的新闻侵权责任，新闻性是最好的抗辩，是完全抗辩。在我们起草的人格权法草案建议稿中，我们提出"公众人物、新闻事件等具有公共利益或正当的公众兴趣的领域，视为自然人私生活领域的例外"，其中的"新闻事件"就是指新闻性。[50] 其规则是，如果一个人物的形象处于一个具有新闻性的事件中，即使媒体使用该新闻照片没有经过肖像权人的同意，也不得主张侵害肖像权或者隐私权。

对新闻图片的侵权诉求，确定是否构成新闻性的抗辩，应当具备的条件是：

（1）人物须出现在具有新闻价值的公众视野之中。公众视野就是公众都能够自然看到的范围。新闻记者可以拍摄处于公众视野内具有新闻价值的人和物体，而无须顾忌侵犯肖像权等权利。

（2）媒体采制和使用图片的目的须为进行新闻报道或者新闻批评，而不是以营利为目的。凡是以营利为目的而使用他人的图片，即使具有新闻性，也不得对抗新闻侵权诉求。

（3）通过图片报道的新闻须事实基本真实，虚假的事实即使具有新闻性，也不得对抗新闻侵权诉讼请求。

（4）使用的新闻图片及配发的文字须没有侮辱、诽谤的内容。不具备上述要件，不构成新闻性，不能免除新闻媒体的侵权责任。例如，1989年冬季，某大报刊载一幅新闻照片，一个妇女抱着一个女婴，在大雪纷飞的路边乞讨，配图说明是"狠心婆婆就因儿媳生的是女婴，就将儿媳赶出家门，致母女在风雪中流离失所"。照片引起轰动效应，很多人打电话到报社和街道，谴责该婆婆的行为。但街道干部给报社打电话，指出这个儿媳弱智，婆婆对其很好，根本没有虐待她，她是由于家人没看管住而抱着孩子出走，报道完全失实。这个报道尽管具有新闻性，但内容严重失实，构成侵权。报社领导在确信新闻图片报道失实后，亲自到该婆婆家检讨，得到谅解，没有被追究其侵权责任。

新闻性作为抗辩事由，主要在于两个方面：第一，在公众视野中具有新闻性的人物，例如元首、政治家等，凡具有新闻兴趣的人皆不得主张肖像权和姓名权。[51] 第二，具有新闻性的事件，例如在公众视野中参加集会、游行、仪式、庆典或者其他活动的人，由于这类活动具有新闻报道价值，任何人在参加这些社会活动时，都允许将其肖像和姓名、名称用于宣传报道[52]，不得主张肖像权和姓名权、名称权。20世纪90年代初，某明星回老家参加活动，被新闻记者拍照后，曾经著文说她的人格权受到侵害。这种说法其实是不成立的，理由是她既处于新闻事件之中，又是新闻人物，且在公众

---

[49] 参见郭卫华、常鹏翱：《论新闻侵权的抗辩事由》，载《法学》2002年第5期。
[50] 参见王利明主编：《中国民法典草案建议稿》，中国法制出版社2004年版，第52页。
[51] 参见史尚宽：《债法总论》，台北荣泰印书馆1978年版，第150页。
[52] 参见王利明主编：《人格权与新闻侵权》，中国方正出版社2000年版，第680页。

视野之中。人物参与集会、游行、庆典或类似事件,其肖像不构成肖像制品的主题时,可以被合理使用。[53]

(十一)受害人承诺

受害人承诺,也叫受害人同意或者受害人允诺,是指受害人容许他人侵害其权利,自己自愿承担损害结果,且不违背法律和公共道德的一方意思表示。这种承诺,是侵权行为的一般抗辩事由[54],当然也是新闻侵权的抗辩事由。在作为一般抗辩事由时,受害人承诺仅仅受到《合同法》第 53 条规定的限制,即人身损害事先免责条款无效。侵害健康权、生命权的侵权行为,不得因受害人承诺而免除其侵权责任。在侵害名誉权的诉讼中,美国侵权法认为,对有关诽谤的事项公布予以同意时,就该人主张受诽谤而提起的诉讼,有完全的抗辩。[55] 笔者赞成这种意见,受害人承诺是新闻侵权的完全抗辩,可以全面对抗新闻侵权请求权。[56]

成立受害人承诺须具备以下要件:

(1)须权利人有处分该项人格权的能力与权限。无行为能力人或者限制行为能力人处分自己的权利,须经监护人同意,非经同意,其本人的允诺无效。

(2)须遵守一般的意思表示规则,即须具备一般意思表示的生效要件。在一般情况下,承诺侵害自己的财产权利,应当为有效;承诺侵害自己的人身权利,则应区分具体情况,如承诺他人将自己身体致轻微伤害,属正当的意思表示,允诺媒体使用自己的肖像、姓名、名称、隐私,亦属正当意思表示;如果嘱托他人帮助自杀,或者承诺他人将自己杀死或重伤,受人身损害事先免责条款无效的约束,为无效行为。

(3)受害人须有明确承诺。承诺应当采用明示方式,或是发表单方面声明,或是制定免责条款。权利人没有明示准许侵害自己权利的承诺,不得推定其承诺。如果受害人明知或预见到其权利可能受到损害,但并未向加害人承诺,不构成抗辩事由。例如,电台记者采访未经同意而录音,如果没有告知并经被采访人明示同意,不得推定接受采访即推定其同意录音。[57]

---

[53] 参见王利明主编:《中国民法典草案建议稿》,中国法制出版社 2004 年版,第 49 页。
[54] 参见杨立新:《侵权法论》,人民法院出版社 2005 年第 3 版,第 260 页。
[55] 参见美国法学会:《美国法律整编·侵权行为法》(第 583 条),刘兴善译,台北司法周刊杂志社 1986 年版,第 483 页。
[56] 笔者和王利明教授在起草侵权责任法草案建议稿的时候,都规定了"当事人同意公布相关内容"作为新闻侵权抗辩事由的条文。参见杨立新主编:《中华人民共和国侵权责任法草案建议稿及说明》,法律出版社 2007 年版,第 18 页;王利明主编:《中国民法典草案建议稿》,中国法制出版社 2004 年版,第 242 页。
[57] 这个意见有一个典型案例作为支持。简要案情是:某市一些声讯台挂靠该市某区民政局违法经营,用不正当手段欺骗儿童拨打声讯电话,造成儿童家庭财产的大量支出。该市电台女记者进行调查。在采访该区民政局女局长时,已经过同意即进行录音。下午 4 点,采访结束,女记者收回录音机,女局长予以制止,并指出,没有经过其同意而录音,是非法的,要求女记者洗掉录音。女记者不同意,女局长就不准其离开。双方争执,直到晚上 10 点,仍没有结果。电台新闻部主任来现场调解和协商,在女局长的坚持下,洗掉了录音,女记者方离开。女记者向法院起诉,认为女局长侵害其采访权和人身自由权,请求赔偿其精神损害 1 分钱。法院判决驳回其诉讼请求。参见杨立新:《侵权法论》,人民法院出版社 2005 年第 3 版,第 263—264 页。

(4)受害人事前放弃损害赔偿请求权。放弃损害赔偿请求权不必采取明示方法,只要有允许侵害自己权利的承诺,即可推定其放弃损害赔偿请求权。

在新闻侵权中,对于新闻媒体涉及肖像权、姓名权、名称权或隐私权的使用,如果事先得到权利人的允诺,在新闻报道中使用其肖像、姓名、名称和隐私,就不构成侵权。这是完全抗辩、事实抗辩。

(十二)为本人或者第三人利益

为本人或者第三人利益,是新闻侵权的一个抗辩事由,但其适用的范围较窄,不是一个普遍的抗辩事由。美国侵权法认为,为本人或者第三人利益,是诽谤的附条件免责事由。具体的条件是:

(1)本人或者第三人利益的保护,公布者为情势诱使正确或者合理相信,有影响本人或者第三人的充分重要利益的消息,并且本人为公布者,依法有对之公布诽谤性事项之责的人或本人为公布者与其他方面就一般适当行为标准可以对之公布消息的人。

(2)数人就一特定标的有共同利益,如事件致其中任何一人正确或者合理相信,享有共同利益者有知悉该消息的权利者,免除公布者的侵权责任。

(3)有影响本人的亲属成员或者第三人利益的消息,并且本人知悉诽谤性事项,将因而提供亲属成员利益合法保护的服务,并且本人请求为诽谤性事项的公布或者本人为公布者于其他方面就一般适当行为为标准,可以对之公布消息的人。[58]

为本人或者第三人利益作为新闻侵权抗辩事由,所抗辩的新闻侵权责任主要是媒体使用他人肖像和姓名、名称等行为。其构成要件是:

(1)媒体确系为了本人利益或者第三人利益而使用他人的肖像、姓名或者名称,不得存在侵权的目的。

(2)涉及本人和第三人的利益须为重大利益,而非一般利益或者微不足道的利益。

(3)本人和第三人的利益应为正当,不得是非法利益,特别是涉及对第三人利益的保护,第三人范围的确定应当准确,一般应为亲属成员利益。

(4)使用不超得出合理范围,媒体使用他人肖像、姓名、名称的范围须适当,超出适当范围,则构成侵权。最典型的为本人或者第三人利益是刊登寻人启事之类,不构成新闻侵权责任。

对于侵害名誉权、隐私权的侵权行为,如果存在为本人或者第三人利益的情形,也可以作为抗辩事由,不过应当特别慎重。

(十三)"对号入座"

"对号入座",历来是对他人主张作品所描写的人物主张侵权的一个抗辩事由,不仅是新闻作品,其他文字作品都有"对号入座"的现象。新闻作品同样有"对号入座"

---

[58] 参见美国法学会:《美国法律整编·侵权行为法》,刘兴善译,台北司法周刊杂志社1986年版,第494—497页,分别是第595、596、597条。

的问题,因此,"对号入座"是新闻侵权的抗辩事由,可以对抗新闻侵权请求权,免除新闻媒体的侵权责任。

"对号入座",是指作品中所报道或者描写的人物本不是原告,而原告强硬地根据自己的特点和特征与作品中人物的特点和特征"挂钩"(即"对号"),主张文中揭载的人物就是本人(即"入座"),诉求新闻媒体承担新闻侵权责任。典型案例如:某报社记者贾某调查某镇广开个体治疗性病医院,骗取钱财的不道德事件,在报纸上载文予以揭露,进行舆论监督。文章中对一个被骗钱财的性病患者某甲使用化名进行报道。恰好在临近100多公里的另一个镇里,也有一个患同种性病的人某乙就叫这个化名。于是某乙向法院起诉,请求报社和记者以侵害其名誉权为由承担精神损害赔偿。一审法院判决报社和记者贾某构成侵权,承担赔偿责任。报社和贾某上诉,二审法院判决驳回某乙的诉讼请求,理由为原告是"对号入座"。⁵⁹

构成"对号入座"应当具备以下要件:

(1)新闻作品中的人物为特指,不论是使用真实姓名,还是使用非真实姓名,人物都须确有其人。即使对人物使用化名,也应当确有其人。

(2)新闻作品中的人物并非确指原告。

确定新闻作品中的人物确指原告,必须具备三个条件:①新闻作品中的人物与现实人物的基本特征必须相同。基本特征,是能够将一人与他人区别开来的主要标志,如职业、经历、外貌等特征。②新闻作品中的人物与现实人物所处的特定环境必须相同,即生活、工作环境以及人物之间的关系应当一致。③熟悉现实人物的人读后公认新闻作品中的人物是现实人物。原告不能证明上述三个条件,就不是确指原告。如果具备三个条件,则可能发生作品人物与原告的混同,不能构成抗辩。

(3)新闻媒体没有侵害原告的故意或者重大过失。如果媒体明知报道的人物可能与原告混同而发生侵权的后果,却故意为之,或者由于重大过失而轻信能够避免,都不构成"对号入座"的抗辩,可能构成新闻侵权责任。

(十四)报道、批评对象不特定

报道、批评对象不特定,是指媒体所报道的、所批评的对象不是特定的人,无法确定侵权行为的受害人。没有特定的受害人,无法构成侵权责任,因此,报道、批评对象不特定是新闻侵权的抗辩事由。其实,这也是侵权责任的一般抗辩事由。

最典型的案例,是辽宁省阜新蒙古族自治县人民法院的判决。郭宝昌的电视剧《大宅门》以及中国国际广播出版社出版的《四字语分类写作词典》中,都使用了"蒙古大夫"的用语或解释,引起该县189名蒙古医生的不满,向法院起诉。⁶⁰ 一审法院判决郭宝昌和该出版社败诉。对此,舆论议论纷纷,认为不构成侵权。据说在鲁迅的作品中也曾使用过"蒙古大夫",不知道诸位原告是不是也应当追究鲁迅的侵权责任?

---

⁵⁹ 杨立新:《侵权法论》,人民法院出版社2005年版,第25页。
⁶⁰ 参见辽宁省阜新蒙古族自治县人民法院(2002)阜县民初字第1095号民事判决书。

新闻媒体以及出版单位被指控的新闻行为,仅仅是对一个不特定的人群或者现象进行报道或提出批评,不能认为是侵权行为。不仅如此,就是指控的其他一般侵权行为,如果没有特定的指向,没有特定的受害人,也不能认为构成侵权。因此,构成报道、批评对象不特定,应当具备的要件是:

(1)报道、批评的对象是一群人或者一类人,不是特定的人。

(2)一群人或者一类人不能合理地理解为指其中的一个人或者特定的几个人,不能合理地推论特别提及了一个人或者特定的几个人。

(3)报道或者批评没有侵害特定人合法权益的故意或者重大过失。以"蒙古大夫"案为例,该词是一个熟语,在民间以及作品中常用,尽管这个词对一群人或者一类人具有一定的贬损性,但不能够认为凡是使用这个词的,就构成侵权。因此,郭宝昌和该出版社不构成侵权,鲁迅当然也不构成侵权。

例外的情况是,对一群人或者一类人发布有关诽谤性事项,该群人或者该类人的人数如此之少,以致该诽谤性事项可以合理地理解为指其中一位特定的个人,或者发布的客观情况可以合理地推论为该公布特别提及了该个人的,可以认为构成新闻侵权责任,不能成为合法的新闻侵权抗辩。㉑

(十五)配图与内容无关和配图与内容有关

配图,是指为配合文字新闻及其他作品而使用的新闻或者其他照片。在实践中经常发生因作品配图而发生的新闻侵权争议,因此,研究作品配图的侵权责任抗辩具有重要意义。

配图涉及新闻侵权抗辩问题,有两个正当事由。

1. 配图与内容无关

配图与内容无关作为新闻侵权的抗辩事由,应当严格把握。应当具备的要件是:

(1)配图与新闻报道的内容须完全没有关联,无论从其性质、内容,还是其关涉的其他方面,都与新闻报道的内容无关。

(2)在配图时须加"配图与内容无关"的明确说明。

(3)配图不能引发涉及侵权的其他联想。

(4)新闻媒体须无侵权的故意或者过失。具备以上要件,构成新闻侵权的抗辩,免除新闻媒体的侵权责任。例如,新闻报道法院审理一个案件的情况,用了一个法庭开庭,审判长敲法槌的新闻图片,报纸声明配图与文字报道内容无关。如果审判长和其他审判员提出侵权诉讼,追究新闻媒体的侵权责任,则不构成侵权。如果媒体报道某地抓"三陪"小姐的新闻,配发一个美女的照片,如果这个美女起诉新闻侵权,则为有理由,应当构成新闻侵权。

㉑ 参见《美国侵权法重述》第 564 条,肯尼斯·S. 亚伯拉罕、阿尔伯特·C. 泰特选编:《美国侵权法重述——纲要》,许传玺、石宏等译,法律出版社 2006 年版,第 191 页。

2. 配图与内容有关

配图与内容有关,也是一个新闻侵权的抗辩事由。典型案件是北京市法院判决的刘翔诉《精品购物指南》侵害肖像权案。本案的案情是,杂志的封面是刘翔的跨栏照片,封面大标题是"影响2004",封面底部有一个广告式的文字。在杂志中报道的影响2004十大人物中,就有刘翔的报道,排在第一位。刘翔向法院起诉,认为该杂志侵害其肖像权。一审法院判决认为不构成侵权,二审法院认为报社在使用刘翔肖像过程中,因过错造成刘翔人格受商业化侵害,构成侵犯肖像权。[62] 笔者认为,这个案件不构成侵权,理由就是配图与内容有关。在杂志的封面上使用刘翔的肖像,并且写明了影响2004的十大人物,刘翔恰恰是影响2004的人物,杂志中还有关于刘翔影响2004的突出事迹,因此,即使杂志的封面上载有部分广告内容,也不能影响本案报道的新闻性。图片与内容有关,不能认为该图片的使用构成新闻侵权。

构成配图与内容有关,应当具备的要件是:

(1)须为配图而使用了载有他人肖像的新闻照片。

(2)该图片与媒体报道的新闻具有内在的联系,图片是新闻报道不可分离的组成部分,所起的作用是形象地表达新闻内容。

(3)尽管未经本人同意但所报道的新闻具有新闻性。

具备上述要件,可以抗辩新闻侵权的诉讼请求,媒体不构成新闻侵权。

(十六)已尽审查义务

新闻媒体对自己发表的新闻报道,对事实真实性负有审查义务。没有尽到该审查义务,致使报道的事实失实,构成新闻侵权。对此,1988年1月15日最高人民法院法(民)复(1988)11号《关于侵害名誉权案件有关报刊社应否列为被告和如何适用管辖问题的批复》予以确认,"报刊社对要发表的稿件,应负责审查核实。发表后侵害了公民的名誉权,作者和报刊社都有责任"。如果新闻媒体的报道失实,但已尽审查义务,可以对抗新闻侵权责任请求权。

已尽审查义务,是指媒体对报道的事实已经尽到了审查核实义务,根据实际情况无法发现报道的事实失实。有学者认为,新闻媒介和出版机构已经尽到合理的审查核实责任,但因受访人、受害人自身过错或其他无法预料的原因,致使报道失实的,新闻媒介和出版机构不承担侵权责任。[63] 这个标准是基本可行的。其构成要件是:

①新闻媒体及其工作人员已经对报道进行过审查、核实。

②由于新闻媒体意志以外的原因无法核实报道事实的真实性,或者没有办法得到更多的事实证明确认报道失实。

---

[62] 参见《刘翔肖像权终审改判》,载中国法院网。

[63] 参见徐迅等:《新闻侵害名誉权、隐私权新的司法解释建议稿》,载中国人民大学民商事法律科学研究中心、INTERNEWS国际记者培训机构编:《"新闻侵权与法律适用"主题研讨》,2008年内部论文集,第37页。

③新闻报道的事实确实失实,造成损害后果。

具备上述要件,构成新闻侵权抗辩事由,免除新闻媒体的侵权责任。

(十七)已经更正、道歉

更正、道歉是世界各国新闻法确定的新闻媒体的一个义务。[64] 在笔者主编的《中华人民共和国侵权责任法草案建议稿》第69条规定:"媒体机构在作品已经被认定为侵权后,或者有证据表明显属于侵权的,应当及时刊登声明,消除影响,或者采取其他补救措施。""媒体机构拒不刊登声明、采取其他补救措施,或者继续刊登、出版侵权作品的,应当承担侵权责任。"[65]

在我国,更正、道歉分为两种。第一种是对报道的事实未尽审查义务,造成新闻侵权的后果,新闻媒体应当承担的更正、道歉义务。第二种是新闻媒体或者其他出版单位报道或者出版的著作物,发表或者出版的行为没有构成侵权行为,但由于发表或者出版的行为造成侵权后果而产生更正、道歉的义务。这两种更正、道歉的义务不同,产生的法律责任也不同。

已经更正、道歉,是新闻侵权的正当抗辩事由。但由于更正、道歉义务的性质不同,因此,已经更正、道歉作为抗辩事由的效果也不同。

1. 完全抗辩的更正、道歉

作为第二种更正、道歉义务,新闻媒体已经更正、道歉,属于正当抗辩事由,是完全抗辩,可以对抗全部新闻侵权请求权,全部免除新闻媒体的侵权责任。这个规则来源于最高人民法院1992年8月14日(1992)民他字第1号《关于朱秀琴、朱良发、沈珍珠诉〈青春〉编辑部名誉权纠纷案的复函》。该复函认为,《青春》编辑部发表侵权小说之后,"仍不采取措施,为原告消除影响,致使该小说继续流传于社会,扩大了不良影响,侵害了原告的名誉权"。既然编辑部发表侵权小说的行为不构成侵权,但造成了侵权的后果,编辑部如果进行更正或者道歉,就可以免除侵权责任。

2. 不完全抗辩的更正、道歉

作为第一种更正、道歉义务,新闻媒体已经更正、道歉,则属于不完全抗辩,不能对抗全部侵权请求权,而是减轻责任的抗辩,可以视侵权行为情节以及更正、道歉的程度,酌情减轻新闻媒体的侵权责任。例如,文章的转载者,转载的作品构成侵权责任,转载者更正、道歉以后,就不再承担侵权责任。如果新闻媒体是直接报道的一个消息,没有尽到审查义务,在这种情况下,仅仅是更正、道歉还不足以构成免责事由,再加上受害人谅解的条件,才能构成抗辩,没有受害人的谅解,仅仅更正、道歉只是减轻责任的理由。

---

[64] 仅举《哥伦比亚新闻法》第19条规定:"任何报刊如登载侮辱性消息、文章等,其领导人必须免费刊登被侮辱的个人、官员、公司、单位的更正声明。"

[65] 杨立新主编:《中华人民共和国侵权责任法草案建议稿及说明》,法律出版社2007年版,第18页。

(十八) 如实报道

如实报道,也称为事实如此,是指新闻所报道的事实是真实的事实,新闻媒体在报道时并没有进行加工、篡改,也没有进行增删。例如,媒体报道某人在某政府门口打出一个牌子,上面说某某县长是一个贪官。这个事实是一个真实的事实,新闻媒体如实进行报道,至于该县长是不是贪官,则未可知。这就是如实报道。

如实报道能够作为新闻侵权的抗辩事由,但须具备严格的要件。构成如实报道应当具备的要件是:

(1) 媒体报道的事实须为真实,已经客观发生、正在进行,或者已经结束。

(2) 媒体对报道的事实不能进行夸大或者缩小,不能进行歪曲或者篡改,也不得进行加工或者改造。

(3) 新闻媒体须无侵权的故意或者过失。故意者,为故意利用客观发生的事实进行报道,意图损害他人人格权;过失者,则能够判断出发生的事实为虚假或者不真实,却没有发现而进行报道。

构成如实报道,新闻媒体不承担侵权责任。但发现如实报道侵害了受害人的人格权后,新闻媒体应当及时进行更正、道歉。如果拒不更正、道歉,尽管发表如实报道,不能构成侵害人格权的新闻侵权责任,但拒不更正和道歉的行为,则构成不作为的侵权责任。

(十九) 转载

转载,作为一个新闻侵权的抗辩事由,是不完全抗辩,不能完全对抗新闻侵权请求权,但是能够部分对抗新闻侵权请求权,是减轻新闻侵权责任的抗辩。转载也称为重复公布或者传递。

转载可以免除新闻侵权责任,但须附条件。按照美国侵权行为法的经验,有三个理由可以作为免除新闻侵权责任的条件:

(1) 转载者具有重复公布、传递文字诽谤或者非文字诽谤之免责特殊报道,例如报道特许发言。

(2) 转载者的重复公布、传递文字诽谤或者非文字诽谤系经原诽谤行为人的授权或依其所授意者,既然是原诽谤行为人授权或者所授意,第三人的行为就具有"代理"性质,当然由原诽谤行为人承担侵权责任,而不是重复公布或者传递人承担侵权责任。

(3) 转载者的重复公布、传递文字诽谤或者非文字诽谤,系可以被合理预见。[66]在《中华人民共和国侵权责任法草案建议稿》中,笔者主张:"媒体转载作品侵权的,受害人可以要求转载者承担相应的侵权责任,但媒体无重大过失或法律另有规定的

---

[66] 参见美国法学会:《美国法律整编·侵权行为法》,刘兴善译,台北司法周刊杂志社1986年版,第474、475页。

除外。”(67)

按照我国的经验,构成转载应当具备以下条件:

(1)须有合理的转载来源。作品须转载于其他新闻媒体或者出版单位,而非媒体自己采制或者自己的通讯员撰写。

(2)转载的作品须与原作内容一致,无转载者添加、删减、篡改、伪造的内容。

(3)转载作品中没有作为新闻媒体职业要求明显可以判断的虚假事实或者侮辱、诽谤语言。如果转载者按照新闻媒体的职业要求不能审查被转载作品的上述内容的,则不承担侵权责任。

对于转载的法律后果,有学者认为,新闻媒介和出版机构转载的作品由于内容失实侵害他人名誉权时,主要承担及时更正和道歉的法律责任,人民法院可以根据扩大损害后果的程度适当确定赔偿责任。(68) 这种观点不够准确。笔者认为,构成以上转载的要件,转载者的责任是减轻责任,不能仅仅是更正、道歉的责任。至于责任应当减轻多少,则可以幅度较大,只要承担与转载者的行为相适应的责任就可以了,不必负担较重的责任。如果转载者已经承担了更正、道歉的义务,则可以免除侵权责任。

(二十)推测事实和传闻

推测事实和传闻,也是新闻侵权的抗辩事由。不过,推测事实和传闻作为抗辩事由,须具备更为严格的要件。其要件是:

(1)刊出或者播出的消息是推测的事实或者是传闻,没有经过核实。

(2)媒体在发布这样的新闻时,应当作出特别声明,确认自己没有进行审查和核实。

(3)没有审查或者核实的原因是时间紧迫无法进行,或者由于其他客观原因。

(4)媒体对推测事实或者传闻没有进行审查或者核实不存在故意或者重大过失。

由于媒体对推测和传闻的性质本身是明知的,明知是推测事实或者传闻,而仍然进行报道,应当说本身就存在某种过失。因此,对于媒体刊载推测事实或者传闻具有一般过失或者轻微过失的,不应当承担侵权责任。

(二十一)读者来信、来电和直播

读者来信、来电和直播,在新闻报道中具有特殊性,具体表现在如实反映、现场进行和即时报道等方面,因此,媒体在刊登、播出时无法进行审查核实。如果读者来信、来电和直播发生新闻侵权纠纷,媒体可以此作为新闻侵权的抗辩事由。

对此,有学者认为:“新闻媒介和出版机构发表读者来信、来电时或在直播节目中,以适当的方式声明相关的内容尚未得到证实,并且在利害关系人提出异议后,及

---

(67) 杨立新主编:《中华人民共和国侵权责任法草案建议稿及说明》,法律出版社 2007 年版,第 18 页。

(68) 参见徐迅等:《新闻侵害名誉权、隐私权新的司法解释建议稿》(第 10 条),载中国人民大学民商事法律科学研究中心、INTERNEWS 国际记者培训机构编:《“新闻侵权与法律适用”主题研讨》,2008 年内部论文集,第50 页。

时发表其答辩意见或者及时进行更正道歉的,不应认定新闻媒介和出版机构构成侵权。"⑥这种意见是正确的。

构成读者来信、来电和直播,其要件是:

(1)作品的性质须是读者来信、来电,或者是进行现场直播;

(2)媒体以适当方式声明上述内容尚未经过证实,对其真实性没有进行审查;

(3)在相关利害关系人提出异议后,及时发表其答辩意见或者媒体及时进行更正或者道歉。

应当注意的是,对读者来信构成新闻侵权抗辩,条件应当更严,因为对读者来信毕竟还有一个审查的过程和可能,要有一定的审查义务,如果明显看到来信反映的事实是虚假的还要照登,媒体就有重大过失,不能作为合法抗辩。而来电和现场直播则无法进行控制,因此,不要求媒体已尽审查义务。

(二十二) 文责自负

有人提出,文责自负应当是新闻侵权的抗辩事由,因为文责自负,正是马克思和恩格斯所主张的"撰稿人应当对他们所报道的事实的准确性负责"的体现,不仅符合我国新闻媒体的性质以及实现宪法赋予公民的言论、出版自由及批评、建议等权利的需要,也是符合我国《民法通则》确认的过错责任原则的。⑦

笔者认为,对文责自负应当进行区分。媒体上发表的文章,有两种情况。第一种是记者采访撰写的文章,记者的行为是职务行为,属于媒体行为的延伸,文责自负是对媒体内部追究责任时的要求,对外不发生效力。第二种是通讯员写的文章,给媒体投稿,媒体采用,这里说文责自负,有一定的道理,但媒体要承担事实真实性的审查义务,应尽的审查义务没有尽到,该稿件的事实失实,构成侵权时,报社应该承担责任。对此,应当适用最高人民法院《关于审理名誉权案件若干问题的解答》第 6 条规定:"因新闻报道或其他作品引起的名誉权纠纷,应根据原告的起诉确定被告。只诉作者的,列作者为被告;只诉新闻出版单位的,列新闻出版单位为被告;对作者和新闻出版单位都提起诉讼的,将作者和新闻出版单位均列为被告,但作者与新闻出版单位为隶属关系,作品系作者履行职务所形成的,只列单位为被告。"这个司法解释主要是讲从程序上怎样列被告,但实际上是在讲侵权责任关系。作者的行为不是职务行为的,作者和新闻媒体都应当承担责任,受害人起诉对哪个被告行使请求权,哪个被告就应当承担侵权责任。因此,文责自负并不是一个完全抗辩,而是不完全抗辩,可以减轻新闻媒体的侵权责任。如果文责自负与已尽审查义务相结合,则可以成为一个完全抗辩,可以对抗新闻侵权请求权。

---

⑥ 徐迅等:《新闻侵害名誉权、隐私权新的司法解释建议稿》(第 4 条),载中国人民大学民商事法律科学研究中心、INTERNEWS 国际记者培训机构编:《"新闻侵权与法律适用"主题研讨》,2007 年内部论文集,第 35 页。

⑦ 参见周泽:《新闻官司,媒体为何多喊冤?》,载 2001 年 9 月 29 日《法制日报》。

三、新闻侵权抗辩滥用及其责任

新闻侵权抗辩滥用,就是权利滥用。禁止权利滥用是民法的基本原则,其历史起因,在于个体权利与社会利益、个体权利与他人权利的矛盾激化,客观上需要对权利的行使进行必要限制。该原则是为了权利而限制权利,最终目标是保护和实现权利。因此,滥用权利为侵权行为,新闻侵权抗辩的滥用也是权利滥用,受禁止权利滥用原则的约束。

(一) 确定新闻侵权抗辩滥用的要件

确定新闻侵权抗辩滥用,应当具备以下要件:

1. 新闻媒体实施了具有新闻侵权抗辩事由的新闻行为

构成新闻侵权抗辩滥用的首要条件,是在新闻媒体实施的新闻行为中,确实具有新闻侵权抗辩的具体事由。没有这个前提条件,就不存在新闻侵权抗辩滥用的问题。因此,凡是新闻媒体在实施新闻行为中,具备上述新闻侵权抗辩事由之一者,才能具备新闻侵权抗辩滥用的构成要件。不具备上述新闻侵权抗辩事由的新闻行为,不能成立新闻侵权抗辩滥用。

2. 新闻媒体在实施主张新闻侵权抗辩的新闻行为时,超过了法律规定的必要界限

新闻媒体在实施新闻行为时,没有按照法律规定实施新闻行为,超出了新闻侵权抗辩所允许的必要界限,侵害了受害人的民事权利或合法利益,造成了受害人的人格利益损害。在新闻侵权抗辩事由中,任何一个抗辩事由都是有界限的,并不是完全没有边界。例如,即使是事实基本真实这样的完全抗辩,也必须依照法律规定的范围行使新闻权利,进行报道和批评,新闻自由也不是毫无限制的自由。如果故意利用基本真实的事实加害于他人,同样构成新闻侵权责任。况且即使事实基本真实,而报道和批评涉及个人隐私或者信用的事实,也都可能构成新闻侵权抗辩的滥用。这就是新闻媒体的行为超越了法律规定的新闻侵权抗辩的必要界限。界定新闻侵权抗辩事由的具体界限,应当以各种具体抗辩事由的具体情况界定好判断,无法规定抽象规则。

3. 新闻媒体在实施主张新闻侵权抗辩的新闻行为时,具有侵权的故意或者重大过失

新闻媒体在实施所主张的新闻侵权抗辩的新闻行为时,应当具备故意或者重大过失,才能构成新闻侵权抗辩滥用。在一般情况下,新闻侵权抗辩滥用应当是故意所为,即新闻媒体明知其实施的新闻行为能够造成受害人的人格损害,却借用某种抗辩事由而追求这种结果的发生,或者放任这种结果的发生。美国侵权法中的鲁莽弃真

实于不顾的诽谤结果发生⑦,其实就是放任诽谤结果的发生,应当是间接故意的主观心理状态。除此之外,新闻媒体未尽新闻从业人员的必要注意义务,明知而轻信自己的新闻行为能够避免新闻侵权抗辩滥用的后果,而结果却是发生了新闻侵权抗辩滥用的后果,同样成立新闻侵权抗辩的滥用。

(二)新闻侵权抗辩滥用的具体事由

以上论述的是新闻侵权抗辩滥用的一般规则。在现实中,新闻行为具有以下具体事由,可以明确认定为新闻侵权抗辩滥用:

1. 明知事实虚假或者放任事实是否真实

新闻媒体公布具有诽谤性的消息或者实施的新闻行为具有违法性,具有新闻侵权抗辩事由,但媒体明知公布的事实为虚假,或者媒体放任公布的事实是否真实而最终该事实为虚假,或者欠缺合理相信其为真实的正当理由而事实确为虚假的,构成新闻侵权抗辩的滥用,应当承担新闻侵权责任。例如,合理相信是确认事实基本真实的标准,媒体在对事实进行真实性审查时,以合理相信为由确信为真实,但在实际上,欠缺合理相信的正当理由,因而鲁莽地进行新闻行为,造成了侵权后果,构成新闻侵权抗辩的滥用。

2. 诽谤性谣言的公布

媒体虽然具有新闻侵权抗辩事由,却公然公布对他人具有诽谤性的谣言,或者公布对他人具有诽谤性谣言嫌疑为虚伪不实的,为新闻侵权抗辩的滥用。但是,公布的媒体公开声明诽谤性事项为谣言或者嫌疑而不是事实,或者就当事人之间的关系、受影响利益的重要性及公布可能导致的损害等的考虑,认为公布为合理的,不认为是新闻侵权抗辩的滥用,仍然是合法的新闻侵权抗辩。

3. 不具有新闻侵权抗辩目的或者违反新闻侵权抗辩目的

媒体实施的新闻行为,在形式上具有新闻侵权抗辩事由,但在实施新闻行为时,并不具有新闻侵权抗辩的目的,或者违反新闻侵权抗辩的目的,而是追求其他的非法目的,虽借口新闻侵权抗辩,但为新闻侵权抗辩滥用,应当承担新闻侵权责任。

4. 超过新闻侵权抗辩的必要界限

按照新闻侵权抗辩的要求,新闻媒体实施新闻行为应当限制在必要范围之内,不能超出必要界限,方构成新闻侵权抗辩。新闻媒体实施新闻行为超出了该必要界限,造成受害人人格利益损害的,构成新闻侵权滥用,应当承担新闻侵权责任。

5. 同时公布不具有新闻侵权抗辩事由的相关诽谤等事项

新闻媒体在实施新闻行为具有诽谤等侵权内容时,部分具有新闻侵权抗辩事由,部分不具有新闻侵权抗辩事由,对于不具有新闻侵权抗辩事由的诽谤等事项,为新闻侵权抗辩滥用,造成受害人人格权损害的,应当承担新闻侵权责任。

---

⑦ 参见《美国侵权法重述(第二次)》第600条;美国法学会:《美国法律整编·侵权行为法》,刘兴善译,台北司法周刊杂志社1986年版,第499页。

(三)新闻侵权抗辩滥用的后果

新闻媒体滥用新闻侵权抗辩,就是借新闻侵权抗辩事由而行新闻侵权之实。因此,新闻侵权抗辩的滥用,就是新闻侵权行为,应当承担新闻侵权责任。

新闻侵权抗辩滥用所承担的侵权责任,与新闻侵权责任相当,仍应当依照过错责任原则的要求,确认其新闻侵权责任。对此,笔者在很多著作中已予以阐释,不再赘述。[72]

因新闻侵权抗辩滥用构成的新闻侵权,新闻媒体应当对受害人承担精神损害赔偿责任。至于因其存在新闻侵权的抗辩事由,是否考虑原因力的影响而适当减轻侵权责任问题,笔者认为,由于明知超出新闻侵权抗辩的范围却滥用该抗辩事由,实际追求的仍然是新闻侵权的后果,具有故意或者重大过失,因此,不应减轻新闻媒体的责任。如此要求,对于净化新闻道德、规范新闻秩序、保护民事主体的人格权,均有裨益。

---

[72] 参见杨立新:《人身权法论》,人民法院出版社2002年修订版,第311—330页。

不具名媒体报道侵权责任的认定*
——以陆幽案为中心的考察

最近的媒体侵权案件最引人关注的是陆幽案。陆幽案的二审判决结果已经公布,终审以陆幽败诉为结局。媒体以及各界对此予以高度关注,原因在于本案原告的起诉本来是应当得到支持的,原告有足够的理由认为被告的行为已经构成侵权责任,但是法院终审却恰恰相反,作出了驳回原告诉讼请求的判决。正因为如此,才使舆论界、法学界议论纷纷。[①]终审判决发布之后,笔者曾经发表过一些言论评价本案,没有作深入的探讨。本文试图就本案提出的不具名媒体报道侵权责任的认定问题,提出自己的一些看法。

一、不具名媒体报道中的报道人物与现实人物的关系是认定这种侵权责任的关键

(一)不具名报道中的报道人物与现实人物关系认定的重要性

媒体报道涉及对某现实人物的侮辱、诽谤以及侵害人格尊严或者其他人格权的侵权责任问题,应当追究媒体以及作者的侵权责任,否则,放任侵权行为发生,将会造成侵权人理直气壮,被侵权人憋气窝火,正义得不到伸张,和谐稳定的社会秩序受到破坏的后果。

在一般的媒体报道中,因为媒体报道须以真人真事作为客观事实基础,报道人物必须确有其人,确用其名,解决侵权责任问题是判断媒体报道中的事实是否真实,是否具有诽谤和侮辱等事实依据,并非要把重点放在人物关系的认定上。

由于两个原因,在媒体中出现了隐姓埋名的报道,这种报道的侵权行为事实可以认定,但由于对报道人物采取隐蔽方式,因此确认侵权的难度很大。一是互联网迅猛发展,使这种形式的新媒体迅速普及,众多网友在网络上自由发言,而网络媒体报道并非依照传统媒体的严格管理规范进行,且网络信息海量,网络服务提供者无法进行

---

* 本文发表在《江苏行政学院学报》2011年第3期。
① 《陆幽诉黄健翔再起波澜 法学专家集体声援受害人》一文报道称,2011年1月20日上午,十余名中国法学界的专家齐聚中国政法大学,研讨这起已经终审的案件,陆幽本人也亲自参与此次研讨会。参见搜狐体育(http://sports.sohu.com/20110120/n278997136.shtml),2011年2月22日访问。

事先审查,对不具名报道人物进行侮辱、诽谤等内容的媒体报道迅速增加。二是在传统媒体的新闻报道中,利用媒体编造假名或者不具名发表侮辱诽谤的语言,或者揭人隐私,发生侵权争议之后,媒体或者作者以报道非具体人物而予以抗辩,往往能够欺骗法官的眼睛,使之逃避法律责任。同样,对这种侵权行为不追究侵权责任,也是放纵媒体侵权行为。

因此,在媒体报道侵权的情况下,不能以媒体报道人物不具名而放纵侵权行为,使侵权媒体及作者逃避侵权责任。

解决这个问题的关键,就是确定不具名媒体报道中报道人物与现实人物的一致性。解决了这个问题,侵权责任就无法逃避,受害人的合法民事权益就能够得到有效的保护。

(二)以真人真事作为描写对象的小说中描写人物与现实人物关系的认定经验

20世纪90年代,在"告作家热"的民事审判活动中,笔者特别总结了小说等文学作品描写人物与现实人物一致性的审判经验。这就是小说的描写人物确指现实生活中的特定人(即案件中的受害人、原告),排除描写其他人的一切可能性,进而确定侵权责任,制裁利用文学作品实施侵权行为的违法行为人。

笔者当时提出的意见是,可以将小说划分为以真人真事作为描写对象的小说和非以真人真事作为描写对象的小说两大类。非以真人真事作为描写对象的小说是小说的主流;以真人真事作为描写对象的小说是新的小说体裁,例如纪实文学等,它以描写真人真事、基本事实不得虚构为特点。非以真人真事为描写对象的小说没有被描写的真实人物,认定小说的描写人物就是现实人物,对确认侵权责任没有意义。重要的是以真人真事为描写对象的作品,存在利用小说描写人物实施侵权行为的问题。认定这种侵权行为,除掉侮辱诽谤等事实的认定之外,最为重要的,就是确定作品的描写人物与现实人物具有一致性,否则,认定文学作品侵权无从谈起。

以真人真事作为描写对象的小说中的描写人物,与生活中的现实人物具有一致性,有两种情况。一种是作品人物具名的,并且是真实姓名,认定一致性没有特别的困难,直接认定小说描写人物就是现实人物。对这种小说的描写人物与现实人物的一致性是容易确定的。另一种是描写人物不具名,或者采用姓名谐音、化名等方式,这种人物的一致性认定比较困难。笔者对此分为以下四种情况分析:

(1)对真实姓名作了谐音或者其他的处理,但仍以该人物的真实经历来描写的。这种小说多数是以历史的真实事件作为小说的主体事件或主要线索,使用真实人物进行创作,只是在创作过程中无意暴露了该人物的生活隐私,或者虚构的情节、细节造成了真实人物的人格权损害,尽管没有使用真实人物的真实姓名,但能够确定小说的描写人物具有排他性,与现实人物具有一致性。

(2)不用真实姓名,地点也是虚构的小说,确定小说中的人物确指原告,必须具备三个条件:一是小说人物与现实人物的基本特征必须相同。二是小说人物与现实人物所处的特定环境必须相同,即生活、工作环境以及人物之间的关系应当相一致。三是熟悉现实人物的人读后公认小说人物是指现实人物。这三个条件都具备的,就可以确认小说中的描写人物具有排他性,确系现实人物。

(3)在历史小说中影射现实人物确定其排他性,在采用以上条件进行分析时,必须紧密结合作者的侵权故意来认定。作者没有侵权故意而只有过失,不能认定其侵害名誉权。

(4)使用素材不当。如果作者采用数人的经历、事件创作成一个人物,但在使用某一个人的特定事件足以与其他人区别开,并且又泄露其生活隐私或进行侮辱、诽谤的,也应认定小说的人物具有排他性。②

这些经验值得在认定不具名报道中的报道人物与现实人物一致性的时候借鉴。

(三)确定不具名的媒体报道人物与现实人物一致性的方法

不具名报道中的报道人物分为两种,一种是完全不具名,另一种是利用姓名谐音、化名等方式不具有真实姓名。在司法实践中,应当根据不具名报道的不同情况确定报道人物与现实人物的一致性。

1. 姓名谐音或者化名等不具真实姓名的报道人物的认定

对真实人物的姓名作了谐音或者化名的处理,其实质也是不具名报道,只不过是不具真实姓名而已。认定这种报道人物与现实人物的一致性,必须确认所报道人物的基本事实、经历、事件等具有排他性,只有排除报道人物是描写、记叙他人的可能性的,才能够认定谐音的姓名或者化名是确指现实人物,具有报道人物与现实人物的一致性。典型案例是,《衡阳日报》记者去三塘镇采访,采写了该镇治疗性病的黑医生欺诈骗钱的批评文章,在《三湘都市报》发表。报道中提到了一个人患有某种性病被骗钱财的事例。作者在报道中将其化名为"徐亮",加上括号说明这是化名。恰好距离该镇约有100公里的另一个镇有一个叫做"徐亮"的人,恰好也得了这种性病,因此被别人嬉笑。真徐亮向法院起诉,追究报社和记者侵害隐私权和名誉权的侵权责任。一审法院判决构成侵权责任,二审法院认为原告是"对号入座",撤销一审判决,驳回原告的诉讼请求。这个案件的报道人物肯定不是现实人物徐亮,尽管名字相同,但"徐亮"另有其人,仅仅是化名为"徐亮"而已。徐亮主张该报道人物就是自己,其实只要被告证明所报道的人物究竟是谁,就可以确认报道人物与现实人物不具有一致性,假徐亮并非真徐亮。由于不能认定报道人物与现实人物具有一致性,徐亮的起诉自然不能成立。因此,在认定使用谐音姓名或者化名方式不具真实姓名的媒体报道人物与现实人物之间的一致性时,不仅要看姓名是否具有一致性,更重要的是看事实、看经历、看事件、看人物的基本特征等是否相符。主张谐音姓名或者化名与自己的姓名具有一致性,但报道人物与现实人物不具有一致性而另有其人,就不能认定报道人物与现实人物具有一致性,不能认定为侵权。

---

② 以上参见杨立新:《给法官讲侵权法》,人民法院出版社2008年版,第301—303页。

2. 不具名报道的报道人物与现实人物一致性的认定

无论是在传统媒体还是在新媒体中,都存在不具名的报道。这样的报道通常是批评性报道,就像机关领导在批评下属的时候不点名,但批评的人物、事件,被批评者知道,该机关的其他人也都知道,对被批评人和其他人同样发生警示作用。在媒体报道中不具名,但是报道中已经将被批评的人物的特征和事件都说出来了,这些人物和事件的特征集中起来,足以确认报道中的人物是指哪一个具体的现实人物。如果一个不具名的批评报道不指明被批评者的人物特征、事件特征等要素,使被批评者本人和其他人都蒙在鼓里,不知道批评的是何人,这个批评就是没有意义、没有价值的。因此,对于不具名媒体报道侵权问题确认报道人物与现实人物的一致性,必须把报道给出的报道人物特征、事件特征等集中在一起,判断是否具有一致性。

借鉴小说侵权责任认定中描写人物与现实人物一致性经验,应当从四个方面确认:一是报道人物与现实人物的基本特征相同。基本特征,就是能够将一个人与他人区别开来的主要标志,如职业、经历、外貌、生活习惯、行为特点等特征。报道人物的职业、经历、外貌、生活习惯、行为特点等特征与现实人物相一致,就具有人物的排他性。二是报道人物与现实人物所处的特定环境相同,即报道人物的生活环境、工作环境以及人物之间的相互关系应当与现实人物相一致。三是报道人物经历的事件特征与现实人物经历的事件特征基本一致。批评人物的报道不能没有事件(否则就是谩骂了),既然要报道事件,事件的特征也是判断报道人物与现实人物一致性的重要依据。如果报道人物经历事件的基本特征与现实人物经历事件的基本特征相一致,也能够认定具有一致性。四是熟悉现实人物的人阅读该报道后,公认报道人物是指现实人物,能够佐证报道人物与现实人物的一致性。

依据以上分析,我们来分析陆幽案的报道人物与现实人物是否具有排他的一致性。在陆幽案中,涉及的媒体报道内容是:"说真的,你比前任差远了。人家起码把'零距离'安排了一个好结果,不仅当时共享荣华富贵,直到现在,还让她代理自己在中国的一切商业合作,可谓仁至义尽够男人够成功。可是你呢? 把人家搞成了宫外孕,回到单位里弄成丑闻,你却当缩头乌龟了。人家也被撤了国家队首席跟队记者的身份,落得个鸡飞蛋打。搞得很多粉丝还十分纳闷十分想念,因为很久在国家队的报道里看不见她的倩影了。单说这一点,你就比前任差多了。对吧?"③ 应当说,博客作者说的这些内容,主要是在"谴责"杜伊,当然也是不具名,但完全能够确认报道所说的人物就是杜伊。报道中关于"宫外孕"的不具名报道人物,并非是其文字攻击的对象,是捎带提到的,是作为论证杜伊不地道事实的证据说的。原告认为这个"宫外孕"记者指的就是自己,提供证据证明,报道人物的基本人格特征有以下几点都与自己一致:第一,是国家队首席跟队记者,虽然没说哪个国家队,但都知道这是国家足球队;第二,尽管没有明确说明,但这个记者是电视台记者,而不是其他媒体记者;第三,

---

③ 《黄健翔丑话说在前边原文再爆丑闻》,载女友网,2011 年 2 月 22 日访问。

是首席跟队记者,而不是一般记者;第四,这个记者一定是体育记者,而不是其他方面的记者;第五,这个记者是中国国家足球队的跟队记者,是与中国国家足球队有密切关系的记者,而不是与中国足球队没有密切关系的记者;第六,是女记者而不是男记者;第七,这个记者是宫外孕的女记者,不是没有宫外孕的记者。将这七个方面的基本人物特征集中起来,已经能够直接指向原告。其实,这篇媒体报道中报道人物的主要人物特征,一个是国家足球队跟队记者,一个是宫外孕的女记者。在特定的时间段里,如果在中国国家足球队的跟队记者只要符合这两个基本的人物特征,就可以确认报道人物与现实人物具有一致性。在那个期间,如果中国国家足球队中只有一个跟队女记者有宫外孕,这个报道人物就铁定是她。如果那个时期中国国家足球队的跟队记者除了陆幽之外还有他人,即有两个以上的跟队记者有宫外孕,那就不能认定这个报道人物就是陆幽,可能另有他人。在本案中,当时中国国家足球队的跟队记者只有陆幽宫外孕,没有第二个跟队女记者有宫外孕,因而报道人物与现实人物的关系其实已经锁定了,具有较强的排他性,报道人物与现实人物的一致性可以确定,该博客所报道的人物就是原告。被告博客中的报道人物尽管没有具名,也没有化名,但所谓的"宫外孕"实际所指就是原告。当然还有一个标准,那就是熟悉双方当事人的人,一看便知所描写的"宫外孕"就是指原告。就像报道中所说的"零距离",我们一看便知说的是谁,完全一样。

二、对不具名媒体报道中的报道人物与现实人物一致性的证明

(一)证明责任和证明标准的规则

前面说的是在不具名媒体报道侵权责任认定中,确定报道人物与现实人物一致性的事实标准。这个问题表现在诉讼证据规则上,要研究的是原被告之间在诉讼中究竟由谁证明以及证明标准和证明程度问题。而该案终审判决驳回原告诉讼请求的根据就是证据不足。下面笔者就这些问题提出五个方面的意见:

(1)毫无疑问,确定报道人物与现实人物的一致性,理应首先由原告负担举证责任④,即实行民事诉讼证据制度的常规举证责任,谁主张,谁举证。本案的原告是陆幽,她主张被告的报道人物与自己具有一致性,那她必须举证证明自己这一主张的事实依据。现在,她在诉讼中已经证明,被告报道人物的基本特征原告都具有,能够锁定报道人物与现实人物的一致性。可以说,她已经完成了举证责任。

(2)证明标准是说负有举证责任的当事人举证证明应当达到什么程度。⑤在通常情况下,原告举证证明自己的主张,应当达到的证明标准是高度盖然性,而不是客观

---

④ 参见戴泽军:《证据规则》,中国人民公安大学出版社2007年版,第235页。
⑤ 参见罗玉珍等主编:《民事证明制度与理论》,法律出版社2003年版,第198页。

真实或者绝对真实。尽管《民事诉讼法》规定民事诉讼证明应当客观真实,但实际上是做不到的,应当依照法律真实的要求确定证明标准。法律真实的证明标准,就是高度盖然性的标准。⑥如果负有举证责任的当事人一方能够证明达到高度盖然性的标准,就应当认定他的证明已经达到了证明标准的要求,完成了举证责任,可以认定该方当事人主张的事实。从更为严格的意义上说,由于被告在博客中对人物没有交代具体姓名,因此在判断报道人物与现实人物的一致性时,似乎可以认为原告的举证尚未达到高度盖然性的证明标准,稍微还有一点点距离。可以确定的是,在不具名媒体报道中,报道人物与现实人物之间的一致性的证明,其实也很难达到高度盖然性的证明标准。

(3)在证据规则中有一个规则叫做举证责任缓和。所谓的举证责任缓和,是在证明规则规定由原告承担举证责任,在原告客观上举证困难或者举证不能的情况下,为了保护弱势一方当事人的合法权益,缓和举证责任由原告承担的严峻形势,而确定由原告承担一定的举证责任,证明达到一定程度时,实行有条件的事实推定,转由被告承担举证责任,能够证明的,推翻其推定;不能证明的,推定的事实成立。⑦这里提到的证明达到一定程度,就是盖然性标准,即有较大的可能性。换言之,在负有举证责任的当事人已经竭尽全力举证,也无法举出证据证明达到高度盖然性标准的,可以适当降低标准,改为盖然性标准;证明达到盖然性标准的,就认为完成了举证责任,可以转由对方当事人承担举证责任,推翻推定。本案原告证明到现在的程度,已经尽其所能,在客观上无法证明高度盖然性的报道人物与现实人物的一致性,但已经达到了很高盖然性的标准,超过了盖然性标准。即使如此严格要求,也应当视为原告已经完成了举证责任,应当实行举证责任缓和,由被告承担举证责任,证明自己所报道的人物不是原告,而是其他人。被告要证明的,首先,最好的证明方法是指明符合这些人物特征的报道人物在现实中确实是哪一个人物而不是原告,例如国家足球队跟队记者中有数个宫外孕,报道的是另外一个宫外孕而不是陆幽。如果能够证明,那就是对原告诉讼主张的最好反驳,原告将彻底败诉。次一等的证明方法,可以不证明这个宫外孕就是指的哪一位,但要证明这些人物特征不符合原告的特征,例如陆幽没有宫外孕、陆幽不是国家足球队的首席跟队记者。如果能够推翻原告证明的内容,也可以判决原告败诉、被告胜诉。

(4)原告证明已达到很高的盖然性,实行举证责任缓和,如果被告也能够提出证据证明自己的主张,但也没有达到高度盖然性的标准。这时应当适用"优势证据"规则。最高人民法院《关于民事诉讼证据的若干规定》第73条第1款规定:"双方当事人对同一事实分别举出相反的证据,但都没有足够的依据否定对方证据的,人民法院应当结合案件情况,判断一方提供证据的证明力是否明显大于另一方提供证据的

---

⑥ 参见毕玉谦:《证据法要义》,法律出版社2003年版,第479页。
⑦ 参见杨立新:《医疗损害责任研究》,法律出版社2009年版,第90页。

证明力,并对证明力较大的证据予以确认。"这就是优势证据规则。在本案中可以看到,原告的证明已经达到较高的盖然性,而被告在诉讼中没有举证证明其报道的人物另有其人,也没有证明原告的基本特征与报道人物的基本特征不符,而仅仅是否认。否认不具有证明力。相对比,原告提供的证据的证明力显然远远高于被告证明的证明力。按照优势证据规则,应当认定原告诉讼主张所依据的事实已经得到证明,其诉讼主张应当予以支持。

(5)在这类诉讼中,还应当适用举证责任分配的规则确认事实。《关于民事诉讼证据的若干规定》第73条第2款还规定了举证责任分配规则:"因证据的证明力无法判断导致争议事实难以认定的,人民法院应当依据举证责任分配的规则作出裁判。"这个规定的要求是,无法按照证据的证明力判断哪一方提供的证据具有优势,不能依照优势证据规则认定案件事实的,应当按照举证责任分配规则的要求,作出认定。哪一方承担举证责任,哪一方就承担举证责任不足的败诉后果,不负举证责任的另一方胜诉。在陆幽案件中,陆幽是原告,她负有举证责任,应当举证证明自己所主张的事实的真实性。现在,陆幽已经提供了证据证明自己主张的事实是基本真实的,如果认为还没有达到高度盖然性的标准,但也基本上可以建立法官内心确信,其举证责任已经完成。被告否认自己报道的人物是原告,不论是按照举证责任缓和的规则,还是举证责任转换的规则,都应该轮到被告承担举证责任了,被告应当举证推翻原告的证明,或者证明自己报道的人物另有其人。但是被告没有举证证明,没有完成举证责任,因此应当承担败诉后果。

(二)一个结论

从本案终审判决书的内容看,判决原告败诉的主要原因是原告提供的证据不足。法院这样的判决理由不充分。

现在的问题是,法官认为原告所举证据基本上可以排他地认定为原告,但还有一定的余地。法官这样谨慎地认定案件证据无可厚非。但是,在这样的情况下,不是就必须认定原告的诉讼主张不成立,因而驳回原告的诉讼请求。举证责任缓和规则、优势证据规则、举证责任规则都是证据规则,这些规则都是解决这种情形下的证明责任的规则。如果法官采取了这些证明规则中的一个规则处理本案的证据问题,也就不会得出现在这样的结论。

三、认定不具名媒体报道侵权责任构成要件的特点

认定不具名媒体报道的报道人物与现实人物一致性的目的,在于认定这种侵权责任的构成。不具名媒体报道中的报道人物与现实人物的一致性,仅仅是这种侵权责任构成中的一个关键环节,并不是全部。在侵权责任构成上,不具名媒体报道侵权责任构成要件有以下特点:

(一)侵权人过错形式的特点

不具名媒体报道侵权,侵权人在主观上的心态必定是故意。在一般的侵害人格权的案件中,故意、过失均可构成侵权责任;但不具名媒体报道侵权不是这样,如果不具名媒体报道的行为人没有侵害他人权利的故意,就不能认定其构成侵权责任。

故意以媒体报道形式侵害他人的人格权,行为人应当有确定的动机、目的。故意侵害他人人格权,行为人必然有其确定的内心起因和追求的损害他人人格权的目的。媒体报道的故意,可以是直接故意,也可以是间接故意。直接故意者,就是恶意地诽谤、侮辱他人,恶意地揭人隐私等。但是故意中也包括间接故意。很多人对侵权法上的间接故意并不注重研究,其实,在很多情况下,侵权法中的故意是以间接故意形式表现出来的。间接故意的特点就是放任损害后果的发生。笔者研究过《丑话说在前边》这篇博文。根据该文的内容判断,作者的主观意图并不是对陆幽进行诽谤,也就是不具有侵害陆幽名誉权的直接故意,作者是在谴责杜伊的时候,不惜拿出"宫外孕"和"零距离"来进行比较,以说明杜伊与米卢之间的差别。这种做法,尽管没有侵害陆幽权利的直接故意,但表现的是间接故意,即对陆幽的名誉权损害采取放任态度,这就具有侵权责任构成中的过错要件。

(二)不具名媒体报道侵权的损害事实

一般媒体侵权的侵害客体基本上是名誉权、隐私权、姓名权、肖像权以及人格尊严,比较广泛。但是,在不具名媒体报道侵权案件中,侵权客体主要是名誉权和隐私权,也可能有人格尊严的问题。在通常情况下,不具名媒体报道所侵害的是名誉权,即在不具名报道中对他人进行侮辱诽谤;也有的是泄露他人隐私等。如何区分不具名报道侵害的是名誉权还是隐私权,标准是报道中报道人物所揭载的究竟是客观事实,还是虚假事实或者侮辱诽谤性言论。如果说的都是客观事实,但这个事实属于隐私,那就是侵害隐私权。如果揭载的不是客观事实而是虚假事实,具有侮辱诽谤内容,那就是侵害名誉权。如果不具名报道中既有隐私事实问题,也有侮辱诽谤问题,那就要看其主要特征是什么,依照侵权行为所侵害的客体的主要特征确定,有明确的主要特征的,应当认定为一个侵权行为,如果确实两个特征都比较明显的,则可以认定为侵害两个人格权。对陆幽案,笔者和律师曾经讨论过这个问题:宫外孕是一个事实,但如果宫外孕与杜伊有关系,这是个人隐私,揭露之为侵害隐私权;如果宫外孕与杜伊没有关系,报道说与杜伊有关系,属于虚伪不实,则为诽谤,侵害了名誉权。

(三)不具名媒体报道内容具有违法性

不具名媒体报道侵权,其行为的特征必定是媒体报道侮辱、诽谤或者揭人隐私等。诽谤,指的是报道在描写和叙述中把某些事实归罪于特定人物的谩骂,编造足以丑化人格的事实对他人进行人格攻击。侮辱是将现有的缺陷或其他有损人的社会评价的事实扩散,传播出去,以诋毁他人的名誉,让其蒙受耻辱,是谴责某种缺陷和一般的侮辱性言词。隐私,是指公民不愿公开的个人信息和生活秘密。从审判实践来看,媒体暴露隐私,多指男女私情之类不宜公开的生活私密被公开,也有的是个人不愿意公开的、有损于个人名誉和人格的私人秘密。这些是不具名媒体侵权的行为特点。

认定行为违法性的标准,一是违反法定义务;二是违反保护他人的法律;三是故意违背善良风俗致人以损害。不具名媒体报道侵权行为的违法性,应当是违反法定义务。每一个自然人都享有人格权,当一个人享有人格权的时候,其他任何人都是这个特定的权利人的义务人,都负有不可侵的义务。一个权利人行使自己的权利,义务人不侵害他的权利就履行了他的义务。义务人违反不可侵义务侵害了他人的人格权,就具有违法性。实施不具名媒体报道行为,在报道中对他人进行侮辱,诽谤或者泄露他人隐私,就违反了对他人权利的不可侵义务,就具有违法性,构成侵权责任。

媒体报道作者侵权,就是通过报道中的人物与现实人物的一致性,对该人物进行侮辱、诽谤或宣扬隐私,使现实人物的人格因此而受到损害。这就违反了法定的不可侵义务,具有这种违法内容的不具名媒体报道,可以认定其侵害了现实人物的名誉权或者隐私权。

最后还要附带说明一个问题,即网络侵权责任问题。本案的被告是一个网络用户,他在网络上实施侵权行为,按照《侵权责任法》第36条第1款的规定,应当由自己承担侵权责任。按照第2款和第3款的规定,原告也可以起诉网络服务提供者,由其承担连带责任,网络服务提供者对网络用户的侵权行为承担连带责任。这是网络侵权行为的特点,博客的博主也是网络用户,他与网络服务提供者的责任关系就是这种关系。

《侵权责任法》规定的网络侵权责任的理解与解释[*]

《侵权责任法》通过之后,各界对该法第36条规定的网络侵权责任特别是网络服务提供者的连带责任的规定有不同的看法。对此,笔者与其他学者进行过讨论,也在部分网站进行过调查,认为理解、解释第36条规定的最主要问题是,既要依法确定网络服务提供者的侵权责任,又要保护好互联网事业的健康发展。就此,笔者提出以下意见。

一、《侵权责任法》规定的网络侵权责任的基本规则

《侵权责任法》第36条规定了两部分内容:第一部分是网络用户或者网络服务提供者利用网络实施侵权行为的责任;第二部分是网络用户利用网络实施侵权行为网站承担连带责任的两种情况。

(一)网络用户或者网络服务提供者的侵权责任

《侵权责任法》第36条第1款规定:"网络用户、网络服务提供者利用网络侵害他人民事权益的,应当承担侵权责任。"这是规定网络侵权责任的一般规则:网络用户或者网络服务提供者利用网络侵害他人民事权益,都构成侵权责任,都应当由自己承担赔偿责任。

网络用户利用网络,在网络上实施侵权行为,符合《侵权责任法》第6条第1款规定要求的,构成侵权责任,应当对被侵权人的损害承担赔偿责任。这是一般侵权责任,适用过错责任原则。[①]

网络服务提供者自己利用网络,侵害他人民事权益,例如自己发布信息,抄袭、剽窃他人著作,未经著作权人同意而在网站上发表他人作品等,按照《侵权责任法》第6条第1款的规定,构成侵权责任,应当承担赔偿责任。

这两种侵权责任都是过错责任,也都是自己责任,与第36条第2款和第3款规定的网络服务提供者的连带责任都不相同。

(二)网络服务提供者的连带责任

网络服务提供者的连带责任,是指网络用户利用网络实施侵权行为后,网络服务

---

[*] 本文发表在《国家检察官学院学报》2010年第2期。
[①] 参见王利明主编:《中华人民共和国侵权责任法释义》,中国法制出版社2010年版,第158页。

提供者在法定情况下与网络用户承担连带责任的网络侵权责任形式,《侵权责任法》第 26 条规定了两种规则:

1. 提示规则

提示规则,是《侵权责任法》第 36 条第 2 款规定的网络服务提供者的连带责任:"网络用户利用网络服务实施侵权行为的,被侵权人有权通知网络服务提供者采取删除、屏蔽、断开链接等必要措施。网络服务提供者接到通知后未及时采取必要措施的,对损害的扩大部分与该网络用户承担连带责任。"对此,也有的将其叫做"通知与取下"规则。②

提示规则的要点是:网络服务提供者不知道网络用户利用其网络实施侵权行为,被侵权人知道自己在该网站上被侵权,有权向网络服务提供者提示,通知其网站上的内容构成侵权,应当采取删除、屏蔽、断开链接等必要措施。网络服务提供者在接到该提示之后,应当按照其提示,及时采取上述必要措施。如果网络服务提供者未及时采取必要措施,构成对网络用户实施的侵权行为的放任,具有间接故意,视为与侵权人构成共同侵权行为,因此,就损害的扩大部分,与侵权的网络用户承担连带责任。如果网络服务提供者未经提示,或者经过提示之后即采取必要措施,网络服务提供者就不承担责任,即为"避风港"规则。③

2. 明知规则

明知规则,是《侵权责任法》第 36 条第 3 款规定的网络服务提供者的连带责任:"网络服务提供者知道网络用户利用其网络服务侵害他人民事权益,未采取必要措施的,与该网络用户承担连带责任。"

网络服务提供者的明知规则,就是网络服务提供者明知网络用户利用其网络实施侵权行为,而未采取删除、屏蔽或者断开链接等必要措施,任凭网络用户利用其提供的网络平台实施侵权行为,对被侵权人造成损害,对该网络用户实施的侵权行为就具有放任的间接故意。网络服务提供者的这种放任侵权行为的行为,在侵权行为造成的后果中,就有网络服务提供者的责任份额,应当承担连带责任。

二、理解和解释《侵权责任法》第 36 条应当把握的基点

《侵权责任法》第 36 条规定的上述网络侵权责任规则是正确的,但是也存在较多需要进一步明确或者解释的问题。对此,如何理解和解释网络侵权责任的规则,必须确立一个正确的基点,否则将会对互联网的发展和公众利益造成严重影响。

理解和解释《侵权责任法》的基点是:

---

② 参见王胜明主编:《中华人民共和国侵权责任法释义》,法律出版社 2010 年版,第 193 页。
③ 参见陈现杰主编:《中华人民共和国侵权责任法条文精义与案例解析》,中国法制出版社 2010 年版,第 124 页。

1. 实行依法原则

确定网络服务提供者自己承担的责任,尤其是确定网络服务提供者的连带责任,都必须严格依照《侵权责任法》第 36 条的规定进行。应当看到的是,第 36 条规定的网络服务提供者的连带责任规则本身就比较严格,是为了保护被侵权人的合法权益,确定网络服务提供者承担较重的责任。任何将该条进行不利于网络服务提供者的理解和解释,都是不正确的。

2. 实行慎重原则

网络服务提供者对网络用户实施的侵权行为承担连带责任,本身就不是网络服务提供者自己的责任,仅仅是因为自己没有采取必要措施而将其视为与网络用户的行为构成连带责任,是为网络用户承担侵权责任的间接侵权行为,因此,确定该连带责任应当慎重。

3. 实行保护原则

保护原则首先是保护好网络服务提供者的合法权益,维护互联网事业的正常发展。其次是保护好网络的言论自由阵地,保护好网络用户的言论自由。这两个保护是相辅相成、互相促进的。如果过于限制网络服务提供者的行为自由,对其施以苛刻的侵权责任,既会损害互联网事业的发展,也会严重限制网络言论自由,阻碍互联网职能作用的发挥,最终限制的是人民的权利。对此应当有清醒的认识。

三、《侵权责任法》第 36 条规定的网络侵权责任应当理解和解释的主要问题

依笔者所见,《侵权责任法》第 36 条规定的网络侵权责任,尤其是网络服务提供者的连带责任规则,在下述十个问题上需要进行正确理解和解释。

(一)网络服务提供者承担连带责任的范围

按照《侵权责任法》第 2 条规定的习惯,确定侵权责任范围的做法是确定侵权行为所侵害的客体即民事权益的范围。在第 36 条规定网络侵权责任的规定中,也使用了"民事权益"的概念,即"利用其网络服务侵害他人民事权益"。对这个"民事权益"的理解,在起草《侵权责任法》中进行过讨论,明确为凡是在网络上实施侵权行为所能够侵害的一切民事权益。其中特别提到的是,包括人格权益以及知识产权特别是著作权。在美国,网络侵权中的侵害著作权和侵害其他民事权益所采取的规则并不相同,对网络侵害著作权采取严格的规则;对网络侵害其他民事权益则采取宽松的规则,原则上不追究网络服务提供者的责任。对此,第 36 条根据我国网络侵权行为比较"肆意"的实际情况,将两类民事权益的保护"拉齐",采用同一标准,侵害著作权和侵害其他民事权益都实行提示规则和明知规则,不进行区别。④ 这样做的好处是,有

---

④ 参见王胜明主编:《中华人民共和国侵权责任法释义》,法律出版社 2010 年版,第 191 页。

助于网络服务提供者增强保护民事主体民事权益的责任感和自觉性,更好地保护民事主体的民事权益不受侵害。

(二)网络服务提供者对网络用户发布的信息有无审查义务

在学习《侵权责任法》过程中,有人认为,第36条规定网络服务提供者的连带责任,就是要确定网络服务提供者对其网站上发布的信息负有事先审查义务,但是绝大多数学者对此表示反对。

对此,笔者认为,《侵权责任法》第36条明确规定了网络服务提供者对网络上发表的信息不负有事先审查义务,除非是自己发布的信息。根据有两点:

1. 网络服务提供者对于网络用户在网络上发表言论没有事先审查义务,是与传统媒体的根本区别

《民法通则》规定了侵害名誉权等侵权责任之后,最高人民法院在司法解释中确定,报刊社等媒体对其发表的稿件负有审查义务,未尽审查义务,造成侵权结果,报刊社等媒体和作者都应当承担侵权责任。[⑤]最高人民法院确定传统媒体负有这样的义务是有客观依据的,理由在于,传统媒体都有编辑部,对发表的作品要进行审查和编辑。如果传统媒体发表的文章构成侵权,编辑出版者应当承担侵权责任,因为其未尽必要的注意义务。网络服务提供者提供的类似BBS等平台,是开放的,是自由发言的空间,况且在网络平台上发布的信息是海量的,网络服务提供者无法进行全面审查。网络用户都可以在网络上传信息,而网络服务提供者仅仅是提供网络平台予以支持而已。如果让网络服务提供者承担与新闻媒体的编辑出版者同样的责任,对信息进行事先审查,是不客观、不公平的,也是不合理的。因此,法律不能赋予网络服务提供者负有事先审查义务。即使赋予网络服务提供者承担这样的事先审查义务,在客观上也做不到,是不能实现的。

2.《侵权责任法》第36条对网络服务提供者事先审查义务的规定是明确的

第36条第2款规定的内容是:"网络用户利用网络服务实施侵权行为的,被侵权人有权通知网络服务提供者采取删除、屏蔽、断开链接等必要措施。网络服务提供者接到通知后未及时采取必要措施的,对损害的扩大部分与该网络用户承担连带责任。"这一条文首先是说网络用户利用网络服务实施侵权行为,被侵权人有权通知网络服务提供者,这说明,网络服务提供者对此侵权行为并不知情,如果有事先审查义务就不会这样规定;其次是网络服务提供者接到通知后须采取必要措施,这说明,法律规定网络服务提供者的义务是提示之后的义务,而不是事先审查义务。即使是第36条第3款规定的明知规则,也是考虑网络服务提供者如果已经知道网络用户利用网络实施侵权行为,就从明知开始产生义务,也不是明知之前负有义务。

这些都说明,网络服务提供者对网络用户利用网络发布信息,法律没有规定网络

---

⑤ 参见最高人民法院1988年1月5日《关于侵害名誉权案件有关报刊社应否列为被告和如何适用管辖问题的批复》。

服务提供者负有事先审查义务。如果强令网络服务提供者负有事先审查义务，就会违反互联网运行的客观规律性，不符合客观实际情况，也不符合《侵权责任法》第36条的规定，是违反法律的。对此，学界和专家有共识。⑥

(三)网络服务提供者采取必要措施的条件

《侵权责任法》第36条第2款规定，被侵权人有权通知网络服务提供者采取删除、屏蔽、断开链接等必要措施，网络服务提供者接到通知后应当及时采取必要措施。按照这一规定，网络服务提供者及时采取必要措施的条件是什么？在调查研究中有人提出，条文中提出的是被侵权人，被侵权人就一定是确定的，即网络用户利用网络实施侵权行为的侵权责任是已经确定的。既然是已经确定的，就应当是经过法院判决确认了侵权责任，依据侵权责任的判决书，网络服务提供者才能够采取必要措施。如果没有确定侵权责任的判决书，网络服务提供者就没有采取必要措施的义务。

在起草《侵权责任法》草案时，在条文中使用"侵权行为"和"被侵权人"，并没有赋予其已经确定构成侵权责任的含义，而是被侵权人认为自己被侵权，就可以向网络服务提供者提出通知。第36条第2款的内容是，"被侵权人有权通知网络服务提供者采取删除、屏蔽、断开链接等必要措施。网络服务提供者接到通知后"，应"及时采取必要措施"。这里明确规定，网络服务提供者"接到通知后"，而不是接到判决书后。这说明，网络服务提供者接到的是被侵权人的通知而不是确定侵权责任的判决书后，就要作一个判断，该网络用户利用网络实施"侵权行为"是否构成侵权责任，是否应当采取必要措施。及时采取必要措施的，不构成侵权，不承担连带责任。反之，网络服务提供者如果认为不构成侵权，也可以不采取必要措施，不过一旦网络用户的行为构成侵权责任，网络服务提供者就必须承担连带责任。因此，笔者认为，网络服务提供者采取必要措施的条件是被侵权人通知，而不是经过法院确认侵权。⑦

(四)网络服务提供者采取必要措施的时间要求

《侵权责任法》第36条规定，网络服务提供者采取必要措施的时间是"及时"。有人提出必须给"及时"作出一个界定，以方便操作和确定责任。法律规定的时间概念，有的需要明确规定，有的不能明确规定。在期限上，总要规定明确界限，例如诉讼时效期间等。但是，在有些场合无法规定具体的时间界限。被侵权人提示之后，网络服务提供者应当及时采取必要措施，就无法规定为1天、3天或者5天。有人说最高人民法院应当规定几天才是"及时"，笔者认为也做不到。这里的所谓"及时"，是网络服务提供者在接到被侵权人通知后的适当时间内，或者是网络服务提供者接到侵权通知后的合理时间内。具体是否构成"及时"，需要法官根据案件的具体情形，例如技术上的可能性与难度具体分析确定。⑧ 这是法官的自由裁量范围，但这个"及时"

---

⑥ 参见王胜明主编：《中华人民共和国侵权责任法释义》，法律出版社2010年版，第196页。
⑦ 参见王胜明主编：《中华人民共和国侵权责任法释义》，法律出版社2010年版，第193页。
⑧ 参见王利明主编：《中华人民共和国侵权责任法释义》，中国法制出版社2010年版，第160页。

一定不会很长,应当给予网络服务提供者一个能够作出判断的适当时间。

(五)对采取的必要措施的选择问题

《侵权责任法》第 36 条规定的必要措施是"删除、屏蔽、断开链接等",对此应当怎样理解,有不同意见。法律规定的必要措施说了三个,即删除、屏蔽、断开链接,当然还有一个"等"字,例如停止服务的措施。在这些必要措施中,删除的影响最小,屏蔽和断开链接的影响非常大。有的一个屏蔽或者断开链接就会影响到几十万、上百万件信息,不仅严重影响互联网事业的发展,而且剥夺了其他网络用户的言论自由权利。对此,必须慎重对待,不能率性而为。

《侵权责任法》第 36 条规定的必要措施,并没有指定一定是哪一个,也没有说三个都采用才是必要。依笔者的看法,凡是能够避免侵权后果的措施,就是必要措施。如果采取删除就能够避免侵权后果,就是删除;如果删除不足以避免侵权后果,就屏蔽或者断开链接。不论怎样,采取必要措施是对侵权行为采取的措施,不得以牺牲他人的言论自由和民事权益为代价。因此,所谓必要,就是能够避免侵权后果,且不限制他人的行为自由。这就是"必要"的界限。超出这个界限的,构成新的侵权行为。

"必要"的界限是由谁来确定,也是一个重要问题。有人认为,必要措施的界限应当由被侵权人提出,并且最终由被侵权人确定,即被侵权人主张采取何种必要措施,就应当采取何种必要措施,网络服务提供者应当根据被侵权人的要求确定采取何种必要措施。有人认为,应当由网络服务提供者确定何种措施为必要,认为已经能够避免侵权后果的措施就是必要措施,就采取这种必要措施。笔者认为,必要措施的必要性,首先是由被侵权人提出,但网络服务提供者也应当有自己的判断。被侵权人所注意的是避免侵权后果,而网络服务提供者所应当注意的,不仅是避免侵权后果,还应当包括是否限制他人行为自由。网络服务提供者应当自己决定应当采取何种必要措施。如果对必要措施是否必要发生争议,则由法院在确定网络服务提供者是否承担连带责任的诉讼中作出裁决,由法官判断。

(六)被侵权人通知网络服务提供者采取必要措施应否设置必要的门槛

按照《侵权责任法》第 36 条第 2 款的规定,被侵权人提出通知,网络服务提供者就应当及时采取必要措施。在调查研究和讨论中,有人认为不应当设置门槛,有人认为应当设置一定的门槛。应当设置一定门槛的理由是,凡是被侵权人认为侵权的,就有权通知网络服务提供者采取必要措施,会发生三个问题:第一,被侵权人认为侵权的内容并不构成侵权,网络服务提供者采取必要措施后,就会构成对所谓的"侵权用户"的侵权责任;第二,采取更为严重的必要措施,如果针对的侵权用户的行为确实是侵权的,但却侵害了其他网络用户的民事权益构成侵权责任;第三,还会侵害所有网络用户的知情权。如果不设置必要的门槛,就无法避免这些问题。同时,网络服务提供者还将面临自己要对新的侵权行为承担侵权责任的问题。

笔者主张在被侵权人提出通知要求采取必要措施的时候,应当设置必要的门槛。

被侵权人如果认为侵权要求网络服务提供者对该侵权行为采取必要措施,可以考虑的门槛是:第一,被侵权人的确切身份证明;第二,被侵权人与侵权用户的相互关系;第三,认为构成侵权的侵权行为的事实和网络地址;第四,被侵权人主张构成侵权的基本证据;第五,必要时,被侵权人应当提供信誉或者财产的担保。不提供上述"门槛"要求的,网络服务提供者有权不予采取必要措施。

采取这样的门槛,一方面会限制无端主张网络服务提供者采取必要措施的人的滥用权利,避免妨害互联网的发展;另一方面可以增强被侵权人的责任感,如果主张采取必要措施构成新的侵权行为,需要承担侵权责任的,能够找到主张提示的"被侵权人",并且能够由他承担侵权责任。非如此,不能保护网络服务提供者以及其他网络用户的合法权益。

(七)被采取必要措施的网络用户提出侵权责任请求的反提示规则

《侵权责任法》第36条第2款中留下一个空间:被侵权人认为他是受害人,通知网络服务提供者要采取必要措施,网站按照其通知对所谓的侵权内容采取了必要措施,但结果是这个网络用户的行为并不构成侵权,反而是主张采取必要措施的"被侵权人"或者网络服务提供者侵害了该网络用户的权利。这同样构成侵权责任。对此,尽管《侵权责任法》在该条中没有规定,但依照《侵权责任法》第6条第1款关于过错责任原则的规定,同样构成侵权责任。这就是反提示规则,或者叫做反通知规则。[9]

反提示规则是网络服务提供者根据被侵权人的提示而采取必要措施之后,发布信息的网络用户认为其发布的信息不构成侵权,而要求网络服务提供者予以恢复的规则。如果确认该网络用户发布的信息不构成侵权,没有侵犯提示的人的人格权、著作权等权益,给反提示人造成损害的,提出提示的"被侵权人"应当承担侵权责任。

同样,采取屏蔽、断开链接等措施,不仅侵害了该网络用户的民事权益,还侵害了其他网络用户的民事权益的,其他网络用户主张被侵权人和网络服务提供者承担侵权责任,同样应当依照《侵权责任法》第6条第1款的规定确定侵权责任。

有人认为,上述两种侵权责任,《侵权责任法》并没有明确规定,因此不能追究这样的侵权责任。这种看法是不正确的。原因在于,上述提到的两种侵权行为都是一般侵权行为,法律不必作具体规定,直接适用《侵权责任法》第6条第1款的规定确定侵权责任。

(八)网络服务提供者就"扩大部分"承担连带责任应当如何界定

按照《侵权责任法》第36条第2款的规定,网络服务提供者违反提示规则,是"对损害的扩大部分与该网络用户承担连带责任"。这个规则是正确的,网络服务提供者仅仅是对网络用户的侵权行为经过提示而没有采取必要措施,是对损害的扩大有因果关系,因而应就损害的扩大部分承担连带责任。

---

⑨ 参见王胜明主编:《中华人民共和国侵权责任法释义》,法律出版社2010年版,第193页。

扩大部分如何界定,有人认为很难。笔者认为并非如此。第 36 条第 2 款与第 3 款的区别是,第 3 款是就全部损害承担连带责任,网络服务提供者对网络用户利用网络实施侵权行为是明知的,因此,对造成的所有损害都应该负责。而第 2 款有区别,网络服务提供者是经过了被侵权人的提示,提示而不删除才构成连带责任。因此,对扩大部分的界定就应当从被侵权人提示的那个时间开始。例如侵权行为延续 100 天,提示之前已经发生了 50 天,提示后又延续了 50 天才起诉,后 50 天的损害就是扩大的部分。对前面的 50 天网络服务提供者并无责任,后面的 50 天,应该由网络服务提供者和网络用户承担连带责任。网络服务提供者被提示之后,凡是被提示之后造成的损害,就是损害的扩大部分。如果在网络用户实施侵权行为之时或者在被侵权人提示之前网络服务提供者就明知的,则网络服务提供者应当就全部损害承担连带责任。不过,这已经不是"扩大的部分"了。

(九)《侵权责任法》第 36 条第 3 款中规定的"知道"是否包括应当知道

如何解释第 36 条第 3 款规定的"知道"的概念,存在较大的分歧。有人认为,"知道"应当包括"已知"和"应知"。[⑩] 因此,确定本款规定的网络服务提供者的连带责任时,包括应当知道在内。这个理解并不正确。

该条文在《侵权责任法》起草过程中,长期使用的是"明知",直至第二次审议稿还是"明知",第三次审议稿才改为"知道"。在对《侵权责任法》的解释中,绝大多数学者将该"知道"解释为明知。[⑪] 也有学者将这个"知道"解释为"推定知道",以区别于"明知"。[⑫]

笔者认为,第一,将知道强制解释为明知,确有牵强之处,如果将知道解释为明知,为什么法律最终要把明知改为知道呢？以笔者为例,将知道解释为明知,其实就是为了强调知道中不包括应当知道。第二,将知道解释为包括"应知",特别是解释为应知,是非常不正确的。因为认为网络服务提供者对利用网络实施侵权行为负有应知的义务,就会要求其对网络行为负有事先审查义务。这是不正确的,也是做不到的。第三,将知道解释为推定知道,也不正确,因为推定是不需要充分证据的,而是根据一些条件而推定。尽管推定知道会比应当知道宽容一些,但仍然会对网络服务提供者苛以较为严格的责任。第四,由于"应知"是较为严格的责任条件,因此,法律在规定包括应知的时候,通常须明确规定。例如《民法通则》第 137 条规定:"诉讼时效期间从知道或者应当知道权利被侵害时起计算。但是,从权利被侵害之日起超过二十年的,人民法院不予保护。有特殊情况的,人民法院可以延长诉讼时效期间。"在法

---

⑩ 参见王胜明主编:《中华人民共和国侵权责任法解读》,中国法制出版社 2010 年版,第 185 页。
⑪ 参见王利明主编:《中华人民共和国侵权责任法释义》,中国法制出版社 2010 年版,第 159 页;杨立新:《中华人民共和国侵权责任法条文释解与司法适用》,人民法院出版社 2010 年版,第 220 页。
⑫ 参见奚晓明主编:《中华人民共和国侵权责任法条文理解与适用》,人民法院出版社 2010 年版,第 265 页;陈现杰主编:《中华人民共和国侵权责任法条文精义与案例解析》,中国法制出版社 2010 年版,第 125 页。

律条文没有规定包括应知的时候,知道不应当包括应知。

依笔者所见,本款规定的"知道"应当是已知。已知与明知是有区别的,明知应当是能够证明行为人明确知道,故意而为;已知是证明行为人只是已经知道了而已,并非执意而为,基本属于放任的主观心理状态。因此,知道是有证据证明的行为人对侵权行为已经知道的主观心理状态,而并非执意追求侵权后果。因此,《侵权责任法》第36条第3款的措辞是非常有分寸的。"知道"一词的表述内容更接近明知的概念,距离推定知道的概念稍远,但不包括应知在内。因此,学者将第36条第3款解释为"明知规则",并非曲解法律规定,而是出于善意的解释,是基本准确的。当然,解释为已知更为准确。

有一个问题是,网络服务提供者承认自己对网络用户在自己的网络上实施侵权行为为已知的,当然没有问题;问题在于,当有证据证明网络服务提供者对实施的侵权行为为已知,但并不承认自己为已知的,是证明其已经知道还是推定其已经知道。笔者认为,对于有证据证明网络服务提供者为已知的,就应当直接认定其已知,不必认定为其应当知道。下述五种情形应当认定为已知:第一,在网站首页上进行推荐的;第二,在论坛中置顶的;第三,作为网刊发布的;第四,网络用户在网站专门主办的活动中实施侵权行为的;第五,对其他网站发表的侵权作品转载的。

(十)网络服务提供者承担的连带责任的性质

《侵权责任法》第36条第2款和第3款都是规定的连带责任。对此应当如何理解,也有不同意见。应当解决的问题有以下几个:

(1)网络服务提供者应当与谁承担连带责任?这个问题是明确的,就是与利用网络实施侵权行为的网络用户。对此没有歧义,但应当明确网络服务提供者是与网络用户这个侵权行为主体承担连带责任,并非自己承担责任。由此出现的问题是,本条只规定了网络服务提供者承担连带责任,实际上利用网络实施侵权行为的网络用户也是连带责任人。如果被侵权人起诉两个被告,即网络服务提供者和网络用户,当然没有问题,法院应当一并确定各自的赔偿责任份额。但由于网络侵权行为的特点,被侵权人一般只知道侵权的网站,很难确切知道侵权的网络用户是谁,在实践中,被侵权人通常只起诉网络服务提供者,而不起诉或者无法起诉直接侵权人。这并不违反《侵权责任法》第13条和第14条规定的连带责任规则。

(2)网络服务提供者为何与实施侵权行为的网络用户承担连带责任?对此,有的学者解释网络服务提供者因为实施了间接侵权行为。[13] 这样界定网络服务提供者承担连带责任的侵权行为的性质是正确的,网络服务提供者对侵权行为没有采取必要措施的行为确实是一个间接行为,并非直接侵权。这个行为类似《侵权责任法》第37条第2款规定的第三人侵权违反安全保障义务的人的行为性质,都属于间接行为而

---

[13] 参见奚晓明主编:《中华人民共和国侵权责任法条文理解与适用》,人民法院出版社2010年版,第265页。

非直接侵权。

（3）一方的侵权行为为直接行为，另一方的侵权行为是间接行为，是否构成共同侵权？换言之，网络服务提供者承担连带责任，是基于共同侵权吗？依笔者所见，并非是共同侵权行为，而是基于公共政策考量而规定的连带责任。如前所述，按照《侵权责任法》第 37 条第 2 款和第 40 条规定的第三人侵权违反安全保障义务的人的侵权责任和第三人对未成年学生实施侵权行为教育机构有过失的侵权责任，都属于类似的侵权责任类型，《侵权责任法》对这两类侵权责任都规定为相应的补充责任。而网络服务提供者的责任，则由于实施侵权行为的网络用户的隐匿性，被侵权人不易确定直接侵权人身份的特点，才规定为连带责任，使被侵权人可以直接起诉网络服务提供者以保护自己的合法权益。这是给网络服务提供者苛加的一个较为严重的责任。对此，必须认识到。

（4）既然是连带责任，就一定有赔偿责任份额问题。对此，应当依照《侵权责任法》第 14 条第 1 款的规定，根据责任大小确定。网络服务提供者的行为由于只是间接行为，因而其承担责任的份额必然是次要责任，而不是主要责任，应当根据网络服务提供者的行为的原因力和过错程度，确定适当的赔偿份额。

（5）网络服务提供者在承担了连带责任之后，有权向利用网络实施侵权行为的网络用户追偿。对此，《侵权责任法》第 36 条第 2 款和第 3 款没有明确规定，但根据第 14 条第 2 款的规定，是不言而喻的，网络服务提供者必然享有这种追偿权。值得研究的是网络服务提供者承担的这种连带责任的真实性质。对此，笔者更倾向于认为是非典型的连带责任，更接近不真正连带责任，因为造成被侵权人损害的，全部原因在于利用网络实施侵权行为的网络用户，其行为对损害结果发生的原因力为 100％，其过错程度亦为 100％。网络服务提供者尽管有一定的过错，甚至也有一定的原因力，但其没有及时采取必要措施的过错和原因力是间接的，不是直接的，并不影响侵权的网络用户的责任。因此，网络服务提供者在承担全部赔偿责任之后，有权向实施侵权行为的网络用户全部追偿。在现行法律中，确有把不真正连带责任直接表述成连带责任的。例如《担保法》第 18 条规定："当事人在保证合同中约定保证人与债务人对债务承担连带责任的，为连带责任保证。连带责任保证的债务人在主合同规定的债务履行期届满没有履行债务的，债权人可以要求债务人履行债务，也可以要求保证人在其保证范围内承担保证责任。"这里规定的连带责任保证，性质是不真正连带责任保证。将《侵权责任法》第 36 条规定的连带责任解释成不真正连带责任，并非没有法律根据。因此，第 36 条规定的这两个连带责任似乎并不是连带责任，更像是不真正连带责任。对此应当进行深入探讨，以便最终确定这种责任的性质。

论网络侵权责任中的通知及效果[*]

《侵权责任法》出台以后，学界对第 36 条规定的网络侵权责任的讨论十分热烈，笔者写了文章阐释自己的看法，同时也在编写的《〈中华人民共和国侵权责任法〉司法解释建议稿》（以下简称《建议稿》）中，对网络侵权责任应当明确的问题进行了说明。[①] 该《建议稿》共 173 条，设专章对《侵权责任法》第 36 条规定的网络侵权责任进行了较为系统的解释，从第 72 条到第 86 条共 15 条，占全部条文的 8.67%，可见，网络侵权责任还有诸多空白需要进行研究和补充。本文就《侵权责任法》第 36 条第 2 款规定的对被侵权人的通知与后果作以下阐释。

一、网络侵权责任中被侵权人的通知

《建议稿》第 76 条规定的是关于被侵权人通知网络服务提供者采取必要措施的规则："被侵权人通知网络服务提供者采取必要措施，应当采用书面通知方式。通知应当包含下列内容：（一）被侵权人的姓名（名称）、联系方式和地址；（二）要求采取必要措施的侵权内容的网络地址或者足以准确定位侵权内容的相关信息；（三）构成侵权的初步证明材料；（四）被侵权人对通知书的真实性负责的承诺。被侵权人发送的通知不能满足上述要求的，视为未发出有效通知，不发生通知的后果。"[②] 这个解释包含的内容是：

（一）通知所涉三方主体

《侵权责任法》第 36 条第 2 款规定的通知规则[③]，涉及三方法律主体，分别是网络服务提供者、侵权人和被侵权人。通知是因侵权人在网络上实施侵权行为，由被侵权人发给网络服务提供者通知侵权行为的。其中被侵权人作为通知的发送人，是明确的；在网络上实施侵权行为的侵权人，可能是明确的，也可能是不明确的；至于网络服务提供者，当然是明确的。实施侵权行为的侵权人之所以可能是不明确的，是因为网络服务提供者作为媒介，并且网络行为并非完全实名制。也是因为网络服务提供

---

[*] 本文发表在《法律适用》2011 年第 6 期，合作者为北京大学法学院李佳伦博士。
[①] 参见中国人民大学民商事法律科学研究中心"侵权责任法司法解释研究"课题组：《中华人民共和国侵权责任法司法解释建议稿》，载《河北法学》2010 年第 11 期。
[②] 杨立新主编：《中华人民共和国侵权责任法司法解释草案建议稿》，载《河北法学》2010 年第 11 期。
[③] 也称作提示规则或者说明规则。

者这种网络媒介的存在,使网络侵权行为与其他侵权行为具有明显区别,即网络服务提供者要为侵权人实施的侵权行为承担连带责任。

1. 网络服务提供者

网络服务提供者(Internet Service Provider,以下简称 ISP),是指依照其提供的服务形式有能力采取必要措施的信息存储空间或者提供搜索、链接服务等网络服务提供商,也包括在自己的网站上发表作品的网络内容提供者。应当注意的是,《侵权责任法》第 36 条第 1 款规定的网络服务提供者包括网络服务提供商和网络内容提供商,第 2 款和第 3 款规定的网络服务提供者纯粹是网络服务提供商,不包括网络内容提供商。

网络服务提供者是一个较宽泛的概念,有学者将其分为五类,其中包括:

(1)网络接入服务提供者(Internet Access Provider),为用户提供网络接入服务的主体,包括提供光缆、路由器和网络接口等设备的经营者,如电信、铁通等。

(2)网络平台服务提供者(Internet Platform Provider),经营与互联网连接的服务器提供大量的存储空间给服务对象,如为用户提供邮箱、博客和论坛等网络空间的经营者。

(3)网络内容提供者(Internet Content Provider,以下简称 ICP),组织选择信息并通过网络向公众发布的主体,包括向网络发布信息的个人主页的所有者、各种网站的设立者,以及提供信息服务的网络服务管理者等。

(4)网络技术提供者,是指为网络用户提供软件方面技术的主体,如工具软件、网络搜索引擎和连接服务的提供者。

(5)综合性网络服务提供者,这类主体兼具提供内容服务、网络信息存储空间、搜索引擎等网络综合服务,如新浪、搜狐、腾讯等。④

也有学者根据网络服务提供者在提供服务过程中所起的作用不同,将其分为三类:

(1)接入服务提供商,是指网络基础设施的经营者,主要提供投资建立网络中转站、租用信道和电话线路等中介服务,包括联机服务、IP 地址分配等。在技术上,接入服务者无法编辑信息,也不能对特定信息进行控制。如我国电信公司、长城公司等属于这类的接入服务提供商。

(2)网络平台服务提供商,指的是为各类网络交易提供网络空间及技术和交易服务的计算机网络系统,包括提供网络空间,供用户上传各种信息,阅读他人上传的信息或自己发送的信息,甚至进行实时信息交流等,例如淘宝网、易趣网、天涯社区等。

(3)在线服务提供者,主要是指提供使用搜索引擎、索引、名录或超文本链接等方

---

④ 参见喻磊、谢绍涅:《网络服务提供者侵权归责原则新论》,载《江西科技师范学院学报》2010 年第 4 期。

式为用户搜索各类网上信息等服务的主体,如百度、谷歌等。⑤

从以上对网络服务提供者的两种分类可以看出,不同类型的网络服务提供者由于权限不同,控制范围不同,能否对被侵权人的通知进行审查和采取必要措施,怎样对被侵权人的通知进行审查和采取必要措施,不能一概而论。但有一点是相同的,即对被侵权人提出的通知应当进行审查,确认通知所称的侵权行为是否构成侵权责任,是否应当采取必要措施。如果确认构成侵权,则网络服务提供者进而采取必要措施防止侵权损害结果的进一步扩大,就不承担侵权责任,反之,则应当承担侵权责任。

2. 侵权人

网络侵权责任的侵权人与其他侵权人不同,网络侵权人的成立以利用网络实施侵权行为为必要条件,而网络侵权行为的特点是侵权人不明确,在很多情况下,被侵权人和公众无法知晓谁是侵权人,并且网络侵权行为是一种非物质性的侵权行为,侵害的民事利益也是非物质性的。在网络世界,大量的信息高速而廉价地被复制,侵权行为的损害后果是不可估计的,举证也十分困难,因此,网络服务提供者是被侵权人确定侵权人的一个有效途径。

侵权人在网络侵权行为中本来就是加害人,是应当自己承担侵权责任的人,由于其具有不明确性,被侵权人可能找不到谁是真正的侵权人,因而起诉网络服务提供者承担连带责任。当网络服务提供者承担了赔偿责任之后,能够确认侵权人的,有权向其追偿,侵权人应当赔偿网络服务提供者承担侵权责任所造成的损失。

3. 被侵权人

被侵权人就是有权发出通知,要求网络服务提供者采取必要措施的人。被侵权人可以是自然人、法人或其他组织。

被侵权人在确认自己受到网络侵权行为侵害,其民事权益受到损害时,享有通知的权利,有权通知网络服务提供者对侵权行为采取必要措施,同时也应当负有行使通知权利时所必须履行的相关义务,同时,按照通知的要求,网络服务提供者采取了必要措施之后,应当承担相应的后果责任。

(二) 通知的形式为书面通知

1. 书面形式的界定

被侵权人通知网络服务提供者采取必要措施,应当采用书面形式。书面形式是《合同法》使用的概念,《合同法》第 10 条第 1 款规定:"当事人订立合同,有书面形式、口头形式和其他形式。"对书面形式的理解,不能拘泥于传统的白纸黑字和签字盖章式的书面形式,还有数据电文,包括电报、电传、电子数据交换和电子邮件等,都属于书面形式,只不过因为数据电文没有所谓的原件,因此证明力弱于白纸黑色的签名盖章类型的书面形式。⑥

---

⑤ 参见李丽婷:《网络服务商在商标侵权中的法律责任》,载《中华商标》2010 年第 2 期。
⑥ 参见王利明、杨立新等:《民法学》,法律出版社 2005 年版,第 569 页。

2. 采取书面形式的原因和意义

笔者坚持认为,被侵权人向网络服务提供者发出采取必要措施的通知要采书面形式,有如下三方面原因:①采取书面形式有利于明确被侵权人对网络服务提供者提出的请求,具有提示甚至警示的作用;②采取书面形式可以起到证据的作用;③采取书面形式通知,对于被侵权人也有必要的提示,即发出通知是审慎的、慎重的,不能轻易为之,应当负有责任。

采取书面形式的法理意义体现在两方面:①采取书面形式是对被侵权人与网络服务提供者之间意思自治的一种限制,也进一步反映了《侵权责任法》是具有强制性的法律,书面通知带有记录在案的意思,让被侵权人通过书面形式,为错误的通知备案,以便在所谓的侵权人主张反通知的时候,追究被侵权人的侵权责任,能够有书面证据作为证明。②被侵权人的通知是否采取书面形式,有可能影响到通知的效力,此处是出于网络安全和网络管理秩序的考虑,也更是为了保护公众的利益不轻易受损,非书面形式的通知会影响通知的效力。

(三)通知的内容

被侵权人通知的内容有如下四个方面:

(1)被侵权人的姓名(名称)、联系方式和地址。被侵权人是自然人的,需要提交姓名;被侵权人是法人或其他组织的,需要提交名称。上述信息应当真实可靠,以便采取必要措施之后,一旦出现错误,网络服务提供者能够找到承担责任的人。因此,网络服务提供者需要对被侵权人的姓名(名称)、联系方式和地址进行审查。自然人作为被侵权人,应当提供身份证号等个人基本信息,法人应当提供法人资格证明。网络服务提供者要对被侵权人的个人隐私和商业秘密保密,不得实施侵犯被侵权人隐私权和商业秘密的行为,否则应当承担相应的法律责任。

(2)涉及侵权的网址,要求采取必要措施的侵权内容的网络地址或者足以准确定位侵权内容的相关信息。网络服务提供者对此不能仅仅进行形式审查,应当足以进行准确定位的网络地址应为 URL 地址,网络服务提供者应确保被侵权人提供的网络地址为 URL 地址或者能准确定位 URL 地址的信息。⑦如果地址出现明显错误,网络服务提供者应及时告知被侵权人纠正,确保准确定位侵权网址。

(3)构成侵权的初步证明材料。被侵权人提供的初步证明材料至少要包括被侵犯的权利归属的证明文件,构成侵权责任要件的事实证据。有人认为"初步"二字十分弹性,容易使人误解。笔者认为,网络服务提供者主要是从事技术活动的,他们对如何认定一个行为是侵权行为的专业知识背景参差不齐,法律并不苛求他们拥有统一的法律专业知识背景,而是依据一般人对侵权行为的认知即可。不过,网络服务提供者都应当配备法律顾问或者法律部门,他们应当对此进行审查,按照侵权责任构成

---

⑦ 参见袁伟:《著作权人发出要求删除链接的通知时应提供明确的网络地址——从技术角度浅谈〈信息网络传播权保护条例〉第 14 条第 1 款第 2 项》,载《电子知识产权》2009 年第 7 期。

要件的通说,确认通知的事项是否包括违法行为、损害事实、因果关系和过错要件。

(4)被侵权人对通知书的真实性负责的承诺及必要时的担保措施。学界一直对被侵权人通知是否有必要设置门槛有争议。国人素有"一诺千金"的传统美德,可如今"诚实信用"已经成为"帝王条款"被反复强调,有些人仍不对自己的承诺"一诺千金",必须加以必要的提示。如若被侵权人要求采取必要措施的"侵权行为"涉及比较大的财产利益,而此时侵权与否没有定论,如果经过进一步证明得出了不构成侵权责任的结果,将会带来"侵权人"财产利益受损的问题。如果"被侵权人"恶意通知,仅仅"承诺"略显单薄。涉及较大财产利益的网络侵权,应当要求被侵权人提供相应数额的担保。"较大"的标准应该由网络服务提供者进行衡量。

(四)通知的效力

通知必须在同时满足上述四个方面要求的条件下,才能发生通知的效力,即上述四方面内容缺一不可,并且应采取书面形式。网络服务提供者自收到满足条件的通知之日起通知生效。其效力是网络服务提供者对侵权人在自己的网络上实施的侵权行为采取必要措施,进行删除、屏蔽或者断开链接。

如果"被侵权人发送的通知不能满足上述要求的,视为未发出有效通知,不发生通知的后果"[8],即网络服务提供者不承担采取必要措施的义务。这个意见是正确的。

如果被侵权人的通知有明显的缺失、提供的侵权内容的网络地址或者足以准确定位侵权内容的相关信息明显有误,该通知就会被视为未通知,被侵权人就不会马上获得救济,而且也不会得知自己得不到救济的结果。这显然会对被侵权人造成进一步的损失。按照一般的理解,被侵权人理应为自己的错误通知承担不能实现通知效果的不利后果,然而,《侵权责任法》本来就是以解决侵权纠纷为职责,为了避免被侵权人的损失,网络服务提供者对此应当履行适当注意义务,在发现被侵权人提供的信息有明显错误时,应当及时回复被侵权人,省去因被视为未通知而再次通知的繁琐过程,既节省资源又提高了效率。

如果被侵权人通知要求采取措施的网址不在该网络服务提供者采取措施的权限内,例如收到通知的网络服务者是网络接入服务提供者而不是网络内容服务者,网络接入服务提供者也应及时告知被侵权人。若该权限为网络服务提供者相关联的网络内容提供者所有,则网络服务提供者应在被侵权人无法通知的情况下提供网络内容提供者的联系方式或负责转发。在通知错误的情况下,通知生效的时间应为补正通知到达之日或者通知到达真正有权采取措施者之日。

对有效通知的效力能否及于重复的侵权行为也值得研究。如果重复的网络侵权行为在通知生效时已经存在,有效的通知的效力可以及于这些既有重复的侵权行为,

---

[8] 中国人民大学民商事法律科学研究中心"侵权责任法司法解释研究"课题组:《中华人民共和国侵权责任法司法解释建议稿》,载《河北法学》2010年第5期。

网络服务提供者须对这些侵权行为采取必要措施。如果将来发生的重复侵权行为也要由网络服务提供者主动采取必要措施，网络服务提供者将在一定程度上承担权利人的保有自己权利圆满而不被侵犯的义务，却享受不到作为权利人对权利的支配和利益的享受，这对网络服务提供者显然是不公平的。笔者认为，为应对将来有可能遭受重复侵权侵害，被侵权人可以利用公告来代替通知，这样在面对大量信息时，既可以缓解网络服务提供者主动排除重复侵权的压力，也可以节省被侵权人多次通知的成本。

二、网络服务提供者对通知的审查

（一）审查须为必要范围

《侵权责任法》第36条第2款没有规定网络服务提供者对被侵权人的通知进行审查。但是，如果没有必要的审查，凡是被侵权人提出通知的，网络服务提供者就一律采取必要措施，有可能会侵害所谓的侵权人的合法权益，侵权人转而追究网络服务提供者的侵权责任，网络服务提供者就要吃官司，承担侵权责任。因此，必要的审查对网络服务提供者而言，是必要的，也是必须的。即使没有法律规定，这样的审查也只有益处，没有害处。

在《侵权责任法》第36条第2款下，网络服务提供者没有接到被侵权人的通知，不必主动进行审查。网络服务提供者采取删除、屏蔽、断开链接等必要措施的前提，是接到被侵权人的通知，否则"不告不理"。网络服务提供者作为媒介，不应干涉网络用户的言论自由，也没有限制网络用户言论自由的权利，作为技术的提供者，不具有实质审查用户发表言论内容的权利，也无权依据自己的立场主动采取必要措施。只有在基于《侵权责任法》第36条第3款关于"网络服务提供者知道网络用户利用其网络服务侵害他人民事权益，未采取必要措施的，与该网络用户承担连带责任"的规定，在网络服务提供者已经明知网络用户在自己的网站上实施侵权行为，才负有采取必要措施的义务。对此，应当对网络服务提供者的审查义务适当限缩，因为给予网络服务提供者更高的审查义务，将会促使其乐于运用过滤系统遏制包含特定语句的、有可能造成侵权行为的信息的传播，进而使网络服务提供者的权力扩大，滥用权力，甚至交予技术的机械手段限制网络信息传播，造成网络用户言论自由的不法拘束，最终导致网络用户的权利受到损害。

对于网络服务提供者收到通知之后到采取必要措施的期间，法律没有明确规定，明确规定的是"及时"。所谓"及时"，其实就是网络服务提供者进行审查的期间，不可以过短，也不可以过长，适当而已。在目前情况下，不宜规定具体的时间，而应当根据具体案件，网络服务提供者要审查的内容的不同，在发生争议之后，由法官根据事实作出判断，认为是及时还是不及时，并据此确定网络服务提供者应当承担还是不承担侵权责任。我们提出的意见是："侵权责任法第37条规定的'及时'，是合理、适当的时间,一般应当在7天之内。"⑨

(二)审查须高于形式审查

对于被侵权人发来的通知,网络服务提供者一般不会进行也不可能进行像政府机关或者司法机关那种的实质审查。行政机关和司法机关确认侵权行为必须采用实质审查,网络服务提供者作为私权利的一方,不是实质审查的主体,不享有实质审查的权力。即使网络服务提供者对通知进行形式审查,虽然不属于严格的实质审查,但在审查中如果没有尽到适当的注意义务,对于明显的不构成侵权责任的所谓侵权行为采取必要措施,侵权人提出反通知,网络服务提供者同样要吃官司,要承担侵权责任。因此,要求网络服务提供者适当提高审查标准,审慎对待审查对象,采取类似英美法系的"合理人"的标准进行审查。"合理人"是"司法概念的拟人化",是指"有平均心智水平的普通人"。合理人不是完美的人,而只是具体社会环境中一个达到中等心智水平的人,他会有各种各样的缺点,会犯生活中的错误,但在特定情形下,他应该保持必要的谨慎和细致,能充分运用自己的知识、经验、注意等能力来判断危险的存在,并采取有效的"防免措施"。⑩ 同时网络服务提供者也要秉承大陆法系"善良家父"的标准来要求自己,像家父一样循循善诱,谆谆教诲。⑪ 审查的形式应当高于一般的形式审查,低于实质审查。

(三)审查须为被动审查

网络服务提供者的审查行为是由被侵权人的通知生效到达而启动的,因此网络服务提供者不具有审查的主动性。

应当特别注意的是,通知规则是借鉴"避风港规则",并不是《侵权责任法》第36条第3款规定的已知规则。已知规则借鉴美国法的"红旗原则"。所谓红旗标准(Red Flag)可以这样理解,因为红色是十分醒目的颜色,红旗是具有醒目特征的旗帜,红旗是用来形容十分明显的侵权行为的。"当有关他人实施侵权行为的事实和情况已经像一面色彩鲜艳的红旗在网络服务提供者面前公然地飘扬,以至于网络服务提供者能够明显地发现他人侵权行为的存在。""此时侵权事实已经非常明显,网络服务提供者不能采取'鸵鸟政策',对显而易见的侵权行为视而不见。"⑫ 红旗标准的含义就是对待明显的侵权行为,网络服务提供者要主动采取必要措施。红旗标准的概念最早出现在美国,一定程度上是对避风港规则的限制,是给予网络服务提供者一定免责条款下的义务。红旗条款实际上是对避风港规则中的一项要件——没有明知侵权信息或侵权活动的存在,也不知道明显体现侵权信息或侵权活动的事实——所进

---

⑨ 杨立新主编:《中国媒体侵权责任案件法律适用指引》,载《河南财经政法大学学报》2012年第1期。
⑩ 转引自王利明:《侵权行为法研究》,中国人民大学出版社2004年版,第494页。
⑪ 参见周枏:《罗马法原论》(下册),商务印书馆2001年版,第496页。
⑫ 王迁:《论"信息定位服务"提供者"间接侵权"行为的认定》,载《知识产权》2006年第1期。

行的解释和描述。⑬

避风港规则是美国佛罗里达州地方法院和州立法院在 1993 年和 1995 年分别对两个相似案件作出相反判决下而产生的,在 1993 年的 Playboy Enterprises Inc. v. Frena 案中,网络用户未经原告许可将其依法受保护的图片上传到被告的 BBS 上,被告发现后便立即删除。但原告仍要求被告承担侵权责任,其理由是被告在 BBS 上公开展示和传播了该作品,侵犯了版权人的展示权与传播权。最终法院认为被告管理网络系统的行为存在过失,应对该网络上发生的侵权行为承担责任。⑭ 1995 年联邦法院在 Religious Technology Center v. Netcom 案中作出了相反的判决,1997 年被《千禧年数字版权法》(即 DMCA)规范为避风港规则。⑮避免网络服务提供者无条件地承担严格责任,只有在明知或应知,或者"红旗标准"的情况下才承担连带侵权责任,否则,只有在被侵权人提示的情况下,才应当采取必要措施。借鉴避风港规则,我国《侵权责任法》第 36 条第 2 款明确规定,网络服务提供者不知网络服务提供者在自己的网络上实施侵权行为,经过被侵权人通知,并且经过审查确认侵权人实施的行为有可能构成侵权责任,就要承担采取必要措施的义务。当该义务不予履行或者履行不当,致使侵权行为的损害后果进一步扩大,网络服务提供者就要对扩大的损害部分,与网络用户承担连带侵权责任。

因此,应当区别网络服务提供者对网络用户实施侵权行为的审查义务,在红旗原则之下,网络服务提供者在已知的情况下,应当主动采取必要措施。而在避风港原则下,对于被侵权人通知的侵权行为,并非承担事先审查义务,而是被动审查,"不告不理"。

三、被侵权人通知的效果

《侵权责任法》第 36 条第 2 款规定,网络服务提供者接到被侵权人的通知,应当及时采取删除、屏蔽或者断开链接等必要措施。这就是被侵权人通知的法律后果。但是,仅仅这样规定仍然不够,还需要进行必要的补充。《建议稿》第 77 条、第 78 条和第 83 条规定了相应的规则。⑯

(一)网络服务提供者及时采取必要措施

网络服务提供者接到被侵权人的符合前述规定的书面通知后,经过审查,确认网

---

⑬ 17U. S. C. ,§512(c)(1)(A)(ⅰ)-(ⅱ)。

⑭ See Playboy Enterprises Inc. v. Frena, Dec. 9,1993,839F. Supp. 1552. 转引自胡开忠:《"避风港规则"在视频分享网站版权侵权认定中的适用》,载《法学》2009 年第 12 期。

⑮ See Religious Technology Center v. Netcom online Communication Service. Inc. ,907F. Supp. 1372(N. D. Cal. 1995). 转引自胡开忠:《"避风港规则"在视频分享网站版权侵权认定中的适用》,载《法学》2009 年第 12 期。

⑯ 参见杨立新主编:《中国媒体侵权责任案件法律适用指引》,载《河南财经政法大学学报》2012 年第 1 期。

络用户即所谓的侵权人实施的行为有可能构成侵权责任的,应当及时删除涉嫌侵权的内容,或者予以屏蔽,或者断开与涉嫌侵权的内容的链接。上述三种必要措施,究竟应当采取哪一种,首先被侵权人应当提出,网络服务提供者应当进行斟酌,确定采取适当的必要措施。如果被侵权人没有提出采取何种必要措施主张的,网络服务提供者应当采取可能造成损害最小的必要措施。

被侵权人如果主张采取屏蔽或者断开链接为必要措施的,因为其造成损害的后果较为严重,特别是可能造成其他网络用户的权益损害,应当责令被侵权人提供相应的担保。被侵权人不提供担保的,网络服务提供者可以不采取屏蔽或者断开链接的必要措施,只采取删除的必要措施。

在网络服务提供者采取必要措施的同时,应当将通知书转送提供内容的网络用户,即所谓的侵权人。如果网络用户的网络地址不明而无法转送,网络服务提供者应当将通知的内容在网络上公告。

除了《侵权责任法》第36条第2款规定的三种必要措施之外,也可以采取其他必要措施,例如网络服务提供者可以根据被侵权人的通知,或者自行对多次警告但仍然在网络上实施侵权行为的网络用户,采取停止服务的必要措施。

(二) 被侵权人通知错误的赔偿责任

通知发送人发出通知不当,网络服务提供者据此采取删除、屏蔽或断开链接等必要措施,给网络服务提供者或网络用户以及其他网络用户造成损失的,也构成侵权责任。

被侵权人通知错误,侵害的是网络用户即所谓的侵权人的民事权益,以及其他网络用户的民事权益。如果采取的是删除的必要措施,造成损害的,可能就只有网络用户一人。其他相关人提出侵权诉求的,由于其不是直接受害人,无权提出侵权请求。如果采取的是屏蔽或者断开链接等必要措施,则可能会损害其他网络用户的民事权益。例如,对实施侵权行为的网络用户张伟进行屏蔽,则在全国有290 607个叫张伟的人[17]会因此而使自己的民事权益受到损害(因为张伟为全国重名之首),他们都有权主张网络用户和被侵权人承担侵权责任。

作为侵权人的网络用户以及其他网络用户由于被侵权人的通知错误而造成自己的民事权益损害,《侵权责任法》第36条没有规定救济办法。对此,应当依照《侵权责任法》第6条第1款关于过错责任的规定,确定被侵权人的侵权责任,造成损失的,应当承担赔偿责任。

应当研究的是,如果因通知错误而造成损害的网络用户包括其他网络用户主张通知错误的侵权责任,应当向网络服务提供者主张,还是向被侵权人即通知人主张。按照侵权责任的责任自负规则,谁通知错误就应当由谁承担侵权责任。所谓的被侵

---

[17] 参见《全国姓名重名查询前50排行》,载百度文库(http://wenku.baidu.com/view/7e92f1bd960590c69ec376ba.html),2011年4月2日访问。

权人通知错误,当然应当由被侵权人承担赔偿责任。不过,在网络服务提供者为网络用户作为侵权人承担连带责任的规定中,似乎确定了一方主张另外两方承担连带责任的先例,照此办理,侵权人主张反通知权利,可以主张网络服务提供者和被侵权人承担连带责任。问题在于,《侵权责任法》第36条第2款规定网络服务提供者承担连带责任,是由于侵权人的网络用户往往难以查找,为保护被侵权人计,确定网络服务提供者承担连带责任。在受到错误通知损害的网络用户以及其他网络用户主张反通知权利,追究侵权责任,被侵权人是明确的,同时,法律没有规定连带责任的,原则上是不能承担连带责任的。因此,应当确定的规则是:

(1)在网络服务提供者已尽适当审查义务,按照被侵权人的通知要求采取必要措施的,如果网络服务提供者没有过错,则网络用户和其他网络用户只能主张被侵权人即通知错误人承担侵权责任,不能主张网络服务提供者承担连带责任。

(2)网络服务提供者对于错误通知没有尽到审慎审查义务,有过错的,网络用户和其他网络用户可以主张网络服务提供者和通知错误人承担连带责任,网络服务提供者承担赔偿责任之后,可以向通知错误人进行追偿。这样的规则完全符合《侵权责任法》的法理。

论网络侵权责任中的反通知及效果

关于《侵权责任法》第36条规定的网络侵权责任，其中还隐藏着受到"通知—取下"措施损害的侵权网络用户以及其他网络用户的反通知权利及"反通知—恢复"规则，对此也应当进行详细阐释和说明。由于对反通知及其效果没有明确规定，更需要全面研究，揭示其具体规则，以全面平衡以网络服务提供者为中心，由侵权网络用户、被侵权人和其他网络用户三方①利益主体构成的"一个中心三个基本点"的复杂利益关系。本文对此进行探讨。

一、《侵权责任法》第36条是否包含反通知规则

《侵权责任法》第36条规定了网络侵权责任的基本规则，有学者认为，该条规定对被侵权人的权利保护的价值关怀较多，对公众言论自由的制度安排略少。② 这种意见只看到了该条文表面规定的"通知—取下"规则，没有看到条文背后存在的"反通知—恢复"规则。《侵权责任法》第36条第2款表面规定的是通知及其效果，在法条背后却包含着反通知规则及其效果。笔者在《〈中华人民共和国侵权责任法〉司法解释草案建议稿》（以下简称《建议稿》）中，对此作了具体阐释，笔者对此的理解集中体现在第80条至第82条中。③

对《侵权责任法》第36条第2款背后究竟是否包含反通知规则问题，有不同的意见：一种观点认为，设置反通知规则的做法不值得借鉴和效仿。④另一种观点认为，为网络用户设置反通知权利是十分必要的，发布信息的网络用户认为其发布的信息没有侵犯他人合法权益，则可以进行反通知，要求网络服务提供者取消删除等必要措施，事后经证明确未侵权，通知人应当就删除造成的不利后果承担责任。⑤如果法律不设置反通知规则，仅凭借法条本身过于简单的规则会造成对合法行使权利的网络用

---

* 本文发表在《法律科学》2012年第2期。
① 由于《侵权责任法》第36条第2款使用的是被侵权人和侵权网络用户的概念，为了方便，本文一律使用这个概念，而不论在实际上是否构成被侵权人和侵权网络用户。
② 参见周强：《网络服务提供者的侵权责任》，载《北京政法职业学院学报》2011年第1期。
③ 该课题由中国人民大学民商事法律科学研究中心"侵权责任法司法解释研究"课题组研究完成，课题组负责人杨立新，建议稿发表在《河北法学》2010年第11期。
④ 参见苟红、梁奇烽：《论规制网络侵权的另一种途径——间接网络实名制》，载《新闻传播》2010年第11期。
⑤ 参见王胜明主编：《中华人民共和国侵权责任法解读》，中国法制出版社2010年版，第183页。

户十分不公平,对未侵权网络用户不利,也为司法机关增加了负担。⑥

笔者认为,在网络侵权责任的法律规定中设置了"通知—取下"规则,就必须配置"反通知—恢复"规则,否则就会造成网络关系中各方当事人的利益不平衡。《侵权责任法》第36条第2款明确规定了前一个规则,并且也表明了网络服务提供者在避风港规则下对涉及侵权的信息不必主动审查,要求网络服务提供者在收到被侵权人的有效通知后,应该及时采取删除、屏蔽、断开链接等必要措施,从而避免对被侵权人造成的损失进一步扩大。然而,仅凭被侵权人一面之词就将侵权网络用户发布的信息删去或阻止访问,也不能使网络服务提供者内心安稳踏实,网络服务提供者虽然在其权限范围内将涉及侵权的信息采取了必要措施,尽到了善良管理人的注意义务,对被侵权人的损失可以免责,但是被侵权人如果通知不实,极有可能损害侵权网络用户以及其他网络用户的合法权益,而网络服务提供者则要承担无端删除自己用户的不侵权信息的责任。"通知—取下"规则不能为网络服务提供者的违约责任提供免责依据,这使得网络服务提供者在采取"取下"的必要措施时处于"前怕狼,后怕虎"的两难境地。没有"反通知—恢复"规则,就难以克服上述网络侵权责任确认中的困境。

可以借鉴的是,美国《千禧年数字版权法》(DMCA)在第512(c)条第3款赋予侵权网络用户以反通知的权利,即侵权网络用户或其他网络用户在网络服务提供者根据被侵权人的通知对其用户发布的信息删除、屏蔽或断开链接时,认为自己没有侵权的侵权网络用户和其他相关网络用户可以向网络服务提供者发送证明自己没有侵权的反通知,将举证和抗辩分配给这些网络用户,网络服务提供者只在侵权与不侵权之间居间评判。另外,出于减少损害和减少滥用通知的考虑,《千禧年数字版权法》在第512(g)条第2款中规定网络服务提供者在收到反通知后,应及时通知被侵权人(即通知发送人)或其代理人,除非法院认定侵权网络用户行为确为侵权行为,否则涉及侵权的信息将在10个工作日内被恢复。⑦我国的《信息网络传播权保护条例》中也有类似反通知恢复措施的规定,这也是有学者认为的《侵权责任法》第36条第2款背后包含反通知规则的有力根据。

我国《侵权责任法》第36条第2款对反通知规则虽然没有明确规定,但在逻辑上是存在的。原因在于,在《侵权责任法》第36条第2款规定的网络侵权责任关系中,形成了以网络服务提供者为中心,以被侵权人、侵权网络用户和其他相关网络用户构成的"一个中心三个基本点"的复杂的网络侵权法律关系网。⑧如果被侵权人提出通知,网络服务提供者对涉及侵权的信息予以删除,侵权网络用户默认,其他网络用户无异议,各方当事人当然平安无事。但是,侵权网络用户认为自己的信息并未侵权,反而取下其信息却构成侵权,他当然要向网络服务提供者主张权利,网络服务提供者

---

⑥ 参见李强:《网络侵权法规应进一步完善》,载《光明日报》2010年2月21日,第5版。
⑦ 参见李强:《网络侵权法规应进一步完善》,载《光明日报》2010年2月21日,第5版。
⑧ 参见杨立新:《侵权责任法》,法律出版社2011年版,第245页。

不能只接受通知而不接受反通知。同样,如果被侵权人主张采取的措施是屏蔽或者断开链接,无论侵权网络用户的行为是否构成侵权,都会造成对其他网络用户的权利损害,难道他们就没有权利向网络服务提供者主张权利吗? 这也是必须通过反通知规则解决的问题。以网络服务提供者为中心,被侵权网络用户、其他网络用户和被侵权人三方当事人围绕,就构成了这种复杂的利益关系。在网络侵权责任规则中,只有通知权利和反通知权利相互结合,"通知—取下"规则和"反通知—恢复"规则相互配置,才能构成一个平衡的制度体系,平衡好四方当事人的利益关系。

有人可能会认为,设置通知规则和反通知规则,并且相互制约,网络服务提供者可能要经历一会儿要"取下"一会儿就"恢复"的机械行为。有这个可能,但这并非毫无意义,而是防止损失扩大的保护行为[9],特别是对于保护网络用户的言论自由更有必要。如果没有反通知规则,仅仅按照《侵权责任法》第36条第2款规定的通知规则进行,将会有无数仅因所谓的被侵权人的通知就受到侵害的侵权网络用户以及其他网络用户受到侵害而无处申冤,造成法律规则的利益失衡,使更多人的权利无法保障,导致网络服务提供者仅凭借通知内容的一面之词,认定网络用户的侵权行为而损害了公民的言论自由。

"通知—取下"和"反通知—恢复"规则的设置在于保护网络当事人的合法权益不受侵害,同时保护公众的言论自由,促进网络服务产业的健康发展。在权衡被侵权人权益的保护和公众言论自由的同时,也应考虑到人们日常生活对网络的依赖以及网络对社会发展的积极作用,如果苛以网络服务提供者沉重的枷锁,使其时刻有蒙受诉讼及承担侵权责任的危险,将严重影响网络服务提供者所经营的网络平台的运营情况,避免导致整个网络服务行业的萎缩,这也与法律的最终追求相违。"通知—取下"和"反通知—恢复"规则,充分考虑了被侵权人、侵权网络用户、其他网络用户与网络服务提供者在遏制侵权和维护公众言论自由方面各自的便利条件和优势:首先,该规则将主动发现和监督侵权行为的责任分配给被侵权人;其次,网络服务提供者能够有效利用互联网技术手段制止侵权行为;再次,侵权网络用户证明自己的行为不构成侵权最为合理和便利,其他网络用户证明自己的民事权益受到侵害也最为方便;最后,网络服务提供者作为三方利益冲突的中心,作为中立的主体,最适合对侵权网络用户和被侵权人之间的争议进行初步判断。因而这种设计契合法律的效率原则。[10]

二、网络侵权责任中反通知的概念和特点

(一)反通知的概念

网络的自身特性,决定了在该空间内实施的侵权行为具有隐蔽性,在确切的侵权

---

[9] 参见杨明:《〈侵权责任法〉第36条释义及其展开》,载《华东政法大学学报》2010年第3期。
[10] 参见梅夏英、刘明:《网络服务提供者侵权中的提示规则》,载《法学杂志》2010年第6期。

人难以认定的情况下,问题只能诉诸为网络侵权提供技术条件的网络服务提供者,其有责任在管理自己的网络系统的同时谨慎地注意侵权行为的发生,并及时采取相应的必要措施。[11]正因为如此,既要配置通知权利,也要配置反通知权利。

网络侵权责任中的通知,是指被侵权人要求网络服务提供者对侵犯其合法民事权益的网络信息及时采取必要措施的权利。而反通知则是指网络服务提供者根据被侵权人的通知采取了必要措施后,侵权网络用户认为其涉及侵权的信息未侵犯被侵权人的权利,或者其他网络用户认为采取的必要措施侵害了自己的合法权益,向网络服务提供者提出要求恢复删除、取消屏蔽或者恢复链接等恢复措施的权利。

(二)反通知的特点

1. 反通知的性质是权利

民事权利的本质有多种理论争议,其中德国学者梅克尔主张的法力说得到更多的肯定,该学说认为权利是由内容上特定的利益和形式上法律之力两方面构成的。[12]反通知一方面是对被指控侵权内容的抗辩,是反通知人对自身利益的维护;另一方面是受法律保护的,因此反通知正是利益与法律之力的结合。《侵权责任法》第36条第2款规定通知规则时使用了"有权"二字,承认通知是一种权利。既然通知是被侵权人的权利,反通知当然也是权利,是被采取必要措施而受其害的侵权网络用户和其他网络用户的权利。由于被侵权人发出的通知导致网络服务提供者采取删除、屏蔽、断开链接等必要措施造成侵权网络用户和其他网络用户民事权益损害的,侵权网络用户和其他相关网络用户可以行使反通知的权利,以保护自己的实体民事权利。特别重要的是,被侵权人发出通知要求对某侵犯其权益的信息采取屏蔽措施,网络服务提供者决定屏蔽某些关键字,这就会影响其他网络用户的权益,尤其关键字为姓名时,其他重名用户或者公众就会因而利益受损,他们都可以为自己主张权利,成为反通知的权利主体。

反通知的权利主体是侵权网络用户和其他网络用户。笔者在《建议稿》第80条第1款提出:网络用户接到网络服务提供者转送的通知书后,认为其提供的内容未侵犯被侵权人权利的,可以向网络服务提供者提交书面反通知,要求恢复被删除的内容,或者取消屏蔽,或者恢复与被断开链接的内容。这里虽然没有像《侵权责任法》第36条第2款那样使用"有权"的字眼儿明确赋予权利主体以权利,但可以肯定,这里表达的是网络侵权用户面对"通知—取下"措施时享有的救济手段即反通知权利。《建议稿》第82条前段规定,因被侵权人主张采取屏蔽等措施,造成其他网络用户民事权益损害的,其他网络用户有权提出反通知,则明确肯定反通知的权利性质。法谚云"有权利必有救济",救济是由权利衍生的,是权利实现的方式,是权利实现的充分

---

[11] 参见秦珂:《"通知—反通知"机制下网络服务提供者版权责任的法律比较》,载《河南图书馆学刊》2005年第3期。

[12] 参见杨立新:《民法总论》,高等教育出版社2009年版,第163页。

且必要条件,有救济必有权利,从救济的存在当然可以推导出权利的存在,其权利主体就是所谓的侵权网络用户和受到损害的其他网络用户。

2. 反通知权利的义务人是网络服务提供者

反通知的权利人是通知指向的侵权网络用户和受到必要措施侵害的其他网络用户,反通知的义务人就当然是网络服务提供者。有学者指出,反通知使网络用户参与到"通知—取下"程序中来,为其提供了一个抗辩的机会,同时它也可以避免网络服务提供者听取一面之词单方面删除信息,妨碍到公众的言论自由。[13] 这种意见是正确的。反通知是相对于通知而言的。被侵权人作为通知的权利主体,反通知的义务主体当然是作为媒介的提供网络技术平台的网络服务提供者,网络服务提供者应当对通知权利行使做出必要的行为,即及时采取必要措施。相应的,反通知权利人行使权利,当然也必须针对网络服务提供者提出,对自己的被通知和采取必要措施的网络行为进行辩解、否认。反通知权利的义务主体当然也是网络服务提供者,而不是所谓的被侵权人。这是由于网络侵权行为与其他一般侵权行为不同,就在于其以网络服务提供者为中介,侵权人实施侵权行为必须要通过网络媒介传播,侵权人的身份往往不明确,须通过网络服务提供者这个中间桥梁,才能建立被侵权人和侵权网络用户之间的沟通和联系。因此,无论是通知权利还是反通知权利,其义务人都是网络服务提供者。

应当看到的是,通知权利和反通知权利的性质是一种程序性的权利,即针对网络侵权行为而对网络服务提供者提出采取取下措施或者恢复措施的权利,并不是民事实体权利,不是侵权请求权,也不是侵权请求权的一个内容。如果当通知权利人和反通知权利人不是向网络服务提供者提出通知或者反通知,而是直接向人民法院起诉的,就不是通知权利和反通知权利的问题了,而是直接行使侵权请求权。

3. 反通知权利的目的是使通知失效并采取恢复措施

尽管反通知的义务人是网络服务提供者,但反通知权利行使的目的却是针对被侵权人的通知,是使通知失效,并且使通知的后果予以恢复。通知的目的是要对侵权网络用户实施的网络侵权行为在网络上采取必要措施,消除侵权后果;相反,反通知的内容是要说明侵权网络用户没有实施侵权行为的事实和依据,或者其他网络用户因通知权的行使而遭受其害,因而对抗通知权的行使及其效果。反通知权利的行使效果的"恢复",对抗的是通知权及其效果即"取下",使通知失效,并将因此采取的必要措施予以撤销,使侵权网络用户实施的网络行为恢复原状。

三、行使反通知权利的条件和内容

(一)反通知权利行使的条件

行使反通知权利,主张网络服务提供者撤销必要措施,对侵权网络用户实施的网

---

[13] 参见周强:《网络服务提供者的侵权责任》,载《北京政法职业学院学报》2011年第1期。

络行为予以恢复,应当具备以下条件:

1. 反通知以通知行为的有效存在为前提

侵权网络用户行使反通知权利,或者其他网络用户行使反通知权利,应当以被侵权人行使通知权利为前提。反通知的基础是通知。"大凡物不得其平则鸣"⑭,如果没有被侵权人的通知权利的行使,反通知无由存在。不仅如此,通知权利行使之后且须有效存在,反通知的权利才能够行使。如果通知的权利行使之后随即予以撤销,则反通知的权利也不得行使。

2. 网络服务提供者已经对网络侵权行为采取必要措施

仅仅有被侵权人的通知权利行使还不够,行使反通知权利还必须在被侵权人行使通知权利之后,网络服务提供者已经采取必要措施,对相关网络信息采取删除、屏蔽、断开链接等取下措施,只有如此,侵权网络用户或者其他网络用户的民事权益才有可能受到侵害,也才有行使反通知权利的条件。通知的权利行使之后,网络服务提供者并没有对网络侵权行为采取取下措施,反通知权利也不得行使。

3. 反通知的权利人认为自己的民事权益受到了侵害

反通知的权利主体可以是侵权网络用户,也可以是民事权益受损的其他网络用户。当被侵权人行使通知权利,网络服务提供者对侵权网络用户实施的侵权行为采取必要措施后,侵权网络用户和民事权益受到侵害的其他网络用户认为自己的民事权益受到了侵害,才有必要行使反通知权利。因此,反通知权利是反制通知权利行使不利于侵权网络用户或其他网络用户的必要措施。当反通知的主体是通知所包含的侵权行为所指向的侵权网络用户时,反通知的主体是特定的;当反通知的主体是因通知引起的民事权益受损的其他网络用户时,反通知的主体则是一定范围内的不特定的公众。之所以将反通知的主体扩大,是因为要保护公众的言论自由。这种损害是反通知权利人民事权益的损害,包括所有的民事权益。这种损害只要反通知权利人认为构成了损害即可,不一定已经构成了实际损害。不过,反通知权利人认为已经构成侵害但实际并没有造成损害,在其后发生的诉讼中,法院可能依据事实确认反通知权利人行使权利不当,因而得到败诉的后果。

4. 侵权网络用户和其他网络用户的损害与网络服务提供者采取取下措施之间具有因果关系

侵权网络用户和其他网络用户的损害须与网络服务提供者采取下措施之间具有引起与被引起的因果关系。有因果关系,则其反通知权利的行使为正当;没有因果关系,则反通知权利的行使为不正当。

(二)行使反通知权利的要求

侵权网络用户和其他网络用户行使反通知权利,应当遵守以下两个要求:

(1)应当将反通知直接发给网络服务提供者。网络服务提供者是反通知的义务

---

⑭ 韩愈:《送孟东野序》。

人,反通知与通知相同,都要求发给包含侵权信息或需要恢复的不涉及侵权信息的网络平台的运营商即网络服务提供者,进而由网络服务提供者依据自己的审查结果采取恢复措施,同时,应当将反通知转发通知权利人。反通知不能由反通知权利人直接发给通知权利人即被侵权人,因为被侵权人不是反通知权利的义务主体。

(2)反通知应当采取书面形式。反通知要求采取书面形式的理由和作用与通知相同,都是要体现在网络安全、网络管理秩序与意思自治的博弈中,慎重的书面通知和反通知不但可以起到警示作用也可以起到证据作用,从而排除了通知人和反通知人与网络服务提供者对通知和反通知形式的约定。之所以强调反通知必须采取书面形式,与通知必须是书面形式的理由一致。相比之下,反通知的书面形式更为必要。

(三)反通知的内容

权利人行使反通知权利,反通知的内容应该明确、具体。反通知的内容越明确越具体,其证明力越强,对抗通知的效力就越强。侵权网络用户通过将反通知内容的明确化和具体化,以达到对自己权益更完备的保护。反通知的内容是:

(1)网络用户的姓名(名称)、联系方式和地址。网络用户应提供真实的姓名、身份证号等个人基本信息,企业单位用户则应提供名称、营业执照、单位编码及住所和居所,以便在要求恢复的网络地址或者其他信息出现错误时网络服务提供者与其联络,保证恢复行为顺利并及时进行。之所以这样要求,是因为网络用户反通知造成网络侵权损失的扩大,应由网络用户自己承担责任时,能够找到责任人。

(2)要求恢复的内容的名称和网络地址。要求恢复的内容和网络地址是反通知的必要内容之一,也是反通知不可缺少的条件。反通知指向的地址如果不在网络服务提供者的权限范围之内,则网络服务提供者应及时告知网络用户,并告知反通知正确的接收者。如果反通知指向的地址属于网络服务提供者的权限范围,但是地址链接明显有误,则网络服务提供者应及时与网络用户取得联系,要求其及时纠正或补正要求恢复的网络地址。侵权网络用户因为自己原因没有及时补正和纠正要恢复的网络地址,造成反通知无效的,由侵权网络用户自己承担不利后果。

(3)不构成侵权的初步证明材料。反通知中不构成侵权的初步证明材料应足以与通知中构成侵权的初步证明材料相对抗,网络侵权用户可以证明自己的行为不是《侵权责任法》所规范的违法行为,或者通知所指的损害事实并不存在,或者违法行为和损害事实不存在因果关系,或者自己不存在过错。可以考虑的证明标准,应当是盖然性标准而不是高度盖然性标准,证明达到可能性或者较大可能性的时候,既可以确认。

(4)反通知发送人须承诺对反通知的真实性负责。这种自我保证程序是必要的,可以在一定程度上减少恶意反通知的行为,以维护被侵权人的合法权益。我们在《建议稿》第83条建议:网络服务提供者因通知发送人发出侵权通知而采取删除、屏蔽或断开链接等必要措施给网络服务提供者或网络用户造成损失的,通知发送人应当依照《侵权责任法》第 6 条第 1 款规定承担赔偿责任。⑮ 如果通知发生错误使网络侵权用户蒙受损失,则通知发送人要承担相应责任。

（5）如果反通知要求的恢复可能涉及较大财产利益,并且被侵权人在通知时已经提供了相应数额的担保,侵权网络用户在提出反通知的同时,也应当提供相应数额的反担保。日本的《特定电气通信提供者损害赔偿责任之限制及发信者信息揭示法》也考虑到了网络服务提供者对被侵权人发来的通知的真实性和合法性难以辨别时,应首先询问侵权网络用户是否同意采取防止散布的必要措施,如果侵权网络用户收到通知和询问之后 7 天内没有表示反对,则网络服务提供者方可采取相应的必要措施。该规定与《物权法》规定的异议登记制度相似,这种规则可以运用于侵权网络用户提出反通知,通知方在一定期限内不起诉,则通知即告作废,这充分体现了法律从不保护权利上的睡眠者。⑯ 应当提供担保而没有提供担保者,视为反通知无效,网络服务提供者不予采取恢复措施。

四、网络服务提供者对反通知的审查

网络服务提供者对反通知的审查,与对通知的审查相同。网络服务提供者并不是对网络上发生的所有信息都进行审查,而仅仅是对通知规则范围内的、被侵权人通知主张的网络用户实施的网络侵权行为进行审查。这是因为,网络服务提供者缺乏承担广泛审查义务的能力,作为网络技术平台的管理者,其负责网络信息发布和汇总也应对所有经其发布的信息进行管理和监控,但由于网络服务提供者面对的海量信息难以履行如同传统新闻出版者一般的审查义务,通过主动出击的方式寻找其权限范围内的侵权行为,成本和效率上都是其不可承受之重。⑰

同样,网络服务提供者并不是法官,其不具备判断反通知中"不构成侵权的初步证明材料"是非的能力,尤其是在一些侵害名誉权和隐私权的案件中,被侵权人和侵权网络用户各执一词,孰是孰非连法官都难以判断,更何况网络服务提供者乎？也有观点认为,互联网上侵犯专利权、侵犯商业秘密的判断对网络服务提供者的要求太高,"通知—删除"规则不适宜在民事权益中普遍适用。⑱ 笔者认为,对于那些显而易见的侵权应当适用红旗标准,红旗标准在美国被首次提出,智力和心智处于一般水平的人就可以判断这些明显的侵权行为,网络服务提供者自然也可以。在我国,《互联网信息服务管理办法》第 15 条列举的都属于"红旗",其中包括：①反对宪法所确定的基本原则的;②危害国家安全,泄露国家秘密,颠覆国家政权,破坏国家统一的;③损害国家荣誉和利益的;④煽动民族仇恨、民族歧视,破坏民族团结的;⑤破坏国家宗

---

⑮ 参见杨立新等:《〈中华人民共和国侵权责任法〉司法解释草案建议稿》,载《河北法学》2010 年第 11 期。
⑯ 参见王竹、舒星旭:《从网络侵权案例看"提示规则"及其完善》,载《信息网络安全》2011 年第 5 期。
⑰ 参见梅夏英、刘明:《网络服务提供者侵权中的提示规则》,载《法学杂志》2010 年第 6 期。
⑱ 参见吴汉东:《论网络服务提供者的著作权侵权责任》,载《中国法学》2011 年第 2 期。

教政策,宣扬邪教和封建迷信的;⑥散布谣言,扰乱社会秩序,破坏社会稳定的;⑦散布淫秽、色情、赌博、暴力、凶杀、恐怖或者教唆犯罪的;⑧侮辱或者诽谤他人,侵害他人合法权益的;⑨含有法律、行政法规禁止的其他内容的。对专业技术水平较高的一般人不好轻易判断的侵权行为,对网络服务提供者来说也不是不可能的。网络服务提供者作为互联网技术的运营商,团队中应当有处理日常法律事务的具备法律专业素质或其他专业素质的工作人员,因此要求网络服务提供者对上述几种侵权行为进行判断并非强人所难,而且对网络服务提供者就侵权材料的认定标准的要求不必如同法院那么高,只要不是十分明显的判断失误,也不必承担不利后果。

网络服务提供者对反通知的审查主要是审核反通知的内容是否满足上述要求,是否符合行使反通知权利的四个要件,以及反通知是否采取书面形式。符合上述要件的反通知,自网络服务提供者收到之日起,网络服务提供者即应采取措施,撤销原来采取的删除、屏蔽或者断开链接等必要措施。

五、反通知的效果

反通知的权利行使之后,发生两个方面的法律效果:

(一)对网络服务提供者的效果

反通知的义务主体就是网络服务提供者,反通知的基本效力,就是网络服务提供者依照反通知的要求,对已经采取必要措施的网络信息撤销删除、屏蔽或者断开链接等恢复措施,使侵权网络用户在网络上的行为得以恢复,使其他网络用户受到损害的后果得到恢复。

因此,网络服务提供者在接到网络用户的书面反通知后,应当及时恢复被删除的内容,或者取消屏蔽,或者恢复与被断开的内容的链接,同时将网络用户的反通知转送通知的发送人。反通知的目的就是将通知的效果打回原形,使通知失效。反通知一旦生效,对通知的打击将是毁灭性的,但是被侵权人主张自己合法民事权益不受侵害的权利并没有受到限制,只是不享有再通知的权利。

网络服务提供者究竟应当在多长时间内采取恢复措施,跟通知后采取取下措施一样,没有明确规定。一般解释都是"合理"[19]、"适当"[20]的时间。在司法实践中,法官希望能够确定一个确定的时间,比较容易操作。有人主张10天,有人主张7天,笔者倾向于7天,时间比较适中。[21]

(二)对通知权利人以及其他人的效果

对于反通知,发动通知的被侵权人不享有再通知的权利。这是因为,一个制度的

---

[19] 参见王利明主编:《中华人民共和国侵权责任法释义》,中国法制出版社2010年版,第160页。
[20] 参见杨立新:《侵权责任法:条文背后的故事与难题》,法律出版社2010年版,第140页。
[21] 参见杨立新主编:《中国媒体侵权责任案件法律适用指引》,载《河南财经政法大学学报》2012年第1期。

设计,不可以循环往复,且网络服务提供者也不具有如此的能力。被侵权人不得重复通知,在非诉讼层面的救济到此结束。在《建议稿》第 81 条第 2 款建议:发送通知的"被侵权人"不得再通知网络服务提供者删除该内容、屏蔽该内容或者断开与该内容的链接。无论何方,对此有异议的,可以向人民法院起诉。[22]

事实上,在被侵权人通知、侵权网络用户或者其他网络用户反通知的情形下,无论哪一方当事人(包括网络服务提供者),都有可能出现是否构成侵权的争议。但主要的争议可能出现在被侵权人和网络服务提供者。如果网络服务提供者接受反通知,撤销必要措施,被侵权人有可能主张权利,可能起诉反通知权利人以及网络服务提供者,追究他们的侵权责任;如果侵权网络用户或者其他网络用户反通知后,网络服务提供者不接受反通知,没有撤销必要措施,反通知权利人可能起诉网络用户以及被侵权人,追究他们的侵权责任。因此,在这些情形下,不论网络服务提供者是否采取撤销必要措施,在其周围的三种权利主体都有可能起诉,追究他方的侵权责任,同时都有可能将网络服务提供者作为责任人,诉至法院,追究其侵权责任。

因此,涉及反通知权利行使的各种争议,实际上都是侵权争议,诉至法院,法院都要依照《侵权责任法》第 6 条第 1 款和第 36 条的规定,确定侵权的是非,定分止争。人民法院应当依照《侵权责任法》的上述规定,依据网络侵权行为的构成要求,确定究竟应当由哪一方承担侵权责任。

具体的侵权责任承担,可能有以下几种情形:

1. 被侵权人起诉网络服务提供者或者侵权网络用户

被侵权人因反通知后网络服务提供者采取恢复措施,而起诉网络服务提供者为侵权的,应当审查侵权网络用户实施的网络行为是否构成侵权责任。

如果侵权网络用户的行为构成侵权责任,行使反通知权利即为滥用权利,行使"反通知—恢复"规则就构成侵权责任。被侵权人只起诉网络服务提供者的,应当确定网络服务提供者在接受反通知采取恢复措施时是否尽到必要的注意义务。尽到必要注意义务,对反通知已经进行了应尽的审查义务的,尽管侵权网络用户的行为已经构成侵权,但由于网络服务提供者不具有过错,而不承担侵权责任。这时,侵权责任应当由侵权网络用户承担。被侵权人可以另行起诉,或者追加侵权网络用户为被告,并直接确定该侵权网络用户承担侵权责任。网络服务提供者没有尽到必要的注意义务,在接受反通知、采取恢复措施中存在过错,则应当与侵权网络用户承担连带责任,可以责令网络服务提供者承担侵权责任,也可以责令侵权网络用户承担侵权责任,还可以责令网络服务提供者和侵权网络用户共同承担连带责任。

如果侵权网络用户的行为不构成侵权责任,网络服务提供者采取恢复措施就是正当的,应当驳回被侵权人对侵权网络用户的诉讼请求,也起诉网络服务提供者的,

---

[22] 参见杨立新等:《〈中华人民共和国侵权责任法〉司法解释草案建议稿》,载《河北法学》2010 年第 11 期。

也应当驳回其诉讼请求。

被侵权人就其他网络用户行使反通知权利网络服务提供者采取恢复措施而提出起诉的,无论侵权网络用户实施的网络行为是否构成侵权,都要看网络服务提供者采取的取下措施是否侵害了其他网络用户的民事权益。侵害了其他网络用户民事权益的,被侵权人起诉就为无理由,没有侵害其他网络用户民事权益的,则起诉为正当,其他网络用户应当承担滥用反通知权利的后果。

2. 侵权网络用户起诉网络服务提供者或者被侵权人

侵权网络用户作为反通知权利人提出反通知,网络服务提供者没有接受反通知,没有及时采取恢复措施的,侵权网络用户有权向法院起诉网络服务提供者,也可以同时起诉被侵权人。在这种情形下,法院也应当着重审查侵权网络用户在网络上实施的行为是否构成侵权责任。

如果侵权网络用户的行为构成侵权责任,则侵权网络用户属于滥用反通知权利,不仅要对其原来实施的侵权行为应当承担责任,而且要对情节较重的滥用反通知权利的侵权行为承担侵权责任。此时,应当驳回侵权网络用户的诉讼请求,对方(包括被侵权人和网络服务提供者)也可以反诉,追究其侵权责任,当然也可以另案起诉。网络服务提供者的诉因是侵权网络用户的反通知行为侵害了网络服务提供者的合法权益,应当受到追究。

如果侵权网络用户的行为不构成侵权责任,作为"通知—取下"措施的受害者,行使反通知权利就是正当的,而网络服务提供者没有及时采取恢复措施的行为构成侵权,网络服务提供者应当对侵权网络用户承担侵权责任。网络服务提供者主张被侵权人应当共同承担侵权责任的,可以追加被侵权人为共同被告,承担连带责任,或者责令网络服务提供者承担全部责任,之后再起诉被侵权人行使追偿权。

如果侵权网络用户的行为不构成侵权,网络服务提供者已经采取恢复措施的,侵权网络用户就不能起诉网络服务提供者,而应当起诉被侵权人,被侵权人的行为构成侵权责任,应当承担侵权责任。

3. 其他网络用户起诉网络服务提供者

作为"通知—取下"措施的受害人,其他网络用户有权起诉网络服务提供者和被侵权人。这时,处理的规则与侵权网络用户的方法不同。

(1)其他网络用户起诉,不受侵权网络用户实施的行为是否构成侵权的约束,不论是否构成侵权行为,只要其他网络用户的民事权益受到"通知—取下"措施的侵害,他的起诉就成立,就应当有人承担侵权责任。

(2)如果侵权网络用户的行为不构成侵权,被侵权人通知、网络服务提供者取下已经构成侵权,其他网络用户起诉侵权就应当成立,可以追究网络服务提供者以及被侵权人的侵权责任,他们应当承担连带责任。

(3)如果侵权网络用户的行为构成侵权,"通知—取下"采取的必要措施不当,侵害了其他网络用户的民事权益的,其他网络用户有权起诉,首先应当由被侵权人承担侵权责任,网络服务提供者有过错的,则应当承担连带责任;网络服务提供者没有过错的,则不承担侵权责任,只由被侵权人承担责任。

(4)如果侵权网络用户的行为不构成侵权,"通知—取下"措施符合法律规定,对其他网络用户没有造成损害的,则其他网络用户的起诉为无理由,应当予以驳回。

小说侵害名誉权的责任[*]

一、利用小说侵害他人的人格权

《民法通则》实施以来,因作者撰写小说而引起的侵害名誉权纠纷时有发生,诉讼到法院来的也有一定的数量。小说究竟能否侵害人格权,曾经在一段时间里争议颇大。很多人主张小说不能侵害他人人格权,尤其是一些文学界人士态度更为激烈,以小说是文学作品,是虚构的艺术等文学理论观点,甚至以党的文学创作自由的政策作为立论的根据,反对审判机关认定作家以小说侵害他人人格权并责令承担侵权民事责任的做法。

诚然,小说是一种文学样式,是以虚构为其主要创作特点。它可以直接来源于生活中的素材,进行艺术加工,使其源于生活,高于生活,创造出具有社会意义的典型形象,发挥文学作品应有的社会作用。同时,国家也坚持创作自由的政策,鼓励作家深入生活,干预生活,创作出更多更好的文学作品,为社会主义事业服务。但是,公民、法人的人格权是国家法律赋予的,是一种绝对权、对世权。国家依法保护公民、法人的人格权,绝不允许任何人借口某种自由权而侵害它。创作自由与保护人格权,都是公民或法人依法享有的权利,因而从根本目的上说,它们是一致的。在具体行使这些权利的时候,可能会发生矛盾,这就必须做到,创作自由不能离开法律允许的范围,保护名誉权也必须依法进行。法律既不允许作家借创作自由而恶意侮辱、诽谤他人,侵害他人的人格权;也不允许任意对号入座,对作家合法的创作活动横加指责。

在明确了这个前提之后,可以肯定地说,由于具体行使创作自由权和保护人格权可能会发生矛盾,小说侵害他人人格权就是可能的。侵害人格权,主要的是侮辱、诽谤和揭人隐私的行为,而这些行为的主要方式是由语言形式构成。小说恰恰是以书面语言形式作为它的基本特征之一,因而,作者完全可以借用小说这种书面语言的文学形式,来侮辱、诽谤他人,揭露他人的隐私,以达到侵害他人人格权的目的;甚至有时对素材处理不当,也会过失地侵害他人的人格权。对此,近几年的审判实践已经作了最好的证明。《最高人民法院公报》近几年刊登的"《荷花女》案","《好一朵蔷薇花》案"等案例,不仅为司法实务界所肯定,而且也得到了各界的认可。

---

[*] 本文是1990年在高级法官培训中心民法专业班的讲稿,后经过修改,发表在《中央政法管理干部学院学报》1992年创刊号。

"《荷花女》案"是陈秀琴诉魏锡林、《今晚报》社侵害原告已故女儿吉文贞名誉权纠纷案。该案的案情是：

原告陈秀琴系新中国成立天津市前已故艺人吉文贞（艺名荷花女）之母。1940年，吉文贞以"荷花女"的艺名参加天津"庆云"戏院成立的"兄弟剧团"演出，从此便以"荷花女"的艺名在天津红极一时，1944年病故，年仅19岁。被告魏锡林自1986年开始，以"荷花女"为主人公写小说，同年2月至6月间，曾先后三次到原告陈秀琴家了解"荷花女"的生平以及从艺情况，并向"荷花女"之弟了解情况并索要了照片。随后创作完成小说《荷花女》。该小说约11万字。该小说使用了吉文贞的真实姓名和艺名，陈秀琴在小说中被称为陈氏。小说虚构了吉文贞从17岁到19岁病逝的两年间，先后同许扬、于人杰等3人恋爱、商谈婚姻，并3次接受对方聘礼之事。其中说于人杰已婚，吉文贞"百分之百地愿意"做于人杰的妾。小说还虚构了古文贞先后被当时天津帮会头头、大恶霸袁文会和刘某奸污而忍气吞声、不予抗争的情节。小说在最后影射吉文贞系患性病打错针致死。同时，该小说虚构了原告陈秀琴同意女儿做于人杰的妾和接收于家聘礼的情节。该小说完稿后，作者未征求原告等人的意见，即投稿于《今晚报》社。《今晚报》自1987年4月18日开始在副刊上连载该小说，并加插图。在小说连载过程中，原告陈秀琴及其亲属以小说插图及虚构的情节有损吉文贞的名誉为理由，先后两次到《今晚报》社要求停载。《今晚报》社对此表示，若吉文贞的亲属写批驳小说的文章，可予刊登；同时以报纸要对读者负责为理由，将小说题图修改后，继续连载。①经审理，天津市中级人民法院确认被告魏锡林、《今晚报》社构成侵害名誉权，判决刊登道歉声明，赔偿精神损害共800元，该小说不得再以任何形式复印、出版发行。被告不服上诉后，当事人双方达成调解协议，妥善处理了此案。这一案件不仅确认小说可以侵权，而且还提出了对死者名誉保护的重要问题，并作了肯定的判决，因而本案作为判例，是深有影响的。

"《好一朵蔷薇花》案"是王发英诉刘真、《女子文学》《法制文学选刊》《江河文学》《文汇月刊》侵害名誉权案。该案的案情是：

1985年1月18日，河北省《秦皇岛日报》发表了长篇通讯《蔷薇怨》（该文《人民日报》于1985年3月2日予以转载），对原抚宁县农机公司统计员王发英与不正之风斗争的事作了报道。之后，作家刘真根据一些人的反映，认为该文失实。刘真自称"为正视听，挽回《蔷薇怨》给抚宁带来的严重影响"，于1985年9月撰写了"及时纪实小说"《特号产品王发英》。文章声称"要展览一下王发英"，并使用"小妖精""大妖怪""流氓""疯狗""政治骗子""扒手""造反派""江西出产的特号产品""一贯的恶霸""小辣椒""专门的营私者""南方怪味鸡""打斗演员"等语言，侮辱王发英的人格，并一稿多投，扩大不良影响，使王发英在精神上遭受极大痛苦，在经济上受到损失。

---

① 以上案情引自最高人民法院中国应用法学研究所编：《人民法院案例选》（1992年第1辑），人民法院出版社1992年版，第96、97页。

刘真将她的作品,投送几家杂志编辑部。《女子文学》以《好一朵蔷薇花——"特号产品王发英"》为题,发表在该刊 1985 年第 12 期上,发行 50 835 册,付给刘真稿酬 220 元。《法制文学选刊》以《好一朵蔷薇花》为题,全文转载了上述作品,发行 478 000 册,付给《女子文学》编辑部编辑费 80 元,付给刘真稿酬 159 元。《江河文学》编辑部将刘真作品原稿内容作了某些删节后,以《特号产品王发英》为题,发表在该刊 1986 年第 1 期上,发行 1 000 册,付给刘真稿酬 130 元。《文汇月刊》编辑部将刘真原稿中王发英的姓名和地名作了更改,对部分侮辱性语言作了删节,以《黄桂英浮沉记》为题,发表在该刊 1986 年第 1 期上,发行 12 万余册,付给刘真稿酬 192 元。为此,原告王发英向石家庄市中级人民法院提起诉讼,认为刘真和发表、转载刘真作品的《女子文学》等 4 家杂志编辑部,侮辱了她的人格,侵害了名誉权,并造成了严重后果,要求刘真及 4 家杂志编辑部承担法律责任,停止侵害,赔礼道歉,消除影响,赔偿损失。[②]

对于此案,石家庄市中级人民法院经审理,认为刘真利用自己的文学作品侮辱原告人格,侵害其名誉权,其他被告刊载、发表这一作品,均构成侵权责任,除刊登道歉公告以外,共赔偿精神损害 3 300 元。被告上诉以后,河北省高级人民法院予以驳回。

这两个案件处理以后,在各界获得好评。

二、小说侵权责任的认定

小说创作是一种复杂的思维活动,小说的表现手法又千姿百态,作品的主题不像科学研究论文主题那样直接表露,而是埋藏很深,因而确定小说侵权比较困难。但是,只要抓住小说侵权的基本特点,准确掌握侵权责任构成要件,就能够准确认定小说是否构成侵权。

小说侵权构成有四个基本特点,在认定小说侵权责任时,必须认真把握好。

1. 侵权的主观过错须有确定性

侵害人格权,故意、过失均可构成;小说侵权,同样如此,这种故意、过失需要有确定的内容。

故意以小说侵害人格权的,作者应当有确定的动机、目的。故意侵害他人人格权,行为人必然有其确定的内心起因和追求的损害他人人格权的目的。小说创作是高尚的艺术创作活动,如果在小说创作中有败坏他人人格的动机和目的,就背离了小说创作的艺术宗旨,就是以小说作为工具去侵害他人的合法权利,这就具有侵权的故意。例如,作家在作品中公然声称要"展览"某人,有的作家公开声明要暴露某人的"内心丑陋",这种侵权的动机、目的就十分明确,侵害的故意十分确定。

有的作家对自己的主观创作意图归结于高尚的艺术创作,但实际上隐藏着自己侵害他人人格权的秘密意图,这需要认真审查。要通过举证,查证过程和审查小说的

---

② 本案案情引自《最高人民法院公报》1989 年第 2 期。

具体内容去发现,证明他的真实意图,能够证明其真实动机目的的,应当确认该作者的侵权故意。动机、目的查不清的怎么办呢?

这种情况可以就事实来定。小说在客观上造成了侵权的后果,就按后果定。这样做,有两点根据:一是侵权行为与犯罪行为不同,可以就客观结果确定民事责任;二是过失同样可以构成侵权,可以从损害后果证明作者的过失。

小说侵权中过失的确定性,主要表现在作者对他人人格权保护义务的违反。人格权是绝对权,任何人都负有不得侵害的义务。违反这一义务,无意中侵害了他人人格权,就是对这种注意义务的违反,就构成了侵权的过失。这种情况,大部分是作者掌握、熟悉原告的生活,在创作时以原告作为创作的原型或模特,以原告的经历作为创作的素材,在创作过程中暴露了原告的生活隐私,或者在原告生活经历的描绘中加进了侮辱、诽谤的情节描写或言词,无意中造成了侵权的后果。这种情况,是对创作素材处理不当的过失。例如,某甲购一奖券获奖,家中因此发生了一些纠纷。某乙是某甲的邻居,便以此为素材,创作一小说《奖券》,用了某甲的谐音姓名和相同的人物关系构造故事,极力渲染纠纷的剧烈程度,并加进了大量丑化人物性格的文字和细节,严重败坏了某甲的声誉。某甲起诉,某乙承认是使用素材不当,但无侵害名誉权的故意。法院遂以过失认定了某乙的侵权责任。

小说创作中既无侵害故意,又无过失,不能构成侵权。对此,读者硬要"对号入座",应当予以驳斥。要旗帜鲜明地保护作者的合法权益,不能认定为侵害名誉权。正如最高人民法院《关于审理名誉权案件若干问题的解答》指出的那样:"撰写、发表文学作品,不是以生活中特定的人为描写对象,仅是作品的情节与生活中某人的情况相似,不应认定为侵害他人名誉权。"对号入座,是读者认为作品中的人物、事件与自己相同或相似,找出相同或相似点,认为侵害了自己的人格权。确有所指,是指作者在创作中有意描写特定的人物,并在作品中对特定的人有侮辱、诽谤行为或揭其隐私,至于其对侵权后果所持主观心理状态是故意或是过失,一般不问。

关于具体的审查,应当从小说中人物的经历、性格、环境、人物关系以及事件的主要情节、基本过程等方面进行分析判断,不能仅凭只言片语和主观臆断而擅下结论。

2. 小说塑造的人物须有排他性

这是指小说塑造的人物确指现实生活中的特定的人(即案件中的受害人、原告),排除描写其他人的一切可能性,这是确定小说侵权的基本事实问题,必须判断准确。

当前,对小说的划分,依据不同的标准可以划分为不同的种类。从审判工作实际需要出发,可以将小说划分为以真人真事作为描写对象的小说和非以真人真事作为描写对象的小说两大类。有人将前一种小说称为纪实小说,后一种称作纯小说。非以真人真事作为描写对象的小说是小说的主流;以真人真事作为描写对象的小说,是近年来流行起来的一种新的小说体裁,一般通称为纪实文学,它以描写真人真事、基本事实不得虚构为特点。

以真人真事作为描写对象的小说所描写的人物,就是生活中特定的人物。对这种小说的人物排他性,是容易确定的,如《好一朵蔷薇花》案,作家在"纪实小说"《好一朵蔷薇花》中,用原告的真实姓名、真实经历、真实环境来创作作品,并对原告作了丑化性的描写,进行诽谤。这种情况可以肯定地说,小说中的人物就是原告,能够排除其他一切可能性,结论只有一个。

对于非以真人真事作为描写对象的小说,如何确定小说中的人物确指现实人物,应当分别以下四种情况来分析:

(1)用了现实人物的真实姓名,或者对真实姓名作了一些艺术上的处理,但仍以该人物的真实经历来描写。这种小说,多数是以历史的真实事件作为小说的主体事件或主要线索,使用真实人物进行创作,只是在创作过程中无意地暴露了该人物的生活隐私,或者虚构的情节、细节造成了真实人物的人格权损害,过失地侵害了他人的人格权。对此,应当认定小说中的人物具有排他性,确与现实中的原告具有一致性。有一篇小说,作者深入某少数民族部落生活了相当长的时间,了解到了生动、丰富的创作素材,即以真实人物的经历作为小说的主线展开描写,人物的名字稍作了一点加工。小说发表以后,原告起诉,认为小说侵害了原告的名誉权。法院审查认为,作者在小说中写了这一家庭的许多生活隐私,并且作了合理的虚构,使原告成为狡猾、奸诈的部落首领,与现实中原告的人民政府领导干部的形象大相径庭。小说创作上的"合理",却在法律上不合法。法院确认了作者的侵权责任。

(2)不用真实姓名,地点也是虚构的小说,确定小说中的人物确指原告,必须具备三个条件:①小说人物与现实人物的基本特征必须相同。基本特征,就是能够将一个人与他人区别开来的主要标志,如职业、经历、外貌等特征。②小说人物与现实人物所处的特定环境必须相同,即生活、工作环境以及人物之间的关系应当一致。③熟悉现实人物的人读后公认小说人物是指现实人物。这三个条件都具备的,就可以确认小说中的人物具有排他性,确系描写现实人物。

法院在具体审理案件中,确定这类小说中人物排他性,采取"纵横比较法",值得借鉴。纵向比较,即将小说人物与现实人物的纵向经历划分为几个主要的阶段,每一个阶段都以一个典型的事件作为标志,分析对照;横向比较,则将小说人物与现实人物在横的方面划分出几个部分,如婚恋、婚变史、特殊的历史事件、外形特征、人际关系、生活环境等几个部分,分析对照。纵向、横向的分析比较,在主要方面都相同或相似,再加上读者公认,就可以认定小说中的人物具有排他性。

(3)在历史小说中影射现实人物,确定其排他性,在采用以上条件进行分析时,必须紧密结合作者的侵权故意认定。作者没有侵权故意,只有过失,不能认定其侵害名誉权。对此,必须慎重对待。对于历史小说侵权,后文还要专题研究。

(4)使用素材不当。如果作者采用数人的经历、事件创作成一个人物,但在使用某一个人的特定事件足以与其他人区别开,并且又泄露其生活隐私或进行侮辱、诽谤的,也应认定小说的人物具有排他性。

3. 小说内容须有违法性

这是指作者创作的小说中确有侮辱、诽谤原告或宣扬原告生活隐私的违法内容。

法律保护公民、法人的人格权,公民的人格尊严不受侵犯。作者侵权,就是通过小说中的人物,对该人物进行侮辱、诽谤或宣扬隐私,使现实中人物的人格因此而受到损害。这违背法律的规定。具有这种违法内容的小说,可以认定其侵害了人格权。

小说中的侮辱,指的是小说在描写中谴责特定人物的某种缺陷和对特定人物一般性的侮辱性言词。它包括对某种缺陷的暴露、谴责,包括一般性的侮辱语言。例如,在《好一朵蔷薇花》中,作者用了"特号产品""南方怪味鸡""打斗演员""大妖怪""小妖精"等14句辱骂性质的语言,侮辱原告。这就是一般性的侮辱盲词。在另一篇小说中,作者用"老白毛""鸡爪子"等来描写原告的满头白发和干瘦的手指,这就是谴责缺陷。

小说中的诽谤,指的是小说在描写和叙述中把某些事实归罪于特定人物的谩骂。这就是编造足以丑化人格的事实对他人进行人格攻击。例如,某作家在小说中虚构无中生有的荒唐事件,如与人通奸被捉等情节,加在以原告作为描写对象的小说人物身上,使原告的名誉受到严重损害。

隐私是指公民不愿公开的个人和生活秘密。从审判实践来看,小说暴露隐私,多指男女私情之类不宜公开的事情被在小说中予以公开,也有的是个人不愿意公开的、有损于个人名誉和人格的私人秘密。揭人隐私而使他人的隐私权受到了损害,或者在社会上造成了恶劣的影响。

小说中具有上述性质的描写或言语,又是针对现实中的特定人的,应当认定小说的内容具有违法性。

4. 损害事实的无形性

小说侵权,其侵害的是原告的精神性人格权。因此,这种损害事实具有无形性的特点。

侵害精神性人格权所造成的实际损害,不像侵害生命权、健康权那样表现为生命的丧失、健康的损害,也不像侵害财产权那样表现为财产的毁损或灭失,而是在人的精神上、心理上或社会影响上的无形损害。小说侵权,损害事实首先表现为特定人的社会评价的降低、隐私被泄露等损害,其次表现为特定人的精神上、心灵上的创伤及痛苦、愤恨、冤屈的情绪。这些损害,必须准确认定。有人不理解这种损害事实的无形性特点,在调查小说侵权的损害事实时,着意去调查受害人是否生病、是否想自杀,等等。这些是精神利益损害的重要表现,但精神利益损害事实主要还不是表现在这方面。要首先抓住对某人的社会评价是否有损害这一标准,才是抓住了小说侵权损害事实的主要之点。

此外,还要注意准确掌握小说侵权中行为与损害事实之间的因果关系。没有因果关系的,不构成侵权责任。

查明了以上情况,就可以确定该小说侵害了他人的人格权,应当承担侵权民事责任。

三、历史小说侵害人格权的确定

撰写历史小说能否侵害他人人格权,一些学者曾经表示怀疑。胡骥超、周孔昭、石述成诉刘守忠、《遵义晚报》社侵害名誉权一案,对此作出了肯定的回答。

该案的案情是:

原告胡骥超、周孔昭、石述成与被告刘守忠原同在赤水县文化馆工作。原、被告间因工作问题产生了矛盾。1988年11月在赤水县文化系统出现了一份油印匿名传单,该文列数了刘守忠若干不好的表现,并指责其作品格调低下,不应评定中级职称。刘守忠怀疑该文为三原告所写,故极为不满,曾扬言:"他们搞了我油印的,我是要还情的,要搞个铅印的。"同年,刘守忠借调到遵义地区文化局从事创作活动,并从同年11月起在《遵义晚报》上连载其长篇历史纪实小说《周西成演义》。1989年4月初,刘守忠告知他人,要注意看4月中旬的《遵义晚报》。4月19日和20日,《遵义晚报》上连载的《周西成演义》中,集中出现了胡翼昭、周孔超、石述庭3个反面人物。在这3个人物出场时,刘守忠对他们的形象、身世、专业特征等进行了细致的描绘,以胡骥超、周孔昭、石述成的外貌形象、身世、专业特征进行摹写,使熟悉的人一看便知写的是胡骥超等3人。在小说中,作者对该3个形象极尽丑化描写,称胡翼昭为两面猴,生性刁钻,工于心计,为人狠毒,当面是人,背后是鬼,是一个险恶的毒品贩子。石述庭绰号皮条客,是狗头军师般的人物,在人前装出一副马大哈的样子,其实比狐狸还狡猾。周孔超被称为周二乌龟,嫖妓与鸨母相识,后娶了鸨母,成了妓院的老板。这一段小说发表以后,在原告所在县引起强烈反响,3名原告联名致信《遵义晚报》社领导,强烈要求报社停止刊载该文,不经删除侵权内容不得继续连载。小说的插图作者和当地文联领导也都向报社负责人及编辑要求删改后再连载;该报社对此不予理睬,不但在4月25日、4月29日的连载中,继续进行丑化描写,直至在三原告已向法院起诉1个多月后,还在连载的小说中描写周二乌龟半阴不阳,称呼其为"狗男女"。

对于此案,最高人民法院《关于胡骥超、周孔昭、石述成诉刘守忠、遵义晚报社侵害名誉权一案的案》指出:"经研究认为:本案被告刘守忠与原告胡骥超、周孔昭、石述成有矛盾,在历史小说创作中故意以影射手法对原告进行丑化和侮辱,使其名誉受到了损害。被告遵义晚报社在已知所发表的历史小说对他人的名誉造成损害的情况下,仍继续连载,放任侵权后果的扩大。依照《中华人民共和国民法通则》第101条和第120条的规定,上述二被告的行为已构成侵害原告的名誉权,应承担侵权民事责任。"这一批复,给历史小说能否侵害人格权问题,作出了一个肯定的答复。

笔者认为,这一司法解释所作的结论是正确的,其依据是:

(1)《民法通则》并没有限制侵害人格权的行为方式,没有说历史小说不能侵权。以名誉权为例,《民法通则》关于保护公民、法人名誉权的条文有两条:一是第101条:"公民、法人享有名誉权,公民的人格尊严受法律保护,禁止用侮辱、诽谤等方式损害公民、法人的名誉。"二是第 120 条,即公民、法人的名誉权"受到侵害的,有权要求停止侵害,恢复名誉,消除影响,赔礼道歉,并可以要求赔偿损失"。在这两个条文中,只规定了禁止用侮辱、诽谤等方式损害公民、法人的名誉。有人认为,这是对侵害名誉权行为方式的限制性规定。但是,即便如此,这里所描述的,只是对行为方式的内容的限制,而不是对行为方式的外在形态的限制。因此,从《民法通则》上述条文中可以推导出这样的结论,无论采何种行为方式,只要这种行为方式具有侮辱、诽谤等内容的,就违反了民法关于保护公民、法人名誉权的禁止性规范,造成了侵权结果的,都构成侵害名誉权。因此,可以认为,《民法通则》对侵害名誉权行为的外在表现形态,没有作出限制性规定。审判实践经验也证明了这一点。这几年审判的侵害名誉权案件,既有口头语言形态,又有书面语言形态,既有新闻报道,又有文学作品,甚至还有广告等其他形式的书面语言形态。历史小说也是一种书面语言形态,其中完全可以包含侮辱、诽谤等内容,以致被人作为侮辱、诽谤他人的手段,用来达到侵权的目的。

(2)历史小说侵权,主要手法是影射。历史小说,是描写历史人物或历史事件的小说。历史小说中的人物,无论是真实人物还是虚构人物,都生活于作者在小说中所创作的历史环境之中,与现实生活环境截然不同,因而在一般的意义上讲,历史小说中的人物与现实生活中的人物是截然不同的,不能混为一谈。正是由于历史小说的这一特点,决定了历史小说侵害他人名誉权的主要手法,就是影射。影射,"借甲指乙;暗指(某人某事)"。③历史小说的影射,通常表现为,利用同音或谐音姓名编造历史人物,将现实人物的主要身世、爱好、外貌特点写在历史人物身上,使熟悉情况的人一看便知小说中的历史人物是暗指现实生活中的某一特定的人(当然也可能是现实中的法人),同时,对用来影射的历史人物进行具有侮辱、诽谤等内容的描写,使现实生活中的特定人物的名誉受到损害。当然,其他方法也有侵害他人人格权的可能。

(3)境外立法例的参考。在境外立法中,当然没有明确规定历史小说可否构成侵害人格权的条文,一般是通过对出版物的限制性规定,达到保护他人人格权的目的。《瑞典出版自由法》第 4 条规定:"依第一章阐述的一般出版自由的意义,凡属下列情况的任何一种依法可受惩罚的叙述,均应认为是印刷品中的非法陈述:……12. 威吓或侮辱那些具有特殊种族、肤色或民族或种族血统的人,或那些持有特殊宗教信仰的人……15. 诽谤无官职的国民。"《南斯拉夫新闻法》第 52 条规定:"禁止发行如下出版物……7. 损害我国人民及其最高代表机关和共和国主席的荣誉和名誉。"我国澳门特别行政区新通过的《出版法》也规定:"在出版物中以引喻、暗示或隐晦语句对他人构成侮辱和诽谤者,均为违反出版法。"出版物是一个统称,历史小说应当包括其中。上述这些规定的共同点,就在于不得借出版物侮辱、诽谤他人。历史小说是出版物的一种,历史小说当然也不得借机侮辱、诽谤他人。这些立法例值得借鉴。

利用历史小说侵害他人人格权责任的构成,需要具备四个要件:

---

③ 《现代汉语词典》,商务印书馆 1979 年版,第 1374 页。

（1）侵害他人人格权的故意。在一般的小说侵权责任构成中，行为人的故意或过失都可以构成侵权责任，例如使用素材不当暴露了写作模特的隐私，构成侵害人格权的。历史小说则不然，过失不构成侵权。这是因为，历史小说是以历史人物或历史事件作为描写对象，其中人物与现实生活中的人物是有时间界限的，在一般情况下，人们不会把历史小说中的人物去和现实生活中的人物对号，即使历史小说中的人物与现实生活中的人物很相似，只要作者不是故意借古讽今，就不能认定他写的人物就是现实生活中的人物。如果故意将历史小说中的人物与现实生活中的人物挂钩，并且意图用历史小说中的人物来侮辱、丑化现实生活中的特定人，就构成侵害人格权。

（2）确有影射的事实。影射的事实，是通过历史小说中的人物来暗指现实生活中特定的人。影射的方式，主要是通过姓名、外貌、身世、爱好等方面的描写，使历史小说中的人物酷似现实生活中特定的人。其判断标准，是熟悉情况的读者一看便知。从小说内容的审查和知情人的印象，可以确认该小说是否有影射的事实。

（3）确有侮辱、诽谤等丑化人格的言词。侮辱、诽谤等是侵害人格权的主要行为方式，历史小说侵权也同样如此。历史小说构成侵权责任，除用小说中的人物去影射现实中生活中的特定人外，还必须在小说中对利用来影射他人的人物进行侮辱、诽谤，进行人格的丑化。例如，公开谩骂，丑化性刻画，做反面人物塑造，编造庸俗、低级的丑化人格的情节等。如果仅仅将现实生活中的人物写进历史小说，而且众所公认，但没有丑化性的描写，也不能构成侵害人格权的责任。

（4）确有损害他人名誉、隐私等人格利益的后果。人格权的损害，是精神利益的损害。它的表现形式，不是像人身损害和财产损害那样表现为有形的损害，而是一种无形的损害，表现为受害人社会评价的降低，因而人格权损害事实的证明，要通过小说的影响范围、人格丑化程度、读者的反应等一系列相关的因素，去作综合判断，而不能像财产损害、人身损害那样靠鉴定、靠诊断来判断。这是需要注意的。

具备以上四个要件的历史小说创作，可以确认其作者构成侵害他人人格权。刘守忠故意以历史小说创作的方法影射3名原告，进行侮辱、丑化，损害了3名原告的名誉，构成了侵害名誉权的民事责任。

四、小说侵权的赔偿责任

确定小说侵权的赔偿责任现在比较通行的办法是依照精神损害赔偿的一般计算方法确定，即人民法院斟酌案件的具体情况确定。具体情况，包括加害人的过错程度，受害人名誉损害的轻重，双方当事人的经济状态，双方当事人的资力等。根据这些情况确定一个适当的数额。

笔者主张，小说侵权赔偿数额的确定，可以参考侵权小说获得报酬的情况，适当高于报酬的数额，这样既可以起到制裁的作用，也不必再收缴作者的侵权所得即稿酬。

将作者创作小说的稿酬作为违法所得予以收缴,上缴国库,这是前一段处理小说侵权的一个惯例。这是根据《民法通则》第134条的规定采取的。这种做法值得斟酌。小说侵权毕竟是一种民事违法行为,民事违法所获得的利益,特别是侵权所获得的利益,一般应归属于受害人,采取收缴国库的办法,似乎太强硬了一些,不可取。以高于稿酬的数额确定赔偿金,既考虑了侵权获利的一般做法,又考虑了对作者的经济制裁,比较合理。既让作者赔偿,又让作者上缴稿酬,似乎对作者的制裁过重。

关于侵权小说编辑出版者的民事责任问题[*]

笔者分别在《小说侵害名誉权的责任》[①]和《谈撰写发表历史小说侵害名誉权的民事责任承担》[②]两篇文章中,概要地涉及侵权小说编辑出版者的民事责任问题。经过仔细讨论,感觉对此还有深入探讨、研究的必要,提出比较全面、准确的意见来。遂撰此文,试图从最高人民法院的有关司法解释出发,用比较法的方法进行研究,提出笔者的看法。

一、对最高人民法院三个司法解释文件的评析

小说侵害名誉权问题,是1987年《民法通则》施行之后开始出现的。随着《民法通则》设置了民事主体的人格权保护制度以及民事审判实践的不断深入发展,名誉权受到侵害的公民、法人开始寻求民事法律的保护,向人民法院提起诉讼。各地人民法院将实践中遇到的问题,报告最高人民法院,请求作出司法解释。在最高人民法院的这些司法解释中,有三个批复性的司法解释涉及侵权小说编辑出版者的民事责任问题。

(一)《关于侵害名誉权案件有关报刊社应否列为被告和如何适用管辖问题的批复》[1988年1月15日法(民)复(1988)11号]

这一批复是最高人民法院就上海市高级人民法院的请示报告作出的,主要内容是:"报刊社对要发表的稿件,应负责审查核实。发表后侵害了公民的名誉权,作者和报刊社都有责任,可将报刊社与作者列为共同被告。"

这一重要批复,为在审判实践中正确确定侵害名誉权案件有关报刊社的民事责任问题,发挥了重要作用。从该批复的基本精神来看,确定侵害名誉权案件有关报刊社的民事责任,适用的是客观标准,即报刊社所发表的稿件,只要侵害了公民的名誉权,就应与作者共同承担侵权的民事责任。该批复确认了"报刊社对要发表的稿件,

---

[*] 本文发表在《法学评论》1994年第2期。
[①] 本书第1785页,原载《中央政法管理干部学院学报》1992年创刊号。
[②] 参见杨立新主编:《民事审判诸问题释疑》,吉林人民出版社1990年版,第486—494页。

应负责审查核实"的义务,从这一点出发,报刊社只要发表了侵权稿件,就是未尽审查核实的义务,都有不注意的过失心理状态,或者具有希望或放任的故意。确认这样的义务的结果,就是报刊社一经发表侵权稿件,就难逃侵权责任。

这一批复的上述基本精神也适用于侵权小说编辑出版者的民事责任确定的场合,从批复的文义上分析,"稿件"一词,原则上应当包括一切文字形式甚至图案、绘画等其他形式的各类作品,其中应当包括小说;"报刊社"一词,"报"指报纸,"刊"者,乃期刊、书刊之统称,"社"则包括杂志社、报社和出版社等所有的编辑出版单位。侵权小说无论在报纸、期刊、书刊发表,都须经过编辑部的编辑、印刷、发行,因而这些编辑出版小说的报社、杂志社和出版社,同样负有对稿件即小说的审查核实义务,违背这一义务,就构成侵权,应与作者共同承担责任。在实务上,前几年人民法院审判小说侵权案件一般都依该批复作依据,将发表小说的刊物编辑部、出版社列为共同被告,判处其承担民事责任。例如,青海省某人民法院审理的"《战火从这里绕开》侵权案",就将作者和发表该小说的《白唇鹿》文学杂志社、《人民文学》杂志社列为共同被告,而《人民文学》杂志社根本没有应诉,缺席判决承担民事责任,不了了之。

在几年的审判实践中,证明这一批复确定的上述原则,总体上是正确的,发挥了重要作用,但是,也存在某些不周延、不完善的问题,这就是没有正确解决小说及其他非以真人真事为描写对象的文学作品的编辑出版者民事责任的确定标准。将"报刊社对要发表的稿件,应负责审查核实"的原则适用于以现实生活中的真人真事作为描写对象的文字作品的时候,它是正确的,诸如新闻报道、报告文学、特写、纪实小说等。当把这一原则适用于非以现实生活中的真人真事作为描写对象的文字作品时,诸如虚构的小说、诗歌、散文、剧本等,就是不正确的了。这是因为,新闻报道、报告文学、特写、纪实小说等文字作品,真实性是其生命,编辑出版者应当对其真实性负责审查核实。但是,对以虚构为其基本特征的小说、诗歌、散文、剧本等作品,编辑出版者无法也无须审查核实其事实是否真实,只应审查作品的政治倾向是否正确、艺术水平是否符合要求;将事实真实性的审查核实义务强加给编辑出版者,过于苛刻,不利于文学创作的繁荣,不利于贯彻百花齐放、百家争鸣的方针。

(二)《关于胡骥超、周孔昭、石述成诉刘守忠、遵义晚报社侵害名誉权一案的复函》[(1990)民他字第 48 号]

该复函是最高人民法院针对贵州省高级人民法院请示的胡骥超、周孔昭、石述成诉刘守忠、《遵义晚报》社侵害名誉权案作出的。复函指出:"本案被告刘守忠因与原告胡骥超、周孔昭、石述成有矛盾,在历史小说创作中故意以影射手法对原告进行丑化和侮辱,使其名誉受到了损害。被告遵义晚报社在已知所发表的历史小说对他人的名誉造成损害的情况下,仍继续连载,放任侵权后果的扩大。依照《中华人民共和国民法通则》第101条和第120条的规定,上述二被告的行为已构成侵害原告的名誉权,应承担侵权民事责任。"该批复关于遵义晚报社侵权责任确定的意见,与前述1988年1月15日批复相比较,有了重大的变化,即前一批复确定报刊社的侵权责任,适用客观标准,该复函确定发表历史小说的报社侵权责任,适用的是主观标准,即该报社之所以构成侵权,是其主观上具有放任侵权后果扩大的间接故意。这一变化,给侵权小说编辑出版者侵权责任的确定,提供了一个新的思路,创造了一个新的标准。可以说,这一意见,是针对1988年1月15日批复不周延、不完善的内容提出的,将非以现实生活中的真实人物作为描写对象的文学作品从"稿件"中分离出来,对其编辑出版者只赋予适当的注意义务,当其对损害名誉权的后果具有故意和重大过失的时候,才承担侵权责任。分别采用主观标准和客观标准,体现了一般稿件和虚构文学作品的区别,是符合客观规律要求的。

(三)《关于朱秀琴、朱良发、沈珍珠诉〈青春〉编辑部名誉权纠纷案的复函》[1992年8月14日(1992)民他字第1号]

本复函是对江苏省高级人民法院对该案进行请示作出的答复。主要内容是:经研究认为:"1986年,《青春》杂志社刊登唐敏撰写的侮辱、诽谤死者王练忠及原告的《太姥山妖氛》一文,编辑部未尽到审查、核实之责;同年6月,原告及其所在乡、区政府及县委多次向编辑部反映:《太姥山妖氛》系以真实姓名、地点和虚构的事实侮辱、诽谤王练忠及其原告,要求其澄清事实、消除影响;1990年1月,作者唐敏为此以诽谤罪被判处有期徒刑后,《青春》编辑部仍不采取措施,为原告消除影响,致使该小说继续流传于社会,扩大了不良影响,侵害了原告的名誉权,故同意你院审判委员会的意见,《青春》编辑部应承担民事责任。"

该复函确认《青春》编辑部侵权责任,依据以下三点根据:一是未尽审查、核实之责;二是原告及有关组织要求澄清事实;三是作者已被判刑,编辑部仍不采取措施。应当指出,《太姥山妖氛》确系以真实姓名和地点撰写的小说,但小说的故事基本上是虚构的,与完全写真实人物的纪实小说并不相同。对此,强行要求编辑部负有事实真实的审查核实之责,尚值得斟酌。然而,本复函关于侵权小说的编辑出版者承担不作为侵权责任的思想,却具有重要的意义。当编辑出版单位发表或出版侵权作品之后,负有更正、消除影响的法定义务,违反这一义务拒不采取措施,即为不作为的侵权行为,应当承担相应的责任。对于这一点,其意义不仅仅局限于小说侵害名誉权的场合,而且影响到整个编辑出版界乃至侵害名誉权的整个理论与实务。

二、侵权小说编辑出版者民事责任的具体问题

(一)小说的编辑出版者应否承担审查核实的义务

近世各国在新闻出版法中,都规定新闻自由和出版自由的权利,同时明确规定不得以行使这种自由权利而侵害他人的名誉权。在德国,《德国基本法》第5条规定:"(1)人人享有以语言、文字或影像形式发表或传播其意见的自由权利,并且享有通过一般消息来源不受阻挠地使自己了解情况的自由。新闻出版自由以及通过广播和电影进行报道的自由是得到保证的,将不会发生审查。(2)上述权利仅受到普通法、

保护青少年法和保护个人名誉权法的限制。"在《国际新闻自由公约草案》的第三公约《新闻自由公约草案》中,在规定保护新闻自由权的同时,强调"意图毁损他人之名誉,或有害他人而无益于公众者,无论其毁损者为自然人或法人皆然",均在限制之列。违反保护他人名誉权法律规定的行为,各国法律均规定应受民法上乃至刑法上的制裁。

接受制裁的违法者,包括著作人、出版者、印刷者、编辑等。《瑞典出版自由法》第十一章第2条规定:"一项可以向一个期刊的编者或其副手提出的索取损害赔偿金的要求,也可以向期刊的业主提出。至于其他印刷品,可向作者或编者提出的索取损害赔偿金的要求,也可以向出版者提出。"在我国清末,《大清印刷物专律》第四章第6条规定:"左开诸色人等,均于毁谤中有关法案者:(甲)作毁谤之人;(乙)印刷毁谤之人;(丙)谤件出版所之主人;(丁)谤件出版所之经理人;(戊)谤件之发卖人贩卖人或分送人,但本条所列之三种人,均须知情者。"通例认为,著作物的出版者一经出版发行侵权作品,即应承担侵权责任。法国"立法者在宣布原则上承认新闻自由的同时,还规定了出版的责任制"。"至于责任,刊物编辑、文章作者、印刷者乃至销售者皆应承担。"③

在我国,对著作物的编辑出版者的侵权责任是否应当一律如此确定,如前节所述,应当有所区别。笔者认为,责任的承担,在于义务的不履行。因而,赋予编辑出版者对稿件应负何种义务,是问题的关键。首先,新闻类作品与小说类作品不同。"诚实、真实、准确——忠诚于读者是一切新闻工作的名符其实的基础。""要使报纸得到信任,就必须做到真实。"④为了做到这一点,编辑出版者必须负审查核实的义务。而小说等文学作品是艺术形式,可以取材于生活中的素材,进行艺术加工,创造典型形象,给人们以艺术的享受,不要求事实的真实,不需要编辑出版者审查事实的真伪。其次,在小说类文学作品中,不能一概而论。当前国内大量出现的"纪实小说",以真人真事作为描写对象,以小说作为表达方式,其实并不是严格意义上的小说。对这种文学作品,编辑出版者亦应承担审查核实的义务,自属当然。因此,《关于胡骥超、周孔昭、石述成诉刘守忠、遵义晚报社侵害名誉权一案的函》确定对侵权小说编辑出版者民事责任适用主观标准,以区别于1988年1月15日批复的一般客观标准,是完全正确的;但须指出,前一标准只适用于非以真实人物为描写对象的小说。

(二)小说的编辑出版者应否负担更正的义务

定期或不定期出版的出版物,发表、刊载不当的作品,应当在邻近的下期或近期的出版物刊载更正的文字说明,以澄清事实,说明真相,向读者及相关人员致歉。这种义务,称为出版物的更正义务。近世各国的新闻、出版法多有此硬性规定。《日本

---

③ 〔法〕拉露斯:《大百科全书》,转引自社科院新闻所编:《各国新闻出版法选辑》,人民日报出版社1981年版,第262页。

④ 美国报纸编辑协会《新闻工作准则》第4条。

新闻纸法》第17条规定:"新闻纸揭载事项有错误时,倘与该事项有关之本人或直接关系者请求更正或揭载正误书、辩驳书,须在接收请求后次回或第三回发行之时实行更正,或揭载正误书、辩驳书之全文。"《哥伦比亚新闻法》第19条规定:"任何报刊如登载侮辱性消息、文章等,其领导人必须免费刊登被侮辱的个人、官员、公司、单位的更正声明。"

更正的权利主体,为"与该事项有关之本人或直接关系者"(《日本新闻纸法》第17条),"被侮辱的个人、官员、公司或单位"(《哥伦比亚新闻法》第19条),"劳动群众和公民、社会——政治共同体及其机关、社会——政治和其他组织、联合劳动组织及法人"(《塞尔维亚共和国公共宣传法》第104条)。一般还将这种请求更正的权利赋予相关的其他人。如《塞尔维亚共和国公共宣传法》第105条规定:"如果新闻涉及的人已死亡,有权要求发表纠正的人是:子女、配偶、父母、兄弟姐妹。可利用这种权利的还有联合劳动组织、其他自治组织和其他法人或者国家机关,而其条件是:新闻涉及的死者的活动同这些组织、联合劳动组织或其他法人有关。"《哥伦比亚新闻法》第20条规定:"如受害当事人因不在,或无法行使上述刊登更正声明的权利,则应将其扩大到当事人上下两代直系亲属,或同代姻亲的范围。"法国规定的答辩权的主体,还包括报纸虽未点名只要公众都明白地知道文章中指的是谁,此人就可以运用这一答辩权。

关于更正或答辩的具体方法,一般规定,更正声明应刊登在造成过失的文字的同一部位,采用同样型号的字体,做同样的版面处理,包括使用同类标题。关于期间规定,如哥伦比亚规定,日报应限于3日之内,期刊应在下一期作出;法国同上述规定;日本则规定为接到请求后的第二期或第三期发行之时。

各国在规定上述权利义务的同时,还规定了拒绝更正的诉讼程序,当事人可以向法院起诉,由法院依法裁决。

应当指出,上述更正的权利义务,各国一般规定适用的范围为新闻,也有的扩展到报纸期刊发表的文章。笔者认为,报纸、期刊发表侵权小说,可以借鉴这样的经验,赋予侵权小说的受害人以要求类似更正的道歉权利,侵权小说的编辑出版者应承担道歉的义务。这样做的好处是:

(1)便于以不同作品的性质区分不同的义务。依据我国的现实情况,以文字为表现形式的各种作品,可以大略地划分为两大类:一类是以真实人物作为描写对象的文字作品;另一类是非以真实人物作为描写对象的文字作品。如前所述,对这两种不同的文字作品,其编辑出版者的审查处理并不相同,前者注重事实的真实性,后者注重艺术性,内容并不相同。对于编辑出版不同的作品形式赋予不同的法律义务,符合创作的客观规律。

(2)有利于更好地保护人格权。能够利用小说侵害他人的人格权,已为实践和理论所证明。小说侵害了他人的人格权,法律规定小说的编辑出版者应当承担道歉的义务,就使公民的人格权的保护制度更加完善,公民的人格尊严受到更严密的法律保护。

(3)有利于区分义务与责任的不同,避免制裁过宽。非以真人真事作为描写对象的小说,编辑出版者难以发现其侵权的迹象,如果报纸、期刊一经发表这类小说,编辑出版者即构成侵权,难免制裁过宽,影响编辑出版者的积极性,有碍文学艺术创作的繁荣。确定对此负有道歉的义务,只要编辑出版者履行了这种义务,即无任何责任可言,对于保护创作积极性和保护人格权都已兼顾。

上述论点,已被最高人民法院《关于朱秀琴、朱良发、沈珍珠诉〈青春〉编辑部名誉权纠纷案的函》所证明。该复函尽管有对编辑出版者应当审查、核实之责的过高要求,但对《青春》编辑部发表侵权小说之后,"仍不采取措施,为原告消除影响,致使该小说继续流传于社会,扩大了不良影响,侵害了原告的名誉权"的结论,恰恰体现了对侵权小说编辑出版者负有道歉义务的原则。

依据上述批复解释的精神,参照国外的立法及实践,我国确立侵权小说编辑出版者道歉义务的制度,其基本内容是:一是该义务为法定义务,包括澄清事实、消除影响、赔礼道歉等;二是该权利为侵权小说的受害人所享有,受害人难以行使该权利,可以由其上下两代近亲属行使;三是编辑出版者可以依受害人的请求,或者自行为之,在刊载侵权小说的报纸、期刊上刊登声明;四是刊载声明的期限,可以比国外规定稍长一些,似以自受害人请求后3个月内,或者出版编辑者发现所发表的小说侵害他人人格权后的1个月内或期刊的下一期为好;五是编辑出版者拒绝上述受害人道歉的请求,受害人可以向人民法院提起侵权之诉,人民法院在审理中,应当审查编辑出版者拒绝履行道歉义务的真实原因,确认其拒绝履行道歉义务的理由是否合法、正当,理由不正当、不合法者,即构成不作为的侵权行为。

(三)侵权小说编辑出版者构成侵权责任的过错形态

最高人民法院在涉及侵权小说编辑出版者侵权责任的后两个批复性司法解释中,都使用了"放任"这样的概念。依据该两个案件,遵义晚报社和《青春》编辑部侵权的过错形态,均为间接故意形式。侵权小说编辑出版者构成侵权责任,是否都须具备间接故意的形式呢?回答是并不尽然。

从原则上说,小说的编辑出版者编辑出版小说。依据纪实小说或虚构小说的不同,承担审查、核实的义务或道歉的义务,不履行这种义务,其主观心态,或者是重大过失,或者是间接故意。审查、核实的义务不履行,重大过失或间接故意均可构成;道歉义务不履行,就其侵权后果及影响来说,主观心态为间接故意,而非过失。

重大过失的要求适用于编辑出版纪实小说的场合。编辑出版纪实小说,编辑出版者应负审查核实义务,明知纪实小说,未经审查核实事实而予以发表,造成侵权后果,即为有重大过失。确认的标准,应依客观标准,即发表的小说已知为纪实小说,客观上又造成了侵权的后果,即为重大过失。编辑出版者的注意义务,为善良管理人的注意程度,要求高一些,有利于保护民事主体的人格权。问题是,纪实小说的性质应由作者说明还是由编辑判断呢?例如唐敏所著小说《太姥山妖氛》,内有荒诞的虚构内容,但其中使用的是真实人物的姓名和部分真实的事件,类似纪实小说。这样的小说,编辑很难判断其性质。笔者认为,对此,小说作者负有说明的义务,作者在投稿时,应当说明其作品为纪实的性质。编辑负有适当的义务,如发现小说有纪实的可能时,应当向作者核实,但严格地说,确定是否为纪实小说,责任不在编辑。是纪实小说,作者未加说明,编辑未能确认而以虚构小说发表,为一般过失,编辑出版者不构成侵权责任。

间接故意的要求适用于小说侵权的一般场合。明知纪实小说在发表后会造成侵权后果,却放任这种后果的发生,是编辑出版纪实小说的间接故意;已知发表虚构的小说侵害了他人的名誉权,却不予以道歉、消除影响,放任侵权后果的继续扩大,是编辑出版虚构小说的间接故意。确定上述间接故意,一般应当适用主观标准,必须证明"明知"和"已知"的内容,否则不构成侵权。

直接故意,对侵权小说的编辑出版者并不完全排除。如果小说的编辑出版者明知小说有侵权事实,发表后会造成侵权后果,却希望这种结果的发生,即为直接故意。这种情况,多数存在于作者和编辑共同串通侵权的场合,在一般情况下,不会有这种情况。

(四) 侵权小说编辑出版者的行为方式

既然纪实小说的编辑出版者负有审查核实的法定义务,虚构小说的编辑出版者负有道歉的法定义务,是否这些小说的编辑出版者都以不作为的行为方式构成侵权责任呢? 笔者认为,对此不能一概而论。

不作为行为的前提是行为人承担法定作为义务。但是,作为的法定义务应当是就具体的侵权后果而言的。如果法律对行为有明确的不作为义务的要求,在这一不作为义务之前又规定某种作为的义务,如果行为人违背不作为的义务而作为,即构成侵权,则前一个作为的义务则为未尽职责的行为,未尽职责而采取了法律禁止的行为,乃为作为的行为。只有法定的作为义务不履行即可成立侵权,方为不作为的侵权行为。

编辑出版纪实小说,审查核实义务是一种法定义务,但只是未尽审查核实义务,并无发表侵权小说的行为,并不构成侵权;而发表侵权小说,才是构成侵权的行为要件。审查核实的义务,不是侵权行为的本身,是构成故意或过失的外在表现。因而编辑出版纪实小说的行为方式,仍是作为的方式。

编辑出版虚构小说,构成侵权为不作为的行为方式,因为其法定义务,是在发表了侵权小说之后,应向受害者赔礼道歉、消除影响、恢复名誉。这种法定义务不履行,即直接构成侵权,因而是不作为的侵权行为。确定青春编辑部侵权,不在于其未尽审查核实义务而发表《太姥山妖氛》,而在于原告及有关政府、县委多次向编辑部要求澄清事实、消除影响,作者亦因该小说的发表犯诽谤罪后,编辑部"仍不采取措施,为原告消除影响,致使该小说继续流传于社会,扩大了不良影响,侵害了原告的名誉权"。这样确定小说编辑出版者的不作为行为,是完全正确的。

第五分编
产品责任

对我国侵权责任法规定惩罚性赔偿金制裁恶意产品侵权行为的探讨*

《侵权责任法》究竟要不要规定惩罚性赔偿金,一直存在较大争议。除了是与否的争论之外,在肯定性意见中的争论焦点是,在《侵权责任法》的总则性规定中规定惩罚性赔偿金,还是在分则性规定,即在特殊侵权行为的类型中具体规定惩罚性赔偿金。笔者建议,在恶意产品侵权行为中应当规定惩罚性赔偿金。① 《侵权责任法(草案)》对此已经提出了明确的意见。② 本文支持这样的做法,但也须对反对意见进行反驳,并就此提出具体意见,对有关反对这一规定的疑问进行说明。

一、在起草民法典草案中,学者一直坚持在侵权责任法中适当规定惩罚性赔偿金

在制定《民法典·侵权责任法》中,究竟要不要规定惩罚性赔偿金,学者的多数意见认为应当规定。但是,在《侵权责任法》的哪一部分内容中规定这一制度,学者有不同意见。

一种意见是,在《侵权责任法》的总则性规定中规定惩罚性赔偿金。例如在中国社会科学院法学研究所起草的《民法典·侵权行为法草案》中,在第91条规定了原则性的惩罚性赔偿制度:"故意侵害他人生命、身体、健康或具有感情意义财产的,法院得在赔偿损害之外判决加害人支付不超过赔偿金3倍的惩罚性赔偿金。"③ 这个规定是在总则性规定中出现的,因此,是一个一般性的规定。张新宝教授对此的解释是:草案试图写上惩罚性赔偿金制度,达成的一个妥协性意见认为,要么不写,不一般地规定惩罚性赔偿;要么写,但作出严格的限制,有三个条件:一是行为人的主观恶性比较大,故意或者是重大过失;二是侵害的权利是最基本的民事权利,也就是生命、身

---

* 本文发表在《中州学刊》2009年第2期。
① 参见杨立新主编:《中华人民共和国侵权责任法草案建议稿及说明》,法律出版社2007年版,第231—232页。
② 正在审议的《侵权责任法(草案)》的规定是:"明知产品存在缺陷仍然生产、销售,造成他人生命、健康损害的,受害人有权依法请求惩罚性赔偿。"
③ 中国民法典立法研究课题组:《中国民法典·侵权行为法编草案建议稿》,载中国民商法律网。

体、健康这样的基本权利;三是赔偿的数额不能太高,不能超过实际损失的3倍。④

另一种意见是,不在《侵权责任法》的总则性规定中规定惩罚性赔偿金的适用,而是在分则性规定中适当规定某些侵权行为类型可以适用惩罚性赔偿金,即在产品责任中,对恶意产品侵权行为也就是明知缺陷产品会造成使用人的人身损害,仍将其投放市场造成损害的恶意致害行为,应当规定惩罚性赔偿金,以制裁违法行为,保护广大人民群众的生命权和健康权。例如,在王利明教授主持起草的《中国民法典草案建议稿》第1954条规定:"因生产者、销售者故意或者重大过失使产品存在缺陷,造成他人人身、财产损害的,受害人可以请求生产者、销售者给予双倍价金的赔偿。"⑤ 在笔者主持起草的《中华人民共和国侵权责任法草案建议稿》中,第108条规定:"生产者、销售者因故意或者重大过失使产品存在缺陷,或者明知制造或者销售的产品存在缺陷可能造成他人人身、财产损害却仍然将其销售,造成他人人身、财产损害的,受害人可以请求生产者、销售者在赔偿实际损失之外另行支付不超过实际损失两倍的赔偿金。"

笔者对本条提出的立法理由是:惩罚性赔偿最初起源于1763年英国法官Lord Camden在Huckle v. Money案中的判决。在美国则是在1784年的Genay v. Norris案中最早确认了这一制度。在我国,《侵权责任法》始终坚持侵权损害赔偿的补偿原则,坚持损害赔偿的补偿性,反对在侵权行为责任中适用惩罚性赔偿金。但是在《消费者权益保护法》第49条规定了产品欺诈和服务欺诈的双倍赔偿的惩罚性赔偿金之后,惩罚性赔偿发挥了较好的作用。后来,《合同法》第113条进一步确认了这种惩罚性赔偿。上述两部法律都对惩罚性赔偿的适用条件和赔偿范围作了较为严格的限制,这就使我国的惩罚性赔偿不同于英美法中的惩罚性赔偿制度。惩罚性赔偿的主要目的不在于弥补受害人的损失,而在于惩罚有严重过错的行为,并遏制这种行为的发生。从赔偿的功能上来讲,其主要作用在于威慑或者阻遏,而不在于补偿。虽然从个案上看,受害人得到了高于实际的损害赔偿数额,但是从加害人角度看,这种赔偿能够提高其注意义务,从而避免类似恶劣行为的再次发生。从赔偿范围上看,如果双倍赔偿能够起到威慑的作用,就应该继续沿用双倍赔偿的方法,至于将来是否需要加大赔偿力度,还需要逐渐摸索。因此,在产品侵权责任中,应该规定惩罚性赔偿金制度来保护消费者的合法权益,制裁故意或者重大过失将有可能造成他人损害的缺陷产品投放市场,并且已经造成了使用人人身损害的行为。⑥

笔者认为,惩罚性赔偿金是英美法系侵权法的制度,大陆法系侵权法不采纳这个制度。张新宝教授指出,这是两个针锋相对的立法例,美国法比较广泛地适用惩罚性赔偿,而德国法在一般情况下会被拒绝,因为民法是平等主体之间的法律,一方不能

---

④ 参见张新宝:《中国侵权责任法立法进行时》,载中国民商法律网,2016年1月7日访问。
⑤ 王利明主编:《中国民法典草案建议稿及说明》,中国法制出版社2004年版,第253页。
⑥ 参见杨立新主编:《中华人民共和国侵权责任法草案建议稿及说明》,法律出版社2007年版,第231、232页。

惩罚另外一方。因此,美国和德国曾经因为一个案件出现过纠纷,有一个德国人到美国去旅行的时候闯了祸,美国法院就对这个德国人作了惩罚性赔偿判决。但是,这个德国人的财产是在德国,这个案件的执行有赖德国法院的协助,结果美国最高法院就请求德国最高法院对这个案件予以执行。德国法院对这个案件进行审查后,认为违反了德国的公共秩序而拒绝执行。最后,这个惩罚性赔偿没有能够实现。[⑦]这个案例很形象地说明了两个法系国家侵权法的对立态度。正因为如此,在我国《侵权责任法》中,如果规定一个比较全面适用的惩罚性赔偿金制度,凡是"故意侵害他人生命、身体、健康或具有感情意义财产的,法院得在赔偿损害之外判决加害人支付不超过赔偿金3倍的惩罚性赔偿金"的话,对于大陆法系侵权法将会具有颠覆性的作用,立法者是很难接受的。反之,如果在一个特殊场合,在极必要的侵权行为类型中规定惩罚性赔偿金,则对大陆法系侵权法的基本理念就不会有太大的影响,会使恶意产品侵权行为人受到制裁,人民群众的生命权和健康权得到更好的保障,因此而具有重大、积极的意义。

正因为如此,正在审议中的《中华人民共和国侵权责任法(草案)》明确规定了这样的条文:"明知产品存在缺陷仍然生产、销售,造成他人生命、健康损害的,受害人有权依法请求惩罚性赔偿。"大多数民法学者都积极支持这个意见,笔者当然不例外。应当看到的是,《侵权责任法(草案)》确定这个条文,刚好是在全国人民愤怒谴责三鹿奶粉事件的高潮中,因此,比较容易被立法者所接受,但并不是所有的人都赞同这样的意见,仍有人反对在《侵权责任法》中规定这种有限的惩罚性赔偿金制度。因此,在理论上还须对此进行深入研究和说明。

二、在《侵权责任法》关于产品责任的规定中确立惩罚性赔偿金的必要性和可行性

在《侵权责任法》关于产品责任的规定中规定惩罚性赔偿金是否必要和可行,立法草案作出上述规定是否正确,可以从以下几个方面进行研究。

(一)我国民事立法已经部分采纳了惩罚性赔偿金制度

不言而喻,我国民法是大陆法系的立法体例,因而在基本理念上拒绝惩罚性赔偿金制度。但是,应当看到的是,尽管当时存在极大争论,但在1993年制定《消费者权益保护法》的时候,还是规定了第49条,即:"经营者提供商品或者服务有欺诈行为的,应当按照消费者的要求增加赔偿其受到的损失,增加赔偿的金额为消费者购买商品的价款或者接受服务的费用的一倍。"

在《消费者权益保护法》生效后,对于该条规定的产品欺诈、服务欺诈可以适用两倍的惩罚性赔偿金制度是否正确,是否适合我国国情,一直存在不同意见。多数人主

[⑦] 参见杨立新:《中国侵权责任法立法进行时》,载中国民商法律网,2016年1月7日访问。

张这样的规定是正确的,但也有少数人认为这样的规定本身就是错误的。由于在这个规定生效之后,出现了大量的知假买假的"王海现象",因此,反对者更加理直气壮。对此,笔者曾经写了文章,坚持认为这个规定是正确的。随后,出现了丘建东分别向北京市东城区人民法院和西城区人民法院起诉的两起长途电话收费欺诈索赔案件,两个受诉法院作出了两种截然不同的判决结果的情形,更加说明了对惩罚性赔偿金的对立态度。

正因为如此,立法机关为了进一步明确部分承认惩罚性赔偿金制度的立场,在起草《合同法》中,专门规定了第113条第2款,即:"经营者对消费者提供商品或者服务有欺诈行为的,依照《中华人民共和国消费者权益保护法》的规定承担损害赔偿责任。"

除此之外,最高人民法院《关于审理商品房买卖合同纠纷案件适用法律若干问题的解释》第8条和第9条,又规定了新的惩罚性赔偿金的适用范围:"具有下列情形之一,导致商品房买卖合同目的不能实现的,无法取得房屋的买受人可以请求解除合同、返还已付购房款及利息、赔偿损失,并可以请求出卖人承担不超过已付购房款一倍的赔偿责任:(一)商品房买卖合同订立后,出卖人未告知买受人又将该房屋抵押给第三人;(二)商品房买卖合同订立后,出卖人又将该房屋出卖给第三人。""出卖人订立商品房买卖合同时,具有下列情形之一,导致合同无效或者被撤销、解除的,买受人可以请求返还已付购房款及利息、赔偿损失,并可以请求出卖人承担不超过已付购房款一倍的赔偿责任:(一)故意隐瞒没有取得商品房预售许可证明的事实或者提供虚假商品房预售许可证明;(二)故意隐瞒所售房屋已经抵押的事实;(三)故意隐瞒所售房屋已经出卖给第三人或者为拆迁补偿安置房屋的事实。"

由此可见,尽管对我国现行法律制度中规定惩罚性赔偿金存在不同意见,但这已经是一个事实。对此,我们既不能否认,也不能置现行法律规定于不顾,而执意反对这一制度。

(二)在合同法领域规定惩罚性赔偿金的同时在侵权法领域不承认惩罚性赔偿金的不合理性

应当看到,我国现行法律和司法解释中这些关于惩罚性赔偿金的规定,都是在合同法领域中适用的制度,到目前为止,在侵权法领域还没有规定惩罚性赔偿金制度,在实践中也没有法院判决过惩罚性赔偿金。

这种现象是不是正确?

认真分析产品欺诈和服务欺诈与恶意产品侵权行为的性质、主观恶性以及损害后果,我们就会发现,这种现象是不正确的。

(1)产品欺诈和服务欺诈是一种合同欺诈行为,其主要表现是通过假冒伪劣商品的销售欺骗消费者,或者通过低劣的服务冒充高标准的服务获得不当利益。这种合同欺诈行为的性质是恶劣的,法律应当谴责,对其处以双倍赔偿是应当的。恶意产品侵权行为的性质是侵权行为,不仅是在交付产品中就存在欺诈,同时还要造成侵害消费者或者该产品使用人的生命权和健康权,构成侵权行为。欺诈的违约行为与恶意产品侵权行为相比,尽管二者都具有恶意,但性质还是有所不同,后者比前者的性质更为严重。

(2)产品欺诈与服务欺诈是恶意违约行为,意图以不符合质量约定的商品和服务骗取高额的收费,意图获得超出其商品或者服务的价值回报,均是以图财为目的。但是,恶意产品侵权行为尽管也是恶意,直接追求的也是超出其产品实际价值以外的价值回报,具有图财的目的,然而,恶意产品侵权行为在追求图财目的之外,还存在放任缺陷产品损害使用人的生命健康的间接故意。因此,从主观恶性上分析,恶意产品侵权行为人的主观恶性显然重于产品欺诈和服务欺诈,应当科以更重的民事责任。

(3)对产品欺诈与服务欺诈科以惩罚性赔偿金所着眼的,是其欺诈的恶意,后果是合同预期利益的损失,并不包含造成合同债权人的固有利益损失,因此,仍然是实际违约责任的损害赔偿,而不是加害给付责任的损害赔偿,更不是侵权责任的损害赔偿。而恶意产品侵权行为所造成的后果,不仅存在合同预期利益的损害,还须存在债权人或者第三人作为缺陷产品使用人的人身损害,即生命权的损害和健康权的损害,因此是固有利益受到损害。相比较而言,预期利益的损害仅仅是合同的可得利益的不能实现,局限在合同利益中的财产利益;而固有利益必然包括人身利益,损害的是人的生命权和健康权,是死亡、丧失劳动能力以及其他伤害的严重后果。显然,恶意产品侵权行为的损害后果远远重于产品欺诈和服务欺诈。

正因为如此,在我国的民法体系中,在合同法领域已经确立了惩罚性赔偿金的情况下,如果不建立侵权法领域的恶意产品侵权行为的惩罚性赔偿金制度,不仅会使这个制度不能相互衔接,出现漏洞和残缺,同时,也存在法律制度上的不公平,对民事权利和利益保护不均衡的问题,对保护消费者的生命权、健康权的制度也是不完善、不合理的,应当纠正和补充。因此,制定恶意产品侵权行为的惩罚性赔偿金是完全必要的。

(三)我国侵权责任法不应当完全拒绝惩罚性赔偿金制度

诚然,大陆法系侵权行为法的基本理念是填补损害原则,受害人不可以就侵权行为造成的损害获得超出其实际损失的赔偿,以避免双方当事人利益关系的失衡,引导受害人故意造成损害而追求高额赔偿。

但是,适当地限制惩罚性赔偿金制度的适用范围,可以避免出现上述问题:

(1)严格限制在恶意产品侵权行为范围内适用。在制定《侵权责任法》过程中,一些专家提出的建立全面的惩罚性赔偿金制度的意见已被通说所否认,立法机关也没有采纳。很多人包括笔者在内,也提出过对故意排放污染物放任损害后果发生造成严重后果的污染环境的行为应当规定惩罚性赔偿金,立法机关对此也没有采纳。立法机关在惩罚性赔偿金制度上的慎重态度是有道理的。在《侵权责任法》中,把惩罚性赔偿金严格限制在恶意产品侵权行为的范围内适用,不再扩大适用范围,就是为了避免惩罚性赔偿金制度副作用的发生。对此,在《侵权责任法》通过之后,应当严格按照这个规定适用惩罚性赔偿金。

(2)严格限制在人身损害的范围内适用。即使在恶意产品侵权行为中,惩罚性赔偿金也要严格限制在缺陷产品侵害使用人的生命权、健康权,造成死亡、残疾或者其他伤害的场合。对造成财产损害的,即使构成恶意产品侵权行为也不应当适用惩罚性赔偿金制度,只能承担填补损害的赔偿责任。笔者在专家建议稿中曾经提出过在财产损害领域也可以适用惩罚性赔偿金,而在立法机关的《侵权责任法(草案)》中,仍然规定只有造成人身损害的恶意产品侵权行为才可以适用,显然更为合理,也更具有实际应用价值。

(3)严格限制惩罚性赔偿金的赔偿数额。我国在恶意产品侵权行为中适用惩罚性赔偿金,究竟应当如何确定赔偿数额?在现在讨论的《侵权责任法(草案)》中只规定了"受害人有权依法请求惩罚性赔偿",并没有规定惩罚性赔偿的标准。一般认为,可以是人身损害造成损失赔偿损失之后增加1倍的赔偿,即通常所说的两倍赔偿,也有的认为可以达到3倍。[8]在2008年9月召开的"《侵权责任法(草案)》研讨会"上,专家的普遍意见是前者。笔者赞同两倍的意见,理由是,尽管是惩罚性赔偿,但也应当有适当的限度,如果赔偿额度过高,确实有不利后果。以死亡赔偿金为50万元为例,增加1倍,就是赔偿100万元人民币,大体是可行的。如果是3倍就是150万元,显然过高。也有人在讨论中认为,应当赔偿缺陷产品价金的两倍,此外再赔偿造成的实际损失。这个方法是没有道理的。因为惩罚性赔偿是侵权行为,赔偿的应当是损失,因而应当在应当赔偿的基础上增加一个倍数,而不是以价金作为计算标准,那是违约损害赔偿责任的计算方法。

(4)精神损害抚慰金的赔偿不计入惩罚性赔偿金。生命权、健康权、身体权受到侵害,应当赔偿精神损害抚慰金。这些精神损害抚慰金是否需要计入惩罚性赔偿金的范围呢?笔者认为,精神损害抚慰金不应当计入惩罚性赔偿金,理由有二:一是对于惩罚性赔偿金,在我国目前情况下不宜过高,应当有所限制,精神损害抚慰金不计入惩罚性赔偿金,就是限制的一种办法;二是精神损害抚慰金的性质,本身就具有抚慰性,惩罚性赔偿金在性质上也具有一定的抚慰性,把具有抚慰性的抚慰金再计入具有抚慰性的惩罚性赔偿金之中,显然不具有合理性。但应当明确的是,恶意产品侵权行为的行为人承担了惩罚性赔偿金之后,并不妨碍受害人请求其承担精神损害抚慰金赔偿。

三、对在产品责任中规定惩罚性赔偿金若干疑问的回应

在我国侵权责任法的产品侵权责任规则中规定惩罚性赔偿金制度,其目的在于,惩罚性赔偿是在补偿性赔偿或名义上的赔偿之外,为惩罚该赔偿交付方的恶劣行为并阻遏他与相似者在将来实施类似行为而给予的赔偿,因此,可以针对因被告的邪恶

---

⑧ 参见中国民法典立法研究课题组:《中国民法典·侵权行为法编草案建议稿》,载中国民商法律网,2016年1月7日访问。

动机或他莽撞地无视他人的权利而具有恶劣性质的行为而作出。[9]例如,在三鹿奶粉、大头娃娃等大规模恶意产品侵权行为案件中,产品生产者就是具有这样的邪恶动机和恶劣行为,对他们进行惩罚性赔偿金制裁,就是为了惩罚他们的邪恶动机、恶劣行为,并且阻遏与他相似者将来实施类似行为,保护人民的安全和健康。

应当看到的是,在罗马法中,就有惩罚性赔偿金的适用,例如"如果某人已提起暴力抢夺财物之诉,他不能也提起盗窃之诉。但如果他选择并提起了双倍罚金之诉,只要(他的诉求总额)不超过4倍,他也可以提起以暴力抢夺财物之诉"。[10] 在我国古代,也有"加责""倍备""倍追"等惩罚性赔偿制度[11],其中倍备制,出现在《唐律》和《宋刑统》中,规定"盗者,倍备",疏云:"谓盗者以其贪财既重,故令倍备。"可见,各国古代并不一概反对惩罚性赔偿金。

有些人对规定恶意产品侵权行为的惩罚性赔偿金制度提出一些疑问,怀疑这样的制度究竟会不会影响我国侵权责任法的填补损害功能,出现类似《消费者权益保护法》第49条规定之后出现的问题。对于这些疑问,笔者作出以下回应。

(一)实施恶意产品侵权行为惩罚性赔偿金制度,会不会出现新的"王海现象"?

有人担心,在《侵权责任法》中规定恶意产品侵权行为的受害人有权请求惩罚性赔偿金,会不会像《消费者权益保护法》第49条规定产品欺诈、服务欺诈双倍赔偿制度实施之后,出现知假买假,甚至成立打假公司知假买假双倍索赔的现象。笔者的看法是,首先,并不能认为知假买假双倍索赔就是违法行为,就是追求非法的不当利益。鼓励与产品欺诈和服务欺诈作斗争,是《消费者权益保护法》的基本立场,这是对全体人民有利的事情。即使知假买假进行索赔,其实打假者的最终目的也仍然符合这样的要求,是在《消费者权益保护法》允许的范围之内。因此,双倍赔偿中超出价金的那一部分惩罚性赔偿金,其实就是让欺诈的商家出钱,给打假者支付"奖金"。这没有什么不好,只能对保护消费者有利。其次,知假买假双倍索赔的前提是打假者造成"损害"的只是价金的支付,并没有造成人身伤害,就一般情况而言,人们通常不会为了双倍索赔而故意让缺陷产品造成自己伤害,以自己的人身伤害为代价而追求超出实际损失之外的惩罚性赔偿金。因此,实施恶意产品侵权行为惩罚性赔偿金制度,一般不会出现"王海现象",起码不会出现较多的这种现象。对此,应当放心。

(二)实施恶意产品侵权行为惩罚性赔偿金制度,会不会助长受害人故意造成损害?

有人担心,实施恶意产品侵权行为惩罚性赔偿金制度,会不会有人故意造成人身

---

[9] 参见肯尼斯·S.亚伯拉罕、阿尔伯特·C.泰特选编:《侵权法重述——纲要》,许传玺、石宏等译,法律出版社2006年版,第27—271页。
[10] 转引自张新宝:《侵权责任法原理》,中国人民大学出版社2005年版,第470页注释1。
[11] 参见杨立新:《侵权损害赔偿》,法律出版社2008年第4版,第52、53页。

损害而借机索取惩罚性赔偿金呢？笔者认为，惩罚性赔偿金制度确实有可能引发这样的后果。例如，笔者在讲课时，经常会提到美国新墨西哥州麦当劳惩罚性赔偿金案件。美国新墨西哥州一家麦当劳餐厅，一位79岁的老太太Stela Liebeck买了一杯热咖啡，当打开杯盖饮用时，不慎将一些咖啡泼在了腿上，确诊为三度烫伤。据调查，咖啡的饮用标准温度应当是华氏140度（60摄氏度）左右，超过华氏155度（68摄氏度）就有烫伤的危险。当时，麦当劳提供的咖啡温度在华氏180度（82摄氏度）至190度（88摄氏度）之间。在被麦当劳的热咖啡烫伤后，Stela Liebeck将麦当劳告上法庭，称麦当劳没有提示热咖啡的温度，造成自己的伤害。法院认为，承担服务职责的大公司应当善待每一位顾客，不能因为自己的过失使顾客受到损害，因此判决麦当劳公司承担270万美元的惩罚性赔偿金。自此，麦当劳在公司的所有热饮杯上都加印了"小心烫口"的标志。[12]介绍这个案件时，很多人都说，如果咬咬牙挺过去，能够得到高额的惩罚性赔偿金，这个烫伤就是值得的，我们也愿意接受。不过，《侵权责任法（草案）》规定的惩罚性赔偿一是没有这样高的数额；二是限制在恶意产品侵权行为；三是造成一般伤害双倍赔偿数额并不高，造成严重伤害并不合算，因此，在一般情况下，不会出现这样的情况。同时，如果能够确认损害是由受害人故意所引起，法律自有对策，那就是"损害是因受害人的故意引起的，行为人不承担赔偿责任"。[13]《侵权责任法》有这样的规定，可以避免受害人故意引起损害而追求惩罚性赔偿金。

（三）实施恶意产品侵权行为惩罚性赔偿金制度是否会造成受害人的不当得利？

有人担心，实施恶意产品侵权行为惩罚性赔偿金制度，受害人获得超过其实际损失部分的赔偿金，对受害人而言是否构成不当得利？诚然，适用惩罚性赔偿金制度，受害人会得到超出其实际损失的那一部分惩罚性赔偿金。如果按照大陆法系侵权损害赔偿填补损害的本旨而言，似乎能够得出这样的结论。但是，第一，惩罚性赔偿制度的着重点，是对加害人恶意侵权行为的教育和惩戒[14]，并且具有社会警示作用，因而，法律为了实现这个目的而允许受害人得到超出其实际损失的赔偿金。第二，受害人基于恶意产品侵权行为造成人身损害，或者丧失生命，或者造成残疾，或者造成一般伤害，多数都会造成终身痛苦，法律规定准许他们得到超出其实际损失的赔偿金，与其所遭受的痛苦而言，利益关系并非严重失衡，也是应该的，法律不去计较他们的那部分"不当得利"。第三，惩罚性赔偿金既然是法律规定的制度，那就是合法的，就不构成不当得利，对此无可指责。

---

[12] 参见李响：《美国侵权法原理及案例研究》，中国政法大学出版社2004年版，第3页。对这个案件，终审判决并没有判这样高，而是48万美元。

[13] 这是2008年12月法律委员会审议的《侵权责任法（草案）》第27条的内容。

[14] 参见张新宝：《侵权责任法原理》，中国人民大学出版社2005年版，第470页。

(四)实施恶意产品侵权行为惩罚性赔偿金制度超出实际损失的部分,是否应当收归国有?

有人认为,实施恶意产品侵权行为惩罚性赔偿金制度,无论如何,都会由受害人获得超出其实际损失的部分的赔偿金,为了避免不良社会后果,又要达到制裁恶意侵权行为警示社会的积极作用,因而可以在赔偿受害人损失之外,将惩罚性赔偿金的部分确定为罚金,交由国家,作为国库收入。这个观点笔者是不能赞成的。恶意产品侵权行为侵害的是受害人的民事权利,惩罚性赔偿金是对私权利受到损害的保护制度,这种制度调整的是私的关系,是个人与个人之间、民事主体与民事主体之间的民事利益关系,何以要由国家获得本不应由国家获得的利益呢?如果国家要得到惩罚性赔偿金,倒是国家取得了不当得利,理由是国家没有任何理由得到这样的赔偿金。

(五)实施恶意产品侵权行为惩罚性赔偿金制度,会不会导致大量企业破产?

反对设立惩罚性赔偿金的另一个主要理由,是实施恶意产品侵权行为惩罚性赔偿金制度,会搞垮企业,使更多的企业因此而破产,不利于经济发展。这个担忧与讨论是否准许王海打假时出现的担忧是一样的。对于不法企业,是不是要给予严厉制裁?就像三鹿奶粉事件,那么多的奶制品企业明知三聚氰胺作为奶制品的添加剂,会造成使用人的人身损害,特别是对幼儿而言损害更重。但他们为了获得巨额利益,不顾人民的生命安全,造成了严重的社会后果,损害了我国商品在世界各地的声誉,造成了极为恶劣的影响。如果法律规定了惩罚性赔偿金,就可以对这些不法商家施以惩罚性赔偿金的制裁,就会严肃法纪,警示社会,保护人民健康。反之,对其不予以严厉制裁,则会放纵他们,危害人民健康,危害社会。与其让其承担一般的赔偿责任而放纵他们危害人民和社会,毋宁对其进行严厉制裁,即使使他们因此破产也在所不惜。

(六)如果侵权企业负担不起巨额惩罚性赔偿金,受害人赔偿权利无法实现岂不是更糟?

恶意产品侵权行为通常都是大规模侵权行为,受害人的人数众多,赔偿数额巨大。因此,有人怀疑,实施恶意产品侵权行为惩罚性赔偿金制度,责令侵权厂家承担巨额惩罚性赔偿金,实际上可能是无法全部予以赔偿,所有的受害人的赔偿权利无法得到全部满足。那么,这样的惩罚性赔偿金制度岂不是形同虚设,反而会造成受害人之间的争执。事实上,只要出现这样的问题,就会涉及侵权企业的破产问题,如果出现破产,则所有的债权人的债权都要同等受偿。既然如此,受害人的赔偿权利无法得到全部实现,也是没有办法的事情,当然,只能按照债权比例受偿。值得注意的是,受害人赔偿金的基数大,就可以得到更多的赔偿;如果确定的仅仅是实际损失的赔偿,受偿的比例当然会更小。这更说明了惩罚性赔偿金的必要性,而不是说更不必要。

论产品代言连带责任及法律适用规则*
——以 2009 年《食品安全法》第 55 条为中心

2009 年 2 月 28 日第十一届全国人民代表大会常务委员会第七次会议通过《食品安全法》,已经于 2009 年 6 月 1 日正式施行。该法第 55 条规定:"社会团体或者其他组织、个人在虚假广告中向消费者推荐食品,使消费者的合法权益受到损害的,与食品生产经营者承担连带责任。"对这个规定,社会各界反映比较热烈,形成尖锐的对立意见。依笔者所见,这个规定实际上不能仅仅局限于食品代言连带责任,而是应当举一反三,适用于所有的产品代言连带责任,因而具有更为广泛的意义。本文试图从食品代言连带责任说起,全面论述产品代言连带责任的有关法律问题。

一、对《食品安全法》第 55 条规定食品代言连带责任的不同意见

对《食品安全法》第 55 条规定的食品代言连带责任的对立意见,分为正方和反方两种。

反方:坚决反对食品代言连带责任规定的,以著名导演冯小刚为代表。他在全国政协会议上说:关于食品安全明星代言连带责任,很多演艺明星对此都有意见。如果明星要承担连带责任,那电视台是否负责?新闻媒体是否负责?国家质检等部门是否能负连带责任?为什么单单明星负连带责任?这个规定是片面的,不公正的。如果要明星负责,所有的质检部门都应该负连带责任。法律也开始欺负明星了,有点欺负人,而且欺负的没有道理。①

正方:坚决拥护这一规定的,集中在网友的意见中。很多网友在网上发表意见,认为食品代言连带责任的规定不错,甚至还以"绝不饶恕"的说法表示自己的态度。他们认为,消费者就是因为崇拜、信任某个明星,而间接对其所代言的产品产生信任,而去购买商品。既然艺人的形象促使消费者实施了购买行为,艺人就没有理由说自己和产品质量没关系。名人偶像对大众的影响力是非常巨大的,追随者和"粉丝"们

---

* 本文发表在《政治与法律》2009 年第 5 期。
① 参见《冯小刚不满食品代言法规:明星承担连带责任不公正》,载中国新闻网,http://www.chinanews.com.cn/yl/zyxw/news/2009/03-05/1588579.shtml,2009 年 3 月 5 日访问。

相信他们的偶像,对比同类商品,他们更信赖名人代言的产品。这也是为什么名人代言的广告方式受到企业的青睐,名人们也由此赚得巨大的收入,甚至远远超过他们演艺事业的所得。每一个公民,包括名人在内,权利与义务必须对等,名人明星代言产品在获取巨额代言费的同时,也必须为可能出现的虚假宣传、产品质量问题等误导消费者的行为承担责任。[②]

法学专家对此保持冷静,提出的意见比较稳妥。姚辉教授认为,食品代言连带责任的承担,要看制造商与明星代言人之间是否存在共同故意。具体来说有两种情况:其一,制造商与明星代言人相互串通。在这种情况下,制造商与明星代言人实则形成了明确的分工,二者的主观状态均属于直接故意。其二,制造商与明星代言人虽然没有相互串通,但明星代言人明知制造商生产了质量存在缺陷的产品,仍然为该产品进行代言。在这种情况下,制造商的主观状态属于直接故意,明星代言人的主观状态属于间接故意。毫无疑问,上述两种情况都可认定他们的行为构成共同侵权,承担连带责任。[③]

食品代言连带责任,法律已经规定并且开始实施了,这是客观现实,对其进行讨论发表不同意见是可以的,但质疑其权威性,甚至反对、阻止其施行,则是不可能的。笔者认为,《食品安全法》对这一责任规定确实过严,但是,法律规定的责任过严也有过严的好处。尽管很多学者也主张最好规定为"承担相应责任",似乎更为缓和、更为稳妥[④],但是法律已经明确规定承担连带责任,在没有修改法律之前没有改变的余地。对此,笔者的看法是:第一,规定为"相应责任"反而不好,因为不知道与什么相应,如何相应,在法律适用上更不好解释,也无法准确掌握,会出现各有各的理解的弊端;第二,明确规定食品代言连带责任,是很严格的责任,但依照连带责任的严格要求,食品代言连带责任必须符合侵权连带责任的构成要件,因而并不会伤害没有构成连带责任的食品代言人,只有构成共同侵权的食品代言行为的代言人才应当承担连带责任。这样,更有利于划清侵权与非侵权的界限,保护正当的产品代言行为,制裁非法的产品代言行为。因此,笔者积极评价《食品安全法》第55条的规定,并建议将此推而广之,扩展为产品代言连带责任。

二、产品代言连带责任的法理基础

食品代言乃至产品代言,代言人实际上就是给食品或者产品做广告。做广告的人对于推荐的食品或者产品有缺陷并造成消费者合法权益的损害,究竟应否承担民事责任?长期以来并不是一个明确的问题。存在的问题确实如网友所言,产品代言

[②] 参见《名人张嘴 法律把门》,载中国食品质量报网,2009年4月9日访问。
[③] 参见《法学专家提醒代言明星:承担连带责任源于共同侵权》,载《检察日报》2009年3月30日第6版。
[④] 参见李连颖:《食品广告代言连带责任是否过重》,载新浪博客,2009年4月26日访问。

人只管代言,只管收钱,对代言的产品质量如何、是否存在缺陷、能否造成损害,一概不管,不用承担任何责任。这样的后果是,代言人只享有权利,不承担义务,不承担责任,成为市场经济中的不受法律约束的特殊主体。这是不正确的,也是不正常的。《食品安全法》率先规定食品代言连带责任,解决了这个问题。

产品代言连带责任究竟是依据何种法律基础承担呢?

(一)产品代言连带责任并非基于合同责任而发生

产品代言行为确实产生于合同,但并非基于产品代言合同而发生产品代言连带责任。

诚然,产品代言是一种合同关系,是产品代言人与广告商以及生产者或者销售者之间订立的广告代言合同。该合同对上述当事人的代言行为进行法律约束,确定当事人的权利义务关系,但并不能约束合同当事人与其他人之间的关系。这是合同的债权相对性原则的效力使然,即使债权相对性原则有所突破[5],也无法达到这样的程度。当代言的缺陷产品造成消费者合法权益损害时,该合同关系无法解决这样的赔偿要求。

当然,也可以考虑另一个合同关系,即产品代言人依附买卖合同关系的产品经营者,依据产品经营者与消费者的合同关系,解决消费者权益受到损害的索赔问题。制造或者销售具有不合理危险的产品,造成合同债权人人身伤害或者财产损害的,债权人主张违约责任,可以依据加害给付责任规则请求赔偿。加害给付亦称积极侵害债权,是德国学者创造的概念,指债务人履行给付不合债务本质,除发生债务不履行的损害之外,更发生履行利益之外的损害,债务人应当承担履行利益之外固有利益损害赔偿的违约责任制度。[6] 在合同责任中,加害给付与实际违约是一种特殊关系,构成责任竞合,其基本区别,在于履行合同所交付的标的物的质量不符合约定,即瑕疵履行,并且因此给债权人造成合同利益以外的固有利益损失,而不是一般的实际违约。因此,加害给付责任就是实际违约责任中的特殊责任,只不过由于加害给付责任所具有的涉及固有利益损失的特殊性,因而才作为单独的一个合同责任进行研究。产品代言人代言缺陷产品,如果明知产品有缺陷,仍然为产品生产者或者产品销售者进行宣传,造成损害,依据加害给付责任规则承担违约责任,似乎有道理。但问题在于:一方面是产品代言人本身并不是产品买卖合同的当事人,无法依据该合同关系承担合同责任;另一方面加害给付责任无法保护产品买卖合同当事人之外的产品使用人受到损害的权利。因此,以加害给付责任作为产品代言连带责任的法理基础也并不充分。

可见,产品代言连带责任并不是基于合同而发生的民事责任。

---

[5] 关于合同相对性原则,参见杨立新:《债法总论》,高等教育出版社2009年版,第24、25页。
[6] 参见杨立新:《合同法专论》,高等教育出版社2006年版,第344页。

(二)产品代言连带责任的法律基础是产品侵权责任

产品代言连带责任应当依据产品侵权责任规则作为承担民事责任的法律基础。

产品侵权责任,是指由于存在缺陷的产品造成他人人身、财产的损害,而应由缺陷产品的生产者或者销售者承担损害赔偿责任的侵权行为。[7] 按照《产品质量法》第41条、第42条和第43条的规定,缺陷产品的生产者或者销售者对造成损害的产品使用人负有损害赔偿责任,受害人可以请求生产者承担责任,也可以请求销售者承担责任;承担责任的销售者如果对于产品缺陷的产生没有过错,并且能够指明缺陷产品的来源或者生产者的,销售者在承担了赔偿责任之后,可以向缺陷产品的生产者追偿;产品生产者承担了赔偿责任之后,如果能够证明销售者对产品缺陷的产生有过错的,则可以向其追偿。可是,按照产品侵权责任的规则要求,承担责任的主体应当是缺陷产品的生产者或者销售者,产品代言人既不是产品的生产者,也不是产品的销售者,完全按照产品侵权责任规则确定产品代言连带责任,理由好像也不充分。

学者在解释产品代言连带责任适用产品侵权责任规则的理由时提出,对于产品缺陷而导致的损害,代言行为相对于产品生产者的行为而言,具有间接性,属于间接侵害行为。学者引用德国学者拉伦茨的观点,所谓间接侵害行为,是指行为自身引起高度抽象的危险,加上隔着远距离其他情事之介入,导致他人权利受侵;而直接侵害行为是指依照社会的见解,在一个行为外部历程中,于时空上直接地引发的侵害。直接侵害行为与间接侵害行为的区隔在于,后者只是引起了某种抽象的损害发生的危险,前者在损害的发生上具有直接的促成原因力。[8]

笔者并非完全赞同产品代言行为的间接侵害行为性质的说法,但产品代言行为须与产品生产者、销售者的行为相结合,才能够发生致人损害的后果,却是一个客观事实。在缺陷产品造成他人损害的事实中,产品代言行为依附缺陷产品的生产经营行为,最起码是致他人损害的助成原因,并非没有直接的原因力。因此,适用产品侵权责任法律规则,才能建立产品代言连带责任的法律基础,这是确定其承担连带责任的法律依据。正因为产品代言行为对于缺陷产品造成损害的行为发生助成原因,确定产品代言人承担产品侵权责任,就是有道理的,只是必须确定产品代言人究竟是依附于产品生产者,还是依附于产品销售者。这正是《食品安全法》第55条规定的"与食品生产经营者承担"责任的含义所在,即产品代言行为必须与产品生产者或者销售者的侵害行为相结合,才能够成立产品侵权责任,不存在单独的产品代言连带责任。

除此之外,确定产品代言连带责任并没有其他法律根据。因此,笔者赞同产品代言人连带责任采用产品侵权责任规则作为其法律基础,探究其归责原则、责任构成和责任形态等问题,以保证在司法实践中正确适用法律,保护人民健康。

---

[7] 参见杨立新:《侵权行为法专论》,高等教育出版社2005年版,第226页。
[8] 参见黄芬:《产品代言人的侵权责任思考》,载《中国法学会民法学研究会2009年年会论文集》(下册),第224页。

三、法律规定产品代言的侵权责任形态为连带责任的正确性

(一)对产品代言连带责任性质的不同主张

产品代言人承担侵权责任,究竟应当是何种侵权责任形态,对此,立法已经明确为连带责任,但在学理讨论上尚有不同见解。

1. 相应责任说

有学者认为,代言明星若明知或应知食品广告虚假仍然为之代言,其实则与广告主形成了共同侵权中的共同加害行为之帮助行为。共同加害行为要求必须具备三个构成要件:主体须为两人或两人以上;行为须具有共同性即具备意思联络或者行为关联;损害结果须具有同一性。因此,要求代言虚假食品广告的明星承担相应的法律责任是有一定的理论依据的。[9]在全国人大法律委员会讨论《食品安全法》的过程中,有些法律专家也认为应当规定为弹性的"相应责任",而不是连带责任。但是,立法者没有采纳这些意见。

相应责任并不是一个准确的概念,相应责任应当有多种责任形态可供选择。没有选择的相应责任,不是一种法律明确的责任形态。因此,规定为相应责任反而不利于在司法实践中施行。而在事实上,既然承认产品代言责任的基础是共同侵权行为,就应当是连带责任,而不是相应责任,这是不言自明的规则。

2. 按份责任说

有学者认为,产品代言应当承担按份责任。理由是,共同侵权的成立应该以主观上的共同过错为要件,没有主观关联的行为人之间不成立共同侵权,各自承担份额责任。根据《侵权责任法(草案)》的立法精神,代言人责任与生产经营者责任之间宜为按份责任关系。[10]

这种意见也不准确。在侵权责任法领域,数个当事人承担按份责任的基础,在于数个行为人的行为对于同一个损害的发生,都构成原因,都具有原因力,但没有共同故意或者共同过失,也不具有客观的关联共同,因而成立无过错联系的共同加害行为。简言之,承担按份责任,须不构成共同侵权,且须数人的行为造成同一个损害结果。在产品代言连带责任中,既然构成共同侵权,也就不存在承担按份责任的法律基础,承担按份责任也没有可靠的事实依据。

3. 补充责任说

产品代言是否存在承担补充责任的可能? 对此,应当首先考虑承担补充责任的事实依据和法律基础。承担补充责任的客观基础,是不同的行为造成同一个损害事

---

[9] 参见李连颖:《食品广告代言连带责任是否过重》,载新浪博客,2009 年 4 月 26 日访问。
[10] 参见黄芬:《产品代言人的侵权责任思考》,载《中国法学会民法学研究会 2009 年年会论文集》(下册),第 224 页。

实,受害人同时产生两个损害赔偿请求权,依据公共政策的考量,准许受害人首先行使顺位在先的请求权,在其请求权不能实现或者不能完全实现时,再行使顺位在后的请求权,以补充直接加害人的赔偿不足。⑪ 在产品代言责任中,存在前一个客观事实,即损害是由产品生产者或者产品销售者的行为,以及产品代言行为造成,且系同一个损害,受害人对于前者和后者都享有请求权。但是,法律并没有规定这种责任为补充责任,而是明定为连带责任。因此,确定产品代言责任为补充责任,缺少法律基础。

4. 不真正连带责任说

在产品代言连带责任中,如果笼统规定产品代言人与产品生产经营者承担,则有可能形成不真正连带责任。在产品侵权责任,产品生产者和销售者承担的侵权责任就是不真正连带责任,尽管在承担风险责任层面,只要产品存在缺陷,就可以请求生产者或者销售者承担侵权责任;但在最终责任层面,产品生产者承担最终责任须产品存在缺陷;而产品销售者承担最终责任则须有过错。如果产品代言人参与其中承担不真正连带责任,将与产品生产者、产品销售者一起构成三个主体的不真正连带责任。这样选择,有违产品代言行为助成产品生产者或者助成产品销售者的客观事实,有违产品代言行为只能依附于生产者或者销售者一方造成损害的客观事实,因而不存在不真正连带责任的客观基础。因此,产品代言人不存在承担不真正连带责任的可能性。

(二)产品代言连带责任是共同侵权连带责任

笔者赞同姚辉教授的主张。⑫依笔者所见,当一个侵权行为人应当承担连带责任的时候,首先必须具备前提条件。这些前提条件包括:第一,必须存在两个以上的侵权行为人,该人是其中之一;第二,每一个侵权行为人实施的行为对损害的发生都必须具有原因力;第三,各个共同加害人应当具有主观上或者客观上的关联共同。产品代言责任符合这样的要求:

(1)应当解决的是产品代言人与谁承担连带责任?或者是产品生产者,或者是产品销售者,因此符合两个以上侵权行为人的要求。《食品安全法》第 55 条规定为食品生产经营者是对的,但产品代言人不能与产品生产者和销售者一起构成数人而由三个主体承担连带责任。

(2)产品代言行为对损害的发生具有原因力。尽管产品代言行为不具有直接造成损害的可能性,但却是造成损害的助成原因,具有相当的原因力,与产品生产者或者销售者的行为构成损害的共同原因,因而承担连带责任顺理成章。产品代言人承担连带责任,或者是与产品生产者承担连带责任,或者是与产品销售者承担连带责任,因为他们的行为对损害的发生才具有共同原因力。

---

⑪ 参见杨立新:《侵权责任法原理与案例教程》,中国人民大学出版社 2008 年版,第 333 页。
⑫ 参见姚辉:《法学专家提醒代言明星:承担连带责任源于共同侵权》,载《检察日报》2009 年 3 月 30 日,第 6 版。

（3）产品代言连带责任存在承担共同侵权的关联共同。在事实上，广告代言行为作为主观关联共同的共同侵权，较为少见，但确实存在，即产品代言人明知代言的产品存在致人损害的缺陷，却故意为其进行代言，希望或者放任损害结果发生的，构成主观关联共同，承担连带责任毫无问题。如果产品代言人并不明知而是应知，由于存在疏忽或者懈怠，可能构成客观关联共同，也可以成立共同侵权，当然也存在连带责任的基础。

（三）对产品代言连带责任的概念界定

综合上述论述，《食品安全法》将产品代言责任规定为连带责任确有道理，产品代言人承担的责任性质为产品侵权责任。产品代言行为应当依附于缺陷产品的生产者或者销售者的行为，产品代言人应当与缺陷产品的生产者或者销售者承担连带责任。据此，产品代言连带责任，是指在虚假广告中向消费者推荐缺陷产品，对消费者或者他人的合法权益造成损害的社会团体或者其他组织、个人，依据产品侵权责任规则，应当与产品生产者或者产品销售者共同承担的侵权连带责任。

四、产品代言连带责任的归责原则与责任构成

（一）产品代言人承担侵权责任的归责原则

确定产品代言连带责任适用何种归责原则，也有不同意见。有人认为，既然产品侵权责任适用无过错责任原则，而产品代言责任是附属于产品侵权责任的连带责任，因此也应当适用无过错责任原则。但是，也有学者认为，适用无过错责任原则对从事代言的名人来说不符合法律正义，而且会限制行为选择的自由，因此，采取过错责任原则似乎更为适宜。[13]

诚然，产品侵权责任适用无过错责任原则，但也并不是一律适用无过错责任原则。例如，在产品侵权责任中确定销售者的最终责任，并不适用无过错责任原则，而是适用过错责任原则。《产品质量法》第42条规定："由于销售者的过错使产品存在缺陷，造成人身、他人财产损害的，销售者应当承担赔偿责任。销售者不能指明缺陷产品的生产者也不能指明缺陷产品的供货者的，销售者应当承担赔偿责任。"在产品代言中，由于产品代言行为并非直接造成损害，因此，具有过错的产品代言行为才应当承担侵权责任。基于公平、正义的民法基本理念，确定产品代言连带责任必须适用过错责任原则，即代言人有过错的，才能够与产品生产者或者产品销售者构成共同侵权，才承担连带责任。

产品代言人具有故意，包括直接故意和间接故意，当然应当承担连带责任。

产品代言人只具有过失，且不是共同过失，是否应当承担连带责任呢？笔者认

---

[13] 参见黄芬：《产品代言人的侵权责任思考》，载《中国法学会民法学研究会2009年年会论文集》（下册），第226页。

为,客观关联共同并不排斥产品代言人的过失,并非要求其须与生产者或者销售者具有共同故意。1929年《中华民国民法》第185条规定,共同侵权行为的立法理由为:"查民律草案第950条理由谓数人共同为侵害行为,致加损害于他人时(即意思及结果均共同),各有赔偿其损害全部之责任。至造意人及帮助人,应视为共同加害人,始足以保护被害人之利益。其因数人之侵权行为,生共同之损害时(即结果共同)亦然。"这里采纳的立场主要是意思联络说,但作为特殊情况,行为关联共同者也认为构成共同侵权行为。前者为意思联络即主观上的关联共同,后者为客观上的关联共同,各行为既无意思联络,又无关联共同者,非共同侵权行为。[14]我国台湾地区"司法院"1977年6月1日(1977)院台参字第0578号令例变字第1号认为,民法上之共同侵权行为,与刑事上之共同正犯,其构成要件并不完全相同,共同侵权行为人间不以有意思联络为必要,数人因过失不法侵害他人之权利,苟各行为人之过失行为均为其所生损害之共同原因,即所谓行为关联共同,亦足成立共同侵权行为。"最高法院"1978年台上字第1737号判决书重申了这一立场。[15]因此,构成客观上的关联共同,各个行为人具有各自的过错,造成同一个损害结果,均具有共同原因的,也认为构成共同侵权行为。产品代言人具有过失,其行为与生产者或者销售者的行为具有共同原因,造成同一个损害结果,就成立客观关联共同。

因此,在产品代言侵权责任中,尽管是产品侵权责任应当实行无过错责任原则,但对于产品代言人的责任确定,应当适用过错责任原则。产品代言人没有故意或者过失的,不承担连带责任。

(二)产品代言连带责任的构成要件

构成产品代言连带责任,其基本构成要件应当符合产品侵权责任的要求,同时应当具备以下各项要件。不具备这些要件的,就不构成产品代言连带责任。

1. 行为主体为社会团体或者其他组织、个人

按照《食品安全法》第55条规定的要求,产品代言连带责任的主体是"社会团体或者其他组织、个人"。其中包括三种主体:一是社会团体;二是其他组织;三是个人。很多学者在文章中断言该条规定的是"名人代言",是不正确的。产品代言连带责任的主体并非只有名人,凡是在虚假广告中向消费者推荐产品的上述三种主体,都能够成为产品代言连带责任主体。例如,前几年推荐伪劣牙膏的所谓"牙防组",就是其他组织作为侵权主体。对此,著名导演冯小刚等提出关于"电视台是否负责?新闻媒体是否负责?国家质检等部门是否能负连带责任?为什么单单明星来负连带责任"[16]的指责,是不成立的。社会团体、其他组织或者个人就包括这些主体,并非没有电视台、质检部门等。对此没有疑问。其中代言人只是其中之一,为产品代言服务的其他

---

[14] 参见刘清景主编:《民法实务全览》(上),台北学知出版事业公司2000年版,第370页。
[15] 参见刘清景主编:《民法实务全览》(上),台北学知出版事业公司2000年版,第372页。
[16] 《冯小刚不满食品代言法规:明星承担连带责任不公正》,载中国新闻网,2009年3月5日访问。

社会团体、其他组织以及个人,也都是产品代言连带责任主体。在本文中使用"产品代言人"的概念,就是指在虚假广告中向消费者推荐产品的社会团体或者其他组织、个人。

2. 在虚假广告中向消费者推荐缺陷产品

按照《食品安全法》第 55 条的规定,构成产品代言连带责任,须具备"在虚假广告中向消费者推荐食品"的要件,这是对违法行为要件的要求。具体掌握上,应当符合以下要求:

(1) 代言的广告为虚假广告。一般认为,虚假广告就是对商品或者服务做虚假宣传的广告,它的虚假性主要表现为消息虚假、品质虚假、功能虚假、价格虚假、证明材料虚假。[17]这样的界定过于宽泛,不符合产品代言连带责任构成要件的要求。结合《食品安全法》第 55 条的全部内容,特别是关于"使消费者的合法权益受到损害"的要求,所谓虚假广告,必须是产品宣传的虚假,并且该产品的虚假足以造成消费者合法权益受到损害,其他消息虚假、功能虚假以及价格虚假,都不能构成产品代言连带责任的虚假广告,只有产品品质的虚假才能构成。同时,虚假广告中推荐的须为产品,推荐服务的广告不在产品代言连带责任的构成范围之内。

(2) 在代言的产品中,须具备缺陷要件。《食品安全法》第 55 条没有明确规定缺陷要件,是否推荐的食品或者其他产品就无须具备缺陷的要件呢?依笔者所见,对于虚假广告所推荐的产品,尽管在条文中没有规定须具备缺陷要件,但在"虚假广告"的表述中,已经有了谴责性的要求,即广告本身为虚假,虚假就是产品质量有问题。按照产品侵权责任的要求,构成产品侵权责任须具备"缺陷"要件。对此,《产品质量法》第 41 条、第 42 条和第 43 条在规定产品侵权责任的要件中,都规定了"产品存在缺陷"的要求,并且在《产品质量法》第 46 条规定:"本法所称缺陷,是指产品存在危及人身、他人财产安全的不合理的危险;产品有保障人体健康和人身、财产安全的国家标准、行业标准的,是指不符合该标准。"据此可以确定,在产品代言连带责任构成中的产品,须具备缺陷要件,即"产品存在缺陷"。广告推荐的产品如果不具备缺陷,也就不构成虚假广告,因而也就不存在产品代言连带责任。对缺陷的掌握,应当按照设计缺陷、制造缺陷、警示说明缺陷[18]及跟踪观察缺陷[19]的要求掌握。

3. 使消费者的合法权益受到损害

在产品侵权责任中,损害是指使用缺陷产品所导致的死亡、人身伤害和财产损失以及其他重大损失。[20]在通常理解中,产品代言连带责任中的损害,主要是指人身损

---

[17] 参见"虚假广告",载百度百科网,2015 年 10 月 13 日访问。
[18] 参见肯尼斯·S.亚伯拉罕、阿尔伯特·C.泰特选编:《侵权法重述——纲要》,许传玺、石宏等译,法律出版社 2006 年版,第 283 页。
[19] 参见杨立新主编:《中华人民共和国侵权责任法草案建议稿及说明》,法律出版社 2007 年版,第 397 页。
[20] 参见张新宝:《侵权责任法》,中国人民大学出版社 2006 年版,第 292 页。

害,例如三鹿奶粉事件造成的就是人身损害。但是,在《食品安全法》第55条规定中,并没有特别规定损害只限于人身损害,而是表述为"使消费者的合法权益受到损害",因而消费者的合法权益受到损害应当包括人身损害和财产损害,不能仅仅理解为人身损害。这样的规定,刚好与产品侵权责任对损害事实的前述要求相合,因而这样的理解是正确的。

应当如何理解消费者的概念呢？首先,消费者并非缺陷产品的购买者即买卖关系的债权人。如果仅仅将消费者理解为产品的购买人,将会使债权人之外的其他产品使用人的损害无法保护。其次,也不能理解为购买产品消费的人,因为消费是一个不够严谨的概念,无法准确界定。最后,也不单指产品的使用人,因为不是产品使用人造成损害,也应当承担产品侵权责任。依照侵权法的规则,凡是被缺陷产品造成损害的人都是受害人。《食品安全法》第55条之所以规定为"使消费者的合法权益受到损害",是因为缺陷食品造成损害的一般限于食品使用人,没有食用食品的人很难造成损害。但是,在其他产品损害的场合,就有可能造成没有消费、使用该产品的人的损害,例如产品爆炸伤及他人。

在这一要件中,还包括因果关系要件,即产品代言行为与损害之间具有因果关系。有学者认为,如果人们对名人代言产生很大程度的信赖,他的代言行为实际就对人们购买产品发挥着重要的影响。在没有他们代言时,人们可能会选择其他产品,这样产品的销售会萎缩,由此造成的消费者的损害也会被限缩在一个很小的范围内。从此意义上说,代言行为是损害发生的原因之一。[21]这样的分析是有道理的。在产品代言连带责任的构成中,因果关系表现在两个方面:一方面,是产品生产者或者产品销售者生产或者销售缺陷产品的行为与损害之间的因果关系,这个因果关系应当适用相当因果关系学说和规则确定;另一方面,产品代言行为与损害之间的因果关系,具有一定的间接性,即由于代言行为导致消费者对该缺陷产品的信赖并且由此造成损害,是代言行为与缺陷产品的生产行为或者销售行为相结合,构成了一个组合起来的原因行为,对损害事实的发生产生了引起与被引起的因果联系。因此,看起来好像代言行为与损害之间不具有实质的原因力,而在实际上确实存在一定的原因力,产品代言行为相当于共同侵权行为的帮助行为。

4.产品代言的社会团体、其他组织或者个人须有过错

在产品代言连带责任中,故意或者过失应当表现为以下三种形式:

(1)代言人与缺陷产品生产者或者销售者具有意思联络。所谓意思联络,是指数人对违法行为有通谋或共同认识。[22]产品代言人与缺陷产品的生产者、销售者通谋,或者对造成损害有共同认识,代言人为普通的共同加害人,当然应当承担连带责任。

---

[21] 参见黄芬:《产品代言人的侵权责任思考》,载《中国法学会民法学研究会2009年年会论文集》(下册),第226页。

[22] 参见孙森焱:《新版民法债编总论》(上册),台北三民书局2004年版,第277页。

尽管在现实生活中这种情况比较罕见,但是有可能。这种故意是最为严重的产品代言连带责任的过错。

(2)明知代言的产品有缺陷有可能造成损害,行为人仍然予以代言,放任损害后果的发生。这样的主观心理状态尽管与前一种故意有所不同,但仍然是对明知的损害后果予以放任,属于间接故意。在现实生活中,这样的情形可能比前一种为多见,但仍然不会很多。

(3)应当知道代言的产品有缺陷有可能会造成损害,基于疏忽或者懈怠而仍然予以代言。这是对损害发生的过失心理状态。对代言的缺陷产品造成损害具有过失的代言行为,也具有过错,符合过错责任原则的要求。

5. 代言人的过错与缺陷产品生产者或者销售者之间须有共同关联性

构成产品代言连带责任,产品代言人仅仅具有过错要件,尚不足以确定成立连带责任,还须其过错与缺陷产品造成损害具有共同关联性。所谓共同关联性,即数人的行为共同构成违法行为的原因或条件,因而发生同一损害。共同关联性分为主观的共同关联性与客观的共同关联性。主观的共同关联性是指数人对于违法行为有通谋或共同认识,对各行为所致损害,均应负连带责任。客观的共同关联性,为数人所为违法行为致生同一损害者,纵然行为人相互间无意思联络,仍应构成共同侵权行为。这种类型的共同加害行为,其共同关联性乃在于数人所为不法侵害他人权利之行为,在客观上为被害人因此所生损害的共同原因。㉓在前述产品代言人具备第一种和第二种过错形式即直接故意或者间接故意时,构成主观的共同关联性,成立主观的共同侵权责任;在第三种过错形式即过失时,构成客观的共同关联性,成立客观的共同侵权责任。

五、产品代言连带责任的具体承担

连带责任的基本规则,应当适用《民法通则》第 87 条规定的连带债务规则,即:"债权人或者债务人一方人数为二人以上的,依照法律的规定或者当事人的约定,享有连带权利的每个债权人,都有权要求债务人履行义务;负有连带义务的每个债务人,都负有清偿全部债务的义务,履行了义务的人,有权要求其他负有连带义务的人偿付他应当承担的份额。"为了进一步明确侵权连带责任的基本规则,并且纠正最高人民法院《关于审理人身损害赔偿案件适用法律若干问题的解释》第 5 条关于连带责任规则的误解,《侵权责任法》(二次审议稿)第 15 条和第 16 条规定:"法律规定承担连带责任的,受害人有权要求其中一人或者数人承担全部责任。""连带责任人承担连带责任后,根据各自过错确定相应的赔偿数额;难以确定的,平均承担赔偿责任。""支付超过自己赔偿数额的连带责任人,有权向其他连带责任人追偿。"这两个条文规定

㉓ 参见孙森焱:《新版民法债编总论》(上册),台北三民书局 2004 年版,第 276—278 页。

的内容是完全正确的。

产品代言连带责任同样如此。应当区别的是，任何连带责任，基于主观关联共同和客观关联共同的不同，在承担连带责任的规则上也有所不同。故产品代言连带责任的具体规则是：

（一）主观关联共同构成的连带责任规则

产品代言人具有故意，构成主观关联共同的共同侵权责任的，其承担连带责任的规则是：

（1）产品代言人应当承担风险责任，即作为连带责任之一，受害人有权请求产品代言人自己或者与其他连带责任人一道承担全部赔偿责任，即使受害人起诉产品代言人一人承担连带责任，也必须承担全部赔偿责任。

（2）产品代言人承担连带责任的最终责任，是按照份额分担的责任，即在全体连带责任应当承担的全部责任中，须确定产品代言人应当承担的责任份额究竟是多少，最终承担的就是这个份额。对此，应当按照产品代言人的过错程度和代言行为对损害发生的原因力进行比较，确定产品代言人应当承担的最终责任份额。产品代言人依照该份额对受害人最终负责。在美国侵权法上，这个责任份额叫做比较责任。[24]

（3）如果产品代言人承担的风险责任超过了其应当承担的最终责任份额，对其超出的部分，有权对没有承担最终责任或者承担最终责任不足的连带责任人请求追偿。

（二）客观关联共同构成的连带责任规则

产品代言人对于损害的发生仅存在过失，并不存在故意的，不构成主观关联共同，而构成客观关联共同。尽管客观关联共同也成立产品侵权责任的共同侵权，但在承担连带责任时，在规则上应当有所区别。

美国侵权法认为，这种共同侵权连带责任是单向连带责任，即在连带责任人中，一部分连带责任人对全部损失应当连带负责，另一部分连带责任人只对自己责任内的份额单独负连带责任。其规则是："如果两个或者两个以上的共同侵权行为构成一不可分损害的法律原因，每个被分配等于或者超过法律规定界限比例比较责任的被告负连带责任，每个被分配少于法律规定界限比例比较责任的被告负单独责任。"[25] 其含义是，如果连带责任人之一应当承担的比较责任份额较高，超出了法律规定的比例界限，则有理由对全部损害承担风险责任，对全部损失负责；但连带责任人之一应当承担的比较责任份额较低，少于法律规定的界限比例，则仅对自己的责任份额负责，不承担对全部损失的连带责任。

在德国，新近提出"整理衡量与单独衡量相结合"的做法，所谓单独衡量即单个致

---

[24] 参见肯尼斯·S.亚伯拉罕、阿尔伯特·C.泰特选编：《侵权法重述——纲要》，许传玺、石宏译，法律出版社2006年版，第323页。

[25] 美国法学会：《侵权法重述（第三次）·责任分担编》，王竹译，载中国人民大学民商事法律科学研究中心：《各国侵权行为法资料汇编》（内部资料），2008年，第185页。

害人最多应须给付的数量就是通过其份额与被害人的份额进行比较所得出的数量。这种新的计算方式使用整体衡量决定被害人一共能够请求多少利益,单独衡量决定了单个致害人最多必须给付多少利益。[26]

借鉴这样的做法,确定客观关联共同的产品代言连带责任,应当是单向连带责任,即产品代言人只具有过失,其代言行为在缺陷产品致人损害的原因中只起次要的助成原因,最终责任份额不应当超过25%。在这种情况下,如果在承担风险责任层面,受害人向产品代言人主张承担全部赔偿责任则有失公平,因此,客观关联共同的产品代言连带责任规则应当有所改变。即:

(1)在受害人主张风险责任承担时,对主要的产品侵权责任的连带责任人可以主张承担全部责任,对此不应当有所限制,即缺陷产品的生产者或者销售者作为主要的侵权人,应当对全部损害承担连带责任。

(2)在受害人主张风险责任承担时,请求产品代言人承担连带责任,则应限于其应当承担的最终责任份额,超出自己责任份额部分的风险责任,法院不应支持,即美国侵权法所称"每个被分配少于法律规定界限比例比较责任的被告负单独责任"。

(3)主要连带责任人承担了超出其最终责任份额的,对没有承担责任的产品代言人有权进行追偿。追偿的限额是产品代言人应当承担的责任份额,即比较责任份额。

---

[26] 参见王竹:《侵权责任分担论》,中国人民大学2009年法学博士论文,第218页。

山寨名人代言广告是否构成侵权[*]

一、山寨名人代言广告的典型案例与现行法律

酷似周杰伦的"山寨"版周董,在一家地方职业技术学校的广告中进行代言。几个女孩子问貌似周杰伦的周展翅:"周哥哥,学技术找哪所学校好?"周展翅则回答道:"学数控到××技工学校,学厨师到××技工学校……"在这段长达2分15秒的广告中,长相酷似周杰伦的周展翅用同样的句式介绍了某技工学校的所有专业。观众们"被雷得外焦里嫩",短短几天,视频的点击量就超过了500万。据悉,连周杰伦本人见到他,都惊叹"真的太像了!"[①] 需要注意的是,该产品并没有写明代言人是谁。在周展翅为该公司所做的平面广告上,其签字除了一个"周"字可以辨识之外,其余两个字基本无法辨识。该技校方面表示:学校请周展翅代言,展现的是周展翅个人的肖像和声音,并没有任何侵权行为,是一个合法的代言广告。[②]对于周展翅的行为是否构成侵权,目前仁者见仁,智者见智。退一步讲,假如周展翅在这个广告中只使用了肢体语言,是否构成侵权?周展翅使用自己的名字,用周杰伦的形象进行代言是否构成侵权呢?

"山寨"一词亦作"山砦",源于广东话,是"小型、小规模"甚至有点"地下工厂"的意思,在山寨中可以逃避政府管理,代表那些占山为王的地盘,不被官方管辖。其主要特点为仿造性、快速化、平民化。但目前的"山寨"又是个模糊概念,主要有三种含义。一是指有嫌疑仿冒或伪造第三方商品的生产厂家;二是指盗版、克隆、仿制等,一种由民间 IT 力量发起的产业现象;三是指"DIY",即自己做的意思。总的来讲,山寨一般都具有"模仿、创新、快速、廉价"的特点。因此,与山寨的筑有栅栏等防守工事的山庄、山村、绿林好汉占据的营寨等意思相距较远。

至于"山寨"是否就是侵权,有人主张山寨是否构成侵权不能一概而论[③];有人认为,最好忘掉山寨这个概念,就里面的法律问题进行具体分析[④];有人认为就目前谈到

---

[*] 本文的合作者为国务院法制办公室袁雪石博士。
[①] 《山寨手机赶超巨头趋主流 山寨明星雷人辈出》,载《北京晚报》2008年11月4日。
[②] 参见《揭秘山寨明星出炉真相 专家称法律难以制约》,载《成都商报》2008年9月16日。
[③] 参见索来军:《知识产权法学专家辨析"山寨现象"》,载《法制日报·周末》2009年1月15日,08版。
[④] 参见李明德:《知识产权法学专家辨析"山寨现象"》,载《法制日报·周末》2009年1月15日,08版。

的这些山寨法律问题,没有什么新问题,应该说现行法律都能够解决。[5]这些意见大体上是正确的。就山寨名人代言广告的现象而言,依照现行法律进行分析,也可以得出相同的结论。

二、从侵权责任构成分析山寨名人代言广告构成侵权

从过错侵权责任构成四个要件的要求分析,山寨名人代言商业广告可以构成共同侵权行为,代言人应该与其他侵权人共同承担侵权责任。

(一)山寨名人代言广告具有违法性

《广告法》第38条规定:"违反本法规定,发布虚假广告,欺骗和误导消费者,使购买商品或者接受服务的消费者的合法权益受到损害的,由广告主依法承担民事责任;广告经营者、广告发布者明知或者应知广告虚假仍设计、制作、发布的,应当依法承担连带责任。广告经营者、广告发布者不能提供广告主的真实名称、地址的,应当承担全部民事责任。社会团体或者其他组织,在虚假广告中向消费者推荐商品或者服务,使消费者的合法权益受到损害的,应当依法承担连带责任。"在这里,《广告法》仅仅规定了广告主、广告经营者、广告发布者、社会团体或者其他组织的侵权责任[6],并没有直接规定广告代言人的侵权责任。据此,似乎山寨名人代言广告就不具有违法性。对此,甚至有的律师也认为:"明星有肖像权,普通人也有肖像权,普通人也可以把自己的肖像权卖给企业使用,那些长得像明星的人毕竟不是明星,从这个层面讲,那些企业这样营销没有违法性质。""商家也没有欺诈消费者,因为他们钻了法律的空子,在包装上并没印出'周杰伦代言'或'周华健代言'这些侵权话语,用明星脸就是制造一个商业噱头。"因此,那些上当而误买"山寨产品"的网友要吃一堑长一智,能够理性消费,不要盲目相信明星代言的就一定是好产品。[7]但结论并不是这样的。

认定山寨名人代言广告行为具有违法性有三点依据:

(1)违反现行法律规定。目前,我国有许多法律都明确了虚假宣传构成不法行为。《广告法》第4条规定:"广告不得含有虚假的内容,不得欺骗和误导消费者。"《消费者权益保护法》规定,经营者"不得作引人误解的虚假宣传"。《欺诈消费者行为处罚办法》规定,经营者在提供商品或者服务中,不得采取虚假或者其他不正当手

---

[5] 参见郭禾:《知识产权法学专家辨析"山寨现象"》,载《法制日报·周末》2009年1月15日,08版。

[6] 根据《广告法》的规定,广告主,是指为推销商品或者提供服务,自行或者委托他人设计、制作、代理服务的法人、其他经济组织或者个人。广告发布者,是指为广告主或者广告主委托的广告经营者发布广告的法人或者其他经济组织。广告经营者,是指受委托提供广告设计、制作、代理服务的法人、其他经济组织或者个人。

[7] 参见杨媚、陈燕芬:《"山寨明星"代言"山寨机"打"擦边球"法律难解?》,载《深圳特区报》2008年8月4日。

段欺骗、误导消费者,使消费者的合法权益受到损害。《反不正当竞争法》第9条也规定,经营者不得利用广告或者其他方法,对商品的质量、制作成分、性能、用途、生产者、有效期限、产地等作引人误解的虚假宣传。广告的经营者不得在明知或者应知的情况下,代理、设计、制作、发布虚假广告。这一义务当然及于广告代言人,包括山寨名人代言人,代言人作引人误解的虚假宣传,也具有违法性。

(2)山寨名人的行为具有人格混同的性质。我国《民法通则》第100条规定:"公民享有肖像权,未经本人同意,不得以营利为目的,使用公民的肖像。"《关于贯彻执行〈中华人民共和国民法通则〉若干问题的意见(试行)》第139条规定:"以营利为目的,未经公民同意利用其肖像作广告、商标、装饰橱窗等,应当认定为侵犯公民肖像权的行为。"按照这样的规定,好像山寨名人代言广告的行为并没有违法,但其违法性的表现是没有直接使用他人的肖像,而是通过近似、模仿他人形象而构成人格混同。依照法律规定,由于与某名人非常相似,山寨名人在做广告时就有必要从服装、发型、动作、背景等方面采取"去山寨化措施",广告应该醒目标明"我是周展翅,不是周杰伦",其最终效果就是要避免广告引人误解。在此前提下,如果山寨名人大模大样地用自己的名义做广告,当然不构成侵权。不过,那样也就不必"山寨"了。但是,即使山寨名人在包装上并没体现"周杰伦代言"或"周华健代言"这些明显侵权的话语,而选择"在山寨明星头像上做修饰,让他和真正的明星更加相像,或者在对山寨明星进行标注时,写成'山寨版某某某',但'山寨版'三个字写得很小,某某明星的名字又写得很大,引起消费者的误会,那就构成了侵权。"⑧这种行为就是通过人格混同而达到侵害他人肖像、形象或者姓名因而获得商业利益的目的,构成了在广告中未经同意使用他人肖像、形象、姓名或者其他侵犯他人合法民事权益的违法性,李鬼在广告中已经不是李鬼,而是李逵。因此,山寨名人代言广告,要想避免侵权,就必须使自己与名人明显区分,不能仿冒,不能使人产生混淆的后果。

(3)其行为违反法定义务。名人或者非名人,都享有自己的人格权,例如姓名权、肖像权以及形象权。未经本人同意,通过人格混同的方式,侵害他人的上述权利,就违反了不得侵害他人人格权的不可侵义务,当然构成违法性。

(二)山寨名人代言广告损害了其所模仿的名人和消费者的合法权益

(1)山寨名人代言广告侵害了名人的肖像权、姓名权、声音权、名誉权等人格权。

有的律师说:"明星有肖像权,但只要产品没有使用明星本人的肖像,就不构成侵权。那些长得像周杰伦、周华健等明星的普通人去代言产品,没有什么法律问题。"⑨这种观点值得商榷。

如前所述,山寨名人代言广告的行为构成仿冒。山寨名人代言广告也会有收入,这个收入与其所模仿的名人的市场价值有密切关系。就像"假美猴王"的威慑力一定

---

⑧ 裘净婧:《杭州企业谨慎对待山寨明星广告代言》,载《每日商报》2008年12月9日。
⑨ 《揭秘山寨明星出炉真相 专家称法律难以制约》,载《成都商报》2008年9月16日。

比"假猪八戒"的威慑力高一样,当红明星的价值一定比过气明星的价值高,而且商业价值的时间跨度也很可能更长。用一个像周杰伦、刘翔的人去做广告宣传,并没有作出标注说明自己不是周杰伦、刘翔,实际上就是通过人格混同的手段而利用周杰伦、刘翔的商业价值,去进行商业性的赢利活动,获取商业价值。据悉,《中国演艺名人商业价值报告》以演艺名人公众美誉度、公众信任度、公众期待值为标准,将2008年吸金1.5亿元的"新天王"周杰伦以91.19分排名第二。[10]而且,周杰伦的演艺生涯辉煌虽然已经差不多有10年,但仍然未见衰退。也正因为如此,山寨"周杰伦"的市场最多,前文所述的周展翅也只是众多山寨周杰伦中的一个。为什么周展翅只模仿周杰伦而不模仿一个普通的农民或者工人,道理就在这里。

山寨名人代言广告最常见的是侵犯名人的肖像权、形象权以及姓名权,当然也有侵犯声音权的案例。在美国的 *Midler v. Ford Motor Co.* 案中,原告 Bette Midler 是美国著名歌手。被告福特汽车公司的一家广告代理商在请原告演唱 "Do You Want to Dance"(原告为此歌的原唱者)为福特公司做广告时,遭到拒绝,广告代理商便找到 Ula Hedwig,让她去模仿原告的声音演唱了此歌。该广告播出后,熟悉原告歌声的人都以为是原告在演唱。美国第九巡回上诉法院认为,"声音如同面孔一样,具有可区别性与个性",原告主张的是被告不适当地盗用了她声音的价值,是对原告的"对其身份所享有的财产性利益"的侵犯,即侵犯了原告的公开权。因此,第九巡回上诉法院推翻了原审法院的判决,认定被告行为构成侵权。[11]这样的判例是完全可以借鉴的。

(2)山寨名人代言广告侵害了消费者的利益。消费者误以为山寨名人代言广告的行为是名人的行为,因此往往会基于对名人的崇拜而购买产品或者接受服务。而且由于这类产品或者服务的提供者经济实力较低,往往请不起真正的名人来做广告,因此其产品也不能达到真正的名人代言产品的质量。这样,消费者购买产品或者接受服务的初衷和结果并不一致。

(3)山寨名人代言广告对所模仿的名人以及消费者所造成的损害,实际表现为期待利益或者现实利益的损失。对于所模仿的名人,山寨名人代言广告侵占了所模仿的名人的市场价值,山寨名人所获得的价值,其实就是山寨名人以及其所代理的商家从所模仿的名人应得的价值中的部分。而山寨名人代言的虚假广告使产品或者服务引起消费者的人身、精神或者财产损害,则是其行为的直接结果,损失的是现实利益,当然构成损害事实的要件。

(三)山寨名人代言广告行为与所模仿的名人或消费者的损害事实之间具有因果关系

确定山寨名人代言广告行为与所模仿的名人或消费者的损害事实之间的因果关

---

[10] 参见《艺人商业价值报告 刘德华力压周杰伦"最值钱"》,载《东方早报》2008年12月23日。
[11] 参见董炳和:《论形象权》,载《法律科学》1998年第4期。《美国第三次不公平竞争法重述》(Restatement of the Law, Third, Unfair Competition)第46条评论指出,原告在本案中已经通过先前演唱歌曲的行为开发了其声音的财产利益。在这种情况下,原告的声音就不仅仅是作为身份属性的富有特色的声音了。

系,应用不同的因果关系规则。

在侵害所模仿的名人的人格权时,确认所模仿的名人市场价值减损与山寨名人代言广告行为之间有因果关系,应当适用直接因果关系规则,即行为与结果之间具有直接因果关系,无须再适用其他因果关系规则判断,直接确认其具有因果关系。据此规则可以确认,山寨名人与所代言的商家从其代言广告的行为中所获得的利益,与所模仿的名人的市场价值的损失,具有直接因果关系,并无其他原因所致。

在认定侵害消费者权益损害与山寨名人代言广告行为之间的因果关系时,属于多因一果侵权情况,适用相当因果关系规则。确定行为与结果之间有无因果关系,要依行为时的一般社会经验和智识水平作为判断标准,认为该行为有引起该损害结果的可能性,而在实际上该行为又确实引起了该损害结果,则该行为与该结果之间为有因果关系。[12]

(四)山寨名人代言广告的过错表现为故意或者重大过失

就被模仿的名人起诉的侵权责任,山寨名人代言广告的主要过错形式是故意。试想,山寨名人代言广告,无论是厂商、广告商或者山寨名人,都存在明知,即明知自己的行为是"山寨",模仿的就是被模仿的名人。而他们对山寨行为能够造成所模仿的名人的权益损害后果,要么是直接希望其发生,要么是放任其发生。就实际情况分析,直接希望的并不多见,放任的则比较普遍。因此,认定该行为的行为人具有放任的故意,是有把握的。山寨名人代言广告行为的过错表现形式也可能是重大过失。确定山寨名人代言广告时的注意义务,应为善良管理人的注意。这种注意义务,与罗马法上的"善良家父之注意"和德国法上的"交易上必要之注意"相当,都是要以交易上的一般观念,认为具有相当知识经验的人,对一定事件的所用注意作为标准,客观地加以认定。行为人有无尽此注意的知识和经验,以及他向来对事务所用的注意程度,均不过问,只有依其职业斟酌,所用的注意程度,应比普通人的注意和处理自己事务为同一注意,要求更高。

就侵害消费者合法权益造成损害的,山寨名人代言广告的过错应当是过失。山寨名人代言广告应当承担最高的注意义务,即善良管理人的注意义务。[13]确定其是否违反该注意义务,应该主要考虑如下因素:

(1)危险或者侵害的严重性。一般来讲,行为的危险性越高,所生侵害越重时,其注意程度应当相对提高。由于广告通常面向不特定的消费者投放,产品或者服务覆盖的范围较大,因此,一旦所推荐的产品或者服务出现了问题,一定会有大量的权利人受到侵害,三鹿奶粉案件受害婴儿近30万名,正是在这种意义上,虚假广告可能产

---

[12] 参见史尚宽:《债法总论》,台北荣泰印书馆1978年版,第163页。
[13] 类似的标准,对广告的经营者而言,已经确立。《反不正当竞争法》第9条第2款规定,广告的经营者不得在明知或者应知的情况下,代理、设计、制作、发布虚假广告。

生的危险或者侵害的严重性非常强,应该严格管制。⑭

(2)代言人的获利情况。目前,在中国的广告界,代言人代言广告的收益和其所承担的义务并不成比例,往往是三五天拍摄完广告后,就可以拿到一笔普通人不敢奢望的巨额收益。这样,代言人的劳动和收益并不匹配。而虚假代言的背后也往往是代言人根本不尽审核义务,对所代言的产品或者服务睁一只眼、闭一只眼,如此一来,明星代言虚假广告屡见不鲜。

(3)防范避免损害发生的负担情况,即为除去或者减少危险而采取预防措施或替代行为所需支付的费用。⑮对于代言人来讲,首先,他可以请产品生产者或者服务提供者自己介绍有关情况。其次,他可以自己首先使用自己代言的产品或者接受代言的服务,就像普通人购买一种新的产品,或者接受一种新的服务一定会试用一段时间,或者打听一下产品或者服务的市场信誉度,如果实践证明该产品或者服务是物美价廉的,我们才会选用。这对于任何代言人来讲,都很容易做到。欧美国家的广告法中就明确规定,无论是明星、名人还是专家权威人士,都必须是产品的真实使用者,否则便是虚假广告;同时,如果证词广告暗示证人比一般人更有权威,也应有理有据,否则视为违法。美国的形象代言人广告是"证言广告"和"明示担保",意思就是明星们必须是其所代言产品的直接受益者和使用者,否则就会被重罚。歌星帕特·布恩就曾因在一则粉刺药霜广告中作了假证,被美国联邦贸易委员会抓获并承担了法律责任。法国一位电视主持人吉尔贝就曾经因为做虚假广告而锒铛入狱,罪名是夸大产品的功效。⑯再次,他可以自己或者委托有关机构对代言产品或者接受代言的服务的市场满意度、质量等问题进行调查研究,他应该查看广告主的生产许可证、商标注册证、专利证书等相关证书和资质,他应该绕开广告主直接到相应的消费群体中进行调查研究,以防范广告主对其可能的欺诈行为。⑰最后,他可以到消费者协会、国家机关了解相关情况。这些途径并不复杂,费用也并不昂贵。

(4)代言人在广告中的主观意思表示。有时候,代言人明明知道产品或者服务有危害,但仍然同意代言,此时注意义务标准应为"明知";有时候,代言人不知道产品或者服务有危害,也没亲自试验过,但却在广告中表达"我信赖""我看行"之类肯定或者夸大的意思,此时注意义务标准应为"应知";有时候,代言人不知道产品或者服务有危害,亲自试验过后,发现没问题,于是在广告中表达"我信赖""我看行"之类肯定或者夸大的意思,在这种情形下,会产生立法选择的问题,如果立法倾向于消费者,则应该适用"应知"标准;如果立法倾向于代言人,则应该免除此种情况下的注意义务。

结论是,如果山寨名人明知或者应知自己所代言的广告是"山寨式"的、"李鬼

---

⑭ 参见王泽鉴:《侵权行为法》(第一册),台北三民书局1999年版,第297、298页。
⑮ 参见王泽鉴:《侵权行为法》(第一册),台北三民书局1999年版,第297、298页。
⑯ 参见王亦君:《从国外"明星代言"反思中国明星代言三大问题》,载《北京晚报》2007年7月1日。当然,我们也可以考虑将名人代言虚假广告纳入个人征信系统中,以保证形成全方位的规制。
⑰ 参见袁雪石:《何庆魁代言费,是否该退?》,载《新京报》2009年1月7日。

式"的,仍然参与设计、制作、发布广告,其就具有主观过错。

三、山寨名人代言广告侵权的损害赔偿责任

(一)山寨名人代言广告侵权损害赔偿责任通常是共同侵权责任

山寨名人代言广告构成共同侵权。无论是从共同过失的立场观察,还是从关联共同的立场观察,均可成立共同侵权:依据前者,代言人与广告主、广告经营者和广告发布者都具有放任的故意或者共同的重大过失;依据后者,有的是具有主观的关联共同,有的具有客观的关联共同,在行为和因果关系以及损害上,都具有共同性。因此,代言人应当与广告主、广告经营者、广告发布者连带承担侵权损害赔偿责任。至于受害人是对何方起诉,完全依据自己的选择,或者直接起诉相关的各个连带责任人为共同被告。

(二)赔偿责任计算

在被模仿的名人受到侵害,受害人请求赔偿时,可以加害人在实施侵权行为中所获得的利益为准,也可以受害人在受害期间所受到的损失为准,还可以聘请被模仿的名人所需费用为准。

消费者受到损害,无论是人身损害还是财产损害,受害人请求的,应当是以实际损害为准,损失多少赔偿多少。

(三)可否适用损益相抵规则

有一种论断认为,"山寨明星"代言产品,是模仿了明星的容貌,利用了明星的声望,但也间接为他们做了更广的免费宣传。[⑬]如此说来,似应实行损益相抵规则了。笔者认为这种看法是站不住脚的。损益相抵是指赔偿权利人基于发生损害的同一原因受有利益者,应由损害额内扣除利益,而由赔偿义务人就差额赔偿的债法制度。要适用这种制度,必须有新的利益产生,虽然目前广告界具有浓厚的注意力经济色彩,但是否产生"扩大名声"这种新的利益很难判断。一般来讲,由于山寨名人代言的产品或者服务层次相对低于名人的真正身价,因此,这种名声恐怕难以为名人及其"粉丝"所真正认同,在产品或者服务出现质量问题时,甚至有可能出现大量的负向新闻,最终导致名人的商业价值锐减。对此如果承认适用损益相抵规则,岂不等于鼓励山寨名人从这种不法行为中获益?

---

⑬ 参见《"山寨明星"代言广告》,载 http://i.cn.yahoo.com/zoe86873/blog/p_107/。

有关产品责任案例的亚洲和俄罗斯比较法研究*

本文进行有关产品责任案例的亚洲和俄罗斯的比较法报告①,依据的是参加世界侵权法学会第一次学术研讨会的亚洲和俄罗斯代表就会议讨论的产品责任三个案例的八个法域报告,报告人是日本京都大学法学研究科潮见佳男教授,韩国庆熙大学法学院苏在先教授和宋正殷,印度国立大学法学院奥姆帕拉喀什·V.南迪马斯(OmprakashVNandimath)教授,马来西亚国民大学法学院艾妮莎·吉·娜(Anisah Che Ngah)副教授,中国人民大学法学院杨立新和黑龙江大学法学院杨震教授,辅仁大学副校长陈荣隆教授,澳门大学法学院唐晓晴教授和梁静姮,俄罗斯符拉迪沃斯托克大学基里尔·特洛费莫夫(Kirill Trofimov)教授。笔者在此基础上进行比较分析,形成本报告。② 由于比较的亚洲各国和地区的样本不够多,并且有俄罗斯的样本,因而不能算做全亚洲地区的产品责任法的比较法报告。

一、有关产品责任法的亚洲和俄罗斯比较法的一般性问题

在产品责任立法方面,亚洲和俄罗斯八个法域的基本情形是:

(一)产品责任法在形式上表现为成文法和判例法

在进行比较的8个产品责任案例法律适用的法域样本中,有6个样本是成文法立法,即日本、韩国和中国大陆、中国台湾地区、中国澳门特别行政区以及俄罗斯;有两个是判例法立法,即印度和马来西亚。在这两个不同的立法传统的法域中,体现了鲜明的大陆法系和英美法系侵权法有关产品责任立法的传统和特点。

不过,即使在英美法系的亚洲法域,目前也有成文法的产品责任法。例如马来西亚1999年《消费者保护法》规定了比较全面的产品责任法规则。在大陆法系法域的

---

* 本文发表在《求是学刊》2014年第2期。
① 世界侵权法学会将世界分为四个地区:一是亚洲和俄罗斯地区;二是欧洲地区;三是北美地区;四是其他地区,包括澳洲、非洲和南美。
② 上述八个法域报告,刊载在中国人民大学民商事法律科学研究中心编辑的《世界侵权法学会成立大会暨第一届学术研讨会会议论文集》中,后来编印为《世界侵权法学会报告(1)产品责任》,人民法院出版社2015年版。本文关于各法域法律适用情况的引用,均采该论文集刊载的上述报告,文内不再一一作引文注释。就此向上述法域报告的报告人致以谢意!

侵权法中,也逐渐出现判例法的影响,法院通过典型案例,指导和协调产品责任法的具体适用,统一法律适用规则。在俄罗斯,联邦最高法院和联邦最高仲裁庭的判决对下级法院和仲裁庭不具有法律拘束力,下级法院或仲裁庭不负有法律义务遵循先例,也不必去探寻不遵循先例的理由。但在近20年来,最高法院的判决或其他决定在司法实践中正在发挥越来越重要的法律渊源的作用;联邦最高法院和最高仲裁庭都定期发布公告,最高法院对司法实践的观察和命令可以被认为是俄罗斯侵权法和其他法律的渊源之一,因为他们意在统一对制定法的司法解释。

(二)在规制产品责任的成文法中有多种不同做法

亚洲和俄罗斯的大陆法系法域制定产品责任法,在立法上也有不同的做法。在日本,《制造物责任法》是专门的产品责任基本立法。在中国大陆,有关产品责任的规定,主要由《侵权责任法》《产品质量法》以及《消费者权益保护法》等立法作出规定,产品责任的一般规则规定在《侵权责任法》第五章,但产品的概念、免责事由等,规定在《产品质量法》中,警示说明缺陷(经营缺陷)规定在《消费者权益保护法》第18条中。在中国台湾地区,规制产品责任的立法有"民法"的有关规定,还有"消费者保护法",特别是后者在规制产品责任中具有更为重要的价值。在中国澳门特别行政区,有关产品责任的规定,生产者的一般民事责任规定在《澳门民法典》中,对生产者适用风险责任即无过失责任原则的产品责任,则规定在《澳门商法典》中。韩国的《产品责任法》于2001年1月12日制定,2002年7月1日起施行,该法规定了生产者的无过失责任即危险责任原则。在此法之前,因产品瑕疵导致的损害是通过一般侵权行为法或者合同法来救济的,但这并不能完全保护受害人,为了弥补这一缺陷,特制定了《产品责任法》。俄罗斯在《民法典》之外,也规定了《消费者保护法》,规制产品责任。

在采用英美法系的两个亚洲国家中有关产品责任的法律,马来西亚有英国普通法、本国司法判例和已经法典化的制定法,例如《合同法》《消费者合同法》《货物买卖法》以及《消费者保护法》等。印度实行普通法,除了有大量的判例法之外,还有成文法如《消费者保护法》和《竞争法》等法律,但对产品责任制度还缺少具体的制度规定。

(三)对产品概念范围的限定不同,导致产品责任法调整的范围不同

尽管产品责任法已经被全世界各国和地区普遍接受,但八个亚洲国家或地区和俄罗斯法域产品责任法的内容并不完全相同,其中特别重要的问题是,各国或地区产品责任法对产品概念范围的限定不同,导致各法域产品责任法的调整范围不同。正因为如此,对于本次会议讨论的三个典型案例,也出现了适用法律各有不同的情形。这是一个比较有趣的现象。各亚洲法域和俄罗斯对产品概念界定的主要区别是:

1.产品包括动产和不动产

八个法域的产品责任法在对产品概念的界定中,确定产品包括动产和不动产的

立法例较少,只有中国台湾地区采此立法例。其"消费者保护法"没有对产品的概念作出界定,但"消费者保护法施行细则"第4条规定,"消费者保护法"第7条所称之商品,系指交易客体之不动产或动产,包括最终产品、半成品、原料或零组件。按照这一规定,该法域的产品责任不分动产或不动产,均适用"消费者保护法"第7条关于无过失责任的规定。因此,对于会议讨论的桥梁垮塌案中的桥梁虽为不动产,但适用"消费者保护法"第7条关于产品责任的无过失责任的规定,属于产品责任法的调整范围。

2. 产品只包括动产不包括不动产

在八个法域的产品责任法中,多数不认可产品中包含不动产。日本《制造物责任法》规定产品范围只包括动产,不包括不动产。如果是建筑物的缺陷是由其构成部件、材料的缺陷引起的,受害人可以向构成部件、材料的制造者追究产品责任,但建筑物本身造成的损害应当适用《日本民法典》关于土地工作物损害责任的规定,或者日本《国家赔偿法》关于公共营造物的规定,确定侵权责任。中国大陆的《侵权责任法》以及《产品质量法》,都认为产品是经过一定加工的动产,不包含不动产;在制定《侵权责任法》时,专门制定了第86条,将建筑物、构筑物以及其他设施的倒塌造成他人损害的侵权责任,规定为设置缺陷责任和管理缺陷责任,类似日本法的土地工作物损害责任或者公共营造物责任的规则,不适用产品责任的规定。马来西亚《消费者保护法》关于产品范围的规定,也不包括建筑物、构筑物等不动产。中国澳门特别行政区的《澳门商法典》第86条第1款将产品界定为"任何动产",包括"与其他动产或不动产组装的动产",将不动产排除在产品范围以外,至于何为动产,何为不动产,则由作为一般法的民法典规范。③《澳门商法典》第86条第2款与修改前的葡萄牙第383/89号法令相同,规定"来自土地、畜牧、捕鱼及狩猎之产品,如未加工不视为产品"。为了更好地保障消费者的利益,修改商法典的咨询文本建议废止第86条第2款规定,以扩大产品的范围。《韩国产品责任法》规定产品的范围仅限于动产,不动产不能成为产品责任的客体;但构成不动产的一部分则属于产品,如电梯或冷却设施等,是构成不动产一部分的动产。

3. 关于血液和血液制品是否为产品

多数亚洲法域不把血液包括在产品责任法的产品概念范围之内,不适用产品责任法的规定。不认可血液为产品的法域,一般都区分血液与血液制品的界限,血液制品造成的损害适用产品责任法。但有的法域认为,如果血液经过一定的加工,可以认定为产品,例如《韩国产品责任法》认为,血液或身体器官不属于产品责任的调整对象,但如果并不是血液本身,而是从血液中提取某种成分后进行加工的血液制品,即使用于输血,例如血液中添加保管液或抗凝固剂等进行人工加工处理的,则属于产品。《血液管理法》第2条第6款规定,血液制品是指"以血液为原料进行生产的医药

---

③ 参见《澳门民法典》第195条和第196条。

品"。澳门的学者认为,血液不是产品,但是经过一定加工的血液以及血液制品属于产品范畴。

关于血液制品,多数法域认可其为产品。日本在制定《制造物责任法》时,有一部分意见认为,考虑到血液制品对社会具有的有用性,在血液制品缺陷的认定时应进行特别处理,如果把血液制品作为制造物归入制造物责任的对象之中,会给从事血液供给的事业者带来极大负担,会导致医疗机构所需血液制品的稳定供给十分困难,故除经高度加工处理的之外,不应作为制造物责任的对象。但日本政府与国会却都表明了"既然血液制品和疫苗都是加工而成的动产,当然属于制造物"的立场,《制造物责任法》采纳了这一立场。

中国大陆的《药品管理法》认为血液制品是药品,适用产品责任法调整。对于血液,《侵权责任法》第59条规定在缺陷医疗产品概念之中,在理论上有不同看法,但认定供医疗使用的血液为准产品,是比较贴切的[④],与欧洲的非标准产品的概念相似。

(四)关于产品缺陷的界定

对于产品缺陷,八个法域的产品责任法都认可产品责任的缺陷主要包括:一是设计缺陷;二是制造缺陷;三是警示说明缺陷。这种缺陷也叫做经营缺陷、标识缺陷或者市场缺陷,对于存在合理危险的产品应当进行必要、充分的警示说明,防止危险发生,未进行必要、充分的警示说明的,即为经营缺陷或者警示说明缺陷。在八个法域的报告中,讨论产品缺陷的直接论述不多。以中国大陆的规定为例,《消费者权益保护法》第18条规定,"对可能危及人身、财产安全的商品和服务,应当向消费者作出真实的说明和明确的警示,并说明和标明正确使用商品或者接受服务的方法以及防止危害发生的方法"。经营者违反这一法定义务,即构成警示说明缺陷。某化工厂生产喷雾杀虫剂,说明中没有警示说明不正常使用的损害后果,造成喷洒过量引发爆炸,法院认定构成警示说明缺陷。[⑤]

中国学者还认可跟踪观察缺陷,对在产品推向市场时的科学技术发展水平无法确定产品有无缺陷的,应当确定生产者的跟踪观察义务,并确立召回制度,违反者,为跟踪观察缺陷。[⑥]《侵权责任法》第46条规定:"产品投入流通后发现存在缺陷的,生产者、销售者应当及时采取警示、召回等补救措施。未及时采取补救措施或者补救措施不力造成损害的,应当承担侵权责任。"

《澳门商法典》第87条规定:"一、考虑到包括外表、特性及可作之合理使用在内之各种具体情况,一项产品于开始流通时未能提供合理预期之安全者,则视为有瑕疵。二、产品并不因后来有另一更完善之产品在市场上流通而视为有瑕疵。"在考虑

[④] 参见王利明:《侵权责任法研究》(下册),中国人民大学出版社2011年版,第413页;杨立新:《侵权责任法》,法律出版社2012年版,第355页。

[⑤] 该案例,请参见杨立新:《侵权责任法》,法律出版社2012年版,第261页。

[⑥] 参见杨立新:《侵权法论》,人民法院出版社2013年第5版,第717、718页。

了所有情况后,若产品未给人们提供有权期待的安全程度,该产品就是有缺陷的。《产品安全的一般制度》这个新法规对产品瑕疵的定义进行了根本性的变革,赋予消费者更加给力的保护。⑦第3条规定的产品安全的定义几乎接近极限:安全产品的定义是指"产品未显现出任何危险",或者"仅显现出轻微危险,只要该等轻微危险与产品的使用兼容且根据保护消费者的健康与安全的严格标准判断其为可接受者"。"安全产品"意味着要么不存在任何危险,要么它最低程度的危险是在消费者的把握之中的。对于产品生产者和销售者来说,似乎显得有点苛刻,因为其中认定产品安全的标准相当高,即便轻微的危险也可能被认定为缺陷产品。

对案例中讨论的自行车刹车片存在的问题,八个法域都认为属于设计缺陷,对于造成的损害,应当承担赔偿责任。

(五)对不同物件造成的损害的不同救济方法

在会议讨论的案例中,由于各法域对于产品概念的界定不同,因此对造成损害的不同物件,法律规定了不同的救济方法。下面归纳的是主要情形。

1. 不认可为产品的物件损害责任

对产品责任法不认可的物件损害责任,各法域侵权法都有救济的办法。例如,《日本制造物责任法》认为不动产不是产品,对不动产所造成的损害,因土地工作物(建筑物等,包含其他和土地在功能上成为一体的设备,比如铁道道口设备、轨道设备;以及在对土地加工时所作成的、与土地成为一体的设备构成的"土地工作物",例如高尔夫球场、采石场等)的设置或者保存中存在瑕疵而造成的损害。

(1)依照《日本民法典》第717条第1项第1句规定,由该工作物的占有人对受害人承担损害赔偿责任。占有人能证明自己在土地工作物的设置或者管理上没有过失的,则依照该条第1项第2句规定,免予承担损害赔偿责任,由土地工作物的所有人对被侵权人承担损害赔偿责任。该所有人的损害赔偿责任为无过失责任。依照判例,土地工作物的瑕疵是指对通常预计到的危险,该土地工作物处于一种缺乏通常所应具备的性质的状态。

(2)对于因国家或者公共团体所管理的"公共营造物"(不仅限于不动产,也包括国家或者公共团体所管理的动产、动物)的设置或者管理上的瑕疵所造成的损害,依照《日本国家赔偿法》第2条的规定,由管理它的国家或者公共团体承担损害赔偿责任。这种侵权责任营造物责任为无过失责任。依照判例,营造物的瑕疵是指,对于通常预计到的危险,该营造物处于一种缺乏通常所应具备的性质的状态。国家或者公共团体即使证明自己在"营造物"的设置或者管理上没有过失,也无法免除责任。中国台湾地区和韩国的情形与日本的规定大体相似。

---

⑦ 《澳门商法典》第87条规定:"一、考虑到包括外表、特性及可作之合理使用在内之各种具体情况,一项产品于开始流通时未能提供合理预期之安全者,则视为有瑕疵。二、产品并不因后来有另一更完善之产品在市场上流通而视为有瑕疵。"

中国大陆《侵权责任法》认可动产和血液为产品和准产品,但不认可不动产为产品。对不动产设置缺陷和管理缺陷造成的损害,适用该法第 85 条和第 86 条的规定,前者是不动产脱落、坠落造成的损害赔偿责任,后者是不动产倒塌造成的损害赔偿责任。如果是不动产存在瑕疵,例如存在的其他危险,所有人未尽安全保障义务造成他人损害的,依照《侵权责任法》第 37 条第 1 款的规定,确定为违反安全保障义务的侵权责任。

对血液不认可为产品的法域,对不合格的血液造成的损害,不适用产品责任法进行救济,但可以根据一般侵权行为或者合同法的规定确认民事责任,应当遵守过错责任原则的规定。韩国、马来西亚以及中国台湾和澳门特别行政区的法律都是如此。

2. 对认定为产品责任的产品损害的不同救济方法

在亚洲和俄罗斯八个法域,即使产品造成了损害,除了产品责任法的救济方法之外,也都有其他救济方法。对产品造成损害的通常救济方法是:

(1)产品责任的方法。对于产品责任,各法域的立法都认可适用无过失责任(亦称为风险责任、危险责任、严格责任)确定侵权责任,侵权责任构成要件不需具备过错要件。例如,澳门特别行政区法律认为,随着工业化的发展以及专业化分工的深化,生产者与消费者之间的关系日益复杂,生产者的合同责任及过错责任并不足以保障消费者的利益,而无过失责任则提供了一个偏向于对消费者保护的解决方法。

(2)一般侵权行为的方法。对于即使认可某种物件属于产品的法域,对于产品造成的损害,多数准许受害人通过一般侵权行为的救济方法予以救济。在马来西亚、韩国、日本以及中国台湾地区和澳门特别行政区,构成产品责任,可以依据一般侵权行为或者疏忽侵权而提出诉讼请求,证明对方在造成自己的损害中存在过失,因此得到损害赔偿救济。只有在中国大陆产品责任与一般侵权行为的救济方法相同,不论受害人提供产品责任的证明还是一般侵权行为的证明(不证明过错或者证明过错),在损害赔偿的后果上并无二致,因此,受害人不会不顾自己的证明负担以及诉讼成本而刻意证明产品责任符合一般侵权行为的要件。这样的规则是比较僵化的,不具有法律适用的适当弹性,不符合客观实际情况。

在尚未建立产品责任制度的法域,例如印度,没有专门的详细规定产品责任全貌的成文法。在近期的一个高等法院的判决中,法官称,印度目前没有认可严格产品责任的法理,但是在 Bhopal 燃气案中,最高法院称有必要进行合适的立法,当不同的国民在印度的土壤上开启其活动时,他们应受到各自不同条件的约束。有见解积极倡导采纳严格责任(或无过失责任)的立法,鉴于印度司法救济水平等,考虑以下策略,即制定规范市场准入产品的立法,而不是赋予消费者依产品责任主张救济的权利。具有里程碑意义的 *Donoghue v. Stevenson* 案的判决及其蕴含的原则(即邻人原则)被引入法律领域,此后,生产者对缺陷产品的责任一直在增长中。毫无疑问,生产者对产品的终端使用者负有注意义务。终端使用者或者是产品的消费者(即以支付价金购买产品或货物的人),或者是免费的使用者(未支付对价的人)。购买产品的人可能会向特定的"消费者争议救济机构"提出诉求,1986年《印度消费者保护法》在这方面创造了一个有效的机制。

(3)合同责任的方法。对于产品造成的损害,如果主张依据合同进行救济,可以根据加害给付规则确定赔偿责任。例如,澳门学者认为,与产品瑕疵责任不同,如果依据合同进行救济,则基于合同的相对性原则,其权利主体只包括消费者,即与产品的提供者有直接合同关系的相对人,不包括因产品缺陷受害的第三人,这也是侵权责任与违约责任在权利主体上的区别。中国大陆法律认可产品责任的受害人如果是合同当事人,可以基于《合同法》第112条关于"当事人一方不履行合同义务或者履行合同义务不符合约定的,在履行义务或者采取补救措施后,对方还有其他损失的,应当赔偿损失"的规定,依照该法第113条第1款关于"当事人一方不履行合同义务或者履行合同义务不符合约定,给对方造成损失的,损失赔偿额应当相当于因违约所造成的损失,包括合同履行后可以获得的利益,但不得超过违反合同一方订立合同时预见到或者应当预见到的因违反合同可能造成的损失"的规定,承担违约损害赔偿责任。对经营者对消费者提供商品或者服务有欺诈行为的,依照《消费者权益保护法》的规定承担惩罚性赔偿责任。

普遍的规则是,按照合同责任进行救济的模式,受害人的请求权基础是合同关系。对不属于合同关系当事人的受到损害的第三人,依据合同法不能获得必要的救济,必须依照侵权法的规定,才能够获得损害赔偿责任的保护。

3. 产品责任的严格责任与过错责任的不同赔偿责任

在亚洲和俄罗斯法域中,有的法域明确规定,产品责任的损害赔偿实行无过失责任,不证明或者不能证明生产者、销售者对损害的发生有过错的,可以进行索赔,但生产者、销售者承担的赔偿责任是限额赔偿;受害人能够证明生产者、销售者对损害的发生存在过错的,可以依照过错责任原则的侵权行为一般条款实行全额赔偿。这样规定是特别有道理的,原因在于,受害人能够证明过错和不能证明过错,支付的诉讼成本不同,而且生产者、销售者的可受谴责的程度也完全不同。

中国大陆的产品责任法并未实行这样的规则,无论受害人是否证明生产者、销售者有过错,都予以全额赔偿。只有在高度危险责任的场合,才规定可以依照法律的规定实行限额赔偿,且只要有限额赔偿的规定,也不许在证明了行为人有过错时可以全额赔偿。这些做法存在较大的缺陷,应当借鉴其他法域的科学做法予以改进。

(六)在产品责任中引进惩罚性赔偿责任制度

在本次会议讨论的典型案例中,没有涉及产品责任的惩罚赔偿责任问题。尽管这个问题在大陆法系侵权法以及产品责任法中并不是主流的问题,但中国大陆和中国台湾地区采用了惩罚性赔偿责任制度,对于遏制产品和服务欺诈违法行为,取得了很好的效果,可以提供给世界各国或地区的侵权法予以借鉴。

中国大陆《侵权责任法》第47条规定:"明知产品存在缺陷仍然生产、销售,造成他人死亡或者健康严重损害的,被侵权人有权请求相应的惩罚性赔偿。"在这个规定中,没有规定究竟应当怎样确定惩罚性赔偿的数额。正在修改的《消费者权益保护法》对此制定了新的条文,正在讨论中。内容是:经营者明知商品或者服务存在缺陷的,仍然向消费者提供的欺诈行为,造成消费者或者其他受害人死亡或者健康严重损害的,受害人有权要求所受损失两倍以下的民事赔偿。在讨论中,学者普遍认为这个赔偿标准过低,建议规定3倍以下为好。立法机关特别重视这个意见,最新的《消费者权益保护法》修订草案已经规定实际损失3倍以下惩罚性赔偿金的条文。

中国台湾地区"消费者保护法"第51条规定,企业经营者之故意所致之损害,消费者得请求损害额3倍以下之惩罚性赔偿金;但因过失所致之损害,得请求损害额1倍以下之惩罚性赔偿金。这个规定,比中国大陆《消费者权益保护法修正案(草案)》的规定更重。

二、关于刹车片故障案的法律适用

刹车片故障案的简要案情是:X有限责任公司于2011年开始使用其经过测试后发现比传统材料更便宜、更耐用且总体而言更有效的新材料来生产刹车片,知道在特别情况同时具备时可能存在突然失灵的微小风险,但仍然采用了新刹车片制造自行车,仅产品使用说明书中用小字体对失灵的可能性作了说明。A使用这种自行车时造成自己损害和路人B的损害。⑧这是一件典型的产品责任案件。对此,亚洲和俄罗斯八个法域的认识完全一致,几乎没有例外,都认为自行车属于产品,由于其存在缺陷而造成使用人和他人的人身损害,应当依照产品责任规则确定侵权责任。在法律适用的细节上,也存在较多的不同。具体问题是:

(一)关于确定责任的归责原则

关于产品责任的归责原则,七个法域采无过失责任原则(严格责任),只有印度尚未建立完善的产品责任制度,不适用无过失责任原则。

中国大陆《侵权责任法》第五章专门规定产品责任,其中第41条至第43条规定,产品生产者承担产品责任,无论是中间责任还是最终责任,都适用无过失责任原则,只要产品有缺陷,造成了受害人的损害,都应当承担侵权责任;产品销售者承担产品责任的中间责任适用无过失责任原则,承担最终责任为过错责任原则,但不能指明缺陷产品生产者或者供货者的,仍然适用无过失责任原则。⑨日本原来由制造物引发的责任适用日本《民法》第709条规定的过失责任,1995年7月1日正式实施《日本制造物责任法》,采纳无过失责任原则。马来西亚对于产品责任,可以根据疏忽责任法认定责任,但依照《消费者保护法》的规定,消费者不必证明生产者一方的过错,这正是将严格产品责任引入该法的原因,即减轻消费者的证明责任。中国台湾地区"消费

---

⑧ 详细案情参见〔英〕肯·奥利芬特:《三个产品责任案例》,载《法制日报》2013年9月4日,第9版。
⑨ 参见杨立新:《侵权责任法》,法律出版社2011年第2版,第308—309页。

者保护法"第7条规定,产品设计、生产、制造的企业提供商品投入流通,须确保其安全性,商品或者服务具有危害可能性时需为必要的警示说明,该条第3项还特别规定:"企业经营者违反前两项规定,致生损害于消费者或第三人时,应负连带赔偿责任。但企业经营者能证明其无过失者,法院得减轻其赔偿责任。"这一规定确认,产品责任一般采无过失责任,其特殊的"企业经营者能证明其无过失者,法院得减轻其赔偿责任"的但书规范,被认为是"具有'台湾特色'的制造者无过失衡平责任"[10]"轻度、相对无过失责任"。[11] 这一规定特别具有特色。《澳门商法典》第85条第1款规定:"作为生产商之商业企业主不论有否过错,均须对因其投入流通之产品之瑕疵而对第三人所造成之损害负责。"在澳门法律制度中,无过失责任为例外性规定[12],产品责任适用这一归责原则。俄罗斯的产品责任法从"买者责任"转变到"卖者责任",即卖者对缺陷产品所造成的人身损害承担严格责任,除非生产者或销售者能够证明损害或伤害是由不可抗力或消费者未遵守使用或存储产品的规则造成的,否则责任将会被推定。

印度的产品责任由普通法原则调整,没有专门详细规定产品责任全貌的成文法。在学说上有积极倡导采纳严格责任立法的建议,但意见是制定规范市场准入产品的立法,而不是赋予消费者依产品责任主张救济的权利。从总体趋势观察,产品责任法的发展必然是从过失责任向严格责任发展,但目前印度法院或消费者救济机构适用严格责任规则裁判案件还有待时日。

(二)使用有缺陷的零部件构成产品设计缺陷还是构成发展风险抗辩

在产品责任领域,生产者将更便宜、更有效但在特别情形下存在突然失灵微小风险的新材料做成的零部件应用于产品中,造成使用人和他人损害,究竟属于产品设计缺陷还是属于发展风险(开发风险)抗辩,八个法域产品责任法的意见基本一致,即不属于发展风险抗辩,而是产品设计缺陷。

日本法认为,即使生产者对此提出了开发风险的抗辩,但因在一定条件下自行车的制动器垫不发挥其功能的风险已被认识到,故开发风险的抗辩不会被认可。这是因为,将自行车投放流通,具有对相关人的生命、身体造成损害的危险性,具有以创造危险源的责任,属于缺陷。在中国大陆,发展风险被《产品质量法》第41条第2款所确认,即"将产品投入流通时的科学技术水平尚不能发现缺陷的存在",产品的零部件在特殊情形下可能失灵是已经被发现了的缺陷,生产者不能以发展风险进行抗辩,属于产品设计缺陷。

韩国法认为,刹车片故障案例中的产品缺陷是设计缺陷,而非标识缺陷(警示说

---

[10] 王泽鉴:《商品制造者责任与纯粹经济上损失》,载《民法学说与判例研究》(第8册),北京大学出版社2009年版,第179页。

[11] 邱聪智:《商品责任释意——以消费者保护法为中心》,载《当代法学名家论文集》,第202页。

[12] 参见《澳门民法典》第477条第2款规定:"不取决于有无过失之损害赔偿义务,仅在法律规定的情况下方存在。"

明缺陷)。同时,也不认为存在发展风险的抗辩。澳门法认为,自行车刹车片在特殊情况下失灵属于产品缺陷,因为该危险与产品相结合,并在可预见的情况下会发生失灵,且在说明书中只用了小字提醒未能达到让消费者明确知悉的效果,其危险并不能说是在消费者的把握之中,构成缺陷,对受害人 A 和 B 都需要承担过错侵权责任。

马来西亚法也认为,产品存在缺陷,生产者由于提供了带有缺陷刹车片的自行车,可以根据《消费者保护法》第 32 条的规定,以违反默示担保规则责令生产者、销售者承担责任,也可以认为该自行车的安全性不符合通常有权期待的安全性,能够证明《消费者保护法》第 68 条(1)所规定的要件,即可确认该产品存在设计缺陷,应当承担赔偿责任。

(三)产品责任的损害赔偿请求权人包括使用人和受到损害的第三人

关于产品责任的损害赔偿请求权人,八个法域多数认为既包括产品使用人,也包括并非使用该产品的其他第三人,但也有少数法域认为受到损害的其他第三人不属于产品责任法保护范围,不享有产品责任的损害赔偿请求权。

《日本制造物责任法》第 3 条规定,缺陷产品的生产者、销售者不仅向使用人承担损害赔偿责任,而且也要向造成损害的第三人承担损害赔偿责任,理由是产品的安全性不仅关乎使用人的生命、身体安全,亦涉及其他人的人身安全;且一般理性人对于产品的安全性期待中,既含有使用人的期待,也含有其他第三人的期待。中国大陆《侵权责任法》第 41 条规定的产品责任的损害赔偿请求权人为"他人",在解释上认为既包括缺陷产品的使用人,也包括受到缺陷产品损害的第三人,并未将请求权人局限于合同当事人。⑬中国台湾"消费者保护法"第 7 条第 2 款规定:"经营者违反前两项规定,致生损害于消费者或第三人时,应负连带赔偿责任。"只要消费者和第三人因商品欠缺安全性导致损害的,均可以请求赔偿。韩国法认为,产品责任的受害人不仅限于购买人,也包括第三人。购买人免除对造成损害的第三人的责任,生产者对第三人的损害承担责任。《澳门商法典》第 85 条第 1 款规定:"作为生产商之商业企业主不论有否过错,均须对因其投入流通之产品之瑕疵而对第三人所造成之损害负责。"这与《欧共体产品责任指令》一样,法例并没有指定索偿人的范围,只说因缺陷产品导致他人损害,生产商要对第三人所造成之损害负责。《俄罗斯消费者保护法》第 14 条规定,因结构、制造、配方或其他货物(工作、服务)的缺陷给消费者生命、健康或财产造成的损害,应予充分救济,任何受害人均有权请求上述赔偿,无论其是否与卖方(实施人)存在合同关系。

在印度,认为路人在同一场事故中受到伤害主张赔偿,起诉直接造成其损害的自行车主最为容易,因为很容易证明其所遭受的损害是自行车主的行为的直接后果。但自行车主的经济能力有限,较难获得充分赔偿。如果路人选择起诉生产者,唯一的路径就是到普通的民事法院依据普通法进行诉讼,需要承担举证责任,以使法庭采信刹车片

---

⑬ 参见张新宝:《侵权责任法》,中国人民大学出版社 2010 年版,第 247 页。

使用了缺陷材料等情况,这是几乎不可能做到的,而且印度也不存在这一类型的明确先例。有学者认为,印度缺乏产品责任法,会阻碍因缺陷产品受到损害的第三人的索赔。这种意见是有道理的,同时也说明了产品责任法对于救济受害人损害的必要性。

马来西亚法规定,对于缺陷产品致第三人受到损害,可以根据疏忽侵权要求赔偿,因为第三人是这同一事故中被卷入的行人。如果第三人根据《消费者保护法》规定的产品责任进行索赔,将十分困难,因为该法仅确认消费者的求偿权,而消费者被界定为产品的购买人或使用人,路人不是该产品的购买人或使用人,因此不能根据该法对缺陷产品的生产者索赔。

在俄罗斯,买受人可以选择依合同责任或侵权责任起诉,第三人只能依侵权起诉。不过,无论是侵权法的实体法还是程序法,作为第三人的受害人和作为买受人的受害人不存在差别,受到同等保护。

(四)产品责任的损害赔偿是否包括产品自损

在产品责任的法律适用中,还有一个特别有趣的现象是,缺陷产品在造成他人损害的同时造成的产品自身损害即产品自损(也叫产品自伤),是否包括在产品责任的损害之中,能否依照产品责任法进行救济。对此,亚洲和俄罗斯各法域有肯定主义和否定主义两种立场。

中国大陆《侵权责任法》采明确的肯定态度。该法第41条规定的产品责任构成要件中的损害要件,与《产品质量法》第41条规定的内容不同,区别在于:前者为"造成他人损害的",后者为"造成人身、缺陷产品以外的其他财产(以下简称他人财产)损害的",差别十分明显。《侵权责任法》改变损害表述的立法意图是,这一损害既包括缺陷产品以外的其他财产的损害,也包括缺陷产品本身的损害,这样有利于及时、便捷地保护消费者的合法权益。[14] 多数学者赞成产品责任的损害范围包括产品自损的解释,即产品责任的损害是指缺陷产品造成的产品本身的损害,以及产品以外的人身和财产损害。[15] 不过,这是两种不同的损害,一是侵权法救济的损害;二是合同法救济的损害,这种界限还是应当严格区分的。

马来西亚法对此的态度比较折中。法院判例的原则不允许赔偿产品自损的损害,因为这被认定为纯粹经济损失。不过,对瑕疵建筑物可以要求赔偿纯粹经济损失,如果该损失是可预见的。有学者提议,如果法院准备像在瑕疵建筑物那样适用同一原则,对缺陷产品索赔就是可以的。

中国台湾地区学说对产品责任的损害赔偿范围是否包括自损有争议,但通说采否定见解[16],理由是,消费者对于商品享有的经济利益,属物之瑕疵担保责任或不完全

---

⑭ 参见王胜明主编:《中华人民共和国侵权责任法释义》,法律出版社2010年版,第226页。
⑮ 参见王利明:《侵权责任法研究》,中国人民大学出版社2011年版,第252页。
⑯ 参见陈忠五:《论消费者保护法商品责任的保护法益范围》,《台湾法学杂志》2009年第134期,第80页。

给付责任等契约责任法保护的法益范围,不宜由本质属于侵权责任的产品责任法予以规范。这是更多的法域采纳的立场,例如《日本制造物责任法》第 3 条后段规定,"但损害仅发生于该制造物时,不在此限"。

(五)产品提供的小字体提示可否作为免责事由

产品生产者在制造产品时,知道其材料或零部件有造成损害的一般性危险或者合理性危险,采取在产品上提供风险警示及避免风险的说明,否则为警示说明缺陷,这是亚洲各法域的基本立场。对于产品中存在的危险构成设计缺陷,不能以已经作出了小字体的警示而免除责任或者减轻责任;不过,也有人认为这种微小缺陷属于合理危险,通过充分警示说明可以免除责任。

中国大陆、台湾地区以及日本的产品责任法都认为,既然已经明知产品的零部件存在缺陷有可能造成他人损害,即构成设计缺陷,因此不论其是否进行警示,都不存在警示缺陷的责任,而应当承担设计缺陷的责任。因此,对产品设计缺陷作出小字体的警示说明,并不对缺陷产品生产者承担侵权责任发生影响。中国澳门特别行政区法律认为,在本案中,即使生产者在自行车的说明书中明确标明了刹车片可能存在的危险,也不可免除其责任。

马来西亚法律认为,警告是关于产品中已知危险进行警示的信息,对保护消费者有非常重要的作用,能够帮助消费者避免产品中的风险。生产者未遵从警示而发生损害时,警示能够使生产者免担责任。用小字进行产品危险的警告,不符合警示说明充分的要求,公众会期望这一重要警示是以消费者容易看到的字的大小作出的,根据该警示的尺寸,将认定该警示有缺陷,造成损害应当承担赔偿责任。

产品责任法对此的一般原则是,设计缺陷和警示说明缺陷的区别,在于产品中包含的危险性的大小。如果产品中的危险已经构成不合理危险,即为缺陷,警示说明不能免除生产者的责任。如果产品中包含的危险没有达到这样的程度,而是合理危险,通过充分的警示和避免危险的使用方法的说明,就可以避免危险发生,则是构成警示说明缺陷的事实依据。产品的零部件存在危险,并且无法通过使用正确方法就能够避免,就不存在通过警示说明免除责任的可能性,不能适用警示说明缺陷的规定。⑰

(六)产品责任的承担规则

缺陷产品造成他人损害构成产品责任,究竟由谁承担赔偿责任,涉及缺陷产品生产者和销售者的责任问题。至于生产者和销售者究竟应当怎样承担责任,八个法域的规定有所不同。

中国台湾地区"消费者保护法"第 7 条第 3 款和第 8 条明确规定,企业经营者包括设计、生产、制造商品的企业经营者,应当承担连带赔偿责任,从事经销的企业经营者,就商品或者服务所生损害,与设计、生产、制造的企业经营者连带负赔偿责任,但

---

⑰ 参见杨立新:《侵权法论》,人民法院出版社 2013 年第 5 版,第 717 页。

其对损害的防免已尽相当注意的,或者纵加以相当注意而仍不免发生损害的,不承担连带责任。这是承担连带责任的明确规定。

中国大陆《侵权责任法》规定生产者、销售者承担的是不真正连带责任。在损害发生之后,受害人可以请求生产者承担赔偿责任,也可以请求销售者承担连带责任,这属于中间责任;承担了中间责任的责任人如果不属于应当承担最终责任的责任人,可以向最终责任人请求追偿,实现最终责任由应当最终承担责任的生产者或者销售者负担。

依据《韩国产品责任法》第 3 条第 1 款的规定,生产者应对受害人的人身、财产的损害承担赔偿责任。《马来西亚消费者保护法》既规定货物销售者对消费者负责,也规定生产者对消费者负责。消费者依据该法第 3 条的规定,有权根据该法第五部分和第六部分向产品销售者索赔,或者根据该法第七部分向产品生产者索赔。

在俄罗斯,《俄罗斯消费者保护法》序言中定义的生产者、出售者或执行者(《俄罗斯民法典》第 1095 条和第 1096 条),按照《俄罗斯民法典》第五十四章"商业特许经营权"第 1034 条的规定,如果产品质量不符合标准,特许权人可能要为针对被特许人提起的诉讼承担替代责任。对缺陷产品所造成的损害,原告可以选择向出售者或者生产者主张救济。

按照法理,即使立法规定生产者与销售者承担连带责任的,这种连带责任的性质也应当属于不真正连带责任,因为在生产者和销售者承担最终责任的时候,必须是一个人独自承担全部赔偿责任,而不是由生产者和销售者承担各自的赔偿责任的份额。

(七)设计人属于生产者的雇用人的责任

本案在讨论中提出一个假设,即如果设计人受雇于在生产者的实验室工作,或者设计人独立承揽了该研究,却隐瞒了新材料存在的危险,在产品责任法的适用中会出现何种不同的情形。亚洲和俄罗斯各法域的情形是:

按照中国大陆《侵权责任法》的规定,设计人属于生产者的组成部分,生产者和销售者应当按照产品责任的一般规则确定赔偿责任承担。如果设计人独立承揽该研究,且隐瞒缺陷,致使造成损害,应当适用该法第 44 条的规定,先由生产者和销售者承担责任,生产者或销售者承担了责任之后,可以向设计人等第三人进行追偿。这样的规定可以更好地保障被侵权人的权利实现,但存在一个缺陷,即在生产者和销售者都丧失赔偿能力的时候,会出现索赔僵局,对此,应当准许受害人依照"侵权责任法"第 6 条第 1 款的规定对设计人进行索赔。[18]

中国台湾地区"消费者保护法"第 7 条规定,无论设计人是生产者的研究人员,还是独立承揽人,缺陷产品的受害人都有权向商品制造人请求赔偿;不同的是,如果设计人是生产者的研究人员,为替代责任;如果设计人为独立承揽人,则商品制造人在承担了赔偿责任之后,有权向设计人追偿。

---

[18] 参见杨立新:《多数人侵权行为及责任理论的新发展》(本书第 1540 页),载《法学》2012 年第 7 期。

中国澳门特别行政区法认为,如果设计人是受雇于生产者实验室的研究人员,其隐瞒了新的刹车材料可能失灵的风险,该案件的损害赔偿责任依然由生产者承担。如果设计人独立承揽了该研究,隐瞒了新的刹车材料可能失灵的风险,则该损害赔偿责任就由设计人承担。

在日本,设计人属于生产者的成员时,在适用《制造物责任法》的时候,因为产品责任是无过失责任,即使生产者提出无过失抗辩,其责任也得不到免除。如果设计人是独立经营者时,对于明知却隐瞒新材料的缺陷存在过失,受害人可依据《日本民法》第709条请求设计人承担损害赔偿责任。只有在极其例外的情况,即生产者针对新材料的研究与开发向设计人作出了具体指示,并且将设计人置于自己的控制下时,受害人才能追究生产者的责任。

对于设计人的责任,韩国区分雇主责任和承揽人责任。如果设计人是公司的雇员,原则上由雇主承担侵权责任,如果雇主能够证明对工作人员完全履行了选任、监督上的注意义务时,可不承担雇主责任。如果设计人独立承揽了该研究,隐瞒了新刹车材料可能发生失灵危险的情形下,定作人单独或者与承揽人共同对给第三人造成的损害承担赔偿责任。此外,定作人若对承揽人的作业进行实质性的指挥、监督时,成立雇佣关系,由定作人承担雇主责任。[19]

马来西亚的规定是,既然设计人是生产者的雇员,生产者就须对设计人的不法行为负责,雇主甚至要对未获授权的雇员行为负责,因为这是一个雇佣合同,生产者因而要对设计人的过错行为承担替代责任。如果设计人是一个独立的签约研究者,则生产者不必对设计人的过错行为负责。

按照俄罗斯法律,作为侵权人的公司不能将其责任转嫁给雇员或次级合同当事人。公司是生产者,是唯一的侵权行为人。如果合同允许,公司可以为因刹车故障所导致的损失(如产品召回、消费者诉求)起诉次级合同当事人。不过依据俄罗斯法律,支持公司向雇员追偿的人如果有,也很少。

三、关于输血感染案的法律适用

输血感染案的简要案情是:A于2005年在X医院由于输血被感染了N型肝炎。血液提供者是Y公司,是向捐赠者Z采集的。当时在献血中存在N型肝炎的风险有一篇公开发表的论文所表明,只有少量的研究室有能力检测其存在,多数科学团体并不相信N型肝炎病毒的存在。[20]对于此案的法律适用,八个法域的差别较大。

(一)血液感染是否适用产品责任法的规定

在认定血液的性质属于准产品的中国大陆,输血感染案件的法律适用被纳入产

---

[19] 韩国大法院判决 1991.3.8,90 da 18432。
[20] 详细案情参见〔英〕肯·奥利芬特:《三个产品责任案例》,载《法制日报》2013年9月4日,第9版。

品责任领域。《侵权责任法》将输血感染纳入医疗损害责任中,规定在第七章"医疗损害责任"第59条,规定为医疗产品损害责任,是产品责任在医疗领域内的具体应用。[21] 即便如此,在确定血液感染案件的法律适用时,尽管适用《侵权责任法》第59条,但医疗产品损害责任属于产品责任的特别法,原则上应当以《侵权责任法》第41条至第43条规定的产品责任一般规则为指导。[22]

韩国关于血液是否属于产品的问题有过较大争议,用于临床输血的血液,如果添加了保管液或抗凝固剂等进行人工加工处理的,属于产品。不过在实务中,《产品责任法》施行以来,血液及血液制品相关的案件都适用因过错引起的侵权行为的法律规定来解决,适用产品责任法无过失责任规定处理与此相关的案例至今还没有出现。

多数法域并不将血液纳入产品概念的范畴,因此,对于输血感染案不适用产品责任法。中国台湾地区法律认为血液不属于产品,不适用"消费者保护法"关于产品责任的规定,而是定性为医疗服务纠纷,适用"医疗法"第82条关于"医疗业务之施行,应善尽医疗上必要之注意。医疗机构及其医事人员因执行业务致损害于病人,以故意过失为限,负损害赔偿责任"的规定,以故意、过失为归责标准。[23]《澳门商法典》第86条认为血液不属于产品,不适用产品责任的规定。马来西亚对此立场相同,认为医院对患者提供的服务由服务合同调整,医生和医院所提供的服务由疏忽责任法和医疗方面的制定法调整,不涉及《消费者保护法》规定的严格产品责任问题,因为该法第十部分并未对血液供应者规定责任。印度也是这样,由于医院没有过错,因此不承担责任。

(二)临床用血液中含有N型肝炎病毒是否为缺陷

在采用产品责任法调整输血感染案件的亚洲法域,中国法律将血液中存在的问题不称为缺陷,而是称之为不合格。只有血液不合格时,血液提供者与医疗机构才承担侵权责任。根据《侵权责任法》第59条将不合格血液与缺陷产品并列的立法本意,只要输血造成患者的损害,医疗机构或血液提供机构即应承担无过失责任,而不区分血液缺陷形成的原因。在血液不合格的情况下,只要造成患者损害,血液提供者和医疗机构就应当承担责任,而不能以发展风险(即依据现有科学技术不能发现和避免的缺陷)作为抗辩事由。立法者作此规定的目的在于强化对患者的保护,督促医疗机构和血液提供机构采取措施预防损害的发生。[24]

韩国判断经过加工的血液有无缺陷,是根据当时的科学技术水平,如果根本不能发现N型肝炎的存在,患者因输入该血液制品而感染N型肝炎病毒的,生产者的产品责任并不成立,依此可予免责。这里所指科学技术水平,是指对判断感染产生的科

---

[21] 参见杨立新:《侵权责任法》,法律出版社2011年第2版,第437页。
[22] 参见杨立新:《医疗损害责任法》,法律出版社2012年版,第326—327页。
[23] 参见朱伯松:《消费者保护法论》,台北翰芦图书公司1999年版,第293、294页。
[24] 参见王利明:《侵权责任法研究》(下),中国人民大学出版社2011年版,第417页。

学技术知识,在提供血液制品的当时已是社会上客观存在的知识水平,包括最顶尖的知识水平,并不考虑生产者主观上是否已经认识到的问题。㉕ 即使生产者很难发现 N 型肝炎之事实,亦不能主张发展风险的抗辩。

俄罗斯法认为,在 2005 年输血时,N 型肝炎并没有被普遍认为是一种疾病。在缺乏法规或其他规定的情况下,要想取得一份有关此问题的可信赖的并压倒其他反对意见或观点的专家意见是极其困难的。用受 N 型肝炎感染的血液输血本身并不必然是一个可救济的损害。

由于其他亚洲法域不将输血感染案纳入产品责任调整范围,因此没有讨论血液的缺陷问题。印度法同样如此,认为对这种病毒的研究,仅发表了一篇科研论文,全球只有一小部分科研实验室有能力在定量的血液中检测出 N 型肝炎病毒的存在,学术界大多数不认为存在这种病毒,因此不能认为属于缺陷。

(三) 血液提供者、医疗机构和献血者是否为承担责任的主体

对输血感染案适用产品责任法调整的法域,认可血液提供者同为与生产者地位,是符合要求的不合格或者有缺陷血液的赔偿责任主体。中国澳门特别行政区法律认为,如果输血经过加工作为血液制品,则血液的生产者负有不可推卸的责任。

对于进行输血的医疗机构的主体地位,各法域的做法则不相同。中国大陆《侵权责任法》第 59 条明确规定,输入不合格的血液造成患者损害的,患者可以向血液提供机构请求赔偿,也可以向医疗机构请求赔偿;患者向医疗机构请求赔偿的,医疗机构赔偿后,有权向负有责任的血液提供机构追偿。在日本,这种责任属于产品责任,而医疗机构没有过失,因此没有责任。中国台湾地区法律认为,与一般产品是由商品制造人设计、生产、制造,制造人能控制危险的情况不同,非大量生产、大量制造、大量销售的形式,无法借由将风险损失计算在成本上,转嫁由所有消费者以分散风险,既不能把血液作为产品,也不能认为这样的血液存在缺陷,原因是基于公共利益,避免科以制造人严格责任后,无人愿从事血液供应事业,危害医疗输血制度与医疗知识的进步。

韩国依据《韩国血液管理法》的规定,只有医疗机构与大韩红十字会才允许采血。生产血液制品的生产者只能从血液管理者(医疗机构与大韩红十字会)处取得血液。血液管理者若向生产者提供已被感染的血液时,依照零部件生产者或原料提供者都有可能承担产品责任的规定,以及《产品责任法》第 5 条规定,二者要承担连带赔偿责任。如果医生对投入的血液制品可能感染疾病的危险未作出任何说明,就是侵害患者的自主决定权(患者具有选择是否投入血液制品的权利)的侵权行为。㉖ 在中国澳门特别行政区,医院对受害人实施的行为并没有过错,医院只是按正常做法在给受害人输血时,N 型肝炎的检验并未能在医院检验出来,且 N 型肝炎是否真正存在,在学

㉕ An bupyoung:《医疗与造物责任》,载《高丽法学》2003 年第 40 号,第 191 页。
㉖ 医生说明义务的代表性案例,参见韩国大法院 2011 年 3 月 10 日判决 2010 da72410。

界也是存疑的,据此可以认定医院对于该损害没有过错,已经尽了适当注意义务,并且对于受害人治疗中未有其他过错,受害人不能就这一损害向医院索偿。

对提供血液的献血者,各法域均认为不应当是责任主体,理由是他并不知道自己的血液中含有 N 型肝炎病毒。例如日本认为,血液提供者在当时既无法认识到 N 型肝炎的存在,也无法认识到 N 型肝炎病毒混入血液制品的风险,故无过失可言。

(四)关于诉讼时效问题

在分析输血感染案的法律适用中提出的一个问题是,2001 年因为输血导致感染了该病毒,但是直到 2012 年才发生损害后果,对本案的法律适用将出现何种不同结果呢? 中国大陆《产品质量法》第 45 条规定,因产品存在缺陷造成损害要求赔偿的诉讼时效期间为 2 年,自当事人知道或者应当知道其权益受到损害时起计算。因产品存在缺陷造成损害要求赔偿的请求权,在造成损害的缺陷产品交付最初消费者满 10 年丧失;但是,尚未超过明示的安全使用期的除外。本案受害人虽然 2001 年输入不合格血液,但其损害后果在 2012 年方显现,故从 2012 年知道其健康权受到侵害时起计算诉讼时效期间。日本《制造物责任法》第 5 条规定:"第 3 条规定的损害赔偿请求权,自被害人或其法定代理人知道损害及赔偿义务者时起 3 年内不行使的,时效消灭。生产商等自交付该产品时起计算,经过 10 年期间的时效消灭。前项后段的期间,对于由储蓄在身体中对人的健康有害的物质引起的损害或者经过一定潜伏期间后显现出症状的损害,自损害发生时起计算。"这些规定十分清楚。

中国台湾地区的诉讼时效期间为两年,若自 2005 年输血到 2013 年尚未满 10 年,受害人于现在科技发达而得知受感染的损害与赔偿义务人时,两年内均得请求血液提供者赔偿。1953 年《马来西亚时效法》第 6 条(1)规定,基于侵权提起的诉讼,当诉讼事由发生届满 6 年,则不得再提起诉讼。

中国澳门特别行政区关于产品责任在时效方面的规定相对特殊,受害人损害赔偿请求权的时效自受害人知悉或应知悉损害、瑕疵及生产者认别资料之日起 3 年。[27] 受害人的"损害赔偿请求权自企业主将造成损害之产品投入流通之日起经过 10 年而失效,但受害人所提起之诉讼正待决者除外"。[28] 产品投入流通满 10 年后,生产者对产品缺陷造成的损害不承担责任。在本案中,受害人感染了该病毒直到输血 11 年后才显现,血液提供者不对此损害承担法律责任。

《韩国民法》第 766 条第 2 款规定,"自侵权行为之日起 10 年内"未行使损害赔偿请求权的,其诉讼时效消灭。侵权行为之日并非加害行为之日,而是损害结果发生之日。[29]《产品责任法》第 7 条第 3 款规定,产品责任法上的损害赔偿请求权应自生产者提供缺陷产品之日起 10 年以内行使。第 2 款规定,累积在体内的、侵害他人健康

---

[27] 参见《澳门商法典》第 93 条。
[28] 《澳门商法典》第 94 条。
[29] 参见韩国大法院 1979.12.26 判决 77da1895,全员合一体判决。

而发生的损害或者经过一定潜伏期以后出现症状的损害,都从损害发生之日起计算。

俄罗斯法认为,如果受害人在2001接受输血而直到2012年才知晓被感染,应适用10年的时效期间。时效期间不会因责任基础的不同而改变。

(五)对于输血感染案的多种法律救济方法

对输血感染案的法律适用,亚洲和俄罗斯各法域在立法和司法实务方面都存在多种责任救济形式,救济的效果各有不同。

对输血感染案受害人的民法救济,以产品责任进行救济最为有效。中国大陆对此适用产品责任法进行调整,适用无过失责任原则确定赔偿责任,最能够保障受害人得到救济权利的实现。中国《侵权责任法》坚持医疗损害责任中的医疗机构承担过错责任,但在医疗产品责任和输血感染损害责任则适用无过失责任,正是考虑到过错责任在医疗产品责任领域对患者权利保护不足的问题。一方面,患者对于所输入血液是否存在缺陷完全没有辨别、控制和预防的能力,其接受输血完全是基于对血液提供者和医疗机构专业技术能力的信赖;而医疗机构和血液提供者作为具有专业能力者,具有远较患者为强的风险控制能力。要求其对患者的损害承担无过失责任,可以更好地督促其严格履行职责,将输血的风险最小化。另一方面,在输血感染案中,患者的损害极大,应当保障患者的索赔权利得到满足,否则不符合社会公平与正义原则的要求。

输血感染案同样可以适用合同法的规定或者侵权法的疏忽责任法进行救济,但同样都会由于基于过错责任原则和过错推定原则的适用,而使受害患者无法证明血液提供者或医疗机构的过失,因而受害人的损害尽管无辜,但无法获得及时、必要的救济。例如马来西亚法律区分了货物买卖合同与提供服务的合同,医疗的专业服务合同显然是提供服务的合同。血液感染案不适用《马来西亚货物买卖法》,因为提供被感染的血液不属于该法第2条规定的提供"货物";也不由《马来西亚消费者保护法》调整,因为该法将专业服务合同排除在调整范围之外。

即使在认可输血感染案适用产品责任法调整的法域,也不排除适用合同责任或者一般侵权责任救济受害人的可能,但须证明血液提供者和医疗机构的过错,因此受到救济的可能性较小。例如日本,如果以医疗过失为由提起过失侵权责任诉讼,或以违反医疗合同为由提起违约责任诉讼,即使血液受到肝炎病毒的污染,医院也无须承担任何责任,因为在医院对患者使用血液时,即使有理性的医师既无法认识到N型肝炎的存在,也无法认识到含有N型肝炎病毒的血液的风险,故可以认定医院既没有过失,亦不构成医疗合同的债务不履行。在中国大陆,输血感染也构成责任竞合,受害人可以选择违约损害赔偿责任救济,但无法得到法院支持。

四、关于桥梁设计缺陷案的法律适用

桥梁设计缺陷案的简要案情是:Y委托X有限责任公司在Y所有的土地上建造的桥梁垮塌而受伤,造成A的损害,桥梁垮塌的原因是Y委托的Z建筑师的设计图有缺陷的。[30] 对本案的法律适用问题,多数亚洲法域认为产品责任不调整不动产的损害问题,只有中国台湾地区认可对其适用产品责任法。

(一)桥梁设计缺陷是否属于产品责任法的调整范围

在八个法域中,只有中国台湾地区认可不动产为商品(即产品,下同),适用产品责任法的规定。其"消费者保护法"虽然没有明文规定产品责任的商品概念的范围,但"消费者保护法施行细则"第4条规定:消保法第7条所称之商品,系指交易客体之不动产或动产,包括最终产品、半成品、原料或零组件。因此,中国台湾地区的产品责任不区分动产或不动产,均适用"消费者保护法"第7条,采无过失责任规定。桥梁设计缺陷案中的桥梁虽为不动产,亦适用无过失责任的规定,施工单位应负连带赔偿责任,如果施工单位能够证明其无过失,法院得减轻其赔偿责任,以降低企业经营者负担过重的责任,但仍无法免责。

在其他法域,由于不动产不被认为是产品,不适用产品责任法调整,因此采用不同方法确定桥梁设计缺陷的责任归属问题。

中国大陆《侵权责任法》规定,不动产缺陷不适用产品责任法,而适用该法第86条规定的物件损害责任规则。2008年5月12日四川省发生里氏8.0级地震,大量房屋倒塌造成巨大损害,其中部分建筑物涉及质量问题,引起立法机关的高度重视,并就建筑物、构筑物以及其他设施设置缺陷损害责任单独制定了该条规定。[31] 该条第1款规定:"建筑物、构筑物或者其他设施倒塌造成他人损害的,由建设单位与施工单位承担连带责任。建设单位、施工单位赔偿后,有其他责任人的,有权向其他责任人追偿。"该规定的特点是:第一,直接责任人是建设单位与施工单位。建设单位是指建筑工程的投资方,根据《物权法》第30条的规定,对合法建造的建筑工程享有所有权。第二,建设单位、施工单位承担连带责任,适用过错推定原则,不适用无过失责任,与产品责任有较大区别。第三,不使用不动产设计缺陷的概念,而使用设置缺陷的概念,凡是因设置缺陷导致的不动产倒塌所致损害,都适用这一规定。第四,设计人不是不动产倒塌损害责任的直接责任人,概括在"其他责任人"之中,建设单位和施工单位承担赔偿责任之后,再向建设单位和施工单位追偿。[32] 该条第2款规定的是不动产管理缺陷所致损害的责任,与本案无关。

日本的不动产(土地及其定着物)不属于《制造物责任法》的适用对象。在制定《制造物责任法》时,基于以下理由,不动产被排除在《制造物责任法》的适用对象之外:一是不动产具有很强的个性,与具有很强同一性的动产不同;二是与动产不同,不以大量生产、大量流通、大量消费为前提。因此,一般的土地工作物等不动产损害适

---

[30] 详细案情参见〔英〕肯·奥利芬特:《三个产品责任案例》,载《法制日报》2013年9月4日第9版。
[31] 参见"全国人民代表大会法律委员会关于《中华人民共和国侵权责任法(草案)》审议结果的报告",2009年12月22日第十一届全国人大常委会第十二次会议。
[32] 参见杨立新:《侵权法论》,人民法院出版社2013年第5版,第700—701页。

用民法关于土地工作物损害责任的规定;公共营造物损害责任则适用《国家赔偿法》的规定,都不属于《制造物责任法》的适用对象,但并不会因此产生特别不妥之处。无论是制造物责任还是土地工作物责任,二者都从是否"具有通常所应具备的安全性"来判断瑕疵或者缺陷,故即使修订法律,把土地工作物等不动产纳入制造物责任的适用对象,也不会使个别案件的处理结果产生变化。

韩国产品责任法上产品的范围仅限于动产,不动产不能成为产品责任的客体。但构成不动产的一部分则可属于产品,比如电梯或冷却设施等是构成不动产一部分的动产。桥梁虽然是由人来建造的,但不属于产品责任法上的产品。桥梁坍塌致使第三人受到损害的,可依据《韩国民法》第 758 条关于建筑物占有人或所有人责任的规定得到救济。如果建筑物由国家或地方自治团体进行管理,应适用《国家赔偿法》第 5 条规定确定责任。这样的规定与日本的做法基本相同。

马来西亚的产品责任法适用于产品,桥梁与产品无关,《马来西亚消费者保护法》中产品责任法的规定就不能适用。桥梁坍塌造成他人伤害,根据侵权法的规定,受害人可以对三方当事人起诉,即施工单位、土地所有人和建筑设计师,法院将就责任分摊,以及受害人应得的赔偿进行裁决。一旦证明是因为设计师的方案导致坍塌,施工单位和土地所有人均可以向该设计师索赔。

澳门的产品范围不包括不动产,《澳门商法典》第 86 条第 1 款将产品界定为"任何动产",包括"与其他动产或不动产组装的动产"。至于何为动产何为不动产,则由作为一般法的民法典规范。③《澳门商法典》第 86 条第 2 款规定:"来自土地、畜牧、捕鱼及狩猎之产品,如未加工不视为产品。"为了更好地保障消费者的利益,修改《澳门商法典》的咨询文本建议废止第 86 条第 2 款的规定,以扩大产品的范围。但在现阶段,桥梁并不能看做为产品,所以建造桥梁的施工单位无须承担任何法律责任。

印度因为没有完善的产品责任法,因此应当适用侵权法的规定确定责任。除非证明施工单位没有遵循设计人递交的方案,其责任非常小。但事实表明设计师的设计是有缺陷的,因此施工单位一方没有责任。对土地所有人,法院明确了土地占有人的责任,这个责任等同于绝对责任,比严格责任原则还要严格得多。根据这样的规则,土地所有人有可能存在责任。设计师对所有人或受害人的责任都非常清楚——因为设计被证明是有缺陷的。如果受害人以设计人知情为由选择起诉他,设计人应继续对受害人承担责任。

(二)桥梁设计图是否为产品

在中国大陆,建筑设计图不属于"产品",而是作为一种服务,是设计人向建设单位提供的一项服务,适用合同法规定的责任制度。在《侵权责任法》第 86 条规定的情形下,建筑设计人被纳入"其他责任人"的范围之内,在建设单位和施工单位对不动产

---

③ 参见《澳门民法典》第 195 条、第 196 条。

致害承担了连带责任之后,可以向设计人进行追偿。㉞

在日本,由于设计书以及设计服务不属于制造物,故建筑设计师不承担《日本制造物责任法》第3条规定的损害赔偿责任。如果建筑设计师在设计时没有尽到合理的注意义务,受害人可以设计师存在过失为由,依据《日本民法》第709条追究损害赔偿责任。在裁判实务中,要求建筑设计师承担作为专家的极其高度的注意义务,对保护受害人的权利比较有利。

中国台湾地区"民法"第191-1条第2项规定,商品制造人系指商品之生产、制造或加工业者,虽未明文规定设计者,但通说认为设计师亦为危险的制造者,与生产、制造或加工业者一并纳入同一规范。㉟ 桥梁设计者设计的桥梁欠缺安全性,依"民法"第191-1条的规定,应负赔偿责任。如果依照"消费者保护法"规定的商品责任,虽然第7条规定的责任主体为从事设计、生产、制造商品或提供服务之企业经营者,包括设计单位及企业经营者,但建筑师如果是个人而非企业经营者,则不适用该条规定负无过失赔偿责任。

在中国澳门特别行政区,建筑设计图虽然是动产,但按照法律界的主流观点不是产品,而属于服务。原因是,设计图本身意义并不在于其载体上,而在于其客体是智力成果,因此不具有物质形态,不可视为动产,应受知识产权法保护,不属于产品责任调整范围。建筑设计图的本质是设计人依据委托合同而向委托人提供的一项服务。由于委托合同的关系,所以该设计图所造成的损害赔偿,由委托人承担,并且适用合同责任制度。

在韩国,设计图纸作为知识性产品,并不属于产品责任法规定的产品范畴。信息或软件等知识性产品本身并不存在致使人身损害或火灾等发生的危险性,受害人可以通过合同法上的瑕疵担保责任得到救济。知识性产品的概念、内容、功能等具有多样化特点,很难对该类产品科以无过失责任。㊱ 依据《韩国建设产业基本法》第28条的规定,承包人建造的建筑物发生瑕疵时,承包人应向发包人承担建设工程瑕疵担保责任。但依据该法第28条第2款第2项的免责规定,若依据发包人的指示进行施工时,承包人对发生的瑕疵不承担担保责任。承包人依据设计人设计的图纸进行了施工,双方不存在直接的合同关系,只有土地所有人与设计人之间是直接的合同关系,设计人向土地所有人交付设计图,土地所有人再向承包人提供该设计图纸,承包人并不承担桥梁坍塌的瑕疵担保责任。如果承包人明知设计图存在缺陷,仍由于故意或过失未告知土地所有人这一事实时,依据《建设产业基本法》第26条第5款的规定,项目管理者在履行职务时,因故意或过失导致发包人产生财产损害的,应对该损害承担赔偿责任。如果承包人与设计人是在相互协商或相互监督下建造该桥梁的,则应

㉞ 参见杨立新:《侵权责任法》,法律出版社2011年第2版,第567页。
㉟ 参见詹森林、冯震宇、林明珠:《认识消费者保护法》,"行政院消费者保护委员会"1995年版,第41页。
㊱ Gun teasung:《电脑软件与制造物责任法》,载《信息产业》1996年第173号,第31页。

共同对桥梁坍塌的损害承担连带赔偿责任。

俄罗斯法认为,建设方案本身不属于消费者保护或产品责任法意义上的产品,对其不应适用严格产品责任。在合同法中可将其看做服务,依据合同法的规定处理。

(三)动产责任与不动产责任的区别

中国大陆在整体法律规则设计上,严格区分动产和不动产规则,在立法上体现为《建筑法》(1997年通过,2011年修订)与《产品质量法》(1993年通过,2000年修订)并行,《合同法》单独设立第十六章"建设工程合同"。《侵权责任法》将产品(动产)致人损害规定为产品责任,将不动产倒塌致人损害规定为物件损害责任。中国法中的动产责任与不动产责任在责任规则方面的差异主要体现在如下方面:

(1)侵权责任归责原则的区别。在不动产设置缺陷责任,主流意见认为适用过错推定责任[37],而不同于产品责任的无过失责任。

(2)"自损"纳入损害赔偿范围的区别。产品责任的产品自损可以纳入产品责任赔偿范围,但不动产的物件损害赔偿责任则不包括不动产的自损。

(3)是否存在管理缺陷责任方面的区别。不动产责任除了存在设置缺陷责任之外,还存在管理缺陷责任,但动产责任基本上不存在这一特殊责任类型。

中国法不动产责任与动产责任存在上述差异的正当性体现在如下三个方面:

(1)责任理论上的差别,不动产责任与动产责任在理论上的差别体现在缺陷类型不同、预防成本不同和自损的价值大小不同。

(2)责任制度上的差别,抗辩事由不同,对内责任承担的基础不同。

最后,中国法不动产责任与动产责任的这种区分与行政管理体制有一定关联。[38]

中国台湾地区的不动产属于产品,适用无过失责任。学者认为,这样的立法虽然较能保护消费者,但不动产是否适用严格责任,应考虑商品责任的正当性系因科技发展后,消费者处于大量生产、大量贩卖、大量消费的环境,而动产的特性在于可以规格化、大量制造、容易控制其质量,故科以商品制造人较重之责任;相较于不动产,欠缺被替代性,且因涉及因素众多、时间久远,难以论断其损害原因为何,故建议,于未来修法时应当明确不动产不适用商品责任。

(四)提供产品与提供服务的责任的区别

中国大陆法律认为,提供服务的责任和提供产品的责任的差异主要体现在如下三点:

(1)相对性要求的差异。提供服务责任造成损害的对象为服务合同的相对人,可以根据《合同法》第122条选择违约责任和侵权责任。产品责任没有相对性的要求,包括合同当事人也包括第三人。

(2)归责原则的差异。提供服务导致合同当事人之外的人损害的,一般适用过错

---

[37] 参见杨立新:《侵权责任法研究》(下册),中国人民大学出版社2011年版,第697页。
[38] 参见杨立新、杨震:《有关产品责任案例的中国法适用》,载《北方法学》2013年第5期。

责任原则承担侵权责任,但缺陷产品责任适用无过失责任。

(3)责任主体的差异。提供服务的责任人是服务提供者,而中国法将产品生产者和销售者共同作为产品责任的责任人。

中国法区别提供服务的责任和提供产品的责任存在差异具有一定的正当性,主要体现在:

(1)流通性的差异。产品存在流通性,从生产者到最终的使用人,可能经过多重的流通;而服务具有直接性,一般不存在流通问题。

(2)发现和证明产品责任人过错的困难性。现代大规模生产的产品具有专业性,受害人难以证明产品责任人主观上存在过错,进而可能导致求偿的困难,因此适用缺陷产品严格责任;提供服务的责任人其过错的证明则相对容易。

(3)相对性要求带来的求偿困难。中国疆域广大,如果仅由产品生产者承担产品责任,则可能导致高昂的求偿费用和诉讼成本,因此立法者从方便诉讼和求偿的角度,将销售者纳入责任人范畴,并由其承担向供货商和生产者的求偿不能风险,能够更加切实地保护产品的最终消费者;而在提供服务的情形中,不存在这种求偿困难问题。

日本在制定《制造物责任法》时,将服务(即劳务)排除在制造物责任的适用对象之外,其理由:一是提供服务时,每项服务内容各不相同,有很强的个性,与具有很强同一性的动产不同;二是服务之中因其缺陷造成他人的生命、健康危险的情况较少,缺乏一律使提供服务者承担严格责任的根据;三是在通常情况下,成为问题的并不是服务的安全性,而是该服务本身的质量;四是由服务中存在的瑕疵引起的损害通常发生在接受服务者一方,但因为接受服务者与提供服务者之间存在合同关系,故接受服务者可向提供者追究违约责任来寻求救济。

中国台湾地区"消费者保护法"第7条规定,产品责任包括服务,提供服务之企业经营业者,于提供服务时,应确保该服务符合当时科技或专业水平可合理期待之安全性。若违反,致生损害于消费者或第三人时,应负连带赔偿责任,一律适用无过失责任,惟学说与实务肯定医疗服务不适用这一规则。学者也认为服务的种类繁复,内容千变万化,一律科以无过失责任恐非适当,服务的本质与商品利用机器能大量生产、销售之模式不同,在立法上服务不宜适用无过失责任,应回归一般注意义务与过失为判断。

中国澳门特别行政区法律将设计图作为服务对待,依照《澳门民法典》第493条关于委托人责任的规定,将其作为现代侵权法中的一项重要制度,在委托关系中,委托人对其受托人在执行职务活动时致第三人损害所应承担的民事责任,委托人之责任制度之设立在于平衡委托人、受托人和受害人的利益。在本案中,土地所有人是委托人,设计人是受托人,土地所有人即委托人对设计人的设计图有问题而导致桥梁坍塌造成受害人的损害,应当承担侵权责任。

(五)施工单位是否有责任无偿再建一座新桥梁

关于施工单位是否有责任无偿再建一座新桥梁,各法域报告中较少讨论。日本法认为,根据施工单位和土地所有人之间的合意,土地所有人负有无偿建造新桥梁的义务,其结果是施工单位须负担筹措建设新桥梁所需工作人员及原材料的费用。相当于该费用的损害是因建筑师作出的具有瑕疵的设计,而在施工单位的财产上产生的损害为一种纯粹财产的损害。且日本侵权法对认定该种损害赔偿并不存在任何障碍。因此,施工单位可依据《日本民法》第709条,以设计师的侵权为由,请求赔偿上述费用。若有其他损害,只要该损害在相当因果关系范围之内时,就可以请求赔偿。韩国法认为,承包人由于设计人的过错向土地所有人履行了最初的约定,即在原建筑费用的范围内,重新建造了一座新的桥梁,由于承包人对土地所有人并不承担任何损害赔偿责任,如果不是由于设计人的过错,承包人并不需要支出这些费用与劳动力,因此,承包人可依据《韩国民法》第750条的一般侵权行为规定,向设计人请求因其过错而导致承包人的损害赔偿。中国澳门特别行政区法律认为,施工单位虽然因为设计人的设计图问题,需要无附加报酬地建造一座新的桥梁,但这仅仅是基于其先前与土地所有人的约定,施工单位与设计人之间没有直接的法律关系,所以设计人不对施工单位承担责任。设计人作为土地所有人的受托人,设计人造成的损害由委托人即土地所有人承担法律后果,但土地所有人对于替设计人承担的风险责任对其有追偿权。根据《澳门民法典》第493条第3款,土地所有人可以就所作出的一切支出要求设计人偿还,但施工单位本身亦有过错的除外,如果施工单位也有过错,其就根据《澳门民法典》第490条的规定,与设计人一同承担连带责任。土地所有人对设计人的追偿可以提起直接诉讼。

第六分编
事 故 责 任

修正的《道路交通安全法》第76条的进展及审判对策[*]

2007年12月29日,第十届全国人民代表大会常务委员会第三十一次会议通过决定,修正《道路交通安全法》第76条。这一修正后的条文(以下简称新《道交法》)自2008年5月1日起实施。此次修正的背景是什么?新条文在道路交通事故责任的规定中有哪些进展,存在哪些问题?应对这些进展和问题,在审判实践中应当采取哪些对策?这些都是值得研究和必须解决的。笔者试作以下探讨,以应对审判实践上的具体问题。

一、修正《道路交通安全法》第76条的背景

2003年10月28日,第十届全国人民代表大会常务委员会第五次会议通过《道路交通安全法》后,特别是在2004年5月1日该法实施后,社会各界对该法第76条(以下简称原《道交法》)批评不断,以至于全国人大常委会法制工作委员会数次召开会议,专门研究该条规定是否存在问题,如何进行补救。各界批评原条文的主要意见,是原条文实行无过失责任原则,无论在何种情况下,机动车一方都要无过错全责赔付,称之为"无责全赔"规则,因此,是一个不正确的法律规范。

我们经过反复研究,认为原条文并不存在这样的问题。全面研究原条文的内容,可以肯定其确实存在一些问题,但不是舆论指责的前述问题,因为无论如何原条文都不存在无责全赔规则,这实际上是对原条文的一个误解和误导。但原条文确实存在以下三个技术性问题:

(1)该条文没有规定过失相抵规则。这是一个客观事实,但这并不是立法的漏洞。按照法律适用原则,原《道交法》作为民法规范,是侵权法的特别法,特别法没有规定的事项,应当适用侵权普通法的规则。[①]《民法通则》第131条明确规定:"受害人对于损害的发生也有过错的,可以减轻侵害人的赔偿责任。"适用本条,就可以解决这个问题。对于提出该条文规定机动车承担道路交通事故的责任是无过失责任,是否还适用过失相抵原则的问题,最高人民法院《关于审理人身损害赔偿案件适用法律

---

[*] 本文发表在《法律适用》2008年第3期。
[①] 参见杨立新:《侵权法论》,人民法院出版社2005年第3版,第58页。

若干问题的解释》第 2 条第 2 款已经作了明确规定,实行无过失责任原则的侵权行为,同样适用过失相抵原则,只不过条件更高一些而已。②因此,道路交通事故的机动车责任即使是无过失责任,如果受害的非机动车驾驶人或者行人具有重大过失的,也应当适用过失相抵原则,减轻机动车一方的责任。因此,在这个问题上,不能认为原条文存在缺陷,因为有办法解决道路交通事故过失相抵的法律适用问题。③

(2) 该条文规定因非机动车驾驶人或者行为人完全过错引起的交通事故责任,且机动车驾驶人已经采取必要处置措施的,减轻机动车驾驶人一方的责任,其中"减轻"责任规定的范围过于宽泛。按照原《道交法》的文义理解,"减轻"责任就包括减轻 1%～99%。如果机动车一方完全没有责任,交通事故损害完全是由于非机动车驾驶人或者行人的过错引起的,但减轻责任的幅度不大,对机动车一方是不公平的。而原来的《道路交通事故处理办法》规定,在这种情况下机动车一方只承担 10% 的责任,是较为公平的。按照原《道交法》的规定,责令机动车一方承担 10% 以上的责任,甚至 99% 的责任,都是符合原《道交法》规定的。但是,在这种情况下,让机动车一方承担过重责任的结果,是任何人都不能接受的,也违背法律的公平原则。因此,原《道交法》在这个问题上确实存在问题,就是在机动车一方无责任时,减轻机动车一方赔偿责任的幅度过宽,在适用中难以避免出现不公平的结果。对此,我们曾经建议通过立法解释或者司法解释解决这个问题,并不一定要对原《道交法》进行修正。

(3) 原《道交法》第 76 条第 1 款第 2 项中使用"机动车与非机动车驾驶人、行人之间发生交通事故"的表述不够严谨,亦存在范围过宽的问题。"机动车与非机动车驾驶人、行人之间发生交通事故"的表述,就包括机动车造成非机动车驾驶人或者行人损害,非机动车驾驶人或者行人造成机动车一方损害,以及相互造成损害。原《道交法》第 76 条第 1 款第 2 项规定的无过失责任原则和受害人过错减轻责任的规则,如果适用于非机动车驾驶人或者行人造成机动车一方损害的,则不正确。

原《道交法》所存在的问题就是这些,并不是非常严重的错误,其中实际存在的问题是后两个问题,可以通过立法解释和司法解释解决。社会各界对原《道交法》给予的批评,很多是不正确的,是对原《道交法》的错误理解。

此次对《道交法》第 76 条的修正,就是在这种背景下进行的。

二、新《道交法》在规定道路交通事故责任规则中的进展和问题

立法机关勇于接受各界批评,决定对原《道交法》进行修正,提出了法律条文的修正案草案广泛征求意见,并于 2007 年 12 月的常委会会议上以高票(一票反对、两票

---

② 该条司法解释的内容是:"适用民法通则第一百零六条第三款规定确定赔偿义务人的赔偿责任时,受害人有重大过失的,可以减轻赔偿义务人的赔偿责任。"

③ 参见张新宝:《侵权责任法原理》,中国人民大学出版社 2005 年版,第 359 页。

弃权)通过了这个修正案。这说明新《道交法》在道路交通事故处理规则上确实是有很大的进步。事实上也确实如此,新《道交法》有很大的进步,但同时也应当看到还存在一些需要进一步明确的问题。

(一)新《道交法》在道路交通事故责任规则上的重大进展

新《道交法》在规定道路交通事故规则中有以下重大进展,具有重要意义:

1. 新《道交法》规定道路交通事故责任的归责原则是过错责任原则和原《道交法》过错推定原则

原《道交法》规定交通事故责任的归责原则是过错责任原则和无过失责任原则:①机动车之间发生交通事故的,适用过错责任原则。②机动车一方造成非机动车驾驶人或者行人损害的归责原则,是无过失责任原则,这可以从原《道交法》的表述中予以确定:"机动车与非机动车驾驶人、行人之间发生交通事故的,由机动车一方承担责任";同时规定非机动车驾驶人或者行人过错引起损害的实行减轻责任,以及故意造成损害的免除责任。这些表述,说的都是无过失责任原则的特征。对此,学者有共识。④

新《道交法》坚持了机动车之间发生交通事故实行过错责任原则的规定,但是,关于机动车与非机动车驾驶人、行人之间发生交通事故的归责原则的规定,改变了原《道交法》的表述,改为"机动车与非机动车驾驶人、行人之间发生交通事故,非机动车驾驶人、行人没有过错",以及"机动车一方没有过错"的表述。这些表述,都表明机动车一方与非机动车驾驶人、行人之间承担交通事故责任的归责原则,已经由无过失责任原则改变为过错推定原则,即使是规定了"非机动车驾驶人、行人故意碰撞机动车"予以免责的规则,也不能改变新《道交法》的过错推定原则的确定含义。这一规定对道路交通事故责任的审判实践已经带来了重大变化,各级法官务必引起注意。

2. 明确规定机动车与非机动车驾驶人、行人之间发生交通事故,有证据证明非机动车驾驶人、行人有过错的,适用过失相抵原则

新《道交法》的这个规定,改正了原《道交法》对此没有规定的不足,明确了在道路交通事故中,机动车一方造成损害,非机动车驾驶人或者行人有过错的,应当根据过错程度适当减轻机动车一方的赔偿责任。其中特别是规定"适当"减轻责任,具有重要含义,这就是在机动车交通事故中,适用优者危险负担规则,即使是按照过错程度确定减轻机动车一方的赔偿责任,机动车一方也应当承担超过其过错程度的"适当"责任。对此,在征求意见的新《道交法(草案)》中,曾经规定了一个比例,就是机动车承担主要责任的,应当承担80%责任;同等责任的,承担60%责任;次要责任的,承担40%的责任。立法机关接受各界提出的立法具体规定责任比例不妥的意见,改作"适当"减轻赔偿责任的规定,体现的正是这个意思,将过失相抵的赔偿责任具体比例交由审判机关在适用法律中解决。这是正确的。

---

④ 参见张新宝:《侵权责任法原理》,中国人民大学出版社2005年版,第351页。

3. 规定机动车一方没有过错的,机动车一方承担不超过10%的赔偿责任

新《道交法》改变了原《道交法》关于在这种情况下"减轻机动车一方的责任"规定中"减轻"责任幅度过于宽泛的缺点,既体现了优者危险负担原则对非机动车驾驶人或者行人的人文关怀,同时也兼顾了无过错造成损害的机动车一方的利益,已经恢复到了《道路交通事故处理办法》规定的责任比例,并且有一定的弹性,同时也避免了法官在适用法律中随意性过大的弊端。新《道交法》的这个规定受到了各界的欢迎,适应了当代中国社会正在向汽车社会发展的现实需要,是一个好的法律规范,应当予以充分肯定。

(二)新《道交法》在规定道路交通事故责任规则上存在的问题

当然,新《道交法》还存在一些具体问题,需要进一步明确,才能够在司法实践中准确适用。

(1)新《道交法》仍然使用"机动车与非机动车驾驶人、行人之间发生交通事故"的提法,没有明确机动车造成非机动车驾驶人或者行人损害以及非机动车驾驶人或者行人造成机动车一方损害的情形。

所谓的"发生交通事故",其中包含三种情形:①机动车一方造成非机动车驾驶人或者行人的损害;②非机动车驾驶人或者行人造成机动车一方的损害;③双方相互造成损害。现实中,更多的当然是机动车造成非机动车驾驶人或者行人的损害,但非机动车驾驶人或者行人造成机动车一方损害,甚至双方同时造成对方损害的并不罕见。例如某人醉酒后骑自行车横穿马路,撞在正常行驶的摩托车上,造成摩托车驾驶人重伤,骑车人也有伤害的后果。新《道交法》第76条第1款第2将"发生交通事故"作为基准,设定赔偿责任的三项规则,就会混淆前述三种情形的界限。

依笔者所见,对机动车一方造成非机动车驾驶人或者行人损害的,确定新《道交法》规定的机动车过错推定责任规则、机动车与非机动车或者行人之间的过失相抵规则、受害人全部过错机动车不超过10%责任规则这三个赔偿责任规则当然没有问题。但是,在非机动车驾驶人或者行人造成机动车一方损害的情形下,适用这些规则却明显不合理、不公平:①非机动车驾驶人或者行人造成机动车一方损害,机动车一方无过错,却要承担全部赔偿责任,不仅不合理,而且与第三项规则相冲突。②非机动车驾驶人或者行人有过错,机动车一方也有过错的,实行过失相抵是没有问题的。③机动车一方没有过错的,自己对自己承担不超过10%的赔偿责任,在逻辑上说不通。在新《道交法》第76条第1款第2项确定的这三个规则中,前后两个规则适用于非机动车驾驶人或者行人造成机动车一方损害时,都是不合理的,这说明,"发生交通事故"这个表述是不准确的。对此,新《道交法》没有改进,并且继而明确规定三个规则,使其存在的问题更加突出了。

(2)新《道交法》在第76条第1款第2项的表述中,接连使用了三个"过错",其含义各不相同,其中第二个"过错"与新《道交法》第76条第2款中的"故意"形成冲突。①第一个"过错",是说"非机动车驾驶人、行人没有过错",这个过错,应当既包括故意,也包括过失。机动车驾驶人或者行人既没有故意也没有过失的,应当由机动车一方承担责任。②第二个"过错",是讲"非机动车驾驶人、行人有过错"的,这里所说的过错,应当是指过失,才能够与第2款中规定的"故意"协调好相互关系。现在的表述为过错,既包括故意也包括过失,而第2款明确规定故意是免责条件,规定过失相抵的"过错"中难道还包括故意吗?显然不包括。既然如此,使用"过错"的表述就不准确,应当仅指过失,不包括故意。③第三个"过错",是指"机动车一方没有过错",这个过错,是指既没有故意,也没有过失,包括故意和过失。这个使用是正确的。

因此,第二个"过错"的使用存在问题,能够理解成在过失与"故意"碰撞机动车之间,还存在其他故意形式,而其他故意形式可以发生在机动车致害的过失相抵之中。如果其他故意形式发生在过失相抵的情形中,究竟是过失相抵,还是免除责任呢?

(3)新《道交法》第76条第2款将原来的"由非机动车驾驶人、行人故意造成"改为"由非机动车驾驶人、行人故意碰撞机动车造成",使非机动车驾驶人或者行人故意引起交通事故损害的免责情形过于狭窄。即使是按照无过失责任原则的要求,对受害人故意也不能仅指"碰瓷",因为非机动车驾驶人或者行人故意引起损害,并不是仅仅表现为故意碰撞机动车的"碰瓷"形式,还存在其他故意形式。如果仅仅是故意碰撞机动车才可以免责,非机动车驾驶人或者行人的其他故意不能免责,而是包括在新《道交法》第76条第1款第2项中的过失相抵规则中的过错之中,可以减轻责任,则不符合无过失责任原则的要求。

三、适用新《道交法》审理道路交通事故责任案件应当采取的审判对策

新《道交法》在2008年5月1日生效,新《道交法》生效后,在司法实践中适用新《道交法》规定审理道路交通事故责任案件,其规则会发生何种变化,应当采取何种审判对策应对,必须提出切实可行的解决办法。

(一)关于道路交通事故责任适用何种归责原则问题

新《道交法》规定道路交通事故责任的归责原则,由过错责任原则和无过失责任原则改变为过错责任原则和过错推定原则。在实践中,应当如何应对呢?

笔者认为,在司法实践中适用新《道交法》,道路交通事故责任适用归责原则应当从三个方面确定:

(1)机动车之间发生交通事故的,实行过错责任原则。其举证责任实行"谁主张谁举证"的规则,对于过错的证明,不实行举证责任倒置。因此,都是由原告举证,被告不承担举证责任。只有被告提出积极主张的时候,才负有举证责任。在这一点上,原《道交法》和新《道交法》没有变化,而是更加明确适用过错责任原则而已。

(2)机动车一方造成非机动车驾驶人或者行人损害的,实行过错推定原则。对于

过错的证明,采取推定方式,在原告证明了违法行为、损害事实和因果关系要件之后,法官直接推定机动车一方有过错。机动车一方认为自己没有过错的,应当承担举证责任,实行举证责任倒置,自己证明自己没有过错。能够证明自己没有过错的,免除其责任;不能证明或者证明不足的,过错推定成立,应当承担赔偿责任。

(3)非机动车驾驶人或者行人造成机动车一方损害的,按照新《道交法》第76条第1款第2项的规定,好像应当实行过错推定原则。但是,对这种情况适用过错推定原则是不正确的。因为机动车一方作为受害人,在其主张非机动车驾驶人或者行人承担赔偿责任的时候,如果实行过错推定原则,则对非机动车驾驶人或者行人是不公平的。只要是非机动车驾驶人或者行人造成机动车一方损害,就直接推定非机动车驾驶人或者行人有过错,加重了非机动车驾驶人或者行人的举证负担,使非机动车驾驶人或者行人处于不利地位,不符合当代道路交通事故责任的处理理念。因此,对于这种情形应当适用过错责任原则,机动车一方如果主张非机动车驾驶人或者行人承担造成自己损害的赔偿责任,则必须在证明其违法行为、损害事实、因果关系之后,还应当承担证明对方过错的举证责任,不能证明者,就不构成侵权责任。

有专家认为,新《道交法》规定机动车一方没有过错的,承担不超过10%的赔偿责任的规则,是适用无过失责任原则。其理由是,只有行为人一方的行为是造成他人损害的唯一原因,且实行不问行为人过错规则的时候,才是无过失责任原则。这种意见是不正确的。无过失责任原则,是指在法律有特别规定的情况下,以已经发生的损害结果为价值判断标准,与该损害结果有因果关系的行为人,不问其有无过错,都要承担侵权赔偿责任的归责原则。⑤ 对无过错责任的正确理解是,不考虑行为人有无过错,或说行为人有无过错对民事责任的构成和承担不产生影响。⑥ 而不是指当损害发生以后,既不考虑加害人的过错,也不考虑受害人的过失的一种法定责任形式。⑦ 将无过失责任原则理解为只有行为人一方的行为是造成损害的唯一原因,既不考虑加害人的过错,也不考虑受害人的过失的说法,是不正确的,是对无过失责任原则理解的一种误导。事实上,新《道交法》的这一规定,是在过错推定原则的基础上,实行优者危险负担规则的结果。这就是,在侵权法的一般情况下,行为人无过失则无责任,但由于考虑到机动车的机动性能强、回避能力强,而非机动车驾驶人或者行人无机动性能且缺少回避能力的情形,因此,在机动车一方没有过错的时候也要适当补偿,在不超过10%的范围内承担责任。⑧ 这不是无过失责任原则的适用。

(二)新《道交法》第76条第1款第(二)项中"发生交通事故"应当如何理解和处置

(1)按照新《道交法》的规定,这里的"发生交通事故"应当主要理解为机动车造

---

⑤ 参见杨立新:《侵权法论》,人民法院出版社2005年第3版,第143页。
⑥ 参见张新宝:《侵权责任法原理》,中国人民大学出版社2005年版,第35页。
⑦ 参见王利明:《侵权行为法归责原则研究》,中国政法大学出版社1991年版,第129页。
⑧ 参见杨立新:《类型侵权行为法研究》,人民法院出版社2006年版,第881页。

成非机动车驾驶人或者行人损害。新《道交法》对此规定的三项规则，也主要是针对这种情况规定的：①机动车造成非机动车驾驶人或者行人损害，非机动车驾驶人或者行人既没有故意也没有过失的，机动车一方承担赔偿责任。②机动车一方有过错，而非机动车一方或者行人有过失的，应当根据过失程度适当减轻机动车一方的赔偿责任。按照原《道交法》，实行无过失责任原则，只有非机动车驾驶人或者行人具有重大过失的，才能够减轻机动车一方的赔偿责任。新《道交法》规定为过错推定原则，就不能再适用这样的规则，而应当按照最高人民法院《关于审理人身损害赔偿案件适用法律若干问题的解释》第 2 条的规定，只有在机动车一方具有故意或者重大过失，非机动车驾驶人或者行人只有一般过失的时候，才不减轻赔偿义务人的赔偿责任，其他情形都要实行过失相抵。同时，按照优者危险负担规则，在确定了机动车一方承担主要责任、次要责任或者同等责任的时候，应当在比较过错、比较原因力确定的赔偿责任比例的基础上，适当提高机动车一方的赔偿责任，上浮的幅度不应当超过 10%。这就是新《道交法》规定"适当"减轻赔偿责任的含义。③机动车一方既无故意也无过失的，承担不超过 10% 的赔偿责任。

（2）非机动车驾驶人或者行人造成机动车一方损害的，不实行上述规则。应当按照过错责任原则的规则确定责任：①非机动车驾驶人或者行人有过错的，应当承担赔偿责任；②双方都有过错的，应当实行过失相抵规则，并且按照优者危险负担规则，适当上浮机动车一方的赔偿责任；③完全是机动车一方的过错引起损害的，无过失的非机动车驾驶人或者行人不承担责任。

（3）机动车与非机动车驾驶人或者行人之间发生交通事故相互造成损害的，应当是两个相互交叉的道路交通事故案件，分别适用上述不同规则。同时，需要双方分别起诉，或者一方起诉另一方反诉。对此，不能作为一个案件适用过失相抵的规则处理，而是要按照两个案件审理，各自起诉的，可以合并审理，作出两个判决；反诉的，作出一个判决。对各自确定了赔偿责任之后，可以就赔偿数额实行抵消，而不是过失相抵。

（三）新《道交法》第 76 条第 1 款第（二）项中第二个"过错"与"故意碰撞机动车"之间应当如何协调

新《道交法》第 76 条第 1 款第（二）项中规定的三个"过错"概念并不相同，其中第二个过错概念，在司法实践中必须准确理解，即只包括过失，不包括故意。新《道交法》第 76 条第 2 款规定的"故意碰撞机动车"按照字义不能包含非机动车驾驶人或者行人其他故意的情形。因此，在前者的"过错"和后者的"故意碰撞机动车"之间形成了一个空档，就是在"过失"和"故意碰撞机动车"之外，还有一个其他故意的形式。这个其他故意，究竟应当放在前边的"过错"之中，还是放在后边的"故意碰撞机动车"之中呢？按照新《道交法》的文字表述，似乎应当包括在前者的过错概念之中，但如此理解就会造成法律适用中的错误。但放在后边的"故意碰撞机动车"中，又超出了法律文字所表述的含义。对此，应当进行解释，非机动车驾驶人或者行人的其他故意形式应当包括在第 2 款中的"故意"之中,非机动车驾驶人或者行人即使不是故意碰撞,而是在马路上寻求自杀被机动车碾死,并没有故意碰撞机动车,也应当免除机动车一方的责任。舍此没有其他更好的补救办法。因此,在实践中,对于非机动车驾驶人或者行人以其他故意形式造成自己损害的,机动车一方都不承担赔偿责任。同时,也应当明确,故意包括行为人实施行为时对损害后果的追求和放任两种形式[9],以扩大新《道交法》第 2 款的适用范围。

(四)适用"不超过 10% 的赔偿责任"应当如何掌握

在司法实践中适用新《道交法》规定的"机动车一方没有过错的,承担不超过 10% 的赔偿责任",应当掌握以下几点:

1. 机动车一方没有过错,要机动车一方自己举证

新《道交法》第 76 条第 1 款第(二)项规定的是过错推定原则,因此,机动车一方主张自己没有过错的,应当由自己承担举证责任,证明自己没有过错。能够证明自己没有过错的,才能够确定其承担不超过 10% 的赔偿责任。不能证明自己没有过错的,不适用这一规定,而是适用该条第 1 款第(二)项规定的第一种规则,由机动车一方承担赔偿责任。

2. 机动车一方没有过错的标准是机动车驾驶人已经采取必要处置措施

有人认为,原《道交法》规定机动车驾驶人已经采取必要处置措施作为无过错标准的规定,是很好的规则,不应当删除。其实,由于新《道交法》已经将这种责任规定为过错推定责任,就没有必要写进来这个规则了。在操作上,机动车一方证明自己没有过错的标准是什么? 机动车一方能够证明机动车驾驶人已经采取了必要处置措施仍然不可避免造成损害的,就证明了自己没有过错。在司法实践中,确定机动车一方对于自己没有过错的举证责任是否充分,就按照这样的证明标准处理就可以了。

3. 不超过 10% 的赔偿责任要根据具体情形确定

机动车一方能够证明自己没有过错的,承担不超过 10% 的赔偿责任。所谓不超过 10%,就是承担 10% 的赔偿责任或者在 10% 以下承担赔偿责任。对此,首先,不能绝对理解为就是 10%,可以在 10% 以下确定赔偿责任。其次,究竟机动车一方应当承担多少赔偿责任,应当根据具体情形,主要是根据受到损害的非机动车驾驶人或者行人的过错程度来确定。如果受害人对损害的发生具有重大过失,则应当在 5% 以下承担责任,一般不要低于 5%;如果受害人对于损害的发生具有普通过失,机动车一方应当承担 6% 或者 7% 的赔偿责任;如果受害人仅仅是一般过失,则机动车一方承担 8% 或者 9% 的赔偿责任;如果受害人完全没有过错,则机动车一方承担 10% 的责任。对此,不应当适用《民法通则》第 132 条的规定,不能在机动车与非机动车、行人都没有过错的时候实行分担责任。

---

⑨ 参见张新宝:《侵权责任构成要件研究》,法律出版社 2007 年版,第 438 页。

我国道路交通事故责任的归责原则研究[*]

《道路交通安全法》第 76 条修订实施之后,我国的道路交通事故责任归责原则有所改变。对此,笔者在有关文章中已经作了简要说明。[①] 但是,还有很多人对此有不同看法,并且表示怀疑。就此,笔者想利用本文对我国道路交通事故责任归责原则作一个较为详细的说明,全面阐释我国道路交通事故责任归责原则的发展和现状及在司法实务中的适用方法。

一、我国道路交通事故责任归责原则的发展

改革开放以来,我国的道路交通事故责任归责原则经历了以下五个发展时期:

(一)改革开放以后至《民法通则》实施之前

在我国 1978 年开始改革开放之后,由于当时我国的汽车工业并不发达,以及由于社会经济发展现状的限制,我国的交通秩序并不严峻,道路交通事故纠纷也不多。在理论上,对道路交通事故责任的研究也不够深入,对于道路交通事故责任归责原则问题基本没有涉及。在司法实践中,通常按照一般侵权行为的要求,适用过错责任原则,遵循有过错就有损害赔偿责任的做法。笔者在 1981 年的一篇文章中引述了一个真实案例。吉林省柳河县李某赶马车通过十字路口中心时,3 名骑自行车的女青年与马车抢路,前面的两名女青年在马车前抢过,后面的女青年于某发现已经抢不过去了,便准备刹车,但以前骑的是手闸车,而这天骑的是脚闸车,临时慌了手脚,结果撞在马车外车辕上,辕马受惊,李某刹不住车,将于某轧死。法院审理认为,李某在主观上没有罪过,因而不构成交通肇事罪;而且也没有过错,不构成损害赔偿责任。因此,判决李某既不负担刑事责任,也不负担民事责任。[②] 这个案件是非机动车驾驶人造成行人人身损害的道路交通事故案件,适用过错责任原则确定侵权责任。那时,在机动车造成非机动车驾驶人或者行人的道路交通事故责任中,也采取这样的归责原则。这种状况一直延续到 1987 年 1 月 1 日《民法通则》实施之前,这个时期的道路交通事

---

[*] 本文发表在《法学》2008 年第 10 期。
[①] 参见杨立新:《修正的〈道路交通安全法〉第 76 条的进展及审判对策》(本书第 1858 页),载《法律适用》2003 年第 3 期。
[②] 参见杨立新等:《关于处理民事损害赔偿案件的几个问题》,载《法学研究》1981 年第 5 期。

故责任归责原则通行的是过错责任原则。

（二）《民法通则》实施之后至《道路交通事故处理办法》实施之前

《民法通则》实施之后，在理论上和实践中，确定道路交通事故侵权责任适用该法第 123 条高度危险作业侵权责任的特别规定，将道路交通事故中的机动车认定为高速运输工具，因此而发生的道路交通事故纠纷案件，适用无过失责任原则确定侵权责任。对此，各地司法机关以及学者几乎没有反对意见。有一个有趣的事情是，在刚刚开始实施《民法通则》不久，一个边远省区的高级人民法院向最高人民法院请示拖拉机是否属于高速运输工具，曾经被善意地嘲笑过：如果拖拉机是高速运输工具，牛车是不是也属于高速运输工具也要请示啊？！但是，这种情况起码说明了一件事，就是研究道路交通事故责任仅仅研究高速运输工具还不够，那些不属于高速运输工具的机动车、非机动车以及行人因道路交通事故发生的纠纷，也必须依法进行调整。在道路交通事故责任中适用无过失责任原则的情况，一直持续到《道路交通事故处理办法》于 1991 年 9 月 22 日出台、并于 1992 年 1 月 1 日正式实施之前。

（三）《道路交通事故处理办法》实施之后至《道路交通安全法》实施之前

1990 年初，公安部受国务院委托开始起草《道路交通事故处理办法》草案，开始时曾经坚持道路交通事故应当适用过错责任原则。在与最高人民法院民事审判庭多次会商中，最高人民法院民事审判庭坚持无过失责任原则的立场。③ 公安部基本采纳这个意见，最终，国务院在该行政法规第 17 条第 1 款有关责任认定中规定："公安机关在查明交通事故原因后，应当根据当事人的违章行为与交通事故之间的因果关系，以及违章行为在交通事故中的作用，认定当事人的交通事故责任。"这种表述应当是规定无过失责任原则，但在操作中，实际采取的是过错推定原则。一般认为，如果完全采取无过失责任原则，可能无法认定司机的责任，无法确定赔偿数额，且对维护交通秩序不利。因此，在 1992 年 1 月 1 日到 2004 年 4 月 30 日期间，我国道路交通事故责任实际上适用的是过错推定原则。

（四）《道路交通安全法》实施后至该法第 76 条修订实施之前

2003 年 10 月 28 日，第十届全国人民代表大会常务委员会第五次会议通过《道路交通安全法》，2004 年 5 月 1 日生效实施，其中第 76 条规定了我国道路交通事故责任及其归责原则。该法对道路交通事故责任归责原则采取三元论立场：机动车造成非机动车驾驶人或者行人人身损害的，适用无过失责任原则；机动车相互之间造成损害，以及非机动车驾驶人和行人之间的人身损害赔偿责任，适用过错推定原则④；道路交通事故责任中的财产损害赔偿，适用过错责任原则。专家认为，修订前的《道路交通安全法》第 76 条规定可以认为是过错推定加部分无过失责任，而不是之前人们认

---

③ 那时候，笔者正在最高人民法院民事审判庭工作，参加了起草这个行政法规草案的会商过程。
④ 参见杨立新主编：《类型侵权行为法研究》，人民法院出版社 2006 年版，第 864 页。

为的"无责全赔"。⑤ 因此,在 2004 年 5 月 1 日至 2008 年 4 月 30 日期间,我国道路交通事故责任实行的是以无过失责任原则为基本归责原则的三元归责原则体系。其基本的归责原则是无过失责任原则,即"机动车与非机动车驾驶人、行人之间发生交通事故的,由机动车一方承担责任";非机动车驾驶人或者行人过错引起损害的实行减轻责任,受害人故意造成损害的免除责任。对此,学者有共识。⑥

(五)《道路交通安全法》第 76 条修订实施之后至今

但是,在《道路交通安全法》刚刚公布以及实施之后,国内发生了对该法的激烈争论,认为第 76 条规定具有重大错误的指责非常强烈,以至于立法机关不得不面对这个问题。事实上,《道路交通安全法》第 76 条并没有特别严重的错误,仅仅是在某些方面存在一些缺点而已。例如没有规定过失相抵规则、规定因非机动车驾驶人或者行为人完全过错引起的交通事故责任且机动车驾驶人已经采取必要处置措施的"减轻"责任规定的范围过于宽泛,使用"机动车与非机动车驾驶人、行人之间发生交通事故"的表述不够严谨,存在范围过宽等问题,并没有人过多地指责无过失责任原则。这些缺点,笔者在有关文章中已经作了说明。⑦ 立法机关非常重视这些意见,于 2007 年 12 月第十届全国人民代表大会常务委员会第三十一次会议上,专门通过了第 76 条修正案,决定对其进行修订。修订后的第 76 条,将机动车造成非机动车驾驶人或者行人人身损害的道路交通事故侵权责任的归责原则确定为过错推定原则。因此,时隔 4 年,道路交通事故责任基本归责原则从无过失责任原则又恢复到过错推定原则,走了一个"轮回",构成了以过错推定原则为主、过错责任原则为辅的二元归责原则体系。⑧

二、新修订的《道路交通安全法》第 76 条规定的是何种归责原则

新修订的《道路交通安全法》第 76 条规定的归责原则究竟是什么? 有不同的看法。笔者的意见已如上述,有些学者认为笔者的意见是正确的。⑨ 有些专家反对笔者的看法,例如有的专家认为,新修订的第 76 条规定的交通事故责任归责原则是,发生交通事故后先由保险公司在责任限额内赔付,超过保险限额的部分,机动车之间采取

---

⑤ 王胜明:《道路交通事故赔偿制度的演变和立法思考》,载 http://www.civillaw.com.cn/article/default.asp? id = 38477。
⑥ 参见张新宝:《侵权责任法原理》,中国人民大学出版社 2005 年版,第 351 页。
⑦ 参见杨立新:《修正的〈道路交通安全法〉第 76 条的进展及审判对策》(本书第 1858 页),载《法律适用》2003 年第 3 期。
⑧ 对于这个"轮回"的评价,笔者在前揭文章中作过评论,这也说明了我国立法的不稳定状况。
⑨ 这是姚辉教授的意见。参见姚辉:《我国〈道路交通安全法〉第 76 条修订三人谈》,载中国民商法律网,2016 年 3 月 5 日访问。

过错责任原则,机动车和行人之间采取过错推定原则加 10% 的无过错责任。[⑩] 但也有的学者认为修订后的第 76 条仍然还是无过失责任原则。[⑪]

认为机动车之间发生的道路交通事故责任适用过错责任原则是正确的,对机动车造成非机动车驾驶人或者行人人身损害的适用过错推定原则也是正确的,但是,认为外加 10% 的责任是无过错责任的说法是不正确的。[⑫] 此外,关于非机动车驾驶人和行人之间的人身损害和财产损害、非机动车驾驶人或者行人与机动车之间财产损害的道路交通事故责任,也不应当适用过错推定原则确定侵权责任。下面,就这两个问题说明笔者的看法:

(1)机动车一方增加 10% 的责任不是无过错责任。无过失责任原则是指在法律有特别规定的情况下,以已经发生的损害结果为价值判断标准,与该损害结果有因果关系的行为人,不问其有无过错,都要承担侵权损害赔偿责任的归责原则[⑬];或者不考虑行为人有无过错,或者说行为人有无过错对民事责任的构成和承担不产生影响。因此,无过错责任是指,无论行为人有无过错,法律规定应当承担民事责任的,行为人应当对其加害行为或"准侵权行为"所造成的损害承担民事责任。[⑭] 因此,可以简单地说,无过失责任原则就是不问过错的原则,在法律有明确规定的情况下才能适用,而不是法律规定确实没有过错了也还要承担一定责任的规则。事实上,所谓的机动车一方增加 10% 的责任,是在道路交通事故责任中采用"优者危险负担",确认机动性能强、回避能力优的一方多承担赔偿责任的规则的适用[⑮],而不是无过失责任原则的适用。因此,新修订的《道路交通安全法》第 76 条关于"机动车一方没有过错的,承担不超过百分之十的赔偿责任"的规定,是在机动车致害非机动车驾驶人或者行人中,机动车作为强者,在其回避能力和机动性能皆优的情况下,对弱者的特殊保护规则,而不是无过失责任原则的适用。

(2)在机动车相互之间、非机动车驾驶人或者行人相互之间的人身损害和财产损害,以及非机动车驾驶人或者行人与机动车之间财产损害的道路交通事故责任,不能适用过错推定原则。诚然,机动车相互之间的道路交通事故应当适用过错责任原则,不适用过错推定原则。这是因为,在确定机动车造成非机动车驾驶人或者行人人身损害的责任时适用过错推定原则,是为了更好地体现对人的关怀,对弱势一方的特殊保护,因此,才把非机动车驾驶人或者行人放在特殊地位之上,对机动车一方实行过

[⑩] 参见王胜明:《道路交通事故赔偿制度的演变和立法思考》,载 http://www.civillaw.com.cn/article/default.asp?id=38477。

[⑪] 这是张新宝教授的意见。参见张新宝:《我国〈道路交通安全法〉第 76 条修订三人谈》,载中国民商法律网。

[⑫] 这一点请参见姚辉教授的看法,他对此的意见非常明确。参见姚辉:《我国〈道路交通安全法〉第 76 条修订三人谈》,载中国民商法律网,2016 年 3 月 5 日访问。

[⑬] 参见杨立新:《侵权行为法专论》,高等教育出版社 2005 年版,第 82 页。

[⑭] 参见张新宝:《侵权责任法》,中国人民大学出版社 2006 年版,第 25 页。

[⑮] 参见刘德宽:《民法诸问题与新展望》,台北三民书局 1979 年版,第 211—213 页。

错推定,以大大减轻受害人的举证责任负担,使其更容易得到赔偿,人身损害得到及时救济;而机动车相互之间造成损害,不论是人身损害还是财产损害,其机动性能和回避能力都基本相同,没有必要采用这样的归责原则对一方加以保护。同样,在非机动车驾驶人或者行人相互之间,即使都是造成人身损害,由于非机动车一方并不具有特别的机动性能和回避能力的优势,行人也不具有特别的劣势,因此,确定赔偿责任当然仍应采用过错责任原则,而不是过错推定原则。另外,非机动车驾驶人或者行人与机动车相互之间造成财产损害,由于已经不存在对一方进行特别保护的必要,也不存在对弱者体现人文关怀的对象,因此,也没有必要采取过错推定原则,而应当实行过错责任原则。相反,对非机动车驾驶人或者行人因为过错造成机动车一方财产损害的,如果仍然实行过错推定原则,则对非机动车驾驶人或者行人实行过错推定,却是对弱者的过错实行推定,违反过错推定原则的宗旨,显然是不对的。在现实生活中,以及在道路交通事故保险索赔中一直存在的非机动车驾驶人或者行人过错造成机动车一方财产损害的,机动车一方须补偿非机动车驾驶人或者行人10%的极端不合理的做法,其原因就在于此。[16]

因此笔者认为,新修订的《道路交通安全法》第76条坚持了机动车之间发生交通事故实行过错责任原则的规定,但是,关于机动车与非机动车驾驶人、行人之间发生交通事故的归责原则的规定,改变了原《道路交通安全法》的表述,改为"机动车与非机动车驾驶人、行人之间发生交通事故,非机动车驾驶人、行人没有过错",以及"机动车一方没有过错"的表述。这些表述都表明,机动车一方与非机动车驾驶人、行人之间承担交通事故责任的归责原则,已经由无过失责任原则改变为过错推定原则,即使是规定了"非机动车驾驶人、行人故意碰撞机动车"予以免责的规则,也不能改变新《道路交通安全法》的过错推定原则的确定含义。[17] 但是,在条文中关于"机动车与非机动车驾驶人、行人之间发生交通事故"的表述,作为适用过错推定原则的前提条件,是不准确的,应当区分机动车造成非机动车驾驶人或者行人人身损害与机动车与非机动车驾驶人或者行人之间的财产损害的区别,适用不同的归责原则。这一规定对道路交通事故责任的审判实践已经带来了重大变化,各界以及各级法院的法官务必引起注意。

由此可见,新修订的《道路交通安全法》第76条规定的归责原则,其基本部分是过错推定原则,同时以过错责任作为补充,构成了我国道路交通事故责任归责原则的二元体系。

---

[16] 这是一个比较普遍的错误现象,即非机动车驾驶人或者行人造成机动车损害,机动车如果无过错,但如果主张索赔,则须先对非机动车驾驶人或者行人给予10%的补偿,这是对《道路交通安全法》第76条的一个错误理解。

[17] 前届全国人大常委会法工委王胜明副主任对此所作的说明,应当是权威的。

三、我国道路交通事故责任适用多元归责原则体系的必要性

在道路交通事故责任归责原则的选择上,究竟应当适用何种侵权责任作为基本归责原则,究竟选择单一归责原则还是多元归责原则,应当进行深入研究,以确定新修订的《道路交通安全法》第 76 条对归责原则的修改是否成功。

(一)各国道路交通事故责任的归责原则

1. 实行无过失责任原则的国家

德国是最早制定特别法规定无过失责任原则的国家之一。[18] 该国在 1952 年制定了《道路交通法》,于 2007 年修订,其中第 7 条规定:"如果机动车辆或者由其牵引的拖车在其运行时,致他人死亡或者侵害他人身体、健康或者损害某物时,那么该机动车辆的所有人对因此而发生的损害对受害人承担赔偿责任。如果该事故是因不可抗力所导致的,那么可排除其赔偿责任。"[19] 该法认为,所称不可抗力,是指由于受害人或第三人的过失或动物而引起的事件,并且所有人或驾驶人对此情况已予以高度的注意。按照该条规定,损害赔偿责任的成立不以车辆所有人或驾驶人一方有过错为要件,所有人或驾驶人一方也不能通过证明自己无过错而获免责,因而属于无过错责任。但被告如能证明自己一方已尽高度注意义务,且非车辆机能障碍或操作失灵所致,而是由受害人或第三人的过错或动物所引起,即属于"不可避免的事件",因而可以免责。[20] 不过,德国法规定,实行无过失责任原则的道路交通事故损害赔偿是限额赔偿,不得超过法律规定的限额;如果受害人主张全额赔偿,则须按照《德国民法典》第 823 条的规定,证明被告方对损害的发生有过错,才能够获得支持。[21]

葡萄牙在机动车交通事故中,也采取无过失责任原则,为危险责任。《葡萄牙民法典》第 503 条规定:"对地上车辆拥有事实上的支配者及为自己的利益使用者,即使在作为被用者的手段的场合,也要对该车辆固有的危险发生的损害负责任。车辆未置于交通中的场合亦同。"

日本历来的判例对于交通事故的损害赔偿采用无过失责任的加重责任原则。进入 20 世纪 50 年代,鉴于交通事故数量和死亡人数增加,为了强化道路交通事故的损害赔偿责任,日本于 1955 年制定了《自动车损害赔偿保障法》,对运行供用人规定适用无过失责任原则,受害人无须证明加害人一方存在过错。同时,因交通事故而生的人身损害赔偿的责任主体并不是单纯行为者的驾驶者,而是"为自己而将机动车供运

---

[18] 参见杨立新:《侵权行为法专论》,高等教育出版社 2005 年版,第 83 页。
[19] 中国人民大学民商事法律科学研究中心编:《各国侵权行为法资料汇编》(内部资料),2008 年第 315 页。
[20] 参见梁慧星:《民法学说判例与立法研究》,中国政法大学出版社 1993 年版,第 98 页。
[21] 参见杨立新:《德国与荷兰侵权行为法考察日记》,载《中华人民共和国侵权责任法草案建议稿及说明》,法律出版社 2007 年版,第 386、387 页。

行之用的人"(运行供应者)。而财产损害则适用《日本民法》第709条以下的规定。[22]作为免责事由,必须同时具备:①能完全证明自己或运输人对汽车的运行未怠于注意;②被害人或驾驶者之外的第三人有故意或过失;③汽车没有构造上的缺陷或机能上的障碍,否则不免除当事人的责任。

在韩国,采用与日本基本相似的制度,《韩国机动车损害赔偿保护法》第3条规定:"为了自己而运用机动车的人,因使用其机动车而致他人死亡或伤害时,应承担损害赔偿责任,但下列情形除外:①事故造成乘客以外的人人身伤害或死亡时,车辆所有人和使用人对机动车的使用并未怠于注意,受害人或第三人对此有故意或过失,而且机动车并无构造上的缺陷和技能上的障碍;②乘客之人身伤害或死亡系由其故意或自杀行为而发生。"

2. 适用过错责任原则的国家

在美国,对汽车事故造成的损害必须以肇事者有过失为条件[23],即汽车交通事故责任的归责原则是过错责任原则。理由是,随着技术的不断发展,汽车并不被认为是危险的交通工具,它已经受到完全的控制。不过,在美国实际生活中,汽车事故是通过交通事故保险解决,除非能证明是受害人自身的原因所致,否则,保险公司要承担赔偿责任。汽车司机对行人负有谨慎驾驶义务,应当结合具体案情确认其是否履行该义务,例如在正常天气情况下与暴风雨等恶劣天气状况下,或是发生紧急事故(如躲避逆行的车辆)时,司机所负的谨慎驾驶义务并不相同。

英国关于交通事故的损害赔偿,一直适用普通法侵权责任原则。在阿蒙德诉克罗斯维尔一案中,丹宁法官对这一普通法原则表述如下:汽车所有人同意由他人驾车在公路上行驶,不论该他人是其雇员、友人或其他什么人,法律都使汽车所有人承担一种特殊的责任。只要汽车是全部或部分被用于所有人的事务或者为所有人的目的,则汽车所有人应为驾驶人一方的任何过失负责。只有在汽车是出借或出租给第三人,被用于对所有人无益或无关的目的时,汽车所有人才能免除责任。损害赔偿责任的成立,必须以所有人或驾驶人一方有过错为要件,属于过错责任原则。[24]

3. 实行多元归责原则的国家

法国在第一次世界大战以后,对交通事故损害赔偿责任倾向于适用过错推定原则。1925年4月某日,被告莱斯·加里公司的一名雇员驾驶卡车撞倒了一个正在穿越马路的女孩莉丝·让·埃伊尔。埃伊尔的母亲以她的名义在贝尔福民事法庭起诉。初审法院适用《法国民法》第1384条第1款关于过错推定原则的规定作出判决。被告上诉,贝藏松上诉法院更改了这一判决,理由是交通工具正在被使用,原告对这种情况必须证明驾驶员的行为有过错,因此应适用《法国民法》第1382条过错责任原

---

[22] 参见〔日〕我妻荣:《民法研究》(Ⅵ),有斐阁1969年版,第315页。
[23] 参见李仁玉:《比较侵权法》,北京大学出版社1997年版,第171页。
[24] 参见梁慧星:《民法学法判例与立法研究》,中国政法大学出版社1993年版,第102、103页。

则的规定,并作出了裁决。法国最高法院撤销了上诉法院的裁决,并作出判决,确认交通事故造成的损害赔偿案件应当适用《法国民法》第1384条第1款规定的过错推定原则确定责任。在埃伊尔案件以后,法院重申只有通过证明偶然事件、不可抗力和不能归责的外来原因时才能对责任承担作出抗辩。[25] 法国1985年7月5日制定了《公路交通事故赔偿法》,对公路交通事故责任归责原则分为受害人是机动车司机和非机动车司机两种情况:

(1)机动车之间相撞发生的交通事故适用过错责任原则。

(2)机动车与非机动车或行人相撞在主体上分为两类:一是受害人年龄在16周岁以上70周岁以下的,对其人身损害一般不能以某种过错作为对抗受害人损害赔偿请求权的手段,而只能以不可宽宥的过错或故意追求他所遭受的损失的过错作为对抗受害人赔偿权的手段;而对受害人财产的损害,责任人也可以以受害人存在某种过错作为其赔偿权的抗辩手段。二是受害人年龄不到16周岁的未成年人或者超过70周岁的老年人以及丧失劳动能力的残疾人,对其人身损害适用的是无过失责任原则,对其财产的损害则责任人可以以受害人有某种过错作为其赔偿权的抗辩。这是根据受害人的不同而细化交通事故归责原则,使损害赔偿更加合理而采取的对策,是有重要参考价值的。

《意大利民法典》第2054条规定:"如果非轨道行驶车辆的司机不能证明其已尽一切可能避免损害的发生时,他要承担车辆运行造成的人身或财产的损害赔偿责任。在车辆之间发生相撞的情况下,直到出现相反的证据以前,推定各方司机对各自车辆造成的损害共同负有同样的责任。"这样的规定意味着,在一般的道路交通事故中,实行无过失责任原则,在机动车相撞造成的损害中,实行过错推定原则。

4. 实行绝对赔偿原则的国家

在道路交通事故赔偿法领域,最引人注目的立法是新西兰1972年《意外事故补偿法》,曾被誉为人类文化史无前例的法律制度创举。这一法律的革命性意义在于抛弃了以侵权行为法律制度解决交通事故损害赔偿问题的传统做法,而新创社会安全保障制度。依据该法,设立意外事故补偿基金和意外事故补偿委员会。任何意外事故和机动车事故的受害人,不论事故发生地点、时间和原因,均可依法定程序向意外事故补偿委员会请求支付一定金额。这就是著名的"新西兰计划",不过,这个计划并没有实行多长时间,因为它对公众利益、个人责任未能很好平衡,等于由国家掏钱为交通肇事者埋单,减轻了肇事者的经济负担,同时也就减轻了他们心理上的注意程度,酿成了更多的机动车交通事故。[26]

(二)适用单一归责原则的基本后果比较

在列举了各国对道路交通事故责任归责原则的基本立场之后,可以看到,对道路

---

[25] 参见李仁玉:《比较侵权法》,北京大学出版社1997年版,第169—170页。
[26] 参见杨立新:《闲话民法》,人民法院出版社2005年版,第409、410页。

交通事故责任中的机动车一方责任适用的归责原则,或者是过错责任原则,或者是无过失责任原则,或者是过错推定原则,结果有所不同。

实行过错责任原则,要求受害人对造成损害发生的机动车一方的过错承担举证责任,只有在已经证明了机动车一方有过错的时候,才能够获得赔偿。这样的做法,对保障作为弱势一方的受害人的赔偿权利,显然是不利的。即使认为机动车在今天已经不属于具有危险因素的交通工具,适用过错责任原则也有难以克服的弊端。

实行无过失责任原则,承担赔偿责任不以过错为要件,只要有损害,有因果关系,有违法性,受害人就可以请求赔偿,法官就会支持其索赔要求。这对保护受害人无疑是有利的。但是,由于实行无过失责任原则对加害人的负担过于沉重,因此,通常在对道路交通事故责任实行无过失责任原则的同时,实行限额赔偿制度,规定赔偿的上限,如果受害人主张全部赔偿,则实行过错责任原则,受害人应当举证证明加害人的过错,才能得到保障。[27]

适用过错推定原则,坚持的仍然是过错责任原则,但在举证责任上实行倒置,受害人只要证明了违法性、损害事实和因果关系之后,就由法官推定机动车一方有过错,机动车一方如果认为自己没有过错,则应当自己举证证明,能够证明者,免除其损害赔偿责任。这种做法既坚持了过错责任原则,又考虑了对受害人的保护,还简化了索赔规则,避免出现限额赔偿和全部赔偿的不同规则,是较为合理、较为简便的。

因此,我国新修订的《道路交通安全法》第76条规定我国道路交通事故责任的基本归责原则由无过失责任原则改为过错推定原则,是有道理的,是适合我国具体国情的,应当坚持。

(三)在坚持过错推定作为基本归责原则的基础上应当采用多元归责原则体系

应当看到的是,在道路交通事故责任归责原则上,只对机动车一方责任采用单一归责原则无法适应复杂的道路交通事故纠纷。根据以上列举的各国立法情形以及分析,笔者赞成采用多元的道路交通事故责任归责原则体系的做法。理由是:

(1)单一的归责原则在处理道路交通事故责任中都有缺陷。过错责任原则、过错推定原则和无过失责任原则适用于道路交通事故责任,各有利弊。适用过错责任原则显然对保护受害人不利。适用过错推定原则,虽然责任确定的价值判断标准比较适中,但无法避免对各种各样的交通事故纠纷涵盖不全的问题。适用无过失责任原则对受害人保护最为有利,但也存在着限额赔偿以及对机动车一方不够公平的缺陷,尚须以过错责任原则进行协调,而像没有规定无过失责任原则采取限额赔偿制的国家,采用适用无过失责任原则也仍然采取全额赔偿制度,对机动车一方更不公平。因此,在道路交通事故责任中采用单一归责原则的做法并不可取。

(2)道路交通事故责任的情形复杂,需要调动多种归责原则进行调整。道路交通

---

[27] 例如德国所采取的无过失责任为限额赔偿、过错责任为全额赔偿的办法。

事故责任并非只有机动车造成非机动车驾驶人或者行人损害的情形,也并非都是造成人身损害赔偿的后果。除了机动车造成非机动车驾驶人或者行人的人身损害之外,还有机动车相互之间、非机动车驾驶人或者行人相互之间,以及机动车与非机动车驾驶人或者行人之间的财产损害赔偿责任。机动车造成非机动车驾驶人或者行人人身损害赔偿责任是道路交通事故责任中的主体部分,对此,应当适用较为严格的归责原则,以保护好作为弱者的受害人的合法权益。对此,适用过错推定原则比适用无过失责任原则更为优越。而对于机动车相互之间、非机动车驾驶人或者行人相互之间、非机动车驾驶人或者行人与机动车之间的财产损害赔偿责任,都不能适用过错推定原则确定责任,而应当采取过错责任原则,才能够合理解决赔偿责任承担问题,并且符合侵权行为法的立法宗旨。

(3)我国在社会实践中曾较长时间坚持过错推定原则,有成功的经验。我国1992年1月1日实施的《道路交通事故处理办法》实行过错推定原则,经过1992年至2004年期间的实践,妥善地解决了大量交通事故责任纠纷案件,调整了当事人之间的利益平衡关系,并没有产生不好的结果。在2004年至2008年4月间,依据《道路交通安全法》的规定适用无过失责任原则,引起公众的强烈反响,受到广泛的批评。因此,新修订的第76条将道路交通事故责任归责原则改回为过错推定原则,是顺应民意,尊重我国国情的举措。

因此,我国《道路交通安全法》第76条经过修订的以过错推定原则为主、过错责任原则为辅的道路交通事故责任二元归责原则体系,是正确的,是符合我国国情的。

四、我国道路交通事故侵权责任归责原则的体系和具体调整范围

我国《道路交通安全法》新修订的第76条规定道路交通事故责任归责原则的二元体系,包括过错推定原则和过错责任原则,其调整的范围是:

(一)过错推定原则的调整范围

过错推定原则作为我国道路交通事故责任的基本归责原则,调整主要的道路交通事故责任纠纷案件,即机动车一方造成非机动车驾驶人或者行人人身损害的,实行过错推定原则。适用过错推定原则的范围,要求是:①须是道路交通事故责任;②须是机动车作为加害人,受害人须为非机动车驾驶人或者行人;③须是人身损害赔偿责任。这是我国道路交通事故责任的基本归责原则,由此决定我国道路交通事故责任的法律价值和对弱者的保护程度。

在具体操作上,对过错的证明应当采取推定方式,在原告证明了违法行为、损害事实和因果关系要件之后,法官直接推定机动车一方有过错。机动车一方认为自己没有过错的,应当承担举证责任,实行举证责任倒置,证明自己没有过错。能够证明自己没有过错的,免除其责任;不能证明或者证明不足的,过错推定成立,机动车一方

应当承担赔偿责任。

(二)过错责任原则的调整范围

新修订的《道路交通安全法》第76条只规定了"机动车之间发生交通事故的,由有过错的一方承担赔偿责任",适用过错责任原则。能否认为机动车与非机动车驾驶人或者行人之间造成的财产损害也适用过错责任原则呢?诚然,该条文规定的"机动车与非机动车驾驶人、行人之间发生交通事故,非机动车驾驶人、行人没有过错的,由机动车一方承担赔偿责任"中,确实没有这样说,但应当肯定的是,这一表述无论如何都是不准确的,因为其中并没有区别非机动车驾驶人或者行人造成机动车一方的损害,没有区分人身损害和财产损害。因此,我们才在上文对适用过错推定原则的情形作了适当限制,必须具备上述三个条件。这样做的意义正是在于,将机动车与非机动车驾驶人或者行人发生交通事故中的不同情形区别开来,分别适用不同的归责原则,以更好地平衡各方的利益关系,取得最佳的调整效果。因此,这样区别是适当的,是不违反立法原意的,并且希望在制定侵权责任法时在规定道路交通事故责任中能够纠正这样的不正确表述。

正因为如此,由于适用过错责任原则的情况比较复杂,具体可以分为以下几种情形:

(1)机动车相互之间发生交通事故的,实行过错责任原则。机动车相互之间发生交通事故,各自都属于机动车,都具有相同的法律地位,并不存在对哪一方需要特殊保护的问题,因此,不必采取严格的归责原则进行调整。在各国机动车损害赔偿法中,很多都规定"当两辆车相撞时,每辆车应被视为对该事故负均等的责任"。[23] 这并不意味着是要实行过错推定原则,而是对无法确认责任份额时的一种过错份额的推定。正像《意大利民法典》第2054条第2款所规定的那样,"直到出现相反的证据以前,推定各方司机对各自车辆造成的损害共同负有同样的责任"。实行过错责任原则,其举证责任实行"谁主张,谁举证"的规则,对于过错的证明,不实行举证责任倒置,都由原告举证,被告不承担举证责任。只有在被告提出积极主张的时候,才负有举证责任。在这一点上,原《道路交通安全法》和新《道路交通安全法》没有变化,而是更加明确对此应当适用过错责任原则而已。

(2)非机动车驾驶人或者行人相互之间造成损害的,包括人身损害和财产损害,都适用过错责任原则。非机动车驾驶人或者行人在道路交通中所处的地位基本相同,尽管非机动车的机动性能与人相比为优,但并不特别悬殊,对于其中的哪一方都不存在特殊保护的问题。因此,应当适用过错责任原则确定相互之间的责任。在确定责任的具体问题上,应当对行人予以适当倾斜,因为非机动车一方毕竟具有一定的优势地位,且非机动车驾驶人与行人在道路交通主体地位上也有一定差距,法律对他们的要求并不完全相同。对此,不论是人身损害还是财产损害,都应当适用过错责任

---

[23] 《埃塞俄比亚民法典》第2084条第1款。

原则。

(3)非机动车驾驶人或者行人与机动车之间发生交通事故造成财产损害的,应当适用过错责任原则。对此,应当突破新修订的《道路交通安全法》第76条第1款第2项规定的内容,把机动车与非机动车驾驶人或者行人之间发生交通事故造成财产损害的情形分离出来,不能一律适用过错推定原则。理由是:首先,机动车一方作为受害人,在其主张非机动车驾驶人或者行人承担赔偿责任时,如果实行过错推定原则,则对非机动车驾驶人或者行人是不公平的。只要是非机动车驾驶人或者行人造成机动车一方损害,就直接推定非机动车驾驶人或者行人有过错,加重了非机动车驾驶人或者行人的举证负担,使非机动车驾驶人或者行人处于不利地位,不符合当代道路交通事故责任的处理理念。其次,机动车与非机动车驾驶人或者行人之间发生财产损害,也不涉及对人的特殊保护问题;即使是机动车造成非机动车驾驶人或者行人的财产损失,也应当适用过错责任原则。对于这种情形适用过错责任原则,机动车一方如果主张非机动车驾驶人或者行人承担造成自己损害的赔偿责任,或者非机动车驾驶人或者行人主张机动车一方赔偿财产损害,都必须在证明其违法行为、损害事实、因果关系之后,还应当承担证明对方过错的举证责任,不能证明者,就不构成侵权责任。

机动车代驾交通事故侵权责任研究[*]

严格的禁酒法律在全国实施之后,代驾成为一项新兴服务业,发展迅速,进而出现大量机动车代驾发生的交通事故,引发法律适用上的诸多问题。其中代驾人与机动车主究竟应当由谁承担责任,成为讨论的热点,司法认定不统一,理论争执不断。尽管最高人民法院民一庭针对代驾人与被代驾人对损害赔偿责任承担发表过意见,但并未平息理论上的争论。本文就典型案例引发的问题,进行深入讨论,提出笔者的意见。

一、典型案例及引发的机动车代驾交通事故责任主体的问题

发生在广东省佛山市的一起无偿代驾致人死亡的机动车交通事故责任纠纷案,经历了从一审、二审认定代驾人承担侵权责任,到再审改判代驾人与被代驾人承担连带责任的诉讼程序,反映出目前我国司法实务在机动车代驾交通事故责任主体认定上摇摆不定的尴尬处境。

2011年10月,佛山人郭某光因喝酒不能开车,请同村村民郭某俭代为开车送其回家,当车行驶至佛山市南海区西樵镇大同大道附近时,与对向驶来的梁某驾驶的摩托车相撞,造成梁某轻伤,搭乘该摩托车的李某头部严重损伤,10个月后医治无效死亡。同年11月,佛山市公安局南海分局交警大队作出《道路交通事故认定书》,认定郭某俭承担本起事故的全部责任,梁某、李某不承担责任。2012年2月,李某死亡前向佛山市南海区人民法院起诉,除要求代驾司机郭某俭承担赔偿责任外,还要求车主郭某光承担连带赔偿责任。一审法院认为,因李某未能提供证据证明郭某光对本起交通事故的发生存在过错,故李某诉请郭某光承担连带赔偿责任于法无据,依法不予支持,郭某俭承担全部赔偿责任。[①]

李某不服,向佛山市中级人民法院上诉称,郭某俭的代驾行为应属于雇佣或无偿帮工性质,根据相关法律规定,雇主(车主)郭某光承担赔偿责任,雇员(驾驶员)郭某俭因重大过失应当承担连带赔偿责任。二审法院认为,民法中的义务帮工是指帮工

---

[*] 本文发表在《法学论坛》2015年第4期,合作者是王毅纯博士。
[①] 参见佛山市南海区人民法院(2012)佛南法民五初字第391号民事判决。

人自愿、短期、无偿为被帮工人提供劳务,具有自愿性、自主性、临时性、无偿性和劳务性等特征。首先,根据被帮工人的指示从事劳务活动,是帮工关系的重要特点。如果某种行为形式上是无偿帮助关系,但具体帮助行为不受被帮工人的指挥,则不能认定为帮工关系。本案中,即使郭某光让郭某俭驾车送其回家,从而发生本案交通事故,但是郭某俭在整个驾驶过程中并不受郭某光的指挥,郭某光并未对郭某俭如何完成送其回家这一行为进行具体的指示,因此郭某俭这一行为不是民法上的提供劳务的法律行为,不能由此认定为帮工关系,不产生义务帮工的法律后果。其次,雇佣一般是指根据当事人的约定,一方于一定或不一定的期限内为他方提供劳务,他方给付报酬的情形。本案中,郭某光与郭某俭并不符合雇佣关系的构成要件。最后,郭某光是案涉车辆的登记所有人,其将机件合格的车辆交给有驾驶资格的郭某俭驾驶,车辆的管理、控制和使用事实上都是由郭某俭自行负责,郭某光并无过错,无须承担民事赔偿责任。故驳回上诉,维持原判。[2]

  李某不服二审判决,向广东省高级人民法院申请再审。再审法院认为,本案的关键是在机动车所有人和驾驶人不是同一人的情况下,能否适用《侵权责任法》第49条的规定,通过审查机动车所有人郭某光是否有过错来决定其应否承担责任。《侵权责任法》第49条适用于租赁、借用等机动车所有人和使用人不是同一人的情形。在此种情形下,所有人和使用人是分离的,所有人对机动车运行不再具有直接的、绝对的支配力,也不再直接享有机动车运行带来的利益。在本案中,郭某光既是案涉车辆的所有人,也是使用人。从运行支配来看,虽然车辆所有人郭某光喝了酒,但其并非对车辆运行没有支配力,郭某俭是应郭某光的要求来代驾的,车辆运行的目的地也受郭某光指示;从运行利益来看,郭某俭驾驶车辆的目的并非为其个人利益,而是送郭某光回家,郭某光享有运行利益。因此,本案不属于《侵权责任法》第49条规制的范畴,而是符合最高人民法院《关于审理人身损害赔偿案件适用法律若干问题的解释》[3]第13条规定的义务帮工的性质。根据该条规定,为他人无偿提供劳务的帮工人,在从事帮工活动中致人损害的,被帮工人应当承担赔偿责任;帮工人存在故意或者重大过失,赔偿权利人请求帮工人和被帮工人承担连带责任的,人民法院应予支持。故改判郭某光与郭某俭承担连带赔偿责任。[4]

  对一起案件经过三级法院审理,对无偿代驾发生交通事故责任主体的认定有两种截然不同的裁判结论,最高人民法院民一庭的法官也撰文发表意见,认为驾驶人为了车辆所有人的利益无偿代为驾驶车辆发生交通事故,所有人对车辆既具有运行支配权,也享有运行利益,应承担赔偿责任,无偿驾驶人和车辆所有人之间构成义务帮

---

[2] 参见佛山市中级人民法院(2012)佛中法民一终字第1362号民事判决。
[3] 该司法解释的文号是法释[2003]20号,以下简称《人身损害赔偿解释》。
[4] 参见陈捷生、马远斌:《无偿代驾出车祸,车主要担责》,载《南方日报》2013年11月5日,第A09版。

工的法律关系,无偿驾驶人是否应承担连带赔偿责任,应根据其主观过错进行判断。⑤

在理论上,针对无偿代驾发生交通事故的责任主体,也同样有两种对立的意见:

一种意见认为,驾驶人在整个驾驶过程中并不受车辆所有人的指挥,车辆所有人未对驾驶人如何完成送其回家进行具体的指示,因此驾驶人的行为不是民法意义上的提供劳务的法律行为,因而车辆所有人将其机件合格的车辆交给有驾驶资格的驾驶人,车辆的管理、控制和使用事实上都是由驾驶人自行负责,车辆所有人并无过错,无须承担民事赔偿责任。

另一种意见认为,从运行支配来看,虽然车辆所有人喝了酒,但其并非对车辆运行没有支配力,车辆运行的目的地也受车辆所有人指示,从运行利益来看,驾驶人驾驶车辆的目的并非为其个人利益,而是送车辆所有人回家,车辆所有人享有运行利益。驾驶人出于朋友的情分来帮忙,不计取报酬,符合《人身损害赔偿解释》第13条规定的义务帮工的性质。⑥

机动车代驾不仅存在无偿代驾,也存在有偿代驾,且为数更多,均存在上述问题。有学者认为,对代驾机动车事故责任主体的认定,应区分有偿委任代驾和无偿委任代驾两种情形:无偿委任代驾的责任主体应认定为被代驾人;有偿委任代驾的责任主体应认定为代驾人,如果代驾人为代驾公司的员工,其与被代驾人之间为承揽关系,事故责任主体应认定为作为承揽人的代驾公司,代驾人有故意或重大过失时,应与被代驾人承担连带赔偿责任。⑦ 也有学者认为,有偿代驾的情形较多,如请代驾公司代驾、请个人有偿代驾、酒店在消费后代驾等,情况复杂,有偿代驾发生交通事故后责任如何认定,车主是否要担责,还需要针对具体情况具体处理。⑧

理论和实践对这个问题的不同见解,说明对机动车代驾发生交通事故的责任主体认定,尚未进入全面和深入阶段,尚未形成较为一致的意见。这对法律适用和理论研究都留下了进步的空间,需要尽快填补。应当将机动车代驾问题全部纳入讨论的范畴,就责任主体认定和侵权责任承担问题得出权威的通说,才能够指导实践,丰富侵权法理论。

二、机动车代驾法律关系的性质

代驾是机动车代理驾驶的简称,是指机动车的所有人、管理人由于某种原因无法自己驾驶,而临时让其他人代为驾驶机动车的行为。机动车的实际驾驶人为代驾人,

---

⑤ 参见王友祥、秦旺、黄维:《无偿代驾发生交通事故,如何认定无偿驾驶人和车辆所有人的责任》,载奚晓明主编:《民事审判指导与参考》2014年第1辑(总第57辑),人民法院出版社2014年版。

⑥ 参见王友祥、秦旺、黄维:《无偿代驾发生交通事故,如何认定无偿驾驶人和车辆所有人的责任》,载奚晓明主编:《民事审判指导与参考》2014年第1辑(总第57辑),人民法院出版社2014年版。

⑦ 参见安建须:《酒后机动车代驾致人损害的责任主体认定》,载《法律适用》2013年第11期。

⑧ 参见陈捷生、马远斌:《无偿代驾出车祸,车主要担责》,载《南方日报》2013年11月5日,第A09版。

机动车的所有人、管理人则为被代驾人。以被代驾人是否向代驾人给付报酬为标准，分为有偿代驾和无偿代驾，形成不同的法律关系类型。

（一）有偿代驾法律关系的性质

有偿代驾的形态多样，主要包括以下三种基本类型：

（1）专业的代驾公司提供的代驾服务，即车主自主联系代驾公司，委托其提供代驾服务。尽管专业代驾公司一般都有固定的收费标准和格式化的书面合同，但实际上多以"口头约定＋书面确认单"的形式存在。这类代驾的代驾司机与代驾公司之间是雇佣关系，代驾司机接受代驾公司的指派所进行的代驾行为属于职务行为。

（2）个体司机提供的代驾服务，即拥有机动车驾驶资格的个人，不挂靠代驾公司或者酒店等服务机构，以个人名义代他人驾驶车辆而收取相应报酬的行为。这种情况大多由双方口头约定，没有固定的收费标准，价格由双方即时商定。

（3）餐饮、宾馆、酒吧等服务机构附带提供的代驾服务。此类服务机构的经营范围并不包含代驾业务，但因法律、法规对此未明文禁止，且普遍存在，因而都将此类代驾行为认为是服务机构提供的服务，甚至标榜提供"免费酒后代驾"的延伸服务。无论此类代驾服务是否单独收取费用，鉴于双方之间存在消费关系，代驾服务是收费服务的衍生，即使表面上并未向消费者针对代驾额外收取费用，但仍旧是以消费者在该服务机构进行消费为对价，所以性质上实质是有偿的，是消费者与服务机构之间的消费服务合同的组成部分。在此种情况下，代驾行为也涉及三方主体，即代驾司机、服务机构和被代驾人，代驾司机仅与服务机构之间存在雇佣关系，并不与被代驾人直接发生法律关系，而是服务机构与被代驾人直接发生法律关系。不过，服务机构多作为中间人联系代驾公司或个体代驾司机实际承担代驾服务，此时，服务机构则仅成为居间合同的当事人，而非代驾法律关系的主体，代驾所涉及的直接法律关系仍旧存在于代驾公司或者个体代驾司机与被代驾人之间。

无论是专业的代驾公司提供的代驾服务，还是个体司机提供的代驾服务，关于代驾人（在专业代驾公司的情形则为代驾公司）与被代驾人之间法律关系的性质，在学说上存在着雇佣合同说、承揽合同说、委托合同说三种观点。也有学者认为，有偿代驾合同虽与雇佣合同、承揽合同、委托合同之间存在特征上的交叉，但无法被其中任何一种有名合同完全涵盖，因而是独立的新型无名合同。⑨ 至于餐饮、宾馆、酒吧等服务机构附带提供的代驾服务，虽然部分从形式上能够纳入消费者与服务机构之间的服务合同的内容，但在发生交通事故时，其与专业的代驾公司提供的代驾服务在法律关系的性质上并无二致。由此可见，尽管有偿代驾形态各异，但对其法律性质的争议焦点却是一致的，即究竟为上述三种有名合同中的一种，还是已经成为一种新型的无名合同。

笔者认为，有偿的代驾人与被代驾人之间的法律关系性质为承揽合同关系。理

---

⑨ 参见苏国华：《有偿酒后代驾合同之司法认定》，载《人民法院报》2011年11月16日，第7版。

由如下:

(1) 在我国,雇佣合同通常是劳动合同之外的一种劳务合同。[10] 虽然我国《合同法》对此未作规定,但学界通说认为,雇佣合同是受雇人一方提供劳务,雇用人一方给付报酬的契约。在雇佣合同中,雇用人可以是自然人或法人,但受雇人一定是自然人。而在专业的代驾公司和其他服务机构提供代驾服务的情形,代驾公司和服务机构作为法人,不具备成为受雇人的主体资格,因而两者之间的法律关系无法成立雇佣合同关系。即使在个体司机提供代驾服务的情形,虽然代驾人是向被代驾人提供代驾这一劳务,但由于在雇佣合同中,受雇人根据雇佣合同提供劳务,必须服从雇用人的指示,自己一般不享有独立的酌情裁量的权利。[11] 或言之,雇佣合同的双方当事人之间具有从属关系,受雇人在提供劳务过程中必须服从于雇用人,其意志是不自由的。而在代驾服务中,代驾人虽就行驶的目的地(即合同目的)受被代驾人指示,但就代驾人的指派、行驶路线的确定、行车安全的操作等代驾过程中的相关事宜(即履行合同的全过程)具有相对独立的判断权,两者之间并不存在支配与服从的关系。因此,其与被代驾人之间并非雇佣关系。

(2) 委托合同又称委任合同,是根据当事人的约定,一方委托他方处理事务,他方承诺为其处理事务的合同。[12] 我国《合同法》第396条也明确规定了委托合同的内涵,即委托合同订立的目的在于由受托人为委托人处理事务。委托合同是各种具体类型服务合同的基本模型,从外观角度看,在代驾行为中,代驾人接受被代驾人的委托,为被代驾人代为驾驶,似乎符合委托合同以处理他人事务为目的的要求,但并不能据此直接认定其为委托合同,仍须考察其是否符合委托法律关系的特征。有学者认为,委托合同中的受托人在处理委托人事务时,是以委托人的名义,且受托人处理委托人事务通常会与第三人发生关系,而根据我国道路交通安全法律法规的规定,驾驶人必须拥有合法有效的驾驶执照才可以驾驶机动车,因此代驾合同中的代驾人在提供代驾服务的过程中,始终是以自己的名义,且一般并不涉及第三人,因而代驾合同在性质上不能认定为委托合同。[13] 这种意见基本正确,但还应当进一步指出,归根结底,代驾合同的性质不是委托合同的根本原因在于,代驾提供的是将被代驾人连同其机动车安全送达目的地的劳动成果,而非驾驶这一劳务本身,即并非仅注重过程而不要求结果,因而不符合委托法律关系的特征。

(3) 承揽合同属于提供服务的典型交易形式,根据《合同法》第251条的规定,是指承揽人按照定作人提出的要求完成一定的工作,并将工作成果交付给定作人,定作人接受该工作成果,给付约定报酬的合同。承揽合同与委托合同具有一定的相似性,

---

[10] 关于劳动合同与雇佣合同的区别,参见王金增:《劳动合同与劳务合同、雇佣合同辨析》,载《中国劳动关系学院学报》2005年第3期。
[11] 参见崔建远:《合同法》,北京大学出版社2012年版,第589页。
[12] 参见郑玉波:《民法债编各论》(下),台北三民书局1981年版,第412页。
[13] 参见苏国华:《有偿酒后代驾合同之司法认定》,载《人民法院报》2011年11月16日,第7版。

原因在于,两者均属于劳务合同,即委托合同中的受托人为委托人处理事务和承揽合同中的承揽人为定作人完成一定工作,都需要给付劳务。但两者的区别主要在于,委托合同中的处理事务更注重过程,并不担保一定的结果,属于行为性债务;而在承揽合同中,承揽人必须依照约定提交一定的工作成果,属于结果性债务。[14] 基于此,笔者认为,代驾人需要完成双方事先约定的将被代驾人及其车辆送至约定地点这一工作成果,而非仅完成驾驶这一劳务本身的给付,被代驾人也不仅仅为了规避酒后驾驶的风险,而且要求实现安全到达目的地这一结果;代驾的工作成果在合同订立时并不存在,需要通过代驾行为来完成,且其完成完全依赖代驾人自身的驾驶技术和经验,并不受被代驾人的指挥和管理,双方不存在控制和支配关系,而相互具有独立性。这些都完全符合承揽关系的法律特征,因而属于承揽合同。虽然表面上代驾人也使用了被代驾人的车辆,但该车辆与被代驾人一样同属于完成代驾工作成果的对象,并非为完成约定工作成果而使用的由被代驾人提供的车辆,这便与雇佣关系中雇员使用雇主提供的设备进行劳动相区别。由此可见,代驾合同和承揽合同都以完成一定的工作为目的,且代驾人和承揽人在完成工作的过程中,相对于被代驾人和定作人而言,都具有独立性。

因此,代驾人与被代驾人之间构成承揽关系,将代驾合同认定为承揽合同,是妥当的,也就没有必要再考虑代驾属于无名合同的观点了。

(二)无偿代驾法律关系的性质

与有偿代驾的代驾人与被代驾人之间存在明确的合同关系不同,现实生活中的无偿代驾一般发生在亲戚、朋友、同事等熟人之间,代驾人与被代驾人之间存在情谊、从属、利益等方面的关系,并不就代驾行为收取报酬。目前,将无偿代驾的代驾人与被代驾人之间的法律关系定性为义务帮工的意见,因司法裁判的支持和最高人民法院法官的表态而成为主流观点。然而,义务帮工能否成为对无偿代驾法律关系性质的准确界定,以及将所有的无偿代驾一律认定为义务帮工是否妥当,仍值得斟酌。

帮工在民法中的含义,一般是指帮工人无偿、自愿、短期为被帮工人提供劳务,具有合意性及无偿性的特点。[15] 主张将无偿代驾认定为义务帮工的观点认为,代驾人为了被代驾人的利益无偿代为驾驶车辆,符合帮工人为被帮工人无偿提供劳务的要求,因而构成义务帮工的法律关系。[16] 笔者不赞同这个意见,原因在于:

(1) 义务帮工在性质上属于提供劳务的法律行为,因而帮工人应在被帮工人的指示、监督下从事帮工活动,即被帮工人与帮工人之间存在支配与控制关系。而正如本案的二审判决所述,被代驾人虽就目的地有所要求,但这仅是简单的要约内容,绝非

---

[14] 参见王利明:《合同法研究》(第3卷),中国人民大学出版社2012年版,第703页。
[15] 参见杨立新:《人身损害赔偿司法解释释义》,人民法院出版社2004年版,第200页。
[16] 参见王友祥、秦旺、黄维:《无偿代驾发生交通事故,如何认定无偿驾驶人和车辆所有人的责任》,载奚晓明主编:《民事审判指导与参考》2014年第1辑(总第57辑),人民法院出版社2014年版。

是对提供劳务的整个过程的支配与控制；且被代驾人因饮酒而丧失驾驶能力，客观上已不具备对代驾人在驾驶操作中进行指示、控制和监督的条件。因此，无偿代驾与义务帮工虽然表面上都具有无偿性的特征，但两者的本质不同。

（2）义务帮工要求帮工人与被帮工人之间具有相应的合意，至少要求被帮工人未明确拒绝的默示同意。但在无偿代驾的场合，代驾人虽出于好意而代为驾驶，被代驾人可能表示同意，也可能因丧失意志而未作任何表示，即双方当事人之间可能达成合意，也可能并不存在合意，因而将无偿代驾一律认定为义务帮工并不妥当，应根据双方当事人之间是否形成合意区别对待。据此，无偿代驾可以区分为以下两种类型：

第一，情谊行为型无偿代驾。不仅包括被代驾人主动提出要约代驾人作出承诺，也包括代驾人提出要约被代驾人以明示或默示的方式作出承诺，双方当事人之间均就代驾行为达成了合意。对此，有学者认为，代驾人与被代驾人之间的法律关系，与有偿代驾并无本质上的不同，都是代驾人接受被代驾人的委托而代为驾驶车辆将其送至目的地，性质即为委托，只不过因代驾人不收取报酬而成立无偿委托。[17] 但笔者认为，这种观点实际上混同了情谊行为和民事法律行为中的无偿合同，无偿代驾的双方当事人之间虽存在合意，但尚未达到足以构成民事法律行为意思表示的合意程度，而是处于纯粹生活事实与法律事实、民事法律行为与事实行为之间，属于情谊行为。民法学视野中的情谊行为是行为人以建立、维持或者增进与他人的相互关切、爱护感情为目的，不具有受法律拘束意思的，后果直接无偿利他的行为。它产生于德国判例，也有学者将其称为"好意施惠关系"或者"施惠关系"。[18] 情谊行为与民事法律行为的本质区别，是前者不具有受法律拘束的意思，不具有缔结法律关系的意图，由此，情谊行为的施惠人对自己的承诺并不承担法律上的给付义务。[19] 在双方当事人达成"合意"的无偿代驾情形，虽然存在纯粹生活事实意义上的"意思表示"一致，但这与民事法律行为意义上的意思表示在构成要素上存在本质区别，即施惠的代驾人仅具有为他人（被代驾人）谋利益的意思，并不具有受法律拘束的意思，双方当事人之间并不产生法定义务的安排（主要是合同的给付义务），仅停留在日常生活中的社交领域，因而也就不能成立合同，而仅构成情谊行为。

第二，无因管理型的无偿代驾，即被代驾人因丧失意志而无法作出意思表示，代驾人出于为被代驾人的利益考虑而实施代驾行为，属于无约定或法定的义务，而为他人利益管理他人事务，符合无因管理的构成要件。然而，在无因管理的情形，还应进一步区分为适法的无因管理与不适法的无因管理两种类型。所谓适法的无因管理，

---

[17] 《合同法》第 405 条规定："受托人完成委托事务的，委托人应当向其支付报酬……"第 406 条第 1 款后段规定，"无偿的委托合同，因受托人的故意或者重大过失给委托人造成损失的，委托人可以要求赔偿损失。"由此可见，我国《合同法》中的委托合同以有偿为原则，以无偿为例外。

[18] 王泽鉴：《债法原理》，北京大学出版社 2009 年版，第 156 页；黄立：《民法债编总论》（修正第 3 版），台北元照出版有限公司 2006 年版，第 15 页。

[19] 参见王雷：《论情谊行为与民事法律行为的区分》，载《清华法学》2013 年第 6 期。

是指管理事务利于本人,合于本人的意思。所谓不适法的无因管理,是指管理事务不利于本人,不合于本人的意思。[20]据此,若代驾人驾驶酒醉不醒的本人的车辆送其回家的行为,符合本人可得知或可推知的意愿,代驾人的行为即属于适法的无因管理,其虽属擅自驾驶,但具有违法阻却性。若代驾人的代驾行为违背本人可得知或可推知的意愿,如本人事先已在酒店开好房间待酒醒后再驾车离去,却被管理人擅自代驾送回的情形,即为不适法的无因管理,管理人的擅自代驾因不合本人意思,而不具有违法阻却性。

三、机动车代驾交通事故的责任主体

(一)道路交通事故责任主体判断的标准

1. 比较法上道路交通事故责任主体判断的一般标准

在比较法上,道路交通法领域中的机动车损害赔偿责任问题,大陆法系各国在立法和司法上的主导做法是:由机动车保有人承担无过错责任,其他人(如驾驶人、非保有者的所有人等)承担过错责任。[21]且针对机动车交通事故的责任主体问题,多数国家对此均有明确规定,虽立法称谓不尽相同,有的称为"机动车保有人",以德国为代表[22],有的称为"机动车运行供用者",以日本为典型[23],但其本质上基本相同,已经形成了相对统一的概念。

就机动车保有人的含义而言,各国法稍有差异,内容基本相同。例如,奥地利法将机动车的保有人界定为"对机动车辆以自担风险的方式使用受益并且拥有作为使用受益前提条件的支配力的人";希腊法界定为"事故发生时作为所有权人或基于合同而以自己名义占用机动车辆者,或者任何使自己独立控制机动车辆并以任何一种方式加以使用的人";葡萄牙法界定为"以责任自负的方式对机动车辆使用受益并拥有作为使用受益之前提条件的支配力者"。[24]德国联邦最高法院的判例认为,机动车保有人,是指"为自己的计算而使用机动车,并对以这种使用为前提的机动车拥有处分权的人",其中,"为自己的计算而使用机动车",是指获得运行利益并且支付运行

---

[20] 参见王泽鉴:《债法原理》,中国政法大学出版社2001年版,第339、351页。
[21] 参见张新宝、解娜娜:《"机动车一方":道路交通事故赔偿义务人解析》,载《法学家》2008年第6期。
[22] 《德国道路交通法》第7条第1款规定:"机动车运行之际,致人死亡、身体或者健康受到伤害,或者物品受到损坏时,该机动车的保有者(Halter),对受害人负担赔偿由此产生的损害的义务。事故是因不可抗力发生时,得排除赔偿义务。"参见〔德〕克里斯蒂安·冯·巴尔:《欧洲比较侵权行为法》(下卷),焦美华译,法律出版社2004年版,第462页。
[23] 《日本机动车损害赔偿保障法》第3条规定:"为自己而将汽车供运行之用者,因其运行而侵害他人生命或身体时,对所生损害负赔偿责任。"参见李薇:《日本机动车事故损害赔偿法律制度研究》,法律出版社1997年版,第25页。
[24] 〔德〕克里斯蒂安·冯·巴尔:《欧洲比较侵权行为法》(下卷),焦美华译,法律出版社2004年版,第462页。

费用的人;"运行利益"是指对机动车运行拥有自己的经济利益,这里的利益可以是单纯观念上的,还可以是某种便利;而"运行费用"不仅包括燃料费、车库费、驾驶员的报酬、修理费、保险金、税金等,还包括车辆折旧费、购买机动车费用的利益等;"拥有处分权",是指对机动车享有运行上的支配权。㉕ 日本民法学界在借鉴和研究各国立法的基础上,通说认为,所谓"运行供用者",是指机动车的运行支配与运行利益的归属者;"运行支配",是指可以在事实上支配管领机动车之运行的地位;而对"运行利益",一般认为限于因运行本身而产生的利益。㉖

由此可见,对于作为机动车交通事故责任主体的机动车保有人,各国所采取的认定标准是基本一致的,以"运行支配 + 运行利益"的"二元说"为判断的一般标准,即均将损害发生时对机动车拥有实际支配力并享有运行利益作为核心根据加以把握。

2. 我国法律对道路交通事故责任主体的判断标准

在道路交通事故责任主体的确认中,我国一向奉行"运行支配 + 运行利益"二元说。这一做法最早可追溯至最高人民法院分别于 1999 年、2000 年、2001 年发布的《关于被盗机动车辆肇事后由谁承担损害赔偿责任问题的批复》(法释[1999]13号)㉗、《关于购买人使用分期付款购买的车辆从事运输因交通事故造成他人财产损失,保留车辆所有权的出卖方不应承担民事责任的批复》(法释[2000]38 号)㉘、《关于连环购车未办理过户手续,原车主是否对机动车发生交通事故致人损害承担责任的请示的批复》([2001]民一他字第 32 号)。㉙ 上述司法解释与批复均清晰地体现了认定机动车交通事故责任主体应以机动车的运行支配与运行利益作为判断标准的司法精神。但由于都是针对具体个案作出的解答,因此存在适用条件上的限制而不具有普遍的指导意义。

《道路交通安全法》第 76 条确立了道路交通事故责任主体的一般标准,但既未采德国法上的"保有人"称谓,也未采日本法上的"运行供用者"称谓,而是另辟蹊径地

㉕ 参见于敏:《机动车损害赔偿责任与过失相抵——法律公平的本质及其实现过程》,法律出版社 2006 年版,第 75 页以下。

㉖ 参见李薇:《日本机动车事故损害赔偿法律制度研究》,法律出版社 1997 年版,第 29 页。

㉗ 参见孙军工:《解读〈关于被盗机动车肇事后由谁承担损害赔偿责任问题的批复〉》,载李国光主编:《解读最高人民法院司法解释·民事卷(1997—2002)》,人民法院出版社 2003 年版,第 39 页。

㉘ 参见汪治平:《解读〈关于购买人使用分期付款购买的车辆从事运输因交通事故造成他人财产损失,保留车辆所有权的出卖方不应承担民事赔偿责任的批复〉》,载李国光主编:《解读最高人民法院司法解释·民事卷(1997—2002)》,人民法院出版社 2003 年版,第 42 页。

㉙ 参见杨永清:《解读〈关于连环购车未办理过户手续,原车主是否对机动车交通事故致人损害承担责任的复函〉》,载《解读最高人民法院请示与答复》,人民法院出版社 2004 年版,第 119 页。

规定为"机动车一方"。㉚由于该概念含义模糊,通说和司法实务均引入了大陆法系的保有人制度,仍以"运行支配+运行利益"二元说作为机动车交通事故责任主体的判断标准。

《侵权责任法》吸收了已有的理论见解及司法经验,第六章专门规定机动车交通事故责任。其中第 48 条引致《道路交通安全法》第 76 条的适用,将其作为处理机动车交通事故责任的一般规则。面对机动车发生所有和使用相分离而出现诸多责任主体的复杂现状,学理和实务实际上采纳了"运行支配+运行利益"二元说标准作为认定责任主体的主要路径。㉛然而,作为判断标准的"运行利益"和"运行支配"是抽象化和规范化的概念,从而导致其内涵解释上的复杂性和随意性,因此,以大量司法实践为基础构建判断基准的类型化和具体化成为必然要求。㉜鉴于此,《侵权责任法》第 49 条至第 52 条对机动车所与人与使用人分离的几种特殊情形中交通事故的责任主体作出了具体规定。诚然,也有学者认为,相较于机动车保有人这一传统的理论框架,从行为责任和物件责任的角度解释《侵权责任法》关于机动车交通事故责任主体的认定标准,更为顺畅和恰当。㉝但笔者认为,在机动车的所有与使用相分离的情形,无论是以"运行支配+运行利益"二元说为核心的机动车保有人理论,抑或物件责任和行为责任的区分理论,在确认交通事故责任主体的"机动车一方"的具体操作中,其实只是解释路径的不同,并不存在本质区别,最终得出的结论也基本一致。

考虑到比较法上的惯例和我国学界的通说,将机动车运行支配与运行利益的享有者作为判断机动车交通事故责任主体的一般标准,已被包括我国在内的多数国家所认可。但该标准作为"一般标准",虽对机动车交通事故案件中责任主体的判断具有普遍性的指导作用,但作为该标准的核心要素,"运行支配"与"运行利益"仍停留在理论抽象的概念层面,而对现实情形的责任主体的认定,尚须依据类型化或具体化的机动车所有人与驾驶人之间的法律关系,通过分析其与机动车之间的实际关联而予以确认。

(二)机动车代驾交通事故的责任主体认定

司法实务中有观点认为,代驾的机动车致人损害时,其责任主体应视代驾人和被

㉚ 《道路交通安全法》第 76 条共两款,在第 1 款第(一)项中立法者以"过错"要素对责任主体进行定位,没有采用"机动车一方"的概念,这是因为,此种类型的交通事故发生在机动车之间,用"机动车一方"的概念无法将两方主体区分开,故以"有过错的一方"来表达责任主体,实质上仍然是规定"机动车一方"的责任。在第 1 款第(二)项和第 2 款中,由于交通事故发生在不同类别的主体之间,立法上采用了"机动车一方"的概念以示与相对方主体即非机动车驾驶人和行人等相区别。由此可见,该条的两款规定实质上都涉及"机动车一方"这个概念,换言之,该法所规定的机动车交通事故责任主体即为"机动车一方"。
㉛ 参见奚晓明主编:《〈中华人民共和国侵权责任法〉条文理解与适用》,人民法院出版社 2010 年版,第 362 页。
㉜ 参见于敏:《机动车损害赔偿责任与过失相抵——法律公平的本质及其实现过程》,法律出版社 2006 年版,第 78 页。
㉝ 参见谢薇、韩文:《对〈侵权责任法〉上机动车交通事故责任主体的解读——以与〈道路交通安全法〉第 76 条责任主体的对接为中心》,载《法学评论》2010 年第 6 期。

代驾人之间为有偿和无偿而定,若为无偿,则应由被代驾人承担赔偿责任,若为有偿,则应由代驾人承担赔偿责任,被代驾人不承担赔偿责任。笔者认为,代驾的有偿和无偿只是反映代驾人的"驾驶劳务"是否有对价,即使是有对价的劳务,该对价也只是代驾人付出"驾驶劳务"的收益㉞,而不能替代对代驾人与被代驾人之间法律关系的性质认定以及具体的权利义务设定,更不能否定机动车交通事故责任主体认定的一般标准。因此,应当根据法律关系的性质来分析当事人与机动车之间的实际关联,进而遵从"运行支配+运行利益"的一般标准,最终认定责任主体。而在前文对代驾涉及当事人的法律关系的梳理可知,有偿代驾的性质为承揽合同,无偿代驾则可进一步区分为情谊行为和无因管理。因此,在责任主体的认定中,应以法律关系的类型为框架进行分析。

1. 承揽合同型代驾的责任主体认定

在承揽合同型代驾中,代驾人㉟作为承揽人,按照约定向作为定作人的被代驾人交付一定的劳动成果,即提供驾驶劳务将被代驾人以及车辆送至约定地点。从运行利益来看,机动车运行的直接目的虽然是为被代驾人的便利(积极利益),且运行费用也由被代驾人负担(消极利益),但代驾人通过提供劳务,在机动车运行目的实现后获得相应的报酬,从而享有经济利益,因此,代驾人和被代驾人均享有运行利益。从运行支配来看,一方面,代驾人通过与被代驾人缔结承揽合同,取得对该机动车的法律上的运行支配权,即使用权;另一方面,对该机动车的事实上的运行支配力,毋庸置疑也属于代驾人而非被代驾人。尽管从理论上来说,运行支配可以以间接支配或者有支配可能性为充足条件,根据客观的外部考察加以判断,而不仅仅限于对运行自身存在直接的、现实的支配场合,只要处于事实上能够支配、管理机动车运行的地位,和对机动车运行应该能够下指示、控制的地位的场合即可。㊱但对被代驾人而言,其因饮酒而丧失驾驶能力,客观上已不具备通过代驾人间接对机动车运行进行支配和管理的条件,即无法对驾驶操作进行指示、控制和监督。因此,代驾人对机动车运行具有直接的支配力。而且,从作为大陆法系交通事故责任理论基石的危险责任原理㊲来说,代驾人实际驾驶机动车,且以其专业技能对机动车运行过程中所产生的风险具有绝对的控制力,所以其为运行支配人。因此,在承揽法律关系中,作为运行利益和运行支配归属的代驾人,应被认定为交通事故的责任主体。

㉞ 参见安建须:《酒后机动车代驾致人损害的责任主体认定》,载《法律适用》2013年第11期。

㉟ 在专业的代驾公司提供的代驾服务,以及餐饮、宾馆、酒吧等服务机构附带提供的代驾服务的情形,委托法律关系分别存在于代驾公司与被代驾人、服务机构与被代驾人之间,应将代驾公司和服务机构认定为代驾人,而非实际提供代驾劳务的驾驶人。在个体司机提供的代驾服务中,代驾人则为实际的驾驶人。而当上述服务机构仅作为中间人联系代驾公司或个体司机时,服务机构仅为居间合同的当事人,代驾人仍是具体承担代驾劳务的代驾公司或个体司机。

㊱ 参见于敏:《机动车损害赔偿责任与过失相抵——法律公平的本质及其实现过程》,法律出版社2006年版,第78页。

㊲ 参见程啸:《机动车损害赔偿责任主体研究》,载《法学研究》2006年第4期。

2.情谊行为型代驾的责任主体认定

在情谊行为型代驾中,代驾人作为施惠人,以建立、维持或者增进与被代驾人的相互关切、爱护的感情为目的而进行代驾行为。从表面上看,此种类型的代驾似乎完全是为了被代驾人的利益,因其为无偿,代驾人不能通过代驾行为获得经济利益。但从理论上来说,所谓运行利益,一般是指因机动车运行而生的利益,因此不应仅仅局限于经济利益,也包括精神利益。[38] 代驾人无偿提供代驾行为,通过机动车运行,实现其建立、维持或者增进与被代驾人的相互关切、爱护的感情的目的,从而收获精神上的满足,因而享有一定的精神利益。从这个层面来看,代驾人也是运行利益的享有者。在运行支配的角度,其与作为承揽合同的有偿代驾并无本质区别,都由代驾人事实上支配着机动车的运行,其为运行支配的归属者。而且,在认定交通事故的特殊责任主体时,虽采用"运行支配+运行利益"的二元说为理论基础,但在二者中,应以运行支配为基础,强调支配者应承担责任,在特定情形下加入运行利益理论作为补充。[39] 因此,在情谊行为型代驾中,作为运行支配人并享有一定程度运行利益的代驾人,应被认定为交通事故的责任主体。

3.无因管理型代驾的责任主体认定

在无因管理型代驾中,若发生交通事故,对于其责任主体的认定,也存在不同的观点:有观点认为,管理人即代驾人应承担赔偿责任,因为本人(被代驾人)并无请管理人代为驾驶的意思,管理人属擅自驾驶,自应承担损害赔偿责任;也有相反观点认为,管理人的驾驶是为本人的便利而驾驶,本人是运行收益人,故本人应为机动车事故的责任主体。笔者认为,此种情形下,对责任主体的认定,应根据适法的无因管理与不适法的无因管理两种情况进行具体分析。在适法的无因管理的情形,除当事人之间不具有合意之外,其外观与存在合意的情谊行为的情形并无不同。此时,对机动车交通事故责任主体的认定,可参照前述情谊行为型代驾的情形予以认定,即被代驾人和代驾人均享有运行利益,但运行支配完全归属于代驾人。在不适法的无因管理的情形,机动车所有人与实际驾驶人的分离违背了原权利人的意思,被代驾人并不享有运行利益,运行利益仅归属于代驾人,且被代驾人因机动车被他人擅自驾驶而失去了对机动车的实际运行支配,故运行支配亦由代驾人享有。

综上所述,尽管实际上存在不同性质法律关系的代驾,但代驾人均应被认定为机动车交通事故的责任主体。

四、机动车代驾交通事故的侵权责任

根据"运行支配+运行利益"的机动车保有人标准分析,无论代驾的法律关系性

---

[38] 参见奚晓明主编:《最高人民法院关于道路交通损害赔偿司法解释理解与适用》,人民法院出版社2012年版,第44页。

[39] 参见杨立新:《侵权法论》(上),人民法院出版社2013年版,第680页。

质为何,代驾人都是运行支配和运行利益的归属者,作为机动车交通事故的责任主体,应根据《道路交通安全法》第76条的规定,对外承担属于"机动车一方"的侵权责任。但根据法律关系性质的不同,代驾人对外承担侵权责任时适用法律依据的路径存在细微差别。而且,当被代驾人有过错时,还涉及其与代驾人之间的侵权责任分担问题,对此有必要具体分析。

(一)承揽合同型代驾的侵权责任承担

当代驾的法律关系属于承揽合同时,应当按照最高人民法院《关于审理人身损害赔偿案件适用法律若干问题的解释》第10条的规定处理。该条规定:"承揽人在完成工作过程中对第三人造成损害或者造成自身损害的,定作人不承担赔偿责任。但定作人对定作、指示或者选任有过失的,应当承担相应的赔偿责任。"据此,当因代驾人的过失导致事故发生的情形,无论是造成自己损害还是造成他人损害,应当由代驾人承担侵权责任。即使在机动车一方没有过错,非机动车驾驶人或者行人因为自己的过错造成的损害,机动车一方承担不超过10%的责任时,该侵权损害赔偿责任也须由作为承揽人的代驾人承担,无须作为定作人的被代驾人承担。

被代驾人作为承揽合同的定作人,若存在定作、指示或者选任的过失,导致其在将机动车交予代驾人驾驶时,没有尽到合理、谨慎的注意义务,则应承担相应的赔偿责任。其中,选任过失是指对代驾人驾驶资质和驾驶能力的疏于注意,例如,代驾人无驾驶资格,或其身体或精神状况属于不能驾驶机动车的情形,被代驾人对此知道或者应当知道,但却因未尽到注意义务而将机动车交由其使用后发生交通事故。而定作、指示过失,则主要表现为被代驾人对机动车或代驾人等对机动车的正常驾驶具有非正常风险因素的应知或明知,例如机动车是否存在缺陷等。若该因素成为交通事故发生的原因,则被代驾人具有过失。此时,应当按照客观关联的共同侵权行为规则,由双方承担连带责任。[40]

(二)情谊行为或适法的无因管理型代驾的侵权责任承担

当代驾的法律关系属于情谊行为或适法的无因管理时,属于《侵权责任法》第49条的适用范畴。该条规定的是因借用、租赁等情形而使机动车所有人或管理人与机动车使用人分离时发生交通事故,责任主体应如何确定的问题。其中仅明确列举了借用、租赁两种类型,对"等"所涵盖的其他情形,应遵循实质等同性的解释方法,即与借用、租赁在本质上相类似的法律关系。该条以借用、租赁为代表的法律关系的本质为何呢?按照体系解释的方法,其后的第52条规定的是因盗窃、抢劫或抢夺而使机动车所有人或管理人与机动车使用人分离时发生交通事故,责任主体应如何确定的问题。两者相对比即可发现,第52条规定的是机动车所有人或管理人与机动车使用人的分离不符合机动车所有人或管理人意志的情况,第49条规定的则是机动车所有

---

[40] 参见杨立新:《侵权责任法》,法律出版社2012年版,第388页。

人或管理人与机动车使用人的分离符合机动车所有人或管理人意志的情况。据此，就代驾而言，对机动车所有人或管理人与机动车使用人的分离，在情谊行为的情形，代驾人和被代驾人之间达成了合意；在适法的无因管理的情形，代驾人和被代驾人之间虽不存在合意，但符合被代驾人可得知或推知的意思。因此，都能够被第49条中的"等情形"所涵盖，属于该条的适用范畴。

根据《侵权责任法》第49条的规定："机动车所有人对损害的发生有过错的，承担相应的赔偿责任。"据此，被代驾人作为机动车的所有人，其过错可根据最高人民法院《关于审理道路交通事故损害赔偿案件适用法律若干问题的解释》第1条的规定进行判断，主要表现为对机动车安全、技术性能的疏于维护，对代驾人驾驶资质和驾驶能力的疏于注意等情形。[41] 其与代驾人之间的责任形态为何，存在如下几种观点：

（1）不真正连带责任。具体来说，被代驾人虽非机动车事故的责任主体，但作为机动车的所有人或管理人，应尽到善良管理人的注意义务，若其对损害的发生有过错，自应依自己责任原则对受害人承担过错侵权的损害赔偿责任。此种情况下，代驾人与被代驾人应对损害的发生承担连带赔偿责任，但这种连带责任在性质上应属不真正连带责任。[42]

（2）补充责任。作为被代驾人的机动车所有人或管理人承担过错责任，作为代驾人的实际驾驶人承担无过错责任。当所有人或管理人有过错时，应承担与其过错大小相应的赔偿责任，而且是补充责任，而非与实际驾驶人承担连带责任。[43] 笔者认为，当作为被代驾人的机动车所有人或管理人也有过错应当承担相应责任时，其与代驾人之间实际构成单向连带责任。[44] 换言之，受害人有权向代驾人主张损害赔偿责任，代驾人应当承担全部责任；在承担全部责任后，可以向被代驾人追偿相应的责任份额，但不能反过来，由被代驾人承担连带责任。这与不真正连带责任中存在单一的终局责任人和补充责任中的补充性完全不同。

（三）不适法的无因管理型代驾的侵权责任承担

当代驾的法律关系属于不适法的无因管理时，符合《关于审理道路交通事故损害赔偿案件适用法律若干问题的解释》第2条规定的情形。该条规定的私自驾驶他人车辆发生交通事故的责任认定，也属于机动车所有人或管理人与机动车使用人的分离不符合机动车所有人或管理人意志的情况，但排除了《侵权责任法》第52条规定的盗窃、抢劫或者抢夺机动车的情形。根据该条规定，在私自驾驶他人机动车的情形下，从运行支配的角度来看，机动车已脱离所有人或管理人的控制，驾驶人从实际上控制、支配机动车，所以开启危险之源的主体为驾驶人；从运行利益的角度来看，驾驶

---

[41] 参见杨立新主编：《最高人民法院〈关于审理道路交通损害赔偿案件适用法律若干问题的解释〉理解与运用》，中国法制出版社2013年版，第77—79页。
[42] 参见安建须：《酒后机动车代驾致人损害的责任主体认定》，载《法律适用》2013年第11期。
[43] 参见张新宝：《侵权责任法》（第3版），中国人民大学出版社2013年版，第229页。
[44] 参见杨立新：《侵权法论》（上），人民法院出版社2013年版，第681页。

人从机动车运行中获利,不仅包括经济利益,也包括精神利益,因此由驾驶人承担赔偿责任。[45] 根据该条,最终认定责任的实体依据仍旧为《侵权责任法》第49条。

当作为被代驾人的机动车所有人或管理人存在过错时,根据《关于审理道路交通事故损害赔偿案件适用法律若干问题的解释》第2条的规定,应当承担相应的责任。此时,被代驾人的过错应理解为所有人或管理人存在保管或管理上的过失(例如没有锁车、没有拔车钥匙、明知他人无驾驶资格而将车钥匙交其保管等情形),以故意或重大过失为宜。[46] 若以保管不当的一般过失作为承担责任的衡量标准,对机动车的所有人或管理人未免过于苛责。据此,当被代驾人具有重大过失,即欠缺日常生活必要之注意,未尽到依普通之观念认为有相当智识经验及诚意的注意程度的情况下,则应承担赔偿责任,包括车辆管理制度、行为上的重大疏漏、明知或应知他人擅用车辆有产生危险之可能而不及时制止等。有学者认为,此种情况下,机动车的所有人或管理人与实际驾驶人之间承担的是连带责任,因为二者具有共同过失;也有学者认为,二者承担的是按份责任。[47] 对此,笔者认为,机动车的所有人或管理人与实际驾驶人之间,并不构成共同过失,应当根据过错大小和原因力规则,承担相应的赔偿责任。这与按份责任具有一定的相似性。但是,根据上述司法解释的规定,最终确定责任承担的实体依据为《侵权责任法》第49条,据此,由被侵权人向驾驶人请求承担赔偿责任。这仍属于单向连带责任,即由代驾人承担赔偿责任后,再向被代驾人追偿与其过错和原因力相应的责任份额,而不能反向操作。

---

[45] 参见奚晓明主编:《最高人民法院关于道路交通损害赔偿司法解释理解与适用》,人民法院出版社2012年版,第44页。

[46] 参见杨立新主编:《最高人民法院〈关于审理道路交通损害赔偿案件适用法律若干问题的解释〉理解与运用》,中国法制出版社2013年版,第87页。

[47] 参见奚晓明主编:《最高人民法院关于道路交通损害赔偿司法解释理解与适用》,人民法院出版社2012年版,第44页。

工伤事故的责任认定和法律适用[*]

2003年4月27日,国务院颁布了《工伤保险条例》,确定了我国工伤事故保险责任处理的基本原则和具体方法。这是自1951年发布、1953年修正《劳动保险条例》以来第一次作出的具体规范工伤事故处理的行政法规。在此之前,1991年2月22日曾经公布《企业职工伤亡事故报告和处理规定》,这只是一种行政程序的规定,并没有对工伤事故的处理作出实质性规定。1994年国家立法机关制定了《劳动法》,只是在第73条规定了工伤事故享受保险待遇的一般原则,也没有规定具体方法。因此,在实践中形成了处理工伤事故纠纷时,旧的法规不能适用,新的法规没有规定的局面[①],实际上造成了无法可依的局面,对于保障广大职工的权利是不利的。《工伤保险条例》对工伤事故的保险责任作出了明确、具体的规定,与现实的操作有重大改变,因此有必要进行详细研究,对工伤事故保险责任和工伤事故赔偿责任纠纷作出明确的阐释,以便在实践中准确适用法律,更好地保障职工的合法权利。

一、《工伤保险条例》在保护职工权利方面的重大发展

《工伤保险条例》在内容上,最主要的就是加强对职工权利的保护。可以说,条例的基本宗旨就是保护职工的权利。在具体内容上,有以下五个方面的重大发展。

(一)确立保护职工权利的基本宗旨

《工伤保险条例》第1条规定:"为了保障因工作遭受事故伤害或者患职业病的职工获得医疗救治和经济补偿,促进工伤预防和职业康复,分散用人单位的工伤风险,制定本条例。"这一规定,突出的就是保护职工的权利。与《劳动保险条例》第1条规定的"保护工人职员的健康,减轻其生活中的困难"相比,在这个条文中,突出地规定了制定本条例的三个目的,就是对职工的工伤伤害采用强制保险的做法;一是对受工伤事故伤害的职工的救治和补偿,这是工伤保险的最主要的目的;二是促进工伤预防和职业康复,这是对职工权利的长远保护;三是分散用人单位的工伤风险,直接

---

[*] 本文发表在《法律适用》2003年第10、11期。
[①] 对此,学者进行了深入的探讨,同时在制定民法典草案的过程中,就拟定了工伤事故处理的规则。参见王利明等起草的《中国民法典草案建议稿·侵权行为法编》第62条和第64条;参见杨立新主编:《民商法前沿》(2002年第1、2期合刊),吉林人民出版社2002年版,第18页。

表述的虽然是对用人单位的责任的分散,但是其直接着眼点,仍然是对职工长远利益的考虑,使职工直接受到好处。《工伤保险条例》第 2 条进一步规定,各类企业包括个体工商户,都应当按照条例的规定,为本单位全部职工或者雇工缴纳工伤保险费,我国境内的各类企业职工和个体工商户的雇工,均有权依照本条例的规定享有工伤保险待遇的权利。这些规定,都是对职工权利的保护。在具体内容上,《工伤保险条例》在规定工伤认定、劳动能力鉴定、工伤保险待遇、法律责任等方面,都体现了对职工权利的保护。因此,保护职工权利是《工伤保险条例》的基本宗旨。

(二)确定工伤认定的基本标准

进行工伤保险,处理工伤事故赔偿责任纠纷,最首要的,就是进行工伤认定。《工伤保险条例》对工伤认定作出了详细的规定,使工伤认定有章可循,有法可依。《工伤保险条例》明确规定了认定工伤的七种情形,其中既包括在工作时间、工作场所内因工作原因遭受事故伤害的情形,也包括患职业病、职工因工外出遭受损害,以及职工上下班途中遭受机动车事故伤害的情形,设立了其他法律、法规规定为工伤的应当认定为工伤的弹性条款,包含了造成工伤的一般情形。《工伤保险条例》还规定了三种视同工伤的情形,规定对视同工伤的职工享受同等的工伤保险待遇。为了防止工伤认定的扩大化,损害广大职工的利益,《工伤保险条例》规定了不得认定为工伤和不得视同工伤的三种情形。

在认定工伤的程序上,《工伤保险条例》也作出了明确的规定,明确规定进行工伤认定的机构是劳动保障行政部门,体现工伤认定的权威性,同时也明确规定了具体操作的程序和时限,以及有利于工伤职工的举证责任的规定。其中关于时限和举证责任的规定,都是以前的《劳动保险条例》和其他劳动法律、法规所没有规定的。

(三)确定劳动能力鉴定的基本方法和程序

在处理工伤事故责任纠纷的事实认定上,最重要的就是对工伤职工劳动能力的鉴定问题,它不仅关系到对受害职工所遭受的实际损害的确定,而且关系到受害职工应当享受何种劳动保险待遇,这些都要依据劳动能力鉴定来确定。在以前的劳动保险法规中,对此都没有规定。《工伤保险条例》明确规定,劳动能力鉴定就是指劳动功能障碍程度和生活自理障碍程度的等级鉴定,同时规定,劳动能力障碍分为十个等级,生活自理障碍分为三个等级。这样的规定,不仅对工伤事故保险和赔偿纠纷提出了可靠的依据和标准,而且对处理其他人身损害赔偿责任纠纷也提供了极为有益的借鉴。[②]

同时,《工伤保险条例》在劳动能力鉴定的规定中,还作出了严格的程序规定,对劳动能力鉴定委员会的组成、鉴定专家库的建立和鉴定专家组的组成、鉴定的程序和

---

② 目前,在其他人身损害赔偿纠纷的认定中,没有规定如此详细的伤残等级和劳动能力丧失的等级,也没有规定伤残等级对于损害赔偿的相对应关系。因此对于其他人身损害赔偿责任的认定,是有借鉴意义的。

时限,等等,都作了详细的规定。这些程序性的规定,使工伤职工的劳动能力鉴定程序更加透明、公正,得到有效的监督,有利于保障职工的权利,落实《工伤保险条例》的基本宗旨,是值得肯定的。

(四)制定明确的工伤保险待遇

实行工伤保险制度的最基本目的,就在于使工伤职工及时得到医疗救治和经济补偿,在《工伤保险条例》中,这一点集中体现在确定了工伤和劳动能力鉴定之后的工伤保险待遇的规定上。在工伤保险待遇上,《工伤保险条例》规定得非常具体,它体现的是,职工受到工伤,就要给予强制性的保险待遇,使工伤职工"伤有所养、死有所赔、遗有所慰",使工伤职工及其亲属及时得到妥善的救治和救济。对于职工受到一般的工伤伤害,规定享受工伤医疗待遇,从工伤保险基金中支付治疗费用,享受医疗费、康复治疗费、辅助工具费用、停工留薪、护理费等费用的核销;对于工伤致残者,规定享受伤残待遇,分为不同伤残等级,分别享受不同的伤残津贴和待遇;对于职工因工死亡,享受丧葬补助费、供养亲属抚恤金、一次性工亡补助金等待遇;职工因工外出期间发生事故或者在抢险救灾中下落不明的,从事故发生当月起3个月内照发工资,从第4个月起停发工资,由工伤保险基金向其供养亲属按月支付供养亲属抚恤金。生活有困难的,可以预支一次性工亡补助金的50%。即使是对用人单位分立、合并、转让、承包经营、破产以及职工被借调等情形下的工伤待遇问题,《工伤保险条例》也都作了明确规定。值得注意的是,《工伤保险条例》直接规定工伤职工享受工伤保险待遇的方法,使工伤后的救治和救济更为具体和明确,具有更可行的操作性,是有重要意义的。

(五)专门规定违反《工伤保险条例》规定的法律责任

为了保证《工伤保险条例》规定的工伤保险制度在保障职工权利中真正发挥作用,督促负责工伤保险制度落实的工作人员依法履行职责,《工伤保险条例》专门规定了"法律责任"一章,明确规定违反《工伤保险条例》规定所应当承担的法律责任。对挪用工伤保险基金的,规定应当承担相应的刑事责任或者行政责任,并且追回被挪用的基金;劳动保障部门的工作人员不正当受理工伤认定申请,或者弄虚作假将不符合工伤条件的人员认定为工伤的,未妥善保管申请工伤认定的证据材料致使其灭失的,以及收受当事人财物的,依法予以行政处分,严重的还要追究刑事责任;经办机构未按规定保存用人单位缴费和职工享受工伤保险待遇记录、不按规定核定工伤保险待遇、收受当事人财物的,追究其纪律责任,情节严重的追究刑事责任,造成损失的经办机构依法赔偿;对于医疗机构、辅助器具配置机构不按服务协议提供服务,或者经办机构不按时足额结算费用的,对方可以解除协议;用人单位瞒报工资总额或者职工人数,或者用人单位、工伤职工及其直系亲属骗取工伤保险待遇,或者医疗机构、辅助器具配置机构骗取工伤保险基金支出的,都要处以罚款,构成犯罪的,依法追究刑事责任;从事劳动能力鉴定的组织和人员提供虚假鉴定意见、提供虚假诊断证明、收受当事人财物的,处以罚款,构成犯罪的追究刑事责任;如果用人单位按照规定应当参加劳动保险而没有参加的,除了责令改正外,为了保护职工的权利,规定用人单位按照条例的规定,承担工伤职工的工伤保险待遇,按照标准支付费用。这些规定,都保障了《工伤保险条例》的贯彻执行,依法制裁违法者,有利于保障职工的权利。

二、工伤事故的概念和性质

(一) 工伤事故的概念

在《工伤保险条例》公布之前,学界对工伤事故概念的理解,通常认为工伤事故是指各类企业职工在执行工作职责中因工负伤、致残、致死的事故。③ 这个界定稍嫌狭窄。《工伤保险条例》没有给工伤事故概念进行界定,仅仅对工伤的范围作出了规定。按照《工伤保险条例》的基本精神,笔者认为,工伤事故是指企业职工和个人雇工在工作时间、工作场所内,因工作原因所遭受的人身损害,以及罹患职业病的意外事故。

例如,某生产服务管理局建筑工程公司第七施工队承包的碱厂除钙塔厂房拆除工程,于1986年10月转包给个体工商户业主张学珍组织领导的工人新村青年合作服务站,并签订了承包合同。1986年11月17日,由服务站经营活动全权代理人、被告张学珍之夫徐广秋组织、指挥施工,并亲自带领雇用的临时工张连起等人拆除混凝土大梁。在拆除第一至第四根大梁时,起吊后梁身出现裂缝;起吊第五根时,梁身中间折裂(塌腰)。徐广秋对此并未引起重视。当拆除第六根时,梁身从中折断,站在大梁上的徐广秋和原告张连起之子张国胜(均未系安全带)滑落坠地,张国胜受伤,急送碱厂医院检查,为左下踝关节内侧血肿压痛,活动障碍。经医院治疗后开具证明:左踝关节挫伤,休息两天。11月21日,张国胜因伤口感染化脓住进港口医院,治疗无效,于12月7日死亡。经法医鉴定,结论是:系左内踝外伤后,引起局部组织感染、坏死,致脓毒败血症死亡。后又经区医疗事故鉴定委员会鉴定认为:张国胜系外伤所致脓毒败血症,感染性休克,多脏器衰竭死亡,医院治疗无误,其死亡与其他因素无关。原告为张国胜治病借支医疗费用、误工工资等费用共损失17 600.40元。张连起和张国胜的姐弟向法院提起诉讼,请求人身损害赔偿。④ 这样的案件,就是工伤事故案件,符合工伤事故概念的界定。

(二) 工伤事故的法律特征

工伤事故具有如下特征:

1. 工伤事故是发生在各类企业(包括私人雇工)中的事故

工伤事故存在于各类企业之中。所谓企业,准确的概念应当是用人单位。《工

---

③ 参见杨立新:《侵权法论》(上册),吉林人民出版社1998年版,第568页。
④ 该案件是《民法通则》公布实施之后一个极为重要的案例,在侵权行为法的发展中具有重要意义。笔者将其评选为中国侵权行为法发展的十大经典案例之首。参见《方圆》2003年第7期,第46页。

保险条例》使用"用人单位"这个概念,但是没有具体界定,仅在第2条中规定了各类企业和有雇工的个体工商户属于用人单位。用人单位是指我国境内全民所有制企业和集体所有制企业单位、私营企业、三资企业,以及雇用他人从事劳动的个体工商户或者合伙组织。换言之,只要雇用职工为自己提供劳务,与自己有劳动关系的企业或者个体工商户、个人合伙,都属于本条例"用人单位",都应当按照本条例的规定,保障职工的权利,都是《工伤保险条例》所调整的范围。

不属于企业的那些国家机关、事业单位、社会团体究竟是不是属于企业的范围,回答应当是否定的,但是,这些单位的职工也应受到相应的保护。因此,《工伤保险条例》第62条规定:"国家机关和依照或者参照国家公务员制度进行人事管理的事业单位、社会团体工作人员因工作遭受事故伤害或者患职业病的,由所在单位支付费用……其他事业单位、社会团体以及各类民办非企业单位的工伤保险等办法……参照本条例另行规定……"可见虽然不属于企业,但是应当按照相应规定享受工伤待遇。

2. 工伤事故是各类企业、个体工商户雇用的职工遭受人身伤亡的事故

在各类企业以及个体工商户的经营中,会经常发生各类事故。工伤事故指的是职工即劳动者的人身伤亡事故,而不是财产遭受损害的事故。这里的职工即劳动者,指的是各类企业和个体工商户以及合伙所雇用的职工,包括工人和职员。

判断职工的标准,就是《工伤保险条例》第61条第1款所规定的职工概念,"是指与用人单位存在劳动关系(包括事实劳动关系)的各种用工形式、各种用工期限的劳动者"。确定一个人是不是职工,就是要确定用人单位与职工之间是不是存在劳动法律关系,也就是确认他们之间是不是存在劳动合同关系。确立劳动合同关系,应当签订书面劳动合同,凡是有书面劳动合同的,应当认定其有劳动关系。如果没有书面劳动合同,但是在事实上构成了劳动合同关系的,也应当视为有劳动关系,是事实上的劳动关系,按照劳动关系同等对待。至于用工的种类和用工的期限,都不是特别考虑的因素。

应当注意的是,劳动关系与加工承揽关系是有严格区别的。加工承揽关系是承揽合同关系,是以交付劳动成果为标的的合同关系,而不是以劳动力的交换为标的的劳动合同关系。例如,个人按照约定的时间提供劳动服务的小时工,并不是雇佣合同关系,而是与雇用小时工的保洁公司签订的定作合同,是以交付劳动成果为标的的承揽合同关系。因此,雇用小时工的个人并不承担小时工的工伤保险责任,该责任应当由小时工所属的公司承担。

3. 工伤事故是职工在执行工作职责中发生的事故

各类企业的职工都是民事主体,都享有身体权、健康权和生命权。这些权利在任何场合都有遭受伤害的可能性。工伤事故在发生的时间和场合上有明确的限制,只限于企业职工在工作中因工致伤、致死的范围,其他时间和场合发生的事故,即使是侵害了职工的上述权利,也不在工伤事故范围之中。

判断工伤事故,应当掌握最基本的三个因素,这就是工作时间、工作场合和工作原因。因此,凡是职工在工作时间、工作场合因工作原因所遭受的人身损害,就是工

伤事故。工伤事故还包括患职业病。无论患何种职业病,均与工作有关,都是在工作时间、工作场合和因工作原因所造成的损害,因此,都属于工伤事故的范围。

4. 工伤事故是在企业与受害职工之间产生权利义务关系的法律事实

工伤事故一经发生,就在工伤职工与用人单位之间产生相应的法律上的后果,构成一种损害赔偿的权利义务关系,工伤职工或者工伤职工的亲属有要求赔偿损失的权利,企业有赔偿受害人及其亲属损失的义务。按照《工伤保险条例》的规定,工伤事故的救济办法是按照保险的形式进行,这其实是转嫁工伤风险,将用人单位的责任转嫁给工伤保险机构。用人单位向工伤保险经办机构缴纳保险费,职工遭受工伤事故造成人身损害,由保险机构向工伤职工提供劳动保险待遇。这种工伤保险的权利义务关系,就是工伤事故发生后产生的基本的法律关系。

如果用人单位没有缴纳工伤保险基金,或者仅仅依据工伤保险待遇不能使受害职工得到全面救济,是不是还存在依据民法的基本规定,按照侵权行为法的规定提供救济?对此应当进行研究。笔者认为,应当有这种可能,对此,本文将在最后一部分予以讨论。

(三)工伤事故责任的性质

关于工伤事故责任性质的争论,主要在于是认其为工伤保险关系还是侵权行为关系,各有不同的主张。

按照《劳动法》的规定,工伤事故的性质是工伤保险,由《劳动法》和工伤保险法规调整。在《工伤保险条例》颁布实施之后,行政法规的这一观点更为明确。认定工伤事故责任的性质为工伤保险关系是没有疑义的。

但是,按照民法实务的主张,工伤事故的性质应当是侵权行为,由《民法通则》关于侵权民事责任的法律规范调整。最高人民法院[1988]民他字第1号《关于雇工合同应当严格执行劳动保护法规问题的批复》认为:"张学珍、徐广秋身为雇主,对雇员理应依法给予劳动保护,但他们却在招工登记表中注明'工伤概不负责'。这是违反宪法和有关劳动保护法规的,也严重违反了社会主义公德,对这种行为应认定为无效。"这一批复性司法解释并未确定这种行为的性质,但经最高人民法院批复并在《最高人民法院公报》上发表的这一案例,却是按照《民法通则》第106条第2款和第119条关于侵权责任的规定判决的,认定这种法律关系的性质为侵权,是十分清楚的。[⑤] 按照这一判决所引用的法律条文,其具体性质为一般侵权行为。[⑥]

有学者认为,本案事实为受雇工人在执行职务中遭受伤害,称为工业事故,依现代民法属于特殊侵权行为。[⑦]

[⑤] 参见《最高人民法院公报》1989年第1号(总第17号)登载的"张连起、张国莉诉张学珍损害赔偿纠纷案"。

[⑥] 对此不能认定为一般侵权行为,因为一般侵权行为是适用过错责任原则归责,为自己的行为负责的侵权行为,工业事故适用无过错责任原则,是特殊侵权行为。

[⑦] 参见梁慧星:《民法学说判例与立法研究》,中国政法大学出版社1993年版,第271页。

实务界和理论界虽然有人认为是一般侵权行为,有人认为是特殊侵权行为,但除了这些差异外,认为工伤事故是侵权行为,则是完全一致的。笔者赞成民法理论界的主张,认为工伤事故从原则上说,就是现代民法上的工业事故,其性质属于特殊侵权行为;但是也具有工伤保险的性质。因此,工伤事故具有双重性质。

从历史上看,确认工业事故为无过错责任,就是为解决雇工在工业事故中致害的雇主赔偿责任而确立的。

自罗马法以来,民法始终坚持绝对的过错责任原则。到 19 世纪,资本主义生产迅猛发展,危险性工业大规模兴建,意外灾害事故日益增加,工人在事故中受伤、丧生者与日俱增。而企业主往往利用过错责任原则,借口其无过失而拒绝赔偿受害工人的损失。在这种情况下,为了保护工人的权利,平抑劳资关系,普鲁士王国率先于 1838 年制定《铁路法》,规定铁路公司对其所转运的人及物,或因转运之故对于他人及物予以损害者,企业主虽无过失,亦应负损害赔偿之责。翌年,又制定《矿业法》,把这一原则扩大到矿害领域。1871 年,德国颁布《帝国统一责任法》,规定由企业主对其代理人及监督管理人员的过错所造成的死亡和人身伤害负赔偿责任。到 1884 年德国《工业事故保险法》施行时,才确立了企业主对雇工伤害负无过错的赔偿责任。

1896 年,法国最高法院改判泰弗里诉拖船主因拖船爆炸而使雇工泰弗里受致命伤害的案件,确认工业事故致雇工伤害采用无过错责任原则。这一历史性的案例,导致法国于 1898 年 4 月制定了《劳工赔偿法》,确立了工业事故致劳工死亡、伤害,以无过错责任原则确定雇主赔偿责任的制度。

1922 年和 1964 年的《苏俄民法典》都规定了"高度危险来源所造成的损害的责任",条文中"其活动对周围的人有高度危险的组织和公民"关于"周围的人"的用语,一般认为应包括企业自己的工人和第三人。可以认为,现代工业事故既包括高度危险作业对他人造成的损害,也包括对发生工业事故的企业职工造成的损害。

从我国立法和实务上看,工业事故致企业职工人身损害,符合高度危险作业性质的,应概括在《民法通则》第 123 条之中。有学者认为,在当前经济体制下,除了国有企业职工执行职务致伤、致残、致死,依劳动保险制度处理外,大量的个体、合伙、私营及村办和乡办的各种工业、采矿和建筑企业的工人数以千万计,绝大多数不享受劳动保险。因此,正确解释《民法通则》第 123 条,使该条能涵盖一切工业事故,以使广大未能保险的工人因工受损害时,可以适用该条依无过错责任原则得到法律保护,避免出现严重的不公平,具有重要意义。[⑧]

仔细分析以上论述,仍然不无问题。一是高度危险作业的无过错责任不仅仅是对工业事故如何确定雇主对其雇工因工致伤残死亡的赔偿责任,还包括大量对他人致害的赔偿责任,如果仅仅将这一原则解释为前者,显然是不准确的。各国立法大量地制定劳工赔偿法,就是一个证明。二是将有工伤保险关系的因工伤残死亡事故确

---

⑧ 参见梁慧星:《民法学说判例与立法研究》,中国政法大学出版社 1993 年版,第 275 页。

定为劳动保险关系,将无工伤保险的工伤事故确定为侵权行为,适用高度危险作业的民法规定,在逻辑上有解释不通之处。如何解决这个矛盾,仍是理论上的一个难题。

工伤事故除了是工业事故的特殊侵权行为的性质以外,确实具有工伤保险关系的性质。认为享有工伤保险的职工的工伤事故是工伤保险性质,不享有工伤保险的劳动者的工伤事故就是特殊侵权行为,将统一的事物人为地分割为两种不同性质的事物,是不科学,也不符合事务本身的内在规律的。在我国,对劳动法和民法,通说认为分属于两个独立的基本法律部门,各自有调整劳动法律关系和民事法律关系的基本原则和方法。对于工伤事故,劳动法从工伤保险关系的角度加以规范,民法从工业事故无过错责任特殊侵权行为的角度加以规范,就构成了工伤事故这一法律关系的双重性质,它既是工业事故的特殊侵权行为,又是工伤事故的劳动保险。这种竞合,是两个基本法的法规竞合。

在理论上这样认识工伤事故的性质,就解决了前述理论上的矛盾,避免了逻辑上的矛盾。而在西方国家,劳动法并非独立的部门法,劳动法律关系统由民法调整,即使创立劳工赔偿法这种单行法也是作为民商法的特别法而存在的,因而不存在工业事故性质的双重属性问题。因此,不能依据国外将工业事故一律认定其特殊侵权行为的性质的做法,就简单地推理说我国的工伤事故都只具有特殊侵权的性质,否认其客观存在的劳动保险性质。

三、工伤事故责任构成

确定工伤事故的损害赔偿责任适用无过错责任原则,是各国立法通例。在《工伤保险条例》中虽然没有规定工伤保险责任的归责原则,但是按照保险的一般规则,当然是无过错责任。其实,就是在工业事故的特殊侵权责任中,也是适用无过错责任原则归责的。因此,对工伤事故保险责任和工伤事故赔偿责任适用无过错责任原则是没有疑问的。在这种归责原则指导下,构成工伤事故损害赔偿责任必须具备以下要件[9]:

(一)职工与企业或雇主之间必须存在劳动关系

在我国,集体企业、私营企业、合伙企业、三资企业以及私人雇工,凡使用劳动力,均须用人单位与劳动者订立劳动合同,使劳动者成为用人单位的职工。即使是国营企业,也都全面实行全员劳动合同制。因而,无论是职工与企业之间,还是职工与雇主之间,凡是用工,一律以劳动合同的形式固定其劳动法律关系。在用人单位和职工之间存在劳动合同,是构成工伤事故责任的必要要件,有劳动关系的劳动者,才能构成工伤事故的可能,没有劳动关系的劳动者,无论受何伤害,都不属于工伤事故,不构成工伤事故的

---

[9] 应当说明的是,无论是工伤保险责任纠纷,还是工伤事故赔偿责任纠纷,其责任构成都是一样的,以下的论述对两种责任构成都适用。

保险责任或者赔偿责任。至于建立劳动法律关系的签订形式,原则上应以书面形式签订,必要时,还应当予以公证;但对于一般的私人雇工等,口头约定劳动合同,也并非不准许。即使是在企业作为用人单位,与职工之间没有签订书面劳动合同而建立了实际的事实劳动关系,也应当确认这种劳动关系,使职工的权利受到保护。

应当区分提供劳务的承揽加工合同与劳动合同的界限:劳动合同是以劳动力作为合同的标的,企业或者雇主支付的是劳动报酬或者是劳动力价格;加工承揽合同是以加工行为和加工的成果为标的,雇主支付的是加工费。因此,加工承揽合同的加工人遭受损害,定作人不承担工伤事故责任。⑩

(二)职工必须受有人身损害事实

工伤事故的损害事实,是职工人身遭受损害的客观事实,不包括财产损害和其他利益的损害。职工的身体权、健康权、生命权,都在劳动保险的范围之内,都是工伤事故侵害的客体。工伤事故的主要侵害对象,是职工的健康权和生命权,事故致职工伤害,致伤或者致残,侵害的是健康权;致死,则侵害的是生命权。职工患职业病,也是一种人身损害事实,侵害的客体是健康权。身体权的侵害也可以构成工伤事故,但是如果只是身体遭受一般的不甚痛苦的撞碰、打击,没有具体的伤害后果,不应认为构成工伤事故的损害事实;如果职工从事的是特种行业,对身体的外在完整性有特殊要求的,如模特、演员、特别需要的操作者等,如果造成了身体组成部分如头发、指甲、皮肤的颜色等的损害,破坏了身体组织的完整性,以致使其从事特种工作能力遭受影响的,构成工伤事故的损害事实。

在工伤事故责任中,是否存在精神损害的事实,需要研究。按照工伤保险责任的规定观察,似乎不包括精神损害赔偿,但是在残疾津贴、死亡抚恤金中,实际上是包含了精神损害的抚慰的,因此,职工受到损害的事实中,实际上包括精神损害的事实。只不过由于采用一揽子工伤待遇方法救济工伤职工的损害,因而没有明确表现出来而已。如果纯粹研究工伤事故赔偿责任,是应当包括精神损害赔偿的,就要有精神损害事实的存在,即工伤造成的精神痛苦。

在确定工伤事故责任的时候,应当进行工伤认定和劳动能力鉴定。工伤认定的意义在于确定是否构成工伤事故责任,而劳动能力鉴定则是为了确定工伤职工享受何种工伤待遇。因此,只要将职工的人身伤害认定为工伤,即具备工伤事故损害事实的要件。

(三)职工的损害必须在其履行工作职责的过程中发生

在这一点上,工伤事故责任与雇用人监督、管理不善使受雇人在执行职务中致他人损害赔偿责任的构成要件有些相似,但二者有两点原则区别:①职工是在履行工作

---

⑩ 例如,一木工与某公民签订合同,去该公民家为其加工木制家具,约定自备木料,木工按要求制作。这种合同,是典型的加工承揽合同,不是使用劳动力的劳务合同,即使该木工在制作家具时受伤,也不属工伤事故,而应自行承担损失。

职责中致自己伤亡,而非他人伤亡,这是区别这两种侵权损害赔偿法律关系的原则界限。②在执行职务的要求上,工伤事故的构成要求明显比雇用人对外赔偿责任的要求为低:雇用人对外的替代赔偿责任要求受雇人必须是在执行职务过程中因执行职务的行为致他人以损害,非因执行职务的行为致害他人,不构成此侵权责任;工伤事故也要求受雇职工的损害是在履行工作职责中发生,这也是执行职务,但并不要求必须是因其执行职务行为所致,也包括在执行职务过程中因其他原因所致,如机器故障、他人疏忽等。无论何种原因,只要职工在履行工作职责的范围内造成自身损伤,就构成本要件。

在实践中,怎样判断工伤事故的履行工作职责,就是工伤事故构成的三要素:工作时间、工作场所和工作原因。

工作时间,就是在履行工作职责的时间界限之内,即用人单位规定的上班时间。为了保护职工的合法权益,对工作时间的认定适当放宽。①从事与工作有关的预备性或者收尾性工作的正式工作时间的前后,认定为工作时间;②因工外出时间,认为是工作时间;③上下班途中的时间,认为是工作时间。

工作场所,是指在履行工作职责的环境范围之内。执行工作任务的场所,就是工作场所。因工外出的领域,以及上下班的途中,也认为是工作场所。在这些地方发生的职工人身伤害事故,也认为是工伤事故。

工作原因,是指履行工作职责的事由。对此,应当作较为宽泛的理解,不能过窄。例如,与工作有关的预备性工作和收尾性工作,在工作中遭受暴力等意外伤害,以及在因工外出期间发生事故下落不明的,也都认为是工作原因。

确认履行工作职责的界限,就是要根据工作时间、工作场所和工作原因这三个要素衡量确定。《工伤保险条例》第14条规定了认定为工伤的七种情形,都是根据这三个要素确定的。

应当注意的是,《工伤保险条例》还规定了视同工伤的三种情形。在这三种情形下,也应当作为工伤处理。

(四)事故须是职工受到损害的原因

事故必须是造成职工人身损害的原因,这是构成工伤事故责任对因果关系要件的要求。换言之,事故须与职工受到人身损害的事实之间具有引起与被引起的因果关系。

事故,原指意外的损失或灾祸。《工伤保险条例》只是规定了事故的概念,没有对事故概念作出解释或者界定。在工伤事故责任中,事故一般是指企业事故,并非都是意外而生损失或灾祸,包括管理、指挥、设计、操作上的疏忽、不慎等过错所致的损失或灾祸。在现代科技发展状况下,很多企业事故因无法预见的原因而生,并非疏忽所致。

企业事故主要是指工业事故,如《民法通则》第123条所列举的高度危险作业所生事故。但是,如果认为只有工业事故才可以构成工伤事故,显然是不正确的。事故还应包括其他企业工作中发生的事故。除此之外,认定工伤事故责任中的事故远不止这些,还包括在履行工作职责中受到暴力等意外伤害,因工外出期间由于工作原因受到的伤害或者下落不明,上下班途中受到机动车事故伤害等,也认为是广义的事故。

事故是职工人身损伤的原因,一般应当要求其因果关系为必然因果关系,即劳动者的损害事实,必须是企业事故直接造成的,否则不构成工伤事故的损害赔偿责任。但是,在事故与损害之间具有相当因果关系的,应当认定为有因果关系。例如,事故致职工身体损伤,没有直接造成死亡的后果,但是职工受到伤害之后受到破伤风病毒感染,因而致死,事故与伤害之间具有直接因果关系,与死亡之间具有相当因果关系,因而应当认定事故与死亡之间具有法律上的因果关系,构成工伤事故责任。前述张连起等诉张学珍工伤事故赔偿案,就是适用相当因果关系学说认定工伤事故因果关系的典范。[11]

具备上述四个要件,即构成工伤事故的损害赔偿责任。

四、工伤事故责任的事实认定及其程序

工伤事故责任认定中,最重要的就是对工伤事故中的工伤认定和劳动能力鉴定。

在所有的事故责任中,都有一个相同的事实认定环节,这就是责任认定,在医疗事故责任中有医疗事故鉴定,在交通事故责任中有事故责任认定。与这些责任事故的责任认定不同,工伤事故的鉴定分为两个部分,即工伤认定和劳动能力鉴定。这两个关系到责任认定的事实认定,在工伤保险中分属于不同的机构,认定的事实基础及程序各不相同。

(一)工伤认定

工伤认定是工伤事故责任认定的基础事实认定,关系到工伤事故责任的构成问题。将职工的人身伤害事实认定为工伤,则构成工伤事故责任,反之,则不构成工伤事故责任。

工伤认定分为广义、狭义的不同概念。广义的工伤认定,就是工伤事故责任认定,实际上说的就是工伤事故责任构成。狭义的工伤认定,是指对于具体的伤害事实确定是否属于工伤。在这里所说的工伤认定是指后者。

1. 工伤认定的根据

工伤认定,应当按照《工伤保险条例》第14条至第16条的规定进行。工伤、视同工伤者,构成工伤事故责任的基础事实;不得认定为工伤的,不属于工伤事故。

按照《工伤保险条例》第14条的规定,职工有下列情形之一的,应当认定为工伤:

---

[11] 对此,可以参见杨立新:《推动中国侵权法发展的十大经典案件》(本书第2804页),载《方圆》2003年第7期,第46页。

（1）在工作时间和工作场所内，因工作原因受到事故伤害的。这是典型的工伤，包含了认定工伤的全部要素，而且都是典型的表现形式。

（2）工作时间前后在工作场所内，包括从事与工作有关的预备性或者收尾性工作受到事故伤害的。这种工伤认定的关键在于工作时间的延伸，将工作时间的前后认定为工作时间，其必要条件是从事的工作必须是与工作有关的预备性或者收尾性工作，因此，履行工作职责的要素也有一定的变化，只有工作场所的要素没有变化。

（3）在工作时间和工作场所内，因履行工作职责受到暴力等意外伤害的。这种情形，是工作原因要素的变化，遭受暴力等意外伤害并非工作原因，而仅仅是与履行工作职责有关。例如，在银行工作，遭受劫匪攻击造成损害，不论是不是为了保护银行财产，都应当认定为工伤。

（4）患职业病的。凡是患职业病，均与工作有关，因此一律认定为工伤。

（5）因工外出期间，由于工作原因受到伤害或者发生事故下落不明的。因工外出，其全部外出时间都认为是工作时间，其外出的地点以及沿途，也都认为是工作场所。由于工作原因受到伤害的，自然属于工伤。即使是在因工外出期间发生事故下落不明的，也应当认定为工伤。

（6）在上下班途中，受到机动车事故伤害的。上下班途中的时间，是为了执行职责，并不是为了自己目的而行为，因此是工作时间的延伸，因意外事故遭受损害的，也认为是工作时间。如果劳动者在上下班途中遭受的损害是由第三人造成的，用人单位没有责任，则应由第三人承担赔偿责任。对此，《工伤保险条例》规定，上下班途中遭受机动车事故伤害的，认为是工作时间遭受的损害。⑫ 例如，2000 年 11 月 20 日晚 11 时，浙江省桐乡县某制衣厂职工杨某下班回家途中，被魏某驾驶的摩托车撞伤，住院治疗，花费医疗费 2 万余元。交通部门鉴定，杨某负次要责任。法院认为，在上下班规定的时间和必经的途中发生无本人责任或者非本人主要责任的道路交通事故，应认定为工伤事故，享受工伤事故的待遇。可以向直接加害人请求赔偿，也可以直接向单位请求工伤事故赔偿。因此判决制衣厂赔偿补偿金 23 722.45 元。⑬

（7）法律、行政法规规定应当认定为工伤的其他情形。其他法律和法规规定应当认定为工伤，而《工伤保险条例》没有规定的，也应当认定为工伤。

按照《工伤保险条例》第 15 条的规定，在工作时间和工作岗位，突发疾病死亡或者在 48 小时之内经抢救无效死亡的；在抢险救灾等维护国家利益、公共利益活动中受到伤害的；职工原在军队服役，因战、因公负伤致残，已取得革命伤残军人证，到用人单位后旧伤复发的，都视同工伤。视同工伤实际上并不是工伤，由于与履行工作职责有关，为了更好地保护职工权利，将其作为准工伤对待，也就是视同工伤。因此《工

---

⑫ 对此应当说明，这一规定过于狭窄。若仅仅规定上下班途中受到机动车事故伤害的为工伤，受到其他车辆或者其他原因而遭受损害的，如果不认定为工伤，显然不公平。

⑬ 参见蒋一峰、沈元明：《下班遇车祸属工伤 厂方应支付补偿金》，载《法制日报》2003 年 2 月 19 日，第 9 版。

伤保险条例》规定,职工有前述第一、第二种情形的,按照本条例的有关规定享受工伤保险待遇;职工有前述第三种情形的,按照本条例的有关规定享受除一次性伤残补助金以外的工伤保险待遇。

按照《工伤保险条例》第16条的规定,职工有下列情形之一的,不得认定为工伤或者视同工伤:

(1)因犯罪或者违反治安管理伤亡的。职工因犯罪或者违反治安管理伤亡,自然是与履行工作职责无关,不得认定为工伤。

(2)醉酒导致伤亡的。职工因醉酒而伤亡,也与履行工作职责无关,即使是在工作时间、工作场所,也不得认定为工伤。⑭

(3)自残或者自杀的。这种人身伤害是行为人自己的责任,不能认定为工伤。

2. 工伤认定机构

工伤认定的机构是劳动保障行政部门。统筹地区的劳动保障部门分为省级和设区的市级,一般是由设区的市级劳动保障部门负责工伤认定,如果属于省级劳动保障部门负责工伤认定,则由用人单位所在地的设区的市级劳动保障部门办理。

3. 工伤认定申请和工伤认定材料

工伤认定申请的申请人分为:用人单位;职工或者其直系亲属。用人单位申请的,应当在职工发生事故伤害或者被鉴定、诊断为职业病,所在单位应当自事故伤害发生之日或者被诊断、鉴定为职业病之日起30日内,向统筹地区的劳动保障部门提出。如果有特殊情况,经过劳动行政部门同意,该期限可以适当延长。如果用人单位未按照前述规定提出工伤认定申请的,工伤职工或者其直系亲属、工会组织可以提出申请,期限是1年。这样的规定有利于保护职工的合法权益。

提出工伤认定申请应当提交下列材料:一是工伤认定申请表;二是与用人单位存在劳动关系(包括事实劳动关系)的证明材料、医疗诊断证明或者职业病诊断证明书(或者职业病诊断鉴定书)。其中工伤认定申请表应当包括事故发生的时间、地点、原因以及职工伤害程度等基本情况。工伤认定申请人提供材料不完整的,劳动保障行政部门应当一次性书面告知工伤认定申请人需要补正的全部材料。申请人按照书面告知要求补正材料后,劳动保障行政部门应当受理。

4. 调查核实、举证责任和认定

在接受工伤认定申请之后,劳动保障行政部门有权进行调查核实。用人单位、职工、工会组织、医疗机构以及有关部门应当予以协助。职业病诊断和诊断争议的鉴定,依照《职业病防治法》的有关规定执行。对依法取得职业病诊断证明书或者职业病诊断鉴定书的,劳动保障行政部门不再进行调查核实。如果受伤害职工或者其直系亲属认为是工伤,而用人单位不认为是工伤的,用人单位应当负举证责任,提出不是工伤的证据。证明属实的,认定为不属于工伤;不能证明或者证明不足的,认定为

---

⑭ 不过,品酒员因品酒造成的损害,是由于工作原因,是特别的情形,应当认定为工伤。

工伤。劳动保障行政部门应当自受理工伤认定申请之日起60日内作出工伤认定的决定,并书面通知申请工伤认定的职工或者其直系亲属和该职工所在单位。

(二)劳动能力鉴定

在工伤发生之后,还应当对受害职工进行劳动能力鉴定。劳动能力鉴定的意义不在于确定是否构成工伤事故责任,而在于受害职工享受何种工伤待遇。因此,劳动能力鉴定不是工伤事故责任构成的基础事实,而是确定事故责任范围的基础事实。

1. 鉴定的内容

劳动能力鉴定的内容分为劳动功能障碍等级鉴定和生活自理障碍等级鉴定,这两部分合在一起称为劳动能力鉴定。

劳动功能障碍等级鉴定是确定受害职工因为工伤致使其劳动能力下降的程度,也就是对劳动能力发挥的障碍程度。按照规定,劳动功能障碍的等级为十级,也称为十个伤残等级。最重的为一级,最轻的为十级。

生活自理障碍等级鉴定分为三级:生活完全不能自理,生活大部分不能自理和生活部分不能自理。

根据受害职工的伤残情况和劳动能力鉴定标准,确定受害职工的劳动功能障碍等级和生活自理障碍等级,并且以此确定其享受的工伤保险待遇。

除此之外,还规定了复查鉴定。根据《工伤保险条例》第28条的规定,自劳动能力鉴定结论作出之日起1年后,工伤职工或者其直系亲属、所在单位或者经办机构认为伤残情况发生变化的,可以申请劳动能力复查鉴定。复查鉴定仍然要作上述方面的鉴定。

2. 劳动能力鉴定组织

劳动能力鉴定机构是劳动能力鉴定委员会,分为两级:省级劳动能力鉴定委员会和设区的市级劳动能力鉴定委员会。设区的市级劳动能力鉴定委员会的鉴定结论是第一级的鉴定结论,省级劳动能力鉴定委员会的鉴定结论是最终的鉴定结论。

劳动能力鉴定委员会的组成,由本级劳动保障行政部门、人事行政部门、卫生行政部门、工会组织、经办机构的代表以及用人单位的代表组成。

劳动能力鉴定委员会建立医疗卫生专家库,将具有医疗卫生高级专业技术职务任职资格、掌握劳动能力鉴定相关知识和具有良好的职业品德的专家列入专家库中,作为劳动能力鉴定专家组的备用人选。

3. 鉴定程序

劳动能力鉴定由用人单位、工伤职工或者其直系亲属向设区的市级劳动能力鉴定委员会提出申请。提出申请时,应当提供工伤认定决定和职工工伤医疗的有关资料。

第一级劳动能力鉴定机构为设区的市级劳动能力鉴定委员会。设区的市级劳动能力鉴定委员会收到劳动能力鉴定申请后,应当从医疗卫生专家库中随机抽取3名或者5名相关专家组成专家组,由专家组提出鉴定意见。设区的市级劳动能力鉴定委员会根据专家组的鉴定意见作出工伤职工劳动能力鉴定结论。如果确有必要,鉴定委员会可以委托具备资格的医疗机构协助进行有关的诊断。鉴定委员会的鉴定结论应当在法定的期限内作出。设区的市级劳动能力鉴定委员会应当自收到劳动能力鉴定申请之日起 60 日内作出劳动能力鉴定结论。如果必要,作出劳动能力鉴定结论的期限可以延长 30 日。劳动能力鉴定结论应当及时送达申请鉴定的单位和个人。

第二级劳动能力鉴定机构为省级劳动能力鉴定委员会。申请鉴定的单位或者个人对设区的市级劳动能力鉴定委员会作出的鉴定结论不服的,可以在收到该鉴定结论之日起 15 日内向省、自治区、直辖市劳动能力鉴定委员会提出再次鉴定申请。省、自治区、直辖市劳动能力鉴定委员会作出的劳动能力鉴定结论为最终结论,不能再要求重新鉴定。

五、工伤保险待遇

职工被认定为工伤,经过劳动能力鉴定之后,享受工伤保险待遇。工伤保险待遇,实际上就是职工在履行工作职责中受到工伤事故损害,用人单位所应当承担的责任。由于国家实行强制工伤保险制度,用人单位定期缴纳工伤保险费,并以此建立工伤保险基金,因此用人单位的赔偿责任转嫁到工伤保险机构,由工伤保险机构对工伤职工提供保险待遇。

(一)工伤待遇的种类和内容

工伤保险待遇包括以下几种:

1. 工伤医疗待遇

职工因工作遭受事故伤害或者患职业病进行治疗,享受工伤医疗待遇。这一待遇的内容是:

(1)就医待遇。就医待遇包括以下内容:

第一,治疗。职工治疗工伤应当在签订服务协议的医疗机构就医,情况紧急时可以先到就近的医疗机构急救。

第二,治疗费用。治疗工伤所需费用符合工伤保险诊疗项目目录、工伤保险药品目录、工伤保险住院服务标准的,以工伤保险基金支付。工伤保险诊疗项目目录、工伤保险药品目录、工伤保险住院服务标准,由国务院劳动保障行政部门会同国务院卫生行政部门、药品监督管理部门等部门规定。

第三,治疗补助。职工住院治疗工伤的,由所在单位按照本单位因公出差伙食补助标准的 70% 发给住院伙食补助费;经医疗机构出具证明,报经办机构同意,工伤职工到统筹地区以外就医的,所需交通、食宿费用由所在单位按照本单位职工因公出差标准报销。工伤职工治疗非工伤引发的疾病,不享受工伤医疗待遇,按照基本医疗保险办法处理。

第四,康复性治疗费用。工伤职工到签订服务协议的医疗机构进行康复性治疗的费用,符合工伤保险诊疗项目目录、工伤保险药品目录、工伤保险住院服务标准的,以工伤保险基金支付。

(2)伤残辅助工具待遇。工伤职工因日常生活或者就业需要,经劳动能力鉴定委员会确认,可以安装义肢、矫形器、义眼、义齿和配置轮椅等辅助器具,所需费用按照国家规定的标准从工伤保险基金中支付。

(3)停工留薪。职工因工作遭受事故伤害或者患职业病需要暂停工作接受工伤医疗的,在停工留薪期内,原工资福利待遇不变,由所在单位按月支付。

停工留薪期一般不超过 12 个月。伤情严重或者情况特殊,经设区的市级劳动能力鉴定委员会确认,可以适当延长,但延长不得超过 12 个月。工伤职工评定伤残等级后,停发原待遇,享受伤残待遇。工伤职工在停工留薪期满后仍需治疗的,继续享受工伤医疗待遇。生活不能自理的工伤职工在停工留薪期需要护理的,由所在单位负责。

(4)生活护理。工伤职工已经评定伤残等级并经劳动能力鉴定委员会确认需要生活护理的,从工伤保险基金中按月支付生活护理费。

生活护理费按照生活完全不能自理、生活大部分不能自理或者生活部分不能自理三个不同等级支付,其标准为统筹地区上年度职工月平均工资,生活完全不能自理的为 50%;生活大部分不能自理的为 40%;生活部分不能自理的为 30%。

2.伤残待遇

工伤职工经过鉴定劳动能力障碍等级的,按照伤残等级的不同,享受不同的伤残待遇:

(1)一级至四级的伤残待遇。职工因工致残被鉴定为一级至四级伤残的,保留劳动关系,退出工作岗位,享受以下待遇:

第一,一次性伤残补助。以工伤保险基金按伤残等级支付一次性伤残补助金,标准为:一级伤残为 24 个月的本人工资;二级伤残为 22 个月的本人工资;三级伤残为 20 个月的本人工资;四级伤残为 18 个月的本人工资。

第二,伤残津贴。从工伤保险基金中按月支付伤残津贴,标准为:一级伤残为本人工资的 90%;二级伤残为本人工资的 85%;三级伤残为本人工资的 80%;四级伤残为本人工资的 75%。伤残津贴实际金额低于当地最低工资标准的,由工伤保险基金补足差额。

第三,基本养老金保险。工伤职工达到退休年龄并办理退休手续后,停发伤残津贴,享受基本养老保险待遇。基本养老保险待遇低于伤残津贴的,由工伤保险基金补足差额。

职工因工致残被鉴定为一级至四级伤残的,由用人单位和职工个人以伤残津贴为基数,缴纳基本医疗保险费。

(2)五级、六级伤残的待遇。职工因工致残被鉴定为五级、六级伤残的,享受以下待遇:

第一,一次性伤残补助金。从工伤保险基金中按伤残等级支付一次性伤残补助金,标准为:五级伤残为16个月的本人工资;六级伤残为14个月的本人工资。

第二,安排适当工作或伤残津贴。保留与用人单位的劳动关系,由用人单位安排适当工作。难以安排工作的,由用人单位按月发给伤残津贴,标准为:五级伤残为本人工资的70%,六级伤残为本人工资的60%,并由用人单位按照规定为其缴纳应缴纳的各项社会保险费。伤残津贴实际金额低于当地最低工资标准的,由用人单位补足差额。

经工伤职工本人提出,该职工可以与用人单位解除或者终止劳动关系,由用人单位支付一次性工伤医疗补助金和伤残就业补助金。具体标准由省、自治区、直辖市人民政府规定。

(3)七级至十级的伤残待遇。职工因工致残被鉴定为七级至十级伤残的,享受以下待遇:

第一,一次性伤残补助金。从工伤保险基金中按伤残等级支付一次性伤残补助金,标准为:七级伤残为12个月的本人工资;八级伤残为10个月的本人工资;九级伤残为8个月的本人工资;十级伤残为6个月的本人工资。

第二,一次性工伤医疗补助金和伤残就业补助金。劳动合同期满终止,或者职工本人提出解除劳动合同的,由用人单位支付一次性工伤医疗补助金和伤残就业补助金。具体标准由省、自治区、直辖市人民政府规定。

3.工伤复发和再次发生工伤的待遇

工伤职工工伤复发,确认需要治疗的,享受《工伤保险条例》规定的工伤医疗待遇。

包括治疗待遇、伤残辅助工具、停工留薪和生活护理等待遇。职工再次发生工伤,根据规定应当享受伤残津贴的,按照新认定的伤残等级享受伤残津贴待遇。

4.工亡待遇

职工因工死亡,其直系亲属按照规定从工伤保险基金中领取丧葬补助金、供养亲属抚恤金和一次性工亡补助金。

(1)丧葬补助金。丧葬补助金为6个月的统筹地区上年度职工月平均工资。

(2)供养亲属抚恤金。供养亲属抚恤金按照职工本人工资的一定比例发给由因工死亡职工生前提供主要生活来源、无劳动能力的亲属。标准为:配偶每月40%;其他亲属每人每月30%;孤寡老人或者孤儿每人每月在上述标准的基础上增加10%。核定的各供养亲属的抚恤金之和不应高于因工死亡职工生前的工资。供养亲属的具体范围由国务院劳动保障行政部门规定。

(3)一次性工亡补助金。一次性工亡补助金标准为48个月至60个月的统筹地区上年度职工月平均工资。具体标准由统筹地区的人民政府根据当地经济、社会发展状况规定。

(4)特别规定。伤残职工在停工留薪期内因工伤导致死亡的,其直系亲属享受前述三项待遇。一级至四级伤残职工在停工留薪期满后死亡的,其直系亲属可以享受前述第一项和第二项待遇。

5. 因公外出或者抢险救灾中下落不明的待遇

职工因工外出期间发生事故或者在抢险救灾中下落不明的,从事故发生当月起3个月内照发工资,从第4个月起停发工资,由工伤保险基金向其供养亲属按月支付供养亲属抚恤金。生活有困难的,可以预支一次性工亡补助金的50%。职工被人民法院宣告死亡的,按照职工因工死亡的规定处理。

(二)工伤待遇的变化和停止

1. 工伤待遇的停止

工伤职工有下列情形之一的,停止享受工伤保险待遇:

(1)丧失享受待遇条件的;

(2)拒不接受劳动能力鉴定的;

(3)拒绝治疗的;

(4)被判刑正在收监执行的。

2. 用人单位变化的工伤保险关系

(1)分立、合并和转让。用人单位分立、合并、转让的,承继单位应当承担原用人单位的工伤保险责任;原用人单位已经参加工伤保险的,承继单位应当到当地经办机构办理工伤保险变更登记。

(2)承包经营。用人单位实行承包经营的,工伤保险责任由职工劳动关系所在单位承担。

(3)借调。职工被借调期间受到工伤事故伤害的,由原用人单位承担工伤保险责任,但原用人单位与借调单位可以约定补偿办法。

(4)破产。企业破产的,在破产清算时优先拨付依法应由单位支付的工伤保险待遇费用。

3. 出境工作的工伤保险关系

如果职工被派遣出境工作,依据前往国家或者地区的法律应当参加当地工伤保险的,参加当地工伤保险,其国内工伤保险关系中止;不能参加当地工伤保险的,其国内工伤保险关系不中止。

六、工伤事故责任的法律适用和审判对策

(一)工伤事故责任纠纷的不同性质和工伤保险优先原则

在以上的论述中,都是基于《工伤保险条例》的规定,说明工伤保险责任的处理规则。当然,其中关于工伤事故责任构成的论述,对工伤事故责任纠纷也是适用的。

在前文的表述中,笔者一直使用工伤保险责任纠纷和工伤事故赔偿责任纠纷这样两个概念。这里区分的,就是按照《工伤保险条例》规定发生的保险责任纠纷和按

照侵权行为法发生的工伤事故赔偿责任纠纷。《工伤保险条例》没有规定工伤事故赔偿责任纠纷的处理问题,因此看起来工伤事故责任纠纷只能是由工伤保险机构和劳动保障行政部门处理。事实上,无论是工伤保险责任纠纷,还是工伤事故赔偿责任纠纷,都是客观存在的,都不能排除司法管辖权,其纠纷最终的解决机制还是民事诉讼。因此,研究工伤事故责任的法律适用问题,必须认真研究工伤事故责任纠纷的民事审判对策问题。

1. 首先要解决的就是工伤保险责任纠纷的法律适用和民事诉讼问题

按照《工伤保险条例》的规定,我国的劳工赔偿就是工伤保险。这是工伤事故责任的基本处理方式。由于我国的各类企业和个人雇工都实行工伤强制保险,因此发生工伤事故,就要按照《工伤保险条例》的规定,确定保险责任。发生工伤保险责任纠纷,应当适用《工伤保险条例》的规定。

如果因为工伤保险责任问题发生纠纷,究竟应当怎样处理,值得研究。对此,《工伤保险条例》没有作出规定。按照一般规律,界定工伤保险责任纠纷,其性质应当是劳动争议,应当按照劳动争议的一般处理规则处理。那就是,既可以实行仲裁解决,也可以适用民事诉讼程序解决。现行的劳动争议制度是先实行劳动仲裁,仲裁不服,再提起民事诉讼。目前在没有明确规定的情况下,应当采用这种办法处理。发生工伤保险纠纷,首先应当向劳动仲裁机构提出仲裁申请,由该机构作出仲裁裁决。对仲裁裁决不服的,工伤职工、用人单位和工伤保险机构的任何一方都可以向法院起诉,提起民事诉讼程序,由人民法院依法裁决。

2. 法律适用和事实认定问题

解决工伤保险责任纠纷,应当适用《工伤保险条例》的规定。在法院审理中,人民法院应当按照《工伤保险条例》的规定,确认工伤,认定劳动能力鉴定,确定工伤职工应当享受的工伤保险待遇。对此,不能适用《民法通则》规定的侵权责任。

这里涉及法院认定事实中对工伤认定和劳动能力鉴定的认定问题。在事故责任纠纷的审理中,都存在一个审判机关对责任鉴定结论的审查问题。因为事故责任鉴定是一个事实问题,鉴定本身就是一个证据,法官有权进行审查,也必须进行审查,最终确认鉴定结论的正确性,决定是否采信这个证据。例如,道路交通事故责任认定,法院如果认为有问题,可以依据自己在法庭的调查结果作出认定。在医疗事故鉴定中,虽然没有规定法官对该鉴定意见的审查权,但是依据一般的诉讼规则,法官应当进行审查,并且有权重新组织专家鉴定组进行鉴定,作出责任认定。

对于工伤事故责任中的工伤认定和劳动能力鉴定,法官应当进行审查,根据自己的审查,确认其证明力。如果法官对工伤认定和劳动能力鉴定结论有怀疑,可以重新进行认定和鉴定。鉴于工伤认定并不是专家作出的鉴定,而是劳动保障部门作出的认定,况且认定工伤不需要特别的专业技能,因此,法官可以依据法庭调查的事实作出工伤认定,而不需要另外组成专家组作出。如果对工伤职工的劳动能力鉴定结论有怀疑,则法庭应当重新组织专家鉴定组,进行重新鉴定。专家鉴定组的组成,应当遵守组成规则,在专家库中随机抽取专家组成。

3. 工伤保险责任优先原则

正因为工伤事故既有侵权行为的性质,又有劳动保险的性质,因此,在发生工伤事故之后,究竟是先向工伤保险机构请求理赔,还是先向用人单位请求赔偿,应当明确。工伤保险赔偿是否可以替代侵权赔偿?抑或侵权赔偿是否可以替代工伤保险赔偿?通说认为,在这种情况下如果可以选择,则工伤保险就没有意义了,而工伤保险是解决工伤事故的最好方法,可以及时解决纠纷,因此应当首先按照工伤保险责任纠纷处理。这就是工伤保险责任优先原则。

工伤保险责任优先原则,是指发生了工伤事故,订有工伤保险合同的,应当先向保险人要求赔偿。保险理赔之后的不足部分,受害人有权要求用人单位赔偿。

(二)工伤事故赔偿责任纠纷按照侵权行为法处理的可能性和法律适用问题

对于工伤事故是不是绝对必须按照工伤保险责任规定处理,有没有存在按照侵权行为法的规定处理的可能性,值得研究。对此,《工伤保险条例》没有规定,好像没有这种可能性。但是,工业事故本身的性质就是特殊侵权行为,工伤事故具有工伤保险和侵权责任双重属性,而工伤保险仅仅是一种解决工业事故责任的方法,尽管它是基本的方法,但是工伤保险待遇不能替代侵权赔偿责任。其理由:一是因为保险的数额是固定的,与造成的损害没有相对应的关系,未必能够填补工伤职工的实际损害;二是因为保险不能赔偿精神损害,所以工伤保险不能完全代替侵权赔偿。因此,如果不在工伤保险范围之内的工伤事故赔偿责任纠纷,或者当事人坚持选择按照侵权行为法进行民事诉讼的,应当准许,适用侵权行为法的规定处理工伤事故责任纠纷。如果劳动者没有订立劳动合同或者劳动合同已经失效,在工作中遭受损害,无法请求劳动保险赔偿,对此,受害人有权要求用人单位承担工伤事故赔偿责任。

如果受害人是因违反劳动纪律、操作规程等自己的原因,造成工伤事故受到损害的,用人单位也应当适当赔偿受害人的损失,但是应当减少用人单位的赔偿数额。

确定工伤事故赔偿责任的范围,应当如何适用法律,提出以下意见:

(1)如果当事人依照侵权诉讼提出请求,究竟是按照《民法通则》的规定处理,还是按照《工伤保险条例》的有关规定处理。笔者认为,既然当事人提出的诉讼请求不是工伤保险责任纠纷,而是按照侵权的工伤事故责任纠纷提出的请求,因此应当适用《民法通则》关于侵权行为的规定处理,不能适用《工伤保险条例》的规定,但是可以适当参考《工伤保险条例》规定的工伤保险待遇的内容。

(2)按照侵权行为法处理工伤事故赔偿责任纠纷,究竟应适用《民法通则》的哪一条文,不无疑问,仍有探讨的必要。在实务上,有的判例适用《民法通则》第106条第2款过错责任原则确定工伤事故赔偿责任。例如《最高人民法院公报》1989年第1号发表的"张连起、张国莉诉张学珍损害赔偿纠纷案",适用《民法通则》第106条第2款,确认雇主张学珍对因工伤事故死亡的张国胜之近亲属张连起承担侵权民事责任,赔偿损失。这一案件具有典型意义,又在《最高人民法院公报》发表,可以代表司法实务的一般看法。在理论上,学者认为此案适用法律不当,因为本案属从事高空作业,应当适用《民法通则》第 123 条的规定。⑮

确定工伤事故损害赔偿责任,应适用无过错责任原则,是各国劳工赔偿立法的通例。我国《工伤保险条例》的基本精神也是适用无过错责任原则。因而,法院对于张学珍案判决适用《民法通则》第 106 条第 2 款的规定,是明显错误的。

确定工伤事故损害赔偿责任适用《民法通则》第 123 条,无论是从该条立法的历史渊源考察,还是就其条文的内容蕴含考察,均没有原则的问题。但有一个疑问,就是第 123 条不能涵盖所有的工伤事故。在现实生活中,很多企业不属于第 123 条列举的高空、高压、易燃、易爆、剧毒、放射性、高速运输工具等对周围环境有高度危险的作业,例如,普通的机床加工,难说是高度危险作业,但经常有机械加工工人因从事该工作时因工致伤、致残,造成工业事故;人力车运输工人推人力车,显然不能属于高速运输工具,但运输中致伤致残,仍属于工伤事故,适用第 123 条显然不适当。

确定工伤事故损害赔偿责任,应当首先适用《民法通则》第 106 条第 3 款的规定,属于高度危险作业致劳动者损害的,同时适用该法第 123 条。对此,会有人认为,《民法通则》第 106 条第 3 款规定的是无过错责任原则,强调的是"但法律规定应当承担责任的"这样的内容,法律没有另外的规定,不得单独适用该款规定。这种说法不无道理。应强调指出的是,对于工伤事故赔偿责任采无过错责任原则,《工伤保险条例》有原则的体现,适用《民法通则》第 106 条第 3 款的规定,依据《工伤保险条例》的规定,就解决了这个问题,因而是顺理成章的。

(三)第三人的责任问题

劳动者在工伤事故中造成了自己的人身损害,但是事故的原因不是劳动者的原因引起的,而是由于用人单位以外第三人的责任引起的。在这时,再让用人单位承担损害赔偿责任就不合理了。按照责任应当由直接责任者负责的原则,造成劳动者人身损害的行为人是用人单位之外的第三人的,应当由该第三人承担赔偿责任,用人单位不承担责任。侵权损害赔偿低于工伤保险赔偿的,其差额部分由工伤保险赔偿予以补足,但精神损害赔偿数额不应计算在扣减范围内。这种责任的性质属于补充责任。⑯

(四)关于人身损害事先免责条款的效力问题

在劳动合同中,双方当事人经常就工伤事故的赔偿问题作出免除雇主责任的协议条款。如前述张国胜与张学珍订立劳动合同时,在招工登记表注明"工伤概不负责任"的内容;吉林市王×之表兄受雇,为一家个体承包的砖厂提供劳务,受工伤后,厂方根据当时签订的"被雇人员伤亡厂方概不负责"的合同,拒绝予以赔偿。⑰ 这两个

---

⑮ 参见梁慧星:《民法学说判例与立法研究》,中国政法大学出版社 1993 年版,第 276 页。
⑯ 关于侵权责任补充责任,参见杨立新:《论侵权责任补充责任》,载《法律适用》2003 年第 6 期。
⑰ 参见杨立新:《疑难民事纠纷司法对策》,吉林人民出版社 1991 年版,第 355 页。

劳动合同中厂方概不负工伤事故赔偿责任的约定,就是事先免责条款。

事先免责条款则指双方当事人预先达成一项协议,免除将来可能发生损害的赔偿责任。这样的协议,就是事先免责条款,分为违反合同的免责条款和侵权行为的免责条款。劳动合同中的事先免责条款是人身伤害侵权行为的事先免责条款。

在我国,对事先免责条款的效力问题,原来没有规定。最高人民法院曾依据前述张学珍判例,作出如下司法解释:"经研究认为,对劳动者实行劳动保护,在我国宪法中已有明文规定,这是劳动者所享有的权利,受国家法律保护,任何个人和组织都不得任意侵犯。张学珍、徐广秋身为雇主,对雇员理应依法给予劳动保护,但他们却在招工登记表中注明'工伤概不负责任'。这是违反宪法和有关劳动保护法规的,也严重违反了社会主义公德,对这种行为应认定为无效。"据此,有学者认为,我国司法实务首次表明了对侵权行为免责条款所持的立场,以判例法形式确立了一项法律原则:有关人身伤害的侵权行为免责条款无效。[⑬]

《合同法》确立了这一原则,其第53条规定:"合同中的下列免责条款无效:(一)造成对方人身伤害的;(二)因故意或者重大过失造成对方财产损失的。"这是我国法律第一次明确规定事先免责条款无效原则。

依据这一原则,对于所有在劳动合同中,双方当事人约定工伤事故免除雇主赔偿责任的,都没有法律上的拘束力,都不能预先免除雇主的赔偿责任。劳动者在执行劳动合同中,遭受工伤伤害,都有权获得赔偿,可以直接向雇主请求,也可以向劳动管理部门申请处理,还可以直接向人民法院起诉,以保证获得工伤事故赔偿损失权利的实现。

[⑬] 参见梁慧星:《民法学说判例与立法研究》,中国政法大学出版社1993年版,第282页。

火灾事故责任的性质及民事责任[*]

一、火灾事故责任的一般情况

(一)以侵权行为法处理火灾事故责任的必要性

在人类社会中,火是不可须臾离开的一种现象。人类既不能离开火,又经常被火所引起的火灾事故所困扰。

在原始社会的时候,原始人在火灾中认识到了火的作用,并学会利用火,使自己成为支配世界的主宰。但是,在对火失去控制,并对财产和人身造成损失的灾害不断袭扰人类社会的时候,火灾又成为危害人类的最为重要的一种灾害。据调查统计,目前全球每年发生人为原因及自然原因引起的火灾,达 600 至 700 万起,数万人在火灾中丧生,成千上万亿的财富在火灾中化为灰烬,因而导致贫困、混乱、灾难甚至毁灭。[①]费翔在春节晚会上的《冬天里的一把火》的旋律尚没有结束,大兴安岭的一场大火就造成了成千上万亩森林化为灰烬的惨痛后果。那些在日常生产和生活中发生的火灾,伴随的同样是生命的丧失、健康的损害和财产的损失。

面对火灾对人类的危害,人们一直在不断地探求防止火灾发生,减少火灾损害的方法。其中使用法律责任的手段制裁火灾事故责任者,就是防止火灾、减少火灾损害的重要手段。

但是,在现行的法律制度中,人们更重视的是刑法手段和行政手段对制裁造成火灾事故责任者的作用,忽略了民法手段在这方面的重要作用。例如,1998 年 4 月 29 日第九届全国人民代表大会常务委员会第二次会议通过的《消防法》中,就只规定了有关单位和个人的消防义务,规定了违反消防义务的单位和个人的行政责任,以及在第 53 条规定的"有违反本法行为,构成犯罪的,依法追究刑事责任"的刑事制裁手段。同时,我国《刑法》第 115 条规定了失火罪的刑事责任。

诚然,国家法律通过追究火灾事故责任者的行政责任和刑事责任,对违法犯罪分子能够起到惩治和教育作用,但是,这种行政手段和刑事手段所侧重的,是对火灾事故责任者的人身制裁和有限的财产制裁,是用公法的手段解决国家公法秩序和社会

---

[*] 本文发表在《法律适用》2002 年第 8 期。
[①] 参见郭晓霞:《论失火侵权责任与火灾保险制度》,载杨立新主编:《侵权法热点问题理论探讨》,人民法院出版社 2000 年版,第 321 页。

的稳定,并没有很好地解决更为广泛的社会问题。这就是受到火灾损害的受害人的保护问题,诸如受害人的损失以及权利的救济。在这个方面,如果不辅之以民法方面的救济和保护,受害人因火灾而受损害的人身伤害和财产损失,就不能得到弥补,人身权利和财产权利就不能得到救济和保护,也就无法完全实现法律所追求的公平、正义目标。从这个意义上说,公法秩序和社会稳定也就没有办法完全得到维护。

在这个方面,民法侵权行为法的作用是不可替代的。

(1)侵权行为法确认火灾事故责任者实施的行为是侵权行为,因而使其有可能承担侵权民事责任。侵权行为法认为,任何造成他人人身权利、财产权利受到损害的行为,都是侵权行为,都应当承担以损害赔偿为主要责任形式的侵权责任。火灾事故责任者实施的行为引起火灾,都会造成公民和法人的损害,包括人身的损害和财产的损害。这都是侵害民事权利的行为,都符合侵权行为的要求,构成侵权行为,其后果就是承担侵权民事责任。认定火灾事故责任者实施的行为是侵权行为,就使火灾事故责任者有了承担侵权责任的基础。侵权行为法的这种作用,其他任何法律都不能替代。

(2)侵权行为法立足于对损害的救济和对受到侵害的权利的恢复,因而使受害人受到侵权行为侵害的权利得到恢复,使受害人受到侵权行为侵害所造成的人身损害和财产损害得到补偿。因此,侵权行为法规定的侵权责任着眼的是对受害人的救济,是对损失的补偿。行政责任和刑事责任不具有这样的功能,不能代替侵权责任所起到的对受害人进行救济的作用。

(3)侵权行为法虽然主要着眼于对受害人权利损害的救济,但是它通过对人与人之间的私法关系的调整,实现的是对社会秩序的规范,因此,通过以财产手段制裁侵权行为人的方法,达到恢复社会正常秩序和社会稳定的目的。同时,这种财产制裁的手段还具有警示社会、教育他人的作用,通过对火灾事故责任者的财产制裁,教育人们,认识火灾事故的危害性,对防止火灾事故因故意或者不谨慎应当接受的制裁,有利于整个社会增强对防止火灾事故的防范意识,保障人类生存环境的安全,推动社会的发展。

因此,民法侵权行为法应当与国家的其他法律一道,共同构建防范火灾事故、分担火灾损害、救济权利损害、保障社会安全的完整法律体系。民法侵权行为法在处理火灾事故责任中的重要作用,是不可忽视的,必须加以特别的重视。

(二)火灾事故责任的概念和法律特征

火灾事故责任是一个广义的概念。之所以这样说,就是因为用行政手段和刑事手段制裁火灾事故责任者,同样适用这个概念。

从民法的意义上看,火灾事故责任研究的是损害赔偿问题,因此,民法研究火灾事故责任是从侵权行为法的角度来界定这个概念。

火灾事故责任是指行为人由于过错造成火灾事故,侵害单位或者自然人的人身权利或者财产权利,所应当承担的以损害赔偿为主要责任方式的侵权民事责任。

在侵权行为法的角度研究火灾事故责任,这个概念具有以下法律特征:

1. 火灾事故责任是由火灾引起的责任事故

火灾,是由于用火不当,或者故意以放火的形式所引起的灾难。用火不当引起的火灾事故,是失火;故意以放火的形式引起的火灾,是纵火。

火灾事故责任就是由于火灾引起的责任事故,而不是由其他原因引起的责任事故,不是道路交通的原因,不是医疗差错的原因,也不是劳动保险原因所引起。在事故责任中,事故中的"事",就是事故责任界限的标志,什么样的"事"引发的事故责任,就是什么样的事故责任。所以,由火灾引起的事故,是界定火灾事故责任与其他事故责任的基本界限,借以与其他责任事故相区别。

2. 火灾事故责任是由责任人承担法律责任的事故责任

这种灾难,不是自然性的灾难,而是一种人为的灾难,是由于人的不当行为或者故意行为所引起的灾难。在自然界,也有自然原因引起的火灾事故,如果这种自然性的火灾事故有人为的因素,仍然属于民法上的火灾事故。只有那些没有人为因素所引起的火灾事故,才不认为是民法意义上的火灾事故。例如,堆积的煤矸石因为自燃引起的火灾,如果是对煤矸石堆放的处理方法不当,或者是对煤矸石自燃问题没有采取好防范措施,造成的火灾就是人为因素引起的火灾,因为这样可以有归责于责任人的因素,而成为民法意义上的火灾事故;如果没有人为的因素,无法归责于责任人,那就是自然原因引起的火灾。自然原因引起的火灾,没有责任人承担责任,因而成为免除责任的抗辩事由。

3. 火灾责任事故要承担的是民事侵权责任

无论是失火引起的火灾,还是纵火引起的火灾,虽然都发生法律责任,但是法律责任的性质不同。有的构成刑事犯罪,如纵火构成纵火罪,失火造成严重后果的,构成失火罪。刑事责任追究的火灾责任事故和行政责任追究的火灾责任事故,分别由刑法和行政法调整,主要的调整方式是对行为人行为的追究,解决的是惩罚性的责任问题。同样,无论是失火还是纵火,在发生刑事责任或者行政责任的同时,以及虽然不发生刑事责任或者行政责任,这些行为都可以发生民事侵权责任,行为人要承担民事侵权的责任。这种责任方式所要解决的问题,是对火灾事故对受害人权利受到侵害所引起的损失的救济问题,而主要的不是对行为人的制裁——尽管这种责任方式同样具有对行为人进行经济制裁的意义。

二、火灾事故责任的归责原则和构成要件

(一) 火灾事故责任的归责原则

归责原则在侵权行为法中具有核心地位。在确定一种侵权行为的责任构成要件时,首先必须确定这种侵权行为应当适用什么样的归责原则。这不仅仅确定了这种侵权行为的责任构成要件,而且也确定了这种侵权责任的基本性质。

在研究火灾事故责任的时候,首先必须解决火灾事故责任适用什么样的归责原则归责,也是确定火灾事故责任的构成要件和责任性质的重要问题。不解决这个问题,研究火灾责任事故就无从下手。

我国侵权行为法的归责原则体系,是由三个归责原则构成的,这就是过错责任原则、无过错责任原则和公平责任原则。其中过错责任原则有两种表现形式,一种是用证明的方法证明过错的一般过错责任原则,另一种是用推定方式认定过错的过错推定原则。一般侵权行为适用过错责任原则,以过错作为价值判断标准,通过惩戒有过错行为的人来指导人的正确行为,以预防侵权行为的发生。在法律有特别规定的场合,适用过错推定原则或者无过错责任原则,确定侵权责任的归属,增加受害人获得赔偿的可能性,对行为人的行为进行制裁,以减轻社会危险因素,预防侵权行为的发生。这就是特殊侵权责任的问题,因为特殊侵权行为责任只适用过错推定原则和无过错责任原则。

火灾事故责任不是单一的责任形式。在这一点上,与其他事故责任相似,就是虽然发生的事故原因是一样的,都是火灾所引起的事故责任,但是,发生火灾的场合却有所不同,引起火灾的行为人的属性不同,因而有些属于一般侵权行为,有些属于特殊侵权行为;在特殊侵权行为所引起的火灾事故责任中,有的由高度危险作业、产品责任、环境污染所引起的,是承担无过错责任的特殊侵权行为,有的是由于行为人的特殊属性,承担的是为他人的行为负责的替代责任,要适用过错推定责任原则归责。这就是说,火灾责任事故,有的属于特殊侵权责任,有的不属于特殊侵权责任。对此,在司法实践中应当特别加以注意。

火灾事故责任分别适用以下不同的归责原则:

1. 适用无过错责任原则调整的火灾事故责任

适用无过错责任原则归责的火灾事故责任,应当属于法律规定的适用无过错责任原则适用的场合发生的火灾事故。不属于这个法定场合发生的火灾事故,不得适用无过错责任原则归责。

法律规定的适用无过错责任原则的特殊侵权行为,为产品侵权责任、高度危险作业致害责任、环境污染致害责任和动物致害责任,有的认为国家赔偿责任也适用无过错责任原则。在这些范围内发生的火灾事故,应当适用无过错责任原则。

例如,因产品质量缺陷,在使用中引起火灾,适用无过错责任原则调整。在高度危险作业中引起火灾,如架设高压线引起火灾、煤气管道爆炸引起火灾,等等,应当适用无过错责任原则归责。环境污染引起的火灾,也是无过错责任原则调整的范围,也要适用无过错责任原则归责。在动物致害的场合,是不是可以引起火灾事故,值得研究。如果确实是动物的原因引起的火灾事故,应当适用无过错责任原则归责。[②]

[②] 参见英国电影《黑猫》,说的是一个人训练了一只黑猫,可以做杀人等坏事。这只猫看到油洒出来,就踢倒蜡烛,点燃洒出的油,造成火灾。这样的事件,应当适用无过错责任原则,由饲养人承担赔偿责任。

2.适用过错推定原则调整的火灾事故责任

在火灾事故责任中,并不是所有的场合都要适用过错推定责任原则归责。应当确定适用过错推定责任原则适用的场合,只有在适用过错推定责任原则的场合,才可以适用过错推定原则归责。这是因为,适用过错推定原则归责,必须符合适用过错推定责任原则的条件。而适用过错推定原则的条件,必须是法律有特别规定的特殊侵权行为。

适用过错推定责任的特殊侵权行为就是雇用人侵权责任、法人工作人员侵权责任、法定代理人的侵权责任,以及地下工作物致害责任和建筑物及其他地上物致害责任。前面三种特殊侵权责任是用人的特殊侵权责任,后面的两种则是物件致害责任。除此之外,不应当适用过错推定责任。

在特殊侵权行为属于用人的替代责任中,被雇用人在执行职务中造成的火灾事故,应当适用过错推定责任原则,确定火灾事故责任。例如,受雇人、法人的工作人员在执行职务过程中造成火灾事故,或者被法定代理人监督的人造成火灾事故,都要由雇用人、法人或者法定代理人承担火灾事故责任,归责原则是过错推定责任原则。物件管理不当,包括地下物和地上物,造成火灾事故,也要适用过错推定责任原则归责。在其他方面,不得适用过错推定责任原则确定火灾事故责任。

3.适用过错责任原则归责的火灾事故责任

在一般侵权行为引起的火灾事故中,适用过错责任原则,确定火灾事故责任。有人认为,凡是在火灾事故责任中,适用过错责任原则的,都适用过错推定原则。这是不对的。在火灾事故责任中,该适用过错责任原则的,还应当区分造成火灾事故的,是不是属于特殊侵权责任,属于特殊侵权责任的,适用过错推定原则,不属于特殊侵权责任的,就要适用一般的过错责任原则。

判断的标准,就是除去适用无过错责任原则和过错推定原则的火灾事故责任以外,其他造成火灾事故的,都应当适用过错责任原则。例如,在生活中,乱扔烟头造成火灾,就是由于自己的行为造成的火灾事故,这是典型的一般侵权行为,而不是特殊侵权行为,因而适用过错责任原则,按照《民法通则》第106条第2款的规定确定侵权责任。

这种火灾事故责任,是最为普通的侵权责任,本不是这里讨论的范围。但是,事故责任本来就是一种综合性的侵权责任,有些事故责任总体上是适用特殊侵权行为,但是有很多情形并不属于特殊侵权责任,只是为了研究事故责任的赔偿责任,放在一起阐释。

在火灾事故责任中,适用不同的归责原则,最主要的区别,就是立法者在特殊侵权责任中,对责任人确定更为严格的责任,使受害人的损害更容易得到补偿。其中最主要的表现,就是对行为人不问过错和实行过错推定。

在适用无过错责任原则归责的特殊侵权行为中,对行为人实施的造成他人损害的行为,不问行为人主观上是不是有过错,径行根据损害事实、违法行为和因果关系的认定,确定侵权责任。如果损害是由受害人自己的故意或者重大过失所引起,则免除行为人的赔偿责任,由受害人自己承担责任。在火灾事故责任中,同样如此。

在适用过错推定责任归责的特殊侵权行为中,对行为人实施的造成他人损害的行为,依然实行以过错的有无确定侵权责任的规则,但是,对行为人过错的认定,不是采用由受害人证明的方式,而是采用推定的方式,即在受害人证明了损害事实、违法行为和因果关系的情况下,推定行为人有过错;如果行为人认为自己没有过错,则自己负责举证,证明自己没有过错。证明成立的,免除侵权责任,证明不足或者不能证明的,则推定成立,构成侵权责任,对受害人的损害予以赔偿。在火灾事故责任中,如果属于过错推定原则的情况,则采用这样的规则确定侵权责任的有无。

在适用过错推定责任原则的一般侵权行为中,实行正常的举证责任规则,那就是谁主张、谁举证,能够证明侵权责任全部构成要件成立者,才确认其构成侵权责任。

相比较而言,在适用过错责任原则的场合,受害人请求实现损害赔偿请求权,难度较大,因为全部的举证责任都在受害人。而在适用过错推定原则和无过错责任原则的情况下,受害人的举证责任大大减轻,而行为人的举证责任加重,因而有利于受害人而不利于行为人,受害人的请求权更容易实现。

在认定火灾事故责任时,要特别注意适用归责原则的不同,处理好归责原则和责任构成要件以及举证责任的关系,正确处理火灾事故责任案件。

(二)火灾事故责任的构成要件

火灾事故责任是因故意、过失,或者在法律有规定的情况下无过错,引起火灾,侵犯他人人身、财产权利,行为人应当承担的侵权责任。火灾事故责任的构成,应当依照适用的归责原则的不同,具备相应的侵权责任构成要件。其中前三个要件是所有的火灾事故侵权责任构成的必要要件,后一个要件是适用过错责任原则和过错推定原则必须具备的构成要件,适用无过错责任原则不必具备后一个要件。

1. 须有失火或者纵火行为的违法性

火灾事故责任的行为,是一种违反消防法和其他保护合法的财产权利和人身权利的法律的违法行为。行为人的行为引起火灾,违反消防法规定的预防火灾,扑救火灾的义务,侵犯了受法律保护的人身和财产利益,所以是一种违法行为。[3]

火灾事故责任构成中的行为,究竟是引起火灾的行为,还是既包括引起火灾的行为又包括火灾本身,是值得研究的。在笔者看来,只应当包括引起火灾的行为,换言之,就是引起火灾的行为,才是火灾事故责任构成的行为要件。因为构成火灾的时候,火灾本身就已经是损害的问题了,因而火灾本身属于损害事实的要件。

引起火灾的行为,就是违反消防法的作为和不作为。这种行为不仅违反消防法,而且还违反了保护人身权利、财产权利的民事法律。违法性,是侵权责任构成的要件

---

[3] 参见郭晓霞:《论失火侵权责任与火灾保险制度》,载杨立新主编:《侵权法热点问题理论探讨》,人民法院出版社 1999 年版,第 329 页。

即违法行为的因素之一。火灾事故责任构成中的违法性,就是指引起火灾行为违反消防法和民法保护民事权利的规定。首先,违反消防法,违反的是公法,是火灾事故责任行为的一个特点,就是必须违反公法的规定。其次,这种行为还必须违反民法的规定,违反民法保护民事权利的规定,因为只违反公法的行为,一般不构成民事侵权行为。只有违反了民法关于保护人身权利和财产权利的行为,才能成为民法意义上的违法行为,构成侵权行为。

引起火灾的行为也包括作为和不作为两种方式。引起火灾的行为一般是作为的方式,违反法定的不作为义务、禁止义务,如违法用电、用火等引起火灾。采用不作为的方式也可以构成,例如,违反法定的作为义务、保护义务,如未按消防法规定安装消防设施,有扑救火灾义务而未积极采取扑救措施等而引起火灾或使火灾损失扩大,等等。在上述的这些行为中,主要是说引起失火的行为。在故意纵火引起的火灾事故中,也由作为或者不作为的行为方式构成,不过,纵火是以作为的方式为多。例如,采用故意作为的方式纵火,或者明知会发生火灾,故意采用不作为的方式,希望或者放任火灾发生,也构成火灾事故责任中的违法行为。

2. 人身损害和财产损害的客观事实

火灾事故责任构成中的损害事实,应当分为三个层次:

(1)是引起的火灾。形成火灾,就构成了损害。所以,火灾是损害的第一个层次,它已经脱离了行为的概念,成为损害事实的范围。行为引起起火,但是火的危害还没有达到火灾的程度,没有成为火灾,不能构成火灾事故,更不用承担责任。

(2)火灾侵害了受害人的人身权利和财产权利,这是构成侵权行为的关键问题。如果引起火灾,没有侵害受害人的人身权利和财产权利,就不是民法侵权行为法解决的问题。受害人,包括自然人和法人。如果因火灾受到损害的是国家,国家也可以成为受害人。但是,现行的做法,国家的利益总是由一定的国家机关负责,因此,代表国家的公法人可以行使这个权利。这些主体的人身权利和财产权利受到火灾的损害,就构成火灾事故的侵权责任。人身权利的损害是生命权、健康权的损害,身体权在火灾事故中受到损害的可能性不大。财产权的损害,则是财产所有权以及其他财产权的损害。

(3)是受害人的实际损失,这是损害的最终表现形式。人身损害的实际损失,就是因为人身权利损害所造成的财产利益的损失,以及精神上的损害。财产权利的实际损害,就是财产利益的直接损失和间接损失。确定这个实际损失,对构成侵权责任影响不大,但是对确定赔偿数额极为重要。

失火或者纵火行为如果没有引起他人人身或财产利益损失,则不构成侵权行为。

3. 违法的失火行为与损害事实之间的因果关系

在火灾事故责任构成中,因果关系的要件表现有一定的特点:行为先要引起火灾,由火灾造成受害人的损害事实。

引起火灾行为首先是要引起火灾。在火灾事故责任中,行为本身并没有引起损害,因此与一般的侵权行为不同,而是行为首先引起了火灾,火灾再造成受害人的权利侵害。没有火灾,仅仅是行为人违反消防法的行为,并不能造成受害人的权利侵害。

所以,火灾事故责任的因果关系不仅仅是一个环节,而是由两个环节构成,行为和火灾的发生是一个环节,火灾造成受害人的损害又是一个环节。这两个环节环环相扣,才能构成火灾事故责任构成中的因果关系要件。如果这两个环节不能环环相扣,缺少必要的环节,那就不能构成火灾事故责任。

4. 主观过错的要件

主观过错的要件,是适用过错责任原则包括一般的过错责任原则和推定的过错责任原则对火灾事故责任构成必须具备的要件。没有这个要件,不能构成适用过错责任原则归责的火灾事故责任。

在火灾事故责任中,主观过错的基本形式是过失,所引起的火灾就是失火。失火的主观过错就是疏忽或者懈怠,在主观上的表现就是对自己应负的注意的违反。违反了自己应当注意的义务,应当注意而未注意,就构成失火的主观过错要件。火灾事故责任谴责的正是这种不谨慎的态度。

在火灾事故责任中,故意也是存在的。不过,一般的故意纵火行为,达到了一定的社会危害性,属于犯罪行为,对侵权责任的追究是附带的民事责任,用刑事附带民事诉讼的方法解决。对这种情况,一般往往忽略对行为人民事责任的追究。对此,应当引起注意,在对纵火的犯罪人追究刑事责任的同时,还应当注意追究其民事侵权责任,凡是构成对受害人权利侵害的,应当同时追究其民事责任,以赔偿受害人的损失。否则将会使受害人的损失无法得到补偿。当然,在过失引起的失火罪的处理中,也要注意追究犯罪人的民事责任,以补偿受害人的损失。

如果行为人在主观上没有过错,即火灾的引起不是出于行为人的故意或者过失,而是其他原因,如意外事件、自然原因、受害人原因或第三人原因造成的,就不能构成火灾事故责任。当然,适用无过错责任原则归责的火灾事故责任除外。

(三) 火灾事故责任的抗辩事由

火灾事故责任的抗辩事由,是指火灾事故责任纠纷案件的行为人提出的,以免除侵权责任或者减轻侵权责任,而对抗受害人提出的损害赔偿请求权的法定事由。这样的事由主要有:

(1) 不可抗力。不可抗力引起的火灾事故,即使行为人的行为对造成火灾事故具有一定的原因力,行为人也可以作为抗辩事由对抗受害人的损害赔偿请求权,不承担侵权损害赔偿责任。

(2) 自然原因。自然原因引起的火灾事故,没有人为的原因,即不属于不可抗力,但也可以对抗受害人损害赔偿的请求权,免除侵权责任。按照古老的罗马法谚"不幸事件只能落在被击中者头上",这样的火灾事故损害,应当由受害人承受。

(3) 第三人过错。无论是实行过错责任原则,还是无过错责任原则,凡是火灾事故是由第三人的过错引起,都要由该第三人承担责任,而不是由行为人承担责任。行为人以第三人过错作为抗辩事由对抗受害人的损害赔偿请求权,查证属实的,免除其损害赔偿责任。

三、火灾事故责任的损害赔偿

(一)火灾事故损害赔偿的原则

1. 全部赔偿原则

对于火灾事故造成的财产损害和人身损害,应当适用全部赔偿原则。《民法通则》第117条确立了财产损害赔偿的一般原则,这就是全部赔偿原则,即财产损害赔偿的数额以所造成的客观损失为限,损失多少,赔偿多少,这种客观损失包括直接损失和间接损失。《民法通则》第119条规定的是人身损害的全部赔偿原则。这两个条文规定的全部赔偿原则,都适用于火灾事故引起的损害赔偿。

财产损害的全部赔偿原则并没有太大的争议,主要的难点在于间接损失的赔偿,怎样做到全部赔偿。一般认为,对间接损失的赔偿,是要对间接损失中确定的损失给予赔偿。笔者认为,间接损失的赔偿不在于是不是间接损失都要赔偿,而是对间接损失的确定,即依据什么标准来确定间接损失。在火灾事故责任中,间接损失还是要坚持对"可得利益"的赔偿,这就是对可得利益的确定要准确。只要确定了是可得利益的损失,就应当赔偿。

可得利益,就是在正常情况下应当得到的财产利益。可得利益的丧失,就是在正当情况下应当得到的财产利益由于火灾事故而没有得到。按照这样的标准确定了的间接损失,就应当全部赔偿。

人身损害的全部赔偿,就是对火灾事故侵害健康权、生命权所造成的财产损失和精神损害全部给予赔偿。对人身损害的全部赔偿,依照法律的规定予以赔偿。目前在最高人民法院的司法解释中已经有了规定,按照规定予以赔偿即可。对于人身伤害的精神损害如何进行赔偿,按照最高人民法院《关于确定民事侵权精神损害赔偿责任若干问题的解释》的规定,应当给予精神损害抚慰金赔偿。构成火灾事故责任的,造成人身伤害,对其精神损害应当给予赔偿。

2. 财产赔偿原则

财产赔偿原则,是损害赔偿原则中的一个重要原则。这个原则的基本含义,就是侵权行为造成的损害,都通过财产的形式予以赔偿。对纯粹的财产损失,应当予以财产的赔偿。对人身损害的赔偿,也应当以财产的方式赔偿。对人身损害造成的精神损害,也还是要以财产的形式赔偿。舍此没有其他的赔偿方式。

在这一点上,火灾事故责任同样如此,坚持财产方式赔偿。

3. 考虑当事人经济状况原则

考虑当事人经济状况原则,也称之为衡平原则,就是在确定了火灾事故责任的赔偿数额以后,在赔偿的时候,如果当事人的经济状况确实有限,全部赔偿实际损失可能会给当事人的生活造成极大的困难,则可以对赔偿的数额进行衡平,确定适当的赔偿数额进行赔偿,而不至于让当事人承担全部赔偿责任以后,使其生活陷入极度的困境。

在火灾事故责任中,适用这一原则具有重大意义。理由是,火灾事故往往造成的后果极为严重,因而对受害人的损害就极为重大。在这样的情况下,一方面是造成的损害后果的极为严重;另一方面是引起火灾的侵权行为人的经济承受能力的有限性,因此在决定火灾损害赔偿数额时,一定要在坚持全部赔偿原则的前提下,适用考虑当事人经济状况原则。

适用考虑当事人经济状况原则的前提,是当事人的经济状况不好,全部赔偿会使当事人陷入生活困境。对这样的当事人如果确定必须赔偿全部损失,则脱离了侵权损害赔偿的本来意义。必须考虑的当事人的经济状况,主要是指加害人的经济负担能力。经济负担能力实际就是承受损害赔偿的能力,与当事人的整体经济状况有关。法官应当根据当事人的实际经济负担能力,按照这一原则的主旨,确定对当事人赔偿责任的减轻程度。

4. 其他赔偿原则

在火灾事故责任中,还要适用过失相抵和损益相抵原则。在火灾事故构成与有过失(即混合过错)的情况下,应当实行过失相抵,即加害人只对自己过错引起的(或者无过错的情况下自己行为引起的)损失承担赔偿责任,对受害人自己过错造成的损失,应当由受害人自己承担。在火灾事故责任中,由于火灾造成的损失中,具有因火灾形成的新生利益的,这时应当实行损益相抵,即在全部损失的数额中,扣除新生利益,只就实际损失进行赔偿。在火灾事故责任中,要特别注意适用损益相抵原则,这是财产损害赔偿中非常重要的赔偿原则。例如,火灾事故造成房屋的损害,就房屋损害而言,全部的损失是整个房屋的损失,但是,房屋损害遗留下的残存建筑材料就是新生的利益,应当在房屋损害的全部损失中,扣除残存的建筑材料的价值,其余的,才是实际的财产损失。责任人仅就实际的损失承担赔偿责任。

(二)火灾事故责任损害赔偿法律关系权利义务主体

构成火灾事故责任,就在当事人之间发生火灾事故的损害赔偿法律关系。

火灾事故责任损害赔偿法律关系主体,就是这种损害赔偿法律关系的权利人和义务人。

1. 损害赔偿权利人

在火灾事故损害赔偿法律关系中,赔偿权利主体是因火灾事故遭受损害,享有赔偿权利的人,即受害人。

受害人是损害赔偿的权利主体,享有损害赔偿请求权。

2. 损害赔偿的义务主体

在火灾事故责任损害赔偿法律关系中,损害赔偿的义务主体较为复杂。

损害赔偿义务主体就是侵权行为人本人,但是由于火灾事故责任的特殊性,即行为人的行为引起火灾,侵害他人的人身权利或者财产权利,行为人因自己的行为承担损害赔偿义务,也可能因自己所有或管理的物品引起火灾而承担损害赔偿义务,还可能因受自己控制、管理的其他人的行为引起火灾而承担责任,这样导致责任主体与行为主体并不完全一致。

因此,火灾事故责任的损害赔偿义务主体主要包括以下几种:

(1)行为人。行为人作为损害赔偿的义务主体,应当是自己的行为引起火灾,造成受害人的人身损害或者财产损害。这种侵权行为属于一般侵权行为,行为人承担损害赔偿义务,对受害人的损害负责赔偿。

(2)引起火灾的物的所有人、管理人。《民法通则》第126条规定的建筑物及其悬挂物、搁置物致害责任,第123条规定的高度危险作业致害责任,第122条规定的产品致害责任,第124条规定的环境污染致害责任,以及第125条规定的地下工作物致害责任等,这些特殊侵权责任中的物件造成的火灾事故,都应当由引起火灾事故的物件的所有人、管理人或者占有人承担损害赔偿责任。因此,这些物件的所有人、管理人和占有人都是火灾事故责任的损害赔偿义务主体。

可以参考的立法例,如《日本民法典》第717条规定,对因土地工作物的"设置或者保存上存在瑕疵"发生的损害,不论该加害原因是谁制造出来的,工作物的占有者与所有者的关系,占有者为第一责任者,当占有者为防止损害的发生采取了必要的措施得到证明时,占有者得以免责,由所有者负责任。在美国侵权法中,关于物的所有人、管理人对该物致害责任的问题,可以从侵权法对出租人与租赁人权利与责任的界定中体现出来。关于出租人与租赁人权利与责任,在美国侵权法上的规定主要与财产的占有与控制相联系,而与所有权没有什么关系。也就是说,占有与控制决定责任。谁占有和控制着房屋,谁就有责任将其管好。因此当房主将房屋租给房客,房客就占有和控制了该房屋,他就负有管理好这所房屋的责任,使他不会对其他人造成不合理的伤害。如果房主只将一幢大楼的房间出租给房客,房主对这些出租的房间就不再负有责任,而只对一些公共地方(如大门、走廊、电梯、花园、垃圾房)负有不使他人受到伤害的责任,因为他对这些地方还享有占有和控制的权利。谁占有房屋,谁就应该负责,因此房主将房屋租给房客后,对房屋造成的损害就不再负了。在一些例外情况下,如隐性问题即在移交房屋的时候,房主知道或有理由知道他的房子有难以发现的严重问题,却不告诉房客,如果这些问题对房客或其他人造成了伤害,房主就要对之负责。如果房子本身的危险给在屋外的人造成伤害,如果该危险在签订合同时就存在,房主就应该对伤害负责,如果危险不是由房屋本身而是由房客的危险活动造成的,房主一般不负责任,除非他在签订合同时就知道房客有从事类似危险活动的可能。[④]

---

④ 参见郭晓霞:《论失火侵权责任与火灾保险制度》,载杨立新主编:《侵权法热点问题理论探讨》,人民法院出版社1999年版,第330页。

(3)承担替代责任的责任人。在用人的特殊侵权责任中,责任人与行为人相分离,责任人对行为人的致害行为承担民事侵权责任。在火灾事故责任中,同样如此。

主要的情况是:一是雇工执行职务的行为引起了火灾,雇主对此承担赔偿责任。二是企业法人对其法定代表人和其他工作人员执行职务行为造成的火灾事故,承担损害赔偿责任。三是无民事行为能力人或者限制民事行为能力人造成火灾事故,其法定代理人承担损害赔偿责任。四是在定作人指示过失的致害责任中,加工人依照定作人的错误指示加工,引起火灾,定作人承担损害赔偿责任。在这些火灾事故责任的损害赔偿关系中,雇主、法人、法定代理人都是损害赔偿义务主体。其之所以成为损害赔偿法律关系的义务主体,就是因为他们对引起火灾事故的行为人具有特定的关系,构成特殊侵权行为中的替代责任。

(三)火灾事故责任的赔偿范围

火灾事故责任的赔偿范围是:

1. 人身损害赔偿

火灾事故造成的人身损害的赔偿范围,与一般的人身损害赔偿的范围是一致的。对此,应当按照《民法通则》第119条规定的范围和最高人民法院有关司法解释规定的赔偿范围确定具体的赔偿范围。对此,应当按照人身损害赔偿一般范围,确定赔偿医疗费、误工费、护理费、交通费、住宿费、住院伙食费、必要的营养费、残疾用具费、丧葬费、被扶养人的生活补助费,以及精神损害抚慰金的赔偿。

2. 财产损害赔偿

火灾事故责任的财产损害赔偿范围,与一般的财产损害赔偿范围是一样的。对此应当按照《民法通则》第117条规定的赔偿范围进行赔偿。应当按照财产损害赔偿的一般范围确定,赔偿直接损失、间接损失;如果损害的财产是具有人格利益因素的特定的纪念物品,还可以请求赔偿抚慰金。

四、火灾事故责任的分担

在火灾事故责任中,由于火灾事故所造成的损害巨大,往往行为人无法承担全部的损害赔偿责任,这样,受害人的损失往往就无法得到全部的补偿,受到损害的权利就无法得到恢复。因此,在火灾事故责任中,需要建立多种分担火灾事故损失的制度。

(一)保险制度

在救济火灾事故损害的制度中,保险制度是最好的分担责任的制度。一方面,保险是为了确保社会经济生活的安定,使用多数人的集体力量,根据合理计算,通过收取保险费的方式建立保险基金,用以补偿少数人因特定危险发生所遭受的损失或满足其需要的经济制度。它利用集合危险和转移危险的方法,将单个危险分散于社会,消化于无形,从而保障社会的安定。另一方面,保险也是一种法律关系,用法律规定或合同约定的方式,产生保险当事人之间的权利义务关系。在保险法律关系中,投保人以支付保险费为代价,将危险转移给保险人,保险人受领保险费的同时,承担投保人(被保险人)的危险。

因此,保险就是一项最好的分担损失的制度。保险将处在同类危险中的多数单位和个人,通过直接或间接的方式集合为一个整体,根据危险发生的频率、损失的额度及保险金额,在危险发生之前由各单位和个人分摊一定金额,形成保险基金,于危险事故发生后,以此赔偿少数单位和个人的损失。

在火灾事故责任中,仅仅依靠侵权行为法的调整,容易出现损失无法得到全部赔偿的问题。如果对火灾事故进行保险,发生火灾后,保险人能够迅速以保险基金组织赔偿,以弥补侵权责任制度确定责任过程中的拖延和侵权责任人赔偿能力有限的缺陷。通过分散危险,既能迅速弥补受害人的损失,又可避免使侵权行为人因负担巨额赔偿而陷入窘迫状态,能更好地起到稳定社会秩序的作用。

火灾保险,是指以坐落或存放于固定地域范围内的各种物质财产及相关利益为保险标的,主要以火灾包括其他灾害事故为保险危险的财产保险。

火灾事故保险属于财产保险,以火灾及其他自然灾害或意外事故造成保险标的的损失为承保范围的财产损失保险。财产损失保险合同的保险标的范围广泛,但是要取决于保险人同意承保的范围。

火灾保险的保险人,根据保险合同承担保险责任的范围,通常包括三个方面的危险发生造成的损失补偿责任。一是火灾、爆炸;二是自然灾害;三是意外事故。

可以约定保险人的特约责任,常见的附加险有:一是矿下财产损失险;二是露堆财产损失险;三是盗窃险;四是橱窗玻璃意外险;五是企业停工损失险。

在火灾保险中,保险人承担保险责任的条件是:必须有火灾发生,且在保险合同有效期内发生;必须造成损失,损失的载体必须是保险标的,且保险标的是在合同中订明的坐落地因火灾而受损;火灾的发生与损失之间有因果关系。符合上述条件的,可以请求保险人理赔,将火灾事故造成的损失转由保险公司承担。

(二)国家的责任

由于火灾事故造成的损害之巨大,有时候应当由国家分担损失,以避免对受害人因接受赔偿不足或者不能而造成的严重困境。

在国家分担责任中,属于国家赔偿责任的,国家应当承担自己的责任。例如,在公共营造物致害责任中,对国有公共设施设置或者管理欠缺,造成火灾事故,对公众或者他人造成人身权利或者财产权利损害的,国家应当承担自己的赔偿责任。对此,公共营造物致害责任应当是国家赔偿责任,由于我国《国家赔偿法》没有规定这一赔偿制度,因此,对这种赔偿责任尚没有法律依据。但是,各国规定这种国家赔偿制度是通常的惯例,是应当由国家承担赔偿责任的。在我国,也是有其实践依据的。例如,在綦江彩虹桥垮塌案中,实际的赔偿责任就是由国家即当地政府承担的,由国库支付赔偿金。对此,应当按照国家赔偿责任,由国家承担这种赔偿责任。

在不属于国家赔偿责任,没有可以归责的行为人,或者行为人无力赔偿全部损失,同时又没有保险制度保障的情况下,对火灾事故责任受害人的损失,国家应当分担部分或者全部,以使受害人不至于无法生存。

校园欺凌行为的侵权责任研究[*]

校园欺凌行为是各级、各类学校都较常见的现象,遭受欺凌行为侵害的未成年学生甚至成年学生都可能产生强烈的孤独感、无助感,甚至出现厌学、自杀等极端后果,亟须研究法律对策,对受害人进行保护。本文从民法的角度分析校园欺凌行为的性质、特点,提出对此种侵权行为后果予以侵权法救济的基本规则。

一、校园欺凌行为的概念及特点

(一)对校园欺凌行为概念的不同界定

通常认为,欺凌(bully)是指行为人意图控制(control)、恐吓(intimidate)或孤立(isolate)受害人而持续、恶意使用具有羞辱、威胁或骚扰性等内容的行为。[①]校园欺凌(School bullying)又称"校园霸凌",是将欺凌行为主体限定于与校园活动有关的人群之间。对校园欺凌行为如何界定有不同的意见。

挪威学者 Dan Olweus 将校园欺凌定义为,一名学生长时间并且重复地暴露于一个或多个学生主导的负面行为之下,欺凌并非偶发事件,而是长期性且多发性的事件。[②]有观点认为,校园欺凌还包括教师等学校工作人员以及校外人员对学生实施的伤害行为;或者任何一种导致不快的多余注意,均可被视为欺凌。[③] 还有观点认为定义欺凌行为可以通过对具体行为方式的列举来完成。

英国政府教育与技能部(DFES)对校园欺凌所作的官方界定是:反复的、有意的或持续的意在导致伤害的行为,但偶发的事件在某些情况下也可被看做欺凌;个人或群体施加的有目的的有害行为;力量的失衡使得被欺凌的个体感觉失去抵抗。[④]

日本文部科学省关于儿童、青少年群体中出现的"欺凌"问题的定义,在 2007 年

---

[*] 本文发表在《福建论坛》(人文社会科学版)2013 年第 8 期,合作者为首都经济贸易大学法学院助理教授陶盈博士。

[①] Daniel B. Weddle, Bullying in Schools: The Disconnect between Empirical Research and Constitutional, Statutory, and Tort Duties to Supervise, Temple Law Review, Vol. 77, 2004, p. 64.

[②] Olweus, D. , Bulling at school: What we know and what we can do. 牛津: Blackwell. 2011,3.

[③] Tourette syndrome and bullying at school, http://www·gosh·nhs·uk/factsheets/families/F070261/index·html.

[④] House of Commons Education and Skills Committee (2007), Bullying, Third Report of Session 2006 – 07, p. 7.

以前主要强调,具有下列特点的行为是欺凌行为:一是单方面欺辱比自己弱势的人;二是在身体上、心理上施加持续性的攻击;三是让对方感到深重的痛苦。2007年对欺凌重新定义后,不再拘泥于需要具备持续的攻击和痛苦的感受,而是强调该学生遭受与自身保持一定社会关系的人心理性、物理性的攻击,感受到精神上的痛苦,其发生地点不区分校内或校外。⑤

我国台湾地区将校园欺凌行为称为校园霸凌,"教育部"依据修正公布的"教育基本法"第8条,于2012年7月26日发布了"校园霸凌防制准则",规定校园霸凌是指相同或不同学校学生与学生间,于校园内、外所发生之个人或集体持续以言语、文字、图画、符号、肢体动作或其他方式,直接或间接对他人为贬抑、排挤、欺负、骚扰或戏弄等行为,使他人处于具有敌意或不友善之校园学习环境,或难以抗拒,产生精神上、生理上或财产上之损害,或影响正常学习活动之进行。此外,学生系指"各级学校具有学籍、接受进修推广教育者或交换学生"。⑥ 校园暴力行为的构成要件主要包括:具有欺侮他人的行为;具有故意伤害的意图;造成生理或心理上的伤害;双方势力(地位)不对等;其他经学校防制校园霸凌因应小组讨论后认定的行为。

我国香港特别行政区学者基本认为同时具备以下三种元素的行为被定义为欺凌⑦:一是重复发生,即欺凌行为在一段时间内重复发生,而不是单一的偶发事件。二是具有恶意,即欺凌者蓄意地欺压及伤害他人。三是权力不平衡的状态,即欺凌者明显地比受害者强,而欺凌是在受害者未能保护自己的情况下发生。

(二)校园欺凌行为的概念与基本特点

借鉴上述对校园欺凌行为的不同界定,笔者认为,校园欺凌行为是指一个或多个学生,以强凌弱或以众欺寡,集中、持续地蓄意伤害或欺压其他学生,造成受害学生肉体上或精神上痛苦的行为。

校园欺凌行为具有以下基本特点:

1. 行为主体为一个或多个处于强势的学生

校园欺凌行为的主体是学生,而不是其他人。实施欺凌行为的学生通常是由数人组成,形成实力或者势力上的优势;由一个学生实施欺凌行为,该学生的势力优势明显。由于实施欺凌行为的学生人数众多或者势力强大,与被欺凌学生之间形成相当明显的反差,使被欺凌的学生在心理上惧怕,不敢进行反抗。

2. 欺凌行为包括对被欺凌学生进行精神上或肉体上的侵害

---

⑤ 参见日本文部科学省网站(http://www.mext.go.jp/a_menu/shotou/seitoshidou/1302904.htm)。引自"いじめの定義",原文:"いじめ"とは、"当該児童生徒が、一定の人間関係のある者から、心理的、物理的な攻撃を受けたことにより、精神的な苦痛を感じているもの。"とする。なお、起こった場所は学校の内外を問わない。

⑥ 台湾地区"教育部"防制校园霸凌专区(https://csrc.edu.tw/bully/bullying.asp)。

⑦ 参见香港教育统筹局"和谐校园齐创建"资源套(Beane, 1999; DFES, 2002; Newman, Horne & Bartolomucci, 2000; Olweus, 1993),载 http://peacecampus.edb.hkedcity.net/1_3.html。

校园欺凌既有通过单纯、直接的身体攻击进行加害的行为,也有采取其他手段对受害人造成精神痛苦的行为。身体上的攻击例如碰撞、掌掴、拳打脚踢等是比较明显的欺凌行为,语言上的戏弄、讥笑、谩骂、诋毁、散播谣言,社交上的排斥、孤立、敌视,以及心理上的折磨及胁迫性的索取金钱及物品等行为,也都是欺凌行为的表现。

3. 校园欺凌行为通常呈持续性状态

校园欺凌行为多非突发性、偶然性事件,而是在一段时间内重复发生的持续性事件。欺凌行为通常发生在校园,也有发生在校外的。不过,随着信息科技的进步,网上欺凌行为急剧增长,欺凌者利用互联网等高科技手段,例如通过电子邮件、博客、网上聊天、短信等恶意诋毁或发布侮辱性的消息,进行人身攻击,嘲弄及中伤受害者。

4. 在欺凌者与被欺凌者之间形成支配和被支配关系

欺凌行为既有公开进行的,也有隐蔽进行的,一般都会使家长和教师难以察觉。欺凌行为人通过欺凌行为的实施,追求的是建立与被欺凌者之间的不平等关系,实现对被欺凌学生的控制和支配,获得人身上或者财产上的利益,欺压弱者,逼迫钱财,形成恃强凌弱、仗势欺人的权利不对等态势和不平等格局。

(三)校园欺凌行为的严重状况

校园欺凌问题是长期困扰各国或地区的社会问题,严重影响了学校正常的教学秩序,引起社会和家长的普遍担忧。日本是校园欺凌事件高发的国家,2003年近8 000所学校中发生了23 000多起欺凌事件[8],2010年日本学生间发生暴力行为34 277件。[9] 据调查显示,美国三成多学生表示学校经常发生"辱骂讥刺""排挤孤立""对待学生不公平"的现象,我国大陆也有超过15%的学生表示经常受到辱骂讥刺。[10] 在我国台湾地区的初高中、职校,男生遭受校园欺凌的比率达10.3%,有一成左右的小学生每周至少被同学欺负一次,超过六成的学生表示在学校曾被同学欺侮。[11]

面对校园欺凌行为的严重状况,必须加强校园法制建设,通过法律手段,制裁校园欺凌行为,保护被欺凌学生的健康成长。在这方面,《侵权责任法》应当发挥重要作用。

二、校园欺凌行为的性质与侵权责任构成

(一)校园欺凌行为的性质是侵权行为

校园欺凌行为的主要表现形式是由学生对学生实施的各种暴力或者非暴力行

---

[8] 参见李茂:《遏制校园欺凌:各国自由招》,载《中国教师报》2005年2月23日。
[9] 参见《海峡都市报》(http://www.nhaidu.com/news/16/n-262616.html)。
[10] 参见中国青少年研究中心课题组:《中日韩美四国高中生权益状况比较研究报告》,载《中国青年研究》2009年第6期,第62—68页。
[11] 参见《台湾校园霸凌现象严重 "国民党立委"呼吁"立法"》,载http://news.fznews.com.cn/taigangao/2010-10-11/20101011KFrQEtKWBB101536.shtml,2015年4月10日访问。

为,如故意损坏私人财物、殴打不顺从的学生、捉弄或取笑他人、携带刀具恐吓、通过武力或以武力相威胁抢劫、索要他人财物或强迫他人做违背个人意愿的事、侮辱谩骂进行人身攻击以及性骚扰等。而被欺凌的学生多表现为感觉自己被其他同学取笑或捉弄、被言语侮辱、被无礼谩骂、被人歧视或孤立排斥、受到挑衅和欺侮、个人物品被人故意损坏、遭受暴力威胁或恐吓、被人殴打(包括推搡、冲撞)、被人抢劫或勒索财物以及被性骚扰等。由于很多受害学生在遭受欺凌后出于惧怕威胁、害怕报复或者感觉有伤颜面而选择了沉默,更加助长了此类行为的发生。

校园欺凌行为是违反法律的。从刑事法律方面看,情节严重、后果严重的,构成犯罪行为。依照民法的立场进行观察,校园欺凌行为的基本性质属于侵权行为。实施欺凌行为的一方是侵权人,对被欺凌的一方进行暴力的或者非暴力的侵害,造成民事权利的损害,例如身体权、健康权的损害,财产权的损害以及名誉权、人身自由权、性权利的损害等。一个或者数个主体对他人实施违法行为,侵害他人的民事权利,造成他人人身、财产权益受到损害的行为,就是侵权行为。校园欺凌行为完全具备侵权行为的特点,认定其为侵权行为的基本性质,是完全正确的。

(二)校园欺凌行为的侵权责任构成

侵权责任必须由违法行为、损害事实、因果关系、过错四个要件齐备始得构成,缺一不可。[12] 校园欺凌行为的侵权责任构成也应当按照这四个要件进行具体判断。

1. 欺凌行为的违法性

(1)行为主体。校园欺凌行为的主体,是实施欺凌行为的学生。由于欺凌行为的多样性,行为主体比较复杂。我国香港特别行政区的一些研究试图将涉及欺凌事件中的人物作出更细致的分类,如欺凌者(Bully)发动欺凌行为,并带领其他同学参与其中;协助者(Assistant)跟随带领者,直接参与欺凌行动;旁观者(Bystander)支持欺凌者的行为,如冷眼旁观甚至嬉笑、助威等。这些角色并非持久不变,会因应不同情况或随着事件的发展而有所变动。而欺凌者的类型又被分为典型欺凌者和被动欺凌者,典型欺凌者多属于霸道和冲动的倾向使用暴力欺压他人的行为人,而被动欺凌者则多属于看见欺凌者的暴力行为得逞,于是协助及附和欺凌者,有些则借此保护自己免受欺凌。[13]

欺凌者、协助者、旁观者等都是校园欺凌行为的行为人,属于多数人的欺凌行为,构成共同侵权行为。欺凌者与协助者都是共同行为人;旁观者一般不构成共同行为人,但明知欺凌行为而在旁观中呐喊助威、出谋划策者,则有意思联络,为共同侵权行为人。

如果只有一个人实施欺凌行为的,为单一侵权行为,在实践中更容易判断。

实施欺凌行为的行为人多数为未成年学生,属于限制民事行为能力人,少数是成

---

[12] 参见杨立新:《侵权法论》,人民法院出版社 2011 年版,第 158 页。
[13] 参见香港大学专业进修学院网站,2015 年 4 月 8 日访问。

年人。未成年人实施的欺凌行为,行为人的监护人是责任人。

(2)行为属性。校园欺凌行为通常是作为的积极行为,欺凌行为人对被欺凌人实施积极行为,进行欺压、迫害、要挟甚至施以暴力。不作为的形式较难构成欺凌行为。

欺凌行为人如果是未成年人,则其监护人的行为方式属于未尽监护义务的不作为行为,属于消极行为。

(3)违法性。校园欺凌行为的违法性表现在,违反法律规定的对绝对权利的不可侵义务。任何自然人都享有人身权利和财产权利。这些权利是绝对权,绝对权人之外的任何人都是义务人,都对权利人负有不可侵义务。违反这种绝对的不可侵义务,就具有违法性。校园欺凌行为的加害学生施加欺凌行为,侵害被欺凌人的生命、健康、人身自由、名誉等人格权利以及侵犯他人财产权利,为受害学生带来肉体上、精神上的痛苦,当然具有违法性。

2. 被欺凌学生的人身或者财产的损害事实

欺凌行为的损害事实,是指因施加欺凌行为致使受害学生的人身权利、财产权利及其他利益受到侵害,造成财产利益和非财产利益减少或灭失的客观事实。欺凌行为具有多样性,从言语嘲笑、孤立冷落,到侮辱谩骂、人身攻击,再到施加暴力、勒索财物等,能够侵害受害学生的健康权、身体权、人身自由权、名誉权以及性自主权等人格权利,也可能侵害其财产权利。造成的后果:一是人身损害事实;二是精神损害事实;三是财产损害事实。其中前两种损害事实是校园欺凌行为造成的损害事实的常态。

3. 欺凌行为与损害后果之间的因果关系

因果关系指的是违法行为作为原因,损害事实作为结果,在它们之间存在的前者引起后果,后者被前者所引起的客观联系。[14] 校园欺凌行为侵权责任中的因果关系,是欺凌行为主体实施的违法行为与被欺凌学生人身、财产损害结果之间具有的引起与被引起的客观联系。只有具备这种因果关系,才能构成欺凌行为的侵权责任。

确定校园欺凌行为的因果关系,适用相当因果关系规则。按照一般的社会生活经验,如果欺凌行为是造成被欺凌学生人身损害或者财产损害的适当条件的,就认为具有因果关系。例如对校园欺凌行为与受害学生的逃课行为、心理障碍、自杀等损害后果之间,如果成立适当条件,则应当认定为有因果关系。不过,相当因果关系是构成侵权责任因果关系要件的一般性标准,如果欺凌行为与损害结果之间具有直接因果关系,即欺凌行为是损害后果发生的原因的,当然构成侵权责任。

如果欺凌行为仅仅是损害发生的条件,不符合适当条件要求的,则不成立因果关系,因而不构成侵权责任。

4. 过错

校园欺凌行为侵权责任构成须具备主观要件,即实施欺凌行为的主观心理状态。主要表现是:实施欺凌行为的学生在主观上通常是故意,是意图对被欺凌学生实施不

---

[14] 参见杨立新:《道路交通事故责任研究》,法律出版社2009年版,第109页。

法行为,而使其臣服或者受其支配。不过,在对实施行为和造成损害后果之间,行为人的过错性质可能不同。对实施的行为,当然要求是故意所为;但对于损害后果,有的可能是行为人的故意,有的可能不是行为人的故意。例如,由于实施欺凌行为的学生多数属于未成年人,其故意实施欺凌行为,但对造成的损害后果事先并未意识到,存在间接故意的可能,甚至存在过于自信的重大过失。

对数人实施的校园欺凌行为,数个行为人都有故意。教唆人、实行人当然有共同故意,即使帮助人也必须具有共同故意。其中对行为过错和后果过错的判断,与前述相同。

如果实施欺凌行为的行为人是成年人,上述关于主观上过错的分析不存在问题。但是在行为人是未成年人时,由于即使未成年人具有故意,也非法律上的过错,而应考察其监护人的过错。依照《侵权责任法》第32条第1款的规定,无民事行为能力人或者限制民事行为能力人造成他人损害,由未尽到监护职责的监护人承担侵权责任。在这种情形下,过错要件实际表现为监护人未尽监护职责的过失。事实上,如果无民事行为能力人或者限制民事行为能力人故意实施欺凌行为,通常都是监护人未尽监护责任,符合侵权责任构成的主观要件的要求。

三、校园欺凌行为的侵权责任承担

校园欺凌行为侵权责任承担比较复杂,因为不仅存在欺凌行为人的责任,还存在监护人责任以及学校责任的问题。

(一)行为人的侵权责任

如果欺凌行为人是成年人,则校园欺凌行为人承担的侵权责任分为以下三种类型:

1. 单一行为人承担单独责任

实施欺凌行为的行为人如果是成年人,且为一人实施,应当由行为人一人承担侵权责任。无论是人身损害赔偿,还是精神损害赔偿或者财产损害赔偿,都由行为人一人承担单独责任。

2. 构成共同侵权行为承担连带责任

数个成年学生有共同的加害故意,对受害人共同实施欺凌行为的,依照《侵权责任法》第8条的规定,构成共同侵权行为,对受害人之损害应当承担连带责任。教唆人、帮助人、实行人都是成年人的,承担连带责任。教唆、帮助未成年学生实施欺凌行为的,依照《侵权责任法》第9条第2款的规定,教唆人和帮助人承担连带责任,监护人承担相应的责任(即按份责任),构成单向连带责任。[15] 数人实施校园欺凌行为,其中一人或者数人的行为造成他人损害后果,该损害后果包含在共同故意之中,不必依

---

[15] 参见杨立新:《多数人侵权行为及责任理论的新发展》(本书第1540页),载《法学》2012年第7期。

照《侵权责任法》第10条规定的共同危险行为的规则处理,直接认定为共同侵权行为,承担连带责任即可。

3. 构成分别侵权行为承担按份责任

依照《侵权责任法》第12条的规定,二人以上分别实施欺凌行为造成同一损害,能够确定责任大小的,各自承担相应的责任;难以确定责任大小的,平均承担赔偿责任,即实行按份责任。对此,应当区分分别的欺凌行为与共同的欺凌行为之间的界限,在通常情况下,当多数行为人之间不存在欺凌的意思联络,各自实施的欺凌行为结合在一起,造成同一损害后果时,如果损害后果是可分的,应当结合各行为的原因力大小和各行为人的过错程度,确定各自的责任份额。

依照《侵权责任法》第11条关于二人以上分别实施欺凌行为造成同一损害,每个人的行为都足以造成全部损害的,各行为人承担连带责任的规定,虽然数个行为人不构成共同侵权行为,但各行为人对于损害的发生都具有100%的原因力的,也应当承担连带责任。

(二)未成年行为人的监护人责任

实施校园欺凌行为的行为人是未成年人的,其责任人是无民事行为能力人或者限制民事行为能力人的监护人。只要其未尽到监护责任的,依照《侵权责任法》第32条第1款的规定,由监护人承担替代责任。即使监护人尽到了监护责任,依照这一规定,也不能免除监护人的责任,而是减轻监护人的责任。不过,在校园欺凌行为中,监护人善尽监护责任的极为罕见,只有无民事行为能力的学生被他人教唆对被欺凌人实施欺凌行为的,才有可能出现,但仍然是减轻责任而不是免除责任。

如果未成年的欺凌行为人自己有财产的,应当先由其财产支付赔偿费用,不足部分,由监护人赔偿。

(三)学校未尽管理职责的补充责任

行为人实施校园欺凌行为,学校未尽管理职责,使未成年学生在学校等教育机构受到欺凌造成损害,符合《侵权责任法》第40条规定情形的,学校应当承担相应的补充责任。

依照《侵权责任法》第40条的规定,学校等教育机构对未成年学生负有管理职责。存在管理过失,给校园欺凌行为提供了实施条件的,即为未尽管理职责。我国《教师法》规定,教师有"制止有害于学生的行为或者其他侵犯学生合法权益的行为,批评和抵制有害于学生健康成长的现象"的义务。教师应当着重关切外地学生、转校生、性格内向孤僻及年龄较小的学生等可能会成为校园欺凌行为主要对象的学生,应该对学生间发生争执、打斗等情况提高注意,有责任关心和了解学生日常生活状态,不单纯着力于解决已经发生了的争执事件,还要防患于未然,致力于学生间关系的修复,维护班级团结和睦的关系。对于默许、纵容欺凌行为而不予制止的,构成未尽管理职责的过失。

教师未尽管理职责,学校有失察的过失。学校对学生未尽管理职责,使未成年学生在学校或者其他教育机构学习、生活期间遭受欺凌,受到人身损害或者其他损害,学校或者其他教育机构应当承担责任。如果是无民事行为能力学生遭受欺凌造成损害,学校承担的是过错推定责任,即首先推定学校有过失,能够证明自己没有过错的,才能够免除责任。如果是限制民事行为能力人遭受欺凌受到损害的,学校承担过错责任,被侵权人应当证明学校有未尽管理职责的过失,否则学校不承担补充责任。

判断学校是否善尽管理职责,应当根据实际情况确定。为保证学生安全,学校应当设立适应其性质、规模、所在区域环境的安保机构,并配足安保人员。当发现校园欺凌行为时,应当立即采取措施处理,避免损害发生,导致严重后果。在这些方面存在疏漏,即为存在管理过失。

学校等教育机构承担相应的补充责任,应当明确两点:第一,即使学校存在管理过失,应当承担责任,但由于学校承担的是相应的补充责任,因此应当先由欺凌行为人或者其监护人承担赔偿责任,在其不能承担或者不能全部承担赔偿责任时,学校才承担补充责任。第二,学校承担的是相应的补充责任,这个相应,是与其过错程度和行为的原因力相适应,即属于有限的补充责任,而不是完全的补充责任。[16]

---

[16] 参见杨立新:《多数人侵权行为及责任理论的新发展》(本书第1540页),载《法学》2012年第7期。

第七分编
医疗损害责任

中国医疗损害责任制度改革[*]

改革开放30年来,随着医疗体制改革的不断深入发展,我国的医疗损害责任制度也不断发展,从一个弱小的民事权利保护制度,经历了案件案由、法律适用和责任鉴定三个双轨制的曲折发展,形成了一个比较强大但却不够完备、不够完善的权利保障制度,目前正在向健全的方向发展,以更好地保护民事主体的权利,发挥平衡受害患者、医疗机构及全体患者之间的利益关系的重要作用。正在制定的《中华人民共和国侵权责任法(草案)》对此将作出统一规定,我国健全、完善的医疗损害责任制度,在该法通过实施之后将宣告建立。值此时机,研究这个问题并提出医疗损害责任改革的设想,为立法建言,就显得更为重要。本文通过研究我国医疗损害责任制度的现状,进行分析和比较,提出改革我国医疗损害责任制度的全面设想。

一、我国现行医疗损害责任制度的基本状况

(一)我国30年来医疗损害责任制度的发展过程

在1978年改革开放之前,我国的医疗损害赔偿制度在医疗服务福利化的基础上,并没有特别突出地显露出重要性,相关的纠纷案件不多。在改革开放之后,随着医疗体制改革的不断发展,医疗损害责任纠纷开始逐渐增多,相应的法律规范逐渐发展。30年来,我国法律规制医疗损害责任纠纷制度经历了以下3个阶段:

1. 限制患者赔偿权利阶段

改革开放之初,在规制医疗损害责任纠纷上,并没有统一的法律和法规。随着这类纠纷的不断增加,为了规范医疗机构的医疗行为,确定医疗损害责任,国务院于1986年6月29日出台了《医疗事故处理办法》(以下简称《办法》),于1987年1月1日生效实施。这个行政法规出台的背景,是实行公费医疗的福利化政策,医疗机构医疗行为的性质是社会福利保障。因此,对于医疗机构在医疗活动中造成患者人身损害的赔偿责任,采取严格限制政策。这种限制赔偿政策突出地表现在两个方面:第一,限制医疗事故责任构成,明确规定只有构成医疗责任事故和医疗技术事故,受害患者一方才可以请求赔偿,明确规定医疗机构即使存在医疗差错也不承担赔偿责任,

---

[*] 本文发表在《法学研究》2009年第4期。

因而受害患者的很多损害无法得到的救济。第二，限制赔偿数额，《办法》第18条明确规定："确定为医疗事故的，可根据事故等级、情节和病员的情况给予一次性经济补偿。补偿费标准，由省、自治区、直辖市人民政府规定。"据此，各省、直辖市、自治区人民政府分别制定了本地的医疗事故处理办法实施细则，规定当地的一次性补偿标准。例如，《天津市医疗事故处理办法实施细则》第19条规定："确定为医疗事故的，由医疗单位、个体开业医生、乡村医生给予病员或家属一次性经济补偿。其标准为：一级医疗事故：补偿3 000元至4 000元。未满三周岁的婴幼儿为1 000元；新生儿为700元。二级医疗事故：补偿3 000元至5 000元。三级医疗事故：补偿2 000元至3 000元。未满三周岁的婴幼儿为700元；新生儿为500元。"①尽管那时实行低工资制度，全社会的消费水平普遍较低，但对于造成患者严重损害的，这样低标准的最高赔偿数额，显然也不能补偿受害患者的实际损害，受到损害的权利无法得到全面的救济。可见，《办法》过于考虑我国医疗服务的福利性质，偏重于对医疗机构的保护，严重限制了受害患者一方的民事权利，因而受到各界的普遍反对，法院的判决不断突破《办法》规定的限制受害患者赔偿权利的政策底线②，最高人民法院的司法解释也有松动。③ 但这些做法没有也不可能从根本上改变限制赔偿这种不利于保护受害患者合法权益的被动局面。

2.加重医疗机构举证责任初步形成防御性医疗阶段

2002年4月4日，国务院将《办法》修订为《医疗事故处理条例》（以下简称《条例》）予以公布，并于2002年9月1日施行。《条例》在一定程度上改变了对受害患者的赔偿权利进行严格限制的做法，例如将医疗事故改分为四级，废除限额赔偿制并定出明确的赔偿标准，医疗事故鉴定由卫生行政主管部门主管改为医学会主管等。但这些措施并没有从根本上改变对医疗事故损害予以限制的基本做法，也没有摆脱行政机关偏袒医疗机构的嫌疑。在此之前，最高人民法院于2001年12月21日出台并于2002年4月1日实施的《关于民事诉讼证据的若干规定》第4条第(八)项明确规定："因医疗行为引起的侵权诉讼，由医疗机构就医疗行为与损害结果之间不存在因果关系及不存在医疗过错承担举证责任。"这种过错和因果关系的双重推定以及举证责任倒置，使医疗机构在医疗损害责任纠纷诉讼中处于严重的不利诉讼地位。这两个不同的行政法规和司法解释，一个保护医疗机构的特权，一个给了受害患者以更优越的民事诉讼地位；一个在于减轻医疗机构的责任，一个在于加强对受害患者的权利保护，因而存在较大的矛盾。尽管在司法实际操作中，最高人民法院于2003年1月6

---

① 之所以二级医疗事故的赔偿数额比一级医疗事故的赔偿数额高，是因为一级医疗事故是造成患者死亡，只需赔偿丧葬费等费用；而二级医疗事故是造成患者残疾，需要赔偿残疾生活补助等费用。

② 参见新疆乌鲁木齐市新市区人民法院判决的刘颖诉新疆军区总医院医疗损害赔偿案。杨立新：《推动中国侵权法发展的十大经典案件》（本书第2804页），载《方圆》2003年第7期。

③ 例如最高人民法院在1992年2月24日《关于李新荣诉天津市第二医学院附属医院医疗事故赔偿一案如何适用法律的复函》指出，《民法通则》和《办法》的基本精神是一致的，应当依照《民法通则》和《办法》的有关规定处理。

日出台《关于参照〈医疗事故处理条例〉审理医疗纠纷民事案件的通知》,规定"条例实施后,人民法院审理因医疗事故引起的医疗赔偿纠纷民事案件,在确定医疗事故赔偿责任时,参照条例第49条、第50条、第51条和第52条规定办理";而在同年12月26日公布、2004年5月1日实施的《关于审理人身损害赔偿案件适用法律若干问题的解释》规定的人身损害赔偿标准大大高于《条例》第50条至第52条规定的标准。由于起诉医疗事故责任受害患者一方得到的赔偿数额大大低于以医疗过错起诉获得的人身损害赔偿数额,因而医疗损害责任中医患之间的矛盾更加突出,出现了更多的受害患者一方选择医疗过错的案由向法院起诉,以避免适用《条例》规定的过低标准。由于证明过错和因果关系实行推定的证据规则的适用,使医疗机构陷入严重的不利诉讼地位。在司法机关,法官明知对同样的医疗损害责任纠纷刻意进行医疗事故和医疗过错的区分并不合理,并且采取不同的赔偿标准处理同样的医疗损害责任纠纷是不符合民事权利保护的法律要求的,但拘泥于最高人民法院确定的"条例施行后发生的医疗事故引起的医疗赔偿纠纷,诉到法院的,参照条例的有关规定办理;因医疗事故以外的原因引起的其他医疗赔偿纠纷,适用民法通则的规定"原则,更多地默许甚至鼓励受害患者一方提起医疗过错诉讼。基于医学会对医疗事故鉴定的垄断,司法鉴定机构普遍开展医疗过错鉴定,形成了医疗损害责任鉴定的双轨制,进一步加剧了混乱。正因为如此,医疗机构及医务人员普遍陷入恐慌之中,为保存证据应对严重的医疗诉讼和赔偿责任的压力,对患者普遍实行过度检查等手段保留证据,大大增加了患者的医疗费负担,进而对具有一定风险的医疗行为推诿甚至拒绝治疗,进一步加剧了医患矛盾,造成了较为明显的防御性医疗态势。医患之间互不信任,医患关系空前紧张,有的医生就诊前不得不带上头盔,以防范患者袭击。有条件的医院在诊室安装录音、录像系统,以记录诊疗过程,获取证据,保护自己。据中华医院管理学会2005年6月至7月对270家医院的调查,三甲医院每院年均发生医疗纠纷30余件,年均医疗纠纷赔偿数额100多万元人民币。全国73.33%的医院出现过患者及家属殴打、威胁、辱骂医务人员现象;59.63%的医院发生过因病人对治疗结果不满意,围攻、威胁院长的情况;76.67%的医院出现过患者及其家属在诊疗结束后拒绝出院,拒交住院费;61.48%的医院出现过因病人去世,病人家属在医院摆设花圈、设置灵堂等现象。④ 这种现象被称为"医闹",被认为是"社会不能承受之痛"。⑤

对此,笔者曾经在媒体上撰文指出,最高司法机关对医疗行为引起的侵权诉讼规定在因果关系和过错要件上实行举证责任倒置,虽然可以大大改变受害患者的诉讼地位,有利于保护受害患者的合法利益,但举证责任倒置的范围过于宽泛,其结果必然是强加给医疗机构以过重的责任,最终受损害的是全体患者,因为医院的赔偿责任

---

④ 参见张新宝:《大陆医疗损害赔偿案件的过失认定》,载朱柏松等:《医疗过失举证责任之比较》,元照出版公司2008年版,第76页。

⑤ 耿仁文:《"医闹"——社会不能承受之痛》,载《中国医院法治》,2007年第3期。

最终还是要分散到全体患者负担,最终受到损害的还是全体患者。⑥

3. 进行反思和理性思考阶段

正是在医疗机构全面防御、医疗费用普遍提高、医患关系日益紧张的态势下,法律和医学界对此都开始进行反思和理性思考,深入探讨医疗损害责任纠纷法律适用的应然对策。集中考虑以下5个问题:第一,医疗损害责任纠纷究竟是否应当分为医疗事故和医疗过错两个不同的案由?第二,医疗损害责任的归责原则是否应当一律适用过错推定原则?第三,医疗损害责任纠纷的诉讼证据规则是否必须实行过错推定和因果关系推定?第四,医疗损害责任的赔偿标准是否应当予以限制,能否实行统一的人身损害赔偿标准?第五,医疗损害责任鉴定性质是医学鉴定还是司法鉴定?对此,医学界和法律界都在思考,各自提出不同的意见,促使立法机关作出最后的决策。在2008年7月2日立法机关主持召开的医疗损害责任座谈会上,与会的法学专家、医学专家、医方律师和患方律师代表等经过广泛讨论,对当前的医患关系形势的判断都是一致的,共同认为立法机关必须采取措施,在《侵权责任法》中对医疗损害责任制度作出明确、统一的规定,以平衡医患之间的利益关系及受害患者与全体患者之间的利益关系,并且认为这是作出法律决策的最好时机。

笔者认为,我国学术界和实务界对医疗损害责任的上述思考,尽管还只是表现在理论的反思和制度设计层面,司法实践和立法制度还没有开始进行实质性的变革,但这无疑是一个极好的开端,对于我国医疗损害责任制度改革已经奠定了良好的思想和理论基础。

(二)我国司法实务实行三个双轨制构成的二元化结构的医疗损害责任体系

首先应当分析我国医疗损害责任在司法实务上的基本做法,以便为医疗损害责任制度改革提供必要的实践基础。可以确定的是,我国现行司法实务实行的是由三个双轨制构成的二元化医疗损害责任制度,即一个二元化的医疗损害责任制度是由三个双轨制构成的。三个双轨制的具体内容是:

1. 医疗损害责任诉因的双轨制

医疗损害责任的诉因,也就是医疗损害责任纠纷的案由,在理论上表现为医疗损害责任的概念。凡是医疗机构及医务人员因过失造成患者人身损害,本来都是相同的事实,在法律适用上可能出现的后果,应当是选择侵权责任作为请求权的法律基础,还是选择违约责任作为请求权的法律基础,因而在法律适用上由受害患者一方进行选择。这个问题已经由《合同法》第122条规定了具体的解决方法⑦,实践中并没有出现法律适用上的问题。但是,在选择适用侵权法作为请求权法律基础的医疗损害责任纠纷中,却在案件的诉因或者案由上,在司法实践中被刻意地区分为医疗事故

---

⑥ 本文发表在《检察日报》上,后收在《闲话民法》一书,人民法院出版社2005年版,第427—428页。

⑦ 《合同法》第122条规定:"因当事人一方的违约行为,侵害对方人身、财产权益的,受损害方有权选择依照本法要求其承担违约责任或者依照其他法律要求其承担侵权责任。"

责任和医疗过错责任。⑧ 这样的"双轨制"原本就没有任何事实上和法律上的依据，但最高司法机关却承认这样的诉因和案由的"双轨制"，并且在司法实务中将其理直气壮地称之为"区别对待"原则，一直坚持这种不合理的做法，很难让人理解和接受。

2. 医疗损害赔偿标准的双轨制

医疗损害赔偿诉因和案由的双轨制，其基础在于损害赔偿责任标准的双轨制。30年来，国家行政机关始终坚持认为我国的医疗服务具有福利性质，因此必须在医疗损害赔偿标准上实行限制原则，而不能适用一般的人身损害赔偿标准。在《办法》中规定一次性补偿方法以及相应的赔偿标准，体现了这样的思想；在《条例》中，尽管其规定的赔偿数额标准有所提高，但体现的仍然是限制赔偿思想。由于最高人民法院司法解释规定的人身损害赔偿标准远远高于《条例》规定的标准，而最高人民法院在司法解释中又明确确定，对医疗事故赔偿纠纷应当参照《条例》规定的标准办理，因此，对于医疗鉴定机构鉴定不构成医疗事故的医疗损害责任纠纷，或者患者不请求进行医疗事故鉴定的医疗损害责任纠纷，以医疗过错为诉因和案由起诉，可得到大大高于医疗事故标准的赔偿。同样，最高司法机关采取明确的态度准许这种赔偿标准的双轨制，使医疗损害责任赔偿标准的双轨制合法化，并被广泛应用，形成了目前这种法律适用的奇怪现象。

3. 医疗损害责任鉴定的双轨制

与前述两个双轨制相适应，在医疗损害责任的鉴定中同样也存在双轨制。在我国传统理念中，医疗事故鉴定是独家的医学鉴定，因此是由医疗机构的行政主管机关或者医学研究机构独家垄断的医学鉴定，其他任何人都不能插手。《办法》确定的医疗事故鉴定制度，是由政府的卫生行政主管部门组织医疗事故鉴定委员会进行鉴定，法官对医疗事故鉴定结论无权进行司法审查，只能按照医疗事故鉴定结论来认定事实，医疗事故鉴定结论认为构成责任事故或者技术事故的，法院依此作出赔偿判决；只要医疗事故鉴定委员会作出不是或者不属于医疗事故甚至不构成医疗差错的鉴定结论，法官也都无权判决确定医院承担赔偿责任。《条例》实施之后，医疗事故鉴定不再由政府部门组织，而是由医学会建立医疗事故鉴定的专家库，需要进行医疗事故鉴定时，由医学会负责，随机抽取鉴定专家组成鉴定组作出鉴定。鉴定级别原则上分为县、地区（市）和省三级，中国医学会在必要时也可以组织鉴定。《条例》尽管作出了上述改变，但仍然没有改变医疗事故责任鉴定是医学鉴定的性质，因此，法官无权插手、无权审查。作为一种反抗，多数法院和法官默许、接受受害患者一方提供其他司法鉴定机构的医疗过错鉴定，对不申请医疗事故责任鉴定和鉴定为不属于医疗事故责任的案件，将医疗过错鉴定结论作为认定事实的依据，形成了医疗损害责任鉴定的双轨制。对此，尽管医疗机构对这种鉴定的科学性和合法性提出诸多质疑并且反对，

---

⑧ 卫生部"医疗事故处理条例在实践中存在问题的研究"课题组：《医疗事故处理条例应上升为法律？》，载《中国医院法治》2007年第3期。

但多数法院和法官都对经过审查的医疗过错鉴定结论予以认定,作为认定案件事实的根据。⑨ 因此,尽管《条例》规定只有医学会才享有组织医疗事故责任的鉴定权力,但却无法改变司法实务肯定医疗过错鉴定的做法,遂医疗损害责任鉴定的双轨制便成为司法现实⑩,并为受害患者所广泛采用。

三个双轨制构成的医疗损害责任体系,表现为医疗事故责任和医疗过错责任的二元化。医疗损害责任体系的二元化结构,典型地反映出我国医疗损害责任制度的现实状况和法律适用的混乱程度。

二、我国现行医疗损害责任形成二元化结构的基本原因及严重后果

(一)我国现行医疗损害责任形成二元化结构的基本原因

1. 行政机关片面强调医疗机构的特殊性,用不适当的方法予以特别保护

社会医疗体制在社会生活中具有极为重要的地位,这是不可否认的。医疗机构担负着救死扶伤,挽救病患,维护大众健康的重要职责。医疗机构不仅是治病医伤的卫生保健机构,还是担负着发展医学科学,改进医疗技术,提高全民健康水平,推进社会进步职责的机构。因此,对于医疗机构及医务人员救治病患、发展医学的积极性必须予以保护。但是,法律也不能面对医疗机构及医务人员的过失,造成受害患者人身损害的客观后果,采取纵容放任的态度,鼓励医疗机构及医务人员的疏忽和懈怠,使患者受到医疗过失行为的损害而得不到必要救济,民事权利无法得到保障。⑪ 在最近的30年中,国家行政机关通过行政法规过于强调医疗机构和医疗行为的特殊性,采取了不适当的方法片面保护医疗机构及医务人员,造成了医患利益保护之间的不平衡。行政机关片面保护医疗机构及医务人员的做法主要是三种:一是提高医疗事故鉴定标准,将具有医疗差错的医疗行为不认为是医疗事故,进而不承担应当承担的赔偿责任;二是控制医疗事故鉴定的权力,将医疗事故鉴定作为医学鉴定,拒绝司法介入,放任医学专家之间的袒护行为,使医疗事故鉴定结论的权威性越来越低;三是大大降低医疗事故的赔偿数额,限制受害患者的赔偿权利。这些做法的必然结果是,导致受害患者的合法权益无法得到全面保护,使人民群众的不满情绪越来越严重,医患

---

⑨ 笔者在《医疗侵权法律与适用》一书中评论过扬州市中级人民法院和江苏省高级人民法院采用司法鉴定机构的鉴定结论作为证据的毛红、葛登娣诉扬州市第一人民医院医疗损害赔偿纠纷案,就是一个典型案例。这个案例的两个判决书,请参见杨立新:《医疗侵权法律与适用》,法律出版社2008年版,第178—197页以下。

⑩ 参见卫生部"医疗事故处理条例在实践中存在问题的研究"课题组:《医疗事故处理条例应上升为法律?》,载《中国医院法治》2007年第3期。

⑪ 法国在19世纪前采取"法律不入医界"的态度,容忍医疗失误,不追究医师的法律责任,因而使医师对病患更不负责任。参见陈忠五:《法国法上医疗过错的举证责任》,载朱柏松等:《医疗过失举证责任之比较》,元照出版公司2008年版,第119页。

之间的关系越来越对立。

2. 患者由于权利得不到妥善保护而对行政机关制定的政策进行反抗

面对国家行政机关片面强调保护医疗机构及医务人员利益的状况，受害患者的合法权益无法得到全面保护，因而须寻找新的出口和途径，寻求新的保护方法。例如，对医疗事故责任构成标准过高的做法，患者选择不起诉医疗事故，转而起诉医疗过错；针对医疗事故鉴定由医疗机构垄断的做法，患者转而不申请医疗事故鉴定而申请医疗过错的法医鉴定；针对《条例》规定的医疗事故赔偿标准过低的做法，患者转而请求依照《民法通则》的规定请求人身损害赔偿。因此，医疗事故与医疗过错、医疗事故鉴定与医疗过错法医鉴定、医疗事故赔偿与人身损害赔偿的三个双轨制应运而生，无法阻挡。可见，医疗损害责任纠纷法律适用上的双轨制，并不是司法者刻意而为，而是行政机关对医疗机构进行片面保护，使患者的权利无法得到全面保障而引发的必然后果。从这个方面可以确认，现行的医疗事故处理规则确实存在严重问题，不纠正就无法平衡医患之间的利益关系，无法协调医患之间现存的矛盾。在这其中，很多患者趁势在医院无理取闹，要挟医疗机构和医务人员，也比较常见，因此态势加剧。因此，"医闹"的原因也不能忽视。

3. 司法机关将错就错认可医疗事故和医疗过错的差别形成三个双轨制

在30年的医疗损害责任制度发展中，对于三个双轨制的形成和发展，司法机关采取的态度是将错就错，使由三个双轨制构成的二元化结构的医疗损害责任成为全国法院统一实行的制度。将错就错的做法是：第一，认可和鼓励患者进行医疗过错诉讼，将医疗损害责任分割为医疗事故和医疗过错，形成同样是医疗造成的患者人身损害却有两种不同性质的法律后果。事实上，几乎所有的法官都认为，医疗事故与医疗过错并非两种不同的侵权行为，但鉴于司法机关确认医疗事故的概念，并且医疗事故的鉴定权力掌握在医疗卫生行政部门或者医疗学术组织手中，法院无法像对待其他司法鉴定机构一样对待医学会的鉴定，因而为了能够更好地保护患者权利的医疗过错起诉，就采取认可和鼓励的态度。最典型的，就是面对医疗事故损害赔偿和人身损害赔偿在数额上的悬殊差别，不仅不能旗帜鲜明地予以纠正，而是明确规定"条例实施后，人民法院审理因医疗事故引起的医疗赔偿纠纷民事案件，在确定医疗事故赔偿责任时，参照条例第49条、第50条、第51条和第52条规定办理"[12]，进一步割裂了统一的医疗损害责任制度。第二，认可和鼓励医疗事故和医疗过错在适用法律上的差别，明示应当分别适用不同的法律规范。在这个问题上，司法机关并非没有认识到对统一的医疗损害责任在法律适用上采用不统一的方法的问题，其实在1992年最高人民法院的司法解释中，对此就有明确的规定，即在对医疗事故适用法律的时候，如果适用《办法》能够保护患者权利的，可以适用《办法》的规定；不能保护患者权利的，可

---

[12] 最高人民法院《关于参照〈医疗事故处理条例〉审理医疗纠纷民事案件的通知》第3条。

以适用《民法通则》的规定确定医疗机构的责任。[13] 但是,最高司法机关的这个立场并没有能够坚持下来,以至于在《条例》出台后,对于法律适用上的质疑和请示,采取不与行政法规发生冲突的态度,明确规定"条例施行后发生的医疗事故引起的医疗赔偿纠纷,诉到法院的,参照条例的有关规定办理;因医疗事故以外的原因引起的其他医疗赔偿纠纷,适用民法通则的规定"[14],使医疗事故与医疗过错的法律适用的双轨制合法化。第三,降低医疗侵权责任构成条件,大大减轻受害患者一方的举证责任,明文规定医疗侵权责任的举证责任实行过错推定和因果关系推定,在强调对患者权利进行保护的同时,却将医疗机构推向严重不利的诉讼地位,致使医疗机构不得不采取防御性医疗以保护好自己,进而使全体患者负担过度检查费用等不利后果,损害了全体患者的利益。经过以上分析可以看到,司法机关在医疗损害责任的法律适用上,指导思想不统一,既有纵容行政机关片面保护医疗机构的做法,又有过于强调保护患者利益的不当诉讼措施;既有维护法律统一实施的思想,又有扩大法律适用矛盾,强化双轨制、二元化的错误办法。这些矛盾的法律适用措施和方法,就是造成三个双轨制的二元结构医疗损害责任制度的基本原因,而其实质,就在于司法机关面对行政机关的权力,不敢大胆行使司法裁量权。

(二)二元结构的医疗损害责任制度存在的弊病

1. 分割完整的医疗损害责任制度造成受害患者一方相互之间的矛盾

对医疗损害责任实行三个双轨制的二元化结构,其后果就是分割完整的医疗损害责任法律制度,把一个完整的医疗损害责任制度人为地分为医疗事故责任和医疗过错责任,完全适用不同的法律规则,形成同样的医疗损害却得到相差悬殊的赔偿金,甚至造成损害严重的医疗事故受害患者一方获得很少的医疗损害赔偿金、损害较轻的医疗过错受害患者一方得到很高的医疗损害赔偿金。例如,按照人身损害赔偿司法解释规定,造成死亡的应当赔偿死亡赔偿金,标准是按照受诉法院所在地上一年度城镇居民人均可支配收入或者农村居民人均纯收入标准,按20年计算;但60周岁以上的,年龄每增加1岁减少1年;75周岁以上的,按5年计算。以北京为例,2005年人均可支配收入为17653元,20年为353060元。如果是医疗过错造成患者死亡的,仅此一项就可以获得35万元的赔偿金。而如果是医疗事故损害赔偿,受害患者只能得到6年的按照医疗事故发生地居民年平均生活费的精神损害抚慰金,无法得到35万多元的死亡赔偿金,更别提精神损害抚慰金的赔偿。这样的法律适用结果,当然会在医疗损害的受害患者一方与医疗机构之间引起矛盾激化,受害患者一方的不满意程度是可以想象的。

2. 加重医疗机构举证责任形成防御性医疗损害全体患者的利益

司法机关对医疗机构一方面片面保护,一方面加重其举证责任的矛盾做法,其后

---

[13] 参见最高人民法院1992年2月24日《关于李新荣诉天津市第二医学院附属医院医疗事故赔偿一案如何适用法律的复函》。

[14] 最高人民法院《关于参照〈医疗事故处理条例〉审理医疗纠纷民事案件的通知》第1条。

果是直接导致医疗机构在医疗诉讼中的严重不利地位,负担超出其负担能力的举证责任及医疗损害赔偿责任,使医疗机构及医务人员不得不采取防御性医疗措施,对患者实行普遍的过度检查,以取得在未来可能发生的诉讼所需的充分证据,以保护自己。而过高的医疗损害赔偿责任和严重的过度检查,最终都由全体患者予以负担,直接损害的是全体患者的利益。同时,过高的医疗损害赔偿责任负担,也使医务人员对于应当进行探索的医学科学研究缩手缩脚,不敢进行探索和实践,甚至推诿和拒绝治疗,直接受到损害的必然是医学科学的发展和全体人民的利益。

3. 造成审判秩序混乱损害司法权威

医疗损害责任制度的二元化,更严重的后果是当事人对法律制度的怀疑。受害患者一方不禁要问,难道法律的制定者和适用法律的法官的头脑都不好使吗?对此,大多数法官也不理解,又不敢对抗司法解释和行政法规的明确规定。在有些法院,则直接出台自己的法律适用规则,改变司法解释和行政法规的规定。例如,北京市高级人民法院出台的《关于审理医疗损害赔偿纠纷案件若干问题的意见(试行)》第21条明确规定:"确定医疗事故损害赔偿标准,应当参照《医疗事故处理条例》第49条至第52条规定;如参照《医疗事故处理条例》处理将使患者所受损失无法得到基本补偿的,可以适用《民法通则》及相关司法解释的规定适当提高赔偿数额。""确定一般医疗损害赔偿标准,应适用《民法通则》及相关司法解释的标准。"这就是所谓的"区别对待"的医疗损害赔偿原则。地方高级人民法院的规范性意见直接改变最高人民法院的司法解释,尽管这是为保护受害患者利益而采取的不得已的做法,但审判活动和法律适用中的这种混乱,难道不会降低司法机关的权威性吗?对此,不能不引起重视。

三、我国医疗损害责任改革的理论基础和基本方向

(一)改革我国医疗损害责任制度的理论基础

1. 兼顾受害患者、医疗机构和全体患者利益关系是医疗损害责任制度改革的基本要求

法律系为人之利益而制定。[15] 改革医疗损害责任制度,制定相应的法律,也必须为人的利益而为。改革医疗损害责任制度,最重要的,是必须依照坚持科学发展观、构建社会主义和谐社会的要求,根据我国的具体国情和医疗损害的实际情况进行。科学发展观,第一要义是发展,核心是以人为本,基本要求是全面协调可持续,根本方法是统筹兼顾。在改革医疗损害责任制度中,立法者贯彻科学发展观,着重关注的必须是人,必须以人为本。医疗损害中的人,首先是受害患者及受害患者一方,他们是权利受到损害的受害人,是最需要保护和关心的人群。在医疗损害责任制度改革中,

---

[15] 参见郑玉波:《法谚(二)》,法律出版社2007年版,第9页。

必须关注受害患者一方的利益诉求,确立有效的保护方法和救济措施,使受害患者一方受到的损害能够得到充分的救济,使他们的合法权益能够得到有效的保护。

但是,在医疗损害责任制度调整的范围内,除了应当保护受害患者一方的利益之外,还存在其他应当保护的利益。首先,应当考虑保护的是医疗机构本身的利益。由于我国的医疗制度确实具有一定的福利性,令其承担完全市场化的损害赔偿责任是不公平也是不合理的;任何医疗技术和医疗手段都具有风险性,患者接受某项医疗措施实际上就等于接受了这种医疗风险;医疗损害结果发生的原因复杂,通常都不是由单一的医疗过失行为引起的,而是有多个原因;医学需要通过医疗实践去发展,医疗机构担负着发展医学造福人类的重大职责。因此,在医疗损害责任中不能对医疗机构科以过重的赔偿责任,以保护医疗机构的正当利益,促进医学科学的发展。其次,还应当考虑保护的是全体患者的利益。在我国现行医疗体制下,医院的经费基本上来源于患者收费,支付给受害患者的赔偿金只能在医院的经费中支出。如果医疗机构承担的赔偿数额过高,超过必要限度,必然会损害医院的利益。而医院为了寻求经费的供求平衡,也必然会向患者收取更多的费用,最终转嫁到全体患者身上,以由全体患者多支出医疗费用的方法承担赔偿责任。目前各地医疗机构普遍存在的过度检查现象已经说明了这一点。因此,在改革医疗损害责任制度中,必须保护好全体患者的利益,而保护全体患者的利益实际上等于保护全体人民的利益,不能使中国最广大人民的根本利益因此而受到损害。

统筹协调各方面利益关系,妥善处理社会矛盾。适应我国社会结构和利益格局的发展变化,形成科学有效的利益协调机制、诉求表达机制、矛盾调处机制、权益保障机制。坚持把改善人民生活作为正确处理改革发展稳定关系的结合点,正确把握最广大人民的根本利益、现阶段群众的共同利益和不同群体的特殊利益的关系,统筹兼顾各方面群众的关切。⑯这正是改革我国医疗损害责任制度,平衡受害患者、医疗机构和全体患者利益关系的指导方针。改革医疗损害责任制度,既要保护受害患者的利益,也要保护医疗机构和全体患者的利益,在《侵权责任法》的立法中反映各方的利益诉求,统筹兼顾最广大人民的根本利益、现阶段群众的共同利益以及不同群体的特殊利益,形成科学有效的受害患者利益、医疗机构利益和全体患者利益的协调机制和权益保障机制,就是改革医疗损害责任制度的基本要求和根本目标。

2. 过错责任原则是建立和谐医患关系调整三者利益的最佳平衡器

如何调整受害患者、医疗机构和全体患者之间的利益关系,最好的平衡器,就是侵权责任法的过错责任原则。

过错责任原则是法的价值的一种特殊的表现形态,反映了统治阶级利益和意志要求与一定社会关系及其秩序之间的特殊效用关系,是法律化的统治阶级意志对一

---

⑯ 参见《中共中央关于构建社会主义和谐社会若干重大问题的决定》,载人民网,http://politics.people.com.cn/GB/1026/4932440.html。

定社会关系发挥能动作用,并通过此种作用体现出统治阶级意志和利益。⑰ 过错责任原则尽管产生在资本主义社会的经济条件下,但在社会主义社会中同样具有重要作用。它不仅具有纯化道德风尚、确定行为标准、预防损害发生等社会功能,更重要的,它能够协调各种利益冲突,维护社会的公平和正义。在现代社会,几乎所有的人都离不开医疗。因此,全体患者的利益差不多等同于全体人民的利益。法谚云:"人民之安宁乃最高之法律。"⑱一个法律制度的基本考虑,必须平衡各方利益,并且以最广大人民的根本利益为基本出发点,始终代表人民群众的根本利益。在医疗损害责任中,过错责任原则的重要作用,就是平衡三者利益关系,建立和谐的利益关系结构。过错责任原则的平衡作用表现在:第一,没有医疗过失医疗机构就没有责任。诚然,《侵权责任法》以及医疗损害责任制度都以保护受害人以及受害患者一方的利益为己任,但并非凡是患者发生损害医疗机构就都予以赔偿,而是医疗机构及医务人员必须存在医疗过失才发生赔偿责任。正如德国法学家耶林所说:"使人负损害赔偿的,不是因为有损害,而是因为有过失,其道理就如同化学上之原则,使蜡烛燃烧的,不是光,而是氧。"⑲因而,损害虽已发生,但仍不成立侵权行为者有之。⑳ 第二,医疗机构仅仅就自己的医疗过失所造成的损害承担赔偿责任。在已经造成医疗损害医疗机构应当承担赔偿责任时,依据过错责任原则的要求,还应当适用比较过错、比较原因力等规则,将不应当由医疗机构承担的部分责任,在损害赔偿责任中予以扣除,合理确定医疗机构的赔偿责任,而非一律全部赔偿。第三,基于医疗过失的非严重程度适当限制精神损害抚慰金的赔偿数额。医疗过失不具有恶意,仅仅存在一般过失或者重大过失,与一般的侵权行为有所不同,因而在确定医疗损害责任的精神损害抚慰金数额时,应当予以适当限制,不能赔偿过高。根据美国加州医疗损害赔偿改革的经验告诉我们,高额的赔偿金给受害人带来的是损害赔偿请求权的满足,但随之而来的就是医生为了转嫁这样的风险而发生患者医疗费用大幅度提高的后果,因此,加州《医疗损害赔偿改革法》采取限制精神损害抚慰金数额等措施,使加州医疗损害赔偿制度保持了将近30年的稳定,成为美国医疗损害赔偿制度改革的样板。借鉴这些经验,对医疗损害责任中的抚慰金赔偿数额进行限制,符合过错责任原则的要求,也能够平衡三者之间的利益关系,使医患关系得到明显改善。当然,不同类型的医疗损害责任应当适用不同的归责原则,例如确定医疗产品损害责任,就应当适用无过失责任原则,而不是过错责任原则。

3. 坚持民事诉讼武器平等原则妥善处理诉讼机会和诉讼利益的平衡

"平等表达了相同性概念。两个或更多的人或客体,只要在某些方面或所有方面

---

⑰ 参见王利明:《侵权行为法归责原则研究》,中国政法大学出版社2003年版,第34页。
⑱ 郑玉波:《法谚(一)》,法律出版社2007年版,第3页。
⑲ 转引自王泽鉴:《民法学说与判例研究》,台北三民书局1979年版,第150页。
⑳ 参见郑玉波:《法谚(一)》,法律出版社2007年版,第97页。

处于同样的、相同的或相似状态,那就可以说他们是平等的。"[21]在实体法上,民事主体的法律地位平等而无差别表现的是形式平等,真正做到消除社会生活中当事人客观存在的差异即不平等因素而实现当事人之间的平等是实质平等。[22] 因此,强调平等是保障市场经济顺利运行的基础[23],也是保证社会和谐发展的基础。反映在诉讼中,程序正义要求双方享有平等的程序权利[24],必须保证诉讼的双方当事人地位平等、机会平等和风险平等,这就是民事诉讼中的"武器平等原则"。该原则来源于宪法的平等权保障的要求:在地位上,当事人不论是攻击者即原告还是防御者即被告,也不论其在诉讼外的实体法律关系是否有上下从属关系,在诉讼中均享有相同的地位;在机会上,当事人享有平等地接近、利用法院的机会,以及提出攻击、防御方法的机会;在风险上,诉讼的胜败风险,对双方当事人应为平等分配,不应由一方负担较高的败诉不利益风险,而另一方负有较低的败诉不利益风险。因此,"武器平等"不仅是形式上的平等,也须为实质平等的保障。[25] 原告和被告只有以平等或对等的诉讼权利武装自己,在一个平等的环境中赢得诉讼,才是公平的。[26] 在医疗诉讼上,长时间以来,作为主张权利的一方即受害患者一方,在诉讼中经常处于劣势,具体表现在:一是事实上不知,无法掌握医疗过程以及损害发生的实际情况;二是专业上不知,即使是患者亲身经历医疗过程,但欠缺医疗专业知识,难以陈述具体治疗经过和过失所在;三是证据的偏在,医疗文书和资料不掌握在患者一方。因而在医疗损害责任诉讼中,在诉讼政策上适当向受害患者一方倾斜,是正确的。对此,世界各国的医疗损害责任法也都是如此,唯此才能够保证双方当事人之间的平等关系,做到"武器"平等。[27] 但是,在诉讼中过于向受害患者一方倾斜,将两个侵权责任要件即因果关系要件和过错要件的举证责任完全推给医疗机构一方,受害患者对此不承担举证责任,必然会使双方当事人在诉讼中的地位失衡、机会失衡、风险利益关系失衡,导致作为防御一方的医疗机构疲于应对具有巨大诉讼压力、超出其负担能力的医疗损害责任诉讼,完全处于诉讼的劣势地位,负担过高的机会和风险利益的负面压力,不符合武器平等原则的要求,自然会形成防御性医疗。改革医疗损害责任制度,在程序上就必须区别不同的情况,分别适用举证责任倒置或者举证责任缓和规则,完全的过错推定或者不完全的过错推定规则,完全的因果关系推定或者不完全的因果关系推定规则,才能够做到双方当事人的武器平等,保障地位平等、机会平等和风险利益平等,医患关系协调发展。

---

[21] 〔美〕萨托利:《民主新论》,冯克利译,东方出版社1993年版,第340页。
[22] 参见王轶:《民法价值判断问题的实体性论证规则》,载《中国社会科学》2004年第6期。
[23] 参见吴友军、姜大元:《市场经济的价值规范与社会主义的精神实质》,载《学习时报》2007年7月28日。
[24] 参见王利明:《民法典体系研究》,中国人民大学出版社2008年版,第327页。
[25] 参见沈冠伶:《民事诉讼证据法与武器平等原则》,元照出版公司2007年版,第92页。
[26] 参见邵明:《民事诉讼法理研究》,中国人民大学出版社2004年版,第102页。
[27] 参见沈冠伶:《民事诉讼证据法与武器平等原则》,元照出版公司2007年版,第92页。

欲以一个简单、一致的方式通盘适用于所有事件,既不符合个案正义,也未必适当。㉘因此,在医疗损害责任制度改革中,也必须对与其相适应的程序制度以及具体的举证责任制度进行改革,以实现程序上的公平来保证实体法公平的实现。

(二)我国医疗损害责任制度改革的基本目标和设想

在医疗损害责任制度发展的第三个阶段刚刚开始的时候,正逢《侵权责任法》制定。在起草这部法律时,应冷静地思考医疗损害责任制度的应然模式,确立医疗损害责任制度的基本目标。这个基本目标是:建立一个一元化结构的医疗损害责任制度,改变二元结构医疗损害责任的法律适用矛盾状况,建立统一的、完善的医疗损害责任制度,统筹兼顾,公平、妥善地处理受害患者的利益保护、医疗机构的利益保护以及全体患者利益保护之间的平衡关系,推进社会医疗保障制度的健全发展,保障全体人民的福利。

基于这样的思考,重新构造我国的医疗损害责任制度,基本问题包括以下 6 个方面:

1. 统一医疗损害责任的概念

《侵权责任法》应当摒弃医疗事故责任和医疗过错责任两个不同概念,使用统一的"医疗损害责任"概念。应当看到,这不仅仅是一个侵权责任法的概念的统一,更重要的是,结束医疗损害责任分割的法制不统一现状,统一法律适用规则。事实上,医疗事故和医疗过错两个概念并不存在原则的差别,对其强制性地进行分割,刻意强调其差别,是没有道理的。将所有的医疗损害纠纷都规定为医疗损害责任,置于统一的概念之下,就能够制定一个统一的、一元化结构的医疗损害责任制度,保证适用法律的统一,用统一的尺度保护受害患者一方的权利,维护司法权威和法律权威。

2. 确定医疗损害责任的归责原则体系和基本类型

借鉴各国医疗损害责任的侵权法规则,应当确定我国医疗损害责任的归责原则体系由过错责任原则、过错推定原则和无过失责任原则构成。同时,根据医疗损害责任的具体情形和法律规则的不同,可以部分借鉴法国医疗损害赔偿法的做法㉙,将医疗损害责任分为三种基本类型,即医疗技术损害责任、医疗伦理损害责任和医疗产品损害责任,分别适用不同的归责原则和具体规则。

(1)医疗技术损害责任

医疗技术损害责任,是指医疗机构及医务人员在从事病情检验、诊断、治疗方法的选择,治疗措施的执行,病情发展过程的追踪,以及术后照护等医疗行为中,存在不符合当时的医疗水平的过失行为,医疗机构所应当承担的侵权赔偿责任。换言之,医

㉘ 参见沈冠伶:《民事诉讼证据法与武器平等原则》,元照出版公司 2007 年版,第 92 页。

㉙ 法国医疗损害赔偿法对医疗过错采取两分法,分为医疗科学过错和医疗伦理过错。笔者在区分医疗损害责任的类型时,首先借鉴这样的做法,分为医疗技术损害责任和医疗伦理损害责任,再加上适用无过失责任原则的医疗产品损害责任,采三分法,逻辑顺畅,结构明确,且符合我国实际情况。

疗技术损害责任是医疗机构及医务人员具有医疗技术过失的医疗损害责任类型。医疗技术过失，系指医疗机构或者医护人员在从事病情的检验诊断、治疗方法的选择，治疗措施的执行以及病情发展过程的追踪或术后照护等医疗行为中，不符合当时既存的医疗专业知识或技术水准的懈怠或疏忽。[30] 这种医疗过失的判断标准，是医疗科学依据和医学技术标准，即当时的医疗水平，违反之即为有过失。

医疗技术损害责任适用过错责任原则。证明医疗机构及医务人员的医疗损害责任的构成要件，须由原告即受害患者一方承担举证责任，即使是医疗过失要件也须由受害患者一方负担。只有在必要的情况下，例如在受害患者一方无法提供充分的证据证明医疗机构的过错，或者法律规定的特定情形，才可以实行举证责任缓和，在原告证明达到表现证据规则所要求的标准[31]，或者证明了医疗机构存在法律规定可以推定医疗过失的情形时，才可以转由医疗机构一方承担举证责任，实行有条件的医疗过失推定。

(2) 医疗伦理损害责任

医疗伦理损害责任，是指医疗机构及医务人员从事各种医疗行为时，未对病患充分告知或者说明其病情，未对病患提供及时有用的医疗建议，未保守与病情有关的各种秘密，或未取得病患同意即采取某种医疗措施或停止继续治疗等，而违反医疗职业良知或职业伦理上应遵守的规则的过失行为，医疗机构所应当承担的侵权赔偿责任。换言之，医疗伦理损害责任就是具有医疗伦理过失的医疗损害责任。医疗伦理过失，系指医疗机构或医护人员从事各种医疗行为时，未对病患充分告知或者说明其病情，未提供病患及时有用的医疗建议，未保守与病情有关的各种秘密，或未取得病患同意即采取某种医疗措施或停止继续治疗等，而违反医疗职业良知或职业伦理上应遵守的规则而言，分为医疗资讯过失和病患同意过失等不同情形。[32]

医疗伦理损害责任适用过错推定原则。在诉讼中，对于责任构成中的医疗违法行为、损害事实以及因果关系的证明，由受害患者一方负责证明。在此基础上实行过错推定，将医疗伦理过失的举证责任全部归之于医疗机构，医疗机构一方认为自己不存在医疗过失须自己举证，证明自己的主张成立，否则应当承担赔偿责任。

(3) 医疗产品损害责任

医疗产品损害责任，是指医疗机构在医疗过程中使用有缺陷的药品、消毒药剂、医疗器械以及血液及制品等医疗产品，因此造成患者人身损害，医疗机构或者医疗产品生产者、销售者应当承担的医疗损害赔偿责任。

---

[30] 参见陈忠五：《法国法上医疗过错的举证责任》，载朱柏松等：《医疗过失举证责任之比较》，元照出版公司2008年版，第125页。

[31] 参见詹森林：《德国医疗过失举证责任之研究》，载朱柏松等：《医疗过失举证责任之研究》，元照出版公司2008年版，第56页。

[32] 参见陈忠五：《法国法上医疗过错的举证责任》，载朱柏松等：《医疗过失举证责任之比较》，元照出版公司2008年版，第139—144页。

医疗产品损害责任应适用产品责任的一般原则,即无过失责任原则,但确定医疗机构或者销售者的责任,应当按照《产品质量法》第42条和第43条规定,产品销售者须有过失,只有在无法确定产品制造者或者供货者的时候,无过失也须承担赔偿责任。因医疗产品的缺陷造成患者人身损害,销售者、医疗机构没有过失的,受害患者一方只能向医疗产品生产者按照无过失责任原则的要求起诉,请求赔偿。如果医疗机构或者医疗产品销售者对于造成的损害有过失,或者在无法确定产品制造者或者供货者时,则实行不真正连带责任规则,受害患者一方既可以向医疗机构要求赔偿,也可以向生产者或者销售者要求赔偿。医疗机构承担赔偿后,属于生产者、销售者责任的,有权向生产者或者销售者追偿。

3. 确定认定医疗过失的一般标准

《侵权责任法》应当明确规定认定医疗过失的标准是违反注意义务,医疗机构违反自己的注意义务,即存在医疗过失。

（1）确定医疗技术过失的标准

在确定医疗技术过失时,必须确定具体的判断标准。这个标准可以借鉴日本医疗损害责任法中"医疗水准"的做法[33],可以采用"当时的医疗水平"标准,即确定医疗机构及医务人员在诊疗活动中应当尽到与医疗时的医疗水平相应的技术注意义务,即"合理的专家标准"或者"合理医师"标准。[34] 判断医疗机构及医务人员是否违反技术注意义务时,应当适当考虑地区、医疗机构资质、医务人员资质等因素,综合判断。具体标准应当采用国家标准加上差别原则,即"国家标准＋差别"模式。违反这样的标准,就可以认定为医疗技术过失。

（2）确定医疗伦理过失的标准

确定医疗伦理过失,其基本标准是按照医疗良知和职业伦理确定的医疗机构及医务人员的注意义务,即伦理注意义务。医疗机构及医务人员违反这些注意义务,法官即可认定具有医疗伦理过失。医疗机构及医务人员应当承担的伦理注意义务主要是以下5种:

第一,医务人员在一般的诊疗活动中,应当向患者说明病情和医疗措施。需要实施手术、特殊检查、特殊治疗的,医务人员应当及时向患者说明病情、医疗措施、医疗风险、替代医疗方案等情况,并取得患者的书面同意。不宜向患者说明的,医务人员应当向患者的近亲属说明,并取得其书面同意。

第二,因抢救危急患者等紧急情况,如果难以取得患者或其近亲属同意的,可以

---

[33] 参见朱柏松:《论日本医疗过失之举证责任》,载朱柏松等:《医疗过失举证责任之比较》,元照出版公司2008年版,第23页。

[34] 参见张新宝:《大陆医疗损害赔偿案件的过失认定》,载朱柏松等:《医疗过失举证责任之比较》,元照出版公司2008年版,第93页。

经医疗机构负责人批准,立即实施相应的医疗措施。违反上述救助义务,构成医疗过失。[35]

第三,医务人员应当按照规定填写并妥善保管门诊病历、住院志、医嘱单、检验报告、病理数据、护理记录等医学文书及有关医疗资料。患者要求查阅、复制医学文书及有关医疗资料的,医务人员应当提供。不依法提供医疗文书和其他医疗资料的,可以直接推定医疗机构具有医疗过失。

第四,医务人员应当尊重患者的隐私,保守患者的医疗秘密。因科研、教学需要查阅医学文书及有关数据的,需经患者同意。医疗机构违反保密义务,造成患者隐私权损害的,构成医疗伦理损害责任。

第五,医务人员应当根据患者的病情实施合理的诊疗行为,不得采取过度检查等不必要的诊疗行为。过度检查的实质就是防御性医疗行为,对此,应当明确加以规定,以保护患者的合法权益。

4. 确定医疗损害责任纠纷案件举证责任规则

(1) 医疗技术损害责任的举证责任规则

在医疗技术损害责任中,应当由受害患者一方承担举证责任。受害患者一方无法举证证明的,可以有条件地实行举证责任缓和,能够证明表现证据的,推定医疗机构有医疗过失。如果受害患者能够证明医疗机构存在法定违法情形,亦推定医疗过失。法定情形可以确定为以下4种:一是违反卫生行政规章制度或者技术操作规范的;二是隐匿或者拒绝提供与纠纷有关的医学文书及有关资料的;三是伪造、销毁、篡改医学文书及有关资料的;四是医学文书应记载而未记载或者记载缺漏足以显示有重大医疗瑕疵情事的。推定医疗机构有医疗过失的,实行举证责任倒置,由医疗机构承担举证证明自己没有过失的责任,能够证明的,免除侵权责任,不能证明的,应当承担赔偿责任。

(2) 医疗伦理损害责任的举证责任规则

医疗伦理损害责任实行过错推定原则,原告负担医疗违法行为、损害事实和因果关系要件的举证责任。对医疗伦理过失要件实行推定,只要医疗机构没有尽到告知义务等伦理注意义务的,就推定为有过失,实行举证责任倒置,由医疗机构负担举证责任。

(3) 医疗产品损害责任的举证责任规则

在药品、消毒药剂、医疗器械和血液及制品等医疗产品损害责任中,医疗违法行为、损害事实和因果关系要件都由受害患者一方负担举证责任。如果医疗机构认为损害是由受害患者故意引起的,对其主张实行举证责任倒置,由医疗机构承担举证责任,不能证明的,成立医疗损害责任。对于医疗机构或者医疗产品销售者的过失,应

---

[35] 对此,可以借鉴的是肖直军拒绝在手术同意书上签字,医生不敢进行紧急救治,致使待产的李丽云在等待手术中死亡的案件。

由受害患者一方证明。

(4)实行因果关系推定的举证责任倒置

因果关系的举证责任应当由受害患者一方负担,在一般情况下,不能证明的,不构成医疗损害责任。但是,如果存在客观情况,受害患者一方无法承担举证责任,且医疗机构及医务人员的医疗行为很可能会造成该患者人身损害的,在达到表现证据规则要求时,可以推定该诊疗行为与患者人身损害之间存在因果关系。㊱ 医疗机构主张无因果关系的,实行举证责任倒置,由医疗机构承担举证责任。

(5)医疗机构一方主张抗辩事由的举证责任

医疗机构在诉讼中主张自己具有免责的抗辩事由的,应当自己承担举证责任,就所主张的抗辩事由的成立,提供证据证明。

(6)医疗机构强制患者一方签订的人身伤害事先免责条款无效

医疗机构强制患者签订人身伤害事先免责条款,例如在患者承诺书中,承诺超出必要限度的对医疗行为造成的损害免除医疗机构责任的,应当适用《合同法》第53条关于人身损害赔偿事先免责条款无效的规定㊲,不能免除医疗机构医疗过失行为的侵权责任。

5.医疗损害责任鉴定的性质为司法鉴定

《条例》规定的医疗事故鉴定制度已经有了一定的改变。从形式上看,医疗事故鉴定已经由卫生行政主管机关组织进行变为由民间组织即医学会组织进行,在性质上有了变化。但是,由医疗机构主管机关或者医学研究机构组织进行医疗事故鉴定的性质为医学技术鉴定,其鉴定方式也没有根本的改变,医疗事故的鉴定权力仍然掌控在医疗专业的"医疗人"手中,早已形成的对医疗事故责任鉴定的独家垄断做法并没有因此而改变。在诉讼中,由于医疗损害责任鉴定的性质是司法鉴定,因此,具体组织责任鉴定的不应当是医学研究机构,而是法院和法官的职责。医学会不应当插手医疗损害责任鉴定的具体事宜,不得非法干预鉴定的过程和鉴定结论,保证医疗损害责任鉴定依照司法鉴定的程序进行,以保障鉴定程序和实质的公平。因此,应当确认医疗损害责任鉴定的性质是司法鉴定,打破由医疗研究部门独家垄断的做法,实行科学的、符合司法规律的医疗损害责任鉴定制度。对医疗事故医学司法鉴定结论,应当像对待其他司法鉴定一样,法官有权组织并进行司法审查,有权决定是不是应当重新鉴定,有权决定对医疗事故鉴定结论是否采信,并且鉴定专家有义务出庭接受当事人的质询。如果有充分的根据,法官有权依据调查的事实,或者根据更有权威的鉴定结论而否定先前的鉴定结论。只有这样,才能够保证医疗损害责任认定的准确性和合法性,能够充分保护患者的合法权益不受侵害。

㊱ 参见曾淑瑜:《医疗过失与因果关系》,翰芦图书出版有限公司2007年版,第350页。

㊲ 《合同法》第53条规定:"合同中的下列免责条款无效:(一)造成对方人身伤害的;(二)因故意或者重大过失造成对方财产损失的。"

6. 实行统一的医疗损害赔偿标准并予以适当限制

医疗损害责任的赔偿不应当单独制定标准,在具体实施中,因医务人员的医疗过失造成患者人身损害的,由所属的医疗机构承担损害赔偿责任,在确定赔偿标准上,实行统一的人身损害赔偿标准。应当特别注意的是,医疗损害责任的赔偿有自己的特点,为了保障全体患者的利益不受损害,对医疗机构的损害赔偿责任应当进行适当限制。这种限制表现在 4 个方面:第一,医疗机构的赔偿责任,在确定时必须适用原因力规则,根据医疗行为对造成损害的原因力,确定具体的赔偿数额时,将受害患者自身的疾病原因造成的损害结果予以扣除。第二,对医疗损害责任的精神损害抚慰金进行适当限制,医疗机构具有重大过失的,限制抚慰金限额,一般不超过 5 万元人民币,医疗机构具有一般过失的,可以不承担抚慰金赔偿责任。第三,实行损益相抵,受害患者基于受到医疗行为损害而取得的其他补偿金,应当从赔偿金中予以扣除。[38]第四,对于造成残疾的受害患者,以及其他应当给予的未来赔偿,可以更多地适用定期金赔偿,而不采取一次性赔偿,不仅可以减轻医疗机构当时的赔偿负担,且在承担责任的原因消灭后,能够及时消灭医疗机构的赔偿责任。

---

[38] 对此可以借鉴美国加州医疗损害赔偿改革法关于禁止同一来源规则适用的规定。参见杨立新:《医疗侵权法律与适用》,法律出版社 2008 年版,第 132 页以下。

医疗损害责任一般条款的理解与适用*

《侵权责任法》第54条规定了医疗损害责任一般条款,即:"患者在诊疗活动中受到损害,医疗机构及其医务人员有过错的,由医疗机构承担赔偿责任。"《侵权责任法》实施之后,法学界和卫生法学界对该条关于医疗损害责任一般条款的规定理解各不相同,对医疗损害责任一般条款与《侵权责任法》第七章其他条文的关系也见解纷纭。这些问题不解决,不仅会对医疗损害责任一般条款理解发生歧义,而且会引起医疗损害责任纠纷案件法律适用的不统一。因而有必要对第54条的功能及法律适用规则进行准确的解说。

一、从医疗损害责任一般条款所处的环境探讨其法律地位

《侵权责任法》第54条规定的是医疗损害责任一般条款。《侵权责任法》规定医疗损害责任是我国侵权责任法的一个特色,又规定医疗损害责任一般条款,更是一个独具特色的立法例,具有重要的理论意义和实用价值。研究医疗损害责任构成,首先必须研究医疗损害责任一般条款。

研究医疗损害责任一般条款,由于国外没有类似立法例,只能与我国《侵权责任法》规定的侵权责任一般条款体系进行比较,即从医疗损害责任一般条款所处的法律环境中进行分析。

(一)《侵权责任法》规定一般条款的三个层次

侵权责任一般条款也叫做侵权行为一般条款。在成文法国家的民事立法中,对侵权法的规定是采用一般化方法进行的。立法在规定侵权行为的法律(多数在民法典的债法编中专门规定)时,首先就要规定侵权行为一般条款,通过侵权行为一般条款来确定一般侵权行为。[①] 侵权行为一般条款,有的学者认为就是在成文法中居于核心地位的,作为一切侵权请求权之基础的法律规范。[②] 也有的学者认为,将侵权行为一般条款理解为所有侵权行为的全面概括,是将侵权行为一般条款作了过大的解释,

---

* 本文发表在《法商研究》2012年第5期。
[①] 参见杨立新:《侵权责任法》,法律出版社2011年版,第40页。
[②] 参见张新宝:《侵权责任法的一般条款》,载《法学研究》2001年第4期。

侵权行为一般条款就是规定一般侵权行为的条款。③ 各国侵权法对侵权行为一般条款的规定有两种：一种是规定侵权行为一般条款只调整一般侵权行为，这是大陆法系通常的做法，例如法国等国立法，被通俗地叫做小的一般条款；另一种规定侵权行为一般条款是调整全部侵权行为，而不是仅仅规定一般侵权行为的条款，这就是《埃塞俄比亚民法典》以及《欧洲统一侵权行为法典》草案的做法，也叫做大的一般条款。

我国《侵权责任法》规定侵权责任一般条款比较特殊，既有第 2 条第 1 款规定的大的侵权责任一般条款，又有第 6 条第 1 款规定的小的侵权责任一般条款。④ 除此之外，《侵权责任法》还在第 41 条至第 43 条，第 48、54、65、69 条和第 78 条分别规定了 6 种特殊侵权责任一般条款。医疗损害责任一般条款规定在第 54 条，是其中之一。

据此，《侵权责任法》规定了一个侵权责任一般条款体系，分为 3 个层次，分别是：

1. 大的侵权责任一般条款

《侵权责任法》第 2 条第 1 款作为侵权责任一般条款，借鉴的是埃塞俄比亚侵权法的侵权行为一般条款立法模式。它的作用是将所有的侵权行为都概括在一起，无论进行何种程度的侵权责任类型化规定，或者随着社会的发展不断出现新型的侵权行为，都能够概括在这个条文之中。

2. 小的侵权责任一般条款

《侵权责任法》第 6 条第 1 款规定的过错责任条款则是小的侵权责任一般条款，对于一般侵权责任，《侵权责任法》没有作出类型化规定，凡是没有法律规定的一般侵权行为，仍然必须依照过错责任的一般规定适用法律，确定一般侵权责任的请求权基础仍然是第 6 条第 1 款。

3. 特殊侵权责任一般条款

前述《侵权责任法》规定的 6 种特殊侵权责任一般条款，就是特殊侵权责任一般条款。就大的一般条款和小的一般条款而言，特殊侵权责任一般条款是仅适用于该种特殊侵权责任类型的一般条款，均在大的一般条款的调整范围之中，但就该种特殊侵权责任而言，特殊侵权责任一般条款具有重要意义。

三个层次的侵权责任一般条款构成了我国独特的侵权责任一般条款体系，各自发挥不同的功能。它们之间的关系是：(1) 大的侵权责任一般条款概括所有的侵权责任；(2) 小的侵权责任一般条款概括《侵权责任法》没有明文规定的一般侵权责任，以及特殊侵权责任中适用过错责任原则的侵权责任类型；换言之，特殊侵权责任（包括设有一般条款的和不设一般条款的特殊侵权责任）中适用过错责任原则的，仍然概括在小的侵权责任一般条款之中，但该种特殊侵权责任（包括设有一般条款的和不设有一般条款的特殊侵权责任）自己包含请求权的法律基础，适用中不必援引小的侵权

---

③ 参见杨立新：《论侵权行为一般化和类型化及其我国侵权责任法立法模式的选择》，载《河南政法管理干部学院学报》2003 年第 1 期。

④ 参见杨立新：《中国侵权责任法大小搭配的侵权责任一般条款》（本书第 1462 页），载《法学杂志》2010 年第 4 期。

责任一般条款作为请求权的法律规范;(3)适用过错推定原则和适用无过错责任原则的特殊侵权责任一般条款,概括在大的侵权责任一般条款之中。它们的关系如下图:

表1　侵权责任一般条款体系图

侵权责任一般条款体系及相互关系	大的侵权责任一般条款(第2条第1款)			
	小的侵权责任一般条款(第6条第1款)		适用过错推定原则和无过错责任原则的特殊侵权责任一般条款: 1.第41条至第43条; 2.第48条; 3.第65条; 4.第69条; 5.第78条。	没有规定特殊侵权责任一般条款的特殊侵权责任类型: 1.第十一章规定的物件损害责任; 2.第四章规定的适用过错推定原则和无过错责任原则的侵权责任类型:第32、34、38条。
	侵权责任法没有明确规定的一般侵权行为。	1.适用过错责任原则的特殊侵权责任一般条款(第54条); 2.适用过错责任原则的特殊侵权责任类型:第33、35、36、37、39和第40条。		

(二)《侵权责任法》规定特殊侵权责任一般条款的3种类型

《侵权责任法》在第五章至第十一章规定了7种特殊侵权责任类型,其中6种规定了一般条款,只有物件损害责任没有规定一般条款。一般认为,第五章第41条至第43条规定的是产品责任一般条款;第六章规定机动车交通事故责任的第48条尽管是一个转致条款,但转致的《道路交通安全法》第76条是机动车交通事故责任一般条款;第八章第65条规定的是环境污染责任一般条款;第九章第69条规定的是高度危险责任一般条款;第十章第78条规定的是饲养动物损害责任一般条款。《侵权责任法》第七章第54条的规定,属于前5种立法例,规定的是医疗损害责任一般条款。

《侵权责任法》规定的6种特殊侵权责任一般条款分为3种不同情形:

1.只规定一般规则的一般条款。这种一般条款只有环境污染责任一般条款一种。

2.既规定一般规则也规定具体规则的一般条款。《侵权责任法》规定产品责任一般条款、机动车交通事故责任一般条款,不仅规定了这种侵权责任类型适用的归责原则,而且直接规定了承担责任的具体规则。

3.包含部分法定侵权责任类型的一般条款。《侵权责任法》规定的医疗损害责任一般条款、高度危险责任一般条款和饲养动物损害责任一般条款与以上两种情形不同。在这三个一般条款中,都规定了这种侵权责任类型的归责原则和一般规则,没有规定具体规则;在一般条款之下,还另外规定数种该种侵权责任类型的具体类型。例如,医疗损害责任在第54条规定一般条款之后,又规定了第55、57、59条和第62条,分别规定了医疗伦理损害责任、医疗技术损害责任和医疗产品损害责任;同时还规定了没有明确请求权基础的第56、61条和第63条。在一般条款和一般条款之下规定的具体侵权责任类型的关系上,特殊之处在于:第59条并非与第54条医疗损害责任一般条款完全相容。

二、医疗损害责任一般条款的基本功能

(一)特殊侵权责任一般条款的基本功能

医疗损害责任一般条款的基本作用是什么,目前还没有深入研究,提出具体见解。根据医疗损害责任一般条款在侵权责任一般条款体系中所处的地位和与其他侵权责任一般条款的关系,笔者认为,医疗损害责任一般条款采取特殊侵权责任一般条款的第三种立法例,与高度危险责任一般条款、饲养动物损害责任一般条款的立意是一致的,是指在下文对该种特殊侵权责任类型规定的具体侵权类型在一般条款的概括之下,同时,对于没有具体规定的该种特殊侵权责任类型的具体侵权行为应当适用一般条款的规定确定侵权责任。换言之,《侵权责任法》上述三章规定的特殊侵权责任一般条款基本功能是:

第一,一般条款概括了本章具体条文规定的具体侵权行为。例如,《侵权责任法》第九章第70条至第76条规定损害责任都在一般条款的涵盖之下。

第二,一般条款也包括本章未能具体规定,但为在实践中可能出现的该种特殊侵权责任类型的其他具体侵权行为留出法律适用空间,提供请求权基础,在出现具体条文没有列举的其他该种特殊侵权责任类型的侵权行为时,适用一般条款确定侵权责任。例如,除了《侵权责任法》第70条至第76条规定的高度危险责任类型之外,还有可能出现其他高度危险责任但法律未能穷尽,一旦出现,应当适用第69条一般条款确定其侵权责任。

第三,在三种特殊侵权责任一般条款中,有两个规定比较特殊,即该一般条款所不能涵盖的侵权责任类型。第59条规定的医疗产品损害责任部分内容不受第54条一般条款的调整,而属于第7条无过错责任原则调整的范围。此外,第81条规定之内容不属于第78条规定的饲养动物损害责任应当适用无过错责任原则的范围。

(二)医疗损害责任一般条款的基本功能

按照这样的思路理解《侵权责任法》第54条规定的医疗损害责任一般条款,其具体作用是:

1. 医疗损害责任一般条款概括了条文列举的医疗损害责任类型

《侵权责任法》第七章在第54条之下,明文规定了三种医疗损害责任的具体类型,即第55条和第62条规定的医疗伦理损害责任,第57条规定的医疗技术损害责任,第59条规定的医疗产品损害责任。这三种医疗损害责任类型是《侵权责任法》对

具体医疗损害责任的具体规定,除了第59条规定涉及适用无过错责任原则的部分内容之外,都在第54条的概括之中。这就是说,在适用上述条款时,都必须遵守第54条规定的规则,解释这些条文也必须遵守第54条规定的原则,违反者,即为理解和适用法律错误。

第59条的医疗产品损害责任是一个比较特别的条文。从条文的文字表述观察,这是规定医疗机构对患者使用医疗产品,因医疗产品缺陷而造成患者损害的情形,医疗机构承担不真正连带责任的中间责任规则,以及承担了中间责任之后的追偿规则。在这种情形下,医疗产品损害责任不在医疗损害责任一般条款的调整范围之内。但是,医疗机构在将缺陷医疗产品应用于患者,如果是由于自己的过错造成患者损害,或者因为自己的过错使医疗产品发生缺陷造成患者损害的,则应当适用过错责任原则确定赔偿责任,这种情形又在第54条规定的医疗损害责任一般条款调整范围之中。因此可以说,第59条的部分内容概括在医疗损害责任一般条款之中,部分内容没有概括在这个条文之中。

2.《侵权责任法》第七章没有明确规定的医疗管理损害责任直接适用第54条

为没有明文规定的侵权责任类型提供请求权的法律基础,是侵权责任一般条款的基本功能,医疗损害责任一般条款也具有这样的功能。在诊疗活动中,那些不属于医疗伦理损害,也不属于医疗技术损害或者医疗产品损害,而仅仅是医疗机构因医疗管理过错给患者造成损害的,无法包含在上述3种医疗损害责任之中。例如,妇产医院管理疏忽,将新生儿的身份标记弄错,将不是产妇的亲生子女交给该产妇,严重侵害了该产妇和他产妇及其各自丈夫与亲生子女的亲权关系,构成侵害亲权的侵权责任。又如,救护站接受患者紧急呼救后,没有及时派出救护车进行紧急救护,急救延误造成患者损害,也构成侵权责任。这样的案件属于医疗管理损害责任,难以归并在上述3种医疗损害责任之中,但也发生在诊疗活动中,由于医疗机构及其医务人员在医政管理上的过错,给患者造成严重损害,完全符合医疗损害责任一般条款的要求。故应当将医疗管理损害责任作为医疗损害责任的一种类型,直接适用第54条规定,确定医疗机构的赔偿责任。

3.给第七章其他请求权规定不明确的条文提供请求权基础

第七章其他有关请求权规定不够明确的条文,只要符合第54条规定的,均应适用第54条医疗损害责任一般条款确定赔偿责任。《侵权责任法》第七章有3个条文规定请求权并不特别明确,即第56条违反紧急救治义务、第61条违反保管病历资料义务和第63条违反诊疗规范实施不必要检查。这3个条文都没有规定责任条款,也没有规定明确的请求权基础。学者和法官对这3类纠纷的法律适用都提出疑问:这3种情形都是在诊疗活动中发生的,医疗机构及其医务人员也都具有过错,如果造成患者损害,应当如何确定赔偿责任呢?

在这3种行为中,违反紧急救治义务的本身是医疗机构及其医务人员见死不救,如果没有造成患者损害,一般来说,不宜追究医疗机构的赔偿责任;但因违反紧急救治义务而造成患者损害,就完全符合医疗损害责任一般条款的要求。违反病历资料管理义务,给患者造成损害的,也符合医疗损害责任一般条款的要求。对于故意隐匿或者拒绝提供与纠纷有关的病历资料,或者伪造、篡改或者销毁病历资料的情形,《侵权责任法》第58条已经规定了可以推定医疗技术过错,因而导致医疗机构承担赔偿责任;医疗机构及其医务人员实施了上述行为,但并未构成医疗技术损害责任,似乎无由确定医疗机构的赔偿责任。事实上,这些行为本身就违反了医疗机构的病历资料管理义务,侵害了患者的知情权等权益,已经构成了侵权责任。如果仅仅由于第61条没有规定请求权及责任的内容,就不追究医疗机构的责任,显然不妥。同样,第63条规定的违反诊疗管理规范的不必要检查,条文的内容也没有请求权的明确规定,似乎也难以追究医疗机构的赔偿责任。但这种侵权行为侵害了患者的所有权,造成了患者的财产损失,也符合第54条的要求。这3种侵权行为都符合第54条规定的医疗损害责任构成要件,构成医疗管理损害责任或者医疗伦理损害责任,都应当对医疗机构予以制裁,对受害患者的损害予以救济。对此,应当适用第54条规定的医疗损害责任一般条款确定医疗机构的赔偿责任。这是侵权责任一般条款基本功能的体现。

4. 医疗产品损害责任部分接受医疗损害责任一般条款的调整

在医疗产品损害责任中,适用无过错责任原则的部分,因不适用过错责任原则,不能概括在第54条之中,第54条对这一部分医疗产品损害责任不具有调整作用。但医疗机构在医疗产品损害责任中因过错造成患者损害的,应当接受医疗损害责任一般条款调整,因为医疗机构及医务人员在使用医疗产品中因自己的过错造成患者损害,或者因自己的过错而使医疗产品存在缺陷,应当承担最终责任的,仍然是过错责任原则调整的范围,因而仍然在第54条的调整范围之中。

《侵权责任法》第64条规定的患者干扰医疗秩序、妨害医务人员工作生活的,因其不具有第54条规定的"患者在诊疗活动中受到损害"的要件,因而不在第54条的调整范围中。如果出现这种情形需要追究行为人侵权责任的,应当依照《侵权责任法》第6条第1款的规定,确定侵权责任。

综上所述,在《侵权责任法》第七章关于医疗损害责任的规定中,除了第54条医疗损害责任一般条款之外,其他10个条文,有8个半概括在第54条之中,须接受医疗损害责任一般条款的调整;另有1个半条文的内容不受医疗损害责任一般条款的约束,即第64条的1条和第59条的半条。这样的解释尽管比较通俗,但比较准确。具体见下表。

表 2 第七章规定的医疗损害责任

第七章规定的医疗损害责任	医疗损害责任一般条款	已经规定有请求权基础的医疗损害责任类型:(1)第 55 条和第 62 条;(2)第 57 条规定的医疗技术损害责任。
		没有规定请求权基础的医疗管理损害责任类型。
		规定请求权基础不明确的医疗损害责任:(1)第 56 条规定的违反紧急救治义务;(2)第 61 条规定的违反病历资料管理职责;(3)第 63 条规定的过度检查。
		第 59 条没有规定的医疗机构过错引起医疗产品损害责任。
	第 59 条规定的医疗机构医疗产品损害责任(无过错责任)。	
	第 64 条规定的干扰医疗秩序、妨害医务人员工作、生活的行为。	

三、医疗损害责任一般条款的基本内容

《侵权责任法》第 54 条规定的医疗损害责任一般条款确定了医疗损害责任的基本内容,这些基本内容对于司法适用具有严格的规定性。在司法实践中适用医疗损害责任一般条款,必须准确掌握医疗损害责任一般条款的基本内容,按照规定准确适用法律。

(一)过错责任原则是医疗损害责任的基本归责原则

《侵权责任法》第 54 条明确规定"医疗机构及其医务人员有过错的",医疗机构才承担赔偿责任。这明显规定的是过错责任原则。这个归责原则要求医疗损害责任适用过错责任原则,并不是如学者所说的那样,"包含了两种责任,即医疗机构(限于法人)承担的雇主责任和医务人员承担的责任"。"前者采取替代责任原则(不考虑过错),后者采取过错责任原则。"[5]笔者认为,在一般情况下,对医疗损害责任,无论医疗机构属于法人,还是作为个体诊所的个人,都适用过错责任原则,只有医疗产品损害责任除外。这个规定是十分明确的,不存在"一定的表述上的模糊"。[6] 有学者认为,该条规定确定了医疗侵权损害赔偿中的归责原则为过错责任原则。医疗损害侵权属于一般的过错责任范畴,应当适用过错责任原则,而不属于特殊的过错推定责任和无过错责任。[7] 这种意见基本上是正确的。

(二)医疗损害责任的基本构成要件

第 54 条的基本内容包括医疗损害责任的构成要件。[8] 学者对于这个条文规定的

---

[5] 周友军:《侵权法学》,中国人民大学出版社 2011 年版,第 251 页。
[6] 周友军:《侵权法学》,中国人民大学出版社 2011 年版,第 252 页。
[7] 参见王利明主编:《中华人民共和国侵权责任法释义》,中国法制出版社 2010 年版,第 273 页。
[8] 参见奚晓明主编:《〈中华人民共和国侵权责任法〉条文理解与适用》,人民法院出版社 2010 年版,第 384 页。

医疗损害责任构成要件的理解有不同认识。有人认为,医疗损害责任需要考虑损害、过错和因果关系3个构成要件。⑨ 有人认为,医疗损害责任的构成要件,一是医疗机构和医务人员的诊疗行为,二是患者的损害,三是诊疗行为与损害后果之间的因果关系,四是医务人员的过错。⑩ 也有人认为,医疗损害责任的构成要件,一是诊疗行为具有违法性侵害患者的生命、健康等人身权利,二是患者或其近亲属遭受损害,三是诊疗行为与损害后果之间的因果关系,四是医疗机构、医务人员的过错。⑪ 这些意见的基本精神是一致的,概括起来,笔者赞成以下4个要件为医疗损害责任的构成要件:(1)医疗机构和医务人员在诊疗活动中的违法诊疗行为;(2)患者受到损害;(3)诊疗行为与患者损害之间具有因果关系;(4)医疗机构及其医务人员有过错。这样的表述完全是第54条规定的内容,是准确的。

(三)医疗损害责任的责任形态是替代责任

第54条明确规定:"……医疗机构及其医务人员有过错的,由医疗机构承担赔偿责任。"这个规定表明,医疗损害责任是替代责任。所谓替代责任,是指行为人就与自己有某种特殊关系的第三人实施的侵权行为对受害人承担的侵权责任。⑫ 替代责任并不是单纯的雇主责任⑬,或言之,雇主责任并不是替代责任的全部,仅仅是替代责任中的一种类型。我国《侵权责任法》不采用雇主责任的概念,而是采用用人单位责任的概念。⑭ 认为医疗损害责任是医务人员承担的过错责任和医疗机构承担的替代责任的综合⑮,也是不正确的。

个体诊所在诊疗活动中承担的责任也是替代责任,因为个体诊所也是登记的医疗机构,仍然是个体诊所承担责任,尽管个体诊所的医务人员可能只有一个,或者除了登记的责任人之外还有其他护理人员,但都应当由个体诊所承担侵权责任。只有非法行医的医生造成患者损害的,应当由个人承担责任,但不是基于第54条规定承担侵权责任,而是依照《侵权责任法》第6条第1款规定承担侵权责任。⑯

(四)为医疗损害责任提供请求权的法律基础

第54条给全部医疗损害责任提供请求权的法律基础。在具体适用中,对于不同情形采用不同方法适用:(1)对于条文中已经规定了明确的请求权基础的医疗损害责任类型,应当直接适用该条文,确定赔偿责任。例如第55、57、59条和第62条。

---

⑨ 参见王利明:《侵权责任法研究》(下册),中国人民大学出版社2011年版,第393页。
⑩ 参见奚晓明主编:《〈中华人民共和国侵权责任法〉条文理解与适用》,人民法院出版社2010年版,第384页。
⑪ 参见张新宝:《侵权责任法》,中国人民大学出版社2010年版,第232—234页。
⑫ 参见张民安:《侵权法上的替代责任》,北京大学出版社2010年版,第252页。
⑬ 参见周友军:《侵权法学》,中国人民大学出版社2011年版,第251页。
⑭ 参见王胜明主编:《中华人民共和国侵权责任法释义》,法律出版社2010年版,第167页。
⑮ 参见周友军:《侵权法学》,中国人民大学出版社2011年版,第245页。
⑯ 参见程啸:《侵权责任法》,法律出版社2011年版,第436页。

（2）对于《侵权责任法》第七章没有规定的医疗损害责任类型，例如医疗管理损害责任，应当直接适用第 54 条规定确定赔偿责任。（3）对于已经规定但没有明确规定请求权的具体医疗损害责任，例如第 56、61 条和第 63 条，都由 54 条医疗损害责任一般条款提供请求权的法律基础。

在出现上述后两种情形时，受害患者可以依据第 54 条提起诉讼，即依据医疗损害责任一般条款的规定提出损害赔偿请求，请求医疗机构承担侵权责任。法官应当依据该条适用法律，确定责任。例如，救护车急救延误造成患者损害、妇产医院给产妇抱错孩子造成亲权损害、医疗机构未尽紧急救治义务造成患者损害，等等，都可以直接依据《侵权责任法》第 54 条医疗损害责任一般条款，提起诉讼，进行判决。

四、医疗损害责任一般条款的司法适用

（一）司法实践适用医疗损害责任一般条款的现状及问题

在我国的司法实践中，无论是法官还是学者，对医疗损害责任一般条款的认识还比较陌生，在适用中存在较大的问题。存在的主要问题是：第一，对医疗损害责任一般条款的法律地位和作用认识不到位，主要有两种表现：一是不知道《侵权责任法》第 54 条是医疗损害责任一般条款，反而认为这个条文是一个可有可无的条文；二是虽然知道第 54 条是医疗损害责任一般条款，但不知道应当怎样用，实际上也是将其作为可有可无的条文对待。因而，基本上是将医疗损害责任一般条款弃之不用，不能发挥其重要作用。第二，不知道医疗损害责任一般条款与医疗损害责任的其他条文之间的关系，因而将第 54 条和其他条文之间的关系对立起来，甚至认为相互之间是矛盾的、有冲突的。第三，不知道医疗损害责任一般条款的基本作用是什么，反而反复强调《侵权责任法》第七章中没有规定明确的请求权的第 56、61 条、第 63 条无法在实践中操作，看不到第 54 条所具有的补充医疗损害责任请求权的重要作用。

对医疗损害责任一般条款的上述错误认识，是必须纠正的。对某一种类型的特殊侵权责任，如果立法规定了一般条款，这个一般条款对该种侵权责任类型就具有一般的规范作用。某一种侵权责任类型法律没有规定一般条款，则立法对该种侵权责任类型的规定就都是具体规定，对于没有规定的该种侵权责任类型的其他具体表现形式，由于没有一般规定，就只能适用侵权责任一般条款即《侵权责任法》第 6 条第 1 款的规定处理，认定为一般侵权责任，不能适用无过错责任原则或者过错推定原则确定责任。《侵权责任法》第十一章规定的物件损害责任就是如此。同样，在《民法通则》中，对于医疗损害责任没有规定一般性规定，只能按照第 106 条第 2 款规定处理医疗过错责任，或者按照《医疗事故处理条例》的规定处理医疗事故责任，形成法律适

用"双轨制"的混乱局面。⑰

《侵权责任法》第七章规定医疗损害责任,并且在第 54 条规定了医疗损害责任一般条款,不仅将已经有明确规定的医疗伦理损害责任、医疗技术损害责任、医疗产品损害责任都纳入其调整范围(第 59 条的无过错责任部分内容除外),而且把没有明文规定的医疗管理损害责任,以及有规定但没有明确规定请求权法律基础的具体医疗损害责任,都纳入其调整范围,提供请求权的法律基础;即使在司法实践中出现了现在尚未预料到、将来可能发生的新的医疗损害责任,都可以纳入其调整范围,提供请求权的法律基础。因此,可以说,医疗损害责任一般条款把所有的医疗损害责任类型一网打尽,不会再存在立法不足的问题。

(二)适用医疗损害责任一般条款应当注意的问题

1. 医疗损害责任一般条款统一医事法律、法规有关医疗损害责任规定的适用

在我国法律体系中,医事法律、法规是一个体系,发挥着重要的法律调整作用。例如,《执业医师法》《药品管理法》《医疗机构管理条例》《医疗事故处理条例》等,再加上最高人民法院的有关司法解释以及卫生部所作的有关解释。在医事法律、法规中有关医疗损害责任的相关条款,应当统一服从于医疗损害责任一般条款。如果这些相关条款与《侵权责任法》规定的医疗损害责任一般条款有冲突,都必须按照医疗损害责任一般条款的规定,对有冲突的条款不予适用。这不仅是新法优于旧法的原则的适用结果,更重要的是,医疗损害责任一般条款的基本功能就是统一医疗损害责任法律规范的适用,与基本法原则相冲突的特别法规则应当无效。例如,《执业医师法》第 38 条规定:"医师在医疗、预防、保健工作中造成事故的,依照法律或者国家有关规定处理。"《医疗机构管理条例》第 34 条规定:"医疗机构发生医疗事故,按照国家有关规定处理。"这些规定,都将发生医疗事故的法律适用直接指向《条例》。而《条例》规定的医疗事故处理规则与《侵权责任法》规定的医疗损害责任一般条款相冲突,已经被医疗损害责任一般条款所替代,因此,应当统一适用医疗损害责任一般条款,不再适用《条例》的规定。最高人民法院在原来的司法解释中关于医疗损害责任的规定,例如《关于民事诉讼证据的规定》第 4 条第(八)项关于医疗侵权纠纷适用过错推定原则的规定,与医疗损害责任一般条款的规定相冲突的,也都予以废止,不得继续适用。

2. 医疗损害责任一般条款的适用范围

按照本文的前述分析,医疗损害责任一般条款的适用范围如下:

(1)对医疗伦理损害责任、医疗技术损害责任和部分医疗产品损害责任提供一般指导。对于《侵权责任法》第 55 条和第 62 条规定的医疗伦理损害责任、第 57 条规定的医疗技术损害责任以及第 59 条规定的医疗机构因过错造成的医疗产品损害责任,

---

⑰ 关于医疗损害责任的双轨制,请参见杨立新:《中国医疗损害责任制度改革》(本书第 1938 页),载《法学研究》2009 年第 4 期。

医疗损害责任一般条款都提供一般指导。在解释这些条文时,应当以医疗损害责任一般条款为基准,不得违反该条文规定的基本精神。违反第54条规定的基本精神的解释,一律无效。

（2）对没有具体规定的医疗管理损害责任提供请求权的法律基础。医疗管理损害责任也是医疗损害责任,但没有设置具体条文规定。对此,医疗损害责任一般条款为其提供请求权的法律基础,对于这类医疗损害责任纠纷案件可以直接援引第54条规定,确定医疗管理损害责任。

（3）对没有明确规定请求权的条文提供请求权的法律基础。《侵权责任法》第56条规定的医疗机构违反紧急救治义务造成患者损害的侵权行为,第61条规定的医疗机构违反病历资料管理义务造成患者损害的侵权行为,第63条规定的医疗机构实施不必要检查造成患者损害的侵权行为,都没有明确规定请求权,在法律适用中,可以直接援引医疗损害责任一般条款,确定侵权责任,支持受害患者的赔偿请求权。

（4）对将来可能出现的医疗损害责任类型提供请求权法律基础。对于在将来可能出现的新型的医疗损害责任类型,《侵权责任法》第七章的其他条文不能涵盖,且符合第54条规定的医疗损害责任一般条款规定要求的,直接适用该条规定,确定侵权责任。

3. 适用医疗损害责任一般条款的法律条文援引

在司法实践中,处理具体医疗损害责任纠纷案件,民事裁判法律适用有以下3种情形:第一,依照第55、57条和第59条规定确定的医疗损害责任,直接援引这些相关条文即可,不必援引第54条规定的医疗损害责任一般条款;第二,没有具体条文规定的医疗管理损害责任,应当直接援引第54条规定,例如救护车紧急救治不及时造成的损害、妇产医院过错致使产妇抱错孩子造成损害等,都可以直接援引第54条规定确定医疗损害责任;第三,《侵权责任法》的具体条文有规定,但没有明确规定请求权的第56、61条和第63条规定的医疗损害责任,应当在援引这些条文的同时,再援引第54条规定,确定医疗损害责任。

医疗损害责任概念研究[*]

医疗侵权行为及其责任,是一种重要的侵权行为类型,立法机关正在制定的《侵权责任法》中,也把医疗侵权行为及其责任作为一种重要的侵权责任作出规定。研究医疗侵权行为的起点,就应当从准确界定医疗侵权行为的概念开始,确定其科学的内涵和外延。在此基础上,才能够更加深入地研究医疗侵权行为及其责任的具体规则。在实践中,恰恰在这个问题上没有取得统一,因此造成了法律适用不统一的混乱。笔者认为,应当采用医疗损害责任的概念,统一医疗侵权行为及其责任的称谓,并以此界定其内涵和外延,展开医疗损害责任的全面研究。

一、对医疗侵权行为概念的不同称谓及引发的后果

(一)对医疗侵权行为概念的不同表述

改革开放之初,我国司法实践和民法理论对医疗侵权行为概念的称谓,一直都是医疗事故或医疗事故责任,法院受理的这类案件案由为医疗事故赔偿纠纷。

在1987年6月29日发布并实施的《医疗事故处理办法》(以下简称《办法》)(已失效)中,就采用了当时最为普遍的称谓,将医疗侵权行为直接称之为医疗事故和医疗事故责任,此后在司法实践中普遍使用。十几年来对此几乎没有异议。

在最高人民法院2001年12月21日出台、2002年4月1日实施的《关于民事诉讼证据的若干规定》中,对医疗侵权行为概念使用了一个新的称谓,即医疗侵权纠纷。这个概念究竟是医疗事故的替代概念,还是比医疗事故更为宽泛的概念,该司法解释没有说明。这种说法给司法实践带来很大影响。一般认为,医疗事故责任是医疗侵权纠纷,医疗过错责任纠纷也是医疗侵权纠纷。在2008年2月4日公布、2008年4月1日实施的最高人民法院《民事案件案由规定》(已失效)中,使用的是"医疗损害赔偿案件纠纷",与以前的做法完全不同。

更大的问题出在2002年4月4日公布、9月1日实施的《医疗事故处理条例》(以下简称《条例》)代替了《办法》之后。《条例》确实在很多方面都比《办法》有了较大的进步,但是,在医疗事故的赔偿责任方面的规定却仍不尽如人意。主要表现是,

---

[*] 本文发表在《政治与法律》2009年第3期。

在具体的赔偿项目和赔偿标准及计算方法上,远远低于通常的人身损害赔偿标准。特别是最高人民法院在随后不久公布实施的《关于审理人身损害赔偿案件适用法律若干问题的解释》,对于人身损害赔偿制定了全国统一的赔偿项目和赔偿标准,远远高于《条例》规定的赔偿标准。最高人民法院并没有认识到这个问题的严重性,提出了医疗事故责任和国家赔偿责任不适用人身损害赔偿司法解释规定的赔偿标准的意见。[1] 这个意见从表面上看好像维护了行政法规的权威性,保护了医疗机构的权利,但却在侵权法领域中将医疗机构推向了司法和人民群众的对立面,使之成为一个特殊的侵权责任主体和特殊机构,不接受统一的法律调整。形成的局面是,如果是一个较为严重的医疗侵权行为,能够鉴定为医疗事故的,适用《条例》规定的赔偿标准,医疗机构承担较低的赔偿责任,受害人只能得到较少的赔偿;反之,如果受害患者[2]的损害较轻,或者较重的损害也不请求进行医疗事故鉴定,而是到司法鉴定机构申请医疗过失责任鉴定,诉讼到法院,法院则基于诉讼请求不是医疗事故而是医疗过失,因而不适用《条例》规定的赔偿标准,而适用人身损害赔偿司法解释规定的赔偿标准,使受害患者能够获得较高的赔偿。因此,在司法实践中,除了使用医疗事故的概念之外,医疗过失或者医疗过错的概念被广泛使用,并将其与医疗事故概念对立起来。应当看到的是,对于《条例》规定医疗事故赔偿标准的特殊化,人民群众不满意,法官也是不支持的。在实践中之所以出现上述法律适用的混乱局面,正是人民群众和法官对此做法的一种抗拒。这种情况应当引起立法和司法的高度重视。

在理论上,对于医疗事故、医疗侵权、医疗过错、医疗纠纷等概念都有使用。除此之外,有的学者还使用医生责任或者医疗专家责任的称谓。[3] 使用这样的概念,更着重于突出这种侵权行为的性质是专家责任,以此与其他侵权行为类型相区别。这个意图是好的,但在司法实践及社会观念上并没有接受,在立法机关制定的《侵权责任法(草案)》中,也没有采纳这样的意见。

(二)不同国家和地区对医疗侵权行为概念的称谓

在各国和地区侵权行为法领域,对于医疗损害责任概念的称谓也各有不同。在欧洲,比较一致的意见是医疗专家责任或者医师责任。[4] 这样的称谓所表达的含义是:首先,这种行为是侵权行为,接受侵权行为法的调整;其次,这种侵权行为的性质是专家责任,是基于特殊的专业和技术、技能为他人服务,由于过失造成委托人或者其他人的权利损害的侵权行为[5];再次,这种侵权行为发生在医疗领域,并非一般的专

---

[1] 参见最高人民法院 2003 年 1 月 6 日《关于参照〈医疗事故处理条例〉审理医疗纠纷民事案件的通知》。

[2] 本文使用受害患者的概念,在涉及医疗损害责任赔偿请求权时,包括受害患者和受害患者近亲属。

[3] 参见张新宝:《侵权责任法原理》,中国人民大学出版社 2005 年版,第 224 页。

[4] 访问德国和荷兰的医疗损害赔偿法专家,他们所使用的都是医生责任的概念,性质属于专家责任。参见杨立新主编:《中华人民共和国侵权责任法草案建议稿及说明》,法律出版社 2008 年版,第 405、418 页。

[5] 参见张新宝:《侵权责任法原理》,中国人民大学出版社 2005 年版,第 224 页。

家责任,而是基于医疗而发生的专家责任。在日本,对于医疗侵权行为大体叫做医疗过失损害责任,确立"医疗水准"的客观过失责任理论。⑥ 在美国,一般将医疗侵权行为称之为医疗责任,或者医疗过失责任。⑦ 在我国台湾地区,一般将医疗侵权行为叫做医疗事故,或者医疗事故责任。⑧

(三) 医疗侵权行为概念不统一引发的后果

在医疗侵权行为概念上的混乱局面,必然引发在理论上、实践上的混乱后果。这种后果主要表现在以下3个方面:

第一,在侵权法理论上的认识不统一。在侵权法理论中,由于基本概念的不统一,因此无法准确界定其内涵,也无法界定其确切的外延。即使是对概念的表述,也都无法接受一个权威的称谓,因而形成了学者自说自话的局面,无论表述为医疗事故、医疗侵权、医疗过失、医疗过错、医疗专家责任等,都无法知道其确切的含义是什么。正因为如此,当一个学者使用"医疗事故"概念的时候,不能够确认他指的是包括医疗侵权这样广泛意义上的医疗事故,还是单指医疗侵权中的医疗事故而不包含医疗过失责任。另外,在这些概念之间,究竟是什么样的逻辑关系,也都不明确。还有一个重要的问题,是事故、行为、责任之间的关系没有理清,医疗事故其实仅仅是一个事件,并不能说医疗事故就是行为,而医疗事故的医生行为才是侵权行为;而医疗事故责任,则是医疗事故侵权行为的法律后果。把这些问题在理论上搞清楚的基础,就在于把这个基本概念界定准确。

第二,在司法实践中对案件的案由确定不统一。对医疗侵权行为概念在理论认识上的不一致,必然导致在实践中的做法的不统一。在法院受理的案件中,如何确定其案由,就很困难。在目前的司法实践中,界定这种侵权行为的案由,主要分成医疗事故责任和医疗过错责任两种,有的法院也使用医疗过失和医疗侵权的案由。在最高院的司法解释中,同样存在这样的问题,有的司法解释叫做医疗侵权纠纷,有的司法解释叫做医疗事故以及其他医疗纠纷,有的叫做医疗损害赔偿责任。这典型地表明了对医疗侵权行为基本概念认识的混乱。

第三,在法律适用上造成严重的不统一。对此,笔者在前文已经说过。医疗事故的赔偿责任如此之轻、医疗过错的赔偿责任如此之重,任何一个受害患者对此不能不重视。当他有权选择一个法律规范作为自己请求权的依据时,当然会有不同的选择。而作为法官,面对需要保护的受害患者,他也可能支持患者保护自己的选择,或者选择对患者更为有利的法律作为判决的依据。问题是,有更多的法官采取机械的"依法

---

⑥ 参见朱柏松等:《论日本医疗过失之举证责任》,载朱柏松等:《医疗过失举证责任之比较》,元照出版公司2008年版,第10页。

⑦ 参见陈聪富:《美国医疗过失举证责任之研究》,载朱柏松等:《医疗过失举证责任之比较》,元照出版公司2008年版,第161页。

⑧ 参见陈聪富:《美国医疗过失举证责任之研究》,载朱柏松等:《医疗过失举证责任之比较》,元照出版公司2008年版,第191页。

办事"的态度处理,鉴定为医疗事故的就适用《条例》,鉴定为医疗侵权或者医疗过错的就适用人身损害赔偿司法解释,并不尊重当事人的选择权。一个意想不到的后果是,受害患者一方和法官的共同行动,把行政机关想要特别保护的医疗机构置于司法机关和人民群众的对立面,以至于形成了广泛的对医疗机构不利的社会舆论。

医疗侵权行为的概念在称谓上的混乱所引起的上述后果,所直接引起的,就是对受害患者权益保护缺乏统一的尺度,对医疗机构医疗过失行为的认定没有一个统一的标准,对法律适用造成严重的混乱。这不是一个法制统一的国家应有的做法。

二、使用医疗损害责任概念的准确性

(一)对医疗侵权行为概念不同表述的分析

为了确定一个准确、科学的概念作为医疗侵权行为的称谓,首先应当分析现在使用的各种概念的优势和缺点。

1. 医疗事故

现实中,最常用的概念是医疗事故,以及医疗事故责任。其原因在于行政法规即《办法》和《条例》都使用这个概念。

医疗事故,实际上是指一个事实、一个事件,即医疗机构的医务人员在诊疗过程中基于过失而造成患者人身损害的事故。事故本身并不是侵权法所调整的对象,《侵权责任法》调整的是行为和责任。例如,即使是摆放在建筑物上的悬挂物、搁置物脱落、坠落造成他人损害,法律制裁的也不是物件脱落、坠落的事实或者事件,而是其所有人或管理人未尽管理义务的间接行为。[9] 同样,侵权法对医疗侵权所要制裁的,也不是医疗事故这个事实或者事件,而是在这个事故中,医疗机构及医务人员因过失造成患者损害的行为。因此,以医疗事故作为医疗侵权行为的称谓,显然不当。

使用医疗事故责任的概念,倒是能够概括医务人员因其过失而应当承担的侵权责任,但无法与相应的侵权行为相衔接。更为重要的是,医疗事故责任的概念本身无法界定其范围的宽窄,尤其是在同时使用医疗过错概念的时候,将完整的医疗侵权行为人为地进行分割,造成同一种侵权行为类型在法律适用上的不统一,对患者的权利无法进行统一的法律保护。因此,即使是使用医疗事故责任的表述,也无法准确界定医疗侵权行为的准确内涵和外延。

因此,不宜使用医疗事故以及医疗事故责任的概念作为医疗侵权行为的概念。当然也有不同的意见,例如梁慧星教授曾经撰文,建议学术界和实务界一定要接受这个医疗事故概念,一律采用医疗事故概念,不要再用医疗差错、医疗过误等不规范的

---

[9] 关于间接行为的概念界定,参见杨立新:《侵权法论》,人民法院出版社 2005 年版,第 167—168 页。间接行为包括监护、管理下的人所实施的行为和管理对象的不当的行为。

概念。⑩ 这种意见尚有商榷的余地。

2. 医疗侵权

将医疗侵权行为称之为医疗侵权、医疗侵权责任或者医疗侵权纠纷,原本是没有问题的。如果不是由于在司法实践中出现的医疗事故与医疗过错的刻意区别和对立,将医疗侵权、医疗侵权责任作为与医疗事故相对立的概念而分别适用不同的法律,那么,将这种侵权行为称之为医疗侵权、医疗侵权行为、医疗侵权责任以及医疗侵权纠纷,都是没有问题的。医疗侵权作为一种统称,医疗侵权行为作为侵权行为的类型,医疗侵权责任作为这种侵权行为的责任类型,而医疗侵权纠纷作为这种侵权案件的称谓,都是较为准确的。也有人提出,将医疗侵权直接称之为"侵权行为"或者"侵权责任",似乎就给医疗中的纠纷"定性",对医疗机构以及医务人员的高尚行为有所否认,因此建议采用更为中性的称谓。⑪ 事实上,我们所说的医疗侵权行为,都是在法律意义上对一种侵权行为类型的确认,并非说纠纷就是侵权,这类似于在刑事案件侦查和起诉以及判决之前称被告为"犯罪嫌疑人"一样。任何侵权行为在判决没有确定之前,其实就是侵权"嫌疑"而已,是争执中的侵权行为,医疗侵权当然也是如此。

不过,鉴于现行司法实践中已经将医疗侵权与医疗事故两个概念对立起来,或者将医疗侵权作为医疗事故与医疗过错的上位概念,因此,不宜再使用医疗侵权概念称谓统一的医疗侵权行为。

3. 医疗过错

在司法实践中使用医疗过错,有两种用法:一是指不构成医疗事故的医疗侵权案件,因为医疗机构有过错而叫做医疗过错,因而与医疗事故概念相对应。二是指医疗事故和医疗侵权两种不同的医疗侵权行为的上位概念,即医疗事故和医疗侵权的统称。在实践中多数使用前一种用法。

依笔者所见,使用医疗过错概念,存在如下问题:第一,医疗过错作为医疗事故和医疗侵权两个概念的上位概念,其实还不如将医疗侵权作为其上位概念,概括医疗事故和医疗过错,因为医疗侵权的概念可以概括更多的含义;第二,医疗事故中也存在过错,因此,医疗过错与医疗事故并不存在差别,将医疗过错作为与医疗事故相对应的概念也不适当。第三,医疗过错概念中使用"过错"一词并不准确,因为过错包括故意和过失,而在医疗侵权行为中并不存在故意,因为医务人员一旦出故意造成患者的损害,则为刑事犯罪行为或者一般侵权行为,无需认定为医疗侵权行为。其实,这是我国侵权法中一直存在的问题,不论故意还是过失都一律称做过错,是应当纠正的。

正因为如此,还是不把这种发生在医疗领域中的侵权行为叫做医疗过错为好。

4. 医疗专家责任

医生责任就是专家责任。毫无疑问,医疗侵权责任在侵权行为的性质上就是专

---

⑩ 参见梁慧星:《医疗损害赔偿案件的法律适用问题》,载《人民法院报》2005年7月6日。
⑪ 参见中国人民解放军总医院张宝珠:《关于医疗侵权讨论会上的发言》,中国医院管理协会召开的"医疗侵权责任立法问题专题研讨会"发言稿,本文未公开发表。

家责任,将医疗侵权责任称之为专家责任,并没有问题,是比较准确的。但是,医生责任的范围过窄,只能涵盖医疗过程中的过失侵权行为,无法涵盖医疗产品损害责任以及大部分医疗伦理损害责任等其他医疗侵权责任,而我国司法实践比较习惯使用医疗事故或者医疗侵权责任的提法,不太愿意接受医疗专家责任的称谓。在侵权行为的类型划分上,通常也不将医疗侵权行为概括在专家责任之中,而是与其他事故责任例如工伤事故、道路交通事故、学生伤害事故等放在一起。因此,尽管有学者特别主张医疗侵权行为的专家责任性质,并且在《侵权行为法(草案)》建议稿中将其规定在专家责任类型之中[12],但并未被通说及立法草案所采纳。看来,使用医疗专家责任的概念作为医疗侵权行为概念的称谓,并没有较大的市场。

（二）用医疗损害责任表述医疗侵权行为概念的准确性

在全国人大常委会法工委民法室于 2008 年 7 月 2 日召开的"侵权责任法座谈会"以及 2008 年 9 月 24 日至 27 日全国人大常委会法工委召开的"侵权责任法草案研讨会"上,与会专家、法官和医疗工作者都赞同《侵权责任法(草案)》对此采用医疗损害责任的概念。用医疗损害责任概念作为医疗侵权行为的统称,有以下好处：

第一,能够概括所有的医疗侵权行为,终止医疗侵权概念、案由和法律适用上的不统一局面。如前所述,在我国司法实践中,医疗事故、医疗侵权、医疗过错都在被不准确地使用着,因此,有必要使用能够概括所有的医疗事故、医疗侵权、医疗过错的一个概念。医疗损害责任是一个不常被使用的概念,但正因为如此,用它来概括所有的医疗侵权行为责任才更为准确。因而,使用这个概念能够结束医疗侵权概念、案由以及对这类侵权行为法律适用上的不统一局面,维护法制的统一和司法权威,用相同的标准保护受害患者的合法权益。

第二,提法比较直观、中性,容易被社会各界所接受。有些医疗机构的人员认为医疗侵权概念不准确是因为直接将其称之为侵权的看法并不正确,但在界定一个概念时,能够综合考虑所有人特别是这种侵权行为类型所概括的责任主体的意见,采取一个比较中性的提法,有利于调动其积极性,预防侵权行为发生。况且医疗损害责任的表述直观、现实,容易被大家所接受,使用起来也更为方便。

第三,包容性强,能够包含所有的医疗侵权行为。医疗损害责任作为概括性的概念,能够包括各种不同的医疗侵权行为,例如,即使是医疗器械等医疗产品损害责任,误诊等造成人身损害的医疗技术损害责任,以及抱错孩子等医疗伦理损害责任都可以包括在内。医疗损害行为是在医疗领域中发生的侵权损害行为,是这种侵权行为类型的概括,医疗损害责任则是医疗损害行为的法律后果,是受害患者的侵权请求权和作为责任主体所应当承担的侵权责任。医疗损害责任纠纷,则是这种类型侵权案件的总称。

---

[12] 参见梁慧星主编：《中国民法典草案建议稿附理由·侵权行为法编、继承编》,法律出版社 2004 年版,第 57 页。

事实上,最为重要的是,使用医疗损害责任概念能够消除医疗事故与医疗过错对医疗侵权行为的人为分割的"割据"局面,建立统一的医疗损害责任制度。这就是使用医疗损害责任概念的最主要目的。

三、医疗损害责任概念的内涵和外延

(一)医疗损害责任的内涵

对医疗损害责任或者医疗侵权行为概念的界定,有不同的表述。如认为医疗侵权行为是指医疗机构及医务人员在诊疗护理过程中侵犯了病人的合法权益,并引起一定的法律后果的行为。在这里,病人的合法权益有两种,一是生命健康权,二是其他人身权,如姓名权、名誉权、肖像权、隐私权等。[13] 或者认为医疗侵权行为是指在医疗活动中,因医疗行为侵害就诊者的人身权利,依法应当承担民事责任的违法行为。[14] 或者认为医疗侵权行为是指行为主体在实施医疗行为的过程中,侵犯了就医者的人身权益(因医疗活动系针对人的身体所实施的行为),而应承担责任的行为。[15] 这些意见都值得参考。

界定医疗损害责任的概念,应当着眼于全部的医疗侵权行为,而不是指某一部分或者某一类型的医疗侵权责任。这个概念是指侵权责任的一种类型,即涉及医疗或者发生在医疗领域中的侵权责任类型。

因此,医疗损害责任是指医疗机构及医务人员在医疗过程中因过失,或者在法律规定的情况下无论有无过失,造成患者人身损害或者其他损害,应当承担的以损害赔偿为主要方式的侵权责任。

医疗损害责任的基本特征是:

1. 医疗损害责任的责任主体是医疗机构

医疗损害责任的责任主体是医疗机构,且须为合法的医疗机构,其他主体不构成医疗侵权责任。按照1994年2月26日国务院《医疗机构管理条例》第2条规定,医疗机构应当是从事疾病诊断、治疗活动的医院、卫生院、疗养院、门诊部、诊所、卫生所(室)以及急救站等机构。除此之外,不属于医疗机构。例如,执业助理医师不得成立个体诊所,设立个体诊所行医的,由于不是医疗机构,仍为非法行医。[16] 有人认为,发生医疗损害责任之后,由于造成损害的医生是在医疗机构进修的不具有资质的"医生"、医院聘用的不具有医生资格的"医生",医疗机构主张自己的医生不合资质而否认医疗机构的侵权责任,是没有道理的。理由是,医疗损害责任是医疗机构的责任,而不是医生自己承担的责任,因此,医院聘用或者进修的不具有医生资质的"医生",

---

[13] 参见刘雪玲:《医疗侵权行为的民事责任与举证责任》,载《齐鲁医学杂志》2002年第3期。
[14] 参见郑力等:《论医疗侵权行为的归责原则与免责》,载《中国医院》2006年第10期。
[15] 参见钱矛锐:《论医疗侵权行为的法律内涵》,载《西北医学教育》2008年第3期。
[16] 参见卫生部2001年9月24日《关于执业助理医师能否设置个体诊所问题的批复》。

过错在于医疗机构，并不妨害医疗机构依法承担自己应当承担的侵权责任。没有合法资质的医疗机构发生医疗损害责任，应当适用侵权责任法的一般规定确定侵权责任，不适用医疗损害责任的规定。对于取得医师执业证书的医师在家中擅自诊疗病人造成人身损害事故的，由于医疗活动是医疗机构的活动，不是医生个人的活动，因此，也不认为是医疗损害责任，也应当适用一般侵权行为的规则处理。[17] 相反，精神病医院与一般的医疗机构不同，对精神病患者负有更高的注意义务，甚至是监护义务，造成患者人身损害仍构成医疗损害责任，只不过对其要求更高，更为严格，承担的责任更重罢了。

2. 医疗损害责任的行为主体是医务人员

医疗损害责任的行为主体是医务人员，而不是其他人员。医务人员包括医师和其他医务人员。《执业医师法》第 2 条规定，医师包括执业医师和执业助理医师，是指依法取得执业医师资格或者执业助理医师资格，经注册在医疗、预防、保健机构中执业的专业医务人员。尚未取得执业医师或者执业助理医师资格，经注册在村医疗卫生机构从事预防、保健和一般医疗服务的乡村医生，也视为医务人员。《执业医师法》第 30 条规定，执业助理医师应当在执业医师的指导下，在医疗、预防、保健机构中按照其执业类别执业。执业助理医师独立从事临床活动，也属于医务人员，发生医疗中的人身损害事故，构成医疗损害责任。[18] 不具有医务人员资格的，即使发生医疗损害，也不认为是医疗损害责任。例如，非法行医的医生或者非医生，都不适用医疗损害责任的法律规范，而应当适用一般侵权行为的规则。对于取得医师资格但未经执业注册的人员私自开设家庭接生造成孕妇及新生儿死亡的有关人员，尽管其具有医师资格，但由于其未经执业注册，因此，仍然视为非法行医，造成医疗损害的，也应当按照一般侵权行为处理。[19] 对于未取得医师资格的医学专业毕业生（包括本科生、研究生、博士生以及毕业第一年的医学生[20]），应当区分情况，违反规定擅自在医疗机构中独立从事临床工作的，也不认为是医务人员[21]；但在上级医师的指导下从事相应的医疗活动的，不属于非法行医[22]，可以构成医务人员，成为医疗损害责任的行为主体。

按照《护士管理办法》规定，护士系指按照该办法规定取得中华人民共和国护士

---

[17] 参见卫生部 2005 年 11 月 7 日《关于取得医师执业证书的医师在家中擅自诊疗病人造成死亡适用法律有关问题的批复》。

[18] 参见卫生部 2006 年 12 月 26 日《关于执业助理医师独立从事诊疗活动发生医疗事故争议有关问题的批复》中的规定。

[19] 参见卫生部 2006 年 12 月 18 日《关于未经执业注册医师私自开展家庭接生造成人员死亡有关法律适用和案件移送问题的批复》中的规定。

[20] 参见卫生部 2004 年 6 月 3 日《关于取得医师资格但未经执业注册的人员开展医师执业活动有关问题的批复》第 3 条的规定。

[21] 参见卫生部 2005 年 9 月 5 日《关于医学生毕业后暂未取得医师资格从事诊疗活动有关问题的批复》。

[22] 参见卫生部办公厅 2002 年 5 月 29 日《关于正规医学专业学历毕业生试用期间的医疗活动是否属于非法行医的批复》。

执业证书并经过注册的护理专业技术人员。没有经过注册登记的护理人员,不认为是合法执业的护士。只有合法执业的护士在护理活动中造成患者人身损害的,才构成医疗损害责任,否则为非法行医,按照一般侵权行为规则处理。

3. 医疗损害责任发生在医疗活动之中

医疗损害责任发生的场合是医疗活动,在其他场合不能发生这种侵权责任。医疗活动应当准确理解,并不是只有医疗才是医疗活动,例如,在医院进行的身体检查,在医院进行的医疗器械的植入,对患者的观察、诊断、治疗、护理、康复等,也都是医疗活动,不能认为身体检查、身体康复等并不进行治疗而不是医疗活动。医疗机构进行的影像、病理、超声、心电图等诊断性活动也是医疗活动。同样是美容活动,医疗美容是运用手术、药物、医疗器械以及其他具有创伤性或者侵入性的医学技术方法,对人的容貌和人体各部位形态进行的修复与再塑㉓,因此属于医疗活动;而没有通过这样的手段进行的美容,例如进行面部护理、一般的保健按摩等,不认为是医疗活动。深圳市某美容医院为客户进行颧骨垫高的美容,结果侵入的组织积淀在面颊底部,成了"李玉和脸"㉔,构成医疗损害责任。因此,医疗活动是一个较为广泛的概念,并非仅指狭义医疗这一项活动。

4. 医疗损害责任是因患者人身等权益损害的过失行为而发生的责任

医疗损害责任主要因患者身体、健康、生命权损害的人身损害行为而发生的责任,并且须有过失。其中,造成患者健康权损害,是造成患者的人身伤害,包括一般伤害和残疾;造成生命权损害,是指造成患者死亡;造成患者身体权损害,是指患者的身体组成部分的实质完整性以及形式完整性的损害,即造成患者人体组成部分的残缺,或者未经患者本人同意而非法侵害患者身体。尤其应当注意的是对于身体形式完整性的侵害,身体权属于患者本人,未经本人同意,医务人员不得非法接触。其他损害,包括医生未尽告知义务所侵害的患者知情权、自我决定权、隐私权等其他民事权益,而且首先不是健康利益。㉕在一般情况下,构成医疗损害责任必须有过失,但在医疗产品造成损害的医疗损害责任,在归责原则上并不要求医疗机构必须有过失。

5. 医疗损害责任的基本形态是替代责任

替代责任也称为间接责任、转承责任、延伸责任,是指责任人为他人的行为和为人的行为以外的自己管领下的物件所致损害承担赔偿责任的侵权责任形态。㉖替代责任的最基本特征,是责任人与行为人相分离,行为人实施侵权行为,责任人承担侵权责任。医疗损害责任就是替代责任。造成患者人身损害的行为人是医务人员,但

㉓ 参见卫生部《医疗美容服务管理办法》第2条规定。

㉔ 李玉和是"文革"时期样板戏《红灯记》中的人物,由钱浩良饰演,其左右脸颊各有一块凸出的部分,被戏称"也不胖也不瘦,一边一块疙瘩肉"。两个受害人找过笔者咨询,面部形象损害严重,这种说法并不夸张。

㉕ 参见〔德〕克雷斯蒂安·冯·巴尔:《欧洲比较侵权行为法》(下),焦美华译,张新宝审校,法律出版社2001年版,第389页。

㉖ 参见杨立新主编:《中华人民共和国侵权责任法建议稿及说明》,法律出版社2007年版,第7页。

其并不直接承担赔偿责任,而是由造成损害的医务人员系属的医疗机构承担赔偿责任。只有医疗机构在自己承担了赔偿责任之后,对于有过失的医务人员才可以行使追偿权。本文在上述说明中刻意研究医疗机构和医务人员的范围的目的之一,就是为了表现医疗损害责任替代责任性质的基本特征。

(二)医疗损害责任的外延

界定医疗损害责任概念的外延,应当着重考虑的是如何划分医疗损害责任的类型更能够便利司法实践操作,更便于受害患者一方行使诉讼权利,保护好自己的合法权益。

在实践操作中,侵权责任适用不同的具体规则的标准,集中在归责原则上。对侵权责任案件,适用什么样的归责原则,就适用什么样的具体规则;适用的归责原则不同,应当适用的具体规则也就不同。因此,在划分侵权行为类型时,以归责原则作为标准,是最为科学、最为准确和最为实用的。确定医疗损害责任的外延,就是要划分医疗损害责任的类型,以归责原则作为医疗损害责任外延的划分标准,是最为适当的,既便于法官的掌握,也便于受害患者的了解。因此,应当用归责原则作为界定医疗损害责任外延的标准。

在立法例上,以归责原则作为标准确定医疗损害责任类型,可以借鉴法国侵权法关于医疗科学过错和医疗伦理过错的分类方法。在法国医疗损害责任法中,医疗损害赔偿责任的核心概念,就是医疗过错。以传统分类方法,无论是公部门或者私部门上的医疗损害赔偿责任,医疗过错均可分为医疗科学上的过错和医疗伦理上的过错这两种类型[27];医疗科学过错适用过错责任原则确定责任,举证责任由受害人负担;而医疗伦理过错则实行过错推定原则,将举证责任彻底归之于医疗机构。[28] 借鉴这种做法,将医疗损害责任的外延界定为医疗技术损害责任和医疗伦理损害责任两种类型,再加上适用无过失责任原则的医疗产品损害责任,作为医疗损害责任的外延即医疗损害责任的3种基本类型,是最为便捷、最为合理亦最为科学的。

据此,我国医疗损害责任的外延是:

1. 医疗技术损害责任

医疗技术损害责任,是指医疗机构及医务人员从事病情检验、诊断、治疗方法的选择,治疗措施的执行,病情发展过程的追踪,以及术后照护等医疗行为中,存在不符合当时医疗水平的过失行为[29],医疗机构所应当承担的侵权赔偿责任。

医疗技术损害责任的归责原则为过错责任原则,举证责任由受害人负担。证明

---

[27] 参见陈忠五:《法国法上医疗过错的举证责任》,载詹森林等:《医疗过失举证责任之比较》,元照出版公司2008年版,第125页。

[28] 参见陈忠五:《法国法上医疗过错的举证责任》,载朱柏松等:《医疗过失举证责任之比较》,元照出版公司2008年版,第139—144页。

[29] 参见陈忠五:《法国法上医疗过错的举证责任》,载朱柏松等:《医疗过失举证责任之比较》,元照出版公司2008年版,第125页。

医疗机构的赔偿责任构成,须由原告即受害患者一方承担举证责任,在必要的情况下,例如在受害患者无法提供充分证据证明医疗机构的过失时,可以实行举证责任缓和,在原告证明到一定程度时,转由医疗机构承担举证责任。

2. 医疗伦理损害责任

医疗伦理损害责任,是指医疗机构及医务人员从事各种医疗行为时,未对病患充分告知或者说明其病情,未提供病患及时有用的医疗建议,未保守与病情有关的各种秘密,或未取得病患同意即采取某种医疗措施或停止继续治疗等,以及其他医疗违法行为,而违反医疗职业良知或职业伦理上应遵守的规则的过失行为[30],医疗机构所应当承担的侵权赔偿责任。

医疗伦理损害责任适用过错推定原则,将医疗过失的举证责任归之于医疗机构,其他侵权责任构成要件的举证责任仍然由受害患者一方承担。在受害患者一方能够证明侵权责任的其他构成要件时,而医疗机构不能证明自己没有过失的,就构成侵权责任。

3. 医疗产品损害责任

医疗产品损害责任,是指医疗机构在医疗过程中使用有缺陷的药品、消毒药剂、医疗器械以及血液及制品等医疗产品,因此造成患者人身损害的,医疗机构或者医疗产品的生产者、销售者所应当承担的侵权赔偿责任。澳大利亚的《医疗性产品法案》认为,医疗产品是一个统称,既包括药品,也包括医疗器械,是指用来或声称能预防、诊断、减缓或监测某一疾病或病情的产品。[31] 这一做法值得借鉴。

医疗产品损害责任应适用产品责任的一般原则,即无过失责任原则,即如梁慧星所说医疗"产品缺陷致损,虽然构成侵权,但应当适用产品质量法的规定"。[32] 但按照《产品质量法》第41、42条和第43条规定,无过失责任原则仅对产品生产者适用,对产品销售者须有过失,受害人才可以向其主张赔偿。参照这样的规定,《侵权责任法》应当规定,因药品、消毒药剂、医疗器械等医疗产品缺陷造成患者人身损害的,销售者、医疗机构没有过失的,受害患者一方只能向医疗产品生产者按照无过失责任原则的要求起诉,请求赔偿。如果医疗机构或者医疗产品销售者对于造成的损害有过失,则实行不真正连带责任规则,受害患者一方既可以向医疗机构要求赔偿,也可以向生产者或者销售者要求赔偿。医疗机构承担赔偿责任后,属于生产者、销售者责任的,有权向生产者或者销售者追偿。因输入不合格的血液以及血液制品造成患者人身损害的,受害患者一方主张提供机构承担责任的,无论有无过失都可以请求,但主张医疗机构赔偿的,须医疗机构在主观上存在过失,否则只能向血液及其制品的提供者请求赔偿。

---

[30] 参见陈忠五:《法国法上医疗过错的举证责任》,载朱柏松等:《医疗过失举证责任之比较》,元照出版公司2008年版,第139—144页。

[31] 参见赵西巨:《英美法系主要国家CAM产品立法模式探究》,载《南京中医药大学学报》2007年第8卷第3期。

[32] 梁慧星:《医疗损害赔偿案件的法律适用问题》,载《人民法院报》2005年7月6日。

《侵权责任法》规定的医疗损害责任归责原则

《侵权责任法》实施之前,对医疗事故责任和医疗过错责任长期适用过错推定原则,是不适当的。《侵权责任法》公布实施之后,对于该法第七章规定的医疗损害责任究竟应当适用何种归责原则,意见并不一致。对《侵权责任法》第七章进行深入研究,科学确定医疗损害责任适用的归责原则,才能够综合平衡受害患者、医疗机构和全体患者之间的利益关系,准确适用法律。

一、对《侵权责任法》规定的医疗损害责任归责原则的不同理解

《侵权责任法》第七章规定的医疗损害责任究竟适用何种归责原则,学者有不同看法。归纳起来有以下4种基本意见:

(一)一元论观点

有的学者认为,《侵权责任法》规定医疗损害责任的归责原则是一元论即过错责任原则,《侵权责任法》第七章医疗损害责任采一般过错归责,为方便法官正确判断过错,避免将举证责任和举证不能的后果简单化地归属于任何一方所可能造成的不公正结果,专设若干条文明确规定判断过错的客观标准,第55、58、60条即是在不同情况下过错判断标准的具体化规定。[①] 有的学者认为,《侵权责任法》虽然专章规定医疗损害责任,但适用的仍然是一般的过错责任原则。原则上,受害人就医疗机构的过失、诊疗行为与损害之间的因果关系负有举证责任,除非法律另有规定,如《侵权责任法》第58条。[②] 有的学者认为,我国《侵权责任法》确立了医疗损害责任的过错责任原则,依据侵权责任法的一般原理,过失责任当然也包括基于故意的侵权责任。[③] 有的学者认为,在医疗损害责任中采用过错责任原则,这就意味着受害人如主张医疗机构对其在诊疗活动中遭受的损害承担侵权责任,应就医务人员或医疗机构在这一活

---

* 本文发表在《河北法学》2012年第12期。
① 参见梁慧星:《论〈侵权责任法〉中的医疗损害责任》,载《法商研究》2010年第6期。
② 参见程啸:《侵权责任法》,法律出版社2011年版,第435页。
③ 参见李显冬:《侵权责任法典型案例实务教程》,中国人民公安大学出版社2011年版,第652页。

动中存在过错进行举证,如无法举证,医疗机构不应承担侵权责任。[4]

(二)二元论观点

有的学者认为,我国《侵权责任法》所确定的医疗损害的归责原则是由过错责任和过错推定组成的。首先,以过错责任为一般的、主要的归责原则,具体表现为,以过错作为归责的依据,以过错作为减轻或免除责任的依据,以过错作为确定责任范围的依据。之所以实行过错责任,是因为符合诊疗活动的特点,有利于鼓励医务人员进行医学创新,有利于避免过度检查。其次,《侵权责任法》也规定在特殊情况下,即第58条规定的情形下适用过错推定。[5] 有的学者尽管没有明确说明,但认为医疗损害责任作为一种一般侵权行为,应当具备一般侵权行为的四个构成要件,即行为的违法性(侵害行为)、损害、因果关系和侵权人的过错。医疗过错表现为三个方面,一是违反告知同意义务,二是违反医疗机构的注意义务,三是法定过错推定标准。对于医疗产品损害责任,则显然不属于《侵权责任法》第54条所规定的责任,而应当依照《侵权责任法》第59条的规定处理,适用无过错责任原则。[6] 有的学者认为,《侵权责任法》第七章采用过错作为归责的依据,医疗机构在医疗活动中负担一定的义务,没有尽到这些义务,则构成过错。同时,也认为医疗产品属于产品,因此适用产品责任的有关规定[7],当然是适用无过错责任原则。

医学界的法律专家赞成二元论观点,认为医疗损害责任采取过错责任原则的精神,体现在《侵权责任法》第54条之中。条文中表述"医务人员有过错的",明确无误地表明了这层意思。在医疗产品损害责任中,认为药品、消毒药剂、医疗器械等医疗物品侵权责任的归责原则采取无过错责任原则,而血液感染侵权责任的归责原则采取过错责任原则。[8]

另一种二元论观点认为,医疗损害责任实际上包含了两种责任,即医疗机构(限于法人)承担的雇主责任和医务人员承担的责任。因此,医疗损害责任的归责原则应当是区分这两种责任,前者采替代责任原则,后者采过错责任原则。替代责任原则也就是不考虑医疗机构的过错,责任的承担并不以其自身的过错为要件。[9] 这种观点不符合侵权责任法原理的通说。

(三)三元论观点

有的学者采取笔者在制定《侵权责任法》中曾经提出过的意见,认为应对不同的

---

④ 参见高圣平主编:《中华人民共和国侵权责任法立法争点、立法例及经典案例》,北京大学出版社2010年版,第603页。
⑤ 参见王利明:《侵权责任法研究》(下册),中国人民大学出版社2011年版,第384—386页。
⑥ 参见张新宝:《侵权责任法》,中国人民大学出版社2010年第2版,第234—239页。
⑦ 参见王成:《侵权责任法》,北京大学出版社2011年版,第193、194、201页。
⑧ 参见刘鑫、张宝珠、陈特主编:《侵权责任法"医疗损害责任"条文深度解读与案例剖析》,人民军医出版社2010年版,第26、130页。
⑨ 参见周友军:《侵权法学》,中国人民大学出版社2011年版,第251、252页。

医疗损害责任区分具体不同的情形适用归责原则,这也就是《侵权责任法》中"医疗损害责任"所形成的多重归责体系,即医疗技术损害责任适用过错责任原则,医疗伦理损害责任适用过错推定原则,医疗产品损害责任适用无过错责任原则。⑩

(四)四元论观点

有的学者认为,立法者已经注意到归责原则的重要性,在立法过程中充分考虑了医疗行为本身的特殊性,《侵权责任法》第七章医疗损害责任的认定采用的是区别不同情况的多元归责原则体系:一般情况下适用过错责任原则,特殊情况下适用过错推定原则,特别案件适用无过错责任原则,没有完全排除公平分担损失原则的适用。⑪

二、正确理解《侵权责任法》关于医疗损害责任归责原则的规定

(一)对医疗损害责任适用归责原则不同意见的分析

针对上述不同主张,笔者提出以下分析意见:

1. 医疗损害责任的归责原则不是只有一个过错责任原则

认为医疗损害责任适用统一的过错责任原则是不正确的,原因在于,医疗损害责任不仅包括医疗伦理损害责任、医疗技术损害责任和医疗管理损害责任,还包括医疗产品损害责任。医疗产品损害责任的归责原则适用无过错责任原则是确定的,《侵权责任法》第五章有明确规定。既然《侵权责任法》第七章规定医疗损害责任是一个宽泛的侵权责任类型,而不是仅指医疗事故责任或者医疗过错责任的医疗技术损害责任,还包括医疗产品损害责任,因而不可能适用统一的过错责任原则,起码还包括无过错责任原则。

2. 替代责任是一种侵权责任形态而不是归责原则

替代责任是与自己责任相对应的责任形态概念⑫,其历史渊源是《法国民法典》第1384条的规定,即为他人的行为负责和为自己管领下的物件造成的损害负责的侵权责任形态,并不与过错责任原则相对应,《侵权责任法》第6条和第7条也没有规定替代责任这种归责原则。替代责任包含归责原则问题,即在替代责任的侵权责任形态的各种侵权责任类型中都存在归责原则的适用问题,但它本身不是归责原则。归责原则是确定侵权责任的价值判断标准,是使用这种价值判断标准确定责任归属的准则。替代责任则是在何种情况下,行为人实施的行为造成他人损害,应当由责任人代替行为人承担赔偿责任等。将替代责任理解为归责原则显然是不对的。

---

⑩ 参见王利明、周友军、高圣平:《中国侵权责任法教程》,人民法院出版社2010年版,第596页;高桂林、秦永志:《论医疗损害责任的归责原则》,载《法学杂志》2010年第9期。
⑪ 参见陈志华:《医疗损害责任深度释解与实务指南》,法律出版社2010年版,第54—55页。
⑫ 参见杨立新:《侵权责任法》,法律出版社2012年版,第102页。

3. 过错推定原则也是一种归责原则

确认医疗损害责任的归责原则为二元体系,包括过错责任原则和无过错责任原则,是正确的,但否认过错推定原则是不正确的。诚然,《侵权责任法》规定归责原则在第 6 条规定了两款,第 1 款规定过错责任原则,第 2 款规定过错推定原则。据此理解,好像两款规定的是一个归责原则,因为是在一个条文之中。《侵权责任法》草案曾经将这两款规定为两个条文,分别规定过错责任原则和过错推定原则[13],其后,为避免在归责原则上发生争论,同时也表明过错推定原则也是过错原则,因而将两个条文并为一个条文。不过,过错推定原则除了依据过错要件确定侵权责任之外,还需要有其他的要求,例如过错实行推定等,并且适用过错推定原则的侵权行为类型必须有"法律规定",因此,过错推定原则具有一个独立的归责原则的地位,应当认为是一个独立的归责原则。

4.《侵权责任法》第 58 条规定的是推定医疗技术过错的法定事由

认为《侵权责任法》第 58 条规定的是过错推定的归责原则,显然是一种误解。因为这里规定的是推定医疗技术过错的法定事由,在医疗技术损害责任中,凡是符合第 58 条规定的 3 种事由的,就直接推定为医疗机构及医务人员有医疗技术过错,而不是就一类侵权案件适用过错推定原则,例如第 81 条规定动物园的动物这一类动物损害责任类型适用过错推定原则,是完全不一样的问题。将第 58 条规定称做"法定过错推定标准"[14]是有道理的,但是仍然不如称之为过错推定的法定事由更为准确。不过,法定过错推定标准和过错推定法定事由尽管表述不同,但基本意思是完全一致的,这两种理解与将其理解为过错推定的归责原则,大相径庭,显然不是一个概念。正如专家所指出的那样:"医疗损害责任一般适用过错责任归责原则。只有在本条规定的特殊情况下,即医务人员有违规治疗行为或者隐匿、拒绝提供与纠纷有关的病历资料,伪造、篡改或者销毁病历资料的,才推定医疗机构有过错。"[15]

5. 医疗产品损害责任应当适用统一的归责原则

学者提出的区分医疗物品损害和血液损害责任应当分别适用无过错责任原则和过错责任原则的主张,理由不充分。医疗产品当然是产品,造成损害当然应当依照产品责任的规则适用无过错责任原则。血液尽管不是产品,但可以认为是准产品,既然规定在第 59 条之中,与医疗产品损害责任规定在同一个条文中,应当认为立法者是确定与医疗产品适用同样的归责原则,而不是采取过错责任原则。提出血液感染侵权责任适用过错责任原则的依据是《侵权责任法》第 60 条第 1 款第(3)项,即输血感染造成损害

---

[13] 参见《中华人民共和国侵权责任法(草案)》2008 年 9 月 23 日稿,第 2 条规定的是过错责任原则,第 3 条规定的是过错推定原则,第 4 条规定的是无过错责任原则。
[14] 张新宝:《侵权责任法》,中国人民大学出版社 2010 年版,第 236 页。
[15] 王胜明主编:《中华人民共和国侵权责任法释义》,法律出版社 2010 年版,第 290 页。

属于限于当时的医疗水平难以诊疗。⑯ 这个意见是不对的。限于当时的医疗水平难以诊疗的免责事由针对的是《侵权责任法》第 57 条规定的医疗技术损害责任,判断医疗技术过失的标准是当时的医疗水平,如果限于当时的医疗水平而难以诊断,就不能认定为医疗技术过错。专家指出,在输血感染中,医疗机构与其他销售者相比,更具有专业性,对于血液,医疗机构都应负有最终的把关责任,这种责任关系着患者的生死存亡,作为专业机构和专业人员,医院和医生有能力与责任对血液进行鉴别,因此,医疗机构的责任不应当比一般销售者的责任更低。⑰ 这样的意见是正确的。

6. 公平分担损失规则不宜适用于医疗损害责任

《侵权责任法》第 24 条仍然规定了公平分担损失规则,有的学者将其解释为归责原则⑱,有的学者认为可以适用于医疗损害责任,该原则在一定的条件下,可以适用于医疗损害赔偿案件。⑲ 通常认为,公平分担损失规则的适用范围是有限的,例如无民事行为能力人或者限制民事行为能力人致人损害双方都无过错,暂时丧失心智的损害责任,具体加害人不明,因意外情况造成损害,以及为对方利益或者共同利益进行活动过程中受到损害。⑳ 笔者认为,将公平分担损失规则适用于医疗损害责任领域,与《侵权责任法》第 54 条规定的医疗损害责任一般条款不符,不够妥当,不宜采纳这种意见。

(二)对医疗损害责任归责原则的基本观点

根据以上分析,笔者认为,《侵权责任法》规定的医疗损害责任的归责原则是一个体系,具体内容是:

1. 医疗损害责任的归责原则体系由三个归责原则构成

我国《侵权责任法》规定医疗损害责任法的归责原则体系,由过错责任原则、过错推定原则和无过错责任原则构成,是由三个归责原则构成的一个归责原则体系。《侵权责任法》与《民法通则》规定的侵权责任规则有一个典型的不同,就是在一个具体的特殊侵权责任类型中,由只适用一个归责原则改变为根据具体情况适用不同的归责原则。例如,在机动车交通事故责任中,机动车与非机动车或者行人发生交通事故的适用过错推定原则,机动车相互之间发生交通事故的适用过错责任原则;在饲养动物损害责任中,一般适用无过错责任原则,但动物园的动物损害责任适用过错推定原则。医疗损害责任情况复杂,根据不同的情形适用不同的归责原则确定侵权责任,是正确的。

2. 过错责任原则是医疗损害责任的基本归责原则

在医疗损害责任的归责原则体系中,过错责任原则是基本的归责原则。除了在

---

⑯ 参见刘鑫、张宝珠、陈特主编:《侵权责任法"医疗损害责任"条文深度解读与案例剖析》,人民军医出版社 2010 年版,第 130 页。

⑰ 参见王胜明主编:《中华人民共和国侵权责任法释义》,法律出版社 2010 年版,第 298 页。在上述引用中,笔者删除了其中的血液制品的内容,因为《侵权责任法》第 59 条没有规定血液制品,同时血液制品不存在更大的争议,是将其视为药品的,仍适用第 59 条规定,将其概括在药品中即可。

⑱ 参见王成:《侵权责任法》,北京大学出版社 2011 年版,第 53 页。

⑲ 参见陈志华:《医疗损害责任深度释解与实务指南》,法律出版社 2010 年版,第 58 页。

⑳ 参见王胜明主编:《中华人民共和国侵权责任法释义》,法律出版社 2010 年版,第 115—116 页。

侵权法的归责原则体系中过错责任原则就是基本的归责原则之外,医疗损害责任的过错责任原则是基本归责原则还表现在:第一,《侵权责任法》第 54 条明确规定医疗损害责任的基本归责原则是过错责任原则,对此无需赘言。第二,医疗技术损害责任和医疗管理损害责任都必须实行过错责任原则,这两种医疗损害责任类型要求构成赔偿责任必须具备过错要件,没有过错就没有责任。某医学院附属医院在同一天做两个儿童患者的手术,一个是 4 岁的徐某要做心脏修补手术,一个是 5 岁刘某要做扁桃体摘除手术。医务人员因对患者的身份特征核对不仔细,竟将徐某做了扁桃体摘除术;对刘某开胸取出完好的心脏后才发现错误,手术长达 3 个小时,造成严重后果。[21] 这是严重的医疗过错。第三,对医疗伦理损害责任适用过错推定原则,也必须以过错为要件,只是过错要件的证明实行推定而已。第四,即使在适用无过错责任原则的医疗产品损害责任中,对于医疗机构承担医疗产品损害的最终责任也必须有过错,医疗机构如果对于缺陷医疗产品致患者受到损害没有过错,则只可以承担中间责任而不承担最终责任,即医疗机构承担了中间责任而又无过错的,就可以向缺陷医疗产品的生产者或者销售者追偿,而不是自己承担最终责任。

3. 过错推定原则和无过错责任原则是医疗损害责任归责原则的特殊情形

在医疗损害责任中,应当依照《侵权责任法》第 6 条第 2 款和第 7 条规定,在"法律规定"的情形下,例外适用过错推定原则或者无过错责任原则。首先,《侵权责任法》第 59 条规定的医疗产品损害责任适用无过错责任原则,与产品责任的归责原则保持一致。其次,《侵权责任法》第 55 条和第 61 条规定的未尽告知义务和违反保密义务的医疗伦理损害责任适用过错推定原则。可能引起怀疑的是,这两个条文都没有明确适用过错推定原则,但这两个条文明文规定的"未尽前款义务"和"泄露患者隐私或者未经患者同意公开其病历资料",都具有违法性,都可以推定为有过错,确定医疗伦理损害责任适用过错推定原则是有法律根据的。

三、医疗损害责任的归责原则体系及适用范围

我国医疗损害责任归责原则体系是由过错责任原则、过错推定原则和无过错责任原则这三个归责原则构成的,分别调整以下医疗损害责任类型:

(一)医疗技术损害责任适用过错责任原则

医疗技术损害责任纠纷案件适用过错责任原则确定侵权责任。确定医疗机构承担侵权赔偿责任,应当具备侵权责任的一般构成要件,即违法诊疗行为、患者损害、因果关系和医疗技术过错。在证明责任上,实行一般的举证责任规则,即"谁主张,谁举证",四个要件均须由受害患者承担举证责任。有两个例外:

第一,依照《侵权责任法》第 58 条规定,具备法定情形,直接推定医疗机构及医务

---

[21] 参见王喜军、杨秀朝:《医疗事故处理条例实例说》,湖南人民出版社 2003 年版,第 22 页。

人员有过错。在具备这些法定情形时,法官可以直接推定医疗机构及医务人员有过错,并且不可以由医疗机构一方举证推翻这个推定。这样的规则能够制裁意图逃避责任的有过错的医务人员或者医疗机构的违法行为,对医务人员和医疗机构起到阻吓、警诫的一般预防作用。

第二,借鉴德国医疗损害责任中的表见证据规则和日本的过失大致推定规则,在具有特殊情况时,可以实行举证责任缓和,减轻受害患者一方的举证责任:首先由受害患者承担表见证据的举证责任,证明医疗机构或者医务人员可能具有过错;然后实行举证责任转换,由医疗机构承担自己没有过错的证明责任。能够证明自己没有过错的,免除责任;不能证明自己没有过错的,应当承担赔偿责任。这种方法能更好地保护受害患者的合法权益,避免严格的举证责任制度对受害患者权益造成伤害。

(二)医疗管理损害责任

医疗管理损害责任是笔者新提出来的一个医疗损害责任类型。起草《侵权责任法》中,笔者曾经主张对医疗损害责任分为医疗技术损害责任、医疗伦理损害责任和医疗产品损害责任[2],基本上被《侵权责任法》所采纳。在最近的研究中,笔者提出存在医疗管理损害责任是一种特殊的类型,无法纳入上述三种医疗损害责任之中,应当成为一种单独的医疗损害责任类型。医疗管理损害责任是指医疗机构和医务人员违背医政管理规范和医政管理职责的要求,具有医疗管理过错,造成患者人身损害、财产损害的医疗损害责任[3],其性质属于一般侵权行为,应当适用过错责任原则确定侵权责任。据此,依照《侵权责任法》第54条的一般性规定确定医疗机构的赔偿责任,须具备侵权责任的一般构成要件,即违法管理行为、患者损害、因果关系和医疗管理过错。在证明责任上,实行一般的举证责任规则,即"谁主张,谁举证",四个要件均须由受害患者承担举证责任。

(三)医疗伦理损害责任适用过错推定原则

医疗伦理损害责任实行过错推定原则,医疗机构或者医务人员违反医疗伦理,直接推定医疗机构具有医疗伦理过错,除非医疗机构能够证明自己的诊疗行为没有过失,否则应当就其医疗伦理过错造成的损害(包括人身损害和精神损害)承担赔偿责任。

参考法国医疗损害责任法的基本做法,将我国医疗伦理损害责任分为违反资讯告知损害责任、违反知情同意损害责任、违反保密义务损害责任类型。其中违反资讯告知损害责任是医疗机构及医务人员在从事各种诊疗行为时,未对患者履行充分告知义务或者说明其病情,未对患者提供及时有用的治疗建议,因而违反医疗职业良知或者职业伦理上应当遵守的注意义务的诊疗行为。违反知情同意损害责任是未尽告知义务且未取得患者同意即采取某种医疗措施或者停止继续治疗,违反医疗职业良知或者职业伦理应当遵守的规则,侵害患者知情权和自我决定权等人格权的诊疗行为。医疗机构未

---

[2] 参见杨立新:《医疗损害责任研究》,法律出版社2009年版,第120页。
[3] 参见杨立新:《医疗管理损害责任与法律适用》(本书第2037页),载《法学家》2012年第3期。

尽必要的告知义务,侵害了患者的自我决定权,直接推定其有过失,应当确定医疗机构承担赔偿责任。

我国对医疗伦理损害责任实行过错推定原则的理由是:第一,资讯保密等义务是医疗机构及医务人员应当履行的高度注意义务,是否履行,医疗机构及医务人员具有主动权,有责任提供证据证明。第二,受害患者一方在诉讼中已经证明了医疗机构及医务人员违反告知、保密等义务,按照违法推定过错的规则,可以推定医疗机构及医务人员存在过错。[24] 第三,在医疗中,患者通常处于被动状态,而医疗机构通常在告知等义务履行以及取得患者知情同意的时候,要签署同意书,因而告知等义务的履行通常可以通过提出"患者同意书"而得到证明,尽管实行推定过错,但如果医疗机构及医务人员已经善尽上述义务者,是能够举出证据证明自己没有过错的。所以,医疗伦理损害责任实行过错推定原则,是客观的、实事求是的,并非给医疗机构及医务人员增加诉讼上的负担,并不违反诉讼武器平等原则。

(四)医疗产品损害责任适用无过错责任原则

对医疗机构使用有缺陷的医疗器械、消毒药剂、药品以及输入不合格血液等造成患者人身损害的医疗产品损害责任,应当适用无过错责任原则,其损害赔偿责任的构成要件不要求有过错,只具备违法行为、损害事实和行为与损害之间有因果关系三个要件,即构成侵权责任。有人曾经断言,对于医疗事故已经明确适用过错责任,没有任何一项事由上规定适用无过错责任。[25] 这种意见根据不足,因为医疗"产品缺陷致损,虽然构成侵权,但应当适用产品质量法的规定"。[26]

医疗产品损害责任适用产品责任的无过错责任原则的理由是,药品、消毒药剂或者医疗器械具有缺陷,其实就是有缺陷的产品,原本就可以直接适用《侵权责任法》关于产品责任的规定,确定侵权责任。依照《侵权责任法》第41条至第43条规定的规则,患者可以向医疗机构要求赔偿,也可以向生产者、销售者要求赔偿。医疗机构赔偿后,属于生产者、销售者最终责任的,有权向生产者、销售者追偿。如果医疗机构在使用医疗产品中有过失,则医疗机构应当承担最终责任;构成共同侵权行为的,医疗机构与缺陷医疗产品生产者共同承担连带责任。

因输入不合格的血液造成患者人身损害的,尽管血液是人体组织,不具有物的属性,但其已经脱离人体,是人体的变异物,具有一定程度的流通性,具有准产品的属性,可以作为准产品对待,适用产品责任规则,实行无过错责任原则[27],适用前述责任承担规则。

---

[24] 参见朱虎:《规制性规范违反与过错判定》,载《中外法学》2011年第6期。
[25] 参见沃中东:《对医疗事故处理中无过错责任适用的思考》,载《杭州商学院学报》2003年第6期。
[26] 梁慧星:《医疗损害赔偿案件的法律适用问题》,载《人民法院报》2005年7月6日。
[27] 对此也有不同见解,例如以知情同意的人格保护模式解决这个问题。参见赵西巨:《人体组织提供者法律保护模式之建构》,载《中国卫生法制》2008年7月第16卷第4期。杨立新赞成这样的意见,但它不是唯一的理由和模式,因为不能否认脱离人体的组织和器官的物的属性。参见杨立新主编:《民法物格制度研究》,法律出版社2008年版,第79页以下。

论医疗过失的证明及举证责任[*]

构成医疗损害责任,医疗机构及医务人员必须具备医疗过失要件。这是法律对医疗机构实施医疗违法行为主观心态的谴责,正因为医疗机构及医务人员具有医疗过失,法律才对医疗机构科以侵权责任,以示谴责。如果在医疗行为造成患者损害中,医疗机构及医务人员没有过失,医疗机构就不承担医疗损害责任。在诉讼中,医疗过失如何证明,以及何方承担举证责任,在理论上和实践中分歧意见较大,本文提出笔者的意见。

一、医疗过失的概念和类型

(一)医疗过失的概念

医疗损害责任中的主观过错要件表现为医疗机构及医务人员在诊疗护理中的过失,而不是故意。这是因为医学伦理道德要求医师"视病如亲","永不存损害妄为之念"。[①] 如果医务人员具有侵害患者生命权、健康权、身体权的故意,在医疗过程中故意致害患者的,构成伤害罪或杀人罪,同时也构成一般侵权行为,但不能以医疗损害责任对待。在中国,早在《周礼·天官》中就有对医疗过失的说明:"岁终,则稽其医事,以判月食,十生为上,十失一次之,十失二次之,十失三次之,十失四为下。"

如何界定医疗过失的概念,可以参考美国法的做法。美国法对医疗过失使用medical malpractice,《元照英美法词典》定义为:专业人员失职行为,通常指医生、律师、会计师等专业人员的失职或不端行为。专业人员未能按该行业一般人员在当时情况下通常应提供的技能、知识或应给予的诚信、合理的服务,致使接受服务者或有理由依赖其服务的人遭受伤害、损失的,均属失职行为。包括各种职业上的违法、不道德、不端行为,和对受托事项不合理地缺乏技能或诚信服务。[②] 这是一个英美法式的概念界定,不大符合我国侵权法的概念界定方法,但可以借鉴其界定的内容。在我国,有人认为,医疗过失是指医务人员应当预见到自己的行为可能发生严重不良后

---

[*] 本文发表在《法学杂志》2009 年第 6 期。
[①] 张新宝:《大陆医疗损害赔偿案件的过失认定》,载朱柏松等:《医疗过失举证责任之比较》,元照出版公司 2008 年版,第 79 页。
[②] 参见薛波主编:《元照英美法词典》(缩印版),北京大学出版社 2013 年版,第 888 页。

果,因为疏忽大意而没有预见或者已经预见而轻信能够避免的心理态度。③ 或者是指医护人员在医疗过程中违反业务上的必要注意义务,从而引起对患者生命、身体伤害的情形。④ 或者认为医疗过失是指医务人员主观上缺乏职业所必要的理智、谦和、谨慎。⑤

笔者认为,医疗过失是指医疗机构在医疗活动中,医务人员未能按照当时的医疗水平通常应当提供的医疗服务,或者按照医疗良知、医疗伦理应当给予的诚信、合理的医疗服务,没有尽到高度注意义务,通常采用违反医疗卫生管理法律、行政法规、部门规章、医疗规范或常规,或者未尽法定告知、保密义务等的医疗失职行为作为标准进行判断的主观心理状态,以及医疗机构存在的对医务人员疏于选任、管理、教育的主观心理状态。简言之,医疗过失就是医疗机构及医务人员未尽必要注意义务的疏忽和懈怠。

(二)医疗过失的法律特征

医疗过失也是一种过失,与一般的过失概念相比较,医疗过失的法律特征是:

1. 医疗过失的主体是医疗机构和医务人员

医疗损害责任的基本特点是替代责任,因此,医疗过失也存在替代责任的特征,即医疗过失既表现在医疗机构身上,也表现在医务人员身上。首先,医疗过失主要表现在医务人员身上,医务人员必须具有过失,才能够认定医疗过失。其次,医务人员的医疗过失还必须体现在医疗机构身上,事实上,只要医务人员构成医疗过失,医疗机构就存在选任、管理和教育的过失。因此,医疗过失是一个过失,却体现在医疗机构和医务人员这两个不同的主体的主观状态中。

2. 医疗过失是主观要件而不是客观要件

医疗过失是侵权责任构成中的主观要件,因此,它必定是一个主观概念,而不是客观要件。医疗过失就是医疗损害责任的主体即医疗机构及医务人员在主观上的心理状态,因此,医疗过失主要表现形式仍然是疏忽和懈怠,而不是客观行为。⑥

3. 医疗过失的认定通常采用客观标准

尽管医疗过失是主观概念,但由于医疗机构负有高度注意义务,因此,当认定其医疗过失时,通常不是以其主观标准,而是以客观标准进行。通常的方法,是以医疗卫生管理法律、行政法规、部门规章和诊疗护理规范、常规等对于医疗机构注意义务的规定为标准,或者以医疗机构及医务人员应尽的告知、保密等法定义务为标准,只要医方未履行或者违反这些义务,就被认为是有过失。同时,医疗过失的判定与医疗道德有一定关系。法律、法规、规章、规范以及常规缺乏具体规定时,一般要借助于医

---

③ 参见梁华仁:《医疗事故的认定与法律处理》,法律出版社1998年版,第64—65页。
④ 参见王敬义:《医疗过失责任研究》,载梁慧星主编:《民商法论丛》(第九卷),法律出版社1998年版,第673页。
⑤ 参见宋晓婷:《医疗过失行为论》,载《法律与医学杂志》2001年第8卷第4期。
⑥ 我们不接受法国法的客观过错概念,认为过失仍然是主观概念,是行为人的主观心理状态。

疗道德对医务人员的行为进行约束,因此,恪守医疗服务职业道德就成为医务人员的行为准则,一些医疗道德规范上升为医务人员的注意义务,成为判断医疗过失的标准。⑦尽管如此,仍不排除在认定医疗过失上的主观标准的适用。例如,手术器具、物品遗留于患者体内,足以证明医务人员具有疏忽,即为主观标准认定医疗过失。

4. 医疗过失违反高度注意义务的标准是当时的医疗水平或者违反医疗良知和医疗伦理

医疗机构及医务人员在医疗活动中承担高度注意义务。通常认为,高度注意义务是比善良管理人的注意⑧更高的注意义务。确定这一注意义务的标准,就是当时的医疗水平。在日本法,确定医疗技术过失不采用医学水准而采医疗水准。医疗水准,是指关于已由医学水准加以解明之诸问题,基于医疗实践之普遍化,经由经验研究的不断积累,且有专家以其实际适用的水准加以确定者。亦即现在业已一般普遍化的医疗而得为实施的目标,在临床尚可为论断医疗机关或医师责任基础的水准。⑨ 界定医疗水平,可以参照这样的定义。确定医疗过失,应以实施医疗行为当时的医疗水平为标准,同时适当参考地区、医疗机构资质和医务人员资质,确定医疗机构和医务人员应当达到的注意义务,违反之,即为存在医疗过失。在医疗伦理损害责任,医疗过失则是违反告知、保密以及其他注意义务,其标准是医疗良知和医疗伦理,而不是技术规范。

(三)医疗过失的分类

如何对医疗过失进行分类,笔者认为,可以借鉴法国对医疗过错的分类方法,可以将医疗过失分为医疗技术过失和医疗伦理过失。这样分类的优势在于:第一,确定医疗过失的判断标准不同,前者适用当时的医疗水平,后者适用一般的医疗良知和医疗伦理。第二,适用的归责原则不同,前者适用过错责任原则,后者适用过错推定原则。第三,适用的具体规则不同,前者由于实行过错责任原则,因而所有的责任构成要件都须实行"谁主张谁举证"的举证责任规则,只在特殊情况下才有条件地实行举证责任缓和。后者由于适用过错推定原则,因而其具体规则以过错推定为基本规则,在医疗过失的认定上采取推定方式,实行举证责任倒置。

1. 医疗技术过失

医疗技术过失借鉴的是法国法医疗科学过错⑩的概念,是指医疗机构及医务人员从事病情的检验、诊断、治疗方法的选择,治疗措施的执行以及病情发展过程的追踪,

---

⑦ 参见张新宝:《大陆医疗损害赔偿案件的过失认定》,载朱柏松等:《医疗过失举证责任之比较》,元照出版公司2008年版,第80页。

⑧ 善良管理人的注意也叫做善良家父的注意,采用的是客观标准,其标准高于与处理自己的事务为同一的注意,更高于普通人的注意。

⑨ 参见[日]新美育文:《医师的过失——医疗水准论为中心》,载《法律论集》第71卷第4、5合并号,转引自朱柏松等:《医疗过失举证责任之比较》,元照出版公司2008年版,第23页。

⑩ 关于法国医疗科学过错的概念,参见陈忠五:《法国法上医疗过错的举证责任》,载朱柏松等:《医疗过失举证责任之研究》,元照出版公司2008年版,第124页。

术后照护等医疗行为中,不符合当时的医疗专业知识或技术水平的疏忽或者懈怠。确定这种医疗过失,适用当时的医疗水平标准,适当考虑地区、医疗机构资质和医务人员资质,通常以医疗法律、法规、规章以及医疗诊断规范和常规的违反为客观标准。其表现形式是:

医疗技术过失＝当时的医疗水平→高度注意义务→违反义务

2. 医疗伦理过失

医疗伦理过失,是指医疗机构及医护人员在从事各种医疗行为时,未对病患充分告知或者说明其病情,未对病患提供及时有用的医疗建议,未保守与病情有关的各种隐私、秘密,或未取得病患同意即采取某种医疗措施或停止继续治疗等,违反医疗职业良知或职业伦理上应遵守的告知、保密等法定义务的疏忽和懈怠。确定这种医疗过失,判断标准是医疗良知和医疗伦理,通常为违反法律、法规、规章、规范、常规规定的医务人员应当履行的告知、保密等法定义务为标准,违反之,即为有过失,因此,通常并不需要医疗过失的鉴定,法官即可依据已知的事实作出推定。其表现形式是:

医疗伦理过失＝医疗职业良知和职业伦理→告知保密等义务→未履行

二、医疗过失实行完全推定的缺陷

(一)医疗过失的证明方法

医疗过失表现在负有诊疗护理职责的医护人员主观状态中。医院作为责任人,也应具有过失,但这种过失是监督、管理、教育不周的过失。医护人员不具有过失者,不构成医疗损害责任。医疗过失的形式,既可以是疏忽,也可以是懈怠,都是对患者应尽注意义务的违反。

如何证明医疗过失,在理论上和实践上都存在较大的分歧。在理论上,有的主张实行过错责任原则,由受害患者一方承担举证责任[11];有的主张由医疗机构承担举证责任,实行完全的医疗过失推定。[12] 在司法实践上,在很长时间里,对医疗过失的认定,法院采用过错责任原则,受害患者一方要实现赔偿权利,就必须自己举证证明医疗机构的医疗行为具有过错。其中重要的举证,是通过医疗事故鉴定确认医疗机构的过错。受害人不能取得医疗事故的鉴定结论,就无法获得赔偿。根据实践积累的经验,最高人民法院认为采用普通的过错责任原则认定医疗损害责任,对受害人极为不利,会使众多的受害患者受到损害却无法得到赔偿,因此,在《关于民事诉讼证据的若干规定》中,确定实行过错推定原则,实行举证责任倒置。对医疗过失实行完全推定,受害患者一方在举出证据证明自己的损害和医疗行为具有违法性,并对因果关系

---

[11] 参见刘宁在中国医院协会召开的医疗侵权立法研讨会上的发言:《医学独特性与医疗侵权行为归责原则之讨论》,本文尚未发表。

[12] 参见宋晓婷:《医疗过失行为论》,载《法律与医学杂志》2001年第8卷第4期。

进行推定之后,直接推定医疗机构具有过错。医疗机构认为自己的医疗行为没有过错的,要自己举证证明,提供自己的行为不具有过错的证据。能够证明的,不构成侵权责任;不能举证证明的,过错推定成立,构成侵权责任。⑬

(二)对医疗过失实行完全推定的缺陷

最高人民法院在上述司法解释中规定医疗过失的完全推定规则,并且配合因果关系推定规则,就使医疗机构陷入严重不利的诉讼地位上,医疗机构和医务人员为了自保,采用一切能够采取的医疗措施,以保存医疗诉讼证据,同时对于具有风险的医疗行为采取回避态度,基本上形成了防御性医疗的局面。实行这样诉讼规则的后果,反而损害了作为全体患者的人民群众的利益。

应当看到的是,在医疗损害责任诉讼中证明医疗过失要件,并非一律实行过错推定,而是分别不同情况,实行不同的医疗过失证明责任:(1)适用过错责任原则的医疗损害责任,其医疗过失的证明采取一般的举证责任规则,即"谁主张谁举证"⑭,由受害患者一方自己承担举证责任,须举证证明医疗机构及医务人员存在医疗过失。如果受害患者一方无法举证或者举证极度困难,则应当实行举证责任缓和,在原告举证证明到一定程度之后,转由医疗机构证明自己没有过失。(2)适用过错推定原则的医疗损害责任,则在医疗过失的证明责任上实行完全的推定,法官基于已经证明的医疗违法行为推定医疗机构有过失,医疗机构否认自己存在过失的,应当举证证明自己不存在医疗过失,不能证明的,医疗过失推定成立,应当承担侵权责任。(3)适用无过失责任原则的医疗损害责任,则无须证明过失要件。

根据具体情况,医疗损害责任纠纷在诉讼中的举证责任规则是:

1. 实行过错责任原则的医疗损害责任,受害患者一方举证证明医疗过失

医疗损害责任中的医疗技术损害责任,实行过错责任原则,其举证责任依据《民事诉讼法》第 64 条第 1 款规定,由受害患者一方承担举证责任,证明不足或者不能证明者,原则上承担败诉后果。能够证明者,医疗过失证明成立。

2. 实行过错责任原则的医疗损害责任的举证责任缓和

在实行过错责任原则的医疗技术损害责任中,如果受害患者一方无法举证,或者举证极度困难,在受害患者一方已经证明到一定程度的情况下,实行举证责任缓和,由医疗机构证明自己没有医疗过失,而不是完全的举证责任倒置。

3. 实行过错推定原则的医疗损害责任,实行举证责任倒置

实行过错推定原则的医疗伦理损害责任,对于医疗过失的证明则实行完全推定,其举证责任倒置,法官依据医疗违法行为、损害事实以及因果关系的证明,推定医疗

---

⑬ 参见最高人民法院《关于民事诉讼证据的若干规定》第 4 条第(八)项规定:"下列侵权诉讼,按照以下规定承担举证责任:……(八)因医疗行为引起的侵权诉讼,由医疗机构就医疗行为与损害结果之间不存在因果关系及不存在医疗过错承担举证责任。"

⑭ 《民事诉讼法》第 64 条第 1 款规定:"当事人对自己提出的主张,有责任提供证据。"

机构存在医疗过失,举证责任完全由医疗机构承担,并且负担举证不能的败诉后果。可见,在医疗伦理损害责任中,实行过错推定原则,为完全的举证责任倒置而不是举证责任缓和。

综上,笔者提出这样的一个结论,即:在医疗损害责任的诉讼中,应当区别举证责任倒置和举证责任缓和的不同。举证责任倒置,是在证明规则实行完全推定的情况下,法官依据法律的规定实行推定,原告并不需要证明适当的事实即可推定某种事实,举证责任完全由被告一方承担,且须承担举证不足或举证不能的败诉后果的规则。因此,其举证责任完全在于被告。而举证责任缓和,是在证明规则规定由原告承担举证责任,在原告举证困难或者举证不能的情况下,为了保护弱势一方当事人的合法权益,缓和举证责任由原告承担的严峻形势,而确定由原告承担一定的举证责任,证明达到一定程度时,实行有条件的事实推定,转由被告承担举证责任,能够证明的,推翻其推定;不能证明的,推定的事实成立。

正因为如此,对医疗过失一律实行完全推定,实行举证责任倒置,是不科学、不正确的,由此出现防御性医疗行为,损害全体人民的利益的后果,是可想而知的,也是应当能够事先预料到的。对此,似应进行必要的检讨并且进行改革。

三、医疗技术过失的证明及举证责任

(一)确定医疗技术过失举证责任的根据在于医疗合同的方法债务性质

对于医疗技术过失的证明,应当由受害患者一方承担举证责任。在法律根据上,除了是适用过错责任原则这一归责原则所决定的之外[15],还有作为医疗损害责任基础的医疗服务合同的方法,债务性质也是决定的因素之一。

法国医疗损害赔偿法认为,医疗关系大多是一种契约关系,因而此种过错是否存在的举证责任,将视基于医疗契约所生的债务,在性质上是一种方法债务,或是一种结果债务而有所不同。[16]

方法债务与结果债务的区别在哪里?有学者认为,如果债务人仅承诺利用各种可能的手段或者方法,或尽其最大可能的注意,以完成特定契约目的或实现特定契约结果,但未承诺必定完成该特定目的或实现该特定结果时,债务人所负的契约义务就是方法债务。反之,债务人如果承诺必定完成特定契约目的或实现特定契约结果时,债务人所负的契约债务,即为结果债务。[17] 前者如司法考试培训的服务合同中的培训债务、出版合同的发行债务,后者如承揽合同、买卖合同的交付劳动成果和标的物的

---

[15] 实行过错责任原则,其侵权责任过错要件的证明责任当然由原告承担。
[16] 参见陈忠五:《法国法上医疗过错的举证责任》,载朱柏松等:《医疗过失举证责任之比较》,元照出版公司2008年版,第125—126页。
[17] 参见陈忠五:《法国法上医疗过错的举证责任》,载朱柏松等:《医疗过失举证责任之比较》,元照出版公司2008年版,第126页。

债务。医疗合同并不以治疗痊愈为合同的根本目的,因此,其合同债务的性质当然是方法债务。

法国法的规则是,方法债务的违反,过错的举证责任由债权人负担;结果债务的违反,由于特定目的或特定结果的未完成或未实现与过错混而为一,债权人无须负担过错的举证责任,反而债务人必须负担免责事由存在的举证责任。[18] 事实上,结果债务不履行,必然存在客观的事实,例如承揽合同中约定的工作成果没有交付,买卖合同约定的买卖标的物没有交付,没有交付的本身已经证明债务人违约,如果债务人主张自己没有过失,当然要自己负责举证证明,否则就必然承担违约责任。而方法债务不履行,并不存在一个可以判断的客观标准,债权人主张债务人具有过失,当然要承担举证责任,证明债务人过失的存在。医疗合同是方法债务,应当受此规则限制。

(二)医疗技术过失的认定标准是当时的医疗水平

医疗技术过失就是合理的医师未尽高度注意义务。因此,认定医疗技术过失的注意义务,应当采纳当时的医疗水平为标准确定。

医疗行为具有阶段性、连锁性、多元性以及多变性的特点,足以导致医疗责任的诸不同医疗行为之间亦应具有各自独立的存在条件、性质与内涵,在此情况下,在具体论断医疗责任时,不能分别不同类型医疗行为的各自条件、性质与内涵,而分别采用不同的标准,以论断其究否具有过失及因果关系,以实际论断其效果。因此,日本医疗责任法认为,医学界和法学界均确立医学水准与医疗水准两个概念之间的区别,而医师注意义务的违反被论断为过失者,应以医疗水准为之。理由是,医学水准是医学上的问题迈向解明,由学界定以方向加以形成的理论或方法,亦即对于医疗问题的全貌或核心、研究方向加以定位,并在学术领域加以容认的一个学术水准,这样的水准只是朝将来一般化目标发展的基本研究水准而已,在临床上自不应被提供为论断医师或医疗机关之注意义务的基准。[19] 在英美法,则确定医疗过失,一是医生的注意义务标准是该医生所在的技术领域中一名普通医生所具有的一般的技术、知识和一般的注意水准;二是在医疗领域中,往往存在着多种医生同行所普遍接受的医疗实践或观点,某医生的行为符合其中一种医疗实践或医疗观点,往往是没有过失的强有力证据;三是医生的行为符合一种被同行广泛接受的医疗实践或医疗观点只是没有过失的有力证据,但并不是结论性的,即不能因为被告的行为与同行中被普遍遵循的做法一致,就可以决定被告无过失。[20] 英美法关于医疗过失的认定标准,事实上与医疗水准的标准是基本一致的。

---

[18] 参见陈忠五:《法国法上医疗过错的举证责任》,载朱柏松等:《医疗过失举证责任之比较》,元照出版公司2008年版,第132页。

[19] 参见朱柏松等:《医疗过失举证责任之比较》,元照出版公司2008年版,第23页。

[20] 参见姚笛:《英美法对医疗过失的判定原则及对我国的启示》,载《法律与医学杂志》2007年第14卷第1期。

我国确定医疗过失的认定标准,通常称之为医疗水平,实际上就是指医疗水准。[21]界定医疗水平,可以参照日本医疗责任法中的医疗水准概念的定义方法。因此,医疗水平是指已由医学水平加以解明的医学问题,基于医疗实践的普遍化并经由临床经验研究的积累,且由专家以其实际适用的水平加以确定,已经一般普遍化的医疗可以实施,并在临床可以作为论断医疗机关或医师责任基础的医疗时的医疗水平。

确定医疗过失,应以医疗当时的医疗水平为标准,同时参考地区、医疗机构资质和医务人员资质,确定医疗机构和医务人员应当达到的高度注意义务。违反这样的注意义务,就是医疗过失。在具体判断医务人员注意义务是否违反时,还应当适当考虑不同地区、不同医疗机构资质、不同医务人员资质等因素。例如地区差别,在确定医疗过失的辅助性原则中,就有地区性原则,即在不同地区的经济文化发展状况有差别,因此无论就医师执业的环境还是医疗经验,都有地区性的差异,因此,判定医生是否尽到注意义务,应以同地区或者类似地区的医疗专业水平为依据。[22] 这就是国家标准加适当差别的原则。通常的标准分为三个,即国家标准、所在地标准和医生个人标准。首先不能适用医生个人标准,因为其太具个性化,完全无法统一。适用地区标准,也存在问题。适用统一的国家标准,又很难照顾个性。因此,"当时的国家标准+差别"原则,能够解决标准和个性化的冲突,应以医疗时的医疗水平为基本的判断基准,是合理的医师标准,并且在诊断和治疗时也是合理的,而不是后来审判时的水平。[23]

(三)原告应当证明的程度

在医疗技术损害责任诉讼中,受害患者一方承担举证责任。其证明程度应如何界定,应当考虑医疗活动中患者不具备医疗专业知识、相较于医师和医疗机构处于资讯绝对不对称的劣势地位的基本特点,既不能使受害患者一方推卸证明责任,而使医疗机构陷入完全被动的诉讼地位,也不能完全不考虑现实情况,而使受害患者一方无力承受重大的诉讼压力,以至于完全不能证明而丧失胜诉机会。

因此,应当区分情况,采取以下两个不同方法:

1. 受害患者一方能够证明医疗机构存在医疗过失

在医疗技术损害责任纠纷诉讼中,受害患者一方可以举出足够的证据,证明医疗机构具有医疗过失。这种证明的最好方法,就是受害患者一方申请医疗过失责任鉴定,确认医疗过失。如果原告提供这样的医疗过失责任鉴定,且经医疗机构质证,法官审查确信的,即可确认医疗过失,不存在举证责任缓和问题。

2. 受害患者一方的证明符合表见证据规则

受害患者一方的证明程度,可以借鉴德国的表见证明规则。表见证据规则,是指

---

[21] 参见关淑芳:《论医疗过错的认定》,载《清华大学学报(哲学社会科学版)》2002年第17卷第5期。
[22] 参见关淑芳:《论医疗过错的认定》,载《清华大学学报(哲学社会科学版)》2002年第17卷第5期。
[23] 参见张新宝:《大陆医疗损害赔偿案件的过失认定》,载朱柏松等:《医疗过失举证责任之比较》,元照出版公司2008年版,第93页。

依据经验法则,有特定事实,即发生特定典型结果者,则于出现该特定结果时,法官在不排除其他可能性的情形下,得推论有该特定事实的存在。例如,患者在医院施以腹部手术之后,发现腹部留有手术工具。受害患者证明这一事实,法官即可依据这种表现证据而推论该手术工具是手术医师及其他手术人员基于其过失所为而确信医疗过失。除非医疗机构能够证明尚有其他非典型事由可能导致相同的结果,以动摇法官的推论。如果医疗机构没有提出反证否定这样的推论,则法官基于确信而认定该手术工具系属于医务人员的过失而遗留在病人体内。[24] 在此情况下,实行举证责任缓和。

不过应当注意的是,不论是适用表见证据规则,还是适用英美法的事实自证原则,也并非经诊疗之后病情比就医前更严重的患者就能援用事实自证法则,因为医学中充满不确定因素,每项诊疗措施都可能引起并发症或具有风险。[25]

(四)原告举证责任缓和及可以推定医疗过失的具体情形

受害患者一方承担举证责任达到表见证据规则要求的,法官即可推定医疗机构的医疗过失。实行举证责任缓和,将举证责任转换由医疗机构承担。

除此之外,受害患者如果能证明医疗机构存在法定的情形,则即可推定医疗过失。这些法定情形有以下四种:(1)违反卫生行政规章制度或者技术操作规范的;(2)隐匿或者拒绝提供与纠纷有关的医学文书及有关资料的;(3)伪造、销毁、篡改医学文书及有关资料的;(4)医学文书应记载而未记载或者记载缺漏足以显示有重大医疗瑕疵情事的。

(五)医疗机构的证明程度以及证明自己无医疗过失的理由

1. 标准

医疗机构的证明程度,应当是推翻医疗过失的有条件推定,证明自己没有过失。对于举证责任缓和的推定与法定的医疗过失推定,医疗机构都可以举证推翻医疗过失推定。能够证明自己没有过失的,即可否认医疗机构的过失,不构成医疗损害责任。不能证明者,医疗过失推定成立,构成医疗技术损害责任。

2. 可以证明医疗机构没有医疗过失的事由

如果医疗机构能够证明以下事由,则可以证明医疗机构没有医疗过失:

(1)在紧急情况下为抢救垂危者生命而采取紧急医学措施造成不良后果。在抢救垂危病患的生命时,采取紧急医学措施,有可能造成不良后果。因为紧急抢救措施是在危急的情况下采取的,为了挽救患者的生命,对紧急措施可能出现的问题不再考虑,因为两相衡量,抢救生命是第一位的。因此在这种情况下造成的不良后果,不认为是医疗侵权,不承担赔偿责任。

---

[24] 参见詹森林:《德国医疗过失举证责任之研究》,载朱柏松等:《医疗过失举证责任之比较》,元照出版公司2008年版,第56页。

[25] 参见丁春艳:《香港法律中医疗事故过失判定问题研究》,载《法律与医学杂志》2007年第14卷第2期。

(2)在医疗活动中由于患者病情异常或者患者体质特殊而发生医疗意外。医疗意外是指医务人员无法预料的原因,根据实际情况无法避免的医疗损害后果。医疗意外有两个主要特征:一是,医疗机构及医务人员对损害结果的发生,没有主观上的过失,通常是由于病情特殊或者患者体质特殊引起的;二是损害后果的发生属于医疗机构及医务人员难以防范和避免的。具备这两个特征造成的医疗损害后果,构成医疗意外,应免除医疗机构的赔偿责任。例如,新疆生产建设兵团某医院在给一位患者注射青霉素注射液时,医护人员先对其过敏史进行了询问,之后进行了皮试,直到过了规定的时间没有发现过敏症状后,才给病员注射。注射后,又在注射室观察了10分钟。患者回家后3个小时,发生过敏,因抢救不及时死亡。死者家属要求追究医院的医疗过错责任,法院判决驳回其诉讼请求。这种青霉素的延缓过敏现象是罕见的,是病员体质特殊所致,医疗机构及医务人员对损害的发生没有过失,不构成医疗损害责任。法院的判决是正确的。

(3)在现有医学科学技术条件下发生无法预料或者不能防范的不良后果。这种情况实际上也是一种医疗意外。发生意外的原因,就是医疗科学技术条件的限制。在现有医学科学技术条件下,对所发生的不良医疗后果无法预料,或者已经预料到了但是没有办法进行防范。在这种情况下造成的不良后果,不构成医疗损害责任,医疗机构不承担民事责任。

(4)因患方原因延误诊疗导致不良后果。医疗人员对患者诊疗护理,必须得到患者及其家属的配合。在诊疗护理过程中,如果是由于患者及其家属的原因延误治疗,出现人身损害后果,说明受害患者一方在主观上有过错。按照过错责任原则,如果损害后果完全是由于患者及其家属延误治疗造成的,就证明医疗机构对损害的发生没有过错,应免除医疗单位及医务人员的赔偿责任。在引起热议的肖直军案,首先肯定是患者家属不配合,是符合这个免责条件的。但是,另一方面也应当看到,在危急情况下,为了抢救生命,医疗机构可以破例进行手术,那样就不会造成现在这样的恶果。如果患者及其家属不配合治疗是构成损害事故的原因之一,医务人员也具有医疗过失时,构成与有过失,应依过失相抵原则由双方分担责任。

(5)因不可抗力造成不良后果。不可抗力可能使医疗机构在正常的医疗活动中造成患者的损害,因其直接原因是不可抗力,不是医疗过失所致,因而应当免责。

3. 谁负担医疗过失鉴定的责任

在医疗损害责任纠纷诉讼中,医疗过失责任的鉴定结论究竟应当是谁的举证范围,是一个重要的问题。对此,应当按照前述医疗过失举证责任的基本规则,谁负有举证责任,就由谁提供医疗过失的鉴定结论:(1)在一般情况下,应当是受害患者一方的举证责任范围。(2)如果受害患者一方的证明符合表见证据规则的要求,以及具有法律规定的理由,符合医疗过失举证责任缓和要求的,则由医疗机构承担举证责任,证明自己没有过失的,医疗过失责任的鉴定结论则是医疗机构一方证明自己的医疗行为与受害人的人身损害后果之间没有因果关系,或者医疗机构的医疗行为不存在过失的证据。

四、医疗伦理过失的证明及举证责任

(一)医疗伦理过失的表现形式

医疗伦理过失,是指医疗机构或医护人员从事医疗行为时,违反医疗职业良知或职业伦理应遵守的告知、保密等法定义务的疏忽和懈怠。具体表现是未对病患充分告知或者说明其病情,未对病患提供及时有用的医疗建议,未保守与病情有关的各种隐私、秘密,或未取得病患同意就采取某种医疗措施或停止继续治疗,或者违反管理规范造成患者其他损害。事实上,医疗伦理过失,就是医疗机构及医务人员未善尽告知、保密等法定义务的过失,这本身就构成医疗过失。

美国是世界上最早和最常引用知情同意理论审理医疗纠纷案件的国家。美国第一例医疗知情同意案件发生于1957年,即由美国加利福尼亚州上诉法院审理的Salgo诉斯坦福大学董事会案件。在该案的判决中,法官首次引入了知情同意的概念,认为医师除了告知患者治疗措施之外,还应当告知患者治疗措施可能存在的风险(如并发症),尽管有时这种风险发生几率是非常小的。如果医师告知不当,医师则应承担医疗过失责任。[26] 1972年,美国制定了《病人权利法》,将知情同意权列入患者的法定权利。20世纪80年代,美国对患者知情同意权的研究进入了全盛期,也发展出较细腻、清楚的理论架构,并流传至欧洲各国及日本,广为采纳。[27] 在欧洲,医生在治疗(基于诊断目的或直接的治疗目的)前必须正确告知病人疗法所附带的风险,已经为欧洲各国所共同认可。略有不同的是,医生在特定情况下,具体应该阐明到何种程度。[28] 在德国,1979年7月29日联邦宪法法院的判决指出,必须取得患者对医师作出的全部诊断的,包括预防以及治愈措施的有效同意,这是法的要求。这一规范的根据在于基本法即宪法的诸原则之上,即所有的人都有义务尊重他人的人类尊严以及自由、生命、人格的统一性权利。虽然患者由于患病,需要求助他人,可以考虑其有某种不健全性,但是根据人类自律性的原理,对自己的肉体将被如何处置,患者当然有着不受限制的自我决定权。[29]

在我国,《医疗事故处理条例》对患者的权利作出了12项规定。诸如:患者有权复印或者复制病历资料;医疗机构对患者的病情、医疗措施、医疗风险等有告知的义

---

[26] 但需要注意的是,卡多佐所说的"知情同意"仅仅是要求医师为患者手术须征得患者的同意。参见杨茜:《美国涉及患者知情权案件》,载http://www.chinalabnet.com/show.aspx?id=349&cid=35。

[27] 参见杨秀仪:《告知后同意》,载http://sm.ym.edu.tw/download/942医疗与法律专题—告知后同意.doc。

[28] 参见〔德〕克雷斯蒂安·冯·巴尔:《欧洲比较侵权行为法》(下卷),焦美华译,张新宝校,法律出版社2002年版,第389页。

[29] 参见段匡、何湘渝:《医师的告知义务和患者的承诺》,载梁慧星主编:《民商法论丛》(第12卷),法律出版社1999年版,第158页。

务,患者享有知情权;发生、发现医疗事故、医疗过失行为等,医疗机构有通报、解释义务,患者享有知情权,等等。㉚《条例》及其他法律法规的这些规定,都是规定医疗机构的告知义务,医疗机构履行这些告知义务,才能够保证患者的知情权和自我决定权。违反告知义务的本身就可以直接推定医疗过失。典型案例如,余小姐于2006年底前往海淀区某医院进行体检。医院的医务人员在对余小姐进行妇科体检项目时,在明知余小姐为未婚女性的情况下,未就妇科检查的内容及后果履行说明和特定的告知义务,违反医学检查常规,对其使用内窥镜进行检查,导致余小姐处女膜破裂,造成大出血。余小姐向海淀法院起诉。法院判决认为,医院违反告知义务,存在主观过错,影响了余小姐行使是否进行妇科检查的选择权,判决医院向余小姐赔偿医疗费、交通费损失350元及精神损害抚慰金1万元。㉛

(二)医疗伦理过失的证明责任负担

医疗伦理过失的证明责任,实行推定过错,过错要件的举证责任倒置。如前所述,这种医疗过失的概念来源于法国医疗责任法的医疗伦理过错概念。法国法院在1979年2月25日之前,依照损害赔偿责任法上举证责任分配的一般原则,加害人的过错应由请求赔偿损害的被害人负举证责任,且医疗合同原则上是一种方法债务,医疗过失的举证责任应由受有医疗损害的病患负责。即使是医疗伦理上的过失也如此。这样的举证责任过于严苛,病患因无法举证证明医疗过失的存在,必须承担事实真伪不明的不利益,在实际中,病患成功举证证明医护人员具有医疗伦理上的过错的案例,较为少见,而遭受败诉的则屡见不鲜。例如,病患即使已经证明其因耳聋,无法听取医师提供的医疗资讯,医师亦未改以文书方式提供医疗资讯,在此种情况下,仍属于未能举证证明医师未善尽其医疗资讯义务,而具有医疗过失。

1979年2月25日之后,法国法院确立一个判决,指出任何依法律规定或者契约约定负有履行某种特别资讯义务者,应举证证明其已经履行此一义务,医师对病患负有资讯义务,应负担证明其已妥善履行此一义务的责任。这一判决,将履行资讯义务的举证责任负担彻底予以转换,重新建构资讯义务举证责任倒置的一般原则。自此以后,医疗资讯过错的举证责任,就由原来的病患负担原则,转由医疗机构及医护人员负担证明其已经充分提供有用医疗资讯的责任。同时,病患同意上的过错的举证责任,亦应作相同解释。从而,医疗伦理过错不再适用损害赔偿责任法举证责任分配的一般原则,而改由提供医疗服务或者从事医疗行为的医疗机构或医护人员负担举证责任。㉜

㉚ 更详细的论述,请参见杨立新:《〈医疗事故处理条例〉的新进展及其审判对策》,载《人民法院报》2002年5月10日、17日连载。

㉛ 对于本案例和点评,可以参见杨立新:《医疗侵权法律与适用》,法律出版社2008年版,第82、117、118页。

㉜ 参见陈忠五:《法国法上医疗过错的举证责任》,载朱柏松等:《医疗过失举证责任之比较》,元照出版公司2008年版,第141页以下。

这种做法，我们完全可以借鉴。确定这种医疗过失，判断标准采用医疗良知和医疗伦理，通常以违反法律、法规、规章规定的医务人员应当履行的告知义务为标准，违反之，即为有过失，因此，通常并不需要医疗过失的鉴定，法官即可推定。同样，医疗机构未履行保密等义务，也推定其有医疗过失。

(三)医疗伦理过失的类型

前述未对病患充分告知或者说明其病情，未对病患提供及时有用的医疗建议，未保守与病情有关的各种隐私、秘密，或未取得病患同意就采取某种医疗措施或停止继续治疗等医疗伦理过失中，按照法国医疗责任法的习惯，分为医疗资讯上的过错和病患同意上的过错。医疗资讯上的过失，即医疗机构或医护人员违反其对病患所负的告知、说明义务、建议义务或保密义务等积极提供医疗资讯或消极泄露医疗资讯的义务的过失。病患同意上的过失，即医疗机构或医护人员违反其应当尊重病患自主决定意愿的义务，未经病患同意，即积极采取某种医疗措施或者消极停止继续治疗的过失。这两种医疗过失之间，具有手段与目的的关系，医疗资讯义务，旨在保护病患的自主决定权，以充实或健全病患决定接受或不接受某种医疗措施的意愿，而病患是否得以自由自主地行使其决定权或同意权，亦有赖于获取充分而有用的医疗资讯。所以，医疗资讯义务的违反，往往被推断为病患未同意接受某种医疗措施。由于医疗资讯上的过错与病患未同意的过错二者关系密切，经常相辅相成，因而在举证责任的分配上，原则上并无不同。③

在我国，对于上述两种医疗伦理过失的分类，可以借鉴。根据我国的实际情况，可以分为：(1)违反资讯告知义务的伦理过失；(2)违反知情同意的伦理过失；(3)违反保密义务的伦理过失；(4)违法管理规范的伦理过失。这些不同的伦理过失在适用法律上可能有所区别，但在举证责任上则没有原则区别。

(四)医疗伦理过失的过错推定和举证责任倒置

对医疗伦理过失的证明，实行过错推定。受害患者在举出证据证明自己的损害和医疗行为具有违法性，并证明因果关系成立之后，就推定受害人具有医疗伦理过失。对此，并不像医疗技术过失的举证责任缓和那样，或者因果关系推定那样，存在原告首先进行证明的前提，即原告要证明过失的表见证据或者因果关系的盖然性，而是直接实行过错推定。

法官推定过错的前提，就是原告已经证明了医疗机构的医疗违法行为要件和自己的损害事实要件，同时，还应当确认因果关系已经得到证明。在这个基础上，只要有违反上述法定义务的行为，法官即可推定医疗机构存在医疗伦理过失。

实行过错推定之后，医疗机构如果认为自己的医疗行为没有过失，实行完全的举证责任倒置规则，由医疗机构自己举证证明，举出自己已经履行法定义务，不具有医

---

③ 参见陈忠五:《法国法上医疗过错的举证责任》，载朱柏松等:《医疗过失举证责任之比较》，元照出版公司2008年版，第140页。

疗过失的证据。能够证明的,不构成侵权责任,不能举证证明的,过错推定成立,构成医疗损害责任。

因此,医疗伦理损害责任构成中的过错推定规则,重点在于医疗机构一方如何举证证明自己无过失。首先,原则上,任何证据方法均得作为医疗机构或者医务人员已善尽医疗资讯义务或者已取得病患同意的证明方法,不以书面文件为必要。其次,在事实上,大多仍依据医疗专业科别、疾病或症状类型、医疗处置方法或手术种类的不同,以事先拟定印刷的制式说明书或同意书,交由患者阅读或签署,作为医疗机构或医务人员已善尽义务的证明方法。再次,在有些情况下,这种方法尚不足以证明已善尽医疗资讯义务或已经取得病患同意,而必须依据个别病患的具体情况,伴随一些个人化的、可以理解的、充分的、适当的、有用的说明告知,始能免除损害赔偿责任。[34] 能够证明自己依照医疗伦理和良知已经履行了告知义务,即可确认医疗机构不存在医疗伦理过失。

---

[34] 参见陈忠五:《法国法上医疗过错的举证责任》,载朱柏松等:《医疗过失举证责任之比较》,元照出版公司 2008 年版,第 142 页。

论医疗过失赔偿责任的原因力规则[*]

在侵权损害赔偿责任确定中,如果存在多因一果的情形,确定违法行为人的赔偿责任就应当适用原因力规则,使行为人只就自己的违法行为所造成的损害承担赔偿责任。在医疗过失赔偿责任中,多因一果的情形更为普遍,更应当适用原因力规则,以求确定医疗机构赔偿责任的公平和公正,同时避免医疗机构将沉重的医疗过失赔偿责任通过增加医疗费而转嫁到全体患者身上。在医疗过失赔偿责任中原因力规则如何适用以及如何进行规范,本文提出以下意见。

一、医疗过失赔偿责任中广泛使用的损害参与度就是侵权法的原因力规则

医疗过失赔偿责任应当适用原因力规则,原因在于医疗过失行为在一般情况下,并不是医疗损害后果发生的全部原因。按照原因力规则,加害人即医疗机构一方只对自己的医疗过失行为所造成损害承担赔偿责任,对于自己的医疗过失行为以外的原因造成的损害部分,不承担赔偿责任。

在医疗过失赔偿责任中,原因力规则被广泛采用,并且将其称之为"损害参与度"或者"医疗过错参与度"。例如,2005年7月12日,杨永锋以"体检发现左上肺阴影增大半月"为主诉到郑州某医院胸外科住院治疗,初步诊断为:左上肺结核瘤、癌变待排。7月20日,在全麻下给杨实施左上肺切除术,术后病理诊断:(左上肺)结核性肉芽肿炎,支气管切端见结核性肉芽肿炎病变。杨术后出现肺部感染及支气管胸膜瘘、发热等症状。10月16日,院方于DSA下给杨实施气道造瘘并气道支架置入术,手术过程中支架变形,放弃支架置入。10月22日下病危通知,10月28日中午出现意识模糊,下午5点家属放弃治疗,10月29日杨死亡。死者家属与医疗机构发生争执。法院依据原告的申请,委托南方医科大学司法鉴定中心对该医院的医疗行为是否存在过错及医疗行为与损害后果之间存在因果关系进行鉴定。鉴定认为:该院在实施开胸手术前准备及手术时机把握不当,术后未能及时抗结核治疗,也未对毛霉菌感染进行治疗,不应采用支架封闭治疗支气管胸膜瘘。患者死因与全身继发性感染、败血症致多气管功能衰竭相关,院方的医疗行为与患者杨永锋的死亡后果之间存在一定

---

[*] 本文发表在《法商研究》2008年第6期。

的因果关系。确认该院对杨的医疗行为存在医疗过错,其医疗过错参与度为50%。法院据此作出判决。① 这里50%的医疗过错参与度,就是指医疗机构的医疗过失行为对于医疗损害发生的原因力为50%,因此,医疗机构按照50%的比例承担赔偿责任。

医疗过错参与度也被称做损害参与度、医疗参与度或者疾病参与度。事实上,这些概念都是指医疗过失赔偿责任的原因力程度。专家对这些参与度概念的界定是:疾病参与度或者损伤参与度,是指医疗事故造成的损害后果与患者自身疾病共同存在的情况下,前者在患者目前疾病状态中的介入程度。② 也有的专家认为,所谓损害参与度是指侵权行为因素、其他因素与现存后果之间的联系程度,其实质就是人身损害的侵权行为对损害后果的因果关系大小问题。对医疗损害参与度的认定所要解决的是医疗损害行为对损害后果的发生所起到的作用比例和概率大小问题,并进而确定医疗损害主体的赔偿责任范围和比例。③

而原因力,是指在侵权损害赔偿责任的共同原因中,违法行为和其他因素对于损害结果发生或扩大所发挥的作用力④;也有的学者认为原因力是指在引起同一损害结果的数种原因中,每个原因对于该损害结果发生或扩大所发挥的作用力⑤;抑或是指违法行为对损害结果的发生所起的作用力⑥,区分原因力实际上是区分因果关系的程度。⑦ 原因力的基本规则是,在数个原因引起一个损害结果的侵权行为案件中,各个原因构成共同原因,每一个原因对于损害结果具有不同的作用力;不论共同原因中的每一个原因是违法行为还是其他因素,行为人只对自己的违法行为所引起的损害承担与其违法行为的原因力相适应的赔偿责任份额,不是由自己的违法行为所引起的损害结果,行为人不承担赔偿责任。

在医疗过失赔偿责任中,医疗过失行为与其他因素例如患者自身的疾病原因共同结合,造成了同一个医疗损害后果,那么,医疗过失行为与其他因素各有其不同的原因力,医疗机构仅对自己的过失医疗行为所引起的那一部分损害承担赔偿责任,对于患者自身原因等引起的损害部分不承担赔偿责任。原因力的这种规则,在法医学上,就被表述为损害参与度,其基本原理和规则是完全一样的。实际上,损害参与度就是原因力规则在医疗过失赔偿责任中的具体应用,是在侵权行为法理论和实践中使用了法医学的概念。

---

① 参见《手术不当致人死亡,过错医院赔偿25.6万》,载《人民网·河南视窗》,http://www.hnsc.com.cn/news/2008/07/29/311660.html。
② 参见《医疗事故赔偿项目及计算方法》,载http://topic.xywy.com/wenzhang/20031022/471925.html。
③ 参见汪涛、张兴东:《医疗损害的性质、构成要件与认定损害参与度的意义》,载《同成律师网》,http://www.tongchenglawfirm.com/ReadNews.asp?NewsID=510。
④ 参见杨立新:《债法总则研究》,中国人民大学出版社2006年版,第328页。
⑤ 参见张新宝:《侵权责任法原理》,中国人民大学出版社2005年版,第65页。
⑥ 参见王利明:《侵权行为法研究》(上卷),中国人民大学出版社2004年版,第449页。
⑦ 参见王利明:《侵权行为法归责原则研究》,中国政法大学出版社1992年版,第382页。

对此,笔者提出两个意见:

第一,司法实务在使用损害参与度这个概念的时候,并不规范。我们现在看到的,有损害参与度、疾病参与度、医疗参与度、过错参与度等不同表述。依笔者所见,损害参与度是一个概括的概念,即各个不同原因在损害发生中的作用程度;疾病参与度侧重于说患者自身疾病原因,是患者的疾病在医疗损害后果发生中的作用程度;医疗参与度与过错参与度侧重于说医疗机构一方的原因,是医疗机构一方医疗行为或者医疗过错对于损害发生的作用程度。这些不同的用法,尽管都是说参与度,但侧重点各不相同。如果使用这个概念,应当进行整理,确定准确的表述,并且严格界定其内涵和外延,保证使用的正确性和准确性。如果概括地讲医疗过失行为的原因力规则,使用损害参与度的概念;如果表述医疗机构一方的行为原因,则应当使用医疗行为或者医疗过失行为参与度的概念;如果讲其他原因例如疾病原因等,则使用疾病参与度的概念。

第二,在侵权法理论和实践中,已经有了原因力这样一个各国侵权法都接受的概念,还要不要使用损害参与度的概念来代替它?笔者认为,原因力的概念在世界各国的侵权法中都予以确认,具有使用的广泛性和普遍性,并且有着严格的界定,在使用中不会发生歧义,因而,不宜用损害参与度的概念来替代原因力的概念,况且损害参与度的概念也仅仅是在医疗过失损害赔偿责任中使用,范围过窄。不能想象在将来侵权法的各个领域都分别使用不同的参与度的概念来代替原因力的概念,会是一种什么样的情景。因此,笔者主张在医疗过失赔偿责任中,仍然使用原因力的概念。如果法医在鉴定中使用损害参与度的概念,法院制作裁判文书时,也应当将其"翻译"成原因力的概念,而不要直接使用损害参与度的概念,避免发生歧义,同时也保证侵权法概念和规则的一致性和稳定性。

不过,损害参与度概念在医疗过失赔偿责任案件中的广泛使用,充分说明了原因力规则在侵权损害赔偿责任确定中的实用性和必要性。没有原因力及其规则,对于数种原因造成同一个损害结果的侵权责任确定,是极为困难的。损害参与度在医疗过失赔偿责任案件中的广泛使用,确立了原因力规则在侵权法中的地位和影响,因而是有重大贡献的。

二、侵权法原因力的基本规则及在我国侵权法的采用和发展

(一)侵权行为法对原因力规则的确认和采用

在侵权法的发展历史上,从来都重视行为与损害之间的因果关系的重要作用,没有因果关系,就没有侵权责任。但是,在一般的由一个原因引起损害后果的侵权案件中,人们不会去注意原因力的作用,也很难发现它的存在。然而,当一个损害后果是由两个以上的原因所引起的时候,情况就完全不一样了。那就是,两个以上的原因对

于损害的发生究竟产生什么样的作用呢？两个以上的原因对于自己所造成的损害究竟应当承担什么样的结果呢？这就提出了原因力的问题。

不过，有时候原因力被过错及其过错比较所掩盖。由于过错在侵权责任构成中具有蜡烛燃烧中的氧的作用⑧，因此，在数个原因造成一个损害结果的案件中，例如与有过失或者共同侵权行为案件，人们更多是比较过错，忽视以至于否定原因力的作用。

法学家发现并确认了原因力及其规则的存在。表现在各国的立法中，原因力的规则主要体现在与有过失赔偿范围的确定和数个共同侵权行为人之间责任分担的两种情形中，并且同一国法律对与有过失赔偿范围的确定和数个侵权行为人之间的责任分担的标准往往类似。⑨ 可是，在无过失责任原则的情况下的与有过失或者+共同侵权行为，以及在行为以外的其他原因例如自然原因与违法行为结合而引起的损害中，根本不存在过错比较的余地，这时，原因力的地位和作用就更加充分地显现出来，任何损害赔偿责任的确定都离不开原因力及其规则。

因此，在当代各国的立法中，都重视原因力及其规则，具体做法有二：(1)越来越多的国家和地区采用过错、原因力综合比较说，以日本、瑞士、意大利、荷兰、埃塞俄比亚、美国的大多数州为代表。日本侵权法在进行过失相抵时，要综合考虑受害人与加害人过失的大小、原因力的强弱以及其他事项而做出决定。⑩ 瑞士法院主要斟酌过失轻重及原因力的强弱来决定数人的责任范围。⑪《荷兰民法典》第6：101条规定："减轻的比例，以其对造成损害所起作用之大小定之。依过错程度之不同或案件的其他情事，双方分担的损害份额可以不同；甚或按照衡平原则的要求，可以完全免除救济的义务或完全不由受害人分担损害。"⑫《埃塞俄比亚民法典》第2098条规定："在确定待赔偿的损害的范围时，应考虑案件的所有情况，特别是所犯过失对引起的损害的作用大小以及这些过失各自的严重程度。"⑬美国《统一比较过失法》采取的是综合考虑过错与原因力的做法⑭，同时，美国的大多数州(共有32个)也是综合过失、原因力、经济负担能力等来确定赔偿责任份额。⑮ (2)以德国为代表的部分国家采用原因力比较说。《德国民法典》第254条："根据损害在多大程度上是由加害人或受害人

---

⑧ 德国学者耶林指出："使人负损害赔偿的，不是因为有损害，而是因为有过失，其道理就如同化学上之原则，使蜡烛燃烧的，不是光，而是氧，一般的浅显明白。"转引自王泽鉴：《民法学说与判例研究》(第2册)，中国政法大学出版社1998年版，第144—145页。
⑨ 参见[德]克雷斯蒂安·冯·巴尔：《欧洲比较侵权行为法》(下)，焦美华译，张新宝审校，法律出版社2001年版，第662页，注266。
⑩ 参见[日]龄保不二雄：《日本债法总论》，庄胜荣校订，台北五南图书出版公司1998年版，第141页。
⑪ 参见王泽鉴：《民法学说与判例研究》(修订本)第一册，中国政法大学出版社2005年版，第63页。
⑫ 《荷兰民法典》，张新宝译，载杨立新主编：《民商法前沿》2003年第1期。
⑬ 徐国栋主编：《埃塞俄比亚民法典》，薛军译，中国法制出版社2002年版。
⑭ 参见张新宝、明俊：《侵权法上的原因力研究》，载《中国法学》2005年第2期。
⑮ 参见王利明：《侵权行为法研究》(上卷)，中国人民大学出版社2004年版，第735页。

一方造成的来确定损害赔偿义务和赔偿范围"[16],对于共同侵权行为人的内部求偿,德国未有明文规定,但自1910年以来联邦法院多次在判决中表示应类推适用《民法典》第254条过失相抵的规定[17],采用原因力比较的标准。

(二)原因力规则在我国的采用与发展

原因力理论在我国侵权法实践与学说上主要用于解决数种原因造成同一损害结果的责任分配[18],经历了由过错比较占据绝对统治地位,到原因力与过错比较相互补充的两个发展阶段。

1.20世纪90年代以前过错比较是分担损害的唯一标准

学理上,最早提到过错比较的是《中华人民共和国民法基本问题》,认为在共同侵权行为中各个加害人的内部责任应按个人的过错程度分担。[19] 后来学者也多认为应按过错大小确定责任范围和分担责任[20],主张"在多因一果的因果关系中,以原因的主次来划分责任的轻重是有偏颇的,不如以过错程度的轻重来决定责任的大小更可行。"[21]忽视以至于否定原因力的作用。

1986年《民法通则》第131条规定:"受害人对于损害的发生也有过错的,可以减轻侵害人的责任。"这是对过错比较的明确规定。特别法中也有过错比较的规定,例如《海商法》第169条规定:"船舶发生碰撞,碰撞的船舶互有过失的,各船舶按照过失程度的比例负赔偿责任;过失程度相当或者过失程度的比例无法判定的,平均负赔偿责任。"

1990年以前,司法实践通常是依据过错的标准确定与有过失和共同侵权中各行为人的责任分配,不考虑原因力的作用。20世纪50年代的"火车与汽车路口相撞索赔"案是新中国成立以来较早的与有过失的判例,法院根据"双方互有过错"减轻了加害人火车一方的赔偿责任。[22] 1984年最高人民法院《关于贯彻执行民事政策法律若干问题的意见》第72条和第73条规定:"受害人也有过错的,可以相应地减轻致害人的赔偿责任。""两个以上致害人共同造成损害的,应根据各个致害人的过错和责任的大小,分别承担各自相应的赔偿责任。"[23]

2.20世纪90年代以来原因力及其规则逐渐为侵权法理论和实践所采用

20世纪90年代初,学者开始将原因力比较作为损失分担的标准进行介绍,并指

---

[16] 王利明:《侵权行为法研究》(上卷),中国人民大学出版社2004年版,第218页。
[17] 参见王泽鉴:《民法学说与判例研究》(第一册),中国政法大学出版社2005年版,第63—64页。
[18] 参见王利明:《侵权行为法研究》(上卷),中国人民大学出版社2004年版,第446页;张新宝:《中国侵权行为法》(第二版),中国社会科学出版社1998年版,第124—125页。
[19] 参见中央政法干校民法教研室:《中华人民共和国民法基本问题》,法律出版社1958年版,第330页。
[20] 参见潘同龙、程开源主编:《侵权行为法》,天津人民出版社1995年版,第43、45、46页。
[21] 杨振山主编:《民商法实务研究·侵权行为卷》,山西经济出版社1993年版,第31页。
[22] 参见中央政法干校民法教研室:《中华人民共和国民法基本问题》,法律出版社1958年版,第329—330页,转引自杨立新:《侵权法论》,人民法院出版社2005年版,第570页。
[23] 不过,文中提到的"责任的大小"的说法中,其实也包括有原因力的含义,不过不够明显而已,因为在那个时候,是不提原因力概念的。

出"在双方过错程度大体相当的情况下,责任分配主要取决于双方的过错行为对损害发生及扩大所起作用的大小"。[24]

笔者在最高人民法院任法官期间,在办理庞永红诉庞启林损害赔偿案中,对违法行为与自然原因共同作用引起的房屋损害确定赔偿责任时,采用原因力规则,确定庞启林只对其违法行为造成的损害部分承担责任,对自然原因引起的损害部分不承担责任。据此,最高人民法院在对该案所作的复函中,确定减轻庞启林的赔偿责任,由于担心原因力的概念不好被法官和群众接受,因此在复函中没有明确使用原因力的概念。[25]

1991年9月22日通过、1992年1月1日实施的《道路交通事故处理办法》率先规定了原因力规则。第17条第1款规定:"公安机关在查明交通事故原因后,应当根据当事人的违章行为与交通事故之间的因果关系,以及违章行为在交通事故中的作用,认定当事人的交通事故责任。"其中"违章行为在交通事故中的作用"就是规定原因力规则。这是最早使用原因力规则的行政法规。

嗣后,对原因力及规则的探讨渐多,在数种原因致损的情况下,学者们或者主张以原因力为标准来划分责任,或者主张综合考虑过错程度、原因力的因素。[26]

2001年,最高人民法院在起草《关于审理触电人身损害赔偿案件若干问题的解释》中,笔者和张新宝教授等积极主张写进原因力及规则,遂该解释第2条第2款规定:"但对因高压电引起的人身损害是由多个原因造成的,按照致害人的行为与损害结果之间的原因力确定各自的责任。致害人的行为是损害后果发生的主要原因,应当承担主要责任;致害人的行为是损害后果发生的非主要原因,则承担相应的责任。" 2003年最高人民法院在《关于审理人身损害赔偿案件适用法律若干问题的解释》第3条第2款又规定了原因力对于无意思联络的数人致害责任承担的作用:"二人以上没有共同故意或者共同过失,但其分别实施的数个行为间接结合发生同一损害后果的,应当根据过失大小或者原因力比例各自承担相应的赔偿责任。"

在起草《中国民法典·侵权责任法》草案过程中,专家在草案建议稿中都规定了原因力规则。在笔者主持起草的《中国侵权责任法草案建议稿》第4条第3款规定:"两个以上的原因造成同一个损害结果的,行为人应当按照其行为的原因力承担责任,或者分担相应的责任份额。"这是对原因力规则的最简洁的概括表述。

在我国的司法实践中,原因力规则被广泛适用,特别是在医疗过失赔偿责任案件中,适用更为普遍,取得了前所未有的成果。

---

[24] 王家福主编:《民法债权》,法律出版社1991年版,第503页。
[25] 参见杨立新:《侵权法论》,人民法院出版社2005年版,第558页。
[26] 原因力比较的各种主张参见李仁玉:《比较侵权法》,北京大学出版社1996年版,第119页;刘士国:《现代侵权损害赔偿研究》,法律出版社1998年版,第114—115页;张新宝:《中国侵权行为法》(第二版),中国社会科学出版社1998年版,第124—125页;王利明:《侵权行为法研究》(上卷),中国人民大学出版社2004年版,第622、706、735页;杨立新:《侵权法论》,人民法院出版社2005年版,第576、577、679、680页。

(三)原因力的基本规则

1. 适用范围

原因力规则在侵权法中适用的范围是:(1)共同侵权行为;(2)无过错联系的共同加害行为;(3)与有过失及过失相抵;(4)加害人和受害人以外的第三人行为造成损害;(5)行为与非人力原因结合造成损害结果,例如行为与不可抗力、意外事件或者受害人体质特殊、疾病等结合造成损害结果的侵权行为等。

2. 适用方法

原因力规则的适用方法是:(1)过错、原因力综合比较法,在共同侵权行为、与有过失等侵权行为中,进行过错比较和原因力比较,综合确定行为人应当承担的赔偿责任份额。(2)在过错程度相当,原因力不同的侵权案件中,以原因力比较调整行为人应当承担的赔偿责任份额。(3)在无过失责任原则情况下,完全以原因力比较的结果确定行为人承担的赔偿责任份额。(4)第三人的行为具有原因力的,按照其原因力确定第三人应当承担的赔偿责任份额。(5)在行为与非人力原因结合造成损害结果的案件中,根据原因力比较确定行为人应当承担的赔偿责任份额。[20]

3. 适用后果

原因力规则适用的后果是,根据原因力比较和过错比较的结果,确定行为人的行为在一个100%的赔偿责任中所占的百分比,据此,确定行为承担与其原因力相适应的赔偿责任。例如,本文前述案例,对于杨永锋之死,法医鉴定确认医院对杨永锋的医疗行为存在医疗过错,其医疗过错参与度为50%,据此,医疗机构过失医疗行为的原因力为50%,对于受害人所遭受的全部损害应当承担50%的赔偿责任。

三、医疗过失赔偿责任适用原因力规则的具体办法

在医疗过失赔偿责任中,造成医疗损害结果,一般都存在两个以上的原因,因此,原因力规则比较普遍地适用。同时,医疗过失赔偿责任案件是同一种侵权行为类型,尽管有不同的表现,但基本上都适用过错推定原则。因此,在确定医疗过失赔偿责任中,既要考虑过错的因素,又要考虑各种原因的原因力。

(一)造成医疗过失损害结果的不同原因

1. 医疗过失行为

医疗过失损害结果的基本原因,当然是医疗过失行为。应当注意的是,基本原因不是主要原因,因为主要原因一定是在诸原因中起主要作用的原因,医疗过失行为并不一定在损害结果发生中都起主要作用。医疗过失行为之所以是基本原因,是因为它决定医疗过失责任的基本性质,即医疗过失侵权行为。如果医疗过失行为不是基

---

[20] 参见杨立新:《债法总则研究》,中国人民大学出版社2006年版,第336—339页。

本原因，就无法构成医疗过失赔偿责任。根据专家进行的对43例医疗纠纷医疗过失参与度探讨的结果证明，在医疗纠纷案中，无医疗过失的纠纷在涉及死亡的医疗纠纷尸检统计中远比有医疗过失的纠纷多，占总数的65.12%，主要的死亡原因常常表现为重症疾病死亡、难以避免的并发症和医疗意外。㉘ 没有医疗过失行为的原因当然不构成医疗过失赔偿责任。

应当看到的是，医疗过失行为在医疗损害后果的发生中，其原因力并不是一样的，而是要根据与其他原因结合的具体情况来确定。在前揭文章的调查中，医疗过失行为损害参与度分别为完全责任、主要责任、同等责任、次要责任和无责任。㉙ 在学者起草的《医疗侵权损害处理法（专家建议稿）》中，根据医疗过失行为在导致损害后果中发生的原因力大小将医疗过失参与度分为6级：A级：损害后果完全由医疗过失行为造成；B级：损害后果主要由医疗过失行为造成，其他因素起次要作用；C级：损害后果由医疗过失行为和其他因素共同造成；D级：损害后果主要由其他因素造成，医疗过失行为起次要作用；E级：损害后果绝大部分由其他因素造成，医疗过失行为起轻微作用；F级：损害后果完全由其他因素造成。㉚ 这表明，医疗过失在医疗损害后果的发生中的作用力各不相同。研究原因力及其规则，就是要研究医疗过失行为在医疗损害事实发生中是否具有作用，以及起到何种程度的作用，并且依此确定医疗机构对医疗损害后果是否应当承担责任以及承担什么样的责任。

2. 受害患者疾病的原因

凡是到医院就医并且发生医疗损害者，一般都有原有疾病的原因。㉛ 在造成医疗损害后果时，除了有医疗过失行为的原因外，患者原有疾病原因对于损害后果的发生也具有原因力，因此，原有疾病也是医疗损害后果发生的原因。例如，肝组织穿刺刺破肝脏，由于患者已经肝硬化，凝血机制发生一定程度的变化，医疗过失行为与疾病共同作用引起患者死亡，其中医疗过失行为的原因力大于疾病的原因力，医疗机构应当承担主要的赔偿责任。㉜

应当实事求是地确定原有疾病的原因。受害患者已经病入膏肓，抢救中医生有

㉘ 参见方俊邦等：《43例医疗纠纷医疗过失参与度探讨》，载《中国法医学会法医临床学学术研讨会论文集》，第245页。

㉙ 参见方俊邦等：《43例医疗纠纷医疗过失参与度探讨》，载《中国法医学会法医临床学学术研讨会论文集》，第245—246页。

㉚ 中国政法大学课题组：《医疗侵权损害处理法（专家建议稿）》，载中国司法鉴定信息中心网，http://www.fmedsci.com/bbs/dvbbs/dispbbs.asp? boardid=1&ID=53677。

㉛ 在到医院检查身体，由于检查中的过失行为造成的损害，一般没有患者疾病的原因，但也作为医疗过失责任。典型案例参见杨立新：《医疗侵权法律与适用》，法律出版社2008年版，第82—83页。

㉜ 笔者曾经办过一个案件，虽然不是医疗过失行为，但也有说明意义。某特务连战士复员到电影院工作，当时电影院的秩序不好，多人无票混进电影院看"白戏"。该人做这项工作以后，声称会"掏心拳"，打人一拳，三天后必死无疑。很多人因惧怕他而不敢混电影看。某少年无票入场，被该人抓获，该少年不服，与其争执、厮打，该人打其胸、腹部三拳。该少年回家后则腹痛不已，不足三天即死亡。群众均认该人以"掏心拳"故意杀人，一致要求"偿命"。经尸检，死因为死者脾脏发生病变，外力致该有病变的脾脏受损，且未进行抢救性治疗。这是典型的原有疾病原因。

轻微过失,则原有疾病是造成医疗损害的主要原因,医疗过失行为仅仅是次要原因,很可能属于上述 6 级原因力的 F 级。受害患者疾病并不至于发生死亡的后果,但由于医护人员的重大过失造成患者死亡,疾病原因就是次要原因,医疗机构应当承担主要责任。对此,法官应当依靠医学或者法医学的鉴定,确定原有疾病对于医疗损害后果的发生是否成立原因,以及具有何种的原因力,并且据此作出赔偿责任认定。

3. 医疗意外

医疗意外也是医疗损害后果发生的原因。通常认为,医疗意外是医务人员难以预料难以防范而发生的损害后果。医疗意外有两个特征:一是医务人员尽到了充分的注意义务,严格谨慎地按照操作规程操作,但由于病员的特异体质或病情特殊而发生了损害后果,如青霉素皮试阴性,按常规剂量注射,仍然发生了过敏性休克,系因病员特殊的过敏体质所引起,属于医疗意外;二是损害后果的发生属于医疗单位或医务人员难以防范的。㉝ 典型案件是,新疆生产建设兵团某医院在给一位患者注射青霉素时,按照常规和剂量进行皮试、注射、观察,均没有问题,患者回家后 3 小时发生延缓过敏死亡。法院认定为医疗意外,医院不承担赔偿责任。㉞

医疗意外通常属于造成医疗损害结果的全部原因。如果还有医疗过失行为的原因介入,则应当依据具体的原因力确定医疗机构的赔偿责任。

4. 患者自身特殊体质

患者自身特殊体质,也是造成医疗损害的原因。这种情况在侵权法中被叫做"蛋壳脑袋规则",即伤害了健康状况本来就不佳的人,不能要求他在假设受害者是健康时的法律处境。倘若被告敲击了脑壳如鸡蛋壳般薄的人,则即使他不可能知道受害人的这一特殊敏感性也必须为此损害承担赔偿责任。㉟ 但应当注意的是,蛋壳脑袋规则即使要求加害人承担赔偿责任,也必须考虑受害人自身特殊体质的原因力,根据加害人行为的原因力确定其赔偿责任。笔者在 1980 年对侵权案件进行调查时,就有这样的案件:某工厂女工周某与李某下班后并肩在路上行走,同厂女工高某从后边跟上,出于开玩笑,用两手将周、李二人的头碰在一起,说"让你俩亲个嘴"。被撞头后,李某没有发生任何问题,但周却头疼不止,治疗 6 个月,省医院诊断为脑震荡后综合症。县法院调解高赔偿周的部分损失。㊱ 蛋壳脑袋规则由此可见一斑。

患者自身特殊体质通常与医疗过失行为一道构成医疗损害后果的共同原因。因此,应当对患者自身特殊体质与医疗过失行为进行原因力比较,确定医疗过失行为的原因力,据此确定赔偿责任。

㉝ 参见郑莉莉、黄金波:《民事审判实务中医疗损害赔偿的若干问题》,载《中国法院网》http://www.chinacourt.org/public/detail.php? id = 87542&k_title = 医疗意外 &k_content = 医疗意外 &k_author = 。

㉞ 参见杨立新:《侵权法论》,人民法院出版社 2005 年版,第 454—455 页。

㉟ 参见[德]克雷斯蒂安·冯·巴尔:《欧洲比较侵权行为法》(下),焦美华译,张新宝审校,法律出版社 2001 年版,第 580—581 页。

㊱ 参见杨立新等:《关于处理民事损害赔偿案件的几个问题》,载《法学研究》1981 年第 6 期。

(二)医疗过失行为原因力比较的方法

在医疗过失赔偿责任的确定中进行原因力比较的方法是:首先应当确定哪些行为和事实是医疗损害后果发生的原因;其次,确定医疗过失行为属于直接原因还是间接原因、主要原因还是次要原因、强势原因还是弱势原因;最后对诸种原因力对于损害发生所起的作用力进行分析,确定医疗过失行为的具体原因力。应当根据这样一些因素来判定共同原因中各个原因对于损害事实发生的具体原因力的大小:原因力的大小取决于各个共同原因的性质、原因事实与损害结果的距离以及原因事实的强度;直接原因的原因力优于间接原因;主要原因优于次要原因;原因事实强度大的原因优于原因事实强度小的原因;原因事实距损害结果近的原因力优于原因事实距损害结果远的原因力。[37]

1. 直接原因和间接原因

直接原因是指与损害后果之间自然连续,与结果之间没有任何中断因素存在的原因。间接原因是指与损害后果没有直接接续关系,而是通过介入因素对损害结果起到一定作用的原因。直接原因一般是直接作用于损害结果,其导致损害结果的发生符合事件发生顺序,它在损害的产生、发展过程中,表现出某种必然的、一定如此的趋向。直接原因之所以具有原因力,并非是因为其与直接结果在时间上和空间上最为接近,而是因为两者之间的因果运动中不存在其他会对其产生影响的行为或自然因素的介入。而间接原因对损害的发生不起直接作用,往往是偶然地介入了第三人的行为、受害人的因素、某种非人力的因素,并与这些因素相结合,才产生了损害结果。在通常情况下,间接原因距离损害结果越远,其原因力越弱,而不是像传统理论那样彻底否认间接原因对损害结果的原因力。

医疗过失行为是直接原因,应当确定该行为的原因力大小,进行原因力比较,据此确定应当承担的赔偿责任。

在通常情况下,间接原因不一定具有原因力,不一定都要行为人负责。但在医疗过失行为对于医疗损害结果发生是间接原因时,通常具有原因力,仅仅是原因力较小而处于次要地位。例如,患者患间质性肺炎,医疗过失行为是在患者行腹股沟斜疝术后未查及发热原因[38],为间接原因,具有较弱的原因力。应当看到的是,研究间接原因并不仅仅指医疗过失行为对损害结果的作用问题,还要依此确定其他原因对于医疗损害后果发生的原因力。如果其他因素对医疗损害后果的发生具有间接原因,发生较弱的原因力,则应当在医疗机构应当承担的赔偿责任范围中予以扣除。

2. 主要原因和次要原因

在直接原因造成损害后果发生时,有时原因会有若干个,这些原因对共同损害结

---

[37] 参见杨立新:《侵权法论》,人民法院出版社 2005 年第 3 版,第 193 页。
[38] 参见方俊邦等:《43 例医疗纠纷医疗过失参与度探讨》,载《中国法医学会法医临床学学术研讨会论文集》,第245 页。

果的发生都起到了直接作用,只是作用的程度有所不同。㊴ 在这些共同的直接原因中,根据其发生作用的情况不同,分为主要原因和次要原因。其中,对损害结果的发生或扩大起主要作用的是主要原因,原因力较大;对损害结果的发生或扩大起次要作用的是次要原因,原因力较小。最高人民法院《关于审理触电人身损害赔偿案件若干问题的解释》第2条第2款规定的"致害人的行为是损害后果发生的主要原因,应当承担主要责任;致害人的行为是损害后果发生的非主要原因,则承担相应的责任",就是对主要原因和次要原因及其责任的区分。在一般情况下,医疗过失行为是医疗损害后果发生的直接原因,就应当承担主要责任;如果是次要原因,则应当承担次要责任。不过,这只是一般情况,如果医疗过失行为是主要原因,其他因素也是主要原因,或者几个其他因素结合起来构成主要原因,则应当进行原因力比较,最终确定原因力大小,也有可能由医疗机构承担同等责任。

3. 强势原因和弱势原因

弱势原因是造成同一损害结果的所有原因中既有相关性,也非多余,在其他原因的共同作用下,导致损害结果发生的原因。强势原因则是这样一个原因总体中的,损害发生所必要的原因;如果缺少这个原因,这种损害就不会发生,或者很可能不发生,或者相当不可能发生,或者可能不会发生,这个原因都可被认为是强势的。可见,强势原因比弱势原因的原因力要强大。㊵ 在医疗过失赔偿责任案件中,强势原因和弱势原因的比较也可以采用,确认医疗过失行为究竟是强势原因,还是弱势原因。如果医疗过失行为是强势原因,则其原因力较强;如果医疗过失行为是弱势原因,则因其为并非多余,因此也具有原因力,尽管原因力较弱,也应当确定相当的赔偿责任。如果医疗过失行为与其他因素都是强势原因,则应当进行原因力比较,确定各自的原因力。

在具体进行原因力比较的时候,要从以下三个方面考虑:

第一,医疗过失行为与医疗损害事实之间有没有因果关系。没有因果关系的,没有必要进行原因力的比较分析。例如,患者患有严重的肺源性心脏病,体质很差,医疗过程中曾有护士将其他患者药物输入该患者体内,但输入的液体中主要是降压药,因此并未造成任何不良反应,不构成损害赔偿责任。㊶

第二,医疗过失行为与医疗损害后果之间有因果关系的,应当确定医疗过失行为是直接原因还是间接原因,是主要原因还是次要原因,是强势原因还是弱势原因。

第三,进行原因力比较,确定医疗过失行为导致医疗损害后果的具体程度。应当把造成医疗损害后果的全部原因看做100%,把全部损害后果看做100%,将各个不

㊴ 参见王利明:《侵权行为法归责原则研究》,中国政法大学出版社1992年版,第389页。
㊵ 参见〔美〕H. L. A. 哈特、托尼·奥诺尔:《法律中的因果关系》(第2版),张绍谦、孙战国译,中国政法大学出版社2005年版,前言第29页。
㊶ 参见方俊邦等:《43例医疗纠纷医疗过失参与度探讨》,载《中国法医学会法医临床学术研讨会论文集》,第246页。

同的原因进行比较,确定各个原因在全部原因中所占的百分比,就能够确定医疗过失行为的具体原因力。

借鉴《医疗侵权损害处理法(专家建议稿)》的经验,可以根据医疗过失行为在导致损害后果中发生的原因力大小,确定医疗过失行为的原因。

(三)在对医疗过失行为进行原因力比较时如何考虑过失因素

原因力与过错不是一个概念,因此原因力比较与过错比较也不是同一个规则。很多学者在文章中将医疗行为参与度与医疗过错参与度混为一谈,是错误的,混淆了违法行为与主观过错的界限。

在医疗过失赔偿责任中,由于医疗过失行为的归责原则是过错推定原则,因此,只有具有过失的医疗行为才能构成医疗过失赔偿责任。没有过失,就没有医疗过失行为。必须强调,在医疗过失行为中并没有故意的内容。在研究医疗过错参与度的文章中,有的学者使用医疗过错的概念也是不准确的,因为在医疗过失行为中,不可能存在故意,哪怕是间接故意。因为一旦存在故意,医疗行为就变为犯罪行为,而不是侵权行为了。

在一般情况下,原因力与过错具有相互影响的关系,过错的程度与原因力的大小基本相适应。因此,在确定共同原因的侵权赔偿责任时,基本上按照过错和原因力综合比较,确定违法行为人的赔偿责任。在医疗过失行为中,由于主要是将医疗过失行为与患者疾病原因、自身特殊体质原因以及医疗意外原因进行比较,故原则上不必进行过错比较,仅比较原因力就能够确定医疗机构的赔偿责任。如果医疗机构的过失程度特别重大或者过于轻微,则应当依据对过失程度的判断,适当加重或者减轻医疗机构的赔偿责任,可以不完全按照原因力的程度确定。

医疗损害责任的因果关系证明及举证责任[*]

在医疗损害责任的理论研究和司法实践中,医疗损害责任构成中因果关系要件的证明及举证责任,是一个重要问题,学术界的学说以及司法实践中的做法多有不同。鉴于这个问题对于医疗损害责任构成的重要性,以及为了科学地平衡受害患者、医疗机构以及全体患者的利益关系,对此应当进行深入研究。就此,笔者提出以下意见,供参考。

一、医疗损害责任因果关系要件的重要性及实行全面因果关系推定的缺陷

(一)医疗损害责任因果关系要件的重要地位

构成医疗损害责任,医疗违法行为与患者人身损害后果之间必须具有因果关系。现代法制的基本原则是责任自负,要求每个人对自己的行为所造成的损害后果负责。因果关系是任何一种法律责任的基本构成要件,它要求行为人的不法行为与损害结果之间具有因果关系,唯有此,行为人才对损害结果负责。在医疗损害责任中,医疗机构只有在具有违法性的医疗行为与患者人身损害后果之间具因果关系的情况下,才就其医疗违法行为负损害赔偿之责。

在医疗损害责任的构成中,医疗违法行为与医疗损害事实之间的因果关系要件具有非常重要的地位。在实行过错责任的医疗技术损害责任和实行过错推定责任的医疗伦理损害责任中,因果关系是连接医疗违法行为和医疗损害事实的客观要件,是判断受害患者一方医疗损害事实与医疗违法行为之间是否存在引起与被引起的逻辑联系的客观依据,以及确定医疗违法行为的医疗机构对受害患者诉求所依据的损害事实是否承担责任的基本依据之一。在医疗产品损害责任中,因果关系不仅是判断医疗机构、医疗产品生产者、销售者违法行为与受害人损害事实之间是否具有引起与被引起的逻辑联系的客观依据,更是判断医疗机构、医疗产品生产者、销售者的医疗违法行为是否为受害患者造成的损害承担侵权责任的唯一的客观依据。

---

[*] 本文发表在《法学》2009 年第 1 期。

同时，由于因果关系要件在医疗损害事实中具有这样的法律作用，因此，对受害患者的赔偿责任的确定，就必须有准确的尺度，不能过宽，也不能过严。尺度过宽，必然会使受害患者的损害不能得到合理的赔偿，损害不能得到合理填补；尺度过严，则不仅会使受害患者一方得到不应有的赔偿，甚至使本不应得到赔偿的患者得到赔偿，使医疗机构的合法利益受到损害，削弱医疗机构救死扶伤的社会职能，伤害医疗机构医学探索和研究的积极性，更会使作为全体患者的人民群众的利益受到损害，不仅支出高额的医疗费用，而且会使更多的患者无法得到合理的医疗保健。

所以，在医疗损害责任构成要件中，因果关系要件具有举足轻重的重要作用和地位，必须妥当处理。

（二）证明医疗损害责任因果关系要件的不同主张

应当指出的是，因果关系指的是违法行为与损害后果之间的引起与被引起的关系，这是一种事物与事物之间的客观联系，而不是指主观上的因素与客观上的结果的因果联系。[1] 在处理医疗损害责任纠纷过程中，人民法院对医疗损害责任纠纷进行审理时，在认定是否构成医疗损害责任时，都必须确定医疗机构及医务人员的医疗违法行为与患者所遭受的人身损害结果之间是否具有因果关系。

在理论上和实务上，医疗损害责任的因果关系要件如何证明，历来有不同的主张。归纳起来，主要有证明说、完全推定说和有条件推定说三种。证明说认为，医疗损害责任的因果关系要件应当由原告证明，原告负担举证责任，不能证明的，因果关系要件不成立，不能构成侵权责任。[2] 完全推定说认为，因果关系要件由受害患者一方承担举证责任不公平，因为医疗合同在履行中，存在严重的信息不对称的状况，受害患者往往不能掌握医疗的专业知识和信息，甚至受害患者已经死亡，自己无法承担举证责任，其近亲属负担举证责任有重大困难，因此应当实行因果关系推定规则，举证责任倒置，由医疗机构承担因果关系要件的举证责任，受害患者一方不承担举证责任。[3] 有条件推定说认为，在医疗损害责任诉讼中，确实存在医疗信息不对称的问题，但完全将因果关系要件的证明责任推给医疗机构，就会使医疗机构陷入较为严重不利的诉讼地位之中，甚至会形成防御性医疗行为，最终还是要将风险转嫁给全体患者负担，对全体人民不利，因而应当实行有条件的推定，即举证责任缓和，在受害患者一方对因果关系的证明举证达到一定的程度时，推定因果关系，由医疗机构一方负责举证，推翻因果关系推定。[4]

---

[1] 参见张新宝：《侵权责任法原理》，中国人民大学出版社2005年版，第60页；杨立新：《侵权法论》（第三版），人民法院出版社2005年版，第177页。

[2] 参见张新宝：《侵权责任法原理》，中国人民大学出版社2005年版，第226页。

[3] 这种观点是最高人民法院在《关于民事诉讼证据的若干规定》中采取的立场，学者也有类似观点，参见汪涛等：《医疗损害的性质、构成要件与认定损害参与度的意义》，载同成律师网，http://www.tongchenglaw-firm.com/ReadNews.asp? NewsID=510。

[4] 参见杨立新：《医疗侵权法律与适用》，法律出版社2008年版，第66页。

(三)实行因果关系完全推定的不正确性

按照最高人民法院《关于民事诉讼证据的若干规定》第 4 条第(八)项规定,对医疗事故侵权纠纷的因果关系要件实行举证责任倒置,由医疗机构承担医疗行为与损害后果之间没有因果关系的举证责任。实行这种因果关系举证责任倒置的前提,是对医疗事故侵权责任构成实行完全的因果关系推定,采纳的是完全推定说的理论主张。⑤

按照这一司法解释,对医疗损害责任的因果关系实行完全推定,对于保护受害患者一方的利益显然是有利的。因为实行因果关系推定,就意味着受害人在因果关系的要件的证明上减少了诉讼负担。侵权法实行因果关系推定的根本宗旨也就在这里。

但是,对医疗侵权纠纷的因果关系要件实行完全的因果关系推定,受害患者一方对因果关系要件证明不负任何举证责任,完全免除其因果关系的举证责任,对医疗机构一方的诉讼压力过大,使医疗机构处于无法防范的劣势诉讼地位,造成医疗损害责任纠纷诉讼中双方当事人诉讼地位的完全不平等,尤其是与过错推定结合在一起,构成了医疗机构在诉讼中的双重压力,即使医疗机构的行为与损害结果没有因果关系,主观上没有医疗过失的情况下,也几乎无法摆脱败诉的后果。这种结果,违反了必须保障两造享有地位平等、机会平等,以及风险平等的"武器平等原则"⑥,因而是不正确的。

在这个司法解释刚开始实施的时候,笔者就写了一篇文章,题目是《医疗侵权举证责任倒置:看看再说》。笔者认为,在过去很长时间里,将医疗损害责任的举证责任归之于受害患者一方,受害患者一方必须举证证明因果关系和过错,而能够证明这些要件的最好证据,就是医疗事故鉴定结论。但是,医疗事故鉴定的权力掌握在卫生部门手里。医疗事故鉴定委员会鉴定认为构成医疗事故,医院就承担赔偿责任,认为不是医疗事故,医院就不承担赔偿责任。因此,医疗事故鉴定就成了患者在医疗活动中受到损害能不能得到赔偿的关键。对此进行改革,是完全必要的。最高司法机关对医疗行为而引起的侵权诉讼,规定在因果关系和医疗过错问题上实行举证责任倒置,应当给予积极肯定。但是,这个举证责任倒置的范围是不是有些宽泛,值得研究。从法理上说,因果关系推定规则的适用是应当十分谨慎的,一般是在公害案件中才实行因果关系推定,不宜作更大的扩展。现在将因果关系推定直接应用到医疗侵权纠纷中,会大大地加强医院一方的责任,同时,对受害患者的赔偿实际上是建立在全体患者承担责任的基础上的,因为医院赔偿,最终还是要分担到全体患者身上,必然增加全体患者的医疗收费,不然就无法承担巨额赔偿金。这样一来,最终受到损害的还是全体患者。因此,这种方法究竟是好还是不好,究竟是利多还是弊多,需要认真权衡。⑦

---

⑤ 最高人民法院《关于民事诉讼证据的若干规定》第 4 条第(八)项规定:"下列侵权诉讼,按照以下规定承担举证责任:……(八)因医疗行为引起的侵权诉讼,由医疗机构就医疗行为与损害结果之间不存在因果关系及不存在医疗过错承担举证责任。"

⑥ 沈冠伶:《民事证据法与武器平等原则》,元照出版公司 2007 年版,第 92 页。

⑦ 参见杨立新:《闲话民法》,人民法院出版社 2000 年版,第 427、428 页。

经过几年的司法实践,问题已经充分显露出来。给予医疗机构过重的举证责任负担,必然会形成医疗机构的严重诉讼压力,以及过重的赔偿责任压力;继之而来的,就是医疗机构不可避免地进行消极应对,实行防御性医疗。因此,可以说,现在实行的医疗损害责任因果关系要件完全推定,是不正确的,应当改进。在诉讼中认定医疗损害责任的因果关系要件,可以适用因果关系推定规则,但并不是完全的因果关系推定,而是有条件的因果关系推定,即举证责任缓和。

二、对因果关系推定不同学说和规则的比较分析

(一)适用推定因果关系的必要性

在医疗损害责任的因果关系要件中,在一般情况下,应当适用相当因果关系规则确定因果关系的证明规则。只有在必要时,在受害患者一方无法举证证明因果关系的时候,可以采用举证责任缓和规则,在必要的证明前提下,实行因果关系推定,举证责任倒置。

在因果关系推定的规则上,由于相当因果关系学说不能充分运用,各国法律界开始重新检讨因果关系理论,如何减轻原告方的举证责任,降低因果关系的证明标准,成为研究的重点问题[8],于是,推定因果关系的各种学说和规则不断出现,并被应用于司法实践。

因果关系推定规则产生于公害案件,后来有向其他领域扩展的趋向。我国台湾地区的判例也适用这样的规则判决医疗侵权案件。

(二)大陆法系三种主要的因果关系推定学说和规则

在大陆法系侵权法中,推定因果关系主要有三种理论。一是盖然性因果关系说,二是疫学因果关系说,三是概率因果关系说。

1. 盖然性因果关系

盖然性因果关系说也叫做推定因果关系说,是在原告和被告之间分配证明因果关系的举证责任的学说,是日本学者德本镇教授在研究德国法中,针对矿业损害事件诉讼而提出的一种见解。在矿业损害诉讼中,由于存在被告企业是从地下开采矿物这一特殊情况,加害行为和损害之间的因果关系常常不明确。而且受害人证明这一因果关系在技术上和经济上存在较大困难。所以,如果对受害人课以严格的对因果关系的证明责任,则日本矿业法对企业采取无过失责任的意义将会付诸东流。针对这种情况,德本镇教授指出,德国矿业损害赔偿制度为了实现公平赔偿,对因果关系的证明程度已经从确定地证明放宽为盖然地证明,参照这一情况,日本也应当在解释论上放宽事实因果关系的证明程度。同时,这一规则也可以适用于大气污染、水质污

---

[8] 参见曾淑瑜:《医疗过失与因果关系》,翰芦图书出版有限公司2007年版,第540页。

染等公害案件中。⑨

德本镇教授对盖然性因果关系规则的阐述是:第一,事实因果关系的举证责任在形式上仍然由原告承担;第二,原告对事实因果关系证明程度只需达到"相当程度的盖然性"即可,而被告必须对"事实因果关系不存在"提出证明,其证明程度必须达到"高度盖然性",否则法庭就可以认定事实因果关系成立,这一处理实际使事实因果关系的证明责任从原告转换到被告方;第三,所谓"相当程度的盖然性",是指"超过了'疏于明确'程度,但未达到证明程度的立论"。⑩

因此,盖然性因果关系说的基本规则是,盖然性就是可能性。例如,在公害案件的诉讼中,由原告证明公害案件中的侵权行为与损害后果之间存在某种程度的因果关联的"相当程度的"可能性,原告就完成了自己的举证责任,法官实行因果关系推定。然后由被告举反证,以证明其行为与原告损害之间无因果关系。这种证明的标准是高度盖然性,即极大可能性。不能反证或者反证不成立,即可确认因果关系成立。日本学者将这种学说称之为"优势证据",在民事案件中,心证的判断只要达到因果关系存在的盖然性大于因果关系不存在的高度盖然性这一程度,便可认定因果关系的存在。⑪

可见,盖然性因果关系规则并不是完全的因果关系推定,而是有条件的推定,是在原告首先承担举证责任,证明事实的相当程度的盖然性的基础上才能实行的因果关系推定。

2. 疫学因果关系

疫学因果关系说是用医学中流行病学的原理来推定因果关系的理论。日本在公害案件诉讼、药物受害案件诉讼中,对大面积人群受害的、多数受害人提起集团诉讼的案件中,裁判所在事实因果关系认定上采取这种因果关系推定规则。具体方法是:当以下四个条件充足时,认定诉讼中请求的某因素与流行病发生之间存在事实因果关系:第一,该因素在某流行病发生的一定期间前就已经存在。第二,由于该因素的作用使该流行病的罹患率显著增高。第三,当去除该因素时该流行病的罹患率下降,或者在不存在该因素的人群中该流行病的罹患率非常低;即该因素的作用的程度越高,相应地患该病的罹患率就越高;换言之,该因素作用提高,病患就增多或病情加重;该因素作用降低,病患随之减少或降低。第四,生物学已经对该因素作为该流行病发病原因的发病机制作出了明确的说明。⑫ 这种因果关系推定理论和规则改变了以往就诉讼中具体个体对因果关系证明的方法,而转以民众的罹患率为参照系,即只要原告证明被告的行为与罹患率之间的随动关系,即为完成了证明责任。法官基于这种程度的证明,就可以推定因果关系存在。被告认为自己的行为与损害事实之间

---

⑨ 参见夏芸:《医疗事故赔偿法》,法律出版社 2007 年版,第 181 页。
⑩ 〔日〕德本镇:《企业的不法行为责任之研究》,一粒社 1974 年版,第 130 页以下,转引自夏芸:《医疗损害赔偿法》,法律出版社 2007 年版,第 181 页。
⑪ 参见〔日〕加藤一郎:《公害法的生成与发展》,岩波书店 1968 年版,第 29 页。
⑫ 参见夏芸:《医疗事故赔偿法》,法律出版社 2007 年版,第 203—204 页。

没有因果关系的,须自己举证证明,推翻推定,才能够免除自己的责任,否则即可确认因果关系要件成立。

3.概率因果关系

概率因果关系说认为,在个别人或者少数人主张受到公害或者药害致病请求损害赔偿的诉讼中,由于不是大量人群集体发病,原告根本无法提出能够证明自己的疾病与公害或者药害的致病因素之间具有"高度盖然性"的科学数据。但是,如果根据疫学因果关系验证的危险相对发生概率方法,能够证明公害或者药害的加害因素与受害人的疾病的发生具有一定概率的因果关系,则可以考虑只限于这种特定情况下放弃传统的事实因果关系判断的高度盖然性的标准,认定加害因素与受害人的疾病发生之间存在事实因果关系,并且在计算损害额时考虑因果关系的概率。[13] 上述规则,在医院中大面积感染事故诉讼等特定的医疗过失侵权事件的因果关系认定中,比较经常使用。[14]

(三)英美法系的"事实本身证明"规则

事实本身证明规则也叫做事实说明自己规则。该规则源于19世纪英国的Byrne v. Boadle案件,该案的原告主张,其路过被告建筑物时,一个面粉桶自被告建筑物的窗户掉落,砸伤原告。被告是面粉经销商,其抗辩面粉桶可能系因面粉买受人或者其他第三人的行为而掉落,非可归责于被告,因而原告必须举证证明其受雇人有过失,否则不应令其负责。法官认为,本案应当适用事实说明自己规则,盖任何人对于自己仓储中保管的木桶,必须注意避免其掉落。被告使用该建筑物,木桶在其管理之中,且被告对于其受雇人具有监督责任,因此,木桶掉落的事实即足以为过失的表面证据,据此可以进行推定。被告可以举证证明与过失不相符合的其他事实,以免除责任。[15] 此后,英美法的事实本身证明规则不断完善,在诉讼中发挥重要作用。

在美国医疗损害诉讼实务中,由于因果关系认定有困难,可以采取事实本身证明规则,作为情况证据的一种,使法院可以基于所产生的损害,合理的假定过失与因果关系。所谓情况证据,如一匹飞奔之马出现在街道上,即应推定马的所有人欠缺注意,其未加适当管束的行为与损害后果之间有因果关系。而飞马奔于街道上,就是情况证据。在医疗损害诉讼中适用事实本身证明规则,其前提是:(1)事实本身系一种欠缺过失通常就不会发生的损害;(2)证据不能显示其他人的行为介入,包括受害人或者第三人;(3)过失必须在被告对原告的职责范围内发生;(4)一般人以通常知识、经验观察即知其有因果关系。例如,医疗行为人明知自己的行为不符合医事科学要求,为之将使患者受到损害,而仍然为之者,即可进行过失与因果关系的推定。[16]

---

[13] 参见夏芸:《医疗事故赔偿法》,法律出版社2007年版,第208页。
[14] 参见夏芸:《医疗事故赔偿法》,法律出版社2007年版,第210页。
[15] 参见陈聪富:《美国医疗过失举证责任之研究》,载朱柏松等:《医疗过失举证责任之比较》,元照出版公司2008年版,第162页。
[16] 参见曾淑瑜:《医疗过失与因果关系》,翰芦图书出版有限公司2007年版,第440页。

在我国香港特别行政区,对医疗损害责任的因果关系证明,必要时也适用这一规则,称之为"事实自证法则"。在医疗损害责任案件中,对医学知之甚少的患者通常并不清楚事故的具体细节,例如事故为何发生、怎样发生。相反,在绝大多数情况下,医疗机构或医务人员都掌握事故的关键信息。所以承担举证责任的原告往往面临相当大的举证难度。而即使明知自己具有过失的被告则能因此避免承担赔偿责任。事实自证法则在医疗损害责任案件中的适用,在很大程度上减轻了原告的证明压力,并促使掌握事故细节的被告提供必要的证据,从而有助于法院做适当的判断。至于事实自证法则是否产生举证责任转移的效果,始则肯定说占主流,继之否定说被采用,但仍然承认假设被告的证据合理地反驳了推论,那么原告必须提供确定的正面证据来证明被告具有过失。⑰

(四)比较分析

在上述四种主要的因果关系推定学说和规则中,不论采取盖然性证明,还是疫学统计方法、概率方法进行因果关系推定,都必须具备一个必要的前提,就是原告对于因果关系的存在进行必要的证明,例如证明的程度,可以是符合优势证据规则或者表现证据规则要求的事实,也可以是作为疫学统计和概率分析基础的必要事实。没有因果关系存在的必要证明,就不存在因果关系推定的前提。如果不论在何种情况下,或者原告只要提出损害赔偿主张,在证明了违法行为与损害事实之后,就直接推定二者之间存在因果关系,就责令被告承担举证责任,是武断的,也是不公平的,在诉讼利益的天平上就会失去平衡,必然损害被告一方的诉讼利益和合法权益。

之所以在医疗损害责任诉讼中实行有条件的因果关系推定,主要原因是:第一,医疗行为并不是治疗的担保者,医疗合同是方法之债,而不是结果之债⑱,不能因有损害结果发生就进行全面推定;第二,经验医学的领域相当广泛,且医学高度科学化,全面实行因果关系推定,无法概括医疗损害责任的全面情况;第三,全面的因果关系推定将使医疗机构一方陷入全面的诉讼被动,双方诉讼地位和诉讼利益不均衡,必须设置一定的前提条件才可以适用。所以,在医疗损害责任诉讼中,对于因果关系的证明采取直接的、全面的推定,不符合因果关系推定各种学说和规则的要求,其后果也必然出现损害医疗机构一方的后果。笔者主张的因果关系证明中的推定不是完全推定,不是全面的举证责任倒置,而是举证责任缓和,其医疗损害诉讼的受害患者一方在完成了一定的因果关系证明之后的举证责任倒置。只有这样,才能够更好地平衡受害患者、医疗机构以及全体患者的利益关系。

---

⑰ 参见丁春艳:《香港法律中医疗事故过失判定问题研究》,载《法律与医学杂志》2007年第14卷第2期。

⑱ 参见陈忠五:《法国法上医疗过错的举证责任》,载朱柏松等:《医疗过失举证责任之比较》,元照出版公司2008年版,第126页以下。

三、医疗损害责任因果关系要件的证明规则和举证责任缓和

(一) 一般情况下应由原告自己举证证明

在医疗损害责任纠纷诉讼中,在一般情况下,因果关系要件的证明应当实行举证责任的一般规则,即"谁主张谁举证",受害患者一方主张医疗行为与自己的损害后果之间具有因果关系,应当承担举证责任,提供充分的证据证明因果关系要件成立。凡是能够提供证据证明因果关系的,不应也不必实行举证责任缓和,受害患者一方不能提供证据证明因果关系的,应当承担败诉的结果,医疗损害责任不成立,医疗机构不承担侵权责任。

(二) 在特殊情况下实行举证责任缓和

在医疗损害责任纠纷诉讼中,受害患者一方符合必要条件的,可以实行因果关系举证责任缓和,即有条件地进行因果关系推定。

因果关系的举证责任缓和与因果关系完全推定的举证责任倒置不同。举证责任缓和与举证责任倒置的基本区别是:第一,实行条件的区别。举证责任缓和并不是完全的举证责任倒置,而是有条件的举证责任倒置,或者就是举证责任转移、转换。作为原告的受害患者一方必须首先承担举证责任,证明因果关系的盖然性,或者证明疫学因果关系推定的基础,或者证明公害、药害以及医院大面积感染等诉讼中的因果关系的概率达到相当水平,或者证明情况证据。而完全的因果关系举证责任倒置是无条件的,符合条件就应当推定有因果关系,原告不承担举证责任。第二,完全推定和不完全推定的区别。在举证责任缓和,对因果关系是不完全推定,受害患者一方不能就因果关系存在的事实毫无证明,就直接由法官推定因果关系存在,而由医疗机构承担没有因果关系的举证责任。而举证责任倒置,因果关系是完全推定,原告完全无须证明即可推定。第三,原告先证明还是被告先证明的区别。举证责任缓和,是由原告先举证证明一定的事实存在,之后才能进行推定。而举证责任倒置是被告先证明,即在推定之后,被告承担举证责任,并且免除原告的先证明的责任。

在医疗损害责任纠纷诉讼中,是否实行因果关系证明的举证责任缓和,决定权在于法官。由于患者与医疗机构及医务人员相比较,处于绝对的专业与资讯上的弱势,法院应当在较为广泛的范围内实行因果关系证明的举证责任缓和。其必要条件,参照德国和日本司法实务的经验,可以确定,患者是在医疗机构及医务人员所控制的人员、机器设备、地点或者其他风险范围内受到损害[19],且其损害的发生有违经验法则者[20],以及

---

[19] 参见詹森林:《德国医疗过失举证责任之研究》,载朱柏松等:《医疗过失举证责任之研究》,元照出版公司 2008 年版,第 69 页。

[20] 参见朱柏松:《德国医疗过失举证责任之研究》,载朱柏松等:《医疗过失举证责任之研究》,元照出版公司 2008 年版,第 3 页。

受害患者一方举证证明因果关系极为困难者,法官即可认为具备举证责任缓和的条件,受害患者的因果关系举证责任即可减轻或者转换,实行有条件的因果关系推定。

因此,在举证责任缓和规则下的因果关系推定规则,盖然性因果关系规则和事实本身证明规则具有实行的借鉴意义。在我国的医疗损害责任因果关系要件的证明中,应当主要采用盖然性因果关系规则或者事实本身证明规则,在特定的情况下,也可以采用疫学因果关系规则或者概率因果关系规则。受害人只要证明自己在医院就医期间受到损害,并且医疗机构的医疗行为与其损害结果之间具有因果关系的相当程度的可能性,就可以向法院起诉,不必证明医院的医疗行为与损害后果之间因果关系的高度盖然性,更不是必然性。法官在受害患者及其近亲属对因果关系的证明达到了可能性的标准之后,即对因果关系实行推定。

(三)因果关系证明的举证责任缓和的具体证明规则

1. 受害患者证明存在因果关系的相当程度的可能性

受害患者一方在诉讼中,应当首先证明因果关系具有相当程度的盖然性,即医疗行为与损害事实之间存在因果关系的可能性。相当程度的盖然性就是很大的可能性,其标准是,一般人以通常的知识经验观察即可知道二者之间具有因果关系。例如,病患接受手肘部手术时,其腿部和生殖器却因手术而损伤,根据一般的知识经验,病患于手术房中,处于昏迷状态,纵使原告未证明被告的过失和因果关系,也可以推知其有因果关系。[21] 证明自己在手术房进行手术,并且在手术房出来的时候,就存在这样的损伤,即为存在相当程度的盖然性。受害患者一方没有相当程度盖然性的证明,不能直接推定因果关系。

原告证明盖然性的标准是,受害患者提供的证据,使法官能够形成医疗违法行为与患者人身损害事实之间具有因果关系的可能性的确信,其范围为相当程度的可能性,而不是高度盖然性。原告的证明如果能够使法官建立相当程度的可能性,或者较大的可能性的确信,原告的举证责任即告完成。

2. 法官对因果关系实行推定

法官在原告上述证明的基础上,可以作出因果关系推定。推定的基础条件是:

第一,如果无此行为发生通常不会有这种后果的发生。得到这个结论,首先应当确定事实因素,即医疗违法行为和损害事实必须存在的事实得到确认,确认医疗违法行为与损害事实之间是否存在客观的、合乎规律的联系。其次是顺序因素,即分清医疗违法行为与损害事实的时间顺序。作为原因的医疗违法行为必定在前,作为结果的患者人身损害事实必须在后。违背这一时间顺序性特征的医疗侵权纠纷,为无因果关系。医疗机构一方如果否认因果关系要件,直接举证证明违法医疗行为和损害结果之间的时间顺序不符合要求,即可推翻这个推定。

---

[21] 参见陈聪富:《美国医疗过失举证责任之研究》,载朱柏松等:《医疗过失举证责任之比较》,元照出版公司2008年版,第180页。

第二,不存在其他可能原因,包括原告或者第三人行为或者其他因素介入。应当在损害事实与医疗行为之间排除其他可能性。当确定这种损害事实没有任何其他原因所致损害的可能时,包括受害患者一方自己的原因,以及第三人的原因,即可推定该种医疗行为是损害事实发生的原因,才可以推定因果关系。

第三,所发生医疗损害结果是在医疗机构对患者的义务范围之内。对此,应当确定三个"发生":一是损害结果确实是在医疗机构的医务人员参加下发生,二是损害结果是在医疗机构的职责范围内发生,三是在医疗机构救治受害患者的过程中发生。符合这样的要求才能够实行因果关系推定。

第四,判断有因果关系的可能性的标准是一般社会知识经验。基于健全的市民经验上直观的判断,其因果关系存在的疑点显著存在,且此疑点于事实上得为合理说明,有科学上假说存在者,则法律上即可推定因果关系的存在。[22] 推定的标准,并不是科学技术证明,而是通常标准,即按照一般的社会知识经验判断为可能,在解释上与有关科学结论无矛盾,即可进行推定。

实行因果关系推定,就意味着受害人在因果关系的要件的证明上不必举证证明医疗损害因果关系的高度盖然性,而是在原告证明了因果关系盖然性标准的基础上,由法官实行推定。

3.举证责任倒置由医疗机构证明医疗行为与损害没有因果关系

在法官推定因果关系之后,医疗机构一方认为自己的医疗行为与损害结果之间没有因果关系,则须自己举证证明。只要举证证明医疗行为与损害事实之间无因果关系,就可以推翻因果关系推定,能够免除自己的责任。

医疗机构一方证明自己的医疗行为与损害结果之间没有因果关系,证明标准应当采取高度盖然性的标准,即极大可能性。对此,被告认为自己的行为没有因果关系,应当证明到法官确信的程度。对此,医疗机构一方否认因果关系要件,应当针对下述4点进行:第一,无医疗行为损害也会发生;第二,有他人或者受害患者一方的过错存在,并且是其发生的原因;医疗机构一方如果能够证明在医疗行为和损害事实之间存在其他可能造成损害的原因,例如受害患者自己的行为或者第三人的行为是造成损害的原因,就可以否认自己的侵权责任或者减轻自己的侵权责任;第三,自己的医疗行为不是造成损害发生的原因;第四,具有科学上的矛盾,不可能存在这样的结果时,按照这个推定形式无法得出这样的结论,就可以推翻因果关系推定。

4.医疗机构举证的不同后果

实行因果关系推定,要给医疗机构举证的机会,使其能够举出证据证明自己的医疗行为与损害后果之间不存在因果关系,以保护自己不受推定的限制。如果医疗机构无因果关系的证明是成立的,则推翻因果关系推定,不构成侵权责任;医疗机构不

---

[22] 这一规则借鉴的是台北文化大学副教授曾淑瑜的观点。参见曾淑瑜:《医疗过失与因果关系》,翰芦图书出版有限公司2007年版,第350页。

能证明或者证明不足的,因果关系推定成立,具备因果关系要件。其证明的标准,一般认为应当是高度盖然性,据此才能够推翻因果关系推定。[23] 但是按照我国香港特别行政区的法律,则假设被告的证明与法院的推定在可能性上程度相当,那么由于原告承担举证责任,原告将会面临败诉的结果。[24] 由于我国在医疗损害责任的因果关系证明上实行举证责任缓和,当实行因果关系推定后,举证责任转移到医疗机构一方,因此,应当依照前一种意见处理,即医疗机构证明因果关系的不存在达到高度盖然性的时候,才能够推翻因果关系推定。

(四)对因果关系中原因力的证明

在已经确定医疗机构及医务人员的医疗行为与损害结果有因果关系,并且存在医疗过失,构成医疗损害责任的时候,应当适用原因力规则,以更准确地确定医疗机构的赔偿责任。其原因在于,医疗过失行为在一般情况下,并不是医疗损害后果发生的全部原因。例如不当医疗行为、落后医疗设备、就医者特异体质以及第三人行为等,都有可能成为医疗损害结果的原因。因此,在医疗损害中存在复数原因,并且复数原因与其产生的结果存在多种组合关系,诸如连锁因果关系、递进因果关系、异步因果关系和助成因果关系。[25] 当医疗损害责任纠纷存在这种情况时,应当适用原因力规则,减轻医疗机构的赔偿责任。

医疗损害责任中的原因力,在医疗领域通常被称做医疗过错参与度或者损害参与度、医疗参与度或者疾病参与度。事实上,这些概念都是指医疗过失赔偿责任的原因力程度,通常是指医疗事故造成的损害后果与患者自身疾病共同存在的情况下,前者在患者目前疾病状态中的介入程度。[26] 在侵权责任法中,原因力的基本规则是,在数个原因引起同一个损害结果的侵权行为案件中,各个原因构成共同原因,每一个原因对于损害结果具有不同的作用力;不论共同原因中的每一个原因是违法行为还是其他因素,行为人只对自己的违法行为所引起的损害承担与其违法行为的原因力相适应的赔偿责任份额,不是由自己的违法行为所引起的损害结果,行为人不承担赔偿责任。因此,所谓的医疗过错参与度等概念,就是侵权法中的原因力规则。在医疗过失赔偿责任中,医疗过失行为与其他因素例如患者自身的疾病原因共同结合,造成了同一个医疗损害后果,那么,医疗过失行为与其他因素各有其不同的原因力,医疗机构仅对自己的过失医疗行为所引起的那一部分损害承担赔偿责任,对于患者自身原因等引起的损害部分不承担赔偿责任。

---

[23] 参见〔日〕德本镇:《企业的不法行为责任之研究》,一粒社1974年版,第130页以下,转引自夏芸:《医疗损害赔偿法》,法律出版社2007年版,第181页。

[24] 参见丁春艳:《香港法律中医疗事故过失判定问题研究》,载《法律与医学杂志》2007年第14卷第2期。

[25] 参见余湛、冯伟:《论医疗损害侵权责任中的因果关系》,载《中南大学学报(社会科学版)》2006年第12期。

[26] 参见《医疗事故赔偿项目及计算方法》,载 http://topic.xywy.com/wenzhang/20031022/471925.html。

对于医疗过失行为在患者损害中的原因力的证明,一般不是由受害患者证明的,而应当由医疗机构承担举证责任,理由是,患者一方已经证明因果关系并被法官所确认,或者法官根据患者一方的证明进行推定且医疗机构没有提供证据推翻因果关系推定,那么,医疗机构一方如果想减轻自己的责任,就必须证明自己的医疗行为对损害发生的原因力,能够证明自己的医疗行为不具有100%的原因力的,当然可以按照原因力的规则减轻其责任,反之,当然按照全部赔偿原则对患者的损失予以100%的赔偿。

(五)医疗损害责任鉴定

在因果关系的证明中,医疗损害责任鉴定具有重要的价值。如果是受害患者一方证明因果关系,如果能够提供医疗损害责任鉴定确认因果关系的,就是最好的证明。如果实行举证责任缓和,则受害患者一方不必一定要提供医疗损害责任鉴定作为证据。如果证明了或者推定了因果关系存在,则医疗机构主张自己的医疗行为不是造成损害的全部原因而减轻责任的,则必须提供医疗损害责任鉴定,以证明原因力的大小。在这种情况下,医疗机构往往由于拒绝承认自己的医疗行为构成医疗损害责任,因而拒绝提供这类的鉴定结论作为证据,其后果可能不仅要确定其承担医疗事故责任,而且还由于无法确认原因力而不能根据原因力规则减轻自己的责任。

论医疗机构违反告知义务的医疗侵权责任*

一、问题的提出

(一)《医疗事故处理条例》规定的医疗机构义务是"软义务"

与原《医疗事故处理办法》相比,《医疗事故处理条例》对患者的权利作出了12项新的规定。诸如:患者有权复印或者复制病历资料;医疗机构对患者的病情、医疗措施、医疗风险等有告知的义务,患者享有知情权;发生、发现医疗事故、医疗过失行为等,医疗机构有通报、解释义务,患者享有知情权;在发生医疗事故争议时,医疗机构对病历资料单独处置,应当承担对自己不利的后果,等等。①

但新《医疗事故处理条例》在规定患者权利的同时,并没有规定保护患者行使权利的保障措施。按照法理,对应权利的应当是义务,对应义务的应当是责任,因为责任就是违背法定义务的法律后果。没有规定法律责任的权利和义务,就没有法律的强制性。没有规定法律责任的义务就是软义务。相应的权利也得不到根本的保障。因此,这个问题必须解决,否则在审判实践中就没有办法保障患者的权利。

那么,在医疗机构没有履行保障患者权利而应履行的义务时,究竟应当承担什么样的法律后果?

(二)日本患者不同意伴有输血医疗损害赔偿案件

"X教派"的忠实教徒A罹患肝脏肿瘤,就诊于东京大学医科学研究所附属医院,患者A在就诊时明确表示因输血违背自己的宗教信念而拒绝接受伴有输血的医疗行为,但是在接受肝脏肿瘤摘除手术的时候,医生对她实行了伴有输血的医疗行为,最后手术成功。该患者后来得知自己医疗过程中被输血的消息后,精神极度痛苦。于是,该患者对医院及其医生提起损害赔偿之诉。后来,该患者在诉讼中死亡,由其继承人继承诉讼。日本东京地院1997年3月12日第一审认为,为救他人的生命而进行的输血行为,乃属于社会上的正当行为,以无违法性为由驳回原告的诉讼请

---

* 本文发表在《河北法学》2006年第12期。
① 更详细的论述,参见杨立新:《〈医疗事故处理条例〉的新进展及其审判对策》,载《人民法院报》2002年5月10日、17日连载。

求。第二审法院认为,因医师违反说明义务,以致患者的自己决定权受到侵害,因此被告的行为构成侵权行为,判令被告赔偿原告55万日元。第三审法院即最高裁判所第三小法庭认为,患者认为输血会违反自己宗教信念而明确拒绝伴有输血的医疗行为的意思时,该意思决定权应为人格权之内容,医院对此意思决定权应予以尊重。在本案的上开事实下,手术时除输血以外别无其他救命方法。但在入院时,医生应对患者说明在医疗过程中必要情况下,还是要输血。是否要接受该医院的手术,应该属于患者的自己决定权。本案被告怠于履行上述告知义务,因此可以认为其已经侵害了患者的意思决定权,即被告已经侵害了患者的人格权。因此,被告应该就受害人所受的精神痛苦负担慰抚金损害赔偿责任。[②]

本案对日本医疗实务以及医疗侵权纠纷的法律适用具有里程碑的意义。该案件体现的法律问题颇多,比如安乐死问题、宗教信仰是否是独立的人格权问题以及人格权的范围问题等,其中也涉及了医疗机构的告知义务。告知义务也称为"告知后同意"法则,有学者认为,所谓"告知后同意"法则(the Doctrine of Informed Consent)乃指医师有法律上的义务,以病人得以了解的语言,主动告知病人病情、可能之治疗方案、各方案可能之风险与利益,以及不治疗之后果,以利病人做出合乎其生活形态的医疗选择。[③] 而该案例所运用的"告知后同意"法则解决的正是违反《医疗事故处理条例》所规定的软义务所应当承担的责任问题。

在研究了上述案例以及相关一些案例之后,笔者受到启发,遂写本文,专门就医疗机构违反告知义务的侵权责任问题,结合我国《执业医师法》《医疗事故处理条例》等法律法规有关规定进行深入探讨。

二、医疗机构告知义务的性质

笔者认为,医疗机构的告知义务是一种法定的合同义务,体现了法定性和意定性的交融。

(一)医疗机构告知义务的意定性

医疗合同是医师、护士、药师等医疗专家通过医院的医疗活动,向患者提供医疗技术服务救治病患的合同。尽管将医疗纠纷确定为合同责任或者是侵权责任存在着一定的争议,但是将医患关系确定为合同关系为相当数量的立法、司法和理论所支持。德、日民法典没有直接规定医疗合同为有名合同,而是在民事特别法等相关法律中规定了医疗关系。德国学界通说认为,医疗关系为雇用契约。日本的学界通说认

[②] 本案为日本最高裁判所2000年(H12)2月29日第三小法庭判决。本案的素材系由日本东海大学法学部刘得宽教授提供,特此致谢!

[③] 参见杨秀仪:《告知后同意》,载 http://sm.ym.edu.tw/download/942 医疗与法律专题 – 告知后同意.doc。

为,医疗关系为准委任契约。英美法系一般认为,医疗关系为承揽契约。④ 1994年,荷兰颁布了《医疗服务法案》,该法案规定了病人在医疗关系中所享有的各项权利,以及可能导致的各项侵权情形。1995年,该《法案》被收入了《荷兰民法典》第七编"具体合同"之中,并易名为"医疗服务合同"。⑤

在此前提下,就医疗机构而言,其承担着诊疗义务、告知或者说明义务、劝告转诊义务、取得同意义务、保密义务、制作治疗记录义务及报告义务等。⑥ 而就患者而言,患者享有选择权、自我决定权,当然,其也承担着支付医疗报酬义务、接受并协助治疗义务、诚实告知等义务。在一般的医疗关系中,医疗机构必须通过诊断并进行详细地说明,出具诊疗方案,以获得患者的有效承诺,展开治疗。患者挂号、就诊,医疗机构听诊、告知,体现了合同订立的要约、承诺过程。从这一点来看,一般的医疗关系可以认定为是医疗服务合同。同时,医疗机构如果不履行或者不充分履行告知义务,就会导致患方承诺的意思表示不真实,从而也影响了医疗服务合同的效力,告知义务对患方意思表示的制约对于医疗服务合同的订立、履行、终止等具有决定性的意义。因此,医疗机构作为合同当事人的告知义务当然可以认定为合同义务。

甚至,告知义务也可以对医疗服务合同成立之前的缔约阶段具有法律上的意义。例如,如果在缔约阶段,医疗机构及其工作人员不履行理应转诊的告知义务,那么其行为就可以构成缔约过失责任。

(二)医疗机构告知义务的法定性

1. 告知义务已经被认定为法定义务

(1)我国现行法规定

我国《执业医师法》《医疗事故处理条例》《医疗机构管理条例》等法律、法规都明确规定医疗机构的告知义务和患方的知情同意权。

我国最早涉及医疗机构告知义务和患方的知情同意权的法律、法规是《医疗机构管理条例》及其实施细则。《医疗机构管理条例》(1994年9月1日实施)第33条规定:"医疗机构施行手术、特殊检查或者特殊治疗时,必须征得患者同意,并应当取得其家属或者关系人同意并签字;无法取得患者意见时,应当取得家属或者关系人同意并签字;无法取得患者意见又无家属或者关系人在场,或者遇到其他特殊情况时,经治医师应当提出医疗处置方案,在取得医疗机构负责人或者被授权负责人员的批准后实施。"很明显,《医疗机构管理条例》提到了患者的同意问题,但并没有直接提出患者的知情同意权,当然也没有提到医疗机构的告知义务。这里,医疗机构"父权式"的自由裁量权还具有着支配性的地位。患者的独立民事主体地位也受到了挑战,表

---

④ 参见邱聪智:《医疗过失与侵权行为》,载邱聪智:《民法研究》(一),中国人民大学出版社2002年版,第303页。

⑤ 宁红丽:《大陆法系国家的医疗合同立法及对我国的借鉴意义》,载王文杰主编:《月旦民商法研究:法学方法论》,清华大学出版社2004年版,第151—152页。

⑥ 参见黄丁全:《医事法》,中国政法大学出版社2003年版,第173—174页。

现有二:第一,患者自己——即使是完全民事行为能力人——同意医疗方案并不能保证正常开展医疗行为,医疗机构必须得到患者家属或者关系人的签字;第二,当患者不同意医疗机构的医疗方案,在客观上符合了"无法取得患者意见"的条件,患者的家属或者关系人可以"越俎代庖"的代表患者同意医疗方案。但不久以后颁布的《医疗机构管理条例实施细则》部分地改变了这种状况,明确规定了医疗机构的告知义务和患者的知情权。其第62条规定:"医疗机构应当尊重患者对自己的病情、诊断、治疗的知情权利。在实施手术、特殊检查、特殊治疗时,应当向患者作必要的解释。因实施保护性医疗措施不宜向患者说明情况的,应当将有关情况通知患者家属。"第61条:"医疗机构在诊疗活动中,应当对患者实行保护性医疗措施,并取得患者家属和有关人员的配合。"但是,上述条文仅仅规定了医疗机构的说明义务和患者的知情权,而没有规定医疗机构获得患者同意的义务和患者的选择权。这只不过是"父权式"医患关系模式的局部改良。

在此后,我国相继颁布实施了一系列这方面的法律,确定了医疗机构告知义务的法定性。我国《执业医师法》(1999年5月1日实施)第26条规定:"医师应当如实向患者或者其家属介绍病情,但应注意避免对患者产生不利后果。医师进行实验性临床医疗,应当经医院批准并征得患者本人或者其家属同意。"1999年10月1日实施的《合同法》第60条从合同义务的角度作了强行性规定:"当事人应当按照约定全面履行自己的义务。当事人应当遵循诚实信用原则,根据合同的性质、目的和交易习惯履行通知、协助、保密等义务。"《合同法》这一规定适用于一切合同领域,医疗服务合同在其约束之内。

此外,对于告知义务和知情同意权,还有以下法律法规有规定:一是《计划生育技术服务管理条例》(2001年10月1日实施)第3条规定:"计划生育技术服务实行国家指导和个人自愿相结合的原则。公民享有避孕方法的知情选择权。国家保障公民获得适宜的计划生育技术服务的权利。"二是《医疗事故处理条例》(2002年9月1日实施)第11条规定:"在医疗活动中,医疗机构及其医务人员应当将患者的病情、医疗措施、医疗风险等如实告知患者,及时解答其咨询;但是,应当避免对患者产生不利后果。"三是《医疗美容服务管理办法》(2002年5月1日实施)第20条规定:"执业医师对就医者实施治疗前,必须向就医者本人或亲属书面告知治疗的适应症、禁忌症、医疗风险和注意事项等,并取得就医者本人或监护人的签字同意。未经监护人同意,不得为无行为能力或者限制行为能力人实施医疗美容项目。"

(2)比较法规定

美国是世界上最早和最常引用知情同意理论审理医疗纠纷案件的国家。1914年,卡多佐法官在Schloendorff诉纽约医院协会一案的判决书中写到,每一个成年的、精神健全的人有权决定对他的身体应做些什么,外科医师应对没有得到病人的同意便进行手术造成的人身损害承担损害赔偿责任。美国第一例医疗知情同意案件发生于1957年,即由美国加利福尼亚州上诉法院审理的Salgo诉斯坦福大学董事会案件。

在该案的判决中,法官首次引入了知情同意(informed consent)的概念,认为医师除了告知患者治疗措施的本质外,还应当告知患者治疗措施可能存在的风险(如并发症),尽管有时这种风险发生几率是非常微小的。如果医师告知不当,医师则应承担医疗过失责任。⑦ 1972年,美国制定了《病人权利法》,将知情同意权列入患者的法定权利。20世纪80年代,美国对患者知情同意权进行研究进入了全盛期,也发展出较细腻、清楚的理论架构,并流传至欧洲各国及日本,广为采纳。⑧

在欧洲,医生在治疗(基于诊断目的或直接的治疗目的)前必须正确告知病人疗法所附带的风险,已经为欧洲各国所共同认可。略有不同的是,医生在特定情况下,具体应该阐明到何种程度。⑨

在日本,说明义务在20世纪60年代以及在学术界提出,随后有个别判例偶然提及,但它作为损害赔偿原因在诉讼中得到广泛承认却是20世纪90年代的事情。这里的说明义务指的就是医生必须就患病情况、治疗方法及治疗所伴生的危险等事项对患者加以说明⑩,也就是通常所说的告知义务。

2002年我国台湾地区修正"医师法",明订医师有病情告知义务,是"告知后同意"成文法化的第一步。2004年1月起,台湾地区医院开始启用新版的手术同意书,更是具体落实"告知同意"的良善措施。⑪

综上所述,将告知义务确定为医疗机构的法定义务,已经成为各国的普遍共识。

2. 告知义务上升为法定义务的原因

笔者认为,医疗行为本身的特点决定了有必要将意定性的告知义务上升为强行性的法定义务。

第一,医疗机构的告知并获得患者或其监护人同意是具有侵袭性的医疗行为具有合法性的前提。医疗行为对人的生命、身体、健康具有不同程度的侵袭性。众所周知,人对自己的身体的支配权具有合理性,人是自己的身体的主人。因此,医疗行为要获得正当性,就必须取得权利主体——病人或其他权利人的同意。而且该同意的意思表示必须是真实有效的意思表示,符合民事法律行为生效的一般构成要件。

第二,医疗行为具有较高的风险性。考虑到医疗行为的高风险性,学界一般限定医疗行为必须是容许性危险,即为达成某种有益于社会目的之行为,虽其性质上,经

---

⑦ 但需要注意的是,卡多佐所说的"知情同意"仅仅是要求医师为患者手术须征得患者的同意。参见杨茜:《美国涉及患者知情权案件》,载 http://www.chinalabnet.com/show.aspx?id=349&cid=35。

⑧ 参见杨秀仪:《告知后同意》,载 http://sm.ym.edu.tw/download/942 医疗与法律专题-告知后同意.doc。

⑨ 参见〔德〕克雷斯蒂安·冯·巴尔:《欧洲比较侵权行为法》(下卷),焦美华译,张新宝审校,法律出版社2002年版,第389页。

⑩ 参见〔日〕稻田龙树:《说明义务(1)》,选自根本久编:《裁判实务大系17:医疗过误法》,第188—189页。转引自龚赛红、李柯:《关于医疗过程中的"说明义务"》,载渠涛主编:《中日民商法研究》(第1卷),法律出版社2003年版,第474页。

⑪ 参见杨秀仪:《告知后同意》,载 http://sm.ym.edu.tw/download/942 医疗与法律专题-告知后同意.doc。

常含有某种侵害法益的抽象危险,但此种危险如在社会一般意识上认为相当时,即应容许其危险行为为适法行为。[12] 并发症、青霉素过敏、输血反应等都可以直接夺走人的生命,药物的副作用也可能使人体健康受到巨大损害,给人带来终生的痛苦。医疗行为的风险性、信赖性、专业性和患者的广泛性等因素,使得医疗机构的告知义务具备了由约定义务上升为法定义务的合理性。

三、医疗机构告知义务的一般内容

(一)医疗机构告知义务的来源

医疗机构的告知义务的来源,是患者享有的知情同意权。正是由于患者享有知情同意权,医疗机构才应当对患者履行告知义务。正因为如此,法律认可受害人同意、自愿承受危险是阻却侵权行为不法性的原因之一。"受害人明确同意对其实施加害行为,并且自愿承担损害后果的,行为人不承担民事责任。加害行为超过受害人同意范围的,行为人应当承担相应的民事责任。""受害人自愿承担损害的内容违反法律或者社会公共道德的,不得免除行为人的民事责任。"[13]在医疗领域,创设告知义务是因为具有侵袭性的医疗行为必须获得正当性基础,而患者的知情同意权就是阻却侵袭性医疗行为违法性的法定事由。

患者的知情同意权经历了一个发展过程。这个过程大致和上述告知义务的发展保持着同步性。一般来讲,患者的知情同意权具有如下内容:

第一,充分知情权。充分知情权可以从以下几个方面来理解:首先,医疗知识的专业性要求医生应当以浅显易懂的语言介绍,使得患者能够了解自己的病情、可供选择的治疗方案及其成功率和治疗效果等、检查治疗的价格,最终使得患者能够准确理解,克服信息的不对称状况。其次,应该采取口头表达和书面说明并重的方法。鉴于我国的现实状况,单一的书面告知会给部分患者带来理解上的困难,因此,要想患者充分了解医疗机构的意见,医疗机构必须结合以上两种方式予以告知。

第二,自行决定权。当患者了解到医疗机构的专家意见之后,患者就会面临很多种选择。是拒绝还是同意?选择何种方案治疗?是否治疗?选择在哪家医院治疗?选择中医、西医还是民族医治疗?这个时候就产生了患者的同意权与拒绝权。

(二)医疗机构告知义务的内容

笔者认为,医疗机构告知义务的范围主要是对患者作出决定具有决定性影响的信息。这些信息包括:

---

[12] 参见邱聪智:《医疗过失与侵权行为》,载邱聪智:《民法研究(一)》,中国人民大学出版社2002年版,第303页。

[13] 王利明主编:《中国民法典学者建议稿及立法理由·侵权行为法编》,法律出版社2005年版,第26页。

1. 医疗机构的医疗水平、设备技术状况等

根据《医疗机构管理条例实施细则》第3条的规定,医疗机构通常可以分为:(1)综合医院、中医医院、中西医结合医院、民族医医院、专科医院、康复医院;(2)妇幼保健院;(3)中心卫生院、乡(镇)卫生院、街道卫生院;(4)疗养院;(5)综合门诊部、专科门诊部、中医门诊部、中西医结合门诊部、民族医门诊部;(6)诊所、中医诊所、民族医诊所、卫生所、医务室、卫生保健所、卫生站;(7)村卫生室(所);(8)急救中心、急救站;(9)临床检验中心;(10)专科疾病防治院、专科疾病防治所、专科疾病防治站;(11)护理院、护理站;(12)其他诊疗机构。不同的医疗机构能够满足不同的需要,但显而易见,其具体的医疗水平亦各有不同。因此,医疗机构有必要将其医院等级、医院类别、现有硬件设备、医务人员的构成及专业水平、治疗经验、主治医师(药师)的健康状态等。比如,外科医生自身有诸如药物成瘾一类的疾病的情况,必须提前告知患者。[14]

2. 患者的病情以及医疗机构的检查、诊断方案

中医通常通过"望、闻、问、切"的传统方法来问诊,从而对患者的病情作出初步的判断,进而针对患者的个体情况提供一种或几种的医疗方案。而西医通常在问诊之后,借助一定的医疗仪器或试剂对患者进行检查,比如检查炎症就需要抽血化验白细胞的数量,依据这些检查的结果,西医师会给出相应的医疗方案。但二者都会涉及患者的隐私(尤其是身体、健康隐私)和知情决定利益。比如,特殊治疗、特殊检查。《医疗机构管理条例实施细则》第88条规定,特殊检查、特殊治疗是指具有下列情形之一的诊断、治疗活动:有一定危险性,可能产生不良后果的检查和治疗;由于患者体质特殊或者病情危笃,可能对患者产生不良后果和危险的检查和治疗;临床试验性检查和治疗;收费可能对患者造成较大经济负担的检查和治疗。[15] 此外,还包括医疗标准;官方确定的危险;物质性的标准,包括知道和应当知道的风险;物质性的主/客观测试;非物质性的条件;揭示一般条件;物质材料的危险;如果接受治疗后预后如何;实验和内科或外科医生的成功几率;医生的财务利益和奖励[16];不同医疗方案(放射疗法、化学疗法、物理疗法)、不同医疗方法(中医、西医、民族医)之间在疗效、风险、副作用、并发症、合并症等方面的差别;医疗机构选择的医疗方案的成功率;是否会产生变性、截肢、绝育、母婴只能保全其一等不可逆结果;治疗后的必要措施以及是否需要复检等。

3. 转医或转诊的告知义务

转医或转诊义务是指医生对本领域之外的患者或者超出本人治疗能力的患者进

---

[14] See Dobbs DB, *The Law of Torts*, St. Paul, West Group, 2000. pp. 52 – 54, p. 657, pp. 658 – 663. 转引自高也陶等:《中美医疗纠纷法律法规及专业规范比较研究》,南京大学出版社2003年版,第270页。

[15] 天价的案例参见系列报道,载 http://news.163.com/special/00011N98/550wan051205all.html。

[16] See Dobbs DB, *The Law of Torts*. St, Paul, West Group, 2000. pp. 52 – 54, p. 657, pp. 658 – 663. 转引自高也陶等:《中美医疗纠纷法律法规及专业规范比较研究》,南京大学出版社2003年版,第270页。

行安全、快速转运到有条件加以治疗的医院的义务。一般来讲,转医的告知义务主要发生于以下几种情形:(1)患者的疾病属于医生专门领域之外;(2)医生对患者的诊疗能力不充分或不具备时;(3)对患者存在更适当的诊疗方法且该方法用于患者比不转移发生非常明显的改善效果。[17] 当然,医疗机构还必须告知患者转医治疗的可能性。比如说,患者病情极其严重不适合长途转医或者地理位置非常偏僻等情况。

我国现有法规规章也有关于转诊义务的规定。我国《医疗机构管理条例》第31条规定:"医疗机构对危重病人应当立即抢救,对限于设备或者技术条件不能诊治的病人,应当及时转诊。"《医院工作制度》也规定:"凡决定转诊、转科或转院的病员,经治医师必须书写较为详细的转诊、转科、或转院记录,主治医师审查签字。转院记录最后由科主任审查签字。"尽管如此,虽然我国的非营利性公立医疗机构居于主导地位,但是其中某些医疗机构仍然会考虑到本院的经营效益问题,违背诚实信用原则,不履行转诊告知义务。而不履行告知义务的结果往往延误了患者医治疾病的契机,从而产生加速患者死亡等后果,侵害了患者得到适当治疗后追求生活方式以及生活质量、适当治疗机会,以及期待得到符合医疗水准治疗的期待利益。[18] 在我国的审判实践中也存在未尽转诊说明义务而承担损害赔偿的案例。[19]

4. 告知义务的例外

当然,并不是在一切情况下医疗机构都需要履行告知义务。有学者已经对此类情况进行了总结,其认为不需要加以说明的情况有:(1)依据法律给予医生强制治疗的权限;(2)危险性极其轻微,并且发生的可能性几乎没有;(3)患者非常清楚自己的症状;(4)患者自愿放弃接受医生的说明[20];(5)由于事态紧急无法取得患者的承诺;(6)如果加以说明可能给患者招致不良影响。[21] 笔者认为,上述总结的最后一种情形是需要进一步检讨的。我们国家的法规当中也有保护性治疗的规定。保护性医疗制度的实质是要注意该对病人说什么,不该对病人说什么,也就是并不是什么都对病人如实告知。[22] 这样做的后果就是,有些患者至死也不知道自己究竟是得了什么病。虽然说实践中发生过有的患者知道了自己的病情(比如癌症)之后,其身体健康状况急

---

[17] 参见〔日〕松山恒昭:《转医义务(2)》,载根本久编:《裁判实务大系17:医疗过误法》,第227—228页。转引自载梁慧星主编:《民商法论丛》(第9卷),法律出版社1998年版,第734页。

[18] 参见夏芸:《不作为型医疗过误的期待权侵害理论》,载梁慧星主编:《民商法论丛》(第32卷),法律出版社2005年版,第207—208页。

[19] 参见杨太兰主编:《医疗纠纷判例点评》,人民法院出版社2003年版,第31页。

[20] 到目前为止,关于放弃知悉权的规定仅见于《荷兰民法典》第7:449条:"倘若病人明示不愿接受信息,则就不应当提供信息,除非不提供信息对病人或其他人的不利后果超过了病人放弃信息的利益。"参见〔德〕克雷斯蒂安•冯•巴尔:《欧洲比较侵权行为法》(下卷),焦美华译,张新宝审校,法律出版社2001年版,第389页。

[21] 参见段匡等:《医生的告知义务和患者的承诺》,载梁慧星主编:《民商法论丛》(第12卷),法律出版社1999年版,第162页。

[22] 参见高也陶等:《中美医疗纠纷法律法规及专业规范比较研究》,南京大学出版社2003年版,第270页。

转直下的案例,但是如果彻底贯彻保护性治疗的规定,那么患者的知情权、其他治疗方法的选择权、充分享受剩余生活质量[23]等权利都会受到侵害。所以说,当患者得了绝症的时候,医疗机构有必要在适当的时候以适当的方式告知患者。只有这样,才能够体现对人的尊严与自由的彻底尊重。

(三)医疗机构告知义务的履行

1. 告知义务与医疗机构的自由裁量权

1956年,美国社会学家萨斯和荷伦德首次提出医患关系的基本模式,根据医师与病患的地位、主动性的大小,将医患关系分为三种模式,即:(1)主动被动模式(activity-passivity model);(2)指导合作模式(guidance-cooperation model);(3)共同参与模式(mutual participation model)。[24]笔者认为,第一种模式体现了父权式的医患关系。第二、三种模式体现了平等的医患关系。在传统父权式的医患关系模式下,告知义务受制于医疗机构的自由裁量权。这种制约的前提在于:法律必须假定,当患者不能够独立进行意思表示的时候,医疗机构天然地获得急症患者或者其法定代理人的同意,因为在急症的情况下,各方对生命的价值判断是一致的。救死扶伤的医疗伦理表明医疗机构会从患者的角度将其利益最大化。这种推定有利于保证患者的利益和建立和谐的医患关系。另一方面,在平等的医患关系模式下,医疗机构的告知义务优于医疗机构的自由裁量权,无论患者的状况如何,医疗机构都应该以适当的方式履行告知义务。因为医疗机构必须时刻考虑到这种告知义务也是一种合同上的意思表示,不履行告知义务或者不充分履行告知义务都会直接导致患者同意的无效,从而使自己的侵袭行为失去合法基础。

2. 告知义务与同意医治的主体

患者是否具有完全的意思表示能力是告知义务履行当中的一个重大问题。如果患者具有完全民事行为能力,那么医疗机构就必须向其本人履行告知义务,患者本人

---

[23] 比如说,香港艺人梅艳芳在得知自己得了癌症之后,选择在离开人世之前举办一次盛大的个人演唱会。NBA篮球明星麦克尔·约翰逊在得知自己感染艾滋病病毒之后选择退役,之后又选择复出。类似的事例不胜枚举。

[24] 参见黄丁全:《医事法》,中国政法大学出版社2003年版,第229页。该书还详细地比较了三种医患模式。该比较具有参考意义。

模式	医师之地位	病患之地位	临床模式运用	生活原型
主动被动模式	为病人做什么	被动接受	麻醉急性创伤昏迷	父母与婴儿
指导合作模式	告诉病人做什么	合作(被动)	急性感染	父母与青少年
共同参与模式	帮助病人自疗	进入伙伴关系	大多数慢性病心理疗法	成人之间

就是同意医治的主体。如果患者不具有完全民事行为能力,那么医疗机构就必须向其监护人履行告知义务,患者的监护人就是同意医治的主体。在未得到患者或者其监护人同意的情况下,医疗机构具有侵袭性的医疗行为就不具备合法基础。如果医疗机构怠于获得患者本人或者其监护人的同意,那么医疗机构很有可能使患者错过医治的最佳时机。患者本人具有完全民事行为能力的问题不具有特殊性,这里不予以讨论。本文选择患者不具备完全民事行为能力的情况进行检讨。

(1)患者是无民事行为能力人

在此种情况下,医疗机构别无选择只能够向患者的监护人履行告知义务,并在获得其同意的情况下进行治疗。对于无民事行为能力人,我国民事法律仅仅规定了10周岁以下的未成年人和完全不能辨认自己行为的精神病人(包括痴呆症人)两类。而实际上,处于昏迷状态的患者,严重脑震荡患者,植物人,或者罹患类似重大疾病不能进行意思表示的患者,同样不具有任何意思表示能力,笔者认为,我国法律有必要将其规定为无行为能力人。医疗机构在需要向上述患者履行告知义务的时候应该直接向患者的监护人告知,并在获得其同意之后实施医疗行为。

(2)患者是限制民事行为能力人

依据我国现行民法,他们能够部分独立的,或者在一定范围内具有民事行为能力。因此,医疗机构可以依据病情的轻重缓急,分别向患者本人或者其监护人履行告知义务,并进而获得其允许治疗的承诺。我国目前法律中没有明确规定这一点。笔者认为,对于这类患者能够认知和理解的疾病,医疗机构应该获得患者本人的同意。对于这类患者不能够认知和理解的疾病,比如属于《医疗机构管理条例》规定的特殊检查和特殊治疗的疾病,医疗机构的医治行为必须获得患者监护人的同意,同时医疗机构还应该和患者的监护人进行配合向患者本人进行告知诊疗情况。当然,医疗机构在前一种情况下向患者本人告知的标准是不确定的,笔者认为,必须结合患者的病情和患者的精神状况予以确定。

四、违反告知义务的侵权损害赔偿责任

(一)侵权责任构成要件

根据我国最高法院《民事诉讼证据规则》的司法解释,我国医疗侵权案件过错和因果关系都实行举证责任倒置。就此而言,该司法解释明显采取了受害人本位的理念,对医疗机构科以较重的法律负担。在这一前提下,违反告知义务侵权责任构成要件中因果关系和主观过错不具有特殊性,下文主要讨论违法行为和损害事实两个侵权责任构成要件。

1. 违法行为

违法行为是指自然人或者法人违反法定义务、违反法律所禁止而实施的作为或不作为。该违法主要表现为违反法定义务、违反保护他人的法律和故意违背善良风

俗致人以损害。㉕ 而我们在前文已经论述了,告知义务是一种法定义务。因此,如果行为人违反告知义务,那么其行为就具有了违法性。

(1)违反告知义务的判断标准

是否尽到告知义务的标准通常有合理医师说、合理患者说、具体患者说、折中说。所谓合理医师说,是指一般医师负有说明的义务。所谓合理患者说是指在医疗过程中,凡是一般患者所重视的医疗资料,医师都有说明义务。所谓具体患者说是指医师应否负具体说明义务,应就个别患者决定,凡依患者的年龄、人格、信念、心身状态,可确知某种医疗资料与患者的利益相结合,而为患者所重视的医疗资料,而医生有预见可能的时候,医师对该资料即有说明的义务。折中说是指医疗资料不仅为一般患者所重视,即具体患者也同样重视,且为医师所能预见时,医师就有说明义务,是合理患者说和具体患者说的折中。㉖

笔者认为,判断医疗机构是否尽到告知义务的标准分为如下两个层次:

第一,当患者没有提出医疗期待时,医疗机构应该履行当前专科医院医疗水平告知义务。医疗机构应该首先向患者说明当前临床医疗实践中有效性和安全性㉗都得到认可的治疗方案。同时,医疗机构应该告知患者自己医院的类别(专科医院/综合医院)、所准备采用的医疗方案和实施能力以及是否达到当前专科医院的一般医疗水平等。

第二,当患者提出其他医疗期待时,医疗机构应该履行其有效性和安全性尚处于被验证的医疗方案的告知义务。结合医院所处的环境等因素,某些医院还应该履行国际上有效性和安全性得到认可或正在被验证的疗法的告知义务。

(2)违反告知义务的类型

第一,未履行告知义务。这是违反告知义务的最基本形态。需要注意的是,在某些情况下医疗机构不需要履行告知义务。

第二,未履行充分告知义务。这种违反经常表现为:未告知治疗过程中的并发症、药物的毒副作用、手术中擅自扩大手术范围、手术后必要的复查等。㉘

第三,错误告知。医疗机构由于疏忽等原因,错误告知患者的病情、医疗方案的成功率、副作用等。

第四,迟延履行告知义务。这种情况经常导致患者失去治疗的最佳时机,患者的合理期待利益受到损害。比较典型的是,医疗机构迟延履行转诊告知义务。

第五,履行了告知义务,但未经同意而实施医疗行为。告知的目的是为了获得患

㉕ 参见杨立新:《侵权法论》,人民法院出版社 2005 年第 3 版,第 161—163 页。
㉖ 参见丁全:《医事法》,中国政法大学出版社 2003 年版,第 248 页。
㉗ 有关医疗水准的讨论,参见〔日〕新美育文:《医师的过失》,夏芸译,载张新宝主编:《侵权法评论》第 2 辑,人民法院出版社 2003 年版,第 164—174 页。
㉘ 相关深入探讨参见 William J. Curran, Mark A. Hall, David H. Kaye, *Health Care Law, Forensic Science, and Public Policy*, Little, Brown and Company, 1990, pp. 363 - 378。

者或者其监护人的同意,因此,医疗机构尽管履行了告知义务,但是没有获得患者或者其监护人的同意就实施医疗行为,仍然有可能构成侵权行为。

2. 损害事实

(1) 现实权益损害

违反告知义务造成现实权益损害的表现形式有很多。第一,人身损害。比如,医生在剖腹产手术过程中认定再次怀孕将威胁病人的安全,于是在手术过程中根本未征求病人同意就当即进行绝育手术。㉙ 这种损害通常和医生的父权式作风具有密切关系。第二,精神损害。前例中的当事人因绝育手术失去了享受天伦之乐的机会,也必然因此而承受巨大的精神痛苦。第三,财产损害。主要指直接财产损失。就直接财产损失而言,前例医疗机构必然要求当事人承担绝育手术的相关费用;在切除卵巢的情况下,当事人需要长期服用雌性激素维持女性的生理特征的费用;违反告知义务切除患者肢体,造成患者残疾所必须支出的费用等。

(2) 期待利益损害

违反告知义务还会导致患者期待利益的损害。这主要表现为患者丧失治疗最佳时机(包括存活机会)、最佳治疗方案,丧失其他可预见利益,间接财产损失。

第一,丧失治疗最佳时机(包括存活机会)、最佳治疗方案。一方面,医疗机构没有履行转诊等告知义务,会使患者丧失确诊的最佳时机(比如,患者的病情已经由早期发展到晚期),最终不得不采取风险性和侵害性更大的治疗手段进行治疗,从而使患者支出了额外的治疗费用、承担了不必要的精神痛苦。在某些情况下,患者很可能就因此而丧失了生命。1988 年"台上字第 1876 号"认为,病人生命存活机会之丧失,被害人得请求损害赔偿。学者认为,因医师治疗疏失失致使病人丧失存活机会,该存活机会是对未来继续生命的期待,应属于人格完整性、人的存在价值及人身不可侵犯性等概念,应认为其属于一般人格权,在其受到侵害时,得依据侵权法的规定,请求损害赔偿。㉚ 另一方面,医疗机构怠于履行告知义务,可能剥夺了患者所认定的最佳治疗方案。不同的患者可能会结合其具体情况选择不同的治疗方案——保守治疗或者激进治疗。如果患者没有被告知,那么其相应的期待利益也受到了侵害。

第二,丧失其他可预见利益。比如在美容治疗中,美容师怠于向时装模特履行美容药物可能产生毁容的较大风险的告知义务,从而使消费者丧失了权衡利弊的机会,最终产生了毁容的严重后果,导致该模特失去工作。在本案中,美容师就侵害了该模特的可预见利益。

第三,间接财产损失。间接财产损失主要是指由于患者因医疗过失而导致其本可以抚养、扶养、赡养他人而无法给予他人的利益。

㉙ 参见〔德〕克雷斯蒂安·冯·巴尔:《欧洲比较侵权行为法》(下卷),焦美华译,张新宝校,法律出版社 2001 年版,第 390 页。

㉚ 参见陈聪富:《"存活机会丧失"之损害赔偿》,载陈聪富:《因果关系与损害赔偿》,北京大学出版社 2006 年版,第 174 页。

(二)违反告知义务的侵权损害赔偿

违反告知义务的侵权损害赔偿范围与一般的医疗损害赔偿没有区别。医疗损害赔偿关系到全人类的福祉,如果让医疗机构承担过重的医疗损害赔偿责任,可能有的医院就会面临经营困境,最后承担苦果的还是患者本身。因此,有必要从全局出发妥善地平衡医疗机构和患者之间的利益关系。

笔者认为,医疗损害赔偿制度可以从以下两个方面进行构建:

第一,强制医疗机构参加责任保险。当发生医疗事故的时候,由保险公司在责任保险的限额之内承担损害赔偿责任。当医疗损害赔偿费用超过责任保险限额的时候,由医疗机构自己承担剩余部分的赔偿数额。

第二,抑制药价、检查费用虚高现象,禁止医药行业做广告,降低医疗成本。我国《广告法》第14条规定:"药品、医疗器械广告不得有下列内容:(一)含有不科学的表示功效的断言或者保证的;(二)说明治愈率或者有效率的;(三)与其他商品、医疗器械的功效和安全性比较的;(四)利用医药科研单位、学术机构、医疗机构或者专家、医生、口才的名义和形象作证明的;(五)法律、行政法规禁止的其他内容。"同时,我国还有专门的《医疗广告管理办法》。这些都表明我国允许进行医疗广告。而学者认为,我们国家医疗费用居高不下的原因主要是药价和检查费用虚高。[31] 医药巨额的广告费用最终是由广大患者承担。而在美国和许多西方国家,药品是不得在公共媒介上做广告的。[32] 从公共政策角度来看,国家有必要像禁止烟草业广告一样,也禁止医药业广告。而事实上,人食五谷杂粮,不可能不生病,独占性、垄断性的医药行业根本不需要广而告之。

---

[31] 参见高也陶等:《中美医疗纠纷法律法规及专业规范比较研究》,南京大学出版社2003年版,第191页。

[32] 参见高也陶等:《中美医疗纠纷法律法规及专业规范比较研究》,南京大学出版社2003年版,第191页。

医疗管理损害责任与法律适用[*]

笔者曾经将医疗损害责任分为医疗伦理损害责任、医疗技术损害责任和医疗产品损害责任三种类型。这种分类有一个缺陷,就是将属于医疗机构及医务人员违反医疗管理规范职责的损害责任放在医疗伦理损害责任中,与医疗伦理损害责任概念混在一起,逻辑关系不当。经过深入研究,笔者认为应当将医疗管理损害责任列为一种独立的医疗损害责任类型,与其他三种医疗损害责任类型一起构成医疗损害责任的类型体系。

一、确立医疗管理损害责任的必要性及概念界定

(一)确立医疗管理损害责任的必要性

医疗管理损害责任是以前没有提出来的一种医疗损害类型的概念。有人曾经提出医院管理中的医疗事故损害赔偿责任的概念,但学者使用这个概念仍然是指医疗事故责任,而不是指医疗管理损害责任,但有可借鉴之处。[①] 也有人提出过医政管理责任的概念,认可医政管理过错,也值得借鉴。[②]

在《侵权责任法》起草过程中,笔者曾经提出对医疗损害责任的类型化意见,主张分为医疗技术损害责任、医疗伦理损害责任和医疗产品损害责任的三分法意见。[③] 这一意见基本上被《侵权责任法》所采纳,分别规定了第55、57、59条和第62条。有些学者在解释《侵权责任法》规定的医疗损害责任中采纳了笔者的意见,也赞同这样的类型化划分。[④]

笔者在对医疗损害责任进行类型化划分时,基本的思考是将在医疗机构发生的所有的与医疗损害有关的责任类型全部包含进去,因而将医疗管理损害责任纳入了

---

[*] 本文发表在《法学家》2012年第3期。
[①] 参见《浅议医院管理中的医疗事故损害赔偿责任的性质》,载华夏医界网,2011年1月12日访问,http://www.hxyjw.com/hospital/manage/2008-2/20082272567.shtml。
[②] 参见定庆云、赵学良:《医疗事故损害赔偿》,人民法院出版社2000年版,第186页。
[③] 参见杨立新:《医疗损害责任研究》,法律出版社2009年版,第120页。
[④] 参见王利明、周友军、高圣平:《中国侵权责任法教程》,人民法院出版社2010年版,第596页。

医疗伦理损害责任的概念之中,例如违反管理规范的损害责任⑤,组织过失损害责任⑥等。这样的归纳是不正确的。在医疗伦理损害责任中,医疗机构及医务人员的过错是违反医生职业伦理道德、违反医生良知的过错,而医疗管理过错则是违反医政管理规范、管理职责的过错,属于医疗管理的过错,性质并不相同。当时将医疗管理损害责任并入医疗伦理损害责任,是为了将就三分法的完整性,而失之于分类的不科学。将医疗管理损害责任单独作为医疗损害责任的一个独立的类型,既有事实根据,也有法律根据,并且完全符合《侵权责任法》第 54 条规定的要求。同时,确立医疗管理损害责任概念,使医疗损害责任体系由医疗伦理损害责任、医疗技术损害责任、医疗产品损害责任和医疗管理损害责任四种类型构成,既符合逻辑的要求,又符合现实客观实际情况,是一个理想、完美的设计。

实践的情况也证明将医疗管理损害责任纳入医疗损害责任体系的正确性。例如,某医院正在进行手术,因突然停电,手术被迫中断,欲接通备用电源继续手术,但值班电工擅离职守不知去向,致使手术耽搁,以致患者因衰竭而死亡。学者认为,患者死亡,既非医生的误诊,亦非医生不负责任,而是电工玩忽职守,作为后勤人员的电工因其行为直接导致了病人死亡的后果,电工就是这起医疗事故的直接责任主体。⑦这种意见是不正确的。这是典型的医疗管理损害责任,是医疗机构的工作人员违反管理职责,擅离职守,造成患者死亡的后果,完全符合《侵权责任法》第 54 条规定的要求,责任主体是医疗机构而不是工作人员,应当依照医疗管理损害责任追究医疗机构的赔偿责任。

(二)医疗管理损害责任的概念

1. 医疗管理损害责任的定义

医疗管理损害责任也是医疗损害责任的基本类型之一,是指医疗机构和医务人员违背医政管理规范和医政管理职责的要求,具有医疗管理过错,造成患者人身损害、财产损害的医疗损害责任。

医疗管理也叫做医政管理。⑧ 医疗管理损害责任的构成,不是医疗机构及医务人员的伦理过错或者技术过错,而是须具备医疗管理过错,即医疗机构及医务人员在医政管理中,由于疏忽或者懈怠甚至是故意,不能履行管理规范或者管理职责,造成患者人身损害或者财产损害,应当承担的医疗损害责任。

2. 医疗管理损害责任与用人单位责任的联系与区别

医疗管理损害责任与《侵权责任法》第 34 条第 1 款规定的用人单位责任最为相似。二者都是用人单位(医疗机构)的工作人员(医务人员)在执行工作任务(在医疗

---

⑤ 参见杨立新:《医疗损害责任研究》,法律出版社 2009 年版,第 141 页。
⑥ 参见杨立新:《侵权法论》,人民法院出版社 2011 年第 4 版,第 449 页。
⑦ 参见王喜军、杨秀朝:《医疗事故处理条例实例说》,湖南人民出版社 2003 年版,第 6 页。
⑧ 参见定庆云、赵学良:《医疗事故损害赔偿》,人民法院出版社 2000 年版,第 186 页。

活动中)造成他人(患者)损害,而由用人单位(医疗机构)承担损害赔偿责任。其中用人单位和医疗机构、工作人员和医务人员、执行工作任务和在医疗活动中、他人损害与患者损害的概念,都是相容的,后者都包含在前者之中。因此,医疗管理损害责任其实就是用人单位责任。

在医疗伦理损害责任、医疗技术损害责任以及医疗产品损害责任这三个概念中,医疗机构、医务人员、诊疗活动中和患者受损害的要件都与用人单位的对应概念具有包容关系,但它们的内容具有技术的、伦理的以及加害物的区别,也都属于用人单位责任的基本类型,但有较大的独立性。而医疗管理损害责任与它们有所不同,因为造成损害的原因是管理过错,这与用人单位责任的构成具有更大的相似性,如果不是《侵权责任法》第54条予以特别规定,本来是可以纳入用人单位责任的范围中的。

之所以将医疗管理损害责任解释在《侵权责任法》第54条规定的医疗损害责任之中,是因为这种侵权损害的特点就是发生在医疗领域,是在医疗机构担负的诊疗活动职责之中,因而与医疗伦理损害责任、医疗技术损害责任和医疗产品损害责任并列在一起,作为医疗损害责任的基本范畴,单独进行研究和适用法律。

除了上述区别之外,更重要的是对医疗管理损害责任适用归责原则不同。《侵权责任法》第54条明确规定,医疗损害责任适用过错责任原则,而不适用过错推定原则更不适用无过错责任原则,因而医疗管理损害责任与用人单位责任不同。用人单位责任的归责原则,一说认为适用过错推定原则[9],一说认为适用无过错责任原则[10]或者严格责任[11],没有人主张为过错责任原则。比较起来,医疗管理损害责任适用过错责任原则,医疗机构承担医疗管理损害责任的条件之一,是医疗机构及医务人员必须存在管理过错,才能够承担医疗管理损害责任,显然对医疗机构更为有利。

3. 医疗管理损害责任的特征

医疗管理损害责任的法律特征是:

(1)构成医疗管理损害责任以具有医疗过错为前提

构成医疗管理损害责任,医疗机构及医务人员必须具备医疗过错,不具有医疗过错,医疗机构不承担赔偿责任。医疗管理损害责任不同于适用过错推定原则的医疗伦理损害责任,也不同于适用无过错责任原则的医疗产品损害责任,而与医疗技术损害责任相似。医疗机构承担医疗管理损害责任必须符合过错责任原则的要求,无过错则无责任。

(2)医疗管理损害责任的过错是医疗管理过错

医疗管理损害责任应当具备的过错是医疗管理过错,既不以医疗技术过错为构成要件,也不以医疗伦理过错为构成要件,而以医疗管理过错为要件。判断医疗管理

---

[9] 参见杨立新:《侵权责任法》,法律出版社2011年版,第232页。
[10] 参见张新宝:《侵权责任法》,中国人民大学出版社2011年版,第154页。
[11] 参见王利明:《侵权责任法研究》(下册),中国人民大学出版社2011年版,第87页。

过错的标准,既不是违反当时的医疗水平的诊疗义务所确定的高度注意义务,也不是违反医疗良知和医疗伦理的疏忽或者懈怠,而是以医疗机构和医务人员的管理规范和管理职责为标准确定的医疗管理过错,因而与其他三种医疗损害责任均不相同。

(3)医疗管理过错的认定方式是原告证明

医疗管理过错与医疗伦理过错的认定方式不同,是采取原告证明的方式,由原告一方证明医疗机构的过失。例如救护车急救不及时致使患者受到损害,原则上应当由受害患者一方承担举证责任,必要时可以实行举证责任缓和,即患者一方只要证明存在过错的可能性,即可推定医疗机构有过错。

(4)医疗管理损害责任的主要损害事实是人格、身份和财产损害

医疗管理损害责任造成的损害,与一般侵权行为所造成的损害性质相同,是患者的人身损害和财产损害。在医疗技术损害责任构成中,损害事实只包括受害患者的人身损害事实,一般不包括其他民事权益的损害。在医疗伦理损害责任中,损害事实主要是精神型人格权或者人格利益损害。在医疗管理损害责任构成中,不仅包括受害患者的人身损害事实,而且包括患者的财产损害事实,甚至还包括身份损害事实,例如妇产医院给产妇抱错孩子,就是侵害了患者的身份权。

二、医疗管理损害责任的归责原则及构成要件

(一)医疗管理损害责任的归责原则

医疗管理损害责任适用的归责原则是过错责任原则。这是《侵权责任法》第54条规定的明确要求。

对于医疗管理损害责任,从形式上观察,也有适用过错推定原则的可能性。例如妇产医院给产妇抱错孩子的案件,完全可以就此事实推定医疗机构及医务人员具有过错,因而免除原告的举证责任。但是,第一,适用过错推定原则,依照《侵权责任法》第6条第2款规定需要有"法律规定",并不因为情形的特殊而对没有"法律规定"的侵权责任类型主张适用过错推定原则。第二,《侵权责任法》第54条明确规定应当适用过错责任原则,适用过错推定原则有违法律的明确规定。因此,医疗管理损害责任的归责原则是过错责任原则而不是过错推定原则。

(二)医疗管理损害责任的构成要件

构成医疗管理损害责任须具备以下要件:

1. 医疗机构及医务人员在诊疗活动中违反管理规范或管理职责的行为

在诊疗活动中,须有医疗机构及医务人员实施的违法行为才能构成医疗损害责任。医务人员不仅指医生和护士,还包括与诊疗活动有关的其他人员。构成医疗管理损害责任,医疗机构及医务人员须具备在诊疗活动中实施了违反管理规范和管理职责的医政管理行为,这个行为须具有违法性。凡是在医疗机构业务范围内,与医务人员的诊疗行为有关的医政管理活动,都是诊疗活动。在这些活动中,医疗机构及医

务人员违反管理规范或者管理职责，而不是伦理性质以及技术性质的规范或者职责，就构成这种行为的要件。其违法性，在于这些行为会造成侵害患者合法权益的后果，违反了法律规定的对患者这些权益的不可侵义务。

2. 患者受到损害

患者受到损害，是构成医疗管理损害责任的客观事实要件。患者在医疗管理损害责任中的损害事实比较宽泛，泛指患者的一切权利和利益的损害，但集中的还是患者的生命权、健康权、身体权、知情权、隐私权、亲权、所有权等有关的权利和利益。特别值得注意的是，亲权这种身份权及身份利益也能够成为医疗管理损害责任的侵害客体。妇产医院将产妇的亲子错误认作其他产妇的亲子，交给其他产妇抚养，并将其他产妇的亲子交给该产妇扶养，不仅侵害了该产妇及亲子的身份权，而且也侵害了另一位产妇及亲子的身份权，而且还有可能造成多个产妇及亲子的身份权以及父亲身份权的损害。这样的损害事实造成极为严重的后果，是在诊疗活动中发生的，虽然没有违反伦理道德或者技术规范，但是违反的是医疗机构及医务人员的管理规范和管理职责，具有严重的违法性。

3. 违反管理规范或者管理职责行为与损害事实之间有因果关系

医疗机构及医务人员违反管理规范或者管理职责的违法行为，须与患者的损害事实之间具有引起与被引起的关系，即构成医疗管理损害责任的因果关系要件。确定医疗管理损害责任的因果关系要件适用相当因果关系规则，通常依据事实就可以认定因果关系，并非需要医疗损害责任鉴定。受害患者只要证明自己在该医疗机构接受诊疗活动中，医疗机构及医务人员实施了具有违反管理规范或者管理职责的行为，自己因此受到了损害，就可以确认因果关系。例如，未经产妇同意医务人员将其胎盘擅自处置；救护车迟延到达，在此期间患者在等待中而死亡，这些就能够证明因果关系。必要时可以采取因果关系的举证责任缓和，在原告证明因果关系的可能性后，推定有因果关系，医疗机构主张没有因果关系的，应当举证证明。

4. 医疗管理过错

医疗管理过错，是指医疗机构及医务人员在诊疗活动中违反管理规范或者管理职责的不注意的主观心理状态。医疗管理过错的表现形式是医疗机构及医务人员对医政管理规范或者管理职责的疏忽或者懈怠，通常不表现为故意。疏忽是医疗机构及医务人员对待管理规范或者管理职责的不经心、不慎重的不注意心理，因而应当做到的却没有做到。懈怠是医疗机构及医务人员轻信自己不会违反管理规范或者管理职责，但却因为不注意而实际违反了管理职责和管理规范。医疗管理过错也包括故意，例如，拒绝向患者提供病历资料，擅自将患者有价值的人体医疗废物赠送他人，等等，属于故意而为，构成故意的医疗管理损害责任。

三、医疗管理过错的证明

由于医疗管理损害责任适用过错责任原则，其违法行为、损害事实和因果关系要件的证明并无特殊之处。唯有医疗管理过错的证明需要特别说明。

(一)医疗管理过错的表现形式

医疗管理过错的表现形式,是医疗机构及医务人员在诊疗活动中,对与诊疗活动有关的医政管理活动违反管理规范或者管理职责的故意或者过失。

1. 医疗管理故意

典型的医疗管理故意如:

(1)对患者人体医疗废物侵占的希望和放任。在一些妇产医院,医务人员对产妇娩出的胎盘采取的态度就是故意不告知,产妇不问就将其据为己有,转送他人或者自己留用。这里的故意不告知其实并不是医疗管理故意的内容,而是通过不告知而意图将产妇的胎盘据为己有的这种希望的心理状态。这是典型的侵占他人财产的故意形态,是希望患者发生这样的权利损害后果。

(2)违反病历资料管理职责的希望和放任。医疗机构及医务人员都有可能对病历资料违反管理职责采取故意的态度。在隐匿或者拒绝提供与纠纷有关的病历资料,伪造、篡改或者销毁病历资料,医疗机构或者医务人员都有发生,对此采取的都是希望损害后果的发生。即使医疗机构及医务人员拒绝给患者提供查阅、复制病历资料的,其主观心态也都是故意。如果并未造成医疗技术损害,仅有违反病历资料管理职责的过错,亦应认定构成医疗管理过错,承担赔偿责任。

2. 医疗管理过失

在绝大多数医疗管理损害责任中,医疗机构及医务人员的过错表现为医疗管理过失,而非故意。在违反紧急救治义务、违反病历管理职责、救护车抢救不及时、违反管理职责致使产妇抱错孩子、违法处理患者人体医疗废物、违反安全保障义务等,其过错要件都表现为医疗管理过失的形式。这些医疗管理过失都是医疗机构及医务人员对管理规范或者管理职责的疏忽或者懈怠,是对待管理规范或者管理职责以及患者权利的不经心、不慎重的不注意心理,应当做到却没有做到;或者是医疗机构及医务人员轻信自己即使违反管理规范或者管理职责也不会损害患者的权利,但却因为不注意而实际违反了管理职责和管理规范,损害了患者的权利。

(二)医疗管理过错的证明标准

医疗管理过错的证明标准,是医疗机构的管理规范和医务人员的管理职责。

管理规范,既包括国家及行政管理机关对医疗机构与诊疗活动进行管理的法律、法规、规章、规范、制度等规范性文件规定的管理规则,也包括医疗机构自己制定的与诊疗活动有关的管理规范。违反医疗机构及医务人员对生命垂危状态的患者的紧急救治义务,不仅违反了《侵权责任法》第56条规定,而且也违反了《执业医师法》第24条关于"对急危患者,医师应当采取紧急措施进行诊治;不得拒绝急救处置"的规定,以及《医疗机构管理条例》第31条关于"医疗机构对危重病人应当立即抢救"的规定。违反病历管理职责的行为,不仅违反了《侵权责任法》第61条规定,而且也违反了卫生部、国家中医药管理局2002年8月2日发布的《医疗机构病历管理规定》的具体规定。凡是法律、法规、规章以及有关与诊疗活动有关的管理规范，都是确定医疗管理过错的证明标准。

管理职责，是指医疗机构的与诊疗活动有关的工作人员对保障诊疗活动正常进行的职责要求。医疗机构与诊疗活动有关的人员，都有各自的岗位职责。这些职责，是确定医疗机构各种岗位的工作人员为保障诊疗活动正常进行的规范性要求，必须严格遵守。一旦违反，造成患者的损害，就构成医疗管理过失。例如，在急救车救护不及时的医疗管理损害责任中，医疗机构对救护站的救护车配备、救护车的调派、救护车的管理、救护车驾驶人员的职责、救护车急救人员的职责等，都有必要、明确的规定和要求，其目的在于向求救者提供及时、适当的紧急救援。[12] 这些工作人员的职责规定，是判断医疗管理过失的证明标准。

（三）医疗管理过错的证明方法

医疗管理过错的证明方法，适用《民事诉讼法》规定的民事诉讼证明的一般规则，即"谁主张，谁举证"的原则，由受害患者承担举证责任。在医疗管理过错的证明中，既不适用举证责任倒置规则，在一般情况下也不适用举证责任缓和规则。

受害患者作为原告，应当证明医疗机构及医务人员的行为违反了医疗机构的管理规范或者医务人员违反了自己的管理职责，因而其主观上具有故意或者过失。对此，受害患者应当举证证明，证明成立者，认定医疗机构及医务人员存在医疗管理过失。证明不成立者，不构成医疗管理过错。

证明医疗管理过错应当参照《侵权责任法》第58条第（一）项关于"违反法律、法规、规章以及其他有关诊疗规范的规定""推定医疗机构有过错"的规定，受害患者能够证明医疗机构违反法律、法规、规章以及其他与诊疗活动有关的管理规范规定的，就推定医疗机构存在医疗管理过错。这种推定，其实本身就已经证明了医疗机构存在管理过错，这是由于医疗管理过错的客观性所决定的，因此是不可推翻的过错推定，医疗机构不得提出反证证明自己无过错，而主张自己不承担医疗管理损害责任。

四、医疗管理损害责任的类型

医疗管理损害责任的主要表现形式是：

（一）违反紧急救治义务的损害责任

《侵权责任法》第56条规定："因抢救生命垂危的患者等紧急情况，不能取得患者或者其近亲属意见的，经医疗机构负责人或者授权的负责人批准，可以立即实施相应的医疗措施。"这一条文规定的是医疗机构对生命垂危的患者的紧急救治义务。这

---

[12] 参见杨太兰主编：《医疗纠纷判例点评》，人民法院出版社2003年版，第218页。

一条文只是从正面规定了紧急救治义务,但没有规定医疗机构违反紧急救治义务造成患者损害的侵权责任。

通常认为,一个只规定具体义务的法律条文如果没有规定责任的规范,在司法实践中就不能追究违反该义务的责任。但是,任何法定义务背后都必须有责任的支持,否则这个法定义务就成为不真正义务,无法保证这个法定义务被义务人所履行。同样,《侵权责任法》第56条规定的是医疗机构的告知义务的例外情形和紧急救治义务,医疗机构违反该义务,当然要承担责任。这个责任的依据就是《侵权责任法》第54条规定的医疗损害责任一般条款。只要医疗机构违反第56条规定的紧急救治义务,造成患者损害,符合该一般条款规定的责任构成要件,就应当承担侵权责任。可见,认为《侵权责任法》第56条规定的紧急救治义务没有侵权责任的约束,是不正确的。

构成违反紧急救治义务的损害责任构成,须具备以下要件:(1)必须存在抢救生命垂危的患者等紧急情况。生命垂危,是指如果不采取必要的抢救措施,患者可能会失去生命的紧急情形。⑬除此之外,其他如果不采取相应的措施将给患者造成难以挽回的巨大损害的,例如患者被切断手掌,只有在某个特定的时间段内为患者进行缝合才能够接上,否则将成为残疾,属于"等紧急情况"⑭,医疗机构负有紧急救治义务。(2)不能取得患者或者其近亲属的意见。不能既包括客观不能,如由于客观原因既无法取得患者的意见,也无法取得其近亲属的意见;也包括主观不能,如患者或者其近亲属不同意采取紧急抢救措施,也不影响医疗机构采取紧急救治措施。(3)由于没有医疗机构的负责人或者授权的负责人批准而未采取紧急救治措施。实施紧急抢救措施须经医疗机构的负责人或者授权的负责人的批准,没有经过请示批准,或者经过请示没有批准,因此而没有采取紧急抢救措施。(4)患者受到严重损害,且与疏于采取抢救措施有因果关系。这种损害包括两种,一是死亡,因原本就生命垂危,未采取紧急抢救措施而致死亡;二是其他严重损害,如延误治疗而使断手不能再植,造成患者残疾。具备上述四个要件,就构成违反紧急救治义务的损害责任。例如,李丽云案件,胎儿的父亲肖某拒绝在剖腹产手术单上签字,经请示卫生局领导,领导指示不签字就不能手术。医生在轮番药物抢救下,李丽云死亡,胎儿死于腹中。医疗机构负有紧急救治义务,面对可能要发生的死亡,必须尽全力进行抢救以保全患者生命。本案的医院并没有责任,但医疗机构向卫生行政主管部门请示而未被批准,因而应由卫生行政主管部门承担不作为的侵权责任。

在现实生活中存在一些基于费用问题而拒绝救助患者的情形经常发生,这不仅与医疗机构与医务人员救死扶伤的宗旨不符,而且也是对患者生命权的侵害。为此,应当从立法上对此进行规制。

---

⑬ 参见孟强:《医疗损害责任:争点与案例》,法律出版社2010年版,第97页。
⑭ 王利明:《侵权责任法研究》,中国人民大学出版社2011年版,第434页。

(二)违反病历资料管理职责致害责任

《侵权责任法》第 61 条规定:"医疗机构及其医务人员应当按照规定填写并妥善保管住院志、医嘱单、检验报告、手术及麻醉记录、病理资料、护理记录、医疗费用等病历资料。患者要求查阅、复制前款规定的病历资料的,医疗机构应当提供。"这是对医疗机构对病历资料的妥善保管和提供查询义务的规定,针对的是医疗机构及医务人员对病历资料的不负责任的疏忽以及对此采取的恶意行为。

病历资料在医疗机构保管,有些医务人员甚至医疗机构将病历资料当成自己的私有财产,随意处置,拒绝提供,甚至进行隐匿、伪造、销毁、篡改等,这是严重的违法行为。《侵权责任法》直接规定医疗机构及医务人员对病历资料负有依规填写、妥善保管和提供查询的义务,并且规定这一义务属于强制性义务,医务人员和医疗机构不得违反。

在司法实践中适用这一规定,最重要的是确定违反该义务的后果。医疗机构及医务人员违反对病历资料的填写、保管义务,法律规定有两种后果:(1)《侵权责任法》第 58 条在规定推定医疗过错的规定中明确规定"隐匿或者拒绝提供与纠纷有关的病历资料""伪造、篡改或者销毁病历资料"的行为可以直接推定医疗技术过错,其基础在于该条规定的医疗机构及其医务人员对病历资料负有的义务,这种推定过错就是违反该义务的法律后果。如果上述行为不构成医疗技术损害责任,则可以构成医疗管理损害责任。(2)填写不当、保管不善、不得患者查询复制病历资料等行为,不属于推定过错的事由,但侵害了患者的知情权,同样构成侵权责任,应当适用《侵权责任法》第 54 条规定确定侵权责任。例如,某医院不慎将多次来该院就诊的患者郑女士的病历资料丢失,恰巧郑女士办病退需要拿该病历到有关鉴定中心做病退鉴定,病历丢失使得鉴定无法顺利进行。郑女士认为由于医院将自己的病历丢失,导致自己不能如期正式退休,在工资差额、医保个人账户、医药费等报销上损失很大,遂起诉要求医院赔偿损失,法院支持其判决,但判决赔偿的数额较少。[15] 医疗机构在履行对患者病历资料的保管义务中未尽管理职责,造成病历资料丢失,具有重大过失,构成医疗管理损害责任,应当对患者的损失予以赔偿。

(三)救护车急救不及时损害责任

救护站接到患者及近亲属的呼救,组织救护不及时,致使患者受到损害,也属于医疗管理损害责任。医疗救护站接到求救应当及时进行救护,由于过失而延误时间,致使救护不及时,致使患者发生损害的,应当承担侵权责任。如果医疗机构救护及时,即使有损害,也不承担责任。[16]

---

[15] 参见刘鑫等:《侵权责任法医疗损害责任条文深度解读与案例剖析》,人民军医出版社 2010 年版,第 167 页。

[16] 典型案例参见杨太兰主编:《医疗纠纷判例点评》,人民法院出版社 2003 年版,第 212 页以下。

(四)违反管理职责致使产妇抱错孩子致害责任

妇产医院违反管理职责,将产妇生产的孩子抱错,造成亲属关系的严重损害,是典型的医疗管理损害责任。这种案件符合《侵权责任法》第 54 条规定的医疗损害责任的构成要件:(1)患者在诊疗活动中受到损害。患者的这种损害是失去亲人的损害,是将亲生子女弄错,将别人的亲生子女误作为自己的亲生子女抚养,侵害了亲权,造成亲属身份利益的损害。(2)医疗机构及医务人员有过错。在这类案件中,医疗机构及医务人员的过错十分明显,就是疏于管理,造成失误,属于重大过失。(3)造成损害的行为是诊疗过程中的医政管理行为,该行为违反了对新生儿的管理制度,造成了患者的损害。(4)该违法管理行为与患者的损害之间具有因果关系,十分明显,如果医疗机构及医务人员严格按照对新生儿的管理规则进行管理,绝对不会出现这样的严重失误,造成如此严重的损害。[17]

(五)违法处理患者医疗废物侵害患者权利

违法处理患者由自己的身体变异而成的医疗废物,侵害了患者对医疗废物的所有权,也构成侵权,应当适用《侵权责任法》第 54 条规定确定侵权责任。人体医疗废物从患者人体变异而来,成为特殊物,所有权归属于患者所有。医疗机构及医务人员将其据为己有,或者未经告知患者而擅自处理,侵害患者的所有权。[18]

(六)医务人员擅离职守

医疗机构在医政管理中,医务人员以及其他工作人员擅离职守,危害最大,后果也很严重。例如不坚守岗位,工作时间睡觉、看书、请客吃饭,以及后勤水电锅炉等维修部门工作人员失职,导致供水供电中断、仪器故障等,造成患者损害。[19]

(七)医疗机构违反安全保障义务致害责任

医疗机构及医务人员在诊疗活动过程中,对患者违反安全保障义务,在设施设备、服务管理以及防范制止侵权行为等方面存在过失,造成患者损害的,符合《侵权责任法》第 37 条规定的违反安全保障义务的侵权责任,同时也符合《侵权责任法》第 54 条规定,构成医疗管理损害责任,患者可以选择第 37 条规定请求医疗机构承担侵权责任,也可以选择第 54 条规定请求医疗机构承担损害赔偿责任。

五、医疗管理损害责任的赔偿法律关系与赔偿责任

(一)医疗管理损害责任的法律适用

医疗管理损害责任的法律适用问题,存在两个必须解决的问题。

---

[17] 典型案例参见杨立新:《侵权法论》,人民法院出版社 2011 年版,第 375 页。
[18] 典型案例参见杨立新主编:《民法物格制度研究》,法律出版社 2008 年版,第 100 页。
[19] 参见定庆云、赵学良:《医疗事故损害赔偿》,人民法院出版社 2000 年版,第 190 页。

1. 适用《侵权责任法》第 54 条的理由

《侵权责任法》医疗损害责任一章并没有明文规定医疗管理损害责任,因此,不能直接引用明确的具体条文对医疗管理损害责任适用法律。应当看到的是,《侵权责任法》第 54 条并不是一个封闭的法律规范,而是医疗损害责任一般条款,具有宽泛的包容性。换言之,第 54 条除了将第 55、57、59 条以及第 61 条明文规定的医疗损害责任类型包括其中之外,还将第 56、62 条和第 63 条规定的行为对患者造成损害的责任也都包括在其中,甚至对"医疗损害责任"一章没有具体规定,但符合第 54 条规范要求的医疗损害责任,都包括在内。

医疗管理损害责任的特征完全符合第 54 条规定的要求:第一,受到损害的是患者,符合"患者在诊疗活动中受到损害"对主体的要求;第二,损害的发生是在"诊疗活动中",而不是其他场合,也符合这个要求;第三,医疗机构及医务人员有过错,条文并没有说这个过错是何种性质的过错,管理过错应当包含其中;第四,医疗机构承担赔偿责任,无论医务人员由于何种过错,只要在诊疗活动中对患者发生损害,就应当由医疗机构承担赔偿责任。既然医疗管理损害责任的特点完全符合第 54 条规定的要求,当然可以适用该条作为医疗管理损害责任的法律依据。

2. 不适用用人单位责任的理由

如前所述,医疗管理损害责任是一种特殊的用人单位责任,也完全符合《侵权责任法》第 34 条第 1 款规定的用人单位责任的要求。对医疗管理损害责任为什么要适用第 54 条而不适用第 34 条第 1 款的规定,理由是:第一,医疗管理损害责任发生在医疗机构的诊疗活动中,发生的环境具有特殊性;第二,医疗管理损害责任的违法行为造成损害的是"患者",而不是一般的"他人",这一点与用人单位责任有所差别;第三,在医疗管理损害责任发生之前,医疗机构与患者之间具有医疗服务合同关系,而用人单位责任并不作此特别要求,而通常造成不具有合同关系的他人损害;第四,医疗管理损害责任已经符合具有特别法性质的第 54 条规定的要求,而《侵权责任法》第 34 条第 1 款规定与第 54 条规定属于一般法与特别法的关系,应当优先适用特别法的规定。基于以上理由,对医疗管理损害责任适用第 54 条而不适用第 34 条第 1 款,理由充分。

3. 第 54 条能否作为请求权的法律基础

《侵权责任法》规定的医疗损害责任的请求权究竟规定在哪个条文之中?值得研究。第 55、57、59 条和第 61 条都明确规定了受害患者的损害赔偿请求权,自不待言。在第 56、62 条和第 63 条都没有规定侵权请求权,这些条文无法作为请求的法律基础。

《侵权责任法》第 54 条就是为全部医疗损害责任提供请求权法律基础的规范。它的具体用法是:首先,当出现《侵权责任法》第 56、62 条和第 63 条这 3 个条文描述的医疗损害责任的情形时,应当以第 54 条作为请求权的法律基础,提出损害赔偿请求,依据该条文确定医疗损害责任。其次,当出现《侵权责任法》第七章没有明确描述的医疗损害责任,符合第 54 条描述的医疗损害责任的构成要件时,可以直接适用第

54 条,作为请求权的法律基础,向医疗机构请求损害赔偿,确定医疗机构的赔偿责任。医疗管理损害责任应当包含其中。

(二)医疗管理损害责任与用人单位责任竞合的处理

应当承认,医疗管理损害责任与《侵权责任法》第 34 条第 1 款规定的用人单位责任存在竞合关系。对此,尽管说明其属于《侵权责任法》第 54 条调整的范围,但如果受害患者坚持以用人单位责任请求适用《侵权责任法》第 34 条第 1 款规定确定侵权责任,应当存在可能性,因为毕竟医疗管理损害责任与用人单位责任具有一致性,形成了侵权责任竞合。

发生责任竞合,其后果是权利人选择对自己最为有利的请求权行使,在最大范围内保护和救济自己受到损害的权利。比较起来,适用《侵权责任法》第 34 条第 1 款规定的用人单位责任的法律规范作为患者的请求权基础,比适用《侵权责任法》第 54 条规定的医疗管理损害责任具有优势,因为用人单位责任适用过错推定责任原则,而医疗管理损害责任适用过错责任原则。不过,选择医疗管理损害责任也有有利之处,即因果关系证明存在举证责任缓和的可能性,证明比较容易,而用人单位责任不存在这样的可能性。根据自己的利益衡量,患者可以主张不选择《侵权责任法》第 54 条规定作为请求权的法律基础,而选择第 34 条第 1 款规定作为请求权的法律基础。对此,法官应当准许。

(三)医疗管理损害责任的赔偿法律责任关系

医疗管理损害责任的赔偿责任形态是替代责任,即"医疗机构及医务人员有过错,由医疗机构承担赔偿责任"。具备上述侵权责任构成要件的,发生医疗管理损害责任替代责任形态。其形式是:主要是医务人员在诊疗活动中,违法实施管理行为,造成患者损害,医务人员作为行为人,医疗机构作为赔偿责任人,由医疗机构承担赔偿责任。如果医务人员有过错,在医疗机构承担了赔偿责任之后,医疗机构有权向其进行追偿。不论是依照《侵权责任法》第 54 条请求医疗机构承担医疗管理损害责任,还是依照第 34 条第 1 款请求医疗机构承担用人单位责任,这个规则都不会变化,都是替代责任。

(四)医疗管理损害责任的赔偿责任

医疗管理损害责任的赔偿,适用《侵权责任法》第 16、17、19 条和第 22 条规定确定,分别按照人身损害赔偿、财产损害赔偿和精神损害赔偿的确定方法计算赔偿数额。造成患者人身损害的,应当按照人身损害赔偿的计算方法,赔偿医疗费、护理费、交通费等为治疗和康复支出的合理费用,以及因误工减少的收入。造成患者残疾的,还应当赔偿残疾生活辅助具费和残疾赔偿金。造成患者死亡的,还应当赔偿丧葬费和死亡赔偿金。因同一侵权行为造成多人死亡的,可以以相同数额确定死亡赔偿金。造成财产损失的,按照财产的损失价值确定赔偿数额。侵害患者人身权益,造成患者严重精神损害的,还可以请求精神损害赔偿。

论医疗产品损害责任[*]

按照笔者的理解,医疗损害责任应当由医疗技术损害责任、医疗伦理损害责任和医疗产品损害责任三种形态构成。笔者曾经研究过药品医疗器械致害责任的问题[①],最近,在此基础上,笔者又系统地研究了医疗损害责任问题,将对药品和医疗器械损害责任概括为医疗产品损害责任,统一适用于药品、医疗器械、消毒制剂、血液及血液制品等医疗产品在医疗领域造成损害的责任,且其在归责原则、责任构成、责任形态上都具有独特的要求和特点。故撰此文,阐释笔者的看法。

一、医疗产品损害责任概述

(一)医疗产品损害责任的概念

医疗产品损害责任,是指医疗机构在医疗过程中使用有缺陷的药品、消毒药剂、医疗器械以及血液及制品等医疗产品,因此造成患者人身损害,医疗机构或者医疗产品生产者、销售者应当承担的医疗损害赔偿责任。

(二)医疗产品损害责任的性质

近年来,医疗产品损害责任纠纷不断发生。在这类侵权纠纷的适用法律中,最大的难点在于不知道这类案件的性质是什么:究竟是医疗损害责任纠纷,还是产品责任纠纷。如果这种纠纷案件的性质是医疗损害责任纠纷,似乎应当是过错责任,而不是无过失责任。如果是产品责任纠纷,就应当是无过失责任,不论医疗产品的使用者即医疗机构以及生产者、销售者是否有过失,都应当按照无过失责任的要求承担责任。黄丁全先生的意见显然是后者,但没有说明在医疗中使用的医疗产品致害的侵权责任的性质。[②] 梁慧星教授则认为医疗"产品缺陷致损,虽然构成侵权,但应当适用产品质量法的规定"。[③] 而有的学者认为,对医疗事故已经明确适用过错责任,没有在任何一项事由上规定适用无过错责任,因此,在我国的司法活动中,应当遵循这一原

---

[*] 本文发表在《政法论丛》2009年第2期。
[①] 参见杨立新:《医疗侵权法律与适用》,法律出版社2008年版,第216页以下。
[②] 参见黄丁全:《医事法》,中国政法大学出版社2003年版,第579页。
[③] 梁慧星:《医疗损害赔偿案件的法律适用问题》,载《人民法院报》2005年7月6日。

则,实践中以任何方式超出过错责任归责原则的,都是违法④,即使医疗产品损害责任也是如此。

笔者认为,医疗产品损害责任既是医疗损害责任,也是产品责任,是兼有两种性质的侵权行为类型,是医疗损害责任中的一个基本类型。由于医疗产品损害责任具有产品责任性质,应当适用无过失责任原则,以更好地保护患者的合法权益。

(三)确定医疗产品损害责任为产品责任的原因

产品责任是 20 世纪上半叶产生的新的侵权责任。产生产品责任制度是在加害给付理论和实践的基础上发展起来的。19 世纪产生的加害给付规则,确认受到瑕疵标的物损害的债权人产生损害赔偿请求权,既可以请求赔偿合同的预期利益损失,也可以请求赔偿固有利益的损失。医疗损害责任纠纷从这个意义上说,也是加害给付责任,因为是在合同基础上,债务人未尽适当注意,造成了债权人的固有利益损害,应当承担的就是加害给付责任。但是,加害给付规则无法保护受到缺陷产品损害的第三人。为了解决这个问题,美国侵权行为法创造了产品责任规则,缺陷产品造成他人损害,无论受害人是否为合同当事人,都可以依据侵权法请求损害赔偿,补偿自己受到的损害。产品责任制度的出现,产生了以下两个方面的重要影响。第一,解决了对缺陷产品侵害第三人造成损害的救济问题,使受到损害的第三人能够得到赔偿。第二,使受到损害的合同关系中的债权人只能依据违约责任请求赔偿,改变为既可以依照加害给付责任请求承担违约损害赔偿责任,也可以按照产品责任规则请求承担侵权损害赔偿责任,给受到损害的债权人以更为广泛的选择余地。在医疗产品损害责任纠纷中,受害患者作为医疗合同关系的当事人,其固有利益受到侵害,既构成加害给付责任,同时也构成产品责任。因此,就构成了医疗损害责任中具有医疗侵权责任和产品侵权责任的双重性质。如果医疗产品是医疗机构与生产者、销售者订立合同,并不是该合同的当事人,那么或者认为受害患者一方是第三人,或者将医疗机构作为销售者,也仍然离不开产品责任规则的适用。

二、医疗产品损害责任的归责原则及责任构成

(一)医疗产品损害责任适用无过失责任原则

医疗产品损害责任是无过失责任。这不是说对医疗产品缺陷的产生生产者和销售者没有过错,因为医疗产品存在缺陷本身就是一种过错,在现代社会对医疗产品质量的要求越来越具体详细,如果医疗产品不符合规定的质量要求,则医疗产品的生产者就具有过错,除非现有的科学技术无法发现。⑤ 确定医疗产品侵权责任是无过失责

---

④ 参见沃中东:《对医疗事故处理中无过错责任适用的思考》,载《杭州商学院学报》2003 年第 6 期。
⑤ 发展风险可以予以免责,但产品生产者仍然负有跟踪观察义务、召回义务、售后警告义务等,并且要承担跟踪观察缺陷的损害责任。

任,其立意是确定这种侵权责任不考察过错,无论其有没有过错,只要受害人能够证明医疗产品具有缺陷,即构成侵权责任。因而受害人不必证明医疗产品生产者的过错,因而也就减轻了权利人的诉讼负担,有利于保护受害人的权利。

(二)医疗产品损害责任的构成要件

医疗产品损害责任属于产品责任,适用无过失责任原则。因此,其责任构成应当具备产品侵权责任的构成要件要求,须具备以下要件:

1. 医疗产品须为有缺陷产品

构成医疗产品损害责任的首要条件,是医疗产品具有缺陷。

(1)医疗产品的界定和范围

医疗产品须符合产品的要求。按照《产品质量法》第2条第2款规定:"本法所称产品是指经过加工、制作,用于销售的产品。"按照这一规定,产品须具备两个条件,一是经过加工、制作,未经过加工制作的自然物不是产品;二是用于销售,因而是可以进入流通领域的物,未进入流通的产品,也不认为是产品。医疗产品是经过加工、制作,同时也是用于销售的物,是可以进入流通领域的物,因此属于产品。

究竟哪些产品属于医疗产品,并没有统一的规定,法学界比较集中的意见是以下四种:一是药品;二是消毒药剂;三是医疗器械;四是血液及血液制品。笔者赞同这种意见。存在的疑问是,血液是人体组织,难道也能够认定为产品吗?笔者认为,人体组成部分与人体分离之后,就成为特殊的物,且血液的所有权属于血液提供机构,将其出卖于医院,医院又将其出卖给患者,完全具有产品的特征,应当视为产品。⑥

(2)医疗产品的缺陷

缺陷,按照《产品质量法》第34条关于"本法所称缺陷,是指产品存在危及人身、他人财产安全的不合理的危险;产品有保障人体健康、人身、财产安全的国家标准、行业标准的,是指不符合该标准"的规定,含义是:其一,缺陷是一种不合理的危险,合理的危险不是缺陷;其二,这种危险危及人身和他人财产安全,其他危险不认为是缺陷的内容;其三,判断危险的合理与否或者判断某一产品是否存在缺陷的标准分为一般标准和法定标准,一般标准是人们有权期待的安全性,即一个善良人在正常情况下对一件产品所应具备的安全性的期望,法定标准是国家和行业对某些产品制定的保障人体健康,人身和财产安全的专门标准,有法定标准的适用法定标准,无法定标准的适用一般标准。⑦

医疗产品造成损害构成医疗产品损害责任,也必须具有缺陷。医疗产品的缺陷分为四种:

①设计缺陷

医疗产品的设计缺陷,是指医疗产品在设计时在产品结构、配方等方面存在不合

---

⑥ 参见杨立新主编:《民法物格制度研究》,法律出版社2008年版,第79页以下。
⑦ 参见张新宝:《中国侵权行为法》,中国社会科学出版社1995年版,第308页。

理的危险。考察设计缺陷,应当结合医疗产品的用途,如果将医疗产品用于所设计的用途以外的情形,即使存在不合理的危险,也不能认为其存在设计缺陷。

②制造缺陷

医疗产品制造缺陷,是指医疗产品在制造过程中,因原材料、配件、工艺、程序等方面存在错误,导致制作成最终医疗产品具有不合理的危险性。

③警示说明不充分的缺陷

医疗产品的产品警示说明不充分的缺陷,也叫做经营缺陷或者营销缺陷,即医疗产品在投入流通中,没有对其危险性进行充分警示和说明,对其使用方法没有充分说明。⑧《美国侵权行为法重述(第三次)》对什么是产品说明或警示不充分作出了原则界定:"因产品说明或警示不充分所致的产品缺陷,是指产品可预见的致害危险能够通过销售商、其他经营者,或其在商业经营过程中的任一前手,采用合理的说明或警示条款而减少或避免,且不采纳该说明或警示并不能使产品得到合理的安全。"⑨我国学者认为,这种情形是指生产者没有提供警示与说明,致使其产品在使用、储运等情形具有不合理的危险。⑩ 产品警示说明充分的标准是,对于属于上述情形的产品,本应当进行充分的说明或者警示,但是产品的生产者或者销售者却没有进行说明或者警示,或者虽然进行了说明、警示,但是说明、警示没有达到要求的标准,也就是不充分。判断说明、警示是否充分,应当根据产品的具体情况确定,一般的要求是,正确说明产品存在的危险,以及正确使用该产品、避免产品存在的危险,达到使用的合理安全的要求。学者认为,如果产品是为大众所消费、使用的,警示与说明应为社会上不具有专门知识的一般人所能引起注意、知晓、理解;如果产品是为特定人所消费、使用的,警示与说明应为具备专门知识的特定人所能引起注意、知晓、理解。⑪ 做到了这一点,就认为说明、警示已经达到了充分的标准,没有做到的,就是说明、警示不充分。这些经验可以作为医疗产品损害责任的借鉴。

④跟踪观察缺陷

医疗产品的跟踪观察缺陷,是指在将医疗产品投入医疗过程时,科学技术水平尚不能发现该医疗产品存在的缺陷,法律赋予医疗产品的生产者和销售者进行跟踪观察的义务,未能及时发现危险,或者发现危险未及时采取召回等补救措施,因此造成患者人身损害的,就构成跟踪观察缺陷。按照德国法的规定,新产品上市以后,生产者必须跟踪观察,对于用户的反映和提出的问题必须付诸行动,要进行研究,提出改进方法。如果存在损害可能性,则要召回;有的还要向用户进行可靠使用的说明,未

---

⑧ 参见张新宝:《侵权责任法原理》,中国人民大学出版社 2005 年版,第 398 页。
⑨ 中国人民大学民商事法律科学研究中心:《中国民法典・人格权法编和侵权行为法编》,2002 年内部资料,第 269 页。
⑩ 参见张新宝:《中国侵权行为法》,中国社会科学出版社 1995 年版,第 311 页。
⑪ 参见张新宝:《中国侵权行为法》,中国社会科学出版社 1995 年版,第 312 页。

尽跟踪观察义务,造成损害,即构成侵权责任。⑫ 这些经验在医疗产品损害责任构成中同样适用。

2. 须有患者人身损害事实

构成医疗产品损害责任,必须具备患者的人身损害事实,这是发生损害赔偿请求权的事实依据。

构成这个要件,是将医疗产品应用于患者,由于医疗产品存在缺陷,造成了患者的人身损害。这种人身损害的特点是,有些损害后果在受害当时即可发现,有的则要在受害之后很长时间才能出现后果,特别是医疗器械造成的损害,通常都是经过一段时间才发生。医疗产品损害责任中的人身损害事实,包括致人死亡和致人伤残。

在造成人身损害的同时,通常伴随精神痛苦的损害。医疗产品损害责任的人身损害事实要件中也包括精神损害,应当予以抚慰金赔偿。

3. 须有因果关系

医疗产品损害责任中的因果关系,是指医疗产品的缺陷与受害人的损害事实之间存在的引起与被引起的关系,医疗产品缺陷是原因,损害事实是结果。确认医疗产品责任的因果关系,要由受害人证明,证明的内容是,损害是由于使用或消费有缺陷的医疗产品所致。使用,是对可以多次利用的医疗产品的利用;消费,是对只能一次性利用的医疗产品的利用。受害人证明损害时,首先要证明缺陷医疗产品曾经被使用或消费,其次要证明使用或消费该有缺陷的医疗产品是损害发生的原因。例如,在身体内植入的钢板断裂造成损害,因果关系明显,患者即可证明。在证明中,对于高科技医疗产品致害原因不易证明者,可以适用举证责任缓和规则,在受害患者证明达到表现证据规则要求时,进行推定因果关系,即受害人证明使用或消费某医疗产品后即发生某种损害,且这种缺陷医疗产品通常可以造成这种损害,可以推定因果关系成立,转由侵害人举证证明因果关系不成立。证明属实的,则否定因果关系要件;不能证明的,推定成立,构成医疗产品损害责任。

4. 医疗机构和销售者应当具有过失

按照《产品质量法》第41条关于"因产品存在缺陷造成人身、缺陷产品以外的其他财产(以下简称他人财产)损害的,生产者应当承担赔偿责任"的规定,以及第42条关于"由于销售者的过错使产品存在缺陷,造成人身、他人财产损害的,销售者应当承担赔偿责任""销售者不能指明缺陷产品的生产者也不能指明缺陷产品的供货者的,销售者应当承担赔偿责任"的规定,产品责任中的生产者承担责任,无须过失存在。而销售者承担责任有两种形式:(1)有明确的生产者和供货者的,构成侵权须具备过失要件;(2)销售者不能指明缺陷产品的生产者也不能指明缺陷产品的供货者的,即使没有过失,销售者应当承担赔偿责任。按照这样的规则,在医疗产品损害责任中,如果受害患者一方追究医疗机构以及医疗产品销售者的侵权责任的,必须证明

---

⑫ 参见黄松有主编:《民事审判指导与参考》(总第27期),法律出版社2006年版,第146页。

医疗机构或者销售者具有过失的要件,没有过失,就没有责任;如果医疗机构或者销售者不能指明缺陷医疗产品的生产者也不能指明缺陷产品的供货者的,受害患者一方请求赔偿,无须证明其有过失,医疗机构或者销售者也应当承担赔偿责任。

(三)医疗产品损害责任的竞合问题

医疗产品损害责任发生责任竞合,患者受到缺陷医疗产品的侵害,因为有医疗服务合同的基础,受害患者取得两个请求权,一个是产品侵权责任请求权,一个是医疗合同违约责任请求权。在一般情况下,应按照侵权责任行使请求权并适用法律,但受害患者坚持行使违约损害赔偿请求权的,当然也没有问题。所要注意的是两种请求权的赔偿内容不同。受害患者行使违反医疗义务损害责任请求权,还是医疗产品损害责任请求权,是不是也由患者选择呢?这个问题不影响赔偿责任范围的法律适用,但涉及受害患者一方向谁行使请求权的问题。如果受害患者一方行使违反医疗义务损害责任请求权,应当向医疗机构请求;选择行使医疗产品损害责任请求权,则既可以向医疗机构行使请求权,也可以向医疗产品的生产者、销售者行使请求权。无论怎样,应当坚持的是,医疗机构承担责任,须有过失存在,无过失即无责任,不能让医疗机构承担无过失责任,除非医疗机构不能指明缺陷医疗产品的生产者也不能指明缺陷医疗产品的供货者。

三、缺陷医疗产品的召回义务

(一)医疗产品召回义务及性质

在将产品投放市场时,依据当时的科学技术水平,无法确认其是否存在缺陷,而随着科学技术的发展,嗣后能够发现其存在缺陷,因而必须履行对产品的跟踪观察义务。发现存在缺陷可能或者已经造成损害的,应当立即将产品召回。在国际上,美国、韩国、日本、加拿大、澳大利亚、欧盟均已建立药品等医疗产品召回制度。在国内,2003年1月1日《上海市消费者权益保护条例》首次规定了缺陷产品召回制度。同样,医疗产品也是产品,也应当建立医疗产品召回制度,赋予医疗产品生产者的召回义务。

医疗产品召回义务是指投放市场的医疗产品存在缺陷,可能或已经对患者的生命、健康造成严重损害,生产者依特定程序收回、退换缺陷医疗产品并承担与此相关费用的义务。医疗产品召回义务的特点,主要有以下四个方面:第一,已投放市场的医疗产品存在缺陷、可能导致人身重大损害是召回义务成立要件;第二,生产者是召回义务主体,销售者是召回义务的履行辅助人;第三,义务履行程序包括指令召回和自主召回,有严格的法定步骤和效果评估机制;第四,义务履行方式包括缺陷医疗产品的回收、更换、退货和损害赔偿。[13]

---

[13] 限于对患者因配合召回所支出费用(如交通费)的赔偿。

召回义务是整个医疗产品召回制度的核心,医疗产品召回制度围绕召回义务而展开。因此,医疗产品召回义务为法定义务,具有公法义务和私法义务的双重属性,包括侵权法上的义务。可见,医疗产品召回义务具有多种性质,侵权法上的义务是其主要性质。

(二)医疗产品召回义务的基本内容

医疗产品义务包括跟踪观察义务、召回义务和售后警告义务,这些义务构成医疗产品的义务体系。召回义务是其中之一。

1. 召回义务与发展风险抗辩下的跟踪观察义务

发展风险是指依照医疗产品流入市场当时最新的科学技术水平,适用了所有可能的检查测试程序,仍无法发现医疗产品客观存在的危害性;进入市场后,由于新的研究方法发明,跟踪发现医疗产品隐含有害特质。各国和地区对于发展风险的规制有不同立法例。德国、我国台湾地区视其为与设计缺陷、制造缺陷和警示缺陷并列的一种缺陷类型,称为发展缺陷,也叫做跟踪观察缺陷。我国《产品责任法》《美国侵权法》视其为产品责任的一种抗辩事由,称为科技发展水平的抗辩、工艺水平的抗辩等。

发展风险的存在,使得对医疗产品经营者设定跟踪观察义务成为必要。

跟踪观察义务是指经营者在产品流入市场后负有义务继续观察其市场上全部产品,"其用途为发现产品于交付前不知之弱点与瑕疵,以及获得关于该产品之可靠性、生命周期、操作风险等资料"。[14] 跟踪观察义务,分为积极的跟踪观察义务和消极的跟踪观察义务,前者是指生产者有义务去观察其产品在实务上的影响、竞争者的发展以及科学技术的进步;后者是指就与产品相关的指责等负面资讯加以掌握并评价。一旦观察到该产品经常发生危险,对于尚未进入生产或进入市场的产品须为改善之必要措施;对已进入市场之产品则事后须采取相关危险预防措施。[15] 就一般产品,若无任何负面信息的反馈,经销商无义务对产品持续检测。但是对处方药等医疗产品有特殊要求,生产者应履行积极的、持续的、合理的注意义务,不断对药品等医疗产品进行测试和监控,以发现与药品等医疗产品相关危险,不仅要注意医疗实务中副作用信息的搜集,也要关注药学的发展。生产者应知的资讯,不限于其从自身研究和不良反应报告中获得的实际知识,还包括依据科学文献和其他可得传媒上获知的信息。[16] 医疗产品跟踪观察义务始于医疗产品进入市场之时,并不以有损害事件发生为断。观察期限并无定论,长期观察的结果可能会使某些隐含的危险性几近于零,而有正当理由采取较不密集的观察,但最终仍只能为观察义务程度上减弱。跟踪观察义务不

---

[14] 黄立:《论产品责任》,载《政大法学评论》第43期,第253页。

[15] 参见郭丽珍:《产品瑕疵与制造人行为之研究——客观典型之产品瑕疵概念与产品安全注意义务》,神州图书出版有限公司2001年版,第112页。

[16] See *Restatement of the law third*, *torts – products liability*, p. 193, p. 200, American Law Institute Publishers, 1998.

因产品转给第三人而结束。⑰ 改良的医疗产品进入市场后,并不免除生产者对旧产品的跟踪观察义务。⑱

医疗产品召回是广义产品跟踪观察义务的一个组成部分,二者存在直接关联。欧洲经济共同体委员会1992年6月29日92/59号关于一般产品安全的指令,将"产品观察义务"提到了欧洲共同法的高度,并规定了具体化措施,包括"从市场上撤回被涉及的产品"。⑲

发展风险的客观存在,跟踪观察义务的适当履行,一方面可起到危险防免作用,另一方面,若损害发生且发展风险引为医疗产品责任抗辩时,此缺口可透过医疗产品后续观察采取必要措施,避免损害扩大。发展风险与医疗产品跟踪观察义务之间的逻辑关联和功能补救关系,召回义务作为跟踪观察义务重要组成部分的客观事实,提供了将召回义务纳入医疗产品责任体系予以调整的正当理由。⑳

2. 医疗产品召回义务与售后警告义务

医疗产品的售后警告义务是指医疗产品售出后发现存在致人损害的危险,医疗产品经营者有义务以合理方式发出警示、避免损害。售后警告义务的成立要求具备以下四要件,即经营者知道或应当知道该产品会对人身或财产造成损害危险;可以识别应予以警告者,并可合理地推断其不知晓该损害危险;警告能够有效到达应予以警告者且其能采取有效行动减低风险;损害危险巨大而必须予以警告,此种必要性的衡量标准是该危险所致损害大大超过实施售后警告的费用。医疗产品售后警告义务是医疗产品责任体系的一个重要内容。㉑

医疗产品召回义务与售后警告义务存在密切联系,两者都是跟踪观察义务的组成部分。"由于市场观察,知悉某一产品系列,有较高之产品瑕疵比例,依生产与品质控制之科技现状,系属不可避免,对于使用人或第三人之安全,有具体危险之虞,其结果为就其产品必须有一定之行为,以排除一定之危险。此一行为可能是对尚未流入市场的产品更改其使用须知与警告标示、变更设计,对已交付产品则应予以警告或采

---

⑰ 参见郭丽珍:《产品瑕疵与制造人行为之研究——客观典型之产品瑕疵概念与产品安全注意义务》,神州图书出版有限公司2001年版,第113页。

⑱ 参见郭丽珍:《产品瑕疵与制造人行为之研究——客观典型之产品瑕疵概念与产品安全注意义务》,神州图书出版有限公司2001年版,第154页。

⑲ [德]克雷斯蒂安·冯·巴尔:《欧洲比较侵权行为法》(下卷),焦美华译,张新宝审校,法律出版社2001年版,第364页。

⑳ 鉴于1985年的《欧共体产品责任指令》规定的科技风险可为严格产品责任制度的抗辩事由,存在对消费者不利的缺陷,欧共体一些成员国在消费者强大压力下制定了本国的产品安全法,并于1992年6月29日在欧盟理事会上通过了《欧洲产品安全指令》,依据该准则第6条第1项F款之规定,就危险产品基于主管机关之命令,应予召回。参见曹建明、陈治东主编:《国际经济法专论》,法律出版社2000年版,第590页;郭丽珍:《产品瑕疵与制造人行为之研究——客观典型之产品瑕疵概念与产品安全注意义务》,神州图书出版有限公司2001年版,第193页。

㉑ 美国《侵权法第三次重述:产品责任》第10节和第13节对售后警告义务作了规定。See Restatement of the law third, torts-products liability, pp. 191 - 200, pp. 221 - 226, American Law Institute Publishers, 1998.

取召回行动。"[22]

医疗产品召回义务与售后警告义务也存在差异:第一,成立要件不同、适用的危险严重性不同。疑有缺陷之医疗产品,对人身安全之危险难以透过警告可能被防免,则有召回义务实施之必要。[23] 第二,对消费者的保护力度不同。纯粹的警告终是将危险控制交给他人自行负责,属较弱的安全确保方式[24],召回则是更为彻底的补救措施。第三,召回义务的履行程序严格,需依法进行。售后警告义务之实施相对较少国家干预。第四,义务主体范围有所不同。召回义务的主体为医疗产品生产者,售后警告义务的主体还包括中间经销商。[25] 第五,违反义务的责任有所不同。违反售后警告义务者,承担民事责任,而违反召回义务者,尤其是违反指令召回的,还要承担行政责任。

由于二者的联系、差异所在,为完善消费者利益保护、平衡产业经济发展,在医疗产品责任体系中除设立医疗产品售后警告义务之外,还应确立医疗产品召回义务,不能以医疗产品售后警告义务代替医疗产品召回义务。

(三)医疗产品召回义务与医疗产品责任的关系

医疗产品损害责任视医疗产品为特殊产品,其存在缺陷致人损害或有损害之虞时,医疗机构、生产者、销售者所负损害赔偿等侵权责任,因此,是产品责任框架下的医疗损害责任。

正因为如此,医疗产品投入市场之后,制造商和销售商负有跟踪观察义务,发现医疗产品存在具有致害的危险,就应当区别不同的情况,负有售后警示义务或者召回义务;医疗产品召回义务不履行,造成他人损害,为医疗产品跟踪观察缺陷,将发生医疗产品侵权责任。这就是医疗产品召回义务在医疗产品义务体系和责任体系中的地位和作用。同时,医疗产品召回义务的生成是因医疗产品存在缺陷,而医疗产品侵权损害赔偿责任的承担亦以医疗产品缺陷存在为必要要件。跟踪观察义务履行中,发现医疗产品存在缺陷,即产生医疗产品召回义务,应召回而没有召回或者没有及时召回,致使缺陷医疗产品造成损害的,就发生医疗产品损害责任。

四、医疗产品损害责任的分担形态

(一)产品责任的分担形态为不真正连带责任

产品责任的责任形态是不真正连带责任。

---

[22] 黄立:《论产品责任》,载《政大法学评论》第 43 期,第 247、253 页。
[23] 参见郭丽珍:《论制造人之产品召回与警告责任》,载《"民法"七十年之回顾与展望纪念论文集(一)总则·债编》,元照出版公司 2000 年版,第 197 页。
[24] 参见郭丽珍:《论制造人之产品召回与警告责任》,载《"民法"七十年之回顾与展望纪念论文集(一)总则·债编》,元照出版公司 2000 年版,第 230 页。
[25] See Comment b, *Restatement of the law third*, *torts-products liability*, p. 192, American Law Institute Publishers, 1998.

侵权法上的不真正连带责任,是指多数行为人违反法定义务,对一个受害人实施加害行为,或者不同的行为人基于不同的行为而致使受害人的权利受到损害,各个行为人产生的同一内容的侵权责任,各负全部赔偿责任,并因行为人之一的履行而使全体责任人的责任归于消灭的侵权责任形态。㉖

不真正连带责任作为侵权责任分担形态之一,具有以下法律特征:一是不真正连带责任的责任主体是违反对同一个民事主体负有法定义务的数人;二是不真正连带责任是基于同一损害事实发生的侵权责任;三是不同的侵权行为人对同一损害事实发生的侵权责任相互重合;四是在相互重合的侵权责任中只需履行一个侵权责任即可保护受害人的权利。

在产品责任中,最重要的是确定承担责任的主体问题。

1. 最近规则

在产品侵权责任中,第一位的责任主体就是生产者和销售者。在生产者和销售者之间,究竟应当由谁承担责任,各国通例是依照受到缺陷产品损害的受害人的主张确定,即"最近原则",受害人可以起诉生产者,也可以起诉销售者,按照最有利于自己利益行使权利的要求进行选择。销售者和生产者只要被起诉,不论其是不是产品中缺陷的形成之人,只要消费者取得的产品确实存在缺陷,那么被起诉的一方就应当承担侵权民事责任。因此,规则是:因产品存在缺陷造成他人人身、财产损害的,受害人可以向产品的生产者要求赔偿,也可以向产品的销售者要求赔偿。因此,这种侵权责任形态是不真正连带责任。按照《产品质量法》的规定,向生产者要求赔偿的,无须证明生产者的过错,主张销售者承担赔偿责任的,则须证明销售者对损害存在过失,除非销售者不能指明缺陷产品的生产者也不能指明缺陷产品的供货者的,销售者才应当承担无过失责任。

2. 最终规则

产品侵权赔偿责任的最终承担者,应当是产品缺陷的造成者,是谁造成的缺陷,就由谁最终承担责任。这就是"最终原则",规则是:一是产品缺陷由生产者造成的,销售者赔偿后,有权向生产者要求追偿。二是因销售者的过错使产品存在缺陷的,生产者赔偿后,有权向销售者追偿。三是,如果被起诉的一方被判决承担侵权责任,而自己就是缺陷的生产者的,则自己最终承担责任。

(二)医疗产品损害责任的不真正连带责任

医疗产品造成患者损害,其责任分担形态当然也是不真正连带责任,其基本规则是:

1. 责任主体是医疗机构和医疗产品的生产者、销售者

在医疗产品损害责任中,责任主体有三种。一是医疗机构。医疗机构直接使用医疗产品,应用于患者身上,造成损害的,医疗机构当然是责任主体,应当承担过错责

㉖ 参见杨立新:《侵权法论》,人民法院出版社2005年版,第638页。

任,如果医疗机构不能指明缺陷医疗产品的生产者也不能指明缺陷产品的供货者的,应当承担无过失责任。二是医疗产品生产者。其制造了有缺陷的医疗产品,并且造成了患者的损害,应当承担责任。三是医疗产品的销售商。按照《民法通则》第122条和《产品质量法》的规定,销售者对于缺陷产品造成损害具有过失,不论其是否为产品缺陷的生产者,都应当承担侵权责任;如果销售者不能指明缺陷产品的生产者也不能指明缺陷产品的供货者,则销售者应当承担无过失责任。

2. 实行最近规则受害患者可以选择请求医疗机构、生产者或者销售者承担责任

按照产品责任的最近规则,受害患者有权在上述三种侵权责任主体中,根据自己的利益,选择对自己最为有利的、法律关系"最近"的一个请求权行使。因此,受害患者有理由选择医疗机构作为索赔主体,请求其承担赔偿责任;也有理由选择医疗产品的生产者或者销售者请求其承担赔偿责任。不过,选择医疗机构承担医疗产品损害责任,须证明其具有过失。

在实践中,应当特别注意不真正连带责任与连带责任的区别,很多法官对此不能分辨,采用连带责任处理医疗产品损害责任,造成适用法律的错误。例如,认为医院提供的医疗产品为不合格产品,构成医疗事故,应负主要责任,事实上就是混淆了不真正连带责任与连带责任的差别,是不正确的,因为在不真正连带责任中,并不存在主要责任和次要责任之分,而是要承担责任,就是全部承担,不能够承担一部分,另一部分由其他责任主体承担。

如果确认医疗机构在使用医疗产品中没有过失,也不存在不能指明缺陷医疗产品生产者、供货者的,参照《产品质量法》第42条关于销售者有过错,或者销售者不能指明缺陷产品的生产者也不能指明缺陷产品的供货者的,销售者应当承担赔偿责任,才可以选择其作为赔偿义务主体的规定,受害患者一方不能直接选择医疗机构首先承担责任,而只能选择医疗产品的生产者或者销售者请求赔偿,即直接依照产品责任的规则适用法律。这样做,有利于保护医疗机构的合法权益。如果医疗机构使用医疗产品有过失,则准许受害患者一方自由选择。

3. 实行最终规则准许首先承担责任的一方向缺陷生产者追偿

按照产品责任的最终规则,在有过失的医疗机构承担了赔偿责任之后,其取得对医疗产品缺陷生产者、销售者的追偿权。医疗机构可以向其请求承担因缺陷医疗产品造成损害的全部赔偿责任。这种赔偿请求权是全额的请求权,包括在前手诉讼中所造成的损失,凡是缺陷医疗产品造成的损害,都有权请求生产者或者销售者赔偿,只有基于自己的过失造成患者损害的部分,才不能进行追偿。

4. 患者将医疗机构和制造商、销售商同时起诉的应按照最终规则处理

在诉讼中,如果受害患者将医疗机构、制造商和销售商一并作为共同被告起诉的,法院在审理中,应当直接适用最终规则,确定缺陷的直接生产者承担侵权责任,不必先实行最近规则让医疗机构先承担责任再进行追偿。

5. 市场份额规则

针对在产品侵权中同类产品造成侵权后果,但是生产这种产品的不是一个生产

者,而是数个生产者,不能确定是谁制造的产品造成的实际损害这种情况,就是共同侵权行为中的共同危险行为。按照共同危险行为的规则,应当由生产这种产品的数人共同承担侵权责任。但是,按照一般的共同危险行为的规则,应当是由实施共同危险行为的数人承担连带责任,而这种生产产品的情况则与一般的共同危险行为并不相同,承担连带责任不合理,因为个人的生产份额并不相同。按照"市场份额"规则,数人生产的同类产品因缺陷造成损害,不能确定致害产品的生产者的,应当按照产品在市场份额中的比例承担民事责任。按照这一规定,应当首先确定各个生产者在生产当时产品所占市场的具体份额,按照这一份额,确定自己应当分担的责任。

在医疗产品损害责任中,如果出现致害的药品或者器械等医疗产品不能确定谁是真实的生产者的,可以适用市场份额规则,确定数个生产者按照产品所占市场份额的比例,确定其赔偿份额。对此,可以参考美国辛德尔案的做法。[27]

---

[27] 该规则之提出,始于美国1980年辛德尔诉阿伯特药厂案,参见 Sindell v. Abbott Laboratories. p.607, 2d, 924(1980)。

错误出生的损害赔偿责任及适当限制[*]

一、导言

由于医生的过失未能发现胎儿存在严重畸形或其他严重残疾,因而未能给予孕妇合理的医学建议,最终导致先天残疾儿童出生,由此产生的诉讼,在美国的审判实践中被称为"wrongful life""wrongful birth"之诉。"wrongful birth"通常被译为"错误出生"或"不当出生",是指"因医疗失误致使有缺陷的婴儿出生,其父母可提起诉讼,主张因过失的治疗或建议而使他们失去了避孕或终止妊娠的机会"。而通常被译为"错误生命"或"不当生命"的"wrongful life",冯·巴尔教授认为这是一个不幸的美国称呼。[①] 因为,"wrongful life"这个词,其实很容易让人误解,显然,不当的是过失,而不是原告的生命。但是,这个词太过普遍以至于不得不使用。[②]

错误出生之诉大概从 20 世纪 60 年代开始在美国频繁出现,经历了一个从被否定到被肯定的过程。从 1967 年美国新泽西法院的 Gleitman v. Cosgrove 案提出该问题以后,对于该类诉讼的争论就没有停止过,直到 1978 年 Becker v. Schwartz 一案中,错误出生得到支持。父母的损害赔偿请求逐渐得到了广泛的承认,截止到 2003 年 6 月,已有 28 个州承认了"不当出生"之诉,仅有 9 个州禁止此类诉讼。[③] 据估计,1973 年以来数千的"不当出生"之诉已经被提起,而且对父母可以起诉的出生缺陷没有限制。[④] 大陆法系国家如德国和法国,也在此后逐渐认可了错误出生的合法性。随着我国妇幼保健医疗水平的进一步提高,以 1995 年 6 月 1 日《母婴保健法》的实施为分水岭,与胎儿畸形相关的纠纷和诉讼呈明显的上升趋势。此类诉讼是因科技发展及社会伦理观念变迁而产生的,也是生殖医学科技发展所遇到的第一阶段性实体法

---

* 本文发表在《北方法学》2011 年第 2 期,合作者为中国社会科学院法学研究所王丽莎博士。

① 参见〔德〕克雷斯蒂安·冯·巴尔:《欧洲比较侵权行为法》(上),张新宝译,法律出版社 2004 年版,第 708 页。

② cf. Harriton (2006) 226 ALR 391, 392-5, 428 (Kirby J), where his Honour preferred 'wrongful suffering'.

③ 参见 Is Wrongful Birth Malpractice? June 20, 2003, http://www.cbsnews.com/stories/2003/06/19/60minutes/main559472.shtml。

④ 参见 Is Wrongful Birth Malpractice? June 20, 2003, http://www.cbsnews.com/stories/2003/06/19/60minutes/main559472.shtml。

上的法律空白问题。⑤ 在现有法制不尽完善的框架内,法律可以对这一介于法律与伦理的临界问题留有空白,但这种空白只应是暂时的。诚如托夫勒在《未来的冲击》中所说的,"越来越快的医学技术发展,发生了许多令人吃惊的哲学、政治、伦理和法律的问题,迫使我深刻改变目前的思维方式"⑥,法律也应当积极应对科技带来的对伦理和自身的冲击,基于人的生命价值及社会利益的平衡,在符合法妥当性、法伦理的情形下,设计解决此类问题中伦理与法律的冲突,合理分配产前保健服务偏误带来风险的分担机制。

二、我国侵权法引入错误出生概念的必要性

近年来,我国因产前检查存在偏差,先天残疾儿童的父母提起诉讼的案件逐渐增多,不过大多以医疗事故损害赔偿为由提起诉讼,且原告往往既有孩子,又有孩子的父母⑦,类似于美国错误生命与错误出生的混合。从法院判例来看,有的法院不承认此类诉讼;有的法院以违反医疗合同为由进行判决,如在四川省崇州市人民法院宣判的因接受试管婴儿保胎及孕期保健服务而引发的医疗服务合同纠纷案中,法院的判决理由如下:"按照《中华人民共和国母婴保健法实施办法》及《产前诊断技术管理办法》的相关规定,被告应书面建议李某进行产前诊断,即对胎儿进行先天性缺陷和遗传性疾病的诊断,但被告未履行该法定义务,故被告对原告的损失存在一定的过错。"⑧有的法院以被告方应承担侵权责任来结案,如漳州市法院判决文女士生下肢残儿一案,二审法院经审理认为:"医院的行为符合侵权责任的构成要件,应承担赔偿责任。"⑨理论上,对此类责任的称谓也不尽相同,多数采用错误出生的概念,不过,有人是在自己理解的基础上使用"错误出生"的概念,实质与英美法中 wrongful birth 并非同一概念。⑩ 也有学者将其称之为"医师违反产前诊断义务的赔偿责任"。⑪ 笔者认为,"违反产前诊断义务"的说法值得商榷。产前诊断和产前检查其实是两个概念,《母婴保健法》第17条规定:"经产前检查,医师发现或者怀疑胎儿异常的,应当对孕妇进

---

⑤ 参见林健、薛贵滨:《错误生命之诉的法理分析——兼论父母的知情权》,载《法律与适用》2006年第10期,第3—7页。

⑥ 参见黄丁全:《医疗法律与生命伦理》,法律出版社2007年版,杨春洗所作推荐序第1页。

⑦ 北京市第一中级人民法院民事判决书〔(2008)一中民终字第14367号〕、北京市西城区人民法院民事判决书〔(2007)西民初字第1684号〕,都是孩子及其父母为原告或上诉人,起诉医院存在过失没有检查出孩子有先天残疾,而被生产。

⑧ 载新华网,www.XINHUANET.com,2005年07月13日访问。

⑨ 房绍坤、王洪平:《论医师违反产前诊断义务的赔偿责任》,载《华东政法学院学报》2006年第6期。

⑩ 题目中的"'错误'出生",并非美国法中的特指的"不当出生"诉讼,而是描述了一个事实,即医生未尽检查和告知义务,母亲以为胎儿健康,最后生产出来,却发现新生儿带有先天缺陷。参见易奕:《论先天缺陷儿"错误"出生的法律救济》,中国政法大学2007年民商法学硕士研究生论文,第3页。

⑪ 房绍坤、王洪平:《论医师违反产前诊断义务的赔偿责任》,载《华东政法学院学报》2006年第6期,第4页。

行产前诊断。"如果经过产前检查,医师没有发现或怀疑胎儿异常,就不会进入到产前诊断阶段。产前检查是妇产科对孕妇的常规检查,以 B 超为主,孕晚期辅以双手合诊,主要检查胎儿是否为宫内孕(排除宫外孕)、胎儿是否为活体、胎儿发育是否正常(排除无脑儿、肢体残疾)、羊水质量(质的清浊和量的多少提示胎儿发育情况,是否需要做进一步的产前诊断)以及胎儿胎位是否有异常。[12] 根据卫生部 2002 年印发的《开展产前诊断技术医疗保健机构的设置和职责》的规定,开展产前诊断的医疗保健机构,必须有能力开展遗传咨询、医学影像、生化免疫和细胞遗传等产前诊断技术服务,并且经过省级卫生行政部门许可。北京市 2007 年才有 5 家医院可以开展产前诊断技术[13],不少非省会的地级城市里,甚至没有能够开展产前诊断技术的医疗机构。因此,我国现有提起的类似诉讼,多以产前检查中 B 超检查出现错误造成未发现肢体残缺、颜面畸形(如唇腭裂)及单双胎混淆为主,将其称之为"违反产前诊断义务"不仅不妥,甚至会导致患者上诉的同时,要求追究医院无资质实施产前诊断责任的情形[14],加剧医患之间的矛盾与对立。

在解决此类诉讼时,基本存在两种法律途径:一是以英国、美国为代表的英美法系国家,将错误出生放在侵权法中,作为过失侵权行为概念下的具体类型,以分析过失侵权的要件,尤其是损害要件是否具备为基点展开。二是在大陆法传统的国家和地区,常常首先考虑适用合同法解决,以合同的不完全给付为依据判决被告向原告做出赔偿,这一点在德国尤为突出。德国契约高度发达,通常以契约上的请求权来处理不当出生的案件。父母"可以依契约的不完全给付获得赔偿",德国联邦高等法院在一个判决中,父母得依债务不履行请求为过失行为的医师赔偿抚养此缺陷儿比一般新生儿多出的额外费用,包括财务与劳力之付出。[15] 我国台湾地区朱秀兰诉医院"错误出生"案,台湾士林法院认定被告医院与原告朱秀兰间成立医疗契约,应依第 535 条后段规定,负善良管理人的注意义务,被告医院应就其医生的过失与自己过失负同一责任,而依不完全给付债务不履行规定,负损害赔偿责任。[16] 大陆法系也有不少国家选择侵权法的途径。在法国的错误出生诉讼中,父母既可以医院或医生违反医疗合同为由请求赔偿,也可以根据《民法典》第 1382 条关于过错侵权责任的一般条款来索赔。[17]

---

[12] 此信息来源于一位从事妇产科临床工作 32 年的医师。
[13] 参见《北京市卫生局只批准 5 家医院有"产前诊断"资格》,载贵宾医疗网,http://www.vipmed.com.cn/Html/jingwaiyiliao/jingwaishengyu/banliliucheng/71881642279385.html,2010 年 5 月 20 日访问。
[14] 参见《东莞全市医院不具"产前诊断"资格》,载新浪网,http://news.sina.com.cn/c/2010-02-10/005317072795s.shtml,2010 年 5 月 20 日访问。
[15] 参见[德]马克西米利安·福克斯:《侵权行为法》,齐晓琨译,法律出版社 2006 年版,第 20 页。
[16] 参见王泽鉴:《侵权行为法·基本理论·一般侵权行为》,中国政法大学出版社 2001 年版,第 140—141 页。
[17] See A. M. Duguet, "WrongfulLife: The RecentFrench CourDe Cassation Decisions", *European Journal of Health Law* 9, 2, p.141,转引自张学军:《错误的生命之诉的法律适用》,载《法学研究》2005 年第 4 期。

我国大陆在处理医疗纠纷的诉讼时,通常主张构成违约和侵权的竞合,由原告择其一进行诉讼,不过,实践中基本以侵权责任的追究为主。也就是说,处理此类诉讼,我国具有以侵权法为救济途径的传统。

尽管多数国家和地区司法上已经认可错误出生之诉,但是,理论界一直有不同的声音从责任构成和法律政策两个方面否认错误出生诉讼的合法性。[18] 而实际上,某一过失行为是否产生侵权责任,主要是一个法律构成问题。侵权责任构成要件的主要功能是"控制"侵权责任的构成,防止滥课侵权责任,导致侵权责任的泛化和无度。立法在设置侵权责任的构成要件时,已经融入了适当的甚至是比较严格的社会政策考量,在法律构成之外再考量其他的社会政策,在某种程度上讲是司法对立法的僭越,是不恰当的。因此,我们应立足于侵权责任的一般构成,而非侵权责任构成之外的其他社会政策来判定这类诉讼是否构成侵权法上的损害赔偿责任。[19] 笔者认为,错误出生诉讼应当在侵权法理论中得到肯认,作为医疗损害赔偿责任的一个类型。但是,如果以现有的"医疗事故损害"或《侵权责任法》统一的"医疗损害赔偿责任"命名该类诉讼,将无法体现错误出生诉讼与一般医疗损害赔偿责任的区别。在医师因过失未能诊断出胎儿的状况之前,已经悲惨地注定了这个胎儿将有严重的先天性疾病,该疾病并非基于医师的医疗行为而产生,而是来自于父母的遗传基因或本身的畸形所致,医师的过失仅仅在于违反注意义务而未能诊断出胎儿的严重先天性疾病,得出胎儿发育正常的错误产检报告,正是这一点使此类诉讼与普通的胎儿侵权损害赔偿区别开来。[20] 而错误出生的概念已经深入人心,作为一个专有名词,世界各国理论和司法实务都理解其内涵。因此,笔者认为,我国在侵权法中首先应当肯认错误出生的合法性,其次,应当直接引入错误出生的概念,将"错误出生损害赔偿责任"作为此类案件统一的诉由,而无需刻意将其中国化为某一个其他的概念。

三、我国错误出生赔偿责任的成立与免责

(一)错误出生赔偿责任的构成要件

我国《侵权责任法》中,医疗损害责任是以过失责任、过失推定和无过失责任三个归责原则为一个统一的系统。其中,医疗技术过失以过失责任为主,辅以法律明确规定的例外(《侵权责任法》第58条);医疗伦理过失采过失推定原则;医疗产品责任采无过失责任。错误出生赔偿责任中,医疗机构及其医务人员应当尽到产前检查和产前诊断的诊疗注意义务,由此产生的过失属于医疗技术过失,应当适用过失责任原

---

[18] 参见房绍坤、王洪平:《医师违反产前诊断义务的赔偿责任》,载《华东政法学院学报》2006年第6期,第8页。

[19] 参见房绍坤、王洪平:《医师违反产前诊断义务的赔偿责任》,载《华东政法学院学报》2006年第6期,第10页。

[20] 参见陈忠五:《产前遗传诊断失误的损害赔偿责任》,载《台大法学论丛》第34卷第6期,第111页。

则。因此,错误出生赔偿责任的构成要件分别为:

1. 违法行为

违法行为,是指公民或者法人违反法定义务、违反法律所禁止而实施的作为或不作为。[21] 我国《人口与计划生育法》《母婴保健法》《母婴保健法实施办法》《产前诊断技术管理规定》等法律法规,对医师在产前检查、产前诊断过程中的注意义务进行了具体而明确的规定。这些义务关涉我国人口质量和民族素质的提高,医疗机构及医务人员违反这些法定义务,没有检查出或者没有按照法律的相关规定提供医学建议或意见,就具有违法性。违法行为的要件,学者基本上达成共识。

2. 损害事实

错误出生赔偿责任中,先天残疾儿童的出生是否构成损害,是争议最大的问题之一。否认错误出生者认为,"基于亲子关系间生理及伦理上的联系,婴儿不论是否为父母所计划出生,其出生均无法视为'损害'"。[22] 不过,更多的支持者主张,损害并不必然是孩子的出生,而是医师的过失对于患者被告知后作出决定的权利的侵害。[23]

损害事实,是指一定的行为致使权利主体的人身权利、财产权利以及其他利益受到侵害,并造成财产利益和非财产利益的减少或灭失的客观事实。损害事实由两个要素构成,一是权利被侵害,二是权利被侵害而造成的利益受到损害的客观结果。[24] 根据我国《母婴保健法》及其实施办法的规定,医疗保健机构应当为育龄妇女和孕产妇提供孕产期保健服务。对孕育健康后代以及严重遗传性疾病和碘缺乏病等地方病的发病原因、治疗和预防方法提供医学意见;对患严重疾病或者接触致畸物质,妊娠可能危及孕妇生命安全或者可能严重影响孕妇健康和胎儿正常发育的,医疗保健机构应当予以医学指导;经产前检查,医师发现或者怀疑胎儿异常的,应当对孕妇进行产前诊断;医师发现或者怀疑育龄夫妻患有严重遗传性疾病的,应当提出医学意见;限于现有医疗技术水平难以确诊的,应当向当事人说明情况。育龄夫妻可以选择避孕、节育、不孕等相应的医学措施等。[25] 民法中的权利和义务所指称的是同一个法律关系的内容,二者的区别只在于主体的不同。法律对医疗机构进行义务性规范的同时,即是对患者相关权利或利益的宣示。学界有将患者的该项权利称为生育选择权,笔者认为将患者在产前检查和产前诊断中的权利或利益称为生育选择权,范围过窄。从字面意思上看,生育选择权应当指的是对于先天残疾的孩子,患者有选择生或不生的权利。实际上,患者不仅对先天残疾儿有选择生或不生的权利,还有得到医疗机构适当的产前医学意见、产前检查和产前诊断服务的权利,因此,笔者认为,患者享有的

---

[21] 参见杨立新:《侵权法论》,人民法院出版社 2005 年版,第 161 页。

[22] 王泽鉴:《侵权行为法》(第一册),中国政法大学出版社 2001 年版,第 142 页。

[23] Christy Hetherington, "Rhode Island Facing the Wrongful Birth/Life Debate: Pro-disabled Sentiment Given Life", 6 ROGER WILLIAMS U. L. REV. 565, 569 (2001).

[24] 参见杨立新:《侵权法论》,人民法院出版社 2005 年第 3 版,第 169 页。

[25] 参见《中华人民共和国母婴保健法》第 14—18 条,《中华人民共和国母婴保健法实施办法》第 17、20 条。

是获得适当产前保健服务的权益。这一权益,并非《侵权责任法》第2条所列举的民事权利,而是属于《侵权责任法》所保护的民事利益范畴。《侵权责任法》所保护的民事利益的确定,可以采取德国法的方法,凡是法律已经明文规定保护应当保护的合法利益,应当是《侵权责任法》保护的范围;故意违反善良风俗致人利益损害的行为,是《侵权责任法》调整的范围。[26]

错误出生赔偿责任中,产下先天畸形儿的父母本来享有获得适当产前保健服务的权益,但由于医疗机构没有适当履行自己的义务而造成受害人的上述权益受到侵害;因该权益的侵害导致受害人产下患有先天残疾的孩子,造成受害人的精神痛苦和额外的养育负担,患者的人格利益和财产利益都受到了损害。这两个因素是侵权法中损害事实的构成要素。

3. 因果关系

违法行为与损害事实之间的因果关系,是成立侵权行为构成的因果关系要件。[27]医疗机构的违法行为与患者的损害事实之间有无因果关系,也是错误出生赔偿责任的一个争议颇多的问题。对具有直接因果关系的情况,可以适用直接原因规则。但是,通常情况下,因果关系是比较复杂的,目前通说多采相当因果关系说。王伯琦先生对于相对因果关系有精辟的阐释:"无此行为,虽不必生此损害,有此行为,通常即足生此种损害者,是为有因果关系。无此行为,必不生此种损害,有此行为,通常亦不生此种损害者,即无因果关系。"[28]错误出生赔偿责任中,如果没有医疗机构违反法律规定,未适当履行法定产前检查、产前诊断义务的行为,患者获得适当产前保健服务的权益就不会受到侵害;而因为有医疗机构的违法行为,则导致患者的权益受到侵害,产下先天残疾儿,造成患者财产和精神上的损害。因此,医疗机构的违法行为与患者受到的损害事实之间,存在相当因果关系。

4. 过失

《侵权责任法》第57条规定:"医务人员在诊疗活动中未尽到与当时的医疗水平相应的诊疗义务,造成患者损害的,医疗机构应当承担赔偿责任。"错误出生赔偿责任的过失判断也应以当时的医疗水平为标准。医疗水平理论是日本最高裁判所1982年高山红十字医院案判决正式确立的判断医生注意义务的标准,医疗水平是指安全性和有效性已经得到认可并且已经成为诊疗当时的临床实践目标的诊疗行为。[29] 因此,医疗水平有两个构成要件,一是医疗行为的有效性和安全性被认可;二是已经被接纳为临床实践的目标。笔者认为,根据当时的医疗水平来判断医生在错误出生损害赔偿责任中,是否尽到了应尽的注意义务,应当将该注意义务类型化为产前检查的

---

[26] 参见杨立新:《〈中华人民共和国侵权责任法〉精解》,知识产权出版社2010年版,第31页。
[27] 参见杨立新:《侵权法论》,人民法院出版社2005年版,第187页。
[28] 王伯琦:《民法债编总论》,台北三民书局1956年版,第77页,转引自王泽鉴:《侵权行为法》(第一册),中国政法大学出版社2001版,第191页。
[29] 参见夏芸:《医疗事故赔偿法——来自日本法的启示》,法律出版社2007年,第117页。

注意义务和产前诊断的注意义务。

第一,产前检查的注意义务。产前检查目前已经是孕产妇的常规检查,基本上每个医院都会提供给孕妇人手一册《产前保健手册》,提醒告知孕妇孕期应注意的事项及应做的产前检查。根据我国现在的医疗水平,通过B超检查判断单双胎、是否有肢体较明显的残缺等,其有效性和安全性已经得到认可,且为临床实践普遍接受的医疗行为。对于该类注意义务的违反,患者只要基本证明医疗机构未尽到注意义务即可,也就是采用德国表见证据的规则,由医疗机构证明自己已经尽到了注意义务,只是由于胎儿位置或其他因素导致客观上不能发现胎儿畸形。

根据《母婴保健法》和《母婴保健法实施办法》的规定,医疗、保健机构发现孕妇患有下列严重疾病或者接触物理、化学、生物等有毒、有害因素,可能危及孕妇生命安全或者可能严重影响孕妇健康和胎儿正常发育的,应当对孕妇进行医学指导和下列必要的医学检查:严重的妊娠合并症或者并发症;严重的精神性疾病;国务院卫生行政部门规定的严重影响生育的其他疾病。医师发现或者怀疑患严重遗传性疾病的育龄夫妻,应当提出医学意见。经产前检查,医师发现或者怀疑胎儿异常的,应当对孕妇进行产前诊断。孕妇有下列情形之一的,医师应当对其进行产前诊断:羊水过多或者过少的;胎儿发育异常或者胎儿有可疑畸形的;孕早期接触过可能导致胎儿先天缺陷的物质的;有遗传病家族史或者曾经分娩过先天性严重缺陷婴儿的;初产妇年龄超过35周岁的。因此,医疗机构及其医务人员不仅要尽到产前检查的注意义务,发现或怀疑可能危及或影响孕妇健康和胎儿正常发育的情形,还负有指导和建议其进行产前诊断的告知义务。如果没有尽到告知义务,医疗机构也具有过失。但是如果患者故意隐瞒有关情况,造成医生无法得知其具有产前诊断的指征,医疗机构及其医务人员尽到注意义务的,不构成过失。

第二,产前诊断的注意义务。国外的错误出生通常是真正的产前诊断的问题,如最早的患了风疹而生下风疹病毒感染的孩子的案例,而我国目前的医疗技术水平决定了产前诊断技术尚未成为普及的医疗常规。根据《开展产前诊断技术医疗保健机构的设置和职责》的规定,必须是有能力开展遗传咨询、医学影像、生化免疫和细胞遗传等产前诊断技术服务,并且经过省级卫生行政部门许可的医疗保健机构才可以开展产前诊断技术。因此,如果没有资质的医疗机构开展产前诊断的,导致未能及时发现胎儿畸形或先天残疾的,医疗机构的行为因违反了法律的规定,应当被推定具有过失;如果有资质的医疗机构,其过失的判断则需结合当时的医疗水平加以认定。

(二)医疗机构的免责

卫生部2002年12月13日印发的《开展产前诊断技术医疗保健机构的基本条件》的文件中,指出:"各省开展产前诊断技术的医疗保健机构应提供的产前诊断技术服务包括:1.进行预防先天性缺陷和遗传性疾病的健康教育和健康促进工作。2.开展与产前诊断相关的遗传咨询。3.开展常见染色体病、神经管畸形、超声下可见的严重肢体畸形等的产前筛查和诊断。4.开展常见单基因遗传病(包括遗传代谢病)的诊断。5. 接受开展产前检查、助产技术的医疗保健机构发现的拟进行产前诊断的孕妇的转诊,对诊断有困难的病例转诊。6. 在征得家属同意后,对引产出的胎儿进行尸检及相关遗传学检查。7. 建立健全技术档案管理和追踪观察制度,信息档案资料保存期50年。"在我国实际已开展产前诊断的疾病,主要包括染色体病、特定遗传代谢病、可以进行DNA检测的遗传病、神经管畸形、有明显胎儿形态改变的先天畸形等。由于医疗条件和技术水平的不同,各地区医院所开展的产前诊断项目也有所区别。也就是说,目前,我国可以通过产前诊断技术进行产前诊断的遗传性疾病或先天缺陷是很少的。有数据显示,现在已经发现的单基因遗传病有数千种,但能用产前诊断方法检测疾病的还远远不足10%。[30]

即使是可以开展相关诊断技术进行检测的疾病,由于当前医疗水平的限制,不少诊断存在着大量的假阳性率和假阴性率。产前诊断的结果与仪器质量、最佳检查时间、检查者经验、孕妇腹壁厚薄、羊水量多少、检查所占用时间、胎儿自身发育情况、骨化程度、胎盘位置以及胎位等因素均有一定关系;而且,胎儿颜面部、肢体畸形种类繁多,受累部位亦多,形成原因复杂(包括高龄怀孕),导致颜面部、膝关节与肘关节以下的畸形不易被发现。如唇腭裂,也就是通常所说的"兔唇"畸形,能否通过产前诊断得出胎儿是否患有唇腭裂难度很大,而且与胎儿的体位、B超仪器的分辨率及医师的经验等有关;再如主要检查胎儿染色体异常的羊膜腔穿刺检查,最佳检查时间为孕17~24周,超过这一时间则可能对胎儿是否有染色体异常无法做出正确的诊断。

因此,笔者认为,依据当前的医疗水平,无法通过产前检查、产前诊断发现遗传性疾病或先天畸形的,医疗机构不具有过失,不承担损害赔偿责任。

四、错误出生的损害赔偿责任确定与适当限制

(一) 错误出生的损害赔偿责任的确定

对于错误出生的损害赔偿,为先天残疾儿疾病需要而支出的特别抚养费往往能得到两大法系主要国家的认可,但是对于作为一般抚养费的生活费和精神损害赔偿是否属于赔偿范围,不同国家有不同认识。美国法院不认可一般抚养费,不过,同意在合理可预见的范围内给予精神损害赔偿,这是因为可以预见一位母亲因其堕胎权受到侵害而生下残疾子女将会产生精神痛苦,并且在抚养一个残疾子女的过程中也会产生精神痛苦。[31] 德国联邦高等法院在一个判决中,肯定因医师过失而生出缺陷儿的父母得依债务不履行请求该医师赔偿抚养此缺陷儿比一般小孩多出的额外费用,

---

[30] 参见贺晶、温弘:《远离出生缺陷之产前诊断》,载中国育婴网2008年9月17日,2010年7月15日访问。

[31] 参见宋克芳:《计划外出生先天缺陷儿之民事损害赔偿责任研究》,台湾成功大学2005年硕士研究生论文,第22页。

包括财务与劳力之付出。㉜同时,因为德国以违约责任追究医疗机构的责任,所以,不认可精神损害赔偿。法国在 Perruche 夫妇案后从立法上规定,因医师的重大过失未能发现胎儿的先天性疾病,使妇女产下有先天性疾病的小孩,该父母可以请求赔偿因此所必须支出的抚养费㉝,没有明确区分一般抚养费用和特殊抚养费用。

我国司法实务中,错误出生损害赔偿范围也各有不同,主要有下列几种情形:第一,判决赔偿医疗费和误工费,抚养孩子的各种费用(包括一般的和特殊的)由法院酌定医院承担比例,精神损害赔偿由法院酌定,然后不明确各类损害的具体数额,笼统判决一个赔偿总额。第二,判决赔偿抚养孩子额外支付的抚养费用、残疾辅助器具费用,及精神抚慰金 2 万元。第三,判决仅赔偿抚养孩子额外支付的费用,并主张残疾不是医院造成的,不予赔偿残疾器具等费用,精神抚慰金 6 万元。㉞ 第四,赔偿保健检查费和精神抚慰金 5 万元。㉟ 也就是说,错误出生损害赔偿责任中损害赔偿的范围在实践中是不确定的,理论上也没有明确的支持和指导意见。实际上,损害赔偿范围的争议其实是与因果关系密不可分的,侵权法为自己行为负责的传统理念要求,只有与医疗机构的违法行为有因果关系的损害才应得到赔偿。

(二)对错误出生进行适当限制的必要性

错误出生赔偿责任应当得到肯认,但是,损害赔偿的范围和数额应当在受害患者、医疗机构以及全体患者利益之间的平衡和博弈后进行适当的限制。如果对医疗机构课以过重的赔偿责任,一方面,医疗机构为了保护自己,必将在产前保健服务中开展防御性医疗,拒绝进行产前检查和产前诊断,或者增加全体孕妇产前检查和产前诊断的医疗费用负担;另一方面,在自负盈亏的情况下,医疗机构支付了巨额赔偿费用后,必将通过增加其他患者的医疗费用的方式来弥补,把风险转移给全体患者。法国著名的 Perruche 案中,最高法院民事庭第一合议庭双重肯定 Perruche 夫妇及 Perruche 自己本身对于医师有损害赔偿请求权,即该判决不但肯认其父母 wrongful birth 的损害赔偿请求权,同时也肯认缺陷儿 wrongful life 损害赔偿请求权。㊱ 此判决在法国国内掀起了轩然大波,引起学者与民众的示威。妇产科医师们因为担心其可能支付的赔偿费会剧增,纷纷以罢工和拒绝给妊娠妇女做产前诊断的方式对此判决做出

㉜ 参见刘永弘:《医疗关系与损害填补制度之研究》,台湾东吴大学 1996 年硕士研究生论文,第 150—151 页。

㉝ 参见侯英泠:《计划外生命与计划外生育之民事上赔偿责任之争议》,载《成大法学》第 4 期,第 186 页。

㉞ 参见北京市西城区人民法院民事判决书(2007)西民初字第 1684 号、北京市第一中级人民法院民事判决书(2008)一中民终字第 14367 号。

㉟ 参见《孕妇 11 次孕检正常产下畸形儿 医院被判赔偿 5 万》,载腾讯网,http://news.qq.com/a/20090314/000103.htm,2010 年 3 月 20 日访问。

㊱ 参见张民安:《现代法国侵权责任制度研究》,法律出版社 2003 年版,第 333—339 页。

反应。㊲ 在我国,如果对错误出生的损害赔偿责任处理不好,盲目增加赔偿数额,从表面上看,好像维护了妊娠妇女的合法权益,但从长远利益观察是不利的,最后这样的后果同样会产生。

治疗术法理学(Therapeutic jurisprudence)㊳提供了一个新的视角来研究错误出生。该理论的支持者主张,法律作为一种强制力将会给社会的每一个人的心理和生理健康产生实际的治疗性(therapeutic)和反治疗性(anti-therapeutic)的结果。法律应当鼓励治疗性结果,同时减少反治疗性结果。㊴ 他们还认为,法律应当被多种因素加以评估,但是,法律的治疗后果是重要且应被充分分析和探讨的。㊵ 从该理论出发,对于错误出生如何赔偿应当根据我国的实际情况,最大限度地实现对孩子及其家庭、医疗机构及产前保健医疗事业及整个社会的健康发展。因此,错误出生赔偿责任的损害赔偿应当遵循如下原则:

第一,应当体现医疗机构对自己违法行为造成的损害的补偿,实现侵权责任法的填补功能。医疗机构的违法行为,侵害了患者获得适当产前保健服务的权益,使得患者误以为孕育的是健康胎儿,而生产先天残疾儿童,给患者带来精神的痛苦和养育先天残疾儿童需支出的额外的费用负担。但是,不论身体是否健康,孩子的成长都会带给父母相应的幸福和成就感,而且,养育先天残疾儿童需要支付的特殊教育费用,部分是因为孩子先天具有的残疾造成的,医疗机构的违法行为只是造成这种财产损害的原因之一。因此,应当根据原因力规则,医疗机构仅对自己原因造成的损害承担赔偿责任。

第二,应当避免社会对先天残疾儿童的歧视,维护残疾儿童的人格尊严。是否会引发社会对残疾人的歧视和人格尊严的侵害,是错误出生之诉受到否定的重要质疑。尽管在错误出生赔偿责任中,残疾儿童的出生本身不是损害,赔偿的是医疗机构的违法行为造成的对孩子的父母民事权益的侵害,但是,很多学者和法官们认为肯认错误出生赔偿责任意味着对先天残疾儿童的歧视,将有损残疾人的人格尊严。这种说法有一定道理。因此,在损害赔偿的范围上,应当特别注意不引起社会对残疾人的歧视和人格的不尊重。

第三,应当避免对医疗机构课以过重的赔偿负担,保证产前检查、产前诊断技术的进步和发展。我国产前检查和产前诊断的技术与欧美国家相比落后很多,医学又是一门实践性特别强的学科,如果对医疗机构错误出生行为科以过重的赔偿责任,使

㊲ See France rejects, *Right not to be born*, http://news.bbc.co.uk/1/hi/world/eurper/1752556.stm, 10 January, 2002.

㊳ Therapeutic jurisprudence 被译为"治疗术法理学",参见〔美〕布赖恩·比克斯:《牛津法律理论词典》,邱昭继等译,法律出版社 2007 年,载 http://www.yadian.cc/weekly/list.asp? id = 27593,最后访问时间 2010 年 5 月 30 日。

㊴ See Bruce J. Winick, *Therapeutic Jurisprudence Applied: Essays on Mental Health Law* 3 (1997). at 3.

㊵ See David B. Wexler & Bruce J. Winick, *Introduction to Law In a Therapeutic Key: Developments In Therapeutic Jurisprudence* xvii, xvii (David B. Wexler & Bruce J. Winick eds., 1996).

其无法负担,医疗机构或者将过重的赔偿责任转嫁给全体患者,或者采取防御性医疗行为,拒绝进行产前检查和产前诊断,阻碍医学界探索新的产前诊断技术的进程,最终将由全体人民负担其严重后果,造成大量因技术落后而产生的先天残疾儿,影响整个社会人口质量的提高和民族素质的进步,损害全体妇女的利益,损害全民族的利益。

(三)错误出生的具体赔偿范围及适当限制办法

因此,笔者认为,对错误出生损害赔偿责任加以限制,应当从损害赔偿的范围和因果关系两个方面进行。

1. 损害赔偿范围的确定和限制办法

损害依其在实现损害赔偿权利过程中所扮演的角色不同,可分别从责任成立与责任范围两个不同层次加以观察。所谓责任成立层次上的损害,是指权利或利益被侵害本身所生的不利益,亦即权利或利益归属主体因责任原因事实的存在而抽象地无法圆满享有或行使其权利或利益的内容。责任范围层次上的损害,则是指权利或利益被侵害后所衍生的结果或因而丧失的利益,亦即权利或利益归属主体因权利或利益被侵害而具体地蒙受某种财产上或非财产上的不利益。权利或利益被侵害及权利或利益被侵害后是否衍生各种不利益,理论上通常相伴而生,但实际不一定恒属如此。没有权利或利益被侵害,固然不发生是否衍生各种不利益的问题。但有权利或利益被侵害,并不当然一定会衍生各种不利益,换言之,责任成立上的损害,发生责任范围上损害的前提是受害人欲请求损害赔偿,以有权利或利益被侵害为必要。但被害人虽有权利或利益被侵害,不见得受有责任范围上的损害。[41]

在错误出生赔偿责任中,医疗机构侵害了患者民法上的何种权利或利益,是该责任成立的损害问题。英美法系国家的法官、学者们对此问题的意见较为一致,认为产前诊断失误案件中医师侵害了父母的堕胎权或生育自主决定权。笔者认为,英美法系法官可以造法,他们可以判例确定一项民事权利,而我国的侵权责任法虽然吸收了英美法系的不少经验,但最终还是在大陆法系的基础理论上展开的。因此,在我国,与其凭空创设一种权利并等待法律的认可,不如以法益加以明确说明,即主张是对患者获得适当产前保健服务的权益的侵害。

责任范围上的损害分为财产损害与精神损害:

(1)财产损害赔偿

在具体的赔偿范围选择上,国外立法例存在以下四种可能的选择方法:第一,父母可就怀孕费用和抚养费用请求全部赔偿,并且该赔偿额的确定不会因为孩子的出生为父母带来了精神利益而有所减少。第二,允许父母提起全部赔偿的诉讼请求,但其最终获得的赔偿额须扣除因孩子的出生而给父母带来的所有精神利益。第三,仅赔偿怀孕费用和额外的残疾费用。怀孕费用可获得全额赔偿,但抚养费用的赔偿额

---

[41] 参见陈忠五:《产前遗传诊断失误的损害赔偿责任》,载《台大法学论丛》第34卷第6期,第136页。

仅限于因孩子残疾而导致的额外抚养费用。所谓的额外费用,是指相对于一个非残障的正常人而言需要付出的额外生存成本。第四,仅赔偿怀孕费用。㊷ 患者因获得适当产前保健服务的权益受到侵害的财产损害,主要为怀孕费用与抚养费用的支出。

怀孕费用是指因怀孕而导致的疼痛、痛苦和经济损失,具体包括母亲基于对错误产检报告而继续怀孕期间的医疗费用、孕妇服装费用、怀孕期间的收入损失等。但是,怀孕费用范围应做合理的界定,不能将整个怀孕期间所产生的全部费用均作为损害。首先,时间上应限制为医疗机构第一次做出错误产检报告时起,至分娩结束时止;其次,范围上应主要是医疗费用,抚养费用、收入损失等不应计算在内。

抚养费用有一般抚养费用及特别抚养费用之分。一般抚养费用是为人父母所应尽的义务,王泽鉴先生认为:"为适当限制医生的责任,鉴于养育子女费用及从子女获得利益(包括亲情及欢乐)之难于计算,并为维护家庭生活圆满,尊重子女的尊严,不将子女之出生视为损害,转嫁于第三人负担抚养费用,而否定抚养费赔偿请求权,亦难谓无相当理由。"㊸因此,一般抚养费用不得要求赔偿。特别抚养费用是指抚养权利人因年龄、身体等特殊状况所需支出的费用,即因小孩的严重先天性疾病所需要支出的医疗费、人工照顾费、残疾用具费以及特殊教育费等费用。特殊抚养费用的损失必须赔偿,赔偿的基本原则是客观标准,因此,在计算原告的损害赔偿数额时,应当以在通常情况下必要、合理的费用为限。

(2)精神损害赔偿

父母是否有权请求精神损害赔偿,主要涉及对受害人所受损害的权利属性的界定问题。《侵权责任法》第22条规定:"侵害他人人身权益,造成他人严重精神损害的,被侵权人可以请求精神损害赔偿。"父母享有的获得适当产前保健服务的权益,既包含财产权益,同时,因其对孕妇及胎儿人身利益的影响而更多的具有人身权益性。笔者认为,错误出生损害赔偿责任应当对精神损害予以赔偿。但是,非财产上的损害主观色彩过分浓厚,衡量损害的范围难有绝对客观的标准。其性质在德国法上认有慰抚的作用,在法国法上认有惩罚的作用。然而,不问作用如何,都应当在赔偿义务人所能负荷的极限内,均不能超越赔偿义务人所能负荷的极限。㊹ 因此,笔者认为,错误出生损害赔偿责任的精神损害赔偿不宜过高,应当设置最高限额,按照东西部地区不同,分别不超过5万元、10万元人民币为宜。

2. 因果关系及原因力规则的具体适用

在两大法系广泛运用因果关系二分法的今天,因果关系的认定先是对于事实上因果关系的认定,再是依据法律政策考虑事实上的原因是否成为最终负责的原因。原因力的判断贯穿了事实因果关系和法律因果关系认定的整个过程,事实上的认定

㊷ See Dean Stretton, "The Birth Torts: Damages for Wrongful Birth and Wrongful Life", *Deakin Law Review*, Volume 10 No. 1 2005, p. 322.

㊸ 王泽鉴:《侵权行为法》(第一册),中国政法大学出版社2001年版,第144页。

㊹ 参见曾世雄:《损害赔偿法原理》,中国政法大学出版社2001年版,第394页。

与价值上的评判自然也随之而来。原因力一旦承载了确定责任的有无和明确责任范围的任务,也就无可避免地要兼有事实性与价值性、客观性与主观性的特质。[45] 原因力理论中的原因可以是单个原因,也可以是数种原因。在单个原因致损的情况下,原因力的考察主要停留于归责阶段,即通过对各种相关因素的原因力有无的甄别,筛选出某个具有事实原因力的原因、成立责任;此后的责任范围的确定阶段,由于该原因对损害结果具有100%的作用力,原因力所起作用并不显著。而在数种原因致损时,原因力的考察贯穿了归责和责任分担两个阶段的始终,原因力的作用主要表现在第二阶段即法律原因力的比较。[46] 错误出生损害赔偿责任中,从责任成立的层面上,医疗机构主观有过错的违法行为是造成患者合法权益受损的原因,医疗机构的违法行为与患者的损害之间有因果关系,因此,医疗机构应当承担相应的损害赔偿责任。但是,患者的财产损害和精神损害并不是由医疗机构的违法行为一个原因造成的,在损害赔偿范围的界定中,还需要充分比较各类原因的原因力。

(1)胎儿先天残疾的事实

胎儿的先天残疾在错误出生损害赔偿责任中,可以类推适用"蛋壳脑袋规则"。伤害了健康状况本来就不佳的人不能要求假设受害者是健康时的法律处境。倘若被告敲击了脑壳如鸡蛋壳般薄的人,则即使他不可能知道受害人的这一特殊敏感性也必须为此损害承担赔偿责任。[47] 医疗机构违反了注意义务,侵害了受害人的合法权益,但是,如果患者孕育的胎儿没有如此严重的先天残疾,就不会造成患者的精神痛苦和财产损害。正如"蛋壳脑袋规则"要求加害人承担赔偿责任的同时,也要考虑受害人自身特殊体质的原因力一样,在错误出生损害赔偿责任中,要求医疗机构承担损害赔偿责任时,也要根据医疗机构违法行为的原因力来确定赔偿的比例。这是行为与非人力原因结合造成的侵权行为,责任范围的确定以及责任的分担,只涉及加害人一方的过错问题,只需要进行法律原因力的比较即可。为了促进我国医疗诊断技术的发展,衡平受害患者、医疗机构及全体患者之间的利益,应当针对不同的医疗机构、根据不同的情形,做出如下政策性选择:

第一,没有取得产前诊断许可的一般医疗机构,只能实施产前检查及有条件地实施产前筛查医疗行为。此类医疗机构违法实施产前诊断行为或遗传咨询行为,产生错误出生损害赔偿责任的,其违法行为对损害发生的原因力为100%;开展21三体综合征和神经管缺陷产前筛查的医疗保健机构必须设有妇产科诊疗科目,没有妇产科科目擅自实施上述产前筛查的,其违法行为对损害发生的原因力为100%;开展上述

---

[45] 参见杨立新、梁清:《原因力的因果关系理论基础及其具体应用》(本书第1490页),载《法学家》2006年第6期,第105页。

[46] 参见杨立新、梁清:《原因力的因果关系理论基础及其具体应用》(本书第1490页),载《法学家》2006年第6期,第106页。

[47] 〔德〕克雷斯蒂安·冯·巴尔:《欧洲比较侵权行为法》(下),焦美华译,张新宝审校,法律出版社2001年版,第580—581页。

产前筛查的医疗机构,应当与开展产前诊断技术的医疗保健机构建立工作联系,保证筛查阳性病例在知情选择的前提下及时得到必要的产前诊断,如果因为没有建立必要的工作联系,导致患者没有及时得到相应的产前诊断而产下先天畸形儿的,医疗机构违法行为的原因力为70%;产前检查保健服务中,经过问诊发现初产妇年龄超过35周岁、有遗传病家族史或者曾经分娩过先天性严重缺陷婴儿、孕早期接触过可能导致胎儿先天缺陷的物质的,或者已经查出羊水过多或过少,医师却没有提出产前诊断医学建议的,其违法行为对损害发生的原因力为80%;依据当时的医疗水平,并结合地域及医疗机构和医师的资质,很容易检查出的异常或可疑畸形却由于过失没有发现,或者产前检查结果异常,医疗机构应当提出产前诊断建议但过失没有提供的,医疗机构违法行为的原因力在70%以上。

第二,取得产前诊断许可的医疗机构,可以开展产前检查、遗传咨询、21三体综合征和神经管缺陷产前筛查以及产前诊断。根据卫生部《〈产前诊断技术管理办法〉相关配套文件》的规定,该类医疗机构的仪器条件和医师的资质等方面,需要满足比一般医疗机构更高的要求,因此,通常被信赖能为患者提供较之一般医疗机构更好的产前保健服务,其产前保健服务中的注意义务也比一般医疗机构更高。在产前检查中,经过问诊发现初产妇年龄超过35周岁、有遗传病家族史或者曾经分娩过先天性严重缺陷婴儿、孕早期接触过可能导致胎儿先天缺陷的物质的,或者已经查出羊水过多或过少,医师却没有提出产前诊断医学建议的,其违法行为对损害发生的原因力可视为100%;依据当时的医疗水平,并结合医疗机构和医师的资质,很容易检查出的畸形却由于过失没有发现,或者产前检查结果异常,医疗机构应当提出产前诊断建议但过失没有提供,医疗机构违法行为的原因力应当在80%以上。遗传咨询中,通过全面采集信息遗传咨询人员根据确切的家系分析及医学资料、各种检查化验结果,诊断咨询对象是哪种遗传病或与哪种遗传病有关,单基因遗传病还须确定是何种遗传方式。然后,对遗传病再现风险进行估计,根据子代可能的再现风险度,建议采取适当的产前诊断方法,充分考虑诊断方法对孕妇和胎儿的风险等。在此过程中,医疗机构没有尽到应尽的注意义务,造成损害后果的,其违法行为的原因力80%以上。三体综合征和神经管缺陷产前筛查中,通常孕期血清学筛查可以筛查出60%~70%的唐氏综合征患儿和85%~90%的神经管缺陷,医疗机构的违法行为的原因力应在51%~80%之间。产前诊断行为可为两种情形:一是其他产前检查机构怀疑或发现了需要产前诊断的情形,建议患者到产前诊断机构进行产前诊断,产前诊断机构有过失没有发现胎儿畸形的;二是直接在本医疗机构就诊,医师怀疑或根据产前检查结果发现需要进行产前诊断的情形。依据当时的医疗水平很容易诊断出的先天畸形,医疗机构违法行为的原因力应当在80%以上;依据当时的医疗水平存在较大假阳性、假阴性率的,医疗机构违法行为的原因力根据假阳性、假阴性率的不同在51%~80%之间。

(2)患者故意隐瞒或提供虚假信息

由于我国传统婚恋、生育观念的影响,患者在就诊时可能出于各种考虑,没有将自己的实际情况如实告知医疗机构,误导医疗机构做出错误的诊断。根据《侵权责任法》第60条第1款第(一)项的规定,患者或者其近亲属不配合医疗机构进行符合诊疗规范的诊疗,医疗机构不承担赔偿责任,但是,第2款也规定,前款第(一)项情形中,医疗机构及其医务人员也有过错的,应当承担相应的赔偿责任。这其实是对医疗损害赔偿责任中与有过失制度的一种倒装的表达。医疗机构过失发生违法行为,造成患者损害的,如果患者或其近亲属不配合医疗机构进行复核诊疗规范的诊疗的,患者的行为和医疗机构的违法行为之间对损害的发生有不同的原因力。当然,这个原因力的判断是在医疗机构的违法行为与先天残疾事实进行比较后,对医疗机构违法行为与患者及其家属的不配合行为之间的原因力比较。

论医疗过失损害赔偿责任的
适当限制规则[*]

对医疗过失损害赔偿责任是否要进行适当限制？这是侵权责任法中的一个重大理论问题和实践问题，也是关系到全民健康的社会问题。在制定《中华人民共和国侵权责任法》中规定医疗过失责任，必须对此提出一个正确的解决办法，确定其是否为一个规则。对此，2008年7月2日由全国人大常委会法工委民法室召开的医疗侵权责任研讨会上，很多学者、专家提出了自己的意见。为了进一步说明笔者的看法，遂撰此文，就教于方家。

一、我国对医疗过失损害赔偿责任进行限制的做法和根据

在医疗过失侵权责任中，如何确定赔偿责任，始终是各界极为关注的一个问题。对此，政府及主管部门始终强调确定医疗机构的赔偿责任应当适当，不能超过其所能够负担的限度；但社会各界则始终强调医疗机构在赔偿责任上不能特殊，应当承担与人身损害赔偿标准相一致的赔偿责任。

（一）我国政府及主管部门的一贯意见是医疗过失损害赔偿责任应当予以限制

在医疗过失行为的赔偿责任上，我国政府及主管部门始终坚持采取限制赔偿的做法。这体现在国务院1986年6月29日公布实施的《医疗事故处理办法》和2002年4月4日公布、2002年9月1日施行《医疗事故处理条例》关于医疗机构赔偿责任的具体规定上。

《医疗事故处理办法》第18条明确规定："确定为医疗事故的，可根据事故等级、情节和病员的情况给予一次性经济补偿。补偿费标准，由省、自治区、直辖市人民政府规定。"按照这一规定，各省级人民政府分别制定了医疗事故处理办法实施细则，规定自己的赔偿标准。略举3例：(1)《天津市医疗事故处理办法实施细则》第19条规定："确定为医疗事故的，由医疗单位、个体开业医生、乡村医生给予病员或家属一次性经济补偿。其标准为：一级医疗事故：补偿3 000元至4 000元。未满三周岁的婴

---

[*] 本文发表在《法学论坛》2008年第6期。

幼儿为 1 000 元;新生儿为 700 元。二级医疗事故:补偿 3 000 元至 5 000 元。三级医疗事故:补偿 2 000 元至 3 000 元。未满三周岁的婴幼儿为 700 元;新生儿为 500 元。"(2)《北京市医疗事故处理办法实施细则》第 26 条规定:"确定为医疗事故的,根据事故等级、病员情况及其家庭经济状况给予受害者一次性经济补偿。经济补偿费标准:一级医疗事故,人民币 4 000 元至 6 000 元;二级医疗事故,人民币 5 000 元至 8 000 元;三级医疗事故,人民币 3 000 元以下。"(3)《上海市医疗事故处理办法实施细则》第 30 条规定:"确定为医疗事故的,可根据事故等级和病员的情况给予一次性补偿。补偿费标准如下:(一)一级甲等医疗事故中,死者系 16 周岁以上者,补偿 4 000 元;未满 16 周岁或依靠他人赡养的老人,补偿 3 000 元;未满 6 周岁的儿童补偿 2 000 元;1 周岁以下的婴儿补偿 1 000 元。一级乙等医疗事故,按一级甲等医疗事故同类情况补偿费的 70% 补偿。(二)二级甲等医疗事故中,病员为植物人、昏迷(临床确认不可恢复者)、痴呆者补偿 5 000 元,其他补偿 4 000 元;二级乙等医疗事故,补偿 3 000 元。(三)三级甲等医疗事故,补偿 1 500 元;三级乙等医疗事故补偿 800 元。"该赔偿标准于 1993 年 12 月 13 日修正为:"(一)一级甲等医疗事故中,死者系16周岁以上者,补偿 4 000 元至 15 000 元,其中依靠他人赡养的老人,补偿 3 000 元至 12 000 元;6 周岁至 15 周岁者,补偿 3 000 元至 12 000 元;1 周岁至 5 周岁的儿童,补偿 2 000 元至 8 000 元;未满周岁的婴儿,补偿 1 000 元至 4 000 元。一级乙等医疗事故的补偿费,按一级甲等医疗事故补偿费的 70% 比例支付。(二)二级甲等医疗事故中,病员为植物人、昏迷(临床确认为不可恢复)者、痴呆者,补偿 5 000 元至 20 000 元;其他病员,补偿 4 000 元至 15 000 元。二级乙等医疗事故,补偿 3 000 元至 8 000 元。(三)三级甲等医疗事故,补偿 1 500 元至 4 000 元。三级乙等医疗事故,补偿 800 元至 2 000 元。"

  上述这样的一次性赔偿限额,即使是在 20 世纪 80 年代和 90 年代的物价水平,也是极低的赔偿标准,远远低于同期人身损害赔偿标准。1991 年,笔者在最高人民法院办理的林忆诉福州军区空军第二干休所人身损害赔偿案,确定的是当时最高的赔偿数额,达到 48 万元,伤害程度是高位截瘫,下肢丧失活动能力。[①] 与此相比,即使是上海市 1993 年修订的一次性赔偿标准,医疗过失的赔偿标准也显然过低,无法保障受害患者的合法权益。

  《医疗事故处理条例》(以下简称《条例》)修订中接受了各界的批评,改变医疗事故一次性赔偿为实际损失赔偿方法,第 50 条规定了具体的赔偿项目和标准。这个赔偿标准十分具体,分为 11 项分别作出规定,除了医疗费、误工费等赔偿基本上为实际损失赔偿外,关于精神损害抚慰金(即残疾赔偿金和死亡赔偿金)远远低于《国家赔偿法》确定的标准。其中一般的残疾赔偿为上年度职工平均工资的 20 倍,《条例》规定赔偿 3 年的事故发生地居民平均生活费;一般的死亡赔偿金为上年度职工平均工

---

① 该案参见杨立新:《侵权法论》,人民法院出版社 2005 年版,第 457 页。

资的20倍,《条例》规定赔偿6年的事故发生地居民平均生活费。这样的赔偿标准也远远低于司法实践中的人身损害赔偿标准。

《条例》公布不久,最高人民法院于2003年12月26日公布了《关于审理人身损害赔偿案件适用法律若干问题的解释》,明确规定了残疾赔偿金根据受害人丧失劳动能力程度或者伤残等级,按照受诉法院所在地上一年度城镇居民人均可支配收入或者农村居民人均纯收入标准,自定残之日起按20年计算。但60周岁以上的,年龄每增加1岁减少1年;75周岁以上的,按5年计算。死亡赔偿金按照受诉法院所在地上一年度城镇居民人均可支配收入或者农村居民人均纯收入标准,按20年计算。但60周岁以上的,年龄每增加1岁减少1年;75周岁以上的,按5年计算。并且规定,在承担了上述赔偿责任之后,还可以请求精神损害抚慰金。这个标准与《条例》确定的标准相差悬殊。②

再来看看最高人民法院的态度。2003年1月6日,最高人民法院发布《关于参照〈医疗事故处理条例〉审理医疗纠纷民事案件的通知》,确认"条例施行后发生的医疗事故引起的医疗赔偿纠纷,诉到法院的,参照条例的有关规定办理;因医疗事故以外的原因引起的其他医疗赔偿纠纷,适用民法通则的规定"。《条例》公布之后,最高人民法院面对这样的赔偿差距,仍然坚持原来的意见,因此,就出现了医疗侵权赔偿纠纷案件的所谓"双轨制",即医疗事故适用《条例》、其他医疗纠纷适用《民法通则》的规则。这个规定违背了最高人民法院在1991年做出的《关于李新荣诉天津市医学院第二附属医院医疗事故赔偿一案如何适用法律的复函》中可以适用《民法通则》关于人身损害赔偿规定处理医疗事故赔偿纠纷的意见,③引起了较多的批评。

我国政府一直限制医疗事故赔偿标准的理由归纳起来,主要有三点:第一,我国绝大多数医疗机构是公立医院,由国家拨款建设,对医疗事故承担赔偿责任必须适当。第二,我国医疗制度具有福利性,医院并不是市场经营,因此收费偏低,尤其是经过医疗制度改革,医院基本上是自收自支,无法承担过重的赔偿。第三,医疗事故造成受害患者的人身损害,并不是单一的医疗过失行为的原因所致,"医疗事故损害后果与患者原有疾病状况之间的关系"④复杂,要医疗机构承担过重的赔偿责任是不公平的。

对于医疗事故的这些特殊性,北京协和医院的刘宇做了更进一步的说明。他认为,医学是一门存在自身缺陷的技术,医学技术的使用在带来人们所期望的效果的同时也带来了所不期望的副作用,有时候医学技术可能并没有产生期望的效果却产生了具有重大危害性的不利后果,医疗技术由于其技术难度而增加了技术操作者犯错

---

② 对此,请参见杨立新:《医疗侵权法律与适用》,法律出版社2008年版,第144—145页。这里详细对比了两个规定之间的差别。
③ 关于这个批复的基本内容和分析,请参见杨立新:《医疗侵权法律与适用》,法律出版社2008年版,第157—158页。所谓《民法通则》关于人身损害赔偿的规定,是指《民法通则》第119条。
④ 《医疗事故处理条例》第49条第1款第(三)项规定的内容。

误的可能性。但是,医学又是基于受害者的利益而向受害者提供的缺陷技术服务,因此具有受害人和受益人同一性的特点,患者既是受害人也是受益人,是为了追求自身利益才容忍了技术缺陷,因此,无所谓牺牲,也没有必要得到法律照顾。⑤

(二)各界的反对意见

对于上述医疗行为特殊性及医疗过失损害赔偿应予限制的意见,社会一般层面并不接受。反对意见主要表现为两种:

一是认为医疗侵权无所谓特殊性,既然是侵权,就应当与其他侵权行为承担相同的赔偿责任,造成人身损害就应当按照人身损害赔偿司法解释规定的标准执行,不应当制定限制赔偿的特别规定。《条例》专门制定限制赔偿规则是不正确的,违反《民法通则》第119条的规定。⑥

二是认为医疗侵权确实存在特殊性,不承认是不对的,但是,作为侵权行为类型之一,即使医疗侵权具有特殊性,但对一般的人身损害赔偿项目也必须予以保障,不能因此而侵害受害患者的合法权益。⑦

应当看到的是,作为一般患者身份的广大群众,由于医疗侵权赔偿与自己的利益相关,因而比较倾向于第一种意见,而作为法律工作者的专业人员,则比较倾向于第二种意见。但在医学专业领域中,从业者更多地站在《条例》的立场,坚持医疗侵权的特殊性,主张少赔甚至不赔。例如前述刘宇的看法。

这些不同的意见,反映了我国《民法通则》《条例》和有关司法解释之间的矛盾。面对这种法律法规的冲突,受害患者在向法院起诉时就面临着选择,究竟是按照《条例》的规定向法院起诉医疗事故侵权,还是主张以《民法通则》第119条规定起诉医疗过错。司法机关没有采取有效措施解决这个法律法规的冲突,反而支持这样的做法,就形成了医疗事故适用《条例》,其他医疗赔偿纠纷适用《民法通则》的法律适用的"双轨制",因而受害患者更多地选择不进行医疗事故鉴定,而采取起诉医疗过错赔偿的方法救济损害。

地方各级法院面对这样的情况,多数是将错就错,走"双轨制"的路子。有的法院则实事求是地采取措施解决这个问题。例如北京市高级人民法院《关于审理医疗损害赔偿纠纷案件若干问题的意见(试行)》第21条规定:"确定医疗事故损害赔偿标准,应当参照《条例》第49条至第52条规定;如参照《条例》处理将使患者所受损失无法得到基本补偿的,可以适用《民法通则》及相关司法解释的规定适当提高赔偿数额。""确定一般医疗损害赔偿标准,应适用《民法通则》及相关司法解释的标准。"这种"适当调整"政策的基本精神是,一方面坚持"双轨制",另一方面如果医疗事故赔

---

⑤ 参见刘宇:《医学独特性与医疗侵权行为归责原则之讨论》,在2008年7月25日中国医院协会召开的"医疗侵权研讨会"上的书面发言。

⑥ 这是在2008年7月2日召开的"医疗侵权责任研讨会"上部分专家发言的基本立场,有些医院院长也认为没有必要限制赔偿,反而引起患者的不满。

⑦ 在本次会议上,多数专家采取这种立场。

偿按照《条例》规定的标准使患者所受损失无法得到基本补偿的,可以适用《民法通则》及相关司法解释的规定,适当提高人身损害赔偿数额。其中"适当调整"的办法,与最高人民法院《关于李新荣诉天津市医学院第二附属医院医疗事故赔偿一案如何适用法律的复函》提出的办法是一样的,是解决这个问题的权宜之计,能够较好地解决目前法律适用上的矛盾,但并不是一个永久的解决办法。北京市丰台区法院就邹某诉丰台医院案适用上述办法作出判决,取得了较好的社会效果。[⑧]

(三)医疗机构承担医疗过失责任应当适当限制但应采取适当办法

在做了以上分析之后,笔者的意见:对医疗过失损害赔偿责任采取适当限制规则是有道理的,不过,限制的方法应当采取合理的方式进行,目前《条例》和最高人民法院《通知》所采取的方法不妥。确立医疗过失损害赔偿适当限制规则的理由是:

第一,中国的医疗制度确实具有一定的福利性,医院并非一般的市场经营模式。这一点在医疗改革之前尤其如此。即使在今天的形势下,我国的医疗机构经营模式也仍然不是营利性的,除了国家的行政拨款之外,医疗机构基本上是自收自支,自负盈亏。具有福利性的医疗机构却要承担完全市场化的损害赔偿责任,在逻辑上和情理上都讲不通。

第二,任何医疗技术和医疗手段都具有风险性。医学技术和医疗手段都是与时俱进,不断发展的,即使是成熟的医学技术和医疗手段,也都是在风险积累的基础上发展起来的。任何一项医学技术采用的初期,都是有缺陷的。事实上,接受某项医疗技术,实际上就等于接受了这种医疗风险。因此,确定医疗过失责任必须具备医护人员过失的要件,医疗机构如果没有过失,就是医疗意外或者医疗风险。但是,我们也反对那种患者"是为了追求自身利益才容忍了技术缺陷,因此,无所谓牺牲,也没有必要得到法律照顾"的意见,只有在患者知道风险并且愿意接受风险,风险已经发生,医护人员确实没有过失的情况下,才不予赔偿;如果医护人员具有过失,能够防范风险而没能成功防范,则构成医疗过失行为,应当承担赔偿责任。考虑医学进步和医疗技术的风险因素,应当限制医疗过失的赔偿责任。

第三,医疗损害的发生并非医疗行为的单一原因,原因力复杂。在一般情况下,医疗损害结果的发生都不是由单一的医疗过失行为引起的,而是具有多个原因。即使患者在手术的过程中死亡,医护人员具有过失,其中也仍然有患者自身疾病的原因。对此,有人称之为"疾病参与度",在法医学界称为"损伤参与度",是指医疗事故造成的损害后果与患者自身疾病共同存在的情况下,前者在患者目前疾病状态中的介入程度。研究疾病参与度的主要意义,在于当确定医疗事故赔偿额时,应充分注意到患者原发疾病对目前疾病状况的影响。[⑨] 这就是医疗过失行为的原因力规则,从原

[⑧] 对于本案的评论,请参见杨立新:《解决医疗事故赔偿标准不足迈出的关键一步》,载《判解研究》2008年第2辑。

[⑨] 参见《医疗事故赔偿项目及计算方法》,载 http://topic.xywy.com/wenzhang/20031022/471925.html。

因力的程度确定减轻医疗过失行为的赔偿责任,是最有道理的理由。

第四,更重要的,是受害患者利益与全体患者利益的平衡关系。在我国现行医疗体制下,医院的经费基本上来源于向患者收取的费用。这样的来源必然是确定的。受害患者的赔偿金只能在医院的经费中支出,如果赔偿数额过高,或者超过必要程度,就一定会损害医院的利益,医院为了寻求经费的供求平衡,也必然会向患者收取更多的费用,以填补亏空。因此,超过必要限度赔偿的后果,必然转嫁到全体患者身上,由全体患者以多支出医疗费用的方法承担损害赔偿的责任。因此,适当限制医疗过失行为的损害赔偿责任,就有了最为有力的理由。

二、美国适当限制医疗过失赔偿责任的经验借鉴

在国外,适当限制医疗过失赔偿责任的经验,当属美国加利福尼亚州的《医疗损害赔偿改革法》。认真研究这个法案,对我们确定医疗过失赔偿责任适当限制规则,具有重要的借鉴意义。

(一) 1975 年加利福尼亚州制定《医疗损害赔偿改革法》的背景

加州《医疗损害赔偿改革法》诞生于 20 世纪 70 年代早期的医疗过失危机。在当时,加州巨额的医疗赔偿诉讼和繁多的医疗诉讼案件加剧了加州保险公司之间的竞争,进一步导致了加州卫生保健制度的危机。到 1972 年底,保险公司收取的每 100 美元保险费,就需要偿付超过 150 美元的赔偿金,因而动摇了医疗保险市场。危机在 1975 年达到高峰,1 月 1 日,两个主要的保险公司宣布放弃南部加州的医疗保险业务;而另外一个保险公司将加州北部医疗保险费提高了 380%。由于保险费用的增高,数千名医生宣布停止执业。在此情况下,加州保险机构的研究结果显示,既有的处理医疗纠纷的制度不能够有效地解决纠纷,其赔偿费用的 66% 被用于服务费用(其中诉讼费占 46%,行政费用占 20%),而只有 34% 被用于直接赔偿受害人的损害。1975 年 5 月,加州召开特别会议,推进医疗损害赔偿制度改革,并且最终在 1975 年 12 月诞生了《医疗损害赔偿改革法》。

(二) 加州《医疗损害赔偿改革法》采取的主要限制手段

1. 25 万美元的非财产损害赔偿金限额

加州《医疗损害赔偿改革法》规定,对医疗过失造成的损害应区分财产损害和非财产损害。对于财产损害赔偿金法律并不限制,限制的是非财产损害赔偿金,其上限为 25 万美元,并且禁止例外规定。具体内容是,医疗过失案件可以裁定被告向原告偿付过去和将来的精神痛苦赔偿金。原告可以请求一个以上的被告赔偿因其医疗行为而造成的损害,但是原告最多也只能请求赔偿 25 万美元的非财产损害赔偿金,而且已去世病人的配偶和孩子在错误出生的案件中也不能请求高于 25 万美元的非财

产损害赔偿金。⑩ 这是加州《医疗损害赔偿改革法》的核心条款。

采取限制非财产损害赔偿的意义在于:第一,限制非财产损害中的不合理部分,就会降低医疗保险的成本,可以使更多的美国人获得保险。而事实上,无论什么样的非财产损害赔偿金都不能减少病人的疼痛和精神痛苦。因此,非财产损害赔偿金的限额规定可以达到如下两个目标:一是可以使患者能够继续得到适当的医疗保健;二是不会降低医生的说明义务。第二,非财产损害赔偿金限额规定可以使可能支出的损害赔偿费用总额具有更强的预见性,为保险公司提供一个更容易预见的理赔金额范围,这也就保证了保险费率的稳定,从而导致医生专家责任保险费率大大降低。在1975年前后,全美第二大医疗过失保险公司就在加州,加州的医疗过失保险费紧随纽约和佛罗里达州排名全美第3位。实行《医疗损害赔偿改革法》之后,加州降为第36位。第三,医生责任保险费用的减少,使医疗机构的支出大大减少,进而医疗费用维持较低水平,使加州的整体医疗费用上涨不大,远远低于其他各州的上涨幅度。

2. 5万美元以上的将来赔偿采取定期赔偿金

加州《医疗损害赔偿改革法》规定,可以裁定医疗过失案件中将来的财产损害赔偿和非财产损害赔偿采取定期赔偿金方式。分为两种:一是允许5万美元或者5万美元以上的将来的医疗费和误工费⑪在受害人有生之年以损害赔偿定期金的方式偿付。⑫ 二是非财产损害赔偿金的定期偿付,被告可以以年金的方式偿付损害赔偿费用,被告定期偿付的年金完全与裁定时的赔偿数额保持一致。被告可以请求陪审团决定定期赔偿金的现额和将来要偿付的非财产损害赔偿金的总额。裁定偿付将来损害以定期赔偿金方式赔偿有利于医疗机构,因为将来的医疗费和误工费的定期赔偿金可以在病人死亡时终止给付。⑬ 创立定期赔偿金的立法目的,是在为了给受害人将来的损害以保障的同时,避免在受害人过早死亡的情况下给其他人带来巨额不当利益。定期赔偿金的数量、偿付的期间、首次偿付的数额需要由初审法官根据判决后的附带申请决定。

3. 间接来源规则⑭的排除适用

间接来源规则禁止被告引用原告的医疗费已经由第三方支付(例如原告的个人

---

⑩ 例外的是,受害人的配偶可以以医生的过失造成直接的精神损害为诉因,或者以丧失配偶权为诉因进行诉讼,并且不受25万美元非财产损害赔偿金限额的限制。医疗过失案件中的陪审团应当另行确定非财产损害赔偿金的数额并对其进行单独裁决。

⑪ 在我国则为残疾赔偿金。

⑫ 该条允许在一定时期内或者是病人有生之年分期偿付总额是50000美元或者50000美元以上的将来损害赔偿金。实际上,加州《医疗损害赔偿改革法》就是将加州《民事程序法典》第667.7节成文化、具体化。

⑬ 但是,这并不意味着被告可以停止或者减少偿付原告的将来收入。加州《医疗损害赔偿改革法》与加州《民事程序法典》对此的规定相符,即该法的第667.7条(c)。

⑭ 间接来源规则,或者附加来源规则,指如果受伤害人接受为其伤害补偿的来源是与侵权人无关,则损害赔偿的补偿不得因此而减少,且侵权人必须支付的规则。参见《英汉法律词典》,法律出版社1999版,第143页。事实上也可以翻译成双重来源规则或者双重收益规则。

健康保险)作为证据而免除自己的偿付责任。但是,加州《医疗损害赔偿改革法》为了进一步减轻医院的赔偿负担,规定排除间接来源规则的适用,如果过去和将来可能发生的医疗费用一定会有第三方支付,那么受害人就不能够再向被告请求这些损害赔偿金。例如原告已由社会保障系统、政府财政收入、工伤赔偿保险金或者原告健康残疾保险、医疗事故保险或者健康计划获得补偿等,都不得再就这些医疗费用请求医院承担赔偿责任。[15] 如果被告引用间接来源支付的证据,那么原告能够证明其本身已经为间接来源付出了相应的代价,例如每月支出的健康保险金作为抗辩,陪审团可以驳回被告的请求,裁定原告的健康保险费属于财产损失,予以赔偿。[16] 这也是合理的。

4. 其他规定

加州《医疗损害赔偿改革法》的其他规定是:第一,限制律师费用的不确定性,明确规定律师的收费标准。第二,预先通知医生请求医疗过失赔偿,90 天的预备期大多可以使案件免予诉讼而得到解决。第三,规定诉讼时效:从发现损害或者过失之日起 1 年,或者从损害发生之日起 3 年。第四,承认仲裁的效力。医疗过失仲裁委员会由退休的法官和律师组成,这些法官和律师都有丰富的处理医疗过失损害赔偿案件的经验,他们会帮助受害患者和医生或者医院找到解决问题的办法。由于这些仲裁员都是谨慎裁决的典范,因此,仲裁成为解决医疗损害赔偿案件的重要途径之一。事实也证明,仲裁解决医疗赔偿纠纷会对医患纠纷双方都有利。[17]

事实证明,加州《医疗损害赔偿改革法》具有极强的效果,限制了投机的医疗过失责任诉讼行为。尽管加州的诉讼次数比全国的平均水平高 50%,但是美国国家保险协会发现,从 1976 年开始到 2001 年,加州的保险费率仅仅上升了 167%,而全美同期的平均保险费率上升 505%,其中佛罗里达州的保险费率上升了 2654%。

(三)加州《医疗损害赔偿改革法》的影响

加州《医疗损害赔偿改革法》已经使加州相关法律制度保持了将近 30 年的稳定,同时极大地促进了正义的实现,因此成为美国医疗损害赔偿制度改革的样板。加州病人保护同盟是一个支持加州《医疗损害赔偿改革法》的主要消费者群体,他们发现加州医疗纠纷的解决速度比全美快 23%,而加州记录在案的诉讼数量与全美诉讼的平均数量保持一致。在 1998 年国库预算部门估计,像加州《医疗损害赔偿改革法》那样富有成效的侵权损害赔偿法律制度在改革的 10 年间,节省了 150 亿美元。[18] 因此,在 2002 年,美国总统布什号召全国都要建立加州那样的非财产损害赔偿金限额制度。

布什总统号召的基础是,美国医疗损害赔偿诉讼的赔偿数额是极高的。医疗过

---

[15] 参见《加州民法典》3333.1 条的规定。
[16] 参见《什么是加州医疗损害赔偿改革法?》,载 http://www.pacificwestlaw.com/physicians/加州医疗损害赔偿改革法.htm。
[17] John Hillman, "The right reforms", Best's Review, Oldwick, Dec 2002.
[18] Does Limitless Litigation Restrict Access to Health Care?, http://www.aafp.org/x10723.xml.

失对受害人提起损害赔偿之诉得到法庭的认可,就会得到相当金额的赔偿金。高额的赔偿金给受害人带来的是损害赔偿请求权的满足,但是随之而来的就是医生为了转嫁这样的风险,发生患者医疗费用大幅度提高的后果。出现如此的恶性循环,产生的严重问题是:第一,提高卫生保健服务的费用。[19] 医生和医院作为一个理性人,会尽量减少其自身的医疗成本以实现利益的最大化,通过提高医疗费用来转移风险。第二,参加高额医生责任保险。由于医疗过失损害赔偿数额越来越高,医生必须参加医生责任保险,如果医生不能承担高额的专家责任保险费用,就必然最终转嫁到患者身上。因此,高额的医疗过失保险费同样是使美国医疗损害赔偿制度陷入困境的原因。第三,如果医生不能够通过提高医疗费用来转移高额费用,那么医生会选择放弃某些类别的医疗服务。美国卫生研究和服务行政部门关于农村孕妇医疗保健的研究报告指出,美国农村妇女寻求产前和产后保健在 1985 年到 1986 年显得极其困难,其原因就是同时期的此类诉讼过之膨胀。由于目前医疗责任保险的费用相当高,家庭医生经常选择放弃接生小孩的服务种类。由于很少有医生从事产科保健,妇女的利益也受到了很严重的损害。[20] 根据华盛顿州、阿拉斯加州、蒙大拿州、爱达荷州的调查统计数据显示,5 年前,美国大部分家庭医生把产科作为他们服务的一部分,然而现在只有少数家庭医生继续从事产科服务。[21] 很多产科医生转行作其他医疗工作的原因是,产科医疗过失诉讼被认为是美国最常见的,而且是最费钱的诉讼之一。

总之,无限制的医疗损害赔偿使医疗成本持续攀高,至少产生了三个结果:一是使医疗费用不断增长;二是使医生不能够安心执业,被诉讼所困扰;三是使某些医生抛弃自己的职业,最终使病人求医无门。

正因为如此,2003 年 3 月 14 日,美国众议院通过了一项限制医疗过失损害赔偿金的法案,即《2003 健康法案》,参议院没有通过这个法案。众议院又通过了《2004 健康法案》《2005 健康法案》和《2007 健康法案》,都没有获得参议院通过。尽管如此,截至 2006 年年底,美国大约有一半以上的州或多或少地采纳了非财产损害限额立法,大约有 10 个州采取总体对非财产损害限制立法,限额从 25 万美元到 100 万美元不等;大约有 20 个州特别对医疗过失中的非财产损害进行了限制,限额从 25 万美元到 50 万美元不等。2007 年,得克萨斯州和密西西比州又通过立法增加了对医疗损害赔偿的限制。前述健康法案的核心条款,是将把医疗过失的一般损害赔偿即非财产损害赔偿的上限确定为 25 万美元,其目的是为了使医生免于高额的损害赔偿金和保险费,进而使其能够正常执业。尽管对这个法案持不同意见的双方都同意要对美国医疗损害赔偿制度进行改革,但他们在什么是关键问题以及如何改革的问题上存在分歧。[22] 但是,无论怎样争议,持不同意见的双方都肯定 1975 年加州《医疗损害赔

---

[19] Does Limitless Litigation Restrict Access to Health Care?, http://www.aafp.org/x10723.xml.
[20] Does Limitless Litigation Restrict Access to Health Care?, http://www.aafp.org/x10723.xml.
[21] Does Limitless Litigation Restrict Access to Health Care?, http://www.aafp.org/x10723.xml.
[22] "House Would Expand Malpractice Shield", *Los Angels Times*, March 14, 2003, Home Edition.

偿改革法》的贡献,虽然也有人认为 1975 年加州《医疗损害赔偿改革法》过分地照顾了医生的利益,并使得严重案件的受害者很难获得法庭的全面救济。

三、我国医疗过失损害赔偿责任适当限制的内容

借鉴美国的医疗过失损害赔偿法案和加州《医疗损害赔偿改革法》,结合我国医疗制度和医疗过失损害赔偿制度的具体情况,笔者认为,我国医疗过失损害赔偿责任适当限制规则的内容包括以下四个方面:

(一)应当限制医疗过失损害赔偿中的精神抚慰金赔偿数额

应当看到的是,我国现行的人身损害赔偿制度中的精神抚慰金赔偿的数额并不高,并没有像美国那样达到几百万美元的程度。目前我国精神损害抚慰金赔偿的数额,一般维持在 10 万元人民币左右,甚至不足于 10 万元。在最近北京法院判决的严重伤害和死亡的精神损害抚慰金达到 30 万元人民币。[23] 在医疗过失损害赔偿案件中,基本上还没有判决这样高的精神抚慰金的案件。

我国的精神损害抚慰金,赔偿的是精神痛苦和疼痛,包括侵权行为发生之后至裁判之时,以及裁判之后仍然存在的精神痛苦和疼痛。在医疗过失损害赔偿责任中,赔偿受害患者的精神损害抚慰金,其内容也同样如此。在《医疗事故处理条例》规定的损害赔偿项目和标准中,采取对精神抚慰金适当限制的做法,是有道理的,但其将精神抚慰金限制在死亡赔偿金和残疾赔偿金上,大大低于一般赔偿标准的做法,是值得研究的。在 2002 年《条例》出台的时候,最高人民法院《关于确定民事侵权精神损害赔偿责任若干问题的解释》规定,死亡赔偿金和残疾赔偿金是精神抚慰金性质,这和《国家赔偿法》和《消费者权益保护法》的规定是一致的。第 50 条规定精神抚慰金标准,死亡的赔偿 6 年、残疾的赔偿 3 年,按照当时的立法和司法解释,限制的是精神抚慰金赔偿数额。但是,2003 年最高人民法院在《关于审理人身损害赔偿案件适用法律若干问题的解释》将死亡赔偿金和残疾赔偿金确定为财产损害赔偿,因此,这样的限制就受到了各方的强烈质疑。

对此还应当进行研究,特别是要根据正在制定的《侵权责任法》的具体规定,确定这个问题究竟应当如何解决。如果《侵权责任法》仍然将死亡赔偿金和残疾赔偿金确定为财产损害赔偿性质,那么《条例》这样的限制就必须修订,应当采用与人身损害赔偿一样的标准赔偿死亡赔偿金和残疾赔偿金。[24]

目前,依照最高人民法院《关于审理人身损害赔偿案件适用法律若干问题的解释》第 18 条的规定,在承担了包括死亡赔偿金和残疾赔偿金以及其他财产损失之后,

---

[23] 即清华大学教授女儿被公共汽车售票员伤害致死案和市民跌入地铁造成残疾案。

[24] 对此应当注意的是,残疾赔偿金与《条例》第 50 条第(五)项规定的残疾生活补助费属于同一项赔偿,是重复的,应当适用残疾赔偿金而废止残疾生活补助费的赔偿。

仍然可以请求精神损害抚慰金。对于这个精神损害抚慰金赔偿,在医疗过失赔偿责任中应当进行限制。笔者认为,可以考虑医疗过失的精神损害抚慰金赔偿的最高额,按照东西部不同地区分别规定不超过5万元至10万元人民币,并且不得有例外。这样,就不仅适当限制这种赔偿无碍大局,而且能够大大减轻医疗机构的赔偿负担,最终会使全体患者减少医疗费用负担,使全体患者受益。

(二)应当对医疗过失引起的财产损害赔偿运用原因力规则合理确定

实事求是地分析医疗过失行为的成因,应当在医疗过失损害赔偿责任中特别予以适用。对此,《医疗事故处理条例》第49条已经作出了明确规定:"医疗事故赔偿,应当考虑下列因素,确定具体赔偿数额:(一)医疗事故等级;(二)医疗过失行为在医疗事故损害后果中的责任程度;(三)医疗事故损害后果与患者原有疾病状况之间的关系。"其中第(二)项"医疗过失行为在损害事故损害后果中的责任程度"以及第(三)项"医疗事故损害后果与患者原有疾病状况之间的关系",实际上就是说的原因力规则的适用。

按照原因力规则,凡是与造成损害的违法行为没有原因力的损害后果,行为人都不负担赔偿责任。也就是说,在由几个原因造成一个损害后果的情况下,违法行为人仅对自己的违法行为所引起的具有原因力的损害后果承担赔偿责任。通过这样的限制,也会大大减轻医疗机构的赔偿责任,缓解医疗机构的赔偿压力。

(三)应当特别强调定期金赔偿在医疗过失损害赔偿中的应用

在人身损害赔偿制度中,定期金赔偿是一个重要的赔偿方式。在我国,对将来的赔偿长期以来通行的是一次性赔偿,并不实行定期金赔偿。在我们强烈的呼吁下,2002年《关于审理触电人身损害赔偿案件适用法律若干问题的解释》第一次提出了定期金赔偿的规定,但缺少具体的规则。在2003年出台的《关于审理人身损害赔偿案件适用法律若干问题的解释》第二次规定了定期金赔偿,并且规定了简要的规则。这是一个重大的进步。不过,在这个规定中,仍然将一次性赔偿作为人身损害赔偿的常态和首选方式,将定期金赔偿作为特殊方式,可以选用。这样的规定,仍然限制定期金赔偿方式的广泛适用。事实上,定期金赔偿才是人身损害赔偿中将来赔偿的常态和首选,而一次性赔偿应当是备选的赔偿方式。

定期金赔偿适用于将来的长期赔偿,例如对造成残疾的受害人生活补助费的赔偿和今后医疗费、护理费的赔偿。现在我们实行的是一次性赔偿,就是把将来的多次性给付变为现在的一次性给付。这样的做法,一是给加害人以过大的赔偿负担,二是受害人生存期间具有不确定性,而赔偿则为确定性,两者之间的矛盾突出,而适用定期金赔偿的方法就会解决这样的问题。美国加州《医疗损害赔偿改革法》特别强调定期金赔偿的作用,具有特别重要的意义。

现在,最高人民法院的司法解释已经规定了定期金赔偿的方法,只是没有规定具体办法,在实践中绝大多数法官对其性质和作用认识不足,因而在实践中应用的并不多,尤其是在医疗过失侵权责任中几乎没有适用。这对医疗机构是不利的。

对此,应当采取必要措施,在医疗损害赔偿纠纷案件中广泛使用定期金赔偿,即受害人生存一年,医疗机构就要赔偿一年,受害患者死亡的,医疗机构即停止支付赔偿金。这样的做法,对医疗机构显然是十分有利的。如果再能够建立医疗过失责任保险制度,将定期金赔偿转由保险公司承担支付义务,就能够将医疗机构从沉重的医疗过失赔偿责任中解脱出来,能够更好地提高医学技术水平,更好地为患者服务。

(四)应当借鉴排除间接来源规则,在医疗过失损害赔偿中实行损益相抵规则

间接来源规则是美国侵权行为法中的重要规则,就是禁止被告引用原告医疗费已有第三方支付而免除自己的赔偿责任。实行这个规则的目的,在于使受害人得到更为完善的保护,获得更多的赔偿。加州《医疗损害赔偿改革法》明文规定排除适用这一规则,目的恰好相反,就是以受害人受到适当的赔偿为准则,不必要得到更多的赔偿,因而使医疗机构减轻负担,有精力为更多的患者服务。但对付出代价的保险金等不在排除之列,可予以赔偿。

我国的人身损害赔偿没有规定间接来源规则,而损益相抵原则是其相反的规则。因此,排除间接来源规则在某些方面相当于损益相抵原则。例如,受害患者在健康保险中获得了赔偿,是基于同一个事实而取得的赔偿,因此,不能援用间接来源规则主张全额赔偿,而应当在赔偿额中扣除已经取得的赔偿金。因此,在医疗过失损害赔偿中适用限制间接来源规则就相当于在这个领域实行损益相抵原则,其基本后果是一致的。适用这个规则的理由,是为了在受害患者得到全额赔偿的前提下,能够减轻医疗机构的赔偿责任,有利于让医疗机构有更多的精力为全体患者服务,并且不致大量增加医疗费用,造福于全体患者。

在我国医疗过失侵权责任中,应当严格遵循损害赔偿的补偿性功能,实行损益相抵规则,医疗机构可以引用受害患者已有第三方的赔偿支付而免除自己相应的赔偿责任。之所以必须说是相应的赔偿责任,就是因为损益相同的部分才能够相抵,超出受益即新生利益的部分,医疗机构仍然应当予以赔偿。

应当注意的是加州《医疗损害赔偿改革法》排除间接来源规则的例外,即"原告能够证明其本身已经为间接来源付出了相应的代价,例如每月支出的健康保险金作为抗辩,陪审团可以驳回被告的请求,裁定原告的健康保险费属于财产损失,予以赔偿"的做法。笔者曾经在最高人民法院讨论过一个司法解释草案,请示的问题是,受害患者曾经买过医疗保险,在某次医疗中受到伤害,构成医疗事故,医院应当全部赔偿,那么,受害患者得到的医疗保险赔偿金是否可以在医疗事故损害赔偿金中损益相抵。多数专家在讨论中都反对实行损益相抵,患者在取得保险金之外,仍然可以请求全部的医疗损害赔偿。这个意见与美国加州的做法是一致的。笔者赞同这样的意见。不过,这个司法解释草案还没有正式公布。这也是一个实行损益相抵规则的一个例外,理由就是医疗保险是患者自己花钱买来的,不应当损益相抵。

第八分编
其他侵权责任类型

论违反安全保障义务侵权行为及其责任[*]

一、研究和规制违反安全保障义务侵权行为的必要性

(一)我国民事司法和立法对违反安全保障义务侵权行为的关注

在较早的我国侵权行为法的司法、立法和理论研究中,并没有很好地关注和研究违反安全保障义务的侵权行为及其责任问题。直到1998年发生、1999年法院审理的下面这个案件,才引起了对违反安全保障义务侵权行为及责任问题的关注和重视。

1998年8月23日,23岁的深圳市翰适医药有限公司总经理王翰在银河宾馆客房里遭抢劫遇害。当日下午4点40分左右,王被罪犯全瑞宝杀害于客房内,被劫财物3万余元。罪犯于当日下午2点左右进入银河宾馆,4点52分离开。在此期间,宾馆未对全进行访客登记,亦未注意其行迹。警方事后从宾馆的安全监视系统记录资料中发现,凶手全瑞宝在入室作案前,曾尾随王翰,并在不到两个小时的时间内,7次上下电梯。但对形迹可疑的全瑞宝,宾馆保安人员却无一人上前盘问。死者父母王利毅、张丽霞认为银河宾馆严重失职,应当承担侵权责任,遂于1999年向法院起诉,向该宾馆索赔133万余元。2000年6月21日,上海市长宁区法院对此案作出一审判决,认定银河宾馆与死者之间建立的是合同关系。宾馆未能兑现其基于对宾馆的管理以及对入住客人的优质服务而做出的"24小时的保安巡视,确保您的人身安全"的承诺,应承担违约责任,考虑到死者之死及财物被劫毕竟是罪犯所为,故酌情判令被告赔偿原告人民币8万元。二审法院认为,宾馆作为特殊服务性行业,应向住客提供安全的住宿环境。王翰入住银河宾馆,双方即形成合同关系。而且本案中,银河宾馆有书面的《质量承诺细则》,因此安全保障是宾馆的一项合同义务。宾馆能证明自己确实认真履行了保护旅客人身、财产不受非法侵害的合同义务后,可以不承担责任。而在本案中,罪犯7次上下宾馆电梯,宾馆却没有对这一异常举动给予密切注意。宾馆未履行对王翰的安全保护义务,自应承担违约责任。王翰之死是凶手所为。银河宾馆的不作为仅仅是为凶手作案提供了条件,这种条件与王翰之死没有必然的因果关系,银河宾馆依法只对其在订立合同时应当预见到的因违反合同可能造成的损失

---

[*] 本文发表在《河南省政法管理干部学院学报》2006年第1期。

承担赔偿责任，银河宾馆不负有侵权责任。据此维持原判，驳回上诉。

对于这个案件的法律适用，现在看起来也不是没有缺陷，但是它确实是我国司法机关审理的第一件违反安全保障义务的侵权行为案件。从这以后，这种类型的侵权行为才受到重视和研究。

正在起草的《中国民法典·侵权行为法编》对此予以极大的重视，认为这是侵权行为的一个重要的类型，是现代侵权行为法保护人的权利不受侵害，及时救济损害的一个重要措施。因此，在学者起草的各个专家建议稿中，都对这种侵权行为及其法律适用提出了法律条文的建议。在2002年12月第九次全国人民代表大会第五次会议上审议的《中华人民共和国民法草案·侵权责任法编》中，第65条对此作了规定。不过这个规定比较谨慎，且存在较多的缺点，最主要的就是为什么只规定旅馆、银行和列车的经营者才承担这种责任，其他的经营场所就不承担呢？

直到最高人民法院2003年公布的《关于审理人身损害赔偿案件适用法律若干问题的解释》，才在其第6条中规定了较为准确的处理这种侵权行为的规则："从事住宿、餐饮、娱乐等经营活动或者其他社会活动的自然人、法人、其他组织，未尽合理限度范围内的安全保障义务致使他人遭受人身损害，赔偿权利人请求其承担相应赔偿责任的，人民法院应予支持。因第三人侵权导致损害结果发生的，由实施侵权行为的第三人承担赔偿责任。安全保障义务人有过错的，应当在其能够防止或者制止损害的范围内承担相应的补充赔偿责任。安全保障义务人承担责任后，可以向第三人追偿。赔偿权利人起诉安全保障义务人的，应当将第三人作为共同被告，但第三人不能确定的除外。"

笔者认为，最高人民法院的上述司法解释确定的基本规则是正确的，研究违反安全保障义务的侵权行为的立法对策，应当以此为根据，展开分析讨论。

二、违反安全保障义务侵权行为的比较法研究

(一)大陆法系国家和地区规定的违反安全保障义务的侵权行为

1. 关于违反安全保障义务侵权行为的一般规定

(1)德国法

德国法上有关安全保护义务的最初规定，是1869年的《北德联邦营业令》，它规定了营业经营者对劳动者的安全保护义务。在《德国民法典》中，涉及安全保护义务的第617条和第618条，规定了基于雇佣关系而产生的雇主对雇员的安全保护义务；同时，在侵权行为法部分，在第823条第2款规定了违反以保护他人为目的的法律者，负相同的侵权义务。① 德国侵权法上"基于侵权行为法旨在防范危险的原则，发生所谓的社会活动安全注意义务，而有从事一定作为的义务"。这种作为的义务主要

---

① 即不法侵害致人损害时的侵权损害赔偿义务。

情形有三种:一是因自己行为致发生一定结果的危险而负有防范义务;二是开启或维持某种交通或交往而负有的警告、防范义务;三是因从事一定营业或职业而承担防范危险的义务。② 这些义务不履行,造成了受害人的损害,构成违法性,应当承担侵权责任。

(2)法国法

法国法上安全义务是通过司法来创设,最早为了对工伤事故中的受害人提供保护的,此后不断拓展其适用范围,并最终在所有契约中均确定了此种理论。到1911年,法国最高法院认为,承运人在承运旅客期间,负有"将旅客安全送至其目的地的"义务,它如果违反此种义务,即应对旅客遭受的损害承担契约责任。"安全义务作为契约一方当事人在履行契约所规定的主要义务的时候,对另一方所承担的确保其安全的附属性义务,在各种契约关系中普遍存在,它最初产生于运输法,现在则已被拓展到各种类型的契约关系中。安全义务首先要保护另一契约方的生命和身体的完整性,但亦要保护其财产的安全。"③继而,法学家认识到,对人的生命和身体完整性的保护,是所有文明社会共同的任务,这是人的自然权利,因此,仅仅认为这种保护义务是契约义务并不贴切,因此,安全义务也是侵权法上的首要义务,在侵权法领域也适用。法国法律明确规定产品的生产商所承担的安全义务,要求"产品或服务在其正常的使用情况下或在专业人员可以合理预见的其他情况下具有人们所合理期待的安全,并且不会危及人们健康"。④ 违反这种安全义务,构成侵权责任。

(3)日本法

日本法上的安全注意义务(即安全配虑义务)是由最高裁判所1975年2月25日判决首创,判决中所指的安全注意义务是"基于某种法律关系"处于特殊法律关系的当事人之间,作为该法律关系的附随义务而形成,是当事人各自对于相对人在诚实信用原则下所附的一般义务。其适用的领域包括住宿以及各种设施的利用契约、旅客运送契约、旅游契约及主题活动主办者和参加者关系中,等等。此外,日本最高裁判所1980年12月18日和1981年2月16日的判决中,都认为违反安全注意义务的责任既可以作为债务不履行责任,也可以作为侵权行为责任处理。⑤ 日本还制定了一系列服务方面保障安全的法律,《铁道事业法》《铁道营业法》《轨道法》《运输事业法》《道路运输法》《海上运送法》《航空法》等,对一般旅客运输的安全、客货运输安全都规定了安全保证措施。《旅游基本法》《旅行业法》对旅游者的安全规定了保障措施,此外还有《建筑标准法》规定了建筑物的安全标准,等等。

(4)我国台湾地区

---

② 参见王泽鉴:《侵权行为法》(第一册),中国政法大学出版社2001年版,第94页。
③ 转引自张民安:《现代法国侵权责任制度研究》,法律出版社2003年版,第34页。
④ 张民安:《现代法国侵权责任制度研究》,法律出版社2003年版,第34页。
⑤ 参见段匡:《日本民法百年中的债法总论和契约法》,载《环球法律评论》2001年秋季号,第297、301页。

我国台湾地区"民法"是承继了《德国民法典》的传统,深受德国民法的影响,也借鉴《德国民法典》第 823 条的规定,在第 184 条第 2 款规定:违反保护他人之法律者,推定有过失。王泽鉴先生认为,这实际上是确立一种与故意或过失侵害他人权利、故意以悖于善良风俗的方式侵害他人的侵权行为相并列的独立的侵权行为,也可以说是对前两种侵权行为类型的补充,而使受害人能获得充分的补偿。受害人据此求偿应证明:(1)加害人所违反的是保护他人之法律;(2)被害人属于受保护之人的范围;(3)被害人所请求的是该法律所要保护的利益。⑥ 符合这样的要求,受害人就可以请求违反安全保障义务的人承担侵权责任。其"消费者保护法"第 7 条规定:"提供服务之企业经营者应确保其提供之服务,无安全或卫生上之危险。服务具有危害消费者生命、身体、健康、财产之可能者,应于明显处为警告标示及紧急处理危险之方法。企业经营者违反前两项规定,致生损害于消费者或第三人时,应负连带赔偿责任。但企业经营者能证明其无过失者,法院得减轻其赔偿责任。"

2. 关于场所主人的责任的规定

在大陆法系,关于"场所主人之责任"对于违反安全保障义务侵权行为也具有借鉴意义。

场所主人的责任,是指在某些特殊场所,提供特定服务的经营者对服务对象在接受服务过程中所携带物品承担的特定义务。这种责任制度可以溯源于罗马法。

在罗马法时代,就有关于场所主人看管顾客携带物品责任的规定,不过,这主要局限于供客人住宿的旅店主。后世大陆法系各国和地区普遍规定了这种特殊的责任并加以扩充。如《德国民法典》第 701 条第 1 款规定,以供外人住宿为营业的旅店主应赔偿外人在该业务的经营中携入的物品因丢失、毁损或者损坏而造成的损害。而《法国民法典》第 1952 条至第 1954 条也规定相关内容,旅馆或旅店主人对于寄居其旅馆的旅客所携带的衣服、行李及各种物品,负受寄人的责任;此种物品的寄存,应视为必然的寄存。如此种物品被偷盗或者有损失,无论系由旅馆或饭店的佣人或职员所为,还是由出入旅馆或饭店的其他人所为,旅馆或饭店经营人均应对此承担责任。旅馆或旅店主人,对于因不可抗力而发生的被盗或损害,或因自然原因或物品的缺陷而造成的损失,不负责任,但应证明其所提出的事实。此外,《意大利民法典》第 1783 条至第 1786 条,《瑞士债法》第 487 条至第 490 条,《日本商法》第 594 条,《埃塞俄比亚民法典》第 2658 条至第 2671 条,我国台湾地区"民法"第 606 条等都作了类似规定。

3. 违反安全保障义务侵权行为的发展概况

在大陆法系各国民法中,关于违反安全保障义务侵权行为的规定,基本上是按照大致相同的过程发展起来的。

首先是将这种责任规定于寄托契约中,《埃塞俄比亚民法典》是将其规定于旅店合同中。就这种侵权行为的性质而言,"今日通说以此责任为法定责任",是"民法基

---

⑥ 参见王泽鉴:《侵权行为法》(第一册),中国政法大学出版社 2001 年版,第 300—306 页。

于特定事实,即基于物之携带及使客人住宿之事实,而直接使负此责任"。⑦ 此后,各国差不多都把这种侵权责任归结为广泛的契约责任,例如规定了场所主人的责任,以及相应的免责事由,并对赔偿责任的最高额作了限制性规定。在适用范围上,各国有所不同,例如《瑞士债务法》将其扩充至"经营公共马房的人"(第490条),《意大利民法典》规定"本分节的规定亦准用于私人诊所、公共演出场所、浴场、膳宿公寓、餐馆、客车卧铺车厢和类似的场所的企业主"。(第1786条)《埃塞俄比亚民法典》规定其"适用于医疗机构、疗养院、公共娱乐场所、洗浴企业、供膳寄宿处、餐馆、卧铺车、公共马厩及其他类似性质的企业的经营"(第2671条)。

然后,违反安全保障义务的责任从契约责任性质转向侵权责任,确认违反安全保障义务民事责任的性质是侵权责任,违反安全保障义务的行为是侵权行为。各国对安全保障义务都在一定程度上作出了规定,除了安全保障义务的一般性规则外,对运输业、住宿业经营者的安全保障义务基本上都有涉及,而且各国和地区还通过一系列特别法的规定,对消费者的安全予以保障,不断完善发展相关规则。德国合同法关于违反源于雇佣关系之默示的保护性义务的责任主要是侵权性质的。法国法中旅客运输合同上的安全保证债务仅于乘客在火车上时有效,其他情形都归属侵权行为法调整。意大利法院只有在极罕见的情形才在《意大利民法典》第1494条Ⅲ之外认定保护性义务为缔约上的过失,其他都一律按侵权行为处理。葡萄牙法律"拒绝为了合同相对人的人身或财产利益关系中派生出一般的保护义务","保护受害人之安全的合同义务是通过侵权责任来实现的"。⑧

但是,大陆法系各国对安全保障义务缺少系统、完整的规定。这主要是由于该领域的问题本身比较复杂、琐碎,所作的研究也不够;同时,在实践中关于安全保障义务的有影响力的案例出现的并不多,落后于产品侵权责任的发展。

(二)英美法系国家规定的同类制度

1. 侵权行为法的一般规定

(1)美国法

在美国侵权行为法中,类似的规定是土地利益占有人的责任。土地利益占有人对在他占有的土地上的人负有的责任,依不同人的身份而有所不同,如果在土地上的人是侵权人,土地所有人只对"被发现的侵权人、可预见的侵权人、儿童"负有一定的责任;如果是"被许可人"(受到邀请非为了经济利益到土地上的人),土地所有人对其要承担较高的安全保障义务;至于"受邀请人"(受到邀请为了土地所有人的经济利益而到土地上的人)所享受的保护最高,土地利益占有人要"以合理的谨慎给对方制造一个安全的环境","不仅要警告对方他所知道的危险,还有责任检查出那些隐藏

---

⑦ 参见史尚宽:《债法各论》,中国政法大学出版社2000年版,第539—542页。
⑧ 〔德〕克雷斯蒂安·冯·巴尔:《欧洲比较侵权行为法》(上),张新宝译,法律出版社2001年版,第461页。

的危险,并采取行动消除它们"。在一般情况下,土地利益占有人(包括任何商店、游乐场所、私人住家等)对被邀请人(如顾客、朋友等)负有保护安全、防止伤害的责任,如派警卫人员巡逻、防止小偷偷顾客东西、警告某个地方存在危险,等等。[9] 例如1941 年 Campbell v. Weathers 案,原告在被告所经营的店中闲逛约 20 分钟,未购买任何东西,因使用被告店内的厕所,于黑暗的走廊中一脚踏入暗门而受伤,原告要求被告负担损害赔偿责任。一审法院驳回原告诉讼请求;上诉审法院则认为,被告经营商店,是以大众为对象,故社会大众皆为被告的受邀请者,不能因原告受伤前未向被告购买东西,即认为原告非属受邀请者。此外,原告系被告的老主顾,曾数度使用该厕所,被告并未告知该厕所是不对外开放的,既然该厕所开放予大众使用,被告应对原告负责。因此改判被告承担损害赔偿责任。[10]

(2)英国法

在原来的英国法中,对于有关在危险地带上发生意外的法律,一直抗拒现时的民事侵权法,土地占用者有权自由使用土地,不必理会公众利益[11],只要求在使用土地的时候不得骚扰邻居。100 年前,法律才开始松动,逐渐承认土地占用者对他人的保护义务,解决的办法是把到访者分类,每类有权得到不同的、指定标准的谨慎待遇。英国的 1957 年《占有者责任法令》规定了房屋的"占有者"在房屋方面要向他的"造访者"承担普通"关注"责任,违反该关注义务,造成造访者的损害,应当承担赔偿责任。对于"房屋"一词,要从广义上理解,既包括任何固定的结构,也包括可移动的结构,比如船、汽车或飞机。该法令第 2 条将"普通关注责任"定义为:在案件所有情况下,能合理地认定被占用人邀请或允许的造访者在使用房屋时是"合理安全的"。普通关注责任适用于所有的合法造访者,但其关注的标准因不同种类的造访者而有所不同。1984 年新的《占有者责任法令》则将占有者置于对"不法侵害者"的责任之下,只要符合一定的条件,占用人在所有的条件下都要采取合理的关注,保证不法侵害者在房屋里不遭受侵害。[12]

2. 安全保障义务的特别规定

英国 1966 年《消费者保护法案》为现行英国消费者保护的基本法,1974 年制定了《公路旅客运送法》《旅馆业者法》。1982 年《商品与服务供给法》规定任何提供服务之契约,服务提供人于其营业均默示地约定其将以"合理之注意与技术"提供服务。

美国除 1987 年《消费者保护法》外,联邦及各州都制定了一系列保护性法律,建筑法则、防火法则、卫生守则和健康法律等,如 1990 年《联邦饭店和汽车旅馆消防安全法》、1991 年《职业安全与健康法》。就以美国住宿业为例,依据普通法规则,饭店对客人财物丢失负有严格责任——除非丢失是由于客人的过失、不可抗力或公共敌人的行

---

[9] 参见李亚虹:《美国侵权法》,法律出版社 1999 年版,第 109—121 页。
[10] 参见潘维大:《英美侵权行为法解析》(中册),台北瑞星图书股份有限公司 2002 年版,第 87、88 页。
[11] 参见〔英〕John G. Fleming:《民事侵权法概论》,何美欢译,香港中文大学出版社 1992 年版,第 59 页。
[12] 参见徐爱国:《英美侵权行为法》,法律出版社 1999 年版,第 131、142 页。

为造成的。至于人身安全方面,许多州的规则是,饭店不是客人个人安全的保险人,但饭店业主必须实施合理的照料,避免客人受到损害,否则饭店就会被认为应对由于过失而引起的损害负有赔偿的责任。近几年,美国的一些判例进一步认为,饭店业主应对客人很好地关照和保护,而且必须采取合理的措施保护客人免受罪犯的攻击。[13]

此外,英美法通过《公路旅客运送法》及相关判例确定了承运人负有维持其火车和汽车上以及火车站和汽车站秩序的义务,对其乘客或旅客负有防止第三人不对他们实施过错行为的义务,负有确保旅客人身安全和财产安全的义务,对于从事水路运输的承运人而言,他负有救捞那些从其船边落水的乘客的义务,否则要承担过错侵权责任。[14]

(三)对违反安全保障义务的侵权行为的概念界定

根据以上比较法的研究,笔者认为,违反安全保障义务的侵权行为,是指依照法律规定或者约定对他人负有安全保障义务的人,违反该义务,因而直接或者间接地造成他人人身或者财产权益损害,应当承担损害赔偿责任的侵权行为。

这种侵权行为具有以下法律特征:

1. 行为人是对受保护人负有安全保障义务的人

违反安全保障义务侵权行为的行为主体,是经营活动和社会活动的所有人或者管理人,受保护人是进入到行为人经营活动或者社会活动的领域之中的人。由于受保护人的进入,保护义务人对受保护人产生安全保障义务。因此,负有安全保障义务的行为人,必须是对进入者也就是受保护人负有安全保障义务的经营活动的经营者或者社会活动的组织者。

2. 行为人对于受安全保障义务保护的相对人违反安全保障义务

构成违反安全保障义务侵权行为,负有安全保障义务的人必须是"未尽合理限度范围内的安全保障义务",因此,未尽合理限度范围内的安全保障义务,是构成这种侵权行为的要件之一。这就是,不仅负有安全保障义务的人负有该义务,而且其必须对这种义务没有尽到,或者违反了这种安全保障义务。因此,违反安全保障义务的侵权行为是负有安全保障义务的人由于没有履行合理限度范围内的安全保障义务而实施的侵权行为。

3. 受安全保障义务人保护的相对人遭受了人身损害或财产损害

由于行为人的违反安全保障义务的侵权行为,造成了受害人的人身损害或者财产损害。这种损害事实主要是指人身损害的事实,但是也包括财产损害的事实,这是因为违反安全保障义务侵权行为主要保护的就是人身权利不受侵害。但是,如果违反安全保障义务侵权行为造成了受保护人的财产权利的损害,也应当构成违反安全

---

[13] 参见 Jack P. Jefferies, Banks Brown:《饭店法通论》,刘敢生译,中国旅游出版社 2003 年版,第 125、183 页。

[14] 参见张民安:《过错侵权责任制度研究》,中国政法大学出版社 2002 年版,第 330 页。

保障义务侵权行为的损害赔偿责任,可以依据侵害财产权的赔偿方法进行赔偿。

4. 违反安全保障义务的行为人应当承担侵权损害赔偿责任

违反安全保障义务的侵权行为,应当承担侵权损害赔偿责任的侵权行为。既然违反安全保障义务的侵权行为造成了受保护人的人身损害或者财产损害,那么,其救济手段就是损害赔偿的方法,违反安全保障义务的侵权行为人所承担的损害赔偿,就是侵权损害赔偿责任。

三、应当怎样确定违反安全保障义务侵权行为及其责任

(一) 如何确定安全保障义务主体范围及安全保障义务的来源

1. 安全保障义务的主体范围确定

(1) 义务主体的确定

按照最高人民法院《关于审理人身损害赔偿案件适用法律若干问题的解释》第6条的规定,负有安全保障义务的义务主体应当是经营者和其他社会活动的组织者,包括自然人、法人和其他组织。可见,第一种主体是经营活动的经营者,第二种主体就是其他社会活动的组织者。在司法解释中列举的"住宿、餐饮、娱乐等经营活动"并不是完全的列举,一个"等"字应该把它们都概括进去。

这样规定也有问题,就是一定要界定经营者和组织者的范围。而在这个问题上,恰恰就是存在问题的。在讨论商品欺诈和服务欺诈的惩罚性赔偿金的问题上,遇到的就是如何界定"消费者"的范围问题,不属于消费者的知假买假者,很多人主张就不能适用惩罚性赔偿金。同样,现在将违反安全保障义务的主体界定为经营者,那么其相应的被保护者就一定是消费者。不是消费者的人进入经营者的经营领域,遭受损害,难道就不受安全保护义务的保护吗?显然没有道理。

对此,应当借鉴英美法的土地利益占有人或者土地占有者的概念,更容易处理实际问题。不论是经营者,还是社会活动的组织者,他们都占有土地,在土地上进行活动。即使不是经营者或者其他社会活动组织者的其他人,如果占有土地进行活动,对于进入土地范围内的人也应当承担安全保障义务。例如自己的房屋和庭院存在现实危险,造成他人损害,也要承担侵权责任。不仅如此,还可以通过这种标准界定义务主体负有安全保障义务的范围。

(2) 权利主体的确定

受到安全保障义务保护的人,就是安全保障义务的权利主体。按照人身损害赔偿司法解释的规定,是"他人",没有规定具体的范围。事实上,安全保障义务的权利主体,就是受安全保障义务保护的对方当事人。按照一般的推论,既然是义务主体是经营者和其他社会活动组织者,那么,权利主体就一定是消费者和其他社会活动参与者。可是,如果仅仅这样理解,就会限制权利主体的范围。例如仅仅是到商店逛街而不购买东西的人,是不是消费者?是不是权利主体?就值得研究,并且很可能得出不

予以保护的结论。这是不正确的。

因此,也可以借鉴美国和英国侵权行为法中的做法。对于进入土地利益范围里的人,分为四种:

一是"受邀请者"。经营者开始经营,所有进入经营领域的人都是受邀请者,即"被告经营商店,是以大众为对象,故社会大众皆为被告的受邀请者,不能因原告受伤前未向被告购买东西,即认为原告非属受邀请者"。只要经营者打开门开始经营,就是向不特定的人发出邀请了。

二是没有经过同意的"访问者"。访问者与受邀请者的区别是,访问者是经营者没有邀请,是自己进来的,土地利益占有者对于访问者的安全注意义务要低于受邀请者。

三是"公共人"。公共人是有权进入他人占有的土地利益范围的人,如邮差、税收官、政府的调查人员、收电费的职员等。这些人是有权进入他人的土地利益的。对公共人的注意标准相当于受邀请者。

四是"未成年人",对未成年人,土地利益占有者负有最高的安全保障义务。只要土地利益中存在对儿童具有诱惑力的危险,占有者就必须确保儿童不受该危险的损害。

在司法实务中,可以根据实际情况,把"他人"分为受邀请者、访问者和未成年人,分别赋予经营者和社会活动组织者以不同的安全保障义务,就更容易操作和执行。

2. 安全保障义务来源的确定

确定违反安全保障义务侵权行为的责任,最重要的就是确定行为人是不是负有安全保障义务、负有什么样的安全保障义务。因此,首先要确定经营者和社会活动组织者的安全保障义务来源。安全保障义务的来源主要有以下三个方面:

第一,法律直接规定。法律直接规定安全保护义务,是最直接的安全保障义务的来源。例如《消费者权益保护法》第 7 条规定:"消费者在购买、使用商品和接受服务时享有人身、财产安全不受损害的权利。消费者有权要求经营者提供的商品和服务,符合保障人身、财产安全的要求。"第 18 条规定:"经营者应当保证其提供的商品或者服务符合保障人身、财产安全的要求。"《物业管理条例》第 36 条规定:"物业管理企业应当按照物业服务合同的约定,提供相应的服务。物业管理企业未能履行物业服务合同的约定,导致业主人身、财产安全受到损害的,应当依法承担相应的法律责任。"在其他规定保护义务的法律中,也都属于这种性质的安全保护义务。

第二,合同约定的主义务。如果当事人约定的合同义务中规定,合同的一方当事人对另一方当事人负有安全保障义务的,合同当事人应当承担安全保障义务。例如订立旅客运输合同,旅客的人身安全保障义务就是合同的主义务,当事人必须履行这种义务。[15]

---

[15] 参见崔建远主编:《合同法》,法律出版社 2003 年版,第 414 页。

第三,法定的或者约定的合同附随义务。按照诚信原则,一方当事人应该对另一方当事人提供安全保障义务,该方当事人也应该负有安全保障义务。例如,餐饮业、旅馆业向顾客提供服务,按照诚信原则的解释,应当对接受服务的客人人身安全负有保障义务。⑯

3. 安全保障义务性质的确定

按照上述分析,经营者或者其他社会活动组织者承担的安全保护义务的基本性质有两种,一是法定义务,二是合同义务。事实上,这两种义务是竞合的。例如,经营者的安全保障义务既是法律规定的义务,也是合同约定的义务。那么,经营者违反这种安全保障义务,既可能构成侵权责任,也可能构成违约责任。因此,会发生民事责任竞合,即违反安全保障义务的行为发生侵权责任和违约责任竞合,受害人产生两个损害赔偿的请求权。对此,应当按照《合同法》第122条的规定,由赔偿权利人进行选择,选择一个最有利于自己的请求权行使,救济自己的权利损害。

(二)如何确定违反安全保障义务侵权责任的归责原则

1. 违反安全保障义务侵权行为不适用无过错责任原则

对于违反安全保障义务侵权行为是否适用无过错责任原则,学界的意见是一致的,均持否定态度。学者断言,至少在目前,还没有发现必须在此类案件中使用严格责任或者危险责任的必要性,而且严格责任与危险责任有赖于制定法的明确规定,司法解释显然不具有这样的权力,规定适用严格责任或者危险责任。⑰ 这种说法是正确的。⑱ 因此,违反安全保障义务的侵权行为不适用无过错责任原则。

2. 违反安全保障义务侵权行为适用过错责任原则还是过错推定原则

确定违反安全保障义务侵权行为责任,行为人必须具有过错,这是一致的意见。但是,过错的证明究竟由谁承担举证责任,却有不同的意见。这就涉及适用过错责任原则还是过错推定原则的问题。

多数人的意见认为,违反安全保障义务发生受害人人身、财产损害的,经营者仅在自己有过错的情况下承担侵权责任,没有过错则不承担责任。⑲ 因此,违反安全保障义务侵权行为仍应由受害人一方来承担安全保障义务人具有过错的举证责任,除非法律、法规有明确规定,否则不能适用过错推定的严格责任。⑳

笔者对此提出不同的意见。在《人身损害赔偿——以最高人民法院人身损害赔偿司法解释为中心》一书和《人身损害赔偿司法解释释义》一书中,笔者都坚持违反

---

⑯ 其实,前文所述银河宾馆案,即使是宾馆没有承诺"24小时保障客人安全",依照诚信原则,亦应承担这种安全保障义务。
⑰ 参见黄松有主编:《人身损害赔偿司法解释的理解与适用》,人民法院出版社2004年版,第105页。
⑱ 但是这一结论中使用严格责任和危险责任的概念,显然不正确,这就是将严格责任与危险责任混同于过错推定原则,这是一个明显的错误。但是笔者同意这种结论意见。笔者使用无过错责任原则的概念,与严格责任和危险责任是相同的概念,而不是不同的概念。
⑲ 参见张新宝:《侵权责任法原理》,中国人民大学出版社2005年版,第281页。
⑳ 参见黄松有主编:《人身损害赔偿司法解释的理解与适用》,人民法院出版社2004年版,第105页。

安全保障义务侵权责任应当适用过错推定原则。[21]

笔者认为，对于违反安全保障义务侵权行为的过错认定，应当采用过错推定原则。推定的事实基础，就是受害人已经证明了被告的行为违反了安全保障义务。在此基础上，推定被告具有过错。如果否认自己的过错，则过错的举证责任由违反安全保障义务的行为人自己承担，由他证明自己没有过错的事实。如果他能够证明自己没有过错，则推翻过错推定，免除其侵权责任；如果不能证明其没有过错，或者证明不足，则过错推定成立，应当承担侵权责任。

违反安全保障义务的侵权行为适用过错推定原则的理由是：

第一，推定行为人有过错具有客观事实的依据。推定违反安全保障义务的行为人有过错的依据，是行为人违反安全保障义务的客观行为。既然行为人已经违反了安全保障义务，那么他在主观上应当有过错，推定其有过错是合理的。

第二，违反安全保障义务侵权行为是特殊侵权行为，而不是一般侵权行为。特殊侵权行为与一般侵权行为的基本区别在于，首先就是归责原则的不同，前者适用过错推定原则，后者适用过错责任原则。其次是举证责任不同，如上所说。再次，是侵权责任形态不同，前者是替代责任，后者是为自己负责的直接责任。这些区别，在《法国民法典》第1382条与第1384条中就已经明确，无须再加以阐明。

第三，适用过错推定原则有利于保护受害人的合法权益。受害人遭受侵害，能够证明行为人违反安全保障义务已属不易，再令其举证证明行为人的过错，强人所难，有可能使受害人的赔偿权利无法实现。适用过错推定原则，既不使行为人遭受过错责任原则举证责任的刁难，又能够使受害人得到较好的保护。

（三）如何确定违反安全保障义务侵权责任构成要件

1. 行为人实施了违反安全保障义务的行为

（1）行为的基本方式为不作为

构成违反安全保障义务侵权责任，首要的就是违反安全保障义务的行为。这是一个客观要件，是行为的要件。违法行为构成要件的基本要素之一，就是行为，不作为就是违反安全保障义务侵权责任构成的行为要素。违反安全保障义务的行为，一般表现为消极行为，是不作为的行为方式。应当履行作为的安全保障义务的人，由于未尽适当注意义务，应当作为而没有作为，没有尽到安全保障义务，因此而造成受保护人的权利损害。

（2）行为人必须违反安全保障义务

构成违反安全保障义务侵权责任，行为人必须违反安全保障义务。违反安全保障义务在违法行为的要件中，就是违法性的要素，是客观要素，是行为法律评价标准的要素，而不是主观过错的判断要素。

---

[21] 参见杨立新主编：《人身损害赔偿——以最高人民法院人身损害赔偿司法解释为中心》，人民法院出版社2004年版，第215页；杨立新主编：《人身损害赔偿司法解释释义》，人民出版社2004年版，第110页。

（3）怎样判断义务人是否违反安全保障义务

在实践中怎样判断义务人是否违反安全保障义务，需要有一个客观的标准。但是，客观现实的生活千差万别，无法找到一个统一的、划一的标准，应当具体问题具体分析。但是，客观上存在一些能够确定义务人是否尽到了安全保障义务的要素，如在确定防范、制止侵权行为违反安全保障义务的侵权行为中是不是尽到安全保障义务时，可以从安全保障义务的性质、侵权行为的性质和力度、安全保障义务人的保安能力以及发生侵权行为前后所采取的防范、制止侵权行为的措施等方面，综合判断，确定义务人是否已经尽到安全保障义务。

具体说来，如何判断义务人是否履行了安全保障义务，可以从四个方面加以把握：

第一，法定标准。如果法律对于安全保障的内容和义务人安全保障义务必须履行的行为有直接规定时，就应当严格遵守法律、法规的明确规定判断。例如，公安部《高层建筑消防管理规则》规定："建筑物内的走道、楼梯、出口等部位，要经常保持畅通，严禁堆放物品。疏散标志和指示灯要完整好用。"这就是一种法定标准，用以衡量高层建筑所有者或管理者是否尽到对火灾的预防义务的一条法定判断标准。违反这个标准，造成了被保护人的人身损害或财产损害，就构成了违反安全保障义务。

第二，特别标准。对于未成年人的安全保障义务，应当采用特别标准。这样的标准是，如果在一个经营活动领域或者一个社会活动领域，存在对儿童具有诱惑力的危险时，经营者或者社会活动组织者必须履行最高的安全保障义务，应当采取的保障义务包括：其一，消除这个危险，使之不能发生；其二，使未成年人与该危险隔绝，使其无法接触这个危险；其三，采取其他措施，保障不能对儿童造成损害。没有实施这些保障措施，即为违反安全保障义务。

第三，善良管理人的标准。如果法律没有规定确定的标准，是否履行了安全保障义务的判断标准，要高于侵权行为法上的一般人的注意标准。在美国侵权行为法中，对于受邀请而进入土地利益范围的人，土地所有人或者占有人应当承担的安全保障义务是很高的，标准是要保证受邀请人的合理性安全。这种安全注意义务可以扩展到保护受邀请者免受第三者的刑事性攻击。在法国，最高法院在判例中认为，在欠缺法定的作为义务的情况下，行为人是否对他人负有积极作为的义务，应根据善良家父的判断标准加以确立。如果被告在一个善良家父会积极作为时却没有作为，即表明被告有过错，在符合其他责任构成的条件下即应承担过错侵权责任。[22] 善良家父、保障合理性安全的标准，就是善良管理人注意的标准。这种标准与罗马法上的"善良家父之注意"和德国法上的"交易上必要之注意"相当，都是要以交易上的一般观念，认为具有相当知识经验的人，对于一定事件的所用注意作为标准，客观地加以认定。行为人有无尽此注意的知识和经验，以及他向来对事务所用的注意程度，均不过问，只

---

[22] 参见张民安：《过错侵权责任制度研究》，中国政法大学出版社2002年版，第328页。

有依其职业斟酌，所用的注意程度应比普通人的注意和处理自己事务为同一注意要求更高。这种注意的标准，是使用客观标准。[23]

第四，一般标准。这种标准分为两方面。一方面，经营者或者社会活动组织者对于一般的被保护人，例如，主动进入经营场所或者社会活动场所的人，或者对于非法进入者，所承担的义务就是对于隐蔽性危险负有告知义务，对这种告知义务没有履行，则构成违反安全保障义务。例如，对于进入商场不是意欲购买物品，只是要通过商场的过道的人，经营者只对隐蔽危险负有告知义务，并非承担善良管理人的注意义务。另一方面，经营者或者社会活动组织者对于受邀请者进入经营领域或者社会活动领域的一般保护事项，例如商场、列车、公共交通工具遭受窃贼侵害的危险，负有一般的告知义务和注意义务，并非只要遭受窃贼损害，都是义务人违反安全保障义务。

（4）违反安全保障义务行为的具体形式

按照上述标准，以下四种行为是违反安全保障义务的具体行为：第一，怠于防止侵害行为。对于负有防范制止侵权行为的安全保障义务的人，没有对发生的侵权行为进行有效的防范或制止。第二，怠于消除人为的危险情况。这就是对于管理服务等人为的危险状况没有进行消除。第三，怠于消除经营场所或者活动场所具有伤害性的自然情况。例如设施、设备存在的不合理危险，没有采取合理措施予以消除。第四，怠于实施告知行为。对于经营场所或者社会活动场所中存在的潜在危险和危险因素，没有尽到告知义务，亦为未尽适当注意义务。对于上述安全保障义务标准，如果超出了合理限度范围，即使造成了进入经营或者活动领域的人的损害，也不应当承担损害赔偿责任。

2. 负有安全保障义务的相对人受到损害

构成违反安全保障义务侵权责任，应当具备损害事实要件。这种损害事实，包括人身损害和财产损害。人身损害是受保护人的生命权、健康权、身体权受到损害的事实，不过仅仅是身体权受到损害的话，应当是轻微的损害，在违反安全保障义务的侵权行为中较为少见。因此，违反安全保障义务的人身损害赔偿责任所保护的是人的健康权和生命权。财产损害实施是由于违反安全保障义务行为造成了受保护人的财产或者财产利益受到损害的事实。这种财产损害事实，一般是指财产的直接损失，即违反安全保障义务的行为所直接造成的财产损失，而不是债权等其他财产权中的期待利益的损失。

侵害生命权、健康权的损害事实中，包括精神痛苦的损害事实，对此可以请求精神损害抚慰金赔偿。

3. 损害事实与违反安全保障义务行为之间具有因果关系

在违反安全保障义务侵权责任构成中，义务人的违反义务行为与受保护人的损害之间，应当具有引起与被引起的因果关系。不过，由于违反安全保障义务的侵权行

---

[23] 参见杨立新：《侵权行为法专论》，高等教育出版社2005年版，第112页。

为的类型不同,这种因果关系的要求也不相同。

(1)不同侵权行为类型的因果关系要求

在违反安全保障义务的侵权责任构成中,由于其侵权行为类型不同,对因果关系要件的要求也不同。

第一,在违反安全保障义务行为直接造成损害事实的情况下,对因果关系的要求应当是直接因果关系,违反安全保障义务行为是损害发生的原因。例如,在设施、设备违反安全保障义务的侵权行为、服务管理违反安全保障义务的侵权行为和对儿童违反安全保障义务的侵权行为中,对于因果关系要件的要求,是具有确定的直接因果关系,表现为,违反安全保障义务的行为就是引起受保护人损害事实的原因。

第二,在防范、制止侵权行为违反安全保障义务的侵权行为中,对于因果关系的要求比前三种侵权行为的要求要低,其侵权责任构成的因果关系应当是间接因果关系,违反安全保障义务行为仅仅是损害发生的间接原因,不要求是直接原因。这是因为,侵权行为人对受保护人所实施的侵权行为,就是直接针对受保护人的,并且直接造成了受保护人的损害。这种情形,该侵权行为是受保护人受到损害的全部原因。但是,负有安全保障义务人的违反安全保障义务的行为也是造成受保护人的损害的全部原因,因为如果其尽到了保护义务,就会完全避免这种损害。事实上,安全保障义务人的行为是受保护人受到损害的一个必要条件,也具有因果关系,只是这种因果关系并不那么直接而已。

(2)不同损害事实的因果关系要求

在违反安全保障义务的侵权责任构成中,对于不同的损害事实的因果关系也有不同的要求。对于人身损害事实,应当适用相当因果关系作为判断标准,违反安全保障义务的行为是损害事实发生的适当条件的,即构成因果关系要件,应当对该损害事实承担侵权责任。对于财产损害事实,则应当以直接因果关系作为判断标准,违反安全保障义务的行为是损害事实发生的原因时,才能构成侵权责任。

4.违反安全保障义务行为的行为人具有过错

构成违反安全保障义务侵权责任,行为人应当具有过错。

(1)过错性质

违反安全保障义务人的过错性质,是未尽注意义务的过失,不包括故意。如果违反安全保障义务人在造成损害中具有故意,包括直接故意和间接故意,则不属于这种侵权行为类型,而是故意侵权。这种过失的表现,是应当注意而没有注意,是一种不注意的心理状态。这种心理状态实际地表现在其违反安全保障义务的行为中,应当通过对其行为的考察作出判断。具体说,违反安全保障义务的行为人有无过错的标准,是否达到了法律、法规、规章等所要求达到的注意义务,或者是否达到了同类经营者、社会活动组织者所应当达到的注意程度,或者是否达到了诚信、善良的经营者、社会活动组织者所应当达到的注意程度。[24]

(2)过错的证明责任

违反安全保障义务侵权责任适用过错推定原则,因此,过错的证明实行举证责任倒置。这就是,只要受害人证明义务人未尽安全保障义务,并且已经造成了受害人的损害,直接从损害事实和违反安全保障义务的行为中推定义务人有过失。如果义务人认为自己没有过错,应当自己举证,证明自己没有过错。证明自己没有过错的,推翻过错推定,义务人不承担侵权责任;反之,不能证明或者证明不足的,过错推定成立,构成侵权责任。

(3)义务人如何证明自己没有过错

严格地说,义务人证明自己没有过错是较难的。因为推定过错的基础是行为人违反安全保障义务,受害人已经证明了行为人违反安全保障义务,那么,在违反安全保障义务的行为中实际上已经包含了过错。义务人如果要证明自己没有过错,应当做到:证明自己的注意标准是什么,自己的行为已经达到了这样的注意标准,因此没有过失;或者证明自己虽然没有达到要求的注意标准,但是另有抗辩的原因,或者由于不可抗力,或者由于自己意志以外的原因,或者是第三人的原因行为所致,等等。义务人能够证明这些内容,应当认定其没有构成过错,不构成侵权责任。

四、违反安全保障义务的侵权行为类型与侵权责任形态

(一)违反安全保障义务的侵权行为类型

违反安全保障义务的侵权行为分为四种具体类型。

1.设施设备违反安全保障义务

经营场所或者社会活动场所设施设备必须符合国家的强制标准要求,没有国家的强制标准的,应当符合行业标准或者达到进行此等经营活动所需要达到的安全标准。具体的要求,首先是建筑物的安全标准,应当符合《建筑法》和《建筑工程质量管理条例》等法律法规的质量要求,应当经过建筑行政管理部门验收合格,不得存在安全隐患。其次是消防方面的标准,必须符合《消防法》《高层建筑消防管理规则》《营业性演出管理条例》等的规定,经营场所和活动场所必须配备必要的消防设备、报警设施、紧急疏散标志和疏散图等,并保证一直处于良好状态。再次是电梯的安全标准,实行安全使用证制度,安全年检制度,日常维护保养制度,防止出现危险。最后是其他相关配套设施设备,必须经常地、勤勉地进行维护,使它们一直处于良好、安全的运行状态,符合安全标准。

经营者、社会活动组织者设施设备违反安全保障义务,就是在提供服务的场所,在上述四个方面所设置的硬件没有达到保障安全的要求,存在缺陷或者瑕疵,造成了

---

[24] 参见张新宝:《侵权责任法原理》,中国人民大学出版社2005年版,第281页。

他人的损害。因此,经营者应当对受害人承担人身损害赔偿责任。例如,某商场在通道上安装的玻璃门未设置警示标志,一般人很难发现这是一扇门,顾客通过时撞在门上,造成伤害。对此,商场应当承担违反安全保障义务的人身损害赔偿责任。

2.服务管理违反安全保障义务

经营者或者社会活动组织者在服务管理方面的安全保障义务,主要包括以下三个方面:

第一,加强管理,提供安全的消费、活动环境。经营者和社会活动组织者在提供服务的时候,应当保障服务的内容和服务的过程是安全的,不能存在不安全的因素和危险,这些要求集中体现在经营活动和社会活动的组织、管理和服务上。例如,涉及消费者和活动参与者的人身安全和卫生安全的经营、活动中,应当保障人身安全和卫生,地面不得存在油渍和障碍,应当定期消毒,防止传染病的传播,等等。

第二,坚持服务标准,防止出现损害。在经营和活动中,应当按照确定的服务标准进行,不得违反服务标准。例如,饭店服务人员没有擦干净地板留有污渍,顾客踩在上面滑倒造成伤害,构成人身损害赔偿责任。对此,美国麦当劳热饮伤害案具有借鉴意义。美国新墨西哥州一家麦当劳餐厅,一位79岁的老太太Stela Liebeck买了一杯热咖啡,当打开杯盖饮用时,不慎将一些咖啡泼在了腿上,确诊为三度烫伤。据调查,咖啡的饮用标准温度应当是华氏140度左右,超过华氏155度就有烫伤的危险。而当时麦当劳提供的咖啡温度在华氏180度至190度之间。在被麦当劳的热咖啡烫伤后,老太太将麦当劳告上法庭,称麦当劳没有提示热咖啡的温度,造成自己的伤害。法院认为,承担服务职责的大公司应当善待每一个顾客,不能因为自己的过失使顾客受到损害,因此判决麦当劳公司承担270万美元的惩罚性赔偿金。自此,麦当劳在公司的所有热饮杯上都加印了"小心烫口"的标志。[25]

第三,必要的提示、说明、劝告、协助义务。在经营或者社会活动中,如果存在不安全因素,例如可能出现伤害或者意外情况,应当进行警示、说明。对于可能出现的危险应当对消费者或者参与者进行合理的说明,对于有违于安全状态的消费者或者参与者进行劝告,必要时还要通知公安部门进行必要的强制。对于已经发生或者正在发生的危险,经营者或者组织者应当进行积极的救助,以避免损失的发生和扩大,发生火灾,必须组织工作人员进行疏导和疏散,进行安全转移。同时,对于大型的、多人参加的活动,必须按照限定的数额售票,不得超员。

服务管理违反安全保障义务,就是经营者或者组织者的工作人员违反上述安全保障义务,存在瑕疵或者缺陷,因此造成他人损害,构成侵权责任。

3.对儿童违反安全保障义务

儿童是祖国的未来,是民族的未来,因此法律对儿童予以特别的关照和保护。因此,对儿童的保护适用特别标准,经营者或者社会活动组织者必须竭力做到保护儿童

---

[25] 参见李响:《美国侵权法原理及案例研究》,中国政法大学出版社2004年版,第3页。

的各项措施,以保障儿童不受场地内具有诱惑力危险的侵害。经营者或者社会活动组织者对儿童违反安全保障义务,造成儿童的损害,应当承担赔偿责任。

4. 防范制止侵权行为违反安全保障义务

对于他人负有安全保障义务的经营者或者社会活动组织者,在防范和制止他人侵害方面未尽义务,造成受保护人损害的,也构成违反安全保障义务的侵权责任,是一种特定的类型。前文所述的银河宾馆案,就是典型案例。

(二)违反安全保障义务的侵权行为的责任形态

违反安全保障义务的侵权行为的赔偿责任分为三种:直接责任、替代责任和补充责任。

1. 直接责任

直接责任,就是违法行为人对自己实施的行为所造成的他人人身损害和财产损害的后果由自己承担侵权责任的侵权责任形态。从经营者或者社会活动组织者的经营或者活动而言,违反安全保障义务造成受保护人的人身损害,自己承担责任,就是直接责任。在设施设备违反安全保障义务的侵权行为、服务管理违反安全保障义务和对儿童违反安全保障义务的侵权行为中,违反安全保障义务的行为人如果是单一的自然人主体,那么他就要承担直接责任。

直接责任的特点是:第一,是违法行为人自己实施的行为;第二,是违法行为人自己实施的行为造成的损害;第三,是自己对自己实施的行为所造成的损害,由自己承担责任。这三个特点,都突出了一个概念,就是"自己",因此,直接责任就是"自己的责任",是为自己的行为负责的侵权责任形态。[26] 在一般侵权行为中,行为人和责任人是同一人,行为人对自己实施的行为承担后果责任,即自己造成的损害自己赔偿,不能由没有实施违法行为的人承担赔偿责任。前述的三种侵权行为,都是经营者或者社会活动组织者自己实施的行为造成受保护人的人身损害,要自己承担责任,符合直接责任的特点。

2. 替代责任

但是,如果经营者或者社会活动组织者是法人或者雇主,违反安全保障义务的具体行为人是经营者或者社会活动组织者的工作人员或者雇员,而且符合法人侵权或者雇主责任的法律要求,那么,在设施设备违反安全保障义务的侵权行为、服务管理违反安全保障义务和对儿童违反安全保障义务的侵权行为中,这种侵权责任形态实际上是替代责任,而不是直接责任。

对此,应当适用《关于审理人身损害赔偿案件适用法律若干问题的解释》第 8 条和第 9 条的规定,确定侵权责任。

---

[26] 在中国社会科学院法学研究所起草的《中国民法典》草案中,就是将一般侵权行为表述为"自己的侵权行为"。如果说得准确的话,以"自己的侵权责任"命名会更好一些,且能够与下一章的"对他人侵权之责任"的表述相对应。参见梁慧星:《中国民法典草案建议稿》,法律出版社 2003 年版,第 310 页。

因此，无论是经营者或者社会活动组织者自己违反安全保障义务，还是其雇员或者工作人员违反安全保障义务，都是要由作为经营者或者社会活动组织者的法人、其他组织或者雇主承担责任的。不过，如果经营者或者社会活动组织者的雇员或者成员违反安全保障义务造成损害的，经营者或者社会活动组织者在承担了赔偿责任之后，可以向有过错的雇员或者成员求偿。

3. 补充责任

《关于审理人身损害赔偿案件适用法律若干问题的解释》第6条第2款规定："因第三人侵权导致损害结果发生的，由实施侵权行为的第三人承担赔偿责任。安全保障义务人有过错的，应当在其能够防止或者制止损害的范围内承担相应的补充赔偿责任。安全保障义务人承担责任后，可以向第三人追偿。赔偿权利人起诉安全保障义务人的，应当将第三人作为共同被告，但第三人不能确定的除外。"从上述规定可以看出，在违反安全保障义务的侵权行为中，防范制止侵权行为违反安全保障义务的一方当事人承担的损害赔偿责任，就是补充责任。按照这一规定，防范制止侵权行为违反安全保障义务的侵权损害赔偿责任，是指第三人侵权导致受害人损害的，安全保障义务人对此有过错，在其能够防止或者制止损害的范围内所承担的相应的补充赔偿责任。

侵权法上的补充责任，是指两个以上的行为人违反法定义务，对一个受害人实施加害行为，或者不同的行为人基于不同的行为而致使受害人的权利受到同一损害，各个行为人产生同一内容的侵权责任，受害人享有的数个请求权有顺序的区别，首先行使顺序在先的请求权，该请求权不能实现或者不能完全实现时，再行使另外的请求权的侵权责任形态。

侵权补充责任的基本规则是：

第一，在侵权补充责任形态中，即构成直接责任与补充责任的竞合时，受害人应当首先向直接责任人请求赔偿，直接责任人应当承担侵权责任。直接责任人承担了全部赔偿责任后，补充责任人的赔偿责任终局消灭，受害人不得向其请求赔偿，直接责任人也不得向其追偿。

第二，受害人在直接责任人不能赔偿、赔偿不足或者下落不明，无法行使第一顺序的赔偿请求权时，可以向补充责任人请求赔偿。补充责任人应当满足受害人的请求。补充责任人的赔偿责任范围，就是直接责任人不能赔偿的部分，即直接责任人不能全部赔偿的，则承担全部赔偿责任；直接责任人赔偿不足的，只承担赔偿不足部分的赔偿责任。

第三，补充责任人在承担了补充的赔偿责任之后，产生对直接责任人的追偿权，有权向直接责任人请求承担其赔偿责任。直接责任人有义务赔偿补充责任人因承担补充责任而造成的全部损失。

因此，补充责任中"补充"的含义包括以下两个要点：

第一，补充责任的顺序是第二位的。直接责任人承担的赔偿责任是第一顺序的责任,补充责任人承担的赔偿责任是第二顺序的责任。因此,补充责任是补充直接责任的侵权责任形态。

第二,补充责任的赔偿范围是补充性的。其赔偿范围的大小,取决于直接责任人承担的赔偿责任的大小。直接责任人赔偿不足,补充责任人承担的赔偿责任就是其不足部分;直接责任人不能赔偿,补充责任人承担的赔偿责任就是不能赔偿的全部责任。

饲养动物损害责任一般条款的理解与适用[*]

2013年3月7日,某中级人民法院对所谓的"人狗猫大战"案件[①]作出终审判决,该判决在网络上引发了热烈讨论,其中支持者鲜见,反对者众多。笔者从对该案判决的争论中发现一个问题,即《侵权责任法》第78条规定的饲养动物损害责任一般条款并没有被认真讨论和研究,法院在适用中也没有深刻揭示其适用的基本要求。对此,本文对饲养动物损害责任一般条款进行探讨、说明,同时对"人狗猫大战"的终审判决作出评论。

一、《侵权责任法》第78条规定的基本性质

(一)对《侵权责任法》第78条规定的不同认识

《侵权责任法》第78条规定:"饲养的动物造成他人损害的,动物饲养人或者管理人应当承担侵权责任,但能够证明损害是因被侵权人故意或者重大过失造成的,可以不承担或者减轻责任。"这一条文究竟为何种性质,学界见解并不相同,主要有以下3种。

1. 一般规定(规则)说。王胜明主编的《中华人民共和国侵权责任法释义》一书认为,《侵权责任法》第78条"是关于饲养的动物致人损害的一般规定"。[②]周友军认为,该法第78条实际上确立了动物致害责任的一般规则。即使是特殊类型的动物致害责任,除非有特别的规定或者按照法律的精神可以作不同的解释,否则都适用动物致害的一般规则。[③]高圣平主编的《中华人民共和国侵权责任法立法争点、立法例及经典案例》一书持同样的观点,认为《侵权责任法》第78条是对饲养的动物致人损害的一般规则。[④]

---

[*] 本文发表在《法学》2013年第7期。
[①] 参见汉德法官:《流浪猫的终审判决》,载新浪博客,http://blog.sina.com.cn/s/blog_5c86438e01016imm.html,2013年5月18日访问。
[②] 王胜明主编:《中华人民共和国侵权责任法释义》,法律出版社2010年版,第390页。
[③] 参见周友军:《侵权法学》,中国人民大学出版社2011年版,第402页。
[④] 参见高圣平主编:《中华人民共和国侵权责任法立法争点、立法例及经典案例》,法律出版社2010年版,第743页。

2. 一般条款说。张新宝认为，《侵权责任法》第 78 条是对动物致人损害责任一般条款的规定，规定的是饲养动物损害责任归责原则体系中的一般的无过错责任，适用于一般情形下的饲养动物致人损害情形，也即凡是《侵权责任法》第十章未特别列举规定的饲养动物损害责任情形，均适用《侵权责任法》第 78 条规定。⑤ 程啸认为，依据该法第 78 条，原则上饲养动物造成他人损害时，无论饲养人、管理人有无过错，均应承担赔偿责任，即无过错责任。《侵权责任法》第 79 条和第 80 条规定的是更为严格的无过错责任，第 81 条规定的是过错推定原则。⑥

3. 严格责任说。王利明认为，我国《侵权责任法》中的动物致害归责原则采严格责任，这集中体现在《侵权责任法》第 78 条的规定之中，该规定完全符合严格责任的一般性质和特点。⑦

以上意见主要集中在一般规定、一般规则、一般条款或者一般的无过错责任这样的认识上。一般规则和一般规定的说法并没有原则的不同。所谓一般规定或者一般规则，就是饲养动物损害责任的一般性法律适用规则，大致相当于饲养动物损害责任一般条款。而所谓的一般无过错责任，既是强调一般的饲养动物损害责任是无过错责任，同时也强调了第 78 条的性质属于一般性条款。由此可见，在对《侵权责任法》第 78 条基本性质的认识上，学者的态度基本一致。

（二）动物损害责任的发展演变

在研究《侵权责任法》第 78 条规定时，学者都注意到了《民法通则》第 127 条与该条文之间的关系，认为《侵权责任法》是在《民法通则》基础上进行了若干的重要完善⑧，具有前后相续、逐步完善的关系。这个看法也是对的。我国《民法通则》第 127 条的内容比较简单，采用单一归责原则确定饲养动物损害责任，不够完善。《侵权责任法》借鉴域外法例，紧贴现实生活，对饲养动物损害责任作出了全面、科学、完备的规范，明确了法理。⑨ 不过，动物损害责任一般条款的发展并非这样简单，其可以分为以下 3 个阶段。

1. 司法经验积累阶段。在司法实践中，最早的有关饲养动物损害责任的司法解释是 1981 年 1 月 22 日最高人民法院《关于李桂英诉孙桂清鸡啄眼赔偿一案的函复》，批复认为作为母亲的李桂英对其 3 岁的孩子监护不周，自顾与他人聊天，使鸡啄伤孩子右眼，这是因母亲的过失所致，与养鸡者无直接关系，因而不予赔偿，该解释广受批评。1984 年 8 月 30 日，最高人民法院《关于贯彻执行民事政策法律若干问题的意见》第 74 条规定："动物因饲养人或管理人管理不善，而致他人人身或财物损害的，应由饲养人或管理人承担赔偿责任。"这条解释规定动物损害责任的责任主体是饲养

---

⑤ 参见张新宝：《侵权责任法》，中国人民大学出版社 2010 年版，第 320、321 页。
⑥ 参见程啸：《侵权责任法》，法律出版社 2011 年版，第 501 页。
⑦ 参见王利明：《〈侵权责任法〉研究》（下卷），中国人民大学出版社 2011 年版，第 628、629 页。
⑧ 参见周友军：《侵权法学》，中国人民大学出版社 2011 年版，第 401 页。
⑨ 参见杨立新：《侵权责任法》，法律出版社 2011 年版，第 523 页。

人或者管理人,学说认为其应适用过错推定原则,内容比较规范。[10]

在理论上,对于动物损害责任的归责原则,基本上采用苏联的规则和学说,认为对于致人损害的危险性较大的凶猛野兽或者猛禽,属于高度危险来源,适用无过错责任原则;一般饲养的动物损害不属于高度危险来源,适用过错推定原则,基本形成了动物损害责任的二元归责体系。[11]

2.《民法通则》阶段。1986年4月12日通过的《民法通则》在第127条规定了饲养动物损害责任的规则:"饲养的动物造成他人损害的,动物饲养人或者管理人应当承担民事责任;由于受害人的过错造成损害的,动物饲养人或者管理人不承担民事责任;由于第三人的过错造成损害的,第三人应当承担民事责任。"这条规定分为三部分,第一部分是饲养动物损害责任的一般性规定,即实行统一的无过错责任原则,改变了二元归责体系;第二部分和第三部分分别规定因受害人过错和第三人过错造成损害的,都免除动物饲养人或者管理人的责任。第一部分的内容没有问题,但后两部分的规定有一定的问题,就是免责过于绝对化,对应当实行过失相抵的事项予以免责。

3.《侵权责任法》阶段。《侵权责任法》在《民法通则》的立法和实践基础上,认真总结经验教训,在第十章全面建立了我国的饲养动物损害责任制度。其中第78条是一般条款,第79条至第83条是对特殊情形作出的特别规定。

(三)《侵权责任法》第78条规定的基本性质与地位

《侵权责任法》第78条是饲养动物损害责任一般条款,对此学界的基本意见是一致的。《侵权责任法》第五章至第十章规定了6种具体侵权责任类型,且都设置了一般条款,其中分为3种类型:一是只规定一般规则的一般条款,如关于环境污染责任的第65条;二是既规定一般规则也规定具体规则的一般条款,如关于产品责任的第41条至第43条、关于机动车交通事故责任的第48条;三是包含部分法定侵权责任类型的一般条款,如关于医疗损害责任的第54条、关于高度危险责任的第69条和饲养动物损害责任的第78条。[12] 饲养动物损害责任一般条款属于第三种类型。

对某一具体侵权责任类型设置一个一般条款,优势在于对一般情形不必进行具体规定,而是在一般条款之下,只对不适用一般条款的情形作出特别规定,其能够解决这一侵权责任类型的全部法律适用规则问题,不仅法律条文简洁、明快,而且法律适用规则也表达得更为清晰、明确,便于司法实践操作。因此,《侵权责任法》第78条在饲养动物损害责任的规定中十分重要,其既是理解和掌握饲养动物损害责任的基础性条文,又是一般的饲养动物损害责任案件的请求权基础。"人狗猫大战"案件的判决之所以确定责任不当,不能正确理解这个条文的含义是一个重要原因。

---

[10] 参见杨立新:《民法判解研究与适用》(第3集),中国检察出版社1997年版,第134页。
[11] 参见杨立新:《侵权责任法》,法律出版社2011年版,第534页。
[12] 参见杨立新:《医疗损害责任一般条款的理解与适用》(本书第1956页),载《法商研究》2012年第5期。

二、饲养动物损害责任一般条款与其他相关条文的关系

应当特别研究《侵权责任法》第十章中第 78 条与其他条文的关系问题。在第十章中，除了第 84 条，其他条文与第 78 条规定的关系并不一样。

(一)特殊规则与一般条款

《侵权责任法》第 79、80 和第 81 条与第 78 条规定的饲养动物损害责任一般条款是对立的关系，即前 3 个条文规定的 3 种饲养动物损害责任类型排除一般条款的适用，而适用特殊规则。其中，《侵权责任法》第 79 条和第 80 条的规定都是所谓的绝对责任条款。这些绝对责任条款有两大特点：一是不适用《侵权责任法》第 78 条规定的一般性的无过错责任原则，而适用更为严格的无过错责任原则；二是不适用该第 78 条规定的免责或者减轻责任事由，即使被侵权人对损害的发生有故意或者重大过失，也不得免除责任或者减轻责任。例如大型犬出没于公众场合时必须拴狗链，否则就违反了有关管理规定，即使被侵权人有过错，也不得减轻或者免除饲养人或者管理人的责任。该法第 80 条同样如此。

《侵权责任法》第 81 条与第 79 条和第 80 条相反，不是加重责任，而是降低责任标准，其不适用该第 78 条规定的无过错责任而适用过错推定责任，如果饲养人或者管理人能够证明自己对于动物致人损害没有过错，就可以免责；即使有过错，但受害人也有过错的，也不适用该第 78 条但书规定，而是适用《侵权责任法》第 26 条进行过失相抵。

(二)特殊主体与一般条款

《侵权责任法》第 82 条规定的遗弃、逃逸动物损害责任，与前三种情形不同，是由于承担责任的主体不同而不适用饲养动物损害责任一般条款的一般规则。遗弃动物，是动物的所有权人放弃所有权，在其造成损害时，其实与原所有人并无关系，但由于遗弃动物本身的危险性，不仅损害动物福利，而且严重威胁公众安全，因而确定原饲养人或者原管理人仍对损害承担侵权责任。而逃逸动物的所有权关系没有变化，其饲养人和管理人仍然承担义务，造成他人损害，当然还是由原饲养人或者原管理人承担侵权责任。这种责任适用无过错责任原则，如果被侵权人故意或者具有重大过失的，应当适用《侵权责任法》第 78 条有关减轻责任或者免责的但书规定。因此，《侵权责任法》第 82 条与第 78 条并非完全对立，只是不适用一般规则而适用但书规则。

(三)特殊责任形态与一般条款

《侵权责任法》第 83 条规定的是第三人过错的饲养动物损害责任，与《民法通则》第 127 条规定完全不同。《民法通则》第 127 条规定第三人过错造成饲养动物致人损害的，适用第三人侵权行为的一般规则，即第三人承担侵权责任，动物饲养人或

者管理人免除责任。《侵权责任法》第 83 条改变了这一做法,加大动物饲养人或者管理人的责任,令其与有过错的第三人承担不真正连带责任,被侵权人可以直接请求动物饲养人或者管理人承担赔偿责任,在其承担赔偿责任之后,再向第三人追偿。被侵权人具有故意或者重大过失的,应当适用《侵权责任法》第 78 条有关减轻责任或者免除责任的但书规定。由于最终责任是由有过错的第三人承担,因而如果被侵权人请求动物饲养人或者管理人承担中间责任,饲养人或者管理人应当提出抗辩,以对抗被侵权人的主张,否则,在其对有过错的第三人进行追偿时,将会出现第三人不承担不应承担的赔偿责任,而饲养人或者管理人已经承担了该部分责任的尴尬局面,使饲养人或者管理人的利益受到损害。可见,《侵权责任法》第 83 条与第 78 条的关系是部分重合的,即第 83 条规定的情形不适用第 78 条规定的一般规则,但适用该条但书规定的规则。

三、适用饲养动物损害责任一般条款的基本要求

《侵权责任法》第 78 条规定的饲养动物损害责任一般条款,分为一般规则(前段)和但书规则(后段),在司法实践中应当按照这样的规则适用法律。

(一)饲养动物损害责任一般条款的一般规则

1. 适用无过错责任原则

对《侵权责任法》第 78 条规定的饲养动物损害责任一般条款适用无过错责任原则,是学者的一致意见。[13] 多数学者都指出,该第 78 条规定的无过错责任原则是一般性的无过错责任原则,与更为严格的无过错责任有较大的区别。对此,张新宝的说明是最清楚的。[14]

《侵权责任法》规定无过错责任原则,对无过错责任原则的程度既有不作区别的,也有作出具体区别的。在环境污染责任和产品责任中,适用无过错责任原则没有程度的区别。高度危险责任和饲养动物损害责任尽管都适用无过错责任原则,但规定了不同的程度要求。高度危险责任的无过错责任分为四个层次,即《侵权责任法》第 70 条至第 73 条规定的四种高度危险责任类型,通过适用免责或者过失相抵不同条件的规定,使其严格程度明显不同,也使得侵权责任的确定更为科学、合理。饲养动物损害责任的无过错责任原则则分为两个层次:一是一般性的无过错责任原则即《侵权责任法》第 78 条规定的情形;二是更为严格的无过错责任原则即该法第 79 条和第 80 条规定的情形,对危险性更大的饲养动物造成损害承担侵权责任规定了更宽的要件,使被侵权人更容易获得赔偿,得到更好的保护。

---

[13] 参见张新宝:《侵权责任法》,中国人民大学出版社 2010 年版,第 320 页;程啸:《侵权责任法》,法律出版社 2011 年版,第 500 页;杨立新:《侵权责任法》,法律出版社 2011 年版,第 535 页。

[14] 参见张新宝:《侵权责任法》,中国人民大学出版社 2010 年版,第 321 页。

2. 责任构成要件

依照《侵权责任法》第 78 条的规定,适用饲养动物损害责任一般条款应当具备的要件是:第一,动物为饲养的动物,而不是野生动物,也不是动物园饲养的动物;第二,造成他人损害的事实,被侵权人是动物饲养人或者管理人以外的他人,损害事实主要是人身损害,但也不排除财产损害;第三,饲养人或者管理人管束动物的不当行为与他人的损害事实之间具有因果关系,即他人损害的事实是饲养的动物所致,原因是饲养人或者管理人管束动物不当,但动物损害并非饲养人或者管理人的意志所支配,排除人为因素。如果行为人以动物为工具,致使动物致人损害,则行为人的行为所造成的损害,不属于饲养动物损害责任。[15]

3. 饲养人与管理人的责任承担

《侵权责任法》第 78 条规定的责任人是动物饲养人或者管理人。这个规定有以下两个问题需要明确。

第一,动物饲养人的含义是什么? 对于《侵权责任法》第 78 条为什么使用动物饲养人的概念而不使用动物所有人的概念,学者有不同的理解。一是"等同于所有人说",认为动物饲养人就是所有人,即对动物享有占有、使用、收益、处分权的人。[16] 二是"宽于所有人说",认为动物饲养人可能包括了所有人,但又不等同于所有人。[17] 三是"保有人说",认为动物饲养人是作为所有人的保有人。[18] 笔者曾经采用保有人的方法进行解释,即饲养人和管理人都是保有人。[19] 但是将饲养人解释为所有人,将管理人解释为负有管理职责的其他动物保有人,在法律适用上更为明确、更为便捷。

至于为什么不使用所有人的概念而使用饲养人的概念,除了是沿袭《民法通则》第 127 条规定的做法之外[20],采用饲养人的概念与《侵权责任法》第十章的名称"饲养动物损害责任"以及该章的适用范围相一致。[21] 这样的意见比较准确。

第二,动物饲养人与管理人之间如何承担责任? 《侵权责任法》第 78 条规定了两个责任主体,即动物饲养人或者管理人。这两个主体应当怎样承担侵权责任,学者的看法不同。首先应当明确的是,如果造成损害的动物只有饲养人,问题就相当简单,将其列为被告即可。问题在于,如果动物的饲养人和管理人为不同的人,究竟应当怎样承担责任,问题比较复杂。有的学者认为应以实际占有、控制该动物的人为被告承担赔偿责任[22];有的学者认为,所有人就是保有人,管理人是所有人以外的保有人,如

---

⑮ 对饲养动物损害责任的构成要件,学者讨论较多,意见大体一致,本文不作展开说明。
⑯ 参见王胜明主编:《中华人民共和国侵权责任法释义》,法律出版社 2010 年版,第 392 页。
⑰ 参见王利明:《侵权责任法研究》(下卷),中国人民大学出版社 2011 年版,第 658 页。
⑱ 参见周友军:《侵权法学》,中国人民大学出版社 2011 年版,第 406 页。
⑲ 参见杨立新:《侵权责任法》,法律出版社 2011 年版,第 540 页。
⑳ 《民法通则》第 127 条则是沿袭司法解释的习惯做法,前文已经作了说明。
㉑ 参见王利明:《侵权责任法研究》(下卷),中国人民大学出版社 2011 年版,第 658 页。
㉒ 参见山东省高级人民法院《关于审理人身损害案件若干问题的意见》第 39 条规定的内容;王利明:《侵权责任法研究》(下卷),中国人民大学出版社 2011 年版,第 660 页。

果存在数个保有人,此时数个保有人要共同承担责任。[23]

将动物的饲养人和管理人界定为实际占有、控制该动物的人为责任人,是一个比较好的办法,似乎也是立法本意,因为立法机关人士也认为,当动物的所有人与管理人为不同人时,管束动物的义务转移给管理人,这时的赔偿主体应为管理人。[24] 应当看到,饲养的动物致人损害,只要有管理人存在,就必定存在饲养人。管理人管理动物造成他人损害,承担了赔偿责任,如果其有过错,当然没有问题,但如果管理人并无过错,难道不可以向饲养人主张追偿权吗?在这种情况下,就出现了与《侵权责任法》第83条完全相同的问题,即第三人有过错致使动物造成他人损害而承担赔偿责任当然没有问题,但如果是饲养人承担了责任,必定要向第三人进行追偿。同样,管理人承担了赔偿责任,如果自己没有过错,当然可以向动物饲养人主张追偿,因为毕竟饲养人是饲养动物的利益享有人,怎么可以不承担责任呢?因而,饲养人与管理人共同承担责任的意见有一定的道理。

但是,这个意见并没有明确动物饲养人和管理人共同承担的责任究竟是连带责任、不真正连带责任还是按份责任。笔者认为,首先,饲养人和管理人不可能承担按份责任,因为不存在承担按份责任的基础;其次,承担连带责任须双方当事人对于损害均应承担责任,对外连带,对内按份,管理人和饲养人也不存在连带责任的基础,因为不构成共同侵权行为;最后,唯一可以考虑的是承担不真正连带责任,因为动物饲养人和管理人是两个不同的主体,有两个不同的侵权行为,两个行为竞合在一起,造成了同一个损害结果,因此构成竞合侵权行为。竞合侵权行为的责任形态就是不真正连带责任。[25]

经过以上分析,可以得出的结论是:第一,饲养的动物造成他人损害,只有饲养人的,当然由动物饲养人承担赔偿责任,不发生复杂的法律适用问题;第二,饲养的动物造成他人损害,既有动物饲养人又有管理人的,应当承担的责任形态是不真正连带责任。被侵权人可以选择起诉饲养人,也可以选择起诉管理人承担中间责任;如果承担责任的人不是最终责任人,可以行使追偿权实现最终责任。这样的规则对被侵权人的权利保护最为妥当,也是最为公平、最为合理的。

(二)饲养动物损害责任一般条款的但书规则

1. 受害人故意或者重大过失的责任减免。《侵权责任法》第78条规定的但书规则,即"但能够证明损害是因被侵权人故意或者重大过失造成的,可以不承担或者减轻责任",在理解上也有较大分歧。一是"原因力说",认为被侵权人的故意或者重大过失可以成为免责或减轻责任的事由,被侵权人的故意或重大过失是引起损害的全部原因的,动物的饲养人或者管理人可以免责;如果被侵权人的故意或者重大过失只

---

[23] 参见周友军:《侵权法学》,中国人民大学出版社2011年版,第408页。
[24] 参见王胜明主编:《中华人民共和国侵权责任法释义》,法律出版社2010年版,第392页。
[25] 参见杨立新:《论竞合侵权行为》(本书第1609页),载《清华法学》2013年第1期。

是引起损害的部分原因的,则不能免除动物饲养人或管理人的赔偿责任,而应适用过失相抵规则。[26] 二是"具体考虑说",认为被侵权人的故意或者重大过失都可以构成免责事由,在受害人具有故意或重大过失的情况下,究竟是作为减轻责任还是免除责任的事由,要结合具体案件考虑。[27] 三是"故意免责重大过失减责说",认为被侵权人故意造成损害的,动物的饲养人或者管理人可以不承担责任;当受害人对损害的发生具有重大过失时,动物的饲养人或者管理人仍应承担责任,但可以减轻责任。[28]

"故意免责重大过失减责说"明显不符合《侵权责任法》第78条规定的但书规则,如果作如此理解,该但书规则完全可以不予规定,直接适用该法第26条和第27条即可。"具体考虑说"的意见大体合适,但不够精准。唯有"原因力说"的解释完全符合该第78条但书规则的立法本意,笔者赞成这种意见。[29]

饲养动物损害责任一般条款但书规则的法律适用规则如下:

第一,排除《侵权责任法》第26条和第27条规定的适用。由于该法第78条但书规定了自己的免责事由或者减轻责任事由,因此在饲养动物损害责任中不再适用同法第26条和第27条的规定,而应当依照第78条但书规定确定免责和减轻责任的事由。

第二,排除被侵权人的过失和一般过失作为免责或者减轻责任事由。在饲养动物损害责任中,如果被侵权人对于损害的发生或者扩大具有过失或者一般过失,不论是构成损害的全部原因还是部分原因,都不得对饲养人或者管理人免除责任或者减轻责任。

第三,被侵权人的故意或者重大过失是损害发生的全部原因,具有全部原因力的,应当免除饲养人或者管理人的责任,不论是故意还是重大过失。

第四,被侵权人的故意或者重大过失是损害发生的部分原因的,依照其原因力进行过失相抵,相应减轻饲养人或者管理人的赔偿责任。

2. 饲养动物损害责任一般条款没有规定的其他免责事由的适用。《侵权责任法》第78条只规定了受害人故意或者重大过失免责或者减轻责任,除了与《侵权责任法》第三章第26条和第27条相冲突,第83条与第28条规定相冲突之外,对于其他免责事由的规定并无冲突,因此,关于不可抗力、正当防卫、紧急避险的规定都可以适用于该第78条。

四、"人狗猫大战"案件终审判决的不当之处

依照上述对《侵权责任法》第78条规定的饲养动物损害责任一般条款的理解,笔

---

[26] 参见张新宝:《侵权责任法》,中国人民大学出版社2010年版,第327页。
[27] 参见王利明:《侵权责任法研究》(下卷),中国人民大学出版社2011年版,第637页。
[28] 参见程啸:《侵权责任法》,法律出版社2011年版,第507页。
[29] 参见杨立新:《侵权责任法》,法律出版社2011年版,第542页。

者针对"人狗猫大战"案件的终审判决书的内容,提出以下探讨性意见。

(一)"人狗猫大战"案件应当适用的实体法规范

该案终审判决没有引用应当适用的实体法律依据,仅依照《民事诉讼法》第170条第1款第(二)项规定作出。依照民事裁判适用法律的惯例,如果二审判决对一审判决予以改判,不仅应当引用程序法规定,也应当引用应当适用的实体法规范。该案终审判决的这种做法不妥。

对于该案,应当适用《侵权责任法》第十章的规定无疑,但既不能适用该法第79条和第80条的规定,也不能适用第81条至第83条规定,该案不属于这些条文规定的特殊情形。换言之,该案不属于《侵权责任法》第十章第79条至第83条规定的特别情形,因而能够选择的只能是第78条规定的饲养动物损害责任一般条款,因为原告起诉的就是饲养动物损害责任,既然不具备其他特殊法律规范规定的特殊情形,只能适用该条饲养动物损害责任一般条款的规定,属于饲养动物损害责任一般条款的调整范围。

(二)"人狗猫大战"案件不符合饲养动物损害责任一般条款的要求

"人狗猫大战"案件的事实和性质,不符合《侵权责任法》第78条规定的饲养动物损害责任一般条款规定的要件,其要点如下。

1. 投喂流浪动物的人不是饲养人。该案一审判决认为,被告乔某长期饲养流浪猫,构成流浪猫的饲养人,因此判决适用《侵权责任法》第78条关于饲养人的规定承担主要责任。㉚ 这个认定是不对的,终审判决否定这个意见是正确的。前文已经明确,该第78条规定的饲养人就是动物所有人,只是表述不同而已。乔某对流浪猫的行为是投喂不是饲养,不是动物的所有人,因而不是饲养人,对于流浪动物即使长期投喂,也不会因此而成为法律意义上的动物饲养人。一审判决书的这个错误是望文生义,简单化地对待法律规定的概念。既然乔某不是饲养人,当然不符合《侵权责任法》第78条规定的饲养动物损害责任一般条款关于主体要件的要求,不应当承担动物饲养人应当承担的法律责任。

2. 造成肖某损害的原因是受害人自己的重大过失。该案造成原告肖某损害的原因,是肖某自己的重大过失,具体表现为:第一,该案发生损害的起因是猫狗之间的冲突,而狗猫发生冲突的原因在于饲养人对大型犬未拴狗链。按照《侵权责任法》第79条的规定,违反管理规定未对动物采取安全措施,属于重大过失,如果造成他人损害,应当承担绝对责任。在本案中,尽管不是未拴狗链的动物所致损害,但却可以依此认定肖某具有重大过失。第二,肖某被流浪猫咬伤的主要原因是其踢猫的行为,是在猫狗发生的冲突中,狗主人拉"偏架"踢猫,使猫激怒,在此情形下咬伤肖某,夸张地讲是猫的"正当防卫",踢猫的行为更是重大过失。基于受害人自己的重大过失造成自己

㉚ 参见《女子喂养小区中流浪猫 因猫伤人被判赔偿千余元》,载法律教育网,http://www.chinalawedu.com/new/201211/qinyinjing2012110117542881781453.shtml,2013年5月18日访问。

饲养动物损害责任一般条款的理解与适用　　2117

损害,没有理由令投喂流浪猫的乔某承担赔偿责任。

3. 乔某投喂流浪动物行为是损害发生的条件而不是原因。终审判决书特别强调:"乔某长期投喂流浪猫,尤其是在其家门口的公共通道附近的固定投喂行为,在其生活社区的公共环境中形成了一个流浪猫获取食物的固定地点,导致了流浪猫的聚集,而流浪动物的不可控性及自然天性,在没有得到有效控制的前提下必定会给社区的公共环境带来危险。"㉛这样的分析论证并非没有道理,但尽管如此,乔某的行为对于损害的发生仅仅是一个条件,既不是原因,也不是适当条件,因此与损害发生没有因果关系,判断的依据就是,没有肖某未拴狗链和踢猫行为,即使乔某投喂流浪猫,流浪猫也不会伤害肖某。可见,乔某投喂流浪猫的行为与损害之间,无论是运用直接因果关系规则还是运用相当因果关系规则进行判断,都没有原因力,而肖某的过错是行为发生的全部原因,其损害完全应当由自己负担。

4. 关于公共道义和善良风俗问题。在动物之间发生冲突时,人的力量介入其中并对动物施以暴力,人被处于劣势的动物咬伤,就在一个等式之中加进了不公平的砝码。对动物施暴的人反而主张被施暴动物的投喂人对其承担侵权责任的诉讼,无疑存在公共道义和善良风俗的考量。对流浪动物予以关爱,体现悲悯、爱心的人反被认定为侵权人,责以侵权赔偿责任;而具有重大过失、对流浪动物施以暴力的人反被认定为被侵权人。在这样一个不公平的判决中,饲养动物损害责任一般条款就这样被歪曲了,尽管终审判决并未直接引用《侵权责任法》第78条的规定。即使不从艰深的学理角度予以探讨,就从社会的一般智识经验判断,这样的判决是否能够经得起公共道义和善良风俗的检验,结论也是十分清楚的。"人狗猫大战"案件的终审判决不能不让人审慎思考。

㉛ 汉德法官:《流浪猫的终审判决》,载新浪博客,http://blog.sina.com.cn/s/blog_5c86438e01016imm.html,2013年5月18日访问。

对建筑物抛掷物致人损害责任的几点思考[*]

一、建筑物抛掷物致人损害责任的提出

建筑物抛掷物致人损害责任问题的典型案例是发生在重庆的案例。2001年5月11日凌晨约1时40分,重庆市民郝某与朋友李某在街上谈事情,被临路楼上坠落的烟灰缸砸中头部,当即倒地,被送至急救中心抢救。经医院精心治疗,郝某在昏迷7天后脱险,留下了严重的后遗症,被鉴定为智能障碍伤残、命名性失语伤残、颅骨缺损伤残等,损失医疗费等计9万元。公安机关经过侦查现场,排除了有人故意伤害的可能性。郝某将位于出事地点的两幢居民楼的产权人以及两幢居民楼一定楼层以上的25户居民告上了法庭,要求他们共同赔偿自己的医药费、精神损失费等各种费用。重庆法院经审理认为,因难以确定该烟灰缸的所有人,除事发当晚无人居住的两户外,其余房屋的居住人均不能排除扔烟灰缸的可能性,根据过错推定原则,由当时有人居住的王某等有扔烟灰缸嫌疑的20户住户分担该赔偿责任,各赔偿8101.5元。

在这个案例之前,还有一个山东济南某区法院判决的案件。案情是:某住宅区前后两栋楼房相邻,居委会主任是一位老太太,中午时分到后一栋楼通知事情,出楼道时,还有两个老头在楼道门口下象棋,刚打过招呼,从楼上坠落一个破旧的菜板子,用报纸包着,将老太太砸倒在地,两个老头回头观察,也没有发现究竟是谁家扔的,就急忙喊人将受害人送到医院抢救后治愈。老太太向法院起诉,将该楼全体共56户住户列为被告,要求承担损害赔偿责任。法院参照共同危险行为的基本规则,判决56户住户承担损害的赔偿责任。

这是两个完全相同的案件,判决所依据的理由有所不同,一个是推定过错,一个是共同危险行为。

从这两个案件之后,法院审理建筑物抛掷物致人损害责任案件尽管在理由上有所不同,但差不多都是按照这个规则处理。在立法草案上,这个规则也被写进条文。例如,中国人民大学民商事法律科学研究中心起草的《中国民法典草案·侵权行为法编》第153条规定:"从建筑物中抛掷物品致人损害,抛掷人承担民事责任。不能确定

---

[*] 本文发表在《判解研究》2004年第5辑。

谁为抛掷人的,由建筑物的所有人或者全体使用人承担民事责任。但能够证明没有抛掷该物品的人不承担责任。"全国人大常委会法工委起草的《民法草案·侵权责任法编》第56条也规定:"从建筑物中抛掷的物品或者从建筑物上脱落、坠落的物品致人损害,不能确定具体的侵权人的,由该建筑物的全体使用人承担侵权责任,但使用人能够证明自己不是具体侵权人的除外。"

现在,这种做法和规定尽管是通说,而且将来很有可能成为立法,但是在目前还没有正式立法之前,进行理论上的深入检讨,以确定这种做法和规则是否正确,是否符合民法的原则,还是大有必要的。

二、确定建筑物抛掷物致人损害责任的主要理论根据

(一)几种不同的观点和意见

在确立建筑物抛掷物致人损害责任的上述规则的理由中,主要的是以下四种:

1. "推定过错"说

这种理由是重庆案件的判决书中提出的。该判决书认为,在本案中,由于难以确定该烟灰缸的所有人,除事发当晚无人居住的两户外,其余房屋的居住人均不能排除扔烟灰缸的可能性,根据过错推定原则,由当时有人居住的王某等有扔烟灰缸嫌疑的20户住户分担该赔偿责任。

2. "共同危险行为"说

在前文济南的案件中,法院判决的基础在于,由于56户居民都有抛掷菜板子的可能性,尽管不是全体所有人抛掷,但是参照共同危险行为的原理和规则,各个住户抛掷该物品的概率相等,因此应当由全体住户承担连带赔偿责任。

3. "保护公共安全"说

这是多数学者的意见,认为这种案件涉及的是公共安全,虽然伤害的只是一个特定的受害人,但是它针对的是不特定的大多数人。为了保护公共安全和公共利益,尽管不能确定谁是真正的加害人,但应当由有嫌疑的建筑物使用人共同承担赔偿责任。

4. "同情弱者"说

这种观点最主要的就是体现民法的同情弱者的立场。首先,民法站在保护弱者的立场,同情弱者,保护弱者,使受到的损害的弱者能够得到赔偿。其次,民事责任是财产责任,而不是人身责任,因此责令有抛掷嫌疑的人承担责任,使弱者得到保护,并非完全不公平,可能对嫌疑人是不公平,但是对于受害人而言,则是公平的。

(二)对"过错推定"说和"共同危险行为"说的评价

在这些观点和意见中,笔者对前两种意见持否定态度。

1. 建筑物抛掷物致人损害责任的基点不是推定过错

所谓推定过错,是指认定侵权责任或者合同责任的时候,对于过错要件的一种认定方法,即不采用原告举证证明的方法,而是采用根据有关事实,由法官推定被告有

过错的方法。在法律有规定的情况下,法官直接推定被告的过错,而不再由原告举证证明被告的过错。

建筑物抛掷物致人损害的基础,并不在于推定过错,当然其中也包括推定过错的成分。建筑物抛掷物致人损害责任的基础,是让没有实施致害行为而仅仅是具有嫌疑的人承担责任,究竟是依据什么基础,在这一点上,倒是与共同危险行为具有相似之处:共同危险行为责任是按照行为人实施行为所造成损害的概率,将没有与损害事实有因果关系的行为人的行为,视为有因果关系,并承担责任。建筑物抛掷物同样具有这样的性质,只是要素不同:抛掷物的行为人没有确定,但是从该建筑物中抛掷该物的可能性,在该建筑物的使用人中,具有同等的概率。按照该概率,确定所有有可能抛掷该物的人承担责任。而共同危险行为的所有行为人都实施了同样的行为,但是只有一个人的行为与损害有因果关系,其他人的行为与损害没有因果关系,但是由于不能确定谁的行为与损害有因果关系,因而将全体行为人确定为连带赔偿责任人。

因此,建筑物抛掷物致人损害责任的基础并不是推定过错,而是将实施行为的可能性推定为确定性,继而确定承担连带的侵权责任。

2. 建筑物抛掷物致人损害责任的基础也不是共同危险行为

用共同危险行为的原理和规则类比建筑物抛掷物致人损害责任,也是不正确的。尽管建筑物抛掷物致人损害的连带责任与共同危险行为的连带责任具有同样的性质,但并不是一样的侵权行为。除了连带责任是一致的以外,在以下各方面,二者都具有根本的差别:

第一,共同危险行为的行为人是数人,也就是共同危险行为的所有人都实施了该种具有危险性的行为,而不是一个人实施这种危险性的行为。而在建筑物抛掷物致人损害的连带责任中,则只有一个人实施了加害行为,而不是所有的人都实施了与加害行为有关的行为。

第二,正因为如此,在共同危险行为中,行为与损害事实之间的因果关系尽管是直接因果关系,是具体加害人的行为与损害事实之间的直接因果关系,但是与其他行为人的行为具有间接的联系,视为有因果关系。而在建筑物抛掷物致人损害责任中,只有抛掷该物的一个人的行为与损害事实之间有因果关系,与其他的所有权人或者使用权人没有因果关系,只是由于不能确定谁是抛掷人,才推定全体嫌疑人与损害事实之间有因果关系。

第三,从过错的方面观察,共同危险行为的所有的行为人都具有未尽注意义务的共同过失,而建筑物抛掷物致人损害责任中,只有一个人具有这种过错,且这种过错是推定的过错,并不需要原告的证明。

第四,在不能确定具体加害人之外的其他人的免责条件上,有原则区别。共同危险行为的其他行为人能够证明自己的行为没有造成损害后果的,不能免除其连带责任,但是,建筑物抛掷物致人损害责任的其他人如果能够证明自己没有实施这种行为,则可以免责。尽管最高人民法院关于人身损害赔偿的司法解释规定共同危险行为没有采用前述规则,但是笔者认为这样的规定是不适当的。①

三、建筑物抛掷物致人损害责任的历史发展

(一)罗马法对建筑物抛掷物致人损害责任的明确规定

建筑物抛掷物致人损害责任并不是一个新出现的侵权行为类型,早在罗马法就存在这样的侵权行为制度。在查士丁尼《法学总论》中,对建筑物抛掷物致人损害责任规定了详细的规则:"某人占用一楼房,不论是自有的、租用的或借住的,而有人从楼房投掷或倾注某物,致对他人造成损害时,前者被认为根据准侵权行为(此处似应译为准私犯——作者注)负责;根据侵权行为(此处似应译为私犯——作者注)负责是不确切的,因为这种情况往往是他就他人,例如子女或奴隶的过错而负责……关于投掷或倾注某物,经规定得诉请给付两倍于所造成的损害;其因而伤害自由人的生命的,处以五十个金币的罚金;伤害其身体而未至于死亡的,应由审判员根据具体情况,基于公平原则所估计的金额为准判处罚金;在估计时,审判员应考虑支付医生的诊费和其他治疗上的费用,此外还应考虑由于丧失工作能力而在就业上所已受到和将受到的损失。如家子与其父分居,而从自己的楼房投掷或倾注某物,又或放置或悬挂某物,而其倾倒、坠落可能发生危险的,犹里安主张不得对其父,而只能对儿子本人提起诉讼。"②

罗马法规定建筑物责任的核心思想,在于建筑物中的投掷物(固体物)、倾注物(流体物)的责任由谁承担,以及建筑物的悬挂物、搁置物致人损害的责任由谁承担。其主旨是,投掷物和倾注物不一定是建筑物的占有人所为,可能是他的家子或者奴隶所为,因此,这种致人损害的行为,不是私犯,而是准私犯,是家父为他人承担责任。如果家子与其家父分居,而从自己的楼房上投掷或倾注某物,则由自己承担责任,而不是其家父承担责任。因此,建筑物中的投掷物(固体)或者倾注物(流体)造成他人损害,应当由建筑物的占有人(包括所有人、租用人和借用人)承担损害赔偿责任。

(二)后世各国民法对建筑物致害责任规定的侧重点

从法国法以降,各国民法也都规定建筑物的责任,但是规定的主旨与罗马法有所区别,即不是注重对建筑物中的投掷物或者倾注物致人损害的责任作出规定,而是针对建筑物的整体及其附属物的致人损害责任进行规范。

《法国民法典》在它原来仅有的5个条文的最后1个条文即第1386条,规定了建筑物的责任:"建筑物的所有人对建筑物因保管或建筑不善而损毁时所致的损害,应负赔偿的责任。"③这里所说的,就是对建筑物的整体致人损害的责任。在《智利民法

---

① 参见最高人民法院《关于审理人身损害赔偿案件适用法律若干问题的解释》第5条。
② 〔古罗马〕查士丁尼:《法学总论》,商务印书馆1989年版,第204页。
③ 《拿破仑民法典》,李浩培等译,商务印书馆1983年版,第190页。

典》中,其相关规定与《法国民法典》的规定几乎相同,这就是第 2323 条:"建筑物因所有人未进行必要的修葺或因欠缺善良家父的注意而倒塌时,所有人应对第三人的损害承担责任。如建筑物为两人或数人所共有,应按他们的所有权份额的比例分担损害赔偿金。"其中后段规定比较有新意,对于如何分担责任是有借鉴意义的。

《德国民法典》规定建筑物的责任分为三条,第 836 条规定的是建筑物倒塌或者剥落时致人损害的责任,由土地占有人承担责任。第 837 条规定的是因行使某项权利而占有他人土地上的建筑物或工作物,负同样的责任。第 838 条规定的是建筑物的保养人的责任。这些规定也都是着眼于建筑物的整体所致损害的责任,这就是建筑物倒塌和剥落所造成的损害的责任。

同样,《瑞士债务法》第 58 条规定的也是建筑物的致人损害责任,它规定,建筑物的所有人对因设计缺陷,或者结构缺陷或者维修不足造成的损害承担赔偿责任。

值得注意的是,《埃塞俄比亚民法典》和《俄罗斯联邦民法典》的规定与前述规定有所区别,比较接近罗马法的规定,对于确定建筑物抛掷物致人损害责任的规则有借鉴意义。

《埃塞俄比亚民法典》第 2080 条规定:"建筑物的占据人,应对从建筑物上坠落的物所致任何损害承担责任。"坠落尽管不是抛掷,但是一方面"抛掷"的说法本身就不准确,因为连行为人都不能确定,如何就能确定该物就是抛掷的物?另一方面对这种损害的物说成是"坠落"更符合客观事实,况且"坠落"可以将"抛掷"包含在其中。因此这一规定是值得借鉴的。但遗憾的是,它没有进一步规定坠落物的所有人不明的时候的责任,是否其占据人就包含所有的占据人,不得而知。

《俄罗斯联邦民法典》没有明确规定建筑物的责任,但是在高度危险活动的责任中包含了建筑的责任。这就是,把"从事建筑和其他与建筑有关的活动"包含在从事对周围环境有高度危险的活动之中,适用同样的规则。建筑物的坠落物是不是也应当适用同样的规则,似乎应当持肯定态度。

(三) 有益的启发

分析了以上各国民法关于建筑物的责任或者建筑物的投掷物、倾注物、坠落物、悬挂物、搁置物等致人损害的责任,笔者认为有以下三点值得注意:

第一,在罗马法中,对投掷物、倾注物以及悬挂物、搁置物致人损害的责任,是都作了规定。其基本规则就是建筑物的占有人承担致人损害的赔偿责任。这在罗马时代是最清楚的规定。虽然有人说在罗马法时期就已经有了建筑物区分所有权的萌芽[4],但是那时候的建筑物基本上是一家一户一个建筑物,那么,建筑物中投掷物或者倾注物造成损害,当然是其建筑物的占有人承担责任了。尽管罗马法没有关于区分所有的建筑物的投掷物或者倾注物的损害赔偿规则,然而可以肯定的是,凡是建筑物中的投掷物、倾注物、悬挂物、搁置物以及坠落物造成的损害,都应当由建筑物的占有

---

[4] 参见陈华彬:《现代建筑物区分所有权制度研究》,法律出版社 1995 年版,第 3 页。

人包括所有人、借用人、租用人承担责任,却是一个不用怀疑的结论。

第二,现代民法为什么不关注建筑物的附着物或者建筑物中的物所致损害的责任,而关注建筑物本身所致损害的责任,似乎也值得研究。现在多数国家民法典规定的建筑物责任,都是规定建筑物倒塌、剥落的责任,似乎都是建筑物本身所致损害的责任。其实,凡是建筑物以及建筑物中的其他的物,是不是都可以看做建筑物或者建筑物的物呢?笔者认为是可以的。在法典中没有规定建筑物中的物的损害责任,如果发生这种损害,当然只能通过解释这个规定来确定责任。那么,规定建筑物的责任实际上也就包含了建筑物中的物的致害责任。何况有的国家民法典对悬挂物和搁置物也都作了规定。

第三,抛掷物的说法也是值得研究的,是不是必须使用抛掷物的说法呢?事实上,对于一座建筑物上坠落下来的物,不管是投掷的也好,倾注的也好,悬挂物坠落或者搁置物坠落也好,其实都是建筑物中的物坠落所致损害。我们所讨论的两个案件,难道能够确定烟灰缸和菜板子就是抛掷的物吗?如何确定是抛掷的呢?或许就是坠落的呢?因此,笔者认为,这种侵权责任制度就按照《埃塞俄比亚民法典》的规定,称之为"建筑物抛坠落物致人损害责任"最为妥当。它不含有主观因素的色彩,而且这样称谓还与我国《民法通则》第126条规定的"坠落"措辞相吻合。

我们还可以进一步讨论,如果一定要认定为抛掷物,那原告就应当举证证明造成损害的这个物,是行为人所抛掷。可是现在连是谁所为都无法证明,怎么能够证明造成损害的物就是抛掷的呢?所以还应表述为物是坠落,坠落的物致人损害,就由物的占有人承担责任。这样是最清晰、最准确的,并且包容性宽,更容易解决具体问题。所以,不论是在建筑物中的抛掷物还是脱落物,都界定在坠落物当中。凡是建筑物的坠落物致人损害,都应当由坠落物的占有人承担赔偿责任。

四、建筑物抛掷物致人损害责任的基本规则

目前,在民法理论界和实务界,对建筑物抛掷物致人损害责任的规则的认识原则上是一致的,但是有很多具体问题还需要进一步深入研究。

(一)关于基本规则的问题

其中最主要的问题就是,对建筑物抛掷物致人损害责任的规则表述是否妥当。

按照中国人民大学民商事法律科学研究中心起草的《中国民法典草案·侵权行为法编》第153条表述的规则是:(1)从建筑物中抛掷物品致人损害,抛掷人承担民事责任;(2)不能确定谁为抛掷人的,由建筑物的所有人或者全体使用人承担民事责任;(3)能够证明没有抛掷该物品的人不承担责任。

按照全国人大常委会法工委起草的《民法草案·侵权责任法编》第56条表述的规则是:(1)从建筑物中抛掷的物品或者从建筑物上脱落、坠落的物品致人损害,不能确定具体的侵权人的,由该建筑物的全体使用人承担侵权责任;(2)使用人能够证明

自己不是具体侵权人的除外。

这两种意见的基本精神是一致的。但是,其中最重要的分歧和问题是,究竟界定这种侵权行为是建筑物责任还是抛掷物责任。

如果是按照第一种意见,建筑物抛掷物致人损害,应当是抛掷物的责任,因此首先确定的规则就是"从建筑物中抛掷物品致人损害,抛掷人承担民事责任"。但是问题在于,如果确认建筑物抛掷物致害责任是抛掷物责任的话,那么如何就将抛掷物的责任强制性地转化为建筑物的责任,责令建筑物的所有人或者全体使用人承担责任的呢?这个道理恐怕是讲不清楚的。因此,笔者认为第二种意见更为妥当,就是首先规定"从建筑物中抛掷的物品或者从建筑物上脱落、坠落的物品致人损害,不能确定具体的侵权人的,由该建筑物的全体使用人承担侵权责任",这样才能够准确界定建筑物抛掷物的责任性质是建筑物责任,确立责令建筑物的所有人或者使用人承担责任的基础。而不是确定为抛掷物的责任,再生硬地将其转化为建筑物责任。

以这样的认识作为基础,确定建筑物抛掷物致人损害责任的基本规则的顺序,应当是:第一,建筑物的抛掷物(包括脱落物、坠落物)致人损害,不能确定具体侵权人的,应当由建筑物的全体所有人或者使用人(即占有人)承担连带责任;第二,能够证明自己没有实施使物抛掷(或者脱落、坠落)的行为的,免除责任;第三,能够确定致害物的所有人或者占有人(即侵权人)的,应当由坠落物(或者脱落物、坠落物)的占有人承担责任。

(二)需要具体研究的问题

1. 建筑物的抛掷物(脱落物、坠落物)致人损害,不能确定具体侵权人的,应当由建筑物的全体所有人或者使用人(即占有人)承担连带责任

研究建筑物抛掷物致人损害责任的关键点在于,抛掷物(脱落物、坠落物)的占有人不能确定,而该建筑物又是多数人占有,应当如何确定赔偿责任主体和具体赔偿责任承担。

现在的主流意见是建筑物的全体使用人承担连带责任。

既然是建筑物抛掷物致人损害责任是建筑物责任,那么,就一定要看到目前大部分城市居民住宅或者写字楼都是区分所有的现状。而在现实中,之所以建筑物抛掷物致害责任出现这样难以处理的问题,正是建筑物被区分所有所造成的。因此,确定建筑物抛掷物致害责任,就应当按照建筑物区分所有的思路来考虑其具体规则。

对于建筑物区分所有的性质的认识,有两种基本的观点,一是认其为复合所有,是所有权的第三种形式,即所有权分为单独所有、共有和区分所有。二是认其为复合共有,是共有权的具体形式。⑤ 笔者的意见是后者,因此,《智利民法典》关于"如建筑物为两人或数人所共有,应按他们的所有权份额的比例分担损害赔偿金"的规定就极具借鉴价值,那就是责任由全体共有人承担。因此,规定应当由建筑物的全体所有人

---

⑤ 参见陈华彬:《现代建筑物区分所有权制度研究》,法律出版社1995年版,第3页。

或者使用人承担连带责任,就是顺理成章的。即使是认为建筑物区分所有就是复合所有,对此也没有原则性的错误。⑥

承担侵权责任的形态,应当是连带责任。《智利民法典》规定为按份责任有所不妥。一方面对于共同共有来说,共有关系没有解体,就无法确定个人的份额;另一方面,在无法确定具体加害人的时候,将全体嫌疑人都作为共同被告,事实上也无法确定各自的份额,无法实行按份责任。

至于将共同被告称之为所有人、使用人还是占有人,应当准确确定。笔者的意见是使用建筑物的占有人的概念,因为这个概念较为宽泛,能够涵盖所有人、使用人、借用人等不同情况,因此更为准确。

2. 能够证明自己没有实施使物抛掷(脱落、坠落)的行为的,应当免除其责任

事实上,确定建筑物抛掷物致害责任的基础在于将全体建筑物占有人认定为嫌疑人。因此,确定建筑物抛掷物致害责任的基础较为薄弱。那么一旦全体建筑物占有人中的一人或者数人能够证明自己并没有实施使物抛掷(脱落、坠落)行为的,那么,他就排除了嫌疑,由嫌疑人变为非嫌疑人。如果对已经确定没有实施加害行为的人仍然要承担侵权责任,那是不公平的,也是不符合侵权行为法的基本原则的。所以,凡是能够证明自己没有实施使物抛掷(脱落或者坠落)行为的建筑物占有人,应当免除其侵权责任。

证明自己没有实施使建筑物中的物抛掷(脱落或者坠落)的行为,有以下4种情况:

(1)证明在发生损害的时候,自己没有在该建筑物之中。既然发生损害的时候自己没有在现场,当然就没有实施该种行为的可能,当然可以排除其责任。

(2)证明自己所处的位置无法实施该种行为。这就是客观条件所限,没有实施该种行为的可能性。既然如此,当然不应承担侵权责任。

(3)证明自己即使实施该种行为,也无法使抛掷物(或者坠落物、脱落物)到达发生损害的位置。例如,自己居住的位置与发生损害的现场相背或者太远,无法将物抛掷(脱落、坠落)到发生损害的现场,当然也就不应当承担侵权责任。

(4)证明自己根本就没有占有该种造成损害的物。这是从根本上否认自己实施这种行为造成损害的可能,证明成立的,免除责任。不过,这种证明的难度较大,不容易使法官相信。

3. 能够确定致害物的占有人即侵权人的,应当由致害物的所有人或者占有人承担责任

在研究建筑物抛掷物致人损害责任的时候,立足点是使致害物致人损害的行为人不能确定,如果建筑物抛掷物的行为人或者所有人能够确定,也就是具体的加害人能够确定,就不存在这种连带责任的前提,当然应当由致害物的所有人承担责任,也

---

⑥ 参见杨立新:《共有权研究》,高等教育出版社2003年版,第367页。

就是由建筑物的责任转变为坠落物的责任了。

五、建筑物抛掷物致人损害责任的实体法分析

建筑物抛掷物致人损害责任的上述规则,尽管学者的意见趋于一致,但是对于这类案件的判决却没有得到普遍的欢迎和拥护。重庆案例判决后,被判赔钱的 20 名被告连呼"冤枉",认为自己是无辜的,没有任何证据证明他们扔了烟灰缸,却要他们人均赔偿 8000 余元,有悖社会常识,实在不合情理,因而提出上诉。经当地媒体披露后,在社会上也引起了强烈反响。有人认为,空中坠物属意外事故,具有不确定性,事情既然已经发生,就应该给受害者一定补偿,依照公平原则让相关住户共同分摊责任是比较合理的处理方法,也体现了法律对弱者的保护;也有人持怀疑态度,认为受害者虽然是无辜的,但他一个人的无辜用 20 户人家的无辜来弥补是否合理,在侵权人不明时可否"株连九族"?[⑦]

这些都涉及对这个侵权责任制度规则的反思问题,这就是,确立这种侵权责任规则的道理何在。

(一) 确立建筑物抛掷物致害责任规则的法理基础

笔者认为,确立建筑物抛掷物致人损害责任规则的法理基础在于以下 3 点:

1. 同情弱者是民法的基本立场,也是侵权行为法救济损害的基本规则

民法的基本规则都是公平的。但是这种公平并不是绝对的公平。例如,每一个民事主体都享有一个所有权,但是同样都是所有权,但其包含的财产价值内容却不相同。因此有人就是亿万富翁,有人就仅对自己的讨饭碗享有所有权。但即使如此,也是公平的,因为在所有权上,每个人都享有一个平等的权利。同样如此,对于弱者的保护,也是民法的基本立场,看起来不够公平,但是与前述的所有权的公平是一样的。所以,侵权行为法的立场就是保护受害人,凡是受到非法侵害的受害人,侵权行为法就予以保护,并且不遗余力。建筑物的抛掷物造成受害人损害,受害人就是受侵权行为法保护的弱者,救济其损害是侵权行为法的根本宗旨。那么,即使是没有确定具体的加害人,但是,加害人的范围是确定的,抛掷物就是从这座建筑物中抛掷的,那么这座建筑物的占有人就应当承担责任。

2. 民事责任的财产性,是决定建筑物抛掷物致害责任规则的基础

在民法上,有很多看似不公平的民事责任规则。例如在罗马法的准私犯制度中确立的替代责任规则,就是如此。在替代责任中,行为人是加害人,责任人并不是加害人,但是却要为行为人的行为造成的损害承担责任,道理何在? 就是因为民事责任是财产责任,既然责任人与行为人具有一定的特定关系,因此就责令责任人承担责

[⑦] 参见《烟缸砸出 26 被告》,载《兰州晨报》2002 年 1 月 16 日"社会纪实"栏目;《高空抛掷物致人伤害应如何处理?》,载《北京青年报》2002 年 9 月 24 日"法律圆桌"第 89 期。

任,而不是让行为人承担责任。这种形式上的不公平,恰恰说明民法的本质公平。之所以会这样做,就是因为民事责任是财产责任而不是人身责任,不必让责任人承担人身制裁的责任。这样,使与行为有特定关系的责任人承担财产责任,既不伤害责任人本身,又使受害人的损害得到了有效的救济。如果民事责任不是财产责任,就不会出现这样的规则。

3. 保护公共安全,也是确定建筑物抛掷物致害责任规则的基本立场

公共安全,就是公众的安全,涉及的是众多的人的根本利益。尽管建筑物抛掷物造成损害的后果总是特定的人的损害,但是,在建筑物抛掷物没有发生损害之前,威胁的并不是特定的人,而是不特定的任何人,是公共利益或者公众利益。面对公共利益或者公众利益的威胁和社会不安全因素,立法必须确定严格的保护措施,使行为人受到制裁,加以警诫。如果对建筑物抛掷物已经造成的损害,由于不能确定具体的加害人而放弃对不法行为的追究,将会放纵乃至纵容侵权行为,其后果将会更加严重。因此,通过建筑物的占有人,责令建筑物的占有人承担连带责任的形式,达到了保护公共利益的目的。

(二)确定建筑物抛掷物致害责任的具体法理问题

1. 关于受害人主张建筑物全体所有人或者使用人承担赔偿责任的请求权基础问题

建筑物抛掷物致人损害中的受害人对于建筑物的全体所有人或者使用人承担侵权责任的请求权基础,在于建筑物责任。笔者之所以反复强调建筑物抛掷物致害责任是建筑物的责任,而不是抛掷物的责任,其立意就在这里。如果认为建筑物抛掷物致害责任是抛掷物责任,那么,就无法责令全体建筑物占有人承担连带责任。建筑物中的物件致人损害,就应当由建筑物的占有人承担责任。如果建筑物的抛掷物致人损害,建筑物是单独的占有人,或者是共有的所有人,那么,建筑物的占有人或者共有人,都应当承担侵权责任。现在的问题是,建筑物中的物件造成了损害,建筑物是数人或者数十人区分所有或者使用,不能知道谁是真正的加害人,因而责令全体占有人承担责任,并没有与建筑物责任发生原则的区别,其基于建筑物而产生的请求权,也就是合情合理的。

2. 关于这样分担损失是否与责任自负原则相悖的问题

应当明确的是,民法尤其是侵权行为法中,责任自负并不是一个基本原则。在刑法中,责任自负是基本原则,那就是,自己的行为只能够由自己承担责任,不能由其他人承担责任。民法或者侵权行为法恰恰相反,在很多情况下,民事责任或者侵权责任是可以由其他人承担的。例如,替代责任,就是由责任人为行为人承担责任。又如,补充责任也是负有某种义务的人为直接加害人的侵权行为承担补充赔偿责任。在共同危险行为中,也只有一个人是真正的加害人,其他承担连带责任的人都不是加害人,但是由于真正的加害人无法确认,因而就由所有的行为人承担连带责任。这样的规则肯定不是责任自负。这些特点,都是民事责任的财产性特点所决定的。从建筑

物的责任出发,确定不能确定谁是真正加害人的建筑物全体占有人承担连带责任,是有道理的。

3. 关于让无辜的人承担损害赔偿责任是不是冤枉好人的问题

有人提出异议,认为就利益衡量而言,这种规则维护受害者个人的利益以损害众多住户利益为前提,法律到底保护少数人的利益还是保护多数人的利益?是否意味着法律允许冤枉好人?

对于这个问题,笔者认为是观察问题的角度有所区别的原因。仅仅从具体的案件观察,这种侵权行为只有一个受害人受到损害,却要20多个被告承担责任,好像是以牺牲多数人的利益来保护少数人的利益。但从整个制度观察,它所保护的是更多的不特定的人的利益,是一个公共利益保护和公众利益保护的问题。这不能说是保护少数人的利益而牺牲多数人的利益,而是牺牲少数人的利益来保护公众的利益或者公共利益。

当然,这也不是冤枉好人,因为既然是建筑物的占有人,就要对建筑物造成的损害或者危险承担代价。进而,就能够促使建筑物的所有人或者使用人善尽注意义务,管理好自己的物件,避免出现这样的问题。

4. 关于建筑物抛掷物致害责任的证明责任分配的正当性何在问题

建筑物抛掷物致害责任的举证责任问题,原则上适用民事诉讼法规定的一般举证责任,这就是谁主张谁证明。原告应当证明损害事实、建筑物抛掷物的致害行为、因果关系。过错的证明应当实行推定,按照推定过错方式确定。在被告主张自己没有实施致害行为的时候,举证责任由被告承担,能够证明的,免除其个人的侵权责任。这就是正当的举证责任,其正当性自在其中,不存在不合理、不正当的问题。

高速公路管理者对妨碍通行物损害的侵权责任[*]

《侵权责任法》第89条关于妨碍通行物损害责任的规定实施之后,在学说上有不同的意见,已经发生了较多的争论。对于高速公路上发生的妨碍通行物损害责任,在责任性质、归责原则、责任构成以及责任承担方面,特别是高速公路管理者应当如何承担侵权责任,更有不同的认识,特别值得研究。本文就此说明笔者的看法。

一、高速公路管理者妨碍通行物损害责任的性质

(一)不同意见

对于高速公路管理者承担妨碍通行物损害责任的性质,主要有两种不同看法。

一种观点认为,高速公路管理者对妨碍通行物损害承担责任的性质,违反安全保障义务的侵权责任,应当适用《侵权责任法》第37条确定侵权责任。理由是,高速公路符合《侵权责任法》第37条所揭示的"公共场所"的特征,高速公路管理者对高速公路进行的安全保障、警示说明等服务,从根本上都是来源于安全保障义务。[①] 因此,高速公路管理者作为公共场所的管理人,应该对妨碍通行物造成的损害承担侵权责任。有的学者进一步指出,《侵权责任法》第89条规定的妨碍通行物损害责任中的"有关单位或者个人"的说法,不是完全法条,该条没有独立的请求权,必须结合该法第37条关于违反安全保障义务的侵权责任的规定进行解释,才能产生完整的请求权基础。[②]

另一种观点认为,高速公路应当包括在《侵权责任法》第89条规定的公共道路之中[③],高速公路上的妨碍通行物引发的交通事故造成的损害,应当适用第89条规定,仍然属于妨碍通行物(即公共道路上的物品[④])损害责任。

---

[*] 本文发表在《社会科学战线》2013年第9期,合作者为北京大学法学院李佳伦博士。
[①] 参见于德鸿:《高速公路方和加害人共同侵权连带责任分析》,兰州大学硕士学位论文,第15页;刘勇:《高速公路经营管理者的安全保障民事责任》,载《山东审判》2007年第1期。
[②] 参见韩强:《妨碍通行物品侵权责任探析》,载《法学》2012年第10期。
[③] 参见王利明:《侵权责任法研究》(下卷),中国人民大学出版社2011年版,第740页。
[④] 参见王利明:《侵权责任法研究》(下卷),中国人民大学出版社2011年版,第740页。

(二)高速公路管理者作为安全保障义务主体的困难

妨碍通行物损害责任的主体,《侵权责任法》第 89 条规定为"有关单位和个人",一般是指堆放人、倾倒人或遗撒人,包括堆放、倾倒或遗撒的自然人和法人以及其他组织,也包括妨碍通行物损害中的公共道路管理人。⑤ 将高速公路管理者作为《侵权责任法》第 89 条规定的"有关单位",是顺理成章的,包括高速公路的所有人和管理人。

按照《侵权责任法》第 37 条规定的违反安全保障义务侵权责任的规则,认定一个公共场所的管理者必须依照法律的要求。按照该条规定,关于公共场所的列举,是宾馆、商场、银行、车站、娱乐场所。在对其后的"等"字的解释中,全国人大常委会法工委的官员认为机场、码头、公园、餐厅"也都属于公共场所"。⑥ 同时指出:"合理确定安全保障义务人的范围,既要以人为本,对社会生活中可能发生危险的场所或者活动,要求行为人履行必要的防范损害发生的义务,充分保护广大人民群众的人身和财产安全;又要考虑我国国情,从促进社会和谐稳定的目的出发,不能盲目地扩大安全保障义务人的范围,避免引发过多社会纠纷;同时还要处理好未尽到安全保障义务的侵权行为与其他侵权行为之间的关系,避免或者减少相关法律规定间的冲突或者竞合。"⑦

将高速公路管理者认定为违反安全保障义务人的范围,至少存在以下困难:第一,《侵权责任法》第 37 条并没有列举高速公路的管理人属于安全保障义务人的范围;第二,在全国人大常委会法工委官员撰写的侵权责任法释义的著作中,也没有说"等"字中包含的安全保障义务人的范围中包括高速公路管理者;第三,如果将高速公路管理者解释为安全保障义务人,将会直接与《侵权责任法》第 89 条规定的"有关单位和个人"的含义相冲突,直接造成违反安全保障义务侵权行为与妨碍通行物损害责任之间的法律冲突或者竞合。面对如此重大的法律适用困难,难道放着简便的法律适用方法不用,偏要舍近求远,自找法律适用的障碍呢?

(三)高速公路作为公共场所的困难

不仅如此,在将高速公路认定为公共场所,进而要求高速公路管理者对高速公路妨碍通行物造成的损害承担违反安全保障义务的侵权责任,同样存在重大困难。

公共道路是指对社会一般人开放、可以同时供不特定的多数无轨车辆和行人通行的基础交通设施;其中"公共"一词,是指对社会一般人开放、可以同时供不特定的多数人使用,也就是具有非排他性,即无法阻止某个人使用。公路是指供各种无轨车辆和行人通行的基础交通设施。⑧ 私人所属区域内修建的供私人使用的道路不是公

---

⑤ 参见王胜明主编:《中华人民共和国侵权责任法释义》,法律出版社 2010 年版,第 433、434 页。
⑥ 王胜明主编:《中华人民共和国侵权责任法释义》,法律出版社 2010 年版,第 201 页。
⑦ 王胜明主编:《中华人民共和国侵权责任法释义》,法律出版社 2010 年版,第 200—201 页。
⑧ 参见奚晓明主编:《〈中华人民共和国侵权责任法〉条文理解与适用》,人民法院出版社 2010 年版,第 588 页。

共道路,如私人别墅以及机关、学校围墙内的道路,都不是公共道路。

高速公路的特点是:首先,我国高速公路通常是收费的,并在入口处设收费站,在入口处对进入车辆进行收费,并且禁止其他非机动车、行人的进入;其次,高速公路是全线封闭的双向行驶通道,中间有绿化带隔离;再次,高速公路体现了"高速、高危、高效"的运输特点,不但占地面积广,而且建设投资成本高昂;最后,高速公路内部提供基本的加油等服务设施,并全程摄录超速或低速等违规行驶车辆。

将高速公路与公共场所所要求的条件相比较,高速公路不对社会的一般人开放,仅对机动车开放,其他任何不驾驶机动车的人都不可以进入其中,并且认为非机动车或者行人进入高速公路是违法行为。《侵权责任法》第 37 条规定的公共场所,无论是明文列举的,还是《侵权责任法释义》书中提出的,它们都具有公共性,任何宾馆、商场、银行、车站、娱乐场所以及机场、码头、公园、餐厅,都同时供不特定的多数人使用,具有非排他性,不得阻止某个人使用。高速公路显然不具备这样的条件,将其认定为《侵权责任法》第 37 条规定的公共场所,解释在该条的"等"字之中,显然具有极大的困难。

(四)高速公路管理者对妨碍通行物损害承担的责任仍然为妨碍通行物损害责任

既然将高速公路管理者认定为安全保障义务人存在重大困难,认定高速公路为公共场所也存在重大困难,那么,就不能将高速公路管理者对妨碍通行物造成损害承担的侵权责任的性质,认定为违反安全保障义务的侵权责任。如果舍近求远,避简就繁,其后果一定会形成法律冲突或者竞合,造成法律适用上的人为障碍,是一个不正确的选择。

应当看到,《侵权责任法》第 37 条规定,违反安全保障义务的侵权行为适用的归责原则是过错责任原则,而第 89 条规定的妨碍通行物损害责任规定的归责原则是过错推定原则。相比较而言,第 89 条要比第 37 条的责任构成要求更严格,责任更重。如果将高速公路管理者妨碍通行物损害责任解释为违反安全保障义务的侵权责任,则降低了对高速公路管理者的责任要求,不利于加强对高速、高效、高危的高速公路进行严格的管理,松懈高速公路管理者的管理职责,将对高速公路利用者的安全构成更多、更大的威胁。因而,高速公路管理者对妨碍通行物损害承担责任应当适用《侵权责任法》第 89 条,而不是适用第 37 条。

当然,将高速公路解释为公共道路似乎也有一定的疑义。这就是,公共道路中的"公共"是指对社会一般人开放、可以同时供不特定的多数人使用,而高速公路的使用是受到一定程度的限制的公路,因而能够将高速公路解释为公共道路吗? 首先,高速公路当然是道路,这是毫无疑问的;其次,高速公路的使用限制,其实仅仅是对机动车以外的非机动车或者行人的限制,在实际上,任何人想利用高速公路,只要驾驶或者乘坐机动车就可以进入,并不存在障碍,并没有限制利用。在这个意义上说,高速公路仍然是公共道路,而不是私家路。

因此，高速公路管理者对妨碍通行物损害承担责任的性质，仍然为妨碍通行物损害责任。将其作为其他责任性质解释，都不符合《侵权责任法》对妨碍通行物损害责任的规定精神。

二、高速公路管理者妨碍通行物损害责任的归责原则和构成要件

(一) 高速公路妨碍通行损害责任的归责原则

高速公路管理者承担妨碍通行物损害责任的性质既然仍然是妨碍通行物损害责任，那么，在适用归责原则问题上就应当是一致的，而不能出现区别。不过，在对妨碍通行物损害责任适用归责原则的问题上，学者的意见并不一致。目前学者的意见主要有三种意见：

第一种意见认为，妨碍通行物损害责任适用双重归责原则，对堆放人、倾倒人、遗撒人的责任适用过错推定原则，对公共道路所有人或者管理人的责任适用过错责任原则。原因是，公共道路的情况复杂，如果要求其承担过错推定原则，就对其强加了过重的责任，会极大地增加公路部门的管理成本，但如果是收费路段，则路段管理部门毫无疑问需要承担责任，非收费路段则不应如此。[9]

第二种意见认为，妨碍通行物损害责任应当适用无过错责任原则。在公共道路上堆放、倾倒、遗撒妨碍通行的物品造成他人损害的，规定的就是无过错责任原则，因为在公共道路上堆放、倾倒、遗撒妨碍通行物品将会给公众安全造成极大的危险，有必要给责任人施加严格责任。[10] 只要有堆放、倾倒、遗撒妨碍通行的物品造成他人损害的情形，有关单位或者个人就应当承担侵权责任。[11]

第三种意见认为，《侵权责任法》第十一章规定的所有的物件损害责任（第87条规定的抛掷物、坠落物不明的损害责任除外），都适用过错推定原则，因此，妨碍通行物损害责任也应当适用过错推定原则。[12]

上述不同意见都有自己的理由。不过，对于适用无过错责任原则的意见，似乎依据不足，因为通常的立法惯例，物件损害责任应当适用过错推定原则，而不是无过错责任原则。无过错原则本来是突破常规的，是有限度的，必须有法律的特别规定才能适用，并且有严格的适用条件。根据王泽鉴教授的观点，无过错原则的合理化论证必须满足：第一，侵权责任承担人是危险的制造者。第二，侵权责任承担人能够控制这种危险。第三，该制造危险者从制造危险的活动中获利。第四，危险责任可以通过商

---

[9] 参见王利明：《侵权责任法研究》（下卷），中国人民大学出版社2011年版，第742、743页。
[10] 参见程啸：《侵权责任法》，法律出版社2011年版，第527页。
[11] 参见王成：《侵权责任法》，北京大学出版社2011年版，第219页。
[12] 参见杨立新：《侵权责任法》，法律出版社2012年版，第555页。

品服务价格机能和保险制度加以分散。⑬ 高速公路管理者并不是危险的制造者,不符合上述要求,不能适用无过错责任原则。⑭

过错推定原则相较于过错原则的特殊之处在于举证问题上,合理分配举证责任,被推定负责任的一方可以通过有效的举证推翻推定的结果,以免于承担侵权责任。不能举证或怠于举证则要承担推定过错的侵权责任。高速公路管理者对于妨碍通行物造成的损害承担过错推定责任,从受害人的损害事实推定高速公路管理者在主观上存在过错,承担推翻过错推定的举证责任。这样,使受害人处于较为便利的诉讼地位,便于实现赔偿请求权。因此,对高速公路管理者承担妨碍通行物损害责任适用过错推定原则,是有法律根据的。

主张对不收费公路路段采用过错责任原则,有一定道理,但为了提高公路的安全因素,统一适用过错推定原则并不过分,原因在于,即使适用过错推定原则,可能会给这种路段的管理部门增加一定的责任和成本,但并不会"极大地增加公路部门的管理成本",因为公路管理部门在被推定自己有过错后,可以举证证明自己不存在过错,就可以免责,而非无过错也要承担责任。

基于这样的理由,机动车在高速公路行驶过程中发生交通事故,高速公路管理者未尽必要管理义务,致使堆放、倾倒、遗撒的妨碍通行物造成他人损害,应当适用过错推定原则。如果高速公路管理者不能证明自己没有过错,就应当承担责任。这样,将过错要件的证明责任交由高速公路管理者承担,减轻被侵权人的证明责任,高速公路管理者承担不能证明自己无过错的不利后果,这样更有利于保护被侵权人的合法权益。高速公路管理者应当为自己已经尽到合理审慎的注意义务承担证明责任,既可以提高证明的效率,也为被侵权人减轻了举证责任,充分考虑了对被侵权人一方的保护和救济。

(二)高速公路妨碍通行损害责任的构成要件

1. 损害发生在高速公路上

交通部《公路工程技术标准》给高速公路下的定义是:"能适应平均昼夜小客车交通量为 25000 辆以上,专供汽车分道高速行驶,并能全部控制出入的公路。"也有人认为,所谓高速公路,就是指专供汽车行驶,设有中央隔离带,把往返的交通流完全隔离开,没有平面的交叉口的道路。⑮ 可见,高速公路是只供机动车高速行驶的,并且高速公路必须全线封闭,出入时有专门的控制。造成损害的道路交通事故发生在高速公路之上,是发生高速公路妨碍通行物损害责任的前提要件。

2. 损害的发生原因是障碍通行物

障碍通行物堆放、倾倒、遗撒在高速公路上,对高速通过的机动车形成危险源,因

---

⑬ 参见王泽鉴:《侵权行为》,北京大学出版社 2009 年版,第 543 页。

⑭ 目前国内学者的共识是适用无过错原则的主要有产品责任、环境污染责任、高度危险责任、部分饲养动物损害责任和部分工伤事故责任。

⑮ 参见姚博:《高速公路,闯入一条狗》,载《法律与生活》2008 年第 1 期(上)。

此,障碍通行物在高速公路上的持续存在状态,是障碍通行物损害责任成立的必要条件。在高速公路上的妨碍通行物,主要的是遗撒物,是机动车在通过高速公路时,从车上遗撒物品,造成他人损害。不过,在高速公路上也有存在堆放物、倾倒物的可能,例如修缮高速公路时的堆放物、倾倒物,警示不当,也有可能造成他人损害。

3. 造成损害的行为是堆放、倾倒或遗撒行为和高速公路管理者管理不当行为

在一般情况下,堆放物、倾倒物和遗撒物都是堆放人、倾倒人或者遗撒人实施的行为的后果,并非高速公路管理者所为。不过,也有可能高速公路管理者就是堆放人、倾倒人或者遗撒人的情形。

在前一种情形,造成损害的有两个行为,一个是堆放人、倾倒人或者遗撒人的行为,另一个是高速公路管理者的管理不当行为。这两个行为,对于损害结果的发生具有不同的原因力。堆放、倾倒、遗撒行为是造成损害的直接原因,具有100%的原因力;而高速公路管理者的管理不当行为,是造成损害的间接原因,属于造成损害的必要条件。高速公路管理者有保证路面畅通和交通安全的职责。机动车缴费进入高速公路的目的就是要安全顺畅地到达目的地,消费者和高速公路管理者之间形成合同关系,消费者有通行的权利,高速公路管理者有保障通行安全的义务及其他附随义务。例如遗撒物造成侵权而遗撒人并不知情,且无法找到,高速公路管理者巡查不力,没有及时排除妨碍通行物,造成被侵权人损害的,应当承担责任。试想,即使行为人在高速公路上实施了堆放、倾倒、遗撒行为,如果高速公路管理者及时发现、及时进行处理,消除了障碍通行物,损害就不会发生。正因为如此,《侵权责任法》第89条才将道路管理者置于侵权人的范围之内。如果不是这样,是不会使用"有关单位或者个人"这个弹性概念的。

在后一种情形,高速公路管理者就是堆放人、倾倒人或者遗撒人,则是因自己的行为造成的损害,当然应由高速公路管理者自己承担责任,也在"有关单位或者个人"的范围之内。

4. 高速公路管理者的过错状态

高速公路管理者责任尽管适用过错推定原则,原告不必证明被告的过错,但研究这种责任的过错状态,仍然是有意义的。在妨碍通行物损害责任中,作为直接原因行为的堆放人、倾倒人的主观状态一般是放任损害发生的间接故意或者过失,原因是其堆放、倾倒行为本身是故意的,但对于损害的发生则是间接故意或者过失,其中过失是主要形式;其次,遗撒人的主观状态只能是过失。⑯ 高速公路管理者的主观状态应当是过失,是未尽必要注意的过失,不存在故意的可能性。如果存在故意,则构成犯罪行为。

---

⑯ 参见杨立新:《侵权法论》,人民法院出版社2011年版,第549页。

三、高速公路管理者承担妨碍通行物损害责任的具体规则

(一)对"有关单位或者个人"的理解

关于妨碍通行物损害责任的责任主体,《侵权责任法》第 89 条规定了一个不同寻常的概念,即"有关单位或者个人"。这个概念究竟是何含义,专家的理解不尽相同。有的学者认为,这个概念"显然是一个非常模糊且范围很广的表述"[17],"等于没有规定,而需要法官具体判断"[18];有的专家认为,有关单位或者个人应当包括两类主体,一是堆放人、倾倒人、遗撒人,二是公共道路的所有人或者管理人。[19] 笔者不认为这个概念有什么不妥,这是立法者在立法时斟酌具体情形,故意使用的一个宽泛的概念,以求包括上述第二种意见所表述的内容,即两类不同的主体。[20]

(二)高速公路管理者承担妨碍通行损害责任的具体规则

《侵权责任法》第 89 条规定有关单位或者个人的概念并没有错,但没有规定责任承担的具体规则,则是不适当的。在堆放人、倾倒人、遗撒人与公共道路所有人、管理人这五类责任主体中,究竟应当如何承担责任,则需要特别研究并须确定具体规则。

从本文前述关于高速公路管理者侵权责任构成要件中对于造成损害的行为的分析,可以明显地看出,在这类侵权行为案件中,造成受害人损害实际存在两个原因,即妨碍通行物的堆放、倾倒、遗撒行为和道路所有人、管理人的管理不当行为。对于同一个损害,是由于两个行为竞合造成的,这种侵权行为我们称之为竞合侵权行为。在竞合侵权行为中,包括必要条件的竞合侵权行为、必要条件 + 政策考量的竞合侵权行为和提供机会的竞合侵权行为 3 种。[21] 根据 3 种不同的竞合侵权行为的类型,应当承担的侵权责任形态分别是典型的不真正连带责任、先付责任和补充责任。[22]

对于妨碍通行物损害责任的具体承担规则,有的学者认为应当适用补充责任,即受害人首先应当向堆放人等主张赔偿,其赔偿不足或者不能赔偿的,方可请求公共道路所有人或者管理人承担相应的补充责任。[23] 这种意见注意到了这种侵权行为是竞合侵权行为,值得称赞,但应当分析的是,公共道路所有人或者管理人包括高速公路管理者的管理不当行为,对损害的发生,究竟是提供了必要条件,还是提供了机会。如果是提供了必要条件,就应当适用典型的不真正连带责任,而不适用补充责任;如

---

[17] 程啸:《侵权责任法》,法律出版社 2011 年版,第 527 页。
[18] 张新宝:《侵权责任法》,中国人民大学出版社 2010 年版,第 343 页。
[19] 参见王利明:《侵权责任法研究》(下卷),中国人民大学出版社 2011 年版,第 748 页。
[20] 参见杨立新:《侵权责任法》,法律出版社 2012 年版,第 582 页。
[21] 参见杨立新:《论竞合侵权行为》(本书第 1609 页),载《清华法学》2013 年第 1 期。
[22] 关于 3 种不同的侵权责任形态,参见杨立新:《论不真正连带责任类型体系及规则》,载《当代法学》2012 年第 3 期。
[23] 参见王利明:《侵权责任法研究》(下卷),中国人民大学出版社 2011 年版,第 748、749 页。

果是提供了造成损害的机会,则应当承担补充责任。笔者认为,堆放物、倾倒物或者遗撒物是造成损害的直接原因,管理不当行为并非是给损害发生提供了机会,而是提供了必要条件;二者的区别大致可以从时间上区分,前者是两个行为须结合在一起,必要条件同时发生或者发生在直接原因之后;后者不作为行为提供的机会一般是在直接原因行为实施之前。因此,妨碍通行物损害责任包括高速公路上发生的这类侵权行为,在堆放人、倾倒人、遗撒人为一方,公共道路所有人或者管理人包括高速公路管理者为另一方,双方承担的侵权责任形态应当是典型的不真正连带责任,即被侵权人可以请求堆放人、倾倒人或者遗撒人承担赔偿责任,也可以请求公共道路所有人或者管理人包括高速公路管理者承担赔偿责任;公共道路所有人或者管理人包括高速公路管理者承担赔偿责任之后,有权向堆放人、倾倒人或者遗撒人进行追偿。认为应当承担补充责任意见,不符合上述不真正连带责任承担规则的原理,况且《侵权责任法》第 89 条也没有规定为补充责任。相反,认为承担典型的不真正连带责任,其基础是这种行为是竞合侵权行为,承担责任的侵权人又为两方,适用典型的不真正连带责任可谓恰如其分。高速公路管理者承担妨碍通行物损害责任,应当适用典型的不真正连带责任。

试论定作人指示过失的侵权责任[*]

定作人指示过失责任,原来是法官比较陌生的一种侵权行为类型。在最高人民法院《关于审理人身损害赔偿案件适用法律若干问题的解释》(以下简称《人身损害赔偿司法解释》)第10条作出规定之后,法院审理了一些这种类型的侵权案件,但对其中的很多规则仍然不够清楚。对此,笔者作以下说明。

一、定作人指示过失责任的概念和法律特征

(一)定作人指示过失责任的概念

在我国的侵权行为法体系中,立法并没有关于定作人指示过失侵权行为的规定。笔者曾经对此进行过探讨,提出了应当建立这中侵权责任制度,但是并没有引起重视,法学界没有开展深入的研究。究其原因,主要是把定作人指示过失侵权责任混同于承揽合同责任,或者将其作为承揽人个人的侵权责任或承揽人、定作人的共同侵权责任。直至2003年12月,最高人民法院发布《人身损害赔偿司法解释》,在该司法解释的第10条规定了这种侵权行为的规范。这就是:"承揽人在完成工作过程中对第三人造成损害或者造成自身损害的,定作人不承担赔偿责任。但定作人对定作、指示或者选任有过失的,应当承担相应的赔偿责任。"这是我国侵权行为法及其司法解释第一次规定了定作人指示过失侵权行为。

定作人指示过失侵权行为,是指承揽人在执行承揽合同过程中,因执行定作人的有过失内容的定作、指示或者选任,而对第三人造成损害或者造成自身损害的,由定作人承担损害赔偿责任的特殊侵权行为。

(二)定作人指示过失致害责任的法律特征

定作人指示过失侵权行为与其他类型的侵权行为相比较,具有下列法律特征:

第一,定作人与承揽人之间在侵权行为发生之前,具有特定的承揽合同关系。定作人指示过失侵权行为发生的前提,或者叫做基础法律关系,就是在定作人与承揽人之间存在特定的承揽合同关系。依照该合同,承揽人为定作人加工承揽事项,定作人

---

[*] 本文发表在《河北法学》1991年第2期,合作者为尹艳博士。收入本书,杨立新根据最高人民法院《关于审理人身损害赔偿案件适用法律若干问题的解释》第10条的规定,作了全面补充。

是合同的权利人,承揽人是合同的义务人。没有这种承揽合同关系作为基础,不会发生定作人指示过失侵权行为。

第二,侵权行为是在执行承揽合同过程中发生的。承揽人执行承揽合同,也就是完成承揽事项。承揽人实施的造成他人损害或者自己损害的行为,应当是完成承揽事项的行为。超出执行承揽事项的范围,不存在定作人指示过失侵权行为。

第三,这种侵权行为侵害的权利,既包括承揽合同以外的第三人的民事权利,也包括承揽人自己权利的侵害。一般来说,定作人指示过失侵权行为应当是承揽人承揽加工行为造成了第三人的权利损害,并不包括承揽人造成自己的损害。按照最高人民法院的司法解释,将承揽人造成自己的损害也归入定作人指示过失侵权行为之中,这种做法尽管不符合传统的定作人指示过失侵权行为的外延,但是在解决具体问题上具有优越性,因此,对于由于定作人的过失而由承揽人造成自己的损害,也应当认为属于定作人指示过失侵权行为。

第四,造成损害事实的直接行为人是承揽人而不是定作人。这种侵权行为是典型的替代责任,因此,造成损害的行为人与承担侵权责任的责任人相分离,是承揽人在执行承揽事项中,以自己的行为造成他人损害;而侵权责任的承担者是定作人,定作人为自己过失的定作、指示或者选任所造成的后果承担损害赔偿责任。

(三)定作人指示过失侵权行为的历史发展

定作人指示过失的侵权责任,古罗马法没有具体规定。但是,古罗马法的"依他人为之者,为自己为之"的法律格言,却包含着定作人责任的影子,是定作人责任的最早的历史渊源。在以后的《法国民法典》和《德国民法典》中,没有对定作人责任作出明文规定。

定作人指示过失侵权行为不是大陆法系的侵权行为责任制度,而是英美法的制度。在美国侵权行为法中,这种侵权行为称为独立契约人的雇佣人的责任。独立契约人(Independent Contractor)是指为他人工作,但其条件尚未充分为该他人之受雇者,独立契约人的提供劳务得为有偿或者无偿,其意义与大陆法系民法上的承揽人相类似。① 独立契约人为他人制造、重建或者修缮动产,于交付该动产时知悉或有理由知悉该动产因其工作而致其作为原期望目的的使用时而具有危险,该独立契约人应有如提供该动产而负责任。② 独立契约人为他人制造、重建或修缮动产有过失时,应有如动产制造人之过失行为而负责。③ 因此,在一般情况下,独立契约人的雇佣人就独立契约人或其受雇人之作为或不作为,致他人受实体伤害,毋须负责。④ 但是,独立契约人之雇佣人,就独立契约人依据雇佣人之过失命令或指示所作之作为或不作为而致之实体伤害,应就

---

① 参见刘兴善译:《美国法律整编·侵权行为法》,司法周刊杂志社 1985 年版,第 327 页注释。
② 参见刘兴善译:《美国法律整编·侵权行为法》,司法周刊杂志社 1985 年版,第 322 页。
③ 参见刘兴善译:《美国法律整编·侵权行为法》,司法周刊杂志社 1985 年版,第 322 页。
④ 参见刘兴善译:《美国法律整编·侵权行为法》,司法周刊杂志社 1985 年版,第 327 页。

独立契约人之作为或不作为视为雇佣人之行为,而负责任。⑤ 应负责任的事项是:其一,承揽人承揽本身为不法之事项,定作人就其直接结果负责任。对于就其执行的承揽人的过失结果,亦负其责。其二,定作人依契约或法令负有特定事项之义务,为使代其事项而选定承揽人时,定作人就承揽履行之过失或不适当的履行,负其责任。不得因承揽人代为履行而免其义务。其三,承揽人因承揽事项的目的构成妨害,或其通常的执行,如果不是适当为深切之注意,易生损害者,对于承揽的不注意的过失,定作人亦应负责。其四,定作人对于承揽人的工事,为事实上之干涉。

英国1925年《劳工赔偿法》第6条规定:"凡雇佣承揽人,承办其事时,若因承揽人之责任,致使其所雇佣之工人受到损害时,被害人得向定作人求偿,唯定作人于赔偿之后,仍可向承揽人索取赔偿。"⑥

依上述可知,英美法侵权行为法认为,定作人对于承揽人之行为,因定作人的过失,或因其承揽事项之性质有为定作人的义务履行或者加重承揽人的责任的,定作人亦应负替代责任。⑦

在大陆法系,最早引进定作人指示过失侵权责任制度的,是《日本民法典》。该民法典吸收了英美侵权法的上述原理,作了概括性的发挥,在其第716条中规定:"定作人对于承揽人就其工作加于他人的损害,不负赔偿责任。但是,定作人对定作或指示有过失时,不在此限。"这一规定完整地表述了定作人责任的全部内容,具有普遍的意义。

在旧中国,确立定作人责任制度,经历了三个阶段。一是在清末立法中,拟订了《大清民律草案》,第953条规定:"承揽人为承揽事项,加损害于第三人者,定作人不负赔偿之义务,但定作人于定作或指示有过失者,不在此限。"⑧这一条文仿自《日本民法典》是显而易见的。二是,民国初年制定《民国民律草案》,亦采类似条文,在第254规定:"承揽人就承揽事项,不法侵害他人之权利者,定作人不负损害赔偿责任,但定作人于定作或指示有过失者,不在此限。"三是,国民政府在20世纪30年代初制定民法典,在第189条明文规定了上述内容,确立了中国历史上最早的定作人指示过失侵权责任制度。

(四)规定定作人指示过失侵权行为责任的必要性

1986年制定的《民法通则》,没有规定定作人指示过失侵权责任制度,急需在立法上进行补充。直至最高人民法院《人身损害赔偿司法解释》第10条,才规定了完整的定作人指示过失侵权责任。

目前规定这一侵权责任制度的必要性在于:

---

⑤ 参见刘兴善译:《美国法律整编·侵权行为法》,司法周刊杂志社1985年版,第329页。
⑥ 耿云卿:《侵权行为之研究》,中华书局1948年版,第92页。
⑦ 参见史尚宽:《债法总论》,台北荣泰印书馆1978年版,第187、188页。
⑧ 原文无标点。

第一,从理论上看,在社会主义市场经济条件下,多种经济形式并存,价值规律起着重要的调节作用。在这种社会经济活动中,承揽加工及其类似的经济活动形式普遍存在。在这些经济活动中,由于定作人的道德水准、业务水平等原因,在定作事项、定作指示中,不可能都没有过失,因而致使承揽人在执行承揽事项中造成第三人损害的情况也必然存在。英、美、日等国正是由于调整这种经济活动的需要,才制定出这种法律制度。我国目前的经济活动情况已经显示出了制定这种制度的必要性。

第二,从实践上看,在法院受理的民事案件中,这类情况也不断出现,而审判人员因不熟悉这种理论,法律又无规定,均感难以处理,既不能依一般侵权行为的过错原则处理,而作为特殊侵权责任处理又无明文规定。而定作人责任制度恰恰就是解决这类问题的。例如,向某要建两层楼住房,11个建筑工人组成合伙承包,墙建起来之后,将房架也装在墙上,之后开始在房架上装檩条等,合伙的负责人问向某,房架是不是合格,是不是有危险。向某明知房架的质量不好,是不合格的木材制作的,但还是说没有问题。数名工人上到房架上工作,房架折断,将在下面施工的一名合伙人砸伤,抢救无效死亡。向某隐瞒房架质量不好的事实,致使承揽的合伙人造成死亡的后果,构成定作人指示过失责任。

因此,我国应当确立定作人指示过失的侵权责任制度。

二、定作人指示过失侵权责任与承揽责任的区别

(一)《人身损害赔偿司法解释》第 10 条规定的民事责任

在《人身损害赔偿司法解释》第 10 条中,实际上并不是规定单一的定作人指示过失责任,包括了多种民事责任:

第一,定作人指示过失责任。这实际上只是该条文的后段,即定作人定作、指示、选任过失,致使承揽人在执行承揽事项中致害第三人的侵权行为。这种侵权行为是典型的替代责任。

第二,定作人指示过失致使承揽人在执行承揽事项中造成自己损害的侵权责任。这种侵权行为,并不是典型的定作人指示过失责任,因为它不是定作人替代承揽人承担侵权责任,而是定作人为自己的过失造成承揽人损害的侵权责任。这种侵权责任可以作为广义的定作人指示过失责任看待。

第三,承揽人由于自己的过错,在执行承揽活动中造成第三人权利损害的行为。这种行为属于承揽人自己的责任,如果承揽人是个人,则为个人的侵权行为;如为法人或者其他组织,则为法人或者其他组织工作人员侵权责任;如为雇主,则为雇主责任。均不是定作人指示过失责任。

(二)不同责任的区别

这些责任的形式不同,应当在实践中加以区别,不能予以混淆。

1. 定作人指示过失侵权责任与承揽合同责任的区别

定作人指示过失责任与承揽行为的违约责任尽管都是产生于承揽合同中的民事责任,但是,二者具有原则性的不同。

第一,定作人指示过失责任是侵权行为发生的民事责任,其发生根据是侵权行为,是基于定作人在执行承揽合同中的过失行为而使承揽人在承揽活动中造成第三人损害;而承揽行为的违约责任,是定作人与承揽人在执行承揽合同中一方违反合同约定,发生的违约责任。二者发生的根据,一个是侵权行为,一个是承揽合同不履行或不适当履行,二者的性质根本不同。

第二,定作人指示过失责任是由于执行承揽事项,造成合同以外的第三人损害所应承担的侵权责任,是定作人为承揽人的行为所造成的损害负责;而违反承揽合同责任是在履行合同中致合同当事人一方的损失,例如承揽人在执行承揽合同事项中,造成自己的伤害以及自己的受雇人的伤害,自己所要承担的责任。最高人民法院将这些责任规定在一个条文中,仅仅是为了方便,二者并不是同样的侵权行为。

第三,定作人指示过失责任的主要责任方式是赔偿损失;而违反承揽合同的责任方式是继续履行、修理重作、赔偿损失,主要责任承担方式呈现多元化。

2. 定作人指示过失责任与承揽人个人的侵权责任的区别

定作人指示过失责任与承揽人个人的侵权责任,虽然都是在执行承揽合同的承揽事项过程中发生的侵权行为责任,也都是侵害了第三人的财产权利和人身权利,但其二者的区别在于,承揽人个人的侵权民事责任是由于自己在执行承揽事项中的过失致第三人损害,因而是个人的侵权责任或者法人或者其他组织工作人员的侵权责任以及雇主责任,责任由承揽人个人或者法人、雇主承担,定作人并不承担责任。而定作人指示过失责任则是定作人的过失定作、过失指示或者过失选任,导致承揽人在执行承揽事项中致人损害,定作人与损害后果具有因果联系,因而责任由定作人承担,是替代责任形式,因而是特定的侵权责任。

(三)定作人指示过失责任研究的范围

综上所述,定作人指示过失责任具有独特法律特征,不能用违约民事责任的合同法律来调整,也不能用侵权民事责任的一般侵权行为责任的法律规定来调整,应当适用符合它的特性的规则,创立适应其特征的法律制度,来调整这种人身损害赔偿法律关系。而承揽人自己的侵权责任,虽然司法解释将其规定在一个条文中,但是他们是不同的侵权行为,并不适用统一的规则。在研究定作人指示过失责任的时候,只是研究两种定作人指示过失责任,一种是狭义的定作人指示过失责任,另一种是广义的定作人指示过失责任。

三、定作人指示过失侵权责任的构成

定作人指示过失责任的构成,必须具备以下要件。

(一)定作人的定作、指示或者选任须有过失

定作人指示过失责任构成的首要的要件,就是定作人的过失,包括定作过失、指示过失和选任过失。有过失则成立定作人指示过失责任,没有过失,则不成立该种侵权责任。

定作过失,是指定作加工的本身就存在过失,即承揽事项本身即为不法,定作人在确定定作事项的时候,就存在过失,例如对危险物品的定作等,就是定作过失。美国侵权行为法中的"不可委代的责任",属于定作过失,法律规定一些特定的人必须自行承担而不能通过进行承揽委代他人进行的责任,如果负担这种责任的人将其委代他人进行,接受委代者造成了事故,委代者为定作过失,应当承担责任。"极度危险的工作"也属于定作过失,例如在车来车往繁忙的交通干道上画分道线,就属于极度危险的工作,定作人必须承担事先预防以避免危险的责任,如果承揽人怠于采取措施,或者怠于行使合理注意以其他方式防免危险,致使他人遭受实体伤害时,应当承担责任。[9]

指示过失,是指定作人的定作本身为正当,但定作人在对承揽人完成定作事项的指示中具有过失,依照定作人具有过失的定作指示执行定作事项,因而造成第三人或者承揽人的损害。

选任过失,是指定作人在选任承揽人时存在过失,未尽必要的注意义务。在《日本民法》和我国台湾地区"民法"中,均没有规定定作人的选任过失,仅仅规定定作过失和指示过失。在《美国侵权行为法》中,规定了选任过失。其界定选任过失的标准,是过失地挑选了不胜任的独立契约人;雇佣人(即定作人)怠于行使合理注意以雇佣有能力、谨慎之独立契约人,(a)以从事除非有技术、谨慎从事,将牵涉实体伤害之危险;或(b)以履行雇佣人对第三人应负之责任;其因而致第三人受实体伤害者,应负责任。[10] 对此,我们可以借鉴,以确定定作人的选任过失。

所谓"定作"系指工作自身的性质而言,所谓"指示"是指指示工作进行的方法而言,所谓"选任"指的是选择工作的承揽人而言。当定作人对于承揽事项自身性质、指示工作进行的方法或选择承揽人具有过失时,即成立定作人指示过失责任的第一个要件。

应当注意的是,定作、指示及选任过失,可由积极的行为构成,亦可由消极的行为构成。前者如命令承揽人违章作业,后者如承揽事项明显有侵害他人权利的可能却不指示预防措施而任其进行。这些都是定作人的过失。

(二)须因执行定作人就定作、指示或者选任过失的承揽事项

构成定作人指示过失责任,必须是发生在承揽人执行定作人的承揽事项之中,否则不构成这种侵权责任。对于承揽事项,不应作狭义的理解,即不应仅仅局限于承揽

---

[9] 参见李响:《美国侵权法原理及案例研究》,中国政法大学出版社2004年版,第493页;《美国侵权行为法重述·第二次》,第413条。

[10] 参见《美国侵权行为法重述·第二次》,第411条。

合同,还应包括其他合同所约定的具有定作承揽内容的事项,按照史尚宽先生的意见,承揽事项泛指依合同约定,一方为另一方完成某种行为的情况。例如,一方租用另一方出租汽车,出租汽车提供的运送行为,亦为承揽事项。租用人令司机超速行驶,致伤他人,应适用定作人指示过失责任。[11] 承揽事项原则上依当事人的合同约定,定作人就定作、指示、选任全部具有过失的,就其全部损害负责;就其一部分定作人有过失者,唯就其该部分的承揽人,负其责任。

(三)须承揽人有不法侵害的行为

承揽人在执行定作、指示时,该定作行为侵害他人的合法权益,是构成定作人指示过失责任客观要件。因此,在这种侵权责任中,侵害行为是承揽人实施的行为,且该行为为违法。至于承揽人是否须有主观的责任要件,因定作人独立负责或共同负责而有不同。定作人独立负责时,无须承揽人有过失。定作人的此种责任,不是为就承揽人的侵权行为负其责任,承揽人的行为无须有主观的责任要件,只有客观的违法要件为已足。定作人与承揽人共同负责时,应以就承揽人为构成侵权行为必需的主观要件的有无为判断标准,即承揽人仅负故意责任时,应有故意;负过失责任的,应有过失;负无过错责任的,则无须有过失,定作人即与承揽人负连带责任。

(四)须承揽关系之外的第三人或承揽人身有损害

在狭义的定作人指示过失责任中,损害的发生应是承揽关系之外的第三人受到损害;在广义的定作人指示过失责任中,损害的发生是承揽人自身的损害。确定行为与损害间的因果关系时,如果是定作人独立负责的,则须其损害与定作人于定作、指示或者选任上的过失行为有相当因果关系;定作人与承揽人共同负责时,其损害一般须与承揽人的行为有相当因果关系,而与定作人于定作、指示或者选任之过失有条件的因果关系,即定作、指示或者选任过失为损害发生的条件即可。

(五)须定作人不能为免责的证明

定作人独立负责时,其定作、指示或者选任的过失,应由受害人负举证责任;在共同负责时,解释上亦应由受害人负证明之责。但是,定作人原本不负雇主的责任,只是在自己有过失的特殊情况下,始负替代责任,为此,定作人证明自己无过失的,应当免除其赔偿责任。[12]

四、定作人指示过失责任的实行

(一)《人身损害赔偿司法解释》规定的基本规则

最高人民法院《人身损害赔偿司法解释》第 10 条规定的定作人指示过失责任的

---

[11] 参见史尚宽:《债法总论》,台北荣泰印书馆 1978 年版,第 188 页。
[12] 参见史尚宽:《债法总论》,台北荣泰印书馆 1978 年版,第 188 页。

基本规则是:

(1)承揽人在完成定作工作过程中,造成第三人损害的,由承揽人承担责任。

(2)如果承揽人造成第三人的损害,是由定作人定作、指示或选任过失造成的,则定作人承担侵权替代责任。

(3)承揽人在执行定作工作中造成自己损害的,应当严格区分。首先,应当严格区分承揽合同和劳务合同的区别。其次,属于承揽合同的,承揽人的损害应当自己承担。再次,只有承揽人的损害是由于定作人的定作、指示或者选任有过失,并有因果关系的时候,才能够由定作人承担责任。最后,如果双方的合同关系属于劳务合同,则按照工伤事故的原则处理。

(4)区分承揽合同和劳务合同的界限,在于前者即承揽合同的劳动者所交付的标的是劳动成果,后者劳务合同的劳动者交付的标的是劳动。这是二者最基本的区别。

(二)定作人指示过失责任的法律适用

定作人指示过失责任为特殊侵权责任,应依法律的特别规定实行。《民法通则》对此没有规定,《人身损害赔偿司法解释》第10条中也没有规定应当适用何种法律。笔者认为,既然现行法律尚无明文规定,因而适用关于过错责任原则的条文,即《民法通则》第106条第2款的规定。同时,依损害的民事权利的性质,即侵害财产权的,再适用第117条,侵害人身权的,再适用第119条。在定作人对定作、指示或者选任有过失导致承揽人在完成工作过程中对第三人造成损害或者造成自身损害时,应当以该司法解释的规定为标准处理。

(三)替代责任的实行

定作人指示过失责任属于特殊侵权责任,其性质是替代责任。它的特点,是责任人与行为人相分离,行为人致人损害,而责任人承担赔偿责任。

但是,定作人指示过失责任与一般的替代责任有所不同。一般的替代责任是损害发生之后,受害人直接向责任人请求赔偿,而不是向行为人请求。责任人承担了赔偿责任之后,对有过错的行为人享有追偿权。例如雇主替代赔偿责任,雇员执行职务致人损害,受害人的请求权直接指向雇主,当雇员有过错时,雇主在赔偿了受害人的损失之后,再向雇员追偿。定作人责任则不是这样,受害人受到损害后,要证明定作人定作、指示或者选任具有过失时,才可向定作人请求赔偿;定作人承担了侵权责任之后,无权就赔偿所造成的损失请求行为人即承揽人追偿。如果受害人证明不了定作人的过失,则只能向承揽人请求赔偿。

因此,定作人责任在司法实践中,形式有以下三种:

1. 定作人承担替代责任

当损害是由定作人具有定作过失、指示过失或选任过失造成的,而承揽人毫无过失而发生时,是典型的替代责任形式,即责任人为定作人,由定作人承担全部赔偿责任;承揽人为行为人,不承担任何责任。定作人指示过失责任的举证责任由受害人承担,即定作人定作、指示或者选任过失,应由受害人证明。承揽人认为定作人有过失时,为免除自己的责任或减轻自己的责任,也可以举证证明定作人的过失。定作人指示过失责任的当事人资格,在定作人承担替代责任时,受害人为原告,定作人为被告,承揽人可列为第三人。

2. 定作人与承揽人共同承担连带赔偿责任

承揽人执行承揽事项不法侵害他人权利,虽然由于定作人的定作、指示或者选任有过失,但承揽人亦有故意或过失者,则系定作人与承揽人共同侵权,应当依《民法通则》第130条的规定,承担连带赔偿责任。双方承担责任份额的大小,应依各自的过错轻重和原因大小来确定。

3. 由承揽人单独负赔偿责任

承揽人因执行承揽事项,不法侵害他人权利,如果定作人的定作、指示或者选任并无过失时,则由该承揽人单独负责,与定作人无关。如果定作人的定作、指示或者选任有过失,但承揽人不依定作人的定作、指示,而是按照自己的意志加害于第三人时,则损害的发生与定作人的过失没有因果关系,即有过失而不具原因力,定作人不负责任,由承揽人承担赔偿责任。

(说明:在《最高人民法院关于审理人身损害赔偿案件适用法律若干问题的解释》中,采纳了这个意见,规定了第10条:"承揽人在完成工作过程中对第三人造成损害或者造成自身损害的,定作人不承担赔偿责任。但定作人对定作、指示或者选任有过失的,应当承担相应的赔偿责任。")

论国有公共设施设置及管理欠缺致害的行政赔偿责任*

一、国有公共设施设置及管理欠缺致害赔偿的性质

国有公共设施因设置和管理欠缺,致他人以人身损害或财产损害,为国家赔偿责任,抑或为一般的民事赔偿责任?此种损害赔偿法律关系,为国家赔偿法调整,抑或为民法的侵权法所调整?目前国内有两种不同的见解。在实务上,判例认为属普通的民事赔偿责任,由《民法通则》第126条所调整。① 在理论上,学者认为属国家赔偿责任,由国家赔偿法调整,适用《民法通则》第121条。② 笔者基本上同意理论上学者的主张,认为国有公共设施因设置及管理欠缺致害责任,是国家赔偿责任中的行政赔偿责任。

确认国有公共设施设置及管理欠缺致害为国家赔偿责任,在域外立法上,历史并不很久,只有约200年的历史;这与国家赔偿责任制度的历史较短有关。众所周知,在前资本主义时期,法律遵循"国王不能为非"原则和"国家无责任说"理论,国家不是赔偿责任的主体,人民不得对国家提起侵权赔偿诉讼。资产阶级革命胜利后,实行民主政体,确立了国家赔偿责任制度。至此,才出现了作为国家赔偿责任制度组成部分之一的国有公共设施致害的国家赔偿责任。

历史上最早出现的国有公共设施致害赔偿责任的法律规定,是法国。法国在1799年的法律中,就已规定了国家行政部门应对公共建筑工程所致损害承担赔偿责任。③ 这只是该种国家赔偿制度的雏形。真正在国家赔偿法中确立这种国家赔偿制度,是日本《国家赔偿法》第2条:"(1)因道理、河川或其他公共营造物之设置或管理有瑕疵,致使他人受损害时,国家或公共团体,对此应负赔偿责任。(2)前项情形,如就损害之原因,别有应负责之人时,国家或公共团体,对之有求偿权。"此前,日本并不认此为国家赔偿责任,至大正时代,通过判例,认为国家对营造物之占有,纯粹为私法上之占有,其占有与私人占有同立于平等之地位,因而应类推适用《民法典》第717条

---

* 本文发表在《中央政法管理干部学院学报》1994年第1期。
① 参见《王烈凤诉千阳县公路管理段人身损害赔偿案》,载《最高人民法院公报》1990年第2期。
② 参见梁慧星:《道路管理瑕疵的赔偿责任》,载《法学研究》1991年第5期。
③ 参见梁慧星:《道路管理瑕疵的赔偿责任》,载《法学研究》1991年第5期。

规定,承认国家之赔偿责任。本条规定的制定,即依此判例之发展而成。④ 1967 年,韩国制定《国家赔偿法》第 5 条规定了上述国家赔偿责任。1973 年,《德国国家赔偿法》(草案)第 1 条第 2 项规定了上述责任,称之为公权力主体对于因其技术性设施之故障所生权利之侵害的赔偿责任。我国台湾地区在 1980 年 7 月 2 日公布"国家赔偿法",其第 3 条仿《日本国家赔偿法》第 2 条的立法例,规定:"公有公共设施因设置或管理有欠缺,致人民生命、身体或财产受损害者,国家应负损害赔偿责任。""前项情形,就损害原因有应负责任之人时,赔偿义务机关对之有求偿权。"

在英美法系,对于公共设施致生损害的国家赔偿责任,并未在法律条文中明确规定。在美国,判例承认准许人民对国家供给的设施,因维护不当欠缺安全性而遭受损害者,可以请求赔偿,诸如未在供灌溉运河上之桥梁设置护栏,至受害人掉入水中溺死;联邦政府为挖掘河道,致河岸之码头下陷,使码头上之货物毁损者,等等,均由联邦政府负赔偿责任。⑤ 英国亦未在王权诉讼法明文设置此制度,适用时需视该管公务员有无违反义务之过失而定,实务上对于教育设施之案件,主要视学校或教师之教导管理行为有无过失,以判断责任之有无,间亦有由学校设施本身之安全性加以判断;另如在道路交通设置上之瑕疵、过失,国家应负赔偿责任,等等。⑥

综上所述,国有公共设施致害责任为国家赔偿责任,为世界主要国家和地区的立法所承认,自无疑义。在我国,尚未制定国家赔偿法,对此制度,尚无明文规定,理论上认为此制概括于宪法第 41 条第 3 款及《民法通则》第 121 条之中,为国家赔偿责任。这是正确的。然而,在我国法律制度和理论上,将国家赔偿责任划分为行政赔偿责任、权力机关赔偿责任、司法机关赔偿责任和军事机关赔偿责任,管理国有公共设施之主体,必然是国家行政机关;承担赔偿责任,也由国家行政机关为义务主体。因此,将国有公共设施致害责任确定为行政赔偿责任更为恰当、准确。

将国有公共设施致害的行政赔偿责任错误地认定为普通的侵权责任,主要原因是将其混同于建筑物危险责任。前述王烈凤诉千阳县公路管理段案案情是:王之夫马学智下班后骑自行车沿公路回家,遇大风吹断公路旁护路树,砸中头部致死。事故原因是路旁树木受害虫黄斑星天牛危害严重,部分树木枯死,上级批准采伐枯树,负责此段公路管理的千阳县公路管理段未采取采伐枯树的措施,致事故发生。千阳县法院审理认为:公路两旁的护路树属公路设施,县公路管理段对此负有管理责任;护路树遭虫蛀,威胁行人安全,在上级批文决定采伐更新的 1 年多时间里,该段不履行职责,导致危害结果发生,故适用《民法通则》第 126 条关于建筑物危险责任的规定,判决公路管理段承担赔偿责任。法院的判决理由基本上是正确的,但适用《民法通则》第 126 条关于建筑物危险责任的规定,确属不当。

---

④ 参见曹竞辉:《"国家"赔偿立法与案例研究》,台北自版,第 139 页。
⑤ 参见曹竞辉:《"国家"赔偿立法与案例研究》,台北自版,第 141、142、143 页。
⑥ 参见曹竞辉:《"国家"赔偿立法与案例研究》,台北自版,第 141、142、143 页。

建筑物危险责任源于古罗马法，即准私犯中的坠落物和倾倒物致害责任及公共场所悬挂物致人损害责任。查士丁尼《法学阶梯》认为：有人从楼房投掷或倾注某物，任何人在公共通道上放置或悬挂某物，致对他人造成损害的，负损害赔偿之责。[7]《法国民法典》第1386条规定："建筑物的所有人，对于因缺乏维护或因建筑物缺陷所发生的坍塌而引起的损害，应负赔偿的责任。"《德国民法典》第836条至838条规定，因建筑物或与土地相连的工作物倒塌或一部分脱落，致人损害，其土地占有人、建筑物占有人或建筑物保养义务人应负赔偿责任。我国台湾地区"民法"第191条规定："土地上之建筑物或其他工作物，因设置或保管有欠缺，致损害他人之权利者，由工作物之所有人负赔偿责任。但于防止损害之发生，已尽相当之注意者，不在此限。前项损害之发生，如别有应负责任之人时，赔偿损害之所有人，对于该应负责者，有求偿权。"从上述立法例分析，现代民法的建筑物危险责任与古罗马法的规定有所不同，但基本点具有一致性，即损害因建筑物而生。我国《民法通则》第126条规定："建筑物或其他设施以及建筑物上的搁置物、悬挂物发生倒塌、脱落、坠落造成他人损害的，它的所有人或者管理人应当承担民事责任，但能够证明自己没有过错的除外。"可见，我国的上述规定范围比较宽泛，既包括建筑物或其他设施，也包括建筑物上的搁置物、悬挂物。

在法国和德国，民法对建筑物危险责任的规定并不适用于国有公共设施致害的国家行政赔偿责任。[8] 在日本，在没有颁布《国家赔偿法》之前，曾通过解释将该项责任纳入建筑物危险责任之中的做法，但在1947年《国家赔偿法》颁布施行之后，此项责任即不再适用《民法》第717条的规定，而适用《国家赔偿法》第2条的规定。我国学者认为：道路等国有公共设施管理责任与建筑物责任，前者为国家赔偿责任，后者为一般民事责任，两者的主要区别：一是适用对象不同，前者适用对象为国有道路及其他公共设施，后者为建筑物倒塌、脱落，其他设施倒塌、脱落，建筑物上的搁置物、悬挂物发生脱落、坠落；二是责任主体不同，前者为国家机关或公共团体，后者为建筑物及其他设施的所有人或管理人；三是承担责任的根据不同，前者为公共负担人人平等理论，后者依据报偿理论和危险责任理论；四是责任原则不同，前者为无过失责任原则，后者采用推定过失原则。[9]

现代立法将国有公共设施致害责任与建筑物危险责任加以严格区别，具有重要意义。在现代社会，国家大力加强文化、教育、经济等方面建设，增进人民福利，公共设施日益增多，但危险相随而来，公民因国有公共设施的欠缺而受损害的案件不断发生。国家立法和民法理论将上述两种责任严格区分开来，将国家作为国有公共设施致害责任的责任主体，并适用与推定过失责任不同的无过失责任原则，加重了责任主

---

[7] 参见查士丁尼：《法学总论》，张启泰译，商务印书馆1989年版，第204页。
[8] 参见梁慧星：《道路管理瑕疵的赔偿责任》，载《法学研究》1991年第5期。
[9] 参见梁慧星：《道路管理瑕疵的赔偿责任》，载《法学研究》1991年第5期。

体的责任,更有利于保障公民的民事权利。同时,对于督促国家行政机关对设置和管理国有公共设施恪尽职守、善尽注意义务,促进国家文化、教育等公共福利事业的不断发展,具有重要意义。

除此之外,还应当将国有公共设施致害的行政赔偿责任与国家行政机关及其工作人员因具体行政行为致害的行政赔偿责任区别开来。在各国和地区的《国家赔偿法》中,首先规定公权力侵害公民权利的国家赔偿责任,继之规定国有公共设施致害的国家赔偿责任,二者适用不同的法律条文。如日本《国家赔偿法》第1条和第2条,《韩国国家赔偿法》第2条和第5条。之所以要这样区别,其原因是,虽然这两种赔偿责任都是国家行政赔偿责任,赔偿责任主体均为国家行政机关,赔偿费用均由国家财政列支,但两种赔偿责任的区别也是十分明显的:(1)造成损害的方式并不相同,前者造成损害的是国有公共设施,后者为具体的行政行为;(2)求偿权的义务主体不同,前者求偿权的义务主体是设置、管理公共设施的故意、过失者,后者则为具体行政行为中的故意过失的工作人员。法律将二者区别开来,有利于分别情况采取不同的法律对策,使国家赔偿制度更加严密、完善。

二、国有公共设施设置及管理欠缺致害赔偿责任的构成

构成国有公共设施设置及管理欠缺致害他人的国家行政赔偿责任,须具备以下要件:

(一)致害物须为公共设施

该种国家行政赔偿责任与国家行政机关具体行政行为所致损害的行政赔偿责任不同,不是行为所致损害,而是由物所致损害。其致害物即为公共设施。

如何理解公共设施,国内法学界尚未见准确定义。国外学者及我国台湾地区学者对此见仁见智,颇有争议。归纳起来,大致可分三种主张。一是,限定范围最窄者,主张公共设施仅指供公共使用的不动产,仅以土地上之工作物为限,不包括动产在内;二是,限定范围最宽者,主张公共设施指供公共使用的一切动产或不动产,进而将警备车、消防车、警犬、手枪等均包括在其内;三是,折衷主张,认为公共设施非以动产不动产加以区分,应依公共使用目的为限,并非所有的不动产均为公共设施,亦非所有的动产均不为公共设施。⑩

所谓公共设施,是指国家因公共利益需要所提供的为公众使用的建筑等有体物及设备。称公共者,应指公众利益和公众使用,即指多数人,且不以不特定之多数人的利益和使用为限,包括一般公民所使用的公共用物和行政主体本身使用的公用设施。所应区别者,为私人使用的设施不在其内。称设施者,应指建筑等有体物及设备,原则上包括道路、桥梁、隧道、堤防渠堰、上下水道、纪念碑馆、运动场馆、公园、名

---

⑩ 参见曹竞辉:《"国家"赔偿立法与案例研究》,台北自版,第147—154页。

胜古迹等。应区别看待,设施不包括人的行为和无体财产,某些供行政机关使用的动产,如警备车、消防车、警犬等,如果也理解为公共设施,则嫌过宽。应当注意的是,设施应当包括其附属设备,例如,道路应包括护路树、路灯、涵洞等,纪念碑应包括围栏、台阶等。

(二)公共设施须为政府设置和管理

该种赔偿责任既然为国家行政赔偿责任,其致害的公共设施必须为政府设置及管理,即为国有公共设施。就具体理解而言,国有公共设施,应为政府设置或管理。设置,是指对公共设施的设计、建造、施工和装置,其对象,系指公共设施的有体物本身,而不包括人。管理,是指公共设施设置后的维护、保养、修缮及保管,其管理的对象,亦专指对公共设施和管理,不包括对人的管理。政府对公共设施的设置和管理,应以政府对设计、建造、施工和装置公共设施,对维护、保养、修缮和保管公共设施,实行国家拨款为限,以国家拨款为资金,由政府组织或委托公共团体组织设置或管理,其所有权,应由国家所有。

应当注意区别的是,由于我国国营企业法人的所有权是全民所有权,国营企业财产即为国有财产,但经营权由企业法人所享有,因此国营企业经营的国有公共设施,不属于政府设置、管理的公共设施,如铁路、电力、煤气、自来水设施等。至于私营企业、合伙企业以及合资合作独资企业开设的运动、娱乐设施,因其归个人所有,集体企业开设的上述设施归集体所有,均不属于政府设置和管理的公共设施。私有或集体所有的公共设施可否转化为国有?有学者认为:"惟虽非公有而事实上由国家或公共团体管理者,如私有土地供公众通行成为道路,历时数十年,因时效完成而被认为有公用地役关系存在,政府机关因该公用地役关系之存在而取得该道路之管理权者,是基于宪法保护人权之精神,似宜解释为包括在内较妥。"[11]这种观点不宜采用,理由是既未建立取得时效制度,国家又未具体建造及管理。类似此种土地使用,除非国家征用,不能转化为公共设施。

(三)国有公共设施的设置和管理须有欠缺

按照通说,国有公共设施致害的行政赔偿责任适用无过错责任原则,不以设置和管理者有故意、过失为要件。然而,这种无过错责任,并不是绝对的无过失责任或结果责任,而是以设置和管理须有欠缺为必要构成要件,属于相对的无过失责任或严格责任。

欠缺,亦称瑕疵,通常指一种不完全、不完备的状态。设置和管理的欠缺,就是指国有公共设施设置和管理上的不完全、不完备的状态,因而致该公共设施缺少通常应具备的安全性。设置欠缺,是指国有公共设施在设置时,即已存在设计不良、位置不当、基础不牢、施工质量低劣等不完备的问题,致使公共设施的设置存在缺陷。管理

---

[11] 刘春堂:《"国家"赔偿法》,台北三民书局1984年版,第53—54页。

欠缺，是指公共设施在设置后，存在维护不周、保护不当、疏于修缮检修等不完善的问题，使公共设施不具备通常应当具备的安全性。

确定设置和管理欠缺，通常采用客观说作为标准，认为对设置管理欠缺应进行客观的判断，唯有欠缺的存在、不安全状态的存在为标准，至于其产生原因如何，及设置管理者有无故意过失，均不过问。根据这一标准，检验公共设施是否具有瑕疵，强调其是否具备通常应有之安全性，凡不具备通常应有的安全性，即可认定设置和管理的欠缺。这种标准，有利于保护受害人的合法权益，有利于区别此种责任与建筑物危险责任的差异，是可取的。

证明设置和管理欠缺，原归请求损害赔偿者负举证责任，唯于事故发生后，要具体证明欠缺之存在颇为不易，而且与国家赔偿法保护被害人的立场相悖，故日本学者均主张采初步推定的理论，即于损害事故发生时，先推定管理和设置有欠缺的存在⑫，如果设置和管理者认为无欠缺，则须举证证明，以推翻该项推定始可免责。这样的主张是可以采纳的。

(四) 须因设置管理欠缺造成公民人身或财产的损害

损害事实，是一切侵权责任的必备要件，构成国有公共设施致害责任，同样须具备这一要件。构成该种行政赔偿责任，应以公民的人身损害和财产损害为限，法人不在此限，公民的其他权利受到损害，亦不包括在内。有学者认为，该损害事实的范围过窄，"人民因公共设施设置或管理之欠缺，致其生命、身体、财产以外之权益受损害者"，"请求国家赔偿，仍属合法"。⑬公共设施管理、设置欠缺，在一般情况下，所造成损害，限于人身或财产的损害，不会造成其他诸如自由、名誉、姓名乃至债权、无体财产权的损害，损害事实不应予以扩大。如果认为公共电梯因欠缺中途停驶，致乘客关闭期间，即为侵害自由权而适用公共设施致害的行政赔偿责任，显系不当。

公共设施致公民人身、财产以损害，二者之间应有因果关系。公共设施设置欠缺或管理欠缺，须是公民人身、财产损害发生的原因，而公民人身、财产损害的发生，须为公共设施设置、管理欠缺所引起的结果。其因果关系的链锁为：公共设施的设置、管理欠缺构成公共设施的危险性，该种危险性转化成现实的危害时，造成了公民人身、财产的危害。所应注意的是，在这一因果关系链锁中，欠缺可能是损害发生的唯一原因。这时，构成行政赔偿的要件：当欠缺不为唯一原因，欠缺与台风、地震、洪水等自然事实，以及第三人的行为或被害人自己的行为相结合而发生损害之结果者，国家仍应负损害赔偿责任。⑭ 这样，自然事实与他人或被害人行为参与因果关系的链锁之中，形成损害发生的共同原因。对此，仍构成赔偿责任，所应注意者，第三人行为为共同原因者，应依求偿权予以解决，受害人行为为共同原因者，应依过失相抵原则，减

---

⑫ 参见曹竞辉：《"国家"赔偿立法与案例研究》，台北自版，第172、179页。
⑬ 曹竞辉：《"国家"赔偿立法与案例研究》，台北自版，第172、179页。
⑭ 参见刘春堂：《"国家"赔偿法》，台北三民书局1984年版，第55页。

轻行政赔偿之责任。如果因欠缺与自然原因相结合而发生损害者,行政赔偿责任不受影响。

具备上述四项要件,构成国有公共设施设置、管理欠缺致害的行政赔偿责任。

在国家赔偿法理论上,通说认为国有公共设施致害行政赔偿责任有两项免责事由:

一是已尽防止损害发生之注意义务。如果国有公共设施设置、管理纵有欠缺,但能证明防止损害之发生,已尽其注意者,则不负赔偿责任。如道路、桥梁之损坏虽未修护,但已予适当遮拦或竖立警告标志,则对于尔后续予使用而受有损害者,不负损害赔偿责任。[15] 亦有学者反对这种主张,认为该种赔偿责任采无过失赔偿主义,由国家无条件的负起损害赔偿责任。负有赔偿义务之机关,并不得以"曾为防止损害已善尽其注意"为借口,而推卸责任。[16] 对此,我国现无明确立法,应采慎重态度,以前一主张为是。

二是不可抗力。不可抗力作为国有公共设施致害行政赔偿责任的免责事由,为绝大多数学者所主张,并为司法实务所采用。所应注意的是,在此怎样与构成要件中的自然原因与欠缺相结合而致害的问题相区别。笔者认为,单纯由不可抗力而致损害,纵使公共设施有一般欠缺,可以免责;公共设施有重大欠缺,又加不可抗力的原因致害,仍构成该种赔偿责任,如发生地震,无欠缺之公共设施并未毁损致害,而有欠缺之公共设施则致人损害,应予赔偿,不得以不可抗力为由免责。

三、国有公共设施设置及管理欠缺行政赔偿责任的承担

国有公共设施设置及管理欠缺致人损害行政赔偿责任的承担,包括以下问题:

(一)赔偿责任主体

国有公共设施设置管理欠缺致害的责任既然为国家行政赔偿责任,其责任主体当然为国家行政机关,受害人受此损害,可以依照法律向国家行政机关主张实现赔偿请求权。然而,国家行政机关乃是一个抽象的机构,具体的赔偿请求应当向哪一级行政机关,行政机关的哪一个具体的部门提出,由谁来承担赔偿责任呢?

从原则上说,国有公共设施致害责任的赔偿义务主体,是该公共设施的设置或管理机关,谁设置或管理致害的国有公共设施,谁就是赔偿义务主体,就应由谁负赔偿责任,受害人就向该机关请求赔偿。

就具体情况而言,尚有以下具体问题需要确定赔偿责任主体:

1. 同一国有公共设施的设置、管理并非由同一行政机关施行,原则上由有欠缺的一方为赔偿责任主体。如设置欠缺,应由设置机关为赔偿责任主体,如管理欠缺,则

---

[15] 参见曹竞辉:《"国家"赔偿立法与案例研究》,台北自版,第181—182页。
[16] 参见刁荣华主编:《"最高法院"判例研究》(上册),台北汉林出版社1983年版,第19页。

由管理机关为责任主体。如果无法区分损害系由管理欠缺抑或设置欠缺所致,则视为共同欠缺所致,设置机关与管理机关均为赔偿责任主体,共同连带承担赔偿责任。如果公共设施的欠缺既可认为是设置欠缺,又可认定为管理欠缺,而设置管理机关又不同者,两者均为赔偿责任主体。

2. 国有公共设施致害以后,设置机关或管理机关发生变更、消灭的,应由承受其业务的机关为行政赔偿的义务主体。就行政机关来说,发生合并、分立、撤销的情况,当属正常,但发生合并、分立、撤销者,并不能消灭其赔偿责任和受害人的赔偿权利,对此,行政机关无论是合并、分立还是撤销,都应由承受该相关业务的机关作为赔偿责任主体。如果该行政机关被撤销以后,没有承受其业务的机关者,则以其上级机关为赔偿责任主体。这样,可以确保受害人请求赔偿权利的实现,使其受到侵害的权利得以恢复。

3. 设置或管理机关被撤销后,其业务已全部结束,既无其他机关承受,又无上级机关存在,致使受害人的损害赔偿请求权无法实现时,通常的做法是请求上级机关确定,逾期不能确定者,径以上级机关为赔偿义务主体。⑰ 在我国,遇有这种情况,可以请求设置、管理机关的所属地人民政府确定赔偿责任主体,人民政府无法确定谁为赔偿责任主体的,径由该人民政府为责任主体。

(二)赔偿责任范围

赔偿责任范围,依照侵权赔偿责任确定的一般原则,应以所受损害的实际损失为标准,损失多少,赔偿多少。国有公共设施致害的行政赔偿责任,应当适用这一标准,并无不同。造成公民财产损失的,应以财产损失大小为标准,按照《民法通则》第117条的规定确定赔偿责任;造成公民人身损害的,应根据所造成的实际损害,按照《民法通则》第119条的规定确定赔偿责任。

赔偿费用的开支,原则上由国库列支。我国《行政诉讼法》第69条规定:"赔偿费用,从各级财政列支。各级人民政府可以责令有责任的行政机关支付部分或者全部费用……"国有公共设施致害行政赔偿责任的费用开支,应适用这一规定。具体办法:对内,赔偿费用由各级财政列支核销,对致害有责任的机关,可以责令其承担部分或全部赔偿费用,以示惩戒;对外,则以责任主体承担赔偿责任,支付赔偿费用。

(三)求偿权

各国和地区的《国家赔偿法》在规定国有公共设施致害的国家赔偿责任的同时,一般都规定如果就损害原因另有应负责任人时,赔偿义务机关对其有求偿权。我国《行政诉讼法》第68条第2款规定:"行政机关赔偿损失后,应当责令有故意或者重大过失的行政机关工作人员承担部分或者全部赔偿费用。"对此,公共设施致害的行政赔偿责任可以类推适用。

---

⑰ 参见我国台湾地区"国家赔偿法"第9条第3款。

该种求偿权的成立,应当具备两项条件:

1. 须赔偿责任主体已对受害人进行了损害赔偿。任何求偿权的存在,均以已履行赔偿义务或清偿义务为必要条件,《行政诉讼法》第68条中的"行政机关赔偿损失后"的用语,即为此要件的法律规定。公共设施致害,在行政机关尚未赔偿损失之前,求偿权尚不存在,必须于其对受害人赔偿损失之后,方可成立求偿权。

2. 被求偿人须是就损害原因应负责任之人。就损害原因应负责任之人,就是对国有公共设施设置或管理欠缺有故意或过失的人,诸如公共设施的设计人、承揽人、致道路桥梁损毁之损毁人,在道路或其他公共设施放置障碍物或危险物之人,公共设施管理机关的工作人员,国有公共设施的承租人、借用人等,均可构成。另有负责之人作为求偿权的义务主体,应当具备一般侵权行为的构成要件,即其应负责任为一般侵权行为,具备该责任的构成要件。具备以上两项要件,行政机关的求偿权即告成立。

求偿权的行使,由已承担赔偿责任的行政机关对应负责任之人为之。求偿的范围,应以其已经赔偿损失的范围计算。对此,《行政诉讼法》第68条第2款后段可以承担部分损失规定不应适用,应以全部赔偿为原则,同时尚应支付自赔偿支付至求偿偿还时依法定利率计算利息。原因是,该条规定是对行政机关就其具体行政行为致害,追究有故意或重大过失之机关工作人员的责任,故可求偿部分损失。国有公共设施损害另有责任之人,则与行政机关全无关系,另有责任之人应就自己的行为承担全部民事责任,无减轻责任的根据。应当注意的是,求偿权亦受诉讼时效制约。对此,行政诉讼法没有具体规定,原则上应适用民法通则的规定,按照2年的诉讼时效执行,自行政机关赔偿之日起算为宜。

(四)赔偿程序

国有公共设施致害的行政赔偿程序,与国家赔偿程序是一致的,各国和地区的立法一般将其与公务员赔偿程序一并规定。由于我国尚未制定《国家赔偿法》,《行政诉讼法》又未规定公共设施致害责任,对此尚不明确。笔者认为,应参照《行政诉讼法》的规定执行。

首先,公民就其因公共设施所致损害提出赔偿请求,应当先由行政机关解决。行政处理程序为先置程序、必经程序。未经行政处理程序,不得提起诉讼程序。这种意见的依据是《行政诉讼法》第67条第2款规定。对此,韩国法律设立赔偿审议会,不经审议会审议决议,不得提起诉讼,内容比较相似,但其规定"自赔偿决定申请之日起,经过二个月时,得不经其决定,提起诉讼"[18]的办法,值得参考。

其次,对行政机关处理决定不服的,可以向人民法院起诉。依照我国人民法院内部分工,这类案件应作为行政诉讼案件受理,由行政审判庭依行政诉讼程序审判。这种意见的依据是最高人民法院《关于贯彻执行〈行政诉讼法〉若干问题的意见》第4

---

[18] 韩国《国家赔偿法》第9条。

条的规定。

再次,无论是行政机关处理,还是人民法院审理,对这种案件都可以进行调解,因为它涉及的仍然是财产权益问题,依据民事权利的处分原则,当事人可以处分其权利,不受行政诉讼不适用调解原则的限制。

论妨害经营侵权行为及其责任[*]

妨害经营的侵权行为,一般认为是商业侵权中的一种具体类型。在以往的侵权行为法研究中,对此不甚注意。近年来,由于市场化经济的发展,这类侵权行为有所发生。例如,2001年,周林和李坚(均为化名)先后在一条街上相邻开了快餐店,周林经营有方,生意红红火火。李坚则门庭冷落,生意无法经营下去,不久改开花圈店。李坚对周林生意红火有气,便将样品花圈放在与周林饭店相邻的一侧,但并没有逾界。周林发现后,为了不影响自己的生意,用一张薄席拦在自己方一侧,使来本店吃饭的客人不能直接看到摆放的花圈。但是李坚随即架高花圈,周林只得随之架高薄席。李坚最后将样品花圈吊在屋檐上,使周林无法继续遮挡。周林的生意日渐萧条。在该案例中,加害人虽然不对经营者的财产权实施直接侵害,但其破坏营业环境的行为干扰了经营者正常的经营活动,使其经济利益遭受了损害。[①] 对于这样的侵权行为在法理上究竟应当怎样认识,在司法实践中究竟应当怎样掌握适用法律,是值得研究的。本文拟从比较法和现实操作的角度,进行研究,提出笔者的意见。

一、妨害经营侵权行为的立法比较

对妨害经营的行为认定为侵权行为,差不多是各国和地区的立法和司法的惯例,但是对妨害经营的侵权行为究竟怎样认定,如何适用法律,各国和地区都有不同的规定。综合起来,对妨害经营侵权行为的立法和司法对策,主要分为以下三种模式。

(一)德国法——扩大解释《民法典》第823条创设营业权

《德国民法典》第823条和第826条是关于侵权行为的一般性规定,根据这两条规定,将侵权行为的违法性分为三类:第一,故意或过失不法侵害他人的生命、身体、健康、自由、所有权和其他权利的侵权行为;第二,违反以保护他人为目的的法律的侵权行为;第三,以违背善良风俗的方法故意造成他人损害的侵权行为。据此,德国法实际上是采取对绝对权利进行列举保护的侵权行为法模式,在该种模式下如果不对妨害经营作出特别规定,经营权或者营业权受到侵害的受害人就难以得到救济。所以,德国判例就对第一种违法性类型中的"其他权利"进行扩大解释,"其他权利"应当包

---

[*] 本文发表在《法学论坛》2004年第2期,合作者为青岛大学法学院副教授蔡颖雯博士,内容有修改。
[①] 参见杨立新:《简明类型侵权法讲座》,高等教育出版社2003年版,第100页。

括营业权,该营业权主要保护经营者尚未上升为财产权的经营利益。在此之前,涉及妨害他人经营的侵权行为在适用法律上,则适用有关信用权的规定②,在最高法院确认营业权以后,妨害经营的侵权案件则适用侵害营业权予以保护。尽管从法律结构方面讲,通过判例专门确立一个"营业权"来调整部分不法行为是不太合理的,但是通过"营业权"来对于由于特殊的侵权行为造成的损害进行救济是相当准确的③,保护力度也是相当大的,能够充分保护经营者的经营利益。

我国台湾地区民法学界也承认营业权的存在,学说也认为营业权属于台湾"民法典"第184条第1款规定的"因故意或过失,不法侵害他人之权利者,负损害赔偿责任"中的权利的一种,为一种无形财产权。"侵害营业权,要求侵害行为与企业的经营具有不可分离的内在联系,对企业的侵害具有直接性为要件……"④ 如采用一定的方式,阻止顾客的出入,就属于直接妨碍企业经营。当妨害经营,或因有效的处分,事实上缩减或丧失其权利时,就构成对营业权的侵害。⑤

(二)法国法——对妨害经营侵权行为适用侵权行为一般条款

《法国民法典》第1382条是侵权行为一般条款,规定:任何行为使他人受到损害时,因自己的过错行为而致行为发生之人,应对该他人负赔偿的责任。法国的侵权行为一般条款对于侵权责任的构成以损害或损失作为中心因素,过错行为与损害之间具有因果关系者,即构成侵权责任,而非要求原告证明自己受到侵害的权利的类型和种类,对于损害的赔偿,则实行"黄金规则",即"损害和赔偿相等"的原则,因此也就没有必要区分侵权行为所侵害的权利类型的不同。⑥

所以,在采用侵权行为一般条款模式的法国侵权行为法体系中,即使不对妨害经营的侵权行为作出特别规定,法官也会依据侵权行为一般条款作出相应的判决,立法或判例没有必要再专门设立一个权利,调整由于联合抵制、违法罢工、堵塞交通、对企业或经营造成损害等案件的评判。根据《法国民法典》的规定,上述侵害他人经营的行为只不过是过错行为的案例,可以直接援引第1382条的规定。

尽管《法国民法典》采用了一般条款的模式,但法国商事法也存在一个"营业权"制度⑦,该权利被理解为一种权利意义上的财产形式,包括一个企业的各种可移动资产,这种资产不是简单地指资产的集合体,而是超越于构成它的个别资产。营业资产可以由各种不同种类的财产构成,可以包括有形资产,如工场、设备等,也可以包括一系列无形资产,如企业名称、知识产权等。对于营业资产来说,还应当包括真实存在

---

② 参见《德国民法典》第824条。
③ 参见[德]克雷斯蒂安·冯·巴尔:《欧洲比较侵权行为法》(上),张新宝译,法律出版社2002年版,第70页。
④ 转引自王泽鉴:《民法学说与判例研究》(第七册),中国政法大学出版社1997年版,第85页。
⑤ 转引自王泽鉴:《民法学说与判例研究》(第七册),中国政法大学出版社1997年版,第85页。
⑥ 参见梁慧星主编:《民商法论丛》(第25卷),金桥文化出版有限公司2002年版,第9页。
⑦ 参见程合红:《商事人格权论——人格权的经济利益内涵及其实现与保护》,中国人民大学出版社2002年版,第226、227页。

的、可以确定的,并且是合法的老顾客,对于潜在的、不可确定的、非法的顾客,如未经许可设立的赌场中的赌客就不包括在营业资产内。法国判例关于该种侵权行为的类型主要包括:关于真实事实的声明;对他人进行贬低的评价;违法罢工;或声称知识产权不合法。⑧

(三)葡萄牙法——对妨害经营侵权行为分别适用特别规范

在葡萄牙的民法体系中,没有一般条款对侵权行为进行调整,也没有通过判例或立法确立一种可援引的权利对于妨害经营的侵权行为进行救济,此时葡萄牙的法律就区分妨害经营的侵权行为的具体类型,通过相关特别规范进行调整。例如,根据葡萄牙的法律,对于非法罢工造成的损失,可以通过罢工法领域的特别规范进行救济⑨;对于侵害他人或企业的信用的加害行为可以要其承担更重的责任进行救济。对于其他涉及妨害经营的领域,可以通过适用《葡萄牙民法典》第70条关于保护尊严、自治和隐私的条款进行救济。

意大利关于妨害经营的法律适用与葡萄牙的法律适用相似。意大利的法律体系也没有单设营业权,在涉及此类案件时有的适用信用权的相关规定,有的适用"对自己财产的完整性"的权利的规定。⑩ 在涉及非法罢工的妨害经营的行为时,适用罢工权的相关规定,根据意大利法的规定,罢工权存在一定的限制⑪:如对人的身体和安全的尊重;对已经设立的公司的完整性及其机能的保护;对企业组织的保护以及不能妨害私人经济经营的自由。但是对权利的这些限制之和就相当于德国营业权的内容,因此在意大利非法罢工的情形,在德国就属于侵害营业权的行为。在涉及联合抵制的妨害经营的侵权行为时,一方面《意大利刑法典》对其提供保护,另一方面也受到《意大利民法典》第2598条的保护,该条款将联合抵制定义为一种非典型的不正当竞争行为。如果涉及联合抵制的行为人不是商主体,而是行业协会的成员,此时上述《民法典》第2598条就不适用,而应适用《意大利宪法》关于"妨害私人经济经营自由"的规定。⑫

二、妨害经营侵权行为的概念和特征

究竟何种违法行为是妨害经营的侵权行为,是值得研究的。笔者认为,妨害经营

---

⑧ 参见〔德〕克雷斯蒂安·冯·巴尔:《欧洲比较侵权行为法》(上),张新宝译,法律出版社2002年版,第69页,注解269。

⑨ 转引自〔德〕克雷斯蒂安·冯·巴尔:《欧洲比较侵权行为法》(上),张新宝译,法律出版社2002年版,第70页。

⑩ 转引自〔德〕克雷斯蒂安·冯·巴尔:《欧洲比较侵权行为法》(上),张新宝译,法律出版社2002年版,第71页。

⑪ 参见意大利最高法院1991年10月28日第11477号判决,载Foro. it. 1992,第3058、3059、3060页。

⑫ 参见意大利最高法院1973年6月20日第1829号判决,转引自〔德〕克雷斯蒂安·冯·巴尔:《欧洲比较侵权行为法》(上),张新宝译,法律出版社2002年版,第72页。

侵权行为,就是在商业领域中故意或者过失的违法行为方式妨害他人正常经营活动,造成经营者经营利益损害的商业侵权行为。

妨害经营的侵权行为具有下列特征:

(一)妨害经营的侵权行为的受害主体必须是商主体

妨害经营的侵权行为是发生在商业领域的侵权行为。商业领域,是从事商品经营或营利性服务的领域。由于该种侵权行为发生在商业领域,这决定了该种侵权行为主体(行为人和受害人)的特殊性,即该种侵权行为的主体只能是商主体,即商人。

在 19 世纪之前,商人是作为一种特殊的阶层出现,此时对商人的界定着重于其外部特征的描述;在 19 世纪之后,商人作为特殊阶层的身份色彩逐渐消失,此时对商人的界定着重强调其实质性条件。界定商人概念主观主义立法例不强调商行为的重要性,而是强调商行为的主体以及商行为的目的,如《德国商法典》第 1 条关于"为本法所设立目的而从事商事经营活动的人都是商人"的规定。客观主义立法例则强调商行为的重要性,只要从事商行为,不管是否经过登记,不管从事持续性交易还是偶然性交易,均适用相同的法律。⑬ 如《法国民法典》第 1 条关于"商人者以商行为为业者"的规定。折中主义立法例以现行《法国商法典》为代表,该立法例同时强调商主体和商行为的重要性。例如《法国商法典》第 1 条规定:从事商行为,并以此为日常营业行为者,方属商人。该立法例是现行通行立法例。⑭

笔者认为,妨害经营的商主体,就是以自己的名义从事商行为,独立享有商事权利并承担商事义务的主体。商主体从事商行为须具备下述三个要件:第一,主体必须从事特定的营利性行为;第二,必须持续的从事该行为,并以此为业;第三,必须以此营业为职业。⑮

妨害经营的侵权行为的受害人只能是从事经营活动的企业或者其他经营者,包括独资企业、个体工商户、农村承包经营户、公司和合伙等。不从事经营活动的自然人、法人或其他组织不能够成为该种侵权行为的受害人。

至于该种侵权行为的行为人的主体身份,则不受此限制,行为人既可以从事商业行为,也可以不从事商业行为。

(二)妨害经营侵权行为所侵害的客体商主体的经营利益

对于妨害经营侵权行为的客体应当怎样表述,有不同的观点:一种观点认为侵害的是经营者的经营权;另一种观点认为侵害的是经营者的营业权;还有一种观点认为侵害的是经营者的经营利益。

笔者认为,确定妨害经营的侵权行为的侵害客体,对于确立妨害经营侵权责任制度,具有极为重要的意义,是必须予以准确界定的。

---

⑬ 参见《西班牙商法典》第 2 条。
⑭ 参见董安生等:《中国商法总论》,吉林人民出版社 1994 年版,第 68 页。
⑮ 参见〔日〕户田修三、〔日〕中村真澄:《商法总论·商行为法》,青林书院 1993 年版,第 61 页。

1. 依据现行法律确定妨害经营的侵权客体为经营权具有合理性

"经营"原见于《诗经》:"经营原野,杳冥冥兮",该"经营"指广袤无垠的天地,与现在所指的"经营"意义不同。⑯ 在传统民法中没有经营权这个概念,一般认为经营权的概念是在20世纪30年代末、40年代初,由苏联学者维尼吉克托夫首次提出的。⑰

对于经营权,我国立法有明确规定,《民法通则》第82条规定:"全民所有制企业对国家授权经营管理的财产依法享有经营权,受法律保护。"《工业企业法》第2条也规定:经营权是指企业对国家授予其经营管理的财产的占有、使用、收益和依法处分的权利。该概念在我国的兴起,主要是为了适应我国改革开放初期的国情,为了促使国有企业改革的两权分离的实际需要,因此经营权的产生具有一定的政治性。

《工业企业法》和《全民所有制工业企业转换经营机制条例》明确规定了"经营权"的14项内容:经营决策权;产品、劳务定价权;产品销售权;物资采购权;进出口权;投资决策权;留用资金支配权;资本转让权;联营、兼并权;劳动用工权;人事管理权;工资奖金分配权;企业内部机构设置权;拒绝摊派权。从中可以看出,"经营"是对经济活动的组织和策划,有使用、处置和控制之意,指自然人、法人或其他组织为取得或扩大财产效益而围绕市场展开的各项活动,着重强调国家或行政机构对企业经营活动的干涉和控制。⑱ 从该角度讲,"经营权"与西方公司法的"所有权与控制权"分离理论中的"控制权"是同一概念。在市场经济条件下,企业参与市场竞争会受市场的调控和制约,同时,国家又必须对企业行为实行宏观上的调控和约束,国家对企业实行宏观调控的手段除了行政手段外,必须借助法律的形式规范企业经营行为。因此从上述法律规定的权利的内容来看,经营权是一种经营管理权。

综上,经营权是指企业在法律规定的范围内从事经营活动的权利,是商事主体依法享有的一种行(活)动权。⑲ 该权利具体包括两方面的含义,一是权利的主体必须具有商事主体的资格;二是该商事主体实施商事法律行为的范围必须受到法律的限制,简而言之,经营权概括了商事主体的权利能力和行为能力,若不同时具备该权利能力或行为能力,从事违法经营,就构成违法行为,情节严重的,还将受到刑法的追究。⑳ 经营权的客体不是直接指向企业的财产,而是指向企业的社会经济功能、市场秩序和交易安全。它所产生的直接法律后果不是财产权利,而是经营行为的合法与否;它所产生的间接法律后果是通过对经营行为的合法性审查判断财产权利取得是否合法。㉑ 从该角度讲,经营权的含义相当狭窄,也较难界定,尽管有时候妨害经营行

---

⑯ 转引自鲍荫民:《简论经营权之渊源》,载《中央社会主义学报》1994年第4期。
⑰ 转引自覃天云主编:《经营权论》,四川人民出版社1992年版,第175页。
⑱ 转引自覃天云主编:《经营权论》,四川人民出版社1992年版,第176页。
⑲ 转引自覃天云主编:《经营权论》,四川人民出版社1992年版,第176页。
⑳ 《中华人民共和国刑法》第225条对此已作了明确的规定,可能构成非法经营罪。
㉑ 转引自覃天云主编:《经营权论》,四川人民出版社1992年版,第176页。

为所侵害的是市场主体的经营权,但妨害经营的侵权行为在有些时候并不一定就是侵害经营权。

尽管如此,经营权毕竟是我国现行法律规定的民事主体的权利,确认妨害经营的侵权行为所侵害的客体为经营权,既有法律依据,又有实际操作的意义。至于将来法律对经营权规定的变化,则无法预料。因此,在现阶段,在法律没有发生改变之前,应当认定妨害经营的侵权行为所侵害的客体为经营权。

2. 以营业权作为妨害经营侵权行为的客体与我国法律规定不合

营业权是德国最高法院通过判例于19世纪末确立的一种权利[22],该权利的创设被认为是"权利先于救济"的典范,因为在判例确立该权利时,《德国民法典》尚未颁布。德国最高法院判例认为:"一个已经建立的营业或者企业构成一种权利,这一权利本身可能受到侵犯。""因为一个已经建立的独立企业并不意味着商人们可以随心所欲地实现其意思,但是其自由意思确实已经在实际上得以体现,所以可以安全地推定(商人)对企业的一种权利。"[23]尽管如此,德国学说还是认为,营业权属于《德国民法典》第823条第一项所称的"故意或过失不法侵害他人的生命、身体、健康、自由、所有权和其他权利的侵权行为"中的"其他权利"的一种,具有绝对权的性质。[24]根据司法判例,该权利只能用来防范"直接的"[25]或"与企业相关的"[26]侵害行为,并且该权利在效力方面低于一般条款所提供的保护,所以此种权利常被称为"框架权利"。[27]框架权利的效力较弱,因为侵权行为本身并不能够表明该行为具有违法性,认定行为是否违法必须对权利和利益进行权衡,只有通过利益权衡,才能够确定是否存在侵害这些权利的行为。

即使在德国,营业权的适用范围也相当有限,仅适用于几个特殊的领域,如组织联合抵制、违法罢工、实际联合抵制或堵塞交通、对企业或经营造成损害的评判,包括商品检验,仅仅以侵害他人经营为目的发表真实事实的行为。因此营业权的适用具有一定的局限性。

在我国,认定企业法人享有的是经营权,而不是营业权,因此,我国的商主体实际上并没有营业权,而在经营权当中,已经完全可以包括营业权的内容。因此,在侵权行为法上,应当认为我国的经营权与德国法上的营业权具有相当的功能,完全可以保护从事经营的商主体的合法权益。

---

[22] 参见德意志帝国最高法院1888年10月29日的判决,载RGZ22,第93、96页。转引自〔德〕克雷斯蒂安·冯·巴尔:《欧洲比较侵权行为法》(上),张新宝译,法律出版社2002年版,第66页。

[23] 德意志帝国最高法院1904年2月27日的判决,载RGZ58,第24、29、30页。

[24] Mertens:《慕尼黑德国民法典评注》,第823条,转引自〔德〕迪特尔·梅迪库斯:《德国民法总论》,邵建东译,法律出版社2001年版,第63页。

[25] 《联邦最高法院民事裁判集》第8卷,第387、394页。

[26] 《联邦最高法院民事裁判集》第29卷,第65、72页。

[27] Mertens:《慕尼黑德国民法典评注》,第823条,转引自〔德〕迪特尔·梅迪库斯:《德国民法总论》,邵建东译,法律出版社2001年版,第64页。

3. 将妨害经营的客体认定为经营利益具有一定的合理性

传统学说认为,侵权行为侵害的对象即侵权法保护的对象仅限于财产权和人格权,将侵权法的保护对象限于绝对权,能够明确行为规则,保障行为自由。

但是,随着社会生活的发展,一些利益率先受到侵权法的保护,当司法判例对某种利益的保护达到一定的期间,使立法者觉得此种权益有上升为权利的必要时,该种权益就被法律所确认,逐渐上升为具体的民事权利,这一过程的实现需要侵权法保持一种开放的完整的体系。从该角度讲,侵权行为的侵害对象的范围正在逐渐扩大,受侵权行为法保护的对象除了财产权和人身权等绝对权利之外,还包括一些合法利益。因此"必须通过对侵权行为做扩张解释:侵害的'权'不仅包括民事权利,而且包括受到法律保护的利益;'行为'不仅包括加害人的行为,也包括'准行为'"。[28] 侵权行为法对合法利益保护的扩张,使得其作用的范围进一步扩大,同时侵权行为法的功能也在发生变化,在对合法利益进行保护的过程中,侵权法也产生了权利生成功能。这就是说,由于侵权法保护的对象不限于权利,所以受害人在遭受损害以后,只需要证明遭受了实际损害,并不需要证明其何种权利遭受了侵害,因此没有必要在未合适的时候创设一个权利。

王泽鉴先生也认为侵权行为法不宜将经济利益权利化,不宜单独创设"营业权"的概念,而应通过限制妨害经营行为人的主观要件和扩展客体的范围至经济利益,对经营者进行保护。从该角度讲,确认妨害经营侵权行为的侵害客体为经营利益比较恰当,这样不仅能够涵盖妨害经营的侵权行为侵害经营权的场合,而且能够概括全部的妨害经营侵权行为的侵害客体,即经营活动所体现的经营利益。

上述学说所称甚当,确认妨害经营的侵权行为所侵害的客体是经营利益,既能够为侵权行为法理论和立法所包括,又能够合理解释妨害经营侵权行为的构成机理,是很恰当的。但是,我国先行立法既然已经规定了经营权,也就没有必要另辟蹊径,认为只有经营利益才是妨害经营的侵权客体。

(三) 妨害经营的侵权行为的行为具有特定性和限定性

妨害他人正常经营活动的行为相当有限。德国判例关于该种侵权行为主要类型包括:组织联合抵制、违法罢工、实际联合抵制或堵塞交通、对企业或经营造成损害的评判包括商品检验,以及仅仅以侵害他人经营为目的发表真实事实的行为。[29] 荷兰判例对该种侵权行为的类型限定为:对购买者发出警告,伪称产品有知识产权问题;不当发表有关竞争对手的真实事实;不适当的商品检验;有损商品和服务的报道;非法罢工。[30] 我国也应借鉴德国和荷兰等国家的做法,确定妨害经营的侵权行为的具体行

---

[28] 张新宝:《侵权行为法的一般条款》,载《法学研究》2001 年第 4 期。
[29] 转引自〔德〕克雷斯蒂安·冯·巴尔:《欧洲比较侵权行为法》(上),张新宝译,法律出版社 2002 年版,第 69 页。
[30] 转引自〔德〕克雷斯蒂安·冯·巴尔:《欧洲比较侵权行为法》(上),张新宝译,法律出版社 2002 年版,第 70 页。

为类型。

妨害经营最常见的方式为物理上妨害企业经营,如堆放物料于商店门口,阻止顾客的出入、阻塞交通、破坏经营环境等。本文前述的妨害经营案件,就是典型的妨害经营的侵权行为。

三、妨害经营侵权行为的责任构成

侵权行为法不能对所有的利益给予保护,对于妨害经营产生的不利益必须在严格的侵权责任构成要求之下才能够责令行为人承担赔偿义务。

(一)妨害经营的行为须违反法定义务或者违背善良风俗

违法行为分为下列三种类型:第一种为违反法定义务的行为;第二种为违反保护他人的法律的行为;第三种为违背善良风俗的行为。前两种违法性为形式违法,后一种违法性为实质违法,即故意违背善良风俗加害于他人,其行为本为不当,而不是违法,但是行为人故意实施这种不当行为加害于他人,就构成违法。

妨害经营侵权行为的违法性,应当是违反法定义务。理由是,既然认定妨害经营侵权行为的侵害客体是经营权,那么任何其他第三人都是享有经营权的商主体的义务主体,都负有不得侵害的法定义务。行为人实施了这种侵权行为,造成了受害人的经营权的损害和经营利益的损失,违反了自己作为经营权义务主体的不可侵的法定义务,则构成形式违法。

这里所说的是一般情况。如果行为人故意违背善良风俗致商主体经营权的损害,则构成实质违法,也具备违法性。例如本文前述案例,被告实施的行为是在自己的经营场所范围内摆放样品花圈,这并没有违反法律。但是,经过法益的衡量,应当对行为人的行为作出限制,保护经营者的经营利益。因为行为人正是利用自己的权利,故意违背善良风俗,达致他人以损害的目的。因此可以认定行为人的行为为违法行为。

在商业领域中,存在很多这样的情况,侵害行为本身并不能够表明该行为具有违法性,但该行为确实造成了他人的损害,此时认定行为是否违法必须对权利和利益进行权衡,只有通过利益权衡,才能够确定是否存在侵害这些权益的行为,在进行利益衡量时,必须考虑到行为人与这些权益相冲突的权利。以"违反善良风俗的联合抵制行为"[31]为例,言论自由权具有崇高的地位,如果言论表达侵害了他人值得保护的利益,就必须进行法益的衡量。在决定联合抵制的呼吁是否违反善良风俗时,应从两个方面进行判断:一方面,该表达的动机和目的是什么,是属于纯粹私人事务的争论还是企图制造舆论;另一方面,根据具体情况,若目的正当,那么采用该种方式对他人利益的影响是否超越了适当的范围。也就是说,对于具体的情况,若表达的动机和目的

㉛ 〔德〕卡尔·拉伦茨:《法学方法论》,商务印书馆2003年版,第281—282页。

没有违反善良风俗,表达的方式也没有超越一定的界限,此时该"联合抵制"的行为就没有违反善良风俗,是合法的行为。一般认为,法益衡量须遵守下列原则㉒:首先,应判断所涉及的该种法益与他种法益相比是否具有明显的优越性,如人身性的权利就比财产性的利益具有优越性。其次,如果涉及位阶相同的权利间的冲突,如涉及同是人格权的冲突时或同是财产权的冲突时,可以从下列两方面进行比较:一方面取决于应受保护的法益被影响的程度;另一方面取决于假使某种利益须让步时,其受害程度如何。最后,适用比例原则、最轻微原则或尽可能微小限制的原则,为保护某种较为优越的法价值必须侵害一种法益时,不得超过此目的所必要的程度,比例原则是一种指导法官具体化法规范的法原则。

(二) 妨害经营造成经营者经营利益的损害

损害是指因一定行为或事件使某人受侵权法保护的权利和利益遭受某种不利益的影响。

对于财产权利,如果权利人不能正确行使,就会丧失因行使该权利可能得来的利益,就会产生财产损害。在商业侵权中,间接损失较为常见,例如债权受到侵害并不产生直接损失,而是使可得的债权财产利益丧失,产生的是间接损失。妨害经营与一般的财产损害不同,妨害经营的侵权行为不是直接针对财产权或者财产,而是针对创造财产的经营活动。所以,妨害经营侵权行为的损害事实,是受害人的经营活动受到损害,而使其合法的经营利益受到侵害。确定妨害经营的损害事实,必须存在妨害经营行为实施前后的经营状况具有明显的不利益的客观事实,例如顾客的明显减少,营业利润的明显减少等。故妨害经营的侵权行为所造成的损害,一般是间接损失,是可得利益的损失。在我国台湾地区"民法"中,如果他人行为涉及对营业经济利益的损害造成经营者不能营业,对于该种损害学说上称为纯经济损失。由于经营者不能营业不能认为是财产权受到了侵害,因此不能适用侵害营业权的相关法律,只能适用"故意违背善良风俗"作为请求权的基础,要求行为人承担赔偿责任。

纯粹经济损失是一种特殊性质的损失,普通法系国家将它解释为"一种不是伴随着物质损害的经济损失"。对于纯粹经济上的损失,《瑞典赔偿法》第 2 条中有规定:"根据本条的纯粹经济上的损失是一种在任何方面都与对人身伤害或财产侵害没有关联的损失。"可以认为纯经济损失是指受害人因他人的侵权行为遭受了经济上的损害,但该种损害不是由于受害人所遭受的有形的人身损害或有形的财产损害而产生的经济损失,即受害人直接遭受财产上的不利益,而非因人身或物被侵害而发生,例如餐厅、工厂等由于停电、罢工不能营业等。纯经济损失的特点在于不伴随物质损害,因此关于纯经济损失的赔偿,无论是普通法系国家,还是大陆法系国家,多数国家都不主张赔偿此类损失。之所以许多国家持否定态度,主要是以下两个原因:第一,对纯经济损失进行赔偿,会无限扩大赔偿的范围,产生连锁反应;第二,纯经济损失无

㉒ 参见〔德〕卡尔·拉伦茨:《法学方法论》,商务印书馆 2003 年版,第 285 页。

法量化,只有能够量化的损失才可以进行赔偿,因此对于赔偿的范围较难计算。

事实上,由于妨害经营的侵权行为造成的损害主要是间接损失,这种间接损失的表现,差不多就是纯经济损失,因为妨害经营的侵权行为所造成的损害,并没有具体损害人身和具体的物,而是与其无关的经济利益。将妨害经营所造成的这种纯经济损失就认定为间接损失,按照间接损失的赔偿规则确定赔偿责任。

对于妨害经营造成的损害,还可能造成既得利益的损失即直接损失,例如,经营活动受到损害,为了挽回损害而采取补救措施所支出的费用。《反不正当竞争法》第20条规定,"经营者违反本法规定,给被侵害的经营者造成损害的,应当承担损害赔偿责任","并应当承担被侵害的经营者因调查该经营者侵害其合法权益的不正当竞争行为所支付的合理费用"。其中"调查费用"的损失就属于直接损失。

(三)妨害经营行为与经营权和经营利益受到的损害之间具有因果关系

确定妨害经营行为与经营权和经营利益受到损害的后果之间是否具有因果关系,应当区别情况,分别遵循以下三个规则进行[33]:

规则一:如果妨害经营行为与经营活动和经营利益受到损害的后果之间具有直接因果关系,无需再适用其他因果关系理论判断,直接确认其具有因果关系。最常见的直接因果关系,就是一因一果,一个原因行为出现,引起了一个损害结果的发生。如果妨害经营行为与经营利益的损害之间也有其他条件的介入,但是可以确定这些条件并不影响妨害经营行为作为直接原因的,应当认定二者间具有因果关系。

规则二:如果妨害经营行为与经营利益受损的结果之间有其他条件的介入,使因果关系判断较为困难,无法确定直接原因的,应当适用相当因果关系进行判断。适用相当因果关系学说,关键在于掌握违法行为是否为损害事实的适当条件。适当条件是发生该种损害结果的不可缺条件,它不仅是在特定情形下偶然引起损害,而且是一般发生同种结果的有利条件。如何判断相当因果关系,要依行为时的一般社会经验和智识水平作为判断标准,认为该行为有引起该损害结果的可能性,而在实际上该行为又确实引起了该损害结果,则该行为与该结果之间为有因果关系。

规则三:在特别情况下,如果确认因果关系确有困难,可以适用英美侵权行为法中的"事实原因—法律原因"的规则。事实原因,就是跟随结果发生同时存在的各个事实;法律原因也叫做近因,是被告对原告承担责任的最近原因,是一种自然的、继续的、没有被介入因素打断的原因,没有这种原因,就不会发生利益损害的结果。在适用时,首先确定该妨害经营的行为是否构成经济利益损害的事实原因,即是否构成该损害结果的多个前提事实中的一个;其次确定该行为是否为损害的法律原因,即一种自然的、未被介入因素打断的原因。若妨害经营的行为对于损害而言,既是事实原因,又是法律原因,即可确定该妨害经营的行为与损害之间具有因果关系。

总之,受害人在妨害经营行为实施前后的经营状况具有明显的不利益的客观事

---

[33] 参见杨立新:《侵权法论》,人民法院出版社2004年版,第177页。

实必须与妨害经营行为具有因果关系,只有这样才能够责令侵权人承担侵权责任。

(四)妨害经营的侵权行为的主观心理状态是故意和重大过失

就侵权行为的一般构成要求而言,故意、过失均可构成,但是对于妨害经营的侵权责任构成,又不同的意见。

台湾地区学者认为,妨害经营的侵权责任构成,主观要件应当是故意,理由是,因为妨害经营侵权责任制度保护的是合法利益,即经营利益,而不是权利,而法律保护利益与对权利的保护具有不同的要求。权利也是法律保护的利益,但其本身具有公示的功能,行为人在实施某种行为时,应当并且能够合理预见到自己的行为是否会损害他人的权利,所以即使基于过失造成对他人权利的损害,也仍然要承担责任。尽管合法利益也应受到法律的保护,但合法利益本身没有公示的功能,对行为人来讲缺乏一定的预见性。该不可预见性体现在:第一,不知道何种行为会导致对他人合法利益的侵害;第二,不知道实施该种行为会导致何种后果,需要承担何种责任。"私人间追究责任势须从'期待可能性'着眼,只有对加害于人的结果有预见可能者要求其防免,而对未防免者课以责任,才有意义。"㉞从该角度讲,应当严格限制行为人的主观过错要件,对由于过失造成他人利益的损失不承担责任。因此,以故意作为妨害经营的主观过错要件,可以协调好保护他人的合法利益和行为人行为自由的关系。在涉及侵害他人合法利益要求行为人承担侵权的民事责任的情况下,应当协调好保护他人的合法利益和行为人行为自由的关系。"不论侵权、背俗或违法,要让行为人对其行为负起民事上的责任,都须以该行为涉及某种对世规范的违反为前提,其目的就在建立此一制度最起码的期待可能性,以保留合理的行为空间。"㉟

据此,台湾地区"民法"将侵害他人经营的侵权行为的主观要件限定为故意。根据台湾地区"民法"第184条的规定,保护之客体应当包括权利及利益,因此经营者不能营业的经济上的损失,仍属于法律上所应保护的利益,但其主观要件应仅限于行为人故意的行为。这样通过放宽客体的范围和限制主观要件,调整侵权行为法对不同法益的保护程度。

上述论述不无道理。但是,笔者认为,我国法律既然规定了经营权,妨害经营的侵权行为所侵害的界定为侵害经营权,那么,确定妨害经营的侵权责任构成的主观要件,就不能仅仅局限在故意的要件之上。应当认为,故意妨害经营的,包括违反法定义务或者违反保护他人的法律以及故意违背善良风俗,都应当具有故意的要件。同样,基于"重大过失等同于故意"的一般理念,由于重大过失而妨害经营的,也能构成妨害经营的侵权责任。未尽交易上的必要注意,采取不正当的经营行为,给他人的经营活动造成重大损害的,也构成妨害经营的侵权责任。

妨害经营的侵权行为的侵权责任构成,应当承担侵权责任。确定侵权责任的规

㉞ 苏永钦:《走入新世纪的私法自治》,中国政法大学出版社2002年版,第304页。

㉟ 苏永钦:《走入新世纪的私法自治》,中国政法大学出版社2002年版,第306页。

则是:第一,应当遵循侵权责任中的财产损害赔偿的规则进行。这是因为,经营活动是创造财富的行为,经营利益是财产利益。经营活动和经营利益受到损害,损失的都是财产利益。第二,与一般的财产损害赔偿所不同的是,妨害经营的侵权行为不是直接针对财产权或者财产,而是针对创造财产的活动。因此,妨害经营的侵权行为所造成的损害,一般是间接损失,是可得利益的损失,也就是所谓的"纯经济损失",应当按照间接损失的赔偿规则确定赔偿责任。最基本的方法,是比较侵权行为实施前后的经营利益,确定适当的、合理的利益差,这个利益差就是赔偿的标的。第三,对于受到妨害经营行为侵害,造成财产上的直接损失的,应当对直接损失进行赔偿。例如,经营活动受到损害,为了挽回损害而采取补救措施所支出的费用,就是这种直接损失,应当予以全部赔偿。第四,如果妨害经营的行为仅仅是一般地造成了经营妨害的,受害人有权请求行为人停止侵害;对承担了损失赔偿责任的加害人,也应当责令其停止侵害。

四、妨害经营侵权行为的主要形式

综合比较各国和地区关于妨害经营侵权行为的形式,结合我国的具体实际,可以确定以下侵权行为是妨害经营的侵权行为。

(一)恶意妨害

恶意妨害,就是指故意以违法的行为或者不违法的行为,对他人的经营活动进行妨害,使其经营权和经营利益受到损害的侵权行为。在本文前述的案例中,被告摆放花圈、架高花圈的行为,就是故意以违背善良风俗的方式加损害于原告,使其经营权和经营利益受到损害,为恶意妨害行为。

恶意妨害的行为一般是作为的行为方式,有时候不作为的方式也可能构成。妨害经营的行为必须具有违法性,这就是妨害经营的行为或者违反法定义务,或者违反保护他人的法律,或者故意违背善良风俗致他人以损害。在本案中,被告实施的行为是在自己的经营场所范围内摆放样品花圈,这并没有违反法律。但是,被告正是用这种形式上不违反法律的行为,达到致他人以损害的目的,因此是故意违背善良风俗,构成行为的违法性,即实质违法。因此,本案被告的行为具有违法性。

恶意妨害的损害事实欲与其他妨害经营的侵权行为的一般表现相同,都是经营权侵害,而使受害人的经营利益受到损失,并没有其他的特别要求。

恶意妨害的因果关系,第一,要确认是否符合侵权责任的构成要求,有因果关系则构成侵权责任,反之则不构成侵权责任。第二,要正确确定损害赔偿的责任,只有对那些与违法行为有因果关系的损害事实,才能够责令被告承担责任。总的要求是,受害人在妨害经营行为实施前后的经营状况具有明显的不利益的客观事实必须与妨害经营行为具有因果关系,只有这样才能够责令侵权人承担侵权责任。

就恶意妨害侵权人的主观状态而言,应当是故意所为,即构成妨害经营的侵权责任应当具有故意的主观要件。例如本案,由于是违背善良风俗的违法,因此必须是故意才能构成侵权责任。

(二) 恶意联合抵制

恶意联合抵制,是在商业活动中,两个或两个以上的经营主体联合起来,为了某种经济利益而恶意拒绝从事某种经营活动、购买某种商品或接受某种服务,造成被抵制经营主的经营权损害的侵权行为。

联合抵制并非都是侵权行为。为了公共利益进行的联合抵制为合法行为,为了正当的经济利益进行的联合抵制行为也不是违法行为。从后者的目的和经济后果来看,会产生促进竞争和阻碍竞争两种后果。如果集体拒绝交易的行为是通过恶意地直接拒绝与供应商或客户进行交易或者是通过迫使供应商或是客户停止与其竞争对手进行交易的方法实现时,这种联合抵制行为将会使其竞争对手在市场竞争中处于不利的地位,这类联合抵制行为有碍竞争,也是被反垄断法所禁止的,构成侵权责任。如果一些市场中的小型竞争者为争取较有利的竞争地位或对抗具有市场支配地位的竞争者而实行的联合抵制行为,因其可使这些小型经营者更有效地与规模经营者竞争而具有合理性,是被允许实行。换言之,在规制联合抵制行为时,应该考察其目的和经济效果。对于那些可以促进竞争提高效率或是维护社会道德的联合抵制行为,应予以肯定。只有那些具有恶意和违法性的联合抵制,才是非法联合抵制的妨害经营侵权行为。

从被抵制企业自身行为的角度考虑,可将联合抵制情形分为三种:第一种为,被抵制企业本身行为具有违法性,此时遭到抵制。第二种为,被抵制企业本身行为不具有违法性,行为人为了限制竞争实行联合抵制,此时可以认定该抵制行为为垄断,构成不正当竞争,比如企业间通过协议,联合限价、联合抵制、划分市场等实现经济性垄断,该种行为应当予以禁止。第三种为,被抵制企业本身行为不具有违法性,行为人为了公共利益或为了其他的利益,实行联合抵制,但此时不构成不正当竞争。

笔者认为,构成妨害经营的恶意联合抵制限于第二种情形,即为了限制竞争而进行的恶意联合抵制。在第三种情形,被抵制企业本身行为不具有违法性,行为人为了公共利益或为了其他的利益,实行联合抵制,是正当的。荷兰 Roermond 地方法院1993 年 11 月 3 日审理的案件就涉及该种联合抵制行为的认定。该案件为绿色和平组织在短时间内中断了氯化工厂的铁路运输联系,给该氯化工厂的经营造成了妨害。法院经过审理认为该短时间内的交通中断是为了公共利益,是合理的,因此驳回了氯化工厂的起诉。但是,这种为了公共利益的联合抵制超出必要限度造成不合理损失的,应当构成侵权责任。假如该绿色和平组织中断的交通时间过长,对工厂的经营活动造成了不必要和不合理的妨害,此时尽管抵制起初的目的是为了公共利益,也应当认为绿色和平组织的行为妨害经营,应当对于氯化工厂的经营利益的损害进行赔偿。

恶意联合抵制的侵权人主要是指实行联合抵制的行为人,有时也可能会出现组织联合抵制人,不论怎样,恶意联合抵制总是多数人进行的行为,当恶意联合抵制侵权责任构成时,恶意联合抵制的行为应当承担共同侵权的连带责任。

(三)非法罢工

罢工是集体劳动冲突的一种形式,是指在一个单位中一定数量的劳动者集体停止工作的行为。罢工权是法律赋予劳动者在特殊情况下享有为维护自身合法权益而对抗用人单位的一项基本权利。因此,依照法律行使罢工权实施的罢工行为,是合法行为,不存在侵权的问题。

我国宪法和法律没有规定罢工权,2001年修改的《工会法》第27条规定了"企事业单位发生停工、怠工时,工会应当代表职工同有关方面协商,反映职工意见和要求并提出解决意见。对于职工的合理要求,企事业单位应当予以解决。工会协助企事业单位做好工作,尽快恢复生产、工作秩序"的内容。那么,按照罢工的一般限制所进行的停工、怠工,应当属于正当的行为,超出界限,就是非法罢工。

由于在罢工中可能会出现社会混乱,为维护社会稳定,各国立法时对一些非法罢工行为进行限制,对于危害公共安全和社会秩序,破坏损毁企业机器、设备和财产的㊱妨害经营行为等必须予以禁止。借鉴国际劳工标准和世界其他国家和地区的通行做法,罢工被界定为违反下列限制为非法罢工,工会及罢工人员要承担必要的侵权责任。

1. 对罢工主体的限制

为了保护社会公共秩序和人民利益,法律特别规定不能进行罢工的人员,一般认为公共福利部门,如交通、邮电通讯、水、电、煤气供应、医疗、公共卫生、教育等部门或政府部门或决定国计民生方面的重大企业,不得进行罢工。如果企业中某些岗位是特殊的,如果采取罢工行为将妨碍甚至中断安全程序的维持和正常运行,这些岗位的雇员也不应该进行罢工。如某市6000辆出租车"暂停载客"的行为已超出了个人"拒载"的范畴,是非法罢工行为。

2. 对罢工类型的限制

罢工可以分为经济性罢工和政治性罢工,经济性罢工是指为了提高工资、改善劳动条件、要求雇主履行义务、反对集体裁员等以提高经济利益为目的进行的罢工,该种罢工为合法罢工。若是反政府的政治性罢工,法律是不承认的,进行此种罢工就是非法罢工。罢工可以分为有工会组织的罢工和自发罢工两种。大多数的罢工都是在工会的组织下进行的,由工会组织罢工,能够保证罢工形式的一致性,避免出现混乱的情形。个别劳动者未经有关机关的批准,擅自组织罢工的行为,该种罢工行为被称为"野罢工"㊲,属于非法罢工,应当予以禁止。还有一类是同情罢工,同情罢工是指不为自身权益而为他人权益一致停止工作,纯粹的同情罢工是非法的。

㊱ 参见张修林:《劳工标准、罢工权立法与劳动者权益保障》,载 http://www.labournet.com.cn/lilun/fileview.asp? title=劳工标准、罢工权立法与劳动者权益保障&number=al019498.txt。

㊲ 参见史探径:《劳动法》,经济科学出版社1990年版,第361页。

3. 对罢工程序的限制

罢工必须得依照一定的程序。首先,罢工应当由工会组织,预告罢工的时间、地点、目的、参加人员等。工会于罢工时,不得妨害公共秩序的安宁,及加危害于他人的生命财产及身体自由。其次,罢工应当事先通知,未在罢工前的一定期间内履行通知义务,告知相关的企业或有关主管部门,该罢工就属于非法罢工。再次,在集体谈判期间或劳资纠纷的调解、仲裁、诉讼期间不得举行罢工,若在此时举行罢工,就属于非法罢工。

4. 对罢工行为程度的限制

罢工权的行使必须有适当的限度,一般认为下列情形已超越合理限度[38]:(1)占领工厂,堵塞厂门,阻止所有雇员进厂,该行为既妨碍了非罢工人员劳动权的行使,也侵害了雇主的财产权和从事生产经营的自由权;(2)阻止雇主雇佣其他工人维持营业运转;(3)用暴力、大规模纠察行动恫吓、阻碍或封锁企业的出入通道;(4)阻止本企业所生产商品的自由流通;(5)强迫或诱使和本企业有来往的外企业的雇主停止业务往来;(6)劝使外企业雇员参与罢工,以对本企业雇主施加间接压力。上述这行罢工行为超出了合理必要的限度,严重妨害了经营者的经营,法律应当追究相应的责任。

某些停止工作的行为或类似行为,表面看起来像是罢工,实际上,不属于罢工,不能享受罢工的法律规定:故意怠工的行为,法国司法判例认为,故意懈怠、放慢工作的行为不属于罢工,而是雇员不当履行劳动合同义务的行为,不能享受罢工的各项权利规定[39];故意不当履行劳动合同的行为,如拒绝劳动的行为、有瑕疵地履行劳动合同的行为等都不是罢工,当事人不能享受罢工的各项权利规定。如某些雇员不同意继续在星期六上班,他们没有统一形成一个主张,向雇主提出,而是在星期六一致地都不来上班了,这就不能构成罢工行为,而是故意不当履行合同义务的行为,要受到企业的纪律惩罚。[40]

非法罢工造成经营者的经营损害,构成非法罢工的侵权责任。经营者就可以非法罢工为由提起民事诉讼,要求民事赔偿,当然该赔偿主体或者为工会或者为非法罢工人员。

(四)损害性评论

评论就是对某一事件的利弊、是非、对错、得失、善恶、荣辱所做出的结论,可以带有强烈的主观倾向,具有鲜明的价值取向。[41] 既然如此,不当的评论就会造成被评论人的损害。如果被评论人是经营者,就会造成经营权和经营利益的损害。这就是损

---

[38] 参见苏苗罕、姚宏敏、郑磊:《对罢工权的法律确认及规范》,载 http://www.gongfa.com/0301.htm。

[39] 参见法国最高法院社会庭 1953 年 3 月 5 日和 1962 年 10 月 10 日的判决。

[40] 参见法国最高法院社会庭 1978 年 11 月 23 日、1984 年 11 月 5 日、1989 年 5 月 16 日、1995 年 4 月 12 日的判决。

[41] 参见杨立新主编:《侵权行为法案例教程》,知识产权出版社 2003 年版,第 25 页。

害性评论。可能构成损害性评论有三种:传播有关经营者的虚假事实,对经营者发表不当评论,对经营者表达侮辱性言辞。

评论本属于舆论监督的内容,舆论监督属于自由言论。但是,民事主体在行使自由和权利的时候,不得损害国家的、社会的、集体的利益和其他公民的合法的自由和权利。[12]

判断损害性评论是否构成侵权,应根据主、客观两方面的标准确定:

主观标准是指评论者主观上有无损害他人经营权或者经营利益的过错,有无损害他人经营权或者经营利益的动机或目的。如果作者对自己所作的评论依据的事实未经查证核实,有意以损害他人经营权益为目的或者有损害他人经营权益的动机而作有损他人经营权益的评论,则应认定为有故意。

客观标准是指所作出的评论客观上与事实是否相符或是否属于法律、法规、政策或道德规范禁止的内容。如果所传播的内容与客观事实基本相符,只是在某一具体情节上虚假,但不影响事实的性质的,则不构成与事实不符。具体讲,若文章反映的问题基本真实,没有损害他人经营权益的内容,不应认定为侵害他人经营权益;文章反映的问题虽基本属实,但有故意侮辱诽谤经营者的名誉、信誉等内容,使其经营权益受到损害的,应认定为侵害他人权益;文章的基本内容失实,使他人经营权益受到损害的,应认定为侵害他人经营权。

典型的案件是百龙公司等诉韩成刚侵犯名誉权案。被告韩成刚于1993年10月至1994年9月间,先后在媒体上发表了《矿泉壶的"神力"有待商榷》等文章称,据有关专家及科技杂志研究结果,矿泉壶的矿化、磁化、灭菌装置有害,进而得出了矿泉壶有害的结论,同时提醒消费者"慎用""当心"。同时还以广告欺骗消费者为由,在文章中对百龙公司等生产厂家的广告点名批评。二审法院判决认为,韩成刚的评论不构成侵害法人名誉权,笔者认为,韩成刚作为公民和消费者,享有对商品进行舆论监督的权利,撰文对矿泉壶进行探讨、质疑和评论,是公民行使舆论监督权的一种方式。韩成刚从维护消费者权益角度出发进行批评,其主观上并无侵害企业名誉权的故意,在客观上,文章的内容也非失实,因此这种行为不属于损害性评论,不构成侵权责任。

---

[12] 参见我国《宪法》第51条。

论商业诽谤行为及其民事法律制裁*

商业诽谤,是商业侵权行为的一种类型,也是审判实践中较为陌生的一种侵权行为。在审判实践中究竟应当如何把握商业诽谤侵权责任的构成和责任承担,笔者提出以下意见。

一、商业诽谤行为的概念和法律特征

诽谤的本意是"言非其实"。一般所称诽谤,仅指一般诽谤行为,即针对自然人和一般法人的名誉进行诋毁的行为。而从广义上理解诽谤,则应当包括这种一般的诽谤行为和商业诽谤行为,后者则为本文所专门研究的对商事主体进行诽谤的行为。

对于商业诽谤行为究竟应当怎样界定,有不同的主张。一是认为,商业诽谤行为指经营者通过捏造、散布虚伪事实或虚假信息等不正当手段,对竞争对手的商业信誉和商品声誉进行恶意的诋毁和诽谤,以贬低其法律人格,削弱其市场竞争能力,从而为自己谋取竞争的优势地位及其他不正当利益的行为。① 二是认为,诽谤他人的不动产、动产、无形财产或者服务,造成他人经济损失的,就是商业诽谤行为。② 三是将商业诽谤行为分为两种,一种为经营者公开贬低他人产品或者服务的价值,影响他人的交易致人损害的,经营者应当承担民事责任的侵权行为;一种为诽谤他人的动产、不动产或者无形财产,致使其受到财产利益损失的,应当承担民事责任的侵权行为。③

笔者认为,上述对商业诽谤概念的三种界定,都有其合理性,但也都有不完善性之处。第一种主张将商业诽谤行为视为一种不正当竞争行为,仅将商业诽谤的行为主体限定为经营者,不够全面。第二种主张过于抽象,不容易指导实践操作。第三种主张仅仅对商业诽谤行为的种类进行了界定,对商业诽谤行为的本质和特征都没有作出论述。

笔者认为,商业诽谤行为是指通过捏造、公开虚伪事实或虚假信息,对特定商事主体的商誉、商品或服务进行贬低和诋毁,造成其商业利益损失的侵权行为。

---

* 本文发表在《河南省政法管理干部学院学报》2004 年第 5 期。
① 参见刘怀松:《论商业诽谤行为及其法律责任》,载《湖北师范学院学报(哲学社会科学版)》2000 年第 4 期。
② 参见中国民法典立法研究课题组:《中国民法典·侵权行为编草案建议稿》第 32 条。
③ 参见中国人民大学民商事法律科学研究中心:《中国民法典·侵权行为法编草案建议稿》第 167 条。

作为商业侵权行为之一的商业诽谤行为究竟应当具有哪些法律特征,有不同的观点。笔者认为,商业诽谤行为主要具有下列法律特征:

1. 商业诽谤行为的主体为一般主体

有人认为,实施商业诽谤行为的主体一定是经营者,即商事主体,不从事经营的其他社会组织或个人,对经营者的商业信誉、服务信誉和商品声誉进行诋毁和指控的,即使构成了对经营者的诋毁,也不能依商业诽谤行为论处,只能构成一般的民事侵权行为或犯罪行为④,理由是经营者以外的组织或个人不具有商业竞争的特性。这种认识有失偏颇。事实上,实施商业诽谤的侵权行为人是一般主体,不仅仅限定于与被侵权人存在竞争关系的经营者,其他主体如社会组织、消费者以及媒体等,也都可以构成商业诽谤。其理由是:

首先,一般实施商业诽谤行为的行为人,应当具有商事主体的身份,但这只是认定诋毁商誉侵权行为的重要条件之一。⑤ 非商事主体,如社会组织、个别的消费者或者媒体,诋毁商事主体的商誉,诋毁他人商品或者服务,尽管行为人与受害的商事主体之间不存在竞争关系,其最终结果也还是损害了商事主体的商誉、商品或者服务的信誉,同样也会构成商业诽谤。类似这种情况的案件,法院已经作出过生效的判决,比较典型的是恒升公司诉王洪商誉侵权案,该案件被称为网上商业诽谤第一案。该案的行为人并非商事主体,而仅仅是一个个人。⑥ 其次,在实务中经常会出现媒体、行会或消费者协会,为打击某商事主体,针对其商誉、商品或者服务而发布虚假的报道、虚假的产品排序,对其进行诋毁等。这些行为尽管不是由商事主体实施,但其行为损害了商事主体的商业利益,应当认定构成商业诽谤。瑞典、比利时和瑞士在界定商业诽谤行为时,均认为若主体之间不存在竞争关系,也可能构成商业诽谤,世界知识产权组织于1996年在《关于反不正当竞争法示范规定》中也作了相同的规定。因此,将非商事主体纳入商业诽谤行为人的范畴,符合实践的需要,并与世界反不正当竞争立法的发展趋势相合,可以参照。

2. 商业诽谤行为所侵害的客体具有多重性

商业诽谤行为所侵害的客体,就是商业利益,具体分析,则表现为不同的利益。关于商业诽谤行为的客体,各国立法大都采取具体列举式,其代表立法例为《联邦德国反对不正当竞争法》和《美国侵权行为法重述》。前者将商业诽谤的客体界定为:他人的营业、其营业者个人或经理、货物或劳务;后者为他人的财产(动产、不动产或无形财产)、或财产(动产、不动产或无形财产)的品质。因此,商业诽谤行为的侵害客体尽管是商业利益这种客体,但表现为多重的,既包括对于商誉、财产的诽谤,也包

---

④ 认为"商业诽谤行为的主体只以经营者为限",如宋才发:《商业诽谤行为认定及惩处探讨》,载《江汉石油学院学报(社科版)》2000年第2期。
⑤ 参见吴汉东:《论商誉权》,载《中国法学》2001年第3期。
⑥ 参见张新宝:《网上商业诽谤第一案:恒升诉王洪等侵权案评析》,载 http://www.civillaw.com.cn/weizhang/default.asp?id=9841。

括对于商品和服务的诽谤。

对商业诽谤的具体客体进行区分,具有积极的意义。一是,侵害的客体不同,商业诽谤行为的类型就不同。如根据英美判例,如果行为人主张某公司的产品有缺陷、不合格或有害⑦,或者声明某公司已经歇业⑧,那么该种侵权行为就被称为致害诋毁(injurious falsehood)⑨;如果行为人只是对于产品进行诋毁,那么该种侵权行为可被称为商业诽谤(trade libel or commercial disparagement)⑩;如果行为人针对财产的所有权而非产品的质量进行诋毁,该种侵权行为可被称为财产所有权的诽谤(slander of title)。⑪ 当以客体作为标准对于商业诽谤行为作区分后,对于确定适用何种法律进行救济具有积极的意义。二是,侵害的客体不同,商业诽谤的行为及其责任的构成就不同。对商业诽谤的客体作出区分后,对认定不同的行为是否构成商业诽谤行为及其责任具有重要意义。对商誉进行商业诽谤,一般是与商誉主体形成竞争关系的经营者才可以作为行为主体,非经营者在一般情况下不能够作为侵害商誉的诽谤行为的主体,除非非经营者具有明确的故意;但对于商品和服务的诽谤,行为主体却没有限制,可以为经营者,也可以为非经营者。

3. 商业诽谤的受害人必须是商事主体

商业诽谤的受害人必须是商事主体,若受害人不是商事主体,就不可能构成商业诽谤。商事主体可以分为商自然人、商法人和商事合伙三种⑫,其中商自然人包括独资企业、个体工商户、农村承包经营户和自然人商人,商法人主要是指公司,而商事合伙则介于商自然人和商法人之间。

根据诽谤受害人的不同,可以明确区分商业诽谤行为与一般诽谤行为。商业诽谤行为与一般诽谤行为主要有三点不同。一为受侵害对象不同。商业诽谤行为是商业侵权行为的一种,发生在商业领域,其侵害对象为商事主体,而一般诽谤行为主要是针对自然人或者一般法人进行的诽谤。二为受侵害的客体不同。商业诽谤行为侵害的客体是商业利益,而一般诽谤行为侵害的客体仅指名誉权。三为提起侵权的诉因不同。提起商业诽谤侵权的诉因在于该侵权行为造成了商事主体商业利益上的损害,如果不产生商业利益上的损害,该诉讼不能提起,而提起一般诽谤侵权的目的就是为了保护受害人的名誉。

---

⑦ See National Ref. Co. v. Benzo Gas Motor Fuel Co., 20 F. 2d 763 (8th Cir. 1927).
⑧ See Ratcliffe v. Evans, (1892) 2 Q. B. 524 (C. A.).
⑨ A good summary of the tort's development, along with recommendations for its use, is found in Paul T. Hayden, A Goodly Apple Rotten at the Heart: Commercial Disparagement in Comparative Advertising as Common-Law Tortuous Unfair Competition, 76 *Iowa L. Rev.* 67 (1990).
⑩ See E. g., Auvil v. CBS "60 Minutes", 67 F. 3d 816 (9th Cir. 1995). 该判例认为商业诽谤只是致害诋毁的一种形式。
⑪ See E. g., Rorvig v. Douglas, 123 Wash. 2d 854, 873 P. 2d 492 (1994).
⑫ 参见江平等:《合伙的多种形式和合伙立法》,载《中国法学》1996年第3期。

4. 商业诽谤的受诽谤人应特定

受诽谤人特定是指,商业诽谤所涉及的对象能够被受诽谤人或公众辨识、指认,如果缺乏这种特定性就不构成商业诽谤。

受诽谤主体特定有两种方式:一种为直接特定,即行为人明确指出受诽谤主体的身份;另一种为间接特定,即行为人没有明确指明受诽谤人的身份,而是以含沙射影的方式,通过提及其荣誉称号、绰号或通过特定环境的描述,影射受诽谤主体,此时受诽谤主体必须证明自己是诽谤言辞中伤的对象。通常,对于商誉的诽谤不存在受诽谤人不特定的可能,而对于商品或服务的诋毁,则可能存在受诽谤人不明的情况。若经营者、公众或新闻媒体只是对于某类商品、服务或某技术进行贬损,其并没有暗示上述评论对象与某特定经营者有关,这种情况不构成商业诽谤,因为受诽谤人不特定。[13]

二、商业诽谤行为的构成要件及免责事由

(一)商业诽谤行为的构成要件

1. 虚假事实

虚假事实是构成商业诽谤最主要的要件。没有这个要件,就不存在"言非其实"的基础。虚假事实有两个要素:一是,诽谤言辞必须是事实(fact),仅仅是评论不构成商业诽谤。事实就是告诉人们发生了什么;评论就是告诉人们自己对某事或某人的看法。言辞失实可以构成诽谤,但评论不公正只能够构成一般的侵权。[14] 在具体的案件中,如何判断某一言辞是事实还是评论,法官应当将自己处在一个普通人的地位,参考该言辞产生的环境,推测该言辞可能带来的损害后果来决定是事实还是评论。[15] 二是,诽谤言辞是虚假的(fault),并含有毁损性(derogatory)。言辞的虚假性是指言辞与事实的真实情况不相符;言辞的毁损性是指行为人所使用的言辞会使商事主体及其商品或者服务的社会评价降低,或令其他人对该商事主体敬而远之,导致客户不与其进行交易,消费者不购买其商品或服务等。

---

[13] 2000年4月下旬,农夫山泉召开记者发布会,宣布由于纯净水对人体健康无益,因此农夫山泉从此不再生产纯净水而只做天然水。与此同时,农夫山泉在中央电视台播出一则广告,以水仙花生长比较实验引导消费者饮用天然水而放弃纯净水。针对农夫山泉的上述广告对比行为,69家纯净水生产企业推举的由娃哈哈、乐百氏等6家公司组成了申诉代表团,要求国家相关机关对农夫山泉进行制裁。关于农夫山泉的行为是否构成诽谤,笔者持否定态度,因为农夫山泉不论是在记者发布会,还是在广告中,都没有涉及具体的厂商及厂家产品。只能认为农夫山泉进行广告对比是不当行为,纯净水的生产商只能要求农夫山泉停止上述广告。

[14] 直接针对商事主体的商誉等故意进行恶意评论,似乎应当认定为商业诽谤的行为,而一般的不公正评论,作为一般诽谤较为适宜。

[15] See Hofmann Co. v. E. I. Du Pont De Nemours & Co. (1988) 202 Cal. App. 3d 390, 397, 248 Cal. Rptr. 384.

在商业诽谤的诉讼中,言辞的虚假性和毁损性必须得到证明。由原告证明言辞的毁损性是没有争议的,而对于言辞虚假性的举证责任分担,则存在不同的规定。大陆法系国家和美国都认为应当由原告证明言辞的虚假性,这意味着原告必须说明言辞的真实情况,而对于被告来讲,对于言辞真实性的证明只是抗辩的一种事由。《荷兰民法典》第 195 条规定:作为原告应当对有关包含于信息中的事实或者其所暗示的信息中的事实的准确性或完整性……的事实承担举证责任。《美国侵权行为法重述》第 651 条也规定,原告应当对于陈述的虚伪不实承担举证责任。而在诽谤法起源地的英国则认为,言辞的真实性应由被告证明,如果被告不能够证明,那么诽谤行为就构成。

被告承担举证责任或原告承担举证责任,何者比较合理呢?从原理上说,关于举证责任的分担,罗马法确立了两条规则:原告有举证的义务;主张的人有证明的义务,而否定的人没有举证的义务。[16] 对于商业诽谤的侵权行为,原告就是主张的人,因此应承担举证责任;被告是否定的人,因此不承担举证责任。但是,罗马法中"为主张的人"和"为否定的人"的位置并不确定,是随着对证明对象的观察角度不同而发生变换的,因此谁是举证责任的承担者是模棱两可的。[17] 因此,罗马法的举证责任原则有一定的不合理性。日本法学家石田骧则认为,举证责任的分担应根据"证据距离"确定,距离证据较"近"(取证较易)的一方就是举证责任的承担者。[18] 依据该学说,在商业诽谤诉讼中,距"虚假事实"这一要件较近的一方是原告,原告对自己的情况最为了解,因此,由其提出所涉言辞不真实的证据就相对容易。因此,笔者认为,对于"虚假事实"的举证责任应由原告承担。我国现行的法律、法规等也规定"虚假事实"是诽谤行为的构成要件,依据"谁主张,谁举证"的原则,原告主张商业诽谤的存在,就必须证明"言辞的失实"。最高人民法院 1993 年《关于审理名誉权案件若干问题的决定》及北京市和上海市高级人民法院对此都有相关的规定。

2. 虚假事实的公布

商业诽谤行为是一种通过捏造、公布虚假事实,对商事主体的商业信誉、商品或者服务进行诋毁的违法行为。但是,捏造虚假事实只是一个手段而已,并不是侵权行为的构成要件;只有公布虚假事实,才是商业诽谤的构成要件。

由于捏造虚假事实是构成商业诽谤的前提,因此也必须研究。捏造虚假事实,是指行为人故意编造对某经营者不利的、与其真实情况不相符合的事情,这里的捏造可以是全部捏造,可以是部分捏造,也可以是对事实真相的歪曲。

公布虚假事实,是指行为人以各种形式将诽谤性言辞传播给原告以外的其他人,使他人知悉该虚假事实的行为。虚假事实只有公布,才有可能造成诽谤的后果,因

---

[16] 参见毕玉谦:《民事证据法及其程序功能》,法律出版社 1997 年版,第 155 页。
[17] 参见陈历幸:《新闻诽谤举证责任分担的"悖论"及其解决》,载《政治与法律》2000 年第 3 期。
[18] 参见[日]谷口安平:《程序的正义与诉讼》,王亚新、刘荣军译,中国政法大学出版社 1996 年版,第 239—240 页;叶自强:《民事证据研究》,法律出版社 1999 年版,第 151 页。

此,虚假事实只有公布,才能够构成商业诽谤。

公布行为对于商业诽谤的构成十分重要,但是并不是所有的诽谤言辞一经产生,就构成公布。在美国,公布是个法律术语,意为不论采用何种形式,诽谤性传播已为被诽谤者之外的他人所领悟,即构成诽谤。由此可判定美国法院对于公布要件的认定相当宽松,只要第三者看到或听到诽谤的言论就视为已经公布。我国侵权行为法认定商业诽谤的公布要件,也应当采用这样的标准,至于受害人的商业利益的损害是不是严重,则是后果判断问题,不是公布要件的判断问题。

公布与否取决于很多因素:第一,行为人是由于故意或过失将诽谤言论传播给受诽谤人以外的第三人,没有过错不应当构成公布行为;第二,对于诽谤言论有消停义务的人,故意不作为或怠于作为,导致该诽谤言论的持续公布,此时该人的行为也构成公布[19];第三,对于诽谤言论,第三人应当知道并了解,因此仅仅将诽谤性言论传递给不了解该言论的第三人是不构成公布行为的。尽管原告应当对于诽谤性言辞的公布承担举证责任,但是公布行为的构成一般并不需要原告证明诽谤性言辞已被他人知晓。一般情况下,只要能够合理的推断出将诽谤性言辞传递出去,并且确实被人知道就足够了,所以,诽谤言辞一经电视、广播、报纸等媒体传送就可以合理地推定公布行为的构成。[20]

公布行为分为单一公布行为和多重公布行为,单一公布行为为常见行为,如报纸杂志、广播、电视等传递信息的行为;诽谤言辞同时被二人或二人以上的人知晓等都属于单一公布行为。对于单一公布行为造成的损害要求救济,只能提起一个诉讼,并且就该赔偿诉讼的实体判决,不论是否有利于原告,同一当事人在同一辖区内的其他赔偿诉讼必须终止。[21] 多重公布行为则不在此限。

3. 商业利益的损害事实

商业诽谤的损害后果必须导致实际商业利益损害的发生,也就是说,在认定商业诽谤行为时,原告必须举证证明自己因为遭受诽谤而导致商业利益方面的损失。如果仅仅有虚假事实的公布,而没有商业利益的实际损失,那么可能构成侵权,受到法律的一般谴责,但并不构成侵权损害赔偿责任。

对此,侵权行为法的要求是明确的。例如,《美国侵权行为法重述》第561条规定,如果法人、合伙及非法人组织体是以营利为目的,行为人所公开传播的虚假事项使其营业受到了侵害,阻碍了客户与其做交易;如果法人、合伙及非法人组织体不以营利为目的,而是依靠社会上财政的援助,行为人借公开传播的虚假事项使社会大众对其评估降低而干预了其活动,此时行为人应当承担责任。美国判例也规定,因消费者批评产品而引起的诽谤案,厂方必须要证明消费者的批评不实给自己造成了实际

---

[19] 参见《美国侵权行为法重述》第577条。
[20] 参见方红:《IT时代英美诽谤法的新发展》,载《经济师》2003年第9期。
[21] 参见《美国侵权行为法重述》第577A。

损失。

我国法律也有类似的规定。最高人民法院《关于贯彻执行〈民法通则〉若干问题的意见（试行）》第140条就将对自然人进行诽谤和对经营者进行诽谤导致损害的认定方面作了区分，前者是"造成一定影响"，即诽谤言辞被公开就足以表明已经发生影响，而后者要求对经营者造成具体损害事实，该损害应当是可算的。[22] 因此，如果行为人实施捏造、散布虚假事实，尚未造成损害后果的，或者存在着造成损害后果的可能性，都不能视为已构成商业诽谤行为，最起码不能认定构成商业诽谤的侵权损害赔偿责任。之所以认为构成商业诽谤的要求更加严格，是因为商事主体从事经营活动，与公众利益密切相关，公众有权利对商事主体进行监督和批评。另外，商事主体相对于个人来讲，有更强的自我保护能力，一般的诽谤语言不能够对其造成损害。

关于商事主体损失的范围，《美国侵权行为法重述》第633条作了规定，可以作为参照：实施商业诽谤行为人承担的金钱损失仅限于，因第三人的行为效力所导致直接的、立即发生的金钱损失；为消减诽谤言辞带来的消极影响而支出的必要费用，包括提起诉讼的费用。由此可见，商事主体的损失包括直接损失和间接损失。直接损失包括：因诽谤行为造成的实际经济损失，如退货、商品积压滞销损失；为消除影响和调查、制止侵权行为而支出的费用，如调查费、合理的律师费等。间接损失包括：因诽谤行为造成客户解除或者终止履行合同而丧失可得利益的损失；因诽谤行为造成停产滞销期间设备折旧费及贷款利息等。

4. 行为主体存在过错

行为主体对商事主体的商誉、商品和服务进行侵害的主观要件可以为故意，亦可为过失。商业诽谤的故意，是指行为人明知自己的行为或不行为会造成商事主体商誉、产品或者服务的贬损，将危害其商业利益，而仍然加以实施或听任损害发生的心理状态。商业诽谤的过失，则表现为行为人对商事主体的诽谤后果采取了不注意的心理状态，使自己的行为使商事主体的商誉、产品或者服务受到了毁损。

在涉及商业诽谤行为主体的过错时，应视主体的不同采用不同的标准。

当行为人为经营者时，此时商业诽谤行为的实质属于不正当竞争行为的范畴。按照《联邦德国反对不正当竞争法》的规定，如果从民事责任的角度探讨商业诽谤行为的要件时，受害人无需证明行为人是故意还是过失，只要有虚假陈述，造成损害，就构成商业诽谤；如果从刑事责任的角度探讨该要件时，必须证明行为人为恶意（故意）。[23] 我国台湾地区的"公平交易法"遵循德国学者的解释，采取相同的观点。[24]《意大利民法典》第2600条第2款规定，"凡认定是反不正当竞争行为的，就推定为有

---

[22] 该解释第140条规定，对于自然人："捏造事实公然丑化他人人格，以及用侮辱、诽谤等方式损害他人名誉，造成一定影响的，应当认定为侵害公民名誉权的行为。"对于法人："以书面、口头等形式诋毁、诽谤法人名誉，给法人造成损害的，应当认定为侵害法人名誉权行为。"

[23] 转引自赖源河编：《公平交易法新论》，中国政法大学出版社、元照出版公司2002年版，第388页。

[24] 转引自赖源河编：《公平交易法新论》，中国政法大学出版社、元照出版公司2002年版，第388页。

过错",那么,由经营者实施的商业诽谤行为就属于民事侵权行为的特殊形式,适用过错推定原则,无需原告证明被告的过错㉕,而由行为人反证自己没有过错,否则应当承担损害赔偿责任。笔者认为,经营者作为商业诽谤的行为人,都是明知商业规则和商业习惯的人,具有识别自己行为后果的能力,因此,在我国认定商业诽谤侵权责任,认定经营者的行为是否构成商业诽谤,过错要件采用推定过错责任,是有道理的。因此,如果行为人是经营者,则原告不必举证证明行为人的过错,否认过错的举证责任由行为人自己承担。这样的过错,实际上既可以是故意,也可以是过失,并不需要明确认定其过错的类型。

当行为人为非经营者时,则应当适用美国的"沙利文原则",即经营者要想在诉讼中获胜,必须证明对方行为人存在实际恶意,该实际恶意是指行为人明明知道消息与事实不符,若公布会给对方带来损害,还是不顾一切将消息公开。"沙利文原则"来源于1964年的沙利文案件,该案件对于新闻诽谤确立了新的原则:原告要想胜诉,不仅要证明普通法要求的有关内容已经发表,给自己造成了损害,而且要证明被告具有"实际上的恶意",即需证明媒体在进行有关原告的报道时,清楚地知道自己使用的材料或信息是"虚假不实的",或对其使用的材料和信息的真伪予以"毫不顾及"。㉖1983年,"沙利文原则"被推广到消费者批评产品质量而引起的"商业诽谤"诉讼中。英国的规定与美国的规定不同,从与英国的规定相仿的我国香港特别行政区附属法例第82号命令第3条窥见一斑。该条例规定:凡在永久形式诽谤(书面诽谤)或短暂形式诽谤(口头诽谤)的诉讼中,原告人指控被告人是恶意地公开遭投诉的言词或事件,则原告人不必在其申诉陈述书中提供他所依据以支持该恶意指控的事实的详情,但如果被告人以任何该等言词或事件是就涉及公众利益而作出的公正评论,或以任何该等言词是在享有特权的情况下发布作诉,而原告人又控诉被告人是由明显的恶意所驱动,则原告人必须送达答复书,提供可从中推论出有该恶意的事实的详情。从该规定可以看出,在英国及香港特别行政区,原告在起诉时没有必要证明行为人是恶意,除非行为人以所陈述为公共利益或享有特许权作为免责抗辩,此时原告才应证明对方存在主观恶意。将美国的规定和我国香港特别行政区的规定作一对比,可以看出美国法律认为商事主体证明消费者存在恶意是企业诉消费者商业诽谤的构成要件,而我国香港特别行政区则将证明恶意的责任作为一种答辩。笔者认为,在我国,认定商事主体起诉非经营者承担商业诽谤责任时,应对非经营者的主观要件作出严格的限制,即必须证明行为人的故意。因此,美国的做法更为可取。不过,应对消费者扩大为非经营者。商业诽谤中的恶意就是行为人动机不良的故意,该不良动机就是为了损害经营者的利益。

㉕ 转引自赖源河编:《公平交易法新论》,中国政法大学出版社、元照出版公司2002年版,第391页。
㉖ See New York Times v. Sullivan, 376 U.S. 254-305 (1964).

(二)对于商业诽谤的抗辩事由

如果经营者提出商业诽谤的诉讼,则行为人可主张下列抗辩事由。

1. 陈述真实

如果行为人能够证明其所陈述为真实,就可免责。行为人证明言词的真实性具有不同的效力。按照英国判例,言词的真实性应由行为人证明,如果行为人不能够证明,那么诽谤行为就构成,行为人就要承担不利的法律后果。而按照我国法律的规定,行为人证明言词的真实性是一种抗辩事由,并未采纳英国法的做法。如果行为人能够证明自己的陈述是真实的,并非虚假,即可免责。

2. 公正评论

如果行为人能够证明自己的言论属于公正的评论,亦可免责。可以参考香港特别行政区《诽谤条例》的规定。该条例认为,"公正评论"应具备一定的条件,这些条件包括:评论的事项必须与社会公共利益有关;有可靠的事实来源(包括报章的报道);立场应当公正(但不一定客观);没有恶意。在具备上述条件下,即使该评论是片面的、偏激的、具有一定的诋毁性的,也不应追究行为人法律上的责任。笔者认为,确立"公正评论"的原则是为了保护言论自由的宪法权利,即在评论与评论对象的人格权出现冲突时,应对评论予以优先的保护。因此,只要能够证明自己的评论是公正的,当然可以免责。

3. 豁免权

如果行为人能够证明自己享有某种豁免权,也能够免责。同样可以参考香港特别行政区《诽谤条例》的相关规定。豁免权有两种,一种为绝对豁免权,一种为相对豁免权。绝对豁免权是指为了特定的公共利益和个人利益的需要,散布具有诽谤性的言论可以不承担法律责任。绝对豁免权的情形包括:人大代表在人大会议的发言享有绝对豁免权;诉讼参与人在司法程序或准司法程序中所作的陈述;政府等官方往来的文件等。相对豁免权的情形包括新闻媒体依照法律文件或公共集会所作的报道,或执法人员对媒体或大众揭露公务活动的内容等。例如,最高人民法院《关于审理名誉权案件若干问题的解释》第6条规定:新闻单位根据国家机关依职权制作的公开的文书和实施的公开的职权行为所作的报道,其报道客观准确的,不应当认定为侵害他人名誉权;其报道失实,或者前述文书和职权行为已公开纠正而拒绝更正报道,致使他人名誉受到损害的,应当认定为侵害他人的名誉权。

4. 自由陈述空间

自由陈述空间,是指在家庭内或少数极亲近的朋友之间,在这些范围内所为的诽谤陈述不构成诉因。如果行为人能够证明自己对于某商事主体的诋毁只是在亲人之间传播,也可以此作为抗辩。在德国法和《美国侵权行为法重述》中,都有这样的规定。在我国,也应采纳这样的规则,如果行为人能够证明对于第三人的诽谤仅在夫妻之间传播,可以此作为绝对的免责抗辩;如果行为人能够证明对于第三人的诽谤在亲朋好友间传播,可以此作为相对的免责抗辩。

5. 及时更正和道歉

如果行为人能够证明在发布虚假消息后，及时进行更正或答辩，消除或减少了虚假消息给受害人带来的损害，也可作为抗辩的事由。当虚假事实传播后，受到虚假事实侵害的商事主体通常首先会与行为人联系，若后者主动更正，受害人一般情况下不会再提起诉讼。若受害人仍旧提起诉讼，那么行为人及时作出的更正和道歉仍具有一定的效力。我国香港特别行政区《诽谤条例》第3条和第4条规定，在报刊诽谤诉讼中，及时的道歉既可以作为免责抗辩的理由，也可以作为要求减免赔偿的证据。我国的相关法律应当借鉴《诽谤条例》的上述规定，在对于更正方式、时限及效力作出规定的同时，还要规定行为人及时作出的更正和答辩可以使自己减轻或免除责任。

三、商业诽谤的行为方式

关于商业诽谤行为，有多种表现形式。一是从行为主体的角度讲，可以表现为经营者实施商业诽谤行为和非经营者实施商业诽谤行为两种。多数情况下，实施商业诽谤的行为人为经营者自己，但有时经营者不亲自实施商业诽谤行为，而是唆使、收买和利用其他人向有关管理部门和媒体反映，或直接与相关管理部门和媒体恶意串通，对竞争对手作虚假投诉、报道和处罚。二是从表达方式的角度讲，商业诽谤行为可以表现为书面诽谤和口头诽谤两种方式。书面诽谤具有持久性，而口头诽谤多具有短暂性，口头诽谤的危害性一般要比书面诽谤轻。三是从表露程度的角度讲，商业诽谤表现为直接商业诽谤和间接商业诽谤。前者是指那些明确、直接的诽谤性传播，后者是指那些间接的、通过分析和联系才能确定受诽谤对象的诽谤性传播。四是从商业诽谤次数的角度讲，商业诽谤行为还表现为原始诽谤行为和重复诽谤行为。就一般情况而言，重复诽谤行为的损害程度较原始诽谤行为为重。

除上述表现形式外，最重要的就是从客体的角度对其表现形式进行分类。商业诽谤的客体具有多重性，但发生率较高的，就是对商誉、商品和服务进行的商业诽谤，在此逐一进行分析。

（一）商誉诽谤

商誉是经营者因其个体特色、技术水平、可信度、经营位置或附随经营的其他条件，从而吸引顾客或保有固定客户而获得的声望。[27] 商誉不具备独立的存在形态，只能依附于企业整体而存在，是企业拥有的一项不可辨认的无形资产。[28] 商誉与企业的经营具有紧密的联系，各国都通过法律对其进行保护。大陆法系国家和地区主要通

---

[27] 参见《元照英美法词典》，法律出版社2003年版，第607页。
[28] 参见《国际会计准则第38号——无形资产》的规定。

过反不正当竞争法对商誉进行保护[29],而英美法系国家主要通过仿冒诉讼对商誉进行救济。[30] 无论适用何种法律或诉因对商誉进行救济,不可否认,商誉只有商事主体才能享有;同时,绝大多数的商誉诽谤行为是经营者对于竞争对手的商誉进行诋毁。在我国法律中,《民法通则》虽然没有明文规定商誉,但是可以解释在法人的名誉权中包含了商誉;《反不正当竞争法》第 14 条则规定了经营者的"商业信誉",可以认为商业信誉既包括了信用的含义,也包括了商誉的含义。因此,我国法律保护商事主体的商誉,因此应当制裁商誉诽谤行为。

经营者对于竞争对手的商誉进行诽谤的方式主要为下列几种:在交易过程中,经营者利用商业信息发布会、商品交易会等,有预谋地散布诽谤言辞;通过单独的商务洽谈、电话交谈方式来诽谤竞争对手;通过将捏造的虚假事实通过信函投寄至业务客户的方式进行诽谤;通过借助自印的产品说明书、传单和小册子向大众扩散虚假的信息。这些行为,都是商誉诽谤行为。

值得研究的是,对商事主体的法定代表人的诽谤,究竟是对个人的诽谤,还是对商事主体的诽谤。这里描述的是一个真实的案例。2004 年初,某公司副总经理王某在工作期间借用职务之便,私自与他人重复签订工程承包合同,形成"一女二嫁",给公司造成损失,公司将其免职。王某对此怀恨,将原来掌握的公司有关商业秘密的材料私自拿出,对这些材料进行变造和篡改,编造、歪曲事实,虚构了该公司董事长金某与政府有关部门及其领导相互勾结,欺骗公众,谋求公司上市的虚假事实,并使用恶毒的语言,声称该公司董事长金某是商业欺诈、造假骗人的元凶,进行恶意诽谤,损害金某及其公司在公众中的形象和声誉。金某主张自己的名誉权受到损害,请求法院判决王某承担侵害其个人名誉权的侵权责任。

毫无疑问,王某的行为肯定构成了侵权责任,但是究竟构成何种侵权责任,却值得研究。焦点在于,这种行为究竟是侵害董事长个人名誉权的诽谤行为,还是侵害商事主体商誉的商誉诽谤行为呢?

就一般情况而言,对个人的声誉、名声进行无中生有的攻击,侵害的肯定是个人的名誉权,应当构成对个人的诽谤,而不构成商业诽谤。可是,当受诽谤对象是商事主体的法定代表人的时候,如果行为所针对的对象明确地指向法定代表人,是故意地对法定代表人进行诽谤的时候,这个行为就是对商事主体的诽谤,构成商誉诽谤行为,而不是对个人名誉权侵害的普通诽谤行为。

对商事主体商誉的诽谤包括对商事主体本身的诽谤,例如对公司的诽谤,也包括对商事主体的代表者即法定代表人的诽谤。之所以对商事主体的代表人即法定代表人的诽谤认定为对商事主体的诽谤,是因为商事主体的法定代表人即董事长等所代

---

[29] 参见《日本防止不正当竞争法》第 1 条第 1 款第 6 项;《联邦德国反对不正当竞争法》第 14 条第 1 款;《韩国不正当竞争法》第 2 条;及我国台湾地区 1992 年施行的"公平交易法"第 22 条的规定。

[30] 参见田军:《英国商誉权保护的发展动向》,载《经济与法》1994 年第 5 期。

表的是公司,法定代表人的行为,是法人的行为,而不是法定代表人本人的行为。对具有法定代表人身份的人进行诽谤,诽谤的内容是法定代表人代表公司所实施的行为,以及造成损害的对象是商事主体的商业利益,那么,对法定代表人的诽谤就是对商事主体的诽谤,而不是对个人的诽谤,构成商业诽谤的侵权行为。

对法定代表人进行的诽谤构成商业诽谤,应当具备以下条件:

1. 从侵权行为的角度观察,行为所针对的是法定代表人代表法人实施的行为。只有这样,才能够使对自然人的诽谤转化成对商事主体的诽谤。因此,对法人的法定代表人的诽谤,必须直接针对法人的法定代表人的身份,否则,即使是构成诽谤,也不是对商事主体的诽谤,而是对自然人的诽谤,即对法定代表人本人的诽谤。

2. 从侵权行为的具体内容观察,侵害法定代表人的不实言词,涉及其所代表的商事主体,受到攻击的是法定代表人所代表的商事主体的行为。例如对法定代表人代表的商事主体所实施的行为受到歪曲,对法定代表人代表商事主体所进行的行为的诋毁,编造事实对法定代表人所代表商事主体的信誉进行毁损,或者直接对法定代表人本身进行诽谤,都是对商事主体进行的诽谤。

3. 从侵权行为所造成的后果这个角度观察,所造成的损害后果是法定代表人所代表的商事主体的名誉、商誉的损害。在我国,自然人和法人分别享有名誉权,其名誉权都受到法律的保护。虽然侵害名誉权的后果都造成受害人名誉权的损害,但是自然人的名誉权受到损害和法人包括商事主体的名誉权受到损害表现不同。商事主体的名誉权所保护的,主要是商誉和信誉,而自然人的名誉权所保护的,是对其的客观综合评价。如果侵权行为针对的是法定代表人的代表身份,那么造成损害的应当是其所代表的商事主体,而不是本人,这样就构成对商事主体的诽谤,即商业诽谤。否则就是对个人的诽谤。

(二)商品诽谤

在商业诽谤中,商品诽谤是一种独立的侵权行为类型。对商品进行诽谤,主要是对商品声誉的诽谤。对商品的质量、效果、性能和价格等方面进行诋毁,都构成商品诽谤。如甲公司正在与一新客户洽谈一笔大生意,双方已基本达成一致意见,正准备合同签字时,该客户突然收到来自乙公司的传真,声称甲公司的产品侵犯了其专利权。该客户立即要求甲公司作出书面解释,并暂缓签订供货协议。事实上,甲公司和乙公司是竞争对手,生产同一类产品,但甲公司使用的关键技术与乙公司完全不同。乙公司的这种行为就是典型的商品诽谤行为。

商品诽谤的侵害客体,是商品声誉。我国《反不正当竞争法》第14条规定的"经营者不得捏造、散布虚伪事实,损害竞争对手的商业信誉、商品声誉",就是制裁商品诽谤行为的法律根据。确认商品诽谤行为责任,所依据的就是这一规定。

在美国侵权行为法中还存在"商品诽谤诉讼",该种诉讼不要求对他人的名誉造成损害,只要被告恶意地以书面或者口头方式有预谋地诋毁商事主体的商品,并产生了实际损害的后果,就构成商品诽谤的诉因。若公司主张自己的产品受到了消费者的诋毁,他必须证明该诋毁已经对自己的营业造成了损害,但这一点相当难证明,因为影响公司营业的因素实在太多。㉛ 美国侵权行为法的这一规定,是完全可以借鉴的。

在对商品进行商业诽谤的手段中,刊登比较性广告是常用的一种方式。比较性广告,是指"以直接或间接方式指称某个或某些竞争对手或某个或某些竞争对手经营的产品或服务的广告"。㉜ 德国著名竞争法学家科勒尔(Kohler)认为,根据良好的商业习俗,任何一个经营者都有权制止其他竞争对手对自己作出消极评价,因此批评性比较广告不应当认为是合法行为。但是,并不是所有的比较性广告都是不合法的,只要这类广告符合一定的条件㉝,应当得到许可。因此,如果行为人对于将自己的商品或服务同其竞争对手的商品或服务进行比较具有充分的和合法的理由,即行为人进行比较是为了维护自己的合法利益,同时该比较性宣传是必要的、真实的和客观的,那么,这种比较广告应当认为是合法的。

经营者借助批评性比较广告可以针对某特定竞争对手的商品进行比较,也可以针对某类竞争对手经营的商品进行比较。笔者认为,若经营者在广告中针对某特定竞争对手的商品作批评性对比,进行消极的评价或贬损,如果该对比内容虚假,就构成商品诽谤,如果该对比客观真实,则可能构成违反公序良俗,事实上也造成了商事主体商品声誉的损害,亦构成商品诽谤,不过,这样的认定需要充分的证据,否则不应认为构成侵权。如果经营者在广告中并不明确针对某种商品,而是一般地对某类商品进行对比,只要该比较广告内容真实,不片面突出自己商品的优点,不片面强调其他同类商品的缺点,那么该比较广告就应认定为合法的。反之,如果比较广告片面强调其他同类商品的缺点,属于不当行为,但是尚不能够构成商业诽谤,因为受诽谤对象太抽象,不能确定,而受诽谤对象的确定为商业诽谤的构成要件之一。

(三)服务诽谤

既然商业诽谤是一种对商事主体的商品和服务的质量作虚假性陈述,其目的是为了给商事主体的经营带来实际损害的行为㉞,那么,除了对商事主体的商誉或者商品进行诽谤外,对商事主体的服务进行诋毁,当然也可构成侵权行为。与对商品进行

㉛ 参见罗文辉:《美国诽谤法规:法制、判例及修法提案》,载《新闻学研究》第51集。

㉜ BGHZ 163,164,171ff,转引自邵建东:《德国竞争法如何评价比较广告》,载 http://www.economiclaws.net/list.asp?id=826。

㉝ 根据《荷兰民法典》第194条第2款的规定,只要比较广告不是误导性的;对商品或服务进行比较符合同样的要求或试图为了同样的目的;客观地比较那些产品或服务的一个或多个实际的、相关的、可验证的和具有代表性的特征,可以包括价格;在市场上,不会导致广告者与竞争者之间的混淆以及他们的商标、企业名称、其他识别性标识、产品或服务之间的混淆;不会降低或诋毁竞争者的商誉或商标、企业名称、其他识别性标识、商品、服务以及竞争者的活动或机会;对于标记产地的产品,在每一件个案中都将产品与标记的相同产地相联系;没有从竞争者的商标名声、企业名称或其他识别特征中或竞争产品的产地标记中获取不正当利益;没有标明某种商品或服务是作为享有受到保护的商标或企业名称的商品或服务之仿制品或复制品,就应得到许可。

㉞ See Comment,"Development in the law",Competitive Torts(1964)77 *Harv. L. Rev.* 888. 893.

诽谤一样,对服务进行诽谤,也主要是对商事主体服务的质量、效果和价格等方面进行诋毁。

服务诽谤,美国法称之为对交易的诽谤㉟,但是与这里所称的服务诽谤并不完全一致。美国《兰哈姆法》第43条规定:对他人商品、服务或者商业活动进行虚假宣传的人,应当承担责任,其中就包括服务诽谤。在以提供商品制造或者销售的商事主体,对商品的诽谤可以构成商业诽谤行为,那么,在以提供服务为商业宗旨的商事主体,对其服务进行诋毁,当然就构成服务诽谤。服务也是一种交易,因此,对交易的诽谤,实际上就是对服务的诽谤。

对服务的诽谤是否可以概括在商誉诽谤当中?从原则上说,服务的声誉也可以概括在商誉当中,对服务的诽谤也就是对商誉的诽谤。不过,相对于提供商品可以确认商品诽谤为独立的侵权行为,那么,对提供服务的商事主体提供的服务进行诽谤,当然也可以作为单独的侵权行为认定。其界限为,商誉诽谤主要是对商事主体的整体商誉进行毁损,针对的是商事主体;而服务诽谤,则是针对商事主体的服务进行毁谤,针对的是其服务本身。

构成服务诽谤,应当存在对服务的质量、效果和价格等方面进行诋毁。明知商事主体的服务并不存在问题,而故意采用虚伪不实的言词、文字等,进行诋毁,造成受害人的经营的损害,构成这种侵权行为。

四、对商业诽谤行为的民事法律制裁

(一)各国和地区对商业诽谤予以制裁的立法比较

商业诽谤行为历来是各国和地区法律严厉禁止和重点打击的行为。《保护工业产权巴黎公约》1967年斯德哥尔摩文本第10条之二规定:在商业经营中,成员国有义务对于损害竞争对手的营业所、商品或工商业活动的行为予以禁止。由于商业诽谤行为损害的是特定商事主体的经济利益,因此民事救济首当其冲,只有对情节特别严重的案件,才可以给予刑事制裁。

1. 德国

德国主要通过《德国民法典》和《联邦德国反对不正当竞争法》对商业诽谤行为进行制裁。

《德国民法典》第824条规定:违背真相主张或传播适于妨害他人的信用或对他人的生计或前途造成其他不利益的事实的人,即使其虽不明知、但应知不真实,仍应向他人赔偿由此而发生的损害。该规定并没有直接对于商业诽谤行为进行制裁,而

㉟ 参见《美国侵权行为法重述》(第二次)第六编第28章"有侵害的虚伪不实"的规定;中国人民大学民商事法律科学研究中心给全国人大常委会法工委的报告:《中国民法典·人格权法和侵权行为法》,2002年,第209页。

是通过对商誉或信用㉕的保护来间接制裁商业诽谤行为。除德国外，西班牙也采用上述方式，将《个人名誉保护法》扩展到对商业信用的保护，间接调整商业诽谤行为。而俄罗斯则是通过对商誉的保护来实现对于商业诽谤行为的制裁。《1994年俄罗斯联邦民法典》第8章规定：法人的商业信誉不受侵害，受害人有权通过法院要求对损害其商业信誉的信息进行辟谣，并有权要求赔偿由于这种信息的传播而受到的损失。

《联邦德国反对不正当竞争法》则对刑事责任作了规定。该法第15条规定：确实了解情况和了解关于他人的营业、其营业者个人或经理、关于他人货物或劳务，但制造或散布能伤害其营业或营业者信誉的非属真实消息的人，处以1年以下徒刑或罚金。第1项所指行为如系由某商店职员或受托人造谣或散布且营业主已知其行为时，其营业主将与该职员或受托人同时受处罚。我国台湾地区"公平交易法"也针对商业诽谤行为规定了刑事责任：事业不得为竞争之目的而陈述或散布足以损害他人营业信誉之不实情事（第22条）。违反该规定者，处行为人1年以下有期徒刑、拘役或并科新台币50万元以下罚金（第37条）。

2. 法国

在法国，商业诽谤行为包括两种情况：通过散布贬低的或者恶意的信息，损害竞争对手的商业信誉或者经济状况；贬低经营者的产品，只有在被诽谤的个人、公司或者产品能够容易的识别出来，才可以起诉该诋毁行为。除反不正当竞争法外，法国可以通过侵权行为法的一般条款对商业诽谤行为进行制裁。《法国民法典》第1382条和第1383条就是侵权行为的一般条款，前条规定："任何行为使他人受损害时，因自己的过错而致使损害发生之人，对该他人负赔偿的责任。"后条规定："任何人不仅对因其行为所引起的损失，而且对因其过失或疏忽所造成的损害，负赔偿责任。"但是该一般条款也只是对商业诽谤行为进行间接调整。

3. 意大利

意大利在民法典中对于商业诽谤行为进行直接制裁的是《意大利民法典》，该法典第五编第十章第2598条对此作了规定。依有关特殊标记和专利权保护规定的效力，无论何人都不得有下列不正当竞争行为：使用同他人合法使用的名称或特殊标记容易发生混淆的名称和特殊标记，或者模仿竞争者的产品，或以任何其他方式进行容易引起与竞争者产品或活动相混淆的行为；散布对竞争者的产品和活动的信息与评价，足以使之名誉扫地，或者诋毁竞争者产品或企业的优点；直接或者间接使用任何其他不符合职业道德原则并且容易损害他人企业的手段。第二种侵权行为，就是商业诽谤行为。

㉕ 对于信用和商誉之间的关系，学术界有不同的观点。一种观点认为商誉包含了信用，如果侵害了他人的信用就适用调整商誉的法律规定进行救济，在英美国家的法律中一直认为商誉包含了信用。一种观点认为信用包含了商誉。如台湾地区现行"民法"原来只有名誉而无信用和商誉的规定，修订后将信用独立规定，商誉的一部分内容就在信用的范畴中予以保护。一种观点认为信用与商誉为同一种概念，二者的含义没有区别，可以将二者相提并论。

4. 日本

日本主要通过反不正当竞争法对商业诽谤行为作出制裁。《日本防止不正当竞争法》第1条第1款第6项规定：陈述虚假事实、妨害有竞争关系的他人在营业上的信用，或者散布这种虚假事实的行为为不正当竞争行为，被害人享有制止不正当竞争行为请求权。第1条之二是关于由于不正当竞争行为而产生的损害赔偿责任。该条规定，由于故意或过失而实施了前条各项行为的人，对于因此而在营业上的利益受到损害的人应当负损害赔偿的责任。对于实施侵害他人营业信用行为的人，法院可以依据被害人的请求，命令不赔偿损害或在赔偿损害的同时作出恢复营业上信用的必要措施。如果行为人的行为很严重，就可以处3年以下惩役或20万日元以下罚金。因此，该法不仅规定了民事责任，也规定了刑事责任，其中对于商业诽谤行为是通过对信用的保护间接予以制裁的。

5. 英国和我国香港特别行政区

英国主要通过制定单行法令专门对诽谤行为进行调整，其于1996年制定了《诽谤法令》，其目的就是为了保护公民个人名誉和公司商誉不受侵害。而与英国法律同一传统的我国香港特别行政区则专门制定了《诽谤条例》，针对诽谤行为进行调整，其中包括商业诽谤。对于商业诽谤的刑事责任，《诽谤条例》作了详尽的陈述：明知虚假而恶意刊布损害名誉的文字诽谤，最高可判罚入狱2年及另再判处罚金。如果控方无法证明被告明知虚假而刊布。但有证据显示有关刊布主要基于恶意中伤的动机，也可提出检控，最高可判罚1年监禁及另判处罚金。

6. 美国和澳大利亚

美国《兰哈姆法》第43条对于商业诽谤行为予以了成文法救济，该条规定：对他人商品、服务或者商业活动进行虚假宣传的人，应当承担责任。除《兰哈姆法》外，美国的《有线电视和卫星广播法》也通过限制行为主体，间接调整商业诽谤行为。澳大利亚则通过《贸易惯例法》对商业诽谤进行调整，该法第五部分就为经营者如何防止商业诽谤以及对自己的商誉造成损害的情况提供了强有力的法律武器。该法规定：经营者在从事贸易或商业时，不应进行那些具有误导性或欺骗性的行为，或是可能引起误导或欺骗的行为。

（二）我国现行立法制裁商业诽谤行为的局限性

在我国，主要是通过《刑法》和《反不正当竞争法》对商业诽谤行为进行制裁，但是通过这些法律进行制裁存在很大的局限性。

1. 通过《刑法》制裁商业诽谤行为的局限性

《刑法》第221条规定：捏造并散布虚伪事实，损害他人的商业信誉、商品声誉，给他人造成重大损失或者有其他严重情节的，处二年以下有期徒刑或者拘役，并处或者单处罚金。《全国人民代表大会常务委员会关于维护互联网安全的决定》第3条规定，利用互联网损害他人商业信誉和商品声誉，构成犯罪的，依照刑法有关规定追究刑事责任。这些规定是正确的。但是，仅仅通过《刑法》对商业诽谤行为进行刑事法律的调整,具有局限性。

第一,《刑法》调整的范围过窄。根据《刑法》的规定,构成商业诽谤罪必须具备两个要件。一是,需以"捏造并散布虚伪事实"为前提,也就是说捏造和散布二行为必须同时具备,缺一不可。二是,商业诽谤行为只有达到"给他人造成重大损失或者有其他严重情节的"程度,才构成犯罪。"重大损失"和"其他严重情节"属于选择性要件,只要具备其中一个即构成商业诽谤罪。如果不同时具备上述两个要件,就不能适用《刑法》来调整商业诽谤行为。"情节严重"应当从实施商业诽谤的行为角度来讲,如诽谤的次数多,手段恶劣,传播的范围广等;"重大损失"应从商业诽谤造成的后果的角度讲,如营业额大幅度下降、利润大为降低等。重大损失的认定不应以固定金额为限,因为经营者本身的资产相差很大,可以以正常利润为基数确定一个比率范围,如可将实际损失超过正常利润的10%~15%视为重大损失。

第二,刑法对受害人的救济作用不强。商业诽谤是一种不法侵害企业商誉、商品和服务的行为,其损害后果主要是对受害人的财产造成了损害,而刑事责任主要以剥夺自由和罚金为手段,对于受害人并不能起到直接的救济作用,因此对商业诽谤侵权以承担民事责任为主要救济手段符合世界发展的潮流。英美国家关于商业诽谤不区分刑事诽谤和民事诽谤,将刑事诽谤和民事诽谤视为一体,但其仍具有一定的倾向性,诽谤案件几乎都遵循民事诉讼途径解决。尽管这些国家还有关于刑事诽谤的条例,这些刑事诽谤条文主要是针对极其严重的恶意的诽谤。在美国法律中,诽谤大致属于民事诉讼范围,除了群殴及可能破坏治安的少数特定情形外,很少采刑罚制裁。[37]

2. 通过《反不正当竞争法》制裁商业诽谤行为的局限性

《反不正当竞争法》第14条规定:经营者不得捏造、散布虚伪事实,损害竞争对手的商业信誉、商品声誉。该法的适用也有局限性,只能对于商事主体的不正当竞争行为进行调整,对非商事主体的行为不适用,因此适用范围较窄。

(三)立足于《民法通则》,对商业诽谤的民事制裁制度予以完善

对商业诽谤行为加强民事法律制裁,是至关重要的,因为民事法律制裁是制裁性与补偿性的结合。即使依照刑法的规定对商业诽谤行为予以刑罚,也不能代替民事制裁的地位,需要附带地加以民事责任的制裁。因此,只有立足于《民法通则》的规定,对商业诽谤行为的民事法律制裁予以完善,才是正确的。并且最终在民法典中写进商业诽谤制度,才能够完善对商事主体的保护,维护正常的商业交易秩序。

一般认为,依据《民法通则》制裁商业诽谤行为的依据是:第101条规定,公民、法人享有名誉权,公民的人格尊严受法律保护,禁止用侮辱、诽谤等方式损害公民、法人的名誉,根据该规定,商业诽谤行为就是对于法人名誉权的侵害;第120条规定,行为人应当承担民事责任的方式:停止侵害、恢复名誉、消除影响、赔礼道歉和要求赔偿损失,这些是商业诽谤承担民事责任的方式的依据;对商业诽谤行为还可以按第134条

---

[37] 参见罗文辉:《美国诽谤法规:法制、判例及修法提案》,载《新闻学研究》第51辑。

的规定进行制裁,对行为人予以训诫、责令具结悔过、收缴进行非法活动的财务和非法所得等。但上述通过保护法人名誉权的方法间接对商业诽谤予以制裁的模式具有下列不足:

第一,间接地对商业诽谤予以制裁,对该种侵权行为的制裁力度不大。法律调整当事人间的法律关系有直接调整和间接调整两种方式,直接调整就是法律直接规定当事人权利与义务的实体规范,间接调整就是法律不直接规定当事人间的实体权利与义务,而是借用该规范指引的另一个法律规范来确定自己的权利义务。因此,间接调整方式打击商业诽谤行为的力度较弱,应当对于商业诽谤行为作出正面规定。

第二,"法人名誉权"这种说法本身就有争议。关于法人是否有名誉有3种学说:法人名誉否定说、法人名誉肯定说和法人名誉参照说。《大清民律草案》和我国台湾地区"民法"均采法人名誉否定说,认为名誉权仅归自然人所有。我国《民法通则》则坚持法人名誉肯定说,该说实质是混同了本质截然不同的自然人的名誉和法人的商誉,对法人保护不力。尽管《关于确定民事侵权精神损害赔偿责任若干问题的解释》第5条对此作了修改,即法人的名誉受到损害不得主张精神损害赔偿,但完全解决这一问题还有待民法典作出更加符合法律逻辑的规定。⑧

第三,民事责任方式规定的不足。上述5种民事责任方式并非对于商业诽谤行为人都适用。消除影响、恢复名誉和赔礼道歉主要是针对侵害他人人格权而应承担的民事责任方式,其本质上不以财产给付为内容,因此消除影响、恢复名誉和赔礼道歉对于以财产的损害为要件的商业诽谤行为适用的可能性不大;停止侵害和赔偿损失作为承担民事责任的方式则具有较广的适用性。除上述承担民事责任方式外,还有一种相当有效的承担责任方式没有涉及。基于商业诽谤的特殊性,行为人应当对于虚假言辞作出更正和答辩,及时作出更正和答辩应也应是行为人承担的一种重要责任方式。

第四,《民法通则》只对商业诽谤提供了原则性规定,在确定应承担的责任,特别是确定赔偿数额时只能适用《民法通则》第120条和《反不正当竞争法》第20条的规定。当行为人为经营者时,同时适用上述两个法条没有什么问题,但当行为人为非经营者时,同时适用上述两条文不适当。因此应当对商业诽谤的赔偿标准作出明确规定。

笔者认为,应当立足于《民法通则》第106条第2款,着眼于民法典的制定,对商业诽谤行为民事制裁制度予以完善。

1. 依据《民法通则》第106条第2款明确商业诽谤行为的概念

《民法通则》的这一条款,是侵权行为一般条款。凡是适用过错责任原则的一般侵权行为,都适用本条规定。商业诽谤行为也是适用过错责任原则的一般侵权行

---

⑧ 参见张新宝:《网上商业诽谤第一案:恒升诉王洪等侵权案评析》,载 http://www.civillaw.com.cn/weizhang/default.asp? id = 9841。

为[39],以该条款作为立法依据,应当是完全正确的。

在侵权行为一般条款的基础上,确立商业诽谤行为的概念,参照《反不正当竞争法》第 14 条规定确定商业诽谤行为的类型,同时,依据《民法通则》第 120 条和第 134 条的规定,进行适当补充,就可以完善对商业诽谤行为进行民法制裁的体系。

2. 完善对商业诽谤行为民法制裁的方式

在坚持《民法通则》规定的侵权责任方式的基础上,完善民法对商业诽谤行为的民法制裁方式,应当遵循以下 3 点:

第一,发挥已有的停止侵害、排除妨害方式的作用。当行为人正在实施商业诽谤行为时,受诽谤人有权请求行为人停止侵害。停止诽谤的请求可以直接向行为人或人民法院提出,使其能够及时制止侵害行为,防止损害后果的扩大。停止侵害可以单独适用,也可以与其他民事责任方式共同适用。单独适用的时候,不一定要具备商业利益损失的要件。受诽谤人可以根据情况,请求行为人排除妨害,以恢复自己的权利的行使。

第二,补充更正和答辩的制裁方式。这也是商业诽谤行为人应当承担的重要的民事责任。更正和答辩本是新闻媒体所承担的责任:更正,是指在新闻报道中,对事项的交代出现失实,相关人有权要求传媒作出更正,传媒自身也有责任在发现差错时主动更正;答辩,是指被新闻报道提及的相关人,有权对报道内容的公正性或全面性进行答辩。[40] 关于更正与答辩的要求,我国仅在行政规章中作出明确规定[41],没有在《民法通则》中规定。笔者认为,应当将更正和答辩这种责任方式移植到民法中,将其作为民事责任的一种方式,对商业诽谤行为(包括其他一般诽谤行为)的一切主体都适用。在适用时应注意,消除因诽谤行为导致的不良影响的方式和范围至少应与诽谤行为时的方式和范围相同,例如,如果行为人通过电视广告的形式实施了商业诽谤行为,那么至少该行为人应通过电视进行公告等消除影响。

第三,强化赔偿损失的制裁。由于商业诽谤行为的构成要件之一就是诽谤行为对于商事主体的商业利益造成了损害,并且表现为财产利益的直接损失或者间接损失,因此赔偿损失成为商业诽谤行为人最主要的承担责任的方式。民法中赔偿的目的,是通过给付受害人一定数额的财产,使其尽可能地恢复到受害前的状况,因此实际赔偿是合理的,除非将来法律有明文规定,否则不实行惩罚性赔偿。

在赔偿损失中,最重要的是明确商业诽谤损害赔偿的范围。依照《反不正当竞争

---

[39] 参见杨立新:《简明类型侵权法讲座》,高等教育出版社 2003 年版,第 202 页。
[40] 参见陈力丹:《更正与答辩——一个被忽视的国际公认的新闻职业规范》,载 http://www.cctv.com/tvguide/tvcomment/tyzj/zjwz/8002.shtml。
[41] 1999 年新闻出版署发布了规范性文件《报刊刊载虚假、失实报道处理办法》,其基本处理方式借鉴了各国现有新闻法规定的更正与答辩的程序。2001 年国务院颁布的《出版管理条例》第 28 条规定:报纸、期刊发表的作品内容不真实或者不公正,致使公民、法人或其他组织的合法权益受到侵害的,当事人有权要求有关出版单位更正或者答辩,有关出版单位应当在其最近期出版的报纸、期刊上予以发表;拒绝发表的,当事人可以向人民法院提起诉讼。

法》第 20 条的规定,给经营者造成损害的,必须承担损害赔偿责任;凡被侵害的经营者的损失能够计算的,必须按实际损失承担赔偿责任(包括因调查侵权人的商业诽谤行为所支付的合理费用);被侵害的经营者的损失难以计算的,赔偿额为侵权人在侵权期间所获得的利润,并应赔偿因调查侵权人的商业诽谤行为所支付的合理费用。

论违反竞业禁止的商业侵权行为[*]

违反竞业禁止义务,构成侵权行为,是商业侵权行为中的一种具体类型。这种侵权行为和其他侵权行为相比较,有哪些特点,在实践中应当怎样把握,需要进行深入的研究和阐释,以利于法官在审判实践中把握。对此,笔者做以下探索和说明。

一、违反竞业禁止侵权行为的概念和特征

(一) 竞业禁止及其特征

竞业禁止(prohibition of business strife),从语义上观察,就是禁止竞业,即不得从事竞争性的营业。竞业禁止义务,则是根据法律的规定或当事人的约定,在一定的期间内,行为人不得从事与权利人相竞争的营业的义务。

根据竞业禁止义务产生的依据不同,竞业禁止分为法定竞业禁止和约定竞业禁止。法定竞业禁止就是法律明文规定一定的义务主体不得从事与其有一定关系的主体具有竞争关系业务的行为,即行为人承担竞业禁止的义务直接来源于法律的规定。约定竞业禁止则指一方当事人(行为人)同意在特定的时间和地域范围内不与他方当事人(商事主体)进行竞争,即义务主体承担竞业禁止义务来源于合同条款的约定。约定竞业禁止通常通过雇佣合同作出规定,因此在本文,笔者将约定竞业禁止限于雇佣合同的范围之内。

与其他的法定义务和约定义务相比较,竞业禁止具有下列特征:

第一,竞业禁止的权利人和义务人必定具有一定的关联性。由于权利人为商事主体,而义务人必定为该商事主体的雇员或合同的另方当事人,因此该关联性一般体现为劳动合同关系,也可体现为其他相类似的合同关系。

第二,竞业禁止具有法定性或者意定性。竞业禁止的法定性体现在法律明确规定特定主体必须履行的禁止竞业的义务;竞业禁止的意定性则体现在当事人可以通过约定来设定该种义务,但设定竞业禁止义务必须具备一定的条件。

第三,竞业禁止具有明示性。也就是说,该义务必须在法律、合同或公司、企业的规章制度中明确,不存在默示的竞业禁止义务。没有法律规定或者合同约定,当事人

---

[*] 本文发表在《法律适用》2004 年第 11 期,合作者为蔡颖雯博士。

不承担竞业禁止义务。

第四,竞业禁止具有相对性或者绝对性。竞业禁止的相对性,是指义务人的竞业禁止义务能够通过一定的程序而免除,如对于董事的竞业禁止义务,日本法就规定,董事为自己或第三人进行属于公司营业部类的交易时,如果该交易得到全体股东半数以上,持有全体股东表决权 3/4 以上者同意时,即获得批准。而竞业禁止的绝对性则意味着义务人的竞业禁止义务不能够通过一定的程序而免除,如我国公司法关于董事竞业禁止义务的相关规定。竞业禁止究竟是绝对性还是相对性,在于本国的立法规定。

(二)违反竞业禁止侵权行为的概念和特征

违反竞业禁止侵权行为简称为违反竞业禁止,是指负有竞业禁止义务的主体违反法律规定或约定,在职或离职后自营或为他人经营与特定商事主体具有竞争关系的业务,侵害该商事主体合法权益的侵权行为。

认定违反竞业禁止义务的行为为侵权行为,最主要的理由,就是法律确认竞业禁止为特定的商业从业人员的义务。既然负有这样的义务,又违反了这种义务,造成了特定的商事主体的权利损害,当然就应当认定为侵权行为。不过,在违反约定的竞业禁止义务构成的侵权责任中,实际上是责任竞合,既具有侵权责任性质,也具有违约责任性质。如何确认该行为的性质,则依权利人的选择。

违反竞业禁止侵权行为具有以下法律特征:

第一,违反竞业禁止侵权行为发生在商业领域。违反竞业禁止侵权行为是商业侵权行为,因此,这种侵权行为必定发生在商业领域,而不会发生在其他领域。

第二,违反竞业禁止侵权行为的主体须为负有竞业禁止义务的商业从业人员。违反竞业禁止的侵权行为人,首先应当是商业从业人员,包括公司的董事、经理、其他雇员,以及商业企业的转让人、商业企业的所有人、商业企业的承租人和出租人、商业企业的用益权人、商业许可合同和特许经营合同的当事人等。他们负有竞业禁止义务,违反该义务,造成对方的损害,就构成侵权责任。其中最常见的违反竞业禁止的侵权行为人,是公司董事、经理和其他雇员。

第三,违反竞业禁止侵权行为侵害的是特定商事主体所享有的经营权。违反竞业禁止侵权行为所侵害的主体,是特定的商事主体,该商事主体必须与该商业从业人员具有特定的关系,商业从业人员违反竞业禁止义务,造成了特定商事主体经营权的损害,损失了商业利益。

第四,违反竞业禁止侵权行为的法律后果是侵权损害赔偿责任。既然认定违反竞业禁止行为为侵权行为,那么它的法律后果就一定是侵权责任,其中最主要的就是侵权损害赔偿责任。行为人承担侵权损害赔偿责任,补偿受害人的财产利益损失,同时也是对侵权行为人的制裁。

二、违反竞业禁止侵权行为的构成要件和责任抗辩

(一) 构成违反竞业禁止侵权行为须具备的要件

1. 存在明确的竞业禁止法律规定或合法的竞业禁止契约

存在明确的竞业禁止法律规定或合法的竞业禁止契约,是判断是否构成违反竞业禁止侵权行为的前提条件,也是必要条件。如果没有明确的竞业禁止法律规定或合法的竞业禁止契约,那么要求行为人承担竞业禁止义务的依据就不成立。

竞业禁止的法律规定是相当明确的,在此不再赘述。① 而对于竞业禁止契约的合法性,应当作出详细论述。合法的竞业禁止契约必须具备一定的形式要件和实质要件,只要具备这些形式要件和实质要件,竞业禁止契约就应当认为是合法有效的。

形式要件要求竞业禁止契约必须采用书面形式,这是各国立法的通例。《德国商法典》第74条规定:雇主与受雇人间雇佣关系终止后,于其产业活动中对受雇人之限制(竞业禁止)合意,必须以书面为之。《意大利民法典》和英国判例也都将书面形式作为竞业禁止契约有效的形式要件。我国《深圳经济特区企业技术秘密保护条例》也明确规定,竞业限制契约应当以书面形式单独签订。

实质要件体现在合法的竞业禁止契约必须具有具体的竞业范围条款、明确的地域范围条款、详细的期限条款及补偿性条款,并且"竞业禁止的事项范围、年限期间、区域等必须'合理',不得苛刻"。②对于合理的限度,笔者认为:

第一,应当将竞业禁止的事项范围限定在与权利人同类的营业范围内。只要行为人从事了与权利人相同或相近的行业,就认定违反了竞业禁止义务,竞业禁止义务的违反应当不以构成实质竞争为要件。③ 因为对于行为人实施的特定竞业行为的认定,应当只是事实判断问题。④

第二,是否应当对于竞业禁止的地域范围作出限定,存在争论。美国部分州的判例认为,如果约定在全国范围内禁止从事竞争业务,该类竞业禁止条款本身就是不合理的。⑤ 而法国法院判例却认为,约定竞业禁止不存在区域的限制(例如约定竞业禁止的地区为全法国、全欧洲甚或世界),只要雇主证明其确有保护的利益存在(例如营

---

① 在下文中,还要对此做详细说明。
② Malvin F, *Jager "Trade Secrets Law"*, 913-6, (1987), published by Clark Boardman Company.
③ 对于"竞争性营业",我国的相关法规或规章规定的不一致。我国《公司法》将其限定为"同类的营业",包括同业和近业,前者为性质完全相同的营业,后者为性质相似的营业。而《关于加强科技人员流动中技术秘密管理的若干意见》则将"竞业"表述为"生产同类的产品或者经营同类业务且具有竞争关系和其他利害关系的单位"。笔者认为,竞业禁止的范围应局限于不将"有竞争关系和其他利害关系"作为"竞业"的必备要素。
④ 参见桂菊平:《竞业禁止若干法律问题研究》,载《法商研究》2001年第1期。
⑤ See Pracdising Law Institute, Protecting Trade Secrets (1985), p.1985.

业范围遍及全球),纵无区域的限制,仍属有效。⑥ 笔者认为,应当对地域范围作出限定,并且应当将地域范围限定在权利人的业务所涉区域,即权利人产品的主要销售或服务区域内,因为在这些区域内进行同业经营,可能会与权利人构成竞争,进而给权利人带来实质性的妨碍或侵害。

第三,应当将竞业禁止的约定期限合理限定。对此,一般限定在3年以内,这也是世界上大多数国家的通例,我国也不例外⑦,除非存在特殊情况,才可以适当延长或缩短约定的期限。若义务人已接触到权利人核心的、具有重大利益的商业秘密,并且该秘密的泄露可能会给权利人造成重大的、不可估量的损失,此时权利人可与义务人签订无期限的竞业禁止契约⑧;若在高新技术领域,权利人则可与义务人签订短期的竞业禁止契约。⑨

第四,应当将应给付的补偿费的最低标准合理确定。一般定为义务人最后一年工资额的一半,《德国商法典》第74条就作了上述规定。我国《深圳经济特区企业技术秘密保护条例》第15条则规定,补偿费的数额及支付方式,按年计算不得少于该员工离开企业前最后一个年度从该企业获得的报酬总额的2/3,若没有规定补偿费的,按照该款的最低标准计算。

2. 权利人享有可受保护的利益

设定竞业禁止义务的目的是为了保护权利人的利益,该合法利益应当能够保持权利人的竞争优势,为其带来经济收益,因此权利人必须证明自己具有可受保护的利益。该要件既是违反竞业禁止侵权责任构成的前提要件,也是必要要件。

对于权利人可受保护的利益的范围,《瑞士商法典》第340条第2款规定,雇主可受保护的利益应当包括客户的来源、制造或者营业的秘密等。承认竞业禁止契约的美国部分州判例则认为,雇主可受保护的利益除商业秘密、权利人具有特色的服务外,还应包括雇主对雇员进行培训的费用。笔者认为,权利人可受保护的利益的范围,应当包括企业的商业秘密和培训费用,除此之外,还应包括客户资源,因此,行为人必须曾接触过营业秘密或机密信息,或接触过客户或客户的资料,或受到权利人的特殊训练,或行为人所提供的劳务是独一无二的,当存在这些事实时,可以认为权利

---

⑥ ELL—Suppl. 77(May 1987) France 141 – 144.

⑦ 《德国商法典》规定约定竞业禁止的期限应以2年为限,《瑞士债法典》则规定除非存在特殊情况,约定竞业禁止的期限才可以超过3年。我国国家科委《关于加强科技人员流动中技术秘密管理的若干意见》规定:竞业限制的期限最长不得超过3年。《深圳经济特区企业技术秘密保护规定》也规定:竞业限制的期限最长不得超过3年。竞业限制协议中没有约定期限的,竞业禁止的期限为3年。

⑧ 如肯德基或麦当劳公司可以与掌握炸鸡或其他快餐配方的雇员签订该类合同。

⑨ 美国第二巡回法院在 Earth Web, Inc. 诉 Mark Schlack 违反雇用合同和侵害其商业秘密一案中,援引1997年的 Double Click, Inc. 诉 Henderson 一案认为,网络产业发展迅速,相关竞业禁止条款期间不宜超过6个月;美国联邦巡回法院认为面对发展变化迅速且无地域限制的网络产业,1年期间的约定过长。该法院最后以原告限制被告在工作期间接触机密资料和雇用合同中竞业禁止条款不合理为由,判决驳回原告禁令主张。参见《美国联邦法院判决网络业从业竞争要有规格》,载 http://www.chinaiprlaw.com/wgfz/wgfz4.htm。

人拥有可受保护的利益。[10]

权利人应当对其拥有需要保护的利益承担举证责任,如果权利人不能证明存在值得保护的利益的,则应认定不存在竞业禁止义务,因此就不会构成违反竞业禁止的侵权行为。

3. 行为人违反竞业禁止义务的行为具有违法性

违反竞业禁止行为的违法性体现在:在违反法定竞业禁止义务的,为违反竞业禁止义务的法律规定;违反约定竞业禁止义务的,为违反竞业禁止义务的合同规定。具体表现为,行为人以自己的名义(为自己的利益)或以他人的名义(为他人的利益)为一定的营业活动,该营业活动违反了法律的规定,或者违反了公司的规章制度、当事人的约定或善良风俗,在法定或约定的期间和区域内,从事与权利人相竞争的营业,与权利人已经形成或有可能形成了不法竞争。

基于行为人承担法定或约定竞业禁止义务的事实,权利人应当举证证明行为人违反了法律规定或者合同约定(包括企业的章程或者规章),从事了与权利人相同的业务。

4. 对权利人造成了经营损害

证明实际损害的存在是一般侵权行为的必备构成要件,但违反竞业禁止侵权行为的构成不应以产生实际经济损失为要件,只要行为人从事了竞争的行业,构成潜在的竞争为已足。权利人要证明因行为人的竞业行为导致自己经济利益的丧失或现有财产的减少是比较困难的。因为该损害不可能单纯地由违背不竞业义务而产生,往往是在违背不竞业义务的同时又侵害了雇主的其他合法权益如商业秘密的情况下才产生。

若侵权行为没有造成权利人的实质损失,权利人可以请求诉前禁令救济[11],避免进一步侵害;若侵权行为造成了实质的经济损失,如产品的市场份额减少、客户减少、利润降低等,应当对该损失进行准确计算。在我国侵权行为法律制度中,对于受害人实行实际损失赔偿原则,因此首先参照受害人的损失金额进行计算。受害人的损失金额包括受害人因侵权行为导致的利润的减少、受害人因制止侵权行为所支出的费用、为诉讼而调查取证所支出的费用,以及因委托律师代理诉讼而支出的律师费等。[12]如果受害人的损失金额难以计算,则可参照侵权人的非法获利金额计算。侵权人的非法获利金额应当为侵权人挤占的权利人的市场份额。为加强损害结果计算的准确性和客观性,可以由专门的拥有专业知识和测算经验的评估机构来评估权利人的损

---

[10] 参见李旦:《受雇人离职后竞业禁止约款之争议》,载 http://140.113.31.110/N_publish.htm。

[11] 关于侵权责任的禁令,在起草民法典侵权行为法编中,进行了深入的讨论,多数学者的认为应当规定这种侵权责任方式。

[12] 《反不正当竞争法》第 20 条规定:"经营者违反本法规定,给被侵害的经营者造成损害的,应当承担损害赔偿责任""并应当承担被侵害的经营者因调查该经营者侵害其合法权益的不正当竞争行为所支付的合理费用"。

失或者行为人的得益。

5. 行为人具有主观过错

认定违反竞业禁止侵权行为,须行为人在主观上具有过错。在一般情况下,如果权利人能够证明行为人违反了法定或约定的义务,就应当推定其具有过错。对行为人来讲,该过错主要为故意,亦可为过失。故意,表现为行为人明知自己的行为会对权利人的可保利益造成侵害,而仍然加以实施或听任损害发生的心理状态。过失,则表现为行为人对违反竞业禁止侵权行为造成的侵害后果采取了不注意的心理状态,使自己的行为造成了权利人合法利益的损害。如果此时行为人不能够举证证明其恪守法律规定或约定或反诉竞业约定违法,自己从事与权利人相同的业务有法律上的正当、合法、善意的根据,应当免除竞业禁止业务,就要承担败诉的风险。

(二)违反竞业禁止侵权责任的抗辩

违反竞业禁止侵权责任最好的抗辩事由,是免除竞业禁止的义务,该义务不存在了,就从根本上不构成侵权责任。一般认为,竞业禁止义务可以因一定事由的存在而免除:

第一,竞业禁止义务可以按双方当事人的意思以明示条款予以免除。如《澳门商法典》第108条第6款规定:第一款规定的义务(竞业禁止义务)可以按照双方当事人的意思免除,只要免除该义务不会使商业企业难以移转。[13] 对这一规则,应当适用。

第二,竞业禁止义务可以经过权利人的单方同意而免除。该同意可以为明示同意,也可以为推定同意。如《澳门商法典》第71条规定:未经委托人的明示同意,经理人不得自行、透过第三人或为第三人经营与获委任经营的企业同类的商业企业。如上款所指的情况于委任时已经存在,且为委托人所知晓,则推定委任人同意。该法典第137条规定,若经企业所有人的同意,用益权人可于用益权存续期内从事与该受用益权拘束的企业相同的企业。如用益权人于用益权设定日已经营相同的商业企业且为企业所有人所知晓,则视为已存在上款所指的同意。

第三,若行为人(主要是指董事、经理或合伙人)履行了一定的法定程序,得到权利人(董事会、监事会、股东会或合伙人会议)的同意后,也可予以免除竞业义务。《日本商法典》《日本有限公司法》《德国股份公司法》和我国台湾地区"公司法"都作了上述规定。一般认为,经理经董事会或执行董事同意的,即可免除;董事经股东会过半数决议同意的,即可免除;合伙人经合伙人会议过半数同意的,即可免除。我国立法没有相关规定,笔者认为,设定竞业禁止义务是为了保护权利人的合法权益,如果权利人经慎重考虑后认为行为人的竞业行为对自己的权益无害,则应该允许经适当的程序,免除义务人的竞业禁止义务。

第四,当权利人或商业企业倒闭、破产或进行了清算,此时行为人的竞业禁止义务应当自动终止。如《澳门商法典》第108条第7款规定:不竞业义务于企业倒闭及

---

[13] 参见《澳门商法典》第123条和第139条。

清算后自动终止。

三、违反竞业禁止侵权行为的基本类型

违反竞业禁止侵权行为主要有两种类型，一是违反法定竞业禁止的侵权行为，二是违反约定竞业禁止的侵权行为。

（一）违反法定竞业禁止的侵权行为

关于法定竞业禁止义务，各国和地区立法大都在商法典中作出规定，这是认定违反法定竞业禁止侵权行为的法律依据。既然法律规定竞业禁止是一种法定义务，那么义务人违反该法定义务，造成他人损害，当然构成侵权行为。

确定违反法定竞业禁止侵权行为，最主要的就是确定法定竞业禁止义务的主体，确定了主体的范围，其他的根据违反竞业禁止侵权责任构成要件的要求，就能够确认这种侵权行为。

对于法定竞业禁止义务的行为主体，《日本商法典》规定了营业转让人、经理人、代理商、股东、董事和监察人等商业从业人员的法定竞业禁止义务；德国和法国则通过商法典和公司法规定了董事、经理和商业代理人的法定竞业禁止义务[14]；而我国《澳门商法典》对于法定竞业禁止的义务主体的规定相当完备，不仅公司的雇员，而且商业企业的转让人[15]、商业企业的所有人[16]、商业企业的承租人和出租人[17]、商业企业的用益权人[18]、商业许可合同和特许经营合同的当事人[19]都为法定竞业禁止的义务主体。

我国立法确认法定竞业禁止义务的主体范围，通过具体的法律规定确定。例如，《中外合资经营企业法实施条例》第 40 条首次对法定竞业禁止义务作出了规定：总经理或副总经理不得兼任其他经济组织的总经理或副总经理，不得参与其他经济组织对本企业的商业竞争。《公司法》第 61 条规定：董事、经理不得自营或为他人经营与其所任职公司同类的营业或者从事损害本公司利益的活动。从事上述营业或活动的，所得收入应当归公司所有。国家工商局 1998 年发布的《公司登记管理若干问题的规定》第 26 条规定：公司的董事、经理不得在与所任职公司没有投资关系的其他公司兼任董事、经理职务。《个人独资企业法》第 20 条规定：投资人委托或者聘用的管理个人独资企业事务的人员不得有下列行为：未经投资人同意，从事与本企业相竞争

---

[14] 《德国商法典》第 60 条第 1 项和《德国股份公司法》第 88 条对董事、经理的竞业禁止义务作了规定。《德国商法典》第 90 条和《法国商法典》第一编附二第 3 条规定了代理商的竞业禁止义务。
[15] 参见《澳门商法典》第 108 条；《日本商法典》第 25 条。
[16] 参见《澳门商法典》第 139 条；《日本商法典》第 74 条；我国台湾地区"公司法"的相关规定；《中华人民共和国合伙企业法》第 30 条第 1 款。
[17] 参见《澳门商法典》第 120 条。
[18] 参见《澳门商法典》第 137 条。
[19] 参见《澳门商法典》第 665 条和第 702 条。

的业务。《合伙企业法》第30条规定：合伙人不得自营或者同他人合作经营与本合伙企业相竞争的业务。《刑法》第165条规定：国有公司、企业的董事、经理利用职务便利，自己经营或者为他人经营与其所任职公司、企业同类的营业，获取非法利益，数额巨大的，处3年以下有期徒刑或拘役，并处或者单处罚金。

可以确定，依照我国目前的法律规定，法定竞业禁止的义务主体包括：(1)总经理和副总经理；(2)董事；(3)管理个人独资企业事务的人员；(4)合伙人；(5)其他相当于这些人员的人员。其中前四项人员为法律所明确规定，后一项则是弹性的，包括其他法律所规定的竞业禁止义务的主体。这些人员违反法定竞业禁止义务，构成违反竞业禁止的侵权责任。

(二)违反约定竞业禁止的侵权行为

符合上述关于违反竞业禁止侵权行为构成要件的，就是违反约定竞业禁止的侵权行为。违反约定竞业禁止的侵权行为，应当解决的主要问题是：

1. 确认约定竞业禁止义务的有效性

认定违反约定竞业禁止侵权行为，最主要的就是确认约定竞业禁止义务的有效性。法律确认约定竞业禁止义务的有效性，就可以认定违反约定竞业禁止侵权行为，否则，就无法认定这种侵权行为。各国主要通过两种方式确认约定竞业禁止义务的有效性。

一是，通过立法对竞业禁止契约的有效性作出规定，如德国、瑞士和意大利。《德国商法典》第74条规定：雇主与受雇人间就雇佣关系终止后，于其产业活动中对受雇人的限制(竞业禁止)合意，必须以书面为之，且雇主应将其所签署合意条款的文件交付予受雇人。《瑞士债法》第340条和第340条A规定：有合法资格的雇员可以与雇主订立书面契约，约定在劳务关系终止以后不得从事与雇主竞争的行为，尤其不得从事与本人谋利益与雇主的营业竞争的营业，或参与该种营业，或者从该种营业中取得利益。《意大利民法典》第2125条针对约定竞业禁止的要素作了明确规定：在约定未采用书面形式、未为提供劳务者的利益确定相应的对价、亦未确定禁止提供劳务者从事的业务范围、期限和地点的情况下，限制提供劳务者在劳动契约终止后从事与企业进行竞争的业务的约定无效。

二是，通过法院作出的判例发展约定竞业禁止规则，如日本、英国和美国。日本法律没有明文规定竞业禁止契约的合法性。但学理认为，雇员离职后，诚信原则仍然存在，因此，可在合理的范围内规定离职后的竞业禁止。[20] 法院判例也认为，如果竞业禁止契约是合理的，那么就有效。英国早期的判例法严格禁止签订竞业禁止契约，对于严重的禁止竞业的行为可能予以刑事处罚，这样造成的后果阻碍了社会的进步。因此，英国的判例法作出了让步，如果竞业禁止的条款是合理的并且不违反公共利益，则是有效的。美国是联邦制国家，关于离职后的竞业禁止属州法的调整范围，因

---

[20] 参见李旦：《受雇人离职后竞业禁止约款之争议》，载http://140.113.31.110/N_publish.htm。

此不存在统一的联邦法令。各州对于离职后的竞业禁止约定效力的规定是不同的,有些州彻底否认竞业禁止条款的效力,有些州则有条件地承认竞业禁止条款的效力。美国合同法也认为,允诺限制竞争,即允许设置一种附属于有效的交易或者关系的限制,但该限制必须符合一定的条件。

对于约定竞业禁止,我国法律没有明确认可其合法性,但在司法实践中,已有部门规章和地方法规开始涉及上述问题。1996年劳动部在《关于企业职工流动若干问题的通知》中规定:用人单位可规定掌握商业秘密的职工在中止或解除劳动合同后的一定期限(不超过3年),不得在生产同类产品或经营同类业务且有竞争关系的单位就职,也不得自己生产与原单位有竞争关系的同类产品或经营同类业务,但用人单位应当给予该职工一定数额的经济补偿。国家科委《关于加强科技人员流动中技术秘密管理的若干意见》第7条也允许单位可以与对本单位技术权益和经济利益有重要影响的有关行政管理人员、科技人员和其他相关人员约定竞业限制条款。《深圳经济特区企业技术秘密保护条例》第14条也作了类似规定。

可见,我国法律和司法实践是确认约定竞业禁止义务的有效性的。据此,笔者认为,认定违反约定竞业禁止的侵权行为,应当把握以下几点:第一,约定竞业禁止仅发生在雇主与可能接触企业商业秘密的雇员或劳动者之间;第二,约定竞业禁止条款仅针对雇员离职之后的行为而非在职期间的行为[21];第三,约定竞业禁止条款与商业秘密的保护具有紧密的联系。因此,签订竞业禁止契约的目的是为了保护商事主体的商业秘密,防止竞争力的降低,从该目的出发,应当对约定竞业禁止的义务主体作出限制,将其限定于能够或应当能够接触到权利人商业秘密的员工。

2. 违反约定竞业禁止责任竞合

如前所述,既然竞业禁止义务是约定义务,那么,违反竞业禁止,就构成责任竞合,既可以请求行为人承担侵权责任,又可以请求行为人承担违约责任。

民法的责任竞合就是请求权竞合。这就是,一个行为既符合侵权请求权的要求,又符合违约请求权的要求,两个请求权发生竞合,此时请求权行使的原则,应遵循《合同法》第122条的规定,由权利人进行选择。同样,违反约定竞业禁止义务,产生两个请求权,当然也由权利人进行选择。权利人可以根据自己的利益,选择对自己最有利的请求权行使。如果权利人选择侵权请求权行使,则按照违反约定竞业禁止的侵权行为规则处理;如果权利人选择违约请求权行使,则应当按照合同法关于违约责任的规定处理。

笔者认为,对于违反竞业禁止义务从侵权的角度对权利人进行救济的力度要大于违约之诉,因为侵权之诉能够弥补违约之诉的不足。

首先,传统理论认为,合同的相对性原理具有一定的局限性,只限定在合同的当事人之间,对于第三人没有拘束力。因此,对于违反竞业禁止义务的侵权行为来讲,

---

[21] 参见桂菊平:《竞业禁止若干法律问题研究》,载《法商研究》2001年第1期。

有时是第三人引诱违约,在此种情况下,应当追究第三人的责任,但从违约责任的角度,就无法追究。随着现代民事责任制度的演化,尤其是违约责任和侵权责任竞合现象的发展,侵权法在特殊情况下也保护合同债权。根据英美侵权法的规定,第三人故意引诱他人违约,属于经济侵权的一种,最早期的诱使违约案件主要涉及违反雇佣合同领域。笔者在前文作出界定,约定竞业义务主要由雇佣合同作出规定,因此要求行为人承担侵权责任是合理的。

其次,若从违约之诉的角度进行救济,必须确认存在有效的合同,如果法院认定合同不成立,或由于不可抗力或情势变更等因素导致合同的目的不能达到,此时违约责任很难追究,而侵权之诉不会出现该问题。

最后,若行为人与权利人签订的竞业禁止契约中没有约定违约责任条款,此时只能以权利人受到的实际损失来确定赔偿标准,若权利人不能够提供其遭受损失的合理证明,法院就不会确定权利人损失的存在。此时若从违约责任的角度,行为人就不能够得到救济,但是若从侵权责任的角度,除损害赔偿外,还存在其他的承担侵权责任的方式,如停止侵害、赔礼道歉等。如上海索盛互联网信息服务有限公司诉周睿、史琦春竞业禁止纠纷一案,两被告与原告签订了竞业禁止契约,但没有约定违约责任条款。由于当事人提起违约之诉,所以法院认为,由于双方的合同未对违反竞业禁止的赔偿责任作出约定,因此,原告要求两被告根据合同中约定的违反商业秘密的赔偿标准进行赔偿,无事实和法律依据,本院不予采信。本案是合同之诉,而非侵权之诉,原告因两被告构成违约而要求其承担赔礼道歉的民事责任于法无据,难以支持。

四、违反竞业禁止侵权行为的民事法律后果

(一)对于违反竞业禁止侵权行为的立法不足

对于违反竞业禁止义务的侵权责任,我国通过《劳动法》《反不正当竞争法》《刑法》和《公司法》及部委规章作出了一些规定,但存在以下不足:

第一,从违反竞业禁止侵权行为的主体来看,现行法律将法定竞业禁止行为人仅限定于极特定的主体,如董事、经理、合伙人或代理人等,保护的范围过窄。而约定竞业禁止义务人的范围又相对过宽,可能包括企业所有的员工,但是并非所有的员工都有可能接触到企业的商业秘密或者能够给原企业的竞争造成妨碍。

第二,从规范该种侵权行为的法律的统一性来看,竞业禁止规定只散见于各种法律、法规和各部委的规章中。这些规定属于单行法,侧重点太强,只调整特定主体,如《公司法》仅规定董事、经理的竞业禁止义务;《合伙企业法》仅规定合法人的竞业禁止义务;《律师法》和《商业银行法》等也都是针对特定主体作出竞业禁止的规定。这些规定都是"只扫自家门前雪",相互间不仅没有一定的关联性,而且有的规定还相互

矛盾。[22]

第三,从违反竞业禁止侵权行为的责任形式来看,我国《公司法》和《合伙企业法》的规定是不同的。[23]《公司法》规定了归入权,却未规定公司的损害赔偿请求权;《合伙企业法》规定了损害赔偿请求权,却未规定归入权。笔者认为,以义务主体为标准对同一种侵权行为采用不同的处理方式,是不合理和不必要的,应当寻找公司归入权与损害赔偿请求权之间的联系和区别,采用一种统一的、适当的处理方式。

第四,从规范该种侵权行为的操作性来看,现行规定都比较原则和抽象,操作性不强。特别是对于赔偿责任和损失计算规定不明确,实际操作时较难执行。

因此有必要在侵权行为法中对于违反竞业禁止义务的侵权行为作出统一的、易于操作的明确的法律规定。笔者认为,应当通过民法或侵权行为法对竞业禁止的侵权责任作出原则性规定,同时可以将法定竞业禁止的义务主体适当的作一扩展,而将约定竞业禁止义务主体作出适当限制。对于法定竞业禁止义务的主体,应当进一步扩大[24],不仅包括公司的董事、经理和其他雇员,而且商业企业的转让人、所有人、承租人和出租人、用益权人、代办商、商业许可合同和特许经营合同的当事人等都可能要承担竞业禁止的义务。对于约定竞业禁止的义务主体应限定在特定的范围内[25]:企业的高层管理人员或者高级研究开发人员,他们往往掌握着企业的核心机密;关键岗位的技术工人,他们因工作需要可能接触到企业的重要机密,如某种产品的关键工艺或技术参数等;市场策划及营销人员,他们往往掌握着企业的市场走向、货源情报、销售渠道等经营方面的秘密;财务会计人员;秘书人员和保安人员。

(二)违反竞业禁止侵权行为的法律后果

1. 赋予权利人可同时行使归入权和损害赔偿请求权

归入权是指商事主体依照法律的规定所享有的对其雇员违反法定义务的特定行为而获得的利益收归自己所有的权利。

归入权的行使具有下列四个特征:第一,归入权的行使主体只能是商事主体;第

---

[22] 如前所述,对于"竞争性营业",我国《公司法》将其限定为"同类的营业",而《关于加强科技人员流动中技术秘密管理的若干意见》将"竞业"表述为"生产同类的产品或者经营同类业务且具有竞争关系和其他利害关系的单位"。

[23] 《公司法》第215条规定,董事、经理违反本法规定自营或者为他人经营与其所任职公司同类的营业的,除将其所得收入归公司所有外,并可由公司给予处分。《合伙企业法》第71条规定,合伙人违反本法第三十条的规定,从事与本合伙企业相竞争的业务或者与本合伙企业进行交易,给本合伙企业或者其他合伙人造成损失的,依法应当承担赔偿责任。《中外合资经营企业法实施条例》第40条第3款规定,总经理或副总经理不得兼任其他经济组织总经理或副总经理,不得参与其他经济组织对本企业的商业竞争。

[24] 关于法定竞业禁止义务的主体范围,我国有的学者认为,竞业禁止仅为董事的一项法定义务,即只有董事不得从事与其所任职公司同类的营业和从事损害公司利益的活动。参见徐开墅主编:《民商法辞典》,上海人民出版社1997年版,第619页;也有的学者认为,竞业禁止仅为企业部分雇员的法定义务,即在公司有特定地位或职责的人不得从事与其服务的公司营业具有竞争性质的行为。参见李昌麒主编:《民法、商法、经济法实用辞典》,中国经济出版社2002年版,第642页。

[25] 参见陈金泉:《论离职后竞业禁止之契约》,载 http://www.kcchen.com.tw。

二、归入权产生于行为人违反法定竞业禁止义务的特定情况,一般认为,对于行为人违反约定竞业义务时,权利人不享有归入权,但它可以适用于约定竞业禁止义务之违反;第三,行为人因违反法定竞业禁止义务必须获得了收益,无受益不享有归入权;第四,归入权必须依照法定程序行使。

按《公司法》的相关规定,公司行使归入权的关键条件为义务人因违反竞业禁止义务取得了收入,而不问义务人的行为是否给公司造成了损失。如果义务人没有取得收入,即使行为人的行为给公司造成了损失,行为人也不需赔偿。而按《合伙企业法》的规定,合伙人承担损害赔偿责任时,须具备的关键条件为,义务人违反竞业禁止义务的行为给合伙企业或其他合伙人造成了实际损失。因此,虽有违反竞业禁止义务的行为,并未造成损失的,义务人无需承担法律责任。对于所得收入,由于合伙人并无归入权,当然仍归行为人所有。由此可见,对于同一种侵权行为,法律却规定权利人享有不同的权利,这是不合理的,应当寻找一种适当的处理方法,来解决上述问题。

从国外和有关地区的立法来看,由于公司归入权与损害赔偿请求权相互独立又相互渗透,出现了归入权与损害赔偿权的竞合的法律现象。解决竞合问题,主要有"择一""重叠""单一"三种模式。采用"择一"模式的典型代表是德国。在德国,法律将归入权与损害赔偿请求权同时赋予了公司,公司依据实际情况和自己的意愿,可以行使归入权,也可以行使损害赔偿请求权。[26] 损害赔偿请求权的行使意味着,董事必须赔偿因其行为而给公司造成的损害;归入权的行使意味着,董事必须将其为个人利益而从事的商事活动看做是为公司的利益而从事的商事活动,以及要求董事交出他在为他人利益而从事的商事活动中所获得的报酬或者放弃对该报酬的要求。采用"重叠"模式的典型国家是瑞士和日本。依照瑞士法律规定,当归入权与损害赔偿权竞合时,公司可以重叠行使上述两种权利,若公司行使归入权后,还有损害,此时可以行使损害赔偿请求权。[27] 日本也采取了相同的处理方式。[28] 我国台湾地区是采用"单一"模式的典型代表。当董事、经理违反竞业禁止义务,公司依法得将该行为之所得,视为公司之所得。当公司负责人违反竞业禁止义务时,公司应请求其行为所得之利益,作为损害赔偿。[29] 在这里,由于法定之归入权代替了损害赔偿权,归入权与损害赔偿权并非并存关系,故公司除得以行使归入权外,再不得行使其他损害赔偿之请求权。[30]

笔者认为,应当采用"重叠"模式解决公司归入权与损害赔偿权的竞合,能够最大限度地保护了权利人的合法权益。当公司归入权与损害赔偿权竞合时,权利人只有

---

[26] 参见欧阳经宇:《民法债编各论》,台北汉林出版社 1978 年版,第 159 页。
[27] 参见台湾地区"公司法"第 209 条第 3 款和台湾地区"民法"第 563 条第 1 款。
[28] 参见《日本商法典》第 264 条和第 266 条。
[29] 参见《瑞士债务法》第 464 条第 2 款。
[30] 参见《德国股份公司法》第 88 条第 2 项。

在行使归入权后,损害仍不能够弥补,公司才可行使损害赔偿权,赔偿的数额应不包含权利人行使归入权所取得的收入,只有这样,才符合公平正义的法制原则。

2. 增加违反竞业禁止行为的民事责任的形式

除赋予权利人归入权和损害赔偿请求权外,权利人还应享有不作为请求权。这是因为,当事人享有多种民事责任形式的选择权,会增强对权利人合法权利的保护力度。尽管在实践中,法院非常不愿意对个人的谋生能力加以干涉,所以法院会判决禁止行为人从事与权利人竞争的营业的可能性较低,法院只有在认定行为人不存在不对权利人的商业秘密知识进行利用就不能工作的情况下,才作出上述禁令。[31]

不作为请求权是各国(地区)广泛采用的侵权责任方式。《瑞士债法典》第340条 B 规定:雇员违反竞业禁止规定的,应当赔偿雇主因此所遭受的损害。如无相反的规定,在支付了合同约定的违约金之后,雇员不再受竞业禁止的约束,但其应当对将来的,超过前述违约金的损害承担责任。依书面的特别约定,如雇员的竞业行为可能损害或者威胁到雇主的重大利益,雇主在请求违约金与未来损害赔偿外,还有权要求雇员停止从事此种行为。《澳门商法典》也规定:如果转让人违反了不竞业义务,债权人除有权要求损害赔偿外,还有权要求行为人立即终止损害其权益的情况。

在我国,对于竞业禁止的不作为请求权的执行主体是行政机关而非民事权利主体,如工商行政管理部门有权命令义务人停止竞业行为,这不能不说是一个缺陷。

《民法通则》确认的 10 种民事责任方式中就有不作为(停止侵害)请求权,依据《民法通则》的位阶及民事责任的性质相似性,应当赋予权利人的不作为(停止侵害)请求权。但是,权利人的不作为请求权的行使具有一定的限制,即当权利人知道或应当知道行为人从事了竞业禁止的行为时,状态发生了实质性的变化,此时如果允许行为人行使不作为请求权,将会产生不公平的后果。该实质性的变化为,行为人的行为是为了公共利益或当地的经济利益,此时如果要求行为人停止营业,会对公共利益或当地经济利益造成重大影响。在这种情况下,就应当限制权利人不作为请求权的行使。如《澳门商法典》第 109 条规定:对于商业企业的转让人来讲,如果转让人违反不设立新商业企业的义务,权利人应当有权要求立即关闭该商业企业,但该商业企业的关闭使本地区经济受损害者除外。此时对于权利人的补偿体现在,要求行为人支付合理的使用费,来弥补行为人的继续不法行为给权利人的经济利益所带来的侵害。

---

[31] 参见唐海滨主编:《美国是如何保护商业秘密的》,法律出版社 1999 年版,第 27 页。

我国善意救助者法的立法与司法
——以国外好撒马利亚人法为考察

近年来,我国社会的诚信道德和诚信秩序出现重大问题,并且通过数起案件的法律适用引发了更大范围的影响。1995年的广西刘秋海案[①]作为第一起进入公众视线的救人者被诬告案,《人民日报》《中国青年报》《工人日报》《中华工商时报》等数十家新闻媒体先后对事件始末进行了详细披露[②],引发了人们对于社会道德的深刻反思和对于救人者权益何以保障的追问。继之,2006年南京彭宇案[③],2009年天津许云鹤案[④],社会舆论对诚信道德和诚信秩序提出了严重的拷问。随着彭宇案的调解和许云鹤案的维持原判,对这两个案件本身的质疑似乎已经平息,但提出的问题并没有消弭。笔者认为,应当充分借鉴国外好撒马利亚人法的经验,对善意救助者从法律上、制度上给予更全面的保障,为处理这类案件提供理论支持和法律依据,让人民有信心、有勇气承担诚信义务,改变"谈救人色变"的局面,弥合诚信道德和诚信秩序的社会创伤。

一、国外好撒马利亚人法的立法概况

(一)好撒马利亚人法的来源

好撒马利亚人法源于圣经中的好撒马利亚人的记载。好撒马利亚人是基督教文化中一个著名的成语,意为好心人、见义勇为者,来源于《新约圣经·路加福音》十章25至37节耶稣基督讲的一个寓言:一个犹太人被强盗打劫受了重伤,躺在路边,有一个祭司和一个利未人路过不闻不问;一个撒马利亚人路过,不顾隔阂,动了慈心照应他,并且自己出钱把受伤的犹太人送进旅店。耶稣用这个寓言说明,鉴别人的标准是人心而不是人的身份。犹太人自己的祭司和利未人虽然是神职人员但见死不救,而

---

[*] 本文发表在《求是学刊》2013年第3期,合作者是中国人民大学法学院博士研究生王毅纯。
[①] 该案件终审判决参见广西壮族自治区高级人民法院(1998)桂行终字第1号行政判决书。
[②] 在诸多媒体报道中,最具影响力的是:《人民政协报》以《公理何在,正义何在》为题刊登了刘秋海的来信,立即引起轩然大波;随后,《南方周末》以《做好事招来的横祸》《恶人先告状》《"刘秋海"事件再追踪》对案件发展予以全程关注,且招致报道相关人对《南方周末》报社提起名誉权侵权之诉。
[③] 该案件一审判决参见南京市鼓楼区人民法院(2007)鼓民一初字第212号民事判决书。
[④] 该案件一审判决参见天津市红桥区人民法院(2010)红民一初字第837号民事判决书。

仇敌撒马利亚人却成了救命恩人和见义勇为者。借鉴好撒马利亚人寓言,一些国家制定了好撒马利亚人法(又译作行善人保护法)⑤,用立法手段保护善意救助他人者,规定急救人士在抢救伤者的过程中或其后对方死亡,可以适用好撒马利亚人法撤销死者家属对治疗者的法律起诉,从而鼓励善意救助伤、病人士的高尚行为。

(二)大陆法系的好撒马利亚人法

1. 大陆法系好撒马利亚人法的立法概况

据学者研究,古埃及法和印度法中就有惩罚见死不救者的规定。⑥ 在现代,大陆法系国家对于好撒马利亚人法的规定多见于刑事立法之中,即科加普通人以一般救助义务,见危不救或见死不救的行为则因违反法定的救助义务而构成犯罪。

大陆法系国家认为,紧急情况下不援助他人是一项罪过,这种立法具有高度一致性。救助处于危险中的人的义务起源于法国和比利时等国家。⑦ 从19世纪20年代起,大陆法系某些国家开始转变行为人不对他人承担一般救助义务的法律规定,制定刑法要求行为人对处于危险或者危难中的他人承担救助义务。对此,1822年《西班牙刑法典》、1845年《俄国刑法典》、1853年意大利《托斯卡纳刑法典》、1867年《比利时刑法典》、1871年《德国刑法典》、1881年《荷兰刑法典》、1889年《芬兰刑法典》都有相关规定。⑧ 在当代,几乎所有国家都制定了民法典或刑法典来规定作为好撒马利亚人所承担的一般救助义务。例如,《德国刑法典》第330c条对行为人承担的救助义务作出明确规定:"意外事故、公共危险或困境发生时需要急救,根据行为人当时的情况急救有可能,尤其对自己无重大危险且又不违背其他重大义务而不进行急救的,处1年以下自由刑或罚金。"⑨法国将有关行为人承担一般救助义务的好撒马利亚人法于1994年编入《法国新刑法典》,第223-6条规定:"任何人对于处于危险中的他人能够采取行动,或者能唤起救助行动,且对本人或第三人均无危险,而故意放弃给予救助,处前款同样之刑罚。"⑩西班牙刑事立法贯彻好撒马利亚人法的经历也与法、德两国大致相似。

在民法领域,1867年《葡萄牙民法典》是欧洲第一部规定违反救助义务要承担侵权责任的民法典。进入20世纪以来,法、德各国都通过法官法发展不作为侵权责任。法国法对于好撒马利亚人因过失让受害人的状况更恶化的情形,给予好撒马利亚

---

⑤ 参见薛波主编:《元照英美法词典》,法律出版社2003年版,第606页。
⑥ See F. J. M. Feldbrugge, "Good and Bad Samaritans, a Comparative Survey of Criminal Provisions Concerning Failure to Rescue", In 14 (1965-66) The American Journal of Comparative Law, p.632.
⑦ 参见蔡唱:《论旁观者的不作为侵权行为——以民事救助义务的确立为视角》,载《湖南师范大学社会科学学报》2007年第2期。
⑧ 大陆法系各国的立法顺序梳理,参见徐国栋:《见义勇为立法比较研究》,载《河北法学》第24卷第7期。
⑨ 徐久生、庄敬华译:《德国刑法典》,中国法制出版社2000年版,第218页。
⑩ 罗结珍译:《法国刑法典》,中国法制出版社2003年版,第73页。

豁免权,但以达到通常人尽到的注意为限。⑪ 至于好撒马利亚人是否对在实施救助过程中造成的损害承担责任,《德国民法典》作出了肯定的回答,第 680 条规定了"为避开危险而管理事务"的情形,设立了故意或重大过失情形除外的豁免。⑫ 这一规定与美国多数州的好撒马利亚人法相一致,体现出两大法系在好撒马利亚人法豁免权问题上基本一致的立场和相似的立法趋势。

2. 大陆法系好撒马利亚人法的基本规则

(1)对一般救助义务的承认

罗马法并不存在给陌生人提供紧急救助义务的传统。在 19 世纪之后,大陆法系国家的法律才责令行为人对他人承担一般救助义务。这一做法在一定程度上填补了大陆法系国家关于不作为行为理论的法律漏洞。原因在于宗教观念对刑法的影响⑬、德国纳粹集权主义哲学的影响、社会本位思潮的反映是其背后的巨大推动力。

大陆法系各国对一般救助义务规定的共性特征有以下三点:第一,救助的对象是处于特定危险状态而不能自救的他人,其中的特定危险状态是指具有现实侵害性和现实紧迫性的危险;第二,救助的主体是知道危难并能够救助的行为人,例如危难发生的目击者、遭遇危难者的发现者等;第三,救助的程度是救助者有救助能力且实施救助不会使自己或第三人置于危险境地。

(2)对违反一般救助义务承担不作为侵权责任

法国民法规定,救助非常容易并不会给救助者的利益造成侵害的,存在不作为的民事责任。⑭ 不作为的侵权行为亦应根据民法典第 1382 条和 1383 条承担责任,原则上,不作为和作为被同等对待。如果被告在一个善良家父会积极作为时却没有作为,即表明被告有过错,在符合其他责任构成的条件下即应承担过错侵权责任。⑮ 荷兰民法遵从了法国民法的发展,不作为和作为得到同样的对待。虽然判例非常少,但是荷兰民法规定了作出其他行为的义务。其他民法法系的国家或多或少地继承了这一做法。《葡萄牙民法典》明确规定,依照第 2368 条,在救助者作为不会使自己暴露于危险面前时,在暴力侵害现场的旁观者应当积极作为;没有给予援助会导致损害赔偿责任。⑯

(三)英美法系的好撒马利亚人法

英美法在经济人假设的基础上,坚持"各人自扫门前雪,休管他人瓦上霜"(Mind your own business)、"人人为己"(Every man for himself)的行为规则。由此,英美法向来拒

---

⑪ 参见徐国栋:《民法哲学》,中国法制出版社 2009 年版,第 347 页。
⑫ 参见徐国栋:《民法哲学》,中国法制出版社 2009 年版,第 349 页。
⑬ See Angela Hayden, *Imposing Criminal and Civil Penalties for Failing to Help Another*: Are "Good Samaritan" Laws Good Ideas?, (2000)6 New Eng. Int'l & Comp. L. Ann. 27, 29.
⑭ See Jan M. Smits, The Good Samaritan in European Private Law: On the Perils of Principles without a Programme and a Programme for the Future, Inaugural lecture, Maastricht University 19 May 2000, p. 8.
⑮ 参见张民安:《过错侵权责任制度研究》,中国政法大学出版社 2002 年版,第 327 页。
⑯ 参见蔡唱:《不作为侵权行为发展趋势研究》,载《法学评论》2008 年第 1 期。

绝把道德义务转化为法律义务,原则上不鼓励干涉他人的事务,即使是为了救助此人摆脱迫在眉睫的死亡危险。[17]

1. 英美法系好撒马利亚人法的立法概况

自远古时代起,英美法系国家的刑法就认为,行为人不救助他人的行为不构成犯罪,行为人不用就其不作为行为对国家承担刑事责任。[18] 如果科加救助义务于"陌生人",将未经其同意并违背其意愿迫使他们进入可能的危险或不便,就干预了其自治和个人的自由。[19] 然而,在这样的立法立场导致了可怕的 Catherine Genovese 案件[20]后,刺激法学家们再次反思传统的经纪人假设在某些法律领域适用的合理性。1965年4月9日,在芝加哥大学还专门举行了"好坏撒马利亚人法"(The Good Samaritan and Bad)国际会议,会议的最终成果是《1966 年好撒马利亚人法建议稿》。

美国的好撒马利亚人法主要存在于侵权法领域、海商法领域和食品捐赠领域。1959 年,加利福尼亚州制定了美国各州最早的一部《好撒马利亚人法》,但从该法的规定来看,只豁免免费服务的专业人士提供医疗服务时就轻过失产生的责任。加州的这个不完全的《好撒马利亚人法》成为其他各州的参照模式。到 1983 年为止,美国各州外加哥伦比亚特区、波多黎各和维京群岛都制定了自己的《好撒马利亚人法》。其中,明尼苏达州首先规定了好撒马利亚人的豁免权,并在 1983 年的修改中科加了主体的一般救助义务。[21] 这些州法的绝大多数都只规定消极的好撒马利亚人的民事责任豁免问题,有些州的这一立法属于民事诉讼法的"民事责任的豁免"部分的条款,例如印第安纳州的《好撒马利亚人法》就是如此。但也有少数州[22]例外地科加"旁观者"或"陌生人"以不同形式的一般救助义务,具体可分为救人的好撒马利亚人(即要求主体自己对危险中的受害人提供救助)和呼救的好撒马利亚人(即不要求主体自己对危险中的受害人提供救助,而只要求主体呼叫救助)。[23]

英国法院对陌生人之间施救问题的立场有所变化,体现在:普通法的传统是通过限制救助人在侵权诉讼中追偿他们可能遭受的损害实际地遏制积极救助行为,之后的判决认为由于自己的疏忽使他人陷入危险的人对施救者因此遭受的损害应予赔

---

[17] See Aleksander W. Rudzinski, The Duty to Rescue: A Comparative Analysis, In James M. Ratcliffe (Edited by), *The Good Samaritan and the Law*, Doubleday & Company, INC., New York, 1966, p. 91.

[18] 参见张民安:《侵权法上的作为义务》,法律出版社 2010 年版,第 188 页。

[19] See Sheldon Nahmod, "The Duty to Rescue and the Exodus Meta-Narrative of Jewish Law", In 16(199) *Arizona Journal of International and Comparative Law*, p. 762.

[20] 该案件被《纽约时报》披露后引起社会一片哗然。关于本案的详细过程,See Michael Dorman, "The Killing of Kitty Genovese: Her public slaying in Queens becomes a symbol of Americans' failure to get involved", On http://www.newsday.com/community/guide/history/ny - history - hs818a,0,7944135.story.

[21] 参见徐国栋:《见义勇为立法比较研究》,载《河北法学》2006 年 7 月,第 24 卷第 7 期。

[22] 这些州为:罗德岛(Rhode Island)、威斯康星(Wisconsin)、明尼苏达(Minnesota)、佛蒙特(Vermont)、夏威夷(Hawaii)、华盛顿(Washington)6 个州。其中,前 4 个州的规定为救人的好撒马利亚人,后 2 个州的规定为呼救的好撒马利亚人。

[23] See Melody J. Stewart, *Some Thoughts on the Constitutionality of Good Samaritan Statutes*, In 8(1982) Am. J. L. and Med. p. 29.

偿，形成了鼓励和表彰救援他人行为的司法政策。㉔ 尽管如此，英国的判例法仍未科加人们以一般救助义务，认为这是一种道德责任，仅是对救助他人者实行了优待，以消除其后顾之忧，这与美国多数州的做法一致。

2. 英美法系好撒马利亚人法的基本规则

(1) 对一般救助义务的拒绝

英美法系侵权法关于救助义务的规定同刑法关于救助义务的规定完全相同，认为除非行为人与他人之间存在某种特殊关系，否则行为人不对他人承担民事救助义务，行为人不救助他人的行为不构成过错侵权行为，即便他人因此遭受损害，法律也不会责令行为人就其不作为行为对他人承担侵权责任。㉕ 他们的司法判例也坚持这样的规则。简言之，行为人对处于危险之中的他人没有提供救助的义务，尽管实施救助不会给行为人带来任何不便，行为人不会因其不提供救助义务的不作为行为而承担侵权责任或刑事责任。美国《侵权法重述·第二版》第314条明确说明：行为人意识到或者应当意识到自己的行动为他人救助或保护所必需，并不会使他们对他人承担采取此种行动的义务。㉖ 官方对314条的评论指出：无论他人遭受的危险有多大，无论行为人对他人提供救助或保护所存在的麻烦多么微不足道，所作出的努力多么轻而易举或所支付的成本多么低廉，第314条的原则同样适用。

(2) 对好撒马利亚人豁免权的认可

英美法系国家的各类好撒马利亚人法都肯定了好撒马利亚人享有豁免权，即救助者在救助过程中即使存在轻微过错，也不对此承担责任。美国于1959年最先制定的加州好撒马利亚人法，就规定了免费服务的专业人士提供医疗服务时就轻过失产生责任的豁免权；明尼苏达州首先规定好撒马利亚人的豁免权，好撒马利亚人不对提供紧急救助所产生的损害承担责任。联邦法如1996年10月1日克林顿总统签署的《好撒马利亚人食品捐赠法》(Good Samaritan Food Donation Act) 规定，通过豁免捐赠人对食品引起损害带来的民事或刑事责任鼓励捐赠食品给需要的人。㉗ 至今，好撒马利亚人的豁免权已成为英美法系国家好撒马利亚人法的突出特征，在鼓励善意施救行为方面发挥了重要作用。

二、国外好撒马利亚人法可以借鉴的基本经验

结合我国诚信道德和诚信秩序建设存在的基本问题，可以借鉴的好撒马利亚人

㉔ See Margaret Brazier, John Murphy, *Street on Torts*, Butterworths, London, Edinburg, Dublin, 1999, pp. 202ss.

㉕ 参见张民安：《侵权法上的作为义务》，法律出版社2010年版，第189页。

㉖ 参见肯尼斯·S. 亚伯拉罕、〔美〕阿尔伯特·C. 泰特选编：《侵权法重述——纲要》，许传玺、石宏等译，许传玺审校，法律出版社2006年版，第68—69页。

㉗ See The Bill Emerson Good Samaritan Food Donation Act, On http://www.licares.org/General_Information/Good_Samaritan_Act.htm。

法的基本经验和意义,主要有以下三点:

(一)积极的好撒马利亚人还是消极的好撒马利亚人

在各国的好撒马利亚人法中,对于主体区分为消极的好撒马利亚人和积极的好撒马利亚人。消极的好撒马利亚人是指只是救助犯罪或自然灾害受害人的好撒马利亚人;积极的好撒马利亚人则指与犯罪或自然灾害搏斗以阻止犯罪或自然灾害蔓延的好撒马利亚人。[28] 积极的好撒马利亚人的含义更接近于见义勇为[29]一词在我国社会传统中的指称,并且被20世纪90年代我国各省市所制定的见义勇为立法所鼓励;消极的好撒马利亚人正是《路加福音》中好撒马利亚人的本意,也是国外好撒马利亚人法真正保护的对象,相比见义勇为者,其含义应更准确的界定为善意施救者。

区分消极的好撒马利亚人和积极的好撒马利亚人具有重要意义。消极的好撒马利亚人只救助受害人而未与犯罪和自然灾害搏斗,而积极的好撒马利亚人更是通过与犯罪行为和自然灾害进行搏斗而救助或者保护受害人。相较而言,后者更应当予以肯定。我国更侧重的是积极的好撒马利亚人的立法和司法,对于消极的好撒马利亚人,我国则未予重视。在社会上,积极的好撒马利亚人受到尊重,我国立法已不乏行政法规、地方性法规对积极作为的好撒马利亚人的见义勇为作出规定,从而对其形成鼓励和保护的制度。对于消极的好撒马利亚人立法和司法均未重视,甚至错误适用法律,使消极的好撒马利亚人受到冤屈,而恰恰是这些问题在社会诚信建设中产生了恶劣影响,是应当着重予以研究和解决的问题。因而国外好撒马利亚人法着重规范的消极好撒马利亚人法的内容,对我国具有更为重要的借鉴意义。

(二)是否承认普通人的一般救助义务

好撒马利亚人法特别注意区分一般救助义务和特殊救助义务,这是对消极的好撒马利亚人法的进一步细化。这种分类的标准主要在于承担救助义务的主体范围不同。一般救助义务,是指即便行为人与身处险境中的他人之间不存在任何特殊关系,也要对他人承担救助义务,行为人应当采取某种措施救助他人,使他人摆脱所面临的危险或困境。[30] 特殊救助义务,是指行为人仅仅在某些特殊情况下才对身处险境中的他人承担救助义务,如果行为人与身处险境中的他人不存在任何特殊关系或者不存在某些特殊情况,则行为人不对他人承担救助义务,即便他人遭遇的危险非常急迫,行为人的救助毫不费力或者不存在任何不方便的地方。[31]

大陆法系和英美法系的好撒马利亚人法的最主要分歧,在于对一般救助义务的肯定与否定。大陆法系承认一般救助义务,赋予普通人对于危难中的他人以救助义

---

[28] 参见徐国栋:《见义勇为立法比较研究》,载《河北法学》2006年7月,第24卷第7期。
[29] 参见贾邦俊:《见义勇为行为的民法透视》,载《河北法学》2003年1月,第21卷第1期。"见义勇为行为是指公民为保护国家、社会、集体的利益和他人的人身、财产安全.不顾个人安危同违法、犯罪行为作斗争或抢险、救灾、救人的行为。"
[30] 参见张民安:《侵权法上的作为义务》,法律出版社2010年版,第175页。
[31] 参见张民安:《侵权法上的作为义务》,法律出版社2010年版,第187—188页。

务,违反者予以刑事或者民事制裁。而英美法系不承认一般救助义务,只承认特殊救助义务,因而并不强制普通人对于陷入危难者负有法定救助义务。

对特殊救救助义务当然不存在问题,问题在于对普通人是否赋予强制的一般救助义务。在这一点上,我国确立好撒马利亚人法,究竟采大陆法系模式,还是采英美法系模式,特别值得斟酌,面临着对一般救助义务的承认还是拒绝的立法选择。

(三)好撒马利亚人的责任豁免权

英美法系的好撒马利亚人法的核心,是赋予好撒马利亚人以责任的豁免权,救助者在救助过程中即使存在一般过失,也不对此承担责任。在大陆法系,更侧重于救助义务不作为的损害赔偿责任,只是近年来才有好撒马利亚人法的豁免规则,例如法国法对于好撒马利亚人因过失让受害人的状况更恶化的,对好撒马利亚人予以豁免,但以达到通常人尽到的注意为限。

对于这个问题,我国立法和司法也存在抉择的问题。不过,对好撒马利亚人予以豁免权,似乎比对普通人赋予一般救助义务的抉择更为容易一些,因为对救助他人者予以宽容,以更好地呼吁人们积极救助陷入危难者,建设诚信社会,具有重要意义,且为全社会所认可。

三、加强我国诚信道德建设中的好撒马利亚人法的立法和司法

借鉴国外好撒马利亚人法的经验,我国在立法和司法中应当在以下五个方面确立好撒马利亚人法的基本原则,并予以实施,应对社会诚信建设的迫切要求。

(一)继续坚持鼓励见义勇为的积极好撒马利亚人

国外使用"好撒马利亚人"寓指善意施救的行善人,我国传统更偏向于使用"见义勇为"[32]一词来指代那些不顾个人安危,勇敢地同违法犯罪行为作斗争的,保护他人的道德高尚者,即积极的好撒马利亚人。这与我国的传统有关。我国古代向来道德与法律不分、公法与私法不分,见义勇为之类的行为能够科加民众以配合政府司法的义务,历代法律均有规定,如《易经·蒙上九》:"击蒙,不利为寇,利御寇。"[33]

我国关于"好撒马利亚人法"的立法集中在对见义勇为这一积极的好撒马利亚人的规定中。自1991年青岛首先例制定了《青岛市表彰见义勇为公民的规定》之后,到2004年,全国共有35个省市制定了此类地方立法,名称基本为"见义勇为表彰条例"之类。[34] 立法强调的是对见义勇为者事后的行政表彰,并未涉及诸如美国各州好

---

[32] 见义勇为在《现代汉语大词典》中的解释为"见到合乎正义的事便勇敢地去做"。
[33] 郑显文:《中国古代关于见义勇为的立法》,载《中外法学》1999年第6期。这句话的含义是,凡攻击愚昧无知之人,是寇贼行为,会受到惩罚;对于抵御或制止这种寇贼行为的人,应当受到支持或保护。
[34] 参见徐国栋:《民法哲学》,中国法制出版社2009年版,第357页。

撒马利亚人法对善意施救者豁免权、侵权责任等民事立法层面。从这个意义上说,我国并没有真正意义的好撒马利亚人法。

在全国性的立法和司法解释中,侧重于对见义勇为者自身造成损失的补偿。《民法通则》第93、109条,最高人民法院《关于贯彻执行〈民法通则〉若干问题的意见(试行)》第142条、《关于审理人身损害赔偿案件适用法律若干问题的解释》第15条,以及1991年全国人民代表大会常务委员会通过的《关于加强社会治安综合治理的决定》(以下简称《规定》)第6条,都有这样的规定。《民法通则》侧重于对见义勇为者的损失补偿,《决定》则确立对见义勇为者的行政表彰制度。

见义勇为者属于积极的好撒马利亚人,也是好撒马利亚人法的内容。对积极的好撒马利亚人予以鼓励和补偿,符合加强我国诚信道德建设的基本宗旨,应当继续坚持。

就目前情况观察,我国积极的好撒马利亚人法的基本情况是:第一,立法并非不完备,现有的《民法通则》《决定》、司法解释以及各地的地方立法,已经形成了保护积极的好撒马利亚人的立法体系,对此必须坚持,特别是奖励和救助基金的建立和适用,用以引导社会的诚信建设。第二,对于积极的好撒马利亚人自身损失的补偿,亦应继续坚持,使见义勇为者受到的损失能够得到救济,避免"好人吃亏"后果的出现。第三,对于见义勇为者过失造成被救助者的损害,应当建立责任豁免制度。对此,下文继续探讨。

(二)承认特殊救助义务不宜确定一般救助义务

在我国,刑法和民法均不承认行为人对他人承担一般救助义务,而是对一定范围内的特殊救助义务予以认可。这一立场也是我国法学界目前对此问题的主流观点。借鉴大陆法系和英美法系好撒马利亚人法的基本经验,我国的好撒马利亚人法对于行为人救助义务的立场,应当做以下抉择:

1. 不宜承认行为人的一般救助义务

近几年来,由于见死不救而引发的悲剧不断上演,一些学者开始主张将行为人对身处险境的陌生人进行救助的道德义务上升为法定义务,在立法上承认一般救助义务;不作为侵权行为的扩张成为侵权法发展的一大趋势,且确认旁观者救助义务的刑事法律呈扩展态势,民法法系国家旁观者不作为侵权行为规定也有扩展之势。[35]

笔者赞同目前的主流观点,即对一般救助义务不宜承认,其理由是:

第一,法律义务与道德义务应当严格界分。好撒马利亚人法的关键问题在于一般救助义务。对道德义务和法律义务应严格区分,不能使道德义务过度上升为法律义务的真正目的,在于维护公民的行为自由。若科加公民以一般救助义务,则违反了个人自由和意思自治的原则。个人是否愿意对他人提供救助和提供什么形式的救助

---

[35] 参见蔡唱:《不作为侵权行为发展趋势研究》,载《法学评论》2008年第1期。

完全由个人自由决定,法律不能强迫行为人违反自己的意思对他人提供救助。㊱ 正如 Richman 指出的那样:"虽然人们发现好撒马利亚人法是合理的,因为他们相信有良好道德的人应当会救助处于危险或者困境中的人,但是,为了尊重个人享有的权利和为了限制政府享有的权力,立法机关不应将良好道德准则制定为法律,否则,这样的法律会削弱行为人享有的自由。"㊲ 王泽鉴先生也认为:"对处于危险之中的陌生人予以救助的'好撒马利亚人'行为虽然将崇高的道德标准发挥到极点,但从法律的观点而言,我们仍应宽容祭司以及利未人的无情。法律强加行为人对他人的救助义务,是对行为自由的破坏。"㊳

第二,我国目前的社会现状缺乏一般救助义务的土壤。造成我国目前见危不救的冷漠现状,社会道德滑坡、诚信原则破坏所形成的"人人自私"的社会风气表现出的公民不愿主动向他人施以援手的社会现象,是主要原因。同时,善意施救者反被诬告并被确认承担责任的不当裁判,导致普通公民因害怕被被救者讹诈而吃官司,因而不敢出手相助。㊴ 面对这种现状,法律应有的回应是如何对善意施救者予以充分保障,从而间接鼓励公民在他人处于危难时积极救助㊵;而非强加公民以一般救助义务,要求公民承担救助他人的法律义务,这样揠苗助长的手段,不仅不能达到促使公民在社会生活中积极救助他人的目的,反而会产生更加不利的社会影响,严重影响人们的行为自由。因此,更好的选择是制定一个鼓励公民善意救助伤病者,保护善意施救者不受恶意起诉的追究,形成诚信建设的正确导向,才能与我国目前的社会现状相适应。

第三,国外实践经验的支持和启示。在美国,少数州虽然已经制定了一般意义上的危难救助法,但是,这些法律所起到的实际效果并不理想。它们所能发挥的作用,与其说是促使行为人对他人危难予以积极救助的实际作用,不如说是确立社会道德标准的形式作用。例如,佛蒙特州虽然在 1967 年就确认了一般救助义务,但此种法律很少得到适用,司法机关目前为止仅在 State v. Joyce 一案㊶中予以适用;虽然明尼苏达州和威斯康星州都于 1983 年承认了一般救助义务,但该州的司法机关从未在案件中适用过此类法律。㊷ 在对好撒马利亚人法的借鉴上,现实效果的考量应是重要的参照标准。

2. 对特殊救助义务的承认

我国在对特殊救助义务的确认上,刑法和民法有所不同。刑法承认特殊救助义务,而仅对特殊救助义务的来源看法不同。

我国民法学界对于行为人特殊救助义务也是承认的,但对这种救助义务的来源

㊱ 参见张民安:《侵权法上的作为义务》,法律出版社 2010 年版,第 204 页。
㊲ See Sheldon Richman, "You Can't Legislate Goodwill", (1997) Christian Science Monitor, Oct. 2, 19.
㊳ 王泽鉴:《侵权行为法》(第 1 册),中国政法大学出版社 2001 年版,第 90—91 页。
㊴ 参见《谁造就了各地的"彭宇案"?》,载《经济观察报》2011 年 9 月 5 日第 15 版。
㊵ 参见《法律应为救助者解除"后顾之忧"》,载《法制日报》2009 年 12 月 2 日第 7 版。
㊶ 433A. 2d 271 (Vt. 1981)。
㊷ 参见张民安:《侵权法上的作为义务》,法律出版社 2010 年版,第 206 页。

研究不多。有的学者认为,行为人在5种状况下对他人承担特殊救助义务:(1)行为人因为契约对他人承担的救助义务;(2)行为人因为制定法的规定而对他人承担的救助义务;(3)行为人因为与他人之间存在某种特殊关系而对他人承担的救助义务;(4)行为人因为其自愿承担职责的行为而承担的救助义务;(5)行为人因为其先前行为而承担的救助义务。[43] 笔者赞同这种意见。

(三)承认好撒马利亚人的豁免权

好撒马利亚人法不规定一般救助义务并不等于不支持、不保护善意施救者,相反,好撒马利亚人法设置善意施救者的豁免权对其予以保护。针对我国目前的社会诚信道德的现状,必须承认善意施救者即好撒马利亚人的豁免权。英美法系好撒马利亚人法的豁免权是指救助者在救助过程中即使存在一般过失,也不对施救造成的损害承担责任。好撒马利亚人法运用这种豁免权,鼓励公民救助处于危险中的他人,防止见危不救情形的发生。概言之,为鼓励公民对不负救助义务的他人实施救助,赋予善意施救者在其一般过失范围内的豁免权,大大降低善意施救者所要承担的风险,保护好善意施救者。

我国立法和司法应当确认,善意施救者享有豁免权须具备以下要件:

1. 行为人为善意施救者

我国立法目前不承认一般救助义务。与此相应,构成好撒马利亚人的行为人,必须是那些对他人不承担一般救助义务,但对身处危难境地的他人主动实施救助行为的人,即善意施救者(国外好撒马利亚人法一般将其界定为 who in good faith renders emergency care at the scene of emergency)。换言之,承担特殊救助义务的义务人不构成享有豁免权的好撒马利亚人,这是因为,基于特殊救助义务实施的行为是行为人的"本分",好撒马利亚人法的评判标准则要求行为人应是自觉的、非功利性地救助他人。

2. 行为人实施了救助行为

行为人实施了救助行为是其享有豁免权的前提条件。在他人处于危难或困境中时,行为人出于善意采取了紧急救助措施,实施了救助行为,是构成豁免权的要件。实施救助行为,不仅包括行为人自己采取救助措施对处于危难者进行救助,也包括行为人呼叫他人对处于危难者进行救助。[44] 前者主要适用于行为人具有能够实施救助的能力而主动实施救助,后者主要适用于行为人不具有能够实施救助的能力,或者危难情况的程度必须有专业人员的介入才能得以缓解或控制。

3. 行为人存在一般过失

一般过失相对于重大过失而言,通常分为抽象过失和具体过失。[45] 好撒马利亚人

---

[43] 参见张民安主编:《债法总论》,中山大学出版社2005年版,第46页。
[44] 即包括本文提及的"救助的好撒马利亚人"和"呼救的好撒马利亚人"。
[45] 参见杨立新:《侵权责任法》,法律出版社2010年3月版,第87—88页。

的豁免权仅存在于具体过失和抽象过失的范围内,前者是指违反应与处理自己事务为同一注意的义务,后者则指违反善良管理人的注意义务。好撒马利亚人的过失程度不应达到使被救助者所受损害严重扩大的程度,其界分的标准就是重大过失与一般过失。重大过失造成的被救助者的损害,救助者尽管好意,但亦应承担适当责任。如果行为人不存在过失,就不存在侵权责任,当然也就无所谓豁免权的问题了。

具备以上三个要件,善意施救者享有豁免权。该豁免权究竟是诉讼豁免权抑或责任豁免权,不无争议。笔者认为,将该豁免权界定为责任豁免权更为恰当,原因有二:第一,赋予善意施救者以豁免权的目的在于限缩其可能承担责任的范围,而不是将善意施救者严密地保护在可能发生的诉讼之外,界定为责任豁免权是对善意施救者豁免权本质的准确阐明;第二,善意施救者与被救助者之间可能因救助行为而产生有关施救者责任的争议,最有效的方法应是通过诉讼予以确定,较之于诉讼豁免权,责任豁免权更符合理性。

(四)不当进行救助的责任承担

由于善意施救者在具体过失和抽象过失的范围内享有豁免权,因而违反救助义务承担责任的情形,仅限于行为人具有故意或重大过失。然而,行为人一旦在救助过程中故意对受害人进行加害,则其行为构成侵权行为不言自明,其后续的侵权行为已与之前的救助行为相分离,在实践中一般只对行为人的侵权行为予以处理,而对其实施的救助行为则不再考虑。因此,行为人在救助过程中故意对受害人实施侵权行为,由于其性质明确且处理简单,故不作为论述重点。

善意施救者因重大过失可能涉及的侵权责任分为两种类型:一是行为人违反先行行为所产生救助义务的不作为侵权责任,二是行为人因救助不当违反救助义务所承担的侵权责任。

1. 违反先行行为产生救助义务的侵权责任

先行行为也称为事前行为,是相对于危险状态出现后行为人的不作为行为而言的行为。㊻虽然行为人并不负有法律上的一般救助义务,但行为人会因自己的先行行为导致自己负有后续的相应作为义务。若不履行此作为义务,则应当承担不作为的侵权责任。在善意施救中,行为人因先行行为所产生的救助义务主要包括以下两种:

(1)主动承担救助义务的先行行为引发的后续作为义务,包括行为人以呼救、陪同、照料等多种形式介入救助过程,且其介入程度足以使他人相信行为人会提供救助而排除他人提供救助或照料,或足以剥夺受害人获得第三人救助的机会,由此负有继续履行合理救助的义务,此时若行为人放弃救助,对于造成的损害,应承担侵权责任。这就是"在他不再提供救助将会使之处于比在得到救助之前更为糟糕的境界之时,他就必须善始善终地将救助义务进行下去。境况更糟理论和机会剥夺理论为此提供了

㊻ 参见蔡唱:《先行行为导致的不作为侵权行为研究》,载《湖南大学学报(社会科学版)》2009年1月,第23卷第1期。

理论支持"。㊼

(2)行为人的先行行为开启或制造了某种可能加害于他人的危险,而行为人能够控制此种危险的产生和发展,就由此产生了避免此危险发生或在危险发生之后予以救助的作为义务。这时,行为人对危险的发展具有绝对的控制能力,绝对的控制能力是指主体对客观事物的发展方向具有主导作用,对事物发展的最终结果具有可控制性。㊽ 最典型的情况是,行为人使处于危难中的受害人对其产生了超出他人的信赖,相信其能够救助自己,此时若行为人放手不管,对于造成的损害,应当承担侵权责任。

2. 救助不当的侵权责任

因救助不当违反救助义务而承担的侵权责任,仅限于行为人因在救助过程中存在故意、重大过失而承担的侵权责任。行为人在这种情形中承担侵权责任,既与国外好撒马利亚人法的诸多立法规定相符,也符合好撒马利亚人法要求行为人为"善意施救者"的本质。因故意而承担侵权责任的情形比较简明,下文着重对因重大过失承担侵权责任的情形进行分析,主要包括以下两种类型:

(1)行为人在救助过程中违反救助常识所导致的过失侵权责任。由于救助常识应当是每个社会成员必备的知识,尤其处于今天的风险社会则更是如此,因此,违反救助常识,构成违反普通人的注意义务的重大过失。例如,对于骨折的受伤者,不能随意移动其身体位置,以免造成更严重的伤害,这已经成为社会常识。这种注意标准,是指在正常情况下,只用轻微的注意即可预见的情形。这种注意义务,是按照一般人在通常情况下能够注意到作为标准。㊾ 尽管救助者可能无法准确判断被救助者的确切伤势,但作为善意施救的前提,必然是对被救助者的危难状况有合理的认知,否则贸然施救,则应当对其行为所造成的损害后果承担相应的侵权责任。

(2)行为人采取的救助措施与受害人所处的危难程度严重不相适应所导致的过失侵权责任。好撒马利亚人法要求,在救助他人的过程中,必须以合乎情理和有效的救助措施对受害人实施救助,要求好撒马利亚人不仅是"善意施救者",而且是"负责任的施救者"。行为人所采取的救助措施应当与受害人所处的危难状况和危险程度相符,即能够达到帮助受害人缓解或脱离困境的目的,而不是发生相反的效果。若行为人未达到此要求,则在其过失范围内承担侵权责任。但为了鼓励行为人积极实施救助行为,而不至于被过高的行为风险所羁绊,则应强调,只有当行为人采取的救助措施与受害人所处的危难程度严重不相适应的情形,即行为人的过错程度足以达到重大过失时,才承担责任。至于其承担侵权责任的限度,则以其导致被救助者所受损害的扩大或加剧的幅度为准。

善意施救者所承担的责任,可能涉及侵权责任与无因管理债务不履行责任的竞

㊼ 张民安:《过错侵权责任制度研究》,中国政法大学出版社2002年版,第334—340页。
㊽ 参见武挪强、温晓莉:《见危不救的法理思考》,载《法治论丛》2006年7月第21卷第4期。
㊾ 参见杨立新:《侵权责任法》,法律出版社2010年版,第87页。

合,对此需予以明确界定和具体分析。在救助不当的侵权中,会发生侵权责任与无因管理债务不履行责任竞合的问题。善意施救行为无疑是符合无因管理的构成要件的,因而成立无因管理。在无因管理中,管理人负有适当管理义务,若管理人采取的方法不利于本人,使本人利益遭受损失,则属于违反适当管理义务,应承担无因管理不履行的责任。此种情况下,"若管理人因故意或过失侵害本人之权利者,侵权行为仍可成立,非谓成立无因管理后,即可排斥侵权行为之成立"。[50]在善意施救成立无因管理的前提下,上述违反救助义务的侵权责任,存在与无因管理债务不履行责任的竞合。其法律后果,是受害人可以根据自己的利益考虑选择请求权。

在违反先行行为产生救助义务的侵权责任中,由于行为人尚未真正对处于危难中的他人实施救助行为,只是基于自己的先行行为导致自己对他人产生救助义务,此种情形,因行为人尚未"管理他人事务",故不能成立无因管理。行为人违反救助义务所承担的责任,属于违反法定义务的责任,其性质为侵权责任,不存在责任竞合的可能。

在救助不当的侵权责任中,由于行为人已对处于危难中的他人实施了救助行为,只是救助时存在过错(故意和重大过失),此种情形,行为人的救助行为已完全符合无因管理的构成要件,故其因过错造成受害人损害的行为属于未履行无因管理的主给付义务即适当管理义务,成立无因管理不履行责任;同时,行为人的行为又符合一般侵权行为的构成要件,需承担侵权责任。于此,责任竞合得以发生。

(五)应对我国社会诚信危机的司法对策

在我国当前社会中,在好撒玛利亚人法的适用方面影响诚信道德建设的问题,主要是对好撒玛利亚人难辨真假而引起的法律适用问题。一方面,被救助者讹诈救助人,真的好撒玛利亚人蒙冤,错误地判决其承担侵权责任,典型案件如刘秋海案;另一方面,行为人造成损害后冒充好撒玛利亚人,混淆是非,造成社会影响。面对这样的复杂情形,法院在民事司法中应当采取的对策是:

1. 坚持审理撒玛利亚人法的案件的基本立场

法院和法官在民事司法实践中,应当坚持好撒玛利亚人法的基本原则,在端正社会风气、加强社会诚信道德建设中发挥导向作用。在涉及好撒玛利亚人案件的法律适用中,法官无论是证据的采信、经验法则的运用、逻辑推理的演绎等诸多方面,都必须忠实履行居中裁判者的职责,而不是有意无意地站在受害人的立场上,想方设法使受害人的主张在诉讼中得到支持。应当特别避免的倾向是:在可能找不到真正的加害人的情形下,试图找到一个人为受害人的损害"买单",而让好撒玛利亚人成为"替死鬼"。在适用好撒玛利亚人法时,把端正社会风气、振兴诚信道德作为法律适用的指导思想,支持什么、反对什么,必须旗帜鲜明,而不能是非不分,助长社会不正之风。诚然,《侵权责任法》的立法目的是把保护民事主体的合法权益放在首位,但这并不意

---

[50] 王泽鉴:《债法原理》,北京大学出版社2009年版,第269页。

味着受害人遭受的任何损害都必须得到赔偿,应当承认损害无法得到赔偿的风险的存在。在好撒马利亚人案件中,法官不应当想尽办法让善意施救者承担责任,在无法查明或无法找到真正的侵权人时,受害人遭受的损害于法于理都不应由善意救助者承担。好撒马利亚人法的宗旨是鼓励善意施救行为,法官应秉持好撒马利亚人法的立法精神,保护善意施救者,从而鼓励社会公众积极救助他人,实现其立法目的。

2. 正确应用证据规则准确识别善意施救者

反思一些好撒马利亚人案件在审理上出现的错误,其重要原因是错误地适用举证责任规则。无论是诬陷好撒马利亚人,还是谎称好撒马利亚人,法官只要正确适用证据规则,都能够得到正确处理。

第一,原告起诉,必须按照"谁主张,谁举证"的举证责任规则,提出证据证明自己主张的事实成立,证据充分、确实的,支持原告的诉讼主张。如果原告的证据不能证明自己的主张成立,就须承担败诉结果。如果原告诬陷善意施救者,其证据不足,法官决不能凭借主观臆断,在证据不足的情况下,推理认定被告就是侵权人,责令其承担侵权责任。

第二,被告如果主张自己是善意施救者而主张免除责任,亦应完全靠证据说话。有证据证明自己是善意施救者的,完成了对于自己积极主张的证明责任,当然应当鲜明地支持被告,判决驳回原告的诉讼请求。但是,如果被告对自己是好撒马利亚人的主张没有证据支持,或者证明不足,而原告的证据充分,则可以认定被告不是善意施救者,应当承担侵权责任。

第三,在双方当事人都举出一定的证据,但证据都不足的情况下,法官应当运用优势证据规则,采信优势证据的一方的主张,确认被告究竟是不是善意施救者。原告的证据处于优势的,认定被告不是善意施救者;被告的证据处于优势的,则认可被告的主张,判决驳回原告的诉讼请求。

第四,双方当事人都有证据但都证据不足,无法建立证据优势的,应当以原告不能完成举证责任,其诉讼主张无法成立为由,驳回原告的诉讼请求。

第五,如何对待经验法则,也是好撒马利亚人法适用的一个重要问题。经验法则是法官依照日常生活所形成的反映事物之间内在必然联系的事理作为认定待证事实的根据的有关法则。[51] 司法审判上的经验法则是社会日常经验法则的必要而特殊的组成部分,其特殊性表现在法官常常根据自身的学识、亲身生活体验或被公众所普遍认知与接受的那些公理经验作为法律逻辑的一种推理定式。[52] 经验法则在审理案件认定事实上的意义在于,经验法则可以将已知事实与未知事实联系起来,并能够以已知事实为基础,以经验法则为中介,最终得出未知事实。虽然说在诉讼中可以运用经验法则也必须应用经验法则,但关键在于在推定和事实认定时,是否正确地运用了经

---

[51] 参见毕玉谦:《试论民事诉讼中的经验法则》,载《中国法学》2000年第6期。
[52] 参见毕玉谦:《举证责任分配体系之构建》,载《法学研究》1999年第2期。

验法则，作为推定的中介是否属于经验法则，是否具有事实之间的高度盖然性。如果不具有高度盖然性，那么就不能作为推定中介的经验法则。(53) 适用经验法则不当，是造成错判，损害诚信道德建设的主要原因，对此，法官不能不引起重视。例如，根据“撒马利亚人不仅慈心照应受伤的犹太人，并且自己出钱把受伤的犹太人送进旅店”的事实，适用“行为人与受害人的距离最近，实施侵权行为的可能性更大”的所谓“经验法则”，推定善意撒马利亚人是加害人，则是对经验法则的错误应用。

3. 正确适用好撒马利亚人法的规则

我国法官对好撒马利亚人法并不熟悉，对好撒马利亚人法的基本规则掌握得也不够。在民事审判实践中，应当对法官普及好撒马利亚人法的宗旨和基本规则，特别要掌握好的是：第一，将善意施救者作为广义的见义勇为者，不论是对见义勇为者中的积极的好撒马利亚人和消极的好撒马利亚人的行为都要旗帜鲜明地予以鼓励，坚决反对把见义勇为者作为强制承担赔偿责任的对象，作为逃逸的侵权人的垫背者。第二，强调善意施救者的豁免权，善意施救者在实施救助行为中，即使由于过失造成被救助者损害，也不能责令其承担侵权责任。第三，不论是积极的见义勇为者还是消极的见义勇为者，如果在救助行为中因故意或重大过失造成被救助者损害的，应当承担侵权责任，但应减轻责任，并不是承担全部赔偿责任。故意造成被救助者损害的，应当以因果关系的范围确定赔偿责任。第四，不论是积极的见义勇为者还是消极的见义勇为者，凡因救助他人造成自己损害的，应当依据法律、司法解释的规定，对其予以救济。

4. 排除适用法律的不正确干扰

在好撒马利亚人案件的法律适用中，必须排除各方面的干扰，正确适用法律，保护善意施救者的合法权益。尤其是不能借口“维稳”“和谐”“调解”的不正确理由，强制善意施救者承担侵权责任。毋庸置疑，维护社会稳定是正确的，也是民事诉讼定分止争的应有之义。和谐建设是社会的普遍要求，也是《侵权责任法》的立法目的。调解是处理民事纠纷案件的基本方法之一，是增进人民团结的良策。但是，法官在司法裁判中片面强调维稳、和谐、调解，采取“对人民内部矛盾用人民币解决”的做法，就是错误的。明知善意施救者可能是被冤枉的，但为了“息事宁人”，使能闹、上访的当事人息诉，而牺牲善意施救者的利益，是破坏稳定、和谐以及败坏诚信秩序的毒剂。社会需要秩序，人民希望人与人之间在遵守秩序的前提下充满爱心和信任。在司法实践中，后者作为一种进取性社会利益也应该成为法官自由心证、自由裁量与利益衡量的重要依据。(54) 面对这些教训，法官更应正确理解维稳的要求，明确维稳和司法公正是一致的，不能因为维稳而破坏司法公正。法官的裁判不仅是针对个案的，对其他社

(53) 参见张卫平：《司法公正的法律技术与政策——对“彭宇案”的程序法思考》，载《法学》2008 年第 8 期。

(54) 参见陈秀萍：《和谐社会语境中进取性社会利益及司法保护——“彭宇案”引发的思考》，载《北方法学》2010 年第 3 期。

会成员的行为也起着规范和引导作用,无论是法官的自由心证还是自由裁量都不应无视社会公众的日常生活经验和情理,更不应该无视案件裁判后可能导致的不良社会效果。相反,法官应该更多地尊重和理解公众的情感,更加谨慎地适用自由心证。[55] 法官在司法实践中,在严格适用法律的基础之上,即满足判决的法律效果的前提之下,更应在价值判断上考虑社会的基本道德和正常理性,以实现判决的社会效果。

---

[55] 参见陈秀萍:《和谐社会语境中进取性社会利益及司法保护——"彭宇案"引发的思考》,载《北方法学》2010年第3期。

第八编

消费者法

"王海现象"的民法思考*
——论消费者权益保护中的惩罚性赔偿金

一、关于"王海现象"的有关案例和引起的后果

近几年来,在商业界,发生了很多起买假索赔甚至是知假买假再索赔的案件。在新闻媒体上,对于这种情况,称之为"王海现象",对其进行了热烈的讨论,其群众参与的程度之广泛,讨论之深入,都是前所未见的。这种在商品买卖中发生的争议,本属民法的调整范围,但是,人们并没有真正从民法的角度去研究它,也没有在学术上引起特别的重视。正因为如此,对于"王海现象"的讨论,也没有抓住其本质,讨论的深度也就不够深入。

在王海知假买假的行为发生以后,又发生了几件诉讼至法院索赔的案件。全国人民代表大会常务委员会法制工作委员会的巡视员何山在市场上发现,销售者所出售的徐悲鸿的画并不是真品,知假买假,诉讼至法院,法院依法判决,支持原告的双倍索赔的请求①,一时成为媒体炒作的大新闻,被传为佳话,同时也振奋了打假的"王海"们的信心。

1995年12月14日,南京的消费者赵苏在南京汽车联合贸易公司购买了一辆BJ-2020SG型北京吉普车,车价为5.52万元,车身标明的出厂日期为1995年11月1日。赵苏驾驶这辆汽车在回家途中,刚把车速提到时速30公里,汽车就发出阵阵异响。15日,赵苏打电话给卖方公司,告知该车有严重的质量问题,公司未置可否。16日,赵苏将车送到北京汽车工业联合公司南京特约服务中心检测,证明该车传动齿轮严重磨损,底盘焊缝明显不规则,整车工艺差,手工制作痕迹多,且无南京公安部门发

---

* 本文发表在《河北法学》1997年第5期。

① 本案的案情是:1996年4月24日,何山到乐万达商行,看到有出售齐白石、徐悲鸿的画等,意识到这家商行批量出售的名人字画可能有伪,便挑出了徐悲鸿先生的两幅作品,一张独马,一张群马。群马标价2200元,独马未写明价格,售货员曲霞告诉他为800元。次日上午何山前来购画,双方以700元价格成交。5月10日,何山又以2200元买下了那幅"群马"。商行开了发票,在发票的商品栏内分别填写了"卅三年暮春悲鸿独马"及"悲鸿群马"字样。5月13日,何山以"怀疑有假,特诉请保护"为由诉至北京市西城区人民法院。西城区人民法院开庭审理此案,8月2日作出民事判决,认定被告出售国画有欺诈行为,判决被告退还原告购画款2900元,增加赔偿原告购画价款的1倍赔偿金2900元,并判决被告赔偿原告和代支付的诉讼费10元、律师代理费224元。案件受理费242元由被告承担。乐万达商行服从判决。1996年,何山将此次诉讼所获得的加倍部分的赔偿金捐献给了中国消费者协会,建立打假基金。

放的临时牌照。据此,该车被认定为冒牌产品。18日,赵苏向卖方公司提出退车,并要求加倍赔偿,卖方公司只同意退车,不同意加倍赔偿。24日,卖方公司退回了车款和900元修车费,将车开回。事后,赵苏将该车的合格证送到北京吉普公司进行检验,证明该合格证系伪造。1996年3月,赵苏向辖区法院起诉,要求责令卖方公司承担双倍赔偿的责任,一审法院审理认为,买方已经接受了卖方公司的退车款,在双方当事人之间已经不再存在任何法律关系,因而索赔没有法律依据,判决驳回原告的诉讼请求。赵苏不服上诉,南京市中级人民法院确认卖方公司的行为系欺诈行为,判决其承担双倍赔偿的责任,再给付退车款一倍的赔偿金。② 在这一件案件中,一审和二审的判决理由截然不同,判决的结果也截然相反。这其中最主要的差别,就是对买假索赔案件性质的认识分歧。

除此之外,商界还传出"假一罚十"的索赔新闻。1996年1月,安徽汇通商厦与合肥市百货大楼等商家共同发起"坚决不卖假货"的倡议书,公开承诺"商品计量,少一罚十;商品质量,假一罚十"。消费者王志明到该商厦知假买假,在取得了购买的商品确系假货的证据后,向汇通商厦索赔,被拒绝,后向合肥市市中区法院起诉,要求汇通商厦给予货款价格十倍的赔偿。一审法院认为,汇通商厦知假售假,应当依法承担相应的法律责任,但是,关于商品质量假一罚十的承诺违反有关法律的规定,不具有法律上的效力,故原告的诉讼请求不能予以支持,只能依照法律规定进行赔偿,原告、被告均不服上诉。合肥市中级法院认定汇通商厦的销售行为合法,没有以假冒伪劣产品侵犯消费者的合法权益,因此对原告的诉讼请求不予支持,仅判决汇通商厦返还原告的购物款及利息。③ 对于汇通商厦出售的产品是否为假冒伪劣产品,是一个事实问题,不在我们的研究范围之内。对于假一罚十的承诺是否具有法律上的效力,则是一个纯粹的法律问题,它也涉及这类案件的性质问题。对于本案的处理之所以有如此大的差别,其根本的原因就是对这类案件的性质没有搞清楚。

问题还不仅于此,对这类案件的处理不当,还关系到立法的意图是否能够贯彻到底。由于有些这类案件处理不当,致使出售假冒伪劣产品的商家和厂家气焰嚣张,受假冒伪劣产品坑害的消费者的合法权益受到侵犯,知假买假的打假者的打假热情受到打击。因而,媒体道出了"冷脸难看、冷凳难坐、冷言冷语难听;投诉难投、索赔难索、商家厂家难斗;王海还能撑多久"的呼唤。④ 对于这样的问题,不能不引起重视。

二、"王海现象"案件的法律性质

"王海现象"的案件,是一种通俗的称谓,是指在消费领域中,经营者出售假冒伪

---

② 该案例参见《北京青年报》1997年4月16日第9版关于《首例汽车双倍索赔成功》的报道。
③ 该案例参见《检察日报》1997年3月20日第1090期第1版。
④ 参见《北京青年报》1997年3月4日第3094期第1版。

劣产品,提供欺诈性的服务,消费者依照《消费者权益保护法》第49条的规定,向商家或者厂家索赔的案件。何山知假买假,索取赔偿,将所得赔偿全部交给希望工程,是这种案件;赵苏买车索赔,也是这种案件。王志明依据商家"假一罚十"的承诺主张索赔,从广义上说,也是这样的案件,但是,后一种案件与前两种案件的性质是否相同,却是值得研究的。

在这类案件的讨论中,最值得研究的,就是案件性质。但是,在理论上,消费领域中双倍索赔案件的性质是什么,还没有一个明确的"说法"。从民法的角度观察,这类案件的性质就是惩罚性赔偿金。

在大陆法系,无论是侵权损害赔偿,还是违约损害赔偿,都是一种单纯的补偿性的民事法律责任制度,其基本的功能,就是补偿侵权行为和违约行为的受害人因侵权行为和违约行为所遭受的财产损失。这种补偿,既不能小于损失的数额,因为赔偿小于损失数额,使损害没有得到完全的救济;也不能超过损失的数额,因为赔偿数额超过损失数额,就会给受害人以不当利益。在大陆法系看来,无论怎样,惩罚性赔偿金都是不可理解的、不可取的,因为惩罚性赔偿金就其性质而言,实际上就是一种私人罚款,是对民事违法行为的惩罚措施,它与私法的补偿性质是不相容的;如果允许在私法领域中对民事违法行为进行惩罚,就会混淆公法与私法之间的界限。⑤ 这是大陆法系一贯的看法。因此,在大陆法系,根本就没有惩罚性赔偿金这样的制度。

在英美法系,恰恰相反,法律认为惩罚性赔偿金是合理的、科学的,因而在法律上确认这样的制度。在英美法系看来,当被告对原告的加害行为具有严重的暴力、压制、恶意或者欺诈性质,或者属于任意的、轻率的、恶劣的行为时,法院可以判决给原告超过实际财产损失的赔偿金。⑥ 对于价值重大的损害赔偿或者附加补偿性损害赔偿金的损害赔偿。它时常用以表明法院或陪审团对被告恶意的、加重的或野蛮的侵权行为之否定评断。之所以认定被告承担惩罚性赔偿金是合理的、科学的,其依据是,在这种情况下,按照被告的行为推算出来的被告的收益,远远超过了他应当付给原告的补偿费,在英美法系,判决给付原告以惩罚性赔偿金,应当依据制定法的规定,不能依据法官或者陪审团的一般意志来决定。⑦ 将损害赔偿的补偿性和惩罚性结合到一起,这是英美法系的一大特色。

在我国古代,也有惩罚性赔偿金的制度。在汉代,就有"加责入官"之制,《周礼·秋官·司历注》云:"杀伤人所用兵器,盗贼赃,加责投入县官。"所谓加责,就是在原来责任的基础上,再加一倍。加责入官制度经过演化,在唐、宋时代形成了"倍备"制度。在唐朝和宋朝的立法中,规定有倍备制度,即加倍赔偿,在原来的损失要全部赔偿的基础上,再加一倍的赔偿。这种制度的适用,主要是盗窃赔赃。《唐律》和

---

⑤ 参见金福海:《论建立我国的惩罚性赔偿制度》,载《中国法学》1994年第4期增刊,第67页。
⑥ 参见《布莱克法律辞典》(英文版),第513页。
⑦ 参见〔英〕戴维·M.沃克:《牛津法律大辞典》,光明日报出版社1988年中文版,第322页。

《宋刑统》的"征赃"条文中,都规定"盗者,倍备",并疏议云:"谓盗者以其贪利既重,故令倍备,谓盗一尺,征二尺之类。"在宋朝后期,发现对盗者加倍赔偿,多有不合理之处,故"近来盗赃多不征倍,倍备之律,伏请不行"。⑧ 在明代,设有倍追钞贯制度,《明会典·律列·仓库》"钞法"规定:"凡印造宝钞与洪武大中通宝,及历代铜钱相兼行使,其民间买卖诸物及茶盐商税,诸色课程,并听收受违者,杖一百。若诸人将宝钞赴仓场库务,折纳诸色课程,中买盐货,及各衙门起解赃罚,须要于背用使姓名私记,以凭稽考。若有不行用心辨验,收受伪钞,及挑剜描褙钞贯在内者,经手之人,杖一百,倍追所纳钞贯,伪挑钞贯烧毁,其民间关市交易,亦须用使私记。若有不行仔细辨验,误相行使者,杖一百,倍追钞贯。只问见使之人,若知情行使者,并依本律。"这里的倍追钞贯,就是加倍追罚,有惩罚性赔偿金的意思。⑨ 在旧中国改律变法以后,采取了大陆法系的成文法模式,所以在以后的民法中,就没有规定惩罚性赔偿金制度了。

新中国成立以来,民法主要借鉴苏联的民事立法和民法原理,也遵循损害赔偿的补偿性原则,强调赔偿金的数额应当与实际损失相当,赔偿不能超过实际的损失范围,以免造成受害人的不当利益,防止人们刻意追求超过实际损失的高额赔偿。在制定《民法通则》的时候,立法者仍采纳这样的主张,无论是侵权行为的损害赔偿,还是违约行为的损害赔偿,都规定要以实际的损害范围作为确定赔偿的标准。例如,《民法通则》第 112 条规定:"当事人一方违反合同的赔偿责任,应当相当于另一方因此所受到的损失。"《民法通则》在第 117 条至 119 条关于对财产损害赔偿和人身损害赔偿的规定中,也规定了赔偿的范围应当以实际损失为限。

在制定《消费者权益保护法》的时候,立法者接受了大多数人的意见,采纳了建立惩罚性赔偿金的立法建议,该法第 49 条规定:"经营者提供商品或者服务有欺诈行为的,应当按照消费者的要求增加赔偿其受到的损失,增加赔偿的金额为消费者购买商品的价款或者接受服务的费用的一倍。"依据以上的分析,我国的上述立法,显然是借鉴了英美法系关于惩罚性赔偿金的做法。本条关于增加一倍的赔偿,并不是补偿性的赔偿,而是惩罚性的赔偿。

惩罚性赔偿金,在一般情况下,是指侵权行为的损害赔偿,也包括违约行为的损害赔偿。《消费者权益保护法》第 49 条规定的是发生在消费领域中的损害,按照发生的场合分析,应当是在合同的领域,而不是在侵权行为的领域。因此,我国现行立法上的惩罚性赔偿金,只适用于违约行为的损害赔偿,不适用于侵权行为的损害赔偿。我国的民事立法确认消费领域中的惩罚性赔偿金制度,这在立法上是一大突破。这对于民法理论的发展和民事立法的进步,以及对于维护社会主义市场经济秩序,保护消费者的合法权益,都具有重大、积极的影响。

---

⑧ 杨立新:《疑难民事纠纷司法对策》,吉林人民出版社 1991 年版,第 212 页。
⑨ 参见杨立新:《疑难民事纠纷司法对策》,吉林人民出版社 1991 年版,第 212 页。

三、我国惩罚性赔偿金的立法价值取向

从纯粹的法理意义上讲,损害赔偿的基本功能,应当是补偿,当然,它也具有惩罚性和预防性。但是,这种惩罚性和预防性并不是损害赔偿的基本功能。这是因为,按照侵权行为法和合同法的一般原理,侵权损害赔偿和违约损害赔偿的赔偿范围,应当与受害人的损失相一致,不能超过损失的范围,也不能不及损失的范围,在这种情况下,加害人所支出的,仅仅是它的行为所造成损害的范围;从侵权行为和违约行为并没有使加害人取得利益的角度来看,责令加害人支付财产,对加害人是一种财产上的惩罚,对一般人是一种教育。因而,这种惩罚和教育,实际上是损害赔偿补偿功能附带的功能,其基本功能还是补偿。

在惩罚性赔偿金的场合,就是在我国《消费者权益保护法》所规定的这种惩罚性赔偿金,也是在受害人的实际损失的基础上,再增加一倍的赔偿,即加倍赔偿,或者称为双倍赔偿。这样,加害人承担的,就是在赔偿自己所造成的损失的基础上,再增加一倍的赔偿。这样的赔偿,显然就具有了惩罚性,而不仅仅是补偿的意义了。这样规定的赔偿,对民事违法行为的警戒作用和对一般人的教育作用,就更为明显。

但是,随着惩罚性赔偿金的惩罚性和教育性的增强,也不可避免地带来副作用,这就是对受害人所带来的追求不当利益的倾向。这是因为,惩罚性赔偿金所给予受害人的"补偿",已经远远超过它的损失范围。双倍赔偿,就意味着受害人在自己的损失已经得到全部补偿以后,再得到相当于原有损失的一倍的利益。这实际上就是受害人因为受到损害,而使自己的财产利益实现了"增值",由于自己受到损害而使自己增加了财富,正是由于惩罚性赔偿金的这种副作用。在实践中,它会鼓励人们的贪利的思想,鼓励人们去追求不当利益。大陆法系之所以反对惩罚性赔偿金,其立法本意,正是基于这样的考虑。在我国目前出现的打假索赔的案件中,不能不说有的人就是追求这样的效果;更有甚者,还成立"打假公司"。笔者虽然不敢断然否认其立意打假的高尚目的,但是也不能断然肯定其没有追求获得惩罚性赔偿金以增加财富的意图。假如说没有规定高于损失一倍的赔偿,这样的"打假公司"就不可能出现;出现了,也不可能维持下去。

对于惩罚性赔偿金制度的这种副作用,立法者不可能没有预见。在已经预见到惩罚性赔偿金的副作用的情况下,仍然制定这样的制度,立法者所注重的是这一制度的另一种作用,这就是它的惩罚性所体现的鼓励人们与制假卖假的恶意的制造者和销售者,以及提供欺诈性服务的经营者进行斗争。在不规范的市场经济中,不守法的商人违背诚实信用原则,制造或者销售假冒伪劣产品,提供欺诈性服务,牟取非法利益,坑害消费者。这在自由资本主义时期,是司空见惯的。在我国,目前正处于社会主义的初级阶段,市场经济发育不完善,给不法商人制造和销售假冒伪劣产品,提供欺诈性服务以可乘之机,使消费者的合法权益受到侵害。政府采取一切可以采取的

手段,制裁这样的不法商人的违法行为,规范社会主义市场经济,切实保护消费者的合法权益。制定惩罚性赔偿金制度,就是其中的手段之一。

一方面,惩罚性赔偿金的积极作用是它的惩罚性,以此制裁假冒伪劣产品的制造者和销售者以及提供欺诈性服务的经营者的民事违法行为,而它的副作用与它的惩罚作用相比,显然其惩罚性所起的作用更为重要。在立法的价值衡量上,天平显然是不平衡的,立法者更看重它的惩罚性。

另一方面,立法者采纳惩罚性赔偿金制度,还着眼于把惩罚性赔偿金的副作用改变为积极作用,把惩罚性赔偿金存在的不当利益变成鼓励人们向制假卖假、提供欺诈服务的不法商人进行斗争的奖励,调动人们的积极性,向假冒伪劣产品的制造者和销售者做坚决的斗争,将消极的东西化为积极的东西.使惩罚性赔偿金这一制度在规范社会主义市场经济、保护消费者合法权益上,发挥更加积极的作用。这正是立法者制定惩罚性赔偿金的立意所在。

对于我国立法机关在惩罚性赔偿金的立法上所作的价值选择,是应当予以充分肯定的。应当承认,尽管可以把惩罚性赔偿金的副作用加以改造,但是,它的副作用的基本性质和功能并没有从根本上改变,它鼓励人们的贪利思想,推动人们去追求不当的利益。这是不能否认的客观现实。然而,它的副作用与积极作用相比,显然后者的价值更为重要。在立法上,当出现这样的两难选择的时候,当然应当"两利相衡取其重,两害相衡取其轻",何况惩罚性赔偿金的副作用还可以加以改造,变害为利。

既然立法者已经在惩罚性赔偿金制度上作了这样的选择,在适用中,就不必再去讨论这样的制度应不应当适用,而是应当坚决地予以适用。通过适用惩罚性赔偿金制度,尽力去追求立法者在立法的当时所作的价值选择,发挥它的制裁民事违法行为、规范社会主义市场经济、保护消费者合法权益的作用。在这样的思想指导下,再去讨论"不知假买假"的应当怎样办,"知假买假"的应当怎样办;消费者买假应当怎样办,非消费者买假应当怎样办,都是没有意义的。无论是什么样的人,无论是知假也好不知假也好,凡是确认所购买的产品是假冒伪劣产品,所提供的服务是欺诈性服务,应当适用《消费者权益保护法》第49条,就应当适用惩罚性赔偿金制度,给予受害人以双倍赔偿。

四、关于惩罚性赔偿金的具体适用

在实践中具体适用《消费者权益保护法》第49条,应当注意以下三个问题:

(一)消费者权益保护中的惩罚性赔偿金的构成必须具备的要件

1. 消费领域中的惩罚性赔偿金的法律关系主体是经营者和消费者

其中,一方是提供商品或者服务的经营者,另一方是接受商品或者服务的消费者。消费者是惩罚性赔偿金请求权的权利主体,经营者是惩罚性赔偿金的赔偿义务主体。除此之外,其他人不能成为惩罚性赔偿金的主体。

关于消费者的范围,目前存在较大争论的是,知假买假者是否属于消费者的范围。一种观点认为,知假买假者购买商品的目的不是使用或者利用商品,而是以买假货为手段赚取惩罚性赔偿金所体现的财产利益,意图是营利,因而不是消费者;另一种观点认为,使用或者利用商品是消费,购买或者接受某种服务也是消费,知假买假者只要是购买或者接受服务,就是消费者,就应当适用《消费者权益保护法》第49条的规定。对于消费者的范围,应当作较宽的理解,这样符合立法者关于制裁消费领域中的欺诈行为、维护市场经济秩序、保护消费者合法权益的原意。因此,笔者赞成后一种观点。

2. 消费者和经营者之间的关系发生在消费领域

消费,按照《现代汉语词典》的解释,是指为了生产或生活需要而消耗物质财富。⑩ 按照苏联学者的解释,消费是指适用社会产品以满足需要,是再生产过程的终结阶段。⑪ 消费是针对生产而言,是将生产过程产生的产品由生产者转移到消费者的过程,以及消费者消耗这些产品的过程。在这样的过程中,才能发生构成消费领域惩罚性赔偿金的条件。其中经营者的行为是提供商品或者提供服务,消费者的行为是接受商品或者服务,以及在接受商品或者服务后的使用或者其他消费的过程中所发生的关系。表明这种关系的标志,是消费者和经营者之间的合同行为。没有消费者和经营者之间的合同关系,就不存在惩罚性赔偿金的适用。

在实践中,惩罚性赔偿金多发生在购买商品的消费中,发生在接受服务中的比较少。这是因为,购买商品的消费,因为在市场中制售假冒伪劣商品的较多,因而争议相对的比较常见;并且购买假冒伪劣商品可以留下具体的证据,据此进行索赔,被利用来进行营利,而接受服务的消费,难以留下确凿的证据,且发生争议的机会较少。

3. 经营者在提供商品或者服务时有欺诈行为

一方当事人故意告知对方以虚假情况,或者故意隐瞒真实情况,诱使对方当事人作出错误意思表示的行为,就是欺诈行为。⑫ 欺诈行为的特点:一是欺诈一方有欺诈的故意,目的在于使对方陷入错误认识而进行交易行为;二是欺诈的一方的欺诈行为,或者是积极地捏造虚假情况,或者是歪曲和隐瞒事实的真实情况;三是客观上,对方当事人因此而陷入错误的认识。⑬ 在提供商品的时候,经营者提供的,不是真实的商品,而是假冒伪劣的商品,包括假货、冒牌货、伪装真货的商品以及质量低劣的商品。经营者提供服务,或者偷工减料,以假充真,欺骗糊弄,服务名不副实。这样的行为,由于都是发生在消费的合同领域,因此都是合同欺诈行为。这种合同欺诈行为构成惩罚性赔偿金不需具备有损害事实的要件,只需有欺诈行为即可。

---

⑩ 参见《现代汉词典》,商务印书馆1996年版,第1380页。
⑪ 参见[苏]A·M. 普罗霍罗夫:《苏联百科词典》(中文版),中国大百科全书出版社1986年版,第1431页。
⑫ 参见最高人民法院《关于贯彻执行〈民法通则〉若干问题的意见(试行)》第68条。
⑬ 参见马原主编:《中国民法教程》,人民法院出版社1989年版,第130页。

(二)关于惩罚性赔偿金的赔偿范围

《消费者权益保护法》第49条规定的赔偿范围,是在返还购买商品和接受服务的价款的基础上,再赔偿这些费用的一倍。在这一条文中,使用了"增加赔偿其受到的损失"的术语,对此应当怎样理解?一种理论认为增加赔偿的损失,仍然是指已经造成的实际损失,因此,对于购买商品或者接受服务中的欺诈行为造成实际损害的,才属于增加赔偿的范围,没有造成实际损失的,不能要求这种赔偿。另一种理解认为,增加赔偿的损失,是消费者的精神损害,有精神损害,就应当赔偿,赔偿精神损害的范围,就是原来所付费用的一倍。笔者认为,这里所指的损失,可以包括消费者的精神损害,也可以包括消费者所受到的实际损失。但是,并不仅仅局限于此,还应包括其他无形的损害。例如,知假买假者在买假索赔中,就难说有实际的损失或者有精神损害,如果要求赔偿惩罚性赔偿金,不能认为其没有实际损害或者没有精神损害而不予赔偿,因而只能将其包括在其他无形损害之中。

对于返还购买商品和接受服务的费用,究竟是赔偿,还是返还价金,是值得研究的。这涉及将惩罚性赔偿金称作"双倍赔偿"是否准确的问题。按照《民法通则》第134条的规定,称其为赔偿较为妥当,因为欺诈行为使受害人的财产利益受到损失,欺诈行为人理应予以赔偿。对于在此基础上增加一倍的赔偿,其性质当然也是赔偿,不可能是别的性质。基于这样的理解,惩罚性赔偿金的赔偿范围,是以消费者原支出的费用为基础,再增加一倍。还有一个问题是,增加赔偿的一倍是赔偿的上限,还是一律赔偿一倍?即赔偿是否可以在增加一倍的以下酌情赔偿适当的数额?对此,笔者同意后一种理解,法律明文如此规定,不能再作其他解释。

(三)关于惩罚性赔偿金的实行

惩罚性赔偿金是一种法定的赔偿制度,并不是当事人之间约定的权利义务。但是,惩罚性赔偿金一般不可能由经营者自觉地履行这样的义务,也不能由法官依职权强制实行。这一制度的实行,按照法理的规定,必须由消费者自己提出惩罚性赔偿金的索赔请求。消费者应当依据《消费者权益保护法》第49条的规定,向经营者提出给付惩罚性赔偿金的请求,只有消费者提出惩罚性赔偿金的请求,经营者才能对其给予赔偿。经营者给予赔偿的,即可了结纠纷。经营者拒绝赔偿的,消费者可以向人民法院提起诉讼。当然,向经营者索赔并不是必经程序,消费者也可以直接向人民法院起诉,人民法院不得以消费者没有向经营者索赔而拒绝受理案件。

五、关于"假一罚十"承诺的性质

对于"假一罚十"承诺的性质,有不同的看法。一种观点认为,"假一罚十"的承诺,仍属于《消费者权益保护法》第49条的范围,理由是,该法条关于增加一倍的赔偿,虽然没有明确讲是最低赔偿线,但按照保护消费者权益的立法原意,本条属于授权性规范,应理解为最低不低于一倍的赔偿。[14] 另一种观点认为,"假一罚十"的承诺是一种悬赏广告,希望公众予以监督、予以捉假,当消费者购买了假商品,即意味着实现了悬赏广告中所提出的条件,也即对对方发出的要约予以承诺,则悬赏者应按承诺兑现。[15]

笔者认为,认为"假一罚十"的承诺是《消费者权益保护法》第49条规定的范围,理由是不充分的。从立法的条文上来理解,无论如何也不能作出双倍赔偿是最低赔偿线,或者最低不低于双倍赔偿的解释。本条文所规定的,就是双倍赔偿,这不是一种弹性的规定,更不是授权性的规定,而是对赔偿范围的严格限制。如果硬作这样解释,就会使惩罚性赔偿金没有一个法定的标准,就会造成惩罚性赔偿金被滥用的结果。

相反,将"假一罚十"的承诺解释为悬赏广告,则更为准确。悬赏广告,是指广告人以公开广告(广告声明)方法对完成一定行为的人给予报酬的意思表示。[16] 按照悬赏广告的一般原理,悬赏广告一经发出,即具有与一般的要约不相同的效力,只要应征人完成悬赏广告所要求的行为,只要悬赏广告没有被有效地撤销,即为有效的承诺,并且有效的履约行为,悬赏人就必须实现其要约所确定的给付报酬的义务。对此,《德国民法典》第657条规定:"通过公开的通告,对完成某行为,特别是对产生结果悬赏的人,有向完成此行为的人给付报酬的义务,即使行为人完成行为时,未考虑到此悬赏广告者,亦同。"这一规定是有重要的借鉴意义的。在我国,《民法通则》没有关于悬赏广告的规定,但是,也没有禁止悬赏广告的规定。在实践中,政府机关也有实施悬赏广告行为的,如在通缉重要的逃犯时承诺对抓捕逃犯有功者要给予重奖等。在商务领域实行悬赏广告,自然有其重要的作用。在打假中,对打假有功者给予重奖,有利于制裁民事违法,保护消费者的合法权益。例如在云南省的烟草行业,就有"打一奖一"的悬赏广告,应征人打假100万元,就奖励100万元。这样鼓励了打假的积极性,既维护了厂家的利益,又保护了消费者的合法权益。

"假一罚十"的承诺,具有悬赏广告的性质,符合悬赏广告的基本特征。

一是,安徽汇通商厦等一些商家协力打假,公开向广大消费者承诺不卖假货,庄重承诺"假一罚十",这符合悬赏广告必须采取广告方式为要约的要件。

二是,汇通商厦等商家承诺的内容包括对商品计量,少一罚十;商品质量,假一罚十。消费者只要发现计量、质量和价格有一个方面有假,商家就给予其十倍的奖励。这十倍的奖励,就是悬赏广告人声明对完成打假行为人所给予的报酬,这符合悬赏广告是实践的有偿行为的特征。

三是,汇通商厦等商家的打假广告,不是对特定的人所发出的,而是对不特定的

---

[14] 参见《检察日报》1997年3月20日第1版。

[15] 参见《检察日报》1997年3月20日第1版。这里的承诺,并不是合同法中的承诺,在悬赏广告中,这里所说的承诺,是悬赏广告的要约。

[16] 参见佟柔主编:《中华法学大辞典·民法学卷》,中国检察出版社1995年版,第735页。

任何人发出的,这也符合悬赏广告的法定特征。

四是,悬赏广告的构成,须应征人完成悬赏广告中所指定的行为。对此,在纠纷中,要求索赔的当事人,正是在完成了打假的行为后才要求赔偿的,因而具备这样的要件。可以说,在"假一罚十"承诺的纠纷案件中,是具备悬赏广告的构成要件的。

认真研究悬赏广告的性质和构成,也还有疑问。这就是,在典型的悬赏广告中,悬赏的报酬,实际上是确定的,即悬赏的报酬只有一份,而不是不特定的份额。在悬赏广告没有撤销的情况下,数人完成悬赏广告指定的行为的,其处理的规则是:

第一,有数人完成悬赏约定的行为,且可以确定完成行为的先后顺序时,报酬应归于首先完成此行为的人。

第二,数人同时完成此行为时,各取得报酬相等的一部分;如果报酬因其性质为不可分割,或按悬赏广告的内容仅可由一人取得者,由抽签确定由谁获得报酬。

第三,数人合作取得悬赏所约定的结果的时候,悬赏人应将报酬,考虑各人参加对于结果所起的作用,按公平原则衡量,分配给各人;如果分配显然不公平时,没有拘束力,应当由法院判决确定分配。

第四,合作完成此行为,如果应征人中的一人不承认分配有拘束力时,悬赏人在应征人之间自己对其权利的争执最后解决之前,有权拒绝履行义务;但各应征人均得为全体应征人请求将报酬提存。[17]

在"假一罚十"的承诺中,原则上是对任何一个打假者都许诺给予报酬。这与悬赏广告的只有一份报酬的情况是不同的。缺少这样的一个特征,'假一罚十"的承诺是否就不是悬赏广告了呢?笔者认为,"假一罚十"具备悬赏广告的主要的、基本的特征,从其本质属性上看,是悬赏广告的性质。其中悬赏的报酬问题,其数量与悬赏广告的要求略有不同,但不影响"假一罚十"承诺的悬赏广告的基本性质的确定,应当将"假一罚十"承诺的性质界定为悬赏广告。

悬赏广告是可以撤销的,悬赏广告的撤销,是指悬赏广告人使悬赏广告失效的意思表示。悬赏广告人可以基于实际需要,以意思表示撤销悬赏广告,其撤销原因和撤销期间并没有严格的限制。[18] 但是,撤销的意思表示应当采取与原广告的同一方法为之。在悬赏广告指定的行为完成以后撤销悬赏广告的,悬赏人应当对应征人履行给付报酬的义务。悬赏广告一经撤销,被视为自始无悬赏广告。承诺"假一罚十"的商家,在其承诺时,是有悬赏打假的勇气的。但是,在其真正要履行自己的诺言的时候,发现自己的承诺过于严苛,因而予以反悔,这等于是撤销悬赏广告。依据上述原理,悬赏广告不是不能撤销,而是撤销应当在应征人完成其悬赏广告指定的行为之前实施。悬赏人在应征人已经完成指定的行为之后反悔,要求撤销这样的悬赏广告,是不具有撤销悬赏广告的效力的。承诺的商家可以对以后的悬赏予以撤销,但对已经完

---

[17] 参见《德国民法典》第 659 条和第 660 条。
[18] 参见佟柔主编:《中华法学大辞典·民法学卷》,中国检察出版社 1995 年版,第 736 页。

成的应征行为,不具有拘束力。

按照以上的分析,再来分析研究法院对"假一罚十"承诺纠纷案件的判决是否妥当。在一审判决中,确认"假一罚十"承诺违反法律的依据,是"其倡议书中商品质量假一罚十的承诺违反有关法规的规定",所违反的规定,就是《消费者权益保护法》第49条。这是不正确的。既然"假一罚十"的承诺的性质是悬赏广告,那么,这种行为就不受《消费者权益保护法》第49条的拘束。不论经营者承诺的是赔偿几倍,因为该行为不是消费领域中惩罚性赔偿金的范畴,因而,就不适用这一规定。一审法院将其解释为严格的法定赔偿标准,不准许当事人再作超出这一规定范围的赔偿约定,就是没有弄清这类纠纷案件的性质,致使适用法律错误。目前,我国立法虽然没有悬赏广告的具体规定,但是,对于悬赏广告的基本原理,是一致确认的。按照"有法律依法律,无法律依习惯和法理"的适用法律原则,不应当否认悬赏广告的性质,也不应当拒绝对这类案件的审判,更不能适用与悬赏广告不相关的法律来判决案件,对"假一罚十"承诺纠纷案件的审判,应当确认其悬赏广告的性质,按照悬赏广告的基本原理来作出判决,责令经营者按照其所作的悬赏要约来履行义务,维护社会主义市场经济的秩序,也维护经营者自身的信誉和形象,取信于民,推动市场经济健康向前发展。

对于这类案件的处理,还有两个问题需要研究。

第一,对"假一罚十"许诺的纠纷案件按照悬赏广告来处理的,是否还要按照双倍赔偿的惩罚性赔偿金的制度来制裁民事违法的经营者。有的学者认为,"假一罚十"的许诺是当事人自己约定的悬赏要约,应征人的应征行为是承诺行为,也是履约行为,发生纠纷,在按照悬赏合同纠纷处理的同时,还应当按照《消费者权益保护法》第49条的规定,进行双倍赔偿,理由是法定的惩罚性赔偿金不能由于当事人另有约定而不予以适用,因而应当"并罚"。从逻辑上说,这种主张不是没有道理。但是,笔者不同意这样做。理由是,"假一罚十"许诺的实践,就是对悬赏广告人的一种惩罚。它的惩罚作用,高于双倍赔偿这种惩罚性赔偿金的8倍。经营者在接受了这样严厉的惩罚以后,再给付双倍赔偿,无疑将会使经营者受到严重的打击,显然对于保护生产经营者发展生产经营活动的积极性有重大的影响。这样做显然不符合立法者制定惩罚性赔偿金的立法原意。

第二,作出"假一罚十"许诺的商家,往往是集合式的商厦,商厦之中有很多租赁柜台的小经营者,当商厦的管理者、经营者作出"假一罚十"的许诺后,对于商厦内的小经营者是否具有拘束力呢?对此,应当看小经营者对这一许诺的态度。如果小经营者明示表示反对,这种许诺对该小经营者没有拘束力,不能将这种小经营者作为悬赏广告人来看待。如果小经营者明示表示赞成,没有疑义,则应当受"假一罚十"的悬赏广告拘束。小经营者明知商厦有"假一罚十"的悬赏广告而没有作出肯定或者否定表示的,应视为对该悬赏广告的默示同意,应当受该悬赏广告的拘束。对小经营者推说不知的,如果加以确认,必须有确实、充分的证据证明,能够证明者,可以不受该悬赏广告的拘束。

德国民法典规定一体化消费者概念的意义及借鉴*

在中国,消费者的概念尚没有法律明确规定,《消费者权益保护法》只在第 2 条对于该法的调整范围进行了规定,并未对消费者的概念予以界定。2000 年德国修订债法,在民法典第 13 条明确规定了消费者概念,将消费者保护纳入民法视野之下,进行一体化的概念界定,具有重要的借鉴意义。本文对此进行探讨,并借鉴德国法的做法,对中国一体化的消费者概念提出界定的意见。

一、《德国民法典》增加规定消费者概念的做法和意义

(一)德国民法典规定一体化消费者概念的做法

德国立法者为了满足消费者保护诉求的提升以及欧盟关于消费者保护指令的需要,在国内法中制定了众多的消费者保护规范,消费者保护法律体系呈现出高度的复杂性。这种高度复杂的消费者保护体系造成了各法律规范之间在价值和逻辑方面的冲突,以及法律适用方面的不便。为了使这些规范构成逻辑和价值融通的一体,便于法律适用,德国立法者于 2000 年将消费者概念在其民事基本法《德国民法典》总则部分予以规定,即第一章"人"分为"自然人、消费者、生产者"和"法人"两节,将原来的第一节"自然人"改为"自然人、消费者、生产者",其中第 13 条对于消费者概念进行了界定:"消费者是指既非以其营利活动为目的,也非以其独立的职业活动为目的而缔结法律行为的任何自然人。"

《德国民法典》的这种做法,改变了此前消费者概念分散界定的模式,建立了一个一体化的消费者概念。采用这种一体界定消费者概念的模式,能在很大程度上避免各种规范分散界定消费者概念的不一致,以及在解释适用上的分歧[①],解决此前《德国民法典》与《德国商法典》以及《德国不正当竞争法》等关于消费者概念和规范之间的复杂关系。[②] 更为重要的是,这一做法体现了立法者希望在概念一体化基础上对消费者法进行一体化整合,从而形成完善的消费者法体系的决心。

---

* 本文发表在《法学杂志》2013 年第 1 期,合作者为首都师范大学法学院副教授刘召成博士。
① Bamberger/Roth, BeckOK BGB, §13, Rn 1.
② Günter Weick, Staudinger Kommentar BGB, Vor §13, S. 380.

(二)《德国民法典》实现消费者概念一体化立法的重要意义

《德国民法典》对消费者概念作出这种不同寻常的规定,以笔者所见,似有不合理之处,因为自然人与消费者、经营者概念并非并列的逻辑关系,但这种做法显然超出逻辑层面上的意义,具有以下非常重要的作用:

1. 刻意强调保护消费者法的私法属性

近几十年来,世界各国的消费者运动风起云涌,蓬勃发展,消费者保护的立法出现了前所未有的局面。但是,消费者法的性质究竟属于何种法律并不明确,公法或者私法的性质不明,特别是各种法律法规对消费者保护都作出规范,很难协调。同时,对于消费者保护的规则是否适用民法规则,由于对消费者法性质的认识不同而有异,甚至认为消费者法不具有私法性质,因而不适用民法的一般性规定。

在这样的情况下,《德国民法典》率先在总则中对消费者的概念进行一体化界定,其重要意义之一,就是通过强调消费者是民法调整的主体范畴,将消费者纳入民事主体范围,刻意强调消费者法的性质是私法,是民法典的特别法,应当适用民法典的一般规定。这种做法协调了民法与消费者法的复杂关系,确定了所有的分散的消费者法成为一个体系,都属于民法典的特别法,使消费者法成为民法的组成部分。

2. 刻意强调消费者地位的特殊性

传统民法坚持"形式正义",对于民法上的"人"来说,年龄、性别、社会地位等各种实质性因素都无关紧要,每个人都被抽象地认定为平等的"人"。这样的"人"是一种抽象的存在,具有绝对的平等性,其地位可以互换。这是近代民法实现人格平等的一项重大贡献。但是,随着社会的进步,对人的尊严以及各种人格要素存在的保护成为社会的主导价值,法律更加关注具体的人,通过各种立法技术对于人的具体存在予以保护。其中一个重要的体现就是,在法律上绝对平等的"自然人"演变出弱者"消费者"和强者"经营者"[3],进而认识到消费者具有消费冲动、信息和有关知识、经验欠缺等特点,对其设计比较优待的规则:在合同法中表现为关于格式合同的规制规则;在侵权法中表现为产品责任中对受害消费者周到保护的制度设计;在人格权法中表现为对于消费者个人信息、自我决定等方面的特别保护。《德国民法典》对此作出重要改革,将消费者和经营者的概念直接纳入民法典总则,规定在主体的自然人部分,并且将节的题目改为"自然人、消费者、经营者",特别显示了这样的立法目的。这是现代民法因应市民社会结构和价值变化而作出的必要转变,随着这一进程的推进,传统民法的主要交易规则也会逐渐因应这种"消费者"和"经营者"的区分而得到相当程度的改造。

3. 刻意强调消费者与经营者相对应以确定倾斜的消费者保护政策

特别值得注意的是,《德国民法典》在规定消费者概念的同时,也对经营者的概念在总则中作出了规定,这似乎是规定消费者概念顺理成章的做法。其实,这种将消

---

[3] 参见朱岩:《社会基础变迁与民法双重体系构建》,载《中国社会科学》2010年第6期。

者概念与经营者概念作相对应的规定,也具有重要意义。《德国民法典》第14条第1款特别规定:"经营者是指在缔结法律行为时,在从事其营利活动或独立的职业活动中实施行为的自然人或法人或有权利能力的合伙。"这样的规定,明显是将消费者的概念与经营者相对应,强调在民事主体中,"消费者—经营者"的特殊性,与一般主体不同,消费者的地位弱于一般主体,需要特别予以保护,而经营者的地位强于一般主体,需要立法予以特别限制。同时,将民法的交易规则按照是否属于"消费者—经营者"关系区分为两类,属于"消费者—经营者"关系的,采用倾斜于消费者的特别规则;不属于这种关系的,仍然采用传统民法规则,并由它们共同构成当代民法的规则体系。这种倾斜保护消费者的立法导向,具有特别的重要意义。

4. 刻意强调提升消费者法的品性实现再法典化

《德国民法典》将消费者概念纳入总则,更重要的意义,是通过将消费者法纳入民法典体系,借以提升消费者法的层次和调整能力。这是德国法在这方面迈出的关键性的步伐。在债法改革中,德国立法者以消费者保护的价值为主导,对债法进行全面修改,不但将1977年作为特别法的《关于规制一般交易条款法的法律》④相关内容纳入《德国民法典》第2编"债务关系法";而且在债法关于债务履行、解除权等方面也因消费者保护的需要进行了修改。⑤ 这些立法方面的改变,体现了德国立法者选择了在民法中整合消费者保护的特别规定,从而提升消费者法的品性,同时拯救因为特别规定而支离破碎的民法体系,将其再法典化的立法路径。而在《德国民法典》总则规定"消费者"和"经营者"概念,就成为这一立法进程的必要部分和必然要求,通过将消费者法纳入民法典中,德国立法者再次将其《民法典》置于私法的统治位置。⑥

二、中国面临消费者概念一体化需求须借鉴德国法经验

(一)《德国民法典》规定消费者概念前遇到的社会需求在中国社会都已经出现

在中国,同样遇到了《德国民法典》规定消费者概念时的社会需求。主要表现在:

1. 消费者法的性质需要匡正

在中国,消费者法是作为一种特别法发展起来的,表现为以《消费者权益保护法》为主的各种消费者权益保护的规范性文件。因而,中国的消费者保护相关规范也表现出高度的复杂性,并且随着消费者保护程度的不断提升,规范数量还将呈现不断增多之势。例如,电子商务的发展以及由此产生的远程交易都在催生该领域的消费者保护规范。对此,立法者和学界不得不思考并解决的问题是,如何将消费者法构建为

---

④ 德国法的一般交易条款,即是中国合同法规定的格式条款。
⑤ 例如,给付义务一节第241a条为预定的给付针对消费者进行了特别的规定。第355条以下规定了消费合同消费者的撤回权和退还权。
⑥ Micklitz, Münchener Kommentar zum BGB, 5. Auflage, 2006, Vorbemerkung zu §§13, 14, Rn 15.

价值和逻辑一贯的法律体系,这不但是保障消费者法的科学性与合理性的必然要求,也是这些法律规范得以有效实施、发挥其保护消费者合法权益实效的必要条件。不解决这些问题,无法对消费者法的私法性质有根本性的统一认识。

2. 消费者法与民法的关系不协调

在中国,对消费者法是否属于民法的范畴,有诸多重大误解。尽管有较多的学者认为消费者法属于民法范畴,但也有更多的学者将消费者法归属于经济法的范畴,强调消费者与经营者的不对应地位而刻意强调消费者法属于经济法。[7] 按照中国民法与经济法的分工,民法调整平等主体之间的权利义务关系,而经济法调整的对象是经济和国家意志的统一体[8],是不平等的经济法律关系。这样的认识,对消费关系更侧重于国家对经济关系的管理方面,忽视了对消费者与经营者之间的权利义务关系的重要性的评价,直接导致消费者法脱离民法而归并到经济法领域,使民法的基本规则和具体规则不能直接对消费者权益保护适用。目前中国正面临这一困境,并且比德国当时的情势更为严峻,需要通过民法总则规定消费者概念而将消费者法统一于民法体系中。

3. 对消费者的法律地位认识分歧且缺少倾斜保护政策

在中国,民法囿于主体绝对平等观念的束缚,在对消费者特别保护的进程中步伐过于谨慎,很多因消费者的弱势地位应当采用的特别规则,并未在民法中规定,而是出现在各种消费者保护特别规范中。民事主体的平等性与消费者的弱势地位的倾斜保护政策,由于没有民法总则的统一规定,因而并没有对消费者的地位有统一的认识,异见不断,在司法实践的法律适用中经常出现分歧,致使特别法规定的消费者倾斜政策不能很好落实。这种做法不利于构建消费者保护的完善体系,也不能适应对消费者倾斜保护的客观要求。

(二)中国应当借鉴德国经验在民法总则中规定消费者概念

中国的客观形势是,各种消费者保护规范日益增多,不但表现为专门的消费者保护立法,更表现为众多法律、法规中关于消费者保护的个别规定。由此构成的繁杂的消费者法体系,使在立法技术上对消费者概念界定及制定倾斜保护政策成为一个难题。中国到底应当对消费者概念进行一个一体化的界定,还是在各种涉及消费者保护的法律、法规中都予以界定呢? 如果是一体化界定消费者概念,又应当在哪部法律中予以界定呢? 解决这些问题的最好方法,就是借鉴《德国民法典》在总则中规定消费者概念,统一消费者概念的一体化界定,进而确定消费者法的私法地位,理顺消费者法与民法之间的关系,确定对消费者倾斜保护原则,更好地保护消费者。

将这些要求集中在一点,中国民法就是应当借鉴德国法立法经验,在总则中用专

---

[7] 参见李艳芳主编:《21世纪法学系列教材·经济法案例分析》,中国人民大学出版社2006年版,第185页。

[8] 参见李艳芳主编:《21世纪法学系列教材·经济法案例分析》,中国人民大学出版社2006年版,第5页。

门的条文规定消费者概念。

首先,确定消费者法的私法性质,将消费者法纳入民法体系。由于中国消费者法的主体主要表现为各种特别法,而且各种特别法之间的法律位阶和适用关系比较复杂,因而不适宜在这些特别法中对消费者概念进行统一界定。民法典是私法的基础性法律,规定私法的一般规则在私法中具有普遍的适用性,各种私法的特别法都可以适用民法典的一般规定。因此,在民法总则中对于消费者概念进行界定,是确定一体化消费者概念的最好选择,可以形成适用于所有消费者保护规范的统一的消费者概念,进而确定消费者法律的性质为私法,消费者法是民法体系的组成部分。通过民法总则规定消费者概念,使消费者法与民法形成完整的体系,各项规范和制度之间构成无矛盾的融合体。

其次,确定消费者与经营者的法律关系。中国民法应当确定消费者属于"消费者—经营者"法律关系的主体,是一种特殊的民事主体,应当在民法总则中予以规定。当代商业社会造就了"消费者"和"经营者"作为整个市民社会主体的身份和地位,中国民法应当以顺应社会需求,规定消费者为民事主体,将民法的交易规则按照"消费者—经营者"关系和"非消费者—经营者"关系的不同,区分为两种不同类型,分别适用不同的法律规则,突出消费者的弱势地位并予以补足,加强保护。这在中国将是一个长期的进程,需要逐渐推进,但当前恰逢制定民法总则的有利时机,必须抓住机遇,在民法总则中规定消费者概念,推进消费者概念一体化的进程。

最后,通过民法总则规定消费者概念的做法,确定对消费者的倾斜性保护政策。消费者在信息获知、协商缔约等方面,相较于经营者,处于绝对的弱势地位,因而在民法的具体规则和制度设计上,必须予以适当倾斜。消费者法调整的是消费者与经营者之间的交易关系,所涉及的法律关系也主要是消费者与经营者之间的合同关系。如果完全地、绝对地实行主体平等原则,消费者的权益就不可能得到全面保护。借鉴《德国民法典》的经验,在民法总则中对消费者概念进行一体化界定,就能够体现民法作为市场经济的基本法对消费者的主体地位的重视,确定倾斜保护原则,在法律规则上补足消费者的地位,使消费者的权利得到全面保护。

三、中国民法总则对一体化消费者概念的具体界定

中国在民法总则中究竟应当怎样界定消费者的概念,有以下问题需要探讨。

(一)目前对消费者概念界定的分歧意见

目前,中国立法并未对消费者的概念予以明确界定,只有《消费者权益保护法》在第2条关于调整范围的规定中对其进行了间接提示:"消费者为生活消费需要购买、使用商品或者接受服务,其权益受本法保护;本法未作规定的,受其他有关法律、法规保护。"按照这一规定,立法者似乎将消费者理解为为了生活消费需要购买、使用商品或者接受服务的人。因而,有学者将消费者界定为:"为生活消费需要购买、使用商品

或者接受服务的居民。"⑨也有学者认为:"为生活消费的需要而购买商品或者接受服务的自然人。"⑩这两种界定其实是一致的,只是在表述上略有不同而已,因此可以作为一种观点对待。此外,还有学者借鉴比较法上的经验对上述界定予以适当扩张,认为:"所谓消费者是指非以营利为目的购买商品或者接受服务的人。"⑪

这两种观点,在主体方面均认为消费者只能是单个的自然人,在作为消费者概念核心部分的行为方面采用了不同的界定方法,前者采用了积极的实质界定方法,将行为的目的限定为生活消费需要;后者采用了消极形式界定的方法,只要行为非以营利为目的均可。显然后者所能够包含的范围要比前者广泛得多。

这两种界定都存在一定的问题:第一,行为要素界定过于狭窄。两者都认为消费者是购买商品或接受服务的人,租赁等其他消费行为并未包含在内。中国目前普遍存在的个人租赁房屋中介公司房屋的行为,以及个人租赁租车公司机动车的行为,均被认为属于消费行为,承租方应当属于消费者,但目前这种对消费者概念的界定无法涵盖这两种情形。第二,主体要素界定过于狭窄。这两种观点都认为作为消费者的是自然人,但是我国各地的消费者权益保护地方性法规几乎都认定个人和单位都可以成为消费者⑫,而且在实践中,合伙以及一些公益法人如果不能成为消费者,其购买纸张等办公用品的行为不能受到消费者法律的保护,是无法让人接受的。

因此,关于消费者概念的界定,有必要结合我国实际情况并借鉴比较法特别是德国法的经验,进行进一步的研究。

(二)消费者概念包含人和行为两项要素

从我国学界关于消费者概念的既有界定可以看出,消费者概念包含两项要素,即人的要素和行为的要素。一方面,消费者并非一种并列于自然人的独立主体,也不是并列于自然人和法人的独立主体,而是依赖于既有的法律主体,是既有法律主体通过作出某种法律行为获得的身份,因而内含着人的要素。出生到死亡阶段的生物人是自然人,符合法律规定的组织是法人,这都是主体地位概念,一旦被归属于自然人或法人,就固定地具有这种地位,与其参与的法律关系的内容和性质毫不相干。而消费者却并非一种地位概念,而是与其实施的法律行为具有紧密联系,今天是消费者,明天可能不是消费者。另一方面,既然消费者是与特定法律行为相联系获得的一种主体身份,那么消费者概念中另外一个核心要素就是使自然人等既有法律主体获得消费者身份的特定法律行为,也就是行为的要素。

(三)行为要素的界定

比较法上大多数国家对于消费者的界定及保护都限定于其与经营者之间实施的

---

⑨ 王全兴:《经济法基础理论专题研究》,中国检察出版社2002年版,第428页。
⑩ 梁慧星:《〈消费者权益保护法〉第49条的解释与适用》,载《人民法院报》2001年3月29日。
⑪ 王利明:《消费者的概念及消费者权益保护法的调整范围》,载《政治与法律》2002年第2期。
⑫ 参见王利明:《消费者的概念及消费者权益保护法的调整范围》,载《政治与法律》2002年第2期。

法律交易行为,主要是各种类型的合同关系。虽然我国《消费者权益保护法》第 2 条使用的是"生活消费需要购买、使用商品或者接受服务",并未将其限定为法律行为,字面解读包含了购买、使用商品或者接受服务所涉及的所有法律关系,其中包括侵权法律关系。但是侵权法有关规则,尤其是以产品责任为代表的特殊侵权行为规则已经充分考虑到了因现代工业和商业产生的对包括消费者在内的公众保护的不利状态,在侵权法具体制度设计上采用了有利于消费者的规定。也就是说,侵权法已经将消费者弱者保护的精神内化为其各项制度,不再需要在侵权法律关系中另外设置消费者特别保护的规则。因此,大多数国家在消费者界定上都将其限定于法律行为,例如德国、奥地利、英国。⑬

与中国对消费者概念存在积极实质界定和消极形式界定两种界定方法类似,比较法上从实质和形式两个角度界定消费者概念的做法都存在。从实质角度界定消费者概念的典型代表是瑞士法,具体列举了作出法律行为的目的。在其上门交易合同⑭的撤回权规则中,要求买受人的交易是为了个人或家庭消费需要。在其消费租赁合同中,非常规的解除权以承租人为了个人消费需要租赁动产为前提。⑮ 采用形式界定的典型代表是德国、奥地利。德国将消费者的行为要素界定为"既非以营利为目的也非以独立的职业活动为目的实施的法律行为"。奥地利在其《消费者保护法》第 1 条对于消费者和经营者进行了界定:首先认为经营者是实施了可归属于持续有组织的独立经济活动范围的法律行为的人。对于消费者则以经营者为基础进行了形式规定,那就是,实施了并不属于上述范围的法律行为的人。⑯ 这种规定基本类似于德国关于消费者的界定,是一种消极的规定,并未正面实质性地具体说明消费者的法律行为的目的,只是消极地排除了其反面的情况。

对于消费者概念中法律行为要素予以实质界定的方法具有一定的优越性,它可以明确这些法律行为的目的和种类,便于具体判断。但是这种方法具有不可忽视的局限性,它使消费者的概念只有非常狭窄的适用范围,超出所列情形就无法作为消费者予以保护,因而需要立法和司法不断予以发展。比如,20 世纪 70 年代,法国学界主流学说将消费者概念理解为,那些为个人或家庭需要缔结商品或服务合同的人,但是法国司法机关的判决却不断地对"个人或家庭需要"予以扩展。⑰ 欧盟 1975 年《关于消费者保护和告知政策的第一计划》也认为,消费者不再仅限于为了个人、家庭或者共同需要的商品和服务的购买者或者使用者,而应当是那些参与了能够直接或者间接作用于他的社会消费生活的所有方面的人。⑱

---

⑬ 这三个国家关于消费者概念的界定参见下文的具体论证。
⑭ 这类合同是指经营者和消费者在消费者的工作岗位或住宅等通过口头谈判缔结的合同。
⑮ Koller-Tumler, Der Konsumentenvertrag im schweizerischen Recht, 1995, S. 136 und S. 151.
⑯ österreich konsumentenschutzgesetz, § 1.
⑰ Günter Weick, Staudinger Kommentar BGB, Vor § 13, S. 394.
⑱ Erstes Programm der Europäischen Wirtschaftsgemeinschaft für eine Politik zum Schutz und zur Unterrichtung der Verbraucher, Amtsblatt Nr. C 092 vom 25/04/1975 S. 0002 – 0016.

与实质界定相比较,形式界定的方法具有高度的概括性,能够容纳实践中的各种消费法律行为,也可以为实践中出现的新的消费行为提供调整空间,至于由其概括性产生的确定性和具体性方面的不足,可以通过学说和判决予以弥补。正是由于形式界定的优越性,新近立法大有采纳消极形式界定的趋势,比如德国和奥地利的规定。因此,笔者认为,中国民法总则规定消费者概念,其中法律行为要素应当采用消极形式界定的方法予以界定。具体包括如下3个方面:

1. 非以营利为目的实施法律行为

消费者实施法律行为的目的是为了与营利相反的消费,因此作为消费者概念核心的法律行为必须非以营利为目的。《德国民法典》关于消费者的界定对此予以明确,《奥地利消费者保护法》对此虽然未予明确,但其关于持续有组织的独立经济活动的规定其实就是营利目的行为的另一种表述。《日本消费者契约法》第2条关于消费者界定中使用的"经营或为了经营需要",同样是对于营利为目的行为的另一种表达。[19] 其实,消费者概念界定之所以排除营利行为,是为了和经营者相区分,经营者以商人为原形,其从事行为以营利为目的,因而"营利"表现为一种有组织、有规划的持续的获利活动。[20]

个人的财产管理行为即使能够为其带来利益也不属于以营利为目的的行为,因为其欠缺营利所必需的有组织、有规划并且持续的特点,这也是德国联邦最高法院判决所确认的规则。[21] 例如,个人购买或者出租不动产并不属于以营利为目的的行为。此外,购买公司股份或者基金份额也是个人的财产管理行为,不属于以营利为目的的行为,作为其有力证明的是"金融消费者"概念的兴起。现代社会越来越多的人选择购买股票、基金等金融商品以寻求财产的保值和增值,不可否认其具有获利的目的,不同于传统生活消费行为的纯粹消费性。但这种行为并不是一种以营利为目的的行为,购买者被认定为金融消费者。例如,《日本金融商品销售法》中将金融消费者规定为在金融商品交易之际,相对于金融机构的专业知识,属于资讯弱势一方的当事人。[22] 我国台湾地区"金融消费者保护法"第4条将金融消费者界定为接受金融服务业提供金融商品或服务的人,但不包括专业机构投资者和符合一定财力或专业能力之自然人或法人。[23]《英国金融服务与市场法》也将存款人、保险合同相对人、投资人等纳入了金融消费者的范围中。

需要注意的是,如果财产管理行为成为一种有规划的持续营业,通过一定的组织比如办公机构予以实施,就转变为一种营利行为,行为人就不能再作为消费者了。例

---

[19] 《日本消费者契约法》第2条将消费者界定为:个人(作为经营或为了经营的需要而成为契约的当事方的情况除外)。参见李惠阳:《〈日本消费者契约法〉的消费者概念及其启示》,载《法治论丛》2005年第1期。
[20] Saenger, Ermann bürgerliches Gesetzbuch Kommentar, Aschendorff Rechtsverlag, 2004, §13, S. 108.
[21] BGHZ 63, 32, 33.
[22] 参见于春敏:《金融消费者的法律界定》,载《上海财经大学学报(哲学社会科学版)》2010年第4期。
[23] 参见顾肖荣、陈玲:《试论金融消费者保护标准和程序的基本法律问题》,载《政治与法律》2012年第6期。

如专门的专业机构有计划地购买股票的行为就是一种营利行为,不能作为金融消费者受到法律的特别保护。

2. 非以独立职业活动为目的实施法律行为

除了上述以营利为目的实施法律行为的人之外,以独立职业活动为目的实施法律行为的人也不属于消费者。这种情况通常是一些自由职业者,他们没有受雇于某一组织进行职业活动,而是将独立地长期从事一定活动作为自己的职业,比如独立撰稿人、私人教师、流浪歌手以及其他独立职业者等。这些人持续地有计划地从事一定的行为作为其职业,必定对这一范围内的各种信息、情况和技能具有良好的掌握,缔结相关法律行为时并不会处于劣势地位,不符合消费者的价值判断,因此不属于消费者。例如,我国曾经出现的职业打假人士,他们并未受雇于某一组织,而是以打假作为自己的独立职业活动,他们缔结假货买卖合同的行为,属于以独立职业活动为目的的法律行为,因而他们不是消费者。与此不同的是,如果行为人实施了以职业活动为目的的法律行为,但是这种职业活动并不具有独立性,那么他仍然可以成为消费者。比如高校教师为了做好教学和科研工作购买图书资料的行为,虽然与其职业有关,但由于高校教师从事的并非独立的职业活动,因此他仍然属于消费者。

3. 目的的客观性

非以营利为目的和非以独立职业活动为目的实施法律行为的要求,都需要判断该特定目的是否满足。而目的判断有主观和客观两种标准,应当以行为人的主观目的还是行为人的行为所表现出的客观目的为标准呢?这其实与消费者概念界定的价值基础相关,消费者概念的界定是为了保护在法律交易中客观地处于劣势地位的一方当事人。非以营利为目的也非以独立职业活动为目的这两项标准决定了行为人所实施的法律行为并非他每日重复的活动,行为人对于这种行为不熟悉,才会在交易中处于劣势地位,从而作为消费者受到保护。因此,对于是否属于非以营利为目的的或者非以独立职业活动为目的,应当采用客观判断标准,根据客观情况予以综合判断,而不需要顾及行为人主观上的认识。

此外,由于消费者身份取决于所实施法律行为的客观目的,因此,对于其目的是否符合消费者概念所要求的非营利和非独立职业活动要求的判断,应当以法律行为作出的时刻为节点予以判断。

(四) 人的要素的界定

对于谁可以在符合行为要素时成为消费者,中国也不存在统一的认识。中国《消费者权益保护法》第 2 条并未将消费者限定于自然人,组织具有作为消费者的能力。我国包括上海、湖南、江西等地的消费者保护地方性法规也大多认为,消费者不但包括自然人也包括单位。[㉔] 但是我国大部分学者却认为,消费者仅包括自然人,不包括

㉔ 关于这些地方的相关规定,请参见王利明:《消费者的概念及消费者权益保护法的调整范围》,载《政治与法律》2002 年第 2 期。

单位。㉕ 在比较法上,虽然《德国民法典》将消费者限定于自然人,但是学说和法院判决广泛承认无权利能力社团、合伙、基金会作为消费者的能力。㉖ 在奥地利,除了自然人之外,非营利社团在成员较少、组织机构不完善的情况下,也可以作为消费者。㉗

在我国,自然人能够作为消费者是毫无疑问的,需要探讨的是法人和其他组织能否作为消费者。无权利能力组织并未获得独立的人格,属于多个自然人的集合,既然自然人可以作为消费者,那么无权利能力组织也可以作为消费者。合伙在传统民法中属于无权利能力社团,现在逐渐承认合伙的法律主体地位,但是合伙并不具有独立的人格,仍然属于自然人的集合,同样可以作为消费者。比较复杂的是法人能否作为消费者。法人中的营利性法人持续有组织地从事获利行为,其所从事的法律行为都是围绕其营利活动展开的,都属于以营利为目的的法律行为,因而不能作为消费者。但是非营利法人长期从事的并非营利性的行为,而是各种公益性行为,其法律行为并非围绕营利行为进行,能够作为消费者。

(五)结论和建议

通过上述分析,消费者概念的界定,可以从行为要素和人的要素两个方面进行。消费者是指:非以营利为目的,也非以独立职业活动为目的作出法律行为的人和组织,包括自然人、合伙、无权利能力社团、非营利社团等。

仅仅界定消费者概念尚未完成全部工作,消费者保护的规则在纯粹的双方都是消费者的情况下并不能得到适用,只有在消费者和经营者之间的法律关系中才能得到适用。因此,经营者的概念也应当在民法总则中予以界定。由于经营者概念的界定与消费者概念是相辅相成的,在消费者的概念得到界定之后,经营者概念的界定就是水到渠成的了。

为了完善我国消费者保护法律规范,整合我国消费者保护法律体系,提升消费者保护法律规范对于消费者和经营者之间关系的规制能力,中国应当在民法总则的法律主体部分规定消费者的概念和经营者的概念。具体立法建议如下:(1)规定消费者概念,明确规定"消费者是指既非以营利为目的,也非以独立职业活动为目的作出法律行为的人和组织,包括自然人、合伙、无权利能力社团、非营利社团等"。(2)规定经营者概念,明确规定"经营者是指以营利为目的或者以独立职业活动为目的的作出法律行为的人和组织"。

作出这样的规定之后,消费者和经营者的概念作为私法的一般规则,不但对于民法典的消费者保护规定具有适用力,也对各种特别法中消费者保护规则具有适用力,以其为基础可以整合消费者保护法律规范,构建完善的消费者法体系。

㉕ 参见钱玉文、刘永宝:《消费者概念的法律解析——兼论我国〈消法〉第2条的修改》,载《西南政法大学学报》2011年第2期;王利明:《消费者的概念及消费者权益保护法的调整范围》,载《政治与法律》2002年第2期;史际春:《新发展观与经济法制新发展》,载《法学家》2004年第1期。

㉖ Micklitz, Münchener Kommentar zum BGB, 5. Auflage, 2006, §13, Rn 11–17.

㉗ Faber, ZEuP 1998, 854, 861 mN in Fn. 36.

我国消费者行政的现状及改革[*]

消费者保护既是克服市场机制内在缺陷的需要,也是维系健康的社会再生产的必要条件。消费者保护从一开始就是国家干预的产物。因此,一国消费者行政的设立,对其消费者政策法律的实施具有至关重要的影响。鉴于《消费者权益保护法》修正案(草案)并未接受提升我国消费者行政级别的意见,本文拟对我国消费者行政的现状进行检讨,并参考其他国家的做法,对我国加强消费者行政提出若干建议,以期引起立法重视,更好地解决这个问题。

一、修正《消费者权益保护法》必须重视消费者行政的改革的原因

在修正《消费者权益保护法》中,必须重视对消费者行政的改革。理由是:

第一,从人类发展史来看,一般等价物在交换结构中的介入,打破了物物交换模式中的直观制约,生产者与消费者角色发生分离,权利保护仰赖交换的频繁发生而维系。随着社会化大生产和社会分工的高度化,生产者身份向大厂商集中,个人在经济结构中永恒地承担消费者角色。消费者阶层逐步形成并得以固化。作为社会经济运行的终端接受环节的承受者,消费者对生产者只能一般地发挥制约作用;同时,在利益最大化的商业运行模式的驱动下,生产者可能对消费者产生持续压制倾向,导致生产、经营行为偏差。由于这是市场机制的内在缺陷,期待市场自发调节将导致市场系统的整体僵局,造成严重后果。因此,必须借助国家干预,保护消费者,对市场调节的失灵进行救治。从这个角度来看,加强消费者保护,打击不公平和欺诈性商业行为,对于保护消费者阶层的合法权益,保障国民健康和基本安全,维系市场机制的健康运作,防止社会阶层分化,构建和谐社会,都具有重要意义。

第二,从另一个角度观察,消费者不仅是社会经济运行的终端和接受者,也是社会再生产的开端和启动者。消费者不是在社会经济结构中居于弱势的部分人群,而是全体民众的市场角色和利益代表。中国的经济要想获得新动力,就必须走出外贸依赖和畸形经济结构的困局,真正拉动内需。加强消费者保护,其意义不仅在于保护个体或局部的消费者权利或利益;而且在于保护消费欲,让普通民众对中国市场保持

---

[*] 本文发表在《法治研究》2013年第9期,合作者为杭州师范大学王占明副教授。

和提升消费信心;还在于保护消费力,使社会经济发展成果合理地分享于人民,以启动良性的新一轮的社会再生产,而不被过度的、畸形的金融信贷和泡沫型房地产主导经济模式所劫持。同时,消费者应承担社会责任,承担环保政策和能源政策,弘扬消费伦理,促进国家产业升级和更新。从这个角度来看,加强消费者行政,不仅对市场经济的健康、持续和纵深发展具有重要意义,而且能够推动国家宏观发展思路由重商主义向重民主义的转变,对于培育社会民主,促进政府机构改革和优化治理结构,均有深远影响。

因此,改革消费者行政具有极为重要的意义。修正《消费者权益保护法》必须重视消费者行政的改革,体现上述观念,以实现上述目的。

二、我国消费者行政的现状和存在的主要问题

(一)我国消费者行政设置的变迁

目前,我国消费者行政的主管机关是国家工商行政管理总局,其他有关行政部门依法在各自的职责范围内,保护消费者的合法权益。

在1993年《消费者权益保护法》出台前后较长一段时间内,在工商行政管理局内并没有设置负责消费者权益保护的机构。此后,在国家工商行政管理局的公平交易局内曾设过消费者权益保护处,地方工商行政管理局则在市场管理处设有受理消费者投诉的科室。但其职能仅限于投诉,职能单一。1998年,经国务院批准,国家工商行政管理局增设消费者权益保护司,1999年开始,在各级地方工商行政管理局设消费者权益保护处、科。消费者保护司的职责是:研究拟定消费者权益规章制度及具体措施、办法并组织实施;组织查处严重侵犯消费者权益的案件;组织查处市场管理中发现的经销掺假及假冒产品的行为。① 后来,国家工商行政管理总局将消费者保护司改为消费者保护局,其主要职能是:拟订保护消费者权益的具体措施、办法;承担流通领域商品质量监督管理工作;开展有关服务领域消费维权工作;查处假冒伪劣等违法行为;承担指导消费者咨询、申诉、举报受理、处理和网络体系建设工作。消费者保护局内设综合处、商品监管和服务消费保护处、12315工作指导处,目前编制共15人。② 第十二届全国人大通过的国务院机构改革和职能转变方案,将国家工商行政管理总局的流通环节食品安全监督管理职能分离,组建国家食品药品监督管理总局,对消费者行政的职能没有作出改变,仍然保持原状。

(二)我国消费者行政存在的主要问题

我国现行消费者行政主要存在以下问题:

第一,国家工商行政管理总局主管的事务较多,消费者行政没有得到充分的凸显

---

① 参见张严方:《消费者保护法研究》,法律出版社2003年版,第224页。
② 参见国家工商行政管理总局消费者权益保护局网页,http://www.315.gov.cn/jgjs/。

和重视。目前国家工商行政管理总局的职责主要有:负责行政执法,起草有关法律法规;负责市场主体的登记注册和市场监管;负责不正当竞争、垄断的执法工作;负责消费者保护相关事务;查处商业贿赂、走私、传销等违反市场秩序的违法行为;监管经纪、拍卖、广告、直销行为;负责商标注册和管理、动产抵押物登记、合同行政监管;负责民营企业监管等③,消费者保护只是其众多职责之一。这种行政设置沿袭了将消费者事务作为工商业再生产活动中的一环的传统思路,未能充分认识保护消费者对于国民经济和社会生活的核心价值和特殊作用,在消费者保护战略部署和政策制定上缺乏应有的高度,影响相关工作布局与开展。

第二,消费者保护局和各级消费者保护机构的行政层级较低,难以实现有效的管理和保护。尽管中央政府的机构名称由"处"到"司"再到"局",消费者保护局的身份由工商总局内设的办事机构转变为具有相对独立性的工作部门④,但这并没有改变其司局级单位的行政层级,没有改变其在政府组织结构中较低的法律地位。由于行政层级较低,消费者保护局在行使职权时所作出行政行为及所发布的规范性文件,约束力和权威性都有所不足。与此相应,我国消费者行政的编制严重不足,消费者保护局只有15个编制,各级工商行政管理部门的消费者处、科的人员更是少得可怜。这样的人力资源配置,显然无法满足消费者行政工作的实际需求。

第三,消费者保护职能分散,缺乏统一行使职权的专门机关。《消费者权益保护法》第28条规定:"各级人民政府工商行政管理部门和其他有关行政部门应当依照法律、法规的规定,在各自的职责范围内,采取措施,保护消费者的合法权益。有关行政部门应当听取消费者及其社会团体对经营者交易行为、商品和服务质量问题的意见,及时调查处理。"从条文上可以清晰看出,工商部门只是一个有名的管理机关,它与其他无名行政机关一样,各自在法定职责范围内行使职权,工商管理部门甚至并未依法获得"主管"消费者事务的行政权力资格,无权对涉及消费者事务的其他部门发号施令、协调行动。该条第2款更将听取意见和调查处理的主体统称为"有关行政部门"。因此,我国的消费者保护职责是由包括工商行政在内的众多行政部门所分享的,表现为分散的行政机制,在实践操作中阻力重重,一个部门可能因涉及其他部门的权限而裹足不前,造成消费者保护措施的严重滞后。⑤

第四,工商行政部门无力独立对抗有更优越政策背景和强大利益瓜葛的国有垄断企业。我国是社会主义公有制国家,宪法和国家基本经济制度保障公有经济成分在国民经济生活中的主导和优势地位。以平等为导向的消费者行政在遭遇垄断大国企时,需要面对全面和深刻的政策、法律调整,这显然不是工商行政管理部门力所能及的。同时,中石油、中石化、中国移动、铁路、电力等垄断大国企的背后,往往牵涉

---

③ 参见国家工商行政管理总局"组织机构"网页,http://www.saic.gov.cn/zzjg/zyzz/。

④ 但它仍然有别于具有相对独立地位的"国务院部委管理的国家局",参见中央政府门户网站"国务院部委管理的国家局"网页,http://www.gov.cn/gjjg/2008-04/25/content_2399.htm。

⑤ 参见孙颖:《消费者保护法律体系研究》,中国政法大学出版社2007年版,第157页。

复杂的部门利益纠葛,其经营政策和行为背后都不同程度存在主管行政部门的默许甚至支持。作为国务院直属机构的工商行政管理总局,乃至于其下属的消费者保护局,面对这些企业损害消费者权益的行为,迫于现实,怀有很多难言之隐,只能抱着"法定职权"望而兴叹。

第五,中消协和各级消协在法定职权与身份定位上处于尴尬状态。中国消费者协会于1984年12月经国务院批准成立,是对商品和服务进行社会监督的保护消费者合法权益的全国性社会团体。中消协的宗旨是:对商品和服务进行社会监督,保护消费者的合法权益,引导广大消费者合理、科学消费,促进社会主义市场经济健康发展。其经费由政府资助和社会赞助。⑥《消费者权益保护法》第32条对中消协的职能进行了细致的规定,根据这一条文,中消协和各级消协获得了在有关消费者事务中咨询、检查、建议、调查、调解、支持诉讼、公开披露等法定职权。由于包括工商行政在内的其他部门并没有获得如此明确的法律授权,因此,中消协和各级消协实际承担了消费者保护事务的枢纽角色,联系各有关国家机关,协调和统领消费者保护事务。这也正是生活中为什么消费者保护声音多来自消协而非消费者保护局的原因所在。问题是,中消协和各级消协在法律地位上毕竟只是一个社会团体,它并不掌握确定的行政资源与行政执法权,在其他行政部门怠于配合执行时,中消协和各级消协所能做的只是呼吁。中消协会长曾在工作报告中强调,中消协不是一般的民间团体,而是"有法定名称、法定性质、法定职能、法定行为规范的官办社会团体"。这一表述,多少透露了该组织对官办身份的眷恋和期盼。

应当特别强调的是,在我国消费者行政以及相关设置中,缺少消费者行政的监督机构。消费者行政机关承担保护消费者合法权益不受侵害的监督职责,但在消费者行政机关不作为、滥作为时,谁来对其进行监督?如何保障国家有关消费者政策和法律落到实处?缺乏体系化、有所侧重、相互配合、相互监督的行政机制,是当前我国消费者行政必须正视的重要问题。

三、比较法上的消费者行政设置

我们选取几个具有代表性的国家的消费者行政设置情况进行观察:

法国的消费者事务主管机关是经济、财政和工业部的"竞争、消费和反欺诈署(DGCCRF)"。经济、财政和工业部负责制定宏观消费者政策,竞争、消费和反欺诈署则负责政策的执行和监督。此外,由各界代表所组成的消费者安全委员会集中负责消费者资讯的搜集、披露和对有权机关提出建议。国立消费者研究所则是主要的商品和服务检测机构,出版专门刊物。全国消费者理事会(CNC)是由近20个全国性的

---

⑥ 参见中国国家工商行政管理总局网站对中消协介绍的网页,http://www.saic.gov.cn/zzjg/jgsz/zsdw/200905/t20090523_49147.html。

民间消费者组织组成的联合咨询机构,在代表消费者利益沟通对话和影响立法决策方面影响广泛。

德国的消费者行政主管机关是联邦"食品、农业及消费者保护部(BMELV)",该部在波恩和柏林拥有83个分支机构,职员超过900人。拥有一套疏密有致的科研支持体系,是德国消费者行政的重要特色。食品、农业及消费者保护部不仅下设消费者和食品政策科学咨询委员会,不定期发布独立评估报告,对相关决策提供建议;同时由于依附于该部,没有独立的法人资格,但在经费、组织、人员上具有相对独立性的四大联邦研究机构提供科学调查和咨询报告;此外,该部还在莱布尼茨科学院(WGL)各研究机构管理层设置常设代表,以实现与独立科研机构的智力对接。⑦ 联邦风险评估机构(BFR)作为独立的公法机构,通过市场调查、接受投诉、网上信息等方式收集信息,建立数据库,并做出风险评估和预警。⑧

瑞典的消费者事务主管机关是隶属于司法部的"消费者保护署"。其首长兼任消费者诉愿委员会的申诉专员,免费处理个案申诉。专员得依职权主动发起调查,在发现存在不当或不法行为时,申诉专员先通过与经营者对话监督其主动改正,如无法达成协议,则向市场法庭提起诉讼,要求法院发布禁令。在地方层面,地方消费者咨询中心则向个别消费者广泛提供建议。⑨

英国消费者事务的主管机关是商业、创新和技术部,但它主要负责消费者政策的制定,具体工作则有一整套庞大的机构体系来完成。公平交易办公室是保障消费者法律实施的独立公法机关,有权对重大违法行为采取措施或提起诉讼,开展市场调研并教育消费者,并通过所设"消费者指导"以电话和网络服务为消费者事务提供信息和建议。贸易标准局是地方层面负责消费者法律具体实施的职能部门,有权决定当地消费者保护的实施策略和监督重点,同时负责发布产品安全、召回的相关通知。⑩ 全英484个国民建议中心以包括电话、网络等多种形式提供免费、独立、机密和公允的消费者建议。此外,"消费者聚焦"等机构则在政策研究的同时,对能源、邮政等特定行业保留一定的处理权。⑪ 2010年英国商业、创新和技术部提出公共机构改革方案,意在减少职责重复问题,创造更简单的结构,使消费者事务机关更直观地为消费者服务。

美国的消费者主管机关是联邦贸易委员会消费者保护局。委员会不解决私人消费者诉愿。消费者向消费者保护局提交的诉愿用于帮助侦查不法行为,启动调查和起诉程序。联邦贸易委员会将所收到的所有诉愿列入其在线数据库"消费者岗哨"

---

⑦ 参见德国联邦食品、农业及消费者保护部网页,http://www.bvl.bund.de/EN/Home/homepage_node.html。

⑧ 参见中消协国际交流栏目有关德国消费者法律体系情况介绍,http://www.cca.org.cn/web/gjjl/newsShow.jsp? id=45232&cid=321。

⑨ 参见瑞典政府网消费者事务网页,http://www.sweden.gov.se/sb/d/2112/a/66269。

⑩ 参见英国政府贸易标准局网页,http://www.tradingstandards.gov.uk/。

⑪ 参见英国消费者聚焦组织网页,http://www.consumerfocus.org.uk/。

(Consumer Sentinel)。[12] 联邦贸易委员会有广泛的调查权和收集、整理相关信息的权力,并通过个案违法指控、行业规则指挥和向法院申诉司法禁令等三种方式查处不公平或欺诈性行为。另一个重要机关是消费品安全委员会,其职责主要是通过零售监督、进口监督、互联网监督等方式,保护公众免受与产品有关的不合理的伤害。此外,2010年设立的消费者金融保护局是在金融消费领域专设的消费者保护机关,特别引人关注。

日本政府历来比较重视综合推进消费者行政,在内阁设立"消费者保护会议",由首相担任议长,相关行政机构的长官担任委员。同时建立"国民生活审议会",调查和审议有关消费者保护的基本事项,向内阁提出建议。二者的执行部门是经济企划厅的国民生活局,国民生活局下设国民生活中心,并在各地建立了约500个属地方政府管辖的消费生活中心,指导消费,发布预警信息,并处理投诉。[13] 2009年,日本政府提出"统一消费者行政,推进一元化管理"的消费者行政改革方针,设立了"消费者厅"。长官直接对首相、消费者事务国家特命长官负责。同时设立消费者委员会,是监督消费者行政实施情况的第三方独立审议机构。委员会接受相关省厅长官的咨询,向其提供建议,并有权要求整改后提出反馈报告。保留消费者事务中心,负责建立消费者信息平台、接受咨询、提供教育及争议解决。[14]

四、各国消费者行政的基本经验

根据以上列举的各国和地区消费者行政的基本情况的观察,对我国具有借鉴意义的基本经验有以下五点:

1. 当代社会必须设置强有力的消费者行政机构

当代社会是商品社会,也是高风险社会。人们普遍生活在由商品堆积起来的高风险社会之中。在这个社会中,一方面是商品生产者和服务经营者最大化地追求高额利润,另一方面是广大消费者处于越来越危险的商品环境之中。在这种形势下,政府必须担负起保护消费者的重任,规范商品生产者和服务经营者的行为,把科技进步带来的商品、服务繁荣所引起的社会风险降低到最低程度,以保护消费者。政府必须把保护消费者和规范生产者、经营者的这两个方面统一在一起。为了完成这样的历史重任,政府必须设置强有力的行政机构,主管消费者事务,对消费者提供保护,对生产和经营者进行法律干预,消除消费者面临的高风险。在前述六个国家的政府中,无一不设置了这样的机构,并且保持这个机构的强大的行政力,具有相当的权威,充分

---

[12] 参见美国联邦贸易局网,载 http://www.ftccomplaintassistant.gov/。
[13] 参见国家工商行政管理局外事司编:《借鉴——国家工商行政管理总局出国(境)考察培训报告辑要(1991年~2002年)》,中国工商出版社2004年版,第588页。
[14] 参见张超:《日本:让消费者与商家之间形成良性互信》,载法制网2011年3月29日,http://www.legaldaily.com.cn/international/content/2011-03/29/content_2551246.htm? node=22621,2011年3月29日访问。

震慑违法的商品经营者,使消费者得到更完善的保护。

2. 政府保护消费者应当单独设立行政机构

政府为完成保护消费者的重任,必须设置专门的行政机构主管消费者事务。前述六国政府设置的消费者行政有两种模式:

第一种是单独行政模式,即政府单独设立消费者行政机构,包括三种情形:一是单独设立消费者的部委,例如日本专门设立消费者厅。二是消费者行政机构合署在其他部委,在名称上特别标明消费者行政,例如德国设立的"食品、农业及消费者保护部"。三是在有关部委下设专门的消费者行政部门,例如法国的"竞争、消费和反欺诈署"隶属于经济、财政和工业部,瑞典的"消费者保护署"隶属于司法部,美国的"消费者保护局"设在联邦贸易委员会,均属于这一情形。

第二种是多重行政模式,英国是这一模式的典型代表,其消费者保护事务有多个行政机关共同承担:主要有商业、创新和技术部,公平交易办公室,贸易标准局,国民建议中心,消费者聚焦等。

从实际情况观察,政府设立单独的行政部门主管消费者事务是十分必要的,效果也最好,其特点是权威、高效、专业化。相反,在多重行政模式下,不容易协调各个行政部门之间的关系,难免出现各个部门都主管、都不负责的状况,因而英国也在进行这方面的改革。

需要指出的是,中国现行消费者行政体制与上述法国、瑞典、美国等国家采取的部委下专设消费者行政的做法并不相同。这些国家政府机构所设部会数目很少,类似于我国在倡导行政机构改革时所称的"大部制",而我国工商行政总局只是28个正规"国务院组成部门"之外的16个"直属机构"之一[15],其地位不可同日而语。

3. 消费者行政机构必须达到相当级别

在当代社会,为了完成消费者保护的重任,政府不仅应当设立消费者行政,而且必须配置高规格、高级别的行政机构,才能协调好各个部门之间在消费者事务上的立场,确立权威性,对违法生产者、经营者具有相当的威慑力。日本1968年5月在首相府设置了"消费者保护会议",对消费者政策进行综合性的规划和推进。该会议每年召开1次,确定消费者行政的基本方针和具体的消费者保护政策。由于没有一个统一的机构主管消费者保护工作,职责分别由各个不同的政府部门进行,很难协调,不能达到最佳的工作状态,因此经常出现消费者权益受到侵害的问题。日本于2008年提出新设统一管理有关消费者行政事务的新政府部门,向国会提交了《消费者厅设置法案》及相关法案,于2009年5月通过。8月11日任命消费者厅的首任长官,9月1日正式设立消费者厅。消费者厅是政府部门之一,统一负责承担原先由各相关省厅分别管辖的有关消费者权益保护的各行政事务,包括产品事故的原因调查以及防止同样问题再次发生等,在消费者保护事务上发挥了重要作用。我国台湾地区设置

---

[15] 参见国发2008第11号文件《国务院关于机构设置的通知》,2008年4月24日。

了"消费者保护委员会","行政院"副院长担任主任委员,在协调各部会保护消费者的事务上起到了非常大的作用。尽管2012年我国台湾地区已经将该组织改为"行政院"消费者处,但行政职能和权威并未受到损害,仍然发挥着重要的作用。在这方面,日本的经验特别值得重视,我国台湾地区的经验也具有重要价值。

还应当看到的是,其他国家和地区在消费者行政的人力投入上,也具有相当的规模。日本的消费者厅编制217人,我国台湾地区的消费者保护处64人,德国的有关机构竟然有900人。

4. 设置卓有成效的基层消费者行政

消费者行政必须在各级政府中设立,越是基层越是要有强有力的消费者行政。这是因为侵害消费者权益问题都发生在实际生活中,争议也都发生在基层,只有基层政府在消费者行政上强大且有威力,才能够更好地保护消费者。基层消费者行政要广泛分布、有效覆盖,英国国民建议中心、日本消费生活中心和瑞典地方消费者咨询中心的经验都值得借鉴。

同时,应特别借鉴瑞典经验,在常规行政之外专设亲民的消费者保护官制度。消费者保护官代表消费者利益并督促经营者采取措施,也可依法提起公益诉讼制止侵害行为。保护官制度为消费者保护开辟了可替代的新渠道,同时构成对消费者行政的有力监督。我国台湾地区也设置了消费者保护官制度,效果显著,可供参考。

5. 除消费者行政之外还必须设置必要的其他组织

保护消费者事务并非由一个部门、一个团体就能够完成的事业,除了消费者行政之外,还必须有相关的部门、团体进行协助,否则保护消费者的重任无法由政府单枪匹马地完成。各国或地区在消费者行政之外,都设置有关团体、机构等,配合政府的消费者行政。在日本,消费者委员会作为监督机构,与消费者厅同时设立。该委员会是由民间人士组成的消费者厅的监督机构,设在内阁府内,负责独立调查审议与消费者权益保护有关的各种事务,有权对首相和相关大臣提出建议。其他国家和地区也都有类似团体或机构存在,与政府消费者行政一起,保护消费者,具有明显成效。此外,借助民间力量,成立民间团体对消费者保护事业的推动作用也不容忽视。法国全国消费者理事会、德国四大联邦研究机构等科研院所在消费者咨询和评估等方面所起到的独特作用就是这方面的范例。健康的消费者保护需要由官方机构与民间力量共同努力,合作达成。

五、修改《消费者权益保护法》和改善我国消费者行政的对策建议

修改《消费者权益保护法》,必须对我国消费者行政进行改革,体现我国在治理传统上是行政主导的国家,行政权力在国家生活中发挥着举足轻重作用的要求,必须充分重视消费者行政,而不能像英美国家那样依赖司法分担相当分量的保护消费者的

职责。同时,受限于中国行政条块分割的积习,也不能满足于类似欧陆国家的独立的公法机构,而必须接近日本思路,为消费者行政设置高级别的总领机关,进行立体化的消费者行政体制建设。

问题是,在立法机关提出的《消费者权益保护法》修正案(草案)中,对于规定消费者行政的第28条并没有提出修改方案,仍然沿袭原来的内容。这样的做法是不适当的。对此,笔者提出以下具体意见:

1. 在国务院设立议事协调机构"消费者保护委员会"

消费者保护横跨多个领域,需要各政府工作部门的协调配合。消费者政策的制定和实施涉及宏观产业政策、货币政策、环保政策、能源政策、社会保障政策、区域发展政策、卫生政策、教育政策、外交政策等多方面的统筹安排。所涉及事项关系农业部、商务部、工信部、住房和城乡建设部、国土资源部、环境保护部、交通运输部、铁道部、文化部、教育部、科技部、卫生部、民政部、财政部、公安部、司法部、外交部、国家发改委、国家能源局、国资委、中国人民银行、海关总署、税务总局、质监局、安监局、国家旅游局等多个国务院机构的职责分工。没有一个权威的机构,无法协调各部委的行为。因此,《消费者权益保护法》应当规定,在国务院设立消费者的议事协调机构"消费者保护委员会",负责制定、协调消费政策,主管、监督全国消费者行政,以达到提高消费质量,优化消费结构,促进理智消费,实现合理消费,满足人民群众不断增长的物质和文化生活需要的目的。最简单的办法,就是将现在的"国务院食品安全委员会"改为"消费者保护委员会",将其仅仅负责食品安全的领导,改为对消费者保护的领导。实现这一改变并不难,因为都是保护消费者安全的事项。在"消费者保护委员会"的统一协调下,使各部委在相互配合、衔接的基础上,充分有效地贯彻国家统一的消费者政策,避免政出多门或相互推诿,优化消费者行政体制。消费者保护委员会的主任应由副总理担任,以保障其权威性和行政力。其组成人员应当包括相关部委首长及专家人士。

必须承认,我国刚刚建成社会主义法律体系,国家政治和经济生活的实际运行尚较多受到一些传统和现实因素的制约与影响。特别是传统社会注重官僚科层体制的文化心理习惯,直接妨碍消费者保护局与其他部门联系、收集信息和提出建议的实际效果。面对我国消费者保护的局势越来越严峻的局面,我国现行行政体制仅在工商行政管理总局中设立一个消费者保护局,显然是不够的。这种做法显然没有把消费者行政放在政府应重视的位置上,反映了我国政府对消费者保护事务的忽视和漫不经心。只有在国务院设置"消费者保护委员会",才能够显示我国政府保护消费者的决心和力度,也才能够协调好各行政部门保护消费者的职能,共同搞好消费者保护。

2. 单独设立消费者行政机构

在行政机构设置上,应当仿照日本政府的做法,设立单独的消费者行政机构。可以考虑的方案:

一是专门设立消费者部或者消费者局。这样做的好处是,由一个部或者一个局专司消费者保护事务,在消费者保护委员会的领导下,能够权威、高效、有力地保护消费者。

二是在某部、委、局设立行政机构,但是必须在部、委、局的名称上标明"消费者保护"的字样,例如"发展、改革和消费者委员会"或者"商务和消费者保护部"或者"工商行政管理和消费者总局",我们倾向于将消费者行政设置在发展和改革委员会,称之为发展、改革和消费者委员会,下设消费者局,借助于发改委的权威性,强力推进消费者保护,这是最有利于保护消费者的一个方案。将消费者行政放在商务部,也会比在工商行政管理总局要好一些。这是因为,一方面,工商行政管理总局毕竟是国务院的直属机构,而商务部则是国务院的组成部门。另一方面,第三产业、服务经济的发展已越来越逾越传统围绕制造业的生产和流通所引发的消费者保护需求,由工商行政包揽消费者行政不仅容易受制于旧思维,还将不可避免越来越多地与其他行政机关发生职权竞合或冲突。

在以上两种方案中,笔者倾向于第一方案,即坚持行政机构精简原则,在加强消费者行政的问题上,应在消费者行政上增加投入。相应的,在各级政府中,都应当设立消费者保护局,赋予该局以保护消费者的行政权力,运用这一行政权力,制裁侵害消费者的违法行为,使消费者得到更充分的保护。该局的行政层级应对应于地方各级政府的局级部门,为各级政府的组成部分,充分行使本级政府的行政权力,保护消费者。

此外,消费者行政应当配置足够的编制,改变目前消费者保护机构可有可无的状况,以切实保障消费者事务有足够的人力进行。

应当看到的是,我国的消费者行政并没有达到应有的水平,消费者的法律地位也不是很高,远远达不到"上帝"的程度,现行消费者保护立法也没有达到先进水平,总体的消费者行政处于较低的程度。在这样的情况下,消费者行政必须首先达到较高的位阶,才能够以此为基础,改变不尽如人意的现状。我国目前的消费者行政的层级设置显然不适合形势要求。因此,应当加大行政力度,增加行政投入,改变消费者行政的疲软状况,彻底改变目前消费者的弱势地位。

3. 设立代表民意的消费者保护官

我国应当借鉴瑞典等国的申诉专员制度,在消费者保护部(或局)和县(市)级以上地方政府的消费者保护局设置专门的消费者保护官职位。消费者保护官由国家消费者保护委员会主任任命,由国家消费者保护部(或局)直接领导和派遣,对消费者保护部(或局)负责,受消费者保护部(或局)的监督。消费者保护官的编制和薪酬由国家负责提供,其办公条件和办公经费由所驻地方政府负责保障。

驻地消费者保护官与地方消费者保护局并行不悖、相互补充。前者类似罗马法保民官,是一个亲民的职位,虽然在消费者保护局设立办公室,但在职务上具有独立性。消费者保护官由中央统一任命,可以保证全国统一的消费者保护政策的落实,也可以避免地方政府对地方企业、商业的保护,并起到监督地方消费者行政的作用。

消费者保护官的基本职责是：第一，接受消费者申诉。消费者保护官有权接受消费者因不满消协调解结果或因消费者纠纷直接提起的申诉。第二，开展消费调查。消费者保护官有权依职权自行发起或因受理申诉需要开展消费者调查，被调查商家负有配合义务，消费者保护官调取相关证据时，被请求人必须无条件提交。第三，处理消费争议。消费者保护官可以独任或组成委员会形式主持调解；在做出事实调查后，保护官有权在职责范围内依专业判断做出调解建议。调解建议只出具解决方案，不对争议事件的法律性质发表意见。被申诉人如接受调解协议，保护官可据此制作调解书；被申诉人如拒绝接受调解协议，保护官可依法启动行政裁决程序，由消费者保护机构依法作出行政裁决。对行政裁决不服的可以提起诉讼。[⑯] 第四，发动司法程序。消费者保护官可代表消费者在所驻地法院提起民事诉讼。该诉讼既可代表具体消费者，保护个体利益；也可代表不特定消费者群体，产生示范效应。保护官提起消费诉讼为公益诉讼，不缴纳诉讼费用。消费者保护官也可以发起非诉程序，向法院申请查封、冻结、扣押财产等强制措施或强制执行生效的消费调解书或行政裁决。

4. 加强各级消费者协会的作用

在这方面，有两个问题特别值得讨论：

(1) 消费者组织的名称

我国《消费者权益保护法》明确规定消费者协会和其他消费者组织是依法成立的对商品和服务进行社会监督的保护消费者合法权益的社会团体。在修改《消费者权益保护法》的过程中，究竟是叫做消费者协会，还是叫做消费者权益保护委员会，引起很大争论。在全国各地的省级消费者组织中，已经有超过一半的改为"消保委"，因此，中国消协的强烈意见是改为"消保委"。对此，笔者比较支持消协的意见，原因在于，目前消协的性质是民间团体，且又没有特定具体入会的会员，因为全国13亿人民都是会员，因此存在登记注册的困难。适当变更名称，有助于树立消费者组织的权威和公信力。

(2) 消费者组织的职能

目前，中国消费者协会和各级消协依照《消费者权益保护法》第32条规定履行职能，在消费者保护中发挥了重要的作用，但也存在较大的问题，这不仅表现在各级消协只此一家，并没有《消费者权益保护法》第31条规定的消费者协会之外的"其他消费者组织"；而且各级消协基本上是在各级工商行政管理部门的领导下（或者说是监督下）履行职能，官不官，民不民，处于尴尬的地位。在《消费者权益保护法》修正中，关于消费者组织的职能，已经增加了"倡导节约资源和保护环境的合理消费，提高消费者维护自身权益的能力""通过商品或者服务的检验、比较手段"向消费者提供消费信息和咨询服务、"依照本法提起诉讼或者"支持受损害的消费者提起诉讼的职能，并且提出各级人民政府对消费者协会履行职能和开展工作所需经费予以支持的立法

[⑯] 建议对1996年《工商行政管理机关受理消费者申诉暂行办法》作出相应调整。

草案。这些修法意见,都是正确的,应当通过立法予以肯定。

(3)具体的意见

基于上述情况,笔者建议修改《消费者权益保护法》的这部分内容:

第一,应当将各级消费者组织做大、做强,使其充分发挥作用。应当借鉴我国记协、法学会的体制建设,将中国消协和各级消协办成消费者维权的实体。中国记者协会与中国法学会都是政府资助的行业团体,甚至负责某些行业管理的行政职能。中消协是全国消费者的团体,具有更重要的任务和使命,应当与记协、法学会的职责相似,地位相同。

第二,中消协和各级消协应当成为主要由政府资助的社会团体。借鉴我国香港特别行政区消费者委员会的体制,中消协和各级消协应当是政府资助的机构,除了通过自己创办刊物等获得部分收入之外,纯粹由政府赞助,消协的委员也应当多由政府任命。[17] 这样的体制,与消协组织的建设相距不远,很容易做到。

第三,中消协与各级消协依法独立活动,不受任何行政机关或他人的干预。尽管政府资助是消协的主要财政来源,但政府不是消协的领导,消协也不是政府的机构,消协必须确立自己是消费者自己的组织的观念,全面为消费者保护服务,只服从于消费者利益的需求。反对各级政府的消费者保护局或消费者保护官对消协组织的干预。

第四,赋予中消协和各级消协以消费者行政监督机构的职能,对各级政府的消费者行政进行监督,有权对其工作提出批评建议,并且要求回馈整改结果。这样,彻底改变消费者行政管理与消费者协会的关系,使消费者行政置于全体消费者的监督之下,依法执行职权。

第五,应当鼓励设立其他民间消费者组织。应当继续坚持《消费者权益保护法》第31条规定的原则,除了各级消协之外,鼓励民间建立各类消费者组织,全面保护消费者。我们特别赞赏我国台湾地区消费者文教基金会的做法。该消基会成立于1980年11月,是为专门改善台湾地区的消费环境、保护消费者所设立的非营利性的纯民间机构。现有遍布台湾地区的500位义工、均不带薪资的22名委员和28位带薪资的工作人员组成。消基会的主要经济来源是以捐款与发行《消费者报道》杂志订阅费用及小额捐款为主。消基会对消保政策进行积极建议和推行,有权免费代理团体诉讼,可以自己的名义提起诉讼,取得赔偿后再返还给当事人,诉讼代理律师不允许收取任何报酬。除了该组织之外,台湾地区还有其他全区性、地方性和专业性的消费者组织。在我国大陆,除消协之外,依法设立各种民间的消费者组织,将会大大促进消费者保护运动的发展,更好地保护消费者。例如,许多国家都设置了专门的消费者金融保护机构,鉴于其牵扯到深刻的政策反思和巨大的利益安排,我国应当专门设立金融消费者协会,以保护好金融消费者的合法权益。

---

[17] 参见吴政学:《两岸消费者保护法之比较研究》,台湾大学硕士论文,第154页。

5. 巩固消费者保护既有网络建设,加强科研、评价和信息共享功能

应当借鉴各国配置各种消费者保护的力量,综合推进消费者权益保护的做法,整合我国现有保护消费者的资源,形成合力,保护消费者。应当借助既有的 12315 行政执法平台体系和"消费者维权服务站"建设体系[⑬],充分履行消费者咨询和教育功能。将维权服务站作为解决消费者争议的前哨。服务站应积极与其他相关政府部门沟通,向其征询有关消费者保护信息,并提供相关建议。必要时,服务站得提请所属工商行政部门驻地消费者保护官予以协调。服务站应加强与消费者协会的工作联系,明确后者在对商业和服务进行比较试验和调查评估方面的权力。应继续加大消费者保护信息平台的建设,努力实现信息透明和共享。

消费者决策和信息分享应具有坚实的科学基础,为此,应重视消费者科研的组织和投入工作。筹建专业的消费者研究团队,组建专家智库,探索多层次的咨询报告和评估体系,在消费者行政和科研间建立持续、有效的常态联系机制,保障消费者行政的科学性和适时性。

[⑬] 参见 2011 年 5 月国家工商行政管理总局《关于进一步加强 12315 "五进"规范化建设的意见》。

日本消费者法治建设经验及对中国的启示[*]

我国《消费者权益保护法》在实施了 20 年之后,全国人大常委会于 2013 年 4 月在第十二届第二次会议上讨论其第一次修正案。《消费者权益保护法》修正案增加了反悔权、精神损害赔偿、惩罚性赔偿等一系列新的保护消费者的制度,但仍存在一些不足,特别是消费者法治建设,尚未达到完备的程度。"他山之石,可以攻玉"。本文研究日本消费者法的立法经验,并为我国修改《消费者权益保护法》、完善消费者法治建设提出借鉴的意见。

一、日本消费者法的立法进程和主要法律

(一)日本消费者法的立法进程

日本的消费者法是以《消费者基本法》为中心,形成了比较完备、完善的消费者法治体系。

1. 日本消费者法的演变

战后,日本在 20 世纪 50 年代后期至 60 年代进入经济高速发展期,随着资本的高度积累、企业垄断和市场竞争的加剧,单纯追求经济利益而严重损害消费者权益的事件层出不穷。尤其是 1960 年发生的假牛肉罐头事件直接推动了《药品法》(1960)、《分期付款销售法》(1961)、《不当赠品类及不当标识防止法》(1962)的制定。1965 年以后,在迅速崛起的汽车行业中存在大量缺陷汽车问题,引发了众多的消费者投诉。为维护正常的社会经济秩序、保护消费者权益,大量出台了相关法律。由于受到西方消费者运动和现代消费者权益保护理论影响,尤其在美国总统肯尼迪倡导的消费者"五权",即消费者有获得"安全保障权""被告知权""自由选择权""申述意见权"及"索赔权"的背景下,日本国会于 1968 年通过并正式颁布了《消费者保护基本法》,加速了日本消费者运动的发展。

20 世纪 70 年代,由于出现果汁饮料标识问题(1971),日本加快了对《食品卫生法》(1972)、《赠品标识法》(1972)的修改;针对出现的非法传销问题,制定了《上门销

---

[*] 本文发表在《广东社会科学》2013 年第 5 期,合作者为首都经济贸易大学法学院助理教授陶盈博士。

售法律》(1976)和《防止无限连锁传销的法律》(1976)。20世纪80年代,日本的食品添加物问题被曝光,以及高利贷、信用、多重债务人信用等问题,催生了规制放债业务等相关法律的制定(1983)和《分期付款销售法》的修改(1984)。从20世纪90年代起,日本与缔约、解约相关的纠纷增多,网上交易的相关问题增多,制定了《产品责任法》(1994)、《不动产特定共同事业法》(1994)、《金融体系改革法》(1998)、《住宅质量确保促进法》(1999),并修改了《上门推销法》和《分期付款销售法》(1999),以及《贷款行业规制法》《出资法》《利息限制法》(1999)等。

2000年以后,日本先后制定了《上门推销法》(后改为《特定商业交易法》)、《分期付款法》(2000)、《消费者合同法》(2000)以及金融商品的销售等相关法律(2000)。随着网上交易相关问题日渐增多,也促成了《电子合同法》(2001)和《供应商责任限制法》(2001)的制定。这一阶段日本也曾出现所谓的"铃响即挂的电话诈骗"案件,为此制定了《垃圾邮件防止法》(2002)。①

2. 日本《消费者基本法》的修改

日本消费者保护政策以《消费者基本法》为依据,规定了国家、地方政府和经营者各自应当承担的责任及消费者的权利和地位,形成了各部门、各社会团体和各级地方政府共同参与的全方位、多层次的消费者保护体系。其中,国家负责制定和实施有关保护消费者的方针政策,地方政府则根据国家政策进一步制定和执行适用于该地区的具体政策,经营者则应遵守相关政策,进行自我规制,确保安全、合理地提供商品和服务。

日本的《消费者保护基本法》(1988年)是日本保护消费者权益的基本法律依据。随着时代的发展,为应对更多新的情况,2003年经过第35届消费者保护会议及第19届国民生活审议会讨论,于2004年进行修法,修改为《消费者基本法》。此次修法的主要特点,是对消费者的定位由过去的被保护的消费者转变为自立的消费者,从侧重保护到"帮助其自立",从偏向于保护弱者到"照顾到不同消费者的年龄和特点",明确了消费者政策的理念、行政机关和经营者的责任以及消费者发挥的作用等,同时也探讨了相关政策的制定、投诉的处理、纠纷的解决和体制的改革等相关问题。

日本的这次修法,主要是出于认为消费者不再只是被政府庇护的对象,而是权利的主体,表明了对消费者的"行政保护"开始向"行政支援"转变。修改前的《消费者保护基本法》要求政府按照经济社会的发展,制定、实施消费者保护政策,积极介入市场,保护消费者。修改后的《消费者基本法》把消费者自立作为基本理念,认为消费者政策的推进必须以"尊重消费者的权利"和"支援消费者的自立"为基本原则,并在"满足消费生活需要权"和"确保健康生活环境权"的基础上,明确了安全的确保、选择机会的确保、信息的提供、教育机会的确保、受害消费者的救济和消费者意见的反映等6项基本权利。

---

① 「ハンドブック消費者2010」消費者庁企画課消費者庁センターホームページ,http://www.caa.go.jp/planning/pdf/2010handbook.pdf,2013年4月3日访问。

(二)现行日本消费者法的主要法律

日本的《消费者基本法》是基础性法律,仅对国家、地方公共团体和企业的基本责任进行规定,与其他法律如《反垄断法》《访问销售法》《关于特定商品等委托交易合同的法律》以及一系列直接的、间接的保护消费者的法律、法规,共同形成了一个有机的法律体系。该法还建立了完整的产品质量保证体系和消费者权益保障机制,规定了产品"召回"等制度。

日本的《消费者合同法》的最大特点,是强化消费者的特殊身份,给予消费者在交易中有利的地位,使消费者和经营者在交易关系中更加平等,以减少消费交易中的侵权现象。同时设定了新的规则,能更好地解决消费者合同争议。当消费者被合同内容误导或受到企业某些行为的误导时,该法案能够促使消费者免受该合同的约束,并宣告对消费者不公平的合同条款归于无效。该法规定不当的劝诱行为构成侵权行为,包括虚假陈述、提供确定性判断、不告知有损利益的事实、上门推销不肯告辞、阻碍消费者离去等,应当承担法律责任。规定使用不当的合同条款也构成侵权行为,包括经营者的损害赔偿责任免除条款、消费者支付违约金等的预设条款、单方损害消费者利益的条款等,应当承担法律责任。

日本的《产品责任法》规定,缺陷产品造成人的生命、身体或财产受到损失,受害者可以对制造公司等请求损害赔偿,有效防止及救助受害的消费者,旨在提高国民生活的水平,促进国民经济的健全发展;实施包括健全替代争议处理程序、强化收集与提供产品瑕疵信息以及产品安全教育的改进等多项措施;使消费者、政府、商家三者之间的权利和义务关系变为消费者和商家之间的关系,体现了私权自治原则,简化了索赔程序,提高了商家的责任。

日本的《无限连锁链防止法》是为了规制日本的直销活动设立的。所谓"无限连锁链"就是传销,是指贡献金钱物品的参加者无限地增加,最初加入的成员的位次在先,以后参加者以两倍以上的倍率连锁式和阶段式的递增,后来参加者的位次根据其参加的顺序排在后面。位次在先的成员从位次在后的成员所捐款的金钱中得到高于自己所贡献的金额或数量的金钱物品。"无限连锁链"是指以上所述为内容的金钱物品的分配组织。由于1965年日本内村健一在熊本市成立的"天下一家会"进行金字塔式传销活动,造成了恶劣影响,促进了该法的出台。

日本的《公益通报者保护法》是保护告密者的法律,对于职场上发现了一定的犯罪行为,通报劳动机构内部、管辖行政机关、媒体、消费者团体等机构者予以保护,严禁企业和团队对通报者进行解雇或其他不利处分。

日本的《个人信息保护法》是以个人信息的有效利用与个人信息保护为宗旨,确立了个人信息保护的基本原则及方针,明确了国家及地方公共团体的责任义务以及使用个人信息的企事业应遵守的义务。日本个人信息保护的法律体系主要包括三个部分:(1)规定国家基本法《个人信息保护法》,体现了立法的基本理念、国家及地方公共团体的责任义务和政策以及基本方针的制定等,同时规定了获取个人信息的经营者的义务等;(2)对民间部门的规定,主要采取主管大臣制,制定了针对各个经营领域的不同方针;(3)对公共部门的规定,包括《行政机关所持有之个人信息保护法》《独立行政法人所持有之个人信息保护法》《各地方公共团体制定的个人信息保护条例》等法律、法规。

日本在2009年通过了消费者厅相关三法案,包括《消费者安全法》《消费者厅及消费者委员会设置法》《消费者厅设置法案的实施相关的法律整合法》。《消费者厅及消费者委员会设置法》属于组织法,主要规定了消费者厅作为内阁府设置机构的主要任务、掌管事务,并设置了消费者委员会,作为政府的监督、咨询机构。《消费者安全法》和《相关的法律整合法》属于作用法。《相关的法律整合法》将过去由各省、厅管理的标识、交易、安全等相关法律改为由消费者厅移管、共管,包括与标识有关的法律包括《赠品标识法》《JAS法》《食品卫生法》等,与交易有关的法律包括《特定商业交易法》《特定电子邮件法》《贷款业法》《分期付款销售法》《住宅建设业法》《旅游业法》等,与安全有关的法律包括《消费者生活用品安全法》等。《消费者安全法》规定各都道府县必须设置消费生活中心,明确了基本方针的制定、地方自治体的事务(意见咨询、调解等)、消费者事故相关信息的收集、消费者受害的防止措施(公布、措施要求、对经营者的劝告、命令等)。

二、日本消费者法治体系的基本特色

(一)建立强大的行政指导

日本的消费者制度最大的特点,是以强大的行政指导为中心,政府依据法律、法规对企业以及消费者团体进行指导。行政指导是行政机关在其所管辖事务的范围内,对于特定的人、企业、社会团体等,运用非强制性手段,获得相对人的同意或协助,指导行政相对人采取或不采取某种行为,以实现一定行政目的的行为,通常采用说服、教育、示范、劝告、建议等非强制性手段和方法。地方消费者保护机构经常举办有利于启发消费者自主意识的讲座和展览,搜集和提供消费者信息,处理与消费生活有关的咨询和投诉以及进行商品检测。政府坚持《消费者基本法》规定的基本理念,即"对消费者提供必要的信息及教育机会"是消费者应当享有的权利,指明消费者应当努力学习有关消费生活的必要知识,收集必要信息,开展自主、合理的行动;提出国家及地方公共团体应当充实有关消费生活的教育活动。日本重视在学校、地方、职场、家庭等场合开展体系化、综合性的消费者教育启发活动,具体内容涵盖了食品、法律、环保、金融、媒体认知等各个领域。教育对象遍布各个年龄层,旨在培养远离受害和事故的、成为消费经济主体的以及为解决社会性课题做出贡献的消费者。

(二)制定周密的"消费者基本计划"

《消费者基本法》作为消费者政策的基本理念,提出了"对消费者权利的尊重"及"对消费者自立的支援",同时作为具体实现该基本理念的手段,政府制定了长期贯彻的消费者政策大纲即"消费者基本计划"。日本政府为实现推进消费者政策的计划性和一体性,在2010年3月30日的内阁会议上确定了"消费者基本计划"(该计划是第二代计划,第一代计划制定于2005年4月8日)。"消费者基本计划"以2010年4月到2015年3月的5年间为对象,总论写明了"消费者基本计划"制定的宗旨、消费者政策的基本方向、"消费者基本计划"的验证、评价、监督。分论提出各府省厅等应着力推进的171项具体对策。"消费者基本计划"规定的消费者政策的基本性框架和主要课题包括:对消费者权利的尊重和消费者自立的支援;与地方公共团体、消费者团体等联合协作,确保提高消费者政策的有效性;对经济社会发展的对策。

(三)实行卓有实效的消费者团体诉讼制度

消费者团体诉讼制度是允许特定的消费者团体享有对经营者不正当行为提出请求停止侵害权,其目的在于抑制经营者的不法行为,保护消费者。该制度创设于2006年《消费者合同法》修改后,从2007年6月开始实施,2008年进行修改。《赠品标识法》《特定交易法》也分别于2009年4月1日和同年12月1日引入该制度,对"误解为优质""误解为有利"的不当标识及特定商业交易的不正当行为也可以请求停止侵害。

经营者对不特定且对多数的消费者进行《消费者合同法》第4条第1项到第3项规定的不正当劝诱行为,或者请求履行该法第8条到第10条规定的有不正当合同条款的合同,或者实际履行以及有可能履行该承诺的意思表示时,适格消费者团体有权请求停止或预防该行为的发生,或者请求对该行为的停止或预防采取必要措施(第12条),进行团体诉讼,维护消费者权益。如果以谋求该适格消费者团体或第三人的不正当利益,或者以加害该请求涉及的对象为目的时,不能提起消费者团体诉讼。对于适格消费者团体的认定由日本内阁总理大臣进行。

(四)设置周到的消费者生活咨询制度

日本的独立行政法人国民生活中心是致力于稳定及提高国民生活质量,在提供与国民生活相关的信息及进行调查研究的同时,依照《独立行政法人国民生活中心法》(2002年)解决重要的消费者纠纷。国民生活中心及全国消费者生活中心等受理的咨询案件,根据PIO-NET掌握的有关产品事故的消费生活咨询案件,2008年为12109件(约为总咨询数量的1.3%),其中产生损害扩大的案件有6599件(约为总咨询数量的0.7%)。从2009年9月国民生活中心公布的情况来看,2008年国民生活中心及各地消费者生活中心受理的有关消费者合同的消费者生活咨询共有947623件,其中关于"销售方法"咨询案件有368104件,关于"缔约、解约"的有759288件,此外还有大量关于经营者的"不当劝诱"和"不当合同条款"等不正当营销方法的咨询案件。[②]

---

② 截至2009年9月15日PIO-NET(全国消费生活信息网络体系)公布的数据。

(五)配置合理的消费者行政及相关机构

1. 消费者厅、消费者委员会

2009年9月1日《消费者厅及消费者委员会设置法》开始施行,消费者厅、消费者委员会正式成立,直属于内阁府,主要负责实施保护消费者的各项法规以及行政管理工作。统一承担原先由各相关省厅分别管辖的有关消费者权益保护的各种行政事务,包括产品事故的原因调查以及防止同样问题再次发生等。日本厚生劳动省等已将诸如食品标识业务和特定保健食品的管理等工作,全部移交消费者厅负责。

2. 消费者保护委员会

消费者保护委员会又称消费者政策委员会,由内阁首相直接领导、各职能部门的部长组成,主要负责拟定有关消费政策,独立调查审议与消费者权益保护有关的各种事务,监督以消费者厅为首的各中央机构在保护消费者方面的行政工作,有权对首相和有关大臣提出建议。

3. 国民生活局

国民生活局隶属于内阁府,由学者、消费者组织代表、企业代表以及其他专业人士组成,主要研究和探讨消费者保护的基本政策,并向内阁首相提出建议和意见。

4. 其他部门和团体

这些部门和团体主要是2001年成立、由首相直接领导的内阁府,它主要负责协调相关部门的消费者政策,协调消费者保护委员会和国民生活局,并负责《消费者基本法》《产品责任法》《消费合同法》的执行;此外还有公平交易委员会、经济产业省、厚生省、农林水产省、国土交通厅等部门。

5. 国民生活综合中心和地方生活中心

随着经济环境的变化,日本的消费者政策也正逐步集中于改善消费环境、提高消费者自我保护能力等方面。日本的消费者组织机构众多,既有政府性组织,又有民间性团体组织。政府性组织有国民生活综合中心,其经费由政府负担;而民间性组织主要由日本全国消费者团体联合会联合其他消费者团体组织而成。各地还设有"消费生活中心",可接受消费者投诉、进行消费行为指导等工作。消费者厅成立后,日本政府开通了一条消费者热线,可直接连接到各地方的消费生活中心。此外,"日本消费者联盟"等民间组织也通过调查研究向一般消费者提供相关统计信息、向相关政府部门进言献策以及监督企业的侵犯消费者权益的行为。

三、我国建设完善的消费者法治建设应当突出解决的几个问题

日本消费者法治建设的上述特点,恰好都是我国消费者法治的弱项。对此,应当借助《消费者权益保护法》修法的机会,借鉴日本的经验,建立卓有成效的消费者法治体系。

(一)建立完善的消费者保护法律体系

比较中国和日本的消费者法治建设,最基本的差距在于,日本有完善、完整的消费者法体系,而我国消费者法内容单一,只有一部《消费者权益保护法》,没有形成体系。

日本的消费者法治建设是从1960年开始的,至今已经有50多年的历史,建立了以《消费者基本法》为核心,多部法律共同组成的消费者法律体系。50多年中,日本在制定了《消费者基本法》之外,每逢发生重大的消费者事件,立法者都会制定相应的法律作为应对措施,并且不断修改直至完善。经过50多年的积累,日本已经形成了今天的消费者法治成果,能够充分发挥保护消费者的法律功能。

对比起来,我国自从1993年制定《消费者权益保护法》之后,20年来,并没有增加新的消费者法,也没有对《消费者权益保护法》进行过修改、补充,直至目前才进入修法程序。应当说,我国《消费者权益保护法》属于消费者基本法的性质。顺应我国消费者保护的实践,应当相应制定有关的消费者保护的部门法或者单行法,形成以《消费者权益保护法》为核心的、完善的、完备的消费者保护法律体系。即使只有一部消费者保护的基本法,也应当不断修订、补充,使其不断完善,以更好地保护消费者。可是,面对我国比比皆是的消费者被侵害的重大、突发、受害人众多的案件,例如"大头娃娃案""三鹿奶粉案""地沟油案""苏丹红案"等,不仅没有一次像日本那样制定紧急应对法,而是以不变应万变,一部法律打天下;而且一打就是20年,《消费者权益保护法》未做任何修改。这种立法的"稳定",不适应消费者运动瞬息万变的形势,不利于保护消费者,不是正常的立法。

我国的消费者立法应当借鉴日本以及其他各国的立法经验,立法机关应当贴近社会生活,顺时应势,发现和反映消费者运动的实际需要,及时制定新的法律,而不是脱离实际,闭门造法。在基本保持消费者基本法稳定的基础上,随着消费者保护的需要和典型事件的发生,顺应需要,不断制定切合消费者保护需要的单行消费者法,应对具体问题,保护好消费者权益。长期积累,形成完整、完备的消费者法律体系,使其在国家法律体系中具有更重要的地位,能够发挥更大的作用。

(二)制定完善的消费者发展计划

消费者法治建设的一个重要环节,是制定先进的、卓有成效的消费者发展计划。目前,我国消费者保护着重于立法和救济,缺少基本的消费者发展计划,缺少必要的教育和引导。日本政府在消费者法治建设中,以《消费者基本法》规定的对消费者权利的尊重及对消费者自立的支援基本政策精神为依据,制定作为具体实现该基本理念手段的"消费者基本计划",作为长期贯彻的消费者政策大纲,规定消费者基本计划的宗旨、政策基本方向,引导消费者认识自己的权利,保护自己的权利。

缺少对消费者教育和引导的消费者法治,是不完备的消费者法治。原因在于,消费者法只强调对消费者赋权和侵权的救济,是就事论事的法治,是头疼医头、脚疼医脚的法治。只有制定完善的消费者发展计划,不仅使立法和救济跟上时代要求,更要引导、启发尊重消费者权利、对消费者行动进行行政支援、促使消费者自立和勇于保护自己的权利,指明消费者应当努力学习有关消费生活的必要知识,收集必要信息,开展自主、合理的行动;提出国家及地方公共团体应当充实有关消费生活的教育活动,让保护消费者成为社会的共识,并且调动一切必要手段保护消费者,才能建成完善的消费者法治。我国应当借鉴日本政府的经验,像制定和实施国民经济发展五年计划一样,制定消费者发展的五年计划,或者把消费者发展计划纳入国民经济发展五年计划之中,以政府的强制力推广实施,必将改变依靠《消费者权益保护法》单打独斗的局面,对消费者运动的发展发生重大影响,真正实现政府保护消费者的职能,实现社会尊重消费者的目标。

(三)设置强大的消费者行政

《〈消费者权益保护法〉修正案(草案)》第一次审议稿第 32 条(原第 28 条)规定的是消费者行政,其内容没有修改,仍是各级工商行政管理部门和其他有关行政部门是消费者保护的主管机关,实行分散管理,"在各自的职责范围内,采取措施,保护消费者的合法权益"。这样的消费者行政被称做"九龙治水",其缺陷在于:第一,九龙治水没有首领,因此等于没有行政机关主管,各部门自行其是或者不行"其事";第二,确定的法定消费者保护机构是工商行政管理部门,地位低,且消费者保护机构仅仅是内设的一个司、处、科、股级的机构,没有独立的地位,无力协调"九龙";第三,缺少必要的监督咨询机构,即使依法成立消费者协会,在"官本位"的政治格局下,只能完全听命于工商行政管理部门的指挥棒,不得脱离政府领带而"造次";第四,组织机构人员奇缺,国家工商行政管理总局的消费者保护局仅有 15 个编制,其他各级地方的消费者保护机构的编制更少,不能胜任保护消费者的需要。

日本政府为不断适应日本国情及社会的发展,及时采取新的对策,建立相当高规格的消费者行政机构,比起中国"九龙治水"的消费者行政,能够更积极、更高效地处理好消费者与经营者的关系,保证社会的稳定发展。借鉴日本设置消费者厅,以及消费者保护以行政指导为中心的经验,我国消费者权益保护法应当废止"九龙治水"的消费者行政模式。笔者的意见是:第一,将国家食品安全委员会改造为消费者安全委员会。为了应对食品安全的急迫需要,国家及时建立了食品安全委员会,全面领导食品安全问题。这是一个应急的办法。食品安全也是消费者安全。与其建立一个食品安全委员会,毋宁改造成为一个消费者安全委员会,由国务院副总理作为主任委员,领导全国的消费者保护工作,协调各部委的保护消费者的行动。如此改造,既不需要增加新的编制和官员,又能够全面领导和协调消费者保护问题,是一个最佳的选择。第二,建立消费者主管部门。《消费者权益保护法》应当在《消费者权益保护法》修正案第 32 条"各级人民政府工商行政管理部门和其他有关行政部门"管理消费者保护的规定,明确规定中央政府建立消费者部,或者确定由一个部主管这项工作,在部的名称上标明"某某与消费者部",强化消费者行政的地位和权力,结束"九龙治水"的消费者行政。第三,明确规定消费者部或者"某某与消费者部"的行政编制,借鉴日本消费者厅210余人编制的经验,为消费者行政部门增加编制,改变目前消费者行政的软弱、无力的状态。第四,《消费者权益保护法》修正案应当规定地方各级人民政府设置相应的机构,并设置消费者保护官,有权力直接解决消费者保护的具体问题,制裁违法经营者。

(四)建立强有力的消费者团体和组织

《《消费者权益保护法》修正案(草案)》第一次审议稿关于消费者组织性质的规定,没有进行修改,第36条(原第31条)仍然"坚持消费者协会和其他消费者组织是依法成立的对商品和服务进行社会监督的保护消费者合法权益的社会团体"的规定,只是在第37条(原第32条)增加规定了消协的"引导节约资源和保护环境的合理消费,提高消费者维护自身权益的能力""参与制定有关消费者权益的法律、法规和强制性标准"以及"依照本法提起诉讼"的职能的规定。这样的修改是不够的。鉴于我国消费者协会的地位不高、力量不足、职能不强等现状,修正案应当进行更大力度的修订:第一,《消费者权益保护法》修正案应当将消费者协会的名称改变为消费者保护委员会,确定其更高的社会地位;第二,《消费者权益保护法》修正案应当特别赋予消协或者消保会以监督政府消费者行政的职能,改变消协或者消保会在工商局消费者部门指导下工作的现状,而应当成为政府消费者行政的监督者和咨询机构,有权监督政府消费者行政的行为,提出加强消费者行政的建议,改变消费者行政与消协或者消保会的"父子"关系,使之真正成为代表消费者、维护消费者权利、监督政府消费者行政的社会团体;第三,《消费者权益保护法》修正案不仅应当维持原第32条第2款关于"各级人民政府对消费者协会履行职能应当予以支持"的要求,更要明确各级人民政府应当保障对消协或者消保会必要的活动经费资金;第四,《消费者权益保护法》修正案应当明确规定鼓励设立其他消费者组织并开展工作,改变消协或者消保会单打独斗的孤立局面。

(五)全面开展消费者保护咨询

相比之下,我国的消费者保护咨询显得更为薄弱。首先,我国的消费者咨询集中在"3·15"这一天。只有在这一天,各地消费者协会都会走上街头,接待消费者的咨询,但是消费者日一过,不再有普遍的消费者咨询。其次,在消协之外不存在专门的消费者咨询机构,而消费者协会的人员编制、工作职能等使其无法应对庞大的、数量极多的消费者咨询。由于缺乏必要的消费者咨询,消费者受到损害无法获得及时、有效的咨询,更多的受害消费者只能忍气吞声,"咽下这口气",不了了之。这样的消费者咨询现状不能适应我国这样一个消费者大国、侵害消费者问题严重大国的现实需要。

《消费者权益保护法》修正案应当在消费者行政的条款之下,规定设立具有独立法人资格的全国性消费者咨询机构,各地普遍建立消费者咨询中心。由政府拨款建立,类似于日本的国民生活中心那样,致力于稳定及提高国民生活质量,对消费者提供及时、有效的咨询服务,引导消费者正确行使权利,保护自己的权利。

(六)全面开展消费者团体诉讼

根据日本的经验,以及其他国家和地区的经验,适格的消费者团体开展团体诉讼,是维护消费者合法权益的最佳的诉讼手段。《〈消费者权益保护法〉修正案(草案)》第一次审议稿尽管增加了消协"依照本法提起诉讼"的职能,但这里所称的提起诉讼是指新修订的《民事诉讼法》第55条规定的公益诉讼,而不是指团体诉讼。《民事诉讼法》第52条和第53条分别规定了代表人诉讼和集团诉讼制度,但并没有规定消费者组织有提起消费者团体诉讼的职能,消协或者其他消费者组织无法依照这样的规定,向法院提出团体诉讼。而且在司法实践中存在为了"维稳"而不得适用代表人诉讼和集团诉讼的不成文规定,限制当事人诉讼权利的做法。因此,对于那些损害众多消费者权益,而每一个人的诉讼金额较小,消费者不愿意提起诉讼维权的案件,消费者无法通过诉讼维护众多消费者的权益,不仅不能维护消费者的权益,而且放纵了侵害众多消费者权益的不法商家。《消费者权益保护法》修正案应当在消费者组织的起诉职能的规定中特别明确规定,消费者协会有权依照本法的规定和《民事诉讼法》第52、53条和第55条关于代表人诉讼、集团诉讼和公益诉讼的规定,向法院提起诉讼。消协或者消保会提起前两种诉讼的作用将会更大,对于维护消费者权益具有更为重要的意义,必须予以肯定。

消费者权益保护中经营者责任的加重与适度[*]

在消费者权益保护中,经营者责任具有非常重要的意义,原因在于经营者与消费者的概念相对应,构成消费者权益保护法律关系中的两个基本主体,是保护消费者合法权益的最基本的责任主体。随着现代工业社会的发展,人们对于"风险社会"和"事故社会"的担心日益加重,对消费者权益的保护问题也呈现出多元化、复杂化、国际化的趋势。在这个高风险的社会,有必要加重经营者责任,但同时又要给经营者确定适度的责任,从而协调好受害消费者、经营者和全体消费者的利益关系,全面推进消费者权益保护。

一、经营者是保护消费者权益的基本责任主体

(一)法律重视经营者责任的基本原因

消费者是消费者权益保护法律关系的权利主体,是《消费者权益保护法》所保护的对象。

1985 年 4 月 9 日,联合国大会通过了《保护消费者准则》,国际消费者联盟提出的消费者权利包括:(1)保护消费者的健康和安全不受危害;(2)促进和保护消费者的经济利益;(3)使消费者取得充足信息,使他们能够按照个人愿望和需要作出掌握情况的选择;(4)消费者教育;(5)提供有效的消费者办法;(6)有组织消费者及其他有关的团体或组织的自由,而这种组织对于影响他们的决策过程有表达意见的机会。[①] 我国《消费者权益保护法》中明确了消费者享有的权利是:(1)安全保障权;(2)知悉真情权;(3)自主选择权;(4)公平交易权;(5)要求赔偿权;(6)依法结社权;(7)求教获知权;(8)获得尊重权;(9)监督批评权。[②]

在法律关系中,一个权利主体享有的权利,必须与义务主体负有的义务相对应,

---

[*] 本文发表在《清华法学》2011 年第 5 期,合作者为首都经济贸易大学法学院助理教授陶盈博士。
[①] 引自中国质量万里行新闻网:http://www.wlx315.cn/channel017/2008/0311/content_311.shtml,2011 年 5 月 20 日访问。
[②] 参见赵泳主编:《消费者权益保护法法律适用依据与实战资料》,山西教育出版社 2006 年版,第 1 页。

即权利义务相一致原则。③ 在消费者权益保护法律关系中,消费者作为权利主体,其享有的权利的对应义务,当然就是经营者所负有的义务。上述法律确认的消费者合法权益,其义务的承担者就是经营者。要保护好消费者的合法权益,当然就必须由经营者善尽其保护消费者权益的义务,未尽义务,就构成经营者责任。民法和消费者权益保护法之所以重视经营者责任,原因就在于此。我国《消费者权益保护法》中对经营者义务的规定主要包括:(1)依法定或约定履行义务;(2)接受消费者监督的义务;(3)安全保障的义务;(4)提供真实信息的义务;(5)标明真实名称和标记的义务;(6)出具相应凭证单据的义务;(7)质量保证的义务;(8)不作不合理规定的义务;(9)不作人身侵害的义务。④

(二)各国民法和消费者权益保护法对经营者责任的重视

现代社会的危险来源较之于个人,更多的是来自于经营者的经营活动,如产品质量问题、环境污染问题、生产事故等大规模侵权案件的频繁发生,产生了德国法上的"危险责任"的概念,即指企业经营活动、具有特殊危险性的装置、物品、设备的所有人或持有人,在一定条件下,不问其有无过失,对于因企业经营活动、物品、设备本身风险而引发的损害,承担侵权责任。⑤ 可见,危险责任的核心是经营者的责任,近似于无过错责任原则,即在法律有特别规定的情况下,以已经发生的损害结果为价值判断标准,由与该损害结果有因果关系的行为人,不问其有无过错,都要承担侵权赔偿责任的归责原则。⑥ 由于传统的过错责任主要适用于自然人的侵权责任,使得以经营者为中心的组织责任也成为重要的归责事由。现在很多国家在相关立法中都对企业责任或企业组织责任作了相关规定,如最新的《瑞士债法典》修改草案第49条即规定了企业就其活动范围所造成的损害承担责任;奥地利2008年《损害赔偿法》修订草案第1302条规定了"企业的瑕疵行为责任";欧洲侵权法原则第4:202条也规定了企业责任,作为兜底性的客观过失推定责任。⑦

《德国民法典》原本没有消费者和经营者的概念,在2000年6月27日修订时,第13条增加了消费者的规定,第14条增加了经营者的规定。确认消费者是指既非以其营利活动为目的,也非以其独立的职业活动为目的而缔结法律行为的人和自然人;经营者是指在缔结法律行为时,在从事其营利活动或独立的职业活动中实施行为的自然人或法人或有权利能力的合伙。《德国民法典》将经营者和消费者写进法典之中,突出了消费者的权利主体地位,突出了经营者作为消费者权益保护的义务主体的地位。《德国民法典》将经营者分为两类:一类是在缔结法律行为时,在从事营利活动中

---

③ 参见张文显:《法理学》,高等教育出版社2007年版,第146页。
④ 参见赵泳主编:《消费者权益保护法法律适用依据与实战资料》,山西教育出版社2006年版,第40页。
⑤ 参见朱岩:《从大规模侵权看侵权责任法的体系变迁》,载《中国人民大学学报》2009年第3期。
⑥ 参见杨立新:《侵权法论》,人民法院出版社2005年版,第115页。
⑦ 参见朱岩:《从大规模侵权看侵权责任法的体系变迁》,载《中国人民大学学报》2009年第3期。

实施行为的自然人或法人或有权利能力的合伙（如商人，包括个体商人、有限责任公司、股份公司、普通商事合伙、有限商事合伙等）、手工业者、作为经营营利事业者的农场主；另一类是在缔结法律行为时，在从事独立的职业活动中实施行为的自然人或者法人或有权利能力的合伙，如自由职业者（自己开业的医生、律师、会计师、税务顾问等）。具备上述要件的任何自然人或法人或有权利能力的合伙，即使不是《德国商法典》意义上的商人或者未登记于商业登记簿，也是经营者。可见，经营者的外延比商人的外延要广得多。⑧ 将消费者和经营者规定在民法总则的主体制度之中，最重要的意义就是确定消费者权益保护法是民法的特别法，消费者和经营者是民法的特殊民事主体。《德国民法典》进行上述修订的宗旨，就是把消费者权益保护法纳入民法体系，赋予消费者以特殊民事主体的法律地位，规定经营者负有更为重要的义务和责任。此举为加重经营者的责任确定了重要的法律基础。

日本消费者保护政策以《消费者基本法》为依据，规定了国家、地方政府和经营者各自应当承担的责任及消费者的权利和地位，形成了各部门、各社会团体和各级地方政府共同参与的全方位、多层次的消费者权益保护体系。其中，国家负责制定和实施有关保护消费者的方针政策，地方政府则根据国家政策进一步制定和执行适用于该地区的具体政策，经营者则应遵守相关政策，进行自我规制，确保安全、合理地提供商品和服务。目前日本已经形成了一个比较完备的消费者权益保护法律体系，同时重视消费者的自主性，通过教育启发等手段调动消费者主动参与的积极性。

2000 年 5 月日本公布《消费者合同法》，该法最大的特点就是强化了消费者的特殊身份，给予其在交易中有利的地位，将某些消费者与经营者交易过程中存在的一些违法行为直接界定为侵权行为，让经营者承担侵权责任，以更好地保护消费者权益，使消费者和经营者在交易关系中更加平等，以减少消费交易中的侵权现象。⑨ 例如，经营者对消费者不实告知，如劝说消费者"使用此机器电话费会便宜"，但实际销售的机器并没有这种功效；不告知消费者有损利益的事实，如明知附近有阻碍眺望、日照的住宅建设计划，仍以"眺望、日照良好"进行宣传，且不对实际住宅建设计划进行说明的销售行为；经营者推销产品不肯告辞行为，如在消费者家中虽然被告知"请回吧"，但推销人员仍然进行长时间推销等。该法将这种侵权行为分为"不当的劝诱行为"和"使用不当的合同条款"两个类型，不当的劝诱行为包括：不实告知，提供确定性判断，不告知有损利益的事实，不肯告辞，阻碍离去；使用不当的合同条款包括：经营者的损害赔偿责任（规定无论何种理由，经营者不承担一切损害赔偿的条款），消费者支付违约金等的预设条款（规定消费者解约时，对已经支付的价金一概不退的条款），单方损害消费者利益的条款（租赁合同中，对借方规定过重的恢复原状的义

---

⑧ 参见陈卫佐译注：《德国民法典》，法律出版社 2006 年版，第 6 页注 17。
⑨ 「消费者契约法」电子政府の综合窗口より（引自日本电子政府的综合窗口发布的《消费者合同法》），http://law. e-gov. go. jp/htmldata/H12/H12HO061. html,2011 年 6 月 20 日访问。

务)。对上述侵权行为,该法都设定了新的规则,能够更好地解决消费者争议,保护消费者权益。当消费者被合同内容误导或受到企业某些行为的误导时,该法案能够促使消费者免受该合同的约束,并宣告对消费者不公平的合同条款归于无效。以下是《消费者合同法》规定的侵权行为示例:

《消费者合同法》中的侵权行为示例[10]

侵权行为的类型		对不当劝诱行为和不当合同条款示例的具体设想
不当的劝诱行为	误认类型	
	1. 不实告知(4条1项1号)	如劝说消费者"使用此机器电话费会便宜",但实际销售的机器并没有这种功效。
	2. 提供确定性判断(4条1项2号)	将无法保证本金的金融产品解释为"肯定会升值"而进行销售。
	3. 不告知有损利益的事实(4条2项)	明知附近有阻碍眺望、日照的住宅建设计划,仍以"眺望、日照良好"进行宣传,且不对实际住宅建设计划进行说明的销售行为。
	困惑类型	
	4. 不肯告辞(4条3项1号)	在消费者家虽被告知"请回吧",但仍进行长时间推销。
	5. 阻碍离去(4条3项2号)	在经营者店内虽然消费者表明想回去,但仍进行长时间推销。
使用不当的合同条款	1. 经营者的损害赔偿责任免除条款(8条)	规定无论何种理由,经营者不承担一切损害赔偿的条款。
	2. 消费者支付违约金等的预设条款(9条)	规定消费者解约时,对已经支付的价金一概不退的条款。
	3. 单方损害消费者利益的条款(10条)	租赁合同中,对借方规定过重的返还原状的义务。

此外,日本于 2004 年大幅度修改《消费者基本法》,力图明确消费者、经营者和行政机关之间的责任分担,承认了消费者的 6 项权利,同时促进了消费者的自立,加重了经营者的法律责任。[11] 2006 年 4 月起开始实施《公益通报者保护法》,该法规定经

---

[10] 独立行政法人国民生活センター「消費者契約法に関連する消費生活相談の概要と主な裁判例」(独立行政法人国民生活中心:《消费者合同法相关的消费生活咨询概要和主要判例》),引自日本国民生活中心官方网页,2011 年 6 月 20 日访问,http://www.kokusen.go.jp/pdf/n-20101111_4.pdf. 本资料为「消費生活相談の事例からみた消費者契約法の問題点と課題(中間整理)」(国民生活センター平成 19 年 3 月 22 日公表)より抜粋(本资料节选自《从消费者生活咨询事例看消费者合同法的问题及课题(中间整理)》国民生活中心 2007 年 3 月 22 日公布)。

[11] 引自日本电子政府的综合窗口《消费者基本法》(電子政府の総合窓口「消費者基本法」),http://law.e-gov.go.jp/htmldata/S43/S43HO078.html,2011 年 6 月 20 日访问。

营者不得解雇举报人、不得进行降职降薪等处罚。⑫ 2009 年 4 月,日本国会通过"消费者厅设置法案"及相关法案,设立消费者厅,并且成立消费者委员会。⑬ 消费者厅是政府部门之一,负责统一承担原先由各相关省厅分别管辖的有关消费者权益保护的各种行政事务,包括产品事故的原因调查以及防止同样问题再次发生等。消费者委员会与消费者厅同时设立,是由民间人士组成的消费者厅的监督机构,设在内阁府内,负责独立调查审议与消费者权益保护有关的各种事务,有权对首相和相关大臣提出建议。⑭ 这些机构的设立,进一步加重对消费者权益的保护,加强对经营者的监督,加重经营者的责任。

(三)我国法律对消费者权益保护中经营者责任的重视

我国《消费者权益保护法》重视经营者责任,专门规定了第三章"经营者的义务",并且在第七章规定了"法律责任",主要是针对经营者责任。在《产品质量法》《食品安全法》等相配套的保护消费者权益的法律,以及 2010 年 7 月 1 日正式实施的《侵权责任法》,都规定了经营者责任。特别是《侵权责任法》详细规定了精神损害赔偿(第 22 条)、惩罚性赔偿的适用范围(第 47 条),规定了产品责任(第五章),还有网络服务提供者(第 36 条)、宾馆商场等公共场所管理人或群众性活动组织者(第 37 条)以及教育机构(第 38 条至第 40 条)、医疗机构责任和义务的规定(第七章),为保护消费者权益,依法追究经营者责任,提供了法律依据。

特别值得重视的是,《侵权责任法》围绕经营者责任规定了侵权责任主体,加重经营者责任,通过损害赔偿的方式,提高经营者安全生产的意识,促使其不断提高产品质量和性能,保护消费者的人身财产安全,减少环境污染和安全生产事故的发生。在具体制度设定上,除了规定了产品责任中的生产者、销售者以及运输者、仓储者等第三人(这些责任主体都是经营者)之外;还在其他部分规定了用人单位(第 34 条第 1 款)、劳务派遣单位、接受劳务派遣的单位(第 34 条第 2 款)、网络服务提供者(第 36 条)、公共场所的管理人或者群众性活动组织者(第 37 条)、机动车的所有人或者使用人(第六章)、医疗产品的生产者(第 59 条)、污染者(第八章)、经营者(第 70 条、第 71 条、第 73 条)、高度危险物的占有人、使用人(第 72 条)、高度危险物或者高度危险区域的所有人、管理人(第 74 条、第 75 条)、动物饲养人、管理人(第十章)、建筑物的所有人、管理人或者使用人(第 85 条)、建设单位和施工单位(第 86 条)、有关单位(第 88 条)、地下工作物的施工人或者管理人(第 91 条)等。这些责任主体尽管并没有统一使用"经营者"的概念,但他们都是或者基本上是经营者。通过这些规定,强调

---

⑫ 引自日本电子政府的综合窗口《公益通报者保护法》(電子政府の総合窓口「公益通報者保護法」),2011 年 6 月 20 日访问,http://law.e-gov.go.jp/announce/H16HO122.html。
⑬ 参见鲍显铭:《日本通过消费者厅设置法案》,载于《经济日报》2009 年 4 月 27 日第七版。
⑭ 参见《北京市消费者权益保护法学会会长杨立新教授与日本消费者委员会秘书长松本恒雄进行会谈》,载北京市消费者权益保护法学会网,http://xiaofaxuehui.com/html/e-5-1/2011328/52.html,2011 年 6 月 20 日访问。

经营者对消费者权益保护的法律责任,能够更加有效地保护消费者合法权益。

二、保护消费者权益的重点是加重经营者责任

为了应对越来越严重的产品危险和事故危害等危害消费者最为严重的侵权行为,保护消费者权益的重中之重是加重经营者的责任。民法和消费者权益保护法加重经营者的责任,主要通过以下三个方面予以实现。

(一)适用更为严格的归责原则加重经营者责任

随着企业的危险活动成为风险社会的主要侵害来源,现代侵权法的主体原型从自然人扩张到经营者,其主要目的在于保护消费者权益。因此,确定经营者责任的归责原则也从传统的"过错责任"这种一元的归责原则演变为多元的归责原则体系。为明确企业责任的内涵,有学者提出应分三个层次,除了传统侵权法中规定的雇主的替代责任,现代侵权法中规定的企业的严格责任(产品责任、环境责任及其他高度危险活动责任等)外,还应包括企业组织责任(作为兜底性的客观过失推定责任)。[15] 这样的意见值得借鉴。

《侵权责任法》加重经营者责任的归责原则,分不同情形适用无过错责任原则、过错推定原则和过错责任原则,形成了三个归责原则构成的三元的归责原则体系,三个不同的归责原则分别调整不同的经营者责任:

1. 适用无过错责任原则的经营者责任

经营者责任的最为重要的类型是产品责任。产品责任原则上适用《侵权责任法》第7条规定的无过错责任原则。具体的情形是,确定产品生产者、销售者的中间责任,适用无过错责任原则;确定产品生产者的最终责任,适用无过错责任原则;确定销售者的最终责任,虽然在一般情况下适用过错责任原则,但如果销售者不能指明缺陷产品的生产者也不能指明缺陷产品的供货者的,适用无过错责任原则;即使因产品投入流通之后发现缺陷,应当召回而没有召回,或者虽然召回却没有消除产品缺陷,致人损害的,仍然适用无过错责任原则。同样,即使是因运输者、仓储者等第三人的过错致使产品存在缺陷造成消费者损害的,本应当由运输者、仓储者等第三人承担侵权责任,但《侵权责任法》为了更好地保护消费者权益,确定首先应当由产品生产者、销售者承担侵权责任,在产品的生产者、销售者承担了中间责任之后,再向运输者、仓储者请求追偿,形成了"先付责任"[16]的侵权责任形态。这样,就给产品的生产者、销售者确定了非常严格的归责原则,使这些经营者承担更重的侵权责任。

---

[15] 参见朱岩:《论企业组织责任——企业责任的一个核心类型》,载《法学家》2008年第3期。

[16] 关于先付责任,是作者提出的一种说法,是指在不真正连带责任中,中间责任人首先承担直接责任,请求权人只能向中间责任人请求赔偿,中间责任人在承担了中间责任之后,有权向承担最终责任的不真正连带责任人追偿的不真正连带责任的特殊形态。参见杨立新:《侵权责任法》,法律出版社2011年版,第161—163页。

除此之外,对环境污染责任、高度危险责任、医疗产品责任、饲养动物损害责任(动物园动物损害责任除外)都适用无过错责任原则。这些经营者承担的责任都是较重的责任,有利于保护消费者权益。

2. 适用过错推定原则的经营者责任

在《侵权责任法》中,对于很多经营者责任适用过错推定原则确定侵权责任,其目的也是加重经营者的责任。在物件损害责任中,基本上适用过错推定原则确定建筑物构筑物或者其他设施的所有人、管理人、使用人,堆放物的堆放人,公共道路上的有关单位和个人,林木的所有人或者管理人,地下工作物的施工人、管理人的侵权责任,只有第 87 条规定的高空抛物损害责任除外。[17] 在用人单位的责任中,凡是工作人员因执行工作任务造成他人损害的,都直接推定用人单位有过错,由用人单位向受到损害的被侵权人承担侵权责任,也有利于保护消费者权益。[18]

3. 适用过错责任原则的经营者责任

《侵权责任法》第 6 条第 1 款的过错责任适用于网络侵权、证券侵权、违反安全保障义务侵权,在医疗损害责任中,医疗机构因过失造成受害者损害医疗伦理损害责任和医疗技术损害责任,受害的患者也是消费者,医疗机构作为经营者,确定其责任适用过错责任原则。

(二)规定丰富多彩的侵权责任形态加重经营者责任

《侵权责任法》对于如何承担侵权责任,规定了丰富多彩的责任形态[19],同样能够加重经营者责任,更好地保护消费者和受害人的合法权益。

《侵权责任法》规定可以适用于经营者责任的多元责任形态规则如:(1)替代责任规则:例如用人者作为经营者,对其工作人员因执行工作任务的职务行为造成他人损害的侵权责任,适用替代责任;医疗机构因医务人员的医疗过失造成患者损害,也适用替代责任。(2)连带责任规则:对于任何人实施共同侵权责任、共同危险行为等多数责任主体的侵权责任,包括经营者构成的共同侵权、共同危险行为,都适用连带责任;即使网络服务提供者对于网络用户在自己的网站上实施的侵权行为没有及时采取必要措施,也应当与该侵权的网络用户承担连带责任。(3)按份责任规则:不构成共同侵权责任但属于两个以上的经营者构成无过错联系的共同加害行为以造成他人损害,经营者应当适用按份责任。(4)不真正连带责任规则表现为三种情形:第一,在产品责任、第三人造成环境污染损害责任、第三人造成饲养动物损害责任等领域,经

---

[17] 高空抛物损害责任适用公平分担损失规则,参见杨立新:《侵权责任法》,法律出版社 2011 年版,第 361—362 页。

[18] 也有人对此持不同意见,例如王胜明主编:《中华人民共和国侵权责任法释义》,中国法制出版社 2010 年版,第 149 页;王利明:《侵权责任法研究》(下卷),中国人民大学出版社 2011 年版,第 91 页。他们认为,经营者作为用人单位,仅仅证明自己对监督、管理工作人员尽到了注意义务或达到了行业培训的标准,以及设施设备满足安全保障的要求等,也不是免责的正当事由,亦应作为用人单位的经营者承担责任,因此承担的是无过错责任。

[19] 参见杨立新:《侵权责任法》,法律出版社 2011 年版,第 133—167 页。

营者承担侵权责任适用典型的不真正连带责任,受害人可以直接向作为经营者的产品生产者、销售者,或者第三人造成污染的污染企业经营者,或者第三人原因造成饲养动物损害的动物饲养人、管理人,请求承担责任,当然也可以选择直接造成损害的责任人承担侵权责任。第二,在第三人未尽安全保障义务造成他人损害,安全保障义务人未尽安全保障义务、第三人实施侵权行为造成未成年学生损害教育机构未尽保护义务有过错的等,适用补充责任,让未尽安全保障义务的经营者或者教育机构承担相应的补充责任。例如,宾馆、商场、银行、车站、娱乐场所等公共场所的管理人或者群众性活动的组织者,都是经营者,都必须承担较重的安全保障义务,如果未尽到安全保障义务,造成他人损害的,应当承担侵权责任;即使是第三人的行为造成他人损害的,如果管理人或者组织者未尽安全保障义务的,也要承担补充责任。第三,在运输者、仓储者等第三人因过错致使产品存在缺陷造成他人损害,建筑物等及悬挂物搁置物损害责任、建筑物等倒塌损害责任中的其他责任人承担责任,适用先付责任。例如,《侵权责任法》第86条规定的建筑物、构筑物或者其他设施倒塌损害责任中,对建设单位和施工单位等经营者的责任适用先付责任规则,即不论建筑物、构筑物或者其他设施倒塌造成他人损害,都是由建设单位和施工单位首先承担责任,即使是有其他责任人的也同样如此,都由建设单位和施工单位承担先付责任,在承担了赔偿责任之后,再由建设单位和施工单位向其他责任人追偿,而不是让受到损害的消费者直接向其他责任人索赔。[20]

(三)建立惩罚性赔偿责任制度加重经营者责任

《消费者权益保护法》第49条规定了经营者违约的惩罚性赔偿责任,即产品欺诈和服务欺诈的惩罚性赔偿。[21]《食品安全法》第96条规定了恶意食品侵权的惩罚性赔偿责任。[22]《侵权责任法》第47条进一步规定了恶意产品侵权的惩罚性赔偿金制度:"明知产品存在缺陷仍然生产、销售,造成他人死亡或者健康严重损害的,被侵权人有权请求相应的惩罚性赔偿。"这一规定是继《食品安全法》规定侵权惩罚性赔偿金制度之后,再一次肯定惩罚性赔偿金的适用,用以制裁恶意产品的生产者和销售者,让他们这些经营者承担更重的赔偿责任,以示惩罚。因此,这一规定具有重要意义,其目的在于参酌英美法系关于惩罚性赔偿金制度的做法,以惩罚经营者的不法行为,吓阻经营者不法行为再度发生,维护消费者的合法权益。[23]

恶意产品责任适用惩罚性赔偿责任的要件是:(1)明知产品存在缺陷。明知产品

---

[20] 参见杨立新:《侵权责任法》,法律出版社2011年版,第356—361页。

[21] 《消费者权益保护法》第49条:"经营者提供商品或者服务有欺诈行为的,应当按照消费者的要求增加赔偿其受到的损失,增加赔偿的金额为消费者购买商品的价款或者接受服务的费用的一倍。"

[22] 《食品安全法》第96条:"违反本法规定,造成人身、财产或者其他损害的,依法承担赔偿责任。生产不符合食品安全标准的食品或者销售明知是不符合食品安全标准的食品,消费者除要求赔偿损失外,还可以向生产者或者销售者要求支付价款十倍的赔偿金。"

[23] 参见戴志杰:《两岸〈消费者权益保护法〉惩罚性赔偿金制度之比较研究》,载《台湾大学法学论丛》第53期。

存在缺陷,是生产者或者销售者已经确定地知道生产的或者销售的产品存在缺陷,具有损害他人生命或者健康的危险。在客观上,该产品确实存在缺陷,有造成他人生命健康损害的危险,在主观上,则生产者或者销售者已经明确地知道该产品存在缺陷,有造成他人生命健康损害的危险。明知的要求,是对故意的要求,明知危险而继续行为,是放任的故意形式,即间接故意。(2)仍然生产、销售。仍然继续生产、销售,是生产者或者销售者继续将缺陷产品投入流通,并且希望其流通到消费者的手中。仍然生产、销售,是明知之后或者明知当中所为,但也包括在生产销售之后,通过已经发生损害之后的明知。无论怎样,只要是明知产品有缺陷可能造成他人损害,仍然生产、销售的,就具备本要件。(3)造成他人生命健康损害。造成他人生命健康损害,是所有侵权行为人承担人身损害赔偿责任的要件,恶意产品责任当然须具备本要件。所不同的是,恶意产品责任的人身损害后果其实在恶意产品责任人的主观意料之中,不出其所料。因此,确定其承担惩罚性赔偿责任,具有科以惩罚性赔偿责任的必要性,是完全必要的。

三、平衡利益关系给经营者确定适度责任

(一)平衡消费者利益、经营者利益和全体消费者利益的基本思路

保护消费者合法权益,必须加重经营者的义务和责任,两者之间存在必然的逻辑关系。如果放任或者放纵经营者的违法行为,或者没有加重经营者的责任,消费者权益就无法得到全面的保护。这是不言而喻的。

但是,任何事情都是过犹不及。如果刻意强调保护消费者权益,而盲目地、无节制地加重经营者的责任,将会发生所有的消费者都无法承受的后果,这就会损害全体消费者的整体利益。

法谚云:法律系为人之利益而制定。[21]为保护消费者合法权益而制定加重经营者责任的法律,也必须为人的利益而为。因此,修改《消费者权益保护法》必须依照坚持科学发展观、构建社会主义和谐社会的要求,根据我国的具体国情和消费者权益保护的实际情况进行。

保护消费者权益、制裁经营者的违法行为,着重关注的必须是人,必须以人为本。在消法领域,首先要关注的是受害消费者及受害消费者一方,他们是权利受到损害的受害人,是最需要保护和关心的人群。必须关注受害消费者一方的利益诉求,确立有效的保护方法和救济措施,其中包括加重经营者责任,使受害的消费者一方受到的损害能够得到充分的救济,使他们的合法权益能够得到有效保护。

但是,除了应当保护受害消费者一方的利益之外,还存在其他应当保护的利益。(1)应当保护的还有经营者的权益。经营者是社会财富的制造者、提供者,正因为经

---

[21] 参见郑玉波:《法谚(二)》,法律出版社2007年版,第9页。

营者的积极努力,才创造了丰富多彩的社会财富,才能够保障全体人民过上丰衣足食的生活。社会的科学发展,就意味着既要保护受害消费者,也要保护经营者的权益,保护经营者创造财富的积极性,为社会做出贡献。因此,不能盲目地对经营者科以过重的赔偿责任,以保护经营者的正当利益,促进生产力的发展,促进社会财富的不断增长。(2)应当保护全体消费者的利益。对于经营者的违法行为科以较重的侵权责任,是正确的和必须的,但如果对不应当承担较重责任的经营者科以更重的侵权责任,甚至不应当承担侵权责任的经营者科以侵权责任,尽管能够使受害消费者得到更多的赔偿,但是,首先会伤害经营者的积极性,甚至搞垮一个企业;其次,经营者承担过高的赔偿金,不论采取什么办法,经营者最后都要转嫁到全体消费者身上,由全体消费者承担这样的负担;再次,过重的赔偿还可能伤害经营者科研探索、技术创新的积极性,阻碍科技进步,受到损害的也是全体消费者。因此,在加重经营者责任的同时,也必须保护好全体消费者的利益,保护好全体人民的利益,不能使中国最广大的人民的利益受到损害。

在加重经营者责任,保护消费者权益中,受害消费者、经营者和全体消费者这三者的利益交织在一起,必须妥善地协调好。统筹协调各方面利益关系,妥善处理社会矛盾,适应我国社会结构和利益格局的发展变化,形成科学有效的利益协调机制、诉求表达机制、矛盾调处机制、权益保障机制。坚持把改善人民生活作为正确处理改革发展稳定关系的结合点,正确把握最广大人民的根本利益、现阶段群众的共同利益和不同群体的特殊利益的关系,统筹兼顾各方面群众的关切。这些要求,是平衡受害消费者、经营者和全体消费者利益关系的指导方针。《消费者权益保护法》既要保护受害消费者的利益,也要保护经营者和全体消费者的利益,立法和司法要反映各方的利益诉求,统筹兼顾最广大人民的根本利益、现阶段群众的共同利益以及不同群体的特殊利益,形成科学有效的受害消费者利益、经营者利益和全体消费者利益的协调机制和保障机制。这是我们的根本目标。

(二)平衡受害消费者、经营者和全体消费者之间利益的具体措施

在实际生活中,平衡好受害消费者利益、经营者利益和全体消费者利益的具体措施,有以下四个具体问题:

1. 正确适用确定经营者责任的归责原则

《侵权责任法》确定侵权责任的轻重尺度,全在于归责原则的调控。无过错责任原则的适用,侵权责任构成要件不需要过错要件,因此责任最重。过错推定原则将本应当由原告证明的过错要件转由被告举证,因此,受害人更容易得到赔偿,但被告承担的责任显然重于过错责任原则。对此,经营者应当承担何种侵权责任,必须依照《侵权责任法》的规定,按照归责原则的规定性,确定经营者应当承担的侵权责任。应当承担无过错责任原则或者过错推定原则的,当然应当适用无过错责任原则或者过错推定原则而不能适用过错责任原则;但是,对应当承担过错责任原则的经营者责任适用无过错责任原则或者过错推定原则,应当适用过错推定原则而适用无过错责任

原则,无疑加重了经营者的责任,但罚不当错,必然增加经营者的过重负担,承担不必要的侵权责任,伤害经营者创造社会财富的积极性,转而会损害全体消费者的利益。因此,确定经营者责任必须严格依法进行,该用过错责任原则的必须适用过错责任原则,该用过错推定原则的必须适用过错推定原则,该用无过错责任原则的必须适用无过错责任原则,绝不能出现适用错误的情况。某汽车风挡玻璃爆裂造成乘客伤害,属于产品责任本应当适用无过错责任原则,但法院一审适用过错责任原则,责令原告承担被告存在过错的证明责任,由于原告举证不能而判决败诉,就是一个典型案例。[25]

2. 正确掌握确定经营者侵权责任的构成要件

确定经营者责任,必须按照法律规定的经营者承担的这种侵权责任的责任构成要求,准确掌握该种侵权责任的构成要件,不能增加,也不能减少,更不能随意确定。在适用过错责任原则的经营者责任类型中,应当依照《侵权责任法》第 6 条第 1 款规定,构成侵权责任应当具备违法行为、损害事实、因果关系和过错要件。在适用过错推定原则的经营者责任类型中,必须按照第 6 条第 2 款规定的"法律规定"的要求,按照适用过错推定原则的具体法律规范的要求,确定构成侵权责任的要件,在违法行为、损失事实和因果关系的证明成立的基础上,推定被告有过错,由经营者承担举证责任证明自己没有过错的,才能够免除责任,否则就应当承担责任。在适用无过错责任原则的经营者责任类型中,应当依照第 7 条规定的"法律规定"的要求,依照适用无过错责任原则的具体法律规范确定侵权责任构成要件。只有这样,对于适用过错责任原则、过错推定原则和无过错责任原则的经营者责任,才能够罚当其错,协调好受害消费者、经营者和全体消费者的利益关系。

3. 正确掌握确定经营者赔偿责任的基本要素

确定经营者的赔偿责任应当按照《侵权责任法》第 16 条和第 17 条规定的人身损害赔偿规则、第 19 条规定的财产损害赔偿规则和第 22 条规定的精神损害赔偿规则进行。凡是应当承担赔偿责任的,绝不能不赔。但是,如果经营者具有减轻责任或者免除责任合法事由的,也应当依法减免赔偿责任。例如,如果消费者因为自己的过错而致使自己受到损害,应当依照《侵权责任法》第 26 条规定,实行过失相抵,减轻经营者的赔偿责任;由于不可抗力造成损害的,按照《侵权责任法》第 29 条规定,经营者也不应当承担赔偿责任或者减轻赔偿责任。《产品质量法》第 41 条第 2 款明确规定:"生产者能够证明有下列情形之一的,不承担赔偿责任:(一)未将产品投入流通的;(二)产品投入流通时,引起损害的缺陷尚不存在的;(三)将产品投入流通时的科学技术水平尚不能发现缺陷的存在的。"符合这些要求的,即使产品造成他人损害,经营者也不承担侵权责任。

4. 正确掌握惩罚性赔偿的计算标准和数额

对恶意侵权的经营者予以惩罚性赔偿责任是完全必要的,但是,即使如此确定惩

---

[25] 该案例请参见杨立新:《侵权责任法原理与案例教程》,中国人民大学出版社 2008 年版,第 43 页以下。

罚性赔偿责任,也必须罚当其错,否则也会损害经营者的合法权益,进而损害全体消费者的利益。确定惩罚性赔偿责任的计算标准及方法,应当着重解决以下三个问题:

第一,以价金为计算标准抑或以实际损害作为计算标准。计算惩罚性赔偿金,究竟是以价金作为计算标准好,还是以损害数额作为计算标准好,我国现行法律明确规定的惩罚性赔偿金的计算都是以价金作为计算标准的。这样的做法在计算违约惩罚性赔偿责任比较适当,因产品欺诈与服务欺诈的违约行为通常没有实际损害,因此以价金作为标准容易计算。但在侵权惩罚性赔偿责任计算中,以价金作为计算标准并不适当,而应以实际损失额作为计算标准。其他国家和地区计算惩罚性赔偿金一般都是以实际损失额作为标准的。

第二,最高限额应当以3倍计算还是以1倍计算。我国《消费者权益保护法》第49条规定的惩罚性赔偿,虽说叫做双倍赔偿,其实惩罚性赔偿金仅仅是价金的1倍,赔偿数额不高,惩罚性不强。侵权惩罚性赔偿金应当是实际损失数额的2倍。这样的标准比较符合实际情况,也具有较强的惩罚性。在具体适用中,法官可以根据具体案件情节,在最高限额之下确定具体的赔偿数额。

第三,精神损害赔偿数额是否可以作为计算惩罚性赔偿金的标准。在没有造成实际的人身损害和财产损害而仅造成精神损害的侵权案件中,由于没有造成实际的财产损失,缺少计算标准的依据;同时,惩罚性赔偿与精神损害赔偿具有同样的功能,都有惩罚违法行为的作用,因此,仅仅造成精神损害并予以赔偿的侵权案件不应再请求惩罚性赔偿金,请求者亦不应予以支持。

我国消费者保护惩罚性赔偿的新发展[*]

在修订后的《消费者权益保护法》中,最值得重视的有关经营者民事责任方式的规定,是规定惩罚性赔偿责任的第 55 条,其内容是:"经营者提供商品或者服务有欺诈行为的,应当按照消费者的要求增加赔偿其受到的损失,增加赔偿的金额为消费者购买商品的价款或者接受服务的费用的三倍;增加赔偿的金额不足五百元的,为五百元。法律另有规定的,依照其规定。""经营者明知商品或者服务存在缺陷,仍然向消费者提供,造成消费者或者其他受害人死亡或者健康严重损害的,受害人有权要求经营者依照本法第四十九条、第五十一条等法律规定赔偿损失,并有权要求所受损失二倍以下的惩罚性赔偿。"这一规定与《消费者权益保护法》原第 49 条规定的惩罚性赔偿责任相比较,发生了重大变化,也标志着我国惩罚性赔偿责任有了新发展。本文对此进行说明。

一、《消费者权益保护法》原第 49 条规定惩罚性赔偿责任的积极意义和存在的问题

(一)《消费者权益保护法》原第 49 条规定惩罚性赔偿责任的背景

惩罚性赔偿责任并不是大陆法系民法制度。即使在几百年之前,英美法系的民法中也没有惩罚性赔偿责任制度。

最早的惩罚性赔偿在 18 世纪 60 年代的英格兰首次出现,最初起源于 1763 年英国法官 Lord Camden 在 Huckle v. Money 一案的判决。在一系列案件中,政府一直试图查禁一份叫《北不列颠》的报纸,该报纸与一个臭名昭著的政客即约翰·维尔克斯有关。个人的自由遭到了政府官员的不当干涉,在不存在任何法律的情况下,英国普通法院的法官授予了非补偿性赔偿金,理由是倘若被告的行为看上去非常恶劣,以至于可以不费周章地将这些赔偿金置于任何特殊名称之下。此后,英国法院在不同的背景下作出了类似的判决,适用惩罚性赔偿金。此后,澳大利亚、加拿大以及其他英

---

[*] 本文发表在《法学家》2014 年第 2 期。

美法系国家接受了惩罚性赔偿金。① 在美国,则是在 1784 年的 Genay v. Norris 一案确认了这一制度。在该案中,被告是一名医生,在原告的酒杯中放入了大剂量的毒药,因为该人与被告之间有世仇②,使原告受到了极其痛苦的折磨,因而法官判决给予被告惩罚性赔偿。

与英美法系国家的立场不同,大陆法系反对惩罚性赔偿责任,不过在基本态度大体上有三种:(1)最坚定不移地反对惩罚性赔偿责任的,不仅如此,而且德国法院拒绝包括美国在内的判决德国被告赔付惩罚性赔偿金的判决。意大利法院也同样如此,认为这样的外国判决违背了意大利的公共秩序,与国家法律的基本原则是冲突的。③(2)立法上不承认惩罚性赔偿责任,但在理论和立法探讨上倾向于惩罚性赔偿金。例如法国,惩罚性赔偿金不存在民法典以及法国的一般立法之中,这些立法既没有明确的规定,但也没有禁止这类赔偿金,当然,法国法院从不允许授予惩罚性赔偿金。不过在学者起草的民法典草案建议稿中,关于赔偿金,在庄严地确认赔偿金的补偿性之后,引入一个例外,即在特殊情况下允许授予惩罚性赔偿金,即在持明显故意的人,且具有明显的营利动机,除了损害赔偿金之外,还应当被判处惩罚性赔偿金,并责令将这种赔偿金的一部分归入国库。④(3)有些成文法国家或者地区的侵权法确认惩罚性赔偿责任,例如《魁北克民法典》第 1621 条明确规定:"如法律规定要判处惩罚性赔偿,此等赔偿金的数目不得超过足以实现此等措施的预防目的之数目。惩罚性赔偿应根据所有加权情节进行评估,尤其是债务人过错的严重程度、其财产状况、已对债务人承担的赔偿责任的范围,以及在可适用的情形,损害赔偿金已全部或部分地由第三人承担的事实。"魁北克省是加拿大的一个省,尽管其是成文法的地区,但毕竟属于普通法国家的省,受普通法侵权法的影响作出这样的规定是完全可以理解的。

与上述成文法国家和地区的立场不同,海峡两岸同时在 1993 年制定了保护消费者的法律,并且同时采纳了惩罚性赔偿金制度。《消费者权益保护法》规定了第 49 条,确认商品欺诈和服务欺诈,违法经营者应当对消费者承担实际损失之外的一倍价金或者费用的惩罚性赔偿(退一赔一)。我国台湾地区"消费者保护法"第 51 条规定:"依本法所提之诉讼,因企业经营者之故意所致之损害,消费者得请求损害额三倍以下之惩罚性赔偿金;但因过失所致之损害,得请求损害额一倍以下之惩罚性赔偿金。"尽管大陆和我国台湾地区规定的惩罚性赔偿在适用范围和惩罚力度上都有区别,但作为大陆法系民法传统的两个法域同时采用惩罚性赔偿,却是异乎寻常的,为

---

① 参见〔奥〕赫尔穆特·考茨欧、〔奥〕瓦内萨·威尔科克斯主编:《惩罚性赔偿金:普通法与大陆法的视角》,窦海洋译,中国法制出版社 2012 年版,第 1—2 页。

② 参见〔奥〕赫尔穆特·考茨欧、〔奥〕瓦内萨·威尔科克斯主编:《惩罚性赔偿金:普通法与大陆法的视角》,窦海洋译,中国法制出版社 2012 年版,第 198 页。

③ 参见〔奥〕赫尔穆特·考茨欧、〔奥〕瓦内萨·威尔科克斯主编:《惩罚性赔偿金:普通法与大陆法的视角》,窦海洋译,中国法制出版社 2012 年版,第 87、128、129 页。

④ 参见〔奥〕赫尔穆特·考茨欧、〔奥〕瓦内萨·威尔科克斯主编:《惩罚性赔偿金:普通法与大陆法的视角》,窦海洋译,中国法制出版社 2012 年版,第 63、81 页。

大陆法系民法所瞩目。

（二）《消费者权益保护法》原第 49 条规定后我国惩罚性赔偿金的发展

1994 年 1 月 1 日《消费者权益保护法》生效后，对于该法第 49 条规定的商品欺诈、服务欺诈适用惩罚性赔偿制度是否正确，是否适合我国国情，一直存在不同意见。多数人主张这样的规定是正确的，但也有少数人认为这样规定的本身就是错误的。立法机关为了进一步明确部分承认惩罚性赔偿金制度的立场，在 1999 年制定《合同法》时，专门规定了第 113 条第 2 款，进一步强调"经营者对消费者提供商品或者服务有欺诈行为的，依照《中华人民共和国消费者权益保护法》的规定承担损害赔偿责任"。

2003 年 6 月 1 日实施的最高人民法院《关于审理商品房买卖合同纠纷案件适用法律若干问题的解释》第 8 条和第 9 条，规定了新的惩罚性赔偿金的适用范围：一是出卖人在商品房买卖合同订立之后，擅自将该房屋抵押给第三人，或者将该房屋出卖给第三人的，可以请求承担不超过已付购房款一倍的惩罚性赔偿金；二是出卖人订立商品房买卖合同时，出卖人故意隐瞒没有取得商品房预售许可证明的事实或提供虚假商品房预售许可证明，或者故意隐瞒所售房屋已经抵押的事实，或者故意隐瞒所售房屋已经出卖给第三人或为拆迁补偿安置房屋的事实，导致合同无效或者被撤销、解除的，买受人可以请求出卖人承担不超过已付购房款一倍的惩罚性赔偿金。这里规定的这些可以适用惩罚性赔偿金的行为，都可以认定为《消费者权益保护法》原第 49 条规定的商品欺诈的违法行为，因而不属于新的规范，是对《消费者权益保护法》原第 49 条适用的具体解释。

2009 年 2 月 28 日通过的《食品安全法》第 96 条第 2 款规定："生产不符合食品安全标准的食品或者销售明知是不符合食品安全标准的食品，消费者除要求赔偿损失外，还可以向生产者或者销售者要求支付价款十倍的赔偿金。"对此，一种理解是违约惩罚性赔偿，因为该款并未规定消费者损失的具体性质，因而包括食品欺诈行为；一种理解为侵权惩罚性赔偿，因为该条第 1 款规定的是"违反本法规定，造成人身、财产或者其他损害的，依法承担赔偿责任"，以此推论，应当是侵权行为造成的损害。[⑤] 该法在 2009 年 6 月 1 日生效后，6 月下旬，温州市鹿城区消费者保护委员会西山分会处理一起投诉，伍女士在某商厦一楼虫草燕窝专卖店购买一份燕窝套餐，发现其中一份素菜已经变质，向店家要求赔偿协商不成。该分会主持调解，店家向消费者赔偿素菜价款 10 倍的赔偿金 150 元。[⑥] 该分会在这个案件中对《食品安全法》第 96 条第 2 款的理解，显然是第一种理解。

[⑤] 参见杨立新：《〈消费者权益保护法〉规定惩罚性赔偿责任的成功与不足及完善措施》，载《清华法学》2010 年第 3 期。

[⑥] 参见中国食品产业网：《西山分会贯彻〈食品安全法〉消费者获得十倍赔偿》，2013 年 11 月 8 日访问，载 http://www.foodqs.cn/news/gnspzs01/200962911564878.htm。

在制定《侵权责任法》过程中,究竟要不要规定惩罚性赔偿金,学者的多数意见认为应当规定。对于《侵权责任法》怎样规定惩罚性赔偿金,一种意见认为应当在《侵权责任法》的总则性规定中,规定惩罚性赔偿金。⑦ 另一种意见是不能在《侵权责任法》的总则性规定中规定惩罚性赔偿金的一般适用,而应当在分则性规定中适当规定某些侵权行为类型可以适用惩罚性赔偿金,例如在产品责任中,对于恶意产品侵权行为也就是明知缺陷产品会造成使用人的人身损害仍将其推向市场造成损害的恶意致害行为,规定惩罚性赔偿金,以制裁恶意违法行为,保护广大人民群众的生命权和健康权。⑧《侵权责任法》最终采纳了后一种意见,在第47条规定,将惩罚性赔偿金适用于恶意产品侵权造成他人死亡或者健康严重损害的场合,但遗憾的是没有规定具体的计算方法。

(三)我国规定惩罚性赔偿责任制度的重要意义

回顾20年来我国惩罚性赔偿制度的适用及发展情况,从总体上说,并没有出现大量的惩罚性赔偿的索赔案件,故意造成损害索取超出损害范围的惩罚性赔偿的情形也不多见,总体运行形势很好。20年来,惩罚性赔偿制度的运行具有以下重要意义:

第一,通过惩罚性赔偿的惩戒,制裁违法经营者的欺诈行为。惩罚性赔偿最基本的功能,就是对违法经营者的惩罚。违法经营者实施商品欺诈行为或者服务欺诈行为,破坏了市场交易秩序,既是对国家公共权力的藐视,也是对消费者个人私权利的侵害,造成的后果是使市场交易秩序失范,消费者权利得不到保障。对这些违法经营者的违法经营行为处以惩罚性赔偿,令其不仅承担消费者的实际损失,而且还要承担实际损失之外的惩罚性赔偿,其违法经营行为的实际成本是赔偿实际损失的一倍甚至更多,使其承受对自己经济上的不利后果,支出更多的财产当然是在财产上的惩罚。通常认为,财产性惩罚的威慑力只低于人身性的自由刑和生命刑,具有重要的惩罚性。20年来,《消费者权益保护法》规定的惩罚性赔偿制度在这方面发挥了重要的阻吓作用,使违法经营者产生惧怕心理。这恰好是惩罚性赔偿立法之初立法者所期待的。

第二,通过惩罚性赔偿调动消费者维权的积极性,鼓励消费者保护自己的合法权益。惩罚性赔偿仍然是赔偿制度,只不过是在赔偿实际损失之后,再承担超出实际损失的那一部分"赔偿",因而它仍然是对受害人的救济,是对受害人私权的保护。当然,赔偿实际损失的那一部分赔偿是补偿性的,即使那些超出实际损失的赔偿部分,在理论上也可以认为属于"具有正当理由的原告的意外所得",因为这种损害通常与无形损害有关联,且被告只有在具有故意或者轻率的情况下,才有惩罚性赔偿的适

---

⑦ 参见中国民法典立法研究课题组:《中国民法典·侵权行为法编草案建议稿》,载中国民商法律网,http://www.civillaw.com.cn/qqf/weizhang.asp?id=10897。

⑧ 参见王利明主编:《中国民法典草案建议稿及说明》,中国法制出版社2004年版,第253页。

用,因而具有令人信服的合理性。⑨ 正因为如此,超出实际损失的赔偿对于受到侵害的消费者而言,就具有了显著的激励作用,能够调动消费者维权的积极性,使其在只赔偿实际损失的情况下不愿意进行维权的消费者,能够鼓起勇气保护自己的合法权益。惩罚性赔偿具有正当理由的意外所得的这个积极作用,是显而易见、人人都认可的。20 年来惩罚性赔偿金的适用情形,足以证明它的这个重要意义。事实上,只要能够将受到损害的消费者通过惩罚性赔偿获得的利益不看做不当得利,而看做具有正当理由的意外所得,惩罚性赔偿就不难被接受。

第三,通过惩罚性赔偿的威慑和警示作用,预防违法经营行为。惩罚性赔偿更侧重于其一般预防作用,这就是通过惩罚性赔偿的威慑力,警示所有参加交易活动的经营者,必须遵纪守法,尊重消费者的权利,履行经营者的义务,不从事商品欺诈行为或者服务欺诈行为,以避免惩罚性赔偿落在自己头上,承担不利于自己的法律后果。正像美国人所说,惩罚性赔偿金的授予,是因某人令人不可容忍的行为而对他进行惩罚,并预防他以及其他人在将来实施类似的行为。⑩ 20 年来,假冒伪劣产品横行的局面已经基本上被制止住了,惩罚性赔偿的适用虽然不能说是全部原因,但起码是重要原因之一。

第四,通过惩罚性赔偿的调整,维护正常的市场交易秩序。20 年来,随着惩罚性赔偿制度的适用,充分发挥其调整作用,惩治了违法经营者,保护了消费者的合法权益,预防和减少了交易中的欺诈行为发生,因而使市场经济秩序有了良好的发展。可见,惩罚性赔偿"可以用于维护整个社会的良好状态"。⑪ 这是因为被告对原告的加害行为具有严重的暴力、压制、恶意或者欺诈性质,或者属于任意的、轻率的、恶劣的行为,法院可以判决给原告超过实际财产损失的赔偿金。⑫ 中国的立法和司法实践恰好说明,这样的判断是完全正确的。即使那些知假买假者主张索赔的案件,被反对惩罚性赔偿的意见人士所鄙视,但其起到的社会作用,却无疑是促进了市场交易秩序的正常化,使市场上出现的假货和欺诈性服务明显减少,市场经济秩序越来越好。这也是惩罚性赔偿责任的重要意义之一。

(四)《消费者权益保护法》修订前我国惩罚性赔偿责任制度的主要缺点

《消费者权益保护法》修订前我国惩罚性赔偿制度并非完美无缺,存在一些缺陷。最主要的缺陷是:

第一,适用范围不一。在《消费者权益保护法》修订前,所有规定的惩罚性赔偿责

---

⑨ 参见〔奥〕赫尔穆特·考茨欧、〔奥〕瓦内萨·威尔科克斯主编:《惩罚性赔偿金:普通法与大陆法的视角》,窦海洋译,中国法制出版社 2012 年版,第 374、375 页。
⑩ 参见〔奥〕赫尔穆特·考茨欧、〔奥〕瓦内萨·威尔科克斯主编:《惩罚性赔偿金:普通法与大陆法的视角》,窦海洋译,中国法制出版社 2012 年版,第 191 页。
⑪ 〔奥〕赫尔穆特·考茨欧、〔奥〕瓦内萨·威尔科克斯主编:《惩罚性赔偿金:普通法与大陆法的视角》,窦海洋译,中国法制出版社 2012 年版,第 219 页。
⑫ 参见《布莱克法律辞典》(英文版),第 513 页。

任都有单一的适用范围的规定。《消费者权益保护法》原第 49 条和《合同法》第 113 条第 2 款规定的是商品欺诈和服务欺诈的惩罚性赔偿,适用于消费领域中的欺诈经营行为。最高人民法院司法解释规定的是对商品房买卖中的欺诈行为适用惩罚性赔偿。《食品安全法》第 96 条规定的是对恶意食品侵权行为适用惩罚性赔偿。《侵权责任法》第 47 条规定的是恶意产品侵权造成严重人身损害的产品责任。这些不同的法律和司法解释的规定,范围不一致,各有所针对的违法行为,缺少统一的适用规则。

第二,计算方法不明确。除了《消费者权益保护法》原第 49 条规定的商品欺诈和服务欺诈统一增加 1 倍的惩罚性赔偿责任之外,其他的惩罚性赔偿责任规定都不十分明确。例如,《食品安全法》第 96 条规定的 10 倍赔偿,如果是针对食品欺诈的违约责任,10 倍赔偿数额明显过高,而针对恶意食品侵权行为,价金 10 倍的惩罚性赔偿又属于杯水车薪,惩罚力度不够。《侵权责任法》第 47 条规定的适用范围明确,比《食品安全法》的规定更为宽泛,但没有规定具体计算方法,究竟是完全放手法官自由裁量,还是不宜作出具体规定,语焉不详。

第三,法律适用尺度不一致。在惩罚性赔偿法律适用上的尺度不一致,主要表现在两个方面:一是对于消费者的两倍赔偿请求,多数法院都认为应当支持,但少数法院以赔偿应当以填平为原则否定消费者的诉讼请求。二是对知假买假者的双倍索赔主张是否支持,法院态度迥异。例如对王海打假,一部分法院予以支持,一部分法院拒绝支持,形成鲜明的对立。这种情形并不是个别情况,具有一定的普遍性,应当引起重视。

第四,消费者的反应不一。尽管惩罚性赔偿具有重要作用,但自 1994 年《消费者权益保护法》实施以来,实际上向法院起诉请求惩罚性赔偿的案件并不多见。在起草《侵权责任法》过程中,曾经预料规定惩罚性赔偿责任的第 47 条会引起社会的巨大反应,会有大量案件诉讼到法院,但实际上并没有出现这样的情形。截至目前,在网上搜索不到典型的惩罚性赔偿金的案例。除此之外,在生活中也有惩罚性赔偿被不良消费者利用的问题,例如消费者购买商品后,故意让商家开具数额较大、规格较高的发票,随后据此向法院主张双倍索赔。这种案件我将其称之为消费欺诈,是不良消费者恶意交易行为,当然不能予以支持。

二、修订《消费者权益保护法》惩罚性赔偿责任制度的意见分歧与统一

在修订《消费者权益保护法》过程中,对于是否规定以及怎样规定惩罚性赔偿的意见有较大的分歧,主要有以下情形:

(一)是否应当继续规定惩罚性赔偿

在修订《消费者权益保护法》过程中,反对规定惩罚性赔偿的意见并不多,在参与修订《消费者权益保护法》的专家中几乎没有反对的声音,都支持在《消费者权益保

护法》中继续规定惩罚性赔偿。

有的学者提出,一些传统的民法学家曾固守"等价赔偿"与"填平式赔偿"立场,并由此坚持侵权人的赔偿额应与受害人的受损程度"持平",是不正确的。消费者受商家欺诈所导致的损失,多为间接损失和精神损失,诸如为维权所付出的时间成本、人力成本与机会成本,以及因受欺诈所带来的心灵伤害等。这些难道就不是"实质"的损失吗?设若法律只支持受欺诈的消费者可获得"等价赔偿",无异于赤裸裸地鼓励商家作恶。因为在维权成本高企的现状之下,愿意并敢于维权的消费者毕竟只是少数。"等价赔偿"的背后,是沉默的大多数。遏制商家为恶,不光要实现真正的"等价赔偿",更应实现"惩罚性赔偿"。"惩罚"的目的就在于让为恶的经营者感到实实在在的疼痛。也只有当违法成本远远高于违法收益,违法预防才能在实践中真正落地。[13] 这种意见尽管尖锐,但确实是有道理的。

有的学者认为,惩罚性赔偿不宜纳入我国民法典。第一,惩罚性赔偿的目的、性质和功能与民法典的目的、性质和功能不符。第二,比较法上没有将惩罚性赔偿纳入民法典的先例。大陆法系国家至今不承认此项制度,英美法虽然承认惩罚性赔偿制度,但争议很大。第三,我国有关惩罚性赔偿的理论研究还很不充分,将其纳入民法典缺少坚实的理论基础。[14]这种意见对本次修正《消费者权益保护法》并未发生影响。

(二)惩罚性赔偿的适用范围是否应当扩大

在《消费者权益保护法》中完善惩罚性赔偿制度的意见确定之后,最主要的问题就是惩罚性赔偿责任的适用范围是否应当扩大。

在修订《消费者权益保护法》的过程中,绝大多数的意见认为,目前我国惩罚性赔偿责任的适用范围还是过窄,《消费者权益保护法》原第 49 条只规定了商品欺诈和服务欺诈的增加 1 倍的赔偿,就已经发挥了明显的社会效果,在《食品安全法》和《侵权责任法》补充规定的惩罚性赔偿责任之后,已经有了较大的扩展,但是还不够,更宽范围的适用才能更好地发挥惩罚性赔偿的社会调整作用。也有意见认为,在目前情况下,惩罚性赔偿不应当扩展得更宽,现有的适用范围已经比较适当了,将惩罚性赔偿的适用范围不适当地扩大,将会加剧惩罚性赔偿的副作用,社会效果并不好。

在审议《消费者权益保护法》修订草案中,全国人大常委会的常委们支持扩大惩罚性赔偿责任适用范围的意见。最终的修订意见是,我国目前已经建立起来的惩罚性赔偿责任,既有违约惩罚性赔偿(例如《消费者权益保护法》原第 49 条规定的商品欺诈和服务欺诈的退一赔一赔偿),也有侵权惩罚性赔偿(例如《侵权责任法》第 47 条规定的恶意产品侵权责任的惩罚性赔偿),目前在《消费者权益保护法》领域缺少的是恶意服务致害的惩罚性赔偿。在补充恶意服务致害的惩罚性赔偿的基础上,应

---

[13] 参见王琳:《消法修正要坐实"惩罚性赔偿"》,载《广州日报》2013 年 10 月 23 日。
[14] 参见金福海:《惩罚性赔偿不宜纳入我国民法典》,载《烟台大学学报(哲学社会科学版)》2003 年第 2 期。

当建立起完善的保护消费者合法权益的惩罚性赔偿责任体系,包括违约的惩罚性赔偿和侵权的惩罚性赔偿两个部分。

(三)商品欺诈与服务欺诈的惩罚性赔偿的力度是否应当加大

在修订《消费者权益保护法》过程中,应当如何规定惩罚性赔偿责任的另一个较大的争论,是商品欺诈和服务欺诈的惩罚性赔偿究竟应当赔偿几倍。有人认为,这种惩罚性赔偿责任不宜过高,在"退一赔一"的制度下,就有王海等专门成立打假公司进行专业打假,如果赔偿的倍数过高,将会引起更多的类似后果。多数专家认为,商品欺诈和服务欺诈的惩罚性赔偿仅仅"退一赔一"是不够的,对违法经营者的惩罚力度不够,应当较大幅度地增加惩罚性赔偿的力度。

全国人大常委会在审议《消费者权益保护法》修正案的时候,常委们纷纷支持加大商品欺诈和服务欺诈行为惩罚性赔偿力度的修正意见,甚至认为对商家欺诈行为的惩罚性赔偿增加 2 倍仍然较低,不足以制裁和遏制商品欺诈和服务欺诈等侵害消费者合法权益的违法行为,建议提高为 10 倍,因为"消费者权益保护法对赔偿的支持力度不应弱于《食品安全法》的规定"。[15] 有的委员甚至提出,惩罚性赔偿不应该设上限,而应该设下限,这样更能够体现生命至上、安全至上和以人为本的理念。[16]

对于这个问题,最后统一的意见是,《消费者权益保护法》原第 49 条规定的"退一赔一"的惩罚力度确实不够,应当适当提高,但是惩罚性赔偿数额过高,甚至不设置上限,显然也是不适当的,与国家的实际情况不相符合。因此,"退一赔三"是一个比较理想的惩罚性赔偿标准。

(四)最低额赔偿标准究竟适用于惩罚性赔偿还是一般性赔偿

在《消费者权益保护法》中规定最低赔偿额的性质,究竟是一般的微额损害赔偿问题,还是惩罚性赔偿问题,在修订《消费者权益保护法》过程中争论较大。

小额损害是指加害行为造成权利人的损害已经实际发生,但给权利人造成的损失从数额上看明显较小的损害事实。[17] 美国为了鼓励消费者维权的积极性,创造了小额商品侵权的最低赔偿额制度,法律规定,消费者遭受小额商品侵权或者违约,其造成的损失难以精确计算或者损失过小,实际赔偿不足以弥补消费者的权益时,经营者应当给予消费者以法律规定的最低额度以上的赔偿。至于最低赔偿金额的具体规定,美国联邦政府和各州不同。联邦贸易委员会法设定的最低赔偿金是 200 美元,各州根据实际情况确定最低赔偿数额,马萨诸塞州为 25 美元,夏威夷州为 1 000 美元。此外,还有复合的最低赔偿额规定,如《接待诚实法》规定的最低赔偿额为"财务费用

---

[15] 中国新闻网:《人大常委会委员议消法:惩罚性赔偿数额应再提高》,2013 年 4 月 25 日报道,载 http://www.chinanews.com/gn/2013/04 - 25/4762134.shtml,2013 年 11 月 11 日访问。

[16] 参见北青网:《委员:损害健康惩罚性赔偿应不设上限》,2013 年 8 月 28 日报道,2013 年 11 月 11 日访问。载 http://bjyouth.ynet.com/3.1/1308/28/8237625.html。

[17] 参见杨立新:《论消费者权益小额损害的最低赔偿责任制度》,载《甘肃政法学院学报》2010 年第 4 期。

的两倍但不能少于100美元"。[18]

与美国的做法相反,欧洲在产品责任法上规定损害赔偿的起点限额,主要是针对财产损害作出的,它要求因缺陷产品所致财产损失(不包括缺陷产品本身)必须达到一定数额以上,受害人方可依产品责任法获得赔偿。这一规定的制度价值在于防止出现过多、过滥的产品责任诉讼案件,优化法律资源配置,节约社会成本。[19] 与此相同,在一些专家起草的法律草案建议稿中,也提出了"微小损害可以不予赔偿"的意见。[20]

对此,笔者曾经撰文建议,消费者因经营者的违法行为遭受小额损害,按照大陆法系填补损害的一般原则进行赔偿,受到损害的消费者对于索赔普遍缺少积极性,后果是放任经营者的违法行为。对此,可以借鉴美国法的消费者小额损害最低赔偿责任制度,在《消费者权益保护法》规定小额损害最低赔偿责任制度,确定最低赔偿责任标准为500元人民币,将会激发消费者的索赔积极性,防止违法经营者逃避损害赔偿责任。[21]

立法机关接受了这个立法建议,但不是将小额损害最低赔偿规定为一般性赔偿,而是规定为违约惩罚性赔偿的最低额赔偿标准。这样的变化究竟好不好,值得研究。依我所见,将小额损害最低赔偿责任作为一般性的赔偿责任,具有更大的优势,那就是,在法律适用时,不仅仅在商品欺诈、服务欺诈的侵害消费者权益承担惩罚性赔偿责任时可以适用,而且在所有的小额损害赔偿,特别是那些不属于商品欺诈和服务欺诈的领域,也可以适用,能够更好地发挥其激发消费者维权热情、惩治违法经营者的作用。例如,依照修订后的《消费者权益保护法》第50条关于侵害个人信息造成小额损害或者无法计算损害数额时(例如只向消费者发送一条垃圾短信、垃圾邮件),如果规定的是普遍适用的小额损害最低赔偿为500元,更多的受害人就会积极维权。但是由于这里规定的是商品或者服务欺诈的惩罚性赔偿,须以欺诈为要件,就不能适用最低赔偿责任的规定。在立法中,笔者多次提出这个意见,最终也没有得到支持,形成的是现在的第55条第1款中的规定,即惩罚性赔偿的最低额赔偿。当然,这个规定也是好的,并且将其纳入消费者权益保护的惩罚性赔偿责任的统一体系中,尽管存在一些不足,但仍然会发挥巨大的社会作用。

(五)恶意产品致害和恶意服务致害的惩罚性赔偿数额计算问题

关于恶意产品致害和恶意服务致害的惩罚性赔偿应当怎样计算具体数额,讨论

---

[18] 参见张继红、吴海卫:《从最低赔偿制度谈小额商品消费者权益保护》,载《消费经济》2007年第23卷第3期。

[19] 参见段仁元:《欧美产品侵权责任比较及启示》,载《云南法学》2000年第4期。

[20] 这种观点见布吕格迈耶尔、朱岩编写的《中国侵权责任法学者建议稿》第6:107条"微小损害规则",参见[德]布吕格迈耶尔、朱岩:《中国侵权责任法学者建议稿及其立法理由》,北京大学出版社2009年版,第14页。

[21] 参见杨立新:《消费者权益小额损害的最低赔偿责任制度》(本书第2298页),载《甘肃政法学院学报》2010年第4期。

的主要问题有二：一是以何种标准计算。在《消费者权益保护法》原第49条、最高人民法院的司法解释以及《食品安全法》第96条规定的惩罚性赔偿，都是采用价金或者费用的标准计算。在立法讨论中，有的认为应当继续坚持这个标准，有的认为应当以实际损失为标准。主要的意见是，以价金或者费用为标准，确定商品欺诈和服务欺诈行为的违约惩罚性赔偿比较合适，但是对恶意产品致害和恶意服务致害行为惩罚性赔偿的计算就不合适，不能真正体现救济损害、惩治违法的目的，因而以实际损失作为标准更为合适。二是惩罚性赔偿应当以几倍计算更为妥当。立法机关给出的意见是应当为损失的2倍以下，不能过高。在修订中，多数意见为3倍以下，笔者也坚持3倍的主张，认为这样的惩罚性赔偿才具有对违法侵权经营者的惩罚具有威慑力和较强的阻吓作用。立法机关没有接受这个意见。

三、《消费者权益保护法》第55条规定的惩罚性赔偿责任的正确解读

（一）《消费者权益保护法》第55条规定惩罚性赔偿责任的基本内容

《消费者权益保护法》第55条来源于《消费者权益保护法》原第49条，即在商品欺诈和服务欺诈可以在赔偿实际损失之后，再请求增加赔偿商品价款或者服务费用的一倍的基础上进行的修改。

《消费者权益保护法》第55条对惩罚性赔偿规定了两款。学者对这两款内容性质的认识有不同看法。笔者的看法是，第1款规定的是违约的惩罚性赔偿，即商品欺诈和服务欺诈造成价金或者费用损失的违约惩罚性赔偿，以及消费欺诈或者服务欺诈造成小额损害适用违约惩罚性最低赔偿数额标准；第2款规定的是侵权惩罚性赔偿，即恶意商品致害和恶意服务致害的侵权惩罚性赔偿。

1. 商品欺诈和服务欺诈的惩罚性赔偿

《消费者权益保护法》第55条第1款规定的惩罚性赔偿的性质，究竟是违约惩罚性赔偿还是侵权惩罚性赔偿，在立法讨论中，主张为侵权惩罚性赔偿的根据是，这一条文明确写的是"损失"，并没有说明商品欺诈和服务欺诈行为是违约行为，欺诈行为造成损失，应当是侵权行为，承担的责任就应当是侵权责任。笔者认为这个惩罚性赔偿是违约惩罚性赔偿，而不是侵权惩罚性赔偿，根据是，商品欺诈行为和服务欺诈行为的后果，尽管在《消费者权益保护法》原第49条还是在修订后的第55条，写的都是"损失"，但是这个损失并不是固有利益的损害，而是价金和费用的损失，也可能包括预期利益的损失，但也不包括固有利益的损失，因此，必须限定在违约责任范围之内，所以它的惩罚性赔偿计算基准是"消费者购买商品的价款或者接受服务的费用"，而不是实际造成的损失。只有对消费者固有利益造成的损失，才应当是侵权责任的问题。

《消费者权益保护法》第55条第1款规定的惩罚性赔偿，适用的对象仍然是商品

欺诈和服务欺诈行为。究竟应当如何界定欺诈行为,包括商品欺诈和服务欺诈,一般认为是"经营者在提供商品或者服务中,采取虚假或其他不正当手段欺骗、误导消费者,使消费者合法权益受到损害的行为"。[22] 也有人采用最高人民法院司法解释关于欺诈行为的界定,解释商品欺诈和服务欺诈行为,即"一方当事人故意告知对方虚假情况,或者隐瞒真实情况,诱使对方当事人作出错误意思表示的,可以认定为欺诈行为"。[23] 两相比较,后者比前者对欺诈行为的界定要严格,因为后者特别强调了欺诈行为的故意要件。对于商品欺诈行为和服务欺诈行为,笔者曾经作出过界定[24],这个意见是正确的,应当继续坚持。在消费者权益保护领域,对于商品欺诈和服务欺诈行为是否一定要坚持故意的要件,值得研究。笔者的意见是,商品欺诈行为和服务欺诈行为的认定标准应当适当放宽,在商品交易领域或者服务领域,经营者只要提供的商品或者服务与其宣称的不一致,低于其声称的标准,是显而易见的,就应当认定其存在告知虚假情况、隐瞒真实情况,欺骗或者误导消费者的欺诈行为。在司法实践中,可以不必刻意要求受到侵害的消费者必须证明"经营者明知自己的行为的虚伪性且知其有可能使消费者陷入错误并因此做出购买商品或接受服务的承诺而为之"的"欺诈的故意"。[25] 我的意见是,商品欺诈行为和服务欺诈行为,是指经营者在提供商品或服务中,采取虚假或其他不正当方法,告知虚假情况,隐瞒真实情况,诱使消费者接受商品或者服务,且其提供的商品或者服务与其声称的标准显而易见的不相一致的经营行为。这样界定商品欺诈行为和服务欺诈行为比较稳妥,能够更好地保护消费者的权益。

商品欺诈或者服务欺诈惩罚性赔偿是增加的赔偿,即在赔偿了实际损失之后,增加赔偿的部分才是惩罚性赔偿。之所以将原来的增加1倍的赔偿改为增加3倍的赔偿,就是为了加重对商品欺诈和服务欺诈的惩罚力度。1倍和3倍相比较,当然3倍的惩罚性赔偿对消费者维权具有更大的吸引力和号召力,对违法经营者的惩治力度也更大。因此,最后确定的是,商品欺诈和服务欺诈的违约惩罚性赔偿,在承担了原来的损失之后,再增加赔偿价款和费用的3倍。

2. **商品欺诈和服务欺诈微额损害最低赔偿标准**

把小额损害最低赔偿标准规定为商品欺诈和服务欺诈惩罚性赔偿的最低赔偿标准后,争论的问题就是这个最低赔偿标准应当确定为多少。立法机关提出的意见是500元。不同的意见有两种:一是认为500元太低,应当增加到1 000元。有的常委也持这种意见,认为最低赔偿标准规定为500元太低了,不利于调动消费者维权的积

---

[22] 国家工商行政管理局:《欺诈消费者行为处罚办法》第2条规定。
[23] 最高人民法院《关于贯彻执行〈〈中华人民共和国民法通则〉〉若干问题的意见(试行)》第68条规定。
[24] 参见杨立新:《〈消费者权益保护法〉规定惩罚性赔偿责任的成功与不足及完善措施》,载《清华法学》2010年第3期。
[25] 张岩方:《消费者保护法研究》,法律出版社2002年版,第511页。

极性。㉖ 二是认为法律不应当规定一个具体数字作为最低赔偿标准,因为存在通货膨胀因素,物价上涨是必然的,过10年以后,500元可能就是一个微小的数字,不具有惩罚性了,因此应当规定一个比例,而不是一个固定的数字。但是,立法机关最终并没有采纳这些意见,仍然坚持商品欺诈和服务欺诈惩罚性赔偿的最低标准为500元。

最低赔偿标准的适用范围,应当限制在商品欺诈和服务欺诈的范围之内。构成商品欺诈或者服务欺诈,按照退一赔三的标准计算,仍然不能达到500元的,消费者可以按照500元请求赔偿。同时,第55条第1款规定的是"为五百元",而不是500元以上,对于超过500元的请求,也不能支持。对此,法院没有自由裁量权。

3. 恶意商品致害和恶意服务致害的惩罚性赔偿

《消费者权益保护法》第55条第2款规定的是恶意商品致害和恶意服务致害的惩罚性赔偿。这一惩罚性赔偿规定,是对《侵权责任法》第47条规定的发展和补充。

所谓对《侵权责任法》第47条的补充,是说《侵权责任法》第47条规定的惩罚性赔偿,是恶意产品致害责任,即缺陷产品的恶意致害行为,恶意产品生产者或者销售者除了承担赔偿责任之外,还应当承担"相应的惩罚性赔偿"。但是,究竟应当怎样承担惩罚性赔偿,如何计算,第47条并没有具体规定。《消费者权益保护法》第55条第2款明确规定,经营者承担了实际损害的赔偿之后,还要承担消费者所受损失2倍以下的惩罚性赔偿,明确规定这种惩罚性赔偿的计算标准是实际损失的2倍以下,补充了《侵权责任法》第47条规定的具体计算方法。

所谓对《侵权责任法》第47条规定的发展,是说第47条规定的只是恶意产品致害,并没有规定其他场合可以适用惩罚性赔偿。《消费者权益保护法》第55条第2款规定,恶意服务致害行为也应当适用惩罚性赔偿,因而扩大了惩罚性赔偿的适用范围,是对《侵权责任法》第47条的发展。

怎样界定恶意产品致害行为和恶意服务致害行为,目前尚未有明确的理论界定。在《侵权责任法》第47条的研究中,主要的侵权法学者也没有对这个概念作出界定,只是强调其构成要件,应当具备缺陷产品、故意、死亡或者健康严重损害和因果关系的要件。㉗ 对恶意产品致害和恶意服务致害行为作一个定义,应当是经营者在提供商品或者服务中,明知产品或者服务有缺陷仍然向消费者提供,造成消费者或者其他受害人死亡或者健康严重损害,应当承担惩罚性赔偿责任的侵权行为。

确定恶意产品致害与恶意服务致害行为的侵权责任究竟适用何种归责原则,特别值得研究。按照推论,产品责任的归责原则是无过错责任原则,推而论之,恶意产品致害责任的归责原则也应当适用无过错责任原则,进而恶意服务致害行为似乎也应当适用同样的归责原则。但是,不论是《侵权责任法》第47条,还是《消费者权益

㉖ 参见中国新闻网:《人大常委会委员议消法:惩罚性赔偿数额应再提高》,2013年4月25日报道,2013年11月11日访问,网址:http://www.chinanews.com/gn/2013/04-25/4762134.shtml。

㉗ 参见王利明:《侵权责任法研究》(下卷),中国人民大学出版社2011年版,第296—298页;王胜明主编:《中华人民共和国侵权责任法释义》,法律出版社2010年版,第244—245页。

保护法》第 55 条第 2 款,都明文要求经营者"明知"。"明知"的含义就是故意,意味着构成恶意产品致害责任与恶意服务致害责任必须具备故意要件,当然就是过错责任原则。因此,不论是恶意产品致害责任还是恶意服务致害责任,其归责原则都是过错责任原则,即有故意者,方承担惩罚性赔偿责任,没有故意,可以依照相应规定,承担人身损害赔偿责任或者财产损害赔偿责任以及精神损害赔偿责任,但不得承担惩罚性赔偿责任。

恶意产品致害行为和恶意服务致害行为的构成,须具备四个要件:第一,经营者明知自己提供的商品或者服务存在缺陷。这是故意的要件,经营者故意的内容包括希望损害的发生或者放任损害的发生,其中多数是放任的心理状态,真正希望损害后果发生的恶意较少。对缺陷的解释,应当按照《产品质量法》第 46 条规定进行解释,即商品或者服务中"存在危及人身、他人财产安全的不合理的危险"。第二,经营者仍然实施向消费者提供商品或者服务的经营行为。将商品或者服务提供给消费者的行为一定是经营行为,符合经营行为的特点,其中通常是有对价的,而不是赠与行为。特殊的情况是,试吃、试用、试服务的行为尽管没有对价,但其性质属于经营行为,同样是构成恶意产品致害和恶意服务致害的行为要件。第三,消费者或者其他受害人死亡或者健康严重损害的损害事实。这个要件要求的是人身损害的后果,并且只能是受害人死亡或者健康严重损害的后果。损害事实的受害主体,既可以是消费者,又可以是其他受害人,后者是不属于该项经营行为的消费者的其他受到损害的人。第四,经营者的经营行为与消费者或者其他受害人的死亡或者健康严重损害之间具有引起与被引起的因果关系。具备以上四个要件,构成这种侵权责任。

(二)《消费者权益保护法》第 55 条的具体适用

1. 商品欺诈和服务欺诈的违约惩罚性赔偿增加为 3 倍

商品欺诈和服务欺诈的性质属于违约。尽管规定这一规则的表述是"损失",但这个损失实际上就是商品价款的损失和服务费用的损失,而不是侵权行为造成的固有利益的损失,是违约行为造成的损失。这个意见的最好证明,是《合同法》第 113 条规定这种惩罚性赔偿就是放在违约责任的条文之中的。

究竟应当怎样计算这种违约惩罚性赔偿,原来在习惯上所谓的"双倍赔偿",说的是退回价金或者费用再加上 1 倍的赔偿。如果按照这个习惯说法,现在的规定就是"4 倍赔偿",即退回价金或者费用再加上 3 倍的赔偿。增加 3 倍的这个惩罚性赔偿,没有"以下"的要求,就是一律 3 倍,加上原价就是 4 倍赔偿。法官对此没有自由裁量权。如果消费者自己要求 1 倍或者 2 倍赔偿而不主张 3 倍赔偿的,法官应当支持,但这种情况一般不会出现。

2. 商品欺诈行为中的商品是否包括商品房和机动车

在认定商品欺诈行为中的商品时,是否包括商品房和机动车,在司法实践中争论较大,说法不一。笔者认为,《消费者权益保护法》规定商品,并未特别排除商品房和机动车,因此,商品房买卖中的欺诈行为可以构成商品欺诈行为,且有最高人民法院关于商品房买卖合同法律适用的司法解释为证,当属之,有继续适用的效力。机动车属于动产,当然包括在商品之中。对此,应当不存在问题。

问题在于,对于商品房和机动车在交易中的局部瑕疵的掩饰行为,是否构成欺诈行为而适用增加3倍的惩罚性赔偿。例如,商品房局部墙体有裂缝,开发商进行粉刷掩饰;机动车漆皮脱落,销售商进行喷涂遮盖。对于这种类似行为认定为欺诈行为,意见比较一致,但应当怎样适用惩罚性赔偿,意见不一。一种观点认为,经营者仅仅是在产品的局部存在欺诈,判令其对整个产品进行双倍赔偿,不能体现民事责任的公平性,应当"罚当其责",民事责任的轻重与违法行为的程度相适应,因而对局部欺诈不能就整体的产品价格进行双倍赔偿。㉘ 另一种观点认为,经营者虽仅是局部欺诈,但仍应对整个产品进行双倍赔偿,这主要是从法律的功能来考虑,法不仅创造了和平与安全,也创造了和平与安全赖以生存的价值本身,是为了维护最大多数人的利益。㉙ 某汽车销售商将一辆轿车的车门擦伤(损失约600元),喷漆后销售给消费者,被发现后,该消费者主张退车并双倍赔偿。一审法院判决全车双倍赔偿,二审法院改判40%双倍赔偿。㉚ 笔者的看法是,对于大件商品例如商品房、机动车等,进行局部欺诈,不足以构成根本违约情形的,就局部欺诈部分进行惩罚性赔偿;如果构成对商品的整体欺诈,则应当依照整个商品价格进行惩罚性赔偿。

3. 对知假买假是否适用3倍的惩罚性赔偿

对知假买假者是否适用惩罚性赔偿的讨论,集中在知假买假者是否为消费者的争论上。对此,学者各有不同意见,各地法院也有不同做法。最为典型的案例,是1995年福建省龙岩地区丘建东在北京市东城区和西城区两个法院分别起诉的长途电话费半价的服务欺诈行为,东城区法院仅判决支持返还欺诈部分的0.55元,而西城区法院判决双倍赔偿1.10元。㉛ 历经近20年的时间,这种状况并未改变,类似于王海打假的案件,法院判决有截然不同的司法态度。以至于最高人民法院不得不对此进行调查研究,并且有可能对此作出司法解释。

反对对知假买假的"消费者"适用惩罚性赔偿的主要观点,是知假买假者不是消费者,不是出于生活消费需要,对知假买假予以惩罚性赔偿,违反大陆法系赔偿责任的填补损害原则,能够引导民事主体恶意造成损害索取高于实际损失的惩罚性赔偿。特别是在《消费者权益保护法》大大提高惩罚性赔偿力度,将商品欺诈和服务欺诈的惩罚性赔偿增加了2倍的情况下,这样的后果将会更加严重。赞成对知假买假者适用惩罚性赔偿的基本根据,就是无论知假买假者的行为是否具有谋利的因素,对知假买假者的惩罚性赔偿主张予以支持,都会起到惩治实施商品欺诈或者服务欺诈的违

㉘ 参见杨立新:《产品局部欺诈:双倍赔偿有讲究》,载《检察日报》2004年9月30日。
㉙ 参见张蜀俊:《局部欺诈亦应适用整体双倍赔偿》,载《中国消费者报》2007年1月19日。
㉚ 参见顾远、闵长岭:《隐瞒小伤卖新车局部欺诈导致双倍赔偿》,载《中国审判》2008年第4期。
㉛ 这两个案件的案情,请参见杨立新:《〈消费者权益保护法〉规定的惩罚性赔偿的成功与不足及完善措施》,载《清华法学》2010年第3期。

法经营者的积极作用,都会维护市场经济的交易秩序。将知假买假者获得的损失之外的利益作为对其打假行为的"奖励",亦无不可。我对后一种意见一贯予以支持,因为承认和支持知假买假者的惩罚性赔偿责任请求权,对于消费者的合法权益的维护只有好处而没有坏处,惩治的是违法的经营者,对于维护消费秩序、保护消费者权益有利。[32]

4. 违约惩罚性赔偿的最低赔偿数额为 500 元

对商品欺诈和服务欺诈的违约行为增加 3 倍的赔偿,如果是欺诈商品的价款和欺诈服务的费用数额较低,3 倍也达不到 500 元的,应当依照《消费者权益保护法》第 55 条第 1 款规定,确定违约惩罚性赔偿的最低赔偿数额为 500 元。例如购买商品的价款为 5 元,3 倍赔偿为 15 元,远未达到最低赔偿数额的 500 元标准,消费者就可以直接主张赔偿 500 元。

5.《消费者权益保护法》第 55 条第 1 款与《食品安全法》第 96 条第 2 款的关系

《消费者权益保护法》第 55 条第 1 款在 3 倍价金的违约损害惩罚性赔偿的规定中,规定了"法律另有规定的,依照其规定"的内容。"另有规定"是指《食品安全法》第 96 条第 2 款关于"生产不符合食品安全标准的食品或者销售明知是不符合食品安全标准的食品,消费者除要求赔偿损失外,还可以向生产者或者销售者要求支付价款十倍的赔偿金"。由于该条第 1 款规定的前提是"造成人身、财产或者其他损害",因此该款规定的赔偿损失包括对人身、财产或其他损害的赔偿,这里规定的"损失"包括侵权损害,也包括《消费者权益保护法》第 55 条第 1 款规定的商品欺诈行为和服务欺诈行为的"损失"。因而,《食品安全法》第 96 条第 2 款规定的 10 倍价金的赔偿,既有违约的惩罚性赔偿(第 55 条第 1 款),也有侵权的惩罚性赔偿(第 55 条第 2 款)。故可以理解为:在对恶意食品致害行为适用侵权惩罚性赔偿符合《消费者权益保护法》第 55 条第 2 款规定的情形,应当直接适用第 55 条第 2 款规定的损失 2 倍以下的惩罚性赔偿;对于属于恶意食品欺诈行为违约惩罚性赔偿的,应当直接适用《食品安全法》第 96 条第 2 款关于价金 10 倍的赔偿,而不适用《消费者权益保护法》第 55 条第 1 款有关价金 3 倍的惩罚性赔偿。简言之,如果是"生产不符合食品安全标准的食品或者销售明知是不符合食品安全标准的食品",造成价金损失的,可以请求赔偿《食品安全法》规定的 10 倍价金的惩罚性赔偿;同时造成消费者死亡或者健康严重损害的,可以请求按照修订后的《消费者权益保护法》第 55 条第 2 款规定的在赔偿实际损失之后,再请求赔偿所受损失 2 倍以下的惩罚性赔偿。

6. 恶意致人死亡或者健康严重损害的侵权惩罚性赔偿

构成恶意商品致害或者恶意服务致害行为的,在承担实际损失的赔偿之外,还应当承担超过实际损失以外的惩罚性赔偿。

---

[32] 参见杨立新:《"王海现象"的民法思考——论消费者权益保护中的惩罚性赔偿金》(本书第 2225 页),载《中国律师》1997 年第 7 期。

恶意商品致害责任属于产品责任,包含在《侵权责任法》第47条规定的内容之中。恶意服务致害责任超出了《侵权责任法》第47条规定的范围,其他法律也没有类似的规定,属于新的法律规范,是新的请求权的法律基础。

这两种惩罚性赔偿责任适用的具体规则是:

(1)赔偿实际损失。在适用惩罚性赔偿责任时,首先应当计算受害人人身损害的实际损失,并且按照实际损失,依照《消费者权益保护法》第49条以及第51条以及《侵权责任法》第16、17条和第22条规定,确定侵权损害赔偿责任的实际赔偿数额,应当赔偿人身损害造成的损失以及精神损害赔偿数额。

(2)侵权惩罚性赔偿责任数额的确定方法。该条规定的侵权惩罚性赔偿责任的数额确定,是实际损失的"2倍以下"。这个规定对《侵权责任法》第47条的适用具有约束力,理由是第47条规定的惩罚性赔偿没有规定具体计算方法,《消费者权益保护法》规定为2倍以下,是法定的计算方法,《侵权责任法》应当遵守这样的规定。具体计算方法是:

第一,计算倍数的基准,是《消费者权益保护法》第49条规定的人身损害赔偿数额、第51条规定的精神损害赔偿数额。讨论中有人认为,惩罚性赔偿的基准应当是人身损害赔偿的数额,不应当计算精神损害赔偿数额,因为精神损害赔偿本身就具有一定的惩罚性。该条明确规定,人身损害赔偿数额、精神损害赔偿数额都是惩罚性赔偿数额计算的基准。应当看到的是,在本条关于第49条和第51条关系的表述中,两个条文之间用的是顿号,并没有表述为"和"或者"或",这好像两者之间的关系并不确定,可以理解为分别为人身损害赔偿的2倍以下,或者精神损害赔偿的2倍以下,如果受害人既有人身损害赔偿又有精神损害赔偿,不应当是人身损害赔偿和精神损害赔偿各自两倍的总和。但是,如果这样理解,出现的问题是,适用惩罚性赔偿的侵权行为是恶意商品欺诈和恶意服务欺诈行为,造成的损害只能是死亡或者健康严重损害,并不包括精神型人格权受到损害等的精神利益损害,这样的规定就没有意义,因此,这里规定的精神损害赔偿应当是造成死亡或者健康严重损害的精神痛苦的损害。对于上述表述,应当理解既包括人身损害赔偿,也包括精神损害赔偿,是将人身损害和财产损害加起来的2倍以下。这样的理解是正确的,具有合理性。

第二,具体的惩罚性赔偿数额是2倍以下,其含义是最高为2倍,在2倍以下确定;法官对此具有自由裁量权,可以根据实际情况,在2倍以下确定具体的惩罚性赔偿数额,可以是2倍,可以是1倍半,也是可以1倍,还可以是半倍。

第三,法官对具体赔偿数额的自由裁量权的考量因素包括三种:一是经营者的故意程度,是间接故意还是直接故意;二是受害人或者受害人的近亲属所受伤害、所受痛苦或者精神损害的程度,区分为特别严重、很严重和严重等;三是实际赔偿数额的大小。根据以上三个要素,法官根据情况自由裁量具体赔偿数额,而不拘泥于受害人关于惩罚性赔偿数额主张的限制。

7.《消费者权益保护法》第55条第1款规定和第2款规定是否可以合并适用

在经营者的恶意商品致害或者恶意服务致害中,这种行为的本身还构成商品欺诈行为和服务欺诈行为。在这种情况下，是否可以同时适用《消费者权益保护法》第55条的第1款和第2款，既赔偿第1款规定的3倍价金或费用的惩罚性赔偿，同时又赔偿第2款规定的2倍以下的侵权惩罚性赔偿呢？这个问题实际上是第1款和第2款是否兼容的问题。

目前，学界对此尚未见到讨论，在修改《消费者权益保护法》过程中讨论过这个问题。笔者的主张是不可以"兼容"，因为这是两个不同的惩罚性赔偿责任，一个是违约责任，一个是侵权责任，适用的条件不同，惩罚的目的相同。经营者的商品欺诈行为或者服务欺诈行为，同时构成恶意商品致害行为或者恶意服务致害行为，惩罚一次就够了，没有必要两个惩罚性赔偿同时适用，即应择其重而适用即可，不必合并适用。不过也有人认为，这两款的惩罚性赔偿责任的目的并不相同，可以合并适用。

消费者权益小额损害的
最低赔偿责任制度[*]

近几年来,关于《消费者权益保护法》应当建立消费者小额损害最低赔偿责任制度的呼声越来越高,已经引起了各方面的重视。在修订《消费者权益保护法》的时候,对消费者小额损害最低赔偿责任制度应当采取何种态度,是否要在《消费者权益保护法》中规定这个赔偿责任制度,是应当认真研究的问题。对此,笔者提出规定消费者小额损害最低赔偿责任制度的意见,以推进消费者权益保护工作不断深入发展,使消费者的合法权益得到更好的保护。

一、在消费领域消费者小额损害的普遍性及不同法律立场

(一)小额损害的概念和特征

在损害赔偿法中,损害的概念至关重要,原因在于,没有损害就没有赔偿,损害赔偿法的全部目的和职能就在于对损害的救济,因而损害的存在,是构成侵权损害赔偿责任的要件之一[①],也是构成违约损害赔偿责任要件之一。在《消费者权益保护法》领域,消费者因受损害而获得的损害赔偿请求权,既包括侵权损害赔偿,也包括违约损害赔偿,损害同样是责任构成的重要要件之一。

在侵权法研究的著作中,通常对小额损害不予重视,很少有人对小额损害的概念进行研究和界定。有的学者对微额损害概念进行过研究,认为微额损害,谓赔偿权利人所蒙受之损害至为微小。例如迟到仅几分钟或相互擦肩而过所生之损害[②],就是微额损害。

小额损害与微额损害相似,具有损害的一切特质,仅仅是损害的数额较小或者微小而已。因此,笔者对小额损害概念的界定是:小额损害是指加害行为造成权利人的损害已经实际发生,但给权利人造成的损失从数额上看明显较小的损害事实。在消费者权益保护中,经营者对消费者造成的损害中,小额损害较多存在,具有重要地位。

在消费者合法权益保护中,小额损害具有以下特征:

---

[*] 本文发表在《甘肃政法学院学报》2010年第4期。
[①] 参见中央政法干校民法教研室:《中华人民共和国民法基本问题》,法律出版社1958年版,第332页。
[②] 参见曾世雄:《损害赔偿法原理》,中国政法大学出版社2001年版,第140页。

第一,小额损害在性质上与通常损害完全相同。小额损害与通常损害同具损害的各项内涵,即均为生活反态面之财产上或非财产上的不利益。例如,变质的矿泉水、花生米对于消费者的损害,就是小额损害。③ 因此,小额损害也是损害,是损害赔偿民事责任构成中的损害事实的客观要件。

第二,小额损害与通常损害也有差别,但其差别仅在于损害数额的大小,即损害的数额并不是巨大,也不是相当,而是较小或者微小。④ 如果将损害分为巨大、较大、一般、较小、微小五个等级,那么小额损害应当属于较小和微小的损害,或者就叫做微额损害也不存在错误。

第三,当代社会的小额损害通常都是大规模违约行为或者大规模侵权行为所致,在受害的消费者个人而言,损害确实较小;但对于经营者所获得的非法利益而言,却十分巨大。例如食品,其单价都不高,消费者就该种欺诈行为找经营者交涉或者到行政部门申诉,要花费很多的财力和精力,得到的赔偿往往是一包饼干、一包瓜子,消费者通常认为不值得⑤,维权的投入远远高于"产出"。但是,对于消费者而言为损害轻微,而对于经营者而言,获得的非法利益却是数万倍甚至更多。经营者的一个违法行为造成的受害消费者人数众多,甚至可高达数百万人;而每一个消费者的损害又很微小,因而利用集体诉讼来解决群众性消费者的救济问题,帮助消费者实现其小额索赔请求,其鲜明特征就是落实极度分散的群体性小额损害赔偿请求,从经营者处收回其不当得利。⑥

第四,消费者的小额损害既包括侵权损害,也包括违约损害。在商品欺诈或者服务欺诈中造成的损害属于违约损害,多数是小额损害。全国人大代表黄洁贞在超市买了一包红泥花生,回家打开一看,一大半都霉了。花生霉变会产生黄曲霉菌,对人体伤害很大。做了多年人大代表,黄洁贞养成了"较真"的习惯,立刻拿着花生到超市去"讨说法"。结果,一番交涉后,超市答应赔偿依照法律规定赔两袋花生。⑦ 这确实属于违约损害。如果将其吃下去致病,则为侵权损害。

(二)小额损害与小额索赔

在研究小额损害的概念时,应当特别注意区分其与小额索赔的区别。小额损害与小额索赔两个概念很相似,但其实是不同的。

在丘建东起诉的两起电话费双倍索赔案件中,商家多收的费用是 0.55 元,双倍索赔就是 1.10 元。两个受诉法院一个判决支持两倍赔偿,赔偿金额为 1.10 元,一个不支持两倍赔偿,赔偿金额是 0.55 元。⑧ 这显然是小额损害。

---

③ 参见曾世雄:《损害赔偿法原理》,中国政法大学出版社 2001 年版,第 140 页。
④ 参见曾世雄:《损害赔偿法原理》,中国政法大学出版社 2001 年版,第 140 页。
⑤ 参见《人大代表提议建立最低赔偿金制度鼓励消费维权》,载《羊城晚报》2005 年 3 月 14 日。
⑥ 参见钟瑞华:《美国消费者集体诉讼初探》,载《环球法律评论》2005 年第 3 期。
⑦ 参见《人大代表提议建立最低赔偿金制度鼓励消费维权》,载《羊城晚报》2005 年 3 月 14 日。
⑧ 这两个案件参见《中国消费者报》1997 年 11 月 13 日第 1 版和 12 月 4 日第 1 版。

在姚明状告可口可乐公司侵害肖像权的索赔案件中,姚明索赔的金额是1元人民币,索赔数额还没有丘建东的索赔数额高。⑨ 在广西柳州的一起侵权诉讼案件中,女记者为揭露声讯台挂靠该市某区民政局违法经营,用黄色、下流手段欺骗儿童拨打声讯电话的事实,在采访该区民政局女局长时发生争执,为解决未经同意而录音的问题,女局长不准女记者离开现场达6小时。女记者起诉认为女局长侵害其采访权和人身自由权,请求赔偿精神损害1分钱。⑩ 1分钱的索赔,数额可谓微乎其微,但其所主张的侵害采访权和人身自由权的诉因并不是小额损害(尽管审理本案的法院并没有支持原告的诉讼请求)。⑪

分析以上案件可以看出,小额损害讲的是损害的数额较小或者微小,即损害结果不大。而小额索赔,则是受害人向法院起诉的索赔金额不高,而其损害并非必须是小额。在研究小额损害的赔偿救济中所要解决的,是丘建东起诉的那种案件的小额损害赔偿责任问题,而不是姚明和女记者起诉的那种小额索赔。

(三)对消费者小额损害的不同态度

1. 立法态度

关于对消费者小额损害的法律救济,我国立法并没有表明态度。在《消费者权益保护法》中是如此,在《民法通则》和《产品质量法》中是如此,在《侵权责任法》中也是如此。可以肯定的是,在所有的现行法律中,从来没有明确拒绝过小额损害的赔偿问题。按照损害赔偿的一般规则,是"损一赔一";按照产品欺诈或者服务欺诈的惩罚性赔偿规则,是"损一赔二";按照《食品安全法》第96条规定,恶意经营缺陷食品造成消费者损害,是价金的"损一赔十"。但是,一方面,"损一赔一"是基本的赔偿规则;另一方面,即使具备严格的责任构成要件可以请求"损一赔二"或者"损一赔十",其实就多数小额损害而言,赔偿数额也经常是微不足道的"小额赔偿"。

2. 学说态度

在传统学说中,存在反对对微额损害应当予以赔偿的主张。例如,认为人类共营社会生活之际,些微脱序,尚属常情,如均以损害视之诉诸法律救济,则人人、日日均有纠纷。制度设计之结果,必须避开纠纷不断之乱象;是以微额损害不能与通常损害同等视之,必须另作定位:自损害赔偿之体系中删除,微额损害不能获得赔偿。⑫ 这样的观点,在大陆法系其实并不难理解。持这一观点的曾世雄先生作为留学德国和法国的法学大家,有此看法确实顺理成章,不足为怪。

也有人认为,欧洲在产品责任法上规定损害赔偿的起点限额,主要是针对财产损害而作出的,它要求因缺陷产品所致财产损失(不包括缺陷产品本身)必须达到一定

---

⑨ 该案案情参见杨立新:《杨立新品百案》,中国法制出版社2007年版,第85—87页。
⑩ 该案案情参见杨立新:《侵权法论》,人民法院出版社2005年版,第263—264页。
⑪ 不支持其诉讼请求的理由,一是采访权不是侵权法保护范围,二是虽然不准离开现场的时间很长,但是为了解决争议,不存在侵害人身自由权的问题。
⑫ 参见曾世雄:《损害赔偿法原理》,中国政法大学出版社2001年版,第140页。

数额以上,受害人方可依产品责任法获得赔偿。这一规定的制度价值在于防止出现过多、过滥的产品责任诉讼案件,优化法律资源配置,节约社会成本。这一做法无疑是值得我国借鉴的。[13] 与此相同,在一些专家起草的中国侵权法建议稿中,也提出了"微小损害可以不予赔偿"的意见。[14] 持这种观点的布吕格迈耶尔教授是德国著名侵权法学家,朱岩是留学德国的法学博士,二人的意见大体体现了德国法的观念。

当然在当代,对小额损害赔偿持肯定态度的也不鲜见。学者认为,小额商品消费者在要求赔偿时,一切顺利不过是原额的两倍;不顺利时,消费者不仅需要四处奔走,消耗大量的时间、精力和财力,而且一旦诉诸法院还要面对冗长的诉讼过程,甚至还要面临可能败诉的风险。在经济学中,每个理性的经济行为主体都是根据行为的预期成本和预期收益的比较来决定是否采取某种行为。如果不改变小额损害的赔偿规则,追求自身效用最大化的消费者在面对现实状况时,选择沉默是一个合理的行为,于是消费者消极维权的情况就自然而然地产生了。[15]

3. 消费者的态度

在消费领域,绝大多数消费者对小额损害的态度采取消极态度。北京市社情民意调查中心调研发现,对显而易见的侵权,近六成北京消费者选择沉默,只有当损失超过 500 元时,才有 51.5% 的人认为应当讨个说法回来。[16] 在央视进行的一项调查中,40% 的受访者选择了"自认倒霉",这个选择排在各选项的首位,理由是"维权成本太高,当然没有积极性"。[17] 消费者林女士入住新居不久发现实木地板有问题,找商家反映,被告知须做鉴定,如果检测出责任在商家,就全部赔偿。她咨询得知,木地板常规检测至少要 1000 多元,且时间长、手续复杂,因而放弃检测,与商家的纠纷悬而未决。[18] 高女士从超市买回了一条鱼,烹煮后发出的气味好像浸泡过福尔马林液,遂向超市反映,销售员一口咬定鱼没有问题。高女士找消协,答复是,须以科学检测数据作为证据才能代为向商家讨公道。高女士找质检部门,质检部门却不为个人提供检测;又询问卫生、食品监管部门,得到的答复几乎相同,最终只有选择放弃。[19]

中消协有关人士分析说,造成这种现象的原因之一,就是投诉成本过高,大量小额投诉的成本远远大于获得的赔偿。消费者受到损害,找经营者交涉,到行政部门申

---

[13] 参见段仁元:《欧美产品侵权责任比较及启示》,载《云南法学》2000 年第 4 期。
[14] 这种观点见〔德〕布吕格迈耶尔、朱岩编写的《中国侵权责任法学者建议稿》第 6:107 条"微小损害规则",参见〔德〕布吕格迈耶尔、朱岩:《中国侵权责任法学者建议稿及其立法理由》,北京大学出版社 2009 年版,第 14 页。
[15] 参见张继红、吴海卫:《从最低赔偿制度谈小额商品消费者权益保护》,载《消费经济》2007 年第 23 卷第 3 期。
[16] 参见《何妨将 500 元设为最低赔偿额》,载《北京商报》2008 年 3 月 14 日。
[17] 《人大代表提议建立最低赔偿金制度鼓励消费维权》,载《羊城晚报》2005 年 3 月 14 日。
[18] 参见中华地板网:《期待最低赔偿早日入法》,载 http://www.chinafloor.cn/news/detail_newsID-010676.htm。
[19] 参见张继红、吴海卫:《从最低赔偿制度谈小额商品消费者权益保护》,载《消费经济》2007 年第 23 卷第 3 期。

诉,上法院打官司,要花费很多的财力、物力、精力,消费者因此觉得不值得。[20]

(四)我国《消费者权益保护法》应当采取的立场

综上所述,对于消费者小额损害的法律救济,我国《消费者权益保护法》和《民法通则》以及其他法律都没有否认,但也不是持积极态度,采取的是中规中矩的"填平原则",即全额赔偿,不能超出损害范围再做其他赔偿,至今没有突破。在学说上,可以明显看出分为三种不同立场,一是否定微额损害的赔偿责任,法律可以根本不做考虑,不予赔偿;二是应当按照法律规定的赔偿方法救济,例如像丘建东案那样损失多少赔偿多少;三是应当探索不同的赔偿方法进行救济。

笔者认为,对于消费者的小额损害,由于其个体损失数额较小,但受害消费者群体收到的损害数额巨大,因而《消费者权益保护法》必须采取积极立场,敢于借鉴国外的有益经验,呼应消费者以及有关学者和专家的建议,采取有效的应对办法,规定更好的办法解决这个问题,以更好地保护好消费者的合法权益。

二、美国对消费者小额损害救济的两个方法

寻求解决消费者小额损害救济的方法,依赖于大陆法系的侵权法和合同法,似乎难以找到解决问题的办法,因此,应当把目光转向英美法,借鉴英美法特别是美国侵权法和合同法对小额损害救济的两种不同做法,来设计我国的消费者小额损害法律救济制度。

(一)美国法对消费者小额损害的最低赔偿制度

在美国的消费者权益保护运动中,采取小额商品损害最低赔偿制度,鼓励消费者维权的积极性。美国法律针对小额损害消费者维权耗时费力又花钱,绝大多数都不愿意做这种得不偿失的诉讼,因此而放弃诉讼的现实情况,创造了小额商品侵权最低赔偿制度,调动消费者维权的积极性,鼓励消费者通过诉讼保护自己的权益。法律规定,消费者遭受小额商品侵权或者违约,其造成的损失难以精确计算或者损失过小,实际赔偿不足以弥补消费者的权益时,经营者应当给予消费者以法律规定的最低额度以上的赔偿。至于最低赔偿金额的具体规定,美国联邦政府和各州不同,一般从25美元到1 000美元不等。联邦贸易委员会法设定的最低赔偿金是200美元,各州根据实际情况确定最低赔偿数额,马萨诸塞州为25美元,夏威夷州为1 000美元。此外,还有复合的最低赔偿额规定,如《接待诚实法》所规定的最低赔偿额为"财务费用的两倍但不能少于100美元";《联邦里程计费条例》所规定的最低赔偿额是"实际损失

---

[20] 参见程贤淑:《消费者维权应设立500元最低赔偿金》,载解放日报集团网站,http://old.jfdaily.com/gb/node2/node142/node151/userobject1ai438693.html。

的3倍但不得少于1 500美元"。[21]

美国的小额损害最低赔偿制度的建立,保证了消费者在受到了损害以后有投诉的积极性。

(二)美国对消费者小额损害救济的集体诉讼制度

美国的消费者集体诉讼,是解决消费者小额损害的程序法律制度,其目的在于救济广泛而分散的消费者损害,剥夺经营者的不当收益并防止其继续实施违法行为。消费者集体诉讼制度在美国的适用非常普遍,对于美国消费者权益保护发挥了不可替代的重要作用。按照这样的程序规则,在消费者所遭受的损失很小,不值得提起个别诉讼时,通过集体诉讼程序迫使违法经营者吐出非法所得,并为消费者提供救济。因此,就使得那些原本因标的额太小而不可能进入法院的消费者争议可以通过司法程序解决,从而使成千上万的持有"微不足道"的权利主张的受害消费者享受到司法保护,因此,美国的消费者集体诉讼主要就是解决小额消费者争议的手段。

美国的集体诉讼制度借鉴于英国衡平法院的"息诉状"制度[22],息诉状允许受到类似伤害的人组成一个团体,代表自己以及缺席的集体成员提起诉讼。在早期,美国基本上采取这种做法,但是随着社会经济条件的变革,不断改革这个制度,美国纽约州在1849年率先修订《费尔德法典》,规定了集体诉讼制度:"多数成员彼此间具有共同利益,因人数过多致无法全体进行诉讼时,得由其中一人或数人为全体利益起诉或应诉。"1912年,美国《联邦衡平规则》对集体诉讼作了规范性表述。1938年,美国《联邦民事诉讼规则》第23条规定了集体诉讼制度,主要功能就是使那些没有能力或不愿意提起单个诉讼的个人进入司法过程,从而向很多相对较小的损害或伤害提供损害赔偿,向那些在其他情况下无法获得损害赔偿的个人提供救济。[23]

(三)美国消费者小额损害救济制度的重要参考价值

美国对消费者小额损害救济的实体法与程序法的上述经验,对我国修改《消费者权益保护法》具有重要的借鉴意义。

在消费者小额损害救济的实体法方面,最重要的,是要解决消费者受到损害寻求救济的积极性。如果解决了最低赔偿责任制度,调动了受害消费者的索赔积极性,就能够推动消费者就小额损害积极索赔,打一场保卫消费者安全的人民战争,其武器就是最低赔偿金。[24]因此,在中国要改变消费者小额损害救济的消极态度这种状况,就必须建立鼓励投诉的法律制度,借鉴美国小额损害最低赔偿的做法,尽快将最低赔偿

---

[21] 张继红、吴海卫:《从最低赔偿制度谈小额商品消费者权益保护》,载《消费经济》2007年第23卷第3期。

[22] "息诉状"是衡平法上的一种诉状。当原告就同一权利可能与不同的人、在不同时间、以不同的诉讼发生争议时,可提出此诉状,请求法院一劳永逸地裁决该问题,禁止他人就同一请求再行起诉。

[23] 参见钟瑞华:《美国消费者集体诉讼初探》,载《环球法律评论》2005年第3期。

[24] 参见《人大代表提议建立最低赔偿金制度鼓励消费维权》,载《羊城晚报》2005年3月14日。

金制度纳入法律体系,鼓励消费者投诉,保护自己的合法权益。[25]

在消费者小额损害救济的程序法方面,集体诉讼制度特别值得借鉴。集体诉讼在客观上具有节约司法资源的作用,并且在解决小额消费者争议、向受害的消费者提供损害赔偿方面能够发挥重要功能。同时,消费者集体诉讼具有剥夺不当得利并预防违法行为的功能,这正是美国人仍然坚持采用消费者集体诉讼制度的根本原因。1946 年 Market St. Ry. Co. v. Railroad Commission 案中,某汽车公司通过向每一位计程车乘客多收取 2 美元而获取了巨额的非法收入。但是,当原告所提起的集体诉讼胜诉后,只有2% 的受害成员主张自己的权利,因为大部分人认为损害赔偿太少,不值得领取。针对 98% 的人不领取损害赔偿这一事实,Edmonds 大法官在其所撰写的少数意见中说,最高法院不应该"防止乘客将非法收入留给汽车公司";既然受害的集体成员由于懒惰或者漠不关心而不主张权利,就应该允许违法行为人保留从非法行为收取的款额。但是,多数意见却采取了与此相反的观点。最后,法院将这部分资金判决给三藩市和三藩县,由其用这笔钱改善道路设施——从而保证了施惠于所有的乘客,而不仅仅是那些被多收费的人。[26]

在我国,《民事诉讼法》已经规定了集体诉讼制度,在应对消费者小额损害救济的索赔诉讼中应用这一制度,应当能够取得美国法所期待的效果。问题在于,我国司法实践对于集体诉讼制度运用得不好,并且设有相当的限制,应当进一步完善。而在消费者小额损害救济的实体法方面,不仅要打破微额损害法律拒绝赔偿的负面学说的影响,并且还要面对《消费者权益保护法》等实体法仅仅规定了适用范围极窄的惩罚性赔偿金之外没有规定更好的救济方法的现实问题。因此,借鉴美国的消费者小额损害最低赔偿制度,就成为解决我国消费者小额损害救济问题瓶颈。打破这个瓶颈,建立了小额损害最低赔偿制度,就能够更好地保护好消费者的合法权益。

三、对消费者小额损害予以最低赔偿责任救济的必要性

(一)制定消费者小额损害最低赔偿责任制度的强大呼声

在目前,我国消费者对于小额损害的索赔确实存在消极态度,学者分析认为有以下五个原因:一是消费者处于弱势地位,经营者很少会积极主动配合协商;二是消费者协会仅是一个社会团体,所谓支持起诉则因自身条件所限,多数是"君子动口不动手";三是我国行政执法部门职责不清,处理案件往往互相推诿,存在着较为普遍的行政不作为情形;四是根据仲裁合意性原则,提请仲裁须事先在书面协议中约定仲裁条款或签订仲裁协议,且仲裁的金额一般在 5 000 元以上,通过仲裁解决纠纷的途径不畅通;五是小额商品消费侵权引发的诉讼多数具有鉴定费用高、取证难、索赔金额低、

---

[25] 参见《设最低赔偿金鼓励消费者投诉》,载《深圳晚报》2005 年 2 月 4 日。
[26] 参见钟瑞华:《美国消费者集体诉讼初探》,载《环球法律评论》2005 年第 3 期。

诉讼成本巨大等特点,对于本为弱者又遭侵权的小额商品消费者而言,无法承受如此之大的费用支出。[27] 这个分析是有道理的。正因为如此,有人质疑,应该给消费者维权设定一个最低的赔偿标准,打车都有一个起步价,法院立案还有最低的立案标准,为什么消费者维权不设定一个最低的赔偿标准呢? 消费者为了 10 块钱打官司,如果没有一个最低赔偿标准,就只能获得 10 块钱赔偿,又有什么意义呢?[28] 全国人大代表更是大声呼吁:修订《消费者权益保护法》增加"最低赔偿金"条款,即无论消费者购买的商品金额多大,只要经营者存在欺诈行为,消费者就可获得高额赔偿,"哪怕只是一袋花生"。[29]

面对这样的情形,我国很多学者和专家强烈呼吁立法规定小额损害的最低赔偿制度。2005 年全国"两会"期间,司马南、王海、秦兵等人向十届全国人大寄送了一份《关于修改〈消费者权益保护法〉的建议》,建议《消费者权益保护法》应当在第六章针对小额欺诈尽快建立与国际接轨的最低赔偿金制度,造成消费者小额损害,经营者向消费者的赔偿金额最低为 500 元,同时支付消费者的律师费用。[30] 一般情况下,中国人往往不会为了一些为数不多的小额欺诈争执或者诉讼,一是认为不划算,二是认为没必要。但如果将最低赔偿额定为 500 元,就会大大推动消费者的维权积极性,商家只要敢侵权,就有可能因为承担责任而面临破产的危险。[31]

北京市律师协会消费者权益保护专项委员会主任邱宝昌律师支持建立最低赔偿金制度的建议,并且认为应该按照不同商品的性质和特点来制定最低赔偿金额。[32] 如果采取小额损害最低赔偿制度,即使是最难监管的诸如蔬菜农药残留等问题,消费者也会愿意去检测,确定了损害而及时举报。有关部门可从销售者一直追查到原产地,从餐桌到农田,食品生产供应链的全程都可以置于监管之下。[33]

(二)我国建立消费者小额损害最低赔偿制度的必要性

笔者认为,在我国设立消费者小额损害最低赔偿制度,其必要性在于:

第一,调动小额损害的消费者保护自己权利的积极性。小额损害所针对的是这样一种类型的消费者争议:经营者的一个违法行为造成了众多的甚至是无数的消费者的损失,但是每一个消费者的损失又很小,不值得为此进行诉讼主张权利。如果建

---

[27] 参见张继红、吴海卫:《从最低赔偿制度谈小额商品消费者权益保护》,载《消费经济》2007 年第 23 卷第 3 期。

[28] 参见王海:《正在推进最低赔偿标准等三个立法建议》,外汇通网,http://www.forex.com.cn/html/c695/shengyin/2009-03/1093876.htm。

[29] 《人大代表提议建立最低赔偿金制度鼓励消费维权》,载《羊城晚报》2005 年 3 月 14 日。

[30] 参见闵丹:《消法应建立最低赔偿金制度》,载《劳动午报》电子版 2007 年 3 月 5 日,http://www.ld-wb.com.cn/template/23/file.jsp? aid = 34528。

[31] 参见程贤淑:《消费者维权应设立 500 元最低赔偿金》,载解放日报集团网站,http://old.jfdaily.com/gb/node2/node142/node151/userobject1ai438693.html。

[32] 参见《设最低赔偿金鼓励消费者投诉》,载《深圳报》2005 年 2 月 4 日。

[33] 参见《人大代表提议建立最低赔偿金制度鼓励消费维权》,载《羊城晚报》2005 年 3 月 14 日。

立这个制度,就会使那些处于休眠中的权利浮出水面。中国在目前阶段,重生产轻消费的模式尚未彻底扭转,中国式的赔偿就不太可能超前。在这种情况下,想要调动更多人的日常消费品的维权积极性,莫过于建立底线,把最低赔偿制度建立起来,哪怕是一瓶矿泉水,只要侵权也要赔偿最低赔偿额度。㉞ 一旦最低赔偿制度被《消费者权益保护法》吸收,那么小额商品消费者就不会那么被动了,那些受小额商品侵权的消费者不仅可以要求经营者负担财产损失费,而且可以依据最低赔偿向经营者要求最低赔偿金作为额外赔偿。消费者有了最低赔偿金来弥补自己为维权所付出的时间和精力,其维权积极性就会大大提高。㉟

第二,剥夺非法经营者的不当得利。现代市场的一个特征是全国性甚至国际性大市场的存在,一个公司的顾客往往遍及全国甚至全球,数量达上百万甚至上亿。由此,公司只要向每一个顾客多收几分钱,或者在产品中稍微做点手脚,就能获得巨大利润;而从消费者一方看,虽然明知自己遭受了不公平对待,但由于涉及的金额太小,不值得为之浪费时间和精力,更不值得为此聘任律师诉诸法院。对此,国家不加干预,违法经营就会因此获得巨额非法收入。在经营者通过向无数消费者施加微小损害而获利的场合,即使不可能向每一个受害消费者进行精确的赔偿,也不得允许经营者保留非法收入。通过小额损害最低赔偿制度不仅能够迫使违法经营者吐出非法收入,并且承担更重的责任,就会使社会整体因此受益。

第三,制裁违法经营行为,保障社会安全。通过消费者小额损害赔偿责任制度,能够使违法经营者意识到,为众多消费者造成微小损害的违法行为不再是有利可图的行当,从而可以防止他们在今后继续实施类似行为。经营者为避免遭到最低赔偿的处罚,自然会加大对小额商品的检验力度,减少侵权问题的发生。正像人大代表所说的那样,要打一场保卫食品安全的人民战争,武器就是最低赔偿金。全国人民都参与这样的斗争,何愁社会安全无保障?

实践是检验真理的唯一标准。有的城市实行最低赔偿标准,已经取得较好效果。2005年,乐清市598家"放心店"承诺在遵循《消费者权益保护法》的前提下,创新性地推出了最低赔偿标准制度,规定25元以下食品消费投诉最低赔偿额为50元,25元以上食品消费投诉根据常规赔偿制度进行。该市一些超市经营户认为,试行消费投诉最低赔偿制度是件好事,这样不仅可以提高经营户自律意识和加强自我管理,同时也能深得消费者信赖,提高业绩,促进良性循环。㊱ 可见,最低赔偿制度的出台将有效弥补消费者小额损害救济的立法空白,有效地保护消费者,有助于增强消费者和经营

㉞ 参见《何妨将500元设为最低赔偿额》,载《北京商报》2008年3月14日。
㉟ 参见张继红、吴海卫:《从最低赔偿制度谈小额商品消费者权益保护》,载《消费经济》2007年第23卷第3期。
㊱ 参见乐清日报电子版:《市工商局试行食品消费投诉最低赔偿制度 最低赔偿:50元》,2007年5月27日,http://yqrb.zjol.com.cn/html/2007/05/20070517090014-1.htm。

者双方对诉讼结果的可预见性。㊲ 同时,为消费者提供这种特殊保护,实际上等于降低了维权成本,也增加了经营者的违法成本,使他们能够认真对待消费者的投诉,严把服务和商品的质量关,减少纠纷产生,营造良好的消费环境,达到双赢目的。

四、对消费者小额损害最低赔偿责任制度的设想

修订《消费者权益保护法》,制定消费者小额损害最低赔偿制度,可以考虑规定以下内容:

(一)消费者小额损害最低赔偿责任的基本作用及与其他赔偿责任的关系

1.消费者小额损害最低赔偿责任的作用

消费者小额损害最低赔偿责任的作用概括起来有四:一是补偿作用,不论怎样,最低赔偿责任仍然具有补偿性,尽管其赔偿数额超过损失数额,但就像惩罚性赔偿金或精神损害赔偿金一样,其基本性质都是补偿。二是鼓励作用,主要是针对消费者而言,由于小额损害的索赔通常是费时费力却所得不多,因而消费者并不愿意主张权利。小额损害最低赔偿制度就是要鼓励受到小额损害的消费者进行索赔,维护好自己的合法权益。三是惩罚作用,是针对违法经营者而言,让其承担远远高于损害的赔偿责任,就是为了制裁违法,促使其合法经营。四是警诫作用,通过对违法经营者的最低赔偿责任惩罚,达到对社会的一般警诫效果,教育和阻吓更多的经营者依法经营,从而建立和维护正常的社会交易秩序和市场规范,促进社会健康发展。

2.小额损害最低赔偿与其他损害赔偿责任的关系

在《消费者权益保护法》中确立最低赔偿责任制度,将与补偿性损害赔偿责任制度、惩罚性赔偿责任制度、精神损害赔偿责任制度一道,构成完整的消费者保护的损害赔偿责任制度。那么,在这些赔偿责任制度之间是否存在冲突,如何解决呢?

最低赔偿责任与补偿性损害赔偿责任的关系是一般与特殊的关系。补偿性损害赔偿责任是消费者受到损害的一般的赔偿救济方式,而最低赔偿责任是特殊的赔偿责任,在适用上须具备特殊要件,否则不得适用。例如如果确定500元人民币为最低赔偿标准,那么500元以上的损害赔偿,就适用补偿性损害赔偿责任,而不足500元的损害可以适用最低赔偿责任。

最低赔偿责任与惩罚性赔偿责任都是特殊损害赔偿责任,但二者的适用条件并不相同。惩罚性赔偿的适用,须具备欺诈的要件,对具备欺诈要件的损害,适用惩罚性赔偿责任最为合适。对于不足最低赔偿标准的小额损害,尽管也具备惩罚性赔偿金的欺诈要件,但由于数额较小,适用惩罚性赔偿责任对受害人并不合算,那么,消费者就可以选择最低赔偿责任适用法律。在维权成本相同的情况下,当消费者同经营

㊲ 参见张继红、吴海卫:《从最低赔偿制度谈小额商品消费者权益保护》,载《消费经济》2007年第23卷第3期。

者产生权益纠纷后涉及赔偿时,如果造成消费者损失即使赔偿两倍也小于最低赔偿金的,消费者就可以请求最低赔偿,反之,消费者就会选择惩罚性赔偿即双倍赔偿。[38] 因此,《消费者权益保护法》同时规定最低赔偿责任和惩罚性赔偿责任并不存在矛盾,不会发生法律冲突;即使在同一个损害中发生冲突,也可以由受害消费者自己根据利益选择适用法律,保护好自己的权益。例如,规定最低赔偿责任数额为 500 元,如果是小额损害是 251 元,按照惩罚性赔偿责任要求,就可以得到 502 元的赔偿,当然选择惩罚性赔偿为好,选择最低赔偿责任就不合算。对此,消费者完全会做出正确的选择。

最低赔偿责任与精神损害赔偿责任,是两个完全不同的赔偿责任。在违约责任领域,目前尚不存在精神损害赔偿责任的适用,只是在侵权责任领域可以适用精神损害赔偿责任。那么,在违约责任领域,最低赔偿责任与精神损害赔偿责任不会冲突和竞合;在侵权责任领域,即使最低赔偿责任与精神损害赔偿责任并存,但由于精神损害救济的是人格利益损害,而最低赔偿责任救济的是财产损失以及人身损害造成的财产损失(前者是主要的),因而两个责任并行不悖,受害人可以各个行使请求权。

(二)最低赔偿制度适用的条件

消费者小额损害最低赔偿责任适用的条件,是消费者由于经营者违约或者侵权,对消费者造成的损失数额较小,实际赔偿数额较低不足以鼓励消费者主张权利。

1. 消费者损失数额较小

小额损害最低赔偿责任制度的设立,目的是鼓励消费者的小额损害能够通过积极行使权利而获得救济。那么,这个损失数额较小应当怎样界定呢?就目前舆论和学者的意见而论,主要是有三种:一是 500 元,二是 700 元,三是 1 000 元。在实践中,乐清市实行的是 25 元为最低赔偿条件,但这个标准太低。有的学者提出"超额递减赔偿制度",主张经营者提供商品或服务有欺诈行为的,应对消费者的损失进行赔偿,其赔偿倍数随着超额部分的递增而逐渐递减。消费者购买商品或接受服务的额度越小,其赔偿的倍数就越大;反之,消费额度越大,赔偿的倍数就越低。如果商品价值低,交易数额小(低于 100 元),可以考虑对消费者进行 10 倍的赔偿;如果商品价值在 100 元至 1 000 元,可以对在 100 元以内的部分给以 10 倍的赔偿,超额的部分赔偿倍数则递减为 8 倍;商品价值超过 1 000 元而低于 5 000 元的,则先对 100 元部分进行 10 倍的赔偿,再对 100 元至 1 000 元内的部分进行 8 倍的赔偿,超过 1 000 元的剩余部分,则赔偿倍数递减为 5 倍;对第四、五、六级赔偿依此类推。[39] 这个想法过于繁琐,且不好掌握,不宜采用。

---

[38] 参见张继红、吴海卫:《从最低赔偿制度谈小额商品消费者权益保护》,载《消费经济》2007 年第 23 卷第 3 期。

[39] 参见欧阳国华、付殿洪、黄天明:《基于"超额递减赔偿制度"的消费者小额权益保护》,载《商场现代化》2006 年第 8 期。

2. 可以发生在违约领域或者侵权领域

消费者小额损害最低赔偿责任既适用于违约责任,也适用于侵权责任。有人认为,在适用最低赔偿时,必须以经营者侵权行为的存在为前提,而消费者则需证明这一交易的存在且交易中有欺诈行为,并且这种欺诈行为已经造成了损害后果。[40] 这样要求是不对的。事实上,尽管消费者小额损害也可能出现在侵权领域,但实际上大部分是出现在违约责任之中。在当前物价指数下,侵权造成人身损害,动辄就要花费几千元,绝大多数不会主张适用最低赔偿责任。在违约责任以及侵害财产造成损害的侵权责任,有可能大量出现小额损害,在这方面的适用范围较大。

3. 实际赔偿数额较低不足以鼓励消费者提起诉讼

确定了小额损害的赔偿数额,不管是补偿性赔偿还是惩罚性赔偿,如果符合上述小额损害的数额要求,就符合赔偿数额较低不足以鼓励消费者提起诉讼的要件。依笔者所见,这个数额可以考虑维权人士提出建议的小额损害的最高限额。

(三) **最低赔偿金额的确定**

立法者要将最低赔偿责任制度引入我国《消费者权益保护法》,最为关键的便是确定最低赔偿金的数额。最低赔偿金的数额大小直接关系到经营者和消费者之间的利益平衡,也关系到最低赔偿制度适用的实际效果。

对此,应当考虑三个方面:

第一,借鉴经济学"沉没成本"规则确定。沉没成本是指由于过去的决策已经发生了的,而不能由现在或将来的任何决策改变的成本。人们在决定是否去做一件事情的时候,不仅是看这件事对自己有没有好处,而且也要过去是不是已经在这件事情上有过投入。把这些已经发生不可收回的支出,如时间、金钱、精力等,就称为沉没成本。在经济学和商业决策过程中用沉没成本概念,代指已经付出且不可收回的成本。[41] 之所以超过50%的消费者能默默忍受将损失"扛"到500元,在损害达到500元以上才较起真来,正是因为500元超过了社会平均"沉没成本"的上限。[42]

第二,应当考虑消费者对欺诈行为索赔的成本边界应该等于商品价值、直接交涉费用、误工成本以及参与社会经济管理报酬的总和。[43] 只有这样设计最低赔偿责任的数额,才能够调动消费者积极性,遏止不法经营者的违法行为,对维护社会经济秩序、保护消费者权益才能够发挥重要作用。

第三,据中消协统计,中国消费者维权获胜后,目前每案得到的赔偿金平均为700多元人民币。这一数据一方面说明国内赔偿额度过低,另一方面也与消费者的"500

---

[40] 参见张继红、吴海卫:《从最低赔偿制度谈小额商品消费者权益保护》,载《消费经济》2007年第23卷第3期。
[41] 参见百度百科:"沉没成本",http://baike.baidu.com/view/316698.htm。
[42] 参见《何妨将500元设为最低赔偿额》,载《北京商报》2008年3月14日。
[43] 参见欧阳国华、付殿洪、黄天明:《基于"超额递减赔偿制度"的消费者小额权益保护》,载《商场现代化》2006年第8期。

元较真底线"互为呼应。[44]

基于这些考虑,我国《消费者权益保护法》确定最低赔偿责任,在当前,其数额应当掌握在 500 元为好。

还有两个问题值得研究:

第一,最低赔偿标准与小额损害标准是否要有较大差距?在乐清市实行的最低赔偿责任中,小额损害是 25 元,最低赔偿是 50 元。这个标准过低。如果提高 10 倍,分别是 250 元和 500 元,那么就比较符合前述最低赔偿标准。小额损害和最低赔偿标准如果存在这样大的差距,其结果是,250 元的小额损害索赔,实行最低赔偿标准可以获得赔偿 500 元;而损失 251 元以上直至 500 元的小额损害索赔,却只能获得实际赔偿,得到的是 251 元以上不超过 500 元的赔偿。这样的结果显然是不正确的。因此,《消费者权益保护法》应当规定,这两个数字不能有大的差距。最好的标准就是:小额损害标准为 499 元,而最低赔偿标准为 500 元。

第二,是否要实行统一的最低赔偿标准呢?在美国,是由各州规定自己的小额损害最低赔偿标准。在我国,司马南等人建议实行统一的最低赔偿标准。也有的学者比较倾向于美国的做法,把最低赔偿责任的具体数额在国家法律的指导或规定下,由各个地方作出规定。笔者的意见是,在《消费者权益保护法》中应当规定具有弹性的最低赔偿基准,即以 500 元为最低赔偿责任的基准数额,各省级地方立法机关可以根据本地的实际情况,在自己的辖区内参照《消费者权益保护法》规定的最低赔偿责任基准,确定最低赔偿责任的具体数额。这样,就能够适应我国地区经济差异巨大,确定单一数额不合理,也无法让消费者和经营者所接受的实际情况。这样,我国的消费者小额损害最低赔偿责任制度就既具有统一性,又具有灵活性,能够较好地平衡消费者与经营者双方的利益,真正体现小额商品侵权最低赔偿制度的意义。

(四)诉讼程序保障

消费者小额损害最低赔偿责任制度的实施,应当以普通民事诉讼程序进行,不能适用集体诉讼程序进行。其理由在于,小额损害的最低赔偿责任是以违法经营者承担超出其违法行为所实际造成损害的责任,其实际赔偿的数额甚至会超过惩罚性赔偿金的数额。如果在小额损害的集体诉讼中也都实行最低赔偿责任,则不论消费者受到损害后是否起诉,都必须承担责任,这对违法经营者确定承担的责任过巨,会扼杀经营者的积极性和经营能力,对发展经济不利。因此可以确定,小额损害最低赔偿标准只适用于个别受害消费者的权利救济。如果进行集体诉讼,则不能请求最低赔偿责任,只能请求实际损害赔偿或者惩罚性赔偿。消费者小额损害最低赔偿责任是以有些消费者不起诉为基础,而集体诉讼则以全体消费者为索赔权利人,其中的差别不言自明。

---

[44] 参见《何妨将 500 元设为最低赔偿额》,载《北京商报》2008 年 3 月 14 日。

修订后的《消费者权益保护法》规定经营者违约责任规则[*]

2013年10月25日,第十二届全国人民代表大会常务委员会第五次会议通过了《关于修改〈消费者权益保护法〉的决定》,对现行《消费者权益保护法》进行了修正(以下简称修订后的《消费者权益保护法》),自2014年3月15日生效。这是自《消费者权益保护法》1993年制定后20年的一次"大修"。修订后的《消费者权益保护法》增加了很多新的制度,其中大量的是针对经营者的违约责任作出的新规定,也保留了原来的一些规定。笔者作为《消费者权益保护法》修订的主要民法专家之一,自始至终参加了这次修法工作。笔者结合参加修法的实践体会,对修订后的《消费者权益保护法》规定的违约责任规则,作出以下说明。

综合起来,修订后的《消费者权益保护法》规定的经营者违约责任包括以下六项内容。

一、将合同的三包责任改为提供商品或者服务不符合质量标准的违约责任

修订后的《消费者权益保护法》改变了原第23条关于三包责任的简单规定,全面规定了提供商品或者服务质量不符合要求的违约责任,将其作为第24条规定。这个条文规定的内容比较复杂,需要具体解读。笔者认为,该条文规定的具体规则是:

(一)经营者提供商品或者服务质量违约应当依法或者依约承担责任

经营者提供商品或者服务,在履行合同中如果商品或者服务的质量违约,应当承担违约责任。确定这种违约责任,首要的是,如果法律规定了或者合同约定了具体的违约责任承担方式的,应当依照法定或者约定的内容,消费者可以要求经营者退货,或者要求更换、修理。退货属于解除合同,更换、修理属于继续履行。在适用这一规定时,应当有约定依约定,无约定依法定,突出约定优先的原则。

(二)没有法律规定和合同约定的经营者违约责任的承担

经营者提供商品或者服务的质量违约,如果法律没有规定,当事人在合同中也没

---

[*] 本文发表在《企业与法》2013年第6期。

有约定的,第 24 条后段规定了具体的违约责任的承担规则:

第一,消费者可以在收到商品之日起 7 日内退货。这是无条件的,只要商品或者服务的质量违约,消费者就可以直接按照这一规定要求退货,解除合同。经营者应当予以退货。这个规则,可以称作质量违约的无条件解除合同,或者称之为质量违约的无条件退货。只要具备了质量违约的前提,7 天退货就是无条件的。

第二,消费者在超出 7 日的限制,在 7 日之后提出退货的,应当确定消费者的请求是否符合《合同法》规定的合同解除条件,即消费者是否享有《合同法》第 93 条第 2 款和 94 条规定的约定解除权或者法定解除权。如果享有合同解除权,消费者可以在 7 天之后提出要求经营者及时退货。如果消费者不享有解除权,也就是不符合法定或者约定解除合同条件的,则可以要求经营者承担更换或者修理等违约责任。此外,修订后的《消费者权益保护法》继续坚持原第 48 条规定的规则,作为第 54 条规定:"依法经有关行政部门认定为不合格的商品,消费者要求退货的,经营者应当负责退货。"这种退货,不须有法定或者约定解除权。

(三)经营者提供商品或者服务质量违约应当承担必要费用

不论是经营者承担退货还是承担更换、修理等违约责任的,往返的运输费等必要费用,均由经营者承担,消费者不承担这些费用。"等必要费用"的规定,是说凡属于解除合同或者实现继续履行义务目的要求的费用,都应当由经营者负担。

二、对经营者提供格式条款的效力作出具体规定

有关格式条款,《消费者权益保护法》原第 24 条称之为"格式合同",并作了相关规定,但内容比较简单。1999 年制定《合同法》时,专门制定了第 39 条至第 41 条,专门规定了格式条款的具体规则。

修订后的《消费者权益保护法》依据《合同法》的上述规定,将该条改为第 26 条,对格式条款增加了以下的内容:

第一,将《合同法》第 39 条规定的提供格式条款的一方"采取合理的方式提请对方注意",改为"应当以显著方式提请消费者注意",更突出了对经营者提请消费者注意方式的要求。

第二,将"注意免除责任或者限制其责任的条款",改为"注意商品或者服务的数量和质量、价款或者费用、履行期限和方式、安全注意事项和风险警示、售后服务、民事责任等与消费者有重大利害关系的内容",对于经营者通过格式条款提供商品或者服务的消费者注意内容,作了更具体、更细致的规定,使经营者的说明义务范围更宽,更有利于保护消费者。

第三,将《消费者权益保护法》原第 24 条规定了格式合同中不得有对消费者不公平、不合理内容的规定,修订后的《消费者权益保护法》第 16 条第 3 款也规定了"不得设定不公平、不合理的交易条件"。这些条文都没有具体说明用什么标准判断"不公

平、不合理"。修订后的《消费者权益保护法》依据《合同法》第40条规定的要求,将格式条款的不公平、不合理解释为"作出排除或者限制消费者权利、减轻或者免除经营者责任、加重消费者责任"这样三种表现形式,将其具体化,具有可操作性,更加容易判断。

第四,规定经营者不得利用格式条款并借助技术手段强制交易。这一规定,也与修订后的《消费者权益保护法》第16条规定的经营者"不得强制交易"义务相衔接。构成强制交易,就构成侵权责任。

第五,继续坚持格式条款、通知、声明、店堂告示等含有前款所列内容的,其内容一律无效的规定。

三、增加规定远程销售商品的消费者反悔权

修订后的《消费者权益保护法》增加的最有特色、也是本次修订的最大亮点,是第25条规定的消费者的无理由退货。无理由退货,其实就是反悔权,也叫做撤回权[①],在英美法系叫做冷静期制度,是指消费者在商品交易合同履行完毕之后的一定期限内,享有的无理由解除合同即退货的权利。这是一个新规定合同法制度,需要进行具体解读。笔者认为,这一规定的具体内容是:

(一)确认反悔权制度

修订后的《消费者权益保护法》在我国立法史上第一次确认反悔权制度,在我国以往的合同法律制度中从来没有规定过这一权利。尽管在《消费者权益保护法》修订过程中有很多经营者对此提出反对意见,认为这个制度不符合中国国情,但立法机构坚定不移地坚持规定这个制度,以保护消费者的合法权益。消费者对此给予更为强烈的支持[②],均认为在我国消费领域中,应当给经营者增加更多的责任,给消费者以更多的权利,以改变消费者的弱势地位,削弱经营者的强势地位。至于认为我国目前的国民素质不高,反悔权会给消费者利用反悔权投机取巧,进行消费欺诈提供条件的意见,在条文中规定相应的具体规则予以防范。

(二)规定反悔权的规则

修订后的《消费者权益保护法》第25条规定的我国反悔权的具体规则是:

第一,经营者与消费者订立合同销售商品,消费者收到商品后可以主张退货,即予以反悔,解除合同。这是规定的法定合同解除权,是对《合同法》第94条规定的法定解除权事由增加的新内容,可以概括在该条规定的第(五)项"法律规定的其他情形"之中。

[①] 参见王洪亮:《消费者撤回权的正当性基础》,载《法学》2010年第12期。
[②] 在网络调查中,有74.09%的人支持反悔权的立法。参见中国财经网,载 http://finance.china.com.cn/consume/special/315wq/20130315/1332527.shtml,2013年10月27日访问。

第二,这种解除合同的反悔权的期限,限制在自消费者收到商品之日起 7 日以内,超出 7 日的,反悔权消灭,不得再主张反悔权。这里规定的 7 日属于期间,"日"应当是指自然日,包括周六、周日和节假日。如果 7 日的终止日为节假日的,则期间延长至该日之次日。③ 例如 9 月 30 日收到商品,其终止日为 10 月 7 日,该日为休假日,则以次日即 8 日为终止日,以保证消费者有一天时间行使反悔权。

第三,符合上述要求,消费者主张行使反悔权的,无需说明理由,即无理由退货。无理由退货不等于无条件退货,无理由退货还须具备条件,其条件是第 25 条第 3 款规定的"消费者退货的商品应当完好"。商品应当完好,即商品本身完好,商品的包装不完好,只要商品完好,就符合无理由退货的条件。依照商业习惯,服装类商品的标识等属于商品本身,如果消费者已经剪掉商品的标牌的,应当视为商品不完好,不符合商品应当完好的条件。

第四,经营者应当自收到退回商品之日起 7 日内返还消费者支付的商品价款。这里强调的是"商品价款"商品的运费不在其中。这样的规定,是为了平衡消费者与经营者之间的利益关系平衡。

第五,同样,关于退回商品的运输费用,原则上由消费者承担,但经营者和消费者另有约定的,则按照约定的方法承担。

(三)反悔权适用范围

鉴于我国目前的实际情况,修订后的《消费者权益保护法》规定反悔权,在适用范围上并没有扩展得很宽,仅限于网络、电视、电话、邮购等方式的远程销售商品情形。对于适用反悔权的远程销售商品方式中规定的"等",是指类似于列举的四种情形的远程销售商品方式,或者虽然不属于远程销售商品,但是销售商品的方式不利于消费者冷静思考的销售方式,例如上门推销,也适用反悔权的规定,消费者享有反悔权。④ 在其他方面,特别是消费者和经营者之间以直接方式进行的商品销售行为,不适用反悔权的规定,消费者不享有反悔权。

(四)不适用反悔权的商品

为了防止消费者不当利用反悔权,给经营者造成不应有的经营负担,该条明确规定,消费者定作的商品,鲜活易腐的商品,在线下载或者消费者拆封的音像制品、计算机软件等数字化商品,以及交付的报纸、期刊,都不适用反悔权的规定。有人提出邮购的大闸蟹等,是否适用反悔权的规定,应当包含在"鲜活易腐的商品"之中,不适用反悔权。

---

③ 参见王泽鉴:《民法总则》,台北三民书局 2008 年修订版,第 549 页。
④ 例如欧盟于 1985 年颁布了《上门交易撤回指令》(85/577/EWG),德国于 1986 年根据欧盟的该指令制定了《上门交易法》,该法第 1 条规定:"对于在上门交易(工作场所或私人住宅、由合同相对人或第三人为合同相对人利益举办的休闲活动、交通工具或公共交通场地范围内)情形下,经营者促使消费者所缔结的以有偿给付为标的的合同,消费者可以在一周之内以书面形式撤回。"

除了上述明确规定不得适用反悔权的商品外,其他根据性质不宜退货并经消费者在购买时确认不宜退货的,也不适用反悔权的规定,消费者不得主张无理由退货。例如贴身内衣、图书等,依照习惯都属于不宜退货的商品,不适用反悔权的规定。

对于消费者不当利用反悔权主张退货的,应当区分情况:凡是符合修订后的《消费者权益保护法》第 25 条规定范围和条件的,不论消费者持何种主观心理状态,都应当予以支持;凡是不符合上述规定范围和条件的,都不予支持。

(五)第 25 条与第 24 条规定的 7 日退货的区别

在修订后的《消费者权益保护法》第 25 条和第 24 条两个条文都有关于 7 日内退货的规定,很多消费者提出这两个 7 日内退货是否相同,区别在哪里的问题。这是两个不同的合同解除权,第 24 条规定的是质量违约的合同解除权,第 25 条规定的是无理由退货的反悔权,其区别在于,行使第 24 条规定解除权的条件是质量违约,不具备这个条件就不存在这个解除权;第 25 条规定的是无理由退货,只要消费者不喜欢,就可以行使这个反悔权,在 7 天之内要求退货,而不是因为商品质量违约。前者是有理由退货,后者是无理由退货。

四、增加网络交易平台的附条件的不真正连带责任

修订后的《消费者权益保护法》增加了第 44 条规定,创设了网络交易平台民事责任的新的法律规范。这也是本次修订《消费者权益保护法》的一个亮点。这一规定在修订过程中经历了反复的修改过程,最早的草案将其与展销会和租赁柜台综合在一起规定。几经讨论,发现两种民事责任承担规则并不相同,立法机关决定单独设立网络交易平台民事责任的条文,突出网络交易平台的特色,实事求是、公平合理地确定了网络交易平台的民事责任。

网络交易平台进行交易的突出特点,是提供商品或者服务的交易关系中,存在三方当事人:一是网络平台上的销售者或者服务者,他们是实际发生的交易的经营者(网店);二是网络交易平台提供者(网站),他们只是为实际发生的交易提供交易平台,供销售者或者服务者与消费者进行交易;三是消费者,他们与经营者发生交易关系。网络平台交易的这一特点,与网络侵权行为有部分相似,故网络交易平台民事责任的规则也与《侵权责任法》第 36 条规定的网络侵权责任的规则相近。

基于通过网络交易平台进行交易的特点,第 44 条确定网络交易平台民事责任的规则是:

(一)销售者或者服务者与网络交易平台提供者承担的是不真正连带责任

在网络交易平台上发生的交易,直接交易对象是销售者或者服务者与消费者,在网络交易平台上发生的交易中发生违约责任、侵权责任,销售者或者服务者是直接的责任主体,应当由它承担赔偿责任,因此,消费者可以直接向销售者或者服务者请求承担赔偿责任。应当注意的是,这里使用的是"可以"而不是"应当",因此不能理解

为经营者是第一顺位的责任主体,网络交易平台提供者是第二顺位的责任主体,而是由消费者在销售者、服务者与网络交易平台提供者之间进行选择。

因此,消费者也可以请求网络交易平台提供者承担赔偿责任。但是,消费者选择请求网络交易平台提供者承担民事责任须具备必要条件。这个条件是,网络交易平台提供者不能提供销售者或者服务者的真实名称、地址和有效联系方式。如果存在这种条件,消费者可以选择网络交易平台提供者作为被告,直接请求其承担赔偿责任,网络交易平台提供者应当承担赔偿责任。网络交易平台提供者在承担了赔偿责任之后,由于它并不是实际的加害人,因而规定它有权向销售者或者服务者进行追偿。

这种责任形态也是不真正连带责任。但是这种不真正连带责任是附条件的不真正连带责任,并不是典型的不真正连带责任。网络交易平台提供者承担不真正连带责任,需要附条件,所附条件是网络交易平台提供者不能提供销售者或者服务者的真实名称、地址和有效联系方式,如果能够提供上述资讯,则不承担责任。网络交易平台提供者承担这种责任不适用过错责任原则,不问过错,只问条件。将双方的责任关系理解为具有顺位关系的补充责任关系是不正确的,而是由请求权人进行选择的不真正连带责任,且有条件的限制。如果不具有这样的必要条件,则只能由网络的销售者、服务者承担赔偿责任,找不到网络交易平台提供者承担责任。

不过,法律规定的这个条件比较苛刻,网络交易平台提供者须提供的销售者或者服务者的内容,包括真实名称、地址和有效的联系方式。其中有效的联系方式,是一个特别严格的要求,可以理解为,凡是找不到销售者、服务者的,就不是有效的联系方式,那就构成这个要件。

还应当强调的一个问题是,尽管法律规定网络交易平台提供者承担不真正连带责任须具备必要条件,但是,如果网络服务提供者做出了更有利于消费者的承诺的,例如承诺先行赔付的,那当然有效,应当履行承诺的义务,不受附条件的不真正连带责任规则的约束。

(二)网络交易平台提供者的连带责任

如果网络交易平台提供者明知或者应知销售者或者服务者利用其平台侵害消费者合法权益,未采取必要措施,在这种情况下,发生了消费者权益受到侵害的后果,网络交易平台提供者应当与销售者或者服务者一起承担连带责任,消费者可以直接起诉网络交易平台提供者承担连带责任,或者一并起诉。网络交易平台提供者承担这种连带责任,适用过错责任原则,"明知"的是故意,"应知"的是过失。

五、产品欺诈和服务欺诈的违约惩罚性赔偿责任

关于产品欺诈和服务欺诈的违约惩罚性赔偿,修订后的《消费者权益保护法》第55条第2款规定了新的规则。

(一)产品欺诈和服务欺诈的违约惩罚性赔偿增加为 3 倍

产品欺诈和服务欺诈的性质属于违约行为。尽管《消费者权益保护法》规定这一规则表述使用的是"损失",但这个损失实际上是商品价款的损失和服务费用的损失,这个损失不是侵权的损失,而是违约的损失。原来在习惯上所谓的"双倍赔偿"即"退一赔一",说的是退回价金或者费用,再加上 1 倍的赔偿。如果按照这个习惯说法,现在的规定就是"四倍赔偿"即"退一赔三"。这个增加 3 倍的惩罚性赔偿,没有"以下"的要求,就是一律 3 倍,加上原价就是 4 倍赔偿。法官对此没有自由裁量权。如果消费者要求 1 倍或者 2 倍赔偿而不主张 3 倍赔偿,法官应当支持,但这种情况一般不会出现。

(二)违约惩罚性赔偿的最低赔偿数额为 500 元

对产品欺诈和服务欺诈的违约行为增加 3 倍的赔偿,由于商品价款和服务费用的数额较低,3 倍也达不到 500 元的,违约惩罚性赔偿的最低赔偿数额规定为 500 元。例如购买商品的价款为 5 元,3 倍赔偿为 15 元,远未达到最低赔偿数额的 500 元标准,消费者就可以直接主张赔偿 500 元。对于这样的请求,法官应当予以支持,也没有自由裁量权。

(三)与《食品安全法》第 96 条第 2 款的关系

修订后的《消费者权益保护法》第 55 条第 1 款在 3 倍价金的违约损害惩罚性赔偿的规定中,使用了"法律另有规定的,依照其规定"的内容。另有规定是指《食品安全法》第 96 条第 2 款规定"生产不符合食品安全标准的食品或者销售明知是不符合食品安全标准的食品,消费者除要求赔偿损失外,还可以向生产者或者销售者要求支付价款十倍的赔偿金"。由于该条第 1 款规定的前提是"造成人身、财产或者其他损害",因此该款规定的赔偿损失,应当是对人身、财产或者其他损害的赔偿。这里规定的"损失",主要是指侵权损害,但也存在包括修订后的《消费者权益保护法》第 55 条第 1 款规定的产品欺诈行为和服务欺诈行为的"损失"。因而,《食品安全法》第 96 条第 2 款规定的 10 倍价金的赔偿,既有违约的惩罚性赔偿(第 55 条第 1 款),也有侵权的惩罚性赔偿(第 55 条第 2 款)。故可以理解为:在违约惩罚性赔偿中,属于食品欺诈行为的,应当直接适用 10 倍价金的赔偿,而不适用 3 倍的惩罚性赔偿。

六、修订后的《消费者权益保护法》继续坚持的经营者违约责任

修订后的《消费者权益保护法》对原来规定的经营者违约责任制度,有些继续坚持,主要有以下两个制度,一个是有道理的,一个需要继续进行研究。

(一)继续坚持展销会、租赁柜台的不真正连带责任

对于在展销会、租赁柜台购买商品的消费者,如果其合法权益受到损害的,《消费

者权益保护法》原第 38 条规定,消费者可以向销售者或者服务者请求赔偿,如果展销会结束或者柜台租赁期满后,消费者可以向展销会的举办者或者柜台的出租者请求赔偿,展销会的举办者或者柜台的出租者承担了赔偿责任之后,可以向销售者或者服务者追偿。这种责任形态属于不真正连带责任。这个规定内容完整,规则合理,修订后的《消费者权益保护法》将其改为第 43 条,内容没有变化。

(二)继续坚持经营者的预付款责任

《消费者权益保护法》原第 47 条规定了预付款的民事责任,即经营者以预付款方式提供商品或者服务的,应当按照约定提供。未按照约定提供的,应当按照消费者的要求履行约定或者退回预付款;并应当承担预付款的利息、消费者必须支付的合理费用。修订后的《消费者权益保护法》第 53 条继续坚持这一规定。在修改《消费者权益保护法》的过程中,专家学者对该条文提出了大量的意见,原因是在社会生活中,预付款消费存在的问题太多,经常发生"卷包烩"⑤的后果,广受诟病,都建议立法对预付款消费的规制增加更为有效的规定,例如要求提供预付款消费的经营者须有必要的担保,要求银行对预付款进行必要的监管等,但立法机关没有采纳这些意见。对此,还应当在实践中继续进行总结和探索,归纳出更好的必要措施,更好地保护预付款消费的消费者。

---

⑤ 北京话,即经营者将消费者交付的众多预付款据为己有后逃走。

论消费者损害赔偿请求权的法律优先保障*

消费者在购买、使用商品或者接受服务时,其合法权益受到侵害,取得损害赔偿请求权,包括违约损害赔偿请求权和侵权损害赔偿请求权。消费者享有的这种请求权除了依照《合同法》和《侵权责任法》的一般法律保障之外,还应当获得两个特别的法律优先保障,即作为特别法即《消费者权益保护法》的特别法保障,以及优先权的担保物权保障。对于消费者损害赔偿请求权获得上述法律优先保障问题,本文对这种优先保障的法律基础及两种优先保障的具体规则进行以下探讨。

一、消费者损害赔偿请求权法律优先保障的法理基础

对于消费者损害赔偿请求权应当得到法律优先保障的论断,各界都予以承认。但是它的法理基础是什么,应当予以明确。笔者认为,消费者损害赔偿请求权法律优先保障的法理基础就是法规竞合。

(一)法规竞合的一般规则

竞合这一概念有争执与合并或并存之意①,并不是汉语固有词汇,而是舶来品,其德语为"Konkurrenz",日语是"競合(きょうてう)",原指竞争、竞赛之意。② 在法律上使用竞合概念,通常是指后者,即并存。法规竞合,是指一个违法行为,同时触犯数个法律或者数个法律条文,在法律适用时,选择适用该行为触犯的某一个法律条文同时排除其他法律条文适用,或者同时适用不同的法律条文的法律适用规则。简言之,法规竞合就是指行为单数而法律复数的情形。③ 其构成要件须为两个,分别为"同一行为"与"多个法律条文"。

法规竞合的成因,在于现代法律均为抽象规定,并从各种不同角度规律社会生活,故常发生同一事实符合数个规范之要件,致使该数个规范皆得适用④,由此发生法

---

* 本文发表在《法治研究》2010 年第 8 期。
① 参见《一个违法行为同时触犯多个法律条文应如何处理》,载《中国环境报》2002 年 10 月 2 日。
② 参见刘士心:《法规竞合论争与概念重构》,载《国家检察官学院学报》2002 年第 3 期。
③ 参见陈兴良:《刑法竞合论》,载《法商研究》2006 年第 2 期。
④ 参见王泽鉴:《民法学说与判例研究》(第一册),中国政法大学出版社 2003 年版,第 450 页。

规竞合。法规竞合的实质在于同一违法行为同时触犯多个法律条文。正是由于不同的法律或者同一法律的不同条文在调整的行为或者适用对象等方面，相互之间存在一定的交叉、重合、部分或者全部包容，因而导致同一行为同时触犯多个法条，不同的法律条文可以同时适用于同一违法行为，因而导致如何定性和选择适用法律条文。⑤

责任竞合也是法规竞合，是法规竞合的具体表现形式，作为一种客观存在的现象，既可以发生在同一法律部门内部，如民法中的违约责任与侵权责任的竞合，也可以发生在不同的法律部门之间，如民事责任与刑事责任、民事责任与行政责任的竞合。王泽鉴指出，规范竞合有发生在不同法律领域者，例如毁损他人物品，一方面构成刑法上之毁损罪，他方面亦构成侵权行为。在此种情形下，刑事法上之刑罚及民事法上之损害赔偿，皆得适用，互不排斥，盖刑事责任及民事责任各有其目的，前者在对于行为人予以报应，并防止将来侵害之发生；后者在乎填补被害人之损害，平复过去侵害之结果，可以并行不悖。⑥《侵权责任法》第4条第1款规定："侵权人因同一行为应当承担行政责任或者刑事责任的，不影响依法承担侵权责任。"本条规定说的就是发生在不同法律部门之间的责任竞合。

根据法规之间关系的不同，规范竞合分为冲突性竞合与非冲突性竞合两类。冲突性竞合是指数个法律规范不能同时并用，司法机关或者权利人只能从中择用其一，例如刑事法律的冲突性竞合是由司法机关确定应当适用的法律规范，民事法律的冲突性竞合则通常是由权利人选择应当适用的法律规范。⑦ 非冲突性竞合是指数个法律规范可以同时适用，根据不同法律规范产生的数个法律后果并行不悖，可以共存⑧，因此也叫做并存的法规竞合。发生在不同法律部门之间的责任竞合，通常是非冲突性法规竞合，如对伤害罪可以同时追究刑事责任和侵权责任。冲突性法规竞合通常发生在同一法律部门之中，例如侵权责任与违约责任的竞合，《合同法》第122条规定："因当事人一方的违约行为，侵害对方人身、财产权益的，受损害方有权选择依照本法要求其承担违约责任或者依照其他法律要求其承担侵权责任。"

(二)消费者损害赔偿请求权特别法优先保障的产生基础

正因为法规竞合的发生，才产生了消费者损害赔偿请求权的特别法优先保障。这就是：

1. 冲突性法律规范竞合产生消费者损害赔偿请求权的特别法优先保障

由于对经营者的违约行为或者侵权行为分别由民法基本法以及《消费者权益保护法》进行规范，因此，形成了民法基本法以及《消费者权益保护法》的法律规范竞合，即冲突性法规竞合。如果这些法律规范对消费者权益保护的力度不同，就存在应

---

⑤ 参见《一个违法行为同时触犯多个法律条文应如何处理》，载《中国环境报》2002年10月2日。
⑥ 参见王泽鉴：《民法学说与判例研究》(第一册)，中国政法大学出版社2003年版，第450页。
⑦ 我国《合同法》第122条采取的就是这种立场。
⑧ 参见刘士心：《法规竞合论争与概念重构》，载《国家检察官学院学报》2002年第3期。

当优先适用哪个法律规范的问题。例如,在违约责任上,《合同法》规定的违约责任只能够返还财产、承担违约金,造成损失的赔偿实际损失,并没有规定惩罚性赔偿责任。但《消费者权益保护法》第49条规定,对于商品欺诈和服务欺诈,除了可以返还价金之后,还可以请求价金1倍的惩罚性赔偿金。即使《合同法》第113条第2款规定"经营者对消费者提供商品或者服务有欺诈行为的,依照《中华人民共和国消费者权益保护法》的规定承担损害赔偿责任",但双倍赔偿仍然是《消费者权益保护法》的规范,而不是《合同法》规范。因此,就存在应当优先适用哪个法律的问题,这就是特别法优先于普通法规则产生的基础。同样,《消费者权益保护法》规定的惩罚性赔偿金只是价金的1倍,而《食品安全法》第96条规定的缺陷食品致害的惩罚性赔偿金是价金的10倍,而《民法通则》第119条规定的损害赔偿是赔偿实际损失,也没有惩罚性赔偿的规定,因此,也存在适用特别法优先于普通法原则的适用问题。

2. 非冲突性法律规范竞合产生消费者损害赔偿请求权的优先权保障

同样,由于对经营者的违法行为分别由刑法、行政法、民法等不同部门法的规范,因此,形成了刑法、行政法、民法的法律规范竞合,即非冲突性法规竞合,经营者可能因为同一个违法行为,同时要承担民事责任、刑事责任或者行政责任。⑨ 由于不同部门法律规范的竞合属于非冲突性竞合,因此存在同时适用的可能。在现行《消费者权益保护法》法律责任的规定中,存在对经营者的同一个违法行为,既规定行政责任又规定民事责任的情形。例如第43条规定:"经营者违反本法第二十五条规定,侵害消费者的人格尊严或者侵犯消费者人身自由的,应当停止侵害、恢复名誉、消除影响、赔礼道歉,并赔偿损失。"同时,第50条又规定:"经营者有下列情形之一,《中华人民共和国产品质量法》和其他有关法律、法规对处罚机关和处罚方式有规定的,依照法律、法规的规定执行;法律、法规未作规定的,由工商行政管理部门责令改正,可以根据情节单处或者并处警告、没收违法所得、处以违法所得一倍以上五倍以下的罚款,没有违法所得的,处以一万元以下的罚款;情节严重的,责令停业整顿、吊销营业执照:……(八)侵害消费者人格尊严或者侵犯消费者人身自由的。"经营者侵害消费者的人格尊严或者人身自由,既可以由消费者请求承担损害赔偿等民事责任,又可以由工商管理部门根据情节单处或者并处没收违法所得以及违法所得1倍以上5倍以下或者1万元以下的罚款。这样,经营者因同一个违法行为,既要承担罚款、没收违法所得的行政责任,又要承担损害赔偿的民事责任,发生财产性的行政责任和民事责任的竞合,并且应当同时承担。如果赋予消费者以损害赔偿请求权的优先权,则该请求权的地位就优先于罚款和没收违法所得,使消费者的权利救济得到更有力的保障。这就是损害赔偿请求权优先于行政罚款或者刑事罚金等责任的优先权保障赖以产生的法理基础。对此,《侵权责任法》第4条第2款予以确认:"因同一行为应当承担侵权

---

⑨ 对经营者的同一个违法行为的非冲突性法规竞合,会在《消费者权益保护法》中出现,即《消费者权益保护法》对同一个经营者的同一个违法行为同时规定刑事责任、行政责任和民事责任。

责任和行政责任、刑事责任,侵权人的财产不足以支付的,先承担侵权责任。"

二、消费者损害赔偿请求权的特别法优先保障

基于冲突性法规竞合而产生的请求权竞合,是发生消费者损害赔偿请求权的特别法优先保障的法律基础。

(一)请求权竞合的两种法律适用方法

冲突性法规竞合,在民法领域主要表现为请求权竞合。这主要是因为,在民法上,同一事实符合数个规范之要件者,其情形甚为复杂。民法系以权利为中心,而其表现于外部之作用,即为请求权,故可从此方面加以观察。基于规范竞合所产生之数个请求权,有可并存者,学说上称之为请求权之聚合,惟仅得择一行使之,学者称之为请求权之竞合。[10] 请求权聚合,不发生法律择一行使的问题,而是均可适用。而请求权竞合,则须择一行使,不得同时行使,因此发生究竟应当适用何种法律规定的问题。

国外处理侵权责任与违约责任的竞合主要有三种方式:一是以法国为代表的国家禁止当事人自行选择。合同当事人不得因对方在履行合同过程中有侵权行为而提起侵权诉讼,但合同无效的除外。二是以英美为代表的国家采取有限选择原则。受害人可以选择提出一个请求,如败诉后不得以另一个请求再诉。在一些特殊情况下,法律规定只能以侵权提出诉讼,如人身侵权等。三是以德国为代表的国家规定受害人可以任意选择。如提出侵权之诉后因时效届满等原因被驳回后,还可以违约再提出诉讼;而且在诉讼中也可以变更诉讼请求。尽管各国对侵权责任与违约责任竞合的规定不同,但权利人只能行使一个请求权,各国的立法和司法实践的立场是一致的。[11]

请求权竞合的择一行使,产生了民事法律适用的两种方法:第一种是法律强制性规定,特别法优先于普通法;第二种是法律作任意性规定,由当事人自主选择对自己有利的请求权行使。我国《合同法》第 122 条规定的是第二种形式,即规定权利人根据自己的利益,选择对自己有利的请求权行使,当事人一经选择,法官即依照当事人的选择适用法律。这种立场是当事人主义。而特别法优先于普通法,是法律适用的一般原则。按照这一规则,在对一个民事责任既有特别法规范,又有普通法规范的时候,法官应当依照特别法优先的规则,优先适用特别法,以对当事人的权利作出超出普通法的保护范围而予以特别保护。这种法律适用方法是法官职权主义。

法律对冲突性法律规范竞合之所以要规定两种不同的法律适用方法,目的在于防止权利人在选择时挑选了对自己不利的法律规范作为自己请求权的法律基础,因而出现对权利人保护不利的情况。如果权利人一旦选择不当,法官直接依职权主义

---

[10] 参见王泽鉴:《民法学说与判例研究》(第一册),中国政法大学出版社 2003 年版,第 451 页。
[11] 参见浦增平、翟崇林:《民事法律关系中的侵权与违约责任竞合》,载《法学》1989 年第 11 期。

而适用特别法规范,保护好权利人的权利。

(二)特别法优先于普通法原则应当在《消费者权益保护法》中适用

特别法优于普通法(也称为特别法优于一般法),是与"上位法优于下位法""后法优于前法"相并列的法律基本适用规则之一。该规则起源于罗马法的古典时期,由罗马法学家伯比尼安(Papinianus)首先提出,通常也简称为特别法规则,系指公法权力主体在实施公权力行为中,当一般规定与特别规定不一致时,优先适用特别规定。它不仅见诸法理学说,更是国际法、刑法、民法、行政法等法律适用的重要规则。我国《立法法》第83条规定:"同一机关制定的法律、行政法规、地方性法规、自治条例和单行条例、规章,特别规定与一般规定不一致的,适用特别规定。"这是我国法律首次对特别法优于普通法规则的明文确认,也是首次对特别法优于普通法规则适用条件的设定。[12]

适用特别法优于普通法规则,关键是要确定何为特别法。一部法律或者一条法律规范能够成为特别法,应当具有以下四个特征:(1)内容特别,是立法者为某些特殊立法意图而规定的不同于普通法的一般规则的法,但特别法的特殊性也不一定产生于一个严密的规范体系的结构之中,而是产生于不同规范领域推演出来的分歧的思想。[13] (2)适用要件特别,立法者所做的特殊规范的适用条件完全包含一般规范的适用条件,但特殊规范的构成要件除包含一般规范的要件外,至少还要有一个额外的要件。(3)适用范围特别,特别法规定的适用范围小于普通法的适用范围,例如特别法对主体范围的限制,仅对特殊主体予以适用。(4)规范形式特别,须以特殊方式加以特别规范,包括特殊的法典形式,例如民法和《消费者权益保护法》;或者区别于普通法规范法条的法条形式,即在一部法律中的条文之间相比之下更具有特别属性的那个法律规范条文。

《消费者权益保护法》完全具备以上特别法的四个特征:首先,《消费者权益保护法》的内容特别,是立法者为保护消费者合法权益而制定的法律,具有特别的内容,现行《消费者权益保护法》第1条即规定了"为保护消费者的合法权益"而"制定本法"。其次,《消费者权益保护法》的适用要件特别,《消费者权益保护法》对法律适用的条件都作了特别的规定,例如在人格尊严和人身自由的保护上,在主体上都区别于《民法通则》的规定。再次,《消费者权益保护法》的适用范围特别,是以消费者作为特殊权利主体、经营者作为特殊义务主体而规定的特别适用范围,不属于这个主体范围的不适用该法。最后,《消费者权益保护法》的规范形式特别,是以特别法典的形式规定的,而不是表现为法条形式的特别法。有学者认为,消费者法与民法之间属于既具有密切联系,又具有重要区别的不同法律类型。[14] 正因为如此,世界各国都把消费者权

---

[12] 参见顾建亚:《"特别法优于一般法"规则适用难题探析》,载《学术论坛》2007年第12期。
[13] 参见顾建亚:《"特别法优于一般法"规则适用难题探析》,载《学术论坛》2007年第12期。
[14] 参见金福海:《消费者法论》,北京大学出版社2005年版,第17页。

益保护法作为特别法。在我国,《消费者权益保护法》是《民法通则》以及其他民法基本法的特别法。[15]

对于消费者损害赔偿请求权,在发生冲突性法律规范竞合时,构成请求权竞合。由于《消费者权益保护法》属于特别法,而民法的基本法例如《民法通则》《合同法》和《侵权责任法》等属于普通法,因此,在法律适用中,应当适用特别法优先于普通法的法律适用规则,优先适用特别法,以对消费者损害赔偿请求权予以更完善的保护。因此,《消费者权益保护法》规定"消费者在购买、使用商品或者接受服务时,其合法权益受到损害的,适用本法;其他法律、法规对保护消费者更有利的,依照其规定"的条文,是完全有必要的。正如前文所说,产品欺诈和服务欺诈的惩罚性赔偿金是《消费者权益保护法》的特别规定,具有优先适用的效力,因此,在法官对这种案件适用法律的时候,应当优先适用《消费者权益保护法》关于惩罚性赔偿金的规定,给消费者以更优越的法律保护。

(三)《消费者权益保护法》优先适用的具体规则

《消费者权益保护法》作为特别法,具有优先适用的效力。在适用消法优先适用规则时,应当遵守以下规则:

1.《消费者权益保护法》优先于普通法适用

《消费者权益保护法》第2条规定:"消费者为生活消费需要购买、使用商品或者接受服务,其权益受本法保护;本法未作规定的,受其他有关法律、法规保护。"该条已经明确了《消费者权益保护法》的特别法优先适用的效力,在关涉消费者权益保护的民事纠纷案件中,应当优先适用。消费者在购买、使用商品或者接受服务时,其合法权益受到损害需要法律救济的,应当优先适用《消费者权益保护法》关于消费者权益保护的规定。在现行《消费者权益保护法》中,对于残疾赔偿金、死亡赔偿金以及惩罚性赔偿金的规定,在当时的普通法和其他法律、法规中都没有作出规定,属于特别法的特别规范,在法律适用上当然要优先适用。除此之外,《消费者权益保护法》对《民法通则》中承担民事责任的方式进一步具体化,对于经营者承担的"三包"责任,以邮寄方式提供商品,以预收款提供商品或服务的情况下发生的违约责任等,都作了明确规定[16],有别于普通法的规定,也应当优先适用,以更好地保护消费者的合法权益。

2. 保护条件为优的其他法律的优先适用

在《消费者权益保护法》的适用中,不应当将特别法优先适用原则绝对化。事实上,《消费者权益保护法》第2条关于消费者"权益受本法保护,本法未作规定的,受其他有关法律、法规保护"的规定,也存在不当之处,具体表现就是将《消费者权益保护法》的规范优先绝对化。当然,《消费者权益保护法》是消费者权益的保护法,但是,如果其他法律、法规对消费者的权益保护有更为完善、更为优越的规定时,如果偏

---

[15] 参见本书编写组:《消费者权益保护法律理解与适用》,中国工商出版社2009年版,第30页。
[16] 参见本书编写组:《消费者权益保护法律理解与适用》,中国工商出版社2009年版,第30页。

执地坚持适用《消费者权益保护法》,则对消费者的保护是不利的。例如,《消费者权益保护法》产品欺诈的违约损害赔偿适用双倍的惩罚性赔偿金,而对于产品欺诈造成消费者人身损害的,却没有规定侵权的惩罚性赔偿金的保护措施。对此,《食品安全法》第96条第2款关于"生产不符合食品安全标准的食品或者销售明知是不符合食品安全标准的食品,消费者除要求赔偿损失外,还可以向生产者或者销售者要求支付价款十倍的赔偿金"的规定,以及《侵权责任法》第47条关于"明知产品存在缺陷仍然生产、销售,造成他人死亡或者健康严重损害的,被侵权人有权请求相应的惩罚性赔偿"的规定,显然优越于《消费者权益保护法》第41条和第42条只赔偿财产损失不承担惩罚性赔偿金的规定。如果强调《消费者权益保护法》是特别法而拒绝适用《食品安全法》《侵权责任法》的规定,就没有更好地保护消费者的权益,救济就是不完善的。因此,确定"其他法律、法规对保护消费者更有利的,依照其规定"进行保护,是完全必要的,也是必须遵循的规则。

3. 法官职权主义还是当事人主义

《消费者权益保护法》优先适用原则,当然是法官职权主义,由法官斟酌法律适用的选择。那么,在消费者损害赔偿请求权的竞合中,是不是还要遵守当事人主义呢?这是一个值得研究的问题。

在冲突性法规竞合发生的请求权竞合中,既有当事人主义的适用,也有法官职权主义的适用。其区别的一般界限在于,任意性的法律规范发生请求权竞合,应当适用当事人主义;强制性法律规范竞合发生的请求权竞合,应当适用法官职权主义。但是,这并不是绝对的。因为既然民事法律规范竞合形成请求权竞合,当事人就有权对于竞合的请求权根据自己的利益进行选择,因此,请求权竞合的基本规则应当是当事人主义,而不是法官职权主义。

因此,《消费者权益保护法》修订有必要规定消法优先适用规则。其必要性在于:第一,当事人没有选择,仅仅提出请求,没有指明选择适用的法律规范的时候,法官应当依照职权,确定应当适用的法律。第二,当事人选择了行使的请求权的法律规范,但选择的该规范不利于消费者的权益保护,法官应当告知其应当选择的请求权法律基础,告知《消费者权益保护法》优先适用原则。如果消费者拒绝选择对自己保护更为有利的《消费者权益保护法》或者其他法律法规,究竟应当遵从消费者的选择,还是法官自行决定适用特别法,如果是任意性法律规范竞合,应当遵从消费者的选择,如果是强制性法律规范竞合,则选择后者立场更为妥当。

据此,修订《消费者权益保护法》,不能绝对坚持"消费者为生活消费需要购买、使用商品或者接受服务,其权益受本法保护;本法未作规定的,受其他有关法律、法规保护"的原则,而应当规定"消费者在购买、使用商品或者接受服务时,其合法权益受到损害的,适用本法;其他法律、法规对保护消费者更有利的,依照其规定"的条文内容,保障消费者损害赔偿请求权受到特别法优先保障规则的保护。

三、消费者损害赔偿请求权的优先权保障

(一)消费者损害赔偿请求权应当获得优先权保障

消费者的合法权益在购买、使用商品或者接受服务受到侵害时取得的损害赔偿请求权,除了应当受到特别法优先保障之外,还受到优先权的担保物权的保障。这就是,经营者实施违法行为侵害消费者合法权益造成损害,应当同时承担民事赔偿责任和缴纳行政罚款以及刑事罚金等财产责任,而其财产不足以同时支付上述各种财产责任时,应当优先对消费者承担民事赔偿责任。对于这个规则,《侵权责任法》第4条第2款已经予以确认:"因同一行为应当承担侵权责任和行政责任、刑事责任,侵权人的财产不足以支付的,先承担侵权责任。"这一规定,与我们主张的消费者损害赔偿请求权的优先权保障规则是一致的,其基础,就是赋予民事损害赔偿请求权以优先权的担保物权保障。

消费者损害赔偿请求权应当得到优先权保障的理由是:第一,在我国,私人权利应当优先得到保障。消费者作为民事主体之一,都是共和国公民,国家应当保障其基本的民事权利。理由是民事权利也是基本人权之一,消费者享有的生命权、健康权、身体权以及其他民事权利都是私人权利,都是人权的基本范畴[17],即使损害赔偿请求权也是民事权利,国家都应依法提供保障。第二,消费者损害赔偿请求权是对私人权利受到损害的救济权,担负着恢复私人权利、平复消费者损害的职责。设立消费者损害赔偿请求权优先权,就能够保障消费者的合法权益不受侵害,受到侵害能够及时得到救济,使之尽早恢复。第三,在关涉消费者合法权益受到侵害的救济问题,国家利益应当退到第二位,实行私权优先,优先保障消费者损害赔偿请求权的实现。国家作为保护人民的政治实体,首要的任务是保障人权,国家增加财政收入的目的也是如此。因此,设立消费者损害赔偿请求权优先权进行法律保障,确立私权优先的原则,也是实现国家宗旨,保护人民利益的必要措施。[18]

正因为如此,优先权在保障消费者的合法权益及其损害救济方面具有极为重要的意义,因此,设立这个优先权"就代表着人们在这方面的希望和努力,从而使其成为一项极具社会使命和人道主义精神的法律制度"。[19]

(二)优先权的一般概念和性质

1. 优先权的一般概念

优先权也称先取特权,是指特定的债权人依据法律的规定而享有的就债务人的

---

[17] 参见〔英〕克莱尔·奥维、〔英〕罗宾·怀特:《欧洲人权法原则与判例(第三版)》,何志鹏、孙璐译,北京大学出版社2006年版,第57、137、297页。

[18] 参见刘曙光:《二论私权优先原则》,中国改革论坛,http://www.chinareform.org.cn/cirdbbs/dispbbs.asp?boardid=2&id=50068。

[19] 崔建远主编:《我国物权法立法难点问题研究》,清华大学出版社2005年版,第242页。

总财产或特定财产优先于其他债权人而受清偿的权利。[20] 学者编纂的《中国民法典·物权编》第1108条关于优先权的规定也是这样表述的。[21] 在优先权中，在债务人不特定的总财产上成立的优先权叫做一般优先权，而就债务人特定动产或不动产上成立的优先权叫做特别优先权。[22]

优先权起源于罗马法中的优先索取权，后期具有担保物权性质。[23] 法国民法在继受罗马法优先权的基础上，逐渐出现了把财产划归清偿某些债权的概念，从而使优先权从原来的债权人之间的分类变成为物的担保制度[24]，优先权从此具有了担保物权的性质，并且将其与抵押权并列规定，明确规定优先权与抵押权为优先受偿的合法原因。[25] 日本民法继受了法国民法中的优先权制度，称之为先取特权，在民法典第二编第八章第303条至第341条作出专门规定。[26] 《德国民法典》不规定优先权，只是将优先作为特定债权所具有的一种特殊效力，即优先受偿效力，即认为某些特种的债权被赋予优先效力的实质在于打破债权平等原则，赋予该等债权人以优先受偿的效力，但该特种债权不过是推行社会政策和基于社会公益的结果，并不改变其债权性质。因此，优先受偿的权利只是特种债权的效力之一，并非一种独立的担保物权。此外，《瑞士民法典》、我国台湾地区民法也都没有明确的将优先权作为担保物权的规定。[27]

2. 优先权的法律性质

我国民法理论对优先权的性质认识并不相同。主要观点是：(1) 特种债权说。认为优先权并非一种独立的担保物权，它不过是立法政策对特种债权的特殊保护，而特种债权主要是指工资、生活费、司法费用、抚养费用等支付关系，它们是基于公法关系、劳动法关系、婚姻家庭法关系产生的，并非民法上的债权关系。[28] (2) 担保物权说。认为优先权是独立的法定担保物权，它既不是优先受偿效力或特殊债权的清偿顺序，同时也与抵押权等担保物权具有明显的区别。[29] 多数学者持这种观点，主张在《物权法》中规定优先权为担保物权。[30] 当然反对的意见也存在，但并不是反对优先权是担保物权性质，而是不一定在《物权法》中作出规定。[31]

笔者认为，优先权是独立的法定担保物权，理由是：第一，优先权基于社会生活实

---

[20] 参见谢怀栻：《外国民商法精要》，法律出版社2002年版，第158页。
[21] 参见王利明主编：《中国民法典学者建议稿及立法理由·物权编》，法律出版社2005年版，第541页。
[22] 参见申卫星：《物权立法应设立优先权制度》，载王利明主编：《物权法专题研究》（下册），吉林人民出版社2001年版，第414页。
[23] 参见刘保玉：《物权体系论》，人民法院出版社2004年版，第336—337页。
[24] 参见沈达明：《法国·德国担保法》，中国法制出版社2000年版，第91页。
[25] 参见海涌：《法国不动产担保物权研究》，法律出版社2004年版，第2页。
[26] 参见《最新日本民法》，渠涛译，法律出版社2006年版，第65—72页。
[27] 参见崔建远主编：《我国物权法立法难点问题研究》，清华大学出版社2005年版，第232页。
[28] 参见董开军：《担保物权的基本分类及我国的立法选择》，载《法律科学》1992年第1期。
[29] 参见王利明：《物权法论》（修订本），中国政法大学出版社2004年版，第720页。
[30] 参见王利明主编：《中国民法典学者建议稿及立法理由·物权编》，法律出版社2005年版，第541页。
[31] 参见刘保玉：《物权体系论》，人民法院出版社2004年版，第345—346页。

际需要而产生,其意义在于社会政策、公平观念等各种考虑,通过明确某些需要特殊保护的债权优先于其他债权而受清偿,而对债权平等原则加以突破。第二,我国现行法中也已经将某些优先权规定为法定担保物权。如《海商法》第 22 条、第 25 条第 1 款中规定的船舶优先权,《民用航空法》第 19 条、第 22 条规定的民用航空器优先权,《税收征收管理法》第 45 条第 1 款规定的税收优先权,《合同法》第 286 条规定的建筑工程承包人的建设工程价款优先权,等等。第三,优先权的性质、产生、内容以及消灭的原因等都决定了其为独立的法定担保物权,而非单纯的优先受偿效力或者债权清偿顺序。第四,我国法定担保物权只有留置权一种,体系不完整,增加优先权作为法定担保物权可以完善法定担保物权体系。㉜

(三)消费者损害赔偿请求权优先权的概念和特征

1. 消费者损害赔偿请求权优先权的概念

消费者损害赔偿请求权优先权是指消费者作为商品欺诈或者服务欺诈的受害人,依法享有的就造成其损害的经营者的总财产承担损害赔偿责任,优先于经营者应当承担的财产性质的行政责任和刑事责任而优先受清偿的担保物权。

目前,我国现行法中的优先权主要有以下五种:一是职工工资债权和劳动保险费用优先权,例如《企业破产法》第 113 条规定,破产财产在优先清偿破产费用和共益债务后,职工工资债权和劳动保险费用以及所欠税款的优先权被赋予了优先于普通债权的效力。二是建筑工程承包人的建设工程价款债权的优先权,例如《合同法》第 286 条规定了建设工程价款债权的优先权。在审理房地产纠纷案件和办理执行案件中,应当依此规定,认定建筑工程的承包人的优先受偿权优于抵押权和其他债权。㉝三是船舶优先权,我国《海商法》第 22 条、第 25 条第 1 款在船舶优先权中明确规定了船长、船员以及在船上工作的其他在编人员依据劳动法律、行政法规或者劳动合同所产生的工资、其他劳动报酬、船员遣返费用和社会保险费用等债权具有优先于船舶留置权受偿的效力。四是民用航空器优先权,我国《民用航空法》第 19 条、第 22 条在民用航空器优先权中明确规定了援救该民用航空器的报酬的债权以及保管维护该民用航空器的必需费用的债权具有优先于民用航空器抵押权的效力。五是税收优先权,《税收征收管理法》第 45 条第 1 款对这种优先权作了规定。

消费者损害赔偿请求权优先权在现行法律中没有规定㉞,在《消费者权益保护法》中也没有规定,笔者认为,在修订《消费者权益保护法》时,应当参照《侵权责任法》第 4 条第 2 款规定,规定这个优先权。

2. 消费者损害赔偿请求权优先权的特征

消费者损害赔偿请求权优先权作为一种权利保障的权利,有以下四个基本特征:

㉜ 参见杨立新:《物权法》,高等教育出版社 2007 年版,第 318 页。
㉝ 参见最高人民法院《关于建设工程价款优先受偿权问题的批复》第 1 条规定。
㉞ 相应的规定是《侵权责任法》第 4 条第 2 款。

第一,消费者损害赔偿请求权优先权是他物权。优先权具有优先受偿性、支配性、排他性以及追及性,这些性质说明它是一种物权而不是债权。[35] 消费者损害赔偿请求权优先权同样如此,它存在的基础在于经营者的总财产,是消费者就经营者的财产所设立的物权,具有优先受偿性、支配性、排他性以及追及性,因此其性质是他物权,不是自物权。

第二,消费者损害赔偿请求权优先权是担保物权。用益物权和担保物权都是他物权,其最基本的区别在于,用益物权的基本属性在于它对他人财产的用益性,而担保物权的基本属性在于对他人财产的代位性和保证性。[36] 消费者损害赔偿请求权优先权作为一种他物权,是从属于其所担保的损害赔偿请求权而存在,其目的就在于保证该损害赔偿请求权的实现。因此这种他物权的性质是担保物权,而不是用益物权。

第三,消费者损害赔偿请求权优先权是一种法定担保物权。优先权与留置权一样都是一种法定担保物权,但是优先权的法定性更为强烈:首先,优先权的产生要依据法律的明确规定,哪些债权的权利人能够享有优先权必须依据法律的明确规定,否则当事人不得约定设立优先权;其次,优先权的效力要依据法律的明确规定,即优先权所担保的债权范围、优先权效力所及的标的物范围以及优先权之间、优先权与其他担保物权之间的顺位都必须依据法律的明确规定,当事人也不能自由约定。[37] 笔者主张设立的消费者损害赔偿请求权优先权也是要法律明确规定的,所担保的损害赔偿请求权范围、效力所及的标的物等,也都必须有法律规定,因此,它是法定担保物权。

第四,消费者损害赔偿请求权优先权是无须公示而产生的担保物权。与其他优先权一样,属于无须公示仅因法律规定就能够产生的担保物权,无须交付,也无须登记。

(四)消费者损害赔偿请求权优先权的类型

在优先权的类型上,可以分为民法上的优先权与特别法上的优先权、一般优先权和特殊优先权、优先于所有债权的优先权与优先于特定权利的优先权。消费者损害赔偿请求权优先权的类型特点是:

1. 消费者损害赔偿请求权优先权是特别法上的优先权

民法上的优先权是指由民法加以规定的优先权[38],如《合同法》第286条规定的建设工程价款的优先权。消费者损害赔偿请求权优先权不是这种优先权。消费者损害赔偿请求权优先权是通过《消费者权益保护法》规定的优先权,因而属于特别法上的优先权,是由民法之外的单行特别法所确立的优先权。

2. 消费者损害赔偿请求权优先权是一般优先权

一般优先权是指就债务人的总财产或者一半财产而优先受偿的优先权[39],如受雇

---

[35] 参见王利明主编:《中国民法典学者建议稿及立法理由·物权编》,法律出版社2005年版,第542页。
[36] 参见杨立新:《物权法》,高等教育出版社2007年版,第152、157页。
[37] 参见王利明主编:《中国民法典学者建议稿及立法理由·物权编》,法律出版社2005年版,第542页。
[38] 参见杨立新:《物权法》,高等教育出版社2007年版,第318页。
[39] 参见刘保玉:《物权体系论》,人民法院出版社2004年版,第338页。

人的工资债权就债务人的总资产优先受偿。尽管消费者损害赔偿请求权优先权是为了保护消费者合法权益而设立的优先权，但其作为保证的资产并不是经营者的特定财产，而是全部的总资产，包括动产和不动产，因此，是一般优先权。

3. 消费者损害赔偿请求权优先权是优先于特定权利的优先权

消费者损害赔偿请求权优先权并不优先于所有的债权，而是仅优先于行政责任的罚款以及刑事责任的罚金等财产责任，对于其他债权，消费者损害赔偿请求权优先权并不处于优先地位，应当受债权平等原则约束，更不能对抗有其他担保的债权。

（五）消费者损害赔偿请求权优先权的成立要件

消费者损害赔偿请求权优先权是法定担保物权，其成立应当具备法律规定的必备要件。应当具备的要件是：

1. 承担损害赔偿责任与罚款、罚金等责任的须为同一经营者

消费者损害赔偿请求权的权利人是消费者，相对应的责任人就是造成其合法权益受到损害的经营者。不论应当承担刑事责任还是行政责任，以及承担损害赔偿责任，都必须是同一个经营者应当承担的法律责任。只有在同一经营者应当承担上述不同责任的时候，优先权才是有意义的，也是该优先权成立的要件，否则不存在优先权的问题。

2. 经营者须同时承担损害赔偿责任和刑事罚金、行政罚款等责任

所谓同时承担，就是在经营者在对消费者承担损害赔偿责任的同时，又要承担刑事罚金或者行政罚款等责任。因此，经营者承担对消费者的损害赔偿责任作为前提，同时又要承担罚金或者罚款的责任时，才能构成消费者损害赔偿请求权优先权。前文所谓"等责任"，是说还可能包括其他财产性的行政、刑事责任，例如没收财产等也在其内。

3. 经营者须因同一行为而承担不同法律责任

构成消费者损害赔偿请求权优先权，必须是经营者因同一个违法行为，既要承担对消费者的损害赔偿责任，又要承担对国家的罚款或者罚金等责任。在这种情况下，经营者对消费者承担的损害赔偿责任就优先于罚款或罚金责任。对于这个要件，可以参照的是《侵权责任法草案（二次审议稿）》第 5 条规定："因同一行为应当承担民事责任和行政责任、刑事责任，侵权人的财产不足以支付的，先承担民事责任。"这里特别强调的，就是因同一行为应当承担民事责任或者刑事责任。不具备这个要件，不构成消费者损害赔偿请求权优先权。

（六）消费者损害赔偿请求权优先权的效力

1. 消费者损害赔偿请求权优先权担保的范围

在一般情况下，确定优先权所担保的债权范围，应当原则上适用《物权法》第 173 条规定的担保物权所担保的一般范围的规定，主要包括：主债权、利息、违约金、损害

赔偿金以及优先权人因保全和实现优先权所支出的费用。⑩ 不过,由于优先权是一种法定性非常强的担保物权,因此不同的优先权所担保的债权范围必须依据法律的明确规定。对于不同性质的优先权所担保的债权范围作不同的规定,是因为优先权是无须公示而产生的物权,如果不对其担保的债权范围予以限制,将会对交易安全造成很大的威胁;同时,优先权的立法目的就在于基于社会政策以及公平的考量而对某种利益予以优先保护,对利益保护的程度不同,决定了不同的优先权所担保的债权范围的不同。

消费者损害赔偿请求权优先权的担保范围是:

(1)损害赔偿金

在消费者损害赔偿请求权优先权,其担保的范围主要是损害赔偿金请求权,也可以叫做赔偿金之债,消费者的合法权益受到侵害造成损失,不论是财产损害赔偿金还是人身损害赔偿金,不论是救济性损害赔偿金还是惩罚性赔偿金,作为损害赔偿的请求权,都一律受到优先权的保护。即使是确定的精神损害赔偿金,其请求权也受到优先权的保护。

(2)损害赔偿金迟延给付的利息

在消费者损害赔偿请求权优先权中,利息之债也应当受到优先权的保护。不过,在通常情况下,损害赔偿责任在判决确定之前是不计算利息的,如果判决已经确定了损害赔偿金,并且规定了给付赔偿金的期限,那么,超出该期限而为给付者,应当承担利息之债,该利息之债才受优先权的保护,否则,不存在利息的赔偿问题。

(3)保全和实现优先权所支付的费用

消费者作为优先权人,为了保全和实现优先权所支出的费用,也应当在优先权担保的范围之内。在经营者侵害了消费者的合法权益之后,消费者作为受害者,其为了救济权利而支出的费用,并不是保全和实现优先权所支出的费用,而是为了救济受到侵害的权利而支出的必要费用,这是在损害赔偿的范围之内的费用,是计算为损害赔偿责任的内容。仅仅是为了保全优先权,实现优先权,因而支出的费用,才是该笔费用。不过,由此可见,不论是救济损害而支出的费用,还是保全、实现优先权而支出的费用,其实都在优先权的担保范围之内,只不过是分别计算而已。

实现优先权、保全优先权的费用中,是否包括律师费,是很多人都在讨论的问题。对此,我认为合理的律师费应当属于实现优先权和保全优先权的费用,按照法律规定的计算标准确定的律师代理费,应当属于消费者损害赔偿请求权优先权的担保范围。

(4)主债权的违约金

至于主债权、违约金债权,在侵权责任的损害赔偿中是不存在的。在产品欺诈或者服务欺诈的违约损害赔偿中,其惩罚性赔偿金是对价金的赔偿,已经在担保范围之内;承担了违约损害赔偿责任之后,原本的债权就不再存在,因此,其主债权已经不再

---

⑩ 参见王利明主编:《中国民法典学者建议稿及立法理由·物权编》,法律出版社 2005 年版,第546 页。

在优先权的担保范围之内。产品欺诈和服务欺诈,已经通过法律规定的惩罚性赔偿金的方式进行救济,即使原合同中约定了违约金条款,由于已经采取了法定的惩罚性违约损害赔偿金的救济,在一般情况下违约金也不应当再适用;如果确实需要适用违约金条款,则违约金也在优先权的担保之下。

2. 消费者损害赔偿请求权优先权的标的

消费者损害赔偿请求权优先权的标的,应当以承担损害赔偿责任的经营者的所有物和财产权利为限。对于优先权的标的是否具有特定性,有不同看法,有的认为应当有特定性的限制,有的认为没有特定性的限制。[41] 依笔者所见,该标的的范围原则上不受特定性限制,而仅受善意取得的限制。经营者的一般财产即物和财产权利都为优先权的标的,如果在优先权保障期间转让该财产且构成善意取得的时候,则优先权人不得主张权利,其他财产均在优先权标的之内。

3. 消费者损害赔偿请求权优先权对抗的对象

消费者损害赔偿责任优先权所对抗的对象,法律必须明确规定。规定消费者损害赔偿请求权优先权的对抗对象,也应当在法律上明确规定。

消费者损害赔偿请求权优先权所对抗的,是同一经营者同时承担的缴纳行政罚款和刑事罚金等财产性责任。不具备消费者损害赔偿请求权优先权的成立要件,不能对抗先前成立或者非因同一行为而成立的罚款和罚金的责任承担。至于后来就同一经营者成立的罚款或者罚金,则因为不处于同时发生的地位,消费者损害赔偿请求权也应当不存在优先承担的效力。[42] 不过,基于私权优先原则,后发生的罚款或者罚金责任,如果并不存在其他同时存在的民事优先权的,似乎以消费者损害赔偿请求权有优先权保障为佳,对此可以进一步探讨,笔者持赞成态度。

对于其他债权,消费者损害赔偿请求权优先权不发生效力,不产生对抗的效力。例如,对经营者自己负担的其他债务,即经营者的其他债权人所享有的债权,与消费者损害赔偿请求权具有同样的债权性质,依据债权平等原则,消费者不能主张优先权以排斥其他债权人主张债权的效力。

4. 消费者损害赔偿请求权优先权的顺位

在同一动产或不动产上能够同时产生数个优先权,因此存在在数个优先权中的顺位问题。

消费者损害赔偿请求权优先权属于一般优先权。按照优先权的规则,一般优先权应当优先于特殊优先权而受偿,因为一般优先权所实现的价值大于特殊优先权所实现的价值,因为一般优先权通常维护的都是公共利益以及债权人的共同利益,或者债权人的生存权,或者是保护劳动者的合法权益这一社会政策,而特殊优先权主要维

---

[41] 参见王利明主编:《中国民法典学者建议稿及立法理由·物权编》,法律出版社 2005 年版,第 545—546 页。

[42] 可以参照的是《侵权责任法草案(二次审议稿)》第 5 条规定的条件。

护的是债权人或债务人的个人利益,从价值衡量的角度上自然应当得出一般优先权优先于特殊优先权的结论。[43] 消费者损害赔偿请求权优先权关涉消费者的生存权,意义重大,因此,在与其他特殊优先权发生冲突的时候,应当处于优先的顺位,优先得到赔偿。但是,法律有特别规定的,应当依照法律规定。[44] 应当注意的是,由于消费者损害赔偿请求权优先权不具有对抗其他债权的效力,因此,也当然不具有对抗其他担保物权以及保证的效力,而仅对抗行政罚款、刑事罚金、没收财产等公权力性质的权力。

(七)规定消费者损害赔偿请求权优先权应当注意的问题

由于优先权欠缺公示,所以,消费者损害赔偿请求权优先权在很大程度上会对国家利益造成损害,因此,在规定消费者损害赔偿请求权优先权时,必须有所限制:(1)应当对受偿顺序严格限制。消费者损害赔偿请求权优先权应先就债务人的动产受偿,不足部分才能就债务人的不动产以及其他财产权利受偿。(2)对担保范围的限制,应当明确规定消费者损害赔偿请求权优先权只能对抗罚款、罚金以及税收和没收财产等财产责任,但不能对抗其他债权。(3)对权利行使期限进行限制,否则会使权利长期处于不稳定的状态,影响优先权的积极作用。对此,可以规定该优先权的期限受消费者损害赔偿请求权的诉讼时效限制即可。(4)以善意取得制度限制优先权的追及效力,规定作为优先权标的物的动产、不动产被第三人善意取得时,优先权人对该动产不享有追及权。(5)规定消费者损害赔偿请求权优先权消灭的原因,应当规定,优先权担保的消费者损害赔偿请求权已受清偿、优先权担保的消费者损害赔偿请求权的诉讼时效期间届满、消费者损害赔偿请求权优先权人以书面形式抛弃优先权、消费者损害赔偿请求权优先权人转让优先权的,该优先权消灭。[45]

---

[43] 参见崔建远主编:《我国物权法立法难点问题研究》,清华大学出版社2005年版,第254页。
[44] 参见刘保玉:《物权体系论》,人民法院出版社2004年版,第341页。
[45] 参见王利明主编:《中国民法典学者建议稿及立法理由·物权编》,法律出版社2005年版,第547页。

非传统销售方式购买商品的消费者反悔权及适用[*]

新修订的《消费者权益保护法》第 25 条规定:"经营者采用网络、电视、电话、邮购等方式销售商品,消费者有权自收到商品之日起七日内退货,且无需说明理由,但下列商品除外:(一)消费者定作的;(二)鲜活易腐的;(三)在线下载或者消费者拆封的音像制品、计算机软件等数字化商品;(四)交付的报纸、期刊。除前款所列商品外,其他根据商品性质并经消费者在购买时确认不宜退货的商品,不适用无理由退货。消费者退货的商品应当完好。经营者应当自收到退回商品之日起七日内返还消费者支付的商品价款。退回商品的运费由消费者承担;经营者和消费者另有约定的,按照约定。"这个条文规定了消费者反悔权制度,是《消费者权益保护法》规定的保护消费者的新制度,也是《合同法》的新制度,特别值得重视和研究。本文对此进行探讨。

一、消费者反悔权制度的概念和性质

《消费者权益保护法》第 25 条是我国法律第一次确认反悔权制度。不过,在以往的地方性法规中曾经有过类似的规定。我国最早的反悔权地方立法,是 1996 年 11 月 30 日《辽宁省实施〈中华人民共和国消费者权益保护法〉规定》,该法第 12 条规定:"消费者对购买的整件商品(不含食品、药品、化妆品)保持原样的,可以在 7 日内提出退货;经营者应当退回全部货款,不得收取任何费用。"但这个规定在 2004 年 8 月 1 日施行《辽宁省消费者权益保护规定》以后予以废止。后来,北京、上海等地区颁布了地方法规,在适当范围内规定可以适用反悔权。[①]

在《消费者权益保护法》修订过程中,究竟要不要规定消费者的反悔权,有的经营者提出反对意见,认为反悔权不符合中国国情;但也有经营者予以支持,称其在实践中坚持消费者有反悔权取得了良好的经营效果。立法机构坚持规定这个制度,消费者更是给予强烈的支持[②],均认为在我国消费领域中,应当给经营者增加更多的责任,

---

[*] 本文发表在《法学》2014 年第 2 期。
[①] 参见钟金:《试论我国消费者后悔权的构建》,载《河南工程学院学报(社会科学版)》2012 年第 4 期。
[②] 在网络调查中,有 74.09% 的人支持反悔权的立法。载中国财经网,http://finance.china.com.cn/consume/special/315wq/20130315/1332527.shtml,2013 年 10 月 27 日访问。

给消费者以更多的权利,以改变消费者的弱势地位,削弱经营者的强势地位。至于认为我国国民素质不高,会使个别消费者利用反悔权投机取巧的意见,立法机关认真研究,并在条文中规定了相应的具体规则予以防范。

(一)无理由退货制度究竟应当怎样称谓

《消费者权益保护法》第 25 条规定的反悔权制度,是本次修订中最有特色的规定,也是本次修订中的最大亮点。对于这一条文规定的这一制度究竟应当怎样称谓,有不同见解。

在立法上,《消费者权益保护法》第 25 条将其叫做"无理由退货"制度。[3] 在立法说明上,也把它叫做"消费者在适当期间单方解除合同的权利"。[4] 在学说上,有的将这个权利叫做撤回权[5],或者后悔权[6]、反悔权[7]、经营者接受退货义务[8],我国台湾地区叫做消费者之犹豫权,欧盟叫做撤销权。[9] 在英美法系,类似的相关制度叫做冷静期制度,源于英国 1964 年《租赁买卖法》针对上门推销制定的冷静期条款。该法第 4 条规定,买受人在自收到正式合同的副本之日起 4 日内可以随时以书面文书通知解除合同,而将物品返还。美国 1974 年修正的《消费者信贷保护法》第 125 条规定了消费者无条件解除合同的权利。[10]

把这种制度称之为无理由退货,当然没有太大的问题,但这样的称谓毕竟不像一个民法上的概念。将其称之为经营者接受退货义务,是从义务的角度界定概念,不符合民法制度概念设定的习惯。民法对社会关系的调整方法是设定权利,同时规定相对一方的当事人负有法定义务,因而构成民事法律关系。《消费者权益保护法》第 25 条规定的制度,在消费者而言当然是权利,在经营者而言当然是义务,因而将无理由退货制度称之为权利当然没有问题,但不能从义务角度称之。冷静期是英美法系的说法,不大符合大陆法系民法设定基本概念的习惯。至于究竟是将其叫做反悔权、后悔权还是撤回权,其实说的都是一回事,并没有太大的差异。反悔权的概念更能够贴合无理由退货制度的本义,故采之。

(二)反悔权概念的科学界定

如何给反悔权概念定义,有不同看法。有的学者认为,消费者反悔权是指消费者在限定的交易类型中,在与经营者缔约后,可在法定期限内按规定的程序单方无条件

---

[3] 参见贾东明主编:《中华人民共和国消费者权益保护法解读》,中国法制出版社 2013 年版,第101 页。
[4] 李适时:《关于〈中华人民共和国消费者权益保护法修正案(草案)〉的说明》。
[5] 参见王洪亮:《消费者撤回权的正当性基础》,载《法学》2010 年第 12 期。
[6] 参见米新丽:《确立消费者后悔权制度的思考》,载《消费经济》2012 年第 5 期。
[7] 参见胡悦等:《试论我国消费者反悔权制度的构建》,载《长白学刊》2013 年第 1 期。
[8] 参见何山主编:《〈中华人民共和国消费者权益保护法〉释义及实用指南》,中国民主法制出版社 2013 年版,第 83 页。
[9] 参见贾东明主编:《中华人民共和国消费者权益保护法解读》,中国法制出版社 2013 年版,第101 页。
[10] 参见菊眸:《论冷静期制度在消费者权益保护领域中的构建》,载《北京交通大学学报(社会科学版)》2012 年第 1 期。

解除合同,且不承担任何补偿性费用的权利。⑪ 有的认为,消费者后悔权制度是指消费者在购买符合法律规定的某类商品或服务之后,依照法定的期限和程序,享有无条件退货或退出服务的权利。⑫ 也有的认为,消费者后悔权是指在合同成立并生效之后给予买家一段冷静的时间,并在合理期间内依据法律规定的条件和程序解除或撤销合同,无条件退货并获退款的权利。⑬ 这些对反悔权概念的界定都不无道理,但结合我国《消费者权益保护法》的具体内容,还是应当作出更为准确和符合我国法律规定的反悔权定义。

对此,笔者的意见是:我国《消费者权益保护法》第 25 条规定的反悔权,是指在经营者采用网络、电视、电话、邮购以及上门推销等方式销售商品,消费者在实际履行了合同之后的冷静期内,对完好的商品享有的无需说明理由予以退货的合同解除权。

这样界定我国的消费者反悔权概念的优势在于:

第一,突出我国反悔权法律规定的特点。无论大陆法系还是英美法系各国以及欧盟等法律,对反悔权的规定都各有特色。我国《消费者权益保护法》第 25 条规定的反悔权,与其他各国和地区法律规定的反悔权都不相同,无论是在适用范围方面,还是在具体期限、适用条件等方面,都具有典型的中国特色。

第二,强调了反悔权适用的范围。在这个概念的界定中,特别强调了《消费者权益保护法》第 25 条规定的反悔权适用的范围,即只有在法律规定的场合,即网络、电视、电话、邮购等方式订立的商品买卖合同中,消费者才享有反悔权,在除此之外的消费领域例如服务等,消费者不享有反悔权。

第三,规定了反悔权存续期间即冷静期的期间。如何解释《消费者权益保护法》第 25 条规定的期间,多数将其解释为反悔权的存续期间,但是笔者觉得,把它直接叫做冷静期,既能够说明我国的反悔权与英美法系冷静期制度的逻辑联系,又能够对这个期间确立一个准确的称谓,应当是一个比较好的选择。

第四,突出了消费者行使反悔权的必要条件是商品完好。在修订《消费者权益保护法》过程中,对于反悔权究竟是叫做无理由退货,还是无条件退货⑭,有不同看法。笔者的意见是,《消费者权益保护法》第 25 条规定的反悔权不能称之为无条件退货,而是无理由退货,因为该条文的第 3 款明确规定了退货的必要条件,即"消费者退货的商品应当完好",将其叫做无条件退货,显然不符合法律规定的实际情况。在前述对反悔权概念的界定中,笔者特别强调了"对完好的商品"才可以行使反悔权的条件,就是要突出反悔权的这一必要条件。如果消费者要求退货的商品没有保持完好的状态,就不能行使反悔权,法律不予支持。

第五,特别强调无理由退货的实质是合同解除权。全国人大常委会法工委主任

---

⑪ 参见胡悦等:《试论我国消费者反悔权制度的构建》,载《长白学刊》2013 年第 1 期。
⑫ 参见米新丽:《确立消费者后悔权制度的思考》,载《消费经济》2012 年第 5 期。
⑬ 参见周子凡:《消费者后悔权的冷思考》,载《行政与法》2010 年第 1 期。
⑭ 参见米新丽:《确立消费者后悔权制度的思考》,载《消费经济》2012 年第 5 期。

李适时在《消费者权益保护法修正案(草案)》的说明中特别强调,无理由退货制度的实质就是"消费者在适当期间单方解除合同的权利"。[15] 这样的说明十分准确,无理由退货就是法律规定的无需说明理由的合同解除权。

(三)反悔权的性质

反悔权的权利性质是什么,有多种不同看法。有的认为,消费者的后悔权从本质上说是消费者各种权利的延伸与保障,如安全权、知情权、自主选择权等。消费者通过后悔权制度,能确保自己在产品轻微瑕疵与不合格情况下的无条件退货权,从而也保障了自己安全权、知情权、监督权等基本权利。[16] 这个意见说的不是反悔权的本质,也不是反悔权的基本性质,混淆了《消费者权益保护法》第 25 条与第 24 条两个条文规定的两个不同的 7 日内退货的性质。在商品买卖合同中,凡属于退货,就是解除合同。尽管《消费者权益保护法》第 24 条和第 25 条都规定了 7 日内退货,都属于合同解除的权利,但二者的区别在于,第 24 条规定的是经营者提供的商品质量违约的合同解除权,性质属于《合同法》第 94 条规定的有其他违约行为致使不能实现合同目的的法定解除权,要求退货是行使违约责任的法定合同解除权,即消费者在合同缔结之后适当期间内单方解除合同的权利。[17]《消费者权益保护法》第 25 条规定的是消费者对经营者提供的商品的无理由退货,是行使反悔权,尽管这个反悔权也属于法定的合同解除权,但以前的法律对此没有规定过,应当概括在《合同法》第 94 条第(五)项"法律规定的其他情形"之中。简言之,前者是有理由退货的法定合同解除权,后者是无理由退货的法定合同解除权,二者是有严格区别的。认为反悔权是"消费者通过后悔权制度能确保自己在产品轻微瑕疵与不合格情况下的无条件退货权",显然是错误理解了两种法定合同解除权的性质。

对于反悔权的性质界定,应当突出强调以下五点:

第一,反悔权是一种民事权利。反悔权是民事实体权利,权利主体是消费者,相对的义务人是经营者。笔者之所以特别强调这一点,是因为有的专家试图将其解释为一种制度,而不将其解释为一种民事权利。诚然,《消费者权益保护法》属于民生法,但其绝大多数内容都是民事实体法律规范。[18] 民法上的制度,最终都要归结于权利人的权利和义务人的义务,而《消费者权益保护法》第 25 条关于无理由退货制度,正是消费者享有的一种民事权利,经营者同时对此负有民事义务,以保障消费者享有的这一民事权利的实现。

第二,反悔权是法定权利,而不是约定权利。民事权利有法定和约定之分。因法律规定产生的权利是法定权利,因当事人约定产生的权利是约定权利。尽管法定权

---

[15] 李适时:见《关于〈中华人民共和国消费者权益保护法修正案(草案)〉的说明》。
[16] 参见许丹萍:《论消费者后悔权在中国的构建》,载《法治博览》2012 年第 10 期。
[17] 参见贾东明主编:《中华人民共和国消费者权益保护法解读》,中国法制出版社 2013 年版,第 101 页。
[18] 参见杨立新:《修订后的〈消费者权益保护法〉规定的民事责任之解读》,载《法律适用》2013 年第 112 期。

利与约定权利都是民事权利,但由于其产生的依据不同,因而在具体适用中有所不同。《消费者权益保护法》第 25 条规定的反悔权是法定权利,并非由经营者与消费者之间的约定而产生。在社会的商品交易实践中,经营者与消费者也有约定无理由退货的,但因消费者与经营者约定产生的反悔权是约定的反悔权。约定反悔权的内容和条件等应当更有利于对消费者的保护,如果达不到《消费者权益保护法》第 25 条规定的反悔权标准,则不能对抗法定反悔权。例如经营者与消费者约定商品在 5 日内可以无理由退货的,5 日后 7 日内消费者主张行使反悔权的,应当予以准许。

第三,反悔权是法定合同解除权。如前所述,第 25 条规定的反悔权的性质,是《合同法》规定的法定合同解除权。在规定法定合同解除权的《合同法》第 94 条,并没有特别规定无理由退货的解除权,因为在制定《合同法》的时候,对此还没有作出规定。对《消费者权益保护法》第 25 条规定的反悔权,应当将其归属于《合同法》第 94 条第(五)项规定的"法律规定的其他情形"之中,将其性质确定为法定合同解除权。

第四,反悔权是相对权。尽管反悔权是法定权利,但是其性质不是绝对权,而是相对权。权利主体是消费者,义务主体不是不特定的人,而是形成的提供商品的买卖合同的对方当事人,即经营者。反悔权是基于消费者与经营者订立商品买卖合同而发生,并且在该合同已经履行完毕后,当具备行使的要件时,消费者可以对经营者主张的权利。

第五,反悔权属于形成权。得依权利人一方的意思表示而使法律关系发生、内容变更或消灭的权利,称之为形成权。[19] 反悔权正是这样一种权利,故反悔权是《消费者权益保护法》赋予消费者的一项解除合同的形成权,只要符合法定条件,消费者即可单方行使。[20] 反悔权正是消费者刻意依其意思而形成一定法律效果的法律之力,经营者负有的义务就是受其拘束,容忍反悔权形成解除合同的法律后果,接受退货并返还货款。

二、反悔权适用的范围

(一)在哪些范围内可以适用反悔权

在修订《消费者权益保护法》过程中,对于怎样确定反悔权的适用范围,有不同意见。例如认为,反悔权原则上适用于所有的销售行为,诸如远程销售、超市销售、便利店销售等,均应适用后悔权制度,除非后悔权的行使需要支付过高的社会成本。在远程销售(诸如电视购物、网络购物、报纸杂志广告邮购等)的条件下,通常消费者在交易过程中根本接触不到商家,更不能亲身感受到商品的相关信息。大宗商品涉及金额大,使用周期长,建立冷静期制度可以让消费者不为一时冲动付出太沉重的代价,

---

[19] 参见王泽鉴:《民法总则》,台北三民书局 2008 年版,第 105 页。
[20] 参见米新丽:《确立消费者后悔权制度的思考》,载《消费经济》2012 年第 5 期。

也会让商家提高商品质量,有利于社会经济良性发展。冷静期制度可以降低消费者冲动购物的风险。[21]

对于上述意见,反对最为激烈的是机动车销售商和房地产开发商等,他们认为,无论如何,机动车和商品房不能适用反悔权制度,理由是正因为交易额巨大的交易行为,买卖双方当事人都需要冷静思考,而不会是一时冲动,且交易额巨大,一旦反悔给经营者造成的损失是不可弥补的。学者基于公平、合理的考虑,也认为在这种大宗交易中,消费者在购买时千挑万选,慎之又慎,一般很少有冲动之举,因而机动车和商品房交易不适用反悔权制度。[22]

除此之外,对于是否可以在其他的传统商品销售场合适用反悔权,例如适用于所有的商品销售行为,包括传统的面对面的商品交易方式的问题,多数学者、专家认为,尽管较多的国家立法规定反悔权可以适用于所有的或者较大范围的商品交易领域,但由于我国刚刚实行这项制度,且我国消费者的整体素质尚有待于进一步提高,实施全面的反悔权制度的条件还不够成熟,因而不应当立即实行,而应当循序渐进,首先规定在亟需建立反悔权制度的保护消费者的范围内予以适用。

经过反复讨论,立法机关确定采纳这种意见,不将反悔权的适用范围作过宽的规定,因而有了《消费者权益保护法》第25条关于反悔权适用范围的规定,包括远程销售和非固定经营场所的交易。

(二)反悔权适用的销售方式应当如何称谓

鉴于我国目前的实际情况,《消费者权益保护法》第25条规定反悔权,在适用范围上仅限于网络、电视、电话、邮购等方式销售商品。

对于这种销售方式究竟应当怎样称谓,有不同意见。多数人的意见是将其叫做远程销售,也有人叫做在线交易[23]、或者非现场购物[24]以及新兴消费方式[25]等。将这种销售方式叫做远程交易或者非现场购物,大体上能够概括条文所明确列举的那些销售方式,但在"等"中所包含的部分显然不能称之为远程交易,例如上门推销。叫做在线交易,也同样存在这样的问题。因此,应当选择一个更为合适的称谓来概括它。

笔者主张采用"非传统销售方式"的概念界定这种销售方式,以区别在商店等直接交易场合进行的商品买卖的传统销售方式。以网络、电视、电话、邮购以及上门推销等方式进行的销售商品方式,都是非传统销售方式。

(三)不适用反悔权的商品

为了防止消费者不当利用反悔权,不给经营者造成过重的经营负担,《消费者权

---

[21] 参见钟金:《试论我国消费者后悔权的构建》,载《河南工程学院学报(社会科学版)》2012年第4期。
[22] 参见张军:《消费者反悔权制度探析》,载《商业时代》2010年第10期。
[23] 参见周利生:《在线交易消费者后悔权之法律探析》,载《法制博览》2013年第1期。
[24] 参见贾东明主编:《中华人民共和国消费者权益保护法解读》,中国法制出版社2013年版,第104页。
[25] 参见何山主编:《〈中华人民共和国消费者权益保护法〉释义与实用指南》,中国民主法制出版社2013年版,第85页。

益保护法》第 25 条第 1 款规定了两类不适用反悔权的商品,消费者对此不得主张反悔权:

1. 法定的不适用反悔权的商品

《消费者权益保护法》第 25 条第 1 款明确规定:(1)消费者定作的商品,属于应消费者特别要求定作,退货后,经营者无法再次销售;(2)鲜活易腐的商品,因时间因素对商品价值的影响非常大退货将造成腐烂变质或者价值严重减损;(3)在线下载或者消费者拆封的音像制品、计算机软件等数字化商品,一旦被下载或者拆封即可能被无限复制,会对经营者的权利和正当利益造成极大损害;(4)交付的报纸、期刊,时限因素关系极大,超过时限,价值大大降低。这些商品都不适用反悔权的规定。对此,法律的态度明确,消费者不得行使反悔权。

2. 约定的不适用反悔权的商品

除了上述明确规定不得适用反悔权的商品外,法律还规定了"其他根据性质不宜退货并经消费者在购买时确认不宜退货的商品",不适用反悔权的规定,消费者不得行使反悔权主张无理由退货。这一规定要求,对不在以上明示范围内的商品行使反悔权,须具备两个要件:

(1)性质属于不宜退货的商品。这些商品在性质上属于不宜退货的商品,如果消费者进行退货,是对接受已经退货的商品的消费者的不尊重,或者不适宜再次将该商品销售给其他消费者,或者退货不符合交易习惯。例如贴身内衣、图书、饮料、化妆品等,依照习惯都属于不宜退货的商品。

(2)经消费者在购买该商品时确认不宜退货。消费者确认不宜退货,是消费者在购买商品时明确表示所购的商品具有不宜退货的性质。该种确认应当采取何种形式,法律没有明确规定,笔者认为,在一般情况下应当有书面协议,消费者须声明确认该种商品属于不宜退货的商品;如系口头约定,双方确认的,亦可认可其效力,一方主张一方否认的,不能认定为有约定。消费者的确认内容,只要认可该商品属于不宜退货的商品即可,无须明确声明"不得主张退货"的具体内容。在网购中,经营者通过设置专门的提示程序明确某件商品属于商品性质不宜退货,明示不适用无理由退货后,消费者仍然点击购买的,即视为"经消费者确认"。㉖ 只要消费者有这样的意思表示,作此确认的消费者即不享有反悔权。

鉴于我国国民素质的实际水平,不可避免地会发生个别消费者不当利用反悔权主张退货获取不当利益的情形。对此,应当区分具体情况,正确适用《消费者权益保护法》第 25 条规定:凡是符合第 25 条规定范围和条件的商品,不论消费者持何种心理状态主张行使反悔权的,法律都应当予以支持;凡是不符合上述规定范围和条件,主张行使反悔权的,法律都不应当予以支持。

㉖ 贾东明主编:《中华人民共和国消费者权益保护法解读》,中国法制出版社 2013 年版,第109 页。

三、消费者行使反悔权的规则

《消费者权益保护法》实施后,由于反悔权是一个新规定的消费者的权利,在法律适用中缺少实际经验,需要认真研究。依照《消费者权益保护法》第 25 条规定,消费者行使反悔权的具体规则是:

(一)消费者提出反悔权的主张

反悔权的性质是形成权。形成权的概念最早由德国学者泽克尔(Seckel)提出,其理论基础为意思自治,并且认为形成权是变动权之一种,具有独特的性质和不同的类型,其行使在时间、方式和条件等方面应受限制[27],其功能在于权利人得依其单方之意思表示,使已成立之法律关系之效力发生、变更或者消灭。[28] 反悔权是法定的合同解除权,消费者享有的该权利一经行使,做出单方面的意思表示后,即发生改变消费者与经营者双方成立并且已经履行的商品买卖合同效力状态的后果,不需经营者作出同意或者不同意的意思表示即可生效,只能容忍或接纳这种效果,也即必须接受他人所作出的决定。[29]

行使反悔权的行为方式,虽然是解除商品买卖合同,但并非必须采用书面形式,只要消费者向经营者退回商品,就认为已经行使了反悔权。在这一点上,反悔权与普通的形成权的行使,存在一定的差别,原因在于消费者更容易行使这个权利。

反悔权行使发生解除合同的效力应当发生在何时,法律没有规定,应当依照形成权发生效力的一般规则确定。一般的形成权直接依一方当事人的意思表示,于到达相对人后,发生变动法律关系的效果。[30] 反悔权理应如此。由于反悔权行使的方式是退货,因此应当在退回的商品到达经营者时,发生解除合同的效力。如果退回的商品在运送给经营者的途中意外灭失,经营者没有收到该商品,不发生反悔权行使、合同解除的法律后果;如果商品在途中毁损,经营者在收到商品时不完好的,也不发生解除合同的法律后果。这类的损害,应当由消费者按照标的物意外灭失、毁损的风险负担规则处理。如果消费者为了避免造成损失,退货时应当进行保价,或者进行保险。因为网络交易平台提供者在配送商品时,也是"在运输'保价费'上永久免费,在配送环节上承担保险费用,运输过程的风险一律由京东承担"。[31]

在消费者行使反悔权的问题上,有一个值得研究的问题是,消费者在快递运送商品上门时即拒绝接受其购买的商品的,是否属于行使反悔权呢?应当明确,这种情形

---

[27] 参见王渊智:《形成权理论初探》,载《中国法学》2003 年第 3 期。
[28] 参见梁慧星:《民法总论》,法律出版社 2008 年版,第 74 页。
[29] 参见王渊智:《形成权理论初探》,载《中国法学》2003 年第 3 期。
[30] 参见罗昆:《形成权的行使规则探析》,载《中南民族大学学报(人文社会科学版)》2008 年第 5 期。
[31] 参见京东商城:《京东承诺》,载 http://help.jd.com/help/viewQuestion - 55 - 160.html,2013 年 11 月 30 日访问。

属于合同法上的拒绝受领。拒绝受领是债权人行使债权,认为债务人的给付不符合合同目的的要求,因此予以拒绝。拒绝受领是债权人对债务人的履行不满意而采取的行动,如果确实存在债务履行不符合合同目的的情形,债务人应当继续履行并且适当履行。㉜ 这不是行使反悔权的问题。买卖合同的标的物即商品的所有权转移,应以交付为标志。在非传统方式销售的商品中,特别是远程销售方式,商品通常是采取快递方式运送的。快递员将购买的商品送到消费者指定的地点,在消费者没有在快递单上签字之前,应当认为商品尚未交付,所有权没有转移,仍然属于经营者。此时由于所有权尚未转移,消费者对交付的商品拒绝受领的情形比较复杂,分为三种情形:一是,如果是消费者因商品种类、品质等不符合合同约定的要求,因而拒收,是典型的拒绝受领,是消费者认为经营者合同义务履行不适当,属于违约责任问题,经营者应当继续履行并适当履行,并不存在行使反悔权的问题;二是,如果是消费者对于商品质量没有异议,坚持无理由拒收,属于毁约行为;但由于《消费者权益保护法》第25条规定反悔权的行使是在"收到商品之日起",而消费者拒绝受领尚未收到商品,因此不符合反悔权行使要件的要求,但是这种毁约行为与行使反悔权的行为相似,因而不认为构成违约责任,应当参照反悔权的规则,符合反悔权行使要件要求的,视为消费者行使反悔权,消费者不承担违约责任;三是,如果消费者拒绝受领商品,不符合反悔权行使要件要求的,则属于违约,依照消费者与经营者之间的合同约定或者法律规定,承担违约责任。

(二)消费者在法定的反悔权冷静期内行使权利

形成权的行使只需以单方意思表示为之,于相对人了解或到达相对人时发生效力。由此可见,形成权赋予权利人单方形成之力,为保护相对人,并维护法律关系的明确与安定,形成权的行使应受限制。形成权行使期间的限制,民法没有规定统一的期限,对具体形成权的存续期间(即除斥期间)大致分为三类:一是对个别形成权设有除斥期间,惟其期间多较诉讼时效为短,以便早日确定当事人的法律关系。二是明确规定若干形成权的行使未定期间者,与他方当事人催告后,逾期未行使时,形成权消灭。三是未设有除斥期间或催告的规定。㉝ 反悔权这种形成权属于第一类,即法律规定该权利时明确规定权利行使期间的限制,即规定冷静期。

各国规定反悔权的冷静期都不一样,分别规定为3天、4天、7天、10天、15天、一个月甚至更多。在确定我国反悔权的冷静期的讨论中,也有规定较长期限的意见,但是多数人主张还是规定一个比较适当的期间为好。比较起来,7天时间大体能够保证消费者有冷静思考的余地,因此规定为7天。

反悔权冷静期的性质属于除斥期间,该期间完成,权利即消灭。该期间的计算,限制在自收到商品之日起7日以内。如果消费者提出行使反悔权的主张超出7日

㉜ 参见杨立新:《合同法》,北京大学出版社2013年版,第168、169页。
㉝ 参见王渊智:《形成权理论初探》,载《中国法学》2003年第3期。

的,反悔权消灭,不得再主张反悔权。

《消费者权益保护法》规定 7 天冷静期的性质属于期间。"日"应当是指自然日,包括周六、周日和节假日。起始日为收到商品之日。这个规定与其他规定起始日的做法不同,不是行为之次日起,而是收到商品之日起。因此,反悔权的冷静期应将收到商品之日算为一日。自然日不是工作日的,在计算反悔权冷静期的终止日时。如果是终止之日为节假日,则期间延长至该日之次日。㉞ 如果终止日后仍然为休假日,则应当顺延到休假日之后的第一个工作日。例如 9 月 30 日收到商品,其终止日为 10 月 6 日,该日为休假日,次日即 7 日也为休假日,因此,反悔权冷静期的终止日应为休假日之后的第一个工作日,以保证消费者有一天时间行使反悔权。2014 年将有两个 9 天的长假,这样确定反悔权的冷静期就更为重要。

(三)符合反悔权的行使要件

一般认为,形成权的行使,原则上不得附条件与期限,避免相对人处于不确定之法律状态,但法律应当设有不同的构成要件。㉟ 反悔权的行使要件不属于附设的条件,也不属于附设的期限。《消费者权益保护法》第 25 条规定的"消费者退货的商品应当完好",是消费者行使反悔权的要件之一,并不是附设的条件,更不是附设的期限。消费者行使反悔权的要件包括以下四个:

1. 商品买卖合同须有效成立并且已经履行完毕

反悔权产生的基础,是消费者和经营者订立商品买卖合同,该合同已经成立、生效,且已经实际履行。在这样的条件中,最本质的要求是商品买卖合同已经实际履行,商品已经交付给消费者,消费者也将价款交付经营者,双方当事人均已经履行了自己的合同义务,各自交付的标的物和对价已经转移所有权,因而合同在实际上已经消灭了。如果合同没有成立,或者没有生效,甚至合同义务各自没有履行完毕,都不存在反悔权发生的可能。可见,反悔权这种法定合同解除权是一种极为特殊的解除权,而非《合同法》第 94 条第(一)项至第(四)项规定的合同解除权,因为那些合同解除权都是在合同生效之后、履行完毕之前可以行使的合同解除权,一旦合同履行完毕,这些法定解除权就已经消灭,不得行使。

有疑问的是,如果经营者已经将商品交付,消费者尚未交付价款,消费者是否可以行使反悔权呢?尽管这种情形不常见,但仍有发生的可能。笔者认为,反悔权是消费者的权利,是对消费者合同自由的特别保护,因而即使消费者一方的义务尚未履行,也不妨碍其反悔权的成立,仍然可以行使反悔权。

2. 商品买卖合同的销售方式须符合法律规定的要求

按照前述,消费者反悔权的行使要件之一,是商品买卖合同的销售方式属于非传统销售方式,即采用网络、电视、电话、邮购等方式销售商品。在消费者和经营者之间

㉞ 参见王泽鉴:《民法总则》,台北三民书局 2008 年修订版,第 549 页。
㉟ 参见梁慧星:《民法总论》,法律出版社 2008 年版,第 74 页。

以直接方式进行的传统商品销售行为,不适用反悔权的规定,消费者不享有反悔权。

对于适用反悔权的非传统商品销售方式中规定的"等",是指虽然不属于远程商品销售方式,但是销售商品的方式与传统销售方式不同,且不利于消费者冷静思考的销售方式,特别是非固定场所交易,即在消费者住所、工作场所等推销商品或者服务㊱,包括上门推销和直销。在这种其他非传统销售方式中,最主要的是上门推销。上门推销适用《消费者权益保护法》第 25 条规定的无理由退货规定,消费者享有反悔权,多数国家以及欧盟对此都有规定。㊲

上门推销是指销售发生在消费者的家门口(居住或工作地点)或远离卖方的正规的专业销售场所。㊳ 德国在《门到门买卖撤销条例》中规定,对于上门推销的交易,消费者享有撤销权,以抵制直接市场的风险。英国在《1974 年消费信贷法》第 67 条也规定,授予消费者对在家里或在消费者工作场所订立的处于执行期间的各种合同的取消权。美国在《消费信贷保护法》中规定,如果销售发生在消费者住宅内,消费者可以在 72 小时内撤销交易,消费者不需要说出改变主意的任何理由。之所以将上门推销放在非传统商品销售方式的"等"中,原因是,第一,上门推销在推销员的宣传下,消费者有可能会失去理性判断,听信推销员的说明;第二,尽管上门推销是销售者与消费者直接交易,但消费者失去货比三家的机会,无法进行比较,使消费者失去价格的判断力;第三,推销员无固定销售地点,缺少必要的监督,给失信造成机会。正是由于在上门推销中消费者毫无心理防备,难以抵抗推销员的宣传或诱惑,思维一时被控制,冲动地买下商品,事后才发现自己并不需要或超出自己的支付能力,因而必须给予消费者一定的时间,使其冷静思考是否撤销这宗交易,美国法的冷静期制度正肇始于此。㊴ 因此,将上门推销解释成为非传统商品销售方式,受到反悔权的约束,是非常必要的,也完全符合《消费者权益保护法》第 25 条规定的要求。

在直销领域,无理由退货制度早已实行,2005 年国家工商行政管理总局《直销管理条例》赋予消费者 30 天内的单方解约期限㊵,消费者可以按照这一规定直接解除合同。

对于预付费的销售方式是否可以发生反悔权,值得讨论。有的学者提出,这类消费行为,消费者付费在先,经营者提供商品在后,消费者可能对商品的各种信息并不了解,在使用商品后才知悉商品的真实信息,发现无法满足自己的使用目的,因此应

㊱ 参见贾东明主编:《中华人民共和国消费者权益保护法解读》,中国法制出版社 2013 年版,第101 页。
㊲ 例如欧盟于 1985 年颁布了《上门交易撤回指令》(85/577/EWG),德国于 1986 年根据欧盟的该指令制定了《上门交易法》,该法第 1 条规定:"对于在上门交易(工作场所或私人住宅、由合同相对人或第三人为合同相对人利益举办的休闲活动、交通工具或公共交通地范围内)情形下,经营者促使消费者所缔结的以有偿给付为标的的合同,消费者可以在一周之内以书面形式撤回。"
㊳ 参见顾芳芳:《论消费者后悔权》,载《青海社会科学》2010 年第 3 期。
㊴ 参见米新丽:《确立消费者后悔权制度的思考》,载《消费经济》2012 年第 5 期。
㊵ 参见贾东明主编:《中华人民共和国消费者权益保护法解读》,中国法制出版社 2013 年版,第103 页。

当适用反悔权的。[41] 笔者不太同意这种意见,原因是,《消费者权益保护法》已经规定了第 53 条,对预付款方式提供商品或者服务的情形有了专门规定,因而不适用反悔权的方式保护消费者。

3. 销售的商品须为法律规定可以行使反悔权的范围

按照《消费者权益保护法》第 25 条规定,不论是法定的不宜退货的商品,还是双方当事人约定的不宜退货的商品,都不发生反悔权。行使反悔权须具备这样的要求,即超出上述两个方面的其他商品,才可以行使反悔权。对此,消费者应当依照《消费者权益保护法》第 25 条规定,对可以行使反悔权的商品行使反悔权。

4. 商品须为完好

消费者主张行使反悔权,依照法律规定,是无需说明理由,但应符合商品完好的要件。

对于"商品应当完好"怎样理解,在讨论中有不同意见,有高标准、中标准和低标准的不同。高标准的商品完好,是商品的本身及包装、装潢等全都完好,没有任何开拆、使用的痕迹,否则就是不完好。中标准是商品本身完好,商品的包装被拆封,由于包装不属于商品本身,尽管已经被拆封,或者包装不完好,但只要商品本身是完好的,并且附属于商品的标识、标牌等也完好,就是商品完好。低标准是商品只要没有特别的改变,即使类似于标牌、标识等附属部分不完好,也属于商品完好。例如,对于依附于服装类商品的标牌、标识,中标准认为其属于商品本身,如果剪掉商品的标牌、标识的,应当视为商品不完好;低标准认为其不属于商品本身,即使剪掉,只要服装本身完好,就是商品本身完好。有争论的是,消费者网购一条裤子,试穿后感觉不喜欢该款式,意欲退货,但商家拒绝退货,理由是裤子扣眼已剪开,影响了商品的再次销售,而消费者认为扣眼剪开可以缝上,并不影响商品的再次销售。[42] 如果按照中标准,这种情形不属于商品完好,不得行使反悔权;如果按照低标准,这种情形属于商品完好,可以行使反悔权。

《消费者权益保护法》第 25 条规定的商品完好应当采纳中标准,即商品本身完好无损,消费者为检查、试用商品而拆封的情况,只要不是因消费者的原因造成价值明显贬损的,均属于商品完好。[43] 在司法实践中,应当依照交易习惯,确定商品本身完好,就符合反悔权行使的要件。按照交易习惯,固定在服装类商品上的标识、标牌等,属于商品本身,使其脱离商品,应当视为商品不完好;裤子的扣眼被剪开,也不能视为商品完好。对此都不能行使反悔权。

(四)行使反悔权的法律后果

消费者行使反悔权,符合法律规定的要求的,即发生解除商品买卖合同的后果,

---

[41] 参见米新丽:《确立消费者后悔权制度的思考》,载《消费经济》2012 年第 5 期。
[42] 参见米新丽:《确立消费者后悔权制度的思考》,载《消费经济》2012 年第 5 期。
[43] 参见贾东明主编:《中华人民共和国消费者权益保护法解读》,中国法制出版社 2013 年版,第111 页。

双方已经不再存在商品买卖合同关系。双方当事人不再存在买卖合同的权利义务关系,应当依照解除合同的后果确定双方当事人的权利义务,消费者退回商品,经营者返还商品价款,同时涉及商品运费的负担问题。

1. 经营者接受消费者退回的商品

消费者行使反悔权退回购买的商品就是行使反悔权的行为,经营者负有的义务是接受退回的商品。只要退回的商品符合《消费者权益保护法》第25条规定的要求的,经营者必须接受,不得予以拒绝。如果双方当事人对退货的商品是否完好,是否符合法律规定的行使要件发生争议的,应当通过相应的程序予以确认,确定合同是否解除。

2. 经营者退回商品价款

按照《消费者权益保护法》第25条规定,经营者应当自收到退回商品之日起7日内返还消费者支付的商品价款。在买卖合同已经解除的情况下,经营者不再享有商品价款的所有权,继续占有构成不当得利,因此负有返还义务。应当明确的是,该条文明确规定的是"返还消费者支付的商品价款",并没有规定退回运送商品的费用,即经营者在消费者购买商品后将商品寄送至消费者处产生的首次运费,多数由消费者承担,但经营者承诺包邮的除外。[44] 没有经营者作出这种承诺的,应当按照法律规定,在经营者负有的返还义务中,不包含消费者购买商品的送到消费者的运费。这一部分费用应当由消费者负担。这是因为,反悔权的行使无需理由,是由于消费者的原因而非经营者的原因而解除合同,因而在利益关系的平衡上,应当对经营者适当倾斜,对反悔权行使而造成的经营者的不利益做出适当矫正。

3. 消费者承担退货的运输费用

同样,对于消费者退货所支出的运输费用,包括商品的运输包装费等,依照《消费者权益保护法》第25条第3款的规定,由消费者承担。这也是利益关系衡量的结果。但如果经营者和消费者另有约定的,则按照约定的方法承担,而不一定必须由消费者负担运输费用。

4. 货品损坏消费者可否主张折价退货

在立法过程中,对于消费者行使反悔权,但商品有所损坏,是否可以主张经营者折价退回价款接受退货问题,进行过较多的讨论。有人认为这样是可以允许的,有的认为不可以这样做。应当明确的是,一旦消费者行使反悔权的商品不符合法律规定的要求,就不发生反悔权,消费者当然不能行使反悔权,但这并不妨碍当事人双方进行其他约定。如果消费者对商品有一定损坏,经营者与消费者约定,在适当折价的基础上予以退货、折价返还价款,当然可以,但这已经不是反悔权调整的范围,而是当事人对于消费者购买的不喜欢的商品如何处理的约定处理方法,只要双方当事人愿意就没有问题,不必对此进行限制。但这不是反悔权的适用范围,而是当事人的自由约定。

---

[44] 参见贾东明主编:《中华人民共和国消费者权益保护法解读》,中国法制出版社2013年版,第109页。

经营者提供商品或者服务三包
责任制度的新发展*

修订后的《消费者权益保护法》第 24 条对原第 23 条和第 45 条规定的经营者提供商品或者服务三包责任制度进行了大幅度的修改,使我国经营者的三包责任制度有了新的发展。修改后的经营者三包责任制度规定的比较复杂,需要进行认真梳理和解读。本文对此进行探讨。

一、《消费者权益保护法》第 24 条与原第 23 条和第 45 条的规定有哪些改变

(一)两部分条文的文字差别

1.《消费者权益保护法》原第 23 条和第 45 条规定的内容

《消费者权益保护法》原第 23 条规定:"经营者提供商品或者服务,按照国家规定或者与消费者的约定,承担包修、包换、包退或者其他责任的,应当按照国家规定或者约定履行,不得故意拖延或者无理拒绝。"原第 45 条规定:"对国家规定或者经营者与消费者约定包修、包换、包退的商品,经营者应当负责修理、更换或者退货。在保修期内两次修理仍不能正常使用的,经营者应当负责更换或者退货。""对包修、包换、包退的大件商品,消费者要求经营者修理、更换、退货的,经营者应当承担运输等合理费用。"

《消费者权益保护法》原来的这两个条文,都是关于经营者提供商品或者服务的质量三包责任的规定。其基本内容是:第一,包修、包换、包退或者其他责任(以下简称三包责任),都是针对经营者提供商品或者服务质量违约应当承担的违约责任,不得故意拖延或者无理拒绝。第二,三包责任的来源,一是国家规定,二是经营者与消费者约定;凡是规定或者约定要求的,经营者应当负责修理、更换或者退货。第三,在保修期内两次修理仍不能正常使用的,经营者应当负责更换或者退货。第四,大件商品实行三包的,运输等合理费用由经营者负担。

---

* 本文发表在《河南财经政法大学学报》2014 年第 3 期。

2.《消费者权益保护法》第 24 条的基本内容

《消费者权益保护法》第 24 条的内容是:"经营者提供的商品或者服务不符合质量要求的,消费者可以依照国家规定、当事人约定退货,或者要求经营者履行更换、修理等义务。没有国家规定和当事人约定的,消费者可以自收到商品之日起七日内退货;七日后符合法定解除合同条件的,消费者可以及时退货,不符合法定解除合同条件的,可以要求经营者履行更换、修理等义务。""依照前款规定进行退货、更换、修理的,经营者应当承担运输等必要费用。"

该条文的这个规定比较复杂,具体规则是:

第一,经营者提供商品或者服务的质量违约应当依法或者依约承担责任。经营者提供商品或者服务的质量违约,如果法律规定或者合同约定了具体的责任承担方式的,可以依照法定或者约定要求退货,或者要求更换、修理等。在适用这一规定时,应当有约定依约定,无约定依法定,突出约定优先的原则。

第二,没有法律规定和合同约定质量违约的责任承担。经营者提供商品或者服务的质量违约,如果没有国家规定、合同也没有约定的,第 24 条后段规定了具体的责任承担规则:一是,消费者可以在收到商品之日起 7 日内退货,这是无条件的,只要商品质量违约,就可以直接按照这一规定要求退货,经营者应当予以退货。二是,消费者如果在 7 日后提出退货,符合合同解除条件的,可以要求及时退货;如果不符合法定解除合同条件的,则可以要求经营者承担更换或者修理等违约责任。

第三,经营者提供商品或者服务质量违约,消费者主张承担解除合同或者更换、修理等责任的,经营者应当承担必要费用。不论是经营者承担退货还是更换、修理等责任的,往返的运输等必要费用均由经营者承担,消费者不承担这些费用。

3.《消费者权益保护法》上述新旧条文规定的基本差别

将上述《消费者权益保护法》原条文和现在的第 24 条规定进行比较,其中显著的差别是:

第一,明确规定经营者承担质量三包责任的前提,是经营者提供商品或者服务不符合质量要求。原第 23 条规定经营者承担三包责任,并没有明确限定条件。尽管原第 23 条没有明确规定实行三包责任的前提条件是质量违约,但实际上包含这样的条件。现在的第 24 条明确规定经营者承担三包责任的前提是质量违约,使条文更为明确,更便于实际操作。

第二,将三包责任中的退货和更换、修理等责任分开,区分合同解除权与承担违约责任。所谓三包责任包含了不同的合同制度。包退,其性质是法定合同解除权和约定合同解除权的保障,不属于质量违约的违约责任方式。而包修和包换则完全是质量违约的责任方式,是采取补救措施的责任方式。第 24 条明确将这两种不同的合同制度予以区分,分别规定,使条文的理论基础明确,性质分明。

第三,适用三包责任区分有国家规定、当事人约定和没有国家规定、当事人约定的不同规则。《消费者权益保护法》原第 23 条和第 45 条规定对此没有进行区别,统一规定按照国家规定或者与消费者的约定承担三包责任。第24条对此明确规定，有国家规定、当事人约定的，应当依照国家规定、当事人约定进行退货或者更换、修理等；没有国家规定、当事人约定的，消费者可以在7天内解除合同予以退货，超过7天的，删除了原来规定的"在保修期内两次修理仍不能正常使用"的要求，简单地规定符合法定解除合同条件的，可以及时退货，不符合法定解除合同条件的，可以要求更换、修理等责任。按照原来的规定，如果没有国家规定或者当事人约定，就无法实行三包。第24条的新规定，内容比由国家规定或者当事人约定的要求更高，经营者承担更重的责任，当然对消费者的保护更加有利。

第四，进行退货、更换、修理的，由原来规定的大件商品经营者应当承担运输等合理费用，改变为全部商品都应当由经营者承担运输等必要费用，将其中的合理费用改为必要费用。原第23条规定经营者承担运输等必要费用的条件，规定为大件商品，如果不是大件商品，消费者就要自己承担运输等必要费用。这样的规定是不合理的，对保护消费者不利。第24条规定纠正了这样的立法不足，有利于保护消费者。

（二）《消费者权益保护法》原第23条和第45条进行修订的原因

在修订《消费者权益保护法》的过程中，对于质量三包责任是否要进行修改，应当怎样修改，存在不同意见。有的专家认为，质量三包责任的含义不明确，应当删除，应当适用《合同法》的有关规定。有的专家认为，质量三包责任的规定是正确的，《消费者权益保护法》应当继续坚持，不应当修改。也有的专家认为，《消费者权益保护法》原来规定的质量三包责任在保护消费者权益方面是发挥了巨大的作用的，基本制度也是好的，但存在一些缺陷，应当进行改革，建立新的质量三包责任制度。

笔者持第三种意见。笔者认为，《消费者权益保护法》原第23条和第45条规定的内容，存在以下缺陷：

第一，同样的质量违约的三包责任分别规定在"经营者的义务"和"法律责任"两章，规则比较分散。《消费者权益保护法》原来对质量三包责任的规定，在第三章"经营者的义务"第23条规定三包为经营者的义务，在第七章"法律责任"第45条规定违反三包义务的责任承担。从逻辑上讲，这样分两个条文规定三包责任并无错误，但是同样一个三包责任制度，分别规定在两章之中，相隔较远，不利于法律的理解和适用，也不利于对社会的宣传。况且《消费者权益保护法》原第45条规定的内容也并不是纯粹的责任承担规则。

第二，笼统规定三包，不区分合同解除权和违约责任的性质不同。三包中的包退与包换、包修，属于不同的合同法律制度，将三者规定在一起，混淆了两种不同性质的合同制度的界限。对此，《合同法》也存在同样的缺陷，在第111条关于质量违约责任方式的规定中，也包括了"退货"的规定，也混淆了这样的界限。这说明，在1993年制定《消费者权益保护法》的时候对此认识模糊，1999年制定《合同法》的时候也没有更清晰的认识。

第三，对性质属于合同解除权的退货，没有规定适合其特点的具体规则。正因为

《消费者权益保护法》原来将包退与包换、包修混淆在一起,因而对属于合同解除权的退货没有规定与其性质相适应的特别规则,笼统地与质量违约责任的包修、包换规定了一样的规则,抹杀了合同解除权的特点,在法律适用的操作上存在一定的困难。

第四,对于质量违约责任的包换、包修也没有特别规定具体的规则,同时对于质量违约应当承担的其违约责任方式也没有规定,不能包容其他质量违约的责任方式,例如重作、减少价款或者报酬等。

正因为《消费者权益保护法》原第23条和第45条存在这样的缺陷,因而在修订中,专家的意见逐步一致,认为必须进行修改。随之将《消费者权益保护法》原第23条和第45条进行整合,合并在一起,并作出补充完善,作为第24条予以规定,规定了新的质量违约的责任制度,"强化经营者的义务,进一步保护了消费者的合法权益"。①

二、经营者质量违约消费者享有的法定和约定的合同解除权

(一)退货的性质属于行使合同解除权

《消费者权益保护法》原第23条和第45条将包修、包换、包退三种方式规定在一起,作为同样的质量违约责任进行规定,混淆了包退与包修、包换在性质上的差别,是不科学的。对此,《消费者权益保护法》第24条"把退货和更换、修理分开表述,因为退货从法律性质上属于合同的解除"。②

违约,即违反合同义务,我国法律中的用语是不履行合同义务或履行合同义务不符合约定。③ 质量违约,是指经营者履行合同义务交付的商品或者提供的服务不符合法定的或者约定的质量要求。

质量违约本来产生的是违约责任。但如果是在质量违约构成根本违约,或者符合双方当事人之间关于质量不合格的合同解除权的约定条件的,依照《合同法》第94条和第93条的规定,发生法定解除权或者约定解除权。如果经营者提供的商品或者服务构成《合同法》第94条第(四)项关于"当事人一方迟延履行债务或者其他违约行为致使不能实现合同目的"的规定要求的,就属于违反合同情节严重,使合同目的落空或者不可期待,构成根本违约④,消费者发生法定解除权,可以主张解除合同而退货。如果经营者提供的商品或者服务质量不符合质量要求,符合双方约定的合同解除权发生的条件的,消费者发生约定的合同解除权,也可以主张解除合同而退货。

---

① 贾东明主编:《中华人民共和国消费者权益保护法解读》,中国法制出版社2013年版,第98页。
② 贾东明主编:《中华人民共和国消费者权益保护法解读》,中国法制出版社2013年版,第98页。
③ 参见崔建远:《合同法》,法律出版社2010年版,第284页。
④ 参见韩世远:《根本违约论》,载《吉林大学社会科学学报》1999年第4期。

因此，同样是三包，但包退与包修、包换并非同一性质，内容并不相同。《消费者权益保护法》第 24 条对此明确加以规定，符合法理的要求，同时也规定了不同的适用规则。

(二)有国家规定或者当事人约定的合同解除权

经营者提供商品或者服务存在质量违约，有国家规定或者当事人约定可以解除合同、进行退货的，消费者依照国家规定或者当事人的约定，可以主张解除合同进行退货。

1. 国家规定的合同解除权

国家规定的合同解除权，是"国家有关部门颁布的有关商品三包的规定"⑤中，关于包退的规定，即国家有关部门规定的合同解除权。国家规定与法律规定不同。法律规定是专指国家法律的规定；国家规定则为有关国家机关制定和颁布的规章、规定，范围更宽。

在《消费者权益保护法》领域，涉及合同解除权的国家规定，主要的有国家经贸委、国家技术监督局、国家工商局、财政部 1995 年颁布的《部分商品修理更换退货责任规定》，以及其他有关部门的《微型计算机商品修理更换退货责任规定》《家用视听商品修理更换退货责任规定》《移动电话商品修理更换退货责任规定》《固定电话商品修理更换退货规定》以及《家用汽车产品修理、更换、退货责任规定》，都属于质量违约实行三包责任的国家规定。在这些规定中，都规定了有关商品存在质量违约问题的合同解除权即退货的规定。

上述都是经营者提供商品或者服务的质量违约消费者享有合同解除权主张退货的国家非法律层面的规定。事实上，更为重要的是《合同法》关于根本违约发生合同解除权的规定。《消费者权益保护法》第 24 条规定的"国家规定"没有包含国家法律规定，因为该条接下来还规定，没有国家规定或者当事人约定 7 日后主张退货，符合其他法定解除合同的条件，这个其他法定解除合同的条件，就是指《合同法》第 94 条关于法定合同解除权的规定。

在上述国家规定中，凡是规定了消费者可以退货的，就是规定的合同解除权。按照上述国家规定，国家有关三包的规定一共涵盖 23 种商品，再加上《农业机械产品修理更换退货责任规定》规定的农业机械产品，总共为 24 种。⑥ 凡是这些国家规定的产品质量不符合要求，消费者主张解除合同予以退货的，法律应当予以支持。例如，《部分商品修理更换退货责任规定》第 9 条规定商品，自售出之日起 7 日内，发生性能故障，消费者可以选择退货、换货或者修理。其中规定的退货，就是国家规定的合同解除权。

---

⑤ 贾东明主编:《中华人民共和国消费者权益保护法解读》，中国法制出版社 2013 年版，第 98 页。
⑥ 参见贾东明主编:《中华人民共和国消费者权益保护法解读》，中国法制出版社 2013 年版，第 99 页。

2. 当事人约定的合同解除权

经营者与消费者在合同中约定了产品不符合质量要求可以发生合同解除权的，应当依照合同的约定，在符合约定的条件时，消费者发生约定的合同解除权，可以依法行使这个权利主张退货，保护自己的权益。

在合同法领域，当事人的约定只要不违反法律强制性规定，就对当事人具有法律拘束力，甚至可以对抗任意性法律规范。这就是意思自治原则的含义。《合同法》第4条规定的合同自愿原则，实际上就是合同自由原则，包括决定合同内容的自由，即就具体的交易内容、权利义务的分配、合同风险的负担、违约责任的确定、发生纠纷时解决争议的方法等与交易密切相关的事项，只要不违反法律的强制性规范，当事人都有选择和决定的自由。[7] 经营者与消费者在三包责任包括合同解除权上作出的具体约定，符合意思自治原则和合同自由原则的要求，当然有效。但是，国家规定对某种商品实行三包责任，经营者可以对消费者承诺不同的三包义务，但其标准不能低于国家规定的标准。[8] 经营者与消费者作出的低于国家规定"包退"标准的合同解除权的约定，不具有法律效力，消费者主张该约定无效的，法律予以支持。

（三）没有国家规定或者当事人约定的7日内的合同解除权

对商品或者服务质量违约，没有国家规定或者当事人约定的，《消费者权益保护法》第24条规定了两种合同解除权。对此，该条文以期间作为划分标准，分为两种情形。

1. 没有国家规定或者当事人约定的7天内的消费者法定解除权

如果经营者提供商品或者服务的质量违约，既没有国家规定，也没有当事人约定的，法律规定消费者可以在收到商品之日起7日内，享有法定的合同解除权。在7天之内，消费者可以提出解除合同，予以退货。消费者的法定合同解除权一经行使，立即发生效力，经营者必须接受退货，使合同处于没有签订之前的状态。同时，经营者对于运输等必要费用必须承担。应当确定的是，在《消费者权益保护法》第25条有关反悔权的规定中，关于寄送商品以及退回商品的运费，并非由经营者承担，而是由消费者承担。这一区别的意义在于，第24条规定的7天内退货的原因是质量违约，而第25条规定的反悔权的行使是"无需说明理由"，只要是消费者不喜欢就可以解除合同。因此，前者的商品运输等必要费用应当由经营者承担，后者的商品运费则由消费者承担。

这种消费者法定解除权的法律依据是《消费者权益保护法》第24条，该条中直接包含了法定解除权的权利。消费者行使该法定解除权的时候，应当以《消费者权益保护法》第24条为依据，而不是《合同法》第94条。

---

[7] 参见崔建远主编：《合同法》，法律出版社2010年版，第19页。
[8] 参见贾东明主编：《中华人民共和国消费者权益保护法解读》，中国法制出版社2013年版，第99页。

2. 没有国家规定或者当事人约定的 7 日后的消费者法定解除权

如果经营者提供商品或者服务质量违约,既没有国家规定,也没有当事人约定,消费者提出解除合同的要求是在收到商品之日起 7 日后提出的,则应当确定消费者的主张是否符合法定解除合同的条件。其标准是《合同法》第 94 条第(四)项规定的内容,即"当事人一方迟延履行债务或者有其他违约行为致使不能实现合同目的"构成根本违约。如果符合这个要求,消费者的法定解除权一经行使,即发生解除合同的效力,经营者应当接受退货的商品,并且负担运输等必要费用。不符合法律规定的合同解除的条件的,不得主张合同解除权,不能予以退货,改用其他方式保护消费者的权益。

应当明确的是,这种消费者法定解除权的法律依据是《合同法》第 94 条的规定,而不是《消费者权益保护法》的规定,因为《消费者权益保护法》第 24 条关于这一规定并没有直接包含法定解除权,而是"符合法定解除合同条件",这个法定指的就是《合同法》第 94 条规定。

(四)质量违约合同解除权的行使

1. 消费者自行行使

消费者享有质量违约合同解除权的,如果消费者接受的是商品,其主张行使该合同解除权,以行为的方式行使即可,将质量不符合要求的商品直接退给经营者,经营者应当接受退回的商品,并退回消费者交付的价款。经营者承担商品往返运输等必要费用。

消费者接受的是经营者提供的服务,该服务的履行方式是交付工作成果,且该成果不符合质量要求的,可以参照上述规则处理。如果该服务的履行方式就是实施某种行为的给付,则不存在退货的问题,消费者主张合同解除权的,应当主张返还价金或者减少价金。

2. 消费者通过诉讼行使

消费者行使合同解除权,与经营者无法达成协议,发生争议的,可以向法院起诉,由人民法院依照法律规定裁断。

三、经营者质量违约消费者享有的更换、修理等违约责任请求权

(一)更换、修理责任的性质

1. 更换、修理等责任的属性

更换、修理在《消费者权益保护法》修订前称之为包换、包修,为三包责任中的两种具体形式。三包责任是通俗的说法,并不是严格的法律术语,《消费者权益保护法》修订时改为退货、更换、修理的概念。

《消费者权益保护法》第 24 条规定更换、修理等时,使用的是义务这个概念,其实

应当是责任,原因在于,经营者向消费者交付符合质量要求的商品或者服务,这是义务。当这个合同义务履行不适当,在经营者就发生违约责任,消费者享有的不再是其合同约定或者法律规定的合同债权人的债权请求权,而是产生了新的违约责任请求权,属于债的二次请求权。对此,《消费者权益保护法》第 24 条规定的义务,应当解释为责任[9];对应的,就是经营者质量违约消费者享有的更换、修理等违约责任请求权。

更换、修理是《合同法》第 111 条规定的质量违约的责任方式,属于《合同法》第 107 条规定的"补救措施"的范畴,性质属于强制履行。

强制履行相对于任意履行,是指在违约方不履行合同时,由法院强制违约方继续履行合同债务,使守约方尽可能地取得约定的标的的违约责任方式。[10] 强制履行分为《合同法》第 107 条规定的继续履行和采取补救措施两种方式,更换、修理等属于后者。

修理,是指交付的合同标的物不合格,有修理可能并为债权人所需要时,债务人消除标的物的缺陷的补救措施。更换,是指交付的合同标的物不合格,无修理可能,或者修理所需要费用过高,或者所耗时间过长,债务人交付同种类同质量同数量的标的物的补救措施。[11] 这两种违约责任方式都属于强制履行中的采取补救措施,具有补救债务人履约不当给债权人造成的损害的作用。修理属于消除缺陷,更换属于另行给付。

2. "等义务"的"等"中包含何种责任

《消费者权益保护法》第 24 条在规定更换、修理责任方式之后,还规定了"等义务"的内容。对于这个"等义务"应当如何理解,也须予以确定,以增强法律适用的准确性和可操作性。笔者认为,这里的"等"所包含的,是《合同法》第 111 条规定的质量违约责任方式中,除了更换、修理之外的其他违约责任方式,例如重作、减少价款或者报酬。重作是指在承揽、建设工程等合同中,债务人交付的工作成果不合格,不能修理或者修理所需要的费用过高,由债务人重新制作工作成果的补救措施。重作也属于另行给付,主要适用于承揽等合同中。[12] 至于减少价款或者报酬,既适用于提供商品的场合,也适用于提供服务的场合,在经营者提供的商品存在质量违约,消费者愿意接受,或者经营者提供的服务质量违约,经营者应当对商品价款或者提供服务的报酬适当减少的补救措施。在质量违约的情形下,消费者可以根据实际情况,选择适用重作或者减少价款或者酬金的方式保护自己的权益。

3. 更换、修理等责任方式的适用条件

经营者承担更换、修理等责任方式,应当具备以下要件:

(1)经营者提供的商品或者服务不符合质量要求。《消费者权益保护法》第 24

---

[9] 参见杨立新:《债与合同法》,法律出版社 2012 年版,第 267 页。
[10] 参见崔建远主编:《合同法》,法律出版社 2010 年版,第 313 页。
[11] 参见韩世远:《合同法总论》,法律出版社 2008 年版,第 543—544 页。
[12] 参见崔建远主编:《合同法》,法律出版社 2010 年版,第 315 页。

条规定的是违约责任,因此,构成更换、修理等补救措施的要件,首先必须是经营者违反法律规定或者合同约定,提供的商品或者服务不符合质量要求,存在瑕疵,即质量违约行为。这种履行行为是不适当履行,即履行行为已经进行,但履行的质量存在瑕疵。提供商品的质量违约,明确表现为交付的标的物不符合质量要求。提供服务的质量违约有两种表现形态,一是交付工作成果的服务,交付的工作成果不符合质量要求,例如建筑物的装饰装修不符合质量要求;二是提供服务的行为不符合质量要求,例如理发、洗浴等质量不符合要求。

(2)经营者有条件进行更换、修理、重作。消费者请求经营者承担更换、修理、重作的责任方式,其必要条件是,经营者应当能够继续履行,有同样的商品进行更换,能够对提供的商品进行修理,或者有条件能够重作。如果经营者不存在采取上述补救措施的条件,存在继续履行的事实不能或者法律不能,则不能适用更换、修理或者重作的责任方式。不过,在实际生活中,这些补救措施是比较容易实现的,承担这样的补救措施并非难事。如果经营者确实存在不能采取上述方式进行补救的时候,可以采取减少价款或者报酬的方式进行补救。

在具体的要求上,适用更换的责任方式的要件:一是经营者交付的商品违反合同约定,质量不合格;二是有瑕疵的商品无修理的可能,或者修理所需费用过高,或者所耗时间过长,不适宜采用修理的方式进行补救。

适用修理的责任方式的要件:一是经营者交付的商品或者工作成果质量不合格,违反合同有关质量的要求;二是经营者交付的有瑕疵的商品或者工作成果存在修理的可能,通过修理就能够使其实现使用价值;三是消费者对该商品或者工作成果有需要,不希望进行更换。

适用重作责任方式的要件:一是须经营者与消费者签订的是承揽、建设工程承包等合同,其他合同关系不适用重作的补救方式,例如提供商品的合同就不存在重作的问题;二是经营者交付的工作成果不符合质量要求,不能发挥其功能;三是交付的工作成果不能修理,或者修理所需要的费用过高。

(3)消费者提出更换、修理、重作或者减少价款或报酬的请求。质量违约的补救措施责任方式的适用,须消费者主张行使违约责任请求权,提出具体的违约责任方式的请求。这种请求权属于债的二次请求权,即债权保护请求权,对应的是经营者的违约责任。消费者请求经营者承担更换、修理等违约责任,须以明示方式提出,并通知经营者,法院不能依职权代替当事人做出此种选择。[13]

具备以上要件,消费者可以请求经营者承担更换、修理以及重作或者减少价款或者报酬的责任方式。

4. 不交付标的物的服务质量违约的救济

《消费者权益保护法》第24条规定的救济方式,主要适用于交付商品或者工作成

---

[13] 参见崔建远主编:《合同法》,法律出版社2010年版,第314页。

果的交易领域,例如更换、修理、重作等,都以交付标的物为履行内容。这样的交易,集中在提供商品或者提供工作成果的合同之中。对于那些不交付标的物的服务,缺少针对性。因而对于经营者提供的不交付标的物的服务,主要应当适用减少价款或者报酬的责任方式。

(二)依照国家规定或者当事人约定的经营者更换、修理等责任

依照法律规定或者当事人约定的经营者更换、修理等责任,是指经营者提供商品或者服务质量违约,依照国家规定或者当事人约定,对消费者应当承担的更换、修理等违约责任。

《消费者权益保护法》第24条规定的法定的经营者更换、修理等责任,其法律依据国家有关机关对此作出明确规定的,例如在《部分商品修理更换退货责任规定》等行政法规、规章、规定中的规定。依照这些规定,应当承担更换、修理等责任的,应当依照该规定承担更换、修理等责任。该条文规定的当事人约定的经营者更换、修理等责任,是经营者与消费者在消费合同中,对如何承担更换、修理等责任有明确的规定,符合合同约定的条件的,消费者即享有质量违约的更换、修理等请求权,经营者应当依据约定承担更换、修理等责任。

只要国家规定或者当事人约定质量违约经营者应当承担更换、修理等责任的,消费者依照这些规定,有权主张经营者承担更换、修理等责任的请求权,以保护自己的权益。

(三)没有国家规定或者当事人约定的经营者更换、修理等责任

没有国家规定或者当事人约定的经营者更换、修理等责任,是指国家规定中没有规定,当事人的约定中也没有约定经营者对消费者承担更换、修理等责任内容的,当消费者在收到商品之日起7天后提出主张,并且不符合法定解除合同条件的,消费者可以要求经营者承担的更换、修理等责任。

经营者承担这种这种责任,应当具备的要件是:

第一,须国家规定或者当事人约定都没有直接确定经营者承担质量违约的更换、修理等责任的依据。如果国家规定或者当事人约定中对此有明确规定或者约定,那就依照国家规定或者当事人的约定确定更换、修理等责任,就是前述第一种质量违约责任,不发生第二种没有国家规定或者当事人约定的更换、修理等责任。

第二,时间须在消费者收到商品之日起7天后。如果是在7天之内,依照《消费者权益保护法》第24条的规定,消费者产生的是直接退货的合同解除权。只有在7天之后,消费者才产生更换、修理的违约责任请求权。

第三,质量违约行为不符合法定合同解除权的要件,或者虽然符合该要件,但消费者不主张解除合同予以退货。在7天之后,消费者有两种选择:一是,如果符合合同解除权要件的,当事人可以主张解除合同予以退货,当然也可以主张更换或者修理;二是,不符合合同解除条件的,消费者只能主张更换、修理等责任,不得主张退货。

符合上述三个要件,就构成没有国家规定或者当事人约定的更换、修理等责任请求权,经营者应当承担更换、修理等责任,消费者对此项请求有权提出主张,法律应当支持。

(四)质量违约更换、修理等责任请求权的行使

1. 消费者自行行使

消费者享有质量违约更换、修理等责任请求权,主张行使的,应当向经营者提出,符合更换、修理等责任请求权构成要件的,经营者应当依照消费者的请求,予以更换、修理或者重作、减少价款或报酬。消费者可以与经营者进行协商,按照协商的结果处理。

2. 消费者通过诉讼行使

消费者与经营者协商不成,发生争议的,可以通过诉讼解决。消费者可以向法院起诉,主张更换、修理等请求权。法院依照法律规定,确定经营者是否承担更换、修理等质量违约责任方式。

3. 适用质量违约更换、修理责任方式的运输等必要费用的承担

消费者因行使质量违约更换、修理责任请求权的,由于经营者存在违约行为,承担的是违约责任,因此,运输等必要费用均由经营者承担。

修订后的《消费者权益保护法》规定的虚假广告责任研究

修订后的《消费者权益保护法》第 45 条用 3 款条文,详细规定了虚假广告责任,内容丰富,且与《广告法》第 38 条和《食品安全法》第 55 条关于虚假广告责任规定有所不同,增加了新的责任承担规则,加重了虚假广告经营者、发布者的民事责任,特别是增加规定了关系消费者生命健康商品或者服务虚假广告的无过错责任,在学理上和实务上都特别值得研究。在修订《消费者权益保护法》的过程中,笔者就此曾经提出过不同意见[①],在《消费者权益保护法》正式通过之后,笔者接受法律规定的意见,并依照该法规定阐释自己的看法。

一、《消费者权益保护法》规定的虚假广告责任与其他法律规定的差异

在研究《消费者权益保护法》第 45 条规定的虚假广告责任之前,应当首先分析这一规定与《广告法》和《食品安全法》有关规定之间存在何种差别,并以此作为研究的基础。

(一)《消费者权益保护法》第 45 条第 1 款规定与《广告法》第 38 条第 1 款和第 2 款的区别

《消费者权益保护法》第 45 条第 1 款规定的内容是:"消费者因经营者利用虚假广告或者其他虚假宣传方式提供商品或者服务,其合法权益受到损害的,可以向经营者要求赔偿。广告经营者、发布者发布虚假广告的,消费者可以请求行政主管部门予以惩处。广告经营者、发布者不能提供经营者的真实名称、地址和有效联系方式的,应当承担赔偿责任。"而《广告法》第 38 条第 1 款和第 2 款规定的内容是:"违反本法规定,发布虚假广告,欺骗和误导消费者,使购买商品或者接受服务的消费者的合法权益受到损害的,由广告主依法承担民事责任;广告经营者、广告发布者明知或者应知广告虚假仍设计、制作、发布的,应当依法承担连带责任。广告经营者、广告发布者不能提供广告主的真实名称、地址的,应当承担全部民事责任。"

---

① 参见杨立新:《广告责任不应当实行无过错责任原则》,载《甘肃理论学刊》2013 年第 5 期。

将《消费者权益保护法》第 45 条第 1 款规定的内容与《广告法》第 38 条第 1 款和第 2 款规定的内容相比较,可以看到,《消费者权益保护法》第 45 条第 1 款的内容是在《广告法》第 38 条的基础上形成的,调整的内容是相同的,其中的区别是:

第一,《消费者权益保护法》第 45 条没有继续规定"广告经营者、广告发布者明知或者应知广告虚假仍设计、制作、发布的,应当依法承担连带责任"的内容。《广告法》规定的上述内容,表明广告经营者、发布者承担虚假广告责任的基础,是明知或者应知,存在明知或者应知的时候,就与广告主构成共同侵权行为,应当承担连带责任。依笔者所见,这个规定并没有问题,《消费者权益保护法》没有规定这个内容,不能说明这个规定是错的,也没有否定这个规定,而是在强调广告经营者、发布者在"不能提供经营者的真实名称、地址和有效联系方式的",应当直接承担赔偿责任。广告经营者、发布者存在明知或者应知的情形,应当依照《广告法》的规定,或者直接依照《侵权责任法》第 8 条规定,确认为共同侵权行为,与经营者(广告主,下同)承担连带责任。

第二,《消费者权益保护法》第 45 条规定虚假广告的经营者承担责任的条件,增加了"其他虚假宣传方式",与虚假广告并列。在《广告法》和《食品安全法》的规定中,只强调虚假广告的责任,并没有涉及其他虚假宣传方式的内容。在现实生活中,很多商品或者服务的推广都不是用广告的形式进行的,而是通过电视、广播、讲座、访谈、宣传片的形式进行。这种不似广告胜似广告的虚假宣传方式具有更大的欺骗性。《消费者权益保护法》依据现实情形,增加其他虚假宣传方式为准虚假广告,令其经营者、发布者承担虚假广告的责任,是完全有道理的,更加有利于保护消费者。

第三,广告经营者、发布者承担赔偿责任的条件增加不能提供"有效联系方式",承担"全部赔偿责任"改为承担"赔偿责任"。首先,《消费者权益保护法》增加规定提供有效联系方式这个条件,是因为在现实生活中,很多广告经营者、发布者尽管提供了广告主的真实名称、地址,但仍然不能找到广告主,这时如果免除广告经营者、发布者的责任,就会使消费者索赔无门。有效联系方式,是说通过广告经营者、发布者提供的联系方式就能够找到经营者。增加的有效联系方式的要求,与真实名称和地址一道,只有广告经营者、发布者能够提供三个方面内容的,才免除广告经营者、发布者的责任,更有利于保障消费者的合法权益。其次,将承担全部赔偿责任改为承担赔偿责任,并无特别的含义,并不是在责任的数额上有所区别。

第四,规定广告主承担责任的"由"改为"可以",广告经营者、发布者承担责任仍然规定为"应当"。在《广告法》中,广告主与广告经营者、发布者的责任承担要求,是"由"广告主承担责任,"应当"由广告经营者、发布者承担全部赔偿责任。《消费者权益保护法》第 45 条规定,使用的表述是"可以"向经营者请求赔偿,广告经营者、发布者"应当"承担赔偿责任。表述的这种改变是否包含新的内容,也值得研究。依笔者所见,这个措辞的改变,是规定的角度不同,《广告法》是从广告主的角度规定,因此用"由";《消费者权益保护法》从消费者的权利角度规定,当然用"可以"。可见这个改变并没有包含新的含义,仍然是说,广告经营者、发布者符合条件的时候,就应当承担赔偿责任,而在不符合条件要求的时候,可以向经营者直接请求赔偿。

(二)《消费者权益保护法》第45条第2款属于新增加的内容

《消费者权益保护法》第45条第2款规定的内容是:"广告经营者、发布者设计、制作、发布关系消费者生命健康商品或者服务的虚假广告,造成消费者损害的,应当与提供该商品或者服务的经营者承担连带责任。"这一规定,在《广告法》和《食品安全法》有关虚假广告责任的规定中都没有相应的内容,是新创设的虚假广告责任法律规范,应当特别注意研究。

(三)《消费者权益保护法》第45条与《广告法》第38条第3款、《食品安全法》第55条的关系

《消费者权益保护法》第45条第3款规定的是广告代言责任,内容是:"社会团体或者其他组织、个人在关系消费者生命健康商品或者服务的虚假广告或者其他虚假宣传中向消费者推荐商品或者服务,造成消费者损害的,应当与提供该商品或者服务的经营者承担连带责任。"《广告法》对相关内容规定在第38条第3款:"社会团体或者其他组织,在虚假广告中向消费者推荐商品或者服务,使消费者的合法权益受到损害的,应当依法承担连带责任。"《食品安全法》第55条规定:"社会团体或者其他组织、个人在虚假广告中向消费者推荐食品,使消费者的合法权益受到损害的,与食品生产经营者承担连带责任。"

《消费者权益保护法》第45条第3款规定的内容与《广告法》第38条第3款和《食品安全法》第55条的内容存在以下区别:

第一,《食品安全法》第55条规定这个内容,与《广告法》第38条第3款规定的内容的显著区别,是增加了"个人"为广告代言人,适用范围限制在"推荐食品",并且明确规定社会团体或者其他组织、个人作为广告代言人承担连带责任的对象,是食品生产经营者。《食品安全法》的这一规定,是针对食品安全而对食品虚假广告责任作出的规定,因此适用范围有特别的限制。在增加广告代言人包括"个人"的问题上,扩大了广告责任主体范围。

第二,《消费者权益保护法》第45条与《食品安全法》第55条规定相比较,虚假广告的责任人继续坚持规定为"社会团体或者其他组织、个人",适用的范围是"关系消费者生命健康商品或者服务",在虚假广告的基础上增加"其他虚假宣传方式",连带责任人为广告经营者、发布者与"提供该商品或者服务的经营者"。《消费者权益保护法》规定的这些内容,是针对消费者权益保护的需要,在《食品安全法》第55条的基础上,扩大适用到关系消费者生命健康的商品和服务的代言推荐上面,不仅包括虚假广告,而且也包括其他虚假宣传方式。这样的规则,能够适应保护消费者合法权益的需要,对于广告代言的民事责任扩展到了更大的范围,社会效果会更好。

二、虚假广告责任的概念界定和基本性质

(一)对虚假广告责任的概念界定

依据《消费者权益保护法》第45条规定的内容,虚假广告责任是指经营者以及广告经营者、发布者、广告代言人利用虚假广告或者其他虚假宣传方式提供商品或者服务,使消费者受到人身损害或者财产损害,应当承担的侵权损害赔偿责任。

按照《消费者权益保护法》的这一规定,虚假广告责任有以下法律特征:

第一,虚假广告责任是一个体系,而不是单一的责任方式。不论是《广告法》还是《消费者权益保护法》,凡是规定虚假广告责任的条文,都不是一个简单的条款,而是规定多个条款。这表明一个现实,即虚假广告责任是一个体系,而不是一个单一的责任形态。按照《消费者权益保护法》第45条规定,就有经营者的责任,广告经营者、发布者的责任,关系消费者生命健康商品和服务的广告责任以及广告代言人的责任等。这些责任一起构成了虚假广告责任的体系。

第二,虚假广告责任的主体是多重主体。虚假广告责任的复杂性,产生于虚假广告责任主体的复杂性。广告关系包含多重法律关系,例如广告主与广告经营者、发布者的合同关系,广告经营者、发布者与广告代言人之间的关系,经营者与广告代言人之间的合同关系,等等。在这些不同的法律关系中,发生违反义务的法律后果时,就出现了多重的责任主体,不同法律关系的主体应当承担不同的民事责任。

第三,虚假广告责任的行为内容包括虚假广告和其他虚假宣传方式。虚假广告一般认为是"广告主、广告经营者、发布者利用各种媒介和形式直接或者间接向消费者传授不真实信息,用虚假事实欺骗和误导消费者,使购买商品或者接受服务的消费者的合法权益受到损害,以期达到赚钱营利等商业性目的的一种不良的大众化传授方式"。[②] 其他虚假宣传方式,是指经营者以及广告经营者、发布者采取的虚假广告之外的其他通过电视、广播、网络等组织类似于讲座、授课、访谈等以虚假方式向消费者传播一定的观念,知悉其提供的商品或者服务的宣传方式。比如经营者面对面地给消费者介绍商品质量、性能、用途、生产者或产地等。[③] 这些行为的本质,都是向消费者推销商品或者服务,其基本特点是内容虚假。

第四,虚假广告责任的形态是一个复杂的体系。按照《消费者权益保护法》第45条规定,在表述上就有连带责任、赔偿责任等不同形态。在理论上探讨,不仅存在连带责任,还存在不真正连带责任,并且不真正连带责任还存在与众不同的特点。同时,在不同的虚假广告责任中,还存在适用归责原则的不同情形,有的适用过错责任原则,有的适用无过错责任原则。

---

② 孙鹏:《试论虚假广告》,载《长春理工大学学报(社会科学版)》2005年第2期。
③ 参见贾东明主编:《中华人民共和国消费者权益保护法解读》,中国法制出版社2013年版,第209页。

(二)虚假广告责任的法律性质

《消费者权益保护法》规定虚假广告责任的第 45 条不是规定在"法律责任"中的第七章,而是规定在第六章"争议的解决"中。因而有人认为这不是关于法律责任的规定,而是规定解决争议的办法。这个意见是不正确的。从民法的立场上进行研究,《消费者权益保护法》关于第六章"争议的解决"中确实有关于争议解决的程序性问题,例如第 39 条规定的消费者与经营者发生权益争议时的解决途径,第 46 条规定的是消费者向工商管理部门投诉的解决办法,第 47 条是消协组织提起消费者权益损害诉讼的具体规定。这三个条文规定的都属于程序性的解决争议的方法。但在该章中,除了上述规定之外,从第 40 条至第 45 条,分别规定的是产品责任、经营者作为责任主体发生变更的责任承担、表见经营者的民事责任、展销会和租赁柜台的民事责任、网络交易平台提供者责任和虚假广告民事责任,这些绝不是仅仅规定发生争议怎样解决的问题,而是规定了民事责任的请求权法律基础,是实实在在的、具有实体内容的民事法律规范。因而,这种不正确的认识应当纠正。

接下来应当研究的是虚假广告责任的性质。有人主张虚假广告责任的性质属于不正当竞争行为及责任,侵害其他经营者的合法权益。商业广告作为最常用的一项竞争行为方式,法律严格要求经营者以真实、合法为该广告的基本要素。虚假广告诱发消费者产生误购行为,违反了"真实性"原则,是不正当竞争行为。[④]

关于不正当竞争行为的界定,我国《反不正当竞争法》第 2 条第 2 款规定:"本法所称的不正当竞争,是指经营者违反本法规定,损害其他经营者的合法权益,扰乱社会经济秩序的行为。"这是法定的不正当竞争行为的定义。尽管有的学者认为这个界定仍不够准确,建议界定为"一切不具有独占地位的市场活动参与者,违背公认的商业伦理道德或违反诚实信用原则,妨碍公平竞争、扭曲竞争,损害其他竞争者的合法权益、损害消费者权益或社会公共利益的行为"。[⑤] 不论上述关于不正当竞争行为的界定有何不同,但其中认为不正当竞争行为的本质特征是损害其他竞争者的合法权益,则是一致的。虚假广告责任的性质不在于是否存在不正当竞争,概念的核心也并非针对其他经营者的合法权益,不是给其他竞争者的合法权益造成损害,虚假广告行为造成了消费者的损害。因此,虚假广告责任的性质不能界定为不正当竞争行为及责任,而是地地道道的侵权责任。

虚假广告责任的最基本特征,是"消费者因经营者利用虚假广告或者其他虚假宣传方式提供商品或者服务,其合法权益受到损害"[⑥],经营者或者广告经营者、发布者应当承担的民事责任。这与《侵权责任法》第 2 条规定的"侵害合法权益,应当依照

---

④ 参见黎燕燕等:《论虚假广告对消费者权益的侵害》,载《法学杂志》2003 年第 11 期。

⑤ 文永辉:《关于不正当竞争行为的界定——我国〈反不正当竞争法〉第二条的修改建议》,载《太原师范学院学报(社会科学版)》2010 年第 3 期。

⑥ 《消费者权益保护法》第 45 条第 1 款规定的内容。

本法"承担的侵权责任相吻合。如果认为《消费者权益保护法》不是侵权法,那还有《侵权责任法》第 5 条有关"其他法律对侵权责任另有特别规定的,依照其规定"的规定,《消费者权益保护法》的规定就是这种其他法律,也就是侵权特别法。虚假广告对于消费者的民事权益造成损害,并不是因为合同之间发生的损害,也不是因为无因管理或者不当得利造成的损害,而是因侵权行为发生的损害。因此,虚假广告责任就是侵权责任。

三、经营者与广告经营者、发布者承担的虚假广告不真正连带责任

(一)这是一种什么性质的责任形态

《消费者权益保护法》第 45 条第 1 款规定虚假广告责任,是虚假广告责任的一般性规定,它的作用是将替代《广告法》规定的虚假广告责任的一般性规定,但不包含《广告法》第 38 条第 1 款规定的共同侵权责任。

研究这种虚假广告责任最需要研究的,是经营者与广告经营者、发布者承担的责任是一个什么样的责任。《消费者权益保护法》第 45 条第 1 款规定的规则是,消费者因经营者利用虚假广告或者其他虚假宣传方式提供商品或者服务,其合法权益受到损害的,可以向经营者要求赔偿。广告经营者、发布者不能提供经营者的真实名称、地址和有效联系方式的,应当承担赔偿责任。这种规则最基本的含义是,在两个责任主体中,经营者可以承担赔偿责任;广告经营者、发布者如果具备"不能提供经营者的真实名称、地址和有效联系方式"条件的,消费者也可以请求其承担赔偿责任。

这样的责任形态属于侵权责任形态中的哪一种,特别值得研究。笔者认为,这仍然属于不真正连带责任。不真正连带责任的基本特点是:第一,在一个损害后果发生的原因中,有两个行为人实施的行为是共同原因,都对损害的发生贡献了原因力。第二,在与损害结果发生的两个原因行为中,一个是直接原因,另一个是间接原因,贡献的原因力并不相同。第三,在两个行为人承担的责任中,一个责任是最终性的,另一个责任是非最终性的。第四,受害人一方作为权利人,享有两个请求权,这两个请求权行使一个,另一个就即行消灭。[7]

在《消费者权益保护法》第 45 条第 1 款规定的虚假广告责任中,造成消费者权益损害的行为有两个,一个是经营者的行为,一个是虚假广告经营者、发布者的行为,在造成损害的两个责任之中,经营者的行为是直接原因,广告经营者、发布者的行为是间接原因,这样的行为结合在一起,就构成了竞合侵权行为。[8] 竞合侵权行为的法律后果是产生两个请求权,第 45 条第 1 款规定的恰好就是两个请求权,一个是"可以向

---

[7] 参见杨立新:《多数人侵权行为及责任理论的新发展》(本书第 1540 页),载《法学》2012 年第 7 期。
[8] 关于竞合侵权行为,参见杨立新:《论竞合侵权行为》(本书第 1609 页),载《清华法学》2013 年第 1 期。

经营者要求赔偿",一个是广告经营者、发布者"应当承担赔偿责任"。在经营者和广告经营者、发布者承担的两个责任中,经营者的责任并没有附加条件的要求,但对广告经营者、发布者的责任,规定的条件是"不能提供经营者的真实名称、地址和有效联系方式"。可见,两个责任的承担并非相同,一个为主,一个为辅。在这两个请求权中,受害的消费者行使了一个请求权之后,另一个请求权就消灭。因此,该条规定的虚假广告责任的一般规则,完全符合竞合侵权行为与不真正连带责任的基本特征,认定经营者与广告经营者、发布者的虚假广告行为是竞合侵权行为,承担的责任为不真正连带责任,是完全有道理的。

有一个疑问是,在不真正连带责任的规则中,通常有中间责任人承担了中间责任之后,享有对最终责任人的追偿权的规定,但第45条第1款没有追偿权的规定。例如,《消费者权益保护法》第44条第1款关于网络交易平台的责任规则的规定,与第45条第1款的规定基本相同,但第44条第1款明文规定"网络交易平台提供者赔偿后,有权向销售者或者服务者追偿",而第45条第1款却没有这样的内容。对此,笔者的意见是,首先,中间责任人享有追偿权,并不是不真正连带责任的基本特征;其次,在广告经营者、发布者承担了赔偿责任之后,是否享有追偿权,还真值得研究,在下文继续探讨。因此,即使条文没有规定广告经营者、发布者的追偿权,也并不妨碍这种责任形态的不真正连带责任性质的认定。

(二)适用何种归责原则确定责任

经营者与广告经营者、发布者的虚假广告责任适用何种归责原则,条文表述语焉不详,看不出究竟是适用过错责任原则还是无过错责任原则,因为没有说明过错的字样。按照现在这样的文字表述,或许也可以理解为就是适用无过错责任原则。因为《侵权责任法》在第65、69、78条规定环境污染责任、高度危险责任以及饲养动物损害责任的一般条款中,也都是这样表述的,都理解为适用无过错责任原则。

可是,经营者与广告经营者、发布者虚假广告责任能够适用无过错责任原则吗?笔者的意见是,对关系消费者生命健康商品或者服务的虚假广告责任适用无过错责任原则是可以的,因为这样的虚假广告关系消费者的生命权和健康权的保护问题,关系重大,无论经营者与广告经营者、发布者在主观上是否有过错,都应当承担侵权责任。但是经营者与广告经营者、发布者的虚假广告责任,在对第45条第2款特别规定了关系消费者生命健康商品或者服务的虚假广告适用了无过错责任原则之后,对于其他的虚假广告责任已经没有必要适用无过错责任原则了,应当适用一般侵权行为的归责原则,即《侵权责任法》第6条第1款规定的过错责任原则,广告经营者、发布者有过错就有责任,无过错就无责任,况且在虚假广告责任中,经营者以及广告经营者、发布者本身多数就存在过错,因而也不会放纵虚假广告的责任人,足以应对虚假广告侵权行为,救济受害消费者的损害。

因此,笔者的意见是,对于经营者以及广告经营者、发布者虚假广告责任,其侵权行为的性质属于一般侵权行为,应当适用过错责任原则,并以此与第45条第2款和第3

款规定的关系消费者生命健康商品或者服务虚假广告责任和关系消费者生命健康商品或者服务广告代言责任相区别，宽严适当，各得其所。立法机关工作人员对此采取相同的立场进行解释，认为"对于一般的虚假广告(责任)，采用过错责任原则"。⑨

(三)经营者与广告经营者、发布者的责任承担

如前所述，经营者与广告经营者、发布者承担的虚假广告责任是不真正连带责任。但要特别提出的是，经营者是直接行为人，承担的责任是直接责任，在不真正连带责任中的性质属于最终责任。在广告经营者、发布者承担责任的时候，法律规定了要附加的条件，即"广告经营者、发布者不能提供经营者的真实名称、地址和有效联系方式"，这样规定的法律后果是，如果符合这样的条件要求，广告经营者、发布者就与提供商品或者服务的经营者之间构成附条件的不真正连带责任；如果不具有这样的条件，就不构成不真正连带责任，那就是提供商品或者服务的经营者的单独责任。

这个规则与《消费者权益保护法》第44条规定的网络交易平台责任的规则是一样的，连所附的条件都是一样的。所不同的是，第44条规定网络交易平台提供者与销售者或者服务者承担不真正连带责任的表述，是"可以"与"也可以"的结构，即可以向销售者或者服务者要求赔偿，也可以向网络交易平台提供者要求赔偿，并有网络交易平台提供者追偿权的规定。但第45条规定的虚假广告经营者、发布者与提供商品或者服务的经营者承担的不真正连带责任的表述，却是"可以"与"应当"的结构，即"可以"向经营者要求赔偿，广告经营者发布者"应当"承担赔偿责任，并且没有向经营者进行追偿的规定。这样的表述上的区别，究竟是包含了何种含义，特别值得推敲。

按道理推论，这样的重大区别，不会是由于笔误形成的，应当包含立法者的意图。笔者以为，立法者的意图是，既然广告经营者、发布者不能提供经营者的真实名称、地址和有效联系方式，那就有可能是消费者找不到提供商品或者服务的经营者索赔，那当然就是"应当"由广告经营者、发布者承担责任，因而也就没有追偿的问题了。不过，在网络交易平台提供者与销售者或者服务者承担附条件的不真正连带责任时，也是这样的情形，也是在网络交易平台提供者不能提供销售者、服务者的真实名称、地址和有效联系方式的时候，也可能存在消费者找不到销售者或者服务者进行索赔，但并非必定找不到，虚假广告责任同样如此，情形完全一样。在这种情况相同、所附条件相同的情况下，如果一个是"可以""也可以"，一个是"可以""应当"，且一个可以追偿，一个不可以追偿，显然在道理上是说不通的。

笔者的意见是，第45条第1款和第44条第1款的两个责任规则，应当采用一致的方法，即都是附条件的不真正连带责任，在所附条件成就时，受害者即消费者享有两个请求权，可以向虚假广告的经营者、发布者或者提供商品或者服务的经营者选择一个行使，在其行使的这个请求权得到实现的时候，另一个请求权消灭。如果率先承

---

⑨ 贾东明主编:《中华人民共和国消费者权益保护法解读》，中国法制出版社2013年版，第213页。

担责任的责任人是中间责任人,则其承担了赔偿责任之后,可以向最终责任人追偿。这样的规则是合理的,也是合适的。所以,尽管《消费者权益保护法》第 45 条第 1 款的规定有所不同,但并不能否定这种责任形式的不真正连带责任的基本性质,因此也就不能否认广告经营者、发布者享有追偿权。

(四)经营者单独承担虚假广告责任

在一般虚假广告责任中,如果受到损害的消费者直接向提供商品或者服务的经营者进行索赔,或者广告经营者、发布者能够提供经营者的真实名称、地址和有效联系方式不应当承担赔偿责任的,就是经营者单独承担的虚假广告责任。对此,依照过错责任原则的要求,经营者应就其产品或者服务的虚假广告造成的损害,对受害的消费者承担赔偿责任。

(五)广告经营者与发布者的责任问题

在《消费者权益保护法》第 45 条 1 款规定的虚假广告的责任主体中,将广告经营者、发布者并列在一起,但是并没有规定二者究竟是何种关系,也没有规定二者承担责任时究竟是连带责任还是按份责任。笔者的看法是,这一款规定的虚假广告责任是一般性规定,适用过错责任原则,如果广告经营者、发布者都有过错,不论是故意还是过失,都构成共同侵权行为,应当依照《侵权责任法》第 8 条规定承担连带责任。如果其中一方有过错,另一方没有过错,例如广告经营者有过错,而广告发布者没有过错,那就由有过错的一方自己承担侵权责任,与无过错的一方没有关系。

(六)共同侵权行为问题

《广告法》第 38 条第 1 款后段关于"广告经营者、广告发布者明知或者应知广告虚假仍设计、制作、发布的,应当依法承担连带责任"的规定,在《消费者权益保护法》第 45 条第 1 款中没有规定,应当在适用上继续有效。如果出现这种情形,也与经营者构成共同侵权行为,应当依法承担连带责任。

四、关系消费者生命健康商品或者服务的虚假广告责任

(一)关系消费者生命健康商品或者服务虚假广告责任概念的界定

关系消费者生命健康商品或者服务的虚假广告责任,是《消费者权益保护法》新规定的一个虚假广告责任,目前在学说上还没有人给其下定义。依照法律的规定,应当将这个概念界定为:广告经营者、发布者设计、制作、发布关系消费者生命健康商品或者服务的虚假广告,造成消费者生命权或者健康权损害,与提供该商品或者服务的经营者连带承担的无过错的虚假广告责任。

这种虚假广告责任的特点是:第一,必须是关系消费者生命健康商品或者服务的广告发生的侵权责任,不属于这种商品或者服务的广告,即使发生了损害的后果,也不属于这种虚假广告责任。第二,责任的主体是广告经营者、发布者,是广告经营者、

发布者承担的民事责任。第三,这种虚假广告责任适用无过错责任原则,无论广告经营者、发布者是否有过错,只要虚假广告造成了消费者生命健康的损害,就应当承担民事责任。第四,承担责任的形态是连带责任,须与提供商品或者服务的经营者即广告主连带承担民事责任。符合以上四个特征,就构成关系消费者生命健康商品或者服务的虚假广告责任。

(二)关系消费者生命健康商品或者服务的虚假广告责任的归责原则

虚假广告责任是否适用无过错责任,笔者曾持反对态度,撰文表达过这个观点,理由是,第一,虚假广告的经营者、发布者与缺陷产品的生产者、销售者不同;第二,广告侵权行为属于一般侵权行为;第三,广告虚假的要求与无过错责任有矛盾;第四,缺少国外立法例支持。[10] 不过,既然《消费者权益保护法》已经将这种侵权责任规定为无过错责任,且关系消费者生命健康商品或者服务的虚假广告理应承担更重的责任,确实有道理。因此,笔者下面讨论的意见,是根据《消费者权益保护法》的上述规定进行阐释的。采用无过错责任原则,加大了广告经营者、广告发布者从事虚假广告的成本,能够促使其再利害权衡下更加自律、严格把关,可以在很大程度上避免虚假广告的发布,对于遏制关系消费者生命健康商品或者服务的虚假广告非常有利。[11]

应当看到的是,关系消费者生命健康商品或者服务的虚假广告责任所包含的,是两种形式的虚假广告责任:一是关系消费者生命健康商品的虚假广告责任,二是关系消费者生命健康服务的虚假广告责任。我们分开分析:

首先,关系消费者生命健康商品的虚假广告责任,是商品有缺陷,广告经营者、发布者设计、制作、发布虚假广告,且该缺陷产品造成消费者生命或者健康的损害,广告经营者、发布者与缺陷商品的经营者即广告主承担的连带责任,其实是一个责任,即产品责任,因为这种责任完全符合《侵权责任法》第41条至第43条规定的要求。这样,无论是广告经营者、发布者承担的责任,还是广告主即缺陷产品的生产者、销售者承担的责任,都是无过错责任。因此,确定关系消费者生命健康的商品的虚假广告责任的归责原则为无过错责任原则,是没有任何问题的。

其次,关系消费者生命健康服务的虚假广告责任,其性质并不是产品责任,因为在关系消费者生命健康服务的虚假广告责任中,造成消费者生命权、健康权损害的并不是商品即产品,而是根据服务合同约定的某种服务行为,即使服务行为存在危险,也与缺陷产品的概念不同,给付的不是一种物品,而是一种行为,因此,尽管关系消费者生命健康服务的虚假广告责任也是虚假广告责任,但其属性并不相同,这种造成消费者损害的行为,不是一般意义上的侵权行为,而是合同法上的加害给付行为,在造成债权人预期利益损失的同时,也造成了债权人的固有利益损害,依照《合同法》第122条规定,也可以依照侵权行为起诉追究债务人的侵权责任。通常认为,加害给付

---

⑩ 参见杨立新:《广告责任不应当实行无过错责任原则》,载《甘肃理论学刊》2013年第5期。
⑪ 参见贾东明主编:《中华人民共和国消费者权益保护法解读》,中国法制出版社2013年版,第216页。

责任是过错责任[12],也有认为适用无过错责任原则的。[13] 不论对加害给付责任应当适用归责原则持何种观点,但依据《消费者权益保护法》第45条第2款的规定,确定这种虚假广告责任是侵权责任,是无过错责任,因而也应当适用无过错责任原则,不可能使《消费者权益保护法》第45条第2款规定的两种虚假广告责任,一个适用无过错责任原则,一个适用过错推定原则。

所以,无论是关系消费者生命健康商品虚假广告责任,还是关系消费者生命健康服务的虚假广告责任,都适用无过错责任原则。在受到损害的消费者或者其近亲属请求赔偿时,不必证明广告经营者、发布者以及商品或者服务的经营者的过错要件,只要证明商品有缺陷或者服务有瑕疵,且造成了消费者生命权或者健康权的损害,就完成了证明责任,就构成这种侵权责任。

(三)关系消费者生命健康商品或者服务的虚假广告责任的形态

构成关系消费者生命健康商品或者服务的虚假广告责任,依照法律规定,应当与提供该商品或者服务的经营者承担连带责任。这实际上是说,虚假广告的广告经营者、发布者与提供商品或者服务的经营者的行为已经构成了共同侵权行为,因此才令其承担连带责任。依照《侵权责任法》第8条规定,共同侵权行为包括主观的共同侵权行为和客观的共同侵权行为。[14] 广告经营者、发布者明知提供商品或者服务的经营者提供缺陷产品或者服务仍然为之广告的,就是主观的共同侵权行为。即使没有明知而是应知,或者根本就不知道但在客观上提供了虚假广告并造成了消费者生命健康的损害,具有客观的关连共同,也构成共同侵权行为,因而承担连带责任。

不过,由于商品的虚假广告责任和服务的虚假广告责任的主体有所不同,因此,对于怎样承担连带责任,也必须分别进行研究。

关系消费者生命健康商品虚假广告责任与产品责任相关,因此,广告经营者、发布者设计、制作、发布关系消费者生命健康商品的虚假广告,造成消费者损害的,与提供该商品的经营者承担连带责任。这是将他们认定为共同侵权行为人,构成共同侵权责任,因而承担连带责任。应当看到的是,广告经营者、发布者与经营者承担连带责任中的经营者并非一个,而是分为生产者和销售者,究竟应当与哪一个经营者承担连带责任,特别值得研究。笔者认为,由于在产品责任中,生产者与销售者承担的是不真正连带责任,因此,尽管受害消费者可以主张广告经营者、发布者与缺陷产品的生产者、销售者承担连带责任,但广告经营者、发布者只能与生产者或者销售者中的一个主体,即最终责任者承担连带责任。规则是,如果作虚假广告的商品广告主是生产者,广告经营者、发布者就应当与生产者承担连带责任;如果作虚假广告的商品广

---

[12] 参见杨立新:《合同法》,北京大学出版社2013年版,第347页。

[13] 参见梁慧星:《从过错责任到严格责任》,载《民商法论丛》(第8卷),法律出版社1997年版,第1—7页。

[14] 参见杨立新:《中国侵权行为形态与侵权责任形态法律适用指引》,载《河南财经政法大学学报》2013年第5期。

告主是销售者,广告经营者、发布者就应当与销售者承担连带责任。如果提供商品的经营者是缺陷产品的生产者和销售者,则三个主体就应当承担连带责任。不过,即使在不真正连带责任中,不真正连带责任人在形式上也是连带的,因此在承担中间责任上,消费者可以起诉广告经营者、发布者,以及缺陷产品的生产者、销售者,任何被起诉的责任人都有义务承担全部损害的赔偿责任。承担了中间责任的责任人,属于连带责任人的,按照份额对其他没有承担连带责任的责任人进行追偿;属于不真正连带责任人的,对最终责任人可以进行全额追偿;如果起诉的就是不真正连带责任的最终责任人的,则不再享有追偿权。认为"对于其(指广告经营者、发布者,作者注)没有过错,在承担了超出自己赔偿数额的赔偿责任后,可以向经营者追偿"[15]的意见是不正确的,因为连带责任的追偿权,不是中间责任人没有过错才可以追偿。在侵权责任中,有无过错是适用过错责任原则还是无过错责任原则的要求。在无过错责任原则的适用下,广告经营者、发布者无论有无过错,符合侵权责任构成要件的,就要承担连带责任,中间责任人承担了超出自己的责任份额的部分,无论其有无过错,都有权对最终责任人进行追偿,无过错不是追偿权产生的前提条件。

在关系消费者生命健康服务的虚假广告责任中,广告经营者、发布者与谁承担连带责任的问题,没有那么复杂,关系消费者生命健康服务的经营者通常只有一个,不存在生产者和销售者的问题,因此,虚假广告经营者、发布者承担连带责任的其他连带责任人,就是虚假广告的广告主,也就是这一服务的经营者。虚假广告经营者、发布者与虚假广告的广告主承担连带责任就是了。

(四)承担连带责任的份额怎样确定

不论广告经营者、发布者与缺陷商品的生产者或者销售者,以及与服务者承担连带责任,都存在具体承担责任份额的问题。对此,应当按照《侵权责任法》第14条规定处理。能够确定责任大小的比例的,应当按照比例确定赔偿责任,不能确定的,依照连带责任人的人数平均分担。

有一个问题是,在《消费者权益保护法》第45条第2款中,关于虚假广告责任的责任人的提法也是"广告经营者、发布者",广告经营者与发布者究竟是何种关系也不明确。笔者的看法是,广告经营者、发布者究竟怎样承担责任,由于这种侵权责任适用无过错责任原则,通常情况下,都会成为侵权人,因而在多数情况下,广告经营者、发布者承担的是连带责任,除非一方能够证明自己与虚假广告责任无关,那就可以只由一方承担责任,而另一方不承担责任。有的学者认为:"设计、制作、发布三个行为,无论是否属于一个主体所为,只要满足其一,并造成消费者损害的后果,就要承担本

---

[15] 参见何山主编:《〈中华人民共和国消费者权益保护法〉释义及实用指南》,中国民主法制出版社2013年版,第151页。

款规定的连带责任。"⑯

五、代言关系消费者生命健康商品或者服务的虚假广告的连带责任

广告代言也叫做推荐广告、荐证广告、代言广告、证言广告。⑰ 关于广告代言连带责任,在《食品安全法》规定了第55条之后,笔者曾经撰文说明自己的观点,认为广告代言连带责任的基础是代言人与广告经营者、发布者以及缺陷产品经营者之间的共同侵权行为,如果成立共同侵权行为,当然承担连带责任是没有问题的。⑱ 上述意见,与《消费者权益保护法》第45条第3款规定的内容并不一致,因此,研究代言虚假广告及虚假宣传的连带责任,应当依据这一法律规定。

(一)代言关系消费者生命健康商品或者服务虚假广告连带责任的归责原则

广告代言人对关系消费者生命健康商品或者服务的虚假广告造成的损害承担连带责任,不论在学说上有哪些不同主张,但立法机关采取坚决的态度,《消费者权益保护法》第45条第3款规定与第2款规定的适用规则都是相同的,即在"关系消费者生命健康商品或者服务"的领域,确定广告代言人的责任。这意味着,既然广告代言关系消费者生命健康商品或者服务虚假广告责任与广告经营者、发布者的关系消费者生命健康商品或者服务的虚假广告责任采用同样的措辞,当然就适用同样的规则,广告代言人的责任同样也是无过错责任。这样的推论,符合《消费者权益保护法》第45条第2款和第3款的要求。理由是,既然关系消费者生命健康商品或者服务的广告代言人与关系消费者生命健康商品或者服务的广告经营者、发布者具有相同的性质,适用同样的归责原则,承担同样的责任就完全顺理成章。立法机关工作人员的解释也是这样,进一步强化代言人的民事责任,更有利于维护消费者的生命健康等合法权益,促使其再代言广告时更加谨慎小心,积极主动、全面认真地负起审查义务。⑲ 这是为了保护消费者生命健康安全的需要。

(二)广告代言人的界定

一般认为,商业广告代言人是通过在广告中进行陈述或表演行为来支持广告或广告声明的人。⑳ 这种意见大体可行。通过在关系消费者生命健康商品或者服务广告或者在虚假宣传中进行陈述或者表演行为,来支持虚假广告或者虚假宣传,推广商品或者服务的社会团体或者其他组织、个人,就是该种虚假广告及虚假宣传的代言人。

---

⑯ 何山主编:《〈中华人民共和国消费者权益保护法〉释义及实用指南》,中国民主法制出版社2013年版,第151页。
⑰ 参见于林洋:《虚假荐证广告民事责任两岸观》,载《中国公证》2008年第9期。
⑱ 参见杨立新:《论广告代言连带责任及其法律适用规则》,载《政治与法律》2009年第5期。
⑲ 参见贾东明主编:《中华人民共和国消费者权益保护法解读》,中国法制出版社2013年版,第219页。
⑳ 参见曾咏梅:《论商业广告代言人的法律责任》,载《中国人民大学学报》2009年第1期。

一般认为,广告代言人是自然人,认为广告形象代言人可以分为公众代言人和一般代言人。公众代言人多以体育明星、影视明星、知名模特、广告明星等居多,他们代言的广告习惯上叫做名人广告。与此相对应,非名人广告即为一般人代言广告。[21]《食品安全法》第 55 条和《消费者权益保护法》第 45 条第 3 款在《广告法》第 38 条第 3 款规定的社会团体和其他组织的基础上,又增加了自然人为责任主体。这是因为在实践中,自然人的代言显然比社会团体和其他组织更多,更需要进行规范。因此,这样的规定更有利于规范广告代言人的行为,更有利于保护消费者不受虚假广告代言人虚假代言的坑害。

《消费者权益保护法》第 45 条增加规定其他虚假宣传方式,也作为关系消费者生命健康商品或者服务虚假广告责任的行为方式。事实上,在关系消费者生命健康商品或者服务的代言上,特别是个人的代言,更多的不是虚假广告,而是其他虚假宣传方式。例如,在电视台连篇累牍地介绍某种产品对自己的功效,冒充专家作讲座宣传某种产品或者服务。事实上,其他虚假宣传方式也是广告行为,只是不以广告形式出现而已。为虚假广告代言与为其他虚假宣传方式代言,性质完全相同,承担的责任也应当完全一致。

(三)广告代言人与谁构成共同侵权行为

关系消费者生命健康商品或者服务虚假广告及其他虚假宣传方式的代言,"应当与提供该商品或者服务的经营者承担连带责任",其前提就应当是广告代言人与提供该商品或者服务的经营者的行为构成共同侵权行为。对此,应当依照《侵权责任法》第 8 条规定确定是否构成共同侵权行为。同样,在确定这种共同侵权行为的时候,应当适用主观的共同侵权行为和客观的共同侵权行为的标准[22],如果代言人明知或者应知广告或者宣传虚假而为之,有共同故意或者共同过失的,或者虽未知但其行为造成同一个损害结果且为不可分的,应当认为构成共同侵权行为,承担连带责任。

有一个疑问是,《消费者权益保护法》第 45 条第 3 款规定的是广告代言人"应当与提供该商品或者服务的经营者承担连带责任",难道广告经营者、发布者就不是连带责任人吗? 笔者认为并非如此。广告代言人承担虚假广告责任,当然要与提供该商品或者服务的经营者承担连带责任,但虚假广告的代言人与虚假广告经营者、发布者本为同一法律地位,对于广告主而言,都是与虚假广告设计、制作、发布行为有关的人,对此,应当承担相同的责任。因此,在承担连带责任的时候,广告代言人、广告经营者、发布者以及提供该商品或者服务的经营者(包括生产者和销售者)都是连带责任人,都应当承担连带责任。具体情形是:

1. 广告代言人承担关系消费者生命健康商品虚假广告的连带责任

广告代言人承担关系消费者生命健康商品虚假广告责任,性质是产品责任,承担

---

[21] 参见刘继峰:《论虚假广告代言人的法律责任》,载《国家检察官学院学报》2008 年第 5 期。
[22] 参见杨立新:《侵权责任法》,法律出版社 2012 年版,第 145 页。

连带责任的有缺陷产品的生产者、销售者,还有广告经营者、发布者。在实质上,广告代言人可能与缺陷产品的生产者或者销售者承担连带责任,同时也可能与广告经营者、发布者承担连带责任;而在缺陷产品的生产者和销售者之间,承担的是不真正连带责任。不论是连带责任还是不真正连带责任,在形式上都是连带的,只有在实质上存在差别。因此,消费者在虚假广告代言责任中,可以起诉广告代言人、缺陷产品的生产者、销售者以及广告经营者、发布者中的任何一个或者数个主体,在被告承担了全部赔偿责任之后,在追偿关系中,按照连带责任和不真正连带责任的不同规则进行追偿。㉓

2. 广告代言人承担关系消费者生命健康服务虚假广告的连带责任

广告代言人承担关系消费者生命健康服务虚假广告的连带责任的规则比较简单,连带责任人包括广告代言人、提供虚假服务的经营者,也包括广告经营者、发布者。按照《侵权责任法》第 13 条和第 14 条规定承担连带责任,受到损害的消费者可以起诉连带责任的数个或者全部作为被告,承担了中间责任的连带责任人,可以向其他没有承担连带责任的责任人进行追偿。

(四)广告代言人的连带责任

广告代言人承担连带责任,应当依照《侵权责任法》第 13 条和第 14 条的规定进行。受害消费者直接请求广告代言人承担全部责任的,应当承担全部责任。在承担了全部赔偿责任之后,可以向其他连带责任人,例如提供该商品或者服务的经营者、广告经营者、发布者等进行追偿,对此,应当按照实际应当承担的赔偿份额,超出自己份额的责任,可以向其他没有承担最终责任的连带责任人进行追偿。

至于对广告代言人的连带责任份额应当怎样确定,亦应根据其在虚假广告以及虚假宣传中所起的作用,依照《侵权责任法》第 14 条的规定确定。

㉓ 参见杨立新:《中国侵权行为形态与侵权责任形态法律适用指引》,载《河南财经政法大学学报》2013年第 5 期。

网络交易平台提供者的法律地位与民事责任[*]

中国互联网络信息中心(CNNIC)2013年3月发布的《2012年中国网络购物市场研究报告》显示,截至2012年12月底,我国网络购物用户规模达到2.42亿,网民使用网络购物的比例提升至42.9%,网络购物市场交易金额达到12594亿元,较2011年增长66.5%。[①] 尤其是在2013年11月11日"网购狂欢节"中,一天的网购销售额达到数百亿元之多。与网购热潮相对应的,是消费者对网络交易环境日益增多的投诉。中国消费者协会近期发布的《2013年上半年全国消协组织受理投诉情况分析》显示,以网络购物为主体的媒体购物的投诉量在服务类投诉中高居首位,在网购中加强对消费者权益的保护迫在眉睫。[②] 将于2014年3月15日生效的修订后的《消费者权益保护法》第44条规定了网络交易平台提供者的民事责任,以更好地保护网购消费者的合法权益。本文以该条法律规定为依据,探讨网络交易平台提供者的法律地位及对应承担的民事责任进行研究。

一、网络交易平台提供者民事责任的适用范围

《消费者权益保护法》第44条规定的网络交易平台提供者民事责任究竟应当在何种范围内适用,特别值得研究,这是确定网络交易平台提供者的法律地位及责任承担的基础。

网络交易,是指基于互联网技术和网络通信手段进行的商品或服务的交易,并提供相关服务的商业交易形态。按照交易主体的不同细分为企业之间(Business to Business,简称B2B)、企业与消费者之间(Business to Consumer,简称B2C)和消费者之间(Consumer to Consumer,简称C2C),都是通过网络通信手段进行交易或服务。

其中,B2B模式下的网络交易又可细分为网上交易市场(web trade market)和网

---

[*] 本文发表在《江汉论坛》2014年第5期,合作者为中国人民大学法学院博士研究生韩煦。

[①] 参见中国互联网络信息中心(CNNIC):《2012年中国网络购物市场研究报告》,载http://wenku.baidu.com/link?url=pYV_9BLgwiKUHuLC4yZQWe9ZJwMPBSTPoBVEvBV0UzAN70wT-mFJmxR9lMhZEkTsrkZxtnNS1EDdwjj_NVqhiKTpITOliDTluslOIBIRIbu,2013年11月19日访问。

[②] 参见中国消费者协会:《2013年上半年全国消协组织受理投诉情况分析》,载http://www.cca.org.cn/web/xfxx/picShow.jsp?id=63379,2013年11月18日访问。

上交易(web business)。前者是指提供给具有法人资质的企业间进行实物和服务交易的由第三方经营的电子商务平台;后者是指具有法人资质的企业在网上独立注册网站,并直接向其他企业提供实物和服务的电子商务平台。同样,在B2C模式下的网络交易也可细分为网上商厦(web mall)和网上商店(web store):前者是指提供给企业法人(或其他组织机构)或法人委派的主体在互联网上独立注册开设网上商店,出售实物或提供服务给消费者的由第三方经营的电子商务平台;后者是指企业(或其他组织机构)法人或法人委派的行为主体在互联网上独立注册网站、开设网上商店,出售实物或提供服务给消费者的电子商务平台。C2C网上个人交易市场(web market for consumers),是指提供给个人间在网上进行实物和服务交易的由第三方经营的电子商务平台。③

修订后的《消费者权益保护法》第44条规定的网络交易平台提供者的民事责任仅适用于C2C与B2C中的网上商厦下的网络交易,理由是:第一,根据《消费者权益保护法》第2条关于"消费者为生活消费需要购买、使用商品或者接受服务,其权益受本法保护"的规定,消费者特指为生活消费需要购买商品、接受服务的社会主体,在B2B模式下,交易的双方为具有法人资格的企业,其购买商品或接受服务的目的是出于生产消费的需要,不能将其界定为消费者。第二,在B2C网上商店交易模式下仅存在双方当事人,网络交易平台的提供者同时是商品或服务的销售者或服务者,消费者在此交易模式下如合法权益遭受损害,只能请求与其发生关系的一方承担民事责任时,不具有选择权。在《消费者权益保护法》第44条确立的网络交易平台提供者承担民事责任的网络交易关系中,有三方当事人:一是网络平台上的销售者或者服务者,他们是交易的经营者(网店);二是网络交易平台提供者(网站),他们只是对交易的双方提供交易平台,供销售者或者服务者与消费者进行交易;三是消费者,他们与销售者或者服务者发生交易关系。④ B2C网上商店交易模式明显不符合第44条规定的要求,因为在这种交易中,网站本身就是网络交易关系的当事人,而并非提供交易平台供另两方交易者进行交易。

《消费者权益保护法》第44条规定的网络交易平台提供者民事责任的适用范围,仅限于C2C与B2C中网上商厦下的网络交易。在这两种网络交易模式下,存在三方当事人,网络交易平台的提供者为买卖双方提供一个24小时的交易平台,消费者与销售者或服务者仅需在该交易平台上进行注册后,便可使用该平台进行买卖交易。而网络交易平台提供者本身既不接触商品也不参与货币结算,直接的交易对象是消费者与销售者或者服务者,在网络交易平台上发生的交易如出现违约责任、侵权责任,销售者或者服务者是直接责任主体,只有在法律规定的特定情况下,网络交易平

---

③ 参见《电子商务模式规范》第2.1—2.6条。
④ 参见杨立新:《修订后的〈消费者权益保护法〉规定的民事责任之解读》,载《法律适用》2013年第12期。

台提供者才承担法定的民事责任。

二、网络交易平台提供者的法律地位

网络交易平台只是一个虚拟的网络空间和与之相配套的计算机系统,本身并不具有法律主体资格,真正与用户发生法律关系的是投资设立网络交易平台并从事电子商务经营的网络交易平台提供者。网络交易平台提供者属于网络服务提供商(Internet Service Provider,简称 ISP)的一种,是为用户提供交易平台和网络交易辅助服务的法人。[5] 由于网络交易平台提供者的法律地位直接关系到对其民事责任的认定与责任的承担方式,因此须先就其法律地位进行探讨。

(一)对网络交易平台提供者法律地位的不同看法

在学理上,对网络交易平台提供者在网络交易中的法律地位存在不同意见,归纳起来主要有以下几种观点:

一是"卖方"或"合营方"说。这一观点将网络交易平台提供者作为提供交易平台与消费者进行交易的一方当事人,其基本理由是消费者是在网络交易平台上完成交易的,所以网络交易平台提供者应被认为是销售者或至少是与卖方进行共同经营的一方。[6]

二是"柜台出租方"说。这一观点认为,专业网络公司提供的在线交易平台类似店铺或柜台的租赁关系,让承租人利用出租人的电子网络这种特殊资产平台进行经营活动。从这个意义上说,网站为买卖双方提供的交易平台其实就类似商场,商场出租它的空间供商家销售商品。[7]

三是"居间人"说。这一观点认为,网络交易平台提供者实则为居间人。网络交易平台提供者所提供的网络交易服务是为潜在的交易双方当事人提供交易机会或媒介服务,其行为符合居间行为的定义和特点。[8]

(二)对上述不同看法的分析评论

在上述观点中,"卖方"或"合营方"说将虚拟的网络购物与现实购物等同,将网络交易平台提供者视为买卖合同的一方当事人,认为其作为卖方或合营方与消费者签订了买卖合同。而在事实上,在 C2C 与 B2C 中的网上商厦模式下,网络交易平台提供者仅为在其网络交易平台上发生的交易提供网络空间与必要的技术支持,其既未直接与消费者达成买卖合同,也未作为合营者参与、干涉在其平台上进行的商品或

---

[5] 参见岳亭:《网络交易平台提供商法律责任研究》,北方工业大学 2010 硕士学位论文,第 2 页。
[6] 参见张雨林:《网络拍卖的法律问题分析》,转引自岳亭:《网络交易平台提供商法律责任研究》,北方工业大学 2010 硕士学位论文,第 5 页。
[7] 参见吴贵仙:《网络交易平台的法律定位》,载《重庆邮电大学学报(社会科学版)》2008 年第 20 卷第 6 期,第 58 页。
[8] 参见岳亭:《网络交易平台提供商法律责任研究》,北方工业大学 2010 硕士学位论文,第 6 页。

服务交易。因此,将其作为卖方或合营方来看待,是不符合客观事实的,与网络交易平台提供者的真实法律地位不相符。

"柜台出租者"说亦存在不足之处。按照这种观点,网络交易平台提供者将其拥有支配权的网络交易平台出租给销售者或服务者,并按期向作为承租人的销售者或服务者收取一定的费用作为租金,两者之间实为租赁合同关系。而在实际上,以 C2C 模式中的典型代表淘宝网为例,其对所有用户开放,不论是消费者还是销售者或服务者在其平台上免费注册后,都能使用其网络平台进行交易,完全不同于柜台租赁。同时,从承担责任的方式来看,修订后的《消费者权益保护法》通过第 43 条明确规定了柜台的出租者与承租人的连带责任,另通过第 44 条单独规定了网络交易平台提供者在满足特定条件时承担赔偿责任的方式,将二者区别开来。虽然柜台的出租者与网络交易平台提供者都有承担连带责任的可能,但两者承担责任的要件却完全不同。因此,不能将网络交易平台提供者单纯地认定为柜台出租者。

对于"居间人"说,虽然网络交易平台提供者在为消费者与销售者或者服务者双方提供技术服务的过程中,实质上产生了中介效果,但是网络交易平台提供者与传统的居间人具有原则的不同:第一,《合同法》第 424 条规定,居间合同指的是双方当事人约定居间方为委托方报告订立合同的机会或提供订立合同的媒介服务的合同,居间人是向委托人报告订立合同的机会或提供订立合同媒介服务的人。而在网络交易平台提供者与网络交易双方订立合同时,并无居间的意思,也未主动为其寻找交易机会。第二,网络交易平台提供者将网络交易平台对网络用户免费开放,其并未因提供网络交易平台而收取相应的费用。⑨ 以 C2C 的典型代表淘宝网为例,其实行买卖双方免费注册制度。虽然网络服务提供者会通过在网站首页上发布其平台上销售者或服务者的商品、店铺信息来间接获取收益,并在事实上为交易双方提供了更多的缔约机会,但该收益在性质上并不是居间成功的报酬,不具有居间报酬的性质。

(三)笔者的意见

网络购物是一种新兴的交易方式,网络交易平台提供者也是近几年新出现的概念,在认定其法律地位时,不能用固有的民法概念来解释它,也不能将其生拉硬扯硬塞进固有民法概念的巢穴,而抹杀它的本质特点。认定网络交易平台提供者的法律地位,应当根据其在网络交易中的客观实际,实事求是地将其界定为一种新型的交易中介,其特点,一是,网络交易平台提供者是网络交易平台的构建者与所有者。二是,网络交易平台的提供者不直接参与买卖双方(消费者与销售者或服务者)的交易活动,是独立于买卖双方的中介。三是,网络交易平台的提供者分别与买卖双方订立服务条款,并根据买卖双方享有权利的不同对卖方进行更为严格的资格审查。如根据淘宝网规则,卖家在网络交易平台上免费开店,需要进行实名认证并提交自己的联系

---

⑨ 参见陈书宇:《论网络交易平台提供商的间接侵权责任》,南京大学 2012 硕士毕业论文,第 6 页。

方式与现行有效的身份证号。⑩ 四是,网络交易平台提供者对买卖双方不收取交易平台注册费用。买方(消费者)使用该平台完全免费,但通过对卖方(销售者或服务者)提供增值服务、收取广告费、提供搜索排名等方式赚取利润。

网络交易平台提供者的这种新型交易中介法律地位,与《侵权责任法》第36条规定的网络侵权责任中的网络服务提供者的法律地位相似。在网络侵权法律关系中,网络服务提供者提供讨论平台,任何网民都可以在该平台上自由发言。网民在网站上实施侵权行为,被侵权人可以行使通知的权利,保护自己,网络服务提供者只是提供平台,并不参与其中。尽管网络交易行为与网络侵权行为不同,但网络平台在其中所起的作用相似,网络服务提供者和网络交易平台提供者的法律地位基本相同。

三、网络交易平台提供者承担民事责任的义务来源

民事责任是民事主体违反民事义务所应当承担的不利法律后果。⑪ 网络交易平台提供者作为一种新型的交易中介,其特殊的法律地位决定了其对在其交易平台上发生的侵害消费者合法权益的行为一般不承担民事责任。《消费者权益保护法》第44条基于最大限度地保护消费者权益的目的,规定了网络交易平台提供者的民事责任。这种民事责任的基础究竟来源于何种民事义务,特别值得探讨。根据网络交易平台提供者的法律地位,将其承担民事责任的来源分为网络交易平台提供者法定义务与约定义务两种。《消费者权益保护法》第44条关于"网络交易平台提供者不能提供销售者或者服务者的真实名称、地址和有效联系方式的,消费者也可以向网络交易平台提供者要求赔偿;网络交易平台提供者做出更有利于消费者的承诺的,应当履行承诺"的规定,就是规定的网络交易平台提供者应当承担的法定责任与约定责任,其基础就是这两种不同的义务。

(一)网络交易平台提供者违反法定义务承担的法定责任

消费者通过网络交易平台进行网络交易,购买商品或接受服务,其与商品的销售者或服务的提供者构成了买卖合同的双方当事人。网络交易平台提供者作为平台的所有者,仅为在其网络平台上进行的交易提供必要的网络空间与技术支持,不参与消费者与销售者或服务者之间的买卖行为。在通常情况下,消费者通过网络交易平台购买商品或接受服务,其合法权益受到损害的,可以通过网络交易平台提供的即时聊天工具(如淘宝网的阿里旺旺)与销售者或服务者进行交涉,在双方达成退换货协议与相应的赔偿协议后,由销售者或服务者向消费者提供有效的退换货地址与联系方式。在有商品需要退换的情况下,由消费者根据销售者提供的地址和联系方式将商

---

⑩ 参见淘宝网:《新卖家淘宝开店全攻略》,http://service.taobao.com/support/knowledge-5525084.htm?spm=a1z0e.3.0.0.UUkjf7&dkey=catview&scm=1028.a1.1.1,2013年11月19日访问。

⑪ 参见杨立新:《民法总则》,法律出版社2013年版,第558页。

品退回销售者。销售者在收到退回的商品后,再将暂存在第三方支付平台上的消费者支付给销售者的价款退还给消费者,并根据双方达成的赔偿协议承担对消费者的赔偿责任。

在消费者与销售者或者服务者在网络交易平台进行交易的过程中,网络交易平台提供者并不发生法定义务。即使在消费者与销售者或者服务者之间发生争议的时候,网络交易平台提供者也不发生义务。只有在"消费者通过网络交易平台购买商品或者接受服务,其合法权益受到损害",消费者无法找到网络交易的销售者或者服务者的时候,法律规定网络交易平台提供者负有义务。该法定义务的内容是,应消费者的要求,向消费者提供销售者或者服务者的真实名称、地址和有效联系方式。当网络交易平台提供者不履行该义务,就应当承担民事责任。这种网络交易平台提供者承担的民事责任,就是网络交易平台提供者的法定责任。

(二)网络交易平台提供者违反约定义务承担的约定责任

网络交易平台提供者承担上述法定义务及责任,并不妨碍其对消费者作出的更有利于消费者的承诺发生的义务和责任。什么是"更有利于消费者的承诺"?立法时考虑的主要是网络交易平台提供者对消费者作出的"先行赔付"等承诺。对此应该理解为,网络交易平台提供者向其提供的网络交易平台上购买商品或接受服务的消费者提供的,在满足《消费者权益保护法》以及相关法律对消费者权益保护的法定最低要求的前提下,作出的更有利于消费者权益保护的服务性条款,包括商品维修条款、退换货条款、质保条款、损害赔偿条款等"先行赔付"的承诺。商家对消费者的承诺,是合同的义务条款。网络交易平台提供者对消费者作出的承诺,也在双方之间发生约定的义务,对双方当事人均有拘束力,必须依约履行。该条款不需要网络交易平台提供者与消费者进行事先签订,只要消费者注册成为该网络交易平台的用户,并通过该平台购买商品或接受服务,即成为该义务的权利人。在消费者的合法权益因在该交易平台购买商品或接受服务而受到损害时,即可请求网络交易平台提供者承担违反其约定义务的民事责任。这种民事责任,是违反约定义务产生的民事责任,与法定义务有所不同。

随着网络交易的空前繁荣,各大网络交易平台提供者之间的竞争也日益激烈。为了在竞争中处于有利地位,越来越多的网络交易平台提供者在为其平台用户提供必要技术支持的同时,更加重视对消费者的保护。以淘宝网为例,目前淘宝网携手淘宝上600万户卖家签订了《消费者保障协议》,并设立了2亿消费者保障基金,承诺为在其交易平台上进行交易的消费者提供交易保障服务。根据该协议,消费者在淘宝网上加入该协议的店铺内购买商品或接受服务,如果消费者因该商品或服务导致其合法权益受到伤害,在销售者或服务者不履行承诺的情况下,可以直接根据该协议向淘宝网发起赔付申请,淘宝网核实后将据此协议进行先行赔付以优先保障消费者的权益。⑫在此种情况下,网络交易平台提供者承担赔偿责任的基础是因为其对消费者做出的事前承诺发生的义务,而非基于法律的直接规定。

(三)网络交易平台提供者承担的侵权连带责任

《消费者权益保护法》第44条第2款规定了网络交易平台提供者对消费者的另外一项法定义务,即网络交易平台提供者在明知或者应知销售者或者服务者利用其平台侵害消费者合法权益的,应当采取必要措施。这种采取必要措施的要求,就是网络交易平台提供者的法定义务。违反这种法定义务,网络交易平台提供者承担的民事责任也是法定责任,其性质应当是侵权责任,因而与前一种法定责任不同。

四、网络交易平台提供者承担违约责任及具体规则

网络交易平台提供者承担法定或者约定的违约责任,《消费者权益保护法》第44条第1款规定了具体规则。依照这一规定,对这种违约责任及具体规则作以下说明。

(一)网络交易平台提供者承担违约责任的形式是不真正连带责任

《消费者权益保护法》第44条第1款规定网络交易平台提供者承担的民事责任,究竟是何种性质,在立法过程中意见不同。有一种观点认为:网络交易平台提供者与销售者或服务者构成连带责任,消费者因在平台上购买商品或接受服务而使合法权益受到侵害,其既可以请求销售者或服务者承担全部的赔偿责任,又可以请求网络交易平台提供者承担全部的赔偿责任,因此网络交易平台提供者承担的是连带责任。另一种观点认为:网络交易平台提供者承担的是有顺位的补充责任,当消费者的合法权益因在交易平台上购买商品或接受服务而受到损害时,其只能先向与其有买卖合同关系的销售者或服务者要求赔偿,在销售者或服务者不能承担赔偿责任或不能承担全部赔偿责任时,再由网络交易平台提供者承担全部的赔偿责任或不足部分的赔偿责任。

认为网络交易平台提供者在这里承担的民事责任是连带责任的意见是不正确的,原因在于,连带责任的本质特征是尽管在中间责任的承担上可以进行选择,但其最终责任必定须分配给每一给连带责任人。⑬第44条规定的责任,尽管存在"可以"要求销售者或者服务者承担赔偿责任,"也可以"请求网络交易平台提供者承担赔偿责任,但接下来规定的网络交易平台提供者赔偿后,有权向销售者或者服务者进行的追偿却是全额追偿,而不是按照份额追偿,这就不符合连带责任的本质特征。此外,连带责任是法定责任,以法律明文规定为前提,此处没有规定为连带责任,当然不能解释为连带责任。

---

⑫ 参见淘宝网:《消费者保障服务》,2013年11月20日访问,载 http://www.taobao.com/go/act/xb2/index.php? spm=0.0.0.0.yVYorm&service=0&ad_id=&am_id=&cm_id=1400585190d2f0030ba5&pm_id=。

⑬ 参见杨立新:《多数人侵权行为及责任理论的新发展》(本书第1540页),载《法学》2012年第7期。

认为网络交易平台提供者承担的责任是有顺位的补充责任的意见也不正确。补充责任是指两个以上的行为人违反法定义务,对一个受害人实施加害行为,或者不同的行为人基于不同的行为而致使受害人的权利受到同一损害,各个行为人产生同一内容的赔偿责任,受害人分别享有的数个请求权有顺序的区别,首先行使顺序在先的请求权,不能实现或者不能完全实现时,再行使另外的请求权予以补充的侵权责任形态。[14] 在适用补充责任的场合,受害人请求义务人进行赔偿有顺序的限制,只能基于法律的直接规定,对直接侵害自己合法权益的义务人首先要求赔偿,只有在先顺序的赔偿义务人不能赔偿或不能全部赔偿的情况下,才能请求后顺序的赔偿义务人进行全部赔偿或限额赔偿。《消费者权益保护法》第44条第1款仅规定当消费者因在网络交易平台上购买商品或接受服务而使其合法权益受损的情况下,可以请求销售者或服务者予以赔偿,且在满足网络交易平台提供者不能提供销售者或者服务者的真实名称、地址和有效联系方式,或网络交易平台提供者作出更有利于消费者的承诺的条件下,享有请求网络交易平台提供者承担赔偿责任的权利。在这个规则中,首先,网络交易平台提供者仅为交易双方提供交易平台与必要的技术支持,其本身并没有保障消费者合法权益不受损害的法定义务,也未实施任何行为为销售者或服务者损害消费者合法权益提供机会或帮助;其次,消费者要求销售者或服务者承担赔偿责任并没有顺序的限制:销售者或服务者不是第一顺位的赔偿义务人,网络交易平台提供者也不是后顺位的补充责任人,消费者不需要在首先向销售者或服务者请求赔偿又得不到完全赔偿的情况下才能向网络交易平台提供者请求赔偿。因此,网络交易平台提供者与销售者或提供者之间并非构成有顺位的补充责任。

在《消费者权益保护法》第44条第1款规定的情况下,网络交易平台提供者与销售者或者服务者之间承担的民事责任的性质,是附条件的不真正连带责任。[15] 网络交易平台提供者与其平台上的销售者或服务者之间承担的这种责任属于不真正连带责任,原因是,消费者在其合法权益受到侵害后享有两个请求权,一个是对销售者或者服务者的请求权,另一个是对网络交易平台提供者的请求权。两个请求权消费者可以选择其中一个行使,当一个请求权满足后,另一个请求权就即行消灭。这完全符合不真正连带责任的法律特征。

不过,这种不真正连带责任又与一般的不真正连带责任不同,是附条件的不真正连带责任。法律规定所附的条件为"网络交易平台提供者不能提供销售者或者服务者的真实名称、地址和有效联系方式"或者"网络交易平台提供者作出更有利于消费者的承诺"。在满足前一个条件时,构成法定的附条件不真正连带责任;在满足后一个条件时,构成约定的附条件不真正连带责任。

---

[14] 参见杨立新:《论不真正连带责任类型体系及规则》,载《当代法学》2012年第3期。
[15] 参见杨立新:《修订后的〈消费者权益保护法〉规定的民事责任之解读》,载《法律适用》2013年第12期。

实行这样的责任形态规制网络交易平台提供者的责任,主要原因是:第一,网络交易平台提供者与销售者或服务者各自基于不同的原因或行为致使同一消费者的合法权益受到损害。消费者与销售者或服务者是买卖合同的双方当事人,后者对其销售的商品或提供的服务负有瑕疵担保责任。当消费者因商品或服务致使合法权益受损时,销售者或服务者理应承担赔偿责任;而网络交易平台提供者并非买卖合同中的当事人,其之所以应就消费者的请求承担赔偿责任,在于其违反了在销售者或服务者侵害消费者合法权益时及时向消费者提供销售者或服务者的真实名称、地址和有效联系方式的告知义务,或是由于网络交易平台的提供者事前做出了更有利消费者权益保护的承诺,其有义务履行这种法定义务或者约定义务,承担对消费者的赔偿责任。第二,在网络交易平台提供者不能提供销售者或者服务者的真实名称、地址和有效联系方式,或网络交易平台提供者作出更有利于消费者的承诺时,法律为何要规定网络交易平台提供者的附条件不真正连带责任,首先是因为,销售者或服务者作为卖方在交易平台上开店时已进行了实名认证,并向网络交易平台提供者提供了自己有效的身份证件与联系方式。网络交易平台提供者作为知悉销售者或服务者身份的主体,在消费者向其寻求帮助时,有义务提供相关信息以帮助消费者维权。如其不能提供销售者或服务者的真实名称、地址和有效联系方式,即为在监管中存在失职行为,因而应当承担民事责任。其次是因为,在网络交易平台提供者做出更有利于消费者承诺的情况下,相当于其为所有在其平台上购买商品、接受服务的消费者提供了服务合同。网络交易平台提供者作为义务承担者,应当履行其义务,承担对消费者先行赔付的义务。

(二)法定的附条件不真正连带责任

法定的附条件不真正连带责任,是网络交易平台提供者在不能提供销售者或者服务者的真实名称、地址和有效联系方式时,受到损害的消费者可以选择销售者或者服务者,也可以选择网络交易平台提供者承担违约赔偿责任。销售者或者服务者对消费者造成损害,在网络交易平台提供者不能提供销售者或者服务者的真实名称、地址和有效联系方式的时候,受到损害的消费者产生两个请求权,分别针对这两个责任主体,可以选择其中一个请求权行使,这个请求权行使之后,另一个请求权即行消灭。

网络交易平台提供者承担法定代表人附条件不真正连带责任的条件,是其不能向消费者提供销售者或服务者的真实名称、地址和有效联系方式。因而如何认定"不能提供"就至关重要。在司法实践中认定法律规定的"网络交易平台提供者不能提供销售者或者服务者的真实名称、地址和有效联系方式"条件的方法是,当消费者因在网络交易平台上购买商品或接受服务而导致合法权益受损,找不到直接责任人即销售者或服务者,无法行使索赔权获得赔偿时,有权请求网络交易平台提供者介入纠纷。网络交易平台一般都设有专门的网络客服,专门受理消费者的投诉、维权事宜。以淘宝网为例,在其首页上有"联系客服"栏目,消费者需要投诉、维权时只需点击进入,淘宝网客服便会介入交易,并对侵权或违约的真实性进行核实。这时,消费者即可请求网络交易平台的提供者向其提供销售者或服务者的真实名称、地址和有效的联系方式,使自己找到侵害其权益的销售者或者服务者进行索赔。如果网络交易平台提供者向消费者提供了销售者或者服务者的真实名称、地址和有效联系方式,就否定了其承担不真正连带责任的所附条件,应当免除责任。提供上述名称、地址、联系方式是否有时间的要求,法律没有明确规定。我们认为,一项有效的救济除应具有合理性外还应具有及时性。因此应对网络交易平台提供者向消费者提供销售者或服务者的真实名称、地址以及有效的联系方式的时间进行限制,可以适当宽于《侵权责任法》第 36 条第 2 款规定的"及时"的要求,倾向于参考《中国媒体侵权责任案件法律适用指引》的看法[16],在 7 日内予以提供。在此时间内网络交易平台提供者向消费者提供销售者或服务者的真实名称、地址和有效联系方式的,应认定为其已提供了有效信息;超过该时间再提供、或一直未提供的,应认定为其不能向消费者提供销售者或服务者的真实名称、地址和有效联系方式。这样要求,能有效防止网络交易平台提供者故意拖延,导致消费者无法及时获得救济问题的发生。在消费者首次向网络交易平台提供者寻求帮助,要求其提供违约或侵权的销售者或服务者的真实名称、地址和有效联系方式之日起 7 日内,网络交易平台提供者不能向消费者提供的,应认定为"不能向消费者提供销售者或服务者的真实名称、地址和有效联系方式",消费者可直接要求网络交易平台提供者承担赔偿责任。

网络交易平台提供者在 7 日内向消费者提供了销售者或服务者真实名称、地址和联系方式,但消费者却无法通过该信息联系到销售者或服务者的,应当认定其提供的联系方式无效。这是因为《消费者权益保护法》第 44 条第 1 款规定网络交易平台提供者应向消费者提供销售者或服务者的真实名称、地址和有效联系方式的目的,在于协助消费者及时找到销售者或服务者,使消费者能够向直接责任人请求赔偿,因此特别强调"有效"联系方式。虽然网络交易平台提供者已向消费者提供了销售者或服务者的姓名、地址和联系方式,但凭借该信息消费者仍无法联系到销售者或服务者,应认定网络交易平台提供者未能向消费者提供销售者或服务者的有效的联系方式,消费者即可向网络交易平台提供者要求承担赔偿责任。

(三)约定的附条件不真正连带责任

网络交易平台提供者承担约定的附条件不真正连带责任,是指网络交易平台提供者作出更有利于消费者承诺的,受到损害的消费者可以向销售者或者服务者请求赔偿,也可以向网络交易平台提供者要求赔偿的违约责任。这种不真正连带责任的所附条件,就是网络交易平台提供者对消费者作出了更有利于消费者的承诺,例如先行赔付的承诺等。2013 年 8 月 30 日,湖南师范大学大二学生彭某,因网购机票时轻信了虚假客服,被骗去了 7.7 万元学费,通过百度网民权益保障计划,在其提交申请

---

[16] 参见杨立新主编:《中国媒体侵权责任案件法律适用指引》,人民法院出版社 2013 年版,第 35 页。

后第二天便收到了百度公司打来的7.7万元全额保障金,挽回了损失。[12] 如果不附有这样的条件,网络交易平台提供者不承担赔偿责任。

(四)网络交易平台提供者违约责任中消费者的选择权

在不真正连带责任中,请求权人都享有对不同的责任主体的选择权,可以选择其中的一个责任人,要求他承担赔偿责任。在附条件不真正连带责任中,请求权人的这个选择权有一定的变化。

在法定的附条件不真正连带责任中,网络交易平台提供者具备了不能提供销售者或者服务者的真实名称、地址和有效联系方式的条件,就具备了承担不真正连带责任的条件,就成为不真正连带责任的责任主体,消费者就可以向其请求承担赔偿责任了。但是,之所以消费者向其要求提供销售者或者服务者的真实名称、地址和有效联系方式,是因为找不到销售者或者服务者,不能向其主张请求权。当网络交易平台提供者不能提供这些信息的时候,消费者其实无法选择向销售者或者服务者主张权利,只能向网络交易平台提供者请求承担赔偿责任。因此,在这种情形下,消费者其实是不能选择的,因为对销售者或者服务者的请求权无法行使。

约定的附条件不真正连带责任与法定的附条件不真正连带责任有所不同。由于网络交易平台提供者事先做出先行赔付等有利于消费者的承诺的情况下,销售者或者服务者并非找不到,而是就在网络交易平台上进行交易,这时候,即使网络交易平台提供者具备了承担不真正连带责任条件,即事先有承诺,消费者对两个承担责任的主体都能够找到,因而有权进行选择,或者选择销售者或者服务者承担赔偿责任,或者选择网络交易平台提供者承担赔偿责任。尽管在这种情况下,消费者主张网络交易平台提供者承担责任更为有利,但仍不能排除消费者选择销售者或者服务者承担赔偿责任的可能性。

(五)网络交易平台提供者承担赔偿责任后的追偿权

《消费者权益保护法》第44条第1款后段特别规定:"网络交易平台提供者赔偿后,有权向销售者或者服务者追偿。"这是不真正连带责任的典型表现,是网络交易平台提供者作为不真正连带责任的中间责任人在承担了中间责任之后,产生了对最终责任人的追偿权,通过行使该追偿权,将中间责任转移给最终责任人承担,完成不真正连带责任的最后程序,实现了不真正连带责任将最终责任归咎于最终责任人的目的。

(六)网络交易平台提供者不承担责任时的销售者或者服务者的自己责任

在网络交易平台提供者既不存在法定的条件也不存在约定的条件,不应当承担不真正连带责任的时候,就不再存在附条件不真正连带责任适用的基础,销售者或者服务者造成消费者的权益损害,网络交易平台提供者与损害的发生无关。这时候,就

---

[12] 参见《网购被骗7.7万元三小时获百度全额保障》,载《互联网政策参考》2013年第1期。

不应当再适用《消费者权益保护法》第 44 条第 1 款中段和后段的规定,而只是用前段规定,即"消费者通过网络交易平台购买商品或者接受服务,其合法权益受到损害的,可以向销售者或者服务者要求赔偿"。在这种情况下,销售者或者服务者的赔偿责任就不是"可以"而是"应当",因为责任主体就是销售者或者服务者,已经没有选择的余地,只有由它承担赔偿责任。销售者或者服务者承担这种责任,是民法上的自己责任[18],即自己的行为造成他人损害,应当由自己承担赔偿责任。

(七)这种违约责任与侵权责任的竞合

在本节的上述讨论中,笔者对《消费者权益保护法》第 44 条第 1 款规定的网络交易平台提供者民事责任的性质界定,都采违约责任的意见,这是因为发生在网络交易平台上的消费者与销售者或者服务者的商品、服务交易,使消费者受到损害的,是在合同履行中发生的。不过,如果销售者或者服务者造成消费者权益损害属于固有利益的损害,即合同利益之外的财产损害或者人身损害的,会构成违约责任与侵权责任的竞合,依照《合同法》第 122 条关于"因当事人一方的违约行为,侵害对方人身、财产权益的,受损害方有权选择依照本法要求其承担违约责任或者依照其他法律要求其承担侵权责任"的规定,受到损害的消费者有权选择违约责任或者侵权责任起诉,要求销售者或者服务者以及网络交易平台提供者承担违约责任或者侵权责任。

五、网络交易平台提供者侵权连带责任及具体规则

与《消费者权益保护法》第 44 条第 1 款规定的网络交易平台提供者的违约责任不同,第 44 条第 2 款规定的是网络交易平台提供者的侵权连带责任。

(一)这种责任的性质是侵权责任

第 44 条第 2 款规定:"网络交易平台提供者明知或者应知销售者或者服务者利用其平台侵害消费者合法权益,未采取必要措施的,依法与该销售者或者服务者承担连带责任。"网络交易平台提供者承担这种责任的前提,是销售者或者服务者利用其平台侵害消费者合法权益。既然销售者或者服务者利用其平台侵害消费者合法权益,那就构成侵权行为,即销售者或者服务者利用网络交易平台实施侵害消费者合法权益的侵权行为。同样,销售者或者服务者实施的行为是侵权行为,网络交易平台提供者参与其中并且与其承担连带责任,实施的当然也是侵权行为,承担的责任当然也就是侵权责任。

(二)网络交易平台提供者承担侵权连带责任的主观要件是明知或者应知

网络交易平台提供者承担连带责任的主观条件,是对销售者或者服务者侵害消费者合法权益的行为明知或应知。在这个要件上,立法采取的规则与《侵权责任法》

---

[18] 参见杨立新:《侵权责任法》,法律出版社 2012 年版,第 136 页。

第 36 条第 3 款的规则基本一致。之所以如此，也是由于网络交易平台提供者在网络交易中的法律地位决定的。网络交易平台提供者在销售者或者服务者与消费者进行的交易中，并不参与其中，亦无直接获取利益，只是提供交易平台供他们进行交易而已，如果销售者或者服务者对消费者实施侵权行为，网络交易平台提供者并不知情，造成消费者的损害结果，实际上与网络交易平台提供者无关，如果没有主观上的故意或者过失，责令其承担连带责任定会罚不当错，挫伤网络交易平台提供者发展网络经济的积极性，造成社会利益的损害。而网络交易平台提供者明知或者应知这种情况，就存在主观上的过错，令其承担侵权责任就存在归责的基础。

对于网络交易平台提供者的"明知"或"应知"的判断，应以合理人的标准来判断。明知的判断是主观标准，即网络交易平台提供者对销售者或者服务者的侵权行为已经知道，应当证明网络交易平台提供者确实知道，因此属于故意的范畴。应知的判断是客观标准，是按照通常的标准进行判断，网络交易平台提供者能够知道，就是应知。因过失虽未在主观上意识到销售者或者服务者在实施侵权行为，但依合理人的标准，其已经获得了足以使人合理推断出侵权行为存在的信息，就构成应知。例如，当消费者通过网络交易平台向网络交易平台提供者投诉、举报销售者或服务者的侵权行为时，网络交易平台提供者就构成"明知"。

（三）网络交易平台提供者承担侵权连带责任的客观要件是未采取必要措施

网络交易平台提供者承担侵权连带责任的客观要件，是对实施侵权行为的销售者或者服务者未采取必要措施。其要求是，网络交易平台提供者仅仅是明知或者应知销售者或者服务者在交易平台上实施侵害消费者合法权益的侵权行为，尚不足以构成侵权责任，尚须具备未采取必要措施的客观要件，才能构成侵权责任。

在网络交易平台提供者承担侵权责任的领域中，究竟何为应当采取的"必要措施"，目前法律没有规定；是否能够采用《侵权责任法》第 36 条规定的必要措施进行解释，也不明确。按照字义解释，必要措施应当是网络交易平台提供者通过自己对网络交易平台的控制力，采取技术手段，能够阻止销售者或者服务者对消费者实施侵权行为的措施。网络交易平台提供者明知或应知销售者或者服务者利用其交易平台实施侵权行为，就应当采取屏蔽店铺、删除商品宣传、断开违法销售者或者服务者的链接，以及对该销售者或者服务者停止提供服务等措施，阻止其侵权行为的实施，阻断侵害消费者的网络联系，避免损害的发生或者扩大。采取了这样的必要措施，就能够阻却网络交易平台提供者行为的违法性，不构成侵权责任，否则即应承担侵权连带责任。

应当注意的是，在规定这个客观要件时，立法并没有像《侵权责任法》第 36 条那样规定采取必要措施须"及时"的时间要求。这是因为，这种侵权行为与网络侵权行为的特别不同，必要措施的采取并非那样急迫。因此，只要网络交易平台提供者在合理的时间里采取了必要措施的，就不应当构成侵权责任。这个合理时间的确定也可以采用 7 天的标准。

(四)网络交易平台提供者与侵权的销售者或者服务者承担连带责任

网络交易平台提供者符合上述主观要件和客观要件的要求,在对销售者或者服务者实施侵权行为"明知"或"应知"的情况下,只要没有采取必要措施,就构成侵权责任。在这时,当网络交易平台提供者明知销售者、服务者利用其交易平台侵害消费者民事权益,而不采取必要措施,表明其主观上具有纵容侵权行为的故意;当网络交易平台提供者应知销售者或服务者的侵权行为,而未采取必要措施,表明其主观上具有过失,并因该过失而在实质上为侵权行为提供了机会或帮助,最终导致了损害结果的发生或扩大。这些情形都表明,网络交易平台提供者与实施侵权行为的销售者或者服务者的行为结合在一起,造成了同一损害结果,符合《侵权责任法》第8条规定的要求,具有主观的关连共同或者客观的关连共同,因而构成共同侵权行为,应当承担连带责任。

网络交易平台的提供者虽不直接实施侵权行为,但其作为网络交易平台的支配者,拥有更强的专业知识与技能,处于最易于防止损害发生的地位。[19] 法律要求其在明知或应知侵权行为发生而不采取必要措施的情况下,与销售者或服务者一起承担连带责任,既可以督促其采取必要措施避免损害,又可实现对消费者权益最大限度的保护,以实现保护消费者权益与保障网络交易事业发展的双重目的。

既然网络交易平台提供者与销售者或者服务者承担连带责任,就有最终责任的份额问题。对此,应当依照《侵权责任法》第13条和第14条的规定,根据各自的过错程度和行为的原因力,确定具体的最终责任份额。

---

[19] 参见王利明:《侵权责任法研究》(下卷),中国人民大学出版社2011年版,第140页。

网络平台提供者的附条件不真正连带责任与部分连带责任[*]

2013年10月25日,第十二届全国人民代表大会常务委员会第五次会议修订《消费者权益保护法》,增设了第44条,规定网络交易平台提供者对消费者的赔偿责任。这一规定与2009年12月26日通过的《侵权责任法》第36条规定的网络服务提供者对被侵权人的侵权责任的内容相似,但又有明显区别。这两个法条都是规定网络平台提供者应当承担民事责任的规则,究竟存在哪些差异,为什么要存在这些差异,值得深入研究。笔者作为这两部法律修订和制定的参与者,就此提出分析意见,特别阐释互联网企业作为网络交易平台提供者承担的附条件不真正连带责任,以及作为网络媒介平台提供者承担的部分连带责任,说明其具体规则和立法者的意图,保证这两个法条的正确解释和适用,更好地平衡网络平台提供者(包括网络交易平台提供者和网络媒介平台提供者)与消费者及被侵权人之间的利益平衡,保护好民事主体的权益,推动我国互联网事业的进一步发展,促进我国网络交易平台与网络媒介平台的进一步繁荣。

一、两个法条对网络平台提供者承担民事责任规定的不同规则及原因

(一)两个法条对网络平台提供者承担民事责任规定的不同规则

互联网企业提供的网络,可以作为交易平台,也可以作为媒介平台。前者如腾讯、新浪,后者如阿里巴巴等。当网络作为交易平台时,在平台上进行交易的消费者受到网店的销售者或者服务者行为的损害,具备法律规定的条件,网络交易平台提供者应当承担赔偿责任。当网络作为媒介平台时,网络用户将该平台作为自媒体发布信息等,侵害了他人的民事权益,在符合法律规定的情形下,网络媒介平台提供者应当承担侵权责任。《消费者权益保护法》第44条和《侵权责任法》第36条规定的正是这样的规则。

互联网企业作为网络交易平台提供者承担赔偿责任的规则有三个层次:第一,消

---

[*] 本文发表在《法律科学》2015年第1期。

费者的合法权益受到网店的销售者或者服务者的侵害,责任人是网店的销售者或者服务者;在通常情况下,网络交易平台提供者并不直接承担责任。第二,网络交易平台提供者承担不真正连带责任,有两种情形:一是网络交易平台提供者不能提供网店销售者或者服务者的真实名称、地址和有效联系方式时承担的责任;二是网络交易平台提供者事前作出更有利于消费者承诺例如先行赔付时承担的责任。在这两种情形下,受到侵害的消费者可以请求网络交易平台提供者承担赔偿责任;在网络交易平台承担了赔偿责任之后,有权向网店的销售者或者服务者进行追偿。第三,网络交易平台提供者明知或者应知网店的销售者或者服务者利用其平台侵害消费者合法权益,未采取必要措施的,与网店的销售者或者服务者承担连带责任。

互联网企业作为网络媒介平台提供者承担侵权责任的规则也分为三个层次:第一,网络服务提供者与网络用户一样,利用网络实施侵权行为,应当单独承担侵权责任。第二,网络用户利用网络实施侵权行为,被侵权人对网络服务提供者行使通知的权利,网络服务提供者应当及时采取必要措施,未及时采取必要措施的,对损害的扩大部分,与网络用户承担连带责任。第三,网络服务提供者知道网络用户利用其网络服务侵害他人民事权益,未采取必要措施的,与该网络用户承担连带责任。

(二)网络平台提供者两种承担民事责任规则的联系与差别

《消费者权益保护法》与《侵权责任法》这两个法条对网络平台提供者规定的两种承担民事责任规则,既有联系,也有差别。

1. 两种规则的共同联系

第一,互联网企业不论是作为网络交易平台提供者还是作为网络媒介平台提供者,都是网络平台提供者,都以互联网企业为责任主体。《消费者权益保护法》第44条把责任主体称之为网络交易平台提供者,其提供的平台是网店的销售者或者服务者与消费者之间交易赖以发生的基础。尽管《侵权责任法》第36条将责任主体称为网络服务提供者,但其法律地位也是网络平台提供者,提供的是网络媒介平台,属于自媒体性质,网络用户和被侵权人之间的侵权法律关系就发生在这个平台之上。两个平台的性质基本相同,只不过一个是交易平台,是网店的销售者或者服务者与消费者在这个平台上进行有偿交易;另一个是媒介平台,以发布信息为主,是网络用户发布信息发生侵权行为,与传统的媒体侵权行为相似,不存在有偿行为。这两个交易平台由于是发生违法行为的交易或者媒介的平台,使网络平台提供者有可能参与到侵权或者违约的法律关系之中,使互联网企业成为民事责任主体。

第二,在网络平台提供者承担民事责任的法律关系中,都存在另外两方当事人,并且是主要的当事人。在网络交易平台,两方主要的当事人为网店的销售者或者服务者和消费者;在网络媒介平台,当事人则是侵权的网络用户和被侵权人。网络平台上的法律关系,不论是侵权法律关系还是违约法律关系,都发生在这两方当事人之间;网络平台提供者之所以成为民事责任主体,是因为其提供了这个平台,而不是他们直接实施了侵权行为或者违约行为。因此,网络平台提供者都是与双方当事人中应当承担民事责任的那一方共同承担民事责任。

第三，网络平台提供者承担责任的两种规则都分为三个层次：一是网络用户或者网络服务提供者以及网店的销售者或者服务者单独承担民事责任，二是网络平台提供者与应当承担民事责任的一方当事人共同承担民事责任，三是明知或者应知发生侵权行为的网络平台提供者与应当承担民事责任的一方当事人承担连带责任。

第四，网络平台提供者承担民事责任的方式都是赔偿责任，不存在其他责任方式。《消费者权益保护法》第44条则直接规定的是赔偿责任。《侵权责任法》第36条尽管规定的是侵权责任，但这个侵权责任就是指侵权赔偿责任。这两个法条规定的责任方式都不包括其他民事责任方式。

2. 两种规则的主要差别

第一，网络平台提供者承担民事责任的性质有所不同。《消费者权益保护法》第44条规定网络交易平台提供者承担的责任是赔偿责任，既包括侵权赔偿责任，也包括违约赔偿责任。① 《侵权责任法》第36条规定的只是侵权责任（赔偿），不包括违约赔偿责任。

第二，在第一层次的规则上，《消费者权益保护法》第44条第1款前段规定的责任主体，只有网店的销售者或者服务者，网络交易平台提供者并不单独承担责任。而《侵权责任法》第36条第1款规定的责任主体既包括实施侵权行为的网络用户，也包括单独实施侵权行为的网络服务提供者。网络服务提供者利用自己的网站实施侵权行为，应当自己承担侵权责任。

第三，在第二层次的规则上，首先，尽管互联网企业在其提供的网络交易平台和网络媒介平台上都负有一定的义务，但义务的内容不同。网络交易平台提供者承担的义务，是准确掌握销售者或者服务者的真实名称、地址和有效联系方式；而网络媒介平台提供者作为自媒体提供者，与报纸、杂志、电台、电视台等传统媒体近似，又有自媒体的固有特点，因而其负担的义务，是在侵权的网络用户在其网站上实施了侵权行为，侵害了被侵权人合法权益时，应被侵权人的通知，及时采取必要措施。其次，正因为网络交易平台提供者和网络媒介平台提供者负担的义务不同，其违反义务时承担的民事责任也不同。按照《消费者权益保护法》第44条规定，网络交易平台提供者未履行其提供网店销售者或者服务者真实信息的义务，承担的责任是不真正连带责任，按照消费者的主张或者按照自己先前的承诺承担赔偿责任，但赔偿后可以向网店的销售者或者服务者进行追偿。而网络媒介平台提供者未履行及时采取必要措施的义务，是就损害扩大的部分承担连带责任。连带责任与不真正连带责任的区别在于，作为最终责任人，连带责任的最终责任为每一个连带责任人按份分担；不真正连带责

---

① 前者如销售者实施的产品欺诈与服务欺诈的违约行为，后者如销售者或者服务者实施的恶意产品致害或者恶意服务致害造成人身损害的侵权行为。

任的最终责任,必由最终责任人一人承担。② 再次,网络平台提供者承担不真正连带责任或者连带责任都是附条件的,但所附条件并不相同。网络交易平台提供者承担不真正连带责任的条件是,不能提供网店的销售者或者服务者的真实名称、地址、有效联系方式,或者自己事前作出更有利于消费者的承诺。网络媒介平台提供者与侵权网络用户承担连带责任的条件是,未及时采取必要措施,致使损害进一步扩大。

第四,在第三层次的规则上,基本规则大体相同,都是要与侵权的网络用户、网店的销售者或者服务者承担连带责任,但具体表述略有区别:一是,《消费者权益保护法》第44条第2款规定的是网络交易平台提供者"明知或者应知",而《侵权责任法》第36条第3款规定的是"知道"③;二是在承担连带责任的规定之前,《消费者权益保护法》第44条第2款加了"依法"二字,而《侵权责任法》第36条第3款没有规定这两个字。依照立法习惯,规定"依法"者,应当依据其他法律的规定确定连带责任,而不是依据本法确定连带责任。《消费者权益保护法》第44条第2款规定"依法"所表达的意思是,网络交易平台提供者明知或者应知销售者或者服务者利用其平台侵害消费者合法权益,未采取必要措施的,应当依据《侵权责任法》第8条规定,认定为共同侵权行为,或者依据《民法通则》第87条规定,认定为连带债务,因而承担连带责任。而《侵权责任法》本身就是规定侵权责任的,因而第36条第3款没有必要写"依法"二字。据此可以确定,这些文字上的差别并不影响两种网络平台提供者承担这种连带责任规则的同一性。

(三)互联网企业作为网络平台提供者承担民事责任设置不同规则的原因

同样是互联网企业,作为网络交易平台提供者与作为网络媒介平台提供者承担民事责任的规则具有如此的不同,其原因究竟是什么,特别值得研究。笔者认为,其主要原因有以下四个:

1. 互联网企业相较于其他传统产业的特殊性

随着计算机的广泛应用及通信技术的迅猛发展,互联网已经快速辐射到社会的各个领域,改变了人们生活、生产、交易方式,上网浏览新闻、网络游戏、网络购物、网络交友、网络下载等,几乎成了人们日常生活不可或缺的组成部分,覆盖了社会生活的各个领域。④ 互联网企业一方面为广大人民群众的生活提供了各种便利,另一方面也为社会创造了巨大的财富,成为新兴的、具有巨大潜能的朝阳产业。据悉,2013年全国电子商务销售额达9.9万亿,同比上年增长21.3%,最近3年增长率保持在20%以上,预计未来3年增长率将维持在15%以上,2017年将超过20万亿元。特别是近年来迅猛发展的移动互联网产业链,爆发了巨大的商业能量,改变了传统的交易、社

---

② 参见杨立新:《多数人侵权行为及责任理论的新发展》(本书第1540页),载《法学》2012年第7期。
③ 这个区别并不大,因为全国人大常委会法工委官员在解释《侵权责任法》第36条规定的"知道"时,解释为包括明知和应知。参见王胜明:《中华人民共和国侵权责任法释义》,法律出版社2010年版,第195页。
④ 参见王胜明主编:《中华人民共和国侵权责任法释义》,法律出版社和2010年版,第178页。

交等领域的方式,使互联网成为时代的标志。不过,互联网企业提供的网络平台在为交易和媒介提供了全新、便捷服务的同时,也会给行为人实施违法行为提供新的机会和平台。如果互联网企业在提供网络平台服务的过程中对侵权行为、违约行为的发生存在过错,就应当承担相应的民事责任。面对这些法律上的难题,利益衡量是一种妥当的解决问题的方法。⑤ 在网络信息发布者与接收者,进行网络交易的双方当事人,以及网络平台提供者这三方的利益关系中,究竟应当怎样配置才能做到科学、合理、适度,既能够保护受害人的合法权益,又能够在网络平台提供者适当承担民事责任的同时,保护互联网企业健康发展,为人民群众提供更多的便利,为社会创造更多的财富,是制定网络平台提供者承担民事责任规则必须首先解决的关键一环。只有在这样的基础上,根据实际情况妥善设置规则,才能达到三者利益关系的平衡。正是由于这样的原因,互联网企业在作为网络交易平台提供者和网络媒介平台提供者承担民事责任的时候,才出现了既有共同联系又有各自差别的现象。

2. 互联网企业承担民事责任的法律关系相较于普通法律关系的特殊性

不论是网络交易平台还是网络媒介平台,互联网企业在向公众提供这些平台时,与发生侵权行为或者违约行为的双方当事人之间形成的法律关系与普通的法律关系相比较,其特殊性是,侵权行为或者违约行为发生在利用网络平台进行交易或者发布信息的当事人之间,互联网企业也参与其中,可能成为法律关系的当事人。在网络交易平台进行交易中发生了侵权行为或者违约行为,侵权法律关系和违约法律关系的当事人是在网络交易平台上交易的双方当事人,即网店的销售者或者服务者与消费者;在网络媒介平台发布信息实施侵权行为,侵权法律关系的当事人是网络用户与被侵权人。之所以互联网企业卷入侵权行为成为侵权责任人,或者卷入违约的交易之中与违约行为人共同承担责任,就是因为其为交易行为或者侵权行为提供了平台,这就像侵权人在报纸、杂志上发表侵权文章,出卖人承租柜台与消费者进行交易,报纸、杂志以及柜台出租者作为媒体或者交易平台一样,有可能成为责任主体,与侵权一方或者违约一方共同承担责任。在这种情况下,在网络平台上发生的侵权法律关系或者违约法律关系就形成了三个当事人作为主体的情形。在互联网企业作为责任主体之一时,总要与一方当事人形成多数人侵权行为或者多数债务人的法律关系,因而才须依照多数侵权行为人或者多数债务人的规则共同承担民事责任。这就是互联网企业在提供网络平台时,作为民事责任主体承担民事责任的法律关系的特殊性。不存在这样的特殊法律关系,互联网企业不存在成为民事责任主体的条件。

3. 网络媒介平台提供者相较于传统媒体的特殊性

《侵权责任法》第36条规定互联网企业作为网络媒介平台提供者与侵权的网络用户承担连带责任,与之相似的是传统媒体承担的媒体侵权责任。在报纸、杂志、电台、电视台等传统媒体上发布具有诽谤、侮辱等内容的信息的,只要传统媒体未尽真

---

⑤ 参见梁上上:《利益衡量论》,法律出版社2013年版,第71页。

实性审查义务,造成了被侵权人的人身权益损害,即与侵权人构成共同侵权行为,应当承担连带责任。其原因是,传统媒体对于自己发表的稿件都须尽到真实性的审查义务,未尽该审查义务即存在过错,对于造成的损害就须承担侵权责任。⑥ 但是,互联网企业提供的网络媒介平台的性质属于自媒体,网络用户在网络媒介平台发布信息并不需要网站进行真实性审查;同时,互联网上发布信息的数量为海量,互联网企业也无法进行真实性审查。在这样的情况下,互联网企业作为网络媒介平台提供者在承担侵权责任时,就不能参照传统媒体承担侵权责任的规则进行,具有自己的特殊性。为了进一步体现互联网企业提供的网络媒介平台的特殊性,对在其网络上实施的侵权行为承担责任的规则,《侵权责任法》借鉴美国《千禧年数据版权保护法案》规定的"避风港原则"和"红旗原则"⑦,制定了第 36 条第 2 款和第 3 款的通知规则和知道规则,体现了互联网企业提供网络媒介平台作为自媒体的特殊性。⑧ 不过,美国《千禧年数据版权保护法案》的避风港原则和红旗原则仅适用于在网络上发生的著作权侵权纠纷,不适用于所有的侵害民事权益的侵权纠纷,而且美国学者也不建议中国在规定网络侵权责任的规则中全面采用这样的规则。⑨ 我国立法者审时度势,结合中国社会的特点,将避风港原则和红旗原则全面适用于在网络上保护民事权益的场合,具有其合理性,既有对互联网企业过错行为的严格要求,又有对互联网企业权益进行特别保护的合理措施,符合中国国情。

4. 网络交易平台提供者相较于网络媒介平台提供者及柜台出租者等的特殊性

首先,互联网企业在提供网络媒介平台和网络交易平台时的情形并不相同。互联网企业提供网络媒介平台,网络用户在网络上发布信息、接收信息,并不属于交易行为,而属于利用自媒体,互联网企业并不在其中获得直接利益。因此,互联网企业构成侵权责任须具有一定的要件。同样,互联网企业提供网络交易平台提供给交易双方进行交易,不论是 B2C(Business-to-Customer)的网上商厦平台方式(即阿里巴巴的天猫商城模式),还是 C2C(Customer-to-Customer)的网上集市平台方式(即淘宝网的网上个人交易市场模式),在平台上进行的都是具有交易性质的商业行为。互联网企业在提供网络交易平台时,不具有营利性的直接经营行为,只是给交易者双方提供安全稳定的技术服务、市场准入审查、交易记录保存、个人信息保护、不良信息删除、协助纠纷解决、信用监督等义务⑩,而且是无偿提供。尽管有人认为,网络交易平台提供者提供网络服务是为了获利,属于经营者,应当承担参照《侵权责任法》的相关规定

---

⑥ 参见最高人民法院《关于审理名誉权案件若干问题的解答》第 8 条。

⑦ See Digital Millennium Copyright Act, 17 USC 101, §512(c). 参见全国人大常委会法制工作委员会民法室编:《消费者权益保护法立法背景与观点全集》,法律出版社 2013 年版,第 254 页。

⑧ 参见杨立新:《中国媒体侵权责任案件法律适用指引》,人民法院出版社 2013 年版,第 4—5 页。

⑨ 全国人大常委会法制工作委员会民法室编:《侵权责任法立法背景与观点全集》,法律出版社 2010 年版,第 352—353 页。

⑩ 参见全国人大常委会法制工作委员会民法室编:《消费者权益保护法立法背景与观点全集》,法律出版社 2013 年版,第 134 页。

负有事后审查义务,采取同样的规则⑪,但互联网企业提供网络媒介平台和网络交易平台的性质并不相同,尤其是网络媒介平台上的网络用户属于一般民事主体,而网络交易平台上的网店销售者或者服务者是经营者,对消费者负有高度谨慎义务,二者具有相当的差异。而网络交易平台提供者在网络交易中不会与网店的销售者或者服务者站在一起坑害消费者,也很难由于过失而使消费者的权益受到损害。如果对网络交易平台经营者与网络媒介平台提供者承担责任采取同样的规则,是不适当、不公平的,应当设置更为准确的规则确定网络交易平台提供者的民事责任。再进一步分析可以看到,当互联网企业作为网络媒介平台提供者时,其负担的义务是向后的,即在被侵权人通知之后及时采取必要措施,防止侵权损害后果继续扩大。这种作为义务不履行,就会使侵权人的侵权行为损害后果继续扩大,就扩大部分的损害当然应当承担连带责任。当互联网企业作为网络交易平台提供者时,其负担的义务是向前的,即将自己掌握的网店销售者或者服务者的真实信息予以告知,在这时,造成消费者权益损害的行为已经终止,损害已经固定,不再进一步发展。互联网企业具备的法定条件是提供网店销售者或者服务者的真实名称、地址和有效联系方式,如果有先行赔付的约定则按照约定先行赔付。如果既没有先行赔付约定,又能够提供上述有效信息,互联网企业就与损害没有关系,连间接的原因力都不存在。只有不能提供有效信息,使受到损害的消费者投诉无门,互联网企业的行为就与损害后果具有间接的原因力了,构成竞合侵权行为,才应当承担不真正连带责任。如果对网络媒介平台与网络交易平台提供者承担相同的责任,是不符合客观实际情况的。

  其次,互联网企业对网店销售者或者服务者提供的网络交易平台,与柜台出租者出租的柜台或者展销会举办者提供的展销会交易平台也有显著区别。从表面上看,展销会和出租柜台作为交易平台,与互联网企业提供的网络交易平台确实有相似之处,都是在一方当事人提供的交易平台上进行交易,当经营者在平台上侵害了消费者的权益,与柜台出租者和展销会举办者承担的责任似乎应当一致。故而在《消费者权益保护法》修订初期,立法者曾经将网络交易平台提供者等同于柜台出租者和展销会举办者,承担相同的责任。这在《消费者权益保护法》修订草案的前两稿中可以看出来。在2013年4月审议的第一次审议稿中,将网络交易平台提供者的责任加入原第38条关于展销会、租赁柜台的责任之中,条文是第43条:"消费者在展销会、租赁柜台或者通过网络交易平台等购买商品或者接受服务,其合法权益受到损害的,可以向销售者或者服务者要求赔偿。展销会结束、柜台租赁期满或者网络交易平台上的销售者、服务者不再利用该平台的,也可以向展销会的举办者、柜台的出租者或者网络交易平台提供者要求赔偿。展销会的举办者、柜台出租者或者网络交易平台提供者赔偿后,有权向销售者或者服务者追偿。"在互联网企业以及有关部门和学者都提出不同意见之后,2013年8月

---

⑪ 参见全国人大常委会法制工作委员会民法室编:《消费者权益保护法立法背景与观点全集》,法律出版社2013年版,第134页。

《消费者权益保护法修正案(草案)》第二次审议稿在上述条文的基础上,增加了"网络交易平台提供者知道销售者或者服务者利用其平台侵害消费者合法权益,未采取必要措施,与该销售者或者服务者承担连带责任"的第 2 款内容。对此,互联网企业等仍然提出反对意见。全国人大常委会法工委连续召开了有关部门、单位、专家和律师座谈会,部分学生、工薪阶层消费者座谈会,以及部分电子商务企业和有关协会座谈会等,广泛征求意见,并且深入实际进行调查研究[12],正确认识到,网络交易平台提供者与展销会组织者和柜台出租者有很大区别,不宜让其承担与展销会组织者和柜台出租者相同的责任。其原因是,展销会组织者和柜台出租者可以看到商品实物并对其交易现场进行监管,而网络交易平台提供者不可能接触商品实物,对交易过程监管起来也很困难;网络交易平台上的卖家数量繁多,拍拍网就有几十万家,大的 C2C 网站则有数百万甚至上千万家,而平台上的商品种类更是海量,要求平台对所有商家及代售商品进行监管是不可能实现的;展销会组织者和柜台出租者面对的商家多限于本地域,先行赔付后,追偿成本可控,但网络交易平台面对的商家遍布全国,有的甚至在国外,追偿成本太高;平台提供的仅是中立性的网络服务,并不参与交易过程[13],且平台的提供绝大多数是无偿的,不像参加展销会和承租柜台都是有偿的。正是基于这些原因,《消费者权益保护法》最终确定了现在的第 44 条,准确地反映了互联网企业在网络交易中的地位,区别了互联网企业提供网络媒介平台和网络交易平台在性质上的差别,平衡了各方当事人的利益关系,使各界对此均持赞同意见。

(四)本节小结

综上所述,在《消费者权益保护法》第 44 条和《侵权责任法》第 36 条规定的互联网企业承担网络平台提供者责任的规则中,存在上述关联性和差异性,包含着特别值得研究的民法规则,是立法者对其进行的精巧构思,既符合社会的客观需要,又体现了互联网发展的客观规律,既能够保护消费者和被侵权人的合法权益,制裁网络违法行为,又能够保护互联网企业健康发展,更好地造福社会,是科学的民事法律规范,应当特别予以肯定。

二、互联网企业作为网络交易平台提供者承担的附条件不真正连带责任

《消费者权益保护法》第 44 条第 1 款规定的责任形态究竟属于何种性质,在理论上并不十分明确。我认为这种责任形态是不真正连带责任,并且是附条件的不真正

---

[12] 参见全国人大常委会法制工作委员会民法室编:《消费者权益保护法立法背景与观点全集》,法律出版社 2013 年版,第 87、112、130 页以下。

[13] 参见全国人大常委会法制工作委员会民法室编:《消费者权益保护法立法背景与观点全集》,法律出版社 2013 年版,第 134 页。

连带责任,所附条件是网络交易平台提供者不能提供销售者或者服务者的真实名称、地址和有效联系方式,以及网络交易平台提供者作出更有利于消费者的承诺。[14] 对此,我进行以下进一步的说明。

(一)竞合侵权行为与不真正连带责任

不真正连带责任的典型表述,是类似于《侵权责任法》第 68 条关于"因第三人的过错污染环境造成损害的,被侵权人可以向污染者请求赔偿,也可以向第三人请求赔偿。污染者赔偿后,有权向第三人追偿"的规定,以及《侵权责任法》第 83 条、《物权法》第 21 条的规定。这些法条的表述,都属于"一个损害是由两个行为人的行为造成的,但其中一个人的行为是直接原因,另一个人的行为是间接原因,受害人同时产生两个请求权,其中一个请求权满足后,另一个请求权予以消灭"[15]这种不真正连带责任的基本特征。

在这里,造成同一个损害的两个行为是竞合侵权行为。竞合侵权行为是指两个以上的民事主体作为侵权人,有的实施直接侵权行为,与损害结果具有直接因果关系,有的实施间接侵权行为,与损害结果的发生具有间接因果关系,行为人承担不真正连带责任的侵权行为形态。在《消费者权益保护法》修订之前,我把竞合侵权行为分为三种类型,一是必要条件的竞合侵权行为,二是政策考量的竞合侵权行为,三是提供机会的竞合侵权行为,分别对应的是典型的不真正连带责任、先付责任和补充责任。[16] 这里没有包括修订后的《消费者权益保护法》第 44 条规定的这种不真正连带责任,也没有包括第 43 条规定的展销会、租赁柜台的责任。

(二)提供平台的竞合侵权行为与附条件不真正连带责任

事实上,《消费者权益保护法》第 43 条和第 44 条规定的责任形态的性质是相同的,都是在不真正连带责任的基础上,对竞合侵权行为中的间接行为人承担不真正连带责任附加了限定条件,只有这个条件满足后,才能构成竞合侵权行为,承担不真正连带责任。例如第 43 条,对于展销会的举办者、柜台出租者承担赔偿责任的条件,规定为"展销会结束或者柜台租赁期满后",不具备这个条件,展销会举办者或者柜台出租者就不承担赔偿责任。同样,第 44 条第 2 款对网络交易平台提供者承担赔偿责任,规定的条件是"网络交易平台提供者不能提供销售者或者服务者的真实名称、地址和有效联系方式",或者"网络交易平台提供者作出更有利于消费者的承诺",只有在具备这样的条件时,网络交易平台提供者才承担不真正连带责任。这与前述竞合侵权行为中的任何一种类型都不相同,也与典型的不真正连带责任以及先付责任、

---

[14] 参见杨立新:《修订后的〈消费者权益保护法〉经营者民事责任之解读》,载《法律适用》2013 年第 12 期。
[15] 杨立新:《论不真正连带责任的类型体系及规则》,载《当代法学》2012 年第 3 期。
[16] 上述概念的定义及种类的说明,请参见杨立新:《论竞合侵权行为》(本书第 1609 页),载《清华法学》2013 年第 1 期。

补充责任的规则都不相同。

产生这种附条件不真正连带责任的行为,是竞合侵权行为的一种特殊类型,按照《消费者权益保护法》第 43 条和第 44 条规定,可以称为提供平台的竞合侵权行为。其特点是,在造成同一个损害的两个行为中,一个行为是直接行为,例如销售者或者服务者的违法销售、服务行为;另一个行为是间接行为,例如展销会举办者、柜台出租者以及网络交易平台提供者的行为,在为实施违法行为的网店销售者或者服务者实施违法行为提供平台服务中违反法定义务,使违法行为能够在这个平台上实施,造成了消费者的同一个损害构成的竞合侵权行为。因此,提供平台的竞合侵权行为是一种竞合侵权行为特殊表现形式,其基本性质属于竞合侵权行为。

提供平台的竞合侵权行为的法律后果是附条件不真正连带责任。侵权的不真正连带责任,是指多数行为人违反法定义务,对同一个受害人实施加害行为,或者不同的行为人基于不同的行为而致使同一个受害人的民事权益受到损害,各个行为人产生的同一内容的侵权责任,各负全部赔偿责任,并因行为人之一的责任履行而使全体责任人的责任归于消灭,或者依照特别规定多数责任人均应当承担部分或者全部责任的侵权责任形态。[17] 附条件不真正连带责任属于这种责任形态,其基本特征,在于提供平台的一方,对于展销会举办者、柜台出租者以及网络交易平台提供者在该平台上与消费者进行交易,造成了消费者权益的损害,平台提供者一方承担不真正连带责任时,只有具备法律规定的必要条件的,才承担不真正连带责任,否则就只能由销售者或者服务者承担赔偿责任。即使平台提供者的行为具备了法律规定的必要条件,但由于其并不是造成损害的直接原因,因此,在其承担了赔偿责任之后,《消费者权益保护法》第 43 条和第 44 条都规定了"有权向销售者或者服务者追偿"的追偿权。

附条件不真正连带责任的本质仍然是不真正连带责任,但与典型的不真正连带责任有所不同。在典型的不真正连带责任中,不论构成竞合侵权行为的主行为人还是从行为人,被侵权人都可以任意选择一方作为被告,行使索赔权实现权利;至于究竟由谁承担最终责任,被侵权人无须过问。但在附条件不真正连带责任,无论是法定的还是约定的,被侵权人主张从行为人承担赔偿责任须具备法定的或者约定的条件,不具有这样的条件,就只能向主行为人请求赔偿,不能向从行为人主张权利。因此,典型的不真正连带责任更有利于保护受害人,对从行为人不利;而附条件不真正连带责任有利于保护从行为人,限制其承担责任的几率,对受害人的保护有所限制。

(三)附条件不真正连带责任也适用于违约的附条件不真正连带债务

应当特别强调的是,《消费者权益保护法》第 44 条规定的网络交易平台提供者承担附条件不真正连带责任,并不只包括侵权责任,也包括违约责任。如果网店销售者或者服务者实施的是商品欺诈或者服务欺诈行为,消费者受到的损害是价款或者报酬的损害,因此属于违约损害赔偿责任。如果销售者或者服务者实施的是恶意商品

---

[17] 参见杨立新:《论不真正连带责任类型体系及规则》,载《当代法学》2012 年第 3 期。

致害或者恶意服务致害行为，消费者受到的损害属于人身损害或者财产损害，就构成侵权责任，承担的是侵权赔偿责任。在这些损害中，符合《消费者权益保护法》第55条规定的，在承担实际损害的赔偿责任之外，还要承担惩罚性赔偿责任。不符合第55条规定的，则只承担实际损害的赔偿责任。

在这个范围中，如果销售者或者服务者承担的是违约赔偿责任，则应当限制在《合同法》规定的范围之内。这种附条件不真正连带责任就是不真正连带债务，即多数债务人就基于不同发生原因而偶然产生的同一内容的给付，各负全部履行之义务，并因债务人之一的履行而使全体债务人的债务均归于消灭的债务。[⑱] 附条件不真正连带债务是不真正连带债务中的一种特殊类型，对不应当承担最终责任的行为人承担不真正连带债务须具备必要条件。这种不真正连带债务的请求权人享有的请求权属于二次请求权，对应的是违约责任，故附条件不真正连带债务的性质也属于附条件不真正连带责任。

（四）附条件不真正连带责任的适用规则

1. 网店的销售者或者服务者应当承担赔偿责任

《消费者权益保护法》第44条第1款前段规定网店销售者或者服务者的责任，用了完整的一句话表述，即："消费者通过网络交易平台购买商品或者接受服务，其合法权益受到侵害的，可以向销售者或者服务者要求赔偿。"这里使用的"可以"有两层含义：一是选择销售者、服务者，或者选择网络交易平台提供者作为被告，在这种含义下，如果不具备网络交易平台提供者承担责任的条件，这个"可以"其实就是"应当"；二是既然这个权利属于受到损害的消费者，消费者是否行使赔偿请求权，当然是可以而不是应当；如果条文是从销售者或者服务者的角度规定，那就是应当而不是可以。这是因为，造成这种消费者权益损害的直接责任人就是网店销售者或者服务者，而不是网络交易平台提供者，因而网店销售者或者服务者承担直接责任是必须的。

2. 具备必要条件的网络交易平台提供者承担附条件不真正连带责任

按照《消费者权益保护法》第44条第1款中段和后段规定，网络交易平台提供者承担不真正连带责任的条件有两个，一是法定条件，二是约定条件。因此，网络交易平台提供者承担的附条件不真正连带责任，分别是法定的附条件不真正连带责任和约定的附条件不真正连带责任。

法定的附条件不真正连带责任，是网络交易平台的提供者在不能向消费者提供与其进行网络交易的网店销售者或者服务者的真实名称、地址和有效联系方式时，消费者可以选择网店销售者或者服务者作为被告，也可以选择网络交易平台提供者作为被告，令其承担赔偿责任。网店销售者或者服务者对消费者造成损害，在满足"不能提供"的条件时，受到损害的消费者产生两个请求权，分别针对这两个责任主体，可

---

⑱ 参见王利明主编：《中国民法案例与学理研究》（债权篇修订本），法律出版社2003年版，第393页。

以选择其中一个请求权行使,这个请求权行使之后,另一个请求权即行消灭。[19] 网络交易平台提供者尽管履行了义务,但消费者却无法通过这些信息联系到网店销售者或服务者无法得到赔偿的,应当认定其提供的联系方式无效,具备承担附条件不真正连带责任的条件。这是因为《消费者权益保护法》第 44 条第 1 款的立法目的,在于协助消费者及时找到网店的销售者或服务者,使消费者能够向直接责任人请求赔偿,因此特别强调这个"有效联系方式"的条件。

约定的附条件不真正连带责任,是网络交易平台提供者事先作出更有利于消费者的承诺,消费者的合法权益因网络平台上进行的交易受到损害后,可向与之交易的销售者或者服务者请求赔偿,也可以向网络交易平台提供者要求赔偿。[20] 约定的不真正连带责任的所附条件,是网络交易平台的提供者作出了更有利于消费者权益保护的承诺,例如先行赔付的承诺等。

3. 网络交易平台提供者承担了赔偿责任后享有追偿权

与典型的不真正连带责任一样,在附条件的不真正连带责任中,不承担最终责任的间接行为人,在承担了具有中间责任性质的赔偿责任之后,享有对最终责任人的追偿权。故"网络交易平台提供者赔偿后,有权向销售者或者服务者追偿"。追偿的范围,应当是已经承担的全部赔偿责任,也包括承担中间责任时所造成的损失。

三、互联网企业作为网络媒介平台提供者承担的部分连带责任

《侵权责任法》第 36 条第 2 款规定的网络服务提供者"对损害的扩大部分与该网络用户承担连带责任"这种侵权责任形态,究竟应当怎样认识,学界在学理上并没有进行深入讨论,没有提出准确的说明,应当进行深入研究。

(一)对损害扩大部分承担的连带责任与单向连带责任不同

《侵权责任法》第 36 条第 2 款规定的对损害扩大部分承担的连带责任这种责任形态,首先必须明确其为连带责任,但由于典型连带责任不同。尽管这与《侵权责任法》第 9 条第 2 款规定的单向连带责任有相似之处,但性质不同。

1. 美国侵权法的混合责任与我国的单向连带责任

美国侵权法的混合责任,与单向连带责任近似,但有不同。

《侵权责任法》颁布之后,笔者提出了一个新的连带责任的概念,即单向连带责任,用它概括该法第 9 条第 2 款和第 49 条规定的责任形态[21],并将其定义为:这种责

---

[19] 参见杨立新、韩煦:《论网络交易平台提供者的法律地位及民事责任》(本书第 2373 页),载《江汉论坛》2014 年第 5 期。

[20] 参见杨立新、韩煦:《论网络交易平台提供者的法律地位及民事责任》(本书第 2373 页),载《江汉论坛》2014 年第 5 期。

[21] 参见杨立新:《侵权责任法》,法律出版社 2011 年版,第 153 页。

任实际上也是连带责任,其特殊性是在连带责任中,有的责任人承担连带责任,有的责任人承担按份责任,因此形成了连带责任中的一种特殊类型即单向连带责任。[22] 这个概念是否准确,由于除了笔者在使用它之外[23],尚未见其他学者使用,因此,还应当对其进行论证。

美国侵权法在责任分担理论中,使用了混合责任的概念。美国《侵权法重述·第三次》"责任分担编"第11节(单独责任的效力)规定:"当依据适用法律,某人对一受害人的不可分伤害承担单独责任时,该受害人仅可以获得该负单独责任者在该受害人应得赔偿中所占的比较责任份额。"这种责任形态称为混合责任[24],即在数人侵权的连带责任中,有的责任人承担连带责任,有的责任人承担单独责任,单独责任人只承担受害人应得赔偿中的自己的份额。[25] 这种混合责任与我国《侵权责任法》规定的单向连带责任的特征完全一致,即在一个数人行为造成的不可分的损害结果中,有的责任人承担连带责任,有的责任人承担按份责任,这种多数人承担的责任形态,就是美国法上的混合责任,即单向连带责任。

混合责任和单向连带责任是侵权法中客观存在的同一种责任形态。所不同的是,美国人使用混合责任的概念,切入的角度是在一个完整的责任中,既有连带责任又有按份责任;我用单向连带责任的概念是从请求权人的角度切入,对于承担连带责任的责任人请求承担连带责任是允许的,对于承担按份责任的责任人请求其就全部损害承担连带责任是不允许的,只能向其请求承担按份责任即单独责任。

2. 对损害扩大部分承担的连带责任与单向连带责任的区别

《侵权责任法》第36条第2款规定的网络服务提供者就部分损害承担的连带责任确实与单向连带责任有相似之处,都是对同一个损害有的人承担全部责任,有的人就其中的部分损害承担连带责任。例如,网络用户要对全部损害承担连带责任,而网络服务提供者就其造成的损害扩大部分承担连带责任。但是,进行仔细分析会发现,网络服务提供者依照《侵权责任法》第36条第2款规定承担的对部分损害的连带责任,与单向连带责任并不相同。

二者的区别是,在单向连带责任中,承担按份责任的一方,尽管其要与承担连带责任的另一方连带负责,但这种连带是形式上的连带而不是实质上的连带,因为单向连带责任中按份责任的最终责任是要由按份责任人全部承担的,而不再分为份额由数人分担。例如,在《侵权责任法》第9条第2款规定的教唆人、帮助人与监护人对被监护人造成的损害共同承担责任时,教唆人或者帮助人承担的是"侵权责任"即全部

---

[22] 参见杨立新:《多数人侵权行为及责任理论的新发展》(本书第1540页),载《法学》2012年第7期。
[23] 参见杨立新:《教唆人、帮助人责任与监护人责任》(本书第1573页),载《法学论坛》2012年第2期。
[24] See Restatement of the Law, Third, Torts: Apportionment of Liability, §11 & §17. 中文版见肯尼斯·S. 亚伯拉罕、阿尔伯特·C. 泰特选编:《侵权法重述·纲要》,许传玺、石宏译,许传玺审校,法律出版社2006年版,第346、355页。
[25] 参见杨立新:《侵权责任法》,法律出版社2012年版,第121页。

损害的连带责任,而监护人未尽监护职责,应就其过错程度承担"相应的责任"即按份责任。虽然在按份责任这一部分与教唆人或者帮助人的全部连带责任相重合,构成单向连带责任,但这个相应责任最终必须由监护人全部承担,而不是双方按照份额承担,即教唆人或者帮助人承担了全部责任的连带赔偿责任之后,可以向监护人进行追偿,追偿的数额就是监护人应当承担的相应的责任,即按份责任的全部。

由此可见,单向连带责任的规则与《侵权责任法》第 36 条第 2 款规定的损害扩大部分承担的连带责任是有明显区别的。在对部分损害承担的连带责任中,就共同承担的那一部分赔偿责任的性质是连带责任;而在单向连带责任中,就共同承担的连带责任的那一部分,只是形式上的连带而不是实质性的连带,因而是不真正连带责任。两种责任形态的最基本区别在于,对于部分损害承担连带责任的连带部分,在中间责任上应当连带承担,在最终责任上,应当按照过错程度和原因力比例按份承担;单向连带责任的连带部分,在中间责任上应当连带承担,而在最终责任上必须由应当承担最终责任的人不分份额地全部承担。这正是不真正连带责任与连带责任的本质区别。

因此,不能用单向连带责任概括《侵权责任法》第 36 条第 2 款规定的对部分损害承担连带责任的责任形态,应当选择更为准确的概念来界定这种连带责任形态。

(二)对部分损害承担的连带责任符合部分连带责任的特征

在大陆法系的日本,有的学者提出了"部分连带责任"的学说。日本学者川井健教授认为,鉴于加害人一方对造成损害的原因力大小不同,在各自原因力大小的共同限度内,承认提取最大公约数的部分为连带责任,剩余的部分由原因力较大的加害人负个人赔偿义务,这种就是"与原因力相应的部分连带说"。[26] 部分连带责任说尽管也是立足于共同侵权行为的客观关连共同说,但这种理论并不是各共同侵权行为人对因共同行为产生的全部损害负责,而是负有与各自行为违法性相应(范围相当)的责任,违法性大的人负有全责。仅在违法性小的共同侵权行为人的责任范围内承担连带责任。部分连带责任对责任形态的划分标准采取的是"违法性差异说",是以行为的违法性为标准,判断各自行为的参与程度,其理论基础是一般侵权行为的归责原则。也就是各行为人的违法性为同程度的场合构成全部连带;违法性差异时,违法性大的行为人对损害的全额负责,违法性程度小的行为人只对一部分损害负连带债务。[27] 学者评论认为,川井健教授根据日本民法第 719 条第 1 项前段规定,虽然采用了客观的关连共同说作为基础,但对于其法律效果而言,允许部分加害人通过证明对共同行为的参与程度以减少赔偿,在证明成立时则适用部分连带责任。[28]

---

[26] 〔日〕川井健:『現代不法行為研究』(日本評論社,1978)228 頁。
[27] 参见于敏:《日本侵权法》,法律出版社 2005 年版,第 279、290 页。
[28] 参见〔日〕川井健:「共同不法行為の諸問題」、「現代不法行為法研究」(日本評論社,1978)220 頁以下(初出は、判タ215 号 58 頁以下、1968 年)。

尽管有的学者对川井健教授以责任形态的划分标准采取"违法性差异说",以行为的违法性为标准判断各自行为的参与程度的观点提出质疑㉙,但这种连带责任的特殊形态是客观存在的。不过,川井健教授关于部分连带责任的学说所说的这种情形,与我国《侵权责任法》第 36 条第 2 款规定的部分连带责任有所不同。依照《侵权责任法》第 36 条第 2 款规定理解,部分连带责任应以各个加害人的行为原因力为基准,对每一个加害人的行为都具有原因力的那一部分损害的责任为连带责任,对部分加害人的行为不具有原因力的那一部分损害的责任,由行为具有原因力的加害人承担,不属于连带责任。正因为如此,可以借鉴部分连带责任的概念,将我国《侵权责任法》中规定以及未明确规定的相似的内容都归并在一起,构成一个部分连带责任的体系,包含的内容是以下三种:

一是川井健教授提出的共同加害人的行为原因力不等的部分连带责任。例如,在一个共同侵权行为的两个加害人中,一个加害人的行为的原因力为 70%,另一个加害人的行为的原因力为 30%。如果按照一般的连带责任规则,两个加害人在中间责任上都应当承担连带责任,这样处理,对于后一个加害人而言,显然不公平。按照部分连带责任学说,将原因力重合的那一部分即 30/70 = 42.9% 作为连带责任,其余的 57.1% 为前一个加害人单独承担;再对连带责任的最终责任进行分割,即每个人承担 21.45%。这样的责任分担规则,改变了我国《侵权责任法》第 13 条和第 14 条对此一律实行连带责任,只是在最终责任确定上依照原因力规则确定连带责任人各自份额做法的不妥当之处,显然更为公平、合理。

二是部分叠加的分别侵权行为承担的部分连带责任。部分叠加的分别侵权行为也叫做半叠加的分别侵权行为,是在分别实施侵权行为的数人中,一个人的行为具有 100% 的原因力,另外的人只具有 50%(包括不足 100%)的原因力。对此,我们曾经提出的意见是,其后果仍然是承担连带责任,只在最终责任份额上体现这种区别,分别承担 33.3% 和 66.7%。㉚ 如果按照部分连带责任的学说处理,就可以将具有共同原因力的部分 50% 的损害作为连带责任处理,其余部分 50% 由前者个人负单独责任;共同承担连带责任的 50%,各自份额为 25%。这样的结果也是更为公平、合理的。

三是《侵权责任法》第 36 条第 2 款规定的部分连带责任。对具有共同原因力的扩大的部分的损害,由加害人承担连带责任;其余部分损害,由具有单独原因力的加害人单独承担。这正是本节讨论的问题。

《侵权责任法》第 36 条第 2 款规定的对损害扩大部分承担的连带责任,就是上述第三种部分连带责任。根据违法行为的原因力和过错程度,侵权的网络用户实施的侵权行为造成了被侵权人的全部损害,存在完整的原因力,应当对全部损害负责。网

㉙ 参见于敏:《日本侵权行为法》,法律出版社 2006 年版,第 281 页。
㉚ 参见杨立新、陶盈:《论分别侵权行为》(本书第 1591 页),载《晋阳学刊》2014 年第 1 期。

络服务提供者由于未履行及时采取必要措施的义务,使损害扩大,应对损害扩大的部分与网络用户承担连带责任,因而在这一部分损害上,网络服务提供者与网络用户的赔偿责任重合,形成部分连带责任。同时,由于原因力重合的这一部分损害是由两个责任人承担连带责任,因而双方之间存在最终责任的分配问题,如果一方承担的赔偿责任超过了其应当承担的最终责任份额,对超出的部分可以向对方请求追偿。正是由于数个侵权人对于造成的同一个损害,全体责任人仅对部分损害承担连带责任,对于连带责任之外部分的责任,只由应当承担责任的人单独承担,而不由全体责任人连带承担,其所形成的情形,正是在数人中有的承担全部责任、有的就部分责任承担连带责任,构成了部分连带责任。

(三)部分连带责任与典型的连带责任的区别

《侵权责任法》第 36 条第 2 款规定的这种部分连带责任与《侵权责任法》第 13 条和第 14 条规定的典型的连带责任不同,即在一个由数人的行为造成的损害中,网络服务提供者仅就损害的扩大部分承担连带责任,而对该部分损害之外的其他损害部分,只能由侵权的网络用户承担责任。而《侵权责任法》第 13 条和第 14 条规定的典型连带责任的规则,是全体连带责任人对全部责任连带负责,最终责任按照份额由每一个连带责任人按照过错程度和原因力比例承担。㉛

这种与典型连带责任不同的特殊连带责任,就是部分连带责任中的一种。因为在网络用户实施侵权行为之后,被侵权人主张通知权利,网络服务提供者未及时采取必要措施,并非对全部损害承担连带责任,而是仅就其损害的扩大部分承担连带责任。这样就形成了在一个完整的责任中,对于损害扩大部分,网络用户和网络服务提供者都要承担连带责任,而对于损害扩大部分以外的那一部分损害,则只有实施侵权行为的网络用户自己承担责任。因此,用部分连带责任概括《侵权责任法》第 36 条第 2 款规定的网络服务提供者对扩大部分的损害承担连带责任的责任形态,不仅基本规则相同,而且使用的用语都是相同的,是准确的概念。

部分连带责任与附条件不真正连带责任并不是同一类型的责任形态概念,在规则上不具有可比性。但是从实现功能的机理上进行比较,则是可行的。连带责任的功能在于扩大被侵权人实现赔偿权利的可能性,其机理是,每一个行为人的行为对损害的发生都具有原因力,形成共同原因。部分连带责任中的连带责任同样如此。不真正连带责任的功能也是扩大被侵权人实现权利的可能性,其机理是,将本不具有直接原因力的从行为人的行为与主行为人的行为竞合,将主、从行为人都作为形式上的连带责任人,便于受害人的权利实现,但最终责任仍然由主行为人承担,即使从行为人承担了赔偿责任,也可以向主行为人进行追偿。两相比较,部分连带责任的行为人都是主行为人,对于部分损害都具有直接的原因力,因而任何一个行为人都具有连带责任的最终责任份额。而附条件的不真正连带责任的行为人,既有主行为人也有从

㉛ 参见王利明:《侵权责任法研究》(上卷),中国人民大学出版社 2010 年版,第 586 页。

行为人,行为具有间接原因力的从行为人在具备法律规定或者合同约定的条件时,才承担不真正连带责任的中间责任,并且在赔偿后可以向主行为人追偿,使自己在实际上不承担最终责任。因而可以看出,部分连带责任更重,而附条件不真正连带责任显然较轻。其基础恰恰是互联网企业作为两种不同的网络平台提供者承担义务的不同。

(四)《侵权责任法》第36条第2款规定的部分连带责任的适用规则

1. 侵权的网络用户应当对全部损害承担责任

网络用户在网络媒介平台上实施侵权行为,造成被侵权人的民事权益损害,应当对全部损害承担责任。这是该条第1款规定的规则。

2. 网络服务提供者对损害扩大部分承担连带责任

网络用户实施侵权行为,被侵权人行使了通知权利之后,网络服务提供者在合理期限内未及时采取必要措施的,就应当对此部分损害与侵权的网络用户承担连带责任。就这一部分扩大的损害,被侵权人可以请求网络服务提供者承担赔偿责任,也可以主张网络用户承担赔偿责任,但不能就损失扩大部分之外的损害主张由网络服务提供者承担责任。

3. 损害的扩大部分的确定

对于损害扩大部分究竟应当怎样确定,笔者曾经主张"应当以网络服务提供者被提示之后确定,凡是被提示之后造成的损害,就是损害的扩大部分"。[32] 有的学者指出这样的界定不妥当,原因在于,通知之后到采取必要措施之间还有一个合理时间即"及时"的要求,因此,损害的扩大部分是指网络服务提供者接到通知后,未在合理时间内采取必要之措施而导致的损害被扩大的那部分。[33] 主张在通知之后应当扣除"及时"这个合理时间部分的意见,是对的,笔者接受这个批评。但该意见中关于还要扣除"采取措施—转达通知—反通知—恢复"的程序的时间的看法[34],是不正确的。损害扩大的部分,就是通知提出之后经过合理时间结束时为止。这个合理时间,我们主张一般为收到有效通知后的48小时,涉及热播影视等作品或者涉及危害国家安全、侵害社会公共利益的,为收到有效通知后的24小时。[35] 收到有效通知,再加上上述时间,之后的损害部分就是损害扩大部分。将转达通知、反通知以及恢复的时间算在其中,是不正确的。

4. 网络用户与网络服务提供者承担最终责任应当区分份额

网络用户与网络服务提供者对于损害扩大的部分承担连带责任,就中间责任而言,双方都有义务承担全部责任,但在最终责任上,必须区分双方的责任份额,应当依

---

[32] 杨立新:《〈中华人民共和国侵权责任法〉精解》,知识产权出版社2010年版,第166页。
[33] 参见程啸:《侵权责任法》,法律出版社2011年版,第340页。
[34] 参见程啸:《侵权责任法》,法律出版社2011年版,第340页。
[35] 参见杨立新主编:《中国媒体侵权责任案件法律适用指引》,人民法院出版社2013年版,第35页。

照《侵权责任法》第 14 条关于"连带责任人根据各自责任大小确定相应的赔偿数额；难以确定责任大小的，平均承担赔偿责任"的规定，根据双方各自的过错程度和原因力比例确定。相比较而言，网络用户作为侵权人，利用网络实施侵权行为，多数是恶意而为，至少是具有重大过失，过错程度严重，原因力比例大；而网络服务提供者只是在被侵权人通知之后未及时采取必要措施，相对来说，过错程度和原因力都比网络用户的责任程度为轻，因而网络用户应当承担主要责任，网络服务提供者应当承担次要责任，即使网络服务提供者存在恶意，最多也是承担同等责任。

5. 网络服务提供者承担赔偿责任后的追偿权

不论是网络用户还是网络服务提供者在对扩大的损害部分承担了连带责任之后，依照《侵权责任法》第 14 条第 2 款规定，都有权向没有承担最终责任的连带责任人主张追偿。追偿的数额，就是为对方承担了赔偿责任的那一部分最终责任的份额。据调查，目前我国网络服务提供者在依照《侵权责任法》第 36 条第 2 款规定承担了连带责任之后，通常不向网络用户行使追偿权，主要原因在于互联网企业并不想因此伤害自己的网络用户资源。这是网络服务提供者在处分自己的追偿权，法律并不强制行使追偿权。

四、《消费者权益保护法》和《侵权责任法》两个法条规定的其他问题

如前所述，《消费者权益保护法》第 44 条第 2 款和《侵权责任法》第 36 条第 3 款的规定基本相同，都是网络平台提供者在明知或者应知销售者、服务者以及网络用户利用其平台侵害消费者或者他人合法权益，未采取必要措施的，与该销售者或者服务者以及网络用户承担连带责任。

这一规则在具体适用中应当注意以下四个问题：

第一，网络平台提供者承担连带责任的前提是构成共同侵权行为。应当特别明确的是，两部法律的上述规定，与《侵权责任法》第 36 条第 2 款和《消费者权益保护法》第 44 条第 1 款规定完全不同，规定的是连带责任，其前提是网络平台提供者与网店的销售者或者服务者以及网络用户构成共同侵权行为。这种共同侵权行为属于客观的共同侵权行为，是既没有共同故意也没有共同过失，只是数人的行为构成客观关连共同，因而构成共同侵权。在网络平台提供者具有明知的情况下，也并不因为其明知而构成有意思联络的共同侵权行为，因为行为人并没有进行通谋，仍然属于客观关连共同，但其过错程度显然高于过失。如果是应知而未知，则为过失，当然是客观关连共同，亦为客观的共同侵权行为。不论怎样，这样的情形都符合《侵权责任法》第 8 条规定，构成共同侵权行为，应当承担连带责任。

第二，承担连带责任的中间责任人由消费者或者被侵权人选定。依照《侵权责任法》第 13 条的规定，在连带责任中，"被侵权人有权请求部分或者全部连带责任人承

担责任"。在被侵权人请求部分连带责任人承担责任的情形下,被起诉的连带责任人承担的是中间责任。在互联网企业、网店的销售者或者服务者、侵权的网络用户这些主体中,既然承担的是连带责任,消费者或者被侵权人有权在其中选择部分或者全部作为自己诉讼的被告,主张承担全部责任。这时,原告主张起诉谁,谁就是被告,法官不必追加没有起诉的被告,因为这是原告在行使自己的权利。

第三,网络平台提供者的责任份额应当依照其过错程度和原因力确定。网络平台提供者在连带责任中承担的最终责任份额,应当根据其过错程度和行为的原因力确定。依笔者所见,既然明知和应知在过错程度上有所不同,在确定网络平台提供者的最终责任份额时应当有所区别。如果网络平台提供者明知网络用户或者销售者、服务者利用其网络平台实施侵权行为的,就具有间接故意,其承担的责任份额应当与直接实施侵权行为的网络用户或者网店的销售者、服务者的责任大体相当(同等责任);如果网络平台提供者是应知而未知,过错性质是过失,承担最终责任的份额应当为次要责任,在30%左右确定。

第四,承担了超过自己责任份额的一方有权向其他责任人行使追偿权。网络平台提供者在承担了超过自己责任份额的赔偿责任之后,对于超过自己责任份额的那部分责任,对销售者或者服务者以及侵权的网络用户享有追偿权,有权依照《侵权责任法》第14条第2款的规定对其进行追偿。

网络交易平台提供服务的损害赔偿责任及规则[*]

2013年修订《消费者权益保护法》,在第44条第1款规定了网络交易平台提供者的附条件不真正连带责任规则。按照该条规定,这种责任规则既适用于消费者通过网络交易平台购买商品受到损害的赔偿责任,也包括通过网络交易平台接受服务受到损害的赔偿责任。笔者是参加修订《消费者权益保护法》的主要法律专家之一,在修订该法中也是这样认为的,也写过文章对此进行论证。[①] 但是经过深入研究和进行实际考察,发现该条文并不能承载后者,而只适用于前者。对于得出上述结论的原因及应当采取的立法、司法对策,本文进行以下说明。

一、《消费者权益保护法》第44条第1款不能涵盖对提供服务造成损害的救济

《消费者权益保护法》第44条第1款规定的内容是:"消费者通过网络交易平台购买商品或者接受服务,其合法权益受到损害的,可以向销售者或者服务者要求赔偿。网络服务者不能提供销售者或者服务者的真实名称、地址和有效联系方式的,消费者也可以向网络交易平台提供者要求赔偿;网络交易平台提供者作出更有利于消费者的承诺的,应当履行承诺。网络交易平台提供者赔偿后,有权向销售者或者服务者追偿。"这个条款明确规定的适用范围,是消费者通过网络交易平台购买商品、接受服务受到损害。对于消费者通过网络交易平台购买商品造成损害的救济,当然包括在这个条款规定的规则之中,对此毫无疑问。[②] 但是,认真考察就会发现,该条文规定的网络交易平台提供者承担责任的规则,对于消费者通过网络交易平台接受服务受到损害的救济并不妥适,无法协调好通过网络交易平台提供服务的经营者与消费者以及交易平台提供者之间的利益关系。立法中,考虑的网络交易不同于实体交易,具

---

[*] 本文发表在《法学论坛》2016年第1期。
[①] 参见杨立新、韩煦:《网络交易平台提供者的法律地位与民事责任》(本书第2373页),载《江汉论坛》2014年第5期。
[②] 参见杨立新、韩煦:《网络交易平台提供者的法律地位与民事责任》(本书第2373页),载《江汉论坛》2014年第5期。

有虚拟性的特点,在网络交易平台上销售商品的电商数量庞大,对二者不加区别地对待也不一定对消费者有利,建议合理确定网络交易平台的责任③,事实上是忽略了网络交易平台提供服务的特点,形成这样的立法现状。

首先,消费者通过网络交易平台购买商品和接受服务,在法律关系上并不相同,特别是在网络交易平台上的交易关系不同。在网络交易平台上购买商品,主要的交易行为都是在网上进行的,即线上交易,当消费者决定购买销售者提供的商品后,将货款付给网络交易平台提供者,将货款储存在支付宝之类的网络账户,销售者将购买的商品通过物流公司寄交给消费者,消费者收到商品后,网络交易平台提供者才将暂存的货款支付给销售者,终结这个交易行为。在这种线上交易行为中,电商即提供商品的销售者与消费者并不见面,交易行为分别通过网络交易平台提供的信息流、资金流和物流(物流有可能由销售者自己选择)的协作,完成网络交易行为。与此不同,当网络交易平台提供者为消费者提供服务,服务者在消费者下单,服务者需要直接与消费者见面,向消费者提供服务,消费者接受服务,然后通过线上支付系统支付价金,结束服务交易。服务合同的主要履行方式是提供相应的劳务,消费者受领的服务也是服务者的服务行为。④ 服务者与消费者不见面,就不能完成服务行为的履行与受领。例如好厨师服务,如果没有厨师的上门服务,谈何好厨师的服务呢？相比较而言,消费者通过网络交易平台购买商品或者接受服务,最大的区别,就是销售者与消费者在网络交易行为中并不见面(即线上交易),而服务者与消费者在交易行为中通常必须见面(线上＋线下交易)。面对消费者通过交易平台购买商品或者接受服务这两种网络交易行为的比较,就能够发现这两种网络交易行为的区别是如此明显,适用同一种规则处理救济消费者损害的规则,从逻辑上说,可能是不适当的,因为造成损害的行为不同,救济规则应当有所不同。

其次,事实恰好就是如此。在消费者通过网络交易平台购买商品的情形,由于销售者与消费者均在线上交易,双方在交易中并非当面进行,因而才出现了《消费者权益保护法》第44条第1款规定的附条件的不真正连带责任的救济规则,即原本就应当由销售者对商品造成消费者的损害承担赔偿责任,只有在网络交易平台提供者不能提供销售者的真实名称、地址和有效联系方式,即消费者无法找到销售者的时候,网络交易平台提供者才承担不真正连带责任,且在承担赔偿责任之后可以向销售者追偿;或者网络服务者作出先行赔付承诺的,消费者可以直接请求网络服务者承担不真正连带责任。⑤ 相反,由于消费者通过网络交易平台接受服务,该服务并非在线上

---

③ 《全国人民代表大会法律委员会关于〈中华人民共和国消费者权益保护法修正案(草案)〉审议结果的报告》,载全国人大常委会法制工作委员会民法室:《消费者权益保护法立法背景与观点全集》,法律出版社2013年版,第113页。
④ 参见曾祥生:《服务合同:概念、特征与适用范围》,载《湖南社会科学》2012年第6期。
⑤ 参见杨立新:《网络平台提供者的附条件不真正连带责任与部分连带责任》(本书第2387页),载《法律科学》2015年第1期。

进行,而且通过服务者与消费者当面进行交易,完成服务行为,因而不同于线上的商品交易,有了直接交易的特点。例如专车服务或者优步提供的交通服务,如果没有服务者当面对消费者进行机动车交通服务,不可能成立网络服务行为。既然如此,在服务者与消费者直接进行面对面的服务中,交易的双方当面进行交易,就与传统服务交易行为没有太大的区别,仅仅是订约过程和支付价款方式有所不同而已。在这样的情形下,消费者能够找到服务者,当然就没有必要再通过网络交易平台提供者承担中间责任的方式,通过附条件的不真正连带责任的方法,让网络服务者先承担赔偿责任,继而再向服务者进行追偿;而应当由消费者与服务者直接寻求解决纠纷救济损害的途径,按照传统当面直接交易的方式确定赔偿责任,除非网络交易平台提供者有过失。由此可见,用《消费者权益保护法》第44条第1款规定的附条件的不真正连带责任规则,解决消费者通过网络交易平台购买商品受到损害的救济问题,是正确的,但对消费者通过网络交易平台接受服务受到损害的救济,是存在问题的。

再次,消费者通过网络交易平台购买商品或者接受服务受到损害,与通过传统交易平台即展销会或者租赁柜台购买商品或者接受服务受到损害,有原则区别,因而《消费者权益保护法》才将传统交易平台责任规定在第43条,网络交易平台责任规定在第44条,加以严格区别。之所以有这样的责任承担规则的区别,就在于传统交易平台的利用是有偿的,即付租金租赁柜台或者出资参加展销会;而利用网络交易平台进行交易,绝大多数或者基本上是无偿提供,销售者和服务者无须支付租金,就可以在网络交易平台上进行交易。因此,利用网络交易平台进行商品销售造成消费者损害,并不承担典型的不真正连带责任,而是承担附条件的不真正连带责任;同时,利用网络交易平台提供服务致害消费者,也不应承担典型的不真正连带责任,甚至连承担附条件的不真正连带责任也不妥适,应当另行寻找办法确定责任承担规则。

事实上,无论是第43条规定的责任,还是第44条第1款规定的平台责任,都是在平台提供者没有过失的情况下的责任承担规则,如果平台提供者对于造成消费者损害有过失,就不属于上述条文调整的范围,而应当另行寻找法律规定,或者是《消费者权益保护法》第44条第2款规定的明知或者应知的连带责任,或者是依照《侵权责任法》第6条第1款规定的过错责任原则确定赔偿责任。

正因为如此,对于消费者通过网络交易平台接受服务造成损害,网络交易平台提供者承担责任,无法概括在《消费者权益保护法》第44条第1款的调整范围之内,应当确定更为准确、更能够使消费者、服务者以及网络交易平台提供者三者之间利益平衡的法律规则,更好地保护好消费者的权益,保护好网络交易平台提供者以及服务者的合法权益,促进网络交易发展,推动社会经济繁荣。

二、影响网络交易平台提供服务损害赔偿责任及规则的主要因素

既然确定对于消费者通过网络交易平台接受服务造成损害的救济规则与消费者通过网络交易平台购买商品造成损害的救济规则应当有所不同,进而确定网络交易平台提供服务致害消费者损害赔偿责任及规则,就应当首先研究影响这种责任规则的主要因素,"对症下药",建立科学的网络交易平台提供服务损害赔偿责任及规则。

(一)网络交易平台提供服务致害消费者权益行为的性质

就服务者提供的服务损害消费者合法权益的行为本身而言,是一个单独侵权行为。这就是说,在服务者对消费者提供服务关系上,尽管他们之间的服务合同是在网络交易平台上签订的,但是履行该合同的主要义务,并不是在网络交易平台,而是在线下通过面对面的交易行为,完成合同义务的履行。在这样的合同关系中,线上的行为仅仅是合同的签订行为,线下的行为才是合同的履行行为。在合同履行中,服务者对消费者的民事权益造成了损害,就是合同的履行行为造成的损害,即加害给付行为。由于加害给付行为符合《合同法》第122条规定的要求,因此,属于合同违约责任与侵权责任的竞合,受到损害的消费者既可以行使侵权责任请求权追究服务者的侵权责任,也可以行使违约损害赔偿请求权,请求服务者承担违约损害赔偿责任。例如通过滴滴打车平台,消费者接受出租车服务,在滴滴打车提供的出租车在行驶中造成消费者的民事权益损害,与普通的消费者在路边自己打车接受的出租车服务造成损害,在法律性质上没有区别,既构成违约责任,也构成侵权责任,构成责任竞合,由受害人选择损害赔偿请求权救济自己的损害。

不过,就网络交易平台上提供的服务造成损害而言,除了服务者的服务行为之外,与网络交易平台提供者发生联系的是其提供的网络交易平台,即服务合同的签订是在网络交易平台进行的,价金给付义务也是通过网络交易平台的服务进行的,而非当面直接的交易行为。这样的行为因素,究竟应当给责任承担规则带来何种影响,特别值得研究。

首先,应当肯定,网络交易平台提供者与服务者的行为不是共同侵权行为,不符合《侵权责任法》第8条规定,不应当承担连带责任。

其次,也应当肯定,这种行为也不是分别侵权行为,既不是叠加的分别侵权行为,也不是典型的分别侵权行为,不符合《侵权责任法》第11条和第12条规定的要求。

最后,应当分析这种行为是否符合竞合侵权行为的特点。消费者通过网络交易平台购买商品,商品是通过网络交易平台到达消费者的手中,而造成消费者损害的恰恰就是网络交易平台提供的条件,使缺陷产品到达了消费者的手中,并且造成了损害。这样,就使网络交易平台提供者在缺陷产品造成损害的行为中有了直接的关联,提供了条件,只是因为网络交易平台的服务属于无偿的服务,因而才出现了提供网络

交易平台服务的竞合侵权行为,其责任形式为附条件的不真正连带责任。在消费者通过网络交易平台接受服务的损害中,服务者提供的服务直接造成消费者的损害,就服务而言,网络交易平台提供者并不具有特别的关联,而仅仅在提供订约条件、价金给付方面提供服务,因而与损害行为不存在因果关系,因此,如果网络交易平台提供者没有过错,就没有承担责任的归责要素,就不应当承担救济损害的责任。

(二)网络交易平台提供者对于提供服务造成损害是否有故意或者过失

笔者在前一节所描述的,是就消费者通过交易平台接受服务造成损害,网络交易平台提供者仅仅提供平台而不存在过错而言。如果网络交易平台提供者在提供服务中具有过失,或者具有故意,将会在责任规则上发生重大变化。

通过网络交易平台向消费者提供服务,服务者造成消费者损害,是单独侵权行为或者违约行为,应当由服务者自己承担侵权责任或者违约责任。如果将其定性为侵权行为,性质属于单独侵权行为,依照《侵权责任法》第6条第1款规定,没有过失的网络交易平台提供者对此就没有责任。

但是,如果网络交易平台提供者在服务者为消费者提供服务的过程中有过失,其行为就与服务者的服务行为有了直接的关联性。例如,在好厨师的服务中,网络交易平台提供者推荐的好厨师有传染病,在提供饮食服务中造成消费者食源性疾病感染,网络交易平台提供者没有善尽对好厨师的资格审查义务,主观上有过失,对于造成的受害人损害具有原因力,因而使行为的性质发生了改变,构成了侵权行为,应当承担侵权责任中的自己责任。⑥

如果网络交易平台提供者在推荐服务时具有侵权故意的,包括直接故意或者间接故意,则构成共同侵权行为。这正是《消费者权益保护法》第44条第2款规定的"网络交易平台提供者明知或者应知销售者或者服务者利用其平台侵害消费者合法权益,未采取必要措施的,依法与该销售者或者服务者承担连带责任"的情形,构成共同侵权行为,应当承担连带责任。如果网络交易平台提供者与服务者恶意串通,通过向消费者提供服务而造成消费者损害,则直接依照《侵权责任法》第8条规定,确定为主观的共同侵权行为,承担连带责任。

(三)网络交易平台提供者推荐服务是否有偿

在消费者通过交易平台接受服务造成损害的法律关系中,网络交易平台提供者在推荐服务中是否有偿,也对责任承担规则具有重大影响。

如果网络交易平台提供者在推荐服务中,网络交易平台提供者与服务者之间签订服务合同时约定有偿的,应当认定为有偿服务。

对于网络交易平台提供者在推荐服务中没有收取费用的,原则上应当认为属于无偿服务合同。不同意见认为,这种情形,网络交易平台提供者并非属于完全无偿的

---

⑥ 自己责任是与替代责任相对应的概念,表明自己实施的行为造成的损害由自己承担。参见杨立新:《侵权责任法》,法律出版社2015年修订版,第131条。

服务,尽管对推荐服务没有明确收费,但在推荐服务中能够获得较大利益,例如获得点击量、掌握服务的资金流等,因而应当视为有偿。不过,笔者认为,如果提供较为便利的交易服务,网络交易平台提供者没有获得任何利益,网络交易活动就不能开展,交易活动就不会繁荣,这样的利益获得,与网络交易平台提供者付出的成本是相适应的,是应当允许的,但这不能就说网络交易平台提供者的服务就是有偿的,而在实际上、特别是在表面上,确实是没有收费,就网络交易平台服务本身而言,双方当事人之间进行的服务没有对价,就是无偿的。将网络交易平台提供者提供的平台服务所得利益,看做其无偿服务的回报,更为准确。

在一个具体的法律行为中,行为有偿或者无偿的因素,将会对该法律行为的解释、责任之轻重、瑕疵担保责任等发生重大影响。⑦ 有偿提供服务,服务者应当承担更重的义务,而无偿提供服务,提供者应当承担较轻的义务,这是《合同法》的一贯立场,也是民法的基本规则。《合同法》第 406 条规定:"有偿的委托合同,因受托人的过错给委托人造成损失的,委托人可以要求赔偿损失。无偿的委托合同,因受托人的故意或者重大过失给委托人造成损失的,委托人可以要求赔偿损失。"参照这一规定体现的精神,网络交易平台提供者无偿推荐服务造成消费者损害的,如果没有过失,应当不承担对服务者造成消费者的损害承担赔偿责任。

三、通过网络交易平台提供服务致害消费者的责任应为单向连带责任

根据上述研究结果,笔者认为,通过网络交易平台提供服务致害消费者,构成侵权责任,服务者和网络交易平台提供者承担的责任形态是单向连带责任。⑧

(一)网络交易平台提供者与服务者承担单向连带责任的理由

在侵权责任法领域中,根据上述确定责任承担规则的影响因素,在网络交易平台推荐的服务造成消费者损害的,服务者与网络交易平台提供者承担赔偿责任,最为相当的侵权责任形态,就是《侵权责任法》第 9 条第 2 款和第 49 条规定的单向连带责任规则。

《侵权责任法》第 9 条第 2 款规定的教唆、帮助无行为能力人或者限制行为能力人实施侵权行为造成他人损害的,教唆人、帮助人承担侵权责任;监护人有未尽监护责任过失的,承担相应的责任。第 49 条规定,租赁、借用机动车造成他人损害,属于机动车一方责任的,由机动车使用人承担赔偿责任,机动车所有人对损害的发生有过

---

⑦ 参见梁慧星:《民法总论》,法律出版社 2008 年版,第 165 页。
⑧ 关于单向连带责任的概念,请参见杨立新:《多数人侵权行为与责任理论的新发展》(本书第 1540 页),载《法学》2012 年第 7 期;《网络平台提供者的附条件不真正连带责任与部分连带责任》(本书第 2387 页),载《法律科学》2015 年第 1 期。

错的,承担相应的赔偿责任。《侵权责任法》这两条规定的侵权责任规则,性质是相同的,笔者把它称之为单向连带责任。⑨ 这种侵权责任的性质,与美国侵权法的混合责任是一样的,即在一个多数人侵权行为中,有的行为人应当承担连带责任,有的行为人应当承担按份责任(单独责任)的混合型的共同责任形态。⑩

消费者通过网络交易平台接受服务造成损害,服务者与网络交易平台提供者之间的责任关系与此基本相同。服务者的服务行为,相当于机动车使用人的行为和教唆人、帮助人教唆、帮助无行为能力人或者限制行为能力人实施的侵权行为,都属于单独侵权行为,都是由于自己的故意或者过失行为造成消费者或者他人的损害,应当自己承担全部侵权责任。而网络交易平台提供者的行为相当于机动车所有人的行为或者监护人的监护行为,如果他们没有过错,他们就不应当为服务者的服务行为造成的损害负责;如果有过错,则应当按照其过错程度,承担相应的责任即按份责任,而不承担连带责任。在后一种情况下,即使他们有过错,应当承担相应的责任,机动车使用人、教唆人、帮助人以及服务者也应当对全部损害承担连带责任,只不过在承担了全部赔偿责任之后,对机动车所有人、监护人以及网络交易平台提供者进行追偿而已。这样的理由是成立的。

(二)网络交易平台提供者承担单向连带责任可否参照《侵权责任法》的相关规定

提出这个问题,是因为《消费者权益保护法》和《侵权责任法》以及其他现行法都没有对适用单向连带责任规则作出一般性规定,更没有具体规定,最高人民法院也没有对此作出解释。在这样的情况下,对于网络交易平台提供者确定承担单向连带责任,是否合法,需要进行研究。

这样的怀疑并非没有道理。原因在于,对网络交易平台提供者推荐服务造成消费者损害,适用单向连带责任确实没有现行法律规定作为依据,因为《消费者权益保护法》第44条本来就规定了这样的行为和后果适用该法的这一规定,立法机关并没有作出解释认为这个规则是错误的,因而存在两难的问题:一方面,认为《消费者权益保护法》第44条规定的规则,仅仅是对消费者通过网络交易平台购买商品造成损害规定的责任承担规则,但是法律并没有作出这样的解释;另一方面,建议适用《侵权责任法》第9条和第49条规定的规则,但这些规则都有特定的适用范围,因而须冒着对法律进行扩张解释的风险。对此,我从三个方面进行论证。

第一,《消费者权益保护法》第44条第1款规定存在的无法涵盖通过网络交易平台接受服务造成损害的情形,属于法律漏洞。法律漏洞的定义,谓之"法律体系上之

---

⑨ 参见杨立新:《侵权责任法》,法律出版社2015年修订版,第149页。
⑩ 《美国侵权法重述第三次·责任分担》第11节(单独责任的效力)规定:"当依据适用法律,某人对一受害人的不可分伤害承担单独责任时,该受害人仅可以获得该负单独责任者在该受害人应得赔偿中所占的比较责任份额。"这种责任形态称为混合责任。

违反计划的不圆满状态"⑪,或者"现实性法律体系上存在影响法律功能,且违反立法意图之不完全性"⑫,或者"是由于立法者未能充分预见待调整的社会关系,或者未能有效地协调与现有法律之间的关系,或者由于社会关系的发展变化超越了立法者立法时的预见范围,而导致的立法缺陷"等⑬。立法漏洞包括三个基本含义,一是立法体系存在不完全性或者不圆满性,二是影响现行法应有功能,三是违反立法意图。⑭《消费者权益保护法》第44条第1款规定存在的问题,表现的正是不完全性,不能涵盖消费者通过网络交易平台接受服务受到损害的赔偿责任,影响现行法的应有功能,也违反了立法者的意图,构成法律漏洞。

第二,法律填补是补充法律漏洞的基本方法,也称为法律续造,在存在法律漏洞的情况下,由法官根据一定标准和程序,针对特定的待决案件,寻找妥当的法律规则,并据此进行相关的案件裁判。⑮ 最高人民法院《关于审理道路交通事故损害赔偿案件适用法律若干问题的解释》第2条规定正是采取的这种方法进行的。该条规定的内容是:"未经允许驾驶他人机动车发生交通事故造成损害,当事人依照侵权责任法第四十九条的规定请求由机动车驾驶人承担赔偿责任的,人民法院应予支持。机动车所有人或者管理人有过错的,承担相应的赔偿责任,但具有侵权责任法第五十二条规定情形的除外。"这同样是对单向连带责任规则的扩张适用,并非违法解释。事实上,在法律适用上,民法与刑法不同,刑法奉行法无规定不为罪,禁止适用类推规则。而民法在其法律规范调整不足时,恰恰准许进行类推适用相近的法律规范。所谓类推适用,是指将法律明文之规定,适用到该法律规定所未直接加以规定,但其规范上之重要特征与该规定所明文规定者相同之案型。⑯ 将《侵权责任法》第9条第2款和第49条规定的规则,扩张适用于消费者通过网络交易平台接受服务致害的赔偿责任,符合类推适用的"相同之案型,应为相同处理"⑰规则的要求,即对特定案件,比照援引与该案件类似的法律规定,将法律的明文规定适用于该法律所未直接加以规定⑱,因此具有合理性和正当性,并不违反民事法律适用规则的要求。

第三,指出现行法律规范存在的错误,本是学者的职责,不论立法者对其立法是否认识到存在错误,学者均可根据自己的研究指出其错误,有则改之,无则加勉,正是学说解释借助解释批评现行法的缺点,为法律修改提供建议,并成为立法解释、司法解释和裁判解释的参考基本功能的体现。⑲ 只要指出的法律错误或者漏洞是现实的,

---

⑪ 黄茂荣:《法学方法与现代民法》,2011年自版增订第6版,第456页。
⑫ 梁慧星:《法律解释学》,法律出版社2009年版,第253页。
⑬ 王利明:《法学方法论》,中国人民大学出版社2011年版,第426页。
⑭ 参见梁慧星:《民法解释学》,法律出版社2009年版,第253页。
⑮ 参见王利明:《法学方法论》,中国人民大学出版社2011年版,第435页。
⑯ 参见黄茂荣:《法学方法与现代民法》,2011年自版增订第6版,第600、601页。
⑰ 黄茂荣:《法学方法与现代民法》,2011年自版增订第6版,第600、601页。
⑱ 参见王利明:《法学方法论》,中国人民大学出版社2011年版,第439页。
⑲ 参见梁慧星:《民法总论》,法律出版社2008年版,第282页。

是客观的,不仅可以建议立法机关纠正,也可以警惕法官在适用法律上,依据诚实信用原则,谨慎适用法律,做出变通处理,避免出现对法律关系进行司法调整中的错误。因为诚实信用原则性质上属于一般条款,其实质在于,当出现立法当时未预见的新情况、新问题时,法院可以诚实信用原则行使公平裁量权,直接调整当事人之间的权利义务关系。[20]

根据上述理论和实践依据作出这样的结论,是具有正当性和合理性的,并不违反民法法理。

(三)单向连带责任的基本规则

单向连带责任的规则是:第一,单向连带责任人中的连带责任人承担连带责任(包括中间责任)。单向连带责任中的连带责任人就全部赔偿责任承担责任。如果被侵权人起诉其承担全部责任,连带责任人有义务承担全部赔偿责任,其中不属于他的份额的部分,为中间责任。第二,单向连带责任人中的按份责任人只承担最终责任。单向连带责任中的按份责任人只承担按照份额确定的最终责任,不承担中间责任。如果被侵权人起诉按份责任人承担中间责任,按份责任人可以其承担"相应的责任"而予以抗辩,法官应当予以支持。第三,承担了中间责任的连带责任人有权向按份责任人进行追偿。单向连带责任中的连带责任人承担了超出自己责任份额之外的中间责任的,有权向没有承担最终责任的责任人包括连带责任人和按份责任人进行追偿,实现最终责任的分担。[21]

结合消费者通过网络交易平台接受服务造成损害责任的实际情况,承担单向连带责任的规则是:

1. 服务者向受到损害的消费者承担全部赔偿责任

这个规则包括两层含义:第一,服务者单独就消费者因服务造成的损害承担全部责任。这是在网络交易平台提供者对于提供服务造成消费者损害不存在故意或者过失的情况下的责任承担规则。既然这种损害行为是单独侵权行为,与网络交易平台提供者没有关系,那就只能由服务者承担全部责任,网络交易平台提供者不承担赔偿责任。第二,如果网络交易平台提供者在推荐服务中有过失,则构成数人侵权行为,服务者应当承担连带责任,即使网络交易平台提供者因过失造成的损害部分,也应当由服务者承担全部损害的连带责任。

应当注意的一个问题是,网络交易平台提供者为服务者提供服务,是控制服务者的服务资金流的,因而对服务者承担赔偿责任有一定的担保作用。不过,该资金流控制的服务者的资金数额较小,可能无法对全部赔偿责任提供担保。

2. 有过失的网络交易平台提供者对其因过失造成的损害部分承担相应责任

如果网络交易平台提供者对推荐的服务造成消费者损害有过失,则应当对其因

---

[20] 参见梁慧星:《民法总论》,法律出版社2008年版,第48—49页。
[21] 参见杨立新:《多数人侵权行为与责任理论的新发展》(本书第1540页),载《法学》2013年第7期。

过失造成的损害部分,承担相应的责任。

所谓相应责任就是按份责任,亦即美国侵权法上的单独责任。㉒ 对于相应责任的解释,全国人大常委会法工委参加起草《侵权责任法》的有关官员解释认为,在起草过程中,有的人提出无论监护人是否尽到监护责任,都应当由监护人与教唆人或者帮助人承担连带责任。在存在教唆人、帮助人的情形下,监护人也要承担连带责任,过于严厉,本法没有规定监护人需要承担连带责任。㉓ 对于第49条规定的相应的赔偿责任,则解释为机动车所有人没有尽到上述应有的注意义务,便有过错,该过错可能成为该机动车造成他人损害的一个因素,机动车所有人应当对因自己的过错造成的损害承担相应的赔偿责任。㉔ 这个解释虽然没有明确说明该赔偿责任的性质,但可以判断为按份责任。借鉴这样的规定和这样的解释,网络交易平台提供者对损害的发生具有过失的,应当承当按份责任。

适用这个规则,判断网络交易平台提供者是否有过失,至关重要。确定网络交易平台提供者的过失,应当借鉴最高人民法院《关于审理道路交通事故损害赔偿案件适用法律若干问题的解释》第1条规定的精神,在下列情形之下,认定网络交易平台提供者有过失:(1)知道或者应当知道服务者无相应服务资格或者未取得相应服务资格的;(2)知道或者应当知道服务者有不符合从事该种服务身体条件,或者患有妨碍从事该种服务的疾病等,依法不能从事该种服务的;(3)对服务者的资质证书审验未尽必要注意义务,未发现该资格证书虚假的;(4)其他应当认定服务者有过错的情形。

对于上述网络交易平台提供者过失的判断,适用的标准是谨慎人的必要注意义务,即网络交易平台提供者负有善良管理人的注意义务,违反该注意义务的,为有过失。例如,对于服务者的证照审验,应当依据政府准许其掌握的审验标准确定。如果政府准许互联网公司适用飞机场安全检查使用的身份证识别技术,对于虚假身份证件应当审验出虚假而未审验出虚假,即为有过失。如果政府并不准许互联网公司使用该种身份证件审验方法,则须依照一般识别方法进行审验,已经尽善良管理人的必要注意义务,仍无法识别身份证件的真伪者,网络交易平台提供者为无过失。

符合上述情形要求的,应当认定网络交易平台提供者有过失,并就网络交易平台提供者的过失程度,承担按份责任。

3. 服务者承担连带责任后有权向有过失的网络交易平台提供者追偿

在单向连带责任中,承担连带责任的侵权行为人应当对全部损害承担责任,承担按份责任的侵权行为人则只对自己的过错行为的原因力造成的损害部分承担赔偿责任,不对全部损害承担连带责任。

服务者是造成消费者损害的直接责任人,当然应当对全部损害承担赔偿责任,即

㉒ 参见《美国侵权法重述第三次·责任分担》第11节(单独责任的效力)规定。
㉓ 参见王胜明主编:《中华人民共和国侵权责任法释义》,法律出版社2013年版,第69页。
㉔ 参见王胜明主编:《中华人民共和国侵权责任法释义》,法律出版社2013年版,第291页。

使网络交易平台提供者的过失对损害的发生也有原因力。受害的消费者请求服务者承担赔偿责任的连带责任的,法院应当予以支持。

网络交易平台提供者承担按份责任,仅对自己的过错造成的损害部分承担赔偿责任,对超出的部分不承担责任。受害的消费者请求网络交易平台提供者承担全部赔偿责任(即连带责任)的,法院不予以支持。在这种损害赔偿责任案件中,消费者更愿意向网络交易平台提供者请求承担全部赔偿责任,对此,应当严加把握。

对于服务者承担了全部赔偿责任之后,即在连带责任中承担了超出了自己最终责任份额的那一部分赔偿责任,有权向网络交易平台提供者进行追偿,追偿的范围是,网络交易平台提供者应当承担的那一部分按份责任。

四、两个应当进行深入讨论的问题

(一)是否仍有适用《消费者权益保护法》第44条第1款规则的情形

如前所述,消费者通过网络交易平台接受服务造成损害,原则上不应适用《消费者权益保护法》第44条第1款规定的责任承担规则。虽然如此,仍然应当研究是否仍有适用该规则的情形。

按照推论,如果消费者在接受了服务者的服务之后,损害并非当场发生,而是事后发生,似乎也存在适用《消费者权益保护法》第44条第1款规定的条件,如果网络交易平台提供者不能提供服务者的真实名称、地址和联系方式的,平台提供者应当承担赔偿责任,再事后追偿。不过,尽管如此,我认为仍然不能适用该项规则,原因是,消费者接受服务者的服务,是双方在线下进行的面对面的服务交易,消费者在接受服务之前,就已经掌握了服务者的真实名称、地址和有效联系方式,据此与服务者进行联系,确定服务时间、地点、服务内容,最后进行服务交易。作为交易一方的消费者,应当保存服务者的真实名称、地址和有效联系方式,以备售后服务以及发生争议的解决。对此,网络交易平台提供者已经对消费者尽到了提供真实名称、地址和有效联系方式的义务。即使消费者将其遗失,主张网络交易平台提供者继续提供服务者的真实名称、地址和有效联系方式,网络交易平台提供者可以继续提供,但却不能以网络交易平台提供者未尽上述义务而承担《消费者权益保护法》第44条第1款规定的附条件的不真正连带责任,只要网络交易平台提供者提供的信息与第一次提供的信息一致,过失就不在网络交易平台提供者,而在于消费者。因此,网络交易平台提供者不存在仍适用《消费者权益保护法》第44条第1款规定的规则的可能。

(二)适用《消费者权益保护法》第44条第2款规定的情形

消费者通过网络交易平台接受服务造成损害,网络交易平台提供者仍有适用《消费者权益保护法》第44条第2款规定的情形。如果网络交易平台提供者明知或者应当知道服务者利用其平台侵害消费者合法权益,未采取必要措施的,应当与服务者承担连带责任。

确定网络交易平台提供者承担该种连带责任,应当具备三项要件:

第一,服务者利用平台侵害消费者合法权益。这是服务者的客观行为和主观目的,在主观上,服务者具有侵害消费者的目的,在客观上,确实利用了网络交易平台实施侵害消费者合法权益的行为。

第二,网络交易平台提供者主观上的明知或者应知。这是对网络交易平台提供者主观方面的要求,即网络交易平台提供者对服务者的上述行为明知或者应知。立法者为了避免《侵权责任法》第36条第3款规定的"知道"发生的歧义,明确规定了"明知或者应知"。明知就是确定地知道,应知就是有证据证明其应当知道,或者有证据推定其知道。

第三,网络交易平台提供者的客观行为是未采取必要措施。其行为方式是不作为,即对恶意侵害消费者合法权益的服务者的利用其平台侵害消费者合法权益的行为,本应采取必要措施,例如终止服务,却没有采取必要措施,就具有了放任服务者侵害后果发生的性质,具有侵权的间接故意,因而构成共同侵权行为。其中的必要措施,当与《侵权责任法》第36条规定的删除、屏蔽、断开链接等不同,应是终止服务,因为网络交易平台提供者与服务者的关系是服务合同关系,既然服务者利用其平台实施侵权行为,侵害消费者的合法权益,就应当终止服务,解除合同,不再提供服务。至于采取必要措施的时间节点,应当是在服务者提供服务之前,只要在服务者提供服务之前明知或者应知而未采取必要措施,就符合本条要求。

符合上述三项要件的要求,即构成消费者通过网络交易平台接受服务造成损害,网络交易平台提供者与服务者的连带责任,应当依照《侵权责任法》第13条和第14条规定的规则承担连带责任。

利用网络非交易平台进行交易活动的损害赔偿责任[*]

2013年《消费者权益保护法》第44条规定了网络交易平台提供者的附条件不真正连带责任规则。在现实生活中,利用网络非交易平台进行商品交易、提供服务的行为越来越多,网络非交易平台提供者对其并不提供交易服务和安全保障,因而对于利用网络非交易平台进行交易的商品或者服务造成消费者损害的,应当如何承担赔偿责任,规则阙如,急需进行补充。本文对此提出具体意见。

一、利用网络非交易平台进行交易活动的表现及网络平台的区别

(一)利用网络非交易平台进行交易活动的表现形式

网络非交易平台是互联网企业以及其他提供网络服务企业提供的,具有媒介、社交等其他社会服务功能,而不具有为交易提供服务功能的网络平台。其他提供服务的网络包括移动通讯网、电视网等,以及这些网络相互结合的网络,例如移动通讯网与互联网结合的微信网络。网络非交易平台与网络交易平台不同,不以对商业交易活动提供平台服务为特点,而属于媒介性、社交性等网络平台,为网络用户发布信息、进行社会交往提供平台服务。

目前,在实际生活中,大量出现利用网络非交易平台进行交易活动的情形,并且逐渐发展,形成一定的规模。具体的表现形式是:一是利用互联网提供的网络非交易平台销售商品。例如在互联网社交平台售卖商品、提供服务,甚至在国外向国内销售。二是利用移动通讯网络提供的社交平台销售商品、提供服务,例如通过手机短信销售货物,发布产品信息。三是利用互联网+移动通讯网提供的社交平台销售商品、提供服务,例如在手机微信中销售商品,提供商品信息,订立销售商品合同。四是利用其他网络平台销售商品、提供服务。五是利用网络非交易平台发布商品、服务信息,相当于提供广告服务。

上述列举的利用网络非交易平台进行交易活动归纳起来,可以分为以下三种类

---

[*] 本文发表在《江汉论坛》2016年第1期。

型:一是利用网络非交易平台销售商品,二是利用网络非交易平台提供服务,三是利用网络非交易平台宣传商品或者服务。

经营者利用网络交易平台销售商品或者提供服务,造成消费者损害的,已经有了《消费者权益保护法》第 44 条规定进行规制[1],但对于利用网络非交易平台销售商品、提供服务、发布商业信息等商业行为致害消费者,究竟应当怎样进行法律规制,怎样确定网络非交易平台的民事赔偿责任,显然不在该条涵盖之下,但在其他法律中并没有规范,属于一个法律规范的空白,形成了"以现行法律规定之基本思想及内在目的,对于某项问题,可期待设有规定而未设定规定"[2]的法律漏洞。因而需要进行漏洞填补,即在存在法律漏洞的情况下,由法官根据一定标准和程序,针对特定的待决案件,寻找妥当的法律规则,并据此进行相关的案件裁判的法律续造。[3]

在法官进行法律续造之前,应当以学说解释为前导,即学者通过理论研究,批评现行法的缺点,为法律修改提供建议,并成为立法解释、司法解释和裁判解释的参考。[4] 本文正是秉承这种立场,对现存的并且法律无明文规定的利用网络非交易平台进行交易活动的法律后果提出学说上的主张,对其体现的法律关系进行界定,对致害消费者的责任承担确定法律规则,以保障正常的交易秩序,维护交易安全,保护消费者的合法权益。

(二)网络交易平台与网络非交易平台的主要区别

网络交易平台与网络非交易平台都是互联网企业以及其他网络服务企业向社会公众提供的服务平台,都属于网络平台。这是网络交易平台和网络非交易平台的基本联系,是其共同之处。问题是,两种不同的网络平台在性质和功能、内容上都具有重大区别。笔者在一篇文章中曾经剖析了网络交易平台与网络媒介平台在承担责任上的区别[5],但没有对这两种平台的性质、功能及内容等方面进行全面的分析研究。这实际上是研究利用网络非交易平台进行交易致害消费者责任的基础,特别需要进行深入研究,作为研究本文主题的客观基础。

网络交易平台与网络非交易平台相比较,在以下几个方面具有重要区别:

1. 服务平台性质上的区别

网络交易平台与网络非交易平台尽管都是互联网等企业为社会公众提供的服务平台,但在性质上具有重要区别。网络非交易平台例如网络媒介平台等,其提供的服务平台并非为交易活动服务,因而不具有商事活动的性质,而属于一般性的社会服务

---

[1] 事实上,该条规定仅仅是针对利用网络交易平台销售商品致害消费者制定的损害赔偿责任规则,并不完全适用于利用网络交易平台提供服务致害消费者的情形。
[2] 王泽鉴:《民法学说与判例研究》(第 2 册),北京大学出版社 2009 年版,第 16 页。
[3] 参见王利明:《法学方法论》,中国人民大学出版社 2011 年版,第 435 页。
[4] 参见梁慧星:《民法总论》,法律出版社 2008 年版,第 282 页。
[5] 参见杨立新:《网络平台提供者的附条件不真正连带责任与部分连带责任》(本书第 2387 页),载《法律科学》2015 年第 1 期。

性质,例如发布信息、进行社会交往等。因此,网络非交易平台的基本属性是自媒体,与商业交易无关,只有刊载广告除外。而网络交易平台本身就具有交易性质,其提供平台服务的对象也是交易行为,是为交易行为提供网络服务平台,因而具有商事活动的性质。尽管我国实行民商合一原则,但普通民事活动与商事活动之间仍有明显的区别,并不适用完全一样的规则。制定民法典,虽然确立了商事活动应当遵守民法的基本原则以及相应规则,但在有关商事主体、商事行为以及其他方面,商事活动都应当有自己的特殊规则。⑥ 网络非交易平台由于不具有商事的性质,因而其主要活动规则属于民事规则,而网络交易平台具有商事活动的性质,因而其主要活动规则更多的受商法规则的规制。

2. 平台提供者与服务对象在主体地位上的区别

同样是互联网等网络服务企业,在其提供网络非交易平台服务和网络交易平台服务时,其主体地位并不相同。网络非交易平台提供者在提供自媒体服务时,其地位相当于一般民事主体,尽管也是在进行网络经营活动,但参与商业交易活动的性质不明显,而具有一般民事主体的特征。而网络交易平台提供者在网络交易活动中,以为交易提供平台服务的方式参与经营活动,属于商事活动的经营者地位。尽管有人认为,网络交易平台提供者提供网络服务是为了获利,属于经营者,应当承担参照《侵权责任法》的相关规定负有事后审查义务,采取同样的规则⑦,但互联网企业提供网络交易平台和网络非交易平台中的主体地位并不相同。同样,两种网络平台在提供服务的对象方面也有区别,即网络交易平台提供服务的对象,应当是销售商品和提供服务的销售者和服务者,通常称之为"电商",而网络非交易平台提供者提供服务的对象,则是不具有商事主体性质的普通民事主体,正像《侵权责任法》第36条规定的那样,是"网络用户"。

3. 平台服务功能上的区别

互联网企业等提供网络非交易平台,如网络媒介平台、网络社交平台等,其主要的服务功能是为网络用户提供发布信息、接收信息,提供社交信息和活动的平台,不具有为商业交易行为提供服务的功能,属于自媒体性质的平台服务。而互联网企业等提供网络交易平台,为交易双方进行交易提供服务,不论是 B2C(Business-to-Customer)的网上商厦平台方式(如天猫商城模式),还是 C2C(Customer-to-Customer)的网上集市平台(网上个人交易市场)方式(即淘宝网模式),在平台上进行的都是具有交易性质的商业行为,其功能是为商业交易提供服务。因此,互联网企业在提供网络交易平台时,尽管其不参加营利性的直接交易行为,但是为实现其服务功能,须给交易者双方提供安全稳定的技术服务、市场准入审查、交易记录保存、个人信息保护、不

---

⑥ 参见王利明:《民商合一体例下我国民法典总则的制定》,载《法商研究》2015 年第 4 期。
⑦ 参见全国人大常委会法制工作委员会民法室编:《消费者权益保护法立法背景与观点全集》,法律出版社 2013 年版,第 134 页。

良信息删除、协助纠纷解决、信用监督等义务⑧,以及信息流、资金流和物流等服务系统,保障交易安全进行。而网络非交易平台只是提供开放的空间供网络用户适用,并无上述商业服务的功能。

4. 网络平台提供者负担义务上的区别

网络平台提供平台服务,平台提供者都负有相应的义务,但义务并不相同。互联网企业作为网络非交易平台提供者时,其负担的义务是向后的,即在被侵权人通知之后,及时采取必要措施,防止侵权损害后果继续扩大。这种作为义务不履行,就会使侵权人的侵权损害后果继续扩大,就扩大部分的损害应当承担连带责任。互联网企业作为网络交易平台提供者时,其负担的义务是向前的,即将自己掌握的网店的销售者或者服务者的真实信息向消费者予以告知,当销售的商品或者提供的服务造成消费者权益损害时,其加害行为已经终止,损害已经固定,不再进一步发展,不存在向后的义务,即法定条件是提供利用其网络交易平台的销售者或者服务者的真实名称、地址和有效联系方式,如果有先行赔付约定的,则按照约定先行赔付。如果既没有先行赔付约定,又能够提供上述有效信息,互联网企业就与损害没有关系,连间接的原因力都不存在。违反该法定义务或者约定义务,才应当承担附条件的不真正连带责任。⑨

(三)可以得出来的结论

通过以上分析,可以得出一个明确的结论,即:既然网络非交易平台与网络交易平台存在如此的重大区别,那么,利用网络非交易平台销售商品或者提供服务造成消费者损害,承担民事责任的规则就必然有重大区别,因而,《消费者权益保护法》第44条仅规定利用网络交易平台销售商品或者提供服务致害消费者的责任,没有规定利用非网络交易平台销售商品或者提供服务致害消费者的责任,其他法律也没有规定这一规则,构成法律漏洞,应当通过法律填补即法律续造的方法,提出立法、司法及裁判的建议予以补充,完善利用网络非交易平台销售商品或者提供服务致害消费者的责任承担规则。

二、利用网络非交易平台进行商业交易活动的法律关系

(一)网络平台与网络用户及销售者、服务者的法律关系性质

尽管在研究利用网络非交易平台进行交易活动致害消费者的赔偿责任问题,应当分清网络非交易平台与网络交易平台之间的区别,但是首先应当承认这两者具有

---

⑧ 参见全国人大常委会法制工作委员会民法室编:《消费者权益保护法立法背景与观点全集》,法律出版社2013年版,第134页。

⑨ 参见杨立新:《网络平台提供者的附条件不真正连带责任与部分连带责任》(本书第2387页),载《法律科学》2015年第1期。

共同的法律属性。这就是,不论互联网企业以及其他网络企业在提供网络平台服务时,他们与网络用户以及销售者或者服务者之间的法律关系,基本性质是相同的,这种法律关系的性质就是服务合同。

我国《合同法》规定有名合同共有 15 种之多,但是对在社会生活中使用最为广泛的服务合同却没有规定,因而在我国合同立法中,服务合同是无名合同。这样的规定是不公平的,完全忽视了服务合同的重要性。在《民法通则》之前的民法草案第一稿至第四稿,都有关于"社会服务合同"的规定,除了一般性规定之外,还特别规定了医疗保健、法律服务,或者在特殊规定中规定医疗、公用事业服务、邮电通讯服务、旅游服务、旅馆饭店服务、律师会计师服务、家庭教育服务等。[10] 在王利明、梁慧星主持编写的民法典建议稿中,都没有单独设立服务合同一章,而是分别规定了不同的服务合同。[11] 服务合同是现代合同法的世界性课题之一。在现代合同法理论中,服务合同规则是网状规则体系中的重要支撑点。作为区别于物型合同的"类合同",服务合同具有其典型性,有必要在未来民法典中将其有名合同化。[12]

服务合同是指为全部或者主要以劳务提供或提交特定劳务成果为债务内容的民事合同的统称。这一定义不仅准确反映了服务类合同以劳务提供或提交特定劳务成果为债务内容的本质特征,而且将服务合同限定为须以劳务提供以及提交特定劳务为主要债务内容的合同类型,避免了范围失严失宽的缺陷,同时也体现了服务合同作为提供劳务类合同的上位概念的地位,准确反映其作为"类合同"的性质。[13] 在网络平台提供者与网络用户(包括销售者和服务者)之间的法律关系,是《合同法》无名合同中的服务合同,具体性质是网络平台服务合同。参照服务合同概念的一般定义,可以将网络平台服务合同的概念界定为:网络平台服务合同,是指网络服务企业提供网络平台,给网络用户以及销售者、服务者提供平台,进行信息发布、社会交往以及交易等活动,网络用户以及销售者、服务者依照约定的性质和范围利用网络平台进行上述活动,形成的权利义务关系的服务合同。

从上述网络平台服务合同的定义可以看出,网络平台的性质不同,网络平台提供者提供平台服务的内容就不同,双方当事人之间的权利义务关系当然也不相同。例如,网络交易平台是网络企业以提供交易平台服务为内容,销售者、服务者利用该网络平台进行的是交易活动。而网络媒介平台是网络企业以提供发布、交流信息服务为内容,网络用户利用该平台进行的是信息发布、交流活动。而网络社交平台,例如交友平台、婚恋平台等,则是提供网络用户进行交友、婚恋等,均与交易无关。

---

[10] 参见何勤华等编:《新中国民法典草案总览》(下卷),法律出版社 2003 年版,第 400、477、537、603 页以下。

[11] 参见梁慧星主编:《中国民法典草案建议稿》,法律出版社 2003 年版,第 257 页以下;王利明主编:《中国民法典学者建议稿及立法理由·债法总则·合同编》,法律出版社 2005 年版,第 552 页以下。

[12] 参见周江洪:《服务合同在我国民法典中的定位及其制度构建》,载《法学》2008 年第 1 期。

[13] 参见曾祥生:《服务合同:概念、特征与适用范围》,载《湖南社会科学》2012 年第 6 期。

(二)利用网络非交易平台进行交易行为的法律关系性质

利用网络非交易平台进行交易行为的法律关系性质,与利用网络交易平台进行交易行为的法律关系性质不同。最主要的表现是,网络非交易平台并非由网络平台提供者给销售者和服务者提供服务的交易平台(广告发布者除外),而是为社会公众提供媒介、社交以及其他非营利性活动的平台,是典型的自媒体。在网络非交易平台上进行交易行为,均不是网络非交易平台提供者的本意,而是网络非交易平台上的销售者、服务者以网络用户的身份,自发、自主地在该网络平台上进行交易行为。因此,利用网络非交易平台进行交易行为,原则上与网络非交易平台提供者的意志无关,在服务合同上,交易行为超出了双方合意的范围,并没有在合同的约束之内。因此,利用网络非交易平台进行交易,真实的法律关系性质是交易行为的双方当事人自己的交易行为,原则上与网络非交易平台提供者无关。

之所以这样认识问题,原因在于:

第一,网络用户与网络非交易平台之间的法律关系,与网络交易平台与销售者、服务者之间的法律关系的性质完全不同。网络非交易平台的性质是为网络用户发布信息提供的媒介平台或者社交平台等,网络用户在网络非交易平台上进行非交易行为,网络用户与网络非交易平台提供者之间的关系,是提供发布信息服务的合同。按照网络用户与网络非交易平台提供者双方的约定,网络平台提供者为网络用户提供发布信息的网络平台,为其通过网络平台服务,保障在法律框架下的言论自由。网络用户有权利用平台发布信息,且不必缴纳费用。而网络交易平台就是为了销售者或者服务者提供服务的交易平台,使购销双方在该平台上顺利进行交易,为消费者购买商品和接受服务提供方便。网络交易平台提供的所有措施都是为交易行为服务,使购销双方的交易行为顺利进行,因而与网络非交易平台法律关系的性质完全不同。

第二,网络非交易平台和网络交易平台的提供者以及网络用户和销售者、服务者之间的权利义务关系完全不同。网络非交易平台提供者对网络用户并不提供商品信息流(广告除外)、资金流和物流等交易行为的配套服务,只保障网络用户的言论自由,不因网络非交易平台提供者的技术等原因而使网络用户的自由表达造成障碍。而网络交易平台提供者则必须为交易行为的当事人提供配套的、稳妥的、可靠的、安全的交易保护措施,进行完整的商品或者服务的信息流、交易的资金流和供货的物流的服务保障,反之,就不得进行网络交易平台服务。

第三,由于网络非交易平台的非营利性,包括网络平台服务的无偿性和网络用户发布信息的非营利性,网络非交易平台提供者对于网络用户每天发布的海量信息,无法进行审查,也不必进行审查。对于网络用户利用网络非交易平台进行发布信息、进行社交等活动,除了按照实名制的要求进行身份审查之外,没有严格的审查制度。相反,在网络交易平台进行交易行为,由于进行的是营利性的交易行为,涉及交易各方当事人的利益,事关重大,因而网络交易平台提供者对在网络交易平台进行交易的销售者和服务者的身份、地址、联系方式以及资质、信用情况等,均须进行严格审查,详细记录,避免发生交易纠纷,并为可能发生的纠纷预留保全措施。

(三)确认利用网络非交易平台进行交易活动的法律关系性质的意义

正因为网络非交易平台与网络交易平台之间法律关系性质、权利义务关系的内容以及是否营利等的上述差别,因而可以确定,网络非交易平台提供者与网络用户之间的法律关系,属于非营利的、以保障言论自由为主要内容的自媒体性质的合同关系;而网络非交易平台提供者与销售者、服务者之间的法律关系,属于提供开展交易行为必要保障服务的商事活动的合同关系。前者属于一般的民事合同关系,后者属于商事合同关系。

当商事活动主体利用为一般民事活动进行提供服务的网络非交易平台进行交易活动时,销售者、服务者与网络非交易平台提供者之间,就提供网络平台服务的内容并没有达成合意,并不成立网络交易平台服务的合同关系。当出现争议,以及发生致害消费者应当承担责任时,均不能适用网络交易平台提供者责任的法律规定,必须按照网络非交易平台的法律规定,或者参照网络非交易平台与网络用户之间的法律关系,确定双方的权利义务关系,确定承担损害赔偿责任的具体规则,否则将构成适用法律错误。

三、利用网络非交易平台进行交易致害消费者的责任种类及具体规则

(一)网络非交易平台提供者对销售商品提供服务未提供具体支持的损害赔偿责任

销售者或者服务者利用网络非交易平台进行交易活动,网络非交易平台提供者未对交易活动提供具体支持,造成消费者损害的,承担民事责任的规则是:

1. 定性

销售者或者服务者利用网络非交易平台进行交易活动致害消费者,是在履行网络非交易平台服务合同中,因利用该平台的销售者、服务者而造成与其进行交易的当事人的人身损害或者财产损害,性质属于加害给付责任,符合《合同法》第122条规定的责任竞合的要求,受害人产生违约损害赔偿请求权和侵权损害赔偿请求权,受害人可以选择一个请求权行使,以救济损害。[14] 销售者利用网络非交易平台销售商品致害消费者,除了违约责任之外,更重要的是构成产品责任,对于那些无法获得违约损害赔偿救济的非合同债权人的受害人[15],行使产品责任的侵权损害赔偿请求权救济损害,是消费者和其他受害人保护自己的基本救济手段,因为非直接购买缺陷商品的使用人受到损害,无法依据违约责任方法获得救济。

---

[14] 参见杨立新:《债与合同法》,法律出版社2012年版,第479页。
[15] 即《消费者权益保护法》第40条第2款中规定的"其他受害人"。

服务者利用网络非交易平台提供服务，造成消费者损害，《侵权责任法》没有特别的法律规定，没有界定为有名的侵权行为，因而应当依照责任竞合规则，符合《侵权责任法》第 6 条第 1 款规定的一般侵权行为构成要件的，即可行使侵权责任赔偿请求权，救济自己的损害。

销售者或者服务者利用网络非交易平台销售商品或者提供服务致害消费者，无论是构成产品责任，还是构成一般侵权责任，都属于侵权责任的救济方法，原则上说，应当比违约损害赔偿的救济方法更为全面[16]，因此，受害人选择侵权损害赔偿请求权救济自己的损害更为有利。

2. 网络非交易平台提供者在销售商品或者提供服务致害消费者中的地位

利用网络非交易平台销售商品或者提供服务致害消费者，网络非交易平台提供者究竟处于何种地位，必须进行研究，正确予以认定，之后才能够研究承担侵权责任的规则。

销售者与服务者在网络非交易平台上销售商品或者提供服务，并非经过网络非交易平台提供者予以允许。原因在于，网络非交易平台的功能不支持交易活动，只是由于网络非交易平台的公开性以及言论自由的基本原则，为在网络非交易平台上传播商品、服务的信息，进行商品和服务的推介，进行商品销售等，提供了可以利用的方便条件。由于网络非交易平台信息的海量性，因而网络非交易平台提供者无法对这些信息进行审核、识别和处理，并且基于言论自由原则，网络非交易平台提供者不能采用删除、屏蔽等必要措施进行干预。所以，网络非交易平台提供者在被利用进行交易活动时，不能予以强制干预，也无法进行审查，只能听之任之。

在这种情况下，销售者或者服务者通过网络非交易平台进行交易行为致害消费者，只要未对其交易行为提供服务支持，网络非交易平台提供者就处于超然的地位，并未参与交易行为之中，因而不应当对销售者或者服务者在利用网络非交易平台进行交易行为中造成的损害承担赔偿责任。例如，有人在微信中推荐新西兰的车厘子，标明价款、产地、质量等，接受该信息的人与其联系，通过微信订购该商品，双方意思表示达成一致，在线下进行交易活动。在这种情况下，线上的行为仅仅是利用网络非交易平台宣传商品，进行要约邀请、要约、承诺，达成合意，而实际交易行为，即履行付款义务、履行合同标的物的交付义务，以及受领等，完全是在线下进行，与网络非交易平台提供者没有任何关系。如果该产品造成购买者的人身损害或者财产损害，网络非交易平台提供者即无论是微信服务提供者还是移动通讯服务者，均不承担赔偿责任。因为网络非交易平台提供者并没有参与交易活动，没有提供具体的支持服务，完全是网络用户在利用网络非交易平台进行交易活动。

归纳起来，当销售者或者服务者利用网络非交易平台进行交易活动，具备以下条

---

[16] 因为直至目前为止，最高人民法院对违约损害赔偿责任中不包括精神损害赔偿仍然持肯定态度，不得在违约损害责任中请求精神损害赔偿责任救济。

件时,即使对消费者造成损害,网络非交易平台提供者也不承担侵权责任:

第一,商品销售者或者服务提供者只是利用网络非交易平台宣传商品或者推介服务,在线下通过其他方法,与购买者和服务接受者签订合同,履行合同,因商品缺陷或者服务瑕疵造成对方损害的,网络非交易平台提供者并非交易主体,亦非交易行为的服务提供者,因此不对受害人承担侵权责任或者违约责任。

第二,销售者或者服务者不仅利用网络非交易平台宣传商品或者推介服务,还利用网络非交易平台订立合同,而履行合同则是在线下进行,履行交付标的物、价款以及提供服务,受领标的物、价款和接受服务行为,因商品缺陷或者服务瑕疵造成对方损害的,网络非交易平台提供者亦不是交易主体,也不是交易行为的参与者,因此也不对受害人承担侵权责任或者违约责任。

3. 利用网络非交易平台销售商品、提供服务的损害赔偿责任承担

在上述情形下,缺陷产品或者瑕疵服务造成消费者损害,其责任承担,销售者、服务者应当承担侵权责任或者违约责任。

利用网络非交易平台销售商品,缺陷商品造成消费者以及其他使用者损害,构成《侵权责任法》第五章规定的产品责任,缺陷产品的生产者、销售者承担不真正连带责任,规则是该法第43条规定的内容:因产品存在缺陷造成损害的,被侵权人可以向产品的生产者请求赔偿,也可以向产品的销售者请求赔偿。产品缺陷由生产者造成的,销售者赔偿后,有权向生产者追偿。因销售者的过错使产品存在缺陷的,生产者赔偿后,有权向销售者追偿。网络非交易平台提供者不承担责任。

利用网络非交易平台向消费者提供服务,由于服务瑕疵造成对方损害,应当由服务者承担侵权责任或者加害给付的违约损害赔偿责任。如果主张承担侵权责任,应当依照《侵权责任法》第6条第1款规定,确定侵权责任的构成,并承担赔偿责任。如果主张加害给付的违约损害赔偿责任,则应当依照《合同法》第113条规定,确定损害赔偿责任。网络非交易平台提供者不承担赔偿责任。

在上述赔偿责任中,都存在惩罚性赔偿责任的适用问题。不过,如果主张违约损害赔偿责任,则无法适用《侵权责任法》第22条规定的侵权精神损害赔偿责任。

(二)网络非交易平台提供者对销售商品、提供服务提供具体支持的损害赔偿责任

所谓网络非交易平台提供者对销售商品、提供服务提供具体支持,是指销售者或者服务者利用网络非交易平台进行交易行为,网络非交易平台提供者不仅使销售者或者服务者能够利用其平台宣传产品、推介服务,以及利用该平台签订合同,而且在交易活动中,还为销售商品或者提供服务提供了具体支持,例如为商品销售或者提供服务提供了价款支付支持,或者提供了物流支持。在这种情况下,网络非交易平台的性质就发生了变化,成为网络交易平台,提供的是网络交易平台的交易支持。这时,销售的商品因缺陷而造成消费者的损害,网络非交易平台提供者应当承担相应的责任。承担责任的规则是《消费者权益保护法》第44条规定的内容。

确定这种责任的客观基础,是网络非交易平台的性质变为网络交易平台。转变的要件是:

第一,在客观上,网络非交易平台提供者为销售者和消费者的交易行为提供了具体支持。具体支持与一般支持相对应。网络非交易平台对交易行为的一般支持,是通过网络媒介平台或者网络社交平台等网络非交易平台,提供发布信息、签订合同的支持。这些支持行为都是非自愿的、是网络非交易平台提供者意志以外的行为,是销售者利用网络非交易平台进行交易。而具体支持,则是超出了网络非交易平台提供一般支持的范围,给予交易者以成立交易的和履行合同的具体支持,例如提供价款和买卖标的物流通的支持,提供了支付方法和交付标的物的具体方法。这是网络非交易平台转化为网络交易平台的客观行为要件。

第二,在主观上,网络非交易平台提供者有为交易者提供交易服务的意愿。网络非交易平台和网络交易平台的本质区别,就在于网络平台提供者是否在主观上有为交易服务的意愿。网络平台提供者愿意为交易行为提供平台支持的,就是网络交易平台,否则就是网络非交易平台。网络非交易平台仅仅提供信息发布的支持,交易者利用该平台发布商品信息,进行磋商,甚至利用作为签订合同的平台,都不在网络平台提供者的主观意志之中,没有表现出愿意为交易行为提供支持的主观意愿。只有在为交易行为提供了具体支持的,才表现了网络平台提供者的主观意志,愿意参与到交易中,为交易服务,因而才使网络非交易平台转化为网络交易平台,应当承担网络交易平台提供者的法律责任。

第三,在后果上,网络非交易平台提供者提供具体支持的交易行为造成了消费者的损害。网络非交易平台转化为网络交易平台,为交易行为提供具体支持,如果销售者销售的商品没有缺陷,没有造成消费者的损害,就不存在赔偿责任问题,当然也就不构成网络非交易平台提供者承担附条件的不真正连带责任的可能。只有利用网络非交易平台销售商品,造成了消费者的损害,在具备上述第一和第二项要件后,同时具备第三项要件的,才构成《消费者权益保护法》第44条第1款规定的责任。

符合上述要件要求,网络交易平台提供者对于销售者在其网络非交易平台销售商品造成消费者损害的,应当承担附条件的不真正连带责任,包括约定的附条件不真正连带责任和法定的附条件不真正连带责任。前者是,当网络非交易平台提供者有先行赔付承诺条件的,受到损害的消费者可以主张网络非交易平台提供者承担赔偿责任,也可以请求销售者承担赔偿责任,网络非交易平台提供者承担了赔偿责任之后,可以向销售者追偿。后者是,当网络非交易平台提供者符合不能提供销售者的真实名称、地址和有效联系方式的,受到损害的消费者可以向网络非交易平台提供者请求赔偿,网络非交易平台提供者承担了赔偿责任之后,有权向销售者进行追偿。⑰

---

⑰ 这一部分的详细内容,参见杨立新、韩煦:《网络交易平台提供者的法律地位与民事责任》(本书第2373页),载《江汉论坛》2014年第5期。

但是,由于利用网络非交易平台提供服务的方式主要为线下交易,因而即使网络非交易平台已经转变为网络交易平台,服务提供者为消费者提供的服务造成了消费者损害,也不适用《消费者权益保护法》第44条第1款规定的规则,不承担附条件的不真正连带责任,而由服务提供者自己承担侵权责任或者违约责任。只有在网络非交易平台提供者对于损害的发生具有过错的时候,才承担单向连带责任。[18]

(三)利用网络非交易平台发布虚假广告、进行虚假宣传的损害赔偿责任

在网络非交易平台上发布商品销售信息或者服务推介,并非在网络非交易平台的服务范围之外。在诸多网络媒介平台上进行的推广、排名等服务中,实际上都具有广告的性质,网络非交易平台具有媒体性质,且具有广告发布者的身份。

正因为如此,在确定利用网络非交易平台发布虚假广告、进行虚假宣传致害责任时,应当区别网络非交易平台的广告发布者的职能和网络用户在该网络平台自发发布商品信息之间的界限。

与传统媒体一样,网络非交易平台也具有发布广告的职能。在广告发布者的身份下,网络非交易平台并不是自媒体,因为其发布广告须经签订合同、交付价款、履行合同的过程,因此应受《广告法》的规制,而非广告商自主地在网络非交易平台发布广告。而网络用户在网络非交易平台发布商品、服务信息,是以信息发布的形式出现,双方并未签订合同,亦未支付对价,且未经网络非交易平台提供者审核,因而属于在自媒体上的信息发表,不受《广告法》的约束,因而网络非交易平台提供者不是广告发布者,不承担虚假广告的责任。

网络非交易平台发布广告有三种形式:一是典型意义的广告发布,例如各个网站安排的跳弹广告、窗口式广告等;二是具有广告意义的广告发布,例如各种形式的收费推广;三是商品或者服务宣传,尽管不属于广告,但属于商品或者服务的宣传活动,其内容虚假,同样构成虚假广告责任。

无论是在何种性质上的网络平台上发布广告,如果广告内容虚假,并且因此造成了消费者的损害,均应依照《消费者权益保护法》第45条规定和《广告法》(2015年)以及《食品安全法》(2015年)的规定,承担赔偿责任。主要规则是:第一,虚假广告责任不仅包括虚假广告,而且包括虚假宣传。第二,对于一般的虚假广告责任,适用过错责任原则,对于涉及消费者生命健康的商品或者服务的虚假广告责任,适用无过错责任原则。第三,提供的商品有缺陷造成消费者损害的,应当依照《消费者权益保护法》和《广告法》的规定,广告主与广告发布者与生产者、销售者承担连带责任。第四,涉及食品、药品的虚假广告致害责任,依照《侵权责任法》和《消费者权益保护法》的规定,承担更重的损害赔偿责任。

网络平台提供者涉及虚假广告责任时,不适用《侵权责任法》第36条第2款规定

---

[18] 这是笔者写作的另外一篇文章的内容,参见杨立新:《网络交易平台提供服务的损害赔偿责任及规则》(本书第2406页),载《法学论坛》2016年第1期。

的"避风港"原则,不能因为网络服务提供者采取了必要措施而免除责任。目前在司法实践中,对于在网络非交易平台上发布虚假广告致人损害,对于网络服务提供者在知道其提供的广告虚假后及时删除该广告的,法院判决适用该条款规定,认为其尽到了"及时采取必要措施"而判决其不承担赔偿责任。[19] 这是不正确的。《侵权责任法》第 36 条第 2 款规定的"避风港"原则,针对的不是网络非交易平台提供的广告问题,而是针对网络用户在网络上发布一般信息构成侵权后的责任归属问题。例如网络用户利用网络发布信息侵害他人名誉权、隐私权等,被侵权人向网络服务提供者通知之后,网络服务提供者及时采取必要措施,即可进入"避风港",免除侵权责任。但是,如果广告主通过网络平台发布商品信息或者服务信息,网络平台提供者明知而对其收取费用,就构成广告发布者,就应当承担广告发布者的责任,而非单纯的网络服务提供者的责任。发布的广告虚假,造成消费者损害,网络服务提供者就须承担虚假广告责任。例如,网站提供的"推广"平台,凡是要进行商品或者服务推广的,均须缴纳一定的费用,因而该推广就属于非典型的广告发布,仍然受到《消费者权益保护法》与《广告法》的约束,承担虚假广告责任。如果在受到质疑之后,就及时删除了该虚假推广,因而免除了网络服务提供者的虚假广告责任,那么,就将广告发布与一般的信息发布相等同,混淆了其中的界限,放纵了违法行为,造成适用法律错误。对此不可大意。

(四)明知或者应知利用网络非交易平台销售商品、提供服务造成损害的责任

对于销售者或者服务者利用网络非交易平台销售商品或者提供服务,意图侵害消费者民事权益,网络非交易平台提供者明知或者应知,却没有及时采取必要措施的,无论是依照《侵权责任法》第 36 条第 3 款,还是《消费者权益保护法》第 44 条第 2 款,都须与侵权人或者销售者、服务者承担连带责任。在这种情形下,由于网络非交易平台提供者或者网络非交易平台提供者对于侵权人、销售者或者服务者利用其平台实施侵权行为,已经明知或者应知,相当于双方具有一致的侵权目的性,构成了主观的共同侵权行为或者客观的共同侵权行为,因而承担连带责任以救济受害人的损害,完全符合《侵权责任法》第 8 条规定的法理和规则的要求,也是符合客观实际情况的。

---

[19] 这一部分内容,可以参见杨立新、吴烨:《为同性恋者治疗的人格尊严侵权责任——兼论搜索引擎为同性恋者治疗宣传的虚假广告责任》(本书第 2767 页),载《江汉论坛》2015 年第 1 期。

商业行规与法律规范的冲突与协调*

近年来,在社会生活中有很多消费者挑战商业行规的案件出现,有的法院作出了积极的判决,有的法院没有作出判决而是动员消费者撤诉。在这些案件中,就存在商业行规与法律规范的冲突问题。对此,究竟应当如何认识商业行规的性质和价值,对于商业行规与法律之间发生的冲突应当采取何种立场,采取何种方法应对,都特别值得研究。对此,笔者提出以下初步意见。

一、商业行规挑战法律规范还是法律规范无视商业行规

消费者在现实生活中的服务领域经常遇到尴尬事件,无法取得合理解决,据说都有某种条文在规范,都是有一定的依据的。可是,这些规定和依据并不是法律,而是商业行规。那么,造成这样的结果,究竟是商业行规在挑战法律规范,还是法律规范无视商业行规呢?下面这些典型案例都是这样的经典案件,都值得特别研究:

第一件:2008年1月15日,刘某与几位朋友在北京市麻辣诱惑酒楼大钟寺店就餐。结账时,他被告知在包间消费未达最低消费标准600元,要交80元包间费。刘某认为在订餐及整个就餐过程中,酒楼均未告知其包间费收取的规定。为此,他将酒楼诉至法院,要求返还包间费80元。① 2008年7月17日,北京市海淀区人民法院审理认为,酒楼未将应交纳包间使用费的信息如实告知刘某,侵犯了其知情权,进而使其丧失了对服务提供者进行比较、鉴别和挑选的权利,判定返还包间使用费80元。原告获得胜诉。

第二件:2006年9月某日晚,王某等人前往北京市湘水之珠酒楼就餐,自带了一瓶白酒在进餐时饮用。结账时,餐厅向王某收取餐费296元,其中服务费(即开瓶服务费)为100元。王某认为,湘水之珠酒楼收取开瓶费的行为是违反法律规定的,严重侵害了其公平交易权等合法权益,故向法院起诉,要求湘水之珠酒楼公开赔礼道歉,并返还开瓶费100元。湘水之珠酒楼则认为,收取开瓶服务费不是法律所禁止的行为,酒楼并没有强制王某消费,是王某自愿前来就餐,菜谱上标明了自带酒水的开瓶服务费为100元,王某阅读菜谱后点下了菜单,就视为其对菜谱内容已经接受,故

---
* 本文发表在《法治研究》2009年第6期。
① 参见《都是包间费惹的祸》,载中国315诚信网,http://www.315cx.com.cn/shownews.asp?id=85135。

不同意王某的诉讼请求。经查,在湘水之珠酒楼提供的菜谱中确有这样的记载:客人自带酒水按本酒楼售价的50%另收取服务费,本酒楼没有的酒水按100元/瓶收取服务费。一审法院认为,湘水之珠酒楼菜谱中关于自带酒水收费的规定系格式条款,应为无效。酒楼收取开瓶服务费,有悖于《消费者权益保护法》的规定,剥夺了王某享有的自主选择商品或服务的权利,侵害了王某的公平交易权,属于不当得利,判决湘水之珠酒楼返还开瓶服务费100元。湘水之珠酒楼不服,认为一审判决适用法律错误,不应认定格式合同条款无效,且法律对于收取开瓶费没有禁止性的规定,向北京市第一中级人民法院提出上诉。一中院终审认为,湘水之珠酒楼没有事前明示消费者收取开瓶服务费,侵犯了消费者的知情权及公平交易权。对于收取开瓶服务费等加重消费者义务的重要条款,提供合同方如果没有以一些特别标示出现或出现于一些特别显著醒目的位置,则无法推定消费者已经明知。因此作出维持原判,驳回上诉的终审判决。②

第三件:2007年9月13日中午,臧某和同事、朋友三人到北京市东来顺牛街饭庄就餐,就座时,餐桌事前已摆放好收费套筷,没有摆放免费套筷。该收费套筷背面下方印有"工本费一元"字样,套内有湿纸巾一张,塑料质地有螺纹筷子一副。臧某三人使用了收费套筷。用餐后,服务员给臧某提交的预结账单上,一次性套筷计算在菜品一栏内,单价1元,数量为"3",收费金额为3元。臧某按预结账单上总计195元(包括3元的收费套筷)交付后,服务员为其开具了195元发票。臧某拿到发票后,到北京市宣武区人民法院提起民事诉讼。开庭审理后,东来顺广内餐饮有限责任公司主动提出:东来顺决定率先在北京地区直营店停止对餐筷收费,仍提供包装精美、有东来顺特色的筷子,并返还原告3元筷子费、支付25元诉讼费。臧某表示愿意在此基础上与其调解结案。东来顺公司当庭给付了臧某3元筷子费和25元诉讼费,还赠送他一套精美礼品,并表示欢迎他继续来东来顺就餐。③

第四件:王先生是辽宁省辽阳市人,2008年3月17日下午4点入住广安门铁路宾馆2403房间,房价为每日148元人民币。次日下午2点,他在宾馆前台退房离店,服务员要求他多支付半日的房费,理由是他过了中午12点退房。王先生认为一天是24小时,而他只入住了22小时,连一天都不到,宾馆的做法没有法律依据,属于"霸王条款",违背了公平交易原则,因此起诉到法院,要求宾馆退还多收他的半日房费74元,赔礼道歉,并赔偿因起诉所花费的交通费、住宿费、饮食费、误工费、通讯费等共计6 000余元。宾馆方面认为,宾馆中午12点前退房,否则要加收费用,这是酒店业的行规,也是国际惯例,大多数宾馆酒店都是这么做的,此做法并没有违反规定。④

---

② 参见《北京首起开瓶费案宣判》,载新浪网,http://news.sina.com.cn/c/l/2006-12-22/024811855201.shtml。

③ 参见《东来顺餐筷收费案调解结案》,载深圳保险律师顾问网,http://szbxls.anyp.com/ulilongchang/4954-129631.aspx。

④ 参见《宾馆多收房钱房客告到法院》,载《北京晨报》2008年4月28日A5版。

4月22日,王先生基于"某种原因"来到宣武法院申请撤诉,得到宣武法院准许。

这些被人民群众诟病的服务行业的做法,有的已经被法院判决所推翻,有的是法院不敢与之对抗,默认服务行业的做法。[5] 其实,在这些做法背后支持的,差不多都是商业行规。以第二件典型案例和第四件典型案例为例,就都有《中国旅游饭店行业规范》作为依据。该规范第10条规定:"饭店客房收费以'间/夜'为计算单位(钟点房除外)。按客人住一'间/夜',计收一天房费;次日12时以后、18时以前办理退房手续者,饭店可以加收半天房费;次日18时以后退房者,饭店可以加收一天房费。"这是第四件典型案例的行规规定依据。关于第二件典型案例,也有该行业规范的第29条支持:"饭店可以谢绝客人自带酒水和食品进入餐厅、酒吧、舞厅等场所享用,但应当将谢绝的告示设置于有关场所的显著位置。"

在这些案例中,有些得到了合理解决,有些得到法院的判决支持。其中臧某诉东来顺案,在开庭审理后,东来顺广内餐饮有限责任公司就主动决定在北京地区直营店停止对餐筷收费,仍提供包装精美、有东来顺特色的筷子,并返还原告3元筷子费、支付25元诉讼费,得到消费者的谅解和支持,臧某与其调解结案,东来顺公司还赠送礼品,欢迎他继续来东来顺就餐。这样的处理就非常圆满,既保证了消费者的合法权益不受侵害,也建立了正常的消费者与商家的关系,促进了服务业的发展。[6]

但是,有些却拒绝接受反对意见。例如,在王先生起诉的第四件案件在审理中,法院收到中国旅游饭店业协会的来函,题目为《关于广安门铁路宾馆与王先生房费纠纷案的意见》称:近日,接到我协会会员单位广安门铁路宾馆报告,住店客人王先生因房费纠纷一案,起诉广安门铁路宾馆。经我协会了解,客人王先生在入住宾馆时,填写了《宾馆住房单》和《预收定金单》中宾馆已经书面告知客人在中午12点前退房,延时加收半日房费。客人签字认可上述规定。因此,我协会认为宾馆的做法符合法律规定和行业规范,理由如下:第一,从法律关系形成的过程看,这种收费方法经过饭店与顾客的要约和承诺形式已经得到确认;第二,这种收费方法不属于具有强迫性的附从合同条款即所谓的霸王条款;第三,饭店有确定收费标准的经营自主权,有权选择符合自己要求的计价方法;第四,"间/夜"收费是考虑了饭店的综合成本因素,体现了公平原则,并非对消费者不公平、不合理,也并没有加重消费者的义务;第五,《中国旅游饭店行业规范》不违反国家法律规定,具有法律效力;第六,饭店客房按照"间/夜"收费早已是国际惯例。请贵院参考以上意见对纠纷案件作出公正合理的判决。[7] 正是在这样的压力下,王先生才因"某种原因"提出撤诉。

在这样的纠纷案件中表现的,究竟是商业行规挑战法律规范,还是法律规范无法规范商业行规,争论的焦点无非是在这里。在没有商业行规作为后盾的那些纠纷中,

---

[5] 例如因为"某种原因"而动员原告撤诉这样的做法。
[6] 对此,笔者做非常正面的评论,参见《杨立新品白案(2)》,中国法制出版社2008年版,第19页。
[7] 参见《宾馆"12点前退房"被诉霸王条款案旅客主动撤诉》,载中国法院网,http://www.chinacourt.org/html/article/200804/28/298745.shtml。

法院的判决可以突破现行的做法,依据法律的规范作出合理的判决。但是在有商业行规作为后盾的那些纠纷中,法院的判决比较谨慎,即使敢于突破商业行规,也都比较小心。甚至还有像中国旅游协会那样直接向法院建议强调商业行规的依据,不希望法院破坏商业行规的做法,而法院被迫就范,动员消费者撤诉了事。对于这些问题,应当在理论上和实践上进行深入研究,给出合理、合法的答案,以更好地保护消费者的合法权益。

二、应当怎样认识商业行规的意义和价值

商业行规,实际上是某种商业经营行业的行为规范,它产生于商业活动实践,对商事主体从事商业活动提供规范指导,约束商事主体的经营活动。在商业活动领域中,商业行规大量存在,具有重要的地位,发挥着重要的作用。

依笔者所见,商业行规具有以下法律特征:

第一,商业行规是在商业活动实践中积累起来的经验总结。任何商业行规都不是凭空产生的,都是在实践中逐步积累起来的。因此,在一般情况下,商业行规都具有浓厚的实践经验的特点,符合商业活动的规律,能够指导商业活动的具体实践。从这一点上观察,商业行规来源于实践,指导实践,并且为商业活动的实践服务。

第二,商业行规是商业行业的规范性指导意见。正因为商业行规是从实践中产生的,是对商业活动实践的经验总结,因此,它源于实践,高于实践,形成了一个特定商业行业的经营行为的规范体系,表现为特定领域商业行为的行为规范,对于规范该行业的商业行为,平衡经营者和消费者的利益冲突,具有比较普遍的指导价值。

第三,商业行规的性质属于行业自律规范。商业行规是自律规范,是商业领域特定经营行业从业者的行为自律准则,要求特定商业行业的从业者自觉遵照执行,以提高服务质量,保证服务品质。行业自律规范的特点,是行业从业者的自觉遵守,须自觉按照商业行规的要求进行经营,而不能自行其是,违反商业的基本道德准则。

第四,商业行规没有法律上的强制力。商业行规带有一定的拘束力,如果违反行规,可能会受到行业协会的某种处罚,或者给予某种处分。但是,因为商业行规的性质属于自律规范,它并没有法律上的强制力,并没有强制执行的效力,即使其附有处罚的措施,也不具有法律上的强制力,不能因此而接受法律的处罚。当对某种违反行规的行为按照法律应当处罚并且予以处罚的行为,在商业行规中也有这样的规定,但那种处罚也是依照法律进行的,而不是依照行规进行。

正因为如此,在商业领域中,商业行规具有重要地位,发挥着重要的作用,是具有重要价值的商业行为规范。

应当看到的是,商业行规的价值与法律规范相比较,其地位低于法律规范,不能超出法律规定的底线。当商业行规的内容与法律规范的内容以及法律的基本原则相一致的时候,商业规范起到辅助法律实施的作用,当商业从业者违反了这样的商业行

规,商业行规的规范可能会被法官作为判断过错的一个标准,即把商业行规作为商事主体从事商业经营活动的基本准则,违反这样的规范就是违反了善良管理人的注意义务,作为客观过失来认定。例如,《中国旅游饭店行业规范》第 12 条规定:"为了保护客人的人身和财产安全,饭店客房门应当装置防盗链、门镜、应急疏散图,卫生间内应当采取有效的防滑措施。客房内应当放置服务指南、住宿须知和防火指南。有条件的饭店应当安装客房电子门锁和公共区域安全监控系统。"如果饭店违反这样的行业规范,造成客人损害,就可以直接认定其存在过错,确认其构成违反安全保障义务的侵权责任,应当承担赔偿责任。

当商业行规违反法律,或者与法律规定的原则相冲突的时候,那么,商业行规不能对抗法律的具体规定和基本原则,商业行规应当服从于法律的规定,对消费者不具有约束力。例如,很多饭店在店堂告示上写着:本店谢绝消费者自带酒水,其依据就是《中国旅游饭店行业规范》第 29 条规定:"饭店可以谢绝客人自带酒水和食品进入餐厅、酒吧、舞厅等场所享用,但应当将谢绝的告示置于有关场所的显著位置。"这种谢绝消费者自带酒水的商业行规,在商业活动实践中就被从业者演化为对消费者自带酒水收取"开瓶费",并且成为全国大多数城市餐饮界普遍奉行的商业行规。我们认为,饭店酒店等经营场所确实具有经营性,其提供的消费场所应当是有偿的。如果完全允许消费者自带酒水,将会造成饭店经营利益的损失。但是,很多饭店就此收取高额的开瓶费,甚至超过了消费者自带酒水的本身价值或者餐餐费的数额,这样的规定和做法就是违反法律的。《消费者权益保护法》赋予消费者以自主选择权和公平交易权。第 9 条规定:"消费者享有自主选择商品或者服务的权利。消费者有权自主选择提供商品或者服务的经营者,自主选择商品品种或者服务方式,自主决定购买或者不购买任何一种商品、接受或者不接受任何一项服务。消费者在自主选择商品或者服务时,有权进行比较、鉴别和挑选。"第 10 条规定:"消费者享有公平交易的权利。消费者在购买商品或者接受服务时,有权获得质量保障、价格合理、计量正确等公平交易条件,有权拒绝经营者的强制交易行为。"饭店谢绝消费者自带酒水甚至是收取高额的开瓶费,带有霸王条款的性质,构成对消费者自主选择权和公平交易权的侵害。在"饭店谢绝消费者自带酒水"这一商业行规之下,虽然消费者有不消费酒水的权利和自由,但是却被剥夺了消费谁的酒水的权利和自由,强迫消费者接受饭店的酒水服务,侵害了消费者的自主选择权。同时,饭店的酒水价格通常比市场上要高,让消费者强制接受高出正常价格 50%、一倍甚至几倍的商品,也侵害了公平交易权。这样的行规,与《消费者权益保护法》的基本原则相冲突,是违反法律的,因此,对于消费者不具有拘束力。因此,很多法院敢于冲破商业行规的规定,向开瓶费等行规挑战,作出否定其效力的判决,保护消费者的合法权益。这样的判决是应当支持的,是合法的。

让我们分析饭店旅店中午 12 点退房的行规问题。

首先,这样的收费方法是不科学、不合理的。这种做法的行规依据,是《中国旅游饭店行业规范》第 10 条规定:"饭店客房收费以'间/夜'为计算单位(钟点房除外)。按客人住一'间/夜',计收一天房费;次日 12 时以后、18 时以前办理退房手续者,饭店可以加收半天房费;次日 18 时以后退房者,饭店可以加收一天房费。"这里的一"间/夜",与收一天房费的规定是相矛盾的。一天就是 24 小时,而一夜最多是 12 小时。事实上,即使消费者 18 点之后登记住店的,到次日 12 点之前退房,也不是一夜,也是将近一天,如果是 12 点入住,则刚好 24 小时,为一整天。因此,以一"间/夜"作为计算标准,是不科学的。同时,以一"间/夜"为标准计算收费也不合理,例如,客人超过 12 点退房,加收半天费用,在 18 点之后又有新客人入住,又要收一天的费用,则等于一天时间饭店收了一天半的费用,即使扣除房间整理的费用,也仍然存在多收费用的问题,显然只是对饭店有利而对消费者不利,显然是不合理的。

其次,这样的收费方法侵害消费者的自主决定权和公平交易权。⑧《消费者权益保护法》明确规定,消费者享有自主选择权和公平交易权,已如前文所分析。商业行规强制作出违反这些规定的规定,只考虑了自己的利益,而没有考虑或者没有很好考虑消费者的实际需要,甚至是侵害了消费者的法定权利,显然是不正确的。我们经常看到和遇到的是,中午 12 点刚好是消费者的就餐时间,由于需要 12 点之前退房,很多消费者都是退房后,大包小包地在餐厅中就餐,更不要说在中午休息一下再退房了;消费者未在中午 12 点前退房,就要被迫拿出半天的房费作为代价。

再次,这样的商业行规是格式条款,强迫消费者接受。⑨《合同法》对于格式条款已经作出了具体规定,对于侵害消费者利益的格式条款否认其效力。所谓格式条款,就是服从合同,是由一方当事人为了反复使用而预先制定的,并由不特定的第三人接受的,在订立合同时无须与对方协商的合同。⑩ 接受服务的一方当事人(通常是消费者)只能表示同意或者不同意的合同,它的特点之一是提供格式条款的一方当事人提供全部的合同内容条款,接受服务的一方当事人如果接受,就必须接受全部的合同条款,成立合同,如果不接受,合同则不成立。在现实社会生活中,这样的合同有着简便、迅捷、便于交易的特点,符合现代社会的快节奏生活要求,但特别容易出现霸王条款而侵害消费者的合法权益。饭店的服务合同实际上就是格式条款,住店客人只能是表示同意还是不同意,原则上不能就服务的内容通过磋商确定合同内容,而仅仅在住几天的时间问题上才可以商量。特别是所谓的中午 12 点退房的内容,即使在合同上没有明确约定,但因为在店堂告示上已经标明,或者就说是商业惯例,而成为合同的一部分,住店客人必须遵守,超过时间就必须另外付费。这样的合同当然是格式条款。《合同法》对于格式条款规定了约束性的规则,要求提供格式条款的一方必须遵循公平原则确定当事人之间的权利和义务,采取合理的方式提请对方注意免除或者

---

⑧ 参见杨玉峰:《宾馆多收房费涉嫌侵权》,载《北京晨报》2008 年 4 月 28 日,A5 版。
⑨ 参见《12 点结账是霸王条款》,载《北京晨报》2008 年 4 月 28 日,A5 版。
⑩ 参见王利明等:《民法学》,法律出版社 2008 年版,第 523 页。

限制其责任的条款,按照对方的要求对该条款予以说明。同时规定,格式条款具有法定情形,或者提供格式条款一方免除其责任、加重对方责任、排除对方主要权利的,一律无效。另外,规定对格式条款的理解发生争议的,应当按照通常理解予以解释,对格式条款有两种以上解释的,应当作出不利于提供格式条款一方的解释。⑪ 对于12点退房的格式条款,实际上是排除对方也就是消费者主要权利的条款,符合《合同法》第40条规定的情形,应当是无效的。因此,有人称12点退房的条款是霸王条款⑫,是有道理的。

最后,认为中午12点退房的行规被称之为国际惯例,我国旅游饭店遵循国际惯例无可厚非的意见并不正确。我们承认,在大多数国家的旅店业都通行中午12点退房,但这是大多数而不是所有国家所有的饭店,也有很多国家的饭店并不奉行这样的规则。因此,选择中午12点退房的规则,并不是必须遵守的国际惯例,即使不选择这样的行规,而选择更有利于消费者的下午两点退房或者其他方式作为饭店结算方式的做法,并不是违反国际惯例的做法,而是更符合《消费者权益保护法》规定的保护消费者的基本原则的做法。如果我国的饭店业能够如此,则会使我国的旅店饭店更加方便群众,尊重消费者的合法权益,体现立业为民的中国饭店特色。因此,可以说,对于不方便群众的,不利于保护消费者合法权益的做法,即使是国际惯例,我们也要有勇气打破它,建立具有中国特色的商业行规。

三、应当如何对商业行规进行法律规制

通过以上分析,应当看到的是:

第一,商业行规的主流是积极的,是向上的,体现了对消费者的合法权益保护的基本立场。对此,必须予以充分肯定。应当说,在商业行规中,绝大多数内容都是从商业实践中总结出来的,其基本立足点是既服务人民,也兼顾行业利益,综合平衡消费者和商家的利益,因此,在实践中发挥了重要作用。也正是如此,商业行规也才具有必要的社会地位,在商业活动中发挥着重要的调整功能。在一般情况下,在发生商家和消费者权益冲突的时候,也能够以商业行规的规范作为适用法律解决纠纷的基础,确定过失是否存在,是否具有违法性。因此,不能认为商业行规都是保护商家利益的霸王规则,都是侵害消费者利益的"恶法"。

第二,对于不能兼顾消费者合法权益和商家利益的行规应当进行改革。应当承认,在有些行规中确实存在不妥的规则。例如关于谢绝客人自带酒水的规范,尽管行规中没有明确规定开瓶费,且谢绝自带酒水具有一定的合理性,但由于其规定的内容

---

⑪ 参见杨立新:《合同法专论》,高等教育出版社2006年版,第117—118页。
⑫ 参见北京长济律师事务所《律师在线》:《十二点退房惹争议》,http://www.148-law.com/society/checkout.htm。

不明确,并且在实际操作中被演绎成为收取高额开瓶费的所谓"惯例",就变成了使消费者极为愤慨的"规则",并且被司法裁判所谴责。这样的行规应当进行修改,使之成为能够兼顾消费者利益和商家利益的规则。笔者认为,对于客人到酒店就餐,如果完全不限制客人自带酒水,可能会侵害商家利益,而限制过于严格,则会侵害消费者的合法权益。因此,行规对此应当明确规定,酒店对于客人自带酒水,原则上应当谢绝,对于消费者坚持自带酒水饮用的,可以根据饭店的等级,适当承担必要费用,规定适当的幅度,限制商家任意加价,侵害消费者合法权益。

第三,对于违反法律规定侵害消费者合法权益的行规规范应当依法宣告无效,确立符合《消费者权益保护法》要求的规定。例如饭店中午12点退房的行规,应当认为是一个违反《消费者权益保护法》规定的规范,是违反《合同法》强制性规定格式条款,因此,应当引起业界的高度重视。目前在很多饭店已经带头实行新的饭店住宿结算方式,例如实行下午两点退房的规则,既方便了消费者,有利于保护消费者的合法权益,也并没有使业界受到损害。对此,南昌市消协在倡议书中建议酒店将退房时间延时至下午两点,并鼓励各宾馆饭店按照自身特点,在条件允许的情况下,就顾客住房时间推出更加人性化的管理。[13] 南昌市旅游饭店分会专门召开理事会,认为饭店可以在坚持"12点退房"行规的前提下,根据自身情况,多采取一些人性化的灵活举措和策略。在实际上,南昌市目前只有一家商务酒店响应了"关于宾馆饭店适当延时退房"的倡议。可见,自觉接受这样的规则还有一定的难度。值得欣慰的是,2008年7月,北京、上海、天津的部分酒店业试运营将酒店退房时间延迟至下午两点。北京邮电大学文法经济学院教授许志永则认为,国家法律法规就酒店何时退房并没有明确规定,即使像北京等三个城市试推行的下午两点退房也只是建议性的,酒店应该提高自身效率解决延时退房的问题,而酒店业惯例的"松动",并非是酒店业的"让步",而是一种以人为本的服务理念的体现。[14] 笔者认为,这样的行规既然已经违反《消费者权益保护法》和《合同法》的规定,应当尽早改革,而不是在法院受理这样的案件之后还要推三阻四,甚至阻止法院作出正当的判决。

第四,法律和政府应当加强对商业行规的监管。对于商业行规,法律不能采取放任态度,任其自由发展,应当予以适当监管。对于违反法律的行规,政府有关部门应当进行审查,责令予以撤销。2009年3月26日,上海市旅游局透露,《上海市旅馆业管理办法》将于2009年5月1日起正式施行。在草案中写明的"入住旅馆超过12时另行计费"被剔除,改由旅馆与旅客自行约定住宿时间结算方法。[15] 《上海市旅馆业

---

[13] 参见《百年行规"12点退房"将破消协挑战潜规则》,载 http://hi.baidu.com/shlltl/blog/item/92ac20607aa0a94ceaf8f840.html。

[14] 参见梁东坡等:《酒店退房规则第一案》,载 http://www.dzwww.com/2009/09315/yqdsr/200903/t20090305_4326182.htm。

[15] 参见《上海取消12点退房规定 旅馆可与旅客约定退房时间》,载人民网,http://www.people.com.cn/GB/144613/144614/9042942.html。

管理办法》对此作出的修改,受到各方欢迎,其中,政府的作用当然是主导力量。各级人民政府对此应当有所作为。

第五,司法机关应当通过纠纷案件的审理发挥法律调整作用。在当事人就商业行规与法律规范之间的冲突引发争议的时候,诉到法院,人民法院应当依法办案,维护法律的尊严,对发生争议的行规依照法律进行审查,确定是否违反法律规定,确定违反法律的,应当宣告无效,判决支持消费者的正当诉求,形成判例,推动消费者权益保护运动的发展,更好地保护消费者合法权益,而不是在某些行业协会的干预下去动员消费者撤诉而了事,更不是简单地驳回原告起诉[16],损害消费者的合法权益。

---

[16] 参见江西南昌锦都皇冠酒店被诉"酒店12点退房第一案"一审判决结果公布,南昌市溪湖区法院认为,原告要求被告返还多收的房费209元无法律依据,驳回原告诉讼请求。载中国饭店网,http://www.ch-ra.com/index/news_4983.htm。

第九编

民事司法解释

对债权准占有人给付的效力[*]

最高人民法院法(民)复(1990)13号
未按规定办理储户挂失造成储户损失银行是否承担民事责任

河北省高级人民法院：

你院冀法民(1990)73号关于银行工作人员未按规定办理储户挂失造成损失，银行是否承担民事责任的请求报告收悉。

经征求有关部门意见并研究认为：个体工商户周福军发现自己七千八百元金额的记名存折丢失，立即向其存款的徐水县工商银行金融服务所打电话声明挂失，该所工作人员接到挂失电话后，查实上述存款确在本所，但未按规定办理临时止付的登记手续，致使该存款挂失后被他人冒领。根据中国人民银行关于储蓄存单(折)挂失的有关规定和民法通则第75条、第106条的规定，徐水县工商银行金融服务所对由此造成的经济损失应依法承担民事责任。

最高人民法院的这一批复，涉及民法理论关于对债权之准占有人的给付效力问题。

债权之准占有人，是指占有债权文书并依债权文书行使债权的非债权人。例如，银行储户与银行之间的存款协议，是一种存款合同之债。双方协议达成并由储户在银行实际存了款，该存款合同即告成立，合同的双方当事人之间即产生债权债务关系，存款单(折)即为书面存款合同，也就是债权证书。本批复中，拾得周福军记名存折而向徐水县工商银行金融服务所要求支付存款的人，占有这一存款合同的债权证书(即存款折)，又要求行使该债权，客观上他又不是债权人(即存款人)，因此，他就是债权之准占有人。

对债权之准占有人的给付，是指债务人善意对债权之准占有人的清偿为有效清偿。对此，很多国家的民法典都有明文规定。例如，《法国民法典》第1240条规定：

---

[*] 本文发表在《法学研究》1991年第3期。该刊在刊发本文时，刊发了下述的编者按："为探究我国司法解释蕴涵之法理，丰富法学理论研究，并便于司法机关掌握司法解释之精神，自本期起，特辟《判解研究》专栏，刊载对我国司法解释之研究文章。来稿请在阐明司法解释真意基础上，结合我国立法对其进行理论性研讨，予以阐释、分析及批评。格式请以本期所刊为参照。本刊以前之《判例研究》专栏归并于本专栏。"

"向占有债权人所作的善意清偿,即使占有人的占有事后被他人追夺,亦为有效。"《日本民法典》第478条规定:"对债权准占有人的清偿,以清偿人系善意者为限,为有效。"在我国的历史上,也曾有过关于对债权之准占有人的给付的规定,不过都是草案,未正式实施。例如,《大清民律草案》第431条规定:"向债权之准占有人为清偿者,以清偿人之善意为限,有效力。"《民国民律草案》第364条亦规定:"因清偿而向第三人为给付,经其受领者,其效力依左列各项定之……受领人系债权之准占有人者,以债务人不知情者为限,有清偿之效力。"至20世纪30年代正式制定民法,于第310条第(二)项规定:"受领人系债权之准占有人者,以债务人不知其非债权人者为限,有清偿之效力。"

确立对债权准占有人给付制度的意义,在于保护交易安全。在民事流转中,交易活动受到法律的保护。但是,由于社会的复杂性,在有些交易活动中,交易的不安全因素经常存在,使交易活动对交易人造成威胁。如果绝对保护财产的静态安全,权利的受让人为预防不测损害,在任何交易中,都必须详细调查,以确定权利人一方对该项财产是否确有权利。这样,会使受让人为不能确定权利的真实状况而不敢进行交易,对于交易活动,将造成严重影响,阻碍民事流转。因此,近代的民事立法,为促进交易活动,在某种情况下,采取牺牲真正权利人的利益即静态安全,以保护善意无过失交易者的利益,维护交易上的动态安全。对债权之准占有人的善意清偿,法律承认其效力,就是保护交易上的动态安全,使债务人对于持有债权文书的人敢于清偿债务,不必去调查所有的持有合法债权文书的人是否为真正的债权人。

对债权准占有人的给付发生清偿债务的效力,应当具备三个要件:一是须已经客观履行了给付义务;二是债权准占有人持有合法的债权文书;三是债务人履行债务时须善意无过失。在这三个要件中,最重要的是善意无过失。对此,《日本民法典》和《法国民法典》都规定为"善意清偿";我国台湾地区"民法"则规定为"债务人不知其非债权人"。有学者主张,应以善意无过失为必要条件,即由他人视之具有使人相信为债权人的实质。债务人没有过失,善意地向债权准占有人清偿债务的,法律承认这种清偿为有效。

对债权之准占有人的给付,其清偿的效力及于债权人。具备上述三个必要条件的清偿,其结果是使债权消灭,债权人不得再向债务人请求清偿。债权之准占有人虽然不是债权人,但他持有债权证书,又以债权人的身份行使债权,依照社会上一般的交易观念,从其外观上足以使人认为他就是债权人。此时,债务人如果无法判明他不是债权人,则只能认为他就是债权人,对他清偿债务,只要没有过失,就应当承认这种清偿的效力,使债权债务关系消灭。

债务人在对债权的准占有人的给付中,如果具有过失,或者为恶意,那么这种给付就不发生债权消灭的法律后果,债务人应当继续对债权人履行债务,其损失应由债务人自己负担。

我国民法通则没有关于对债权之准占有人清偿的明文规定。但在有关行政规章中,对此则有明文规定。例如,《中国人民银行储蓄所管理暂行办法》第 56 条规定:"不记名的储蓄存款,不办理挂失手续。"《中国工商银行储蓄会计出纳核算制度》第 59 条规定:"储户来银行挂失前,存款已被支取,银行概不负责。不记名的储蓄存款,不办理挂失手续。"所谓的挂失手续,就是为了防止债权之准占有人支取存款的制度。对未挂失的存款和不办理挂失手续的不记名存款,银行对债权之准占有人清偿的,为有效。"银行概不负责",就是对债权之准占有人给付制度的肯定。同时,上述行政规章还对挂失和提前支取作了详细的规定,银行工作人员违背规定支付,即为过失,对债权之准占有人的清偿为无效,银行应当对债权人另行履行义务,其损失自负,或向债权准占有人请求返还。

  本批复所述的金融服务所的工作人员在已经接到储户的挂失电话,并查清存款确在本所之后,未按规定办理临时止付的登记手续,致使该存款在挂失后被他人冒领,不具备对债权之准占有人的给付为有效清偿的必要条件,给付无效,应当重新对储户周福军履行清偿义务。这一责任的确定,正是应用了对债权之准占有人清偿的理论。

论债权人撤销权及其适用*

最高人民法院《关于贯彻执行〈中华人民共和国民法通则〉若干问题的意见（试行）》第130条规定：赠与人为了逃避应履行的法定义务，将自己的财产赠与他人，如果利害关系人主张权利的，应当认定赠与无效。

最高人民法院的这一条司法解释，应用了债法理论中的债权人撤销权的原理。鉴于我国民法尚未建立债的保全制度，本文依据债权人撤销权原理对该条司法解释进行理论上的探讨。

一、债权人撤销权的基本原理

债的保全，是法律为防止债务人财产的不当减少给债权人权利带来损害而设置的一般担保制度，包括债权人代位权和债权人撤销权。债具有对内和对外两方面的效力。债的对内效力是指债权关系对于债权人、债务人的法律约束。债的保全"系债权人基于债之效力对于债务人以外之人所及之一种法律的效力，故称为债之对外效力"。①

债权人撤销权是指债权人在债务人实施减少其财产而害及债权人权利的积极行为时，得请求法院予以撤销的权利。

债权人撤销权也称废罢诉权，源于古罗马法，为罗马法学者保罗创制，故又称为保罗之诉，即"债权人为维护本身的合法权益得请求法院撤销债务人处分财产的行为"。② 这种请求权必须在下述情况下方得行使：(1)债务人的处分行为将减少其现有财产；(2)债务人的处分行为将损害债权人利益；(3)债务人的处分行为有损害债权人利益的故意；(4)债务人的有偿处分须以第三人明知此项行为将有损原债权人利益为必要。③ 债权人撤销权的直接后果，是撤销债务人对第三人的财产处分行为，使该处分的财产恢复原状。有学者认为，罗马法的废罢诉权"就债务人之行为分有偿与无偿，而有偿之行为则以债务人之诈害意思与受益人之诈害事实之认识为要件。此

---

* 本文发表在《法学研究》1992年第3期。
① 史尚宽：《债法总论》，台北荣泰印书馆1978年版，第444页。
② 江平、米健：《罗马法基础》，中国政法大学出版社1991年版，第211页。
③ 参见谢邦宇主编：《罗马法》，北京大学出版社1991年版，第271页。

诉权重视主观的要件,其行使不免发生困难"。④

罗马法的废罢诉权制度对后世民法发生重大影响,很多国家建立了这一制度,但在立法上分成两部分,一部分是破产法上的债权人撤销权制度,一部分是破产法以外的债权人撤销权制度。至14世纪,意大利诸州法承认不以主观要件为必要的撤销权。在法国,先在《商法》第424条以下规定了破产上的撤销权,继而在《民法》第1167条规定了破产外的撤销权。德国也将债权人撤销权分为破产上的与破产外的撤销权,前者规定于破产法中,后者以单行法加以规定。瑞士以联邦法,奥地利以撤销条例对此作出规定。英国关于诈欺移转的法律及和解契约法案对此设有规定。日本在民法规定破产外的撤销权,在破产法规定了破产上的撤销权,称作否认权。在我国历史上,清末民初的《大清民律草案》和《民国民律草案》都对债权人撤销权乃至债权人代位权拟就了条文。至1929年11月,制定民国民法债编,建立了正式的债权人撤销权制度。1949年以来,在《企业破产法》第35条规定了破产上的债权人撤销权,没有建立破产外的债权人撤销权制度。

债权人撤销权的法律特征是:

1. 债权人撤销权是附属于债权的实体权利。它的内容,既以撤销债务人与第三人的非法民事行为为特点,又以请求恢复原状即取回债务人财产为特点,因此是兼有形成权和请求权双重性质的实体权利。它只能附属于债权而存在,不得与债权分离而进行处分。

2. 债权人撤销权是在债务人实施减少其现有财产的积极行为时方能行使的权利,而债权人代位权是在债务人实施听任其一般财产减少即怠于行使其债权的消极行为时采取的保全措施。这是两种债的保全的重要区别。

3. 债权人撤销权的适用范围包括全部债权,在合同之债、侵权之债、不当得利之债和无因管理之债中,债务人实施害及债权的处分财产积极行为时,债权人都可以依法行使撤销权。

债权人撤销权按照债务人处分财产的有偿与否,分为两种情况,构成要件有共同性的,也有非共同性的。

其共同要件为:

1. 主体。其主体是因债务人积极处分财产的行为而受其害的债权人。其主体资格基于下述性质的债权而产生:应是以财产给付为目的的债权,应是以作为一般担保的财产的减少而受损害的债权,应是债务人积极处分财产前发生的债权。

2. 客体。其客体是债务人或其代理人的有害于债权的财产处分行为。当债务人实施的这种行为是与他人的共有之物时,撤销权的客体只能是处分共有财产中债务人应有的部分。撤销权的客体应依债权保全的目的为限,超出保全范围的部分,不在撤销权客体的范围之内。

---

④ 史尚宽:《债法总论》,台北荣泰印书馆1978年版,第447页。

3. 客观要件。包括:(1)应有债务人处分其财产的行为。这种行为既可以是无偿行为,也可以是有偿行为;既可以是单方行为,也可以是双方行为。不能作为撤销权的行为,则不能撤销。(2)债务人的行为于债权发生之后有效成立而且继续存在,起码为形式上的有效成立,并且呈继续状态,尚未失去效力。(3)债务人的行为应有害于债权,其特点是债务人一般财产的减少以致不能满足债权的要求,其标准是债务支付不能。

其非共同要件,是指有偿行为产生的债权人撤销权的构成,除须具备以上共同要件外,尚应具备的主观要件,就是债务人及财产处分受益人的恶意。债务人之恶意,即以知其行为可能引起或增强债务清偿的无资力而有害于债权人债权的后果。受益人的恶意,可以表现为与债务人恶意串通,也可以表现为明知债务人恶意而与其实施民事行为。受益人无恶意,一般不得行使撤销权。

债权人撤销权的行使,包括以下内容:

1. 债权人撤销权的主体,是享有该权利的债权人,以自己的名义向法院起诉,由人民法院依法裁判。

2. 债权人撤销权的客体,是债务人或其代理人有害于债权的财产处分积极行为。故仅得撤销债务人或其代理人之单独行为或债务人与受益人间的合同,而受益人的单独行为、受益人与转得人间的合同或转得人的行为,不得撤销。

3. 债权人撤销权之诉的被告,分为两种情况,依撤销权之诉的性质不同而不同。当撤销权属形成权性质,即处分行为只达成协议而未实际转移占有,该诉的性质为形成之诉,被告系处分行为之债务人。当撤销权以返还原物的请求权性质为主,即处分行为已经实际转移占有时,该诉的性质为给付之诉,以债务人及受益人为共同被告。

4. 债权人撤销权的行使,应受诉讼时效限制。各国民法典一般都在规定该权利时,单独规定诉讼时效。

5. 债权人撤销权之诉的举证责任由债权人承担。在证明受益人的恶意时,采推定形式,举证责任由受益人承担,证明自己无恶意。

债权人撤销权的效力是比较复杂的。从原则上说,其效力产生于法院撤销判决的确定。撤销权的效力范围,学说分为两种:一是相对无效,撤销虽使处分行为自始无效,但以保全债权人权利范围为限,超出部分仍继续有效;二是绝对无效,其效力范围及于债务人的全部处分行为。

债权人撤销权的具体效力,包括以下各点:

1. 债务人的处分行为为无偿行为时,其无论是单方行为,还是双方行为,债权人撤销权的效力及于该无偿行为的全部,法院应判决其处分行为无效。

2. 债务人的处分行为为有偿行为的:(1)债务人与受益人均为恶意时,撤销的效力及于其处分行为的全部。(2)债务人无恶意而受益人有恶意时,其效力与上述情况相同。(3)当债务人为恶意而受益人无恶意,或者债务人与受益人均无恶意时,其效力仅及于债务人受益部分,不足部分由债务人赔偿损失。

3. 债务人的处分行为是设置抵押担保等担保物权时,撤销权的效力仍及于该行为,因债权及撤销权设置在先,担保物权设置在后,撤销权不受"物权优于债权"原则的影响,可以将其撤销。

4. 债务人的处分行为之后,受益人又将财产转移于另外的转得人的,总的原则是无偿行为均可撤销,有偿行为只及于恶意的转得人。

5. 债务人及恶意受益人、转得人的处分行为给债权人造成损失的,应负损害赔偿之责。

二、对本条司法解释的理论探讨

最高人民法院上述关于赠与人恶意赠与财产无效的司法解释,基本上体现了债权人撤销权的基本原理。

首先,赠与人恶意赠与财产而逃避法定义务害及利害关系人权利行为无效的立法思想,符合债权人撤销权制度创立之初的立法意图。罗马法的废罢诉权制度创立的目的,就是债权人为维护本身的合法权益得请求法院撤销债务人处分财产的行为。这里的债权人本身的合法权益,就是指债权的实现。如果债务人处分其作为清偿债务一般担保的财产,就是害及债权人债权的实现。债务人处分财产的相对人,就是债权债务关系以外的第三人。债权人为维护自己的债权而请求法院撤销该处分行为,其法律后果,当然是使这一财产处分行为归于无效。就最高人民法院的该条司法解释来看,其中的"赠与人",是为逃避应履行的法定义务而将财产赠与他人。就其逃避的义务而言,他必定是这一权利义务关系的债务人,与其相对应的"利害关系人",则必定是这一权利义务关系的债权人。由此可以确定,该条司法解释中使用的"法定义务"这一用语,实际并不是单指法定义务,而是包括债权债务关系的约定义务。其中的受赠人,也就是该债权债务关系之外的第三人。"逃避应履行的法定义务",也就是债务人恶意处分财产,损害债权人的债权。"利害关系人主张权利",是指债权人为维护自己的合法权益而主张自己的债权。"应当认定赠与无效",即由法院认定这种赠与无效。此处虽没有使用撤销的概念,但从其实际上的法律后果来看,认定无效与经撤销而使之归于无效是一样的。综上分析,该条司法解释的基本精神,与罗马法创立废罢诉权制度立法思想基本相同,与其基本原理,包括重视主观的要件,是一致的。

其次,现代立法中的债权人撤销权与罗马法的废罢诉权相比,有两个重要的不同:一是债务人积极处分其财产的行为,不分有偿无偿,债权人均可要求撤销;二是债务人积极处分其财产,不强调其必须为恶意,转而使用客观标准,即以是否害及债权人债权为标准,即使债务人非为逃避债务,只要在客观上其处分财产的行为害及债权人债权,就可撤销。由此观之,现代立法上的债权人撤销权克服了罗马法废罢诉权的不足之处,因而能够更好地保证债权人的债权实现,体现了债权保全的目的。本条司法解释强调逃避应履行的法定义务,这无疑是强调以恶意作为要件,强调将财产赠与他人,是强调以无偿作为其要件。该条司法解释强调的这两点,显然与现代立法上的债权人撤销权的要求相悖。但是,应当看到,这一司法解释的基本精神,并不是规定完整的债权人撤销权制度,而只是就赠与人恶意赠与财产害及债权人的利益,依据债权人撤销权的原理来作出具体的规定。从这一点上来看,该条司法解释是基本正确的。对此,无论在制定这一司法解释时是怎样的指导思想,在客观上探讨,是可以作出这样的结论的。

在立法欠缺、实践急需的情况下,最高人民法院仅仅就赠与人恶意赠与财产害及利害关系人行为无效来作出司法解释,具有局限性,远远不适应实践的需要。它基本上是一个就事论事的解释。在现实生活中,赠与人恶意赠与财产害及利害关系人即债权人利益的行为是存在的,运用债权人撤销权的原理,在审判实践中确认这种恶意行为无效,使赠与人恶意赠与他人的财产恢复原状,保全其作为履行债务的财产资力,以保护债权人的合法债权,无疑是必要的。但是,在保全债权方面,债务人害及债权的财产处分行为,绝不仅仅只是恶意、无偿地赠与财产这一种行为,还包括善意赠与、有偿赠与,以及善意地、有偿地除赠与以外的其他积极处分财产行为、消极处分财产行为。对于其他这些害及债权的财产处分,对于整个民事流转的危害,同样是很严重的。最高审判机关只就恶意赠与行为作出司法解释,显然没有考虑到更为宽泛的债权保全问题。这种就事论事的解释,只能是挂一漏万,没有从根本上解决当前急需解决的债的保全制度的适用问题。

在民法理论中,债的担保分为一般担保和特殊担保,前者为广义上的债的担保,指督促债务人履行债务,保障债权实现的一般民事法律手段,包括民事责任制度、债的保全制度和债的特殊担保制度这样三位一体的制度。债的一般担保的三个内容是相辅相成的,构成一个完整的、严密的民事法律制度,缺少任何一个,都会使债权人的债权受到威胁。目前,我国的民事责任制度和债的特殊担保制度已经基本完备,确立我国债的保全制度已势在必行。但就目前看,修改民法通则,或者制定民法典,期日尚远。在这种情况下,最高人民法院在原有司法解释的基础上,克服原来的局限性,就债权人撤销权制度的适用问题作出司法解释,以补充立法的不足,解决实践的急需,是非常必要的。

债权人代位权的原理及适用[*]

最高人民法院《关于适用〈中华人民共和国民事诉讼法〉若干问题的意见》第300条：被执行人不能清偿债务，但对第三人享有到期债权的，人民法院可依申请执行人的申请，通知该第三人向申请执行人履行债务。该第三人对债务没有异议但又在通知指定的期限内不履行的，人民法院可以强制执行。

最高人民法院于1992年7月14日正式公布施行的这一司法解释，确立了我国执行程序上的债权人代位权制度。

一、债权人代位权的历史沿革及我国的立法实践

债权人代位权起源于何时，学者见解并不相同。在立法中最先确立债权人代位权制度的，是《法国民法典》。该法在第1166条规定："但债权人得行使其债务人的一切权利和诉权，惟权利和诉权专属于债务人个人者，不在此限。"在法理上，法国将其称为代位诉权或间接诉权，但实质上它不是诉讼上的权利，而属于实体法上的权利，其基本功能在于保全债务人的财产，增大债权的担保力。[①]《法国民法典》的这一规定，对后世各国民事立法影响很大，《西班牙民法典》《意大利民法典》相继规定了这项制度。日本制定民法典时，在第423条规定了债权人代位权："（一）债权人为保全自己的债权，可以行使属于其债务人的权利。但是，专属于债务人本身的权利，不在此限。（二）债权人于其债权期限未届至间，除非裁判上的代位，不得行使前款权利。但保存行为，不在此限。"《日本民法典》的这一规定，不仅规定了债权人享有代位权，而且较详细地规定了实行这一权利的方法。

在我国的古代律典中，没有债权人代位权制度的规定。直至清朝末年编纂《大清民律草案》，才借鉴日本立法例，在其中草拟了三个条文，这就是第396条、第397条和第398条，其内容是："债权人得因保全债权行使属于债务人之权利，但专属于债务人一身之权利，不在此限。""债权未至清偿期，债权人不得行使前条之权利，但保存行为不在此限。""对于第396条行使债务人权利之债权人与相对人之裁判，于债务人不生效力。"这三个草拟的条文，权利的内容与日本民法典没有原则区别。《民国民律草

---

[*] 本文发表在《法学研究》1993年第3期，系与尹艳合作完成，正式发表时只署了尹艳一人为作者。
[①] 参见史尚宽：《债法总论》，台北荣泰印书馆1978年版，第445页。

案》在第 340 条和第 341 条草拟了这一制度,其第 340 条与《大清民律草案》第 396 条的内容相同,第 341 条文字有变化,但内容基本一致,即:"前条权利,非于债务人负迟延责任时,不得行使。但专为保存债务人权利之行为,不在此限。"这两个民律草案的上述条文,为国民政府制定这一制度提供了基础。《民国民法典》在第 242 条、第 243 条规定:"债权人怠于行使其权利时,债权人因保全债权,得以自己之名义,行使其权利。但专属于债务人本身者,不在此限。""前条债权人之权利,非于债务人负迟延责任,不得行使。但专为保存债务人权利之行为,不在此限。"这两个条文,显然出自于《民国民律草案》,但相比之下,《民国民法典》的条文作了更为明确的规定,更具操作性,是一个成功的立法例。1949 年以后,我国由于迟迟没有制定民法典,因而没有债权人代位的成文立法。至 1986 年颁布《民法通则》,也没有确立这一法律制度。债权人代位权在我国成了一个比较陌生的法律术语,以致有人将它与代位追偿权相混。② 至最高人民法院新近制定的执行程序上的债权人代位权的司法解释公布,我国执行程序上的债权人代位权制度才基本建立,但民事实体法中的这一制度尚待制定。

二、债权人代位权的基本原理

债权人代位权,是指债权人依法享有的为保全其债权,当债务人怠于行使其权利而害及债权人的权利实现时,以自己的名义代位行使属于债务人权利的实体权利。债权人代位权行使的目的,是为了保全债务人的财产,以保证债权的实现。它既不是扣押债务人财产的权利或就收取的财产有优先受偿的权利,也不是对债务人或第三人的请求权,而是行使他人权利的权利。

债权人代位权的法律特征,通说认为有三点,这就是债权人以自己之名义行使债务人权利之权利、系为债权之保全代债务人行使其权利、非纯粹之形成权乃系以行使他人权利为内容之管理权。③ 笔者认为,债权人代位权与债权人撤销权同为债的保全制度。对债权人代位权与债权人撤销权对照分析,不仅可以厘清代位权的特征,而且也能掌握代位权和撤销权的共同特征。

1. 债权人代位权是债权人以自己的名义行使债务人权利的权利。债的保全体现的是债的对外效力,债权人代位权与债权人撤销权虽然针对的都是债权关系之外的第三人的权利,但债权人撤销权针对的是第三人从债务人处取得的财产,并依照规定将其取得财产的行为予以撤销,使债务人处分的财产恢复原状。而债权人代位权着眼于第三人对债务人负有的债务。债务人怠于行使其权利或放弃其权利时,债权人可以依法代债务人之位,要求第三人履行债务,以满足自己的债权。

2. 债权人代位权行使的前提是债务人怠于行使其权利而害及债权。债权人代位

---

② 参见杨立新:《论债权人代位权》(本书第 1006 页),载《法律科学》1990 年第 2 期。
③ 参见史尚宽:《债法总论》,台北荣泰印书馆 1978 年版,第 445 页。

权与债权人撤销权的目的都是为保全债权,以增强债务人清偿债务的一般担保力。但是,债权人撤销权行使的前提是债务人积极处分其现有财产,丧失其履行债务的财产资力,害及债权。而债权人代位权行使的前提,是债务人怠于行使其债权,或者放弃其债权,以减弱其清偿债务的财产资力,这些行为的特点是消极行为。这是债权人代位权的又一个法律特征。

3. 债权人代位权是以行使他人权利为内容的管理权。债权人代位权与债权人撤销权的性质不同。债权人撤销权是以撤销债务人与第三人的民事行为为特点,又以请求恢复原状即取回债务人财产为特点,因而是兼有形成权和请求权的双重性质。而债权人代位权并不是对债务人或第三人的请求权,即使代位标的之权利是债权,而代位行使他人债权的权利,亦以权利或法律关系之变更为目的,虽然与形成权相类似,然非依权利人一方之意思表示而形成法律上之效力,唯依实行债务人之权利而行使,故非纯粹之形成权,乃系以行使他人权利为内容的管理权。④

关于债权人代位权的构成,学者主张不尽一致。与债权人撤销权相比,债权人代位权的构成不是很复杂。其构成应具备以下要件:

1. 债务人须有权利存在。债务人有权利存在,是债权人代位权行使的必要条件。这种权利,应是非专属于债务人本人的权利。专属于债务人本人的权利,如养老金、退职金、抚恤金等领取权,则不得行使代位权。

2. 须债务人怠于行使其权利。怠于行使,是指应行使并能行使而不行使。至于不行使权利的动机、目的,则不论故意、过失,或者其他原因,均不过问。怠于行使,包括不行使和不及时行使,对于放弃权利的行为,也构成债权人代位权。

3. 须有保全债权的必要。债权人代位权行使的目的是保全债权人的债权。债务人怠于行使权利,只有害及债权人债权实现的时候,才符合其行使的要件。也就是说,债务人怠于行使权利只有减弱其债务清偿力,致使债权人的权利有不能实现或不能全部实现的可能时,才有行使的必要。如果债务人资力雄厚,虽然因其怠于行使权利而使其财产总额减少,但没有危害债权人债权实现的可能的,则不能行使代位权。

4. 须债务人履行债务迟延。债务人的债务履行期未至,不发生债权人代位权。但如果是专为保存债务人权利,以增强债务人清偿债务的财产资力,可以在履行期未至前,行使代位权。

债权人代位权的行使,应由债权人本人行使,并以债权人本人的名义,代债务人之位行使债务的权利。当一个债权人已行使代位权之后,其他债权人不得就同一权利再行使代位权。债权人行使代位权的时候,应以善良管理人的注意为之,违背该种注意,造成损失,应负损害赔偿之责。行使债权人代位权的客体,应是债务人非专属于本身的财产权利,对非财产权利,不得代位行使。专属于债务人本身的权利,或者不得扣押、不得转让的权利,也不得为代位权的客体。债权人代位权行使的范围,应

---

④ 参见史尚宽:《债法总论》,台北荣泰印书馆1978年版,第445页。

以保全债权为标准。如果仅行使一项权利,就能达到保全债权的目的,就不能再就债务人的其他权利行使代位。如果债务人有数项权利,债权人应选择与自己权利相当,或对实现自己债权有利的一项权利来行使。债务人仅有一项权利时,该权利的财产金额虽然超过债权人的权利,如有保全的必要,仍可代位行使该权利的全部。债权人代位权行使的方式,有诉讼方式和径行方式。有的立法例规定两种方式依债权人选择;有的立法例规定以清偿为目的的须经裁判方式,以保存权利为目的的可以径行行使。

债权人代位权的效力,及于债务人、第三人及债权人本人。对于债权人本人,行使代位权之结果,其所得利益仍归属于债务人,债权人不得主张独占其利益或优先受偿;对于行使代位权保存债务人财产所支付的费用,可以向债务人请求返还,如系数名债权人分享该项财产,则支付的费用部分,可以优先受偿。对于债务人,债权人已经着手实行代位权并已经通知债务人后,债务人不得再为妨害债权人代位权的行使;代位权行使的效力,直接归于债务人,并且可以自由处分,如果无害于债权人债权,债权人不得干预。对于第三人,债权人向其行使代位权,相当于债务人向其行使权利;第三人取得的对于债务人的抗辩权,如不可抗力、已过诉讼时效期间等,均可对抗债权人。

三、对本条司法解释的研讨

最高人民法院为解决审判工作的急需,适应当前经济的发展,制定了本条司法解释。在理论上,这一司法解释是符合债权人代位权原理的。

首先,从债权人代位权的法律特征上分析:第一,代位权的法律特征之一是债权人以自己的名义行使债务人的权利。本条司法解释规定,被执行人即为债务人,他对第三人享有到期债权,申请执行人即债权人可以向法院申请,通知第三人向申请执行人履行债务。尽管申请执行人要向法院申请,由人民法院通知第三人履行债务。但这正是代债务人之位行使债务人的权利。第二,债权人代位权的法律特征之二是债务人怠于行使其权利而害及债权。本条司法解释规定的是被执行人不能清偿债务,这本身已经害及了债权人债权的实行。而该被执行人又对第三人享有到期债权,自属怠于行使或者不行使。第三,债权人代位权是以行使他人权利为内容的管理权,本条司法解释规定申请执行人只能向人民法院申请,由人民法院通知第三人向申请人履行债务,而不能由申请执行人径行请求,正是管理权的表现,而不是直接的请求权。本条规定的基本涵义,是为保全债权人即申请执行人的债权,而对债务人对第三人享有的到期债权,债权人可以代其位向人民法院申请由第三人向债权人履行债务,符合债权人代位权的基本法律特征。

其次,本条司法解释符合债权人代位权的构成要件。第一,被执行人对第三人享有到期债权,这种债权当然是财产权利,又是非专属于被执行人本人的权利,可以作为债权人代位权的客体。第二,被执行人既然享有到期债权,又不能清偿债务,当然是急于行使或不行使该债权,无论其动机如何,都不妨碍债权人代位权的构成。第三,被执行人经过裁判,到了执行程序中,仍不能清偿债务,早已害及了债权,确有代位权行使的必要。第四,被执行人的债务清偿期至诉讼前就已届至,至执行中尚未清偿必然是履行迟延。据此,这种情况具备债务人享有权利、急于行使、害及债权、履行迟延四个要件,完全构成债权人代位权。

本条司法解释最大的局限性,是将债权人代位权仅限于在民事诉讼程序中的执行程序适用。债权人代位权是民法上的实体权利,而不是诉讼权利。因而仍需在实体法上建立债权人代位权制度。

适用本条司法解释,应当注意这种代位权与传统的代位权原理的差别:

1. 在构成要件方面,本条司法解释对债务人急于行使权利没有作出明确的规定,但从文字上可以看出,要求的是不行使到期债权,因而本条司法解释的规定更严;在债务人履行迟延方面,本条司法解释要求的是不能清偿债务,也比较严格。

2. 在代位权的客体方面,本条司法解释所规定的代位权,是"对第三人享有到期债权"。其一,客体的权利仅限于债权,不包括传统代位权客体中除债权以外的其他非专属于债务人本人的财产权利,如动产及不动产的收益权等。本条规定,显然窄于传统代位权的客体范围。其二,被执行人对第三人享有的债权应当"到期",即已届清偿期。未届清偿期的债权,仍不得申请法院通知其履行。

3. 代位权行使的范围仅限于履行债务,传统的债权人代位权的适用,包括清偿行为,也包括保存行为。一般认为对清偿行为的要求比较严格,对保存行为,由于不是直接清偿,故要求偏宽。本条司法解释规定"人民法院可依申请执行人的申请,通知该第三人向申请执行人履行债务",排除了保存行为对债权人代位权适用的可能性。这一点,在今后制定完整的债权人代位权制度时,应当注意解决。这也说明,本条司法解释所规定的代位权的效力,是第三人直接向申请执行人(债权人)清偿。第三人对债务有异议的,如享有抗辩权的,可以依法行使。如果没有异议,同时又在通知指定期限内不履行的,人民法院可以对第三人强制执行。执行的范围,当以满足申请执行人的债权要求为已足,剩余部分,应当转归被执行人(原债务人)。

4. 适用本条司法解释,申请执行人行使债权人代位权的方式,既不是诉讼方式,也不是径行方式,而是向法院申请,由法院通知第三人履行债务。这一点,与传统的债权人代位权均不相同。这是由于本条司法解释规定的情况已经通过了诉讼裁判,进入了执行阶段的缘故,既不能因此而再行起诉,又排斥债权人径行行使代位权的方式。

最高审判机关运用司法解释,确认了在执行程序中对这一法律制度予以适用,是一个成功的做法。尽管这一司法解释还有不尽如人意之处,但毕竟解决了当前亟待解决的一个问题。目前,应当积极执行这一规定,积累经验,争取早日通过适当的途径将这一司法解释的基本原理应用到民事实体法的适用中去,建立完整的债权人代位权制度,进而建立完备的债的保全制度。

混合过错与过失相抵*

最高人民法院(1990)民他字第 25 号
《关于刘玉兰诉工商银行榆次市支行赔偿存款纠纷一案复函》

山西省高级人民法院:

你院晋法民报字(1990)第 2 号《关于刘玉兰诉工商银行榆次市支行赔偿存款纠纷》一案的请示报告收悉。经研究认为:由于工商银行榆次市支行粮店街储蓄所违反《中国人民银行储蓄存款章程》和《中国工商银行储蓄会计出纳核算制度》中关于印鉴挂失和提前支取的有关规定,致使刘玉兰的一万余元存款(包含利息)被冒领,依照《民法通则》第一百零六条和第一百三十一条的规定,粮店街储蓄所对刘玉兰存款的损失应承担主要赔偿责任。刘玉兰对户口本、存单保管不善,丢失后,未及时发现、挂失,对造成存款损失有过失,亦应承担一定责任。

本复函涉及的民法理论,主要是损害赔偿之债的混合过错与过失相抵问题,同时也涉及民事制裁的问题。

一、混合过错与与有过失、共同过失

混合过错,不仅仅是侵权行为法的概念,也包括违约损害赔偿的混合过错。它是指对侵权或者违约所造成的损害结果的发生或者扩大,不仅义务人有过错,而且权利人也有过错。在我国民事立法中,规定混合过错的条文共有三个:一是《民法通则》第 131 条:"受害人对于损害的发生也有过错的,可以减轻侵害人的民事责任。"二是《民法通则》第 113 条:"当事人双方都违反合同的,应当分别承担各自应负的民事责任。"三是《经济合同法》第 32 条第 1 款后段:违约"如属双方的过错,根据实际情况,由双方分别承担各自应负的违约责任"。其中第一个条文是侵权损害赔偿的混合过错,第二、三个条文是违约损害赔偿的混合过错。

混合过错的概念直接来源于苏联民法理论。苏联民法理论把混合过错也叫做混合责任。侵权的混合过错条文规定在《苏俄民法典》第 458 条:"如果受害人自己的

---

* 本文发表在《法学研究》1991 年第 6 期。

重大过失促成了损害的发生或扩大,在苏联立法没有其他规定的情况下,应当根据受害人过错的程度(在造成损害的人有过错时,也应当根据他的过错程度),减少赔偿的数额或者免除赔偿损害的责任。"

《苏俄民法典》对于违约损害赔偿的混合过错规定在第 224 条:"如果不履行债或不适当履行债是由于双方的过错所致,法院、仲裁署或公断法庭应当适当减轻债务人的责任。如果债权人故意或者由于过失促使了不履行或不适当履行债所致损失的增大,或者没有采取措施减轻损失,则法院、仲裁署或公断法庭也有权减轻债务人的责任。"

苏联民法理论认为,受害人的过错是民事法律过错的一种。受害人的过错和致害人的过错一样,只有当受害人的行为具备违法性时,才能成立。这种过错,可以表现为故意或过失。但应当考虑的只是故意和重大过失,受害人的普通过失不影响对他的损失的赔偿数额。受害人的过错的法律后果,或者全部免除致害人的责任,或者减少对受害人损害的赔偿数额。苏联最高法院的司法解释认为,在任何情况下,受害人在造成损害时的故意,都免除致害人赔偿损害的义务。受害人的促使损害发生或扩大的重大过失,可以成为减少损害赔偿数额和全部拒绝赔偿损害的根据。致害人的过错程度和受害人的过错程度都应当予以考虑。如果损害是由高度危险来源物的所有人所造成,则只考虑受害人的过错程度。由于无行为能力人的行为不被视为是有过错的行为,所以也就谈不上考虑作为受害人的无行为能力人的过错;限制行为能力人的过错是减少赔偿数额或免除责任的根据。受害组织的任何一个工作人员在执行公务时促使损害发生或扩大损害数额的故意或重大过失,都是受害组织的过错。①

大陆法系民法将混合过错称之为与有过失。在立法例上,大陆法系民法采两种形式,一为合一制,一为分立制。《德国民法典》第 254 条规定:"损害的发生,被害人如与有过失,赔偿义务和赔偿范围,应根据情况,特别是根据损害主要是由当事人的一方还是他方造成的,来确定。"《瑞士债务法》第 44 条规定:"被害人对于发生损害之行为已予同意或因可归责于被害人之事由对于损害之成立或扩大予以助力,或因而增加赔偿义务人地位之困难者,审判官得减缩赔偿义务或免除之。"这是合一制,侵权、违约均可适用。我国台湾地区"民法"亦采合一制。分立制如日本,其《民法典》第 418 条规定了违约的与有过失:"债权人就债务不履行有过失时,则由法院斟酌其情事,确定损害赔偿的责任及金额。"第 722 条第 2 款规定了侵权的与有过失:"受害人有过失时,法院可以斟酌其情事,确定损害赔偿额。"

大陆法系民法理论一般认为,与有过失适用范围比较广泛,既包括侵权行为和债务不履行,也及于其他法律规定所生之损害赔偿,义务人纵应负无过失责任的赔偿责任,亦非例外。② 与有过失的构成要件,应包括:(1)须被害人之行为与赔偿义务人之

---

① 参见〔苏〕格里巴诺夫等主编:《苏联民法》(下册),法律出版社 1984 年版,第 413—415 页。
② 参见史尚宽:《债法总论》,台北荣泰印书馆 1978 年版,第 293 页。

行为为损害之共同原因;(2)须被害人于其行为亦有过失。③ 与有过失的效力,是过失相抵,法院得不待当事人之主张,以职权减轻赔偿额或免除之。④

英美法系民法称混合过错为共同过失,是英国《1945 年法律改革(共同过失)法》确立的法律制度。这种共同过失并不是我国民法理论上的共同过错。虽然过失意味着负有防止损害发生的法定义务,但共同过失并非如此。共同过失是指对自己有疏忽,或对自己缺乏应该的注意,这种情况构成了原告所受伤害或损害的促发因素或部分原因。共同过失的法律后果,是减少损害赔偿数额。普通法原先规定并不是这样,而是只要能证明原告本人由于某种过失而助成了其所受的伤害,则不问过失程度如何,被告即可全部免责。共同过失责任确立之后,如果原告有部分过错,则不再驳回其全部请求,而是由法院或陪审团参照原告本人对损害应负的责任,按照其认为公平合理的标准,减少损害赔偿的数额。⑤

总之,不管是混合过错,还是与有过失、共同过失,也不管是合一制,还是分立制,它们都是表明这样的一种情况,即侵权或违约损害事实的发生或扩大,不仅赔偿义务人有过错,赔偿的权利人也有过错。它的法律后果,或者叫做它的效力,是过失相抵。

二、过失相抵及其构成和效力

过失相抵是混合过错(即与有过失、共同过失)的情况下,减轻赔偿金额或免除赔偿责任。"所谓过失相抵,不过为形容之语。其实为就义务者之过失与权利者之过失,两相较量,以定责任之有无及其范围,并非两者互相抵消,是以有仅称为被害人之自己过失者。"⑥

确立过失相抵,是基于赔偿制度的公平分担,以及支配债权债务关系的诚信原则的一个具体表现,也就是不得将因自己的过失所产生的损害,转嫁于他人,这也正是过错责任原则的体现。

混合过错不仅存在于侵权行为和违约行为之中,而且存在于其他法律所规定的损害赔偿之债之中。例如,侵害相邻权造成损害的赔偿,当受害一方有过错的时候,亦为混合过错。同样,过失相抵不仅适用于侵权行为和违约行为产生的损害赔偿,同样也适用于其他法律所规定的损害赔偿。义务人即使应负无过失的责任,如法律有明确规定,其损害赔偿也适用过失相抵,只要受害人有过错,也应当减轻加害人的赔偿责任。

过失相抵的构成,应分两个方面考察之。对于赔偿义务人的责任,应按照构成损害赔偿之债的要件来确定,对此,毋庸赘言。对于赔偿权利人的责任,其构成须具备

---

③ 参见胡长清:《中国民法债编总论》(上册),商务印书馆 1935 年版,第 261 页。
④ 参见史尚宽:《债法总论》,台北荣泰印书馆 1978 年版,第 297 页。
⑤ 参见《牛津法律大词典》(中文版),光明日报出版社 1988 年版,第 207 页。
⑥ 史尚宽:《债法总论》,台北荣泰印书馆 1978 年版,第 292 页。

以下 3 项要件:

1. 赔偿权利人的行为系损害发生或扩大的共同原因。我国《民法通则》第 131 条仅规定了赔偿权利人对损害的发生也有过错的情况,没有对损害的扩大作出规定。其第 113 条在规定违约的混合过错时,则涵盖了损害的发生或扩大的完整内容。理论和实践则认为损害的发生与扩大,均为过失相抵的事由。当赔偿权利人的行为是损害发生或扩大的共同原因的时候,就具备了适用过失相抵的第一个要件。

所谓共同原因,是指赔偿权利人的行为与赔偿义务人的行为共同作用,促成了一个损害结果的发生或扩大,或者是赔偿权利人的行为作用于已经发生的损害结果上使之继续扩大。对于损害结果的发生,权利人的行为是必不可少的共同原因之一;对于损害结果的扩大,权利人的行为可以是共同原因,也可以是单独原因。当我们把损害扩大后的结果作为一个整体来研究的时候,权利人单独对损害结果扩大的行为,仍然也是共同原因之一。因此,作为共同原因之一的权利人的行为与义务人的行为相较,其先其后,抑或同时存在,都在所不问。

当权利人的行为是损害结果原因事实的发生原因之一时,是否构成过失相抵的要件呢?回答也是肯定的。损害发生的原因,不单包括损害本身发生的原因,也应包括损害原因事实的成立或发生的助成在内。对此,理论上是承认的。

2. 赔偿权利人的行为须不当。构成过失相抵,赔偿权利人的行为无须违法,而得为不当。所谓不当行为,就是为自己利益或在伦理的观点上为不当,所以阻却违法的行为如正当防卫、紧急避险等行为,不得适用过失相抵的规定。这种不当行为,既可以是积极的作为,也可以是消极的不作为。我国台湾地区"民法"第 217 条第 2 款关于"重大之损害为债务人所不及知,而被害人不预促其注意或怠于避免或减少损害者,为与有过失"的规定,即就赔偿权利人消极的不作为而言。这里分三种情况:一是重大损害未促其注意;二是怠于避免损害;三是怠于减少损失。这些都构成过失相抵的要件。

3. 赔偿权利人须有过错。赔偿权利人的行为虽然是损害发生或扩大的共同原因,但权利人如果主观上无过错,仍然不构成过失相抵。这里的过错,在理论上有的认为并非固有意义上的过失,而是赔偿权利人对于自己的过失。我国《民法通则》并未作这样的区分,仍为一般的故意或过失的主观心理状态。判断的标准,是权利人对于危险,应有预见或可得预见,即就其行为可发生权利侵害或债务不履行或可发生损害的扩大,必须有预见;或者以善良管理人的注意,应当预见。前者为故意,后者为过失。如果权利人的行为对损害的发生或扩大为共同原因之一,但非出于故意或者过失,则不构成过失相抵。

赔偿权利人的代理人对于损害的发生或扩大有过失时,可视为赔偿权利人的过失。赔偿权利人如果是无责任能力人,虽无法确定其有无过失,但仍可确定其监护人对此有无过失,监护人的过失,亦可构成过失相抵。

过失相抵的效力,在于过失相抵具备其要件时,法院可以不待当事人主张,而依职权减轻赔偿义务人的赔偿责任。对此,我国《民法通则》第 113 条和第 131 条的规定与国外民法的有关规定不同,即不得因赔偿权利人的故意或重大过失而免除赔偿义务人的赔偿责任。这主要是考虑双方既然都有过错,以分担责任为好,而让赔偿权利人承担全部赔偿责任,赔偿义务人亦有过错却免除其责任,既违背公平原则,也难以让赔偿权利人服判。

关于确定减轻赔偿责任的标准,有过错程度说、原因力程度说和综合说三种学说。在我国民事审判实务上一般采过错程度说,大致上以双方过错程度的不同确定减轻的幅度,对于原因力的轻重考虑不多,或者说尚未加以自觉的考虑。此盖源于苏联民法理论的影响。所谓原因力,就是在构成损害结果的共同原因中,每一个原因对于损害结果发生或扩大所发挥的作用力。原因事实对于损害事实发挥的作用力不同,其行为人所应承担的责任也就不同。在确定混合过错的赔偿责任时,首先应当考察双方当事人过错的轻重,故意重于过失,重大过失重于一般过失。当双方当事人过错相当时,应考察双方当事人行为的原因力,确定赔偿责任。原因力亦相同者,其损害各半负担。

三、对本复函的理论研讨

本复函所依据的案件事实是:刘玉兰在榆次市粮店街储蓄所四次定期存款八千余元,存单由刘保管,其中两张存单预留印鉴,凭印鉴支取。1985 年 8 月 22 日,有人持该四张存单及刘的户口簿到粮店街储蓄所提前全部支取。储蓄所因该人未带刘的印鉴,只核对刘的户口簿而未验代领人的身份证件,支付两张未留印鉴的存单存款,另两张未办支付。该人第二天持刘的图章来取款,因与预留印鉴不符而未予支付。第三天,该人持经过涂改的证明公文来取款,储蓄所予以支付。前后共支付本息一万余元。1985 年 11 月 15 日,刘发现存单丢失,即到储蓄所挂失,方知存款已被冒领。刘报案未破,向法院起诉。

对此,本复函依据混合过错和过失相抵的法理,较好地解决了过失相抵制度适用中的一些实际问题。

1. 赔偿权利人的行为对原因事实的助成,亦为损害发生的共同原因。刘玉兰存款被冒领的损害事实的发生,基于两个原因:一是储蓄所的过错行为,二是刘玉兰的保管不当行为。刘的行为为储蓄所的行为提供了条件,储蓄所的行为才直接导致刘存款被冒领的损害后果。刘的行为恰恰是对原因事实的助成。在审判实践中,对这一问题并没有统一的理解和执行:有的法院予以执行;有的法院则拒绝予以适用。本复函确认:"刘玉兰对户口本、存单保管不善,丢失后,未及时发现、挂失,对造成存款损失有过失。"这就通过司法解释,确认对原因事实的助成的过失行为,也是过失相抵构成的共同原因,为审判实践确定了一个准则,统一了理解和执行的标准。

2. 赔偿权利人的行为并非只由违法行为构成,不当行为亦可构成。在理论和实践上,虽有人主张对混合过错的权利人一方的行为也要达到违法的程度,方可适用混合过错,在执法上造成一些不一致。在本案中,刘玉兰的行为只是对自己的户口簿、存单保管不善,该行为无违法可言,只是在伦理观点上看,显属不当。最高人民法院通过本复函,确认其行为构成混合过错,适用过失相抵,统一了认识上的分歧,确立了判断的标准。

3. 正确适用原因力对赔偿责任作用的原理。就本案来说,储蓄所对他人支取未到期的定期存款,未查对代领人的身份证件,未判明有显迹的伪造证明文件,违反了《中国人民银行储蓄存款章程》和《中国工商银行储蓄会计出纳核算制度》关于印鉴挂失和提前支取的规定,致使刘的存款被冒领,显系有重大过失。而刘玉兰在8月至11月近3个月的时间里,未发现自己的存单被盗,并让冒领人能连续三天持她的户口簿和图章去冒领存款,亦显系有重大过失。双方当事人对损害结果的发生均有重大过失,过失相当。对此,按照实务界的通常做法,一般应各半负担损失。但是,从双方行为对于损害发生所发挥的原因力来看,则不相同。刘的行为只是为储蓄所的行为提供了条件,而储蓄所的工作人员违反国家银行的规定,直接实施了错支存款的行为,造成了存款被冒领的损害后果。储蓄所的行为对于损害结果的发生,是主要原因;刘的不当行为只是次要原因。在这种情况下,最高人民法院在本复函中确认储蓄所承担主要赔偿责任,刘玉兰承担一定责任,显然是考虑了原因力对赔偿责任的作用。对此值得引起理论界尤其是实务界的重视。

本复函由于案情所限,并没有解决混合过错与过失相抵的所有问题。比较主要的问题有二:

1. 过失相抵的适用范围。我国《民法通则》的过失相抵分别规定在违约责任和侵权责任之中,对于其他场合的适用,立法不明确,本司法解释也未涉及。在理论上来说,这个问题是明确的,只是实务界尚无统一的认识。对此,应当通过司法解释予以明确。

2. 损害扩大的行为应否适用过失相抵。对此,我国民事立法没有明文规定。在理论上,学者承认对损害扩大的行为应当适用过失相抵;在实务上,认识尚不统一,有的适用过失相抵,有的则以法无明文而予以拒绝适用。对于这一立法缺陷,最高审判机关也应当运用司法解释手段,予以补充。

民间借贷关系法律调整
新时期的法律适用尺度*

最高人民法院《关于审理民间借贷案件适用法律若干问题的规定》(以下简称《民间借贷司法解释》)已经于2015年8月6日公布,于2015年9月1日施行,同时废止了1991年8月13日最高人民法院《关于人民法院审理借贷案件的若干意见》(以下简称《1991年意见》)。这标志着我国对民间借贷关系的法律调整进入了一个新时期。《民间借贷司法解释》规定了很多新的调整民间借贷法律关系的法律适用规则,提出了解决纠纷的新尺度,特别值得研究。笔者作为《1991年意见》的起草者之一,在本文中对《民间借贷司法解释》的理解和适用,说明自己的研究意见,供法官在实践中适用该司法解释和学者进行法理研究时参考。

一、民间借贷关系法律调整新时期的背景及《民间借贷司法解释》出台的意义

(一)民间借贷关系法律调整新时期的社会背景

民间借贷是社会融资的重要手段之一,在市场经济的任何历史时期都是必然存在的,具有顽强的生命力,不会因为人为的禁止而销声匿迹。

长期以来,我国的金融政策禁止企业之间借贷,只允许在自然人之间、自然人与企业之间、自然人与其他组织之间进行借贷活动,目的在于保障国家金融秩序的稳定,保障国家金融机构的垄断经营,防止企业借机进行非法募资,或者从国家银行进行贷款继而转贷获取高额利差,破坏正常的金融流通秩序,避免借款人的权益受到损害。从历史上观察,政府是在借鉴1949年以前地主阶级、资产阶级通过高利借贷活动,盘剥农民和无产阶级,致使贫困者流离失所、衣食无着,走向极端贫困的教训。虚构的"杨白劳和黄世仁"戏剧故事,代表了政府的这种政策思想,并且在1949年以后的社会生活中,严重阻碍了我国民间借贷活动的发展,阻碍了民间金融在资金融通中的重要作用。

政府的这种担心不无道理。早在20世纪50年代,我国无论是在农村还是在城

---

* 本文发表在《法律适用》2015年第11期。

市,都存在着趁发展生产、建设国家的资金短缺之机,在民间金融的迅速发展中,借机进行高利盘剥的现象,出现了部分不良社会后果,致使国家不得不采取制裁高利贷的法律政策,进而对民间借贷活动进行限制,使民间金融活动不能很好地发挥其补充银行融资不足的重要作用。

改革开放之后,百废待兴,现代化的经济建设需要大量资金支持,而银行金融提供资金有限,民间借贷发挥了补充金融机构融资不足的作用,迅速发展。同时社会上又出现了大量的抬会、钱庄等高利吸储、高利放贷的现象,造成巨额资金的亏空,债权人的权利受到严重损害,部分地区的社会秩序不稳定。即使在今天,违法的私人募集资金、高利盘剥活动仍然存在,对金融秩序和社会稳定构成一定的威胁。

1990年开始,面对改革开放之后发展经济、实现现代化的形势,最高人民法院在对待民间借贷案件的法律适用上,进行了重大的政策性调整,即在保护"杨白劳"还是保护"黄世仁"的关键问题上,从重点保护"杨白劳"即债务人的政策立足点,转向对借贷活动和债权人合法权益的全面保护,特别要保护好"黄世仁"即债权人的合法权益。这样的政策转变,主要表现在1990年12月5日在武汉召开的第五次全国民事审判工作会议的精神上。时任最高人民法院副院长马原在该次会议上的报告中指出:"处理借贷案件要着眼于保护正当的借贷活动和债权人的合法权益,促进社会主义商品经济的发展,对无理拒绝履行债务的,即使一时无力偿还,也要责令其分期或延期偿还。对私人借贷利率的保护,在国家法律尚无具体规定前,最高人民法院提出了一个幅度,各高级人民法院在此幅度内,可根据本地实际情况提出具体标准。"[1]这一讲话,清晰地表达了最高人民法院保护民间借贷活动和债权人合法权益的立场,划清了我国司法政策对民间借贷活动立场转变的历史分界,同时也说明了1991年意见的出台背景。

在第五次全国民事审判工作会议的上述精神指导下,最高人民法院出台了《1991年意见》,提供了比较宽松的民间借贷纠纷案件的法律适用尺度。但是,《1991年意见》规范的仅仅是"公民之间的借贷纠纷、公民与法人之间的借贷纠纷以及公民与其他组织之间的借贷纠纷"[2],不包括企业与企业之间的借贷活动。原因在于,国家仍然认为法人尤其是企业法人之间进行借贷活动,违反国家金融政策,企业相互炒作资金,借用国家银行贷款牟利,破坏金融秩序,都属于违法借贷活动,不但不受法律保护,而且要进行制裁。

这种局面直至2013年才有所改变。最高人民法院召开了全国民事审判工作座谈会,对民间借贷活动的法律调整原则提出了新的意见,其中最关键的部分,是承认企业之间的借贷活动合法化。这个意见至今并未公开,而是在法院内部掌握使用。

---

[1] 马原:《严肃执法切实保护民事权益为促进安定团结和经济发展服务——在第五次全国民事审判工作会议上的讲话(摘要)》,载《中华人民共和国最高人民法院公报》1991年第1期。

[2] 最高人民法院《关于人民法院审理借贷案件的若干意见》第1条。

直至民间借贷司法解释出台,才最终公布了最高人民法院的这一政策调整的具体内容,承认法人、其他组织之间以及相互之间特别是企业之间的借贷活动合法化,全面保护自然人、法人以及其他组织之间及其相互之间进行资金融通的借贷活动,发挥其"手续简便、放款迅速而日趋活跃,借贷规模不断扩大,已成为广大市场主体获得生产、生活资金来源、投资谋取利益的重要渠道"③的积极作用,为社会发展和建设服务。

基于以上分析可以看到,自 1949 年以来,我国对民间借贷关系的法律调整,大体经历了三个时期:一是 1949 年至 1989 年,这个时期以侧重保护债务人的权益为主要特点,对民间借贷活动限制较多。二是 1990 年至 2014 年,开始全面保护借贷活动和债权人的权益,民间借贷活动的环境较为宽松,但对企业之间的借贷仍然严格限制。三是从现在开始的新时期,以《民间借贷司法解释》出台为标志,进入了对民间借贷关系法律调整的新时期,以全面保护债权人、债务人的合法权益,保护企业之间的借贷活动,确定合理的借贷利率政策为基本特点。

(二)《民间借贷司法解释》出台的重要意义

在这样的社会背景下,《民间借贷司法解释》的出台具有重要意义,主要表现在以下四个方面:

第一,承认企业之间借贷活动的合法化,全面保护自然人、法人及其他组织之间及其相互之间的民间借贷活动。尽管《民间借贷司法解释》第 1 条在对民间借贷概念的界定中,并没有明确说企业之间的借贷,但是在使用的"法人"和"其他组织"概念中,足以包含了这个含义。在经历了 1990 年关于全面保护借贷活动和债权人合法权益(但不包括企业之间借贷)的金融政策重大转变之后,经过 25 年的发展,我国从限制企业之间的借贷活动到承认企业借贷活动的合法化,又是一个重大的法律政策转变。改革开放之后,民间借贷法律调整的第二个时期中发生的第一次重大政策转变,是从保护"杨白劳"到保护"黄世仁"的转变,即依法保护民间借贷活动和债权人的合法权益。第二次重大转变,就是本次依法承认企业借贷活动合法化。这样,就在我国金融法律政策上,形成了金融机构的融资活动与民间借贷的民间融资活动的"双轨制",以金融机构融资为主,以民间融资活动为辅,全面依法保护,以保障社会、经济发展的资金需要。我国金融领域中发生的这个重大变化,开启了一个对融资活动提供全面法律保护的新时期。

第二,全面规范民间借贷活动的法律适用规则,保障民间借贷活动健康发展。长期以来,由于我国金融法律体系相对不健全,民间借贷存在一定的负面影响,其粗放、自发、紊乱的发展一直游离于国家金融监管体系的边缘;其盲目、无序、隐蔽的缺陷日

---

③ 杜万华:《最高人民法院〈关于审理民间借贷案件适用法律若干问题的规定〉的背景、原则和重要内容》,载新浪微博,2015 年 8 月 7 日访问,http://weibo.com/p/1001603872817086394361?from=page_100106_profile&wvr=6&mod=wenzhangmod&sudaref=www.baidu.com。

积月累叠加凸显,民间借贷风险渐增,隐患愈加突出。④ 尽管我国《合同法》分则第十二章规定了借款合同的规则,但在实际发生的民间借贷活动中存在很多具体问题,缺乏法律规则进行规范。特别是在民间借贷合同的概念、效力、利率、利息、违约金、担保以及诉讼程序应用等重大问题上,《合同法》的规定不具体,需要司法解释进行补充,也需要对具体诉讼程序规则作出规定。《民间借贷司法解释》对于这些在审判实践中反映出来的问题,依照《合同法》的具体规定和《民法通则》《合同法》的基本原则,以及《民事诉讼法》的规定,作出具有可操作性的规定,完善了民间借贷合同法律适用的规则,因而能够保障民间借贷活动的依法进行、健康发展,防范、减少民间借贷纠纷的发生,对已经发生的民间借贷纠纷案件统一法律适用尺度。例如,《民间借贷司法解释》关于最高利率限额"两线三区"这个富有创意的规定,就比《1991年意见》规定的"银行同类贷款利率的四倍"的做法好得多,既有法理的科学依据,又有准确的法律适用尺度,是整个《民间借贷司法解释》最为醒目的亮点。

第三,区分民间借贷活动中的罪与非罪界限,打击金融犯罪活动。不可否认,放开民间借贷的政策限制,必然会迎来民间借贷活动的大发展,同时也会泥沙俱下,融资诈骗、非法集资、高利转贷、非法吸收公众存款、洗钱等非法金融活动会不断出现。对此,法院的重要工作之一,就是划清民间借贷的罪与非罪界限。不过,《民间借贷司法解释》并未从这个问题上过多着手,而是从程序上,对民间借贷活动在审判过程中发现金融犯罪线索应当如何处理,作出了详细规定,打破"先刑后民"僵化的传统做法,实事求是地进行处理,保障既能够依法及时打击犯罪,又能够及时审理民间借贷纠纷,保护好当事人的合法权益。

第四,完善民间借贷纠纷案件的审理程序,从程序上保障对民间借贷纠纷案件正确适用法律。《民间借贷司法解释》用了大量篇幅,规定民间借贷纠纷案件的审判程序规则,对民间借贷纠纷案件的受理与管辖、当事人、事实审查、举证责任等,都作了详细规定。这对于审判民间借贷纠纷案件的程序运用和具体操作,都具有重要的实践意义,对于审判人员依照《民事诉讼法》以及民事诉讼法司法解释的规定,对民间借贷纠纷案件正确适用法律,具有程序上的保障意义。

总之,《民间借贷司法解释》开启了一个民间金融法律调整的新时期,做出这样的评估,是笔者做出的实事求是的评价。

---

④ 参见杜万华:《最高人民法院〈关于审理民间借贷案件适用法律若干问题的规定〉的背景、原则和重要内容》,载新浪微博,2015 年 8 月 7 日访问,http://weibo.com/p/1001603872817086394361?from=page_100106_profile&wvr=6&mod=wenzhangmod&sudaref=www.baidu.com。

二、对民间借贷纠纷案件规定的合同实体法适用规则

(一)关于民间借贷的概念界定

对于民间借贷的概念,《民间借贷司法解释》第1条第1款规定了一个定义,即:"本规定所称的民间借贷,是指自然人、法人、其他组织之间及其相互之间进行资金融通的行为。"这一规定确定的民间借贷的法律特征是:第一,民间借贷合同的主体,是自然人、法人和其他组织,凡是上述主体之间进行的借贷活动,都属于民间借贷。其中包括企业法人,以及不具有法人资格、作为其他组织出现的企业。这一点特别值得注意,该条使用了特别不显眼的一种表述,包含了这个重要的内容。第二,民间借贷的性质是资金融通,而不是其他民事活动。应当特别强调的是,确认法人、其他组织(包括企业)之间的借贷行为属于民间借贷的资金融通,具有合法性,受到法律保护。第三,民间借贷的内容,是自然人与自然人、法人与法人、其他组织与其他组织之间,以及他们相互之间发生的借贷活动中产生的权利义务关系,这是民间借贷合同的债权债务关系。第四,民间借贷是资金融通的法律行为,法律表现形式是民间借贷合同。

对于经金融监管部门批准设立的从事贷款业务的金融机构及其分支机构,《民间借贷司法解释》第1条第2款作了排除性的规定,将他们排除在"法人"和"其他组织"的概念之外,在这些法人或者其他组织之间,因发放贷款等相关金融业务引发的纠纷,因为属于专门的金融机构的融资行为,因此不适用《民间借贷司法解释》的规定。

在《民间借贷司法解释》的征求意见稿中,曾经规定了对于非银行金融机构即融资担保公司、融资租赁公司、典当行、小额贷款公司、投资咨询公司、农村资金互助合作社等,经过政府金融主管部门批准设立,其进行的担保、租赁、典当、小额贷款等形式的贷款业务,视为民间借贷,规定适用本司法解释的规定,但正式公布的《民间借贷司法解释》删除了这个内容。对此,对于上述单位进行的贷款业务,究竟视为民间借贷,还是视为金融机构融资,倾向于不属于民间借贷的范围。

(二)关于民间借贷合同的效力

关于民间借贷合同的效力的问题,《民间借贷司法解释》规定得比较具体,从第9条至第14条共有6个条文,规定的内容是:

1. 自然人之间的借款合同生效时间

《合同法》第210条规定:"自然人之间的借款合同,自贷款人提供借款时生效。"这一规定说明,自然人之间借款合同的性质是实践性合同,须贷款人将资金或者资金支付凭证交付或者转账给借款人时,合同方为生效。自然人就借款意思表示达成一致的,仅仅是借贷合同的成立,合同并未生效。

对此如何进行判断,《民间借贷司法解释》第9条规定了具体细节,即具有下列情

形之一，可以视为具备《合同法》第210条关于自然人之间借款合同的生效要件：一是以现金支付的，借款人收到借款的时间，就是贷款人提供贷款的时间，借款合同生效；二是以银行转账、网上电子汇款或者通过网络贷款平台等形式支付的，资金到达借款人账户的时间，是贷款人提供贷款的时间，合同生效；三是以票据交付的，借款人依法取得票据权利的时间，为贷款人提供贷款的时间，合同生效；四是出借人将特定资金账户支配权授权给借款人的，借款人取得对该账户实际支配权的时间，是贷款人提供贷款的时间，合同生效；五是出借人以与借款人约定的其他方式提供借款并实际履行完成的时间，为贷款人提供贷款的时间，合同生效。这些规定，体现的都是"到达主义"，对保护借款人有利。

2. 自然人之间之外的借款合同生效时间

《民间借贷司法解释》第10条规定，法人之间、其他组织之间，以及自然人与法人、其他组织相互之间发生的借款合同，性质为诺成性合同，这符合《合同法》第210条规定。⑤ 因此规定："除自然人之间的借款合同外，当事人主张民间借贷合同自合同成立时生效的，人民法院应予支持，但当事人另有约定或者法律、行政法规另有规定的除外。"这体现了两个规则：第一，原则上，除了自然人之间的借款合同之外，法人之间、其他组织之间，以及自然人与法人、其他组织相互之间的借款合同，都是诺成性合同，与金融机构和借款人之间的合同性质相同。第二，除外的情形，一是当事人另有约定，即约定为实践性合同的，应当认定为实践性合同；或者当事人约定的是附条件或者附期限的借款合同，则应当适用附条件或者附期限的法律行为规则，确定生效时间；二是法律、行政法规规定为实践性合同的，也应当认定为实践性合同，均以自贷款人提供借款的时间认定为借款合同生效时间。

在《民间借贷司法解释》第9条和第10条之间的这个差别，体现的意思是：借款合同属于实践性合同的，当事人达成借款合同之时，合同成立但并未生效，不存在强制履行问题，即不得强制要求贷款人履行支付贷款的义务；借款合同属于诺成性合同，当事人签订借款合同之时就发生了合同的拘束力，借款人有权请求贷款人依照约定支付贷款。这一区别是非常重要的。

3. 认定借款合同有效的三种特别情形

《民间借贷司法解释》第11条至第13条规定了三种借款合同有效的特别情形。这些情形是：

（1）法人之间、其他组织之间以及它们相互之间为生产、经营需要订立的民间借贷合同，除存在《合同法》第52条、《民间借贷司法解释》第14条规定的情形外，应当认定该民间借贷合同为有效。法人之间、其他组织之间拆借资金，目的为生产、经营需要，不违反《合同法》第52条规定的合同绝对无效的五种情形，并且也不违反《民间借贷司法解释》第14条规定的情形的，应当认定借贷合同有效。这是《民间借贷司

---

⑤ 参见崔建远：《合同法》，法律出版社2015年版，第356页。

法解释》最为重要的规则。对企业之间的借贷仍然有所限制,体现在企业借贷合同的有效要件上。要件是:一是拆借资金的目的是生产、经营需要,而非其他目的;二是拆借的是自有资金,以及向其他企业拆借的资金(不进行牟利)、向银行借贷的资金(不意图获取高利);三是不违反法律、司法解释的强制性规定。符合上述要件要求的,合同有效;不符合上述要件要求的,合同无效。

(2)法人或者其他组织在本单位内部通过借款形式向职工筹集资金,用于本单位生产、经营,且不存在《合同法》第52条、《民间借贷司法解释》第14条规定的情形,应当认定民间借贷合同有效,依照《合同法》和《民间借贷司法解释》的规定依法予以保护。

(3)借款人或者出借人的借贷行为涉嫌犯罪,或者已经生效的判决认定构成犯罪,当事人提起民事诉讼的,民间借贷合同并不当然无效。这个规则十分重要,应当特别予以重视。对此,应当根据《合同法》第52条、《民间借贷司法解释》第14条的规定,认定涉嫌或者涉及刑事犯罪的民间借贷合同的效力。这种借款合同只要不违反上述规定,就不能否认其合同效力,对于当事人的合法权益就应当予以保护。其中,担保人以借款人或者出借人的借贷行为涉嫌犯罪或者已经生效的判决认定构成犯罪为由,主张不承担民事责任的,法院应当依据民间借贷合同与担保合同的效力、当事人的过错程度,依法确定担保人的民事责任。合同有效的,依照约定承担担保责任;合同无效的,按照过错程度承担相应的责任。

4.认定民间借贷的借款合同无效的情形

《民间借贷司法解释》对于五种情形的民间借贷合同,规定应当认定民间借贷合同无效:

(1)套取金融机构信贷资金又高利转贷给借款人,且借款人事先知道或者应当知道的民间借贷合同无效。这一规定的要点是,以银行信贷资金转贷的借款合同无效的要件,一是套取金融机构信贷资金转贷给借款人,二是转贷意图获取高利,三是借款人事先知道或者应当知道。不具备上述无效要件之一,也构成有效的借贷合同。这是一种以银行贷款进行的非法转贷的行为,如果确实用的是银行贷款,但并未获取高利,而是收取适当的利息,并不构成非法转贷行为。其中的"高利",司法解释没有规定,笔者认为应受最高利率限额的限制,即贷款利率和借款利率之和不得超过24%,超过者为高利。

(2)以向其他企业借贷或者向本单位职工集资取得的资金又转贷给借款人牟利,且借款人事先知道或者应当知道的民间借贷合同无效。这是以向其他企业拆借或者向本单位职工集资所得资金的非法转贷行为,无效的要件:一是以向其他企业拆借或者向本单位职工集资获取的资金作为出借款,二是转贷他人牟利(这不是高利,而是获利即可),三是借款人事先知道或者应当知道。具备上述要件,即为非法转贷行为;不具备上述要件之一的,构成有效的民间借贷合同。

(3)出借人事先知道或者应当知道借款人借款用于违法犯罪活动仍然提供借款

的民间借贷合同。出借人事先知道或者应当知道借款人借款用于违法犯罪活动,却仍然为其借款,相当于为违法犯罪活动提供资金,当然属于无效借贷合同。

(4)违背社会公序良俗的民间借贷合同无效。借款合同违背公共秩序或者善良风俗,当然属于无效借款合同。例如通奸双方就通奸报酬达成的"借款协议"或者出具的"借据""借条"等,就是违背公序良俗的借款合同,当然无效。值得注意的是,在以往的法律和司法解释中,基本不用"公序良俗"的概念,而代之以"违背公共利益或者公共道德"的概念。《民间借贷司法解释》直接使用公序良俗的概念,具有重要意义。

(5)其他违反法律、行政法规效力性强制性规定的民间借贷合同无效。对此,应当依照法律、行政法规的效力性、强制性规定认定。

(三)关于民间借贷的担保问题

1. 民间借贷合同的保证

《民间借贷司法解释》第21条规定了保证人的资格认定和责任的具体问题。在实践中,他人在借据、收据、欠条等债权凭证或者借款合同上签字或者盖章,是不是就意味着该他人具有保证人身份,在审判实践中存在较大争论。有人认为这就意味着他人愿意承担担保责任,否则作为第三人为什么在债权文书上签字盖章呢?有人认为第三人在债权文书上签字盖章,但未表明自己承担保证责任,不能直接认定或者推定有签字盖章的第三人有保证的意思表示,还必须结合其他证据认定。该条司法解释规定,如果第三人在债权文书上,包括借据、收据、欠条以及借款合同,予以签字或者盖章的,一是未表明其保证人身份或者承担保证责任,二是通过其他事实不能推定其为保证人,就不能认定该第三人就是保证人,进而应当对债务清偿承担保证责任。如果出借人请求其承担保证责任的,人民法院不予支持。

2. 网络贷款平台形成借贷关系的担保问题

《民间借贷司法解释》第22条规定了一个特别新颖的担保规则,即网络贷款平台发生的借贷关系的担保责任问题,体现了"互联网+"时代的民间借贷新特点。事实上,我国互联网企业进行资金融通,早已经得到政府金融监管部门的承认,不再存在是否合法的问题。本条规定的着意点,并不是网络贷款平台进行融资活动的合法性,而在于在网络贷款平台上进行的民间借贷的融资活动,网络贷款平台提供者是否承担担保责任的问题。这才是问题的关键。正如杜万华大法官在解读这一条文所说的,本规定分别对于P2P涉及居间和担保两个法律关系时,是否应当以及如何承担民事责任作出了规定。⑥

P2P是英文Peer to Peer的缩写,意思是"个人对个人",即网络个人借款。网络信贷起源于英国,随后发展到美国、德国和其他国家,其典型的模式为:网络信贷公司

---

⑥ 参见罗书臻:《统一裁判标准正确适用法律规范民间借贷——杜万华详解〈关于审理民间借贷案件适用法律若干问题的规定〉》,载《人民法院报》2015年8月7日第4版。

提供网络贷款平台,由借贷双方自由竞价,撮合成交。网贷平台数量近两年在国内迅速增长,据估计,截止到2015年4月全国已有3000多家此类互联网企业。

借贷双方通过网络贷款平台P2P形式形成了借贷关系,网络贷款平台提供者究竟是否承担担保责任,须区分具体情况,区别对待。区别的标准是,网络贷款平台提供者对网络个人借款所提供服务的性质。按照这一标准,第一,如果网络贷款平台提供者仅仅提供的是贷款平台服务,并未承诺对贷款提供担保的,网络贷款平台提供者就不是担保人,不承担担保责任,因而当事人请求网络贷款平台提供者承担担保责任的,人民法院不予支持。将这种平台服务方式称之为"居间"的法律关系,是不正确的,因为这不符合居间合同的法律特征,而仅仅是提供平台服务。第二,如果网络贷款平台提供者通过网页、广告或者其他媒介明示或者有其他证据证明其为借贷提供担保的,该网络贷款平台提供者就具有担保人的身份,就应当承担担保责任,出借人请求网络贷款平台的提供者承担担保责任的,人民法院应予支持。至于承担的何种担保形式,应当视网络贷款平台提供者承诺或者证明的情形来确定,通常的形式是保证,但提供有特定的物的担保的,根据性质确定为抵押、质押或者留置,以及其他非担保物权。

3. 以买卖合同担保民间借贷

《民间借贷司法解释》第24条规定的内容特别重要,最高人民法院将其称之为"民间借贷合同与买卖合同混合情形"。⑦ 在司法实践中,近年来这类案件发生较多,在法律适用上争议很大,意见分歧。有些高级法院对此曾经有过规范性的指导意见,但更多的是处于混乱状态,经常出现法律适用的矛盾现象。

将这类民间借贷案件叫做"民间借贷与买卖合同混合"并不准确,因为这只是一种客观描述,且实际情况并非两种合同的"混合",而是一种特殊情形的让与担保,笔者把它叫做后让与担保。⑧ 从笔者经历的数十件这类案件争议的实质上看,都是发生在国家银根紧缩,房地产开发商难以从金融机构获得贷款,为急需获得借款而与贷款人(绝大多数为自然人)签订房地产买卖合同予以担保,约定如果无法清偿债务,就履行买卖合同,以商品房抵债。因此,凡是民间借贷与买卖合同"混合"的,基本上都是这样的性质,即借款合同是主合同,买卖合同是从合同,以买卖合同为借款合同担保。试想,如果不是如此,为什么要在买卖商品房时,会存在一个借款合同关系呢?因此,"民间借贷与买卖合同混合"发生的争议,必定以民间借贷合同为主合同,买卖合同则是从合同,不会出现买卖合同是主合同,民间借贷合同是从合同的现象。作这样一个基本判断,即民间借贷合同与买卖合同混合纠纷的真实法律关系,是买卖合同为民间借贷合同担保,以买卖合同的标的作为借贷合同债权提供后让与所有权的物的担保。无论是从法律实践经验推论,还是依照民法理论进行分析,这个结论都不会错。

---

⑦ 罗书臻:《统一裁判标准正确适用法律规范民间借贷——杜万华详解〈关于审理民间借贷案件适用法律若干问题的规定〉》,载《人民法院报》2015年8月7日第4版。

⑧ 参见杨立新:《后让与担保:一个正在形成的习惯法担保物权》(本书第975页),载《中国法学》2013年第3期。

所谓的民间借贷与买卖合同混合这类纠纷案件,最难的并不是法律适用,而是事实认定问题。这类案件争议的钱款只是一个,通常是贷款人主张为购房款,借款人主张是借款,如何认定,须依靠证据证明。有三种情形:第一,能够证明借款合同和买卖合同都存在,并且买卖合同是为借款合同提供担保的,应当认定该事实;第二,借款合同事实的证明不成立,或者证据不足,而能够证明买卖合同存在的,应当认定为买卖合同争议,不认可借款合同的事实;第三,能够认定双方争议的借款合同与买卖合同的价款是同一笔钱款,当事人之间存在借款合同和买卖合同的事实能够确定的,可以认定买卖合同是借款合同的担保,因为不会在买卖合同中附设了一个借款合同的情形,因而应当认定买卖合同是借款合同的从合同,从合同为主合同提供担保。例如,借款人主张买卖合同是借款合同的担保,贷款人主张不存在借款合同而是商品房买卖合同的争议,但商品房买卖合同约定的购房款为8 000万元,而具体购买多少单元,究竟是在哪个小区、哪栋楼、哪个单元,具体价款是多少,都不确定,这样的买卖合同能是真实的买卖合同吗?据此可以判断双方支付的8 000万元,一定不是贷款人所说的购房款,而是借款人主张的借款。

《民间借贷司法解释》第24条尽管没有明确规定这种买卖合同就是借贷合同的担保,但在实际上是确认这种担保形式的。该条第1款关于"当事人以签订买卖合同作为民间借贷合同的担保,借款到期后借款人不能还款,出借人请求履行买卖合同的,人民法院应当按照民间借贷法律关系审理,并向当事人释明变更诉讼请求"的表述,就已经确认了借贷合同是主合同,买卖合同是为借贷合同债权的担保这种民间借贷法律关系的性质,因为贷款人要求以借款本息抵顶买卖合同价款,实际上就是实现买卖合同的担保功能,以买卖合同的标的物的物权移转实现债权。对此,该条规定应当按照民间借贷法律关系审理,是完全正确的,只有这样才能够保证民间借贷与买卖合同的全案全审,正确认定纠纷性质和适用法律,避免将法律关系认定错误。如果原告拒绝法院的将案件性质由买卖合同变更为民间借贷合同关系,法院就可以裁定驳回原告的起诉。

在法律适用上,对民间借贷与买卖合同混合的纠纷案件,应当适用《物权法》关于担保物权的一般规定。第24条第2款关于"按照民间借贷法律关系审理作出的判决生效后,借款人不履行生效判决确定的金钱债务,出借人可以申请拍卖买卖合同标的物,以偿还债务。就拍卖所得的价款与应偿还借款本息之间的差额,借款人或者出借人有权主张返还或补偿"的规定,与《物权法》第198条关于"抵押财产折价或者拍卖、变卖后,其价款超过债权数额的部分归抵押人所有,不足部分由债务人清偿"的规定,意旨是一致的。

对这类案件适用法律,应当特别注意以下三个规则:第一,借款人不履行生效判决确定的金钱债务,出借人可以申请拍卖买卖合同标的物,以偿还债务,体现物权担保的作用。第二,就拍卖所得的价款与应偿还借款本息之间的差额,借款人或者出借人有权主张返还或补偿,而不能出现"流押",即以买卖合同的权属直接抵债的情形。第三,买卖合同是设置了习惯法的担保物权,因而被担保的借贷债权就是有担保的债权,应当遵守担保物权实现的一般性规则,具有优先受偿性,而不能作为一般债权处理。

(四)关于企业法定代表人或者负责人签订借贷合同的责任问题

在企业发生的民间借贷合同中,由于企业法定代表人或者负责人是该企业的代表,如果借贷合同是由该企业的法定代表人或者负责人签订的,当然应当由企业承担责任。不过,在实践中有不同情形,究竟由谁承担还款责任,存在的问题较多。《民间借贷司法解释》第23条针对不同情况规定了不同的规则。

企业法定代表人或负责人以企业名义与出借人签订民间借贷合同,当然应当由企业承担责任。但是,如果出借人、企业或者其股东能够证明所借款项并非用于企业,而是用于企业法定代表人或负责人个人使用,法定代表人或者负责人就是借款的实际使用人,企业是名义借款人,两个当事人应当对该债务连带承担责任,因而,出借人请求将企业法定代表人或负责人与企业列为共同被告或者第三人的,人民法院应予准许。不过,这一表述不够清楚的是,究竟是共同被告还是第三人,是有很大区别的,前者应当承担连带责任,后者则不应当承担责任,仅仅是判决后果与其有关联。对此,笔者倾向于列为共同被告的做法比较稳妥,因为列为第三人的法律后果并不明显,理由也不充分。

企业法定代表人或负责人以个人名义与出借人签订民间借贷合同,当然是个人承担责任,与企业无关。但是,如果企业法定代表人或者负责人将所借款项用于企业生产经营,出借人请求企业与个人共同承担责任的,人民法院应予支持。这个规定也是没有确定共同承担责任的形式。笔者认为,这种"共同承担责任",应当是连带责任,不能是按份责任,更不会是不真正连带责任。

(五)提前清偿债务

《民间借贷司法解释》第32条肯定了提前清偿债务的规则,并就利息计算问题作出了规定。

债务人提前清偿债务,应当准许,只有一个除外情形,即当事人另有约定不得提前清偿的,债务人应当遵守约定义务,不可以提前清偿。

借款人提前偿还借款的,如果主张按照实际借款期间计算利息,即不承担提前清偿完毕后的借款利息的,法律予以保护,对于这个请求法院应予支持。

三、对民间借贷合同规定的利率和利息的特别规则

民间借贷的利率和利息问题,也是实体法中特别重要的问题,由于其复杂性和重要性,因而司法解释作出了详细规定,本文对此单独进行说明。

(一)有关民间借贷利率的问题

1. 法定利率

利率,为利息与原本之比率,分为约定利率和法定利率。[9] 法定利率,是法律规定的借贷合同的固定利率,即法律所定之利率。[10] 在借贷合同对利率约定不明,或者没有约定但须给付利息的情况下,适用法定利率确定应当给付的利息。我国《民法通则》和《合同法》都没有规定法定利率,是立法之缺漏。《1991年意见》的规定是"参照银行同期贷款利率计息"的方法,作为法定利率。

笔者曾经在文章中说,用银行同期贷款利率作为法定利率,存在利率不稳定、利率偏高等缺陷,[11]但在法律没有规定法定利率的情况下,也不失为一个解决问题的办法。《民间借贷司法解释》第25条对此的规定是,"借贷双方对借贷利息约定不明,出借人主张利息的,人民法院应当结合民间借贷合同的内容,并根据当地或者当事人的交易方式、交易习惯、市场利率等因素确定利息"。这样的规定,等于没有确定法定利率。不过依照该解释第29条第2款第(一)项关于"既未约定借期内的利率,也未约定逾期利率,出借人主张借款人自逾期还款之日起按照年利率6%支付资金占用期间利息的,人民法院应予支持"的规定,这个6%比较像法定利率。实际上,以6%作为法定利率,与各国法定利率5%或者4%相比,比较适宜。因此,笔者认为可以借鉴这个关于逾期利率的规定,确定法定利率为6%。将来在编纂民法典时,应当在合同法编规定法定利率,替代目前这种做法,可以采用6%的利率。

法定利率适用的场合,《民间借贷司法解释》第29条第2款第(一)项仅规定民间借贷当事人对借贷利息约定不明,以及借款利率和逾期利率都没有约定的逾期利率,适用6%的法定利率。这个范围过窄。

2. 最高利率限额

限制高利率,是各国民法、借贷法的基本原则,否则不仅会冲击银行的资金融通,而且会破坏正常的金融秩序,甚至危害社会稳定。

在历史上,借贷原本无利息。在欧洲各国,直至中世纪时,受基督教教义禁止收取利息的影响,仍禁止借贷收取利息。随着商业的不断发展,契约自由原则确立之后,利息自由也成为借贷关系的一般原则,但禁止高利盘剥是既定政策,法国、日本、韩国等均制定有利息限制法,规定最高利率限额,当事人约定利率超过最高利率限额的,法律不予保护。

我国自汉代起,就限制利率。[12] 民国时期民法规定最高利率限额为20%。目前,我国法律没有最高利率限额的明文规定。《1991年意见》确定"限制高利率"原则,且为补充立法的不足,规定了利率最高限额的规则,即第6条规定,民间借贷利率可适当高于银行利率,但最高"不得超过银行同类贷款利率的四倍(包含利率本数)"。这样,我国的最高利率限额为银行同类利率4倍的规则,已经执行了25年,虽然执行情

---

[9] 参见史尚宽:《债法总论》,中国政法大学出版社2000年版,第259页。
[10] 参见史尚宽:《债法总论》,中国政法大学出版社2000年版,第259页。
[11] 参见杨立新:《杨立新民法讲义·债权法》,人民法院出版社2013年版,第287—288页。
[12] 参见史尚宽:《债法总论》,中国政法大学出版社2000年版,第256页。

况较好,但是这样的最高利率限额显然过高。

在制定《民间借贷司法解释》中,对于是否继续采用这样的做法确定最高利率限额,有不同意见。有的认为这样的规定比较适合国情,没有特别的不妥之处;有的认为4倍的限额显然过高,应当降低;有的认为采用银行同期贷款利率作为标准,具有浮动性,应当采取固定的比例确定最高利率限额,例如15%或者20%,或者30%,比较妥当。⑬

其他国家的利息限制法都以一个确定的率值为限额标准,如韩国1962年1月15日971号法令颁行的《利息限制法》规定,借款合同的最高利率年息不超过40%,1965年1710号法令修正,规定最高利率为年息25%。

最高人民法院制定《1991年意见》时确定最高利率限额,特别借鉴了最高人民法院1952年11月27日对最高人民法院东北分院关于《关于城市借贷超过几分为高利贷的解答》中提出的关于"根据目前国家银行放款利率以及市场物价情况,私人借贷利率一般不应超过三分"的意见,当时的借贷市场也承认三分利的最高利率限额。按照月息三分计算,年息就是36%,超过部分为高利贷,就要承担刑事责任。《1991年意见》以银行贷款利率为参考标准,以其4倍为最高利率额,大体上是受三分利的影响,但考虑到当时的银根较紧,因而采用4倍银行利率这样较高利率的限额。当时的普通银行贷款利率为年息13.176%,4倍年息则达52.7%,显然相当高。按照目前银行一年贷款利率5.75%计算,4倍为23%,最高利率限额并不高。

对此,《民间借贷司法解释》第26条规定了新的最高利率限额制度。对于这个新的最高利率限额的规定,最高人民法院将其称之为"两线三区"⑭,意即关于最高利率限额,两条线是24%和36%;用这两条线划出三个区,一是合法债务区,二是自然债务区,三是违法债务区。这种说法比较形象。最为准确的表述应当是,将我国民间借贷的利息之债分为三种形态:一是最高利率限额为24%(即二分利),在该限额之下(包括本数)的,为合法利息之债,法律依法予以保护;二是超过24%但未超过36%(即三分利)利率之间的利息之债,为自然利息之债,债务人予以清偿的,法律不予制止,债权人请求强制履行的,法律不予保护;三是违法的利息之债,即超过36%的那部分利息,就是违法的利息之债,不仅不予保护,而且债务人已经实际支付了违法利息之债的,有权请求回索,法律予以保护,支持返还非法利息之债的请求权。用24%和36%两个标准,划清了合法的利息之债、自然的利息之债以及违法的利息之债的界限。

这个规定显然是比原来《1991年意见》规定的最高利率限额要更加合理。第一,这个利率是固定的,在实践中非常好掌握;第二,这个利率高低比较适当,适合我国国

---

⑬ 参见《关于审理民间借贷案件适用法律若干问题的规定(征求意见稿)》第31条的三种不同意见。

⑭ 罗书臻:《统一裁判标准正确适用法律规范民间借贷——杜万华详解〈关于审理民间借贷案件适用法律若干问题的规定〉》,载《人民法院报》2015年8月7日第4版。

情,并且与多年以来掌握的三分利是高利贷的做法相统一;第三,与其他国家和地区的最高利率限额相适应;第四,将最高利率限额区分为三种不同的利息之债的法律效果,既符合利息之债的实际情况,也符合债法法理。这是一个非常好的规则,是我国民间借贷法律调整进入新时期的最为典型的表现。

3. 逾期利率

对于民间借贷的逾期利率,《民间借贷司法解释》第29条规定的规则是,借贷双方对逾期利率有约定的,从其约定,但以不超过年利率24%为限。这就是约定逾期利率优先,但是受最高利率限额24%的限制。

对于未约定逾期利率或者逾期利率约定不明的民间借贷合同,人民法院可以区分以下两种情况处理:

(1)既未约定借期内的利率,也未约定逾期利率,出借人主张借款人自逾期还款之日起按照年利率6%支付资金占用期间利息的,人民法院应予支持。这实际上是以法定利率确定既没有约定借期内利率也没有约定逾期利率的逾期利率。

(2)约定了借期内的利率但未约定逾期利率,出借人主张借款人自逾期还款之日起按照借期内的利率支付资金占用期间利息的,人民法院应予支持。这是参照约定的借期内利率确定逾期利率的做法,也是不错的选择。

4. 逾期利率与违约金竞合

对于逾期利率与违约金的竞合问题,《民间借贷司法解释》第30条规定的规则是,借贷双方对逾期还款的责任,既约定了逾期利率,又约定了违约金或者其他费用,构成违约金与逾期利息的竞合,贷款人既可以选择主张逾期利率或者选择违约金或者其他费用,也可以一并主张逾期利息和违约金或者其他费用,但无论如何,都以最高利率限额为准,总计以不超过24%的最高利率限额。超出的部分,法律不予保护。

如果借贷双方单独约定违约金而没有约定逾期利率,《民间借贷司法解释》没有规定,依照法理,应当依法支持贷款人的违约责任主张,但对违约金按照约定进行折算,超过24%的,也违反最高利率限额的要求,对于超出的部分不予保护。

5. 无利息约定与利息约定不明

《民间借贷司法解释》第25条规定的是没有约定利息或者利息约定不明的处理规则。

对于没有约定利息的,原则是可以有偿,也可以无偿,既然没有约定,就是无偿借贷,因而,借贷双方对支付利息没有约定的,为无息借贷,贷款人主张应当支付利息的,法院不予支持。

对于利息约定不明,其基本规则是区分自然人之间的借贷和自然人之间借贷之外的借贷界限。第一,对于自然人之间借贷对利息约定不明,出借人主张支付利息的,人民法院不予支持。这个规定来源于《合同法》第211条第1款规定,即:"自然人之间的借款合同对支付利息没有约定或者约定不明确的,视为不支付利息。"这样的规定欠妥,原因是约定不明应当是有约定但不明确。如果贷款人主张支付利息,主要问题是无法确定应当支付多少利息,而不是不能支付利息,除非双方当事人之间具有情谊基础,否则支付利息应当是民间借贷合同的常态,应当依照法定利率(例如6%)对贷款人的主张予以支持。这才是正确的选择。对此,将来编纂民法典时应当进行修改。第二,除自然人之间借贷之外,借贷双方对借贷利息约定不明,出借人主张利息的,人民法院应当结合民间借贷合同的内容,并根据当地或者当事人的交易方式、交易习惯、市场利率等因素确定利息。这个规定也是不确定概念,应当进一步明确:一是应当支持利息请求,二是结合实际情况,三是最高不能超过最高利率限额即24%的限度。总的说来,这个规定的自由裁量空间过大,应当有所限制。

(二) 本金与利息

1. 本金认定与利息先扣

《民间借贷司法解释》第27条规定的本金认定明确了两个问题:第一,认定本金,应当以借条、借据、欠条等借贷凭证载明的借款金额为准,凡是借条、借据、欠条上载明的借款金额,一般应当认定为本金数额。第二,特殊情况是利息先扣问题。当事人在借贷时,预先在本金中扣除利息的,违反借贷的本旨要求,即禁止利息先扣。如果发生利息先扣证据充分的,借款的本金应当按照实际出借的金额认定,即扣除先扣的利息,按照实际支付的金额确定本金数额。这是《合同法》第200条规定的规则。

2. 复利

复利,谓对于利息更生利息,即将利息滚入原本,再生利息,亦即利息之利息。[15]复利在中国大陆之所以备受歧视,原因在于不当的阶级斗争和阶级仇恨宣传活动,将复利认定为地主剥削农民的"驴打滚""利滚利"的狠毒工具。事实上,复利只是一种不同的利息计算方法,具有合理性,并非地主压榨农民的阶级斗争工具。将已经取得利息滚入本金计算新利,是正当的计息方法。自从1990年最高人民法院对于民间借贷的政策思想转变后,在法律适用上已经没有意识形态上的禁忌,能够正确对待复利。当时提出的方法,也被司法解释承袭下来,《民间借贷司法解释》第28条规定:"借贷双方对前期借款本息结算后将利息计入后期借款本金并重新出具债权凭证,如果前期利率没有超过年利率24%,重新出具的债权凭证载明的金额可认定为后期借款本金;超过部分的利息不能计入后期借款本金。约定的利率超过年利率24%,当事人主张超过部分的利息不能计入后期借款本金的,人民法院应予支持。按前款计算,借款人在借款期间届满后应当支付的本息之和,不能超过最初借款本金与以最初借款本金为基数,以年利率24%计算的整个借款期间的利息之和。出借人请求借款人支付超过部分的,人民法院不予支持。"这就是,如果经过前期结算,其利息没有超过最高利率限额的,将该利息滚入后期本金计算利息,是正当的,这种复利应当保护;如果前期结算的利息超过了最高利率限额,已经滚入后期本金的,超出的部分应当扣除,不作为本金计算利息。这个规定比较明确、具体,比较容易适用。

---

⑮ 参见史尚宽:《债法总论》,中国政法大学出版社2000年版,第259页。

3. 自愿给付利息反悔

《民间借贷司法解释》第31条规定了自愿给付利息后反悔的规则:"没有约定利息但借款人自愿支付,或者超过约定的利率自愿支付利息或违约金,且没有损害国家、集体和第三人利益,借款人又以不当得利为由要求出借人返还的,人民法院不予支持,但借款人要求返还超过年利率36%部分的利息除外。"这是禁反言规则的应用。禁止一方当事人否认法律已经作出判决的事项,或者禁止一方当事人通过言语(表述或沉默)或行为(作为或不作为)作出与其之前所表述的(过去的或将来的)事实或主张的权利不一致的表示,尤其是当另一方当事人对之前的表示已经给予信赖并依此行事时。自愿给付利息,包括没有约定利息而自愿支付,以及超过约定利率自愿支付利息或者支付违约金的,如果不违反公序良俗,不损害第三人合法权益,就是正当行为,对此,再主张不当得利而要求返还的,违反禁反言规则,不应当予以支持。如果给付的利息超出了36%的最高利率限额的,则为违法利息之债,可以支持其返还超过部分利息的诉讼请求。

四、对审理民间借贷纠纷案件适用程序法规定的规则

(一)起诉与管辖

1. 民间借贷纠纷案件的起诉

《民间借贷司法解释》第2条规定的规则是,民间借贷案件的贷款人向人民法院起诉时,应当提供借据、收据、欠条等债权凭证。这是民间借贷纠纷案件起诉的基本事实和证据。对于口头的民间借贷合同是否受理,该条没有规定,如果债务人承认借贷关系存在的,应当受理。

债权凭证没有载明债权人的,是无记名债权凭证,原则上持有债权凭证的人就是债权人,故持有无记名债权凭证的当事人提起诉讼的,人民法院应予受理。在诉讼中,被告对原告的债权人资格提出异议并提供证据予以证明,人民法院经审理认为原告并非真正债权人的,则持有无记名债权凭证的当事人的债权人资格被否认,应当判决驳回其诉讼请求。

2. 民间借贷案件合同履行地的确定

民间借贷合同履行地,是民间借贷纠纷案件诉讼管辖的地域标志,对于该类纠纷案件的管辖具有重要意义。《民间借贷司法解释》第3条对于借贷双方就合同履行地未约定或者约定不明确,事后未达成补充协议,按照合同有关条款或者交易习惯仍不能确定的,提出了一个特别容易操作的规则,即"以接受货币一方所在地为合同履行地"。以接受货币一方当事人的所在地作为合同履行地,体现的是"到达主义",这既是借贷合同生效的标志,也是借贷合同履行的正式开始,以此作为合同履行地,名至实归。

(二)民间借贷纠纷案件的当事人

民间借贷案件的主要当事人,是贷款人和借款人,对此没有任何异议。

民间借贷的保证人也是这类案件的重要当事人,且有复杂性。在诉讼中,应当对保证人的诉讼地位予以准确认定。原则上,对于保证人,无论是连带责任保证还是一般保证,应当依照贷款人的主张确定是否为被告,即起诉保证人的,就列保证人为被告;不起诉保证人,是贷款人的诉讼权利,没有必要追加保证人为被告。

《民间借贷司法解释》第4条就具体情形作出了规定。(1)保证人为借款人提供连带责任保证,贷款人仅起诉借款人的,人民法院可以不追加保证人为共同被告;贷款人仅起诉保证人的,则可以追加借款人为共同被告。这里使用的是两个"可以",都不是"应当",因而都给法官以自由裁量的空间,可以根据具体情况确定。都追加作为共同被告的好处是,可以一并确定连带责任,由借款人和保证人直接连带承担清偿债务。(2)保证人为借款人提供的是一般保证,则"出借人仅起诉保证人的,人民法院应当追加借款人为共同被告;出借人仅起诉借款人的,人民法院可以不追加保证人为共同被告"。前者是应当追加,因为一般保证的保证人享有先诉抗辩权,如果债务人没有穷尽自己的能力清偿债务,保证人可以拒绝承担保证责任,因而必须与借款人共同参加诉讼。后者因为保证人是一般保证,可以不追加为共同被告,但是追加了也没有问题。

(三)对其他法律关系产生的借贷的法律适用

《民间借贷司法解释》第15条规定,原告以借据、收据、欠条等债权凭证为依据提起民间借贷诉讼,被告依据基础法律关系提出抗辩或者反诉,并提供证据证明债权纠纷非民间借贷行为引起的,人民法院应当依据查明的案件事实,按照基础法律关系审理。如果是当事人通过调解、和解或者清算达成的债权债务协议,不适用这种规定。例如,双方当事人原来的法律关系是买卖,结算价金尾款时,将尾款作为借贷处理打了欠条。这样的法律关系是买卖关系,不应按照借贷关系处理。但是,如果双方当事人通过调解、和解或者清算达成的债权债务关系协议,虽然也有基础法律关系和民间借贷关系的区别,但不必一定要按照基础法律关系进行审理。

(四)对虚假民间借贷的法律适用

《民间借贷司法解释》第19条和第20条对虚假借贷关系规定了比较详细的认定规则和责任规则。

第19条规定的是认定虚假借贷方法和事由。借贷方法是,人民法院审理民间借贷纠纷案件时发现有下列情形,应当严格审查借贷发生的原因、时间、地点、款项来源、交付方式、款项流向以及借贷双方的关系、经济状况等事实,综合判断是否属于虚假民事诉讼。具体的事由是:(1)出借人明显不具备出借能力;(2)出借人起诉所依据的事实和理由明显不符合常理;(3)出借人不能提交债权凭证或者提交的债权凭证存在伪造的可能;(4)当事人双方在一定期间内多次参加民间借贷诉讼;(5)当事人一方或者双方无正当理由拒不到庭参加诉讼,委托代理人对借贷事实陈述不清或者陈述前后矛盾;(6)当事人双方对借贷事实的发生没有任何争议或者诉辩明显不符合常理;(7)借款人的配偶或合伙人、案外人的其他债权人提出有事实依据的异议;(8)当事人在其他纠纷中存在低价转让财产的情形;(9)当事人不正当放弃权利;(10)其他可能存在虚假民间借贷诉讼的情形。

第20条规定的是对查明的虚假民间借贷的起诉的处理方法,即经查明属于虚假民间借贷诉讼,原告申请撤诉的,人民法院不予准许,并应当根据《民事诉讼法》第112条之规定,判决驳回其请求。诉讼参与人或者其他人恶意制造、参与虚假诉讼,人民法院应当依照《民事诉讼法》第111、112条和第113条之规定,依法予以罚款、拘留;构成犯罪的,应当移送有管辖权的司法机关追究刑事责任。如果是单位恶意制造、参与虚假诉讼的,人民法院应当对该单位进行罚款,并可以对其主要负责人或者直接责任人员予以罚款、拘留;构成犯罪的,应当移送有管辖权的司法机关追究刑事责任。

(五)对借贷事实的认定

对借贷事实的审查,最重要的是根据借贷金额大小、款项交付、贷款人的经济能力、当地或者当事人之间的交易方式、交易习惯等因素,综合判断借贷事实是否发生。如果借贷金额不大,现金支付方式就比较合理。曾经有过数千万元争议标的的借贷纠纷案件,贷款人声称用现金支付,并没有采用转账、支票等支付方法,显然事实不真实。同时,还要审查贷款人的经济能力、当地或者当事人的交易方式、交易习惯等,这些都是判断借贷事实是否发生的重要要素。

对于被告以已经清偿债务或者借贷行为尚未实际发生为由抗辩的,《民间借贷司法解释》第15条规定的举证责任的分配关系是:第一,原告仅依据借据、收据、欠条等债权凭证提起民间借贷诉讼,被告抗辩已经偿还借款,被告应当对其主张提供证据证明。这是举证责任转移。被告提供相应证据证明其主张后,原告仍应就借贷关系的成立承担举证证明责任。第二,被告抗辩借贷行为尚未实际发生并能作出合理说明,人民法院应当结合借贷金额、款项交付、当事人的经济能力、当地或者当事人之间的交易方式、交易习惯、当事人财产变动情况以及证人证言等事实和因素,综合判断查证借贷事实是否发生。

对于原告仅依据金融机构的转账凭证提起民间借贷诉讼,被告抗辩转账系偿还双方之前借款或其他债务的,《民间借贷司法解释》第17条规定,被告应当对其主张提供证据证明。被告提供相应证据证明其主张后,原告仍应就借贷关系的成立承担举证证明责任。

(六)自然人当事人应当到庭的条件

在通常情况下,诉讼当事人可以委托代理人出庭,进行起诉和应诉。因民间借贷案件具有特殊性,因而《民间借贷司法解释》第18条规定了特殊规则,即根据《关于适用〈中华人民共和国民事诉讼法〉的解释》第174条第2款之规定,负有举证证明责任的原告无正当理由拒不到庭,经审查现有证据无法确认借贷行为、借贷金额、支付方式等案件主要事实,人民法院对其主张的事实不予认定,因而应当承担败诉的后果。

这一条文没有规定应当出庭的被告拒不到庭的后果,因为这种情形已经有法律规定,缺席判决就可以了。

五、民间借贷纠纷案件刑民交叉的程序处理规则

在民间借贷案件中,经常出现刑民交叉的问题。《民间借贷司法解释》没有对其实体的法律适用问题作出解释,仅对刑民交叉的程序问题规定了处理规则。

(一)对借款人或贷款人一方涉嫌犯罪的处理规则

在以往的民事诉讼中,凡是涉及刑民交叉的问题,法院在审理中基本上都是遵循"先刑后民"的原则处理。这样的处理原则是不正确的,须根据刑民交叉案件的实际情况确定处理方法。《民间借贷司法解释》第5条对此作出了稳妥的规定。基本规则是:

第一,人民法院立案后,发现民间借贷行为本身涉嫌非法集资犯罪的,应当裁定驳回起诉,并将涉嫌非法集资犯罪的线索、材料移送公安或者检察机关。

第二,公安或者检察机关不予立案,或者立案侦查后撤销案件,或者检察机关作出不起诉决定,或者经人民法院生效判决认定不构成非法集资犯罪,当事人又以同一事实向人民法院提起诉讼的,人民法院应予受理。

(二)涉嫌犯罪与借贷案件有无关联的处理规则

审理刑民交叉的民间借贷案件,决定民事案件是否继续审理,标准是刑事犯罪问题与民间借贷案件的事实本身是否有关联。《民间借贷司法解释》第6条规定,人民法院受理立案后,发现借贷纠纷案件虽有关联但不是同一事实的涉嫌非法集资等犯罪的线索、材料的,应当对民间借贷纠纷案件继续审理,并且将有关涉嫌犯罪的线索、材料移送公安或者检察机关。

(三)民事案件须以刑事案件审理结果为依据的

《民间借贷司法解释》第7条规定,民间借贷的基本案件事实必须以刑事案件审理结果为依据,而该刑事案件尚未审结的,人民法院应当裁定中止诉讼。待刑事案件审理结束后,再恢复民事诉讼程序进行审理。

(四)对连带责任保证人起诉的处理

借款人涉嫌犯罪或者生效判决认定其犯罪,其保证人是否应当承担责任,《民间借贷司法解释》第8条规定的规则是,借款人涉嫌犯罪或者生效判决认定其有罪,出借人起诉请求担保人承担民事责任的,人民法院应予受理。

在受理后怎样处理,则应当区分连带责任保证人和一般保证人的界限,分别情况适用法律。如果保证人承担的是连带责任,则贷款人请求连带责任保证人承担保证责任的,应当承担连带责任。对于一般保证,《民间借贷司法解释》没有规定,这意味着一般保证的保证人在借款人涉嫌犯罪或者生效判决认定其犯罪时,贷款人起诉保证人承担保证责任,由于该保证人承担的是一般保证,享有先诉抗辩权,尽管可以受理,但应依照一般保证的法律规则确定保证责任的承担。

最高人民法院《关于确定民事侵权精神损害赔偿责任若干问题的解释》释评*

2001年3月8日,最高人民法院公布《关于确定民事侵权精神损害赔偿责任若干问题的解释》(以下简称《精神损害赔偿司法解释》),并决定从即日起实施。这是一个非常重要的司法解释,在中国侵权行为法和人身权法建设上和对自然人人格权和人格利益进行司法保护方面,具有重要的意义。笔者对这一司法解释的基本意义、主要突破、基本内容等主要问题进行初步的探讨,并对实践中可能出现的问题和解决办法进行了深入研究和探讨,现就其中若干问题提出初步意见。

一、精神损害赔偿司法解释出台的重大意义

最高人民法院最近作出的关于精神损害赔偿的司法解释,是近年来最有意义的一个关于民法方面的司法解释。这个司法解释最重要的意义就是对人格权以及身份权方面的司法保护所做出的重大突破。可以说,《精神损害赔偿司法解释》在保护人身权利方面,确实具有一种里程碑性质的意义。

(一)人身权民法保护的第一个里程碑

新中国关于人身权的保护,第一个里程碑就是《民法通则》的公布。在这个法律当中,规定了公民、法人享有人身权利,以及可以运用精神损害赔偿的方法进行法律保护。在这个问题上,立法之所以能够接受这样的主张,最主要的就是接受了"文革"中对人权践踏、尤其是对人身权被疯狂践踏的教训,立法者认识到了对人身权包括人格权和身份权进行民法保护的极端重要意义,所以才痛下决心,作出了这样的规定。这在新中国的民事立法史上,还是第一次。

但是,《民法通则》关于人身权的规定还有很多不完善之处。一方面,是关于具体人格权规定不完全,没有规定隐私权、人身自由权、贞操权,特别重要的是没有规定一般人格权,而是将人格尊严这个一般人格权的核心问题规定在名誉权之中,对身份权则完全没有规定。另一方面,对于人格权的民法保护规定得不够具体,虽然规定了精神损害赔偿这种民事责任方式,但是对于应当怎样运用规定得不十分明确,而且也很

---

* 本文发表在《法学家》2001年第5期,合作者为君和律师事务所律师杨帆。

勉强,基本上是采取保守的姿态,尤其是对于精神损害赔偿问题,并不持积极的态度。经过十几年的司法实践,这些问题暴露得越来越充分,急需解决。

(二)人身权民法保护的第二个里程碑

人身权民法保护的第二个里程碑,就是最高人民法院运用司法解释的手段,阐发《民法通则》规定的原则以及其他单行法律,补充立法的不足,使在司法领域当中对人格权的保护更加充分,对身份权的保护也有了依据。同时,还适当地扩展到了对一些具有人格因素的财产权的保护。在运用精神损害赔偿保护上述人身权方面,提出了较为成熟的意见。这样就使中国司法对人身权利的保护已经基本上趋于完备。

应当强调的是,运用司法解释权对法律适用的问题进行司法解释,是一个惯常的做法,任何国家的法院,都有这个权力。在英美法系当然不必说,因为法官造法是其立法的基本形式。就是在大陆法系的成文法国家,也同样如此。例如,在德国,国家的基本法规定了人格尊严的宪法原则,但是当时在民法典中缺乏具体的规定。德国最高法院通过"读者投书案""犯罪纪录片案"等具体案件,援引联邦基本法的规定,确定其判例效力,对一般人格权进行司法保护,确立了这一司法原则。[①] 尽管在现实生活中,人们对最高法院进行大量的司法解释的做法提出一些异议,指责有代行立法的嫌疑,但是在这个问题上的解释,是确有根据的,是对《民法通则》以及其他法律规定的基本精神的继续阐发,使中国对人身权的法律保护有了一次飞跃性的发展。这是值得充分肯定的。

我们期待着新中国对人身权进行法律保护的第三次飞跃,那就是在制定中国民法典中,对人身权的法律保护作出新的规定。可以肯定的是,最高人民法院的这个司法解释,为我国人身权全面保护的第三次飞跃,已经奠定了一个很坚实的基础。

二、《精神损害赔偿司法解释》在理论和实践上的重大进展

《精神损害赔偿司法解释》对于人身权进行司法保护方面的重大进展,可以概括为"六个突破,一个核心"。

(一)《精神损害赔偿司法解释》的六个突破

对自然人的人身权进行司法保护,《精神损害赔偿司法解释》有六个重大突破。这表明了中国司法机关对于自然人人格权、人格利益和身份权法律保护的重大进步,使中国对自然人人身司法保护实现了重大进展。

1. 在保护生命权、健康权和身体权方面的重大突破

确定非法侵害生命权、健康权、身体权,造成精神痛苦损害的,可以请求精神损害抚慰金赔偿,这是第一个重大的突破。尤其是规定对身体权的非法侵害可以适用精神损害赔偿的民事责任方式进行救济,具有特别的意义。

---

① 参见王泽鉴:《人格权、慰抚金与法院造法》,载《法令月刊》第44卷第12期。

在《民法通则》的规定上,关于生命健康权的赔偿,是第119条规定的。这一条规定,没有赔偿抚慰金的内容。这在实际上就否定了对物质性的人格权进行精神损害赔偿的适用。这个规定的片面性很快就在实践中暴露出来了。在以后的法律和行政法规中,陆续规定了赔偿死亡补偿费或死亡赔偿金、残疾赔偿金这些具有精神损害赔偿性质的赔偿项目,在实践中发挥了很好的作用。但是,一方面,这些规定的适用都有一定的限制,因为这些法律和行政法规都在适用的领域上有一定限制;另一方面,在侵害健康权没有造成死亡和残疾结果的,以及侵害身体权的,都没有规定可以请求精神损害赔偿。在《精神损害赔偿司法解释》中,最高司法机关总结了实践经验,依循这些法律和行政法规的立法精神,确定了精神损害抚慰金的赔偿,对于保护人的物质性人格权具有重要的意义。

在《民法通则》中,对于身体权的规定不够明确。因此在实践中和理论上,对于身体权是不是一个具体人格权,存在着不同的看法,对如何进行法律保护,也没有明确的规定。应当特别指出的是,对于身体权的法律保护,主要的方式就是精神损害赔偿。在法律中没有特别规定,就使对身体权的法律保护没有可操作性。②《精神损害赔偿司法解释》规定对身体权的侵害可以请求抚慰金赔偿,不仅在对身体权是不是一个具体人格权的争论中,肯定了"肯定说"的主张,确认身体权概括在"生命健康权"的概念之中,而且可以适用精神损害赔偿的方法对身体权的损害进行救济,对侵权人的行为进行制裁。对理论上和实践上的重要意义,是非常重要的,不能低估。

2. 对人格尊严权和人身自由权法律保护方面的重大突破

《精神损害赔偿司法解释》在对于人格尊严权和人身自由权进行法律保护中,规定可以请求精神损害赔偿,也是一个重大的突破。

在《民法通则》中,在"民事权利"一章中,没有规定人身自由权;对于人格尊严的规定,是放在名誉权的规定当中规定的。这种做法,是有很大的问题的。这就是,人身自由权是一种具体人格权,没有作出规定,就是一个漏洞,在实践中对侵害人身自由权的行为,就没有办法进行民法制裁。③《民法通则》对于人格尊严的规定存在的问题,是没有确认其一般人格权的地位,而是规定在名誉权的条文之中,使人们认为人格尊严是名誉权的具体内容。这更是一个重大错误。《民法通则》存在的这些问题,与立法时刚刚开始改革开放,对一些重大的法律问题在理论上认识还不够清楚有关。在《国家赔偿法》中,规定了对人身自由权损害的赔偿,在《消费者权益保护法》中,规定了对人格尊严和人身自由权的保护,在实践中产生了很好的效果。可以说,这是一种很好的补救措施,但是都有局限性。④

这一司法解释将上述法律规定的立法精神扩展到了普遍适用的范围,具有重要

---

② 参见杨立新:《公民身体权及其民法保护》(本书第596页),载《法律科学》1994年第6期。
③ 参见杨立新:《侵害自由权及其民法救济》,载《法律科学》1994年第6期。
④ 对于这一点,请参见杨立新:《人身权法论》,中国检察出版社1996年版,第692—693页。

的意义。凡是侵害人身自由权和人格尊严权的,进行司法保护,不必类推适用这些单行法的规定,而是直接按照司法解释的规定,作出判决。特别重要的是,对于人格尊严权,在理论上称之为一般人格权,是概括一般人格利益的一种基本的人格权,不仅对具体的人格权具有解释和创造的作用,而且具有补充法律对具体人格权保护立法不足的作用。任何不能被具体人格权保护的人格利益,如果有进行法律保护的必要,都可以适用对一般人格权保护的规定,进行法律保护。人格尊严是一般人格权的核心内容,对人格尊严权的保护,就是对一般人格权的保护。只要有了这一规定,对任何侵害人格利益的行为,如果说立法规定不足并且需要进行法律保护,都可以认定为是对人格尊严的侵害,进行法律保护。有学者认为,在具体处理案件的时候,应当优先适用具体人格权的规定,而将一般人格权作为补充适用的条款。⑤ 这是完全正确的。

3. 对隐私权的保护司法解释规定适用直接保护方式进行

《民法通则》对隐私权没有规定为具体人格权。在最高人民法院关于贯彻执行《民法通则》所作出的司法解释和以后的单行司法解释中,曾经几次对隐私权保护的必要性做了提示,并且规定了一定的保护措施。但是,这些对隐私权进行保护的规定都具有局限性,在学理上称之为间接保护方式,即对侵害隐私权的行为需要比照侵害名誉权的法律规定处理,这就有对隐私权的保护不周到的问题。⑥《精神损害赔偿司法解释》对隐私权保护的规定,在保护方式上规定了按照直接保护方式进行保护,这不仅是对隐私权保护的一个重大变革,而且等于通过司法解释的方法确认隐私权是一个独立的人格权。这一点,在理论上和实践上都是有重要意义的。⑦

4. 对亲权和亲属权的司法保护作出明确规定

《精神损害赔偿司法解释》第2条规定,对非法使被监护人脱离监护,侵害亲权和亲属权的,可以请求精神损害赔偿。这是在以前的立法和司法解释中所没有规定过的。这对于保护亲属法上的身份权,具有重要的意义。⑧ 一些学者都认为这种规定是对监护权的司法保护⑨,实际上这种行为侵害的不是监护权,而是亲权或者亲属权。对此,应当加以辨析。

5. 全面扩展保护死者人格利益的范围

《民法通则》对死者人格利益的保护没有进行规定,而死者的某些人格利益确有保护的必要。在《民法通则》的实施中遇到了这个问题。在荷花女案件的审理过程

---

⑤ 参见陈现杰:《人格权司法保护的重大进步和发展》,载《人民法院报》2001年3月28日。

⑥ 对于这个问题,很多学者都进行了论述。

⑦ 对此,有不同的看法。在司法解释的条文中,措辞也是很谨慎的,没有直接称之为隐私权,而是称之为"隐私",回避是不是一个人格权的问题。

⑧ 在《精神损害赔偿司法解释》中,规定是对亲子关系或者近亲属间的亲属关系的侵害,这实际上就是亲权和亲属权这两种身份权。

⑨ 参见陈现杰:《人格权司法保护的重大进步和发展》,载《人民法院报》2001年3月28日。

中,最高人民法院作出司法解释,规定对死者的名誉应当进行法律保护。[10] 最高人民法院司法解释确定的这个原则,在司法实践中得到了贯彻实施,取得了很好的效果。在实践中对保护死者人格利益起到了重要的作用。但是,对于死者其他的人格利益保护,在实践上和理论上都认为确有保护的必要,但是在操作上没有依据。因而,除了对死者的肖像利益和遗体有的法院作出过探索性的判决以外,对于涉及对死者其他人格利益保护的案件,没有办法进行法律救济。

《精神损害赔偿司法解释》将对死者名誉利益进行司法保护的经验,扩展到死者的姓名、肖像、荣誉、隐私以及遗体和遗骨等人格利益方面的保护。这是一个非常重要的规定,填补了立法的缺陷,对于维护死者的人格利益,维护正常的人际关系和社会稳定,都有重要的意义。

6. 将精神损害赔偿的适用扩展到具有人格因素的某些财产权损害的场合

《精神损害赔偿司法解释》规定,对于侵害具有特殊的人格象征意义的特定纪念物品可以请求精神损害赔偿,这就突破了精神损害赔偿限于人身权利遭受损害的界限,有条件地扩展到了侵害财产权的场合。这是一个很大的突破,目前只有少数国家实行这种精神损害赔偿方法。

这是对财产权的一种特殊保护。侵害特定纪念物品,不能认为是对人格权的保护,而是对财产权的保护。在各国的立法规定中,一般都将精神损害赔偿限制在侵害人格权和身份权的场合之中,不扩展到侵害财产权的场合。也就是说,侵害财产不适用精神损害赔偿的救济方法。但是,在日本等国,对于有特定纪念意义的物品进行侵害,造成精神损害的,也可以请求精神损害赔偿。这种做法受到各国理论上的肯定,认为这是一个很好的经验,但是在实践上采纳的并不是很多。在一些具有重要纪念意义的纪念物品上,体现了人格利益的内容,对这些物品的侵害,有可能损害财产所有人的精神利益,造成不可弥补的精神痛苦。《精神损害赔偿司法解释》果断地采纳这种司法经验,对这种侵害财产权的行为如果受害人"以侵权为由"起诉请求精神损害赔偿[11],可以确定加害人承担精神损害赔偿责任,对当事人的权利保护更加周到。

(二)对其他人格利益遭受侵害进行精神损害赔偿保护的规定是司法解释的核心内容

在《精神损害赔偿司法解释》中,有一个引人注目的条款,就是在第1条第2款关于"违反社会公共利益、社会公德侵害他人隐私或者其他人格利益,受害人以侵权为由向人民法院起诉请求赔偿精神损害的,人民法院应当依法予以受理"的规定中,有关侵害"其他人格利益"起诉精神损害赔偿应予受理的规定。

这个"其他人格利益"的条款,是这个司法解释中最具伸展性、包容性的一个弹性条款,也是中国司法保护人格利益的核心问题。

---

[10] 对此可以参见杨立新:《人身权法论》,中国检察出版社1996年版,第556—557页。
[11] 参见陈现杰:《人格权司法保护的重大进步和发展》,载《人民法院报》2001年3月28日。

从立法技术上讲,在任何法律、法规、司法解释的制定中,都要运用好弹性条款,使立法的条文扩展其包容性,使之不能有所遗漏。众所周知,法律总是从不同的角度规范社会生活现象。也正是由于社会生活现象十分复杂、十分丰富,而人们对社会生活的认识和了解总是有限,因此,任何法律要想做到穷尽生活现象,都是不可能的。因此,立法就要制定弹性条款,把尚未认识的、尚不了解的社会生活现象以及立法者还不愿意公开指出的某些内容,概括在弹性条款当中。这个"其他人格利益"的规定,就是运用这种立法技术,将应当依法予以保护的人格利益全部包容进去。

从立法内容上讲,这个弹性条款最基本的作用,就是概括对人格利益保护的任何未尽事宜。这就是说,任何人格利益,凡是没有明文规定的,只要需要依法保护,都可以概括在这个概念的里头。例如,法律没有规定,这个司法解释也没有提到的贞操权,还有在当今经常说到的生活安宁权、知情权,等等,这些没有成为具体人格权的人格利益都可以概括在这里面来。因而可以说,这个司法解释中的这一弹性条款的规定,使中国司法对人格利益的保护,扩展到了从来没有的新的范围,同时,也使这种对人格利益司法保护的范围几乎是非常全面的了。从这个意义上说,这一个弹性条款,确实是这一司法解释关于保护人格利益方面的核心内容。

从"其他人格利益"这一弹性条款的实体内容观察,可以概括为以下三个方面:

第一,有一些在立法上没有规定,但是在理论上认为已经具有具体人格权性质的人格权,可以概括在这一弹性条款里面。例如,贞操权在其他法律中已经规定为人格权并加以刑法和行政法的保护,民法对其的保护,就可以引用这一规定确定精神损害赔偿。

第二,对于一些有可能上升为具体人格权的人格利益,例如生活安宁权、知情权等,应当概括在这里。关于知情权,现在讨论的很多,很多人认为这是一个最有可能成为一个具体人格权的人格利益。还有电话骚扰、门缝广告等行为,都认为是侵害生活安宁权的侵权行为。有了这个"其他人格利益"弹性条款,就都可以将其概括进去,对这样的诉讼,法院应予受理,予以司法保护。[12]

第三,对于其他人格权和上述人格利益无法包括的人格利益,也可以概括在其他人格利益之中,依法予以司法保护。

有了这三个方面的内容,可以说,根据这个司法解释的"其他人格利益"的弹性条款,从理论上说,中国的司法对于人格利益的保护几乎是无所不包。这正是这个司法解释的重大贡献。将来在编制民法典的时候,一定会考虑把这个司法解释的精华进一步升华,使之成为法律条文。

在理论上有一点疑问,这就是,上述"其他人格利益"所概括的绝大多数内容,正是一般人格权的主要内容,而人格尊严恰恰是一般人格权的核心内容。在理论上正

---

[12] 对此,后文还要详细论述。

是把人格尊严作为一般人格权的代名词。⑬ 司法解释把人格尊严和其他人格利益分开,在理论上似有不妥之处。

(三)值得研究和探讨的问题

在这个司法解释中,还有一些问题值得研究和探讨。

一是,关于法人或者其他组织以人格利益受到损害请求精神损害赔偿的,法院不予受理的规定,还值得斟酌。这一点,最高人民法院在关于名誉权案件的司法解释中,就是这样规定的。对此,如果仅仅是就法人和其他组织不得请求赔偿精神损害抚慰金的角度上来理解,是正确的。但是,在理论上对于人格利益损失的赔偿,一般也认为是精神损害赔偿。对这一点还是需要进一步明确,不然就与《民法通则》第120条的规定精神有所冲突。

二是,对于死者人格利益的保护,有一个期限的问题。现在的做法采用以前在死者名誉利益保护上的做法,就是采用近亲属有权提起诉讼的做法,限定保护的时间。这样做,在保护死者其他人格利益上都是可以的。但是在死者肖像利益的保护上,这样的保护期限过长。因为死者肖像中还包含一个肖像作者的著作权问题。保护的时间过长,对肖像作者的著作权是一个损害。国外的做法一般是明确规定对死者肖像利益予以保护,但是保护的时间很短,以使肖像作者的著作权不至于由于对死者的肖像利益的保护而成为虚设的权利,以更好地保护肖像作者的著作权。例如德国法的规定,就是保护10年。⑭ 在这一点上,还需要在另外的司法解释中作出明确规定,否则,在实践中依照一般的保护期限进行,是有问题的。建议采用德国法的规定,保护10年为宜。

三是,对一些在法律上还没有规定的人格利益的损害,没有作出明文规定,是否概括在"其他人格利益"之中,还有待于明确解释。

三、《精神损害赔偿司法解释》规定对民事权利的保护范围

(一)《精神损害赔偿司法解释》所保护的基本范围

《精神损害赔偿司法解释》在规定侵权行为适用精神损害赔偿保护的民事权利范围,可以概括为以下三个方面。

1.人格权和人格利益

《精神损害赔偿司法解释》规定可以适用精神损害赔偿方式进行保护的第一个方面,就是人格权和人格利益。按照司法解释的规定,可以分为三种:

第一种是人格权。这就是该司法解释第1条规定的内容,一共分为三个层次:生

---

⑬ 参见杨立新、尹艳:《论一般人格权及其民法保护》,载《河北法学》1995年第2期。
⑭ 参见〔德〕迪特尔·梅迪库斯:《德国民法总论》,邵建东译,法律出版社2000年版,第801页。

命权、健康权、身体权是一个层次;姓名权、肖像权、名誉权和荣誉权是第二个层次[15];人格尊严权和人身自由权是第三个层次。这种区分,有立法的根据,就是第一层次是《民法通则》规定的物质性人格权,第二个层次是《民法通则》规定的精神性人格权,第三个层次是其他法律规定的人格权。

第二种是人格利益,司法解释规定的是隐私利益以及其他人格利益。对此,上文已经作了较为详细的阐释。

第三种是对死者人格利益的延伸保护。在这个司法解释中,规定了三个层次:第一层次是对死者的姓名、肖像、名誉和荣誉利益的保护,规定侵害这些死者人格利益的行为,可以予以精神损害赔偿的制裁。第二个层次是对死者隐私利益的保护,侵害者可以予以精神损害赔偿的制裁。第三个层次,是对死者遗体、遗骨非法利用、损害,或者违背公序良俗侵害遗体、遗骨的,构成侵权,可以责令承担精神损害赔偿责任。

人格权是要由法律明确规定的,比较好理解。民法保护的是民事权益,包括权利和利益。理论认为,利益经过法律确认加以保护就是权利。民事利益需要保护,但是又不能构成权利,在理论上就称之为法益。人格利益就是人格法益。因此,通俗地说,法益是指法律保护的无法成为权利的民事主体的利益。现在,对人格权的保护都有法律规定,对法律没有规定的一些人格利益进行保护,可以放在这个司法解释中所规定的其他人格利益当中。受到法律保护的死者的人格利益,也是应当保护的利益,但是由于这种利益已经没有权利主体的支撑,又需要进行法律保护,所以称做法益。

2.身份权

这个司法解释还规定了对身份权的司法保护,这就是第2条规定的对亲权和亲属权的保护。在非法使被监护人脱离监护,侵害亲权和亲属权的,可以适用精神损害赔偿的方式,进行制裁,对受害人的精神损害进行救济。

3.具有人格因素的某些财产权

《精神损害赔偿司法解释》第4条规定,对特定纪念物品侵害的精神损害赔偿,这是对财产权的特殊保护。

(二)对侵害生命健康权适用精神损害赔偿

生命健康权是《民法通则》规定的一种概括的权利,包括生命权、健康权和身体权。

1.对生命健康权进行精神损害赔偿保护的发展

对生命权、健康权和身体权损害的精神损害赔偿的适用,大体经历了以下阶段:

首先,在《民法通则》的规定中,没有规定侵害生命权、健康权和身体权可以适用精神损害赔偿民事责任方式进行救济。在这一点上,《民法通则》是较为保守的。其

---

[15] 关于荣誉权的性质,通说认为属于身份权,例如,在王利明主编的《人格权法新论》中就采用这种观点。对此,可以参见杨立新:《论荣誉权及其侵害的损害赔偿责任》,载《民法判解研究与适用》(第三集),中国检察出版社1997年版,第427页以下。

中的原因,在前文中已经提及。同时还要说明的是,在中国的长期司法实践中,有一种偏向,就是片面地坚持大陆法系的补偿原则,认为在损害赔偿上,赔偿数额不能超出损失的范围,甚至千方百计地限制赔偿的范围,让受害人得到尽可能少的赔偿,实际上就是使加害人尽量地少赔偿。形成这种情况的原因之一,就是中国人长期收入偏低,支付能力不强。这一点可以从最高法院在《民法通则》实施以前的司法解释中看出来。

其次,在《民法通则》实施以后,这方面规定的局限性很快就暴露出来,就是对侵害生命健康权的赔偿范围过窄,对身体权的规定不明确。对于前者,立法机关和最高行政机关采取了一系列的办法进行补救。在制定《道路交通事故处理办法》中,对造成死亡的,规定赔偿死亡补偿费。在《国家赔偿法》中,规定赔偿残疾赔偿金和死亡赔偿金;在《消费者权益保护法》中,采纳了残疾赔偿金和死亡赔偿金的赔偿项目。这些规定对于在保护生命健康权中适用精神损害赔偿责任方式,迈出了第一步。

这次最高人民法院的司法解释,将精神损害赔偿责任方式适用于侵害生命权、健康权和身体权的全部范围,这就使适用精神损害赔偿的方式保护物质性人格权的制度,已经基本完备。现在面临的问题是怎样对这一制度妥善落实。

2. 三种不同的精神损害抚慰金赔偿

应当注意的是,《精神损害赔偿司法解释》将侵害生命健康权适用精神损害赔偿的名称定为精神损害抚慰金,具体包括以下三种,这就是:侵害人身,造成残疾的,赔偿残疾赔偿金;造成死亡的,赔偿死亡赔偿金;造成其他损害情形的,赔偿精神抚慰金。其实,这三种损害赔偿,都属于精神损害赔偿中的抚慰金赔偿。现在的这三种叫法,就是"顺"已有的法律之"势",将已经有法律规定的死亡赔偿金和残疾赔偿金仍然继续沿用,将法律没有规定的称之为精神抚慰金。这样区分并称之为三种"精神损害抚慰金",有一定的不便之处,在将来制定民法典的时候,应当进行改进。

对于侵害人身,适用三种不同的精神损害赔偿的条件是:

第一,对于造成死亡的,应当赔偿死亡赔偿金。这是对造成死亡,侵害生命权进行救济的精神损害赔偿。

第二,对于造成残疾的,应当赔偿残疾赔偿金。这是对侵害健康权,造成残疾进行的精神损害赔偿。

第三,对于侵害人身,没有造成死亡、残疾后果的,应当赔偿精神抚慰金。这是造成一般伤害,没有造成残疾后果,但是侵害健康权应当给予精神损害赔偿所给予的救济;以及侵害身体权,没有造成健康权的损害,只是造成身体权损害所给予的救济。

3. 关于身体权遭受损害适用精神损害赔偿问题

在《民法通则》当中,立法条文直接规定的是生命健康权。完整的生命健康权包括生命权、健康权和身体权。身体权,是维护人的身体完整性的人格权,它和健康权的主要区别在于,健康权维护的是身体功能的完善性,身体权是维护身体组成部分的完整性。

对于身体权的保护,与其他的精神性人格权的保护有所区别。因为侵害身体权,主要的损害不是人体的损伤(因为造成人体损伤行为侵害的是健康权),而是精神痛苦。因此,救济的主要方法是精神损害赔偿,以及其他赔礼道歉等救济方法,主要的不是对造成的财产损失给予赔偿。因此,确定精神抚慰金赔偿,在保护身体权中,就显得非常必要。

(三)对侵害精神性人格权适用精神损害赔偿

1. 本司法解释对于姓名权、肖像权、名誉权和荣誉权进行精神损害赔偿保护的意义

《精神损害赔偿司法解释》对于《民法通则》规定的这四种精神性人格权[16]遭受侵害,适用精神损害赔偿保护的条文中,没有超出《民法通则》和最高人民法院以前所作出的司法解释的范围,因此,仍然应当按照《民法通则》第120条规定和最高人民法院以前的司法解释办理。应当注意的是,对于侵害这些精神性人格权的赔偿金,也称为精神抚慰金。[17]

2. 人格尊严权和人身自由权

在《精神损害赔偿司法解释》中,对于人格尊严权和人身自由权是并列在一起的。这种排列方法的意图,是将其区别于《民法通则》规定的四种精神性人格权。因为这两种人格权不是《民法通则》规定的权利,而是在以后的《国家赔偿法》和《消费者权益保护法》规定的权利。司法解释将这两部法律规定的原则扩展为普遍适用,所以排列到现在的第三层次的位置。

这里所说的人格尊严权,实际上就是一般人格权。将一般人格权概括为人格尊严权,为的是顺应法律的规定。但是,这样概括将产生一系列的理论上和实践上的问题。

按照理论的界定,一般人格权是人的基本民事权利,是法律采用高度概括的方式而赋予公民和法人享有的具有权利集合性特点的人格权。[18] 它的基本内容,是人格尊严、人格独立、人格自由;这个基本权利具有解释功能、创造功能和补充功能三大功能。[19] 如果将其基本作用概括为一句话,就是支配和指导所有的具体人格权。而人格尊严是一般人格权的核心内容,在习惯上就是将人格尊严作为一般人格权的简称或者代称。现在的这种做法,将其与人身自由权并列在一起,并且与本条的下一款的"其他人格利益"的规定相联系,在理论上是有一定的矛盾的,有降低一般人格权地位的嫌疑。

对侵害人格尊严权的,应当给予精神损害赔偿,这是没有问题的。现在的问题关

---

[16] 笔者始终认为,荣誉权属于身份权,不属于人格权。在这里为了方便,仍然按照《民法通则》规定的提法。
[17] 即按照本司法解释第9条第(三)项的规定。
[18] 参见王利明主编:《人格权法新论》,吉林人民出版社1994年版,第156页。
[19] 参见杨立新:《民法判解研究与适用》(第三集),中国检察出版社1997年版,第260—261页。

键是要解决如何适用问题,怎样才能构成侵权,并适用精神损害赔偿责任。在实践中,有一些案件,法院对构成侵害人格尊严的要求过高,使人格尊严受到损害的没有得到应有的精神损害赔偿。⑲ 对此,应当认真研究,总结实践经验,以指导实践。

人身自由权是一个具体人格权。《民法通则》当时没有规定这个权利,在《国家赔偿法》和《消费者权益保护法》中规定了这一权利。一般认为,人身自由权包括身体自由权(也称为行动自由权)和意志自由权,侵害这样的自由的,构成侵权。

对人身自由权的侵害,应当承担精神损害赔偿的责任。对此,也是明确的。

3. 隐私权

在这个司法解释当中,关于隐私权的措辞与其他权利的措辞有所不同。这一点是非常明显的。按照司法解释起草者的意思,这种不同的措辞,是想区别隐私权还不是一个正式的人格权,因为在现行法律当中还没有规定隐私权是一个具体人格权,因而采用依照公序良俗原则作为一种人格利益的方法加以保护,不是作为对人格权的保护。⑳ 这是一个较大的问题。事实上,在《未成年人保护法》《妇女权益保障法》《残疾人保护法》和《消费者权益保护法》等都有对隐私权的规定,只是没有明确地加上一个"权"字而已。这种解释值得斟酌。

隐私权在《民法通则》当中没有规定,是一个事实,但是在其他法律当中,如《妇女权益保障法》《未成年人保护法》《残疾人保护法》等,都有关于隐私及其保护的规定。如果说这些法律中规定的只是保护"隐私"而没有明确提为"隐私权",那也有疑问,就是法律在规定人格尊严的时候,也没有加上一个"权"字,怎么就叫做"人格尊严权"了呢?不能说规定隐私保护的这些法律就不是法律,这些法律规定的权利,就不是权利。隐私权是一个独立的人格权,这一点不可怀疑。对它的法律保护与名誉权等人格权的法律保护没有区别。

尽管如此,司法解释对于隐私权保护的规定,还是有很大的突破的。其最大的突破,在于将对隐私权的间接保护方式改为直接保护方式,这是学者、专家呼吁了十几年的事情了。最高人民法院接受法学界的意见,改变在贯彻《民法通则》的司法解释中确定的间接保护方式的做法,这一点做得非常好。

直接保护方式,是美国的做法。隐私权是美国创立的人格权,后来被各国所借鉴,成为各国公民普遍的权利。美国对侵害隐私权的行为,直接认定为侵害隐私权的侵权行为,确定民事责任。在以后有些国家在借鉴隐私权保护做法的过程中,囿于原来的法律规定和法律传统,采用间接保护方法来保护隐私权。中国在《民法通则》实施以后,就是采用援引名誉权保护的方式,保护隐私权。这样的做法,不能保护隐私权的全部,因而对隐私权的保护是不完全的。采用直接保护方式进行保护,对隐私权的保护就是很全面的了。

---

⑲ 参见杨立新:《人狗同餐案与做人的尊严》,载《检察日报》2000 年 8 月 2 日第 5 版。
⑳ 参见陈现杰:《人格权司法保护的重大进步和发展》,载《人民法院报》2001 年 3 月 28 日。

对隐私权的保护,主要是精神损害赔偿方式。对此,司法解释已经明确作出了规定。

4. 其他人格利益

这个司法解释当中使用"其他人格利益"这个概念,规定的就是一个弹性条款,包容一切应当保护的人格利益。这一点,在前文中已经作了说明。

在当前,应当特别加以强调需要进行保护的就是贞操权。对于贞操权的保护,可以概括在该司法解释第1条第2款规定的"其他人格利益"里面。这从法律适用的逻辑上可以得出确切的结论。

对于贞操权,在理论上和实践上都认为是自然人的最重要的人格权之一,立法也给予确认。贞操通常是指人保持性的纯洁,以及在性生活和性品行等方面的良好品行,并非女子所特有。维护这种人格利益的权利,是一种独立的人格权,应当给予严格的法律保护。我国法律对贞操权的保护是采用公法的形式进行,如刑法规定对侵犯贞操权的行为予以刑罚制裁,行政法规定对侵害贞操权的行为给予行政处罚。但是没有规定民法的保护方法,没有规定给予精神损害赔偿。这是一个很大的漏洞。比如强奸行为以及其他性猥亵行为给自然人造成严重的精神损害,这种损害要比侵害名誉权、肖像权严重得多。但是侵害名誉权、肖像权可以请求精神损害赔偿,为什么造成精神损害更为严重的侵害贞操权的受害人不能请求精神损害赔偿呢?对此,有的法院已经作出了判决,解决了这个问题。②

当然,对这种贞操权的侵害,可以概括在该司法解释中的侵害"其他人格利益"之中,但是,是不是所有的法官和受害人对此都能这样理解,也还是一个问题,因此急需明确解释,否则在适用中,就会因为规定不够明确而在执行中出现问题。

(四)对侵害身份权适用精神损害赔偿

在《精神损害赔偿司法解释》中,第一次规定了对身份权侵害可以请求精神损害赔偿的内容。这是将精神损害扩展到身份权的范围的一个重要举措。加上即将在《婚姻法》中规定的侵害配偶权的损害赔偿制度,对亲属法上的身份权的精神损害赔偿保护制度就比较完备了。

最高人民法院作出这样的司法解释,首先,就是将精神损害赔偿从人格权的场合扩展到了身份权的场合。过去,对于身份权没有规定可以进行精神损害赔偿,甚至于对中国民法是否规定了身份权,都有争议。有的学者就主张身份权是已经消亡的权利,中国民法不承认身份权是人身权利。这个司法解释表明最高司法机关对身份权及其保护的确认。

其次,对身份权进行民法保护,最主要的保护方式还是精神损害赔偿。最高人民法院的这个司法解释顺应社会发展,采纳学理研究成果,确认对身份权的保护,使用

---

② 对此,已经有了实际的判决。深圳市罗湖区法院对强奸犯罪的受害人提起的民事诉讼,判决给予精神损害赔偿8万元。参见《新民周刊》,载 http://www.sina.com.cn,2001年4月4日。

精神损害赔偿的民事责任方式,作出了很好的规定,是值得充分肯定的。

(五) 对具有人格利益因素的财产权的精神损害赔偿保护

《精神损害赔偿司法解释》第4条规定了对具有人格象征意义的特定纪念物品造成损害,受害人主张精神损害赔偿的,法院应当受理。这一规定,打破了精神损害赔偿只能适用于人身权受到损害的场合的限制,将其扩展到了有限制的财产权损害的场合。

这种做法,是日本的经验。在《日本民法典》中,对侵权范围的界定不采取列举式,而是采概括式,仅仅规定为"权利",不具体规定什么权利。这样就给对财产损害的精神损害赔偿奠定了基础。同时,《日本民法典》还在第710条明确规定:"不问是侵害他人身体、自由或名誉情形,还是侵害他人财产权情形,依前条规定应负赔偿责任者,对财产以外的损害,亦应赔偿。"在实践中,他们就是采用这种对于侵害具有人格利益因素的财产的权利的,可以责令承担精神损害赔偿责任。

现在的问题是,在实践中应当怎样适用这样的解释,法官如何认定何物是具有人格象征意义的"特定纪念物品";没有具体规定,如果让法官自由裁量,是否会出现偏差?应当承认,对于这些问题,在理论上研究得还不够,在实践上更没有经验。因此,需要认真地积累,同时也要很好地借鉴国外经验,特别是要借鉴日本的经验。专家要研究,法官也要研究,解决这个问题还需要大家的努力,尤其是法官的努力。有人提出,一是要侵害的客体应当是以精神利益为内容的纪念物品,其本身负载重大感情价值且具有人格象征意义;二是该纪念物品因侵权行为而永久性灭失或者毁损,其损失具有不可逆转性。例如,地震中失去双亲的孤儿,把父母生前留下的唯一的遗照交给照相馆翻拍,被丢失,使受害人遭受不可弥补的精神创伤。[23] 这种情况就是司法解释中所规定的情形。

从总的方面来说,这样的"物",是要严格把握的,不能将什么物都认定为特定纪念物品。这就是说,这种特定纪念物一定要有人格利益的因素,对所有人具有"人格象征意义"。例如,订婚信物、祖传珍品等。总的来说,精神损害赔偿是对人格利益的精神损害进行赔偿,一般是不适用于财产损害范围之中的。补偿这种损害,主要的立意,也还是对人格损失进行赔偿,而不是单纯地为财产损失进行赔偿。这种赔偿,只是一种特例,不能扩大。

四、关于死者人格利益保护问题

(一) 对死者人格利益保护的必要性

对死者人格利益进行法律保护,是各国立法和司法的一个惯例。早在康德的著

---

[23] 参见陈现杰:《人格权司法保护的重大进步和发展》,载《人民法院报》2001年3月28日。

作中,就提到了对死者名誉保护的必要性。[24]

对于死者人格利益的保护,是在《民法通则》实施以后不久提出来的问题。法院在实践中进行探索,学者在理论上进行深入的研究,创造了不同的学说。最高人民法院适时进行司法解释,确定了对死者的名誉利益进行保护的基本原则。随后,在实践中进一步反映了对死者其他人格利益保护的问题,提出对保护死者名誉利益的原则应当进一步扩大,例如对死者的肖像利益、隐私利益、姓名利益,以及尸体、遗骨等死者的身体利益,都需要进行延伸保护。这些人格利益不受到保护,都会影响社会的稳定,同时,也是对人格利益保护的不完全。

(二)保护的范围

第一,对死者人格利益保护的范围。

对此,最高人民法院的司法解释中已经明确规定,所保护的死者的人格利益包括:(1)死者的姓名、肖像、名誉、荣誉;(2)死者的隐私;(3)死者的遗体、遗骨。

第二,关于"其他近亲属"问题。

近亲属包括配偶、子女、父母、祖父母、外祖父母、孙子女、外孙子女、兄弟姐妹。在这个司法解释中,将近亲属分为两个层次,第一个层次是配偶、父母、子女,另一个层次是其他近亲属,应当包括祖父母、外祖父母、孙子女、外孙子女、兄弟姐妹。这样规定要体现的是顺序关系,就是有第一顺序的近亲属,第二顺序的近亲属不得起诉;没有第一顺序的近亲属,第二顺序的近亲属才可以起诉。

(三)死者人格利益保护的期限

有人提出,对死者人格利益的保护是否应该有期限?如有人诽谤一位明朝的民族英雄,这位英雄的后人可以提起诉讼吗?《精神损害赔偿司法解释》对死者人格利益的保护,看起来是没有规定起诉的期限,实际上,是规定了起诉期限的。这就是采用限制有权起诉人的范围的方式,规定起诉期限。

任何国家的立法和司法对死者的人格利益进行保护,都要有一定的期限,按照一般的理解,大约应该保护 50 年左右。司法解释采用以近亲属的范围界定保护期间,近亲属没有了,也就不再保护了。这样的时间也是 50 年左右,最长可能到 70 年。要注意的是,对死者肖像利益的保护具有特殊性,时间不能过长。

在学理上认为,对超过保护期限的死者人格利益进行保护,如果确有必要,可以由检察机关代表国家利益或者公共利益,提出诉讼,请求法院进行保护。2000 年,鲁迅的家属起诉鲁迅肖像权问题,就面临这个问题。

---

[24] 参见[德]康德:《法的形而上学原理——权利的科学》,沈叔平译,商务印书馆 1991 年版,第 119—120 页。

五、关于精神损害赔偿标准和赔偿数额问题

(一) 司法解释没有规定具体赔偿数额的原因

最高人民法院在《精神损害赔偿司法解释》中没有规定具体的赔偿数额问题,这是正确的。在这个司法解释的草案当中原来是有数额规定的,规定什么样的侵害最高赔偿标准是什么,最低标准是什么。这种意见后来被否定了,就是因为这种意见不科学,不符合对人身权进行民法保护的实际情况。

有人认为,在司法解释中最好有一个精神损害赔偿数额的规定,"明码实价",既便于操作,也便于老百姓理解和监督。这样认识是不对的。精神利益损害和精神痛苦并没有财产的价值,确定精神损害制度只是借财产的形式,对人格关系中的纠纷进行调整。因为在商品经济社会中,采用经济方式解决民事争端,是一个较为有效的办法,但是这种办法是有一定的弊病的。正因为如此,一方面要限制盲目追求高额赔偿金的错误做法;另一方面,也要注意运用其他的民事责任方式解决这类纠纷。可能对于一个相同的侵权行为,由于加害人的经济负担能力不同,而判决承担不同的赔偿数额,这都是正常的,而不能将精神损害赔偿明码标价。如果是这样,就真是将人格当成商品了。

关于精神损害赔偿的具体数额,没有办法统一规定。第一是侵权的具体情节不同,不能作统一规定;第二是国家的地域广阔,各地的经济状况均不相同,无法制定统一的标准;第三是加害人的经济负担能力不同。某省人大制定地方性法规,在消费者权益保护领域,规定对人格权侵害的精神损害赔偿最低限额是 5 万元人民币;某地高级人民法院规定精神损害赔偿的最高限额是 5 万元人民币。究竟哪个规定科学、哪个规定正确呢?

精神损害赔偿从来就不应当规定什么上下限!最高人民法院的司法解释从来就没有作过这样的规定。这是因为,精神损害不是一种财产损害,不能用财产的价值进行衡量。之所以采用财产的形式对精神损害进行赔偿,就是因为在商品经济社会,财产赔偿对受害人有一定的抚慰作用,对加害人有一定的制裁作用,对社会也有一般的警示作用。而且财产赔偿也不是抚慰精神损害的唯一办法,还有赔礼道歉、恢复名誉、消除影响等一系列的法律责任形式。规定上限的做法是不行的。例如,规定精神损害赔偿的上限是 10 万元和 5 万元,北京卡式炉爆炸案受害人贾国宇的残疾赔偿金定为 10 万元,大家都认为是合适的;如果是对造成死亡的赔偿金也仅仅赔偿 10 万元或者 5 万元,显然就是不够的。另外,还要考虑国际交往中的问题。在东芝笔记本电脑、三菱汽车等案件中,我们的立法、司法、理论上的一些固执的、习惯的做法已经受到了实践的惩罚。任何与中国交易的人,都会用中国的法律来解决与中国公民或法人发生的纠纷。规定上限是 10 万元,他们国家没有规定,可以赔偿几百万元、几千万元,侵害中国公民就可以按照中国的规定赔偿 10 万元。这也是"入世"对中国法律的

一个考验。所以,不能对精神损害赔偿规定上下限,规定了也是无法操作的。

(二)确定精神损害赔偿数额的基本原则和考虑的因素

所以,对精神损害赔偿数额的确定,不能运用数学的计算方法,而是要用人文的方法。基本方法就是法官依职权酌定。

确定一个精神损害赔偿的数额,要遵循三条原则:第一是要考虑对受害人是否起到抚慰的作用;第二是要考虑对加害人是否起到制裁的作用;第三是能否对社会有一般的警示作用。这三个因素都考虑到了,就是一个非常合适的赔偿数额。例如,在《民法通则》颁布实施的第二年,有两个法院判决某人的行为构成侵害名誉权,但是判令他承担的精神损害赔偿数额是5元人民币!这样的赔偿,不符合上述任何一个条件。等到这些案件积累多了,一个地区就可以进行平衡,判决的数额也就大体均衡了。

确定精神损害赔偿数额的办法,说到底,是要由法官对案件的感知决定,法官根据对受害人精神损害程度的感知,以及对侵权人的过错程度、侵害的手段、场合、行为方式等具体情节,侵权行为所造成的后果,侵权人的获利情况,侵权人承担责任的经济能力,受诉法院所在地平均生活水平等因素的感知,依照自由裁量权,确定具体的赔偿数额。在确定精神损害赔偿具体数额的时候,符合这三点要求的赔偿数额,就是合适的,而不在于究竟是多是少。当然,在一个地区,经过一段的实践,可以使赔偿数额大体实现较为均衡。但是,永远不能期望对精神损害赔偿有一个"一刀切"的标准。

这个司法解释基本上还是规定了确定赔偿数额的办法的。该解释第10条规定:"精神损害的赔偿数额根据以下因素确定:(一)侵权人的过错程度,法律另有规定的除外;(二)侵害的手段、场合、行为方式等具体情节;(三)侵权行为所造成的后果;(四)侵权人的获利情况;(五)侵权人承担责任的经济能力;(六)受诉法院所在地平均生活水平。"在考虑这些因素的基础上,可以确定具体的赔偿数额。

应当注意的是该条第2款规定的内容。这就是关于"法律、行政法规对残疾赔偿金、死亡赔偿金等有明确规定的,适用法律、行政法规的规定"。对此,《国家赔偿法》《消费者权益保护法》《产品质量法》以及《道路交通事故处理办法》关于这些项目赔偿的规定,应当按照规定确定。在这些法律和法规中,《消费者权益保护法》和《产品质量法》没有规定赔偿的计算方法,确定赔偿数额的时候,应当按照司法解释规定的办法确定。《道路交通事故处理办法》规定的计算方法,较为落后,赔偿的标准较低。如果完全适用这个规定,对受害人的权利保护不够。

当然,这些规定还较为抽象、不具体,具体的操作还需要在实践当中积累经验。在《民法通则》规定了人身权的民法保护内容以后,司法实践局限在这个范围里,没有积累更多的经验。这个司法解释更多的是集纳法理研究的精华,操作性不强。具体的操作还是要在按照这个司法解释的适用过程中,积累经验,发现问题,才能够有更多的可操作性的规定。在这一点上,法官应当发挥创造性,创造出更多的具有借鉴价值的案例,丰富实践经验,使人身权保护制度更完备,更圆满。

(三) 如何避免滥诉问题

以往在请求精神损害赔偿的具体案件中,受害人动辄提出数百万的精神损害赔偿金,却往往得不到法院的支持,受害人自己对精神受损害的赔偿和法院认定的并不一样。现在司法解释将精神损害赔偿的适用范围这样扩大,可能会有更多的人提起这样的诉讼。对此,应如何避免滥诉行为,避免无谓增加诉讼负担,是一个重要的问题。

有专家认为,当事人在精神损害赔偿的诉讼中,经常打一种心理战。当事人企图以高额赔偿来强化被告确实构成精神损害侵权的可能性,使得法官和大众形成一种思维定势,有利于胜诉。另外,高额赔偿请求是作为与被告谈判的筹码,迫使被告权衡万一败诉,高额赔偿不划算,不如调解降低数额。这种分析是正确的。是否构成精神损害,要依照法律和司法解释的规定判断。在当事人和法官之间,在认识上确实会有一定的差距。这里既有当事人对法律理解的问题,也有法官对法律理解的问题。过去,对精神损害赔偿只是局限在《民法通则》规定的"姓名权、肖像权、名誉权和荣誉权"上,现在扩展到了这样广大的范围,这不仅对当事人是一个需要掌握的问题,以避免滥诉;对法官也急需学习和研究,真正掌握这一司法解释的基本精神和适用的办法,避免适用法律的错误。助长高额赔偿的客观环境是,只要被告侵权,不管赔多赔少,诉讼费都是被告承担。因此,要按实际赔多少精神损害额来分担诉讼费,这样可扼制一部分滥诉。这是一个有效的办法。

从某种意义上说,滥诉倒不是大的问题,因为滥诉的结果是自己承担败诉的后果。更重要的是法官的水平是不是能够掌握这一司法解释的基本精神,做到准确实施;同时,在适用这一司法解释的时候,也不要再多加额外的限制,使当事人的权利得不到应当得到的法律保护。

六、对若干具体问题的理解

在最近的讨论中,对如何适用《精神损害赔偿司法解释》,有些人提出了一些具体的问题。主要是:

(一) 关于交通事故的补偿费问题

交通事故中的补偿费,有一部分属于精神损害赔偿,主要是死亡补偿费。在这个行政法规中,关于死亡补偿费的规定,在当时是一个重要的突破。但是,在今天看来,这个行政法规中关于精神损害赔偿问题规定赔偿标准还是很低,对于造成重伤、一般伤害,都无法请求精神损害赔偿。现在的这个司法解释,在交通事故赔偿中怎样落实,第 10 条第 2 款,规定的是"法律、行政法规对残疾赔偿金、死亡赔偿金等有明确规定的,适用法律、行政法规的规定"。笔者认为,这段话是规定在对精神损害赔偿数额确定的条文之中,解决的是赔偿数额问题,不是解决赔偿项目的。因此,不能认为这段话是对这个司法解释规定的精神损害赔偿适用范围的限制性规定。例如,在《道路交通事故处理办法》规定的赔偿范围中,只规定了死亡补偿费,没有规定其他精神损害赔偿的项目。而在这个司法解释中,规定有残疾赔偿金、死亡赔偿金和精神抚慰金。那么,对于在交通事故中造成残疾的、其他损害情形的,就有一个赔偿残疾赔偿金和精神抚慰金的问题。对此,应当予以适用。最高人民法院应当发布判例,确定适用的原则,指导审判实践。

(二)当法规竞合时精神损害赔偿如何解决

以人格权为侵害客体的犯罪行为的(杀人、过失致人死亡、伤害、侮辱、诽谤、强奸、非法拘禁、寻衅滋事等)刑事案件的发案率一直较高。这些犯罪行为在民法上又属于损害人格权的侵权行为。按照现在的刑事附带民事诉讼制度,在这些提起了刑事程序的侵权案件中,因精神损害不能归入"物质损失"的范围内,"物质损失"又是刑事附带民事诉讼的法定必要条件,导致不少此类案件的被害人在刑事诉讼中向法院提出的民事赔偿要求得不到满足。法官只能对相关的物质损失进行审判,精神损害就无法处理了。这是目前立法存在的问题。在这一个问题上,修改立法的时候,立法机关没有采纳学者的意见。

刑事附带民事诉讼可以附带精神损害赔偿。现在的矛盾是,司法解释的效力不应及于《刑法》和《刑事诉讼法》。当前可以考虑在刑事诉讼以后另行提起民事诉讼,请求精神损害赔偿。这确实涉及诉讼成本的问题,但是,目前还没有别的办法解决。最根本的办法,应当在立法上解决,通过修改《刑法》和《刑事诉讼法》,修改相关的条文。为应急需,最高法院也可以作出司法解释,确定在附带民事诉讼中可以提出精神损害赔偿请求。仅就目前的情况看,只能采取另行起诉的办法解决。

(三)关于法人的精神损害赔偿问题

《精神损害赔偿司法解释》规定,法人的人格权受到损害请求精神损害赔偿的,不予受理。对此,很多人提出疑问,为什么法人不适用精神损害赔偿?对于法人的精神损害适用何种救济方法,等等。

在这个问题上,最高人民法院在关于名誉权的司法解释当中,就是采用的这种立场。笔者不同意这个意见。但是可以从另一个角度来看,这个司法解释就是针对自然人的人格权保护问题作出的规定,不包括法人问题。

总之,对于法人不适用精神损害赔偿的问题,需要斟酌。这不符合《民法通则》第120条规定的基本精神。

(四)关于《民法通则》与该解释之间的差别问题

有些人提出,《民法通则》似乎并没有对侵犯人格尊严权、人身自由权等一般人格权作出相应的规定,而这次的这个解释将其列为可以请求精神损害的赔偿范围,是否会出现一些侵害一般人格权的行为不能被认定为侵权行为,而使该解释的这项规定虚化。

笔者认为,人格尊严和人身自由是《消费者权益保护法》和《国家赔偿法》规定的人格权,司法解释将其扩展到普遍适用的范围。这是非常对的,也是学术界强烈主张的。前文提到的这个问题不大可能会出现,因为最高人民法院的司法解释在适用上有普遍的效力,各级法院都要遵守。即使有些人主张立法没有规定,但是依照司法解释同样可以作出判决,何况这个司法解释的基本精神符合《民法通则》的立法原则。

(五)如何认定精神损害严重后果问题

有的人提出,在这个司法解释中多次提到,"因侵权致人精神损害,但未造成严重后果,受害人请求赔偿精神损害的,一般不予支持"。如何认定严重后果?例如,偷看日记但是没有对外宣扬,能否据此就认定没有严重后果,甚至没有后果?

笔者认为,这个问题是最具操作性的,也是这个司法解释还没有很好解决的问题。情节严重、严重后果怎样掌握,在侵害不同的权利当中,都不会是一样的。偷看日记,要看日记内容的具体情况,要看是否泄露。如果偷看的内容重要,尽管不泄露,也应当构成侵权。对于这些问题,一方面需要总结经验,另一方面要加强研究,提出好办法。

适用人身损害赔偿司法解释的疑难问题及对策[*]

2004年4月28日,中国人民大学民商事法律科学研究中心会同人民法院出版社和江苏省高级人民法院,在常熟市召开"人身损害赔偿案件疑难问题暨司法解释适用研讨会"。中国人民大学民商事法律科学研究中心主任王利明教授以及杨立新和张新宝教授、人民法院出版社社长刘保军、江苏省高级人民法院副院长叶兆伟参加会议。出席会议的还有:北京大学法学院副教授王轶,清华大学法学院讲师程啸,苏州市中级人民法院院长鲁国强、副院长刘冬冬,常熟市人民法院院长李建新,以及各地人民法院的院长、庭长、资深法官:人民法院出版社刘德权、吴秀军、高绍安、兰丽专,江苏省高级人民法院谢国伟、马荣、魏明,苏州市中级人民法院沈燕虹,无锡市中级人民法院邹建南,北京市高级人民法院张柳青,北京市第二中级人民法院王范武,安徽省高级人民法院吴远阔,广东省高级人民法院丁海湖,湖北省高级人民法院杨源俊,江西省上饶市中级人民法院郑享华,广州市中级人民法院李娜,上海市长宁区人民法院盛勇强,成都市武侯区人民法院于嘉川,西安市中级人民法院杜豫苏、王浩,共约40人。中国人民大学法学院博士研究生尹飞也参加了会议。

会议讨论的主题是,对于在适用最高人民法院《关于审理人身损害赔偿案件适用法律若干问题的解释》中的疑难问题,如何在理论上认识并在实践上提出具体解决办法。与会的学者和法官联系司法实践,畅所欲言,共同切磋,深入探讨,相互启发,提出了很多具有建设性、创新性和指导性的意见,对于在实践中对人身损害赔偿案件如何适用法律和司法解释,凸显人的价值和法律地位,保护人的生命权、健康权和身体权,具有重要的意义。此外,王利明、杨立新和张新宝三位教授还于4月30日在江苏省高级人民法院和南京师范大学法学院与部分法官和师生就同一个问题进行了深入的座谈和讨论。

这次会议参加的人员虽然很少,时间也不长,但是由于参加会议的学者、法官都是功底深厚、经验丰富的法学理论家和资深法官,他们既有深厚的理论修养,又有丰富的司法实践经验,因此讨论的问题特别集中,研究的问题非常全面、非常具体,对人身损害赔偿案件疑难问题提出的司法对策既有理论深度又有实践意义。与会人员一

---

[*] 本文发表在《判解研究》2004年第7期。

致认为,这是一个非常成功的、在理论上和实践上都具有重要价值的会议。现将这次会议及两次座谈所讨论的主要内容做如下纪要。

一、如何认识人身损害赔偿司法解释的法律意义

与会学者和法官一致认为,最高人民法院《关于审理人身损害赔偿案件适用法律若干问题的解释》(以下简称《人身损害赔偿司法解释》)是一个非常重要的司法文件,在我国民法尤其是在侵权行为法的建设中,在保护人的权利方面,具有极为重要的意义。这个司法解释在人身损害赔偿案件法律适用乃至于民法、侵权行为法的发展上的意义,可以概括为以下五点:

(一)凸显人的价值和权利本位观念,全面保护生命权、健康权和身体权

会议一致认为,《人身损害赔偿司法解释》的最重要意义,在于确认和凸显人的价值、人的法律地位和权利本位思想。在现代社会,民法就是人法,就是人的权利法,确认人的价值,保护人的地位,就是要保护人的权利。生命、健康和身体,是自然人的人格赖以存在的物质载体,对于人的存在和发展,具有极为重要的意义,所以,人格权中的生命权、健康权和身体权,是人的最基本、最重要的权利。人的生命权、健康权和身体权受到侵害,是对人的最严重的侵害。突出人的价值、突出人的地位,就是要更好地保护这些权利,救济这些权利的损害,以保护人的价值、维护人的尊严和地位。《人身损害赔偿司法解释》立足于这一立场,凸显民事司法的人文主义立场,全面保护人的权利,救济人的生命权、健康权和身体权的损害,体现了民法的人文主义关怀,与最高人民法院关于精神损害赔偿的司法解释一道,成为新中国人格权司法保护中的最重要的两个司法文件,具有极为重要的意义。

(二)统一对生命权、健康权和身体权损害救济的规则和方法

会议认为,新中国成立以来,我国关于人格权的法律保护是比较薄弱的。"文革"之后,经过拨乱反正,立法机关制定了《民法通则》,确立了对生命权、健康权和身体权保护的基本规则,但不够具体、不够完善。在之后陆续出台的一些法律和行政法规、司法解释中,规定了一些人身损害赔偿的具体规则和方法,但内容不统一,发生了法律与法律之间、法律与行政法规之间、行政法规与司法解释之间的冲突。因此,在司法实践中急需统一规定人身损害赔偿具体规则和方法,统一司法实践中的做法。《人身损害赔偿司法解释》应运而生,统一了人民法院审理人身损害赔偿案件,救济生命权、健康权和身体权损害的基本规则和操作方法,对于保护人的权利,制裁侵权行为,具有极为重要的意义。

(三)补充侵权行为法关于侵权行为类型的空白

1986年的《民法通则》规定了侵权行为法的基本规则,但是具体内容还存在缺陷,还不够完备,特别是对侵权行为的类型规定的不够具体,对很多应当规定的侵权

行为类型没有作出规定。《人身损害赔偿司法解释》从司法实践需要出发，吸收研究成果，总结实践经验，对于违反安全保障义务的侵权责任、学生伤害事故责任、法人侵权责任、雇主责任、定作人指示过失责任等一系列侵权行为类型，都作出了具体规定，弥补了立法的不足，推动了我国侵权行为法的发展。

（四）集纳司法实践经验和理论研究成果，推动侵权行为法的发展

《民法通则》实施以来，人民法院在保护人的生命权、健康权和身体权方面积累了丰富的司法实践经验。在理论上，学者进行深入探讨，对一些重大理论和实践问题提出了重要的主张和意见。《人身损害赔偿司法解释》集纳司法实践经验和理论研究成果，也是对司法实践和理论研究的充分肯定，对于完善中国人格权司法保护的实践和侵权行为法理论的发展，具有重要的意义。特别值得说明的是，中国人民大学民商事法律科学研究中心专门召开研讨会，最高人民法院主管民事审判工作的副院长和民事审判庭的负责人、文件起草人等出席会议，就《人身损害赔偿司法解释》草案的修改工作，深入进行讨论，被学界誉为起草司法解释的"专家与学者的高层对话"，会议对修改这个司法解释提出了重要的意见，这些意见都被吸收到了正式的司法解释文件当中。

（五）为制定中国民法典提供积极的借鉴

目前，民法典的制定工作进入了立法日程，正在加紧进行。民法典的一个重要组成部分就是侵权行为法，人身损害赔偿是侵权行为法的重要组成部分。最高司法机关对此作出司法解释，规定了具体的操作意见和办法，在实践中执行还可以不断积累经验，都必将对侵权行为法建设的进一步发展起到重要的推动作用，为民法典的起草和制定提供有益的经验和重要的借鉴。

二、关于共同侵权行为及其责任的问题

会议讨论最多也是最深入的一个问题，就是《人身损害赔偿司法解释》关于共同侵权行为的规定。《人身损害赔偿司法解释》的第3条至第5条规定了共同侵权行为，内容最为丰富，理论价值、实践意义也极为重要。也正是由于这些规定的内容和理论基础的重要性，因此在讨论中对它的争论也最大。

（一）充分肯定关于共同危险行为的规定

共同危险行为是准共同侵权行为，是《德国民法典》首创的制度，我国《民法通则》对此没有规定。在现实的司法实践中，这个制度对于解决侵权纠纷具有十分重要的作用。《人身损害赔偿司法解释》第4条规定："二人以上共同实施危及他人人身安全的行为并造成损害后果，不能确定实际侵害行为人的，应当依照民法通则第一百三十条规定承担连带责任。共同危险行为人能够证明损害后果不是由其行为造成的，不承担赔偿责任。"会议认为，司法解释规定了这个制度，弥补了立法的不足，其制

定的具体规则也都是合适的,为司法实践提供了司法解释依据,为实践中处理共同危险行为侵权纠纷提供了具体规则和办法。

(二)采用客观标准界定共同侵权行为争论较大

在认定共同侵权行为本质特征的时候,在理论上存在"意思联络说""共同过错说""共同行为说"和"共同结果说"等不同主张,通说采纳共同过错说作为标准。《人身损害赔偿司法解释》改变了理论上和实践中的通说立场,转而采用客观标准,引起理论界和实务界的激烈争论,会议也在这个问题上进行了尖锐、深入的争论。

绝大多数与会者反对扩大共同侵权行为的范围,主张坚持以共同过错作为共同侵权行为的本质特征;少数与会者赞成《人身损害赔偿司法解释》的规定,即以客观标准作为判断共同侵权行为的基础,认为这符合现代侵权行为法发展的方向。

双方主要争论的问题是:

1. 连带责任的范围究竟应当规定得宽一些还是窄一些

对共同侵权行为本质特征的认定,历来存在"意思联络说""共同过错说""共同行为说"和"共同结果说"等不同的主张,其根本问题,在于对数人侵权承担连带责任范围的界定。采用意思联络说,确定连带责任的范围最窄;采用共同过错说,确定连带责任的范围稍宽;而采用客观立场的共同行为说和共同结果说,则连带责任的范围更宽。传统侵权行为法理论认为,连带责任使不同的行为人承担一个共同的责任,责任最重,不应当轻易确定数人承担连带责任,因此,只有数人侵权的意思联络(即共同故意)才使数个行为人的行为结合为一个共同行为,才因此承担连带责任。50多年来,我国侵权行为法从救济受害人的立场出发,适当扩大连带责任范围,采用了共同过错说的立场,已经成为司法实践中确定共同侵权行为的基本规则。

与会多数人认为,我国侵权行为法通说采用共同过错说,已经适应了现实司法实践的需要,能够较好地保护受害人的利益,同时也坚持了主观归责的立场,是应当坚持的,不应当轻易否定。少数学者认为,现代侵权行为法朝着更有利于保护受害人的方向发展,在共同侵权行为的认定上,应当采用客观归责的立场,适当扩大共同侵权行为的范围,扩大连带责任的范围。

2. 认定共同侵权行为采用主观标准还是客观标准

认定共同侵权行为的标准采用主观标准还是客观标准,与连带责任的范围究竟是宽一些还是窄一些是紧密相连的,但是,更为重要的,则是对于现代社会的人的行为的态度问题。

反对采用客观标准认定共同侵权行为的意见的专家、学者和法官认为,毫无疑问,采用客观标准认定共同侵权行为对于保护受害人的利益是有利的;但是,连带责任是加重责任,必须建立在过错的基础上,才能够体现其合理性。连带责任不是几个人的行为结合在一起,而是加害人的过错把几个人的行为联系在一起,因而一个加害人才应当为另外的共同加害人承担共同的责任。将数个没有主观上联系的行为人的行为强制性地认定为一个共同侵权行为,责令其承担连带责任,等于剥夺了人的行为自由。近现代的侵权行为法采用过错责任原则的基本立场，其主旨是反封建，破除客观归责对人强加的人身桎梏，还给人以行为的自由。如果行为人行为时没有过错，那么即使其行为造成了他人的损害，他也不承担责任，因为人可以自由行为，而不受可能造成损害即应承担责任后果的思想羁绊。因此，在认定共同侵权行为的时候，既要考虑到对受害人的保护，又要考虑到行为人正当行为的范围。如果将共同侵权行为的认定标准改为客观标准，那么，就会把人的行为的风险过于扩大，人的行为的自由度就会受到严重的限制，不能保障人的行为的自由。在这种情况下，应当着重加以考虑的是，如何扩大社会保障救助机制的建立和完善，把损害的风险向社会转移，而不是违反侵权行为法的本质，破坏侵权行为法的内在的和谐和统一。

相反的意见认为，关于共同侵权行为的认定标准问题，在20世纪80年代就讨论过，从本质上说，这是一个侵权行为法的价值观问题。当然，在共同侵权行为中坚持主观标准确实具有反封建、强调自由的色彩，因而与株连责任相对应，给人的行为以更多的自由。这是一个根本性的观念，是完全没有问题的。但是，这种标准所关注的只是加害人一方的利益，没有很好地考虑受害人的利益。如果确定一个案件的行为人承担连带责任能够使受害人的损害得到全面的赔偿，不然就难以得到全面赔偿的话，那么，就应当进行全面的利益衡量，怎样才能更好地保护好双方当事人的利益。另外，刑事责任与民事责任有很大的不同，民事责任不是人身性质的责任，而是财产责任，这也为在利益平衡上更多地考虑受害人的利益保护提供了条件，连带责任的适用范围适当宽一些，是有好处的。这也是主张采用共同侵权行为客观标准的一个重要考虑。

3. 如何把握侵害行为的"直接结合"和"间接结合"

按照《人身损害赔偿司法解释》第3条的规定，认定共同侵权行为"其侵害行为直接结合发生同一损害后果的，构成共同侵权"，应当承担连带责任。在实践中，怎样认定侵害行为的直接结合，存在重大的争议。

反对采用客观标准认定共同侵权行为的专家认为，《人身损害赔偿司法解释》这样规定，是该司法解释的一个"硬伤"，是不符合法理的，同时在实践中也不好操作。所谓的"侵害行为直接结合"，在理论上专家学者都说不清楚，在司法实践上当然就更无法操作。按照有些人的解释，判断侵害行为的直接结合，就是数人的加害行为的"时空一致性"。但是时空的一致性实际上并不能判断加害行为的直接结合或者间接结合。例如，一个人买了一个有缺陷的热水器，恰好买的漏电保护器也有缺陷，烧水洗澡的时候触电死亡。这两个制造或者销售缺陷产品的行为在造成损害的问题上，在时空上具有一致性，是直接结合造成了一个共同的损害结果，但这个行为是共同侵权行为吗？即使是数人的行为具有时空的一致性，也完全不是共同侵权行为，而是一个无过错联系的共同致害，不应当承担连带责任，而是承担按份责任。设计人员设计的建筑图纸有问题，施工人建筑时也有过错，造成了建筑物倒塌致害的后果，这两个行为没有时空的一致性，但是这种情况都认为是共同侵权行为，就是因为两个行为人具有共同过失,构成共同侵权责任。

　　坚持采用客观标准的学者并不这样认为。他们认为,确认共同侵权行为的客观标准,是采用以数人的侵害行为直接结合造成一个共同的损害后果作为判断的基础。行为直接结合和间接结合的说法,虽然在理论上比较复杂,但是它很好地说明了共同侵权行为的认定标准。数人的行为对于损害的发生不能分割,是损害发生的必要因素,各个行为均构成共同原因的,就可以解释为行为的直接结合。反之,行为对损害的发生具有独立的作用,原因力能够分割、能够比较的,是非必要的因素,不能认定为直接结合,而是间接结合。因此,确定行为的直接结合和间接结合的主要标准,就是行为是否独立对损害结果发生影响。例如,两个互不相识的人对受害人进行攻击,一个打伤了他的腿,一个打伤了他的手,这个原因力是可以分割的,是间接结合。但是受害人没有及时治疗失血过多造成死亡,不能分辨出各个伤口流血的量,这时候,如果认为这两个行为人的行为没有共同过错而不认定为共同侵权行为,不承担连带责任,是没有道理的,也不合理,因为这就是侵害行为的直接结合。为了进一步说明观点,学者进一步举例说明不存在共同过错也应当承担连带责任的理由。受害人院子里有一个六角的亭子,第一个小偷偷瓦;第二个小偷偷走一个柱子,第三个小偷偷走一个柱子,亭子没有倒塌,因为还有四个柱子在支撑。第四个小偷也来偷柱子,截下柱子后,亭子倒塌。受害人起诉四个小偷。第一个小偷不能承担连带责任,那么第二个、第三个、第四个小偷要不要承担连带责任呢?如果考虑到这三个小偷没有共同过错而不承担连带责任,而是单独承担按份责任,第四个小偷就要承担亭子倒塌的全部责任,而第四个小偷无力赔偿,那么受害人就要自己承担损失,这就不能很好地保护受害人的利益。这种侵害行为直接结合造成同一个损害后果的数人行为,应当认定为共同侵权行为,确定承担连带责任。

　　还有一种意见认为,直接结合或者间接结合的概念是框架式的概念,是在学说上无法说清楚的概念,只有在司法实践中才能够说清楚,并根据司法实践建立各种不同的类型,使之具体化。司法解释就是要解释这样的概念,而不应当使用这样的概念。这种框架式概念只有在立法上才可以使用。这就是大陆法系的基本规则,即法官不能创造法律,而只能创造性地适用法律。

　　与此相似的观点认为,确定一个请求权的基础应当是一致的。《人身损害赔偿司法解释》的第 3 条第 1 款创立了两个请求权,这两个请求权的基础并不一样,前一个请求权的基础是过错,后一个请求权的基础是损害行为。这样的司法解释创造新的授权性请求权,对于司法活动会增加困难,还要有一个司法解释的解释,才能够解释这个请求权的基础,才能够执行。这不是一个好的做法。

　　4.如何把握关于免除共同加害人责任的规定

　　《人身损害赔偿司法解释》第 5 条第 1 款规定:"赔偿权利人起诉部分共同侵权人的,人民法院应当追加其他共同侵权人作为共同被告。赔偿权利人在诉讼中放弃对部分共同侵权人的诉讼请求的,其他共同侵权人对被放弃诉讼请求的被告应当承担的赔偿份额不承担连带责任……"与会人员认为,这一条规定存在的问题,在于赔偿权利人放弃部分共同侵权行为人的诉讼请求的后果,与连带责任的原理不相符合。其理由是:第一,对共同加害人之一(包括共同危险行为人之一)不起诉,并不意味着放弃追究,按照连带责任原理,受害人是完全可以追究部分共同加害人承担全部责任的,而被追诉的部分共同加害人有责任承担全部的侵权责任。本条现在做这样的规定,与连带责任原理不符,是值得研究的。第二,现在规定赔偿权利人放弃对共同加害人诉讼请求的,是要原告明示,且法院有告知义务。假如既没有明示放弃,法院又没有告知,法院也没有追加,那么会怎样处理呢?这个问题显然是值得研究的。笔者的意见是,应当按照连带责任的原理,不能认为是放弃。

有的专家认为,司法解释已经这样规定了,在实践中应当尽量避免存在的问题。第一,尽量追加当事人,按照"赔偿权利人起诉部分共同侵权人的,人民法院应当追加其他共同侵权人作为共同被告"的规定,受害人不起诉的,就直接追加共同加害人参加诉讼。第二,法院要履行告知义务,将放弃诉讼请求的法律后果告知赔偿权利人,避免受害人受到不应有的损失。

5. 在实践中怎样适用《人身损害赔偿司法解释》关于共同侵权行为的规定

会议认为,司法解释已经作了上述这样的规定了,应当一方面在理论上很好地进行研究,总结经验教训;另一方面应当在实践中执行。因此,应当按照下面的要求确认共同侵权行为的类型:

第一,典型的共同侵权行为。应当掌握共同过错的标准确认,即二人以上共同故意或者共同过失致人损害的,为共同侵权行为,承担连带责任。

第二,共同危险行为。共同危险行为是准共同侵权行为,应当按照共同侵权行为的规则确定共同危险行为人的连带责任。

第三,视为共同侵权行为。对于既没有共同故意又没有共同过失,但其侵害行为直接结合发生同一损害后果的,视为共同侵权行为,按照共同侵权行为的连带责任规则处理。但是多数与会者认为,在制定民法典侵权行为法的时候,应当将这一规则改掉。

第四,无过错联系的共同致害。对于二人以上没有共同故意也没有共同过失,但其分别实施的行为间接结合发生同一损害结果的,实行按份责任。

三、关于违反安全保障义务的侵权行为及其责任的问题

近年来,法学理论界和实务界对违反安全保障义务的侵权行为的讨论是很深入的,讨论和实践的成果也写进了民法典侵权责任法编的草案。在司法实践中,法院处理了很多这类案件,积累了较为丰富的审判经验。《人身损害赔偿司法解释》总结实践经验和理论研究成果,在第6条作出了很好的规定。与会学者和法官都对此给予充分的肯定。

(一) 基本规则问题

会议认为,从类型上说,未尽安全保障义务的侵权行为有四种形式,这四种形式都包含在本条规定当中:一是设施设备未尽安全保障义务的侵权行为;二是服务管理未尽安全保障义务的侵权行为;三是防范制止侵权行为未尽安全保障义务的侵权行为;四是对儿童未尽安全保障义务的侵权行为。

从责任形态上说,未尽安全保障义务的侵权行为的责任有两种:一是直接责任,是由未尽安全保障义务人自己承担的责任,包括设施设备未尽安全保障义务、服务管理未尽安全保障义务和对儿童未尽安全保障义务时的赔偿责任,这是违反安全保障义务的人所承担的责任。二是补充责任,在防范、制止侵权行为未尽安全保障义务的侵权行为中,侵权行为人承担直接责任,未尽安全保障义务人承担补充责任。承担责任的顺序上有先后的区别,对此应当区分清楚。

违反安全保障义务侵权行为的请求权基础,在于违反保护他人的法律。在德国法系,确立侵权损害赔偿请求权的基础有三个,一是违反法定义务,二是违反保护他人的法律,三是故意违背善良风俗致人以损害。这种侵权行为的损害赔偿请求权基础,就是违反保护他人的法律。

(二) 具体问题

1. 对于安全保障义务人的义务来源,究竟是合同义务还是法定义务,有人提出疑问。其认为主要还是合同义务,包括合同的主义务和附随义务。如果没有违反合同义务或者合同的附随义务,就不应当承担这种侵权责任。例如,广州市天河公园发生凶杀案件,法官认为对于发生凶杀案件,公园不可预见,也无力防范、制止,因而对此不应当负责任;但是在凶杀发生后的十几个小时中,公园方也没有发现,致使受害人死亡,法官认为这违反了救助义务,应当承担责任。另如,歹徒在小区将业主女孩强奸,受害人爬出二楼几十分钟,保安人员也没有发现,因此也认定其有过错,应当承担侵权责任。会议认为,违反安全保障义务中的义务,有三种来源,一是法定义务,例如《消费者权益保护法》第7条规定的经营者对消费者承担的安全保障义务、《物业管理条例》第36条规定的物业单位对业主承担的人身和财产的安全保障义务;二是合同的主义务,例如客运合同中本身就包含承运人对旅客的安全保障义务;三是合同的附随义务。这些义务违反,如果是对法定的保护他人义务的违反,就构成侵权责任;如果是对约定的合同主义务或者附随义务的违反,构成违约责任,由于损害的是固有利益,也可以认为是侵权责任,因此构成责任竞合,适用《合同法》第122条规定的规则处理。对于防范、制止侵权行为未尽安全保障义务的侵权行为,则应当按照违反法定保护他人义务的要求处理,未尽该义务造成侵权行为人对受保护人的损害,应当承担补充的侵权责任,不应当按照违约责任处理。有人认为,确定安全保障义务,应当适用国外的"香蕉皮"理论,即提供经营服务的经营者,负有经营服务职能,负有管理者的责任,他才能负有安全保障义务。

2. 违反安全保障义务的侵权行为应当实行过错责任原则。其中有两个问题需要研究：一是过错是指没有尽到安全保障义务本身，还是除了没有尽到安全保障义务之外，还必须存在一个独立的过错？一种意见认为，这里的过错不是独立的过错，没有尽到安全保障义务本身就是过错，因为未尽注意义务就是过失，没有尽到安全保障义务，当然就是过失。另一种意见认为，没有提供安全保障只是一个行为，是一种不作为的行为，这种行为具有违法性，但不等于就存在过错，还必须在主观上达到一定的标准，才能够认定为有过错。会议倾向于前一种意见。二是违反安全保障义务的过错，究竟是推定过错，还是原告证明的过错？对此，有两种对立的意见。会议倾向于采取过错推定的意见，即从未尽安全保障义务的行为中推定行为人具有过错，如果行为人认为自己没有过错，则须自己举证证明。

3. 关于违反安全保障义务侵权行为的责任中的补充责任，有两个问题：第一，承担直接责任的侵权行为人已经承担了全部赔偿责任，补充责任人是不是还要承担责任？如果不承担责任，那么对他岂不是没有进行制裁吗？会议认为，补充责任的设计，体现的是"最终"原则，即谁是损害后果的最终制造者，就由谁承担最终的责任。这一点，与不真正连带责任的要求是一致的。既然侵权行为人已经"最终"地承担了侵权责任，补充责任当然就不用承担了。如果在这种情况下还要补充责任人承担责任，就失去了侵权行为法救济手段的补偿性原则了。况且在大多数场合，补充责任是需要承担责任的，并且承担了责任之后，由于直接侵权人无力赔偿，而要自己承担责任。因此，在整体制度的设计上，是合理的。第二，如果受害人同时起诉了两个行为人，即既起诉了直接侵权人，又起诉了未尽安全保障义务的行为人，应当怎样处理？对此，应当赋予未尽安全保障义务人以先诉抗辩权（即检索抗辩权），在直接侵权人不能承担侵权责任的时候，再由未尽安全保障义务的行为人承担补充责任。

4. 违反安全保障义务的侵权行为的适用范围究竟应当有多大，会议讨论认为应当进一步明确。按照现在的司法解释规定，不仅包括经营者的经营活动，还包括其他社会活动。实际上这是侵权行为的另外一个类型，就是组织者的责任（在下文第八个问题中说明），不应当规定在这里。

四、关于雇主责任和工伤事故责任的问题

《人身损害赔偿司法解释》第9条和第11条规定了雇主责任和雇员受害的责任，后者实际上就是工伤事故的责任问题。对此，会议进行了讨论。

（一）关于雇主责任的问题

《人身损害赔偿司法解释》第9条规定，是我国实体法律和司法解释第一次阐明

雇主责任的替代责任规则①，这就是，雇工在从事雇佣活动中造成他人损害，雇主承担责任。雇主承担责任之后，雇主可以向有过错的雇工追偿。对"从事雇佣活动"的界定，确定是指从事雇主授权或者指示范围内的生产经营活动或者其他劳务活动。对于是否超出授权范围的行为，确定确认的方法是"客观说"方法，即以执行职务的外在表现形态为标准，表现形式上是履行职务或者与履行职务有内在联系，具有此外在特征，即可确定为从事雇佣活动。

解释规定，雇员因故意或者重大过失而致人损害的，与雇主承担连带责任。这样的规定，与传统的雇主责任有很大区别。为什么要确定雇主责任为替代责任？为什么确定雇主承担责任之后要由雇主对有过错的雇员追偿责任？就是为了保障受害人的赔偿权利的实现。在这种情况下再规定一个雇主和雇员的连带责任，理由并不充分，也使替代责任与连带责任纠缠在一起，使问题更为复杂。

(二) 关于工伤事故责任问题

与会者提出，第三人造成的工伤事故，受害人请求享受了工伤保险待遇之后，对第三人是否有请求权，其工伤待遇是否可以损益相抵。有的认为，工伤保险待遇与赔偿责任救济的性质不同，救济的方法也不同，应当是可以同时请求的。会议认为，对于这个问题，立法曾经考虑过两个办法：一是，按照补充责任的规则处理，即当第三人侵害劳动者，属于工伤保险范围内的，可以进行选择，选择请求第三人赔偿如果失败，就可以请求工伤保险的补充责任，如果第三人承担的责任超过工伤保险的标准，不适用工伤保险。二是，按照不真正连带责任规则处理，即受害人可以选择请求工伤保险，工伤保险给予受害人保险待遇之后，取得对第三人的追偿权，享有代位权，如果工伤保险行使代位追偿权取得的利益超过工伤保险待遇的，应当将多余的部分交付受害人。

与会法官提出一个典型案例，即雇工受雇粉刷墙壁，将一块木板放在两个台子上，雇工站在上面工作，在刷完一处之后，该工人没有下来，让另外两个工人连人带木板一起抬起来到另一处工作，结果木板折断，工人摔下来至死。会议认为，这样的案件，应当是工人违章工作造成的损害，雇主和工人都有过错，应当分担责任。

五、关于定作人指示过失责任问题

(一) 基本规则

定作人指示过失责任原本是英美法系的侵权责任类型，在日本制定民法典时采纳了这一制度，清末变法制定《大清民律草案》时，规定了这一制度，民国民法正式作了规定。长时间以来，我国《民法通则》和司法实践没有规定和适用这一制度。《人

---

① 在此之前，最高人民法院在关于适用民事诉讼法的司法解释中，曾经在程序上规定了雇主责任的程序内容。参见最高人民法院《关于适用〈中华人民共和国民事诉讼法〉若干问题的意见》第45条。

身损害赔偿司法解释》结合司法实践需要,对此作了规定,这是一个十分必要的制度,应当很好地执行。

适用这一规定的规则是:第一,承揽人在完成定作工作过程中,造成第三人损害的,原则上由承揽人承担责任。这是由承揽合同的特点决定的。第二,如果承揽人造成的损害,是由于定作人定作、指示或选任的过失所致,则由定作人承担侵权责任。这是侵权责任中的替代责任。第三,承揽人在执行定作加工中造成自己损害的,应当严格区分。一是应当严格区分承揽合同与劳务合同的区别。二是属于承揽合同的,承揽人的损害应当自己承担。三是只有承揽人的损害是由于定作人的指示有过错并有因果关系的时候,才能够由定作人承担责任。四是如果双方的合同关系属于劳务合同,则按照工伤事故的原则处理。第四,区分承揽合同和劳务合同的界限,前者即承揽合同的劳动者所交付的标的是劳动成果,后者劳务合同的劳动者交付的标的是劳动。这是二者最基本的区别。

(二)需要研究的问题

这一条规定有两点值得研究:第一,将承揽人致人损害与承揽人受到损害规定在一起,在立法例上是少见的。如果这样规定,也应当分为两款规定为好。在执行中,应当将两种情况严格区分起来。第二,定作人承担侵权责任的基础,就是定作和指示有过失。现在的解释将"选任"也规定其中,使定作人指示过失责任过于宽泛。对此,在实践中还应当认真总结经验,先不要下结论,在制定侵权行为法的时候再作最后决定。

六、关于道路交通事故责任和《道路交通安全法》的适用问题

会议讨论的另一个重要问题,是在《人身损害赔偿司法解释》中没有明文规定,但确实涉及的一个问题,是道路交通事故的人身损害赔偿问题。《道路交通安全法》自2004年5月1日起施行,在实践中怎样适用,究竟是按照原来的《道路交通事故处理办法》,还是按照《道路交通安全法》规定处理,或者是按照《人身损害赔偿司法解释》的规定处理呢?主要的问题有以下七点:

(一)适用哪个法律

会议认为,《道路交通安全法》已经生效,当然就要执行这个法律,《道路交通事故处理办法》自然失去效力。在司法实践中,从5月1日开始,审理交通事故案件就要适用《道路交通安全法》的规定。在《道路交通安全法》中,没有规定具体的赔偿标准,其含义就是要按照统一的人身损害赔偿标准处理,就要适用《人身损害赔偿司法解释》。这一点是非常明确的。

(二)道路交通事故损害赔偿的归责原则

1. 一般原则

关于《道路交通安全法》确定道路交通事故责任的归责原则,在制定这个法律的

时候,有非常激烈的争论,焦点就是要不要吸收"撞了白撞"的沈阳经验。最终的意见是坚决反对"撞了白撞"的做法,所以对此规定得非常清楚。这就是对道路交通事故损害赔偿责任实行多重归责原则:第一,对于机动车撞死行人的事故,确定侵权责任实行无过错责任原则,只要是机动车撞死了人,就必须赔偿损失,不能根据过错程度而免责,只有在受害人对损害的发生有故意的情况下,才可以免除机动车一方的责任。第二,对于机动车之间发生的交通事故,实行严格的过错责任原则,有过错的一方承担责任,如果双方都有过错,则实行过错比较,按照过失相抵原则确定双方的责任。第三,一般的机动车交通事故,实行过错推定原则,对于过错的认定,举证责任倒置,机动车一方应当举证证明自己没有过错,能够证明的,免除责任,不能证明的,就要承担责任。

2. 具体问题

有人提出,车撞车,可以适用过错责任原则,可是车撞车之后又撞了人,适用何种归责原则确定责任呢？会议认为,对此,对车与车,适用过错责任原则,确定分担责任的份额,之后按照无过错责任原则,依其责任比例承担无过错责任,似乎可行。

（三）道路交通事故的因果关系认定

关于道路交通事故的责任认定,突出的问题是如何确定违章行为与损害事实之间的因果关系。现在的做法不妥,例如,汽车的尾灯不亮,也是违章行为,车主也要为肇事撞伤人的后果负责。这种违章行为与损害后果之间没有因果关系,不能认定侵权损害赔偿责任。

在实践中存在的问题是,往往交通管理部门的责任认定"一责代三责",即交通管理部门的责任认定代替刑事责任、民事责任和行政责任的认定。实际上,这个责任认定只是对行政责任的认定,民事责任和刑事责任的认定,还应当由法院认定,或者法院组织专家认定。

（四）关于汽车买卖不过户的责任承担问题

这个问题有一个发展的过程,先是确定由登记的车主承担责任,由于结果并不公平,因此又改为由实际的车主承担责任。但是,现在对这个问题还是没有解决好:第一,这样确定实际车主为赔偿义务人,将会导致更多的车主在交易中不进行过户登记,不利于维护机动车交易秩序;第二,难以保护受害人的赔偿权利,机动车几次易手,如果实际车主没有赔偿能力,受害人的损害就无法得到赔偿。会议认为,对于这种情况,应当考虑新的规则。建议参考票据"背书转让"的规则,即在原则上由实际车主承担责任,但是名义车主以及其他从事过交易而未进行过户登记的车主应当承担连带责任或者补充责任,既能够保护受害人的赔偿权利,也能够维护机动车的交易秩序。同时应当加强强制责任保险,如果应当投保的人没有投保,就由该人承担赔偿责任。

（五）有关好意同乘

在交通事故的好意同乘中,如果损害的原因就是轮胎爆炸,完全是意外,车主要不要对同乘人承担责任,是不是适用公平责任? 会议认为,完全的好意同乘,即无偿的同乘人遭受交通事故损害,基本规则是车主应当适当补偿,而不是赔偿。出于意外而致害同乘人,也应当承担适当补偿责任,但是这个补偿责任就可以适当降低。

关于好意同乘,与会者提出了一个典型案例。一个人搭乘一辆摩托车,对在公路上的一块大石头没有躲过,造成同乘人死亡的后果。死者要求按照好意同乘的补偿规则承担责任。会议认为,对于同乘人而言,可以根据好意同乘的规则请求补偿责任。至于公路管理部门是不是要承担责任,则是车主与公路管理部门之间的法律关系,按照相关的规则处理,如果要赔偿的话,损失范围应当将对同乘人的补偿计算在内。

(六) 关于道路交通事故赔偿的调解

在《道路交通事故处理办法》中,规定交管部门对于道路交通事故的损害赔偿责任的调解规定为前置程序,减少了很多诉讼。现在将不调解作为前置程序,自愿选择调解,后果将使法院不堪重负。苏州市 2003 年发生的这类案件约 7 万件,如果 10% 进入到法院的诉讼程序中,就有 7000 件,是一个极大的数字,这需要有一个专门的法院处理。会议建议,法院面对当前的交通状况和道路交通事故增长情况,有必要设立专门的道路交通事故审判庭,专门审理道路交通事故案件。

(七) 借车出事故出借人要不要承担责任问题

如果借车人为无证驾驶,又在事故中死亡,应当怎样处理? 会议认为,借车出事故造成损害,出借人应当承担侵权责任。如果借车人无证驾驶,出借人明知而出借的,更要承担责任。借车人自己造成损害,属于自冒风险,是对自己安全的漠视,原则上应当自担风险,但是出借人明知借车人为无证驾驶而出借,也有过错,应当承担适当的责任。

七、关于医疗事故和学生伤害事故责任的问题

《人身损害赔偿司法解释》第 7 条规定了学生伤害事故的责任问题。这是一个重要的新规定。此外,对于医疗事故责任问题,虽然《人身损害赔偿司法解释》没有作出新的规定,但是因为医疗事故责任涉及人身损害赔偿问题,也进行了深入的讨论。

(一) 关于学生伤害事故责任问题

《人身损害赔偿司法解释》第 7 条规定了学生伤害事故的赔偿责任。这一规定在理论上和实践上都有新的规则。其中主要的问题有:

1. 明确规定,学校、幼儿园或者其他教育机构,对未成年人承担的义务是教育、管理、保护义务,而不是监护义务。对此,应当予以明确。过去在实践中有些法官认为

学校对学生尤其是未成年学生承担的是监护责任,有的教科书也这样解释。② 教育部《学生伤害事故处理办法》依据教育法的规定,规定学校对学生承担的是教育、管理和保护的义务,司法解释采纳了这个意见,对此,法官在观念上应当予以改变。

2.学校伤害事故责任是过错责任,学校只有在校期间未成年学生遭受的人身损害或者未成年学生造成他人人身损害,承担与其过错相应的赔偿责任。超出这个范围的人身损害,学校不承担责任。

3.学生伤害事故包括在校期间未成年学生受到人身损害和未成年学生造成他人损害两种情形,这两种情形都适用过错责任原则。在教育部《学生伤害事故处理办法》中,只规定了学生受到伤害的责任问题,没有规定未成年学生伤害他人的责任问题。对此,应当按照本司法解释的规定处理。

4.学生伤害事故中学校承担责任的形态有两种:第一种是替代责任,主要概括在本条第1款中,就是学校对于自己的行为以及教职工的行为造成的未成年学生的人身损害和未成年学生造成他人人身损害承担的责任。第二种是补充责任,规定在本条第2款中,是学校对未成年学生未尽安全保障义务致使第三人侵害未成年学生人身权利,造成人身损害所应当承担的侵权责任。其中第二种责任与未尽安全保障义务侵权行为的补充责任的原理和规则是一致的。

(二)关于医疗事故责任问题

1.关于医疗事故鉴定问题

关于医疗事故责任,《人身损害赔偿司法解释》没有规定,但是由于涉及人身损害赔偿问题,会议也进行了讨论。有人提出,医疗事故中关于医疗事故责任鉴定问题,现在存在当事人谁也不愿意申请鉴定承担举证责任的问题,受害患者不申请,医院也不申请,法院应当怎样处理。会议认为,这涉及医疗事故诉讼举证责任倒置的规则问题。在最高人民法院关于民事诉讼证据规则的司法解释中,规定了医疗侵权纠纷的因果关系和过错实行举证责任倒置。其中实行因果关系举证责任倒置,必须遵守必要的规则。这里要采纳的,就是"盖然性因果关系"学说的规则。按照盖然性因果关系的要求,对因果关系要件推定,并不是原告什么举证责任也不承担,就由法官直接推定行为和损害事实之间的因果关系的成立,而是原告应当承担证明盖然性因果关系的举证责任,即由原告证明被告的行为和损害之间最起码具有盖然性的因果关系存在,只有在这个基础上,法官才可以推定有因果关系。因此,盖然性因果关系的证明,是由原告举证的。在医疗事故责任中,受害患者还是要承担一定的因果关系的举证责任的。那就是证明医疗行为和损害事实之间存在因果关系的盖然性,只有达到盖然性的标准,才能够进行因果关系推定,否则也是违反规则。只有这样,在因果关系证明上才比较公平,而不是赋予医院过重的举证责任。

---

② 参见马原主编:《中国民法教程》,人民法院出版社1989年版,第324—325页。

2. 医院检查身体的行为的性质

《医疗事故处理条例》规定医院的医疗行为是构成医疗事故责任的必要条件。与会者提出疑问：对人进行身体检查的行为，究竟是"医"的行为，还是"疗"的行为？既不是医的行为，又不是疗的行为，那就不是医疗行为，如果进行身体检查时造成损害，就不应当认定为医疗事故，那么应当认定为什么行为呢？例如，医院对妇女进行妇科检查，检查器具感染性病病毒，造成交叉感染，使被检查者感染性病。医院说这不是医疗事故；患者说这不是医疗事故，是什么？会议有两种意见，都是可以采用的：一是对医疗行为应当作广义理解，泛指医院进行的一切职能行为。检查身体，不能说不是医疗活动，因此，应当认定这种行为是医疗事故。二是如果医疗事故鉴定机构不认定这种行为为医疗事故，法院可以认定为医疗侵权行为，同样可以认定医院的责任，保护受害人的权利。

3. 医疗事故和医疗差错

在实践中，很多法院区分医疗事故责任和医疗差错责任。有的医疗事故，医疗事故鉴定机构进行责任鉴定认定不构成医疗事故，而法院审理认为医疗单位有过错，为医疗差错，应当承担责任。这样就形成了：医疗事故的责任，举证责任较轻，举证容易，赔偿数额较少；医疗差错的责任，举证责任较重，举证较难，赔偿数额较多。会议认为，在《医疗事故处理条例》实施以后，实际上已经不存在医疗差错了，因为条例规定的四级医疗事故中已经将医疗差错概括在里面了。所以这并不是一个很大的问题。应当注意的是，如果确定医院的行为不是医疗行为，又造成了患者或者到医院检查的人的人身损害，那就是医院侵权纠纷。对此，应当坚持民事侵权责任的认定标准，适用人身损害赔偿的规定。

八、关于国家赔偿责任与组织者的责任问题

国家赔偿责任和组织者责任这两种侵权行为，在《人身损害赔偿司法解释》中都没有涉及，但是这两种侵权行为都关系到《人身损害赔偿司法解释》的适用问题，因此，与会者也进行了深入的讨论，提出了一些疑难问题和解决的办法。

（一）国家赔偿责任与国家机关的民事责任

国家赔偿责任应当适用《国家赔偿法》规定，这是我国法律和司法的现状，因此，涉及国家机关承担责任的案件是法院的行政审判庭受理，而一般的民事侵权赔偿案件是由民事审判庭受理。在确定侵权赔偿责任的时候，对于国家赔偿责任适用《国家赔偿法》，存在的问题，一是人身损害赔偿的数额受到限制，二是对造成的精神损害不赔偿，这些都对受害人的权利保护不利。会议认为，如果是国家行为造成损害，应当区别这个行为究竟是经营行为，还是行政管理行为。如果是行政管理行为，应当认定为国家行政赔偿责任，按照《国家赔偿法》确定责任和赔偿数额。如果国家行为是经营性的行为，则应当认定为普通的民事行为，由国家承担民事损害赔偿责任，即由国

家承担的经营性的行为造成损害的赔偿责任应当适用《人身损害赔偿司法解释》的规定。

与会法官提出了一个案件：一辆装满瓷器的汽车停在路边，行政执法人员进行野蛮检查，结果将一车瓷器损坏，损失中既有直接损失，也有间接损失。那么，国家机关承担的责任究竟是国家行政赔偿责任还是民事赔偿责任？如果确定为行政赔偿责任，就只赔偿直接损失，不赔偿间接损失，对受害人显然不利。如果按照民事赔偿责任确定，则既可以赔偿直接损失，也可以赔偿间接损失。会议认为，《国家赔偿法》是存在很多缺陷的法律，应当及早进行修改。在目前情况下，如果按照《国家赔偿法》起诉不能使受害人得到全面保护的话，应当准许受害人提起民事诉讼，法院应当受理这个民事诉讼。

(二) 关于组织者的责任问题

关于社会活动组织者的责任，就是《人身损害赔偿司法解释》第6条规定的违反安全保障义务侵权行为中规定的其他社会活动的组织者的责任。与会学者指出，关于组织者的责任问题，不应当规定在违反安全保障义务的侵权行为当中，而应当规定为单独的侵权行为类型的意见，在制定《人身损害赔偿司法解释》的过程中就已经提出，在违反安全保障义务的侵权行为的条文中只规定经营者的责任就行了。但是司法解释的起草者坚持将这样两种侵权行为责任放在一起，就形成了现在的这个局面。

举行公共集会等社会活动，组织者应当保障参加活动的人的人身安全，如果组织者没有尽到保障安全义务，对于所造成的损害，组织者应当承担侵权责任。例如，在2004年春节期间，密云县的公园发生重大拥挤、踏踩事故，造成多人死亡、伤害后果的活动，组织者就应当承担侵权责任。

九、关于人身损害赔偿的具体问题

《人身损害赔偿司法解释》从第17条至第35条规定的都是人身损害赔偿的项目和计算方法。这些规定详细、具体、可操作性强，统一了实践中的具体做法，是特别值得称道的。当然，与会人员也担心，司法解释虽然可以统一司法实践的做法，但是仅凭一个司法解释文件就可以改变国家法律的规定，尤其是现行民法基本法的规定，其后果应当充分估计。这里面存在一个两难的选择问题。坚持统一人身损害赔偿标准，就否定了《民法通则》《消费者权益保护法》《产品责任法》等法律的效力；如果不统一人身损害赔偿的标准，则形成法制不统一的混乱局面。这两种后果，都是人们所不愿意看到的，但却是事实。

在具体问题上，会议和座谈所讨论的问题还有以下内容：

(一) 关于死亡赔偿金、残疾赔偿金和精神损害赔偿问题

会议对于《人身损害赔偿司法解释》将死亡赔偿金和残疾赔偿金的性质改变人身

损害的物质性损害赔偿,普遍认为是一个好的举措,符合保护人权、保护人格权的基本要求。但是,也有的人认为,在精神损害赔偿司法解释刚刚确认这两项赔偿金的性质为精神损害抚慰金之后不久,就又将其改为物质性损害赔偿金,变化太快,让基层法官很难接受。有的法官说,在经过几年的培训之后,好容易使法官统一了对残疾赔偿金和死亡赔偿金性质的认识,结果马上又改变了,还得进行新的培训。这给立法和司法都提出了一个问题,就是法律的稳定性问题。会议认为,《人身损害赔偿司法解释》作这样的规定,对于保护自然人的人身权利是有利的,应当在实践中贯彻执行,提出的问题,最高司法机关应当在今后予以借鉴。

关于确定残疾赔偿金的计算问题,《人身损害赔偿司法解释》确定计算残疾赔偿金的基本标准是受害人丧失劳动能力程度或者伤残等级。有的法官提出,在过去,长时间实行的是按照伤残等级确定,现在一下子规定两个标准,法官很难适应。况且,劳动能力丧失程度鉴定和伤残等级鉴定分别由不同的两个部门进行,如果两个部门作出的鉴定不一致,将很难操作。会议认为,本条司法解释规定丧失劳动能力程度或者伤残等级,是两个可以选择的判断标准,并非两个标准同时适用。确定残疾赔偿金采用劳动能力丧失程度作为标准,是最为准确的,符合人身损害赔偿的本质要求。在实践中,如果能够确定劳动能力丧失程度的,最好选择这个标准计算残疾赔偿金;当然,选择伤残等级作为计算标准也是可以的。如果出现了两个鉴定部门鉴定的结果不相一致,应当由原告选择适用的标准,或者选择对受害人有利的鉴定结果作为计算标准。另外,对于造成植物人后果的,究竟应当赔偿多少年为好?是不是也还是要执行20年的赔偿标准呢?也是值得研究的。

(二)关于一次性赔偿金的管理和变更问题

对于人身损害赔偿案件的高额赔偿,在现实中存在较大的风险。有一个小孩子受伤害,造成严重的残疾,判决赔偿200万元,赔偿金全部被小孩子的父母掌控着,并没有拿出多少钱用于小孩子的治疗,结果小孩子死了,其父母占有了这笔赔偿金。对此,有的法院介绍了经验,将高额的赔偿金托付银行监管,监督使用的性质,避免他人支配赔偿金。会议认为,这个做法是很好的,应当借鉴。

关于人身损害赔偿中的将来的多次性赔偿,现在规定了两种方式,一种是一次性赔偿,一种是定期金赔偿。在实践中,采用定期金赔偿的是极少的,一般都是采用一次性赔偿。存在的问题是,确定了一次性赔偿,需要增加的,司法解释已经作了规定,这就是"超过确定的护理期限、辅助器具费给付年限或者残疾赔偿金给付年限,赔偿权利人向人民法院起诉请求继续给付护理费、辅助器具费或者残疾赔偿金的,人民法院应予受理。赔偿权利人确需继续护理、配制辅助器具,或者没有劳动能力和生活来源的,人民法院应当判令赔偿义务人继续给付相关费用五至十年"。但是,在赔偿期限内受害人死亡的,要不要也予以变更,予以减少?某法院受理一起案件,判决赔偿11年,共11万元今后治疗的赔偿金。判决生效后没几天,受害人就死了。对于这11万元,受害人的继承人要求继承,而侵权行为人要求退回这笔赔偿金。理由是这笔赔偿金是今后的治疗费用,现在不用治疗了,应当予以退回。会议对这种情况有两种意见,多数人意见认为不必退回,因为受害人死亡,还应当赔偿死亡赔偿金,这笔治疗赔偿金可以相当于死亡赔偿金。另一种意见认为,应当退回,如果需要确定死亡赔偿金,则应当另行判决。会议倾向于前一种意见。

(三)关于被扶养人的范围问题

《人身损害赔偿司法解释》第 28 条第 2 款规定:"被扶养人是指受害人依法应当承担扶养义务的未成年人或者丧失劳动能力又无其他生活来源的成年近亲属。"有的法官提出,对于不符合法定收养条件的事实被收养人,是否可以认定为被扶养人?会议认为,关于被扶养人的范围问题,司法解释的规定基本上是明确的,但是存在问题。这些问题是:

1. 本条规定的最大问题是与残疾赔偿金的重合,会造成重复赔偿,增加侵权人的赔偿负担,造成不合理的赔偿。理由是,在《民法通则》和贯彻执行民法通则的司法解释中规定被扶养人的生活补助费的赔偿,基础是对受害死者或者伤残者的赔偿不足,这就是对伤残受害人只赔偿生活补助费,而不是赔偿劳动能力丧失的损失,因此,在赔偿伤残受害人的生活补助费的基础上,应当赔偿被扶养人的生活补助费。但是,《人身损害赔偿司法解释》已经规定对受害的死者赔偿的是余命的赔偿,对伤残受害人的赔偿是劳动能力丧失的赔偿,那么实际上赔偿了残疾赔偿金,就已经包含了受害人伤残前负担对被扶养人的扶养费用了,再予以赔偿被扶养人的生活补助费,就是重复赔偿。这个问题现在并没有引起重视,这是应当深入研究和解决的。

2. 事实收养,虽然法律并没有认可,但是如果形成了事实收养关系,受害人就是事实被收养人的扶养人,应当将其概括在被扶养人的范围之中。

3. 对于尚未出生的胎儿受到损害的,在受害人伤残或者死亡时与其虽然还没有形成实际的抚养关系,但是胎儿的存在已经是一个事实,对此应当予以保护,应当将在判决时出生的孩子认定为被抚养人。

(四)关于被害人在诉讼中死亡的赔偿问题

与会法官提出,受害人伤残,在诉讼过程中死亡,要不要赔偿死亡赔偿金?如果赔偿死亡赔偿,是不是要赔偿残疾赔偿金?会议认为,残疾赔偿金和死亡赔偿金,所赔偿的标的基本上是一样的,应当赔偿一种。如果受害人的死亡与伤害行为具有相当因果关系,应当赔偿的就是死亡赔偿金。如果没有相当因果关系,就应当赔偿残疾赔偿金。

(五)关于与有过失的过失相抵问题

会议讨论的问题之一,就是法定代理人对儿童的监护不周,究竟是不是可以相抵的过错。在当前的司法实践中,确定对儿童受到侵权行为的损害的赔偿,并未考虑到对儿童应当加以特别的保护,予以更为全面的赔偿,而是强调儿童的法定代理人没有尽到监护义务,具有过错,因而构成与有过失,实行过失相抵,减轻加害人的责任。这样的做法是有问题的,在立法上是野蛮的。实行过失相抵,受害人一方应当有相抵的能力,要求受害人应当有疏于对自己注意的义务。儿童是无行为能力人,对自己的行为没有识别能力,因而造成自己的损害,不能把法定代理人的过失作为过失相抵的事由。其理由是:第一,这样做不利于保护未成年人。未成年人受到损害,不仅不能对未成年人进行特殊的保护,而且还得不到与成年人一样的保护。第二,国外的立法在早期也是如此,但是后来做了改变,对未成年人的监护人监护不周的过失,不实行过失相抵。第三,现在的做法的直接后果,并不能激发父母更好地尽到监护责任,而是使监护人成了受害的未成年人的加害人,因为是加害人和监护人两个人的过错造成了未成年人的损害,受害的未成年人实际上要承受两个人的过错的后果。

有的学者提出,确定过失相抵,《人身损害赔偿司法解释》第2条第2款规定适用《民法通则》第106条第3款规定确定赔偿义务人的赔偿责任时,受害人有重大过失的,可以减轻赔偿义务人的赔偿责任,这就是无过错责任原则适用的场合的过失相抵问题,这样规定是不合适的。原因是,无过错责任就是要无过错也要承担责任,不能因为受害人的过错而减轻其责任。也有人认为,在民法上说,重大过失相当于故意,而在实行无过错责任原则时,故意是免除责任的条件,规定重大过失可以减轻加害人的责任,如果视为故意的话,则是应当免除责任而不是减轻责任。多数人认为,这样规定是对的,受害人的重大过失,即使是在无过错责任的场合,也应当实行过失相抵,否则为不公平。这一规定是有道理的。尽管在一般情况下,重大过失相当于故意,但是既然司法解释已经规定了重大过失减轻责任而不是视为故意,那么就已经区别了故意和重大过失,这样规定也是有道理的。也有的人认为,既然无过错责任也要实行过失相抵,那么受害人具有一般过失也应当认为有过错,也要过失相抵,仅规定重大过失适用过失相抵不合适。

十、关于《人身损害赔偿司法解释》适用范围和其他相关问题

(一)《人身损害赔偿司法解释》的适用范围问题

顾名思义,《人身损害赔偿司法解释》就是规定人身损害赔偿规则的解释,那么对于哪些案件应当适用,哪些案件不应当适用,是讨论中的一个重要问题。涉及的第一个问题,就是道路交通事故损害赔偿是否适用。会议认为,对于道路交通事故的人身损害赔偿,应当适用《人身损害赔偿司法解释》确定的赔偿项目和计算方法。对此已经没有疑问了。涉及的第二个问题,就是医疗事故是否适用。有人认为应当适用,有人主张不应当适用。有人提出,最高人民法院民一庭的意见是,对医疗事故赔偿责任继续适用《医疗事故处理条例》的规定,这样是不是有特殊化的问题呢?会议认为,医疗事故赔偿是有特殊性的,在于医疗事故的赔偿资金来源实际上是患者出资。如果过于加大医院医疗事故的赔偿标准,将会增加全体患者的医疗费用负担。从平衡医

患之间和一般患者与受害患者之间的利益关系,当前对于医疗事故的赔偿标准不一定要与一般的人身损害赔偿标准"拉齐"。至于将来是不是这样,应当在制定民法典的时候再认真考虑。

但是也有人认为,同样是人身损害赔偿,"人赔"是一个标准,"医赔"又是一个标准,无法向当事人解释。

(二)关于侵权行为法与其他社会保障机制的协调问题

会议在讨论《人身损害赔偿司法解释》的时候,在理论上更进一步讨论了侵权行为法与其他社会保障机制的协调问题。

问题的提出是结合司法实际中的案例。一个案例是,体育比赛,参加者自己不慎摔伤,受害人要求举办人承担责任,法院判决不予赔偿。另一个案例是,未成年学生自发玩足球,其中一个学生射门,造成守门员眼部受伤,受害人要求射门的学生承担赔偿责任,法院也判决不承担责任。这些判决都是对的,但是如何体现司法的人文关怀呢?是不是应当考虑建立更为完善的人身保险制度,与侵权行为法相配合呢?如果是这样,那么在实践中怎样才能够体现这样的精神呢?会议认为,现代侵权行为法的发展方向,就是要与其他的社会保障机制相结合,完全靠侵权行为法救济损害,并不能全部解决问题,是有局限性的。因为侵权行为法认定侵权责任要讲究侵权责任构成要件,受害人还要承担举证责任,不能举证证明自己的主张,不能证明侵权责任构成要件,受害人就得不到赔偿。现代侵权行为法应当与社会保险制度相结合,以更好地保护人的权利。因此,有的学者提出了"侵权行为法死亡"的口号,实际上说的就是这个意思。笔者不同意这个观点,因为纯粹的社会保险或者全部依靠社会福利,无法解决全部的损害赔偿问题,而且社会的导向也存在问题。例如,新西兰实行"新西兰计划",对于交通事故的受害人完全依靠社会保障制度代替侵权行为法的作用,由国家承担交通事故的责任。可是实施"新西兰计划"的结果怎样呢?交通事故不是减少了,而是增多了,因为既然由国家承担交通事故责任,那么驾车人由于免除了自己的赔偿责任,从而放松了自己的责任意识,出现了更多的疏忽和事故,社会的不安全因素更多了。事实证明这个计划是不适当的,因此,现在新西兰已经放弃了这个计划。可见,国家承担全部赔偿责任是不现实的,个人的侵权责任转化为国家的责任的后果也是不堪设想的。因此,在现代社会,还不能忽视侵权行为法的职能作用。

在上述案例中,应当分析具体情况处理。第一,如果是自发地组织体育活动,应当按照风险自担的原则处理,不应当责令没有过错的行为人一方承担责任。第二,如果是有组织的体育活动,应当从促进组织者参加保险的立场出发,造成损害,有保险的按照保险赔偿,没有保险的由应当投保而没有投保的组织者承担责任。这样才能有利于将风险转移到社会,使受害人得到有效的保护。

建筑物区分所有权和物业服务合同法律规范的新进展

最高人民法院关于《中华人民共和国物权法》的两部司法解释——《关于审理建筑物区分所有权纠纷案件具体应用法律若干问题的解释》(以下简称《建筑物区分所有权司法解释》)和《关于审理物业服务纠纷案件具体应用法律若干问题的解释》(以下简称《物业服务纠纷司法解释》),已经于 2009 年 10 月 1 日正式实施。这两部司法解释关系到全国几亿人民群众也就是建筑物区分所有权的业主的合法权益,也关系到如何规范物业服务保证服务质量的重大问题。在《物权法》实施中,最高人民法院选择这两个人民群众最为关心、涉及亿万人民群众切身利益的问题率先作出司法解释,表达了最高人民法院对执行《物权法》保护民事主体物权的态度,体现了贯彻科学发展观、建设社会主义和谐社会的良苦用心。很有幸,在起草这两部司法解释过程中,作为教育部全国人文社会科学重点研究基地的中国人民大学民商事法律科学研究中心也组织了建筑物区分所有权法律适用的研究课题组,与最高人民法院司法解释起草小组密切配合,组织全国民商法学专家多次进行讨论,深入实地进行调查研究,有针对性地提出修改意见。可以说,这两部司法解释是理论和实践的结合,是审判经验和理论研究成果的结合。

这两部司法解释对建筑物区分所有权和物业服务合同的法律适用提出了很多重要意见,在理论和实践上都有重大进展,对于全面、准确适用《物权法》关于建筑物区分所有权以及物业服务合同的规定,保护物权,具有重要意义。本文就其中的重要规定以及对建筑物区分所有权的业主和物业服务企业有哪些影响,作出以下分析说明。

一、《建筑物区分所有权司法解释》的新进展及重要影响

《建筑物区分所有权司法解释》体现的主题是:以《物权法》的具体规定为依据,突出重点,解决《物权法》第六章"业主的建筑物区分所有权"规定中的适用难点和疑点问题,协调业主之间的权利义务关系,平衡业主与建设单位之间的利益关系,全面保护业主的建筑物区分所有权。应当按照这样的思想审理建筑物区分所有权纠纷案件,保证准确适用《物权法》的规定,全面保护业主的合法权利。《建筑物区分所有权

---

* 本文发表在《朝阳法律评论》2009 年第 12 期。

司法解释》在以下四个方面有重要发展,具有重要影响。

(一)确认事实业主的法律地位,更好地保护业主合法权利

《建筑物区分所有权司法解释》的第一部分内容,是关于建筑物区分所有权权利主体的规定。主要规定的内容是,什么人是业主(即建筑物区分所有权的权利人);什么人是准业主;什么人是物业使用人;建设单位的范围怎样界定。

业主就是建筑物区分所有权的权利主体。①《建筑物区分所有权司法解释》第1条明确规定:依法登记取得或者根据物权法第二章第三节规定取得建筑物专有部分所有权的人,应当认定为物权法第六章所称的业主。按照这一规定,成为业主,必须经过物权登记;或者依据《物权法》第28条至第30条规定的方式,即判决、仲裁、政府决定,继承或者受遗赠,以及合法建造、拆除房屋等,取得建筑物区分所有权。这些权利主体都是业主。

更为重要的是,《建筑物区分所有权司法解释》确定了事实业主的权利主体地位,即:"基于与建设单位之间的商品房买卖民事法律行为,已经合法占有建筑物专有部分,但尚未依法办理所有权登记的人,可以认定为物权法第六章所称的业主。"②这种业主就是事实业主,即订立了商品房买卖合同,房屋已经交付和占有,尚未办理房屋所有权转让登记的买房人。事实业主在现实社会中普遍存在。如果按照《物权法》的规定,买卖房屋没有进行所有权登记就不能取得房屋所有权,就不具有业主资格的话,事实业主就不是业主,就很难保护好事实业主的合法权益。解释的这一规定扩展了业主概念的外延,将事实业主也概括在业主的范畴之中,与业主予以同样的法律保护,是一个非常好的、实事求是的做法,对保护业主的建筑物区分所有权特别有利,是特别值得称道的。这样,事实业主就可以参加业主大会,有选举权和被选举权,可以参加区分所有建筑物的管理,依法行使权利、负担义务。

解释也对物业使用人和建设单位的范围作出了准确界定。建筑物区分所有权纠纷涉及专有部分的承租人、借用人等物业使用人的,作为准业主,在法律、法规、管理规约、业主大会或者业主委员会依法作出的决定,以及业主授权范围内,承担业主的相应义务,享有业主的相应权利;建设单位也包括包销期满,按照包销合同约定的包销价格购买尚未销售的物业后,以自己名义对外销售的包销人。

(二)准确界定区分所有建筑物的专有部分和共有部分

《物权法》在第六章关于业主的建筑物区分所有权的规定中,只规定了专有部分和共有部分的概念,没有规定具体规则③;对专有部分的范围没有界定,对共有部分也只规定了部分共有部分,如小区的道路、绿地、其他公共场所、公用设施、物业服务用房等,没有作出全面规定。对这些问题不作规定,在实践中如何准确操作就存在问

---

① 《物业管理条例》第6条第1款规定:"房屋的所有权人为业主。"
② 最高人民法院《关于审理建筑物区分所有权纠纷案件具体应用法律若干问题的解释》第1条。
③ 专有部分的概念规定在《物权法》第71条,共有部分的概念规定在第72条。

题。《建筑物区分所有权司法解释》对业主享有的区分所有建筑物的专有权及专有部分、共有权及共有部分作出了界定。

1. 对专有部分的界定

解释规定了专有部分的具体界限,即"建筑区划内符合下列条件的房屋,以及车位、摊位等特定空间,应当认定为物权法第六章所称的专有部分:(一)具有构造上的独立性,能够明确区分;(二)具有利用上的独立性,可以排他使用;(三)能够登记成为特定业主所有权的客体。"从这三个方面界定专有部分的界限,是准确的,也便于掌握,与学说意见基本一致。④ 但在实际操作中仍嫌不具体,还应当适用理论的主张确定。在"壁心说""空间说""最后粉刷表层说"和"壁心和最后粉刷表层说"四种主张中,应当采纳"最后粉刷表层兼采壁心说"的主张,即专有部分的范围应分为内部关系和外部关系而定⑤,在业主内部,专有部分应仅包含壁、柱、地板及天花板等境界部分表层所粉刷的部分,但在外部关系上,尤其是对第三人关系上,专有部分应包含壁、柱、地板及天花板等境界部分厚度的中心线。⑥ 这样的规则尽管是学说,但更具体,更便于在实践中掌握和操作。

应当特别注意的是,解释对可以设立专有权的范围作出了规定。这就是房屋、车位和摊位。房屋可以设立专有权是没有问题的。对于车位、摊位设立专有权应当如何理解,具有重要意义。

关于车位,还应当包括车库,《物权法》规定可以通过买卖、附赠和租赁的方法确定权属。如果通过买卖、附赠的方式确定车库车位的权属,那么车库和车位就一定要设立专有权,就会又成立一个区分所有权。对此,解释的规定是明确的。但目前绝大多数地区都不给车库和车位登记所有权,现在就面临一个车库、车位的权属登记的问题,并且还要有车库、车位的土地使用权的登记问题。这些问题都需要解决,目前还没有相应的登记制度,应当尽早补充。

关于摊位的专有权,原来在理论上曾经有过争论,即摊位作为专有部分不具有空间的独立性,因此,不好设立专有权。事实上,摊位情况不一样,即使是没有六面封闭的摊位,其实它的专有部分也是能够确定的,符合能够明确区分、可以排他使用、能够登记成为特定业主所有权的客体的要求,能够设立专有权,应当进行权属登记。

2. 对共有部分的界定

对于共有部分的范围,解释首先作出原则性规定。"除法律、行政法规规定的共有部分外,建筑区划内的以下部分,也应当认定为物权法第六章所称的共有部分:(一)建筑物的基础、承重结构、外墙、屋顶等基本结构部分,通道、楼梯、大堂等公共通行部分,消防、公共照明等附属设施、设备,避难层、设备层或者设备间等结构部分;

---

④ 学说认为:所谓专有部分系指在构造上能够明确区分,具有排他且可独立使用之建筑物部分。参见温丰文:《建筑物区分所有权之研究》,台北三民书局1992年版,第31页。
⑤ 参见梁慧星主编:《中国物权法研究》(上册),法律出版社1998年版,第390—391页。
⑥ 参见温丰文:《建筑物区分所有权之研究》,台北三民书局1992年版,第33页。

(二)其他不属于业主专有部分,也不属于市政公用部分或者其他权利人所有的场所及设施等。"概括起来,共有部分可以分为五个部分,即:一是基本建筑结构,二是公共通行部分,三是附属设施设备,四是其他结构空间,五是其他场所和设施。

其次,为了更加准确确定共有部分,还作了一个补充性规则,明确"其他不属于业主专有部分,也不属于市政公用部分或者其他权利人所有的场所及设施等",也属于共有部分。这样便于解决对专有部分和共有部分之间的那些不明确的部分,为共有部分。

第三,明确规定土地使用权为共有,但规定属于业主专有部分的整栋建筑物的规划占地,例如独栋别墅规划内的占地,以及城镇公共道路、绿地占地,不属于共有。前者属于个人享有,后者属于国家所有。土地使用权的共有,究竟属于共同共有还是按份共有,解释没有明确,依笔者所见,应当是按份共有。⑦

第四,对于屋顶和外墙面利用的特例规定。屋顶和外墙都属于全体业主共有。但有两个例外:对于屋顶的利用不认为侵权的,须为业主基于对住宅、经营性用房等专有部分特定使用功能的合理需要,例如"退台",在建筑规划上就确定了屋顶的专有利用,应当属于专有利用,不为侵权;对于外墙的利用不认为侵权的,亦须业主基于对住宅、经营性用房等专有部分特定使用功能的合理需要,例如底商所有权人对外墙的利用,即为合理使用,不为侵权。⑧

(三)关于车库、车位的特别规定

关于车库、车位的问题,解释规定了两个规则,基本精神是:

1. 规定何谓"首先满足业主的需要"

对此,《物权法》没有作出规定,全国人大常委会法工委民法室在解说中,也没有说明什么叫做首先满足业主的需要。⑨ 有人认为,其含义是"建设单位按规划要求配置的机动车停放设施,应当提供给小区业主使用,在保证小区业主使用的前提下,方可许可小区业主以外的人使用"。⑩ 这种理解不是不对,但没有可操作性。《物权法》作出这个规定之后,曾经有人解释为"首先满足业主的需要"就是业主对车库车位享有优先购买权,遭到绝大多数人的反对。后来比较倾向于规定一个年限,在一定期限内,非业主不得购买,解释草案曾经这样规定过。后来,解释草案又从反面规定,一是卖给业主以外的非业主,二是其他业主超出配置比例购买或者租赁车库车位,致使业主按照配置比例购买或者租赁车位车库的要求不能实现,就是没有首先满足业主需要。

解释现在规定,"按照配置比例将车位、车库,以出售、附赠或者出租等方式处分

---

⑦ 参见杨立新:《共有权理论与适用》,法律出版社2008年版,第191—192页。
⑧ 参见杨立新:《共有权理论与适用》,法律出版社2008年版,第198页。
⑨ 参见全国人大常委会法工委民法室:《中华人民共和国物权法条文说明、立法理由及相关规定》,北京大学出版社2007年版,第114页。
⑩ 黄松有主编:《〈中华人民共和国物权法〉条文理解与适用》,人民法院出版社2007年版,第239页。

给业主的",即为首先满足业主需要。这样的解释是可以的,能够确定什么是首先满足业主需要,但是没有规定没有首先满足业主需要的,应当怎么办,因此,还缺乏可操作性。

问题在于,原来解释草案规定了"不能首先满足业主需要的,业主享有撤销权,可以请求法院确认卖给(租给)非业主的合同无效,以及其他业主超出其配置比例购买车库车位,未能按照配置比例购买或租到车库车位的,可以请求合同的超出部分无效"的救济办法,现在都没有规定,等于没有规定不能首先满足业主需要的救济办法。笔者认为,没有规定救济办法,就没有落实《物权法》的这一规定。因此,笔者的意见是,在司法实践中可以参考原来解释草案的精神,对于不能首先满足业主需要的,业主享有撤销权。

2. 关于利用共有部分建设的车位的权属

司法解释还规定了关于共有部分建设的车位如何界定的问题,确定规划用于停放汽车的车位之外,占用业主共有道路或者其他场地增设的车位,应当认定为共有的车位。

(四)对管理权具体问题的规定

《物权法》规定业主的管理权比较原则,可操作性不强。解释对具体的管理权行使问题作出了具体解释,主要内容是:

1. 解释《物权法》关于"其他重大事项"的范围

按照解释,"改变共有部分的用途、利用共有部分从事经营性活动、处分共有部分,以及业主大会依法决定或者管理规约依法确定应由业主共同决定的事项",都属于其他重大事项,应当由业主大会根据建筑面积和人数过半数的业主同意作出决定。

2. 业主表决事项的计算

关于计算业主行使管理权的表决方法和计算的具体解释,解释特别规定了如何计算专有部分面积和建筑物总面积,计算业主人数和总人数的具体方法。《物权法》关于建筑物区分所有的面积计算和人数计算的规定存在一定的缺陷。例如,建筑物总面积并非等于每一个业主专有面积的总和,因为还存在共有部分的面积,因此按照这样的计算方法,无法具体计算业主的多数意见。在人数计算上,也存在按户计算还是按人计算的差别。解释将建筑物区分所有的面积计算和人数计算方法予以具体化,明确规定,建筑物总面积,按照专有部分面积的总和计算;业主人数,按照专有部分的数量计算,一个专有部分按一人计算。但建设单位尚未出售和虽已出售但尚未交付的部分,以及同一买受人拥有一个以上专有部分的,按一人计算,总人数,按照前项的统计总和计算。这样,就创造性地解决了《物权法》对此规定不明确的遗憾,能够准确计算业主的意见比例,确定业主大会决议的票决结果。

3. 关于住改商

《物权法》第77条只规定了"有利害关系的业主"的概念,没有具体解释和界定。全国人大常委会法工委民法室在解释中,只是说了"何为有利害关系的业主,因改变住宅为经营性用房的用途不同,影响的范围、程度不同,要具体情况具体分析。不论是否为隔壁的业主,还是相邻或者不相邻的业主,凡是因住宅改变为经营性用房受到影响的业主,均是本条所说的业主"。⑪ 这样解说仍然不解决具体的操作问题。司法解释首先规定住改商"应当经过有利害关系的业主同意"中的有利害关系的业主的范围,为本栋建筑物的业主;如果其他业主认为有利害关系的,应当举证证明,证明的标准是"证明其房屋价值、生活质量受到或者可能受到不利影响"。其次规定救济方法,如果未按照《物权法》第 77 条规定经有利害关系的业主同意进行住改商的,有利害关系的业主有权请求排除妨害、消除危险、恢复原状或者赔偿损失,这是关于救济方法的规定。当事人主张的,人民法院应予支持。如果住改商的业主认为已经经过多数有利害关系的业主同意其行为,并以此进行抗辩的,人民法院不予支持。

4. 关于业主的撤销权

《物权法》第 78 条规定了业主认为业主大会、业主委员会的决定侵害自己的合法权益,以及决定违反程序的,业主享有撤销权,但没有规定撤销权的除斥期间。该撤销权属于形成权,应当受到除斥期间的限制。因此,解释规定业主行使这个撤销权的除斥期间为 1 年。

5. 规定业主享有知情权

解释规定了业主的知情权的范围是:(1)建筑物及其附属设施的维修资金的筹集、使用情况;(2)管理规约、业主大会议事规则,以及业主大会或者业主委员会的决定及会议记录;(3)物业服务合同、共有部分的使用和收益情况;(4)建筑区划内规划用于停放汽车的车位、车库的处分情况;(5)其他应当向业主公开的情况和资料。

6. 规定建设单位或者其他行为人侵害共有部分的表现形式和救济方法

要点是:(1)建设单位或者其他行为人擅自占用、处分业主共有部分、改变其使用功能或者进行经营性活动,是侵害共有部分的侵害行为。(2)对于侵害共有部分的侵害行为,权利人可以请求排除妨害、恢复原状、确认处分行为无效或者赔偿损失。(3)权利人可以请求行为人返还共有部分所产生的收益,但应扣除合理成本;返还的收益,应当用于补充专项维修资金或者业主共同决定的其他用途。对于成本的支出及合理性,行为人承担举证责任,负责证明,不能证明或者证明不足的,即认定为共有。

7. 规定业主损害他人合法权益的行为

《物权法》第 83 条规定,对于业主损害他人合法权益的行为,业主大会和业主委员会有权依法要求承担适当的民事责任。其中关于其他"损害他人合法权益的行为",需要进行界定,解释对此规定为四种:(1)损害房屋承重结构,损害或者违章使用电力、燃气、消防设施,在建筑物内放置危险、放射性物品等危及建筑物安全或者妨碍建筑物正常使用;(2)违反规定破坏、改变建筑物外墙面的形状、颜色等损害建筑物

---

⑪ 全国人大常委会法工委民法室:《中华人民共和国物权法条文说明、立法理由及相关规定》,北京大学出版社 2007 年版,第 121 页。

外观;(3)违反规定进行房屋装饰装修;(4)违章加建、改建、侵占、挖掘公共通道、道路、场地或者其他共有部分。对于上述这些其他损害他人合法权益的行为,业主大会或者业主委员会可以依照《物权法》第83条规定,要求实施该行为的业主承担停止侵害、消除危险、排除妨害、赔偿损失的责任。这样的规定,对如何界定业主实施损害他人合法权益的行为提供了具体标准,便于操作和执行。

二、《物业服务纠纷司法解释》的新进展及重要影响

目前,全国城乡拥有商品房产权即建筑物区分所有权的业主达几亿人。在这些区分所有的建筑物小区中生活的业主,差不多都面临着物业服务的问题。可以说,物业服务对于几亿业主而言,是须臾不可离开的服务。据统计,全国城镇商品房的物业管理平均覆盖率已经接近50%,实行物业管理的房屋面积超过100亿平方米,物业服务企业超过3万家,从业人员超过300万人。这样两个庞大的人群,长期生活、工作在一起,构成紧密的法律关系,尽管绝大多数是正常、顺畅、和谐的,但总会有大量的纠纷发生,影响正常的生活,妨害当事人正当权利的行使,其中既有物业服务企业违反法定或者约定的义务,侵害业主的合法权益的,也有业主违反法律、法规、管理规约,侵害物业服务企业的合法权益的。《物权法》对此规定了原则,缺少具有可操作性的具体规则,因而,必须结合审判实践,制定出能够解决实际问题的解释。最高人民法院依照《物权法》的原则规定,根据《民法通则》和《合同法》的有关规定[12],从物业服务纠纷的实际情况出发,分别对不同的物业服务纠纷的法律应用问题作出了具体规定。

(一)关于物业服务合同的效力问题的新规定

《物业服务纠纷司法解释》的第1条至第2条规定了物业服务合同的效力。判断物业服务合同的效力,应当依照《合同法》的规定进行。解释针对以下两个问题作出解释,都是十分重要的,对于解决物业服务合同的效力问题,划清界限,便于法官认定事实,适用法律。

1.关于前期物业服务合同

在物业服务合同中有一个特殊问题,就是前期物业服务合同。[13] 依照《物权法》和《合同法》的规定,物业服务合同的当事人应当是业主和物业服务企业,物业服务合同是这两方当事人作为合同主体签订的合同,但商品房建设完成后并没有出售,或者大部分业主还没有入住,而物业管理却不能不进行。在这时,没有办法由业主委员会

---

[12] 物业服务合同属于合同法的问题,但《物权法》对其专门进行规定,对该合同应当理解为生存在建筑物区分所有权领域内的合同法问题。关于这个问题的论述,请参见杨立新:《民事裁判方法》,法律出版社2008年版,第108、109页。

[13] 《物业管理条例》第21条规定:"在业主、业主大会选聘物业服务企业之前,建设单位选聘物业服务企业的,应当签订书面的前期物业服务合同。"

与物业服务企业签订合同,因而建设单位与物业服务企业签订前期物业服务合同是正当的,是具有法律效力的。解释在规定物业服务合同的效力时,首先规定前期物业服务合同是有效力的,业主不能以自己并非合同当事人或者放弃权利等理由提出抗辩,是非常重要的。前期物业服务合同的性质属于涉他合同。涉他合同也叫做为第三人利益订立和由第三人履行的合同,是指突破了合同相对性原则,合同当事人在合同中为第三人设定权利或约定了义务的合同,包括为第三人利益的合同和由第三人履行的合同。前期物业服务合同是为第三人利益的合同,是建设单位和物业服务企业之间订立的,为业主利益的合同,因此,前期物业服务合同的效力及于当时尚未入住的业主;业主入住之后,应当接受前期物业服务合同的约束。正因为如此,解释规定,业主对于前期物业合同不能以非合同当事人为由进行抗辩。基于这样的理由提出抗辩的,法院不采纳。

同样,不管是前期物业服务合同,还是业主委员会与物业服务企业签订的物业服务合同,只要是当事人的真实意思表示,依法成立,就发生合同的效力,双方当事人都必须遵守,享有权利,承担义务。

2. 物业服务合同无效的认定

《物业服务纠纷司法解释》还特别规定了物业服务企业转委托及具体条款无效的规则。

首先,如果是物业服务企业在成立合同之后,将全部物业管理和服务委托他人进行的,是全部转委托,其合同无效。在委托合同中,由于委托合同的当事人之间有相互信赖关系,所以原则上受托人应亲自处理受托事务,意在防止出现受托人有负委托人信任致委托人利益受损的情形。这就是法谚"委托的结果,不得再委托"的精神。如果委托人同意转委托,或者有紧急情况发生,受托人可以转委托。因此,转委托有两种原因:一是在紧急情况下受托人为维护委托人的利益进行转委托。二是经委托人同意,受托人可以转委托。转委托经同意的,委托人可以就委托事务直接指示转委托的第三人,受托人仅就第三人的选任及其对第三人的指示承担责任。转委托未经同意的,受托人应当对转委托的第三人的行为承担责任。物业服务企业将其接受委托的物业管理和服务全部委托他人进行,违反了这样的规则,当然是无效的,物业服务企业应当对转委托合同无效的后果负责。

其次,在物业服务合同的条款中,如果约定免除物业服务企业责任,加重业主委员会或者业主责任,排除业主委员会或者业主主要权利的,这些条款一律无效。这一规定,参照的是《合同法》第40条关于格式条款无效的规定。尽管物业服务合同不是格式条款,但是有类似格式条款的情形。参照法律规定格式条款无效的事由确定物业服务合同的效力,是有道理的。

3. 其他物业服务合同当事人的规定

《物业服务纠纷司法解释》规定了其他物业服务合同当事人的情形。一是区分所有建筑物的其他管理人与业主大会、业主委员会签订的物业服务合同,其他管理人也是合同当事人,应当适用本解释关于物业服务企业的规定,享有规定的权利,负有规定的义务;其合同的效力认定,也适用本解释规定的规则。二是规定其他物业使用人处于业主的地位,享有业主的权利,负担业主的义务。

(二)关于物业服务合同当事人的违约责任

《物业服务纠纷司法解释》规定了物业服务合同双方当事人各自的违约责任承担问题,主要规定了四个问题:

1. 规定物业服务企业的违约责任

物业服务企业违约责任的表现界定为"不履行或者不完全履行物业服务合同约定的或者法律、法规规定以及相关行业规范确定的维修、养护、管理和维护义务",有这些行为之一的,就构成违约责任。在判断标准上,物业服务企业公开作出的服务承诺及制定的服务细则,应当认定为物业服务合同的组成部分,也是确定违约的依据。物业服务企业违约,业主可以请求物业服务企业承担继续履行、采取补救措施或者赔偿损失等违约责任,法院对业主的这类请求应予支持,追究物业服务企业的违约责任。

2. 规定业主违反物业服务合同,违反法律、法规以及管理规约的责任

业主违反物业服务合同,违反法律、法规以及管理规约规定的义务,实施妨害物业服务企业对物业服务区域内的建筑物及其附属、配套设施设备,以及环境卫生和相关秩序进行服务和管理的行为,例如私搭乱建、侵占共有部分、妨害其他业主行使权利等,构成业主的违约责任。对此,物业服务企业有权进行制止,如果业主拒不接受物业服务企业的制止,物业服务企业可以向法院起诉,请求业主承担恢复原状、停止侵害、排除妨害等相应民事责任,对此,法院应予支持。这个规定具有重要意义。在实践中,很多建筑物小区的业主违反约定或者管理规约,实施违约行为,不服从物业服务企业的管理,物业服务企业寻求政府部门采取措施又不能及时得到支持,因而放任管理,造成小区秩序无法维持。尽管物业服务企业无权制裁违约业主的行为,但应当赋予物业服务企业的管理行为具有一定的权威性。解释将其规定为违约行为或者违法行为,规定物业服务企业可以依法有权制止,并且可以向法院起诉,请求业主承担相应的民事责任,就能够使物业服务企业依法履行服务、管理职责,保护好区分所有建筑物及相关设施,保证全体业主的合法权益。

3. 规定物业服务企业违约责任和业主拒交服务费的抗辩

物业服务企业违反物业服务合同约定或者法律、法规、规章规定,擅自扩大收费范围、提高收费标准或者重复收费,是物业服务企业的违约行为,业主以拒交多收部分的费用或者退还交纳的费用的方法进行抗辩,是业主的合法权利,是合理请求,为正当抗辩。业主拒绝交纳不当多收部分或者请求物业服务企业退还多交纳的费用的,不论是业主起诉还是物业服务企业起诉,对于业主的正当请求法院都应当予以支持。业主对此可以适用《合同法》第66条至第68条关于合同履行抗辩权的规定进行抗辩,法院应当准确认定究竟是何方违约,何方是正当行使抗辩权。

4.规定业主以及其他物业使用人违反约定拒交费用的违约责任

经物业服务企业书面催交,业主无正当理由拒绝交纳或者在催告的合理期限内仍未交纳物业费,物业企业向法院起诉,请求业主支付物业费的,法院应予支持。业主以未享受物业服务企业已经提供的服务或者无需接受相关物业服务作为抗辩理由的,理由不正当,法院不予支持。业主与物业的承租人、借用人或者其他物业使用人约定由物业使用人交纳物业费,物业服务企业请求业主承担连带责任的,也是正当的请求,法院也应予支持。

《物业服务纠纷司法解释》对这四个方面的规定,对物业服务合同双方当事人的违约责任都作了较为全面的规定,使法官裁判这类案件时,有规则可以依循,能够正确处理物业服务合同纠纷。

(三)物业服务合同终止效果的规定

《物业服务纠纷司法解释》规定了物业服务合同终止的法律适用问题。物业服务合同终止,有两种情况:一是物业服务合同约定的时间完成,合同的效力消灭;二是按照《物权法》第76条规定,业主大会决定解聘物业服务企业的,该物业服务合同效力终止。对于后一种合同效力消灭,解释特别规定,业主大会按照《物权法》第76条规定的程序作出解聘物业服务企业的决定后,业主委员会请求解除物业服务合同的,应予支持。业主解除物业合同,应当由业主大会作出决定,业主委员会提出请求。因此,个人和业主委员会均无权决定。现实的困难是,很多情况下很难召开业主大会进行表决。在这种情况下,是否可以实行通讯表决呢?笔者认为是可以的,经过通讯表决,取得召开业主大会的同样的结果,可以决定是否解聘物业服务企业。

物业服务合同终止之后存在两个问题,一是费用问题,二是退出服务用房、设施问题。

1.费用问题

物业服务合同效力终止,双方对于费用均负返还义务,须予以返还。司法解释规定了3种情况:(1)物业服务合同的权利义务终止后,业主请求物业服务企业退还已经预收但尚未履行期间的物业费的,应予支持。(2)物业服务企业请求业主支付已经提供物业服务期间但尚未交纳的物业费的,经书面催交,业主无正当理由拒绝交纳或者在催告的合理期限内仍未交纳物业费,物业企业请求业主支付物业费的,法院应予支持;业主以未享受物业服务企业已经提供的服务或者无需接受相关物业服务作为抗辩理由的,不予支持。(3)业主大会决定解聘物业服务企业的,物业服务企业请求业主委员会支付尚未交纳的物业费的,告知其向拖欠物业费的业主另行主张权利,业主委员会不承担这个责任。

2.退出服务用房、设施问题

物业服务企业终止后,承担退出物业服务区域、移交物业服务用房和相关设施,以及物业服务所必需的相关资料和由其代管的专项维修资金的义务。物业服务合同终止后,对于服务用房和设施,物业服务企业当然应当退还。因此,解释明确规定,物业服务合同的权利义务终止后,业主委员会请求物业服务企业退出物业服务区域、移交物业服务用房和相关设施,以及物业服务所必需的相关资料和由其代管的专项维修资金的,应予支持;物业服务企业拒绝退出、移交,并以存在事实上的物业服务关系为由请求业主支付物业服务合同权利义务终止后的物业费的,不予支持。这些规定都是非常有道理的。

三、两部《物权法》司法解释仍然存在的遗憾

在两部司法解释中,对于《物权法》第六章规定"业主的建筑物区分所有权"存在的一些重大问题,并没有作出解释,使《物权法》有关规定的操作以及对业主合法权益的保护,仍然有不足之处。例如,关于业主大会与业主委员会的法律地位问题,《物权法》没有规定[14],司法解释也没有规定。对于业主大会与业主委员会的地位,要么规定为不具有法人人格的管理团体,要么规定为具有法人人格的团体,要么规定为团体法人,要么规定为判例实务上的法人人格[15],最起码也应当规定为程序法上的其他组织,应当赋予其一定的民事行为能力和诉讼行为能力。[16] 对此,如果说在实体法的角度不易作出解释,那么在程序法上也应当规定业主大会及业主委员会具有程序法的其他组织的地位,以使业主大会和业主委员会对于损害业主共有权和管理权的行为能够以该其他组织的名义起诉和应诉,通过诉讼保护好全体业主的合法权益。可惜的是,司法解释草案对此曾经起草了很好的条文草案,没有能够写在司法解释中。要更好地保护业主的合法权益,还要继续做出更多的努力才能实现,并不是一件一蹴而就的事情。

---

[14] 参见王利明:《物权法名家讲坛》,中国人民大学出版社 2008 年版,第 163—164 页。
[15] 参见梁慧星:《中国物权法研究》(上册),法律出版社 1998 年版,第 411—412 页。
[16] 参见杨立新:《物权法》,高等教育出版社 2007 年版,第 127 页。

《关于审理城镇房屋租赁合同纠纷案件具体应用法律若干问题的解释》的理解和适用*

《关于审理城镇房屋租赁合同纠纷案件具体应用法律若干问题的解释》(以下简称《房屋租赁司法解释》),最高人民法院审判委员会于2009年6月22日讨论通过,2009年7月30日公布,2009年9月1日实施。城镇房屋租赁问题不是物权法而是合同法的问题,但是由于与商品房有关,所以又通常把它叫做商品房的司法解释,与物权法有一定关系,也可以将其作为《物权法》的司法解释。

关于商品房和土地权属问题,到目前为止,最高人民法院一共颁布了五个司法解释,即《建筑物区分所有权司法解释》《物业服务合同司法解释》《房屋租赁司法解释》《商品房买卖合同司法解释》和《关于土地使用权纠纷司法解释》。这五个司法解释合到一起,关于商品房以及相关的土地权属问题的法律适用规则基本上完备,形成了一个比较完整的体系,在开发土地、建设商品房,商品房买卖问题上,怎么行使所有权,如何进行管理使用,怎么去租赁,都有了较为完善的规则。

在2009年公布的三部司法解释,比较简单的是《物业服务合同司法解释》,解决的是合同范围、合同效力、违约责任和合同权利义务终止等问题。《建筑物区分所有权司法解释》更多的是补充《物权法》规定的不足,大部分也是具体规定。而《房屋租赁司法解释》则很复杂,内容很多,涉及很多理论上争论、实践中没有定论的问题,内容丰富,法理蕴含深刻,只在个别细节上还有值得斟酌的问题。笔者作为起草三部司法解释的积极参与者,更倾向这个司法解释。

这部司法解释共讲了七个问题。

一、关于城镇房屋租赁合同的效力问题

司法解释在城镇房屋租赁合同的效力问题上,主要规定了四个问题:
(一)城镇房屋租赁合同的概念如何界定
《房屋租赁司法解释》没有从正面给城镇房屋租赁合同作概念界定,但是说到了

---

* 本文发表在《河南财经政法大学学报》2010年第1期。

这个意思,即《房屋租赁司法解释》第 1 条第 1 款规定,本解释所称城镇房屋,是指城市、镇规划区内的房屋。

《房屋租赁司法解释》规定的是城镇房屋租赁合同,具体讲到城和镇的房屋,但后边又附加了一个说明,如果乡和村里的房屋进行租赁,法律没有特别规定的,也可以参照本司法解释的规定。这等于说,《房屋租赁司法解释》可以包含全部的房屋租赁,原则上都适用同样的规则,只是乡和村的房屋租赁如果有特别规定的,按照特别规定。可以认为,城镇房屋租赁合同差不多相当于房屋租赁合同,不过以城镇房屋租赁合同为主罢了。

租赁物为城和镇的规划区的房屋,是成立城镇房屋租赁合同的条件。限制性条件是承租人依照国家福利政策承租的公有住房、廉租住房和经济适用房因租赁产生的纠纷案件,不适用本解释,即这些房屋的租赁不按照城镇房屋租赁合同来处理。此外,限价房也应当在限制之列,因为限价房比经济适用房的条件稍微再高一点,但政策是一样的,都是政府给城镇住房极端困难户的优惠,因此价格很低,原因是这些房屋土地使用权是划拨的,而不是有偿出让。目前,公有住房、廉租住房和经济适用房以及限价房出租的情况比较普遍,引起社会强烈反映,政府部门也在干预。① 有人分析,一种情况是买这种限价房和经济适用房的业主原本可能就不是住房困难户,是钻空子买房;另一种情况是住房确有困难,现在有了房子租出去,可以拿一些租金维持生活。

是不是对所有的经济适用房和限价房出租的一律要进行干预,确认其无效? 笔者的意见是未必如此。公有住房和廉租住房除外,在限价房或者经济适用房的买卖合同中都有约定,经过一定时间,只要补交土地出让金后,业主就可以转让。既然转让都可以,为什么不可以租呢? 因此,不宜说这种租赁一律无效。按照《房屋租赁司法解释》的规定,它是一个无效的租赁合同,是一个事实的租赁合同关系。但如果业主出租上述房屋已经补交了土地出让金的,则应当认为有效。

(二)关于城镇房屋租赁合同效力的三种特殊情况

司法解释还规定了三种租赁合同效力的特殊情况:

第一,《房屋租赁司法解释》第 2 条规定,出租人就未取得建设工程规划许可证或者未按照建设工程规划许可证的规定建设的房屋,与承租人订立的租赁合同一律无效。这是说建房没有规划批准,或者没按照规划批准去建的,这样的房屋出租是没有效力的。但是《房屋租赁司法解释》也给了一个弹性,即如果发生这种情况,在一审法庭辩论终结前,已经取得的工程规划许可证,或者经过有批准权的行政机关批准建设的,这个合同也认为是有效的。

第二,《房屋租赁司法解释》第 3 条规定,出租人以其未经批准或未按照批准的内容建设的临时建筑订立的租赁合同无效。但在一审法庭辩论终结前,经有审批权的行政机关批准了,就可以认定为有效。

---

① 参见王芳洁:《北京首个限价房遭遇"出租门"》,载《第一财经日报》2009 年 7 月 24 日。

第三，当事人约定的租赁期限超过临时建筑使用期间，例如临时建筑是经过批准的，可以使用10年，但是租赁合同的期限已经超出这个期限了，那么超出部分无效。但如果在一审辩论终结之前，经过批准延长的，租赁期限只要在延长期限内的，都是有效的。

(三) 关于城镇房屋租赁合同登记备案的效力问题

房屋租赁合同的登记备案到底具有什么样的效力，在司法实践中一直不明确。按照现在的规定，城镇房屋租赁合同签订之后一定要登记备案。那么，这个登记备案究竟起到什么作用，并不清楚。《房屋租赁司法解释》对此作了规定，说得比较巧妙，一方面它没有去公开评论说登记备案到底是什么，但事实上确认也就是个登记备案，不是房屋租赁合同必须经过登记备案才生效，不是生效条件。司法解释规定了两个方面的规则：

首先，第4条第1款规定，当事人仅以房屋租赁合同未办理登记备案手续为由，请求确认合同无效的，人民法院不予支持。这就明确了登记备案的性质不是生效的要件，没有备案不发生不生效的后果。实事求是地说，备案就是"备"一下而已，合同订立了，把合同放到政府一"备"即可。比较巧妙的是，《房屋租赁司法解释》并没有说它不是生效要件，而是说以房屋租赁合同没办理登记备案手续为由请求确认合同无效的，法院不予支持。

其次，如果当事人约定以办理登记备案手续为房屋租赁合同生效条件的，它当然是一个生效条件，这是附生效条件的合同。房屋租赁合同中的登记备案不是生效要件，但当事人把它约定成一个生效要件，当然可以。但这个生效要件不是绝对的，《房屋租赁司法解释》规定，"但当事人一方已经履行主要义务，对方接受的除外"。双方当事人尽管约定了登记备案是生效要件，但没有登记备案，房子已经交付承租人使用，承租人交付租金，出租人也接受了，租赁合同已经在事实上履行了，当然生效，原来约定的备案生效的约定被实际履行行为所否定。这就像房屋租赁期间已满，承租人继续交房租，出租人继续收房租，就认为成立了新的租赁合同，从过去有期限的租赁合同变成了未约定期限的租赁合同。在这种情况下，一方当事人主张因没有备案而合同没有生效，为无理由，法院不支持这样的请求。

二、关于城镇房屋租赁合同无效及其责任问题

《房屋租赁司法解释》关于城镇房屋租赁合同无效及责任的规定内容较多，主要问题是：

(一) 租赁合同无效可以要求支付房屋使用费

《房屋租赁司法解释》第5条规定，房屋租赁合同无效，当事人请求参照合同约定的租金标准支付房屋使用费的，人民法院一般应予支持。这里说的是，房屋租赁合同无效已经确认了，承租人一方要腾房，这没有问题，那么，承租人已经使用了这么长时

间的房子,难道腾房就完了,就算恢复原状了吗?② 《房屋租赁司法解释》规定,尽管合同是无效的,但是使用了租赁房屋,不要求交租金,但要交房屋使用费。《房屋租赁司法解释》这样规定是公平的、合理的。合同无效的法律后果,是双方返还依据无效合同而取得的对方的财产,合同法没有规定要给使用费。但承租人住出租人的房子,如果不交使用费,就不公平。

房屋使用费用什么标准来算,《房屋租赁司法解释》规定,当事人请求参照合同约定的租金标准支付房屋使用费的,法院一般应予支持。那就是说,房屋使用费的标准相当于租金的标准。对此,笔者的想法是,完全按照租金的标准计算房屋使用费有一定的问题,因为毕竟是一个无效合同,房屋使用费可以适当低于租金标准,最高也不应超过约定的租金。这就体现了合同是无效的,无效的房屋租赁合同和生效的房屋租赁合同后果应当有所区别。如果按照笔者的这个想法办,效果可能会更好。这就像保证合同,保证合同无效,保证人也要承担责任,只是根据过错程度来承担责任,而不是按照约定承担保证责任。

(二)房屋租赁合同无效的赔偿损失责任

房屋租赁合同因合同无效而请求赔偿损失的,《房屋租赁司法解释》规定,按照《合同法》的有关规定和本司法解释第9条、第13条、第14条的规定来处理。这就明确了房屋租赁合同无效时请求赔偿损失,法院应该支持的三种情况:

1. 承租人经出租人同意装饰装修,但租赁合同无效的,未形成附和的装饰装修物出租人不同意利用的,可由承租人拆除。因拆除造成房屋毁损的,承租人应予恢复原状。已形成附合的装饰装修物,出租人不同意利用的,由双方各自按照导致合同无效的过错分担现值损失。

2. 承租人没有经过出租人同意装饰装修,或者扩建发生的费用,由于没有经过出租人的同意,这个损失也是损失,是给出租人造成的损失,应当予以赔偿。

3. 承租人经过出租人同意扩建,租赁合同无效或者有效而终止履行,双方当事人对扩建费用没有办理合法建设手续的,当事人双方对扩建费用没有约定,未办理合法建设手续的,扩建造价费用造成的损失,也是损失,应当赔偿。经过约定,原来也经过批准的,就按照约定处理。

这三种损失怎么赔偿,《房屋租赁司法解释》作了原则性规定,即按照过错程度确定赔偿责任,该谁的过错谁就承担,谁的过错比例大就多承担,谁的过错比例小就少承担。

(三)房屋双重租赁的效力问题

《房屋租赁司法解释》第6条规定,出租人就同一房屋订立两份以上的租赁合同,

---

② 《合同法》第58条规定:"合同无效或者被撤销后,因该合同取得的财产,应当予以返还;不能返还或者没有必要返还的,应当折价补偿。有过错的一方应赔偿对方因此所受到的损失,双方都有过错的,应当各自承担相应的责任。"

在合同均有效的情况下,承租人主张履行合同的,人民法院按照下列顺序确定履行合同的承租人:第一顺序,是已经合法占有租赁房屋的;第二顺序,是已经办理登记备案手续的;第三顺序,是合同成立在先的。然后规定,不能取得租赁房屋的承租人请求解除合同、赔偿损失的,依照《合同法》的有关规定处理。这是关于双重租赁的完整规则。

在合同领域中,涉及双重关系的主要是两种,一种是双重租赁,还有一种是双重买卖。双重也可以是多重,三个以上的重合的关系是多重。在现实中,经常会用"一女二嫁"来表示这个意思,当然,《婚姻法》规定一夫一妻制、婚姻自主,当然由该"女"自己决定嫁给谁。双重租赁、双重买卖与"一女二嫁"是一样的道理。一个东西,既要卖给甲,又要卖给乙,当然只能卖给一个人。只有一间房,既要租给甲,又要租给乙,也只能租给一个人。

双重买卖的规则,出卖人与先手买受人和后手买受人订立了两个买卖合同,即前手合同和后手合同,前手合同和后手合同到底要履行哪一个,要遵循两个原则:第一,是契约自由原则。履行前手合同还是后手合同,由出卖人的意志决定,可以卖给甲,也可以卖给乙,只能卖给其中一个人。第二,是债权平等原则,先手合同的买受人不能主张其有优先权,应当按照债权平等原则,每一个债权都是平等的,只能是由出卖人决定卖给哪一方。③

对于后一种原则,很多人不同意,认为一定要有前有后,先者优先。但是,债权法的规则和物权法的规则不一样,债权法的规则是债权平等,不管先后舍利债券;物权法的规则是不平等的,应当是先设立的物权优先,在一个建筑物上先后设立了两个物权,是完全可以的,在行使物权时,设立在先的物权优先行使,这就是物权优先原则。④既然如此,在双重买卖的两个买受人中,没有理由主张谁优先。双重买卖的后果是,尽管出卖人有权利决定卖给前手买受人或者后手买受人,但只能履行一个合同,那么,对另外一个合同的买受人则必须承担违约责任,要赔偿损失。双重买卖的违约责任,出卖人是没有办法逃避的。

租赁合同大体如此,构成双重租赁,也应该实行这样的规则,即:第一,契约自由,第二,债权平等。但是,在租赁合同当中有一些特殊的情况,尽管两个租赁合同的效力是平等的,但由于存在特殊情况,而使某一个合同具有了优先权。《房屋租赁司法解释》规定双重租赁,有三个顺序要遵守,顺位在先的优先:第一,已经合法占有租赁房屋的。两个租赁合同订立以后,有一个承租人已经占有租赁房屋,基于占有,或者说基于已经履行的合同,具有优先权,因为后手合同已经无法履行了。所以,已经占有房屋的承租人的合同优先,确认合同效力。第二,已经办理登记备案手续的。双方谁都没有对租赁房屋占有,但有一方的合同先登记备案,备案的合同优先,确认其效

---

③ 参见史尚宽:《债法总论》,台北荣泰印书馆1978年版,第138页。
④ 参见王利明等:《中国物权法教程》,人民法院出版社2007年版,第468页。

力。第三,是合同成立在先。对此,笔者有不同意见,理由是,两个承租人的债权平等,没有在先在后的问题。《房屋租赁司法解释》认为成立在先而效力优先,就要履行前手合同,违反债权平等原则。不过,《房屋租赁司法解释》已经这样规定了,在司法实践中可以先执行,总结经验教训,以后还可以研究解决。

不论出现上述哪一种情况,对于没有履行的那个合同的承租人,出租人都要承担违约责任,赔偿违约行为造成的损失,或者赔偿违约金,或者定金不退。

(四)出租人的法定解除权

房屋租赁合同在履行过程中,出租人在什么情况下享有租赁合同的解除权,《房屋租赁司法解释》第7条作了规定,即:"承租人擅自变动房屋建筑主体和承重结构或者扩建,在出租人要求的合理期限内仍不予恢复原状,出租人请求解除合同并要求赔偿损失的,人民法院依照合同法第二百一十九条的规定处理。"

按照这个规定,出租人的解除权的产生条件是擅自变动房屋建筑主体和承重结构或者扩建,出租人要求合理期限内仍不予恢复原状。符合这个要求,就构成承租人的根本违约,出租人就享有解除权。出租人主张解除合同,法院应该支持。

(五)承租人的法定解除权

《房屋租赁司法解释》第8条规定:"因下列情形之一,导致租赁房屋无法使用,承租人请求解除合同的,人民法院应予支持:(一)租赁房屋被司法机关或者行政机关依法查封的;(二)租赁房屋权属有争议的;(三)租赁房屋具有违反法律、行政法规关于房屋使用条件强制性规定情况的。"按照这一规定,承租人产生法定解除权的条件是:第一,在租赁过程中,司法机关或者行政机关依法查封了租赁房屋,承租人无法使用,承租人可以请求解除。第二,租赁房屋出现了权属争议,承租人当然可以请求解除合同。第三,不符合《建筑法》《消防法》等法律、行政法规关于房屋使用条件的强制性规定,只要有其中一个违反,承租人就可以请求解释合同。在上述三种情况下,租赁房屋没有适住条件,承租人享有解除权,可以请求法院解除租赁合同。

三、房屋租赁期间的添附问题

《房屋租赁司法解释》规定的第三个问题,是房屋租赁期间的添附问题。添附所有权取得方式之一,具体内容有三种:第一是附和,第二是加工,第三是混合。[5] 这三种情况都是发生所有权的原因,但《物权法》在所有权取得的原因中对此没有规定,但在现实生活中普遍存在,特别是在房屋租赁合同中更普遍。在司法实践中究竟应该怎样处理,必须作出规定。《房屋租赁司法解释》对此作了比较好的规定,能够比较妥善地处理房屋租赁的添附纠纷。

---

[5] 参见王利明主编:《民法》,中国人民大学出版社2007年版,第247—248页。

(一)处理房屋租赁期间添附问题的三个原则

在处理城镇房屋租赁合同中的添附问题时,应该遵守三个原则:

1. 添附的性质是附和承租人对租赁房屋添附的主要形式是装修、装饰、改建、扩建,是承租人将自己的动产添附在出租人的不动产上使其增值,承租人的不动产添附在出租人的不动产上,变成出租人的不动产权利。这种添附的性质是附和,是动产附和于不动产,是承租人把自己的动产即建筑材料附和在出租人的不动产之上。

2. 房屋租赁期间原则上承租人不得对租赁房屋进行添附。简言之,在租赁期间,承租人能不添附就不要添附,能不装修就别装修,能不改建就别改建,应当保持租赁房屋原状。这是一个基本原则,但有例外。

3. 承租人要求添附须经出租人同意。出租人同意承租人添附,是就添附双方达成合意,当然不违反前一项原则。未经出租人同意进行添附,就是违约。双方约定可以添附的,应当确认合意的效力,按照合意约定的规则处理。

(二)处理房屋租赁期间添附的具体规则

在具体规则上,司法解释规定了7种情况:

1. 出租人同意添附租赁合同无效的

《房屋租赁司法解释》第9条规定,承租人经出租人同意装饰装修,但租赁合同无效,添附部分的处理分为两种情形:第一,未形成附合的装饰装修物,如果出租人同意利用,可折价归出租人所有;出租人不同意利用的,可由承租人拆除。因拆除造成房屋毁损的,承租人应当恢复原状。第二,已形成附合的装饰装修物,如果出租人同意利用,可折价归出租人所有;不同意利用的,由双方各自按照导致合同无效的过错分担现值损失。

2. 出租人同意添附租赁期间届满或者解除但未形成添附的

《房屋租赁司法解释》第10条规定的是出租人同意添附租赁期间届满或者解除但未形成添附的规则。承租人经出租人同意进行装饰装修,在租赁期间届满或者合同解除时,对未形成附合的装饰装修物,可由承租人拆除。因拆除造成房屋毁损的,承租人应当恢复原状。如果当事人另有约定,则应当按照约定处理。

3. 出租人同意添附在租赁期间合同解除但形成添附的

租赁双方当事人经合意进行添附,承租人的添附当然没有问题。对于装饰装修构成添附,在租赁期间合同解除时,当事人对解除后的装饰装修费用负担又没有约定的,处理比较棘手。《房屋租赁司法解释》根据究竟是谁在违约的因素确定处理规则。

第一,由于出租人违约导致合同解除的,承租人要求出租人赔偿剩余租赁期间添附残值的,法院应予支持。因为出租人违约,在合同履行期间被承租人解除,承租人添附的价值并没有使用完,原因在于出租人,因此,出租人应当赔偿承租人添附的残值。

第二,由于承租人违约导致合同解除的,承租人请求出租人赔偿剩余租赁期间的添附残值的,法院当然不能支持其请求,因为是承租人违约而导致合同解除。这是由于自己的过错造成的损失,承租人无权请求赔偿。但存在三个问题:一是出租人继续使用该残值的,好像出租人占了好处,这并不是不当得利,因为是由承租人过错所致。二是出租人不利用添附残值,需要拆除,承租人还应支出费用。三是如果双方协商,对于添附的残值出租人愿意适当补偿,未尝不可。

第三,由于当事人双方违约导致合同解除的,对于剩余租赁期间内添附的残值,由出租人和承租人各自承担相应的责任。处理的方法,要看过错的大小,按照过错程度承担相应责任。

第四,因不可归责于当事人双方的原因导致合同解除的,剩余租赁期间内添附的残值应该由当事人按照公平责任原则分担,每个人适当分担,但法律另有规定的,按照规定处理。

4. 出租人同意添附租赁期满承租人请求出租人补偿装饰装修费用

承租人经出租人同意装修装饰,在合同履行期满时,承租人请求出租人补偿装修装饰费用的,法院对此请求不予支持。其理由在于,双方当事人装饰装修都是经过合意的,按照一般情形而言,应当推定承租人的装饰装修价值在合同履行期满时使用完毕,租赁期间与装饰装修的费用应该相一致,承租人作为一个理性人应该有这个预期。在租赁合同期满,承租人要求补偿添附的费用的,当然不应支持。但是,如果双方当事人原来就约定在合同履行期满后还给承租人一定补偿的,当然没有问题,可以按照约定办。

5. 推定出租人同意添附

推定出租人同意添附,是出租人明知道承租人对租赁房屋进行装饰装修,但没有明确表示异议,法官依此推定出租人同意承租人装饰装修。出租人知道而没有去制止,没有反对,那么就推定其同意。如果出租人请求承租人恢复原状、赔偿损失的,法院也不予支持。出租人明知的证明,应当由承租人举证。

6. 未经出租人同意承租人进行添附的

承租人没有经过出租人同意进行装饰装修或者扩建发生的费用,由于没有经过出租人同意,当然应当由承租人自己负担,理由是承租人违反了不得添附的原则。而出租人请求承租人恢复原状或者赔偿损失的,应当予以支持。

7. 租赁期间承租人进行扩建的

承租人承租后对租赁房屋进行扩建,是更大的添附,必须经过出租人同意。如果合同无效,或者有效后被终止,双方当事人对扩建费用没有约定的,按照两种情况来办理:第一,扩建已经办理了合法的建设手续,扩建部分的权属归属于出租人,享有所有权,扩建造价费用由出租人承担。第二,没有经过办理合法建设手续的,扩建造价费用由当事人双方按照过错分担。

四、关于租赁房屋转租问题

转租,是出租人将租赁房屋租给承租人,承租人又把承租房屋租给次承租人的租赁法律关系。⑥ 前一个租赁关系叫做本租,形成转租,本租必须成立且有效。后一个租赁关系叫转租。如果承租人将租赁房屋完全转让给第三人,自己退出租赁关系,不再做承租人,是第三人和出租人建立租赁关系,就不是转租,而是房屋租赁合同的债权债务概括转移。⑦ 而转租是本租的承租人把租赁的房屋再租给次承租人,转租中的出租人原本是承租人,却变成了出租人,即俗称的"二房东",即本来的房客变成了二房东。

《房屋租赁司法解释》对于转租规定了六个问题:

(一)转租须经出租人同意

承租期间,承租人在原则上不可以转租。承租人想把租赁房屋转租出去,必须经过出租人同意,没有经过出租人同意转租的,叫不合法转租或者违法转租⑧,为无效。对此,《合同法》第 224 条规定:"承租人经出租人同意,可以将租赁物转租给第三人。承租人转租的,承租人与出租人之间的租赁合同继续有效,第三人对租赁物造成损失的,承租人应当赔偿损失。承租人未经出租人同意转租的,出租人可以解除合同。"

(二)转租期限应当在本租剩余期限之内

《房屋租赁司法解释》第 15 条还规定,转租合同约定的租赁期限应当在承租人的剩余租赁期限内,超出承租人剩余租赁期限的转租期间无效。《房屋租赁司法解释》规定"但出租人与承租人另有约定的除外",是说如果出租人与承租人另有约定,在剩余的租赁期限之外的转租也是有效的,可以按照约定确定转租有效。不过,这实际上等于本租又约定了新的租赁期间,这样理解更为合适。

因此,可以确定转租合同有效的基本条件,一是出租人同意,二是在剩余租赁期间。

(三)出租人的异议权和同意转租的推定

出租人知道承租人转租而不反对的,《房屋租赁司法解释》规定了两个规则:第一,出租人知道承租人转租的事实,承租人构成擅自转租,《房屋租赁司法解释》规定了 6 个月的异议期限,在 6 个月内,出租人发现转租的事实,可以提出异议。该异议权是形成权,一经提出异议,转租就无效。6 个月期限是除斥期间,为不变期间。第二,超出 6 个月异议期,出租人没有提出异议的,推定出租人同意转租,转租合同有效,出租人应当认可承租人和次承租人之间的转租合同的效力。

(四)次承租人可以参加本租发生的诉讼

转租合同的第三人即次承租人,在本租当事人之间发生争议时,可以参加。因为本租双方当事人发生纠纷提起诉讼时,或者争议合同效力,或者争议租金,其后果可

---

⑥ 参见宁红丽等:《合同法分则制度研究》,人民法院出版社 2003 年版,第 246 页。
⑦ 参见吴启贤:《租赁法论》,台北五南图书出版有限公司 1998 年版,第 100 页。
⑧ 参见宁红丽等:《合同法分则制度研究》,人民法院出版社 2003 年版,第 257 页。

能影响到次承租人的利益,因此,次承租人有权要求参加诉讼。在参加诉讼时,次承租人的身份是无独立请求权的第三人,没有独立的请求权。次承租人以无独立请求权的第三人要求参加本租双方当事人争议的诉讼,法院不应该拒绝。

值得研究的是,《房屋租赁司法解释》把这个规则写在第16条,即"出租人知道或者应当知道承租人转租,但在六个月内未提出异议,其以承租人未经同意为由请求解除合同或者认定转租合同无效的,人民法院不予支持"的规定之后,那么,这个规则仅仅是对此而言,还是对所有的转租的诉讼都适用?按照条文的逻辑,这个规则应当仅仅适用于异议权和推定同意转租的诉讼中,但事实上在其他方面也会出现本租诉讼关乎次承租人利益的问题,因此,次承租人以无独立请求权的第三人参加诉讼的,法院应当支持。

(五)次承租人对承租人拖欠租金的抗辩权

承租人拖欠租金,属于根本违约,出租人起诉要求解除合同,涉及次承租人的转租合同利益。对此,次承租人可以代承租人缴纳拖欠的租金和违约金,可以作为抗辩理由进行抗辩,主张不得解除合同。这是一个合理的抗辩。次承租人享有解除合同的抗辩权。对此,出租人不能解除租赁合同。

至于次承租人交纳的租金和违约金,是替承租人交的,因此,超出次承租人应付的租金数额,可以抵作转租的租金,或者向承租人追偿。

(六)次承租人腾房的义务和逾期使用费支付义务

房屋租赁合同解除以后,因为有转租合同存在,出租人在次承租人还在占有这个房子的时候,有权要求次承租人腾房,理由是本租合同已经解除,转租合同当然不复存在,次承租人负有腾房义务。如果次承租人在解除合同之后,对租赁房屋仍然占有一段时间的,对逾期腾房的房屋使用费负有支付义务。

本租合同的当事人是出租人和承租人,而转租合同的当事人是承租人和次承租人,按照合同相对性原则,似乎出租人在只能要求承租人承担义务,无权请求次承租人负担义务。但由于租赁合同已经解除,次承租人占有租赁房屋已经没有法律上的原因,出租人可以直接针对次承租人,请求腾房,支付逾期使用费用。

五、城镇房屋租赁合同的效力延伸

城镇房屋租赁合同的效力延伸与继承相似,但不是继承。继承是一个人死亡后,他的财产由其继承人继承,继承人取得遗产的所有权。在房屋租赁合同中,转移的不是物权,而是租赁权。这就是当代民法物权债权化和债权物权化的问题。债权物权化的典型,就是租赁合同产生的租赁权。房屋租赁合同的这些问题,其实都是租赁权,租赁房屋本来是出租人的,但承租人根据租赁合同的债权而取得租赁权,可以使用、收益,还可以转租。这个租赁权就是物权化的债权。有的国家的法律承认租赁权是物权,但大多数国家还是仅把它作为一个物权化的债权对待。既然租赁权不是财产权,就没有继承问题,当承租人是自然人并且去世后,合同的租赁期还没有完成,《合同法》第234条明确规定,与承租人生前共同居住的人可以按照原租赁合同租赁该房屋。这就是租赁合同效力延伸问题。《房屋租赁司法解释》参照这一规定,第19条规定了另外两个效力延伸的规则:

第一,个人租赁房屋如果是给个体工商户的家庭使用,不是自己使用,承租人在租赁期间死亡或者失踪的,其他家庭成员作为个体工商户的经营者,有权主张继续租赁合同的效力,一直用到合同约定的租赁期满。按照合同相对性原则,出租人、承租人是当事人,承租人死了,合同就应该消灭。但是由于租赁权具有物权化的效力,由于承租人是个体工商户,这时就准许个体工商户家庭的其他成员把合同的效力延伸到合同约定的租赁期结束后再消灭。这就是效力延伸的问题。

第二,个人租赁房屋从事合伙经营,即合伙人个人租赁房屋给合伙使用,不是自己使用,承租人死亡或者失踪,其他合伙人说想把合同继续延续到租赁期满之后,也是可以的,其他合伙人有这个权利。

这两个规则,即使出租人不同意,个体工商户和其他合伙人也有权要求合同履行到租赁期限完成为止。这是强制性的规定。本来,民事法律关系主体消灭而消灭[9],合同当事人一方死亡的,合同消灭,但在租赁中,由于租赁权带有一定的物权性质,所以它的效力可以延伸到合同期限届满。

六、买卖不破租赁原则的适用

买卖不破租赁原则是应当遵守的,在城镇房屋租赁合同中同样如此。出租人和承租人订立了租赁合同,在租赁期间,出租人出卖租赁房屋,是可以的,第三人作为买受人可以买到该房的所有权,但在这个租赁房屋上存在的租赁关系不能消灭,必须承认该租赁关系,不能打破现存的租赁关系。受让人与承租人产生新的租赁关系,构成债的转移[10],承租人向新的出租人交纳房租,继续履行租赁合同。买卖不破租赁规则设立的目的,是保护承租人的租赁权。通常认为,在一个租赁关系中,承租人是弱者,要给承租人更多的保障,因此,即使出租人把房子卖了,租赁关系仍然存在,买受人不可以破坏这个合同租赁关系。

《房屋租赁司法解释》第20条规定:"租赁房屋在租赁期间发生所有权变动,承租人请求房屋受让人继续履行原租赁合同的,人民法院应予支持。但租赁房屋具有下列情形或者当事人另有约定的除外:(一)房屋在出租前已设立抵押权,因抵押权人实现抵押权发生所有权变动的;(二)房屋在出租前已被人民法院依法查封的。"这里

---

[9] 参见杨立新:《民法总论》,高等教育出版社2007年版,第41页。
[10] 参见宁红丽等:《合同法分则制度研究》,人民法院出版社2003年版,第222页。

规定的规则是:

第一,承认买卖不破租赁规则,"租赁房屋在租赁期间发生所有权变动,承租人请求房屋受让人继续履行原租赁合同的,人民法院应予支持"。这就是买卖不破租赁的原则。

第二,规定买卖不破租赁的两个例外:一是租赁房屋在出租前已设立抵押权,抵押权人实现抵押权,买卖不破租赁原则不能对抗抵押权的实现,抵押权人实现抵押权,可以买到租赁房屋的所有权,并且实际占有,解除原来的租赁关系。二是房屋在出租前已被人民法院依法查封的,也不受买卖不破租赁规则的影响。

第三,如果双方当事人另有约定,如果出租人和承租人在租赁合同订立时就约定不受买卖不破租赁原则约束的,即约定只要卖房就解除租赁合同的,那等于约定了一个附解除条件的合同,当然不受买卖不破租赁原则的约束。

七、承租人优先购买权问题

关于承租人优先购买权,是《房屋租赁司法解释》重点规定的一个问题,写得很好,作为重点问题研究。

民法上的优先购买权,一是共有人的优先购买权,二是承租人的优先购买权,三是股东优先购买权,四是合伙人优先购买权等。[11] 共有人之一出卖其共有份额,其他共有人有优先购买权。股东出让股权,其他股东享有优先购买权,是一个道理。出租人要出卖租赁房屋,承租人享有优先购买权。这两个优先购买权设置的目的不同:共有人优先购买权的目的是尽量保持共有的状态,保持共有人之间的关系和谐。在同等条件下,共有人有优先购买权,能够继续维持共有的关系,承租人优先购买权的目的是对承租人的照顾,除此之外别无他意。比较而言,两种优先购买权的立法目的不同,共有人优先购买权的目的比承租人优先购买权的目的更重要,必要性更强。

在司法实践中,承租人优先购买权的适用比较混乱,缺乏准确的规定。例如,出租人没有尊重承租人的优先购买权,承租人主张侵害了其优先购买权,有的法院保障承租人的优先购买权,判决出租人和第三人的买卖合同无效;有的法院判决继续买卖,承租人有优先购买权;有的法院甚至直接判决争议房屋的所有权归属于承租人。

《房屋租赁司法解释》在承租人优先购买权问题上作了统一的规定,可以归纳为五个规则:

(一)承认承租人优先购买权

《房屋租赁司法解释》承认承租人优先购买权,但是这种优先购买权与基于共有的优先购买权不同,效力有所差别,共有人的优先购买权优先于承租人优先购买权。

---

[11] 参见许尚豪等:《优先购买权制度研究》,中国法制出版社2006年版,第210—242页。

（二）侵害承租人优先购买权的救济方式为赔偿损失

《房屋租赁司法解释》规定，出租人违反义务，侵害优先购买权的救济方式为损害赔偿，而不是必须保障承租人优先购买。这个规定与以往的理解是不同的。笔者认为，这个做法，是有道理的，就是因为承租人的优先购买权的效力较弱，与共有人的优先购买权效力不同的结果。因此，不能再适用对侵害优先购买权的采取宣告买卖合同无效的做法。

怎样确定侵害承租人的优先购买权，解释确定"出租人出卖租赁房屋未在合理期限内通知承租人"，就构成侵害优先购买权。

（三）对以协议折价变卖方式实现抵押权的租赁房屋承租人享有优先购买权

《房屋租赁司法解释》第 22 条规定："出租人与抵押权人协议折价、变卖租赁房屋偿还债务，应当在合理期限内通知承租人。承租人请求以同等条件优先购买房屋的，人民法院应予支持。"在对租赁房屋以协议折价、变卖方式实现抵押权时，出租人应当在合理期限内通知承租人，承租人主张优先购买权的，在同等条件下，可以优先购买，保障承租人的优先购买权。其条件是，租赁房屋原来是设置了抵押权的，出租人要把该房实现抵押权，是用协议折价和变卖的方式，才可以主张承租人优先购买权。这个规定还要和第 20 条规定的实现抵押权不受买卖不破租赁原则限制联系起来。以租赁房屋实现抵押权不受买卖不破租赁的约束，承租人不可以主张继续保持租赁合同的效力，但在这里对承租人用优先购买权的方法来保护。

但是，应当注意，如果是用拍卖的方式实现抵押权的，不在此限。

（四）以拍卖方式出卖租赁房屋对承租人的保护

《房屋租赁司法解释》对以拍卖方式对租赁房屋实现抵押权的，专门作出规定，即第 23 条："出租人委托拍卖人拍卖租赁房屋，应当在拍卖 5 日前通知承租人。承租人未参加拍卖的，人民法院应当认定承租人放弃优先购买权。"按照这一规定，以拍卖方式出卖租赁房屋，不论是抵押权人为了实现抵押权而出卖，还是出租人自己出卖，只要是拍卖，对承租人优先购买权的保护，就统一适用这样的方法，即出租人以拍卖的方式出卖租赁房屋的，出租人和拍卖行都有义务在拍卖 5 日前通知承租人，如果承租人不参加拍卖的，就视为放弃优先购买权。这样规定是完全对的。

在《房屋租赁司法解释》的草案中，还规定了这样的内容：在拍卖过程中，有最高应价时，承租人当场表示高价购买的，依照《中华人民共和国合同法》第 230 条关于"出租人出卖租赁房屋的，应当在出卖之前的合理期限内通知承租人，承租人享有以同等条件优先购买的权利"的规定处理，保障承租人的优先购买权。侵害优先购买权的，应当予以损害赔偿。这样的规定是不正确的，《房屋租赁司法解释》将这些内容删掉，是完全正确的。

（五）对抗承租人优先购买权的法定事由

《房屋租赁司法解释》第 24 条规定："具有下列情形之一，承租人主张优先购买房屋的,人民法院不予支持:(一)房屋共有人行使优先购买权的;(二)出租人将房屋出卖给近亲属,包括配偶、父母、子女、兄弟姐妹、祖父母、外祖父母、孙子女、外孙子女的;(三)出租人履行通知义务后,承租人在十五日内未明确表示购买的;(四)第三人善意购买租赁房屋并已经办理登记手续的。"这是规定了四种对抗承租人优先购买权的法定事由。

1. 房屋共有人行使优先购买权

共有人优先购买权优先于承租人优先购买权,这是基于物权优先于债权的规则确定的原则。因为共有人优先购买权是基于物权所生的优先权,而承租人优先购买权是基于债权而生,物权优先于债权,自然得出这个结论。这在理论上叫做优先购买权的竞合或者竞存[12],基于物权产生的优先购买权优先基于债权产生的优先购买权。

2. 房屋卖给出租人的近亲属

出租人如果将租赁房屋出卖给其近亲属,包括配偶、父母、子女、兄弟姐妹、祖父母、外祖父母、孙子女、外孙子女的,基于近亲属的亲情关系,承租人不得主张优先购买权。这就是说,出租人的近亲属也享有优先购买权,并且这个优先购买权比承租人优先购买权更优先,可以对抗承租人的优先购买权。

3. 承租人放弃优先购买权

出租人出卖租赁房屋,对承租人已经履行告知义务,如果承租人在15日内没有明确表示愿意购买的,就视为放弃优先购买权,对此,当然不得再主张优先购买权。15日是个不变期限,承租人主张优先购买权必须在15日内表示态度,没有明确表示的,就视为放弃权利。

4. 第三人善意取得租赁房屋所有权

如果购买租赁房屋的第三人是出于善意,并且已经办理了登记手续,就构成善意取得。第三人出于善意对于承租人的优先购买权不知情,就是善意,构成善意取得,就即时取得所有权。承租人再主张优先购买权,就无法对抗善意第三人依法即时取得的所有权。

《房屋租赁司法解释》规定,侵害优先购买权的救济方式是损害赔偿。这是好的,但如何确定损失,如何确定损害赔偿责任,《房屋租赁司法解释》并没有给出方法。在司法实践中可能无法操作。关键在于怎么去计算承租人优先购买权受到损害的损失数额。笔者认为,可以按照产生优先购买权那个时候的房价是多少,受到侵害后的房价是多少,其差别可以算做损失。还有一个办法,就是参照一般的违约金的计算标准,确定损失赔偿责任。

---

[12] 参见许尚豪等:《优先购买权制度研究》,中国法制出版社2006年版,第285页。

近亲属优先购买权及适用

最高人民法院《关于审理城镇房屋租赁合同纠纷案件具体应用法律若干问题的解释》(以下简称《房屋租赁司法解释》)第24条第(二)项规定的内容,是以前的民事司法和民法理论未曾提过的规则,等于确定了一个新的优先购买权,即近亲属优先购买权制度。近亲属优先购买权是否成立,在司法实践中应当如何适用,本文进行以下探讨。

一、确立近亲属优先购买权的法理基础与必要性

(一)《房屋租赁司法解释》第24条第(二)项规定的是民法何种规则

《房屋租赁司法解释》第24条第(二)项规定:"出租人将房屋出卖给近亲属,包括配偶、父母、子女、兄弟姐妹、祖父母、外祖父母、孙子女、外孙子女",承租人主张优先购买权的,人民法院不予支持。这一条文究竟规定的是民法的何种规则,不得而知。最高人民法院民一庭负责人在就该司法解释答记者问时,只是谈到"《解释》立足国情,将出租人出卖房屋给近亲属的情况,列为出租人出售房屋的特别方式,排除承租人优先购买权"。① 这是说,出租人将出租房屋出售给其近亲属,是一种具有排除承租人优先购买权效力的"特别方式"。至于这种"特别方式"为何种民法规则,负责人解释语焉不详。

依笔者的见解,这一规定所指的出租人的近亲属受让出租房屋的这种特别方式,其实是一项民事权利。这种权利,能够对抗承租人优先购买权,但不能对抗共有人优先购买权,是处于基于物权发生的共有人优先购买权与基于债权发生的承租人优先购买权之间的一个权利。试想,一个能够对抗承租人优先购买权的权利,且为"出租人将房屋出卖给近亲属"而取得所有权,而不是通过赠与取得物权的权利,不就是优先于承租人优先购买权的优先购买权吗?以此推理,这就承认了一个新的优先购买权,即近亲属优先购买权,且其效力高于承租人优先购买权、低于共有人优先购买权。条文规定尽管采取被动式表述避免使用优先购买权的概念,但出租人出卖房屋给近

---

* 本文发表在《法律适用》2013年第10期,合作者为中国人民大学法学院博士研究生韩煦。
① 《最高人民法院民一庭负责人就〈关于审理城镇房屋租赁合同纠纷案件具体应用法律若干问题的解释〉答记者问》,载《人民法院报》2009年9月1日。

亲属的行为绝不是单方法律行为,而是双方法律行为,近亲属购买出租人的出租房屋,且优先于承租人优先购买权;出租人将出租房屋出卖给近亲属,承租人不得主张优先购买权,那么出租人将出租房屋出卖给承租人,近亲属主张以同等条件优先购买的,难道不可以吗?故近亲属享有的这个权利如果不是优先购买权,也不能用其他权利进行解释。

事实上,我国的民法理论和司法实践一直比较忽视承租人优先购买权,其基本原因是其产生的基础是债权,是根据"居者有其屋"的理念而设立。《房屋租赁司法解释》将侵害承租人优先购买权的法律后果界定为赔偿而不是发生形成权的后果,就直接表现了这种立场。确认近亲属优先购买权,并将其效力规定为对抗承租人优先购买权,也是"歧视"这个权利的一个表现。不过,笔者赞同这样的意见。

(二)《房屋租赁司法解释》规定近亲属优先购买权的法理基础

优先购买权是买卖合同法中的一个重要规则,简称先买权,是指特定的民事主体依照法律规定享有的优先于他人购买某项财产的权利[2],也包括约定的优先购买权。我国的优先购买权制度产生于中唐,在宋、元时期有了长足发展,并逐渐形成制度。[3] 1949 年以来,我国司法解释承认优先购买权,后来通过《物权法》《合同法》《合伙企业法》《公司法》分别规定了按份共有人优先购买权、承租人优先购买权、合伙人优先购买权和股东优先购买权等。在我国台湾地区,有现耕农对出租耕地的优先购买权、"军人"家属对收回另行放领耕地之先买权、"土地法"第 104、107 条规定的先买权、共有人之优先购买权、土地重划之抵费地原所有人之先买权、现住人在台湾之私有房屋优先购买权等。[4]

综合比较,海峡两岸的民法领域都没有近亲属优先购买权的规定。确立这样一个新的优先购买权是否具有法理基础,应当从以下三个方面进行观察:

第一,优先购买权确立的目的在于保护某些与出卖物有特定关系的人的利益。确立任何一种优先购买权都有特定的目的,都是要保护与出卖物具有特定关系的人的利益。例如,共有人优先购买权的确立,就是要保护对同一标的物享有所有权的共有人的利益,使其基于其共有权的地位,享有其他共有人出卖其共有部分的优先购买权,如果共有人愿意购买该物,为保护共有人的利益,可以对抗其他任何人主张购买的权利。出租人出售出租房屋,其近亲属尽管不是出卖物的共有人,但却与出卖人具有血缘上的、亲属身份上的特定利益关系。出卖人出卖自己的不动产,准许其近亲属优先购买,符合优先购买权确立的保护物权人近亲属利益的目的。在类似交易中保护亲属身份利益,即使在《房屋租赁司法解释》出台之前,物权法理论也认为,出卖人基于将来财产继承的需要,向法定继承人出卖该财产的,享有优先购买权的人,不仅

---

[2] 参见王利明:《物权法》,中国政法大学出版社 2009 年版,第 200 页。
[3] 参见白雪:《民事优先购买权研究》,郑州大学 2004 年法学硕士论文。
[4] 参见黄茂荣:《买卖法》(增订版),植根法律丛书编辑室 2002 年版,第 284—299 页。

是承租人优先购买权,而且包括共有人优先购买权,都不得行使。具有一定的继承因素的被继承人将财产出卖给法定继承人的,优先购买权不能对抗这种买卖关系。⑤ 推而广之,确认近亲属享有优先购买权是顺理成章的。

第二,优先购买权确立的基础是基于特定的法律关系。在现有的优先购买权中,其确立的基础都是基于出卖人与优先购买权人之间存在着的物权关系和债权关系。共有人优先购买权的基础是物权关系;股东优先购买权的基础是基于对公司投资的物权关系;承租人优先购买权的基础在于租赁合同关系即债权关系;合伙人优先购买权的基础是基于合伙合同关系。确立近亲属优先购买权的基础,既不是物权关系,也不是债权关系,而是在近亲属之间具有的特定身份关系,以及相互之间享有的亲属身份利益。以亲属身份和利益作为优先购买权的确立基础,则完全是民事权益,且对于维护亲属财产关系,维护家庭和睦,都具有意义。以此推论,确立近亲属优先购买权以亲属身份利益为基础,未尝不可,有其法理依据。

第三,确立优先购买权的程序并非必须通过立法程序。我国目前确立的优先购买权,主要是通过法律规定确立的,例如《物权法》规定共有人优先购买权、《合同法》规定承租人优先购买权等。不过在此之前,我国的优先购买权也有司法解释确立的。即使《民法通则》规定了按份共有人优先购买权,最高人民法院也在《关于贯彻执行〈中华人民共和国民法通则〉若干问题的意见(试行)》第 92 条规定了新的原共同共有人优先购买权:"共同共有财产分割后,一个或者数个原共有人出卖自己分得的财产时,如果出卖的财产与其他原共有人分得的财产属于一个整体或者配套使用,其他原共有人主张优先购买权的,应当予以支持。"这种共同共有的共有人的优先购买权,就是通过司法解释确立的。最高人民法院通过司法解释确立近亲属优先购买权,是根据司法实践经验提出的,是稳定这种亲属关系、稳定交易秩序的需要,不论基于近亲属之间相互的权利和义务,还是传统伦理道德上的要求,出租人将自己的出租房屋出售给其近亲属,承租人主张优先购买权的,法院都不予支持⑥,理由相当充分。因此,最高人民法院的这一司法解释是有效的司法解释。

基于以上分析,确认近亲属优先购买权是应当肯定的。尽管司法解释并未明确这就是近亲属优先购买权,在理论上也还没有人提出这样的意见,但笔者认为,其效力低于共有人优先购买权、又能够对抗承租人优先购买权的这样一个权利,不是优先购买权,又会是什么权利呢?这样来认识近亲属优先购买权,是有法律根据的,理由也是成立的。

(三)确立近亲属优先购买权的合理性与必要性

任何民法制度的设计,都在一定程度上反映了社会生活对法律规则的需求,必须

---

⑤ 参见杨立新:《物权法》,法律出版社 2013 年版,第 187 页。
⑥ 参见杨立新主编:《最高人民法院审理城镇房屋租赁合同纠纷案件司法解释理解与运用》,中国法制出版社 2009 年版,第 179 页。

有其存在的合理性和必要性。近亲属优先购买权制度的创立,同样具有这样的合理性和必要性:

第一,我国有承认近亲属优先购买权的思想和制度基础。儒家思想是我国封建社会占主导地位的统治思想,受儒家思想中的"家国观念"的影响,中国传统封建法制注重维护家的利益——将伦理、血缘、家族相融合,是我国传统封建法的典型特点。唐朝律令就已确立了在不动产流转时对近亲属进行优先保护的制度。《唐律·户婚律》规定:"诸身丧户绝者,所有部曲、客女、奴婢、店宅、资财,并令近亲转易货卖。"宋承唐律,在《宋刑统·户婚律》中规定:"应典卖、倚当物业,先问房亲;房亲不要,次问四邻;四邻不要,他人并得交易。"[7]明清法律虽然没有规定近亲属优先购买权,但明清时该制度在民间已经成为一种习惯,多受家法族规的调整。《房屋租赁司法解释》第24条确立近亲属优先购买权,旨在通过该权利的行使保护近亲属之间的身份利益,并使房屋的流转尽可能地限定在近亲属之间,有着深厚的中国传统思想和制度基础。

第二,我国有确立近亲属优先购买权的社会基础。中国社会是亲缘社会、人情社会,自古以来就注重伦理纲常。人们在经济交往中,亲情关系往往是交换价值确定的重要考虑因素,具有浓厚的人身色彩,与纯粹的买卖关系终究有所不同。[8] 强化伦理,重视血缘,是我国社会根深蒂固的观念;亲情关系、家族利益是整个社会的重要组成部分。遵循我国基本国情,维护社会的习俗性、伦理性是我国立法和司法必须着重考虑的因素。保障基本人权、维护交易秩序、促进社会和谐,应首先保证家庭成员之间的和谐、稳定,没有亲属之间、家庭成员之间的和睦共处,就不会有整个社会的安定、和谐。在这种社会背景下,强调并确立近亲属优先购买权,使基于特定身份的近亲属享有该种权利,有助于保障家庭成员之间的和谐、稳定,维护身份利益,促进社会和谐,维护社会稳定。

第三,确立近亲属优先购买权顺应身份权立法的发展趋势。身份权以近亲属之间体现的身份利益为客体。身份权尽管在近代以来日渐式微,走向衰落,但在现代以来不断复兴,经历了一个从繁荣到衰落,从衰落到复兴的过程。"从身份到契约"反对的是专制的、封建的、支配人身的反动身份权;现代民法"从契约到身份"的回归,复兴的是民主的、平等的、以义务为中心的身份权。[9] 在当代,重视身份权,维护亲属身份利益,加强身份权立法,是完全正当的。在这种形势下,《房屋租赁司法解释》将近亲属优先购买权确立为一种新类型的优先购买权,赋予出租人的近亲属在租赁物出卖时,基于其与出租人之间的身份关系,可以优先于承租人购买该租赁物的权利,体现

---

⑦ 《宋刑统》,法律出版社1999年版,第232页。
⑧ 参见《最高人民法院民一庭负责人就〈关于审理城镇房屋租赁合同纠纷案件具体应用法律若干问题的解释〉答记者问》,载《人民法院报》2009年9月1日。
⑨ 参见杨立新:《从契约到身份的回归》,载《从契约到身份的回归》,法律出版社2007年版,第88—110页。

了我国立法对亲属身份关系的尊重,顺应了身份权立法的发展趋势。

二、近亲属优先购买权的概念、性质与行使要件

(一)近亲属优先购买权概念的界定

目前,还没有人给近亲属优先购买权做出概念界定。笔者认为,近亲属优先购买权是指基于特定的亲属身份关系产生,不动产出租人出卖出租的不动产时,出租人的近亲属享有的优先于承租人购买该不动产的权利。

界定近亲属优先购买权的概念,应当着重于掌握它的以下特点:

1. 近亲属优先购买权是法定先买权

以优先购买权的发生原因为区别标准,可以分为约定优先购买权与法定优先购买权。前者是由当事人以契约订定者是也,后者乃法律上明文规定者是也。[⑩] 近亲属优先购买权不是约定的先买权,而是通过司法解释,基于一定的立法政策创设的,无须当事人加以约定,只要规定的特定情形发生,近亲属优先购买权当然成立。因此,近亲属优先购买权具有法定性。

2. 近亲属优先购买权具有专属性

近亲属优先购买权基于不动产出租人与其近亲属之间特定的身份关系而产生,与出租人的近亲属的人身紧密相关,专属于房屋出租人的近亲属,包括配偶、父母、子女、兄弟姐妹、祖父母、外祖父母、孙子女、外孙子女,只能由其自己享有和行使,不能予以转让。因而这个权利具有专属权的一切特征,不具有近亲属身份的人,不能享有这种优先购买权。

3. 近亲属优先购买权针对的标的物是出租中的不动产

举凡优先购买权的标的物均须为特定财产。《房屋租赁司法解释》规定的近亲属优先购买权的标的物是房屋,未表明还包括其他标的物。事实上,近亲属优先购买权的标的物应当是出租中的不动产。首先,既然房屋能够设立近亲属优先购买权,其他不动产也应当能设立这种优先权,况且地须随房走。动产不宜设立这种优先购买权。其次,不动产应当在出租过程中。近亲属优先购买权的主要义务人是承租人,而非他人,因而不在出租中的不动产,不受近亲属优先购买权的限制。再次,出租中的不动产须出租人正在出卖转让其物权,不在出卖中的不动产不发生优先购买权。

4. 近亲属优先购买权应在一定期限内行使

优先购买权都具有一定的时效性,近亲属优先购买权也不例外。因近亲属优先购买权在一定程度上限制了作为出租人的不动产出卖人选择不动产买受人的权利,也限制了承租人购买该不动产的权利,为避免因该近亲属迟延未行使权利而造成出卖人的损失,近亲属优先购买权应当受到行使期限的限制。

---

⑩ 参见郑玉波:《论先买权》,载《民商法问题研究(一)》,台北三民书局1984年版,第415页。

(二)近亲属优先购买权的性质

关于优先购买权的性质,学者众说纷纭,诸如"期待权说"[11]"形成权说"或"附条件的形成权说"[12]"物权说"[13]"债权说"[14]"优先缔约之请求权说"[15],以及"双重性质说"[16],等等。通说认为优先购买权的性质为形成权。

笔者采纳通说,认为近亲属优先购买权应当是形成权。但是,近亲属优先购买权的形成权性质,究竟是物权性的还是债权性的,并不明确。共有人优先购买权的性质是具有物权性质的形成权[17],承租人优先购买权是具有债权性质的形成权。而近亲属优先购买权既无物权基础,又无债权基础,应当是何种性质的形成权,不无疑问。

近亲属优先购买权的性质是基于身份权产生的具有一定物权性的形成权。这是因为:第一,近亲属优先购买权首先必须是形成权,是基于当事人一方的意思,可以使现已成立的法律关系发生变化的权利。[18] 出租人将自己的不动产出卖给第三人,承租人主张行使优先购买权,而出租人的近亲属主张购买,就能够基于同等条件优先购买,排斥承租人购买该不动产,具有对抗的效力。这当然是形成权。第二,这种形成权产生于身份权,但具有一定的物权性。优先购买权是法定权利,具有对抗第三人的效力,而债权不具有这样的性质。

(三)近亲属优先购买权的行使条件

近亲属优先购买权是法定优先购买权,凡是不动产出租人的近亲属就享有这种权利,而不是新生权利。只要具备了该种优先购买权的行使要件,出租人的近亲属就可以行使这个权利,对抗承租人优先购买权。近亲属优先购买权的行使要件有以下四项:

1.权利人须为适格主体

近亲属优先购买权的权利主体是不动产出租人的近亲属。出租不动产的所有权人作为出租人,其近亲属才是适格的权利主体。出租人的近亲属包括其配偶、父母、子女、兄弟姐妹、祖父母、外祖父母、孙子女、外孙子女。超出这个范围的其他亲属不是该权利的适格主体。

不动产出租人是近亲属优先购买权的义务主体,优先购买权人行使权利,出卖不动产的权利人必然受到约束,承受优先购买权行使的后果。不过,在近亲属优先购买权法律关系中,更重要的义务人是不动产承租人。他负有尊重出租人近亲属优先购

---

[11] 参见张新荣:《试论优先购买权及其法律保护》,载《法学》1989年第9期。
[12] 参见王泽鉴:《民法学说与判例研究》(第一册),中国政法大学出版社1998年版,第507页。
[13] 参见王利明:《共有中的优先购买权》,载《民商法前沿》2002年第1、2辑。
[14] 参见孙宪忠:《德国当代物权法》,法律出版社1997年版,第170—171页。
[15] 参见许尚豪、单明:《优先购买权制度研究》,中国法制出版社2006年版,第152页。
[16] 参见王利明:《物权法研究》,中国人民大学出版社2002年版,第351—352页。
[17] 参见杨立新:《物权法》,法律出版社2013年版,第185页。
[18] 参见王伯琦:《民法总论》,编译馆1979年版,第28页。

买权、不得侵害近亲属优先购买权的义务,并且要承受近亲属优先购买权行使的法律后果。

2. 优先购买的标的物须为不动产

近亲属优先购买权的标的物是出租人享有物权的不动产。首先,出租人对租赁的不动产应当享有物权,如果不享有物权,则会形成无权处分,不发生优先购买权行使的效力。其次,出卖的不动产既包括房屋所有权,也包括土地使用权。《房屋租赁司法解释》仅规定该标的物为"房屋",不够周延。因为买卖房屋就一定包括该房屋的建设用地使用权或者宅基地使用权。即使出租人要出卖自己已经出租的土地使用权,并没有在土地上建设房屋,也应当受到近亲属优先购买权的限制。因此,凡是出租人出卖自己的房屋所有权、土地使用权的,其近亲属都享有优先购买权。

3. 出租人对其享有权利的不动产须为出卖

出租人出卖自己的不动产,是优先购买权行使的必要条件。优先购买权发生在买卖合同当中。没有买卖,就不存在优先购买权的行使条件。出租人不打算出卖自己享有权利的出租中的不动产,任何优先购买权都不得行使,也不能行使。

4. 主张优先购买须具同等条件

同等条件是优先购买权的基本要件,只有在同等条件下,近亲属优先购买权才能够行使,并对抗承租人优先购买权。没有同等条件,就没有近亲属优先购买权的存在。

对确定同等条件有不同的见解。"绝对等同说"要求优先购买权人和义务人之间的买卖,按照义务人与第三人约定的相同条款而成立,即买卖合同的条款必须相同。[19]"相对等同说"要求的不是相同条款,因为要求两个合同的条款完全一样是困难的,也是不必要的。[20] 笔者认为,买卖合同的有些条款不一定涉及出卖人基于合同条款所享有的利益,采取绝对等同说立场,必须具备相同条款才可以行使优先购买权,对权利人的限制过苛,采纳"相对等同说"立场更为适宜。

所谓同等条件,首先,主要是指价格条件,先买权人支付的价格应当与其他买受人支付的价格条件相同。[21] 在一个买卖合同中,最基本的内容是价格,且为一切合同的主要条款。如果出卖的标的物的价格与其他人主张的价格完全一样,就具有了同等条件的基本内容。

其次,对于出卖的标的物的其他条件应当适当考虑。关于价款的支付方式,应该等同于其他人允诺的方式。承租人的信用状况以及是否提供担保等因素,亦为同等条件的构成要素。判断的基本标准,是这些条件基本相同,不应当对出卖人有明显的不利因素。只要没有明显的不利因素,就可以认为是同等条件。具有明显的不利因

---

[19] 参见《德国民法典》第 505 条第 2 款。但是,该法典并没有完全遵守绝对等同说,在之后的第 507、508、509 条都作了变通的规定。

[20] 参见王利明:《物权法研究》,中国人民大学出版社 2002 年版,第 360 页。

[21] 参见王利明:《物权法研究》,中国人民大学出版社 2002 年版,第 360 页。

素的,应当认为不是同等条件。其他交易条件,只要没有从根本上影响出卖人的利益,出卖人不能以此作为非同等条件而对抗优先购买权。

(四)近亲属优先购买权行使的限制

1. 期限

《房屋租赁司法解释》在规定近亲属优先购买权时,没有规定其期限,应当参照承租人优先购买权的行使期限确定近亲属优先购买权的期限。

一是出卖人履行告知义务的期限。依照《房屋租赁司法解释》第24条的规定,"出租人履行告知义务后,承租人在十五日内未明确表示购买的",优先购买权消灭。借鉴承租人优先购买权的15日期限,出租人履行通知义务后,其近亲属行使优先购买权的期限为15日,这是履行通知义务后,近亲属优先购买权的存续期限。

二是出租人没有按照规定通知近亲属优先购买权人的期限。如果出租人没有按照规定通知近亲属优先购买权人的,可以借鉴权利人行使优先购买权的3个月期限。这个期间是从优先购买权人知道或者应当知道出卖人与承租人或者第三人之间缔结买卖关系之日起计算。超过这个期间的,近亲属优先购买权消灭,出卖人与承租人或者第三人之间的买卖关系生效。

三是适用除斥期间的规定。出租人没有按照规定通知近亲属优先购买权人,优先购买权人不知道或者无法知道出卖人与第三人缔结买卖关系的,除斥期间为1年。起算时间是从出卖人与第三人缔结买卖合同关系之日起计算。超出这个期间,近亲属优先购买权人提出优先购买权请求的,不发生对抗该买卖关系的效力。

2. 通知义务

优先购买权的通知义务,是指出卖出租标的物的出租人对近亲属负有通知其出卖该不动产的义务。通知的内容,是出租人将自己与承租人或者第三人订立的买卖合同的内容通知其近亲属,让他们决定是不是行使优先购买权。通知的方式应当是书面方式,为要式行为,使优先购买权人充分了解交易的内容,便于决定是否行使优先购买权。

三、近亲属优先购买权的效力

(一)近亲属优先购买权的一般效力原则

通常认为,优先购买权的一般效力分为绝对效力和相对效力。绝对效力包括对抗其他约定的效力、及于全部财产的效力、预告登记的效力。相对效力包括向出卖人发出意思表示、成立新的买卖合同关系、价金返还等效力。[22] 这些效力,也是近亲属优先购买权的一般效力,并无特殊之处。对此,不再赘述。

---

[22] 参见杨立新:《物权法》,法律出版社2013年版,第189—190页。

（二）近亲属优先购买权与其他优先购买权竞合的效力

优先购买权竞合，也称之为优先购买权竞存。学者认为，竞存之概念既表明了数项优先购买权并存于一物之上的客观现象，又隐含了数项优先购买权之间的效力争优或相斥的冲突关系，因此弃竞合而采竞存的概念。㉓ 这种意见有一定道理，由于竞合的概念已被请求权竞合长期使用，因而使这一概念的后果是权利人选择已经为人熟知，容易发生歧义。但在事实上，在优先购买权竞合时，其后果非由当事人选择，而是依据法律规定的顺序，前一顺序的优先购买权排斥后一顺序的优先购买权，这个规则也已经为人所熟知，不会发生歧义。因此，本文仍然采取优先购买权竞合的概念。

1. 在出卖租赁物情形下发生竞合的优先购买权

《房屋租赁司法解释》第 24 条规定，与近亲属优先购买权发生竞合的主要是共有人优先购买权和承租人优先购买权。其中共有人优先购买权排列在第一位，在近亲属优先购买权之前；承租人优先购买权排在第三位，在近亲属优先购买权之后；近亲属优先购买权排在第二位。这种规定的方法意味着以下两个问题：

第一，能够发生竞合的优先购买权。在承租人出卖租赁的不动产的情形下，能够发生竞合的优先购买权有三个，即共有人优先购买权、近亲属优先购买权和承租人优先购买权。《房屋租赁司法解释》第 24 条排列在第四顺位排斥承租人优先购买权的事由是善意取得，这不是优先购买权的问题，不在此列。

第二，三个优先购买权之间的关系是顺位关系。上述条文对三个优先购买权进行如此排列，意味着三个优先购买权的关系是顺位关系，分别为第一顺位、第二顺位和第三顺位。既然是顺位关系，前一顺位的优先购买权优先于后一顺位的优先购买权，后一顺位的优先购买权效力低于前一顺位的优先购买权。这种关系类似于同一抵押物上同时设定的数个抵押权的关系，与前一顺位抵押权排斥后一顺位的抵押权的规则是一样。

2. 近亲属优先购买权与共有人优先购买权竞合及后果

我国目前的共有人优先购买权有两种，一是按份共有人的优先购买权，二是原共同共有人优先购买权。前者为《民法通则》第 78 条第 3 款和《物权法》第 101 条所规定。后者为《最高人民法院关于贯彻执行〈中华人民共和国民法通则〉若干问题的意见（试行）》第 92 条所规定。这两种优先购买权都是共有人优先购买权，它们之间并不竞合，分别与近亲属优先购买权发生竞合。

按份共有人优先购买权优先于近亲属优先购买权的理由是：当不动产出租人出卖租赁物时，其近亲属享有优先购买的权利，旨在保护特定范围内亲属之间的身份利益，将租赁物的流转优先在特定亲属之间进行。同时考虑到租赁物出让人与受让人之间存在近亲属关系，较其他人相比会更加亲密、彼此之间有更强的人身信赖因素，更有利于保障交易安全、顺利实现转移出卖租赁物权利的目的。而按份共有人向共

㉓ 参见许尚豪、单明：《优先购买权制度研究》，中国法制出版社 2006 年版，第 284 页。

有人之外的第三人转让其共有份额时,其他按份共有人享有优先购买权的目的,在于"减少共有人人数,防止因外人的介入而使共有人内部关系复杂化,从而简化甚至消除共有物的使用关系,实现对共有物利用上的效率"。[21] 如果使近亲属优先购买权优先于按份共有人的优先购买权而行使,虽然近亲属的身份利益得到了保护,但共有人的人数并未减少,按份共有关系也没有因一方出让份额、他方行使优先购买权而变得简单。同时,按份共有关系具有团体性,是基于按份共有人之间的彼此信任而形成的社团的结合。在长期的按份共有关系中,按份共有人之间形成了密切的人身信赖关系,彼此之间的信任与默契使得更易达成处分房屋和对房屋做重大修缮的一致意见。如果法律允许近亲属优先购买权优于按份共有人优先购买权而行使,则近亲属行使优先购买权后取代出卖人成为新的房屋按份共有人,其与其他共有人之间会存在一定时间的"磨合"过程,容易在共有物的管理和处分问题上产生意见分歧,影响共有物整个经济效益和社会效益的发挥。相反,如果使按份共有人的优先购买权优于近亲属优先购买权行使,则按份共有人的人数减少、按份共有关系变得简单明了,更有利于不动产效益的发挥。

原共同共有人优先购买权保护的是原共同共有人的权利,目的在于使原共有物仍然在原共有权人的手中。例如,出让人出卖的租赁物是从原共同共有财产中直接分得的财产,并且该不动产与其他原共同共有人分得的不动产属于一个整体或配套使用,则原共同共有人优先购买权应优于近亲属优先购买权。"我国之所以仅规定原共同共有人的优先购买权,而不承认原按份共有人对其他共有人分得财产也享有优先购买权,系因其立法目的旨在恢复原共同共有财产之间因分家析产而被分割的房屋及宅基地恢复到分割之前的完整状态。当然,由此也许带来提高物的利用效率的附随作用。"[25] 如果使近亲属优先购买权优于原共同共有人优先购买权而行使,势必与确立原共同共有人优先购买权的立法目的相违背,不利于本属于一个整体或配套使用的财产恢复到原来的结合状态,发挥更大的使用价值。所以,从立法目的和更好地发挥不动产价值的角度出发,应使原共同共有人优先购买权优先于近亲属优先购买权而行使。

因此,当该租赁物为共有物时,出卖人出卖房屋或其应有份额时,其他共有人享有优先购买权。此时,近亲属优先购买权与房屋共有人优先购买权发生竞合,基于物权产生的共有人优先购买权比基于身份权发生的近亲属优先购买权,具有优先性,共有人优先购买权优先行使。

3. 近亲属优先购买权与承租人优先购买权竞合及后果

当近亲属优先购买权与承租人优先购买权发生竞合时,房屋出让人的近亲属处于第二顺位优先购买权人的地位,优先于承租人优先购买权,承租人优先购买权让位

---

[21] 崔建远:《论共有人的优先购买权》,载《河北法学》2009年第5期。
[25] 戴孟勇:《原共同共有人优先购买权的解释适用及其存废》,载《政治与法律》2012年第3期。

于近亲属优先购买权。这样的效力自无疑问,但存在的问题是:

第一,出租人将出租的不动产已经卖给其近亲属,承租人主张优先购买权的。对此,《房屋租赁司法解释》第 24 条规定的规则非常清楚,出租人将房屋出卖给近亲属,承租人主张优先购买权的,人民法院不予支持,承租人的主张无效。

第二,出租人出让租赁的不动产,已经通知其近亲属,近亲属意见不一致,或者近亲属未明确答复,出租人与承租人签订买卖合同的。对此,应当借鉴《房屋租赁司法解释》第 24 条关于"出租人履行告知义务后,承租人在十五日内未明确表示购买的",优先购买权消灭的规定,出租人履行通知义务后,其近亲属 15 天内,不论近亲属意见不一致,还是近亲属未作明确答复,出租人与承租人签订买卖合同的,该买卖合同有效,其近亲属不得再主张优先购买权。如果近亲属中任何一个人主张自己购买,其他近亲属不同意购买的,该主张购买的近亲属有权行使这个权利。

第三,出租人与承租人就出租的不动产出让已经签订了买卖合同,尚未办理过户登记,或者已经办理过户登记,出租人的近亲属主张优先购买权的。这种情况的前提,是出租人出让租赁不动产时未通知其近亲属。分为两种情况:一是出卖人没有按照规定通知优先购买权人的,从优先购买权人知道或者应当知道出卖人与承租人或者其他第三人之间缔结买卖关系之日起计算,超过 3 个月的,优先购买权消灭,出卖人与第三人之间的买卖关系生效。二是出租人没有按照规定通知其近亲属,近亲属不知道或者无法知道出租人与承租人或者第三人订立买卖合同的,从出卖人与承租人或者第三人缔结买卖合同关系之日起计算,超出 1 年除斥期间,优先购买权人提出优先购买权请求的,不发生对抗该买卖关系的效力。

四、侵害近亲属优先购买权的后果

在优先购买权受到侵害后的救济手段问题上,对于不同的优先购买权采取的方法并不一致。通说认为,优先购买权为形成权,权利人一经行使,就在承租人和出租人之间成立租赁物买卖合同,其条件相当于出租人和第三人之间租赁物买卖合同的条件,无须再经过要约、承诺的磋商过程,也有的主张尚须经过要约和承诺的程序,租赁物买卖合同才成立。[26] 有的认为,原则上优先购买权受到侵害时,权利人有权就其不能购买到该份额所遭受的损失要求赔偿,但对于是否有权请求宣告合同无效,应当依据受让人主观上是否善意确定,如果受让人是恶意的,则可以请求宣告合同无效。[27]

对于上述不同意见,笔者认为:首先,对于侵害承租人优先购买权的,《房屋租赁司法解释》已经确定为以损害赔偿的方法予以救济,尽管在理论上还有不同意见,但在司法实务上已经明确。其次,对于侵害共有人优先购买权或者近亲属优先购买权

---

[26] 参见崔建远:《合同法》,法律出版社 2010 年版,第 433 页。
[27] 参见王利明:《物权法研究》(上卷),中国人民大学出版社 2007 年版,第 749 页。

的救济方法，不应以赔偿责任救济，而应当根据优先购买权的形成权性质，确定权利人一经行使优先购买权，即发生形成权行使的后果，就在共有人或者近亲属与出卖人之间成立买卖合同，其条件相当于出卖人与承租人或者第三人之间买卖合同的条件，无须再经过要约、承诺的磋商过程，即优先购买权人取得买受人的资格，履行买卖合同，而侵害优先购买权的原买受人的买受人地位消灭，不得主张履行买卖合同。

最高人民法院《关于适用〈中华人民共和国婚姻法〉若干问题的解释(三)》的民法基础*

最高人民法院《关于适用〈中华人民共和国婚姻法〉若干问题的解释(三)》(以下简称《婚姻法司法解释三》)公布实施以来,在社会上引起较强反响,拥护者众,反对者、质疑者亦众。在反对、质疑的意见中,主要认为《婚姻法司法解释三》是一个男人的"法律",立法者忽视不同群体的特性,因而中立的公平只是一种形式上的平等,面对妇女在婚姻家庭中的弱势地位,只有给予倾斜和保护,才能使她们获得实质上的平等,实质平等才是法律、社会所追求的真正的平等①;也有的认为,《婚姻法司法解释三》都快成为房产法(实际是《物权法》)的分支了,因而《婚姻法司法解释三》颁布之后,一些未婚女性发帖扬言"不在房产证上加我的名字就不结婚",而已婚女性同样指出"不在房产证上加我的名字就离婚"。② 评论者除了对《婚姻法司法解释三》的具体规定提出意见之外,还有的对其与《合同法》《物权法》之间的关系提出质疑,认为不能完全以《合同法》和《物权法》的规定代替《婚姻法》的规定。《婚姻法司法解释三》的民法基础问题非常重要,如果弄不清楚,对其理解就会出现偏差。

《婚姻法司法解释三》的理论基础,是民法的整体性。《婚姻法》本来就是民法的组成部分,是民法的亲属法。在1950年制定《婚姻法》之后,我国盲目借鉴苏联的做法,将《婚姻法》从民法中分离出去,使之独立于民法典之外,成为一个独立的法律部门,标榜为社会主义的法律特点,借以与资本主义国家民法划清界限。近年来,随着公法、私法的划分越来越清楚,《婚姻法》作为亲属法回归民法已经成为共识,2002年12月全国人大常委会审议的《中华人民共和国民法(草案)》已经将《婚姻法》和《收养法》放在其中第五编和第六编,作为民法典的组成部分,代表了立法方向,也代表了学界的共识。可以说,将来的中国民法典不论采取何种方式,例如目前的这种分散式民法,还是将来的法典式民法典,婚姻法都将作为亲属法或者婚姻家庭法而成为其中

---

* 本文发表在《法律适用》2011年第10期。
① 参见李莹:《我看婚姻法司法解释三》,载 http://lady.163.com/11/0815/02/7BFDPCRB00262613.html,2011年9月1日访问。
② 《婚姻法新解释:全职太太成"最危险职业"?》,载 http://news.66wz.com/system/2011/09/01/102667176.shtml,2011年9月1日访问。

的组成部分,不会再有独立于民法典之外的《婚姻法》。

正因为如此,《婚姻法司法解释三》的民法基础主要表现在以下三个方面:

一、婚姻家庭关系的属性是民事法律关系

在对《婚姻法司法解释三》的质疑中,较多的人认为婚姻关系不是民事法律关系,或者认为婚姻关系是特殊的民事法律关系,立法和司法应当尊重婚姻关系的个性,不应当盲目适用民事法律关系的方法观察婚姻关系,不应当用民事法律关系方法确定婚姻关系的规则。这种意见的基本论点是不对的。婚姻关系或者婚姻家庭关系是什么法律关系?回答应当十分明确:婚姻关系是亲属关系的一种,婚姻家庭关系就是亲属关系。亲属关系是什么关系?回答应当十分明确:当然是民事法律关系,是民事法律关系的一种。因而,婚姻关系或者婚姻家庭关系就是民事法律关系,是民事法律关系的一种具体类型。

民事法律关系是民法的基本方法,具体表现在:第一,民事法律关系是观察市民社会的基本方法;第二,民事法律关系是规范市民社会民事主体行为的基本方法;第三,民事法律关系是解决民事主体之间发生的民事纠纷的基本方法。③ 换言之,所有的市民社会的现象、行为、后果,都必须用民事法律关系的方法进行观察、规范和解决。

婚姻关系并不是独立于市民社会之外的一种法律关系,而恰恰就是市民社会的基本法律关系,与亲子关系、其他亲属关系一样,都表明具有特定亲属身份的自然人作为民事权利主体,相互之间的关系是亲属关系,是特定的亲属之间的特定身份地位,以及相互之间的权利义务关系。亲属关系是民事法律关系中的身份关系,它固定特定亲属之间的特定的亲属身份和亲属地位,确定特定亲属相互之间所享有的权利和负有的义务。

民事法律关系有六种基本类型:一是人格权法律关系,二是身份权法律关系,三是继承权法律关系,四是物权法律关系,五是债权法律关系,六是知识产权法律关系。身份权法律关系就是亲属法律关系,是民事法律关系的基本类型之一。与其他五种民事法律关系类型相比,亲属法律关系的基本特点之一是具有双重性:既有对外的绝对性的法律关系,也有对内的相对性的法律关系。其绝对性的法律关系表现在亲属法律关系外部,即特定的两个亲属作为权利主体,其他任何人都是其义务主体,构成绝对性的民事法律关系。同时,在两个相对的亲属法律关系的权利主体之间又具有特定的、相对的权利义务关系,构成了相对的民事法律关系。亲属法律关系的外部关系和内部关系交织在一起,就构成了具有相对性的绝对民事法律关系。

亲属法律关系包括配偶之间的配偶权法律关系、父母与未成年子女之间的亲子

---

③ 参见杨立新:《民法总论》,高等教育出版社 2007 年版,第 24 页。

关系以及其他近亲属之间的亲属权法律关系。亲属法律关系的主要部分是亲属身份关系;同时,亲属法律关系中也包括亲属财产关系。亲属身份关系确定的是亲属身份地位和相互之间的人身性的权利义务,亲属财产关系确定的是亲属之间在财产方面的权利义务,主要内容是夫妻财产关系和家庭财产关系。

《婚姻法司法解释三》在调整亲属法律关系中,突出解决的就是亲属身份关系和亲属财产关系。在婚姻关系中,第 1 条特别规定了关于无效婚姻和可撤销婚姻的问题,第 8 条规定了保护无民事行为能力的婚姻关系当事人一方的合法权益问题,第 17 条规定了双方都有过错的离婚损害赔偿的法律适用问题等。在亲子关系中,第 2 条特别规定了亲子关系鉴定中的两个推定的问题,即:第一,夫妻一方向人民法院起诉请求确认亲子关系不存在(这就是婚生子女否认的事实),并已提供必要证据予以证明,而另一方没有相反证据但又拒绝做亲子鉴定的,人民法院就可以推定请求确认亲子关系不存在一方的主张成立,否认婚生子女关系。第二,当事人一方起诉请求确认亲子关系(这就是婚生子女认领的事实),并提供必要证据予以证明,另一方没有相反证据又拒绝做亲子鉴定的,人民法院可以推定请求确认亲子关系一方的主张成立,强制其认领自己的亲生子女。这两种推定,后一种更为多见,因为拒绝进行亲子鉴定的多数是强制认领中的企图推诿责任的父亲。通过两种推定的适用,补充了我国《婚姻法》没有规定婚生子女推定、婚生子女否认以及非婚生子女认领的制度漏洞,健全了我国民法的亲属制度。④ 在亲属财产关系特别是夫妻财产关系问题上,《婚姻法司法解释三》更是做了大量工作,确定了夫妻财产关系的新规则。这些规定,都是以婚姻关系以及亲属关系是民事法律关系为基础,用民事法律关系的方法观察亲属关系,用民事法律关系的方法规范亲属关系,用民事法律关系的方法具体解决市民社会中的亲属关系,都是符合民法的公平、正义基本理念的。相反,如果认为亲属关系不是民事法律关系,另外规定特别的方法进行规制,民法的统一性就不存在,市民社会的统一秩序也就不存在。

二、亲属权利是身份权,其基本属性是民事权利

民事权利分为六种基本类型,即人格权、身份权、继承权、物权、债权和知识产权,身份权是其中之一。⑤《婚姻法》规定的民事权利就是亲属权利,也就是民事权利中的身份权,包括配偶权、亲权和亲属权。

身份权与其他民事权利类型相比,最大的特点,就是权利主体永远都是两个,即两个相对应的特定亲属作为权利主体,享有身份权。这是身份权针对其对世权的权利性质而言,身份权是绝对权,特定的权利主体与不特定的义务主体一起,构成身份

---

④ 参见杨立新:《杨立新民法讲义·婚姻家庭法》,人民法院出版社 2009 年版,第 18—19 页。
⑤ 参见杨立新:《民法总论》,高等教育出版社 2007 年版,第 165 页。

权的对世性。例如,配偶权的权利主体是夫和妻,其义务主体是该对夫妻之外的不特定的任何人。由于配偶权作为身份权具有两个权利主体,因此,夫和妻共同享有配偶权,都是权利主体,相互之间都享有权利,都负有义务,构成了权利主体之间的权利和义务。在身份权中,更重视的是权利主体之间的相对性,即都享有的权利和都负有的义务上,因此,《婚姻法》规定夫妻之间的权利和义务,就是规定配偶权权利主体之间的权利和义务,是夫妻之间的内部权利义务关系。

不论是配偶权,还是亲权和亲属权,都存在这样的权利主体之间的对应关系,都存在对内的权利义务关系。确定身份权权利主体内部的权利和义务,最基本的要求是平等,例如夫妻之间享有平等的权利,负有平等的义务,任何一方都不可以享有超过另一方的权利,也不可以负担超过另一方的义务,享有权利就负有义务,负担义务也就享有相应的权利,在形式上和实质上都使身份权的权利主体实现平等的权利和义务。这种观念符合民事权利平等原则的要求。

《婚姻法司法解释三》在规定婚姻关系、亲子关系以及夫妻财产关系中,都贯彻了权利平等原则,夫妻相互之间享有的权利和负担的义务都是平等的,一方不能享有超出另一方的权利,也不负担超出另一方的义务,否则就是不公平的。例如,在第9条关于"夫以妻擅自中止妊娠侵犯其生育权为由请求损害赔偿的,人民法院不予支持;夫妻双方因是否生育发生纠纷,致使感情确已破裂,一方请求离婚的,人民法院经调解无效,应依照婚姻法第三十二条第三款第(五)项的规定处理"的规定,体现的就是夫妻权利平等的原则,即丈夫有生育权,但妻子也有中止妊娠的权利,这些权利都是平等的权利,因此不能认为妻子中止妊娠就侵害了丈夫的生育权。同样,在第17条关于"夫妻双方均有婚姻法第四十六条规定的过错情形,一方或者双方向对方提出离婚损害赔偿请求的,人民法院不予支持"的规定中,体现的也是这样的规则,即离婚损害赔偿保护的是无过错一方的配偶权,如果双方都有过错,一方或者双方要求另一方承担离婚损害赔偿,就破坏了权利平等原则。在夫妻财产关系规定的内容中,《婚姻法司法解释三》体现的也是权利平等原则,而不是一方的权利高于另一方的权利。例如在颇受争议的第10条中,规定"夫妻一方婚前签订不动产买卖合同,以个人财产支付首付款并在银行贷款,婚后用夫妻共同财产还贷,不动产登记于首付款支付方名下的,离婚时该不动产由双方协议处理。依前款规定不能达成协议的,人民法院可以判决该不动产归产权登记一方,尚未归还的贷款为产权登记一方的个人债务。双方婚后共同还贷支付的款项及其相对应财产增值部分,离婚时应根据婚姻法第三十九条第一款规定的原则,由产权登记一方对另一方进行补偿"的规则,看起来好像对男方有利而对女方不利,但是它体现的是权利平等原则。原因在于,首先是按照协议确定。⑥ 其次,如果双方没有协议或者达不成协议,规定的规则是人民法院"可以"判决

---

⑥ 这里规定的协议是说离婚时分割财产的协议,但实际上也包括夫妻双方在婚前或者婚后订立的确定财产关系性质的协议,例如双方约定该财产为夫妻共同财产,同样有效。

该不动产归产权登记一方,尚未归还的贷款为产权登记一方的个人债务。有人指责这个规定不合理,但应看到的是,这里规定的是"可以"而不是"必须"或者"应当"判决归产权登记一方,"可以"这个表述就包含另外的可能,就是根据婚后双方共同还贷的比例大小,作出不归产权登记一方的判决。例如,当双方共同还贷超过不动产价格50%以上的,那么,就应当判决该房产为夫妻共同财产,离婚时按照夫妻共同财产进行分割,一方提供的首付可以作为债务进行补偿,而不是仅支付贷款及利息。这样,就体现了权利平等的原则,不会侵害另一方的合法权益。《婚姻法司法解释三》既是男人的"法律",也是女人的"法律",贯彻的是男女平等的权利平等原则。

也有人指出,这样的规定更多的是损害女方的合法权益。事实上,权利平等是基本原则,贯彻保护妇女和儿童权益的原则也不能完全突破权利平等原则,况且购置不动产女方首付婚后双方共同还贷的情况也比较常见,在这种情况下,贯彻权利平等原则岂不更为重要?

三、婚姻法遵循的基本规则是民法规则,应当与民法的基本规则保持一致

《婚姻法司法解释三》贯彻的基本精神之一,是《婚姻法》应当适用民法的基本规则。民法是规则法,通篇规定的都是调整民事法律关系的规则。[⑦] 即使《婚姻法》规定亲属制度和具体的权利、义务,也都是规定调整亲属法律关系的规则。

在民法规则体系中,有全面适用的基本规则,也有各个部门法适用的具体规则。不能否认,在《婚姻法》规定的亲属法律关系中,其大多数规则是特殊的,并不能适用于民法的其他领域。如果没有这种特殊性,亲属法就没有单独规定的必要。但是,民法的规则都是相通的,在规定调整同样的法律关系的规则,必须在所有领域的同样的问题上统一适用,不能在民法内部出现法律适用的混乱。这是法律统一性,也是民法规则统一性的要求。《婚姻法司法解释三》正是这样做的。

首先,在《婚姻法司法解释三》中有关夫妻共同财产的规则上,体现的是《物权法》规定的调整物权法律关系的规则与《婚姻法》规定的夫妻共同财产规则的一致性、统一性。夫妻共同财产是共有财产,按照新法优先于旧法原则,必须贯彻《物权法》规定的共有规则,不符合共有规则的做法都应当统一到《物权法》确定的共有规则上。同样,夫妻对共同财产享有的是所有权,夫妻财产所有权取得的规则也必须遵守《物权法》规定的规则。《物权法》规定不动产所有权的公示方法是登记,那么,《婚姻法司法解释三》第10条规定就完全符合《物权法》第6条和第9条规定的规则。夫妻一方擅自出售共同共有的房屋,是对对方共有权的侵权行为,不应当确认其具有买卖的效力,但如果买受人出于善意,支付了合理对价,并且已经进行了过户登记,符合

---

⑦ 参见杨立新:《民法总论》,高等教育出版社2007年版,第51页。

《物权法》第 106 条规定的善意取得的必要条件的,就应当按照这一规定,确定买受人取得其所有权,对方只能要求赔偿损失。这样的规定也是完全符合《物权法》规定的规则的。在《婚姻法司法解释三》中规定的关于夫妻财产关系的规则中,都符合《物权法》的规则。如果据此认为《婚姻法司法解释三》就成了《物权法》的分支,也是正确的,因为《婚姻法》不能离开《物权法》的规则而对夫妻共有关系另搞一套规则,否则必然造成民法内部规则的混乱,破坏的是民法规则的统一性,破坏的是市民社会的正常秩序。

其次,《婚姻法司法解释三》中有关夫妻身份关系及财产关系中,贯彻了《合同法》的一般规则,体现了夫妻双方对有关身份关系和财产关系的协议所具有的合意性质,必须按照《合同法》的规则处理,以保证夫妻在这些问题上的平等性。最有争议的是规定婚前或者婚后房产赠与的第 6 条:"婚前或者婚姻关系存续期间,当事人约定将一方所有的房产赠与另一方,赠与方在赠与房产变更登记之前撤销赠与,另一方请求判令继续履行的,人民法院可以按照合同法第一百八十六条的规定处理。"对此,很多人认为这样的规定对女方不利,男方在结婚之前答应赠与,但没有进行过户登记,在离婚时反悔,法院不支持赠与的效力,就损害了女方的利益。不过,赠与是合同行为,合同行为就必须按照《合同法》的规定进行。《合同法》规定,在一般情况下,赠与合同是实践性合同,除了具有救灾、扶贫等社会公益、道德义务性质的赠与合同,或者经过公证的赠与合同,是诺成性合同之外,都需实际赠与后才发生法律效力。据此,《婚姻法司法解释三》规定对夫妻之间婚前或者婚后的房产赠与,依照《合同法》第 186 条关于"赠与人在赠与财产的权利转移之前可以撤销赠与""具有救灾、扶贫等社会公益、道德义务性质的赠与合同或者经过公证的赠与合同,不适用前款规定"的规定,是正确的。理由是,夫妻之间的赠与不具有公共利益和道德义务性质,因此不适用该条第 2 款规定,是实践性合同。尽管赠与达成协议,但不动产没有进行过户登记之前,所有权并没有转移,赠与合同没有最后履行完毕,因此,确认按照《合同法》的上述规定进行,显然不属于该条第 2 款规定的内容,应当适用该条第 1 款规定,赠与方在赠与房产变更登记之前撤销赠与的,是准许的,是有效的。另一方请求判令继续履行,为无理由,应当驳回其诉讼请求。同样,第 14 条关于"当事人达成的以登记离婚或者到人民法院协议离婚为条件的财产分割协议,如果双方协议离婚未成,一方在离婚诉讼中反悔的,人民法院应当认定该财产分割协议没有生效,并根据实际情况依法对夫妻共同财产进行分割"的规定,也体现了合同法"从随主"即"从合同的效力取决于主合同的效力"的规则。当事人签订离婚协议主要包括三个方面的协议,一是离婚协议,二是子女抚养的协议,三是分割财产的协议。后两个协议附随于前一个协议,即后两个协议的生效取决于前一个协议的生效。前一个离婚的协议没有生效,后两个协议当然不能生效。财产分割协议具有附随性,不能离开离婚协议而单独生效。事实上,在婚姻关系中应当更重视《合同法》规则的适用。在亲属关系中,有很多亲属关系的产生都是依亲属法律行为而缔结即通过合意而建立亲属关系。例如,缔结婚姻关系的基础是双方当事人的合意,离婚当然也是合意解除婚姻关系,收养、送养以及撤销收养的基础都是合意。这些虽然都需要进行登记,但法律关系发生的基础都是当事人的合意。在亲属财产关系上更应当重视当事人的合意。既然如此,《合同法》规则在婚姻亲属关系领域中的适用就具有重要的意义。在这方面,《婚姻法司法解释三》做出了一个很好的榜样,应当充分肯定。

最高人民法院《关于适用〈中华人民共和国婚姻法〉若干问题的解释（三）》解读[*]

为更准确地展现《中华人民共和国婚姻法》立法本意，正确适用《婚姻法》规定的各项规则，客观、妥善地处理婚姻家庭纠纷，维护家庭关系，保护婚姻关系当事人特别是妇女以及子女的合法权益，2011年7月4日由最高人民法院审判委员会第1525次会议通过了《关于适用〈中华人民共和国婚姻法〉若干问题的解释（三）》（以下简称《婚姻法司法解释三》），并且于2011年8月13日起正式施行。这是一部非常重要的婚姻法司法解释。对于《婚姻法司法解释三》的民法理论基础，笔者在另一篇文章中做过阐释[①]，本文对其重要意义和基本内容做以下说明。

一、《婚姻法司法解释三》的重要意义

2001年修订的《婚姻法》施行之后，出现了一些新的问题需要解决。针对审判实践中遇到的法律适用疑难问题，最高人民法院于2001年12月24日通过了《关于适用〈中华人民共和国婚姻法〉若干问题的解释（一）》，针对《婚姻法》修改后的一些程序性和审判实践中急需解决的主要问题作出了司法解释。这部司法解释主要解释的问题是：第一，无效婚姻和可撤销婚姻的处理程序及法律后果；第二，《婚姻法》规定的探望权的有关问题例如提出中止探望权的主体资格问题；第三，子女抚养费的问题；第四，离婚损害赔偿的问题等。对此规定了具体的操作规则。2003年12月24日，最高人民法院又通过了《关于适用〈中华人民共和国婚姻法〉若干问题的解释（二）》，对实施《婚姻法》的一些新问题作出了司法解释：第一，对彩礼应否返还作出规定；第二，对如何处理夫妻债务的方法作出规定；第三，住房公积金争议的处理规则；第四，对知识产权收益等款项的认定提出办法；第五，对军人的复员费及自主择业费的处理等提供裁判方法。这些司法解释丰富了《婚姻法》的内容，对落实《婚姻法》的规定提出了具体的办法，受到社会各界的重视，在审判实践中发挥了重要作用。

---

[*] 本文发表在《东南学术》2012年第1期。
[①] 参见杨立新：《最高人民法院关于适用〈中华人民共和国婚姻法〉若干问题的解释（三）的民法基础》（本书第2556页），载《法律适用》2011年第10期。

中国社会的婚姻家庭纠纷案件不断上升,在这些婚姻家庭纠纷案件中,比较集中地反映出婚前贷款买房、夫妻之间赠与房产、亲子鉴定等问题的争议。这些问题都是影响婚姻家庭关系,涉及社会稳定的重要问题,必须提出具体的解决办法,及时解决纠纷,统一法律适用尺度,明确法律适用标准。正因为如此,最高人民法院于2008年1月开始了《婚姻法司法解释(三)》的起草工作,提出草案,经过充分论证,将草案予以公开,广泛征求、认真汇集社会公众的意见和建议,又进行了反复修改,最后经审判委员会讨论通过,对这些重点问题作出了明确的解释。

《婚姻法司法解释三》公布之后,引起了各界的反响,也对其中规定的一些问题引起了争论。[1] 特别重要的是,一些专门研究婚姻法的专家对其中的条文提出严重的质疑甚至反对意见,认为与现行婚姻法有所抵触,因为按照现行婚姻法规定,"婚后由一方父母出资为子女购买的不动产"已经被视为双方共同财产。[2] 从宏观上看,笔者认为,《婚姻法司法解释三》在以下问题上具有重要意义:

第一,在亲属制度上作出重要规定,补充了立法不足。我国《婚姻法》没有规定婚生子女推定、婚生子女否认、非婚生子女认领制度。当夫妻双方对于婚姻存续期间出生的、作为婚生子女养育的子女有可能是非婚生子女的时候,没有规定具体的制度对这种身份予以否认,就难以推翻推定,酿成纠纷,而在现实中确实存在这样的问题。同样,也缺少非婚生子女认领制度,对于推定为婚生子女有充分证据推翻推定的,认定为非婚生子女,其亲生父亲对于自己的亲生子女不予认领,致使亲子关系不能认定,对子女的合法权益造成损害。[3] 这些都是实体法的问题。这些问题反映在程序上,最主要的就是亲子鉴定问题。推翻亲子关系推定需要亲子鉴定,强制认领非婚生子女也必须依靠亲子鉴定。在司法实践中,凡是推诿自己抚养义务的,都试图通过拒绝进行亲子鉴定而实现。对此,《婚姻法司法解释三》第2条规定:"夫妻一方向人民法院起诉请求确认亲子关系不存在,并已提供必要证据予以证明,另一方没有相反证据又拒绝做亲子鉴定的,人民法院可以推定请求确认亲子关系不存在一方的主张成立。当事人一方起诉请求确认亲子关系,并提供必要证据予以证明,另一方没有相反证据又拒绝做亲子鉴定的,人民法院可以推定请求确认亲子关系一方的主张成立。"这是从程序法的鉴定问题上作出两个推定的规定,同时,也就确认了婚生子女否认和非婚生子女认领的制度。

这样的制度规定具有重要的社会意义:无论对于婚生子女还是非婚生子女,凡是对自己生育的子女,就必须对子女负责。婚生子女当然如此,父母必须负责。即使是

---

[1] 参见李莹:《我看婚姻法司法解释三》,载 http://lady.163.com/11/0815/02/7BFDPCRB0026263.html,2011年9月1日访问;《婚姻法新解释:全职太太成"最危险职业"?》,载 http://news.66wz.com/system/2011/09/01/102667176.shtml,2011年9月1日访问。

[2] 参见东方网:《专家质疑司法解释与现行婚姻法相抵触》,载 http://news.eastday.com/c/20110906/u1a6091288.html,2011年12月21日访问。

[3] 参见杨立新:《亲属法》,高等教育出版社2005年版,第179页以下。

非婚生子女,只要生下他(她),他(她)的父母就必须负责抚养。否认婚生子女,对确定不是自己的婚生子女,依照法律是可以不负责任的;而另一方也就是非婚生子女的父亲,即使拒绝做亲子鉴定,法院也完全可以依照这些推定的规定推定亲子关系成立,进而要求其承担父亲的责任。这对于完善我国的亲属法律制度具有重要意义。我国亲属法律制度规定得不够完善,特别是对于亲子关系更缺乏相应制度。补充了这些亲属制度,对完善我国的亲属法律制度起到了重要作用,将来修订《婚姻法》就可以补充进去。

第二,在婚姻财产关系上进一步作出解释,尊重财产个性,保护婚姻当事人的财产权益。《婚姻法司法解释三》关于婚姻财产关系的规定是大量的,是《婚姻法司法解释三》的主要内容。应当看到的是,财产关系是身份关系的基础,是维护婚姻家庭生活的物质条件。在婚姻家庭关系中,身份关系是其主要内容,但是财产关系也是重要内容之一。当婚姻关系解除时,如何处理夫妻财产关系、如何分割夫妻共同财产更是重要问题,处理得不好,就会损害婚姻当事人一方的财产权益。《婚姻法司法解释三》在这方面的努力是,依照《婚姻法》规定的尊重财产个性的原则精神,妥善处理诸如房产等不动产以及其他财产权属的争议问题,体现的精神就是婚前财产归个人所有,另有协议的除外。这种原则其实不是《婚姻法司法解释三》规定的原则,而是《婚姻法》2001年修正时就确定了的原则。尊重财产的个性,核心是尊重个人的劳动及其成果,将个人创造的财富确定为个人所有。这种做法可以引导婚姻关系当事人在财产问题上更加重视自己的地位,也有利于防止借婚姻关系索取财产甚至骗取财物等不法行为的发生。

第三,在婚姻关系当事人的监护、子女抚养方面进一步作出规定,依法保护婚姻关系当事人的人身权益。首先,《婚姻法司法解释三》对无效婚姻和可撤销婚姻的有关问题作出规定:一是无效婚姻确认只限于《婚姻法》第10条规定的情形,除此之外,不得认定为无效婚姻,对主张者应当予以驳回。二是对于因登记瑕疵形成的可撤销婚姻,《婚姻法》没有规定应当如何撤销,《婚姻法司法解释三》规定可以依法申请行政复议,或者提起行政诉讼予以解决,提出了具体的解决办法。其次,对于保护无民事行为能力的婚姻当事人的合法权益,规定无民事行为能力的配偶受到对方的虐待、遗弃等损害,自己没有能力保护自己,同时对方当事人又是自己的监护人,因此,受到损害而无法保护自己。第8条对此规定了相应的规则,就有了解决的具体办法。这种规定能够引导婚姻当事人尊重对方配偶,如果有侵害对方配偶特别是无民事行为能力的配偶的,法律总有办法进行保护,对违法行为予以制裁。再次,关于争议很久的侵害生育权的问题,《婚姻法司法解释三》作出了回答,夫以妻擅自中止妊娠侵犯其生育权为由请求损害赔偿的,不认为是侵害生育权,人民法院不支持这样的诉讼请求;夫妻双方因是否生育发生纠纷致使感情确已破裂,一方请求离婚的,人民法院经调解无效,应依照《婚姻法》第32条第3款第(五)项的规定处理,认定为属于"其他导致夫妻感情破裂的情形",可以判决离婚。最后,关于适用《婚姻法》第46条的具体情形,夫妻双方均有第46条规定的过错情形,一方或者双方向对方提出离婚损害赔偿请求的,不应当适用第46条规定判决支持损害赔偿的请求,应当予以驳回。这是因为,第46条规定的是婚姻当事人一方有过错,无过错方可以请求损害赔偿的救济方法,双方均有过错,就不存在适用第46条的理由,不保护有过错方的诉讼请求。这样的规定旗帜鲜明,是正确适用第46条的合理解释。

第四,能够引导婚姻当事人正确对待婚姻关系,使婚姻家庭纠纷防患于未然。对婚恋观、择偶观的社会引导,并不是由这些司法解释为主进行的,而是以《婚姻法》规定的原则和具体规则以及社会的正义观念为主进行的。那就是,婚姻以性爱为基础,强调社会责任,而不是以物质为基础。但是,就社会整体而言,较多的婚姻关系总是会出现问题,出现问题就要解决。这些解决婚姻家庭纠纷的规则同样也会对婚恋观和择偶观带来一定程度的影响。最为重要的影响就是防患于未然。在我国社会中,人们不愿意事先设想将来可能存在的纠纷并且事先进行协议提出解决的办法,就像中国人不愿意生前留下遗嘱处理身后的财产问题一样,因而我国经常出现很多继承纠纷。当事人在设立婚姻关系之前和之初,婚姻关系当事人都处于热恋当中,没有想到或者不愿意想到一旦将来出现纠纷时应当怎样解决,认为财产问题和感情问题是对立的,婚前谈论财产纠纷的协议问题就会影响感情问题。但是,不可能所有的婚姻关系都能够维持到底,有很大一部分婚姻关系会出现问题。如果将可能出现的纠纷问题事先通过协议预设出解决的办法,就不会出现难以解决的纠纷,出现纠纷也有现成的解决办法。《婚姻法司法解释三》把这些问题写成具体规则,使国人都知道,就会逐渐引导婚姻当事人在缔结婚姻关系之初设想的纠纷处理办法,促使国人逐渐养成这样的习惯。《婚姻法司法解释三》在这方面也具有重要意义。

二、《婚姻法司法解释三》的基本内容

按照最高人民法院新闻发言人的说法,《婚姻法司法解释三》的主要内容有六个,即:一是结婚登记程序瑕疵的救济方法问题,二是亲子关系诉讼中当事人拒绝鉴定的法律后果问题,三是夫妻一方个人财产婚后产生收益的认定问题,四是父母为子女结婚购买不动产的认定问题,五是离婚案件中一方婚前贷款购买不动产的处理问题,六是附协议离婚条件的财产分割协议效力的认定问题。这些说明是有道理的,但并不完全准确。

依笔者所见,《婚姻法司法解释三》各个条文之间的逻辑关系不是特别清楚,应当理顺。将《婚姻法司法解释三》概括为以下四个问题,更为明确:

(一)规定婚姻关系的具体问题的解决方法

《婚姻法司法解释三》最主要解决的问题,仍然是在婚姻关系的具体问题的解决方法。这些问题规定在第1条、第8条、第9条和第17条当中。

1. 关于无效婚姻和可撤销婚姻的问题

《婚姻法司法解释三》第 1 条第 1 款规定:"当事人以婚姻法第十条规定以外的情形申请宣告婚姻无效的,人民法院应当判决驳回当事人的申请。"这条司法解释规定的意旨是,确认《婚姻法》第 10 条规定的四种情形是法定的婚姻无效事由,超出这个范围的情形都不得认定为婚姻无效。《婚姻法》第 10 条规定,重婚的,有禁止结婚的亲属关系的,婚前患有医学上认为不应当结婚的疾病婚后尚未治愈的,未到法定婚龄的,都是无效婚姻,不发生婚姻的效力。除此之外,以上述四种情形之外的其他情形申请宣告婚姻无效的,都是没有法律依据的,都不应当予以支持,因此应当判决驳回当事人的申请。

《婚姻法司法解释三》第 1 条第 2 款规定:"当事人以结婚登记程序存在瑕疵为由提起民事诉讼,主张撤销结婚登记的,告知其可以依法申请行政复议或者提起行政诉讼。"这条司法解释是解释《婚姻法》第 11 条规定外的情形,即以结婚登记程序存在瑕疵为由主张撤销结婚登记的,司法解释认为这不是民事诉讼解决的问题,而是行政法的问题,因此,告知当事人依法申请行政复议,或者提出行政诉讼予以解决。当出现这样的情形时,认为是民政部门的婚姻登记问题,可以由行政复议解决,或者以行政诉讼解决,不以民事诉讼方式解决。这样的做法,是将婚姻登记作为具体行政行为对待。事实上,婚姻登记尽管是民政部门负责,但婚姻登记并不是具体行政行为,而是对双方当事人婚姻合意的确认行为,不具有行政行为的性质。最高人民法院这样认定婚姻登记行为的性质,有失偏颇。

2. 关于保护无民事行为能力的婚姻当事人合法权益的问题

《婚姻法司法解释三》第 8 条规定:"无民事行为能力人的配偶有虐待、遗弃等严重损害无民事行为能力一方的人身权利或者财产权益行为,其他有监护资格的人可以依照特别程序要求变更监护关系;变更后的监护人代理无民事行为能力一方提起离婚诉讼的,人民法院应予受理。"这是保护无民事行为能力的婚姻关系当事人的合法权益的具体措施。婚姻关系当事人一方是无民事行为能力人,当对方当事人对其虐待、遗弃,严重侵害该方当事人的合法权益时,无民事行为能力的婚姻当事人无法正当行使权利维护自己的合法权益,必须由监护人代理实施保护自己的民事行为或者诉讼行为。但这个时候,该方当事人的监护人实际上是实施不法行为的对方当事人,他人无法提供保护。因此,准许其他有监护资格的人先要求更换监护人,更换了监护人之后,再由更换后的监护人为法定代理人,维护无民事行为能力的婚姻当事人的合法权益,是十分必要的,也是唯一解决问题的方法。最高人民法院作出这样的规定是完全正确的。

3. 关于侵害生育权的问题

对于在社会生活中出现较大、较多争议的侵害生育权的问题,《婚姻法司法解释三》第 9 条作出了规定:"夫以妻擅自中止妊娠侵犯其生育权为由请求损害赔偿的,人民法院不予支持;夫妻双方因是否生育发生纠纷,致使感情确已破裂,一方请求离婚的,人民法院经调解无效,应依照婚姻法第三十二条第三款第(五)项的规定处理。"这个原则是:首先,不承认中止妊娠的行为是侵害生育权的行为,因此,丈夫以妻子中止妊娠侵害其生育权为由请求损害赔偿的,人民法院不予支持。这是因为,中止妊娠是女性的一项权利,应当依法保护,不是侵害生育权。其次,对于如果夫妻双方因为是否生育问题发生纠纷,导致感情确已破裂的,应当认为是夫妻感情确已破裂的一种表现,因此可以认定为属于《婚姻法》第32条第3款第(五)项规定的"其他导致夫妻感情破裂的情形",可以判决离婚。

4. 关于双方都有过错的离婚损害赔偿问题

《婚姻法》第46条规定的离婚过错损害赔偿,保护的是婚姻关系当事人中无过错的一方,明确规定"无过错方有权请求损害赔偿",不包括有过错的当事人。④ 在现实生活中,有的婚姻关系的双方当事人都有过错,都依据该条法律规定请求对方承担损害赔偿责任,这种做法不符合该条法律规定的原则。因此,《婚姻法司法解释三》第17条规定:"夫妻双方均有婚姻法第四十六条规定的过错情形,一方或者双方向对方提出离婚损害赔偿请求的,人民法院不予支持。"这样的规定符合《婚姻法》第46条规定精神,是正确的。

(二) 亲子关系认定及确认婚生子女否认和非婚生子女认领等亲属制度

《婚姻法司法解释三》对于亲子关系的规定尽管条文很少,且是从证据认定方面作出的,但其意义并不局限于此,而是着重于补充亲属法律制度的不足。

1. 关于婚生子女否认和非婚生子女认领

《婚姻法司法解释三》第2条规定关于亲子关系认定中两个推定的基础,就是婚生子女否认和非婚生子女认领制度。

婚生子女否认,是夫妻一方或子女对妻所生的子女否认其为夫的亲子的民事法律行为,也就是在婚生子女推定的前提下,否认婚生子女为夫所生,而是由妻与婚外异性性结合所生的非婚生子女的行为。⑤ 我国《婚姻法》没有规定婚生子女否认制度,但司法实践证明,确认这一制度势在必行。婚生子女否认的前提是婚生子女推定。婚生子女推定,是子女系生母在婚姻关系存续期间受胎或出生,该子女被法律推定为生母和生母之夫的子女。⑥ 我国《婚姻法》虽然规定了婚生子女的概念,但对如何认定婚生子女却没有规定,在习惯上,凡是在婚姻关系存续期间妻分娩的子女,就直接认定为妻与夫的婚生子女。这实际上就是婚生子女推定。

我国现在没有规定非婚生子女认领制度,也应当补充规定。非婚生子女认领,是生父对于非婚生子女承认其为父而领为自己子女的行为。认领的方法,一是任意认

---

④ 该条的条文是:"有下列情形之一,导致离婚的,无过错方有权请求损害赔偿:(一)重婚的;(二)有配偶与他人同居的;(三)实施家庭暴力的;(四)虐待、遗弃家庭成员的。"
⑤ 参见杨立新:《亲属法》,高等教育出版社2005年版,第170页。
⑥ 参见杨立新:《亲属法》,高等教育出版社2005年版,第168页。

领,认领的权利归于父享有,其父的家庭其他成员不享有此权利。该权利的性质为形成权,原则上对此权利的行使无任何限制。认领权的行使,可直接行使,亦可经法院判决确认其父子关系的存在。认领应当规定为要式行为。二是强制认领,也叫做亲之寻认,是应被认领人对于应认领而不为认领的生父,向法院请求确定生父关系存在的行为。[7] 非婚生子女一经认领,即为婚生子女,产生父亲与子女间的权利义务关系,无论任意认领或强制认领,均与婚生子女相同。经父认领的非婚生子女对于生父之配偶,母之非婚生子女对于生母的配偶,均为姻亲关系,而无父母子女的血亲关系。

婚生子女否认和非婚生子女认领的基础,是推翻婚生子女推定的证据。没有充分的证据,不能进行婚生子女否认和非婚生子女认领;只有经过充分证据的证明,才能够进行婚生子女否认和非婚生子女认领。在实践中,最为充分的证据就是亲子鉴定,因为亲子关系鉴定具有较强的证明力。否认亲子关系的亲子鉴定一经做出,法院就可以否认婚生子女的地位,或者强制生父认领非婚生子女。但是,很多亲子关系当事人拒绝进行鉴定,似乎不做鉴定就可以逃避义务和责任。如果没有规定推定规则的适用,就有可能无法认定婚生子女否认和非婚生子女认领,进而不能作出确定的判决。

对此,《婚姻法司法解释三》第 2 条规定了两种情形:第一,夫妻一方向人民法院起诉请求确认亲子关系不存在(这就是婚生子女否认的事实),并已提供必要证据予以证明,而另一方没有相反证据但又拒绝做亲子鉴定的,这时,人民法院可以推定请求确认亲子关系不存在一方的主张成立,否认婚生子女关系。第二,当事人一方起诉请求确认亲子关系(这就是非婚生子女认领的事实),并提供必要证据予以证明,另一方没有相反证据又拒绝做亲子鉴定的,这时,人民法院可以推定请求确认亲子关系一方的主张成立,强制其认领自己的亲生子女。[8] 这两种推定,后一种更为多见,因为拒绝进行亲子鉴定的多数是强制认领中的企图推诿责任的父亲。

2. 关于父母双方或者一方拒不履行抚养子女义务的责任

父母对未成年子女负有抚养义务,对不能独立生活的子女也有抚养义务。如果父母一方或者双方不履行抚养义务,未成年子女和不能独立生活的子女有权请求支付抚养费,这就由抚养义务转变为责任,具有强制性。因此,《婚姻法司法解释三》第 3 条规定:"婚姻关系存续期间,父母双方或者一方拒不履行抚养子女义务,未成年或者不能独立生活的子女请求支付抚养费的,人民法院应予支持。"不过,这里规定的不能独立生活的子女应当进行进一步的界定,例如,无民事行为能力或者限制民事行为能力的成年子女、没有独立经济收入在学校就读的成年子女,是否都是不能独立生活的子女,需要研究,否则会增加父母双方或者一方的抚养义务。已经成年但有残疾而

---

[7] 参见杨立新:《亲属法》,高等教育出版社 2005 年版,第 170、181—183 页。
[8] 参见奚晓明主编:《最高人民法院婚姻法司法解释(三)理解与适用》,人民法院出版社 2011 年版,第 56 页。

不能独立生活的子女,与已经成年上大学甚至研究生、博士生的子女,是不一样的,应当有所区别。

(三)规定夫妻财产关系具体问题的解决方法

在夫妻财产关系的规定上,《婚姻法司法解释三》规定的内容最多,是重点规定的问题。对此,规定了第 4 条至第 7 条、第 10 条至第 16 条和第 18 条,共有 12 个条文,是规定条文最多的一部分,显然《婚姻法司法解释三》对这个问题最为重视。

1. 婚内夫妻共同财产分割

夫妻共同财产是共有财产,按照共有的规则,在共同关系存续期间,共有财产不得进行分割。⑨ 这是原则。《婚姻法司法解释三》继续坚持这样的原则,规定婚姻关系存续期间,夫妻一方请求分割共同财产的,人民法院不予支持。但是,也有特别情形应当作为例外。如果出现了特别情形需要分割夫妻共同财产的,这个原则并不是绝对的,可以根据实际情况进行分割,以保护婚姻当事人的合法权益。因此,《婚姻法司法解释三》规定,如果有下列重大理由且不损害债权人利益的,就可以分割共有财产。这个重大理由有二:一是一方有隐藏、转移、变卖、毁损、挥霍夫妻共同财产或者伪造夫妻共同债务等严重损害夫妻共同财产利益行为的。这里概括了六个理由,具备其中之一,就可以请求进行分割,而不是这些条件都需要具备才可以请求分割。二是一方负有法定扶养义务的人患重大疾病需要医治,另一方不同意支付相关医疗费用的。例如,妻子的父母患重大疾病,需要进行医治,但是丈夫不同意以夫妻共同财产支付医疗费用,这时,就可以请求分割共有财产,由自己分割得到的财产支付费用。

2. 个人财产婚后增值

《婚姻法》尊重婚姻关系当事人的财产个性,对于个人财产在婚后增值的,应当区别具体情形,确定为共同财产或者是个人财产。基本原则是第 5 条规定的,即夫妻一方个人财产在婚后产生的收益,除孳息和自然增值外,应认定为夫妻共同财产。其含义是,一方的个人财产在婚后孳息和自然增值,应当仍然作为个人财产,例如婚前的存款发生的利息,不能认为这是婚后取得的财产就作为夫妻共同财产。但是,其他个人财产婚后收益,按照婚后所得财产共有制,婚后的其他收益都应当作为共同财产。例如,婚前个人财产,婚后进行投资获得收益,该收益属于婚后所得财产,当然应作为夫妻共同财产,符合《婚姻法》规定的原则。

3. 夫妻之间的房产赠与

房产是不动产,在婚姻家庭财产关系中属于大宗财产,对双方都具有重要意义。如果夫妻之间在缔结婚姻关系之前,或者在缔结婚姻关系之后,一方将自己所有的房产赠与对方,这样的赠与是否有效,特别是没有实际过户登记的,容易发生争议。对此,《婚姻法司法解释三》第 6 条规定:"婚前或者婚姻关系存续期间,当事人约定将一方所有的房产赠与另一方,赠与方在赠与房产变更登记之前撤销赠与,另一方请求

---

⑨ 参见王利明:《物权法研究》(上卷),中国人民大学出版社 2007 年修订版,第 719 页。

判令继续履行的,人民法院可以按照合同法第一百八十六条的规定处理。"《合同法》第186条的内容是:"赠与人在赠与财产的权利转移之前可以撤销赠与。具有救灾、扶贫等社会公益、道德义务性质的赠与合同或者经过公证的赠与合同,不适用前款规定。"婚前赠与和婚后赠与房产的行为,显然不属于该条第2款规定的内容,应当适用该条第1款规定,赠与方在赠与房产变更登记之前撤销赠与的,是准许的,是有效的。因为赠与合同是实践性合同,赠与合同在没有正式履行之前,是可以撤销的。因此,另一方请求判令继续履行的,为无理由,应当驳回其诉讼请求。

4. 父母为子女购房

父母为子女结婚购房包括其他不动产,有两种情况。第一种情况,是一方父母出资为子女购买不动产;第二种情况,是双方父母各自出资为子女购买不动产。《婚姻法司法解释三》分别情况,在第7条规定了两款。第1款规定的内容是:"婚后由一方父母出资为子女购买的不动产,产权登记在出资人子女名下的,可按照婚姻法第十八条第(三)项的规定,视为只对自己子女一方的赠与,该不动产应认定为夫妻一方的个人财产。"这是因为,父母出资为自己的子女购买不动产,登记在自己的子女名下,尽管是婚后赠与,但登记在自己子女一方名下就意味着只赠与自己子女,这种财产的属性是个人财产,不因为夫妻双方共同使用而改变财产的性质。应当注意的是,这里规定了一个"可"和一个"应","可"按照婚姻法第18条第(三)项规定是指对自己子女一方的赠与,该不动产"应"认定为夫妻一方的个人财产,仍然带有选择性,如果有证据证明是赠与双方的,可以作出相反判决。第2款规定的内容是:"由双方父母出资购买的不动产,产权登记在一方子女名下的,该不动产可认定为双方按照各自父母的出资份额按份共有,但当事人另有约定的除外。"双方的父母都出资,为双方的子和女购买不动产,但是登记在一方名下,这不能改变该不动产的共有财产性质,应当认定为夫妻共有财产。共有的性质应当是按份共有,而不是共同共有,因为出资份额清楚,认定按份共有更为适当。其中但书的规定,是当事人另有约定除外。另有约定包括两种情况,一是约定为共同共有,不管出资多少,或者出资相同,都应当认定为共同共有;二是约定一方所有,这种情形尽管可能性比较小,但也是有可能,如果当时就是约定为一方单独所有,也应当认定为单独所有。这两种情形主要是指前一种,后一种可能性不大。

当然也有第三种情况,那就是一方或者双方出资,登记为共有财产,那当然就是共有财产,这种情况发生争议的可能性不大,因此不必规定,但实践中是存在的。至于父母购房登记在自己的名下而不是登记在子女名下的,应当认定为父母的权属,不能认定为夫妻共同财产。

5. 一方婚前签订不动产买卖合同,婚后双方共同还贷

夫妻之间的不动产买卖中的另一种情况是第10条规定的情形,即婚姻关系一方当事人婚前签订不动产买卖合同,婚后双方共同还贷,该不动产的产权归属问题的争议应当如何处理。这也是经常遇到的问题。第10条分为两款规定:"夫妻一方婚前签订不动产买卖合同,以个人财产支付首付款并在银行贷款,婚后用夫妻共同财产还

贷,不动产登记于首付款支付方名下的,离婚时该不动产由双方协议处理。依前款规定不能达成协议的,人民法院可以判决该不动产归产权登记一方,尚未归还的贷款为产权登记一方的个人债务。双方婚后共同还贷支付的款项及其相对应财产增值部分,离婚时应根据婚姻法第三十九条第一款规定的原则,由产权登记一方对另一方进行补偿。"具体情形是:

第一,对于一方婚前签订不动产买卖合同,并且一个人支付首付款,其余款在银行贷款,婚后用夫妻共同财产还贷,不动产登记在首付款支付方名下的,离婚时对该不动产的产权归属发生争议,《婚姻法司法解释三》规定的基本规则是由双方协议处理。这个协议,主要是指离婚时处理夫妻共同财产的协议,特别是指处理该不动产权属的协议。如果协议清楚,双方意思表示一致,当然就按照协议处理即可。如果事先双方就有关于财产归属的协议,该协议当然也有效力。后一种协议应当是书面协议。

第二,如果双方不能达成协议,法院可以判决该不动产归产权登记一方,尚未归还的贷款为产权登记一方的个人债务,按照债务关系处理。按照这样的方法处理,并不是简单地计算利息清偿,而是要根据双方婚后共同还贷支付的款项及其相对应财产增值部分,离婚时应根据《婚姻法》第39条第1款规定的原则,由产权登记一方对另一方进行补偿。

第三,应当看到的是,在第2款中规定的是"可以"而不是"应当"。那么,就应当除了将共同还贷作为债务关系处理之外,还有另外的方法。另外的方法就是可以不判决该不动产归产权登记一方,而是判决归双方当事人共有。在什么情况下可以判决双方共有呢? 笔者认为是双方当事人共同还贷的部分已经超过全部不动产价款50%以上的,就可以判决为共有财产,将一方当事人单独首付的部分作为债权处理,或者作为共有份额予以考虑,离婚时按照夫妻共同财产的分割原则进行分割。这样处理更为稳妥,公众更为欢迎。

6. 一方当事人擅自出售夫妻共有房屋的善意取得

夫妻一方在婚姻关系存续期间,对夫妻共有的房屋擅自出售,符合善意取得规则的,应当按照《物权法》的规定认定为善意取得,善意第三人取得该房屋的所有权。《婚姻法司法解释三》第11条规定:"一方未经另一方同意出售夫妻共同共有的房屋,第三人善意购买、支付合理对价并办理产权登记手续,另一方主张追回该房屋的,人民法院不予支持。夫妻一方擅自处分共同共有的房屋造成另一方损失,离婚时另一方请求赔偿损失的,人民法院应予支持。"这些规定是《物权法》第106条规定的具体落实,是正确的。[⑩]

[⑩] 《物权法》第106条的规定是:"无处分权人将不动产或者动产转让给受让人的,所有权人有权追回;除法律另有规定外,符合下列情形的,受让人取得该不动产或者动产的所有权:(一)受让人受让该不动产或者动产时是善意的;(二)以合理的价格转让;(三)转让的不动产或者动产依照法律规定应当登记的已经登记,不需要登记的已经交付给受让人。受让人依照前款规定取得不动产或者动产的所有权的,原所有权人有权向无处分权人请求赔偿损失。当事人善意取得其他物权的,参照前两款规定。"

7. 房改房的产权确认

房改房的产权问题是一个特殊问题。《婚姻法司法解释三》第 12 条规定的情况是：婚姻关系存续期间，双方用夫妻共同财产出资购买以一方父母名义参加房改的房屋，产权登记在一方父母名下，离婚时另一方主张按照夫妻共同财产对该房屋进行分割的，人民法院不予支持。对于购买该房屋时的出资，可以作为债权处理，产权一方应当对本金和利息一并清偿。在这个条文之外，如果在婚姻关系存续期间，双方用夫妻共同财产出资购买一方父母名义参加的房改房，登记在双方当事人的名下的，就应当按照登记的权属确定产权，可以视为一方父母的赠与。

8. 养老保险金的归属问题

《婚姻法司法解释三》第 13 条规定的是养老保险金的权属问题。这个规定分为两个方面：第一，离婚时，如果夫妻一方尚未退休、还不符合领取养老保险金条件，而另一方请求按照夫妻共同财产分割养老保险金的，因为领取养老保险金的条件还没有成就，当然不能支持。第二，离婚时，对婚后以夫妻共同财产缴付的养老保险费，一方主张将养老金账户中婚姻关系存续期间个人实际缴付部分作为夫妻共同财产分割的，这个请求是合理的，人民法院当然应予支持。但是应当注意的是，作为夫妻共同财产分割的不是养老保险金，而是个人实际缴付的养老保险费。

9. 离婚财产分割协议的附随性

当事人签订离婚协议主要包括三个方面的协议，一是离婚协议，二是分割财产的协议，三是子女抚养的协议。后两个协议附随于前一个协议，即后两个协议的生效，应当依附于前一个协议的生效。前一个离婚的协议没有生效，后两个协议当然不能生效。正因为如此，《婚姻法司法解释三》第 14 条规定："当事人达成的以登记离婚或者到人民法院协议离婚为条件的财产分割协议，如果双方协议离婚未成，一方在离婚诉讼中反悔的，人民法院应当认定该财产分割协议没有生效，并根据实际情况依法对夫妻共同财产进行分割。"财产分割协议具有附随性，不能离开离婚协议而单独生效。

10. 夫妻一方共同继承遗产

夫妻一方在婚姻关系存续期间继承遗产，其财产的权属分为两种情况：一是作为婚后取得的财产，为夫妻共同财产；二是特别约定为个人继承的遗产，为个人财产，不作为夫妻共同财产。《婚姻法司法解释三》第 15 条针对的是前一种情况，即婚姻关系存续期间，夫妻一方作为继承人依法可以继承的遗产，在继承人之间尚未实际分割，起诉离婚时另一方请求分割的，人民法院应当告知当事人在继承人之间实际分割遗产后再另行起诉。这是因为，我国民间传统大量存在的情形是，在父母一方死亡之后数个继承人并不立即继承，而是默示共同继承，形成共同继承遗产，成为共同继承人的共有财产；通常在父母双方都死亡之后再分割遗产。这种做法就形成了婚姻关系存续期间一方作为继承人可以继承的遗产尚未实际分割，起诉离婚时另一方请求分割遗产的情形。⑪ 司法解释尊重民间习惯,并不准许该方当事人可以在离婚时主张请求分割遗产,而是告知当事人在继承人之间实际分割遗产后,也就是继承人一方已经取得继承的遗产之后,再请求分割这部分共同财产。这一规定完全正确。

11. 夫妻之间借贷

近年来,出现了夫妻之间的借贷关系,也就是夫妻双方订立借款协议,约定将夫妻共同财产的一部分借给一方,从事个人经营活动或者用于个人其他事务。对于这种借贷关系是否承认其效力,有不同意见。《婚姻法司法解释三》第16条认可这种借贷关系。如果夫妻之间订立借款协议,以夫妻共同财产出借给一方从事个人经营活动或用于其他个人事务的,应当视为双方约定处分夫妻共同财产的行为,发生借贷的效力。在离婚时,如果发生争议,可以按照借款协议的约定处理。但这样的协议不能对抗善意第三人,如果第三人不知道双方的婚内借款协议,则不具有对抗善意第三人的效力。

12. 对离婚时没有分割的共同财产请求分割

离婚时,双方当事人已经对夫妻共同财产的分割达成协议也已经履行,但事后又发现还有其他夫妻共同财产当时没有分割的情形,也经常出现。如果出现这种情况,《婚姻法司法解释三》第18条规定,离婚后,一方以尚有夫妻共同财产未处理为由向人民法院起诉请求分割的,经审查该财产确属离婚时未涉及的夫妻共同财产,人民法院应当依法予以分割。这样规定是完全正确的,是保护夫妻双方的合法权益的正确做法。

(四)规定《婚姻法司法解释三》的效力问题

关于《婚姻法司法解释三》的效力的规定,是第19条。规定的精神是,司法解释三施行后,也就是2011年8月13日起,凡是最高人民法院在此前作出的相关司法解释与本解释相抵触的,以本解释为准。

---

⑪ 参见杨立新:《继承法专论》,高等教育出版社2006年版,第276页。

最高人民法院《关于审理食品药品纠纷案件适用法律若干问题的规定》释评*

最高人民法院《关于审理食品药品纠纷案件适用法律若干问题的规定》(以下简称《食品药品司法解释》)2013年12月9日正式对外公布,于2014年3月15日实施。这个司法解释就食品、药品安全领域总的民事责任问题规定了很多新的规则,突出"国以民为本,民以食为天"的主题,特别强调保护食品、药品消费者的生命健康安全。对此,应当进行深入的学理和规则研究,保证在司法实践中正确适用。对此,笔者提出以下意见。

一、《食品药品司法解释》出台、实施的意义和规定内容的主要亮点

(一)《食品药品司法解释》出台和实施的意义

出台和实施食品药品司法解释,主要是针对我国食品、药品安全的法律保障而制定的。安全是人类生存的第一需要,是对一个人的人身、健康、财产、名誉等最低限度的物质生活的庇护与保障,其核心是防范潜在的危险。① 食品、药品安全,是国家保护消费者安全法律体系中的一个重要环节,国家予以特别的重视。《食品安全法》第99条规定,食品,指各种供人食用或者饮用的成品和原料以及按照传统既是食品又是药品的物品,但是不包括以治疗为目的的物品。《药品管理法》第102条规定,药品是指用于预防、治疗、诊断人的疾病,有目的地调节人的生理机能并规定有适应症或者功能主治、用法和用量的物质。随着科学技术的不断发展和社会生产力的不断提高,人类防范危险的能力越来越强,但与此同时,又不断产生新的食品、药品以及其他产品的社会危险因素,构成食品、药品的安全问题,给人类带来严重的危险。国以民为本,民以食为天。食品安全和药品安全直接关系国家和社会的稳定发展,关系人民的生命健康权利。近年来,我国的食品、药品安全问题严重,"大头娃娃""问题奶粉""苏

---

* 本文发表在《法律适用》2014年第3期。
① 参见曾祥华主编:《食品安全法导论》,法律出版社2013年版,第4页。

丹红""红心鸭蛋"以及假药、劣药等食品、药品安全事件不断出现。《食品安全法》《药品管理法》《侵权责任法》和《消费者权益保护法》都对此作出了相关的规定,以切实保障人民的生命健康安全,但仍然有较多问题需要制定具体的司法解释,统一法律适用问题。《食品药品司法解释》就是针对这样的问题制定的。

(二)《食品药品司法解释》规定内容的主要亮点

《食品药品司法解释》涉及的主要问题,是侵权责任法中的产品责任问题,是在食品、药品安全领域中发生的产品责任问题,同时也涉及食品、药品安全领域中的违约责任,以及这类案件的诉讼程序的规定等。

《食品药品司法解释》在对适用《消费者权益保护法》《食品安全法》《药品管理法》以及《侵权责任法》等法律的适用规定的具体规则中有许多亮点,略举几例:(1)对于"知假买假"的问题,规定经营者不得以购买者明知食品药品存在质量问题而仍然购买为由进行抗辩,支持知假买假的消费者进行惩罚性赔偿的索赔(第3条);(2)对于无偿提供给消费者的食品、药品的赠品存在质量缺陷造成消费者损害,消费者索赔的,生产者、销售者不得以消费者未对赠品支付对价为由进行免责抗辩(第4条);(3)对于受到缺陷食品、药品损害的侵权诉讼证明实行举证责任缓和,减轻消费者的举证负担,以保障消费者的权利实现(第5条);(4)在销售前取得检验合格证明的食品、药品,在保质期内经检验确认产品不合格的,生产者或者销售者不得以该食品、药品具有检验合格证明为由进行抗辩,仍然应当承担民事责任(第7条);(5)食品的集中交易市场的开办者、展销会举办者和柜台出租者,对食品安全事故造成损害的消费者承担连带责任(第8条);(6)对于未取得食品生产资质与销售资质的个人、企业或者其他组织,挂靠具有相应资质的生产者与销售者,生产、销售的食品造成消费者损害的,挂靠者和被挂靠者承担连带责任(第10条);(7)对于食品药品的检验机构、认证机构,故意出具虚假检验报告和虚假认证,造成消费者损害的,承担连带责任,因过失出具不实检验报告或者不实认证,造成消费者损害的,承担相应责任(第12、13条)。在其他方面也有一些值得研究的问题,在下文分别具体阐释。

二、对《食品药品司法解释》有关产品责任和违约责任规定亮点的解读

《食品药品司法解释》对有关产品责任和违约责任的一些具体问题作出了新的规定,是该司法解释的亮点,具有特别意义。

(一)确认知假买假的购买者为消费者

《消费者权益保护法》实施之后,在惩罚性赔偿责任的适用上,20年来一直在知假买假的购买者究竟是不是消费者的问题上存在争议,不仅在理论上存在较大分歧,而且在司法实践中,不同的法院和法官也存在较大的分歧。在学者之间对一个法律适用问题产生分歧,影响并不大,因为学术问题的讨论本来就应当是百花齐放、百家

争鸣的。但是在司法实践中,法院和法官也对同一个法律适用问题来百花齐放、百家争鸣,问题就麻烦了。可是,现实就是这样,20年来,法院对此一直存在不同意见,采取不同的做法,对知假买假的购买者索赔有的支持,有的不予支持,形成严重的同案不同判,影响了法律的统一实施。② 食品药品司法解释第3条对此作出明确规定,是一个重要的决策,对统一全国法院和法官的执法尺度,具有重要的理论价值和实践意义。

知假买假的购买者究竟是不是消费者,按照《消费者权益保护法》第2条规定的文义解释,并不符合要求。既然知假买假的购买者不属于消费者,当然不能适用《消费者权益保护法》的规定予以保护,这个结论似乎很有说服力。但问题在于,即使知假买假索赔,对实施商品欺诈特别是食品、药品欺诈行为的经营者予以惩罚性赔偿进行制裁,难道是不公平的吗?如果认可这样的法律价值判断,是站在违法者的立场进行思考,原因在于,即使知假买假的购买者对商品欺诈行为的经营者主张惩罚性赔偿,尽管这些消费者会获得属于"具有正当理由"的"意外所得"③,但对于净化食品、药品安全环境,保障人民生命健康安全,都是有益而无害的。因为惩罚性赔偿金的授予,是因某人令人不可容忍的行为而对他进行惩罚,并预防他以及其他人在将来实施类似的行为。④ 因此,"确认其(知假买假的购买者:笔者注)具有消费者主体资格,对于打击无良商家,维护消费者权益具有积极意义,有利于净化食品、药品市场环境"。⑤

可见,这个条文确实是针对知假买假请求索赔确定予以支持的规定。从字面上看,该条司法解释说的是对于生产者、销售者以明知质量有问题仍然购买为由进行抗辩的不予支持,反过来是在说,即使原告明知食品、药品质量有问题仍然进行购买即知假买假进行索赔,也应当对其诉讼请求予以支持。在法学理论界和司法实务界意见分歧的情况下,这样的司法解释对于统一执法尺度具有重要意义。

应当看到的是,对制售关系消费者生命健康的食品,《食品安全法》第96条规定的是10倍价金的惩罚性赔偿;药品不属于食品范畴,不在《食品安全法》的保护范围之内,不适用10倍价金的惩罚性赔偿,而应当适用《消费者权益保护法》第55条规定的3倍价金的惩罚性赔偿;对于既是药品又是食品的产品,应当适用《食品安全法》的10倍价款赔偿的规定。在商品欺诈和服务欺诈惩罚性赔偿大幅度提高的情况下,对于职业打假人会有更大的激励作用。加上本条司法解释确认知假买假的购买者为消

---

② 最典型的是丘建东在北京市东城区人民法院和西城区人民法院分别起诉的两起同样的服务欺诈的民事诉讼案件,两个法院作出完全不同的判决。两个案件的情况,请参见杨立新:《〈消费者权益保护法〉规定惩罚性赔偿责任的成功与不足及完善措施》,载《清华法学》2010年第3期。
③ 参见〔奥〕赫尔穆特·考茨欧、〔奥〕瓦内萨·威尔科克斯主编:《惩罚性赔偿金:普通法与大陆法的视角》,窦海洋译,中国法制出版社2012年版,第374页。
④ 参见〔奥〕赫尔穆特·考茨欧、〔奥〕瓦内萨·威尔科克斯主编:《惩罚性赔偿金:普通法与大陆法的视角》,窦海洋译,中国法制出版社2012年版,第191页。
⑤ 张先明:《不给制售有毒有害食品和假冒伪劣产品的人以可乘之机——最高人民法院民一庭负责人答记者问》,载《人民法院报》2014年1月10日第4版。

费者,予以法律保护,这类案件将会更多。对此,法院和法官不必担心,因为加大对食品和药品的打假力度之后,经营者惧怕惩罚性赔偿的承担,会发生强大的约束作用,食品、药品的欺诈行为就会越来越少,食品、药品的安全状况就会越来越好。如果实现了无假可打,自然就不会再出现知假买假者,岂不是更好吗?

(二)食品药品经营者对无偿赠品造成消费者损害应当承担赔偿责任

对于经营者对消费者赠送食品和药品的赠品,因赠品发生质量安全问题,造成消费者及其他受害人损害的,《食品药品司法解释》第4条明确规定,经营者以消费者未对赠品支付对价进行免责抗辩的,法院不予支持。这样规定的理论基础,在于赠品的成本实际上已经分摊到付费商品中,同时,经营者派送赠品也是为了促销,自有自己的销售目的,因而经营者不能免责。应当注意的是,即使不是消费者,而是受到损害的其他受害人,也享有这样的权利。

与这一司法解释相关的法律规定是《合同法》第191条。该条规定的基本精神是,对于赠与财产的瑕疵,赠与人不承担责任;但赠与人故意不告知瑕疵或者保证无瑕疵,造成受赠人损失的,应当承担损害赔偿责任。本条司法解释的法律依据,应当理解为是该条法律规定。可以解释为,赠送食品或者药品因质量问题造成消费者损害,属于《合同法》第101条规定的赠品"保证无瑕疵",因而,经营者如果以消费者未支付对价为由主张免责抗辩的,法院不予支持,经营者应当承担赔偿责任。对于消费者而言,这个责任既是加害给付责任,也是侵权责任的产品责任,形成竞合;对于其他受害人,因无合同基础,则只能依据产品责任起诉。

有疑问的是,这个条文中规定的是主张"免责抗辩"的法院不予支持,如果经营者不是主张免责抗辩而是减责抗辩,法院是否应当支持呢? 司法实践的通常做法是,由于赠与财产是无偿取得,对方没有支付对价,在造成损害的赔偿上,通常是可以减轻责任的。该司法解释第4条明确规定的是不得进行免责抗辩,没有说不得进行减轻责任的抗辩,对于减责的抗辩究竟是予以支持还是不支持,不够明确。依笔者所见,凡是食品和药品的赠品造成损害的,一律不得免责,也不得减责。笔者的这种解释是否正确,需要进一步探讨,也需要最高人民法院予以明确。

(三)食品的集中交易市场开办者、展销会举办者和柜台出租者的连带责任

《食品药品司法解释》第8条关于"集中交易市场的开办者、柜台出租者、展销会举办者未履行食品安全法规定的审查、检查、管理等义务,发生食品安全事故,致使消费者遭受人身损害,消费者请求集中交易市场的开办者、柜台出租者、展销会举办者承担连带责任的,人民法院应予支持"的规定,在适用法律上具有特别的意义,法官应当特别注意。

与这一司法解释相关的法律规定是《消费者权益保护法》第43条,但是该条司法解释超出第43条范围的有以下两个比较重要的问题:第一,第43条规定的主体只是柜台出租者和展销会举办者,并没有规定集中交易市场的开办者为责任主体。将食

品集中交易市场的开办者作为承担这种责任的主体,对于保障食品安全具有重要意义。第二,该条司法解释规定的规则与《消费者权益保护法》第43条规定的内容并不相同,第43条规定的规则,一是受害消费者向销售者或者服务者要求赔偿,二是展销会结束或者租赁柜台租赁期满后才可以向举办者和出租者请求赔偿,三是举办者和出租者承担赔偿责任之后可以对销售者或者服务者追偿。而该条司法解释规定的内容是,集中交易市场开办者、柜台出租者和展销会举办者未履行义务,发生食品安全事故,致使消费者遭受人身损害的,应当与销售者或者服务者承担连带责任。这样的解释,是将集中交易市场开办者、柜台出租者和展销会举办者的过失行为认定为共同侵权行为,应当依照《侵权责任法》第8条规定,作为客观的共同侵权行为的行为人,承担连带责任。这样的解释是有道理的,也有法律根据。

有一个问题是,增加的责任主体即集中交易市场的开办者,是否可以适用《消费者权益保护法》第43条规定,承担该条文规定的不真正连带责任呢？依笔者所见,集中交易市场的开办者与展销会举办者以及柜台出租者的性质相同,如果在集中交易市场中销售的食品发生第43条规定的情形,应当准用第43条规定,集中交易市场关闭后,受到损害的消费者可以向集中交易市场的开办者请求赔偿,开办者赔偿后,可以向销售者进行追偿。

(四)挂靠经营的无照食品经营者与挂靠单位的连带责任

未取得食品生产资质与销售资质的个人、企业或者其他组织,就是无照食品经营者。无照食品经营者挂靠有照的食品经营者进行食品生产和销售,在他们之间形成的关系,类似于机动车挂靠经营的法律关系,甚至责任更重。对于后者,关于机动车交通事故的司法解释已经作出了承担连带责任的规定。⑥ 同样,对于挂靠经营的无照食品经营者与挂靠单位的责任,采取连带责任的方式,保护受到损害的消费者,当然没有问题。这样规定的法律基础,也是《侵权责任法》第8条关于共同侵权行为及承担连带责任的规定。

应当说明的是,该条司法解释第2条规定,人民法院可以根据需要追加诉讼当事人,对此应当慎重,原因在于,《侵权责任法》第13条明确规定,对于连带责任,被侵权人起诉部分或者全部连带责任人承担责任,是被侵权人的权利,原则上不应干预,除非特别必要,法院一般不应当追加没有被起诉的其他连带责任人作为共同被告。

(五)食品、药品检验、认证机构的连带责任和单向连带责任

笔者特别赞赏《食品药品司法解释》第12条和第13条关于食品、药品检验、认证机构承担责任的规定,逻辑清晰,责任分明,但也有问题需要研究。

食品和药品的检验机构和认证机构都属于事业单位,他们负有保障食品、药品安全的重要责任。在市场上,药品必须经过检验,但经过检验的药品也会存在严重质量

---

⑥ 参见最高人民法院《关于审理道路交通事故损害赔偿案件适用法律若干问题的解释》第3条。

问题,发生致人损害后果的情形。食品虽然不必都进行检验,但在市场上经过认证的"有机食品""绿色食品""无公害食品"等越来越多,很多都是虚假认证或者不实认证。对此,检验机构和认证机构究竟是否应当承担责任,应当明确规定。因食品、药品虚假、不实的检验、认证,造成损害的侵权责任,性质属于转嫁责任。对于药品检验机构出具虚假检验报告的,《药品管理法》第 87 条规定了责任规范,检验机构出具的检验结果不实,造成损失的,应当承担相应的赔偿责任。对于出具虚假或者不实认证的民事责任,目前法律没有明文规定。《食品药品司法解释》第 12 条和第 13 条区别检验机构和认证机构的不同和故意和过失的不同,明确规定了不同的规则。

首先,故意出具虚假检验报告或者出具虚假认证,造成消费者损害的,将检验机构和认证机构认定为共同侵权行为人,承担连带责任。这样认定的法律根据是《侵权责任法》第 8 条,既然是故意所为,检验机构和认证机构应当与食品、药品的经营者具有共同的意思联络,构成主观的共同侵权行为,确定其承担连带责任是完全没有问题的。

其次,检验机构和认证机构没有故意,而是过失造成出具的检验报告或者认证书内容不实,则不具有意思联络,不构成共同侵权的连带责任,因而应当承担与其过失程度相当的相应责任。问题是,这个"相应责任"究竟应当怎样理解,并不确定。在《侵权责任法》中使用"相应责任"的概念,有不同的含义。依笔者所见,这个相应责任应当与《侵权责任法》第 9 条第 2 款和第 49 条规定的相应责任的规则相同,即单向连带责任。⑦ 原因在于,在这种情形下,与承担相应责任对应的,应当是取得不实检验报告或者和不实认证的食品、药品经营者,造成消费者损害的是他们经营的食品或者药品,他们是真正的加害人,是直接加害人,是必须承担责任的。与检验机构和认证机构同时应当承担责任的食品、药品经营者应当承担全部责任,检验机构或认证机构应当承担相应责任。在一个共同责任中,一个责任主体承担全部责任,另一个主体承担相应责任,就构成了美国侵权法上所说的混合责任⑧,在日本侵权法,也叫做部分连带责任⑨,也就是笔者提出的单向连带责任。当受害消费者向食品、药品经营者请求承担全部赔偿责任的时候,当然可以准许;但受害消费者向检验机构或者认证机构请求其承担全部责任的时候,就不应当准许,因为他承担的不是连带责任,而是相应责任;食品、药品经营者承担了全部责任之后,可以向检验机构或者认证机构就其过失部分的相应责任要求追偿。这就是单向连带责任的规则。

---

⑦ 参见杨立新:《中国侵权行为形态与侵权责任形态法律适用指引——中国侵权责任法重述之侵权行为形态与侵权责任形态》,载《河南财经政法大学学报》2013 年第 5 期。

⑧ 即在数人侵权中,有的人承担连带责任,有的人承担单独责任(按份责任)的责任形态。参见美国法律研究院:《侵权法重述——纲要》,许传玺、石宏等译,法律出版社 2006 年版,第 355 页。

⑨ 部分连带责任是鉴于加害人一方对造成损害的原因力大小不同,在各自原因力大小的共同限度内,承认提取最大公约数的部分连带责任,剩余的部分由原因力较大的加害人负个人赔偿义务。参见〔日〕川井健:《现代不法行为研究》,日本评论社 1978 年版,第 228 页。

(六) 对食品、药品生产者、销售者承担惩罚性赔偿责任的扩大解释

《食品药品司法解释》第 15 条规定的是关于惩罚性赔偿法律规定适用的规则。对这个解释,最高人民法院强调,着重解决"适用食品安全法第 96 条关于惩罚性赔偿的规定应以消费者人身权益遭受损害为前提"的不正确认识。[⑩] 其实,这只是一个次要问题。这条司法解释解决的更为重要的问题,是改变了《侵权责任法》第 47 条和《食品安全法》第 96 条第 2 款规定的适用条件。这个问题更为重要。

先说后一个问题。《侵权责任法》第 47 条和《消费者权益保护法》第 55 条第 2 款,规定经营者承担惩罚性赔偿责任的前提,分别是"明知产品存在缺陷仍然生产、销售""明知商品或者服务存在缺陷,仍然向消费者提供",这是造成消费者人身损害承担惩罚性赔偿(实际损失两倍以下)的条件。《食品安全法》第 96 条第 2 款对惩罚性赔偿条件的规定,与本条司法解释规定相同,即为"生产不符合安全标准的食品或者销售明知是不符合安全标准的食品"。《食品安全法》这个规定,是承担 10 倍价金的惩罚性赔偿的条件。前者是,在侵权责任的情形下,生产者和销售者承担惩罚性赔偿责任的要件,都是明知产品存在缺陷仍然生产、销售,即承担侵权损害的惩罚性赔偿责任,无论生产者还是销售者都必须具备主观故意的要件,即明知。但承担 10 倍价金的惩罚性赔偿的,生产者的要件是生产不符合安全标准的食品,销售者的要件是销售明知是不符合安全标准的食品,前者是过失,后者是故意,主观要件完全不同。现在的这条司法解释的规定,用的是《食品安全法》规定的生产者过失、销售者故意的标准,但所针对的惩罚性赔偿,一个是 10 倍价金的惩罚性赔偿,另一个是"依照法律规定的其他赔偿标准要求赔偿",显然是指的《侵权责任法》第 47 条和《消费者权益保护法》第 55 条第 2 款规定的侵权损害的惩罚性赔偿,即实际损失两倍以下的赔偿。这样的规定,后果比较严重,即该条司法解释等于将生产者承担实际损失两倍以下的侵权惩罚性赔偿的主观要件,由故意改为过失,大大降低了生产者承担实际损失两倍以下的侵权惩罚性赔偿责任的法定标准。这不符合《侵权责任法》第 47 条和《消费者权益保护法》第 55 条第 2 款的规定,也不符合《食品安全法》第 96 条第 2 款规定的要求。应当说,这个司法解释超出了现行法律规定的范围,扩大了适用范围。这是不是一个有效的解释,需要由最高人民法院予以明确。

再说前一个的问题。《食品安全法》第 96 条第 2 款规定的 10 倍价金赔偿,究竟是针对人身权益损害,还是一般的合同利益损害,有不同看法。笔者确实说过这个应当是造成人身损害的侵权损害的惩罚性赔偿,因为条文的第 1 款明确规定的是造成人身、财产或者其他损害的,推而论之,第 2 款规定的赔偿损失,应当依照前款规定进

[⑩] 参见张先明:《不给制售有毒有害食品和假冒伪劣药品的人以可乘之机——最高人民法院民一庭负责人答记者问》,载《人民法院报》2014 年 1 月 10 日第 4 版。

行解释。[11] 不过,对于这个问题,在修订《消费者权益保护法》的时候,已经经过深入讨论,达成共识,这个损失应既包括合同利益的损害,也包括人身利益的损害。由于有了《侵权责任法》第47条规定,将96条第2款规定的损失解释为合同利益的规定,似乎更妥当。因此,才有了《消费者权益保护法》第55条第1款规定的"法律另有规定的,依照其规定"的内容。因此,对这个问题不必再进行讨论。可以确定的是,违约责任的惩罚性赔偿,在《食品安全法》中规定的就是10倍价金的赔偿,而侵权责任的惩罚性赔偿,则应当是《消费者权益保护法》第55条第2款规定的实际损失两倍以下的赔偿。

应当理解为,该条文中的"消费者除要求赔偿损失外"中的损失,既包括合同利益的损失,也包括固有利益的损失。合同利益的损失主要是价金的损失,适用10倍价金赔偿;固有利益的损失,是《消费者权益保护法》第49条和第51条规定的人身损害和精神损害,适用实际损失两倍以下的惩罚性赔偿。

三、《食品药品司法解释》对有关民事责任加以强调的几个问题

《食品药品司法解释》对《消费者权益保护法》和《食品安全法》等法律规定的有关民事责任的规则进一步加以强调。这些问题是:

(一)不真正连带责任的被告追加问题

《食品药品司法解释》第2条规定的是,因食品、药品存在质量问题造成消费者损害,消费者可以分别起诉或者同时起诉销售者和生产者。消费者仅起诉销售者或者生产者的,必要时人民法院可以追加相关当事人参加诉讼。这个规定从表面上看起来是一个程序性的条文,实际上是对侵权责任的不真正连带责任规则如何具体适用的规定。食品、药品存在质量问题造成消费者损害,其性质属于产品责任,应当按照《侵权责任法》第41条至第43条规定确定赔偿责任,基本规则是,受害消费者可以起诉生产者,也可以起诉销售者,其中生产者或者销售者承担了中间责任的,可以向应当承担最终责任的责任人进行追偿。如果是最终责任人承担了中间责任,则不享有追偿权,中间责任人没有责任。[12]

对于这样的规则,本条规定的程序性规则是,消费者可以分别起诉或者同时起诉销售者或和生产者,如果消费者仅起诉销售者或者生产者的,法院在必要时可以追加相关当事人参加诉讼。对这个程序性规则的规定有斟酌的必要,原因在于,不真正连

---

[11] 参见杨立新:《〈消费者权益保护法〉规定惩罚性赔偿责任的成功与不足及完善措施》,载《清华法学》2010年第3期。

[12] 参见杨立新:《中国侵权行为形态与侵权责任形态法律适用指引——中国侵权责任法重述之侵权行为形态与侵权责任形态》,载《河南财经政法大学学报》2013年第5期。

带责任和连带责任不同在于:连带责任的最终责任是必须由所有的连带责任人按照其过错程度和原因力承担相应的责任份额;而不真正连带责任是形式上的连带,在实质上并不连带,最终责任必须由应当承担最终责任的责任人承担全部责任,中间责任人并不承担最终责任。[13] 既然如此,依照《侵权责任法》第43条和《消费者权益保护法》第41条的规定,受害消费者以及其他受害人在起诉时,实际上起诉销售者或者生产者中的一个,是最容易处理的,可以直接确定其承担中间责任,尽快救济受害人的损害。如果将销售者和生产者一并起诉,反而不容易处理不真正连带责任的中间责任和最终责任的承担问题。因此,本条司法解释第2款规定必要时人民法院可以追加相关当事人参加诉讼,其实是没有必要的,法官在适用时应当慎重。

(二)食品、药品的网络交易平台提供者责任

关于食品、药品致人损害的网络交易平台提供者的责任问题,《食品药品司法解释》第9条规定:"消费者通过网络交易平台购买食品、药品遭受损害,网络交易平台提供者不能提供食品、药品的生产者或销售者的真实名称、地址与有效联系方式,消费者请求网络交易平台提供者承担责任的,人民法院应予支持。网络交易平台提供者承担赔偿责任后,向生产者或者销售者行使追偿权的,人民法院应予支持。网络交易平台提供者知道或者应当知道食品、药品的生产者、销售者利用其平台侵害消费者合法权益,未采取必要措施,给消费者造成损害,消费者要求其与生产者、销售者承担连带责任的,人民法院应予支持。"这个规定并没有新的内容,与新修订的《消费者权益保护法》第44条关于网络交易平台提供者责任的规定没有大的差别,只是在第44条只规定"销售者"为最终责任主体上,增加了食品、药品的"生产者",生产者和销售者都是这种附条件的不真正连带责任的最终责任主体。而网络交易平台提供者作为中间责任人,只有在不能提供食品、药品的生产者或者销售者的真实名称、地址和有效联系方式的时候,才可以直接起诉网络交易平台提供者承担中间责任,并且在承担了中间责任之后,有权向生产者、销售者追偿。这样的规定,没有超出《消费者权益保护法》第44条规定的范围。这样规定的原因是,网络交易平台提供者在B2C、C2C的交易中,并没有获取直接的经济利益,在出售的食品、药品造成消费者损害,不应当承担直接的责任,应由食品、药品的生产者、销售者承担赔偿责任;只有在不能提供生产者或者销售者的真实名称、地址和有效联系方式时,才承担民事责任。

如果网络交易平台提供者知道或者应当知道(《消费者权益保护法》第44条规定为"明知",应当按照该条规定解释"知道")食品、药品的生产者、销售者利用其平台侵害消费者合法权益,未采取必要措施,给消费者造成损害的,则认为构成共同侵权行为,应当承担连带责任。这样的解释也与《消费者权益保护法》第44条第2款规定内容一致。

---

[13] 这一区别,请参见杨立新:《论不真正连带责任类型体系及规则》,载《当代法学》2012年第3期。

(三)食品、药品虚假广告的连带责任

《食品药品司法解释》第11条规定是对食品、药品虚假广告责任的解释,内容是:"消费者因虚假广告推荐的食品、药品存在质量问题遭受损害,依据消费者权益保护法等法律相关规定请求广告经营者、广告发布者承担连带责任的,人民法院应予支持。社会团体或者其他组织、个人,在虚假广告中向消费者推荐食品、药品,使消费者遭受损害,消费者依据消费者权益保护法等法律规定请求其与食品、药品的生产者、销售者承担连带责任的,人民法院应予支持。"这个司法解释的规定也不新颖,与《消费者权益保护法》第45条规定的内容完全一致。实际上是对《消费者权益保护法》第45条第2款和第3款规定中的"关系消费者生命健康商品"中包括食品和药品的具体解释,规则没有不同。这个规定的基础是为了保护消费者的食品安全和药品安全,对虚假广告责任采取无过错责任原则,无论责任主体有无过错,只要参与了关系消费者生命健康安全的食品、药品虚假广告行为,对于造成的损害就需承担连带责任。这样的规定对于保护消费者有利,更有利于执行。

有一点应当注意的是,在《消费者权益保护法》第45条中,在规定虚假广告责任的同时,对"其他虚假宣传方式"造成损害的,也规定承担这样的连带责任。对此,本条司法解释没有说明,是一个漏洞,应当依照《消费者权益保护法》第45条的规定适用,既包括食品、药品的虚假广告,也包括食品、药品的其他虚假宣传方式造成的损害,都适用这一规则。

(四)食品、药品受害消费者请求权的优先权保障

《食品药品司法解释》第14条规定:"生产、销售的食品、药品存在质量问题,生产者与销售者需同时承担民事责任、行政责任和刑事责任,其财产不足以支付,当事人依照侵权责任法等有关法律规定,请求食品、药品的生产者、销售者首先承担民事责任的,人民法院应予支持。"这是对民事责任的请求权予以优先权保障,即民事责任优先于刑事责任和行政责任。这个规定与《侵权责任法》第4条规定的优先权保障相比有所扩大,但与《消费者权益保护法》第58条规定的规则基本一致,只不过《消费者权益保护法》第58条规定的是民事赔偿责任的优先权保障,包括侵权赔偿责任和违约赔偿责任(其中也包含惩罚性赔偿),本条司法解释规定的是民事责任,应当理解为,凡是财产性的民事责任的请求权都享有优先权的保障。这样理解,这个条文还是有一定意义的。

(五)食品药品经营者提供格式条款无效的条件

《食品药品司法解释》第16条规定:"食品、药品的生产者与销售者以格式合同、通知、声明、告示等方式作出排除或者限制消费者权利、减轻或者免除经营者责任、加重消费者责任等对消费者不公平、不合理的规定,消费者依法请求认定该内容无效的,人民法院应予支持。"这个解释符合《消费者权益保护法》第26条第2款和第3款的规定,也没有特别的新意。有意义的是,有的人对最高人民法院《关于适用〈中华人

民共和国合同法〉若干问题的解释(二)》第 10 条规定存在歧义或者误解。第 10 条司法解释规定的内容是:"提供格式条款的一方当事人违反合同法第三十九条第一款的规定,并具有合同法第四十条规定的情形之一的,人民法院应当认定该格式条款无效。"这个规定的含义是,仅仅具有第 39 条第 1 款规定的,并不发生合同无效的后果,只有同时具备第 40 条规定的内容的,才导致合同无效。这样理解并没有错误,但是,有的法官认为,既违反第 40 条规定,即提供格式条款一方免除其责任、加重对方责任、排除对方主要权利的,又具有第 39 条第 1 款规定的未采取合理方式提请注意,未履行说明义务的,才能认定格式条款无效。这样的理解是不正确的。《食品药品司法解释》第 16 条规定消除了这个歧义,完全符合《消费者权益保护法》第 26 条关于格式条款无效的规定。

四、《食品药品司法解释》有关证明责任与适用范围、时间效力等程序规定

(一)食品、药品经营者违约和侵权责任的证明标准

该司法解释的第 5 条是关于食品、药品违约责任和侵权责任证明标准的规定,第 1 款规定的是食品、药品质量违约的证明范围和标准,第 2 款规定的是食品、药品侵权责任的证明范围、标准以及举证责任缓和的规定。

消费者主张食品、药品质量违约,应当证明的是所购食品、药品的事实,证明所购食品、药品不符合合同有关质量的规定。这两个要件事实的证明,完全由消费者承担,达到证明标准认定属实的,举证责任即完成,质量违约责任的主张即成立,人民法院对其请求应当予以支持。

消费者主张食品、药品侵权责任的,证明责任分为两个部分:第一,应当证明所购食品、药品的事实,但如果是其他受害人,只要证明造成损害的食品、药品是生产者、销售者所生产、销售即可;第二,证明使用食品或者药品受到损害的事实。第三,关于因果关系的证明采用举证责任缓和的规则,即适当降低原告对因果关系证明的标准,从高度盖然性标准降低到一般的盖然性标准,该条文中所称的"初步证明",就是一般的盖然性标准的表述。当原告证明达到初步证明即盖然性标准要求的时候,其关于因果关系的举证责任即告完成,转由食品、药品生产者、销售者提供证据,证明损害不是因食品或者药品不符合质量标准造成的,如果证明成立,即可推翻原告的初步证明,推翻侵权责任构成;否则,初步证明成立,食品、药品的生产者或者销售者应当承担侵权责任。

举证责任倒置与举证责任缓和的区别是:第一,举证责任缓和并不是完全的举证责任倒置,而是有条件的举证责任倒置,原告一方必须首先承担举证责任,证明因果关系的盖然性;而举证责任倒置是无条件的,符合条件就应当推定有因果关系,原告不承担举证责任。第二,在举证责任缓和,对因果关系的推定是不完全推定,受害人

一方不能就因果关系存在的事实毫无证明,就直接由法官推定因果关系存在,而由被告承担没有因果关系的举证责任;而在举证责任倒置,对因果关系的推定是完全推定,原告完全无须证明即可推定。第三,举证责任缓和是由原告先举证证明一定的事实存在,之后才能进行推定;而举证责任倒置是被告先证明,即在推定之后,被告承担举证责任,免除原告的先证明的责任。⑭ 这样理解举证责任缓和的概念和规则是准确的。

(二)食品生产者就食品质量标准的举证责任

《食品药品司法解释》第 6 条规定的是食品生产者与销售者对食品符合质量标准承担举证责任以及证明标准的规定。

食品生产者、销售者对于食品符合质量标准承担举证责任。如果其不能证明自己生产或者销售的食品符合质量标准的要求,将由自己承担败诉的结果。

在证明标准上,对于不同的标准确定的顺序是:认定食品质量是否合格,应当以国家标准为依据;如果没有国家标准,应当以地方标准为依据;如果既没有国家标准,也没有地方标准的,应当以企业标准为依据。在前述三个标准中,如果企业的标准高于国家标准和地方标准的,应当以企业标准为依据。前述三个标准都不存在,则以《食品安全法》的相关规定为依据,即《食品安全法》第 18 条和第 20 条规定的内容,在第 20 条规定的相关内容中,应当达到第 18 条规定的"以保障公众身体健康为宗旨,做到科学合理、安全可靠"的要求。

(三)保质期内的食品造成损害的缺陷认定

对于在食品、药品保质期内造成消费者损害的,其质量是否符合要求应当怎样证明,有不同意见。《食品药品司法解释》第 7 条规定:"食品、药品虽在销售前取得检验合格证明,且食用或者使用时尚在保质期内,但经检验确认产品不合格,生产者或者销售者以该食品、药品具有检验合格证明为由进行抗辩的,人民法院不予支持。"这个规定的含义是,食品、药品在销售前已经取得了检验合格证明,并且在食用或者使用尚在保质期内,对于其质量发生争议,或者造成损害就赔偿问题发生争议,涉及该药品是否存在缺陷的,不能以其在销售前已经取得检验合格证明作为依据,而应当以发生争议时进行检验的结果作为标准。如果发生争议后,经检验证明产品不合格,就应当认定为在保质期内经过销售前检验合格的食品或者药品是不合格或者有缺陷的产品,应当就其损害承担侵权责任。

(四)公益诉讼

关于公益诉讼的问题,《食品药品司法解释》第 17 条第 2 款规定了"消费者协会依法提起公益诉讼的,参照适用本规定"的内容。省级以上消费者协会按照《消费者权益保护法》第 47 条的规定,对侵害众多消费者合法权益的行为,就食品、药品纠纷

---

⑭ 参见杨立新:《医疗损害责任的因果关系证明及举证责任》(本书第 2012 页),载《法学》2009 年第 1 期。

案件提起公益诉讼的,适用该司法解释的规定,确定民事责任以及相关的程序性规定。

(五)《食品药品司法解释》对其适用范围和时间效力的规定

《食品药品司法解释》对其适用范围并没有作出特别规定,但第1条和第17条可以理解为对适用范围的规定。

关于适用范围的规定,第1条规定的消费者因食品、药品纠纷提起民事诉讼,符合《民事诉讼法》规定受理条件的,应当受理。这说明,有关食品、药品的违约责任纠纷、侵权责任纠纷,都属于该司法解释的适用范围。此外,第17条规定的化妆品和保健品等产品,尽管不属于食品和药品,但其生产者、销售者、广告经营者、发布者、推荐者、检验机构等主体,如果与消费者发生违约责任纠纷和侵权责任纠纷,参照适用本规定,也在该司法解释的适用范围之内。

《食品药品司法解释》第18条规定了时间效力的范围,2014年3月15日《消费者权益保护法》和该司法解释生效之后,正在审理的一审案件和二审案件适用该司法解释的规定;施行前已经终审,在施行后当事人申请再审或者按照审判监督程序决定再审的案件,不适用本司法解释的规定。

媒体侵权和媒体权利保护的司法界限研究[*]

——由《中国媒体侵权责任案件法律适用指引》的制定探讨私域软规范的概念和司法实践功能

2014年5月24日,中国人民大学民商事法律科学研究中心与北京市海淀区人民法院和朝阳区人民法院在北京市宽沟招待所,举行"媒体侵权与媒体权利保护的司法界限研究"国家社科基金项目的结项总结研讨会,来自国内外的40余位专家学者、法官、律师参加了会议,对课题组完成的《中国媒体侵权责任案件法律适用指引》(以下在正文中简称《指引》)[①]给予高度评价,认为《指引》不仅在中国国内,而且在欧洲等国家也有良好的反响,《指引》研究的问题特别具有前沿性,对司法和理论研究都具有重要的理论参考价值和司法适用的借鉴意义。笔者作为课题组的负责人,就本课题的研究以及一些想法做以下介绍。

一、课题研究成果《中国媒体侵权责任案件法律适用指引》的形成

(一)本课题的核心成果是编写《中国媒体侵权责任案件法律适用指引》

本课题既是中国国家社会科学基金项目(12BFX082),也是欧盟"中欧完善媒体法律保护项目"(EIDHR2010/227-111)和英国大使馆资助项目。课题研究的核心内容是要完成一部条文式"指引"。

《指引》已于2013年完成编写工作,2013年11月在人民法院出版社出版中英文双语版本,面向中国和欧洲公开发行;并在最高人民法院民事审判第一庭编写的《民事审判指导与参考》总第55、56辑连载。课题组对《指引》的条文进行全面阐释,形成的《媒体侵权与媒体权利保护的司法界限研究——中国媒体侵权责任案件法律适用指引及释义》初稿已经完成,即将出版。

---

[*] 本文发表在《法律适用》2014年第9期。

[①] 《中国媒体侵权责任案件法律适用指引》的中文和英文全文参见人民法院出版社2013年版,中文全文连载参见奚晓明主编:《民事审判指导与参考》总第55、56辑,人民法院出版社2014年1月和3月版。

(二)《中国媒体侵权责任案件法律适用指引》的形成过程

课题组编写《指引》是通过以下工作完成的:

1. 在北京市的两个试点法院调研和编写指引的初稿

在本课题第一阶段的研究工作中,课题组首先以北京市海淀区人民法院和朝阳区人民法院为试点,开展媒体侵权和媒体权利保护的调查,对近20年来审理的媒体侵权责任案件进行回顾和总结,研究确定媒体侵权责任和进行权利保护的司法界限,总结相关司法实践经验,分别完成了两个法院的总结报告。中国人民大学民商事法律科学研究中心的研究人员对媒体侵权责任的理论研究进一步深化,提供最新的理论研究成果。在此基础上,课题组于2011年2月26日召开了"媒体侵权责任研究与展望研讨会",两个法院报告了审判实践经验总结,与会的媒体法和民法专家发表相关研究报告,为《指引》的起草奠定了基础。随后,课题组邀请国内和国外的专家对该项目的可行性进行了论证和评估,充分肯定了课题组的准备工作与项目的研究价值。

《指引》的起草工作由课题组的成员分工进行。其间,部分课题组成员到牛津大学召开研讨会,就媒体权利保护的问题,与欧盟的媒体法专家共同讨论,广泛听取欧洲媒体监管的有益经验。欧盟和英中协会还为课题组翻译了国际以及其他国家媒体权利保护的法律文件,为《指引》的起草提供了丰富的基础资料。

在《指引》的草稿完成之后,课题组召开"中欧媒体侵权法律适用研讨会",与会的媒体法专家、侵权法专家和民事法官对《指引》草稿进行审查,提出修改意见。课题组成员进一步修改,至年底,《指引》草案基本成熟。

2.《指引》的法官培训和试点工作

在《指引》草案基本成熟后,在两个法院的民事审判庭和有关法庭进行法官培训和试点工作。

2012年年初,课题组进行法官培训的准备工作。课题组将《指引》按章分解,分配给有关专家进行准备,同时设计典型案例,配备各种角色,为模拟法庭演练进行准备。2012年2月25日至26日,课题组召开"媒体侵权案件法律适用法官培训研讨会",首先按照《指引》规定的规则,对典型案例进行模拟法庭审判,两个法院的30多名民事法官进行观摩。其次结合《指引》的内容,专家分工进行讲解,共同进行深入研讨,使《指引》的规则被法官理解和接受。

2012年3月18日,课题组负责人与两个法院领导签署《试点实施备忘录》,约定从2012年7月1日起,两个法院在受理媒体侵权责任案件的民事审判庭和各个法庭,对受理的媒体侵权责任案件,参照《指引》的规则进行司法实践试点。在试点期间,课题组成员和两个法院部分法官访问比利时、荷兰和德国10余家媒体监管机构和媒体单位,参访欧盟总部、欧盟议会、欧盟媒体监管机构等,听取欧洲媒体监管和媒体权利保护的经验,进行学术交流;课题组部分成员还赴印度考察媒体权利保护的模拟法庭竞赛。2012年12月31日,试点工作结束,两个法院在半年的时间里,共审理了65件媒体侵权案件(其中海淀法院36件,朝阳法院29件),都参照《指引》规定的规则进行审理,取得了良好效果。

两个法院的试点工作结束后,分别进行试点工作总结,完成了总结报告,总结了《指引》在司法实践中具体运用的经验,对《指引》草案提出了具体的修改意见。2013年2月22日和23日,课题组举行"媒体侵权责任案件法庭竞赛暨试点总结会",两个法院推荐了四个典型案例,播放庭审视频,由中方和欧方9位专家组成评审组,对典型案例进行评审,评选出了两个优秀案例,颁发奖杯。两个法院的代表分别对试点工作作了总结报告,与会的欧方专家和中方专家进行点评和总结,肯定了试点工作的成绩,提出了《指引》需要改进的问题。与会专家一致认为,试点工作是成功的,《指引》对于指导媒体侵权责任案件审判工作具有重要价值。

3.《指引》的完善和推广工作

课题组结合试点工作反映出来的问题,召开"媒体侵权责任案件司法手册完善与推广研讨会",对《指引》进行全面检讨,提出修改意见,要求在修改定稿后进行全面推广工作。根据提出的意见和建议,课题组对《指引》的条文进行了全面修改,完成了定稿。

课题组对《指引》进行了推广工作:一是在学术刊物《河南财经政法大学学报》发表《指引》全文。二是把《指引》推荐给国家法官学院博士研究生班作为参考教材。三是部分中级人民法院将《指引》印发给辖区基层法院作为办案的参考。四是《指引》为最高人民法院关于网络侵权责任司法解释起草工作提供了经验。五是媒体法律专家重视《指引》,向媒体单位进行广泛的传播。六是新浪网的法律部门以《指引》为蓝本,制定了处理网络侵权纠纷的规范性参考文件。七是将《指引》赠阅给全国3500多个法院作为办案的参考。

此外,课题组还与中国人民大学新闻与社会发展研究中心(国家重点研究基地)配合,组织30余名媒体高管进行培训。与会媒体高管普遍反映良好,认为《指引》是保护媒体权利的武器,切合防范媒体侵权行为的实际要求,能够解决媒体的急需。

(三)体会

通过3年多的研究工作,课题组深深体会到,民法理论研究和司法实践最重要的研究方法,就是理论与实践相结合。民法的理论研究离不开司法实践,民法的司法实践也离不开理论的指导。《指引》的完成,正是参加课题组的民事法官与民法、媒体法的专家紧密结合,从理论研究到实践操作,从条文写作到实际试点,《指引》条文的产生正是在实践和理论结合的基础上生发出来的。正是由于《指引》源于实践、高于实践,才受到了民事法官和媒体从业者以及律师等的真诚欢迎。

二、《中国媒体侵权责任案件法律适用指引》的基本内容

本研究课题的基本表现形式即《指引》,是以正确处理表达自由与民事主体私权利的冲突为基础,通过媒体侵权责任法的适用,制裁媒体侵权行为,保护媒体权利和

民事主体的合法权益。其表现形式,是以条文式的规范性表述方法,将媒体侵权责任案件法律适用的操作规定为详细、具体的条文,指导民事法官正确适用媒体侵权责任法,实现上述要求。这种方式与《美国侵权法重述》相似,课题组将其称之为中国侵权责任法重述之媒体侵权责任篇。②

《指引》共分九章,主要内容分为以下四个部分:

(一)关于媒体侵权责任的一般性规定

法官审理媒体侵权责任案件必须依照《侵权责任法》的规定认定媒体侵权责任,其法律依据是《侵权责任法》第6条第1款。据此,《指引》首先确定媒体侵权责任的主体,将媒体分为传统媒体和新媒体,并对转载媒体、编辑和记者、新闻材料提供者、通讯员、其他作者以及网络服务提供者、网络用户等,根据法律、司法解释和其他规范性文件,分别作出界定,对不同媒体承担的侵权责任案件的法律适用的实际操作方法,作出了详细规定,使法官能够正确认定媒体侵权责任案件责任主体资格,正确确定媒体侵权责任的当事人。

其次,媒体侵权责任的客体是媒体侵权行为所直接侵害的民事权益。依照《侵权责任法》第2条第2款的规定,媒体侵权责任法保护的客体,是媒体侵权行为人所侵害的被侵权人的名誉权、隐私权、姓名权、名称权、肖像权、信用权、著作权等民事权利和利益。《指引》在条文中对这些媒体侵权责任法保护的客体进行了界定,使民事法官在法律适用中,能够正确认定媒体侵权责任案件所侵害的具体客体。

媒体侵权责任案件的最重要的认定,是对媒体侵权责任构成的认定。媒体侵权责任属于过错责任原则调整的侵权责任,其责任构成要件应当依据《侵权责任法》第6条第1款规定确定,即认定媒体的行为构成侵权责任应当具备过错要件、违法性要件、损害事实要件以及因果关系要件。凡是具备这四个要件的媒体行为,就构成媒体侵权责任;不具有四个要件之一的,都不构成媒体侵权责任。《指引》对媒体侵权责任构成的四个要件的掌握,提出了具体的方法。

认定媒体侵权责任案件的重要环节,是确定媒体侵权行为的类型。依照司法实践经验,《指引》将媒体侵权行为类型分为报道失实、标题失实、违反审查义务、不履行更正道歉义务、诽谤、侮辱、毁损信用、新闻批评失当、文艺批评失当、媒体评论依据缺失或不当、侵害隐私以及非法使用等,分别说明各类媒体侵权行为的认定依据,法官可以用"对号入座"的方法,对上述不同类型的媒体侵权责任案件准确适用法律。

(二)关于媒体侵权责任抗辩事由的规定

媒体保护自己的权利,必须依据合法的抗辩事由依法进行抗辩,寻求免除或者减轻自己的侵权责任,因而媒体侵权责任抗辩事由是保护媒体权利的法律工具。民事法官正确应用媒体侵权责任抗辩事由,就能够正确判断合法的媒体行为,保护好媒体

---

② 参见杨立新等:《中国媒体侵权责任案件法律适用指引》,载《河南财经政法大学学报》2012年第1期题注。

权利,使社会和公众有所裨益。

《指引》对媒体侵权责任抗辩事由进行了详细规定,按照四个类型进行了全面规定:第一类是公共目的的抗辩事由,包括符合公共利益目的的负责任的发表、公众人物、批评公权力机关、公正评论、满足公众知情权;第二类是新闻真实性的抗辩事由,包括事实基本真实、连续报道、如实报道、报道批评对象不特定、配图与内容无关和配图与内容有关;第三类是因媒体或者作者原因的抗辩事由,包括已尽合理审查义务、推测事实和传闻、报道具有新闻性、转载、读者来信来电和直播、权威消息来源、报道特许发言、文责自负、已经更正道歉;第四类是受害人一方的抗辩事由,包括受害人承诺、"对号入座"、为本人或者第三人利益。

《指引》将上述抗辩事由分为免责的抗辩事由和减责的抗辩事由。凡是媒体具有免责的抗辩事由的,媒体提出抗辩主张,法官查实后,就可以免除媒体的侵权责任,保护媒体的合法权益;凡是媒体具有减责的抗辩事由的,媒体提出抗辩主张,法官查实后,应当依据实际情形,减轻媒体的侵权责任。

(三)媒体侵权责任案件中的几种特别的类型

《指引》在规定了媒体侵权责任的一般性规定和抗辩事由之后,就网络侵权责任、侵害个人电子信息、侵害著作权责任这三种特别的媒体侵权责任类型,作出了具体的规定。

对于网络侵权行为,依照《侵权责任法》第 36 条的规定,首先对该条第 1 款规定的网络服务提供者、网络用户的侵权责任承担的一般规则进行了规定。其次,根据该条第 2 款规定,对于"通知规则"的具体实施和法律后果,特别是对"反通知规则"的具体实施和法律后果,作了详细规定。再次,根据该条第 3 款的规定,对"知道规则"的具体适用和法律后果也作了具体规定。最后,对网络侵权责任的连带责任承担也规定了具体的规则。

对于侵害个人电子信息责任,《指引》根据全国人大常委会《关于加强网络信息保护的决定》对公民个人电子信息保护的规定,以及《消费者权益保护法》对消费者个人信息保护的规定,落实到媒体侵害公民个人电子信息侵权责任的法律适用范围中。首先,界定侵害个人电子信息的行为构成侵害隐私权,应当依照《侵权责任法》第 6 条第 1 款、《关于加强网络信息保护的决定》,以及《消费者权益保护法》第 29 条和第 50 条的规定,确定侵权责任。其次,在具体侵害公民个人电子信息侵权行为类型方面,规定了非法获取公民个人电子信息、非法出售公民个人电子信息、非法向他人提供公民个人电子信息、非法泄露公民个人电子信息、非法篡改公民个人电子信息、非法毁损公民个人电子信息、丢失公民个人电子信息和违法发送电子信息侵扰公民生活安宁共 8 种侵权行为类型。最后,规定了侵害公民个人电子信息特殊性问题的处理规则。

关于媒体侵害著作权责任,《指引》规定,应当适用《侵权责任法》第 36 条和《著作权法》第 48 条的规定确定侵权责任及其承担。在具体问题上,《指引》规定了以下内容;构成网络侵害著作权的,应当承担赔偿责任;对于已尽到合理注意义务,具有侵权事实,媒体不知道其出版、传播行为涉及侵害著作权,但获得利益的,该利益应当返还;规定网络转载他人作品,应当付酬而不付酬的构成侵权;对于不替代市场规则、分工合作与共同侵权、教唆帮助侵权、不主动审查原则、过错判断、如何确定网络服务提供者对网络用户实施的侵害著作权行为的知道、直接获取经济利益与注意义务、设链转发与著作权侵权、搜索引擎与著作权侵权,以及网络服务提供者的信息披露义务等,都作了详细规定。

(四)规定媒体侵权责任案件的侵权责任方式

媒体侵权责任的责任方式承担与一般侵权行为相比,有一定的特点。对此,《指引》第九章全面规定了责任主体承担侵权责任方式的具体规则。在规定了媒体承担侵权责任方式的一般原则之后,规定了停止侵害、赔礼道歉、消除影响、恢复名誉等的承担规则。对于媒体承担损害赔偿责任,规定了一般规则、确定精神损害赔偿责任的方法、确定财产损害赔偿责任的方法和人身损害赔偿责任的方法。

三、研究媒体侵权与媒体权利保护司法界限的核心问题

(一)媒体侵权与媒体权利保护的焦点是表达自由与私权利保护的平衡

研究本课题的最重要问题,就是平衡好媒体侵权与媒体权利保护所体现的表达自由与私权利保护之间的利益关系。为此,课题组特别着重研究了以下问题。

1. 媒体侵权责任司法实践的基本问题是民事权益与表达自由的冲突

研究近 30 年来的媒体侵权责任法的发展,可以得出一个结论,即媒体侵权责任司法实践的基本问题是民事主体的民事权益诉求与媒体的表达自由权利保护之间的冲突。

言论、出版、新闻自由,统称为表达自由,是国际公认的基本人权。《公民权利和政治权利国际公约》第 19 条规定:"一、人人享有保持意见不受干预之权利。二、人人有表达自由之权利;此种权利包括以语言、文字或出版物、艺术或自己选择的其他方式,不分国界,寻求、接受及传播各种消息及思想之自由。三、本条第二项所载权利之行使,负有特别责任及义务,故得以某种限制,但此种限制以经法律规定,且为下列各项所必要者为限:a. 尊重他人权利或名誉;b. 保障国家安全或公共秩序,或公共卫生或风化。"这个条文是对表达自由的完整表述,明确规定了表达自由的权利主体、内容和行使方式,同时也规定了行使表达自由权利所应承担的责任与义务,以及必须限制的范围及方法。[③] 我国《宪法》第 35 条关于"中华人民共和国公民有言论、出版、集会、结社、游行、示威的自由"的规定中,对言论、出版自由的规定即为表达自由的宪法依据。

---

③ 参见魏永征:《新闻传播法教程》,中国人民大学出版社 2010 年版,第 22—23 页。

在我国,媒体的表达自由是媒体为实现服务社会的目的,依法进行采访、写作、发表、出版新闻作品,不受非法控制、约束的权利。表达自由对于媒体而言,包括两个层面,一是对记者、通讯员等新闻作者来说,其采访、写作、发表新闻作品不受非法控制、约束,属于表达自由的权利;二是对于报社、杂志社、新闻社等大众传媒而言,组织新闻、出版新闻作品不受非法控制、约束,属于出版自由的权利。即使在新媒体领域,人人都是新闻发布者,互联网网站、移动通讯公司等都是媒介交易平台的提供者,也都属于表达自由的享有者。在上述范围内,每一个公民和法人都可以通过撰写新闻作品向传统媒体投稿或者通过在新媒体发布新闻而成为媒体人,同时也都有权寻求、接受各种消息及思想,因而每一个公民和法人都享有表达自由的权利。

无论是传统媒体还是新媒体,由于都享有表达自由的权利,因而不仅可以以传播信息,表达对社会的各种看法,更重要的是可以利用媒体进行社会监督,即通常所说的舆论监督。舆论监督是传统媒体或者新媒体通过媒介发表新闻、评论,对社会的政治生活、经济生活、文化生活等方面进行批评,实行监督的权利和功能。不仅传统媒体具有这个功能,新媒体也具有这个功能。网民作为自媒体的信息发布者,监督腐败官员,揭发了大大小小的"表哥"等腐败官员,就是通过新媒体成功进行监督的成果。不过,舆论监督并非一个准确的法律概念,原本涵括在权力监督体系之中,被进一步扩展后,其含义已经超出了对权力监督的职能,几乎成了无所不能的权利和功能。从严格的意义上讲,舆论监督属于表达自由的范畴,即新闻批评的自由权利,媒体通过行使新闻批评的自由权利,实现对社会生活的监督功能。

2. 准确界定表达自由与私权利保护之间利益平衡的界限

自由是一种权利,意味着"只要不违反任何法律禁令,或者侵犯其他人的合法权利,那么,任何人可以说想说的任何话、做所想做的任何事"。④ 表达自由也是这样的自由。不过,任何自由都不是绝对的,法律在赋予权利主体以自由权的时候,都规定行使自由权的必要限制,以防止其滥用。表达自由同样也不是一种绝对的权利。对表达自由的最大限制,就是不得以表达自由为借口,侵害他人的民事权益。即使在美国,新闻自由受到普遍的尊重,宣称"新闻自由是人类的重大权利,应当受到保护",但同时也宣称"报纸不应侵犯私人权利和感情"。⑤ 在《公民权利和政治权利国际公约》第 19 条关于表达自由的规定中,第 3 款也同样规定了对表达自由的适当限制。国际公约以及各国立法之所以在规定表达自由的同时又加以上述限制,就在于实行表达自由的最大危险是侵害他人的人格权以及其他私权利。

从原则上说,表达自由与公民、法人的私权利保护是并行不悖的。但是,实行表达自由,就是允许对被批评者的指责。如果把这种批评限制在适当的范围之内,尽管也是对被批评者的指责,但不会造成侵权的后果。如果这种指责超越了适当的范围,

---

④ 《牛津法律大辞典》(中文版),光明日报出版社 1988 年版,第 554 页。
⑤ 北京新闻学会主编:《各国新闻出版法选辑》,人民日报出版社 1981 年版,第 191—192 页。

造成了被批评者人格的损害,就侵害了被批评者的人格权。

人格权是民事主体的固有权利,是公民、法人作为法律上的人所必须享有的基本民事权利。民事主体如果不享有人格权,他就不能成为一个民事主体;民事主体的人格权受到侵害,就会对该民事主体造成严重的权利损害。因而人格权历来被认为是绝对权、对世权,任何人都负有维护他人人格权的义务,禁止非法侵害。当行使表达自由的权利与保护人格权及其他私权利发生冲突的时候,法律禁止滥用表达自由,并以国家强制力保障民事主体的人格权。

3. 平衡表达自由与私权利保护的我国立法基本完备

上述关于表达自由与私权利保护的原理,得到我国《宪法》和各基本法的确认。《宪法》第 38 条规定:"中华人民共和国公民的人格尊严不受侵犯。禁止用任何方法对公民进行侮辱、诽谤和诬告陷害。"第 51 条规定:"中华人民共和国公民在行使自由和权利的时候,不得损害国家的、社会的、集体的利益和其他公民的合法的自由和权利。"这两条重要的宪法原则,科学地规范了表达自由与保护人格权等私权利之间的关系,任何人在行使表达自由时侵害他人人格权,都是对权利的滥用,是对他人人格尊严的侵犯,都违反宪法的原则。我国还通过《刑法》《民法通则》《侵权责任法》等法律的具体条文,规定了侵害他人人格权的刑事责任和民事责任,用刑罚和损害赔偿等刑事的和民事的制裁手段,制裁这种违法、犯罪行为,使受到侵害的权利得到恢复。因此可以说,在我国,表达自由与保护私权利之间的法律平衡,是明确的,是有法可依的,尽管还没有制定"新闻传媒法",对媒体权利和行为的规范还缺少具体的条文规定,但依据现行法律规定的内容进行判断,是基本完备的。

(二)媒体侵权责任的概念及媒体侵权责任法的功能

研究本课题,在明确了媒体表达自由与私权利保护之间的利益平衡关系之后,还必须明确媒体侵权责任的概念以及媒体侵权责任法的功能。对此,本课题研究取得了以下成果。

1. 媒体侵权责任的概念

严格地说,新闻侵权并不是一个法律术语,只是对于新闻媒介的侵权行为的一种描述。但是,由于现行法律在新闻媒介侵权行为的调整方面存在空白需要进行补充,因而新闻侵权(即媒体侵权)这一概念便出现了,并且逐渐为人们所接受。[6] 后来逐渐认识到新闻侵权概念的外延比较狭窄,特别是难以概括网络等新媒体的侵权行为,因此更多的学者采用媒体侵权的概念。

课题组认为,媒体侵权是指报纸、杂志、广播、电视、互联网、移动通讯等传统媒体和新媒体或者他人,在利用大众传媒进行的传播行为中,故意或者过失非法侵害自然人或者法人的名誉权、隐私权、肖像权、姓名权、著作权及其他民事权益的侵权行为。

上述对媒体侵权概念的定义较好地概括了这个概念的基本特点:第一,媒体侵权

---

[6] 参见陆萍:《新闻侵权的构成》,载《政治与法律》1991 年第 6 期。

的行为主体和责任主体是大众传媒,以及其他利用大众传媒实施侵权行为的人,在当代,随着大数据时代的来临,媒体侵权的行为主体和责任主体有日益扩大的趋势;第二,媒体侵权的具体行为是利用大众传媒进行的传播行为,是传播行为造成了被侵权人的私权利损害,而不是媒体的非传播行为,例如新闻采访车在行驶途中撞伤了他人之类的行为⑦,后者是一般侵权而不是媒体侵权;第三,媒体侵权的传播行为具有违法性,具体的表现是,媒体的传播行为违反了法定义务,或者违反了保护他人的法律;第四,媒体侵权侵害的客体,是自然人或者法人的姓名权、肖像权、名誉权、隐私权、荣誉权等人格权以及著作权等民事权益,特别是著作权在新媒体领域受到的侵害更为突出;第五,侵权责任形态基本上是替代责任,即实施行为的人是媒体从业者,承担责任的是媒体,或者实施行为的是信息发布者,信息平台的提供者在必要条件下承担的连带责任,当然也存在其他的特殊责任形态;第六,特别是随着媒体范畴的扩大,互联网和移动通讯等新媒体的出现,对媒体侵权的概念发生了更大的影响,界定媒体侵权概念必须将其概括在其中。

课题组在研究媒体侵权概念的时候,特别注意揭示媒体侵权与其他侵权责任的特殊之处,这也是对媒体侵权责任需要特别进行研究的必要性所在:

第一,媒体侵权与侵害名誉权等一般侵权行为,既有相同之处,也有不同之处。媒体侵权虽然也是侵害名誉权、隐私权等民事权益,但与其他侵害这些民事权益的一般侵权行为之间的关系,仍然是一般与特殊的关系。尽管《侵权责任法》并没有把媒体侵权责任规定在特殊侵权责任类型部分之中,而是概括在第6条第1款中作为一般侵权行为对待,但其特殊性也是比较明显的。例如,侵害隐私权的行为是一般侵权行为,但在媒体上侵害隐私权就具有媒体侵权的特点,与一般的侵害隐私权行为有所不同。对媒体侵权责任进行特别的研究,揭示其法律适用中的特殊规则,对于准确适用法律,界定媒体侵权与媒体权利保护,具有重要意义。

第二,媒体侵权与其他侵权责任类型相比,同样具有相同之处和其特殊性。媒体侵权确实存在需要特别研究的特殊性,这不仅表现在媒体作为责任主体以及媒体工作者的特殊性,而且媒体侵权的行为类型、抗辩事由等,都与一般侵权行为不同。而这些不同之处法律并没有规定,必须通过学理研究,总结实践经验,才能够将其揭示出来,为法官所借鉴。特别是网络媒体侵权,除了网络用户或者网络服务提供者利用网站实施侵权行为应当由自己承担侵权责任之外,网络服务提供者在"通知规则"和"知道规则"⑧之下,还要与网络用户实施的侵权行为承担连带责任。正因为存在这样的特殊性,《侵权责任法》才在第36条规定了网络侵权责任,其性质也是媒体侵权,也是媒体侵权责任的特别类型。

---

⑦ 参见张新宝:《"新闻(媒体)侵权"否认说》,载《中国法学》2008年第6期。以这种事例作为反驳新闻侵权概念不科学的论据,说服力不够。

⑧ 参见杨立新:《侵权责任法》,法律出版社2011年版,第243页。

2. 媒体侵权责任法的功能

媒体侵权责任法是调整媒体侵权行为及侵权责任承担的法律规范。它不是一部具有法律规范形式的法律,而是一个理论意义上的、具有法律规范依据的侵权责任法的具体侵权责任类型,是侵权责任法的组成部分,具有侵权责任法的全部功能。

媒体侵权责任法的调整功能是:

第一,保护受害人的民事权益和媒体以及媒体从业人员的合法权益。媒体侵权责任法的最主要功能,在于保护受害人的民事权益。当媒体侵权行为侵害了公民、法人的名誉权、隐私权等民事权益,其权利或者利益受到了损害,依法予以救济,使其恢复权利,得到媒体侵权责任法的保护。同样,如果媒体以及媒体从业人员正当行使权利,对不正当的社会现象予以批评,进行舆论监督,那就是正当的媒体传播行为,同样受到媒体侵权责任法的保护。

第二,确定媒体侵权责任。媒体侵权责任法是通过制裁媒体侵权行为来实现保护民事主体民事权益的目的的。媒体侵权责任法既然是侵权责任法的组成部分,它的基本功能之一就是确定媒体侵权责任。当一个民事主体受到损害,主张是媒体的行为所致并且要求媒体承担侵权责任时,媒体侵权责任法提供媒体侵权责任的构成标准,确定是否构成媒体侵权责任。对于构成侵权责任的媒体,就应当科以侵权责任,对其行为依法予以制裁。对于不构成侵权责任的媒体,则不承担侵权责任,对其依法进行保护。

第三,预防媒体侵权行为。媒体侵权责任法预防媒体侵权行为发生的基本功能对媒体特别重要。媒体具有干预社会生活、批评不良社会现象、推动社会进步的重要作用,在其行使权利的时候,不能不以牺牲民事主体的民事权益为代价。如果媒体是正当行使舆论监督权利,尽管涉及民事主体的民事权益,但并不构成侵权。正因为如此,媒体在暴露社会阴暗面,进行新闻批评时,必须依法进行,使其行为具有正当性,避免侵权责任发生,预防媒体侵权行为。

第四,维护正常的媒体秩序,促进社会和谐。《侵权责任法》在"促进社会和谐稳定"[⑨]方面具有重要的功能,媒体侵权责任法同样如此。制裁媒体侵权行为,保护民事主体和媒体的合法权益,就能够保障媒体依法行使权利,促使媒体依法行使表达自由的权利,完成媒体职责,发挥媒体的社会作用,避免受到不法非难。

(三)媒体侵权责任法注重通过媒体侵权抗辩来保护媒体权利

1987年以来,我国媒体侵权的司法和理论研究,都比较侧重对私权利的保护,认为当表达自由与私权利保护发生冲突的时候,毫无疑问要保护好私权利。这个做法,在《民法通则》适用初期张扬民事权利的时候,是有道理的。但是,随着对媒体侵权责任研究的不断深入,对法律保护媒体的表达自由权利,对推进社会文明和进步具有重要意义的认识不断加深,因而媒体侵权责任法特别注重对媒体侵权责任抗辩的研究。

---

⑨ 《侵权责任法》第1条的内容。

这是因为,实施《民法通则》之后,我国民事主体的权利意识迅速提高,维权活动深入人心。这是非常值得赞赏的社会现象。但是,从另一个方面观察,过分地强调保护名誉权等私权利,致使有些人的权利观念过于"膨胀"[10],出现了权利泛化以及权利滥用等较为普遍的现象。而过度、过分的权利主张,必然挤压甚至限制媒体表达自由的"喘息空间",使媒体无法承担批评社会、促进社会进步的职能,其结果必然会损害全体人民的整体利益。

媒体侵权责任法制裁媒体侵权行为,并不是为了打压媒体的表达自由权利,而是为了规范媒体行为,同时也是要给媒体确定行使表达自由权利建立具体规则,划定表达自由的界限,凡是不属于媒体侵权的媒体行为,就是合法的传播行为,可以依法正当进行。特别注重研究媒体侵权责任抗辩制度,就是从正面确立媒体正当行使表达自由的规则,使媒体能够在媒体侵权纠纷的诉讼中,依法提出事实和权利根据,对抗不当的媒体侵权诉求,保障媒体依法行使权利,使媒体的社会功能得到实现。研究媒体侵权责任法,通常是要去研究媒体侵权责任构成和媒体侵权行为的类型,即在什么情况下、什么样的情形构成媒体侵权责任,以更好地保护民事主体的人格权。同样,研究媒体侵权责任法,应当在保护民事主体人格权的同时,更注重从另外一个角度上,研究在什么情况下媒体可以根据事实,抗辩媒体侵权责任的诉求,对抗侵权责任构成,以确保媒体依法行使表达自由权利的行为受到法律保护,不受不当诉讼行为甚至恶意诉讼行为的干扰和侵害。这样,媒体侵权责任法就从两个不同的方面考虑媒体侵权责任问题,划清界限,确定媒体侵权责任就会更加客观、更加全面、更加准确,特别是在权利观念过于膨胀、权利泛化和权利滥用等社会现象面前,给媒体传播行为确立法律规范,保障媒体的表达自由,给媒体以更大的喘息空间,更好地发挥媒体的舆论监督作用,促进我国的政治体制改革和经济体制改革不断深化,建设和谐、稳定的社会。

正因为如此,研究媒体侵权抗辩责任所具有的重要意义,可以从三个方面进行概括:

第一,媒体侵权责任抗辩与媒体侵权请求权相对应,其价值在于对抗以至于否认媒体侵权诉求的正当性,破坏媒体侵权的请求权构成,否定媒体侵权责任。请求权是裁判权的基础。[11] 原告享有媒体侵权请求权,就可以向法院起诉,只要证明自己的请求权成立,被告就应当承担媒体侵权责任。当一个原告在向法院起诉主张自己享有媒体侵权请求权时,被诉媒体如果存在法定的不承担侵权责任的正当理由时,则依法进行抗辩,就能够破坏媒体侵权请求权的构成,否认原告的请求权,阻却自己的媒体侵权责任,在法律上确认自己的传播行为的正当性,不仅不受法律追究,反而受到法

---

[10] 笔者在《中国名誉权的"膨胀"与"瘦身"》一文中,提出了名誉权膨胀的问题。参见杨立新:《从契约到身份的回归》,法律出版社 2007 年版,第 111—120 页。

[11] 参见杨立新:《民事裁判方法的现状及其改进》,载《民事审判指导与参考》第 29 辑,法律出版社 2007 年版,第 123 页。

律的保护。

第二，形成媒体侵权诉讼上的诉辩对抗，使法官做到兼听则明，准确适用法律。原告提出媒体侵权的诉讼请求，被告依法进行媒体侵权责任的抗辩，就能够使原告的请求与被告的抗辩形成诉辩双方的对抗，形成诉辩交锋，给法官对案件进行全面审查、准确认定案情提供客观的基础，正确适用法律，对案件作出正确的裁判。如果媒体不能依法伸张自己的正当理由进行抗辩，原告说什么，法官就信什么，请求什么就判什么，就无法保证法律的正确适用，因而侵害媒体的正当权利。

第三，补充新闻媒体立法的不足，更好地保护媒体的正当权利。由于我国还没有制定"媒体传播法"，因而不易确认媒体传播行为的正当性、合法性准则。通过研究媒体侵权以及媒体侵权责任抗辩，从中确定媒体传播行为的合法性、正当性准则，就能够更好地保护媒体的表达自由和权利。

正因为如此，在研究媒体侵权与媒体权利保护的司法界限过程中，深入研究媒体侵权责任抗辩并形成媒体抗辩理论体系和事由体系，是确认媒体侵权责任法基本成熟的标志。这种考量方法是完全有道理的。媒体侵权责任与媒体权利保护的司法界限的关键就在于此。这也是本课题研究特别注重于研究媒体侵权责任抗辩的客观依据。

四、对于私域软法概念及私域软法对司法实践影响的初步看法

在《指引》完成之后，很多人向笔者提出一些问题，即《指引》的性质是什么？有什么样的效力？等等。为了避免误解，笔者在《指引》序言的最后一段，专门写道"本指引是研究媒体侵权责任法的理论工作者和实务工作者的研究成果，借以指引民事法官审理媒体侵权责任案件的法律适用，属于学理解释范畴，而非严格意义上的有效解释"这样的内容，借以区分与相应的法律规范和司法解释的界限。但是，《指引》的性质到底应当怎样界定，是否具有强制效力，仍然是必须回答的问题。在该科研课题结项总结会议上，笔者提出了私域软法(或者称为软规范)的概念，能够回答这个问题。

(一)私域软法概念的提出及意义

最近10年来，我国法学界研究软法取得了相当的成果。在中国知网上以"软法"作为关键词进行检索，查到有关软法的文章有620条结果。在百度上搜索"软法"词条，竟然有385万个结果。这能够说明我国软法研究的繁荣程度。

但是有一个问题，即对于软法的研究基本上局限于公域而非私域，通常的观点认为软法是国际法和公法领域的概念。在罗豪才教授等撰写的《认真对待软法》的软法研究的奠基性文章中，副标题就直接标明"公域软法的一般理论及其中国实践"[12]，鲜明地标明了软法的公域界限。在数百篇研究软法的文章中，基本上没有提到私域

---

[12] 罗豪才、宋功德：《认真对待软法——公域软法的一般理论及其中国实践》，载《中国法学》2006年第2期。

软法。

私域软法是否存在？是否软法只是在公域中存在？回答应当是否定的。在我国现实的法律环境中，必定包括私域软法。仅举一例最为典型的私域软法，就是最高人民法院应用法学研究所2008年3月发布的《涉及家庭暴力婚姻案件审理指南》，举凡8章81条，洋洋洒洒，比司法解释还要规范、还要具体，但它不是司法解释，不具有司法解释的硬法效力，而仅仅是供审判实践参考的软法。正像其序言所说的那样，本指南集法律研究、实践经验、域外借鉴、法律精神于一体，是人民法院司法智慧的结晶，为法官提供的是"指南式"的研究成果，直接服务于审判工作，不属于司法解释。[13] 具有这样效力的规范性文件，体现的正是私域软法的基本属性。

私域软法的表现形式并不仅仅局限于这样的审判指南，其他方面的形式有：（1）研究机构、学者撰写的法律草案建议稿，例如梁慧星教授、王利明教授分别主编起草的《中华人民共和国民法典草案建议稿》；（2）笔者主持起草的《中国侵权责任法司法解释草案建议稿》《中国侵权行为形态与责任形态法律适用引导》[14]；（3）行业协会的自律规范，例如中国银行间市场交易商协会于2012年6月18日正式发布，于2012年10月1日起实施的《非金融企业债务融资工具市场自律处分规则》[15]，经交易商协会第三届常务理事会第一次会议审议通过，并经人民银行备案；（4）民事主体个人行为规范，例如普遍存在的公司章程；等等。在国外，美国法学会起草的《美国侵权行为法重述》《美国合同法重述》，冯·巴尔主持起草的《欧洲统一侵权法纲要》、库齐奥教授主持起草的《欧洲统一侵权法指导原则》等，也都属于私域软法，具有私域软法的属性。

可见，软法并不仅仅存在公域里，也存在私域之中。相对于私法而言，私域软法是对私法的补充，二者构成私域中的硬法和软法，构成"软硬兼施"的私法结构。我国法学研究之所以在私域中不重视对软法的研究，是对软法概念的陌生和缺乏研究，具有相当的距离感。对于私域中广泛存在的软法现象，应当借鉴公域软法研究的成果，确立私域软法的概念，建立私域软法的体系，进一步发展私域软法的规模，补充私法中硬法立法不足的缺陷，用软法规范和引导民事主体的行为，并为私法中的硬法的适用提供借鉴，进而促进市民社会的和谐和发展。

（二）私域软法的概念及发达原因

公法学者认为，软法作为一个法学的概念，诞生已久，并且越来越多地出现在法学学术文献之中，最初产生于国际法语境，而后逐渐扩展使用至国内法。[16] 为了有效

---

[13] 参见最高人民法院应用法学研究所：《涉及家庭暴力婚姻案件审理指南》，载中国应用法学研究网：2014年6月13日访问，http://www.court.gov.cn/yyfx/yyfxyj/ztllyj/xbpdysfgz/201205/t20120525_177209.html。

[14] 前文载《河南财经政法大学学报》2010年第4期，后文载该刊2012年第1期。

[15] 参见《非金融企业债务融资工具市场自律处分规则》，载中证网：2014年6月14日访问，http://www.cs.com.cn/zq/zqxw/201206/t20120619_3376003.html。

[16] 参见沈岿：《软法概念之正当性新辨》，载《法商研究》2014年第1期。

地规范公共关系,解决公共问题,各国总要运用各种公共制度资源,存在于政法惯例、公共政策、自律规范、合作规范、专业标准、弹性法条等载体形态之中的软法规范。即使在中国自改革开放30多年中,中国公域之治事实上一直实践着软硬兼施的混合法模式。⑰ 软硬兼施的混合法模式中的软法,就是公域软法。其定义可以是非典型意义的法,非严格的法,它不一定要由国家立法机关制定,不一定要由国家强制力保障实施,不一定要由法院裁决其实施中的纠纷。⑱

借鉴公域软法的概念,私域软法是指在私法领域中,与强制性的私法硬法相对应,非由立法机关制定,非由国家强制力保障实施,没有法律约束力但有实际效力的私法领域的行为规范。结合《指引》的实际,可以看到《指引》完全符合私域软法的基本特点:

第一,私域软法存在于私法领域中,因而与公域软法相区别。私法领域就是以公民、法人作为民事主体的市民社会,以私权利的行使和保护为基本特点,而不是在公共领域中发挥作用。《指引》所规范的不是公共领域的关系,而是媒体的权利与其他民事主体权利的冲突中的行为规范和裁判规范。它完全局限于作为民事主体的表达自由与私权利冲突中的问题,保护的是私权利。

第二,私域软法非由立法机关制定,创制方式与制度安排富有弹性。软法因此而与硬法立法的严格遵循法定程序的刚性立法方法相异,推崇柔性治理,不同类型的软法的创制方式并非同出一辙。⑲《指引》完全符合立法主体多样性的特点,是学者和法官总结实践经验,理论联系实际创设的媒体责任和媒体权利保护司法界限的规范,因而与立法机关刚性立法的硬法完全不同。

第三,私域软法非由国家强制力保障实施,没有法律约束力但有实际应用的效力。软法不具有国家强制力,不由国家强制力保障其实施,而是由人们的承诺、诚信、舆论或者纪律保障实施,因而与道德、习惯、潜规则、法理、政策和行政命令相区别。⑳ 同样,之所以说《指引》具有私域软法的性质,因为其没有强制力保障,不存在法律上的拘束力,并非法官在审理媒体侵权责任案件时必须遵守。但由于《指引》确定的规则既有理论基础,又有实践经验的支持,反映了媒体侵权责任案件适用法律的客观要求,因而具有自己的权威性,被法官、律师以及媒体和社会公众所信任,具有实际上的权威性,法官在裁判时愿意遵守和借鉴,媒体愿意信守和遵从。《指引》的这些表现,恰恰是私域软法的基本特点。

第四,私域软法所规范的是私法领域民事主体的行为。与公域软法不同,私域软

---

⑰ 参见罗豪才、宋功德:《认真对待软法——公域软法的一般理论及其中国实践》,载《中国法学》2006年第2期。
⑱ 参见姜明安:《软法的兴起与软法之治》,载《中国法学》2006年第2期。
⑲ 参见罗豪才、宋功德:《认真对待软法——公域软法的一般理论及其中国实践》,载《中国法学》2006年第2期。
⑳ 参见姜明安:《软法的兴起与软法之治》,载《中国法学》2006年第2期。

法调整的是民事主体之间的民事权利、义务关系,不涉及公共领域的规则,因而是私法领域中民事主体的行为。《指引》虽然是从裁判规范的角度所创设,并以裁判规范为其表现形式,但是其对于民事主体的作用,无疑具有行为规范的价值,特别是对媒体侵权责任抗辩事由的规定,更具有划清媒体行为违法与否的界限的作用,兼具行为规范和裁判规范的性质。

私域软法的存在是不可避免的。产生私域软法的主要原因是:(1)私法领域中民事主体的行为不能仅仅依靠硬法的规范,必须有软法的补充,因此,公司章程、行业自律规则应运而生。(2)硬法规范的立法空白,或者硬法的规定过于概括和原则,须创设软法规范予以补充,因而审判指南、法律适用指引等软规范不得不总结出来,对硬法的空白和漏洞进行填补。(3)由于硬法的制定程序过于繁琐,无法及时调整社会生活中出现的新情况、新问题,而软法具有立法的多样性和灵活性,因此应运而生。(4)不同的私法部门、规范之间出现的不协调之处,需要软法进行协调。(5)国际私法冲突、国内区际私法冲突,不同法域的法律规定不同,需要软法进行协调,因而有《欧洲统一侵权法纲要》及其他法律、法规的产生和起草。《指引》的出台源于第二种原因,即我国没有制定"新闻媒体法",调整媒体侵权责任的《侵权责任法》第6条第1款和第36条规定过于原则,操作性不够强,因此需要借助于私域软法的规范,协调媒体侵权责任纠纷案件的法律适用中的问题。

(三)私域软法的调整功能

人类社会的经济发展和文明进步,导致对法律需求的急剧增长,形成了硬法因立法和实施成本过高导致法的供给严重不足[21],因而使软法不断出现,并且成为与硬法相对应的法的概念。在私法领域,同样需要硬法和软法"软硬兼施"的混合法模式,构建民事主体的行为规范以及裁判规范的体系,通过弥补硬法不足与引领硬法变革等方式,来推动私法的结构变革,以维护私法领域社会秩序的稳定与和谐,推动私法之治和法治目标的全面实现。[22] 故私域软法的社会调整功能是:

第一,及时反映市民社会需求,用不同于硬法的方式调整民事主体的权利义务关系。现代市民社会的发展迅猛,新情况和新问题层出不穷。在这样的形势下,私域软法以其灵活、多样、及时、高效的特点,能够迅速反映社会需求,并以其影响力干预社会生活,引领社会发展,为硬法的制定做好准备。这是私域软法最重要的功能之一。在我国媒体法治的环境下,学术团体和部分司法机关自发进行研究,创设《指引》,规范媒体侵权和媒体权利保护司法界限的法律适用,不仅对司法实践具有借鉴作用,而且为将来的新闻媒体法的立法积累了丰富的经验。

第二,创设新的私法规范,弥补硬法的立法不足,推进私法的全面建设。在我国,

---

[21] 参见姜明安:《软法的兴起与软法之治》,载《中国法学》2006年第2期。
[22] 参见罗豪才、宋功德:《认真对待软法——公域软法的一般理论及其中国实践》,载《中国法学》2006年第2期。

尽管立法机关已经宣布建成了社会主义法律体系，但是民法典的制定任务并未完成，全面的私法建设尚在征途之中。在私法领域中，硬法的立法存在较大的缺口，最起码的缺口就是"民法总则""债法总则"以及"人格权法"并未完成立法。在这样的形势下，无论是对民事主体的行为调整，还是司法机关对民事争议的裁决，硬法都有较大的立法不足，必须采取切实可行的办法予以填补。私域软法领先于硬法的发展，率先创设私法规范，补充立法不足，因而能够推动私法的全面建设。《指引》在侵权责任法的领域，结合媒体侵权和媒体权利保护的实践，丰富和补充的正是《侵权责任法》对此的立法不足。

第三，调动各方积极性参与软法建设，降低法治成本，提高法律实效。私域软法并非由立法机关所制定，依靠的是社会各界的积极性和创造力。在国外，不论是《美国侵权行为法重述》，还是《欧洲统一侵权法纲要》的起草，都是学者自觉、自愿行为的成果。正是由于有关学者、团体及社会各界的积极参与，以自己的精力和能力创设软法规范，因而能够降低法治成本，提高法律的实效。以《指引》的研究为例，其创设完成依靠的是学者的积极性，是国外经费以及国家社科基金的资助，立法机关和司法机关并未参与其中。

第四，推动私法行为的规范化水平，实现市民社会的法治目标。我国的民法传统比较薄弱，经过100年的引进和发展，具有了初步完善的规范建设，但距离完善的市民社会法制建设仍有较大距离。通过私域软法的建设和发展，能够丰富我国的私法领域规范的建设，创设完善的私法领域的行为规范和裁判规范体系，实现我国从民法输入国向输出国的转变，实现市民社会的法治目标。《指引》的创设目的也正是如此。

环境侵权司法解释对分别侵权行为规则的创造性发挥*

——《最高人民法院关于审理环境侵权责任纠纷案件适用法律若干问题的解释》第3条解读

最高人民法院《关于审理环境侵权责任纠纷案件适用法律若干问题的解释》(以下简称《环境侵权司法解释》)已于2015年2月9日由最高人民法院审判委员会第1644次会议通过,2015年6月1日公布,2015年6月3日起施行。该司法解释第3条是对《侵权责任法》第11条和第12条规定的分别侵权行为及责任的具体解释,同时进行了创造性的发挥,不仅对环境侵权的法律适用,而且对侵权责任法的理论研究和司法实践,也具有重要的理论价值和实践意义。本文对此进行解读。

一、《环境侵权司法解释》第3条创造性发挥分别侵权行为规则的亮点

《环境侵权司法解释》第3条分为3款,分别规定:"两个以上污染者分别实施污染行为造成同一损害,每一个污染者的污染行为都足以造成全部损害,被侵权人根据侵权责任法第十一条规定请求污染者承担连带责任的,人民法院应予支持。两个以上污染者分别实施污染行为造成同一损害,每一个污染者的污染行为都不足以造成全部损害,被侵权人根据侵权责任法第十二条规定请求污染者承担责任的,人民法院应予支持。两个以上污染者分别实施污染行为造成同一损害,部分污染者的污染行为足以造成全部损害,部分污染者的污染行为只造成部分损害,被侵权人根据侵权责任法第十一条规定请求足以造成全部损害的污染者与其他污染者就共同造成的损害部分承担连带责任,并对全部损害承担责任的,人民法院应予支持。"这一司法解释,对于在环境侵权责任领域正确适用《侵权责任法》第11条和第12条规定的分别侵权行为规则,规定了正确的方法;更为重要的是,把在这两个法律条文之间隐藏的特殊的分别侵权行为形态挖掘出来,进行正确的解释,因此具有创造性,在侵权责任法的理论和实践上都具有重要意义。之所以如此确定地认为这一条司法解释具有创造性

---

* 本文发表在《法律适用》2015年第10期。

的发挥,其亮点并不在于该条司法解释的第 1 款和第 2 款,而在于第 3 款。

侵权责任法理论认为,《侵权责任法》第 11 条和第 12 条规定的是分别侵权行为及责任规则。其中第 11 条规定的是叠加的分别侵权行为(也称之为累积的侵权行为),第 12 条规定的是典型的分别侵权行为。①

在以往的侵权责任法理论中,并没有分别侵权行为的概念,而是将其称之为无过错联系的共同加害行为②,或者无意思联络的数人侵权行为③,是指数个行为人事先既没有共同的意思联络,也没有共同过失,只是由于行为在客观上的联系而共同造成同一个损害结果。④ 在《侵权责任法》颁布实施之前,提到无过错联系的共同加害行为,主要是指《侵权责任法》第 12 条规定的情形,亦即最高人民法院《关于审理人身损害赔偿案件适用法律若干问题的解释》第 3 条第 2 款规定的"二人以上没有共同故意或者共同过失,但其分别实施的数个行为间接结合发生同一损害后果的,应当根据过失大小或者原因力比例各自承担相应的赔偿责任"的情形,并不包括《侵权责任法》第 11 条规定的内容。《侵权责任法》第 11 条和第 12 条规定的侵权行为类型,构成了分别侵权行为的类型体系。

在后来的研究中,笔者提出了一个意见,即无过错联系的共同加害行为或者无意思联络的数人侵权行为的称谓过长,既不精练,使用起来也不方便,对于界定《侵权责任法》第 11 条和第 12 条规定的侵权行为类型并不准确,亦不适当,应当确定一个更好的、更简洁的、更能够体现这两个条文规定的侵权行为类型的概念。由于这两个条文都使用了的"二人以上分别实施侵权行为"的表述,因此,将这两种侵权行为类型抽象为"分别侵权行为",与该法第 8 条规定的共同侵权行为概念相对应,更为贴切,也更为适当。⑤ 因而将这两种侵权行为共同称之为分别侵权行为,并且也被其他学者所使用。⑥

笔者把分别侵权行为这个概念,按照《侵权责任法》第 11 条和第 12 条规定,分为叠加的分别侵权行为和典型的分别侵权行为两种类型,前者指第 11 条,即分别侵权行为人实施的侵权行为都足以造成全部损害结果,每一个行为人实施的侵权行为对于损害后果的发生都具有 100% 的原因力;后者指第 12 条,即通常所说的无过错联系的共同加害行为,每一个行为人实施的侵权行为加到一起,构成全部损害发生的原因力。笔者把前者形象地称之为"100 + 100 = 100 原因力的分别侵权行为",把后者称之为"50 + 50 = 100 原因力的分别侵权行为"。⑦

---

① 参见杨立新:《多数人侵权行为及责任理论的新发展》(本书第 1540 页),载《法学》2012 年第 7 期。
② 参见杨立新:《侵权责任法》,法律出版社 2011 年版,第 156 页。
③ 参见王利明:《侵权责任法研究》(上卷),中国人民大学出版社 2010 年版,第 569 页。
④ 参见杨立新:《侵权责任法》,法律出版社 2011 年版,第 156 页。
⑤ 参见杨立新:《多数人侵权行为及责任理论的新发展》(本书第 1540 页),载《法学》2012 年第 7 期。
⑥ 参见杨会:《逻辑意义上的连带责任和技术意义上的连带责任:一对新概念的提出》,载《南昌大学学报(人文社会科学版)》2014 年第 4 期。
⑦ 参见杨立新、陶盈:《论分别侵权行为》(本书第 1591 页),载《晋阳学刊》2014 年第 1 期。

《环境侵权司法解释》第 3 条第 1 款和第 2 款规定,是对环境侵权中符合《侵权责任法》第 11 条和第 12 条规定的叠加的分别侵权行为和典型的分别侵权行为及其责任承担规则的具体解释,并没有特别之处,仅仅是对法律规定具体应用的解释而已。

问题在于,在《侵权责任法》第 11 条和第 12 条规定的两种分别侵权行为之间,存在一个特别的分别侵权行为类型,既不同于第 11 条规定的叠加的分别侵权行为,也不同于第 12 条规定的典型的分别侵权行为,而是一种半叠加的分别侵权行为。这种特殊的分别侵权行为表现为"100 + 50 = 100 原因力的分别侵权行为",即部分人的行为具有 100% 的原因力,部分人的行为不具有 100% 的原因力,但是原因力相加,仍然高于百分之百,因而与典型的分别侵权行为完全不同,与叠加的分别侵权行为也不相同。⑧ 尽管法律对此没有规定,但这种分别侵权行为不论是在逻辑上,还是在客观现实中,都是存在的,是必须面对的。由于法律没有这样规定,以往的司法解释也没有作过明确解释,因而尽管学者提出这样的见解,也不过是学说而已,性质属于学理解释,并没有在司法实践中进行实际操作的参照价值。

《环境侵权司法解释》第 3 条第 3 款,恰好就是对半叠加的分别侵权行为及责任规则具体应用的解释。其中关于"两个以上污染者分别实施污染行为造成同一损害,部分污染者的污染行为足以造成全部损害,部分污染者的污染行为只造成部分损害"的表述,规定的正是半叠加的分别侵权行为在环境污染责任中的实际表现;而关于"被侵权人根据侵权责任法第十一条规定请求足以造成全部损害的污染者与其他污染者就共同造成的损害部分承担连带责任,并对全部损害承担责任的,人民法院应予支持"的规定,则将半叠加的分别侵权行为承担责任的规则规定得非常清楚、具体、准确。这样,依照该司法解释的规定,半叠加的分别侵权行为及其责任,就不再是一般的学理解释,而成为具有实际适用价值的有效司法解释。尽管该司法解释是在解释环境污染责任的法律适用问题,但其理论价值和司法实践意义,绝不局限在环境侵权领域之中,而是对整个侵权责任法领域都具有重要的价值和意义。该司法解释将隐藏在《侵权责任法》第 11 条和第 12 条规定之间的半叠加的分别侵权行为挖掘出来,并且以司法解释的形式固定下来,就使其具有了司法实际操作的法律依据,法官不仅在司法实践中对于环境污染责任这类侵权行为有了裁判的依据,而且可以推而广之,在其他侵权责任领域,对于所有的半叠加的分别侵权行为,都可以比照这一司法解释,在司法判决中予以引用和参照。这就是笔者所说的该司法解释具有创造性发挥的亮点。应当将这一理论价值和实践意义充分加以阐释,借以影响我国侵权责任法的理论与实践。

---

⑧ 参见杨立新、陶盈:《论分别侵权行为》(本书第 1591 页),载《晋阳学刊》2014 年第 1 期。

二、半叠加的分别侵权行为的主要特点及责任构成

(一)半叠加的分别侵权行为概念及主要特点

何为半叠加的分别侵权行为？笔者曾经给其定义为："半叠加的分别侵权行为是在分别实施侵权行为的数人中,部分行为人的行为足以造成全部损害,其他行为人的行为不足以造成全部损害,应当承担部分连带责任的分别侵权行为。"⑨《环境侵权司法解释》第3条第3款关于"两个以上污染者分别实施污染行为造成同一损害,部分污染者的污染行为足以造成全部损害,部分污染者的污染行为只造成部分损害"的规定,表述的就是这种分别侵权行为。如果按照这一司法解释的表述,将半叠加的分别侵权行为可以界定为：半叠加的分别侵权行为是指两个以上行为人分别实施侵权行为,造成同一损害,部分行为人的侵权行为足以造成全部损害,部分行为人的侵权行为只造成部分损害,应当承担部分连带责任的分别侵权行为。这样的定义更为准确,也更加贴近司法实践。

分别侵权行为分为三种类型：一是典型的分别侵权行为,二是叠加的分别侵权行为,三是半叠加的分别侵权行为。与其他两种分别侵权行为相比较,以及与其他多数人侵权行为即共同侵权行为和竞合侵权行为相比较,半叠加的分别侵权行为具有如下主要特点：

第一,半叠加的分别侵权行为的行为人实施的行为,都单独构成侵权行为。这是分别侵权行为的最主要特点,三种分别侵权行为都是如此。在认定分别侵权行为的时候,必须把握好《侵权责任法》第11条和第12条规定的"二人以上分别实施侵权行为"的主要特点,按照侵权责任构成的要求,分别侵权行为在主观的过错方面,在客观的违法行为方面,都必须符合侵权责任构成的要求；即使在因果关系和损害事实方面,也必须符合侵权责任构成的要求,只不过具有自己的特点而已。⑩

第二,每一个行为人实施的侵权行为具有独立性,既不具有主观的关连共同,也不具有客观的关连共同。这一点主要是说分别侵权行为与共同侵权行为之间的区别。共同侵权行为的本质,是数人实施的行为是一个侵权行为。之所以数人实施的行为构成一个侵权行为,有的是靠行为人的主观意思联络,有的是靠行为人行为的客观关连共同,是主观的关连共同或者客观的关连共同将数人的行为结合在一起,构成了一个侵权行为。而分别侵权行为既不具有主观的关连共同,也不具有客观的关连共同,而仅仅是数人的侵权行为所造成的损害后果为"同一损害"。

第三,每一个行为人实施的侵权行为独立存在,相互之间并不发生竞合。这一点是就分别侵权行为与竞合侵权行为的区别而言。竞合侵权行为是指两个以上的民事

---

⑨ 杨立新：《侵权责任法》,法律出版社2015年修订版,第152页。
⑩ 对于分别侵权行为的损害事实和因果关系的特点,参见下文。

主体作为侵权人,有的实施直接侵权行为,与损害结果具有直接因果关系,有的实施间接侵权行为,与损害结果的发生具有间接因果关系,行为人承担不真正连带责任的侵权行为形态。[11] 竞合侵权行为的主要特点,是在两个以上的行为中,有的行为直接造成损害后果,有的行为间接造成损害后果,发生竞合后,造成同一个结果,因而承担不真正连带责任。在分别侵权行为中,不同行为人实施的行为并不发生竞合,对于损害的发生都属于直接原因,只是原因力有所不同而已,不存在直接原因与间接原因的区别。

第四,每一个行为人实施的侵权行为与损害结果发生的原因力不同,有的足以造成全部损害,有的只造成部分损害。这一点是半叠加的分别侵权行为与叠加的分别侵权行为以及典型的分别侵权行为的基本区别。首先,典型的分别侵权行为的原因力是平列的,并不叠加,每一个行为的原因力相加等于100%。其次,叠加的分别侵权行为的原因力,每一个行为都是100%,全部叠加在一起,在原因力的程度上没有区别。而半叠加的分别侵权行为的原因力,既有叠加的部分,也有不叠加的部分,因此,每一个行为的原因力,有的是100%,有的不足100%,因而形成原因力的半叠加。符合后者的要求,就是半叠加的分别侵权行为。

(二)半叠加的分别侵权行为的责任构成

半叠加的分别侵权行为的责任构成,与其他分别侵权行为的责任构成有所区别,但主要内容是一致的。由于本文要专门研究半叠加的分别侵权行为,因此进行全面说明。

1. 半叠加的分别侵权行为的行为人为二人以上

分别侵权行为的性质是多数人侵权行为,因而半叠加的分别侵权行为的行为人也须为二人以上。在半叠加的分别侵权行为中,每一个行为人都实施了侵权行为。

2. 每一个行为人的行为都具有违法性

半叠加的分别侵权行为的每一个行为人实施的行为,都须具有违法性。具体的违法性内容,可以是违反法定义务,可以是违反保护他人的法律,也可以是违反公序良俗加害于他人。每一个行为人的违法性是否需要完全一样,则不必,因为每一个行为人实施的行为都是单独行为,只要每一个人的行为都具有违法性即可。因此,在考察半叠加的分别侵权行为的责任构成时,应当对每一个行为人的行为进行考察,每一个行为都具有违法性,至于每一个行为人的行为是作为或者不作为,是何种性质的违法性,均不论。

3. 每一个行为人实施的行为都针对同一个损害目标造成同一个损害结果

构成半叠加的分别侵权行为,损害后果的要件须为"一个损害"。[12] 换言之,每一个行为人实施的行为,针对的都是同一个损害目标,造成了同一个损害事实。这个损

---

[11] 参见杨立新:《侵权责任法》,法律出版社2015年修订版,第152页。
[12] 最高人民法院《关于审理环境侵权责任纠纷案件适用法律若干问题的解释》第3条第2款用语。

害事实,可以表现为一个权利的同一个损害,也可以是同一个权利的不同损害。例如,造成一个人的死亡后果,可以是伤害了该受害人的不同部位造成不同的致命伤而致;一个物的灭失,或者一批钱款的被侵夺,都是"一个损害"的事实。在传统侵权法理论中,对于共同侵权行为与分别侵权行为的区分,通常考察损害后果的可分或者不可分,可分的损害构成分别侵权行为,不可分的损害应当是客观的共同侵权行为。但是,按照《侵权责任法》第11条和第12条的规定,这样区分没有特别的实际价值。例如,第12条规定的是典型的分别侵权行为与按份责任,损害后果多数是可分的;但第11条规定的是叠加的分别侵权行为与连带责任,其损害后果主要是不可分的。半叠加的分别侵权行为的损害后果,原则上与叠加的分别侵权行为是一样的,损害后果基本上是不可分的。

4. 每一个行为人的行为对损害后果的发生都有原因力但各不相同

构成半叠加的分别侵权行为,每一个行为人的行为对损害后果的发生(包括扩大),都须具有原因力,并且须有的行为人的行为的原因力为100%,有的行为人的行为不足100%,因为只有这样才能构成原因力的半叠加。如果每一个行为人的行为的原因力不足100%的,就不构成半叠加的分别侵权行为,也不构成叠加的分别侵权行为。

5. 每一个行为人在主观上具有故意或者过失

构成半叠加的分别侵权行为,每一个行为人的主观心态,应当具有故意或者过失。属于过错责任原则调整的侵权行为,应当证明每一个行为人具有故意或者过失;属于过错推定原则调整的侵权行为,应当符合过错推定原则的要求,即实行过错推定之后,行为人不能证明自己没有过错,因而认定行为人具有过失。

如果属于无过错责任原则调整的特殊侵权责任,例如环境污染责任、高度危险责任、动物损害责任等,则每一个行为人在主观上不必具有故意或者过失,但须符合该种特殊侵权责任其他要件的要求。

符合上述5个要件的要求,就构成半叠加的分别侵权行为。典型案例是:某公司负责人马某与其生意合作伙伴郝某达成一项油品购买协议,按照郝提供的账户,先后分三笔向用户名为"中海西北能源有限公司"、开户行为某商业银行支行的账户,共支付了1 500万元。后来,马某发现该款被郝某诈骗,理由是付款后并未收到油品;"中海西北能源有限公司"公司名称不存在,付款账号的真实户名为"某某旗中海西北能源有限公司",在收款户名与真实的收款人户名不符的情况下,该银行未按照规定向付款人核对账户信息,而是向收款人核对信息,造成货款被骗。公安局立案侦查,郝某承认收到该款,确未交货,愿意归还剩余款项。该公司向法院起诉,请求该银行和郝某承担连带责任。法院判决适用《侵权责任法》第11条的规定,认为银行与郝某分别实施的侵权行为,都足以造成全部货款损失,因而判决银行与郝某承担连带责任。

在这个案例中,银行与郝某实施的行为都构成侵权行为,郝某具有故意,银行具有过失,行为都具有违法性,造成了同一个损害结果的发生,且为二人以上,构成分别侵权行为的这些主要要件。但是,银行和郝某的行为是否构成叠加的分别侵权行为,则须特别考察每一个行为人的行为的原因力状况。法院的判决认为,银行和郝某的行为都足以造成该汇款全部损失,因而适用《侵权责任法》第 11 条。这样认定的理由并不充分。郝某的行为确实构成损害的全部原因,具有 100% 的原因力;但是,银行的行为并非如此,用一个检验的方法即可确定:如果没有郝某的诈骗行为,银行即使违规解付汇款,也不能造成汇款损失的损害后果发生。由此可见,银行违规解付汇款的行为,是造成该损害的部分原因,而不是全部原因,不具有 100% 的原因力,因而属于半叠加的分别侵权行为,而不是叠加的分别侵权行为。法院判决适用《侵权责任法》第 11 条的规定,认定构成叠加的分别侵权行为,适用法律错误。

三、半叠加的分别侵权行为的部分连带责任及承担规则

对于半叠加的分别侵权行为的责任承担,《环境侵权司法解释》第 3 条第 3 款规定的是"足以造成全部损害的污染者与其他污染者就共同造成的损害部分承担连带责任,并对全部损害承担责任"。这种责任承担规则叫做部分连带责任。[13]

(一)《环境侵权司法解释》采用部分连带责任的合理性

部分连带责任学说是日本学者川井健教授提出来的,原本并非是应用于半叠加的分别侵权行为这种侵权领域,而是针对共同侵权行为"客观说"的缓和。当对共同侵权行为采取"客观说"立场时,共同侵权行为的成立不以行为人的主观共同为必要,只要具有客观关联共同性即可,随着关联共同性的范围不断扩大,有可能会导致有的行为人承担过于严苛的连带责任。川井健的"部分连带责任说"认为,对于损害发生的原因力较小的行为人,却承担全部损害的连带责任,显然过于严苛,而仅就共同行为人的原因力重合的部分承担连带责任,则更为适当,可以避免这种无限扩大适用连带责任的危险性。例如 A 和 B 基于客观共同侵权行为产生了 80 万元的损害,A 占了 1/8 的原因,B 占了 7/8 的原因,则 A 和 B 对原因力重合的损害即 10 万元承担连带责任,只有 B 对原因力不重合的 70 万元损失承担个人责任。[14]

对于客观的共同侵权行为适用部分连带责任,须共同行为人的行为对于损害发生的原因力差距大。我国司法实践是否适用这种规则,尚需进行探讨。即使是在日本,这种理论也是处在探讨之中,并非通说,在实践中是否应当采用亦未有定论。[15]

但是,将部分连带责任的规则适用于半叠加的分别侵权行为,则非常恰当。"足以造成全部损害的污染者与其他污染者就共同造成的损害部分承担连带责任,并对

---

[13] 参见杨立新:《网络平台提供者的附条件不真正连带责任与部分连带责任》(本书第 2387 页),载《法律科学》2015 年第 1 期。

[14] 参见〔日〕川井健:「共同不法行為の成立範囲の限定——全部連帯か一部連帯か」『現代不法行為研究』日本評論社、1978(初出は 1968 年)、228 頁。

[15] 参见〔日〕淡路剛久:「共同不法行為」ジュリスト 898 号、1987、86 頁。

全部损害承担责任"的规定,体现的就是部分连带责任的基本规则。

1. 半叠加的分别侵权行为不能适用按份责任

首先应当确定,对于半叠加的分别侵权行为,不能适用《侵权责任法》第12条规定的按份责任。原因是,适用按份责任,必须符合分别侵权行为的每一个行为人的行为原因力都不是100%,且每一个行为人的行为的原因力相加等于100%,因而按照每一个行为人行为的原因力确定责任比例,按份承担。叠加的分别侵权行为正因为每一个行为人的行为对于损害的发生都具有100%的原因力,且有数个100%原因力的重合,因而须承担连带责任。在半叠加的分别侵权行为中,尽管不属于100%的原因力的重合,但是仍有部分原因力重合,既然有重合的原因力,就与连带责任发生联系,而不属于按份责任的范畴。

2. 部分连带责任规则是分别侵权行为数个原因力部分重合、部分不重合的必然结果

按照《侵权责任法》第11条和第12条规定的逻辑延伸,既然原因力全部重合的结果为连带责任,原因力不重合的结果为按份责任,那么,在分别侵权行为中,数个行为人的行为的原因力部分重合、部分不重合,其必然的逻辑结论就是,重合的部分实行连带责任,不重合的部分实行按份责任。这样的逻辑推理是完全成立的。

3. 对半叠加的分别侵权行为适用全部连带责任的不合理性

对于半叠加的分别侵权行为确定侵权责任,适用部分连带责任规则,或者适用全部连带责任规则,结果并不相同。

按照部分连带责任规则确定半叠加的分别侵权行为责任,计算的结果是:一个行为的原因力是50%,另一个行为的原因力是100%,确定原因力重合的部分为连带责任,非重合的部分为按份责任,即重合的50%的损害部分,由两个行为人承担连带责任,最终份额为各自25%;非叠加的50%的损害部分,由行为原因力不重合的行为人承担按份责任。因此最终结果是,具有100%原因力的行为人承担的中间责任为100%(按份责任50%,连带责任的中间责任50%),最终责任为75%(按份责任50%,连带责任的最终责任25%);具有50%原因力的行为人应当承担的中间责任为50%,最终责任为25%。

按照全部连带责任规则即《侵权责任法》第13条和第14条规定的连带责任规则,计算的结果是:中间责任为100%,每一个行为人都须为此负责;最终责任为,将半叠加的分别侵权行为的行为人的行为原因力相加,除以行为人的人数,得到的最终责任的份额即为66.7%和33.3%,原因力为100%的行为人的最终责任为66.7%;原因力为50%的行为人的最终责任为33.3%。

将上述两种计算方法的计算结果相比较,得出的结论是:

在连带责任的中间责任上,100%原因力的行为人按照部分连带责任规则计算,应当承担的连带责任为50%,按份责任为50%,按照全部连带责任规则计算,应当承担的是100%,区别不大。但是,对于50%原因力的行为人,按照全部连带责任规则

计算,应当承担的中间责任为100%,而按照部分连带责任规则计算,应当承担的中间责任为50%,相差一倍。

在连带责任的最终责任上,按照部分连带责任规则计算,100%原因力的行为人承担的连带责任为25%,按份责任为50%,合计为75%;50%原因力的行为人承担的连带责任为25%。而按照全部连带责任规则计算,100%原因力的行为人承担最终责任为66.7%,50%原因力的行为人的最终责任为33.3%。

两种计算方法的计算结果,100%原因力的行为人中间责任加上按份责任相差25%,最终责任相差8.3%,50%原因力的行为人的中间责任相差50%,最终责任相差8.3%。对于不足以造成全部损害结果的分别侵权行为人而言,适用部分连带责任的规则,不论是中间责任还是最终责任,显然更加有利,并且更加合理;而适用全部连带责任规则,对其显然不利,也不具有合理性。同样,对于具有100%原因力的行为人,按照部分连带责任规则,主要是将自己的行为原因力造成的损害,确定为自己的责任,而仅仅对原因力重合的部分,承担连带责任,按份责任为50%,连带责任的最终责任为25%,尽管对其不利,但却是合情合理的。

因此可以确定,《环境侵权司法解释》第3条第3款规定半叠加的分别侵权行为承担责任适用部分连带责任规则,不仅具有合逻辑性,而且是合理的、正确的。在我国环境侵权法领域,借鉴日本最新的部分连带责任规则,作为我国半叠加的分别侵权行为的责任承担规则,具有创造性,是非常大胆又完全符合法理和情理的正确解释。

(二)半叠加的分别侵权行为承担部分连带责任的具体方法

无论是在环境侵权责任领域,还是在侵权法的其他领域,确认数人实施的行为构成半叠加的分别侵权行为,应当依照或者参照《环境侵权司法解释》第3条第3款规定的规则,确定分别侵权行为人承担部分连带责任。具体方法是:

首先,确定半叠加的分别侵权行为的每一个行为人实施的侵权行为原因力的大小。其中须有具有100%原因力的行为人,须有不足100%原因力的人。例如前述案例,银行对损害的发生具有30%的原因力,郝某对损害的发生具有100%的原因力,因而构成原因力的半叠加。

其次,确定"共同造成的损害部分",即行为人的行为原因力重合的部分。如上例,郝某的行为对于造成诈骗损失1500万元的损害后果具有100%的原因力,而银行的违章解付汇款的过失行为是造成损害的次要原因,原因力约为30%。因此,共同造成的损害部分就是30%。

再次,对于共同造成的损害部分,各个行为人承担连带责任。即不论是具有全部原因力的行为人还是具有部分原因力的行为人,都只对重合的部分即共同造成的损害部分承担连带责任。如上案,在中间责任,银行和郝某都应当对30%的损害承担中间责任,但最终责任均为15%。对于自己承担了超过上述比例的赔偿部分,对对方有追偿权。

最后,对于不属于共同造成的损害的部分,即原因力不重合的损害,由具有100%

原因力的行为人单独承担责任,即承担按份责任。如上例,对于其他70%的损失,郝某自己承担,银行对此不承担责任。

四、余论

文章之末,还有三个问题想要说明一下:

第一,我国《侵权责任法》第11条和第12条规定,只规定了原因力全部竞合的分别侵权行为与原因力不竞合的分别侵权行为,分别对应的是连带责任和按份责任。对于现实存在的原因力部分竞合的分别侵权行为及责任形态,尚有缺漏,需要补充。《环境侵权司法解释》第3条规定,审视立法的缺漏和司法的急需,补充规定了原因力部分竞合的分别侵权行为,完善了分别侵权行为及责任的逻辑体系,既补充了立法的不足,也适应了司法实践的需要,是司法解释的典范。

第二,对此,也可以进一步认识司法解释之于立法补充和司法实践需求的重要性。我一直主张,应当借鉴德国法的做法,将法官法与制定法对应起来,构成完整的法律体系。即使在最为严格的成文法国家中,也不可能完全限制法官造法,原因在于立法滞后于实践应属常态,实践必须对立法进行补充。如果过于强调成文法环境中的司法机关不可以造法,就会使立法与司法的差距永远存在下去,使很多法律没有规定的社会现象无法得到法律调整。有效率的法官法会缩小立法与司法的差距,进而实现法治的现代化。《环境侵权司法解释》第3条规定的实践,正好说明了这个问题。

第三,无论是立法还是司法,无论是制定法和法官法的制定,都需要科学的法学理论作为基础,只有这样才能够保证法律规范社会生活的准确性和正确性。《环境侵权司法解释》第3条规定的成功,借鉴了侵权责任法理论的部分连带责任理论,准确地规定了原因力部分竞合的分别侵权行为对责任形态的需求,使原因力部分竞合的分别侵权行为与部分连带责任规则实现科学的对接,也使市民社会的现实需要与法学理论发展实现了准确的对接。可以想象,日本学者川井健教授在创立部分连带责任学说时,仅仅是想在连带责任的分担上能够更好地实现分配正义,并没有想象到在中国会被适用于原因力部分竞合的分别侵权行为的责任承担问题上。或许可以说,这是新理论一次"歪打正着"的收获。最新法学理论与我国的侵权责任法的具体实践结合起来,不仅丰满了我国的侵权责任法律理论体系,而且更适应了我国司法实践的需要。这就是理论与实践结合的力量。

第三人过错造成环境污染损害的责任承担[*]

最高人民法院《关于审理环境侵权责任纠纷案件适用法律若干问题的解释》（以下简称《环境侵权司法解释》）已于2015年6月1日公布，同年6月3日正式实施。这是一部重要的有关环境侵权责任的司法解释，是最高人民法院环境资源审判庭即第五民事审判庭成立后，主持起草并经过审判委员会讨论通过的第一部有关环境侵权责任的司法解释，无论是对正确适用《侵权责任法》第八章关于"环境污染责任"的规定，还是对丰富侵权责任法的理论与实践，都具有重要的价值。本文针对该司法解释对适用《侵权责任法》第68条进行解释的第5条进行分析研究，阐释其正确意见，同时对其存在的不足也实事求是地提出，进行讨论，以推进我国环境侵权责任法理论和实践的进步。

一、对《侵权责任法》第68条规定要旨的正确解读

《侵权责任法》第68条在环境侵权责任法中，是一条很重要的规定，它不仅特别规定了在环境侵权责任领域不适用该法第28条关于第三人原因免责的规定，而且与以往环境保护单行法的有关规定也不相同，采取了环境侵权第三人责任的新规则。

《侵权责任法》第68条规定："因第三人的过错污染环境造成损害的，被侵权人可以向污染者请求赔偿，也可以向第三人请求赔偿。污染者赔偿后，有权向第三人追偿。"这一规定的要旨，适用不真正连带责任规则确定第三人过错造成环境损害责任的责任承担，而不适用该法第28条规定的第三人侵权责任的一般性规则。

对于这种情形，在《侵权责任法》颁布实施之前的环境保护单行法中，有不同的规定。例如，《海洋环境保护法》第90条规定："造成海洋环境污染损害的责任者，应当排除危害，并赔偿损失；完全由于第三者的故意或者过失，造成海洋环境污染损害的，由第三者排除危害，并承担赔偿责任。"《水污染防治法》第85条第4款规定："水污染是由第三人造成的，排污方承担赔偿责任后，有权向第三人追偿。"这些规定，都与《侵权责任法》第68条规定的规则不同。前者与《侵权责任法》第28条关于第三人原因造成损害免除行为人责任，由第三人承担赔偿责任的规则相同。后者则不适用

---

[*] 本文发表在《法治研究》2015年第6期。

《侵权责任法》第 28 条规定的第三人原因免责规则,直接由排污者承担责任,之后进行追偿,类似于《侵权责任法》第 44 条、第 86 条第 1 款后段规定的先付责任。① 而《侵权责任法》第 68 条规定的责任,则适用不真正连带责任规则。

立法机关在解释《侵权责任法》第 68 条规定时,认为以不真正连带责任规则处理第三人的过错造成污染环境的责任,主要原因在于,一般情况下污染者的赔偿能力比第三人强,规定污染者先替第三人承担责任再追偿的本意,是对被侵权人的保护,但在第三人的赔偿能力比污染者强的情况下,应当赋予被侵权人赔偿对象的选择权,被侵权人可以向污染者请求赔偿,也可以向第三人请求赔偿。污染者赔偿后,有权向第三人追偿。②

事实上,《侵权责任法》第 68 条规定用不真正连带责任规则处理第三人过错造成环境污染损害的责任承担问题,考虑污染者和第三人赔偿能力的强弱只是原因之一,更重要的原因是环境污染责任适用无过错责任原则,即无论污染者是否有过错,都应当对自己的污染行为造成的损害承担赔偿责任,因而即使第三人的过错造成了环境污染损害,污染者也可以依据无过错责任原则先承担赔偿责任,而后再向有过错的第三人进行追偿。这就使对环境污染责任中第三人过错造成损害适用不真正连带责任,具有了充分的正当性和合理性。

根据以上情况分析,如何处理环境污染责任中的第三人过错的责任承担问题,有三种模式:一是,第三人承担责任,污染者免除责任;二是,污染者承担责任,之后向第三人追偿;三是,被侵权人选择污染者或者第三人承担责任,污染者承担赔偿责任后,向第三人行使追偿权,将最终责任归于有过错的第三人。

在比较法上,对于第三人过错造成环境污染损害如何承担责任,多数采用第一种方法。例如《荷兰民法典》第 6:178 条规定:损害仅因具有故意的第三人的作为或不作为所致,但以不违背本编第 170 条或者第 171 条的规定为限,不承担第 175 条、第 176 条或者第 177 条规定的责任。该法第 6:170 条规定的是雇员的侵权责任;第 6:171 条规定的是非儿童致第三人损害;第 6:175 条规定的是危险物的责任;第 6:176 条规定的是垃圾场;第 6:177 条规定的是采矿作业;第 6:178 条规定的含义,是第三人有损害故意的污染环境损害,污染者不承担赔偿责任。③《加拿大环境保护法》第 205 条第 2 款规定:"环境事件完全是由故意引起损害的第三方的作为或不作为引起的,免除侵害人的赔偿责任。"《美国综合环境反应、赔偿和责任法》第七部分(a)款规定,污染损害仅因第三方的过失引起,并且第三方同该人之间不存在雇佣或者代理关系,不存在任何直接或者间接的合同关系,同时被告必须能够证明他不仅对于该有害

---

① 先付责任是指中间责任人先承担责任,之后再向最终责任人追偿的侵权责任形态。参见杨立新:《多数人侵权行为及责任理论的新发展》(本书第 1540 页),载《法学》2012 年第 7 期。
② 参见王胜明主编:《中华人民共和国侵权责任法释义》,法律出版社 2013 年版,第 382 页。
③ 上述规定参见王卫国主译:《荷兰民法典》(第 3、5、6 编),中国政法大学出版社 2006 年版,第 205—210 页。需要指出的是,前述王胜明主编的该书,其中提到的《荷兰民法典》第 177 条应为第 171 条。

物质的性质以及所有相关的因素都已尽到谨慎的注意义务,并且对能够合理预见到的第三方过失都已采取谨慎的预防措施,则不承担赔偿责任。另外,《国际油污损害民事责任公约》第 3 条第 2 款规定,完全由于第三者有意造成损害的行为或者怠慢所引起的损害,造成油污的行为人不承担油污损害责任。《关于危险废弃物越境转移及其处置所造成损害的责任和赔偿问题议定书》第 4 条第 5 款规定,完全由于第三者的蓄意不当行为,包括遭受损害者的不当行为,行为人不应对之负任何赔偿责任。④

根据立法者所参考的这些比较法资料,可以看出,有些国家立法和国际公约、议定书等,对于第三人造成环境污染损害的责任,通常是第三人承担责任,而行为人免责,不过,多数立法对第三人承担责任的要求比较高,即第三人须故意或者蓄意造成损害,不包括第三人的过失;同时,该第三人须与污染者之间不存在任何雇佣之类的关系。

综合比较起来,我国《侵权责任法》第 68 条规定的第三人过错实行不真正连带责任,起码在第三人故意引起的环境污染损害都不免责,都可以由污染者先承担中间责任,因而对于污染者比较严苛,对被侵权人的保护更为有利。

对《侵权责任法》第 68 条作出以上解读,是确定该条规定如何在司法实践中适用的基础,当然也是适用该条文进行司法解释的基础。

顺便应当指出的是,在《侵权责任法》第 68 条规定之下,对于前述《水污染防治法》第 85 条、《海洋环境保护法》第 90 条规定的第三人污染环境责任的规定,究竟属于特别法规定,依据《侵权责任法》第 5 条规定而排斥该法第 68 条规定的适用,还是这两部环境保护单行法规定的规则因与该法第 68 条相冲突而优先适用第 68 条规定,有不同见解,多数人采纳后者立场。⑤ 按照修订后的 2015 年《环境保护法》第 64 条关于"因污染环境和破坏生态造成损害的,应当依照《侵权责任法》的有关规定承担侵权责任"的规定,理解为统一适用《侵权责任法》第 68 条的规定,是有法律根据的。

二、对《环境侵权司法解释》第 5 条规定基本内容的评价

《环境侵权司法解释》第 5 条规定的内容是:"被侵权人根据侵权责任法第 68 条规定分别或者同时起诉污染者、第三人的,人民法院应予受理。被侵权人请求第三人承担赔偿责任的,人民法院应当根据第三人的过错程度确定其相应赔偿责任。污染者以第三人的过错污染环境造成损害为由主张不承担责任或者减轻责任的,人民法

---

④ 以上比较法资料参见王胜明主编:《中华人民共和国侵权责任法释义》,法律出版社 2013 年版,第 382—383 页。

⑤ 参见王利明等:《中国侵权责任法教程》,人民法院出版社 2010 年版,第 665 页;张新宝:《侵权责任法》,中国人民大学出版社 2010 年版,第 290 页;程啸:《侵权责任法》,法律出版社 2011 年版,第 464—465 页。

院不予支持。"

上述司法解释规定的内容分为三部分,笔者分别对这三部分进行评论:

(一)关于污染者与第三人的关系问题

《环境侵权司法解释》第5条第1款规定的内容,是污染者和第三人的关系问题,即"被侵权人依据侵权责任法第六十八条规定分别或者同时起诉污染者、第三人的,人民法院应予受理"。

从总的原则上说,这样规定并没有明显的错误,但仔细分析会发现其中存在明显的不足。

《侵权责任法》第68条规定的责任形态是不真正连带责任,对于发生行为竞合的两个侵权人,给被侵权人以选择权,可以选择污染者,也可以选择第三人作为赔偿责任主体,请求其承担侵权责任。这是因为,不真正连责任由于是竞合侵权行为的法律后果,因而存在两个责任主体,一是直接行为的责任主体即第三人,二是间接行为的责任主体即污染者。被侵权人对于两个责任主体享有的请求权,内容相同,都是为了救济同一个损害。对于这两个请求权,原则上只能行使一个,在一个请求权行使并获得满足后,另一个请求权就必然地消灭。⑥ 因此,被侵权人对于污染者或者第三人行使请求权,原则上只能行使一次,因为其只享有一个可以行使的请求权,而不能将两个请求权分别或者同时行使。

在这样的理论基础上,环境污染损害的被侵权人对污染者或者第三人行使请求权,司法解释规定为"分别或者同时起诉污染者、第三人",与不真正连带责任的基本理论和规则不符。同时,将污染者与第三人之间的关系表述为"分别"和"同时",也存在不妥之处。

将"分别"作为副词使用,有两层含义:一是按不同方式;有区别地。二是分头;各自。⑦ 该司法解释中使用"分别"这个词,可以理解为,被侵权人对于污染者或者第三人,按不同方式或者有区别地行使请求权,或者被侵权人对于污染者或者第三人,分头或者各自地行使请求权。在这四种选择中,两个请求权不存在"不同方式"的问题,不能"有区别地"行使,不能有也不会有其他"区别"。如果对于两个不同的请求权,采取"分头"地行使,或者"各自"地行使,则完全违背不真正连带责任的规则,是完全不正确的。故使用"分别"这个词,来规定环境污染责任的被侵权人行使不真正连带责任的两个竞合的请求权的关系,是不适当的。

"同时",最基本的词义是"同一个时候"。⑧ 被侵权人同时起诉污染者和第三人,在诉讼法上属于共同被告,等于被侵权人同时行使了两个内容完全相同的请求权。

---

⑥ 关于竞合侵权行为的概念,请参见杨立新:《论竞合侵权行为》(本书第1609页),载《清华法学》2013年第1期。
⑦ 参见中国社会科学院语言研究所词典编辑室:《现代汉语词典》,商务印书馆2005年版,第398页。
⑧ 中国社会科学院语言研究所词典编辑室:《现代汉语词典》,商务印书馆2005年版,第1368页。

这在原则上是不允许的,因为一旦碰上糊涂法官,判决两个请求权都予以支持,污染者和第三人都承担赔偿责任,则构成了重复赔偿。当然,对于不真正连带责任的两个请求权同时行使的,法院也有同时受理的,但在判决上,或者在判决的执行上,确定两个请求权的关系,明确被侵权人只能行使其中一个请求权,只能获得其中的一份赔偿。⑨ 因此,笔者比较反对被侵权人可以同时行使不真正连带责任中的两个请求权的做法。

因而可以说,《环境侵权司法解释》第 5 条第 1 款的规定,虽然没有大错,但却有所不当,主要是不符合不真正连带责任中请求权的行使规则,在司法实践中可能会发生一定的偏差,需要特别加以注意。

(二) 关于第三人的"过错程度"问题

《环境侵权司法解释》第 5 条第 2 款规定内容,是被侵权人请求第三人承担赔偿责任的,人民法院应当根据第三人的过错程度确定其相应赔偿责任。

这一规定从表面上看起来,也看不出明显错误,因为既然《侵权责任法》第 68 条规定的是第三人过错,那就可能存在第三人的过错程度的问题,因而发生责任承担的不同。如果是这样理解,这样的规定就没有错误。

但是,事实并不是这样。无论是《侵权责任法》第 28 条规定的第三人过错,还是该法第 68 条规定的第三人过错,以及该法第 83 条规定的第三人过错,都是指第三人的过错是损害发生的全部原因,并不存在第三人的过错程度问题。这就是问题的关键。

事实上,对第三人的过错程度这个概念可以有两种理解:一是第三人的过错虽然是损害发生的全部原因,但却存在故意、重大过失和一般过失的区别。这样的过错程度在确定赔偿责任时并没有意义。二是第三人的过错程度与污染者的过错程度以及受害人的过错程度相比较,构成共同过错或者过失相抵的过错程度问题。所谓共同过错,并非传统意义上讲的共同侵权行为的过错,而是说污染者与第三人的过错的竞合,可能构成共同侵权行为,也可能构成分别侵权行为。《环境侵权司法解释》在这里使用"过错程度"的含义,肯定不是第一种含义,而是第二种含义,但是,只要出现第二种意义上的第三人过错程度问题,就不再是《侵权责任法》第 68 条规定的范围,而是第 26 条、第 8 条或者第 12 条的调整范围。

因此,对于《环境侵权司法解释》第 5 条第 2 款规定,如果理解为是对适用《侵权责任法》第 68 条规定的解释,这样的解释就是错误的。因为依照第 68 条规定,被侵权人向法院起诉第三人,根本不存在第三人的过错程度问题,而是全部损失都是第三人的过错造成的,第三人应当承担全部责任。如果第三人抗辩,主张自己的过错并不是造成污染损害的全部原因,污染者或者被侵权人也有部分原因力的,就不再是《侵权责任法》第 68 条规定的范围,构成分别侵权行为的,应当依照《侵权责任法》第 12

---

⑨ 参见最高人民法院侵权责任法研究小组编著:《〈中华人民共和国侵权责任法〉条文理解与适用》,人民法院出版社 2010 年版,第 471 页。

条规定,被侵权人同时起诉污染者和第三人的,应当按照过错程度和原因力比例承担按份责任;无论是单独起诉污染者或者起诉第三人的,亦应当依照第12条规定,仅对各自应当承担的责任份额负责。构成共同侵权行为的,应当依照《侵权责任法》第8条规定,承担连带责任。只有这样理解,才符合《侵权责任法》第69条以及第8条和第12条的规定。如果第三人主张自己有过错,受害人也有过错的,则应当依照《侵权责任法》第26条规定确定赔偿责任,实行过失相抵。

因为可以说,《环境侵权司法解释》第5条第2款存在解释不正确的问题,需要进一步说明和解释,才能符合《侵权责任法》第68条的要旨。

(三)关于污染者以第三人过错作为抗辩依据的问题

《环境污染司法解释》第5条第3款规定的内容,是污染者以第三人的过错污染环境造成损害为抗辩事由,主张不承担责任或者减轻责任的,人民法院不予支持。这一规定针对的是被侵权人向法院起诉污染者承担环境污染责任的情形,污染者在诉讼中提出了第三人过错的抗辩,主张自己不承担责任或者减轻责任。

这样解释也存在不准确的问题。这里包括两个问题:一是污染者主张因第三人的过错而不承担赔偿责任,这属于《侵权责任法》第68条的范围。二是污染者主张因第三人的过错而减轻责任,这不再是该法第68条的适用问题,而是关乎该法第8条或者第12条的适用。

在前一种情况下,被侵权人起诉污染者承担全部赔偿责任,污染者以第三人的过错是造成损害全部原因予以抗辩的,由于不真正连带责任存在两个并列的请求权,二者之间是选择关系,选择权在被侵权人,被侵权人行使了对污染者的请求权,污染者就没有理由予以拒绝,必须承担赔偿责任,至于自己不是最终责任人,则只能通过追偿权向第三人追偿以补偿自己的损失,而不能据此进行不承担责任的抗辩。在这种情况下,司法解释规定对污染者的抗辩请求不予支持,是正确的。

在后一种情况下,被侵权人行使了对污染者的请求权,主张污染者承担全部赔偿责任,而污染者以第三人有部分过错而减轻自己的责任,就不再是《侵权责任法》第68条而是第8条或者第12条的适用问题。如果查证属实确实如此,污染者与第三人有共同意思联络的,构成共同侵权行为,应当承担连带责任;不构成共同侵权行为,而属于分别侵权行为的,则应当承担按份责任。无论哪种情形,都简单地对污染者的这种抗辩请求不予支持,是不正确的。

据此可以说,尽管环境侵权司法解释第5条第3款规定,有一半是正确的,有一半是错误的,对此要在理论上予以说明,纠正不正确的解释。

三、在司法实践中适用《侵权责任法》第68条规定的正确规则

依照《侵权责任法》第68条规定,第三人因过错污染环境是造成损害的全部原因

的,才会出现不适用该法第 28 条关于第三人过错造成损害免除行为人责任的规定,而由污染者和第三人承担不真正连带责任的后果。一旦存在第三人的过错不是造成环境污染损害的全部原因的,就不存在适用本条规定的条件。在司法实践中正确适用《侵权责任法》第 68 条规定的规则是:

(一)被侵权人起诉污染者或者第三人的处理方法

《侵权责任法》第 68 条规定的侵权责任形态是不真正连带责任。我对不真正连带责任概念的定义是,一个损害是由两个行为人的行为造成的,其中一个人的行为是直接原因,另一个人的行为是间接原因,受害人同时产生两个请求权,其中一个请求权满足后,另一个请求权予以消灭的侵权责任形态。[⑩] 有人否认我国侵权责任法中存在不真正连带责任[⑪],这种意见是不对的。罗马法中,连带债务可分为共同连带债务和单纯连带债务两种,其中,共同连带债务以合同为发生原因,属于具有多数主体的一个债的关系,因而债权人或债务人中一人所生事项,对其他债权人或债务人也生效力;单纯连带债务则以法律规定为发生原因,系因同一给付或同一目的的数个债的关系,就债权人或债务人中一人所生事项,除足以满足同一目的者外,对其他债权人或债务人不产生效力。不真正连带债务系由德国学者艾泽勒(Eisele)在《共同连带和单纯连带》一文中首先提出,是在德国普通法时期"连带债务二分论"的基础上,由连带债务中的单纯连带债务逐步演化而来的。[⑫] 在我国民法学界,绝大多数人都承认不真正连带责任的概念,是通说。

不真正连带责任的基本特点,是一个损害事实产生两个请求权,两个请求权的内容相同,对于两个请求权相应的两个行为人的责任,构成形式上的连带而实质上的不连带。形式上的连带,是两个责任人的责任对被侵权人而言是连带的,即被侵权人可以对两个责任人进行选择,请求其中一个责任人承担中间责任,该人承担了中间责任后,被侵权人的请求权消灭;实质上的不连带,是承担中间责任的责任人承担赔偿责任之后,承受了该请求权,有权向最终责任人进行追偿,将不真正连带责任的最终责任全部转移给最终责任人,自己不承担最终责任。故不真正连带责任与连带责任,在形式上的连带是共同特点,只有最终责任是共同承担还是单独承担,才是二者的根本区别。

正因为如此,《环境侵权司法解释》第 5 条第 1 款规定"被侵权人根据侵权责任法第六十八条规定分别或者同时起诉污染者、第三人的,人民法院应予受理",才有所不妥。应当采取的办法是:

第一,被侵权人依据《侵权责任法》第 68 条向法院起诉,原则上应当选择污染者

[⑩] 参见杨立新:《论不真正连带责任类型体系及规则》,载《当代法学》2012 年第 3 期。
[⑪] 参见章正璋:《我国〈侵权责任法〉中没有规定不真正连带责任——与杨立新等诸先生商榷》,载《学术界》2011 年第 4 期。
[⑫] 参见高圣平:《产品责任中生产者和销售者之间的不真正连带责任——以〈侵权责任法〉第五章为分析对象》,载《法学论坛》2012 年第 3 期。

或者第三人为被告,不存在"分别"起诉污染者、第三人的可能。这是不真正连带责任请求权的基本特点,也是立法者赋予被侵权人选择权的根据。⑬ 这个选择权属于被侵权人。被侵权人选择谁起诉,谁就是被告。

第二,被侵权人向法院同时起诉污染者、第三人的,应当尽量减少,法官得行使释明权,说明不真正连带责任的规则,被侵权人坚持同时起诉的,当然也应当准许,但必须在法律适用时,正确按照不真正连带责任的规则确定责任承担方法,而不能将其改变为连带责任或者按份责任。具体办法是,尊重被侵权人的意愿,尽量保证其受偿的途径,直接判决由污染者与第三人对其承担责任,但同时判决认定最终责任人。⑭

第三,被侵权人向法院同时起诉污染者、第三人,并要求污染者和第三人共同承担赔偿责任的,应当予以说明,不能依据《侵权责任法》第68条规定请求污染者和第三人共同承担责任,因为一旦如此,势必要确定各自的份额,那就一定成为共同侵权行为的连带责任或者分别侵权行为的按份责任,都违反《侵权责任法》第68条规定的要求。

第四,能否准许被侵权人在确定了污染者或者第三人承担赔偿责任之后,由于其中一方不能承担全部赔偿责任时,又向法院起诉另一方承担赔偿责任的做法,在理论上有争论,一般认为不真正连带责任的两个请求权,被侵权人有选择权,一经选择,就只能行使该请求权,即使赔偿不足,也不得行使另外一个请求权,否则便变成补充责任。这种意见过于呆板,不利于保护被侵权人的索赔请求权。我认为,如果被侵权人行使一个请求权赔偿不足,可以行使另一个请求权予以补充,理由是,既然两个请求权供被侵权人选择,以保障被侵权人的权利,为什么在一个请求权行使后救济不足,而不能行使另一个请求权予以补充呢?

(二)被侵权人请求污染者承担的赔偿责任是中间责任

不真正连带责任有两部分构成,即中间责任和最终责任。中间责任是形式上的连带责任,即被侵权人请求承担责任的责任人并不是直接侵权人,而是间接侵权人,因而其并不承担最终责任;只是由于实行形式的连带,因而中间责任人也应当承担侵权责任,且不得推脱。在《侵权责任法》第68条中,污染者是中间责任人,最终责任人是第三人。

不真正连带责任的中间责任的突出特点,是附有承担了赔偿责任之后的追偿权,换言之,中间责任都附有追偿权,在没有承担赔偿责任之前,该追偿权只是期待权,只有在承担了赔偿责任之后,该追偿权才成为既得权,有权向最终责任人进行追偿,以弥补自己承担中间责任的损失。《侵权责任法》第68条规定"污染者赔偿后,有权向第三人追偿"规则的法理基础,就是这个道理。

---

⑬ 参见王胜明主编:《中华人民共和国侵权责任法释义》,法律出版社2013年版,第382页。
⑭ 对于这个问题,有的专家提出了有操作性的做法,可以参考。参见最高人民法院侵权责任法研究小组编著:《〈中华人民共和国侵权责任法〉条文理解与适用》,人民法院出版社2010年版,第471页。

按照这样的理论基础和法律规则,被侵权人向法院起诉污染者承担中间责任的,应当采取的办法是:

第一,污染者应当承担中间责任。被侵权人请求污染者承担赔偿责任的,人民法院应当确定其承担赔偿责任,这个赔偿责任是中间责任,而不是最终责任。由于不真正连带责任中的两个请求权的内容相同,因而确定污染者承担中间责任,与确定其他侵权责任的规则相同,实行全部赔偿原则。

第二,污染者承担了中间责任后,对第三人享有追偿权。这个追偿权包括两部分:一是损害赔偿请求权的全部内容,即污染者向被侵权人承担了多少赔偿责任,就应当向第三人追偿多少,以弥补污染者承担中间责任的全部损失。这是因为被侵权人的损害赔偿请求权由于污染者承担中间责任而消灭,对第三人的请求权则转移给了污染者。二是污染者承担中间责任时,造成的其他财产损失,例如支付的诉讼费用、律师代理费用等,是否可以向第三人进行追偿,法院的做法不统一,有的支持,有的不支持。笔者支持污染者向第三人就上述费用索赔的主张,因为这是为了代替第三人承担中间责任而造成的损失,是第三人必须承担的责任。

第三,污染者以第三人过错造成损害为由主张不承担责任的,人民法院不予支持。原因在于,《侵权责任法》第68条规定污染者承担环境污染损害责任的中间责任,目的就是为了保障被侵权人的权利,如果准许污染者以第三人过错是损害发生的全部原因而进行抗辩,则这一条文就没有存在的必要了。对此抗辩主张应当予以驳回。

(三)被侵权人请求第三人承担的赔偿责任是最终责任

在环境污染责任诉讼中,被侵权人向法院起诉第三人承担赔偿责任,由于第三人是该不真正连带责任的最终责任人,因此,确定该第三人承担赔偿责任完全没有问题。

要特别强调的是,《环境侵权司法解释》第5条第2款关于"被侵权人请求第三人承担赔偿责任的,人民法院应当根据第三人的过错程度确定其相应赔偿责任"的规定,在《侵权责任法》第68条的情形下,是没有道理的。如果在这样的情形下,法院还坚持根据第三人的过错程度确定其相应赔偿责任,就离开了《侵权责任法》第68条规定的范围,不属于第三人过错致环境污染损害的不真正连带责任。

因此,被侵权人依照《侵权责任法》第68条规定请求第三人承担赔偿责任的,人民法院应当依照该规定,确定由第三人承担赔偿责任。在一般情况下,被侵权人只请求第三人承担第68条规定的赔偿责任的比较少见,因为在通常情况下,污染者的行为具有对损害结果发生的直接性,并且污染者的赔偿能力较强,而第三人的赔偿能力多数较弱。如果第三人的赔偿能力比污染者强,应当赋予被侵权人赔偿对象的选择权[15],确定第三人承担全部赔偿责任,完全没有问题。

---

[15] 参见王胜明主编:《中华人民共和国侵权责任法释义》,法律出版社2013年版,第382页。

(四)严格区分第三人过错与过失相抵、共同侵权行为、分别侵权行为的界限

在《侵权责任法》第68条规定的范围内,不存在第三人的过错程度问题。如果一旦出现了第三人的过错不是环境污染损害的全部原因时,就会发生第三人过错与过失相抵、共同侵权行为与分别侵权行为的界限问题。在审判实践中必须严格掌握。

1. 第三人过错与过失相抵的界限

当被侵权人起诉第三人,第三人主张自己的过错不是损害发生的全部原因,被侵权人的过错也是损害发生的原因,查证属实的,发生过失相抵的后果。对此,最基本的判断标准是,第三人的过错与受害人的过错加在一起,是造成损害的全部原因,只有第三人的过错并不会发生这样的损害。对此应当适用《侵权责任法》第26条规定,进行过错比较,适用过失相抵规则。第三人只对自己的过错造成的损害部分承担赔偿责任,其余部分由被侵权人自己承担。

2. 第三人过错与共同侵权行为

当被侵权人起诉第三人,第三人认为自己的过错并不是损害发生的全部原因,污染者的行为也是损害发生原因,且第三人与污染者具有意思联络的,查证属实后,第三人与污染者构成共同侵权行为,应当承担连带责任,不属于《侵权责任法》第68条规范范围。⑯ 对此,不适用《侵权责任法》第68条,而适用该法第8条规定和第13、14条规定,承担连带责任。

3. 第三人过错与分别侵权行为

当被侵权人起诉第三人,第三人认为自己的过错不是污染损害发生的全部原因而是部分原因,污染者也有过失,查证属实不构成共同侵权行为的,应当依照《侵权责任法》第12条规定,追加污染者为共同被告,确定双方承担按份责任;被侵权人不同意追加污染者,或者被侵权人只起诉污染者不追加第三人的,也不能适用该法第68条规定,应当依照《侵权责任法》第12条规定,只判决被起诉的被告承担自己应当承担的那一部分按份责任。

---

⑯ 参见王胜明主编:《中华人民共和国侵权责任法释义》,法律出版社2013年版,第383页。

第十编

民事判例

法官的保守与创新

法官在司法审判中,特别是民事法官在民事审判中,究竟是应当创新还是应当保守,是一个很重要的问题,反映的是法官在适用法律时的法律意识是要守成还是要创造。本文结合具体的中外司法案例和法官的态度,说明作者的意见。

一、法官适用法律应当创新还是保守

对法官在司法实践中适用法律,究竟是应该创新还是应该保守的问题,从总体上看,法官应该是一个保守的群体。这主要有以下三个原因:

第一,由于严格执行法律是法官的职责,因而法官必须恪守职责,保证法律的正确实施,因而在适用法律时的基本态度是保守的。法官在审理案件时,特别是民事案件,应当依据现行民事法律规定裁判;如果是合同纠纷案件,还要依据当事人的合同约定。就此而言,法官在适用法律上,所持的态度应当是守成,进行创新的可能性不大。

第二,法官的保守,还因为法官的职业是孤独、超然的。可以印证这个说法的事实,是世界各国司法界普遍认为法官应当是孤独的群体,是一群超然的法律专家。除了我国以外,世界各国基本上都给予法官很高的待遇,使他们有优裕的生活保障,让他们不与他人有利益上的往来,以此保持法官的超然和孤独。如果法官交际广泛、社交活跃,经常为私利求助于他人,当别人有求于法官时,法官一定会以司法审判权寻租,徇私枉法必然产生。保障法官的生活优裕,并不仅仅是为了保证法官生活条件的优越,更是为了保证法官执行职责时能够超然于利益之外,不为私情所扰,严格依法办案。从这个意义上说,法官应该保守,这是法官孤独的工作性质、超然的态度以及司法活动的性质所致。

第三,法官的保守,还表现在法官的法律意识不受职业之外的因素束缚和干扰,影响其严格执法。社会发生一件热点案件,各界关注,审理中有媒体的各种声音,法官超然度外,依法裁判。在这样一个孤独、超然的群体中,法官的法律意识应当是保守的,不应当在法律之外,再去想其他办法,改变法官的意识,去迎合不同形式的考评、年检、评先进、评优秀,让法官去迎合这些束缚,获得庸俗的荣誉。最高人民法院

---

* 本文发表在《法学杂志》2015年第5期。

日前决定取消对全国各高级人民法院的考核排名,除依照法律规定保留审限内结案率等若干必要的约束性指标外,其他设定的评估指标一律作为统计分析的参考性指标,作为分析审判运行态势的数据参考。① 这样的做法才是正确的。

就目前情况而言,让我国的法官保持孤独、超然的态度,有一定的难度:一是,中国法官的待遇很低,薪资等与其他公务员没有差别,想过较好的生活,只靠自己的薪资做不到。因此,法官可能有两个选择,或者甘受清贫,奉公守法;或者想方设法,自己搞额外利益,甚至受贿。当然,那些以司法审判权寻租的法官获得巨额贪腐利益的除外,他们是反腐败的对象。有一个县检察院的检察员,甘守清贫,生活艰难,春节时,去小商店买一斤散装酒。商店老板感叹检察官的清贫,从酒坛的上层打些纯的,没想到这些散装酒是工业酒精勾兑的,检察官回家喝了中毒身亡。这个事例比较极端,但也说明了一些问题。中国的法官、检察官如果能够达到或者适当高于公司白领的薪资待遇,应当能够保持其孤独、超然、保守的工作态度。二是,中国的法官办事情就要求人,只有找到关系,才能把自己的私事办好,例如孩子入托、上学等。这种相互利用的生活情境,无法保证法官的孤独和超然。三是,法院常年组织参加各种社会活动,都把法官推到社会的前台,在公众面前"表演",怎么能够让法官保持孤独、超然的心态呢?

总之,法官应当有孤独、超然的心态,无论在思维上还是在工作上都属于比较保守的群体。

但是,法官的保守,并不意味着法官在适用法律时,不需要有创新的精神和态度。如果法官过于保守,在社会需要时缺少创新意识,在适用法律时就会跟不上社会发展的要求,放弃推动社会进步的机会,甚至阻碍社会的发展。

应当看到,立法滞后属于常态,司法的能动和创新是推动法律进步的动力。在中国法律进步的问题上,司法推动立法的规律是现实存在的,也是我国法律进步的主要动力之一。可以看到的事实是,任何新型权利或者新兴权利,总是先在当事人之间发生纠纷,当事人起诉到法院,由法官作出裁判,而不是先反映到立法机关,由立法机关作出立法,再由法官进行判决。当法官创立的裁判规则比较成熟之后,立法才会把它吸收到法律中,成为法律规范。中国民事立法到目前为止,还没有制定出一部比较完备的民法典。依照这样的立法进度,如何能够保证民事立法的先进性?如何保证当事人就新兴权利发生的争议,法官在审判时能够有法可依呢?十八届四中全会加强依法治国的决定规定了"编纂民法典",使解决这个问题有了希望,希望能尽快实现。不过,即使将来有了民法典,也不能保证所有的民事权利保护都能做到有法可依,仍然需要法官创造新的判例和规则,推动立法的发展。

通过司法推动立法,是我国民事立法和司法的一个重要方面,也是民事立法和司法的常态。在民事司法中,法官如果过于保守,司法推动立法的要求就很难实现。在

---

① 参见赵翔:《取消考核排名:树立科学的政绩观》,载《人民法院报》2014年12月28日,第1版。

司法实践中,法官的保守和创新应当是一致的。法官既要保守,又要创新,只有在保守的基础上,在法律适用上追求创新的意识,才是一个好的法官、一个符合时代需要的法官。保守是相对于执行法律而言,创新是对新问题应该有敏感的反应,拿出适用法律的新规则,作出有历史价值的裁判,用司法裁判来推动民事立法的发展。只有这样,司法才能推动社会文明的进步。

在法官的一生中,能碰到一件或几件可以推动法律发展和社会进步的案件的机会不会太多,一旦遇到,千万不要轻易放过,放过了就会遗憾终身。法官抓住了这样的案件,用创新的思路把它判出来,就能够推动立法发展和社会进步,提高我国法治水平。从这一点上来说,法官的创新应当比保守更重要。法官能够做到这一点,法官发挥的推动作用就会更大,社会和法治就会有更大的进步。十几年前,有一位女士因先生饮酒过量酒精中毒去世,向法院起诉当地的白酒厂,诉请判决白酒厂应当在白酒的包装上像香烟包装一样,写上"饮酒有害健康"的警示,提示公众不要饮酒过多,避免健康受损。这是我国第一起真正意义上的公益诉讼案件。不幸的是,这个具有重要社会意义的公益诉讼案件,却被法院以《民事诉讼法》没有相关规定为由予以驳回,因而特别可惜。如果能够对该案作出肯定性的判决,就能够一定程度影响烈性酒的生产和销售。

法官的保守,是对现行法律的守成,法官必须尊重现行法律,严格依照法律办案。法官的创新,是对法律欠缺的补充和创造,面对新型的权利诉求,法官提出新的裁判规则,不仅能够解决纠纷,更能够推动法律的进步。一个法官能够在用保守的态度遵守现行法律的基础上,再有勇于挑战新问题的法律适用创新精神,就既能够严格执行法律,又能够面对新问题创造新规则,发挥推动法律进步和社会发展的积极作用。

二、法官在法律适用上能否创新的三个典型案例

法官的保守与创新应当是一致的,并不矛盾,并且创新具有更为重要的意义。下面三个典型案例,既有中国的案例,也有欧盟的案例,都涉及法官在法律适用上的创新问题。

(一)人体冷冻胚胎权属争议案

人体冷冻胚胎权属争议案的案情是,丈夫沈洁和妻子刘曦都是独生子女,结婚后一直没有生育,2012年9月在某医院生殖医学中心进行试管手术,取得四枚培育成功的人体胚胎进行冷冻。在接受胚胎移植手术之前,二人出去旅游,不幸发生交通事故,致二人死亡。留下的四枚人体冷冻胚胎应当怎样处理,就是本案争议的焦点。[②] 如果对这四枚冷冻胚胎不予利用,不仅属于"双独"子女的沈刘二人的亲属传承到此终止,而且他们的父母的血缘传承也到此终止,无法继续延续。在这种情况下,沈洁

---

② 详细案情参见张圣斌等:《人体冷冻胚胎监管、处置权归属的认识》,载《法律适用》2014年第11期。

的父母作为原告,以刘曦的父母为被告,起诉主张对四枚人体冷冻胚胎行使继承权。本案双方当事人的真实诉讼目的,并非他们之间的争议,而是要把医院拉进诉讼中,作为第三人,让医院尊重四位当事人对该人体冷冻胚胎的继承权,将其交给当事人,由他们进行处理。医院认为卫生部的规范明确规定禁止人工代孕,原被告主张人体冷冻胚胎权利的真实目的是要进行人工代孕传承后代,法院不应支持。

这个案件争议的实质,是关涉亲属关系传承,甚至关涉民族的传承问题,是必须重视的大事。保障民族传承,保障亲属关系传承,是社会责任。怎样对待这个案件,怎样对待四位"失独"当事人对遗留的人体冷冻胚胎的权属争议,就涉及这样的重大问题。

在该案中,遇到的最为棘手的问题是,人体冷冻胚胎的法律属性究竟是人,还是物,还是其他。不把这个问题界定清楚,这个案件无法适用法律作出裁判。而解决这个难题,法官必须有创新思维。

本案一审判决在解决这个问题时,采取了创新的做法,即采纳最新理论学说,认为人体冷冻胚胎是具有人格因素的物。这本来是一个非常好的学理选择,然而一审判决却认为,由于国家的有关法规禁止进行人工代孕,而当事人的诉讼目的就是通过主张对人体冷冻胚胎的权利,进而通过人工代孕的方法延续后代。因法律的障碍而使本案当事人不能对此继承,故驳回原告的诉讼请求。一审判决的这个裁判思路,创新之处在于确认了人体冷冻胚胎的法律属性是物,是"实行体外受精—胚胎移植手术过程中产生的受精胚胎为具有发展为生命的潜能,含有未来生命特征的特殊之物"③,这就是采用学理认定法律没有规定、习惯也没有成例的涉案事物的性质。这一认定是正确的,但一审判决认为该物由于法律的障碍而不能成为可继承之物,因而驳回原告的诉请,就阻断了四位失独当事人血缘传承的诉求。按照民间习惯,这就是断了两家的"香火",在亲属法上是一个严重问题。

一审判决的社会效果不好,很多人持反对态度。④ 笔者认为,这个判决既有积极的创新意义,即确认人体冷冻胚胎的法律属性是物;也有消极的保守态度,就是剥夺了四位失独当事人对冷冻胚胎的合法权利,阻断了亲属传承的"香火"。⑤

本案二审判决改变了一审判决,作出了支持四位当事人对争议人体冷冻胚胎权属诉求的终审裁判。笔者在《法律适用》第 11 期发表文章⑥,提出了对本案二审判决的看法:

首先,这是一份标志人伦与情理胜诉的民事判决,集中表现在判决最终支持了原被告的诉讼请求,特别是说清楚了本案争议对于当事人血缘传承的重要价值,同时也

---

③ 转引自张圣斌等:《人体冷冻胚胎监管、处置权归属的认识》,载《法律适用》2014 年第 11 期。
④ 参见李燕等:《冷冻胚胎的权利归属及权利行使规则研究》,载《人民司法》2014 年第 13 期。
⑤ 参见杨立新:《人的冷冻胚胎的法律属性及其继承问题》,载《人民司法》2014 年第 13 期。
⑥ 参见杨立新:《一份标志人伦与情理胜诉的民事判决——人的体外胚胎权属争议案二审判决释评》,载《法律适用》2014 年第 11 期。

确认医院不得基于部门规章的行政管理规定对抗当事人基于私法所享有的正当权利。

其次,还要看到该二审判决在适用法律上的两个明显缺陷:一是,二审判决没有采纳一审判决关于人体冷冻胚胎是物的立场,采取了人体冷冻胚胎是"介于人与物之间的过渡存在"的概念。这是比较少见的理论主张。采用这样的学理界定人体冷冻胚胎的法律属性,存在理论上的麻烦,因为民法历来承认市民社会"人—物"二分结构,全部民法规则都是围绕"人—物"二元结构的基本立场设置的。民法概念从来没有"人与物之间的过渡存在"这个概念。如果确实存在这个概念,必然是一种新的、在人与物之间另外出现的新的市民社会的物质形式,因而必须改变民法的"人—物"二元结构,并且改变整个民法的规则及体系,例如民事法律关系的三要素就须变成"主体、客体、过渡存在、内容"四要素,否则不能适应这种改变。但是民法不会这样做。该二审判决这种做法虽然是创新,但采纳的学理是民法理论所无法接受的,因此是一种危险的选择。二是,二审判决使用了两个生僻的权利概念,把双方当事人对人体冷冻胚胎的继承权争议,改变为人体冷冻胚胎的监管权和处置权争议,确认双方当事人享有这个权利。这个裁判意图肯定是好的,但是值得质疑的是,监管权和处置权在民法的权利体系中是何种性质的权利呢?事实上,在民法的权利体系中没有这两个概念,因而它们不是民法的权利概念。二审判决为了迎合采纳"人与物之间的过渡存在"这样生僻的概念,继而造出"监管权"和"处置权"这样两个没有法律依据的概念,并且予以法律支持。判决这样采纳学理作为裁判依据是不妥的。所以,该二审判决的结果是好的,受到社会的欢迎,但在法律适用的方法上是很"任性"的。笔者充分肯定二审判决的裁判结果,但在法律适用方法上笔者持反对意见。

在裁判方法上,还应当提出一个问题。由于本案在法律适用中有一部分是法律空白,即对人体冷冻胚胎的性质认定没有现行法律可以援引。这时,民法适用的基本方法是,有法律依法律,无法律依习惯,无习惯依法理。一审判决和二审判决都采用援引法理的方法来确定人体冷冻胚胎的性质,应该予以充分肯定,但由于援引法理作为裁判依据是有风险的,因而能一次解决问题就不要用两次或者多次,尽量减少援引法理的数量,以避免法律适用风险。一审判决采纳学理,认定人体冷冻胚胎是一个具有人格因素的物,接下来就有了《继承法》的依据,认定争议的人体冷冻胚胎是遗产,双方四位当事人都享有继承权,所有权归属于他们。这样,援引一次学理就解决了法律适用问题。二审判决否定人体冷冻胚胎是物的立场,转而认定人体冷冻胚胎是"人与物之间的过渡存在",这样援引学理作为裁判依据无法作出最终结论,因为接下来还是没有现成的法律依据可以援引,因而二审判决又走了另一步险棋,即使用监管权和处置权的概念,仍然没有民法规范依据,因此只好援引《民法通则》第5条至第7条的规定,裁判支持当事人的这两个"权利"。《民法通则》这三个条文分别是权利保护原则、守法原则和禁止权利滥用原则,哪一条规定都与此无直接关系,都不包含请求权,而且违反了不能直接援引总则性规定作出裁判的法律适用规则。放着选择一个援引学理裁判风险的方法不用,而使用冒着三个风险并且没有直接法律依据的法律适用方法,显然风险更多、更大。换言之,当裁判适用的法律出现空白时,应当尽量选择风险小的方法,即法官在前往裁判终点的过程中,如果没有一条直路可走(有法律空白),那么就应该尽量选择弯路(援引习惯或者学理作为裁判依据)少的路线前进。这是本案给法官的启发。

(二)为同性恋者治疗侵害人格尊严案

为同性恋者治疗侵害人格尊严案的案情是:彭某是一位同性恋者,在网上发现在某网络公司的推广中搜索同性恋治疗的词条,跳出来的第一个信息就是重庆某心理咨询中心,宣称能够对同性恋进行治疗和矫正,效果好。彭某到该咨询中心咨询,咨询中心说能治疗同性恋,并且能够治愈。彭某交了医疗费,接受了心理辅导,以及用电击方法进行的治疗。彭某向法院起诉,认为把同性恋作为疾病治疗,甚至使用电击方法,侵害了同性恋者的人格尊严,理由是,世界卫生组织以及我国卫生部都明文规定同性恋不是疾病,不得把其当成疾病进行治疗或者矫正。原告起诉了两个被告,一个是咨询中心,理由是侵害同性恋者的人格尊严;一个是该网络公司,理由是虚假广告,要求双方承担连带责任。⑦

这是一件特别有社会意义的案件。同性恋者本来就是人群中的少数者,在社会中处于弱势地位,再把他们作为患病者,当成精神性疾病进行治疗,就是贬损了他们的人格,侵害了他们的人格尊严。1994年,世界卫生组织就宣布同性恋不是精神疾病,把同性恋从精神疾病的名单中予以清除,并要求各国政府维护同性恋者的平等人格权利。2001年,我国卫生部科学研究基金资助完成的第三版《中国精神障碍分类与诊断标准》,也将同性恋从中剔除,为同性恋者正名,不得对其进行治疗或者矫正。⑧ 该案的社会意义在于,对同性恋者维护自己人格尊严的法律诉求,给予法律上的支持,无论是谁,都应当保护他们,不得歧视他们的人格。这是社会正义的要求。

应当看到的是,这类案件在我国还没有先例,尽管本案的原告有可能是有意要进行这样一场诉讼,例如事先准备了充分的证据,但是这些问题都是不必计较的,应当通过对该案的审理,给同性恋者以法律上的支持,让他们和其他的人一样,享有平等的权利,而不能把他们作为精神疾病患者,进行治疗或矫正。这就是该案给法官提供的一个可以有所作为的机遇。

一审法院对该案的判决采取了这样的法律适用方法:

第一,心理咨询中心在被告网站上推广发布的宣传是虚假宣传,在该虚假宣传的诱导下,原告去接受同性恋的咨询和治疗、矫正,造成了原告的财产损失,应承担财产损失的赔偿责任。这个判决主文是正确的。

---

⑦ 该判决为北京市海淀区人民法院(2014)海民初字第16680号。
⑧ 参见杨立新、吴烨:《为同性恋者治疗的人格尊严侵权责任》(本书第2767页),载《江汉论坛》2015年第1期。

第二,在原告主张侵害同性恋者人格尊严问题上,判决认为虚假宣传针对的是公众,并不是单独针对原告,因此不符合侵权行为的受害人须为特定主体的要求,况且原告所受精神损害不严重,因而判决赔礼道歉。该判决主文令人遗憾。首先,受害人主体不特定,确实是否定侵权责任的理由。例如,电视剧《大宅门》里有一个台词说到"蒙古大夫",播出后,阜新县蒙医蒙药研究会的 200 余名蒙医蒙药工作者向法院起诉,追究中央电视台、导演以及剧组的侵权责任,案由是侵害名誉权。法院否定该诉讼请求的基本理由就是受害人不特定。但在为同性恋治疗的该案中的受害人是特定的,彭某与心理咨询中心建立了合同关系,心理咨询中心不仅提供咨询,而且作为精神疾病对其进行了治疗,等于确认原告这个同性恋者是精神不正常的人,违反了世界卫生组织的要求,也违反了中国的有关规定,构成了对特定人人格尊严的侵害。其次,认为彭某受到的精神损害没有达到严重程度,也明显低估了对同性恋者人格尊严的损害后果。好在还有一个赔礼道歉的判决主文,对原告还有一定的安慰作用。

第三,对网络公司虚假广告责任的诉求,判决认为不构成虚假广告责任。理由是,网络公司的推广虽然具有广告发布平台的性质,但它很难知道世界卫生组织和中国的有关部门对同性恋不是病的规定,因而对其不应过于苛责,依照《侵权责任法》第 36 条的规定,网络公司知道该推广存在侵权可能时就予以删除,所以不应承担侵权责任。对此,笔者持不同看法:一审判决书既然确认同性恋可以治疗、矫正的推广是虚假宣传,就是虚假广告,那么依据《消费者权益保护法》第 45 条的规定,对涉及消费者生命健康的虚假广告或者虚假宣传应当适用无过错责任原则,与经营者承担连带责任。而该判决一方面承认该推广是虚假广告,另一方面这个虚假广告涉及同性恋治疗、矫正等涉及生命健康问题,却不适用《消费者权益保护法》第 45 条关于无过错责任的规定,而要适用《侵权责任法》第 36 条关于网络服务提供者过错责任的规定。以网络公司没有过错为由判决网络公司不承担侵权责任,适用法律不当。

这个案例的启示是,在法律适用中,法官应当坚守基本的社会正义立场,支持同性恋者的正当法律诉求,维护其人格尊严,保障他们的平等人格及权利,体现民法公平、正义的要求。对此,法官的态度必须鲜明。

(三)欧盟法院的被遗忘权争议案

近年来,欧洲提出一个新型权利叫被遗忘权,是指信息主体对已经发布在网络上,有关自身的不恰当的、过时的、继续保留会导致其社会评价降低的信息,享有请求信息控制者予以删除的权利。⑨ 在我国,在网络上发表言论有较大的自由,在传统媒体上发表言论则有相当的难度。无论是互联网还是手机微信等,公众可以自由发表言论。这些言论可能对自己有利,也可能对自己不利,例如自己在年轻任性时随便说的言论,现在可能会影响自己的名誉。当出现这种情况时,本人有权要求网站等信息

---

⑨ 参见杨立新、韩煦:《被遗忘权的中国本土化及法律适用》(本书第 662 页),载《法律适用》2015 年第 1 期。

控制者将其删除。所以,被遗忘权也叫做删除权。⑩

我国《侵权责任法》第36条关于删除的规定,与被遗忘权的删除的区别在于,《侵权责任法》第36条删除的是他人在网络上发布的对自己构成侵权的信息;被遗忘权删除的是自己或者他人以前在网络上发表的有关自己且对自己不利的信息。被遗忘权在欧洲被研究了多年,正在起草的《欧盟一般数据保护条例(草案)》也有表述,但尚未通过立法程序。

在美国,被遗忘权并不被看好,因为其违背了《美国宪法第一修正案》第1条关于"国会不得制定剥夺言论自由或出版自由的法律"的规定,美国最高法院也认为,只要某一信息是合法取得的,国家就不能通过法律限制媒体传播该信息,即使该信息的传播会造成所涉及对象尴尬的后果⑪,否则便是对言论自由与新闻自由的严重践踏。2013年,加利福尼亚州参议院通过的"橡皮擦法案",要求社交网站应允许未成年人擦除自己的上网痕迹⑫,以避免因年少无知缺乏网络防范意识而不得不在今后面临遗留的网络痕迹带来的诸多困扰。这是个人信息保护与言论自由博弈的一次显著胜利,具有进步意义。

应当看到的是,欧盟法院有关被遗忘权的冈萨雷斯案的判决作出之前,欧盟并没有正式确立被遗忘权是一种权利。如果是一个保守的法官,面对冈萨雷斯的起诉,恐怕较难支持原告的请求。但是欧盟法院却作出了这个判决。

冈萨雷斯案的案情是:1998年,西班牙报纸《先锋报》发表了西班牙将举行财产强制拍卖活动的公告,提到的遭强制拍卖的财产中,有一件属于冈萨雷斯,他的名字也出现在公告中。2009年11月,冈萨雷斯与该报纸取得联系,投诉称公告中登出的名字被谷歌搜索引擎收录了,要求删除这些与他有关的信息,避免对其声誉造成持续的伤害。《先锋报》没有支持其要求,冈萨雷斯于2010年2月要求谷歌西班牙分部删除该公告的链接,并向西班牙数据保护局投诉。谷歌没有接受其要求,西班牙数据保护局驳回了他针对报纸提交的诉求,但要求谷歌公司删除链接并保证通过搜索引擎无法打开该信息。谷歌上诉后,西班牙高等法院将两个诉讼合并,提交给欧盟法院。欧盟法院于2014年5月13日宣布了最终裁决,认为谷歌作为搜索引擎运营商,应被视为《欧洲数据保护指令》适用范围内的数据控制者,对其处理的第三方发布的带有个人数据的网页信息负有责任,并有义务将其消除,最终裁决谷歌西班牙分部和谷歌公司败诉,应按冈萨雷斯的请求对相关链接进行删除。

该案提出的问题是,保守的法官能否对新型权利诉求作出创新的判决。欧盟法院的法官在对本案适用法律时,面对法律上的疑难问题作出终审判决,创造了保护被遗忘权的新判例。欧盟法院法官的创新勇气特别值得赞赏。

---

⑩ 参见何治乐、黄道丽:《大数据环境下我国被遗忘权之立法构建——〈欧盟一般数据保护条例〉被遗忘权之借鉴》,载《网络安全技术与应用》2014年5月。

⑪ See Jeffrey Rosen,"The Right to Be Forgotten",64 Stan. L. Rev. Online 88(2012),p.91.

⑫ 参见《美国推"橡皮擦"法案,抹掉未成年人的网络过失》,载《法律与生活》2014年第1期。

(四)对三个典型案例的小结

回顾上述三个典型案件能够看到,法官在适用法律时,必须有忠实于法律的坚定信念;当法律出现空白时,法官如果没有创新精神,就无法作出推动法律进步的裁判。如果法官只是忠实于现行法律,其结果是,当现行法律无法解决现实的新问题时,法官无法推动社会发展。在网络给我们带来便利的同时,也会带来更多可以侵害他人权利的机会,被遗忘权刚好就是解决这样的问题的新型权利。对人体冷冻胚胎的争议,反映的也是这样的问题。法官承认这个权利,支持当事人的正当诉求,就推动了社会的发展,反之则相反。法官不能成为仅仅按照现行法律作出裁判的复印机,因为还有大量的、活生生的新的社会问题需要去解决,而新问题往往都是与现行的法律规定不一样的。法官只是保守而无创新,不可能推动社会的进步。

三、法官如何在司法审判的法律适用中进行创新

一个法官一年可以审结案件数百件,其中大部分案件在法律适用上没有太大的难度,事实认定和法律适用都很清楚,比较容易解决。但是,任何一个法官都会遇到棘手的、疑难的或者新型的案件,如果法官不敢于创新,就无法处理好这样的案件,无法推动法律和社会的进步。

长期以来,我国法院都有寻找理由推托审理疑难案件的做法,其中法律没有明文规定而不受理是最常用的理由。《法国民法典》第4条规定:"法官借口法律无规定、规定不明确或不完备而拒绝审判,得以拒绝审判罪追溯之。"如果这一条规定写在我国《民法通则》上,就会有很多法官因此而犯下拒绝审判罪。正因为怕麻烦、少惹事以及其他保守思想的存在,才阻挡了法官的创新精神。

在现实中,永远都会有法律没有明文规定的案件,需要法官在法律适用上的创新。我国目前没有民法典,"散装"的民法也存在诸多缺点。在这样的情况下,法官的创新更为必要。法官在法律适用中如何创新,笔者的意见是:

第一,法官必须有鲜明的社会立场。法官审理任何民事案件,如果涉及社会进步问题,就必须鲜明地站在社会立场上,用判决来推动文明的进步和社会的发展。如果相反,或者虽有鲜明立场但不敢通过判决表达出来,就会使典型案例丧失其应有的价值,甚至起到促退的作用。

在这个问题上,为同性恋者治疗侵害人格尊严案的一审判决之所以令人遗憾,就是因为法官过于挑剔民事案件法律适用中的细节,而忽略了该案中最重要的社会价值,即支持同性恋者的权利主张,保护同性恋者的人格尊严。这个判决体现了法官的保守性,拘泥于技术而放弃典型案例的社会价值,在尊重同性恋者的人格这样重大社会问题上没有取得突破。

在这个问题上,可以借鉴韩国法院的做法。韩国电影《朋友之间》是讲同性恋的故事,韩国电影等级委员会在审查中认为,该影片属于"青少年观看不可"级别,但出

版该影片的电影公司认为其应为"15 岁以上观看"级别[13],因而认为韩国电影等级委员会对该影片有歧视色彩,明显是认为相对于异性恋,同性恋题材属于青少年不宜观看的内容,对同性恋歧视并将其视为一种非常态现象。韩国大法院终审判决,一是将同性恋者尊重地称为"性的少数者",肯定了同性恋者只是性倾向不同于大部分人的少数人,具有完整的人格,不存在人格缺陷,社会对同性恋者的理解与关心有待提高;二是认为同性恋者不存在任何社会危害性,只是一种对性倾向的自我选择;三是对同性恋者的人格权、幸福追求权、性的自我决定权、知情权、性自由表达权以及平等权等基本权利,应当予以充分尊重与保护,不得歧视或任意践踏同性恋者的人格尊严。[14]

相比之下,本案一审法院对同性恋者人格尊严正当诉求的判决,就没有这样鲜明的立场,即只要对同性恋者作为患病者进行治疗或者矫正,就应当认定为侵害了同性恋者的人格尊严。面对歧视同性恋者人格尊严的违法医疗行为,法官没有给予法律上的严厉谴责,显然是只看到了案件的表面争议,忽视了案件所包含的重要社会价值,缺少应有的鲜明社会立场。

第二,法官应当准确掌握应当适用的法律,防止错误适用法律。法官应当精通现行法律,以保证适用法律的正确性。这是法官概念的必要内涵。如果一个法官对应当适用的法律不能精通掌握,理解不正确,就不能依照法律的规定正确裁判案件,不能正确认定当事人之间的权利义务关系。

为同性恋者治疗案还有一个令人遗憾的问题,就是对宣传同性恋治疗、矫正的虚假广告的发布,不适用《消费者权益保护法》第 45 条无过错责任的规定,而是适用《侵权责任法》第 36 条关于网络服务提供者侵权的过错责任的规定,认为发布同性恋治疗的虚假广告不应当承担侵权责任。这是对法律的错误理解。网络平台有不同的性质,对不同性质的网络平台适用的法律不同。《侵权责任法》第 36 条规定的是网络作为媒介平台时的侵权责任,适用过错责任原则。根据《消费者权益保护法》第 45 条的规定,广告发布者发布虚假广告或者虚假宣传,如果涉及消费者的生命健康,应当适用无过错责任原则确定侵权责任。发布为同性恋者治疗的网络推广,一审判决已经确认是虚假广告,在此基础上,应当认定该虚假广告涉及同性恋者的健康和人格尊严问题,不应当适用《侵权责任法》第 36 条第 2 款规定的"避风港原则"的"通知—取下"规则。

这个问题的发生,原因在于法官对法律的错误理解,造成了法律适用的错误。这不是对现行法律的守成,而是对新法律的不理解。将对网络媒介平台确定侵权责任的规则适用于具有营利目的而发布虚假广告且涉及消费者健康内容的广告发布者的侵权责任,是不正确的。可见,对现行法律理解的不同,也会导致法律适用上的不当,影响典型案例判决的创新性,不能发挥应有的社会作用。

---

[13]　根据韩国《电影广播振兴法》,韩国电影由韩国影片等级委员会根据情色暴力和恐怖程度等因素,分类为"可观看""12 岁以上观看""15 岁以上观看""青少年观看不可"以及"上映受限"五个类别。本片被韩国影片等级委员会分类至"青少年观看不可"这一等级,而实际上应被分类至"15 岁以上观看"。

[14]　参见韩国大法院判决书,编号为 2011du11266。

第三,在法律出现空白时应当适用习惯和法理作为裁判依据。这对法官的创新性更是一个挑战。

《大清民律草案》第 1 条规定:"民事本律所未规定者,依习惯法。无习惯法者,依条理。"《中华民国民法》第 1 条规定:"民事,法律所未规定者,依习惯;无习惯者,依法理。"这样的规则称之为"法例",就是适用法律的方法,要求法官裁判民事案件,有法律者依法律,无法律者依习惯,无习惯者依法理。可惜的是,我国现行民事法律没有明文规定这样的法例。

关于应用习惯作为裁判基础的,现行法律有一条,即《物权法》第 85 条:"法律、法规对处理相邻关系有规定的,依照其规定;法律、法规没有规定的,可以按照当地习惯。"这是近年来在民法规范中(《合同法》提到的商业惯例除外)唯一提到适用习惯的规定。尽管立法没有规定这样的法律适用"法例",但是这种法律适用方法是没有问题的,并不妨碍法官在实践中采用这样的法例。这就给法官的法律适用创新留下了广阔空间,就看法官敢不敢对没有法律规定的新型案件创新性地适用法律。对此,近些年有所好转,除了《物权法》第 85 条以外,在司法上也有很大进步。例如江苏的法院强调在没有法律明确规定时,要总结民事习惯,把民事习惯应用于民事裁判,创造了一些典型案例和审判经验。

关于应用法理作为裁判依据,各地法院都有探索。在人体冷冻胚胎权属争议案中,对人体冷冻胚胎的性质,就是应用法理作为判决的依据。该案的一审和二审判决尽管都有缺点,但在这方面的探索应当予以充分肯定,值得赞赏。当代生殖医学科学技术的发展相当迅速,法律由于立法程序的限制,无法及时做出反应,学说却可以走在前面。当社会生活中出现了因人工生殖医学科学技术而发生的民事纠纷摆在法官面前时,既没有法律规定,也没有民事习惯可以依循,只能援引学理作为裁判的基础。如果不是这样,现实生活中发生的这类纠纷就永远无法解决。这是民事司法最基本的方法,这样做了,不仅解决了纠纷,而且推动了法律的发展和社会的进步。法官的创新,都是在法律没有明文规定的情况下去创造新的规范,或者面对比较落后的法律规范采用创新的法理去改变旧的规则。

影响法官创新还有一个因素,就是拘泥于大陆法系成文法传统,认为法官必须适用成文法而不能违反。但是能够看到的是,在成文法国家其实都有法官法。例如《德国民法典》没有规定一般人格权,没有规定让与担保,也没有规定违反交往安全义务的侵权责任,但对于一般人格权的保护,对于让与担保的保护,以及对违反交往安全义务的侵权行为的制裁,德国法院在适用法律上却没有任何障碍,不必引用《德国民法典》的规定,原告向法院起诉,法官直接依照已经形成完整规范的法官法进行判决。如果拘泥于成文法,对这些案件就无法裁判。在起草《侵权责任法》时笔者去德国考察,德国法官说,这些问题在修改《德国民法典》时都讨论过,立法者的意见是,既然法官已经有了成熟的裁判规则,为什么一定要写到民法典中去呢?德国就把这种由法官创造的裁判规则叫做法官法,而对法典规定的规则叫做制定法。[15] 这样的做法应当借鉴。中国法官法的最重要表现形式是司法解释。在我国的司法解释中,尽管可以找到很多可以批评的问题,但是更多的司法解释则对社会发展起到了重要作用。再加上最高人民法院发布的指导性案例,这些就是中国的法官法。无论是司法解释还是指导性案例,如果没有法官的创新,怎么会出现这样的法官法呢?它们都是法官创新的成果,是法官智慧的结晶。

当然,裁判援引学理,不仅仅是援引权威学者的权威学说,更重要的是援引以往的判例、国外的成熟法律规定,还包括所谓的私域软法。[16] 对此,都可以作为学理进行援引。例如美国的《侵权行为法重述》、欧洲的《统一侵权行为法规则》,以及东亚侵权法学会正在制定的《东亚侵权法示范法》都是私域软法,都可以作学理援引为裁判依据。

第四,法官须有良好的法学理论修养和判断能力。法官在裁判中的创新,必须依据其对法学理论的深厚修养,对法律、社会立场、习惯和学理以及对所要解决的社会问题,都能够作出准确的判断。对法律的精通和准确理解是正确裁判的一个方面,但更多的是要法官自己有深厚的学理修养。法官有了良好的理论修养,能够明辨是非,才能够发现需要解决的社会问题的实质,明确裁判在法律适用上应当怎样创新。欧盟法院对于冈萨雷斯被遗忘权案件的裁判,就是在社会的需求面前,法官作出了超前的判决,引导了社会的发展。我国法官对人体冷冻胚胎权属争议案所作的裁判,援引了学理作为裁判依据,保障当事人身份利益方面的正当诉求,并否认行政规范对私法权益的强制效力,具有同样的社会效果。只有这样,才能更好地发挥法院的职能作用,发挥法官的创新能力和创造力。而法官没有良好的理论修养,无法发现社会问题,不会使法律进步。

---

[15] 参见杨立新:《中华人民共和国侵权责任法草案建议稿及说明》,法律出版社2007年版,第408—409页。

[16] 关于私域软法的概念,参见《媒体侵权和媒体权利保护的司法界限研究——由〈中国媒体侵权责任案件法律适用指引〉的制定探讨私域软规范的概念和司法实践功能》(本书第2588页),载《法律适用》2014年第9期。

贾国宇诉北京国际气雾剂有限公司等人身损害赔偿案释评[*]
——兼论人身伤害慰抚金赔偿制度的内容及其实行

一、本案的事实和判决理由

[案件事实]

北京市海淀区人民法院1997年3月15日以(1995)海民初字第5287号民事判决书,对贾国宇诉北京国际气雾剂有限公司、龙口市厨房配套设备用具厂、北京市海淀区春海餐厅人身损害赔偿案作出判决。判决认定的事实是:1995年3月8日晚7时许,贾国宇与家人及邻居在春海餐厅聚餐。春海餐厅在提供服务时,所使用的卡式炉燃烧气是北京国际气雾剂有限公司生产的"白旋风"牌边炉石油气,炉具是龙口市厨房配套设备用具厂生产的YSQ—A"众乐"牌卡式炉。当贾国宇等人使用完第一个气罐换置第二个气罐继续使用约10分钟时,餐桌上正在使用的卡式炉燃气罐发生爆炸,致使贾国宇面部、双手烧伤,当即被送往中国人民解放军第262医院治疗,诊断为:"面部、双手背部深2度烧伤,烧伤面积8%。"贾国宇住院期间支付医疗费、营养费、护理费、交通费、生活自助具费等共31 664.93元。经鉴定,边炉石油气罐的爆炸不是由于气罐选材不当或制造工艺不良引起的,而是由于气罐不具备盛装边炉石油气的承压能力引起,事故罐的内压较高,主要是由于罐中的甲烷、乙烷、丙烷等的含量较高,气罐内饱和蒸气压高于气罐的耐压强度是酿成这次事故的原因。罐装后的边炉石油气的混合气达0.95MPA和0.98MPA,"白旋风"牌边炉石油气罐不具备盛装上述成分石油气的盛装能力。卡式炉内存在一个小火是酿成事故的不可缺少的诱因,卡式炉仓内存在小火是由于边炉气罐与炉具连接部位漏气形成的,YSQ—A"众乐"牌卡式炉存在漏气的可能性。经检验,"白旋风"牌边炉石油气罐罐体英文标记为"用完后绝不能再次充装",中文标记为"本罐用完后无损坏,可再次复充"。另据鉴定、证明,贾国宇面部、双手烧伤,目前伤情已经稳定,遗留面部及双手片状疤痕,对其容貌有较为明显的影响;目前劳动能力受限,丧失率为30%;今后治疗等费用约5—6万元,再行手术费用1万元,但治疗后仍遗留部分瘢痕难以消除。

---

[*] 本文发表在《中国律师》1997年第12期和1998年第1期。

[判决理由]

保证产品质量,特别是保障消费者人身财产安全,是产品生产者必须履行的基本法律责任和义务。因产品质量造成的侵权损害结果依法理应赔偿,以维护社会公平与市场秩序。本案气雾剂公司生产的"白旋风"牌边炉石油气罐没有根据气罐承压能力科学、安全地按比例成分装填气体,充装使用方法的中、英文标注不一致,内容互相矛盾,属于不合格产品,上述质量问题是造成这次事故的基本原因,气雾剂公司应当承担70%的主要责任。"众乐"牌卡式炉燃气瓶与炉具连接部位存在漏气可能,使用时安装不慎可能性更大,存在危及人身、财产安全的不合理因素,是事故发生不可或缺的过错诱因,因此厨房用具厂也负有30%的责任。没有证据证明春海餐厅在提供服务中存在过错。人身损害赔偿应当依法按照实际损失确定。根据我国有关法律规定的原则和司法实践掌握的标准,实际损失除物质方面外,也包括精神损失,即实际存在的无形的精神压力与痛苦,其通常表现为人格形象与人体特征形象的毁损所带来的不应有的内心卑屈与羞惭。本案原告贾国宇在事故发生时尚未成年,身心发育正常,烧伤造成的片状疤痕对其容貌产生了明显影响,并使其劳动能力部分受限,严重地妨碍了她的学习、生活和健康,除肉体痛苦外,无可置疑地给其精神造成了伴随终生的悔憾和残痛,甚至可能导致该少女心理情感、思想行为的变异,其精神受到的损害是显而易见的,必须给予抚慰与赔偿。赔偿额度则要考虑当前社会普遍生活水准、侵害人过错程度及其偿付能力和受害人的损失状况等因素。贾国宇请求赔偿的要求分别为73万余元和65万元,显然过高,不予全额支持。

[判决结果]

依据《产品质量法》第32条和《消费者权益保护法》第41条之规定,判决北京国际气雾剂有限公司、龙口市厨房配套设备用具厂连带赔偿贾国宇治疗费、营养品费、护理费、交通费、残废者生活自助具费、残废者生活补助费、今后治疗费和残疾赔偿金总计27万余元,其中残疾赔偿金(慰抚金性质)10万元。

二、人身伤害慰抚金赔偿制度的历史演进

贾国宇损害赔偿案在法学界和实务界,特别是在消费者权益保护的理论和实践中,是有特别影响的案件。这一案件所涉及的民法问题很多,但是最重要的,是对人身伤害能否予以慰抚金赔偿这一重要的民法理论和实践的问题所作出的肯定回答。

在《民法通则》中,肯定了精神损害赔偿制度。从严格的法律意义上说,这一制度是指民法对民事主体人身权中所体现的非财产的人格利益的保护手段,当这种非财产的人格利益遭受侵害时,通过财产赔偿方法进行救济和保护,并对民事违法行为人进行民事法律制裁的制度。人身损害的慰抚金赔偿制度,就是这一法律制度中的具体内容。《民法通则》虽然对精神损害赔偿制度作出了规定,但是,对人身伤害的慰抚金赔偿制度却没有作出规定,因而使这一完整的民法制度存在一定的残缺。为使我

国的精神损害赔偿制度建设完整化,应当从研究人身伤害慰抚金赔偿制度的历史演进中,借鉴国外的立法经验,完善我国的民事立法。

精神损害赔偿制度中的人身伤害慰抚金赔偿制度,在历史上的发展演变,经历了以下三个阶段:

(一)萌芽阶段

人身伤害的慰抚金赔偿制度萌芽于罗马法时期。在罗马法早期的《十二铜表法》第 8 表"私犯"中的第 1 条就明文规定:"以文字诽谤他人,或公然歌唱侮辱他人的歌词的,处死刑。"同时,还规定了对其他人格权侵害的复仇制度和赔偿制度。在中国古代法律中,对于流内殴议贵者、殴詈内外亲戚、殴詈父母祖父母、殴詈姑舅、殴詈杀伤夫、奴婢詈旧主等侵害人格权的行为,均规定予以刑罚制裁。这些制度,是对人格权损害的刑罚救济的规定,包含对精神损害的赔偿制度,还不能包括人身伤害的慰抚金赔偿制度。

至罗马法的法典编纂时期①,精神损害赔偿制度开始萌芽。injuria 这一概念,通常译作对人私犯、侵害行为、侵辱等。它的"本义是指在生理上或精神上(即对名誉)对人造成的侵害的行为"。意大利法学家认为,"由《十二铜表法》规定的残酷刑罚(其中包括同态复仇)使得裁判官引入了'侵辱估价之诉',通过它,刑罚变成了财产刑,并授权审判员根据正直的标准逐案地确定幅度或罚金额"。② 我国学者认为,所谓凌辱(即 iniuria),涵义很广,不仅是对个人的自由、名誉、身份和人格等加以侮辱就构成,举凡伤害凌辱个人的精神和身体的行为,都包括在内。后来裁判官允许被害人提起"损害之诉",自定赔偿数额。到帝政时代,损害赔偿的请求额,完全由裁判官视损害的性质、受害的部位、加害的情节及被害人的身份等斟酌定之。③ 这些看法都是有根据的。查士丁尼《法学总论——法学阶梯》规定:"侵害行为的构成,不仅可由手用拳头或棍棒殴打,而且由于当众诬蔑,如诬蔑他人是债务人而占有他人财产,而行为人明知他人对他不负任何债务;或写作、出版诽谤性的诗歌、书籍,进行侮辱,或恶意策动其事;或尾随良家妇女,少年或少女,或着手破坏他人的贞操。总之,很显然,侵害行为有各种不同的方式。"④ "关于一切侵害,被害人可提出刑事诉讼,也可以提起民事诉讼。在民事诉讼中,应根据以上所述估计一个数额,对行为人处以罚金。"⑤

非常明显的是,罗马法后期的 injuria 即侵辱(或称凌辱)行为,既包括对人体(包括生命权、健康权和身体权)的侵害,也包括对精神性人格权的侵害,而在侵辱估价之诉所确定的赔偿中,也同样包括对这样两种侵权行为的损害赔偿。而对人身伤害的

---

① 依照英国历史学家 Gibon 的分期,罗马法分为习惯法、成文法、成文法发达和法典编纂四个时期,参见周枏等:《罗马法》,群众出版社 1983 年版,第 18—19 页。
② 〔意〕彼得罗·彭梵得:《罗马法教科书》,黄风译,中国政法大学出版社 1991 年版,第 404、406 页。
③ 参见周枏等:《罗马法》,群众出版社 1983 年版,第 256 页。
④ 〔古罗马〕查士丁尼:《法学总论——法学阶梯》,张企泰译,商务印书馆 1989 年版,第 201 页。
⑤ 〔古罗马〕查士丁尼:《法学总论——法学阶梯》,张企泰译,商务印书馆 1989 年版,第 203 页。

精神损害赔偿,就是人身伤害慰抚金赔偿的萌芽。

(二)形成阶段

近代精神损害赔偿制度的形成,是沿着两条并行的路线发展的。一条路线是对名誉权等精神性人格权的民法保护,另一条路线是对物质性人格权即生命健康权的民法保护。后一条路线发展的最终结果,就形成了完整的人身伤害慰抚金赔偿制度。

对民事主体精神性人格权的民法保护,近代立法沿袭了罗马法的侵辱估价之诉的做法,欧洲各国陆续建立对名誉权、自由权的民法保护制度。

对于生命健康权的民法保护,在罗马法以后,开始明显地分成两种不同的保护方法:一种是赔偿因侵害身体、健康、生命权所造成的财产损失的方法,习惯上称之为侵害人身造成财产上的损害赔偿。另一种是赔偿因侵害身体、健康、生命权所造成的非财产损失的方法,称之为人身损害的慰抚金赔偿制度。罗马《卡尔威(Karlv)刑法典》第20条规定:"违法加暴行于他人身体之人,对于痛苦应予以赔偿。"德国普通法以此为根据而确认慰抚金请求之诉。地方法则有明文否定者,也有明文肯定者。法国自19世纪中叶以判例确认此制。对于幼儿及精神病人受身体侵害时,美国判例亦认为不妨许精神上痛苦之损害赔偿请求。对于侵害生命权近亲慰抚金赔偿,法国判例广泛保护精神上之利益,对于因近亲被杀而生之精神痛苦,概命支付之。旧《瑞士债务法》施行以前,一部分区域承认此制,一部分区域不承认此制。1883年1月1日旧《瑞士债务法》施行以后,瑞士裁判官得依特别事情,考虑被告之故意或重过失,使于有形损害之赔偿外,对于原告支付适当金额,以作抚慰金赔偿。⑥ 至此,人身伤害慰抚金赔偿制度正式形成。

(三)完善阶段

人身伤害慰抚金赔偿制度的完备,在现代法上,以《德国民法典》的颁布实施为标志,建立了相当完备的制度。该法第823条规定:"因故意或过失侵害他人的生命、身体、健康、自由、所有权或其他权利者,对被害人负损害赔偿的义务。"第847条规定:"1.(1)不法侵害他人的身体或健康,或侵夺他人自由者,被害人所受侵害虽非财产上的损失,亦得因受损害,请求赔偿相当的金额。(2)前项请求权不得让与或继承,但请求权已以契约承认或已发生诉讼拘束者,不在此限。2.对妇女犯有违反不道德的罪行或不法行为,或以欺诈、威胁或滥用从属关系,诱使妇女允诺婚姻以外的同居者,该妇女享有与前项相同的请求权。"上述规定,包括侵害人身权的财产损害和无形损害的两项赔偿制度,对人身伤害的慰抚金制度而言,尚缺少侵害生命权死者近亲的慰抚金赔偿制度。

《瑞士民法典》对人格权的保护作了原则性规定。新《瑞士债务法》第55条规定:"由他人之侵权行为,于人格关系上受到严重损害者,纵无财产损害之证明,裁判

---

⑥ 参见龙显铭:《私法上人格权这保护》,中华书局1948年版,第55页。

官亦得判定相当金额之赔偿。"第49条第2款规定:"人格关系受到侵害时,对其侵害情节及加害人过失重大者,得请求慰抚金。"瑞士民法对精神损害赔偿制度的规定,明确包括两部分:精神利益的损害赔偿制度和精神创伤的慰抚金赔偿制度,人身伤害的慰抚金赔偿制度,包含在后者之中。

在我国历史上,人身伤害的慰抚金赔偿制度,首先出现在《大清民律草案》和《民国民律草案》之中。及至正式通过《中华民国民法》,才建立了这一完备的制度。该法首先在总则编第18条规定:"人格权受侵害时,得请求法院除去其侵害;有受侵害之虞时,得请求防止之。前项情形,以法律特别规定者为限,得请求损害赔偿和慰抚金。"第194条规定:"不法侵害他人致死者,被害人之父、母、子、女及配偶,虽非财产上之损害,亦得请求赔偿相当之金额。"第195条规定:"不法侵害他人之身体、健康、名誉或自由者,被害人虽非财产之损害,亦得请求赔偿相当之金额。"上述法律规定,完整地体现了现代精神损害赔偿制度的基本内容,既包括名誉权、自由权侵害的精神利益的损害赔偿制度,也包括侵害身体权、健康权、生命权的慰抚金赔偿制度。

三、我国立法上的不断发展和理论上的认识

(一)理论上的认识

关于确立人身伤害慰抚金赔偿制度的必要性,学者已有论述,如认为:其一,既然法律规定侵害姓名权等造成精神损害可以进行物质补偿,人身伤害是较为严重的侵权行为,造成精神损害理应得到赔偿;其二,法律既然肯定侵害人身权行为造成的精神损害赔偿予以物质赔偿,又否认人身伤害的精神损害赔偿,是立法上的自相矛盾;其三,如果因人身伤害而造成名誉权等损失,只允许对名誉权的损害进行精神损害赔偿,不准许对人身伤害进行精神赔偿,岂非法律对侵害名誉权等引起的精神损害赔偿实际无法执行。因此,否定人身伤害的精神损害赔偿是缺乏理论依据的。

这种意见对精神利益损害和精神痛苦、精神利益赔偿和慰抚金赔偿概念的掌握,无探讨的必要,但其所立理由却是有道理的。不过,笔者认为,论证确立人身伤害慰抚金赔偿制度的必要性,仅作如上阐述还远远不够。

第一,确立人身伤害慰抚金赔偿制度是人类社会发展的必然要求。人类社会自有法律文化以来,发生了巨大的变化,这与整个社会的进步相一致。在人格权问题上,它随着社会的进步呈不断扩张的趋势,具体表现在:一是人格权愈来愈受立法者的重视;二是人格权的范围不断扩大;三是法律对人格权的保护愈来愈周密。[⑦] 人,作为民事主体存在于社会之中,必然存在物质利益和人身的非物质利益,而在人格权方面,尤其是在物质性人格权方面,这两种利益都必然存在,并且存在密切的关系。随着社会的发展和文明的进步,人们的价值观念逐渐地发生变化,并且从量的积累发展

---

⑦ 参见梁慧星:《中国民法经济法诸问题》,法律出版社1089年版,第55—58页。

到质的飞跃,终于使那种把人的存在归结为财产权益的拜物教观念已经过时,人们越来越重视精神权利的价值,重视个人感情和感受对于人存在的价值,重视精神创伤和精神痛苦对人格利益的损害。在这样的观念指导下,人民要求法律对人的精神利益予以更高的重视和更严密的保护,而立法者也正是顺应了历史发展的必然要求,才创设并且最终完善了人身伤害的慰抚金赔偿制度。

第二,确立人身伤害慰抚金赔偿制度是保护公民人格利益的必要手段。公民的身体权、健康权、生命权遭受侵害,必然会造成财产上的损失,但同时也必然会造成精神上的创伤,如痛苦、愤懑、仇视、委屈等感情和感受。在尊重人们的精神价值的现代社会,对于这种精神利益的损害,必然要求民法动用它的独特的救济方法即财产赔偿的方法。这种方法的表现形式,就是人身伤害慰抚金。在现代社会的经济、人文环境下,慰抚金的法律功能,体现了它是保护公民人格利益的必要手段。填补损害、精神抚慰和制裁违法,也是慰抚金赔偿制度的基本功能。有的学者还主张慰抚金还有克服功能,即由于给予被害人金钱,而使害人克服其精神上的损害,盖除去其损益,唯有依赖被害人自身将其克服,给予受害人金钱赔偿,使受害人在经济生活上获得利益,自有助于受害人克服其精神上的损害。⑧ 既然慰抚金具有如上功能,如果对于人身伤害只对财产利益损失给予赔偿,对于同时造成的精神创伤等损害不给予慰抚金赔偿的话,对于人的生命健康权的保障,就是不完整的、残缺不全的。

第三,确立人身伤害慰抚金赔偿是精神损害赔偿制度的必要组成部分。精神损害赔偿制度是由精神利益损害赔偿和慰抚金赔偿两个内在的部分构成的,这两个内部制度缺一不可。如果对于人身伤害的慰抚金赔偿制度不予确立,这一制度就是残缺不全的制度。

正是基于理论上的这种认识,在立法上,必须尽快建立人身伤害的慰抚金赔偿制度。

(二)我国在人身伤害慰抚金赔偿制度立法上的发展

在我国建立共和国制度以来,前几十年并没有涉及人身伤害慰抚金赔偿的问题。1986年,我国《民法通则》第120条规定了精神损害赔偿制度,这不能不说是我国民事立法的一个重大进步,是先进的民法理论战胜陈旧落后的民法思想的一个重大胜利,也是我国民事立法思想从封闭、保守的原苏联民事立法思想束缚中解放出来的一大明证。但是,《民法通则》第120条规定的精神损害赔偿制度是不完善的,表现在两个方面:一是没有确立侵权行为造成受害人精神上、心理上的痛苦或恐惧的慰抚金赔偿制度,尤其是没有建立人身伤害慰抚金赔偿制度,因而不能发挥精神损害赔偿制度的全部功能;二是确定侵权客体范围过窄,没有规定侵权行为的客体包括隐私权、人身自由权、贞操权等其他人格权。⑨

---

⑧ 参见曾隆兴:《现代损害赔偿法论》,台北1988年自版,第29页。
⑨ 参见马原主编:《民事审判实务》,中国经济出版社1993年版,第187页。

《民法通则》没有规定人身伤害的慰抚金赔偿制度,是一个严重的缺陷。其主要依据是:

从理论上分析,这样的结果,就使我国对人格权的保护没有适应社会时代发展的需求,没有跟上法律进步的步伐。因而使人格权的保障体系不完备,使完整的精神损害赔偿制度残缺不全。

从实践上分析,这种局限性主要表现在:

一是,对于侵害身体权的损害,往往无法救济。侵害身体权的行为,是指损害身体组织,不以被害人感受肉体上之痛苦为必要[⑩],主要包括非法搜查公民身体、非法侵扰公民身体、对身体组织之不疼痛的破坏、不破坏身体组织的殴打等,一言以蔽之,即侵害身体而尚未使健康权受到损害的行为。这种行为通常不会造成受害人财产上的损失,或者受到轻微的财产损失,但由于受害人的身体权受到侵害,其精神上的刺激是巨大的,形成精神上的创伤和痛苦。按照《民法通则》第119条规定的原则,对身体侵害没有造成伤害结果的,无法请求损害赔偿。在没有慰抚金制度的情况下,受害人身体权受到侵害,无法得到任何补偿和救济,而侵权人实施民事违法行为后,"打了白打",没有受到任何法律制裁。这种法律观念、法律价值上的不公平后果,是这一局限性的直接表现。

二是,对于健康权的侵害只赔偿财产上的损失,无法救济受害人的精神痛苦和精神创伤,也使对民事违法行为的民事制裁不力。对人身伤害只赔偿财产损失,曾经是我国侵权行为法的一条"赔偿原则"。这一原则在实际的贯彻执行中,往往又由于强调侵权人的经济负担能力而打了折扣,因此,仅就其财产损失的救济而言,就是不完全的。受害人的健康权受到侵害,除身体上轻则轻伤、重则残废的肉体痛苦外,在精神上也蒙受了巨大的痛苦和创伤。按照现行的人身损害赔偿制度,这样的精神损害完全得不到救济。这正是由于人身伤害慰抚金赔偿制度未予确立的局限性所致。

三是,对侵害生命权的救济造成极不公平的后果。按照《民法通则》第119条的规定,侵害公民身体"造成死亡的,并应当支付丧葬费、死者生前扶养的人必要的生活费等费用"。这里之所以使用"并",是指如果有死亡前治疗、抢救、误工损失等,亦应赔偿之义。就丧葬费而言,各高级人民法院掌握的标准很低,一般掌握的标准是,丧葬费(其中包括运尸费、火化费、购买骨灰盒和一期骨灰存放费等费用)根据有关殡葬部门开具的发票,按实际合理支出计算,由侵害人酌情赔偿。侵权行为致人死亡,除了治疗费及间接受害人的生活补助费以外,受害的死者近亲只能得到远不足丧葬要求的几百元丧葬费赔偿。相比之下,如果侵权行为致人重伤,以致残废,最高的赔偿已达数十万元。这种不合理、不公平的现象,也是没有建立侵害生命权慰抚金赔偿制度的结果,难怪侵权人普遍认为,如果侵权,致死比致伤更合算!

正因为如此,贾国宇在受伤害后要求加害人承担精神损害赔偿即慰抚金赔偿,仅

---

⑩ 参见何孝元:《损害赔偿之研究》,台北商务印书馆1980年版,第135页。

仅依据《民法通则》的规定是不能够实现的。立法者注意到了这样的问题,近几年来,在立法中采取了一些办法解决这个问题。

一是,国务院颁发的《道路交通事故处理办法》在制定中,注意到了这一问题的严重性,采取措施加以解决。该办法在第37条第(八)项规定了对交通事故致死者,赔偿10年基本生活费的死亡补偿费标准,这实际上是对死者近亲慰抚金的变相形式,是值得肯定的。但这一补偿是否可以援用于全部的侵害生命权的场合,最高司法机关没有任何表示,只有少数高级法院作了可以援用的规定。就此来说,侵害生命权的近亲慰抚金赔偿制度的建立,还远远没有解决其在实践中造成的极端不合理、不公平的现状,也远远没有被消除。

二是,《国家赔偿法》作出了残疾赔偿金和死亡赔偿金的规定。该法第27条第(二)项中规定:"造成部分或者全部丧失劳动能力的,应当支付医疗费,以及残疾赔偿金,残疾赔偿金根据丧失劳动能力的程度确定,部分丧失劳动能力的最高额为国家上年度职工年平均工资的十倍,全部丧失劳动能力的为国家上年度职工年平均工资的二十倍。"第(三)项规定:"造成死亡的,应当支付死亡赔偿金、丧葬费,总额为国家上年度职工年平均工资的二十倍。"上述规定,一定程度地解决了对侵害生命权和健康权造成人身伤害和死亡的慰抚金赔偿问题。但值得研究的是,这一规定由于该法适用范围所限制,在原则上只能适用于国家赔偿的情况,而不能适用于其他人身伤害的侵权行为情况。从积极的意义上考虑,这一立法毕竟在现行法律中规定了人身伤害慰抚金赔偿制度,可以作为处理其他侵权行为确定人身伤害慰抚金赔偿的参考依据。

三是,《消费者权益保护法》对《国家赔偿法》的上述规定作了进一步的引申,将这一种慰抚金赔偿的适用范围作了进一步的扩大。该法第41条规定:"经营者提供商品或者服务,造成消费者或者其他受害人人身伤害的,应当支付医疗费、治疗期间的护理费、因误工减少的收入等费用,造成残疾的,还应当支付残疾者生活自助具费、生活补助费、残疾赔偿金以及由其扶养的人所必需的生活费等费用。"第42条规定:"经营者提供商品或者服务,造成消费者或者其他受害人死亡的,应当支付丧葬费、死亡赔偿金以及由死者生前扶养的人的必需的生活费等费用。"在这两条规定中,有两个问题值得研究:其一,后一条规定的死亡赔偿金,就是规定了侵害生命权的慰抚金赔偿制度;前一条规定的,要求造成消费者或者其他受害人人身伤害,只有造成残疾的,才可以给予残疾赔偿金的赔偿,因而对于一般的侵害健康权和身体权,没有造成残疾的,则无法请求赔偿慰抚金。其二,由于本法性质的限制,这里规定的残疾赔偿金和死亡赔偿金的适用范围,应当是在消费领域,对其他一般的人身伤害是否能够适用这样的规定予以残疾赔偿金和死亡赔偿金赔偿,尚没有定论。

对于人身伤害慰抚金赔偿制度在立法上的这些进步,应当给予充分的肯定。但是还得看到不足。一方面,该规定本身存在以下缺陷:一是人身伤害慰抚金赔偿的内容,仅仅是侵权行为造成残疾和死亡的,才可予以适用,对于没有造成残疾或者死亡的一般人身伤害和侵害身体权并没有造成人身伤害的,尚没有办法给予慰抚金赔偿;二是《道路交通事故处理办法》以及《国家赔偿法》和《消费者权益保护法》在规定这种慰抚金赔偿制度时,并没有将其扩大适用到一般人身伤害的侵权行为,虽然消费者权益保护法适用范围是很广泛的,但它并不能包括一切人身伤害,因而在慰抚金赔偿制度的适用上,还有很多的问题没有解决。另一方面,针对我国的实际情况,立法者没有对人身伤害慰抚金赔偿制度的全面适用作出立法解释或者补偿规定,最高司法机关对上述规定能否扩大适用,也没有作出司法解释。这些问题,都应当进一步解决。贾国宇案件,由于发生在消费者权益保护领域,因而适用《消费者权益保护法》第41条的规定,判决给予10万元人民币的慰抚金赔偿。这是完全正确的,如果贾国宇不是在消费者权益保护领域发生的重伤害,按照目前人民法院的司法思想,是不能给予这种赔偿的;同样,如果贾国宇在消费者权益保护领域受到伤害,但并没有造成残疾,当然也不会予以残疾赔偿金的赔偿。这正说明了问题的关键所在。

四、人身伤害慰抚金赔偿制度的内容及实行

笔者主张,对于《道路交通事故处理办法》以及《国家赔偿法》和《消费者权益保护法》规定的人身伤害慰抚金赔偿制度,应当扩大适用到一切人身伤害领域,并且包括对身体权侵害的领域,建立完整的人身伤害慰抚金赔偿制度。建立这一制度,就要以现行立法作为基本的依据,以现有的司法实践和判例作为参考,完整地架构这一制度。

(一)人身伤害慰抚金赔偿的性质

在一般的理解上,慰抚金与精神损害赔偿是同一或者近似的概念,系指对财产权以外的非财产损害,即精神上损害,给付相当金额,以赔偿损害之谓。[11] 各国和地区规定慰抚金适用范围,分三种情况:日本、法国规定最宽,不但人格权遭受损害可以请求慰抚金,对一般财产权受到侵害,造成精神损害的,亦可请求慰抚金;我国台湾地区、瑞士的规定为中,限定法有明文规定者始得请求,但包括范围较广,适用于姓名权、身体权、健康权、生命权、自由权、名誉权的侵害以及婚约或婚姻破裂所生感情上苦痛或失望等损害;德国最窄,仅规定适用于身体权、健康权、自由权和贞操权侵害所造成的精神损害。人身伤害的慰抚金,是指侵害公民身体权、健康权、生命权,对受害人及其近亲属给付相当金额,以赔偿精神损害的制度。这里所说的人身伤害,不是指纯粹意义上的人身伤害,而是借用这一概念,泛指侵害生命权、健康权和身体权的侵权行为。尽管各国或地区立法对慰抚金的适用范围规定有如上不同,除德国不承认侵害生命权死者近亲的慰抚金适用以外,对这种人身伤害的慰抚金赔偿制度,是完全承认包含在慰抚金赔偿制度之内的。

---

[11] 参见曾隆兴:《现代损害赔偿法论》,台北1988年自版,第28页。

从严格的意义上说,精神损害赔偿与慰抚金赔偿并不是同一概念。从精神损害赔偿的结构上分析,它是由精神利益的损害赔偿和慰抚金赔偿这两部分构成的。从前述精神损害赔偿制度的发展演变历史观察,从它产生的萌芽阶段就可以发现其分成这两部分的倾向;随着社会文明的进步和法律文化的发展,终至构成了今日精神损害赔偿的内在结构。这就是:

第一,对身体、健康、生命权的有形损害的财产损失,即人身伤害的精神损害赔偿从罗马法的 Injuria 中分离出去,使人身伤害的精神损害赔偿与其财产损害赔偿对立起来,形成了侵害人身权损害赔偿制度中的两大基本制度。

第二,在精神损害赔偿制度的内部,又逐步分成两个不同的部分,即精神损害赔偿的内部结构开始明朗起来。一是对名誉权、自由权等精神性人格权的非财产损害赔偿,即人格权精神利益的损害赔偿制度;二是对身体权、健康权、生命权这些物质性人格权的非财产损害赔偿,即对人的精神痛苦、精神创伤的慰抚金赔偿制度。对于精神损害赔偿的上述两种结构,有的予以确认,如(《瑞士债务法》)的前述规定;有的则统称为慰抚金制度、非财产损害赔偿或精神损害赔偿制度,但对上述两种不同的结构,通说是承认的。

精神利益的损害赔偿,主要是对精神性人格权损害的民事救济手段,保护的对象是名誉权、自由权、肖像权、姓名权、隐私权、贞操权以及一般人格权等人格权。

人身伤害精神痛苦的慰抚金赔偿,是对物质性人格权损害造成精神痛苦的民事救济手段,保护的对象是民事主体不受精神创伤的权利。因而它只能对自然人适用,不能对法人适用。当自然人的身体、健康、生命权受到损害,除应当赔偿其财产上的损害以外,对其本人或亲属造成的精神痛苦和精神创伤,应以一定数额的金钱予以抚慰。就人身伤害而言,其慰抚金适用于三种情况:一是对身体权侵害造成精神痛苦的;二是对健康权损害造成精神痛苦的;三是侵害生命权对其近亲属的救济。对于第一、二项,立法一般规定在一起,如《日本民法典》第 710 条、《德国民法典》第 847 条、我国台湾地区"民法"第 195 条等;第三项一般单独加以规定,如《日本民法典》第 711 条、台湾地区"民法"第 194 条等。[12]

精神损害赔偿制度之所以出现这样的内在结构,是由这一制度保护的客体即人格权的复杂性和可划分性所决定的。民法发展到今天,对民事主体确定的人格权达十几种,构成了庞大的人格权体系。但尽管它们复杂、繁多,却可以用最简单的方法划分为两大类,即以人格权的存在方式为标准,分为物质性人格权和精神性人格权。前者依托于自然人的物质实体,是自然人对于物质性人格要素的不转让性支配权。[13]后者以观念的形态存在,是公民法人对其精神性人格要素的不转让性支配权的总

---

[12] 在日本立法和法国判例中,慰抚金范围很广泛,还包括财科侵害造成精神痛苦的场合。因本文不讨论这样的问题,故对此不予涉及。

[13] 参见张俊浩主编:《民法学原理》,中国政法大学出版社 1991 年版,第 142、146 页。

称。⑭ 对这两种不同的人格权进行民法上的保护,依据它们的不同特点,采取的方法当然也会不同。对物质性人格权侵害,会造成财产上的损害和精神上的痛苦,因而要赔偿财产损失和慰抚金。对精神性人格权的侵害,也会造成一定程度的财产损害,同时造成精神利益的损害和精神上的痛苦,对财产损害当然要进行赔偿,对于精神利益损害和精神痛苦,可以一并用精神损害赔偿的方法,予以保护。正因为如此,精神损害赔偿制度必然形成以上两种结构。

人身伤害慰抚金赔偿的性质,一种认为是民法制裁方式,一种认为是民法上损害赔偿请求权。⑮ 笔者认为,这两种性质兼而有之。从慰抚金的基本性质上看,它是民法赋予造成精神痛苦的人身伤害的受害人的一项保护性民事权利,属于赔偿损害的请求权。相对应的,就是加害人的赔偿精神损害的义务。因而称其为民法上损害赔偿请求权的性质,自是毫无疑问。从另一个角度讲,这种赔偿义务以国家强制力为后盾,以承担民事责任为保障,称其为民事制裁当然也无问题。

(二)人身伤害慰抚金赔偿责任的构成

人身伤害慰抚金赔偿责任既然为民法上的损害赔偿请求权性质,就是债的关系,当债务人不履行慰抚金赔偿义务时,应承担民事责任。

构成人身伤害慰抚金赔偿责任的基础,是首先构成侵害身体权、健康权、生命权的赔偿责任。在这个基础上,还须有受害人受有精神上的痛苦,并且该种精神痛苦与加害人侵权行为有因果关系时,人身伤害慰抚金赔偿责任即构成。贾国宇案判决书在论述这种侵权责任的构成理由时认为,根据我国有关法律规定的原则和司法实践掌握的标准,实际损失除物质方面外,也包括精神损失,即实际存在的无形的精神压力与痛苦,其通常表现为人格形象与人体特征形象的毁损所带来的不应有的内心卑屈与羞惭。本案原告贾国宇在事故发生时尚未成年,身心发育正常,烧伤造成的片状疤痕对其容貌产生了明显影响,并使其劳动能力部分受限,严重地妨碍了她的学习、生活和健康,除肉体痛苦外,毋庸置疑,给其精神造成了伴随终生的悔憾和残痛,甚至可能导致该少女心理情感、思想、行为的变异,其精神受到的损害是显而易见的,必须给予抚慰与赔偿。赔偿额度则要考虑当前社会普遍生活水准、侵害人过错程度及其偿付能力和受害人的损失状况等因素。这些论述,虽然文字有些晦涩,但所提出的依据是符合这样的要求的。

受害人受有精神痛苦,诸如精神上、肉体上的苦痛,因丧失肢体而搅乱生活之苦痛,因容貌损伤以致将来婚姻、就业困难之精神上的苦痛、由于失业、废业或不得不转业之苦痛,因后遗症而对将来所生精神上的苦痛⑯,以及致人死亡的近亲为丧失亲人而遭受的精神上的苦痛者,均是。精神痛苦的受害人包括两种:一种是侵害身体、健

---

⑭ 参见张俊浩主编:《民法学原理》,中国政法大学出版社1991年版,第142、146页。
⑮ 参见曾隆兴:《现代损害赔偿法论》,台北1988年自版,第28页。
⑯ 参见曾隆兴:《现代损害赔偿法论》,台北1988年自版,第28页。

康权的直接受害人,即受人身侵害、人身伤害的受害人;另一种是侵害生命权死亡人的近亲,一般认为包括直接受害人的父母、子女和配偶。这两种人在精神上因侵权行为而受有痛苦时,享有人身伤害慰抚金赔偿的请求权。在本案中,受害人是贾国宇本人,其精神痛苦是容貌毁损所带来的伴随终生的痛苦,学业上的影响,以及对今后工作机会、工作能力等方面的影响。在这种情况下,只考虑对直接受害人的抚慰,而不像侵害生命权的救济那样考虑其近亲属的抚慰。

该种精神上的痛苦,应为侵害身体权、健康权、生命权行为产生的结果,即二者为因果关系。该种侵权行为,应符合法定构成要件,当这种侵权行为与受害人上述精神痛苦的损害具有因果关系时,该种慰抚金赔偿责任构成要件就完全具备。在本案的判决中,正确地认定了两名被告的过失行为与对贾国宇人身伤害所造成的精神痛苦之间的因果关系,并将其作为确定人身伤害慰抚金赔偿的客观基础,是正确的。

(三)人身伤害慰抚金赔偿的适用范围

人身伤害慰抚金赔偿的适用范围,包括以下三个方面:

1. 侵害身体权

对于身体权的侵害究竟以何种方法救济,《民法通则》没有明文规定。侵害身体权,往往不会造成人身伤害的后果,因而不会有或很少有造成财产损害的可能。对此,应当以赔偿慰抚金作为救济的主要方法,辅之以财产损失应予赔偿的方法。之所以将慰抚金作为主要救济方法,主要是侵害身体权造成的损害事实,基本上是受害人的精神痛苦。例如非法搜查公民身体、非法侵扰公民身体以及未造成伤害的殴打,并未造成身体肌体组织的破坏,等等。受害人蒙受的损害,主要是人格上的屈辱和精神上的痛苦。此种损害用慰抚金救济,正符合慰抚金设立的宗旨。在目前的情况下,这种赔偿尚缺乏立法上的根据,但在实践中从保护受害人的权益的立场出发,可以进行探索,总结经验,推动立法。

2. 侵害健康权

在我国现行立法中,将侵害健康权造成残疾的慰抚金赔偿称之为残疾赔偿金。这并不是侵害健康权慰抚金赔偿的全部。凡是侵害健康权造成精神痛苦和精神创伤的,无论是否造成残疾,都应当予以慰抚金赔偿。侵害健康权以一般的标准观察,即为造成人身伤害。人身伤害应赔偿慰抚金,几乎已成为各国的立法通例,只有少数国家立法不认可。对于侵权行为造成受害人伤害轻重,如轻伤、重伤或丧失劳动能力,均在所不问,只要因受侵害而受精神痛苦为必备要件。故意侵害者固无待论,即过失侵害者,亦得请求赔偿,其金额由法院依痛苦之程度而自由酌定。虽大抵系于财产上损害请求合并起诉,但独立提起慰抚金给付之诉,亦属可能。[17] 至于幼儿及精神病人之身体或健康受侵害时,是否得请求慰抚金,有学说认为,幼儿受伤害时,或则所感受痛苦之程度低微,或则全然不感觉,但待其长至知晓时,即大感痛苦,此乃现在可得期

---

[17] 参见龙显铭:《私法上人格权之保护》,中华书局 1948 年版,第 64 页。

待者,故应认为现在可得请求对于将来所蒙受的精神上损害的慰抚金。精神病人除有妨碍其感觉痛苦之特别情事外,一般的亦有感觉精神痛苦之能力,故应认为得请求慰抚金。[18] 因伤害之结果成为狂人,全然失去知觉能力者,虽不感因伤害之痛苦,而失去以后享乐人生之精神上的利益,此则为精神上之损害,应认为现在得请求赔偿。[19]

3. 侵害生命权

侵害生命权的慰抚金赔偿,现行立法称之为死亡赔偿金或者死亡补偿费。侵害生命权的后果,在于直接受害人死亡和其近亲属亲人的丧失。因此,不法侵害他人致死者,受害人之父母、子女及配偶所受精神上之痛苦,实较普通权利被侵害时为甚,自不可不给予相当金额,以资慰抚。[20] 该项慰抚金请求权的享有者,以死亡人的父母、子女、配偶为限,因而比我国民法中的近亲属概念为窄。请求权人的范围,以死者死亡时为限,包括胎儿在内。请求权人为年幼或精神病人,也应包括在内。应当注意的是,该项慰抚金请求权人的范围与侵害生命权间接受害人扶养损害赔偿请求权人的范围并不相同,二者不是同一概念,适用时必须加以区别。

上述三种情况,慰抚金赔偿请求权由权利人专有享有,原则上不得让与和继承。立法例通常的做法是,明文规定侵害身体权、健康权的慰抚金请求权不得让与和继承,但以金额赔偿的请求已依契约承诺或已起诉者,不在此限。对于侵害生命权的近亲慰抚金,一般不加明文规定。实际上,上述三种慰抚金请求权均为专属权利,前两种的直接受害人为权利人,明文规定不得让与或继承,主要是防止扩大其主体范围;而后一种侵害生命权的慰抚金请求权人,本身就是直接受害人的第一顺序的继承人,因而没有必要加以规定。上述三种慰抚金请求权均为专属其请求权人自身所享有,都不得让与或继承,侵害生命权者同样如此。只是慰抚金的赔偿金额已经由当事人双方约定,或者权利人已经起诉的,可以不受上述限制,对约定的赔偿金额或者经判决确定的金额,可由权利人转让他人,权利人已经死亡的,可由其继承人继承。

(四)赔偿办法

1. 基本原则

确定人身伤害慰抚金赔偿数额的基本原则,一种认为"由法院依痛苦之程度而自由酌定"[21],一种意见认为"由法院酌酌各种情形定其数额"。[22] 笔者曾经提出精神损害赔偿的"基本方法是由人民法院斟酌案件的全部情况,确定赔偿金额"。[23] 这一方法,对于确定人身伤害慰抚金的赔偿数额也是适用的。具体应当斟酌的情况,包括

---

[18] 参见何孝元:《损害赔偿之研究》,台北商务印书馆1980年版,第138页。
[19] 参见龙显铭:《私法上人格权之保护》,中华书局1948年版,第65页。
[20] 参见何孝元:《损害赔偿之研究》,台北商务印书馆1980年版,第133页。
[21] 龙显铭:《私法上人格权之保护》,中华书局1948年版,第64页。
[22] 曾隆兴:《现代损害赔偿法论》,台北1988年自版,第28页。
[23] 杨立新:《论人格损害赔偿》,载《河北法学》1987年第6期。

"侵权人的过错程度、侵权行为的具体情节、给受害人造成精神损害的后果等"。[24] 根据这些情况,酌定慰抚金数额。所应注意的是,既然确定的是慰抚金,赔偿的是精神损害,首先应当考虑的是受害人精神损害的后果,其次才应考虑侵权人的过错程度和侵权行为的具体情节。这样才能体现其补偿性和慰抚性为主的功能,否则将以制裁功能为主了。

2. 侵害身体权的慰抚金赔偿

确定这种抚慰金,主要应考虑:一是受害人所受的精神痛苦程度,应考虑侵害身体的地点、场合,受害人的自身感受,等等;二是加害人的过错程度;三是具体的侵害情节;四是受害人的身份资力。根据以上情况综合算定。侵害身体权的慰抚金相当于侵害健康权的慰抚金数额,但应考虑侵害身体权一般较难获得其他财产补偿的情况,因而不可过低。

3. 侵害健康权的慰抚金赔偿

在确定这种慰抚金赔偿数额时,有的适用上述基本原则由法官酌定,有的按照定额化的表格计算。后者如《日本交通事故慰抚金定额赔偿办法》,就是列成具体的表格。例如致害后住院3个月痊愈者,为100万日元,上医院治疗(未住院)3个月痊愈者,为53万日元,住院3个月又继续住医院治疗3个月痊愈者为124万日元。[25] 这种办法的好处是便于计算,通说认为其并不成功。按照《国家赔偿法》的规定,残疾赔偿金的计算标准,部分丧失劳动能力的,最高额为国家上年度年平均工资的10倍,全部丧失劳动能力的,最高额为国家上年度年平均工资的20倍。《消费者权益保护法》对此没有规定具体标准。具体的计算办法应当是:

一是精神损害程度。可以考虑:(1)伤害的部位、程度;(2)住院期间或上医院治疗期间,按照日本的算法,医院治疗的期间,以医疗期间实际治疗天数的3倍为准[26],此法可以参照;(3)后遗症的部位、程度、继续期间;(4)将来的不安或烦恼,等等。

二是加害人的过错程度。这一情节,可以作为确定慰抚受害人考虑的因素,但主要是考虑制裁加害人的指标。过错严重的,可能给受害人造成激愤、怨恨等情绪伤害,平复这种伤害,应酌情增加慰抚金的数额,也体现其制裁的程度。反之加害人只有轻微过失,受害人较易容忍、谅解,精神损害较轻,制裁也应较轻。

三是具体的侵权情节。可以考虑侵权行为的方式、侵权行为的后果,侵权行为的具体情节等,综合考虑其情节之轻重。

四是其他情节。诸如双方的身份、资力,受害人有无过失,加害人对事件的态度,是否因伤致失学、失业等,均应考虑在内。综合上述各种情节,酌定慰抚金的赔偿数额。按照我国实际情况,确定此项慰抚金,不宜过高,也不能过低,与侵害名誉权等赔

---

[24] 最高人民法院《关于审理名誉权案件若干问题的解答》第10条。
[25] 参见司法部外事司:《外国经济法论文选编》第1辑,第226页。
[26] 参见司法部外事司:《外国经济法论文选编》第1辑,第226页。

偿数额相比较,等于或高于为妥,低于这一赔偿标准似不够合理。贾国宇案件的慰抚金赔偿金额确定,符合上述确定慰抚金赔偿额的算定的方法,酌定赔偿金额为 10 万元,可以借鉴。

五是侵害生命权的慰抚金赔偿。确定该慰抚金的赔偿数额,境外通行的办法是适用法院斟酌案情的基本办法,再考虑直接受害人的余命年数。我国台湾地区采此方法。所应考虑者,除与"伤害事件应斟酌事由大致相同外,尚应斟酌死者之余命年数,例如余年不多之老人与壮年人或青少年比较,对人生享乐期间相差甚大,其遗族所受痛苦程度自有增减。此外尚应斟酌死者家庭因素,例如死者若为一家支柱,其家属所受痛苦,自较普通家庭成员为严重,又如死者与家属分居者,亦可认为较同居者所受损害为少"。㉗

我国《道路交通事故处理办法》规定的死亡补偿费,属于侵害生命权慰抚金性质。其算定办法是:"按照交通事故发生地平均生活费计算,补偿十年。对不满十六周岁的,年龄每小一岁减少一年;对七十周岁以上的,年龄每增加一岁减少一年,最低均不少于五年。"《国家赔偿法》对于死亡赔偿金的计算标准比前述标准高,规定"死亡赔偿金和丧葬费的总额为上年度职工年平均工资的二十倍"。《消费者权益保护法》对死亡赔偿金没有规定具体的标准。在实践中,可以参考前两个办法确定侵害生命权的慰抚金赔偿标准。

㉗ 曾隆兴:《现代损害赔偿法论》,台北 1988 年自版,第 41—42 页。

论多重买卖中的侵权行为及其民事责任[*]

一、据以研究的审判案例

1992年5月13日,黑河中大经济贸易公司(以下简称黑河中大公司)给长春市宽城区对外经济贸易公司(以下简称宽城区外贸公司)出具库房钢、工字钢1 200吨的供货证明,8月8日正式签订合同,履行期为1992年8月至12月,宽城区外贸公司依此汇入黑河中大公司113.2万元。1992年8月7日,黑河中大公司与四平市物资局签订购销钢材意向书,由黑河中大公司供库房钢,每吨1 600元。8月3日,四平物资局与黑河坤阳公司签约,供给黑河坤阳公司型钢800吨,每吨1 800元,黑河码头交货。9月10日,黑河坤阳公司与辽阳市宏伟托盘厂签订供货合同,供托盘厂800吨型钢,每吨2 800元,东辽阳站专用线交货。9月25日,黑河坤阳公司向黑河中大公司交预付款100万元。

1992年10月16日,黑河中大公司从俄罗斯进口库房钢336.582吨,工字钢299.46吨,在黑河码头,将库房钢交付给宽城区外贸公司,将工字钢交付给四平物资局,四平物资局转交给黑河坤阳公司。宽城区外贸公司与黑河坤阳公司对工字钢货权产生争议,宽城区外贸公司将两种钢材全部办理了入库手续;黑河坤阳公司则持商检通知单办了入库手续,并办完清关完税手续后,先后提走工字钢66.2吨。宽城区外贸公司见工字钢陆续被提走,遂开具外运提货单,于11月17日另办提货手续,将库存的233.26吨工字钢全部提走销售。黑河坤阳公司向法院起诉。

一审法院认为,进口货物在海关监管期间所有权不发生转移,虽然在监管期过后货物所有权可以发生转移,但是,进口货物所有人将货物售给何人,仓储部门即与何人形成仓储合同关系。在黑河中大公司已将此工字钢售给四平物资局,该局又转卖给黑河坤阳公司的情况下,宽城区外贸公司开假外运提货单将工字钢全部提走,侵犯了所有人黑河坤阳公司的合法权益,构成侵权行为,给黑河坤阳公司造成了损失,应承担赔偿责任。黑河中大公司在此案中无过错,不承担任何责任,故判决宽城区外贸公司赔偿黑河坤阳公司经济损失629 802元。

---

[*] 本文发表在《河北法学》1998年第1期。

二审法院审理认为,黑河坤阳公司分别与四平物资局和辽阳宏伟托盘厂签订的购销合同都是有效合同,应受法律保护。黑河坤阳公司以每吨 2 800 元的价格销售工字钢,是双方自愿,并非牟取暴利。宽城区外贸公司虽与黑河中大公司签有工字钢购销合同但没有履行,又采取不正当手段将他人所有的工字钢提走,系侵权行为。黑河坤阳公司依海关法规定在海关结束监管发出放行通知之日即取得工字钢的所有权,因此有权依法主张自己的权利,故判决驳回上诉,维持原判。

对于本案判决,有两种不同的意见。第一种意见认为,宽城区外贸公司与黑河坤阳公司订有工字钢购销合同,且其订约在先,已交付货款,因而其提走工字钢的行为是合法的履约行为,不构成侵权行为,故一、二审判决错误。第二种意见认为,宽城区外贸公司与黑河中大公司签订钢材购销合同包括库房钢和工字钢,但黑河中大公司将库房钢交付给宽城区外贸公司,将工字钢交付给四平物资局,四平物资局又交付给黑河坤阳公司,黑河坤阳公司即时依交付而取得工字钢的所有权,宽城区外贸公司亦即时依交付而取得库房钢的所有权,在此情况下,宽城区外贸公司未经所有权人同意,擅自提走工字钢销售,侵害了黑河坤阳公司的财产所有权,构成侵权行为,应当承担侵权民事责任。故一、二审判决虽有部分失误,但基本正确。至于宽城区外贸公司的权利应当如何保护的问题,则应依据原合同,向黑河中大公司主张其承担违约责任。

二、多重买卖中侵权行为概述

究竟何种行为是多重买卖中的侵权行为,在理论上没有准确的界定。学者多通过描述具体的案情来确认多重买卖中的侵权行为。较为典型的如:其一,在多重买卖中,如果后买受人故意以妨害前买受人取得所有权而从事买卖行为时,可以对前买受人的债权构成侵害,前买受人可以依侵权行为的规定而要求后买受人赔偿损失、返还财产。[①] 其二,卖主就同一标的物为多重买卖,而后买约已经发生物权关系时,前之买主不得请求主张后买约无效,对于出卖人仅得请求损害赔偿,不得请求为转移该物所有权之行为。[②] 如前买主强行占有该物,剥夺后买主已经取得的所有权,则构成侵权行为。其三,出卖人为多重买卖,对第一买受人已为占有改定,后复将其物出卖与第二买受人,并为现实交付,此时,第一买受人因占有改定取得所有权,第二次出卖该物,为无权处分。如第一买受人嗣后其物被追夺,则得基于侵权行为之规定,对于出卖人请求赔偿或返还。[③] 其四,在多重买卖中,如果出卖人与后买受人恶意串通,故意以第二次买卖的方式加损害于前买受人,则构成共同侵权行为。[④]

---

① 参见王利明主编:《民法·侵权行为法》,中国人民大学出版社 1993 年版,第 253 页。
② 参见曾隆兴:《现代损害赔偿法论》,台北 1988 年版,第 350 页。
③ 参见史尚宽:《债法各论》,台北荣泰印书馆 1981 年版,第 50 页。
④ 参见王利明主编:《民法·侵权行为法》,中国人民大学出版社 1993 年版,第 253 页。

综上所述,可以概括出多重买卖中侵权行为具有以下法律特征:

第一,须以多重买卖为发生侵权行为的前提条件。多重买卖,是指一物多卖,即出卖人将自己所有的某项财产出卖给两个或者多个买受人。在这种情况下,在当事人之间存在的买卖关系中,必须存在两个以上的买受人,且就同一标的物形成两个或者多个买卖关系,其出卖人只有一个,买卖关系相互重合;其标的物只有一项,重合于诸个买卖关系中。只有这样,才能产生多重买卖中的侵权行为。

第二,这种侵权行为以财产权为侵害客体,包括所有权和债权。买卖关系的标的物是动产和不动产,在多重买卖中,任何一方侵害享有所有权一方当事人的动产或不动产,均构成对所有权的侵害。明知前买受人已与出卖人订立买卖合同,却故意订立与之平行的另一买卖合同,抢先履行致使前一买受人的债权无法实现,即为侵害债权。其他财产权,如典权、抵押权、知识产权等,因无买卖的余地,亦与买卖关系无关,不能成为多重买卖中侵权行为的侵害客体。人身权是另一类侵权行为的侵害客体,是与财产权相平行的民事权利,由于人身权不能成为买卖关系的标的,因此人身权不能成为多重买卖中侵权行为的侵害客体。

第三,这种侵权行为是一种非典型的侵权行为。具体表现在:一是,它不是一种独立的侵权行为,不是侵害同一种侵害客体的侵权行为,而是实际上包含了两种侵权行为,即侵害所有权的侵权行为和侵害债权的侵权行为,具有侵害客体多样化的特点。二是,它的行为人并非固定,而是在多重买卖中的任何一个主体都可能构成侵权行为人,具有侵权行为主体复杂化的特点。三是,侵权行为的具体方式多样化,侵夺、抢先登记、另定买卖关系等,均可构成,具有行为方式不规范的特点。

据此可以认为,多重买卖中的侵权行为,是指出卖人将同一标的物先后出卖给两个以上的买受人,其中一方依其中一项买卖关系的存在为依据,非法侵占该项财产,或者以侵害一方买受人的债权为目的,另定与该项债权相重合的买卖关系,而使作为一方买受人的所有权人或债权人的权利受到损害的行为。

三、多重买卖及其一般救济方法

多重买卖发生在买卖合同领域。出卖人就同一项财产的出卖订立两个或者两个以上的买卖合同,形成两个或两个以上的买卖关系,这两个或两个以上的债权债务关系相重合,即形成多重买卖关系。在本案中,黑河中大公司1992年5月13日与宽城区外贸公司签订钢材购销合同。8月7日,该公司又与四平物资局签订钢材购销合同。这两份购销合同都是就俄罗斯进口钢材所形成的买卖债权债务关系。因出卖人在订立合同之时,预期从俄罗斯进口的钢材数量较大,在订约当时,尚没有形成多重买卖关系。10月16日,黑河中大公司所定俄罗斯钢材到货,但数量远远不足两个买受人所需,因而就同一项财产即工字钢的销售形成了两个相互重合的买卖关系,形成了多重买卖关系。在多重买卖关系中,其各个买卖合同皆为有效,并不因契约成立之先后而有优劣⑤,不能认为签订在先的买卖合同的效力优于签订在后的买卖合同的效力。对本案判决的第一种意见认为宽城区外贸公司订约在先,因而具有履行在先的特权,是不正确的。债权平等是债法通行的原则。在债法领域,债权行为不适用物权法中取得在先即享有优先的权利。例如,先设置的抵押权可以对抗后设置的抵押权,享有优先受偿权,债权行为不得适用这一原则。构成多重买卖合同,出卖人如何履行重合的债务,依出卖人的意思表示为之。这是基于买卖的自由权决定的。出卖人作为债务人,可以先履行前一买卖关系债务,也可以先履行后一买卖关系债务,还可以就各个买卖关系均为部分履行(以履行标的物可以分割为前提)。就此,未受清偿的债权人可以向债务人主张其承担违约责任,但不得主张债务人的履行行为无效。⑥ 在此,判断数个买卖关系为有效履行的标准,为物权公示原则所规定的物权转移公示形式所决定,即动产的公示方式为交付,不动产的公示方式为登记,并依此而发生所有权转移。所以,先受交付或者先为登记的债权人,取得该项买卖之财产的所有权,第二买受人于合同订立时,纵然知其给付之物已为其他买卖之标的,然而基于其买卖的自由权,仍不妨其先于第一买受人而受交付或为登记,并不因其知有第一买受人之债权并欲侵害之为目的,依自己之受交付或为登记,以妨害第一买卖关系之履行,则可构成侵权行为。⑦ 黑河中大公司在构成多重买卖关系之时,将库房钢交付给宽城区外贸公司,将工字钢交付给四平物资局,四平物资局又将其交付给黑河坤阳公司,均符合物权转移的公示形式要求,宽城区外贸公司、四平物资局和黑河坤阳公司均依其接受交付而取得所有权。宽城区外贸公司虽然抢先办理了全部钢材的入库手续,但这一行为却改变不了工字钢已完成交付、所有权已经转移为黑河坤阳公司所有的事实。应当指出的是,一审法院认定进口货物在海关监管期过后所有权可以发生转移,二审法院认定黑河坤阳公司在海关结束监管发出放行通知之日起即取得工字钢的所有权,均有不妥。动产物权转移,只能依交付完成。该多重买卖合同中均约定为黑河码头交付,交付即发生所有权转移的后果。至于在海关监管期间,海关并不问所有权为谁所有,仅实行进口货物监管行为,所有权问题并不因监管行为而转移。

在多重买卖关系中,出卖人为一履行之后,必有一方买受人的债权不能实现,抑或在为各个部分履行后,各个债权人均有部分债权不能实现。在后一种情况,履行至为公平,故各个买受人均可向出卖人请求承担债务不完全履行的责任,大致不会出现严重的争执。部分买受人的债权受侵害的救济方法,主要是向出卖人请求违约损害赔偿,或者请求继续履行;当继续履行已无可能时,则只能请求损害赔偿。在出卖人一方,虽然享有买卖自由权,然而其签订的合同均为有效合同,均负履行义务,出卖人选择一个买卖关系而为履行,对另一买卖关系拒绝履行,当然应承担违约责任。本案

---

⑤ 参见史尚宽:《债法总论》,台北荣泰印书馆1978年版,第138页;曾隆兴:《现代损害赔偿法论》,台北1988年版,第249页。
⑥ 债务人与他债权人串通害及债权人的债权者除外,见后文论述。
⑦ 参见史尚宽:《债法总论》,台北荣泰印书馆1978年版,第138页。

宽城区外贸公司所订工字钢购销合同未能接受履行。其责任完全在黑河中大公司违约,黑河中大公司自应承担违约责任。宽城区外贸公司在其债权不能实现时,不是去向债务人请求承担违约责任,而是采取侵夺黑河坤阳公司已经取得所有权的工字钢的方法予以救济,显系不当。

在出卖人与第二买受人串通,以侵害第一买受人即买卖合同关系债权人的债权为目的,而为第二买卖关系且予交付或登记行为时,当构成债权人撤销权。依债权人撤销权,债务人的积极处分财产行为害及债权人债权时,债权人对债务人的无偿处分行为,或者对债务人与受让人具有恶意的有偿处分行为,皆可行使债权人撤销权,撤销债务人与他人的财产处分行为。买卖行为是有偿行为,债务人与第二买受人以侵害第一买受人的债权为目的,即具共同故意。在此情形下,第一买受人可依债权人撤销权予以救济。此种情况构成债权人撤销权与侵权损害赔偿请求权的竞合,应当由债权人依其意思选择具体的救济方法。

四、多重买卖中侵权行为的具体形式及其赔偿规则

多重买卖中侵权行为具体表现为两种形式:一是侵害所有权的侵权行为;二是侵害债权的侵权行为。

(一)多重买卖中侵害所有权的侵权行为

侵害所有权的侵权行为,是指在多重买卖关系中,一方当事人以其中一项买卖关系的存在为依据,非法侵占他方享有合法所有权的买卖标的物,使该项财产所有人的所有权受到侵害的违法行为。

在多重买卖中侵害所有权的侵权行为,侵权行为人应当是多重买卖关系中的当事人。究竟谁为侵权行为人,有以下四种情况:

第一,在一般情况下,多重买卖中的侵权行为人多是第一买受人,因为往往由于出卖人将买卖标的物又卖给第二买受人,第二买受人据此接受了出卖人的交付;而第一买受人由于自己订约在先,认为自己所订的前一买卖关系合法有效而否认后一买卖关系的效力,因而敢于公然侵占第二买受人已经取得所有权的买卖标的物,侵害第二买受人的财产所有权。第二买受人也有可能成为侵权行为人,假如出卖人将买卖标的物交付给第一买受人,第二买受人认为自己的买卖合同依法有效,因而侵占该买卖标的物亦构成侵权。出卖人将买卖合同的标的物交付给一方买受人,而使另一方买受人的买卖合同债权不能实现,为使自己的买卖合同债权得以实现,所以才去侵占已经接受交付的财产,使自己的行为具有违法性,并且具备其他侵权行为的构成要件,构成侵权行为。

第二,如果出卖人部分履行买卖合同,将买卖标的物交付给各个买受人,各个买受人因为没有完全接受清偿,因而侵占其他已经接受部分履行的标的物,这一买受人也构成侵权行为人。

第三,在有些情况下,买受人中的任何一方,在出卖人还没有实际交付买卖合同标的物时,急于取得买卖合同标的物的所有权,而侵占所有权还属于出卖人的标的物,侵害了出卖人的财产所有权,构成侵权行为。

第四,最后一种情况,是在买受人已经接受了出卖人的交付后,取得了买卖合同标的物的所有权,出卖人因为反悔,而将已经交付的标的物予以侵占,侵害了该买受人的财产所有权,亦构成侵权行为。

本案的侵权行为人属于第一种情况,是典型的多重买卖中侵害所有权的侵权行为人。宽城区外贸公司订约在先,且已经给付了部分货款,在黑河中大公司将工字钢交付给后签约的四平物资局,四平物资局又将该标的物转交给黑河坤阳公司的情况下,认为该标的物属于自己所有,故侵害了黑河坤阳公司的财产所有权,构成侵权行为。

多重买卖中侵害所有权的侵权行为具备侵害财产所有权的侵权行为的一般特征。其构成应当具备违法行为、损害事实、因果关系和过错这四个要件。这种违法行为的特征,是在履行买卖合同的过程中,因买卖合同关系的重合而发生。买受人的一方或者出卖人因履行一个买卖合同没有履行另一个买卖合同而发生争议,侵害了一方当事人享有所有权的买卖合同标的物。这种行为的违法性,在于非法侵占一方当事人所有的财产。损害事实是当事人一方享有所有权的财产遭受侵害,使其拥有的财产价值减少。这种损害事实的特征是,受到损害的财产只能是买卖合同的标的物,而不是其他财产。在因果关系方面,没有特别的要求。在主观过错中,行为人的心理状态较为复杂,在一般情况下,行为人往往是认为自己对买卖合同的标的物享有所有权,也有的是明知自己没有所有权,但是为了造成既成事实,抢先占有买卖合同的标的物。因此,这种侵权行为的过错既可以由过失构成,也可以由故意构成。

(二)多重买卖中侵害债权的债权行为

多重买卖中侵害债权的侵权行为,是指在多重买卖关系中,一方买受人或者出卖人以侵害另一方买受人的债权为目的,故意以订立与该买卖合同关系相重合的另一买卖合同关系,使另一方买受人的债权无法实现,致使遭受财产利益损失的民事违法行为。

多重买卖中侵害债权的侵权行为人,有两种情况:第一种是由一方买受人为侵权行为人。他明知另一方买受人已经与出卖人订立了有效买卖合同,但是为了使另一方买受人的债权落空,采取与出卖人另订买卖合同的方法,使之与前一买卖合同相重合,并且使出卖人先履行后一买卖合同,以此侵害前一方买受人的合法债权。第二种是一方买受人与出卖人串通,以侵害另一方买受人的合法债权为目的,订立与前一买卖合同关系相重合的另一买卖合同关系,并抢先履行后一买卖合同,使另一方买受人的合法债权受到侵害。在后一种情况下,一方买受人与出卖人构成共同侵权行为人。也有在两个买卖合同关系相重合的情况下,前一买卖合同关系的买受人自己侵权,或者与出卖人串通共同侵权。这两种情况下的行为人并没有原则的区别。

多重买卖中侵害债权的侵权行为的构成，与一般的侵害债权的构成没有原则区别。第一，被侵害的买受人的债权须是合法债权，即受侵害的买受人买卖合同必须是合法的，有效的，如果一方买受人的买卖合同是无效的，或者是违法的，那就不存在侵害债权的前提条件。第二，侵害债权的行为人须是一个买卖合同关系之外的人。在一般的侵害债权侵权行为中，行为人必须是债的关系以外的第三人；在多重买卖侵害债权的侵权行为中，行为人是另一个相重合的买卖合同关系的买受人，如果出卖人与侵权的买受人相互串通恶意加害，则为共同加害人。第三，行为须具有违法性，这表现在违反保护合法合同债权的法律规定，使一方买受人的合法买卖合同的债权受到侵害，不能实现。第四，行为人必须出于侵害债权的故意，过失不能构成这种侵权行为。侵害债权的故意，是指第三人明知其行为会发生侵害他人的债权的后果而希望或放任这种结果的发生。这种明知，既要明知他人债权的存在，也要明知侵害结果发生的可能性。[8] 多重买卖中侵害债权的故意亦应如此，在要求上不能降低标准。第五，行为人的行为须造成一方买受人的损害事实。这种事实，一方面是对债权的侵害，使债权无法实现；另一方面是因此而使受害人的财产利益遭受损失，这种损害结果与行为人的违法行为之间有因果关系。

（三）多重买卖中侵权行为的赔偿规则

多重买卖中侵权行为的具体赔偿，应当根据侵权行为法的一般赔偿规则进行，并没有特别的规则。

多重买卖中侵害所有权的侵权行为的赔偿，应当依照《民法通则》第 117 条（《侵权责任法》第 19 条）的规定进行。一是，侵占买卖合同标的物的，首先应当返还原物，原物不存在的，应当折价赔偿。这在多重买卖侵权行为中，是使用较多的赔偿方法。二是，侵占买卖合同标的物并且将其损坏的，应当恢复原状或者折价赔偿。这种赔偿方法，在多重买卖中侵权行为的赔偿中也是经常使用的。三是，因侵占买卖合同标的物或者损坏买卖合同标的物造成受害人其他重大损失的，即造成间接损失的，对这种间接损失也应当予以赔偿。

对多重买卖中侵害债权的侵权行为的索赔，主要是赔偿债权损害所造成的间接损失。这种间接损失是受害人债权受到损害所造成的可得利益损失，就是受害人在正常情况下实现债权所能得到的预期利益，由于加害人侵害债权而使这种利益丧失。赔偿这种间接损失应当有充分的依据，不能主观臆断，避免造成不合理的赔偿或者赔偿不足的问题。造成财产直接损失的，应当对这种直接损失予以全部赔偿。

五、结论

多重买卖中侵权行为是发生在多重买卖关系中的一种较为特殊的侵权行为，包

---

[8] 参见杨立新：《民法判解研究与适用》（第 2 集），中国检察出版社 1996 年版，第 283 页。

括侵害所有权的侵权行为和侵害债权的侵权行为。它们的构成,依据侵害所有权和侵害债权的侵权行为的一般构成原理来确定;具体的赔偿规则,亦与该种侵权行为的赔偿规则相同。本文所讨论的案例,黑河中大公司将同一笔钢材既出售给宽城区外贸公司,又出售给四平物资局,形成了多重买卖关系。在履行合同中,黑河中大公司将工字钢交付给四平物资局,该局又将其交付给黑河坤阳公司,没有交付给宽城区外贸公司。在这种情况下,宽城区外贸公司认为自己订约在先,理应得到这笔工字钢,故擅自将这笔工字钢提走销售。这种行为侵害了黑河坤阳公司的财产所有权,构成多重买卖中的侵权行为,应当承担赔偿责任。宽城区外贸公司的这种侵权行为的性质,是侵害所有权,而非侵害债权,具体赔偿应当按照侵害财产所有权的赔偿规则进行。首先,侵占买卖合同的标的物,并将该物销售给他人,无法返还原物,只能折价赔偿,因此应当赔偿233.26吨工字钢的全部价款;其次,应当赔偿黑河坤阳公司受到的间接损失,即因其享有所有权的工字钢被侵占而丧失的可得利益,可以依据其售给下家合同的可得利益来计算,即差价的1 000元减去应当支付的费用,所余即为其所应赔偿的间接损失。

关于服务欺诈行为惩罚性赔偿适用中的几个问题*

——兼评丘建东起诉的两起电话费赔偿案

一、丘建东起诉的两起电话费赔偿案的不同判决结果

最近,福建省龙岩市消费者丘建东在北京市东城区人民法院和西城区人民法院分别起诉了两起双倍赔偿多收长途电话费的案件,尽管两起案件诉讼请求的赔偿数额都不大,但是由于两个法院作出的判决结果截然不同,因而,在消费者权益保护问题方面引发了又一个讨论热潮。讨论的焦点,在于如何确认消费者权益保护中的服务欺诈行为问题,实际上就是对《消费者权益保护法》第49条如何适用的问题。

第一起案件的事实是:1996年12月31日21:01时,丘建东在北京西城区前门西大街西河沿甲1号王汉金电话亭打长途电话,通话1分钟,按照夜间通话半价收费的规定,应收话费1.10元,其中通话费0.55元,附加费0.10元,服务费0.50元。该电话亭没有按照规定减半收费,而是按照全费收了1.65元,多收了0.55元。1997年1月2日,丘建东向西城区人民法院起诉,请求责令被告按照《消费者权益保护法》第49条的规定予以双倍赔偿,计1.10元。12月1日,西城区人民法院审理认为,王汉金作为公用电话亭代办户,在向丘建东提供长途电话服务时违反规定,多收电话费,此行为属欺诈行为,故王汉金应赔偿丘建东因此所受到的损失,现丘建东要求被告赔偿1.10元,本院予以支持,依照《消费者权益保护法》第49条规定,判决:被告王汉金赔偿原告丘建东人民币1.10元,北京市电话局三区局厂甸电话局对被告王汉金之赔偿承担连带责任。该判决已经发生法律效力。①

第二起案件的事实是:1997年1月1日,丘建东在北京市某机关招待所向福建省龙岩市打长途电话,招待所未执行邮电部关于节假日长途电话半价收费的规定,全价向丘建东收取电话费1.70元,多收了0.55元。7月22日,丘建东向东城区人民法院起诉,要求被告按照多收的0.55元的双倍予以赔偿,共1.10元,赔偿来京应诉往返

---

* 本文发表在《河南省政法管理干部学院学报》1998年第2期。
① 参见《中国消费者报》1997年12月4日第1版。

交通费,赔偿精神损害100元。11月3日,东城区人民法院作出民事判决,认为关于原告诉被告有欺诈性消费服务行为一节,缺乏相应的证据,其要求双倍返还多收的电话费,本院不予支持;对其应解决纠纷而造成的路费等经济损失,本院将根据实际情况适当确定被告赔偿数额;关于原告要求赔偿精神损失一节,于法无据,本院不予支持。依照《民法通则》的有关规定,判决:(1)被告返还丘建东电话费0.55元;(2)被告给付原告丘建东交通费582元;3、驳回原告其他诉讼请求。丘建东不服,已经提出上诉。②

据悉,丘建东1996年还在福建省龙岩市对当地电话代办点多收费问题曾两次起诉,经法院动员,撤回了起诉。③

对于多收电话费这种服务领域的行为,究竟应不应当认定为服务欺诈行为,应不应当适用《消费者权益保护法》第49条的规定,确实有许多值得研究的问题。本文借这两个案件,对服务领域的欺诈行为如何应用惩罚性赔偿金的问题,再进行深入的探讨。④

二、对于服务欺诈行为应否适用双倍赔偿——立法者对惩罚性赔偿金的价值选择

两个法院对同一种案件作出了两种不同的判决结果,其根本的分歧就在于如何适用法律,换言之,就是该不该适用《消费者权益保护法》第49条。西城区人民法院的判决适用的是《消费者权益保护法》第49条规定,东城区人民法院的判决适用的是《民法通则》,没有适用《消费者权益保护法》第49条。对于多收电话费的案件究竟应不应当适用该法第49条规定,必须弄清立法者制定惩罚性赔偿金的立法价值选择。

《消费者权益保护法》第49条规定了惩罚性赔偿金制度,这在我国立法史上是第一次。这种惩罚性赔偿金的适用范围,一是经营者提供商品的欺诈行为,二是经营者提供服务的欺诈行为。对于这样两种消费领域的欺诈行为,都应当双倍赔偿消费者的损失。对于这样的立法,绝大多数人都是赞成的,但也有人反对,认为不符合国情的规定。事实上,立法机关在制定这一制度的时候,是作了认真的比较和选择的。

大陆法系反对惩罚性赔偿金。这一理论的基点是,无论是侵权损害赔偿,还是违约损害赔偿,都是一种单纯的补偿性的民事法律制度,其基本的功能,就是补偿侵权行为和违约行为的受害人因侵权行为和违约行为所遭受的财产损失。这种补偿,既不能小于损失的数额,也不能超过损失的数额。而惩罚性赔偿金实际上是一种私人

---

② 参见《中国消费者报》1997年11月13日第1版。
③ 参见《中国消费者报》1997年11月13日第1版。据丘建东在一次座谈会上讲,这两起案件在起诉后,法院找了原告和被告一方的代表做了调解工作,经协商,丘建东同意撤诉。
④ 对于惩罚性赔偿金的总体论述,笔者在《"王海现象"的民法思考》一文中已经作了较为详细的论述(本书第2225页),载《河北法学》1997年第5期。

罚款,与私法的补偿性质是不相容的。⑤ 而英美法系却认为惩罚性赔偿金是合理的、科学的,当被告对原告的加害行为具有严重的暴力、压制、恶意或者欺诈性质,或者属于任意的、轻率的、恶劣的行为时,法院可以判决给原告超过实际财产损失的赔偿金。⑥ 将损害赔偿的补偿性和惩罚性结合到一起,是英美法的一大特色,判决给付原告以惩罚性赔偿金,应当依据制定法的规定,不能依据法官或者陪审团的一般意志来决定。⑦

在我国古代,也有惩罚性赔偿金的制度。如汉代的"加责入官"制,唐宋时代的"倍备"制,明代的"倍追钞贯"制,等等。⑧ 在旧中国改律变法以后,采取了大陆法系的成文法模式,所以在以后的民法中,就没有规定惩罚性赔偿金制度了。

新中国民法原来主要借鉴苏联的民事立法和民法原理,也遵循损害赔偿的补偿性原则。在制定《民法通则》的时候,立法者仍采纳这样的主张,规定要以实际的损害范围作为确定赔偿的标准。在该法第112、117条至119条关于违约和侵权的损害赔偿规定中,也规定了赔偿应当以实际损失为限。在制定《消费者权益保护法》的时候,立法者借鉴了英美法系关于惩罚性赔偿金的做法,规定了第49条,这里关于增加一倍的赔偿,并不是补偿性的赔偿,而是惩罚性的赔偿。

按照中国民法的传统观念,损害赔偿的基本功能应当是补偿;当然,它也具有惩罚性和预防性,但是,这种惩罚性和预防性并不是损害赔偿的基本功能,实际上是损害赔偿补偿功能附带的功能,其基本功能还是补偿。而惩罚性赔偿金的加害人所承担的,就是在赔偿自己给受害人所造成的损失的基础上,再增加一倍的赔偿。这样的规定,显然具有实质意义上的惩罚性,对民事违法行为的警戒作用和对一般人的教育作用更为明显。

惩罚性赔偿金必然带来副作用,这就是对受害人所带来的追求不当利益的倾向。双倍赔偿,就意味着受害人在自己的损失已经得到全部补偿以后,再得到相当于原有损失的一倍的利益。实际上就是受害人因为受到损害,而使自己的财产利益实现了"增值",由于自己受到损害而使自己增加了财富,因而会鼓励贪利思想。大陆法系之所以反对惩罚性赔偿金,其立法本意正是基于这样的考虑。

对于惩罚性赔偿金制度的这种副作用,立法者并不是没有预见。在已经预见到惩罚性赔偿金的这种副作用的情况下,仍然制定这样的制度,立法者所注重的是这一制度的另一种作用,这就是惩罚性赔偿金所体现的鼓励人们与制假卖假的恶意制造者、销售者以及提供欺诈性服务的经营者进行斗争。政府采取一切可以采取的手段,制裁不法商人的违法行为,规范社会主义市场经济,切实保护消费者的合法权益。制定惩罚性赔偿金制度,就是其中的手段之一。一方面,惩罚性赔偿金的积极作用是它

---

⑤ 参见金福海:《论建立我国的惩罚性赔偿制度》,载《中国法学》1994年第4期增页,第67页。
⑥ 参见《布莱克法律辞典》(英文版),第513页。
⑦ 参见戴维·M.沃克:《牛津法律大辞典》(中文版),光明日报出版社1988年版,322页。
⑧ 参见戴维·M.沃克:《牛津法律大辞典》(中文版),光明日报出版社1988年版,322页。

的惩罚性,以此制裁假冒伪劣产品的制造者和销售者以及提供欺诈性服务的经营者的民事违法行为;而它的副作用与惩罚作用相比,显然其惩罚性所起的作用更为重要。另一方面,立法者采纳惩罚性赔偿金制度,还着眼于把惩罚性赔偿金的副作用改变为积极作用,把惩罚性赔偿金存在的不当利益变成鼓励人们向制假卖假、提供欺诈性服务的不法商人进行斗争的奖励,调动人们的积极性,向假冒伪劣产品的制造者、销售者以及提供欺诈服务的商家作坚决的斗争。这样,就将消极的东西转化为积极的东西,使惩罚性赔偿金这一制度在规范社会主义市场经济、保护消费者合法权益上,发挥更加积极的作用。这正是立法者制定惩罚性赔偿金的立意所在。

既然立法者已经在惩罚性赔偿金制度上做了这样的选择,实践中就没有必要再去讨论这样的制度应不应当适用,而是应当坚决地予以适用,通过适用惩罚性赔偿金制度,去追求立法者在立法当时所作的价值选择,发挥它制裁民事违法行为、规范社会主义市场经济、保护消费者合法权益的作用。无论是在提供商品还是提供服务中,经营者只要实施了欺诈行为,就应当对其适用《消费者权益保护法》第49条,给予受害人双倍赔偿。

三、如何认定服务欺诈行为的主观要件

(一)分歧意见

对多收电话费案件适用法律的问题,关键问题不是对惩罚性赔偿金本身的态度,而是对多收电话费的行为是否认定构成服务欺诈行为,其中最主要的就是对服务欺诈行为的主观要件的认定。西城区人民法院的判决认为:"被告王汉金作为公用电话亭代办户在向丘建东提供长途电话服务时违反规定多收电话费,此行为属欺诈行为。"东城区人民法院的判决则认为:"关于原告诉被告有欺诈性消费服务行为一节,缺乏相应的证据。"两个案件的判决理由明确地表明了这种适用法律上的分歧。

在理论上,学者间争论最大的是如何认定消费领域欺诈行为的主观要件的问题。对于这个问题,主要的观点有以下三种:

第一种意见认为,认定欺诈行为须以故意为构成要件,没有主观故意即不能认定为欺诈。学者引证了有关的司法解释和学理解释,认为欺诈行为须以一方当事人的故意为构成要件,否则不能认定为欺诈行为。东城区人民法院的判决中所谓"缺乏相应的证据",是指缺乏足以证明被告有故意告知对方虚假情况,或者故意隐瞒真实情况诱使原告上当的证据。不能证明被告有欺诈的故意,就不能认定本案被告多收电话费的事实已构成欺诈行为,也就不能适用《消费者权益保护法》第49条。[⑨]

第二种意见认为,欺诈应当坚持故意的要件,但是对故意要件的认定可以适用过错推定的原则。欺诈行为,是指经营者为了获得对其有利的交易结果,违反公平和诚

---

⑨ 参见梁慧星、肖燕在《中国消费者报》1997年12月1日第1版发表的意见。

实信用原则故意隐瞒或者捏造事实的行为。由于服务行为不同于商品交易的特殊性,再加上消费者对相应消费知识的不了解,给消费者证明欺诈故意的存在造成了实际的困难,甚至消费者根本没有办法提供证据。如果仍然坚持"谁主张谁举证"的原则,消费者将因没有证据证明其权益受到损害而无法得到法律的保护。在提供长途电话服务中,明知我国关于电话收费方式的法律规定,却仍然在应当减半收费时收取了顾客的全价话费,这一行为本身就已经表明了其欺诈故意的存在,无需消费者再提出其他证据予以证明。⑩

第三种意见认为,只要构成损害就应加倍赔偿。在消费服务领域,不管有无欺诈,只要有服务瑕疵,就应当双倍赔偿。不论过失与故意构成的不良服务,从效果上对消费者的损害都是一样的,欺诈是损害,过失也是损害。如果拘泥于"欺诈"的概念,就很容易把《消费者权益保护法》架空,因为欺诈是很难认定的,任何人都会说自己不是故意的。⑪

对于不论故意、过失,甚至不管有无欺诈,只要有损害就应当双倍赔偿的意见,是不应当赞成的。因为《消费者权益保护法》第 49 条明文规定,"经营者提供商品或者服务有欺诈行为",是惩罚性赔偿金适用的必要条件。为了捍卫《消费者权益保护法》而否认《消费者权益保护法》的具体规定,由于欺诈很难认定而放弃《消费者权益保护法》对欺诈要件的规定,显然违背了《消费者权益保护法》的立法本意。研究服务欺诈行为的关键,在于正确认定欺诈行为的构成,尤其是对欺诈故意的认定。离开欺诈行为去讲惩罚性赔偿金的适用,是不适当的。

(二)认定服务欺诈行为故意要件的两个前提

确认服务欺诈行为的故意要件,应当首先确定两个前提:

1. 确定服务欺诈行为的性质

确定服务欺诈行为的性质,就是确认服务欺诈行为究竟是违约行为还是侵权行为。这是因为,对于违约行为和侵权行为的主观要件认定的要求是不一样的。对于违约行为的主观要件的认定,一律适用推定方式,而对侵权行为主观要件的认定采取推定方式则须具备一定的条件,不是所有的侵权行为都能够适用推定方式认定主观要件。

在一些学者的意见中,将服务欺诈行为说成是侵权行为。笔者对这种意见持否定态度。

首先,服务欺诈行为都是发生在服务领域。无论是在哪一种服务,经营者和消费者之间的关系,都是服务合同关系,双方是服务合同的当事人,均受合同权利义务关系的拘束。这与一般的侵权行为⑫的发生不同。在侵权行为发生之前,当事人之间不

---

⑩ 参见苏号朋在 1997 年 12 月 1 日《中国消费者报》第 1 版发表的意见。
⑪ 参见杨振山在 1997 年 12 月 1 日《中国消费者报》第 1 版发表的意见。
⑫ 这里所说的一般侵权行为,不是指侵权行为法理论中的一般侵权行为,而是指除侵害债权的侵权行为以外的其他侵权行为。

存在相对的权利义务关系[13],只存在绝对的人身权或者财产权的关系。侵权行为发生之后,在侵权行为人和受害人之间才发生债权的相对关系。

其次,合同法的最高原则,是诚实信用原则,违背诚实信用原则的履约行为,都是违约行为。在服务合同领域,多数合同是口头合同,双方当事人的约定不够具体,但是,这并不妨碍对合同权利义务关系的认定,认定的标准就是诚实信用原则。在服务合同的履约行为中,违背诚实信用原则,采取欺诈行为,谋取不正当利益,当然是违约行为。

再次,不可否认,服务领域的欺诈行为具有侵权行为的特征,侵害了一方当事人的财产权。但是,一方面,所有的违约行为都会侵害对方当事人的财产权以及其他权利,因而不能把所有的违约行为都认定为侵权行为;另一方面,也不能将所有的使财产权受到损害的行为都认定为侵权行为,还是要按照侵权行为和违约行为的基本特征来加以区分。服务欺诈行为的基本特征是违约行为,与构成侵权行为的欺诈行为并不相同。例如,利用合同进行诈骗,订立合同是诈骗的手段,侵害财产是其目的,因而这是侵权行为而不是违约行为。服务欺诈行为是在服务合同的履行过程中有一定的欺诈服务,履约是真实的,只是在履约中伴随着欺诈行为。这与单纯欺诈的侵权行为是不同的。

对这样的意见,很多学者是持肯定态度的,认为《消费者权益保护法》第49条关于增加赔偿的规定即是违约中的惩罚性赔偿。[14]

将认定服务欺诈行为为违约行为作为对服务欺诈行为的主观故意实行推定方式的前提,就是既然这种行为是发生在合同领域的违约行为,而认定违约行为的过错,本来就是采取推定方式而不是证明的方式,那么,认定服务欺诈行为的故意,就可以采用推定形式。

2. 民法的故意客观化倾向

在现代民法的发展中,对于故意的认定,已经从单纯地依靠主观标准转向更多地依靠客观标准。所谓的过错客观化,就是对过错包括故意和过失的认定采取客观标准,即按照客观标准确认行为人在主观上有无故意和过失。正如法国学者安德烈·蒂克指出的那样:"过错是指任何与善良公民行为相偏离的行为。"[15]这是采用客观标准认定过错的典型理论。"客观过错说是以人的行为为判断标准"[16],检验过错标准的客观化,是民法理论发展的必然。这要求在判断故意和过失时,应采用客观的标准来衡量,按此客观标准,违反之,为有故意或过失,符合之,为无故意或过失。故意和过失体现在行为人的行为之中,要从行为中检验、判断行为人主观上是否有故意和过失。

---

[13] 对此,只有侵害债权的侵权行为不同。参见杨立新:《民法判解研究与适用》(第2集),中国检察出版社1996年版,第269页以下。
[14] 参见河山、肖水:《消费者权益保护法概要》,中国商业出版社1993年版,第41页。
[15] [法]安德烈·蒂克:《过错在现代侵权行为法中的地位》,载《法学译丛》1991年第4期。
[16] 王利明主编:《人格权法新论》,吉林人民出版社1994年版,第90、92页。

民事责任主观要件的客观化，为正确认定服务欺诈行为的主观故意实行推定方式提供了另一个前提条件。

有了这样两个前提条件，对服务欺诈行为主观故意的认定，就可以采取推定方式。这样，就将服务欺诈行为的受害人置于一个优越的地位，只要经营者提供的服务有欺诈的行为，就可以根据客观标准，推定经营者具有欺诈的主观故意。主观要件采取推定，必须给行为人提供以辩驳的机会，这就是实行举证责任倒置，如果行为人认为自己没有欺诈的故意，可以自己举证证明。证明成立者，不承担民事责任，证明不能或者证明不足者，则推定成立，应当承担惩罚性赔偿金责任。

(三) 认定服务欺诈行为主观要件的方法

服务欺诈行为的主观要件是故意。理论上认为，欺诈的民事行为"是指当事人一方故意制造虚假或歪曲事实，或者故意隐匿事实真相，使表意人陷入错误而作出意思表示的行为"。⑰ 在实践中，对一方当事人故意告知对方虚假情况，或者故意隐瞒真实情况，诱使对方当事人作出意思表示的，就可以认定为欺诈行为。⑱ 过失不构成欺诈。

对于两起电话费案件的两个不同的判决，表现了在实务中对欺诈行为故意认定的不同方法，即西城区人民法院在认定中采取推定的方式，东城区人民法院则采取证明的方式。应当承认，在消费领域的服务欺诈行为，其行为人的主观故意确实是很难证明的。如果对服务欺诈行为的故意必须采取证明的方式认定，就会将绝大多数服务欺诈行为的受害人拒之于赔偿救济的大门之外，这不符合《消费者权益保护法》的立法本意。

在服务欺诈行为中具体适用推定方式认定主观故意，要按照以下的要求进行：

第一，提供服务的内容应当有明确的客观标准。任何服务行业都有自己的服务标准，这包括服务的质量标准、收费标准、时间标准，等等。例如，长途电话的收费标准，邮电部有明确的规定，在平时实行全费，在节假日和每日的21:00至次晨7:00，则按照半价收费。按照这样的标准衡量，就使故意的推定有确定的依据，而不是主观臆断。在没有国家统一的客观标准的服务项目中，应当采用公认的标准。

第二，行为人在提供服务时对服务的客观标准应当"已知"或者"应知"。已知是行为人对服务标准有确切的了解，应知是依据其所从事的服务项目推断其必须了解该种服务所应达到的标准。已知或者应知服务所应遵循的客观标准却予以违反，应当认为其在主观上有欺诈的故意。已知和应知的最低标准是应知。对不应知的，行为人没有提供符合标准的服务，就不认定为服务欺诈行为。例如，服务中的表见代理人在提供服务时，提供了不符合标准的服务，由于表见代理人对提供服务的客观标准的无知，则不能认定其在服务中有欺诈的主观故意。

---

⑰ 佟柔主编：《中国民法》，法律出版社1990年版，第238页。
⑱ 参见最高人民法院《关于贯彻执行〈中华人民共和国民法通则〉若干问题的意见（试行）》第68条。

第三,行为人提供的服务违背该种服务的客观标准。服务欺诈行为的具体表现主要有:一是没有提供相当的服务却按照这种服务的收费标准收费;二是提供了相当的服务却超过这种服务的收费标准收费。前者是服务质量的欺诈,后者是服务收费的欺诈。这些欺诈行为都违背了服务的客观标准。

在东城区人民法院判决的案件中,被告是招待所,提供长途电话服务是其业务之一。其服务人员从事这样的服务,知道长途电话节假日的收费标准是其应当具备的,已知收费标准而多收费,不能说其没有欺诈的故意。对此,应当推定招待所有欺诈的故意。假如招待所主张自己没有欺诈的故意,应当自己证明没有故意的事实。在这种情况下,只提出自己没有按时拨动收费的计价器的事实,是不能证明自己没有故意的,因此,故意的推定成立。如果不是该招待所的工作人员而是他人代为收费,造成多收费的后果,就不是故意所为。

在实践中,对服务欺诈和商品欺诈行为中的故意,也多是这样认定的。《北京市实施〈中华人民共和国消费者权益保护法〉办法》第14条规定了15种欺诈行为,其中"销售'处理品'、'残次品'、'等外品'等商品而不予标明的"、"销售假冒他人注册商标的商品的"、"不以真实名称和标记从事经营活动,损害消费者合法权益的",都是采用客观标准认定欺诈故意的,都是成功的做法。

四、关于服务欺诈行为的赔偿问题

对于两件电话费赔偿案件的判决,两个法院的判决主文分别是:

东城区人民法院的判决结果是:(1)被告返还原告丘建东电话费0.55元;(2)被告给付原告丘建东交通费582元;(3)驳回原告的其他诉讼请求。其中驳回的诉讼请求包括加倍赔偿的电话费0.55元和赔偿精神损害100元。

西城区人民法院的判决结果是:(1)被告王汉金赔偿原告丘建东人民币1.10元;(2)被告北京市电话局三区局厂甸电话局对被告王汉金之赔偿承担连带责任。

这样的两个判决,前者判决的赔偿数额超过后者的500倍,但是,人们对前者的处理结果表示满意,对后者的处理结果表示不满意。其中最主要的原因,是对是否适用《消费者权益保护法》第49条,对服务欺诈行为承担双倍赔偿责任。对此,已在前文作了论述。

结合这样两个案件不同的判决结果,除了对双倍赔偿进行研究以外[19],有必要对服务欺诈行为的赔偿范围作进一步的探讨。

第一,关于服务欺诈行为应否予以精神损害赔偿问题。丘建东在向东城区人民法院起诉时,就多收电话费造成的精神损害要求予以赔偿。法院判决认为对精神损

---

[19] 对于这个问题,作者在《"王海现象"的民法思考》一文中作了较为详细的研究(本书第2225页),载《河北法学》1997年第5期。

害赔偿问题的请求没有法律依据,因而不予支持。丘建东在向西城区人民法院的起诉中,没有提出精神损害赔偿问题。《消费者权益保护法》关于精神损害赔偿金问题的规定,是第43条:"经营者违反本法第二十五条规定,侵害消费者的人格尊严或者侵犯消费者人身自由的,应当停止侵害、恢复名誉、消除影响、赔礼道歉,并赔偿损失。"[20]按照这一条的规定,不能认为《消费者权益保护法》已经规定了服务欺诈行为的精神损害赔偿责任。东城区人民法院认为请求精神损害赔偿于法无据是有道理的。按照现行立法,对于提供商品和服务有欺诈行为的经营者,还不能处以精神损害赔偿。

　　对于这个问题也要用发展的观点来研究。在国外,民法对精神损害赔偿的范围规定很宽,几乎凡是有权利损害的地方,就有请求精神损害赔偿的权利。而我国目前对于精神损害赔偿的范围控制得比较严,先规定只有在侵害名誉权、姓名权、名称权、肖像权和荣誉权的场合,可以请求精神损害赔偿;后来,通过《国家赔偿法》和《消费者权益保护法》,规定对侵害生命健康权造成死亡和残疾的,可以请求赔偿死亡赔偿金和残疾赔偿金,这是对侵害生命健康权的精神损害赔偿。对于其他的场合,没有规定精神损害赔偿问题。至于服务欺诈行为属于违约行为的损害赔偿,当然就更没有适用精神损害赔偿的理由了。但是,对于这样的问题不能总是墨守成规,一方面,借鉴国外的立法经验,对服务欺诈行为的行为人予以精神损害赔偿,不仅可以更好地制裁这种违法行为,规范社会秩序和人们的行为,而且更能够慰抚受害人,消除不安定因素;另一方面,立法是发展的,不可能永远保持目前的现状而不加改变,过去精神损害赔偿曾经被视为是腐朽社会的产物,今天不是已经得到了初步的承认了吗?!既然社会的发展需要精神损害赔偿制度,制裁服务欺诈行为需要精神损害赔偿制度,将来的立法一定会承认它。在法院当前的判决中,不妨对服务欺诈行为作出精神损害赔偿的处理,加以试验,以取得经验。

　　第二,关于胜诉方当事人请求赔偿交通费等费用的问题。对于胜诉方当事人请求赔偿交通费等其他损失的问题,《消费者权益保护法》没有作出规定。只有《反不正当竞争法》第20条有类似的规定,"并应当承担被侵害的经营者因调查该经营者侵害其合法权益的不正当竞争行为所支付的合理费用"。这是我国现行立法中唯一的一条关于胜诉方请求赔偿调查费等费用的规定。作出这样的规定,是合理的,这样做,不仅可以更好地保护当事人的合法权益,而且可以更好地制裁民事违法行为。东城区人民法院判决支持原告赔偿交通费的诉讼请求,既说明了该法院敢于大胆支持当事人的合理的诉讼请求,敢于依据法理保护当事人的合法要求;同时也说明赔偿这一项目的合理性和必要性。应当承认,在侵权行为和违约行为的赔偿诉讼中,受害人为了调查侵权行为和违约行为的事实,以及受害人在诉讼中支付的费用,是与侵权行为和违约行为进行斗争的需要,对于受害人的这种诉讼请求,人民法院是应当予以支持的。

---

[20] 《消费者权益保护法》规定的赔偿死亡赔偿金和残疾赔偿金,也是精神损害赔偿的性质。

赔偿胜诉方的合理费用,应当包括诉讼前和诉讼中的调查费,应诉的交通费、聘请律师的正常费用、鉴定费等。在这些费用中,现在基本都给予赔偿的是鉴定费。调查费在《反不正当竞争法》中有规定,在其他法律中则没有规定,其他项目的赔偿更没有规定。在实践中,有些法院对这些赔偿项目,是给予赔偿的。在实践中应当仿照东城区人民法院的做法,尽量支持受害人的这种赔偿请求,为将来的修改立法提供经验。

五、关于建立小额赔偿法庭的问题

研究这两个案件都涉及一个诉讼成本的问题。对于1.10元的争讼标的,究竟有没有进行诉讼的价值,人民法院动用人力和财力审理这样的小额案件,是否符合诉讼经济原则。在这样的问题上,同样存在一个价值选择的问题。福建省的法院对丘建东的起诉动员原告撤诉,不能不说没有这样的考虑。对于这种小额的赔偿案件,涉及的是消费者的权益保护问题,不受理显然不妥;但是受理又不符合诉讼经济原则;用现行诉讼程序审理小额案件,费力、费时,浪费国家资财,不这样审理,在现行的诉讼制度下又没有更好的办法。为了更好地保护消费者的合法权益,人民法院对消费者的这类诉讼,应当坚决受理,及时审判;但是,为了节省诉讼成本,可以考虑建立小额赔偿法庭,以解决这个问题。

在国外,处理这类小额赔偿案件,都是由小额法庭受理、审判的,适用比简易程序更为简单的程序审理。在英国,小额索赔法庭(Small Claims Courts)是地区法院的一个组成部分,受理争议数额小的索赔案件,审判适用简易程序,是简单、迅速结案的非正式法庭。[21] 当事人对小额法庭判决不服的,可以向地区法院上诉,但是地区法院只对程序进行审理,不对小额法庭判决的实体进行审理,当事人也不能就实体问题上诉。在美国和荷兰,也都有小额法庭处理小额债务和索赔案件。在我国制定《消费者权益保护法》时,很多学者专家也提出设立小额法庭的议案,建议在该法中对小额法庭作出特别规定,审理争议标的1 000元以下的案件,适用简易程序审理,当事人不服可以向基层人民法院上诉。但是没有被采纳。

在这两个案件中,突出了设立小额债务法庭的必要性和迫切性。立法机关和司法机关都应当重视这个问题,及早解决,改变人民法院用大量的人力和财力审理这些小额的索赔案件。建议在每一个城市的商业繁华区,设立若干个小额债务或索赔法庭,由审判员独任审判,适用最简易的程序进行审理,判决宣告以后即时执行,一审终结,或者准许当事人向基层人民法院就程序问题上诉,上诉审法院不审理事实等实体问题。争议标的额可以限制在1 000元以下。受理案件的性质,主要是侵权和合同纠纷中的损害赔偿问题,对其他案件不宜由小额债务法庭处理。

---

[21] 参见《牛津法律大辞典》,光明日报出版社1988年版,第831页。

对綦江彩虹桥垮塌案人身损害赔偿案中几个问题的法理评析[*]

据报载,关于綦江彩虹桥垮塌案人身损害赔偿问题,有关部门已经作出了决定。在这个决定中,涉及侵权行为法中关于人身损害赔偿的几个重大问题,尤其是所谓的"城乡差别赔偿"法,更是值得研究。

一、重庆綦江彩虹桥惨案的死难者赔付工作的实际情况

据介绍,到 2000 年年底,重庆綦江彩虹桥惨案的死难者赔付工作已全部结束。除 2.2 万元的精神慰藉费每个死者相同之外,死亡补偿费按城镇户口、农村户口分了两个档次:城镇死难者每人 4.845 万元,农村死难者每人 2.2 万元,死难儿童减半。

在彩虹桥事故的 40 名死者中,农民占了很大一部分,他们的家属对此赔付方案提出质疑:一样的伤害遇难,补偿为啥不同?也有的人质疑,死难的儿童赔偿减半的做法是合理的吗?

对于这些疑问,2001 年 1 月 4 日,负责具体赔付工作的有关人士解释说,他们的做法是按国家政策办的。1991 年国务院颁布的《道路交通事故处理办法》第 37 条第(8)项规定:"死亡补偿费:按照交通事故发生地平均生活费计算,补偿十年。"赔偿金是给死者家属的,应按不同生活费标准区分。《重庆市道路交通事故处理办法》规定,"伤亡赔偿费按照本市城镇居民或农村居民上一年人均生活费给予,其中死亡补偿费一次性补偿 10 年的生活费"。至于儿童赔偿减半的做法,则没有说出实质的根据。綦江县权威部门认为自己的"城乡差额赔偿"合法、有据。

对于綦江彩虹桥惨案受害人赔付采用不同的标准的做法,有不同的意见,有的认为这种做法是正确的,有的认为是不正确的,理由各不相同。

有人认为,赔偿应以受害者的实际损失为据。损害赔偿的原则是"以受害人所受实际损失为依据"。假使两个受害人受损情况完全一样,但一个是城里人,一个是农

---

[*] 本文发表在《法学》2001 年第 4 期。綦江彩虹桥垮塌案案情是,1999 年 1 月 4 日 18 时 50 分,30 余名群众正行走于彩虹桥上,另有 22 名驻綦武警战士进行训练,由西向东列队跑步至桥上约 2/3 处时,整座大桥突然垮塌,桥上群众和武警战士全部坠入綦河中,经奋力抢救,14 人生还,40 人遇难死亡(其中 18 名武警战士、22 名群众)。

民,则确实可能赔得不一样。因为不同身份的人由同一损害行为所导致的损害相同,但是所造成的损失并不相同。

另一种观点认为,这种人身损害赔偿"城乡有别"的赔偿原则严重违背了我国的法律精神,《重庆市道路交通事故处理办法》的"差额赔偿"条款明显与《宪法》规定的原则相抵触,因为《宪法》规定"中华人民共和国公民在法律面前一律平等"。按照现在的做法,城里人的人格就是完整的人格,农民就只具有 1/2 的人格,而农村儿童就只具有 1/4 的人格了。这种歧视性的做法是错误的。导致这种做法的原因之一,是目前我国几乎没有民事赔偿领域涉及量化的法律条款。《民法通则》只规定赔偿原则,至于伤残、死亡应赔多少钱,法院和政府根本无法可循,只得"具体情况具体分析"。

本文对于这些不同意见的分析如下:

二、对这类案件赔偿的现行法律依据

《民法通则》公布以后,司法机关在司法实践中很快就发现,它的第 119 条关于人身损害赔偿的条文规定具有很大的局限性。其中最主要的局限,就是赔偿数额过低,尤其是对侵害生命权造成死亡的赔偿标准。因为这个条文规定,侵权行为造成受害人死亡的,赔偿丧葬费和死者生前抚养的人的必要生活费。按照这个规定,侵权行为造成一个人死亡,只能赔偿千元左右,就是加上死者生前抚养的人的必要生活费,赔偿数额仍然不多,远远不能解决受害人的实际损失赔偿问题。更为严重的是,在这类赔偿中,如果造成重伤残疾的,赔偿数额远远超过造成死亡的赔偿,因而形成了致人重伤不如致人死亡更"合算"的说法,既对社会的安全形成潜在的危险,也形成了生命权轻于健康权的舆论。

在这以后的立法和司法实践中,一直为解决这个问题而努力。《道路交通事故处理办法》是为解决这个问题作出的第一个规定,对于交通事故造成人身伤害的赔偿标准有了很大提高。这一规定虽然是仅就交通事故作出的,但是由于立法机关和司法机关对于人身伤害的赔偿没有作出过明确规定,因此这种规定具有重要的参考意义。之后,国家制定了《国家赔偿法》和《消费者权益保护法》,都对相关的人身损害赔偿问题作出了规定,其中《国家赔偿法》规定的死亡赔偿金标准有了很大的提高。例如,关于造成受害人死亡的赔偿问题,《道路交通事故处理办法》规定应当赔偿死亡补偿费,计算的方法是赔偿事故发生地的 10 年的平均生活费;《国家赔偿法》规定应当赔偿死亡赔偿金,计算方法是按照国家上一年的人平均工资,赔偿 20 年。这两个赔偿数额计算方法是有很大差别的。《消费者权益保护法》只规定了与《国家赔偿法》相同的赔偿项目,但是没有规定具体的赔偿数额计算方法。

2001 年 1 月 10 日公布、1 月 21 日实施的最高人民法院《关于审理触电人身损害赔偿案件若干问题的解释》,对于触电的人身损害赔偿问题作出了更为具体的解释,对处理人身损害赔偿的案件具有更有价值的参考依据。该司法解释第 4 条第(八)项规定的是死亡补偿费,内容是:"按照当地平均生活费计算,补偿二十年。对七十周岁以上的,年龄每增加一岁少计一年,但补偿年限最低不少于十年。"当然,这一规定生效的时候,綦江彩虹桥赔偿案已经理赔结束,不能参照这个规定,但是最高人民法院对这个问题的司法解释,却给我们研究问题提供了依据。

三、綦江彩虹桥赔偿案应当适用哪个标准赔偿

綦江彩虹桥赔偿案究竟应当适用哪个赔偿标准,问题的关键在于,《民法通则》关于人身损害赔偿的规定,没有具体的赔偿标准和计算方法。在前文所说的《道路交通事故处理办法》《国家赔偿法》和《消费者权益保护法》对人身损害赔偿制定了具体的标准,但是这些又都是适用于特定领域的赔偿法律,一个是交通事故赔偿,一个是国家赔偿,一个是消费领域赔偿。綦江彩虹桥赔偿案确定赔偿数额,必须参照其中一个赔偿标准确定赔偿数额。

(一)案件的性质究竟应当怎样确定

綦江彩虹桥垮塌案的赔偿不是交通事故赔偿,也不是消费领域的赔偿,而是一个建筑物由于质量问题造成了人身损害的赔偿。这种赔偿,按照国外的通常立法,是属于国家赔偿,即国有公共设施设置及管理欠缺致害的行政赔偿责任。

在境外的立法中,国家赔偿法规定三种赔偿属于国家赔偿,一种是行政侵权赔偿,第二种是冤狱赔偿,第三种就是这种国有公共设施设置及管理欠缺致害的行政赔偿。1799年,法国法律规定,国家行政部门应对公共建筑工程所致损害承担赔偿责任,当然,这只是这种国家赔偿制度的雏形。日本《国家赔偿法》第2条规定:"因道路、河川或其他公共营造物之设置或管理有瑕疵,致使他人受损害时,国家或公共团体对此应负赔偿责任。"此后,韩国、德国和我国台湾地区在同类法律中,都作了相似的规定。①

我国的《国家赔偿法》没有采纳这种立法例,只规定前两种赔偿,没有规定后一种赔偿。因此,这种赔偿应当适用何种法律就成了一个问题。在理论上,仍然是两种观点:一种意见认为应当适用《民法通则》,将这种赔偿纳入《民法通则》第126条的建筑物及其他地上物致人损害的赔偿责任之中,因为这种国家赔偿制度本来就是从民法的物件致害他人的赔偿责任中分离出来的,既然不承认它是一种国家赔偿责任,那就应当让它回归原位。另一种意见认为应当适用《国家赔偿法》,因为这种人身损害赔偿本来就是国家赔偿制度,虽然立法上没有明确规定,但是法理上是清楚的。

对于这种案件的赔偿,如果采纳第二种意见适用《国家赔偿法》,就没有歧义了,但是这种观点并不占主流,通说是采纳第一种意见。适用《民法通则》,则由于没有具体的赔偿计算办法,因此,可以参照《道路交通事故处理办法》或者《国家赔偿法》规

---

① 参见杨立新:《民法判解研究与适用》,中国检察出版社1994年版,第324页以下。

定的赔偿计算办法。这是司法实务界的主流观点,也是多数法院采用的办法。[②] 笔者同意后者的意见,对这种案件应当定性为物件致害责任,即《民法通则》第126条规定的特殊侵权损害赔偿,应当按照《民法通则》的规定处理。

(二)具体的赔偿计算问题

綦江彩虹桥赔偿案究竟应当采用哪种办法计算赔偿数额,也是一个重要的问题。因为各种赔偿的标准不同,计算的赔偿数额也是不同的。

对于这个问题,笔者的意见是有两个选择:

首先,最好是选择参照《国家赔偿法》规定的赔偿计算办法。有两点理由:一是,这种案件本来就是国家赔偿的性质,多数国家在这个问题的赔偿上都是这样办的,参照这样的做法,是有充分的依据的。綦江县彩虹桥赔偿案在赔偿中也是由国家机关处理,由国家出钱赔偿。这正说明了这种事故赔偿是《国家赔偿法》调整的范围,适用这部法律赔偿是正确的。二是,在处理侵权赔偿案件中,如果有几种不同的法律规定可以选择的话,应当选择对受害人最有利的法律规定确定赔偿数额,因为受害人是权利人,也是弱者,国家有责任保护他们的权利和利益。

其次,也可以选择适用《道路交通事故处理办法》的规定确定赔偿数额,因为毕竟我国对这种赔偿没有规定为国家赔偿性质,按照《民法通则》的规定处理,参照《道路交通事故处理办法》也是符合情理和逻辑的。

四、在赔偿问题上究竟有没有"城乡差别赔偿"的问题

在侵权行为法看来,"城乡差别赔偿"是一个荒谬的提法。"在法律面前人人平等",这是宪法原则。这种平等,最重要的是要体现人格的平等。在民法上,任何自然人都是平等的主体,人格一律平等,不能有任何差异。因为任何将自然人划分为不同人格的做法,都是对民事主体的歧视,都违背民法的基本原则,当然更违背宪法的原则。正因为如此,对在同一个事故中死亡的受害人,在赔偿数额问题上搞城乡差别,无论是谁都不会同意的。

持这种意见的人认为,1991年国务院颁布的《道路交通事故处理办法》规定,"死亡补偿费:按照交通事故发生地平均生活费计算,补偿十年"。赔偿金是给死者家属的,应按不同生活费标准区分。《重庆市道路交通事故处理办法》规定,"伤亡赔偿费按照本市城镇居民或农村居民上一年人均生活费给予,其中死亡补偿费一次性补偿10年的生活费"。分析认为,从重庆市的这一规定看,城镇居民和农村居民的赔偿有所差别。但是应当注意的是,《道路交通事故处理办法》第37条第(八)项规定赔偿10年的平均生活费,其标准是"交通事故发生地",而不是死者或者死者家属居住地。

[②] 当然现在可以采用《关于审理触电人身损害赔偿案件若干问题的解释》的规定,但这是该司法解释生效以后的问题了。

因此，无论城镇居民还是农村居民，在同一个事故中丧生，"事故发生地"一定是同一地。这就是说，确定本案的事故发生地，应当以綦江彩虹桥的所在地为标准，綦江彩虹桥垮塌事故的发生地，就是綦江彩虹桥的所在地；綦江彩虹桥处在城镇，就应当按照城镇的赔偿标准计算，綦江彩虹桥在农村，就应当按照农村的标准赔偿。既然比照《道路交通事故处理办法》处理，就应当按照事故发生地的平均生活费计算死亡补偿费，綦江彩虹桥坐落在城镇，事故就是发生在城镇，那么就应当按照城镇的标准赔偿。绝不能对受害人实行两个标准，借此体现"城乡差别"。人身损害赔偿中的"城乡差别"，就是对农民的人格歧视！

可见，所谓的"城乡差别赔偿"是完全没有法律根据的，虽然援引的是《道路交通事故处理办法》，但却是违背《道路交通事故处理办法》的规定精神的。

五、死亡儿童的赔偿要不要减半问题

该案对死亡儿童的人身损害赔偿采用的是"死亡儿童减半"的方法，这种赔偿方法在侵权行为的赔偿上闻所未闻。

对于死亡赔偿，究竟赔偿的是什么？按照通行的理论，是赔偿死者由于非正常死亡而没有享受的剩余人生。当然也有赔偿其亲属培育该死者所花费的费用的理论，不过这后一种理论不是主流观点，只是为中国的某些学者所提倡。

由于对死亡赔偿的理论有所不同，因此，也就有两种主要的计算死亡赔偿年限的方法。一种是"余命计算法"，即造成一个人死亡时，按照该地区的平均寿命比，还有多少年的"余命"，就是这个人应当享受的人生。他因为事故而死亡，就没有得到这些年的享受，因此，还有多少"余命"，就应当赔偿多少年。另一种是"费用计算法"，就是一个人在世上生活多少年，就应当计算出这些年培养他花费了多少，按照这样的方法来计算赔偿的年限。

我国的《道路交通事故处理办法》使用的是一种综合计算法：首先确定一个固定的赔偿年限，然后再根据死者年龄的大小，16岁以上的按照标准年限赔偿，不满16岁的，年龄每小1岁就减少赔偿1年，70岁以上的，每增加1岁减少1年，但是最低赔偿的标准都是5年，不得少于5年。按照最高人民法院《关于审理触电人身损害赔偿案件若干问题的解释》的规定，则为赔偿20年平均生活费，未成年受害人不作区别，只是在70周岁以上的，每增加1岁减少1年，最少赔偿10年。其中对未成年受害死者的赔偿不按照《道路交通事故处理办法》的规定，进行递减赔偿，应当说是一个重大的进步，其理论上的依据，就是适当地接受了"余命"补偿的理论，摈弃了"损失费用补偿"的落后理论。

处理綦江彩虹桥赔偿案的死亡儿童的赔偿，既然是比照《道路交通事故处理办法》处理，就应当按照这个计算方法赔偿，怎么会出现一个"儿童减半"的赔偿办法呢？况且这个赔偿办法，是很落后的。

综上所述，綦江彩虹桥赔偿案的人身损害赔偿，比照《道路交通事故处理办法》计算赔偿金是有道理的，尽管赔偿数额较低，也还是可行的，也算是有法律依据；但是，"城乡差别赔偿"和"死亡儿童减半赔偿"的做法，是违背侵权行为法基本原理的，不是所参照的《道路交通事故处理办法》所规定的赔偿方法。我们要为这个事故中的死难者的权益保护而呼吁，让他们安息。

不动产善意取得及适用条件

【简要案情】

2006年5月,某市居民张焕购买了该市东方家园小区的一套住宅,面积200平方米。2007年5月,张焕在某报纸上刊登了出售其东方家园房屋的信息,一位自称刘金龙的男士根据该信息提供的方式联系张焕,商谈购房事宜。在第三次见面和洽谈期间,刘金龙将事先准备好的假房产证与张焕出示的真房产证做了"调包"。随后,刘金龙提出要先期租用一个月,张焕未与刘金龙签订租赁合同便把钥匙交给刘金龙。2007年7月15日,另一买受人李大庆根据张焕发布信息中的地址和看房时间,直接到东方家园了解房屋状况。刘金龙自称张焕,与李大庆就购房事宜进行了磋商。双方初步约定,以11 000元/每平方米的价格交易该房屋,并约定于同年7月23日一起到房屋登记管理部门办理过户手续。一旦房管部门审查无误,李大庆便立即付款。

7月23日,刘金龙携其妻子前往房屋登记管理部门,冒充张焕夫妇与李大庆共同现场办理房屋移转登记手续。刘金龙出示了其与李焕调包的真实的房产证。登记机关经审核认为,确实为真实的房产证,但在刘金龙出示伪造的张焕的身份证(名字为张焕、照片为刘金龙)以后,尽管该身份证与登记部门存档的张焕的身份证复印件明显不符,且刘金龙冒充张焕的签字也与存档资料中张焕的签字不符,但登记部门对此均未审核。登记机关认为过户手续齐全,随即办理了过户登记。李大庆于次日按照刘金龙提供的银行账号汇付了220万元房款。

3天以后,李大庆欲了解张焕是否已经收到房款,便按照刘金龙提供的电话联系,但手机已经关机,无法联系。其再次来到东方花园,只遇到张焕之子张平。张平告知李大庆,其父张焕已经出差,并且告知了张焕联系电话。房间内挂了一幅张焕夫妇的结婚照片,李大庆并未因此产生怀疑,事后也未与张焕电话联系。10天后,李大庆前往东方家园,与张焕商量房屋交接事宜,但发现此前与其交易的"张焕"是骗子。张焕认为,李大庆上当受骗应当自担后果,而拒绝交付房屋。第二天,房屋管理部门通知李大庆领取房屋登记证书,李大庆领取登记证的当天下午,再次持证要求张焕交付房屋。双方为此发生争议,张焕首先到公安机关报案,但案件始终未能告破,刘金龙下落不明。3个月后,张焕诉至人民法院,要求撤销房屋管理部门所作出的房屋移转登记,或者登记部门按照市价赔偿全部房款。

---

* 本文发表在《判解研究》2009年第3辑。

【法理探讨】

《物权法》第 106 条第 1 款规定:"无处分权人将不动产或者动产转让给受让人的,所有权人有权追回;除法律另有规定外,符合下列情形的,受让人取得该不动产或者动产的所有权:(一)受让人受让该不动产或者动产时是善意的;(二)以合理的价格转让;(三)转让的不动产或者动产依照法律规定应当登记的已经登记,不需要登记的已经交付给受让人。"这里规定的我国善意取得制度,不仅包括动产,也包括不动产。本文结合上述案例,探讨我国不动产善意取得制度建立的过程,以及适用不动产善意取得的基本规则。

一、国外传统民法规定,善意取得制度通常不适用于不动产

善意取得是民法物权法规定的一项所有权取得的重要制度,对于保护善意取得财产的第三人的合法权益,维护交易活动的动态安全,具有重要的意义。国外传统民法规定善意取得,通常不包括不动产,只适用于动产范围。[①]

通常认为,善意取得制度源于日耳曼法的"以手护手"原则,其真实含义是,任何与他人以占有者,除得向相对人请求外,对于第三人不得追回,唯得对相对人请求损害赔偿。[②] 这种让与占有,其对象必然是动产,其取得方法只能是在动产的商品交易中。只有这样,才能做到"以手护手",保护动产交易中的动态安全。

后世的民事立法遵循这样的原则,把善意取得制度局限在动产的范围内,只承认动产交易适用善意取得制度,不承认不动产的善意取得。在德国,立法完全继承了日耳曼法的传统,确认了最具典型意义的善意取得制度。《德国民法典》第 932 条规定:"物虽不属于让与人,受让人也得因第 929 条规定的让与成为所有人,但在其依此规定取得所有权的当时为非善意者,不在此限。"这一条文规定在第三章"所有权"第三节"动产所有权的取得和丧失"中,因而,德国法上的善意取得严格地限于动产范围,不动产不适用善意取得制度。《日本民法典》采取同样的立场,第 186 条规定:"对占有人,推定其以所有的意思,善良、平稳而公然地开始占有动产者,如系善意无过失,则即时取得行使于该动产上的权利。"不动产不得适用善意取得制度。

在英美法,原本坚持"没有人可以转让不属于他所有的商品"这一古老法则,任何人都只能出卖自己拥有所有权的商品而不能出卖他人的商品。1952 年《美国统一商法典》改变了上述立场,把法律保护的重点转移到了善意买受人的身上,第 2403 条规定:"购货人取得让货人所具有的或有权转让的一切所有权,但购买部分财产权的购买人只取得他所购买的那部分所有权。具有可撤销的所有权的人有权向按价购货的善意第三人转让所有权。当货物是以买卖交易的形式交付时,购货人有权取得其所

---

① 参见谢在全:《民法物权论》上册,台北三民书局 2004 年版,第 447 页。
② 参见史尚宽:《物权法论》,台北荣泰印书馆 1979 年版,第 505 页。

有权。"因而,只要购买人是善意无过失,认为出卖人对货物具有完全所有权的人,则不论其货物是从何而来,善意买受人都可以即时取得所有权。在美国法的善意取得中,适用范围明确规定为"货物",当然是动产,不包括不动产。现行英国法所采取的立场与美国法的立场一致。

各国立法对善意取得只适用于动产,之所以采取比较一致的立场,是因为土地、房屋等不动产适用登记制度。通过既定的登记公示方法,可以使第三人能够从外观上比较方便地了解不动产物权变动的事实,确定自己的意思表示。由于不动产的物权变动的公示方式是登记,因而在不动产交易中,双方当事人必须依照规定变更所有权登记,因而不存在无所有权人或者无处分权人处分不动产所有权的可能性,也就不存在适用善意取得的必要前提,故各国立法通常规定只有动产交易适用善意取得制度。

当然也有少数特例规定不动产善意取得,例如《瑞士民法典》第973条规定:出于善意而信赖不动产登记簿的登记,因而取得所有权或其他权利的人,均受保护。

二、我国不动产善意取得制度的演变和定型

我国《物权法》打破善意取得限于动产的传统,将善意取得扩展到不动产交易领域,并非自《物权法》开始,而是有一个演变发展的过程,直至《物权法》通过将其正式定型。

(一)早前最高人民法院的三个司法解释

最早涉及不动产善意取得的司法解释,是最高人民法院1963年8月28日《关于贯彻执行民事政策法律几个问题的意见(修正稿)》第二部分"房屋纠纷问题"第3条。该条规定:"凡是依法准许买卖的房屋,经过正当合法手续确定了房屋买卖关系的,应保护双方的权利,一方不能反悔废除契约。出卖人应按期交出房屋,不得追价或倒回房屋;买主应按期交付价款。"之后,又规定了未全部执行买卖契约而引起的纠纷的处理方法。在此,最高人民法院虽然没有明确规定善意买受人受让未经全体共有人同意而出让的共有房屋应为认定取得房屋所有权的内容,但条文中"经过正当合法手续确定了房屋买卖关系的,应保护双方权利"的表述中,隐含了不动产善意取得的意思。

1979年2月2日,最高人民法院《关于贯彻执行民事政策法律的意见》"关于财产权益纠纷"的"房屋问题"第2条,第一次明确规定:"依法准许买卖的房屋,经过合法手续,确定了买卖关系的,应保护双方的权利。非所有权人非法出卖他人房屋的,应宣布买卖关系无效。房屋为共有,未取得其他共有人同意,擅自出卖房屋,买方又明知故犯的,亦应宣布买卖关系无效;买方不知情,买卖关系是否有效,应根据实际情况处理;买卖关系已成立,共有人当时明知而不反对,现在又提出异议的,应视为买卖关系有效。"这一规定与1963年上述司法解释是相承相依的关系。其中明确的是,

在共有人擅自出卖共有房屋的买卖关系中,有三条处理规则:(1)买方明知故犯,即受让人为恶意者,买卖无效;(2)其他共有人明知而不反对的,买卖有效;(3)买方不知情的,即受让人善意无过失者,买卖关系的效力,根据实际情况处理。买受人善意无过失,因而认定为有效者,即为不动产交易的善意取得。该条司法解释故意回避善意取得的字眼,采取较为模糊的表述方法,表达了不动产善意取得的内容,是当时的形势所致。

1984年8月30日,最高人民法院《关于贯彻执行民事政策法律若干问题的意见》专门规定第六部分"房屋问题",其中第55条规定:"非所有权人出卖他人房屋的,应废除其买卖关系。部分共有人未取得其他共有人同意,擅自出卖共有房屋的,应宣布买卖关系无效。买方不知情的,买卖关系是否有效,应根据实际情况处理。其他共有人当时明知而不反对,事后又提出异议的,应承认买卖关系有效。"该条文的基本精神,承继了1979年上述司法解释后一部分内容,除文字表述更为准确以外,其三条处理规则没有原则性的变化。

(二)贯彻执行《民法通则》司法解释的规定

《民法通则》实施后,1988年最高人民法院制定了《关于贯彻执行〈中华人民共和国民法通则〉若干问题的意见(试行)》(以下简称《民通意见》),规定了第89条:"共同共有人对共有财产享有共同的权利,承担共同的义务。在共同共有关系存续期间,部分共有人擅自处分共有财产的,一般认定无效。但第三人善意、有偿取得该财产的,应当维护第三人的合法权益,对其他共有人的损失,由擅自处分共有财产的人赔偿。"这是我国司法解释第一次正式、明确地确认不动产善意取得制度。

研究本条司法解释与前述三条司法解释之间的关系,可以看出我国最高司法机关在不动产善意取得法律适用上的思想演变过程,从合法房屋买卖应保护双方权利开始,发展到非所有权人出卖他人住房为无效,部分共有人擅自出卖共有房屋买方不知情应依实际情况处理;继而提出了造成房屋买卖关系无效应由过错方负责赔偿的意见;最后,在上述基础上,完整地提出了"部分共有人擅自处分共有财产的一般认定无效。但第三人善意、有偿取得该财产的,应当维护第三人的合法权益,对其他共有人的损失,由擅自处分共有财产的人赔偿"的意见。从中可以看出,最高人民法院的前三个司法解释为《民通意见》第89条作了量的积累,为不动产善意取得制度奠定了基础,而《民通意见》第89条则产生了质的飞跃,明确确立了这一制度。

本条司法解释尽管规定的是对共同共有财产可以适用善意取得制度,但其实质是指共同共有的不动产,主要是指同共有的房屋,这可以从四个司法解释前后相继的关系得到证明。应当看到的是,第89条规定的并不是全部的善意取得制度,而仅仅适用于共同共有财产特别是共同共有房屋买卖的场合,但它确认对于不动产也有条件地适用善意取得制度,是具有重要意义的,是《物权法》规定不动产善意取得制度的本土司法实践经验基础。

(三)《物权法》第 106 条规定的不动产善意取得制度

《物权法》第 106 条规定确立不动产善意取得制度,主要是基于最高人民法院关于共同共有不动产可以适用善意取得的司法解释。共同共有不动产交易中善意取得的基础,是共同共有人对共同共有财产的处分权。共同共有人行使对共同共有财产的处分权有三点要求:(1)在共同共有期间,共有人不能处分全部共有财产,而只能处分共同共有财产的一部分。(2)共同共有财产的处分权属于全体共有人,处分共同共有财产必须经全体共有人一致同意,包括明示和默示。(3)如果共同共有人之间协议约定某共有人为共同共有代表权人,则有权代表全体共有人处分共同共有财产。

对无代表权的共同共有人未经全体共同共有人一致同意而擅自处分共同共有不动产,依据不同的价值选择,可以有以下三种不同的法律后果:(1)依出让人无权处分而确认不动产买卖关系无效。(2)依物权公示原则确认不动产买卖关系有效。(3)依保护善意第三人合法权益的原则,确认适用善意取得制度。最高人民法院依第三种选择,采取折衷主义的立场,既能维护共同共有人的共同利益,又能维护交易规则和交易秩序,兼顾交易的静态安全和动态安全,着力于保护善意买受人的合法权益,最为可取。《物权法》第 106 条规定当然包含这种含义。

更重要的是,立法机关认为,善意取得制度常被认为仅适用于动产,其实不然,不动产也适用于善意取得制度。瑞士就有不动产的善意取得,《瑞士民法典》第 973 条规定:出于善意而信赖不动产登记簿的登记,因而取得所有权或其他权利的人,均受保护。因此,善意取得既适用于动产,也适用于不动产,当事人出于善意从无处分权人手中购买了房屋并登记过户,善意人取得房屋所有权。③ 将善意取得制度适用于不动产交易领域,可最大限度地保护善意第三人的利益,从而促进社会主义市场经济有序发展。④

据此,我国不动产善意取得制度定型,内容包括:(1)按照规定和司法实践经验,我国不动产善意取得制度适用范围是:第一,在登记错误的情况下,善意的买受人因相信登记而购买了不动产,如果符合善意取得的构成要件,应当即时取得所有权。⑤第二,共同共有不动产的共有人擅自处分不动产,买受人相信其具有全部的处分权而善意购买不动产,符合不动产善意取得的构成要件的,也即时取得不动产所有权。本案属于第一种情形,是善意买受人相信不动产登记簿的登记而购买不动产。(2)不动产善意取得的构成要件,《物权法》第 106 条已经明确规定:一是出让人无处分权,二是买受人为善意,三是合理价格转让,四是按照法律规定已经进行不动产物权变动登记。(3)不动产善意取得的法律效力是:具备上述三个要件,受让人即时取得转让的

---

③ 参见全国人大常委会法制工作委员会民法室编:《〈中华人民共和国物权法〉条文说明、立法理由及相关规定》,北京大学出版社 2007 年版,第 193 页。

④ 参见最高人民法院物权法研究小组编著:《〈中华人民共和国物权法〉条文理解与适用》,人民法院出版社 2007 年版,第 327 页。

⑤ 参见王利明:《物权法研究》(上卷),中国人民大学出版社 2007 年版,第 437 页。

不动产的所有权;原所有权人有权向无处分权人请求赔偿损失。(4)不符合上述要件的,不发生善意取得的效力,所有权人有权追回被转让的不动产。

三、对本案是否构成不动产善意取得的分析

根据本案的案情,笔者对本案分析如下:

(一)刘金龙骗取张焕房产证和房屋钥匙出卖张焕所有房屋属于无处分权人

构成不动产善意取得,不动产交易的出让人必须非所有权人或者是共同共有人。这两种身份的人,实际上都是无处分权人,但有所区别:(1)相信不动产登记的善意取得人,则为完全的无处分权人。因为出让人是非所有权人,其根本无权处分不动产,其处分行为一律无效,因此才会构成善意取得。(2)擅自处分共有不动产的共有权人,是无全部处分权人,出让人对不动产享有完全的所有权,则其处分应为正当的行为,只要交易符合买卖合同的要求,则不存在交易无效的问题。如果出让人是按份共有人,则应按照按份共有财产处分的规则处置,亦不发生善意取得的适用问题。只有出让人是共同共有人,才会出现出让不动产时既享有一定权利,又不享有完全处分权的情况,因而才有善意取得制度适用的可能性。

在本案中,刘金龙肯定是无所有权人。他通过欺诈手段,谎称自己要购买张焕的房产,骗取其信任,通过"掉包"的手段骗取其房产证,并且拿到房屋的钥匙。在这样的条件下,具备了行骗的条件,让李大庆有充分理由确信刘金龙就是该房屋的所有权人,就是张焕,与房产登记簿以及房产证上记载的所有权人一致,具有全部的处分权。据此,本案构成《物权法》第106条规定的善意取得的前提条件,即无处分权人处分不动产或者动产,刘金龙就是无处分权人。

(二)李大庆在与假张焕(刘金龙)的交易中已经交付了合理的价款

《物权法》第106条在规定善意取得的构成要件时明确规定,财产须"以合理的价格转让"。我国善意取得制度必须适用于有偿交易,因为如果是无偿交易,受让人取得财产没有支付任何对价,可能会存在财产来源不正当的情形,同时,也可能使贪图财产、想占便宜的人利用善意取得而非法获得财产,非法取得财产的人也可能利用这个制度转移赃物,逃避罪责。因此,我国善意取得制度,无论是动产交易还是不动产交易,在价格上,都必须:

(1)支付对价,不支付对价不构成善意取得;

(2)支付的对价应当合理,如果价格不合理,偏离合理价格较远,可能存在受让人具有过失,存在非善意;

(3)已经实际支付对价,而不是没有支付或者拟议支付。

在本案中,双方议定的价格是11000元人民币/每平方米,以市场价格相衡量是公允的,以这样的价格成交,受让人李大庆不能认识这个交易的虚假性,有理由相信

交易的真实性。同时,在交易中,该价款已经实际交付,在成交登记后,就通过银行汇付全部价款,完成了价款的交付。因此,本案具备不动产善意取得的支付合理价款的要件。

(三)双方交易的不动产即房屋的所有权已经过户登记

《物权法》第106条明确规定,不动产善意取得的条件之一,就是转让的不动产依照法律规定应当登记的已经登记。

不动产的物权变动登记,是不动产转移的必备条件。不动产善意取得的其他要件已经具备,而未具备物权变动登记要件,为不动产交易行为未完成,不发生所有权转移的后果,当然不能构成善意取得。在本案中,刘金龙夫妇假冒张焕夫妇,与李大庆一起到房地产登记机构进行物权变动登记,物权登记机构进行审查,认为符合要求,故确认交易合法,并为其进行了登记,发放了房产证,因此,已经完成了交易房屋的所有权变动登记,已经具备了这个要件。

值得研究的是,构成不动产善意取得,除了登记之外,是否还必须已经实际交付呢?在本案中,不能认为"交易"的房屋已经实际交付。因为刘金龙对房屋的占有本来就是虚假的,是虚构的。刘金龙将房屋钥匙交给李大庆,但房屋并没有在李大庆手中实际控制,仍然在张焕手中控制。李大庆拿到房产证之后,直接去找张焕请求交付房屋,就足以证明该房屋并未实际交付。

在学说上,认为不动产善意取得的构成,只要完成登记即可,不必同时要求以已经交付为要件。理由是,《物权法》第106条所言的已交付为要件主要是指动产,对于不动产只要办理了登记,即使没有交付也同样可以构成善意取得。⑥ 对此,可以提出反对的意见是,动产交易的善意取得都必须具备交付的要件,不动产善意取得要求应当更高,难道可以不要求交付吗?尤其是对于本案,张焕是所有权人,其被刘金龙欺诈,造成所有权被登记为他人所有,如果将交付作为不动产善意取得的构成要件,就能够得到合法保护。正因为如此,才有很多人认为本案适用善意取得,李大庆已经取得所有权不合理。当然,如果对不动产交易既要求登记,又要求交付,会更有效地保护原所有权人的权利,但这样做,对于正常的交易秩序会有所损害。因为不动产的公示方式就是登记,物权变动已经登记就转移所有权,并非以交付为要件。同样,将不动产交付加入不动产善意取得的构成要件,尽管可以更好地保护原所有权人,但却违背不动产交易的一般规则,会造成交易秩序的混乱。因此,应当坚持完成登记即具备此要件的意见。据此,本案的不动产善意取得已经具备登记的要件。

(四)李大庆在与假张焕即刘金龙进行交易中应当认定为善意、无过失

善意且无过失,是构成善意取得的核心要件,在不动产善意取得中同样如此。

认定善意,应当是受让人对于出让人无权处分行为不知情。有人认为善意是指

---

⑥ 参见王利明:《物权法研究》(上卷),中国人民大学出版社2007年版,第448页。

第三人没有过错,因而不知情。其实,认为善意是不知情是正确的,最高人民法院在《关于贯彻执行民事政策法律的意见》和《关于贯彻执行民事政策法律若干问题的意见》中亦称"买方不知情"为善意;但认为善意就是无过失则不妥。在相信物权登记簿的错误登记而不知情者,受让人对此不知情即为善意。在共有人擅自处分共同共有不动产的善意取得中,则包括两个方面:一是买受人对不动产为共同共有财产的事实不知情,将共同共有财产认作个人所有财产,这必须是出于出让人一方的原因而使买受人有此误解,如果是因为买受人的原因而误解,则为非善意;二是,买受人知道受让的标的物为共同共有财产但对其他共有人不同意出让不知情,同样亦须为出让人的原因所致。后面的这两种情况也均为善意。

至于过失,其实是受让人对于不知情的主观心理状态,即受让人对于不知情并不存在自身的不注意的心理状态。因此,构成善意取得,受让人必须无过失。这种无过失的表现,就是已尽适当注意义务,在交易中对物权的错误登记以及共同共有财产的性质和共有人是否一致同意处分的事实,已尽适当注意义务,只是由于出让人的原因而使受让人不知情,即为无过失;反之,即为有过失。

在本案中,判断李大庆是否为善意,首先要判断其是否知情,其次,应当判断其对不知情是否有过失。

李大庆是否不知情?把这段事实可以分为三个过程:(1)"3天以后,李大庆欲了解张焕是否已经收到房款,便按照刘金龙提供的电话联系,但手机已经关机,无法联系。"这样的事实并不能做出李大庆知情的结论。(2)"李大庆再次来到东方花园,只遇到张焕之子张平。张平告知李大庆,其父张焕已经出差,并且告知了张焕联系电话。房间内挂了一幅张焕夫妇的结婚照片,李大庆并未因此产生怀疑,事后也未与张焕电话联系。"这样的事实,看起来好像李大庆是"没有产生怀疑",但是,根据这样的事实,难道李大庆没有看到真假张焕的区别吗?显然,这样的事实是"应当知道"的,因此,可以看到李大庆在此时已经应当看到,应当知情了。(3)"10天后,李大庆前往东方家园,与张焕商量房屋交接事宜,但发现此前与其交易的'张焕'是骗子。"这是已经完全知情,但这时的交易已经完成。

归纳起来,李大庆在第一段事实中,并不知情;在第二段事实中,属于应知而未知;在第三段事实中,为已知。其中在第二段事实应知而未知,正是由于自己有过失所致,看到与自己交易的"张焕"与实际要进行的交易的张焕的照片不符,应当本能地想到这是不正常的,有可能是假张焕的欺诈行为,因此存在过失。

既然李大庆对不知情有过失,是否因此而能认定本案具备善意的要件呢?对此,还不能下断言,还必须考察李大庆过失发生的时间。

理论认为,善意判断的时间点,应当是"受让人受让该不动产或者动产时是善意",因此,必须根据受让财产的时间确定,即受让人必须在最后取得行为那一刻是善意的。⑦ 至于受让以后是否为善意,则不影响善意取得的构成。如果受让人在这一时点以前出于恶意,亦可推定其在交付时以及以后为恶意。⑧ 这些意见都是正确的。

李大庆因过失不知情,应当认定为非善意。那么,其非善意产生在何时呢？究竟是在交易行为完成之前,还是在交易行为完成之后呢？对此,必须考察物权登记行为是在何时完成。假张焕与李大庆申请登记的时间是 7 月 23 日,次日按照刘金龙提供的银行账号汇付了 220 万元房款,10 天后李大庆发现假张焕是骗子的第二天,李大庆领取了房屋登记证书。如果取得房屋登记证书是完成交易行为,则非善意产生在交易行为完成之前,不构成善意取得；如果受理登记即为交易完成,则非善意产生在交易行为完成之后,构成善意取得。按照房地产登记程序,通常登记机构受理登记之后,有一个工作时间,在此时间里,经过审查交易没有疑问,则通知受让人领取产权证,但登记时间为受理登记的时间。因此,如果审查没有问题进行登记的,实际上是从受理登记的时间起,就已经完成了交易行为,受让人取得受让物的所有权。

据此判断,李大庆的非善意产生于交易行为完成之后,因此,对善意取得的效力没有影响,具备善意、无过失的要件,构成善意取得。

四、本案反映出的其他几个值得研究的问题

(一)登记瑕疵是否为不动产善意取得的对抗要件

在本案中,登记机构存在较为明显的过失。案情说,登记机关经审核确认假张焕的房产证为真实房产证,但刘金龙伪造的张焕身份证(名字为张焕、照片为刘金龙)与存档的张焕身份证复印件明显不符,且刘金龙冒充张焕的签字也与存档资料中张焕的签字不符,但均未发现,即认为过户手续齐全,办理过户登记。对此,可以确认登记机构对该不动产物权登记具有重大过失。

那么,登记机构在物权登记中存在过失,出现登记瑕疵,是否为善意取得的对抗要件？对此,《瑞士民法典》第 974 条规定:"(1)物权的登记不正当的,该登记对于知悉或应知悉该瑕疵的第三人无效。(2)凡无法律原因或依无约束力的法律行为而完成的登记,为不正当。(3)因前款的登记使其物权受侵害的人,得援引该登记的瑕疵,对抗恶意的第三人。"瑞士是极少数承认不动产善意取得的国家,他们的经验具有借鉴意义。尽管物权登记是不正当的,或者无法律原因或无约束力的法律行为而完成的登记为不正当,因此物权受到侵害的原权利人可以援引登记的瑕疵而对抗恶意第三人,但不能对抗善意第三人。借鉴这一立法例,可以确定我国的登记瑕疵也不能被原所有权人援引以对抗善意第三人。对此,我国《物权法》第 21 条已经规定了赔偿程序,受到侵害的原所有权人可以向申请登记的当事人请求赔偿,也可以向登记机构请

---

⑦ 参见〔德〕鲍尔、〔德〕斯蒂尔那:《德国物权法》,申卫星等译,法律出版社 2006 年版,第 415 页。
⑧ 参见王利明:《物权法研究》,中国人民大学出版社 2007 年版,第 442 页。

求赔偿,登记机构承担赔偿责任之后,可以向造成登记错误的人追偿。

(二)原所有权人的过失对善意取得是否有影响

原所有权人对于因自己的过失致使无处分权人有权处分其所有的不动产,对善意取得的构成是否有影响,也是一个值得研究的问题。在本案中,张焕存在重大过失,他没有妥善保管自己的房产证,致使假张焕"掉包",同时又将房屋钥匙轻易地交给假张焕,致使假张焕具有占有房屋的假象,并且据此实施欺诈行为。有人认为,张焕具有如此重大过失,造成其损害也是正常的,因此也足以证明构成善意取得。

笔者认为,原所有权人在善意取得中,并非要具有过失才能构成。换言之,原所有权人的过失并不是善意取得的构成要件。在通常情况下,无处分权人能够处分原所有权人的动产或者不动产,特别是不动产,原所有权人一般都会有过失,但是,原所有权人即使没有过失,也不影响善意取得的构成。在本案中,张焕即使有重大过失,但他也不愿意将自己的房屋经由假张焕的欺诈行为而出让给他人。因此,其过失并不对善意取得构成影响,并不因为其过失重大而构成善意取得,也不因为其没有过失而不构成善意取得。

(三)对原所有权人的合法权益应当如何进行保护

在不动产善意取得中,对原所有权人的权利损害应当如何进行保护,《物权法》已经有明确规定,这就是第 106 条第 2 款规定的"原所有权人有权向无处分权人请求赔偿损失"。在此,应当处理该条规定与《物权法》第 21 条规定之间的关系。

在不动产善意取得中,由于登记机构的过失而造成错误登记使原所有权人的物权受到侵害的,实际上存在请求权的两个义务人,即造成错误登记的人和登记机构。《物权法》第 21 条规定:"当事人提供虚假材料申请登记,给他人造成损害的,应当承担赔偿责任。因登记错误,给他人造成损害的,登记机构应当承担赔偿责任。登记机构赔偿后,可以向造成登记错误的人追偿。"

这一责任是何种性质?有人认为,这种赔偿责任的性质不好确定,但不宜定为国家赔偿责任。[9] 也有人认为,此种赔偿既不是国家赔偿责任,也不完全是民事赔偿责任。[10] 也有的人认为,登记机构赔偿责任究竟是国家赔偿责任还是一般赔偿责任,这与登记行为属于行政行为还是民事行为直接相关,最终取决于登记机构的管理体制问题。[11] 对此,笔者有不同看法。笔者认为,《物权法》第 21 条规定的责任性质与不真正连带责任的规则完全相合,就是不真正连带责任。所谓不真正连带责任,是指依照法律规定,基于同一个损害事实产生两个以上的赔偿请求权,数个请求权的救济目

---

[9] 参见全国人大常委会法制工作委员会民法室编:《〈中华人民共和国物权法〉条文说明、立法理由及相关规定》,北京大学出版社 2007 年版,第 34 页。
[10] 参见王利明:《物权法研究》,中国人民大学出版社 2007 年版,第 367 页。
[11] 参见最高人民法院物权法研究小组编著:《〈中华人民共和国物权法〉条文理解与适用》,人民法院出版社 2007 年版,第 327 页。

的是相同的,受害人只能根据自己的利益选择其中一个请求权行使,请求承担侵权责任;受害人选择了一个请求权行使之后,其他请求权消灭;如果受害人请求承担责任的行为人不是最终责任承担者的,其在承担了侵权责任之后,有权向最终责任承担者追偿的民事责任形态。[12]《物权法》第21条规定的规则与这一责任形态的规则完全一致,当然是不真正连带责任。而《物权法》是民法组成部分,不真正连带责任也是民事责任形态,那么,《物权法》规定的这一赔偿责任怎么会不是民事责任呢?

按照这样的规定,张焕作为一个权利受到侵害的原不动产所有权人,基于欺诈行为造成的同一个损害事实产生两个赔偿请求权,一个是针对无处分权人,一个是针对错误登记的登记机构,两个请求权的救济目的相同,因此,张焕只能根据自己的利益选择其中一个请求权行使,或者请求刘金龙承担赔偿责任,或者请求登记机构承担赔偿责任。当其选择了一个请求权行使之后,另一个请求权消灭。如果受害人请求登记机构承担赔偿责任,而登记机构的错误登记完全是由刘金龙的错误申请欺诈行为所致,因此,登记机构不是最终责任者,承担的是风险责任,在登记机构承担了赔偿责任之后,有权向最终责任人即刘金龙追偿。

五、结论

在本案中,确定是否构成不动产善意取得,发生影响的有以下四个因素:第一,不动产交付与否是否对构成善意取得有影响?笔者的回答是否定的。第二,受让人的过失发生在何种时间会对善意取得构成发生影响?应当是在交易完成之前或者完成交易之时,完成交易之后的过失对善意取得不发生影响。第三,登记机构的登记瑕疵能否对抗第三人的善意行为?笔者的回答也是否定的。第四,原所有权人的过失是否对构成善意取得具有影响?笔者认为是没有影响的。因此,笔者对本案的基本判断是,已经构成不动产善意取得,善意受让人已经取得所有权;对于原所有权人的损失,应当按照《物权法》第106条和第21条规定,按照不真正连带责任的规则,对原所有权人的合法权益进行保护。

附:

关于不动产的善意取得,最高人民法院《关于适用中华人民共和国〈物权法〉若干问题的解释(一)》作了比较详细的规定,对上述问题有了新的规定。现节选相关条文。

第十五条 受让人受让不动产或者动产时,不知道转让人无处分权,且无重大过失的,应当认定受让人为善意。

真实权利人主张受让人不构成善意的,应当承担举证证明责任。

---

[12] 参见杨立新:《中华人民共和国侵权责任法草案建议稿及说明》,法律出版社2007年版,第7页。

第十六条 具有下列情形之一的,应当认定不动产受让人知道转让人无处分权:
(一)登记簿上存在有效的异议登记;
(二)预告登记有效期内,未经预告登记的权利人同意;
(三)登记簿上已经记载司法机关或者行政机关依法裁定、决定查封或者以其他形式限制不动产权利的有关事项;
(四)受让人知道登记簿上记载的权利主体错误;
(五)受让人知道他人已经依法享有不动产物权。
真实权利人有证据证明不动产受让人应当知道转让人无处分权的,应当认定受让人具有重大过失。

第十七条 受让人受让动产时,交易的对象、场所或者时机等不符合交易习惯的,应当认定受让人具有重大过失。

第十八条 物权法第一百零六条第一款第一项所称的"受让人受让该不动产或者动产时",是指依法完成不动产物权转移登记或者动产交付之时。
当事人以物权法第二十五条规定的方式交付动产的,转让动产法律行为生效时为动产交付之时;当事人以物权法第二十六条规定的方式交付动产的,转让人与受让人之间有关转让返还原物请求权的协议生效时为动产交付之时。
法律对不动产、动产物权的设立另有规定的,应当按照法律规定的时间认定权利人是否为善意。

第十九条 物权法第一百零六条第一款第二项所称"合理的价格",应当根据转让标的物的性质、数量以及付款方式等具体情况,参考转让时交易地市场价格以及交易习惯等因素综合认定。

第二十条 转让人将物权法第二十四条规定的船舶、航空器和机动车等交付给受让人的,应当认定符合物权法第一百零六条第一款第三项规定的善意取得的条件。

第二十一条 具有下列情形之一,受让人主张根据物权法第一百零六条规定取得所有权的,不予支持:
(一)转让合同因违反合同法第五十二条规定被认定无效;
(二)转让合同因受让人存在欺诈、胁迫或者乘人之危等法定事由被撤销。

法定继承中继父母子女形成扶养关系的认定[*]

【案情概要】

贾某、郭某为夫妻关系,二人生前均系中国银行职工,育有贾某之长子等兄妹五人。20世纪70年代,中国银行给贾、郭二人分配公租房两套,即七贤村7号楼1门401、402房(两房相通)。1987年,郭某去世。贾某于1988年10月17日与江西九江退休女职工刘某再婚,此时五名子女均已成年,其中较小的两名子女与贾某和刘某共同生活,相互照应至1998年,长达10年之久。1998年,中国银行进行公房改革,房管处与贾某签订了《退交原住房协议书》,贾某将七贤村401、402房调换为车公庄甲1号903房,在补交部分房款后取得房屋所有权证。此后,贾某与刘某一直在该房居住,贾某的子女经常来照顾生父和继母。其间,贾氏五个子女对继母照顾有加,关系融洽,善尽赡养义务。1999年以后,刘某多次患高血压、糖尿病、心脏病等疾病,都是五名继子女陪同其就医,办理诊疗手续、陪护。刘某在2007年突发脑溢血住院抢救、2009年白内障手术住院期间,都是五名继子女轮流陪护,包括住院抢救、陪护、术前检查、术后复查、康复训练。刘某曾向五名继子女表达自己去世后不愿安葬在江西九江,担心无人扫墓,希望安葬在北京,五位继子女便共同出资为刘某和贾某在北京选购了两块相邻的墓地。2012年1月贾某去世后,贾氏五兄妹齐心协力照顾刘某,特别安排继女和继子媳与刘某同住,照顾其生活,陪同其就医。五名继子女先后为刘某治病花费17万余元。2012年10月17日刘某去世,五名继子女及大儿媳共同为其操办丧事,负担丧葬费用等,并遵从刘某遗愿,将其安葬在北京。刘某再婚时自称无子女,2009年提到有养子张某,在江西九江居住。张某很少来北京,在刘某病危期间也不来探视、照顾,贾氏五名子女对张某的身份并不清楚,在诉讼期间才知道其真实姓名。

2012年1月贾某病逝时没有立遗嘱,没有进行遗产分割。2012年10月,刘某去世亦未留遗嘱。治丧期间,张某未承担任何费用,却趁机将刘某居住的车公庄903房的房产证及贾某与刘某生前的存单隐匿。2013年,张某向北京市某区人民法院起诉,要求继承车公庄903房及刘某存款的7/12。

---

[*] 本文发表在《判解研究》2014年第1辑。

【裁判要旨】

受诉法院一审判决认定,被继承人刘某与贾某再婚时,贾某长子等兄妹五人均已成年,即使五兄妹对刘某尽了扶养义务,但未形成扶养关系,因而不是刘某遗产的法定继承人,因此认定刘某的所有遗产全部由张某继承。至于贾某长子等人称张某并非是合法继承人且没有尽赡养义务,未提供充分、有效的证据加以证明,故不予采信。车公庄903房为贾某与刘某再婚期间购买,是夫妻共同财产。故判决确认张某的继承人身份,支持了张某的诉讼请求。

【法理研究】

本案的一审判决在认定事实和法律适用上存在的问题较多,例如在遗产范围确定、继承份额认定等问题,都有不当之处。本文着重讨论的是一审判决存在的最大问题,即法定继承人中形成扶养关系的继父母子女应当如何认定。这不是一个法院的意见,而是较多的法院均持有的观点,影响很大。故本文主要就此问题进行研究,阐释其不当之处,端正对此问题的认识;对其他问题,则在最后略作说明。

一、对形成扶养关系的继父母子女为法定继承人认定依据的不同看法

(一)本案一审判决基本观点的理论依据

《继承法》关于继父母子女作为法定继承人的规定是第10条第3款和第4款,即"有扶养关系的继子女"和"有扶养关系的继父母"享有继承权。按照这样的规定,我国关于继父母子女的继承权问题,并不采用西方国家以是否进行收养为依据确定相互之间是否享有继承权,而是以继父母子女之间是否形成扶养关系为依据,确定是否享有继承权。继子女有无继承权决定于其与继父母之间有无扶养关系,有扶养关系的继子女有权继承继父母的遗产,没有扶养关系的继子女无权继承继父母的遗产,不是继父母的法定继承人。[①] 因此,我国继父母子女之间继承权的确定,相互之间是否形成扶养关系就成为唯一的判断依据。

正因为如此,本案一审判决确认,被继承人刘某与贾某再婚时,贾氏五兄妹均已成年,相互之间没有形成扶养关系,即使贾氏五兄妹对刘某尽了扶养义务,也不是刘某遗产的法定继承人,故认定刘某的所有遗产全部由其养子张某继承。

本案一审判决的上述判决理由并非法官杜撰,而是较多的继承法专著、教科书和通俗普法读物的普遍性意见,甚至近乎于通说。举例说明:有的认为,继父母子女之间最为完整的抚养教育包括:①继父母子女共同居住;②继父或者继母对继子女提供了抚养物质;③继父或继母对继子女进行知识和生活的教育。上述抚养关系存续5

---

① 参见郭明瑞、房绍坤:《继承法》,法律出版社2004年版,第103页。

个月以上,就认定为成立继父母子女间的扶养关系。② 这个意见非常明确,与一审判决书的内容基本相同。有人认为,认定继父母与继子女之间是否有扶养关系,应从主客观两个方面来考虑:从客观上说,双方确实存在扶养的事实;从主观上说,双方有相互扶养的意思。如果客观上虽无抚养继子女的必要,但继父母仍愿意抚养,并且予以其他照顾的,也应当认定"有扶养关系"。③ 下面这个意见说得更加绝对:"父母再婚时,如果子女已成年,肯定与父母再婚的对象不能形成有抚养关系的继父母子女关系,互相之间没有相关的权利义务和继承权。如果当时子女未成年,则要看具体情况判断是否与继父母形成抚养关系,比如看是否共同生活、是否有抚养教育实施,如果确认有抚养关系,那么继子女就有赡养继父母的义务,且双方互相产生法定继承权。"④这些意见的核心是,认定继子女对继父、继母是否享有继承权,或者继父或者继母对继子女是否享有继承权,关键在于继父或者继母是否对未成年继子女尽到抚养义务,尽到抚养义务的,就形成了扶养关系,就享有继承权;未尽到抚养义务的,就未形成扶养关系,不享有继承权。这种观点可以概括为"抚养说"。

(二)对此问题的不同意见

尽管前述观点在我国民法理论界和实务界具有较大的影响力,但是也有不同意见。一种意见认为继子女对继父母是否享有继承权,应当以继子女是否对继父或者继母善尽赡养义务为依据,尽了赡养义务的,继子女就享有继承权,没有尽赡养义务的,继子女对继父或者继母就不享有继承权。⑤ 这种观点可以概括为"赡养说"。另一种意见认为,不论是继父母抚养了继子女,还是继子女赡养了继父母,只要一方扶养了另一方,就是有了扶养关系,就能相互继承了。⑥ 这种意见可以概括为"抚养赡养说"。形成扶养关系的"赡养说"是有道理的,但不够全面。"抚养赡养说"更为全面,准确地表达了《继承法》第 10 条规定的继父母子女间发生继承权的全部内容。

(三)以"抚养说"解释形成扶养关系的基础

在解释继父母子女间形成扶养关系中,之所以形成了"抚养说",即形成扶养关系的继父母子女关系,只能是在继子女未成年时,继父或者继母对其进行抚养的观点,其原因是基于对《婚姻法》第 27 条第 2 款规定的不正确理解。该条款规定:"继父或继母和受其抚养教育的继子女间的权利和义务,适用本法对父母子女关系的有关规定。"这是关于继父母子女间的权利义务关系内容的规定,有的学者将这个条款的规定套在解释《继承法》第 10 条关于继父母子女间享有继承权须双方形成扶养关系上面,就形成了继父母子女间扶养关系的形成,就是继父或继母抚养了未成年继子女,

---

② 参见李政辉:《析离婚后继父母子女间继承关系》,载杨立新等主编:《继承法的现代化》,人民法院出版社 2013 年版,第 174 页。
③ 郭明瑞、房绍坤:《继承法》,法律出版社 2004 年版,第 103 页。
④ 王竹编写:《中华人民共和国继承法配套规定》,法律出版社 2009 年版,第 34—35 页。
⑤ 参见梁轶琳主编:《继承法律政策解答》,法律出版社 2010 年版,第 23 页。
⑥ 参见苏湘辉等:《遗产继承法律通》,法律出版社 2005 年版,第 32 页。

并且须最低为5个月以上。例如认为,《婚姻法》第27条第2款规定是我国法律关于继父母子女关系总纲性的条款,该款区分了两种继父母子女关系:有抚养教育关系的继父母子女和没有抚养教育关系的继父母子女关系,没有抚养教育关系的继父母子女之间不适用父母子女的法律规定。⑦ 正是在这个解释的基础上,进一步形成了继父或者继母抚养教育未成年继子女须经过一定时间才能构成扶养关系的学术的和实务的观念。

二、对继父母子女间形成扶养关系"抚养说"的分析评判

将认定继父母子女之间形成扶养关系以继父或者继母对未成年子女进行抚养为确定标准的"抚养说",是不正确的,理由是:

第一,法律规定"扶养"概念的准确含义应当包括抚养、赡养和扶养。《现代汉语词典》对扶养的字义界定为"养活"⑧;百度百科解释"扶养",认为有广义与狭义之分,广义的扶养是指一定范围的亲属间相互供养和扶助的法定权利义务,没有身份、辈分的区别;狭义的扶养专指夫妻之间和兄弟姐妹等平辈亲属之间相互供养和扶助的法定权利义务。⑨ 上述字义界定均未将扶养特指抚养。法律意义上的扶养包括抚养、赡养和扶养(平辈亲属间的扶养),抚养是"爱护并教养"⑩,专指尊亲属对卑亲属的抚养教育;赡养是"供给生活所需"⑪,专指卑亲属对尊亲属的供养;扶养是指配偶及兄弟姐妹等平辈亲属之间的供养扶助。扶养的双重含义分别是广义和狭义的概念。在亲属法和继承法中,这是常识性的知识,并非复杂的理论。以此为据,《继承法》第10条规定的"有扶养关系的子女"和"有扶养关系的继父母"中的"扶养关系",显然是广义的扶养概念。在继父母子女关系中,不可能存在平辈亲属之间供养扶助关系的狭义扶养概念,只存在抚养和赡养关系,因而这个"扶养关系"用的是广义概念,既包括抚养,也包括赡养。

第二,将"有扶养关系的继子女"中的"扶养"片面地理解为"抚养",并进而认为只有未成年继子女与继父或者继母之间才能形成"扶养关系",成年继子女对继父母不存在"扶养关系"的意见,是不正确的。我国除《婚姻法》是按不同亲属主体的相互关系对抚养、扶养、赡养分别加以规定外,《刑法》《民法通则》《合同法》《继承法》等法律都使用"扶养"概念,包含抚养、赡养和狭义扶养。既然广义上的"扶养"泛指特定亲属之间根据法律明确规定而存在的经济上相互供养、生活上相互辅助照顾的

---

⑦ 参见李政辉:《析离婚后继父母子女间继承关系》,载杨立新等主编:《继承法的现代化》,人民法院出版社2013年版,第174页。
⑧ 中国社会科学院语言研究所词典编辑室:《现代汉语词典》,商务印书馆2005年版,第418页。
⑨ 参见百度百科:"扶养条",2014年7月17日访问,载 http://baike.baidu.com/view/73749.htm?fr=aladdin。
⑩ 中国社会科学院语言研究所词典编辑室:《现代汉语词典》,商务印书馆2005年版,第422页。
⑪ 中国社会科学院语言研究所词典编辑室:《现代汉语词典》,商务印书馆2005年版,第1190页。

权利义务关系,囊括了尊亲属对卑亲属的"抚养"、平辈亲属之间的"扶养"和卑亲属对尊亲属的"赡养"三种具体形态,那么将扶养理解为抚养,就限缩了扶养概念的含义,违反了《继承法》第10条规定的扶养概念的内涵,是对法律规定的错误理解。

第三,继父母子女间的继承权,既包括继子女对继父母的继承权,也包括继父母对继子女的继承权。有些学者和法官在解释《继承法》第10条规定的"有扶养关系"的概念时,只注重第3款"有扶养关系的继子女"的规定,忽略了第4款关于"有扶养关系的继父母"的规定。事实上,强调继父或者继母对未成年子女形成抚养关系,解决的应是后者,即有扶养关系的继父或者继母对继子女的继承权,因为继父或者继母对未成年继子女的抚养,产生了对继子女的继承权;而继子女对继父或者继母的赡养,产生的是继子女对继父或者继母的继承权。从逻辑上分析,"抚养说"是不适当的,因为只有继父或者继母抚养了未成年继子女,该继子女才对继父或者继母产生了继承权,并不符合简单的逻辑要求。而强调继子女对继父或者继母尽到赡养义务形成赡养关系,因而产生了对继父或者继母的继承权,才更符合逻辑的要求。这也是"赡养说"比"抚养说"更为科学的逻辑基础。当然这只是在逻辑上的推论而已,而实际上,无论是抚养还是赡养,在继父母子女的双方之间都发生继承权。由此可见,《继承法》第10条规定的有扶养关系的继父母子女之间的继承权,产生的依据既包括继父或者继母对未成年子女的抚养关系,也包括继子女对继父或者继母的赡养关系,在具有了这样的继父母子女关系中,双方之间才具有相互之间的继承权,可以依据法定继承进行继承。这正是"抚养赡养说"正确性的科学基础。

第四,《婚姻法》第27条第2款规定的目的,是确认继父母与受其抚养教育的继子女之间适用父母子女关系的规定,但不能据此得出成年继子女与继父母之间不能成立扶养关系的结论。有些法官和学者依据《婚姻法》第27条第2款关于"继父或继母和受其抚养教育的继子女间的权利和义务,适用本法对父母子女关系的有关规定"的规定,反推出成年继子女与继父母之间不能存在"扶养关系"的结论,既混淆了"扶养"与"抚养"概念的逻辑关系,也存在逻辑推理上的错误。对此不必再进行论述,但应当指出,《婚姻法》的这一规定也存在较大的缺陷,即"继子女和受其赡养的继父或者继母间的权利义务也适用婚姻法对父母子女关系的规定"属于立法的疏漏,应当依据逻辑进行补充,形成"继父或继母和受其抚养教育的继子女、继子女和受其赡养的继父或继母间的权利和义务,适用本法对父母子女关系的有关规定"这样完整的、科学的法律规范。

经过以上分析可以确认,《继承法》第10条第3款规定的"有扶养关系的继子女"和"有扶养关系的继父母"是一个整体,其基本含义为,在继父或者继母与继子女之间形成的扶养关系,包括继父或者继母抚养未成年子女,以及成年子女赡养继父或者继母。这样形成的继父母子女关系在客观上类似于养父母子女关系,因而在相互之间发生继承权,有权继承对方的遗产。其中继父或者继母抚养了未成年继子女的,是有扶养关系的继父母子女关系中的主要部分,但并不排斥继子女赡养了继父或者继母也形成有扶养关系的继父母子女关系,并且是更应当提倡和鼓励的民事法律行为,因为这更有利于维护老年再婚家庭的团结和睦和社会稳定。可以说,"育幼"能够形成有扶养关系的继父母子女关系,"养老"更能够形成有扶养关系的继父母子女关系。这就是"抚养赡养说"的科学基础和现实需要。

三、应当正确认定本案中是否形成扶养关系的继父母子女关系

(一)贾氏五名继子女与继母刘某之间形成了扶养关系

在贾某与刘某再婚时,贾氏兄妹五人与刘某之间发生继父母子女关系。由于五名继子女均已成年,不能与刘某发生抚养未成年继子女的法律关系。但是由于刘某与贾某再婚时已经退休,存在继子女对其进行赡养的需要。贾氏五名继子女对继母的态度非常积极,将继母视做生母对待,提供物质供养,特别是两位与生父和继母共同生活的继子女,在长达10年间善待老人,相互照顾,形成了亲善和睦的亲属关系。在刘某患病期间,在北京的三位继子女陪伴继母治疗,住院陪护,善尽照顾义务。在外地居住的两位与在京的三位继子女共同为继母提供治疗费用达17万余元。刘某在世时,五位继子女就集资为继母在北京购买墓地,病重期间照顾有加,去世后为其妥善办理丧事。这些都说明,贾氏兄妹五人作为继子女,对继母刘某善尽赡养义务,形成了有扶养关系的继父母子女关系,对刘某的遗产享有继承权,有权继承其遗产。

应当看到的是,贾氏兄妹五人在生父与继母再婚后,没有将刘某视为外人,而是因为其是生父的妻子,因而在感情上认做自己的亲人,对其承担与对生父一样的赡养义务,诚心照顾,特别是在生父去世之后仍然为继母养老、送终,尽到了子女应当尽到的赡养义务,是应当特别鼓励的行为。可以说,贾家兄妹五人对于继母,以及继母对于五位继子女,形成了浓厚的亲情,形同母子。这正是我国社会道德和法律希望再婚家庭特别是老年再婚家庭能够达到的效果。这对于稳定再婚家庭,维护亲属关系和睦,都具有重要意义。对此,当然应当认定他们已经形成了继父母子女间的扶养关系,享有继承权。一审判决错误理解"有扶养关系的继子女"的概念,片面解释为"被继承人刘某与贾某再婚时,贾氏兄妹均已成年,即使贾氏兄妹对刘某尽了扶养义务,也不是刘某遗产的法定继承人",是错误的,不仅违反《继承法》第10条的规定,违反了民法基本原则,也违反了社会公共道德和善良风俗,对亲属关系的发展做出了错误的引导,是必须纠正的。

(二)继子张某与继父贾某之间没有形成扶养关系

在本案中,另一对继父母子女关系发生在贾某与张某之间。张某是刘某的养子,这个关系,不论刘某与贾某再婚时是否说明,只要双方的养母子的关系没有在法律上解除,就发生父母子女之间的权利义务关系。只要贾某与刘某再婚,贾某就与张某之

间发生继父子关系。不过,一般的继父母子女关系并非血亲关系,而是姻亲关系⑫,即张某是刘某的养子而非贾某的养子。由于贾某与刘某再婚时张某已经成年,不存在抚养问题,而是发生赡养问题。如果张某对贾某尽到赡养义务,双方就具有扶养关系,姻亲关系就会变为拟制血亲关系,就发生继承权。但在事实上,张某在与贾某发生继父母子女关系之后,没有尽到任何赡养义务,甚至双方都不认识。因而,张某与贾某之间不具有扶养关系,不发生继承权,对贾某的遗产不得继承。但是从一审判决张某实际继承的份额观察,似乎张某在继承了养母的 6/12 的遗产之外,还有 1/12 的遗产份额,而这 1/12 的份额,就是从贾某的遗产中,从贾氏兄妹继承的遗产份额中分到的。如果这个推断成立,这样的判决结果让人大跌眼镜。

将张某与贾氏兄妹五人对继父或者继母的行为进行对比,可以看到相差悬殊。尽管张某对继父贾某没有尽到赡养义务,但在法律上并未受到谴责,也不违反法律;但就社会道德和善良风俗而言,自有公正评价。在对继父没有尽到赡养义务,甚至对养母也没有尽到多少赡养义务的情况下,反而隐匿遗产,积极主张继承权,甚至侵吞其他法定继承人应当继承的遗产,司法对其的态度应当鲜明否定,而不是采取暧昧的立场。在这一点上,一审判决不仅错误理解法律,而且违反市民社会基本的公正观念,对于张某的继承要求予以全部满足,丧失了应有的是非观念和立场,令人扼腕叹息。

(三)张某与刘某及张某与贾氏兄妹五人之间的法律关系

刘某与张某是养母与养子关系,双方的权利义务应当适用《婚姻法》第 26 条和《收养法》第 23 条规定;其继承法律关系,应当适用《继承法》第 10 条第 3 款和第 4 款规定。既然张某是刘某的养子,其对刘某的遗产就享有继承权。

对被继承人享有继承权与实际应当继承多少遗产,并不完全等同。换言之,有继承权的继承人继承遗产的具体份额,还应当看继承人在被继承人生前尽到多少扶养义务。《继承法》第 13 条规定法定继承的原则是,同一顺序的继承人继承遗产的份额,一般应当均等;该条第 3 款和第 4 款同时规定,对被继承人尽了主要扶养义务或者与被继承人共同生活的继承人,分配遗产时可以多分;有扶养能力和有扶养条件的继承人,不尽扶养义务的,分配遗产时应当不分或者少分。张某与贾氏兄妹五人都是刘某的法定继承人,都享有继承权。相比之下,贾氏兄妹五人对继母刘某尽了主要的赡养义务,而张某基本上没有尽到赡养义务。不过,法定继承人对遗产不分或者少分的要件,除了不尽扶养义务之外,还要具备"有扶养能力和有扶养条件"的要件,对此,一审判决并未调查和认定,在事实认定上有一定的不足。假如张某确实没有扶养能力和扶养条件,就应当按照均等份额分配遗产;如果有扶养能力和扶养条件而不尽扶养义务,则应当不分或者少分遗产。在这个问题上,事实认定还有一定的余地,需要继续调查,作出准确认定,依法分配遗产,伸张正义和彰显公正。

---

⑫ 参见房绍坤等:《婚姻家庭法与继承法》,中国人民大学出版社 2007 年版,第 173 页。

(四)结论性意见

应当特别强调的是,《继承法》的立法宗旨是保护自然人对私有财产的继承权,公平确定亲属间的权利义务关系,稳定家庭关系,建立和谐稳定的市民社会。法律鼓励家庭成员之间在物质与精神方面相互帮扶、供养,其目的正在于此。法院和法官在如何看待成年继子女对继父母遗产的继承权问题上,应当准确理解法律规定的内涵,深刻理解《继承法》的立法精神与立法用意,正确适用《继承法》。

1. 否认成年继子女对继父母遗产的继承权不符合公平原则

本案一审判决的核心错误,就在于对《继承法》第 10 条关于有扶养关系的继子女享有继承权规定的错误理解,认为成年继子女对继父或者继母不享有继承权。这是违反公平原则的。

我国《民法通则》第 4 条规定:"民事活动应当遵循自愿、公平、等价有偿、诚实信用的原则。"公平原则是民法的基本原则,在继承法律关系中,公平原则直接体现为权利与义务的对等性。在法定继承人分配遗产时,既要考虑继承人与被继承人之间的关系,还要考虑继承人对被继承人所尽义务的多少。《继承法》第 12 条规定:"丧偶儿媳对公、婆,丧偶女婿对岳父、岳母,尽了主要赡养义务的,作为第一顺序继承人。"第 14 条规定:"对继承人以外的依靠被继承人扶养的缺乏劳动能力又没有生活来源的人,或者继承人以外的对被继承人扶养较多的人,可以分配给他们适当的遗产。"这些条文都是继承法律关系权利与义务对等原则的体现。按照这一原则,成年继子女与继父母之间有没有扶养关系,关键看成年继子女是否对继父母尽到了赡养义务。如果成年继子女没有对继父母尽到赡养义务,则不存在扶养关系,不享有对继父或者继母遗产的继承权;如果成年继子女对继父母履行赡养义务,与亲生子女在事实上已没有区别,应当承认其与继父母之间成立扶养关系,享有对继父母遗产的继承权。在本案中,贾氏兄妹与继母关系融洽,赡养继母长达 24 年之久,付出了大量的心血和劳动。如果漠视这种扶养关系的事实,等于剥夺了贾氏兄妹五人的法定继承权,对长期尽到赡养义务的成年继子女是极不公平的,违反了公平原则。

2. 否认成年继子女对继父母遗产的继承权有违公序良俗

《民法通则》第 7 条规定:"民事活动应当尊重社会公德,不得损害社会公共利益,扰乱社会经济秩序。"这一规定,学者都认为是公序良俗条款,确认民事活动不能违背公序良俗。⑬ 严格地说,法律并没有强制要求成年继子女对继父或者继母必须履行赡养义务。这是因为,继父母子女关系原则上属于姻亲关系,而不是血亲关系。但是当继父母子女之间形成了扶养关系,即继父或者继母对未成年继子女善尽抚养义务,或者成年继子女对继父或者继母善尽赡养义务,双方之间的姻亲关系就发生了转变,变为拟制血亲关系,与收养发生同等效果。善良风俗原则鼓励继父母子女之间形成扶养关系,使继父母子女关系由姻亲关系变为拟制血亲关系,稳定亲属关系,建设

---

⑬ 参见杨立新:《民法总则》,法律出版社 2013 年版,第 65 页。

和谐家庭。这正是《民法通则》第 7 条公序良俗原则的体现。我国《婚姻法》第 21 条第 1 款规定:"父母对子女有抚养教育的义务;子女对父母有赡养扶助的义务。"这里并没有排除成年继子女对继父母的赡养义务。从现实情况来看,继父或者继母总是和生母或者生父一起生活的。如果法律强调子女对生父母的赡养义务,却否定成年继子女对继父或者继母的赡养义务,必然会造成继子女对继父母与生父母之间的权利义务差别,制造家庭矛盾,形成鼓励继子女对生父母与继父母区别对待,酿成家庭纠纷。如果这样理解法律和适用法律,只会恶化继父母与继子女之间本已脆弱的亲属关系[14],制造出更多的社会矛盾,有悖于公序良俗原则。

随着公众观念的改变,中老年再婚的数量越来越多,成年继子女与继父母之间的继承权纠纷也不断增加,正确厘清继子女与继父母之间的权利义务关系就显得更为重要。在本案中,继子女对继母履行赡养义务长达 24 年却被剥夺继承权,而未对养母尽到赡养义务的养子却继承了被继承人的大部分遗产,甚至对未形成扶养关系的继父的遗产也予以继承,这样的判决结果严重背离了公序良俗原则,其社会效果显然是负面的。

五、应当进一步说明的其他三个问题

对于本案的继承法律关系,除了上述这个最主要的问题之外,还有以下三个问题略作说明。

(一)刘某遗产范围的认定:房改房的权利归属

本案一审判决将贾某通过房改取得所有权的争议房,认定为贾某和刘某的夫妻共同财产。这样的认定是错误的。

中国的房改房是一种特殊的不动产,其设立的物权也与一般的建筑物所有权不同。原因是,在过去很长一段时期,我国城镇实行公有住房租赁制,城镇职工通过对所在单位建设的公有房的租赁,解决住房问题,其他城镇居民则通过租赁政府建设的公有房屋解决住房问题。因此,所有城镇公有房的所有权都是国家公有的,租赁者个人只享有租赁权。这种租赁权更具有债权物权化的特点。在公有住房制度改革中,国家将房屋所有权和土地使用权廉价出让给享有租赁权的职工或者居民,收取较低的出让金,即取得房屋所有权和土地使用权,成为私人所有的房屋。在这种情况下,城镇职工或者居民取得的房改房的权属,具有很强的人身性和福利性,是由租赁权转化为所有权,权属登记在原租赁权的个人名下。

在本案中,争议的房屋产权登记在贾某名下,其原来的租赁权分别属于贾某和其妻郭某。郭某去世后,中国银行作为贾某和郭某的工作单位,将原来的两套住房退回

---

[14] 参见李政辉:《析离婚后继父母子女间继承关系》,载杨立新等主编:《继承法的现代化》,人民法院出版社 2013 年版,第 173 页。

调整为新的一套，即将七贤村401、402房调换为车公庄甲1号903房，新的住房是原来住房的调换，而非新购置的房屋。不论是原来的七贤村的两套房，还是车公庄甲1号的新住房，都是房改房，都属于贾某和郭某所有，房改时郭某已经去世，郭某的部分应当属于贾某及其子女的共同继承遗产。

一审判决将这套房屋认定为贾某与刘某的夫妻共有财产，理由是所有权的取得是在贾某和刘某夫妻关系存续期间。这样的认定是不正确的，侵害了贾某以及贾氏兄妹五人的不动产所有权，理由是，这所住房的租赁权原属于贾某和郭某，在郭某去世后，其中一半属于贾某，其余一半为贾某和贾氏兄妹五人共同继承，属于贾某及贾某之长子等六人的共有物。尽管其所有权取得于贾某和刘某婚姻存续期间，但由于是房改房，其所有权的取得与原来的租赁权密切相关，因而该房屋不属于刘某与贾某的夫妻共同财产，继承开始时，也就不能分出一半作为刘某的遗产，因而张某对该房屋不享有继承权，不得继承。

（二）本案存在三次继承法律关系

在本案的继承法律关系中，存在三次法定继承关系，由于前两次没有实际分割遗产，因此在本次继承中必须一并处理。一审判决对前两次继承法律关系未作处理，只处理了最后一次继承关系，使判决结果失去了准确的客观事实基础，仅此而言，这样作出的判决必然是不正确的。

第一次继承关系，是郭某去世时发生的继承关系，是1987年开始继承，当时《继承法》已经实施。依照该法第25条规定，在继承开始后，继承人没有明确表示放弃继承权的，视为接受继承。如前所述，郭某去世后继承开始，各继承人对是否接受遗产均没有明确表示放弃，应当视为接受继承，因而形成了对郭某遗产由贾某及其子女共同继承的事实。这时的房屋所有权部分，应当有7/12属于贾某，即占58.3%，贾氏兄妹五人各自享有1/12的权属，为8.3%。按照这样的份额，该房屋属于六人的共有财产，存在上述潜在的个人权属份额。

第二次继承关系，是贾某去世时发生的继承关系。当时是2012年1月，贾某遗产的法定继承人分别是贾氏兄妹五人和刘某，由于各位继承人均未明确表示放弃继承，因此属于共同继承。在对该房屋的7/12的贾某的遗产中，六位继承人各自享有1/6的继承权，因共同继承发生的共同共有，六人各自的潜在份额为1/6，为该房屋总数的7/72，为9.7%。

第三次继承关系，是刘某去世时发生的继承关系。当时是2012年10月，刘某的继承人有张某和贾氏兄妹五人，共计六人。就刘某享有的共同继承贾某的房屋中的1/6的份额，六位继承人各自继承1/6。张某就该房屋的继承权，其实就享有7/12中的1/6的1/6，即只有7/432的继承权，为该房屋的1.6%。确认张某是刘某的养子，完全按照均等的份额与贾氏兄妹五人共同分配遗产，不考虑其对养母未尽赡养义务的情形，他也只能继承该房屋的1.6%。

对于本案其他动产的继承问题，本文不再讨论。

(三)对《继承法》规定继父母子女继承权的反思

通过对本案的上述讨论,可以发现,我国《继承法》将继父母子女之间的继承问题作如此规定存在较大的问题,同时也发现,我国《婚姻法》对继父母子女关系的规定也存在较大的问题。出现问题的原因,是因为对前苏联民法制度的盲目借鉴。因此,存在将来究竟应当怎样解决继父母子女的权利义务关系问题。

对此,笔者赞同废除继子女继承权的意见[15],按照多数人的意见,即明确规定继父母子女的权利义务关系,适用姻亲关系的规定,不发生拟制血亲关系。如果将该种姻亲关系转化为血亲关系,须通过收养程序确定双方为养父母子女关系,即通过收养在继父母子女之间确立拟制血亲关系,产生养父母子女的权利义务关系。这样,不仅在亲属法上解决了困扰多年的实际问题,而且也解决了继承法上令人困惑的疑难问题;也就能够理顺亲属法律关系和继承法律关系中的继父母子女之间的权利义务关系,能够避免本文重点讨论的成年继子女的继承权的问题,将是亲属制度和继承制度的一个重要改革。

---

[15] 参见郭逢兵、张楠:《我国继子女继承权之存废》,载《法制博览》2014年第2期。

自书遗嘱的形式要件与法律效力[*]

在遗嘱继承的诸种遗嘱类型中,自书遗嘱是遗嘱人自己亲笔所写,表达的是自己处分遗产的真实意思,是最重要的遗嘱类型,因而法律规定自书遗嘱须符合形式要件的要求,否则不能发生遗嘱的效力。本文结合一个典型案例,对自书遗嘱的形式要件及其效力进行分析说明,对与本案相关的问题提出修改《继承法》的主张。

一、自书遗嘱的形式要件及具体要求

近现代继承法虽然保留了古代罗马法以来的遗嘱类型强制的传统,但其立法目的已经与古代法时期截然不同。确保遗嘱人真实意思表示,是近现代遗嘱类型强制的首要价值目标。[①] 这样的结论是完全正确的。法律对于遗嘱形式要件的严格要求,就是为了保证遗嘱的真实性,确保遗嘱表现的是遗嘱人处分自己死后遗产的真实意思。如果遗嘱的形式要件不符合法律的要求,就不能确定遗嘱人在遗嘱中表达的意思是其处分自己遗产的真实意思表示,因而不能按照形式要件不符合法律要求的遗嘱进行遗嘱继承。

自书遗嘱也称亲笔遗嘱,日本也称为自笔遗嘱[②],是指立遗嘱人亲笔书写的遗嘱,最早源于罗马法,后世为各国民法普遍采用。由于自书遗嘱是遗嘱人自己亲自将自己处分遗产的意思用文字书写出来的,不仅简便易行,而且还能够保证内容真实,便于保密,因而在实践中使用极其广泛。[③]

我国《继承法》规定自书遗嘱形式要件的条文是第17条第2款:"自书遗嘱由遗嘱人亲笔书写,签名,注明年、月、日。"这一规定表明,我国自书遗嘱的法定形式要件应当符合以下具体要求。

(一)须遗嘱人亲笔书写遗嘱的全部内容

自书遗嘱必须由遗嘱人亲笔书写遗嘱的全部内容。这是自书遗嘱最主要的形式

---

[*] 本文发表在《法治研究》2014年第10期。
[①] 参见孙毅:《论遗嘱类型的缓和主义进路》,载杨立新等主编:《继承法的现代化》,人民法院出版社2013年版,第234页。
[②] 参见〔日〕近江幸治:《亲族法·相续法》,成文堂2010年版,第312页。
[③] 参见郭明瑞、房绍坤:《继承法》,法律出版社2007年版,第144页。

要件要求,也被称做自书遗嘱的本体要素。④ 只要能够确认遗嘱不是遗嘱人亲笔书写,就可以确定该遗嘱不属于自书遗嘱,不适用自书遗嘱的法律规定,不发生自书遗嘱的效力。

对于亲笔书写全部内容要件的具体要求,有绝对主义和相对主义之别。绝对主义认为,自书遗嘱的全部内容必须由遗嘱人亲自书写,只要有部分内容不是亲自书写,就不构成自书遗嘱。相对主义认为,不论自书遗嘱的内容是否为遗嘱人亲笔书写,只要能够确认遗嘱内容是遗嘱人的真实意思表示,且亲笔签名,注明年、月、日的,就应当认可其效力。我国《继承法》对此究竟应当采取绝对主义还是相对主义,值得斟酌:采取相对主义条件较宽,似乎更为优越,可以将打印遗嘱、录像遗嘱、电子数据遗嘱等都概括在内,扩大自书遗嘱的范围,便于操作;采取绝对主义立场,只承认全部内容为遗嘱人亲笔书写的遗嘱为自书遗嘱,对其他法律没有规定的打印遗嘱、录像遗嘱、电子数据遗嘱等,分别承认其类型强制的效力,道理也很充分。依照我国《继承法》第17条规定的内容,后一种意见更为妥当,对自书遗嘱的这一形式要件应当采取绝对主义。如果遗嘱人没有亲笔书写遗嘱全文,不成立自书遗嘱⑤;自书遗嘱中只要有部分内容不是遗嘱人亲笔书写,也不能认为是自书遗嘱。对自书遗嘱中涂改或者增删的部分,也必须是遗嘱人亲笔进行。

值得研究的是,打印遗嘱是否属于自书遗嘱。在当今社会,已经很少有人亲笔书写信函等,一般都采取电脑方式书写。经过电脑书写打印出来的遗嘱,究竟属于自书遗嘱,还是其他遗嘱,有多种不同意见。第一种观点认为,根据最高人民法院《关于贯彻执行〈中华人民共和国继承法〉若干问题的意见》第40条规定:"公民在遗书中涉及死后个人财产处分的内容,确为死者真实意思的表示,有本人的签名并注明了年、月、日,又无相反证据的,可按自书遗嘱对待。"既然如此,打印遗嘱就是自书遗嘱。第二种观点认为,根据自书遗嘱须由遗嘱人亲笔书写的强制性形式要件规定,打印遗嘱不属于自书遗嘱。第三种观点认为,打印遗嘱与自书遗嘱的最大区别是其主文内容由机器打印而成,难以直接判断遗嘱为被继承人亲自书写还是他人代书,因而不能笼统地认定为自书遗嘱或代书遗嘱,应当结合被继承人是否具有计算机操作能力、遗嘱形成过程等方面的证据来综合予以认定。⑥ 第四种意见认为,打印遗嘱既不是自书遗嘱,也不是代书遗嘱,应作无效认定,因为打印遗嘱既不符合"亲笔书写"的自书遗嘱要求,也不符合代书遗嘱的要求,不属于其中任何一种形式。⑦ 第五种意见认为,打印遗嘱应作为一种独立的遗嘱类型而有效,电脑打印也是一种书写、记载方式,既然打印遗嘱不

---

④ 参见孙毅:《论遗嘱类型的缓和主义进路》,载杨立新等主编:《继承法的现代化》,人民法院出版社2013年版,第234页。
⑤ 参见孙毅:《论遗嘱类型的缓和主义进路》,载杨立新等主编:《继承法的现代化》,人民法院出版社2013年版,第231页。
⑥ 参见张董等:《打印遗嘱的法律性质与效力》,载《法学》2007年第9期。
⑦ 参见吴庆宝:《民事裁判标准规范》,人民法院出版社2008年版,第222页。

属于《继承法》规定的5种遗嘱类型中的任何一种,但《继承法》并未规定打印遗嘱应确认无效,故只要打印遗嘱是遗嘱人的真实意思表示,理当有效。

国外立法例对打印遗嘱的观点也不相同。《匈牙利民法典》第628条规定,用打字机打成的文书,即使出自遗嘱人本人之手,也不得认定其为亲笔遗嘱;英国《遗嘱法》第9条规定,打字机打印、铅印或交付印刷的遗嘱,严格遵循签名的规定的,承认有效。⑧日本学者认为,老年人等无法亲自书写时,由他人辅助完成也视为自书。录音带、录像带、DVD等本来就不可以视为自书遗嘱,打字生成的遗嘱等也都不得视为自书。这是因为这样无法和"代书"作出区别,但是,对于老年人来说,因为有些人握力衰减无法自书,这种限制在现代社会中受到了质疑。其实只要让其亲笔署名、书写日期并签好印章,应该也没有问题。⑨

笔者认为,自书遗嘱的基本特征是自书。在电脑上书写尽管也是遗嘱人亲自书写,但无法鉴别打印遗嘱究竟是遗嘱人本人书写还是他人代写,因而不符合自书遗嘱内容须本人亲自书写这一形式要件的要求。故应当将打印遗嘱作为一种独立的遗嘱类型,增加见证人见证的形式要件要求,以保证打印遗嘱能够准确反映遗嘱人的真实意思表示,避免发生错误。

(二)须遗嘱人亲笔签名

遗嘱人亲笔签名,是遗嘱表现的遗嘱人的人格痕迹,因而具有认可遗嘱内容是其真实意思表示,愿意使遗嘱发生效力的作用。

遗嘱人在自书遗嘱上签名,有两层含义:第一,在遗嘱落款处的签名,是遗嘱全文书写完成后,遗嘱人亲笔签名,郑重确认遗嘱为本人所写,在遗嘱上留下遗嘱人的人格痕迹。第二,在涂改、增删处签名,确认涂改或者增删的内容为遗嘱人本人所为,是对遗嘱内容的修正。

遗嘱人在遗嘱上的签名是否包括盖章、捺印、画押等,有不同意见。有的学者认为,遗嘱人签名须由遗嘱人亲笔书写其姓名,而不能以盖章或捺印等方式代替。⑩在我国台湾地区,有学者认为遗嘱人的盖章、签名亦无不可⑪,但多数学者认为,自书遗嘱须遗嘱人亲自签名,且在解释上,不得依印章、指印、十字或其他符号代替。民法规定必须亲自签名,乃在可以借此知悉遗嘱人为何人,且足以借此知悉笔致之特征,以防止遗嘱之伪造或变造。⑫日本学者认为,由于"自书"的形式很重要,所以在上面"签章"的意义最为重要,但也不是要求必须是实在的印章,按"手印"也可以,没有签章习惯的,签字也可以。⑬

---

⑧ 参见梁芬、刘文革:《打印遗嘱效力探究》,载《人民司法·应用》2010年第11期。
⑨ 参见[日]近江幸治:《亲族法·相续法》,成文堂2010年版,第312页。
⑩ 参见郭明瑞等:《继承法研究》,中国人民大学出版社2003年版,第116页。
⑪ 参见胡长清:《中国民法继承论》,商务印书馆1936年版,第190页。
⑫ 参见林秀雄:《继承法讲义》,元照出版公司2009年版,第229页。
⑬ 参见[日]近江幸治:《亲族法·相续法》,成文堂2010年版,第312页。

我国民法在合同法等领域,认可签字或者盖章具有同等效力,但《继承法》第 17 条第 2 款规定的就是签名,并不包括其他方式。因此,应当理解为遗嘱人在遗嘱上的签名必须是亲笔签名,不得采取盖章、捺印、画押等方式代替签名。如果在自书遗嘱中已经留有遗嘱人亲笔书写的姓名,例如开头写明"立遗嘱人某某"为遗嘱人亲自书写,而在最后落款处没有签名,但有印章、捺印或者画押的,应认可其签名的效力。有的学者主张,自书遗嘱的签名须在遗嘱的每一页都要亲笔书写。[14] 在自书遗嘱的每一页都签名固然是好,但是并不能以每一页签名为必要。在遗嘱的落款处已经由遗嘱人亲笔签名之外,在每一页以及涂改、增删处捺印,确认属实的,也应当认可该自书遗嘱的效力。

(三)须遗嘱人亲笔注明立遗嘱的年、月、日

遗嘱人在自书遗嘱上亲笔注明立遗嘱的年、月、日,是自书遗嘱的必备形式要件之一,是遗嘱的证据要素。其目的,一是为了判断遗嘱人立遗嘱时是否具有遗嘱能力,二是在有多份遗嘱存在,且内容相互抵触时,确认哪份遗嘱为遗嘱人最后所立的遗嘱。[15]

立法之所以规定"注明年、月、日"而不是"注明日期",是为了进一步确定立遗嘱的准确时间,避免出现时间不准确而使发生内容抵触的数份遗嘱的时间顺序不清,无法确定最后所立的遗嘱。无年、月、日记载者,内容虽无发生疑问之余地,亦为无效。[16] 有年有月无日者、有月有日无年者以及有年有日无月者,均不符合这一形式要件的要求。注明的年、月、日可以是公历,也可以是农历,没有特别注明是农历的,应当推定为公历。通过其他方式能够推断出确定的年、月、日的,也为有效,如记载"某年元旦""某人 60 岁生日"等。[17]

遗嘱记载的年、月、日应为遗嘱全部制作完毕,遗嘱人签名之日。我国台湾地区学者认为,如果遗嘱内容众多,书写数日始完成时,自应记明该完成之日期,若未记明,则遗嘱尚未成立。完成遗嘱之数日后,始记明年、月、日时,虽完成遗嘱内容之日于记明之日期不同,仍以所记明之日为准。因过失而记载与完成遗嘱之日不同之日期,依其情形可推断遗嘱人有记明真实之日之意思表示时,则该遗嘱仍然有效。[18] 这些意见都可以借鉴。

遗嘱人书写遗嘱全文并注明年、月、日,其年、月、日与遗嘱作成的年、月、日不符,或者记载错误的,遗嘱是否有效,有两种意见。一种意见认为,应当区别故意或者过失及错误记载日期不一致而异其效力,因故意记载不一致的,遗嘱无效,因为这足以推定遗嘱人有希望遗嘱不成立的意思,或至少足以断定其遗嘱非出于真意;因过失或

---

[14] 参见陈苇主编:《中国继承法修改热点难点问题研究》,群众出版社 2013 年版,第 557 页。
[15] 参见郭明瑞等:《继承法研究》,中国人民大学出版社 2003 年版,第 117 页。
[16] 参见史尚宽:《继承法论》,中国政法大学出版社 2000 年版,第 429 页。
[17] 参见房绍坤等:《婚姻家庭法与继承法》,中国人民大学出版社 2009 年版,第 323 页。
[18] 参见林秀雄:《继承法讲义》,元照出版公司 2009 年版,第 229 页。

错误记载不一致的,如果依照遗嘱内容的其他各种情形可以推断遗嘱人有记载真实日期的意思时,则遗嘱有效。[19] 另一种意见认为,遗嘱是否有效应当以能够证明记载日期真实,并能够依遗嘱的内容及外部条件证明真实作成日期为断,即能够证明真实作成日期的,为有效,反之则否,不应依遗嘱人的主观故意或者过失为断。[20] 笔者认为,这种情形应当根据外部条件以及遗嘱人的主观状态作为判断依据。例如,注明的年、月、日出现错误,将四月、六月、九月、十一月记载成31日,将非闰月二月记载为29日,如果能够确定遗嘱人为故意写错,遗嘱当然是不真实的意思表示,应当为无效;如果是过失所为或者就是记载错误,则可以推断该月的最后一日为真实的遗嘱日期。

(四)特别说明:关于涂改、增删的问题

自书遗嘱的涂改、增删,既包括对遗嘱内容的涂改、增删,也包括对签名和年、月、日的涂改、增删,是自书遗嘱三个形式要件的共同要求,是其组成部分,在自书遗嘱效力的判断上特别重要,因此需要专门进行讨论。

我国《继承法》第17条在对自书遗嘱的规定中,没有关于遗嘱涂改、增删如何处理、判断的规定,而我国台湾地区"民法"第1190条对此有专门规定:"如有增减、涂改,应注明增减、涂改之处所及字数,另行签名。"这是因为,对自书遗嘱进行增删、涂改,是改变了原来遗嘱的内容,须遗嘱人亲自署名,证明其是遗嘱人的真实意思表示。至于涂改、增删的原因,是于遗嘱书写之际因笔误,或者写成之后要变更内容而进行增减、涂改遗嘱内容,则不论,但须说明涂改、增删的字数,同时注明涂改、增删的年、月、日。如果没有按照上述要求对自书遗嘱进行的增删或者涂改,该自书遗嘱的内容无效。[21]

对待自书遗嘱的涂改、增删,须特别强调以下问题:第一,自书遗嘱的涂改、增删须是遗嘱人亲自所为,涂改、增删非为遗嘱人所为,即为对遗嘱的篡改,符合《继承法》第22条规定的要求,篡改的内容无效。第二,对自书遗嘱进行涂改、增删,没有遗嘱人亲自签名、注明年、月、日的遗嘱,究竟是涂改、增删部分无效,还是整个遗嘱无效,应当依照《继承法》第22条规定,认定构成篡改部分的内容无效,原来自书遗嘱符合形式要件要求的那部分内容仍然有效。

二、涉及自书遗嘱形式要件的典型案例及反对该案判决理由的意见

(一)涉及自书遗嘱形式要件的典型案例及该案判决的主要理由

1. 典型案例的基本案情[22]

原告马立军、马立翼、胡莉燕、胡郁诉称,2011年9月1日,被继承人马立良因故

---

[19] 参见罗鼎:《法继承论》,台北三民书局1978年版,第183页。
[20] 参见史尚宽:《继承法论》,中国政法大学出版社2000年版,第432—433页。
[21] 参见林秀雄:《继承法讲义》,元照出版公司2009年版,第230页。
[22] 本案当事人的姓名均为化名。

死亡,其生前留有自书遗嘱一份,主要内容为,被继承人马立良与其妻衣俊秀的共同财产不少于 16 亿元,被继承人将其个人资产(不少于 8 亿元)按以下方案分配,马文莘占 30%,马立军占 20%,马立翼占 20%,胡莉燕和胡郁占 25%,其余的 5% 由马立军负责支配。马立良遗嘱中所确定的遗产由衣俊秀实际掌控,要求其按照遗嘱分割遗产。

被告衣俊秀、马文莘辩称,马立军、马立翼、胡莉燕和胡郁提出的诉讼请求没有事实依据,因为与其提出的诉讼请求相应的证据为无效证据,能够提供证据证明本案涉及的遗嘱签名不是马立良书写的,请求法院对遗嘱的真实性进行核实;马立良在遗嘱中所列财产,属于公司法人财产,不应予以认定;马立军、马立翼、胡莉燕、胡郁的诉讼请求没有法律依据,因四人在本案当中均不是被继承人马立良的第一顺序继承人,无权得到相关的遗产。

法院判决书认定:马立军、马立翼与马立良系兄弟关系,胡莉燕、胡郁为朋友关系(实际关系是胡莉燕与马立良同居,胡郁是其私生女),衣俊秀与马立良系夫妻关系,马文莘与马立良为父女关系。2011 年 9 月 1 日,马立良因犯杀人罪,被判决死刑予以执行,马立军从审判该刑事案件的法庭领取了两份以同样文字书写的"遗嘱",主要内容是对马立良约 8 亿元的遗产作了上述诉称的分配。马立军将一份遗嘱交给衣俊秀。衣俊秀认为该遗嘱不是马立良亲笔所写,委托司法鉴定机构对其签名进行真实性鉴定,结论为遗嘱中落款处的"马立良"签名与样本的签名不是同一人所写,且落款处的日期有涂改痕迹。

2. 争议自书遗嘱的具体内容与文书检验司法鉴定意见书的结论

本案争议遗嘱的内容是:"我死后自愿将我全部资产包括××茶城、××小商品城、两处房产(市值应在 3 亿元)。××运动会馆(市值 1 亿元)。××热电厂(市值应不少于 5 亿元)、××化工厂(市值应不少于 1.5 亿元)。××办公楼及××市各处其他资产,含页岩矿等其他各项资产(应不少于 1 亿元),××公司项目,写字楼三层以下及地下车库价值(应不少于 2 亿元)。以及集团各公司经营利润年应不少于 3 000 万元,两年应不少于 5 000 万元。扣除集团各项负债应在几千万元。余下:总资产应不少于 16 亿元。""以上资产是我和衣俊秀的共同财产,我个人资产应不少于 8 亿元,将我个人的资产按以下方案分配:马文莘占 30%,马立军占 20%,马立翼占 20%,胡莉燕和胡郁 25%。余下的 5% 是我身后希望把我和爸妈葬在一起的费用和支付律师的费用,余下的部分使用于在这两年帮助过我的人(由马立军负责分配)。以上所写是我真实意思表示。立遗嘱人马立良 2011 年 9 月 1 日"㉓

《××物证鉴定中心文书检验司法鉴定意见书》的鉴定意见:"委托鉴定事项:1. 对检材上的'马立良'签名字迹与样本上的'马立良'签名字迹是否为同一人所写进行鉴定;2. 对检材上所有手写字迹是否有涂改进行鉴定。对现有送检材料检验分

㉓ 该"遗嘱"中的文字和标点符号原文如此,未作改动。

析,认为:1.检材上'马立良'签名字迹与样本上'马立良'签名字迹不是同一人所写。2.检材上正文第7行中'字'字及落款处的阿拉伯数字'9'均有涂改痕迹。"

3. 本案判决认定自书遗嘱有效的理由

一审法院判决认为,关于被继承人马立良遗嘱的效力问题,经向××市中级人民法院调取的马立良案件卷宗显示,卷宗中保留的两份遗嘱复印件与原、被告各自持有的遗嘱内容、形式完全一致。遗嘱由马立军领取并签字确认。庭审中马立军、衣俊秀已承认其中一份遗嘱系由马立军转交衣俊秀。因法院卷宗系对案件审判活动的如实反映,记载了案件从立案到审结整个诉讼流程,故马立良的遗嘱由法院代为转交其家属并保留复印件,既是审判人性化的体现,也是卷宗记录的必然要求。具有客观性、真实性、关联性。而被告出示的鉴定结论虽结论为遗嘱签名非马立良书写,但该鉴定结论系单方作出,其鉴定机构的选择、检材的提供、样本的选取,均未取得马立军等原告的同意和认可,故不能作为有效证据予以采信。马立军、衣俊秀持有的遗嘱应为马立良亲自书写的遗嘱,该遗嘱系马立良真实意思表示,内容不违反法律法规的强制性规定,形式符合自书遗嘱的要求,为有效遗嘱。

(二)本案争议的自书遗嘱不符合自书遗嘱形式要件的要求

本案当事人之间的争议焦点,是死者马立良所留遗嘱的真实性。原告一方认为遗嘱是真实的,是马立良亲笔所写,是其真实意思表示,遗嘱有效。被告一方认为遗嘱不是真实的,遗嘱的签名不是马立良所写,注明的日期经过涂改,属于无效的遗嘱,应当依照法定继承的规定予以继承。故确定本案争议的遗嘱的真实性,是审理本案的关键问题。解决了这个问题,就解决了本案最基本的法律适用问题。

经过对争议"遗嘱"以及司法鉴定意见书的审查,结合本案其他情况,笔者认为,本案判决书认定为真实的、具有法律效力的马立良"遗嘱",不符合自书遗嘱的形式要件要求,是一个不真实的遗嘱,不能认定为马立良的自书遗嘱,不具有遗嘱的法律效力。理由如下:

第一,《文书检验司法鉴定意见书》做出的两个结论确有根据,是正确的,没有理由对其产生怀疑。

《文书检验司法鉴定意见书》作出遗嘱签名非同一性鉴定意见的依据是,"检材上马立良的签名字迹清晰,特征基本稳定,可供检验;在样本上,马立良的签名字迹的书写特征基本一致,反映了同一人的书写习惯,可用于比对检验。进行比较检验,发现两者的字形、书写风格不同,且在单字马、立、良的书写特征上差异明显。因此结论是,比较检验中发现的检材与样本上的马立良签名字迹书写特征差异点量多、质优,属本质性差异,反映了不同人的书写习惯。"依据笔者的经验,样本上的签名字迹与检材上的签名字迹都没有任何伪装,是完全不同的书写风格,肯定不是一个人写的。因此笔者确信,《文书检验司法鉴定意见书》的这一鉴定结论是正确的,依据充分、确定,法院应当采信。

《文书检验司法鉴定意见书》的第2项结论是:"检材上正文第7行'字'字及落

款处的阿拉伯数字'9'均有涂改痕迹。"做出这个结论的依据是,"检材上所有字迹书写在红色横线稿纸上,其上书写字迹均系蓝色圆珠笔书写。经用显微镜和VSC6000文检仪对检材上所有书写字迹进行检验,发现其正文第7行的'写字楼'中的'字'字及落款处'2011年9月1日'中的阿拉伯数字'9'均有涂改痕迹。"对于这个鉴定结论,笔者也完全没有异议,因为仅凭肉眼就能够判断这两个字有涂改痕迹。对这个鉴定结论法院也应当采信。

第二,依据上述鉴定意见中"马立良"签名的字迹不是马立良所写,进而确定遗嘱内容中与该签名相同的文字,与马立良签名中的"马"字和"立"字的书写风格完全一致,可以断定"遗嘱"的内容是书写"马立良"签名的同一人所写。

既然鉴定结论认为遗嘱落款处的签名不是马立良自己的签名,且其结论是真实的,那么在争议的该份遗嘱中第15行相同的字迹就有"马文莘""马立军"和"马立翼",在第18行和第19行还有一处提到"马立军",四处相同的字迹也没有任何伪装,其中的"马"字和"立"字,与落款处马立良签名中的"马"字和"立"字的书写风格完全相同,应当确定是一人所写,这个结论不会有错。

因而可以得出的结论是:首先,既然马立良的签名不是马立良所写,那么与该字迹相同的"马文莘""马立军"和"马立翼"中的"马"字和"立"字也当然不是马立良所写,应当是伪造马立良签名的同一个人所书写。其次,整篇遗嘱的字迹工整,书写风格相同,前后文的书写特征完全相同,据此可以进一步推断,整篇遗嘱以及签名都是同一个人所写;既然签名不是马立良所写,那么整篇遗嘱也不是马立良所写。再次,为了进一步核实上述结论的准确性,还可以在马立良遗留的其他文件中,找到与遗嘱中相同的字,进一步进行文检,确定上述结论的真实性。上述结论如果能够得到进一步的确认,就可以完全确定该份遗嘱是伪造的"遗嘱",不具有自书遗嘱的法律效力。即使不进行这一步工作,由于被告方提出的遗嘱虚假的证明能够建立优势证据,而原告一方没有其他证据证明遗嘱的真实性,法官应当对被告主张的该事实建立确信,认定争议"遗嘱"的真实性不成立,否定该遗嘱的法律效力。

第三,关于自书遗嘱"注明年、月、日"的形式要件,争议"遗嘱"的年、月、日经过涂改,马立良没有在涂改处签名或者盖章或者按指纹,也没有注明涂改的日期,仅凭此一点即可认定该遗嘱无效。

综合以上意见可以确认,本案争议的自书遗嘱完全不符合自书遗嘱形式要件的要求;首先,不能认定该自书遗嘱的全部内容为遗嘱人马立良亲自书写,甚至可以推断该遗嘱是由他人伪造;其次,有《文书检验司法鉴定意见书》作为证据,证明所谓的遗嘱人亲自签名并非马立良亲笔书写,尽管原告一方对该证据提出异议,但法院没有进一步进行重新鉴定,原告一方也没有提出新证据证明该遗嘱的真实性,因此遗嘱人亲笔签名的形式要件亦不成立;最后,遗嘱落款处签署的年、月、日被涂改过,被涂改的年、月、日恰好是马立良被执行死刑的时间,在涂改之处没有马立良的亲笔签名或者盖章或者捺印,也没有注明涂改的时间,因而即使该遗嘱为马立良亲笔书写,由于立遗嘱的时间被涂改,且无法识别原来签署的正确年、月、日,该遗嘱等于没有注明立遗嘱时间,由于自书遗嘱没有注明年、月、日而使遗嘱无效。故应认定,本案当事人争议的遗嘱,非为马立良亲笔书写的自书遗嘱,是一份无效的遗嘱。

(三)对本案判决认定争议自书遗嘱有效的不同意见

本案判决书认定争议遗嘱有效的依据,没有客观事实依据,多属于主观臆断,且取得遗嘱的当事人为利害关系人,存在严重的法律瑕疵,不符合证据规则的要求,因而本案判决书认定遗嘱有效的理由是错误的。理由是:

本案判决书首先认为,"刑事卷宗中保留的两份遗嘱复印件与原、被告各自持有的遗嘱内容、形式完全一致"。这并不是马立良遗嘱具有真实性的法律根据。马立良是刑事案件中的被告人,已经被判处死刑予以执行。其生前留有遗嘱,并不因为在刑事卷宗中保留了其复印件,就能够证明该遗嘱是马立良的亲笔自书遗嘱。如果当事人对此没有争议,当属没有问题。但在当事人对其真实性有争议时,其真实性必须有其他证据证明。仅仅因为刑事案卷中保留的复印件与当事人持有的遗嘱相同,就确认该遗嘱的真实性,是没有法律依据的。对于刑事案件中的证据材料在民事案件中采信的原则是,应当依照《民事诉讼法》及相关司法解释的规定进行质证,并根据质证情况决定是否采信。马立良的遗嘱复印件保留在刑事案卷中,不能证明该遗嘱就是真实的。被告认为该遗嘱为伪造,质疑其真实性,并举出证据予以证明,民事判决不能直接认定其真实性而直接采信。

本案判决书认定,"遗嘱由马立军领取并签字确认。庭审中马立军、衣俊秀已承认其中一份遗嘱系由马立军转交衣俊秀"。这样的认定也不能证明该遗嘱的真实性,理由是,马立军是第二顺序继承人,衣俊秀是第一顺序继承人,且该遗嘱的基本内容是剥夺衣俊秀的继承权,双方存在重大利益冲突,马立军对该遗嘱具有重大利害关系,与衣俊秀也有重大利害关系。由第二顺序继承人马立军到法院领取遗嘱并转交给第一顺序继承人衣俊秀,从情理上说不通。故这样的理由不是认定该遗嘱真实性的证据,反而增强了对该遗嘱真实性的疑问。

本案判决书认定:"法院卷宗系对案件审判活动的如实反映,记载了案件从立案到审结整个诉讼流程,故马立良的遗嘱由法院代为转交其家属并保留复印件既是审判人性化的体现,也是卷宗记录的必然要求。具有客观性、真实性、关联性。"这个理由同样不能成立。法院明知遗嘱对于继承和遗产分配的极端重要性,且马立良遗嘱的主要内容是剥夺衣俊秀的法定继承权,却不将该遗嘱交给衣俊秀,反而交给第二顺序继承人马立军,恰好是怀疑遗嘱真实性的依据。法院代交遗嘱,并不能证明遗嘱的真实性,法院也没有说明马立良是在何种情况下立的遗嘱,如何交给法院,法院为什么交给马立军而不交给衣俊秀,遗嘱也没有见证人的签字、盖章,法院也没有对此证明,因而由法院转交遗嘱的事实不能证明遗嘱的客观性、真实性和关联性。

本案判决书认定:"被告出示的鉴定结论虽结论为遗嘱签名非马立良书写,但该鉴定结论系单方作出,其鉴定机构的选择、检材的提供、样本的选取均未取得马立军等原告的同意和认可,故不能作为有效证据予以采信。"这样的结论也是不正确的。被告对本案争议遗嘱的真实性提出质疑,有权就遗嘱的真实性请求鉴定机构进行鉴定,并将鉴定结论提交法院。按照证据规则的要求,如果对方当事人认可这样的鉴定结论,该鉴定结论就可以作为证据使用;如果对方当事人不认可这样的鉴定结论,可以提出相反的证据推翻该鉴定结论;或者由法院重新组织鉴定,由双方当事人协商选定鉴定机构,不能协商一致的,法庭应当指定一个新的鉴定机构进行重新鉴定,并且按照重新鉴定的鉴定结论认定案件事实。一审法院在原告对被告提交的鉴定结论提出异议的情况下,既没有原告一方的继续举证,也没有进行重新鉴定,而是按照法官的主观臆断,直接认定该存在争议的鉴定结论"不能作为有效证据予以采信"。这样的认定结论是不符合证据审查程序的,不能形成法官的内心确信或者心证,属于法官擅断。

本案判决书最后认定"马立军、衣俊秀持有的遗嘱应为马立良亲自书写的遗嘱,该遗嘱系马立良真实意思表示,内容不违反法律法规的强制性规定,形式符合自书遗嘱的要求,为有效遗嘱"的结论,违反证据审查规则的要求,在没有确定该遗嘱为马立良自书遗嘱的情况下,认定该争议遗嘱是马立良的真实意思表示,形式符合自书遗嘱的要求,为有效遗嘱,无视法律规定的自书遗嘱的形式要件,为没有事实和法律根据。

综上,本案争议的马立良的遗嘱,对有证据证明马立良在遗嘱上的签名是真实的,遗嘱内容为马立良亲笔书写的结论均存在疑问,立遗嘱日期因有涂改而无效,不符合《继承法》第17条第2款规定的自书遗嘱形式要件的要求。在这种情况下,没有对争议遗嘱的真实性进行重新鉴定,本案判决书直接断定该遗嘱为马立良亲笔书写,是其真实意思表示,是有效的自书遗嘱,完全违背证据审查和事实认定的程序规则,既违反民事诉讼法的规定,也违反《继承法》对自书遗嘱形式要件的规定。

三、对与自书遗嘱及本案相关的两个问题的修法建议

(一)自书遗嘱的法律效力与公证遗嘱效力优先原则

自书遗嘱符合法律要求的形式要件,且其内容不违反法律的强制性要求的,即发生遗嘱的法律效力。自书遗嘱不符合法律要求的形式要件,则自书遗嘱无效。

在各种不同的遗嘱类型之间,并不存在法律效力高低的问题,但由于我国《继承法》第20条第3款规定了"自书、代书、录音、口头遗嘱,不得撤销、变更公证遗嘱"的内容,就出现了自书遗嘱与公证遗嘱之间的效力冲突问题。这样的规定究竟是否正确,在修订《继承法》中是否应当继续坚持,特别值得研究。

《继承法》第20条第2款在作出上述规定之后,最高人民法院《关于贯彻执行〈中华人民共和国继承法〉若干问题的意见》第42条规定:"遗嘱人以不同形式立有数份内容相抵触的遗嘱,其中有公证遗嘱的,以最后所立公证遗嘱为准;没有公证遗嘱的,以最后所立的遗嘱为准。"我国目前的实际情况是,在所有的遗嘱类型中,公证

遗嘱具有最高的效力,任何其他类型的遗嘱包括自书遗嘱都不得与公证遗嘱相对抗。这一公证遗嘱效力优先原则的立法例,在世界各国和地区的继承法中较为罕见。确立公证遗嘱优先效力原则的理由是,公证遗嘱是方式最为严格的遗嘱,较之其他的遗嘱类型更能保障遗嘱人的意思表示的真实性。因此,在当事人发生继承纠纷时,公证遗嘱是证明遗嘱人处分财产的意思表示的最有力和最可靠的证据。[24]

在修改《继承法》的讨论中,学者的基本意见都是反对公证遗嘱效力优先原则的,只有公证机构的代表以及部分法官仍然坚持不可以改变公证遗嘱效力优先原则的意见。上述学者观点尽管是比较普遍的意见,但写出文章的比较少。现在能够看到的是杨成良的文章,题目是《公证遗嘱效力优先性质疑》。杨成良认为公证遗嘱的效力优先性存在诸多弊端,既与遗嘱继承之立法目的不相符合,违背了遗嘱自由原则,又限制了遗嘱人的遗嘱撤销权,不利于当事人合法权益的保护,因此,在继承法立法中应予修改。[25] 这样的意见是正确的,笔者完全赞成杨成良的这个意见。

观察《继承法》和司法解释的有关具体内容,可以看到,《继承法》第 20 条第 2 款并没有说明公证遗嘱效力优先,而仅仅规定自书、代书、录音、口头遗嘱,不得撤销、变更公证遗嘱,是间接承认公证遗嘱效力优先原则。最高人民法院《关于贯彻执行〈中华人民共和国继承法〉若干问题的意见》第 42 条在此基础上,则直接确立了公证遗嘱的优先效力,表现为遗嘱人以不同形式立有数份内容相抵触的遗嘱,其中有公证遗嘱的,以最后所立公证遗嘱为准。近 30 年来,这个制度被普遍接受,目前受到学者质疑。

公证遗嘱效力优先原则是我国所独创。其他国家和地区的继承立法都明确规定,遗嘱人立有数份遗嘱且内容抵触的,以最后所立遗嘱的效力为准。例如我国台湾地区"民法"第 1220 条规定:"前后遗嘱有相抵触者,其抵触之部分,前遗嘱视为撤回。"这样的规则要求,不论何种遗嘱类型,都以立遗嘱的时间为准,排除公证遗嘱的优先效力。

公证遗嘱的优先效力规则有以下五大弊病:第一,当事人设立遗嘱并非是为了使其效力最优,因为《公证法》规定,公证的效力主要在于便于证明遗嘱的真实性,而不是使其具有最优的效力。第二,确立公证遗嘱效力优先原则,严重限制了遗嘱自由原则,遗嘱的撤回、变更的真实意思表示不能迅速得以实现,一旦立有公证遗嘱的遗嘱人在紧急情况下欲撤销或者变更遗嘱内容,不能及时实现,就会使遗嘱人的真实意思表示因前公证遗嘱来不及修正而不能实现。第三,公证遗嘱效力优先原则大大增加遗嘱人的遗嘱成本,一旦设立公证遗嘱,就必须再设立公证遗嘱对前一个公证遗嘱进行变更或者撤回,进行过一次公证遗嘱,就必须次次进行公证,否则就没有遗嘱效力,这是极不合理的规则。第四,公证遗嘱效力优先原则极有可能使遗嘱人最终处分其

---

[24] 参见房绍坤等:《婚姻家庭与继承法》,中国人民大学出版社 2007 年版,第 323 页。
[25] 参见杨成良:《公证遗嘱效力优先性质疑》,载《西安电子科技大学学报》2002 年第 2 期。

遗产的意思不能表达,使遗嘱人的真实愿望难以实现,因为遗嘱人一旦订立了公证遗嘱,非经公证程序撤销、变更,采取其他任何方式订立的遗嘱均不生效,仍要适用原先订立的公证遗嘱。[26] 第五,公证遗嘱效力优先原则限制了遗嘱人的遗嘱撤销权。《继承法》第20条第1款规定了遗嘱人的遗嘱撤销权,该条第2款明确规定了遗嘱效力的基本原则是"立有数份遗嘱,内容相抵触的,以最后的遗嘱为准",这本来是正确的规定,但该条第3款又规定其他遗嘱类型"不得撤销、变更公证遗嘱",对遗嘱人的遗嘱撤销权进行不当限制,且与数份遗嘱效力的一般原则相冲突,是一个自相矛盾的条文。

对此,解决的办法是,《继承法》修正案应明确规定,"立有数份遗嘱,内容相抵触的,以最后所立遗嘱为准,前遗嘱抵触部分视为撤回"[27],彻底否定公证遗嘱效力优先原则。在遗嘱类型的规定中,参照我国台湾地区"民法"第1189条规定的方法,将自书遗嘱作为第一种形式予以肯定。具体方法是:"遗嘱应当依据本法规定的自书遗嘱、代书遗嘱、打印遗嘱、电子数据遗嘱、录音遗嘱、录像遗嘱、公证遗嘱、密封遗嘱、口头遗嘱类型设立。"[28]

(二)关于配偶与兄弟姐妹之间继承顺序的矛盾与立法建议

众所周知,我国《继承法》规定的法定继承人的范围及继承顺序都极为狭窄,远远不适应市场经济社会的现实需要。具体表现是:第一,继承人范围过窄,就会发生大量的无人继承遗产,无法保障遗产在死者亲属中流转;第二,继承顺序过少,且不合理;第三,将配偶作为第一顺序继承人存在较多弊病,最大的问题是剥夺了兄弟姐妹与配偶一起继承遗产的权利。[29] 本案原告一方当然知道《继承法》的这一规定,因而主张遗嘱真实,按照遗嘱人的遗嘱继承,将遗产主要由被继承人的兄弟继承,同时剥夺配偶的继承权。

笔者的看法是,遗产的流转须遵循被继承人的意志。在没有遗嘱的情况下,法定继承人的范围和顺序,应当体现被继承人处分自己遗产的意志。因此,在法定继承中,遗产的流转顺序,应当是:(1)"先向下",即由被继承人的子女及孙子女继承;(2)"后向上",即由被继承人的父母、祖父母、外祖父母继承;(3)"再向旁",即由被继承人的兄弟姐妹继承;(4)配偶无固定继承顺序,跟随第一顺序至第三顺序的继承人进行继承。具体的立法建议是:第一,增加法定继承人范围,四亲等以内的直系血亲和旁系血亲以及配偶都是法定继承人;第二,法定继承顺序分为四个,第一顺序为子女、

---

[26] 参见杨成良:《公证遗嘱效力优先性质疑》,载《西安电子科技大学学报》2002年第2期。
[27] 杨立新、杨震等:《〈中华人民共和国继承法〉修正草案建议稿》,载杨立新主编:《继承法的现代化》,人民法院出版社2013年版,第9页。
[28] 杨立新、杨震等:《〈中华人民共和国继承法〉修正草案建议稿》,载杨立新等主编:《继承法的现代化》,人民法院出版社2013年版,第8页。
[29] 上述意见的具体分析,请参见杨立新等:《我国配偶法定继承的零顺序改革》(本书第1353页),载《中州学刊》2013年第1期。

孙子女、外孙子女;第二顺序为父母、祖父母、外祖父母;第三顺序为兄弟姐妹,第四顺序为其他四亲等以内的直系和旁系血亲。第三,配偶为无固定顺序法定继承人,参与第一顺序法定继承人继承时,按照法定继承人的人数平均分配遗产;参加第二顺序法定继承人继承时,分配一半遗产;参加第三顺序法定继承人继承时,分配 2/3 的遗产;其他顺序的继承人不得与配偶分配遗产,由配偶继承全部遗产。

按照这样的继承顺序进行继承,既保障了配偶在法定继承中的特殊地位,又能够保证兄弟姐妹分得适当遗产,就会避免出现配偶剥夺兄弟姐妹的继承权的问题,纠正现行《继承法》规定继承范围和继承顺序存在的缺陷。

人的冷冻胚胎的法律属性及其继承问题*

一场车祸夺去了一对夫妻沈某与刘某的生命,一纸判决引发了社会各界对辅助生殖领域人的冷冻胚胎的法律性质的讨论。这个问题涉及民法总则、物权法、合同法和继承法等法律规则和法理的适用,是笔者研究的一个重要领域,就此提出以下看法。

一、人的冷冻胚胎作为遗产继承权的典型案例与争论的基本观点

(一)简要案情

2014年5月15日,江苏省宜兴市人民法院一审审结了一起争夺人的冷冻胚胎处置权的继承纠纷案。

争议案件的案情是:原告沈某某诉称,原告之子沈某与儿媳刘某因自然生育存在困难,在依法取得准生证后,于2012年2月至鼓楼医院生殖医学中心采用人工辅助生育技术繁育后代。医院原定于2013年3月25日进行胚胎移植手术。沈某与刘某因车祸,分别于2013年3月20日、25日死亡。双方父母因处理冷冻胚胎事宜发生争执。

原告认为根据法律规定和风俗习惯,死者双方遗留的冷冻胚胎处置权作为原告生命延续的标志,应当由原告来监管和处置,故起诉至法院,要求判令沈某与刘某存放于鼓楼医院生殖医学中心的受精胚胎(四支)归原告监管处置。审理中,原告向法院明确提出,所谓监管处置即将胚胎从医院取出,由原告自行保管。

被告刘某某、胡某某辩称,争议的冷冻胚胎系他们的女儿留下的唯一东西,要求处置权归其夫妻所有。

第三人鼓楼医院辩称,人的冷冻胚胎不具有财产的属性,原、被告双方都无法继承;沈某夫妻生前已签署手术同意书,同意将过期胚胎丢弃;胚胎的作用为生育,现沈某夫妻已去世,在原、被告双方都不具备处置和监管胚胎条件的情况下,胚胎被取出后,唯一能使其存活的方式就是代孕,但该行为违法,原、被告双方也无权行使死者的

---

* 本文发表在《人民司法》2014年第13期。

生育权,故要求驳回原告的诉讼请求。

法院审理查明,沈某与刘某因婚后未能生育,要求在南京市鼓楼医院施行体外受精—胚胎移植助孕手术。鼓楼医院生殖中心在治疗过程中,冷冻保存了4枚受精胚胎。2013年3月20日,沈某驾车途中车辆侧翻,撞到路边树木,造成乘坐人刘某当日死亡,沈某于同年3月25日死亡。另查明,2012年3月5日,刘某与鼓楼医院签订《辅助生殖染色体诊断知情同意书》一份,刘某在该同意书中明确对染色体检查及相关事项已经了解清楚,同意进行该检查;愿意承担因该检查可能带来的各种风险;所取样本如有剩余,同意由诊断中心按国家相关法律、法规的要求代为处理等。2012年9月3日,沈某、刘某签订《配子、胚胎去向知情同意书》,载明刘某与沈某在鼓楼医院生殖医学中心实施了试管手术,获卵15枚,移植0枚,冷冻4枚,继续观察6枚胚胎。对于剩余配子(卵子、精子)、胚胎,刘某与沈某选择同意丢弃;对于继续观察的胚胎,如果发展成囊胚,刘某与沈某选择同意囊胚冷冻;同日,刘、沈二人签订《胚胎和囊胚冷冻、解冻及移植知情同意书》,鼓楼医院在该同意书中明确,胚胎不能无限期保存,目前该中心冷冻保存期限为一年,首次费用为三个月,如需继续冷冻,需补交费用,逾期不予保存。如果超过保存期,刘、沈二人选择同意将胚胎丢弃。

(二)一审判决的理由、主文及要点

一审法院认为,公民的合法权益受法律保护,该对夫妇因自身原因而无法自然生育,为实现生育目的,夫妇双方至鼓楼医院实行体外受精—胚胎移植手术。现夫妻双方已经死亡,作为双方父母的原、被告均遭受了巨大的痛苦,原告主张该对夫妇手术过程中留下的胚胎作为其生命延续的标志,应由其负责保管。但实行体外受精—胚胎移植手术过程中产生的受精胚胎为具有发展为生命的潜能,含有未来生命特征的特殊之物,不能像一般之物一样任意转让或继承,故其不能成为继承的标的。同时,夫妻双方对其权利的行使受到限制,即必须符合我国人口和计划生育法律法规,不违背社会伦理和道德,并且必须以生育为目的,不能捐赠、买卖胚胎等。本案中的夫妇均已死亡,通过手术达到生育的目的已无法实现,故其夫妇二人对手术过程中留下的胚胎所享有的受限制的权利不能被继承。故判决驳回原告的诉讼请求。[①]

一审判决理由的要点是:

首先,该判决承认冷冻胚胎的物的属性。判决确认,"实行体外受精—胚胎移植手术过程中产生的受精胚胎为具有发展为生命的潜能,(是)含有未来生命特征的特殊之物"。认为人的冷冻胚胎在法律属性上属于特殊之物,而不属于人的范畴,这样的认识在民法学说中具有重要意义。

其次,该判决认为,冷冻胚胎的属性属于物,具有特殊性,"不能像一般之物一样任意转让或者继承"。这样的认识,体现了冷冻胚胎等脱离人体的器官和组织作为物

[①] 案件报道请参见赵玲:《辅助生殖领域法律空白亟待填补》,载《人民法院报》2014年5月20日,第3版。

而对其所有权人行使权利予以限制的特殊性,原则上是正确的,但对于是否能够继承的问题,还有进一步探讨的余地,而不能绝对化。

再次,之所以认为冷冻胚胎不能作为继承标的由本案的原、被告继承,原因在于,这样的行为必须符合我国人口和计划生育法律法规限制,不违背社会伦理和道德,并且必须以生育为目的,不能捐赠、买卖胚胎等,由于冷冻胚胎的所有权人已经死亡,通过手术达到生育的目的已经无法实现,故其夫妇对手术过程中留下的胚胎所享有受限制的权利不能被继承。这个意见才是判决驳回原告诉讼请求的根本原因。

上述一审判决的这些判决理由是否正确,应当通过以下讨论来予以明确。

二、对冷冻胚胎等脱离人体的器官和组织法律属性的不同认识

人的冷冻胚胎属于脱离人体的器官和组织的范畴。对于脱离人体的器官和组织的法律属性问题,学界有以下三种主要学说。

(一)认为冷冻胚胎等脱离人体的器官和组织为物的"客体说"

这种观点认为,冷冻胚胎等脱离人体的器官和组织的法律属性为民事法律关系的客体,具有物的属性。对此,笔者曾经写过一篇文章进行讨论。[②] 笔者的基本观点是,人体具有特殊的属性,是人格的载体,不能将其视为物,是市民社会中与物相对立的物质形式,是民事主体的物质形式,因而人体器官与组织在没有与人体发生分离之前,是与人的人格相联系的,是民事主体的物质性人格的构成要素。当人体器官和组织脱离了人体,用于移植的人体器官和用于利用的人体组织应当属于物的范畴,能够建立所有权,只不过这种所有权的行使将受到法律的适当限制。

对于这样的看法,笔者进一步发挥,提出了物格的概念,也就是对物的类型化的看法。[③] 笔者把民法上的物分为伦理物、特殊物和普通物三个类型,在伦理物中,包括人体变异物,即脱离人体的器官和组织、尸体以及医疗废物。之所以对物的类型进行如此划分,是因为随着人类对世界的认知能力和控制能力的不断增强,能够控制的物的范围越来越宽,种类越来越多,已经远远超过了传统民法的有体物的范围,突破了人体不能成为物的限制,使物成为一个庞大的概念。这个法律概念能够适应当代人对物质、精神生活的更广泛需要。将脱离人体的器官和组织、尸体以及医疗废物等界定为人体变异物,作为物格中的最高格即伦理物中的物,使其在物的类型中具有最高的法律地位,对其权利行使予以最大的限制,有利于对这种特殊物的法律保护,建立

---

② 参见杨立新、曹艳春:《脱离人体的器官和组织的法律属性及其支配规则》(本书第279页),载《中国法学》2006年第1期。

③ 参见杨立新、朱呈义:《动物人格权之否定——兼论动物之法律"物格"》(本书第340页),载《法学研究》2004年第5期。

更为和谐的市民社会秩序。④

有的学者赞成这样的主张,认为按照物是否具有特殊的自然属性为第一标准,将物分为一般物和广义特殊物;按照物是否具有生命属性为第二标准,将广义特殊物分为生命伦理物和狭义特殊物。由于脱离人体的器官和组织对于人类来说,具有重要的生命价值,应当对其进行高规格的法律保护,因此应当将其视为生命伦理物。⑤

无独有偶,有的学者提出了"人格物"的概念,也具有如上意义。冷传莉教授通过对最高人民法院司法解释提出的"具有人格象征意义的特定纪念物品"⑥概念的解读,认为在司法实践中涉及人格与财产融合,进而在特定物上彰显人格利益与财产利益的典型案例,通常涉及具有人格象征意义的特定纪念物品,其中就包括遗体、器官、基因、精子等。她认为,人格物概念并非一个创造,而是一个现实的客观存在。不仅在民法理论体系内可以更好地反映该类型权利与一般物权与人格权的关系,而且在司法实践上,人格物的概念便利了提出这类物的产权确认,能够更有效地满足民法救济以恢复原状为圭臬的原则,更好地坚持只有在恢复原状不可能的情况下,才适用侵权救济和精神损害赔偿的一般民法原则。⑦

1992年发生在美国的戴维斯诉戴维斯案件争议的焦点是,胚胎究竟是人还是物。美国生育协会伦理学委员会成员约翰·罗伯森在作证词中针对胚胎究竟是人还是物的问题上提出看法,认为准胚胎是一群可能发展成一个人甚至更多人的细胞,科学界一直认为它不是人,不是权利主体,但它们是潜在的生命,所以应当比其他人体组织得到更多的尊重。⑧ 这样的认识,更接近于笔者提出的伦理物的概念,具有重要的价值。

显然,上述学说和理论对该案判决发生了重要影响,因而判决才认为"实行体外受精—胚胎移植手术过程中产生的受精胚胎为具有发展为生命的潜能,含有未来生命特征的特殊之物"。⑨ 这样的认识,显然与学界的主流学说具有共同的认识基础。

(二)认为冷冻胚胎等脱离人体的器官和组织非为物的"主体说"

认为脱离人体的器官和组织的法律属性非为物的学说,主要认为这些器官和组织从属于人的身体,因而属于法律关系的主体。

1. 学说

民法的传统学说否认脱离人体的器官和组织的物的属性,主张脱离人体的器官和组织是限定的人的范畴,主张为了对人的身体的完整性保护,在一定条件下,活体

---

④ 参见杨立新、陶盈:《人体变异物的性质及其物权规则》(本书第291页),载《学海》2013年第1期。
⑤ 参见霍原、崔东、张衍武:《脱离人体的器官和组织之法律属性及权利归属》,载《卫生与法》2011年第12期。
⑥ 最高人民法院《关于确定民事侵权精神损害赔偿责任若干问题的解释》第4条。
⑦ 参见冷传莉:《论民法中的人格物》,法律出版社2011年版,第39页。
⑧ 参见徐国栋:《民法的人文精神》,法律出版社2009年版,第228页。
⑨ 赵玲:《辅助生殖领域法律空白亟待填补》,载《人民法院报》2014年5月20日第3版。

的脱落器官仍视为人的身体,如果侵犯这些分离的部分,亦构成对人的身体完整性的侵犯,必须对受害人承担类似侵犯他人手足四肢一样的过错侵权责任。随着现代医学的发展和科学技术的进步,人的身体的许多部分在脱离人体以后,仍可通过医生的努力而使之与人的身体相结合。此种医学的进步表现在多个领域,诸如断指、断肢再造,肌肤移植、卵细胞的提取以及血液的提取等。如果这些身体的组成部分与人的身体相分离,其目的在于事后根据享有身体权人的意图再将它们与身体连为一体,以实现身体正常机能的保护目的,在他人实施过错侵权行为并导致这些脱离权利人身体的部分损坏时,权利人的此种目的即得不到实现,其人身的完整性也得不到保障。因此,应根据侵害他人身体完整性的权利责令侵害人承担损害赔偿责任。[10]

2. 实践

新的民法实践也有采取否定脱离人体的器官和组织的物的属性的"主体说"意见的。

随着现代医学技术的发展,对于胚胎等脱离人体的器官和组织的法律属性为非物说在实践中有新的发展。澳大利亚维多利亚议会上院处理的美国公民里奥斯夫妇所遗胚胎案,是直接针对受精胚胎的法律属性的典型案例。里奥斯夫妇死于飞机失事,在澳大利亚墨尔本医院的胚胎库中,留有里奥斯夫人的卵子与匿名供体的精子受精而成的两个胚胎。如何处理这两个胚胎,澳大利亚专门成立了一个国际研究委员会,经反复研究,提出了破坏这两个胚胎的建议。维多利亚议会上院讨论决定,要把胚胎植入代理母亲的子宫中孕育,待该子女长大后继承遗产。[11] 这一件对胚胎生命予以法律保护的案例,尽管没有看到在学理上究竟怎样认定脱离母体的胚胎的法律属性,但其基础,显然是认定受精胚胎具有生命的人格属性,因而才会采取这样的做法。这样的做法是人道的,也是符合民法的公序良俗和正义精神的。

在德国,联邦最高普通法院判例采取的是传统学说的主张。一男子在医院要实施手术,但手术后将会丧失生育能力。为了使自己还能有后代,该男子让医生在术前冷冻保存了自己的一些精子。医院由于疏忽,将该男子保存的精子给销毁了,使其无法实现储存精子的目的。该男子作为原告向法院起诉。法院认为,精子作为人体的一部分,属于身体的组成部分,在其脱离人体之后,仍然具有生命特征和生理活性,能够发展成为一个人,仍然属于人的身体的组成部分。因此,对储存的精子的损害,就是对人的身体的侵害。[12] 可以推论,在法律的立场上,对冷冻精子的性质都这样认定,对于受精的冷冻胚胎的法律属性的认定更是可想而知。认为冷冻胚胎等具有人格的性质,是人体的组成部分,自然有其道理。

在我国,也有人主张冷冻胚胎不是物,认为受精是生命的开始,冷冻胚胎为人之

---

[10] 参见张民安、龚赛红:《因侵犯他人人身完整性而承担的侵权责任》,载《中外法学》2002年第2期。
[11] 参见邱仁宗:《生命伦理学》,上海人民出版社1987年版,第51页。
[12] 参见〔德〕马克西米利安·福克斯:《侵权行为法》,齐晓琨译,法律出版社2006年版,第13页。

初,应属权利主体,享有权利,在继承中享有特留分权。在外国,胚胎还可以被收养。对于本案,认为四位原、被告对冷冻胚胎享有抚养权,理由是,《婚姻法》规定,祖父母、外祖父母对子女已经死亡的未成年孙子女、外孙子女有扶养义务。胎儿是准孙子女、准外孙子女,四位原被告作为冷冻胚胎的准祖父母、准外祖父母,有权将其子女遗留的冷冻胚胎培育成人。[13]

(三)对冷冻胚胎等脱离人体的器官和组织法律属性的"折衷说"

所谓折衷说,是认为体外受精胚胎等脱离人体的器官和组织既不属于主体,也不属于客体,而是在主体说和客体说之间存在的折衷立场,从我国的国情出发,把胚胎定位为特殊客体,从尊重他们成为生命的潜在可能的前提出发进行制度安排,设计有关法律条文,解决诸如离婚后受精胚胎在原配偶之间的归属问题。[14]

除此之外,还有器官权说,认为脱离人体的器官和组织的性质不属于物的属性,该权利为器官权,为身体权的类权利,跨越人身权与物权两大领域,兼有完整的人格权与绝对的所有权双重属性。[15]

三、认定冷冻胚胎等脱离人体的器官和组织为伦理物的正确性

(一)认定冷冻胚胎等脱离人体的器官和组织为主体的意见值得商榷

在上述不同学说中,将脱离人体的器官和组织例如冷冻胚胎认定为器官权的意见,是不符合民法的权利学说的。在民法权利中,尽管人格权并非实行法定主义,并不绝对禁止创设新的人格权,但是确定一项新的人格权,必须符合一定的规格,且须具有一定的必要性。因为对脱离人体的器官和组织需要民法予以保护,就要创设出一个器官权这样的新权利,这样下去,将要出现的新权利不知道会有多少。当市民社会出现一个新的客体须予以法律保护时,首先应当考虑传统民事权利能否将其涵括,如果能够涵括,就通过解释的方法,将其纳入传统的民事权利体系中去,而非动辄就要创设一个新的权利。将对脱离人体的器官和组织的权利认定为器官权,既不属于人格权,也不属于物权,而是横跨人格权与物权两大权利体系的新权利并不适当,无法确定这样的权利在民事权利的分类中应当属于何种类型。

认为脱离人体的器官和组织为主体,具有人格的属性,仍然属于具有生命的身体组成部分,有一定的道理。但是,由于冷冻胚胎等脱离人体的器官和组织已经脱离了人体,不再是身体的组成部分,将其性质仍然界定为人格的载体,甚至认定其就是人,

---

[13] 这是中国消费者权益保护法学会组织的专题研讨会中,有的学者提出的意见。
[14] 参见徐国栋:《民法的人文精神》,法律出版社2009年版,第238页。
[15] 参见唐雪梅:《器官移植法律研究》,载《民商法论丛》(第20卷),法律出版社2001年版,第155—165页。

用保护人格的方法予以保护,最大的障碍就在于它没有人的外形,而只是一个潜在的人。因而冷冻胚胎等与人之间的最大区别,就在于一个没有民事权利能力,一个有民事权利能力。将尚不具有民事权利能力的冷冻胚胎作为人来予以保护,在民法上是说不通的。在医学上,通常认为受精之后的胚胎还不是胎儿,在子宫着床前是胎囊,着床后为胚胎,只有在胚胎发育到第九周具有初步的人形后,才可以称之为胎儿,直至其出生后才能成为一个人,享有民事权利能力,具有人格。几千年来,民法在保护胎儿的利益上,突出地表现在继承上,在继承开始时,须为胎儿保留继承份额,待其出生后对遗产进行继承。在侵权法领域,如果侵权行为侵害了胎儿致使其受到损害,也须在其出生之后行使权利。冷冻胚胎还不是胎儿,况且还不在母体之中,认定其具有人格而非物的形态,属于主体而不是客体,是没有道理的。因此可以说,将冷冻胚胎或者冷冻精子、卵子等作为人格载体并以主体的地位进行保护,尽管在法律保护上能够更好地体现保护目的,但在学理上存在不可克服的障碍,其表现就是,它从属于人而不是人,从属于主体而不是主体,因而主体不是冷冻胚胎的法律属性。

(二)认定冷冻胚胎等脱离人体的器官和组织为伦理物的正当理由

将冷冻胚胎等脱离人体的器官和组织认定为具有人格属性的伦理物的意见是正确的。其理由在于:

第一,人体器官或者组织脱离人体之后,不再具有人格载体的属性,应当属于物的性质。民法认为,市民社会的基本物质构成从来就是两分法,即人和物的两种基本类型,据此构成市民社会的主体和客体,非此即彼,不存在第三种类型。即使使用人格物的概念,其"人格"是修饰"物"的限定词,"物"则是中心词,构成偏正结构的概念,而不是这个概念既是人格又是物。那种认为冷冻胚胎等脱离人体的器官和组织属于主体说和客体说之间的折衷说主张,尽管在处理具体问题时有一定的好处,但刻意制造民事法律关系的主体和客体之间的第三种概念,是不能成立的,况且这种主张也还是将其称之为"特殊客体",而并非构成主体的性质。

第二,认定冷冻胚胎等脱离人体的器官和组织的法律属性为物,并不否认其所具有特殊性。与普通物相比较,冷冻胚胎等脱离人体的器官和组织尽管具有有体物的外形,但其内容中包含着潜在的生理活性,甚至存在生命的形式。有的学者将其称之为人格物并非没有道理,因为在冷冻胚胎中具有人格的因素,具有潜在的生命,日后可能发展成为人,具有市民社会的主体资格。而在普通的物中,无论如何不会存在这样的因素。就是那些具有人格象征意义的特定纪念物品,例如订婚戒指、定情物等,也是因为具有了特定纪念意义而使其具有一定的人格象征意义,而非其中包含了潜在的人格。这正是人格象征意义和潜在人格之间的区别。对此,本案一审判决关于冷冻胚胎属于特殊之物的认定,是特别值得肯定的。

第三,用伦理物的方法完全可以保护具有潜在人格的物的安全。将冷冻胚胎等脱离人体的器官和组织定性为主体或者准主体等,目的是为了体现其特殊性,在法律上对其予以更为特殊的保护,防止其中包含的潜在人格受到损害,因此而不惜损害传统民法对市民社会物质构成的基本划分方法和民法的基本逻辑思维。同样,笔者主张用伦理物的概念界定冷冻胚胎等脱离人体的器官和组织的法律属性,认定其为特殊的伦理物,同样可以对其进行特别保护。笔者曾经提出,作为物的三种基本类型的伦理物、特殊物和普通物,伦理物具有最高的法律物格,应当对其权利的行使进行适当限制,予以最为充分的保护,其目的就在于保护伦理物的特殊性。在冷冻胚胎等具有潜在人格的物中,仍然使用对物的保护方法,但采用更谨慎、更周到的方法予以保护,就能够保障其包含的潜在人格受到特殊保护,避免受到损害。

综上所述,将冷冻胚胎等脱离人体的器官和组织作为民法领域的伦理物,而不是将其作为主体,能够体现其特殊的法律属性和法律地位,能够得到民法的充分保护,因而没有必要将其界定为主体,也没有必要在主体和客体之间创设第三类民法基本范畴。本案判决并不否认冷冻胚胎的特殊之物的法律属性,对此的意见是一致的。

四、冷冻胚胎应当作为继承权的客体即遗产由继承人予以继承

在明确了上述问题之后,再研究对冷冻胚胎等的继承问题就顺理成章、水到渠成了。无论是在学理上还是在实务中,都应当将冷冻胚胎的性质界定为特殊之物。既然它的法律属性是物,那么在物的所有权人死亡后,冷冻胚胎当然就成为遗产,是继承人继承的标的。对这个结论是不应存在疑问的。

(一)冷冻胚胎是否能够作为遗产

依照《继承法》第3条规定,遗产是公民死亡时遗留的个人合法财产。在该条中,还详细列举了主要遗产的范围,即公民的收入,公民的房屋、储蓄和生活用品,公民的林木、牲畜和家禽,公民的文物、图书资料,法律允许公民所有的生产资料,公民的著作权、专利权中的财产权利,以及公民的其他合法财产。在上述列举中,确实没有冷冻胚胎一项。将冷冻胚胎作为遗产,必须将其列入"公民的其他合法财产"项下。有疑问的是,将冷冻胚胎认定为"合法财产"听起来似乎并不贴切,原因在于冷冻胚胎与合法财产的概念有诸多不合之处。

其实这个问题并不复杂。在继承法领域,各国和地区继承法一般并不像我国《继承法》那样列举遗产的范围和类型,而是对遗产仅作笼统的一般性规定。例如《加拿大魁北克民法典》第614条规定:"在确定遗产时,法律不考虑财产的来源或性质。全部财产作为整体构成的一份遗产财团。"我国台湾地区"民法"第1148条规定:"继承人自继承开始时,除本法另有规定外,承受被继承人财产上之一切权利、义务。但权利、义务专属于被继承人本身者,不在此限。"我国《继承法》界定遗产范围,除了一般界定遗产概念之外,还具体列举遗产的范围和类型,除了具有昭示遗产主要部分的作用之外,并没有其他特别价值,反而会对遗产概念的理解造成误解。

应当看到的是,民法领域的财产概念,是一个大的范畴,包括静态财产(物)、动态

财产(债权)和无形财产(知识产权)。冷冻胚胎既然属于物的属性,当然就属于静态财产范围。该对夫妇对其产生的冷冻胚胎享有所有权,并无违法性,当然为合法拥有。当冷冻胚胎的所有权人死亡之后,该冷冻胚胎就必然成为被继承人的遗产,成为继承人行使的继承权的客体。

(二)阻碍冷冻胚胎成为遗产的其他原因及其不合理性

一审判决书之所以否定本案原、被告要求第三人即保存冷冻胚胎的医院给付冷冻胚胎实现继承权的诉讼请求,原因是:第一,"实行体外受精—胚胎移植手术过程中产生的受精胚胎为具有发展为生命的潜能,含有未来生命特征的特殊之物,不能像一般之物一样任意转让或继承,故其不能成为继承的标的";第二,"夫妻双方对其权利的行使应受到限制,即必须符合我国计划生育法律法规,不违背社会伦理和道德,并且必须以生育为目的,不能捐赠、买卖胚胎等";第三,冷冻胚胎的"夫妇已经死亡,通过手术达到生育的目的已无法实现,故其夫妇两人对手术过程中留下的胚胎所享有的受限制的权利不能被继承"。⑯

上述三个理由都不是阻碍继承人对冷冻胚胎行使继承权的正当理由:

第一,从"含有未来生命特征的特殊之物"的前提中,不能推导出其"不能成为继承的标的"的结论。在市民社会,人的生命是最高的人格利益,因此法律设定生命权对自然人的生命予以保护。任何侵害生命权的行为都属于最严重的侵权行为,都要受到法律的制裁。正因为生命需要得到特别尊重,因而对包含有未来生命潜能的冷冻胚胎就更须受到法律尊重,应当竭尽全力予以保护,使其包含着的生命潜能能够继续存在,并且让其发育成为一个新的生命。尤其在冷冻胚胎的所有权人双双去世之后,对于能够延续他们生命的冷冻胚胎必须予以充分的民法保护,让其保存下去,并且对其采取适当的办法使其成为一个新的生命。一个不尊重生命的规则或者判决,违背的是尊重生命为最重要的人格利益的市民社会最基本的规则,是应当受到谴责的。正因为如此,对包含潜在生命的伦理物必须得到法律的特别保护,反之,就违反了市民社会的基本规则。

第二,对冷冻胚胎进行继承不违反我国计划生育政策,也不违反社会伦理道德。诚然,冷冻胚胎是不能非法转让和买卖的,对此完全没有争议。但是,冷冻胚胎的所有权人即沈刘夫妇享有生育子女的权利,并且领取了准生证。无论是多么严厉的计划生育政策,都不禁止已婚夫妇生育子女,只是在数量上有要求而已。冷冻胚胎是其所有权人双方生命的结合体,尽管具有物的属性,但可以孕育成为他们的子女。既然沈刘夫妇对其孕育的胚胎享有合法的权利,那么在他们死后由他们的继承人予以继承,利用医学技术将他们孕育的胚胎孕育成为人,怎么会违反国家计划生育政策呢?将冷冻胚胎当做商品进行买卖,当然是违反社会伦理道德的,但是,将配偶合法拥有的冷冻胚胎由他们的父母继承,并且有可能将其孕育成为他们的后代,怎么会是违反

---

⑯ 赵玲:《辅助生殖领域法律空白亟待填补》,载《人民法院报》2014年5月20日,第3版。

社会伦理和道德呢？冷漠地对待生命,冷漠地对待包含潜在生命的冷冻胚胎,禁止对其继承的做法,才是违反社会伦理和道德的行为。

第三,所谓的"夫妇已经死亡,通过手术达到生育的目的已无法实现,故其夫妇两人对手术过程中留下的胚胎所享有的受限制的权利不能被继承"的理由更不能成立。夫妇作为冷冻胚胎的所有权人,他们享有对冷冻胚胎的所有权,有权利决定在何种时候将冷冻胚胎植入女方的子宫,将其孕育成人。在他们死亡后,并非通过手术达到生育的目的已经无法实现,在当代医学技术下,通过辅助生殖技术,有非常稳妥的方法保障这一目的的实现。唯一值得斟酌的是通过代孕的方法是否符合政策的要求而已。在一般情况下,通过代孕进行辅助生育是国家政策有所限制的,但在特殊情况下,这一政策并非没有可以突破的缺口。在尊重人的生命,尊重人的根本权利的法律要求下,仅仅以现行政策禁止进行代孕为理由而拒绝继承人的正当要求,显然是不近人情的,也是不尊重人的生命和尊严的。用这样的理由否定冷冻胚胎的继承权,没有说服力。

(三)政策不能绑架法律

在讨论上述问题时,涉及一个特别重要的问题,即政策能否绑架法律。法院和法官在决定对具体案件适用法律时,应当服从法律,保障法律的严肃实施。这正像有些国家的法典上绘制的正义之神在举起天平时需要蒙上眼睛一样,法院和法官应当只服从法律,不受违反法律的政策的干扰,更不能被其绑架。如果被蒙住眼睛的正义女神在裁判案件时睁开双眼,可能就会被世俗所左右。面对《宪法》《民法通则》《物权法》和《继承法》关于尊重人格尊严、保护物权、保障继承权的实现等明确规定,仅以卫生部颁发的《人类辅助生殖技术规范》和《人类辅助生殖技术和人类精子库伦理原则》等部颁规章为依据,拒绝当事人的合理、合法的要求,得出"院方不可能违反主管部门的规定而对少数个人特殊对待"的结论,是不适当的,有法律被政策绑架之嫌。

(四)小结

在讨论了上述问题之后,回到冷冻胚胎的继承问题上来,能够得出的结论就是,既然冷冻胚胎是具有发展为生命的潜能,含有未来生命特征的特殊之物,就应当允许将其作为遗产继承,并且予以特别保护,使其能够孕育成为一个人,不仅延续他父母的生命,还应当继承他父母的遗产。只有这样认识问题和处理这种纠纷,才能够体现以人为本和公平正义的要求。如果将冷冻胚胎不作为继承的标的处理,其后果十分可怕,那就是由医院"丢弃"这对夫妇的冷冻胚胎,将已经孕育的潜在生命作为医疗垃圾处置,这无异于是在杀"人"!

五、冷冻胚胎原所有人生前向医院签署的知情同意书的性质

还有一个特别值得研究的问题,就是冷冻胚胎的所有权人与辅助培育和保存冷

冻胚胎的医院之间签署知情同意书的性质问题。

据悉,该对夫妇在与医院协商进行辅助生殖和冷冻胚胎时,签署了3份文件,即《辅助生殖染色体诊断知情同意书》《配子、胚胎去向知情同意书》和《胚胎和囊胚冷冻、解冻及移植知情同意书》。这些文件表明,该对夫妇同意医院按国家相关法律、法规的要求代为处理和丢弃多余的配子(卵子和精子)或胚胎,对于已经成功的囊胚由医院负责冷冻保存,保存期限为1年,首次费用为3个月,如果需要继续冷冻,须补交费用,逾期不予保存。如果超过保存期,则同意将胚胎丢弃。医院一方的代理人据此认为,该对夫妇已经同意将过期胚胎丢弃,如今两人已经去世,无法完成植入胚胎和生育过程,应当按照同意书的约定由院方处置涉案的四枚冷冻胚胎。[17]

患者在就医前签署的知情同意书,是证明医院已经对患者尽到告知义务的法律文书,它的功能在于,对于就医的有关事项,证明医务人员已经尽到告知义务,并且作出了自己的选择。这是患者行使自我决定权的行为。[18] 在知情同意书中,沈刘夫妇最为重要的意思表示,是对多余的配子的代为处理、丢弃以及对冷冻胚胎逾期后予以丢弃。前一个问题已经不存在问题,存在的问题是,知情同意书中关于对冷冻胚胎逾期予以丢弃的表述,是否能够作为在委托人死亡后对冷冻胚胎进行处置的意思表示。

应当明确,在医院就诊时患者签署的知情同意书,尽管只有患者或者其近亲属一方的签字,但属于医患双方的意思表示,构成《合同法》上的格式条款,应当适用《合同法》有关格式条款的规定。《合同法》第40条规定:"格式条款具有本法第五十二条和第五十三条规定的情形的,或者提供格式条款一方免除其责任、加重对方责任、排除对方主要权利的,该条款无效。"依照这样的规定,应当讨论以下三个问题:

第一,这个意思表示是死者生前的意思表示,但他们在做出这个意思表示的时候,并没有预见到自己在近期内会死亡。因此,他们在知情同意书中做出的上述表示不能作为死者的共同遗嘱,不能对其死亡之后的遗产处理发生拘束力。

第二,对多余配子的处理,符合表意人的真实意思,在处理上也没有问题。但是,表意人对冷冻胚胎超过保存期后授予医院的丢弃权,不能用于在其死亡后对冷冻胚胎的处置上。表意人通过意思表示对于医院的授权,仅限于在冷冻胚胎保存逾期的情形,不适用于其他任何超出该范围的情形。将其解释为对冷冻胚胎的全部处置,违反表意人的意思表示,属于无效解释。

第三,对包含有潜在生命的冷冻胚胎应当予以法律的特别保护,应当不受知情同意书的限制,只服从于法律的规定。既然冷冻胚胎的所有权人在其生前仅就冷冻胚胎的逾期处置做出意思表示,并未对其死亡后的冷冻胚胎的处置进行表示,那么在冷冻胚胎所有权人死亡后,只能依照《继承法》的规定,将冷冻胚胎作为遗产,由被继承

---

⑰ 参见赵玲:《辅助生殖领域法律空白亟待填补》,载《人民法院报》2014年5月20日,第3版。

⑱ 关于自我决定权的问题,请参见杨立新、刘召成:《论作为抽象人格权的自我决定权》(本书第559页),载《学海》2010年第5期。

人的继承人依法继承。

应当特别指出的是,本案原告的起诉,在程序上是应当驳回的,原因是争议的诉因不当。男方父母作为原告、女方父母作为被告,以继承为由起诉,要求第三人医院交付冷冻胚胎这个争议在事实上是不存在的,是一个虚构的诉因。依照我国《继承法》的规定,被继承人死亡后,其遗产由其继承人在继承开始时予以继承,如果继承人有数人则为共同继承。事实上,双方当事人即冷冻胚胎的所有人的双方父母,即本案的原、被告都是冷冻胚胎的继承人,在所有权人死亡之时,他们没有相反的意思表示,已经共同继承了该冷冻胚胎。在诉讼时,他们应当以医院为被告,主张遗产交付之诉,由医院交付冷冻胚胎。至于继承人继承了这些遗产之后如何处置,实在不是法官应当考虑的事情,应当由继承了遗产的沈刘夫妇双方的父母即继承人按照他们的意志进行处理。

一份标志人伦与情理胜诉的民事判决*

随着无锡市中级人民法院(2014)锡民终字第01235号民事判决的出台,受到社会各界关注的人的体外胚胎①争议案的权属争论最终落下法槌,本案原、被告四位失独老人的诉求得到了裁判支持,取得了对争议人的体外胚胎的权属。笔者认为,这是一份标志人伦与情理胜诉的民事判决,特别值得进行深入的理论探讨,研究这份民事判决法律适用的得失,有助于引导民事审判的规范化建设,推进社会文明进步。笔者曾经就本案的一审判决进行过评论②,在本篇文章中,笔者对二审判决在法律适用上的利害得失,作出以下分析和评论。

一、包含人伦与情理的身份利益是民法保护的客体

(一)本案争议的事实

沈杰系本案原告沈新南、邵玉妹之子,刘曦系本案被告刘金法、胡杏仙之女,双方于2010年10月13日登记结婚,于2012年4月6日取得生育证明。同年8月,沈杰和刘曦在南京市鼓楼医院施行体外受精—胚胎移植助孕手术。鼓楼医院在治疗过程中,获卵15枚,受精13枚,分裂13枚。取卵后72小时为预防"卵巢过度刺激综合征",鼓楼医院未对刘曦移植新鲜胚胎,而于当天冷冻4枚受精胚胎。治疗期间,刘曦曾与鼓楼医院签订《辅助生殖染色体诊断知情同意书》,在该同意书中明确对染色体检查及相关事项已经了解清楚,同意进行该检查,愿意承担因该检查可能带来的各种风险,所取样本如有剩余,同意由诊断中心按国家相关法律、法规的要求代为处理等。同年9月3日,沈杰、刘曦与鼓楼医院签订《配子、胚胎去向知情同意书》,载明两人在鼓楼医院生殖医学中心实施了试管手术,获卵15枚,移植0枚,冷冻4枚,继续观察6枚胚胎;对于剩余配子(卵子、精子)、胚胎,两人选择同意丢弃;对于继续观察的胚胎,如果发展成囊胚,两人选择同意囊胚冷冻。同日,沈杰、刘曦与鼓楼医院签订《胚胎和囊胚冷冻、解冻及移植知情同意书》,鼓楼医院对胚胎不能无限期保存,冷冻保存期限

---

* 本文发表在《法律适用》2014年第11期。
① 作者在评论本案一审判决时使用的概念是人的冷冻胚胎,不够准确,本文将其改称为人的体外胚胎。
② 参见杨立新:《人的冷冻胚胎的法律属性及其继承问题》(本书第2714页),载《人民司法》2013年第13期。

为1年,首次费用为3个月,如需继续冷冻,需补交费用,逾期不予保存;如果超过保存期,沈杰、刘曦选择同意将胚胎丢弃。2013年3月20日,沈杰驾车途中侧翻,撞到路边树木,刘曦当日死亡,沈杰于25日死亡。沈杰、刘曦的4枚受精胚胎仍在鼓楼医院生殖中心冷冻保存。沈新南、邵玉妹诉至法院,主张沈杰与刘曦死亡后,根据法律规定和风俗习惯,体外胚胎应当归其监管处置。因涉案胚胎保存于鼓楼医院,原审法院追加该院作为第三人参加诉讼。

(二)一审判决和二审判决的裁判理由和裁判结果

一审裁判理由:公民的合法权益受法律保护。沈杰与刘曦因自身原因而无法自然生育,为实现生育目的,夫妻双方至鼓楼医院施行体外受精—胚胎移植手术。现夫妻双方已死亡,双方父母均遭受了巨大的痛苦,沈新南、邵玉妹主张沈杰与刘曦夫妻手术过程中留下的胚胎作为其生命延续的标志,应由其负责保管。但施行体外受精—胚胎移植手术过程中产生的受精胚胎为具有发展为生命的潜能、含有未来生命特征的特殊之物,不能像一般物一样任意转让或继承,故其不能成为继承的标的。同时,夫妻双方对其权利的行使应受到限制,即必须符合我国人口和计划生育法律法规,不违背社会伦理和道德,并且必须以生育为目的,不能买卖胚胎等。沈杰与刘曦夫妻均已死亡,通过手术达到生育的目的已无法实现,故两人对手术过程中留下的胚胎所享有的受限制的权利不能被继承。故对于沈新南、邵玉妹提出的其与刘金法、胡杏仙之间,应由其监管处置胚胎的诉请,不予支持。

一审裁判结果:依照《民法通则》第5条、《继承法》第3条之规定,判决驳回沈新南、邵玉妹的诉讼请求。

二审裁判理由:公民合法的民事权益受法律保护。基于以下理由,上诉人沈新南、邵玉妹和被上诉人刘金法、胡杏仙对涉案胚胎共同享有监管权和处置权:首先,沈杰、刘曦生前与南京鼓楼医院签订相关知情同意书,约定胚胎冷冻保存期为1年,超过保存期同意将胚胎丢弃,现沈杰、刘曦意外死亡,合同因发生了当事人不可预见且非其所愿的情况而不能继续履行,南京鼓楼医院不能根据知情同意书中的相关条款单方面处置涉案胚胎。其次,在我国现行法律对胚胎的法律属性没有明确规定的情况下,结合本案实际,应考虑以下因素以确定涉案胚胎的相关权利归属:一是伦理。施行体外受精—胚胎移植手术过程中产生的受精胚胎,具有潜在的生命特质,不仅含有沈杰、刘曦的DNA等遗传物质,而且含有双方父母两个家族的遗传信息,双方父母与涉案胚胎亦具有生命伦理上的密切关联性。二是情感。白发人送黑发人,乃人生至悲之事,更何况暮年遽丧独子、独女!沈杰、刘曦意外死亡,其父母纵享天伦之乐不再,"失独"之痛,非常人所能体味。而沈杰、刘曦遗留下来的胚胎,则成为双方家族血脉的唯一载体,承载着哀思寄托、精神慰藉、情感抚慰等人格利益。涉案胚胎由双方父母监管和处置,既合乎人伦,亦可适度减轻其丧子失女之痛楚。三是特殊利益保护。胚胎是介于人与物之间的过渡存在,具有孕育成生命的潜质,比非生命体具有更高的道德地位,应受到特殊尊重与保护。在沈杰、刘曦意外死亡后,其父母不但是世界上唯一关心胚胎命运的主体,而且亦应当是胚胎之最近最大和最密切倾向性利益的享有者。综上,判决沈杰、刘曦父母享有涉案胚胎的监管权和处置权于情于理是恰当的。当然,权利主体在行使监管权和处置权时,应当遵守法律且不得违背公序良俗和损害他人之利益。第三,至于南京鼓楼医院在诉讼中提出,根据卫生部的相关规定,胚胎不能买卖、赠送和禁止实施代孕,但并未否定权利人对胚胎享有的相关权利,且这些规定是卫生行政管理部门对相关医疗机构和人员在从事人工生殖辅助技术时的管理规定,南京鼓楼医院不得基于部门规章的行政管理规定对抗当事人基于私法所享有的正当权利。原审在本案的诉讼主体结构安排方面存在一定的瑕疵,本应予以纠正。但考虑本次诉讼安排和诉讼目的指向恒定,不会对诉讼主体的程序和实体权利义务的承担造成紊乱,本院不再做调整。另外,根据上诉人在原审中的诉请以及当事人之间法律关系的性质,本案案由应变更为监管权和处置权纠纷。综上,沈新南、邵玉妹和刘金法、胡杏仙要求获得涉案胚胎的监管权和处置权合情、合理,且不违反法律禁止性规定,本院应予支持。

二审裁判结果:依照《民法通则》第 5 条、第 6 条、第 7 条,《民事诉讼法》第 170 条第 1 款第(2)项之规定,判决撤销宜兴市人民法院(2013)宜民初字第 2729 号民事判决;沈杰、刘曦存放于南京鼓楼医院的 4 枚体外胚胎由上诉人沈新南、邵玉妹和被上诉人刘金法、胡杏仙共同监管和处置;驳回上诉人沈新南、邵玉妹其他诉讼请求。

(三)本案二审判决对民法适用的突出贡献在于以民事手段保护人伦情理

本案二审判决是一份特别重要的民事裁判,这不仅表现在其最终判决结果支持了四位失独原、被告支配其独子独女遗留的体外胚胎的诉讼请求,而且在裁判理由中充满了人伦、情理的色彩。特别是二审判决书裁判理由关于情感部分的论述,无疑是二审判决书的华彩乐章,充满了人伦情理之光,使很多法官看到,在中国的民事判决中,还可以这样充满情理地书写裁判理由。因而说本案二审判决是一份人伦与情理胜诉的民事判决,并不过分。

1. 人伦与情理是人权的核心内容之一

1982 年《宪法》原本并没有规定人权的概念,2004 年《宪法修正案(四)》第 24 条规定,在第 33 条增加 1 款,作为第 3 款:"国家尊重和保障人权。"在我国《宪法》中第一次引入了"人权"这一概念。③ 将人权规定为宪法权利,是我国经历了几十年的经验教训,经过无数法学家艰苦努力才取得的历史性的重要立法成果。

人权,按照其字面意思理解就是人作为人所应该享有的权利。人权是抽象权利、道德权利,人权概念的出现与自然权利观念有密切的关系,也就是认为按照人的本质属性,人必然享有的某些权利,否则人将不成其为人。因而人权具有固有性、不受侵犯性和普遍性的特点。④ 学者认为,作为《宪法》文本中的人权条款的解释,一是作为

---

③ 参见徐崇德等:《宪法》,中国人民大学出版社 2007 年版,第 184 页。
④ 参见韩大元主编:《宪法学》,高等教育出版社 2007 年版,第 135 页。

宪法原则意义上的人权,二是国家价值观意义上的人权,三是转化为基本权利内容的人权。⑤ 基本的民事权利以及法律保护的民事利益,都是人权的内容。宪法保护人权,并且通过宪法以及其他基本法,完善保护人的基本权利,以及其他作为人所应当享有的一切民事权益。

本案双方当事人争议的继承其独子独女死亡后遗留体外胚胎权属的实质,并非物权权属之争,而在于争取繁衍后代、传承血缘的唯一机会。这种人伦情理并不属于我国意识形态领域被长期批判的传宗接代封建思想,而是血缘传承的基本身份利益,为亲属身份权的基本内容,既是人之伦常,也是市民社会的基本情理。二审判决认为"沈杰、刘曦遗留下来的胚胎,则成为双方家族血脉的唯一载体,承载着哀思寄托、精神慰藉、情感抚慰等人格利益","在沈杰、刘曦意外死亡后,其父母不但是世界上唯一关心胚胎命运的主体,而且亦应当是胚胎之最近最大和最密切倾向性利益的享有者",尽管这个表述中的个别词句并不十分贴切,但概括的内容却是正确的。因而,这种人伦情理即基本身份利益也是人权的核心内容之一,是基本的民事权益,必须予以充分保障。而违背人伦、情理是对人权和民事基本权益的最大不尊重,是对人权的严重侵害。之所以社会各界对本案一审判决基本持反对意见,就是因为违反了基本的人伦与情理,损害了当事人的基本身份利益。

2. 准许本案当事人取得体外胚胎的权属实现血缘传承是最大的人伦情理

人伦者,人之伦常;情理者,市民社会之常情和一般道理。本案原告和被告对其独子独女死后遗留的体外胚胎的权属争议,体现的并不是一般的民事法律关系,而是涉及两个家族的血脉传承问题。人伦情理并非市民社会秩序之反动,而为社会公德和善良风俗所认可。二审判决认为,"涉案胚胎由双方父母监管和处置,既合乎人伦,亦可适度减轻其丧子失女之痛楚",充满了对人伦、情理的尊重,体现的是对人权的尊重和保护。民事裁判无论采取什么样的理论基础和法学立场,只要体现了宪法的人权保障原则,体现了民法的民事权利保护原则,尊重人伦和情理,就会受到社会的欢迎。二审判决尽管在法律适用的判决理由中存在很多值得商榷的观点,但将独子独女死后遗留的能够传承双方家族后代的体外胚胎的权属判决给四位失独老人,无疑是最大的成功。对这样的判决结果应当予以充分肯定。

3. 尊重生命、保护后代也是对国家和民族传承发展的保护

对于本案体外胚胎权属争议的裁判,不仅涉及家族血缘的传承,更重要的是保护中华民族的繁衍和传承。民族的繁衍和传承是民族兴旺发达的保障。一个不尊重生命、不尊重后代的国家和民族,就不能实现国家强盛、民族兴旺的愿景,将会葬送自己的民族和国家。数十年来,在诸多不正确思想的影响下,不尊重生命,不尊重后代的社会现象经常出现,有些做法尽管有计划生育政策的依据,但实行计划生育并非要剥夺无辜的生命,不能以损害人权、灭绝种族为代价。本案四位失独原被告基于计划生

---

⑤ 参见胡锦光、韩大元:《中国宪法》,法律出版社 2004 年版,第 169 页。

育政策,各自只生育了一个子女,在独子独女意外死亡之后,再剥夺他们对独子独女遗留的可以传承血缘的体外胚胎的权属,不仅使两个家族断绝血缘传承,而且也会损害民族和国家的利益。《宪法》第 46 条之所以规定"国家培养青年、少年、儿童在品德、智力、体质等方面全面发展"原则,就是为了保护民族和国家的后代,保障民族的传承。尽管本案二审判决对此没有论述,但是体现了宪法尊重生命、保护后代的精神,应当予以特别重视,并借此谴责那些不尊重生命、违反人权的违法行为。

4. 民事审判需要端正对人伦情理的认识误区

在我国审判工作中,并非只有本案一审判决才有限制甚至拒绝当事人提出的家族传承血缘繁衍要求的做法。2001 年,浙江省高级人民法院面对死刑犯刚刚结婚不久的妻子提出的获得丈夫的精子进行人工授精繁衍后代,培育爱情果实的人伦要求,竟被以"没有先例"为由而断然拒绝。⑥ 在泸州市中级人民法院判决的遗赠纠纷案件中,面对对遗嘱人患病多年一直予以照顾直至送终的同居女友的接受遗赠的要求,法院也以违背公序良俗的理由予以拒绝。⑦ 法院在作出这些裁断时,都认为自己具有严肃执法的坚定立场,但是这些绝情的做法却无法获得人民的赞同,因为这些做法违反人伦情理。事实上,检验一个民事裁判是否符合法律规定,实际上有一个更为抽象的标准,那就是裁判结果是否违反人伦情理。违反者,就不是正当、合法的判决。本案二审判决面对现实,强调"人伦""伦理"观念,作出富有人伦、情理的判决,实属难能可贵。

二、本案二审判决特别值得肯定的其他四个法律适用问题

本案二审判决书还体现了四个特别值得重视的几个问题,同样涉及法律适用的重要问题。

(一)关于部门规章、规范与私权的关系问题

在评论本案一审判决时,笔者说过一句话,就是"政策不能绑架法律"⑧,并对这一命题进行了详细论述。笔者的这个认识是正确的。在全部法律体系中,宪法具有最高的权威和效力,其次是法律,之后是行政法规和地方法规,再后是规章,以及司法解释等。卫生部《人类辅助生殖技术管理办法》和《人类辅助生育技术规范》的性质是部门规章,并不是法律,其效力远远低于法律,也低于行政法规和地方法规。当宪法关于基本权利的规定和民法关于民事权利的规定与部门规章发生冲突时,规章必须服从于法律。笔者曾经就本案的这个问题问过几位现任法官,他们都认为,法官在审判案件时,不能不正视部门规章的现实存在,适用法律会受到影响。这正是法院普

---

⑥ 案情及评论参见杨立新:《闲话民法》,人民法院出版社 2005 年版,第 175—179 页。
⑦ 案情及判决理由和结果参见四川省泸州市中级人民法院(2001)泸民一终字第 621 号民事判决书。
⑧ 杨立新:《人的冷冻胚胎的法律属性及其继承问题》(本书第 2714 页),载《人民司法》2013 年第 13 期。

遍存在的"司法解释效力高于法律"的认识误区。对此,二审判决认为:"南京鼓楼医院在诉讼中提出,根据卫生部的相关规定,胚胎不能买卖、赠送和禁止实施代孕。"但是该规章"并未否定权利人对胚胎享有的相关权利,且这些规定是卫生行政管理部门对相关医疗机构和人员在从事人工生殖辅助技术时的管理规定,南京鼓楼医院不得基于部门规章的行政管理规定对抗当事人基于私法所享有的正当权利"。这样的认识是非常正确的。

正如前文所述,本案当事人争议体外胚胎的权属,是正当行使民事权利的行为,其实质是要求继承该体外胚胎而使自己的家族血缘关系能够继续繁衍传承。这是人权的内容,是基本的身份利益,受到《民法通则》《继承法》《婚姻法》和《侵权责任法》的保护。当自然人享有的这种民事权利与下位法特别是部门规章的规范发生冲突时,私权规范的效力远远高于部门规章的效力。

《立法法》第 8 条规定,"对公民政治权利的剥夺,限制人身自由的强制措施和处罚""基本民事制度","只能制定法律"。该法第 71 条第 1 款规定:"国务院各部、委员会、中国人民银行、审计署和具有行政管理职能的直属机构,可以根据法律和国务院的行政法规、决定、命令,在本部门的权限范围内,制定规章。"按照这样的规定,部门规章不能限制法律规定的基本民事制度,当然包括自然人的民事权利。法院审理民事案件,不能以部门规章的规定对抗法律和法规的规定,不能对抗民事权利的行使。二审判决的上述表述体现了这样的精神。

(二)关于死者与医院签署的《知情同意书》的效力问题

对于本案死者生前与鼓楼医院签署的《知情同意书》的效力问题,笔者在评论一审判决的文章中已经做出了实事求是的表述。患者与医院签署的知情同意书,是证明医院已经对患者尽到告知义务的法律文书,它的功能在于证明医务人员已经尽到告知义务,患者做出了自己的选择。这是患者行使自我决定权的行为。[9]《知情同意书》中的意思表示是死者生前作出的,患者在作出该意思表示时,并没有预见到自己在近期内会死亡。因此,他们在知情同意书中作出的上述表示不能认做死者的共同遗嘱,不能对其死亡之后的遗产处理发生拘束力。

对此,二审判决书认为,"沈杰、刘曦生前与南京鼓楼医院签订相关知情同意书,约定胚胎冷冻保存期为一年,超过保存期同意将胚胎丢弃,现沈杰、刘曦意外死亡,合同因发生了当事人不可预见且非其所愿的情况而不能继续履行,南京鼓楼医院不能根据知情同意书中的相关条款单方面处置涉案胚胎",是正确的。

(三)关于对代孕风险控制的问题

本案有一个并未明言的问题,即继承体外胚胎或者监管处置体外胚胎的真实意图,是对体外胚胎进行代孕,将其培育成人,进而繁衍后代、传承血缘。对于这个敏感

---

[9] 参见杨立新、刘召成:《论作为抽象人格权的自我决定权》(本书第 559 页),载《学海》2010 年第 5 期。

问题究竟应当怎样处理,二审判决未做明确表述,只是说"南京鼓楼医院不得基于部门规章的行政管理规定对抗当事人基于私法所享有的正当权利"。这样的做法无异是聪明的,也是正确的,因为当事人的争议并未明确涉及代孕,而仅仅是争议权属问题。尽管二审判决认为"权利主体在行使监管权和处置权时,应当遵守法律且不得违背公序良俗和损害他人之利益",并且以此控制非法代孕的法律风险,但实际上对本案当事人传承、繁衍后代的真实意图并没有最终的结论。

对于这个问题,笔者在民法研讨会以及有关民法专家中多次征求意见,大致的意见有以下三种:一是坚决反对非法代孕,禁止一切代孕行为,包括本案这种极为特殊的情况;二是坚持禁止非法代孕的原则,但对于有正当理由的代孕,法律应当予以支持并予保护;三是可以法外开恩,作为特例予以准许,但应当经过裁判;四是到法律准许的国家去代孕。当然也有人提出没有父母、代孕出生的孩子是否会遭受歧视的问题,对此笔者不做讨论。

事实上,我国存在的地下非法代孕现象并非罕见。提出代孕的风险控制基本上无法实现。对此应当进行讨论,提出妥当的方法,使其行使权利取得合法形式。

禁止代孕的主要目的,一是防止血缘混乱发生纠纷,二是防止破坏计划生育政策,三是防止贩卖人口。这些因素,在本案中都不存在,而且具有正当理由。既然当事人的诉求具有正当的理由,属于人权保护的范围,就不应当在卫生部《人类辅助生殖技术管理办法》和《人类辅助生育技术规范》部门规章的限制之内,应当得到法律的尊重和保护。鼓楼医院应当在符合伦理要求的情况下,准许将该体外胚胎进行代孕,为当事人培育后代。这样做并不过分,而且会得到人民群众的支持。美国亦不准非法代孕,但并非没有特例。2014年2月,一对年轻夫妇意外死亡,留下11枚体外胚胎,还有一个2岁的孩子,没有处置体外胚胎的遗嘱。得克萨斯州遗嘱检验法庭判决,该11枚体外胚胎由医院保管,到该孩子年满18岁后,由其决定体外胚胎的处理方式。如果该孩子愿意将其培育成为自己的弟、妹,那就只能通过代孕的方法执行这个判决。这样的态度才是正确的司法立场。

(四)关于"司法不得拒绝裁判"原则的适用问题

不得拒绝审判是民事司法的基本原则。可惜的是,我国法院根本不把这个原则当回事,总会有各种借口拒绝对某些民事案件的审理。本案二审判决认为,"在我国现行法律对胚胎的法律属性没有明确规定的情况下,结合本案实际,应考虑以下因素以确定涉案胚胎的相关权利归属",体现了不得拒绝审判原则的精神。

最明确规定不得拒绝审判的成文法是《法国民法典》第4条:"法官借口法律无规定、规定不明确或不完备而拒绝审判者,得以拒绝审判罪追诉之。"法律之所以这样规定,是因为"民事,法律所未规定者,依习惯;无习惯者,依法理"为基本的法律适用法例,因而不会出现不能裁决的民事案件,法官当然不得拒绝裁判,拒绝裁判就是犯罪行为。长期以来,我国法院片面强调"以事实为依据,以法律为准绳"的原则是人民法院审理案件的基本原则,片面理解严格依法裁判是现代法治的基本要求,造成了法院在没有明确法律依据时,对当事人的诉求多以不予受理或者驳回起诉等方式拒绝裁判。这样的认识误区在我国司法裁判整体保守的大环境下,被认为是顺理成章的事情。

值得欣慰的是,在最高人民法院《关于印发修改后的〈民事案件案由规定〉的通知》中的三、适用修改后的《民事案件案由规定》时应注意的几个问题明确规定,法院"不得以当事人的诉请在修改后的《民事案件案由规定》中没有相应案由可以适用为由,裁定不予受理或者驳回起诉,影响当事人行使诉权"。这样的意见,尽管还不属于对不得拒绝审判原则的表述,但还是在一定程度上体现了这样的精神。民事审判应当进一步扩展这一表述的内涵,确定"有法律依法律,无法律依习惯,无习惯依法理"的民事司法原则,真正实现民事裁判不告不理、有告必理的民事司法秩序,坚决摒弃拒绝审判的司法恶习。

不过,尽管本案二审判决体现了不得拒绝审判的精神,但由于本案二审判决在确定当事人诉讼目的上的认识出现错误,才造成了"法无明文规定"的问题。如果直接依照当事人的诉求适用法律,并不会出现这样的问题,因而本案中的不得拒绝审判问题属于一个虚构的命题。二审判决如果正确认识本案民事法律关系的性质,是不会发生这样的后果的。后文对此还有进一步的讨论。

三、本案二审判决特别值得探讨的四个重要的法律适用问题

在肯定本案二审判决的基础上,也必须看到该判决并非完美无瑕,还存在较多在法律适用上的认识误区,应当进行充分的深入研究。同时,一审判决也有特别值得称道的精彩之处,应当予以肯定。

(一)"介于人与物之间的过渡存在"究竟是指民法上的什么概念?

二审判决裁判理由构建在一个特别重要的概念之上,这个概念就是"介于人与物之间的过渡存在"。提出这个概念的前后文是:"胚胎是介于人与物之间的过渡存在,具有孕育成生命的潜质,比非生命体具有更高的道德地位,应受到特殊尊重与保护。"可见,二审判决认为胚胎既不是物也不是人,而是人与物之间的第三种市民社会物质要素。至于后文的表述当然不存在问题,只是这个"介于人与物之间的过渡存在"的概念并不是民法的基本范畴。

近代以来的民法都采纳法律关系为其基本方法,据此构建法律关系的基础,以"主体—客体—内容"为其基本逻辑,将市民社会的物质构成要素分为人与物对立的二元格局,构建了市民社会认识、规范和处理纠纷的基本方法。[⑩]故主体与客体即人与物是民法的两大基本范畴,作为一组相对的概念,两者各以对方的存在为自己存在

---

⑩ 参见杨立新:《民法总则》,法律出版社2013年版,第30—36页。

之前提,两者只有在其相互关系中,才能展现自己的特性。⑪ 虽然"现代生殖科技颠覆了人类胚胎须于母体内发生之铁则,而体外胚胎的出现确实已逸脱各国制宪先贤可能之想象"⑫,但作为市民社会物质构成要素的基本范畴,市民社会除了人与物之外,并不存在其他的物质存在。正因为是把人与物这两个基本范畴作为罗马法以来的民法构建的逻辑起点,并且一直延续到今天,因而不可能存在人与物之外的第三个基本范畴。这是直至今天民法对市民社会的最为精准的认识,并且至今为止尚未发现其可能存在的错误。在这样的民法逻辑结构和人与物的基本范畴之外,还存在"介于人与物之间的过渡存在"吗?不会的!

诚然,社会在发展和进步之中,面对文明发展和科技进步,民法的基本范畴和逻辑结构必然会面临挑战。其中最为严峻的考验,就是人与物好像不再是非此即彼的对立状态,而是处于动态的变化过程之中,似乎人与物的界限出现模糊地带,在人的物化、物的人格化现象越来越普遍的情形下,类似于"介于人与物之间的过渡存在"似乎也成为现实,并且在民法的基本范畴中也应当占有一席之地。《德国胚胎保护法》第8条第1款对胚胎的定义,胚胎系指自细胞核融合时起,已受精且具有成长能力的人类卵细胞;此外,亦指任何一个得自于胚胎,在其他条件存在时,能够开始分裂并成长成为一个个体的全功能干细胞。⑬ 这个定义其实就是说的这种情形。

所谓的人的物化与物的人格化引发的介于人与物之间的过渡存在,是否就能够破坏民法的人与物的基本格局,或者改变人与物的民法基本格局的现存状态,变成"人—过渡存在—物"的基本逻辑格局呢?笔者认为,一个历经几千年传承、发展、完善起来的民法基本格局,是一个稳定的结构,在没有发生新的巨变,还保持着市民社会赖以存在的基本自然环境即地球的基本状态时,是不会改变的。即使今天出现了互联网(虚拟财产)、无线电频谱、自然力等新型的物,以及具有生命特征的体外胚胎、脱离人体的器官或者组织等,也仍然不足以形成冲击人与物民法基本格局的力量。这些新型的所谓"中间状态""过渡存在"等的存在,仍然没有强大到足以形成市民社会第三物质构成要素、成为民法新的基本范畴的程度,仍然不能改变人与物的民法基本格局,以及人与物的民法基本范畴体系。

在民法把人与物作为基本范畴、并作为民法的基本逻辑起点,且在建构民法基本格局的逻辑基础上,在分析人的物化、物的人格化现象时,最为简洁的方法是:如果民法的现行基本范畴、基本的逻辑起点以及基本逻辑格局真的无法适应这样的现象,那就应当对当代民法进行"革命",创设新的民法基本范畴,采纳新的民法逻辑起点,创建新的民法逻辑格局。如果民法的现行基本范畴、基本的逻辑起点以及基本逻辑格

---

⑪ 参见李锡鹤:《民事客体再认识》,载《华东政法学院学报》2006年第2期。
⑫ 邱玟惠:《"人类尊严"法学思维初探——从人类体外胚胎谈人性尊严之另一面向》,载《台北大学法学论丛》第69期。
⑬ 转引自邱玟惠:《"人类尊严"法学思维初探——从人类体外胚胎谈人性尊严之另一面向》,载《台北大学法学论丛》第69期。

局能够适应这样的变化,那就不必也不能对当代民法进行"革命",不能改变民法基本范畴体系,不能改变民法的逻辑起点,更不用创建新的民法逻辑格局。目前,前者的可能性显然不存在,而通过解释,将人的物化、物的人格化现象纳入现行的民法基本范畴之中,就会仍然坚持目前的民法逻辑起点,维持民法的基本格局,通过"改革"而不是通过"革命"的方式,使民法适应当代市民社会现象对民法的挑战,变危机为动力,焕发民法的新活力,为发生了重大变化而不是质变的市民社会服务。

采取后一种方法应对市民社会的变迁,就是仍然坚持人与物的民法基本格局,不增加新的民法范畴,不改变民法的基本逻辑起点。而是将人的物化和物的人格化情形(例如人与物之间的过渡存在)进行分析,确定它们的基本特征,根据它们最突出的特征,将其划入人或者物的基本范畴之中。可以断言,在这样的逻辑基础上,无论是人的物化还是物的人格化,经过分析归类,基本上都会归属于物的范畴,而无法纳入人的范畴。例如人的体外胚胎,其固然"具有潜在的生命特质,不仅含有沈杰、刘曦的 DNA 等遗传物质,而且含有双方父母两个家族的遗传信息,双方父母与涉案胚胎亦具有生命伦理上的密切关联性",但是,即便它具有"比非生命体具有更高的道德地位",也仍然改变不了其不具有完整的人格、不具有民事权利能力的现状,改变不了其物的属性,仍然属于"比非生命体具有更高的道德地位"的物的范畴。按照学者所说的"作为一种更接近人而非物的人格体,涉及胚胎的法律调整应当在利益衡量的基础上立足于人格权法的角度来进行"[14]的说法,笔者倒是希望将人的体外胚胎认定为人的属性。如果是这样,那些企图扼杀体外胚胎的人,就有可能触犯刑法而犯下杀人罪。这样认识,对保护体外胚胎岂不是更为有利?可惜的是,刑法并不这样认为,而依照市民社会的逻辑要求,无论如何也得不出这样的结论。

因此,"介于人与物之间的过渡存在"的概念是不存在的,更不能作为民法的基本范畴。援引美国有关州的判例法作为这种认识的基础,不符合大陆法系的基本逻辑要求。对于人的物化产生的存在,包括"介于人与物之间的过渡存在",我国民法学界早有基本共识。王利明教授在其主编的《中国民法典学者建议稿及立法理由》第 128 条第 2 款规定:"自然人的器官、血液、骨髓、组织、精子、卵子等,以不违背公共秩序与善良风俗为限,可以作为物。"[15]梁慧星教授在其主编的《中国民法典草案建议稿》第 94 条第 3 款规定:"自然人的器官、血液、骨髓、组织、精子、卵子等,以不违背公共秩序与善良风俗为限,可以成为民事权利的客体。"[16]这些具有"私域软法"[17]性质的规范性文献,并非主观臆断,也不是王利明、梁慧星自己的意见,而是经过民法学者集思广益、反复论证才确定的共识,包含了大多数民法学家的智慧和心血,应该成为法官

---

[14] 刘长秋:《人类辅助生殖现象的伦理判定与法律裁度》,载《人民司法》2014 年第 14 期。
[15] 王利明主编:《中国民法典学者建议稿及立法理由·总则编》,法律出版社 2005 年版,第 241 页。
[16] 梁慧星主编:《中国民法典草案建议稿》,法律出版社 2003 年版,第 19 页。
[17] 杨立新:《媒体侵权和媒体权利保护的司法界限研究——由〈中国媒体侵权责任案件法律适用指引〉的制定探讨私域软规范的概念和司法实践功能》(本书第 2588 页),载《法律适用》2014 年第 9 期。

裁判可以参照的法理。

一审判决在这个问题上,认为"施行体外受精—胚胎移植手术过程中产生的受精胚胎为具有发展为生命的潜能,含有未来生命特征的特殊之物"[18],采纳了民法学界的理论通说,表现了合议庭和法官在接受民法新理论的敏感性,特别值得肯定。而二审判决在这个问题上煞费苦心,回避民法学界基本形成通说的伦理物[19]或者人格物[20]的法理,试图超越学者的争论,偏偏使用这样不符合大陆法系民法逻辑要求的"介于人与物之间的过渡存在"这个英美法系个别判例使用的概念作为判决的逻辑起点,其探索的良苦用心似乎用错了地方。对此,笔者在下文还要继续分析。

(二)"监管权和处置权"的权利性质和权利基础究竟是什么?

本案二审判决将原告起诉、一审认定的"继承纠纷"案由变更为"监管权和处置权纠纷",并且自信这种变动确有道理。但是,这里使用的"监管权和处置权"的权利性质和权利基础却语焉不详,因而特别值得研究。

1. 监管权和处置权的权利性质

什么叫做监管权和处置权,二审判决并未解释,民法理论通常也不使用这样的概念,因此无法得知这两个概念究竟是什么性质的权利。

监管权通常使用在进口货物的监管中。在民法中,与监管权比较接近的有监护权、管理权、监督权等,但监管权显然不是监护权与管理权的合并,也不是监督权与管理权的合并。如果是监护权与管理权的结合,则与身份权相关;如果是监督权与管理权的结合,则在民法为无出处。至于处置权,似乎与支配权与处分权比较接近,但支配权是一种权利类型,而不是一个实体权利;处分权则是所有权的权能性权利,与处置权比较相近。笔者推测,使用处置权的概念就是要体现处分权的含义,但又想回避处分权的权能性。既然如此,二审判决使用这样两个语焉不详的民法概念,并且将其作为当事人争议的焦点,建构裁判理由的基础,但其在民法上的权利性质不确定,因而并不妥当,笔者对此提出质疑。

2. 监管权和处置权的权利基础

监管权和处置权不是民法权利体系中的范畴,类似于一个实体权利范畴的派生性或者权能性的权利。对于这样比较虚化的民事权利概念,必须找出它的民事权利基础,确定它究竟是依据民事权利体系中的何种基本权利范畴产生或者派生出来的。

如果监管权是一个管理权,这个概念在物权法上经常使用在建筑物区分所有权中,例如《物权法》第 70 条规定。[21] 如果处置权是一个处分权,那就是所有权的权能,

---

[18] 江苏省宜兴市人民法院(2013)宜民初字第 2729 号民事判决书。

[19] 参见杨立新等:《动物法律人格之否定——兼论动物之法律"物格"》(本书第 340 页),载《法学研究》2004 年第 5 期;《民法物格制度研究》,法律出版社 2008 年版,第 41 页。

[20] 参见冷传莉:《论民法中的人格物》,法律出版社 2011 年版,第 11 页。

[21] 《物权法》第 70 条规定:"业主对建筑物内的住宅、经营性用房等专有部分享有所有权,对专有部分以外的共有部分享有共有和共同管理的权利。"

《物权法》第39条有规定。② 依照二审判决的基本逻辑思考,由于体外胚胎并不属于物的范畴,而是"比非生命体具有更高的道德地位"的"介于人与物之间的过渡存在",显然不能依据物权作为其权利基础。如果将物权作为监管权和处置权作为权利基础,必定与二审判决的逻辑起点存在难以解决的矛盾。同样,监管权和处置权也不是以人格权和身份权作为权利基础,因为它的客体是"介于人与物之间的过渡存在",人格权和身份权自然不能成为其权利基础。这种逻辑思考存在的问题是,监管权和处置权既不以物权为权利基础,也不以人格权和身份权作为权利基础,那么在民法上,监管权和处置权就是没有权利基础的权利。这样的派生性权利或者权能性权利,有存在的可能吗?结论不言自明。

3. 以没有权利基础的权利作为判决逻辑起点的后果

二审判决在法律适用上,是以监管权和处置权作为整个逻辑起点的。可是,以这样没有权利基础的派生性或者权能性的权利作为判决的逻辑起点,这个判决是建立不起来的。即使建立起来逻辑关系,也因为缺乏科学的逻辑基础而使其无法构建完成,甚至成为空中楼阁。因而,虽然笔者认为本案二审判决是一个标志人伦和情理胜诉的重要判决,但是在法律适用的逻辑关系上是不完美的,甚至是有严重缺陷的,并不是一个特别成功的民事判决。

(三)将本案变更为"监管权和处置权纠纷"案由有何利害得失?

二审判决认定,"根据上诉人在原审中的诉请以及当事人之间法律关系的性质,本案案由应变更为监管权和处置权纠纷",其原因是"原审在本案的诉讼主体结构安排方面存在一定的瑕疵,本应予以纠正。但考虑本次诉讼安排和诉讼目的指向恒定,不会对诉讼主体的程序和实体权利义务的承担造成紊乱,本院不再作调整"。这样的做法是否妥当,仍然值得探讨。

一是从程序上探讨。案由是原告诉请的基本要求,也是双方当事人争执的基点,体现了当事人争议的法律关系的性质,这主要是当事人自己选择的。如果当事人确定的案由不当,处理的办法有两种,一是驳回原告的诉请,告知其另行起诉;二是法官进行释明,尽量征得当事人的同意而予以改变。其做法基本上是以当事人主义为主,兼采法官职权主义。本案二审判决的上述表述,实际上是法官职权主义的表现,因为上诉人在上诉中并未改变其诉请案由。在二审审理过程中,二审判决径直采取职权主义改变讼争的案由,尽管不是违法,但仍有值得斟酌的余地。

二是从实体上探讨。本案原告起诉的案由是继承纠纷,主张对体外胚胎享有继承权;被告的答辩也是基于这个案由进行。尽管原、被告采取这样的诉讼设计不当,致使"原审在本案的诉讼主体结构安排方面存在一定的瑕疵",但并非改变了讼争法律关系的性质。如果像一审判决那样对当事人争议的法律关系性质如此确认,依据

---

② 《物权法》第39条规定:"所有权人对自己的不动产或者动产,依法享有占有、使用、收益和处分的权利。"

《继承法》第 25 条的规定,确定在继承开始时继承人没有表示放弃继承,视为接受继承,因而认为争议的当事人已经接受继承,取得了遗产(体外胚胎)的所有权,继而将案由改变为原、被告依照《物权法》第 34 条的规定,向第三人主张"返还原物"之诉,在法律适用上顺理成章。这种争议绝非侵权责任争议,而是基于继承而产生的物权请求权纠纷,是本案的真实法律关系。可是二审判决却舍近求远、避易取难,变更为"监管权和处置权纠纷"的案由,绝不是法律适用的良方。正确的处理方法应当是驳回原告的诉讼请求,另行起诉;或者直接将案由变更为请求第三人"返还原物",并直接依据《继承法》和《物权法》作出改判。

(四)本案在法律适用上怎样选择请求权的法律基础?

本案二审判决书选择适用的法律是《民法通则》第 5—7 条。这三个条文分别是保护民事权益原则、守法原则和公序良俗原则。这样适用实体法作出判决,存在较大的问题。

首先,民事法律适用通常不得援引原则性规定进行判决。《法国民法典》第 5 条规定:"禁止法官对其审理的案件以一般规则性笼统条款进行判决。"当然,这不是绝对的,如果一般性条款包含有请求权,是可以作为请求权法律基础的。例如,我国《侵权责任法》第 6 条第 1 款和《法国民法典》第 1382 条等,都包含有请求权,可以作为请求权的法律基础予以适用。

其次,二审判决援引的《民法通则》第 5—7 条三个条文中,都不包含请求权,都不能作为请求权的法律基础。这也正是本案二审判决变更案由和原告诉请做法存在的最大问题,即监管权和处置权没有请求权法律基础,而《民法通则》的上述三个条文都不包含本案原告的请求权(包括继承权及监管权和处置权)。既然将原告的诉请变更为监管权和处置权没有请求权基础,而民法的一般性规定又不能作为裁判依据,且不援引习惯和法理,这样的判决在法律适用上能够成立吗?

再次,如果确无法律依据,需要"法官造法",二审判决也不能适用《民法通则》第 5—7 条的规定。权利保护原则和守法原则不能作为请求权的法律基础,自是当然。即便公序良俗原则也是一个较为抽象的不确定法律概念,难以在司法裁判中直接援引,需要通过法律补充予以具体化。㉓ 反之,在适用法律过程中,如果出现法律漏洞,法官可以运用诚信原则填补法律漏洞。这是因为诚实信用原则的一大功能在于法的续造,能够将法与变动的生活关系或者社会中的价值标准协调起来。㉔ 如果本案确实出现了法律空白或者法律漏洞,适用《民法通则》第 4 条规定关于诚信原则的规定作为法律基础,比较适当。

所以说,本案二审判决书在法律适用上,舍近求远、避易取难,徒然增加麻烦,实在是没有必要。如果依据原告的诉请使用继承法和物权法的有关规定,怎么会有这些法律适用的麻烦呢?

㉓ 参见王利明:《民法总则研究》,中国人民大学出版社 2012 年版,第 138 页。
㉔ 参见王利明:《民法总则研究》,中国人民大学出版社 2012 年版,第 130 页。

四、对反映社会关系变动新问题的民事案件适用法律的基本方法

关于民事裁判的法律适用方法,笔者曾经在《民事裁判方法》一书中提出以下方法:

第一,对寻找到的请求权法律基础的法律规范进行分析,根据法律规范的特点,确定该法律规范是强制性法律规范,还是任意性法律规范。

第二,适用强制性法律规范,应当区别情况:(1)单一指向的强制性法律规范,法官必须强制适用;(2)强制性规范发生冲突,应当由法官确定适用法律;(3)强制性法律规范发生竞合,应由当事人选择适用法律,法官不能自作主张决定法律适用;(4)民法和其他法律强制性规范冲突,由法官确定适用法律。

第三,适用任意性法律规范,法官也不得任意适用,必须遵循以下规则:(1)当事人有明确约定的,法官应当依照当事人的约定确定双方当事人的权利义务;(2)当事人没有约定或者约定不明确的,应当直接适用任意性规范,确定当事人的权利义务;(3)当事人对合同约定内容发生争议的,法官依法进行合同解释;(4)当事人按照任意性法律规范进行约定,违反强制性法律规范的一律无效。

第四,原告的请求权没有成文法作为法律依据的,应当依照"有法律依法律、无法律依习惯、无习惯依法理"的规则,适用民事习惯或者法理,确认当事人的民事权利和义务。㉕

这是在民事纠纷案件裁判中归纳出的法律适用的一般方法。在这个方法中,对第四方面还应当增加更细致的规则,就是对在社会关系发生变动出现新问题的民事纠纷案件的法律适用中,还应当区分实际情况,解决具体的法律适用问题:

第一,在审理社会关系发生变动出现的新问题的民事纠纷案件中,应当确定本案的争议是否能够在现有民事法律规范体系中寻找到请求权的法律基础。能够找到的,就适用该法律规范进行审判。

第二,如果在现有法律体系中找不到适当的请求权法律基础,则探讨在最小范围内适用习惯或者法理就能够对新问题进行解释,将其纳入相应的请求权法律基础之中,选择该法律规范予以适用。

第三,如果无法通过最小范围内适用习惯或者法理对社会关系变动出现的新问题作出解释以纳入相应的请求权法律基础之中时,应当通过更大范围的适用习惯和法理进行解释,将其纳入相应的请求权法律基础之中,选择该法律规范予以适用。

第四,如果发现以上三种办法都无法解决新问题的法律适用问题,则应当适用习惯;没有相应习惯的时候,适用法理。

第五,对于第四项方法也不能解决的新问题,在法律适用时,则应当依据诚信原

㉕ 参见杨立新:《民事裁判方法》,法律出版社2008年版,第263—264页。

则作出裁判。

在对社会关系发生变动出现的新问题适用法律采用上述办法时,应当循序渐进,按照顺序进行选择。在能够选择最为简洁的办法确定法律适用时,就不采取难度更大的法律适用方法解决问题。例如本案,体外胚胎的法律属性问题是一个新问题,但并非没有办法解决法律适用的方法。本案一审判决认定"施行体外受精—胚胎移植手术过程中产生的受精胚胎为具有发展为生命的潜能,含有未来生命特征的特殊之物",就已经解决了这个新问题,接下来,适用我国《继承法》和《物权法》的现有规则,就能够很好地解决本案的争议,实现保护人伦和情理的目的。而采取认定体外胚胎属于"介于人与物之间的过渡存在"的概念解释这个新问题,就出现了现行法律没有相应法律规范的问题,不得不创设"监管权和处置权"这样不伦不类的民事权利概念,进而适用《民法通则》第5—7条规定的权利保护原则、守法原则和公序良俗原则作为裁判的依据,犯了不得依照一般性笼统原则进行民事裁判的错误。相比起来,前一种方法只需要解决一个难题就可以找到应当适用的法律规范,而后一种方法几经周折,还是找不到应当适用的具体法律规范,进而不得不采用笼统的法律原则甚至冒着"法官造法"的风险予以裁判。相比较而言,哪种法律适用方法更为妥当就很清楚了,何必绕那么大的弯子,做费力不讨好的工作呢?

如果在法律适用中,确实找不到现有的应当适用的法律规范,也找不到适当的习惯予以适用,需要寻找法理作为裁判依据的时候,应当确定什么是法理。法理,即法律通常之原理,例如历来办案之成例及法律一般原理、原则。[26] 法理的基本功能系在补法律及习惯法的不备,是执法者自立于立法者的地位,寻求就该当案件所应适用的法则,以实现公平与正义,调和社会生活上相对立的各种利益。[27] 法理的渊源,一是学说为通说或者权威学说,为多数学者所相信,例如王利明、梁慧星主编的《中国民法典草案建议稿》的条文,以及其他权威学者的理论著述;二是司法实务具有重要参考价值的案例,例如最高人民法院公布的指导性案例或其他法院判决的有影响的案例;三是国外权威的法律规范或者裁判规范,例如德国法院通过判例确立的关于让与担保的法律适用规则[28];四是国外具有影响力的裁判案例,例如欧盟法院2012年裁判的被遗忘权的典型案例。[29] 当然,法理虽由法官认定,但既以为裁判之准据,则关系于人民之权义,故应注意的是:第一,不背离法之精神,第二,依当时周围之环境,方可得一公平而合于法理之准据,不能纯凭主观的见解,毫无限制。[30]

---

[26] 参见胡长清:《中国民法总论》,中国人民大学出版社1997年版,第33页。
[27] 参见王泽鉴:《民法总则》,三民书局2008年版,第64—65页。
[28] 参见杨立新:《物权法》,法律出版社2013年版,第469页。
[29] Wikipedia: Google Spain v AEPD and Mario Costeja González, http://en.wikipedia.org/wiki/Google_Spain_v_AEPD_and_Mario_Costeja_González, 2014年9月7日访问。
[30] 参见蔡肇瑝:《民法总则》,大东书局1947年版,第27页。

承诺函·最高额保证·无效保证赔偿责任[*]

——广东省高级人民法院(2002)粤高法民四终字第55号民事判决评释

广东省高级人民法院于2003年5月22日就佛山市禅城区人民政府(以下简称禅城区政府)因与交通银行香港分行(以下简称交行香港分行)、勤昌发展有限公司(以下简称勤昌公司)等借款担保合同纠纷一案,作出(2002)粤高法民四终字第55号民事判决,认定禅城区政府对勤昌公司向交行香港分行借款提供保证担保,保证无效,判决禅城区政府承担无效保证的赔偿责任,在认定事实和适用法律上都有独到的见解,是一份较好的判决;但其中也有若干程序上的问题值得商榷。据此,笔者作以下分析论证。

一、一审和二审判决认定禅城区政府出具承诺函的性质为保证意思表示,成立保证担保合同,有充分的事实依据和法律依据

本案争执的焦点之一,就是禅城区政府向交行香港分行出具的承诺函的性质问题。对此,交行香港分行认为,禅城区政府向其出具的承诺函的性质就是保证承诺,依据该承诺函,双方成立保证合同,即禅城区政府对勤昌公司的借款债务提供保证,承诺为该债务的债权人交行香港分行承担保证责任。而禅城区政府认为,承诺函的性质就是一种惯例做法,属于"安慰函"的性质,不产生任何法律上的责任,只是一种道义上的责任,督促还款的责任也不是保证责任,负责解决也不是代为偿还,因此,根据承诺函的内容,不能认定具有保证承诺的意义,不发生保证责任的后果。

对此,终审法院判决确认,"禅城区政府在承诺函中明确表示:如果勤昌公司出现逾期或拖欠贷款本息的情况,禅城区政府将负责解决,不使交行香港分行在经济上蒙受损失。禅城区政府这一承诺具有为勤昌公司的借款提供保证担保的意思,符合《担保法》第6条规定的精神,应当认定禅城区政府为勤昌公司向交行香港分行的借款提供了保证担保"。

---

[*] 本文发表在最高人民法院研究室刊物上。

(一)保证承诺与安慰函的区别

安慰函又称为赞助信、安慰信或者承诺函,是指发函人给债权人的一种书面陈述,表明当事人对债务人清偿债务承担道义上的义务,或者督促债务人清偿债务等。① 通说认为,安慰函不是保证合同,但与保证合同有相似的地方,特殊的安慰函也是保证合同的一种形式。② 一般认为,仅仅承担道义义务或者确认债务人现状的安慰函,属于一般的安慰函,而承诺承担补充清偿责任或者承担连带责任的安慰函,属于保证合同,有法律约束力。③ 因此,安慰函也不能一律认定为仅仅为安慰的性质,如果是具有实质的保证内容的安慰函,则构成保证;如果仅仅具有承担道义义务和督促义务内容的安慰函,则应当认定为安慰性质,不能认定为保证合同。

(二)认定承诺函的性质为保证意思表示的依据

《担保法》第 6 条规定内容是:"本法所称保证,是指保证人和债权人约定,当债务人不履行债务时,保证人按照约定履行债务或者承担责任的行为。"

按照《担保法》第 6 条的规定,似乎并没有说禅城区政府出具的承诺函就是保证的意思表示。但是,以该条法律规定为依据,按照保证合同成立的内容和形式的要求观察,认定本案承诺函具有保证意思表示的性质,是有根据的。因此,笔者认为,一审和二审法院判决认定禅城区政府出具承诺函的行为具有保证意思表示的性质,是正确的。其理由是:

第一,确立独立保证的效力,应当区分国际和国内的不同情况。所谓独立保证,就是保证人出具保证书、担保函之类的"保函"成立保证责任,独立于主债关系,不因主债的不成立、无效、被撤销等原因而归于消灭的保证形式。④ 我国司法机关承认国际贸易中的独立保证,认为独立保证在对外担保和外国银行、机构对国内机构担保上的效力,在国际间是当事人自治的领域。而在国内,我国司法机关对其采取否定态度,不承认当事人对独立保证的法律效力。⑤ 香港特别行政区在法律适用上与内地分属于不同的法域。对于内地机构向香港的银行机构出具的保函,应当承认其独立保证的效力。但是,由于本案上诉人和被上诉人对于本争议均同意适用中国内地法律审理该案,因此,确认本案的承诺函的性质,不应当承认独立保证的效力,应当按照内地的保证合同的要求审理、认定。

第二,出具保证书的形式,是成立保证合同的一种形式。按照《担保法》第 13 条规定,保证人与债权人应当以书面形式订立保证合同。这一规定的核心在于"书面形式",即保证合同是要式合同。在实践中,成立保证合同的书面形式有三种情形:一是

---

① 参见李国光主编:《经济审判指导与参考》,法律出版社 2001 年版,第 31 页。
② 参见易新华等:《政府为公司涉外融资出具安慰函的性质及其责任研究》,载《判解研究》2004 年第 3 期,人民法院出版社 2004 年版,第 184 页。
③ 参见李国光主编:《经济审判指导与参考》,法律出版社 2001 年版,第 31 页。
④ 参见曹士兵:《中国担保诸问题的解决与展望》,中国法制出版社 2001 年版,第 22—23 页。
⑤ 参见崔建远主编:《合同法》(第三版),法律出版社 2003 年版,第 132 页。

保证人与债权人直接订立保证合同；二是保证人与债权人、债务人共同订立保证合同；三是保证人出具保证书。其中第三种方式即以出具保证书的形式成立保证合同的，法律是予以确认的。最高人民法院《关于适用〈中华人民共和国担保法〉若干问题的解释》第22条第1款规定："第三人单方以书面形式向债权人出具担保书，债权人接受且未提出异议的，保证合同成立。"因此，如果保证人向债权人出具的书面承诺包含有保证的意思表示的，应当认定为成立保证合同的书面形式之一，符合《担保法》第13条规定的要求。

第三，保证人出具的保证书中应当具备成立保证合同的实质要件。所谓的保证书或者担保书，在实践上通常称为保函，即由保证人直接向债权人出具保函，承诺向其承担保证责任。这种出具保函的行为，因为不具备独立保证的效力，因此是保证人要求与债权人签订保证合同的要约行为，必须具备成立保证合同的实质要件。按照《担保法》第6条的规定，保证合同的实质要件是，当债务人不履行债务时，保证人按照约定履行债务或者承担责任。具备这样的实质要件的保证书，就是成立保证合同的要约。在本案中，禅城区政府在承诺函中明确承诺：同意勤昌公司向交行香港分行申请使用港币3 300万元的授信额度，禅城区政府愿意督促该驻港公司切实履行还款责任，按时归还交行香港分行的贷款本息，如勤昌公司出现逾期或拖欠贷款本息情况，禅城区政府将负责解决，不使交行香港分行在经济上蒙受损失。该承诺的实质内容包括三项：一是使用授信额度3 300万元港币，二是监督债务人还款，三是逾期归还贷款或者拖欠贷款，禅城区政府负责解决，不使债权人受损失。其中第一项内容"使用3 300万元港币授信额度"与第三项内容"不使交行香港分行在经济上蒙受损失"的表述，不能理解为仅仅是对3 300万元港币借款承担道义上的责任，而是经济上的责任。这种经济上的责任，除了代为清偿之外，不能作出其他的解释。既然如此，当然可以确认，禅城区政府向债权人出具的承诺函，就是保证书，或者叫担保书，或者叫做保函，具有保证意思表示的性质。而不是仅仅承担一般的道义责任的安慰函。至于保证书的意思表示究竟属于要约还是承诺，要看订立合同的实际情况，按照合同法的规定确定。在一般情况下，保证人提出保证书，应当认为是订立保证合同的要约。

第四，出具保证书是否成立保证合同，尚须债权人作出接受的承诺。就一般情况而言，保证人出具保证书，仅仅是保证人愿意为债权人承担保证责任的单方意思表示。仅仅依靠保证人是否出具保证书来判断是否成立保证合同，尚不是全部依据，还须考察债权人对该保证的要约是否作出承诺。只有债权人作出有效的承诺，才能够成立保证合同。首先，如债权人明确表示接受或不接受保证书提出的保证要约的，那么，即可以依债权人明确的意思表示来确认保证合同成立或不成立：对于保证人以出具保证书的形式提供担保，债权人明确表示接受的，当然成立保证合同；如果债权人对保证书明确表示不接受，当然就不能成立保证合同。其次，对于债权人没有作出明确表示的，应当根据实际情况作出判断：如果债权人收到保证人的保证书后，即与债务人签订借贷合同的，应当依其行为推定其对出具的保证书作出了承诺，因为该行为已经明确表明债权人接受了保证书的保证要约;如债权人在收到保证书后未作接受或者不接受的表示,但是没有明确表示拒绝,则构成默示承诺,因为保证合同是单务合同,保证人一方负有义务,债权人一方享受权利,认定默示保证承诺的效力,有利于保护债权人的利益。不过,如果仅仅成立保证合同而没有订立借贷合同,即只有从合同而没有主合同,则这样的保证合同不具有实质的保证意义。本案的客观事实是,交行香港分行在接到禅城区政府的承诺函之后,即向勤昌公司发放了承诺函中确定的授信额度内的贷款。交行香港分行的这一行为表明,交行香港分行作为债权人,已经接受了禅城区政府的保证意思表示,双方已经成立了保证合同。

(三)对承诺函的性质认定为保证意思表示的积极意义

本案判决将争议的承诺函的性质认定为保证意思表示,具有以下重要意义:

第一,有助于公正执法,保护债权人的合法债权。我国在对待如何平衡保护债权人的权利和债务人的权利上,曾经存在较为严重的偏差,这就是片面地认为债务人是弱者,债权人是强者,法律应当更多地站在债务人的立场上,保护债务人的"权益"。改革开放以来,特别是《合同法》实施之后,这种观点有了明显的改变,树立了公平保护债权人和债务人合法权利的观念,特别是应当保护债权人的债权思想。只要是合法的债权,就受到法律的保护。对于具有保证意思的承诺函的性质,基于保证合同的本质特征认定其为保证意思表示,有助于保护债权人的权利,也体现了我国法律和司法的公正。

第二,有助于约束承诺函出具人的行为,维护其资信和声誉。尽管保证书和安慰函的性质不同,但是任何一个肯负责任、讲究信誉、维护自身资信和声誉的经济人,一般都不会违背自己在安慰函中作出的允诺。⑥ 确定具有保证意思表示的承诺函为保证合同,就会使出具人慎重行为,不因一般的安慰函不承担法律责任而任意所为,造成市场经济秩序的混乱,促使出具人珍惜自己的资信和声誉,更好地维护自己的信用。

第三,有助于规范我国市场经济秩序,改变经营者不守信的状况。目前我国市场经济的诚信秩序和主体的诚信道德存在的问题是很严重的,失信行为比比皆是。不改变这种严重状况,交易秩序无法维持,市场经济无法快速发展。将具有保证意思表示的承诺函认定为保证合同,有助于加快诚信道德和诚信秩序建设,推动市场经济发展。

据此,可以认为,本案判决认定双方争议的承诺函的性质为保证的意思表示,双方当事人之间成立保证合同关系,是有法律和事实依据的,是公平的,对于社会的发展是具有积极意义的。

---

⑥ 参见陈安主编:《国际经济法》,北京大学出版社1994年版,第401页。

二、承诺函的性质是最高额保证

本案当事人之间争议的保证性质究竟是什么,也是本案适用法律的一个重要问题。由于承诺函没有约定保证期间,也没有指明为哪一笔贷款提供担保,而是同意在授信额度内提供保证,由此产生了当事人间就此保证是最高额保证还是对特定贷款保证之争。判决书对此作出了认定。判决书认为:"本案中的承诺是为交行香港分行向勤昌公司提供的授信函提供保证的,授信函提供的不是一笔特定的贷款,而是贷方作出的限定最高额贷款余额的贷款承诺,因此承诺函提供的保证范围应为交行香港分行据该承诺函提供的授信函项下发生的贷款,即交行香港分行依其授信函向勤昌公司发放的贷款",因此,"事实说明:本案中的承诺函是一种最高额保证的意思表示,是对特定授信函项下贷款的最高额保证"。笔者认为,这个认定是正确的,本案争议的承诺函表达的内容符合最高额保证的法律特征。

最高额保证,是指债权人与保证人之间就债务人在一定期间内连续发生的若干笔债务,确定一个最高限额,由保证人在此限额内对债务人履行债务作保证的协议。《担保法》第14条规定:"保证人与债权人可以就单个主合同分别订立保证合同,也可以协议在最高债权额限度内就一定期间连续发生的借款合同或者某项商品交易合同订立一个保证合同。"最高人民法院在《关于适用〈中华人民共和国担保法〉若干问题的解释》第23条规定:"最高额保证合同的不特定债权确定后,保证人应当对在最高债权额限度内就一定期间连续发生的债权余额承担保证责任。"最高额保证通常适用于债权人与债务人之间具有经常性的、同类性质业务往来,多次订立合同而产生的债务,如经常性的借款合同或者某项商品交易合同关系等。对一段时期内订立的若干合同,以订立一份最高额保证合同为其担保,可以减少每一份主合同订立一个保证合同所带来的不便,同时仍能起到债务担保的作用。

依据禅城区政府出具的承诺函而成立的保证合同,究竟是不是最高额保证,应当根据该保证合同的基本特征来确定。一般认为,最高额保证的基本法律特征是:第一,最高额保证所保证的债务均为将来发生的债务,而不是已经发生的债务。第二,最高额保证所保证的债务为将来一定期间内连续发生的若干笔债务,而不是某一笔特定的债务。第三,最高额保证所保证的连续发生的债务具有最高限额,保证人对于在最高限额内发生的债务承担保证责任。第四,保证人承担的保证责任为期限届满时的责任,而不是对连续发生的每一笔债务分别承担的保证责任,并且只对在最高债权额限度内就一定期间连续发生的债权余额承担保证责任。在上述最高额保证的法律特征中,最基本的特征,是对"将来的""不特定的""最高额以内的"债务承担保证责任的保证。如果具备这样的基本特征,就是一个最高额保证。

在依据禅城区政府出具的承诺函所成立的保证合同中,具备上述最高额保证的基本特征:

首先，承诺函所承诺保证的债务，在出具承诺函的时候，债务并没有发生，因此，承诺函担保的债务是将来发生的债务。禅城区政府第一次出具承诺函，是在1996年6月19日，而交行香港分行发出授信函是在1996年7月15日，以后双方又有承诺函和授信函的变更，但是都是以第一次承诺函和授信函为基础。因此，可以认为承诺函保证的债务，是将来的债务。

其次，承诺函所承诺保证的债务是不特定的债务。在承诺函中，并没有对究竟是哪一笔债务提供保证，而只是笼统地表明监督债务人"切实履行还款责任"，"不使贵行在经济上蒙受损失"，因此，不是对特定的债务提供保证，符合《担保法》第14条规定的"就一定期间连续发生的借款合同或者某项商品交易合同"以及最高人民法院《关于适用〈中华人民共和国担保法〉若干问题的解释》第23条规定的"不特定债权承担保证责任"的要求，是对不特定债务的保证。因此，本案判决书认定"本案的承诺是为交行香港分行向勤昌公司提供的授信函提供保证的，授信函提供的不是一笔特定的贷款"，是完全有根据的。

再次，承诺函提出了所保证债务的最高限额。1996年6月19日禅城区政府出具的承诺函明确表示，勤昌公司向交行香港分行申请的授信额度为港币3300万元，1997年5月13日再次出具的承诺函将授信额度改为活押放款港币3400万元。据此，交行香港分行对勤昌公司予以授信，发放贷款。因此，承诺函提供的保证约定了保证的最高限额。法院判决书认定承诺的是"贷方作出的限定最高额贷款余额的贷款的承诺"，为最高额保证，也是完全有道理的。

因此，依据禅城区政府出具的承诺函而成立的本案保证合同，具备最高额保证的基本特征，其性质是最高额保证，具有事实和法律依据，应当作出这样的认定。

三、禅城区政府应当承担的是合同无效责任

本案终审判决确认，"由于中国内地法律禁止国家机关作保证人，因此本案中禅城区政府基于其1997年5月13日的承诺函确立的最高额保证无效"，这一认定是完全正确的。

(一)中国内地法律禁止国家机关作保证人承担保证责任

判断已经成立的合同是否生效的标准之一，就是考察合同当事人是否具有合法的资格。保证合同的当事人包括保证人和债权人，自然人、法人和其他组织均可，但是法律有某些主体不得作保证人的强制性规定，这就是：第一，国家机关不得为保证人；第二，学校、幼儿园、医院等以公益为目的事业单位、社会团体也不得作保证人；第三，企业法人的分支机构、职能部门亦不得为保证人。[7]

国家机关不得作保证人，是法律明文规定的条款。《担保法》第8条规定："国家

---

[7] 参见《担保法》第8、9、10条的规定。

机关不得为保证人,但经国务院批准为使用外国政府或者国际经济组织贷款进行转贷的除外。"国家机关是从事国家活动的机关,其财产和经费都是源自于国家财政和地方财政的拨款,应当用于符合其设立宗旨的公务活动,将国家机关的财产和经费用于清偿保证债务,不符合其宗旨,将影响其国家职能的正常发挥。[8] 事实上,如果由国家机关作保证人,承担保证责任,则是用国家的、全民的财产,为个别的民事主体的民事活动进行担保。这也是不合理的,是应当禁止的。

在本案中,禅城区政府作出承诺,为勤昌公司在交行香港分行的贷款承担保证责任,违反了《担保法》第8条的明文规定,保证合同的当事人不具有保证人资格,该保证合同当然无效。

(二)合同无效责任的性质

合同无效,当然要承担合同无效责任。但是在理论上有一个重要的问题,就是合同无效责任与缔约过失责任是不是一个责任。有的学者认为,合同无效责任和缔约过失责任是一个责任。[9] 有的学者认为,合同无效责任和缔约过失责任并不是一个责任,而是《合同法》分别规定的两种合同责任类型。[10] 第二种意见就是笔者坚持的意见。持这种意见的理由是:

第一,《合同法》对缔约过失责任和合同无效责任本身就是分别规定的,确立的是不同的合同责任类型。笔者认为,我国《合同法》规定的合同责任类型分为6种,按照顺序是:(1)缔约过失责任;(2)合同无效责任;(3)预期违约责任;(4)加害给付责任;(5)实际违约责任;(6)后契约责任。[11] 其中缔约过失责任规定在《合同法》第42条和第43条,合同无效责任规定在该法的第58条和第59条。法律这样分别规定两种合同责任,不能说这是在规定同一种类型的合同责任。当然,在《民法通则》第61条中,缔约过失责任和合同无效责任是规定在一起的,在这种法律环境中,认为缔约过失责任和合同无效责任是同一个责任,是有道理、有法律根据的。但是,《合同法》既然将两种合同责任类型作出不同的规定,不能认为这是同一种合同责任类型。

第二,《合同法》规定的缔约过失责任和合同无效责任内容并不相同。在第42条和第43条规定的缔约过失责任中,其合同责任方式只包括损害赔偿,并不包括其他合同责任方式。而第58条和第59条规定的合同无效责任,不仅包括损害赔偿责任,而且还包括返还财产、折价补偿,以及收归国有或者返还集体、第三人等责任方式。如此的区别,不能说缔约过失责任和合同无效责任这两种责任是同一种类型。

第三,即使同样的都是损害赔偿责任,缔约过失责任的损害赔偿和合同无效的损

---

[8] 参见崔建远主编:《合同法》(第三版),法律出版社2003年版,第134页。
[9] 参见郭明瑞等:《新合同法原理》,中国人民大学出版社2000年版,第182页;崔建远主编:《合同法》,法律出版社2003年版,第86—88页。
[10] 参见王利明等:《合同法》,中国人民大学出版社2002年版,第73、169页。
[11] 参见杨立新:《中国合同责任研究》(本书第1054页),载《河南省政法管理干部学院学报》2000年第1、2期。

害赔偿两种责任方式也不相同。诚然，缔约过失责任是损害赔偿责任，合同无效责任中也有损害赔偿责任，但是这不能说这两种损害赔偿都是缔约过失责任。况且在预期违约、加害给付、实际违约和后契约责任中，也都有损害赔偿责任方式，不能说所有的损害赔偿责任都是缔约过失责任。笔者认为，缔约过失责任的损害赔偿和合同无效的损害赔偿，最重要的区别就在于，前者赔偿的是信赖利益，后者赔偿的是一般财产损失，其中包括信赖利益的损失。信赖利益，一般认为主要表现为一种费用的支出不能得到补偿，或者因为信赖对方将要订立合同而损失了一部分利益。[12] 那种认为信赖利益是指缔约人信赖合同有效成立，但因法定事由发生，致使合同不成立、无效、不被追认或者被撤销等而造成的损失[13]，显然扩大了信赖利益的范围，也与其确定的信赖利益范围不同：(1)缔约费用；(2)准备履行所支出的费用；(3)受害人支出上述费用所失去的利息；(4)丧失与第三人另订合同的机会所产生的损失。[14] 就本案损失赔偿的标的而言，按照司法解释的规定，保证合同无效，无效合同的保证人应当承担债务人不能清偿债务的1/2。这种损失显然不是上述信赖利益的范围。可以认为，合同无效责任的损害赔偿，赔偿的损失既包括信赖利益的损失，也包括其他财产的损失，因此，不能说缔约过失责任和合同无效责任是同一种类型的合同责任，尽管它们都有损害赔偿责任方式在内。

依据上述理由可以确认，本案的合同责任类型是合同无效责任，而不是缔约过失责任。

(三)合同无效责任的归责原则是过错责任原则

《合同法》公布以后，学术界对《合同法》规定的是什么样的合同责任归责原则问题，几乎众口一词，都认为《合同法》规定的是无过错责任原则，即严格责任。并且将严格责任作为《合同法》的基本特点之一，作广泛的介绍。[15] 有些学者对《合同法》第107条规定合同责任为严格责任提出质疑，认为规定合同责任为严格责任，难免导致合同法内部体系的矛盾，法官和民众也难以接受，因而应当考虑对严格责任的规定慎重适用，终究要以过错责任原则作为主要的归责原则，调整合同责任的归属问题。[16]

笔者赞成后一种观点，并且提出了中国合同责任归责原则的系统看法。这就是我国合同责任归责原则是一个体系，是由过错责任原则、过错推定原则和无过错责任原则(即严格责任)三个归责原则构成的，三个归责原则分别调整不同的合同责任。[17] 合同无效责任的归责原则，肯定是过错责任原则，这就是《合同法》第58条规定的，

---

⑫ 参见王利明等：《合同法》，中国人民大学出版社2002年版，第73页。
⑬ 参见崔建远主编：《合同法》(第三版)，法律出版社2003年版，第88页。
⑭ 参见崔建远主编：《合同法》(第三版)，法律出版社2003年版，第88页。
⑮ 参见刘景一：《合同法新论》，人民法院出版社1999年版，第468页。
⑯ 参见崔建远主编：《新合同法原理与案例评释》，吉林大学出版社1999年版，第499—501页。
⑰ 参见杨立新：《论我国合同责任的归责原则》(本书第1085页)，载《湖南公安高等专科学校学报》2003年第2期。

"有过错的一方应当赔偿对方因此所受到的损失,双方都有过错的,应当各自承担相应的责任"。这样的规定,无论如何都不能认为规定的是严格责任。

事实上,凡是涉及损害赔偿的合同责任,无论属于什么类型的合同责任,都应当适用过错责任原则,只不过有的类型的损害赔偿责任适用一般的过错责任原则,有的适用过错推定原则。例如,实际违约的损害赔偿责任和加害给付的损害赔偿责任,应当是过错推定原则。其他的损害赔偿责任都应当是一般的过错责任原则。之所以说所有的损害赔偿责任都是过错责任原则,就因为在损害赔偿责任的确定中,如果不适用过错责任原则,就无法确定究竟应当由谁承担赔偿责任,以及应当承担多少赔偿责任。

合同无效的损害赔偿责任应当是过错责任原则。在确定这种责任的时候,请求一方当事人承担合同无效的损害赔偿责任,就必须证明对方的过错。在本案中,造成保证合同无效的,既有禅城区政府的过错,也有交行香港分行的过错,构成与有过失,应当过失相抵。

(四)保证合同无效的与有过失和过失相抵

本案终审判决确定禅城区政府承担的赔偿责任,是勤昌公司不能清偿部分范围内承担1/2,其依据是最高人民法院《关于适用〈中华人民共和国担保法〉若干问题的解释》第7条规定。该条的内容是:"主合同有效而担保合同无效,债权人无过错的,担保人与债务人对主合同债权人的经济损失,承担连带赔偿责任;债权人、担保人有过错的,担保人承担民事责任的部分,不应超过债务人不能清偿部分的1/2。"按照这一规定,确定禅城区政府承担1/2的赔偿责任,当然是有根据的,但是对这个根据的法理依据,还应当进一步探讨。

制定司法解释这一规定的法理依据,就是合同无效责任的过错责任原则。终审判决依据该规定确定禅城区政府承担1/2的赔偿责任,就是坚持了过错责任原则。首先,赔偿责任的范围与过错相关。一方有过错的,承担全部责任;双方有过错的,各自承担责任。对此,由于本案不涉及这个问题,因此不作重点说明。其次,双方有过错,担保人承担的责任不应超过债务人不能清偿部分的1/2,这种定量化的责任划分,正是根据与有过失和过失相抵原则确定的。

与有过失,在过去的民法理论中称之为混合过错。由于混合过错概念不能概括侵权行为法适用无过错责任原则场合的情况,因此应当采取大陆法系统一的概念,即与有过失。[18]在合同法领域,与有过失就是指在合同责任中,对于损害的发生或者扩大,当事人双方都有过错的情况。它要求,对于损害的发生或者扩大,不仅债务人一方有过错,而且债权人一方也有过错。在合同无效责任中,则是对于合同无效以及对于损害的发生或者扩大,债权人和债务人都有过错的情况。

与有过失的法律后果是过失相抵。过失相抵的规则,是进行过错比较和原因力

---

[18] 参见杨立新:《侵权法论》,人民法院出版社2005年版,第564页。

比较。过错比较,是按照双方各自的过错程度,确定各自应当承担的相应的赔偿责任。如果过错程度确定后,对于损害的发生或者扩大,双方当事人行为的原因力程度不同的,还应当进行原因力的比较。在保证合同中,如果造成保证合同无效的后果,双方当事人如果都有过错,那么,各自的过错在一般情况下是相等的,就应当各自承担同等的赔偿责任。既然是同等的赔偿责任,那就一定是 1/2 的责任。因此,司法解释如此规定,正是坚持与有过失和过失相抵的规则。

对于本案,一、二审判决确定禅城区政府承担 1/2 的赔偿责任,符合司法解释的规定,也符合过错责任原则确定的基本规则。

四、诉讼时效制度研究的新进展以及本案的诉讼时效确定问题

本案当事人之间争议的焦点之一,就是本案原告交行香港分行行使请求权的时候是不是已经超过诉讼时效期间。交行香港分行认为行使请求权并没有超过诉讼时效期间。理由是:第一,应当从 1998 年发出授信函起计算诉讼时效期间;第二,禅城区政府确认其最后一次接到交行香港分行的催收函是在 2001 年 2 月 15 日,发生诉讼时效期间中断的后果;第三,决定禅城区政府的权利是不是受到侵害,应当从香港法院判决和执行后才能够确定,并据此起算诉讼时效期间。而禅城区政府则认为本案的诉讼时效期间应从 1997 年 9 月 30 日起算,至 2001 年 8 月 24 日交行香港分行正式起诉,早已经超过了诉讼时效期间。对此,终审判决认定:"禅城区政府承担的责任是基于无效保证而产生的赔偿责任,因此不能依据有效保证的保证期间和诉讼时效来计算该项赔偿请求权的诉讼时效期间。由于无效保证赔偿责任的确定依赖于对债务人不能清偿的主债权部分的确定,因此可以肯定的是,主债的诉讼时效期间没过,要求保证人承担无效保证的赔偿责任的时效期间也没有过。本案事实表明,自 1998 年起,除主债务当事人之间通过授信函的方式确认债权债务外,债权人还多次以各种方式向主债务人及禅城区政府进行追讨,主债务的诉讼时效多次中断,被上诉人的诉讼请求并没有超过法律规定的 2 年诉讼时效期间,对上诉人关于被上诉人对上诉人的请求超过诉讼时效期间的主张,本院不予支持。"这个认定也是完全正确的。

(一)当前研究诉讼时效制度的一些新进展

诉讼时效是与司法实践最为密切联系的民法制度,也是每一个案件都要遇到的问题。《民法通则》规定诉讼时效制度,总体的立法思想和规定是对的,这就是督促权利人尽早行使权利。但是这种立法思想走到极端,就把诉讼时效期间规定得太短。经过将近 20 年司法实践的检验,证明有越来越多的当事人钻诉讼时效的空子来恶意逃避债务。这样一来,法律规定诉讼时效制度反而提倡的竟然是一种不诚信的精神,这是现行诉讼时效制度的一个副产品、副作用。因此,在制定民法典中一定要对诉讼时效制度进行改革。

当前在研究诉讼时效制度中,有三个最主要的问题:

1. 诉讼时效期间的长短问题

认为《民法通则》现在规定的诉讼时效期间太短,是民法学界一致的看法。现在规定的普通诉讼时效期间是 2 年,而国外的普通诉讼时效期间一般是 5 年。在起草民法典草案时,多数人主张普通诉讼时效期间应该是 5 年。在全国人大常委会法工委起草的民法草案中,诉讼时效的普通时效期间规定为 3 年。不论 5 年还是 3 年,都说明现行法律规定的诉讼时效期间必须延长。

2. 诉讼时效的性质问题

《民法通则》规定诉讼时效的适用,基本上是法官职权主义,对一个案件起诉以后,其诉讼主张是不是超过诉讼时效期间,法官必须进行审查,法官只要确认超过诉讼时效期间,就径行判决不再保护权利人的胜诉权。这就是职权主义。

从本质上说,诉讼时效的性质是永久抗辩权。在大陆法系,特别是在德国法传统中,诉讼时效是永久性抗辩权。抗辩权是对抗请求权的权利,抗辩权也有严密的体系,分为一时性抗辩权和永久性抗辩权。《合同法》规定的合同履行中的诸种抗辩权,包括同时履行抗辩权、后履行抗辩权、不安抗辩权以及检索抗辩权,都是一时性抗辩权,不具有永久对抗请求权的效力,只能一时性的对抗请求权。而诉讼时效这种抗辩权则是永久抗辩权,权利人一旦行使,就永远地对抗请求权,而不仅仅是一时性的对抗。

既然诉讼时效是一个永久抗辩权,是否适用诉讼时效,就应该由当事人主张,而不是由法官依照职权适用。原告提出请求权,要求法院依法进行保护,只有在被告主张诉讼时效抗辩时,法官才可以按照已经超过诉讼时效期间,确认消灭原告的胜诉权。如果被告不主张诉讼时效作为抗辩,法官就应该支持原告的诉讼请求。

现行司法实践不采这种认识,也不是这种做法。诉讼时效就是一个法定制度,法官直接依职权来行使是不合理的。民法最重要的功能就是保护人的权利。诉讼时效是要督促权利人行使权利,但只有规定它的性质是永久抗辩权,才符合诉讼时效的本质要求。对此,在起草民法典的时候必须最终解决。

3. 诉讼时效适用的范围问题

诉讼时效的适用范围也是当前研究的一个重点。诉讼时效约束的权利是何种权利?对什么样的请求权才可以适用诉讼时效来抗辩?笔者认为,对合同的履行请求超过了诉讼时效,如果被告一方以诉讼时效已过为由主张抗辩,法院应当支持;对侵权请求权的行使,也应该受到诉讼时效的约束。除了这些以外,其他任何请求权都不应当适用诉讼时效制度。例如,物权请求权要不要受到诉讼时效的约束,有没有一个超过诉讼时效期间就不能行使这个请求权的问题?人格权也存在请求权,这个请求权是不是也要受到诉讼时效的限制?很多学者主张:第一,物权请求权不应该受到诉讼时效的约束,只受取得时效的约束。无论任何侵害行为侵害了所有权人的财产,权利人都可以主张物的返还;物权的行使受到妨害,任何时候都有权请求排除妨害。只有对财产的占有符合取得时效的要件,完成取得时效的期间要求,发生取得时效的后果之后,财产的原所有人才不能主张物权请求权。第二,人格权请求权也不受诉讼时效的限制。如果伤害他人,致死他人,等到超过诉讼时效期间以后就可以不负责任,这不论是对侵权人还是受害人,都是不公平的。因为这些人格权请求权是基于人的生存所必需的权利,不能受到诉讼时效的限制。第三,知识产权请求权也不受诉讼时效限制。侵害了著作权、商标权、专利权,除了侵权的保护以外,也还有一种绝对权的请求权保护。

所以,对民事权利的保护应当形成两个体系,一个保护体系是这些绝对权自身的请求权,另一个保护体系就是侵权的请求权。这两种保护体系应该是并行的,受害人在起诉的时候,如果是在诉讼时效期间内起诉的,这两种权利可以选择一个行使。比如说一个财产受到损害,受害人可以主张物权的请求权,也可以主张侵权的请求权。如果超过了诉讼时效期间以后起诉,侵权的请求权不能保护,但是基于绝对权产生的请求权完全还可以继续保护。

这三个问题虽然与本案的解决无关,但这是诉讼时效制度研究中的重点问题,借此阐释笔者的观点。

(二)主债务诉讼时效与从债务诉讼时效的关系

本案终审判决认定,由于无效保证赔偿责任的确定依赖于对债务人不能清偿的主债权部分的确定,因此可以肯定的是,主债的诉讼时效期间没过,要求保证人承担无效保证的赔偿责任的时效期间也没有过。这涉及主债诉讼时效和从债诉讼时效的关系问题。

对这个问题,在司法实践中早就提出过,最高人民法院曾经有过很明确的意见。如何处理主债务诉讼时效与保证债务的诉讼时效的关系,应当区分保证合同对保证责任是否约定期限。如果保证合同约定有保证责任期限的,那么,债权人应当在保证责任期限届满前向保证人主张权利;保证人拒绝承担保证责任的,债权人向人民法院请求保护其权利的诉讼时效期间,适用《民法通则》的有关诉讼时效的规定;在保证责任期限内,债权人仅向被保证人主张权利而未向保证人主张权利的,主债务诉讼时效中断,保证债务的诉讼时效不中断。如果保证合同未约定保证责任期限的,主债务的诉讼时效中断,保证债务的诉讼时效相应中断。

此后,《担保法》对保证期间作了明确的规定,其要点是:保证期间是保证合同的内容之一,订约时保证合同对保证期间没有约定的,可以事后补正,经过补正的保证期间,视为有保证期间;保证合同未约定保证期间的,要区分保证责任的承担方式,如果是一般保证,则保证期间为主债务履行期届满之日起 6 个月,如果是连带责任保证,债权人有权在自主债务履行期届满之日起 6 个月内要求保证人承担保证责任;债权人应在合同约定的保证期间和上述没有约定保证期间法定的 6 个月保证期间内,向主债务人提起诉讼或者申请仲裁,向保证人要求承担保证责任,逾期保证人免除保证责任。

但是，本案争执的不是保证合同与主合同之间诉讼时效的关系，而是无效保证与主合同的诉讼时效的关系。这个问题具有特殊性。笔者认为，无效的保证合同，实际上已经丧失了合同的地位，已经不是主合同的从合同，而是对主合同的履行法律后果承担过错责任的合同无效责任。其性质从属于主合同关系。它们之间的关系，主要有以下三点：第一，主合同无效，无效保证的责任跟随主合同的无效责任，无效保证的责任对主合同无效的后果发生补充的责任。第二，主合同有效，主合同已经履行完毕，无效保证的责任自然也就消灭，无须承担责任。第三，主合同有效，主债务人不能清偿债务，或者不能全部清偿债务，则无效保证责任对不能清偿部分的债务承担补充责任，保证人有过错的，承担全部责任，保证人和债权人都有过错的，保证人承担1/2的清偿责任。

本案的主合同是有效合同，保证无效，因此，无效保证责任必须跟随主合同的结果而定。那么在诉讼时效上，无效保证的诉讼时效不能按照合同无效之时起算，而必须在主合同确定债务人不能清偿剩余债务的范围时，才能够向无效保证人请求承担责任，也只有这时，诉讼时效期间才可以起算。

因此，终审判决认定"禅城区政府承担的责任是基于无效保证而产生的赔偿责任，因此不能依据有效保证的保证期间和诉讼时效来计算该项赔偿请求权的诉讼时效期间"，是完全正确的。本案的主合同诉讼时效期间没有过，当然无效保证赔偿责任的诉讼时效期间也没有过。

五、本案一审和二审判决值得商榷的两个问题

在程序上，本案一审和二审判决有两个问题值得研究。

对一个相同的争议，在香港法院作出终审裁决之后，内地法院是不是还需要将所有的当事人都列为当事人，再作一个相同的判决的问题。

本案的主合同关系，就是交行香港分行与勤昌公司之间的借贷合同关系。对此，交行香港分行与1999年8月向香港特别行政区高等法院提起诉讼，1999年11月16日已经作出生效判决。随后，1999年12月29日，香港特别行政区高等法院判决勤昌公司结业，并宣告破产管理署成为该公司事务的临时清算人。2001年6月4日，香港特别行政区高等法院宣告勤昌公司已经全部结业，破产管理署作为清算人的责任已经解除。

基于以上事实，有以下两个问题值得研究：

第一，既然勤昌公司作为主体已经破产，法院也已经宣告其结业，其主体资格已经消灭，那么，交行香港分行在内地法院起诉的时候，能不能再起诉勤昌公司作为被告应诉？事实上，本案的一审判决和终审判决都将勤昌公司列为被告。本案交行香港分行是在2001年8月24日向佛山市中级人民法院起诉的。其时，香港特别行政区高等法院在1999年12月29日就宣告勤昌公司结业，2001年6月4日宣告破产管

理署作为勤昌公司的临时清算人也已经解除责任。在这种情况下,列勤昌公司为被告,它在现实中已经消灭了,它的清算人也解除了责任,它如何当得成被告？如何判决它承担主合同的违约责任？但是,一审判决不仅列勤昌公司为被告,而且判决主文的第一项至第三项还判决勤昌公司承担三项责任:(1)偿还主债务的本金和利息;(2)另向原告偿还利息港币24万余元;(3)向原告清偿其他债务港币39万余元。这样的判决,究竟有什么意义呢？

第二,对于本案主债务,香港特别行政区高等法院已经作出了生效判决,确认了双方当事人的债权债务关系,那么,内地法院是不是还有必要对该债权债务关系再作出一个判决？按照区际司法协助的规则,对于一个国家的不同法域的判决、裁定,可以相互承认和执行。对于香港特别行政区高等法院已经确定的判决,只要不违反公共秩序保留的原则,应当予以承认,没有必要再作出一个相同的判决出来。例如本案,可以在香港特别行政区高等法院对该主债务判决的基础上,只对禅城区政府的无效保证赔偿责任作出判决,就已经解决了案件的全部争议,为什么还要再作出来一个内容完全一样的内地法院的新的判决？这样做,最起码有三个麻烦:一是,无视香港特别行政区司法机关的裁决;二是,违反一事不再理的原则;三是重复劳动、浪费司法资源。因此,这是得不偿失的做法,是完全没有必要的。

企业法人名誉权侵权责任的界限判定[*]

【案情概要】

原告:北京奇虎科技有限公司(以下简称奇虎公司)、奇智软件(北京)有限公司(以下简称奇智公司)。

被告:成都每日经济新闻报社有限公司(以下简称每经公司)、上海经闻文化传播有限公司(以下简称经闻公司)。

原告奇虎公司与奇智公司于2013年5月6日向上海市第一中级人民法院起诉称,每经公司于2013年2月26日在其经营的《每日经济新闻》第1996期第1—5版发布《360黑匣子之谜——奇虎360"癌"性基因大揭秘》系列专题报道,用大量篇幅污蔑原告产品的安全性,甚至认为360是网络社会的毒瘤。涉案报道同时发布在经闻公司主办、每经公司享有版权的每经网首页。涉案报道极大损害了原告的良好商业信誉和企业形象以及产品的美誉度,给原告造成极大损失。请求判令:(1)每经公司、经闻公司立即停止侵权;(2)公开赔礼道歉,予以消除影响;(3)赔偿经济损失5 000万元。

被告每经公司辩称,其发布涉案报道主观上没有过错,客观上没有虚构,并无不当。涉案报道中评论不构成侵权,属于媒体正当行使监督批评权。

被告经闻公司辩称,涉案报道是每经公司依法履行媒体监督职能而采编的质疑、批评性报道,未超出媒体监督的合理限度,不具有侵权的主观意图。涉案报道涉及的主要事实属实,非虚构或者捏造事实,不构成侵权。

一审法院审理查明:2013年2月26日,《每日经济新闻》第1996期第1—5版发布以《360黑匣子之谜——奇虎360"癌"性基因大揭秘》为主题的涉案报道,该报道分为技术篇与商业篇,其中技术篇包括《360:互联网的癌细胞》《360产品内藏黑匣子:工蜂般盗取个人隐私信息》《360后门秘道:"上帝之手",抑或"恶魔之手"?》3篇专题报道,商业篇包括《360:互联网的"一枝黄花"》《360生意经:圈地运动与癌性扩张》《360制胜"秘籍":神秘的V3升级机制》《360产品频遭卸载令背后:个人隐私自卫意识在觉醒》4篇专题报道。涉案报道称"360表现出两个粗暴:粗暴侵犯网民的合法权益(隐私权、知情权、同意权)、粗暴侵犯同行的基本权利,肆无忌惮地破坏行业规则,从而实现其'一枝黄花'式的疯狂成长"。"360现象,不仅对行业有巨大的破坏

---

[*] 本文发表在《人民司法》2015年第16期。

性,对互联网秩序产生严重的破坏力,更是对整个社会产生'癌性浸润'。"涉案报道头版以"调查员独白"的形式,将360比作为小区提供免费服务的K保安公司,称"保安不仅在夫妇行房事时可以进行'免费欣赏',他们在任何时候都可以自由进出业主的房间;他们不仅在小区的任何公共空间安装了监控系统,同时在业主室内的任何一个视角,都秘密安装了监控器"。在争议的上述报道中,被告使用了"癌性基因""互联网的癌细胞""工蜂般盗取用户信息""肆无忌惮地破坏""癌性浸润""网络社会的毒瘤""此瘤不除,不仅中国互联网社会永无安宁之日,整个中国都永无安宁之日""'间谍'式地监控""反人类""通过偷梁换柱的方式掩盖其罪恶""一对并蒂的'恶之花'""癌式扩张""泄污管""强奸、强行插入、并且排射污物"以及"流氓"等用语。

【法院审理】

一审法院审理认为:法人名誉权的核心是商业信誉,外在表现为企业的名称、品牌、产品和服务所获得的社会评价。本案证据表明,奇虎公司、奇智公司分别系涉案"360安全卫士"软件和"360安全浏览器"软件的著作权人,同时奇虎公司亦是360安全中心网的主办单位,是所有360软件的实际经营者,故奇虎公司、奇智公司对涉案软件享有共同的权利。纵观涉案报道,大标题《360黑匣子之谜——奇虎360"癌"性基因大揭秘》,小标题使用"互联网的癌细胞""工蜂般盗取用户信息"等语句均揭示了整篇报道的强烈批判性立场,报道中还使用了"癌性基因""肆无忌惮地破坏""'一枝黄花'式地疯狂成长""癌性浸润""网络社会的毒瘤""此瘤不除,不仅中国互联网社会永无安宁之日,整个中国都永无安宁之日""'间谍'式地监控""反人类""通过偷梁换柱的方式掩盖其恶行""一对并蒂的'恶之花'""癌式扩张"等带有明显贬义的词汇、语句,并将360比作"监控业主夫妇房事"的"K保安公司",还引用神秘人物的对话:"你知道你的电脑里有一根来自360的泄污管吗?V3通道!""什么叫强奸?违背意志,强行插入,并且排射污物!这就是360的一贯行为。""心想反正他们流氓推广不是一两桩。"文中的上述语言带有强烈的主观感情色彩和尖锐的攻击性,已经明显超出了新闻媒体在从事正常的批判性报道时应有的限度。每经公司、经闻公司抗辩主张奇虎公司、奇智公司系在安全软件领域和互联网服务领域具备市场支配地位、个别领域具备垄断地位的企业,故其软件产品的性能及安全隐患等问题应当纳入公共领域,交由公众监督批评,奇虎公司、奇智公司应对此给予最大限度的容忍。一审法院认为,首先,每经公司、经闻公司仅以奇虎公司、奇智公司在互联网相关领域具有较高知名度、部分产品所占的市场份额较高即认定奇虎公司、奇智公司具备市场支配地位缺乏依据;其次,即使奇虎公司、奇智公司产品的安全性涉及公共利益,每经公司、经闻公司作为媒体有代表公众行使舆论监督的权利,但法律保护的是媒体正当的舆论监督,即媒体所持的立场应是客观中立的、所做的评论应是诚实善意的。而从前述列举的涉案报道的表述来看,显然已经超出了善意的公正评论的范畴,俨然是站在奇虎公司、奇智公司竞争者的角度对奇虎公司、奇智公司作出贬损描绘。特别是在指出相关360软件存在盗取用户隐私、暗留"后门"等重大问题时,涉案报道多处引用匿名网络人士及360竞争对手的观点、评论,却对于奇虎公司曾就该些问题做出的澄清及说明、已生效判决的相关认定只字不提,并在此基础上发布带有明显倾向性、定论性的评述。即使不考虑上述评论所依据的内容是否真实,这些评论也有违新闻媒体在从事舆论监督时应有的客观中立立场,存在明显的主观恶意,且必然对奇虎公司、奇智公司的商业信誉和产品声誉造成不良影响,构成对奇虎公司、奇智公司名誉权的侵犯。

根据《2012年〈每日经济新闻〉系列媒体平台版权声明》,《每日经济新闻》系列媒体包括《每日经济新闻》、每经网、每经智库、移动客户端等平台,各平台享有的版权内容均仅限在每经网作为第一网络平台发布。未经每经公司书面授权许可,任何其他网站都无权使用每经网发布的享有版权的内容。从该声明可以看出,虽然每经公司、经闻公司系独立的经济主体,但每经公司出版的《每日经济新闻》和经闻公司经营的每经网实际上属于同一媒体的不同发布平台,涉案报道亦是在《每日经济新闻》纸质报纸和每经网同时发布,且网络平台的发布扩大了涉案报道的传播面,给奇虎公司、奇智公司造成了更加广泛的影响。故每经公司、经闻公司关于其只是涉案报道的网络转载者的辩称意见与实际情况不符,不予采纳。每经公司作为《每日经济新闻》的主办单位及每经网发布文章的版权所有人,经闻公司作为每经网的主办单位,同时发布涉案报道的行为应认定为共同侵权行为。一审法院判决每经公司、经闻公司应于判决生效之日起10日内停止销售2013年2月26日《每日经济新闻》第1996期报纸,删除每经网上的涉案报道及授权转载链接;每经公司、经闻公司应于判决生效之日起10日内连带赔偿奇虎公司、奇智公司经济损失及合理维权费用合计150万元;每经公司、经闻公司应于判决生效之日起10日内连续10日在《每日经济新闻》报纸第1版显著位置、每经网首页显著位置,连续7日在新浪网的财经和科技版块、搜狐网的新闻版块、中青在线网的法治新闻版块首页显著位置就其侵犯名誉权行为向奇虎公司、奇智公司赔礼道歉,消除影响。

每经公司、经闻公司不服原审判决,共同提出上诉称,原审法院在认定事实、适用法律方面均存在错误,故请求依法撤销原审判决。

奇虎公司、奇智公司共同答辩称,150万元赔偿金额尚不足以弥补奇虎公司、奇智公司的实际经济损失。每经公司、经闻公司的不实报道已经构成侵权,其上诉事由缺乏事实与法律依据,原审判决认定事实清楚,适用法律正确,故请求驳回上诉,维持原判。

二审法院经审理查明,一审法院查明的本案法律事实基本属实,本院予以确认。本案二审争议焦点在于每经公司、经闻公司刊发并登载的涉案报道对于奇虎公司、奇智公司的名誉权是否构成侵害以及基于该侵权行为应当承担的民事责任。纵观数篇报道文章的内容,可以确定上述报道文字引用普遍存在尖锐苛刻、个别存在使用侮辱性语言的现象,已经超出了新闻媒体正常行使批评监督的界限,依法已经构成对奇虎公司、奇智公司名誉权的侵害。至于上述报道的内容实质是否亦构成严重失实,因涉及的相关技术问题尚无明确结果,同时亦非本案审理的范畴,故本院不作定论。每经公司、经闻公司因侵权而产生的民事责任,可依据《侵权责任法》第 15 条规定的方式予以承担。关于赔偿损失的金额确定,依据相关司法解释的规定,因名誉权受到侵害使生产、经营、销售遭受损失予以赔偿的范围和数额,可以按照确因侵权而造成客户退货、解除合同等损失程度来适当确定。每经公司、经闻公司的上诉事由,因缺乏必要的事实与法律依据,本院不予采信。原审判决认定事实清楚,适用法律正确,应予维持。故终审判决驳回上诉,维持原判。

【案件评析】

对于本案,一审判决和二审判决在认定侵害法人名誉权的侵权责任界限上,做出了很大的努力,分清了媒体侵害法人名誉权的报道与公正评论抗辩事由的界限,具有重要的借鉴价值。在这方面,中国人民大学民商事法律科学研究中心与北京市海淀区人民法院和北京市朝阳区人民法院共同努力,经过三年的研究和实践,制定了《中国媒体侵权责任案件法律适用指引》(以下简称《指引》)这一具有软法性质的经验总结,对于判断媒体侵权案件,包括媒体侵害企业法人名誉权的案件,都具有较好的指导意义。① 在对本案的评论中,笔者会通过"指引"提出的一些认定媒体侵权责任的规则,讨论本案一审判决和二审判决在理论上和实践中的价值。

一、企业法人享有名誉权,禁止他人以任何形式予以侵害

企业法人是否享有名誉权,似乎并不是一个疑难问题,但学界否认法人享有名誉权的主张并不少见,认为法人属于拟制人格,不享有实体的人格权②,通过否认对法人的精神损害赔偿责任而进一步否认法人的名誉权,特别是企业法人的名誉权。不过,这个问题并不复杂,因为《民法通则》第 101 条明确规定法人享有名誉权。本案一审判决书和二审判决书依据《民法通则》的上述规定,确认被告作为企业法人享有名誉权,并依法予以保护,并没有采纳这种学术主张。对此,在学者的民法典建议稿③以及 2002 年立法机关的民法草案中④,都予以肯定。奇虎公司与奇智公司都是依法成立的公司法人,由工商管理部门对其颁发营业执照,符合《民法通则》第 37 条规定的法人应当具备的必要条件,是我国适格的民事主体,因而都依照《民法通则》第 101 条规定享有名誉权。

《指引》第 17 条认为:"名誉是指人们对自然人、法人或者其他组织的品德、才能

---

① 参见杨立新:《媒体侵权和媒体权利保护的司法界限研究——由〈中国媒体侵权责任案件法律适用指引〉的制定探讨私域软规范的概念和司法实践功能》(本书第 2588 页),载《法律适用》2014 年第 9 期。
② 参见黄文熙:《浅论自然人人格权及法人人格权的本质》,载《中国政法大学学报》2012 年第 5 期。
③ 参见梁慧星主编:《中国民法典草案建议稿》第 67 条:"法人享有名誉权。禁止以任何非法手段贬低、侮辱、毁损法人的名誉。"法律出版社 2003 年版,第 13 页。
④ 参见 2002 年《中华人民共和国民法草案》第 4:1 条第 3 款:"法人的人格权包括名称、名誉、荣誉、信用等权利。"

及其他素质的社会综合评价。""名誉权是指自然人、法人或者其他组织就其自身属性和价值所获得的社会评价,享有的保有和维护的人格权。"⑤奇虎公司和奇智公司对于上述关于自己的综合社会评价及名誉,享有保有、支配和维护的权利,这就是其享有的名誉权。

名誉权的性质是绝对权,是除了权利人之外其他任何人都负有不可侵犯义务的人格权。一审判决书确认:"法人名誉权的核心是商业信誉,外在表现为企业的名称、品牌、产品和服务所获得的社会评价。"这个认定十分重要,也十分正确。企业法人尤其是互联网企业法人的名誉权,包括商业信誉、产品声誉等诸多关乎企业法人发展命脉的重要人格因素,受到侵害,将会给权利人造成极为严重的人格损害,进而导致财产利益的损害。因此,所有的名誉权主体的义务人,即名誉权主体之外的任何自然人、法人,都负有保护权利人名誉权的义务,都不得予以侵害。本案被告是媒体,尽管揭露违法、抨击不良社会现象是其职责,但同样必须遵守这样的义务,违反者即为违法,即应承担侵权责任。

应当看到的是,在我国互联网领域,由于科技发展迅猛,缺少必要的法律规范的引领,在同业竞争中存在较多的不规范问题。换言之,互联网企业之间的竞争比较激烈,是非、恩怨比较多,相互之间经常发生利益上的冲突,是非曲直较难判断。但是,这并不否认互联网企业法人享有人格权,对互联网企业法人的名誉权同样需要依法保护。对于侵害互联网企业法人名誉权的行为,应当依法判断,构成侵权的,必须予以法律制裁,承担侵权责任。对无序竞争中的互联网企业法人之间的纷争,通过侵权责任法的适用,划清其中合法与非法的界限,支持正当行使权利的互联网企业法人的行为,保护其合法权利,确认不正当竞争的违法行为以及其他侵权行为,并责令行为人承担相应的侵权责任,才能够维护互联网企业法人之间的正当竞争和良性发展,规范社会秩序,促进互联网不断发展,推动社会经济文化不断进步。

正因为如此,法人包括企业法人特别是互联网企业法人,依照《民法通则》第120条和《侵权责任法》第2、3条的规定,在其名誉权受到他人侵害时,有权向法院要求"停止侵害、恢复名誉、消除影响,赔礼道歉,并可以要求赔偿损失","有权请求侵权人承担侵权责任",并根据《侵权责任法》第6条第1款的规定,正确认定侵权责任构成。奇虎公司和奇智公司在其享有的名誉权受到侵害时,依照上述法律规定,有权起诉侵权人,维护自己的名誉权,救济造成的财产损害,法律应当予以支持。

对于奇虎公司和奇智公司作为共同原告起诉的合法性,一审判决书认定:"两原告分别系涉案'360安全卫士'软件和'360安全浏览器'软件的著作权人,同时奇虎公司亦是360安全中心网的主办单位,是所有360软件的实际经营者,故两原告对涉案软件享有共同的权利。此外,两原告系共享'奇虎360'这一品牌的关联公司,对'奇虎360'品牌商誉、商品信誉的损害会同时造成两原告社会评价的降低,且该实际

---

⑤ 杨立新主编:《中国媒体侵权责任案件法律适用指引》,人民法院出版社2013年版,第11页。

损害具有不可分割性。""故两原告在本案中作为共同原告提起诉讼并无不当。"奇虎公司和奇智公司是两个权利和利益密切相关的关联公司,在其社会评价降低、名誉受损的事件中,造成的损害也密切关联,因而具有诉讼上的密切联系,作为共同原告起诉,维护其企业名誉权,符合法律规定。

二、认定侵害法人名誉权侵权责任的基本行为方式是侮辱诽谤

(一)判断媒体侵害名誉权的一般规则

媒体侵权属于一般侵权行为,适用过错责任原则。判定媒体的报道或者评论是否构成侵权责任,应当适用《侵权责任法》第6条第1款关于"行为人因过错侵害他人民事权益,应当承担侵权责任"的规定,媒体有过错则有责任,无过错则无责任。《指引》第24条认为:"媒体侵权属于一般侵权行为,适用过错责任原则,依照侵权责任法第6条第1款规定确定侵权责任。媒体有过错则有责任,无过错则无责任。"这样的意见是正确的。

曾经有人抱怨,《侵权责任法》没有规定媒体侵权责任的认定规则,仅仅是在第36条规定了网络侵权责任规则。这种意见其实是对我国《侵权责任法》的不了解。我国《侵权责任法》第6条第1款规定了侵权责任一般条款,凡是适用过错责任原则的一般侵权行为,都不再作具体规定,直接适用该款关于过错责任原则规定,即可认定媒体侵权责任,因为这一条款与《法国民法典》第1382条的性质是一样的,包含所有适用过错责任原则侵权责任的请求权。凡是适用过错责任原则的一般侵权行为,被侵权人应当依据该条规定提出诉讼请求,法院也应当直接适用该条规定确定侵权责任。对此,本案一审判决书适用《民法通则》第120条规定确定侵权责任,有值得商榷之处,因为《侵权责任法》对此规定了更为直接的侵权请求权的法律基础。正确的做法是直接引用《侵权责任法》的这一规定,或者在引用《民法通则》第120条的同时,还应当引用《侵权责任法》第6条第1款,据此确定被告是否具有侵害企业法人名誉权的故意或者过失,确定是否承担侵权责任。

在法律适用上,本案还应当适用《民法通则》第101条规定,确认被告侵权行为的基本行为方式。该条规定侵害名誉权的主要方式,一是诽谤,二是侮辱。媒体侵害企业法人的名誉权同样如此。《指引》第34条对于诽谤行为,第35条对于侮辱行为,都作出了比较准确的定义。这些意见都是经过司法实践检验的经验,应当借鉴。如果媒体发表的报道或者评论具有侮辱或者诽谤行为,就违反了作为名誉权义务人的不可侵义务,构成侵害企业法人名誉权的侵权行为。

(二)认定每经公司实施侮辱行为的依据

《每日经济新闻》在其2013年2月26日集中发表的涉案报道中,对原告使用的有关侮辱言辞主要是:

1. 宣称本案原告企业罹患癌症,对原告的人格尊严进行贬损

本案涉案报道使用的言辞是:"癌性基因""互联网的癌细胞""癌性浸润""癌式扩张",并宣称原告是"网络社会的毒瘤""此瘤不除,不仅中国互联网社会永无安宁之日,整个中国都永无安宁之日"。众所周知,作为自然人,如果罹患癌症就是不治之症,很难医治取得疗效。对于一个企业法人,特别是正常发展的互联网企业法人,宣称其罹患癌症,将其称为网络社会的毒瘤,此瘤不除,中国互联网社会以及整个中国都将永无安宁之日,无疑严重贬损了原告的人格尊严,致使其社会评价降低。

2. 对原告的企业行为贬损为盗取、破坏、疯狂,损害了原告的企业形象

涉案报道使用诸如"工蜂般盗取用户信息""肆无忌惮地破坏""'一枝黄花'式地疯狂成长"的言辞形容原告的企业行为,是无中生有地对原告的企业形象和商业信誉进行诋毁,降低其社会评价。

3. 对原告的人格进行恶意诋毁

对于一个依法注册、合法经营的企业法人,冠以"反人类""通过偷梁换柱的方式掩盖其罪恶""一对并蒂的'恶之花'"等言辞,直接针对的是企业法人的人格尊严,将原告称之为反人类、罪恶、恶之花,其恶意程度之深,非法律人士也可判断。

4. 使用下流语言贬低原告的企业品格,丑化企业法人的人格

涉案报道使用的贬损言辞是:"'间谍'式地监控""监控业主夫妇房事"的"K保安公司""泄污管""强奸、强行插入、并且排射污物""流氓"等。这些言辞绝非正常人所使用的评价语言,非出于恶意,不可能使用这样具有强烈的贬损、丑化原告人格的下流、低贱语言去评价一个正当的企业法人。

综上所述,本案被告在涉案报道中使用上述言辞的恶意攻击性质,远远超出了媒体新闻报道和新闻批评的应有尺度。可以说,在一个具体的对企业法人进行侮辱的案件中,集中地、大量地使用如此之多的丑化人格、贬损尊严、刻意损害企业法人的社会评价的案例,是很少见的。

《指引》第35条对侮辱的定义是:"媒体用语言或者行为损害、丑化他人人格,应认定为侮辱,构成侵权。侮辱一般不包括具体的事实,一旦涉及事实,也应当是并非虚构或捏造的事实。"这是经过实践检验的认定侮辱行为的司法经验。在上述这些语言中,具备了损害、丑化企业法人人格的性质,并且达到了严重的程度。具有这种人格贬损程度的词语,有一句即可构成侮辱,在一个专题报道中集中十几句这样的侮辱语言,足以证明侮辱行为的严重程度。一审判决书认定被告"发布带有明显倾向性、定论性的评述,即使不考虑上述评论所依据的内容是否真实,这些评论也有违新闻媒体在从事舆论监督时应有的客观中立立场,存在明显的主观恶意,且必然对两原告的商业信誉和产品声誉造成不良影响,构成对两原告名誉权的侵害"。这样的认定是完全正确的。

应当进一步指出的是,本案被告的行为实际上还侵害了原告的信用权。《指引》第18条指出:"信用是指民事主体对其具有的经济能力在社会上所获得的相应的信

赖与评价。""信用权是指自然人、法人或者其他组织就其所具有的经济能力在社会上获得的相应信赖与评价,所享有的保有和维护的人格权。"2002年《民法草案》也规定了信用权,特别规定了法人的信用权。在市场经济社会,企业法人的信用权具有更为重要的经济意义,侵害其信用权,会造成被侵权人的严重经济损失。对此,本案原告的损害后果中确有实际表现。⑥《指引》第36条认为:"信用利益的损害包括两个方面,一是社会经济评价的降低,二是公众经济信赖的毁损。这两种损害多是结合在一起的,但有时经济信赖的毁损能够单独存在。""与名誉利益损害事实相比较,信用利益的损害也表现为社会评价降低,但这种社会评价降低专指经济能力的社会评价和公众信赖的降低。因此,即使报道真实事实但造成民事主体的社会经济评价降低、公众经济信赖毁损后果的,也构成侵害信用权,并不受关于事实基本真实抗辩规定的限制。"⑦这样的意见值得重视。

(三)关于认定每经公司报道事实失实构成诽谤的依据

对于本案每经公司涉案报道的事实失实问题,一审判决书认定:"在相关技术问题尚无定论的情况下,虽难以认定涉案报道的内容存在严重失实,但涉案报道夸大事实、引导读者对尚无定论的问题产生确定性结论的做法,已构成对两原告名誉权的侵犯。"

关于事实失实构成诽谤的法律适用规则是,媒体故意歪曲事实进行不实报道,或者因过失未尽合理审查义务导致不实报道的,都构成媒体侵权责任。判断报道是否失实的标准,是事实基本真实,报道内容属于依一般人的认识能力判断,有可以合理相信为事实的消息来源作依据,即为真实报道。在涉及社会公共利益的事件报道中,即使存在些许错误,判断是否构成侵权,也应以媒体及记者、通讯员等在主观上存在恶意为要件。报道或言论确有失实的,应当区分主体失实和细节失实。细节失实一般不会影响受众对人或事本身是非善恶的判断评价。细节是构成媒体报道的重要组成部分,且存在诽谤、侮辱他人内容的,应认定构成媒体侵权。因此,《指引》第34条对于诽谤作了一个比较符合实际情况的定义,即:"媒体捏造事实,散布虚假的、足以使他人社会综合评价降低的言论,应认定为诽谤,构成媒体侵权。""诽谤的判断标准是,事实虚假、已经公布及行为人具有故意或者过失。"⑧根据以上司法经验,判断本案被告是否构成诽谤,应当依据本案涉案报道涉及的下述主要事实:

第一,对于涉案报道涉及360软件的技术问题,原告主张的事实是,360软件经过中国人民解放军信息安全测评认证中心、公安部计算机病毒防治产品检验中心、公安部计算机信息系统安全产品质量监督检验中心、中国信息安全测评中心以及中国软件测评中心等专业机构的技术认证,确认360软件具有科学性和安全性。在我国,这

---

⑥ 参见杨立新主编:《中国媒体侵权责任案件法律适用指引》,人民法院出版社2013年版,第11页。
⑦ 杨立新主编:《中国媒体侵权责任案件法律适用指引》,人民法院出版社2013年版,第18页。
⑧ 杨立新主编:《中国媒体侵权责任案件法律适用指引》,人民法院出版社2013年版,第18页。

些认证机构的认证具有权威性、正式性和肯定性。如果推翻上述认证，认定360软件有技术问题，须有更加权威的机构的技术认证，或者上述认证机构推翻自己的认证结论，方可确认，否则，在上述认证机构的认证基础上，不能认为360软件存在技术问题。在本案中，被告仅以网络化名人士、且身份不明的所谓"独立调查员"的现场演示，以及属于民间组织、并无从事软件检测法定资质的IDF实验室的检测报告作为证据，否定360软件的科学性、安全性等，明显不能对抗前述权威认证机构的认证结论。在此基础上，涉案报道宣称360软件存在严重的技术问题，恶意夸大或者强化某些技术现象，引导原告的消费者群体误信涉案报道的内容，臆想出造成侵害消费者隐私的严重后果，不能对抗上述权威认证机构的认证结论，属于报道严重失实，损害了原告的商业信誉、商品声誉和社会评价，构成诽谤。

第二，关于被告主张360公司存在不正当竞争的事实问题。360公司确实存在过不正当竞争行为，并经法院生效判决确定，但是，涉案报道对此的报道内容尽管有一定的事实依据而非凭空捏造，但报道360公司进行不正当竞争的相关技术手段的分析认证，以及得出的结论缺乏权威性，进行恶意夸大，都是不公正的，且在选取之前媒体报道时只选择对原告不利的负面报道，予以特别的夸张和强调，在主观上存在明显的倾向性，并以确定性、批判性的结论陈述相关结论，也存在事实失实的问题，且具有损害原告社会评价的主观恶意，具有诽谤性。特别是结合本案被告的恶意侮辱行为以及构成侵权的其他行为，可以判定，对此的夸大性报道，绝不是单纯的独立行为，而是构成侵害原告名誉权的整体行为。一审判决书对此认定，"虽难以认定涉案报道的内容存在严重失实，但涉案报道夸大事实，引导读者对尚无定论的问题产生确定性结论的做法，已构成对两原告名誉权的侵犯"，客观公正，有说服力，笔者予以赞同，应当确认被告涉案报道中有关不正当竞争问题的相关事实也构成报道事实失实。

如前所述，诽谤的构成须具备三个要件：一是虚假事实；二是予以公布；三是具有故意或者过失。第一，本案被告的涉案报道关于360技术问题的内容，一审判决已经确认其严重失实，关于不正当竞争问题，尽管有一定的事实基础，但仍然构成严重失实，因而具备诽谤的第一个要件；第二，涉案报道已经公开发表，具备公布的要件；第三，对涉案报道的整体事实和语言，被告具有侵害原告名誉权的主观恶意，其中当然包括诽谤的恶意。因而，认定本案被告的涉案报道构成诽谤，不存在任何问题。

对于上述问题，二审判决书认为，"至于上述报道的内容实质是否亦构成严重失实，因涉及的相关技术问题尚无明确结果，同时亦非本案审理的范畴，故本院不作定论"，尚嫌保守，态度过于谨慎。但是，由于被告行为已经构成侮辱，证据充分，足以认定构成侵害企业法人名誉权的侵权责任，当然不必在不够稳妥的问题上冒险，因而忽略不计，是完全可以理解的。

三、不符合构成公正评论抗辩事由要件要求的应当认定为侵权

本案被告在诉讼中的主要抗辩事由,是涉案报道属于公正评论,而原告系在安全软件领域和互联网服务领域具备市场支配地位、个别领域具备垄断地位的企业,故其软件产品的性能及安全隐患等问题应当纳入公共领域,交由公众监督批评,原告应对此给予最大限度的容忍。

在媒体侵权责任纠纷诉讼中,给媒体以适当的"喘息"空间,便于其行使舆论监督的权利,批评社会不良现象,张扬公共道德,促进社会文明发展,是完全正确的。[9] 据此,应当给予媒体主张符合法律规定的抗辩事由的权利,以对抗不当的侵权诉讼请求。《指引》专设媒体抗辩事由一章,强调审理媒体侵权责任案件,法官应当特别注意审查媒体一方提出的抗辩事由是否能够认定。这是保障媒体的权利,保护《宪法》第35条规定的言论出版自由的重要内容。确认某种抗辩事由是否成立,应当依照该种抗辩事由的构成要件的要求进行判断。法官确认抗辩事由成立的,应当根据抗辩事由对抗原告侵权请求权作用,免除或减轻媒体的侵权责任。媒体故意以违反公共利益或者违背善良风俗的方式传播信息,不得主张相关的抗辩事由对抗被侵权人的媒体侵权责任诉讼请求。[10]

在本案中,每经公司和经闻公司以公正评论作为自己的抗辩事由,对抗原告的侵权诉讼请求。对此的规则是,媒体侵权责任的抗辩事由须由媒体在诉讼中提出主张,并且承担举证责任,证明自己提出的抗辩事实成立;抗辩事由为非事实主张的,则由法官依职权直接进行判断,无须当事人举证证明。笔者的看法是:

第一,公正评论确实是媒体侵权的正当抗辩事由。对于如何判断公正评论,笔者的意见是,评论是媒体结合重要的新闻事实,针对普遍关注的实际问题发表的论说性意见。评论不是事实,是意见、看法。公正评论是对抗媒体侵权诉讼请求的正当抗辩事由,媒体不承担侵权责任。公正评论的构成要件,一是评论的基础事实须为公开传播的事实,即已揭露的事实,而不能是由评论者自己凭空编造的事实;二是评论的内容没有侮辱、诽谤等有损人格尊严的言辞;三是评论须出于公共利益目的,没有侵权的故意。本案被告涉案报道完全不符合公正评论抗辩事由构成要件的要求:首先,本案涉案报道的基础事实并非为已经公开传播的事实,亦非已揭露的事实,而是被告根据自己的推测转载的事实,尤其是依据匿名记者根据匿名评论人的意见作为依据,已经超出了评论基础事实须为公开传播的事实的范围,包括了自己公布的事实。其次,报道和评论的内容具有大量的侮辱、诽谤等有损人格尊严的言辞,完全不符合上述第

---

[9] 参见杨立新:《名誉权的"膨胀"与"瘦身"》,载《方圆法治》2005年2月15日。
[10] 参见杨立新主编:《中国媒体侵权责任案件法律适用指引》,人民法院出版社2013年版,第21页。

二项构成要件的要求。再次,不符合评论须出于公共利益目的,没有侵权的故意的第三项构成要件的要求,并非出于公共利益目的,而具有侵权的恶意。因此,涉案报道的内容不构成公正评论,不能据此免除其侵权责任。一审判决书认定涉案报道"显然超出了善意的公正评论的范畴",是完全正确的。

第二,涉案报道在媒体侵权中,实际上涉及的是新闻批评是否构成侵权的问题。笔者认为,判断新闻批评是否构成媒体侵权的基本依据,是事实是否真实和是否存在侮辱他人人格的内容。其一,批评所依据的事实基本真实,没有侮辱他人人格的内容的,不构成媒体侵权。其二,批评所依据的事实基本属实,但有侮辱他人人格的内容,使他人名誉受到损害的,构成媒体侵权。其三,批评所依据的事实失实且批评者负有责任,使他人名誉受到损害的,构成媒体侵权。本案的涉案报道属于新闻批评,但是涉案报道中既有侮辱原告人格的内容,又有失实的事实,且有主观恶意,使原告的名誉权受到侵害,当然构成侵权责任。依此认定本案被告构成媒体侵权责任,也是没有问题的。

在司法实践中判断正当评论失当的依据,《指引》第38条和第40条分别规定了"新闻批评失当"和"媒体评论依据缺失或不当"的侵权责任构成。对于前者,判断新闻批评是否构成媒体侵权,判断的基本依据是事实是否真实和是否存侮辱他人人格的内容。批评所依据的事实基本真实,没有侮辱他人人格的内容的,不构成媒体侵权。批评所依据的事实基本属实,但有侮辱他人人格的内容,使他人名誉受到损害的,构成媒体侵权。批评所依据的事实失实且批评者负有责任,使他人名誉受到损害的,构成媒体侵权。[11] 对于后者,媒体的评论缺乏事实依据或严重不当,并有恶意借机侮辱、诽谤的,构成侵权责任。评论的对象一般情况下应限定于特定的制度、事件或作品本身,以及人的行为,不应任意扩大其评价范围。评论依据的事实虽然基本真实,但故意断章取义、逻辑缺省,恶意得出不公正结论或基于明显的利益关系进行不当推测的,构成侵权。这些意见可以在司法实践中参考。

四、经闻公司与每经公司的行为具有共同恶意构成共同侵权行为

原告主张经闻公司承担共同侵权行为的连带责任,最主要的依据有两点:第一,《每日经济新闻》与每经网等同属于每日经济新闻系列媒体,该系列媒体中的任何媒体享有的版权内容均仅限于在每经网作为第一网络平台发布,二者具有密切的利益关联。第二,即使《每日经济新闻》发表的报道,每经网属于转载,每经网在转载中具有恶意,也构成共同侵权行为。一审判决书对于前一理由已经认定,确认"被告经闻

---

[11] 参见杨立新主编:《中国媒体侵权责任案件法律适用指引》,人民法院出版社2013年版,第19、20页。

公司关于其只是涉案报道的网络转载者的辩称意见与实际情况不符,本院不予采纳",是正确的。

对于转载者的抗辩也应当进行分析。关于转载作为媒体侵权责任抗辩事由,确实能够部分对抗侵权责任请求,是减轻侵权责任的抗辩。但是,转载的构成要件,一是须有合理的转载来源,作品须转载于其他媒体或者出版单位,而非媒体自己采制或者自己的通讯员撰写;二是转载的作品须与原作内容一致,无转载者添加、删减、篡改、伪造的内容或者标题;三是转载作品中没有作为媒体职业要求明显可以判断的虚假事实或者侮辱、诽谤语言。当媒体转载的他人报道不仅明显可以判断的虚假事实、诽谤侮辱语言,且与被转载媒体具有密切关联性,能够明显判断其具有侵权恶意时,可以确认转载者与被转载者可以确认具有侵权的共同故意。基于每经网与《每日经济新闻》之间的密切关系,特别是《2012年〈每日经济新闻〉系列媒体平台版权声明》,每经公司和经闻公司之间在实施侵害本案原告名誉权的侵权行为中,具有共同故意。

本案一审判决书"对原告所述涉案报道系被告有预谋的整体侵权行为,本院不予认定",否定了两被告的侵权共同故意。对此,笔者认为:第一,涉案报道在被告的主观上具有恶意,认定原告的这一主张并无特别的障碍。第二,从涉案报道的制作、发布、体例、篇章结构、标题、语言特点等方面观察,涉案报道系有意策划、积极主动地实施针对原告的名誉侵权行为,这样的主张有事实依据,因而成立共同故意。

《侵权责任法》第8条规定:"二人以上共同实施侵权行为,造成他人损害的,应当承担连带责任。"按照最高人民法院的司法解释,二人以上具有共同故意或者共同过失的,构成共同侵权行为;二人以上既没有共同故意也没有共同过失,但其行为直接结合,造成同一个损害结果的,也构成共同侵权行为。一审判决书对此比较谨慎,没有认定两被告构成具有共同故意的共同侵权行为,但并不否认两被告的行为构成共同侵权行为,也是完全可以理解的。一审判决书和二审判决书确认,每经公司作为《每日经济新闻》的主办单位即每经网发布文章的版权所有人,经闻公司作为每经网的主办单位,同时发布涉案报道的行为构成共同侵权行为,须承担连带责任,是完全正确的。

为同性恋者治疗的人格尊严侵权责任
——兼论搜索引擎为同性恋者治疗宣传的虚假广告责任

一、富有争议的为同性恋者进行治疗的侵害人格权案

(一)当事人双方的诉辩主张

2014年7月31日,北京海淀区人民法院开庭审理了我国首例"同性恋矫正治疗"的侵害人格尊严案。原告某先生作为同性恋者,长期受到来自社会与家庭的各方面压力,2013年8月在被告百度公司的搜索引擎网站上输入关键字"同性恋""同性恋治疗"和"同性恋矫正",均在第一条搜索结果里出现被告心理咨询中心。2013年9月,原告致电该被告心理咨询中心,证实其确实进行"同性恋矫正"业务。2014年2月8日,原告到被告心理咨询中心咨询并接受了首次付费"同性恋矫正治疗",被告心理咨询中心承诺可以"矫正同性恋",并对原告进行了治疗。

原告的诉讼主张是:第一,同性恋不是疾病,被告侵犯了其人格尊严。早在1990年,世界卫生组织已正式把同性恋从当时的疾病名册中移去,意味着不再视同性恋为任何疾病,同时代表世界卫生组织认为同性恋是人类性向中一种正常类别,不需要任何治疗。世界卫生组织通过声明呼吁各地政府,强烈反对各地诊所和医院提供性向治疗,并应立法惩处或制裁提供性向治疗的医疗机构。2001年《中国精神障碍分类与诊断标准》(CCMD-3)将"同性恋"也从精神疾病名单中剔除,实现了中国同性恋非病理化。因此,单纯的性取向问题不能被视为一种障碍,同性恋不是病,不能被治疗,更不需要被矫正。第二,"矫正治疗同性恋"系非法医疗行为,在广告中宣传能对同性恋进行矫正是虚假宣传:心理咨询中心将同性恋者作为患者对待进行治疗,百度公司作为广告发布者为其通过商业推广发布该虚假广告,两被告违反《广告法》和《消费者权益保护法》,百度公司与心理咨询中心两被告应当共同承担侵权的连带责任。

被告百度公司答辩意见是:(1)百度引擎搜索和心理咨询行为无相关性,没有证据表明通过百度搜索相关信息及通过相关机构进行咨询时对原告有损害;(2)百度推

---

* 本文发表在《江汉论坛》2015年第1期,合作者为中国人民大学法学院博士研究生吴烨。

广服务并非广告而是搜索引擎服务,搜索引擎服务商对第三方的服务或者产品无相应法律责任。

被告心理咨询中心答辩意见是:其并未承诺原告一次性缴费可以治疗好同性恋,以及原告接受的是心理咨询与心理疏导,并非医疗矫正。

(二)社会各界对本案的不同意见

本案的信息公开之后,引起了社会各界对"同性恋矫正"的关注,网络和媒体的主要态度是:

支持本案原告的意见是主流,认为同性恋不是疾病,对其进行矫正治疗是侵犯其人格尊严的。很多人认为,同性恋是不能通过诸如本案中的所谓"治疗法"进行"矫正"的,同性恋者相互爱恋,像异性恋一样,并没有损害社会和他人的利益。目前,还没有哪一种医学或心理学的方法,能够有效地改变同性性取向,也没有什么医学或心理学的办法,能随意改变性取向。随着社会文明的进步,我国大众对同性恋者的看法也在不断进步,对同性恋的态度更加理解和包容。①

反对的意见认为,同性恋属于性心理障碍,不符合自然规律,需要进行治疗,尤其是我国医学界对此一直存在分歧,甚至有的医院和心理诊所公开宣传"同性恋矫正方法"或较为避讳地称为"同性恋心理辅导""同性恋心理咨询"等,利用法律打"擦边球",从同性恋者亲人朋友的紧张和其自身的恐慌中牟利。②

同性恋是否属于有悖于自然的病态现象,对同性恋的多种多样的"矫正治疗"是否侵害了同性恋者的人格权,我国法律对同性恋者的权益保护是否有所缺失并存在真空地带,同性恋者应该如何对自身权利进行保护,以及搜索引擎对同性恋者治疗进行宣传究竟应当承担何种法律责任等问题,都是本案中值得深思的问题。本文对这些问题进行剖析,以求对我国同性恋者合法权益的保护发挥促进作用。

二、同性恋者的人格尊严必须得到法律的特别保障

(一)国际社会对同性恋的认识过程

同性恋并不是随着社会文明发展而后来产生的,而是一个自古以来就存在的客观事实。在古希腊文明中,就有相关记载描述成年男子与12到16岁间的少年的热恋。在古希腊神话中,也经常提及男神阿波罗与少年、男童间的诸多凄美爱恋故事。但后来由于基督教教会的兴起,教会将同性恋列为"违反天性"的行为,对其残酷打压。受到教会法的深刻影响,很多西方国家立法反对同性恋以及同性性行为。

---

① 参见张淑玲:《首起扭转治疗案开庭审理,揭同性恋者生存困扰》,载《京华时报》2014年8月11日;周辰:《法院判决同性恋并非精神疾病》,载《东方早报》2014年12月20日。
② 参见陈福新:《同性恋的心理矫正》,载《大众卫生报》2005年5月17日;陈铮:《同性性取向可以通过医学手段进行治疗》,载《首都医药》2006年第21期,第48—51页。

现在所用的同性恋英文"homosexual"一词,最早出现在匈牙利作家、著名的人权主义者卡尔·玛丽亚·科尔特贝利(Karl–Maria Kertbeny)1868年发表的一篇文章中。卡尔·玛丽亚·科尔特贝利为抨击德意志帝国新宪法中对男同性恋歧视的法令,首次创造出了不带歧视的英文单词"homosexual",以取代极具贬义色彩的"sodomite"和"pederast"(鸡奸者)。[3] 这个单词后来被德国精神病学家、《性精神病态》(Psychopathia Sexualis)[4]作者理查德·克拉夫特·埃宾(Richard von Krafft–Ebing)所用,其将临床病理学的诊断方法用于分析同性恋心理和行为等。相应的,精神病学专家又创造出了一系列针对同性恋的"矫正"方法。[5]

后来,因同性恋组织与精神病学界的抗争不断发生,20世纪60年代爆发了西方同性恋解放运动(GLF:Gay Liberation Front)[6],使得人们逐渐开始关注同性恋群体,其法律地位也不断得到提高。直到1994年,世界卫生组织(WHO:World Health Organization)才终于将"同性恋"从"ICD–10 精神与行为障碍"[7]一名单中剔除。

在1999年世界性学会第14次世界性学会议上发表的《性权宣言》(Declaration of Sexual Rights)认为,性为人之基本权利,是构成人格的一部分。作为人的基本权利中的一部分,应得到社会的承认、促进与尊重,不分性别、性倾向、宗教和社会地位等,应免于各种形式的歧视。[8] 从大陆法系国家来看,当"同性恋不再是罪,同性恋不再是病"的观念在欧洲被广为接受,法律对同性恋者追求幸福的人权予以保护的序幕也就拉开了。[9]

1989年6月,通过了《登记同居伴侣法》的丹麦,成为第一个认可同性伴侣法律

---

[3] 参见维基百科:"During 1869, in the course of these writings, Kertbeny published the term (in German) 'homosexual' (which, along with heterosexual, he first used in private correspondence on May 8, 1868), as part of his system for the classification of sexual types, as a replacement for the pejorative terms 'sodomite' and 'pederast' that were used in the German– and French–speaking world of his time. In addition, he called the attraction between men and women 'heterosexualism', masturbators 'monosexualists', and practitioners of anal intercourse 'pygists'."载 http://en.wikipedia.org/wiki/Karl–Maria_Kertbeny, 2014年10月3日访问。

[4] 也有译为"性心理疾病"。

[5] 主要包括催眠诱导下电击性厌刺激、阉割、大脑手术、激素注射等方法。

[6] 参见维基百科:"Gay Liberation Front (GLF) was the name of a number of gay liberation groups, the first of which was formed in New York City in 1969, immediately after the Stonewall riots, in which police clashed with gay demonstrators. Members of the GLF were a pro–gay organization."载 http://en.wikipedia.org/wiki/Gay_Liberation_Front, 2014年10月3日访问。

[7] 该名单为世界卫生组织发布,规定的是已发现的各类精神和行为障碍,是精神医学和心理学等学科研究、临床治疗、教学服务等工作的常用工具。

[8] 参见 Declaration of Sexual Rights:"Sexuality is an integral part of the personality of every human being. ……1. The right to sexual freedom. Sexual freedom encompasses the possibility for individuals to express their full sexual potential. However, this excludes all forms of sexual coercion, exploitation and abuse at any time and situations in life. ……4. The right to sexual equity. This refers to freedom from all forms of discrimination regardless of sex, gender, sexual orientation, age, race, social class, religion, or physical and emotional disability……"

[9] 参见李霞:《论同性婚姻的合法化》,载《河北法学》2008年第3期。

地位的国家。⑩ 之后,挪威、瑞典、德国、荷兰、匈牙利、比利时、德国、法国、芬兰等也通过了类似法律。美国前总统比尔·克林顿于 1996 年签署《婚姻保护法案》(DOMA: Defense of Marriage Act),界定婚姻为一男一女,否认同性恋伴侣具有异性恋夫妻同等的权利,但 2013 年该法案经最高法院审核时,推翻了这一剥夺同性恋者权利的法案。

目前,对同性恋者的尊重和权利保护,已经成为潮流,得到广泛的重视。

(二)我国社会对同性恋的认识发展及存在的问题

观察我国社会,自古便有同性相恋之好,尤其盛行男风之好。商代就有关于"比顽童""美男破产(老)美女破居"之类的说法,更有脍炙人口的"余桃"(春秋)、"断袖"(汉代)、龙阳君(战国)、安陵君(战国)等历史故事和人物的记载。史载龙阳君为魏王"拂枕席",弥子瑕与卫灵公"分桃而食"。于是后人便以"龙阳""安陵""余桃""断袖"等语描暗指同性恋现象。⑪ 可见,不仅在古希腊西方文明中存在同性之恋,在我国也早就有这种社会现象。可见,在中国封建社会中,同性恋的地位远比在基督教盛行的西方社会为高,未被视为淫乱之举,反倒是一种附庸风雅的行为。

清朝灭亡之后,"五四"运动效仿西方之路的各种运动不断兴起,从 20 世纪 30 年代开始,中国大众不断接受西方思想和基督教的影响,开始认为同性恋作为非主流性文化,是一种精神疾病,视同性恋者为"病态"和"不正常"。1940 年之后近 50 年间,中国大陆从未有过关于同性恋者的学术研究文章。

直到 2001 年,我国卫生部科学研究基金资助完成的第三版《中国精神障碍分类与诊断标准》,终于将"同性恋"从中剔除,为同性恋正其名。至此,同性恋者终于摆脱了"精神病患者"阴霾的压迫,也说明随着社会文明的不断发展,人们对性文化的认识不断完善,对同性恋者的看法发生了巨大转变。

(三)同性恋者具有完整独立的人格,不存在人格缺陷

同性恋不是一种疾病,而是从人类诞生以来就存在的一种社会现象,是人对生活和性取向的自身选择。同性恋者的人格尊严和人格权利,应当与异性恋者一样,得到社会的承认与尊重。同性恋只是同性恋者对其自身性取向的一种选择,与社会中大部分人选择异性恋的本质并无二致。在法律面前,人人都是平等的,都具有平等、独立的人格,其人格权和人格利益必须得到法律的尊重与保护。同性恋者与其他人一样,不因同性恋的性取向而存在任何人格缺陷。同性恋者作为与异性恋者并无二致的完全理性、自治的人,均应是法律所保障基本权利的完整主体,应该享有与异性恋者完全平等的民事权利。同性恋者的诸如人格自由、人格尊严和性自主权等人格权益,均应受到法律保障,任何人不得进行侵害。

尽管如此,目前社会对同性恋者的歧视与不平等待遇仍然时有发生。一些人利用同性恋者本身的不安与恐慌,或者其家长对同性恋子女的不解与担忧,借机牟利,

---

⑩ 参见陈则恒:《从国际法角度审视中国同性恋立法》,载《中国商界》2009 年第 2 期。
⑪ 参见李银河:《李银河文集:同性恋亚文化》,中国友谊出版公司 2002 年版,第 16 页。

导致诸如本案件中"同性恋矫正"或"同性恋治疗"等类似产业的诞生。如若社会大众平等地看待同性恋者,尊重其人格尊严以及对自身性取向的选择自由,并视为与异性恋同样的一种生活方式,当然也就不会存在矫正同性恋者性取向的必要了。

对此,韩国的经验值得参考。同为大陆法系的韩国,无论是法律框架构建还是社会传统观念,都与我国类似。韩国司法审判在对同性恋者人格权益保护方面发挥了积极的促进作用。2013 年 11 月,韩国大法院关于同性恋争议案的裁判,引起了社会的高度关注。在该案中,电影《朋友之间》由于主体内容涉及同性恋题材,韩国影片委员会认为是有歧视色彩的影片。[12] 韩国电影等级委员会的做法明显认为相对于异性恋,同性恋属于青少年不宜观看内容,歧视同性恋并将其视为一种非常态现象。该案经首尔中级法院一审以及韩国大法院终审,均支持了原告电影公司的主张。

在韩国大法院的终审判决中,以下三点尤其值得我国相关判例和立法参考:一是判决书将同性恋者尊重地称为"性的少数者",肯定了同性恋者只是性取向不同于大部分人的少数人,是正常的人,具有完整的人格,不存在人格缺陷,"社会对同性恋者的理解与关心有待提高";二是"同性恋者不存在任何对社会的危害性,其与异性恋者一样,只是一种对性取向的自我选择";三是"对同性恋者的包括人格权、幸福追求权、性的自我决定权、知情权、性自由表达权以及平等权等基本权利",应当予以充分的尊重与保护,不得歧视或任意践踏同性恋者的人格尊严。[13] 在司法实践中,对于这部分少数群体应该给予法律上的支持,使他们能够与其他人一样拥有正常的生活,是十分必要的。

(四)对同性恋者的人格尊严必须予以充分保护

人拥有与生俱来包括人格尊严在内的各项人格权益。而人格尊严作为人的最基本的一项神圣而不受侵犯的权利,是全部人格权的根基。人格尊严是人基于自己所处的社会环境、工作环境、地位、声望、家庭关系等各种客观要素,对自己人格价值和社会价值的认识和尊重,是人的社会地位的组成部分。[14]《世界人权宣言》确认,"人人生而自由,在尊严和权利上一律平等""人人有资格享有本宣言所载的一切权利和自由,不分种族、肤色、性别、语言、宗教、政治或其他见解、国籍或社会出身、财产、出生或其他身份等任何区别""在法律之前人人平等,并有权享受法律的平等保护,不受任何歧视。人人有权享受平等保护""每个人,作为社会的一员,有权享受社会保障,并有权享受他的个人尊严和人格的自由发展所必需的经济、社会和文化方面各种权利的实现。"[15]

---

[12] 根据韩国《电影广播振兴法》,韩国电影由韩国影片等级委员会根据情色暴力和恐怖程度等因素,分类为"可观看""12 岁以上观看""15 岁以上观看""青少年观看不可"以及"上映受限"五个类别。本片被韩国影片等级委员会分类至"青少年观看不可"这一等级,而实际上应被分类至"15 岁以上观看"等级。

[13] 参见韩国大法院判决书,编号:2011? 11266。

[14] 参见王利明:《人格权法中的人格尊严价值及其实现》,载《清华法学》2013 年第 5 期。

[15] 联合国大会于 1948 年 12 月 10 日通过的《世界人权宣言》第 1、2、7 条和第 22 条。

既然同性恋只是一种生活方式的选择而已,同性恋者具有完整独立的人格,不存在任何人格缺陷。同性恋者作为社会的一员,理应享有社会和法律对其人格尊严和人格权的平等保障,任何对同性恋者的歧视行为都应受到法律的禁止。即使是在社会逐渐开放与发展的今天,世界各国对同性恋者的平等权利运动蓬勃发展之时,同性恋者依旧是社会的弱势群体,仍然长期处于法律保护的真空地带;由于来自社会和家庭等方方面面的压力,使其不断压抑着对自身权利的诉求。司法作为社会公平、正义的裁判者,面对来自同性恋者的种种诉求,蒙上双眼的正义女神究竟应当怎样切实保障这一群体的合法权益,保障其在法律面前的平等与公正呢?民法以人为本,尤其是民法的人格权法所体现的都是如何保障维护人之为人的尊严。凡是违反人格尊严的一切行为都是违法行为。⑯ 平等、公正地对待同性恋者,保护其合法权益不受侵犯与人格尊严不受践踏,是民法的必然选择。

三、把同性恋当做疾病治疗是侵害同性恋者人格尊严的侵权责任

(一)把同性恋作为疾病治疗是侵害同性恋者人格尊严的侵权行为

1. 为同性恋者进行治疗侵害的客体为具体人格权无法概括

人格权的主体包括每一个人,近代"天赋人权"的理念将人格权公平地赋予了每一个人,使人没有差别地享有平等的人格权。同性恋者也是市民社会中的人,拥有和其他人一样的民事权利能力,其人格权利应当受到法律的平等保护,人格尊严和人格自由不得被随意侵犯。同性恋不是病,矫正同性恋的治疗是对同性恋者人格的严重歧视,侵害了同性恋者的人格权。同性恋者与社会中的其他人一样,拥有完整的人格,具有完全平等的民事权利能力,享有平等的自我决定权、健康权、隐私权、性自主权等人格权,均应受到法律的保护。

为同性恋者进行矫正治疗行为所侵害的客体,为民法中的具体人格权所无法涵盖。这是因为,根据我国民法关于人格权的相关规定,尤其是《民法通则》采用的是列举式规定具体人格权,例如生命权、健康权、身体权、姓名权、名称权、肖像权、荣誉权、人身自由权与婚姻自主权等,这些具体人格权无一是对同性恋矫正治疗行为所侵害的客体。但是,把同性恋当做一种精神障碍进行矫正治疗,确实是对同性恋者人格的侵害,由于该行为所侵害的客体的特殊性,不能为任何一个具体人格权所涵盖,因而对矫正治疗同性恋者的行为不能界定为侵害具体人格权的侵权行为。

2. 为同性恋者的治疗行为侵害的是同性恋者的一般人格利益

为同性恋者进行矫正治疗所侵害的客体不能被任何一种具体人格权所能概括,其所侵害的客体应当被认为是一般人格利益。

---

⑯ 参见杨立新:《民法总则》,法律出版社2013年版,第113页。

一般人格利益是指法律采用高度概括方式赋予的一种抽象的人格利益。[17] 人格尊严是这一高度概括的概念中最重要、也是最基本的内容。其较之于具体人格利益,具有高度的概括性与抽象性,是一般人格权所保护的客体。而一般人格权保护的是高度概括的人格利益,包括人格平等、人格自由和人格尊严。[18] 20世纪90年代,我国民法通过继受德国法的一般人格权理论,构建了我国自己的一般人格权学说和实践做法,并被我国司法解释所确认。[19] 在《德国基本法》中,人格尊严与人格自由都具有极其重要的意义,特别是司法审判和学术界从《德国基本法》第1条(人的尊严)和第2条(发展人格)中推导出了一般人格权,并将其作为现行法,具有了民法上的法律效力。我国《民法通则》除了对具体人格权进行明确规定之外,在第101条对人格尊严作了规定,具有对一般人格权进行法律保护的重要意义。[20] 一般人格权所保护的人格利益内容丰富,是人格权一般价值的集中体现,所以其不具备具体人格权的明确指向性,更多的是作为一种补充具体人格权中出现的空白的兜底条款。侵害人格独立、人格自由、人格平等和人格尊严,同样构成侵权行为,行为人应当承担侵权责任。

同性恋者具有和其他人一样的人格,不存在任何人格缺陷,各项具体人格利益和一般人格利益都应得到法律的保护。对同性恋进行矫正治疗,是对拥有独立、完整人格的同性恋者的一般人格利益的严重侵害。为同性恋者治疗这一行为所侵害的客体,不具备任何一种明确的具体人格权属性,因而属于一般人格权的范畴,侵害的是同性恋者的一般人格利益。

3. 对一般人格利益侵害构成对人格尊严的侵害

人格尊严是人之所以为人的尊严。而一般人格利益表现为以人格尊严这一概念为基础的整体高度概括的人格利益体系。换言之,如若某行为侵害了人格尊严之时,便侵犯了人的以人格尊严为核心的人格利益,进而侵犯了人的一般人格权。为同性恋者矫正治疗这一行为所侵害的客体,是为具体人格利益所无法涵盖的一般人格利益,其实质侵害的就是同性恋者的人格尊严。所以说,对同性恋者人格尊严的侵害,便构成了对其一般人格权的侵害。

对一般人格权益的保护表现为"人格尊严神圣而不可侵犯"。面对随着时代发展而层出不穷的新型权利,人格权也会出现同样的难题。将人格尊严这一一般人格权明确列为保护的对象,可以对具体人格权所无法涵盖的权利予以兜底式的救济。同性恋矫正治疗所侵犯的客体无法被任何具体人格权所包括,认定是对同性恋者的人格尊严的侵害,就是对其一般人格利益的保护,确保了自然人的合法人格权利受到法律的完整保障。

---

[17] 参见杨立新:《人格权法专论》,高等教育出版社2005年版,第123页。
[18] 参见马特、袁雪石:《人格权法教程》,中国人民大学出版社2007年版,第192页。
[19] 最高人民法院《关于确定民事侵权精神损害赔偿责任若干问题的解释》第1条第1款规定的侵害"人格尊严"和第2款规定的侵害他人"其他人格利益"的规定,就是对一般人格权的确认。
[20] 参见杨立新:《人格权法》,法律出版社2011年版,第254页。

人格利益为人格权的客体。人格权分为具体人格权与一般人格权,后者作为前者的补充,在面对类似于同性恋矫正案等层出不穷的新型侵权案,又无法通过具体人格权进行保护的情况下,作为兜底性权利,可以为司法实践中保护各种新的人格利益提供司法审判的法律依据。而人格尊严作为一般人格权中最重要的内容,对其侵害就必然构成对一般人格权的侵害,可以直接按照侵权行为的法律适用规则处理,解决对一般人格权侵权纠纷的法律适用问题。

4. 认定对同性恋者进行治疗侵害人格尊严的法律依据

关于针对人格尊严的保护价值,在很多国家很早便受到了高度重视。我国由于特殊的发展历程,从奴隶社会到封建社会都没有人格尊严不受侵犯的理论,相关的法律跟不上我国社会的变迁。当代社会随着经济的不断繁荣与发展,势必也会不断促进对自然人的人格权保护机制的不断完善。需要强调的是,保护人格尊严这一由宪法所高度重视的要求,必须朝着可诉之路发展。在我国,宪法没有在民事裁判中的适用力,如果不将对人格尊严保护的相关规定落实到民法人格权体系中,我国法律也便没有对公民人格的基本尊重,而使相关立法变成一纸空文。

我国《民法通则》没有直接规定一般人格权的条文,但是关于人格尊严的条款是对一般人格权确认的法律依据。《民法通则》第 101 条规定的是以公民的人格尊严为基础的名誉权的保护,但从民法解释学的角度,学者一般认为其是一般人格权的保护条款,并结合《民法通则》第 106 条规定作为一般人格权的请求权基础。[21] 在目前我国法律体系中,关于人格尊严的规定分为三种形式:一是《宪法》的原则规定,《宪法》第 38 条规定"中华人民共和国公民的人格尊严不受侵犯。禁止用任何方法对公民进行侮辱、诽谤和诬告陷害";二是《民法通则》的原则规定,即《民法通则》第 101 条关于"公民、法人享有名誉权,公民的人格尊严受法律保护,禁止用侮辱、诽谤等方式损害公民、法人的名誉"的规定;三是《残疾人保障法》《未成年人保护法》《消费者权益保护法》等单行法的相关具体规定,如《消费者权益保护法》第 43 条规定:"经营者违反本法第二十五条规定,侵害消费者的人格尊严或者侵犯消费者人身自由的,应当停止侵害、恢复名誉、消除影响、赔礼道歉,并赔偿损失。"[22] 后两种形式其实都具有将人格尊严这一宪法所赋予的基本权利不断地具体化并通过民法予以获得认可与救济的意义,是一般人格权的立法依据。最高人民法院《关于确定民事侵权精神损害赔偿责任若干问题的解释》第 1 条规定:"自然人因下列人格权利遭受非法侵害,向人民法院起诉请求赔偿精神损害的,人民法院应当依法予以受理:……(三)人格尊严权、人身自由权。违反社会公共利益、社会公德侵害他人隐私或者其他人格利益,受害人以侵权为由向人民法院起诉请求赔偿精神损害的,人民法院应当依法予以受理。"该司法

---

[21] 参见邹立军:《一般人格权受侵害的认定方法探讨》,载《四川师范大学学报(社会科学版)》第 38 卷第 6 期。

[22] 杨立新:《人格权法》,法律出版社 2011 年版,第 282 页。

解释也为我国在司法审判实践中对一般人格权的保护提供了法律依据。

(二)侵害同性恋者人格尊严的侵权责任承担

1. 适用的法律

认定为同性恋者治疗的行为为侵权行为,应当适用《侵权责任法》第54条关于"患者在诊疗活动中受到损害,医疗机构及其医务人员有过错的,由医疗机构承担赔偿责任"的规定。这一规定是医疗损害责任的一般条款,它既包含医疗伦理损害责任(第55条)、医疗技术损害责任(第57条)和医疗产品损害责任(第59条),也包括医疗管理损害责任(第54条本身)。[23] 为同性恋者治疗的行为,从行为的性质上观察,应当属于医疗伦理损害责任,但是该行为与《侵权责任法》第55条规定的医疗伦理损害责任的表述有所不同,即应当说明而未说明的医疗损害责任,因此,应当概括在第54条医疗损害责任一般条款的本身。因此,认定为同性恋者治疗行为为侵权行为,为第55、57条和第59条的具体规定所不容纳,因而应当适用该条法律规定确定侵权责任。

2. 侵权责任构成

按照《侵权责任法》第54条的规定,医疗损害责任的归责原则为过错责任原则,为同性恋者治疗的行为也应当适用过错责任原则,其构成要件为违法行为、损害事实、因果关系与过错四个要件。

(1)为同性恋者治疗的行为,是发生在医疗领域的医疗行为,该行为的主要表现是将同性恋者作为患者对待,进行心理的或者生理的医疗行为。这种行为的违法性表现在,将并非疾病状态的同性恋行为认定为疾病,并且对其进行治疗,违反医疗机构的职责,违反对同性恋者人格尊严的不可侵犯义务,具有违法性。

(2)对同性恋者治疗的行为造成的损害,主要是同性恋者的精神损害,是对同性恋者的精神利益的损害,这就是将同性恋作为疾病对待,并对同性恋者进行治疗,使同性恋者的人格尊严降低,致使其精神利益受到损害。也存在健康利益受到损害的情形,如果对同性恋者进行治疗中,适用电击等治疗方法,致使被治疗者造成人身损害,同样构成损害事实的要件。

(3)对同性恋者治疗的因果关系要件,表现在医疗机构对同性恋者进行治疗的行为与同性恋者的精神损害或者人身损害的后果之间具有的引起与被引起的关系。其中,为同性恋者进行治疗的违法行为是原因,与被治疗的同性恋者的精神损害或者人身损害的后果之间具有引起与被引起的因果联系,符合这一要求,即构成侵权责任。

(4)为同性恋者治疗侵权责任的主观要件,主要是故意,即明知同性恋不是疾病,为营利目的而执意为其治疗。当然也存在过失的情形,即因疏忽或者懈怠而不知同性恋不是疾病。无论故意或者过失,都构成这种侵权责任。

---

[23] 参见杨立新:《侵权法论》(上册),人民法院出版社2013年版,第573—585页。

3. 为同性恋者治疗的侵权损害赔偿责任

为同性恋者进行治疗,符合上述侵权责任构成要件的,医疗机构应当承担侵权责任。

医疗机构为同性恋者进行治疗的主要责任方式是损害赔偿,包括精神损害赔偿和人身损害赔偿。对此,精神损害赔偿是常态,因为为同性恋者进行治疗造成的主要损害后果是同性恋者的精神损害,应当依照《侵权责任法》第 22 条规定确定赔偿责任。同时造成了同性恋者的人身损害的,还应当依照《侵权责任法》第 16 条规定承担人身损害赔偿责任。

医疗机构应当承担停止侵害、赔礼道歉、消除影响、恢复名誉的,应当依照《侵权责任法》第 15 条的规定,确定应当承担的责任方式。

四、搜索引擎推广对同性恋者治疗是否适用《消费者权益保护法》

(一) 搜索引擎推广对同性恋者治疗的宣传属于虚假广告

虚假广告有狭义和广义之分,狭义的虚假广告仅指存在商业性的、虚假的欺诈性广告;广义的虚假广告除了商业性方面外还包括公益广告、中介性广告及科普知识广告等非商业性的广告。随着互联网事业的蓬勃发展,很多与传统形式不同的新型广告层出不穷,以网络为载体的广告受众面极广,但相对价格却很低廉,网络虚假广告的侵权事件也频频发生。但无论是何种类型的虚假广告,都有一个共同点,即该广告可以对消费者产生误导,并使该消费者因信任该广告而受到欺骗。

结合本案件来看,原告是通过百度搜索引擎的"百度推广"服务查找到被告心理咨询中心的。类似于"百度推广"的服务是否属于商业广告呢? 百度公司在其网站上对"百度推广"的定义为:"企业在购买百度推广服务后,通过注册提交一定数量的关键词,其推广信息就会率先出现在网民相应的搜索结果中。简单来说就是当用户利用某一关键词进行检索,在检索结果页面会出现与该关键词相关的广告内容。由于关键词广告是在特定关键词的检索时才出现在搜索结果页面,才会出现与该关键词相关的广告内容。百度公司按照实际点击量收费。"在百度百科中,百度公司对百度推广的介绍是:"百度的搜索推广的模式是许可式的广告……百度推广是一种投资回报率最高的广告模式。"[20]依此可以清楚地看到,"百度推广"是商品经营者或者服务提供者承担一定费用,通过百度搜索引擎这个媒介,介绍自己的商品或者服务的一种商业广告。

既然"百度推广"的属性为商业广告,为同性恋者进行矫正治疗的商业广告是否

---

[20] 参见百度百科:"百度推广",载 http://baike.baidu.com/view/129601.htm? fr = aladdin,2014 年 10 月 3 日访问。

可定性为虚假广告呢？本案原告通过"同性恋治疗"等关键字搜索，百度推广优先推荐了被告心理咨询中心，并且该被告心理咨询中心明确表示其可进行同性恋矫正治疗，并使用电击方法对原告进行了治疗。既然同性恋不是病，早已从世界卫生组织以及我国卫生部的相关文件中删除，那么就不需要做任何形式的矫正治疗，因而该矫正治疗的实质是对同性恋者的歧视以及对其人格尊严的侵害。虚假广告的共同点是对消费者的欺骗性和误导性。同性恋本不是病，并且目前尚无任何科学证明这一自古便存在的现象是可以被医学所矫正的，对相关矫正治疗的宣传明显具有对同性恋者以及其家属等的欺骗与误导。因此，可以认为该矫正治疗的宣传是一种借助于网络载体的虚假广告。

（二）对虚假医疗侵权行为的宣传是否适用《消费者权益保护法》

涉及本案另一个争议焦点是，为该心理咨询中心的虚假医疗侵权行为的宣传是否适用于《消费者权益保护法》，矫正治疗是否为事实合同行为以及原告是否为消费者。根据《消费者权益保护法》第2条的规定，所谓消费者，指为个人生活消费需要购买、使用商品和接受服务的自然人。条文虽然没有明确规定为自然人，但按照法律逻辑推论，是自然人而不包括法人。⑤这是因为分散的、单个的自然人，在市场中处于弱势地位，需要法律的特殊保护。认定是否为消费者的要件是"自然人"和"为个人生活消费而购买、使用商品或者接受服务"。

那么，本案中的原告是否属于消费者呢？首先，该心理咨询中心是一家以营利为目的的机构，与非营利性医疗机构为患者恢复健康所进行的医疗服务在本质上是完全不同的，其所从事的营业范围符合"为生活消费而接受的服务"这一内容。并且同性恋者长期受到来自于社会家庭等多方面的压力，希望摆脱掉"同性恋"的心理压力。被告心理咨询中心通过"百度推广"虚假宣传，无科学根据地宣传对同性恋的矫正治疗技术并夸大其效果，误导同性恋者并使其为了摆脱长期的精神压力从而选择了接受矫正治疗。该法律关系为服务合同关系，原告的行为属于个人消费行为，双方之间属于消费服务关系，受到《消费者权益保护法》相关规定的调整。被告心理咨询中心将不是疾病的同性恋当做精神障碍治疗，并在治疗过程中使用了电击疗法等，构成了对原告的侵害。所以该虚假医疗行为构成了对原告的侵权，百度公司对虚假医疗侵权行为的宣传也应当受到《消费者权益保护法》的调整。

综上所述，原告应当认定为消费者，其与被告心理咨询中心之间构成服务合同关系。服务提供者被告心理咨询中心与广告发布者百度公司对同性恋矫正治疗这一虚假广告的宣传行为应当适用《消费者权益保护法》相关规定的调整，并且按照《消费者权益保护法》第45条的规定承担侵权责任。

（三）对于涉及生命健康的虚假广告责任适用无过错责任原则

《消费者权益保护法》第45条第3款规定："社会团体或者其他组织、个人在关系

---

⑤ 参见李适时主编：《中华人民共和国消费者权益保护法释义》，法律出版社2014年版，第15页。

消费者生命健康商品或者服务的虚假广告或者其他虚假宣传中向消费者推荐商品或者服务,造成消费者损害的,应当与提供该商品或者服务的经营者承担连带责任。"这一规定确认在涉及生命健康的虚假广告中广告发布者的无过错连带责任。对于广告发布者发布涉及生命健康的虚假广告行为适用无过错原则,可以减轻消费者一方的举证负担,即消费者不需要对广告发布者的过错进行举证和证明,以更好地保护消费者的权益。

同性恋本身不是疾病,同性恋者是与其他人一样的正常人。本案中同性恋矫正治疗这一行为是非法医疗行为,其侵害了作为消费者的同性恋者的人格尊严和健康权、身体权。被告心理咨询中心对同性恋的矫正治疗宣传,是关系同性恋者的生命健康的虚假广告。根据《消费者权益保护法》的上述规定,对于关系消费者生命健康的虚假广告,广告发布者应承担无过错责任,与服务提供者一同承担连带责任。所以,本案中被告百度公司以"百度推广"这一商业广告形式为被告心理咨询中心的同性恋矫正治疗服务进行宣传的行为,已经构成了对在关系消费者生命健康的服务的虚假广告中推荐该服务,并对消费者造成了一定的损害。作为以"百度推广"发布广告的百度公司应当对原告承担无过错责任,与该被告心理咨询中心一同承担连带责任。这是对消费者权益依法得以全面保护的体现。

(四)在一个连带责任中,过错责任与无过错责任并存,应当如何处理

在一个应当承担连带责任的侵权行为中,有的行为主体确定侵权责任适用过错责任,有的行为主体适用无过错责任,究竟应当怎样处理,未见明确的意见。在本案中就存在这样的问题,即为同性恋者进行治疗,医疗机构应当承担过错责任,虚假广告应当承担无过错责任,究竟是应当"就高不就低"或者"就低不就高",还是各自按照各自的归责原则确定责任,特别值得研究。

对此,有三种方案供选择。一是就高不就低,统一按照无过错责任原则确定医疗机构和广告商的侵权责任,这样的做法最有利于保护作为消费者的同性恋者,不利之处在于对医疗机构要求过高。二是就低不就高,既然对医疗机构都适用过错责任原则,对广告商也适用过错责任原则,这样的做法对保护消费者不利。三是各自按照各自的归责原则确定责任,最后实行连带责任。

笔者认可第三种方案。这是因为,对同性恋者进行治疗的行为和广告商的虚假广告行为并非一个行为,不构成共同侵权行为,但是依照法律规定,两个行为人应当承担连带责任。既然如此,对于两个侵权行为应当按照各自的法律规定确定侵权责任,而不适用一个归责原则确定侵权责任。在确定侵权责任的时候,对医疗机构应当依照《侵权责任法》第54条规定适用过错责任原则,对广告商适用《消费者权益保护法》第45条规定适用无过错责任原则。对两个侵权行为各自确定构成侵权责任之后,实行连带责任,受到侵害的同性恋者可以依照《侵权责任法》第13条和第14条的规定,请求医疗机构和广告商承担连带责任。

贾广恩诉某市有线电视台纠纷案释评
——论有线电视台过量插播电视广告的民事责任

被媒体炒作得沸沸扬扬的贾广恩诉某市有线电视台侵权案，已经被受诉法院判决，判决的结果是贾广恩败诉，驳回诉讼请求。因而，这件案件在诉讼程序上已经结束。但是，对这类案件在理论上的研究则刚刚开始。对本案的判决是否正确，以及应当如何适用法律，在理论上都值得进行认真研究，从中总结出经验教训，推动司法工作的进步，以更好地对当事人的合法权益提供有力的法律保护。结合本案，在本文中说明笔者的见解。

一、具体案情

诉辩主张：1999年，贾广恩向法院起诉称，本人自从接通有线电视以来，每天收看中央电视台节目时，都发现被告随时在插播广告，且叠加流动字幕，非常严重。我曾多次用书信以及其他方式，提醒被告的行为不合法，并要求其停止侵害，恢复原状，可被告置之不理。后我拒交收视费，但被告强行切断有线信号。原告上告于国家广电总局，被告才得以恢复信号，但拒不认错和赔偿。在诉讼期间，被告仍有叠加字幕的行为。长期以来使我的身心受到巨大伤害，现诉诸法院，要求被告停止侵害，公开道歉，并赔偿经济损失1000元，精神损害20000元。

被告辩称：原告贾广恩诉我台传送中央电视台节目时插播广告或以流动字幕形式出现，这种情况曾经有过，对视听群众收看电视有一定的影响，这应是我台在执行行业管理规定中不认真所致。根据《民法通则》的规定，（这一行为）并未侵犯原告的任何权利，况且这个问题已于1998年11月在上级主管部门监督下，已予以纠正。故原告诉我台侵权并索赔无法律依据，不能成立。

经某市郊区人民法院审理查明：原告贾广恩在普及推广有线电视时安装接通了有线电视信号。在此后长期收看中央电视台节目时，常发现有插播广告、流动字幕出现，影响了其收视效果。原告根据有关文件多次积极向被告反映，提醒其行为的违法性，并向上级有关单位信访，后拒交视听费，以示抵制。1998年11月30日，某市广播电视局下达了新广发行决字（95）第1号《行政处罚决定书》，责令被告停止违法行为。自此被告予以纠正。但原告声称被告在诉讼期间仍有打流动字幕行为，经查为被告催交收视费的通知。据查,某市广播电视局的处罚决定书的内容是:经查,你单位在传送中央电视台第五、六、一套电视节目中插播广告或以流动字幕形式干扰收看中央电视台,违反了《广播电视管理条例》第 50 条和广电部广发社字(1996)699 号文件规定。根据《广播电视管理条例》第 50 条第 3 款规定,决定责令停止违法活动。

法院审理认为,原告诉被告插播广告及流动字幕的侵权行为,原告与被告不存在法律关系。被告的行为属于违反行业性行政法规,其违法行为应由其行政主管单位予以行政处罚,且被告的行为确已经受到行政处罚,并已予以纠正。原告声称的被告近期仍有打流动字幕行为,经查属非营利性广告。原告要求被告赔偿经济损失和精神损失,因二者之间无直接因果关系,于法无据,不予支持。故依照《民事诉讼法》第 108 条的规定,判决驳回原告的诉讼请求。

二、本案当事人之间究竟有没有民事法律关系

判决书认定当事人之间没有民事法律关系,是没有道理的。原告诉被告插播广告及流动字幕的侵权行为,被告的行为属于违反行业性行政法规,其违法行为应由其行政主管单位予以行政处罚,且被告的行为确已经受到行政处罚,并已予以纠正。这种理由是否成立,是值得研究的。

诚然,有线电视台违法插播广告,上级行政机关对其予以行政处罚,是一种行政法律关系,这种认定是这正确的。有线电视台作为一种国家行政机关管理的事业单位,应当接受国家有关行政机关的监督,如果违反国家的法律和行政法规的规定,国家行政机关有权对其进行行政处罚。某市有线电视台违法插播广告,违反了国家广播电影电视总局的有关规定,是一种行政违法行为,某市广播电视局对其进行处罚,是完全正确的。[①]

但是,对一个违反行政法律的行为主体处以行政处罚,并不能代替它所要承担的其他责任,例如民事责任甚至于刑事责任。按照《民法通则》第 110 条、《行政处罚法》第 7 条规定的基本精神,接受一种法律责任制裁的主体,并不必然排斥再接受另一种法律责任的制裁;因为行政违法行为被处以行政处罚,如果该行为符合承担民事责任的要件,就应当再接受民事责任的制裁。这就是发生在不同的基本法之间的法规竞合问题。例如,非法侵入住宅,既是犯罪行为,应当被处以刑罚,同时又符合侵害隐私权的构成要件,还要承担侵权责任。侵害他人身体造成伤害,行为人既要接受刑罚处罚,又要承担损害赔偿责任,赔偿受害人的损失。同样,一个单位由于行政违法行为被行政处罚,如果该行为还构成民事违法或者违约行为,那么,行政处罚并不能代替其应当承担的民事责任,还要依照民事法律,承担相应的民事责任。

---

① 这里说的是对其处罚是完全正确的,并不是说处罚的方式是正确的,有些人认为,这种处罚是过轻的。笔者在这里不讨论这个问题。

行政责任与民事责任的"并罚",其条件就是,一个行为既要符合行政法规定的接受处罚的要件,又符合构成民事责任的要件。这种条件的最基本要求就是接受行政处罚的当事人与其相对应的当事人之间具有民事法律关系。没有民事法律关系,就谈不到承担民事责任的问题。正因为如此,贾广恩与某市有线电视台之间究竟是否有民事法律关系,是判决贾广恩败诉是否正确的关键问题。

按照判决书认定的事实,原告在被告普及有线电视时安装了接收有线电视的装置,并且使用了有线电视的频道,收看有线电视台的节目。按照这样的事实,原告一定是向被告交纳了有线电视的安装费用以及收视费。这说明,原告缴纳费用安装有线电视接收装置,同时又交纳了收视费,已经向被告履行了义务;被告接受原告交纳的费用,为原告安装了接收有线电视的装置,并且准许原告接收有线电视台发出的电视信号,收看有线电视节目,也享受了权利,履行了义务。当有线电视台在违法播放广告节目的时候,原告还拒绝缴纳收视费,以示抗议。这些事实说明什么呢?只能是说明了本案当事人之间存在法律关系。如果不是这样,它们之间为什么会存在这样的权利义务关系呢?在本案的当事人之间,客观地存在着一种特定的法律关系,双方都享受权利,都在履行义务。对这样的客观事实视而不见,法官在对案情的认识上具有重大的失误。

按照法律关系的基本性质,可以分为三种,就是民事法律关系、行政法律关系和刑事法律关系。行政法律关系是一种管理与被管理的关系,一方是国家行政机关,另一方是行政管理相对人。它们之间的关系的特点是一方管理另一方的不平等地位。刑事法律关系是一种特别的关系,在犯罪人与被害人之间构成一种关系,在犯罪人与国家之间,构成另一种追究与被追究的关系。这种关系更是一种不平等的关系。唯有在民事法律关系中,双方都享有权利,又都负有义务,地位平等、等价有偿、公平合理,并且当事人永远是一种相对的形式。在贾广恩和某市有线电视台之间,正是这种平等的、有偿的、相对的关系,这种法律关系的性质如果不是民事法律关系,又会是什么关系呢?因此,必须肯定,本案当事人之间确实存在法律关系,而且这种法律关系的性质是民事法律关系。

三、本案当事人之间的法律关系的真实性质是什么

就本案的性质而言,按照原告的起诉,请求的是侵权;按照判决书的认定,是当事人之间不构成民事关系。以笔者之见,这两种看法都不正确。关于当事人之间究竟有没有民事法律关系,笔者已经作了如上论述,这个问题已经很清楚了。就当事人之间的民事法律关系的真实性质,再作如下阐释:

首先要研究的是,当事人之间的民事法律关系是不是侵权的法律关系。

侵权法律关系是一种法定之债,它不是由当事人相互约定而产生债的关系,而是依照法律的规定,当事人之间发生一定的法律事实时,这种法律事实符合法律规定的

构成要件,就在当事人之间发生侵权的法律关系。这种法律事实就是侵权行为。侵权行为是指行为人由于过错,或者在法律特别规定的场合无过错,违反法律规定的义务,以作为或者不作为的方式,侵害他人的人身权利或财产权利,依法应当承担损害赔偿等法律后果的行为。[②] 侵权行为这种法律事实在发生之前,在当事人之间并不存在相对的权利义务关系,只是存在绝对的法律关系,即财产权利的法律关系或者人身权利的法律关系,一方当事人享有财产权利或者人身权利,是绝对权的享有者;另一方负有尊重和不得侵害他方当事人的这种绝对权的义务;同时,另一方同样享有这样的权利,对方负有相同的义务。一方当事人不履行自己负有的不作为的义务,实施侵害对方当事人的人身权利或者财产权利的侵权行为,破坏了当事人之间存在的、由法律规定的这种绝对性质的权利义务关系状态,就产生了侵权行为之债。

按照上述侵权之债法律关系产生的机理,侵权之债法律关系的最基本特点是:第一,侵权之债产生之前,当事人之间不具有相对性的法律关系,只存在绝对性的法律关系[③];第二,侵权行为的基本要求是行为人实施了具体的不法行为,并且这种行为侵害了对方的人身权利或者财产权利;第三,只有在侵权行为发生之后,在当事人之间才发生侵权之债。在贾广恩起诉的案件中,这样的条件都不具备:首先,在起诉的法律事实发生之前,当事人之间已经存在了相对的权利义务关系,这就是收视和提供收视、交费和接受交费的双务的权利义务关系,这是一种债权法律关系,不是绝对的人身权利或者财产权利的关系。其次,本案的被告并没有实施具体的侵害原告的人身权利或者财产权利的行为,并且原告所受到的损害也不是绝对权的损害;再次,当事人之间所发生的债权关系,不是在行为发生之后产生的,而是在行为发生之前就已经存在的;最后,当事人之间争议的,并不是依照法律所产生的法律关系,而是依照它们之间的约定所产生的争议。因此,这种法律关系,不会是侵权的法律关系。

那么,本案的真实性质究竟是什么,按照上述的分析,结论应当是十分清楚的,就是合同之债,其具体的性质,就是服务合同。其根据是:

第一,原告和被告在建立接收有线电视服务关系之前,进行了约定。按照现行的接收有线电视的规则,用户在使用有线电视服务之前,应当先向有线电视台申请,缴纳费用,然后有线电视台为该用户安装接收装置,之后发送信号。本案原被告之间同样是按照这样的程序进行的。这就是一个完整的要约、承诺过程,其中原告的申请是邀请要约,被告提出的费用标准是要约,原告同意按照被告提出的费用标准交费,就是典型的承诺。在这样的要约承诺过程中,双方约定了详细的权利义务内容。

第二,双方当事人之间的权利义务关系是约定产生的,而不是依照法律产生的。在本案中,原告的权利是接收有线电视台传送的节目,其义务是按照要求按期缴纳收

[②] 参见杨立新:《侵权法论》,吉林人民出版社1998年版,第12页。
[③] 在这个问题上,只有一点特殊,就是在债务人与第三人通谋,共同侵害债权人的债权的时候,就债务人而言,与债权人之间是相对的权利义务关系。这是仅有的一个特例。

视费;被告的权利是接受原告的交费,保质保量地传送电视讯号,保障被告高质量地收看其传送的电视节目。这些权利义务不是由法律规定的,而是当事人双方自己约定的,这正是合同法律关系的特点。

第三,原告和被告之间的这种合同关系,已经在订立合同的时候就特定化了。在双方因为接受有线电视服务问题发生争议时,就是因合同关系而发生的争议,不是因侵权行为而发生的争议。原告诉请的是被告传送电视信号的时候,过量插播广告,在正常节目中叠加字幕广告,影响其收视效果;被告答辩的也是其在传送电视信号的时候插播和叠加广告并未影响原告的收视质量。双方的争议,完全是基于合同关系而产生,是对合同履行发生的争议。

第四,这种合同关系是一种服务合同。服务合同是一种有名合同。尽管《合同法》分则没有对这种合同作出明确规定,但是,并不能抹杀服务合同的典型性。其基本特点就是一方提供某一种服务,并接受服务费用,另一方接受该种服务,并缴纳服务费用。本案正是这样的合同。④

在明确了以上问题之后,应当进一步将问题扩展开来,来研究公共电视台过量插播广告对一般用户是否构成侵权的问题。

公共电视台是为公众提供电视信号服务的公益机构,它是由国家投资兴办的,宗旨是为公众服务,没有特定的用户,任何人都可以接收其发射的电视信号,享受其提供的服务。如果公共电视台过量插播电视广告,影响收视质量,收视人主张电视台承担民事责任时,有两种办法可以选择:一是按照侵权,二是按照违约。

按照侵权主张处理的依据是,双方当事人没有特定的权利义务关系,过量插播电视广告影响收视质量,接收电视的人可以依其正当的收视权利受到侵害为由,主张侵权。不过公共电视台的这种行为应当达到相当的标准,才可以构成侵权,不能因为仅仅是一般的过量插播,就认定为侵权。

按照违约处理的依据是,公共电视信号的播出,接收人接受该种服务,其本质上是一种无偿的服务合同,在接收人接收电视信号的时候,就在事实上建立了这种服务合同关系。公共电视台违背其承诺的服务标准,当然就是违约行为。这种说法也有一定道理,但是由于公共电视台提供的是无偿服务,因此判断违约的标准要高于有线电视台的标准。

在这两种办法中,笔者更倾向于前一种。

四、本案究竟是谁违约以及违约的法律适用问题

(一)究竟是谁违约问题

本案在违约的问题上,有两种不同的说法,一种是认为电视台过量插播广告的行

---

④ 按照《消费者权益保护法》第 3 条的规定,接受服务的行为是服务合同,应当受该法的调整。

为是违约行为,另一种说法是原告拒绝缴纳收视费是违约行为。对此,应当怎样认识呢?

本案当事人之间的服务合同是一种双务合同,双方互负债务。在双方互付的债务之间,在履行上没有先后顺序,应当是同时履行。既然是同时履行的双务合同,双方当事人就都享有同时履行抗辩权。《合同法》第 66 条规定:"当事人互负债务,没有先后履行顺序的,应当同时履行。一方在对方履行之前有权拒绝其履行要求。一方在对方履行债务不符合约定时,有权拒绝其相应的履行要求。"既然如此,有线电视台在履行传送电视信号的时候,过量插播广告和叠加字幕广告,其在履行高质量传送电视节目的义务时,就是不符合约定的。在这种情况下,另一方当事人即原告有权拒绝电视台缴纳收视费的履行要求。这样的行为不是违约行为,反而是正当行使同时履行抗辩权的行为。这是适法行为,法律应当予以鼓励和支持。这种情况不是同时违约,只能是被告违约。任何主张原告违约以及主张双方违约的意见,都是不正确的。

(二)如何适用法律问题

对于这类案件究竟应当怎样适用法律,本案的判决书没有给我们以提示。对此,我们应当研究出具体的办法。既然这样的法律关系是一种合同关系,就应当按照《合同法》处理。⑤ 但是,《合同法》分则没有规定服务合同⑥,对这类案件究竟应当怎样适用法律,笔者的意见是:

第一,《合同法》第 124 条规定:"本法分则或者其他法律没有明文规定的合同,适用本法总则的规定,并可以参照本法分则或者其他法律最相类似的规定。"因此,首先对本案应当适用总则的规定。因此,如上文所说的同时履行抗辩权问题,违约责任问题,以及与本案相关的其他问题,都可以适用《合同法》总则的相关规定。

第二,可以参照最相类似的《合同法》分则的规定。在《合同法》分则中,与有线电视服务合同最相类似的合同规定,就是第十章关于"供用电、水、气、热力合同"的规定。这里规定的这些合同,都是相类似的服务合同,提供服务的单位都是国有的企业或者是事业单位,并且是国家垄断的行业;接受服务的都是只能向这一单位请求服务的用户,无法向其他单位请求这种服务。处理有线电视台过量插播广告违约纠纷,参照这一章的规定,是十分适当的。

第三,对这类案件具体适用法律问题。笔者认为,为了惩罚违约方,保障有线电视台为用户提供高质量的电视信号,适用违约金的方式制裁,更为合适,不适宜用损害赔偿的方式,特别是精神损害赔偿的方式对违约方进行制裁。这是因为,其一,原告在有线电视台的违约行为中并没有受到实际的财产损失,按照"有损害才有赔偿,

---

⑤ 应当说明,这里所说的适用《合同法》的规定,是按照一般的情况而言,不是说本案就可以适用《合同法》,因为在处理这一案件时《合同法》还没有生效。

⑥ 在《合同法(草案)》中,本来是规定了服务合同的,在以后的修改中将其删掉了,这是一个遗憾。没有规定的合同就是无名合同,应当按照无名合同的规则处理。

无损害就无赔偿"的原则,责令被告一方赔偿损失没有客观的依据;其二,在我国,精神损害赔偿限制在较小的范围之内,只适用于侵害人身权的场合,在债权受到损害的合同纠纷场合,适用精神损害赔偿,显然没有法律依据,况且将精神损害赔偿扩大到这样广大的范围,不是设立精神损害赔偿制度的宗旨。反之,适用违约金的制裁方法,既有法律根据,又能够保护债权人的利益,制裁债务人的违约行为,是妥当的。

对于这类案件是否适用《消费者权益保护法》的问题,笔者持肯定意见。这是因为,有线电视这种服务,是一种消费,其性质是文化消费。在现行《消费者权益保护法》中,对消费的界定,并没有作特别的限制性规定,按照该法第 3 条关于"经营者为消费者提供其生产、销售的商品或者提供服务,应当遵守本法"的规定,有线电视服务应当是消费活动。在相关的内容上适用《消费者权益保护法》的规定,是可行的。但是,既然不应当对过量插播广告的违约行为责以损害赔偿,当然就更不能适用《消费者权益保护法》第 49 条关于对服务欺诈处以惩罚性赔偿金的规定。

应当注意的是,有线电视台过量插播广告违约案件的一个极其特殊的情况,就是它的用户太多。如果所有的用户都起诉其违约,将对有线电视台造成极大的打击。对此,应当引起重视。笔者的意见是,确定其违约是必要的,尤其是对典型的案件严肃执法,就会给同行业以一个极好的警醒,提醒该行业的从业人员要把用户的利益放在首位,而不是将"钱"和"利润"放在用户的利益之上。当同行业的从业人员都受到了教育,判决就达到了保护消费者的目的。本案的判决之所以驳回原告的诉讼请求,恐怕也会考虑用户人数过多的因素。但是,法律如果对违约者,尤其是将用户的利益放在一边只追求自己的利润的违约者放任自流,无疑是对侵害消费者利益的行为人的鼓励和纵容,是对广大消费者的打击。

五、结论

通过以上的讨论,可以得出这样的结论:

有线电视台传送电视信号、播出节目,都要遵守国家法律和行政法规的规定,不得违反。这是有线电视台进行正常业务所必需的。这是其接受国家行政管理的一个方面。另一方面,有线电视台与用户之间,具有依据合同建立的民事法律关系,这种民事法律关系的性质是服务合同。在有线电视台与用户之间确定权利义务关系,就是依据这种合同约定的内容。合同的各方当事人都必须遵守自己在合同中约定的内容,不得违反,违反者应当承担违约的民事责任。有线电视台和国家行政管理部门之间的行政法律关系,与有线电视台和用户之间的民事法律关系,不能相互代替,不能因为有线电视台接受了国家行政机关的处罚,就免除其对用户所应当承担的民事责任,也不能因为承担了对用户的民事责任,而不接受行政机关的处罚。这是两种不同性质的法律责任。在处理这类民事纠纷案件时,在《合同法》生效以后,应当适用其总则的规定,同时参照第十章的内容,确定双方的权利义务关系,确定违约方的民事责任。

医疗事故鉴定的性质及其司法审查[*]

江苏省扬州市中级人民法院 2005 年 10 月 9 日就毛红、葛登娣诉扬州市第一人民医院医疗损害赔偿纠纷案,作出(2004)扬民一初字第 009 号民事判决。双方当事人均提出上诉后,江苏省高级人民法院于 2006 年 4 月 28 日作出(2006)苏民终字第 0033 号终审民事判决,维持一审判决,驳回双方上诉人的上诉。本案的一审判决和二审判决,在对医疗事故的鉴定及司法审查、医疗损害赔偿案件的事实认定问题上,以及确定医疗事故损害赔偿责任问题上,都确有值得借鉴的独到见解,回答了司法实践中对医疗事故鉴定的性质及司法审查的可行性,对医疗事故损害赔偿责任确定的法律适用等重要问题。因此,这是两份值得推荐的民事判决,也是值得称道的一件典型案例。就此,笔者作出以下评释。

一、医疗事故鉴定的性质是司法鉴定

在传统的民事审判理念中,医疗事故的鉴定是独家的医学鉴定,因此是由医疗机构的行政主管机关或者医学研究机关独家垄断的医学鉴定,其他任何人都不能染指,不能插手。

原来的《医疗事故处理办法》确定的医疗事故鉴定制度,是由政府的卫生行政主管部门组织医疗事故鉴定委员会,医疗事故鉴定委员会分为三级,省级的医疗事故鉴定委员会是最终的鉴定。对医疗事故鉴定结论,法官无权进行司法审查,只能按照它的鉴定结论认定事实,医疗事故鉴定结论认为构成责任事故或者技术事故的,法院依此作出赔偿的判决;只要医疗事故鉴定委员会作出不是或者不属于医疗事故甚至是构成医疗过错的鉴定结论,法官就无权判决构成医疗事故而确定医院承担损害赔偿责任。

《医疗事故处理条例》实施之后,医疗事故鉴定不再由政府组织,而是由医学会组织医疗事故鉴定的专家库,需要进行医疗事故鉴定时,由医学会负责,随机抽取鉴定专家组成鉴定组,作出鉴定。鉴定级别原则上分为县、地区(市)和省三级,中国医学会在必要时也可以组织鉴定。

根据以上情况可以看出,我国医疗事故鉴定制度存在的最大问题是垄断经营,不

---

[*] 本文发表在《判解研究》2008 年第 4 期。

论过去是由政府组织进行医疗事故鉴定,还是现在由医学会组织的医疗事故鉴定,事实上都是由医疗系统的"医疗人"垄断了医疗鉴定,而法官无权组织医疗事故的专家鉴定。因此,就出现了下面的问题:第一,医疗事故鉴定是医疗部门专断的,只有医疗机构进行垄断经营,他人不得干预,即使是法官对医学会组织的医疗事故鉴定结论存在疑义,也不得自己组织专家进行鉴定;第二,医疗事故鉴定是由集体负责,原来叫做鉴定委员会,现在则叫做鉴定组,因此,鉴定结论不是由专家个人负责,而是由集体负责,而集体负责的最根本问题就是无法追究个人的责任,也就出现了法律上可以追究责任而在实际上不能追究责任的现实状况;第三,鉴定专家不是对法律负责,不是对法院和法官负责,而是对政府或者医学会负责,也就是对医疗机构或者医疗机构的管理者负责,当出现鉴定专家作弊或者错误鉴定的时候,也就不能追究其个人的法律责任;第四,这样的制度,将医疗事故鉴定排除在司法鉴定之外,法律无法进行约束,因而使医疗事故鉴定成为医学界的"专利",事实上排除了司法的审查和约束。

这样的制度,既不符合司法活动的规律,也不符合民事诉讼制度的本质要求,正因为如此,在现实生活中才不断出现医疗事故鉴定作弊、包庇医生、损害患者利益的事件,使医疗事故鉴定制度失去了其应有的权威性,可信度和公信力大大降低,不能得到公众的信任。因此,这种医疗事故鉴定制度必须予以改进。

当然,《医疗事故处理条例》规定的医疗事故鉴定制度已经有了一定的改变。从表面上看,医疗事故鉴定是由政府组织进行变成了由民间组织即医学会组织进行,在性质上好像有了变化,但是,由医疗机构的主管机关以及医学研究机构组织进行医疗事故鉴定的方式并没有根本的变化,医疗事故的鉴定仍然掌控在医疗专业"医疗人"的手中,早就形成的对医疗事故鉴定的独家垄断性质并没有改变。

笔者曾经专门到德国和荷兰对他们的医疗事故(他们叫做医生责任)鉴定的问题进行过专门的考察。无论是在德国还是在荷兰,法院认定医生责任,鉴定都是必经程序,但不是法定程序。在审理医生责任案件时,涉及责任认定的,法官必须组织鉴定,通过专家的鉴定,认定责任是否存在。德国和荷兰也有医疗事故鉴定机构,但与法官组织医疗专家鉴定的鉴定人不是一回事。德国类似于医疗事故鉴定委员会的机构是医生协会,该协会对医生进行管理,代表医生的利益。每一个州的医生协会分会中都设立鉴定委员会。如果发生了医生责任的争议,病人可以请求这个委员会进行鉴定,并且可以进行调解,如果患者能够接受调解和鉴定,则病人不再起诉,就解决了纠纷。病人如果不同意鉴定意见或者调解,甚至认为鉴定结论是偏袒医生的,可以向法院起诉。在荷兰,医院设立投诉委员会,受理各种医疗投诉;此外,全国设立五个医生纪律委员会,医生纪律委员会可以对患者有关医生责任的投诉进行调查,作出结论,并且对医生的过失进行处置。

在德国,法官组织的医生责任鉴定,是法官依照程序进行的。每一个医生都有义务就法官提出的问题为法官作出鉴定结论。每一个法院都有一个列表,列出每一个具有某种医科鉴定人资格的医生的名单,鉴定时,法官从中选择在这个领域最为权威的医生作为鉴定人。法院有专门审理医生责任案件的合议庭,审理这些案件的法官也就成了这类案件的专家,对鉴定意见能够进行审查,作出自己的判断,因此,鉴定人还存在着一个自己的鉴定能不能说服法官的问题。那种由医疗事故鉴定委员会作出的鉴定,对法官没有约束力。法官如果认可该鉴定委员会的鉴定结论,则确定鉴定委员会中的一个专家写出鉴定委员会的鉴定意见,作为证据使用,由该专家负责任;法官可以完全抛开鉴定委员会的结论,另外找专家进行鉴定。在荷兰,民事法官认定医疗过失有相应的程序和条件,法官可以聘请专家进行鉴定、调查,确定是否存在医疗过失,是否有医疗损害的事实。即使是医生纪律委员会鉴定说医生有过失和损失的事实,法官也不一定采信。法官对医生责任案件也可以进行调解,先给对方一个反映的机会,如果双方都认可这个调解,就可以结案;如果不同意调解,则由法官判决。但是,医生纪律委员会的结论对法官没有拘束力。

扬州市中级人民法院和江苏省高级人民法院在本案中对医疗事故鉴定的处理是特别值得借鉴的。首先,他们没有依据《医疗事故处理条例》的规定,由医学会组织专家鉴定,而是准许向法庭提交原告在诉前聘请的山东金剑司法鉴定中心作出的司法鉴定结论。在诉讼中,扬州市中级人民法院征得双方当事人同意,专门委托西南政法大学司法鉴定中心进行医疗司法鉴定。这种做法,实际上就是认可医疗事故鉴定并非是一律的医学鉴定,而是司法医学鉴定,法院有权委托具有司法鉴定资格的鉴定人进行医疗事故或者医疗过错的鉴定。其次,既准许当事人自己委托进行医疗过错的鉴定,也可以由自己委托具有鉴定资格的鉴定机构进行医疗过错鉴定。再次,进行医疗事故的鉴定,应当由鉴定人个人进行,实行个人负责制,并不是组成专家鉴定组进行鉴定。

这些做法说明:

第一,应当确认医疗事故鉴定的性质是司法鉴定,必须改变医疗事故鉴定的医学技术鉴定性质。过去之所以将医疗事故鉴定确定为医学技术鉴定,理由就是医疗事故鉴定是专业鉴定,法官不懂医学,因此,只能由医学机构组织鉴定,而不能由法官自己组织。这是一种误解。医疗事故鉴定是司法医学鉴定,其基本性质是司法鉴定,是司法鉴定中的一种。法官不懂医学,并不是否定医疗事故责任鉴定的司法鉴定性质,法官也可能不懂刑事鉴定专业,也不懂物理、化学专业,尤其是不懂人类基因识别专业,但是,都由法官组织与此相应的司法鉴定,对鉴定结论有权进行司法审查,确认事实,作出法律认定。医疗事故鉴定同样也该如此,而且唯有如此,才能够打破医疗事故鉴定的垄断性,实行科学的医疗事故的司法鉴定制度。

第二,既然医疗事故鉴定是司法鉴定,那么,法官就应当享有全面的医疗事故司法鉴定的决定权、组织权。需要进行医疗事故鉴定的,应当由法官决定;对于医疗事故的鉴定应当由法官组织,确定鉴定的合适人选,确定鉴定的时机,确定应当鉴定的内容。

第三,医疗事故鉴定应当实行司法鉴定专家个人负责制。在一般情况下,应当否定医疗事故鉴定的集体鉴定制,而由个人负责,对于作出的鉴定结论,鉴定专家个人承担责任。为了增加鉴定结论的科学性和可信性,可以建立鉴定结论的复核制,另外聘请一个鉴定专家对鉴定结论进行复核。鉴定专家和复核专家各负其责,发生错误,都应当承担自己的责任。应当坚决改变医疗事故鉴定组对医学会负责的观念,采用鉴定专家单独对法律负责,对法院负责,对法官负责的理念。实行这样的制度,可以建立鉴定专家的荣誉感和责任心,对故意作出错误鉴定,对其他医生进行包庇的鉴定专家,应当取消其鉴定专家资格,直至追究其专家侵权责任,承担错误鉴定的损害赔偿责任。

第四,应当明确医学会在医疗事故责任鉴定中的职责,仅仅在于负责向法院推荐医疗鉴定专家,对鉴定专家进行行政管理,组织培训。具体组织鉴定并非医学研究机构的责任,而是法院和法官的责任。医学会不得插手医疗事故鉴定的具体事宜,不得非法干预鉴定的过程和鉴定结论,保障医疗事故的鉴定一切都要依照司法鉴定的程序进行。

确认医疗事故的鉴定是司法鉴定性质,采取上述一系列具体方法进行,就能够打破医疗事故鉴定的独家垄断做法,实行科学的、符合司法规律的医疗事故鉴定机制,维护法律的尊严和公正。这是本案一审判决和终审判决给我们的这种意见的一个重要佐证。

二、法官有权对医疗事故的鉴定结论进行司法审查

对于医疗事故的鉴定结论,法官究竟有没有权力进行司法审查? 传统的看法是,医疗事故鉴定是医学专业鉴定,法官无法审查,因此也就无权进行审查,医疗事故鉴定结论认定是医疗事故的,法官就判决赔偿,医疗事故鉴定结论不认为是医疗事故的,法官就判决驳回患者的起诉。笔者曾经办理的一个案件,患者患眼病,原来的视力为0.8,由于医生写错了眼药的剂量,护士就按照处方错写的剂量用药,结果造成该患者视力下降到0.02的严重后果。但是,由于医疗事故鉴定委员会出具的鉴定结论认为不构成医疗事故,因此法院判决驳回了原告的诉讼请求。该患者在其后长期投诉无门,无法维护自己的合法权益。

事实上,只要确认医疗事故鉴定的性质是司法鉴定,那么,法官就有权对其结论的真实性和客观性进行审查,并且根据自己的审查,确认鉴定结论的真实性和客观性,并且最终确认是否采纳该医疗事故的鉴定结论认定案件事实、认定医院责任。

笔者在德国和荷兰进行医疗事故法律适用的考察中,发现他们的做法就是这样的。在德国和荷兰,与其他司法鉴定一样,医疗鉴定专家对医生责任的鉴定结论也不是认定案件事实的唯一证据,法官有权进行审查,确认是否采信这一医生责任的司法鉴定。如果法官自己对案件事实的判断与专家的鉴定意见不同,法官可以按照自己的意见认定,但法官必须在判决中作出说明,说明自己意见的理由,否则,判决将会被

撤销。

对于医疗事故医学司法鉴定的结论,法官享有审查权。应当像对待其他司法鉴定结论一样,法官有权进行司法审查,有权决定是不是应当重新鉴定,有权决定对医疗事故鉴定结论是否采信。对此,也应当像道路交通事故的责任认定结论一样,如果有充分的根据,法官有权依据调查的事实,或者根据更有权威的鉴定结论否定原来的鉴定结论。法官不仅对其他司法鉴定机构作出的医疗事故的鉴定结论可以进行审查,而且可以对现行的医学会组织的医学专家进行的医疗事故鉴定结论进行审查。只有这样,才能够保证医疗事故责任认定的准确性和合法性,能够充分保护患者的合法权益不受侵害。

扬州市中级人民法院和江苏省高级人民法院对本案医疗事故的鉴定结论,正是这样进行审查的,并且最终作出了关于医疗事故的准确结论,实事求是地认定案件事实,保障了受害人的权利损害得到充分的救济。

在本案中,存在两份医疗事故的鉴定结论:

第一份是受害人家属在诉前聘请山东省金剑司法鉴定中心出具的司法鉴定结论。该鉴定结论确认:被鉴定人毛凯悦(系本案受害人、二原告之女)死亡与被告诊疗有相对因果关系,理由是:(1)认为毛凯悦后颅凹肿瘤、脑疝事实存在,其死亡系颅内肿瘤致脑疝并呼吸、循环衰竭造成。而心肌炎的诊断,其临床症状、体征和辅助检查结果难以支持。(2)毛凯悦从 2004 年 1 月 27 日至 2 月 20 日前在医院 20 余天内未作头颅 CT 检查,以致对后颅凹肿瘤不能作出报告,属于延误诊断。(3)由于毛凯悦到医院未及时作头颅 CT 检查,故不能早期明确诊断颅内肿瘤,仅按胃炎、心肌炎治疗,以致效果不佳,属于误诊后的误治。特别是在 2004 年 1 月 28 日 2 时之前约 14 个小时内病情相对较轻的情况下,未能作颅内 CT 检查,以致未能发现后颅凹肿瘤,如果期间给以 CT 检查,能及时发现并给以手术治疗,完全可以挽救患儿或延长其生命。

第二份西南政法大学司法鉴定中心司鉴(法医)字第 20041358 号鉴定书的鉴定结论是:(1)扬州市第一人民医院的病历书写存在不规范行为,但不影响基本医疗事实的认定。(2)扬州市第一人民医院的医疗行为与患儿(毛凯悦)的死亡后果无关。(3)扬州市第一人民医院履行告知义务方面的不足,与患方所花费的不必要的医疗费用有关联。

面对两份司法鉴定的鉴定结论的矛盾,一审法院在审理中,指定两个司法鉴定中心的鉴定人出庭接受质询,进行质证。

一审法院审理认为:

第一,被告的医疗行为有过错,理由是:(1)被告将患儿毛凯悦作为危重病人收住入院,门诊和入院诊断均要求呕吐待查,被告医生虽然在毛凯悦入院时的 27 日中午开出肌钙蛋白和心肌霉谱检验单,但一直到次日凌晨 2 时后患儿出现心跳、呼吸停止后方才送检,检验结果为正常,未能及时作出鉴别诊断,延误了治疗和抢救的时机,未尽到高度谨慎的注意义务。(2)被告门诊及住院经治医生未能在患儿病情危重之前问诊出患儿曾有步态不稳的情况,属于问诊不够仔细,漏问了重要病情。(3)经司法鉴定认定,被告"危重症护理记录单"上"时有烦躁不"五字处有明显擦刮添加,不能判读原有字迹。"病历记录单"第6页倒数第7行"王??副主任医师查房录"等字;第17页正文第1行、第10行的红色字迹是添加形成。该行为严重违反了医疗文证材料书写规范。(4)经司法鉴定认定,从被告病程记录中可以看出经治医师对神经内、外科专家的会诊意见回应的不够,和患方的交流(告知义务)不足。当获知神经内科专家的会诊意见后,经治医师没有对"后颅凹病变可能"提出自己对此诊断的认识和处理措施。在患儿呼吸、心跳停止,抢救20天后,才对患儿作了CT检查,最终确诊患儿所患疾病系后颅凹肿瘤,客观上延误了"后颅凹肿瘤"的诊断。

  第二,被告的医疗行为与毛凯悦的死亡之间存在相当因果关系,理由是:(1)被告收治患儿毛凯悦后,虽认为其系危重病人,但并未及时对病情作出鉴别诊断,两份化验单经治医生开出后并未立刻执行,而是在开出10小时后,毛凯悦的病情发生突变后才执行,客观上造成了不能确诊病情,延误了治疗,丧失了抢救的时机。(2)由于不能确诊病情,又大剂量输液,客观上为脑水肿的形成进而发生脑疝提供了外在条件。(3)关键时间段的护理记录被被告刮擦、涂改,造成原有内容不能判读,其涂改后的内容不足以让人确信其记载内容的真实性。根据《关于民事诉讼证据的若干规则》的规定,故被告对改节重要事实应承担举证不能的后果。(4)毛凯悦在1月27日23:12时出现了教科书上典型的枕骨大孔疝的症状时,未能引起被告经治医生的足够重视,从被告经治医生使用甘露醇的情况看,实际上此时经治医生已经意识到患儿存在颅压高的症状,但仍未进一步做脑部检查,使患儿丧失了最后的治疗机会,此行为与被告医院的医疗水准不符。(5)考虑毛凯悦所患疾病为后颅凹肿瘤,该病有恶性居多的特点,故综合确定被告的医疗过错行为和毛凯悦的原发病各占造成毛凯悦死亡的原因力的50%。

  二审法院对本案审理确认:

  第一,扬州市第一人民医院对毛凯悦的医疗行为存在过错,该过错与毛凯悦的死亡之间存在相当因果关系,具体理由是:(1)毛凯悦入院后,扬州市第一人民医院对其进行初步诊断,病程记载毛凯悦存在呕吐现象,扬州市第一人民医院怀疑是心肌炎,开出肌钙蛋白和心肌霉谱化验单各一份,用于心肌炎的诊断,但未及时送检,次日凌晨2时后毛凯悦出现心跳、呼吸停止症状后,扬州市第一人民医院对毛凯悦进行上述检验,检验结果是阴性。扬州市第一人民医院的行为延误了后续的治疗,存在过错。(2)在没有确诊病情的情况下,扬州市第一人民医院对毛凯悦进行输液治疗,而后颅凹肿瘤导致颅内压增大,本应进行脱水治疗,无论输液量是否足以导致脑水肿,扬州市第一人民医院的行为客观上导致毛凯悦颅内压进一步增大,对引发脑疝提供了外在的条件。(3)至2004年1月27日23:12时,毛凯悦病情出现转折,是否出现了枕骨大孔疝典型症状之一"颈项强直",双方当事人存在争议。扬州市第一人民医院的行为在该关键时段的护理记录存在多处擦刮涂改添加现象,扬州市第一人民医院关于笔误后涂改的辩解不能令人信服。按照最高人民法院《关于民事诉讼证据的若干规定》,应当由扬州市第一人民医院承担举证不能的后果。故应认定此时毛凯悦已经出现了枕骨大孔疝典型症状。(4)按照医疗常规,出现了枕骨大孔疝典型症状,应当作颅脑 CT 检查。但扬州市第一人民医院一直到毛凯悦呼吸、心跳停止抢救 20 日后,才作颅脑 CT 检查,明显不当。综上,扬州市第一人民医院作为三级医院,应当具有相应的医疗技术水准,对毛凯悦的诊疗行为与该水准不符,存在明显的过错,该过错导致延误了对毛凯悦后颅凹肿瘤的及时诊治,加速了后颅凹肿瘤发展的进程,与毛凯悦死亡之间存在相当因果关系。

第二,扬州市第一人民医院对毛凯悦的诊疗行为并非毛凯悦死亡的唯一原因,理由是,毛凯悦所患后颅凹肿瘤,有恶性居多的特点,即使得到治疗能否治愈亦不确定,治愈后预期生存年限不长。原审法院考虑到该因素,认定扬州市第一人民医院对毛凯悦的医疗行为与毛凯悦原发病各占 50%的原因力,并无不当。

两级法院的判决书对于医疗过错和原因力的认定是一致的。作出这样的认定,基本上否定了西南政法大学司法鉴定中心的鉴定结论,部分采纳了金剑司法鉴定中心的鉴定结论,同时也有法官依据医学原理作出的客观判断。这样的做法说明,对于司法鉴定,特别是医疗事故的司法鉴定,法官享有司法审查的权力,无论是采纳鉴定结论,还是否认鉴定结论,都应当说出充分的理由,因而不仅使当事人信服,也使他人确信法院的判决的正确性。哪种认为法官不具有医学专业知识,就不能对医疗事故的鉴定结论进行审查,只能依照医疗机构的医学专家组织的医疗事故鉴定结论认定事实的意见,在两份判决书面前,显得非常苍白。

因此,不仅是在案件出现两份相互矛盾的医疗事故鉴定结论时,也不仅是针对非医学会组织的医疗事故的鉴定结论,而是在所有的有关医疗事故的鉴定结论面前,法官都应当进行司法审查,确认事实,作出判决。否则,就是法官对事实的不负责任,对法律的不负责任。

三、确定医疗事故或者医疗过错赔偿责任的法律适用问题

目前,在医疗事故侵权责任的司法实践中,存在的一个普遍的法律适用问题,就是认定为医疗事故的案件,按照《医疗事故处理条例》规定的赔偿标准,赔偿的赔偿金较低;而不认为是医疗事故的医疗过错的案件,按照《民法通则》和人身损害赔偿司法解释规定的赔偿标准,赔偿的赔偿金较高。这实际上是司法实践中存在的一个混乱现象,是不正常的。

可以肯定,存在这个问题的根本原因是《医疗事故处理条例》规定限额赔偿的标准过低,不足以救济受害人的损害,不能很好地保护受害人的合法权益。这种法律冲突是现行法律规定与行政法规发生冲突、行政法规不遵守基本法规则的典型表现。对此,最高人民法院采取了一个不正常的法律适用方法,放任行政法规中过低的赔偿

标准在司法实践中适用,不执行民法基本法和侵权行为法规定的侵权损害赔偿数额确定的基本规则,造成了目前医疗事故赔偿责任数额确定上的法律适用混乱。之所以出现了构成医疗事故赔偿数额较少,不构成医疗事故采取医疗过错起诉反而赔偿数额较多的矛盾情况,是当事人和法官对这种不合理的赔偿制度采取的一种过激反应,其实也是正常的。目前最应当解决的,是尽快解决好这种法律适用存在的问题,避免出现更多的矛盾。

有的法院对这个问题贯彻"区分不同案件类型分别适用法律"原则,将医疗损害赔偿纠纷分为医疗事故损害赔偿纠纷和一般医疗损害赔偿纠纷。一般医疗损害赔偿纠纷,包括不申请进行医疗事故技术鉴定、经鉴定不构成医疗事故,以及不涉及医疗事故争议的医疗损害赔偿纠纷。患者可以医疗事故损害赔偿纠纷为由起诉,也可以一般医疗损害赔偿纠纷为由起诉。如果医疗机构提出不构成其他医疗损害赔偿纠纷的抗辩,并且经鉴定能够证明受害人的损害确实是医疗事故造成的,那么人民法院应当按照《医疗事故处理条例》的规定确定赔偿数额,而不能按照人身损害赔偿司法解释的规定确定赔偿数额。患者一方起诉要求医疗事故损害赔偿,经鉴定不构成医疗事故的,应允许患者一方变更事实主张和诉讼请求。由于《医疗事故处理条例》遵循的是有限赔偿原则,而《民法通则》遵循的是全部赔偿原则,因此,如果按《医疗事故处理条例》规定的赔偿标准确定赔偿金的数额显失公平,不足以救济受害人的损害时,法院保留最终的司法决定权,可以确定更高的赔偿数额。

这个办法的最后一部分是有道理的,问题出在前边的内容,即构成医疗事故责任的,就按照《医疗事故处理条例》规定的标准进行赔偿,不能依照人身损害赔偿司法解释规定的标准赔偿,这样的做法不公平,有悖于基本法的规定。

对目前的这种状况,在临时对策上,笔者建议应当采取请求权法律基础的办法予以解决。对同一种法律现象,法律设定了不同的法律规范,就赋予了当事人不同的请求权,形成了请求权竞合。如何处理请求权竞合的问题,应当由当事人从自己的利益出发进行选择。医疗事故造成患者的人身损害,既符合《医疗事故处理条例》规定的医疗事故侵权的要求,也符合《民法通则》第 106 条第 2 款规定的侵权行为一般条款的要求,就形成《医疗事故处理条例》赋予患者的请求权与《民法通则》赋予患者的请求权的竞合。医疗事故的受害患者完全有权在《医疗事故处理条例》赋予的请求权和《民法通则》赋予的请求权中进行选择。如果患者自愿选择《医疗事故处理条例》作为自己行使的请求权的法律基础,法院完全可以支持;如果患者选择《民法通则》作为自己行使的请求权的法律基础,要求适用人身损害赔偿司法解释规定的赔偿标准,也是完全正当的,法院也应当予以支持。只有这样,才能够尊重患者的权利,实现法律适用的统一。对此,不能强行规定什么样的情况适用《医疗事故处理条例》规定的赔偿标准,什么样的情况适用人身损害赔偿司法解释规定的赔偿标准。这种做法是对当事人权利的不当限制。

在本案中,由于一审法院和二审法院认定本案的性质是医疗过错侵权责任,因此,直接适用《民法通则》第 106 条、第 119 条以及最高人民法院《关于审理人身损害赔偿案件适用法律若干问题的解释》的规定,确定被告向原告承担赔偿 28.831785 万元的责任,其中包含精神损害赔偿责任 4 万元。这个赔偿数额远远高于《医疗事故处理条例》规定的赔偿标准。笔者赞成这样的判决。

笔者并不反对医疗事故责任的赔偿标准要适当降低的主张。2003 年,笔者在美国加州大学考察美国侵权行为法的时候,美国国会正在讨论限制医疗事故赔偿标准的法案。在美国的绝大多数州,普遍存在医疗事故赔偿金越来越高的现象,原因是不断增加赔偿金,医院就要不断提高医疗事故保险的保险金,因此又要不断提高患者的医疗费用,最终形成恶性循环,造成更多的患者看不起病的状况。只有适当限制医疗事故赔偿数额,才能够保障更多的患者看得起病。而加州通过立法,限制医疗事故精神损害的过度赔偿,就没有出现这样的问题。事实上,在医疗事故中受害的患者和全体患者之间存在利益的冲突,如果受害患者获得过多的赔偿,医院就要付出更多的赔偿金,同时也就要从患者的医疗费中拿出更多的钱支付,这样当然要增加医疗费用,损害的是全体患者的利益。所以,依据过错责任原则确定医疗事故责任,就是最好的平衡利益冲突的办法。正因为如此,保护全体患者的利益,并不是要减少赔偿标准或者赔偿金数额,而是减少不必要的赔偿。《医疗事故处理条例》显然是没有正确理解这个问题,制定了过低的赔偿标准,损害了受害患者的合法权益。

在这个问题上,最终的解决办法是立法和司法应当统一思想,从民法的基本原则和法律适用的基本规则出发,统一人身损害赔偿的标准,而不能准许某些行政法规另搞一套,损害国家法制的统一,损害当事人的合法权益。

推动中国人格权立法发展的十大经典案件[*]

[导语]

《民法通则》公布实施已经十几年了,正在制定民法典。在这十几年中,从最初《民法通则》规定了生命健康权和姓名权、肖像权、名誉权、荣誉权开始,我国的人格权立法和法律保护进入了一个新的历史时期。在这十几年中,司法实践既遵循《民法通则》的规定,又不断探索人格权法律保护的新领域,积累了很多具有重要理论和实践意义的民事案例。在起草民法典草案总结司法经验时,这些案例不时地在闪闪发光,提醒人们尊重人格权,保护好人格权,使人在这个世界上得到其应有的地位和权利,而不要忘记了人在丧失了尊严时所遭受的惨痛。回顾这十几年人格权的发展历史,重温这些激动人心的经典案例,笔者总在想,将来的民法典不能没有人格权的地位。

把这些经典案例简要地写出来,给读者提供回忆和展望的素材,借以推动民法典的起草工作,推动人格权立法的发展,也是一件很有意义的事情。因此,笔者用了一些通俗的文字描述这些案例并且进行评述,只是在内容上作了一些虚化的处理,这样可能会更好一些。

1. "好一朵蔷薇花"案(1987年)
(入选理由:最早发生的媒体诽谤名誉权的案件)

[案情]

1985年1月18日,某日报发表了长篇通讯《蔷薇怨》,《人民日报》予以转载,对某县农机公司统计员王某某与单位领导的不正之风作斗争的事迹作了报道。嗣后,女作家刘某到该县体验生活,根据一些人的反映,认为《蔷薇怨》的内容失实,以"为正视听,换回《蔷薇怨》给某县带来的严重困难"为写作目的,撰写了"及时纪实小说"《特号产品王某某》。文章使用真实姓名,声称"要展览一下王某某",在文章的人物对话中,使用"小妖精""大妖怪""流氓""疯狗""政治骗子""扒手""造反派""江西出产的特号产品""一贯的恶霸""小辣椒""专门的营私者""南方怪味鸡"和"打斗演

---

[*] 本文发表在《方圆》2003年第8期,发表时的标题是《十大经典案件推动中国人格权立法》。

员"等词语,侮辱王某某的人格。该文在《女子文学》《法制文学选刊》《江河文学》和《文汇月刊》4个刊物发表,发行总计64.9万册。王某某向法院起诉,要求刘某和发表这一作品的刊物承担侵害名誉权的民事责任。法院支持了原告的诉讼请求。

[点评]

这个案件是《民法通则》实施后最早发生的一件极为有影响的侵害名誉权案件。案件的典型性在于:第一,它涉及的是文学作品的侵权问题,写作小说会不会侵害人格权。案例的回答是,文学作品以及其他任何文字作品,只要是用来侮辱诽谤他人的,都能构成侵权的行为方式。第二,在事实基本真实的作品中,只有侮辱的语言,是不是构成侵权责任。案例的回答是,无论是纪实性的文章还是评论的文章,事实不真实,当然构成侵权;事实真实但使用了侮辱、诽谤的语言,使他人的名誉受到损害的,也构成侵权。第三,构成侵害名誉权的损害事实究竟应当怎样认定。法律并不要求受害人一定要造成痛不欲生、寻死觅活的后果才是精神损害事实,才能够构成侵权责任的损害事实要件,而是侮辱、诽谤的言辞已经被第三人知道,即"公布"即为造成了侵权的损害事实。因此,这个案例是非常经典的,在人格权法的发展中具有重要地位。

2. "女经理隐私被宣扬并加以批判"案(1987年)
(入选理由:最早的隐私权受到侵害被认定为侵害名誉权的案件)

[案情]

1987年,被告曲某某任供销公司的副经理,原告洪某系该公司的经理、党支部书记。二人在工作中配合不够默契,曲某对洪某有成见。一次洪某外出,忘记将办公桌的抽屉锁好,曲某趁机翻看,见有洪某的一本日记,便擅自翻阅,发现洪某在日记中记载她对初恋男友的倾心、怀念、思恋的感情,自我倾诉对该男友的相思之苦,把自己比做安娜,把该男友比做渥伦斯基,把自己的丈夫比做卡列宁,感到自己陷入苦闷而无力解脱。曲某见此如获至宝,将相关的内容摘记下来,组织成了证明洪某道德败坏、生活作风不端正的材料,复印数份,寄送组织、纪检、监察等有关部门,又召开公司职工大会,在会上宣读了洪某日记中的部分内容,并加以夸张、歪曲的解释。洪某回到单位后,职工对其疏远躲避,有关领导又找其谈话,洪某方知内情。她为维护自己的隐私权和名誉权,向法院提起诉讼,要求法院判令被告停止侵害,赔礼道歉,赔偿损失。法院认为曲某的行为构成侵权,支持了原告的诉讼主张。

[点评]

《民法通则》没有规定隐私权,因此隐私权究竟是不是人格权,受到很多人的质疑。在实践中,隐私权受到侵害的案件不断发生,需要处理,对受害人予以法律保护。

最高司法机关在司法解释中确定,对隐私权采取间接保护方式进行保护,即侵害隐私权使受害人的名誉受到侵害的,按照名誉权的法律规定处理。本案就是最为典型的一个。事实证明,对于隐私权的间接保护方式虽然起到了一定的作用,但是没有确立对隐私权直接保护的制度,就无法全面、完善地保护隐私权。尽管最高人民法院在2001年作出了对隐私利益采取直接保护方式的司法解释,但是,仅仅承认隐私权是人格利益而不是权利,显然是不对的。可以说,隐私权是最近十几年来普及最为广泛的人格权概念之一,社会的文明进步要求完善对隐私权的立法和法律保护措施。同时,这个案件也提出来一个问题:没有法律规定的人格权难道就不是人格权吗? 主张"人格权法定"的意见,受到严峻的质疑。

3. "荷花女"案(1988年)

(入选理由:最早发生并由此作出对死者名誉利益予以保护的司法解释的案件)

[案情]

原告陈某系新中国成立前已故艺人荷花女的母亲。1940年,荷花女参加庆云戏院成立的兄弟剧团演出,从此便在当地红极一时,后于1944年病故,年仅19岁。被告魏某以"荷花女"为主人公写小说,曾先后三次到原告陈某家了解"荷花女"的生平以及从艺情况,并向"荷花女"的弟弟了解情况并索要照片,随后创作完成小说《荷花女》,共11万字。该小说使用了荷花女的真实姓名和艺名,陈某在小说中被称为陈氏。小说虚构了荷花女从17岁到19岁病逝的两年间,先后同3人恋爱、商谈婚姻,并3次接受对方聘礼之事。其中某人已婚,荷花女"百分之百地愿意"为其作妾。小说还虚构了荷花女先后被当时帮会头头、大恶霸奸污而忍气吞声、不予抗争的情节,最后影射荷花女系患性病打错针致死。该小说完稿后,作者未征求原告等人的意见,即投稿于某《晚报》报社。该《晚报》自1987年4月18日开始在副刊上连载该小说,并加插图。小说连载过程中,原告及其亲属以小说插图及虚构的情节有损荷花女的名誉为理由,先后两次到《晚报》报社要求停载。《晚报》社对此表示,若荷花女的亲属写批驳小说的文章,可予刊登;同时以报纸要对读者负责为理由,将小说题图修改后,继续连载。原告以魏某和《晚报》报社为被告,向法院起诉,要求被告承担侵害死者名誉权的民事责任。

[点评]

《民法通则》规定了名誉权受法律保护,但是没有规定死者的名誉利益是不是要保护以及怎样保护的问题。这个案件是第一次提出这个问题,需要理论和实践的解决。对于这个案件的讨论和关注程度是极为广泛的,不仅在学术上和司法实践上有重大影响,而且在普及法律方面所起的作用也是不可低估的。最高人民法院就此案作出司法解释,对于死者的名誉利益应当予以保护,其近亲属有权提起保护死者人格利益的诉讼请求。因而在我国的立法和司法以及理论研究上都产生了重大影响。今天，死者的人格利益受到保护已经写进了民法典草案的人格权法编，再也不是争论的问题了。在这个问题上，这个案件的作用是不能忘记的，它的光辉永存。

4. "人体画展览风波"案(1988年)
（入选理由：影响最为轰动、拖延时间最久的侵害肖像权案件）

[案情]

甲、乙、丙三人都是某美术学院模特工。在招聘的时候，双方约定按照《招聘简章》处理聘用事宜。该美术学院《招聘简章》规定，模特用于课堂教学、写生，对模特工的工作情况予以保密。校方使用模特工规则规定：教学使用模特工，由任课教师填写模特订单，经系主任批准；教师创作，也应先填订单经系主任批准。承包创作任务的单位所用模特工，须在订单上注明，在任务结算时从稿费中偿还模特费。按照上述规定，三位模特工为美术学院提供服务。1988年举行全国首届人体油画大展，规模空前，中国美术馆门前观赏的人排成长龙。油画作者未经三名模特工的同意，将以三名模特工为模特创作的人体画也予以公开展览，作者和美术学院获得若干展出的收益。原告以被告违背原来商定的协议为由，认为公开展示其人体作品侵害其肖像权，请求法院予以保护。直到20世纪90年代末，这个案件才审判终结，保护了原告的合法权益。

[点评]

这个案例的典型意义并不特别重大，但是它的影响极大。在当时，举办第一届人体油画展览就是一件轰动的事件，再加上出现了肖像权纠纷案，造成了极大的影响。因此，它对普及人格权法律知识是极为重要的。之所以这个案件存放了10年之久才审理终结，就是为了要"冷处理"。在这个案件中，主要涉及的法律问题是对模特肖像权保护的特殊性。对于模特的肖像权应当进行保护，但是由于提供模特创作作品的特殊性，对其肖像权的保护是应当有特殊规定的。我们在起草民法典草案专家建议稿时，起草了一个条文，就是"自然人接受作为人体模特的约定，视为放弃以其人体形象创作的作品的肖像权。当事人有特别约定的，从其约定"。这样规定的理由就是，既然接受作为人体模特的约定，就准许对方以其人体创作作品，如果既准许其以其人体创作作品，又不准许将创作出的作品展出或者出卖，主张这些作品的肖像权，那么提供人体模特创作就没有意义。至于本案之所以认为构成侵害模特的肖像权，是因为双方约定了对模特身份的保密条款。如果不是这样约定，不应当认定为构成侵权。另外一点，对一个民事争议的案件，长达10年才予以处理，显然看出"长官意志"对民事审判活动的干预作用。这不符合司法规律的要求。

5. "擅自使用病患肖像"案(1990年)

(入选理由:肖像权受到侵害而没有得到司法支持的典型案件)

[案情]

朱某幼年患眼睑重症肌无力症,于1967年去眼病防治中心防治所诊治。应经治医生请求,朱的家长提供了朱患病症状的照片。后医生陈某接受了朱的治疗资料,接手为朱治疗,基本治愈。朱的家长按照医生的请求又提供朱治愈后的照片一张,交陈某作为医学资料保存。陈某总结自己几十年的治疗经验,撰写了《重症肌无力症的中医诊治和调养》一书,自费出版。后来,陈某在该防治所开设业余专家门诊,专治此症,从中提取50%的挂号费。1989年,陈某撰写稿件,由某科技报社的编辑加工修改,在该报公开发表,介绍该病症的症状及陈的治疗效果,介绍陈的坐诊时间和著作,并擅自配发了朱治疗前后的两张照片。朱某认为陈某与某科技报社发表该文时使用其肖像,未经自己同意,具有营利目的,侵害了其肖像权,故向法院起诉,请求精神损害赔偿。法院认为宣传医疗知识对社会有利,该行为不构成侵权,故驳回原告的诉讼请求。

[点评]

本案的两个被告未经本人同意,擅自使用原告的两幅照片,其中一幅是其患病病容的肖像,其行为既侵害了原告的肖像权,也侵害了原告的隐私权,给原告造成的精神损害是很严重的。本案在审理过程中提到了两个问题:第一,《民法通则》第100条中规定的"营利目的"是不是侵害肖像权的构成要件。肯定者说既然是法律的规定就应当是构成要件,否定者说这只是一种表述而不是规定侵权责任。讨论的主导意见是后者。第二,宣传医疗成果是不是就构成侵害肖像权的正当抗辩事由。为公共利益需要而使用他人的肖像和隐私,是构成合法抗辩的,但是,这种宣传医疗成果能够达到这样的程度吗?一方面,肖像权和隐私权都是人的绝对权,除非需要牺牲人格权的公共利益特别重大,但本案并没有达到这样的程度;另一方面,即使是需要介绍医疗成果,使用他人肖像也应当采取适当的措施,对权利人本人进行保护,不使权利人的人格利益受到直接的损害。尽管本案的判决不尽如人意,但是在这些方面具有极为重要的典型意义。

6. "擅自摘取死者器官制作标本"案(1992年)

(入选理由:第一例尸体受到侵害起诉得到判决支持的典型案件)

[案情]

1991年11月16日,原告杨某的丈夫、原告武乙和武丙的父亲武甲因患病住进被告某军区总医院治疗,同年11月27日凌晨因败血症、多脏器功能衰竭而死亡。被告在对武甲进行治疗期间,曾会同医学院的专家对病情进行会诊,两院的专家对武甲病情的诊断存在分歧意见。在此期间,武甲的病情迅速恶化。武甲死后,原告怀疑被告的诊断、治疗有误,要求被告在有外医院专家参加并有武乙在场的情况下,对武甲的尸体进行解剖检验,以查明死因。被告对原告提出的"附加条件"未给予明确答复,在武甲死亡的当天,在没有办理完备尸检手续的情况下,由本院医务人员对武甲尸体进行解剖检验,并取出心、肝、肺等脏器留作标本以作研究用。次日,原告得知武甲尸体被解剖后非常不满,在找被告解决问题过程中,双方发生争执。1992年1月24日原告向法院提起诉讼。被告反诉原告损害其名誉权。法院支持了原告的诉讼请求,驳回被告的反诉请求。

[点评]

这个案例并不是第一件请求对尸体进行保护的案件,在此之前河北省也发生了一件类似的案件,法院以没有法律规定为由,没有支持原告的诉讼请求。自然人死亡之后,其尸体究竟是不是要予以保护,在此之前一直是存在争论的问题。受理本案的法院根据法理,认为人的尸体不受法律保护是不符合情理和习惯的,因此直接作出判决,认为被告的行为侵害了死者的人格利益,应当承担侵权责任。这是一个成功的判决,在全国有重大影响。但是究竟基于什么理由对死者的尸体进行保护,则有不同主张。有的认为,人死亡之后遗留的尸体是所有权的客体,由其近亲属享有这个权利。这个理论是不对的。笔者提出了一个身体权延伸保护的理论,是说自然人死亡之后,其生前享有的身体权就成为身体利益,体现在尸体上面,由其近亲属予以保护。当然也有其他理论。总而言之,从这个案例之后,我国司法实践就开始了对尸体的法律保护,这个案件的功绩就是奠定了这种保护的基础。此外,这个案例对于认定身体权是不是一个独立的人格权也有重要的意义,因为《民法通则》只规定了生命健康权的概念,其中是不是包括身体权,理论上有争论。既然死者的尸体是身体权的延伸,那么身体权也就是当然的了。

7. "疑似精神病予以强制治疗"案(1991年)

(入选理由:引发人身自由是不是具体人格权讨论的典型案件)

[案情]

在"文革"中,某矿务局矿工医院医生张某经常发表一些评价林彪、江青等的"另类"言论,该院领导认为其精神不正常,依据精神病院个别医生出具的为精神分裂症的"门诊印象"和"初步诊断",经研究决定不允许张某上班工作(如果不是这样,张某可能会被定为"恶攻"罪而被判刑罚),工资照发。"拨乱反正"之后,新的院领导决定对张某按照病休待遇开工资,张某认为是领导决定自己不上班并且工资照发的,如果扣工资,就坚持恢复上班工作。院领导认为张某是精神病患者不能上班,并下发文件认定张不具备自主行为能力,并为其指定监护人(行使了法院的权力)。张某不服,该院在未经张某本人及其家属同意的情况下,派人强行将张用汽车送到精神病医院强制住院治疗38天。医院的结论为:"病员自住本院一月余,未发现明显精神病症状,故未给予抗精神病药物治疗。"张某以侵害自由权和名誉权为由,向人民法院起诉。法院认为被告的行为侵害了原告的名誉权,认定侵权责任;对于侵害自由权的诉讼请求不予支持。

[点评]

这个案例是全国第一例关于侵害人身自由权的案件。但是,法院认为人身自由权在《民法通则》上没有规定为人格权,因此不能按照侵害人身自由权认定侵权行为,因而定为侵害名誉权的性质审结本案。这个案件尖锐地提出一个问题——"人格权法定否定说"的意见,就是人格权不能实行法定,民法对于人格权的规定仅仅是列举式的,并且要规定一般人格权作为总的概括,以免使法律没有明文规定的那些人格权或者人格利益由于法无明文而不能得到保护。但是很多司法人员都固守权利法定的原则,认为没有法律规定的权利就不是权利,人格权同样如此。本案就是最典型的代表。可惜的是,在民法草案人格权法编中,对人身自由规定为一般人格权的内容,而不是规定为具体人格权。此外,还有一个说法,就是人身自由是《宪法》规定的权利,因而是公权利,不能用民法保护。这也是一个荒谬的观点。凡是法律规定的具有人格权性质的权利,都需要民法的保护。对此,民法草案的人格权法编已经有了类似的规定条文,解决了这个问题。

8. "女青年超市遭搜身"案(1992年)

(入选理由:引发了一般人格权及其保护的讨论并最终立法的案件)

[案情]

1991年12月23日,女青年王某、倪某到某超市购物,当二人购物后离开该市场时,超市保安人员追出将二人拦住,责问二人有没有拿超市的东西没有付款。二人如实告知已经付清货款,但是保安人员仍不相信,将二人带到收银台,告知其店方规定有权查阅顾客携带的东西。王某生气地让他们检查,保安人员还是不相信,将二人带到办公室盘问,并摘下帽子、解开衣服、打开手袋进行检查,逼的两名女青年伤心落泪。直到最后没有搜查出任何东西之后,店方才对二人道歉放行。王某和倪某感到人格受到侮辱,名誉受到损害,精神受到强烈刺激,造成严重精神痛苦,遂向法院起诉。经过法庭调解,超市承认错误,赔偿二原告精神损害赔偿金各2000元,二原告撤诉。

[点评]

本案是以侵害名誉权起诉,但是它所涉及的并不仅仅是名誉权的保护问题,而是涉及人格尊严的问题,对一般人格权的承认和保护问题。人格尊严,是一般人格权的核心内容,各国立法一般都将人格尊严作为一般人格权的代名词,立法规定了人格尊严就等于规定了一般人格权。我国《宪法》对人格尊严是作了规定的,但是在《民法通则》中却将人格尊严规定在名誉权的条文当中,忽略了一般人格权的性质、地位和作用。在这个案件发生时,立法机关正在起草《消费者权益保护法》,专家们认为,这种行为所侵害的就是一般人格权,就是人格尊严。在民法上,如果不确立一般人格权的地位,对民事主体的人格权就无法完善保护。正是基于这样的思想,在《消费者权益保护法》第 14 条、第 43 条规定了对消费者人格尊严的保护,确立了一般人格权的地位。现在,民法典草案人格权法编的第 2 条对此明文加以规定,就是这个案件在人格权法发展中的最重要的功绩。

9. "幼女被奸淫堕胎索赔"案(1994 年)
（入选理由:最早提出性自主权受到侵害请求精神损害赔偿的案件）

[案情]

史某为 13 周岁幼女,1994 年 7 月 21 日被刘某奸淫,致其怀孕、堕胎以及治疗等支出费用 1300 余元。经公安机关侦查破案后,刘某被法院以奸淫幼女罪判处有期徒刑 8 年。在刑事诉讼中,史某的父亲以受害人的法定代理人身份提起附带民事诉讼,要求刑事被告人对侵害性自主权(当时叫做贞操权)的财产损害和精神损害予以赔偿,法庭没有准许。后史父又向法院民庭起诉,列刘某为民事被告,要求其承担侵害性自主权的民事责任。

[点评]

这是最早发生、也是最有代表性的侵害性自主权的案件。但是这个案件的影响不够大。影响最大的同类案件,是 2001 年发生的王某被强奸请求精神损害赔偿案,一审法院判决支持,二审法院根据最高人民法院的司法解释判决驳回原告的诉讼请求。在性自主权及其保护的问题上,立法和司法部门都存在偏见。性自主权就是指主体自主支配自己性利益的权利,对此,刑法和行政法都有规定,但是在民法上就是不保护。现实的结果就是,在这些偏见面前,本案的受害人以及王某这位受害人,以及许许多多的同样的受害人,权利受到侵害就是得不到精神损害赔偿的救济。民法草案也还是没有接受这样的意见,不知这个问题的解决究竟要到什么时候才会有结果。

10. "胎儿受到损害索赔"案(2001年)
(入选理由:第一次提出胎儿人格利益应当受到保护的案件)

[案情]

女市民贾某怀有4个多月身孕,某日乘坐某出租汽车公司戚某驾驶的奥拓车出行。在行驶过程中,出租车将正在前方右侧车道修车的黄某、张某撞伤,坐在出租车内副驾驶座的贾某同时被撞伤,右额粉碎性凹陷骨折及颅内血肿。交警部门认定,该起交通事故的发生,司机戚某及黄某、张某均违反有关交通法规规定,负事故同等责任。贾某认为,出了车祸后,自己吃了那么多药,肯定会对胎儿的健康有影响。某中级人民法院法庭科学技术研究所法医学鉴定认为,贾某属十级伤残,其受伤后服用的复方磺胺异恶唑等药物对胎儿的生长发育有一定影响,但由于缺乏具体的用药量及用药方法、时间,加之人的个体差异等,对胎儿的生长发育的具体影响尚无法确定。由于贾某住院后司机戚某等三人拒付医疗费,贾不得不出院。贾某在生下小孩后,与对方多次协商无效后,向法院起诉,请求三名被告赔偿其医疗费、伤残补助费及对胎儿的伤害费等,共计20万元。

[点评]

对于胎儿的人格利益保护问题,并不是一个理论上的新问题,也不是一个试探性的民法措施,而是一个已经成熟了的民法制度,各国民法基本上都是有规定的。本案的典型意义在于,在实践中第一次提出了这个问题,正式提起了诉讼程序。对于胎儿的人格利益的保护规则是:第一,胎儿在母体中受到损害,在其出生之后损害确定之时,产生损害赔偿请求权,可以行使。第二,胎儿出生后死亡的,由其继承人取得损害赔偿请求权。第三,出生时就是死体的,损害的是母亲的身体或者健康,由母亲享有损害赔偿请求权。这是保护人格权的一个重要方面,这三个基本规则也是极为重要的保护措施,在民法人格权法编中必须规定,不然只规定死者的人格利益的保护,不保护自然人出生前这个时期的人格利益,在制度上不平衡,同时对人格利益的保护也不均衡。至于本案,由于胎儿出生之后是不是已经受到了损害,尚没有得到证实,因此还无法确定赔偿的问题。

推动中国侵权法发展的十大经典案件[*]

[导语]

《民法通则》实施以来,侵权行为法的发展极为迅速。十几年来,侵权行为法的理论研究和司法实践在《民法通则》侵权责任规定的基础上,大胆探索和实践,不断采用新的理论和各国立法经验,弥补现行立法的不足,推动中国侵权行为法不断发展。在制定民法典草案侵权责任法编中,回顾十几年来侵权行为法的发展历程,回想起了那些具有非常重要意义的典型案例,仍然会感到激动和振奋,这是因为侵权行为法理论研究成果在这些司法实践活生生的案例中被应用,因而成功地解决了难以解决的侵权疑难问题,推动了法律的发展。在这些案例中,闪烁着法官的勇气和法学家的智慧的光辉。下面记录的,就是这十几年来在侵权行为法发展中最为典型的经典案例。这些案例都是真实的,只是在记叙案情时作了一些处理,使之更适合读者阅读。

1. "施工造成伤害引发败血症致人死亡"案(1989年)

(入选理由:确定工伤事故免责条款无效原则,
确立相当因果关系理论为侵权责任构成基本依据的案件)

[案情]

某生产服务管理局建筑工程公司第7施工队承包的碱厂除钙塔厂房拆除工程,于1986年10月转包给个体工商户业主张某某组织领导的工人新村青年合作服务站,并签订了承包合同。1986年11月17日,由服务站经营活动全权代理人、被告张某某之夫徐某某组织、指挥施工,并亲自带领雇佣的临时工张某甲等人拆除混凝土大梁。在拆除第1至第4根大梁时,起吊后梁身出现裂缝;起吊第5根时,梁身中间折裂(塌腰)。徐某某对此并未引起重视。当拆除第6根时,梁身从中折断,站在大梁上的徐某某和原告张某甲之子张某(均未系安全带)滑落坠地,张某受伤,急送碱厂医院检查,为左下踝关节内侧血肿压痛,活动障碍。经医院治疗后开具证明:左踝关节挫伤,休息两天。11月21日,张某因伤口感染化脓住进港口医院,治疗无效,于12月7

---

[*] 本文发表在《方圆》2003年第7期,原文发表的题目是《民事侵权十宗案》。

日死亡。经法医鉴定,结论是:张某系左内踝外伤后,引起局部组织感染、坏死,致脓毒败血症死亡。后又经区医疗事故鉴定委员会鉴定认为:张某系外伤所致脓毒败血症,感染性休克,多脏器衰竭死亡,医院治疗无误,张某的死亡与其他因素无关。张某工伤后,服务站及时送往医院检查、治疗,死后出资给予殡葬。除此之外,原告为张某治病借支医疗费用、误工工资等费用共损失17600.40元。张某甲和张某的姐弟向法院提起诉讼,请求人身损害赔偿。被告以死者生前与其签订了"工伤概不负责任"的合同条款而拒绝承担责任。

[点评]

这个案件是极为有影响的案例,它在侵权行为法发展中的典型意义主要的有两点:第一,在招工合同中签署的"工伤概不负责任"条款是不是有法律约束力。法院认为,在任何场合,劳动者的人身安全都要受到保护,这是宪法原则。对于在招工合同中签署这样的内容,不具有约束力,不能作为免除工伤事故赔偿责任的理由。这个案例确立的规则后来被写进了《合同法》第53条,规定在合同中约定的人身损害免责条款一律无效。第二,采用推定因果关系理论作为认定侵权责任构成因果关系的基础理论。在一段相当长的时期,法学理论中对相当因果关系理论持否定态度,认为是资产阶级法学理论观点,是马克思主义必然因果关系理论的对立。但是在很多情况下,如果不采用相当因果关系理论作为依据,就无法确定侵权责任构成中的因果关系要件。本案就是这样。被告的施工行为仅仅是造成了受害人的伤害结果,并没有直接造成死亡的后果。那么在致伤的行为与死亡的后果之间究竟有没有因果关系,造成伤害的行为人要不要承担侵权责任,就必须依照这个理论来确定。这个理论认为,依照一般的社会智识经验作为判断标准,一个行为能够造成这种损害,在实际中这种行为又确实造成了这样的损害结果,即可认定二者之间存在相当因果关系。至于采用主观的相当因果关系说还是客观的相当因果关系说以及折中的相当因果关系说,在当时还没有深入的讨论。但是在这个案件之后,适用相当因果关系认定侵权案件责任构成中的因果关系就成了无可争议的了。

2. "周西城演义"历史小说侵权案(1990年)

(入选理由:利用创作历史文学作品以影射方法侵害他人名誉权
以及对发表侵权作品的刊物如何认定过错的案件)

[案情]

原告胡某、周某、石某与被告刘某原同在某县文化馆工作。1988年11月,在该县文化系统评定中级职称过程中,出现了一份油印匿名传单,列数了刘某若干不好的表现,对其进行人格攻击,并指责其作品格调低下,不应评定中级职称。刘某怀疑该文为三原告所写,极为不满,曾说:"他们搞了我油印的,我是要还情的,要搞个铅印的。"

同年,刘某被借调到地区文化局从事创作活动,并从同年11月起在某晚报上连载其长篇历史纪实小说《周西成演义》。1989年4月初,刘某告知他人要注意看4月中旬的晚报。4月19日和20日,该晚报上连载的《周西成演义》中集中出现了与三原告姓名笔画相似、读音近似的3个反面人物,分别是大烟贩子、皮条客和地痞。在这三个人物出场时,小说对他们的形象、身世、专业特征等进行细致描绘,以三原告的外貌形象、身世、专业特征进行摹写,使熟悉的人一看便知写的是原告。小说对该三个人的形象极尽丑化描写,称为"两面猴",生性刁钻,工于心计,为人狠毒,当面是人,背后是鬼,是一个阴险的毒品贩子。"皮条客"是狗头军师般人物,在人前装出一个"马大哈"的样子,其实比狐狸还狡猾。"周二乌龟"嫖妓与鸨母相识,后娶了鸨母,成了妓院的老板。这一段小说连载发表以后,在原告所在县引起强烈反响。三名原告联名致信该晚报报社领导,强烈要求停止刊载该文,不经删除侵权内容不得继续连载。小说的插图作者和当地文联领导也都向报社负责人及编辑要求删改在小说中的不当内容后再连载。该报社对此不予理睬,不但在4月25日、4月29日的连载中,继续对三原告进行丑化描写,直至三原告已向法院起诉的1个多月后,还在连载的小说中描写"周二乌龟"倒阴不阳,称其为"狗男女"。

[点评]

这个案件在侵权法的发展上的意义在于:第一,确定历史小说侵害名誉权的基本手法是影射。本案的被告采用影射手法,在历史小说中诽谤现实中的人,构成侵权,应当承担侵害名誉权的责任。第二,报社发表侵权小说的行为是不是具有侵权的故意。法院判决认定报社具有侵权的间接故意,依据有三:一是原告在看到报纸的侵权内容之后即向报社提出侵权问题;二是小说的插图作者看到原稿中的诽谤性描写之后,就向报社提出这个小说有侵权内容,如果不删除这些内容将不再为其插图;三是地区文联主席看到文章后也向报社领导提议不应当刊登这样的文章。报社明知道自己发表的历史小说是侵权作品,却继续发表,放任侵权后果的发生,具有间接故意,应当承担侵权责任。这是在侵权责任构成中少见的间接故意的主观过错形式。这两个典型意义,对于处理相似的侵权案件,以及对于制定民法典侵权责任编,都具有重要的借鉴意义。

3. "做不孕症通水术造成腹腔感染"案(1991年)

(入选理由:确认医疗差错承担侵权责任推动医疗事故赔偿改革的案件)

[案情]

原告刘某因患不孕症,从1976年结婚后一直没有怀孕。经熟人介绍,于1989年9月就医于被告某市贸易商行中医门诊部。该门诊部对刘某进行诊查,并经过几天治疗后,由郭医生为刘某做了输卵管通水术。1989年11月13日下午,郭医生又一次为刘某做了输卵管通水术,刘某于下午7时回家后就感到腹部疼痛。当晚,刘某的丈夫请郭医生来其家给刘某看病。郭医生经检查,发现刘某身体发烧、腹部剧痛,便劝刘某服用螺旋霉素等药。此后,刘某的病情未见好转,即于12月13日住进某驻军总医院,连续治疗42天出院,诊断为"亚急性盆腔炎",损失医疗费3000余元。经市医疗事故鉴定委员会鉴定为严重医疗差错,不属于医疗事故。因而,门诊部一方拒绝赔偿损失。刘某向法院起诉。法院认为,既然是医疗差错,就是有过错,那么就应当承担侵权责任,故判决门诊部承担侵权赔偿责任。

[点评]

在《医疗事故处理条例》之前,处理医疗事故损害赔偿案件对于医疗事故责任的认定,是按照《医疗事故处理办法》的规定由医疗事故鉴定委员会确定的。鉴定结论是医疗事故法院就判决赔偿,鉴定不是医疗事故就不赔偿。法院对医疗事故鉴定结论没有审查权。《医疗事故处理办法》规定,涉及医疗事故责任的为四种:一是责任事故,应当承担医疗事故赔偿责任;二是技术事故,应当承担医疗事故赔偿责任;三是医疗差错,不属于医疗事故,不承担责任;四是医疗意外,为免责事由。这个规定中最令人不解的是医疗差错既然是医疗上的过错,为什么不认定为医疗事故,不承担责任呢?本案是第一个向这种规定挑战的案例。该案的判决书认定,法院没有权力认定医疗事故责任,但是既然医疗事故鉴定结论认定为医疗差错,那么有差错就是有过错,有过错就应当按照侵权责任的过错责任原则认定其构成侵权责任。故此作出判决。现在,《医疗事故处理条例》已经没有这样愚蠢的规定了,本案在其中是有重要贡献的。

4. "发射防雹炮弹弹片致人死亡"案(1991年)

(入选理由:在侵权责任构成中率先适用推定因果关系认定责任的案件)

[案情]

1991年7月7日下午5时半至6时半,黑龙江省某县气象局驻海浪镇五良子村气象站打炮点为防冰雹,前后共向空中发射了30枚防雹气象炮弹,其中向邻市的旧街方向发射6发(距离为8公里)。该市旧街乡张明村村民常某在田里干活见开始下雨,便从田里回家。下雨过程中,其妻李某等人在家里听到屋外一声惊叫,并听到有人倒地的声音,出门便见常某倒卧窗前,头部受伤流血,昏迷不醒。在场人都以为是遭到雷击,急忙将常某送至医院,诊断发现常某头部有一7厘米裂伤,深至颅骨,创缘不齐,颅骨凹陷,有脑组织溢出,为脑挫伤、开放性颅骨骨折。7天后,常某死亡。医院诊断认为死者不是雷击致死,而是由一硬物以高速冲击所致。常某亲属联想到当天某县气象站发射防雹炮弹,推想可能是炮弹皮落下所致,便在现场周围寻找,找到一块铁块,经鉴定为"三·七"炮弹皮残骸,上有"人雨·17秒"字样。气象站不承认该弹皮是今年打的炮弹,常某亲属又找到一块186克的"三·七"炮弹尾部,表面已经锈蚀。李某向法院起诉,被告主张常某的损害不是自己发射的炮弹所致。法院在现有事实上适用因果关系推定规则,确认其行为与损害结果之间有因果关系,判决被告承担侵权责任。

[点评]

在侵权行为责任构成中,因果关系是由原告举证证明的要件,被告不承担责任。但是,在环境污染侵权案件中,日本法官创造了因果关系推定规则,即在环境污染侵权案件中,如果受害人举证困难或者无法举证,法官可以推定行为与损害之间的因果关系,实行举证责任倒置,由被告举证证明推翻因果关系推定。被告举证能够推翻因果关系推定的,被告不承担侵权责任,不能推翻的,则侵权责任构成。这种规则对于保护由于高科技原因造成的侵权损害的受害人,无疑是有利的。在司法实践中,除了环境污染侵权案件之外,是不是还可以适当扩大这一规则的适用范围,以更好地保护受害人的权利,多数学者持肯定态度。本案就是根据这样的法理主张,在环境污染之外的场合适用因果关系推定的典型案例。在原告已经举出了能够证明损害原因的部分证据之后,面临的现状是证据不足但又无法取得确切的证据。法院依照职权实行因果关系推定,责令被告即气象站承担举证责任,被告无法证明损害与自己的行为没有因果关系,因此认定气象站的侵权责任,对受害人承担赔偿责任,使本案的判决结果有利于受害人,保护了受害人的权利。事实上,对于很多高科技领域侵权责任的认定也可以适用因果关系推定,本案就是一个有益的启发。

5. "三人高楼投瓶其中一瓶造成他人损害"案(1992年)
(入选理由:最早适用共同危险行为法理认定连带责任的典型案件)

[案情]

原告马某某、张某某系夫妻,他们与被告傅某某、曹某、吴某(均系无民事行为能力人)同住同幢高层住宅楼。1992年2月22日下午5时许,吴某与曹某、傅某某一起在该楼15层电梯走道间玩耍,各拿一只酒瓶,分别从电梯走道间北面破损的玻璃窗空洞中往下投,恰逢原告马某某怀抱2周岁的儿子马某从该楼房的底层大门往外走,其中一只酒瓶砸在马某的头上,致马某当场昏迷,经医院抢救无效于2月24日凌晨死亡,损失医药费等费用1.1万余元。原告向法院起诉,要求三名行为人的法定代理人赔偿医药费等损失和精神损害。法院认定本案的性质是共同危险行为,按照共同侵权行为的法律规定适用法律,判决三个行为人的法定代理人承担连带赔偿责任。

[点评]

我国《民法通则》在侵权责任的规定中,只规定了共同侵权行为责任,没有规定共同危险行为。但在司法实践中,经常发生这种数人共同实施有致他人损害危险的行为,其中一人的行为造成了他人损害,但无法认定究竟谁是真正的加害人的情况。由于侵权责任是财产责任,为了使受害人的损害得到救济,从德国民法典开始就规定对这种情形认定为准共同侵权行为,按照共同侵权责任的规定,由共同危险行为人承担连带责任。这是在为了保证受害人得到赔偿,不得已牺牲没有造成实际损害行为但是有可能造成实际损害的行为人共同承担责任的变通办法。由于《民法通则》对此没有规定,因此有些法院在遇到这样的案件时,不敢依照共同侵权行为的法律规定作出判决。审理本案的法院采用学者的主张,确认共同危险行为的连带责任,作出了本案判决,创造了适用共同危险行为规则处理这类案件的范例,具有重要的理论价值和实践意义。

6. "借用珍贵邮票'鉴定'拒不返还"案(1992年)
(入选理由:认定借口借用而实质为侵占财产的藏匿行为为侵权行为的案件)

[案情]
叶某与胡某系同学关系,都是集邮爱好者。胡某的父亲将自己收藏的一枚"放光芒"邮票(即1956年国庆节拟发行的纪念邮票,为"1956特15首都名胜4",由于认为有政治错误而未发行,但是江西某地提前发行过十几枚,邮市上极为罕见)交给胡某收藏。该邮票是盖销票,票面盖有"1956.10.16、江西南昌"的邮戳。胡某向叶某说明此事,叶某便要求借看这枚邮票。叶某到胡某家后,认为该邮票真假难辨,要求借走邮票找其老师鉴定真伪,胡某应允,叶某便将该邮票放在书本中夹着带走。嗣后,胡某多次要求叶某返还邮票,叶某都以邮票丢失需要找寻为借口,长期拖延不还。1991年6月,南昌市邮票市场出现一枚标有"1956.10.16、江西南昌"邮戳的"放光芒"邮票,标价3万元,没有成交。由于该邮票是在邮市上第一次出现,引起轰动。叶某的老师证实,曾看到过叶某持有这枚邮票。胡某向法院起诉,法院以侵占财产为由,确认叶某侵权责任成立,限期返还财产,不能按期返还则应按照高于该邮票的市场流通价的数额赔偿原告的财产损失。

[点评]
对于本案法律关系的性质有不同看法,有的认为该案属于借用合同纠纷,应当按照借用合同纠纷处理,有的认为该案被告的行为是故意侵占他人财产。事实上,这是一个典型的藏匿行为。藏匿行为是指行为人通过实施合法的行为来掩盖其真实的非法目的,或者实施的行为在形式上是合法的但是在内容上是非法的行为。行为人实施以合法形式掩盖非法目的的行为,行为的外在表现形式上并不违反法律,但是这个形式并不是当事人所要达到的目的,不是当事人的真实意图,而是通过这样的合法形式,来掩盖和达到其真实的非法目的。因此,对于藏匿行为应当区分其外在形式与真

实意图,准确认定当事人所实施的民事行为的效力。就一般情况而言,藏匿行为解决的是法律行为的效力问题,但是,确认其藏匿行为的性质是侵占,那么就不仅可以认为其行为是无效的,而且构成了侵权。本案在审理中,准确运用藏匿行为的原理,认定被告实施的行为的真实意图是侵占财产,认定其侵害财产权的侵权责任,是有重要的借鉴意义的。

7. "发表侵权小说拒不赔礼道歉"案(1993年)
(入选理由:前一行为引起作为义务不履行构成不作为侵权行为的案件)

[案情]

1986年,刑事被告人唐某写作小说《太姥山妖氛》,在《青春》杂志上发表。该小说使用真实姓名描写真实人物即原告朱某的已故丈夫王某,主要描写的是知识青年插队太姥山地区,与当地农民发生的故事。作者在其中夹杂了很多对编造的荒诞事件和行为的描写,对被描写的王某和朱某构成诽谤。原告朱某向法院提起刑事自诉,请求法院确认唐的行为侵害了死者王某的合法权利,追究其诽谤罪的刑事责任。法院以诽谤罪判处唐某有期徒刑1年。同年6月,朱某等三人及其所在乡、区及县委多次向《青春》杂志编辑部反映:《太姥山妖氛》系以真实姓名、地点和虚构的事实,侮辱、诽谤王某及其原告,要求编辑部澄清事实,停止侵害,消除影响。《青春》杂志编辑部拒不采取措施为原告即王某消除影响,致使该小说继续流传于社会,扩大了侵权影响,侵害了原告的名誉权。朱某等向法院起诉,要求《青春》编辑部承担侵害名誉权的民事责任。法院判决支持了原告的诉讼请求。

[点评]

按照侵权法的原理,在认定行为人承担不作为侵权责任时,首先必须确定行为人负有法定的作为义务,这样行为人才有承担不作为行为侵权的前提。作为义务的来源有三个:一是来自于法律规定;二是来自于特定的职业;三是来自于行为人的前一个行为。在本案中,行为人即《青春》杂志社发表唐某的侵权小说,由于小说是文学形式,以虚构为其主要特点,因而杂志社对没有标明是纪实小说的小说作品,不承担事实真实的审查义务。故杂志社发表该小说的行为并不能认定为侵权行为。这是正确的。但是,报纸杂志在发表了一个具有侵权内容的作品之后,就产生了就这个发表行为承担赔礼道歉、消除影响以及停止侵害的作为义务,这个义务必须履行。这就是各国新闻出版法规定的更正或者道歉的义务。我国虽然没有制定新闻法,但是理论和实务都确认这一规则,并作为新闻侵权和文学作品侵权的基本规则之一。本案第一次适用这一规则认定小说编辑出版者的更正或者道歉的作为义务以及不履行这一义务的不作为行为为侵权行为,具有重要的实践意义和理论意义,也是适用这个规则的范例。

8. "卡式炉爆炸伤人抚慰金赔偿"案(1995年)
（入选理由：确立人身伤害精神损害抚慰金赔偿的典型案件）

[案情]
1995年3月8日晚7时许，贾某某与家人及邻居在北京市某餐厅聚餐，餐厅提供服务所使用的卡式炉燃气是北京某气雾剂公司生产的"白旋风"牌边炉石油气，炉具是另一个城市厨房配套设备用具厂生产的"众乐"牌卡式炉。当用完第一罐气后换置了第二罐气又用了10分钟时，卡式炉燃气罐发生爆炸，致使贾某某面部、双手烧伤，送往医院治疗，诊断为深2度烧伤，烧伤面积8%，面部结下严重瘢痕。卡式炉爆炸原因是这种燃气罐不具备盛装该种石油气的能力，而卡式炉仓内漏气也是事故发生的重要诱因。据此，法院判决气雾剂公司和厨房配套设备用具厂共同承担侵权责任，除了承担其他赔偿责任之外，判决赔偿精神损害抚慰金性质的残疾赔偿金10万元。

[点评]
《民法通则》对于人身损害赔偿只规定了医疗费、误工费、护理费、残疾生活补助费和丧葬费等造成的财产损失的赔偿范围，对于侵害生命健康权没有规定精神损害抚慰金赔偿。这种规定是不适当的，这是制定《民法通则》时立法经验和法学研究不足所致。嗣后，一些法律陆续规定死亡赔偿金、残疾赔偿金、死亡补偿费、抚恤金等性质属于精神损害抚慰金赔偿的赔偿项目，但是究竟怎样适用并不十分明确。本案引用《消费者权益保护法》作出残疾赔偿金的判决，并且赔偿10万元，在当时是很轰动的，起到了示范作用。同时也给非《消费者权益保护法》领域的人身损害抚慰金赔偿的适用提供了借鉴。现在，司法解释已经将人身损害的抚慰金赔偿制度予以普遍使用，补充了立法的不足，民法草案侵权责任法也写进了这样的内容。

9. "物业公司未尽安全保障义务造成损害"案(2001年)
（入选理由：适用安全保障义务不履行侵权补充责任的典型案件）

[案情]
徐甲在2000年6月购买一套商品房，与妻子周某和小女儿徐乙共同居住。8月7日，徐甲与该小区的物业管理公司签订有关物业管理的《公共契约》，物业公司承担安全保护等物业管理义务，徐某承担支付物业管理费的义务。由于物业管理公司只安排保安人员巡视安全，其监控设施没有经过有关部门验收而未正常使用，小区业主要求安装防护铁窗物业也予以拒绝，造成安全防范的漏洞。2001年3月5日凌晨1时许，两名罪犯借小区一扇通往垃圾场的小铁门没有上锁一直敞开着的机会，闯入徐某家，将徐乙奸淫后杀害。其中一名罪犯被抓获归案，判处刑罚。在刑事附带民事诉讼中，徐某索赔，法院判决该刑事被告人赔偿13 246元，其余无能力赔偿。徐某依据

《公共契约》的约定,向法院提起民事诉讼,请求物业公司承担违约损害赔偿责任。法院判决物业公司违反合同约定的安全保障义务,承担违约损害赔偿4万元,对徐某的精神损害赔偿请求不予支持。

[点评]

这是最早适用违反安全保障义务侵权补充责任的案件之一。当一个主体对另外的一个主体负有法定的或者约定的安全保障义务时,未尽该义务,致使第三人侵害权利人的权利造成损害的,首先应当由侵权人承担侵权责任,如果侵权人不能赔偿或者不能全部赔偿,或者侵权人下落不明,则由安全保障义务人承担补充责任,赔偿受害人的损失。在安全保障义务人承担了补充责任之后,有权向侵权人追偿。《民法通则》没有规定这个规则,在实践中,通过本案等典型案例,借鉴国外立法,确立了这样的规则。本案的办案人敢于探索,采用侵权责任的补充责任规则确定责任,对受害人的损害给予了完善的保护,发挥了补充责任的功能。值得注意的是,本案物业公司的安全保障义务来自于约定而不是法定,因此,受害人可以选择侵权诉因或者违约诉因起诉,行使责任竞合的选择权。本案当事人选择违约损害赔偿的诉因起诉,法院予以支持,并且判决不支持原告精神损害赔偿的请求,是正确的。如果原告选择侵权诉因起诉,则会得到精神损害赔偿的。因此,本案也告诉受害人,在选择诉因的时候应当慎重,以更好地保护自己的权利。

10. "毛阿敏不来了"侵害债权案(2001年)

(入选理由:近年来有影响的、确定适用侵权行为一般条款认定侵害债权责任的案件)

[案情]

某城市演出公司举办纪念毛泽东在延安文艺座谈会上的讲话大型演唱会,邀请毛阿敏等著名歌星到场演唱。在各项准备工作基本就绪之后,演出公司举行新闻发布会,邀请新闻媒体的记者参加招待会,发布这一新闻。第二天,各媒体发布演出消息,同时开始售票。仅仅几天,就售出了一万多张票,销售形势非常乐观。就在这时,某晚报在娱乐版头条用半个版的篇幅,大字标题报道《毛阿敏不来了》,内容是毛阿敏由于重感冒,正在日本治疗,不能到本市演出,喜欢毛阿敏的歌迷们大概要大失所望了。虚假消息发布的第二天,演出公司就收到退票8000张。演出公司与毛阿敏联系,确认是虚假新闻,毛阿敏还专门发来传真,向歌迷承诺一定会来演出,但是演唱会的票还是无法销售出去。最后无奈,只好送票保证演出,造成了重大财产损失。演出公司向法院起诉,请求该晚报社承担侵权责任。法院判决认为被告恶意侵害债权,造成重大损失,应承担赔偿损失的责任。

[点评]

债权侵权行为虽然不是一个新问题,但是在实践中适用较少,很多法官不敢认定债权侵权行为。对于本案是否构成债权侵权,也存在不同的意见,但是多数人的意见是肯定的。这就是,在演出公司与观众之间订立的合同,由于本案被告的行为而致使债权无法实现,造成巨大经济损失,构成侵害债权的侵权行为。本案的典型意义在于:第一是本案的影响,它受到了各界的关注。第二是认定债权侵权行为的实践,侵害债权可以构成侵权。第三是债权侵权行为的法律适用。有人认为,债权侵权在《民法通则》上没有明文规定,因此不能依据《民法通则》的规定认定这种侵权责任。其实本案证明,侵害债权同样是侵害民事权利,只要符合《民法通则》第106条第2款的规定,也就是符合我国侵权行为法的侵权行为一般条款的规定,符合过错责任原则的要求,就应当认定为侵权行为,确定其侵权责任,而不必等待具体的法律明文规定。在侵权行为法的司法实践中,应当特别注意《民法通则》第106条第2款这一规定,这是侵权行为一般条款,是审理一般侵权行为确定责任的一般准则。只要符合这一规定,就可以认定适用过错责任原则归责的侵权行为责任。

附 录

法学学术论文的选题方法[*]

我从 1981 年开始从事法学学术论文写作。同年,在《法学研究》第 6 期上发表第一篇法学学术论文[①],而后一发而不可收,至今已经发表将近 500 篇法学学术论文,是国内从事民法学理论和实践研究成果最多的学者之一。总结起来,我的法学学术论文写作的主要经验之一,就是注重选题。这也是很多民法学者对我的研究方法最为看重的一个方面。我把将近 40 年的民法学术研究和论文写作的经验进行系统整理,供各位从事民法学术研究的理论工作者和实务工作者借鉴,其他法学学术研究者也可以作为选题时的参考。

一、法学学术论文写作中选题的重要性及选题的原则

(一)法学学术论文写作中选题的重要性

在高校学习法律毕业后从事有关民法的工作,主要有三种路径:一是在研究机构从事民法学研究,做研究员;二是在高校进行民法研究和教学,做教授;三是从事司法实务工作,做法官、检察官、律师、法律顾问。在这些工作的选择中,我个人更喜欢在高校当教授,从事民法学术研究和教学这两项工作。

在上述三种工作中,不论选择哪项工作,都必须进行研究和写作。对于科研人员,科研当然重要。如果选择教授职业,在教学的同时,更要从事研究和写作,写作法学学术论文是必不可少的工作内容。在从事民法研究的大约一万人中,大概有 8 000 人都会为写不出学术论文而煎熬,有 2 000 人会为写不出好的学术论文而苦恼,大概只有一两百人可能没有这样的烦恼,能够写出好的民法学术论文。在实务工作中,也有很多有志于民法学术研究的法官、律师等,他们也面临着学术论文的选题问题。

问题在于,高校中的法学教授特别是民法教授,最需要的是既会搞科研又会讲课的教授。科研成果丰富,又会讲课,就是好教授,因为有好的科研成果才能有讲好课的基础。要把自己锻炼成会写、会说、会讲的人才,用自己的创造性劳动成果,吸引学生,引导他们的学术研究,更好地为国家的法制建设服务。做一个教学型的教授,把民法学理讲授得头头是道,把基础知识都传授给学生,当然也好,但是如果能够用最

---

[*] 本文发表在《法治研究》2016 年第 2 期。
[①] 参见杨立新:《关于处理民事损害赔偿案件的几个问题》,载《法学研究》1981 年第 6 期。

新的研究成果武装学生的学术头脑,显然更加重要,更有价值。

法学学术的科研如此重要,科研的关键就在于写好学术论文,著书立说。而要写好学术论文,关键在于选题。我的体会是,民法学术研究的选题选好了,论文的写作就成功了一半。题目选不好,文章写得再长都没有用。截至2015年,我的学术论文在《中国社会科学》发表1篇,《法学研究》18篇,《中国法学》5篇,《新华文摘》全文转载4篇,三大刊发表的文章24篇,加上《新华文摘》转载的文章,有28篇。这样的研究成果应当算得上是高产,在中国法学论文引用率的排名上,我排第五名,论文质量也应当算是好的。

总结经验,在民法学术研究中,最重要的问题就是选题。当发现一个好的选题时,就看到了它的学术价值。把这个具有学术价值的题目作为研究选题,对这个问题的研究差不多就成功了一半。而选题的关键在于发现,同样一个选题,为什么有人就能够看到,有人就看不到呢?关键就是不会发现题目的价值。其实,选题无关乎学者的身份,即使一个博士研究生,当选出了一个好的选题出来,写出论文,编辑看到了就会眼前一亮,就会爱不释手,不忍放弃,定会将你的文章选出来发表。现在许多人经常抱怨自己的文章投稿后如石沉大海,其实可能主要的问题还是选题不好,还是因为不是一篇好文章。当然也不排除学术权威的文章更受重视,或者也有编辑的不正之风,但是,如果是一个好的选题,相信编辑不会置之不理。

什么样的学术论文算是好文章呢?我认为,对于编辑来说,好文章首先不在于论证得好,而在于选题好。编辑在判断文章时,第一看标题,第二看摘要,第三看导语,如果这三个部分都写得好,特别是标题写得好,这篇文章就会放不下,即使论证得还不够,编辑也会让作者进行修改,最终得到刊用。

选题在民法学术研究中是极其重要的。没有好选题,就没法往下走,就写不出好的学术论文。我在指导一个博士研究生毕业论文选题时,当时正在讨论连体人拉丹和拉蕾的分离手术,我决定让我的学生写"连体人的法律人格"这个题目。这个选题的意义在于,由于连体人的身体连在一起,在法律上到底是一个人还是两个人,享有一个权利还是两个权利,在民法理论研究中还没有人解决这个问题,因而有学术价值。可以判断,一个从来没有人写过的民法学术研究题目,就一定是一个好选题,很可能就是一个填补国际学术研究领域空白的问题。我与这位同学约定好,就这个选题进行秘密研究,不让别人知道。因为这个题目一旦被他人知道,别人也可以写出文章来,一旦被别人抢先写出来后,我们的研究就成了"二手货",就是在别人的研究基础上进行的研究,就没有先进的学术意义了。这个题目我们共同研究了一年,写成论文《连体人的法律人格及其权利冲突协调》后,发表在《法学研究》2005年第5期,后来又译成了英文发表。在英文版发表时,杂志编辑跟我要版面费,我说,你们看看这个题目之后,再决定是不是要版面费,他们仔细研究这个选题后,告诉我,因为这个选题的独特价值而决定不收版面费,并且不让我投给其他英文刊物发表。这个例子突出说明了选题的重要性。

在这篇论文的写作中还有一个故事,也涉及选题的问题。在写作过程中,我跟台湾大学法学院的一位教授讨论这个选题,他不认同这个选题,因为民法研究应该关注普遍性问题,而不应关注这种罕见的特例,研究价值不高。但是,我觉得这个问题还是有学术价值的,因为反过来想,即使这个世界上只有一个连体人,如果民法不进行关注,对连体人的人格问题没有正确的看法,连体人的民法地位就没有办法进行界定,不知道他(或者他们)究竟是享有一个权利还是两个权利,在公法上,也不知道对其究竟是发一张还是发两张选票。而且在这个世界上,并不是只有一个连体人,因而必须予以关注,研究并解决这个问题。这个选题尽管不是普遍性的问题,我们还是坚持进行研究,最终取得成功,这篇文章成为世界上第一篇研究这个问题的民法学术论文。这也说明,能够发现具有普遍性价值的选题固然好,但选题虽然并不具有普遍性意义,如果能够有特殊价值,也是好的选题。

总之,在进行民法学术研究时,一定要把握好选题这一关键环节。选题是最重要的问题,比论述、比写作都重要。只有做一个好的选题,才有学术研究成功的可能性,才会有一篇好的学术论文的问世。

(二)法学学术论文写作选题的原则

写作法学学术论文,在选题时应当注意以下几个问题,换言之,就是进行法学学术论文写作的选题,应当遵循以下几个原则:

1. 问题意识

教育部社会科学司是主管人文社会科学研究重点基地以及社科研究的部门。他们提出人文社科研究的最重要要求,是要突出问题意识。法学论文以及民法学术论文的选题,也必须突出问题意识。这个原则很重要,是民法学术论文选题必须遵守的原则。

问题意识,指的是要在研究中注意发现问题,有针对性地研究问题,提出解决问题的方法,这样,才能对社会发展有益,否则只是无病呻吟,无法让自己的论文具有学术价值和社会价值。只有秉持问题意识,去思考,才能选到好题目。

问题意识中的"问题",包括理论上的问题和实务上的问题。

民法理论上的"问题",是在民法理论研究中的宏观问题、中观问题和微观问题。问题不论大小,只要是问题就行。例如,在1980年代我国的民法理论中,还没有债的保全制度,理论上也很少有讨论。这就是理论研究上的问题,是我国民法理论的残缺问题。受到已故郑立教授的启发,我认真研究了大陆法系的债的保全理论及规则,连续写了《论债权人撤销权》[2]《论债权人代位权》[3]和《论债的保全》[4]三篇文章,奠定了我国债的保全的理论基础。在此基础上,我进一步深入研究,提出了"债的保障"的概

---

[2] 参见杨立新:《论债权人撤销权》(本书第1001页),载《河北法学》1990年第3期。
[3] 参见杨立新:《论债权人代位权》(本书第1006页),载《法律科学》1990年第4期。
[4] 参见杨立新:《论债的保全》(本书第997页),载《法学与实践》1990年第4期。

念,包括债的担保、债的保全和民事责任三项基本制度,形成了我关于债的保障制度的完整看法。⑤ 这算是比较大的研究选题,解决的是比较宏观的理论问题。

在实务中发现问题也非常重要。这不仅是理论联系实际,更重要的是,在司法实务中发现问题具有更为重要的价值。举例来说,我参加过讨论最高人民法院《关于审理触电人身损害赔偿案件若干问题的解释》的起草工作。该解释虽然是有关触电人身损害赔偿的司法解释,但它在最高人民法院《关于审理人身损害赔偿案件适用法律若干问题的解释》出台之前,发挥了重要作用,把人身损害赔偿的基本规则都写进去了。后来,"触电损害赔偿责任司法解释"由于与《侵权责任法》以及《关于审理人身损害赔偿案件适用法律若干问题的解释》的部分内容相冲突,被最高人民法院废止了。事实上,《关于审理触电人身损害赔偿案件若干问题的解释》有的内容确实与《侵权责任法》和《关于审理人身损害赔偿案件适用法律若干问题的解释》的内容有冲突,但是,也有不冲突并且特别有实用价值的部分。由于最高人民法院把这个司法解释全部废止了,就将其中特别重要的、目前仍然有实用价值的规定也一起废止了。比如关于高压电的标准,司法解释规定为一万伏;关于对于触电损害赔偿责任人,规定以电力设施产权人为确定标准;该解释还规定了对电力部门的特殊免责事由。这些都是触电损害赔偿责任必须适用的规则。这些规定被废止之后,司法实践中就没有规则指导法律适用了。而《侵权责任法》第73条只是把高压电触电损害赔偿责任规定在"高压"之中一点而过,并没有规定具体规则。例如,盗窃供电设施,造成自己损害的,司法解释规定"受害人盗窃电能、盗窃、破坏电力设施或者因其他犯罪行为而引起触电事故",免除电力部门的赔偿责任。但是,《侵权责任法》第73条规定,只有受害人故意或者不可抗力才为免责事由,因而即使盗电致害自己,法院也会适用无过错责任原则,判决电力部门承担责任,只是减轻责任而已。这样适用法律是不公平的。这是一个实践中的问题,即在废止触电损害赔偿司法解释时,一并把其中仍然应当适用的、在实践中效果良好的、仍然有实用价值的部分,也不加区分地一起废止了。发现这个实务性问题之后,我写作了《触电司法解释废止后若干法律适用对策》的文章⑥,提出了解决问题的方法,受到法院法官以及电力部门的欢迎。这个题目就是在实践中发现的问题,选题具有实务中的问题意识。

2. 创新意识

在法学研究选题中,不仅要突出问题意识,还要突出创新意识。创新,动词表示抛开旧的,创造新的;名词是指创造性,新意。⑦ 创新意识,就是要鉴别一个选题究竟是否真的有别于相关学说的创造性和具有新意的学术价值。

所谓创新,就是与众不同,就是与其他人的学说不一样,并且这个不一样并非刻

---

⑤ 这一部分意见,请参见杨立新:《债与合同法》,法律出版社2012年版,第209—284页。
⑥ 参见杨立新:《触电司法解释废止后若干法律适用对策》,载《人民司法》2015年第1期。
⑦ 参见中国社会科学院语言研究所词典编辑室:《现代汉语词典》,商务印书馆2005年版,第214页。

意所为,而是确实有高于他人学说的见解。有些学者自认为想出了一个好题目,在着手写作后,才发现早就已经有人写过了,因而很生气。这是研究中经常会遇到的情况,原因就在于学术资料不充分,掌握资料不全。有一次,我参加一位博士研究生的论文开题,写的是医患的权利冲突与协调。我曾经写过一篇两万多字的有关权利冲突与协调的文章,而且刘作翔教授对此有更深入的研究,但这位同学完全没有看过这些文章。这说明作者掌握的资料不充分,但并不是说这个选题不对。与一般的权利冲突与协调相比较,这位同学研究的医患关系中的权利冲突与协调,是更深入一步的研究,更具体,有学术价值,只是资料收集不充分,闭门造车,行文思路出现偏差。

要想使自己的选题具有创新性,主要是靠资料的收集和积累。进行学术研究,不要一上来就想写,一定要先看资料。有两种方法,一是看过大量资料后,从中概括出具有创新性的选题;另一个是先想出与众不同的创新性选题后,再去查相关资料,看有没有人研究过,如果没有人研究,那就选这个题目,但是相关的观点也要积累好,为选题的论证做好准备。

选题一定要有创新性。选题没有创新性,就没有学术和实践价值,直接抛弃就算了,不必留恋。同时,也不能生造创新性。有一位学生写了一篇文章给我看,是说同居的性伴侣一方死亡后,另一方应当有继承权的问题。这个问题,学术上和立法上都有通说和成例,即同居性伴侣之间不享有继承权。这篇文章的观点貌似创新,但实际上却是基础知识不扎实,观点不正确,没有学术价值。

3. 价值意识

选题的价值意识,就是要发现有价值的选题,选择有价值的选题进行研究,写作学术论文。价值,就是用途或积极作用。[8] 选题有价值,就是这个选题具有现实的或者历史的用途或者积极作用,包括学术的、司法实践的、社会的等方面的用途或积极作用。

在讨论一个选题的价值时,无论是具有理论价值,还是具有实践价值,以及其他社会价值,只要有价值就可以选择,就可以研究。如果没有价值,尽管有问题意识,也有创新意识,但仍然是不好的选题,因为没有用途,没有积极作用。不过,如果一个选题有了问题意识,也有了创新意识,基本上是会有价值的,因为问题、创新和价值这三个方面应当是统一的。

一个选题的价值,有可能是很大的价值,也可能是很小的价值。无论如何,只要有价值,就可以研究。目前,很多刊物的编辑选择文章,都强调要有重大价值或者重要价值,否则就不用。我对此不以为然,即使一个选题只解决一个微观的问题,但如果其在司法实践中可以指导法官正确适用法律,就不能否认其选题的价值。

我有两篇文章的选题是有重大价值的。一篇是《后让与担保:一个正在形成的习

---

[8] 参见中国社会科学院语言研究所词典编辑室:《现代汉语词典》,商务印书馆2005年版,第658页。

惯法担保物权》⑨,这个选题是在实践中发现的,在讨论了十余件用商品房买卖合同提供担保的借贷案件中,我认为这种情形是一个新的担保物权,尽管受到物权法定主义的限制,但是在习惯法上确认一个新型的担保物权,应当是准许的,因为即使在奉行严格的物权法定主义国家的德国,其让与担保物权也是通过习惯法确立的,而我国这种新型的担保物权与德国法的让与担保物权基本相同,只是存在先让与所有权还是后让与所有权的区别。因此,我就写了这篇文章,在刊物上发表后,又在日本、我国台湾地区的研讨会上宣读,引起很好的反响,直至《最高人民法院关于审理民间借贷案件适用法律若干问题的规定》第 24 条对此规定了具体规则,认可"民间借贷与买卖合同混合"的情形,基本上采纳了后让与担保的意见。⑩ 另一篇是关于欧盟法院确立的被遗忘权的选题,这是将外国法移植到我国实现本土化的问题,也是一个比较重大的选题,因此写了《被遗忘权的中国本土化及法律适用》。⑪

小的选题做好了,也有价值。例如《不具名媒体报道侵权责任的认定》,就是一个小题目,但并非没有价值,因此也写了,也有意义。

二、法学学术论文写作选题的具体方法

文章写作须不拘一格。100 个人写作,有 100 个写法;100 个人写同一个选题,也有 100 种方法。因此,很难说谁的选题方法就是好方法,谁的选题方法就是不好的方法。我下面介绍的只是我常用的选题方法,是三十多年写作法学论文的选题经验。最重要的,还是根据自己的研究体会,总结经验,进行选题。

(一)夹空法

夹空法,是说选题要找理论研究的夹空,即理论空白。与之相关的问题都有人研究过,因而要在理论的边缘地带寻找存在的空白,找到了,就是好的选题。怎样才能找到这个理论上的夹空,我的体会主要是通过大量阅读相关文献资料来实现,只有在丰富的理论积累之后,才能找到理论上的夹空。

我有一篇写得比较成功的关于人身自由权的文章,就是运用夹空法作出的选题。这篇文章的选题源于张莉莉诉某矿务局案。张莉莉是一名军医,后转业至该矿务局当医生,当时正值"文革"初期,张莉莉发表言论,说林彪一看就是奸臣,以及江青是一个戏子,触犯了当时的"公安六条"规定的"恶毒攻击罪",即恶毒攻击林彪副统帅和江青同志,可以认定为现行反革命分子。当时的矿务局领导为保护张莉莉,建议其进行精神病检查,医院出具了张患有精神病的证明,医院领导决定让其回家休养并拿全

---

⑨ 参见杨立新:《后让与担保:一个正在形成的习惯法担保物权》(本书第 975 页),载《中国法学》2013 年第 3 期。
⑩ 参见杨立新:《民间借贷关系法律调整新时期的法律适用尺度——〈最高人民法院关于审理民间借贷案件适用法律若干问题的规定〉解读》(本书第 2460 页),载《法律适用》2015 年第 11 期。
⑪ 参见杨立新、韩煦:《被遗忘权的中国本土化及法律适用》(本书第 662 页),载《法律适用》2015 年第 2 期。

额工资。等到"文革"结束进行拨乱反正时,新领导决定给张莉莉发病休工资,因其不同意,因而医院将其送往精神病院住院38天,精神病院最终认定张莉莉没有任何精神病症状,医院领导又将张莉莉之前患有精神病的诊断书等张贴在公告板上公布。张莉莉向法院起诉,主张该医院侵害其人身自由权和名誉权,应当承担损害赔偿责任。这个案件后来报请最高人民法院作司法解释,因为《民法通则》没有规定人身自由权为人格权,而这个案件就是侵害人身自由权的典型案例,这恰好就是人格权法理论的空白。尽管最高人民法院在批复中由于没有法律依据而不支持人身自由权受侵害的损害赔偿请求,而应按照侵害名誉权处理,但是这个问题显然具有极为重要的理论价值。一个侵害人身自由权的典型案例怎么能通过名誉权来进行保护呢?同时,这个案件也有侵害隐私权的问题。抓住这个理论的夹空,我写作了《自由权之侵害及其民法救济》一文,发表在《法学研究》上[12],后来又入选《法学研究》一百期的优秀论文之列。这个荣誉,既没有奖金也没有奖励证书,但是确实有相当的分量。这篇文章正是运用了夹空法的选题,因而才得以成功。

(二)推理法

有些选题的发现,完全是在理论的逻辑推理上发现的。在已经掌握的,或者前人已经研究过的理论问题中,经过逻辑推理,发现了逻辑上的缺漏,也会发现重要的问题,需要进行理论研究,补充理论缺漏。这也是选题的一个方法。

我还是说我自己的选题事例。在研究多数人侵权行为与责任时,首先是共同侵权行为对应连带责任,这是毫无疑问的,在理论上和实践上都很清楚。其次,无过错联系的共同加害行为对应的是按份责任,也是清楚的。再次,侵权责任形态中,不真正连带责任使用广泛,也是多数人侵权行为应当承担的责任形态,但是,不真正连带责任所对应的,究竟是何种多数人侵权行为呢?我国侵权法学理论并没有相关的说明。这样,就从逻辑上提出了一个问题,什么样的多数人侵权行为能够引起和对应不真正连带责任呢?从逻辑推理上发现这个问题之后,我首先想这是否为知识产权法中的间接侵权行为呢?研究发现知识产权法的间接侵权行为既有承担连带责任的,也有承担不真正连带责任的,无法直接进行逻辑对应。例如教唆、帮助实施侵犯专利权的行为是间接侵权行为,却要承担连带责任,而侵权责任法则认为这是共同侵权行为。不过,引起不真正连带责任的多数人侵权行为确实具有间接性,例如产品责任就是不真正连带责任,销售者和生产者中只有一个主体是应该承担最终责任的,生产者生产缺陷产品造成损害,是造成损害的直接原因,销售者为生产者造成损害的行为提供了条件,销售者的行为是间接行为。那么,对应不真正连带责任的多数人侵权行为,究竟在理论上应当概括为何种概念,特别值得研究,也是必须予以解决的问题。我在翻阅日本侵权法资料时,发现了行为"竞合"的概念,即两个行为竞合在一起,造成损害。这一说法启发了我,经过反复探讨、斟酌,最后确定这种多数人侵权行为应

---

[12] 参见杨立新:《自由权之侵害及其民法救济》(本书第648页),载《法学研究》1994年第4期。

当概括为"竞合侵权行为",完成了《论竞合侵权行为》一文[13],提出在多数人侵权行为中,一个直接侵权行为和一个间接侵权行为竞合在一起,造成受害人的损害,构成竞合侵权行为,对应的多数人侵权责任就是不真正连带责任。这篇文章,不仅解决了多数人侵权行为与责任理论的逻辑漏洞,同时也形成了多数人侵权行为与多数人侵权责任的理论体系和规则体系,完成了另外一篇关于多数人侵权行为及责任的文章。[14]

还有一个典型实例。《侵权责任法》第 11 条规定的是叠加的分别侵权行为,第 12 条规定的是典型的分别侵权行为。前者的原因力公式是"100% + 100% = 100%",后者的原因力公式是"50% + 50% = 100%",即前者是分别侵权行为人行为的原因力完全重合,完全叠加,后者是每一个分别侵权行为人的行为相加,刚好等于造成全部损害的原因力。按照逻辑推理,在两者之间,必然存在一种原因力为"100% + 50% = 100%"的情形,即半叠加的分别侵权行为,这种分别侵权行为应当与何种侵权责任形态相对应呢?在这样的逻辑推理基础上,不仅概括出了半叠加的分别侵权行为的侵权行为类型概念,而且概括出了部分连带责任的侵权责任形态的概念。我在《多数人侵权行为及责任》一文中,指出了这种侵权行为形态和责任形态的存在,同时进一步影响最高人民法院的司法解释,最终在《关于审理环境侵权责任纠纷案件适用法律若干问题的解释》规定了第 3 条,完全采纳了这种学说。我进一步在理论上进行阐释,写成了《环境侵权司法解释对分别侵权行为规则的创造性发挥》一文[15];同时,针对该司法解释对环境侵权中的第三人的责任规定的不足,写作了《第三人过错造成环境污染损害的责任承担》[16],提出了批评意见。这种选题,就是运用逻辑推理方法进行选题的一个成功实例。

通过逻辑推理发现民法学术论文选题时,依靠的是民法理论素养和逻辑推理能力,基本上是从书本到书本。这是多数民法学者采用的选题方式。

(三)渐进法

当找到了一个好的选题,对其深入研究,不断思考,有可能顺着这一思路,不断发现与之相关的问题,因而选题不断增多,形成渐进式的学术研究,不断发展。渐进法的要求是,做了一个选题的研究之后,还要进行深入思考,尽量发现与之有关的新的有价值的选题。运用此法扩展选题的范围,也是一个重要的选题方法。

我之前研究过物的类型化,首先研究的是遗体的法律属性,写作了《尸体的物权属性及其物权规则》[17],推翻了原来的尸体不是物的传统结论。继而研究脱离人体的

---

[13] 参见杨立新:《论竞合侵权行为》(本书第 1609 页),载《清华法学》2013 年第 1 期。
[14] 参见杨立新:《多数人侵权行为及责任理论的新发展》(本书第 1540 页),载《法学》2012 年第 7 期。
[15] 参见杨立新:《环境侵权司法解释对分别侵权行为规则的创造性发挥——〈最高人民法院关于审理环境侵权责任纠纷案件适用法律若干问题的解释〉第 3 条解读》(本书第 2604 页),载《法律适用》2015 年第 10 期。
[16] 参见杨立新:《第三人过错造成环境污染损害的责任承担——环境侵权司法解释第 5 条规定存在的不足及改进》(本书第 2614 页),载《法治研究》2015 年第 6 期。
[17] 参见杨立新等:《尸体的物权属性及其物权规则》,载《法学家》2005 年第 4 期。

器官和组织的物的属性及物权问题,经过深入研究,写作了《脱离人体的器官或组织的法律属性及其支配规则》这篇论文,发表在《中国法学》。[18] 这篇文章论证的是脱离人体的器官和组织的法律属性,即当人体器官或组织脱离了人体之后,在民法上究竟属于何种性质,居于何种民法地位。我的观点是,当人体器官或组织离开了人体,只要它保留着生理活性,就是一种特殊的物,属于物的范畴,而非人的范畴。将人体中的肾脏取出,供他人移植,就具有特殊的价值,但如果该器官没有了生理活性,就不再具有这种特殊的价值,而是一般的物。因此,脱离人体的器官或者组织应当是具有人格利益因素的特殊物,贵州大学法学院冷传莉教授将其称之为"人格物"[19],有一定的道理。在完成了这个选题的研究后,我又顺着这个思路进一步扩展,接着研究人体废弃物。例如去医院截肢的断肢、胆结石中的石、产妇生产后的胎盘,都是医疗废弃物,属于物的范畴是没有问题的,但是《医疗废物管理条例》规定,医疗废弃物的处置权属于医院,而不是患者本人。疑问是,从患者本人身上取下来的医疗废弃物,为什么权利却属于医院,而不属于患者本人呢?针对这个问题,我写作了《人体医疗废物的权利归属及其支配规则》。[20]之后,又进一步把这些意见概括起来,选择了一个人体变异物的物的属性及权属的选题[21],形成了一个渐进式的系列研究题目。

　　上述渐进法的选题过程,是从一个问题入手,深入进去,不断进行探索和研究,就会不断引发出一个又一个的研究题目,形成了不断发展的研究路线和研究成果。我的那位研究连体人的学生,后来又深入研究了植物人、精神障碍人等特殊残障人的民法问题,2015年形成了一本专门研究残障人法律地位和权利保护的专著。[22] 我研究医疗侵权责任的时间比较久,是从1990年开始的,之后不断进行深入研究,不断开发新的选题,积累了一批论文,特别是《中国医疗损害责任制度改革》[23]这个选题,在制定《侵权责任法》"医疗损害责任"一章中,发挥了重要作用。这也是从一开始研究医疗事故开始的,后来不断选择医疗伦理损害责任、医疗技术损害责任、医疗产品损害责任和医疗管理损害责任的选题,形成了完整的医疗损害责任的选题体系,最后写出了《医疗损害责任法》这部教材。

　　在运用渐进法这一选题方法时,一定要注意不断深入思考,一点点发展,当研究到一定程度时,就会发现与这个问题相关的其他题目,再进一步发展,把这些具体问题都进行了研究之后,会概括出一个一般性的问题和规则,最后进行升华。如此坚持下去,积累起来,形成一个系列作品,最后可能会形成一部专著。

---

　　[18]　参见杨立新:《脱离人体的器官或组织的法律属性及其支配规则》(本书第279页),载《中国法学》2006年第1期。
　　[19]　参见冷传莉:《论民法中的人格物》,法律出版社2011年版。
　　[20]　参见杨立新、曹艳春:《人体医疗废物的权利归属及其支配规则》(本书第330页),载《政治与法律》2006年第1期。
　　[21]　参见杨立新、陶盈:《人体变异物的性质及其物权规则》(本书第291页),载《学海》2013年第1期。
　　[22]　参见张莉:《特殊残障者法律人格的民法保护》,法律出版社2015年版。
　　[23]　参见杨立新:《中国医疗损害责任制度改革》(本书第1938页),载《法学研究》2009年第4期。

(四)扎堆法

所谓扎堆法,就是集中一段时间,就一个相关的问题集中研究几个选题,同时进行,写成论文后集中发表,就相关的问题进行集中研究,集中发表,在短时间内形成一个"成堆"的文章,在学界一定会引起重视。扎堆法的选题方法就是这个意思。

我目前正在进行研究的一个选题,就是从《消费者权益保护法》第 44 条入手,展开一系列的研究,集中写出了近 10 篇文章,将在 2016 年上半年集中发表,形成"扎堆"发表文章。《消费者权益保护法》第 44 条规定的是网络交易平台提供者的责任,在《消费者权益保护法》修订中是一个突出的问题,也是一个热点。在没修订之前,原《消费者权益保护法》第 38 条(现在的第 43 条)规定的是传统交易平台提供者的责任,如展销会和租赁柜台的销售者、服务者的责任。随着网络交易平台的交易大规模兴起,网络交易平台上进行交易的销售者、服务者造成消费者损害的问题不断发生,应当确定责任承担规则。修订开始时,原计划把网络交易平台提供者与传统交易平台提供者的责任规定在一起,适用同样的规则,但各大网站都不同意,认为网络交易平台的交易与传统交易平台的交易有很大区别,应当专门规定责任规则[24],因而最后制定出了第 44 条,单独规定网络交易平台提供者的责任,即附条件的不真正连带责任。

《消费者权益保护法》修订完成公布之后,我首先做的一个选题,就是《网络交易平台提供者的法律地位与民事责任》[25],之后,将该第 44 条与《侵权责任法》第 36 条规定的网络侵权责任的规定相比较,作了《网络平台提供者的附条件不真正连带责任与部分连带责任》[26]的选题,随后,又选择了《网络交易平台提供者民法地位之展开》《网络交易平台提供者为消费者损害承担赔偿责任的法理基础》《网络交易信用欺诈行为及法律规制方法》《网络交易平台交易法律关系之构造》《利用网络非交易平台进行交易活动的损害赔偿责任》《网络交易平台提供服务的损害赔偿责任及规则》《缺陷产品生产者在网络交易平台提供者责任中的地位》和《网络交易平台交易规则法律属性研究》等题目进行研究,都有好的成果。

例如,《消费者权益保护法》第 44 条规定了网络交易平台的销售者和服务者致害消费者的责任,但是其规定的救济方法主要是针对销售者的,无法概括服务者致害消费者的损害赔偿责任,得出这个结论的依据在于,该条文规定网络交易平台提供者承担责任的条件是不能提供销售者、服务者的真实名称、地址和有效联系方式,这是考虑网络交易线上销售的特殊性,在背靠背的交易方式中,受害的消费者找不到销售

---

[24] 参见全国人大常委会法制工作委员会民法室:《消费者权益保护法立法背景与观点全集》,法律出版社 2013 年版,第 133—135 页。

[25] 参见杨立新、韩煦:《网络交易品平台提供者的法律地位与民事责任》(本书第 2373 页),载《江汉论坛》2014 年第 5 期。

[26] 参见杨立新:《网络平台提供者的附条件不真正连带责任与部分连带责任》(本书第 2387 页),载《法律科学》2015 年第 1 期。

者,因而规定这样的规则。但是,网络交易平台提供服务并不是这样的,例如网上预约车辆,消费者和专车司机是见面的,提供服务的方式是"线上+线下",没有线下的环节,基本不可能存在服务者通过网络交易平台向消费者提供服务。既然消费者和服务者实际见面提供服务,不能再将网络交易平台没有提供真实名称、地址和有效联系方式作为承担责任的条件,而应当直接适用一般的服务造成损害的责任规则,不适用《消费者权益保护法》第44条的责任规则。

再如,利用网络非交易平台销售商品致人损害,该交易平台提供者是否应当承担责任,也是一个比较有价值的选题。利用微信贩卖商品的"微商",现在比较常见,微商销售商品造成消费者损害,网络非交易平台提供者是否承担责任呢? 我认为,如果微信平台提供者只提供发布信息的服务,而没有对销售行为提供其他直接的服务,该损害与网络非交易平台提供者没有关系,不应当承担责任。如果微信平台提供者提供了其他方式的服务,比如提供了价款的支付方法、商品的邮寄方法,只要提供了这种服务,就是提供了网络交易平台的服务,造成损害,就应当依照《消费者权益保护法》第44条承担责任。

就一个选题,进行了如此多的相关选题的研究,形成了扎堆的研究和扎堆的选题,集中发表,会在学界形成冲击力,在这个领域产生影响力,树立话语权。

(五) 应急法

对于突然出现的涉及法律的事件,刚公布的法律、法规和司法解释,以及其他有关社会的热点问题,如果有学术价值、实践价值或者社会意义,应当迅速抓住选题,进行研究,及时写作,尽快发表。这种应急法,也是我选题的一个重要方法。我举几个选题的实例说明。

一是,《老年人权益保障法》修订完成后,我抓住时机选了两个选题:一个是老年监护制度。20世纪60年代开始,各国相继开始了成年监护制度改革,我国却无动于衷。在修订《老年人权益保障法》时,终于促成制定了第26条,规定了老年人监护制度,并且规定了意定监护制度。法律公布之后,我及时选择了《我国老年监护制度的立法突破及相关问题》这个选题,写成后在《法学研究》上发表。[27] 修订后的《老年人权益保障法》规定了子女应当经常回家探望老人的义务,被一些人嘲笑,讥讽其是没有意义的法律义务,产生了很大的争议。我不同意这个意见,认为这个条文的规定是有价值的,就从正面写作《"常回家看看"条款的亲属法基础及具体适用》一文[28],说明了其中的道理。

二是,有一年发生了交通违章拍照的"摸奶哥"事件,某地交通违章的摄像头从汽

---

[27] 参见杨立新:《我国老年监护制度的立法突破及相关问题》(本书第226页),载《法学研究》2013年第2期。

[28] 参见杨立新:《"常回家看看"条款的亲属法基础及具体适用》(本书第1283页),载《法学论坛》2013年第6期。

车的前面进行拍摄,一位司机因超速驾驶被拍下,而该司机这时在车内将手放在副驾驶座位上的一位女性的胸部。这个照片流传到网上,引起了强烈反响。这个事件具有民法学术价值,违章拍照可以,但为什么不从后面拍车牌而要从前面拍,拍到了涉及车内驾驶员的隐私照片为什么要在网上公布,对公民的隐私权究竟应当怎样进行保护呢? 这一系列问题,都具有民法理论价值,同时也具有实践指导意义。我写作了《"速度与激情"事件引发的民法思考》一文㉙,这个标题很惹人注目。

运用应急法选题,要特别注意新的立法和司法解释,这些都是特别容易获得好选题的研究素材,因为其中都包含新的、有学术价值的内容。《刑法修正案(九)》颁布后,刑法学界专家围绕这个新法写了很多文章,表现了对立法的敏锐性,但是民法学者往往没有这么敏锐。例如,在《全国人民代表大会常委会关于加强网络交易安全的决定》颁布之后,民法学者很少有人去关注其中包含的重要民法问题,其中特别重要的是规定了个人信息的权利,以及侵害个人信息权的侵权行为表现形式和具体保护方法,只有我写了两篇文章,对此进行阐释。㉚

(六)超越法

超越法,是指在研究前人学术成果的基础上,进行综合研究,得出超越前人的学术研究结论的选题方法。在民法理论研究中,对某一个问题,发现有好多人都已经进行了研究,但都存在某些方面的缺陷,而自己在综合研究的基础上,已经有了一个与众不同的学术见解,提出一个新的观点,这就是创新性。抓住这样的问题不能撒手,一定要把这个选题做好,做成功。

这种选题方法,其实就是向传统学术进行挑战。使用超越法进行选题,一是要注意自己要有对这个问题的研究实力,如果是一个学术新人,最好不要用这样的方法选题;二是要看学术准备是否充分,如果准备充分了,真正能够推翻以往的权威观点,无论新人还是老专家,都可以这样选题;三是要熟练掌握驳论的写作方法,超越法基本上都是要推翻以往的学术见解,基本写作方法就是驳论。不过,驳论只是一个手法而已,驳论之后,还必须立论,正面阐释自己的主张,这样才有分量。那些只"驳"不"立"的文章,缺少学术价值。

下面我想介绍一下写作《我国媒体侵权责任与媒体权利保护》㉛这一选题的情况。这个选题,是研究新闻侵权责任的文章,针对的是一位媒体侵权学术权威的作品提出的观点,提出不同意见。我和这位作者是好朋友,写作这样商榷式的文章,比较困难,因而字斟句酌,生怕伤害了朋友的感情,因此,就只说不同的学术观点,并不直接进行批评。这篇文章,在选题方法上属于超越法,因为提出的学术见解不同。

㉙ 参见杨立新:《"速度与激情"事件引发的民法思考》(本书第687页),载《河北法学》2012年第2期。
㉚ 这两篇文章是:《公民个人电子信息保护的法理基础》(本书第730页),载《法律适用》2013年第8期;《侵害公民个人电子信息的侵权行为及其责任》(本书第720页),载《法律科学》2013年第3期。
㉛ 参见杨立新:《我国的媒体侵权责任与媒体权利保护——兼与张新宝教授"新闻(媒体)侵权否认说"商榷》(本书第1686页),载《中国法学》2011年第6期。

在学界有一种风气,就是借着挑战权威学者的意见以出名。权威学者并不害怕学术挑战,如果挑战成功,当然就促进了学术进步,但是故意借此达到个人不正当目的,则非君子所为。

三、法学学术论文的标题设计

选题与标题息息相关。一个好的选题,必须有一个好的标题表达,才会有好的效果。如果是一个好的选题,却用了一个特别不好的标题,负责任的编辑会让作者修改,或者就给直接改了,而更多的情形是被抛弃,达不到应有的效果。

(一)设计大标题的原则

文章到了主标题的设计,基本上是前期学术研究的准备工作完毕,进入表达阶段,开始写文章了。文章的标题设计,最重要的是设计一个能够突出主题、令人耳目一新的大标题。设计文章大标题应当考虑以下六个原则:

1. 直接原则

把文章的主题用最直接的文字表达出来,就是这个原则的要求。标题一定要扣住文章的基本内容,直接表达,而不要隐晦。我写《网络交易平台提供者民法地位之展开》这篇文章时,一开始标题只有"民法地位"这样的表达,一直觉得不理想,后来将题目改成现在这样的标题,一下子就明朗了。因为如果仅仅说"民法地位",很可能就只局限在网络交易服务合同的主体地位上,但是加上"之展开",除了要表达合同主体的一般特征,还可以进一步探究网络交易平台提供者对于网站的物权人地位、服务合同的债权人和债务人地位等,就能把与之有关的民法地位问题统统概括进来,全部表达出来。设计大标题,一定要直接表达主题,决不能用隐晦的方法。学术论文不是小说,主题必须直接告诉读者,不能让读者猜。

2. 简明原则

文章的大标题一定要经过精心加工,达到多一字累赘、少一字表达不全的效果,才是最好的。我写的《论竞合侵权行为》《我国配偶法定继承的零顺序改革》和《人体变异物的性质及其物权规则》等,都是比较简明的标题。我也写过长的标题,例如《媒体侵权和媒体权利保护的司法界限研究:由〈媒体侵权责任案件法律适用指引〉的制定探讨私域软法规范的概念和司法实践功能》[32],连标点符号竟然达到57字,太长了,我自己非常不满意。现在的学生写论文的标题,动辄好几十个字,跟我这篇文章差不多。这样的标题不简明,效果不好。

3. 吸引力原则

文章的标题设计要有吸引力,也是设计大标题的要求之一。大标题的准确、直

---

[32] 参见杨立新:《媒体侵权和媒体权利保护的司法界限研究:由〈媒体侵权责任案件法律适用指引〉的制定探讨私域软法规范的概念和司法实践功能》(本书第2588页),载《法律适用》2014年第9期。

接,对读者具有吸引力。如果将大标题设计得更有吸引力,则会增加文章的"颜值"。有两篇文章的标题,我试图用了比较有吸引力的表达方法:一是《遗产继承归扣制度改革的中间路线》[33],其中"中间路线"一语,比较新颖,有一定的吸引力,说的是既不同意甲说,也不同意乙说,因而叫做中间路线;二是《我国配偶法定继承的零顺序改革》,其中"零顺序改革",说的是要将我国配偶的第一顺序继承人改为无固定顺序继承人的问题,无固定顺序,相对于第一、二、三顺序,就是零顺序。不过,吸引力原则的应用须慎重,不可盲目追求,否则适得其反,原因在于我们写的文章是学术文章,而不是文学作品。

4. 一个中心词原则

在文章的大标题中尽量只出现一个中心词,表达一个主题,一般不要有两个中心词,不要有两个层次。大标题出现两个中心词,看起来好像有两个主题,显得主题分散。如果在一个标题中真的是有两个主题,那就写出两篇文章来,不要挤在一篇文章里写作。《遗产继承归扣制度改革的中间路线》《论民法典中债法总则之存废》[34]两个大标题,都是一个中心词,主题突出。《世界侵权法的历史源流及融合与统一》[35]这个标题,有两个中心词,但是表达的还是一个主题,大致可以。

5. 副标题必要性原则

副标题必要性原则,是指文章的大标题是否需要添加副标题,要根据文章内容来确定,在主标题没有办法将文章的内容说全的情况下,添加副标题才有必要,否则就是累赘。现在很多学生写的文章都愿意加副标题,随意添加"以……为中心""以……为视角"这样的副标题,绝大多数是没有必要的,因为这样的研究中心和研究视角,在文章中完全可以说清楚。

主标题在以下三种情况下可以考虑添加副标题:一是文章主标题不能完全概括文章的内容。比如,在文章中除了论述主题之外,还要兼论一个其他相关的问题,兼论的问题与主标题有联系,但是主标题说不出来,在这样的情况下,可以添加副标题"兼论……"二是需要烘托和增强主标题的效果。我在《网络交易平台交易法律关系之构造》一文的主标题下,增加了"对'互联网+交易'的民法解读"这样一个副标题,起到很强的烘托和增强主标题的效果,能够抓人眼球。三是以某项内容作为专门的样本进行讨论时,可以设置副标题加以突出,例如《自书遗嘱的形式要件与法律效力——对一起违反形式要件要求错误认定自书遗嘱效力的典型案件的分析》[36],以及

---

[33] 参见杨立新、何丽军:《遗产继承归扣制度改革的中间路线》(本书第1390页),载《国家检察官学院学报》2014年第6期。

[34] 参见杨立新:《论民法典中债法总则之存废》(本书第81页),载《清华法学》2014年第6期。这个标题是编辑帮着改的,改得非常好。

[35] 参见杨立新:《世界侵权法的历史渊源及融合与统一》(本书第100页),载《福建论坛》2014年第6期。

[36] 参见杨立新:《自书遗嘱的形式要件与法律效力——对一起违反形式要件要求错误认定自书遗嘱效力的典型案件的分析》(本书第2701页),载《法治研究》2014年第10期。

《一份标志人伦与情理胜诉的民事判决——人的体外胚胎权属争议案二审判决释评》[37]，都是这样的副标题设计。

(二)设计小标题的方法

对于文章的小标题设计，很多人并不十分在意，特别是初学者以及在校学生更是如此。主要的问题是：

第一，大量使用非标题语言。很多人写文章，在小标题的设计上随心所欲，并没有进行认真的加工，想写什么就写什么，没有使用标题语言。小标题也是标题，应当使用标题语言，而不使用陈述性语言。标题语言，就是符合上述设计大标题五个原则的语言，而不是用未经加工的陈述性语言。很多学生甚至是学者在设计小标题时，经常使用陈述句，甚至连标点符号都有，这是犯了很大的忌讳。切记小标题不要用陈述句，其语言要进行反复推敲、加工，跟主标题的风格保持一致。

第二，设计文章的几个小标题不注意相互之间的逻辑关系。小标题是文章主题的逻辑展开，表达的是全文的主题。一篇好的文章的小标题，放在一起，就能够知道本文要说的主要问题。换言之，好的小标题的要求，就是把文章的所有小标题放到一起时，刚好表达了文章论证的思路。绝大多数读者在阅读一篇文章时，总是先阅读小标题，以此掌握文章的基本内容。如果随心所欲地想写什么样的小标题就写什么样的小标题，不会发生想要的效果。

第三，关于小标题的层级问题。一篇万字以上的文章，通常要设计几级小标题，分为几个层次，借以展开文章的逻辑层次。在一级小标题之下，可能要设计二级小标题，甚至三级小标题，乃至于四级小标题。不过，应当注意的是，小标题的层级不能太多，层级过多，小标题就会过滥，一个标题下面没有几行文字，丧失文章的美感，也影响文章主题的表达。小标题的层级要用不同的序号表达，特别防止错误使用序号，造成逻辑混乱。通常的序号是：一级小标题的序号为"一、二、三、"，二级小标题的序号为"(一)(二)(三)"，三级小标题的序号为"1.2.3."，四级小标题的序号为"(1)(2)(3)"。我国大陆地区写文章，通常不使用台湾地区使用的"壹、贰、叁"这样的大写题级序号。

第四，关于小标题的数量问题。在同一个层级的小标题中，究竟要设计几个，并无定规，要根据文章表达的需要来确定。在一个层级的小标题中，最好要有两个以上，三个比较好，多一些也可以，但总体数量也不宜过多。

---

[37] 参见杨立新：《一份标志人伦与情理胜诉的民事判决——人的体外胚胎权属争议案二审判决释评》(本书第2726页)，载《法律适用》2014年第11期。

关键词索引

A

埃塞俄比亚侵权行为法 1430-1434,1436-1440
安乐死 207,215-218,553,566,606-617,2029
安乐死合法化 217,606,608,613,614

B

半叠加的分别侵权行为 1607,1610,1611,2405,2610-2616,2828
帮助人 1414,1506,1550,1551,1562-1564,1567,1576-1588,1617,1620,1623,1645,1824,1938,2403,2404,2415,2416,2419
保证人 287,822,1009,1130,1132,1575,1766,2471,2480,2482,2483,2537,2746,2747-2752,2754,2756,2757
报道特许发言 1723,1727,1728,1742,2596
被动安乐死 617
被监护人 32-34,38,40-44,195-197,204,213-215,221,224,226,227,231-237,239-241,349,1216-1218,1221,1222,1579,1580,1586,1587,1615,2403,2487,2491
被遗忘权 662-681,2637-2639,2642,2744,2826

本权请求权 408,422,423,678
比较过错 1453,1508,1525,1529,1530,1665,1868,1952,2007
比较原因力 1526,1529,1531,1868,1952,2015
必继份 1385,1388,1389,1391
必留份 1379,1380,1385-1389,1400,1401
避风港规则 1773,1774,1778
编纂民法典 3,4,11,13-17,19,30,35,41,50,62,63,65,66,71-73,78-81,86,87,90-95,98,99,113,169,1011,2475,2478,2632
并合责任 1555,1613,1626,1627,1636
补充功能 576,697,2493
补充责任 781-785,817,821,823,824,1124,1461,1522,1555,1575,1581,1586,1588,1612,1613,1620,1621,1624-1628,1630,1636,1655,1766,1821,1822,1895,1917,1939,1940,2110-2112,2132,2140,2141,2280,2320,2383,2384,2399,2400,2510-2512,2514,2516,2625,2757,2815,2816
不动产善意取得 884,2682-2688,2690-2692
不动产支撑利益 869,870,875-882
不具名媒体报道 1748,1749,1751-1756,

2826
不适用反悔权的商品 2318,2343,2344
不真正连带责任 89,781,817,820-824,
826,1461,1544-1546,1548-1550,1552-
1556,1574,1575,1579,1581,1596,
1605,1612-1616,1618-1622,1624,
1626-1628,1630-1632,1634-1636,
1638-1641,1646,1655,1766,1822,
1848,1849,1895,1956,1964,1981,
2061-2063,2117,2119,2140,2141,
2278-2280,2319-2322,2365,2367-
2370,2372,2373,2376,2383-2387,
2391-2394,2397-2402,2404,2406,
2407,2410-2412,2414,2415,2420,
2422,2423,2425,2430-2432,2474,
2511,2512,2583,2586,2587,2612,
2614,2618-2626,2691,2692,2827,
2828,2830
部分连带责任 1572,1828,2391,2402,
2404-2407,2409,2411,2415,2423,2425,
2584,2611,2614-2617,2828,2830

C

财产共有权 1211,1304,1345
财产利益 12,50,256,261,316,441,
509,621,659-661,714-717,792-
797,929,1045,1053-1055,1108,
1147,1217,1221,1222,1236,1276,
1302,1352,1362,1397,1485-1487,
1673,1681-1684,1771,1812,1833,
1924,2069,2169,2235,2236,2574,
2648,2663,2664,2668,2721,2763
残疾赔偿金 1422,1424,1674,1677-
1680,2052,2081,2082,2086,2089,
2328,2486,2492,2498-2501,2518-
2520,2644,2650,2651,2654,2656,

2674,2815
产品代言连带责任 1817-1829
产品欺诈 1809-1812,1814,2280,2284,
2304,2320,2321,2328,2329,
2336,2393
产品缺陷 1554,1622,1625,1626,
1640,1661,1820,1840,1843,1845,
1853,1964,1981,1989,2053,2054,
2056,2057,2061-2063,2278,2430
产品责任 100,114,117,119,120,122,
127-129,400,824-826,1080,1437,
1531-1533,1597,1615,1616,1621-
1624,1809,1810,1813,1837-1859,
1922,1956,1962,2053-2055,2057,
2059-2063,2068,2115,2241,2277-
2281,2300,2304,2305,2366,2428-
2430,2518,2580,2582,2586,2624,2827
产前检查的注意义务 2071
车辆管护义务 1114-1118,1123
撤销权 29,424,431,438-445,451,
453,464,467,474,488,1000,1003-
1007,1015,1016,1018,1019,1147,
1158,1160,1161,1229,1399,2339,
2348,2449-2451,2454,2527,2528,
2715,2716
成年监护 30,35,39-42,164,195-
197,226-238,240,467,487,2831
成员权 169,851,852,854,858
承揽合同型代驾 1892,1894
承诺函 2745-2750
承租人优先购买权 2545-2550,2553-
2558
城乡差别赔偿 2676,2679-2681
城镇房屋租赁合同 2534-2536,2539,
2543,2544,2548,2550,2551
乘人之危 17,18,21,23,24,29,440,

464,474,1074,1132,1160,1166,2693
惩罚性赔偿　104,105,116,741,759,762,778,1062,1063,1068,1084,1093,1094,1409,1453,1461,1462,1480,1535,1541,1648-1650,1658,1660,1808-1816,1843,1844,2101,2109,2195,2229,2231-2237,2239,2263,2277,2280,2281,2283-2301,2304,2308,2311-2314,2321,2325,2328,2329,2335,2336,2401,2430,2580-2582,2584-2586,2588,2667-2672,2789
抽象人格权　72,166,229,535,547,549-553,556-559,562,565,573,580-582,2728,2735
抽象物格　249,287,314,361,377,378
除斥期间　29,467,485,488,831,1015,1016,1018,1019,1129,1161,2346,2528,2542,2555,2558
次生请求权　408-414,416,417,419,420,422,423,740
从属抗辩权　429
错误出生　2065-2077,2085
错误登记　817-819,822,826,1621,1622,2689,2691,2692
错误登记损害赔偿　816-826

D

大规模侵权　1543,1597,1648-1661,1816,2274,2303
大陆法系侵权法　109-116,120-127,130-132,1436,1461,1464,1468,1544,1545,1551,1583,1601,1610,1612,1634,1809,1810,1843,2019
大清民律草案　5,9,14,15,22,24,36,54,57,85,111,130,135,138-145,147,148,155,156,159,162,267,401,500,597,652,690,739,829,838,899,908,918,924,932,946,1013,1015,1021,1028,1178,1202,1203,1248,1414-1416,1470,1471,1634,1635,1637,2144,2194,2446,2449,2453,2454,2512,2641,2647
大一统的地上权　931,934-936,940,969
代孕　290,2634,2718,2727,2732,2735,2736
单独责任　781,817,1545,1546,1551,1552,1581,1583-1585,1599-1601,1608,1616,1619,1627,1828,1829,1938,2369,2403,2405,2416,2419,2584
单方责任　781,1545,1615,1616
单向连带责任　1551,1552,1581-1585,1620,1627,1628,1828,1829,1895,1896,1938,2402-2404,2415-2419,2432,2583,2584
道路交通事故　1422,1442,1446,1533,1674,1680,1862-1868,1870-1875,1877-1882,1889,1890,1895,1896,1908,1915,1937,1976,2009,2138,2417,2419,2492,2499,2501,2513-2515,2521,2583,2650,2651,2657,2676-2681,2794
道路交通事故责任归责原则　1870,1871,1874,1875,1877-1879
抵押权　812,814,896,898-900,902,903,907,916,919-923,925,926,946,963,977,981,987,1010,1029,1030,1477,1482,2331,2332,2544-2546,2556,2660,2661
地上权　852,854,898-904,907-912,

914,919,922,929,931-941,943-952,
954,955
地役权 266,655,814,852,854,873-
879,881,882,897-900,902,903,907,
910-912,946,957,966,967,969-974
地震适用不可抗力规则的范围
465,483
第三人过错造成环境损害 2618
第三人侵权行为 1043,1548,1549,
1555,1556,1594,1596,1604,1605,
1612,1613,1616,1617,1619-1621,
1624,1627-1629,1631-1646,2116
缔约过失行为 98,1071,1099-1113,1135
缔约过失责任 98,464,520,888,1059,
1061,1062,1065,1069-1073,1082,
1088,1089,1092,1093,1096-1100,
1102,1112,1113,1126,1127,1135,
1137,1148,1156,1432,2030,
2751,2752
缔约欺诈 1109,1110
典权 15,141,149,163,168,169,811-
813,896,899,900,902,903,906-908,
918-920,922,924,929,945,946,974,
984,990,2660
定作人指示过失责任 1433,2142,2145-
2150,2505,2512,2513
东亚侵权法示范法 116,118,119,123,
127-130,1452,1454-1463,2642
东亚侵权法学会 77,116,118,127-130,
1452,1454,1456,1457,1463,2642
动物法律人格 249,272,277,287,306,
314,340-351,353-357,362,366,
377,396,2740
动物饲养人管理人 1622
独立抗辩权 429
债权准占有人给付的效力 1020,1023,

1186,1190,2445
多数人侵权行为 1542-1550,1552,
1553,1555,1556,1583,1594,1596,
1598,1601-1607,1612,1613,1616,
1617,1619-1621,1626-1628,1631,
1637-1639,1642,1849,1938,1940,
2367,2383,2393,2395,2403,2415,
2416,2418,2609,2611,2612,2619,
2827,2828
多数人侵权责任 1544-1549,1596,
2828
多重买卖中侵权行为 2659,2660,
2662,2664

E

恶意产品侵权行为 1808-1816,2288
恶意产品致害 2293,2294,2296,
2297,2393
恶意磋商 1065,1072,1073,1108,1109
恶意妨害 2172
恶意服务致害 2291,2293,2294,2296,
2297,2299-2301,2393,2401
恶意联合抵制 2173,2174
二元结构的医疗损害责任 1949

F

发展风险抗辩 31-33,43,194,195,
197,204,217,219,221,222,227,
232-234,239,710,1218
法定的附条件不真正连带责任 923,
1039,2159,2474,2475,2477,2478
法律适用方法 5,60,61,1263,2135,
2326,2635,2636,2641,2743,
2744,2796
法律物格 244,249,277,286-288,314,
341,342,347,353-355,357-365,

396,2725

法律原因力　1493,1500-1508,1512,
　　1518-1520,2077

法人人格权　70,79,522,755,801,
　　1699,2762

法源　37,55-60,102,104,106,117,
　　123,124,136,140,1070,1101,2210

反驳　87,426,427,637,638,640,642,
　　1690,1700,1721,1722,1753,1808,
　　2022,2600

反悔权　2263,2317-2319,2338-2350,2356

反诉　424,436,464,1787,1868,1989,
　　2202,2480,2804

反通知　1763,1770,1773,1776-1787,
　　2407,2596

反通知的效果　1785

防范制止侵权行为违反安全保障义务
　　2110,2111

妨碍通行物损害责任　2134-2141

妨害经营　2161-2174

房屋租赁期间添附 2539,2540

非法罢工　2163,2167,2174,2175

非法定物权　811-815,982

非法人团体　164,855,1639

非固定顺序　1356,1360,1363

非婚生子女认领　1229,1239,1249,
　　1250,1253,1255-1260,1262,1263,
　　1268-1271,2562,2568,2572,2573

非婚生子女准正　1250,1268

非机动车驾驶人或者行人　1863-
　　1874,1879-1881,1894

分别侵权行为　1547-1549,1552,1594-
　　1613,1616-1621,1623,1625,1627,
　　1628,1631,1638,1639,1641,1644-
　　1646,1939,2405,2413,2608-2617,
　　2622,2623,2625,2627,2828

夫妻财产约定　1251,1306,1312-1317,
　　1319,1320

夫妻共同财产　1238,1250-1252,1273,
　　1298-1310,1318,1320,1323,1324,
　　1326,1328-1331,1334-1338,1350,
　　2563-2565,2569,2574-2578,2695,
　　2702,2703

夫妻共同财产范围　1298,1299,1301,
　　1303,1330

夫妻共同财产分割　1298,1299,1303,
　　1312,2577

夫妻共同债务　1305,1309-1311,2574

夫妻姓氏权　1212,1345,1351

夫妻之间借贷　2578

服务管理违反安全保障义务　2107,
　　2109,2110

服务欺诈　1063,1068,1084,1094,1809-
　　1812,1814,1843,2101,2280,2284,
　　2286-2301,2303,2304,2320,2321,
　　2325,2328,2332,2336,2393,2400,
　　2581,2666,2667,2669-2674,2789

服务欺诈行为惩罚性赔偿　2292,2666

父母为子女购房　2575

复利　2478

G

盖然性因果关系　2019,2020,2024,2516

概率因果关系　2019,2021,2024

高度盖然性　1724,1752-1754,1783,
　　2020,2021,2024-2026,2224,2589

高楼投瓶　2812

高速公路管理者　2134-2141

告知义务　337,538,554,559,567,568,
　　570-572,1107,1156,1957,1979,
　　1987-1989,2000-2003,2029-2039,
　　2048,2066,2071,2106,2385,2509,

2547,2555,2558,2728,2735,
2794,2795

格式条款 475,1188,1189,1194,2242,
2316,2317,2435,2439-2441,2530,
2588,2589,2728

个人财产婚后增值 2574

个人信息权 53,672-675,677,678,734-
736,738,2832

工伤保险条例 475,476,1897-1902,
1904,1906-1910,1913-1917

工伤事故 475,476,1555,1575,1897,
1898,1900-1908,1911,1914-1918,
1976,2096,2149,2511-2513,2808,2809

工伤事故责任 824,1442,1582,1636,
1639,1898,1902,1904-1907,1910,
1914-1916,2138,2511,2512

公共利益目的 692,1723,1729,1734,
2596,2768,2769

公开权 12,52,68,77,166,535,537,
539,546,552,555,565,577,582,
585-588,592,594,699,710,714,716,
717,1833

公民个人电子信息 721-727,730-742,
2596,2832

公权力机构 689,691-695

公正评论 1723,1728,1729,2180,2184,
2185,2596,2760,2762,2768,2769

公众人物 594,646,647,665,675,684,
685,689,711,793-797,807,1697,
1698,1717,1723,1731-1733,1735,2596

共同继承 6,7,170,892,1323,1329-1331,
1334-1336,1338,1358-1361,1366,
1392-1398,1400,2577,2578,2703,2729

共同侵权行为 119,727,728,745,782,
817,822,823,1274,1351,1354,
1414-1416,1547-1550,1557-1568,
1571-1574,1589-1592,1594-1602,
1604-1606,1608-1610,1612,1613,
1616-1621,1623,1625-1628,1644-
1646,1651,1655,1663-1665,1826-
1828,1936,2007,2119,2363,2404,
2505-2509,2663,2761,2812,2827

共同荣誉 256,257,259,263,684

共同危险行为 1414,1506,1557-1560,
1563,1565-1570,1574,1589-1593,
1606,1939,2064,2123-2125,2279,
2505,2812,2813

共同责任 781,1054,1432,1511,1545,
1559,1573,1582,1598,1612,1616,
1619,1627,1639,2416,2584

共有部分 849,851-854,858-861,
863,866,1328,2524-2529,2531,
2549,2740

共有权 256,299,317,328,423,847,
848,851-853,858,860,861,863,865,
872,1229,1252,1299,1300,1303,
1304,1307,1322,1324,1325,1327,
1331,1338,2129,2130,2525,2526,
2533,2549,2557,2564,2687

固有利益 1079,1133,1538,1812,1819,
2054,2294,2297,2371,2388,
2510,2586

故意违背善良风俗 1466,1490,1756,
2037,2168,2169,2171,2172,2510

雇主责任 114,759,761,775-777,780,
784,1633,1850,1917,1966,1967,
1983,2110,2145,2146,2505,2511,2512

挂靠经营 2583

关连共同 1460,1560-1562,1564,1565,
1567,1591,1601,1603,1608,1609,
1623,2372,2390,2404,2611

关于加强网络信息保护的决定 720,

730,733,2596

管理规约　854-856,863,2524,2527-2529,2531

管理权　32,81,296,319,691,858,1000,1009,1203,1206,1212,1215,1229,1324,1333,1344,1447,1450,2155,2165,2454-2456,2527,2533,2740

广告责任　2362,2364,2365,2371

归扣　170,1358,1389,1390,1392-1403,2834

国有公共设施　1931,2151-2155,2157-2159,2678

国有公共设施致害责任　2152,2153,2156,2157

过错推定原则　77,695,705,722,776,1059,1131,1436,1513,1624,1639,1854,1855,1864,1866-1869,1871-1874,1876-1881,1922-1924,1969,1980-1982,1984-1989,1992-1995,2010,2103,2114,2136-2139,2279,2282,2283,2372,2514,2613,2752,2753

过错责任　77,101,108,410,450,525,646,705,721,722,729,776,777,781,817,818,824-826,875,878,882,1059-1064,1066,1077,1085,1087-1097,1128,1130-1134,1414-1416,1420,1426,1431,1432,1440,1442,1446,1458,1460,1466-1468,1472,1473,1489,1499,1505-1507,1513-1517,1524-1527,1650-1653,1827,1842-1844,1854,1858,1864,1866-1868,1870-1874,1876-1881,1889,1922-1924,1926,1927,1940,1951,1952,1954,1955,1961,1962,1964-1967,1980,1982-1989,1992-1995,1999,2016,2043-2045,2136-2138,2365,2368-2371,2412,2507,2613,2637,2640,2752-2754,2798,2811,2817

过失相抵　892,1034,1036,1069,1073,1075,1099,1111,1112,1124,1134,1137,1138,1192,1196,1426,1494,1495,1508,1526,1533,1536,1544,1545,1556,1616,1662,1664,1667,1670,1862-1866,1868,1872,1890-1892,1928,1999,2007,2008,2010,2115-2117,2120,2156,2283,2458,2460-2463,2514,2520,2521,2622,2623,2627,2753,2754

H

好撒马利亚人法　2210-2219,2221-2224

好意同乘　2514,2515

合伙　164,174,256,260-263,348,529,532,618-622,624,684,847,942,1230,1299,1302,1306,1309,1333,1334,1338,1475,1565-1567,1901,1903,1904,2145,2155,2164,2179,2182,2202-2204,2206-2208,2242,2245,2249,2274,2275,2481,2544,2545,2549,2550

合伙共有财产　1299,1334

合同无效责任　1057,1059,1061-1063,1070,1071,1073-1075,1082,1092,1094,1097,1106,1112,1113,1126-1137,2750-2753,2757

合同责任　96,163,168,469,1056-1071,1073-1076,1078,1080,1081,1087-1097,1100,1101,1103,1111-1113,1126-1128,1130-1132,1134,1164,1188,1194,1432,1436,1453,1538,1819,

1842,1843,1847,1854,1857,2029,
2124,2142,2145,2146,2751-2753
合同责任的归责原则 1059-1061,
1087-1091,1095,1096,1128,1130,
2752
合有 441,450,2324
红旗原则 1701,1773,1774,2396
后契约责任 1057,1059,1062,1065,
1067,1082,1084,1085,1092,1093,
1096,1097,1127,2751,2752
后让与担保 976,978-992,994,995,
2472,2825,2826
互联网企业 669,2391-2398,2402,
2407-2409,2422-2426,2471,2472,
2763,2765
互有 468,847-854,856,858,861,1013,
1073,1112,1244,1304,1350,1496,2008
环境侵权司法解释 2608,2610,2611,
2614,2616-2618,2620-2624,2626,2828
恢复继承权 1369,1375,1376
婚后双方共同还贷 2564,2575
婚内夫妻共同财产分割 2574
婚生子女否认 1229,1239,1248,1249,
1253,1255-1257,1260,1262-1269,
1271,2562,2568,2572,2573
婚生子女推定 1239,1248,1249,1255,
1257,1259,1269,2562,2568,2572,2573
混合过错 845,892,1034,1036,1062,
1063,1068,1093,1094,1098,1124,
1419,1420,1662-1668,1670,1671,
1928,2458-2463,2753
火灾事故 1919-1931
火灾事故责任 1919-1932
霍夫曼计算法 1039,1041,1424

J

机动车 114,127,692,693,1432,1437,
1438,1446,1520,1584,1650,1653,
1654,1658,1700,1862-1886,1889-
1896,1898,1907,1908,1962,1986,
2115,2136,2138,2139,2245,2277,
2297,2298,2343,2412,2415-2417,
2419,2514,2526,2583,2693
机动车保有人 1889-1891,1893
机动车代驾 1882,1884,1889,1891-
1893,1895
机动车驾驶人 1446,1533,1653,1863-
1866,1869-1874,1880,1890,2417
机动车所有人 1551,1584,1883,1891,
1893-1896,2415-2417,2419
积极的好撒马利亚人 2215-2217,2224
基本身份权 1203,1209-1211,1215,
1229,1304,1345
集体土地所有权 471,938,939,957-
959,961,962,969
继承权 7,49,50,80,149,166,170,
250,253,254,423,468,1206,1207,
1211,1212,1304,1337,1345,1355,
1357-1363,1365,1367-1378,1380-
1383,1385-1391,1393,1396,1397,
1401,1464,1487,2561,2562,2634,
2635,2695,2696,2698-2704,2713,
2716-2718,2725-2727,2741,2742,2825
继承权请求权 165,414,423
继承顺序 5,6,8,170,468,794,1355-
1367,1378,1386,1388,2716,2717
加害给付责任 1058,1059,1061,1062,
1065,1075,1078-1080,1082,1092,
1093,1096,1097,1127,1133,1812,
1819,2054,2371,2372,2428,2582,2751
加重经营者责任 2273,2277-2282
家事代理权 1212,1213,1305,1349,1350
家庭共有财产 1252,1299,1322-1338

家庭名誉　256,260,262,263,528,529,684,790
假一罚十　1140,1142,1145-1148,1151,2230,2231,2236-2239
间接侵害债权　1054
监护监督　34,38,40,41,43,44,214,219,227,231-233,235-237,240
监护权　32,34,35,38,39,42,197,221,249,531,1201,1203,1205,1207-1209,1212,1213,1216-1218,1221,1225,1226,1276,1282,1283,1464,1487,2487,2740
监护人　30-32,34,36-44,174,192,194-197,203-205,212-215,217,219,221,222,224,227-241,243,349,351,438,467,485,487,596,634,648,1213,1216-1218,1221,1222,1226,1277,1278,1551,1576-1588,1615,1620,1621,1671,1736,1937-1940,2031,2032,2037,2039,2403,2404,2415,2416,2419,2461,2521,2569,2571,2804
监护人责任　114,235,240,1469,1576,1578,1579,1585,1586,1588,1938,1939,2403
监护顺序　43,238
监护制度　30-44,164,194-196,208,212-214,226-229,231-237,239,240,487,1216,1217,2831
检索抗辩权　782,1626,2511,2755
见义勇为　2210,2211,2213,2215-2217,2224
建筑物抛掷物致人损害责任　2123-2131
建筑物区分所有权　169,846-848,850,851,855-861,863-865,867,868,2127,2129,2523-2525,2529,2533,2534,2740
奖券纠纷　1177,1178,1180,1182-1185
教唆人　1414,1438,1506,1518,1550,1551,1563,1564,1567,1576-1588,1597,1617,1620,1623,1645,1938,2403,2404,2415,2416,2419
介于人与物之间的过渡存在　245,2635,2731,2737-2741,2744
借贷合同无效　2470,2471
近亲属探望权　1290-1293
近亲属优先购买权　2548-2558
禁令　370,414,416,420-423,480,514,519,595,649,650,655,762,802,804,1056,1706,2200,2201,2209,2254,2255,2598
禁止令　514,518-520,523,1225
禁止推定同意模式　326
经营者民事责任　2285,2399
经营者违约责任　2315,2321
经营者责任　1821,2273,2274,2277-2279,2282,2283,2317,2588
精神损害赔偿　12,158,254,308,419,511,604,684,706,723,794,796,821,1053,1253,1340,1342,1416,1421,1505,1659,1662,1672-1687,1712,1905,2052,2194,2263,2311,2429,2430,2484-2501,2597,2644-2649,2651-2653,2721,2762,2777,2778,2780,2788,2789,2798,2803,2805,2806,2816
竞合侵权行为　1547-1549,1552-1555,1594,1596,1604,1605,1612,1616-1628,1631,1632,1637-1641,1644,1646,2119,2140,2141,2367,2368,2397,2399,2400,2413,2414,2611,2612,2621,2827,2828,2833

居住权　75,168,169,811-813,898,974
举证责任　417,432,434-437,483,512,666,725,843,1006,1096,1165,1259,1434,1521,1618,1656,1699,1752-1754,1846,1866,1867,1869,1874,1878-1881,1898,1909,1924,1943,1944,1947,1949,1950,1953-1958,1973,1977,1980-1982,1987,1988,1990,1992-2003,2016-2027,2103,2181,2201,2450,2514,2580,2589,2590,2672,2768,2812
拒绝审判　5,56-60,2639,2736,2737
具有人格利益因素的财产　2496
绝对转让主义　623

K

抗辩权　145,165,424-431,505,782,805,926,1010,1029,1030,1077,1078,1142,1144,1149,1166,1189,1190,1698,1721,1722,2456,2457,2480,2483,2511,2531,2543,2755,2788
抗辩事由　119,431,436,465,466,482,484,485,513,515,641,657,658,680,689,710,715,805-807,1235,1412,1421,1424,1426,1429,1437,1438,1461,1462,1517,1521,1626,1629,1633,1634,1643,1645,1697,1698,1701,1704,1721-1723,1725-1739,1741-1745,1747,1851,1858,1921,1926,1927,1958,2059,2060,2184,2185,2202,2595,2596,2600,2606,2623,2762,2768,2770,2803
客观共同侵权行为　1558,1608,2614
客观关联共同　1460,1566,1567,1604,2404,2408,2611

客观化的过错　1513,1516

L

老年监护　31,33,40,226-228,230-232,234-240,2831
利息先扣　2478
连带责任　93,115,728,781-783,817,820-824,1054,1138,1262,1310,1416,1505,1543-1547,1549-1552,1557-1565,1567-1575,1578-1585,1596-1603,1606-1613,1616-1621,1624,1626-1628,1700,1701,1756-1766,1768,1769,1772,1776,1786-1788,1817-1824,1826-1829,1883,1894-1896,1938,2063,2119,2132-2134,2148,2174,2279,2320,2362,2365,2370-2376,2380,2383,2388-2398,2402-2409,2412-2414,2416,2418-2421,2483,2505-2509,2512,2514,2532,2580,2582-2584,2587,2588,2596,2600,2608-2610,2613-2617,2623-2625,2746,2756,2769-2771,2782,2812,2813,2827
连体人　185-206,208,213,214,239,2822,2823,2829
连续报道　1698,1723,1726,1727,2596
零顺序　6,7,1355,1356,1358,1362-1365,1367,2716,2833,2834
留置权　812,814,896,898-900,902,903,907,921,926,927,929,946,977,1030,1478,2332,2333
楼顶空间　857,860-863,865
伦理物　165,272,277,297-299,302,321,322,2720,2721,2723-2726,2740

M

买卖不破租赁　2544-2546

满足公众知情权　685,1723,1730-1732,
　　1735,2596
媒体侵权责任　638,1689,1690,1692-
　　1695,1697-1699,1701-1704,2395,
　　2593-2597,2599-2603,2605,2606,
　　2762,2764,2766,2768-2770,2832,2833
媒体侵权责任法　640,1690-1698,1701-
　　1704,2594,2595,2597,2599-2603
媒体权利保护　637,1690,1691,1695,
　　1704,2592,2593,2597,2600,2603,
　　2605-2607,2642,2739,2762,2832,2833
民法帝国主义　489-491,493,494
民法调整对象理论　171-175,180-184
民间借贷　976,980,992,994-996,2464-
　　2482,2826
民间借贷的担保　2471
民间借贷关系法律调整　2464,2466,2826
民事利益范围　1484-1487,1490,1491
民事权利　4,13,44-46,48-52,59,65,
　　67-69,72,88,89,154,164-167,189,
　　192-194,241,302,335,341,364,367,373,
　　408-417,422,423,443,467,487,488,
　　525-529,603,632,633,651-653,701,
　　803,907,1003,1049-1051,1135,1201,
　　1228,1371,1423-1425,1475,1484-1488,
　　1603,1694,1707,1808,1920,1925,1936,
　　1942-1944,2143,2160,2209,2330,2486,
　　2548,2561-2563,2601,2723,2724,
　　2733-2735,2739,2740,2743,2744,2756,
　　2774,2776,2817
民事义务　44,49,69,164,165,193,194,
　　315,321,414,467,487,1061,1092,1230,
　　1289,1294,1295,1514,1714,2341,2381
民事责任　3,45,68,72,91,105,136,
　　145,157,163-165,240,367,406,412-
　　414,481,506,517,520-523,531,532,
　　597,625-627,651-653,656-659,727,
　　797,803,816-821,963,1003,1056-
　　1060,1069-1071,1125,1130,1214,
　　1220-1223,1316,1411,1443-1445,
　　1473-1475,1506,1609,1635,1707,
　　1799-1802,1902,1977,2033,2098,
　　2103,2115,2183,2192-2195,2206,
　　2303,2322,2324-2326,2364-2366,
　　2371,2374,2377-2379,2381-2385,
　　2388,2391-2395,2397,2401,2491,
　　2507,2514,2528,2531,2579,2580,
　　2584,2586-2588,2591,2620,2672,
　　2783-2785,2806,2814,2824,2830
名称权　68-70,80,167,413,520,532,
　　579,587,588,592,593,618-626,658,
　　697,704,712,755,792,1485,1491,
　　1492,1693,1709,1711,1735,1737,
　　2595,2674,2776
名称权让与　622,623
明知规则　1758-1760,1765

N

内在人格　543-546,549,551,552,554,
　　555,557,558,563,567
农村土地权利　470,471,956,958,
　　959,961
农村用益物权　961

P

排除妨碍请求权　412,414,774
派生身份权　1203,1209,1212,1214,
　　1216,1221,1226,1229
配偶法定继承顺序　7,1356,1362
配偶权　39,52,169,414,745,750,772,
　　1201,1203,1204,1206-1212,1214,
　　1215,1219,1221-1223,1227-1229,

1239,1240,1243,1246-1248,1276,
1303-1305,1340,1342-1345,1348,
1350-1354,1359,1363,1368,1432,
1487,1488,2085,2495,2561-2563
批复性司法解释　835,1693,1804,1902
批评公权力机关　1723,1733,1734,2596
平等保护　13,168,493,575,1398,1400-
　1402,2775,2776
平等从业权　1349,1351

Q

欺诈性抚养关系　1249,1255-1257,
　1260,1262,1264,1271-1273
其他人格利益　167,258,263,539,541,
　561,573,593,702,703,756,763,788,
　1487,2488-2491,2493,2495,2497,
　2777,2778
其他身份利益　1488
企业法人名誉权　70,80,2759,2762,
　2764,2767
企业借贷　980,2466,2470
前苏联民法　980,2466,2470
桥梁垮塌损害责任案　679,720-725,
　727-730,732,734,737,739,741,
　742,2596,2832
侵害公民个人电子信息　679,720-725,
　727-730,732,734,737,739,741,
　742,2596,2832
侵害身体权行为　600-602,604
侵权惩罚性赔偿　2280,2284,2287,
　2291,2294,2299-2301,2585
侵权法的历史源流　100,129,2834
侵权请求权　3,168,169,290,307,318,
　409-412,414,420,422,499,502-504,
　506,508-513,515-518,520,522,
　554,570,678,683,705,717,719,

739-742,1135,1224,1232-1234,
1236,1295,1296,1459,1462,1469,
1474-1476,1478-1482,1533,1541,
1638,1658,1720,1722,1723,1726-
1728,1731,1734,1736,1738,1741,
1742,1744,1781,1960,1976,2051,
2205,2602,2755,2764,2768
侵权请求权的优先权保障　1474,1475
侵权特别法　1423,1443-1445,1447-
　1450,2367
侵权小说编辑出版者　1799-1802,1804,
　1805
侵权责任构成　506,654,723,776,1281,
　1341,1412,1473,1529-1532,1615,
　1704,1711,1720-1722,1831,1842,
　1869,1924,1935-1938,1991,2007,
　2104,2106,2107,2140,2168,2171,
　2174,2200,2203,2282,2283,2373,
　2522,2589,2602,2611,2763,2769,
　2779,2808-2812
侵权责任形态　119,728,776,777,779-
　781,783-785,820,823,824,1461,
　1525,1544,1545,1549,1550,1558,
　1580,1583,1584,1612-1618,1620,
　1621,1626,1627,1650,1655,1656,
　1821,1979,1984,2062,2104,2108,
　2110-2112,2140,2279,2367,2384,
　2400,2402,2415,2584,2586,2600,
　2827,2828
侵权责任一般条款　115,544,668,669,
　690,694,1464-1473,1648,1658,1692,
　1701,1960-1965,1968,2764
亲等　145,149,169,228,238,468,1211,
　1239,1242,1355,1357,1358,1360,
　1361,1363,1364,2716,2717
亲权　32,35,38,39,41-44,52,91,169,

239,349,525,530,679,1201,1203, 1204,1206－1211,1213－1222,1225, 1227－1229,1239,1243,1244,1246, 1275－1277,1280－1283,1292,1324, 1328,1488,1662,1669,1671,1964, 1968,2045,2050,2487,2491,2562,2563

亲属法　8,33,35－39,48,51,85,137, 144,145,156,169,240,259,416,466, 467,486,509,530－532,624,1205－ 1207,1209,1210,1213,1224－1229, 1236,1238－1253,1255,1257－1259, 1263,1265,1268－1270,1272,1285, 1287,1288,1290,1291,1298,1300, 1314,1317,1320,1345,1355,1364, 2487,2495,2560－2562,2564,2568, 2572,2573,2634,2697,2704,2831

亲属法律行为　169,1244,1245,1320, 2565

亲属法律行为登记　1244,1245,1320

亲属法律制度　169,1230,1238,1239, 1245,1247,1263,2569,2572

亲属权　39,52,169,274,323,324,409, 509,529,531,1201,1203,1205－ 1209,1213,1215,1216,1219,1221, 1226－1228,1230,1234,1239,1240, 1243,1244,1246,1247,1288,1290, 1292,1488,2487,2491,2562,2563

亲属种类　1211,1240

情事变更原则　168,466,474,475,482, 486,1162－1176

情谊行为型代驾　1892,1893

请求权竞合　417－419,511,517,518, 719,2205,2326,2328,2329,2556,2797

请求权聚合　517,719,2326

取得时效　164,165,909,912,928,929, 932,933,947,1343,2155,2755,2756

权利保护请求权　409,415,416,422, 423,678,740,1135

权利冲突　185,187,197－200,202,204－ 206,208,239,320,323,327,328, 2605,2822,2825

权利归属　271,291,302,304,330,333, 336,382,406,851,1770,2634,2702, 2721,2731,2736,2829

权利客体　3－5,45－52,245,248,267, 268,273－276,278,295,309,311, 333,347,348,352,357－362,364, 367,377,385,401,405,529,540,542, 552,557,570,575,583,600,620,672, 850,1206,1207,1224,1388,1389

权利滥用　5,55,57,844,1530,1720, 1744,1745,2602,2635

权威消息来源　1722,1723,1725, 1726,2596

全叠加的分别侵权行为　1610

缺陷医疗产品　1840,1964,1987,1989, 2057,2058,2061,2063

R

让与担保　99,168,169,812,813,977－ 982,984－990,992－994,2472,2641, 2744,2826

人的冷冻胚胎的法律属性　60,2634, 2718,2730,2734

人格的逻辑层次　542

人格独立　166,341,539,540,573－577, 591,592,699,702,705,1346,2493,2777

人格利益　12,50,52,53,67－70,79, 165,167,204,255－259,261－264, 292,293,297,298,304,310－316,319, 320,502,503,508,509,526,538,539, 541,544,547,549,550,555,558,561,

571,573,574,576-578,580,583,584,586,587,590-594,608,611,672,688,689,693,694,697-699,701-704,708,710-713,715,734,736,748,755,778,787-798,1208,1223,1236,1417,1423,1485-1488,1490,1673,1683,1685-1687,1732,1745,1746,1797,1930,2044,2070,2312,2484,2485,2487-2491,2494-2497,2644,2648,2721,2726,2731,2733,2774,2776-2778,2801,2803-2805,2807,2829

人格利益准共有　256-258,261-264,684,690,715

人格权请求权　165,409,411,413,414,420,423,499-523,554,569,705,719,739-742,774,1135,1224,1225,1229,1234,1235,1237,1295,2756

人格权体系之构建　535

人格物　292,2721,2724,2740,2829

人格自由　166,341,539,540,573-577,592,702,714,717,763,771,2493,2774,2776,2777

人格尊严　63,70,166,196,291,294,298,304,319,341,532,536-540,549,566,573-578,580,581,592,601,610,630-632,674,690,693,696,702,714,717-719,754,761,763,770,771,773,775,803-805,1422,1466,1707,1714,1729,1733,1748,1755,1794,1795,1803,2074,2193,2325,2327,2433,2484-2487,2489-2491,2493,2494,2501,2502,2599,2636,2637,2639,2640,2674,2727,2765,2768,2771,2772,2774-2779,2781,2782,2805,2806

人类中心主义　342,343,347,352

人权保护　39,66,67,72,73,76,226,229,230,289,772,2736

人身权　4,41,44,50,52,63,64,68,157,158,164,186,218,248,258,259,284,285,304,307,310,320,327,366,413,421,487,500,516,524-530,533,534,539,553,565,577,590,594,597,603,611,618,620,623,626,651,658,669,677,683,684,695,700,701,707,739,746,773,788,790,791,1051,1053,1064,1066,1079,1201,1203-1205,1207-1210,1216-1219,1221-1223,1227,1228,1234,1242,1254,1262,1279,1283,1304,1345,1352,1419,1426,1429,1524,1589,1603,1672,1681,1682,1731,1734,1736,1747,1920,1924,1925,1929,1931,1937,1967,1977,2052,2069,2076,2100,2146,2149,2167,2396,2484-2488,2495,2496,2498,2499,2516,2519,2569,2571,2585,2644,2646,2647,2652,2660,2671,2723,2786,2789

人身权延伸保护　366,524-530,533,534,790,791

人身伤害抚慰金　1672-1679

人身损害赔偿请求权　511,515,774,1224

人身损害赔偿司法解释　782,1557,1558,1563,1565,1567-1571,1575,1887,1949,1972,1974,2083,2101,2103,2142,2144,2145,2148,2149,2503-2509,2511,2513,2515-2522,2796,2797

人身自由权　80,167,579,652-655,658-661,770,1421,1422,1487,1673,1675,1736,1936,1937,2304,2484,2486,2487,2491,2493,2494,2501,2648,2776,2778,2805,2826,2827

人体变异物　52,61,165,277,291-294,

297-307,2720,2829,2833
人体冷冻胚胎权属争议案　60,2633,
　2641,2642
人体医疗废物　271,291-293,298-
　305,330-339,2045,2046,2050,2829

S

三包责任制度　2351,2353
丧失继承权　468,1369,1373-1378,
　1381,1391,1396
山寨名人代言广告　1830-1834,1836
善意救助者　2210,2223
善意取得　168,315,329,394,458,827-
　834,884-892,925,929,1018,1021,
　1024,1030,1191,1481,2336,2337,
　2547,2556,2565,2576,2682-2693
商品房买卖合同　469,473,858,864,
　976-982,984-986,992-994,1811,
　2287,2298,2473,2524,2534,2826
商品房买卖合同担保　977,978,993
商品化权　68,539,555,577,584-595,
　699,701,706
商业诽谤　2177-2184,2186-2196
商业化利用　260,272,296,552,553,
　556,558,582,591-593,706,715,786,
　787,792-797
设施设备违反安全保障义务　2108,2110
射幸合同　1178,1179,1182
身份利益　50-52,165,317,327,329,
　526,530,531,1203-1205,1207-
　1212,1215-1218,1221-1223,1227-
　1229,1233,1237,1242,1292,1293,
　1304,1342,1345,1352,1353,1488,
　1489,2045,2050,2549-2551,2556,
　2557,2730,2733,2735
身份权请求权　165,411,414,423,506,
　1224-1226,1229-1237,1295
身体权　68,77,80,167,284,285,287,
　290,299-302,304-310,313,316,
　320,321,327,328,337,527,528,531,
　532,545,553,559,563,564,566,567,
　579,596-605,672,674,745,749,770,
　771,773,775,777,790,1417,1429,
　1475,1476,1487,1672-1677,1679,
　1680,1682,1813,1901,1905,1925,
　1936,1937,1979,1990,2045,2106,
　2330,2485,2486,2490-2493,2503-
　2505,2645,2647-2656,2722,2723,
　2776,2782,2804
身体自由权　649,652-655,2494
身心障碍人　34,41,42
生命物格　249,287,290,314,360,377,396
声纹　708,709
声音处分专有权　717
声音利益　708-713,715-718
声音录制专有权　716
声音权　167,585,592,593,701,703,708,
　709,711-719,738,1487,1832,1833
声音使用专有权　716
尸体　53,267,268,271,279,280,282,
　284,285,288,289,291-305,308-
　331,350,532,596,597,599,603,604,
　789,793,2497,2720,2803,2804,
　2828,2829
尸体的物化　313
实际违约责任　1058,1062,1063,1065,
　1071,1075-1079,1081,1082,1089,
　1092-1094,1112,1113,1127,1812,
　1819,2751
食品药品司法解释　2579-2584,2586-
　2591
世界侵权法　77,100-102,108,109,

112,114-116,119-132,1601,2834
世界侵权法融合与统一 100,108,109,113-116,120-125,128-132
世界侵权法学会 77,100,119,120,123,127-130,1837
事实婚姻 169,1246,1247,1315
事实基本真实 1711,1722-1725,1735,1745,1746,2596,2766,2769,2800
事实业主 2524
事实原因力 1493,1499-1501,1511,1512,1520,1521,2077
受害人承诺 752,1426,1723,1736,2596
数种原因造成损害结果 1504,1529,1662-1666
双方都有过错的离婚损害赔偿 2562,2572
双方责任 781,1354,1524,1545,1616,1619
双重买卖 1052,1425,2538
双重租赁 2537,2538
司法审查 1946,1958,2790,2792-2794,2796
私人活动 673,683,688-692,694,725,734,736-738,804
私人所有权 8,168,867
私域软法 2603-2607,2642,2739,2833
死亡赔偿金 1422,1424,1659,1674,1677-1680,1813,1949,2052,2081,2082,2089,2328,2486,2492,2499-2501,2518-2520,2650,2655,2657,2674,2677,2815
死者人格利益 52,263,319,786-798,1486-1488,2487,2488,2490,2491,2496,2497,2801
死者人格利益商业化使用 791
饲养动物损害责任 1556,1624,1635,1639,1640,1650,1655,1658,1700,1963,1986,2113-2118,2120,2121,2138,2279,2368
饲养动物损害责任一般条款 1962,1963,2113-2117,2119-2122
损害参与度 2004-2006,2011,2017,2026
损害性评论 2175,2176
损益相抵 1034-1043,1124,1409,1413,1415,1417,1424,1426,1836,1928,1959,2091,2512

T

他物权 256,257,814,827,833,843,893-908,910,911,913,914,916-919,921,922,926,928,929,933,937,943-946,949-951,954,980,987-990,1304,1332,1399,1478,2333,2576
胎儿人格利益 1486,1488,2806
探望权 1226,1275-1284,1288-1296,2567
探望权恢复 1280
探望权中止 1279,1280
特留份 170,531,1362,1371-1373,1376,1378-1392,1394,1395,1400,1401
特留份权 1358,1372,1381-1392
特殊债权 391,1477,2331
替代责任 516,694,695,728,777,781,783,784,820,1334,1431,1432,1438,1441,1461,1467,1473,1545,1586,1587,1615,1616,1634,1637,1646,1655,1700,1849,1850,1922,1923,1930,1939,1966,1967,1979,1980,1983,1984,1991,2052,2104,2110,2131,2132,2143-2146,2148-2150,2278,2279,2414,2511-2513,2516,2600
停车位 857,865,866

停止侵害请求权　412,414,500,509
通知　29,254,360,388,389,397,421,
　　428,429,441,442,463,477,481,484,
　　485,501,519,606,656,667,669,676,
　　692,731,760,925,927,1010,1017,
　　1029,1031–1033,1059,1085,1104,
　　1105,1107,1121,1145,1193,1195–
　　1197,1337,1758,1760–1763,1767,
　　1769–1788,1910,1944,1948,1949,
　　1972,2004,2031,2082,2084,2087,
　　2109,2123,2175,2205,2254,2256,
　　2317,2339,2359,2381,2392,2393,
　　2397,2406–2408,2425,2433,2453,
　　2456,2457,2546,2547,2555,2558,
　　2588,2640,2658,2659,2661,2682,
　　2690,2737,2784
通知的内容　1770,1775,2555
通知规则　1767,1773,1779,1780,
　　1784,2396,2596,2600
同居义务　1203,1212,1236,1346,
　　1347,1351,1363
同性恋　169,759,776,1247,2636,
　　2637,2639,2640,2771–2782
佟柔　11,156,171–178,180–184,386,
　　402,427,494,627,733,833,836,839,
　　886,893,895,916,918,919,1144,
　　1145,1147,1184,1323,1367,1370,
　　1389,1526,1561,1595,1722,2237,
　　2238,2672
统一登记　169,869
统一物　265,268,269,273,274,277,
　　278
土地承包经营权　470,471,814,895,
　　902,903,907,913,914,931,933–935,
　　939,941,943,949–953,955,957–
　　959,961–967,969,972,973,984,1309

推测事实与传闻　1723
推定同意模式　325,326
退货　1067,2058,2183,2315–2319,2338–
　　2342,2344,2345,2347,2349–2357,
　　2360,2762
脱离人体的器官和组织　280,281,284–
　　287,293,302,311,2719–2725,2829

W

外在人格　229,543,544,546,547,549,
　　551–557,562,566
完善债的保全制度　1012–1014
王海现象　1139,1811,1814,2229,
　　2230,2299,2667,2673
网店　2319,2378,2391–2395,2397,
　　2400–2402,2408,2409,2425
网络非交易平台　2422–2433,2830,2831
网络交易平台　2319,2368,2369,2378–
　　2382,2384–2393,2395–2398,2401,
　　2402,2410–2418,2420–2428,2430–
　　2432,2587,2830,2831,2834
网络交易平台提供服务　2410–2413,
　　2415,2423,2424,2432,2830,2831
网络交易平台提供者　2319,2320,
　　2345,2366,2368,2369,2377–2402,
　　2410–2416,2418–2422,2424,2425,
　　2427,2428,2431,2587,2830,2833
网络交易平台提供者侵权连带责任
　　2388
网络媒介平台　2391–2393,2395–2398,
　　2407,2423,2424,2426,2431,2432,2640
网络媒介平台提供者　2391–2397,2402
网络平台　1758,1760,1768,1779,1783,
　　2319,2378,2380,2381,2392,2395,2402,
　　2409,2422–2428,2432,2433,2640,
　　2761,2769

网络平台提供者 2391-2395,2398,2407-2409,2411,2415,2423,2425-2427,2431-2433,2614,2830

网络侵权责任 119,163,638,646,667,729,1455,1463,1469,1657,1690,1692,1697,1699,1701,1702,1704,1756-1759,1767,1769,1777-1780,2319,2381,2396,2594,2596,2600,2764,2830

微额损害最低赔偿标准 2295

为本人利益或者第三人利益 1723

为同性恋者治疗 2433,2636,2639,2640,2771,2777,2779

违背诚实信用原则 1062,1072,1092,1099,1106,1108,1156,2035,2233,2671

违反法定竞业禁止 2201,2203,2204,2208

违反谨慎义务 457,464

违反竞业禁止 2197-2209

违反约定竞业禁止 2201,2203-2205

违约惩罚性赔偿 2284,2287,2291,2293-2295,2297,2299,2320,2321

伪满洲国民法 5,22,36,54,57,150,151,1634,1635,1637

未成年人监护 31,32,34,38-40,43

无过错责任 77,125,158,410,450,705,817,818,824-826,882,1060-1064,1066,1087-1091,1093,1094,1096,1097,1128,1130-1132,1134,1420,1426,1431,1432,1441,1442,1459,1460,1466,1467,1472,1473,1505,1507,1514-1516,1525,1526,1529,1532-1541,1556,1567,1604,1624,1625,1630,1632,1639,1640,1643,1650-1653,1657,1658,1667,1685,1823,1824,1867,1872,1873,1875,1889,1895,1902-1904,1917,1922-1924,1926,1927,1962-1966,1968,1969,1983-1987,1989,2043,2053,2103,2114-2117,2137,2138,2148,2155,2274,2278,2279,2282,2283,2296,2362,2365,2368,2371-2374,2432,2514,2521,2588,2613,2619,2637,2640,2752,2753,2781,2782,2824

无理由退货 2317-2319,2338-2342,2344,2348

无效保证赔偿责任 2745,2754,2756-2758

无因管理型代驾 1893-1895

物权法定缓和 163,168,811,813-815,974,982,983,994,995

物权法定主义 812,814,963,980,983,994,995,2826

物权规则 52,168,169,271,277,287,288,290,291,299,307,315,369,815,869,879,2720,2828,2829,2833

物权客体的"1+1"模式 275,276

物权请求权 3,89,165,168,169,290,307,318,395,409,411,413,414,416,420,423,499,506,507,509,510,515-518,521,736,832,1135,1224,1231,1233,1235,1237,1295,1459,2742,2755,2756

物业服务合同 2102,2523,2528-2534

物业公司未尽安全保障义务 2815

物业管理条例 865,2102,2510,2524,2529

X

戏谑行为 23,27,28,165,446-464

先付责任 1554,1555,1612,1613,1621,1622,1625-1628,1640,1655,2140,2278,2280,2399,2619

先期人身法益延伸保护　530,533
先契约责任　1057,1059,1065,1069,
　　1070,1072,1088,1099,1108
限额赔偿　1196,1447,1532-1541,1657,
　　1843,1875,1878,1943,2384,2796
限制性抗辩权　429,430
相对转让主义　623
相关隐私　256-259,261-263,684-
　　686,689,690
相邻防险关系　835-844,871,879
相邻权　655,835,837-839,842,843,
　　872,878,895,902,904,907,910,911,
　　915,917,930,947,948,1411,2460
肖像权　63,68,69,77,80,167,258,
　　260,263,413,520,527,535,544,573,
　　576, 579, 580, 585-587, 591-594,
　　603,627-636,658,683,684,686,688,
　　689, 691-694, 697, 698, 702-704,
　　706,708,711,712,714,716,722,738,
　　754, 755, 787, 792, 798, 805-807,
　　1429, 1464, 1487, 1675, 1693-1695,
　　1700, 1704, 1709, 1711, 1717, 1734,
　　1735, 1737, 1740, 1755, 1831-1833,
　　1977, 2304, 2490, 2493, 2495, 2497,
　　2500, 2595, 2599, 2600, 2652, 2674,
　　2776,2799,2802,2803
消毒药剂　1955,1957,1981,1983,
　　1989,2053,2055
消费者保护官　2257,2259-2262,2271
消费者保护委员会　1857,2257-2259,
　　2268,2271,2287
消费者行政　2250-2259,2261,2262,
　　2267,2270,2271
消费者诉愿委员会　2254
消费者团体诉讼　2267,2272
消费者协会　1835,2178,2229,2253,
　　2260-2262,2270-2272,2308,2377,2590
消费者咨询中心　2254,2257,2271
消极安乐死　218
消极的好撒马利亚人　2213,2215,2224
小额损害　2292-2295,2302-2314
小额损害的最低赔偿　2292,2293,
　　2302,2306,2309,2314
小说侵权　1702,1791-1794,1796-
　　1798,1800,1805
小说侵权责任认定　1751
校园欺凌行为　1933-1940
新生利益　1039,1041,1124,1410,
　　1928,2091
新闻侵权　64,588,699,803-807,1690-
　　1705, 1707-1715, 1717, 1719-1723,
　　1725-1747,2599,2600,2814,2832
新闻侵权抗辩　1698,1719-1723,1725,
　　1727,1728,1732,1734,1739,1744-1747
新闻侵权抗辩事由　1698,1721-1728,
　　1730,1732-1737,1741,1745,1746
新闻真实　1714-1716,1718,1724,1725,
　　2596
新闻自由　664,800-803,1698,1705,
　　1707, 1709, 1713, 1714, 1719, 1720,
　　1723, 1730, 1731, 1745, 1801, 1802,
　　2597,2598,2638
信赖利益　448,450,451,453-459,462-
　　464, 660, 1070, 1081, 1101-1106,
　　1108,1110-1112,1133,1137,2752
信赖利益损失　457,459,464,1108,
　　1111,1112,1133,1137
信用卡冒用　1187-1190,1193
刑民交叉　2482
形象权　68,77,167,585-588,590-593,
　　683,684,696-707,710,714,716,738,
　　1487,1832,1833

形象人格利益 696,697,699,700,
  702,703
性利益 261,457,510,585,592,699,
  714,744,746-750,766,771,773,775,
  776,1833,2732,2733,2806
性骚扰 753,757-773,775-785,
  1235,1936
性骚扰侵权行为责任形态 780,783
性自主权 71,77,167,743-757,770-
  781,784,1235,1487,1937,2774,
  2776,2806
休息权 167
虚假广告责任 2362-2375,2432,2433,
  2587,2588,2637,2771,2781
虚拟不动产 52
虚拟财产 52,268,273,276,361,369-
  384,2738
虚拟财产纠纷案 369
虚拟动产 52
虚伪表示 19,23,26,27,447
悬赏广告 28,89,98,168,446,447,459-
  464,475,1139-1151,2237-2239
血液损害责任 1985

Y

延缓性抗辩权 429,430
延伸法律保护 524,531,790,791
严格责任 114,118,122,125,126,404,437,
  525,818,825,826,877,878,1060-1063,
  1087-1091,1093-1097,1130,1131,
  1436,1633,1774,1842-1845,1852,
  1856,1858,1859,2043,2099,2103,
  2114,2137,2155,2278,2371,2752,2753
药品 252,291,330,331,336,609,1447,
  1462,1590,1655,1840,1911,1912,
  1955,1957,1969,1981,1983,1986,

1989,2040,2053,2055,2058,2059,
  2064,2251,2263,2338,2432,2579-2591
一般等价物 273,385-387,391,392,
  396,897,2250
一般人格权 72,166,202,294,341,
  501,535-542,546,547,549,550,552
  -558,563,565,573-584,591,592,
  601,697,698,702,703,711,712,716,
  738,756,771,773,804,1422,1423,
  1425,1426,1675,1709,2039,2484-
  2487,2489,2493,2501,2641,2652,
  2777-2779,2805,2806
一般人格权的立法 536,2778
一般物格 249,277,287,290,314,362,
  377,396
一体化消费者概念 2240,2244
伊斯兰法系侵权法 100,108,120,129
医疗产品损害责任 1621,1650,1653,
  1658,1850,1851,1952,1954-1957,
  1963-1966,1969,1976,1980,1981,
  1983-1985,1987-1989,2016,2041-
  2043,2053-2058,2061-2064,2779,2829
医疗废物 330-333,335,337-339,
  2050,2720,2829
医疗管理过失 2046,2047
医疗管理损害责任 1964-1966,1968-
  1970,1984,1987,1988,2041-2047,
  2049-2052,2779,2829
医疗过错责任 1945,1947,1949,1954,
  1968,1971,1973,1982,1984,1999
医疗过失的证明 1945,1947,1949,1954,
  1968,1971,1973,1982,1984,1999
医疗机构违反告知义务 539,571,
  2028,2029
医疗技术过失 1955,1956,1986,1992,
  1993,1995,1996,2002,2068

医疗技术损害责任　1954,1955,1957,
　　1963,1965,1966,1969,1976,1980,
　　1984-1988,1994,1997,1998,2016,
　　2041-2044,2049,2053,2279,2779,2829
医疗伦理过失　1955-1957,1992,1993,
　　2000-2003,2068
医疗伦理损害责任　1954,1955,1957,
　　1963,1965,1969,1976,1980,1981,
　　1984,1987-1989,1992,1994,1995,
　　2003,2016,2041-2044,2053,2279,
　　2779,2829
医疗器械　291,1955,1957,1976,1979,
　　1981,1983,1989,2040,2053,
　　2055,2057
医疗事故鉴定　1900,1907,1915,1943,
　　1944,1946-1948,1958,1972,1993,
　　2018,2083,2516,2517,2790-2794,
　　2796,2809,2811
医疗事故责任　476,1521,1531,1907,
　　1942,1944-1949,1954,1958,1968,
　　1971-1974,1982,1984,2027,2041,
　　2515-2517,2792-2794,2797,2798,2811
医疗损害责任　127,729,1650,1700,
　　1753,1850,1851,1854,1941-1960,
　　1963-1972,1974,1976-1980,1982-
　　1988,1990,1991,1993-1995,1998,
　　1999,2003,2016-2019,2022-2024,
　　2026,2027,2041-2044,2048-2051,
　　2053,2054,2061,2068,2115,2279,
　　2779,2829
医疗损害责任的归责原则　1945,1954,
　　1982-1984,1986,1987,2779
医疗损害责任的因果关系证明　2016,
　　2022,2026,2590
医疗损害责任改革　1942,1950
医疗损害责任鉴定　1944-1947,1958,
　　2027,2045
医疗损害责任一般条款　1960-1966,
　　1968-1970,1986,2048,2051,2115,
　　2779
以买卖合同担保民间借贷　2472
意定监护　31-34,40,42,43,195-197,
　　214,217,219,221,222,230-234,236-
　　241,2831
意定监护监督　34,43,235,237
意定监护协议　234,236,237,239,240
意思表示瑕疵　19,22,24-27,438,440,
　　443-445,447,448,462,1072,1107,
　　1108,1113,1249,1258,1269
意志决定自由　551,552,557,561,563,
　　565,581,582
意志人格　229,542,546,547,549-551,
　　555-557,561,562,565,566,568
意志自由权　2494
因果关系推定　437,1460,1501,1526,
　　1945,1949,1953,1958,1994,2002,
　　2016-2020,2022-2027,2516,2812
隐私权　53,68,75,77,80,122,165,167,
　　257-259,263,527,532,535,537,545,
　　552,558,579,582,585-587,592,597,
　　610,627,652,659,669,671-675,677,
　　678,681,683-694,698,710,712,
　　716-718,720-723,725,728,729,734-
　　742,759,770,771,804-807,1423,
　　1429,1464,1487,1673,1675,1690,
　　1692,1698,1700,1701,1704,1709,
　　1716,1717,1719,1725,1727,1730,
　　1731,1733,1735,1737,1740,1743,
　　1750,1755,1756,1770,1784,1794,
　　1957,1977,1979,2045,2433,2484,
　　2487,2494,2495,2595,2596,2599-
　　2601,2648,2652,2759,2776,2784,

2800,2801,2803,2827,2832
隐性采访　799-801,803-807
印度法系侵权法　100,106,107,129
英吉利法系侵权法　100,102,103,105,108,109,125,129
英美法系侵权法　39,105,110,112-116,120-127,130-132,155,1461,1462,1464,1468,1471,1472,1514,1546,1601,1809,1837,2214
永佃权　897-904,907,908,911-916,919,922,929,931,934,941,943-955
永久性抗辩权　429,430,741,2755
优等悬赏广告　1149,1150
优先保障　1476,2323,2324,2326,2329,2330,2382
逾期利率　2475,2477
舆论监督　680,799,801-804,1698,1706,1719,1720,1732,1734,1738,2176,2598,2601,2602,2760,2761,2765,2768
与有过失　1062,1063,1068,1069,1093,1094,1112,1124,1137,1416,1419,1420,1426,1494,1496,1507,1508,1524,1525,1527,1528,1530,1531,1543,1595,1928,1999,2007,2008,2010,2079,2458-2461,2520,2753,2754
预期利益　328,459,1054,1068,1133,1137,1302,1812,2054,2294,2371,2664
预期违约责任　1058,1061,1062,1065,1073-1076,1082,1092,1093,1096,1097,1127,1128,2751
原权请求权　408,409,411-414,416,417,419,420,422,423,678,740,1295
原因力　466,473,478,484,679,820,822,845,1055,1068,1075,1134,1493-1513,1516-1519,1521-1531,1544,1555,1557,1574,1577,1582,1584,1585,1596,1597,1604,1605,1607-1611,1618-1620,1623-1625,1645,1662-1671,1747,1766,1820-1822,1826,1828,1896,1926,1939,1940,1959,2004-2015,2026,2027,2074,2076-2079,2084,2085,2090,2119,2120,2122,2139,2150,2367,2390,2397,2404-2409,2414,2419,2420,2425,2462,2463,2508,2584,2587,2609,2610,2612-2617,2622,2623,2753,2754,2795,2796,2828
远程销售商品　2317,2318

Z

早期胚胎　242-244,246-255
债的保全　82,90,95,99,145,168,999-1003,1008,1012-1016,1046,1048,1049,2448,2449,2452,2454,2457,2823,2824
债的对内效力　1047-1049,2448
债的对外效力　999,1003,1048,1049,2454
债法总则　18,21-25,79,81-98,114,151,167,168,400,459,460,740,1150,2005,2010,2426,2607,2834
债法总则存废　81
债权二次请求权　414,423,1135,1136
债权侵权行为　1050,1051
债权让与　925,1003,1023-1025,1027,1190
债权人撤销权　99,439,444,999-1007,1009,1011,1012,1014,1015,1017-1019,1048,1160,2448-2452,2454,

2455,2662,2823
债权准占有人 99,999-1003,1008-1012,1014-1017,1024,1048,1049,2448,2449,2453-2457,2823
占有 114,149,166,171,174,260,285,289,297,302-305,309,317,353,362,365,367-369,374,378,383,384,391-395,399,402,406,414,421,439,471,527,563,564,587,613,697,704,709,735,736,820,827-832,834,837,847-849,851,852,862,863,874,875,877,884-886,895-897,899-901,907,908,910,912,915,917-922,924-930,932,933,936,938,939,943,945,947-949,970,977,979,980,984,985,987,988,990,1006,1007,1021,1023-1027,1030,1032,1049,1066,1067,1075,1119,1120,1131,1133,1134,1136,1142,1177,1183,1184,1190,1191,1224,1228,1293,1300,1304,1307,1332,1398,1401,1403,1408,1415,1428,1431,1465,1486,1489,1515,1517,1600,1619,1632,1635,1640,1643,1654,1681,1841,1856,1929,2098,2099,2101,2102,2105,2118,2119,2126-2133,2151,2153,2165,2277,2350,2445-2447,2450,2519,2524,2538,2543,2545,2645,2659,2663,2683,2688,2691,2738,2740,2756
占有即所有 385,391-395
占有权 297,384,393,700,876,900,908,915,917,925,927-930,948,1119
召回义务 2054,2058-2061
照管 34,41,42,195,227,231,294,308,315,353,361,1118

真意保留 23,27,446-449,452-456,462
政治风险之争 65-67,72
支配尸体的权利冲突 320
知假买假 1140,1811,1814,2101,2229-2231,2234-2236,2289,2290,2298,2299,2580-2582
知识产权请求权 409,411,413-415,420,423,506,515-518,521,1224,1235,1237,2756
直接侵害债权 1054
职场保护主义 780
植物人 33,40,43,207-225,233,239,313,349,609,610,615,617,2037,2081,2519,2829
植物人临床诊断标准 210
指定监护 31-34,41,43,197,227,231-238,240,241,467,485,487,648,1218,2804
质量违约合同解除权 2357
质权 812,814,898-900,902,903,907,918,919,921-926,928,929,945,946,977,981,993
中国本土化的被遗忘权 669
中国古代民法 135,137,138,159,899,910,913,918,924,946
中国古代侵权行为法 1408-1410,1412,1413,1415,1416
中国近代侵权行为法 1408,1413
中国媒体侵权责任案件法律适用指引 1772,1774,1785,2386,2396,2407,2592,2594,2595,2642,2739,2762,2763,2766,2768,2769
中华法系侵权法 100,103-106,108,111,112,121,124,127,129-131,1470
中午12点退房 2435,2438-2441

忠实义务　750,1105,1107,1212,1229,
　　1347,1363
终止救治　207,217-219
重大误解　17,23,24,28,440,446,448,
　　462,464,1074,1125,1132,1152,1154-
　　1160,1166,2243
主动安乐死　617
主观关联共同　1460
主观化的原因力　1510,1516
住所决定权　1212,1346,1351
专有部分　847,850-852,856,858-861,
　　863,865,867,870,2524-2527,2740
专有权　631,683,686,704,715,847,
　　848,851-854,858,863,866,867,
　　1613,2525
转承责任　1979
转载　80,465,638,642,686,857,1702,
　　1723,1741-1743,1765,1790,1791,
　　2595-2597,2761,2768-2770,2799,
　　2822
转租　899,946,2541-2543
准共有　256-264,715,849
准婚姻关系　169,1245,1246
自净规则　637-647
自媒体　637-647,663,666,669,673,
　　2391-2393,2396,2424,2427,2428,
　　2432,2598

自然力　52,266-268,270,273,276,277,
　　397-407,657,844,1518,1524,1526,
　　1633,2738
自然力所有权　397,406,407
自书遗嘱的形式要件　2705,2711,
　　2714,2834
自我决定权　40,166,196,227,229,230,
　　232-234,291,301,535,538-542,546,
　　547,550,553,554,556,558-571,582,
　　673,736,1979,1988,1989,2000,2001,
　　2030,2640,2728,2735,2775,2776
自由陈述空间　2185
自由权　74,75,203,223,340,563,570,
　　648-661,712,713,745,746,749,750,
　　772,773,800,802,1052,1053,1109,
　　1204,1211,1212,1243,1345,1349,
　　1356,1371,1377,1378,1389,1402,
　　1421,1682,1706,1762,1789,1801,
　　2156,2168,2175,2486,2597,2598,
　　2601,2602,2646,2647,2651,2652,
　　2661,2805,2827
字号　618-624
最高额保证　2745,2748-2750
最高利率限额　2467,2470,2475-2479
最近规则　2062,2063
最终规则　2062,2063

法律全称与简称对照表

中华人民共和国宪法	宪法
中华人民共和国立法法	立法法
中华人民共和国合同法	合同法
中华人民共和国物权法	物权法
中华人民共和国侵权责任法	侵权责任法
中华人民共和国民法通则	民法通则
中华人民共和国民事诉讼法	民事诉讼法
中华人民共和国行政诉讼法	行政诉讼法
中华人民共和国经济合同法	经济合同法
中华人民共和国技术合同法	技术合同法
中华人民共和国涉外经济合同法	涉外经济合同法
中华人民共和国涉外民事法律关系适用法	涉外民事法律关系适用法
中华人民共和国产品质量法	产品质量法
中华人民共和国中国人民银行法	中国人民银行法
中华人民共和国电力法	电力法
中华人民共和国矿产资源法	矿产资源法
中华人民共和国食品安全法	食品安全法
中华人民共和国道路交通安全法	道路交通安全法
中华人民共和国婚姻法	婚姻法
中华人民共和国继承法	继承法
中华人民共和国收养法	收养法
中华人民共和国公证法	公证法

中华人民共和国担保法	担保法
中华人民共和国广告法	广告法
中华人民共和国反不正当竞争法	反不正当竞争法
中华人民共和国残疾人保障法	残疾人保障法
中华人民共和国妇女权益保障法	妇女权益保障法
中华人民共和国未成年人保护法	未成年人保护法
中华人民共和国老年人权益保障法	老年人权益保障法
中华人民共和国消费者权益保护法	消费者权益保护法
中华人民共和国著作权法	著作权法
中华人民共和国商标法	商标法
中华人民共和国专利法	专利法
中华人民共和国献血法	献血法
中华人民共和国建筑法	建筑法
中华人民共和国劳动法	劳动法
中华人民共和国劳动保险条例	劳动保险条例
中华人民共和国道路交通安全法实施条例	道路交通安全法实施条例
中华人民共和国刑法	刑法
中华人民共和国刑法修正案(九)	刑法修正案(九)
中华人民共和国国家安全法	国家安全法
中华人民共和国消防法	消防法
中华人民共和国行政处罚法	行政处罚法
中华人民共和国国家赔偿法	国家赔偿法
中华人民共和国律师法	律师法
中华人民共和国教师法	教师法
中华人民共和国药品管理法	药品管理法
中华人民共和国职业病防治法	职业病防治法
中华人民共和国海商法	海商法
中华人民共和国土地管理法	土地管理法

中华人民共和国农村土地承包法	农村土地承包法
中华人民共和国土地管理法实施条例	土地管理法实施条例
中华人民共和国城市房地产管理法	城市房地产管理法
中华人民共和国民用航空法	民用航空法
中华人民共和国税收征收管理法	税收征收管理法
中华人民共和国邮政法	邮政法
中华人民共和国大气污染防治法	大气污染防治法
中华人民共和国海域使用管理法	海域使用管理法
中华人民共和国水污染防治法	水污染防治法
中华人民共和国海洋环境保护法	海洋环境保护法
中华人民共和国草原法	草原法
中华人民共和国渔业法	渔业法
中华人民共和国森林法	森林法
中华人民共和国野生动物保护法	野生动物保护法
中华人民共和国水法	水法

跋：有文万事足

编完本书，突然想起一件事：稍前一段时间，我翻阅中国人民大学网站，看到"人大名师"专栏，找了半天，没有看到自己的名字。心想，好赖我也是该校的二级教授、法学院教授会议主席，竟然不算本校名师，不禁于怀略有耿耿。仔细观察，发现入选本栏目的名师，须有省部级以上命名的教学名师、十大法学家、长江学者之类的荣誉称号。我在人民大学法学院任教16年，没有得到过任何荣誉称号，连"黄河学者"甚至"一勺池学者"也没有得过，因此自无资格入选，为理所当然之事，故而释然。编完本书，于怀之耿耿一扫，面对30多年辛勤努力写作的数百篇文章，感而慨之：文章千古事，有文万事足！不复他求。

看到很多人把写文章当成辛苦事，不得已而为之，略有不解。所谓不得已，乃是为了职称、为了晋级，不得不写论文发表，不得不编专著出版。一旦消除了"不得已而为之"的理由，投笔而不再作文。对比之下，我愿意写作。自从初中开始，我就下了决心，要一辈子作文。因此，在40多年的民法司法和理论工作中，我一直都在写作。写作是我的生活方式，除此之外，没有更大的、更好的爱好。法学研究所张广兴教授说我是一个把写作当成乐趣的人，说的确实是实话。

把写作作为生活乐趣，就不再感到写作的辛苦和艰难，没有痛苦，略有辛苦，但收获的是享受。每当一篇论文发表时，就是收获了一颗丰收的果实。面对数百篇文章汇集的书稿，看到的是一个丰满的粮仓。面对自己积累的粮仓，感慨有文万事足的心情，就是一个私有者的心满意足，也是一个学术研究和传播者的欣喜付出。

感慨之余，我将很快面对退休生活。卸掉教职，会有失落，也会有轻松，无论怎样，我将不会放弃写作这个基本生活方式。写作法学论文，是严肃的写作，写作其他更为轻松的文字，或许会是一个很好的生活休闲。

有文万事足。略记之，是为跋。